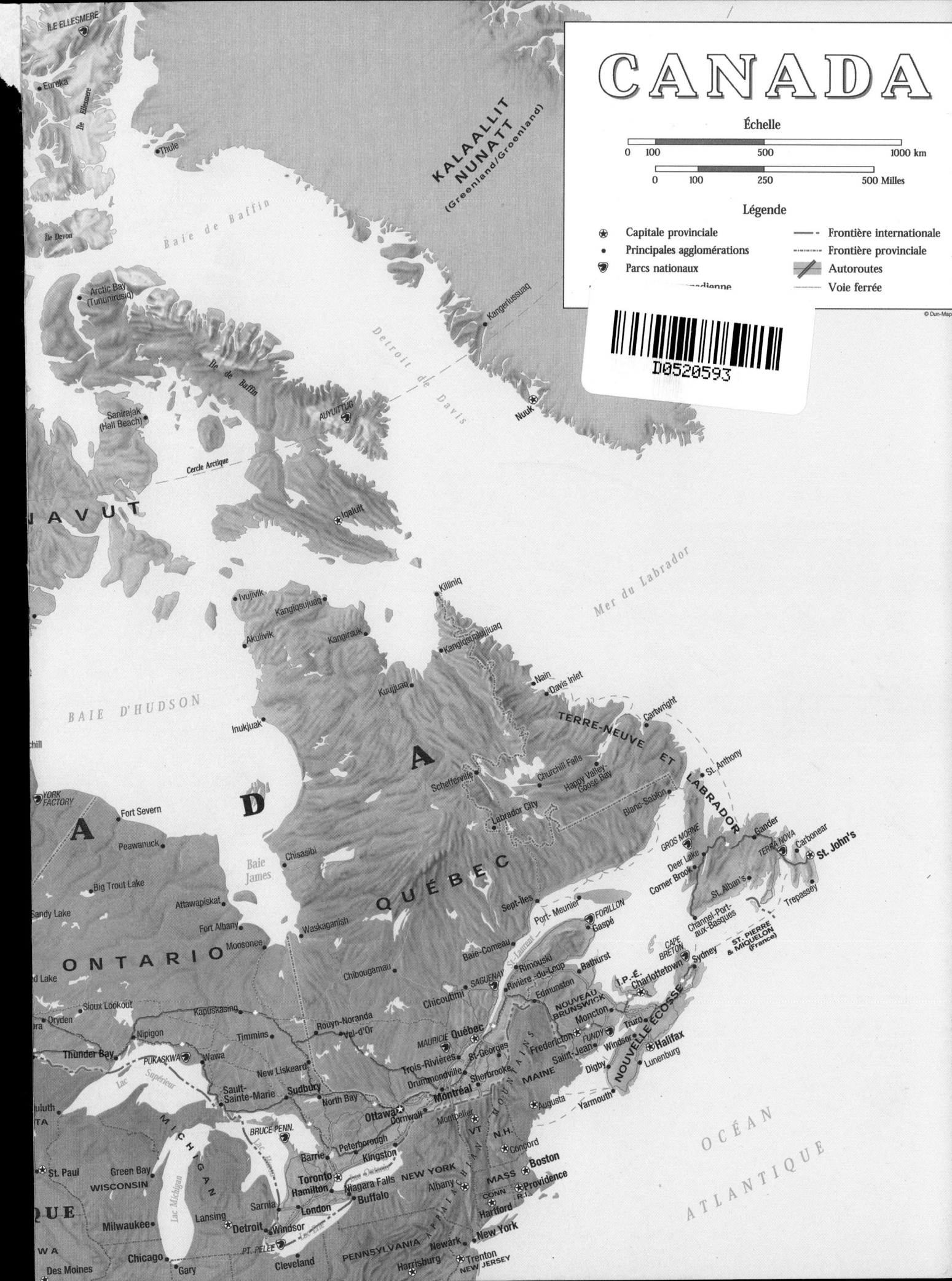

CANADA

Échelle

| 0 | 100 | 500 | 1000 km |

| 0 | 100 | 250 | 500 Milles |

Légende

✵ Capitale provinciale
• Principales agglomérations
🛡 Parcs nationaux

— — — Frontière internationale
Frontière provinciale
Autoroutes
Voie ferrée

© Dun-Map

ÎLE ELLESMERE
Eureka
Île Ellesmere
Thule
Île Devou

KALAALLIT NUNATT
(Greenland/Groenland)

Baie de Baffin

Arctic Bay
(Tununirusiq)

Île de Baffin

Kangerlussuaq

Détroit de Davis

Sanirajak
(Hall Beach)

AUYUITTUQ

Nuuk

Cercle Arctique

N A V U T

Iqaluit

Mer du Labrador

Kiliniq

Ivujivik

Kangiqsujuaq

Akulivik

Kangirsuk

Kangiqsualujjuaq

Nain
Davis Inlet

BAIE D'HUDSON

Kuujjuaq

TERRE-NEUVE

Cartwright

Inukjuak

C A D A

St. Anthony

Churchill Falls

Happy Valley-
Goose Bay

E T

L A B R A D O R

chill

Schefferville

YORK
FACTORY

Fort Severn

Labrador City

Blanc-Sablon

GROS MORNE

Gander

Peawanuck

Baie
James

Chisasibi

Q U É B E C

Sept-Îles

Deer Lake

Corner Brook

TERRA NOVA

Carbonear

St. John's

Big Trout Lake

Attawapiskat

Waskaganish

Port-Meunier

FORILLON

St. Alban's

Channel-Port-
aux-Basques

Trepassey

Sandy Lake

Fort Albany

Moosonee

Baie-Comeau

Gaspé

CAPE
BRETON

ST-PIERRE
& MIQUELON
(France)

d Lake

O N T A R I O

Chibougamau

SAGUENAY

Rimouski

Rivière-du-Loup

Bathurst

I.P.-É.

Sydney

Charlottetown

Sioux Lookout

Kapuskasing

Rouyn-Noranda

Chicoutimi

Edmunston

NOUVEAU
BRUNSWICK

Moncton

NOUVELLE-ÉCOSSE

Truro

Halifax

yra
Dryden

Nipigon

Timmins

Val-d'Or

MAURICIE

Québec

St-Georges

Fredericton

Saint-Jean

FUNDY

Windsor

Lunenburg

Thunder Bay

PUKASKWA

Wawa

New Liskeard

Trois-Rivières

Drummondville

Sherbrooke

MAINE

Digby

uluth

Lac Supérieur

Sault-
Sainte-Marie

Sudbury

North Bay

Montréal

Yarmouth

TA

St. Paul

MICHIGAN

BRUCE PENN.

Barrie

Peterborough

Ottawa

Cornwall

Montpelier

VT

N.H.

OCÉAN

Green Bay

WISCONSIN

Lac Michigan

Lac Huron

Toronto

Hamilton

Kingston

NEW YORK

Concord

Augusta

Milwaukee

Lansing

Sarnia

London

Windsor

Niagara Falls

Buffalo

Albany

MASS.

CONN.

Boston

Providence
R.I.

Chicago

Gary

PT. PELEE

Cleveland

PENNSYLVANIA

Harrisburg

Newark

Trenton

NEW JERSEY

New York

Des Moines

UE

WA

CANADA L'ENCYCLOPÉDIE
2000

Stanké

Les Éditions internationales Alain Stanké

Montréal • Paris • New York

Données de catalogage avant publication (Canada)

Vedette principale au titre :

L'encyclopédie du Canada

Éd. 2000.
Adaptation de : The Canadian encyclopedia

ISBN 2-7604-0766-7

1. Canada - Encyclopédies. I. Titre.

FC23.C3614 2000   971'.003   C00-941271-9
F1006.C3614 2000

Les Éditions internationales Alain Stanké remercient le Conseil des Arts, le ministre du Patrimoine canadien et la Société de développement des entreprises culturelles pour leur soutien financier.

Elles remercient particulièrement le Bureau du Canada pour le millénaire de son appui moral et matériel, sans lequel la présente œuvre n'aurait pu voir le jour.

Nous reconnaissons l'aide financière du gouvernement du Canada par l'entremise du Programme d'Aide au Développement de l'Industrie de l'Édition (PADIÉ) pour nos activités d'édition.

Carte en début de volume: Dun Map inc.
La carte en fin de volume a été établie d'après les renseignements tirés des cartes de l'Atlas national du Canada, Centre canadien de télédétection.
© 2000, Sa Majesté la Reine du chef du Canada, avec l'autorisation de Ressources naturelles Canada.

Cette édition est publiée par
Les Éditions internationales Alain Stanké Ltée
Avec l'aimable autorisation de McClelland & Stewart Inc.

ISBN 2-7604-0766-7

Dépôt légal: Bibliothèque nationale du Québec, 2000.

Les Éditions internationales Alain Stanké
615, boulevard René-Lévesque Ouest, bureau 1100
Montréal (Québec) H3B 1P5
Téléphone: (514) 396-5151
Télécopieur: (514) 396-0440
Courrier électronique: editions@stanke.com
Internet: www.stanke.com

IMPRIMÉ ET RELIÉ AU CANADA (QUÉBEC)

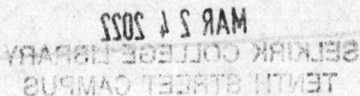

Préface

*« Je suis un homme et rien
de ce qui est humain ne
m'est étranger. »*

(Térence)

Il y a seize ans, Alain Stanké vint frapper à ma porte de Secrétaire d'État pour obtenir l'appui financier nécessaire pour traduire et adapter en langue française L'ENCYCLOPÉDIE DU CANADA, dont Mel Hurtig avait entrepris la publication cinq ans auparavant. Si Alain Stanké n'était pas venu m'enthousiasmer pour son projet, je l'aurais probablement moi-même relancé pour le convaincre de l'à-propos de cette aventure.

Ce qu'il ignorait alors, c'est que je suis pratiquement né avec l'Encyclopédie. Non pas celle de Hurtig et Stanké, mais plutôt celle de Grolier. En effet, après la guerre, dans les années de prospérité qui suivirent, des vendeurs ambulants ratissaient les quartiers de Montréal pour offrir, aux personnes avides de savoir, les 13 volumes illustrés et reliés en cuir bleu de l'Encyclopédie Grolier, ainsi que la petite bibliothèque qui les contenait.

Ma mère y vit immédiatement la réponse à toutes ses interrogations sur le monde et les activités humaines, une mine de connaissances. Si mon frère et moi parvenions à lire les 13 volumes, nous allions être enfin des «hommes cultivés». Pour ma mère, les idées qu'on acquiert par la lecture et par la société sont le germe de presque toutes les découvertes. Un peu naïvement, mon frère et moi avons donc entrepris de lire la fameuse encyclopédie. Nous avions beau y consacrer tous nos jours de pluie, rien n'y fit; nous ne sommes jamais allés plus loin que le premier tome. Cela ne nous a pas empêchés de parcourir les autres volumes au gré de nos intérêts particuliers et de nos découvertes. Quand mon frère en avait terminé avec un tome, nous nous l'échangions pour être bien sûrs que l'un n'en savait pas plus que l'autre ! Surtout qu'à l'occasion, ma mère nous faisait subir un petit examen oral de routine pour bien s'assurer que notre culture allait en progressant.

Selon elle, c'était le complément essentiel à l'éducation que nous recevions à l'école; il s'agissait encore moins de bien penser que d'apprendre à penser par soi-même. Pour nous, c'était une façon de nous réfugier dans le monde imaginaire et merveilleux qui nous paraissait sans fin, tant les caractères d'imprimerie étaient minuscules, les feuilles minces comme du papier de soie, sans compter le temps qu'il fallait mettre pour arriver à comprendre le quart de ce qui était écrit…

Lorsqu'il est entré dans mon bureau, il y a 16 ans, Alain Stanké ne savait pas qu'il me faisait revivre mes plus tendres souvenirs au royaume merveilleux des découvertes enfantines. Lorsqu'il me rappela l'an dernier pour me convaincre du besoin de rééditer L'ENCYCLOPÉDIE DU CANADA (épuisée) à l'aube de ce troisième millénaire, j'ai vu dans ses yeux l'étincelle qui avait jadis convaincu ma mère de nous ouvrir les portes du monde étonnant des connaissances.

Bien sûr, L'ENCYCLOPÉDIE DU CANADA 2000 n'est pas à lire d'une page à l'autre. On consulte d'ailleurs davantage un dictionnaire qu'on ne le *lit*. Mais l'Encyclopédie est plus qu'un dictionnaire ou la compilation méthodique des mots du langage parlé ou écrit. C'est la somme des connaissances acquises par une société à une certaine époque de son développement. C'est une sorte de thésaurus qui est comme une photographie du temps social. C'est l'état des connaissances et de l'achèvement d'une société pris en instantané.

L'idée d'une compilation des connaissances acquises a curieusement germé au Siècle des Lumières chez les Français, à l'occasion de la traduction d'une encyclopédie… anglaise ! En 1747, Diderot entreprit de traduire la *Cyclopædia or An Universal Dictionary of Arts and Sciences* publiée à Londres par Ephraim Chambers, Owen & Al en 1728. S'étant vite rendu compte que l'ouvrage de Chambers ne satisferait pas la «curiosité ou le goût français», Diderot et ses amis, d'Alembert, Voltaire, Rousseau, Montesquieu, Marmontel, entreprirent de rédiger leur *Encyclopédie ou Dictionnaire raisonné des sciences, des arts et des métiers, par une Société de Gens de lettres.* Riche de 17 volumes de texte, et de 11 volumes de planches illustrées, l'ouvrage mit près de vingt ans à être complété (1751-1772).

Censurée par la main royale et les gens d'église, ses travaux interrompus par manque de fonds, l'Encyclopédie put enfin voir le jour grâce à Catherine de Russie qui, finalement, permit aux 4000 exemplaires d'être imprimés, en achetant la bibliothèque personnelle de Diderot, tout en lui en laissant l'usufruit et en lui avançant cinquante ans à venir de salaire annuel. Comme quoi les subventions pour sauvegarder les grands projets ne datent pas d'hier ! Mais Diderot n'était pas qu'un esprit curieux. C'était aussi un fin polémiste et c'est pourquoi tous ses amis philosophes furent conscrits à l'œuvre immense qui consistait à faire la somme de toutes les connaissances d'une société libre.

L'œuvre de l'Encyclopédie était en effet fondée sur le postulat que combattre l'ignorance, c'est aussi combattre les despotes, l'autoritarisme, les idées reçues, l'obscurantisme.

À leur manière, Diderot et ses amis visaient la royauté et la puissance temporelle des églises, leurs exactions comme leur absolutisme. Selon lui, la connaissance est inséparable de la tolérance, du pluralisme, en somme des Lumières. Oh ! j'allais oublier, les Britanniques se rattrapèrent et suivirent en publiant à Édimbourg, en 1771 (la dernière année de l'Encyclopédie de Diderot), leur fameuse *Encyclopædia Britannica — or a Dictionnary of Arts and Sciences, compiled upon a new plan.* La boucle était bouclée : les Français ayant copié les Anglais, ces derniers leur rendaient la politesse.

Ainsi va le Canada, 200 ans plus tard ! Mais soyons juste ! La somme de toutes les connaissances accumulées dans L'ENCYCLOPÉDIE DU CANADA 2000 ne nous dispense pas des défis qui sont les nôtres, à l'heure des frontières éclatées. La culture n'est pas le bilan des connaissances. Elle est avant tout l'effort que fait l'esprit pour porter sur son temps le jugement critique qui seul peut nous sauver de la médiocrité du consensus. Car qu'en est-il de ce consensus, sinon la mainmise des pouvoirs du jour sur la conscience des masses asservies?

Diderot l'avait bien vu, lui qui fut censuré et emprisonné pour avoir propagé dans l'Encyclopédie des idées jugées séditieuses et subversives par les pouvoirs royaux et de l'Église.

Heureusement, Alain Stanké ne finira pas au cachot pour avoir publié une Encyclopédie du Canada. Certains esprits chagrins ou sectateurs, cependant, le relégueront à la prison de leur ostracisme, parce qu'il aura osé faire de l'Encyclopédie du Canada un ouvrage plus large que leur seul territoire mental.

Comme quoi, toute Encyclopédie est aussi un manifeste politique. Dans l'univers des connaissances, les idées reçues ont toujours été un frein à l'avancement des hommes.

Il n'y a que la liberté d'agir et de penser qui soit capable de produire de grandes choses et elle n'a besoin que de lumières pour se préserver des excès, aimaient à dire les Encyclopédistes.

Je me demande, en fait, où en est rendue l'Encyclopédie Grolier de ma mère…

Hon. Serge Joyal, c.p., o.c.

Présentation de l'éditeur

En 1985 paraissait *The Encyclopedia of Canada*. C'était la première fois qu'une telle somme de connaissances sur le pays avait été portée à l'attention du grand public par un éditeur, un professionnel discret mais efficace, Mel Hurtig. En voyant l'œuvre accomplie par ce pionnier d'Edmonton, j'eus l'idée un peu folle d'en faire bénéficier les francophones du pays et pris la décision de la publier en français.

Je passe sous silence les efforts que mon équipe et moi avons dû entreprendre pour mener à bien la tâche de choisir parmi des milliers d'articles ceux qui nous intéressaient particulièrement, puis de les faire traduire ou de les adapter. Devait-on omettre telle personnalité publique de l'Ouest dont les seuls mérites avaient été de faciliter la vie des producteurs de colza ou encore tel politicien néo-écossais, plutôt obscur, mais qui avait joué un rôle, mineur mais respectable, au cours de la Première Guerre mondiale? Chaque choix fut difficile, chaque décision déchirante. Et puis il fallait aussi tenir compte de l'aspect français de l'Encyclopédie en comblant certaines lacunes concernant le Québec. Un groupe de conseillers s'en chargea, dans les limites habituelles des budgets et du temps impartis.

À sa sortie en 1987, L'ENCYCLOPÉDIE DU CANADA, qui ne comptait pas moins de trois millions de mots, fut accueillie avec enthousiasme dans les établissements d'enseignement, les bibliothèques, les représentations canadiennes à l'étranger. Des milliers de jeunes, du primaire à l'Université, y découvrirent des sujets de dissertation, de la documentation, des pistes de recherches. Cela n'empêcha pas quelques esprits chagrins de nous reprocher d'avoir omis telle ou telle personne, d'avoir donné trop d'importance aux personnalités anglophones (ils représentent pourtant la majorité au Canada), de ne pas avoir inséré davantage d'articles concernant la réalité québécoise. Et puis il y eut quelques inévitables critiques autoproclamés (ou encore téléguidés), qui s'attachèrent à des erreurs mineures ou à des omissions, et ne manquèrent pas de nous faire quelques procès d'intention. Je me suis alors dit que ces personnes seraient sans nul doute récupérées par quelque maison concurrente pour concevoir enfin l'Encyclopédie idéale, parfaite…

Pour entreprendre une œuvre de cette envergure, j'ai toujours pensé qu'il fallait accepter de figer un certain nombre de faits dans le temps et dans l'espace, de commettre quelques erreurs, mais surtout d'appliquer une devise qui était celle du *Quartier latin* de ma jeunesse (je parle du journal des étudiants de l'Université de Montréal), dans les années cinquante : «Bien faire et laisser braire». Les milliers de messages d'appréciation que nous avons reçus nous ont donné raison. Nos enfants ont puisé une foule de renseignements et élargi leurs connaissances dans les trois volumes de l'Encyclopédie de 1987. Pour certains d'entre eux, elle a joué le rôle de nourrice spirituelle. Mission accomplie. Bons joueurs, nous attendions la fameuse encyclopédie qui, selon quelques détracteurs hargneux, restait à faire.

Treize ans se sont écoulés et le temps de la mise à jour est largement venu. Sans concurrents en vue, nous avons décidé de reprendre le relais à l'occasion de ce passage symbolique vers les dix prochains siècles. Voici donc la nouvelle ENCYCLOPÉDIE DU CANADA 2000, qui a pu voir le jour grâce à l'aide que le gouvernement fédéral accorde aux projets du Millénaire. Plus documentée que jamais, elle contient près de cinq millions de mots au lieu de trois. Pour accommoder cette somme de connaissances, nous avons, après étude, décidé de supprimer les illustrations. D'apparence plus sobre, condensée, elle permet d'incorporer sous la forme d'un seul volume, dans près de 3000 pages, 66 pour cent d'informations de plus que dans les trois tomes de l'Encyclopédie précédente. Un effort particulier a été déployé pour souligner les réalisations du Québec et des Canadiens français des autres provinces. La plupart des articles les concernant ont été revus et un nombre d'articles important ont été commandés, par exemple pour souligner l'apport à notre littérature des auteurs de l'Ouest, trop souvent oubliés, ou encore à propos du Québec, pour rendre compte des réalités socioéconomiques non suffisamment approfondies dans l'édition en langue anglaise. Pour venir à bout de cette somme de travail, l'Encyclopédie a eu recours à plusieurs centaines de conseillers hautement qualifiés, dont on trouvera la liste plus loin dans ces pages, ainsi qu'à plus de 3000 collaborateurs.

Je voudrais ici remercier l'équipe de l'Encyclopédie, qui a travaillé d'arrache-pied dans des délais très courts sans perdre son enthousiasme. Tout d'abord Jean-Louis Morgan, un «encyclopédiste» chevronné qui faisait déjà partie de l'équipe de 1985; Frédéric Kantorowski, dont les connaissances des aspects socioculturels et sociopolitiques du Québec se sont avérées des plus précieuses; Françoise de Luca, dont l'expérience en journalisme a pu s'appliquer à merveille au monde de l'édition; Daniel Bertrand enfin, à qui a échu la tâche difficile de la coordination technique.

Tout comme sa devancière du siècle dernier, à l'orée du millénaire, L'ENCYCLOPÉDIE DU CANADA 2000 est une entreprise sans précédent dans l'histoire de l'édition canadienne. Puissent les lecteurs y trouver l'information, la réflexion et les références dont ils ont besoin pour satisfaire leur curiosité ou ouvrir d'autres pistes dans leur quête de connaissances.

L'éditeur
Alain Stanké, c.m.

L'équipe de l'Encyclopédie du Canada 2000

Président
Serge Joyal, c.p., o.c.

Éditeur
Alain Stanké, c.m.

Directeur général
Jean-Louis Morgan

Rédacteur en chef
Frédéric Kantorowski

Chef de production
Daniel Bertrand

Secrétaire de rédaction
Françoise de Luca

Coordonnatrice
Danielle Poisson

Traduction
Optimum Translation, de Fredericton, pour
McClelland & Stewart inc.

Révision principale
Nicole Henri
Brigitte Seux
Lise Gauthier

Révision
Services linguistiques Adex
Laurence Hurtel
Nicole Labrecque
Delphine Le Roux
Hélène Léveillé

Marie-Ève Linck
Chantal Quiniou
Marie-Laurence Poirel
Samuel Rosa
Barbara Szots
Sophie Sainte-Marie
Marie-Catherine T. de Cabarrus
Anne-Marie Théorêt

Correcteurs et correctrices
Maroun Abou Fayssal
Annie Archambault
Jacques Audet
Sabine Auguste
Charles-Olivier Boch
Emery Brunet
Marie-Claire Chouinard
Éric de Larochellière
Thérèse Desgroseillers
Denis Desjardins
Virginie di Giorgio
Annie Florent
Anne-Louise Genest
Carole Hébert
Marie-Josée Labrie
Chantale Landry
Julie Lalancette
Joël Laplante
Véronique Leblanc
Éric Leca
Axel Morgan
Annie Ouellet
Denise Renaud
Virginie Simonard

Bibliothécaire conseil
Alain Létourneau

L'Encyclopédie du Canada est une adaptation française de *The Canadian Encyclopedia*,
publiée par la maison McClelland & Stewart inc.

Administrateur
George Goodwin
Vice-président au
Développement corporatif

Éditeur
Douglas M. Gibson

Rédacteur en chef
James H. Marsh, c.m.

Comité national

Président
Harry E. Gunning
Killam Memorial Professor of Chemistry
University of Alberta

W.H. New
Professor of English
University of British Columbia
Editor, Canadian literature

J.M.S. Careless
Professor of History
University of Toronto

Rose Sheinin
Vice-Dean, School of Graduate Studies
University of Toronto

A. Davidson Dunton
Fellow, Institute of Canadian Studies
Carleton University

Thomas, H.B. Symons
Vanier professor
Trent University

Eva M.Kushner
President
Victoria University
Toronto

Catherine T. Wallace
Former Chairperson
Maritime Provinces Higher Education Commission

Pierre Maranda
Professeur d'anthropologie
Université Laval

Norman Ward
Professor emeritus of Economics & Political Science
University of Saskatchewan

Conseillers

Abler, Thomas S.
Associate Professor of
Anthropology
University of Waterloo

Adam, Gordon Stuart
Professor & Director
School of Journalism
Carleton University

Allard, Michel
Professeur
Département des sciences
de l'éducation
UQAM

Allen, Robert S.
Deputy Chief
Treaties & Historical
Research Centre
Dept. of Indian &
Northern Affairs
Ottawa

Altmann, Anna E.
Assistant Professor of
Library Science
University of Alberta

Anderson, Robert S.
Research Scientist
Canadian Museum of
Nature
Ottawa

Arthurs, H.W.
Professor, Osgoode Hall
Law School
York University

Artibise, Alan F.J.
School of Community &
Regional Planning
University of British
Columbia

Asch, Michael
Professor of Anthropology
University of Alberta

Atwood, Margaret
Writer, Toronto

Baker, G. Blaine
Associate Professor of
Law
McGill University

Baker, Melvin
Archivist & Historian
Memorial University

Barker, C.A.V.
Professor Emeritus
University of Guelph

Barratt, Robert F.
Editor, Food in Canada
Toronto

Bateman, Jeff
Senior Editor
The Record
Vancouver

Beard, William R.
Lecturer in Film Studies
University of Alberta

Beaudry, Nicole
Ethnomusicologue
Département de musique
UQAM

Beaulnes, Aurèle
Directeur, Institut Armand-
Frappier
Université du Québec

Beckwith, John
Composer & Professor
Emeritus
Faculty of Music
University of Toronto

Bélanger, Pierre W.
Professeur de sociologie
de l'éducation
Université Laval

Bell J. Milton
Professor of Animal
Science
University of
Saskatchewan

Bell, Robert E.
Director
Arts, Science &
Technology Centre
Vancouver

Berger, Carl
Professor of History
University of Toronto

Bernard, André
Professeur de science
politique
UQAM

Bernard, Paul
Professeur de sociologie
Université de Montréal

Bird, Frederick B.
Associate Professor
Concordia University

Bishop, Charles J.
Retired Agrologist
Agriculture Canada,
Ottawa

Blakeley, Phyllis R.
Former Provincial Archi-
vist for Nova Scotia
Public Archives of Nova
Scotia
Halifax

Bliss, Michael
Professor of History
University of Toronto

Bothwell, Robert
Professor of History
University of Toronto

Boulet, Lionel
Vice-président exécutif
Technologie et affaires
internationales
Hydro-Québec
Varennes, Québec

Bourassa, André G.
Historien
Département de théâtre
UQAM

Breton, Raymond
Professor of Sociology
University of Toronto

Brierley, J.E.C.
Sir William Macdonald
Professor
Dean, Faculty of Law
McGill University

Bruneau, Angus A.
President & Chief
Executive Officer
Newfoundland Light &
Power Co Limited

Buckner, Phillip A.
Professor of History
University of New
Brunswick

Burant, Jim
Archivist
National Archives of
Canada
Ottawa

Burnett, David
Independent Curator &
Writer
Toronto

Cairns, Alan C.
Professor of Political
Science
University of British
Columbia

Calvert, Kerri
Librarian
Sociology Information
Centre
University of Alberta

Cameron, Christina
Director General
National Historic
Parks & Sites
Environment Canada,
Parks,
Hull

Cameron, Elspeth
Co-ordinator, Canadian
Literature & Language
Programme
New College
University of Toronto

Campbell, Mary-Louise
Associate Professor of Art
History (retired)
Carleton University

Chalmers, Ronald
The Edmonton Journal
Edmonton

Chambers, J.K.
Professor of Linguistics
University of Toronto

Chengalath, Rama
Research Scientist
Canadian Museum of
Nature
Ottawa

Chodos, Robert
Translator
New Hamburg, Ont.

Clayton-Gouthro, Cecile
Assistant Professor of Clo-
thing and Textiles
University of Manitoba

Clement, Wallace
Professor of Sociology
Carleton University

Clifford, N. Keith
Associate Professor of
Religious Studies
University of British
Columbia

Coad, Brian W.
Research Scientist
Canadian Museum of
Nature
Ottawa

Cockshutt, E. Philip
Director, Division of
Energy
National Research Council
Ottawa

Cogswell, Fred
Professor Emeritus of
English Literature
University of New
Brunswick

Cook, Francis R.
Researcher Emeritus
Canadian Museum of
Nature
Ottawa

Cook, George Ramsay
Professor of History
York University

Courville, Léon
Banque nationale du Canada
Montréal

Cousineau, Penny
Associate Professor of
Photography
Concordia University

Crabb, Michael
CBC
Toronto

Craven, Timothy C.
Associate Professor of
Library & Information
Science
University of Western
Ontario

Crépeau, Paul-André
Directeur, Centre de
recherche en droit privé et
comparé du Québec
Université McGill

Crown, Elizabeth M.
Professor of Textiles &
Clothing
University of Alberta

Curatorial Staff
Canadian Museum of
Contemporary
Photography
Ottawa

Dahl, Edward H.
Early Cartography
Specialist
National Archives of
Canada
Ottawa

de Mestral, Armand L.C.
Professor of Law
McGill University

Desrosiers, Georges

Dion, Gérard
Professeur de relations
industrielles
Université Laval

Dore Yvon
Recherchiste
Spécialiste des sports

Drummond, Ian M.
Professor of Economics
University of Toronto

Duciaume, Jean-Marcel
Associate Professor of
Romance Languages
University of Alberta

Dugal, Albert W.
National Museums of
Canada
Ottawa

Micheline Dumont
Professeur
Université de Sherbrooke

René Durocher
Professeur d'histoire
Université de Montréal

Dyne, Peter J.
Energy, Mines &
Resources Canada
Ottawa

Effrat, Andrew
Dean & Professor of
Education
York University

Enright, Wayne
Professor & Chair of
Computer Science
University of Toronto

Fahey, Curtis
Multicultural History
Society of Ontario
Toronto

Farr, D.M.L.
Professor Emeritus of
History
Carleton University

Fearn, Gordon
Professor of Sociology
University of Alberta

Ferguson, Barry
Edmonton

Fitzgerald, Patrick John
Professor of Law
Carleton University

Forcese, Dennis
Professor of Sociology &
Anthropology;
Dean, Faculty of Social
Sciences
Carleton University

Fortin, Pierre
Professeur d'économie
Université Laval

Fox, Paul W.
Chairman
Ontario Council on
University Affairs
Toronto

Fraser, Robert Lochiel
Senior Manuscript Editor
Dictionary of Canadian
Biography
Toronto

Fulford, Robert
Writer
Toronto

Gagnon, François-Marc
Historien de l'art
Université de Montréal

Gadacz, René Robert
Dept of Anthropology
University of Alberta

Gagnon, François-Marc
Professeur d'histoire de
l'art canadien
Université de Montréal

Gall, Gerald L.
Professor of Law
University of Alberta

Gander, Lois
Director, Legal Resource
Centre
Faculty of Extension
University of Alberta

Gendron, Pierre R.
Ancien conseiller
Hudson, Québec

Gillott, Cedric
Professor of Biology
University of
Saskatchewan

Gingras, Yves
Sociologue et historien
des sciences
UQAM

Gnarowski, Michael
Professor of English
Carleton University

Goa, David J.
Curator of Folk Life
Provincial Museum of
Alberta
Edmonton

Godard, Barbara Thompson
Associate Professor of
English
York University

Govier, George W.
President
Govier Consulting
Services Ltd
Calgary

Graham, John Finlayson
Professor of Economics
Dalhousie University

Granatstein, J.L.
Professor of History
York University

Grant, John Webster
Professor Emeritus of
Church History
Emmanuel College
Victoria University,
Toronto

Grant, Peter S.
Partner
McCarthy & McCarthy,
Barristers & Solicitors
Toronto

Gregg, Robert J.
Professor Emeritus of
Linguistics
University of British
Columbia

Grenville, Bruce
Senior Curator
Edmonton Art Gallery
Edmonton

Griffiths, Anthony J.F.
Professor of Genetics
University of British
Columbia

Gruchy, Charles G.
Assistant Director
Collections & Research
National Museum of
Natural Sciences
Ottawa

Haber, Erich
Assistant Curator of
Vascular Plants
National Museum of
Natural Sciences
Ottawa

Hall, Frederick A.
Associate Professor of
Music
McMaster University

Hamelin, Jean
Professeur d'histoire
Université Laval

Handling, Piers
Writer, Toronto

Harker, W. John
Professor of Education
University of Victoria

McGillivray, Donald G.
National Economics Editor
Southam News, Ottawa
McKenna, Sister Mary Olga
Professor of Education
Mount Saint Vincent University
McLean, Steven
News Editor
The Record
Toronto
McMaster, Gerald R.
Curator of Contemporary Indian Art
Canadian Museum of Civilization
Hull
Mackie, George 0.
Professor of Biology
University of Victoria
McKillop, A.B.
Professor of History
Carleton University
McLeod, Lionel E
President
Alberta Heritage Foundation for Medical Research
Edmonton
McMillan, Barclay
Broadcaster & Writer
Ottawa
MacMillan, Keith
Professor of Music
University of Ottawa
McMordie, Michael
Professor of Architecture
Faculty of Environmental Design;
Professor of General Studies
University of Calgary
McNicholl, Martin K.
Executive Director
Long Point Bird Observatory
Port Rowan, Ont.
McNulty, Jean
Ontario Ministry of Culture & Communications
Toronto
Mailhot, Laurent
Professeur de littérature
Université de Montréal
Robert Maltais
Journaliste
Montréal
Major, Jean-Louis
Professeur titulaire des

lettres françaises;
Coordonnateur associé
Corpus d'éditions critiques
Université d'Ottawa
Mann, Kenneth H.
Dept of Fisheries & Oceans
Bedford Institute of Oceanography
Dartmouth, NS
Marr, William
Professor of Economics
Wilfrid Laurier University
Martin, Gerard-B
Doyen, Faculté des sciences de l'agriculture et de l'alimentation
Université Laval
Martin, Lee-Ann
First Peoples Equity Coordinator
The Canada Council
Ottawa
Martin, Sandra
Writer, Toronto
Melody, William H.
Professor of Communication
Simon Fraser University
Miller, Mark
Jazz Critic & Historian
Toronto
Mills, Eric L.
Professor of Oceanography
Dalhousie University
Moir, John S.
Professor of History
University of Toronto
Monnier, Sophie
Économiste
Moore, Charles H.
Professor Emeritus
Faculty of Arts
University of Alberta
Morrison, Alexander
Assistant Deputy Minister
Health Protection Branch
Dept of National Health & Welfare
Ottawa
Morrison, William R.
Professor of History
Brandon University
Murray, Joan
Director
The Robert McLaughlin Gallery
Oshawa, Ont

Naldrett, Anthony J.
Professor of Geology
University of Toronto
Nelles, Henry Vivian
Professor of History
York University
Nelson, Joseph S.
Professor of Zoology
University of Alberta
Nemiroff, Diana
Curator of Contemporary Art
National Gallery of Canada
Ottawa
Nielsen, N. Ole
Dean
Ontario Veterinary College
University of Guelph
Nitecki, André
Professor of Library Science
University of Alberta
Noble, William C.
Professor of Anthropology
McMaster University
Nursall, J. Ralph
Professor of Zoology
University of Alberta
Officer, Jillian M.
Assistant Professor of Dance
University of Waterloo
Ogilvie, John R.
Director, School of Engineering
University of Guelph
Okamura, Kelly
DesignLink
Toronto
Orpwood, Graham W.F.
Science Adviser
Science Council of Canada
Ottawa
Ostiguy, Jean-René
Conservateur chargé de recherches
Galerie nationale du Canada
Ottawa
Ouellet, Henri
Professeur associé de sciences biologiques
Université de Montréal
Outram, Carol
DesignLink
Toronto
Owram, D.R.
Professor of History
University of Alberta

Pagé Jean
Commentateur sportif
Radio-Canada
Palmer, Howard
Professor of History
University of Calgary
Panitch, Leo Victor
Professor of Political Science
York University
Parsons, John
Dept of Social Studies
Booth Memorial Regional High School
St. John's
Pattie, Donald
Instructor, Wildlife Program
Northern Institute of Technology
Edmonton
Pawluk, Steven
Professor of Soil Science
University of Alberta
Percy, Mike
Associate Professor of Economics
University of Alberta
Perks, William T.
Professor of Urbanism & Planning
University of Calgary
Phillips, Ruth B.
Assistant Professor of Art History
Carleton University
Phillipson, Donald J.C.
Historian of Science
Ottawa
Pickard, George L.
Professor Emeritus of Oceanography
University of British Columbia
Plant, Richard L.
Professor of Drama
Queen's University;
Professor of Drama
Graduate Centre for Study of Drama
University of Toronto
Porter, Arthur
Professor Emeritus of Industrial Engineering
University of Toronto
Poupart, André
Professeur honoraire
Faculté de droit
Université de Montréal

Harris, Walter E.
Professor Emeritus of
Chemistry
University of Alberta

Havens, Betty
Provincial Gerontologist
Winnipeg

Hayne, David M.
Professor Emeritus of
French
University of Toronto

Heron, Craig
Associate Professor of
Social Science & History
York University

Heyman, Richard D.
Professor of Sociology of
Education
University of Calgary

Hill, Charles C.
Curator of Canadian Art
National Gallery of
Canada
Ottawa

Hiller, Harry H.
Professor & Head of
Sociology
University of Calgary

Hillmer, Norman
Professor of History
Carleton University

Hogg, Helen Sawyer
Professor Emeritus of
Astronomy
University of Toronto

Hutchinson, Roger C.
Associate Professor,
Church & Society
Emmanuel College
University of Toronto

Jackel, David
Professor of English
University of Alberta

Jackel, Susan
Associate Professor of
Canadian Studies
University of Alberta

Jackson, Harold
Professor of Food
Microbiology
University of Alberta

Jackson, John N.
Professor of Applied
Geography
Brock University

Jarrell, Richard A.
Associate Professor of
Natural Science
Atkinson College
York University

Jewett, Pauline
Member of Parliament
New Westminster-
Coquitlam, B.C.

Joffe, Anatole
Centre de recherche
mathématiques appliquées
Université de Montréal

Johnstone, Rose M.
Professor of Biochemistry
McGill University

Juteau-Lee, Danielle
Professeure agrégée de
sociologie
Université de Montréal

Kalbach, Warren E.
Professor of Sociology
University of Toronto

Kallmann, Helmut
Chief, Music Division
(retired)
National Library of
Canada,
Ottawa

Kalman, Harold D.
Principal
Commonwealth Historic
Resource
Management Limited,
Ottawa

Kapelos, George Thomas
President, Society for the
Study of Architecture in
Canada
Toronto

Kealey, Gregory Sean
Professor of History
Memorial University of
Newfoundland

**Kennedy, Dorothy &
Randy Bouchard**
British Columbia Indian
Language Project
Victoria

Klymasz, Robert B.
Curator, Slavic & East
European Programme
Canadian Centre for Folk
Culture Studies
Canadian Museum of
Civilization
Hull

Kula, Sam
Director, National Film,
Television & Sound
Archives
National Archives of
Canada Ottawa

Kupsch, Walter O.
Professor Emeritus of

Geology
University of
Saskatchewan

Lacroix, Laurier
Professeur d'histoire de
l'art
Université Concordia

Laine, Mabel H.
Administrator
Encyclopedia of Music in
Canada
Toronto

Lambert, James H.
Rédacteur-Historien
Dictionary of Canadian
Biography
Québec

Land, R. Brian
Executive Director
Ontario Legislative
Library;
Professor of Library &
Information Science
University of Toronto

Larin, Gilles-N.
Professeur agrégé
d'économique
Université de Sherbrooke

Larose, Gérald
Professeur et syndicaliste
Département de travail
social
UQAM

LaSalle, Pierre
Énergie et ressources,
Québec

Latouche, Daniel
Professeur de science
politique
Institut national de la
recherche scientifique

Laycock, Arleigh H.
Professor of Geography;
Director, Water Resources
Centre
University of Alberta

LeBlanc, Larry
Canadian Editor
Billboard
Toronto

Lefebvre, Marie-Thérèse
Faculté de musique
Université de Montréal

Lefebvre, Solange
Théologienne
Faculté de théologie
Université de Montréal

Legaré, Anne
Professeur
Département de science

politique
UQAM

Legget, Robert F.
Consultant
Ottawa

Lemieux, Vincent
Professeur de science
politique
Université Laval

Leroux, Georges
Professeur
Département de
philosophie
UQAM

Lessard, Claude
Professeur agrégé des
sciences de l'éducation
Université de Montréal

Jacques Léveillée
Professeur
Département de science
politique
UQAM

Levin, Malcolm A.
Associate Professor of
Education Ontario
Institute for Studies in
Education
Toronto

Levy, Julia G.
Professor of Microbiology
University of British
Columbia

Linteau, Paul-André
Professeur d'histoire
UQAM

Lithwick, N.H.
Professor of Economics &
Public Administration
Carleton University

Lord, Guy
Professeur titulaire de droit
Université de Montréal

McBryde, W.A.E.
Professor of Chemistry
University of Waterloo

McCardle, Bennett
Writer, Ottawa

McCue, H.A.
Director, Education
Services
Cree School Board,
Chisasibi, Québec

McFadyen Clark, A.
Chief, Canadian Ethnology
Service
Canadian Museum of
Civilization
Hull

Conseillers

Abler, Thomas S.
Associate Professor of Anthropology
University of Waterloo

Adam, Gordon Stuart
Professor & Director
School of Journalism
Carleton University

Allard, Michel
Professeur
Département des sciences
de l'éducation
UQAM

Allen, Robert S.
Deputy Chief
Treaties & Historical
Research Centre
Dept. of Indian &
Northern Affairs
Ottawa

Altmann, Anna E.
Assistant Professor of
Library Science
University of Alberta

Anderson, Robert S.
Research Scientist
Canadian Museum of
Nature
Ottawa

Arthurs, H.W.
Professor, Osgoode Hall
Law School
York University

Artibise, Alan F.J.
School of Community &
Regional Planning
University of British
Columbia
Vancouver

Asch, Michael
Professor of Anthropology
University of Alberta

Atwood, Margaret
Writer, Toronto

Baker G. Blaine
Associate Professor of
Law
McGill University

Baker, Melvin
Archivist & Historian
Memorial University

Barker, C.A.V.
Professor Emeritus
University of Guelph

Barratt, Robert F.
Editor, Food in Canada
Toronto

Bateman, Jeff
Senior Editor
The Record
Vancouver

Beard, William R.
Lecturer in Film Studies
University of Alberta

Beaudry, Nicole
Ethnomusicologue
Département de musique
UQAM

Beaulnes, Aurèle
Directeur, Institut Armand-
Frappier
Université du Québec

Beckwith, John
Composer & Professor
Emeritus
Faculty of Music
University of Toronto

Bélanger, Pierre W.
Professeur de sociologie
Université Laval

Bell J. Milton
Professor of Animal
Science
University of
Saskatchewan

Bell, Robert E.
Director
Arts, Science &
Technology Centre
Vancouver

Berger, Carl
Professor of History
University of Toronto

Bernard, André
Professeur de science
politique
UQAM

Bernard, Paul
Professeur de sociologie
Université de Montréal

Bird, Frederick B.
Associate Professor
Concordia University

Bishop, Charles J.
Retired Agrologist
Agriculture Canada,
Ottawa

Blakeley, Phyllis R.
Former Provincial Archi-
vist for Nova Scotia
Public Archives of Nova
Scotia
Halifax

Bliss, Michael
Professor of History
University of Toronto

Bothwell, Robert
Professor of History
University of Toronto

Boulet, Lionel
Vice-président exécutif
Technologie et affaires
internationales
Hydro-Québec
Varennes, Québec

Bourassa, André G.
Historien
Département de théâtre
UQAM

Breton, Raymond
Professor of Sociology
University of Toronto

Brierley, J.E.C.
Sir William Macdonald
Dean, Faculty of Law
McGill University

Bruneau, Angus A.
President & Chief
Executive Officer
Newfoundland Light &
Power Co Limited

Buckner, Philip A.
Professor of History
University of New
Brunswick

Burant, Jim
Archivist
National Archives of
Canada
Ottawa

Burnett, David
Independent Curator &
Writer
Toronto

Cairns, Alan C.
Professor of Political
Science
University of British
Columbia

Calvert, Kerri
Librarian
Sociology Information
Centre
University of Alberta

Cameron, Christina
Director General
National Historic
Parks & Sites
Environment Canada,
Parks,
Hull

Cameron, Elspeth
Co-ordinator, Canadian
Literature & Language
Programme
New College
University of Toronto

Campbell, Mary-Louise
Associate Professor of Art
History (retired)
Carleton University

Chalmers, Ronald
The Edmonton Journal
Edmonton

Chambers, J.K.
Professor of Linguistics
University of Toronto

Chengalath, Rama
Research Scientist
Canadian Museum of
Nature
Ottawa

Chodos, Robert
Translator
New Hamburg, Ont.

Clayton-Gouthro, Cecile
Assistant Professor of Clo-
thing and Textiles
University of Manitoba

Clement, Wallace
Professor of Sociology
Carleton University

Clifford, N. Keith
Associate Professor of
Religious Studies
University of British
Columbia

Coad, Brian W.
Research Scientist
Canadian Museum of
Nature
Ottawa

Cockshutt, E. Philip
Director, Division of Energy
National Research Council
Ottawa

Cogswell, Fred
Professor Emeritus of English Literature
University of New Brunswick

Cook, Francis R.
Researcher Emeritus
Canadian Museum of Nature
Ottawa

Cook, George Ramsay
Professor of History
York University

Courville, Léon
Banque nationale du Canada
Montréal

Cousineau, Penny
Associate Professor of Photography
Concordia University

Crabb, Michael
CBC
Toronto

Craven, Timothy C.
Associate Professor of Library & Information Science
University of Western Ontario

Crépeau, Paul-André
Directeur, Centre de recherche en droit privé et comparé du Québec
Université McGill

Crown, Elizabeth M.
Professor of Textiles & Clothing
University of Alberta

Curatorial Staff
Canadian Museum of Contemporary Photography
Ottawa

Dahl, Edward H.
Early Cartography Specialist
National Archives of Canada
Ottawa

de Mestral, Armand L.C.
Professor of Law
McGill University

Desrosiers, Georges

Dion, Gérard
Professeur de relations industrielles
Université Laval

Doré, Yvon
Recherchiste
Spécialiste des sports

Drummond, Ian M.
Professor of Economics
University of Toronto

Duclaume, Jean-Marcel
Associate Professor of Romance Languages
University of Alberta

Dugal, Albert W.
National Museums of Canada
Ottawa

Michéline Dumont
Professeur
Université de Sherbrooke

René Durocher
Professeur d'histoire
Université de Montréal

Dyne, Peter J.
Energy, Mines & Resources Canada
Ottawa

Effrat, Andrew
Dean & Professor of Education
York University

Enright, Wayne
Professor & Chair of Computer Science
University of Toronto

Fahey, Curtis
Multicultural History Society of Ontario
Toronto

Farr, D.M.L.
Professor Emeritus of History
Carleton University

Fearn, Gordon
Professor of Sociology
University of Alberta

Ferguson, Barry
University of Alberta
Edmonton

Fitzgerald, Patrick John
Professor of Law
Carleton University

Forcese, Dennis
Professor of Sociology & Anthropology;
Dean, Faculty of Social Sciences
Carleton University

Fortin, Pierre
Professeur d'économie
Université Laval

Fox, Paul W.
Chairman
Ontario Council on University Affairs
Toronto

Fraser, Robert Lochiel
Senior Manuscript Editor
Dictionary of Canadian Biography
Toronto

Fulford, Robert
Writer
Toronto

Gagnon, François-Marc
Historien de l'art
Université de Montréal

Gadacz, René Robert
Dept of Anthropology
University of Alberta

Gagnon, François-Marc
Professeur d'histoire de l'art canadien
Université de Montréal

Gall, Gerald L.
Professor of Law
University of Alberta

Gander, Lois
Director, Legal Resource Centre
Faculty of Extension
University of Alberta

Gendron, Pierre R.
Ancien conseiller
Hudson, Québec

Gillott, Cédric
Professor of Biology
University of Saskatchewan

Gingras, Yves
Sociologue et historien des sciences
UQÀM

Gnarowski, Michael
Professor of English
Carleton University

Goa, David J.
Curator of Folk Life
Provincial Museum of Alberta
Edmonton

Godard, Barbara
Associate Professor of English
York University

Thompson

Govier, George W.
President
Govier Consulting Services Ltd
Calgary

Graham, John Finlayson
Professor of Economics
Dalhousie University

Granatstein, J.L.
Professor of History
York University

Grant, John Webster
Professor Emeritus of Church History
Emmanuel College
Victoria University,
Toronto

Grant, Peter S.
Partner
McCarthy & McCarthy,
Barristers & Solicitors
Toronto

Gregg, Robert J.
Professor Emeritus of Linguistics
University of British Columbia

Greville, Bruce
Senior Curator
Edmonton Art Gallery
Edmonton

Griffiths, Anthony J.F.
Professor of Genetics
University of British Columbia

Gruchy, Charles G.
Assistant Director
Collections & Research
National Museum of Natural Sciences
Ottawa

Haber, Erich
Assistant Curator of Vascular Plants
National Museum of Natural Sciences
Ottawa

Hall, Frederick A.
Associate Professor of Music
McMaster University

Hamelin, Jean
Professeur d'histoire
Université Laval

Handling, Piers
Writer, Toronto

Harker, W. John
Professor of Education
University of Victoria

Powrie, T.
Professor of Economics
University of Alberta

Preston, Richard J.
Professor of Anthropology
McMaster University

Quarterman, C. David
President
Alexander Bay Associates
Ottawa

Rea, J.E.
Professor of History
University of Manitoba

Redmond, Gerald
Professor of Physical
Education & Recreation
University of Alberta

Reed, F.L.C.
NSERC Professor of
Forest Policy
University of British
Columbia

Reid, Dennis
Curator of Canadian Art
Art Gallery of Ontario
Toronto

Reid, John G.
Associate Professor of
History
Saint Mary's University

Reid, Robert G.B.
Professor of Biology
University of Victoria

Richardson, Douglas
Associate Professor of
History of Art
University of Toronto

Riley, Barbara
Curator, History Division
Canadian Museum of
Civilization
Hull

Robertson, Ian Ross
Associate Professor of
History
University of Toronto

Robinson, J. Lewis
Professor Emeritus of
Geography
University of British
Columbia

Rocher, Guy
Professeur de sociologie
Université de Montréal

Rochon, François
Professeur de littérature
québécoise
Cégep de Saint-Laurent

Rodriguez, E.
Ottawa

Rodway, Margaret R.
Professor of Social
Welfare
University of Calgary

Roland, Charles G.
Professor of the History of
Medicine
McMaster University

Rose, Phyllis
Graduate Student
University of Toronto

Rouillard, Jacques
Professeur d'histoire
Université de Montréal

Rousseau, Louis
Professeur d'histoire
religieuse
UQAM

Routledge, Marie
Research &
Documentation
Co-ordinator
Indian & Northern Affairs
Canada
Ottawa

Roy, Patricia E.
Associate Professor of
History
University of Victoria

Ruffo, Andrée
Magistrate
Présidente du Bureau
international des droits des
enfants

Ruppenthal, Karl M.
UPS Foundation Professor;
Director, The Centre for
Transportation Studies
University of British
Columbia

Rutter, Nathaniel W.
Professor & Chairman of
Geology
University of Alberta

Saddlemyer, Ann
Professor of English &
Drama
University of Toronto

Sales, Arnaud
Professeur titulaire
Université de Montréal

Saulnier, Laurent

Saint-Yves, Maurice
Département de
géographie
Université Laval

Sawchuck, Joe
Associate Professor of
Native Studies
Brandon University

Scobie, Stephen A.C.
Professor of English
University of Victoria

Scott, Anthony
Professor of Economics
University of British
Columbia

Seager, Allen
Associate Professor of
History
Simon Fraser University

Sebert, Louis M.
Canada Lands Surveyor
Ottawa

Shadbolt, Doris
Curator Emeritus
Vancouver Art Gallery
North Burnaby, BC

Shaw, Robert F.
Consultant
Montréal

Shebeski, Leonard H.
Dean Emeritus
University of Manitoba

Shortt, Samuel E.D.
Associate Professor of
Family Medicine;
Associate Professor of
History
Queen's University

Simeon, Richard
Professor of Public
Administration
& Political Studies
Queen's University

Simmins, Geoffrey
Associate Professor of Art
History
University of Calgary

Simpson, Kieran
Editor, Canadian Who's
Who
University of Toronto
Press
Toronto

Sinclair-Faulkner, Tom
Professor of Comparative
Religion
Dalhousie University

Sirois, Antoine
Professeur de littérature
Université de Sherbrooke

Slater, Peter
Dean of Divinity, Trinity
College;
Professor of Theology

Toronto School of
Theology
Centre for Religious
Studies
University of Toronto

Slaymaker, Olav
Professor of Geography
University of British
Columbia

Smith, Derek G.
Associate Professor of
Sociology & Anthropology
Carleton University

Smith, Donald B.
Associate Professor of
History
University of Calgary

Smith, Peter J.
Professor of Geography
University of Alberta

Staines, David
Professor of English
University of Ottawa

Stairs, Denis
Professor of Political
Science
Dalhousie University

Stamp, Robert M.
Historian, Toronto

Stanbury, W.T.
UPS Foundation Professor
of Regulation
& Competition Policy
University of British
Columbia

Stanké, Alexandre
Compositeur, Montréal

Steeves, Taylor A.
Professor of Biology
University of
Saskatchewan

Stelck, Charles R.
Professor Emeritus of
Geology
University of Alberta

Stevenson, John T.
Professor Emeritus of
Philosophy
University of Toronto

Stewart, Wilson N.
Professor Emeritus of
Botany
University of Alberta

Strate, Grant
Director, Centre for the
Arts
Simon Fraser University

Strong-Boag, Veronica
Associate Professor of

History & Women's
Studies
Simon Fraser University

**Studnicki-Gizbert,
Konrad W.**
Economist
Chelsea, Québec

Sutherland, Stuart R.J.
Toronto

Swinton, George
Professor Emeritus
Carleton University;
Artist & Author
Winnipeg

Tartar, John
Professor of Computing
Science
University of Alberta

Taylor, C.J.
Historian, National
Historic Parks & Sites
Branch
Parks Canada
Ottawa

Taylor. William E., Jr.
President
Social Sciences &
Humanities Research
Council of Canada
Ottawa

Tembeck-Valaskakis, Iro
Professeur
Département de danse
UQAM

Tepperman, Lorne
Professor of Sociology
University of Toronto

Tétu, Michel
Président-directeur général
de l'année francophone
internationale
Université Laval

Thomas, Morley K.
Former Director General
Canadian Climate Centre
Downsview, Ont.

Thompson, Dixon A.R.
Professor, Faculty of
Environmental Design
University of Calgary

Toussaint, Ismène
Spécialiste en littérature
canadienne-

française de l'Ouest et en
littérature
québécoise
Auteur

Tupper, Allan
Professor of Political
Science
University of Alberta

Tweedie, Katherine
Assistant Professor of
Photography
Concordia University

Vachon, Auguste
Heraldry Archivist
Documentary
Art & Photography
Division
National Archives of
Canada
Ottawa

Vallee, Frank G
Professor Emeritus of
Anthropology &
Sociology
Carleton University

**van Zyll de Jong,
Constantinus G.**
Curator, Mammalogy
Section
National Museum of
Natural Sciences
Ottawa

Verkaik, Arjen
Skyart Productions
Elmwood, Ont.

Véronneau, Pierre
Historien
Cinémathéque québécoise/
Musée du cinéma
Montréal

Versailles, Claire
Encyclopédie de la
musique au Canada
Montréal

Vézina, Claude
Directeur adjoint
Institut Armand-Frappier
Laval, Québec

Von Borstel, R.C.
Professor of Genetics
University of Alberta

Wagner, Anton
Director of Research

World Encyclopedia of
Contemporary Theatre
York University

Waite, P.B.
Professor of History
Dalhousie University

Ward, Norman
Professor Emeritus of
Economics
& Political Science
University of
Saskatchewan

Wardrop, Patricia
Research Associate &
Indexer
Encyclopedia of Music in
Canada (1981, 1992
editions)
Toronto

Watson, William
Associate Professor of
Economics
McGill University

Webster, Donald B.
Curator Emeritus
Canadian Decorative Arts
Royal Ontario Museum
Toronto

Weinrich, Peter H.
Executive Director
Canadian Crafts Council
Ottawa

West, J. Thomas
Manager
Winter Olympic Hall of
Fame
Calgary

Whitaker, Reginald
Professor of Political
Science
York University

Whyte, Donald R.
Professor of Sociology &
Anthropology
Carleton University

Wilkin, Karen
Independent Curator &
Critic
Toronto & New York

Wilkinson, Bruce W.
Professor of Economics
University of Alberta

Wilkinson, Paul F.

Associate Professor of
Environmental
Studies & Geography
York University

Williams, William M.
Birks Professor of
Metallurgy
McGill University

Williamson, Mary F.
Fine Arts Bibliographer
York University

Wilson, J. Donald
Professor of History of
Education
University of British
Columbia

Wise, S.F.
Professor of History;
Dean of Graduate Studies
& Research
Carleton University

Wolfe, Morris
Ontario College of Art
Toronto

Wolfe, Roy I.
Professor of Geography
(retired)
York University

Wonders, William C.
Professor of Geography
University of Alberta

Woodcock, George
Writer, Vancouver

Wyczynski, Paul
Titulaire de recherche des
lettres françaises
Université d'Ottawa

Wyman, Max
Author & Critic,
Vancouver

Young, Walter D.
Professor of Political
Science
University of Victoria

Zeller, Suzanne E.
Assistant Professor of
History
Wilfrid Laurier University

Zepp, Norman
Independent
Curator/Consultant
Saskatoon

Auteurs

Abbott, Caroline Louise
Auteur et photographe
Montréal

Abella, Irving M.
Professor of History
Glendon College
York University

Abler, Thomas S.
Associate Professor of
Anthropology
University of Waterloo

Abley, Mark
Auteur
Montréal

Abu-Laban, Baha
Professor of Sociology
University of Alberta

Abugov, Marvin
Senior Public Affairs
Officer
Dept of Communications
Alberta Advanced
Education and Career
Development
Edmonton

Acer, David

Acland, Charles
University of Calgary

Acton, Donald
Agriculture Canada
Saskatoon

Adair, Annalee
Program Administrator
City of Ottawa

Adams, Annmarie
School of Architecture
McGill University

Adams, Peter
Professor of Geography
Trent University

Adell, Jacqueline
Architectural History
Division
Parks Canada
Ottawa

Adie, Peter A.
Former Head
Biomedical Section
Defence Research
Establishment
Suffield, Alta.

Ahearn, Catherine
Author & Poet Laureate of
Ottawa (1982-84)
Ottawa

Aide, William

Aiken, David E.
Research Scientist
Biological Station, Dept of
Fisheries & Oceans
St. Andrews, N.B.

Albert, Jim
Associate Professor of
Social Work
Carleton University

Aldrich, Frederick A.
Professor of Biology &
Dean of Graduate Studies
Memorial University of
Newfoundland

Allaire, Gratien
Professeur d'histoire
Laurentian University

Allard, Jacques
Professeur de littérature
Université du Québec à
Montréal

Allen, A. Richard
Member of the Ontario
Legislative Assembly
Hamilton, Ont

Allen, Karyn Elizabeth
Curator of Art
The Nickle Arts Museum
Calgary

Allen, Max
Curator
The Museum for Textiles
Toronto

Allen, Robert S.
Deputy Chief, Treaties &
Historical Research Centre
Indian & Northern Affairs

Allen, Willard F.
Professor Emeritus of
Chemistry
University of Alberta

Allodi, Mary
Curator Emeritus
Canadiana Dept
Royal Ontario Museum
Toronto

Alt, Marlene
Writer
Ottawa

Amatt, John
President
One Step Beyond
Canmore, Alta.

Ambler, Steven
Département des sciences
économiques
Université du Québec à
Montréal

Anctil, Pierre
Chercheur
Institut québécois de
recherche sur la culture
Montréal

Anderson, Carol
Choreographer, Writer &
Dancer
Toronto

Anderson, Donald W.
General Secretary
Canadian Council of
Churches
Toronto

Anderson, Doris H.
Toronto

Anderson, Duncan M.
Associate Professor of
Geography
Carleton University

Anderson, Frank W.
Historian
Saskatoon

Anderson, Grace M.
Professor of Sociology &
Anthropology
Wilfrid Laurier University

Anderson, Peter S.
Assistant Professor of
Communication
Simon Fraser University

Andreae, Christopher A.
Historica Research
Limited
London, Ont.

Andrew, Edward
University of Toronto

Andrew, Sheila
Graduate Student
University of New
Brunswick

Andrews, Florence
Associate Professor of
Sociology
Carleton University

Andrews, Thomas D.
Archaeologist

Prince of Wales Northern
Heritage Centre
Yellowknife

Andrus, Donald F.P.
Associate Professor of
Art History
Concordia University

Andrés, Bernard
Professeur d'études
littéraires
Université du Québec à
Montréal

Anisef, Paul
Associate Professor of
Sociology
York University

Anstey, Thomas H.
Agrologist
Ottawa

Apostolides, Jean-Marie
William Bonsall Professor
of French Literature
Stanford University, Calif.

Applebaum, Louis
Chairman, Federal
Cultural Policy Review
Committee (1980-82)
Toronto

Archbold, Rick

Archer, Christon I.
Professor of History
University of Calgary

Archer, David J.W.
Archaeologist
Northwest Community
College
Prince Rupert, B.C.

Archibald, Clinton
Professor
Dept of Administration
University of Ottawa

Archibald, Mary
Writer
Shelburne, N.S.

Arima, Eugene
Ethnologist
Ottawa

Arlett, Allan
Canadian Centre for
Philanthropy
Toronto

Armatage, Kay
Cinema Studies &
Women's Studies
University of Toronto

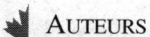
Armour, Audrey M.
Associate Professor &
Associate Dean
Dept of Environmental
Studies
York University

Armour, Leslie
Professor of Philosophy
University of Ottawa

Armstrong, Pat
School of Canadian
Studies
Carleton University

Arnason, John T.
Associate Professor of
Biology
University of Ottawa

Arrell, Douglas
Dept of Theatre
University of Winnipeg

Arsenault, Georges
Visiting Professor in
Acadian Studies
University of Prince
Edward Island

Arseneault, Céline
Botaniste (Bibliothécaire)
Jardin botanique de la
Ville de Montréal

Arsenault, Michel
Journaliste et auteur

Arthur, Eric R.
Architect & Writer
Toronto

Artibise, Alan F. J.
Professor of Community &
Regional Planning
University of British
Columbia

Asch, Michael I.
Professor of Anthropology
University of Alberta

Asimakopulos, Athanasios
Professor of Economics
McGill University

Asselin, Alain
Professeur de phyto-
pathologie
Université Laval

Asselstine, Alan J.
Head
Farm Input Analysis
Agriculture & Agri-Food
Canada
Ottawa

Atchison, John
Senior Lecturer in History
University of New
England College

Armidale, N.S.W,
Australia

Atwood, Margaret
Writer
Toronto

Aubrey, Irene E.
Chief, Children's
Literature Service
National Library of
Canada
Ottawa

Auger, Simone
Canadian Music Centre
Toronto

Augusteijn, Eleanor
Historian
Caledon East, Ont.

Aun, Karl
Professor Emeritus of
Political Science
Wilfrid Laurier University

Austin, John W.
Research Scientist
Food Directorate, Health
Protection Branch
Health Canada
Ottawa

Austin-Smith, Brenda
English Department
Fort Garry Campus,
University of Manitoba

Austin-Smith, Peter J.
Manager, Wildlife
Resources
Dept of Lands & Forests

Austman, Helgi H.
Agricultural Consultant,
Gimli, Man.

Avery, Donald H.
Associate Professor of
History
University of Western
Ontario

Axworthy, Thomas Sydney
The CRB Foundation
Montréal

Ayer, William A.
Professor of Chemistry
University of Alberta

Ayers, Hugh D.
School of Engineering
University of Guelph

Ayles, G. Burton
Director
Freshwater Institute
Winnipeg

Ayre, John
Writer
Guelph, Ont

Aytenfisu, Maureen
Student
Edmonton

Babcock, Douglas R.
Historian
Edmonton

Babcock, Robert H.
Professor of History
University of Maine

Babe, Robert E.
Associate Professor of
Communication
University of Ottawa

Bachynski, Morrel P.
Président
MPB Technologies inc.
Dorval, Québec

Baerwaldt, Margaret
Regina

Baglole, Harry
Director, Institute of Island
Studies
University of Prince
Edward Island

Bagnell, Kenneth
Toronto

Bai, David H.
Associate Professor of
Anthropology
University of Alberta

Baillargeon, Stéphane
Journaliste
Montréal

Baigent, Margaret J.
Associate Professor of
Nutrition
University of Toronto

Baird, David M.
Director
Royal Tyrrell Museum of
Palaentology
Drumheller, Alta.

Baird, George

Baird, Patricia A.
Professor of Medical
Genetics, University of
British Columbia

Baker, Allan J.
Associate Professor of
Zoology
University of Toronto

Baker, G. Blaine
Associate Professor
of Law
McGill University

Baker, Melvin
Archivist & Historian
President's Office

Memorial University of
Newfoundland

Baker, R. J. (Bob)
Crop Development Centre
University of
Saskatchewan

Baker, William M.
Professor of History
University of Lethbridge

Baldwin, Douglas O.
Professor of History
Acadia University

Baldwin, John R.
Former Deputy Minister,
Transport; Former Presi-
dent, Air Canada

Bale, Gordon
Professor of Law
Queen's University

Ball, Georgiana G.
Historian
Victoria

Ball, Norman R.
Historian of Engineering
Ottawa

Bandoni, Robert J.
Professor Emeritus of
Botany
University of British
Columbia

Banfield, Paul A.
Archival Consultant
Kingston, Ont

Banting, Keith Gordon
Professor of Political
Studies
Queen's University

Baragar, Alvin
Edmonton

Barber, Katherine
Oxford University Press
Don Mills, Ont.

Barber, Marilyn J.
Associate Professor
of History
Carleton University

Barbour, Douglas F.
Professor of English
University of Alberta

Barker, Clifford A.V.
Professor Emeritus
OVC Museum
University of Guelph

Barker, Howard
Cloud Physics Research
Division, ARMP
Environment Canada
Downsview, Ont.

Barlow, Jon C.
Curator of Ornithology
Royal Ontario Museum
Toronto

Barman, Jean
Professor of Educational
Studies
University of British
Columbia

Barnard, David T.
Associate Professor of
Computing & Information
Science; Director of Computing Services
Queen's University

Barnes, John
Research Consultant
Law Reform Commission
of Canada
Ottawa

Barnes, R. G.
Canadian Waterski
Association
Gloucester, Ont.

Barr, Elinor
Writer & Researcher
Thunder Bay, Ont.

Barr, John J.
Director of Public Affairs
Syncrude Canada Ltd.
Edmonton

**Barradas, Remigio
Germano**
Professor of Chemistry
Carleton University

Barratt, Robert F.
Editor
Food in Canada
Toronto

Barrett, Tony
Investment Banker &
Environmentalist
Toronto

Barrie, Cecily

Barrie, H. J.
Schomberg, Ont.

Barrington-Leigh, John
Edmonton

Barris, Ted
Author
Toronto

Barry, Eric
President
Canadian Textiles Institute
Ottawa

Barry, George S.
Energy, Mines &
Resources Canada
Ottawa

Bartlett, David W.
Manotick, Ont.

Bartlett, Donald R.
Professor of English
Memorial University of
Newfoundland

Basinger, James F.
Professor of Geology
University of
Saskatchewan

Baskerville, Peter A.
Chair & Associate Professor of History
University of Victoria

Bassler, Gerhard
Dept of History
Memorial University

Baster, Victoria
Assistant Curator
University of Lethbridge
Art Gallery

Baszczynski, Marilyn J.
Dept of French
University of Western
Ontario

Bateman, Jeff
Senior Editor & Record
Review Editor
The Record & Vancouver
Magazine
Vancouver

Batten, Alan H.
Senior Research Officer
Dominion Astrophysical
Observatory, Herzberg
Institute of Astrophysics
National Research Council
of Canada
Victoria

Battle, Ken
President
Caledon Institute of Social
Policy
Ottawa

Baudouin, Jean-Louis
Professeur de droit
Université de Montréal

Baum, Carol
Canadiana Dept
Royal Ontario Museum
Toronto

Bayfield, John
Penetanguishene, Ont.

Bayley, John
Yellowknife

Bazin, Jules
Historien d'art
Montréal

Beal, Bob
Journalist
Lindsay, Ont

Bean, Gladys
Sports Historian
Montréal

Bearcroft, Norma
Salmon Arm, B.C.

Beard, William R.
Lecturer in Film Studies,
University of Alberta

Beaton, Belinda A.
Writer
Toronto

Beattie, Owen B.
Professor of Anthropology
University of Alberta

Beaudoin, Gérald-A.
Professeur de droit
constitutionnel
Académie canadienne-
française
Université d'Ottawa

Beaudoin, Réjean
Associate Professor of
French
University of British
Columbia

Beaudoin-Ross, Jacqueline
Curator of Costumes &
Textiles
McCord Museum
McGill University

Beaudry, Louise
Historienne de l'art
Montréal

Beaudry, Lucille
Professeure
Département de science
politique
Université du Québec à
Montréal

Beaulieu, Alain
Professeur
Département d'histoire
Université du Québec à
Montréal

Beauregard, France
Université d'Ottawa

Beaven, Brian
National Archives of
Canada
Ottawa

Beaven, Brian P.N.
Research Associate
University of Western
Ontario

Bechtel, Brian R.
Edmonton Social Planning
Council
Edmonton

Beck, J. Murray
Professor Emeritus of
Political Science
Dalhousie University

Beckman, Margaret
Chief Librarian
University of Guelph

Beckwith, John
Composer
Toronto

Bédard, Roger
Professeur d'horticulture
Université Laval

Beeby, Dean
Canadian Press
Toronto

Beer, Don
Senior Lecturer in History
University of New
England
Armidale, N.S.W.
Australia

Behiels, Michael D.
Associate Professor of
History
University of Ottawa

Béland, Madeleine
Centre d'études sur la
langue, les arts et
les traditions populaires
Université Laval

Béland, Mario
Conservateur de l'art
ancien
Musée du Québec

Bélanger, Guy
Historien

Bélanger, René
Historien
Sillery, Québec

Bélanger, Réal
Professeur d'histoire
Université Laval

Bélisle, Jean
Professor of Art History
Concordia University

Bell, Catherine
Associate Professor of
Law
University of Alberta

Bell, D.G.
Historian
Fredericton

Bell, John
Ottawa

Bell, Norman
Chief of Research
National Museum of
Science & Technology
Ottawa

Bell, Norman W.
Professor of Sociology,
University of Toronto

Bellan, Ruben C.
Emeritus
St John's College
University of Manitoba

Bellavance, Guy
Professeur-chercheur
INRS-Culture et société

Belleau, André
Professeur de littérature
Université du Québec à
Montréal

Belzile, René J.
Professeur d'alimentation
animale
Université Laval

Bendell, Beverley
Librarian
Alpine Club of Canada
Canmore, Alta.

Bendell, Ve

Bennett, Gerry
Writer
Woodbridge, Ont

Bennett, John R.
Writer
Ottawa

Bensley, Edward Horton
Honorary Osler Librarian
McGill University

Bentley, D.M.R.
Professor of English
University of Western
Ontario

Bercuson, David J.
Dean of Graduate Studies
University of Calgary

Bergen, John J.
Professor Emeritus of
Educational Administration
University of Alberta

Berger, Jeniva
Theatre Journalist
Toronto

Berger, Thomas R.
Barrister & Solicitor
Berger and Nelson, Barristers & Solicitors
Vancouver

Bergeron, Claude
Professeur d'histoire
d'architecture
Université Laval

Bergerud, Arthur T.
Adjunct Professor of
Biology
University of Victoria

Berkowitz, Norbert
Professor Emeritus of Fuel
Science
Mining, Metallurgical &
Petroleum Engineering
University of Alberta

Berman, R. G.
Continental Geoscience
Division, Natural
Resources Canada, Ottawa

Bernard, André
Professeur de science
politique
Université du Québec à
Montréal

Bernard, Frank R.
Fisheries & Oceans,
Pacific Biological Station
Nanaimo, B.C.

Bernard, Jean-Paul
Professeur d'histoire
Université du Québec à
Montréal

Bernard, Jean-Thomas
Professeur
Département d'économie
Université Laval

Bernier, Jacques
Professeur agrégé
d'histoire
Université Laval

Bernier, Luc
École nationale d'administration publique
Montréal

Bernier, Marc
Directeur des relations
publiques
Université de Sherbrooke

Bernier, Serge
Directeur
Histoire et Patrimoine
Défense nationale

Bernshaw, Nicole
Ste Thérèse

Bernstein, Tamara
Freelance Writer

Berry, Jonathan
Writer
Chess Federation of
Canada
Ottawa

Berry, Michael J.
Director, Geophysics
Division
Geological Survey of
Canada
Ottawa

Berry, Ralph
Professor of English
University of Ottawa

Berton, Pierre
Writer & Broadcaster
Toronto

Besner, Neil
Associate Professor of
English
University of Winnipeg

Bessai, Diane
Professor Emeritus of
English
University of Alberta

Bessai, Diane E.
Professor of English
University of Alberta

Betke, Carl
Chief of Research
Historic Sites Service
Alberta Culture &
Multiculturism
Edmonton

Bewers, John Michael
Bedford Institute of
Oceanography, Canadian
Wildlife Service
Dartmouth, N.S.

Beylerian, Onnig
Université du Québec à
Montréal

Bezeau, M. Vincent
Director of Ceremonial
Dept of National Defence
Ottawa

Bibby, Reginald W.
Associate Professor of
Sociology
University of Lethbridge

Bibeau, Gilles
Professeur d'anthropologie
médicale
Université de Montréal

Bickell, Ivan B.

Bigauskas, Julius
Energy, Mines &
Resources Canada
Ottawa

Bilaniuk, Petro B.T.
Professor of Religious
Studies
St Michael's College
Toronto

Billings, Robert
The League of Canadian
Poets
Toronto

Bilson, Geoffrey
Professor of History

University of
Saskatchewan

Bingham, Russell
Edmonton

Bird, Carolyn J.
Research Officer, Institute
of Marine Sciences,
National Research Council
of Canada
Halifax

Bird, Michael S.
Associate Professor of
Religious Studies &
Fine Arts
Renison College &
University of Waterloo

Bird, Richard M.
Professor
Dept of Economics
University of Toronto

Birrell, Andrew
Director General, Informatics & Records Services
National Archives of
Canada
Ottawa

Birt, Paul
Dept of Modern
Languages
University of Ottawa

Bishop, Carol Anne
Writer
Toronto

Bishop, Charles A.
Professor of Anthropology,
State University of New
York, Oswego

Bishop, Mary F.
Vancouver

Bissett-Johnson, Alastair
Professor of Law
Dalhousie University

Black, Conrad M.
Chairman
Argus Corporation Limited
Toronto

Black, Joseph Laurence
Director
Institute of Soviet Studies
Carleton University

Black, M. Jean
Assistant Professor
University of North
Carolina
Chapel Hill, N.C.

Black, Naomi
Professor of Political
Science
York University

Blackadar, Robert G.
Director, Geological
Information Division
Geological Survey of
Canada
Ottawa

Blackburn, Robert H.
Librarian Emeritus
University of Toronto

Blackwell, John D.
Reference Librarian/
Collections Coordinator
Goldfarb Library
Brandeis University
Waltham, MA

Blain, Eleanor M.
Graduate Student
Dept of Linguistics
University of British
Columbia

Blaine, Allan
Film Studies
Queen's University

Blair, Alex M.
Associate Professor of
Geography
York University

Blair, Robert
Professor of Animal
Science
University of British
Columbia

Blais, André
Professeur de science
politique
Université de Montréal

Blakeley, Phyllis
Provincial Archivist for
Nova Scotia
Public Archives of Nova
Scotia

Blanchard, Elinor
Secrétaire de l'Association
canadienne de pâtes et
papiers
Montréal

Bleakney, J. Sherman
Professor of Biology
Acadia University

Blevis, Bertram C.
President
AstroCom Associates Inc
Ottawa

Bliss, L.C.
Professor of Botany
University of Washington

Bliss, Michael
Historian
Toronto

Blodgett, E.D.
Professor of Comparative
Literature
University of Alberta

Blodgett, Jean
McMichael Canadian Art
Collection
Kleinburg, Ont.

Blouin, Glen
Canadian Forestry
Association
Ottawa

Blue, Arthur W.
Professor of Native
Studies
Brandon University

Boadway, Robin W.
Professor
Dept of Economics
Queen's University

Boag, David A.
Professor of Zoology
University of Alberta

Bocking, Douglas H.
Associate Provincial
Archivist, Saskatchewan
Archives Board
University of
Saskatchewan

Boddington, J.
By-Law Officer

Boddy, Trevor
Lecturer
School of Architecture
University of British
Columbia

Bodner, John M.
All-Breed Teaching Judge
American Cat Fanciers
Association
Winnipeg

Boer, George J.
Chief, Numerical Model-
ling Division
Canadian Centre for
Climate Modelling and
Analysis
Atmospheric Environment
Service, Environment
Canada
Victoria

Bogart, James P.
Associate Professor of
Zoology
University of Guelph

Boggs, Jean Sutherland
Chairman & Chief Execu-
tive Officer, Canada

Museums Construction
Corporation, Inc
Ottawa

Boileau, Gilles
Département de
géographie
Université de Montréal

Boivin, Aurélien
Professeur
Département de littérature
Université Laval

Boivin, Bernard
Herbier Louis-Marie
Université Laval

Boivin, Jean
Professeur
Département des relations
industrielles
Université Laval

Bokji, Sandi
Information Specialist
Association of Canadian
Distillers
Ottawa

Bokovay, Geoffrey
Mines and Metals Sector
Natural Resources Canada
Ottawa

Bolduc, André
Conseiller, Vice-
présidence
Information, Hydro-
Québec
Montréal

Bolduc, Yves
Directeur du département
d'études francaises,
Professeur de littérature,
Université de Moncton

Boles, Glen W.
Waterworks Planner
City of Calgary

Bolger, Francis W.P.
Professor of History
University of Prince
Edward Island

Bollinger, Kenneth E.
Professor of Electrical
Engineering
University of Alberta

Bonavia, George
Journalist
Ottawa

Bond, Courtney C.J.
Cartographer & Historian
Ottawa

Bondurant, Flint
BC Hydro
Vancouver

Bonenfant, Joseph
Université de Sherbrooke

Bonish, Gayle
Graphic Co-ordinator
Imax Systems Corporation
Toronto

Bonisteel, Roy
Broadcaster & Journalist
Trenton, Ont.

Boonstra, Rudy
Associate Professor of
Zoology
Dept of Zoology
Scarborough College,
University of Toronto

Booth, Kellog S.
Dept of Computer Science
University of British
Columbia

Booth, Rodney M.
Director of Media
Resources
The United Church of
Canada
Toronto

Boothe, Paul M.
Associate Professor of
Economics
Dept of Economics
University of Alberta

Borcoman, James
Curator Emeritus
National Gallery of
Canada
Ottawa

Borsa, Joan
Instructor
University of
Saskatchewan

Bothwell, Robert
Professor
Dept of History
University of Toronto

Bott, Robert D.
Writer

Bouchard, Randy
Cultural Anthropologist
British Columbia Indian
Language Project
Victoria

Boucher, Michel A.
Économiste
(mines et métaux),
Secteur de la politique
minérale
Energie, Mines et
Ressources Canada
Ottawa

Boulet, Gilles
Président
Université du Québec

Boulet, Robert H.
Director
Burnaby Art Gallery
Burnaby, B.C.

Boulet, Roger H.
Author & Curator
Burnaby, B.C.

Bourassa, André G.
Professeur de théâtre
Université du Québec à
Montréal

Bourbonnais, Nicole
Professeure de lettres
françaises
Université d'Ottawa

Bourchier, Robert
Forest Policy Consultant

Bourgault, Pierre L.
Vice-Rector,
Administration
University of Ottawa

Bourne, John Brian
Regional Supervisor
Problem Wildlife
Vermilion, Alta.

Bovey, Patricia E.
Director
Art Gallery of Greater
Victoria
Victoria

Bowen, A.J.
Professor of Physical
Oceanography
Dalhousie University

Bowen, Lynne E.
Writer, Lecturer &
Historian
Nanaimo, B.C.

Bowker, Wilbur Fee
Professor Emeritus of Law
Alberta Law Reform
Institute
University of Alberta

Bowles, Roy T.
Professor of Sociology
Trent University

Bowring, Amy

Bowsfield, Hartwell
Associate Professor of
History, York University

Boyanoski, Christine
Assistant Curator of Cana-
dian Historical Art
Art Gallery of Ontario
Toronto

Boyce, Farrell M.
Research Scientist
Environment Canada
Burlington, Ont.

Boyd, Bruce W.
Deputy Director
Coal, Ferrous & Industrial
Minerals Division, Mining
Sector
Natural Resources Canada
Ottawa

Boyd, Colin

Bradley, Jessica
Curator of Contemporary
Art
Art Gallery of Ontario
Toronto

Bradt, Oliver A.
Research Scientist
Horticulture Research
Institute of Ontario
Vineland Station, Ont.

Brady, William J.
Station Manager, CFPL
AM & FM, London, Ont.

Braiden, Chris
Inspector
Edmonton Police Services
Edmonton

Bramble, Linda

Brander, F. Gerald

Brassard, Guy R.
Science and Sustainable
Development Directorate
Natural Resources Canada
Hull

Brasser, Ted
Peterborough, Ont.

Bray, R. Matthew
Professor of History
Laurentian University

Breen, David H.
Professor of History
University of British
Columbia

Bregha, François
Energy Analyst
Ottawa

Brehaut, Willard
Professor of History &
Philosophy of Education
Ontario Institute for
Studies in Education
Toronto

Brem, Maxwell

Brennan, J. William
Associate Professor of
History
University of Regina

Brennan, Paul W.
Director of Operations
Dover Mills Ltd.
Halifax

Breon, Robin
Museum Studies Program
University of Toronto

Breton, Raymond
Professor of Sociology
University of Toronto

Brett, Alexandra
National Research Council
of Canada
Ottawa

Brideau, Roland
Représentant
Office national du film du
Canada
Moncton, N.B.

Bridger, William
Professor of Biochemistry
University of Alberta

Bridgman, Harry John
Historian
Montréal

Brierley, John E.C.
Dean
Faculty of Law
McGill University

Briggs, Jean L.
Professor of Anthropology,
Memorial University of
Newfoundland

Brillinger, David R.
Professor of Statistics
University of California
Berkeley, Calif.

Brink, John W. (Jack)
Head, Archaeological
Survey
Provincial Museum of
Alberta
Edmonton

Brinkhurst, Ralph O.
Dept of Fisheries &
Oceans
Ocean Ecology
Laboratory, Institute of
Ocean Sciences
Sidney. B.C.

Brisebois, Robert
ENAP
Québec

Brochet, Aldo
Toronto

Brochu, André
Professeur de lettres
Université de Montréal

Brodo, Irwin M.
Curator of Lichens

Canadian Museum of
Canada
Ottawa

Brodribb, Somer
Dept of Women's Studies
University of Victoria

Brookes, Alan A.
Associate Professor of
History
University of Guelph

Brookes, Ian A.
Dept of Geography
York University

Brooks, David B.
Chief Scientist
International Development
Research Centre
Ottawa

Broughton, Robert S.
Professor of Agricultural
Engineering
Centre for Drainage
Studies, Agricultural
Engineering
MacDonald Campus
McGill University

Brousseau, Yves
Département de
géographie
Université Laval

Brown, Daniel J.
Coordinator, Educational
Administration Program
Faculty of Education
University of British
Columbia

Brown, David
Ph.D. Student of Physical
Education & Sport Studies
University of Alberta

Brown, Desmond H.
Assistant Professor of
History
University of Alberta

Brown, Jennifer S.H.
Professor of History
University of Winnipeg

Brown, Richard G.B.
Research Scientist &
Writer
Bedford Institute of
Oceanography
Canadian Wildlife Service
Dartmouth, N.S.

Brown, Robert Craig
Professor of History
University of Toronto

Brown, Ross
Atmospheric Environment
Service, Environment

Canada
Dorval, Québec

Brown, Roy I.
Professor of Rehabilitation
Studies
University of Calgary

Brown, Thomas E.
Alberta Culture
Lethbridge, Alta.

Brownell, Don
President
Canadian Handball
Association
Sherwood Park, Alta.

Bruce, Lorne D.
Reference Librarian
Social Science Division
Dept of Library-
Collections
University of Guelph

Brumley, John H.
President
Ethos Consultants Ltd.
Medicine Hat, Alta.

Brunger, Alan G.
Professor of Geography
Trent University

Brust, Reinhart A.
Professor of Entomology
University of Manitoba

Bryan, Alan L.
Professor Emeritus
Dept of Anthropology
University of Alberta

Bryan, Rorke Bardon
Dean of Forestry &
Professor of
Environmental Studies
Faculty of Forestry
University of Toronto

Bryant, Giles Bradley
Organist & Master of the
Choristers
St James' Cathedral
Toronto

Brzustowski, Thomas A.
Professor of Mechanical
Engineering
University of Waterloo

Buchignani, Norman
Chair & Professor of
Anthropology
Dept of Anthropology
University of Lethbridge

Buck, George Henry
Lecturer
Dept of Educational
Psychology
University of Alberta

Buck, Robert J.

Buck, Ruth Matheson
Writer
Regina

Buckler, Grant
Freelance Writer & Editor
Kingston, Ont.

Buckner, Phillip A.
Professor of History
University of New
Brunswick

Busque, Anne-Marie

Budden, Geoff
Barrister & Solicitor
St. John's

Buggey, Susan
Chief, Historical Services
Environment Canada
Parks Canada
Prairies & Northern
Regions
Winnipeg

Buisson, Lise
Montréal

Bullen, John
History Instructor

Bumsted, John M.
Professor of History
University of Manitoba

Burden, Patrick H.
Ph.D. Student
Simon Fraser University

Burke, Joan
Royal Ontario Museum
Toronto

Burke, Robert D.
Professor of Biology
University of Victoria

Burnaby, Barbara
OISE

Burnet, Jean
Professor Emeritus of
Sociology
Glendon College
York University

Burnett, David
Independent Curator &
Writer
Toronto

Burnett, Marilyn (Schiff)
Researcher & Writer
Toronto

Burnham, Dorothy K.
Research Associate
Textile Dept
Royal Ontario Museum
Toronto

**Burns, Eedson Louis
Millard**
Adjunct Professor of

International Affairs
Carleton University

Burns, Robert J.
Historian
Environment Canada,
Parks
Ottawa

Burns, Robin
Associate Professor of
History
Bishop's University

Burton, Ian
Director, Institute for
Environmental Studies
University of Toronto

Buteux, Paul
Professor of Political
Studies
University of Manitoba

Butler, Frank Taylor
Professor of Physical
Education & Athletics
Memorial University of
Newfoundland

Butler, K.J. (Jack)
Painter
Winnipeg

Butschler, Margaret
Curatorial Assistant
Vancouver Public
Aquarium
Vancouver

Butts, Edward
Writer, Mississauga, Ont.

Butts, Robert E.
Professor of Philosophy
University of Western
Ontario

Cadotte, Marcel
Professeur agrégé de
pathologie
Hôtel-Dieu de Montréal
Université de Montréal

Caldwell, Gary
Sociologue

Calevaris, Anna
Curatorial Assistant,
Leonard and Bina Ellen
Art Gallery
Concordia University

Callaghan, John C.
Clinical Professor of
Surgery
University of Alberta
Hospital

Callahan, John W.
Associate Professor of
Paediatrics &
Biochemistry

Research Institute, The
Hospital for Sick Children
Toronto

Calvert, Kerri
Sociology Information
Centre, Dept of Sociology
University of Alberta

Camerlain, Lorraine
Cahiers de théâtre Jeu
Montréal

Cameron, Bill
Writer
Saskatoon

Cameron, Christina
Director General, National
Historic Parks & Sites
Environment Canada,
Parks
Hull

Cameron, Elspeth
Professor of English
University of Toronto

Cameron, James M.
Journalist & Broadcaster
New Glasgow, N.S.

Cameron, Wendy
Toronto

Campbell, A. Barrie
Agriculture Canada
Research Station
Winnipeg

Campbell, Beverly
Biosystematics Research
Institute
Ottawa

Campbell, Douglas F.
Associate Professor of
Sociology
University of Toronto

Campbell, Gordon
Professor Emeritus of
Education
University of Lethbridge

Campbell, Ian A.
Professor of Geography
Dept of Earth &
Atmospheric Sciences
University of Alberta

Campbell, J. Milton
Biosystematics Research
Institute
Ottawa

Campbell, Jack J.R.
Professor Emeritus of
Microbiology, University
of British Columbia

Campbell, Neil John
Director-General

Marine Sciences &
Information Directorate
Dept of Fisheries &
Oceans
Ottawa

Campbell, Percy I.
Chief
Water Survey of Canada
Hull

Campbell, Sandra
National Arts Centre
Ottawa

Campion, Richard
Richard Campion
Consultants
Ottawa

Cannings, Robert A.
Division of Natural
History
Royal British Columbia
Museum
Victoria

Cannon, William T.
Associate Professor of
Business
Queen's University

Cantin, Pierre
Professeur
Collège de l'Outaouais
Hull

Caplan, Usher
Editor
Ottawa

Carasco, Emily F.
Associate Professor
of Law
University of Windsor

Carbin, Clifton F.

Cardy, Patrick R. T.
Associate Professor
of Music
School for Studies in
Art and Culture
Carleton University

Carefoot, Thomas H.
Professor of Zoology
University of British
Columbia

Careless, J.M.S.
Professor Emeritus
Massey College
University of Toronto

Carlisle, Jock Alan
Proprietor
Carlisle Consultants
Deep River, Ont.

Caron, Laurent G.
Professeur de physique
Université de Sherbrooke

Carpenter, Carole H.
Associate Professor of
Humanities, York
University

Carpenter, Ken
Associate Professor of
Visual Arts
York University

Carrière, Gaston
Archiviste
Archives Deschâtelets
Ottawa

Carroll, Carman V.
National Archives
of Canada
Ottawa

Carroll, Jock
Journalist
Toronto

Carter, Brian G.
Associate Professor of
Immunology
University of Manitoba

Carter, George E.
Professor of Economics
Ryerson Polytechnic
University

Carter, Margaret
Heritage Research
Consultant
Ottawa

Case, Roland
Associate Professor
Simon Fraser University

Cashin, Richard J.
President
Newfoundland Fishermen,
Food & Allied Workers
Union
St John's

Casselman, Ian
Historian
Toronto

Cassidy, Maureen
Historian
Victoria

Cauchon, Michel
Inventaire des biens culturels, Ministère des affaires
culturelles

Cavers, Paul B.
Professor of Plant Sciences
& Acting Chairman
University of Western
Ontario

Cazorla-Sanchez, Antonio
Dept of History
York University

Chabot, Richard
Professeur d'histoire,
Université du Québec à
Montréal

Chagnon, Roland
Professeur de sciences
religieuses
Université du Québec à
Montréal

Chamberland, Roger
Dictionnaire des œuvres
littéraires du Québec
Université Laval

Chambers, Edward J.
Professor & Director
Centre for International
Business Studies
University of Alberta

Chambers, Francis J.
Chief Pilot PISCES IV
Institute of Ocean Sciences
Sidney, B.C.

Chambers, Jack K.
Professor of Linguistics
Dept of Linguistics
University of Toronto

Chambers, Robert D.
Professor of English
Literature
Trent University

Champ, D.H.
Nyon, Switzerland

Champagne, Guy
Coordonnateur scienti-
fique, Centre de recherche
en littérature québécoise
Département des
littératures
Université Laval

Champagne, Michel
Musée du Québec
Québec

Chan, Anthony B.
Associate Professor
School of Communication
University of Washington
Seattle

Chapman, James K.
Professor Emeritus of
History
University of New
Brunswick

Chapman, John D.
Professor Emeritus of
Geography
University of British
Columbia

Charbonneau, Louis
Professeur de
mathématiques
Université du Québec à
Montréal

Charrette, Robert
Professeur
Cégep de Saint-Laurent

Charles, John
Arts Writer
Edmonton

Charlton, Murray N.
National Water Research
Institute, Environment
Canada, Burlington, Ont.

Chartier, Jean
Journaliste
Montréal

Chartrand, L. Margaret
Novice Historical
Researcher
Winnipeg

Chartrand, Luc
Journaliste
Montréal

Chartrand, René
Senior Military
Advisor/Curator
Parks Canada
Ottawa

Chatterton, Brian D.E.
Professor of Geology
Dept of Earth and
Atmospheric Sciences
University of Alberta

Chaussé, Gilles
Professeur d'histoire
religieuse
Études Pastorales
Université de Montréal

Cheff, Michel Vincent
Galerie Nationale
du Canada
Ottawa

Chen, Anita Beltran
Dept of Sociology
Lakehead University

Chenier, Marc
Agriculture Canada

Chenier, Nancy Miller
Ottawa

Chiasson, Anselme
Centre d'études acadiennes
Université de Moncton

Chiasson, Zénon
Doyen de la Faculté des
arts
Professeur de littérature
Université de Moncton

Childers, Walter R.
Agriculture Canada
Ottawa

Chimbos, Peter D.
Associate Professor of
Sociology
Dept of Sociology

Brescia College,
University of Western
Ontario

Ching, Blair
Instructor
R.F. Staples School
Westlock, Alta.

Chisholm, Alexander J.
Director
Atmospheric Processes
Research Branch
Environment Canada
Downsview, Ont

Chisholm, Elspeth
Freelance Writer &
Broadcaster
Port Hope, Ont

Choquette, Robert
Professor of Religious
Studies
University of Ottawa

Chorniawy, Catherine D.
Historian

Chown, Diana
Edmonton

Christian, Timothy J.
Dean
Faculty of Law
University of Alberta

Christian, William E.
Associate Professor
Dept of Political Studies
University of Guelph

Christie, Carl A.
Senior Research Officer,
Directorate of History
Dept of National Defence
Ottawa

Christie, Innis
Professor of Law
Dalhousie University

Chubey, B. Bert
Research Scientist
Agriculture Canada
Morden, Man

Churcher, Charles Stephen
Professor Emeritus of
Zoology
University of Toronto

Chute, Janet
Graduate Student
Doctoral Program
McMaster University

Chutter, S. Donald C.
Revay & Associates
Limited
Ottawa

Cinq-Mars, Jacques
Commission archéologique
du Canada

Musée canadien des
civilisations
Hull

Clague, John J.
Geological Survey of
Canada
Vancouver

**Clandinin, Michael
Thomas**
Professor of Nutrition
University of Alberta

Clark, Howard C.
President
Dalhousie University

Clark, Lovell
Senior Scholar in History
University of Manitoba

Clark, Robert H.
Professional Engineer
Ottawa

Clark, T. Alan
Professor of Physics and
Astronomy, University of
Calgary

Clark, Thomas H.
Professor Emeritus of
Geological Sciences,
McGill University

Clark, Wesley J.
Executive Director
Ringette Canada
Gloucester, Ont.

Clarke, Brian P.
Sessional Lecturer
Emmanuel College
Victoria College,
University of Toronto

Clarke, R. Allyn
Physical Oceanographer
Bedford Institute of
Oceanography
Canadian Wildlife Service
Dartmouth, N.S.

Clarkson, Stephen
Professor of Political
Economy
University of Toronto

Clayton-Gouthro, Cecile
Assistant Professor
Department of Clothing
and Textiles
Faculty of Human Ecology
University of Manitoba

Clement, Wallace
Professor of Sociology
Institute of Political
Economy
Carleton University

Clerk, Nathalie
Analyste en architecture

Parcs Canada
Hull

Clermont, Norman
Département d'anthro-
pologie
Université de Montréal

Clermont, Yves W.
Professor of Histology
Dept of Anatomy and Cell
Biology
McGill University

Clifford, Howard
Consultant on Day Care
Health & Welfare Canada
Ottawa

Clink, William L.
Chief, Technology Support
Division, Atmospheric
Environment Service
Toronto

Clippingdale, Richard
Director, Canadian Studies
Carleton University

Cloutier, Laurier
Journaliste
Montréal

Cloutier, Nicole
Conservatrice, Art primitif
canadien, Musée des
Beaux-Arts de Montréal
Montréal

Clowes, Gigi
Graduate Student of
Physical Education
University of British
Columbia

Coad, Brian
Curator of Fishes
Canadian Museum of
Nature
Ottawa

Coakley, John P.
National Water Research
Institute
Environment Canada
Burlington, Ont.

Coates, Donna
University of Calgary

Coates, Kenneth S.
Adjunct Professor of
History
University of Victoria

Cody, William James
Honorary Research
Associate
Centre for Land & Biolo-
gical Resources Research
Agriculture Canada
Ottawa

Cogswell, Dale R.
Government Records
Archivist
Provincial Archives of
New Brunswick
Fredericton

Cogswell, Fred
Professor Emeritus of
English Literature
University of New
Brunswick

Cohen, Stanley A.
Counsel, Human
Rights Law
Access to Information and
Privacy Office, Dept of
Justice
Ottawa

Cole, Catherine
Heritage Consultant
Catherine C. Cole and
Associates
Edmonton

Cole, Susan G.
Writer
Toronto

Coleman, James
Vancouver

Coleman, Patricia H.
Nutritional Sciences
Research Officer
University of Toronto

Collard, Elizabeth
Consultant on Ceramics
Canadian Museum of
Civilization
Hull

Collet, Paulette
Professor of French
St Michael's College
University of Toronto

Collins, Alice
Professor, Faculty of Education, Memorial University
of Newfoundland

Collins, Janet

Collins, Malcolm M. C.
Assistant Director,
Division of Electrical
Engineering
National Research Council
of Canada
Ottawa

Collinson, Helen Fabia
Curator, Art Collections
Museums and Collections
Services
University of Alberta

Colombo, John Robert
Writer
Toronto

Comeau, Robert
Professeur d'histoire
Université du Québec à
Montréal

Conboy, Alan
Transportation Consultant,
Ottawa

Condemine, Odette
Professor of French
Carleton University

Condon, Jane
Ottawa

Conn, David R.
Librarian
Vancouver

Connelly, M. Patricia
Professor of Sociology
Saint Mary's University

Connor, James T.H.
Curator, Medical Museum
University Hospital
London, Ont.

Conolly, Leonard W.
President
Trent University

Conover, Robert J.
Research Scientist
Bedford Institute of
Oceanography
Canadian Wildlife Service
Dartmouth, N.S.

Conrad, Margaret
Head & Professor of
History
Acadia University

Conron, A. Brandon
Professor Emeritus
University of Western
Ontario

Conway, Brian E.
Killam Research Fellow
(1984)
Ottawa

Cooch, F. Graham
Senior Research Science
Advisor, Canadian
Wildlife Service
Ottawa

Cook, Eung-Do
Professor of Linguistics,
Dept of Linguistics
University of Calgary

Cook, Francis R.
Research Emeritus
Canadian Museum of
Nature Sciences
Ottawa

Cooke, Owen A.
Chief Historical Archivist
Associate Assistant Deputy
Minister (Policy and Com-
munications)
Dept of National Defence
Ottawa

Cooney, Judy-Diane
Edmonton

Coote, D. Richard
Agriculture and Agri-food
Canada

Cope, Gordon William
Professional Geologist,
Calgary

Copeland, Murray J.
Geological Survey of
Canada
Ottawa

Copley, John R.D.
Research Scientist
National Bureau of
Standards
Gaithersburg, Md.

Corbeil, Pierre
Professeur d'histoire
Cégep de Drummondville
Québec

Corbo, Claude
Professeur et ancien recteur
Département de science
politique
Université du Québec à
Montréal

Corcoran, Frank
Assistant Director
Public Programming
Canadian Museum of
Civilization
Hull

Cormier, J. Clement
Chancellor (1973-78)
University of Moncton

Cornell, Paul Grant
University of Waterloo

Cornell, Peter M.
Economic Consultant

Cosentino, Frank
Professor of Physical
Education & Athletics
York University

Cosper, Ronald L.
Professor of Sociology
Saint Mary's University

Côté, Françoise
Montréal

Côté, Jean G.
Edmonton

Cote, Mark
Toronto

Cotnam, Jacques
Professeur de littérature
québécoise, Études
francaises
York University

Coulter, Rebecca Priegert
Athabasca University

Coupland, Robert T.
Professor Emeritus of
Plant Ecology
University of
Saskatchewan

Courchene, Thomas J.
Professor of Economics
Faculty of Law,
Economics
Queen's University

Courtney, John C.
Professor
Dept of Political Science
University of
Saskatchewan

Cousineau, Penny
Montréal

Couto, Joe
The Evangelical Fellow-
ship of Canada
Markham, Ont.

Coutts, Sally
Architectural Historian
Environment Canada,
Parks

Couture, Claude
Associate Professor
Faculté Saint-Jean
University of Alberta

Couturier, Gilles
Senior Economist
Precious Metals
Natural Resources Canada
Ottawa

Cove, John J.
Associate Professor of
Anthropology
Carleton University

Cowan, Jeff G.
Barrister & Solicitor
Weir & Foulds
Toronto

Coward, Harold G.
Professor of Religious
Studies
University of Victoria

Cowie, Martin
Professor of Chemistry
University of Alberta

Cox, Bruce
Associate Professor of
Anthropology
Carleton University

Cox, Diane W.
Professor of Paediatrics &
Medical Genetics
The Hospital for Sick
Children, University of
Toronto

Crabb, Michael
Canadian Broadcasting
Corporation, Toronto

Cragg, Laurence Harold
President & Professor
Emeritus of Chemistry
Mount Allison University

Craig, Mary M.
La Fédération des Coopé-
ratives du Nouveau-
Québec
Montréal

Craig, Terrence L.
Associate Professor of
English
Mount Allison University

Craik, Brian
Grand Council of Crees
Ottawa

Crain, Ian K.
Canada Land Data
Systems
Environment Canada
Ottawa

Crane, Brian A.
Barrister & Solicitors
Gowling, Strathy &
Henderson
Ottawa

Crane, David
Economics Writer,
The Toronto Star, Toronto

Cranmer-Byng, John L.
Professor Emeritus of
History
University of Toronto

Cranstone, Donald A.
Minerals and Metals
Sector
Energy, Mines &
Resources Canada
Ottawa

Craufurd-Lewis, Michael
Arctic Institute
University of Calgary

Craven, David L.
Associate Professor of Art
History
State University of New
York College
Cortland, NY

Crawford, Pleasance

Crawford, Roy D.
Professor Emeritus of

Animal & Poultry Genetics
University of Saskatchewan

Crawley, Judy
Ottawa

Creery, Tim
Journalist
Ottawa

Crew, Robert
The Toronto Star
Toronto

Crine, Philippe
Professeur de biochimie,
Université de Montréal

Crookell, Harold
Professor of Business
University of Western
Ontario

Cross, Michael S.
Professor of History
Dalhousie University

Crossley, Diane
Victoria

Crossman, E.J.
Curator
Dept of Ichthyology &
Herpetology
Royal Ontario Museum
Toronto

Crossman, Kelly

Croteau, Omer
Professeur titulaire de
sciences comptables
École des hautes études
commerciales
Université de Montréal

Crowe, A. David
Head
Tree Fruits Program
Agriculture Canada
Kentville, N.S.

Crowe, Jean Margaret
Freelance Journalist
Toronto

Crowe, Keith Jeffrey
Consultant, Indian Affairs
and Northern Development
Hull

Crowe, Ronald B.
Climatologist
Canadian Climate Centre
Downsview, Ont.

Cruden, David M.
Professor of Civil Engi-
neering / Geology
University of Alberta

Cruickshank, David A.
Vancouver

Cruikshank, Ken
Toronto

Crunican, Paul
Professor of History
University of Western
Ontario

Cujes, Rudolf P.
Professor Emeritus of
Sociology
St. Francis Xavier
University

Cumming, Bruce Gordon
Professor of Biology
University of New
Brunswick

Cumming, Carman W.
Professor of Journalism
Carleton University

Cumming, Ian
Associate Professor of
Electrical Engineering
University of British
Columbia

Cumming, Leslie Merrill
Research Scientist
Geological Survey of
Canada
Ottawa

Currie, Philip J.
Assistant Director
(Curatorial)
Royal Tyrrell Museum of
Palaentology
Drumheller

Currie, Raymond F.
Dean of Arts
Professor of Sociology
University of Manitoba

Curtis, Christopher G.
Historian
Parks Canada
Ottawa

Curtis, James E.
Associate Professor of
Sociology
University of Waterloo

Cusack, Leonard J.
History Teacher
Kinkora Regional High
School
PEI

Cutler, Maurice
Director, Public Affairs
Office of the Auditor
General of Canada
Ottawa

Cybulski, Jerome S.
Curator of Physical
Anthropology

Canadian Museum of
Civilization
Hull

Czuboka, Michael
Historian, Author &
Superintendent of Schools
Beauséjour, Man.

Czypionka, Joachim B.
Historian & Writer
Edmonton

d'Agincourt, Lorraine G.
Writer

D'Allaire, Micheline
Professeur agrégé
d'histoire
Université d'Ottawa

Dagg, Anne Innis
Academic Director
Independent Studies
Program
University of Waterloo
Waterloo, Ont.

Dahl, Edward H.
Early Cartography
Specialist
National Archives of
Canada
Ottawa

Dahlie, Hallvard
Professor Emeritus of
English
University of Calgary

Dahms, Moshie E.
Reference Librarian
Humanities Division
University of Guelph
Library

Daigneault, Gilles
Critique d'art
Montréal

Dale, Hugh Monro
Professor of Botany
University of Guelph

Dale, Ralph
Librarian
Central Region Libraries
Grand Falls, Nfld.

Dales, John H.
Toronto

Daly, Eric W.
Vice-President
Planning & Development
Trilon Financial
Corporation
Toronto

Dansereau, Pierre
Professeur d'écologie
Université du Québec à
Montréal

Danys, Ruth
Freelance Writer

Darnell, Regna
Professor of Anthropology
University of Western
Ontario

Darragh, Ian

Daubeny, Hugh A.
Research Scientist
Agriculture Canada
Vancouver

Davenport, Paul
President
University of Western
Ontario

Davey, Frank
ACCUTE President &
Professor of English
University of Western
Ontario

David, Gilbert
Professeur
Département d'études
françaises
Université de Montréal

David, Hélène
Chercheure
Institut de recherche appli-
quée sur la travail
Université de Montréal

David, Peter Pascal
Professeur titulaire de
géologie
Université de Montréal

Davida, Dena
Danse Tangente

Davidson, William A.B.

Davies, Gwendolyn
Professor of English
Acadia University

Davies, John A.
Professor of Geography
McMaster University

Davis, Ann
Nickle Arts Museum
University of Calgary

Davis, Chuck
Writer & Broadcaster,
Linkman Press, Vancouver

Davis, Richard C.
Arctic Institute of North
America
University of Calgary

Davis, Vicki L.
Librarian
Ottawa

Davison, James D.
President
Wolfville Historical Society
Wolfville, N.S.

Dawe, Michael J.
Archivist
Red Deer & District
Archives
Red Deer, Alta.

Day, John M.
Management Consultant
Vancouver

Day, Lawrence
Writer
Toronto

Day, Moira
Dept of Drama
University of
Saskatchewan

de Jong, Nicolas J.
Provincial Archivist of
Prince Edward Island,
Charlottetown

de Pencier, Honor
Research Associate
Royal Ontario Museum
Toronto

DeBresson, Chris
Assistant Research
Professor
Centre for Research of the
Development of Industry
& Technology Economics
Concordia University

DeFelice, James
Professor of Drama
University of Alberta

DeSorcy, G.J.
Chairman
Energy Resources
Conservation Board
Calgary

Dearden, Philip
Professor of Geography
University of Victoria

Decarie, Malcolm Graeme
Associate Professor of
History
Concordia University

Deeg, Bart F.
Recreation Planning
Consultant
Bart Deeg & Associates
Edmonton

Deeprose, Ronald K.
Director, Technical
Services Division, Alberta
Environment, Edmonton

Del Buono, Vincent M.
Senior Counsel
Dept of Justice
Ottawa

Delarue, Norman C.
Emeritus Professor of

Surgery
University of Toronto

Delorme, L. Denis
National Water Research
Institute
Environment Canada
Burlington, Ont.

Dempsey, Hugh A.
Assistant Director
(Collections)
Glenbow Museum
Calgary

Dempsey, L. James
Professor
School of Native Studies
University of Alberta

den Otter, A.A.
Professor of History
Memorial University of
Newfoundland

Dence, Michael R.
Executive Director
Royal Society of Canada
Ottawa

Dendy, David
East Kelowna, B.C.

Dennison, John D.
Professor Emeritus of
Education Studies
University of British
Columbia

Derome, Jacques F.
Professor of Meteorology
Dept of Atmospheric and
Oceanic Sciences
McGill University

Derry, Ramsay
Editor
Toronto

Dery, Louise
Montréal

des Rivières, Marie-José
Centre de recherches en
littérature québécoise
Université Laval

DesGranges, Jean-Luc
Chercheur scientifique
Service canadien de la
faune, Région du Québec

Desbarats, Peter
Professor Emeritus of
Journalism
University of Western
Ontario

Deschênes, Donald
Ethnomusicologue
Moncton, N.B.

Désilets, Andrée
Professeur d'histoire
Université de Sherbrooke

Desloges, Yvon
Agent de recherche
Parcs Canada

Dewan, Philip M.
Director of Policy
Office of the Premier of
Ontario
Toronto

Dewhirst, John
Anthropologist
ArcheoTech Associates
Victoria

Dick, Lyle
Senior Specialist
Cultural Resource Mana-
gement
Parks Canada
Victoria

Dickie, Lloyd Merlin
Research Scientist
Bedford Institute of
Oceanography
Canadian Wildlife Service
Dartmouth, N.S.

Dickin, Janice
Faculty of General Studies
Academic Programs
University of Calgary

Dickinson, John A.
Professeur d'histoire
Université de Montréal

Dickinson, William Trevor
Professor of Water
Resource Engineering
University of Guelph

Dimic, Milan V.
University Professor of
Comparative Literature
University of Alberta

Dion, Luce
Relations Publiques
Oratoire Saint-Joseph

Dion, Gérard
Professeur de relations
industrielles
Université Laval

Dionne, Raoul
Professeur d'histoire
Université de Moncton

Dionne, René
Professeur titulaire de
lettres françaises
Université d'Ottawa

Dirks, Gerald E.
Associate Professor of
Politics
Brock University

Dirks, Patricia G.
Assistant Professor of

History
Brock University

Diubaldo, Richard J.
Associate Professor
of History,
Concordia University

Dobbin, Murray
Writer
Saskatoon

Dobell, A. Rodney
Winspear Professor in
Public Policy
School of Public Adminis-
tration
University of Victoria

Dobuzinskis, Laurent
Associate Professor
Dept of Political Science
Simon Fraser University

Dodd, Dianne
Ph.D. Candidate
Carleton University

Dodman, Donald A.
Parish Priest

Doerr, Audrey D.
Indian & Northern Affairs
Alberta

Doetsch, Karl H.
Chair
Space Plan Task Force
Canadian Space Agency
Saint-Hubert, Québec

Dohler, G.C.
Ottawa

Doiron, Allen
Archiviste
Archives provinciales du
Nouveau-Brunswick
Fredericton

Dolman, Claude Ernest
Professor Emeritus of
Microbiology
University of British
Columbia

Dominey, Erna
Edmonton

Dompierre, Louise
Associate Director/Chief
Curator
The Power Plant
Toronto

Donaldson, Mairi
Victoria

Donaldson, Sue Anne
Associate Professor of
Environmental Design
University of Calgary
Calgary

Donnelly, Margaret Mary
Barrister & Solicitor
Edmonton

Donner, John
Brampton, Ont.

Donneur, André
Professeur de science politique
Université du Québec à Montréal

Doob, Penelope B.R.
Associate Professor of English & Multi-disciplinary Studies
York University

Doody, Peter K.
Barrister & Solicitor
Ottawa

Doolittle, Joyce
Professor Emeritus of Drama
University of Calgary

Dorais, Martine
Horticultural Research Centre, Plant Science Department
Université Laval

Dorcey, Anthony H.J.
Assistant Director
Westwater Research Centre
University of British Columbia

Dore, Yvon
Auteur
Montréal

Dorion, Gilles
Professeur titulaire littérature québécoise
Université Laval

Dossetor, John B.
Professor of Medicine
Dept of Biomedical Ethics
University of Alberta

Dotto, Lydia
Science Writer
Peterborough, Ont.

Doucet, Roger A.
Agronome
Ministère de l'Agriculture des Pecheries et de l'Alimentation du Québec

Doucette, Leonard E.
Professor of French
Scarborough College
University of Toronto

Dougall, Charles
Dictionary of Canadian Biography
Toronto

Dougan, Jane L.
Research Assistant

The Arboretum
University of Guelph

Douglas, Robert J.
Time & Frequency Standards Group,
National Research Council of Canada
Ottawa

Douglas, W.A.B.
Director
Directorate of History
Dept of National Defence
Ottawa

Dover, Pegi
World Wildlife Fund Canada
Toronto

Dow, Marguerite R.
Professor Emerita
University of Western Ontario

Dowbiggin, William F.
Publisher
Executive Sport Publications Ltd.
Edmonton

Downey, R. Keith
Principal Research Scientist
Agriculture Canada
Research Station
Saskatoon

Downey, Terrence
Chair
Dept of Political Science
University of Waterloo

Doyle, Arthur T.
Political Historian
Fredericton

Doyle, Denzil J.
President
Doyletech Corporation
Ottawa

Doyle, James
Professor of English
Wilfrid Laurier University

Doyle, Richard
Senator
Ottawa

Doyon, Pierre
Professeur d'histoire de l'art
Université de Montréal

Drache, Sharon
Writer
Ottawa

Drager, Derek C.
Writer
Edmonton

Drainie, Bronwyn
Writer & Broadcaster
Toronto

Drake, W. M.
Toronto

Draper, D. Wayne
Associate Director,
Pollution Prevention Directorate, Environmental Protection Service,
Environment Canada
Hull

Draper, James A.
Professor of Adult Education
Ontario Institute for Studies in Education
Toronto

Dreisziger, Nandor Fred
Associate Professor of History
Royal Military College of Canada

Drever, Gordon
Edmonton

Driedger, Leo
Professor
Dept of Sociology
University of Manitoba

Drinkwater, Kenneth F.
Bedford Institute of Oceanography
Canadian Wildlife Service
Dartmouth, N.S.

Driscoll, Bernadette
Curator & Writer, Inuit Art
Washington, D.C.

Drolet, Jean-Paul
Mining Engineer
Ottawa

Drover, Glenn
Dept of Applied Social Studies
City University of Hong Kong
Hong Kong

Drummond, Ian M.
Professor of Economics
University of Toronto

Drummond, R. Norman
Associate Professor of Geography
McGill University

Dryden, Jean E.
Provincial Archives of Alberta
Edmonton

Drysdale, Patrick D.
Lexicographer
Abingdon, England

Dubé, Paul J.
Associate Professor
Dept of Romance Languages
University of Alberta

Dubois, Jean-Marie M.
Professeur de géographie
Université de Sherbrooke

Dubro, James R.
Investigative Journalist
Norfolk Research Unit
Norfolk Productions Ltd.
Toronto

Ducharme, Léo
Professeur, Faculté de droit
Section de droit civil
Université d'Ottawa

Duchesne, Raymond
Professeur d'histoire des sciences
Télé-université
Université du Québec

Duchesneau, François
Professeur titulaire de philosophie
Université de Montréal

Duciaume, Jean-Marcel
Professeur de littérature et civilisation québécoise
University of Alberta

Ducrocq-Poirier, Madeleine
Docteur d'État en lettres (littérature québécoise)
Université de Paris - Sorbonne, Centre national de la recherche scientifique
Paris, France

Duffy, Dennis
Professor of English
Innis College
University of Toronto

Dufour, Andrée
Journaliste

Dufour, Andrée
Professeure
Cégep Saint-Jean-sur-Richelieu

Duley, Walter W.
Professor of Physics
York University

Dulong, Gaston
Professeur titulaire de linguistique
Université Laval

Dumont, François
Professeur
Département des

littératures
Université Laval

Dumont, Micheline
Professeure d'histoire
Université de Sherbrooke

Dunae, Patrick
Dept of History
Malspina University
College
Nanaimo, B.C.

Dunbar, M.J.
Professor Emeritus of
Oceanography
McGill University

Duncan, Graham W.
Secretary
Canadian Billiards &
Snooker Referees'
Association
Thornhill, Ont.

Duncan, Neil J.
Special Lecturer in Mining
Engineering
University of Alberta

Dunham, Robert H.
Associate Professor of
English
Simon Fraser University

Dunlop, Marilyn E.
Medical Writer,
The Toronto Star
Toronto

Dunnigan, Brian Leigh
Executive Director
Old Fort Niagara
Association

Dunton, Davidson
Fellow, Institute of
Canadian Studies
Carleton University

Duperreault, Jean R.
School of Human Kinetics
University of Ottawa

Dupont, Jean-Claude
Professeur d'ethnologie
Département d'histoire
Université Laval

Dupuis, Diane
National Capital
Commission, Ottawa

Durflinger, Serge Marc
Historien
Montréal

Durocher, René
Professeur d'histoire
Bureau Recherche
Université de Montréal-

Dussault, Gabriel
Professeur agrégé de

sociologie
Université Laval

Dwivedi, O.P.
Professor & Chairman of
Political Studies
University of Guelph

Dyck, Ian
Curator
Plains Archaeology
Canadian Museum of
Civilization
Hull

Dyck, Noel
Professor of Anthropology
Simon Fraser University

Dyer, Charles C.
Professor of Astronomy
University of Toronto

Dyer, Klay
Dept of English
University of Ottawa

Dzavik, V.
Cardiology
University of Alberta

Eagle, John A.
Associate Professor of
History
University of Alberta

Eakins, Peter R.
Associate Professor of
Geology
McGill University

Eaman, Ross A.
Assistant Professor of
Journalism
Carleton University

Eastman, Harry C.
Professor of Economics
University of Toronto

Eatock, Colin
Toronto

Eber, Dorothy Harley
Writer
Montréal

Eccles, William John
Professor Emeritus of
History
University of Toronto

Eddie, Christine
Chercheure en communi-
cations

Edinborough, Arnold
President & Chief Executive
Officer, The Council for
Business and the Arts in
Canada, Toronto

Edwards, Gail
PhD Candidate
Educational Studies

University of British
Columbia

Edwards, Oliver Edward
Chemistry Division
National Research Council
of Canada
Ottawa

Edwards, Peggy
Fitness Consultant
Ottawa

Ehman, Carrie
The Catholic Women's
League of Canada
Winnipeg

Ehrhardt, Roger B.
Canadian International
Development Agency

Eichler, Margrit
Professor of Sociology
Ontario Institute for
Studies in Education
Toronto

Einarson, Neil
Manitoba Culture,
Heritage & Recreation
Winnipeg

Elder, R. Bruce
Lightworks
Toronto

Elford, Jean
Writer
Sarnia, Ont.

Elias, Peter Douglas

Eliot, C.W.J. (Willy)
President & Professor of
Classics
University of Prince
Edward Island

Elliot, Robin
Associate Editor, EMC
Victoria

Elliott, Bruce S.
Ottawa

Elliott, David R.
Historical Contractor,
Nanoose Bay, B.C.

Elliott, James A.
Research Scientist
Bedford Institute of
Oceanography
Canadian Wildlife Service
Dartmouth, N.S.

Elliott, Marie
Victoria

Ellis, David
President, Omnia
Communications Inc.
Toronto

Elson, John A.
Professor Emeritus of

Geological Sciences
Dept of Earth & Planetary
Sciences
McGill University

Elwood, Marie
Curator Emeritus
Nova Scotia Museum
Tantallon, N.S.

Emery, George
Associate Professor of
History
University of Western
Ontario

Emmerson, Donald W.
Consultant
Ottawa

Emmons, Douglas B.
Emeritus Research
Scientist
Southern Crop Protection
& Food Research Program
Agriculture & Agri-Food
Canada
Guelph, Ont.

Emond, Maurice
Professeur titulaire de
littérature
Université Laval

Empey, William F.
The ARA Consulting
Group
Toronto

English, John R.
Professor of History
University of Waterloo

Enkin, Murray W.
Professor Emeritus
Dept of Obstetrics &
Gynecology, Clinical
Epidemiology &
Biostatistics
McMaster University

Enright, Wayne
Professor and Chair of
Computer Science
University of Toronto

Enros, Philip C.
Science Advisor
Science Council of Canada
Ottawa

Epp, Frank H.
Professor of History
Conrad Grebel College
University of Waterloo

Epstein, Clarence

Erb, Robert Bruce
Executive Vice-President,
Canadian Automobile
Association
Ottawa

Erskine, Anthony J.
Canadian Wildlife Service
Sackville, N.S.

Evans, Brian L.
Professor of History
University of Alberta

Evans, D.K. (David)
Research Scientist
Atomic Energy of Canada
Ltd.
Chalk River, Ont.

Evans, Wayne F.J.
Dept of Environmental &
Resource Studies
Trent University

Fahey, Curtis
Editor
Toronto

Fall, Valerie J.
Executive Director
The Catholic Women's
League of Canada
Winnipeg

Fallis, A. Murray
Professor Emeritus of
Parasitology
University of Toronto

Fankboner, Peter V.
Associate Professor of
Biological Sciences
Simon Fraser University

Farfan, Penny
Theatre Dept
University of Regina

Farr, D.M.L.
Professor Emeritus of
History
Carleton University

Farr, Dorothy M.
Curator
Queen's University

Farrell, Fred
Archivist
Provincial Archives of
New Brunswick
Fredericton

Fathi, Asghar
Professor
Dept of Sociology
University of Calgary

Faulkner, Thomas
Professor of Comparative
Religion
Dalhousie University

Fawcett, George D.
Transport Canada
Ottawa

Feder, Alison
Professor of English,

Memorial University of
Newfoundland

Fedoroff, Sergey
Professor & Head of
Anatomy
College of Medicine
University of
Saskatchewan

Fee, Margery
Assistant Professor of
English, University of
British Columbia

Fehr, Kevin O'Brien
Manager
External Scientific Affairs
Glaxo Wellcome Inc.
Canada

Feindel, William
Director Emeritus
Montreal Neurological
Institute
Montréal

Feldman, Seth R.
Associate Professor of
Film Studies
York University

Fenna, Donald
Professor Emeritus of
Applied Sciences in
Medicine
University of Alberta

Fennell, William O.
Professor Emeritus
Emmanuel College,
University of Toronto

Fenton, M. Brock
Professor of Biology
York University

Fenton, Terry L.
Art Consultant

Ferguson, Bob
Author, Who's Who in
Canadian Sport
Ottawa

Ferguson, Howard L.
Assistant Deputy Minister
Atmospheric Environment
Service, Environment
Canada
Downsview, Ont.

Fernie, J. Donald
University of Toronto

Ferron, Jean
Professeur de biologie
Université du Québec à
Montréal

Fetherling, Douglas
Author
Toronto

Field, George
Institute of Law Research
& Reform
University of Alberta

Field, John L.
Research Historian,
Niagara-on-the-Lake, Ont.

Field, Richard Henning
Independent Curator &
Writer, Halifax

Fife, Ed
School of Landscape
Architecture, University of
Toronto

Filewod, Alan
Dept of Drama
University of Guelph

Findlay, Leonard M.
Professor of English
University of
Saskatchewan

Fingard, Judith
Professor of History
Dalhousie University

Fink, Howard
Professor of English
Concordia University

Finkel, Alvin
Professor of History
Athabasca University

Finklestein, Maxwell
Parks Canada
Ottawa

Finlayson, Douglas A.
Graduate Studies in
Geography
University of Alberta

Finley, Gerald
Professor of the History
of Art
Queen's University

Finn, Gérard
Historien
Ottawa

Firth, Christine
Historian
Soaring Association of
Canada
Ottawa

Fisher, Richard S.
Moncrieff Management
Ltd.
Montréal

Fisher, Robin
Chair of History
University of Northern
British Columbia

Fisher, Stan C.
Canadian Handball
Association
Sherwood Park, Alta.

Fitsell, John Walter (Bill)
Historian
International Hockey Hall
of Fame & Museum
Kingston, Ont.

Fitzgerald, Patrick J.
Professor of Law
Carleton University

Flaherty, David H.
Professor of History &
Law
University of Western
Ontario

Flanagan, Thomas
Professor of Political
Science, University of
Calgary

Flato, Gregory M.
Canadian Centre for
Climate Modelling and
Analysis, Atmospheric
Environment, Service,
Environment Canada,
Victoria

Fleming, Elizabeth A.
Remote Sensing Specialist
Ottawa

Fleming, R.B.
Biographer
Argyle, Ont.

Fleming, Robert J.
Development Consultant

Flemming, David B.
Director
Maritime Museum of the
Atlantic
Halifax

Fleury, Jean-Louis
Auteur

Flitton, Marilyn G.
Researcher
Vancouver

Fong, David G.
Mineral Economist
Mineral Policy Sector
Energy, Mines &
Resources Canada
Ottawa

Foran, Max
Priddis, Alta.

Forbes, Ernest R.
Professor of History
University of New
Brunswick

Forbes, R.E.
Project Director
Westarc Group Inc.
Brandon, Man.

Forbes, William B.
Executive Editor,

Canadian Printer & Publisher
Electronic Publishing,
Printing Product Guide
Toronto

Forbis, Richard G.
Professor Emeritus of
Archaeology
University of Calgary

Forcese, Dennis P.
Dean
Faculty of Social Sciences
Carleton University

Ford, Anne Rochon
Policy & Program Advisor
Women's Health
Women's College Hospital
Toronto

Ford, Clifford
Executive Secretary
Canadian Musical Heritage
Society
Ottawa

Ford, Derek C.
Professor of Geography
McMaster University

Ford, Gillian
Devonian Botanic Garden
University of Alberta

Ford, Susan
Ballenford Architectural
Books
Toronto

Forest, Bertrand
Consultant en agriculture
Roche Associés ltée
Québec

Forrester, Ronald W.
President
Canadian Jiu-jitsu
Association
Willowdale, Ont.

Forrester, Warren D.
Oceanographic Consultant
Ottawa

Forsey, Eugene Alfred
Retired Senator, Professor
& Trade Union Official
Ottawa

Forsyth, Frank R.
Plant Physiologist,
Research Scientist
Agriculture Canada
Berwick, N.S.

Forsyth, Peter A.
Professor Emeritus of
Physics
University of Western
Ontario

Fortin, Claire-Andrée
Études québécoises
Université du Québec à
Trois-Rivières

Fortin, Gérald
Professeur, INRS-
Urbanisation
Université du Québec

Forward, Charles N.
Professor Emeritus of
Geography
University of Victoria

Forward, William F.
Research Associate
Science Council of Canada
Ottawa

Foss, Brian F.
Professor of Art History
Concordia University

Foster, Franklin
Kingston, Ont.

Foster, J. Bristol
Ecological Consultant
Victoria

Foster, John Bellamy
Associate Professor of
Sociology
University of Oregon

Foster, John E.
Professor of History
University of Alberta

Foster, Michael K.
Norwich, Vt.

Foulds, Glenn B.
Edmonton

Fowke, Edith M.

Fowler, Marian
Writer, Shelburne, Ont.

Fox, Paul W.
Professor
Dept of Political Science
University of Toronto

Fox, Richard C.
Professor of Geology &
Zoology
University of Alberta

Fox, Rosemary J.
Director
Canadian Nature
Federation
Ottawa

Francis, Daniel
Writer
Vancouver

Francis, Diane
Columnist
The National Post
Toronto

Frank, David A.
Professor of History

University of New
Brunswick

Frank, Julius F.
Animal Health Consultant
Manotick, Ont.

Franklin, Colin Athol
Director General
Applications Program
Dept of Communications
Ottawa

Franks, C.E.S.
Associate Professor of
Political Studies
Queen's University

Fransen, David
Director
Economic Framework
Policies
Industry Canada
Ottawa

Franson, Robert T.
Associate Professor of
Law
University of British
Columbia

Frappier, Armand
Directeur retraité et
Consultant
Institut Armand-Frappier
Laval-des-Rapides, Québec

Fraser, David
National Archives of
Canada
Ottawa

Fraser, Kathleen J.D.
Doctoral Student
Dept of English
University of Western
Ontario

Fraser, Robert Lochiel
Senior Manuscript Editor,
Dictionary of Canadian
Biography
Toronto

Fredeen, Howard Townley
Adjunct Professor, Animal
Breeding
University of Alberta

Fréchette, Pierre
Professeur d'économie
Département d'aména-
gement
Université Laval

Freedman, Adele
Toronto

Freedman, Benjamin
Associate Professor
McGill Centre for
Medicine, Ethics and Law
McGill University

Freeman, Gordon Russel
Professor Emeritus of
Chemistry
University of Alberta

Freeman, Mac
Professor of Education
Queen's University

Freeman, Milton M. R.
Henry Marshall Tory
Professor
Dept of Anthropology
University of Alberta

Freeman, Minnie Aodla
Writer

Freeman, Roger D.
Clinical Professor of
Psychiatry

Freitag, Walter H. P.
Professor of the Church in
Historic Witness & Bibli-
cal Interpretation
Lutheran Theological
Seminary
Saskatoon

French, Carey
The Globe and Mail
Toronto

French, Hugh M.
Dean of Science
Dept of Geography
University of Ottawa

Frenette, Yves
Canadian Studies
Programme
Glendon College
York University

Frideres, James S.
Professor of Sociology
University of Calgary

Frieday, Le'Anne
Geological Survey of
Canada
Ottawa

Friedlander, Mira

Friesen, Gerald
Professor of History
University of Manitoba

Friesen, James D.
Professor of Medical
Genetics
University of Toronto

Friesen, Jean M.
Associate Professor of
History, University of
Manitoba

Frost, Stanley Brice
Director
History of McGill Project
McGill University

Fuerstenberg, Adam G.
Professor of English
Ryerson Polytechnic
University

Fulford, Robert
Writer
Toronto

Fuller, Anthony (Tony) M.
Professor of Rural
Development
University School of Rural
Planning and Development
University of Guelph

Fuller, George R.
Professor of Interior
Design
University of Manitoba

Fuller, William A.
Professor Emeritus of
Zoology
University of Alberta

Fullerton, Carol W.
Calgary

Fullerton, Douglas H.
Consultant & Writer
Ottawa

Fulton, Gordon
Research Manager
Historical Services Branch
Parks Canada
Hull

Furimsky, Edward
Canada Centre for Mineral
& Energy Technology
Ottawa

Furniss, Ian F.
Economist
Ottawa

Fyfe, Richard
Environment Canada
Canadian Wildlife Service
Edmonton

Fyfe, William S.
Emeritus
Dept of Earth Sciences
University of Western
Ontario

Gadacz, René Robert
Anthropology/Sociology
Program
Northern Lights College
Dawson Creek, B.C.

Gaffield, Chad
Professor of History
University of Ottawa

Gagan, David
Professor of History
University of Winnipeg

Gagnon, François-Marc
Professeur émérite

Département d'histoire
de l'art
Université de Montréal

Gagnon, Jean
Assistant Currator of
Contemporary Media Art
National Gallery of
Canada
Ottawa

Gagnon, Paulette
Conservatrice en chef
Musée d'art contemporain
de Montréal

Gaizauskas, Victor
Herzberg Institute of
Astrophysics
National Research Council
of Canada
Ottawa

Gajan, Philippe
Critique de cinéma

Galarneau, Claude
Professeur d'histoire
Université Laval

Gale, Peggy
Independent Curator &
Freelance Writer
Toronto

Gall, Gerald L.
Professor of Law
University of Alberta

Gallacher, Daniel T.
Chief, Human History
Royal B.C. Museum
Victoria

Gallagher, Paul
President
Vancouver Community
College
Vancouver

Galloway, Strome
Writer
Ottawa

Galt, John Alexander
Dominion Astrophysical
Observatory, Herzberg
Institute of Astrophysics
National Research Council
Penticton, B.C.

Ganapathy, Natarajan

Ganzevoort, Herman
Associate Professor of
History
University of Calgary

Gardner, David
Actor, Director & Theatre
Historian
Sutton West, Ont.

Gardner, Norman

Garrett, Christopher J.R.
Lansdowne Professor of
Ocean Physics
University of Victoria

Garrett, John F.
Institute of Ocean Sciences
Sidney, B.C.

Gaskell, Jane
Associate Dean
Faculty of Graduate Pro-
grams and Research,
University of British
Columbia

Gasser, Alan

Gaudel, Muriel
Sociologue

Gauvin, Lise
Professeur de littérature
Dépt études francaises
Université de Montréal

Gauvin, M.J.
Nonferrous Commodities
Division, Minerals &
Metals Strategy Branch
Energy, Mines &
Resources Canada
Ottawa

Gayler, Hugh J.
Associate Professor of
Geography
Brock University

Geekie, Douglas A.
Director of Communi-
cations
Canadian Medical
Association
Ottawa

Geiger, John Grigsby
Writer
Edmonton Journal
Edmonton

Geist, Valerius
Professor of Environmen-
tal Sciences
University of Calgary

Gellner, John
Magazine Editor & Writer
Toronto

Gendreau, Paul
Regional Co-ordinating
Psychologist
Ontario Ministry of
Correctional Services
Toronto

Gendron, Ghislain
Professeur de phytologie
Université Laval

Genest, Jean-Guy
Professeur d'histoire

Université du Québec à
Chicoutimi

Gersovitz, Julia
Architect
Gersovitz & Moss
Montréal

Gessler, Trisha
Curator
Queen Charlotte Islands
Museum
Queen Charlotte City, B.C.

Getty, Ian A.L.
Research Director
Canadian Research
Consultants
Morley, Alta.

Gherson, Giles
Southam News
Ottawa

Ghostkeeper, Elmer N.
President
Alberta Federation of
Métis Settlement
Associations
Edmonton

Giard, Jacques R.
Associate Professor of
Industrial Design
Carleton University

Gibb, Richard A.
Research Scientist
Geological Survey of
Canada
Ottawa

Gibb, Sandra
Head, Exhibition
Development
Canadian Museum of
Civilization
Hull

Gibbons, Kenneth M.
Assistant Professor of
Political Science
University of Winnipeg

Gibson, James A.
Professor Emeritus of
Politics
Brock University

Gibson, Lee
Winnipeg

Gibson, William C.
Chairman
Universities Council of
B.C.
Vancouver

Gibson Garvey, Susan
Adjunct Curator
Dalhousie Art Gallery
Halifax

Giffen, Perry James
Professor of Sociology
University of Toronto

Giffen, Peter
Don Mills, Ont.

Gignac, Elizabeth Hollingsworth
Former Head of Communications
Canadian Museums
Association
Ottawa

Giguère, Richard
Professeur de littérature
Université de Sherbrooke

Gilbert, Reid
Dept of English
Capilano College
North Vancouver, B.C.

Gilchrist, C.W.
Former Managing Director
Roads & Transportation
Association of Canada

Gillese, John Patrick
Freelance Writer
Edmonton

Gillespie, Beryl
Iowa City, Iowa

Gillespie, Bill
Journalist
St John's

Gillespie, Laurence J.P.
Winnipeg

Gillett, John M.
Curator Emeritus
National Museums of
Canada
Ottawa

Gillett, Margaret
Macdonald Professor of
Education
Administration and Policy
Studies in Education
McGill University

Gillis, Robert Peter
Historian
Ottawa

Gilliss, Geraldine
Director, Research &
Information Services
Canadian Teachers'
Federation
Ottawa

Gillmor, Alan M.
Professor of Music
School for Studies in Art
and Culture
Carleton University

Gillott, Cedric
Professor of Biology

University of Saskatchewan

Gilmore, Norbert
Dept of Medicine
Royal Victoria Hospital
Montréal

Gilson, J.C.
Emeritus
University of Manitoba

Gingras, Nicole
Auteur et conservatrice
indépendante
Montréal

Gingras, Yves
Professeur de sociologie
Université du Québec à
Montréal

Girouard, André
Département de français
Université Laurentienne

Given, Brian J.
Professor
Dept of Sociology and
Anthropology
Carleton University

Glendenning, Burton
Coordinator, Historical
Division, Provincial
Archives of New Brunswick, Fredericton

Gnarowski, Michael
Professor of English,
Carleton University

Goa, David J.
Curator of Folk Life
Provincial Museum of
Alberta
Edmonton

Godard, Barbara J.T.
Associate Professor of
English
York University

Godby, Ensley A.
Former Director General
Canada Centre for Remote
Sensing
Ottawa

Godfrey, W. Earl
Curator Emeritus of
Ornithology
Natural Museum of
Natural Sciences
Ottawa

Godfrey, William G.
Professor of History
Mount Allison University

Godin, Jean-Cléo
Professeur
Département d'études

françaises
Université de Montréal

Godwin, R. Bruce

Gonick, Cy
Professor of Economics
University of Manitoba

Gonthier, Claude
Professeur
Cégep de Saint-Laurent

Gonzales, Cecilia A.
Associate Professor of
Clothing & Textiles
University of Manitoba

Gooch, Bryan N.S.
Professor of English
University of Victoria
Visiting Professor
University of British
Columbia

Good, Jacqui
Canadian Broadcasting
Corporation
Winnipeg

Gooding, S. James
Director
Museum Restoration
Service
Bloomfield, Ont.

Goodis, Jerry
Toronto

Goodman, John T.
Director
Dept of Psychology
Children's Hospital of
Eastern Ontario
Ottawa

Gordon, Donald C., Jr.
Research Scientist, Bedford Institute of Oceanography, Canadian Wildlife
Service, Dartmouth, N.S.

Gordon, Glenn
Co-ordinator of Marketing
& Public Relations
Mackenzie Art Gallery
University of Regina

Gordon, Philip
Manager, Information Services, Canadian Tobacco
Manufacturers' Council
Ottawa

Gordon, Stanley
Historian
Edmonton

Gordon, Walter L.
Chairman
Canadian Institute for
Economic Policy
Toronto

Gorham, Deborah
Associate Professor of
History
Institute of Women's
Studies
Carleton University

Gorham, Harriet R.
Writer
Ottawa

Gorham, Stanley W.
Honorary Research
Associate
Central New Brunswick
Woodmen's Museum
Boiestown, N.B.

Gotlieb, Calvin Carl
Professor Emeritus of
Computer Science
University of Toronto

Gottesman, Daniel H.
Thalassa Research
Associates
Victoria

Gough, Barry Morton
Professor of History
Wilfrid Laurier University

Gough, Joseph B.
Writer

Gouin, Judy
Artist
Toronto

Gould, Allan M.
Writer
Toronto

Goulet, Henri
Research Scientist
Biosystematics Research
Institute
Ottawa

Gourd, Benoît-Beaudry
Historien
Les Productions Abitibi-
Témiscamingue inc.
Rouyn, Québec.

Gow, James Iain
Professeur titulaire
Département de Science
Politique
Université de Montréal

Gowans, Alan
Professor of History in Art
University of Victoria

Grady, Patrick
Global Economics Ltd. or
Grady Economics, Ottawa

Graham, J. Wesley
Dean of Computing &
Communications
University of Waterloo

Graham, Jane E.
Associate Editor
Dictionary of Canadian
Biography
Toronto

Graham, John F.
Professor of Economics
Dalhousie University

Graham, Katherine A.
Associate Professor
School of Public Adminis-
tration
Carleton University

Graham, Roger
Professor Emeritus of
History
Queen's University

Grainger, E.H.
Arctic Biological Station
Ste-Anne-de-Bellevue,
Québec

Granatstein, J.L.
Professor Emeritus of
History
York University

Granger, Alix

Granger, Luc
Professeur titulaire de
psychologie
Université de Montréal

Grant, Evelyn
Reader for Contemporary
Ceramics article
Leisure Learning Services
Calgary

Grant, John A.G.

Grant, John Webster
Professor Emeritus of
Church History
Emmanuel College of
Victoria University
University of Toronto

Grant, Peter
Writer
Victoria

Gray, Carolyn Elizabeth
McMaster University

Gray, David F.
Professor of Astronomy
University of Western
Ontario

Gray, David Robert
Associate Curator, Ethol-
ogy, Natural Museum of
Natural Sciences
Ottawa

Gray, Earle
Writer
Woodville, Ont.

Gray, G. Ronald
General Manager,
Technical Manpower
Development
Syncrude Canada Ltd.
Edmonton

Gray, James
Professeur de géographie
Université de Montréal

Gray, Stephen
Simon Fraser University

Greaves, D'Arcy M.
Classical Guitarist
Edmonton

Green, J. Paul
Professor Emeritus of
Music Education
Faculty of Music
University of Western
Ontario

Green, Leslie C.
University Professor
Emeritus
Dept of Political Science
University of Alberta

Green, Melvyn
Barrister, Ruby and
Edwardh Barristers
Toronto

Green, Richard
Music Division
National Library of
Canada
Ottawa

Greenberg, Reesa
Associate Professor of Art
History
Concordia University

Greene, John P.
Teacher
St John's

Greenfield, Thomas B.
Professor
Ontario Institute for
Studies in Education
Toronto

Greenhill, Pauline
Assistant Professor of
Canadian Studies
University of Waterloo

Greenhous, Brereton
Historian, Directorate of
History
Dept of National Defence
Ottawa

**Greenshields, John
Edward Ross**
Director
Canada Agriculture

Research Station
Saskatoon

Greenwood, Hugh J.
Professor Emeritus of
Geological Sciences
University of British
Columbia

Greer, Allan
Professor of History
University of Toronto

Greffard, Madeleine
Professeur
Département de théâtre
Université du Québec à
Montréal

Gregg, Arthur E.
Writer
Sidney, B.C.

Gregory, E. David
Associate Professor of
Humanities and History
Athabasca University

Gregory, Patrick T.
Chair & Professor of
Biology
University of Victoria

Gregory, Robert W.
President
RW Gregory Resources
Ltd.
Calgary

Grey, Julius H.
Associate Professor of
Law
Faculty of Law
McGill University

Gridgeman, Norman T.
Science Writer
Vancouver Island, B.C.

Griezic, Foster J.K.
Associate Professor of
History & Chairman,
Labour Studies
Carleton University
Ottawa

Griffin, Herbert Lawrence
Research Professor
(retired)
Ottawa

Griffin, John D. M.
Former General Director
Canadian Mental Health
Association
Toronto

Griffiths, Anthony J.F.
Professor of Botany
University of British
Columbia

Griffiths, Graham C.D.
Honorary Research Asso-
ciate of Entomology
University of Alberta

Griffiths, Naomi E.S.
Dean, Faculty of Arts
Carleton University
Ottawa

Grignon, Marc
Département d'histoire,
Faculté des lettres
Université Laval

Grinstein, Sergio
Research Institute
The Hospital for Sick
Children
Toronto

Grisé, Yolande
Directrice
Centre de recherche en
civilisation canadienne-
française
Université d'Ottawa

Groetzinger, Deanna
Director of Communica-
tions, Multiple Sclerosis
Society of Canada
Toronto

Grove, Jack W.
Professor Emeritus of
Political Studies
Queen's University

Grubel, Herbert G.
Professor of Economics
Simon Fraser University

Gruber, Patrick D.
Midland, Ont.

Gruen, Hans E.
Professor of Biology
University of
Saskatchewan

Gruft, Andrew
Associate Professor of
Architecture
University of British
Columbia

Guernsey, Terry
Ottawa

Guest, Dennis
Associate Professor
Emeritus of Social Work
University of British
Columbia

Guest, Hal J.
Historical Resource
Consultant
Winnipeg

Guidotti, Tee Lamont
Chair, Dept of
Environmental &

Occupational Health School of Public Health & Health Services, George Washington University Washington, D.C.

Guilmette, Armand
Professeur de lettres
Université du Québec à Trois-Rivières

Guilmette, Bernadette
Chargée de cours (lettres)
Université du Québec à Trois-Rivières

Guindon, Ginette
Bibliothèque de Montréal
Montréal

Gundy, H. Pearson
Professor Emeritus of English Language & Literature
Queen's University

Gunnars, Kristjana
Writer, Winnipeg

Gunner, S.W.
Health Protection Branch
Health & Welfare Canada
Ottawa

Gunning, Harry Emmet
Killam Professor of Chemistry
University of Alberta

Guy, Allan
Professor of Educational Administration, University of Saskatchewan

Gwyn, Julian
Professor of History
University of Ottawa

Gwyn, Richard J.
Columnist
The Toronto Star

Haanappel, Peter P.C.
Associate Professor of Law
McGill University

Haber, Erich
National Botanical Services
Ottawa

Hacker, Carlotta
Author of The Indomitable Lady Doctors
London, Ont.

Hackler, Jim
Professor of Sociology
University of Alberta

Haddad, Yvonne Y.
Professor of History
University of

Massachusetts Amherst, M.A.

Hadley, Michael L.
Professor of Germanic Studies
University of Victoria

Haehling von Lanzenauer, Christoph
Professor of Management Science
University of Western Ontario

Hage, Keith D.
Professor Emeritus of Geography
University of Alberta

Haliburton, G. Brenton
Freelance Writer
Dartmouth, N.S.

Hall, Anthony J.
Assistant Professor of Native Studies
University of Lethbridge

Hall, David J.
Professor of History
University of Alberta

Hall, Frederick A.
Associate Professor of Music
McMaster University

Hall, John W.
Agrologist
Winnipeg

Hall, Roger
Professor
Dept of History
University of Western Ontario

Hallett, Mary E.
Associate Professor of History
University of Saskatchewan

Halli, Shiva
Professor
Dept of Sociology
University of Manitoba

Halliday, Hugh A.
Canadian War Museum
Ottawa

Halliday, Ian
Ottawa

Halloran, Mary
Toronto

Hallowell, Gerald
Editor
University of Toronto Press
Toronto

Hallworth, Beryl M.
Herbarium
Dept of Biology
University of Calgary

Halpenny, Francess G.
Professor Emeritus
Library & Information Science
University of Toronto

Halpin, Marjorie M.
Associate Professor of Anthropology
University of British Columbia

Hamacher, Vincent Carl
Dean and Professor of Electrical & Computer Engineering
Queen's University

Hamelin, Louis-Edmond
Géographe, Professeur émérite
Université Laval

Hamilton, Donald G.
Director-General (retired), Research Branch
Agriculture Canada
Ottawa

Hamilton, S. W.
Associate Professor of Commerce & Business Administration
University of British Columbia

Hamilton, Sally A.
Mineral Policy Sector
Ottawa

Hamilton, William B.
Professor of Marine Studies
Mount Allison University

Hampson, Michael C.
Research Scientist
Agriculture Canada, St John's

Hamre, Brant M.

Hancock, Geoffrey
Editor-in-Chief, Canadian Fiction Magazine, Stratford, Ont.

Hand, Mark
Music Librarian
Canadian Music Centre
Toronto

Handling, Piers
Writer
Toronto

Hanna, Martha
Reader, Photography magazine

Canadian Museum for Contemporary Photography
Ottawa

Hanrahan, James
St Mark's College
Vancouver

Hansen, Asbjorn T.
Senior Research Officer
National Research Council of Canada
Ottawa

Harbron, John D.
Senior Research Associate
Canadian Institute of Strategic Studies
Toronto

Harcourt, Peter
Professor of Film Studies
School for Studies in Art and Culture
Carleton University

Hardwick, David F.
Research Associate
Biosystematics Research Institute
Ottawa

Hardy, Jean-Pierre
Historien
Musée canadien des civilisations
Hull

Hardy, René
Professeur d'histoire
Université du Québec à Trois-Rivières

Hare, F. Kenneth
Professor Emeritus in Geography
University of Toronto

Hargittay, Clara
Writer
Art Gallery of Ontario
Toronto

Hargreaves, J. Anthony
Professor of Dentistry
University of Alberta

Harland, Gordon
Professor Emeritus of Religion
University of Manitoba

Harper, Alex M.
Senior Research Scientist, Agriculture Canada
Research Station
Lethbridge, Alta.

Harper, J. Russell
Writer & Professor of Canadian Art History
Concordia University

Harris, Deborah Gudgeon
Project Officer
Endangered Species
Conservation Division
Wildlife Conservation
Branch
Canadian Wildlife Service
Environment Canada
Hull

Harris, Gretchen L.H.
Associate Professor of
Physics
University of Waterloo

Harris, James A.
Board of Directors
The Stephen Leacock
Associates
Orillia, Ont.

Harris, Peter
Research Scientist
Lethbridge Research
Centre
Agriculture and Agrifood
Canada
Lethbridge, Alta.

Harris, R. Cole
Professor of Geography
University of British
Columbia

Harris, Stephen
Director General of Histo-
ry & Heritage
National Defence Head-
quarters
Ottawa

Harris, Stuart A.
Professor of Geography
University of Calgary

Harris, Walter E.
Professor Emeritus of
Chemistry
University of Alberta

Harris, William E.
Professor of Physics
McMaster University

Harrison, Lionel G.
Professor of Chemistry
University of British
Columbia

Harrison, Paul J.
Professor of Oceanography
& Botany
University of British
Columbia

Harrison, Tom
Music Writer,
The Vancouver Province

Harrison, Trevor
Dept of Sociology,
University of Alberta

Harte, Peter J.
Privacy Project
University of Western
Ontario

Harvey, David D.
Writer
Ottawa

Harvey, Fernand
Professeur et chercheur,
INRS-Culture et société

Harvey, Pierre
Professeur émérite et
conseiller à la direction
École des Hautes études
commerciales de Montréal

Harvey, Jocelyn

Hatch, Fred J.
Aviation Historian
Directorate of History
Dept of National Defence
Ottawa

Haufe, Wilbert O.
Head, Animal Parasitology
Section
Agriculture Canada
Research Station
Lethbridge

Haughey, Margaret
Dept of Education Admi-
nistration
University of Alberta

Hauser, Jo
Physician
Health & Welfare Canada
Ottawa

Haycock, Ronald G.
Associate Professor of
History
Royal Military College of
Canada

Hayden, Michael
Professor of History
University of
Saskatchewan

Hayes, Florence C.
Music Research Assistant
National Library of
Canada
Ottawa

Hayne, David M.
Professor of French
University of Toronto

Haynes, Robert H.
Distinguished Research
Professor of Biology
York University

Hayter, Carol
Fine Arts Dealer
Movements In Time Ltd.
Toronto

Heald, Henry F.
Writer
Nepean, Ont.

Heaver, Trevor D.
Director
Centre for Transportation
Studies
University of British
Columbia

Hebb, Harvey D.
Edmonton

Hebda, Richard J.
Curator of Botany, British
Columbia Provincial
Museum, Victoria

Hébert, Chantal
Journaliste
Ottawa

Hébert, Gérard
Université de Montréal
(retraité)

Hébert, Karine
Chercheuse en histoire

Hedlin, Robert A.
Professor of Soil Science
University of Manitoba

Heidenreich, Conrad E.
Professor of Geography
York University

Helleiner, Frederick M.
Professor of Geography
Trent University

Helling, Rudolph
Professor of Sociology
University of Windsor

Helm, June
Professor of Anthropology
University of Iowa

Heming, Bruce S.
Professor of Entomology
University of Alberta

Hénault, Odile
Architecte et critique
d'architecture
Montréal

Henderson, William B.
Barrister & Solicitor
Toronto

Hendry, Tom
Writer
Toronto

Hengeveld, Henry
Science Advisor on
Climate Change
Environment Canada
Downsview, Ont.

Hennessy, Ralph L.
Executive Director
Standards Council of
Canada

Henripin, Jacques
Professeur de démographie
Université de Montréal

Henry, A.S.
Nepean, Ont.

Henry, Michael M.
Chief of Ophthalmology
North York Branson
Hospital, Toronto

Henteleff, Yude M.
Barrister & Solicitor
Buchwald Asper Gallagher
Henteleff
Winnipeg

Herbert, Frank A.
Professor of Respiratory
Medicine
Dept of Pulmonary
Medicine
University of Alberta

Herbert, Margo
Associate Professor
Emeritus
Faculty of Social Work
University of Alberta

Herbert-Copley, Brent
Research Officer
North-South Institute
Ottawa

Herd, Richard
Curator, National
Collections
Geological Survey of
Canada
Ottawa

Herman, Alex
Research Scientist
Bedford Institute of
Oceanography
Canadian Wildlife Service
Dartmouth, N.S.

Herman, Harry Vjekoslav
Anthropologist
Toronto

Heron, Craig
Associate Professor of
History
York University

Herperger, Don J.
Saskatchewan Archives
Board
Regina

Herrero, Stephen M.
Professor of Environmen-
tal Science & Biology
University of Calgary

Hesketh, Robert
News Commentator
CFRB
Toronto

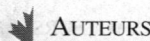

Hessel, Ingo
Ottawa

Hewett, Phillip
Minister
Unitarian Church of
Vancouver
Vancouver

Hexham, Irving
Professor
Dept of Religious Studies
University of Calgary

Heydenkorn, Benedykt
Vice-Director & Editor
Canadian Polish Research
Institute
Toronto

Hickcox, Edward S.
Professor of Educational
Administration
Ontario Institute for
Studies in Education
Toronto

Hickman, Michael
Professor of Biological
Sciences
University of Alberta

Higgins, Donald
Professor of Political
Science
Saint Mary's University

Higgs, David
Professor of History
University of Toronto

Higley, Dahn D.
Chief Superintendent
(retired)
Ontario Provincial Police
Peterborough, Ont.

Hildebrandt, Walter
Historical Research
Parks Canada
Winnipeg

Hill, Charles Christie
Curator of Canadian Art
National Gallery of
Canada
Ottawa

Hill, Harry M.
Director General
Prairie Farm Rehabilitation
Administration
Agriculture Canada
Regina

Hill, Tom
Woodland Indian Cultural
Centre
Brantford, Ont.

Hiller, James K.
Associate Professor of
History

Memorial University of
Newfoundland

Hillmer, Anne Trowell
Dept of External Affairs
Ottawa

Hillmer, Norman
Senior Historian
Directorate of History
Carleton University

Hindsgaul, Ole
Assistant Professor of
Chemistry
University of Alberta

Hirose, Akira
Professor of Physics
University of
Saskatchewan

Hlus, Carolyn
Writer

Hobbs, Helen
Graduate Student
Vancouver

Hobbs, R. Gerald
Associate Professor of
Church History
Vancouver School of
Theology
Vancouver

Hobson, Paul
Dept of Economics
Acadia University

Hodgetts, John Edwin
Professor Emeritus
University of Toronto

Hodgins, Bruce W.
Professor of History
Trent University

Hodgins, J.W.
Professor Emeritus of
Engineering
Memorial University of
Newfoundland

Hoeniger, Judith F. M.
Associate Professor of
Microbiology
University of Toronto

Hogan, J.J.
Natural Resources Canada
Ottawa

Hogg, Helen Sawyer
Professor Emeritus of
Astronomy
University of Toronto

Holdsworth, Gerald
Environment Canada
Calgary

Hollihan, K. Tony
Historian
St John's

Holman, H.T.
Historian & Archivist
Ottawa

Holmes, C. Janet
Royal Ontario Museum
Toronto

Holmes, Jeffrey
Director of Information,
Social Sciences &
Humanities, Research
Council of Canada
Ottawa

Holmes, John W.
Counsellor
Canadian Institute of Inter-
national Affairs
Toronto

Holmes, Paula Elizabeth
McMaster University

Holmgren, Eric J.
Historian
Edmonton

Hong, Alvin George
Executive Director
Canadian 5-Pin Bowlers
Association
Ottawa

Hopwood, Peter
Ottawa

Horgan, Alan
Montreal-based Freelance
Journalist & Violinist

Horlick, Gary
Professor of Chemistry
University of Alberta
Edmonton

Horn, Michiel
Professor of History
Glendon College
York University

Horrall, Stan
Royal Canadian Mounted
Police, Ottawa

Hourston, Alan S.
Fisheries Biologist
Nanaimo, B.C.

Houston, C. Stuart
Medical Imaging
University of
Saskatchwan

Houston, James
Author & Designer
Stonington, Conn.

Howard, Ross K.
National Reporter
The Toronto Star
Toronto

Howard, Victor M.
Professor of English

Michigan State University
East Lansing, Mich.

Howe-Beck, Linda
Historienne de la danse
Montréal

Howell, Colin D.
Associate Professor of
History
Saint Mary's University

Hube, Douglas P.
Professor & Associate
Chair of Physics
University of Alberta

Hudon, Raymond
Professeur de science
politique
Université Laval

Hudson, Douglas R.
Instructor of Anthropology
University College of the
Fraser Valley
Abbotsford, B.C.

Huel, Raymond J.A.
Associate Professor of
History
University of Lethbridge

Hughes, Richard David
Public Services Librarian
Cariboo College
Kamloops, B.C.

Hulchanski, J. David
Professor of Social Work
University of Toronto

Hulse, Elizabeth
Dictionary of Canadian
Biography
University of Toronto

Humber, William
Chairman
Continuing Education
Seneca College
Toronto

Hume, Stephen
General Manager
The Edmonton Journal
Edmonton

Hummel, Monte
President, World Wildlife
Fund (Canada)
Toronto

Humphries, Charles W.
Associate Professor of
History
University of British
Columbia

**Humphrys, Edward
William**
Consultant
Ottawa

Hunka, Robert F.
Los Angeles, C.A.

Hunt, Geoffrey
Architectural Historian
New York

Hunt, John R.
Research Scientist
Research Station
Agriculture Canada
Agassiz, B.C.

Hunter, Kenneth E.
President
Conestoga College of
Applied Arts &
Technology
Kitchener, Ont.

Hunter, Robert
Architectural Historian
Environment Canada,
Parks

Hustak, Alan
The Montreal Gazette

Huston, Mervyn J.
Professor Emeritus
Faculty of Pharmacy and
Pharmaceutical Sciences
University of Alberta

Hutcheon, Linda
Professor of English
University of Toronto

Hutchinson, Gerald M.
Minister
United Church of Canada
Thorsby, Alta.

Hutchinson, Roger C.
Associate Professor
Church & Society
Emmanuel College
University of Toronto

Huyda, Richard J.
Director General
Public Programs
National Archives of
Canada
Ottawa

Hyatt, A.M.J.
Professor of History
University of Western
Ontario

Hymas, Alison
Toronto

Icart, Jean-Claude
Sociologue

Indra, Doreen Marie
Professor
Dept of Anthropology
University of Lethbridge

Ingolfsrud, Elizabeth
Author & Consultant
Toronto

Isaacs, Avrom
Director & Art Dealer
The Isaacs Gallery
Toronto

Isaacs, Colin F.W.
Environmental Consultant
Toronto

Isaak, George
Senior Scientist,
Environment Canada
Downsview, Ont.

Isajiw, Wsevolod
Professor
Dept of Sociology
University of Toronto

Jackel, David
Professor of English
University of Alberta

Jackel, Susan
Associate Professor of
Canadian Studies
University of Alberta

Jackman, Sydney W.
Emeritus
University of Victoria

Jackson, Bernard S.
Curator, The Memorial
University Botanical
Garden at Oxen Pond
Memorial University of
Newfoundland

Jackson, Graham
Toronto

Jackson, Harold
Professor of Food Micro-
biology (retired)
University of Alberta

Jackson, John D.
Adjunct Professor of
Sociology
Concordia University

Jackson, John James
Professor of Public
Administration
University of Victoria

Jackson, John N.
Professor Emeritus of
Geography
Brock University

Jackson Jr., Lionel E.
Geological Survey of
Canada

Jackson, Robert J.
Professor of Political
Science
Carleton University

Jackson, Roger C.
Professor of Sport
Medicine
University of Calgary

Jackson, Stephen O.
Social Studies Teacher
Booth Memorial Regional
High School
St John's

Jacobs, Peter
École d'architecture de
paysage
Université de Montréal

Jaenen, Cornelius J.
Professor of History
University of Ottawa

James, Donna
Writer
Kingston, Ont.

James, Ellen
Associate Professor of Art
History
Concordia University

James, Ross D.
Associate Curator of
Ornithology
Royal Ontario Museum
Toronto

Jameson, Sheilagh S.
Writer & Archivist
Emeritus
Glenbow Museum
Calgary

Jamieson, Margie
Ta Ta Creek, B.C.

Jamieson, Stuart M.
Professor Emeritus of
Economics
University of British
Columbia

Janisch, Hudson N.
Professor of Law
University of Toronto

Janssen, Christian T.L.
Professor of Business
Faculty of Business
University of Alberta

Janus, Lorraine L.
Research Assistant to the
Senior Scientist
Canada Centre for Inland
Waters
Burlington, Ont.

Jarrell, Richard A.
Associate Professor of
Natural Science
Atkinson College
York University

Jean, Marcel
Auteur du *Cinéma
québécois*

Jean, Marguerite
Historienne et docteur en
droit canonique

Jeanes, Dennis W.
The Arthritis Society
Toronto

Jeckll, Robert
Artist
Ontario Arts Council
Toronto

Jeeves, Alan H.
Professor of History
Queen's University

Jeffrey, Liss
McLuhan Project,
University of Toronto

Jenkin, Michael J.
Director General
Strategic Planning and
Corp Development
Industry Canada
Ottawa

Jensen, Phyllis Marie
Researcher
Toronto

Jensen, Vickie D.
Curriculum Designer
Vancouver

Jenson, Jane
Associate Professor of
Political Science
Carleton University

Jerry, L. Martin
Tom Baker Cancer Centre
Calgary

Jessop, Alan M.
Geological Survey of
Canada
Calgary

Jobb, Dean
Reporter & Editor
Halifax Chronicle-Herald
Halifax

Jofriet, Jan C.
Professor of Engineering
University of Guelph

Johansen, Peter
Associate Professor of
Journalism
Carleton University

Johns, Timothy
Assistant Professor of
Human Nutrition
Centre for Nutrition &
the Environment of
Indigenous Peoples
McGill University

Johns, Walter H.
Professor Emeritus &
Former President
University of Alberta

Johnson, Dennis
Associate Professor of
Geography
University of Alberta

Johnson, J.K.
Professor of History
Carleton University

Johnson, Peter Wade
Director
Kentville Research Station
Agriculture and Agri-Food
Canada
Kentville, N.S.

Johnson, Robert E.
Physiologist
Montpelier, VT

Johnston, Alex
Historian
City of Lethbridge
Lethbridge, Alta.

Johnston, C. Fred
Canadian Canoe
Association
Gloucester, Ont.

Johnston, Charles M.
Professor of History
McMaster University

Johnston, Frances E.M.
President & Chief
Executive Officer
The Museum of
Promotional Arts
Toronto

Johnston, Hugh
Professor of History
Simon Fraser University

Johnston, Richard
Professor of Political
Science
University of British
Columbia

Johnston, W. Stafford
Mitchell, Ont.

Johnston, William
Directorate of History
Dept of National Defence
Ottawa

Jones, Brian
Curator, Palaeontological
Collections
University of Alberta

Jones, Dave B.
Dept of Media Arts
Drexel University

Jones, David C.
Professor of Education
Policy and Administration
Studies
University of Calgary

Jones, David Phillip
Collections Coordinator
Libraries
University of Alberta

Jones, Elwood Hugh
Professor of History
Trent University

Jones, Frank D.
Professor of Law
University of Alberta

Jones, Gaynor G.
Professor of Music History
& Culture
University of Toronto

Jones, Graham
Acting Head
Dept of Applied Micro-
biology and Food Science
University of
Saskatchewan

Jones, Laura
Writer & Photographer
Toronto

Jones, Raymond E.
Assistant Professor of
English, University of
Alberta

Jones, Richard Allan
Professeur d'histoire
Université Laval

Jones, Stan
Professor of Language
Studies
Centre for the Study of
Adult Literacy

Jopling, Alan V.
Professor Emeritus
University of Toronto

Jose, Colin
Soccer Historian
Hamilton, Ont.

Jotham, Neal R.
Co-ordinator, Humane
Trapping Program
Canadian Wildlife Service
Environment Canada
Hull

Jull, Peter
Ottawa

Jungkind, Walter
Edmonton

Kach, Nick
Professor Emeritus of Edu-
cational Foundations
University of Alberta

Kadulski, Richard
Past Chairman
Solar Energy Society of
Canada Inc.
Nepean, Ont.

Kage, Joseph
Consultant
Outremont, Québec

Kahil, A.A.
President, CANTECK
Consulting Ltd.
Calgary

Kaiser, Patricia
Freelance Journalist
Toronto

Kalbach, Warren E.
Professor of Sociology
University of Calgary

Kaliski, Stephan Felix
Professor of Economics
Queen's University

Kallmann, Helmut
Chief, Music Division
(retired)
National Library of
Canada
Ottawa

Kallweit, Karen Danelle
Faculty of Architecture
Technical University of
Nova Scotia
Halifax

Kalman, Harold D.
Principal, Commonwealth
Historic Resource
Management Ltd.
Vancouver

Kamal, A.N.
Professor of Physics
University of Alberta

Kanuka, Joseph W.
Barrister & Solicitor

Kapelos, George
City Planner
City of Toronto
Toronto

Kaplan, William
Faculty of Law
University of Ottawa

**Kaprielian-Churchill,
Isabel**
Research Associate
Modern Language Centre
Ontario Institute for
Studies in Education
Toronto

Kareda, Urjo
Artistic Director
Tarragon Theatre
Toronto

Karpuk, Karen
Director
Community and Develop-
ment

SAIT
Calgary

Karsten, Peter
Executive Director
Botanical Garden &
Prehistoric Park
Calgary Zoo
Calgary

Kartzmark, Elinor Mary
Professor of Chemistry
University of Manitoba

Kattan, Naim
Former Head, Writing &
Publication Section
Canada Council
Ottawa

Kaufmann, Martin L.
Head, Plant Breeding,
Pathology & Forage
Section
Agriculture Canada
Research Station
Lacombe, Alta.

Kawamura, Leslie S.
Professor & Head of
Religious Studies
University of Calgary

Kealey, Gregory S.
Professor of History
Memorial University of
Newfoundland

Keane, David R.
Historian
Hamilton, Ont.

Kearns, King S.
Winnipeg

Keen, Michael J.
Geological Survey of
Canada
Bedford Institute of
Oceanography
Dartmouth, N.S.

Keenlyside, David L.
Atlantic Provinces
Archaeologist
Canadian Museum of
Civilization
Hull

Keillor, Elaine
Associate Professor of
Music, School for Studies
in Art and Culture,
Carleton University

Keith, W.J.
Professor Emeritus of
English
University of Toronto

Keizer, William Stirling
Ordained Missionary

Presbyterian Church in
Canada
North York, Ont.
Kelley, Frances C.
Director of Communi-
cations
The Shoe Manufacturer's
Association of Canada
Montréal
Kellner, Florence
Associate Professor
Dept of Sociology
Carleton University
Kelly, J.F.
Head, Coal Processing
Section
CANMET/Energy Re-
search Labs
Ottawa
Kelly, Louis Gerard
Professor of Linguistics
University of Ottawa
Kemp, David D.
Associate Professor of
Geography
Lakehead University
Kemp, Walter H.
Chair & Professor of
Music
Dalhousie University
Kendle, John Edward
Professor of History
University of Manitoba
Kennedy, Dorothy
Cultural Anthropologist
British Columbia Indian
Language Project
Victoria
Kennedy, J.E.
Professor Emeritus
University of
Saskatchewan
Kennedy, John L.
Assistant TV Program
Director, CBC, Toronto
Kennedy, Leslie W.
LINC Ltd.
Edmonton
Kennedy, Mark D. B.
Information Specialist
Toronto
Kennell, Elizabeth H.
Assistante à la direction du
service de diffusion,
Musée des Beaux-Arts de
Montréal
Kent, Stephen A.
Assistant Professor of
Sociology
University of Alberta

Kentfield, John A.C.
Professor of Mechanical
Engineering
University of Calgary
Kenyon, John P.B.
Associate Professor of
History
Scarborough Campus
University of Toronto
Kenyon, Walter A.
Archaeological & Histori-
cal Consultant
Toronto
Kernaghan, Kenneth
Professor of Politics
Brock University
Kernaghan, Lois Kathleen
Historical Researcher &
Editor
Boutilier's Point, N.S.
Kerr, Adam J.
Regional Director, Cana-
dian Hydrographic Service
(Atlantic)
Dept of Fisheries &
Oceans
Dartmouth, N.S.
Kerr, Gordon R.
Regional Director
Canadian Wildlife Service
Edmonton
Kerr, Robert B.
Professor Emeritus of
Medicine
University of British
Columbia
Kerr, Stephen R.
Research Scientist
Bedford Institute of
Oceanography
Canadian Wildlife Service
Dartmouth, N.S.
Kestelman, Paula
Chercheure
Montréal
Kesteman, Jean-Pierre
Professeur d'histoire
Université de Sherbrooke
Kesterton, Wilfrid H.
Professor Emeritus of
Journalism
Carleton University
Ketchen, Keith S.
Senior Scientist (retired)
Pacific Biological Station
Nanaimo, B.C.
**Kevan, Douglas Keith
McEwan**
Professor Emeritus of

Entomology
McGill University
Kevan, Peter G.
Associate Professor of
Environmental Biology
University of Guelph
Kew, J.E. Michael
Associate Professor of
Anthropology
University of British
Columbia
Keyes, John
Historian
Kidd, Bruce
Professor of Physical
Education
University of Toronto
Kierans, Thomas W.
Professional Engineer &
President
Atlantic Progress Ltd.
St John's
Killan, Gerald
Professor of History
King's College, University
of Western Ontario
Killen, Carl
King, Bill J.
Senior Writer
Communications Unit
Communications Unit,
PFRA
Regina
Kingsmith, Ray A.
Calgary
Kirk, Colin
Executive Director
Canadian Orienteering
Federation
Gloucester, Ont.
Kirschbaum, Stanislav J.
Associate Professor of
Political Science, Interna-
tional Studies Programme
Glendon College
York University
Kirton, John James
Associate Professor of
Political Science
University of Toronto
Kirwin, Bill
Associate Professor,
Faculty of Social Work
University of Alberta
Klaassen, Walter
Research Professor
Conrad Grebel College
University of Waterloo

Klamkin, Murray S.
Professor of Mathematics
University of Alberta
Klar, Lewis N.
Professor of Law
University of Alberta
Klinck, Harold R.
Professor of Agronomy
McGill University
Klymasz, Robert B.
Curator, Slavic & East
European Programme
Canadian Centre for Folk
Culture Studies
Canadian Museum of
Civilization
Hull
Knapton, Richard W.
Assistant Professor of
Biological Sciences
Brock University
Knebli, Elizabeth
General Manager
Interprovincial Lottery
Corp
Toronto
Knelman, Judith
Writer
Toronto
Knight, Alan R.
Dept of English
University of Alberta
Knight, David B.
Dean of Social Sciences
University of Guelph
Knowles, Robert Hugh
Professor Emeritus
University of Alberta
Knowles, Stephen T.
Canada West Hockey
Edmonton
Knudsen, Brian M.
Dept of Natural Resources
Winnipeg
Koch, Eric
Author
Toronto
Kocjancic, Cvetka
Koennecke, Franz M.
Morrison, Ont.
Koepke, Wray E.
Energy, Mines &
Resources Canada
Ottawa
Koltun, Lilly
Assistant Director, Docu-
mentary Art & Photogra-
phy, National Archives of
Canada
Ottawa

Korkie, Robert (Bob) M.
Professor
Faculty of Business
University of Alberta

Koroscil, Paul M.
Associate Professor of
Geography
Simon Fraser University

Koslow, J. Anthony
Assistant Professor of
Oceanography
Dalhousie University

Kostash, Myrna Anne
Writer

Krajina, Vladimir J.
Professor Emeritus &
Honorary
University of British
Columbia

Kranck, Kate
Research Scientist
Dept of Fisheries &
Oceans
Bedford Institute of
Oceanography, Canadian
Wildlife Service
Dartmouth, N.S.

Krantz, Murray
Ottawa

Krasnick, Cheryl
Doctoral Candidate of
History
Queen's University

Krats, Peter V.
Ph.D. Candidate
Dept of History
University of Western
Ontario

Krebs, Charles J.
Professor of Zoology
University of British
Columbia

Krenz, F. Henry
Director
Abrico Energy Manage-
ment Services Ltd.
Lakefield, Ont.

Kreutzweiser, Erwin E.
Writer
Toronto

Kristof, Andrea
Architect
Villa Villa Architect
Toronto

Kroker, Arthur
Professor of Political
Science
Concordia University

Kröller, Eva-Marie
Chair of Comparative

Literature & Professor
of English
University of British
Columbia

Krossel, Martin
Freelance Writer
Toronto

Krotki, Karol J.
University Professor Eme-
ritus of Sociology
University of Alberta

Kulisek, Larry L.
Associate Professor of
History
University of Windsor

Kupsch, Walter O.
Professor Emeritus of
Geology
University of
Saskatchewan

Kushner, Eva M.
Director of Comparative
Literature
Victoria University

Kuyt, Ernie
Wildlife Biologist
Canadian Wildlife Service
Edmonton

Kwavnick, David
Ottawa

Kyer, C. Ian
Lawyer
Fasken & Calvin
Toronto

L'Allier, Pierre
Conservateur du Musée
d'art moderne
Musée du Québec
Québec

La Roi, George H.
Professor of Botany
University of Alberta

LaRocque, Emma D.
Instructor of Native
Studies
University of Manitoba

LaSalle, Pierre
Energie et Ressources

Labelle, Micheline
Professeur de sociologie
Département de sociologie
Université du Québec à
Montréal

Laberge, Danielle
Professeur de sociologie
Université du Québec à
Montréal

Labrecque, Marie
Journaliste et critique
Montréal

Lacombe, Michèle
Assistant Professor of
English
Trent University

Lacoursière, Estelle
Professeur de biologie
Université du Québec à
Trois-Rivières

Lacroix, Laurier
Directeur & professeur
d'histoire de l'art
Université du Québec a
Montréal

Laferrière, Michel
Associate Professor of
Education
McGill University

Lafrance, Guy
Professeur de philosophie
Université d'Ottawa

Lahey, Raymond J.
Bishop of St George's
Corner Brook, Nfld.

Laidlaw, William G.
Professor of Chemistry
University of Calgary

Laine, Mabel H.
Administrator
Encyclopedia of Music in
Canada
Toronto

Laing, Gertrude M.
Ex-Commissioner
Royal Commission on
Bilingualism & Bicultura-
lism

Lajeunesse, Claude
Director of Targeted &
University-Industry Pro-
grams
Natural Sciences and Engi-
neering Research Council
of Canada
Ottawa

Laliberté, G-Raymond
Professeur de sciences
politiques
Université Laval

Lalonde, André
Professor of History
University of Regina

Lamarche, Lise
Professeure agrégée
Département d'histoire de
l'art
Université de Montréal

Lamb, W. Kaye
Former Dominion
Archivist

National Archives of
Canada

Lambert, Geoffrey
Associate Professor of
Political Studies
University of Manitoba

Lambert, James H.
Rédacteur-Historien
Dictionnaire biographique
du Canada

Lambert, Steven
Climatologist
Atmospheric Environment
Service, Environment
Canada
Victoria

Lammers, George E.
Curator of Geology
Manitoba Museum of
Man & Nature
Winnipeg

Lamonde, Yvan
Professeur d'histoire, Dept
of French Language and
Literature
McGill University

Lancaster, Peter
Professor Emeritus &
Faculty Professor
Dept of Mathematics and
Statistics
University of Calgary

Land, R. Brian
Professor Emeritus
Faculty of Information
Studies
University of Toronto

Landals, Archie

Landreville, Julie
Chercheuse en histoire

Landreville, Pierre
Professeur de criminologie
École de Criminologie
Université de Montréal

Landry, Kenneth
Professionnel de recherche
Département des littéra-
tures
Université Laval

Landry, Richard
Executive Assistant to the
Deputy Commissioner
Commissioner's Office
Canadian Coast Guard
Ottawa

Landstreet, John D.
Professor of Astronomy
University of Western
Ontario

Lane, E. David
Aquaculture, Malaspina
University-College
Nanaimo, B.C.

Lane, Robert B.
Anthropologist

Langford, Nanci
Assistant Professor
Dept of Human Ecology
University of Alberta

Langlands, Robert P.
Professor of Mathematics
The Institute for Advanced
Studies, School of
Mathematics
Princeton, N.J.

Langlois, Carmen
Journaliste culturelle
Montréal

Lanthier, Stéphanie
Chercheuse en histoire

Lapins, Karlis O.
Research Scientist (retired)
Agriculture Canada,
Research Station
Summerland, B.C.

Lapointe, Pierre Louis
Historien
Recherche et référence
Centre d'archives de
Québec et de Chaudière-
Appalaches
Sainte-Foy, Québec

Laquian, Eleanor R.
Professor
Institute of Asian Research
University of British
Columbia

Larkin, Irfona
Music Division
National Library

Larkin, Peter Anthony
Professor Emeritus of
Zoology & Fisheries
University of British
Columbia

Larmour, Jean B.D.
Historical Researcher
Regina

Larose, Serge
Centre de recherches
Caraibes
Université de Montréal

Larouche, Jeannette
Historienne
Chicoutimi, Québec

Larrue, Jean-Marc
Collège de Valleyfield
Montréal

Larter, Edward N.
Professor Emeritus of
Plant Science
University of Manitoba

Latouche, Daniel
Professeur de science
politique
Institut national de la
recherche scientifique

Launay, Viviane F.
Executive Director
Canadian Federation for
the Humanities
Ottawa

Laurence, Gérard
Professeur d'histoire des
communications de masse
Département d'information
et de communication
Université Laval

Laurence, Karen
Freelance Writer
Toronto

Laurendeau, Marc
Journaliste
Radio-Canada
Montréal

Lauzon, Michael
Editor
Corpus Chemical Report
Toronto

Lavallée, Omer
Corporate Historian &
Archivist
Canadian Pacific Ltd.
Montréal

Laverty, Kathleen
Owner, Kathleen Laverty
Gallery Ltd.
Edmonton

Lavigne, David
Director
International Marine
Mammal Assn
Guelph, Ont.

Lavigne, Marie
Historienne
Conseil des Arts et des
Lettres du Québec
Montréal

**Lavigueur, Patricia
Johnston**
Consultant
Canadian Federation of
Independent Business
(CFIB)
Willowdale, Ont.

Lavkulich, Leslie M.
Professor of Soil Science

and Director
Dept of Resource Manage-
ment and Environmental
Studies
University of British
Columbia

Lavoie, Pierre
Théâtrotèque,
Université de Montréal

Law, Charles
General Manager
CHEM Info Services Inc.
Toronto

Law-West, Don G.
Minerals & Metals Strat-
egy Branch, Mineral Poli-
cy Sector
Energy, Mines &
Resources Canada
Ottawa

Laxer, James R.
Associate Professor of
Political Science
York University

Laycock, Arleigh H.
Director, Water Resources
Centre
University of Alberta

Laycock, David H.
Associate Professor
Dept of Political Science
Simon Fraser University

Layne, Richard E.C.
Research Scientist
Tree Fruit Breeding
Agriculture & Agri-food
Canada
Harrow, Ont.

Layng, Craig
Ottawa

Lazerson, Marvin F.
Dean
Graduate School of
Education
University of Pennsylvania

Lazier, John R. N.
Bedford Institute of
Oceanography
Canadian Wildlife Service
Dartmouth, NS

Le Roy, Donald J.
Science Council of Canada
Ottawa

Leach, Jim
Film Studies and Commu-
nication Studies
Brock University

LeBlanc, Hugues
Agronome
l'Assomption, Québec

LeBlanc, Raymond A.
Professor
Second Language Institute,
Faculty of Arts
University of Ottawa

LeBlanc, Raymond J.
Associate Professor
Dept of Anthropology
University of Alberta

LeBlond, Paul H.
Professor of Oceanography
Earth and Ocean Sciences
University of British
Columbia

LeBlond, Sylvio
Professeur émérite de
médecine clinique et
historien médical
Université Laval

LeDuc, Lawrence
Professor of Political
Science
University of Toronto

LeRoy, Rodney L.
Electrolyser Inc.
Pointe-Claire, Québec

Leblond, C.P.
Professor of Anatomy
Dept of Biology
McGill University

Lechasseur, Antonio
Historien
Rimouski, Québec

Leclerc, Denise
National Gallery of
Canada
Ottawa

Le Cours, Rudy
Journaliste
La Presse, Montréal

Lecraw, Donald J.
Professor of Business
Administration
University of Western
Ontario

Ledoux, Johanne
Montréal

Leduc-Park, Renée
Hamilton, Ont.

Lee, David
Historian
Parks Canada
Hull

Lee, John Alan
Associate Professor of
Sociology
Scarborough Campus,
University of Toronto
Toronto

Lee, Po-Chih
Policy Advisor, Electrical
Energy
Natural Resources Canada
Ottawa

Leech, Robin
Biological Sciences
Technology
Northern Alberta Institute
of Technology
Edmonton

Leefe, John G.
Minister of Fisheries
Fredericton

Lefebvre, Solange
Professeur agrégé
Faculté de théologie
Université Laval

Legault, Marthe
Rédactrice biographique
Montréal

Legendre, Camille
Professeur de sociologie
Université de Montréal

Legge, Russel D.
Associate Professor in
Religious Studies
St Paul's United College
University of Waterloo

Legget, Robert F.
Consultant, Ottawa

Legris, Renée
Outremont

Leier, J. Mark
Memorial University of
Newfoundland

Leiper, Jean M.
Professor Emeritus of
Physical Education
University of Calgary

Lemaire, Michel
Professeur de littérature
Université d'Ottawa

Lemay, J-P
Professeur de zootechnie
Université Laval

Lemelin, Clément
Professeur de science
économique
Université du Québec à
Montréal

Lemelin, Maurice
Professeur titulaire de rela-
tions du travail, HEC,
Université de Montréal

Lemieux, Pierre H.
Professeur de littérature
Université d'Ottawa

Lemieux, Raymond U.
Professor Emeritus of

Chemistry
University of Alberta

Lemieux, Vincent
Professeur de science
politique, Département de
science politique,
Université Laval

Lemire, Guy
Professeur de criminologie
École de Criminologie
Université de Montréal

Lemire, Maurice
Professeur de littérature
québécoise
Université Laval

Lemire, Robert
Centre canadien d'Archi-
tecture
Montréal

Lemonde, Lucie
Professeure
Département de sciences
juridiques
Université du Québec à
Montréal

Lennards, Jos L.
Associate Professor of
Sociology/Education
York University

Lennox, John
Associate Professor of
English
York University

Leonard, David W.
Senior Archivist
Provincial Archives of
Alberta
Edmonton

Lepage, Yvan G.
Professeur de littérature
française
Université d'Ottawa

Leroux, Georges
Professeur
Département de philoso-
phie
Université du Québec à
Montréal

Leslie, Peter M.
Professor of Political
Studies
Queen's University

Lessard, Claude
Professeur agrégé et vice-
doyen aux études des
sciences de l'éducation
Université de Montréal

Lessard, Denis
Artist & Writer
Montréal

Lesser, Barry
Aylesford, N.S.

Le Roux, Delphine
Rédactrice
Montréal

Letheren, Carol Anne
Partner
Mathieu, Williams,
Letheren
Toronto

Levant, Victor
Professor of Humanities
John Abbott College
Ste-Anne-de-Bellevue,
Québec

Levere, Trevor H.
Professor of History of
Science
University of Toronto

Levesque, Roger
Journalist & Freelance
Writer
Edmonton

Levett, Bruce D.
Writer
Toronto

Levin, Malcolm A.
Assistant Director (Academ-
ic), Ontario Institute for
Studies in Education
Toronto

Levine, Allan E.
Historian
Winnipeg

Levine, Gilbert

Levitt, Joseph
Professor Emeritus of
History
University of Ottawa

Levitt, Sheldon J.
Architect
Toronto

Lewis, Brian S.
British Columbia Sports
Hall of Fame & Museum
Vancouver

Lewis, Douglas L.
Registrar/Career
Counsellor
Athol Murray College of
Notre Dame
Wilcox, Sask.

Lewis, John B.
Professor of Biology
McGill University

Lewis, Joyce C.
Administrative Assistant,
The Ontario Historical
Society, Willowdale, Ont.

Lewis, Laurie
Manager, Campus Printing
& Design Office
University of Toronto
Press
Toronto

Lewis, Walter
Historian
Acton, Ont.

Lexchin, Joel
Médecin

Leyton, Elliott H.
Professor of Anthropology
Memorial University of
Newfoundland

Lightbody, James W.
Associate Professor of
Political Science
University of Alberta

Lightstone, Jack N.
Associate Professor of
Religion
Concordia University

Lindberg, Garry M.
Executive Director
Space Division
National Research Council
of Canada
Ottawa

Lindquist, Evert E.
Senior Research Scientist,
Biological Resources Divi-
sion, Agriculture and Agri-
Food, Canada, Ottawa

Lindsay, Peter L.
Professor of Physical Edu-
cation & Sport Studies
University of Alberta

Lindsey, Joseph D.
Toronto

Linteau, Paul-André
Professeur d'histoire
Université du Québec à
Montréal

Lipkin, Mary-Jane
Communications Officer
Canadian Advisory Coun-
cil on the Status of Women
Ottawa

Lister, Marilyn
Ottawa

Lister, Rota Herzberg
Associate Professor of
English
University of Waterloo

Lit, John
Professor of Electrical
Engineering
University of Waterloo

Litman, Moe M.
Associate Professor of
Law, University of Alberta
Litvak, Marilyn
Livingstone, David W.
Professor of Sociology in
Education
Ontario Institute for Stu-
dies in Education
Toronto
Livingstone, Donna
Glenbow Museum
Calgary
Lochhead, Douglas G.
Emeritus
Mount Allison University
Lochnan, Carl J.
Consultant & Writer
Ottawa
Lock, Anthony R.
Bedford Institute of
Oceanography
Canadian Wildlife Service
Dartmouth, N.S.
Locke, Jack L.
Astronomer
Ottawa
Loder, John W.
Research Scientist
Bedford Institute of
Oceanography
Dartmouth, N.S.
Loiselle, André
School for Studies in Art
and Culture - Film Studies
Carleton University
Loken, Gulbrand
Associate Professor of
Educational Adminis-
tration
University of Calgary
Lonergan, Brenda
Aerospace Industries Asso-
ciation of Canada
Ottawa
Loney, D. Edwards
Professor Emeritus
Queen's University
Long, Timothy
Associate Curator
The McKenzie Art Gallery
Regina
Lord, Kathleen
Secondary Teacher
Wemindji
James Bay, Québec
Lorimer, James
Publisher, James Lorimer
& Company Ltd.
Toronto

Lortie, Marcel
Professeur de foresterie
Université Laval
Loughton, Arthur
Director
Horticultural Experiment
Station
Ontario Ministry of
Agriculture & Food
Toronto
Lovick, Laurence Dale
Instructor of English &
Canadian Studies
Malaspina College
Nanaimo, B.C.
**Lowes, Raymond Nichol-
son**
Honorary President
Bruce Trail Association
Hamilton, Ont.
Lown, Peter J.M.
Professor of Law
University of Alberta
Lowry, W. Mark
Executive Director
Canadian Amateur Diving
Association
Gloucester, Ont.
Lozowski, Edward P.
Professor of Meteorology
University of Alberta
Luhning, Richard W.
Alberta Department
of Energy
Calgary
Lumsden, David Paul
Master of Norman Bethu-
ne College
York University
Lumsden, Harry G.
Research Scientist (retired)
Ontario Ministry of
Natural Resources
Aurora, Ont.
Lumsden, Ian Gordon
Director
Beaverbrook Art Gallery
Fredericton
Lund, John
Ladner, B.C.
Lund, Mark
Grant MacEwen Commu-
nity College
Edmonton
Lupul, Manoly R.
Professor of Canadian
Educational History
University of Alberta

Lussier, Réal
Historien de l'art
Montréal
Lynch, Gerald
Assistant Professor of
English
University of Ottawa
Lynch, Wayne
Freelance Writer &
Wildlife Photographer
Calgary
Lynde, Denyse
Dept of English
Memorial University
Lyon, Deborah Maryth
Researcher & Writer
Winnipeg
Lyon, John-David
Consultant, Aviation
Director
EER Technologies Inc.
Ottawa
MacCallum, Hugh
Professor of English
University of Toronto
MacCallum, Ian
Geographer
St John's
MacDonald, G. Edward
Curator of History
Prince Edward Island
Museum & Heritage
Foundation
Charlottetown
MacDonald, Heather
Historical Researcher
Halifax
MacDonald, Les
Communications Division
Social Sciences & Huma-
nities Research Council
of Canada
Ottawa
MacDonald, Martha
Associate Professor of
Economics
Saint Mary's University
MacDonald, Stewart D.
Curator, Vertebrate
Ethology, Natural Museum
of Natural Sciences
Ottawa
MacDonell, Margaret
Associate Professor Emeri-
tus of Celtic Studies
St. Francis Xavier Univer-
sity
MacDougall, Heather
Professor of History
University of Waterloo

MacDowell, Laurel Sefton
Associate Professor
Dept of History
University of Toronto
MacEwan, Grant
Writer
Calgary
MacFarlane, Kate
MacGillivray, Royce
Associate Professor of
History
University of Waterloo
MacGregor, James G.
Writer
Edmonton
MacInnis, J.B.
Undersea Research Ltd.
Toronto
MacKay, D.A.
Edmonton
MacKenzie, David C.
Toronto
MacKenzie, Robert C.
MacKenzie Environmental
Consultants
Edmonton
MacKenzie, Ross G.
Associate Professor of
Anatomy (retired)
University of Toronto
MacKenzie, William C.
Consultant
MacKinnon, C. Stuart
Associate Professor
Dept of History
University of Alberta
MacKinnon, Frank
Professor Emeritus of
Political Science
MacKinnon, William R.
Archivist
Provincial Archives of
New Brunswick
Fredericton
MacLachlan, Bruce B.
Anthropologist
St Louis, M.O.
MacLaggan, C.A.
Parks and Recreation
Branch
Fredericton
MacLaren, The Hon. Roy
High Commissioner to the
Court at St. James
London
MacLean, Colin
Canadian Broadcasting
Corporation
Edmonton

MacLean, Raymond A.
Professor of History
St. Francis Xavier
University

MacLennan, Gordon W.
Professor of Celtic Studies
University of Ottawa

MacLeod, Kenneth Ogilvie
National Advertising
Manager
Henry Birks & Sons
Montréal

MacLeod, Malcolm
Professor of History
Memorial University of
Newfoundland

MacLeod, Nancy
Communications Officer
New Brunswick Research
& Productivity Council
Fredericton

MacLeod, Roderick C.
Professor
Dept of History
University of Alberta

MacMillan, Carrie
Head & Professor of
English
Mount Allison University

MacMillan, Keith
Professor of Music
University of Ottawa

MacMillan, Rick
Don Mills, Ont.

MacMillan, Stuart R.
Supervisor, Sales
Promotion
Cominco Fertilizers
Calgary

MacNeill, Phil
Public Affairs Coordinator
Brewers Association of
Canada
Ottawa

MacPherson, Ian
Professor
Dept of History
University of Victoria

MacPherson, Lillian
Law Librarian and Assistant Dean, Alumni Affairs
University of Alberta

MacRae, Donald A.
Professor Emeritus of
Astronomy, David Dunlap
Observatory
University of Toronto

Macadam, William I.
Executive Producer,

Norfolk Research Unit,
Norfolk Productions Ltd.
Toronto

Macartney, J. Malcolm
University of Victoria

**Macartney-Filgate,
Terrence**
Film & Television
Producer
Toronto

Macdonald, Cathy
Sport Historian
Edmonton

Macdonald, R.H.
Author & Journalist
Victoria

Macdonald, R.St. J.
Professor Emeritus of
International Law
Dalhousie University

Macdonald, Roderick A.
Professor of Law
McGill University

Macdonald, Valerie Isabel
Western Regional
Coordinator
National Association of
Underwater Instructors
Willowdale, Ont.

Mace, Thomas F.
Homemaker
Victoria

Mackay, Daniel S.C.
Geographer
The National Atlas of
Canada

Mackenzie, Hector M.
(Post-Doctoral) Research
Fellow in History
University of Toronto

Mackey, William Francis
Département de langues et
linguistique
Université Laval

Mackie, George O.
Professor of Biology
University of Victoria

MacKinnon, C.S.
Associate Professor of
History
University of Alberta

MacLeod, Roderick C.
Professor of History
University of Alberta

MacMillan, David S.
Professor of History
Trent University

Macpherson, Andrew H.
Regional Director-General

Environment Canada
Edmonton

Macpherson, Kay
Past President
Voice of Women Canada
Toronto

Macqueen, Roger W.
Head, Western Canada
Regional Studies
Geological Survey of
Canada
Calgary

**Madill, Dennis Frank
Keith**
Research Advisor
Indian & Northern Affairs
Canada
Hull

Magat, Ilan
Dept of Sociology
University of Alberta

Magder, Ted
Director, Communication
Studies
Dept of Culture and Communications
New York University

Magnin, Anthony A.
Senior VP
Hemosol Inc.
Etobicoke, Ont.

Magnuson, Roger
Professor of Education
McGill University

Magnusson, Warren
Professor
Dept of Political Science
University of Victoria

Maidment, Glenn
The Rubber Association of
Canada
Mississauga, Ont.

Mailhiot, Gilles-D
Président
Collège dominicain de philosophie et de théologie
Ottawa

Mailhot, Laurent
Professeur de littérature
Département d'études
francaises
Université de Montréal

Mailhot, Pierre
Institut d'aménagement
Université de Sherbrooke

Maini, J.S.
Director General
Policy Directorate
Corporate Planning Group

Environment Canada
Ottawa

Maisonneuve, Lise
Université de Montréal

Major, Jean-Louis
Professeur titulaire des
lettres françaises
Université d'Ottawa

Major, Robert
Université d'Ottawa

Makarechian, M.
Professor of Animal Genetics, Dept of Agricultural,
Food and Nutritional
Science
University of Alberta

Malkin, Peter
Art Historian
Vancouver

Malloch, David
Professor of Botany
University of Toronto

Maltais, Robert
Journaliste

Mann, Cedric R.
Director-General
Institute of Ocean Sciences
Dept of Fisheries &
Oceans
Sidney, B.C.

Mann, Kenneth H.
Dept of Fisheries &
Oceans
Bedford Institute of
Oceanography
Canadian Wildlife Service
Dartmouth, N.S.

Mann, Laurin
Graduate Student
University of Toronto

Mann, Martha
Designer (ADC)
Toronto

Mannion, John J.
Professor of Geography
Memorial University of
Newfoundland

Mansell, Kate L.
Development Officer
Lester B. Pearson College
of the Pacific
Victoria

Marchand, J.R.
Ministry of State for
Science & Technology
Ottawa

Mardiros, Anthony
Professor Emeritus of
Philosophy
University of Alberta

Margolis, Leo
Research Scientist
Pacific Biological Station
Dept of Fisheries &
Oceans
Nanaimo, B.C.

Mark, Shew-Kuey (Tommy)
Professor & Chairman of
Physics
Dept of Physics
McGill University

Markham, Philip de Lacey
Professional Engineer,
Ottawa

Markham, William E.
Ice Branch
Atmospheric Environment
Service
Downsview, Ont.

Marks, Laura
Carleton University

Marples, David
Professor of History,
Director of Stasiuk
Program
Canadian Institute of
Ukrainian Studies
University of Alberta

Marquis, Greg
Dept of History
St. Mary's University

Marr, William
Professor of Economics
Wilfrid Laurier University

Marsh, John S.
Professor of Geography
Trent University

Marshall, Daniel P.
PhD Graduate of History
University of British
Columbia

Marshall, Douglas
Toronto

Marshall, J. Stewart
Professor Emeritus of
Physics & Meteorology
McGill University

Marshall, Victor W.
Director
Centre for Studies of
Aging
University of Toronto

Martel, Marcel
Professeur d'histoire
York University

Martin, Horst
Professor of Germanic
Studies, University of
British Columbia

Martin, J. Douglas
Director General, Office of
Public Information
Dept of Public Affairs
Baha'i National Centre

Martin, Jean-Claude
President
Canadian Hospital
Association
Ottawa

Martin, John E.H.
Manager, Canadian National Collection (Zoology)
Biosystematics Research
Institute, Research Branch,
Agriculture Canada
Ottawa

Martin, Karen
Doctoral Student, Medical
Sociology
University of Alberta

Martin, Kathy M.
Boreal Ecologist
Division of Life Sciences
University of Toronto

Martin, Lee-Ann
Native Arts Liaison
Canada Council
Ottawa

Martin, Sandra
Writer
Toronto

Maskow, May L.
Director, Open College
CJRT-FM
Toronto

Maslove, Allan M.
Professor
School of Public Administration
Carleton University

Masswohl, Rudolf W.
Director
St. Catharines Unemployed Help Centre
St Catharines, Ont.

Masters, Donald C.
Professor Emeritus
University of Guelph

Matheson, R. Neil
Journalist
Toronto

Matheson, The Hon. John Ross
Judge
Perth, Ont.

Matheson, William A.
Professor of Politics
Brock University

Mathews, Robin D.
Professor of English
Simon Fraser University

Mathewson, William G.
Professor Emeritus of
Animal Science
Nova Scotia Agricultural
College
Truro, N.S.

Mathien, Thomas
University of Toronto

Mathieson, J.R. (John)
Regional Director
Pacific Region
Atmospheric Environment
Service
Vancouver

Mathieu, Jacques
Professeur d'histoire
Département d'histoire
Université Laval

Matthews, Keith
Chairman
Maritime History Group
Memorial University of
Newfoundland

Matthiasson, John S.
Professor of Anthropology
University of Manitoba

Mattison, David
Archivist
Thalassa Research
Associates
Victoria

Maule, Christopher J.
Professor of Economics &
International Affairs
Carleton University

Maurer, A.R.
Research Scientist
Agriculture Canada
Research Station
Agassiz, B.C.

Maybank, John
Principal Research
Scientist
Saskatchewan Research
Council
Saskatoon

Maycock, Paul F.
Professor of Botany
(retired)
Erindale College
University of Toronto

Maze, Jack
Professor of Botany
University of British
Columbia

McAfee, R. Ann
City Plans

City of Vancouver
Vancouver

McAllister, Don E.
Curator, Ichthyology
Section (retired)
Natural Museum of
Natural Sciences
Ottawa

McAndrew, William J.
Historian
Directorate of History
Dept of National Defence
Ottawa

McBean, D.S.
Research Station
Agriculture Canada
Swift Current, Sask.

McBryde, William A.E.
Professor of Chemistry
University of Waterloo

McCall, Christina M.
Writer
Toronto

McCalla, Douglas
Professor of History
Trent University

McCallum, Margaret Elizabeth
University of Toronto

McCann, L.D.
Professor of Geography
University of Victoria

McCann, Lawrence D.
Davidson Professor of
Canadian Studies
Mount Allison University

McCann, S.B.
Professor of Geography
McMaster University

McCardle, Bennett
Archivist, National
Archives of Canada
Ottawa

McCart, Peter J.
Aquatic Environments Ltd.
Calgary

McClellan, Catharine
Professor Emeritus
University of Wisconsin

McConnell, W.H.
Professor of Law
University of
Saskatchewan

McCormack, A. Ross
Professor of History
University of Winnipeg

McCormack, Patricia A.
Assistant Professor
School of Native Studies
University of Alberta

McCracken, Jane
Alberta Culture & Multi-
culturalism
Historic Sites Service
Edmonton

McCue, Harvey A.
Ottawa

McCulloch, James A. W.
Director General, Central
Services Directorate
Atmospheric Environment
Service, Environment
Canada

McCullough, A.B.
Parks Canada
Hull

McDermott, Linda
Physician
New Liskeard, Ont.

McDonald, Diane
National Council of
Women
Ottawa

McDonald, Michael
Associate Professor of
Philosophy
University of British
Columbia

McDougall, Allan K.
Associate Professor of
Political Science
University of Western
Ontario

McDougall, Anne
Art Historian
Ottawa

McDougall, John N.
Professor of Political
Science
University of Western
Ontario

McDougall, Robert L.
Professor Emeritus of
English
Carleton University

McDowall, Duncan
Senior Research Associate
The Conference Board of
Canada
Ottawa

McEwen, Alec C.
Commissioner
International Boundary
Commission
Ottawa

McEwen, Freeman L.
Dean
Ontario Agricultural
College
University of Guelph

McFadden, K.D.
Professor of Anatomy
University of Alberta

McFadyen Clarke, Annette
Chief, Canadian Ethnology
Service
Canadian Museum of
Civilization
Hull

McFall, Jean
York Pioneer & Historical
Society
Toronto

McFeat, Tom
Professor of Anthropology
Scarborough College
University of Toronto
Toronto

McGahan, Elizabeth W.
Honorary Research Asso-
ciate
University of New
Brunswick

McGee, Harold Franklin Jr.
Professor of Anthropology
Saint Mary's University

McGee, Timothy J.
Associate Professor of
Music
University of Toronto

McGhee, Robert
Musée canadien de la
civilisation
Hull

McGill, William B.
Professor of Soil Science
University of Alberta

McGillivray, Donald G.
National Economic Editor
Southam News
Ottawa

McGinn, Roderick Alan
Assistant Professor of
Geography
Brandon University

McGregor, Margaret
Executive Director
Canadian Water Ski
Association
Ottawa

McGuigan, Peter T.
Writer & Researcher
Toronto

McGuinness, Eric
Environment Canada
Canada Centre for Inland
Waters
Burlington, Ont.

McIntosh, Dave
Writer

McIntyre, W. John
Teaching Master
Seneca College of Applied
Arts & Technology
North York, Ont.

McKay, Alexander G.
Professor of Classics
McMaster University

McKay, Gordon A.
Meteorologist
Thornhill, Ont.

McKay, John C. (Jock)

McKay, Sherry
School of Architecture
University of British
Columbia

McKeague, J. Alex
Soil Scientist
Agriculture Canada
Ottawa

McKee, Jon
Artist
Toronto

McKendry, Ruth
Writer
Elginburg, Ont.

McKenna, Barbara A.
Historian
Aylmer, Ont.

McKenna, Brian
Writer-Producer
Montréal

McKenzie, Ruth
Writer
Ottawa

McKillop, A. Brian
Professor of History
Carleton University

McLachlan, J.L.
Professor of Biology
Acadia University

McLaren, Angus
Professor of History
University of Victoria

McLaren, Ian A.
Professor of Biology
Dalhousie University

McLarty, Lianne
Film Studies Program
History in Art
University of Victoria

McLaughlin, Guy
Communications Coordi-
nator, Communications
and Development
Southern Alberta Institute
of Technology
Calgary

McLaughlin, Kenneth
Associate Professor of
History
St Jerome's College
University of Waterloo

McLay, Catherine M.
Associate Professor Emeri-
tus of English
University of Calgary

McLean, Steve
Writer for To the Record

McLellan, A. Anne
Member of Parliament
Minister of Natural
Resources
Ottawa

McLeod, Cam
Writer
Toronto

McLeod, J.G.
Semiarid Prairie Agricul-
tural Research Centre
Agriculture and Agri-Food
Canada
Swift Current, B.C.

McLuhan, Elizabeth
Multicultural History
Society of Ontario
Toronto

McMann, S.B.
Dept of Geography
McMaster University

McMaster, Gerald R.
Conservateur, Art autoch-
tone contemporain
Musée canadien de la
civilisation
Hull

McMillan, Barclay
Broadcaster & Writer
Ottawa

McMillan, Donald Burley
Professor of Zoology
University of Western
Ontario

McMordie, Michael
Professor of Architecture
Environmental Design
University of Calgary

McMullen, Lorraine
Professor of English
Literature
University of Ottawa

McMullin, Stanley E.
Associate Professor of
Canadian Studies
University of Waterloo

McMurray, William C.
Professor & Chairman of

Milovsoroff, Ann
Royal Botanical Gardens
Hamilton, Ont.

Milton, David G.
President
Ontario Lumber Manufac-
turers' Assn
Toronto

Milton, Janice
Research Assistant
Halifax

Miquelon, Dale
Professor of History
University of
Saskatchewan

Mitchell, Bruce
Dept of Geography
University of Waterloo

Mitchell, Edward
Research Scientist
Dept of Fisheries &
Oceans
Arctic Biological Station
Ste-Anne-de-Bellevue,
Québec

Mitchell, Ken R.
Professor of English
University of Regina

Mitchell, Thomas H.
Senior Research Associate
The Conference Board of
Canada
Ottawa

Mitchinson, Wendy
Associate Professor of
History
University of Waterloo

Modry, Dennis L.
Divisional Director,
(Acting)
Cardiovascular & Thoracic
Surgery
University of Alberta

Mohr, Johann W.
Professor of Law &
Sociology
York University

Moir, John S.
Professor of History
University of Toronto

Moll, Marita
Head, Research &
Technology
Canadian Teacher's
Federation
Ottawa

Molnar, George Dempster
Professor Emeritus of
Medicine
University of Alberta

Moncrieff, Patrick M.
Senior Manager, Agricul-
ture, Bank of Montreal
Toronto

Monet, Jacques, S.J.
President
University of Sudbury

Montagnes, Ian
Former Assistant Director
& Editor-in-Chief
University of Toronto
Press
Toronto

Monteyne, David

Moodie, D. Wayne
Professor of Geography
University of Manitoba

Moody, Barry M.
Associate Professor of
History
Acadia University

Moogk, Peter N.
Associate Professor of
History
University of British
Columbia

Mooney, Kathleen A.
Assistant Professor of
Anthropology
University of Victoria

Moore, Christopher
Historian
Toronto

Moore, James G.G.
Dept of Language and
Literature
Booth Memorial Regional
High School
St John's

Moore, Keith L.
Associate Dean of Basic
Sciences
University of Toronto

Moore, Teresa
Public Relations Co-ordi-
nator, Canadian Figure
Skating Association
Gloucester, Ont.

Moppett, George
Saskatoon

Morash, Gordon
Books Editor
The Edmonton Journal
Edmonton

Morel-à-l'Huissier, Patrick
Natural Resources Canada
Ottawa

Morgan, Kenneth
Professor of Epidemiology

& Biostatistics, Dept of
Human Genetics
McGill University

Morgan Jones, Steven D.
Director, Lacombe
Research Centre
Agriculture & Agri-Food
Canada
Lacombe, Alta.

Moriarity, Andrew J.
Medi-Edit Ltd.

Morin, Claude

Morinis, E. Alan
Anthropologist
Arc Films
Vancouver

Morisset, Lucie K.
Professeure, Département
d'études urbaines et touristiques, École des sciences
de la gestion
Université du Québec à
Montréal

Morisset, Pierre
Professeur de biologie
Université Laval

Morissette, Yves-Marie
Associate Dean
Faculty of Law
McGill University

Morlan, Richard E.
Curator, Plains
Archaeology
Archaeological Survey of
Canada
Canadian Museum of
Civilization
Hull

Morley, J. Terence
Associate Professor of
Political Science
University of Victoria

Morley, Patricia A.
Professor of English &
Canadian Studies
Concordia University

Morris, Cerise
Professor of Social Service
Dawson College
Westmount, Québec

Morris, Neil R.
Medical Research Council
of Canada
Ottawa

Morris, Peter
Professor of Film Studies
Queen's University

Morrison, Ann
Vancouver

Morrison, David A.
Curator of NWT
Archaeology
Canadian Museum of
Civilization
Hull

Morrison, George R.
Teacher (retired)
Espanola, Ont.

Morrison, Jack W.
Director General,
Research, Agriculture
Canada, Ottawa

Morrison, Jean
Supervisor, Library &
Research Services
Old Fort William
Thunder Bay, Ont.

Morrison, Kenneth L.
Historical Writer
Thunder Bay, Ont.

Morrison, Rod
Administrator
Victoria

Morrison, W. Douglas
Professor of Animal &
Poultry Science
University of Guelph

Morrison, William R.
Dean of Research
University of Northern
B.C.

Morrow, Don
Associate Professor of
Physical Education
Faculty of Kinesiology
University of Western
Ontario

Morrow, Patrick A.
Adventure Photographer
Canmore, B.C.

Morton, Desmond
Director
McGill Institute for the
Study of Canada

Morton, John K.
Professor of Biology
University of Waterloo

Moscovitch, Allan
Associate Professor of
Social Work
Carleton University

Moss, John
Professor of English
University of Ottawa

Mossman, Mary Jane
Associate Professor
Osgoode Hall Law School
York University

Motut, Roger
Professor Emeritus
University of Alberta

Mougeon, Raymond
Professor of French
Linguistics
York University

Mount, Graeme S.
Professor of History
Laurentian University

Mowat, Farley
Writer
Port Hope, Ont.

Mowat, Susanne
Ottawa

Moyer, David S.
Chair & Associate Professor of Anthropology
University of Victoria

Moyles, R. Gordon
Professor of English
University of Alberta

Muehlen, Maria
Curator, Inuit Art Section
Indian & Northern Affairs
Canada
Ottawa

Muise, Del
Associate Professor of
History
Carleton University

Muldoon, Francis C.
Federal Court
Ottawa

Mullaly, Edward
University of New
Brunswick

Mummery, Robert M.
Photographer
Edmonton

Munawar, Mohiuddin
Research Scientist
Great Lakes Fisheries
Research Branch, Fisheries
and Oceans
Canadian Centre for Inland
Waters
Burlington, Ont.

Munn, R.E.
Institute for Environmental
Studies
University of Toronto

Munro, J. Ian
Professor of Computer
Science
University of Waterloo

Munro, Kenneth J.
Associate Professor
Dept of History and

Classics
University of Alberta

Murray, Doug
Tourism Project Manager
Economic Development
and Tourism
Charlottetown

Murray, Joan
Director
The Robert McLaughlin
Gallery
Oshawa, Ont.

Murray, Robert G.E.
Professor of Microbiology
& Immunology
University of Western
Ontario

Mutimer, Brian T.P.
Professor of Physical
Education
St. Francis Xavier
University

Mycio, Luba
Canadian Wildlife
Federation
Ottawa

Myles, John
Professor of Sociology
Florida State University
Tallahassee, Fla.

Nadeau, Robert
Professeur de philosophie
Université du Québec à
Montréal

Nadeau, Vincent
Professeur de littérature
Université Laval

Nagata, Judith
Professor
Dept of Anthropology
York University

Nahachewsky, Andriy
Dept of Modern Languages and Comparative
Studies
University of Alberta

Naidoo, Josephine C.
Professor of Psychology
Wilfrid Laurier University

Nantis, Mark
President
Motor Vehicle Manufacturers' Assn
Toronto

Nasgaard, Roald
Chief Curator
Art Gallery of Ontario
Toronto

Nash, David
Professor
University of Alberta

Nason, Roger
Bicentennial Co-ordinator
City Hall
Fredericton

Nattrass, Susan M.

Navin, Francis P.D.
Professor of Civil
Engineering
University of British
Columbia

Neal, Margaret
Co-ordinator
Standardbred Canada
Library, Canadian Trotting
Association
Toronto

Neary, Peter F.
Professor of History
University of Western
Ontario

Neatby, H. Blair
Professor of History
Carleton University

Neatby, L.H.
Author
Saskatoon

Neave, Edwin H.
Professor of Finance
Queen's University

Needler, A.W.H.
St Andrews, N.B.

Needler, George T.
Director, Atlantic Oceanographic Laboratory
Ocean Science & Surveys
Atlantic
Dept of Fisheries &
Oceans, Bedford Institute
of Oceanography
Dartmouth, N.S.

Neelin, James M.
Professor of Biology &
Biochemistry
Carleton University

Neill, Robin F.
Associate Professor of
Economics
Carleton University

Neimanis, V.P.
Senior Research Officer
Environment Canada
Ottawa

Nelles, H. Vivian
Professor of History
York University

Nelson, A.E.
Sechelt, B.C.

Nelson, Joseph S.
Professor of Zoology
University of Alberta

Nemiroff, Diana
Curator, Contemporary Art
National Gallery of
Canada
Ottawa

Nepveu, Pierre
Professeur de littérature
Département d'études
francaises
Université de Montréal

Nettleship, David N.
Research Scientist
Seabird Research Unit
Canadian Wildlife Service
Bedford Institute of
Oceanography
Dartmouth, N.S.

Neufeld, Edward Peter
Senior Vice-President &
Chief Economist

Neufeldt, Ronald W.
Associate Professor of
Religious Studies
University of Calgary

Neuman, Shirley
Professor of English
University of Alberta

New, William H.
Editor, Canadian Literature
& Professor of English
University of British
Columbia

Newark, Michael J.
Meteorologist,
Environment Canada
Toronto

Newell, Dianne
Associate Professor of
History
University of British
Columbia

Newlands, David L.
Museum Studies Program
University of Toronto

Newman, Peter C.
Author & Editor
Vancouver

Nicholson, Norman L.
Professor of Geography
University of Western
Ontario

Nicks, John
Reynolds Alberta Museum
Wetaskiwin, Alta.

Nicolson, Murray William
Historian
Newmarket, Ont.

Nielsen, N. Ole
Dean, Ontario Veterinary
College
University of Guelph

Niosi, Jorge E.
Professeur de sociologie
Université du Québec à
Montréal

Njoo, Howard
Office of Special Health
Initiatives
Laboratory Centre for
Disease Control
Ottawa

Nkemdirim, Lawrence C.
Professor of Geography
University of Calgary

Noble, William C.
Professor of Anthropology
McMaster University

Noel, Alain
Professeur
Département de science
politique
Université de Montréal

Noel, S.J.R.
Professor
Dept of Political Science
University of Western
Ontario

Noiseux-Gurik, Renée
Chercheuse en histoire de
la scénographie

Nonnecke, Ib L.
Professor of Horticultural
Science
University of Guelph

Noonan, James
Associate Professor of
English
Carleton University

Nootens, Thierry
Chercheur en histoire

Noppen, Luc
École d'architecture
Université Laval

Noreau, Pierre
Professeur agrégé
Centre de recherche en
droit public
Université de Montréal

Norman, Barbara
National Library, Ottawa

Norman, David G.
Editor
PR Strategies
Scarborough, Ont.

Norrie, Kenneth H.
Professor of Economics
University of Alberta

Northcott, Herbert C.
Professor
Dept of Sociology
University of Alberta

Novak, Barbara
Writer
London, Ont.

Novakowski, Kent
Project Chief
Ground Water Remedia-
tion Project
National Water Research
Institute
Burlington, Ont.

Nursall, J. Ralph
Professor of Zoology
University of Alberta

Nutt, Jim Sutcliffe
Diplomat (retired)
Ottawa

Nuttall, V. Walter
Agriculture Research
Scientist (retired)
Winnipeg

O'Brien, Erin
Toronto

O'Brien, R. Allan
Professor Emeritus

O'Clery, Jean
Pacific Press Ltd.
Vancouver

O'Dea, Shane
Dept of English
Memorial University of
Newfoundland

O'Dor, Ronald K.
Professor of Biology
Dalhousie University

O'Grady, Jean
University of Toronto
Press

O'Leary, Kim Patrick
Editor
Vancouver

O'Neill, Daniel
Former Acting Curator
Historical Photograph
Section, Vancouver Public
Library
Vancouver

O'Neill, Patrick
Associate Professor of
Drama
Mount Saint Vincent Uni-
versity

O'Quinn, L.D.
Ottawa

Occhietti, Serge
Professeur de géographie

physique
Université du Québec à
Montréal

Odom, Selma
Dept of Dance
Faculty of Fine Arts
York University

Officer, Jillian M.
Assistant Professor of
Dance
University of Waterloo

Ogarenko, Don
Director of the Board
Secretariat, Alberta Ad-
vanced Education and
Career Development
Edmonton

Oke, Timothy R.
Head & Professor of
Geography
University of British
Columbia

Oko, Andrew

Oliphant, John J.
Writer & Photographer
Vancouver

Onyszchuk, Mario
Professor & Chairman of
Chemistry
McGill University

Opmeer, Melanie
Public Affairs
Athabasca University

Orford, Robert R.
Deputy Minister,
Community &
Occupational Health
Government of Alberta
Edmonton

Orkin, Mark M.
Lawyer & Writer
Toronto

Orlikow, Lionel
Consultant
Winnipeg

Ormsby, Margaret A.
Professor Emerita
Vernon, B.C.

Osborne, Brian Stuart
Professor of Geography
Queen's University

Ouellet, Danielle
Directrice
ACFAS

Ouellet, Fernand
Professor of History
York University

Ouellet, Henri
Curator

Ornithology Section
Natural Museum of
Natural Sciences
Ottawa

Ouellet, Réal
Professeur
Département des littéra-
tures
Université Laval

Overton, David
Theatre Department
Dalhousie University

Owens, John N.
Professor of Biology
University of Victoria

Owram, Douglas R.
Professor of History
University of Alberta

Packer, John G.
Professor of Botany
University of Alberta

Page, Donald M.
Historian
Dept of External Affairs
Ottawa

Page, Garnet T.
Consultant
Calgary

Page, James E.
Secretary of State, Cana-
dian Studies Program, Hull

Page, Malcolm
Professor of English
Simon Fraser University

Paikin, Lee
Visiting Assistant Profes-
sor of Law
University of British
Columbia

Paikowsky, Sandra
Associate Professor of Art
History
Concordia University

Pain, Howard
Writer
Toronto

Painter, Michael F.
Consultant Forester

Palardy, Jean
Historien, Fondation
Macdonald-Stewart
Montréal

Palay, Murray S.
Barrister & Solicitor
Winnipeg

Palmer, Bryan D.
Professor
Dept of History
Queen's University

Palmer, Howard
Professor of History
University of Calgary
Palmer, Tamara Jeppson
Professor of General
Studies
University of Calgary
Paltiel, Khayyam Zev
Professor of Political
Science
Carleton University
Panitch, Leo
Professor, Dept of Political
Science, York University
Pannekoek, Frits
Alberta Culture & Multi-
culturalism
Edmonton
Panting, Gerald Ernest
Professor Emeritus of
History
Memorial University of
Newfoundland
Paquet, Gilles
Directeur
Centre d'études en gouver-
nance
Université d'Ottawa
Paquet, André
Paradis, Jean-Marc
Professeur d'histoire
Université du Québec à
Trois-Rivières
Pariseau, Jean
Historien en chef, Service
historique de la défense
nationale
Ottawa
Parker, George L.
Professor of English
Royal Military College of
Canada
Kingston, Ont.
Parker, Graham E.
Professor of Law, Osgoode
Hall Law School
York University
Parker, James M.
Director
University Archives &
Collections
University of Alberta
Parry, Keith
Professor Emeritus of
Anthropology
University of Lethbridge
Parsons, John
Dept of Social Studies
Booth Memorial Regional

High School
St. John's
Parsons, Timothy R.
Professor Emeritus of
Oceanography & Zoology
University of British
Columbia
Pastore, Ralph T.
Professor of History
Memorial University of
Newfoundland
Patching, Thomas H.
Professor Emeritus of
Mineral Engineering
University of Alberta
Paterson, Donald G.
Associate Dean of Arts &
Professor of Economics
University of British
Columbia
Paterson, W. Stan B.
Heriot Bay, B.C.
Patterson, E. P.
Associate Professor of
History
University of Waterloo
Patterson, G. James
Professor of Anthropology
Eastern Oregon State
College
La Grande, Oreg.
Patterson, Graeme H.
Associate Professor of
History
University of Toronto
Patterson, Robert S.
Professor of Educational
Foundations
College of Education/
Elementary Education
Brigham Young University
Provo, Utah
Pattie, Donald
Instructor, Biological
Sciences Technology
Northern Alberta Institute
of Technology
Edmonton
Payette, Serge
Département de biologie
Université Laval
Payment, Diane Paulette
Historian
Parks Canada
Winnipeg
Payne, Michael
Peacey, John G.
Head, Dept of Chemical
Engineering

Peacock, Gordon B.
Professor Emeritus of Dra-
ma
University of Texas
Austin, Tex.
Peake, Frank A.
Professor Emeritus of
History
Laurentian University
Pearce, Michael
Professor
Richard Ivey School of
Business
University of Western
Ontario
Pearson, Garry
Atmospheric Environment
Service
Environment Canada
Downsview, Ont.
Pease, Jane H.
Professor of History
University of Maine
Orono, Maine
Pease, William H.
Professor of History
University of Maine
Orono, Maine
Pedersen, Diana
Assistant Professor of
History
Concordia University
Pedwell, Susan
Writer, Toronto
Peel, Bruce
Chief Librarian Emeritus
University of Alberta
Peers, Frank W.
Professor of Political
Science
University of Toronto
Pelletier, Gérard
Pelletier, Jacques
Professeur de littérature
québécoise
Université du Québec à
Montréal
Pelletier, Réjean
Professeur titulaire de
science politique
Université Laval
**Pelletier-Baillargeon,
Hélène**
Historienne, Montréal
Peltier, W. Richard
Professor of Physics
University of Toronto
Penelhum, Terence
Professor Emeritus of

Religious Studies
University of Calgary
Penner, Norman
Professor of Political
Science
Penton, Frank
Minerals and Metals
Sector
Natural Resources Canada
Ottawa
Penton, M. James
Professor Emeritus of
History
University of Lethbridge
Percy, Michael B.
Associate Professor of
Economics
University of Alberta
Perks, William T.
Professor of Urbanism &
Planning
University of Calgary
Perla, Ronald
Research Scientist
National Hydrology
Research Institute
Perron, Louis
Commodity Specialist,
Ferrous Metals, Minerals
and Metals Sector
Natural Resources Canada
Ottawa
Persaud, Trivedi V. N.
Professor of Anatomy
University of Manitoba
Person, Clayton O.
Professor Emeritus of
Botany, University of
British Columbia
Peters, Erik J.
Galerie Bernard Desroches
Montréal
Peters, Frank
Professor of Educational
Studies
University of Alberta
Peters, Robert Henry
Professor of Biology
McGill University
Peterson, Jeannie
Contract Researcher
Dartmouth, N.S.
Peterson, R.L.
Curator
Mammalogy
Royal Ontario Museum
Toronto
Peterson, Thomas E.
Associate Professor of

Political Studies
University of Manitoba

Petroff, Lillian
Educational Coordinator
Multicultural History
Society of Ontario
Toronto

Petrovic, Edit
Sessional Lecturer,
Sociology, University of
Calgary

Petryshyn, Jaroslav
Instructor of History
Grande Prairie Regional
College
Grande Prairie, Alta.

Pevere, Geoff
Freelance Film Critic

Phaneuf, Louis-Philippe
Professeur honoraire
Faculté Médecine
Vétérinaire
Université de Montréal

Phelan, P.P.
Directorate of Cadets
National Defence Head-
quarters
Ottawa

Phelps, Edward
Librarian
Regional Collection
University of Western
Ontario Library

Phillips, Carol
Banff Centre
Banff, Alta.

Phillips, David W.
Senior Climatologist
Environment Canada
Downsview, Ont.

Phillips, Paul
Professor of Economics
University of Manitoba

Phillips, Roy A.
Former President & Exe-
cutive Director
The Canadian Manufac-
turers' Association
Toronto

Phillips, Ruth Bliss
Assistant Professor of Art
History
School for Studies in Art
and Culture
Carleton University

Phillips, Truman P.
Associate Professor of
Agricultural Economics &
Extension Education
University of Guelph

Phillipson, Donald J.C.
Historian
Ottawa

Picard, Ellen I.
Court of Appeal Justice
Edmonton

Piché, Victor
Directeur du Centre de
Recherches Caraibes
Université de Montréal

Pick, Zuzana
School for Studies in Art
and Culture
Carleton University

Pickard, George L.
Professor Emeritus of
Oceanography & Physics
University of British
Columbia

Pierce, Richard A.
Dept of History
University of Alaska
Fairbanks, Alaska

Pierce, Thomas W.
Lands Directorate
Environment Canada
Hull

**Pierre-Deschênes,
Claudine**
Historienne
Montréal

Pierson, Ruth Roach
Professor of Sociology in
Education, Dept of History
and Philosophy, Ontario
Institute for Studies in
Education
Toronto

Pill, Juri
General Manager,
Planning, Toronto Transit
Commission
Toronto

Pirozynski, K.A.
Palaeomycologist, Na-
tional Museums of Canada
Ottawa

Pitt, David G.
Professor Emeritus of
English Language &
Literature
Memorial University of
Newfoundland

Pitt, Janet Miller
Dept of Rural, Agricultural
& Northern Development
Government of Newfound-
land & Labrador

Pitt, Robert D.
Canning and Pitt Asso-
ciates Inc.
St John's

Pivato, Joseph
Professor of Humanities &
English
Athabasca University

Plamondon, Réjean
Directeur des communica-
tions
Université de Montréal

Plant, Richard
Associate Professor of
Drama
University of Toronto

Plante, Gilles
Directeur
Ensemble Claude-Gervaise

Ploeg, Jozinus
Director
Division of Mechanical
Engineering
National Research Council
of Canada
Ottawa

Plouffe, Hélène

Plunkett, T.J.
Professor of Public Admi-
nistration

Poewe, Karla
Professor
Dept of Anthropology
University of Calgary

Pohle, Klaus
Carleton University

Poiker, Thomas K.
Professor of Geography
Simon Fraser University

Polèse, Mario
INRS-Urbanisation
Université du Québec à
Montréal

Polnaszek, Frank
Hartford, Conn.

Pontbriand, Chantal
Directrice, Parachute
Montréal

Ponting, J. Rick
Professor of Sociology
University of Calgary

Pool, Annelies M.
Writer
Yellowknife

Pope, Carol Ann
Burnaby, B.C.

Porteous, Hugh A.
Manager
Issues Coordination

Corporate Planning
Via Rail Canada Inc.
Montréal

Porter, Arthur
Professor Emeritus
University of Toronto

Porter, John R.
Professeur d'histoire
de l'art
Université Laval

Porter, Marion
Researcher
Ottawa

Posgate, Bruce D.
Toronto

Posluns, Michael
York University

Pothier, Bernard
Canadian War Museum
Ottawa

Potvin, Gilles C.M.
Historien, Montréal

Poupart, André
Professeur honoraire
Faculté de droit
Université de Montréal

Poulin, Gabrielle
Écrivain
Ottawa

Poulin, Pierre
Société historique
Alphonse-Desjardins
Lévis, Québec

Powell, Deborah J.
Woodstock, Ont.

Powell, Jay (James V.)
Associate Professor of
Anthropology
University of British
Columbia

Power, Roger
Memorial University of
Newfoundland

Prang, Margaret E.
Professor Emeritus of
History
University of British
Columbia

Pratt, Larry
Professor
University of Alberta

Pressman, Norman E.P.
Associate Professor of
Urban & Regional
Planning
University of Waterloo

Preston, Richard A.
Professor Emeritus of
History

Duke University
Durham, N.C.

Preston, Richard J.
Professor of Anthropology
McMaster University

Preston-Thomas, Hugh
Associate Director, Division of Physics, National Research Council of Canada
Ottawa

Price, John A.
Professor of Anthropology
York University

Pringle, Alexander D.
Barrister & Solicitor
Pringle & Renouf
Edmonton

Pritchard, Gordon
Professor of Biological Sciences
University of Calgary

Pritchard, James
Associate Professor of History
Queen's University

Pritchard, John
Research Director
McAlpine and Associates
Vancouver

Proctor, John T.A.
Professor of Horticultural Science
University of Guelph

Pross, A. Paul

Proulx, Jean-Pierrre
Professeur agrégé
Département d'études en éducation et d'administration de l'éducation
Université de Montréal

Prud'homme, Michel
Senior Mineral Economist
Potash & Sulphur
Coal, Ferrous and Industrial Minerals Division, Minerals and Metals Sector, Natural Resources Canada, Ottawa

Pugh, Garth Charles
Research Officer II
Dept of Culture & Recreation
Regina

Punch, Terrence M.
Chairman
Genealogical Association of Nova Scotia
Halifax

Purdon, Arnold L.
Welland, Ont.

Putt, Eric D.
Professional Agrologist
Creston, B.C.

Pylyshyn, Zenon W.
Professor of Psychology & Computer Science
University of Western Ontario

Qualter, Terence H.
Distinguished Professor Emeritus
University of Waterloo

Quamme, Harvey A.
Agriculture Canada
Research Station
Summerland, B.C.

Quayle, D.B.
Marine Zoologist
Nanaimo, B.C.

Quinn, Frank
Ottawa

Raboy, Marc

Radforth, Ian
Professor
Dept of History
University of Toronto

Rahtz, Nancy

Rains, Bruce
Professor of Geography
University of Alberta

Ralston, H. Keith
Historical Consultant
Vancouver

Ramraj, Victor J.
Professor of English
University of Calgary

Ramsay, Christine
Dept of Film and Video
University of Regina

Ramsay, Donald A.
Research Officer Emeritus, National Research Council of Canada
Ottawa

Ramsden, Peter G.
Associate Professor of Anthropology
McMaster University

Raney, R. Keith
Deputy Director, RADARSAT Project Office
Canada Centre for Remote Sensing
Ottawa

Rapp, Egon
Professor Emeritus of Agricultural Engineering
University of Alberta

Rasmussen, John B.
Historian & Writer
Edmonton

Rasmussen, Mark A.
Historical Geographer
Edmonton

Rasporich, Anthony W.
Professor of History
University of Calgary

Rasporich, Beverly J.
Associate Professor of General Studies
University of Calgary

Raudsepp, Enn
Associate Professor
Journalism School
Concordia University

Rawlyk, George A.
Professor of History
Queen's University

Ray, Arthur
Professor of History, University of British Columbia

Rayburn, Alan
Geographer
Ottawa

Raynor, David R.
Assistant Professor of Philosophy
University of Ottawa

Rea, J. Edgar
Professor of History
University of Manitoba

Read, John H.
Professor Emeritus of Community Health, Sciences & Pediatrics
University of Calgary

Redekop, Magdalene
Associate Professor of English
University of Toronto

Redmond, Gerald
Professor of Physical Education & Recreation
University of Alberta

Reed, Austin
Service canadien de la faune
Ste-Foy, Québec

Reed, F. Leslie C.
Professor Emeritus of Forestry

Reeves, Randall R.
Cetacean Specialist Group
Hudson, Québec

Regan, Ellen M.
Professor Emeritus of

Applied Psychology
Ontario Institute for Studies in Education
Toronto

Regehr, T.D.
Professor of History
University of Saskatchewan

Reid, Alison M.
Consulting Biologist
Victoria

Reid, David C.
Professor of Surgery (Orthopaedic)
University of Alberta

Reid, Ian A.
Special Surveys Engineer (retired)
Water Survey of Canada
Ottawa

Reid, John G.
Associate Professor of History
Saint Mary's University

Reid, M.H. (Lefty)
Head Curator
Hockey Hall of Fame & Museum
Toronto

Reid, Monty
Royal Tyrrell Museum of Palaeontology
Drumheller, Alta.

Reid, Richard
Associate Professor of History
University of Guelph

Reid, Robert G.B
Professor of Biology
University of Victoria

Reilly, Nolan
Associate Professor of History
University of Winnipeg

Reilly, Sharon
Curator of History & Technology, Manitoba Museum of Man & Nature
Winnipeg

Reiswig, Henry M.
Associate Professor of Biology
Redpath Museum
McGill University

Rémillard, Gil
Professeur titulaire de droit constitutionnel

Rennie, Donald Andrews
Dean of Agriculture

University of
Saskatchewan

Rennie, Frances
Senior Planner, National
Parks Directorate
Canadian Heritage
Hull

Rennie, Jim
Publisher
Jim Rennie's Sports Letter
Collingwood, Ont.

Resnick, Heather
Communications Co-ordi-
nator, Canadian Jewellers
Association
Toronto

Richards, John
Assistant Professor
Simon Fraser University

Richards, William D.
Associate Professor of
Communication
Simon Fraser University

Richardson, Eric Harvey
Principal Research Officer
Dominion Astrophysical
Observatory, National
Research Council of
Canada
Victoria

Richardson, Keith W.
Chief, Education
Cultural & Educational
Resources, Secretary of
State, Ottawa

Richardson, W. George
Associate Professor of
History of Engineering
Queen's University

Richman, Alex
Professor of Psychiatry
Community Health &
Epidemiology
Dalhousie University

Rickwood, Roger R.
City Solicitors Dept
City Hall
Hamilton, Ont.

Ricou, Laurie
Associate Dean of Gradu-
ate Studies & Professor of
English
Dept of English
University of British
Columbia

Riddell, W. Craig
Professor
Dept of Economics
University of British
Columbia

Rider, Peter E.
Atlantic Provinces Histo-
rian, Canadian Museum of
Civilization
Hull

Ridington, Robin
Professor of Anthropology
University of British
Columbia

Riedel, Walter E.
Professor of German
University of Victoria

Riegert, Paul W.
Professor of Biology
University of Regina

Riendeau, Roger E.
University of Toronto

Riggs, Bert
Writer
St. John's

Riis, Nelson A.
Geographer & Member of
Parliament
Ottawa

Rioux, Michel
Journaliste, Montréal

Ritchie, J.C.
Professor of Botany
Scarborough Campus
University of Toronto

Robb, S. Andrew
Assistant Professor of His-
tory & Canadian Studies
University of Prince
Edward Island

Robert, Guy
Auteur et consultant en art
et esthétique
Montréal

Robert, J.E.
Natural Resources Canada

Robert, Jean-Claude
Professeur d'histoire
Université du Québec à
Montréal

Robert, Lucie
Professeure de littérature
Université du Québec à
Montréal

Robert, Véronique
Journaliste culturelle
Montréal

Roberto, Eugène
Professeur de lettres
françaises
Université d'Ottawa

Roberts, Andy
Natural Resources Canada
Ottawa

Robertson, Dave
BC Hydro and Power
Authority
Vancouver

Robertson, Ian Ross
Associate Professor of
History
University of Toronto

Robertson, J A.L.
Consulting Scientist
Deep River, Ont.

Robertson, Marion
Historian
Shelburne, N.S.

Robertson, Raleigh John
Professor of Biology
Queen's University

Robidoux, Réjean
Professeur titulaire de
littérature
Université d'Ottawa

Robillard, Denise
Conseil canadien des
églises
Toronto

Robinson, Bart T.
Writer
Equinox Magazine
Camden East, Ont.

Robinson, J. Lewis
Professor Emeritus of
Geography
University of British
Columbia

Robinson, Michael P.
Vice-Chairman
Arctic Institute of North
America
University of Calgary

Robinson, Sinclair
Associate Professor of
French
Carleton University

Robitaille, Antoine
Journaliste

Robson, Tom W.
Toronto

Roby, Yves
Département d'histoire
Université Laval

Roche, Douglas
Ambassador for
Disarmament, Dept of
External Affairs
Ottawa

Rocher, Guy
Professeur de sociologie
Faculté de droit
Université de Montréal

Rochon, François
Professeur
Cégep de Saint-Laurent

Rodney, William
Professor of History &
Dean of Arts
Royal Roads Military
College
Victoria

Rodrigo, Russell G.A.
Professor of Chemistry
Wilfrid Laurier University

Rodriguez, Juan
Auteur, Montréal

Roed, Bente
Director, University
Teaching Services
University of Alberta

Roeder, Robert C.
Lazenby Professor of
Physics, Southwestern
University
Georgetown, Tex.

Rogers, Jacob
Priest
Goulds, Nfld.

Rogerson, Peter J.
Associate Professor of
Biology
Memorial University of
Newfoundland

Rogerson, Robert J.
Professor of Geography
University of Lethbridge

Roland, Charles G.
Professor of the History of
Medicine
Dept of Family Medicine
McMaster University

Romaniuk, Eugene W.
Professor of Educational
Psychology
University of Alberta

Romanow, Joseph R.
President
Machinery and Equipment
Manufacturers Association
of Canada
Ottawa

Romanowski, Barbara
Sexually Transmitted
Disease Clinic
Edmonton

Rome, David
Dept of Religion
Concordia University

Romney, Paul
Historian
Baltimore, Md.

Ronald, Keith
Professor of Zoology
University of Guelph

Ronish, Donna Yavorsky
Historienne
Greenfield Park, Québec

Rooke, Constance
Associate Vice President
(Academic)
University of Guelph

Rose, Albert
Professor Emeritus of
Social Work
University of Toronto

Rose, Phyllis
Graduate Student
University of Toronto

Rosen, David
Montréal

Rosen, Earl
Executive Director, Cana-
dian Independent Record
Production Association
Toronto

Rosenberg, Ann C.
Instructor of Fine Arts
Capilano College
North Vancouver, B.C.

Ross, Alexander
Editorial Director
CB Media Ltd.
Montréal

Ross, Alexander M.
Professor (retired)
University of Guelph

Ross, Catherine Sheldrick
Associate Professor of
Library & Information
Science
University of Western
Ontario

Ross, David I.
Director of Operations
NORDCO Limited (New-
foundland Oceans Re-
search & Development
Corporation)
St. John's

Ross, David P.
Social Economic Consul-
tant, Canadian Council on
Social Development
Ottawa

Ross, Henry U.
Professor Emeritus Metal-
lurgical Engineering
University of Toronto

Rostoker, Gordon
Professor of Physics
University of Alberta

Rothney, Gordon Oliver
Honorary Fellow
St John's College
University of Manitoba

Rothrock, George A.
Professor of History
University of Alberta

Rothstein, Samuel
Professor Emeritus of
Librarianship
University of British
Columbia

Rotstein, Abraham
Professor of Economics
University of Toronto

Roueche, Leonard R.
Manager, Research
British Columbia Ferry
Corporation
Victoria

Rouillard, Jacques
Professeur d'histoire
Université de Montréal

Rousseau, Guildo
Professeur de littérature
Centre de recherche en
études québécoises
Université du Québec à
Trois-Rivières

Rousseau, Henri-Paul
Vice-président et Écono-
miste en chef
Banque Nationale du
Canada
Montréal

Routledge, Marie
Research & Documenta-
tion Co-ordinator
Inuit Art Section, Indian &
Northern Affairs Canada
Ottawa

Rowat, Donald Cameron
Professor of Political
Science
Carleton University

Rowberry, R. Geoffrey
Professor (retired)
Sidney, B.C.

Rowe, Frederick W.
Senator

Rowe, John Stanley
Professor Emeritus of
Plant Ecology (retired)
University of
Saskatchewan

Rowe, Kenneth
Fellow of the Royal Phila-
telic Society of Canada
Toronto

Rowe, Percy A.
Contributing Editor
Travel, Toronto Sun
Toronto

Rowland, Gordon G.
Director and Senior
Research Scientist, Crop
Development Centre, Uni-
versity of Saskatchewan

Rowley, Diana
Editor
Ottawa

Rowsell, Harry C.
Executive Director
Canadian Council on
Animal Care
Ottawa

Roy, David J.
Director
Centre for Bioethics Clini-
cal Research Institute of
Montréal

Roy, Fernande
Professeur d'histoire
Université du Québec à
Montréal

Roy, Muriel K.
Centre d'études acadiennes
Université de Moncton,
N.B.

Roy, Patricia E.
Professor of History
University of Victoria

Roy, Paul-Émile
Professeur et écrivain

Roy, Reginald H.
Visiting Professor of Mili-
tary & Strategic Studies
University of Victoria

Rozee, Kenneth Roy
Professor of Microbiology
Dalhousie University

Rozmus, Wojciech
Professor of Physics
Theoretical Physics
Institute
University of Alberta

Rubenstein, Lorne
Journalist
Toronto

Rubin, Ken
Public interest researcher
& consultant
Ottawa

Rubin, Leon J.
Professor of Food
Engineering
University of Toronto

Rubio, Gerald J.
Assistant Professor of
English
University of Guelph

Rubio, Mary H.
Co-Editor, Canadian Chil-
dren's Literature
University of Guelph

Ruddel, David-Thiery
Historian
Canadian Museum of
Civilization
Hull

Ruff, Norman J.
Assistant Professor of
Political Science,
University of Victoria

Ruiz, Wilson
Journalist & Broadcaster
Toronto

Rukavina, Norman A.
Geologist
National Water Research
Institute
Burlington, Ont.

**Runnalls, Oliver John
Clyve**
Chairman, Centre for
Nuclear Engineering
University of Toronto

Rupert, Robert John
Associate Professor of
Journalism
Carleton University

Ruppenthal, Karl M.
Professor Emeritus of
Transportation Studies
University of British
Columbia

Rushdy, Roger
Agronome, Station de
Recherche Deschambault,
Deschambault, Québec

Russell, Bruce
Writer & Freelance
Curator

Russell, Catherine
Associate Professor
Mel Hoppenheim School
of Cinema
Concordia University

Russell, Dale A.
Curator of Fossil Verte-
brates, National Museum
of Natural Sciences
Ottawa

Russell, Fran
Population Research Labo-
ratory, Dept of Sociology
University of Alberta

Russell, Hilary
Parcs Canada
Hull

Russell, Loris S.
Curator Emeritus
Royal Ontario Museum
Toronto

Russell, Peter A.
Resident Tutor
Fircroft College
Birmingham, England

Russell, Victor L.
Manager
City of Toronto Archives
Toronto

Rutherford, Paul Frederic William
Professor of History,
University of Toronto

Rutter, Nathaniel W.
Professor & Chairman of
Geology
Dept of Earth and Atmos-
pheric Sciences
University of Alberta

Ryan, Douglas E.
Professor Emeritus of
Chemistry
Dalhousie University

Ryan, James T.
Professor Emeritus of
Chemical Engineering
University of Alberta

Ryan, John
Professor of Geography
University of Winnipeg

Ryan, Joseph
Directorate of History
Dept of National Defence
Ottawa

Ryan, Judith Hoegg
Writer
Caribou Island

Ryan, Shannon
Professor of History
Memorial University of
Newfoundland

Ryder, June M.
Geologist, J.M. Ryder and
Associates
Vancouver

Ryerson, Robert A.
Head, Industrial Coopera-
tion and Communicaitons
Canada Centre for Remote
Sensing
Ottawa

Saarinen, Oiva W.
Associate Professor of

Geography
Laurentian University

Sabina, Ann P.
Mineralogist
Geological Survey of
Canada
Ottawa

Sager, Eric W.
Professor of History
University of Victoria

Saint-Jacques, Bernard
Professor Emeritus of
Linguistics (retired)
University of British
Columbia

Saint-Pierre, Gaston
Critique d'art et
conservateur

Saint-Yves, Maurice
Professeur de géographie
Université Laval

Saive, Sandra
Public Education
Canadian National Institu-
te for the Blind
Edmonton

Saladin-d'Anglure, Bernard
Professeur, Département
d'anthropologie
Université Laval

Sales, Arnaud
Professeur titulaire
Département de sociologie
Université de Montréal

Salisbury, Richard F.
Professor of Anthropology
McGill University

Sallot, Jeffrey
The Globe and Mail
Toronto

Salter, Liora
Associate Professor &
Chair of Communication
Simon Fraser University

Sameoto, Douglas D.
Research Scientist
Bedford Institute of
Oceanography
Canadian Wildlife Service
Dartmouth, N.S.

Sanderson, Marie E.
Professor of Geography
University of Windsor

Sandison, Margaret J.
Executive Director,
Saskatchewan Sports Hall
of Fame
Regina

Sangster, Joan
Lecturer
Dept of History
Trent University

Santink, Joy L.
Historian
Toronto

Sarfati, Sonia
Journaliste
Montréal

Sarjeant, A. Margaret
Librarian
Saskatoon

Sarjeant, William A.S.
Professor of Geological
Sciences
University of
Saskatchewan

Sarty, Roger
Historian
Directorate of History
Dept of National Defence
Ottawa

Sauchyn, David J.
Assistant Professor of
Geography
University of Regina

Saul, John S.
Professor of Social
Science
Atkinson College
York University

Sauriol, Pierre
Agronome, Ministère de
l'agriculture du Québec
St-Rémi, Québec

Savard, Pierre
Professeur d'histoire
Université d'Ottawa

Savile, D.B.O.
Research Associate
Emeritus, Biosystematics
Research Institute
Ottawa

Savishinsky, Joel S.
Professor of Anthropology
Ithaca College
Ithaca, N.Y.

Savitt, Ronald
Professor of Marketing

Sawatsky, Rodney J.
Associate Professor of
Religious Studies & Histo-
ry, President's Office
Messiah College

Sawatsky, Ronald G.
Centre for Religious
Studies
University of Toronto

Sawchuk, Joe
Professor, Dept of Native
Studies
Brandon University

Sawula, Lorne William
National Volleyball Coach
(Women)
Regina

Sawyer, Deborah C.
President and Director of
Research
Information Plus Inc.
Toronto

Saywell, John T.
Professor
Dept of History
York University

Scarfe, Christopher M.
Professor of Geology
University of Alberta

Scargill, M.H.
Professor Emeritus of
Linguistics
University of Victoria

Schaefer, Otto
Director, Northern Medical
Research Unit
Medical Services, Health
& Welfare Canada
Edmonton

Schau, Barbara Ann
Sessional Lecturer
School for Studies in Art
and Culture
Carleton University

Scheffel, David
University College of the
Cariboo
Kamloops, B.C.

Schiff, Harold I.
Professor
Centre for Atmospheric
Chemistry
York University

Schipper, Sidney S.
Adjunct Professor of
Fashion
Ryerson Polytechnic
University

Schledermann, Peter
Senior Research Associate
Arctic Institute of North
America
University of Calgary

Schlesinger, Benjamin
Professor Emeritus of
Social Work
University of Toronto

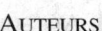

Schmalcel, Ronald
Barrister and Attorney at
Law, Buchwald Asper
Gallagher Henteleff
Winnipeg

Schmitz, Nancy
Professeure d'anthropolo-
gie, Université Laval

Schoenauer, Norbert
Professor Emeritus of
Architecture
McGill University

Schoenfeld, Stewart
Professor
Dept of Sociology
Glendon College
York University

Schrodt, Barbara
Associate Emeritus Profes-
sor of Human Kinesiology
(Sport History)
University of British
Columbia

Schultz, George A.
Professor of History
University of Manitoba

Schwartz, Joan M.
Documentary Art &
Photography, National
Archives of Canada
Ottawa

Schweizer, Elizabeth J.
Editoral Assistant, Studies
in History & Politics
Bishop's University

Schweizer, Karl W.
Associate Professor of
History
Bishop's University

Schwier, Charles
Research Associate
Canadian Institute of Guid-
ed Ground Transport
Queen's University

Scobie, Stephen
Professor of English
University of Victoria

Scott, David S.
Executive Director
Institute for Hydrogen
Systems
Mississauga, Ont.

Scott, John
Ottawa

Scott, MaryLynn
Toronto

Scott, Stephen A.
Professor of Law
McGill University

Scott, W. Beverly
Senior Scientist
Huntsman Marine
Laboratory
St Andrews, N.B.

Scrimgeour, J.

Scudder, Geoffrey G.E.
Professor & Head of
Zoology
University of British
Columbia

Seager, Allen
Associate Professor of
History
Simon Fraser University

Sealey, D. Bruce
Professor of Education
University of Manitoba

Sealey, Gary
Director
Visitor Activities Branch
National Parks
Ottawa

Sealy, Spencer G.
Professor of Zoology
University of Manitoba

Sebert, Louis M.
Canada Land Surveyor
Ottawa

Sedgewick, Kent
Assistant Planner
City of Prince George
Prince George, B.C.

Segall, Harold N.
Professor
Faculty of Pharmacy
University of Toronto

Segger, Martin
Director
Mattwood Art Museum
and Gallery
University of Victoria

Séguin, Normand
Professeur d'histoire
Université du Québec à
Trois-Rivières

Sehon, Alec H.
Professor of Immunology
University of Manitoba

Seifert, Keith
Agriculture & Agri-food
Canada, Ottawa

Selwood, H. John
Professor of Geography
University of Winnipeg

Semple, Neil A.
Assistant Archivist
United Church of Canada
Victoria University

Senda, Yoshio
National Coach &
Technical Director
Judo Alberta

Senior, Elinor Kyte
Visiting Assistant
Professor
St. Francis Xavier
University

Senior, Hereward
Professor of History
McGill University

Serne, Robert Allan
Regional Manager
Canadian Portland Cement
Association
Prairie Provinces Region
Edmonton

Sewell, John
Former Mayor of Toronto;
Journalist
Toronto

Seymour, Christopher M.
Executive Secretary
Canadian Tobacco Manu-
facturers' Council
Ottawa

Seymour, Michel
Professeur, Département
de Philosophie
Université de Montréal

Seymour, Patrick D.
Director, Devonian
Botanic Garden
University of Alberta

Shadbolt, Doris
Curator Emeritus
Vancouver Art Gallery
North Burnaby, B.C.

Shadbolt, Douglas
Professor Emeritus of
Architecture
University of British
Columbia

Shaffer, Ed
Professor of Economics

Shaker, Asaad

Shaker, Fouad E.
Writer, Historian, TV
Commentator & Interna-
tional Correspondent
Greenfield Park, Québec

Shannon, Elizabeth E.
Associate Professor of
Clothing & Textiles
University of Manitoba

Shapiro, Bernard J.
Director & Professor of
Education, Ontario

Institute for Studies in
Education
Toronto

Shapiro, Lisa
Minerals and Metals
Sector, Natural
Resources Canada
Ottawa

Shaver, Frances M.
Associate Professor
Dept of Sociology and
Anthropology
Concordia University

Shaw, Gordon C.
Professor of Adminis-
trative Studies
York University

Shaw, Murray C.
General Manager, Prairie
& Northern Regions
Export Development
Corporation
Calgary

Shearing, Clifford D.
Associate Professor of Crim-
inology & Sociology
University of Toronto

Sheehan, Carol
Ethnologist & Art
Historian
Calgary

Sheehan, Nancy M.
Dean of Education,
University of British
Columbia

Sheffer, Harry
Former Vice-Chairman
Defence Research Board
Ottawa

Sheffield, Edward
Professor Emeritus of
Higher Education
University of Toronto

Sheinin, Rose
Professor of Biology
Concordia University

Shelest, Jaroslaw
Historian
Kitchener, Ont.

Shephard, Roy J.
Professor Emeritus of
Applied Physiology
University of Toronto

Sheppard, R. Ronald
Directeur des jeux
Société des Casinos du
Québec

Sheppard, Robert
Author, Toronto

Shifrin, Ellen
Dance Researcher
Toronto

Shih, Chang-tai
Curator of Crustaceans,
National Museum of
Natural Sciences
Ottawa

Shoyama, Thomas K.
Visiting Professor
University of Victoria

Shubert, Adrian
Professor
Dept of History
York University

Shubert, Howard

Shugg, Orville J.W.
Ottawa

Shultz, Ken R.
Scientific Adviser
Atomic Energy Control
Board
Ottawa

Shuter, William L.H.
Professor of Physics
University of British
Columbia

Sibbald, Patricia A.
Director, Public/Profes-
sional Education
Institute for the Prevention
of Child Abuse
Toronto

Siberok, Martin
Quebec Correspondent
The Record

Sidor, Nicholas
Dept of Communications
Ottawa

Siegel, Arthur
Professor of Social
Science
York University

Silcox, David P.
Writer
Toronto

Sillanpaa, Lennard
Dept of Indian and
Northern Affairs
Hull

Silver, A.J.
Associate Professor of
History
University of Toronto

Silverman, Eliane Leslau
Assistant Professor of
Women's Studies
University of Calgary

Silversides, C. Ross
Forestry Consultant
Prescott, Ont.

Simard, René
Conseiller et ancien rec-
teur
Université de Montréal

Simeon, Richard
Professor
Dept of Political Science
University of Toronto

Simmins, Geoffrey
Arts Dept
University of Calgary

Simmons, Alan
York University

Simpson, C.J.
Associate Director of
Public Affairs
Office of Development
Wilfred Laurier University

Sirois, Antoine
Professeur de littérature
Université de Sherbrooke

Sisler, Rebecca
Sculptor
Toronto

Sitwell, O.F.G.
Professor
Dept of Earth and Atmo-
spheric Sciences
University of Alberta
Edmonton

Siversky, Sandi

Skeoch, Alan Edward
Head of History
Parkdale Collegiate
Institute
Toronto

Skidmore, Colleen
University of Alberta

Skogstad, Grace
Associate Professor of
Political Science
University of Toronto

Slater, Peter
Dean of Divinity (retired)
General Theological
Seminary

Slavutych, Yar
Professor of Slavic
Languages
University of Alberta

Slaymaker, H. Olav
Associate Vice-President
of Research & Professor of
Geography, University of
British Columbia

Slinkard, Alfred E.
Senior Research Scientist
Crop Development Centre
University of
Saskatchewan

Sloan, W.A.
Instructor, Canadian
History, Selkirk College
Castlegar, B.C.

Slocombe, D. Scott
Waterloo, Ont.

Slonecker, Charles E.
Director of University
Relations & Professor of
Anatomy
University of British
Columbia

Sly, Peter Gerent
Dept of the Environment
National Water Research
Institute
Burlington, Ont.

Smart, Michael
Dept of Economics
University of Toronto

Smart, Patricia
Professor of French &
Canadian Studies
Carleton University

Smith, Al
Secretary
Nova Scotia Sport
Heritage Centre
Halifax

Smith, Andrea Barbara
Dept of History
Langara Campus, Vancou-
ver Community College
Vancouver

Smith, André
Associate Professor of
French
McGill University

Smith, Barry L.
Chief
Regulatory Affairs
Food Directorate, Health
Protections Branch
Ottawa

Smith, David B.
Professor of Biochemistry
University of Western
Ontario

Smith, David E.
Professor of Political
Studies, University of
Saskatchewan

Smith, Denis
Professor Emeritus

University of Western
Ontario

Smith, Derek G.
Associate Professor, Dept
of Sociology and
Anthropology
Carleton University

Smith, Donald A.
Associate Professor of
Biology
Carleton University

Smith, Donald B.
Associate Professor of
History
University of Calgary

Smith, Dotty

Smith, Douglas A.
Associate Professor of
Economics
Carleton University

Smith, Frances K.
Curator Emeritus
Agnes Etherington Art
Centre
Queen's University

Smith, Garry J.
Faculty of Physical
Education
University of Alberta

Smith, James G.E.
Curator of North American
Ethnology
Museum of the American
Indian, Heye Foundation
New York

Smith, James N.M.
Professor of Zoology,
University of British
Columbia

Smith, Kenneth V.
Honorary Secretary
Commonwealth Games
Association of Canada

Smith, Maurice V.
Adjunct Professor of
Environmental Biology
University of Guelph

Smith, Peter C.
Research Scientist,
Atlantic Oceanography
Laboratory, Bedford Insti-
tute of Oceanography
Canadian Wildlife Service
Dartmouth, N.S.

Smith, Peter J.
Professor Emeritus of
Geography
Dept of Earth and Atmo-
spheric Sciences
University of Alberta

Smith, Shirlee Anne
Keeper
Hudson's Bay Company
Archives

Smith, Steven

Smith, T. Allan
Newman Theological
College
Edmonton

Smith, T. Bradbrooke
Burritts Rapids, Ont.

Smith, William Young Jr.
Historian
Fredericton

Snider, D. Laureen
Associate Professor of
Sociology
Queen's University

Snow, Dean R.
Professor of Anthropology
Pennsylvania State
University
University Park, Pa.

Snowdon, James D.
Lecturer of History
Acadia University

Socknat, Thomas P.
Assistant Professor of
History
University of Toronto

Solandt, Omond M.
Consultant

Somerville, Margaret A.
Director
McGill Centre for Medic-
ine, Ethics & Law
McGill University

Soper, James Herbert
Curator Emeritus, Botany
Division, National
Museum of Natural
Sciences, Ottawa

Sorfleet, John R.
Associate Professor
Dept of English
Concordia University

Sormany, Pierre
Sillery, Québec

Southcott, Mary E.
Art Historian
Mississauga, Ont.

Souther, Jack G.
Research Scientist
Geological Survey of
Canada

Spalding, David A.E.
Vice-President, Kanata
Heritage Research & Pre-
sentation Corporation
Edmonton

Spaulding, William Bray
Professor of Medicine
McMaster University

Speisman, Stephen A.
Director, Toronto Jewish
Congress & Canadian
Jewish Congress
Ontario Region Archives
Willowdale, Ont.

Spencer, Andrew N.
Associate Professor of
Zoology
University of Alberta

Spencer, Deirdre
Craft Contractor
Calgary

Spencer, Don
Assistant Archivist/
Registrar, The Seagram
Museum
Waterloo, Ont.

Spencer, Frank
Professor of Biology
University of London
London, England

Spencer, John F.T.
Research Associate of
Biology
Goldsmiths' College
University of London
London, England

Spencer, John H.
Professor & Head of
Biochemistry
Queen's University

Spettigue, Douglas O.
Professor of English
Queen's University

Spragge, Godfrey L.
Associate Professor of
Urban & Regional
Planning
Queen's University

Sprague, D.N.
Professor of History
University of Manitoba

Spray, William A.
Professor of History
St Thomas University

Sprenger, Eric A.
Mechanical Engineer; Fire
Apparatus Historian
(Seagrave make)
Prescott, Ont.

Spry, Irene M.
Professor Emeritus of Eco-
nomics
University of Ottawa

St-Gelais, Thérèse
Professeure associée,
Département d'histoire de
l'art, Université du Québec
à Montréal

St-Hilaire, Marc
Centre interuniversitaire
de recherches sur les
populations
Chicoutimi, Québec

St-Laurent, Gaston J.
Professeur de nutrition
animale
Département des sciences
animales
Université Laval

Stacey, C.P.
University Professor
Emeritus
University of Toronto

Stacey, Robert
Writer, Editor & Exhibi-
tion Curator
Toronto

Stadelman, W.

Stafford, David A.T.
Executive Director
Canadian Institute of
International Affairs
Toronto

Stager, John K,
Professor Emeritus of
Geography
University of British
Columbia

Stagg, Ronald J.
Professor of History
Ryerson Polytechnic
University

Stahl, Elvira
Director
Biomedical Editorial &
Translation Services
Westmount, Québec

Staines, David
Dean, Faculty of Arts
University of Ottawa

Stairs, Denis
Professor of Political
Science
Dalhousie University

Stairs, Douglas G.
Professor of Physics
McGill University

Stamp, Robert M.
Historian
Toronto

Stanbury, William T.
Professor, Competition

Bureau/Commerce &
Business Admin
Industry Canada & the
University of British
Columbia
Hull

Stanford, Lois M.
Associate Professor
Dept of Linguistics
University of Alberta

Stanley, S.J., David M.
Professor of New Testa-
ment Studies
Regis College
Toronto

Stanley, Della M.M.
Historian
Halifax

Stanley, George F.G.
Professor Emeritus of
Canadian Studies
Mount Allison University

**Stanley-Blackwell, Laurie
C.C.**
Associate Professor
Dept of History
St. Francis Xavier
University

Stanton, Charles R.
Writer
Ottawa

Starr, Gail
Professor of Law
University of Calgary

Staveley, Michael
Professor of Geography,
Memorial University of
Newfoundland

Stayner, Margaret M.
Education Consultant
Sexually Transmitted
Disease Clinic
Edmonton

Stead, Gordon W.

Stead, Guy
Industry Canada
Ottawa

Steed, Guy F.P.

Steele, James
Associate Professor of
English
Carleton University

Steeves, Taylor A.
Professor Emeritus of
Biology, University of
Saskatchewan

Stefansson, Baldur R.
Professor Emeritus
University of Manitoba

Stein, Janet R.
Professor Emeritus of Botany
University of British Columbia

Stein, Michael B.
Professor of Political Science
McMaster University

Stelter, Gilbert A.
Professor of History
University of Guelph

Stenning, Philip C.
Senior Research Associate
University of Toronto

Stepney, Philip H.R.
Assistant Director (Natural History)
Provincial Museum of Alberta
Edmonton

Steppler, Howard A.
Professor Emeritus of Agronomy
Dept of Plant Science
MacDonald College
McGill University
Ste-Anne-de-Bellevue, Québec

Sterling, Theodor D.
Theodor D Sterling & Associates Ltd.
Vancouver

Stern, H.H.
Professor Emeritus
Ontario Institute for Studies in Education
Toronto

Stevens, Gail
Calligrapher
Calgary

Stevens, Peter
Professor Emeritus of English
University of Windsor

Stevenson, Charlotte
Toronto

Stevenson, Garth
Professor of Politics
Brock University

Stevenson, John T.
Associate Professor of Philosophy
University of Toronto

Stevenson, Winona
Dept of Native Studies
University of Saskatchewan

Stewart, Bruce
Natural Resources Canada
Ottawa

Stewart, J. Douglas
Professor of Art History
Queen's University

Stewart, John B.
Dept of Political Science
St. Francis Xavier University

Stewart, John R.
Assistant Archivist
Kamloops Museum & Archives
Kamloops, B.C.

Stewart, Kenneth W.
Professor of Zoology
University of Manitoba

Stewart, Lillian D.
Area Superintendent,
Environment Canada,
Parks, Churchill, Man.

Stiles, Michael E.
Food Microbiologist
Dept of Food and Nutrition Science
University of Alberta

Stipernitz, Boris A.

Stocking, John R.
Associate Professor of Art History
University of Calgary

Stoddart, Jennifer
Director of Research
Canadian Advisory Council on the Status of Women
Ottawa

Stoicheff, Boris Peter
Professor Emeritus of Physics
University of Toronto

Stoker, Henry R.
Retired Development Banker
Victoria

Stone, Kay F.
Professor of Folklore
University of Winnipeg

Stonehouse, Donald H.
Natural Resources Canada
Ottawa

Stonehouse, H. Bernie
Land Resource Unit
University of Saskatchewan

Storgaard, Anna K.
Professor of Plant Science
University of Manitoba

Stortz, Gerald J.
Assistant Professor of History
Saint Jerome's College
University of Waterloo

Story, George Morley
Professor of English
Memorial University of Newfoundland

Stossel, Dennis L.
JAWS/HAWS Historian
Winnipeg

Stott, Jon C.
Professor of English
University of Alberta

Strate, Grant
Professor Emeritus
Simon Fraser University

Strausz, Otto P.
Professor Emeritus
Dept of Chemistry
University of Alberta

Straw, Will
Graduate Program in Communications
McGill University

Stringham, Elwood W.
Professor Emeritus of Animal Science
University of Manitoba

Strong, Maggie
Acting Manager
Communications
Gwaii Haanas National Park Reserve,
Parks Canada
Queen Charlotte, B.C.

Strong-Boag, Veronica
Director
Centre for Research in Women's Studies and Gender Relations
University of British Columbia

Struthers, J.R. (Tim)
Assistant Professor of English
University of Guelph

Struthers, James
Associate Professor of Canadian Studies
Trent University

Struzik, Edward
Journalist

Stuart, Richard
Regional Historian
Parks Canada
Calgary

Stuart, Ross
Associate Professor of Theatre
York University

Studnicki-Gizbert, Konrad W.
Économiste
Chesea, Québec

Stukator, Angela
Professor, University of Western Ontario

Sturino, Franc
Assistant Professor of History
Atkinson College
York University

Stursberg, Peter
Writer & Broadcaster
Vancouver

Stursberg, Richard
President
Canadian Cable Television Assn
Ottawa

Sullivan, Brian E.
Edmonton

Sullivan, Kevin
Dept of Philosophy
University of Ottawa

Summers, William F.
Professor Emeritus of Geography
Memorial University of Newfoundland

Sunahara, M. Ann
Historian & Lawyer,
Justice Legal Services,
Health Canada, Ottawa

Sung, Shan-Ching
Professor Emeritus of Psychiatry
University of British Columbia

Sutherland, Barbara
Nickel Commodity Officer
Nonferrous Division
Minerals and Metals Sector
Natural Resources Canada
Ottawa

Sutherland, David A.
Associate Professor of History
Dalhousie University

Sutherland, Maxwell
Chief, Historical Research Division
Parks Canada
Hull

Sutherland, Neil
Professor of Educational Studies
University of British Columbia

Sutherland, Sharon L.
Professor of Public Administration
Carleton University

Sutherland, Stuart R. J.
Toronto

Sutnik, Maia-Mari
Photographic Co-ordinator
Art Gallery of Ontario
Toronto

Suzuki, David Takayoshi
Professor of Zoology
University of British Columbia

Swainson, Donald W.
Professor of History
Queen's University

Swainson, Neil A.
Professor Emeritus of Political Science
University of Victoria

Swanson, Robert H.
Edmonton

Sward, Robert S.
English Dept, Monterey Peninsula College
Calif.

Sweeny, Alastair
Writer
Ottawa

Swift, William
Chercheur, Montréal

Swinton, George
Artist & Author
Winnipeg

Swinton, Katherine E.
Professor of Law,
University of Toronto

Swinton, William Elgin
Professor Emeritus
Massey College
University of Toronto

Switzer, Janne D.
Historical Researcher
Fort Edmonton Park
Edmonton

Swyripa, Frances A.
Assistant Professor
Dept of History and Classics
University of Alberta

Sylvain, Philippe
Professeur émérite

d'histoire
Université Laval

Sylvestre, Guy
Honorary Librarian
Royal Society of Canada
Ottawa

Symington, Rodney
Professor of German
University of Victoria

Syms, E. Leigh
Curator of Archaeology
Manitoba Museum of Man & Nature
Winnipeg

Szathmary, Emöke J.E.
President
President's Office
University of Manitoba

Takats, Josef
Professor of Chemistry
University of Alberta

Talman, James J.
Professor Emeritus
University of Western Ontario

Tanner, Adrian
Professor of Anthropology
Memorial University of Newfoundland

Tanner, Cathy
Planning and Development Office, Sheridan College
Oakville, Ont.

Tarnopolsky, Walter Surma
Justice
Ontario Court of Appeal

Tarr, Leslie K.
Senior Editor
Faith Today
Toronto

Taschereau, Sylvie
Chercheur en histoire
Université du Québec à Montréal

Tatum, Jeremy B.
Professor of Astronomy,
Dept of Physics,
University of Victoria

Tausky, Thomas E.
Associate Professor of English
University of Western Ontario

Taylor, C.J.
Historian, National Historic Parks & Sites Branch
Parks Canada
Hull

Taylor, Charles
Writer
Toronto

Taylor, Christopher Edward
Director, Policy Dept
Immigration Group,
Canada, Employment & Immigration Commission
Ottawa

Taylor, J. Garth
Arctic Ethnologist
Canadian Museum of Civilization
Hull

Taylor, J. Mary
Director
Cleveland Museum of Natural History
Cleveland, Ohio

Taylor, James A.
Editor
Wood Lake Books Inc
Winfield, B.C.

Taylor, Jeff
PhD Candidate of History
University of Manitoba

Taylor, John H.
Associate Professor of History
Carleton University

Taylor, John Leonard
Writer & Consultant
Ottawa Research & Writing Services
Ottawa

Taylor, M. Brook
Willowdale, Ont.

Taylor, Philip S.
Habitat Biologist
Canadian Wildlife Service
Saskatoon

Taylor, Roy Lewis
President
Chicago Horticultural Society
Glencoe, Ont.

Taylor, Shannon
Media Relations Coordinator, Community Relations, NAIT
Edmonton

Taylor, Sylvia
Technician, Botanical Garden, University of British Columbia

Taylor, William Clyne
Professor Emeritus

Dept of Pediatrics
University of Alberta

Taylor, William E. (Jr.)
President
Social Sciences & Humanities Research Council of Canada
Ottawa

Tehrani, Ghassem
Horticultural Research Institute
Vineland Station, Ont.

Telewiak, Robert
Mineral Economist
Energy, Mines & Resources Canada
Ottawa

Templeton, Rose
The Hospital for Sick Children
Toronto

Templin, R. John
Head, Law Speed Aerodynamics Laboratory
National Research Council of Canada
Ottawa

Tennant, Paul
Professor of Political Science
University of British Columbia

Tennyson, Brian D.
Professor of History & Director, Centre for International Studies
University College of Cape Breton
Sydney, N.S.

Tepperman, Lorne
Professor of Sociology,
University of Toronto

Terasmae, Jaan
Professor Emeritus of Earth Sciences
Brock University

Testa, Bart
Cinema Studies
Innis College
University of Toronto

Tétu, Michel
Président-directeur général
L'Année francophone internationale
Université Laval

Théberge, Pierre
Directeur général,
Musée des beaux-Arts du Canada

Thériault, Léon
Professeur d'histoire,
Université de Moncton

Thériault, Michel
Assistant Professor of
Canon Law
Saint Paul University

Thérien, Robert
Musicologue
Montréal

Thesen, Sharon
Writer
Vancouver

Thibault, J. Laurent
Former President
The Canadian Manufac-
turers' Association
Toronto

Thiessen, George J.
Distinguished Visiting
Scientist
National Research Council
of Canada
Ottawa

Thiesson, Stuart A.
Executive Secretary
National Farmers Union
Saskatoon

Thivierge, Marise
Historienne
Institut québécois de
recherche sur la culture
Montréal

Thivierge, Nicole
Professeur d'histoire
Université du Québec à
Rimouski

Thomas, Ann
Assistant Curator of
Photographs, National
Gallery of Canada
Ottawa

Thomas, Christopher
Department of History
in Art
University of Victoria

Thomas, Clara
Professor of English
York University

Thomas, Eileen Mitchell
Barrister & Solicitor
Ottawa

Thomas, Gerald Arthur
Graduate Student of
History, University of New
Brunswick

Thomas, Gregory
Historic Park Planner
Parks Canada
Winnipeg

Thomas, Morley K.
Climatologist
Toronto

Thomas, Paul G.
Professor of Political
Studies
University of Manitoba

Thomas, Peter
Dept of History, University of New Brunswick

**Thompson, Andrew
Royden**
Barrister & Solicitor
Vancouver

Thompson, Dixon A.R.
Professor of Environmen-
tal Science
University of Calgary

Thompson, John Herd
Professor of History
Duke University

Thompson, John R.
Editor
Athabasca University

Thompson, Margaret W.
Professor Emeritus of
Medical Genetics
University of Toronto

Thompson, Teresa
General Synod Archivist
Anglican Church of
Canada
Toronto

Thompson, William P.
Associate Professor of
Architecture
University of Manitoba

Thomson, Alex J.
Senior Financial Econo-
mist

Thomson, Colin A.
Professor of History of
Education
University of Lethbridge

Thomson, Duane
Chairman of History
Okanagan University
College
Kelowna, B.C.

Thomson, Malcolm M.
Ottawa

**Thomson, Reginald
George**
Former Dean, Atlantic
Veterinary College
University of Prince
Edward Island

Thomson, Stanley
Professor Emeritus of

Civil Engineering
University of Alberta

Thorburn, Hugh G.
Professor of Political
Science
Queen's University

Thorpe, Frederick J.
Director of Research
History Exhibition
Canadian Museum of
Civilization
Hull

Thuro, Catherine M.V.
Lighting Historian
Toronto

Tiedje, John L.
Manager, Research Dept
(retired)
Esso Petroleum Canada
Sarnia, Ont.

Tiessen, Herman
Professor of Vegetable
Physiology
University of Guelph

Tinic, Seha M.
Professor of Finance
Univeristy of Alberta

Tippett, Maria
Bowen Island, B.C.

Tipton, Barbara
Calgary

Tivy, Mary
Assistant Director
Museum & Archives of
Games
Waterloo, Ont.

Todd, Ewen C.D.
Bureau of Microbial
Hazards
Health Protection Branch
Health & Welfare Canada
Ottawa

Tofani, Rick
Saskatchewan Research
Council
Saskatoon

Toguri, James M.
Professor of Metallurgy
University of Toronto

Tomkins, George S.
Professor of Education
University of British
Columbia

Tomovich, Vladislav A.
Associate Professor of
Sociology
Brock University

Toner, Peter M.
Associate Professor of

History
University of New Bruns-
wick Saint John

Tousignant, Pierre
Professeur honoraire
Département d'histoire
Université de Montréal

Toussaint, Ismène
Auteur, spécialiste
en littérature canadienne-
française de l'Ouest et en
littérature québécoise

Tovell, Rosemarie
National Gallery of
Canada
Ottawa

Town, Harold B.
Artiste
Toronto

Townsend, Joan B.
Professor of Anthropology
University of Manitoba

Townsend, Richard G.
Associate Professor of
Educational Administra-
tion, Ontario Institute for
Studies in Education
Toronto

**Townsend-Gault,
Charlotte**
Writer & Anthropologist
Bowen Island, B.C.

Trainor, Lynn E.H.
Professor of Physics &
Medicine
University of Toronto

Travill, Anthony A.
Professor of Anatomy
Queen's University

Tremblay, Gaëtan
Professeur de
communications
Université du Québec à
Montréal

Tremblay, Jean-Noël
Attaché culturel du
gouverneur général

Tremblay, Jean-Yves
Director, Industrial
Minerals Division
Energy, Mines &
Resources Canada
Ottawa

Tremblay, Marc-Adélard
Professeur d'anthropologie
Université Laval

Tremblay, Rodrigue
Professeur titulaire
Département des sciences

Canadian Ski Association-Freestyle
Gloucester, Ont.

Vermeirre, André
Professeur d'histoire
Université de Montréal

Véronneau, Pierre
Responsable, publications et recherches
Cinémathèque québécoise

Versailles, Claire
Montréal

Vézina, Claude
Directeur adjoint
Institut Armand-Frappier
Laval-des-Rapides, Québec

Vézina, René
Journaliste et auteur
Montréal

Vézina, Raymond
Professeur d'histoire du design, Université du Québec à Montréal

Vick, Roger
Curator, Devonian Botanic Garden
University of Alberta

Vigod, Bernard L.
Professor of History
University of New Brunswick

Villeneuve, Gisèle
Writer
Calgary

Vincent, Aubrey R.
Teacher, St John's

Vincent, Thomas B.
Professor of English
Royal Military College of Canada
Kingston, Ont.

Visentin, Louis P.
Dean of Science
Memorial University of Newfoundland

Vladykov, Vadim D.
Professor Emeritus of Biology
University of Ottawa

Vodden, Christy
Geological Survey of Canada
Ottawa

Voice, Douglas
Associate Professor of Music
University of Ottawa

Voisine, Nive
Professeur titulaire

d'histoire
Université Laval

Volkoff, George M.
Dean Emeritus
Faculty of Science
University of British Columbia

Vollmer, Michael
Yacht Designer
Burlington, Ont.

Volpe, Richard
Institute of Child Studies
University of Toronto

Von Baeyer, Edwinna
Ottawa

Voyer, Roger D.
Principal
Nordicity Group Ltd.
Ottawa

Wachna, Pamela S.
Associate Curator
Market Gallery of the City of Toronto Archives
Toronto

Waddams, Stephen M.
Professor of Law,
University of Toronto

Wagg, Susan
Historienne d'art
Montréal

Wagner, Anton
Director of Research
World Encyclopedia of Contemporary Theatre
York University

Wainwright, J.A.
Coordinator
Canadian Studies
Dalhousie University

Waiser, W.A.
Associate Professor of History, University of Saskatchewan

Waite, P.B.
Professor of History
Dalhousie University

Wakeling, Thomas W.
Lawyer
Milner & Steer
Edmonton

Walcroft, Michael John
Assistant Vice-President
New Product Development
Connaught Laboratories Ltd.
Willowdale, Ont.

Walden, David B.
Professor
University of Western Ontario

Walker, Deward E., Jr.
Professor of Anthropology
Dept of Ethnic Studies
University of Colorado at Boulder
Boulder, Colo.

Walker, James W. St. G.
Associate Professor of History
University of Waterloo

Walker, John P.
Professor of Animal & Poultry Science (retired)
University of Guelph

Walker, Karen
Director, People Against Impaired Drivers
Edmonton

Walker, Roger G.
Professor of Geology
McMaster University

Walker, Susan
Publisher
Quill & Quire
Toronto

Walkom, Tom
Writer
Toronto

Wallace, Birgitta Linderoth
Staff Archaeologist,
Historical Properties,
Parks Canada, Atlantic Region
Halifax

Wallace, Carl M.
Associate Professor of History
Laurentian University

Wallace, Hugh N.
Associate Professor of History
Mount Saint Vincent University

Wallace, P.R.
Professor Emeritus
McGill University

Wallot, Jean-Pierre
Archiviste Fédéral
Archives National du Canada
Ottawa

Walsh, Susan
Vancouver

Walter, Gordon

Walz, Gene
Film Studies Dept
University of Manitoba

Wanzel, J. Grant
Professor of Architecture,
Technical University of Nova Scotia

Ward, Debra
President
Tourism Industry Association of Canada
Ottawa

Ward, Norman
Professor Emeritus of Economics & Political Science
University of Saskatchewan

Ward, Philip R.
Conservator
Saltspring Island, B.C.

Ward, W. Peter
Head & Professor of History
University of British Columbia

Wardrop, Pat
Toronto

Ware, Tracy
Lecturer
University of Western Ontario

Wark, Wesley K.
Assistant Professor of History
University of Toronto

Warkentin, John
Professor of Geography
York University

Warner, John Anson
Long Beach, CA

Warren, Michael K.
Political Officer, Maghreb and Arabian Peninsula Division, Dept of Foreign Affairs and International Trade Canada, Ottawa

Warwick, Peter D.A.
St Catharines, Ont.

Wasserman, Jerry
Professor of English & Theatre
University of British Columbia

Waterman, A.M.C.
Professor of Economics
University of Manitoba

Waters, Janice
Ottawa

Waterston, Elizabeth
Professor Emeritus of English
University of Guelph

Watkins, Mel
Professor of Economics
University of Toronto

Watson, D. Scott
Curator & Director
Morris and Hellen Belkin
Art Gallery
University of British
Columbia

Watson, Lorne
Artistic Director
Eckhardt-Gramatté
National Competition for
the Performance of
Canadian Music

Watson, William G.
Associate Professor of
Economics
McGill University

Watt, Eric

Watt, Robert D.
Chief Herald of Canada
Ottawa

Waugh, Douglas
Executive Director
Association of Canadian
Medical Colleges
Ottawa

Waugh, Earle H.
Associate Professor of
Religious Studies
Dept of Modern
Languages & Comparative
Studies
University of Alberta

Wayman, Morris
Professor of Chemical
Engineering & Forestry
University of Toronto

Waznel, Grant
Faculty of Architecture
Technical University of
Nova Scotia

Weait, Christopher
Co-principal Bassoonist
Toronto Symphony
Toronto

Weaver, John C.
Dean of Graduate Studies
McMaster University

Webb, James L.
Dept of Pathology
McGill University

Webster, D.B.
Curator Emeritus
Canadian Decorative Arts
Royal Ontario Museum
Toronto

Webster, Douglas R.
Professor of Urban and
Regional Planning
University of Calgary

Webster, Gloria Cranmer
Curator
U'mista Cultural Centre
Alert Bay, B.C.

Webster, Helen R.
Mineral Policy Sector
Energy, Mines &
Resources Canada
Ottawa

Wegenast, William G.
Associate Professor of
Engineering
Memorial University of
Newfoundland

Weinrich, Peter H.
Executive Director (past)
Canadian Crafts Council
Ottawa

Weinstock, Michel
Professeur de philosophie
Université de Montréal

Weir, Thomas R.
Professor Emeritus of
Geography
University of Manitoba

Weisbord, Merrily
Auteur
Montréal

Welch, Deborah

Wellburn, G. Vernon
Manager, Western Division
Forest Engineering
Research Institute of
Canada

Wellington, Jack
Bruce Peninsula National
Park and Fathom Five
National Marine Park
Tobermory, Ont.

Welsh, Harry L.
Professor Emeritus of
Physics
University of Toronto

Wenaas, Carl J.
Writer
Winnipeg

Werner, Leo H.
Executive Director, Inter-
national Maple Syrup
Institute

Wertheimer, Douglas
Newspaper Publisher
Calgary

Weseloh, D.V. Chip
Canadian Wildlife Service
Burlington, Ont.

West, J. Thomas
Manager
Winter Olympic Hall of
Fame
Calgary

West, Roxroy
Writer
Winnipeg

Westlake, Donald W.
Professor of Microbiology
University of Alberta

Weston, Marla L.
Paleobiology Division
National Museum of
Natural Sciences
Ottawa

Wetherell, Donald G.
Historian
Edmonton

Whalen, Linda D.
Writer
St. John's

Wheatcroft, Bruce A.
Organist & Historian
Edmonton

Whebell, C.F.J.
Associate Professor of
Geography

Wheeler, John O.
Geological Survey of
Canada
Vancouver

Whillans, Robert T.
Natural Resources Canada
Ottawa

Whitaker, Reginald
Professor of Political
Science
York University

White, Clinton Oliver
Associate Professor of
History
University of Regina

White, M. Lillian
Calgary

**Whitehead, Margaret
Mary**
Historian
Victoria

Whitehorn, Alan J.
Professor of Politics
Royal Military College of
Canada
Kingston, Ont.

Whiteson, Leon
Architecture Critic &
Author
Toronto

Whiteway, James R.
Research Analyst,
Ontario Hydro
Toronto

**Whitmore, Gordon
Francis**
Head
Physics Division
Ontario Cancer Institute
Toronto

Whyte, Donald
Professor of Sociology &
Anthropology
Carleton University

Wickberg, Edgar
Professor Emeritus of History (retired), University
of British Columbia

Wien, Thomas
PhD Candidate
McGill University

Wiggins, Ernest J.
Consultant
Edmonton

Wight, Darlene
Inuit Art Consultant
Ottawa

Wiken, Ed
Lands Directorate
Hull

Wilcox, Betty
Victoria

Wilimovsky, Norman J.
Professor Emeritus of
Fisheries
University of British
Columbia

Wilkin, Karen
Independent Curator &
Critic
New York

Wilkinson, Bruce William
Professor of Economics
University of Alberta

Willey, Robert C.
Editor
Canadian Numismatic
Journal
Barrie, Ont.

Williams, David Ricardo
Adjunct Professor of Law
University of Victoria

Williams, Glyndwr
Professor of History
Queen Mary College
University of London
London, England

Williams, Maureen C.
Lecturer in Celtic Studies

St. Francis Xavier
University

Williams, Patricia Lynn
Archivist & Historian
Saskatoon

Williams, Richard M.
Uranium & Nuclear
Energy Branch
Energy, Mines &
Resources Canada
Ottawa

Williams, Sydney B.
President
Hays & Williams Ltd.
Calgary

Williams, W.M.
Birks Professor of
Metallurgy
Dept of Mining and Metal-
lurgical Engineering
McGill University

Williamson, Mary F.
Fine Arts Bibliographer
York University

Williamson, Moncrieff
Director Emeritus of
Confederation
Centre Art Gallery &
Museum

Willis, Christopher J.
Professor of Chemistry
University of Western
Ontario

Willis, Norman M.
Curator
National Medal Collection
National Archives of
Canada

Willmot, Rod
Chargé de cours
Université de Sherbrooke

Wilson, Bruce G.
Public Programs Branch
National Archives of
Canada
Ottawa

Wilson, Donald R.
Professor Emeritus
University of Toronto

Wilson, Gregory V.
Centre for Advanced
Studies
IBM Canada Ltd.
North York, Ont.

Wilson, Harold E.
Associate Professor of
History (retired)
University of Alberta

Wilson, Ian E.
National Archivist
National Archives
Ottawa

Wilson, J. Donald
Professor of Educational
Studies
University of British
Columbia

Wilson, J. Tuzo
Professor Emeritus of
Physics
University of Toronto

Wilson, Jean
Editor, University of
British Columbia

Wilson, Jean
Professor
Dept of Political Science
University of Waterloo

Wilson, Lucy

Wilson, Rod
Professor
Dept of Anthropology
University of Alberta

Windreich, Leland
Vancouver

Windsor-Liscombe, Rhodri
Chair
Individual Interdisciplinary
Studies Graduate Program
University of British
Columbia

Windwick, Brent
Lawyer, Health Law
Project, Field and Field,
Edmonton

Winks, Robin W.
Professor of History
Yale University
New Haven, Conn.

Winter, James
University of Windsor

Wirick, Gregory
Consultant & Writer
Ottawa

Wirick, Ronald G.
Professor of Economics
Richard Ivey School of
Business
University of Western
Ontario

Wise, Syd F.
Dean of Graduate Studies
& Research
Carleton University

Withrow, William J.
Former Director

Art Gallery of Ontario
Toronto

Wittenberg, Henry
President
Canadian Toy Manufac-
turers Association
Kleinburg, Ont.

Wolfe, Leonhard S.
Professor of Neurology &
Neurosurgery
Montréal Neurological In-
stitute, McGill University

Wonders, William C.
Professor of Geography
University of Alberta

Wons, Peter
Writer & Researcher
Edmonton

Wood, Bernard
Director
North-South Institute
Ottawa

Woodcock, George

Woodruff, M. Emerson
Professor of Optometry
University of Waterloo

Woods, Robert James
Professor of Chemistry
University of
Saskatchewan

Worth, Jordan

Wright, Glenn T.

Wright, Harold E.
Partridge Island Research
Project
Saint John

Wright, J.F.C.

Wright, Janet
Architectural Historian
Calgary

Wright, Kenneth O.
Former Director
Dominion Astrophysical
Observatory, National
Research Council of Canada
Victoria

Wright, Phillip
Natural Resources Canada
Ottawa

Wright, Roy A.
Ethnohistorian
Ottawa

Wyczynski, Paul
Titulaire de recherche
Université d'Ottawa

Wyman, Max
Author & Critic
Lion's Bay, B.C.

Wynn, Graeme
Associate Dean of Arts &

Professor of Geography
University of British
Columbia

Yaffe, Leo
Emeritus Professor of
Chemistry
McGill University

Yalden, Maxwell F.
Canadian Public Servant
Ottawa

Ylitalo, Katherine

Yoon, Jean
Actor & Writer
Toronto

York, Derek
Professor of Physics
University of Toronto

Young, A.J. (Sandy)
Professor of Physical
Education
Dalhousie University

Young, Bill
Ottawa

Young, C. Maureen
MA Graduate Student of
History,
University of Victoria

Young, David A.
Head of Museum Advisory
Services
Royal Ontario Museum
Toronto

Young, Gayle
Composer & Writer
Grimsby, Ont.

Young, Jane
Toronto

Young, Jeffery D.
Queen's University

Young, John H.
Clergy
Harrowsmith, Ont.

Young, Roland S.
Consulting Chemical
Engineer
Victoria

Young, Suzie

Young, T. Kue
Professor
Dept of Community
Health Services
University of Manitoba

Young, Walter D.
Professor of Political
Science
University of Victoria

Zack, Manuel
Toronto

Zarov, Stéphane
  Comédien et chercheur
Zavitz, R. Perry
  Automobile Historian
  London, Ont.
Zegers, John
  Director, Public Affairs
  Office of the Auditor
  General of Canada
  Ottawa
Zeller, Suzanne E.
  Assistant Professor of

History
  Wilfrid Laurier University
Zeman, Jarold K.
  Director
  Acadia Centre for Baptist
  and Anabaptist Studies
  Acadia University
Zemans, Joyce
  Professor of Art History
  York University
Zepp, Norman W.
  Vancouver

Ziegel, Jacob S.
  Professor of Law
  University of Toronto
Ziff, Bruce H.
  Associate Professor
  of Law
  University of Alberta
Zingrone, Frank D.
  Associate Professor of
  Communication
  York University

Zoltai, Stephen C.
  Research Scientist,
  Canadian Forestry Service
  Edmonton
Zuk, Louise
  St. Albert, Alta.
Zussman, David
  Associate Professor of
  Public Policy
  Faculty of Administration
  University of Ottawa

Abréviations

adj. adjoint
admin. administration
agglom. agglomération
Alb. Alberta
alt. altitude
Am. du N. Amérique du Nord
Am. lat. Amérique latine
Angl. Angleterre
approx. approximativement
art. (uniquement devant un chiffre) article
Assn (en anglais) association
ap. (av.) J.-C. après (avant) Jésus-Christ
avr. avril
B.A. baccalauréat ès arts
B. Comm. baccalauréat en administration des affaires (B.A.A.)
B. Éd. phys. baccalauréat en éducation physique
B. Sc. A. baccalauréat ès sciences appliquées
bac baccalauréat
bapt. baptisé
biblio. bibliothèque
boul. boulevard
brit. britannique
CA ou c.a. comptable agréé
C.-B. Colombie-Britannique
CBH Compagnie de la baie d'Hudson
CEGEP, cégep collège d'enseignement général et professionnel
CNO Compagnie du Nord-Ouest
¢ cent
c. (procédure seulement) contre
c.-à-d. c'est-à-dire
cap. capitaine
cap. capital
ch cheval-vapeur
cie compagnie
Cie du N.-O. Compagnie du Nord-Ouest
circons. circonscription
Co Company (pas de point)
col. colonel
coll. collection
coll. collège
const. constitué(e)
cté comté
D. Sc. docteur ès sciences
déc. décembre
dép. département
Dept (anglais) Department
dimin. diminutif
dir. directeur, directrice
Dr, Dr docteur
E. est
É.-U. États-Unis
éd. éditeur, éditrice
éd. édition
enr. (dans raison sociale) enregistrée
env. environ

ex. exemple
fl. fleuve
franç. français
ft fort
g gramme
G.-B. ou Gr. Bret. Grande-Bretagne
gal gallon (américain ou canadien)
gén. général
gouv. gouvernement, gouverneur
gr. grec
h heure
H.-Canada Haut-Canada
ha hectare
hab. habitant
hL hectolitre
hon. honorable
Î.-P.-É. Île-du-Prince-Édouard
id. idem
inc. incorporé
inst. institué
Irl. Irlande
J joule
janv. janvier
Jr Junior
kg kilogramme
km kilomètre
kW kilowatt
l litre
£ livre anglaise (sterling)
L.Ph. licence en philosophie
larg. largeur
lat. latin
lat. latitude
lb livre *avoirdupois* ou métrique
lieut. lieutenant
LL. L licence en droit
long. longitude
long. longueur
Ltd (anglais) Limited
ltée limitée
m mètre
maj. major
Man. Manitoba
Max. maximum
Me maître (avocat, notaire)
MF modulation de fréquence
MGh mégawatt-heure
Mgr Monseigneur
mi mille (mesure de longueur)
milit. militaire
min. minute, minimum
ml millilitre
mm millimètre
mg milligramme
N. nord
N.-E., N.-O. nord-est, nord-ouest
N.-B. Nouveau-Brunswick
N.-É. Nouvelle-Écosse

no, No numéro
Nouv.-Angl. Nouvelle-Angleterre
Nouv.-France Nouvelle-France
nov. novembre
O. ouest
oct. octobre
ONF Office national du film
Ont. Ontario
ONU Organisation des Nations unies
p. ex., par ex. par exemple
parag. paragraphe
PDG, pdg, p.-d.g. président-directeur général
pers. personne
Ph.D. doctorat en philosophie
pop. population
prés. président
prés.-dir.gén. président-directeur général
prof., Pr, Pr professeur
prog. programme
prov. province, provincial
pub. publié
Qc Québec
R.-C. Radio-Canada
RMR Région métropolitaine de recensement
R.R. recensement rajusté
R.-U. Royaume-Uni
rec. recensement
rép. république
rés. ind. réserve indienne
rév. révérend
rév. révisé
riv. rivière
Ry (anglais) railway
s. (après un chiffre romain) siècle
S. sud
S.-E., S.-O. sud-est, sud-ouest
Sask. Saskatchewan
sec. seconde
sept. septembre
St. (anglais) Saint
Sté (société, entreprise, compagnie)
superf. superficie
t tonne
T.-N. Terre-Neuve
T.N.-O. Territoires du Nord-Ouest
télé télévision
trad. traduction
U. (en anglais) University
univ. université
v. vers
V volt
var. variété
vice-am. vice-amiral
vol. volume
W watt
Wh wattheure
Yuk., Yn Territoire du Yukon

Principales villes du Canada

CALGARY
Population (R.M.R.):
671 326 (1986); 821 628 (1996)
Taux de croissance (R.M.R.):
12,3 % (1986-1991); 9 % (1991-1996)
Rang au Canada (R.M.R.): Sixième
Date de constitution (Ville): 1893
Superficie (R.M.R.): 5083 km²
Altitude: 1084 m
Température quotidienne moyenne en juillet: 16,4 °C
Température quotidienne moyenne en janvier: -11,8 °C
Précipitations annuelles: 423 mm
Heures d'ensoleillement par année: 2 314,4

CHARLOTTETOWN
Population (R.R.):
53 868
Taux de croissance (R.R.):
5,6 % (1981-1986)
Rang au Canada (R.R.): Quarante-huitième
Date de constitution (Ville): 1885
Superficie (R.M.R.): 991,99 km²
Altitude: 55 m
Température quotidienne moyenne en juillet: 18,3 °C
Température quotidienne moyenne en janvier: -7,1 °C
Précipitations annuelles: 1169,4 mm
Heures d'ensoleillement par année: 1818,4

CHICOUTIMI-JONQUIÈRE
Population (R.M.R.):
158 468 (1986); 160 454 (1996)
Taux de croissance (R.M.R.):
1,6 % (1986-1991); -0,3 % (1991-1996)
Rang au Canada (R.M.R.): Vingt et unième
Date de constitution (Ville): Chicoutimi: 1976; Jonquière: 1975
Superficie (R.M.R.): 1723,31 km²
Altitude: Chicoutimi: 15 m; Jonquière: 137 m
Température quotidienne moyenne en juillet: 19,1 °C
Température quotidienne moyenne en janvier: -14,6 °C
Précipitations annuelles: 954,3 mm

EDMONTON
Population (R.M.R.):
785 465 (1986); 862 597 (1996)
Taux de croissance (R.M.R.):
8,5 % (1986-1991); 2,6 % (1991-1996)
Rang au Canada (R.M.R.): Cinquième
Date de constitution (Ville): 1904

Superficie (R.M.R.): 9 536,63 km²
Altitude: 671 m
Température quotidienne moyenne en juillet: 17,4 °C
Température quotidienne moyenne en janvier: -15,0 °C
Précipitations annuelles: 466,1 mm
Heures d'ensoleillement par année: 2263,7

HALIFAX
Population (R.M.R.):
295 990 (1986); 332 518 (1996)
Taux de croissance (R.M.R.):
8,3 % (1986-1991); 3,7 % (1991-1996)
Rang au Canada (R.M.R.): Treizième
Date de constitution (Ville): 1841
Superficie (R.M.R.): 2503,10 km²
Altitude: 32 m
Température quotidienne moyenne en juillet: 18,2 °C
Température quotidienne moyenne en janvier: -3,1 °C
Précipitations annuelles: 1282 mm
Heures d'ensoleillement par année: 1872

HAMILTON
Population (R.M.R.): 557 029 (1986); 624 360 (1996)
Taux de croissance (R.M.R.): 8,3 % (1986-1991); 4,1 % (1991-1996)
Rang au Canada (R.M.R.): Neuvième
Date de constitution (Ville): 1846
Superficie (R.M.R.): 1358,50 km²
Altitude: 76,2 m (198 m sur montagne)
Température quotidienne moyenne en juillet: 20,5 °C
Température quotidienne moyenne en janvier: -6,4 °C
Précipitations annuelles: 824 mm
Heures d'ensoleillement par année: 2044,6

KITCHENER-WATERLOO
Population (R.M.R.):
311 195 (1986); 382 940 (1996)
Taux de croissance (R.M.R.):
14,5 % (1986-1991); 7,4 % (1991-1996)
Rang au Canada (R.M.R.): Onzième
Date de constitution (Ville): Kitchener: 1912; Waterloo: 1943
Superficie (R.M.R.): 823,64 km²
Température quotidienne moyenne en juillet: 20,6 °C
Température quotidienne moyenne en janvier: -6,9 °C
Précipitations annuelles: 745 mm (pluie); 152 mm (neige)
Heures d'ensoleillement par année: 1936,4

LONDON
Population (R,M,R):
326 817 (1986); 398 616 (1996)
Taux de croissance (R.M.R.):
11,5 % (1986-1991); 4,5 % (1991-1996)
Rang au Canada (R.M.R.): Dixième
Date de constitution (Ville): 1885
Superficie (R.M.R.): 2105,07 km²
Altitude: 278 m
Température quotidienne moyenne en juillet: 20,3 °C
Température quotidienne moyenne en janvier: -6,6 °C
Précipitations annuelles: 904,4 mm
Heures d'ensoleillement par année: 1894,6

MONTRÉAL
Population (R.M.R.):
2 921 357 (1986); 3 26 510 (1996)
Taux de croissance (R.M.R.):
7 % (1986-1991); 3,7 % (1991-1996)
Rang au Canada (R.M.R.): Deuxième
Date de constitution (Ville): 1832
Superficie (R.M.R.): 4024,21 km²
Altitude: 200 m (Mont-Royal)
Température quotidienne moyenne en juillet: 20,9 °C
Température quotidienne moyenne en janvier: -10,2 °C
Précipitations annuelles: 946,2 mm
Heures d'ensoleillement par année: 2054

OSHAWA
Population (R.M.R.):
203 543 (1986); 268 773 (1996)
Taux de croissance (R.M.R.):
18 % (1986-1991); 11,9 % (1991-1996)
Rang au Canada (R.M.R.): Seizième
Date de constitution (Ville): 1924
Superficie (R.M.R.): 894 km²
Altitude: 84 m
Température quotidienne moyenne en juillet: 20,3 °C
Température quotidienne moyenne en janvier: -5,6 °C
Précipitations annuelles: 863,5 mm
Heures d'ensoleillement par année: 2045

OTTAWA-HULL
Population (R.M.R.):
920 857 (1991); 1 010 498 (1996)
Taux de croissance (R.M.R.):
12,4 % (1986-1991); 7,3 % (1991-1996)
Rang au Canada (R.M.R.): Quatrième
Date de constitution (Ville): Ottawa: 1855
Superficie (R.M.R.): 5 138,34 km²
Altitude: 79 m
Température quotidienne moyenne en juillet: 20,6 °C

Température quotidienne moyenne en janvier: -10,8 °C
Précipitations annuelles: 846,2 mm
Heures d'ensoleillement par année: 2008,5

QUÉBEC
Population (R.M.R.):
603 267 (1986); 671 889 (1996)
Taux de croissance (R.M.R.):
4,1 % (1991-1996)
Rang au Canada (R.M.R.): Septième
Date de constitution (Ville): 1883
Superficie (R.M.R.): 3 149,65 km²
Altitude: 98 m (Citadelle)
Température quotidienne moyenne en juillet: 19,1 °C
Température quotidienne moyenne en janvier: -12,1 °C
Précipitations annuelles: 1174 mm
Heures d'ensoleillement par année: 1851,7

RÉGINA
Population (R.M.R.):
186 521 (1986); 193 652 (1996)
Taux de croissance (R.M.R.):
2,8 % (1986-1991); 1 % (1991-1996)
Rang au Canada (R.M.R.): Dix-huitième
Date de constitution (Ville): 1903
Superficie (R.M.R.): 3 421,58 km²
Altitude: 577 m
Température quotidienne moyenne en juillet: 18,9 °C
Température quotidienne moyenne en janvier: -17,9 °C
Précipitations annuelles: 402,9mm
Heures d'ensoleillement par année: 2331,2

SAINT JOHN
Population (R.M.R.):
121 265 (1986); 125 838 (1996)
Taux de croissance (R.M.R.):
3,1 % (1986-1991); -0,1 % (1991-1996)
Rang au Canada (R.M.R.): Vingt-quatriè-me
Date de constitution (Ville): 1785
Superficie (R.M.R.): 3 509,34 km²
Altitude: 109 m
Température quotidienne moyenne en juillet: 16,7 °C
Température quotidienne moyenne en janvier: -6,7 °C
Précipitations annuelles: 1336,6 mm
Heures d'ensoleillement par année: 1865

SASKATOON
Population (R,M,R):
200 665 (1986); 219 056 (1996)
Taux de croissance (R.M.R.):
4,7 % (1986-1991); 3,8 % (1991-1996)
Rang au Canada (R.M.R.): Dix-septième
Date de constitution (Ville): 1906
Superficie (R.M.R.): 5 322,09 km²
Altitude: 515 m

Température quotidienne moyenne en juillet: 18,7 °C
Température quotidienne moyenne en janvier: -18,8 °C
Précipitations annuelles: 345,0 mm
Heures d'ensoleillement par année: 2449,7

SHERBROOKE
Population (R.M.R.):
129 960 (1986); 147 384 (1996)
Taux de croissance (R.M.R.):
7,1 % (1986-1991); 4,7 % (1991-1996)
Rang au Canada (R.M.R.): Vingt-deuxième
Date de constitution (Ville): 1875
Superficie (R.M.R.): 979,94 km²
Altitude: 181m
Température quotidienne moyenne en juillet: 20,0 °C
Température quotidienne moyenne en janvier: -9,8 °C
Précipitations annuelles: 949,9 mm
Heures d'ensoleillement par année: 1900,8

ST, CATHARINES
Population (R.M.R.):
343 258 (1986); 372 406 (1996)
Taux de croissance (R.M.R.):
6,2 % (1986-1997); 2,2 % (1991-1996)
Rang au Canada (R.M.R.): Douzième
Date de constitution (Ville): 1876
Superficie (R.M.R.): 1399,80 km²
Altitude: 99 m
Température quotidienne moyenne en juillet: 21,2 °C
Température quotidienne moyenne en janvier: -4,7 °C
Précipitations annuelles: 752,1 mm (pluie); 158,6 mm (neige)
Heures d'ensoleillement par année: 1939,2

ST-JOHN'S
Population (R.M.R.):
121 265 (1986); 174 051 (1996)
Taux de croissance (R.M.R.): 0,2 % (1981-1986) 1,3 % (1991-1996)
Rang au Canada (R.M.R.): Dix-neuvième
Date de constitution (Ville): 1785
Superficie (R.M.R.): 789,66 km²
Altitude : 109 m
Température quotidienne moyenne en juillet: 16,7 °C
Température quotidienne moyenne en janvier: -6,7 °C
Précipitations annuelles: 1336,6 mm
Heures d'ensoleillement par année: 1865,3

SUDBURY
Population (R.M.R.):
148 877 (1986); 160 488 (1996)
Taux de croissance (R.M.R.):
5,9 % (1986-1991); 1,8 % (1991-1996)

Rang au Canada (R.M.R.): Vingtième
Date de constitution (Ville): 1930
Superficie (R.M.R.): 2 612,11 km²
Altitude: 347 m
Température quotidienne moyenne en juillet: 18,7 °C
Température quotidienne moyenne en janvier: -13,7 °C
Précipitations annuelles: 860,6 mm
Heures d'ensoleillement par année: 2059,8

THUNDER BAY
Population (R.M.R.): 122 217 (1986); 125 562 (1996)
Taux de croissance (R.M.R.): 1,8 % (1986-1991); 0,5 % (1991-1996)
Rang au Canada (R.M.R.): Vingt-cinquième
Date de constitution (Ville) : 1970 (Port Arthur 1907; Fort William 1907)
Superficie (R.M.R.): 2 295,27 km²
Altitude: 183 m (Mt McKay 488 m)
Température quotidienne moyenne en juillet: 17,6 °C
Température quotidienne moyenne en janvier: -15,4 °C
Précipitations annuelles: 711,8 mm
Heures d'ensoleillement par année: 2208,8

TORONTO
Population (R.M.R.):
3 427 168 (1986); 4 263 757 (1996)
Taux de croissance (R.M.R.):
13,4 % (1986-1991); 9,4 % (1991-1996)
Rang au Canada (R.M.R.): Premier
Date de constitution (Ville): 1834
Superficie (R.M.R.): 5867,73 km²
Altitude: 194 m
Température quotidienne moyenne en juillet: 22 °C
Température quotidienne moyenne en janvier: -4,6 °C
Précipitations annuelles: 800,5 mm
Heures d'ensoleillement par année: 2045,4

VANCOUVER
Population (R.M.R.):
1 380 729 (1986); 1 831 665 (1996)
Taux de croissance (R.M.R.):
16,1 % (1986-1991); 14,3 % (1991-1996)
Rang au Canada (R.M.R.): Troisième
Date de constitution (Ville): 1886
Superficie (R.M.R.): 2820,66 km²
Altitude: 87 m
Température quotidienne moyenne en juillet: 16,9 °C
Température quotidienne moyenne en janvier: 2,9 °C
Précipitations annuelles: 1203 mm (pluie); 54,7 mm (neige)
Heures d'ensoleillement par année: 1872,2

VICTORIA

Population (R.M.R.):
255 547 (1986); 304 287 (1996)
Taux de croissance (R.M.R.):
5,7 % (1991-1996)
Rang au Canada (R.M.R.): Quatorzième
Date de constitution (Ville): 1862
Superficie (R.M.R.): 633,44 km²
Altitude: 19 m
Température quotidienne moyenne en juillet: 16,3 °C
Température quotidienne moyenne en janvier: 3,1 °C
Précipitations annuelles: 872,9 mm
Heures d'ensoleillement par année: 2058

WINDSOR

Population (R.M.R.):
253 988 (1986); 278 685 (1996)
Taux de croissance (R.M.R.):
3,2 % (1986-1991); 6,3 % (1991-1996)
Rang au Canada (R.M.R.): Quinzième
Date de constitution (ville): 1892
Superficie (R.M.R.): 861,66 km²
Altitude: 190 m
Température quotidienne moyenne en juillet: 22,2 °C
Température quotidienne moyenne en janvier: -4,9 °C
Précipitations annuelles: 848,8 mm
Heures d'ensoleillement par année: 1995

WINNIPEG

Population (R.M.R.):
625 304 (1986); 667 209 (1996)
Taux de croissance (R.M.R.):
4,3 % (1986-1991); 1 % (1991-1996)
Rang au Canada: Huitième
Date de constitution (Ville): 1873
Superficie (R.M.R.): 4077,64 km²
Altitude: 239 m
Température quotidienne moyenne en juillet: 19,6 °C
Température quotidienne moyenne en janvier: -19,3 °C
Précipitations annuelles: 239 mm
Heures d'ensoleillement par année: 2321,4

Comment orienter votre recherche

Titres. Chacun des titres développés dans cet ouvrage est composé en caractères gras (*voir, ci-après, à la page 1*, **A Mari usque ad Mare**).

Classement alphabétique. Par souci de simplification et de commodité pour l'étudiant dans sa recherche et le lecteur dans sa collecte d'information, le titre – que le premier mot soit français, anglais, amérindien, latin ou autre – est disposé selon l'ordre alphabétique continu. Ce sont les premières lettres du premier mot qui commandent la place occupée par l'article. Le deuxième mot sert de guide si deux titres ont le même mot initial ou la même forme. Ainsi se suivent naturellement : **Région métropolitaine de recensement; Régionalisme; Régionalisme dans la littérature; Régions de végétation; Régions forestières; Régions froides du Canada**.

Renvois. Grâce à l'emploi de LETTRES CAPITALES [*voir* ci-après, à la page 1, ce type de caractère appliqué au premier mot (INSECTE) de l'article intitulé **Abeille**], le lecteur est incité à poursuivre sa recherche à l'article rédigé sur ce sujet. À l'occasion, un mot pilote (ou de renvoi) devient la partie générique d'un titre qui comporte une seconde partie descriptive. Cette dernière, ni dans le texte ni dans le titre (où elle est inversée) ne sert de titre de renvoi. Par exemple, si on parle dans le texte de la citadelle de QUÉBEC (en LETTRES CAPITALES), on trouvera dans le titre **Québec, citadelle de**; si on parle dans le texte de la religion des AUTOCHTONES (en LETTRES CAPITALES), dans le titre on trouvera **Autochtones, religion des**.

Noms propres de personnes. Le nom sous lequel un individu est le mieux connu commande sa position dans la succession alphabétique. Ainsi, Louis de Buade, comte de Frontenac, est classé sous **Frontenac**; René-Robert Cavelier de **La Salle**, sous ce dernier nom.

Noms propres de nations autochtones. Nous avons opté pour le respect des noms autochtones tels que l'histoire nous les a transmis. Tout comme les noms francisés, is s'accordent en genre et en nombre: les Dénés, les Mohawks, les Inuits.

Noms de lieux. En accord avec le Comité permanent canadien des noms géographiques, nous avons voulu adopter ses directives, c'est-à-dire l'emploi des appellations retenues dans chacune des provinces du Canada, par exemple lac Cree, les îles Prince of Wales, Regina et St. Johns. Par ailleurs, priorité a été donnée au nom propre par l'inversion systématique des génériques : **Louise, Lac; Saguenay, rivière; Niagara, chutes; Logan, mont; Orléans, île d'**.

Date. Les lieux et les dates de naissance et de décès forment deux unités indépendantes insérées entre parenthèses et séparées par un tiret, par exemple, **Papineau, Louis-Joseph** (Montréal, 7 octobre 1786—Montebello, Qc, 25 sept. 1871). Si la personne naît et meurt au même endroit, le tiret est alors suivi de l'adverbe latin *id*. Lorsque les lieux ou les dates de naissance et de décès ne sont pas connus, on emploie un point d'interrogation ou on omet simplement cette information.

Caractère d'actualité. La fonction première d'une encyclopédie est non seulement de fournir une information authentique et objective, mais aussi actuelle. Dans la mesure du possible, tous les efforts ont été tentés pour couvrir les principaux événements de l'actualité jusqu'au mois de juin 2000.

Conseillers et auteurs d'articles. L'élaboration de L'ENCYCLOPÉDIE DU CANADA 2000 a exigé le concours de près de 300 conseillers, des personnes reconnues dans les milieux universitaires et professionnels. Leurs noms sont mentionnés plus loin dans cet ouvrage. Les quelque 3000 auteurs d'articles sont de même calibre et ont été choisis pour leur connaissance des sujets abordés. Certains conseillers sont également rédacteurs. Chaque auteur signe son article (les articles non signés sont généralement l'œuvre de collectifs).

A Mari usque ad Mare («D'un océan à l'autre»), la devise du Canada, provient du psaume 72, verset 8 de la Bible: *Et dominabitur a mari usque ad mare, et a flumine usque ad terminos terrae.* Il se lit comme suit dans la version King James: «He shall have dominion also from sea to sea, and from the river unto the ends of the earth». (Son empire s'étendra aussi d'un océan à l'autre, du fleuve jusqu'aux confins de la terre.) Il semble que ce verset ait retenu l'attention quand, au moment de rédiger l'Acte de l'Amérique du Nord britannique, le mot «dominion» est choisi, à la suggestion de Samuel Leonard TILLEY, pour désigner l'ensemble du Canada.

Mais ce n'est qu'après l'adhésion de la Colombie-Britannique à la Confédération en 1871 que la devise «D'un océan à l'autre» peut véritablement s'appliquer au nouveau Dominion du Canada qui s'étend désormais de l'Atlantique au Pacifique. En 1872, le pasteur George Monro Grant, secrétaire de Sandford FLEMING, responsable des travaux d'arpentage du chemin de fer du Pacifique, traverse le Canada. L'année suivante, il publie son journal de voyage *Ocean to Ocean*. Le titre se rapproche de l'expression «d'un océan à l'autre» et, selon la tradition, Grant cite le psaume en question dans ses nombreux sermons en prônant l'adoption de l'expression comme devise du Canada.

En 1906, l'expression acquiert pour la première fois une dimension officielle lorsqu'elle est gravée sur le pommeau de la masse de l'Assemblée législative de la nouvelle province de la Saskatchewan. Le sous-secrétaire d'État, Joseph POPE, est mis au courant de l'événement. De toute évidence, la phrase l'impressionne. En 1919, Pope fait partie d'un comité de quatre membres nommé par le gouvernement fédéral et qui a pour mandat de proposer de nouvelles armoiries pour le Canada. Les armoiries précédentes ne comportent pas de devise, mais les nouvelles doivent en comporter une. L'ébauche des nouvelles armoiries comprenant la devise est approuvée par le Conseil des ministres en avril 1921, puis par le roi George V en mai. Le major-général W.G. Gwatkin, un des membres du comité, propose la devise *In memoriam in spem* (Souvenir et espoir), mais on adopte la contre-proposition de Pope. Le 29 septembre 1921, après avoir examiné la version définitive des armoiries, Pope écrit dans son journal: «Nos armoiries sont très belles... on ne pouvait désirer mieux. La devise «A Mari usque ad Mare» que j'ai moi-même suggérée, me semble tout à fait appropriée.» (*Voir aussi* EMBLÈMES DU CANADA; HÉRALDIQUE.)

W. Kaye Lamb

Abbotsford, ville de la C.-B.; pop. 105 403 (rec. 1996), 86 928 (rec. 1991); superf. 13,856 km; const. en 1995 par le fusionnement des municipalités de district de Matisqui et d'Abbotsford; située sur la rive sud du FLEUVE FRASER, à 76 km à l'est de VANCOUVER. La ville tire probablement son nom d'Henry Abbott, un surintendant du Canadien Pacifique. Située au cœur de l'une des régions agricoles les plus productives du Canada, Abbotsford a connu une forte croissance de population (20 p. 100 entre 1991 et 1996), attribuable surtout à la proximité de la région métropolitaine de Vancouver.

La base économique diversifiée de la ville repose sur l'agriculture (produits laitiers, volaille, baies et horticulture), les services de production, les services gouvernementaux et la production industrielle (composants de construction, mobilier, fabrication de produits en métal, modification d'aéronefs et produits alimentaires). Principal centre de détail et de commerce de la région Nord de la vallée du Fraser, Abbotsford connaît une expansion de son secteur administratif et professionnel.

L'aéroport d'Abbotsford est un important centre d'entraînement au vol et de développement de l'industrie aérospatiale. Il accueille le fameux meeting aérien international d'Abbotsford et, une année sur deux, la Fête aérienne Canada, qui est le salon professionnel de l'aérospatiale le plus important du genre en Amérique du Nord.

Abbotsford est le domicile du Collège universitaire de la vallée du Fraser, de plusieurs collèges confessionnels et du Mennonite Educational Institute. Deux journaux, l'*Abbotsford Times* et l'*Abbotsford News*, desservent la ville.

Alan F.J. Artibise

Abbott, sir John Joseph Caldwell, avocat, professeur, politicien, premier ministre (Saint-André-Est, Bas-Canada, 12 mars 1821—Montréal, 30 oct. 1893). Diplômé du McGill College, il est admis au barreau en 1847. À partir de 1853, il enseigne à McGill, où il est doyen de la faculté de droit de 1855 à 1880. Il signe le Manifeste d'annexion en 1849, mais il se rétracte rapidement et, pendant l'AFFAIRE DU TRENT de 1861, il rassemble et dirige une milice pour surveiller la frontière avec les États-Unis. Par la suite, il siège à l'Assemblée législative et à la Chambre des communes de 1857 jusqu'à ce qu'il soit nommé au Sénat en 1887, sauf pour la période de 1874 à 1880.

Solliciteur général du Canada-Est dans l'administration de courte durée de J.S. MACDONALD et de L.V. SICOTTE de 1862 à 1863, il entre au cabinet fédéral en 1887 comme leader du gouvernement au Sénat et ministre sans portefeuille. (Il est aussi maire de Montréal de 1887 à 1889.) En 1891, il succède à sir John A. MACDONALD comme premier ministre. Son administration en est essentiellement une de transition et, en 1892, sir John S.D. THOMPSON devient chef du gouvernement.

Carman Miller

Abbott, Maude Elizabeth Seymour, pathologiste (Saint-André-Est, Qc, 18 mars 1869—Montréal, 2 sept. 1940). Bien que diplômée en lettres de l'U. McGill (1890), elle ne peut y étudier la médecine en raison de son sexe. Par conséquent, elle obtient sa maîtrise en chirurgie et son doctorat en médecine de l'U. Bishop (1894). Ironiquement, McGill lui décerne par la suite un doctorat en médecine et une maîtrise en chirurgie (*honoris causa*, 1910) ainsi qu'un doctorat en droit (1936). À titre de conservatrice adjointe du Musée de médecine de McGill (1898), puis de conservatrice (1901), elle innove en faisant appel au musée pour l'enseignement de la pathologie.

Disciple de William OSLER, elle collabore à son ouvrage, intitulé *Modern Medicine* (1908), et rédige le chapitre sur la «cardiopathie congénitale». Selon Osler, il s'agit là du meilleur texte qu'il ait lu sur le sujet. À l'exception de deux années à l'extérieur, elle passe l'ensemble de sa carrière à McGill où, bien que célèbre sur le plan international, elle demeure professeure adjointe.

Elle exerce la fonction de secrétaire internationale permanente de l'Association internationale des musées de médecine et celle de rédactrice en chef de la revue de l'organisme (1907-1938). Elle publie de nombreux articles sur la pathologie ainsi que sur l'historique de la médecine et des soins infirmiers. Devenue un peu excentrique avec l'âge, elle est généreuse, active, toujours engagée et parfois connue sous le nom de «la tornade bienfaisante».

Margaret Gillett

Abeille INSECTE de l'ordre des hyménoptères qui se distingue par sa toison dense de poils ramifiés, ses pièces buccales broyeuses (parfois modifiées pour laper ou sucer), ses ailes transparentes légèrement veinées, ses pattes arrière généralement larges et aplaties avec des poils rigides servant à collecter le pollen et par son jabot (estomac à miel) qui sert à emmagasiner et à transporter le nectar. La plupart des espèces sont adaptées à la collecte de nectar et de pollen des fleurs. Des quelque 40 000 espèces qui existent sur la planète, on en trouve environ 1000 au Canada.

Le dard situé à l'extrémité de l'abdomen de la femelle est relié à des glandes à venin. Le dard des abeilles ouvrières (genre *Apis*) est barbelé et, lorsque l'abeille se retire, il reste implanté déchirant le corps de l'abeille, ce qui cause sa mort. Le dard de la reine est utilisé seulement contre d'autres reines.

Nidification Au Canada, la plupart des abeilles à langue courte (dont les halictes) creusent des tunnels dans le sol où elles aménagent des alvéoles d'élevage. Les abeilles coupeuses de feuilles construisent des alvéoles avec des feuilles découpées avec précision. Les abeilles charpentières nichent dans des trous creusés dans du bois mort. Certaines espèces fouisseuses du genre *Anthophora* façonnent des alvéoles d'argile très particulières sous terre. Leurs nids sont semblables à ceux des abeilles du genre *Peponapis* du sud de l'Ontario. Chez toutes les abeilles, les femelles approvisionnent les cellules de pollen et de nectar, y déposent un œuf et laissent les jeunes larves se développer de façon autonome.

Comportement Les abeilles présentent une grande diversité de modes de vie. La majorité des espèces sont solitaires (p. ex. les charpentières, les collètes, les découpeuses de feuilles, les fouisseuses), d'autres sont sociales (bourdons, mélipones, abeilles domestiques) et certaines (abeilles-coucous) parasitent d'autres espèces d'abeilles. Peu d'espèces sont pleinement sociales (environ 500), c.-à-d. qu'elles vivent dans des nids communautaires, soignent collectivement le couvain et ont un système de castes. Au Canada, ce groupe comprend les bourdons et l'abeille domestique ou abeille mellifère, qui est d'origine exotique (*Apis mellifera*). Le système de castes et le comportement sont régis par des sécrétions, ou phéromones, qui agissent sur le comportement ou la croissance. Des phéromones servent à marquer les routes vers des sources de nourriture, mais l'abeille domestique utilise aussi le «langage» de la danse en zigzag pour communiquer la direction et la distance des sources de nourriture et d'autres ressources.

L'abeille sociale la plus étudiée est l'abeille domestique. La précision de l'architecture des rayons, l'organisation sociale complexe de la colonie, le miel et la cire qu'elle fournit (*voir* APICULTURE) ainsi que son efficacité à polliniser les cultures fruitières et semencières en font l'insecte le plus fascinant et le plus utile pour les humains. Elle a été introduite en Amérique du Nord par les colons européens au XVII⁰ siècle.

Les bourdons, dont plusieurs espèces sont indigènes de l'Amérique du Nord, sont des abeilles primitivement sociales qui forment des colonies annuelles. Ils sont gros et bien adaptés au climat tempéré et ils abondent dans les régions qui offrent un tel climat. Au Canada, on trouve 42 espèces de bourdons nichant naturellement, dont plusieurs au-dessus du cercle arctique.

Certaines mélipones forment de grandes colonies. On les trouve surtout dans les milieux tropicaux et semitropicaux. Dans le Nouveau Monde, on les rencontre du Mexique jusqu'en Amérique centrale et en Amérique du Sud. Ce sont les seules abeilles mellifères (à part les bourdons) indigènes de l'hémisphère ouest, et les apiculteurs les élèvent depuis des siècles. Elles produisent relativement peu de miel comparativement aux abeilles européennes.

Certaines espèces sont devenues parasitiques d'autres espèces d'abeilles et ont perdu la capacité de collecter la nourriture et d'élever leur progéniture, p. ex. les espèces de bourdons du genre *Psithyrus*. Chez ces espèces, la reine s'établit dans un nid de bourdons et y remplace la reine ou vit à ses côtés. Elle pond des œufs que les ouvrières hôtes élèvent. Ces abeilles produisent seulement des reines reproductrices et des mâles ou faux-bourdons.

Quelques espèces d'abeilles solitaires, telles que les abeilles-coucous, sont aussi parasitiques et déposent leurs œufs dans le nid d'autres espèces d'abeilles solitaires.

M.V. Smith et P.G. Kevan

Abénaquis Les Abénaquis tirent leur nom d'un mot dans leur langue qui veut dire «peuple du Levant» ou «gens de l'Est». En 1600, les Abénaquis de l'Est occupent le territoire actuel de l'État du Maine, sauf les parties les plus au nord et à l'est. Les Abénaquis de l'Ouest vivent dans le reste de la partie nord de la Nouvelle-Angleterre, du New Hampshire au lac Champlain. Les Abénaquis de l'Est et de l'Ouest parlent des langues ALGONQUINES étroitement apparentées, chaque groupe ayant divers dialectes locaux. Ceux de l'Est emploient au moins quatre de ces dialectes, le pequawket (pigwacket), l'arosaguntacook, le kennebec et le penobscot. Tous les Abénaquis appartiennent à la culture algonquine de l'Est et ont été séparés des autres Algonquins de l'Ouest et du Nord par l'intrusion de groupes de culture iroquoise il y a environ 1000 ans.

Vers 1600, on compte près de 14 000 Abénaquis de l'Est et 12 000 Abénaquis de l'Ouest, mais les maladies venues du Vieux Continent, particulièrement la rougeole et la variole, font chuter ces nombres de 78 p. 100 et 98 p. 100 respectivement, en quelques décennies. Les Abénaquis de l'Ouest qui survivent, souvent appelés Sokoki ou Penacook, cherchent refuge dans d'autres collectivités et nombre d'entre eux finissent par déménager dans les villages de Bécancour et de Saint-François, au Québec. Les Abénaquis de l'Est sont moins décimés par la guerre et la maladie, et près de 400 Penobscots réussissent à survivre dans une réserve près de Old Town, dans le Maine. On compte aujourd'hui plus de 2000 Penobscots inscrits qui vivent dans la réserve et ailleurs. De nombreux Pequawkets, Arosaguntacooks et Kennebecs partent s'établir au Québec pendant la période coloniale. On dénombre 1843 Abénaquis inscrits au Canada (1996).

Il est souvent question des Abénaquis dans le journal de CHAMPLAIN ainsi que dans les récits d'autres explorateurs et missionnaires. Ils survivent aux guerres coloniales pendant les deux siècles qui suivent en composant avec les intérêts divergents des Français et des Anglais, tout en jouant un rôle politique important en dépit de leur nombre réduit. La chute de la NOUVELLE-FRANCE laisse les Abénaquis en position de faiblesse face à l'avance des Anglais après 1760, ce qui les force à conclure une alliance plutôt faible avec d'autres tribus anciennement alliées aux Français. La Guerre d'Indépendance américaine entraîne la séparation des Abénaquis de l'Est et de l'Ouest, dont la majorité vit à cette époque au Québec. Les Penobscots se rangent du côté des Passamaquoddy de l'est du Maine pour défendre la frontière de la Nouvelle-Angleterre au nom des Américains. Les Abénaquis demeurent divisés dans des camps adverses durant la GUERRE DE 1812.

En 1600, tous les Abénaquis vivent de chasse, de pêche et de cueillette. Les tentatives de se livrer à l'agriculture demeurent vaines jusqu'après le développement de la TRAITE DES FOURRURES. En conséquence, la densité de population des Abénaquis ne représente que le dixième de celle des Algonquins pratiquant l'agriculture en Nouvelle-Angleterre. Ils s'adaptent rapidement à la traite des fourrures et à

l'économie de marché. Traditionnellement, ils habitent des villages près des chutes des principaux cours d'eau pendant les saisons où le poisson migrateur peut être pêché. Pendant les autres saisons, ils se dispersent en groupes familiaux sur la côte ou en petits campements au bord des affluents à l'intérieur des terres. Ces campements servent de camps de base des territoires de piégeage pendant l'apogée de la traite des fourrures. Lorsque ce commerce commence à péricliter, bon nombre d'entre eux se tournent vers l'exploitation forestière ou la fabrication de CANOTS D'ÉCORCE ou d'articles de vannerie. De nos jours, la plupart des Abénaquis s'adonnent à des occupations semblables à celles du reste de la population du Québec et de la Nouvelle-Angleterre. Ils demeurent renommés pour la qualité de leurs ouvrages tressés et pour la vigueur de leur folklore. La figure héroïque de Gluskabe (GLOOSCAP) est importante dans les contes abénaquis. Cependant, ceux-ci sont maintenant racontés en anglais ou en français, car les dialectes abénaquis ont à peu près disparu. (*Voir aussi* AUTOCHTONES: LES FORÊTS DE L'EST.)

Dean Snow

Abénaquis de la vallée du Saint-Laurent À la fin des années 1670, dans le contexte de conflits avec les colons de la Nouvelle-Angleterre, quelques centaines d'Abénaquis viennent trouver refuge dans la vallée du Saint-Laurent. Ils s'installent d'abord dans la région de Québec, le long de la rivière Chaudière, avant de migrer vers l'ouest à partir de la fin du XVIIᵉ siècle. Ils se divisent alors en deux communautés: Odanak (Saint-François) et Wôlinak (Bécancour). Le village d'Odanak fut toujours le plus populeux. Il regroupe plus de 1500 personnes à la fin du Régime français, tandis que celui de Wôlinak en compte moins de 300. Les Abénaquis font partie des SEPT-NATIONS du Canada. En raison de leur emplacement au sud du Saint-Laurent, leurs villages sont considérés comme stratégiques pour la défense de la Nouvelle-France. Les Abénaquis continuent à jouer une rôle militaire actif sur la scène nord-américaine jusqu'à la guerre de 1812-1814. Leur population a toutefois décliné depuis la Conquête: elle se situait à environ 550 personnes au milieu du XIXᵉ siècle.

Même s'ils sont sédentarisés et pratiquent l'agriculture, les Abénaquis d'Odanak et de Wôlinak consacrent tout de même plusieurs semaines par an à la chasse. Ils fréquentent surtout les territoires situés au sud du Saint-Laurent, mais, au XIXᵉ siècle, lorsque le gibier se fait plus rare, ils s'aventurent de plus en plus régulièrement au nord du fleuve, ce qui provoque de vives tensions avec les Algonquins. À partir des premières décennies du XIXᵉ siècle, l'importance de la chasse décline rapidement dans le mode de vie des Abénaquis, qui se tournent vers la production et la vente de produits artisanaux, notamment des paniers tressés. Chez les Abénaquis d'Odanak, la confection de ces paniers prend presque la forme d'une industrie. Cette activité se révèle très rentable jusque dans les premières décennies du XXᵉ siècle, les Abénaquis vendant l'essentiel de leur production aux États-Unis. Les Abénaquis vivent aujourd'hui dans un environnement semi-urbanisé. Depuis 1986, ils sont réunis au sein du Grand conseil de la nation Waban-Aki. En 1997, la population abénaquise du Québec s'élevait à environ 1900 personnes.

Alain Beaulieu

Aberdeen et de Temair, John Campbell Gordon, 1ᵉʳ marquis d', GOUVERNEUR GÉNÉRAL du Canada de 1893 à 1898 (Édimbourg, Écosse, 3 août 1847-Tarland, Écosse, 7 mars 1934). John Campbell étudie à l'U. St. Andrews au collège universitaire Oxford. Libéral, il entre à la Chambre des lords à la mort de son frère aîné en 1870. Il est nommé lord-lieutenant du comté d'Aberdeenshire en 1880 et est aussi brièvement lord-lieutenant d'Irlande en 1886 puis, de nouveau, de 1905 à 1915. Aberdeen visite le Canada à deux reprises avant d'en devenir le gouverneur général en 1893. Militant social d'une grande ferveur

et d'une grande piété, le gouverneur général et son inébranlable épouse, lady ABERDEEN, consacrent la majeure partie de leur temps passé au Canada à bonnes œuvres. Leurs allégeances politiques aux libéraux de la Grande-Bretagne et du Canada compliquent leurs relations avec les gouvernements conservateurs du Canada. Le refus d'Aberdeen d'accepter des nominations faites par sir Charles TUPPER, à la suite de sa défaite aux élections de 1896, soulève la controverse. Une section des mémoires des Aberdeen, *We Twa*, 2 vol. (1925) relate leurs expériences au Canada.

Carman Miller

Aberdeen et Temair, Ishbel Maria Gordon, marquise d', née Marjoribanks (Londres, Angl., 15 mars 1857—Aberdeen, Écosse, 18 avril 1939). Mariée au comte d'ABERDEEN en 1877, elle l'accompagne en Irlande lorsqu'il est nommé représentant de la Couronne, puis au Canada, où il occupe le poste de gouverneur général de 1893 à 1898. Lady Aberdeen se mêle de près aux crises politiques dans lesquelles son mari est impliqué de 1894 à 1896.

Beaucoup plus importante, toutefois, est son œuvre au sein d'organisations féminines. Presbytérienne et libérale gladstonienne convaincue, empreinte d'une tranquille assurance, d'une énergie débordante et d'une vive conscience sociale, cette aristocrate démocrate croit que l'immense potentiel inutilisé des femmes peut être une force civilisatrice dans ce pays sauvage qu'est le Canada. Lady Aberdeen contribue à la création du chapitre canadien du CONSEIL NATIONAL DES FEMMES. En dépit de la féroce opposition du corps médical, elle fonde les INFIRMIÈRES DE L'ORDRE DE VICTORIA. Les classes privilégiées d'Ottawa, de Montréal et de Toronto s'opposent à ses projets et les ridiculisent. Elle s'aliène l'appui de la classe dirigeante locale en tentant d'amener le gouverneur général à tempérer les passions raciales et religieuses des années 1890 et d'éliminer les barrières sociales.

John Saywell

Aberdeen, lac D'une superficie de 1101 km², d'une altitude de 80 m et d'une longueur de 91 km, il est situé à 213 km au sud du cercle polaire arctique dans les Territoires du Nord-Ouest. Ce lac fait partie d'une suite de lacs allongés, étroitement reliés entre eux. Ainsi, on compte d'ouest en est les lacs Beverly, Aberdeen et Schultz. Avec le lac Baker, cet ensemble de lacs forme un bassin hydrographique de 2849 km² qui reçoit la RIVIÈRE THELON avant que cette dernière ne se déverse dans la baie d'Hudson, par l'IN-LET CHESTERFIELD, long de 160 km. BAKER LAKE, seul village à proximité (106 km à l'est), est l'unique peuplement inuit à l'intérieur des terres des Territoires du Nord-Ouest. Le lac a été nommé par le géologue J.B. TYRRELL en l'honneur de lord Aberdeen, gouverneur général de 1893 à 1898.

David Evans

Aberhart, William, surnommé «Bible Bill», évangéliste à la radio, premier ministre de l'Alberta de 1935 à 1943 (canton d'Hibbert, comté de Perth, Ont., 30 déc. 1878—Vancouver, 23 mai 1943). Personnage influent du sectarisme religieux dans l'Ouest canadien, Aberhart dirige, en 1935, le premier gouvernement du CRÉDIT SOCIAL au monde. Il reçoit une formation d'enseignant à la Mitchell Model School et à la Normal School d'Hamilton, en Ontario. Voulant devenir pasteur presbytérien, il étudie en vue d'obtenir un baccalauréat extra-muros de l'U. Queen (qu'il termine en 1911 après son déménagement en Alberta) alors qu'il est directeur de la Central Public School à Brantford. En Ontario, il devient un prédicateur laïque actif en plus d'enseigner la Bible. Il est très influencé par la *Scofield Reference Bible* et son interprétation rigoureuse des Évangiles.

En 1910, Aberhart déménage à Calgary pour devenir directeur d'école. Ses cours portant sur la Bible jouissent d'une grande popularité à la Grace Presbyterian Church et sont transférés à la Wesley Methodist Church en 1912, à la suite d'une dispute mettant probablement autant en cause sa théologie que sa personnalité. En 1915, il devient le pasteur non officiel de la Westbourne Baptist Church. Malgré les tentatives des chefs de l'Église baptiste de le chasser, sa congrégation lui demeure fidèle. Après s'être associé brièvement à un pasteur pentecôtiste en 1920, il commence à présenter des pratiques et des doctrines «charismatiques» dans l'église, au grand désarroi des pasteurs baptistes locaux. Il s'identifie au mouvement fondamentaliste et devient de plus en plus hostile aux confessions religieuses courantes.

Aberhart ouvre une école pour former des pasteurs et des missionnaires afin de promouvoir le fondamentalisme. Dès 1923, il dispense des cours du soir en théologie dans le sous-sol de la Westbourne Baptist Church. Il prend aussi conscience des possibilités qu'offre la radio et commence à radiodiffuser ses services du dimanche après-midi en 1925. Les installations dont il dispose étant désormais trop petites pour abriter l'école biblique et les foules attirées à ses rassemblements, il ouvre le Calgary Prophetic Bible Institute en 1927. Il y donne un bon nombre de ses cours et dirige l'église et les émissions radiodiffusées tout en étant directeur de la Crescent Heights High School. En 1929, après le départ d'une grande partie de ses fidèles de Westbourne, Aberhart forme sa propre secte, la Bible Institute Baptist Church. Dès 1939, plus de 9000 enfants sont inscrits à sa classe radiophonique de religion du dimanche.

La CRISE DES ANNÉES 30 est dévastatrice pour l'économie agricole de l'Ouest et la misère est très répandue. L'incapacité des partis politiques de trouver des solutions au problème de la «pauvreté en milieu d'abondance» pousse les Albertains à chercher d'autres remèdes et les idées d'Aberhart les attirent. S'étant jusque-là tenu à l'écart de la politique, Aberhart s'intéresse, en 1932, aux doctrines de réforme monétaire du major C.H. Douglas, ingénieur britannique, qui croit que le capitalisme classique s'effondrera éventuellement, car le contrôle privé du crédit mènera à une insuffisance chronique du pouvoir d'achat de la masse. La solution, selon lui, demeure la surveillance étatique du crédit et la distribution de rabais aux consommateurs pour établir un équilibre entre la consommation et la pleine production. Aberhart modifie et vulgarise cette doctrine en une proposition selon laquelle chaque citoyen reçoit un «dividende de base» de 25 $ par mois pour acheter les articles de base. Il crée un mouvement populaire, l'Alberta Social Credit League, pour promouvoir ses idées. Les partis politiques existants ne manifestant que peu d'intérêt, il introduit la ligue sur la scène politique. En septembre 1935, le Crédit social remporte 56 des 63 sièges à l'Assemblée législative albertaine et chasse les Fermiers unis de l'Alberta du pouvoir.

Une fois premier ministre, Aberhart se rend compte qu'il ne peut tenir ses promesses électorales. Son moratoire sur le recouvrement de dettes épargne certaines fermes et certains foyers, mais son concept du Crédit social ne s'est jamais concrétisé. En 1937, à la suite d'une importante crise au sein de son caucus, il se voit obligé d'accepter l'aide des émissaires du major Douglas venus d'Angleterre. La loi monétaire qu'ils présentent est rapidement désavouée par le gouvernement fédéral et précipite la création de la Commission Rowell-Sirois sur les relations entre le Dominion et les provinces.

Aberhart meurt en 1943 alors qu'il est au pouvoir. Son successeur est Ernest C. MANNING, le premier diplômé du Calgary Prophetic Bible Institute.
David R. Elliott

Abitibi, lac D'une superficie de 932 km², il est situé à 265 m d'altitude et chevauche la frontière Québec-Ontario, à environ 280 km au sud de la BAIE JAMES. Ce lac, de forme irrégulière et d'une longueur d'environ 75 km, est en réalité constitué de deux lacs reliés par un passage étroit. Il s'écoule au nord et à l'ouest dans les rivières Abitibi et Moose, et

dans la baie James. Dans cette région densément boisée, on trouve une usine de PÂTES ET PAPIERS à IROQUOIS FALLS, à l'ouest du lac. Il s'y est fait une exploitation importante de l'OR. Le décor naturel et sauvage attire de plus en plus de touristes.

Historique En 1686, le Chevalier de TROYES, en route par voie de terre depuis Québec pour attaquer des forts au pied de la baie James, y établit un poste; il devient dès lors un centre de la traite des fourrures. En algonquin et en cri, abitibi signifie «eau à mi-chemin». LES RELATIONS DES JÉSUITES le notent la première fois en 1640, en parlant d'une tribu autochtone qui vit près du lac Abitibi, à mi-chemin entre les postes de traite de la baie James et ceux de la rivière des Outaouais.
Daniel Francis

Abitibi-Consolidated Inc. Premier producteur mondial de papier journal. L'entreprise est constituée sous le nom d'Abitibi Power & Paper Co. Ltd. en 1914 afin d'acquérir Abitibi Pulp & Paper Company Ltd. (fondée en 1912). Elle obtient de vastes droits de coupe, droits d'énergie hydraulique et droits miniers, puis, en 1965, elle devient la Compagnie de papier Abitibi Limitée. Elle adopte son nom actuel en 1979 après avoir acquis une participation majoritaire dans la Compagnie Price Limitée en 1974. Outre le papier journal, cette entreprise produit du papier de pâte mécanique, du papier fin, de la pâte kraft, des matériaux et du bois de construction. Elle œuvre également dans la transformation du papier et possède un important réseau de distribution de papier d'impression, de produits de papier industriels et de fournitures de traitement de l'information au Canada et aux États-Unis.

En 1992, l'effondrement d'Olympia & York Developments Ltd. fait passer Abitibi-Price aux mains d'un consortium de banques. En 1994, celles-ci s'en départissent au moyen d'une émission d'actions. L'entreprise est alors une compagnie à participation multiple.

Les ventes nettes pour 1995 se chiffrent à près de 2,7 milliards de dollars tandis que l'actif atteint 1,7 milliard. La baisse des prix du papier journal et l'incertitude entourant la propriété de l'entreprise occasionnent des pertes considérables au début des années 90. Les activités de restructuration et de modernisation lui permettent toutefois d'enregistrer un bénéfice pour le dernier trimestre de 1994, le premier depuis 1989. En 1995, l'entreprise réalise 350 millions de dollars américains en bénéfices.

Abitibi-Consolidated a été formée par le regroupement d'Abitibi-Price Inc. et de Stone-Consolidated Corporation en 1997. Les entreprises ont fusionné en 1999.

Abitibi-Consolidated comprend 19 usines employant 13 000 personnes. L'entreprise représente un actif de 6,8 milliards de dollars et engendre des ventes nettes de l'ordre de 3,3 milliards.
Deborah C. Sawyer

Abramovitsch Sorel, Ruth, chorégraphe, danseuse, directrice artistique et professeur (Halle, All., 1907—Varsovie, Pol., 1974). Au Canada, où elle s'installe en 1944, elle prend le nom de Ruth Sorel mais en Europe, elle est connue sous son nom de naissance, Abramowitz ou Abramovitsch. Pionnière du professionnalisme en danse tant à Varsovie qu'au Canada, les œuvres de Sorel allient deux tendances contrastées: la nouveauté de la danse expressionniste allemande et la discipline du ballet. D'ailleurs sa troupe montréalaise alterne entre l'appellation Les Ballets Ruth Sorel ou le Ruth Sorel Modern Dance Group. Après des études en rythmique Dalcroze, cette Polonaise d'origine fait partie de la troupe de Mary Wigman à Dresde (1923-1928). De 1927 à 1933, elle est soliste à l'Opéra municipal de Berlin, se distinguant particulièrement dans le rôle de *La légende de Joseph*. Congédiée par les nazis pour son ascendance juive et ses tendances communistes, elle profite du concours international de danse solo de Varsovie pour émigrer. Lors de cette rencontre,

elle remporte le premier prix d'interprétation pour son expressivité dans *La danse de Salomé*; elle finance, avec son partenaire George Groke, une tournée en Palestine et aux États-Unis tout en enseignant et dirigeant l'école supérieure de danse de Varsovie pendant six ans. De Pologne, elle émigre au Brésil tentant de fonder, sans succès, une académie. On la retrouve à Montréal, en 1944, où elle vient d'immigrer avec son mari, l'auteur Michel Choromanski. Elle ouvre presque aussitôt un studio à Westmont, plus tard à Shawinigan et Trois-Rivières, et présente régulièrement des récitals avec ses élèves les plus doués. Interprète expressive reconnue, elle est aussi louangée par la critique locale et internationale pour ses danses intensément théâtrales de style allemand, son inspiration littéraire et la tension émotive qu'elle livre avec musicalité et précision. Elle représente le Québec lors des premiers festivals pancanadiens de ballet apportant professionnalisme et originalité dans le jeune paysage chorégraphique du pays et participe aux Festivals de Montréal au Chalet de la montagne; elle présente aussi son travail à New York. Sorel signe également, en 1949, la première chorégraphie à contenu québécois: *La Gaspésienne* et sa pièce *célèbre Mea Culpa Mea Culpa* est un mystère médiéval tournant autour d'un pêcheur, d'un prêtre et d'un chœur grec dont certaines séquences sont incluses dans le documentaire de l'OFFICE NATIONALE DU FILM intitulé *Canadian Ballet Festival*. Vers 1955, Sorel et son époux quittent brutalement le Canada, retournant à Varsovie où elle décède en 1974. Œuvrant au Canada avant que la création ne soit subventionnée, Sorel fut une des pionnières de l'expressionnisme européen au Québec.
Iro Valaskakis Tembeck

Abricotier, nom commun de certains membres du genre *Prunus*, de la famille des ROSACÉES, qui produisent un FRUIT doux, de forme circulaire ou oblongue (semblable à une petite PÊCHE), dont le noyau est large et plat. On trouve au moins six des espèces sauvages en Asie, en Asie Mineure et dans le sud-est de l'Europe, principalement dans les régions sèches. La plupart des cultivars (variétés commerciales) descendent de l'abricotier commun, le *P. armeniaca*.

Les abricots sont introduits en Grèce et en Italie au IVe siècle et sur le continent américain, au début du XVIIIe siècle. Les abricotiers sont larges et déployés; leurs feuilles vertes foncées sont larges, en forme de cœur, et les fleurs sont blanches. Les graines de certains cultivars sont toxiques, alors que d'autres sont sucrées. Les abricots sont surtout cultivés pour leurs fruits bien que certaines espèces le soient pour servir de PLANTES ORNEMENTALES.

Au Canada, l'abricot est principalement cultivé dans les terres intérieures sèches et chaudes de la Colombie-Britannique. La sensibilité des fleurs aux gels printaniers, la susceptibilité de l'arbre et des fruits aux maladies dans les climats humides et les hautes températures de l'été sont autant de facteurs qui nuisent à une culture fructueuse. Au Canada, les plantations totalisent 150 hectares. Les principaux cultivars sont le Wenatchee, le Tilton et le Blendheim. L'abricot est riche en minéraux et en vitamines A et B. On le mange sec, en conserves ou, plus rarement, frais.
K.O. Lapins

Académie royale des arts du Canada (ARC) Fondée en 1880 par l'Ontario Society of Artists, en collaboration avec l'Art Association of Montreal, sous le parrainage du gouverneur général, le marquis de Lorne, ainsi que de son épouse, Son Altesse Royale la princesse Louise. Il s'agit du plus ancien regroupement national d'artistes professionnels au Canada. Parmi les 26 membres fondateurs figurent les peintres, les architectes et les designers les plus doués du pays, dont Lucius R. O'BRIEN (premier président), connu pour la luminosité et la majesté de ses paysages, tel *Sunrise on the Saguenay*, W. G.

Storm, l'architecte qui a construit l'Osgoode Hall et la cathédrale St. James de Toronto, et Napoléon BOURASSA, apprécié entre autres pour les murales qu'il a peintes dans l'église Notre-Dame de Montréal. Le but premier de l'Académie est de promouvoir les arts visuels et sa première initiative est la fondation de la Galerie nationale (*voir* MUSÉE DES BEAUX-ARTS) à Ottawa par la création d'une collection de morceaux de réception. Chaque membre doit faire don d'une œuvre d'art à l'occasion de son élection. Malgré le fait que le Parlement adopte, en 1913, une loi pour constituer la Galerie nationale, qui coupe officiellement les liens entre l'Académie et la Galerie nationale, les artistes continuent d'y déposer des œuvres jusqu'en 1976. Une deuxième initiative importante est la mise sur pied de cours de dessin axés sur le modèle vivant, à Ottawa, à Montréal et à Toronto, et plus tard à Hamilton, à Winnipeg et à Halifax, cours qui ne sont offerts dans aucun programme d'arts visuels à l'époque.

Depuis 1985, les artistes canadiens ont à leur disposition des lieux d'exposition très diversifiés, mais avant ce développement de date assez récente, le service le plus important rendu par l'Académie à l'art canadien est son concours annuel de création.

Ce concours constitue une vitrine prestigieuse où les œuvres des nouveaux talents sont exposées à côté de celles des plus grands artistes du pays. Du jeune peintre Homer WATSON en 1880, en passant par le Groupe des Sept dans les années 1920, à l'artiste graphique Allan Fleming et à l'architecte Arthur ERICKSON à la fin des années 1960, c'est toute l'histoire de l'art canadien qu'on retrace en suivant l'évolution de ces expositions.

Depuis 1970, sous la présidence successive de l'architecte John C. Parkin, du cinéaste Christopher Chapman et de l'architecte Gene Kinoshita, l'Académie a élargi ses horizons de manière à inclure toutes les disciplines artistiques, y compris la photographie, l'art textile, la céramique, le design de costumes et la scénographie. En octobre 1987, l'ouverture d'un siège social national, comprenant un espace permanent pour les expositions et un centre de ressources à l'Academy House de Toronto, permet à l'Académie de remplir son mandat premier dans un contexte contemporain et avec une participation plus active que jamais.

Rebecca Sisler

Acadie C'est fondamentalement un pays d'histoire et son statut actuel est celui d'une collectivité minoritaire aux contours flous, mais dotée d'un imaginaire vigoureux. Issue de la colonisation française du XVIIe siècle sur la côte atlantique nord-américaine, elle est le lieu des premiers établissements agricoles européens et de ce qui deviendra le Canada.

L'origine du terme Le terme «Acadie» remonte probablement à Giovanni da VERRAZZANO, un explorateur italien au service du roi de France. En 1524, Verrazzano effectue son premier voyage dans le Nouveau Monde et nomme «Arcadie» la région côtière s'étendant près du Delaware, notant la «beauté de ses arbres». Dans la Grèce antique, l'Arcadie faisait référence à une région du Péloponnèse perçue comme un paradis sur Terre. Les explorateurs et cartographes des XVIe et XVIIe siècles ont situé cette région un peu plus au nord et ont altéré le terme, de telle sorte qu'en 1620 le terme «Acadie» désigne communément la région actuellement couverte par les PROVINCES MARITIMES du Canada.

Un pays L'Acadie est un pays dans son sens premier, à savoir un territoire historiquement et toujours habité (*voir* ACADIE, HISTOIRE DE L') qui à son tour habite culturellement ses occupants. Ses traditions culturelles remontent à la colonisation et s'articulent autour des références à la langue française, à la religion catholique et à la vie rurale (agricole et maritime). L'expérience dramatique de la déportation des populations acadiennes, à la date symbolique de 1755, noue l'histoire, la mythologie et le rêve collectif de l'Acadie contemporaine.

Ses frontières La géographie n'a pas la tâche facile pour dresser la carte de l'Acadie qui est sans véritables frontières géopolitiques. En s'appuyant sur les critères de la langue maternelle française et du sentiment d'appartenance acadienne aux provinces maritimes du Canada, elle parvient à identifier un archipel de communautés concentré principalement au nord, au nord-est et au sud-est du Nouveau-Brunswick, aux deux extrémités de la Nouvelle-Écosse et dans la région Évangéline de l'Île-du-Prince-Édouard. Ce faisant, elle délaisse les populations d'origine et parfois d'identité acadiennes, ladite «diaspora», habitant au Québec (GASPÉSIE, ÎLES DE LA MADELEINE, etc.), en France ou en Louisiane et qui partagent la mémoire collective de la déportation.

Une société et son identité Plus que toute autre minorité francophone au Canada, les Acadiens ont su développer une véritable société. Des institutions à caractère politique regroupent collectivement les Acadiens depuis la fin du XIXe siècle. Aujourd'hui, on ne compte plus le nombre d'institutions, d'entreprises, d'associations et d'événements qui affirment leur «acadianité» et qui font la vitalité de cette société minoritaire. C'est leur action collective auprès des instances gouvernementales fédérales et provinciales (Nouveau-Brunswick, Nouvelle-Écosse et Île-du-Prince-Édouard) qui ont permis l'acquisition et le maintien de droits linguistiques, notamment au niveau scolaire. Le succès le plus retentissant de cette lutte a sans doute été la reconnaissance du caractère bilingue du Nouveau-Brunswick en 1982 et la reconnaissance de l'égalité des droits des deux communautés de langue officielle de cette province dans la Constitution canadienne en 1993.

Les arts et les lettres expriment une vitalité culturelle qui oscille entre une orientation traditionnelle et une volonté de rupture postmoderne (*voir* ACADIE, CULTURE DE). Le monde artistique participe pleinement à l'espace public et, bien souvent, est à l'avant-scène de la définition identitaire.

L'avenir Si la population acadienne a longtemps été perçue sous l'angle de son ethnicité, de son attachement à ses traditions, aujourd'hui elle s'inscrit bel et bien dans la modernité. La notion de petit pays rural ne saisit plus la pluralité des expériences sociales et des statuts sociaux auxquels sont parvenus les Acadiens. Leur participation sur la scène canadienne n'a pas été aussi influente que celle du Canada central, mais ils ont su maintenir la question des minorités francophones à l'ordre du jour. Pendant que des Acadiens s'acharnent à édifier un territoire politique, économique et culturel qui se veut tourné vers l'avenir, d'autres œuvrent à l'échelle canadienne et à l'échelle de la francophonie mondiale, contribuant à la reconnaissance symbolique de leur pays.

Marc Johnson

Acadie contemporaine

On connaît surtout l'Acadie contemporaine par la voix ou l'image de ses artistes et de ses festivals, bien que toute une population francophone habitant les PROVINCES MARITIMES du Canada s'identifie à ce pays historique et culturel et œuvre énergiquement pour en faire une société moderne. Si l'appellation acadienne est partagée par la plupart des francophones de la côte atlantique canadienne, il reste qu'elle véhicule des sens différents. Pour plusieurs, l'ACADIE est avant tout un pays historique, voire mythique, dont il est réconfortant de célébrer la tragique mémoire à l'occasion de différentes festivités, p. ex. le 15 août, date considérée comme la fête nationale. On distingue également l'Acadie de la diaspora composée des descendants d'un peuple dispersé, sur le continent américain et en Europe, autour de la date symbolique de 1755. Cette diaspora se réunit à l'occasion des Congrès mondiaux acadiens, dont le plus récent s'est tenu en Louisiane en 1999 (*voir* ACADIE, HISTOIRE DE L'). Plus proche de l'idée

de société organisée, un archipel de communautés francophones dispersées dans plusieurs régions de la Nouvelle-Écosse, de l'Île-du-Prince-Édouard et du Nouveau-Brunswick compose l'Acadie des Maritimes. Enfin, depuis une trentaine d'années, c'est dans cette dernière province que la population acadienne détient la plus forte vitalité, démographique mais aussi institutionnelle, ce qui l'incite à se considérer comme l'Acadie moderne.

Population En 1996, les Maritimes comptaient 280 325 habitants de langue maternelle française, ce qui représente 15,9 p. 100 de la population totale en comparaison de 23,3 p. 100 pour l'ensemble du Canada. Ce pourcentage varie cependant fortement d'une province à l'autre. Au Nouveau-Brunswick, 32,8 p. 100 de la population est de langue maternelle française pour 4,2 p. 100 à l'Île-du-Prince-Édouard et 3,9 p. 100 en Nouvelle-Écosse. Cette situation a un impact majeur sur le pouvoir politique des différentes communautés à l'échelle provinciale et permet d'expliquer en partie le succès des Acadiens du Nouveau-Brunswick dans la revendication de leurs droits. La vitalité démo-linguistique de l'Acadie du Nouveau-Brunswick comparée à celle des deux autres provinces peut être illustrée à l'aide de deux indicateurs: la croissance de la population et l'indice de continuité linguistique. De 1961 à 1996, la population francophone a augmenté de 13,9 p. 100 au Nouveau-Brunswick alors qu'elle diminuait de 11,4 p. 100 en Nouvelle-Écosse et de 30,2 p. 100 à l'Île-du-Prince-Édouard. L'indice de continuité linguistique est le rapport entre la population dont la langue d'usage est le français et celle dont la langue maternelle est le français. Il tient compte des transferts en provenance et au profit de toutes les autres langues. En soustrayant cet indice de 100, on obtient le taux d'assimilation. En 1996, l'indice de continuité linguistique était de l'ordre de 91,5 p. 100 au Nouveau-Brunswick alors qu'il était de 57 p. 100 en Nouvelle-Écosse et à 52,5 p. 100 à l'Île-du-Prince-Édouard. Ce résultat montre l'urgence de la situation dans ces deux dernières provinces et l'importance du défi à relever pour ces communautés. Il y a donc une relation entre la cohésion sociale régionale des communautés et le taux d'assimilation. P. ex., dans une région fortement francophone comme le Madawaska au Nouveau-Brunswick où plus de 95 p. 100 de la population est de langue maternelle française, le taux d'assimilation est inférieur à 1 p. 100, alors que dans une région faiblement francophone comme le comté de Prince à l'Île-du-Prince-Édouard, où seulement 11 p. 100 de la population est de cette même origine, le taux avoisine 30 p. 100.

Société et identité Malgré son statut minoritaire et sans doute en raison du caractère précaire de cette situation, la population acadienne s'est dotée d'institutions qui donnent forme à ce que l'on pourrait appeler la société acadienne. S'appuyant sur ces structures, l'Acadie a développé des valeurs, des symboles et des pratiques qui cimentent son existence et balisent ses perspectives d'avenir. La meilleure garantie de la vitalité collective acadienne réside dans la dense toile institutionnelle qui a été tissée au cours des années. Tant au niveau de la région atlantique que de chacune des provinces, les Acadiens disposent de structures nationales qui disent représenter les intérêts des francophones auprès des instances gouvernementales canadiennes et étrangères (France, Belgique, francophonie). L'égalité des droits des communautés francophones et anglophones est leur cheval de bataille commun et leurs actions portent principalement sur l'obtention de services en langue française. Le XXe siècle a aussi permis la fondation d'institutions acadiennes importantes dans les secteurs de la jeunesse, des femmes et de l'éducation. C'est sans doute au niveau éducatif que ces structures ont été les plus significatives. Des réseaux scolaires francophones desservent la quasi-totalité de la population acadienne. Au Nouveau-Brunswick, le BILINGUISME officiel garantit la dualité des services au niveau du ministère de l'Éducation. Au niveau postsecondaire, les francophones peuvent choisir entre l'UNIVERSITÉ SAINTE-ANNE en Nouvelle-Écosse, l'UNIVERSITÉ DE MONCTON et un réseau de collèges communautaires. Cette vitalité institutionnelle s'est considérablement accrue depuis les années 80 avec la multiplication des associations sectorielles se réclamant de l'acadianité. Les artistes, artisans, journalistes, juristes, entrepreneurs, parents d'élèves, personnes âgées, sportifs, agriculteurs et bien d'autres se sont ainsi constitués en groupes de pression. En lien avec le gouvernement fédéral, les organismes acadiens tentent de mener à bien le développement global des communautés acadiennes. Le secteur des médias occupe une position stratégique dans le développement des minorités acadiennes. L'ensemble de l'Acadie des Maritimes est relié par la radio et la télévision de Radio-Canada, alors que seul le Nouveau-Brunswick dispose d'un journal quotidien: *L'Acadie Nouvelle*. L'Île-du-Prince-Édouard et la Nouvelle-Écosse se contentent d'hebdomadaires francophones: *La Voix acadienne* et *Le Courrier de la Nouvelle-Écosse*. Toute une panoplie de médias privés et communautaires assure néanmoins l'information locale et régionale en français, alors que plusieurs périodiques ponctuent l'actualité sociale et culturelle. Dans le contexte actuel des nouvelles technologies de communication, l'Acadie s'assure de sa place sur INTERNET. Outre sur ces organismes récents, l'Acadie continue de s'appuyer sur des institutions plus traditionnelles tels que le MOUVEMENT COOPÉRATIF qui rallie la quasi-totalité des Acadiens, l'Église catholique, dont le clergé acadien reste influent, et dans une moindre mesure l'Assomption, une compagnie mutuelle d'assurance-vie jadis consacrée à l'entraide. Nouvelles ou anciennes, toutes ces institutions trouvent une raison d'être dans la culture acadienne et contribuent à ce qu'il est convenu d'appeler l'acadianité. L'identité collective acadienne est en constant renouvellement, bien que ses fondements soient surtout historiques. La langue française en est à la fois le principal véhicule et le référent central. L'attachement à la France reste profond et la participation à la francophonie mondiale s'est formalisée depuis 1977, les Acadiens y étant représentés par le gouvernement du Nouveau-Brunswick. En face d'eux, les Acadiens identifient un double alter ego: l'anglophone avec lequel le passé a été plus conflictuel que coopératif et le Québécois qui, de partenaire historique dans l'aventure canadienne, semble être devenu le bouc émissaire de la difficile «survivance» francophone hors Québec. Le rappel du chapitre tragique de l'histoire acadienne, à savoir la déportation, continue de marquer l'acadianité. Le personnage symbolique d'ÉVANGÉLINE, émanant de la poésie de Longfellow, demeure omniprésent dans l'imaginaire collectif. Un certain regard passéiste se présent dans l'engouement pour la quête généalogique et il se fait également sentir dans cette grande fabrique d'identité qu'est l'expression culturelle et artistique contemporaine. Les œuvres réitèrent en effet les références aux racines françaises et au drame historique, tout en les rattachant à la géographie et à l'esprit de l'américanité (*voir* ACADIE, CULTURE DE L'). Outre cette appartenance collective, il faut souligner que les individus concernés assument de façon toute moderne de multiples identités. Politiquement, ils affirment avoir des appartenances communautaire, provinciale, canadienne et même francophone. Les figures traditionnelles de l'agriculteur et du pêcheur restent présentes, mais sont dépassées par toute la gamme des rôles socioprofessionnels, y compris ceux de chômeur et d'assisté, qui participent à l'identité collective. On trouvera également des Acadiens adhérant à différentes orientations religieuses et, plus étonnant encore, quelques-uns qui revendiquent l'anglais comme langue d'usage! En somme, l'Acadien habite un pays culturel, construit un pays social et économique, tout

en naviguant dans les eaux multiples de la modernité nord-américaine.

Économie Si on se réfère au revenu total par habitant pour illustrer le niveau de développement relatif des communautés acadiennes, on observe depuis 1961 une certaine amélioration de leur situation en comparaison à la moyenne nationale. Au Nouveau-Brunswick p. ex., ce rattrapage est de l'ordre de 17,6 p. 100. Plusieurs facteurs expliquent ce phénomène.

D'une part, soulignons d'abord la hausse du taux de scolarisation chez les Acadiens. P. ex., en 1961, seulement 3 p. 100 de la population des régions acadiennes du Nouveau-Brunswick avait fréquenté des établissements d'enseignement postsecondaire contre plus de 40 p. 100 de la population adulte à la fin des années 90; ensuite, l'augmentation de la participation au marché du travail représente aussi un facteur important; enfin, il faut mentionner le dynamisme entrepreneurial d'une nouvelle élite économique. Alors que traditionnellement l'entreprenariat coopératif avait été privilégié comme mécanisme de prise de contrôle de certaines activités économiques, l'individualisme qui accompagne l'urbanisation et la marche vers la modernité a plutôt orienté les nouveaux entrepreneurs vers l'entreprise privée de type capitaliste.

D'autre part, la montée de l'État-providence a joué un rôle capital dans ce rattrapage, et de plusieurs façons. D'abord par un important transfert de revenus vers les individus. Dans les régions acadiennes des Maritimes, les revenus de transfert représentent 22 p. 100 du revenu total contre 16 p. 100 dans les régions anglophones. Ces revenus additionnels impliquent une entrée de fonds dans l'économie régionale qui soutient le développement du secteur des services personnels en particulier. Ensuite, le développement des services publics a permis la création d'un nombre important d'emplois bien rémunérés dans l'ensemble des régions, élargissant ainsi la base économique des communautés régionales. Enfin, les gouvernements fédéral et provinciaux ont, par la mise en place de divers programmes de développement régional, soutenu l'essor de l'entreprenariat local et ainsi, la création d'emplois. Ces progrès s'accompagnent cependant d'un autre phénomène, la persistance d'un important écart de développement. En Acadie du Nouveau-Brunswick p. ex., l'écart de revenu total par habitant en comparaison de la moyenne nationale reste près de 21,2 p. 100. Cela s'explique, entre autres, par le fait que le taux d'activité y est inférieur à la moyenne canadienne et le taux de chômage supérieur. Le secteur manufacturier reste axé sur la transformation des ressources naturelles et est peu présent dans le domaine de la haute technicité. L'activité est donc, dans plusieurs régions, très saisonnière. L'emploi demeure la principale préoccupation dans l'Acadie des Maritimes. C'est pour cette raison que les années récentes ont été marquées par de fortes réactions de désaccord des communautés acadiennes face à la poursuite des transformations dans certains programmes des gouvernements fédéral et provincial. Trois secteurs d'intervention ont fait l'objet de réformes. Du côté fédéral, il s'agit de l'assurance-chômage, rebaptisée assurance-emploi suite au resserrement des critères d'éligibilité et à la réduction des prestations et de leur durée. D'importantes manifestations se sont tenues dans les régions dont l'activité économique est étroitement liée à la pêche. Les travailleurs impliqués dans cette activité saisonnière vivent de l'assurance-emploi durant les saisons d'inactivité. Au Cap-Breton, en Nouvelle-Écosse, le taux de chômage atteignait 21,2 p. 100 durant l'hiver 1999 et dans le nord-est du Nouveau-Brunswick, 16,9 p. 100, par rapport à 7,8 p. 100 à l'échelle nationale. Quant au rapport emploi-population, il était dans ces deux régions égal à 39,9 p. 100 et 44,7 p. 100, en comparaison de 60,7 p. 100 pour l'ensemble du pays. Ces données nous permettent de mieux comprendre la

réaction des travailleurs acadiens face aux réformes de la sécurité sociale. Au niveau provincial, la réorganisation des services s'est opérée dans les domaines de la santé et de l'éducation. Au Nouveau-Brunswick, les gouvernements MCKENNA et Thériault ont poursuivi ces efforts de rationalisation dans le but de réduire les dépenses dans ces secteurs, qui sont de l'ordre de 40 p. 100 du budget. Ces réformes conduisent à la réduction de l'emploi alors que les efforts de diversification de la base économique donnent des résultats décevants dans plusieurs régions.

Marc Johnson et André Leclerc

Le congrès mondial acadien

Le renouveau de l'Acadie s'est concrétisé en 1994 par la tenue, à Moncton, du 1er Congrès mondial acadien. Venues de l'Acadie des Maritimes, du Québec, de l'Acadie tropicale (Louisiane) et de plus loin encore, 70 000 personnes avaient été invitées à des retrouvailles historiques grâce à la participation de neuf municipalités du sud-est du Nouveau-Brunswick: un Sommet des femmes, des spectacles musicaux à grand déploiement, d'autres plus intimistes, un festival de théâtre et beaucoup d'autres manifestations, dont les réunions de famille (30 réunions regroupant 70 familles). Moment privilégié de réflexion pour les 2600 participants aux conférences thématiques, ce fut pour tous une occasion de se retrouver et de fêter en célébrant la «vivance» de l'Acadie, faite pour durer, même si ses valeurs se sont modifiées au fil de trois siècles (en particulier celles qui touchent au concept de territoire, à l'utilisation de la langue française et à la pratique de la religion catholique.) Un deuxième congrès s'est tenu en Louisiane au cours de l'été 1999. Rendez-vous est désormais pris tous les cinq ans dans une région de l'Acadie.

Autre occasion de fierté, la tenue à Moncton, en septembre 1999, du IXe Sommet de la FRANCOPHONIE. C'était la première fois que le Sommet se déroulait dans une petite ville, et les Acadiens ne voulaient pas être en reste. Ils participèrent à leur manière: un village de toile fut monté à un kilomètre environ du Centre des congrès, le «Village de la francophonie» qui accueillit, de jour et de nuit, les Acadiens désireux de s'ouvrir aux réalités francophones des pays représentés et de participer de manière conviviale, une démarche contrastant avec le caractère très officiel des représentations politiques des chefs d'État. L'idée doit être reprise lors des prochains sommets.

L'Acadie s'anime de plus en plus. Les touristes québécois (près d'un million de Québécois sont d'origine acadienne) se mettent à y séjourner l'été. L'UNIVERSITÉ DE MONCTON attire de plus en plus d'étudiants étrangers francophones. On constate surtout un changement, progressif mais certain, des mentalités au Nouveau-Brunswick avec l'implication des anciens diplômés de Moncton à tous les niveaux du monde des affaires et de la fonction publique, en raison de leur formation professionnelle et de leurs compétences linguistiques.

Michel Tétu

Acadie, culture de l' Marginalisées par des facteurs géographiques et économiques, les régions acadiennes demeurent isolées sur le plan culturel jusqu'au milieu du XXe siècle. La musique et le folklore sont les formes d'expression artistique les plus répandues jusqu'à l'arrivée de l'enseignement supérieur et l'ouverture au monde. Dans les années 50 et 60, on assiste à l'explosion de la culture acadienne, qu'il s'agisse d'artisanat, de peinture, de chansons, de danse, de théâtre, de cinéma ou de littérature.

Folklore Jusqu'à la fin du XIXe siècle, les Acadiens vivent en groupes isolés, peu en contact avec l'extérieur. Cela leur permet de conserver les traditions de leurs ancêtres, leur manière de parler (variante de la région de Poitou, en France), leur cuisine, leurs fêtes et leurs traditions orales. Depuis leur arrivée, au XVIIe siècle, chansons, histoires et légendes sont transmises de génération en génération. Les chansons écrites au tournant du XXe siècle par les Acadiens témoignent de leur éveil à la culture, comme le prouvent *L'Évangéline*, *Le Réveil de l'exilé*, *Le Pêcheur acadien* et La *Fleur du souvenir*. Les chansons traditionnelles ont toujours la faveur auprès des gens, bien que les intellectuels aient tendance à les mépriser. Ce n'est pas avant 1939 qu'une chronique sur les chansons populaires acadiennes commence à être publiée dans le journal *L'Évangéline*. Cette chronique (rédigée par le journaliste Thomas LeBlanc) ainsi que trois tomes des Chansons d'Acadie, publiés par les pères Anselme Chiasson et Daniel Boudreau entre 1942 et 1956, ont permis de découvrir le folklore acadien. Peu après sont arrivés des chercheurs de l'extérieur: Luc Lacourcière, Mgr Félix-Antoine Savard et Roger Matton de Québec ainsi que Carmen Roy d'Ottawa et Geneviève Massignon de France. Rapidement, les Acadiens eux-mêmes commencèrent à rassembler du matériel folklorique, créant ainsi d'importantes collections. L'U. de Moncton offre des cours de folklore depuis 1966 et, en 1970, son Centre d'études acadiennes a ouvert une section consacrée exclusivement à ce sujet, conservant ainsi des milliers de chansons, d'histoires, de légendes et de traditions culturelles. Grâce à ses propres chercheurs et à ses étudiants, l'U. Laval possède aujourd'hui une riche collection de matériel acadien. Les chanteurs et les chorales de Québec et d'Acadie ont redécouvert les chansons traditionnelles, qu'on peut maintenant souvent entendre lors de concerts, à la radio et à la télévision. Ce sont ces chansons folkloriques qui ont aidé Édith BUTLER et Angèle Arsenault à démarrer leur brillante carrière. La redécouverte du folklore acadien a en effet donné lieu à toute une littérature: livres d'histoires, légendes, chansons, recettes et romans. Les nombreux livres de l'auteure acadienne de renommée mondiale Antonine MAILLET s'inspirent de ce folklore.

Père Anselme Chiasson et Ronald Labelle

Musique

Il existe un vieux proverbe qui dit que les Acadiens sont nés avec la musique dans le sang. Les générations précédentes l'ont prouvé autant du point de vue instrumental que vocal, et la génération actuelle confirme ce proverbe.

Arthur Leblanc, après avoir étudié à Québec et à Paris, se bâtit très rapidement une réputation internationale en tant que violoniste avant que la maladie ne vienne écourter sa carrière. Eugène Lapierre et Benoît Poirier, tous deux de l'Île-du-Prince-Édouard, se taillent eux aussi une solide réputation comme organistes à Montréal. Poirier compose de nombreux morceaux pour orgue. Quant à Roger Lord, jeune pianiste talentueux, il a déjà gagné un grand nombre de concours.

Dans le domaine de la musique populaire, le pianiste Paul Saulnier, le violoniste Kenneth Saulnier et le duo formé par Wendell et Phillipe D'Eon, tous originaires de Nouvelle-Écosse, se démarquent. Dans l'Île-du-Prince-Édouard, l'ensemble Barachois donne des concerts attestant de la riche tradition musicale de la province. Dans le domaine de la musique folklorique, Johnny Aucoin du Cap-Breton et Elio Leblanc de Memramcook, deux virtuoses du violon, communiquent l'envie de danser. Les folkloristes Charlotte Cormier et Donald Deschênes interprètent des chansons rurales et comptent parmi leur public le plus passionné les élèves des écoles acadiennes. Le duo Roland et Johnny, composé de Roland Gauvin et de Johnny Comeau, interprète des chansons traditionnelles pour les jeunes.

L'Acadie est aussi connue pour ses chanteurs classiques, ses CHANSONNIERS, ses groupes et ses chorales. Anna Malenfant est une des premières Acadiennes à se distinguer sur la scène nationale et internationale. Laura Gaudet a fait connaître les chansons acadiennes partout en Acadie et aux États-Unis grâ-

ce à ses récitals et à la radio. Robert Savoie a été baryton pendant plusieurs années à Covent Garden à Londres. Suzie Leblanc de Moncton se construit une réputation internationale en se consacrant au chant de la Renaissance. Les voix de Gloria Richard, des sœurs Germaine et de Marguerite Leblanc ont été reconnues dans les concours nationaux. Aujourd'hui, Claudette Leblanc de Shédiac, Roland Richard de Rogersville et Rose-Marie Landry de Caraquet sont acclamés au Canada et à l'étranger.

Parmi les interprètes et les compositeurs de chansons populaires, mentionnons Édith Butler, qui connaît beaucoup de succès au Canada et en France ainsi qu'Angèle Arsenault dont la réputation nationale n'est plus à faire. Calixte Duguay et Donat Lacroix sont connus pour leurs remarquables chansons sur des thèmes acadiens. La liste serait longue s'il fallait mentionner tous les chanteurs acadiens célèbres de nos jours. Citons, entre autres, Denis Losier, Raymond Breau, Georges Langford, Lorraine Diotte, Ronald Bourgeois, Lina Boudreau, Jac Gautreau.

Les jeunes chanteurs acadiens continuent de gagner des concours au Québec et en France. Les groupes comme Beausoleil-Broussard et 1755 ont enchanté le public canadien et français, et ont remporté le prix de la meilleure chanson par des jeunes interprètes. Le groupe Panou de l'Île-du-Prince-Édouard a représenté l'Acadie au festival de musique organisé conjointement avec les Jeux du Canada à St John's en 1985. Les Tymeux de la Baie ont fait de même à l'Expo 86.

Jusqu'à récemment, la plupart des paroisses acadiennes possédaient d'excellentes chorales. L'une des meilleures, la chorale Lafrance de Tracadie (directeur, Armand Lavoie), s'est bâtie une réputation bien au-delà de l'église et de la paroisse. Le Voidunor de Bathurst (sœur Germaine Leblanc), le chœur de Soulanges de Fredericton (père Stanislas Paulin) et La Fleur du Souvenir de Memramcook (Charles Leblanc) ont remporté des prix destinés aux chorales acadiennes.

Pendant longtemps, les fanfares ont été populaires dans les collèges pour garçons, parmi lesquels les collèges Saint-Joseph et Sacré-Cœur au Nouveau-Brunswick et Sainte-Anne en Nouvelle-Écosse. Mais, à partir des années 50, les chorales des collèges et des couvents leur volent la vedette. Les chorales de Saint-Joseph et du Sacré-Cœur, du collège Notre-Dame d'Acadie à Moncton et plus récemment de l'U. de Moncton ont remporté les honneurs dans des concours provinciaux, nationaux et internationaux. Depuis 1962, le trophée Lincoln a été remporté à huit reprises par l'un ou l'autre de ces groupes. Le premier à attirer l'attention au pays et à l'étranger est le chœur de l'U. Saint-Joseph, fondé par le père Léandre Brault en 1946. En 1955, Neil Michaud remplace le père Brault et, en 1963, le chœur devient la chorale de l'U. de Moncton.

Le chant occupe une place importante dans un grand nombre d'écoles acadiennes, et les chœurs de jeunes participent régulièrement à des festivals de musique. Ainsi, la chorale de l'École Beauséjour de Moncton (connue par la suite comme Les jeunes chanteurs d'Acadie), dirigée par sœur Lorette Gallent, remporte depuis 1957 de nombreuses récompenses tant nationales qu'internationales.

Certaines de ces chorales ont aussi fait d'excellents disques. À celles déjà mentionnées, ajoutons les Chanteurs du Mascaret (Neil Michaud), les Alinos (Aline Obriet), La-Mi-Champlain (sœur Blanche Dupuis) et d'autres. C'est d'ailleurs cette tradition de chorale qui est à l'origine, en 1979, des Choralies internationales, événement important dans l'histoire musicale de la région, organisées tous les deux ans sous le nom d'Arcadiades à Saint-Antoine-de-Kent, au Nouveau-Brunswick.

Un festival de musique baroque créé par le claveciniste Mathieu Duguay a aussi lieu en Acadie. Organisé tous les ans depuis 1975 sur la petite île de

Lamèque, dans le nord-est du Nouveau-Brunswick, il attire des musiciens de partout.

En Nouvelle-Écosse, surtout dans les environs de Baie-Sainte-Marie près de l'U. Sainte-Anne, les musiciens sont nombreux, et des événements culturels ont lieu tout au long de l'année. Le père Maurice Leblanc, directeur de chorale et figure de proue dans la vie culturelle de la région, est l'un des remarquables initiateurs de toutes ces activités.

Il faut aussi souligner l'importante contribution des communautés religieuses qui ont suscité chez les jeunes le goût pour la musique. Partout en Acadie, les prêtres et les religieuses ont encouragé les jeunes talents, conférant ainsi à la culture acadienne l'un de ses caractères les plus charmants.

Père Anselme Chiasson et Ronald Labelle

Peinture et sculpture

La peinture et la sculpture professionnelles sont relativement récentes en Acadie, où ces formes d'art se sont traditionnellement développées à partir du travail des décorateurs d'église, que ces derniers soient autodidactes ou qu'ils aient reçu une formation professionnelle. La formation structurée dans ces disciplines a vu le jour avec la création du département des Arts visuels à l'Université de Moncton au milieu des années 60. Quelques œuvres intéressantes produites par les générations précédentes existent encore, parmi lesquelles des œuvres de femmes ayant étudié le design et la peinture à l'étranger: Philomène Belliveau de Memramcook et Caroline Léger de Paquetville au XIXe siècle et, plus tard, Anna Bourque-Bourgeois, Jeanne Léger de Sainte-Marie-de-Kent, Alma Buote de Tignish et Yolande Boudreau de Moncton.

Au tournant du siècle, le Dr Paul Carmel Laporte (né en 1885 à Verchères, au Québec), établi à Edmundston, installe un atelier dans lequel, pendant 40 ans, il enseignera aux jeunes la sculpture sur bois. Claude Picard (Saint-Basile) et Claude Roussel (Edmundston/Dieppe) sont deux noms qui se démarquent parmi les nombreux talents qui ont fleuri sous sa direction. Roussel, alors qu'il était artiste en résidence à la nouvelle Université de Moncton, y mit sur pied le département des Arts visuels (1963). Picard et Roussel furent tous deux invités à illustrer l'odyssée acadienne par des peintures et des bas-reliefs à l'Église-Souvenir de Grand-Pré (1987). Les sculptures environnementales en pierre de sœur Marie-Hélène Allain (Sainte-Marie-de-Kent) sont aussi exposées dans plusieurs édifices publics du Nouveau-Brunswick.

De nombreux artistes de la même génération ont reçu leur formation à l'extérieur de la province avant de poursuivre leur carrière au Nouveau-Brunswick. On peut mentionner sœur Gertrude Godbout, sœur Eulalie Boudreau, René Hébert, Georges Goguen, Roméo Savoie, Hilda Lavoie-Franchon et Claude Gauvin. Une des murales de Gauvin décore un mur extérieur d'un bâtiment du gouvernement fédéral de la rue Sparks à Ottawa et une autre a été faite pour l'Expo 86 de Vancouver.

Édouard Gautreau (né en 1906 à Saint-Paul-de-Kent), Claude Picard et Ernest Cormier (né en 1921 à Cap-Pelé) produisent des peintures religieuses et des murales pour les églises d'Acadie. Le Nouveau-Brunswick a déclaré l'église de Sainte-Anne-de-Kent, qu'on décrit parfois comme la chapelle Sixtine de l'Acadie, patrimoine provincial à cause des peintures de Gautreau que l'on peut y voir. En Nouvelle-Écosse, le peintre Nelson Surette (né en 1920) s'est acquis une solide réputation grâce à ses illustrations de la vie quotidienne en Acadie. À l'Île-du-Prince-Édouard, Adrien Arsenault s'est avéré un artiste remarquable. Au Québec, un Acadien originaire du nord-ouest du Nouveau-Brunswick, Néré DeGrâce, a vu l'une de ses peintures choisie pour réaliser un timbre commémoratif canadien. Ses nombreuses créations sur les thèmes folkloriques traditionnels font partie de collections privées bien au-delà des frontières de l'Acadie. Les collections des musées nationaux canadiens contiennent des œuvres de plusieurs artistes populaires: Léo B. LeBlanc, un peintre du Sud-Est; Alfred Morneault et Octave Verret (né en 1902), tous deux des sculpteurs sur bois de la région de Madawaska, et Arthur Gallant, un sculpteur sur bois du Sud-Est. Médard Cormier (né en 1933) et Camille Cormier (né en 1924) sont deux autres peintres populaires bien connus.

Formée dans les universités acadiennes et à l'extérieur, la génération actuelle d'artistes visuels constitue un groupe impressionnant: elle possède les outils pour explorer de nouveaux horizons tout en poursuivant la tradition d'excellence établie par les aînés. Certains, comme l'artiste multimédia Herménégilde Chiasson et le peintre prolifique Yvon Gallant, se sont déjà fait un nom. D'autres, comme Paul Édouard Bourque, Jacques Arseneault, Francis Coutellier, Marc Cyr, Pierre Noël LeBlanc, Anne-Marie Sirois, Lucille Robichaud, Lionel Cormier, Luc A. Charette, Daniel Dugas, Guy Duguay, Roger Vautour, Ghislaine McLaughlin, Gilles LeBlanc, Georges Blanchette, Gilles Arsenault, Hélène LaRoche et André Lapointe ont produit, depuis le début des années 70, une quantité considérable d'œuvres qui abordent des préoccupations modernes mais qui vont également au-delà. Robert Saucier, Jocelyn Jean et Paul-Émile Saulnier, bien qu'ils aient choisi de travailler au Québec et que leurs œuvres aient eu une diffusion internationale (France, Allemagne, Italie, etc.), doivent être considérés comme des artistes visuels acadiens.

Luc A. Charrette

Théâtre

La première vraie troupe de théâtre acadienne, la Troupe Notre-Dame de Grâce, est créée en 1956, à Moncton, par Laurie Henri. Elle change de nom pour Le Théâtre Amateur de Moncton (TAM) en 1969 et après le décès de sa fondatrice en 1981, pour celui du Théâtre Laurie Henri. Les plus beaux moments du TAM sont ceux des représentations, en 1976, des *Pêcheurs déportés* de Germaine Comeau et des *Crasseux* d'Antonine Maillet, le second ayant été dirigé par Jean-Claude Marcus. Depuis, ce sont surtout les troupes professionnelles, comme le Théâtre Populaire d'Acadie (TPA) à Caraquet et la nouvelle coopérative de théâtre L'Escaouette à Moncton, qui animent la scène théâtrale acadienne. Ces deux troupes ont donné à plusieurs nouveaux scénaristes acadiens l'occasion de développer et d'exercer leurs talents.

À Caraquet, le TPA a présenté les pièces de Jules Boudreau, dont la plus connue est *Louis Mailloux* (1975), drame musical écrit en collaboration avec Calixte Duguay, qui raconte l'histoire d'un jeune héros acadien qui a trouvé la mort en défendant sa culture. Boudreau a aussi dramatisé les séquelles de la déportation dans sa pièce *Cochu et le Soleil* (1977). Dans ses autres œuvres, Boudreau explore divers sujets contemporains avec intelligence et humour. Le TPA a aussi présenté l'une des premières pièces d'Herménégilde Chiasson, *L'Amer à boire* (1977), une adaptation du roman de Régis Brun; *La Marie Como* (1980), un spectacle pour enfants; *Rosine et Renixou* (1983) de Roseline Blancard et René Cormier; et *Zélica à Cochon Vert* (1986) de Laurier Melanson.

À Moncton, le théâtre de L'Escaouette s'est attardé aux œuvres d'Herménégilde Chiasson. Ses pièces sont très éclectiques et touchent autant au sérieux qu'au comique. Trois thèmes y sont explorés: l'histoire révisionniste dans *Histoire et histoire* (1980) et *Renaissances* (1984); l'humour, le burlesque et la farce dans *Au plus fort la poche* (1977), *Cogne Fou* (1981) et *Y'a pas que des maringouins dans les campings* (1986); le fantastique, les mondes imaginaires et les merveilles dans *Becquer Bobo* (1976), *Mine de Rien* (1980), *L'Étoile de Mine de Rien* (1982), écrite en collaboration avec Roger LeBlanc, et *Atarelle et les Pakmaniens* (1983), cette dernière pièce ayant été présentée au Nouveau-Brunswick et en Europe en 1985. Deux d'entre elles, *Au plus fort la poche* et *Becquer Bobo,* ont été mises en scène par le département d'art dramatique de l'U. de Moncton plutôt que par L'Escaouette.

L'Escaouette a aussi présenté des pièces destinées à un auditoire d'âge scolaire, comme *Le Pêcheur ensorcelé* (1979) de Marie Pauline et *Le Gros Ti-Gars* (1985) de Gracia Couturier. Ces pièces explorent les mondes réels et fantastiques des enfants et des adolescents. Dans *Le Gros Ti-Gars,* Couturier fait preuve de beaucoup de justesse et d'une grande maîtrise du texte et de la forme dramatique, comme elle l'a montré dans les quatre pièces qu'elle a écrites pour le Théâtre de Saisons de Shippagan.

Parmi les autres auteurs ayant choisi un contexte et des thèmes acadiens. on trouve Raymond LeBlanc (*As-tu vu ma balloune,* 1979, et *Fonds de culottes,* 1981); Clarence Comeau (*Au pays des côtes,* 1978, et *Premières neiges d'automne*), Gérald Leblanc (*Les Sentiers de l'espoir,* 1983) et Marcel Thériault (*J'avais dix ans,* 1983). À cause d'un contexte plus difficile pour les francophones n'habitant pas au Nouveau-Brunswick, le théâtre survit grâce à des personnes comme Jules Chiasson et Jean-Douglas Comeau en Nouvelle-Écosse et Paul Gallant à l'Île-du-Prince-Édouard, dont *La cuisine à Mémé* a ravi les amateurs de pièces de théâtre d'été. D'autres auteurs se sont tournés vers le théâtre d'été, comme Claude Saint-Germain et Léonie Poirier, tandis que Pierre Gérin a publié des pièces, dont *Opération Médusa* (1974), qui n'ont pas été jouées sur scène. Par contre, le cas de Gérin est exceptionnel, puisqu'en Acadie le répertoire entier de pièces publiées (excepté celles d'Antonine Maillet, publiées par Leméac à Montréal) ne compte que huit titres, répartis chez les Éditions d'Acadie, Michel Henry éditeur et L'Imprimerie Lescarbot. Ce qui en reste n'est toujours pas publié, bien que la plupart des pièces aient été mises en scène.

Le théâtre acadien continue de montrer une grande vitalité. La carrière nationale et internationale d'Antonine Maillet se poursuit grâce à *Carrochés en Paradis* (1986), *Margot la folle* (1987) et *William S.* (1991). Une nouvelle troupe de théâtre, fondée en 1986 par Viola Léger, connue pour son rôle dans *La Sagouine,* de Maillet, apporte une énergie renouvelée qui transparaît dans sa première production d'une pièce de Carole Higgin, *Harold et Maude* (1987), dont la cinquantaine de représentations a attiré plus de 10 000 personnes.

Léonard E. Doucette

Cinéma

Le premier film produit au Canada est un long métrage tourné en 1913, inspiré d'*Évangéline*, poème de Henry Wadsworth Longfellow, et ayant pour thème la déportation des Acadiens. Depuis, plus de 75 films ont eu pour sujet l'Acadie. Par contre, ce n'est qu'au début des années 50 qu'un cinéma entièrement acadien apparaît, lorsque Léonard Forest commence à travailler à l'OFFICE NATIONAL DU FILM (ONF) à Montréal. Forest creuse dans ses racines acadiennes et tourne des films comme *Les Aboiteaux* (1955), *Les Acadiens de la Dispersion* (1967), *La Noce est pas finie* (1971) et *Un soleil pas comme ailleurs* (1972). Bien qu'il ait été tourné en 16 mm, *La Noce est pas finie* est perçu comme étant le premier long métrage réalisé par un Acadien. Tout au long de sa carrière de 30 ans en tant que scénariste, réalisateur et producteur pour l'ONF, Léonard Forest a participé à la production de plus de 150 films. Ses fréquentes incursions dans le monde acadien ont ouvert la voie aux futurs réalisateurs et équipes de production acadiens, contribuant ainsi au développement d'un cinéma acadien.

Forest est aussi l'instigateur de la ligne de conduite du Centre de production de Moncton, «Régionalisation / Acadie» de l'ONF, qui ouvre ses portes à Moncton en 1974. Respectant son mandat de «donner aux Acadiens et au reste du monde une interprétation de l'Acadie par des Acadiens», le Centre de production de Moncton (ONF) a produit et coproduit plus de 45 films (la plupart étant des documentaires en 16 mm), offrant ainsi aux Acadiens l'occasion de parler de leurs intérêts, de leurs préoccupations, de leur histoire, de leur littérature et de leurs particularités.

Paul-Eugène LeBlanc, de Memramcook (Nouveau-Brunswick), est le premier producteur engagé, en 1974, par le Centre de production de Moncton. Lui succèdent Rhéal Drisdelle (1980-1981), Eric Michel (1982-1986), Michel Lemieux (1988-1991) et Pierre Bernier (nommé en 1991). Des 20 Acadiens qui ont tourné des films avec les producteurs du Studio documentaire Acadie (anciennement le Centre de production de Moncton), seul un petit nombre d'entre eux ont fait du cinéma. Parmi ceux qui n'ont pas choisi cette voie se trouvent Anna Girouard, Claude Renaud et Serge Morin, qui ont toutefois contribué à définir le cinéma acadien, avec des films comme *Abandonnée* (1976), *La Confession* (1978), et *De l'autre côté de la glace* (1983).

Phil Comeau, de Saulnierville (Nouvelle-Écosse), a réalisé plus de 27 documentaires et 10 docudrames pour l'ONF, dont *La Cabane* (1978), l'histoire fictive d'adolescents qui affrontent l'autorité parentale dans un village acadien conservateur de Nouvelle-Écosse, et *Les Gossipeuses/The Gossips* (1978), une comédie sur les frasques de trois commères dans un petit village. Son premier long métrage, *Le Secret de Jérôme* (1994), est basé sur l'histoire vraie d'un Corse qu'on trouve les deux jambes coupées, sur une plage de la partie francophone de la Nouvelle-Écosse.

Écrivain, poète, artiste visuel et cofondateur des Productions Phare-Est, situées à Moncton (Nouveau-Brunswick), Herménégilde Chiasson (né à Saint-Simon, au Nouveau-Brunswick) commence sa carrière de cinéaste en 1985. Il réalise plus d'une dizaine de films, dont les plus connus sont *Le Grand Jack/Jack Kerouac's Road – A Franco-American Odyssey* (1987), un docudrame inspiré de la vie du «beatnik» Jack Kerouac, *Robichaud* (1989), un documentaire sur le règne politique de Louis J. Robichaud, le premier Acadien à être élu premier ministre du Nouveau-Brunswick, et *Les Années Noires* (1995), un docudrame racontant les événements politiques, économiques et sociaux qui ont mené à l'expulsion des Acadiens de l'Acadie en 1755.

Rodolphe Caron, de Lac Baker (Nouveau-Brunswick), est cameraman pour 11 films avant de devenir cinéaste. Cofondateur de la seule coopérative de film acadienne, il réalise trois documentaires avec l'ONF et deux avec Cinémarévie Coop ltée, située à Edmundston (Nouveau-Brunswick): *Avec le cœur* (1994), un documentaire sur un groupe de bénévoles apportant du réconfort aux patients et aux malades en phase terminale de l'Edmundston Regional Hospital et *Le Champion* (1996) et un documentaire sur le Canadien Hermel Volpé, champion de tir à l'arc et lui aussi de la région d'Edmundston. Le but fixé par cette coopérative de production est de former des cinéastes et des équipes de production dans le nord-ouest du Nouveau-Brunswick, où la population se considère autant brayonne, acadienne que canadienne-française.

Écrivain et membre cofondateur, dans les années 70, du groupe Beausoleil Broussard, Jacques Savoie naît à Edmundston (Nouveau-Brunswick). Il réalise son premier film en 1982: *Massabielle,* tiré de son roman *Raconte-moi Massabielle.* Ce film raconte l'histoire de Pacifique Haché, exproprié de sa terre et qui refuse de partir. Il rencontre une jolie femme, avec laquelle il trouve la solution pour se sortir de sa fâcheuse situation. Son histoire ressemble à celle de Jackie Vautour et des familles qui ont été expropriées pour permettre la création du parc national de Kouchibouguac. Savoie a écrit les scénarios des films *Les*

Portes tournantes (1988), réalisé par Francis Mankiewicz, et *Le Violon d'Arthur* (1990), réalisé par Jean-Pierre Gariépy, ainsi qu'une fiction pour la télévision, *Bombardier*.

Cofondatrice des productions Phare-Est inc., Ginette Pellerin est originaire du Québec. Depuis son arrivée à Moncton en 1975, elle se dévoue entièrement à la production cinématographique. Elle travaille d'abord comme assistante, puis réalise ensuite trois films avec l'ONF, dont *L'Âme sœur* (1991), un documentaire sur la vie et les réalisations de religieuses de la communauté des Hospitalières de Saint-Joseph et *Évangéline en quête* (1996), un docudrame explorant les aspects mythiques et réels de l'héroïne de Henry Wadsworth Longfellow, Évangéline.

Originaire de Charlo, au Nouveau-Brunswick, Bettie Arseneault est, quant à elle, assistante réalisatrice de différentes productions cinématographiques et télévisuelles. Elle réalise ensuite deux films avec l'ONF: *Bateau bleu, maison verte* (1985), un documentaire sur les habitations et les embarcations très colorées de l'Acadie et *De retour pour de bon* (1994), un documentaire sur le retour chez eux d'Acadiens ayant vécu plusieurs années à Montréal.

Pour sa part, la dessinatrice-scénariste, dessinatrice-caricaturiste et animatrice Anne-Marie Sirois, originaire du comté de Madawaska, au Nouveau-Brunswick, réalise deux films d'animation pour l'ONF et deux autres pour Cinémarévie Film Coop. Son premier film, intitulé *Maille Maille/Stitches in Time* (1987), met en scène deux femmes âgées qui se racontent leurs souvenirs en tricotant. Puis, dans le film *Animastress* (1994), la réalisatrice présente des êtres humains qui ont «absorbé» le stress imposé aux poulets destinés à l'alimentation humaine.

Claudette Lajoie, née à Grand-Sault, au Nouveau-Brunswick, est recherchiste pour des productions réalisées en vidéo et réalisatrice et intervieweuse à Télé-Public, une chaîne communautaire desservant le nord-est du Nouveau-Brunswick. Elle réalise ensuite quatre documentaires pour l'ONF. Son premier documentaire, *Une sagesse ordinaire* (1983), présente la sage-femme Edith Pinet, de Paquetville, au Nouveau-Brunswick. Quant au film intitulé *Les Femmes aux filets* (1987), il raconte la vie de travailleuses dans les usines de transformation du poisson dans la Péninsule acadienne.

Robert Awad, de Kedgwick, au Nouveau-Brunswick, fait ses débuts en 1974 comme animateur. Il poursuivra sa carrière en réalisant sept films avec l'ONF. Le personnage principal de son premier film, une satire intitulée Truck, explique de quelle manière se serait déroulée l'histoire de l'Acadie si on avait inventé le camion en 1755. Son film intitulé *The Bronswik Affair/L'Affaire Bronswik* (1978) est une comédie sur l'influence de la publicité sur les gens. Quant à *Automania* (1994), c'est un film amusant sur un homme obsédé, qui veut absolument se rendre à son travail dans son auto.

Parmi les nouveaux réalisateurs et réalisatrices figure Renée Blanchar, originaire de Caraquet, au Nouveau-Brunswick, dont le troisième film, intitulé *Vocation Ménagère* (1996), raconte la vie de ménagères au service de prêtres catholiques. Il y a aussi Monique LeBlanc, de Bouctouche, au Nouveau-Brunswick, dont le premier film, *The Acadian Connection/Le Lien acadien* (1995), jette un regard affectueux sur les membres de la famille LeBlanc, dispersés partout en Amérique du Nord mais conservant tout de même des liens étroits avec leur héritage acadien. Mentionnons aussi Christien LeBlanc, né à Moncton, ainsi que son associé Paul Boss, avec qui il a produit des vidéos expérimentales.

Roland Brideau

Littérature

L'histoire de la littérature acadienne peut être divisée en cinq périodes.

Jusqu'à la déportation (1604-1755) Stratégiquement située au niveau commercial, l'Acadie a été longtemps convoitée à la fois par la France et l'Angleterre. Même si ses relations avec la culture et les institutions de la Nouvelle-France étaient distantes, c'est en Acadie que Marc LESCARBOT a écrit les premiers textes littéraires en Amérique du Nord en 1606. Plus tard, des visiteurs comme Biard, Leclercq, Denys, Dièreville, Maillard et Bourg ont décrit sa géographie et ses sites habités, ainsi que sa flore et sa faune. À ces documents, on peut ajouter ceux des hommes d'Église, comme Mgr de Saint-Vallier, qui ont rendu visite à la population et ont témoigné des conditions religieuses et économiques. L'histoire coloniale troublée de l'Acadie, la croissance lente de sa population, les menaces constantes au sujet de son avenir et la déportation expliquent pourquoi les Acadiens n'ont pas produit de textes du calibre de ceux écrits par Jolliett, Morin et Boucher en Nouvelle-France.

De la déportation au retour (1755-1881) La reconstruction d'une collectivité acadienne s'est faite lentement, sans littérature écrite, mais avec une tradition orale florissante conservée en histoires, légendes et chansons. Au milieu du XIXe siècle, un système scolaire avait commencé à prendre forme pour les Acadiens. En 1854, le premier collège est fondé (réorganisé et agrandi en 1864) et ses diplômés tiennent rapidement des rôles actifs dans leur communauté. Avec l'aide du clergé, ils commencent à se concentrer sur leur propre identité et sur leurs aspirations en tant que francophones dans un environnement composé d'anglophones. Ce mouvement de concentration est avivé par une série de conventions nationales, à partir de 1881.

Période du débat nationaliste (1881-1966) Pendant 80 ans, le débat nationaliste domine dans la pensée et la littérature acadiennes. Enraciné dans les œuvres du Français Rameau de Saint-Père et stimulé par le clergé du Québec qui a adopté ses théories, on retrouve ce débat dans les sermons, les groupes de discussion et les journaux de langue française (*Le Moniteur, L'Évangéline*). Cherchant à englober la politique, l'économie et la recherche sociographique, le débat domine l'activité culturelle, favorisant la guérison du traumatisme de la déportation et la redéfinition du caractère de la collectivité acadienne.

La redécouverte de leur propre histoire a évidemment joué un rôle important pour les Acadiens; elle s'étend rapidement à l'histoire anecdotique, aux biographies, aux généalogies, aux monographies, consacrées aux paroisses et à des établissements individuels, et aux études linguistiques, où Pascal Poirier, le premier sénateur acadien, se distingue particulièrement. Les genres littéraires se conforment au thème nationaliste, comme c'est le cas en poésie (F. Moïse Lanteigne, Napoléon-P. Landry), dans les romans (Antoine-J. Léger, Hector Carbonneau, J.-Alphonse Deveau) et dans le théâtre (Alexandre Braud, Jean-Baptiste Jégo), ce dernier mettant aussi l'accent sur les luttes périodiques pour la liberté de l'enseignement, focalisation également mise en évidence dans les dramas sociaux de James Branch.

Au milieu du XXe siècle, le débat nationaliste ne constituait plus le centre de la pensée acadienne, puisque la légitimité de l'existence de la communauté francophone n'était plus à l'ordre du jour. Les auteurs se tournent vers d'autres sujets, notamment Antonine MAILLET, dont le premier roman, *Pointe-aux-Coques* (1958) traite de la vie quotidienne dans un petit village acadien.

Donat Coste, un Acadien vivant à Montréal, écrit *L'Enfant noir* en 1957 pour dénoncer l'hypocrisie de la société moderne. Ronald Després, musicien, poète et traducteur, vivant aussi à l'extérieur du Nouveau-Brunswick, publie de nombreux poèmes et un roman, *Le Scalpel interrompu,* qui offre une vision tragicomique du monde moderne.

Ce retrait de la littérature du débat nationaliste eut lieu alors qu'un défi était lancé par la jeune génération. En 1966, le Rassemblement des Jeunes remet en question l'essence du débat, ses emblèmes, ses symboles et ses points de vue historiques, c.-à-d. le portrait traditionnel de l'Acadien; et les temps sont favorables à leur approche. Le gouvernement libéral de Louis J. ROBICHAUD (le premier ministre acadien du Nouveau-Brunswick 1960-1970) réussit à mettre en application le Programme d'égalité d'accès à l'emploi ainsi qu'une LOI SUR LES LANGUES OFFICIELLES, au moment où la RÉVOLUTION TRANQUILLE du Québec et l'envergure des mouvements radicaux de la décennie servent de modèle et de stimulation au changement.

Ère de la littérature (1966-1986) Nombre d'autres facteurs sont combinés à ce défi idéologique et à ce renouvellement social: les grèves étudiantes et leurs conséquences juridiques et sociales; les «nuits de la poésie», où la poésie activiste est créée et une nouvelle sensibilité prend naissance; l'énorme succès de *La Sagouine* d'Antonine Maillet; l'émergence des chansonniers; les publications plus fréquentes des jeunes auteurs, bien servis par les Éditions d'Acadie, nouvellement fondées.

La poésie est à l'honneur, avec des thèmes centrés sur l'Acadie, caractérisée par une recherche d'identité et par la rébellion contre les vues traditionnelles des valeurs acadiennes. Parmi les contextes typiques, on retrouve le brûlant désir de créer son propre pays (Raymond LeBlanc) et la dénonciation triste, encore violente, de ce qui est perçu comme un mort-vivant collectif (Herménégilde Chiasson). D'autres œuvres de ces mêmes poètes célèbrent l'amour et la vie quotidienne, libres de toute position politique particulière. Le point de départ de Guy Arsenault, qui consiste en la naïveté étudiée qui semble tendre la langue légère, et explore en fait en profondeur les manières dont l'Acadie continue à être dépréciée. D'une façon plus générale, Ulysse Landry dénonce l'envahissement de la vie individuelle et sa dévaluation par tant d'aspects de la société moderne. Les œuvres de ces poètes, publiées entre 1973 et 1976, réussissent à combiner la langue du quotidien avec une exploration stylistique originale.

Bien que certains de ces thèmes aient conservé leur importance, la poésie a continué à faire des expériences et à évoluer en matière de format et de thème. Roméo Savoie s'est dirigé vers la philosophie, alors que Gérald LeBlanc a introduit une nouvelle inspiration cosmopolite dans la littérature acadienne. Léonard Forest partage ce désir d'atteindre d'autres cultures grâce à sa poésie, créant une musicalité particulière par l'emploi de vocabulaire archaïque et de rythmes ritualistes contraignants. Une sorte de surréalisme naturel se retrouve dans la poésie de Rose Després et de Dyane Léger, la première se libérant du passé dans sa recherche pour le mot et la forme justes, alors que la seconde s'entoure d'un univers magique de mots lorsqu'elle bâtit son propre monde de rêve littéraire. D'autres, comme Huguette Legaré, Clarence Comeau, Daniel Dugas, Huguette Bourgeois, Robert Pichette et Melvin Gallant explorent, poème par poème, les registres des sentiments et des émotions qui touchent le cœur.

Le roman acadien est dominé par les œuvres d'Antonine Maillet, dont l'énergie sans limite combine l'épopée aux événements du quotidien, faisant appel à toutes les ressources de la tradition de la légende populaire et du conte oral. Cependant, on entend d'autres voix: Louis Hach utilise sa connaissance des archives pour retracer l'histoire de la vie acadienne du nord-est du Nouveau-Brunswick. Régis Brun adopte une perspective historique révisionniste, trouvant ses héros dans les gens ordinaires qui démontrent leur soif de liberté et leur joie de vivre. Claude Lebouthillier réécrit l'histoire au moyen d'une littérature utopique qui redonne aux Acadiens leur patrie perdue; Jeannine Landry Thériault et Laurier Melanson décrivent la vie de village, souvent de façon satirique, dans ses drames personnels, sa paillardise, ses espoirs et ses désillusions;

Anne Lévesque, Germaine Comeau et Melvin Gallant se concentrent sur les destins individuels, comme le fait Jacques Savoie dans sa prose vivante et spontanée, créant de nouvelles structures romanesques. France Daigle, dans un style minimaliste et elliptique, offre une vision moderne et réellement abstraite d'un monde coloré avec émotion. *L'Acadie perdue* (1978) de Richard Roy est un livre passionné et fascinant reposant sur une solide recherche historique, alors que *L'Acadie du discours* de Jean-Paul Hautecœur offre un aperçu sociologique brillant et que Léon Thériault analyse la politique dans son œuvre, *La Question du pouvoir en Acadie*. Au niveau des autobiographies, *Mémoires d'un nationaliste acadien* de Calixte Savoie se place comme un livre de premier plan.

Période contemporaine (1986 jusqu'à nos jours)
La littérature en tant qu'institution devient plus vitale. Les maisons d'édition augmentent en nombre, des anthologies sont produites et l'enseignement de la littérature acadienne à l'université permet de mieux faire connaître certains auteurs, favorise la récupération de textes anciens et oblige les auteurs à produire des œuvres complètes.

Tous les genres s'enrichissent. Les auteurs établis inspirent la génération suivante d'auteurs, la poésie se porte bien, comme l'œuvre de plus en plus influente de Serge-Patrice Thibodeau le prouve. Le roman historique est en croissance et l'essai gagne en popularité. Les pièces et la littérature pour enfants commencent à devenir des formes littéraires importantes. La littérature acadienne est largement reconnue en France, en Nouvelle-Écosse et en Louisiane. Après avoir été en marge des lettres canadiennes-françaises, la littérature acadienne s'est taillée une place en leur sein.

Yves Bolduc, Léonard E. Doucette et Marc Johnson

Acadie, histoire de l' L'origine de l'Acadie remonte aux voyages effectués au service du roi de France par l'explorateur italien Giovanni da VERRAZZANO. Celui-ci explore, en 1524-1525, la côte atlantique de l'Amérique du Nord et donne le nom d'«Arcadie», «Archadia» ou «Arcadia» en italien, à une région voisine de l'actuel État américain du Delaware. Le cartographe Bolongnini Zaltieri confère, en 1566, un nom semblable, «Larcadia», à une région située loin au nord-est de la précédente, qui deviendra la Nouvelle-Écosse et le Nouveau-Brunswick. Dans ses notes de 1524, l'explorateur espagnol Esteban Gomez inclut aussi Terre-Neuve dans la région qu'il appelle «Arcadie» (*voir* ACADIE).

Colonisation française (1534-1713)
L'abondance de la MORUE au large de Terre-Neuve est connue longtemps avant les explorations de Jacques Cartier (*voir* EXPÉDITIONS VIKINGS; PÊCHE, HISTOIRE DE LA). En 1534, pendant le premier de ses trois voyages au Canada, Cartier rencontre les MICMACS à la BAIE DES CHALEURS.

Toutefois, les premiers colons français n'arrivent qu'en 1604 et sont dirigés par Pierre Du Gua De MONTS et Samuel de CHAMPLAIN. De Monts établit les quelque 80 colons dans l'île Sainte-Croix, sur la RIVIÈRE SAINTE-CROIX, mais l'hiver 1604-1605 est désastreux. Au moins 36 hommes meurent du SCORBUT.

L'année suivante, la colonie cherche un nouvel emplacement et choisit PORT-ROYAL. En 1607, lorsque des marchands français contestent son monopole commercial, de Monts ramène tous ses compagnons en France. Aucun colon français ne revient avant 1610. Pendant ce temps, les Français concluent des alliances avec les deux principaux peuples autochtones de l'Acadie, les Micmacs et les MALÉCITES.

Outre les rivalités commerciales, d'autres facteurs entravent le développement de l'Acadie. En 1613, un aventurier de Virginie, Samuel Argall, s'empare de l'Acadie et en chasse la plupart des colons. En 1621,

le gouvernement anglais change le nom de l'Acadie, qu'il appelle la Nova Scotia (Nouvelle-Écosse), et il y établit les colons écossais de sir William ALEXANDER en 1629. En 1631, la France nomme Charles LA TOUR lieutenant général de l'Acadie. Celui-ci construit des forts au Cap-Sable et à l'embouchure du FLEUVE SAINT-JEAN (le fort La Tour, à l'emplacement actuel de SAINT-JEAN). Le projet d'expansion écossaise d'Alexander prend fin en 1632 avec le TRAITÉ DE SAINT-GERMAIN-EN-LAYE, qui redonne l'Acadie à la France.

La colonisation reprend sous la direction du gouverneur Isaac de RAZILLY. Celui-ci, arrivé en 1632 avec «300 hommes d'élite», déménage la capitale de Port-Royal à La Hève, sur la côte sud de la Nouvelle-Écosse actuelle. Marin de profession, Razilly s'intéresse davantage au commerce maritime qu'à l'agriculture, et cela influe sur les lieux d'établissement des postes. Dès 1613, des missionnaires français participent au projet de colonisation. Dans les années 1680, des prêtres habitent dans quelques églises en bois.

Après la mort de Razilly en 1635, Charles de MENOU D'AULNAY et La Tour se disputent sa succession. D'Aulnay ramène la capitale à Port-Royal, puis entreprend une guerre civile contre La Tour, qui est solidement établi dans la région. D'Aulnay est convaincu que l'avenir de la colonie réside dans le développement agricole, qui assure à la fois l'autosuffisance alimentaire et la stabilité de la population. Avant de mourir en 1650, il réussit à faire venir une vingtaine de familles, dont l'arrivée stabilise la production agricole et permet de satisfaire aux besoins en nourriture et en vêtements.

Les conflits entre la France et l'Angleterre se répercutent de nouveau sur l'Acadie lorsque celle-ci passe aux Anglais en 1654, puis revient à la France par le TRAITÉ DE BREDA en 1667. L'Acadie est prise en 1690 par sir William PHIPS, un aventurier de la Nouvelle-Angleterre, et revient encore une fois à la France par le TRAITÉ DE RYSWICK en 1697.

À partir des années 1670, des colons quittent Port-Royal pour fonder d'autres localités, dont les plus importantes sont Beaubassin (aujourd'hui AMHERST, en Nouvelle-Écosse) et Grand-Pré (aujourd'hui Grand-Pré, en Nouvelle-Écosse). Le premier recensement officiel, tenu en 1671, fait état d'une population acadienne de plus de 400 personnes, dont 200 à Port-Royal. En 1701, on compte environ 1400 Acadiens; en 1711, environ 2500; en 1750, plus de 10 000; et, en 1755, plus de 13 000 (sans compter Louisbourg).

Très indépendants, les Acadiens pratiquent l'agriculture et l'élevage sur des terrains marécageux asséchés grâce à un dispositif de barrières adaptables aux marées, appelées aboiteaux, qui créent des polders utilisables pour l'agriculture. Les Acadiens pratiquent aussi la chasse, la pêche et le piégeage. Ils ont même des relations commerciales avec les colons anglais d'Amérique, même si les autorités françaises s'y opposent généralement. Ils se considèrent «neutres» du fait que l'Acadie a été tour à tour anglaise et française. En ne prenant pas parti, ils espèrent éviter des représailles militaires.

L'Acadie péninsulaire n'est pas la seule région du peuplement français en Atlantique. Dans les années 1660, la France fonde une colonie de pêche au poste appelé Plaisance (aujourd'hui PLACENTIA, à Terre-Neuve). Dans les deux régions, la population française semble jouir d'un niveau de vie assez élevé. Les Acadiens peuvent vivre de façon assez autonome, parce qu'ils peuvent facilement obtenir des terres et ne sont soumis à aucune réglementation stricte. Les Micmacs contribuent de façon très importante à la survie des Acadiens. À la fin du XVIIᵉ siècle, les peuples autochtones exercent sur eux une influence considérable.

Aux mains des Anglais Après la GUERRE DE LA SUCCESSION D'ESPAGNE (1701-1713), l'Acadie passe définitivement aux mains des

Anglais. Le TRAITÉ D'UTRECHT cède Plaisance et le territoire de «l'Acadie, délimitée par ses anciennes frontières», mais la France et l'Angleterre ne s'entendent pas sur le sens de cette délimitation. Pour les Français, ce territoire ne comprend que l'actuelle Nouvelle-Écosse péninsulaire, mais les Anglais réclament également le Nouveau-Brunswick, la Gaspésie et le Maine actuels.

Voisinage difficile (1713-1763) Après la perte de l'«ancienne Acadie», la France travaille à développer l'île Saint-Jean (l'Île-du-Prince-Édouard) et l'île Royale (l'ÎLE DU CAP-BRETON), deux régions auparavant très négligées. Sur l'île Royale, on choisit LOUISBOURG comme nouvelle capitale. Cette localité a trois fonctions: elle remplace Plaisance en tant que poste de pêche, elle assure une forte présence militaire et elle constitue un centre du commerce. L'île Saint-Jean est considérée surtout comme une annexe agricole de l'île Royale. Bien que les dispositions du traité d'Utrecht autorisent théoriquement le départ des Acadiens, ceux-ci ne s'empressent pas d'aller s'établir dans les nouvelles colonies françaises, parce qu'on n'y trouve pas les marais essentiels à leur système agricole. Quant aux autorités britanniques de Port-Royal (rebaptisé ANNAPOLIS ROYAL), elles ne facilitent pas le transfert des Acadiens, mais travaillent plutôt à l'empêcher. Elles craignent, en vidant la colonie de sa population, de voir celle de l'île Royale augmenter en conséquence. Elles ont aussi besoin des agriculteurs acadiens pour fournir des vivres à la garnison.

À l'exception de la garnison qu'ils maintiennent à Port-Royal, les Anglais ne font pratiquement aucune tentative de colonisation jusqu'en 1749 dans le territoire en question, renommé Nouvelle-Écosse. De 1713 à 1744, la faible présence anglaise et une paix durable permettent à la population acadienne de s'accroître à un rythme qui dépasse la moyenne pour toute cette époque. Certains historiens considèrent cette période comme l'âge d'or de l'Acadie.

L'Angleterre exige des sujets conquis un serment d'allégeance sans condition, mais les Acadiens ne consentent qu'à prêter un serment de neutralité. Incapable d'obtenir l'allégeance sans condition, le gouverneur Richard PHILIPPS accepte cette semi-allégeance par convention verbale en 1729-1730.

En 1745, pendant la GUERRE DE LA SUCCESSION D'AUTRICHE, Louisbourg tombe aux mains d'un corps expéditionnaire anglais dont les forces terrestres sont formées surtout de colons de la Nouvelle-Angleterre. Toutefois, la France reprend possession de la forteresse grâce au traité d'Aix-la-Chapelle en 1748, au grand déplaisir des colonies de la Nouvelle-Angleterre. C'est ainsi que l'Angleterre décide de donner un caractère vraiment britannique au territoire de la Nouvelle-Écosse.

Déportation En 1749, la capitale est transférée d'Annapolis Royal à HALIFAX. On choisit cet emplacement, établi pour faire contrepoids à l'influence militaire et commerciale de Louisbourg, parce qu'il est un meilleur port de mer et qu'il est éloigné des populations acadiennes. L'Angleterre prend enfin des mesures pour installer ses propres colons en Nouvelle-Écosse. Ils viennent surtout de l'Angleterre et de territoires allemands qui lui sont associés (Hanovre, Brunswick, etc.). Selon les estimations, 7000 colons britanniques viennent s'établir en Nouvelle-Écosse de 1750 à 1760.

Les autorités françaises répliquent en construisant en 1751 le FORT BEAUSÉJOUR (près de Sackville, au Nouveau-Brunswick) pour empêcher les Anglais de traverser l'isthme de Chignecto et d'envahir ainsi leur «nouvelle» Acadie. Les Britanniques veulent surveiller les Français et leurs alliés micmacs, et ils construisent le fort Lawrence à cette fin. Ils veulent aussi protéger les colons anglais éventuels et prévenir toute possibilité d'invasion terrestre en provenance du CANADA.

La présence de Louisbourg et du Canada au nord, du fort Beauséjour à l'est et d'une population acadienne considérée comme une menace potentielle de rébellion décide les autorités britanniques de Halifax à régler une fois pour toutes la question acadienne. En refusant de prêter un serment d'allégeance sans réserve, la population risque d'être déportée. Les Britanniques commencent par s'emparer du fort Beauséjour, puis ils exigent de nouveau une promesse d'allégeance sans condition à l'Angleterre.

Les représentants acadiens, tiraillés entre les menaces anglaises et la crainte de représailles françaises et amérindiennes, sont sommés de comparaître devant le gouverneur Charles LAWRENCE. Suivant les conseils du père LE LOUTRE, ils refusent d'abord de prêter le serment, mais ils s'y soumettent finalement. Lawrence, mécontent d'un serment prêté à contrecœur, entreprend la déportation.

Il faut interpréter cette déportation en fonction de la situation géopolitique de l'époque au lieu de la considérer seulement comme une décision personnelle de Lawrence. Celui-ci a appris que les troupes anglaises du général Braddock venaient d'être mises en déroute par des forces armées françaises et canadiennes dans la vallée de l'Ohio (*voir* FORT DUQUESNE). La crainte d'une attaque combinée de Louisbourg et du Canada contre la Nouvelle-Écosse, à laquelle peuvent théoriquement se joindre les Acadiens et les Micmacs, explique dans une certaine mesure l'ordre de déportation.

Une fois entreprise, la déportation dure de 1755 à 1762. Les colons sont mis à bord de bateaux et déportés vers les colonies anglaises de la côte Est, aussi loin vers le sud que la Géorgie. D'autres réussissent à s'enfuir en territoire français ou à se cacher dans les forêts. Selon les estimations, les trois-quarts de la population sont déportés et le reste réussit à s'enfuir. Un nombre inconnu d'Acadiens meurent de faim, de maladie ou de misère. Quelques navires remplis d'exilés font naufrage en haute mer avec leur cargaison humaine.

La GUERRE DE SEPT ANS éclate en 1756 entre la France et l'Angleterre. Les deux colonies françaises de l'île Royale et de l'île Saint-Jean tombent en 1758 et leurs colons sont renvoyés en France. Le TRAITÉ DE PARIS (1763) marque définitivement la fin de la présence française dans les Maritimes et dans toute la NOUVELLE-FRANCE.

Fondation d'une nouvelle Acadie (1763-1880)
Après 1763, les Maritimes s'anglicisent nettement lorsque les PLANTERS de la Nouvelle-Angleterre occupent les terres abandonnées par les Acadiens. Les noms français et micmacs sont presque partout remplacés par des noms anglais. Les Anglais commencent par unifier le territoire en une seule province, la Nouvelle-Écosse. Toutefois, ils en détachent en 1769 l'ancienne île Saint-Jean, qui devient une province distincte appelée Saint John's Island. Son nom actuel de Île-du-Prince-Édouard lui sera donné en 1799. En 1784, le Nouveau-Brunswick actuel est également séparé de la Nouvelle-Écosse par suite de l'arrivée de LOYALISTES américains qui réclament leur propre administration coloniale.

Quant aux Acadiens, ils commencent lentement et péniblement à se réinstaller dans leur région natale. Les Anglais leur en donnent la permission une fois qu'ils ont enfin consenti à prêter le serment d'allégeance tant contesté. Certains Acadiens exilés sont de retour, mais la nouvelle colonisation est surtout l'œuvre des fugitifs qui ont échappé à la déportation et des prisonniers de Beauséjour, de Pigiguit, de Port-Royal et de Halifax lorsqu'ils sont enfin libérés.

Des Acadiens s'établissent sur les côtes de l'île du Cap-Breton, près de l'île Madame, ainsi que sur l'île elle-même, sur la pointe sud-ouest de la péninsule de la Nouvelle-Écosse et le long de la BAIE ST. MARY'S, ainsi qu'au nord-ouest du Nouveau-Brunswick, dans le Madawaska. Un petit nombre va habiter l'Île-du-Prince-Édouard, mais la majorité des Acadiens s'installent dans les régions de l'est du Nouveau-Brunswick. Les autorités britanniques préfèrent les voir se disperser sur tout le territoire et cet-

te directive convient aux Acadiens eux-mêmes, parce qu'elle leur permet d'éviter les régions à majorité britannique. C'est pourquoi, la plupart du temps, les colons britanniques occupent les terres qui appartenaient auparavant aux Acadiens.

La plupart des Acadiens, sauf ceux de l'Île-du-Prince-Édouard et du Madawaska, ont des terres moins fertiles qu'avant, et ainsi, d'agriculteurs qu'ils étaient, ils deviennent pêcheurs et bûcherons, ne cultivant la terre que pour se nourrir. En tant que pêcheurs, ils sont exploités et réduits à une dépendance et à une pauvreté extrêmes, surtout par les compagnies de l'île Jersey.

Parce qu'ils sont catholiques, les Acadiens sont privés de leurs droits civils et politiques. Ils n'ont pas le droit de vote et ne peuvent pas être élus à l'Assemblée législative. De 1758 à 1763, ils n'ont même pas le droit légal de posséder des terres. Les Acadiens de la Nouvelle-Écosse obtiennent le droit de vote en 1789, ceux du Nouveau-Brunswick et de l'Île-du-Prince-Édouard, en 1810. Après 1830, ils peuvent siéger aux assemblées législatives des trois colonies.

Germes d'une nouvelle Acadie En général, les Acadiens du début du XIXe siècle ne poursuivent que des objectifs immédiats et élémentaires. Leur seule ambition est de survivre et leur mode de vie ne fait qu'assurer leur subsistance. Ils n'ont pratiquement aucune institution propre: le clergé catholique vient du Québec ou de la France et l'Église est la seule institution française dans toutes les Maritimes.

Les écoles francophones sont rares et les enseignants peu nombreux. Ceux-ci, pour la plupart, sont de simples «maîtres d'école itinérants» qui diffusent leurs connaissances de village en village. Il n'y a pas de journal francophone. Les Acadiens n'ont encore ni avocats, ni médecins, ni classe moyenne d'aucune sorte. Toutefois, consciemment ou non, ils plantent les germes d'une nouvelle Acadie sans aucune aide de l'État.

Au début du XIXe siècle, on compte 4000 Acadiens en Nouvelle-Écosse, 700 à l'Île-du-Prince-Édouard et 3800 au Nouveau-Brunswick. Pendant ce siècle, leur implantation et leur croissance sont remarquables: ils sont environ 87 000 au moment de la Confédération et 140 000 au tournant du siècle.

Formation d'une conscience collective Les Acadiens commencent à s'exprimer en tant que peuple dans les années 1830 et élisent leurs premiers députés aux assemblées législatives des trois provinces Maritimes dans les années 1840 et 1850. Le poème ÉVANGÉLINE (1847), écrit par l'américain Henry W. Longfellow, est traduit plusieurs fois en français et exerce une influence indéniable.

En Acadie même, un prêtre né au Québec, François-Xavier Lafrance, ouvre en 1854 le premier établissement d'enseignement supérieur de langue française, le Séminaire Saint-Thomas, au Nouveau-Brunswick. Celui-ci ferme ses portes en 1862, mais il est rouvert deux ans plus tard par des prêtres québécois de la Congrégation de Sainte-Croix et devient le Collège Saint-Joseph (intégré plus tard à l'UNIVERSITÉ DE MONCTON). Vient ensuite, en 1867, la fondation à Shédiac, au Nouveau-Brunswick, du premier journal francophone des Maritimes, *Le Moniteur Acadien*. D'autres journaux suivront: *L'Évangéline*, le plus durable, à Digby en Nouvelle-Écosse, de 1887 à 1982, et *L'Impartial*, fondé en 1893 à Tignish, à l'Île-du-Prince-Édouard.

Des communautés religieuses féminines viennent également en Acadie et y jouent un rôle essentiel dans la formation de l'éducation et des soins de santé. Des sœurs de la Congrégation de Notre-Dame, venues de Montréal, ouvrent des pensionnats à l'Île-du-Prince-Édouard (Miscouche, 1864; Tignish, 1868). En 1868, les Sœurs de Saint-Joseph prennent la direction de la léproserie de TRACADIE (aujourd'hui Tracadie-Sheila), au Nouveau-Brunswick. Elles s'établissent aussi à Saint-Basile, au Nouveau-

Brunswick, où leur pensionnat deviendra plus tard le Collège Maillet.

Juste avant la CONFÉDÉRATION, les Acadiens se font entendre avec éclat sur la scène politique des Maritimes. Au Nouveau-Brunswick, ils votent en majorité contre la Confédération à deux reprises. Bien que de nombreux politiciens les accusent d'être réactionnaires, il faut remarquer que les Acadiens ne sont pas les seuls dans les Maritimes à s'opposer à la Confédération.

Époque nationaliste (1881-1950) Dans les années 1860, une classe moyenne acadienne est en voie de s'établir. Bien que le Collège Saint-Joseph et le Collège Sainte-Anne, fondés en 1890 à Pointe-de-l'Église en Nouvelle-Écosse, contribuent indéniablement à la formation d'une élite instruite, l'Acadie compte au moins quatre catégories d'élite. Les deux plus en vue sont le clergé et les membres des professions libérales (les avocats et les médecins). Toutefois, même si les agriculteurs et les commerçants acadiens ne bénéficient pas d'un capital considérable comme leurs homologues anglophones, bon nombre d'entre eux réussissent tout de même à se distinguer.

Les conventions nationales acadiennes tenues à partir de 1881 sont des tribunes publiques qui permettent aux Acadiens de parvenir à un consensus sur des projets importants comme la promotion du développement agricole, l'éducation en français et la mise en place d'un clergé catholique acadien. Jusqu'en 1930, de telles assemblées se tiennent de manière intermittente dans différentes localités acadiennes.

Les Acadiens fondent la Société nationale de l'Acadie, qui a pour but de promouvoir le fait français. L'Acadie se dote ainsi de symboles nationaux: un drapeau (le drapeau tricolore français auquel est ajoutée une étoile jaune sur la bande bleue), une fête nationale (l'Assomption, célébrée le 15 août), une devise (*L'union fait la force*) et un hymne national (*Ave Maris Stella*). L'une des plus grandes victoires acadiennes est la nomination de Mgr Édouard Le Blanc comme premier évêque acadien en 1912.

De 1881 à 1925, au moins trois communautés de religieuses acadiennes sont aussi constituées. Les couvents dirigés par ces religieuses contribuent beaucoup à améliorer l'éducation des Acadiennes et à rehausser la vie culturelle de la collectivité. Ces communautés fondent également les premiers collèges pour jeunes filles en Acadie, au Nouveau-Brunswick: à Memramcook, en 1913; à Saint-Basile, en 1949; et à Shippagan, en 1960.

Pendant toute cette période, quelques femmes exceptionnelles, par la voie des journaux, expriment leurs opinions sur des questions très importantes pour les Acadiens. Elles abordent aussi des questions relatives aux droits fondamentaux des femmes, notamment le droit de vote et l'accès à l'éducation.

Cette période se caractérise également par une importante évolution socioéconomique: l'intégration complète des Acadiens dans le processus d'industrialisation et d'urbanisation canadien. Bien que l'exode rural soit moins prononcé chez les Acadiens que dans d'autres régions du Canada, un grand nombre d'Acadiens vont néanmoins s'établir à Moncton, à Yarmouth, à Amherst et dans les villes de la Nouvelle-Angleterre, où les hommes travaillent dans des usines et les femmes dans des filatures.

Certains membres de l'élite acadienne estiment qu'une telle évolution crée un danger d'assimilation à la masse anglo-saxonne. De 1880 à 1940, des mouvements de colonisation cherchent à freiner l'exode de la population, à détourner les Acadiens de l'industrie de la pêche, qui appartient en majeure partie à des compagnies étrangères, et à aider les familles à faire face aux conditions difficiles de la CRISE DES ANNÉES 30. Le MOUVEMENT COOPÉRATIF, pendant les années 30, permet enfin aux pêcheurs exploités pendant des générations de travailler de façon autonome.

Certaines différences régionales se manifestent aussi. Les Acadiens du Nouveau-Brunswick, plus nombreux et plus sûrs d'eux-mêmes que les autres, prennent l'initiative de parler au nom des Acadiens en général.

Dans les années 50, les Acadiens commencent à faire largement sentir leur présence dans l'économie, la politique et la culture des provinces Maritimes. En préservant leurs valeurs et leur culture à la maison, ils peuvent mettre sur pied un système d'éducation francophone, surtout au Nouveau-Brunswick. La vitalité et l'originalité de leur culture les protègent contre les ravages de l'assimilation et les aident à être reconnus en tant que population minoritaire dans les Maritimes.

Toutes ces victoires ne garantissent pas leur survie. Dans les années 60, le mouvement souverainiste du Québec et un mouvement d'opposition au bilinguisme dans l'Ouest se font sentir sur la scène nationale. Ironiquement, comme dans les années 1750, les Acadiens sont pris entre deux feux. Néanmoins, ils ont pu faire des progrès en vue de préserver leurs droits. (*Voir aussi* ACADIE, CULTURE DE L'.)

Père Anselme Chiasson et Nicolas Landry

Accès à l'information, Loi sur l' Adoptée par le Parlement en 1982, elle entre en vigueur en juillet 1983. Cette loi fédérale confère à chacun le droit d'examiner des renseignements concernant la conduite des activités du gouvernement, y compris les renseignements ayant trait à la formulation de la politique du gouvernement fédéral. Cette prétendue loi sur «l'accès à l'information» accorde à chaque personne la possibilité de demander au gouvernement de lui communiquer des renseignements en sa possession et prévoit que ces renseignements doivent être communiqués avec célérité moyennant un coût raisonnable. Elle crée le poste de commissaire à l'information dont le titulaire est chargé d'aider les personnes qui demandent la communication de renseignements. Elle prévoit par ailleurs certaines exceptions permettant de refuser la communication de tout ou partie des renseignements demandés.

À l'heure actuelle, la personne qui se voit refuser la communication de renseignements peut exercer, devant la Section de première instance de la Cour fédérale du Canada siégeant à huis clos, un recours en révision de la décision du gouvernement d'invoquer une exception afin de refuser de lui communiquer les renseignements visés. En outre, la loi comporte une disposition excluant les documents du Cabinet de son champ d'application. En 1986 et en 1987, une commission parlementaire examine en profondeur l'expérience de la mise en œuvre de la nouvelle loi, un examen qui donne lieu au printemps de 1987 à la formulation d'une série de recommandations visant à améliorer la loi. Le gouvernement d'alors rejette cependant les recommandations du comité qui visent à élargir le champ d'application de la loi.

Au cours des années qui suivent, la plupart des provinces édictent des lois semblables régissant l'accès à l'information dans leurs domaines de compétence. La loi la plus récente a été édictée en Alberta. Les régimes législatifs varient d'une province à l'autre. P. ex., au Manitoba, au lieu de créer le poste de commissaire à l'information, la loi délègue la charge de commissaire à l'ombudsman provincial.

Certaines municipalités ont également adopté des dispositions relatives à l'accès à l'information. La ville d'Edmonton, p. ex., a été l'une des premières villes à agir en ce sens.

Les lois sur l'accès à l'information sont étroitement liées à ce qu'on appelle les lois sur la protection de la vie privée. Souvent, les lois sur l'accès à l'information et les lois sur la protection de la vie privée sont édictées concomitamment (tant au fédéral que dans plusieurs provinces). Dans ce contexte, l'expression «protection de la vie privée» a trait à l'accès à l'information sur soi contenue dans les fichiers du gouvernement.

G. Gall

Accidents du travail, Loi sur les Elle a été créée afin d'assurer des indemnités, des soins médicaux et des services de réadaptation aux travailleurs qui se blessent sur leur lieu de travail ou qui contractent des MALADIES PROFESSIONNELLES. Avant l'adoption d'une telle loi, on traitait les accidents du travail entièrement aux termes du droit commun (*voir* RESPONSABILITÉ CIVILE DÉLICTUELLE). En pratique, cela signifie que les travailleurs ne pouvaient poursuivre leur employeur avec quelque chance de succès que s'ils pouvaient prouver la négligence de ce dernier. En l'absence d'un régime général d'indemnisation, de nombreux syndicats maintenaient un fonds à cette fin, mais ils ne couvraient qu'une minorité de la population active.

En 1889, la Commission royale d'enquête sur les relations entre le capital et le travail révèle la fréquence élevée d'accidents chez les travailleurs et condamne les conditions de travail oppressantes dans beaucoup d'industries. Elle formule d'importantes recommandations visant à améliorer ces conditions, mais le gouvernement fédéral déclare qu'une intervention de sa part empiéterait sur le pouvoir des provinces. Le principe à la base de la législation moderne concernant l'indemnisation des accidentés du travail est que les blessures sont dans une certaine mesure inévitables et qu'il doit y avoir indemnisation sans égard à la responsabilité. La *Loi sur les accidents du travail* de l'Ontario instituée en 1914 est la première au Canada à adopter ce principe. Elle sert ensuite de modèle en Nouvelle-Écosse (1915), en Colombie-Britannique (1916), en Alberta (1918) et au Nouveau-Brunswick (1918). Aujourd'hui, les juridictions de toutes les provinces canadiennes possèdent une loi sur les accidents du travail prévoyant des services de réadaptation médicale de même que des avantages financiers.

L'éventail des travailleurs protégés par ces lois varie d'une province à l'autre. Au départ, seuls les travailleurs des industries dangereuses sont visés mais, à présent, la loi touche presque toutes les industries et protège entre 70 et 90 p. 100 des travailleurs. Dans la plupart des cas, toutefois, les ouvriers agricoles, domestiques, occasionnels et indépendants ne sont pas protégés par la loi bien que, dans certaines provinces, il leur soit possible de l'être par requête ou autre recours spécial. La somme des indemnités est fonction des gains antérieurs. En général, l'accidenté reçoit 75 p. 100 de son salaire jusqu'à concurrence d'un plafond établi par la loi.

Les modes de financement et les taux de cotisation au fonds d'indemnisation des accidentés varient mais, partout au pays, ce fonds est financé exclusivement par les cotisations des employeurs, qui se calculent selon la probabilité d'accident dans un secteur industriel donné. P. ex., une entreprise faisant partie d'une industrie qui affiche très peu d'accidents et dont très peu d'employés perçoivent une indemnité pourrait ne devoir verser que 0,25 $ par tranche de 100 $ de salaire, tandis qu'une entreprises faisant partie d'une industrie affichant un plus grand nombre d'accidents et de réclamations auprès du système pourraient devoir verser 15 $ par tranche de 100 $ de salaire. Le principe ressemble à celui d'une police d'assurance où le montant de la prime est proportionnel au risque que représente le souscripteur. Dans la plupart des administrations, on se préoccupe beaucoup du fait qu'il faudra éliminer un passif non capitalisé considérable, soit en augmentant les cotisations, soit en réduisant les indemnités futures.

L'indemnisation des accidentés du travail joue un rôle important dans le soulagement des conséquences pénibles que causent les blessures ou la mort. Comme elle ne survient qu'après qu'un accident a eu lieu, elle ne constitue qu'une partie d'un ensemble de politiques visant à réduire les accidents et à créer un milieu de travail plus sécuritaire. (*Voir aussi* TRAVAIL, POLITIQUE DU; RELATIONS INDUSTRIELLES.)

D.A. Smith

Accommodation Premier bateau à vapeur construit entièrement en Amérique du Nord. Il est lancé le 19 août 1809 à Montréal, ses moteurs ayant été construits aux FORGES SAINT-MAURICE, à Trois-Rivières. Le bateau est propulsé par deux roues à aubes latérales et on peut y monter une voile en cas de panne de moteur. John MOLSON et ses partenaires paient 2000 £ pour l'*Accommodation*, mais, en 1810, celui-ci accumule des dettes de 4000 £ et il est envoyé à la ferraille. Il ne reste rien du bateau original qui marque pourtant une nouvelle ère. En 1819, sept paquebots à vapeur naviguent déjà sur le fleuve Saint-Laurent. (*Voir aussi* BATEAUX À VAPEUR ET BATEAUX À AUBES.)

James Marsh

Accord canado-américain sur les produits de l'industrie automobile Accord conditionnel de libre-échange signé entre le Canada et les États-Unis en janvier 1965 qui crée un marché nord-américain unique incluant les automobiles, les camions, les autocars, les pneus et les pièces automobiles. Au Canada, le LIBRE-ÉCHANGE ne s'applique pas aux ventes au détail, mais uniquement aux fabricants et à certaines conditions. Selon cet accord, les fabricants de véhicules automobiles doivent conserver le même ratio de production-ventes au Canada qu'en 1964, année modèle, afin de préserver la valeur ajoutée canadienne ou pour que le contenu canadien soit le même qu'en 1964. De plus, ils sont tenus (depuis 1965) d'augmenter la valeur ajoutée canadienne de 60 p. 100 du taux de croissance des ventes d'automobiles (50 p. 100 pour les camions, 40 p. 100 pour les autobus).

Entre 1965 et 1982, le Canada enregistre un déficit global de 12,1 milliards de dollars avec les États-Unis sur le marché de l'automobile. Il a un excédent de 28 milliards de dollars pour les véhicules assemblés et un déficit de 40,5 milliards pour les pièces automobiles. Le Canada obtient dans l'ensemble des excédents en 1970, en 1971, en 1972 et en 1982. Depuis 1982, il affiche toujours un excédent avec les États-Unis. De 1982 à 1986, les exportations atteignent 135,5 milliards de dollars et les importations, 112,9 milliards de dollars, soit un excédent de 22,5 milliards sur cinq ans.

Les deux principaux objectifs du Pacte de l'automobile sont de faire baisser les coûts de la production canadienne en fabriquant d'une manière plus efficace une gamme moins étendue de véhicules motorisés et de pièces, et de diminuer les prix à la consommation. Toutefois, les détracteurs du Pacte font remarquer que l'industrie appartient à des intérêts étrangers et que les filiales canadiennes sont moins autonomes qu'elles ne l'étaient auparavant. Ils ajoutent que l'industrie dépense peu en recherche et développement au Canada. L'industrie automobile emploie 70 600 personnes en 1965, chiffre qui grimpe à 125 000 en 1978 avant de redescendre à 99 000 environ en 1982. Depuis lors, le nombre d'emplois remonte à 140 000.

Selon l'accord de libre-échange négocié avec les États-Unis en 1987, on maintient les mesures canadiennes de sauvegarde: les fabricants d'automobiles nord-américains perdent donc leur droit d'importer en franchise des pièces et des véhicules d'autres pays, à moins de respecter ces mesures. Les Japonais et autres fabricants étrangers ne pourraient adhérer au Pacte automobile. Le pacte canado-américain peut prendre fin n'importe quand, sur préavis écrit de 12 mois de l'un des deux gouvernements.

David Crane

Accord de Charlottetown À la suite de l'échec de l'ACCORD DU LAC MEECH en 1990, on tient une série de délibérations sur l'avenir de la Confédération, tant au Québec qu'ailleurs au Canada. En fait, quatre organismes sont chargés d'entreprendre les discussions – un organisme parlementaire et un organisme extraparlementaire au Québec et, à l'échelle nationale, deux organismes de même type. Plus précisément, on met sur pied au Québec le Comité Allaire et la Commission Bélanger-Campeau; sur le plan national, on forme le Comité Beaudoin-Edwards et la Commission Spicer. Les travaux de ces organismes donnent lieu à divers rapports, dont le document fédéral *Bâtir ensemble l'avenir du Canada*. Par la suite, le gouvernement fédéral convoque une série de cinq conférences nationales pour examiner divers aspects de la proposition formulée dans ce document. Ces conférences donnent lieu à leur tour au rapport fédéral *Un Canada renouvelé*. Toutes ces délibérations, ces conférences et ces rapports mènent à des négociations entre le gouvernement fédéral, les gouvernements provinciaux (dont le gouvernement du Québec à la fin des négociations), les gouvernements territoriaux et les représentants de l'Assemblée des Premières Nations, du Conseil national des autochtones du Canada, de l'Inuit Tapirisat du Canada et du Ralliement national des Métis. Ces négociations aboutissent à ce qu'il est convenu d'appeler l'Accord de Charlottetown.

Questions constitutionnelles L'Accord porte sur un certain nombre de questions constitutionnelles. P. ex., en matière de partage des compétences législatives, il prévoit que les forêts, les mines et d'autres domaines relèveront de la compétence exclusive des provinces. Il oblige par ailleurs le gouvernement fédéral à négocier avec les provinces en vue de l'«harmonisation» de leur action dans des domaines tels que les télécommunications, le développement et la formation de la main-d'œuvre, le développement régional et l'immigration. Il reconnaît la compétence exclusive des provinces dans le domaine de la culture. Le gouvernement fédéral doit cependant conserver son rôle relativement aux institutions culturelles nationales, comme la Société Radio-Canada et l'Office national du film. La Constitution comporte deux composantes centralisatrices: le pouvoir fédéral de réserve et de DÉSAVEU et le pouvoir déclaratoire prévu à l'alinéa 92(10)c) de la *Loi constitutionnelle de 1867*. L'Accord abolirait le pouvoir fédéral de réserve et de désaveu et maintiendrait le pouvoir déclaratoire dont il assujettit l'exercice à l'autorisation provinciale. Un des aspects importants de l'Accord a trait au pouvoir fédéral de dépenser. Le Parlement possédant un pouvoir de taxation plus étendu que les législatures provinciales, il a interprété son pouvoir de dépenser comme étant plus grand. Au cours des années, il en résulte des arrangements financiers en vertu desquels le gouvernement fédéral finance, par voie de paiements de transfert et d'autres arrangements fiscaux, l'ensemble ou certaines parties des programmes qui relèveraient autrement de la compétence législative provinciale, comme l'assurance-maladie, les services sociaux, l'enseignement supérieur, pour n'en citer que quelques-uns. Ce faisant, le gouvernement fédéral assortit généralement les arrangements fiscaux de conditions: p. ex., l'interdiction de la surfacturation par les médecins prévue par la «Loi canadienne sur la santé». Là encore, la province qui autorise un programme ou une activité en contradiction avec ces conditions payerait, comme d'habitude, une pénalité financière. L'Accord de Charlottetown autorise les provinces à établir leurs propres programmes dans ces domaines avec une garantie de compensation par le gouvernement fédéral, à condition que ces programmes soient compatibles avec les objectifs nationaux.

L'Accord prévoit également le renforcement de l'union économique et sociale du Canada. Pour ce qui est de l'union sociale, il envisage une «charte sociale» visant à favoriser et à promouvoir, notamment, un régime de soins de santé, les services de bien-être social, l'éducation, la protection de l'environnement et le droit des travailleurs à la négociation collective. Pour ce qui est de l'union économique, il envisage, entre autres, le libre-échange entre les provinces et les territoires, assorti de l'élimination des obstacles à la libre circulation des biens, des services, de la main-d'œuvre et des capitaux, et d'autres dispositions ayant trait à l'emploi, au niveau de vie et au développement.

Autonomie gouvernementale des peuples autochtones L'Accord reconnaît le droit des peuples autochtones à l'autonomie gouvernementale, mais impose un moratoire de trois ans sur la reconnaissance judiciaire du concept. Il prévoit également la représentation des autochtones au Parlement du Canada. L'Accord de Charlottetown comporte aussi la clause appelée «clause Canada», laquelle énonce les valeurs fondamentales du Canada, dont la reconnaissance que le Québec forme une société distincte au sein du Canada, l'égalitarisme, la diversité et d'autres caractéristiques de la société canadienne. Cette disposition, comme l'actuel article 27 de la CHARTE CANADIENNE DES DROITS ET LIBERTÉS ayant trait au multiculturalisme, est une disposition interprétative exigeant que les tribunaux tiennent compte de ces valeurs constitutionnalisées dans l'interprétation de la Constitution.

Modifications institutionnelles De plus, l'Accord apporte diverses modifications aux institutions canadiennes. C'est ainsi que la composition et le système de nomination des juges de la Cour suprême du Canada doivent être inscrits dans la Constitution. Le Sénat ferait l'objet des réformes suivantes: il deviendrait une chambre «élue, égale et efficace», en réponse à la demande de beaucoup de Canadiens que le pays se dote d'un «Sénat triple E». Chaque province aurait le même nombre de sénateurs, qui seraient élus soit par l'ensemble des citoyens de la province, soit par l'Assemblée législative provinciale. L'Accord réduit les pouvoirs du Sénat. Dans certains cas, il exige une soi-disant «double majorité», c.-à-d. une majorité de tous les sénateurs et une majorité des sénateurs francophones. L'Accord prévoit également des changements à la Chambre des communes. À la suite du remaniement des circonscriptions électorales, le nombre de sièges à la Chambre des communes serait plus élevé. En outre, aucune province ne compterait à la Chambre des communes moins de députés qu'une autre province dont la population est moins nombreuse. Pour la province de Québec, il garantit, cependant, qu'elle n'aurait jamais moins de 25 p. 100 du nombre total des sièges à la Chambre des communes. L'Accord institutionnalise formellement le processus consultatif fédéral-provincial-territorial, permettant du même coup la participation des autochtones lorsque celle-ci s'impose. Il augmente le nombre de questions dans l'actuelle formule d'amendement qui exige le consentement unanime pour qu'il y ait modification de la Constitution.

À l'opposé de l'Accord du lac Meech, l'Accord de Charlottetown prévoit un processus de ratification par référendum national. En fait, trois provinces ont des lois référendaires: la Colombie-Britannique, l'Alberta et le Québec. La Colombie-Britannique et l'Alberta décident de participer au référendum fédéral. Deux référendums posant la même question sont donc tenus le même jour, soit le 26 octobre 1992. La question est simplement celle-ci: «Acceptez-vous que la Constitution du Canada soit renouvelée sur la base de l'entente conclue le 28 août 1992?»

Consensus national impossible Sur le plan national, 54 p. 100 des électeurs sont opposés à l'Accord. Il est cependant approuvé au Nouveau-Brunswick, à Terre-Neuve, à l'Île-du-Prince-Édouard et dans les Territoires du Nord-Ouest, et, par la plus faible des majorités, en Ontario. Après l'échec de l'Accord du lac Meech, les Canadiens se voient de nouveau dans l'impossibilité d'établir un consensus national au cours du débat sur l'Accord de Charlottetown et dans les référendums qui suivent. (*Voir* HISTOIRE CONSTITUTIONNELLE.)

Gerald L. Gall

Accord du lac Meech Le Québec, qui n'avait pas accepté l'ensemble des propositions de rapatriement en 1981, se sentait un peu coupé de la «famille constitutionnelle» canadienne. Cela mène, vers 1985, à de nouvelles discussions constitutionnelles dans le cadre desquelles le gouvernement du Québec présente une série de propositions qui, moyennant une acceptation par tous, mèneraient au retour de cette province dans la «famille constitutionnelle».

Entre-temps, le Québec est juridiquement autant lié que les autres provinces par les dispositions de la Loi de 1982 sur le Canada et de son annexe B, la *Loi constitutionnelle de 1982*. Dorénavant, les propositions du Québec, quoique très substantielles, acquièrent donc aussi une grande valeur symbolique.

Les propositions du Québec comportent deux volets. Le premier porte sur le caractère distinct du Québec au sein de la fédération canadienne, tandis que le second regroupe diverses questions. Ces dernières tendent, de façon discutable, à rehausser le rôle des provinces dans leurs relations avec le gouvernement fédéral. Il n'est donc pas surprenant que, lorsque le Québec présente son ensemble de propositions, y compris le second volet qui rehausse le rôle des provinces, toutes les provinces se disent d'abord d'accord sur la série de propositions, au nom du principe de l'égalité juridique. L'ensemble des propositions devient alors connu sous le nom d'Accord constitutionnel du lac Meech de 1987.

Société distincte au sein du Canada L'accord reconnaît que le Québec forme une société distincte au sein du Canada. De même, il reconnaît que l'existence de la minorité anglophone au Québec et de la minorité francophone dans le reste du pays constitue une caractéristique fondamentale du Canada.

Les provinces se voient attribuer pour la première fois un rôle officiel dans la nomination des personnes qui siègent à certaines institutions fédérales (à savoir le Sénat et la Cour suprême du Canada).

Depuis un certain temps, les programmes sociaux de compétence provinciale (p. ex., les soins de santé) étaient en grande partie financés par le gouvernement fédéral, puisque ce dernier détenait un pouvoir illimité de lever des impôts et exerçait *de facto* le pouvoir de dépenser dans des champs de compétences provinciales exclusives. Les provinces étaient préoccupées par les conditions que le fédéral rattachait au financement dans cette entente. L'accord prévoit qu'une province peut décider de ne pas participer à l'un de ces programmes, pourvu qu'elle applique un programme compatible avec les objectifs nationaux, auquel cas le gouvernement fédéral continuera, sous forme de juste compensation, à financer le nouveau programme provincial.

La Loi constitutionnelle de 1867 conférait aux provinces et au gouvernement fédéral une compétence conjointe ou parallèle en matière d'immigration, ce qui avait mené à une série d'accords sur l'établissement de nouveaux immigrants au Canada. L'accord constitutionnalise ces accords.

L'accord constitutionnalise aussi le processus de consultation fédéral-provincial en obligeant la tenue d'au moins une CONFÉRENCE DES PREMIERS MINISTRES par année et en exigeant qu'on y discute des questions relatives à la réforme du Sénat et au dossier des pêches.

Réaménagements mineurs Enfin, l'accord change légèrement la formule existante de modification constitutionnelle. Avant l'accord, le Canada disposait de deux formules de modification. La formule générale exigeait le consentement du Sénat et de la Chambre des communes, et celui des assemblées législatives des deux tiers des provinces, moyennant que ces provinces représentent 50 p. 100 de la population du Canada. Pour certaines questions particulières inscrites, la formule exigeait le consentement du Parlement et des assemblées législatives de toutes les provinces. Une troisième liste mentionnait encore d'autres questions particulières, qui ne tombaient toutefois que sous le coup de la formule générale de modification. L'accord prend cette dernière liste de questions particulières, y ajoute d'autres questions, puis regroupe le tout dans la première liste de questions particulières. Ainsi, toutes les questions particulières (telles que des changements à apporter au Sénat ou la création de nouvelles provinces) exigent désormais le consentement unanime du Parlement et des assemblées législatives de toutes les provinces.

Pour devenir loi, l'accord devait être ratifié par le Parlement et les assemblées législatives de toutes les provinces, conformément à l'article 41 de la Loi constitutionnelle de 1982. Cette ratification unanime devait avoir lieu au plus tard le 23 juin 1990. L'Assemblée nationale du Québec adopte en premier la résolution nécessaire, le 23 juin 1987. Au début de juin 1990, tous les premiers ministres provinciaux conviennent enfin de ratifier l'accord, sous réserve de garanties de discussions constitutionnelles ultérieures, après l'adoption de l'accord, sur des questions telles qu'un Sénat élu, la formule de modification, l'égalité et les affaires autochtones. Malgré tout, le dernier jour prévu pour la ratification, l'accord est torpillé. Au Manitoba, même si tous les partis ont enfin consenti à l'accord, il faut tenir des audiences publiques, à moins de dispense par consentement unanime de l'Assemblée législative. Or, un député manitobain, Elijah HARPER, refuse d'accorder son consentement. L'accord n'est donc pas mis aux voix dans la province. Le jour même, afin de prolonger le délai pour le Manitoba, le ministre fédéral chargé des relations fédérales-provinciales suggère que la date de ratification soit prolongée de trois mois — jusqu'à la date du troisième anniversaire de la ratification par la Saskatchewan — ce qui obligerait le Québec à ratifier de nouveau l'accord. Cela suscite le mécontentement du premier ministre de Terre-Neuve, qui refuse alors de mettre l'accord aux voix ce jour-là dans son assemblée législative. C'est un deuxième coup — le coup de grâce — porté à l'Accord du lac Meech. (*Voir* HISTOIRE CONSTITUTIONNELLE.)

Gerald L. Gall

Accord général sur les tarifs douaniers et le commerce (GATT) Conclu en 1948. Durant la Seconde Guerre mondiale, il paraît évident aux alliés qu'une fois les hostilités terminées, il faudra disposer d'un cadre institutionnel multilatéral qui permette: de libéraliser progressivement le commerce mondial; aux nations membres de se consulter au sujet des problèmes commerciaux et de trouver des solutions; aux données sur les caractéristiques et sur les tendances du commerce mondial d'être recueillies et diffusées. Après plusieurs séances préparatoires, le Canada et 22 autres pays signent donc le 22 octobre 1947, l'Accord général sur les tarifs douaniers et le commerce, qui entre en vigueur le 1er janvier 1948.

Au cours des travaux préparatoires, les 23 pays signataires mènent entre eux des négociations visant à réduire certains tarifs douaniers et quelques autres barrières commerciales. Le Canada négocie avec sept d'entre eux; toutefois, ses discussions avec les États-Unis s'avèrent les plus importantes de toutes. Le Canada avait déjà négocié en 1935 et en 1938 des accords commerciaux avec les États-Unis, mais après la signature de l'Accord, celui-ci devient l'accord de base régissant les relations commerciales entre les deux pays en remplacement de celui de 1938. Selon les règles de l'Accord (article I), tout pays membre doit accorder à tous les autres membres les mêmes privilèges en matière de tarifs douaniers ou de politiques commerciales que ceux accordés à la nation la plus favorisée avec laquelle il négocie. Il s'agit du principe de la nation la plus favorisée (NPF).

Certaines exceptions sont permises et le Canada bénéficie de plusieurs d'entre elles. L'article I permet de conserver les préférences qui existaient avant l'Accord du GATT, entre autres celles qui concernent le Commonwealth britannique. Les États-Unis bénéficient d'une dérogation en ce qui a trait aux règles de la NPF, afin de conclure l'ACCORD CANADO-AMÉRICAIN SUR LES PRODUITS DE L'INDUS-TRIE AUTOMOBILE en 1965 (Pacte de l'automo-

bile). Le Canada, comme d'autres pays industrialisés, obtient aussi des dérogations pour accorder aux pays en développement des tarifs douaniers préférentiels sur certaines gammes de produits régis par le Système généralisé de préférences (SGP). Il fait également partie de l'Arrangement multifibre (AMF), qui permet à un certain nombre de pays industrialisés d'imposer des restrictions sur les quantités de textile importées des pays en développement, jusqu'à ce que cet arrangement soit éliminé progressivement d'ici 2005 en vertu des dispositions de l'Uruguay Round. Finalement, les accords de LIBRE-ÉCHANGE entre les pays sont expressément permis par l'article XXIV de l'Accord du GATT.

Les restrictions quantitatives sur les subventions à l'exportation ou à l'importation sont généralement interdites par l'Accord (articles XI et XVI), sauf dans certaines circonstances. Les deux exceptions les plus importantes pour le Canada sont l'AMF et les arrangements concernant les produits agricoles. Ces derniers produits étaient exclus du cadre de libéralisation du commerce prévu par l'Accord du GATT, en raison surtout de l'insistance des États-Unis. Le Canada et d'autres grands pays exportateurs de produits agricoles protestent alors vigoureusement. Le Canada s'oppose alors aussi à la dérogation particulière accordée aux États-Unis en 1955 pour leur permettre de restreindre les importations de produits laitiers, même si le pays n'a aucune mainmise sur sa production intérieure. Par la suite, l'Allemagne et la Suisse obtiennent, après bien des controverses, d'autres dérogations leur permettant de limiter les importations de produits agricoles.

Le Canada obtient lui aussi sa part de restrictions relativement aux importations de céréales, de produits laitiers et de volaille, ainsi qu'à des subventions à l'exportation pour les produits laitiers et les œufs, afin d'écouler ses stocks excédentaires. Ainsi, les premières exclusions et dérogations de l'Accord du GATT donnent lieu à une foule de restrictions sur les importations agricoles et sur les subventions à l'exportation, lesquelles nuisent grandement depuis ce temps à la production mondiale et aux échanges commerciaux reliés à l'agriculture. Ces restrictions commencent seulement à être levées par suite des dispositions prises au cours de l'Uruguay Round du GATT.

L'Accord du GATT condamne aussi le dumping, c.-à-d. la vente à l'étranger de produits à un prix inférieur à celui pratiqué dans le pays exportateur (article VI). Des droits antidumping peuvent être imposés aux pays ayant recours à une telle pratique si, à cause de cela, des industries locales doivent en pâtir, être menacées ou encore ne peuvent s'établir.

Huit séries de négociations dans le cadre du GATT ont eu lieu, dont la plus importante, l'Uruguay Round, commence en septembre 1986. Elle se termine le 15 avril 1994, après presque 8 ans de négociations, et ses dispositions sont mises en application le 1er janvier 1995. Le document détaillé qui en découle comporte les modifications importantes apportées à l'Accord du GATT dans la forme où il existait après les sept séries de négociations précédentes, et présente de nombreux autres accords sur deux types de points: 1. sujets non visés auparavant par les règles générales de l'Accord du GATT (entre autres, l'agriculture, les textiles et les vêtements, les mesures concernant les investissements et liées au commerce, le commerce des services et la propriété intellectuelle); 2. les questions examinées d'une manière sommaire au cours des négociations précédentes (p. ex. les règles d'origine, le dumping, les subventions, les garanties et les procédures de règlement des différends).

Le GATT établit aussi l'ORGANISATION MONDIALE DU COMMERCE (OMC) comme nouvelle institution administrative pour remplacer ou intégrer le GATT et englober tous les accords et arrangements conclus au cours de l'Uruguay Round. Les pays désireux de devenir membres de l'OMC doi-

vent d'abord terminer les négociations pour devenir membres contractuels du GATT. En juin 1998, 132 pays étaient membres de l'OMC, et 31 pays économiquement en développement ou en transition en ont fait la demande.

Bruce W. Wilkinson

Accord Rush-Bagot Conclu en avril 1817. En 1816, le secrétaire d'État américain James Monroe propose au ministre des Affaires étrangères britanniques, lord Castlereagh, de restreindre les armements navals à un navire chacun sur les lacs Ontario et Champlain, et à deux chacun sur les lacs situés en amont. En 1817, le secrétaire d'État par intérim Richard Rush et le ministre britannique à Washington sir Charles Bagot échangent des notes.

Comme le désarmement naval des lacs est pratiquement terminé après 1817, on considère souvent l'accord Rush-Bagot comme l'origine diplomatique de l'entente amicale à la frontière des deux pays. À vrai dire, ces accords ne touchent que la marine, car les États-Unis et la Grande-Bretagne continuent de construire des FORTIFICATIONS terrestres le long de la frontière pendant le demi-siècle suivant.

D.N. Sprague

Accouchement, méthodes d' Au Canada, les méthodes d'accouchement ont évolué en phases successives, chacune chevauchant la suivante. Au cours du premier tiers du siècle, on se préoccupe avant tout du taux élevé de mortalité des mères à l'accouchement. Vers le milieu du siècle, le soulagement des douleurs de l'accouchement devient la principale préoccupation, et durant le dernier tiers du siècle, on accorde la priorité au bien-être du fœtus et du nouveau-né.

Mortalité puerpérale Au cours des trois premières décennies du siècle, le taux constant de mortalité des mères qui accouchent (on enregistrait alors un décès par 173 à 210 grossesses) demeure inchangé par rapport à celui du siècle précédent, ce qui inquiète et effraie les femmes enceintes tout comme les médecins. En 1930, le taux de mortalité atteint un niveau sans précédent: 1441 mères perdent la vie à l'accouchement au cours de l'année, ce qui correspond à 58 décès par 10 000 accouchements. Puis, au cours des années 1930, grâce aux progrès énormes réalisés par la médecine (comme l'utilisation de transfusions sanguines en cas d'hémorragie et la mise au point d'anesthésiques plus sûrs et d'antibiotiques pour combattre les infections), le taux de mortalité des femmes qui accouchent commence à chuter de façon radicale et est maintenant plus de 100 fois moins élevé. En 1992, on a enregistré pour l'ensemble du Canada un total de 19 décès de mères sur près de 400 000 accouchements, soit un taux de 0,5 décès par 10 000 accouchements. De nos jours, un obstétricien peut terminer sa carrière sans avoir jamais connu de décès à l'accouchement, et la peur de mourir en raison de la grossesse ou de l'accouchement est pratiquement inexistante chez les Canadiennes.

Vers le milieu du siècle, la crainte d'un décès à l'accouchement ayant presque disparu, on s'attarde désormais à soulager les douleurs de l'accouchement. L'usage de puissants sédatifs pendant le travail, la somnolence induite par des narcotiques ou des substances amnésiantes, et l'anesthésie générale pendant l'accouchement deviennent des pratiques courantes. Les femmes accouchaient et les bébés naissaient dans un état de torpeur. Au fur et à mesure qu'on reconnaît les effets néfastes sur la santé de ces pratiques dangereuses, celles-ci sont graduellement abandonnées et remplacées par des mesures analgésiques qui permettent aux femmes d'être tout à fait éveillées et conscientes à la naissance, comme la préparation psychologique de la mère pendant la période prénatale, ainsi que l'analgésie et l'anesthésie épidurales. La demande croissante d'anesthésie, particulièrement risquée si elle est administrée à la maison, fait en sorte que l'HÔPITAL devient le lieu de naissance privilégié.

Mortalité périnatale Au cours du dernier tiers du siècle, l'attention se porte de la mère à l'enfant. La mortalité périnatale (enfants mort-nés et morts durant la première semaine de vie) chute de façon constante, passant de 65 décès par 1000 naissances en 1921 à 28 décès par 1000 naissances en 1961, pour finalement tomber à 7 décès par 1000 naissances en 1992. Contrairement à la baisse marquée et soudaine de mortalité chez les femmes lors d'un accouchement, résultant des progrès immenses réalisés dans le domaine médical, l'amélioration de l'état de santé du bébé se fait de façon graduelle, et est largement attribuable à une meilleure alimentation et à une amélioration générale de la qualité de vie des mères canadiennes. Le développement de la néonatologie comme spécialité et de meilleurs soins prodigués aux bébés nés avant terme et aux nouveau-nés malades à la naissance ont aussi largement contribué à la réduction du taux de mortalité périnatale.

Bien entendu, ces améliorations entraînent des coûts importants. Études, examens et interventions sont pratiqués de façon quasi routinière et ceux-ci, lorsque non nécessaires, peuvent faire plus de tort que de bien. Presque chaque femme enceinte au Canada passe au moins une échographie, et chez certaines femmes, même celles dont la grossesse se déroule normalement, cet examen peut être répété plusieurs fois. Les naissances par césarienne sont passées de moins de 5 p. 100 en 1960 à près de 20 p. 100 en 1990, et le taux commence à peine à se stabiliser ou à diminuer légèrement. Préoccupées par cette situation, les patientes et les personnes prodiguant des soins encadrant la maternité ont commencé à rechercher des solutions de rechange, pour assurer la satisfaction des besoins psychologiques sans compromettre la sécurité physique.

Accouchements à la maison Si quelques Canadiennes choisissent d'accoucher à la maison pour vivre l'expérience de la naissance comme elles le désirent, plus de 99 p. 100 des accouchements au Canada sont pratiqués dans les 572 hôpitaux ayant des services d'obstétrique. Un grand nombre de ces hôpitaux offrent des soins axés sur la famille, mais le degré auquel ces soins sont mis en pratique varie énormément et continue de changer. Selon les données les plus récentes dont nous disposons (un important sondage mené en 1993 et publié en 1995), 60 p. 100 des Canadiennes assistent à des cours prénatals, et près du quart (24 p. 100) des hôpitaux canadiens ont leur propre programme de cours. Environ la moitié (51 p. 100) fournissent aux mères de la documentation écrite sur les soins prodigués par leur unité durant le travail et l'accouchement. Huit pour cent des hôpitaux ont un programme éducatif destiné aux frères et sœurs qui assistent à l'accouchement.

Méthodes d'accouchement Les installations obstétricales se sont améliorées. Les salles d'accouchement traditionnelles sont remplacées par des chambres de naissance où les femmes qui ont commencé leur travail peuvent donner naissance sans avoir à changer de pièce juste avant l'accouchement. De telles chambres sont maintenant offertes dans 39 p. 100 des hôpitaux canadiens.

Presque tous les hôpitaux encouragent le partenaire de la femme à participer au travail et à l'accouchement vaginal (82 p. 100 sans restrictions, 15 p. 100 avec restrictions) et 87 p. 100 encouragent la présence d'une autre personne pour assister la femme en travail. La présence des grands-parents auprès de la femme en travail est encouragée dans 35 p. 100 des hôpitaux, mais seulement 25 p. 100 des hôpitaux acceptent leur présence lors d'un accouchement vaginal. Neuf pour cent des hôpitaux encouragent la présence des frères et sœurs lors du travail, et 6 p. 100 les incitent à demeurer dans la salle lors de l'accouchement vaginal. Trois quarts des hôpitaux (76 p. 100) encouragent les partenaires à demeurer dans la salle lors d'une césarienne avec anesthésie épidurale, et 16 p. 100 favorisent leur présence même dans le cas où le médecin a recours à l'anesthésie générale.

Seule une minorité d'hôpitaux tiennent à des pratiques de routine comme le rasage périnéal (16 p. 100), le lavement ou les suppositoires (11 p. 100) et les perfusions de soluté par intraveineuse (14 p. 100) pour l'ensemble des femmes. Près des deux tiers (65 p. 100) ont recours de façon courante à une surveillance électronique initiale du fœtus pendant 20 à 30 minutes, mais seulement 3 p. 100 ont pour politique d'assurer de manière continue la surveillance électronique du fœtus.

Quatre-vingt-quatorze pour cent des hôpitaux permettent aux femmes de se lever et de marcher pendant le travail, et près des trois quarts (72 p. 100) mettent à leur disposition un bain ou une douche pour soulager leurs douleurs. Soixante-huit pour cent des hôpitaux utilisent le protoxyde d'azote pour contrôler la douleur; 94 p. 100 offrent des narcotiques pour soulager les contractions douloureuses pendant le travail, et environ 40 p. 100 des femmes les utilisent. Plus de la moitié des hôpitaux (55 p. 100) offrent l'anesthésie épidurale. De ceux-ci, 61 p. 100 l'offrent 24 heures par jour. Environ 25 p. 100 des femmes qui donnent naissance dans un hôpital offrant l'anesthésie épidurale y ont recours.

Près des deux tiers des hôpitaux (63 p. 100) permettent aux femmes d'adopter la position de leur choix pour accoucher. La majorité (62 p. 100) des femmes donnent naissance en position demi-assise, alors qu'on estime qu'environ 37 p. 100 d'entre elles continuent à accoucher en position gynécologique, les pieds dans les étriers. On a recours à l'épisiotomie pour environ deux tiers (63 p. 100) des femmes qui donnent naissance à leur premier enfant et 42 p. 100 des femmes qui ont déjà accouché auparavant.

Les hôpitaux canadiens encouragent la création des liens affectifs entre la mère et l'enfant, quoique plus des deux tiers (69 p. 100) séparent encore la mère et l'enfant durant la période d'observation de routine de 1 à 4 heures à laquelle sont soumis les bébés en santé après la naissance. Deux tiers (65 p. 100) des hôpitaux permettent à la mère de garder son bébé dans sa chambre pendant 19 à 24 heures, bien qu'en pratique la plupart des bébés partagent la chambre de leur mère pendant des périodes beaucoup plus courtes. Le séjour à l'hôpital après la naissance est d'environ 3,2 jours, mais la majorité des hôpitaux permettent aux mères de sortir plus tôt. Trois quarts (74 p. 100) des mères allaitent leur bébé au moment où elles quittent l'hôpital.

Sages-femmes Si la grande majorité des accouchements au Canada sont pratiqués par des médecins, il existe un intérêt marqué pour le travail des sages-femmes. La Société des obstétriciens et gynécologues du Canada a donné son appui aux accouchements pratiqués par des sages-femmes. Bien qu'une seule province (l'Ontario, en 1994) ait reconnu officiellement la fonction de sage-femme comme une profession indépendante, au moment d'aller sous presse, une licence d'exercice était sur le point d'être accordée aux sages-femmes dans les autres provinces. Il existe maintenant pour les sages-femmes un programme d'accès direct au niveau du baccalauréat. Ce programme est offert par les universités McMaster (Hamilton), Ryerson (Toronto) et Laurentian (Sudbury).

Le Canada possède un programme de recherche dynamique sur l'efficacité des soins relatifs à la maternité. Les résultats de ce programme se traduisent rapidement en directives fondées sur des faits qui aideront les personnes qui dispensent des soins et les mères qui donnent naissance à vivre en toute sécurité l'expérience satisfaisante à laquelle elles aspirent et qu'elles sont en droit d'obtenir.

Murray W. Enkin

Acériculture Les produits de l'érable sont uniques en leur genre et riches en histoire. La sève sucrée de l'ÉRABLE à sucre (*Acer saccharum*) est connue et prisée par les autochtones d'Amérique du Nord bien avant l'arrivée des colons européens. Une légende iroquoise décrit le perçage de l'écorce d'un érable et

l'utilisation de l'«eau sucrée» pour cuire le gibier, heureux hasard qui donne naissance à la tradition culinaire de la cuisson à l'érable. Les colons français apprennent probablement des Amérindiens la façon d'entailler l'érable, de recueillir la sève et de la faire bouillir pour obtenir un sirop ou des tablettes de sucre conservées pour utilisation ultérieure.

Les Ojibwés appellent la période des sucres «lune d'érable» ou «mois du sucre». La tradition des sucres s'établit dans les communautés qui vivent à proximité des forêts de bois franc nord-américaines et subsiste jusqu'à notre époque.

La production mondiale de sucre d'érable est limitée à l'aire de distribution de l'érable à sucre, la FORÊT d'arbres feuillus qui couvre le Midwest américain, l'Ontario, le Québec, la Nouvelle-Angleterre et s'étend jusque dans les Maritimes. À l'automne, l'érable à sucre emmagasine des sucs concentrés dans ses rameaux. Ces sucs parviennent à maturité au cours de l'hiver et sont récoltés tandis que le sol est encore gelé. Au début du printemps, avec des journées plus chaudes, le passage d'une température supérieure à 0 °C pendant le jour à une température nocturne inférieure au point de congélation stimule le flux de la sève. À l'intérieur de l'arbre, des pressions positives (atteignant 165 kPa ou 1,6 atmosphère) produisent un débit naturel de sève qu'on recueille en perçant un trou dans l'arbre. La sève claire jaillit de ces trous vers le système collecteur.

À mesure que la pression décroît au cours de la journée, le débit de sève diminue, puis s'arrête. La pression devient ensuite négative à l'intérieur de l'arbre et l'eau commence à affluer dans ses veines par le réseau des racines. Le jour suivant, le réchauffement de l'arbre rétablit la pression positive et le système de pompage génère un nouveau flux de sève. Ce cycle se poursuit pendant environ six semaines au début du printemps. À la fin de cette période, la sève prend un aspect brouillé et la quantité de sucre qu'elle contient diminue énormément. Au plus fort de la saison des sucres, la sève contient entre 2 et 5 p. 100 de sucre. Vers la fin, elle en contient moins de 1 p. 100. Pendant la récolte, l'arbre donne presque 7 p. 100 de sa sève, mais les tests démontrent que cette perte ne lui cause aucun dommage à long terme. De nombreux érables entaillés sont plus que centenaires.

Il existe plusieurs façons de récolter la sève. La tradition de la cueillette dans des seaux, toujours importante sur tout le territoire d'exploitation, est lentement remplacée par un système d'évacuation par tuyaux sous vide qui allège le travail et assure la salubrité du milieu. Une fois la sève récoltée, elle est bouillie pour produire le sirop par évaporation sans que rien n'y soit ajouté. Il faut entre 30 et 45 litres de sève d'érable pour obtenir 1 litre de sirop. L'eau est séparée de la sève par différents moyens, de l'évaporateur chauffé au bois à un système d'osmose inversée qui extrait l'eau sous l'effet d'une haute pression. Toutefois, la cabane à sucre demeure le centre de la production du sirop d'érable; chaque producteur en possède une.

Il y a environ 16 000 producteurs de sirop d'érable en Amérique du Nord, dont 80 p. 100 au Canada. En 1995, sur une production totale de 18 981 kl, le Canada en produit 14 890 kl. Le Québec en produit d'ailleurs 13 540 kl, soit 90 p. 100 de la production canadienne totale. Le reste de la production canadienne provient de l'Ontario (5 p. 100), du Nouveau-Brunswick (4 p. 100) et de la Nouvelle-Écosse (1 p. 100). La part du Canada dans la production mondiale passe de 75 p. 100 en 1992 à 79 p. 100 en 1995.

Le sirop d'érable est un édulcorant pur et naturel, le seul autre édulcorant liquide étant le miel. Il contient de nombreux oligoéléments essentiels à une saine alimentation: potassium, magnésium, phosphore, manganèse, fer, zinc, cuivre, étain et calcium dans des concentrations 15 fois plus élevées que dans le miel. Il y a 10 fois moins de sodium dans le sirop d'érable que dans le miel. Ce dernier aspect mérite l'attention de ceux qui doivent observer un régime à faible teneur en sel.

D'après les normes établies par la loi, le sirop d'érable est coté selon la couleur, le goût et la densité. Il doit titrer 66 à 67 p. 100 Brix (échelle hydrométrique pour les solutions à base de sucre) ou 32 à 34 p. 100 à l'échelle Baumé (pour les liquides plus denses que l'eau). Toute solution dont le titrage est inférieur ou supérieur ne peut être cotée ou vendue comme du sirop d'érable pur.

Après avoir été témoin de l'extraordinaire phénomène du printemps canadien et découvert les secrets du «trésor» liquide du Canada, une spécialiste britannique fort connue en art culinaire, Delia Smith, essaie de décrire le sirop d'érable canadien: «un ingrédient unique, de texture soyeuse et claire, au goût sucré et particulier – le goût du caramel avec une touche de caramel au beurre ne suffit pas à le définir – et une couleur ambre lumineuse très rare. Le goût du sirop d'érable est en fait le goût du sirop d'érable, unique, ne ressemblant à aucun autre, et finalement sa qualité est déterminée par ce que l'on appelle la durée du goût en bouche.»

En 1995, le total des exportations des produits de l'érable est de 19,5 millions de kg pour une valeur de 80,4 millions de dollars canadiens. Plus de 70 p. 100 de la production canadienne des produits de l'érable sont exportés. Le marché le plus important est celui des États-Unis, qui représente 77 p. 100 des exportations totales. Les autres principaux acheteurs sont l'Allemagne (4,9 p. 100), le Japon (4,2 p. 100), le Royaume-Uni (2,1 p. 100), l'Australie (1,8 p. 100) et la France (1,7 p. 100).

Au début des années 70, les grandes entreprises de produits alimentaires constituent les acheteurs courants. Quand l'US Food and Drug Administration réduit de 15 à 2 p. 100 le volume minimal de sirop d'érable qui doit entrer dans la composition des produits vendus comme «sirop d'érable» ou «sucre d'érable», les ventes diminuent brusquement et l'industrie connaît une crise importante. Un nouveau marché en croissance, orienté directement vers le consommateur, contribue à rajeunir l'industrie. Les produits de l'érable sont maintenant consommés dans plus de 30 pays. Le sirop d'érable demeure l'un des meilleurs édulcorants naturels au monde. S'il est encore servi principalement pour sucrer les crêpes, il est considéré désormais comme condiment. On l'utilise aujourd'hui en fine cuisine pour préparer des sauces, des glaçages et des vinaigrettes. Tout en se servant du sirop d'érable comme édulcorant ou comme ingrédient de fine cuisine, des consommateurs d'un peu partout dans le monde, misant sur son mystère et sa magie, l'utilisent en préparations pour des régimes particuliers ou à des fins de purification et, entre autres, à l'occasion de jeûnes.

La cabane à sucre traditionnelle et l'entreprise familiale, évocatrices de l'époque des pionniers, demeureront. Aujourd'hui, l'industrie canadienne a réussi à se transformer en une industrie moderne ciblant les palais les plus fins du globe.

Leo H. Werner

Achillée Nom commun de plus de 200 espèces de plantes herbacées du genre achillea de la famille des composées (astéracées). Au Canada, on en trouve trois espèces: l'achillée millefeuille (*Achillea millefolium*), l'achillée ptarmique (*A. Ptarmica*) et l'*A. sibirica*. L'achillée millefeuille ou herbe à dindes (*A. millefolium var. lanulosa*), aussi connue sous le nom de millefeuille commune, est une vivace aromatique à port érigé, qui possède des rhizomes (tiges souterraines). Elle croît partout au Canada, dans les champs et les zones herbeuses et les bords de routes, de la Colombie-Britannique à Terre-Neuve, et le nord jusqu'au Grand lac de l'Ours, dans les Territoires du Nord-Ouest. Le nom générique vient du nom du héros grec Achille, qui aurait utilisé la plante pour guérir les blessures de ses militaires. Le nom de la variété Lanulosa vient du

latin *lana*, «laine». La tige velue, de 30 à 100 cm de haut, porte des feuilles alternes et finement divisées qui font penser à un plumage (latin *millefolium*, mille feuilles). Les fleurs, insérées dans des capitules groupés en inflorescences denses et aplaties, sont des structures composées.

Des fleurons jaunâtres (3 à 10 petites fleurs) constituent la partie centrale du capitule qui est entouré de 5 fleurs ligulées, en forme de pétale. Elle fleurit de mai à octobre. L'achillée produit un fruit sec à graine unique. Au cours des âges, on a utilisé l'achillée pour arrêter l'écoulement sanguin, d'où son nom, herbe à la saignée. Les Pieds-Noirs l'utilisaient pour faciliter les accouchements, pour soigner les problèmes de foie, la gastro-entérite, les maux de gorge, les problèmes de peau et comme diurétique. On trouve l'herbe à éternuer (*A. Ptarmica*) partout au Canada, du sud de la Colombie-Britannique à l'Île-du-Prince-Édouard. On trouve l'*A. sibirica* du Yukon jusque dans l'est du Québec, et dans le centre de la Colombie-Britannique. (*Voir aussi* PLANTES, UTILISATION PAR LES AUTOCHTONES DES.)

Beryl Hallworth

Acier (*Voir* SIDÉRURGIE)

Aciers Algoma inc. Entreprise canadienne (les employés en sont propriétaires à plus de 25 p. 100) dont les principales aciéries et le siège social sont situés à SAULT SAINTE MARIE, en Ontario. Algoma est le troisième plus gros producteur d'acier au Canada et produit surtout de la tôle, des feuilles, des tubes, des tuyaux et des profilés d'acier. Elle reçoit son minerai de Wawa (Ont.) et des États-Unis. En 1996, l'entreprise a produit 2,4 millions de tonnes d'acier et ses ventes ont atteint 1,2 milliard de dollars. Elle emploie également environ 5000 personnes.

Principales usines Le haut fourneau nº 7 d'Algoma (plus de 5000 t/jour) convertit le MINERAI DE FER en fonte liquide impure. Cette fonte mélangée à des déchets de métal est versée dans deux convertisseurs à oxygène qui en font de l'acier brut liquide. Deux machines de coulée continue solidifient ensuite cet acier liquide pour produire des brames et des blooms.

Un laminoir à tôles fortes de 166 po transforme les brames coulées en tôle pouvant atteindre 3860 mm, les plus larges du Canada. Un traitement thermique en usine sert ensuite à normaliser, à durcir et à tremper la tôle roulée pour en améliorer les propriétés (force et résistance à l'abrasion). La tôle est employée dans la CONSTRUCTION NAVALE et l'INDUSTRIE DE LA CONSTRUCTION. L'usine produit également des profilés à ailes larges à partir de blooms.

Le laminoir à bandes à chaud de six cages de 106 po d'Algoma allonge et aplatit des brames en acier doux pour les transformer en bandes coulées à chaud d'une largeur pouvant atteindre 96 po, les plus larges en Amérique du Nord.

En 1997, Algoma ouvre son nouveau complexe de production de bandes par coulée directe, le plus moderne au monde. Un laminoir à froid de 80 po allonge et aplatit les bandes coulées à chaud pour en faire des bandes à froid plus minces. Les bandes laminées à chaud et à froid sont largement utilisées dans l'INDUSTRIE DE L'AUTOMOBILE.

Algoma possède deux usines qui produisent des tubes sans soudure. Elle a aussi un laminoir à profilés continu à haut volume qui produit des profilés métalliques soudés pour compléter sa gamme de profilés laminés. (*Voir aussi* SIDÉRURGIE.)

John C. McKay

Acorn, Milton, poète (Charlottetown, 30 mars 1923 —*id.*, 20 août 1986). Menuisier de profession, Acorn vit d'une pension d'invalidité qui lui a été accordée pour une blessure subie au cours de la Seconde Guerre mondiale. Il est doté d'une personnalité radicale et affiche dans ses écrits des opinions de gauche très arrêtées et des sentiments propres à la classe ouvrière. Ses écrits sont empreints d'un ton énergique et polémique, et il avoue «faire usage des idées

marxistes et existentialistes sans gêne et sans chercher à s'excuser».

Il commence à publier en 1952, dans *New Frontiers* et son premier recueil de vers, *In Love and Anger* (1956), paraît à compte d'auteur à Montréal. Acorn est par la suite coéditeur de la petite revue *Moment* (7 numéros publiés à Montréal de février 1960 à juin 1962), avec A.W. PURDY puis Gwendolyn MacEwen qu'il épouse en 1962. En 1963, Contact Press publie un recueil de ses poèmes intitulé *Jawbreakers*, et *The Fiddlehead* consacre son numéro du printemps à sa poésie. Ces publications, combinées à un livre de colportage *The Brain's the Target* (1960) paru chez Ryerson Press et à un dépliant *Against a League of Liars* (1961), lui valent une plus grande reconnaissance.

Acorn déménage à Vancouver au milieu des années 60 où il devient un orateur passionné et ergoteur très connu des milieux littéraires et journalistiques parallèles. Il se voit refuser le prix du Gouverneur général pour son premier recueil important, *I've Tasted My Blood* (1969), et ses collègues poètes lui décernent le «prix du poète du peuple», spécialement créé en son honneur, qui reconnaît tant ses talents d'écrivain que ses prises de position nationalistes et son rôle d'activiste.

Bruyant, impatient et coléreux, il déménage de Montréal à Toronto, puis à Vancouver, pour ensuite revenir à Toronto, où il s'établit pendant un certain temps avant de s'installer définitivement à Charlottetown.

En 1971, il publie *I Shout Love* et *On Shaving off his Beard*, une suite de deux poèmes de réflexions intimes et d'invectives politiques à distribution restreinte, et, en 1972, *More Poems for People* qu'il dédie à Dorothy LIVESAY. En 1975, son recueil de poèmes *The Island Means Minago* remporte le prix du Gouverneur général, et Acorn s'en tient à son rôle d'enfant terrible de la poésie canadienne. *Jackpine Sonnets* paraît en 1977 et *Captain Neal MacDougal & the Naked Goddess*, portant comme sous-titre «A Demi-Prophetic Work as a Sonnet-Series», est publié en 1982. *Dig up my Heart: Selected Poems 1952-1983*, paraît en 1983. C'est le recueil le plus complet et le plus représentatif de sa poésie.

Bien qu'il soit enclin à soutenir les causes radicales et qu'il soit souvent pris dans leurs sentiments et leur jargon, Acorn reste insulaire dans l'âme, ce qui lui inspire ses plus beaux vers. Il exprime ses émotions avec subtilité et tire de la vie quotidienne de l'île des images puissantes sans ambiguïté. Dévoué à la lutte des classes, Acorn peuple ses poèmes de travailleuses et travailleurs typiquement canadiens. Il ne cesse de rendre hommage à leurs souffrances, à leurs emplois humbles et à leur fiabilité absolue. Contrarié dans sa quête de bonheur et privé d'une véritable tranquillité d'esprit, Acorn vieillit dans le tourment.

Michael Gnarowski

Acoustique Science du son et des facteurs liés à l'audition. On peut la diviser en divers sous-domaines, notamment l'acoustique physique, l'acoustique appliquée, l'acoustique architecturale, l'acoustique musicale, l'acoustique physiologique et l'acoustique psychologique.

L'acoustique physique étudie les ondes acoustiques aériennes audibles, les infrasons (au-dessous des fréquences audibles, c.-à-d. au-dessous de 16 Hz) et les ultrasons (au-dessus des fréquences audibles, c.-à-d. au-dessus de 16 000 Hz). Elle consiste à examiner la propagation et l'absorption de toutes les fréquences dans l'atmosphère et dans les gaz, les liquides, les semi-solides et les solides. Dans les gaz, seules les ondes longitudinales (qui se déplacent perpendiculairement à la direction de vibration) sont importantes, tandis que dans les liquides et, plus particulièrement, dans les solides, des ondes transversales (qui provoquent des modifications de la conformation, mais non du volume) et des ondes de surface se manifestent. Les ondes sismiques sur terre ou sur la lune constituent donc un objet d'étude légitime pour l'acoustique.

Le vaste domaine de la production, de l'enregistrement et de la reproduction du son, y compris toutes les composantes électroniques et appareils de mesure, constitue un volet important de l'acoustique appliquée ou technique. La connaissance des principes physiques de l'acoustique a une application pratique plus poussée dans la planification des développements récréatifs et autres, qui visent à réduire les effets néfastes du bruit. La production de son, par un ou plusieurs musiciens, chanteurs ou narrateurs en direct, à l'aide de haut-parleurs ou non, dépend énormément du caractère de la pièce dans laquelle le son est produit. L'acoustique architecturale vise à maximiser l'acceptabilité de la musique ou l'intelligibilité du discours dans les salles de concert ou de conférences. L'acoustique musicale est l'étude du fonctionnement des instruments de musique traditionnels et électroniques.

L'acoustique physiologique étudie le fonctionnement de l'ouïe, ce précieux détecteur et modificateur des sons audibles.

L'acoustique psychologique s'intéresse à la fonction cérébrale de traitement des signaux, une fonction essentielle à l'écoute ou à l'interprétation du son. L'étude des éléments nécessaires à l'obtention de l'effet stéréophonique constitue une application pratique de cette branche. Étant donné l'importance du problème de santé environnemental moderne qu'il représente, le bruit et la lutte contre le bruit sont considérés comme une subdivision distincte de l'acoustique. La bioacoustique examine tous les aspects du comportement acoustique chez les animaux.

Au Canada, la recherche en acoustique se poursuit dans les laboratoires gouvernementaux (p. ex. le CONSEIL NATIONAL DE RECHERCHES DU CANADA), dans les universités (p. ex. Concordia, McMaster, Toronto) et au sein de l'industrie. Des recherches canadiennes poussées ont été réalisées sur la transmission du son dans l'atmosphère. Les aspects étudiés ont touché l'effet du gradient thermique, de la turbulence, des obstructions, des réflexions sur le sol et de l'impédance du sol. Ces recherches s'appliquent à l'architecture et à la conception des bâtiments afin de répondre aux exigences du code du bâtiment en matière de réduction du bruit; à l'urbanisme et à l'aménagement régional, à la localisation des bâtiments, des routes express, des aéroports, des murs soniques, etc. Elle s'applique aussi à la santé industrielle, dans l'élaboration des dispositions des règlements relatifs au bruit en milieu de travail.

Des travaux plus ésotériques, comme la mesure de la vitesse et de l'absorption des ultrasons aigus dans divers liquides en vue de définir l'architecture détaillée de leurs molécules constituantes et l'énergie requise pour modifier leurs structures, s'appliquent à diverses branches du génie. Ces travaux sont liés à diverses applications, allant de l'utilisation des techniques sonar et radar pour déterminer la structure du milieu (eau et air) et de la position des objets à l'intérieur de ce milieu, aux techniques sismiques utilisées pour l'exploration pétrolière en passant par l'utilisation des ultrasons en médecine.

L'effet de la conformation complexe de l'oreille externe sur la transmission du son a été étudié par divers secteurs de l'industrie des électrophones, des récepteurs radio et des téléviseurs. Ils s'efforcent de mettre au point des casques d'écoute haute fidélité. Les chercheurs ont également effectué des travaux industriels sur l'effet de la géométrie d'une pièce et de son ameublement sur la reproduction de la musique au moyen de haut-parleurs. On a mis au point des moyens permettant d'évaluer subjectivement les haut-parleurs dans les pièces normales et de comparer les résultats avec des données normalisées obtenues en salles anéchoïques (exemptes d'écho). (Voir aussi SALLES DE CONCERT ET D'OPÉRA.)
    G.J. Thiessen

Acte constitutionnel de 1791 Loi du Parlement britannique créant le HAUT-CANADA et le BAS-CANADA. Elle reçoit la sanction royale en juin et entre en vigueur le 26 décembre. Cette loi entérine les changements constitutionnels qui font partie de la réorganisation de l'AMÉRIQUE DU NORD BRITANNIQUE à la suite de pressions exercées par des milliers de LOYALISTES venus trouver refuge au Canada au lendemain de la Guerre d'Indépendance américaine. Modelé sur la création précédente des provinces du Nouveau-Brunswick et du Cap-Breton en 1784, un projet de loi est préparé par William Wyndham Grenville afin d'assurer le développement d'institutions parlementaires britanniques dans le territoire régi par l'ACTE DE QUÉBEC de 1774. Selon son auteur, l'objectif général du projet de loi est «d'assimiler» la constitution de chaque colonie à celle de l'Angleterre.

Le projet de loi vise quatre principaux objectifs: garantir l'exercice des mêmes droits et privilèges qu'exercent les loyaux sujets partout ailleurs dans les colonies de l'Amérique du Nord; alléger le fardeau fiscal du trésor impérial en octroyant aux assemblées coloniales le droit de lever les impôts afin de pourvoir aux dépenses de l'administration civile et judiciaire locale; justifier la division territoriale de la PROVINCE DU QUÉBEC et la création de législatures provinciales distinctes; enfin, maintenir et consolider les liens de dépendance politique en remédiant aux lacunes constitutionnelles constatées dans les gouvernements coloniaux précédents. Cela implique le renforcement de l'autorité et du prestige du gouverneur en en faisant un véritable représentant du pouvoir impérial en limitant les pouvoirs des assemblées coloniales élues, par la constitution de conseils législatifs dont les membres nommés formeraient un corps aristocratique modelé sur la Chambre des lords et entièrement dévoué aux intérêts de la Couronne (voir CHÂTEAU, CLIQUE DU et FAMILY COMPACT). La Loi garantit le maintien, au Bas-Canada, des titres des propriétés détenues en vertu du RÉGIME SEIGNEURIAL et crée les RÉSERVES DU CLERGÉ au Haut-Canada.

En dotant le Haut-Canada d'une identité distincte et d'une constitution provinciale, et en y favorisant la colonisation britannique, l'Angleterre franchit la première étape sur la voie qui mènera finalement à la Confédération canadienne. Malgré cela, de nombreux historiens considèrent que le fait que cette loi n'établisse pas un GOUVERNEMENT RESPONSABLE et qu'elle répartisse les pouvoirs financiers de façon à favoriser les conseils non élus contribue aux conflits politiques du début du XIXe siècle. (Voir aussi RÉBELLIONS DE 1837.)
    Pierre Tousignant

Acte de l'Amérique du Nord britannique Loi promulguée le 29 mars 1867 par le Parlement britannique établissant la CONFÉDÉRATION. En avril 1982, dans le cadre d'un mouvement de «rapatriement» de la Constitution, on la renomme LOI CONSTITUTIONNELLE DE 1867.
    W.H. McConnell

Acte de Québec (*Acte qui règle plus solidement le gouvernement de la province de Québec en Amérique septentrionale*). Loi britannique qui reçoit la sanction royale le 22 juin 1774 et entre en vigueur le 1er mai 1775. L'acte étend les frontières de la PROVINCE DE QUÉBEC pour inclure, à l'est, le Labrador, l'île d'Anticosti et les îles de la Madeleine, et à l'ouest, le territoire des Indiens au sud des Grands Lacs, entre le fleuve Mississippi et la rivière Ohio. La colonie est régie par un gouverneur et un conseil de 17 à 23 membres nommés. L'acte ne prévoit pas d'assemblée élue. On y garantit la liberté du culte pour la majorité catholique de la colonie et on instaure un serment du Test simplifié, sans référence religieuse, ce qui permet aux catholiques d'accéder à la fonction publique en toute conscience (voir CATHOLICISME). L'acte instaure le droit civil français et le droit criminel anglais, et il prévoit aussi la continuation du RÉGIME SEIGNEURIAL. C'est le gouverneur sir Guy CARLETON qui formule en grande partie l'Acte de Québec, même si on n'y inclut pas toutes les politiques qu'il propose. L'Acte de Québec est interprété de diverses façons. Certains croient qu'il s'agit d'une tentative de rectifier quelques-uns des problèmes créés par la PROCLAMATION ROYALE DE 1763 qui réduisait considérablement le territoire de la NOUVELLE-FRANCE, créant un territoire indien intouchable à partir du vaste territoire intérieur de l'Ouest et promettant une assemblée élue. D'autres croient qu'il s'agit d'une tentative d'être plus juste envers les catholiques francophones de la colonie, peut-être en vue de s'assurer leur loyauté en cas de problèmes avec les colonies américaines. L'Acte de Québec a indéniablement assuré la survie de la société de l'Ancien Régime en Amérique du Nord. L'expansion territoriale est une reconnaissance du rôle de Montréal dans l'économie du continent. L'acte permet à l'économie du Québec de renouer des liens traditionnels avec la pêche et la TRAITE DES FOURRURES de l'intérieur. Les colons américains sont outragés de voir que la province de Québec acquiert le territoire des Indiens qu'ils considèrent leur revenir de droit. Ils considèrent l'Acte de Québec comme l'un des «actes intolérables» qui ont mené à l'éclatement de la GUERRE D'INDÉPENDANCE AMÉRICAINE. Les anglophones du Québec sont ravis de l'expansion territoriale, mais mécontents qu'une assemblée élue ne soit pas prévue.

L'Acte de Québec devient de moins en moins efficace quand les LOYALISTES commencent à arriver dans la colonie après 1783. Il sera finalement remplacé par l'ACTE CONSTITUTIONNEL DE 1791, qui crée le HAUT-CANADA et le BAS-CANADA.
    Nancy Brown Foulds

Acte d'union Loi du Parlement britannique, entérinée en juillet 1840 et promulguée le 10 février 1841, qui a réuni le HAUT-CANADA et le BAS-CANADA sous l'égide d'un seul et unique gouvernement. Cette unification fait suite à la recommandation du RAPPORT DURHAM de 1839, et la loi nécessaire à l'établissement de la nouvelle PROVINCE DU CANADA est présentée aux Communes britanniques en mai 1839. En septembre, Charles Poulett Thomson (devenu plus tard lord SYDENHAM) est envoyé au Canada à titre de gouverneur général pour obtenir le consentement des Canadiens. Il obtient le consentement du Bas-Canada en novembre et celui du Haut-Canada en décembre. Les résolutions présentées par les deux corps législatifs sont fusionnées par le juge en chef du Bas-Canada, James Stuart, au début de l'année 1840. Une fois entériné par le Parlement britannique en juillet 1840, l'Acte d'Union est promulgué le 10 février 1841 à Montréal.

Les principales clauses de cette loi ont trait à l'établissement d'un seul et unique parlement, avec représentation égale des deux corps unifiés, à la consolidation des dettes, à une liste civile permanente, au bannissement du français dans les activités officielles du gouvernement, à l'élimination de certaines institutions canadiennes-françaises attachées à l'éducation et au droit civil. Cette loi soulève une mer d'opposition. Dans le Haut-Canada, le FAMILY COMPACT s'y oppose et dans le Bas-Canada, les dirigeants religieux et politiques regimbent contre les mesures anti-françaises qu'elle contient.

En fait, cette loi est injuste pour le Bas-Canada, dont la population est plus importante et la dette moins élevée. Toutefois, le Haut-Canada et le Bas-Canada ont fini par l'accepter, particulièrement sous l'influence libérale du Parti réformiste de Louis LAFONTAINE et de Robert BALDWIN. Au cours des quinze années qui ont suivi, de nombreuses clauses injustes ont été éliminées et la prospérité ainsi qu'un gouvernement responsable ont permis de modifier maintes clauses à portée financière et constitutionnelle.
    Jacques Monet, S.J.

Action catholique Fidèles aux enseignements du Vatican et suivant l'exemple de l'Église catholique en France, des membres de l'Église catholique du Québec établissent des groupes d'action catholique pour associer des laïcs de profession et d'âge divers au travail social de l'Église, surtout dans les régions urbaines. L'Association catholique de la jeunesse canadienne-française est fondée en 1903-1904 par les pères Lionel GROULX et Émile Chartier. D'autres groupes sont formés d'agriculteurs et de travailleurs, et le mouvement des jeunes comprend bientôt la Jeunesse ouvrière catholique (JOC), la Jeunesse étudiante catholique et la Jeunesse rurale catholique, fondées dans les années 30 à la suite de l'encyclique papale *Urbi Arcano* (1922) et de la formation subséquente de groupes de la JOC en Belgique. Il est difficile de mesurer l'influence de ces associations que les membres conservateurs du clergé accusaient d'être trop activistes. Au Québec, elles ont cependant servi de pépinière de leaders, parmi lesquels on peut citer Jeanne SAUVÉ, Simone MONET-CHARTRAND, Pierre Elliott TRUDEAU, Claude RYAN, Fernand DUMOND et plusieurs syndicalistes. Ces mouvements ont décliné dans les années 60 mais plusieurs demeurent actifs. (*Voir aussi* CATHOLICISME, DOCTRINE SOCIALE.)

Richard Jones

Action démocratique du Québec (ADQ) Ce parti a été fondé par des dissidents du PARTI LIBÉRAL DU QUÉBEC, en 1994. Après le rejet de l'ACCORD DE CHARLOTTETOWN, en octobre 1992, Mario Dumont, le chef des Jeunes libéraux du Québec, et Jean Allaire, un membre du comité exécutif du Parti libéral du Québec, quittent le Parti libéral lorsque les membres de ce parti décident de ne pas défendre leur proposition de plate-forme de 22 champs de compétence exclusifs revendiqués pour le Québec.

Les dissidents forment d'abord un premier regroupement, le groupe de Réflexion Québec, suivi en décembre 1993 par Action Québec. Le parti n'est fondé que l'année suivante, plaçant tout à sa tête le plus jeune chef de parti au Québec, Mario Dumont, âgé de 23 ans. L'ADQ se donne une première plate-forme électorale les 5 et 6 mars 1994, alors que 612 délégués venus de toutes les régions du Québec adoptent un «Plan national de redressement» porteur d'une vingtaine de propositions visant l'élaboration d'une stratégie économique et l'assainissement des finances publiques.

Lors de l'élection de septembre 1994, l'ADQ ne fait élire qu'un seul candidat, Mario Dumont, dans Rivière-du-Loup, mais obtient tout de même près de 10 p. cent des suffrages à l'échelle du Québec même s'il ne présente pas un candidat dans toutes les circonscriptions électorales.

En juin 1995, Mario Dumont signe avec Lucien BOUCHARD, alors chef du BLOC QUÉBÉCOIS, et avec Jacques PARIZEAU, chef du PARTI QUÉBÉCOIS, un accord qui unit ces trois partis au sein du camp du OUI et les associe dans la formulation de la question référendaire (*voir* RÉFÉRENDUM DE 1995).

Aux élections du 30 novembre 1998, seul Mario Dumont est élu, de nouveau dans Rivière-du-Loup, même si l'ADQ obtient un pourcentage accru de suffrages à l'échelle du Québec, soit autour de 500 000 votes. L'ADQ ne réussit pas à dépasser le seuil critique de 15 p. cent des suffrages, ce qui fait de lui un tiers parti. L'ADQ lutte d'ailleurs pour obtenir la représentation proportionnelle à l'ASSEMBLÉE NATIONALE. Réunissant beaucoup de jeunes parmi ses militants, l'ADQ met l'accent sur des dossiers jugés importants auprès des jeunes électeurs, telles la question du travail autonome et les clauses discriminatoires (clauses orphelins). L'ADQ a aussi proposé un moratoire de 10 ans avant la tenue d'un nouveau référendum sur la souveraineté, ce qui porterait celui-ci à 2005, cherchant depuis sa fondation à se présenter auprès de l'électorat québécois comme une voie, quoique de sensibilité néolibérale, entre le Parti libéral et le Parti québécois.

Jean Chartier

Action française, L' Mensuel publié à Montréal entre 1917 et 1928. Cette publication est l'organe d'un groupe d'intellectuels d'allégeance cléricale et nationaliste, qui y poursuivent la campagne pour la défense de la langue française entreprise depuis 1913 avec la Ligue des droits du français. En 1920, l'abbé Lionel GROULX devient le leader du groupe qui prend le nom de Ligue d'action française en 1921. Flirtant, en 1922, avec l'indépendance politique, la revue préconise finalement, en 1927, un meilleur respect des droits de la minorité canadienne-française dans le cadre de la Confédération canadienne. Les nationalistes de *L'Action française* déplorent la faiblesse économique de leurs compatriotes et s'inquiètent de la croissance des investissements américains au Québec. Les plus traditionalistes croient que l'indépendance économique des Canadiens français passe par une politique économique axée d'abord sur l'agriculture. Cependant, la majorité souhaite un développement modéré de l'industrialisation et de l'urbanisation. À l'intention d'un public plus large, les membres de la Ligue publient annuellement l'*Almanach de la langue française*. Ils animent également une maison d'édition et une librairie.

Fernande Roy

Action libérale nationale Fondé en 1934 par des Libéraux mécontents, sous la direction de Paul GOUIN, ce troisième parti de l'arène politique québécoise obtient rapidement le soutien des NATIONALISTES CANADIENS-FRANÇAIS radicaux, comme Philippe Hamel et Ernest Grégoire. Le programme du parti, qui prône une réforme sociale, économique et politique, remporte la faveur du public. Ayant presque réussi à renverser le gouvernement libéral sortant de Louis-Alexandre TASCHEREAU lors des élections provinciales de 1935, l'Action libérale nationale (ALN) unit ses forces à celles des Conservateurs, dirigés par Maurice DUPLESSIS, pour créer l'UNION NATIONALE (UN). Dans les mois qui suivent, Duplessis s'assure, par ses manœuvres, la direction de la coalition.

Après l'éclatante victoire de l'UN aux élections de 1936, la plupart des principaux nationalistes de la défunte ALN se dissocient de Duplessis, qu'ils accusent de ne pas appliquer le programme du parti. Paul Gouin, qui ne s'est pas présenté aux élections de 1936, tente en vain de ressusciter l'ALN pour les élections de 1939.

Richard Jones

Action nationale, L' Fondée en 1933 par l'économiste Esdras Minville, elle est la voix de la Ligue d'Action nationale et le plus vieux journal d'opinion au Québec. Descendante de *L'Action française* (1917-1928) et de *L'Action canadienne-française* (1928), qui prônait la doctrine nationaliste du «Québec d'abord» de Lionel GROULX, *L'Action nationale* s'est toujours battue pour l'autonomie et contre la poussée centralisante du gouvernement fédéral dans les affaires économiques (Commission Rowell-Sirois) et la culture (Commission Massey). Des années 30 à 50, le journal attire la jeunesse nationaliste, dont fait partie l'éditeur André LAURENDEAU (1937-1942, 1948-1954). Dans les années 60, sa position sur les questions constitutionnelles se radicalise: de l'autonomie de la province à la souveraineté-association, on passe à l'indépendance. Sous la direction de Minville et de François-Albert Angers, le journal parle surtout d'économie, de perpétuation de la langue française et de la culture francophone, de l'Église catholique et de l'histoire laurentienne. Il critique aussi certaines des réformes de la RÉVOLUTION TRANQUILLE, particulièrement dans le domaine de l'éducation. Dans les années 90, le journal tient un nouveau discours nationaliste territorial, patriotique et laïque. Bien que son influence se fasse moins sentir, le journal a su éviter la partisanerie et poursuit le même objectif que celui pour lequel il a été fondé: l'effort intellectuel libre et dynamique, au nom d'un peuple et de sa culture.

Pierre Trépanier

Action sociale œcuménique Dans les Églises chrétiennes du Canada, l'action sociale œcuménique se caractérise, depuis la fin des années 60, par une nouvelle ferveur du MOUVEMENT SOCIAL GOSPEL en faveur de la justice sociale et une collaboration sans précédent entre protestants et catholiques (*voir* CATHOLICISME). Après le deuxième concile du Vatican (1962-1965), les évêques catholiques se joignent aux grandes Églises protestantes (anglicane, luthérienne, presbytérienne et unie) et à des groupes minoritaires (mennonites et quakers) pour créer et soutenir plusieurs fronts d'action sociale. L'action sociale œcuménique porte tout d'abord sur la guerre contre la pauvreté sur le territoire canadien. En 1968, la conférence nationale sur la conscience chrétienne et la pauvreté aboutit à la création de la coalition pour le développement. Cette ambitieuse tentative en vue de coordonner la lutte antipauvreté d'un grand nombre d'organismes ne dure pas, mais le désir de concerter les efforts demeure très fort.

Des urgences internationales comme les crises du Biafra et du Bangladesh, à la fin des années 60 et au début des années 70, ainsi que l'écart croissant entre pays riches et pauvres avivent le désir des Églises de coordonner les activités de secours et de développement. Ainsi, le comité des campagnes inter-Églises prépare les publications communes à toutes les confessions pour leurs campagnes annuelles de financement des activités de secours et de développement; Ten Days for World Development s'occupe d'un programme de sensibilisation au développement; et le Fonds inter-églises pour le développement international veille sur l'aide d'urgence et administre les projets de développement parrainés en commun.

Les interventions des Églises contre la pauvreté au Canada et dans les pays en voie de développement sont inspirées par le principe du Social Gospel selon lequel il faut instaurer la justice et non la charité. La nécessité d'une recherche judicieusement orientée est reconnue comme fondement permettant d'allier la compassion envers les victimes et une compréhension avertie des politiques actuelles. P. ex., l'expérience de leurs observateurs à la troisième conférence de la CNUCED (Conférence des Nations Unies sur le commerce et le développement, organisation de pays pauvres) renforce les Églises dans leur conviction qu'elles doivent examiner de près les positions défendues par le Canada dans le cadre de l'Accord général sur les tarifs douaniers et le commerce (GATT). Le projet GATT-Fly est mis sur pied pour aider les Églises à faire entendre plus efficacement leurs critiques à l'égard des politiques canadiennes d'aide et de commerce. En 1990, l'organisme change de nom pour devenir la Coalition œcuménique pour la justice économique.

D'autres groupes spécialisés sont formés pour intervenir sur diverses questions: mentionnons le Taskforce on the Churches and Corporate Responsibility, le Projet nordique (devenu la Coalition pour les droits des autochtones), le Comité inter-Églises sur les droits humains en Amérique latine, le Conseil des Églises pour la justice et la criminologie, le Project Ploughshares, qui porte sur la politique de défense et le DÉSARMEMENT, et le Comité inter-Églises pour les réfugiés, Inter-Church Coalition on Africa (ICCAF), Canadian Asia Working Group (CAWG) et, le dernier-né, l'Initiative œcuménique canadienne pour le Jubilé. Chaque groupe est formé d'un petit nombre de spécialistes et d'un conseil d'administration composé de représentants des diverses confessions. PLURA (ainsi nommé parce qu'il est parrainé par les Églises presbytérienne, luthérienne, unie, catholique et anglicane) aide les organisations locales de lutte contre la pauvreté par l'intermédiaire de comités régionaux. Le sous-comité de justice écologique du Taskforce on the Churches and Corporate

Responsibility exprime la préoccupation accrue des Églises au sujet de la crise de l'environnement. De telles activités apportent une contribution unique au christianisme mondial. Les activités de justice sociale et écologique vont de pair avec le développement d'une tradition de pensée sociale œcuménique. Les Églises sont convaincues que la transformation des structures sociales injustes fait partie intégrante de leur mission et de leur ministère; elles ont d'ailleurs exprimé leur point de vue dans des publications, des études et des mémoires adressés aux gouvernements.

Roger Hutchinson

Actions et obligations Titres créés par des firmes de courtiers pour vendre des valeurs mobilières. Les actions représentent des parts de propriété de société, et leur prix dépend en grande partie des profits anticipés par ces sociétés. Elles accordent uniquement le droit, à certaines conditions, de recevoir des paiements dans l'avenir. En fin de compte, aucune valeur ne vaut plus que ce qu'elle rapporte sur le marché. Les sociétés peuvent émettre de nouvelles actions pour se procurer des fonds. Des maisons de placement appelées courtiers en valeurs mobilières souscrivent ces nouvelles émissions, en les achetant directement des sociétés et en les revendant au public dans des bureaux de vente au pays et à l'étranger. Même si les émissions d'actions sont généralement vendues par des groupes de courtiers, un seul courtier peut parfois vendre une émission entière.

Une fois les actions émises, elles peuvent être inscrites dans différents marchés boursiers et achetées ou vendues par l'intermédiaire de maisons de courtage. Les actions peuvent être cotées en bourse lorsqu'une société d'une certaine importance possède la stabilité et la capacité financière voulues et qu'elle consent à publier un rapport de ses opérations. Les actions ne sont pas toutes inscrites en bourse. Certaines se négocient sur le marché «hors cote», qui est un marché de valeurs formé de courtiers membres ou non d'un marché boursier. Les valeurs vendues sont celles qui ne sont pas inscrites dans un marché boursier reconnu, de même que les obligations et les débentures. Le marché hors cote est aussi appelé «marché hors bourse», «marché au comptoir» ou «marché entre courtiers».

Tandis que les actions représentent une participation au capital social d'une société, les obligations ne sont que la promesse d'un emprunteur de payer un certain montant d'intérêts et de rembourser le capital. Les sociétés et les gouvernements sont les principaux émetteurs d'obligations. Les obligations les mieux connues au Canada sont les OBLIGATIONS D'ÉPARGNE DU CANADA, émises par le gouvernement fédéral. Elles peuvent être remboursées n'importe quand à leur valeur nominale. La valeur de la plupart des autres obligations fluctue quotidiennement, car elle permet à leurs détenteurs de recevoir une série spécifique de paiements d'intérêts. L'augmentation des taux d'intérêt équivaut à une chute de la valeur des obligations, étant donné que cette série de paiements ne représente un taux d'intérêt plus élevé que si le coût d'achat des obligations subit une baisse. Les porteurs d'obligations peuvent être protégés si la société émettrice met en garantie certains de ses avoirs en cas de faillite ou autre manquement. Les actions et les obligations sont souscrites par des courtiers en valeurs mobilières et peuvent être achetées ou vendues par l'entremise de maisons de courtage. Les obligations du gouvernement du Canada peuvent aussi être achetées dans les banques ou autres établissements financiers et, dans le cas des obligations d'épargne, par une retenue sur le salaire, méthode qui connaît une certaine popularité.

Les actions sont soit «privilégiées», soit «ordinaires». Lorsqu'une société ne peut verser de dividendes réguliers sur toutes ses actions, les détenteurs d'actions privilégiées reçoivent, avant ceux qui détiennent des actions ordinaires, tout dividende disponible (ces dispositions peuvent ne pas s'appliquer dans le cas d'une faillite). Les actions peuvent comporter un droit de vote aux assemblées des actionnaires et le droit d'élire le conseil d'administration de la société.

Un investisseur qui désire acheter ou vendre des obligations ou des actions entre en contact avec une maison de courtage et ouvre un compte. Le représentant des ventes (courtier) d'une firme le conseille sur les avantages relatifs des placements disponibles et peut lui permettre (moyennant garantie suffisante) d'acheter ou de vendre «sur marge», c.-à-d. que la maison de courtage prête à l'investisseur un pourcentage considérable des fonds nécessaires (contre la garantie de l'investisseur au cas où les actions devraient se vendre à perte), en exigeant un intérêt sur le capital emprunté. Si l'investisseur s'attend à ce que les cours baissent rapidement, il peut même vendre à découvert des obligations ou des actions qu'il ne possède pas, puis les racheter à meilleur prix et faire ainsi un profit spéculatif. Dans ce cas, la maison de courtage emprunterait les actions et les vendrait pour le compte de l'investisseur.

Les courtiers fournissent une vaste gamme de services spécialisés tel l'«ordre stop», qui est un ordre d'achat ou de vente d'actions donné seulement lorsque le cours limite est franchi. L'investisseur peut donner un «ordre de vente stop» à un prix quelque peu inférieur à celui en vigueur; si les cours fléchissent. Il enregistre alors automatiquement une légère perte sur la vente des actions. Les courtiers vendent aussi des «options», qui donnent le droit d'acheter ou de vendre n'importe quand certaines actions à des prix préétablis jusqu'à une date fixée à l'avance, mais la valeur de ces options peut fluctuer d'une façon spectaculaire, créant ainsi un risque pour l'investisseur.

La Commission des courtiers en valeurs et en marchandises est créée à Montréal en 1842 et la Bourse de Montréal (BM) en 1874. Soixante-trois valeurs sont cotées à la BM, comprenant les titres bancaires, le service public du gaz, les compagnies minières et de chemins de fer et les obligations du gouvernement. La Bourse de Toronto (TSE) est fondée en 1852 par un groupe d'hommes d'affaires de Toronto qui forment une association de courtiers pour créer un marché de valeurs industrielles. D'abord, ils se réunissent dans leur bureau, mais, à partir de 1871, ils possèdent un lieu de réunion commun et des règlements officiels.

L'expansion de l'activité minière conduit à l'établissement de la Standard Stock and Mining Exchange (SSME) en 1899. À la suite de la découverte d'importants gisements d'or et d'argent dans le nord de l'Ontario au cours de la première décennie du XXe siècle, les transactions à la SSME augmentent d'une façon spectaculaire. En 1934, la TSE fusionne avec la SSME, gardant le nom de Bourse de Toronto. Le Marché hors cote de Montréal qui, au début, dans les coulisses, en dehors de la Bourse de Montréal, échange des actions d'entreprises trop petites ou trop risquées pour répondre aux conditions d'inscription à la cote de la Bourse, devient la Bourse canadienne (Canadian Stock Exchange). En 1974, cette dernière fusionne avec la BM. Les trois Bourses de l'Ouest sont situées à Vancouver, à Winnipeg et à Calgary. Elles constituent principalement des lieux d'échange d'actions de petites entreprises de fondation récente.

En 1996, la valeur en dollars des actions négociées aux Bourses de Toronto, de Montréal, de Vancouver, de l'Alberta et de Winnipeg se chiffre à 369,4 milliards de dollars, dont 81,6 p. 100 sont transigées à la Bourse de Toronto et 13,6 p. 100 à la BM. La valeur cotée au prix du marché des actions des sociétés inscrites à la Bourse de Toronto à la fin de 1996 se chiffre à 1176,7 milliards de dollars. La valeur des actions fluctue énormément au fil du temps. L'année 1987 est à cet effet particulièrement turbulente, l'indice TSE 300 affichant des cours extrêmes allant de 4118,9 à 2783,3. Mais c'est le 19 octobre 1987, le «lundi noir», que survient l'une des baisses les plus tragiques du marché. À la fin de 1996, l'indice TSE 300 est monté à 5927.

Même si les transactions boursières sont réglementées par des commissions provinciales des valeurs mobilières, elles possèdent leurs propres règlements. Les risques du grand public sont minimisés, car les courtiers doivent fournir des garanties de solvabilité. Les émissions publiques de nouvelles obligations ou actions de sociétés doivent être approuvées pour distribution par la commission des valeurs mobilières de la province dans laquelle elles sont offertes, et des prospectus imprimés, décrivant et mettant à jour les détails importants relatifs aux nouveaux titres, doivent être fournis aux acheteurs éventuels. Étant donné que l'information publique concernant la conjoncture économique et les perspectives d'avenir des entreprises se reflète rapidement dans la valeur des titres, il est difficile, même pour les investisseurs professionnels (tels que les gestionnaires de caisses de retraite) d'obtenir constamment un rendement plus élevé que celui du marché dans son ensemble.

Cependant, vu le fait que des «initiés», qui reçoivent des renseignements privilégiés sur la situation d'une société, peuvent faire des affaires profitables grâce à de tels renseignements, la loi exige la divulgation publique de leurs transactions et peut même les déclarer illégales. Il y a eu de nombreux cas de fraude publicitaire et de manipulation du prix des actions, mais de tels abus sont maintenant illégaux et sévèrement punis. Aucune valeur ne vaut plus qu'elle ne rapporterait sur le marché. Le prix des valeurs dépend en fin de compte des attentes, étant donné qu'elles représentent seulement le droit, à certaines conditions, de recevoir des paiements dans l'avenir. Les marchés de valeurs sont un mélange de risques, d'incertitudes, de profits possibles et de pertes potentielles. En tant que tels, ils constituent le fondement de l'économie capitaliste moderne.

John Grant

Activité bancaire Le commerce bancaire recouvre les opérations financières effectuées par une institution qui accepte des dépôts, consent des prêts et transfère des fonds. Il existe deux principaux types de banques: les banques centrales et les banques commerciales, dites BANQUES À CHARTE au Canada. Une banque centrale, comme la BANQUE DU CANADA, est un organisme d'État responsable de l'exécution de la POLITIQUE MONÉTAIRE. Elle agit comme institution de crédit de dernier recours pour les banques commerciales, détient les comptes des gouvernements et des banques à charte et a le monopole d'émission des billets de banque (monnaie fiduciaire).

Les banques à charte acceptent les dépôts des particuliers et accordent des prêts commerciaux, personnels et d'autre nature. Des institutions financières distinctes, appelées «quasi-banques», exercent certaines de ces fonctions, mais les banques sont les seules institutions financières à pouvoir accroître ou diminuer la masse monétaire de base. En plus de ces fonctions traditionnelles du système bancaire, les banques ont graduellement offert un éventail de services plus large, comme les placements, les services bancaires internationaux, les services d'information et les placements immobiliers.

Historique du commerce bancaire

L'un des premiers codes de loi, rédigé par Hammurabi, roi de Babylone entre 1792 et 1750 avant notre ère, consacre plusieurs paragraphes au commerce bancaire. À Babylone, vers l'an 1000 avant notre ère, le transfert de dépôts bancaires à un tiers parti est une pratique courante, et le palais aussi bien que le temple accordent des prêts sur leurs propres avoirs. Les Grecs créent des banques privées, qui acceptent les dépôts et servent d'intermédiaires dans les règlements de dettes. Pasion, célèbre banquier athénien du IVe siècle avant notre ère, investit ses propres capitaux et ceux de ses clients dans des entreprises commerciales à risque. À Rome, les banquiers agissent comme changeurs, commissaires-priseurs, escompteurs et créanciers; ils forment une association bancaire et établissent un système similaire au système moderne des comptes courants.

Le terme «banque» dérive de l'italien *banco*, mot désignant le banc sur lequel s'assoient les changeurs pour exercer leur métier. Du Ve au XIe siècle, le change reste d'ailleurs la fonction essentielle des banquiers. Lors des croisades, les Lombards, marchands du nord de l'Italie, forment des guildes. Ils acceptent des dépôts, consentent des avances et effectuent des paiements, préférant opérer là où ils ne sont pas tenus de payer des impôts. Au XIIe siècle, les Lombards s'établissent à Londres, où la rue Lombard demeure un symbole de puissance financière.

Du XIVe au XIXe siècle, de nombreuses banques sont créées dans plusieurs pays, en Italie, en Hollande, en Espagne, en France, en Allemagne et en Angleterre. La Banque d'Amsterdam, fondée en 1609, se porte garante des espèces métalliques puisqu'elle n'accepte les espèces qu'à leur valeur jugée réelle. La Banque de Stockholm, créée vers la même époque, émet des reçus tenant lieu de certificats de dépôts qui circulent comme lettres de change et sont acceptés en paiement de marchandises. Ces reçus sont, en fait, les premiers billets de banque. La Banque d'Angleterre est fondée par une charte royale en 1694 comme banque privée (raison sociale qu'elle conserve jusqu'en 1946) dans le but d'amasser de l'argent pour la guerre. L'une des principales caractéristiques de l'histoire du commerce bancaire en Angleterre est la création du chèque. Sur le continent, les restrictions touchant les chèques non négociables empêchent l'utilisation généralisée du crédit de dépôt jusque bien avant dans le XIXe siècle.

Sous le Régime français, le TROC constitue la méthode d'échange la plus répandue. Espèces et marchandises, habituellement envoyées de France, y retournent en paiement d'autres marchandises importées. En 1685, vu qu'un vaisseau n'a pas réussi à atteindre Québec, l'intendant François BIGOT met en circulation des cartes à jouer signées, échangeables contre des espèces et des marchandises dès l'arrivée des navires, et leur confère un cours légal en ordonnant aux colons de les accepter comme monnaie. En 1760, les dettes de la colonie s'élèvent à 80 millions de livres, surtout à cause des ordonnances sans valeur émises par Bigot. Après la CONQUÊTE, pour payer leurs troupes, les Anglais utilisent les pièces mexicaines, espagnoles, portugaises, françaises et allemandes, qui deviennent, avec les biens échangeables, la monnaie courante.

En 1782, neuf marchands de Montréal se regroupent pour former la Canada Banking Co, qui fait faillite, tout comme deux autres entreprises semblables en 1807 et en 1808, faute d'autorisation d'émettre des billets. Au cours de la Guerre de 1812, le gouverneur émet des «billets de l'armée» qui portent intérêt et sont convertibles en argent, en billets de banque du gouvernement monnayables à Londres ou en d'autres billets de l'armée. La BANQUE DE MONTRÉAL, une société par actions appartenant à quelques particuliers, commence ses opérations en 1817, mais ne reçoit sa charte qu'en 1822, presque en même temps que deux autres banques, la Banque du Nouveau-Brunswick (1820) et la BANQUE DU HAUT-CANADA (1821). Le FAMILY COMPACT qui contrôle la Banque du Haut-Canada a un tel pouvoir que le gouvernement d'alors refuse d'accorder une charte à un groupe à moins que certains de ses membres ne fassent partie de cette oligarchie.

La Banque du Peuple est créée par le dynamique Francis HINCKS, qui deviendra premier ministre de la province du Canada et, plus tard, ministre des Finances sous John A. Macdonald. Responsable de l'adoption de la première *Loi sur les banques* (1871), Hincks assume plus tard la présidence de la Banque consolidée du Canada. Il est également poursuivi

pour différentes infractions et condamné pour fraude avant d'être acquitté en appel.

Nombre des premiers banquiers canadiens, comme Samuel Zimmerman, qui est impliqué dans l'escroquerie du Great Southern Railway, ne sont pas des exemples de probité et, jusqu'aux années 20, les banques canadiennes sont généralement instables. Entre 1867 et 1914, le taux de faillite des banques canadiennes est de 36 p. 100 contre 22,5 p. 100 aux États-Unis, ce qui coûte 31,2 fois plus cher aux actionnaires canadiens qu'à ceux des banques américaines. Des 26 faillites de cette période, 19 débouchent sur des accusations criminelles contre des cadres ou des employés de banque. L'amélioration de la réglementation bancaire renverse ce pourcentage de faillite, de sorte que le Canada ne déplore depuis 1923 que deux faillites de banque, comparativement à plus de 17 000 aux États-Unis. L'organisation structurelle du système bancaire canadien épouse le modèle anglais en permettant la multiplication illimitée de succursales. Selon les termes d'un historien, «c'était le modèle convenant le moins au développement industriel de la colonie». La croissance des régions en est, elle aussi, affectée. En 1912 p. ex., dans une région des Maritimes, pour chaque dollar déposé en banque, seuls 5 cents sont prêtés aux gens de la place, tandis que les 95 cents restants sont transférés vers le Canada central.

Qui plus est, au Canada, le nombre des banques est limité par l'importance des capitaux exigés et par les droits acquis d'administrateurs qui ont partie liée avec le pouvoir législatif. Les tentatives des gens d'affaires de l'Ouest pour créer leur propre banque se heurtent à l'opposition de l'Association des banquiers canadiens, constituée officiellement en 1901. Il en résulte que le système bancaire du Canada se caractérise par la création d'un nombre minime de banques dominantes comptant de nombreuses succursales, tandis qu'aux États-Unis s'établit un système de banques individuelles qui restreint et même interdit les succursales.

Jusqu'en 1867, les chartes sont émises par le Haut-Canada et le Québec et, après la Confédération, par le gouvernement fédéral. En 1886, 38 banques disposent d'une charte, et leur nombre ne change guère jusqu'à la Première Guerre mondiale, puis chute considérablement jusqu'à 8, dont 5 sont importantes sur le plan national. Des changements législatifs et l'expansion économique de l'Ouest renversent cette tendance. Aujourd'hui, le Canada compte 53 banques.

Le développement de l'économie au cours du XIXe siècle modifie les pratiques bancaires et les institutions financières. À cette époque, les banques émettent leurs propres billets, qui servent de monnaie, mais les gouvernements leur retirent peu à peu ce privilège, jusqu'à concéder finalement à la Banque du Canada le monopole de l'émission de la monnaie légale. Des changements surviennent également au chapitre des prêts: les banques, qui ne consentaient que des prêts commerciaux remboursables dans la même année, en viennent à prêter des capitaux sur des récoltes de céréales garanties par des reçus d'entrepôt, par des réserves confirmées de pétrole non extrait, ainsi que sous forme de prêts hypothécaires au secteur immobilier.

D'autres institutions financières, offrant certains services bancaires, font leur apparition dès les débuts de l'histoire canadienne. Des compagnies de prêts hypothécaires ayant pour modèle des sociétés de construction du Royaume-Uni ouvrent leurs portes vers 1840 et deviennent des compagnies «permanentes», comme Le Permanent, en vendant des obligations et en investissant dans les hypothèques. Des SOCIÉTÉS DE FIDUCIE se créent à la même époque pour servir de fiduciaires et d'administrateurs de successions et de fiducies; elles offrent progressivement des services bancaires, comme les comptes d'épargne et de chèques, et deviennent très actives dans le domaine hypothécaire. Ces dernières

années, le système bancaire a absorbé la plupart de ces institutions financières par voie de fusions et d'acquisitions, tout cela sous l'effet de changements législatifs, de problèmes financiers provoqués par de lourdes pertes sur prêts et parce que ces institutions ne disposaient pas d'économies d'échelle.

L'autre type principal de quasi-banque est la coopérative d'épargne et de crédit, appelée COOPÉRATIVE DE CRÉDIT presque partout au Canada et CAISSE POPULAIRE dans certaines régions. Après une lente croissance au cours de la première moitié du XXe siècle, les coopératives de crédit se développent rapidement en utilisant les dépôts reçus pour consentir des prêts à leurs membres.

Rôle des banques

Comme pour toutes les institutions financières, la principale fonction des banques est de canaliser les capitaux excédentaires des particuliers, des organisations et des gouvernements vers ceux qui souhaitent les utiliser; c'est pourquoi on les appelle des intermédiaires financiers. Mais les banques occupent également une position clé parce qu'elles fournissent le système national de paiement et servent de véhicules pour la politique monétaire canadienne et d'instruments de l'État pour certaines mesures sociales et politiques. Leur emprise sur la répartition des ressources nationales est, par conséquent, considérable.

À ces rôles généraux s'ajoute l'obligation de faire fructifier l'avoir propre de leurs actionnaires et d'attribuer à ces derniers des bénéfices suffisants. Si ces objectifs étaient négligés, les investisseurs retireraient leurs capitaux du marché bancaire et provoqueraient une contraction de la masse monétaire ou la nationalisation des banques.

L'expérience du début des années 80 illustre les conflits susceptibles de surgir dans le cadre des objectifs du système bancaire canadien. Le gouvernement fédéral avait entre-temps encouragé les banques à consentir des prêts considérables à des compagnies canadiennes désirant acquérir des filiales de compagnies étrangères, en particulier dans l'industrie du pétrole et du gaz. Ces opérations accomplies parfois en violation de pratiques bancaires saines eurent des conséquences économiques plus graves telles que la mauvaise répartition des ressources de crédit, la pression exercée sur le dollar canadien et l'expansion inflationniste de la masse monétaire. Il en est résulté une diminution radicale du portefeuille de prêts nationaux des banques en 1982, probablement la pire depuis la guerre.

Les prêts au secteur immobilier, secteur aux fluctuations critiques, représentent alors environ 120 p. 100 des capitaux bancaires. Les prêts accordés aux compagnies pétrolières et gazières, comme DOME PETROLEUM LIMITED, Sulpetro et Turbo, et aux compagnies de produits forestiers, comme MASSEY-FERGUSON LIMITED et International Harvester, compromettent également la santé financière des banques.

Pour les banques canadiennes, les opérations internationales s'avèrent également désastreuses. Une demande continue et d'énormes marges de profit incitent les grandes banques du Canada à rechercher les emprunteurs internationaux, ce qui a fait passer leurs actifs en devises étrangères de 21,7 milliards en 1973 à 156,7 milliards en 1983. Elles consentent nombre de ces prêts à des gouvernements ou à des emprunteurs cautionnés par leur gouvernement en se fondant sur la théorie (pourtant erronée, comme tout étudiant en histoire le sait) voulant que les gouvernements respectent toujours leurs engagements.

Dès l'été 1983, plus de 40 pays sont d'accord, ou entreprennent des démarches en ce sens, pour que soit reportée l'échéance du règlement de leur dette, ou accumulent des arriérés considérables de paiements d'intérêts. De plus, les banques se lancent dans de nouveaux crédits aux emprunteurs étrangers pour leur permettre de payer les intérêts sur des prêts antérieurs. Cette pratique est valable pour les bénéfices comptabilisés des banques, mais ne permet pas (ou si peu) de résoudre le grave problème de la dette internationale.

Comme on pouvait le prévoir, les politiques de prêts nationaux et internationaux engendrent des pertes considérables pour les banques et intensifient le malaise des Canadiens en augmentant les coûts. Pour en amoindrir les répercussions sur les bénéfices bancaires, la marge ou différence entre le taux préférentiel et le coût des dépôts d'épargne est fixée à un très haut niveau. En 1980, le taux préférentiel des banques était de 15,5 p. 100 et le taux accordé aux dépôts d'épargne, de 12,5 p. 100, soit une «marge» de 3 p. 100. Deux ans plus tard, le taux préférentiel est le même alors que celui des comptes d'épargne chute à 11 p. 100, créant une «marge» de 4,5 p. 100. Emprunter coûte donc plus cher qu'en temps ordinaire et les dépôts rapportent moins. De plus, le pourcentage élevé d'avoirs bancaires immobilisés par des prêts non productifs restreint la possibilité des banques de prêter à des emprunteurs dignes de confiance.

Dans le contexte de taux d'intérêts très faibles qui prévaut au début de 1997, le taux préférentiel tombe à 4,75 p. 100 et le taux sur les comptes d'épargne, à 0,5 p. 100, ce qui laisse la marge pratiquement inchangée. En termes de mesure bancaire de la marge d'intérêts (écart entre rendement en intérêt des prêts et coût en intérêt sur dépôts, exprimé en pourcentage des avoirs moyens), cette marge tombe de 2,9 p. 100 en 1991 à 2,5 p. 100 en 1996.

Structure du système bancaire

Le système bancaire canadien se caractérise par le nombre restreint de grandes banques dont les succursales couvrent l'ensemble du pays, et qui gèrent un pourcentage élevé des avoirs bancaires. On y dénombre 9 banques de propriété canadienne, 46 filiales de banques étrangères et plus de 8000 succursales. Des services bancaires sont également offerts par 27 fiducies, 8 filiales de compagnies d'assurance-vie et les membres affiliés de 11 caisses populaires et coopératives de crédit. À la fin de 1995, les avoirs bancaires se répartissent comme suit: 83,9 p. 100 aux banques à charte, 7,2 p. 100 aux banques étrangères, 6,5 p. 100 aux fiducies, 0,4 p. 100 aux filiales de compagnies d'assurance-vie et 2 p. 100 aux caisses populaires et aux coopératives de crédit.

Malgré ce large éventail d'intermédiaires financiers, le système bancaire reste fondamentalement un oligopole où dominent les «cinq grands» (voir ÉLITE DU MONDE DES AFFAIRES), possédant 45 p. 100 de l'ensemble des actifs des principaux intermédiaires financiers qui prêtent aux consommateurs et ouvrent des comptes de dépôt au Canada. C'est selon les critères internationaux que ces 5 banques se classaient autrefois parmi les grandes et que les 2 principales se classaient parmi les 20 plus puissantes au monde, en fonction du volume de leurs actifs. Aujourd'hui, aucune banque canadienne ne fait partie des 60 premières, et les avoirs cumulés des 6 plus grandes banques n'atteignent que 77 p. 100 de l'actif de la principale banque japonaise. Cette baisse de leur position relative engendre des pressions en faveur de la fusion des principales banques pour améliorer leur compétitivité à l'échelle mondiale.

Incorporation d'une banque

Le terme «banque» est réservé au Canada aux institutions financières approuvées par le ministre des Finances. Le dépôt initial des actionnaires doit atteindre au moins dix millions de dollars.

Il y a au Canada deux catégories de banques incorporées. Une banque de catégorie I dispose d'un capital très dispersé, puisqu'un investisseur individuel, canadien ou étranger, ne peut posséder plus de 10 p. 100 de ses actions et que l'ensemble des investisseurs étrangers n'en peuvent posséder plus de 25 p. 100. Au moins 75 p. 100 des membres du bureau

de direction doivent être des résidants canadiens. Une banque de catégorie II est en bonne partie de propriété canadienne ou est une filiale d'une banque étrangère. Son champ d'activité est plus restreint. Elle ne peut ouvrir de succursale qu'avec l'approbation ministérielle. L'ensemble des actifs canadiens aux mains de toutes les banques étrangères ne peut dépasser 12 p. 100 de l'ensemble des actifs bancaires canadiens. Il y a sept banques de catégorie I et 46 banques en opération de catégorie II.

Source des actifs et des engagements

Lors de la constitution en société d'une banque ou d'une institution financière, celle-ci commence ses opérations en vendant des actions à des investisseurs; les fonds ainsi amassés deviennent l'avoir propre des actionnaires. Par la suite, la banque tente d'inciter le public à effectuer des dépôts à vue (qui sont retirables par chèque n'importe quand et qui ne rapportent habituellement aucun intérêt), à ouvrir des comptes d'épargne (qui rapportent un intérêt variable et comportent des restrictions touchant les retraits), à faire des dépôts à terme fixe variant de quelques jours à cinq ans, avec un taux d'intérêt fixe. En 1996, les dépôts à vue représentent 42,7 milliards de dollars, les comptes d'épargne 77,8 milliards et les dépôts à terme 275,4 milliards. Ces sommes constituent les engagements ou la dette d'une banque servant à acquérir des éléments d'actif qui lui permettent de produire des bénéfices et de payer les intérêts et les frais de gestion.

Pour répondre aux demandes du public, les banques gardent une partie de leur actif sous forme de liquidités et d'investissements, comme des bons du Trésor, qui peuvent être rapidement convertis en argent. La majeure partie des ressources financières est investie dans des titres, comme des obligations et des actions privilégiées à terme, ainsi qu'en prêts et en hypothèques. En 1996, l'avoir total des banques canadiennes se répartissait comme suit: 3 milliards de dollars en argent, 144,6 milliards en titres, 247,3 milliards en prêts canadiens, 456,8 milliards en hypothèques et 334,9 milliards en prêts à l'étranger.

Banques, sociétés de fiducie et caisses de crédit avaient l'habitude de concentrer leurs avoirs et engagements dans des domaines distincts, mais cette pratique a changé depuis 15 ans, soit depuis qu'elles se concurrencent sur les mêmes marchés. Les banques ont monopolisé le marché des comptes à vue parce qu'elles étaient les seuls établissements de dépôt offrant des comptes avec privilège de chèques. Elles contrôlent toujours les comptes plantureux des grandes entreprises, mais les sociétés de fiducie et les caisses de crédit augmentent légèrement leur part du marché des comptes de chèques personnels. L'évolution du total des dépôts indique une légère augmentation de la part du marché pour les banques, qui passe de 80 p. 100 en 1991 à 81,2 p. 100 en 1995. Au chapitre des engagements, les banques demeurent toujours les principales institutions de crédit pour les entreprises et le gouvernement, mais elles ont récemment acquis une grande part du marché hypothécaire et du crédit à la consommation.

Revenus

Les banques ont comme principale source de revenus l'INTÉRÊT gagné sur leurs investissements et leurs prêts, mais elles y ajoutent progressivement d'autres sources telles que les frais de service, les commissions et autres opérations secondaires productrices de revenus comme la gestion des portefeuilles, les FONDS COMMUNS DE PLACEMENT, le courtage des valeurs mobilières et les services de fiducie (voir ACTIONS ET OBLIGATIONS). Les innovations apportées aux marchés des prêts et des valeurs mobilières débouchent également sur un éventail plus large de services et de produits avec un accroissement des risques connexes qui entraîne à son tour l'apparition de méthodes sophistiquées de gestion de ces risques par le truchement de

produits dérivés et de modèles d'évaluation de ces risques par simulation.

Profits

Les profits des banques dépendent de leur aptitude à créer de nouvelles sources de revenus, de l'évolution des taux d'intérêt, des tendances affichées par leurs prêts non rentables et de leur capacité de maîtriser leurs coûts. La profitabilité des opérations bancaires se mesure principalement par les rentrées sur la moyenne des actifs et par le rendement des actions. Les opérations bancaires ont comme caractéristique de porter sur d'énormes volumes avec de faibles marges de profit, comme l'atteste le rendement moyen de 0,7 p. 100 sur leurs actifs en 1996 et ses amples fluctuations d'un minimum de 0,3 p. 100 en 1992 après un maximum antérieur de 0,7 p. 100 en 1991. Le rendement des actions se chiffre en moyenne à 16,5 p. 100 en 1996 pour les 6 banques principales, soit légèrement au-dessus du rendement moyen de 15,7 p. 100 des 23 banques de tête au Canada et aux États-Unis.

Structure opérationnelle des banques

À l'instar d'autres organisations appartenant à des investisseurs, les banques commerciales canadiennes sont gérées par un conseil d'administration ayant à sa tête un président-directeur général qui travaille avec un président et des vice-présidents représentant des domaines particuliers de la banque. Les conseils d'administration des banques sont considérés comme les plus prestigieux. Ces conseils comptent de 35 à 50 membres, qui siègent également aux conseils d'autres grandes compagnies, lesquelles sont éventuellement clientes de la banque. Le fait que ces postes de direction s'imbriquent et que nombre de directeurs siègent à différents conseils permet de souligner à quel point il peut être difficile pour ces derniers de s'acquitter de leurs responsabilités envers la banque.

Réglementation des banques

Aux termes de la LOI CONSTITUTIONNELLE DE 1867, le commerce bancaire relève du gouvernement fédéral; la propriété et les droits civils, des provinces. La première LOI SUR LES BANQUES, rédigée en fait par la Banque de Montréal, stipule que les banques des Maritimes seront contrôlées par les banques fédérales. L'Association des banquiers est fondée en 1894 et deviendra plus tard l'Association des banquiers canadiens (ABC). Elle constitue un groupe de pression très puissant, qui a le privilège de déterminer la compétence des banquiers qui demandent une charte. Sous Macdonald et Wilfrid Laurier, ce sont les banquiers eux-mêmes qui choisissent les ministres des Finances, menaçant de provoquer des crises financières au cas où se seraient les candidats choisis par les premiers ministres plutôt que par eux-mêmes qui l'emporteraient.

En 1964, la COMMISSION ROYALE D'ENQUÊTE SUR LE SYSTÈME BANCAIRE ET FINANCIER (Commission Porter) recommande «un système bancaire plus ouvert et plus compétitif», et ses recommandations provoquent des réformes et des changements d'envergure. La révision de la Loi sur les banques de 1967 abroge la disposition qui limite à 6 p. 100 le taux d'intérêt annuel que peuvent demander les banques et autorise ces dernières à s'engager dans le domaine des prêts hypothécaires. La Loi de 1967 interdit également la pratique, légale auparavant, de l'établissement de taux d'intérêt collectifs et exige que les banques informent mieux le consommateur sur le véritable coût des prêts.

La même année, le gouvernement fédéral fait voter la loi qui crée la Société d'assurance-dépôt du Canada, qui octroie une assurance-dépôt fédérale de 20 000 dollars pour chaque compte dans une banque ou une quasi-banque nantie d'une charte fédérale. Les institutions à charte provinciale sont incluses dans la plupart des provinces par des lois provinciales appropriées. La couverture maximale est portée à 60 000 dollars en 1983.

À la suite des amendements à la *Loi sur les banques* de 1980, l'Association canadienne de paiements est créée à titre d'agence responsable du système de compensation des chèques. Le niveau des réserves obligatoires est abaissé, ce qui accroît les avoirs des banques de millions de dollars. Le ministre des Finances devient la seule personne apte à décider de l'établissement de nouvelles banques. Les banques étrangères sont autorisées à s'établir et tenues de maintenir des réserves, mais leur croissance est restreinte sous maints aspects. Les banques sont autorisées à s'engager dans des entreprises de location d'équipement lourd et dans des services d'affacturage. Enfin, les banques, mais non leurs succursales, sont limitées à un portefeuille d'hypothèques à l'habitation n'excédant pas 10 p. 100 de leur actif.

Les révisions ultérieures suppriment les restrictions sur les prêts hypothécaires et autorisent les banques à acquérir et à gérer des sociétés de fiducie, des compagnies de courtage mobilier et des compagnies d'assurances. Mais il leur reste interdit de financer l'acquisition de voitures par crédit-bail et de vendre des assurances dans leurs succursales. La révision de 1991 définit pour la première fois le métier de banquier. De nouvelles réglementations améliorent de beaucoup, au profit des clients, la transparence des services bancaires en ce qui a trait aux différents coûts, droits et pénalités.

Les banques sont aussi régies par la Banque du Canada en vertu de la *Loi sur les banques*, qui lui a confié la gestion de la politique monétaire de l'État. La Société d'assurance-dépôt du Canada et le Bureau du surintendant des institutions financières exercent une surveillance attentive des banques pour en garantir la solidité financière et la conformité aux règles du métier.

Avenir du commerce bancaire

Les progrès technologiques ont permis au système bancaire d'améliorer considérablement ses services. Le système électronique de transfert des fonds, qui opère ces transferts par messages électroniques plutôt qu'en espèces ou par chèques, permet maintenant aux banques d'introduire le Système Interbancaire et des guichets automatiques, d'augmenter les services reliés aux cartes de crédit, d'introduire des cartes de débit, des opérations bancaires à domicile, l'échange de données électroniques, les paiements automatiques de dépenses récurrentes et les dépôts directs des chèques du gouvernement, des paies et des intérêts d'obligations. Le Canada dispose maintenant de plus de 17 000 guichets automatiques, soit l'équivalent de 5,54 guichets par 10 000 habitants, contre 3,67 aux États-Unis.

À l'horizon se profilent les cartes intelligentes munies d'une puce électronique qui leur permet d'emmagasiner plus d'informations, d'accomplir plus de fonctions et d'être plus sécuritaires que les cartes de crédit. Les guichets automatiques permettront sans doute à leurs utilisateurs d'acheter ou de vendre des fonds mutuels, d'introduire des demandes de crédit, voire peut-être de fournir d'autres services couramment disponibles dans certains pays européens, comme l'achat de tickets de bus ou de timbres-poste ou le change de devises étrangères.

Les énormes banques de données issues de ces nouveaux systèmes permettent aux banques d'imputer avec plus de précision les coûts reliés aux opérations bancaires individuelles et d'exiger des commissions correspondant réellement aux coûts de ces services. Elles soulèvent aussi des inquiétudes relatives à la confidentialité du fait de l'accumulation de renseignements personnels touchant les clients des banques.

En prévision de la prochaine révision de la *Loi sur les banques*, le gouvernement fédéral étudie les questions relatives à l'impact de la nouvelle technologie sur la vie privée, ainsi que la possibilité d'autoriser des fusions bancaires en réponse aux défis de la globalisation et de permettre aux banques étrangères l'ouverture de succursales. Les banques souhaitent aussi pouvoir vendre directement des assurances et financer les prêts-bails de voitures au détail.

Alix Granger

ACTRA, prix L'Alliance of Canadian Cinema, Television and Radio Artists, plus connue sous le nom d'ACTRA, négocie et administre les conventions collectives et fixe les tarifs minimums et les conditions de base qui régissent l'industrie de la radio, de la télévision et du cinéma d'expression anglaise. L'ACTRA comprend trois guildes: la guilde des écrivains, la guilde des artistes interprètes, et la guilde des journalistes et recherchistes de radiotélévision.

Les origines de l'ACTRA remontent aux années 40, quand les artistes de la radio de Toronto se syndiquent afin d'améliorer leur rémunération et leurs conditions de travail. Des mouvements semblables se développent à Winnipeg, à Vancouver et à Montréal. L'Association of Radio Artists, fondée en 1943, deviendra l'Association of Canadian Television and Radio Artists en 1963. L'ACTRA est restructurée et adopte son nom actuel en 1984.

En plus d'administrer des régimes d'assurance-maladie et de retraite pour ses 9000 membres, l'ACTRA fait pression afin d'encourager un contenu canadien à la radio et à la télévision et de favoriser une industrie canadienne de la production solide. Elle s'occupe de promouvoir les talents canadiens par le biais de publications comme *Face to Face with Talent* et du répertoire de la guilde des écrivains membres de l'ACTRA. Elle parraine également la remise des prix annuels ACTRA.

Décernés pour la première fois en 1970, les prix ACTRA rendent hommage aux scénaristes, aux journalistes de radiotélévision et aux artistes interprètes canadiens. Jusqu'en 1986, un «Nellie» symbolisait le prix. De plus, le prix Andrew Allan pour le meilleur acteur de la radio, le prix Jane Mallett pour la meilleure actrice de la radio, le prix Earle Grey destinés à récompenser l'excellence des acteurs de la télévision ainsi que le prix Foster Hewitt pour l'excellence de la radiodiffusion sportive récompensaient d'autres domaines importants liés à la télévision et à la radio.

James Defelice

Actualité, L' Magazine mensuel de langue française publié à Montréal; fondé en 1909. C'est alors un bulletin paroissial que dirige le jésuite Armand Proulx jusqu'en 1945. Il change de nom plusieurs fois: *L'Action paroissiale* (1932), *Ma paroisse* (1949), *L'Actualité* (1960) et le magazine *L'Actualité* (1967). Le tirage mensuel est de 140 000 exemplaires en 1958, de 107 000 en 1965 et de 205 514 en 1995.

Traditionnellement, *L'Actualité* appuie les idées du parti de l'UNION NATIONALE et publie les articles de nombreux écrivains et journalistes québécois importants. Jean-Louis Brouillé (directeur, 1960-1972) s'efforce d'en faire la première publication québécoise et d'y refléter les intérêts de la famille catholique canadienne-française typique.

En 1972, une grave crise financière entraîne des changements importants au sein de son personnel et de son contenu. Le magazine est vendu en 1976 à MACLEAN HUNTER LTÉE dans le cadre d'une fusion entre *L'Actualité* et l'édition française de MACLEAN'S (fondée en 1961). L'ancien directeur de Maclean's, Jean Paré, dirige *L'Actualité* depuis 1976. Le magazine présente une variété d'articles d'actualité et de fond dans un format de luxe. Il s'adresse à un lectorat aisé et instruit. (*Voir aussi* MAGAZINES.)

André Donneur et Onnig Beylerian

Adams, Bryan Guy, chanteur, chansonnier et guitariste (Kingston, Ont., 5 nov. 1959). Adams a 15 ans quand il s'installe à Vancouver après avoir vécu en Angleterre, en Israël, au Portugal et en Autriche. Un an plus tard, il remplace Nick Gilder comme chanteur dans le groupe Sweeney Todd pour l'album *If Wishes Were Horses*. À 18 ans, il s'associe à Jim Vallance pour écrire des chansons qui, des années plus tard, deviendront quelques-uns de ses plus grands succès. En 1979, il entame sa longue alliance avec Bruce Allen, son gérant.

En 1980, il lance son premier album éponyme sous l'étiquette A&M Records qu'il gardera durant toute sa carrière. Après *You Want It, You Got It* de 1981, sa popularité monte en flèche avec le lancement de son troisième album, *Cuts Like a Knife*, dont trois chansons sont des succès internationaux, et qui lui vaut quatre prix Juno, dont ceux du meilleur chanteur et de l'album de l'année. L'album *Reckless* (1984) remporte un succès encore plus grand et se vend à plus d'un million d'exemplaires au Canada seulement, grâce aux chansons *Run To You*, *Summer of 69* et *It's Only Love* (duo avec Tina Turner). Adams lance deux autres albums, *Into The Fire* (1987) et *Live Live Live* (1989), avant de réaliser un autre enregistrement dont un million d'exemplaires sont vendus au Canada, *Waking up the Neighbours*, en 1991. L'album comprend la chanson *(Everything I Do) I Do It For You*, une chanson du film *Robin des bois, prince des voleurs*, dont 7 millions d'exemplaires sont vendus dans le monde, et demeure en première place du palmarès pendant 16 semaines, soit la plus longue durée dans l'histoire du palmarès britannique, ce qui lui vaut de figurer dans *Le Livre Guinness des records*.

Après le lancement en 1993 de *So Far, So Good*, une anthologie de ses plus grands succès, le chanteur revient en 1996 avec de nouvelles chansons dans *18 'Til I Die*. Bien que plus de 5 millions d'exemplaires de cet album soient vendus dans le monde, il ne s'en vend toutefois que 400 000 au Canada, où bon nombre le trouvent décevant en comparaison de ses succès précédents. L'année 1997 marque un changement de cap avec *Bryan Adams Unplugged*, où l'artiste exécute des versions acoustiques de ses vieux succès, des pistes d'enregistrements moins connues ainsi que trois nouvelles chansons.

Ses 10 albums produisent un total de 24 tubes et sont vendus à plus de 50 millions d'exemplaires dans le monde entier. Ce triomphe lui assure d'être partout une attraction importante, et il participe à plusieurs concerts de bienfaisance au profit d'un vaste éventail de causes. Il remporte 15 prix JUNO et est candidat des prix Grammy et Oscar, entre plusieurs autres. Il est nommé Membre de l'ORDRE DU CANADA en 1990, année où l'Association de l'industrie canadienne de l'enregistrement le proclame l'artiste de la décennie. Adams vit actuellement à Londres.

Steve McLean

Adams, Frank Dawson, géologue (Montréal, 17 sept. 1859—*id.*, 26 déc. 1942). Il est membre de la COMMISSION GÉOLOGIQUE DU CANADA (1880-1889), professeur de géologie titulaire de la chaire Logan à McGill (1892-1922), doyen de la faculté des sciences appliquées de l'U. McGill (1905-1919), ainsi que directeur suppléant et vice-président de cet établissement (1919-1922). Adams est le plus éminent géologue au Canada au cours de la première moitié du XXᵉ siècle. Appliquant les méthodes de pétrographie étudiées à Heidelberg, où il a obtenu son doctorat, il établit les bases de la pétrographie ignée et métamorphique moderne au Canada. Ses expériences sur le fluage des roches cassantes s'avèrent aussi révolutionnaires en géologie que les travaux en physique de son collègue Ernest RUTHERFORD, ce qui en fait le fondateur de la géologie structurale moderne.

Éducateur renommé, Adams encourage fortement le développement des études supérieures au Canada. En 1918, alors qu'il est lieutenant-colonel outre-mer, il devient directeur adjoint de l'UNIVERSITÉ KHAKI, un programme canadien d'avant-garde visant à parfaire l'éducation des troupes en instance de démobilisation. Après sa retraite, en 1922, il réalise la première carte géologique de Ceylan (Sri Lanka) et publie son dernier ouvrage historique, *The Birth and Development of the Geological Sciences* (1938).

P.R. Eakins

Adams, Lawrence et Miriam Adams, Lawrence Vaughn (Saint-Boniface, 2 nov. 1936) et Miriam Elaine, née Weinstein (Toronto, 29 janv. 1944), danseurs, administrateurs d'art, éditeurs et archivistes. Depuis leur mariage, en 1967, Lawrence et Miriam Adams sont devenus l'un des couples canadiens les plus extraordinaires et les plus polyvalents dans le monde de la danse. On leur doit l'expression aujourd'hui répandue de «danseur indépendant», qui désigne les danseurs exerçant leur métier en dehors du cadre traditionnel des compagnies de spectacles. Ils ont aussi inauguré l'un des premiers lieux de présentation de danse indépendante et, depuis, sont devenus les spécialistes de la recherche d'archives et de la publication en matière de danse canadienne.

Lawrence Adams étudie d'abord le ballet avec le célèbre professeur Mara McBirney et fréquente les cours d'été du BALLET NATIONAL DU CANADA, où son frère aîné, David Adams, membre fondateur de la compagnie, est danseur principal. Il entre au Ballet national du Canada en 1955. En 1960, il prend une année de congé, puis revient danser avec LES GRANDS BALLETS CANADIENS de 1961 à 1962. Il fait partie de la troupe du Joffrey Ballet de New York de 1962 à 1963, revient au Ballet national du Canada comme danseur solo puis comme danseur principal, et danse une grande variété de rôles. Miriam Adams suit des cours particuliers avec Betty OLIPHANT, puis étudie à l'ÉCOLE NATIONALE DE BALLET, de 1960 à 1963, avant d'entrer au Ballet national du Canada.

En 1969, Lawrence et Miriam Adams quittent le Ballet national du Canada et commencent à enseigner à la Lois SMITH School of Dance de Toronto. En 1972, sous le nom de 15 Dancers, ils présentent leurs chorégraphies, en tournées, avec un groupe d'élèves avancés et ouvrent un petit studio, 15 Dance Lab. De 1974 à 1980, ils y présentent des danseurs indépendants et y offrent un soutien dans des domaines comme la publicité, l'éclairage et le son.

De 1980 à 1982, ils publient une revue mensuelle, *Canadian Dance News*, mais sont incapables d'en assurer le financement. Miriam Adams collabore alors à l'Association Danse au Canada à titre de coordonnatrice de conférences et de projets spéciaux, tandis que, de 1984 à 1990, Lawrence dirige un studio de films et de vidéos, The Arts TV Centre. Tous deux développent une passion pour la tradition de la danse au Canada et décident de récupérer et de conserver tout ce qui s'y rapporte. Avec le soutien de la Fondation Laidlaw et d'autres organismes de financement, ils entreprennent des recherches sur l'histoire de la danse au Canada. En 1986, ils lancent un projet de reconstitution de danse (*Encore! Encore!*) et mettent à contribution des danseurs et des chorégraphes pour faire renaître six œuvres «oubliées» des années 40 et 50. Bien que l'idée maîtresse du projet était de conserver les œuvres récupérées sur vidéo et sous forme écrite, des extraits sont présentés dans le cadre d'EXPO 86, à Vancouver.

Depuis 1986, avec la collaboration de la chercheuse Sonia Barton, Lawrence et Miriam Adams ont recueilli diverses archives sur la danse et son évolution partout au Canada. Ce projet s'appelle *Dance Collection Danse*. En 1989, ils commencent à publier une partie de ce matériel sur disquette, de même que les données brutes d'une encyclopédie toujours pas terminée, l'*Encyclopedia of Theatrical Dance in Canada*, préparée à l'origine par Jillian Officer, à l'U. de Waterloo. Ils ont aussi produit et publié, sous forme de livre, une importante liste de titres d'œuvres qui continue de s'allonger. En septembre 1996, Lawrence et Miriam Adams commencent à publier une revue consacrée au métier de danseur, *The Dance News*. Parmi les projets de publication en chantier figurent le *Dictionary of Cecchetti Ballet Technique* et *The Dancer's Body Works*,

rédigés par Rhonda Ryman, le journal tenu par Grant STRATE pendant un voyage éducatif en Chine en 1996 et le *Dictionary of Dance: Terms and Phrases*.

Michael Crabb

Adams, Thomas, urbaniste (près d'Édimbourg, Écosse, 10 sept. 1871—Sussex, Angl., 24 mars 1940). Pionnier britannique reconnu en matière d'urbanisme, Adams deviendra l'un des fondateurs du mouvement d'urbanisme du Canada. Il fait la connaissance de Patrick Geddes et se familiarise avec le mouvement de la cité-jardin dirigé par Ebenezer Howard. Il est par ailleurs l'un des fondateurs et le premier président du British Town Planning Institute.

En 1914, il devient conseiller en urbanisme à la COMMISSION DE LA CONSERVATION, établie au Canada en 1909. Adams est à l'origine de l'essor de l'urbanisme au Canada et en encourage l'élaboration des structures législatives, institutionnelles et professionnelles globales. Il rédige de nombreux articles pour le *Town Planning and Conservation of Life* et publie, en 1917, *Rural Planning and Development*. Il fonde la Civic Improvement League en 1915 et l'Institut d'urbanisme du Canada en 1919.

Parmi ses réalisations, on compte l'aménagement de la ville de Kipawa (aujourd'hui Témiscamingue) au Québec et la conception des plans de réaménagement urbain pour Halifax à la suite de la célèbre EXPLOSION D'HALIFAX de 1917, qui avait détruit de nombreux quartiers résidentiels. Ce projet offre à Adams une occasion unique de profiter de son expertise professionnelle pour innover en matière d'aménagement urbain et d'habitations sociales.

L'influence d'Adams décline après l'abolition de la Commission de la conservation en 1921. De 1921 à 1923, il s'occupe de projets pour la Division des parcs nationaux. De 1923 à 1930, il est directeur du plan régional de la ville de New York et de ses environs. Entre 1914 et 1930, Adams est sans conteste l'urbaniste le plus réputé du Canada, si ce n'est du monde. En dépit d'un séjour mémorable au Canada, il n'a toutefois pas réussi à imposer un style d'urbanisme distinctement canadien. (*Voir aussi* AMÉNAGEMENT URBAIN ET RÉGIONAL.)

O.W. Saarinen

Adaskin, Harry, musicien, professeur, animateur (Riga, Lettonie, 6 oct. 1901—Vancouver, 7 avril 1994), frère aîné de Murray et John ADASKIN. Violoniste, à la fois membre d'orchestre et chambriste, il forme un duo en 1923 avec sa future épouse, la pianiste Frances Marr, et ensemble ils font de nombreuses tournées au Canada et à l'étranger, en plus de créer de nombreuses compositions canadiennes. De 1928 à 1938, il est second violon du QUATUOR À CORDES HART HOUSE. Adaskin a mis sur pied des cours de musique à l'U. de la Colombie-Britannique en 1946, où il a enseigné jusqu'en 1973. Excellent raconteur dont les connaissances musicales se doublaient d'une connaissance de la peinture et de la littérature, il a aidé animateur de plusieurs séries au réseau radiophonique de la Société Radio-Canada. En 1975, il est fait Officier de l'Ordre du Canada.

Barclay McMillan

Adaskin, John, musicien, réalisateur d'émissions radiophoniques et administrateur (Toronto, 4 juin 1908—*id*., 4 mars 1964), frère cadet de Harry et Murray ADASKIN. Défenseur des jeunes musiciens et des œuvres musicales canadiennes, il aide plusieurs artistes en herbe à faire carrière grâce à ses émissions à la Société Radio-Canada, *Opportunity Knocks* et *Singing Stars of Tomorrow* (dans lesquelles il agit également en tant que chef d'orchestre). Nommé secrétaire général du Centre de musique canadienne en 1961, Adaskin encourage l'étude de la musique canadienne dans les écoles en commandant des œuvres pour jeunes exécutants à des compositeurs. Aujourd'hui, le John Adaskin Project, dont l'objectif est la promotion de la musique canadienne, offre, en collaboration avec l'UNIVERSITÉ DE TORONTO, des évaluations de répertoire en ligne.

Barclay McMillan

Adaskin, Murray, compositeur, professeur, violoniste, chef d'orchestre (Toronto, 28 mars 1906), frère de Harry et John ADASKIN. Musicien d'orchestre et chambriste, il s'est tourné vers la composition au milieu des années 40 après avoir étudié avec John WEINZWEIG. Il a composé des œuvres dans divers domaines musicaux, y compris l'opéra. Son style néoclassique est très personnel, exploitant souvent des éléments du folklore canadien. En 1952, il devient directeur du département de musique de l'U. de la Saskatchewan. Il a également été chef d'orchestre de l'orchestre symphonique de Saskatoon de 1957 à 1960. Adaskin, un excellent promoteur de la musique canadienne, a été nommé Officier de l'Ordre du Canada en 1981.

Barclay McMillan

ADISQ L'Association du disque et de l'industrie du spectacle québécois (ADISQ) est créé, en 1978, par des professionnels du milieu désireux de mieux faire connaître leurs productions. Dès l'année suivante, ces derniers instaurent un gala, maintenant annuel, où sont attribués les trophées Félix, récompensant le mérite des artisans de divers secteurs du disque, du spectacle et de la vidéo au Québec. Rendant hommage à Félix LECLERC, considéré comme le père de la chanson au Québec, ces trophées ont vu leur nombre passer de 28 à l'origine à plus de 50 en l'an 2000. La plupart des Félix sont décernés par des jurys sélectionnés pour chaque catégorie, alors que quelques autres sont attribués par vote populaire. Attirant plus de 2 millions de téléspectateurs, ce gala est l'un des événements culturels les plus importants au Québec. Au fil des ans, l'ADISQ a milité sur plusieurs dossiers concernant le droit d'auteur et a été à l'origine de la création de la SOGIC, agence gouvernementale qui participe au financement de l'industrie.

Administration du rétablissement agricole des Prairies (ARAP) Division d'Agriculture et Agro-alimentaire Canada qui s'intéresse spécialement à l'Ouest canadien. Le gouvernement constitue cet organisme en 1935 dans le contexte d'une SÉCHERESSE prolongée et désastreuse qui incite, selon les estimations, 247 000 personnes à quitter les Prairies de 1931 à 1941. Jusqu'en 1934, le gouvernement fédéral encourage ce mouvement, et le recensement de 1936 indique un total de 13 900 fermes abandonnées couvrant presque 3 000 000 d'acres.

En 1935, le gouvernement en est venu à prendre des mesures pour arrêter cette émigration. L'ARAP est créée pour traiter les problèmes d'érosion des sols (et les problèmes connexes de CONSERVATION DES SOLS) et de pénurie de ressources en eau aux fins du développement agricole. Des programmes d'urgence sont institués pour lutter contre la sécheresse dévastatrice: étangs-réservoirs creusés sur les fermes pour retenir l'eau servant à abreuver le bétail, culture en bandes alternantes pour prévenir la déflation générale des sols, ensemencement des terres abandonnées pour en faire des pâturages communautaires et grands projets de plantation d'arbres pour protéger le sol contre l'érosion éolienne.

Les attributions de l'ARAP en matière de conservation des sols sont transférées à un autre organisme en 1946, mais l'ARAP poursuit ses travaux dans le domaine de l'utilisation de l'eau. Pendant nombre d'années, elle lutte contre la pénurie de ressources en eau en s'engageant à fond dans de vastes programmes d'utilisation et de conservation de l'eau comme l'Ouvrage d'irrigation de la rivière Sainte-Marie, l'Ouvrage d'irrigation de la rivière Bow et l'Ouvrage d'irrigation de la rivière Saskatchewan Sud. Rares sont les localités des Prairies qui ne bénéficient pas de ses activités.

Aujourd'hui, l'ARAP continue de participer à de grands projets, mais elle a élargi son mandat pour s'adapter à l'évolution des besoins de la région qu'elle sert. En faisant la promotion des activités de conservation des sols et de la bonne utilisation des ressources en eau, elle s'efforce de maintenir la viabilité de l'industrie agricole et la prospérité de l'économie rurale. L'ARAP offre une aide technique et financière dans de nombreux domaines, notamment la conservation des sols et de l'eau, l'utilisation des ressources en eau, l'irrigation, la planification économique, l'aménagement rural et l'analyse environnementale. Le siège social de l'ARAP se trouve à Regina (Saskatchewan). L'organisme a également 22 bureaux de district répartis dans les provinces des Prairies.

J.C. Gilson

Administration locale C'est le palier de gouvernement situé au-dessous des provinces. L'administration locale la plus importante est le GOUVERNEMENT MUNICIPAL. La Constitution confère aux provinces une compétence exclusive en matière d'affaires municipales (*voir* RELATIONS PROVINCIALES-MUNICIPALES). Chaque province a établi un régime légèrement différent d'institutions municipales. Toutefois, ces régimes sont fortement apparentés puisqu'ils s'inspirent tous de modèles britanniques ou américains.

Au Canada, le premier régime municipal uniforme remonte à 1849, dans ce qui s'appelle alors le Canada-Ouest (correspondant à peu près à l'Ontario). Les autres provinces suivent cet exemple, et, au Canada, la plupart des régions habitées sont maintenant constituées en municipalités. Il reste néanmoins de vastes régions à population éparse qui ne sont pas constituées en municipalités. L'administration locale de ces secteurs relève alors du GOUVERNEMENT PROVINCIAL ou territorial, bien qu'à certains endroits, des institutions quasi municipales, comme des districts en voie d'organisation, aient été établies.

L'administration locale se distingue des responsabilités administratives locales de la province du fait qu'elle est élue par la collectivité locale lors d'ÉLECTIONS LOCALES et qu'elle doit rendre des comptes à cette collectivité. Il arrive aussi que d'autres entités administratives locales soient élues telles les COMMISSIONS SCOLAIRES, mais aussi les membres des commissions des entreprises de services publics, les commissions des parcs et autres organismes à vocation spécifique. Dans la plupart des collectivités canadiennes, le conseil municipal n'est donc pas la seule administration locale élue. Les gouvernements fédéral et provinciaux ainsi que les municipalités elles-mêmes établissent bon nombre d'autres organismes locaux plus ou moins autonomes (commissions portuaires, commissions des bibliothèques et commissions de police), ce qui complique un peu les choses. Peu importe leur mode de constitution, ces organismes fonctionnent souvent comme des administrations locales indépendantes.

Aucune collectivité canadienne n'atteint la complexité de la communauté urbaine de Chicago, où cohabitent plus de 1000 administrations locales à vocation spécifique ou générique, mais le régime d'administration locale est partout complexe et propre à la collectivité en question. Plus la collectivité est grande, plus le régime est complexe. Dans la Communauté urbaine de TORONTO, p. ex., des chercheurs ont repéré plus de 100 autorités qui pourraient être qualifiées d'«administrations locales».

Malgré cette complexité, les municipalités demeurent les éléments les plus importants des systèmes locaux de gouvernement. La municipalité est le plus souvent la seule administration locale à vocation générale. C'est donc le conseil municipal qui retient l'attention sur le plan de la politique locale. On s'attend à ce que le conseil s'occupe des questions générales qui intéressent la collectivité et qu'il représente cette dernière dans ses relations avec le monde extérieur. Cela se reflète dans les pouvoirs conférés par la législation municipale des diverses provinces: les conseils municipaux sont chargés des responsabilités d'administration locale qui n'ont pas été confiées à d'autres organismes. La multiplication des organismes à vocation spécifique témoigne d'ailleurs du rôle des municipalités, car ces organismes sont formés pour alléger les administrations à

vocation générale des fonctions manifestement spécialisées dont elles arrivent difficilement à s'acquitter.

Chaque province a des catégories différentes de municipalités. Il existe une différence importante entre les autorités urbaines et les autorités rurales. Ces dernières, qui portent le nom de CANTONS, paroisses, districts, municipalités rurales et ainsi de suite, ont les fonctions les plus limitées. Le plus souvent, leur tâche la plus importante est l'entretien routier. La population rurale est rarement disposée à payer les frais d'une administration locale très active.

Les milieux urbains, par contre, exigent une plus grande activité administrative. Les municipalités urbaines sont classées selon leur population en villages ou en villes. Les provinces anglophones distinguent en outre deux types de villes: les «towns», plus petites, et les «cities», plus grandes. Le passage à une catégorie supérieure rehausse le prestige et les pouvoirs du conseil municipal. Les conseils des grandes villes («cities») sont les plus actives des administrations municipales, et ils jouent un rôle important dans l'élaboration de nouveaux services publics et de réglementations qui satisfont aux exigences de la vie moderne.

L'accroissement relatif de l'activité des gouvernements provinciaux depuis 1945 résulte en partie des efforts déployés pour mettre à la disposition de la population rurale les services offerts à la population urbaine. C'est ainsi que des fonctions autrefois exécutées à l'échelon municipal (dans certaines municipalités) ont été prises en charge par les gouvernements provinciaux. C'est surtout vrai dans le domaine des services sociaux. L'activité municipale porte donc essentiellement aujourd'hui sur des volets économiques.

On s'est toujours attendu à ce que les conseils municipaux servent d'organismes de développement économique local. La plupart des conseils considèrent que leur première responsabilité est de fournir l'infrastructure nécessaire à l'économie locale, à savoir des installations matérielles telles des routes et des égouts, et des services de base tels des services de POLICE et de protection contre l'incendie. Depuis 1945, les municipalités urbaines, en particulier, tentent de jouer un rôle plus actif en réglementant la planification de l'aménagement pour déterminer le rythme et la forme du développement économique. Les questions de planification revêtent donc une importance capitale en politique municipale.

Au Canada, les conseils municipaux et les autres autorités locales élues comptent généralement peu de membres. La plupart comptent de 5 à 15 membres. Seules les plus grandes municipalités ont un nombre plus élevé de membres du conseil. Le conseil municipal (ou scolaire) est habituellement en mesure de fonctionner comme son propre conseil exécutif, le maire (ou président) jouant alors un rôle de direction. Comme la plupart des conseillers sont en théorie apolitiques, la prise de décision collégiale devient possible. La plupart des conseils se dotent de comités chargés des diverses fonctions municipales, ce qui allège le fardeau du conseil lui-même. La tendance habituelle à déléguer des fonctions à des organismes semi-autonomes (dont les membres du conseil d'administration sont pour la plupart nommés par le conseil municipal) accroît la décentralisation.

Depuis le début du siècle, des critiques signalent les problèmes découlant de l'éparpillement des responsabilités municipales et de l'accent parallèle mis sur la participation de non-professionnels à l'administration. Par conséquent, des efforts constants sont déployés pour rendre les administrations locales plus professionnelles et pour centraliser la responsabilité de la gestion. Dans certaines municipalités, l'entière responsabilité administrative est confiée à un seul gestionnaire ou conseil administratif, qui agit alors

sous la direction politique du conseil municipal. Ailleurs, surtout dans les plus grandes municipalités, la gestion est assurée par un comité du conseil municipal. Dans les deux cas, les conseillers ordinaires sont éloignés des affaires courantes et on établit un contrôle plus serré de la gestion.

Les administrations municipales tirent généralement la plus grosse part de leurs recettes de l'impôt foncier, ce qui limite leur capacité financière et les force à dépendre de subventions provinciales, qui restreignent leur pouvoir discrétionnaire. En réalité, les municipalités et autres administrations locales sont de plus en plus traitées comme de simples organismes administratifs de la province et sont, à ce titre, assujetties à des contrôles serrés.

Même lorsqu'elles agissent de façon autonome en utilisant leurs recettes à leurs propres fins, les administrations locales demeurent soumises aux lois et aux règlements de la province. Or, ces mesures législatives et réglementaires peuvent sérieusement limiter la liberté d'action des administrations locales et les obliger à demander l'approbation provinciale relativement à des dépenses en capital, à des règlements de zonage et à d'autres questions d'intérêt local. Le ministère provincial des Affaires municipales est habituellement le principal organisme de réglementation, mais d'autres ministères et tribunaux administratifs (comme la Commission des affaires municipales de l'Ontario) interviennent également. Bref, les administrations locales ne jouissent tout simplement pas, à l'égard des provinces, de l'autonomie dont jouissent les provinces à l'égard d'Ottawa.

Nombre de critiques prétendent que les administrations locales seraient raffermies par la consolidation des autorités existantes en de plus grandes entités disposant de responsabilités accrues. Il s'ensuivrait l'élimination de la plupart ou de toutes les administrations locales à vocation spécifique ainsi que la réorganisation des délimitations municipales pour assujettir les banlieues et les villes satellites au pouvoir des conseils des grandes villes. Dans les régions rurales, des secteurs ou des comtés entiers pourraient être regroupés. Toutefois, rien ne motive les provinces à créer des administrations locales qui rivaliseraient avec elles en pouvoir et en prestige. C'est pourquoi on tend plutôt, dans l'ensemble du Canada, à apporter des corrections relativement mineures aux délimitations et aux fonctions, et à protéger le mode d'administration locale contre les changements socio-économiques.

Le changement récent le plus évident s'avère la hiérarchisation de l'administration municipale. Dans le Canada central, les municipalités régionales de COMTÉ (MRC) forment généralement un second palier d'administration municipale à l'extérieur des grandes villes. Ces municipalités régionales sont composées de représentants des municipalités rurales et des petites municipalités urbaines avoisinantes et sont chargées de fournir des installations et des services communs. Dans les grandes régions urbaines, ce modèle d'action concertée ne sera pas adopté avant 1953, soit au moment de la formation de la Communauté urbaine de Toronto. La nouvelle autorité est en fait un conseil métropolitain de comté, regroupant Toronto et ses banlieues. Afin de régler les problèmes d'aménagement et de planification dans la communauté urbaine, cette autorité est investie de pouvoirs plus étendus que ceux d'une MRC ordinaire. Ce modèle remporte suffisamment de succès pour être repris à bien des endroits, ailleurs au Canada et à l'étranger.

La plupart des grandes villes canadiennes disposent maintenant d'une administration métropolitaine ou régionale suivant ce modèle. Ce dernier est aussi appliqué en dehors des aires métropolitaines pour renforcer ou remplacer des administrations de comté existantes (p. ex. en Ontario) ou pour créer un nouveau palier d'administration municipale régionale (p. ex. en Colombie-Britannique).

La création de nouvelles unités d'administration municipale régionale découle d'une tendance qui prend de l'ampleur au cours des dernières décennies, soit l'administration locale à plus grande échelle. La gestion de la santé, de l'éducation et de l'aide sociale, habituellement confiée à des autorités locales à vocation spécifique, se fait de plus en plus à l'échelle régionale, voire provinciale. Ainsi, les autorités locales autonomes qui continuent à œuvrer dans ces domaines tendent à être plus étendues. Les municipalités ont été moins touchées par les fusions que les conseils scolaires. En règle générale, elles se maintiennent, malgré la mise sur pied d'administrations régionales plus vastes.

Quoique des fusions aient eu lieu, surtout dans le cas des très petites municipalités, il reste néanmoins au Canada quelque 5000 administrations municipales et de nouvelles ne cessent de se former. Il est difficile pour les gouvernements provinciaux de persuader les collectivités locales de prendre en main leurs propres affaires sans mettre sur pied de conseils municipaux. Or, une fois établis, ces conseils deviennent le symbole de l'autonomie locale et ne se suppriment pas facilement.

La fragmentation de l'autorité locale en milliers de municipalités, puis en un nombre encore plus grand d'organismes à vocation spécifique, est un sujet de grande préoccupation pour ceux qui se soucient de coordination globale et de planification administrative. Néanmoins, il n'est pas évident qu'un regroupement améliorerait l'efficacité de l'autorité locale, car la centralisation bureaucratique crée en elle-même des problèmes.

Les avantages du régime actuel résident dans les occasions qu'il offre aux citoyens de prendre des initiatives locales et de participer. Or, ces occasions seraient perdues si les arrangements actuels étaient simplifiés et que les pouvoirs étaient regroupés et confiés à des conseils régionaux puissants. Une telle consolidation se produira peut-être de toute façon, mais tant que la demande d'un contrôle efficace des activités publiques locales persistera, le régime administratif local gardera sa complexité actuelle.

Warren Magnusson

Administration municipale (*voir* GOUVERNEMENT ET ADMINISTRATION MUNICIPALE)

Administration publique Elle échappe à une définition généralement acceptée. Elle est d'une ampleur si vaste et si discutable qu'elle est plus facile à expliquer qu'à définir. L'administration publique est à la fois un champ d'étude (une discipline) et un champ d'activité (une profession). Les points de vue divergent grandement à savoir si l'étude de l'administration publique est une discipline, en grande partie parce qu'elle est souvent perçue comme un sous-domaine de deux disciplines: la SCIENCE POLITIQUE et la science administrative (ou administration).

Au Canada, l'étude de l'administration publique se fait surtout comme un sous-domaine de la science politique. Pour bien comprendre le régime politique, il est essentiel de connaître l'appareil gouvernemental ainsi que les milieux politique et juridique au sein desquels les fonctionnaires évoluent. De même, les fonctionnaires jouent un rôle important en conseillant les élus politiques et en participant activement à la rédaction, à l'application et à la prise de décision en matière de législation et de réglementation. À titre de sous-domaine de la science administrative, l'administration publique fait partie d'un processus générique d'administration. Le domaine général de l'administration se subdivise en administration publique, en administration des affaires, en administration scolaire, en administration hospitalière et en d'autres formes d'administration. Ces formes d'administration sont jugées plus semblables que différentes entre elles.

Toutefois, l'administration publique est de plus en plus reconnue à titre de champ d'étude distinct, comme en témoigne la création, en milieu universitaire, d'écoles d'administration publique. Celles-ci adoptent une approche axée sur la gestion des politiques, combinant ainsi la science politique et la science administrative avec un examen de la POLITIQUE GOUVERNEMENTALE. L'administration publique est enseignée comme matière interdisciplinaire par des politologues, des économistes, des sociologues et autres.

Au Canada, on ne peut lier à aucune date ou activité particulière le début de l'étude de l'administration publique. *Canada and its Provinces* (1913-1917), un ouvrage en plusieurs volumes écrit par A. Shortt et A.G. Doughty, décrit la pratique de l'administration publique, tandis que plusieurs livres écrits par R. McGregor DAWSON entre 1919 et 1933 laissent leur marque dans le domaine. Le premier programme, menant à un diplôme, est établi à l'U. Dalhousie par Luther Richter et R.A. Mackay en 1936. Le Carleton College (maintenant l'U. Carleton) remet ses premiers diplômes en 1946 et fonde la School of Public Administration en 1952. Des écoles ou facultés d'administration publique se trouvent maintenant dans plusieurs universités canadiennes. Les plus anciennes et les plus grandes comprennent celles de l'U. Queen, de l'U. de Victoria, ainsi que l'École nationale d'administration publique (Québec). À compter du début des années 50, d'éminents érudits tels que Roch Bolduc, J.E. HODGETTS, J.R. Mallory, D.C. Rowat et Malcolm Taylor font des apports notables à la littérature en administration publique au Canada.

L'administration publique est un champ d'étude relativement récent, mais dynamique et important. Le nombre croissant de personnes qui font des études dans le domaine sont – ou aspirent à devenir – des fonctionnaires fédéraux, provinciaux ou municipaux. Mêmes les fonctionnaires qui ont une formation en droit, en génie ou en médecine font souvent des études en administration publique afin de mieux comprendre les tâches administratives et de mieux s'en acquitter. Des possibilités d'emploi existent dans les ministères et organismes du gouvernement, ainsi qu'au sein d'offices et de commissions. Au sens plus général, l'administration publique englobe aussi des professions liées, p. ex. à l'administration scolaire et à l'administration hospitalière.

Les nombreux domaines d'emploi en administration publique comprennent les catégories générales de gestion du personnel, de gestion financière, ainsi que de l'analyse de la réglementation et des politiques. La principale institution ou société dans le domaine de l'administration publique est l'Institut d'administration publique du Canada, un organisme national et une société savante regroupant des fonctionnaires de tous les niveaux de gouvernement ainsi que des universitaires. L'institut parraine des colloques, des congrès et des publications, y compris la revue *Administration publique du Canada*.

Kenneth Kernaghan

Adoption Acte juridique qui rompt les liens entre un enfant et ses parents biologiques qui ne peuvent ou ne veulent pas en prendre soin. Elle crée des liens entre l'enfant et des personnes qui ne sont pas ses parents naturels.

L'adoption, qui est régie par les lois provinciales, est introduite en common law canadienne (*voir* FAMILLE, DROIT DE LA) d'abord au Nouveau-Brunswick, en 1873, pour soustraire les enfants «illégitimes» de l'opprobre de leur statut et les confier à des couples inaptes à procréer (certaines provinces, p. ex. l'Ontario, ont récemment modifié leurs lois pour en éliminer la notion d'«illégitimité»).

Les mères célibataires ayant de plus en plus tendance à élever leurs enfants, les enfants adoptés sont souvent plus âgés, parfois physiquement ou mentalement handicapés, parfois issus de groupes défavorisés. Un nombre croissant d'enfants légitimes confiés à l'adoption viennent de parents divorcés. Le processus d'adoption comporte généralement plusieurs étapes. P. ex., les adoptants éventuels sont évalués par les services du bien-être avant le placement de l'enfant, même si les restrictions appliquées dans le passé pour limiter les demandes conjointes à des couples mariés peuvent violer les dispositions relatives à l'égalité de la CHARTE CANADIENNE DES DROITS ET LIBERTÉS.

Certaines provinces autorisent l'adoption libre, à condition qu'aucune contrepartie ne soit versée. L'interdiction de faire des annonces ou de la publicité ou de verser de l'argent pour adopter un enfant est difficile à appliquer, compte tenu du manque d'enfants adoptables. Vient ensuite une période de placement probatoire dans le foyer des adoptants et, finalement, une audience judiciaire pour déterminer si une ordonnance d'adoption devrait être prononcée. Le cas échéant, les adoptants deviennent les parents légaux de l'enfant, qui acquiert dès lors des droits de succession et prend le nom de famille de sa famille adoptive, même si, dans certaines provinces, il peut conserver des droits contre sa famille naturelle au titre des lois provinciales en matière de succession.

L'adoption exige normalement le consentement des parents naturels, bien que celui du père de l'enfant illégitime ne soit pas toujours nécessaire. Dans certaines provinces, le consentement du père naturel est normalement requis, et, dans la plupart des provinces, il peut solliciter la garde de l'enfant pour faire échec à la demande d'adoption. Le tribunal a le pouvoir de dispenser de la nécessité de ce consentement dans des circonstances particulières. Si l'enfant a atteint un âge donné (souvent 12 ans), son consentement est également nécessaire.

Au Québec, le Code civil régit l'adoption depuis 1982. Pour l'essentiel, l'adoption en droit québécois produit le même effet que celui de la common law applicable ailleurs au Canada. Avant cette date, les lois avaient tenté de rendre impossible l'adoption des enfants en dehors de leur religion à la naissance. Il s'agissait là d'une manifestation de l'immense ascendance du clergé dans la société québécoise.

L'adoption est une institution sociale aussi bien que juridique. Elle s'est adaptée à l'évolution des attitudes et des besoins sociaux, mais la procédure ne s'est pas adaptée à ces changements. Les adoptés font de plus en plus pression pour obtenir le droit d'entrer en contact avec leurs parents naturels, et vice versa. Certaines provinces, l'Ontario notamment, disposent d'un système (le registre de divulgation volontaire) visant à faciliter la divulgation volontaire, dans lequel les adoptés, ayant atteint la majorité, peuvent indiquer qu'ils aimeraient communiquer avec leurs parents naturels. La communication est établie si ces derniers ont enregistré une demande semblable. Avant que les adoptés n'atteignent l'âge de la majorité, les parents adoptifs peuvent interdire tout contact avec les parents naturels.

D'autres débats ont actuellement trait au droit de l'enfant de consentir à l'adoption (en ce moment, en Ontario p. ex., un enfant de sept ans ou plus doit donner son consentement) et à la possibilité de subventionner les adoptions pour faciliter l'adoption par des parents qui seraient financièrement incapables de subvenir aux besoins d'un enfant. Il y a enfin le débat qui s'est manifesté au cours des dernières années autour de la notion d'adoption ouverte, qui permettrait aux parents naturels et aux parents adoptifs de collaborer de façon constructive au processus d'adoption.

Alastair Bissett-Johnson et Julius Grey

Adventistes du septième jour Les Adventistes du septième jour sont les continuateurs du American Millerite Adventist Movement fondé dans les années 1840. Le Christ n'étant pas venu en 1844 comme l'espéraient les disciples de William Miller, on leur explique qu'Il devait «purifier le sanctuaire céleste plutôt que celui de la Terre». Cette idée est confirmée par Ellen White, qui devient ensuite fondatrice et prophète des Adventistes du septième jour.

Principales doctrines Les principales doctrines de cette confession sont généralement évangéliques (*voir* MOUVEMENTS ÉVANGÉLIQUE ET FONDAMENTALISTE): le retour (avènement) imminent du Christ, l'observation du sabbat (septième jour) le samedi, le baptême par une seule immersion et l'interprétation fondamentaliste et littérale de la Bible. L'immortalité de l'être humain dépend de son acceptation du Christ comme sauveur. Beaucoup de membres sont végétariens; l'alcool et le tabac sont interdits à tous. Les Adventistes du septième jour sont reconnus pour leurs normes morales élevées, leur engagement en faveur des droits de la personne et le parrainage de missions médicales dans beaucoup de pays. Le nombre de membres au Canada a sensiblement augmenté depuis une vingtaine d'années grâce à l'immigration en provenance de l'Extrême-Orient, particulièrement de la Corée. Toutefois, l'Église a récemment connu des remous internes parce qu'on s'est demandé s'il fallait considérer les écrits d'Ellen White comme l'œuvre d'une véritable prophétesse.

Organisation des assemblées Les assemblées sont administrées selon un modèle partiellement presbytérien (*voir* ÉGLISES PRESBYTÉRIENNES ET RÉFORMÉES), mais les ministres sont nommés par les conférences; celles-ci, à leur tour, sont membres de la conférence générale, qui est l'instance administrative mondiale de l'Église. Les Adventistes du septième jour, dont le siège social est à Washington, sont aujourd'hui un mouvement mondial qui compte des millions de membres. Ils ne sont pas nombreux au Canada, même si leur présence remonte à 1860 environ. En 1991, il y a 52 360 adventistes au pays, dont la plupart sont des Adventistes du septième jour.
M. James Penton

Aérodynamique Branche de l'INGÉNIERIE qui traite des fluides gazeux (habituellement de l'air) en mouvement et, en particulier, des effets de ce mouvement sur les corps rigides ou flexibles. La forme et les dimensions du corps, la vitesse relative du débit, et la densité, la viscosité et la compressibilité du gaz sont les principaux facteurs qui influent sur les forces qui agissent sur la surface d'un corps en déplacement dans l'air ou (ce qui est le même chose) sur la pression exercée par l'air qui s'écoule autour d'un corps immobile.

La viscosité est l'aptitude d'un liquide ou d'un gaz qui s'écoule à développer des contraintes internes de cisaillement qui résistent à l'écoulement. Dans l'air, les forces de viscosité sont généralement petites comparativement aux forces d'inertie, d'où une instabilité de l'écoulement et la formation de turbulences. Les VENTS proches de la surface rugueuse de la Terre sont donc habituellement turbulents, comme l'est l'écoulement dans la mince couche limite proche de la surface d'un avion en vol. Le problème de la turbulence n'est pas encore complètement résolu, mais, dans la plupart des applications en ingénierie, ses effets peuvent être prédits de manière satisfaisante.

La compressibilité de l'air détermine la vitesse du son ou la vitesse de transmission des variations de pression à travers le champ d'écoulement. La vitesse du son est d'environ 340 m/s au niveau de la mer et d'environ 296 m/s dans la stratosphère. Si la vitesse d'un corps dépasse celle du son, le profile de l'écoulement change de façon draconienne et les ondes de pression ont tendance à s'empiler en ondes de choc. Le nombre de Mach est le rapport entre la vitesse du corps et celle du son. La conception efficace des formes d'un aéronef pour des vols à vitesses transsoniques ou supersoniques (nombre de Mach voisin de 1 ou supérieur à 1) demeure l'un des plus grands défis de l'aérodynamique.

La viscosité et la compressibilité sont les facteurs les plus complexes en aérodynamique théorique. Les progrès constants en aérodynamique pendant le XXᵉ siècle sont le fruit d'une collaboration étroite entre la recherche expérimentale et la recherche théorique. Le principal outil de laboratoire de l'aérodynamicien, la soufflerie, est une conduite ou un tube spécialement conçus dans lequel on fait s'écouler de l'air dans des conditions contrôlées de façon précise.

De nombreux départements de génie d'universités canadiennes ont une soufflerie de petite ou de moyenne dimension dont on se sert pour divers projets de recherche. Les grandes souffleries tout usage (adaptées à l'analyse de problèmes de conception aérodynamique d'aéronefs et de véhicules routiers et à l'essai de modèles à grande échelle de structures relevant du génie civil) entraînent des dizaines de millions de dollars en frais de conception et de construction, et sont plus rares. Les plus grandes souffleries du Canada se trouvent au CONSEIL NATIONAL DE RECHERCHES DU CANADA (CNRC) à Ottawa: L'une possède une veine d'essai de 9 m² et est capable d'engendrer des vitesses allant jusqu'à environ 55 m/s. Une autre possède une veine d'essai de 1,5 m² et est capable de vitesses quatre fois supérieures à celle du son.

La conception de grandes souffleries est un domaine hautement spécialisé, dans lequel la société d'experts-conseils en ingénierie canadienne DSMA International s'est bâti une renommée mondiale. Ses ingénieurs ont conçu et supervisé la construction de nombreuses souffleries de recherche pour l'industrie automobile et pour la mise au point d'aéronefs à grande et à petite vitesses en Amérique du Nord, en Europe et en Asie.

Les besoins en matière de conception d'aéronefs ont fait progresser grandement l'aérodynamique. P. ex., la société DE HAVILLAND AVIATION DU CANADA LIMITÉE a conçu une ligne réputée d'ADAC (avions à décollage et à atterrissage courts): les DE HAVILLAND BEAVER, OTTER, Twin Otter, DASH 7 et Dash 8. Le succès de cette société vient, en partie, de ses progrès constants en conception de systèmes de volets hypersustentateurs et de moyens de conserver un contrôle précis à des vitesses de vol exceptionnellement basses.

Toutefois, les applications de l'aérodynamique vont bien au-delà des besoins de l'aéronautique. P. ex., l'U. de Western Ontario a été à l'avant-garde de la mise au point d'une soufflerie spécialisée à très longue veine d'essai pour modéliser les caractéristiques de la turbulence des vents naturels à la surface de la Terre. Elle a servi à vérifier la conception de grands ouvrages dont quelques-uns des plus hauts gratte-ciel au monde.

Les universités de la Colombie-Britannique et de Moncton et la société privée d'experts-conseils Morrison Hershfield Ltd., de Guelph et d'Edmonton, possède des souffleries de ce genre pour analyser, p. ex., le vol d'un oiseau, la diffusion des pesticides pulvérisés et l'accumulation de neige. Les grandes souffleries du CNRC ont permis de mesurer les pressions et les forces aérodynamiques exercées sur des skieurs de descente, des voitures, des gratte-ciel, des bateaux et des trains miniatures, un toit de stade flexible, une plate-forme de forage en mer, des motoneiges, des motocyclettes, des parachutes et presque tous les aéronefs conçus au Canada. Les aérodynamiciens du CNRC ont aussi relancé une invention française oubliée: l'éolienne à axe vertical, qui ressemble à un énorme batteur à œufs. (*Voir aussi* ÉNERGIE ÉOLIENNE.)
R.J. Templin

Aéroport Un aérodrome désigne toute étendue de terrain, d'eau (y compris les surfaces gelées) ou toute autre surface servant à l'atterrissage, au décollage, à la circulation ou à l'entretien d'un avion, et comprend les bâtiments d'appoint et autres installations. Au Canada, un aéroport est un aérodrome que le ministre des Transports a déclaré conforme aux normes stipulées dans le document d'agrément des aéroports. Au Canada, en 1985, on évalue le nombre d'aérodromes à 6000, dont 1255 aéroports agréés. Plus de 10 p. 100 d'entre eux sont gérés par Transports Canada, 22 p. 100 par des municipalités et le reste par des entreprises privées ou des particuliers. Un aéroport peut être un lieu de transit international très achalandé comme celui de Vancouver International, qui couvre une superficie approximative de 1440 ha, ou un petit héliport dont les besoins ne dépassent pas 346 m².

Classification des aéroports Les activités d'un aéroport peuvent être de type privé ou de type commercial. Les activités aériennes commerciales sont celles qui utilisent un aéronef à des fins de location ou de profit. Elles vont du transport des passagers et du fret sur des vols internationaux ou intérieurs, qui sont le propre des grandes compagnies aériennes, à des services spécialisés comme la formation des pilotes, la pulvérisation des cultures ou la photographie aérienne. L'appareil utilisé à des fins commerciales peut être aussi gros qu'un Boeing 747 ou qu'un avion-cargo Hercules, ou aussi petit qu'un Piper Cub. L'activité aérienne privée, de son côté, a trait à des opérations qui profitent directement à des organisations ou à des particuliers utilisant leur propre appareil et dont les services ne sont pas offerts au public. Parmi les appareils utilisés, on retrouve des jets privés qui peuvent atteindre la taille d'un avion de ligne, aussi bien que des planeurs ultralégers motorisés.

À des fins statistiques et administratives, le gouvernement fédéral établit cinq grandes catégories d'aéroports: international, national, régional, commercial local et local. Cette classification regroupe les aéroports en fonction de la présence de services aériens commerciaux et selon le nombre et le type de réseaux de transport à taxe unitaire qui y sont reliés. Le transport à taxe unitaire concerne le transport des personnes, de la poste ou des marchandises par avion. Les transporteurs aériens obtiennent un permis grâce auquel ils peuvent utiliser des appareils d'une certaine classe pour offrir des services bien définis de transport à taxe unitaire sur des lignes précises entre les localités.

Les catégories internationale et nationale forment l'épine dorsale du réseau canadien de transport aérien à taxe unitaire. Il existe dans ces catégories 22 aéroports qui assurent tout le trafic international régulier et la plus grande partie du transport interprovincial. Ils sont situés pour la plupart dans les grands centres urbains du Canada et dans chaque capitale de province et des territoires. Les aéroports sont dits «internationaux» quand ils servent de points d'accès ou de transit aux appareils à destination ou en provenance d'aéroports situés à l'extérieur du Canada ou des États-Unis. Les vols qui vont vers les États-Unis ou qui en proviennent sont appelés «transfrontaliers». Bien qu'ils forment une sous-catégorie des vols internationaux pour des fins statistiques, ces vols ne sont pas considérés comme tels pour la classification des aéroports canadiens. Les aéroports de catégorie régionale servent de plaques tournantes, recevant le transport local à taxe unitaire des petits aéroports et lui assurant un accès direct aux plus grands aéroports nationaux et internationaux. L'aéroport commercial local assure le service de transport à taxe unitaire le plus limité. Ces aéroports ont surtout des activités à caractère local comme des écoles de vol, des services de pulvérisation aérienne, de petites entreprises de vols nolisés, et accueillent parfois des appareils de sociétés privées. Un aéroport local ne sert ni de base fixe ni d'escale pour des activités commerciales.

Statistiques courantes Les aéroports canadiens ont servi en 1985 à l'embarquement et au débarquement de 46,7 millions de passagers. Le tableau montre pour chacun des 25 aéroports les plus achalandés du Canada certaines statistiques relatives au nombre de passagers payants qui y embarquent ou en débarquent. Un passager payant embarqué est une personne qui achète un billet et monte à bord d'un appareil à un aéroport, tandis qu'un passager payant débarqué a acheté un billet et descend d'un appareil à un aéroport. L'aéroport international Lester B. Pearson de Toronto est l'aéroport canadien le plus achalandé. En 1985, p. ex., il a desservi 13,7 millions de passagers payants embarqués/débarqués, soit 29,3 p. 100 du total national. Il y a eu 284 000 départs et arrivées, ce qui en fait l'aéroport le plus achalandé à ce chapitre. Il est intéressant de noter que sur les 5 millions de départs et d'arrivées en 1985, les transporteurs aériens de passagers et de fret en représentaient à peine plus d'1 million, soit 22 p. 100. Les chiffres relatifs au volume de fret embarqué/débarqué ne tiennent pas compte du courrier placé dans les appareils ou qui en est retiré à l'aéroport.

Composantes et activités principales Les clients d'un aéroport ne se rendent pas toujours compte de la complexité des tâches qui y sont effectuées ni des répercussions que sa présence peut avoir sur une région. Un aéroport représente un énorme investissement de capital, de l'acquisition initiale des terrains jusqu'à la construction finale des installations. Une fois en service, il peut générer de nombreux emplois dans la région. Un grand aéroport international peut employer en effet jusqu'à 20 000 personnes, ce qui comprend les agents gouvernementaux, le personnel aérien, les employés des restaurants et des kiosques de location de voitures, etc. Les industries du secteur des services profitent aussi de la présence d'un aéroport, comme les compagnies de taxi, les messageries et les entreprises spécialisées dans l'équipement aérien, qui remplissent toutes des fonctions liées à l'activité aéroportuaire.

Tout aéroport du type transport à taxe unitaire, quel que soit son trafic, possède trois composantes majeures: le côté ville, le terminal aérien pour passagers, ou aérogare, et le côté piste. Chaque installation qui fait partie de ces composantes principales doit pouvoir remplir les fonctions précises pour lesquelles elle est conçue. La composante côté ville est la partie directement accessible au public, à l'extérieur du terminal. Elle comprend la plupart des infrastructures de transport terrestre, comme les routes d'accès et de départ du terminal, les voies de service des différentes zones de l'aéroport (dont les entrepôts de fret aérien, les hangars d'entretien, le service d'incendie), des installations pour le stationnement des véhicules (terrains et bâtiments) et les zones d'arrêt en face du terminal aérien. Ces infrastructures sont parfois très étendues pour mieux répondre aux besoins de la circulation. Il y a, p. ex., sur les terrains de l'aéroport international Lester B. Pearson de Toronto, quelque 7600 places de stationnement. Dans une journée ordinaire, plus de 84 000 trajets vers ou depuis l'aéroport sont effectués par des voitures privées, des autobus, des taxis et des camions de marchandises.

Le côté ville comprend aussi les installations d'appoint comme les hangars, les aires de stockage du carburant et les installations des services qui nécessitent un accès à la piste. Dans les grands aéroports, des complexes administratifs et des établissements commerciaux, comme les hôtels, peuvent être situés côté ville.

Le terminal aérien est le point par lequel transitent les passagers pour se rendre à l'avion. La conception pratique et les particularités du bâtiment tiennent compte de facteurs comme la forme des appareils à recevoir, les horaires des compagnies aériennes et la qualité du service que les responsables de l'aéroport souhaitent offrir. Ces facteurs influent sur le type d'aires de service et, plus encore, sur la superficie de chacune de ces aires. L'aéroport Lester B. Pearson de Toronto, p. ex., doit disposer de deux terminaux pour recevoir quotidiennement de 40 000 à 60 000 passagers pendant une période de pointe qui dure de 14 à 16 heures, ainsi qu'un nombre deux fois plus grand de personnes venues reconduire ou accueillir les voyageurs.

L'architecture d'un terminal peut emprunter différentes formes. Il peut s'agir d'un bâtiment central pourvu d'embranchements disposés en étoile (des corridors menant aux appareils stationnés, comme au Calgary International). Il peut être linéaire (un long bâtiment étroit avec les appareils garés à des portes le long d'un des côtés pour l'embarquement et le débarquement des passagers, comme au Terminal 2 de Toronto). Il peut aussi être de type «transporteur», avec des navettes servant à acheminer les passagers vers des appareils stationnés à distance, comme à l'aéroport international de Mirabel (Montréal). Chacune de ces formes est mieux adaptée à certains types de services aériens. Ainsi, la forme linéaire est tout indiquée dans le cas de trajets internationaux directs avec peu de correspondances pour les passagers entre les vols. La forme étoilée convient mieux à un mélange de vols locaux et internationaux, puisqu'un fort pourcentage de passagers doivent effectuer des correspondances.

La composante côté piste correspond au secteur de l'aéroport non accessible au public sans autorisation. Elle comprend les pistes de décollage et d'atterrissage, les voies utilisées pour la circulation des appareils entre les pistes, les aires de stationnement d'aéronefs adjacentes au terminal, les terminaux de fret aérien où les passagers et le fret sont embarqués et débarqués, et où les appareils sont vérifiés, entretenus et ravitaillés. La composante côté piste est conçue selon le type et les classes d'appareils qui doivent l'utiliser, la topographie et l'environnement du lieu, et en fonction du volume de trafic prévu annuellement.

Croissance des aéroports canadiens Le premier vol au Canada, effectué par J.A. MCCURDY en 1909, a lieu à Baddeck (Nouvelle-Écosse). Le premier aéroport canadien, construit à Long Branch (Toronto) en 1915, est géré par la Curtiss Flying School, filiale de Curtiss Aeroplanes and Motors Ltd. Cette école s'emploie avant tout à former des pilotes de guerre. Après la guerre, de nombreux appareils militaires servent au transport commercial et des entrepreneurs commencent à offrir au public des services de transport aérien. Lorsque le Canadien Pacifique demande l'élargissement de ses statuts pour y adjoindre l'exploitation d'aéronefs, le Parlement vote en 1919 la *Loi de la Commission de l'air* afin de gérer et de contrôler l'aviation civile. Une partie du mandat de la commission consiste à réglementer l'émission de permis, l'inspection et la régulation de tous les aérodromes et bases aériennes. Elle est également chargée de construire et d'entretenir tous les aérodromes gouvernementaux ainsi que les pistes militaires.

Dans les années 20 et 30, le développement des aéroports ne suit pas les progrès technologiques de l'aéronautique. Le gouvernement décide en 1928 de construire la Trans-Canada Airway et de fournir une aide financière aux aéroclubs locaux pour améliorer les pistes. Il s'agit de mettre en place, d'un bout à l'autre du pays, une chaîne d'aéroports gérés par les municipalités ou les villes afin de desservir l'aviation commerciale. Le Parlement crée en 1937 les LIGNES AÉRIENNES TRANS-CANADA, ancêtre d'AIR CANADA. Le gouvernement fédéral, pour des raisons de sécurité, entreprend ensuite d'aménager des aérodromes intermédiaires à des intervalles approximatifs de 160 km entre les aéroports municipaux du pays. Le nouveau ministère des Transports assume les coûts de cette opération, tout comme ceux de la construction d'aéroports dans les municipalités qui ne désirent pas moderniser leurs installations. La Seconde Guerre mondiale exige la construction de 148 nouveaux aérodromes militaires et force le gouvernement à prendre en charge 59 aéroports municipaux afin de soutenir l'effort de guerre. À la fin du conflit, la plupart de ces aéroports sont remis aux municipalités ou repris par le ministère fédéral des Transports.

À la faveur de la prospérité et de la croissance économique que connaît le Canada à la fin des années 50 et tout au long des années 60, la population développe un goût pour les voyages. Le nouveau moteur à réaction, qui permet des appareils plus gros, une plus grande autonomie de vol et une consommation plus efficace du carburant, réduit les coûts des voyages en avion. Ce facteur, conjugué à l'augmentation du pouvoir d'achat des consommateurs, entraîne une hausse spectaculaire de la demande en voyages aériens. Les installations aéroportuaires nécessitent de fréquents agrandissements et améliorations pour pouvoir répondre à cette croissance de la circulation des passagers et des marchandises et pour accueillir des appareils de plus en plus nombreux et de plus en plus gros. La majeure partie des municipalités n'ont toutefois ni l'expertise ni les moyens de répondre à ce constant besoin d'améliorations. Pour conserver un réseau national sûr et efficace, le gouvernement fédéral assume donc la responsabilité du développement et du fonctionnement de la plupart des grands aéroports, c.-à-d. les aéroports internationaux et nationaux ainsi que la plupart des aéroports régionaux.

La sécurité dans les aéroports canadiens Il y a dans chaque grand aéroport des comités de sécurité, des plans d'urgence, des systèmes et des codes d'identification, des programmes de sécurité et des zones d'accès restreint à l'intérieur des limites aéroportuaires pour assurer la sécurité et la protection des personnes et des installations elles-mêmes. Les aspects les plus visibles en sont les agents de la GRC qui se trouvent en permanence sur les lieux et les points de vérification des bagages établis entre les aires d'attente du terminal et les salles d'embarquement des passagers. Ces points de vérification sont dotés de dispositifs qui permettent la détection des objets métalliques et des engins explosifs.

Les mesures de sécurité sont instaurées dans les grands aéroports canadiens en 1973, pour être ensuite élargies à tous les aéroports à taxe unitaire au pays. La recrudescence du piratage aérien dans le monde entier motive cette décision. Dans les années 70 et 80, des groupes de terroristes détournent des avions pour mobiliser l'attention des médias internationaux. Ces activités constituent une menace pour les passagers aériens. Les nouvelles mesures comprennent des dispositifs qui peuvent détecter la présence de produits chimiques utilisés pour les engins explosifs, ainsi qu'un système de correspondance bagage-passager pour les vols internationaux. Ce système garantit que tous les bagages embarqués à bord d'un appareil appartiennent aux passagers de ce vol. Lorsqu'un bagage ne peut être attribué à aucun passager, on le retire avant que l'avion ne décolle.

G. Fawcett

Aérospatiale, industrie L'industrie aérospatiale canadienne est une composante essentielle et grandissante de l'économie nationale. Elle contribue de façon importante à la recherche, au développement et à l'emploi, et elle est le principal exportateur de technologie de pointe du pays. Le Canada fait partie du petit nombre de pays qui conçoivent et construisent des avions et qui disposent d'experts en industrie aérospatiale. L'industrie canadienne est une des meilleures en électronique, en avionique, en télécommunications, en simulateurs, en technologie spatiale, en réparation et remise à neuf, ainsi qu'en turbomoteurs et en génie. En 1996, le montant de ses ventes s'élève à 12,5 milliards de dollars, dont 9 milliards de dollars, soit 75 p. 100, à l'étranger. L'industrie se concentre sur des créneaux commerciaux sélectionnés et sa croissance est la plus rapide au monde dans son domaine. En l'an 2000, elle sera la quatrième en importance au monde. Au tournant du siècle, le montant total de ses ventes atteindra 17 milliards de dollars, dont environ 80 p. 100 en exportations.

Historique

Bombardier (*voir* BOMBARDIER, J. Armand) est le principal avionneur de l'industrie. La section aérospatiale de Bombardier comprend deux éléments fondés il y a bien longtemps: CANADAIR LTÉE, qui naît dans les années 20 comme la branche aéronautique de Canadian Vickers Ltd., dans l'est de Montréal, et de De Havilland (*voir* DE HAVILLAND

AVIATION DU CANADA LIMITÉE), à Toronto, en activité au Canada depuis 1928.

Les premières années, Canadair conçoit et construit une série d'avions, en commençant par le Vedette, le premier hydravion à coque canadien. Pendant la Seconde Guerre mondiale, l'entreprise déménage à l'aéroport de Cartierville à Saint-Laurent en banlieue de Montréal et, comme propriété du gouvernement canadien, elle est un centre important de production aéronautique militaire pour l'avion amphibie Canso. En 1947, le gouvernement vend Canadair à l'entreprise américaine Electric Boat Co., puis la rachète en 1976 et la revend à Bombardier en 1986. Canadair devient un important constructeur d'avions d'affaires tels que ceux de la série des Challenger et le Canadair Regional Jet, qui ouvrent le marché des avions à réaction de liaison régionale.

La branche de Havilland de Toronto, au début une filiale de De Havilland Aircraft Co. d'Angleterre, vend et entretient des aéronefs conçus au Royaume-Uni. La construction commence plus tard et culmine avec la construction à grande échelle des avions Anson, Mosquito et Tiger Moth durant la Seconde Guerre mondiale. Le premier projet sérieux de l'équipe de génie canadienne est l'avion-école Chipmunk, suivi en 1947 par celui de l'avion léger DE HAVILLAND BEAVER, qui sera très réputé. Le Beaver inaugure une série d'avions à décollage et atterrissage courts (ADAC): les DE HAVILLAND OTTER, CARIBOU, Buffalo, Twin Otter et DASH 7. S'appuyant sur cet héritage, de Havilland construit maintenant plusieurs modèles de Dash 8, le chef de file sur le marché des avions de liaison régionale à turbopropulseurs. En 1974, le gouvernement achète de Havilland pour assurer le développement et la production de l'avion Dash 7 ainsi que la survie de l'entreprise comme avionneur au Canada. En 1986, de Havilland est vendu à Boeing Commercial Aircraft Co. et Bombardier l'achète en 1991.

La première unité de conception de moteurs d'avion modernes au Canada voit le jour à Toronto. Agissant sur les recommandations d'une mission technique gouvernementale, le CONSEIL NATIONAL DE RECHERCHES DU CANADA (CNR) fonde Turbo Research Ltd. en 1944 à Leaside, en banlieue de Toronto. Le cahier des charges pour un turboréacteur est dressé et le travail commence avec la conception du moteur TR 4 (Chinook). A.V. Roe (Canada) est créé en 1945 pour construire un avion destiné aux vols nationaux ainsi que des moteurs, particulièrement pour la Défense. La nouvelle entreprise acquiert les actifs de Victory Aircraft Ltd. de Malton en Ontario, qui avait construit les bombardiers Lancaster durant la Seconde Guerre mondiale. L'équipe de recherche sur les turbos se joint au groupe à Malton un an plus tard. Pendant l'été 1946, l'Aviation royale canadienne (ARC) demande de concevoir et de mettre au point un turboréacteur, l'Orenda, d'une poussée égale à celle de tout moteur contemporain en conception à l'étranger. En 1951, l'équipe d'ingénieurs et de techniciens s'est déjà agrandie et une nouvelle avionnerie est construite; elle est ouverte en 1952. En 17 mois, quelque 1000 Orendas sont livrés à l'ARC; la production atteint finalement 3824 turboréacteurs. En 1953, A.V. Roe commence à concevoir et à mettre au point un moteur supersonique, appelé plus tard l'Iroquois. On le choisit pour propulser le chasseur tout-temps supersonique AVRO ARROW (CF-105). Le 20 février 1959, juste quelques semaines avant le décollage du premier Arrow à moteur Iroquois, le gouvernement annule les programmes de construction de l'avion et du moteur. La fin du Arrow est un événement décisif dans l'histoire de l'industrie aérospatiale canadienne en général et de A.V. Roe en particulier. En une fin de semaine, le personnel de A.V. Roe passe de 5000 à 1000 employés, et dans toute l'industrie 14 000 travailleurs perdent leur emploi. Depuis lors, le Canada ne s'est plus efforcé de devenir autosuffisant en systèmes d'armements aérospatiaux. Les installations d'avionnerie de A.V. Roe à Malton poursuivent leurs opérations sous la direction de De Havilland jusqu'en 1963, date à laquelle Douglas Aircraft Co. les acquiert pour produire les ailes de son avion commercial à réaction DC-9. Plus tard, la société mère Douglas passe sous le contrôle de McDonnell (US) Co. et les installations de Malton deviennent McDonnell Douglas Canada Ltd. L'entité canadienne devient un important constructeur d'ailes pour les avions MD-80, DC-10, KC-10 et MD-11. Pratt and Whitney Canada Ltd (PWC) est la deuxième entreprise en importance de l'industrie aérospatiale canadienne. L'entreprise conçoit et construit une série de turbopropulseurs, de turboréacteurs à double flux et de turbines à hélice. Elle connaît un grand succès avec plus de 50 p. 100 du marché mondial des petites ou moyennes turbines motrices. Pratt et Whitney fondent l'entreprise canadienne en 1929 comme installations de remise à neuf et de pièces détachées pour les moteurs en étoile Wasp. L'entreprise grandit durant la Seconde Guerre mondiale grâce à l'usage important que font les militaires des moteurs Pratt et Whitney.

Des études effectuées vers la moitié des années 50 indiquent que les entreprises de moteurs à piston seraient en déclin. PWC se charge donc de mettre sur pied une équipe de conception et de mise au point de turbomoteurs pour le marché général des avions. On dresse un cahier des charges pour un turbopropulseur de puissance sur arbre d'environ 500 chevaux-vapeur et appelé PT-6. Depuis, ce moteur est devenu l'un des meilleurs de sa classe. Viennent plus tard le turboréacteur à double flux JT-15 et les moteurs de la série A-50 utilisés sur les de Havilland Dash 7 et d'autres avions. En 1978, il y a déjà 50 modèles de PT-6 et de JT-15D en production; les deux familles de moteurs déterminent les normes des moteurs d'aviation générale dans le monde entier. L'entreprise construit actuellement la série de moteurs PW100 qui propulsent la plupart des avions de ligne régionaux dans le monde et met aussi au point de nouvelles générations de moteurs pour les hélicoptères et les petits avions d'affaires à réaction. La série PW150, que l'on est en train de mettre au point, propulsera les tout derniers avions Dash 8-400 de liaison régionale qui auront à leur bord 70 passagers. Ce survol historique de l'industrie serait incomplet si nous ne parlions pas du développement de Canadian Aircraft Electronics (CAE). CAE, petite entreprise débutante en 1945 à Montréal, est devenue une société à entreprises aérospatiales annexes dans le monde entier qui se consacrent à la conception et à la construction de simulateurs de vol, de systèmes visuels et de produits de technologie de pointe apparentés. CAE est le chef de file mondial dans les domaines de la simulation et des systèmes visuels. La troisième entreprise en importance de l'industrie est Bell Helicopter Textron (Canada), installée à Mirabel juste au nord de Montréal. La présence de Bell au Canada est relativement récente; les installations de Mirabel ouvrent leurs portes en 1985, quand la production du modèle Bell 206 déménage du Texas pour la toute nouvelle usine de Mirabel. Depuis lors, Bell a déplacé la conception et la production de toute sa ligne d'hélicoptères civils au Canada, et les ventes de Bell Helicopter Textron (Canada) dépassent maintenant le milliard de dollars par année. Plus de 1500 hélicoptères ont été construits à Mirabel.

L'industrie canadienne des activités liées à l'espace est modeste comparativement à celle des États-Unis, de la Russie et de l'Europe, mais les capacités canadiennes sont de classe mondiale dans les créneaux sélectionnés. Les origines de cette industrie remontent aux années 20 avec les projets de recherche au sol pour l'étude des couches élevés de l'atmosphère menés par des scientifiques de l'U. de la Saskatchewan. Un prolongement de ces recherches qui utilise des ballons à haute altitude est entrepris dans les années 50 par DRB et conduit à l'utilisation des fusées-sondes mises au point par Bristol Aerospace de Winnipeg, et de la fusée Black Brant. En 1954, l'armée effectue une première série de lancements de fusées à Fort Churchill au Manitoba.

À la fin de l'année 1958, la National Aeronautics and Space Administration (NASA) accepte une proposition de DRB de construire conjointement un satellite-sonde, l'Alouette I, qui est soutenu par un réseau de stations au sol à Ottawa, à Prince Albert et à Resolute (anciennement Resolute Bay) et par dix autres stations autour du monde. Le satellite est lancé en 1962 et constitue un important succès technologique. Cette entrée dans le domaine de la technologie spatiale attire l'attention sur la possibilité d'utiliser cette technologie pour les satellites de télécommunications. En septembre 1969, on fonde Télésat Canada pour fournir des services de télécommunications intérieurs par satellite dans tout le pays. Hughes Aircraft Corp. (États-Unis), avec Northern Electric et Spar Aerospace, conçoit et met au point les satellites Anik I, II et III, lancés respectivement en novembre 1972, en avril 1973 et en mai 1975. Le Canada devient le premier pays au monde à posséder et à exploiter un système intérieur de COMMUNICATION PAR SATELLITE.

Pour développer les possibilités de son industrie spatiale, le Canada entreprend, au milieu des années 70, de fournir un bras manipulateur (*voir* BRAS SPATIAL CANADIEN) pour la navette spatiale américaine. Ce bras est déployé avec succès durant le deuxième vol de la navette spatiale Columbia en 1981. Dès lors, les ressources technologiques de Spar Aerospace et du CNR sont reconnues mondialement. Depuis, le Bras spatial canadien participe à chaque mission des navettes spatiales de la NASA et joue un grand rôle dans la récupération et le retour sur Terre de charges satellisables. Aujourd'hui, le Canada est un chef de file en robotique spatiale. La deuxième génération du Bras spatial canadien et de la «main spatiale» SPDM aidera à construire la station spatiale internationale.

Industrie spatiale canadienne à la fin des années 90 Au Canada, plus de 400 entreprises, présentes dans chaque région du pays (les centres de production principaux sont Montréal et Toronto), œuvrent dans l'industrie aérospatiale. Plus de 60 000 personnes travaillent dans ce secteur de l'économie.

L'actif de l'industrie constitue un éventail impressionnant de produits brevetés en technologie de pointe tels que l'avion à réaction de transport régional de Bombardier, les avions à réaction d'affaires Challenger et Global Express, la famille d'avions de transport régional Dash 8, les hélicoptères civils de Bell Helicopter Textron (Canada) et la famille de petits et moyens moteurs d'avion conçus et construits par Pratt & Whitney Canada. Les entreprises canadiennes produisent aussi des systèmes et des sous-systèmes de bord, des sous-groupes et d'autres pièces pour les avionneurs canadiens, américains et européens. Elles réparent et remettent à neuf un vaste éventail d'avions, de moteurs d'avions et de pièces détachées. De plus, les entreprises aérospatiales canadiennes sont des chefs de file mondiaux dans les domaines des simulateurs et des systèmes visuels, des systèmes de télécommunications par satellite et des adaptations aux systèmes.

L'industrie comporte trois échelons de capacités et de produits. Le premier échelon comprend les principales entreprises à conception et à production totalement intégrées en des systèmes autonomes comme les systèmes complets de contrôle de la circulation aérienne, de satellites, d'avions et de simulateurs. Les entreprises du deuxième échelon construisent des systèmes et des sous-structures principales comme des moteurs, des trains d'atterrissage, des ailes, des systèmes régulateurs de débit de carburant, des systèmes de climatisation et des systèmes de télécommunications pour les principales entreprises au Canada et à l'étranger. Le troisième échelon comprend les fournisseurs de composants, de pièces détachées et d'autres services spécialisés.

Les principaux clients de l'industrie sont surtout des entreprises commerciales. La proportion des ventes aux clients militaires relativement aux ventes totales décline régulièrement depuis plus de dix ans. Cependant, cette concentration sur les marchés commerciaux est complétée par les importantes aptitudes fondamentales de l'électronique qui présentent deux utilités pour les clients de la Défense. Le ministère de la Défense américain est un client important, et les ententes de coopération économique pour la Défense, telles que le Canada-US Defence Production Sharing Agreement (DPSA) et le Defence Development Sharing Arrangement (DDSA) privilégient les entreprises canadiennes sur les marchés de matériel militaire.

Le marché intérieur de biens et de services aérospatiaux est relativement restreint. L'industrie se concentre donc sur les ventes internationales, ce qui fait d'elle un exportateur de technologie de pointe de premier plan. De 1990 à 1994, l'excédent commercial cumulatif de l'industrie aérospatiale du pays est de 10 milliards de dollars. Durant la même période, le déficit commercial combiné de neuf autres secteurs de technologie de pointe est de 25 milliards de dollars.

L'aérospatiale est une industrie dans laquelle la recherche et le développement (R-D) sont essentiels. Les entreprises aérospatiales effectuent plus de 15 p. 100 de toute la R-D faite au Canada. Elles réinvestissent plus de 12 p. 100 des recettes de leurs ventes dans leurs activités de la R-D. La R-D dans l'aérospatiale est hautement risquée pour toute entreprise et le développement de nouveaux produits peut entraîner un investissement de plusieurs centaines de millions de dollars. Le gouvernement fédéral est un partenaire investisseur essentiel dans ce domaine. Par le truchement de son programme Partenariat technologique Canada (PTC), le gouvernement partage le risque en R-D de pointe, stimulant ainsi les investissements des secteurs privés dans de nouveaux produits. Chaque dollar investi par le truchement du programme PTC entraîne, en moyenne, un investissement en R-D de trois dollars par le secteur privé. Les investissements du programme PTC font contrepoids aux subventions et aux subsides énormes que reçoivent les concurrents étrangers. Les investissements du programme PTC sont entièrement remboursables par le programme de redevances qui peut largement excéder l'investissement gouvernemental dans un projet spécifique. Le programme PTC est la continuation du Programme de productivité de l'industrie du matériel de défense (DIPP), qui aidait à financer les projets de la Défense et les projets civils lancés par l'industrie aérospatiale. L'avion Dash 7 et les moteurs d'avion PT-6 et JT-15 civils sont des exemples de projets de développement partiellement financés par le DIPP. Aujourd'hui, les investissements du programme PTC soutiennent le développement de l'avion à réaction régional Bombardier CRJ 700, du turbopropulseur Dash 8-400, du moteur PW150 et de nombreux autres nouveaux produits vitaux pour l'avenir de l'industrie aérospatiale canadienne. Les produits aérospatiaux, tels que les avions entiers, les moteurs d'avion et les sous-systèmes électriques, électroniques et mécaniques, sont des applications complexes et très exigeantes de technologies de pointe. La nécessité d'une sécurité et de performances maximales, et d'un poids minimal oblige l'industrie aérospatiale à utiliser de nouveaux matériaux perfectionnés et de nouvelles technologies de conception et de production. L'industrie aérospatiale est à l'avant-garde de l'application de technologies de conception et de fabrication intégrées par ordinateur. Les aptitudes des ingénieurs, des technologues et des ouvriers doivent répondre aux normes élevées de conception et de qualité de l'industrie. Les travailleurs aérospatiaux canadiens sont parmi les plus productifs au monde et leurs salaires et leurs

émoluments sont le double de la moyenne nationale. L'industrie aérospatiale figure à la tête des secteurs de haute technologie du pays pour ce qui est de la création d'emplois. En effet, des ventes de 100 millions de dollars génèrent plus de 1200 emplois dans tout le pays. De plus, cette industrie procure des milliers d'emplois dans de nombreux autres secteurs industriels et de services au Canada. Un millier d'emplois dans le secteur aérospatial génère 500 emplois ailleurs dans l'économie.

Les plus grandes entreprises aérospatiales ont des syndicats et les relations de travail y sont généralement satisfaisantes. Les principaux syndicats sont les Travailleurs canadiens de l'automobile et l'Association internationale des machinistes et des travailleurs de l'aérospatiale. Les entreprises aérospatiales canadiennes sont les chefs de file dans bon nombre de créneaux commerciaux, et la part du Canada dans le marché mondial des produits et des services aérospatiaux croît à un rythme impressionnant. Bien que la concurrence soit vive dans l'industrie aérospatiale, les ventes ont augmenté depuis 1986 de 140 p. 100, le double du taux de croissance de toute l'économie. En 1997, l'industrie spatiale canadienne est la sixième en importance au monde et est sur le point de dépasser l'Allemagne et le Japon pour occuper la quatrième place en l'an 2000. Pour continuer à devancer leurs concurrents, les entreprises canadiennes doivent maintenir leurs investissements dans le développement de la technologie et pénétrer de nouveaux marchés.

Institutions et sociétés qui représentent l'industrie L'Association des industries aérospatiales du Canada (AIAC) représente l'industrie aérospatiale à l'échelle nationale. Elle est la voix de l'industrie aérospatiale nationale, représentant les intérêts de plus de 200 entreprises de toutes les régions du pays. Sa mission est de renforcer la compétitivité internationale de cette industrie, de stimuler la coopération entre les entreprises et de promouvoir les exportations.

La société technique de l'industrie est l'Institut aéronautique et spatial du Canada.

Norman Gardner et Gérard L. Lalonde

Affaire de la Communal Property Act L'affaire Walter C., le procureur général de l'Alberta (1965-1969), a remis en cause la validité constitutionnelle d'une loi albertaine de 1955, intitulée *Communal Property Act*, qui avait pour effet de limiter l'étendue des terres communes appartenant à des communautés religieuses telles que les HUTTÉRITES et les DOUKHOBORS. Malgré l'argument selon lequel la loi touchait à la religion et que seul le Parlement est habilité à adopter des lois ayant une incidence sur la liberté de religion, la COUR SUPRÊME DU CANADA a reconnu à l'unanimité la validité de la loi, faisant valoir qu'elle portait sur la propriété foncière en Alberta et que la province avait la compétence constitutionnelle pour adopter des lois régissant la «propriété dans ladite province», même si elles se rapportaient incidemment à des questions religieuses.

Cette loi a été abrogée, mais la cause présente un intérêt historique puisqu'elle a contesté la validité de mesures législatives pouvant être perçues comme discriminatoires. Elle illustre aussi à quel point la Cour suprême du Canada s'est montrée formaliste et superficielle dans son interprétation de la protection des libertés fondamentales des Canadiens. Cette situation pourrait changer à la lumière de la *Charte canadienne des droits et libertés*. (*Voir aussi* DROITS DE L'HOMME.)

M.M. Litman

Affaires étrangères (*voir* RELATIONS EXTÉRIEURES)

Affaires étrangères et du Commerce international, ministère des Après la CONFÉDÉRATION (1867), les diplomates britanniques continuent de s'occuper des querelles frontalières et des négociations avec les autres pays. En 1909, le premier ministre sir Wilfrid

Laurier établit le ministère des Affaires extérieures. Sous la direction d'un fonctionnaire remarquable, sir Joseph POPE, aidé d'une poignée de commis, le ministère tient un service d'archives, délivre des passeports aux Canadiens qui voyagent à l'étranger, constitue un centre de liaison avec le MINISTÈRE DES COLONIES britannique et les consuls étrangers en poste au Canada, et s'occupe des relations ordinaires avec les États-Unis. Toutefois, la diplomatie continue de relever surtout des autorités britanniques. C'est au milieu des années 20 que le ministère commence à se transformer en un véritable bureau des affaires extérieures sous la direction du premier ministre Mackenzie King et de son sous-secrétaire d'État aux Affaires extérieures, O.D. SKELTON.

En acquérant une plus grande autonomie au sein du COMMONWEALTH, le Canada a besoin d'avoir ses propres représentants diplomatiques à l'étranger. Un Service extérieur est créé. De 1925 à 1929, un bureau consultatif du Dominion du Canada est ouvert à Genève et des légations sont installées à Washington, à Paris et à Tokyo. Pendant et après la Seconde Guerre mondiale, de nouveaux postes sont établis et le Canada s'impose comme une MOYENNE PUISSANCE. Sous la direction du ministère, les diplomates canadiens jouent un rôle important dans la création des NATIONS UNIES, de l'OTAN et des diverses forces de MAINTIEN DE LA PAIX.

En 1981-1982, à la suite d'une restructuration des ministères, le ministère devient responsable du COMMERCE INTERNATIONAL, de la promotion des EXPORTATIONS et de la POLITIQUE D'IMMIGRATION. La responsabilité de l'AGENCE CANADIENNE DE DÉVELOPPEMENT INTERNATIONAL lui est confiée peu après. En 1992, la compétence en matière d'immigration est rendue à Emploi et Immigration Canada. L'année suivante, la Division du développement de l'investissement, qui fait partie d'Investissement Canada, est intégrée au ministère des Affaires extérieures. À l'automne 1993, le ministère change de nom pour devenir le ministère des Affaires étrangères et du Commerce international du Canada.

Le bureau central du ministère, installé dans l'édifice Lester B. Pearson, sur la promenade Sussex à Ottawa, coordonne les activités de dizaines de postes dans le monde entier. Les responsabilités primordiales du ministère sont de promouvoir et de protéger les intérêts du Canada à l'étranger et de gérer ses relations avec les pays étrangers. Le ministère conseille les autres ministères et les organismes gouvernementaux en matière de politique. Il prévoit et interprète les répercussions internationales des décisions prises au pays. Il veille à la représentation des intérêts du Canada sur la scène internationale par l'entremise de ses ambassadeurs, de ses hauts commissaires et de ses consuls. Il négocie des ententes internationales. Il s'emploie à faire mieux connaître et comprendre le Canada à l'étranger. Finalement, il aide et conseille les Canadiens qui voyagent ou travaillent à l'étranger.

D.M. Page

Affaires indiennes et du Nord canadien, ministère des (MAINC) Aussi appelé ministère des Affaires indiennes et du Nord Canada, il remplace, en 1966, le ministère du Nord canadien et des Ressources nationales. En 1968, une réorganisation crée, outre les services de soutien et une Direction de l'architecture et du génie, trois secteurs de programme: Affaires indiennes et inuites, Affaires du Nord et Parcs Canada. Les parcs passent sous la responsabilité du ministre de l'Environnement en 1979, puis sous celle du ministre du Patrimoine canadien en 1993.

En 1974, le Bureau des revendications des autochtones est créé afin de représenter le gouvernement dans les négociations liées aux revendications des groupes autochtones. Ces négociations relèvent maintenant, au ministère, du secteur des revendications et, en Colombie-Britannique, du Bureau fédéral de négociation des traités, à Vancouver.

À la suite de la restructuration et de la rationalisation du ministère, le Programme des affaires indiennes et inuites est réparti en cinq domaines d'activités (en 1995-1996): revendications des autochtones, programmes des affaires indiennes et inuites, affaires du Nord, paiements de transfert aux territoires (activité maintenant transférée au ministère des Finances) et administration. Le programme a pour objectif d'aider les collectivités autochtones à surmonter les obstacles à leur développement et à mobiliser les ressources humaines et physiques nécessaires pour établir et maintenir des collectivités viables. Les priorités comprennent le règlement des revendications territoriales, l'appui du développement des collectivités en vue d'améliorer les perspectives économiques et les conditions de vie dans les réserves, l'amélioration de la gestion et de la prestation du programme, ainsi que de la reddition de comptes aux autorités autochtones, de même que la négociation d'une réelle autonomie gouvernementale des autochtones. Un quatrième secteur, Services ministériels, est chargé de l'acquisition et de l'affectation des ressources liées aux activités de financement du programme et des collectivités.

Le Programme des Affaires du Nord vise à mettre en œuvre le règlement des revendications territoriales autochtones dans le Nord, à encourager un développement économique plus diversifié et axé sur le secteur privé, à effectuer le transfert de responsabilités de type provincial aux gouvernements territoriaux, ainsi que de promouvoir la sensibilisation à l'environnement et le développement durable.

Pris ensemble, ces programmes aident l'AINC à poursuivre ses principaux buts, à savoir l'autonomie gouvernementale des autochtones, le développement économique de la population autochtone, l'amélioration de la qualité de vie dans les collectivités indiennes et inuites, une gestion plus judicieuse des terres et des fonds des autochtones de même que le développement du Nord. Parmi les ministres récents figurent Jean CHRÉTIEN (1968-1974), David CROMBIE (1984-1986) et Ronald Irwin (1993-1997). L'équité en matière d'emploi est une priorité. En 1998-1999, les autochtones représentent 24 p. 100 des effectifs du ministère.

En 1995-1996, le budget du ministère s'élevait à plus de 5,3 milliards de dollars.

Colette E. Derworiz

Affaires, Les Principal journal d'affaires de langue française au Canada; fondé en 1928. Ce tabloïd tout en couleur paraît le samedi et a un tirage de 88 000 exemplaires, surtout vendus au Québec. Il est publié par les Publications Transcontinental Inc. Son éditeur est Michel Lord et son rédacteur en chef, Jean-Paul Gagné. Il est reconnu pour sa couverture des grandes sociétés canadiennes, des petites et moyennes entreprises québécoises, de l'économie canadienne et des affaires publiques. La moitié de son contenu est consacrée aux finances personnelles et aux placements avec diverses pages spécialisées, des tableaux et des graphiques.

Les Affaires donne des conseils avertis aux lecteurs et est rédigé dans une langue courante. Outre ses éditions hebdomadaires normales, il publie chaque semaine au-delà de 40 rapports spéciaux portant sur une vaste gamme de sujets et de secteurs industriels. Publications Transcontinental publie également le magazine mensuel *Affaires plus*.

D. McGillivray

Affleck, Raymond Tait, architecte (Penticton, C.-B., 20 nov. 1922—Montréal, 16 mars 1989). Il fait ses études à l'U. McGill et à Zurich, en Suisse. Il commence à pratiquer seul en 1953 et, en 1955, s'associe pour former l'agence Affleck, Desbarats, Dimakopoulos, Michaud, Lebensold, Sise, qui devient, de 1958 à 1970, Affleck, Desbarats, Dimakopoulis, Lebensold, Sise, puis, en 1970, ARCOP Associates, Architects and Planners.

Son agence participe à plusieurs projets importants, de St. John's (Arts and Culture Centre, 1967) à Vancouver (Queen Elizabeth Theatre, 1955), mais Affleck est surtout connu pour sa participation à des réalisations montréalaises comme la Place Bonaventure (1964-1968), la PLACE VILLE-MARIE (1956-1965) et la Maison Alcan (1983), qui remporte le Prix d'excellence en 1984.

Le souci d'Affleck pour la qualité de vie dans un climat nordique se manifeste clairement dans sa conception de la Place Bonaventure et dans d'autres projets qui relient les diverses activités urbaines par des rues piétonnières intérieures et des atriums. La Maison Alcan, rue Sherbrooke, incorpore, au moyen d'un atrium vitré, un hôtel historique restauré, des maisons de pierres grises et un siège social ultramoderne revêtu de verre et d'aluminium. Le Market Square (Saint John, 1983), autre exemple de conservation architecturale, illustre là encore les affinités urbaines d'Affleck.

Michael McMordie

AFL-CIO L'American Federation of Labor (AFL) ou Fédération américaine du travail (FAT), fondée en 1886, se compose de syndicats de métiers spécialisés en désaccord avec les politiques réformistes et l'organisation des CHEVALIERS DU TRAVAIL (Knights of Labor). Dès ses débuts, l'AFL comprend des travailleurs canadiens. De 1898 à 1902, le premier organisateur canadien, John FLETT, accorde des chartes à plus de 700 unités syndicales. La plupart des syndicats canadiens sont affiliés au CONGRÈS DES MÉTIERS ET DU TRAVAIL DU CANADA, qui est associé à l'AFL et dominé par celle-ci, surtout après la très controversée décision de Berlin de 1902 (*voir* CENTRALES SYNDICALES NATIONALES).

Au cours des années 20, l'AFL se consacre aux intérêts des syndicats de métiers sans tenir compte des travailleurs non qualifiés des nouvelles industries de production en série (acier, automobile, électricité). En novembre 1935, ces travailleurs mettent sur pied le Committee for Industrial Organisation, qui deviendra le Congress of Industrial Organizations (CIO) ou Congrès des organisations industrielles (COI) en 1937, se groupant par industries plutôt que par métiers. Le CIO remporte plusieurs grèves spectaculaires au Canada (*voir* GRÈVE D'OSHAWA), s'engage ouvertement en politique et se querelle avec l'AFL.

En 1939, l'AFL réussit, après maintes pressions, à convaincre le Congrès des métiers et du travail du Canada d'expulser de ses rangs les syndicats du CIO, ce qui mène, en 1940, à l'organisation du CONGRÈS CANADIEN DU TRAVAIL. Après la Seconde Guerre mondiale, de nouveaux défis, comme l'automatisation, persuadent les dirigeants syndicaux américains de régler leurs différends et de fusionner, en 1955; leurs filiales canadiennes font de même un an plus tard. Le déclin de l'AFL-CIO au cours des dernières années traduit la faiblesse industrielle des bastions traditionnels des cols bleus du syndicalisme américain. Par comparaison avec les travailleurs américains dont moins de 17 p. 100 sont syndiqués, le syndicalisme canadien semble effectivement bien se porter, particulièrement dans le secteur public; il englobe 33,9 p. 100 de toute la main-d'œuvre. En 1996, près de 1,2 million de syndicalistes canadiens (29 p. 100 des effectifs syndicaux du pays) sont affiliés à l'AFL-CIO.

Robert H. Babcock

Africains Le terme «Africain» désigne les Noirs de race négroïde originaires de l'Afrique occidentale, orientale et australe, les chamito-sémites d'Éthiopie ainsi que les personnes ayant une autre origine ethnoculturelle mais qui considèrent l'Afrique comme leur patrie pour y être établies depuis plusieurs générations. Parmi ces dernières, on compte principalement des Européens d'origine ethnoculturelle britannique ou portugaise, des Afrikaners et des Juifs, des personnes de descendance mixte et des Indiens originaires d'Asie, de religion et de culture musulmanes, hindoues ou chrétiennes de Goa.

Le vaste continent africain et ses peuples, qui forment un ensemble complexe, n'ont jamais eu de relations étroites avec le Canada. Avant 1960, les immigrants négro-africains constituaient au Canada un petit groupe dispersé et presque inconnu, quoique la présence d'Africains d'origine européenne ou asiatique soit plus marquée. Jusqu'à tout récemment, il existait peu de documents sur ces groupes.

Historiquement, la POLITIQUE D'IMMIGRATION du Canada n'a jamais encouragé l'immigration d'Asiatiques et d'Africains. De 1946 à 1950, les Africains représentaient seulement 0,3 p. 100 des nouveaux immigrants au Canada, un chiffre qui n'atteindra que 1 p. 100 à 2 p. 100 en moyenne au cours des 20 années suivantes. À la suite du Livre blanc sur l'immigration (1966) et des efforts déployés pour adopter un processus de sélection non discriminatoire, la proportion d'immigrants africains a augmenté d'environ 2 p. 100 de 1968 à 1970, ce qui démontre que le nouveau système, bien que plus objectif, demeurait encore très sélectif.

De plus, ce système favorise certains pays, notamment le Nigeria et le Ghana, dont la population est de race noire. En 1972-1973, le Canada a accueilli environ 7000 Asiatiques d'Ouganda, de sorte que la proportion d'immigrants africains s'élevait à 6,8 p. 100 de l'immigration totale. De 1975 à 1980, cette proportion s'est maintenue aux environs de 5,2 p. 100 en raison de l'arrivée de colons portugais et britanniques venus au Canada après l'indépendance de l'Angola et du Mozambique en 1975 et celle du Zimbabwe en 1980. De 1973 à 1983, quelque 16 000 Sud-Africains, dont la plupart ne sont pas d'origine ethnique noire, sont arrivés au Canada, et 321 autres ont fait de même en 1984. Le flux migratoire soutenu et relativement important en provenance de la Tanzanie et du Kenya indique également que les immigrants africains sont d'origine asiatique plutôt que noire.

En 1976, le dépôt du Livre vert sur l'immigration a eu pour effet de limiter l'arrivée d'immigrants potentiels de la catégorie des «indépendants». Cette mesure a porté un dur coup au mouvement migratoire venant des pays d'Afrique, d'autant plus que Citoyenneté et Immigration Canada ne disposait que de trois bureaux en Afrique. Son bureau d'Abidjan, alors capitale de la Côte-d'Ivoire, desservait 23 pays largement disséminés dans la région. Celui de Nairobi, capitale du Kenya, en couvrait 19 tout aussi dispersés dans le nord-est du continent. Paradoxalement, le bureau de Pretoria, capitale administrative de l'Afrique du Sud, desservait seulement cinq pays situés à la pointe sud du continent.

La *Loi sur l'immigration* de 1976 (proclamée deux ans plus tard, en 1978) a cependant eu pour effet bénéfique de permettre aux citoyens canadiens de parrainer des parents proches. Cette disposition a particulièrement profité aux immigrants ayant obtenu le droit d'établissement et originaires de l'Afrique du Sud, de la Tanzanie, du Kenya, de l'Ouganda, de l'Angola et du Zimbabwe et, dans une moindre mesure, à ceux du Nigeria et du Ghana. En 1984, le Canada a reçu 3552 immigrants venus d'Afrique (environ 4 p. 100 de l'immigration totale). La plupart des membres de ce groupe qui ont été admis à titre d'«indépendants» arrivaient de l'Afrique du Sud et de Madagascar.

Actuellement, le Canada recherche des immigrants entrepreneurs ou travailleurs autonomes qui disposent de capitaux suffisants pour générer des activités commerciales susceptibles de fournir de l'emploi aux citoyens canadiens. Il est plus probable de rencontrer de tels entrepreneurs parmi les groupes d'Africains d'origine européenne ou asiatique, plus favorisés, que parmi les groupes de Noirs. Dans l'ensemble, la plupart des Africains, sans égard au groupe ethnoculturel, proviennent des anciennes colonies africaines de langue anglaise, et un nombre plus restreint sont issus des anciennes colonies de langue française, principalement du Mali, du Sénégal, du Zaïre, de Madagascar et de la Côte-d'Ivoire.

On estime que seulement 10 p. 100 des Africains classifiés comme RÉFUGIÉS en Afrique recevraient le même statut selon la définition de l'ONU. Cependant, tous les groupes peuvent comprendre des personnes qui choisissent volontairement de s'exiler ou qui désirent une plus grande liberté individuelle pour elles-mêmes et pour leur famille. Ces sous-groupes sont difficiles à reconnaître sauf lorsqu'il existe des données officielles relatives au statut des réfugiés, comme dans le cas des Asiatiques d'Ouganda. La *Loi sur l'immigration* de 1976 a institué une nouvelle catégorie de «réfugiés» et, en 1984, le Canada a accepté 684 réfugiés d'Éthiopie. La plupart d'entre eux ont été parrainés par le gouvernement fédéral, mais quelques-uns, à titre privé.

Au recensement de 1981, le Canada comptait 45 215 personnes d'origine africaine, soit une mince 0,19 p. 100 de la population totale. En revanche, le recensement de 1996 révèle une augmentation prononcée à 223 545 personnes ou 0,78 p. 100 de la population canadienne. Cette augmentation reflète l'instabilité politique, les guerres de factions et la violence qui sévissent dans de nombreuses régions du continent africain et qui touchent plus particulièrement les immigrants venus d'Éthiopie, du Kenya, de Somalie, de Tanzanie et de l'Ouganda, dans la corne orientale de l'Afrique. L'Afrique du Sud, pays en transition d'un gouvernement blanc à un gouvernement noir, a aussi connu un exode. Des groupes importants quittent également le Nord de l'Afrique (Égypte et Maroc).

C'est surtout dans la catégorie des «réfugiés» que les immigrants sont reçus au Canada, la catégorie de la «famille» venant au deuxième rang. Un nombre surprenant d'«indépendants» et d'«entrepreneurs» viennent de l'Afrique septentrionale et de l'Afrique australe, pôles géographiques du continent. Les Afro-Canadiens se répartissent presque également selon le sexe, si ce n'est que le nombre de personnes de sexe masculin est légèrement plus élevé, quelle que soit la région d'origine en Afrique ou la période de recensement. En général, les membres de ce groupe ethnique sont bien éduqués: 25,5 p. 100 ont au moins un diplôme universitaire et 41,1 p. 100 ont une certaine formation postsecondaire. Les hommes, comme les femmes, occupaient dans leurs pays respectifs des postes administratifs, étaient membres de professions libérales ou travaillaient dans le secteur des services, et 35,6 p. 100 des femmes étaient aussi des employées de bureau. Malheureusement, le chômage et le sous-emploi au Canada demeurent des problèmes sérieux pour ces nouveaux arrivants.

En 1991, comme ce fut le cas en 1981, la majeure partie des immigrants africains ont choisi de s'établir en Ontario, suivi du Québec. Toutefois, après 1984, un plus grand nombre d'entre eux se sont établis en Colombie-Britannique et en Alberta. L'Ontario compte une population particulièrement importante d'habitants originaires de l'Afrique orientale. Dans ces dernières années, toutes les provinces et les territoires canadiens ont connu une augmentation du nombre d'immigrants africains. Beaucoup d'entre eux parlent une langue africaine à la maison mais, en général, les Africains qui immigrent au Canada ont une bonne connaissance pratique de l'anglais ou du français.

Établissement, intégration et vie culturelle
Les premiers Noirs d'Afrique Avant 1970, un très petit nombre d'Africains sont venus s'établir au Canada. Ils sont venus surtout de l'Éthiopie, du Kenya, de l'Afrique du Sud, de l'ancienne Rhodésie et de la Zambie. À cette époque, plusieurs pays d'Afrique ont obtenu leur indépendance: le Ghana (1957), le Nigeria (1960), l'Ouganda (1962), le Kenya (1963), la Zambie (1964) et la Tanzanie (1964). La Rhodésie blanche (du Sud, aujourd'hui le Zimbabwe) a déclaré son indépendance de la Grande-Bretagne en 1965, et l'Afrique du Sud est devenue une république et s'est retirée du Commonwealth en 1961. Compte tenu de ces changements, il est difficile de déterminer la composition ethnique de l'immigration africaine au Canada à cette époque. Il est possible que de nombreux nouveaux arrivants aient été des colons européens qui quittaient une Afrique en pleine mutation, mais il est certain que les Noirs d'Afrique ont aussi commencé à s'établir au Canada dans les années 60.

Les réfugiés éthiopiens admis au Canada au cours des dernières années forment un groupe culturel et linguistique distinct des autres Africains, avec qui ils semblent n'entretenir que des relations superficielles. Les réfugiés d'Érythrée, une ancienne province sécessionniste en bordure de la mer Rouge, sont en général bien instruits et possèdent des compétences professionnelles. Plusieurs d'entre eux parlent italien, héritage de l'occupation italienne de l'Éthiopie durant la Seconde Guerre mondiale. En 1991, l'Érythrée a obtenu son indépendance au terme de la plus longue guerre de l'histoire africaine contemporaine. Un petit sous-groupe éthiopien (de 10 000 à 12 000 personnes) présente un intérêt particulier. Il s'agit des Falashas (les «juifs noirs») issus des provinces du nord-ouest de l'Éthiopie. Ils pratiquent une forme ancienne de judaïsme sans pour autant connaître l'hébreu. Leurs prêtres utilisent le *ge'ez*, une écriture sémitico-sabéenne datant du IVe siècle apr. J.-C. En 1984 et de nouveau en 1991, des milliers de juifs éthiopiens ont été évacués secrètement vers Israël.

Le Canadian African Newcomer Aid Centre de Toronto, fondé en 1984 et desservant la population africaine de l'Ontario, soit 139 365 personnes, rapporte que les immigrants africains adoptent une attitude discrète pendant qu'ils tentent de s'intégrer et de surmonter le «choc culturel». Le changement des valeurs (comme le respect des personnes âgées et des dirigeants de la communauté, l'importance de la modestie, de l'obéissance et de l'humilité), le passage du «nous» collectiviste au «je» individualiste qui prévaut en Amérique du Nord, l'absence de leur système traditionnel de soutien de la communauté et le changement des rapports de force dans leurs relations conjugales leur posent de graves difficultés. Nombre d'entre eux doivent consulter un psychologue. D'autres facteurs leur compliquent la vie: de longues périodes de séparation d'avec leur conjoint, les rigueurs de l'hiver canadien, la nécessité d'apprendre à demander de l'aide. De plus, on ne reconnaît pas toujours leurs compétences acquises dans les pays africains. Ainsi, des personnes hautement qualifiées se retrouvent souvent chauffeurs de taxi. Des organismes africains leur fournissent un moyen d'établir des réseaux et d'obtenir du soutien psychologique.

Par ailleurs, on estime que, de l'extrémité ouest à la corne de l'Afrique (extrémité est), soit 27 pays, deux millions de fillettes sont excisées chaque année. L'opération peut varier entre une «légère» ablation de parties du clitoris, jusqu'à une horrible infibulation ou à l'ablation complète des organes génitaux avec suture des grandes lèvres ne laissant qu'un petit orifice. Il en découle d'énormes problèmes médicaux et psychologiques pour les quelque 80 millions de femmes qui ont subi cette pratique. De 1981 à 1991, le Canada a accueilli des personnes en provenance de 47 pays d'Afrique, et l'idée que cette pratique puisse s'exercer ici au Canada inquiète les communautés ethniques africaines, les institutions médicales et légales et les organismes multiculturels du Canada. En janvier 1992, l'Ontario College of Physicians and Surgeons a condamné toute forme d'excision. Toutefois, aux yeux de la loi canadienne, la mutilation des organes génitaux constitue une forme de violence faite aux enfants ou de voies de fait graves, tandis qu'en Grande-Bretagne, en France et en Suède, cette pratique est spécifiquement interdite.

Comme c'est le cas partout pour tous les immigrants, les nouveaux arrivants africains se dirigent vers les plus grandes villes canadiennes dans le but d'y trouver du travail, des logements à prix abordable et des écoles pour leurs enfants. Au cours des cinq dernières années, beaucoup d'entre eux ont élu domicile dans les tours d'habitation du chemin Dixon, dans la banlieue torontoise d'Etobicoke. Paradoxalement, si le fait de vivre près «des leurs» crée un environnement bénéfique qui favorise leur adaptation, il nuit aussi à leur intégration dans la société et dresse des barrières entre les groupes ethniques. L'incompréhension envers les pratiques religieuses islamiques et les habitudes culturelles des enfants somaliens a récemment été évoquée pour expliquer l'antagonisme entre les enfants.

En 1996, le Québec était devenu la nouvelle patrie de 31 475 Africains francophones. Nombre d'entre eux sont des réfugiés ayant échappé aux massacres et au génocide qui ont ravagé des pays comme le Ruanda et le Burundi. Finalement, un nombre important d'Africains viennent s'établir en Colombie-Britannique (qui en comptait 19 435 en 1996) en grande partie pour échapper au climat froid de l'est du Canada.

En tant que groupe, les Noirs d'Afrique partagent une expérience commune: le RACISME, les PRÉJUGÉS et la DISCRIMINATION dans leur pays d'adoption. Contrairement aux credo libéraux répandus dans les sociétés occidentales, la discrimination ne disparaît pas nécessairement dans les périodes de prospérité économique. Elle reste plutôt à l'état latent pour réapparaître pendant les temps de crise. On estime que 90 p. 100 des Africains membres des professions libérales dans la région de Toronto ne peuvent trouver de travail dans leur champ d'activité. La présence d'Africains dans les forces policières et dans les conseils scolaires est négligeable. Les municipalités régionales deviennent les bancs d'essai des politiques gouvernementales en matière de multiculturalisme et d'immigration. Nombre de municipalités sont réticentes à s'accommoder à différentes cultures. Faire partie d'une minorité raciale, être noir dans une société blanche, cela engendre des frustrations, de la rancœur et de la colère. Les Noirs sont forcés de s'unir à divers groupes avec qui ils partagent un but commun.

Les artistes afro-canadiens, se sentant en marge de la communauté artistique dominante, créent, hors des grands courants artistiques, une musique, une écriture, une poésie et une peinture qui leur sont propres. Ils puisent dans leurs racines africaines leur inspiration, leur vision et leur identité. Toronto est maintenant le plus grand centre de musique africaine en Amérique du Nord. Chaque région d'Afrique y apporte sa propre tradition musicale, riche et distincte. Thadi Ulzen, médecin né au Ghana, est l'organisateur principal de l'African Music Festival, qui se tient chaque année. Le festival CAN BAIA (Canadian Artists Network: Black Artists in Action) célèbre l'identité africaine et permet aux artistes africains de sortir de leur isolement, d'échanger des idées et de promouvoir leurs talents. L'organisme CELAFI favorise les liens entre les artistes noirs internationaux et leurs homologues canadiens. Les thèmes culturels et les traditions esthétiques de David Kibuuka, d'origine ougandaise, et de Macaulay Eteli, d'origine nigériane, remettent en question nos conceptions de l'«art canadien».

Asiatiques d'Ouganda et autres Asiatiques En 1972, lors du processus d'«africanisation» de l'Ouganda, quelque 50 000 Asiatiques ont été expulsés du pays. Environ 7000 d'entre eux ont été invités à s'établir au Canada. En raison de la grande variété de leurs compétences et de leurs antécédents professionnels, conjugués à leur sens de l'initiative et à leur esprit d'entreprise, la plupart des Asiatiques d'Ouganda ont fait des progrès socio-économiques constants au Canada. Ils se sont établis principalement en Ontario (40 p. 100 à Toronto), en Colombie-Britannique et au Québec.

Le plus important groupe d'Asiatiques ougandais au Canada est celui des ismaïliens, secte issue de la branche chiite de l'islam. On trouve aussi au Canada une autre secte islamique, plus petite, celle des ash'arites. Les ismaïliens et, à un degré moindre, les ash'arites ont formé de solides organisations ethno-culturelles et religieuses qui ont contribué à leur intégrité sociale et psychologique et à leur progrès économique.

Aujourd'hui, la communauté ismaïlienne du Canada compte de 60 000 à 70 000 personnes dont environ 30 000 à 35 000 vivent en Ontario, surtout dans la région de Toronto. Le prince Karim Aga Khan, établi à Genève, est le chef spirituel des ismaïliens. L'Aga Khan est le 49e imam et se dit descendant direct du prophète Muhammad. Il a fondé et dirige l'Aga Khan Foundation, d'envergure mondiale, qui fait partie de l'Aga Khan Health Network, lequel poursuit une mission philanthropique dans les pays en voie de développement. En 1992, l'Aga Khan a visité le Canada pour commémorer le 20e anniversaire de l'arrivée des ismaïliens au Canada. La même année, il s'est associé à l'Agence canadienne de développement international (ACDI) pour financer des projets au Kenya et en Tanzanie.

Hindous gujaratis Les hindous gujaratis sont issus de la caste traditionnelle commerçante de l'Inde et de l'Afrique orientale. Au Canada, ils mènent des carrières florissantes dans le commerce et les professions libérales. Ils sont plutôt conservateurs et pratiquent les enseignements de l'hindouisme et du mahatma Gandhi, notamment l'*ahimsa* (la non-violence), l'ascétisme et le respect de toute forme de vie. Ils sont généralement végétariens, leurs mariages sont endogames, c.-à-d. qu'ils se font à l'intérieur de la même caste, et sont souvent arrangés par les parents.

Indiens de Goa Ces Indiens sont originaires de la province de Goa, colonisée par les Portugais et située sur la côte de Malabar, à 402 km au sud de Bombay. Nombre d'entre eux sont d'origine portugaise, ont des noms portugais et sont catholiques. Chassés de l'Ouganda par Idi Amin Dada en 1972, beaucoup ont émigré au Canada, s'établissant principalement à Toronto. Ils sont dotés de leurs propres organisations distinctes de celles des immigrants venus directement de Goa et de celles de la grande communauté portugaise de Toronto. Aujourd'hui, ils parlent tous anglais.

Tous les sous-groupes d'Asiatiques sont davantage apparentés aux habitants de l'Inde et du Pakistan qu'aux Noirs d'Afrique sur les plans de la race, de la religion et de la culture.

Portugais de l'Angola et du Mozambique En 1976-1977, le Canada a accueilli 2100 «rapatriés» (Portugais blancs et de couleur) en provenance des nouveaux territoires indépendants de l'Angola et du Mozambique. Cependant, ils ne pouvaient pas être admis comme réfugiés véritables puisqu'ils possédaient un passeport portugais; les Portugais établis en Afrique étant demeurés citoyens portugais. Deux facteurs ont incité le Canada à faire ce geste humanitaire. D'une part, les pressions de la communauté portugaise canadienne et, d'autre part, l'intervention de l'ambassadeur du Portugal au Canada, qui lui a demandé d'alléger le fardeau des Portugais blancs contraints à l'exil. La plupart de ces immigrants sont arrivés au Canada en 1978-1979 à titre d'ouvriers spécialisés liés par contrat à des compagnies canadiennes. Ces personnes ont prospéré et ne semblent pas dépendre de l'appui des sociétés d'entraide portugaises. On considère qu'elles se sont bien intégrées dans la société canadienne, peut-être parce qu'elles parlent couramment anglais.

Afrique du Sud et Zimbabwe Les immigrants originaires de l'ex-République sud-africaine constituent de loin le groupe le plus nombreux parmi les pays subsahariens. On estime que 13 950 immigrants sont

venus d'Afrique du Sud en 1996. Ce chiffre comprend un grand nombre d'anglophones, Britanniques ou juifs, un petit groupe d'Afrikaners (huguenots franco-hollandais), des métis aux origines mixtes, des Asiatiques et une poignée de Noirs. On trouve des membres de toutes les professions (professeurs d'université, médecins, enseignants, écrivains, artistes et quelques ouvriers qualifiés) dans chacun de ces groupes. Des anciens Sud-Rhodésiens de race blanche, au nombre de 2315 en 1991, ont aussi trouvé refuge au Canada.

Durant près d'un demi-siècle, l'Afrique du Sud a connu un climat politique tendu et incertain. L'idéologie politique de l'apartheid se répercutait dans tous les aspects de la vie de ce pays. Au Canada, il semblerait que les barrières à la communication érigées par l'apartheid se prolongent entre les groupes d'immigrés sud-africains en dépit des opinions libérales de ceux de race blanche. Chaque groupe racial entretient au moins des relations distantes avec ses propres membres, mais il existe très peu de liens entre les groupes, même lorsque les gens viennent de la même ville ou du même village. On peut espérer que, grâce au nouvel esprit annoncé par les premières élections démocratiques en Afrique du Sud (1994) et à la vision d'une nation «arc-en-ciel» défendue par le président Nelson Mandela, les attitudes et la perception des «différences» s'estomperont avec le temps chez les Sud-Africains qui ont choisi le Canada comme pays d'adoption.

En 1995, Paul Martin, ministre des Finances, a introduit une taxe de 975 dollars que doit acquitter tout immigrant ou réfugié âgé de plus de 19 ans et des «droits de citoyenneté» de 100 dollars. Une nouvelle conjoncture est en train de se répandre au pays, selon laquelle les minorités ethniques devraient adopter la «façon de vivre des Canadiens». La taxe d'établissement et la diminution de la tolérance envers la diversité pourraient avoir un effet désastreux. Elles pourraient fort bien fermer la porte à de nombreux réfugiés fuyant les régimes africains en crise, des femmes et des hommes talentueux à la recherche d'une vie nouvelle sous le sceau des libertés individuelles et politiques.

Josephine C. Naidoo

Agar, Carlyle Clare, pionnier de l'hélicoptère (Lion's Head, Ont. 28 nov. 1901—Victoria, 27 janv. 1968). En 1905, Agar s'établit à Edmonton, où il a fait ses études et apprend à piloter. Il se joint à l'Aviation royale du Canada en 1940 et se mérite la Croix de l'Aviation pour sa contribution à la formation des pilotes. Il tente de mettre sur pied un service aérien à Penticton et à Kelowna, en Colombie-Britannique, et, en 1947, il pilote pour la première fois au Canada un hélicoptère commercial qui pulvérise de l'insecticide sur les vergers. Il perfectionne le pilotage des hélicoptères en terrain montagneux et effectue des relevés aériens.

En 1949, il transporte par air du matériel, de l'équipement et du personnel pour la construction du barrage à flanc de montagne du lac Palisade. En 1951, il répète son exploit pour la fonderie géante d'Aluminium Co. of Canada à Kitimat, en Colombie-Britannique. Sa compagnie, Okanagan Air Service, est devenue l'une des plus grandes entreprises d'hélicoptères commerciaux du monde. Il reçoit le TROPHÉE MCKEE en 1950.

James Marsh

Agassiz, lac Le plus grand lac glaciaire en Amérique du Nord. Il s'est formé il y a 11 500 ans devant l'inlandsis laurentidien qui se retirait vers le nord-est et qui agissait comme barrage. Le lac recouvrait une bonne partie du Manitoba, le nord-ouest de l'Ontario, certaines régions de l'est de la Saskatchewan et du Dakota du Nord, et le nord-ouest du Minnesota. À sa taille maximale, il mesurait environ 1500 km de long sur plus 1100 km de large et atteignait une profondeur de 210 m. Son évolution est complexe à cause des mouvements de l'inlandsis, dont les récurrences influaient sur les niveaux du lac et sur ses

systèmes de drainage. On a relevé plusieurs émissaires et environ 35 crêtes de plage de différents niveaux. Certaines d'entre elles, comme l'importante crête de plage Campbell, peuvent être suivies sur des centaines de kilomètres.

Au cours des 500 premières années, les eaux s'écoulaient vers le sud par la vallée de la rivière Minnesota. Lorsque le retrait glaciaire s'est déplacé vers le nord-ouest de l'Ontario, le niveau du lac s'est abaissé et son écoulement a bifurqué vers l'est, dans le lac Supérieur, par l'intermédiaire d'émissaires situés dans le bassin du lac Nipigon. Il y a environ 9900 ans, une récurrence glaciaire a bloqué l'écoulement des eaux du lac à l'est, ce qui l'a ramené à son niveau initial. Entre 400 ans et 700 ans plus tard, l'inlandsis a fondu rapidement et le drainage a repris vers l'est. Quand la déglaciation s'est poursuivie, le niveau du lac a diminué graduellement jusqu'à ce qu'il s'écoule vers le nord, dans la baie d'Hudson. Le drainage définitif du lac s'est amorcé il y a environ 7700 ans. Le lac WINNIPEG en est l'un des derniers vestiges. L'ancien bassin du lac Agassiz et ses sédiments sont aujourd'hui des terres agricoles fertiles. (*Voir aussi* GLACIER; GLACIATION.)

N.W. Rutter

Agawa, baie d' Située à 90 km au nord-ouest de Sault Sainte-Marie, en Ontario, sur la rive nord du lac Supérieur. Agawa, dans la langue des OJIBWÉS, signifie «lieu sacré». La plage magnifique est jonchée de cailloux polis par les vagues. Non loin de là, des couches de roches vieilles d'un milliard d'années, et d'autres de 2,5 milliards d'années, sont tordues comme du bonbon dur. Sur l'abrupte paroi rocheuse qui se dresse derrière, on trouve les fameux PICTOGRAMMES découverts par Selwyn Dewdney en 1959. Ces peintures faites d'ocre rouge et de graisse semblent célébrer une bonne traversée du lac ou la victoire guerrière d'un grand chef il y a 200 ans. Les images montrent, entre autres, une panthère fabuleuse, un serpent et un cavalier monté sur un cheval galopant.

James Marsh

Agence canadienne de développement international Cette agence du gouvernement fédéral, aussi appelée ACDI, est chargée d'administrer la plupart des programmes officiels de coopération avec les pays en développement et les pays en transition. Constituée en 1968, l'ACDI est maintenant présente dans plus d'une centaine de pays et gère un budget d'environ 2,1 milliards par année. Son mandat est de favoriser le développement durable dans les pays en développement afin de contribuer à réduire la pauvreté et à accroître la sécurité, l'équité et la prospérité dans le monde.

Pour atteindre ce but, l'ACDI concentre ses efforts sur les priorités suivantes: besoins élémentaires de la personne, participation à part entière des femmes, infrastructures d'aide aux pauvres, droits de la personne, développement démocratique, bon gouvernement, développement du secteur privé et environnement. Environ 25 p. 100 des ressources de l'ACDI sont consacrées aux besoins élémentaires de la personne.

L'ACDI collabore avec de nombreux partenaires pour dispenser son programme d'aide. Les projets bilatéraux sont réalisés conformément à des ententes entre le gouvernement canadien et les gouvernements respectifs des pays en développement. L'ACDI conclut aussi des ententes de financement avec des partenaires canadiens (organisations bénévoles, universités, coopératives, organismes professionnels, églises et autres) afin de réaliser des projets à l'étranger. Elle appuie également les partenariats commerciaux entre les compagnies privées du Canada et celles des pays en développement lorsqu'ils sont mutuellement avantageux et favorisent le développement. Enfin, l'ACDI contribue aussi aux programmes d'aide des banques multilatérales de développement (p. ex. Banque mondiale et Banque africaine de développement), d'organismes des

Nations Unies, comme l'UNICEF, et de diverses organisations internationales.

La contribution des Canadiens à leur programme de coopération au développement est cruciale. Le mandat et les priorités de l'ACDI sont définis à la suite de consultations publiques menées dans tout le pays, et la majeure partie de ce programme est mise en œuvre par des fournisseurs canadiens de produits et de services. Au fil des années, les Canadiens ont grandement contribué à des projets et programmes de développement très variés. P. ex., le Canada est un chef de file mondial dans l'aide à l'intégration des femmes en vue d'une égalité de participation au développement de leur société. Des ingénieurs canadiens aident à construire des barrages, des aéroports et des chemins de fer, ainsi qu'à organiser des systèmes de communications. Des professionnels canadiens apportent aussi une participation compétente aux programmes d'immunisation, à l'éducation, au développement communautaire et à la protection de l'environnement. De plus, le Canada, n'ayant jamais été un pays colonisateur, étant une moyenne puissance et jouissant d'une réputation d'impartialité, peut jouer un rôle constructif dans des domaines délicats comme les droits de la personne, le bon gouvernement et les programmes de reconstruction à la suite de guerres.

Susan Taylor Meehan

Agence d'évaluation du crédit Elle fournit le profil de crédit des consommateurs en fonction du dossier de remboursement de leurs dettes. Grâce à des renseignements constamment mis à jour que fournissent les émetteurs de cartes de crédit et autres prêteurs, l'agence d'évaluation du crédit surveille non seulement si les consommateurs remboursent leurs prêts, mais s'ils le font de façon régulière et à temps. Les agences d'évaluation du crédit, à la différence des agences d'enquête, ne rassemblent pas de renseignements sur le style de vie ou le caractère des personnes, ni ne déterminent si une personne mérite d'emprunter ou non (cette décision appartenant aux prêteurs). Les agences d'évaluation du crédit fournissent simplement des renseignements visant à aider les prêteurs à prendre une décision. De nombreuses agences d'évaluation du crédit du Canada ont été créées dans les années 20 par les commerçants, qui jugeaient plus efficace ce moyen de conserver de l'information sur les antécédents de crédit que la pratique, répandue alors, de communiquer les uns avec les autres pour vérifier le crédit.

Il existe près de 125 agences d'évaluation du crédit au Canada. Une association nationale, l'Association des bureaux de crédit du Canada, fondée en 1939, a son siège social à Toronto. Il existe aussi des associations provinciales. Les agences d'évaluation du crédit sont de compétence provinciale. En outre, les lois de chaque province permettent aux particuliers de consulter leur dossier de crédit et exigent des organismes prêteurs qu'ils informent les particuliers sollicitant un prêt, une carte de crédit ou autre instrument financier que leurs antécédents de crédit seront vérifiés.

David Crane

Agence d'examen de l'investissement étranger (AEIE) Organisme fédéral constitué en 1973 par le Parlement en raison des préoccupations relatives à la place des intérêts étrangers dans l'économie canadienne. Elle commence à examiner les acquisitions d'entreprises canadiennes par des intérêts étrangers en avril 1974 et l'établissement de nouvelles entreprises étrangères en octobre 1975. Par l'intermédiaire du ministre de l'Industrie et du Commerce, l'agence conseille le gouvernement quant aux mesures à prendre, s'il y a lieu. En formulant ses recommandations, l'AEIE tient compte des facteurs suivants : l'incidence de l'investissement sur l'emploi et l'activité économique au Canada; son incidence sur la productivité, le progrès technologique et la diversité des produits au Canada; le degré de participation canadienne à la gestion; les répercussions sur la concur-

rence et la compatibilité de l'investissement avec les politiques nationales.

Ceux qui s'inquiètent de l'influence économique des États-Unis critiquent l'AEIE parce qu'elle approuve la plupart des demandes qu'elle reçoit. Aussi, beaucoup de gens d'affaires s'opposent énergiquement à l'agence et le ministre de l'Expansion industrielle, Sinclair STEVENS, modifie son mandat en décembre 1984. Son nouveau mandat est le suivant : promouvoir et faciliter l'investissement canadien et étranger au pays; effectuer des recherches et des analyses; donner des conseils quant aux politiques et veiller à ce que les investissements étrangers importants apportent aux Canadiens des avantages nets. L'agence prend aussi des mesures pour mettre en œuvre des restrictions spéciales visant les industries culturelles, notamment l'édition de livres et la production de films. L'agence change de nom en 1985 pour devenir Investissement Canada. *(Voir aussi* INVESTISSEMENT ÉTRANGER; PROPRIÉTÉ ÉTRANGÈRE ET LA STRUCTURE DE L'INDUSTRIE CANADIENNE, GROUPE D'ÉTUDE SUR LA.)

Norman Hillmer

Agence spatiale canadienne (ASC) Créée par une loi du Parlement le 15 décembre 1989. Son mandat est de promouvoir l'exploitation et l'usage pacifiques de l'espace au profit de tous les Canadiens, sur les plans social et économique. L'agence est responsable de nombreux programmes scientifiques et technologiques, dont la mise au point de satellites, la technologie de la robotique spatiale, le Programme des astronautes canadiens et les sciences spatiales.

L'agence est responsable du Programme des astronautes canadiens qui gère la sélection, la formation et les vols spatiaux des ASTRONAUTES canadiens. Deux groupes d'astronautes sont choisis en 1984 et en 1992, et quatre effectuent un vol dans une navette spatiale américaine. D'autres vols de navette sont prévus.

Les programmes de SATELLITES sont un élément important des activités de l'Agence spatiale canadienne. RADARSAT, un satellite de TÉLÉDÉTECTION développé conjointement par le Canada et les États-Unis, est lancé en 1995. Doté d'un radar à antenne synthétique (SAR, «synthetic aperture radar») mettant en jeu une technologie micro-ondes de pointe permettant de percer le brouillard, l'obscurité et les nuages, RADARSAT fournira des images à haute résolution qui serviront à gérer les ressources naturelles et à surveiller l'environnement.

Le laboratoire David Florida d'Ottawa, dirigé par l'ASC, assemble et teste les satellites et les autres équipements utilisés dans l'espace. Il est doté de salles «blanches» pour l'assemblage des composants spatiaux dans un environnement exempt de tout contaminant atmosphérique et d'appareils de mesure des caractéristiques thermiques, des radiofréquences, des propriétés inertielles et structurelles, et de la susceptibilité aux vibrations.

Programmes de la science et de la technologie spatiales Dirigés par l'ASC, ces programmes offrent aux scientifiques, aux ingénieurs et aux industriels canadiens la possibilité de participer à des programmes internationaux de vols spatiaux habités ou téléguidés. Des expériences en physique de l'espace, en astronomie, en chimie atmosphérique ainsi qu'en sciences de la vie et des matériaux ont été conduites à bord des satellites et de la navette spatiale; les astronautes canadiens ont mené de nombreuses expériences pour des chercheurs canadiens. Le programme de TECHNOLOGIE SPATIALE cherche à développer de nouvelles technologies de pointe pour les applications spatiales.

Programmes de coopération avec d'autres pays L'ASC coordonne la contribution canadienne aux programmes de coopération avec les agences spatiales d'autres pays, à savoir la National Aeronautics and Space Administration américaine (NASA), l'Agence spatiale européenne (ASE), l'Agence spa-

tiale japonaise (ASJ) et l'Agence spatiale russe (ASR). La construction de la Station spatiale internationale (SSI), la plus importante réalisation de ces agences, a commencé à la fin de 1997. Cette station fournira aux pays membres une base spatiale habitée en permanence sur une orbite terrestre inférieure, où l'on effectuera des recherches dans le cadre de la science et de la technologie spatiales. La contribution canadienne, le Système mobile d'entretien (SME), un imposant manipulateur robotique, est actuellement construit par un consortium d'entreprises aérospatiales canadiennes dirigé par Spar Aérospatiale Limitée de Toronto. Le SME assemblera la station spatiale, déplacera la cargaison et les approvisionnements, réparera et remplacera les composants et aidera à arrimer la navette spatiale à la station. L'ASC s'occupe de la conception, de la mise au point et du fonctionnement du SME. On prévoit que des astronautes canadiens séjourneront aussi dans la station spatiale.

Lydia Dotto

Agences de presse Les journaux et les postes de radiodiffusion canadiens dépendent grandement des agences de presse pour obtenir régulièrement des nouvelles en provenance de l'extérieur de leur région géographique immédiate. Entre le tiers et la moitié des nouvelles et du contenu rédactionnel proviennent d'agences de presse, aussi appelées services de dépêches ou agences d'information. Autrefois, les dépêches étaient livrées aux journaux au moyen de circuits spécialisés de téléimprimeurs. Certains appareils de transmission produisaient des bandes perforées avec lesquelles on alimentait directement les unités de composition automatique. De nos jours, les grands journaux reçoivent les dépêches des agences plus rapidement par liaison entre ordinateurs. Les radiodiffuseurs peuvent recevoir à la fois des reportages imprimés et des reportages parlés.

La plupart des quotidiens et des radiodiffuseurs obtiennent leurs reportages de la PRESSE CANADIENNE (PC). La United Press International, une société privée établie aux États-Unis, possède encore une petite liste d'abonnés ainsi que des employés au Canada. Les principales agences de radiodiffusion au pays sont Broadcast News, une filiale de la PC, Standard Broadcast News et CKO Newsradio. Les réseaux de télévision font appel à des agences internationales telles que Visnews. Des services complémentaires offrent d'autres sources de nouvelles et une vaste gamme de données explicatives et documentaires. Parmi les plus diffusés, mentionnons Southam News Service et les services de grands journaux américains tels le *New York Times*, le *Washington Post* et le *Los Angeles Times*. L'Associated Press (agence américaine), Reuters (agence britannique) et l'Agence France-Presse sont reliées à la PC dans le cadre d'ententes d'échange.

Peter Johansen

Aglukark, Susan, interprète et auteure-compositeure (Churchill, Man., 27 janv. 1967). Issue d'une famille de six enfants et fille d'un pasteur pentecôtiste, elle passe les 12 premières années de sa vie à déménager d'une collectivité à l'autre dans les Territoires du Nord-Ouest. Aglukark (dont le nom inuit est Uuliniq) chante des mélodies durant toute son enfance et, à l'âge de 15 ans, apprend ses tout premiers accords de guitare à Cambridge Bay dans un camp biblique de l'Est de l'Arctique. Elle fréquente l'école secondaire d'Arviat dans la baie d'Hudson, puis travaille à Ottawa auprès du ministère des Affaires indiennes et du Nord canadien.

La chaîne radiophonique de Radio-Canada enregistre son premier album, *Dreams for You* (1991), qu'elle produit à son propre compte. En 1991, le vidéo-clip *Searching*, une production gouvernementale, gagne le prix d'excellence en cinématographie au Canadian Music Video Awards, et MuchMusic le diffuse sur ses ondes. Après le lancement d'*Arctic Rose* (1992), Aglukark signe une entente avec EMI Music Canada. En 1994, un deuxième lancement d'*Arctic Rose* lui vaut le prix JUNO du meilleur album autochtone. *This Child* (1995) se vend à plus de 100 000 exemplaires en raison de ses chansons à succès *O Siem*, *Hina Na Ho (Celebration)* et *Breakin' Down*. Au milieu des années 90, Aglukark devient la porte-parole officielle de la section Arts et Artisanat du ministère du Développement économique et du Tourisme des Territoires du Nord-Ouest.

Jeff Bateman

Agnes Etherington Art Centre Agnes Richardson Etherington (1880-1954) lègue à l'UNIVERSITÉ QUEEN sa maison de style géorgien du XIXe siècle, située à Kingston, en Ontario, pour qu'elle devienne un lieu consacré aux arts. Le centre ouvre ses portes en 1957 et sera agrandi à plusieurs reprises. Il abrite aujourd'hui sept galeries d'art en plus de trois pièces élégamment meublées dans la maison originale.

La collection permanente regroupe plus de 10 000 œuvres datant du XIVe siècle à nos jours, avec un accent particulier sur l'art canadien contemporain. Elle comprend aussi des peintures de grands maîtres européens, des estampes et des sculptures inuites, des costumes, des courtepointes, des pièces d'argenterie et d'autres objets décoratifs, de même qu'une des plus grandes collections publiques d'art africain au Canada.

Le centre organise régulièrement des expositions temporaires pour faire connaître les œuvres d'artistes locaux, régionaux, nationaux et internationaux. Ces œuvres proviennent parfois de la collection permanente, parfois d'autres sources et représentent des courants artistiques anciens ou contemporains. Comme complément à ses expositions, l'Agnes Etherington Art Centre offre au public une variété d'activités, parmi lesquelles des rencontres avec des artistes, des réceptions, des conférences sur l'art, des ateliers et des activités familiales.

Agnew, John Lyons, directeur de compagnies minières (Pittsburgh, Penns., 28 juill. 1884—Copper Cliff, Ont., 9 juil. 1931). Il fréquente les écoles de Pittsburgh et travaille comme ouvrier dans les aciéries avant d'entrer au service de la filiale canadienne de l'International Nickel Company, à Copper Cliff, en 1904. À titre de surintendant général pendant la Première Guerre mondiale, il est étroitement lié à l'augmentation de la production de nickel qui sert à la fabrication de l'armement des Alliés. Pendant les années 20, Agnew est d'abord président de l'International Nickel Company of Canada (INCO), une filiale de la société américaine, puis, plus tard, vice-président de la compagnie canadienne devenue indépendante. Il joue un rôle important dans la promotion du nickel destiné aux produits de temps de paix. Il dirige la construction de nouvelles usines de fusion et d'affinage et ouvre la mine Frood, qui devient par la suite l'un des plus grands producteurs mondiaux de nickel. Il a été président de l'Institut canadien des mines et de la métallurgie et directeur de plusieurs sociétés.

J. Lindsey

Agression sexuelle Jusqu'à sa modification en 1982, le Code criminel sanctionnait l'infraction de viol. L'infraction exigeait la preuve qu'un homme avait eu des relations sexuelles avec une femme autre que la sienne sans son consentement. Le violeur était passible de l'emprisonnement à perpétuité. Peut-être plus que toute autre infraction, le viol illustre les tensions qui existent en DROIT CRIMINEL entre deux principes contradictoires: celui de la présomption d'innocence (et, par conséquent, l'obligation pour la Couronne de prouver hors de tout doute raisonnable tous les éléments de l'infraction) et celui de la nécessité de protéger les victimes éventuelles et de punir les contrevenants. Le caractère émotionnel et la nature traumatique du procès (susceptible de comporter le contre-interrogatoire de la plaignante sur ses relations sexuelles antérieures avec l'accusé ou avec d'autres personnes), aggravés par les sentiments de honte et d'avilissement éprouvés par la victime de viol, explique le fait que le viol soit un crime qu'on dénonce rarement aux autorités. L'accusé est parfois un «ami» ou un parent, ce qui ne fait qu'ajouter encore plus à la pression ressentie par la plaignante.

Abolition de l'infraction de viol Lors de l'adoption de la loi C-127, le Parlement a aboli l'infraction de viol, la remplaçant par les infractions d'agression sexuelle. L'un des objectifs principaux de cette modification était de mettre l'accent sur le fait que le viol, bien qu'étant une activité sexuelle, constituait essentiellement un crime de violence, le plus souvent contre les femmes. La loi en fait état en créant trois catégories d'agression sexuelle: l'agression sexuelle simple (des attouchements sexuels ou des relations sexuelles sans consentement), une infraction passible d'une peine d'emprisonnement maximale de 10 ans; l'agression sexuelle armée ou avec menaces de violence, une infraction passible d'une peine d'emprisonnement maximale de 14 ans; l'agression sexuelle grave, à la suite de laquelle la victime est blessée ou défigurée, une infraction passible de l'emprisonnement à perpétuité. Le Parlement a aboli la distinction entre les hommes et les femmes voulant que seuls les hommes pouvaient commettre un viol, l'agression sexuelle étant une infraction qui peut être commise tant par un homme que par une femme. Il a aussi aboli l'immunité entre les conjoints (les relations sexuelles entre conjoints doivent maintenant être consensuelles). La preuve de la pénétration vaginale par le pénis n'est plus nécessaire. Par conséquent, l'omission de dénoncer le crime dans les heures qui ont suivi sa commission (et certainement dans la journée qui a suivi) ne constitue plus un obstacle fatal à la thèse de la Couronne en raison de l'insuffisance de la preuve. La doctrine de la plainte immédiate a été abolie, de sorte que l'omission de se plaindre à la première occasion raisonnable ne porte plus atteinte à la crédibilité de la plaignante.

Protection des victimes de viol et accès aux dossiers Depuis l'adoption de ces changements, deux autres événements importants se sont produits. D'abord, le Parlement a édicté ce qu'on a appelé la «loi sur la protection des victimes de viol». Cette loi limitait les questions qui pouvaient être posées en cour à la victime d'une agression sexuelle concernant ses relations sexuelles antérieures. Cependant, la Cour suprême a subséquemment annulé la loi en invoquant la *Charte canadienne des droits et libertés*. Mais, par la même occasion, elle a remplacé la loi par une série de règles jurisprudentielles ou de common law dont l'objet était semblable à celui de la loi sur la protection des victimes de viol. Ensuite, elle a statué, en décembre 1995, qu'en matière d'agression sexuelle l'accusé avait le droit, en certaines circonstances, d'avoir accès aux dossiers tenus par les conseillers qui aidaient les victimes, notamment dans les centres d'aide aux victimes d'agression sexuelle. Il pourrait consulter ces dossiers si le juge estimait qu'ils étaient nécessaires à la détermination de sa responsabilité criminelle. Pour décider cette question, le juge doit tenir compte d'un certain nombre de facteurs ayant trait à la vie privée de la victime. En réponse à cette décision, le gouvernement fédéral a indiqué qu'il adopterait de nouvelles mesures législatives pour tenter de limiter le droit de l'accusé d'avoir accès à de tels dossiers.

Margaret A. Somerville

Agriculture et de l'alimentation, politique de l' La politique sur l'agriculture du gouvernement fédéral est destinée à atteindre les objectifs économiques et politiques nationaux et à servir les intérêts des gens directement ou indirectement concernés par l'agriculture, principalement les producteurs, les fabricants de produits alimentaires, les distributeurs, les détaillants et les consommateurs. La Commission de planification de l'agriculture canadienne et des publications officielles comme *L'agriculture canadienne des années soixante-dix* (1969), *Une stratégie alimentaire pour le Canada* (1977) et *Orientations de l'agriculture canadienne* (publiées en quatre volumes en 1977), identifient les objectifs de la nation comme étant les suivants: l'expansion économique, l'augmentation et la stabilisation des revenus, le plein emploi et l'harmonie des relations internationales et fédérales-provinciales. Les objectifs plus spécifiques en matière d'agriculture incluent des profits stables et justes pour les agriculteurs, l'approvisionnement approprié d'aliments nutritifs et d'excellente qualité à des prix stables et raisonnables, le développement rural et la conservation des ressources. En plus de ces objectifs traditionnels, la politique agricole canadienne des années 90 s'est fixée de nouveaux objectifs. La publication d'Agriculture Canada intitulée *Partenaires dans la croissance: une vision de l'industrie agroalimentaire canadienne* (1989 et 1994) et leurs orientations futures des secteurs agricoles et agroalimentaires de 1994 insistent sur la nécessité d'être plus autonome et axé sur le marché, moins dépendant de l'aide financière gouvernementale et plus concurrentiel sur les marchés internationaux. Parallèlement, on y maintient toujours les objectifs de longue date concernant l'approvisionnement alimentaire sans risque et de haute qualité et la sécurité financière pour les producteurs.

Objectifs de la politique

De la Confédération jusqu'à la fin des années 50, la politique agricole fédérale est élaborée de façon à réglementer la production des provinces de l'Ouest et à produire des aliments pour le Canada, pour ses partenaires commerciaux et pour ses alliés. Dans les années suivant la Confédération, on encourage l'expansion de l'agriculture par l'immigration et la colonisation de l'Ouest et le MINISTÈRE DE L'AGRICULTURE commence son programme actuel de recherche et de développement scientifique et de fermes expérimentales. Les gouvernements encouragent la production et l'exportation des céréales. Les coûts de transport pour l'exportation des céréales provenant des Prairies sont fixés dès 1897 dans la CONVENTION DU NID-DE-CORBEAU. Mais les agriculteurs sont préoccupés par le manque de concurrence dans la commercialisation des céréales et les pratiques commerciales monopolistiques des entreprises céréalières et des exploitants de silo-élévateurs privés. Ils exigent donc la réglementation du système de manutention des céréales, notamment l'inspection et les normes gouvernementales, l'étatisation des silo-élévateurs et de leur exploitation et la mise sur pied d'une agence de mise en marché gouvernementale. On accède peu à peu à leurs revendications, ce qui ouvre la voie au système moderne de manutention et de commercialisation des céréales.

Durant la Première Guerre mondiale, le gouvernement forme la Commission des surveillants du commerce du grain pour empêcher la spéculation sur le prix du blé en établissant le prix des récoltes de 1917 et 1918. L'année suivante, cette tâche revient à la COMMISSION CANADIENNE DU BLÉ. Lorsque la Commission cesse ses activités, les producteurs mettent sur pied leurs propres groupements coopératifs pour manutentionner et vendre le grain des Prairies (*voir* MOUVEMENT COOPÉRATIF). La disparition de ces groupements en 1930 conduit à la création permanente de la Commission canadienne du blé en 1935, qui reçoit en 1943 toute autorité en matière de blé provenant des Prairies et, entre 1949 et 1973, en matière d'avoine et d'orge.

La CRISE DES ANNÉES 30 oblige les gouvernements à considérer les problèmes propres à l'agriculture, notamment les revenus, qui sont peu élevés et instables. Plusieurs sécheresses et mauvaises récoltes, combinées aux prix des produits agricoles en baisse, amènent le gouvernement fédéral à promulguer la *Loi sur le rétablissement agricole des Prairies* (1935) et la *Loi sur l'assistance à l'agriculture des Prairies* (1939). En vertu de la *Loi sur le rétablissement agricole des Prairies*, les gouvernements fédéral et provinciaux collaborent à des programmes de remise en culture de terres agricoles, de développement de sources d'approvisionnement en eau dans les fermes et de pâturages collectifs, et de relocalisation sur des terres arables des personnes touchées par la sécheresse. Aujourd'hui, les trois premiers aspects sont toujours compris dans la Loi. La *Loi sur l'assistance à l'agriculture des Prairies* permet d'offrir des paiements minimums aux exploitants agricoles marginaux dont la production est inférieure à la normale.

Au cours de la Seconde Guerre mondiale, l'agriculture reprend de l'importance en raison de sa contribution aux objectifs nationaux. Les besoins de la communauté agricole et les préoccupations des producteurs sont toutefois secondaires; on vise plutôt à soutenir l'effort de guerre en approvisionnant les Alliés du Canada et à contenir l'inflation intérieure et les prix à la consommation. Malgré tout, un certain nombre de programmes adoptés à cette époque sont toujours en vigueur aujourd'hui, notamment le Programme d'aide au transport des céréales fourragères (1941), la *Loi sur les prêts destinés aux améliorations agricoles* (1944) et le concept de subventions publiques pour soutenir le prix des produits de base et le revenu des producteurs.

Le Programme d'aide au transport des céréales fourragères stimule l'élevage du bétail en subventionnant l'entreposage et le transport des céréales fourragères des Prairies vers l'est du Canada et la Colombie-Britannique. Les subventions et le soutien des prix encouragent la production des produits de base essentiels et compensent les prix maximums qui limitent l'augmentation des prix des produits, malgré l'augmentation des coûts. La reconnaissance du gouvernement envers la contribution de l'agriculture à l'effort de guerre l'amène à offrir certaines garanties de protection du revenu après la guerre. L'Office de soutien des prix agricoles (1944) est autorisé à fixer des prix, à acheter et à vendre des produits et à payer aux producteurs la différence entre les prix prescrits et les prix de vente. Enfin, grâce à la *Loi sur les prêts destinés aux améliorations agricoles* (1944), les agriculteurs peuvent obtenir des prêts à moyen et court terme.

La politique agricole des années 50 et 60 vise à augmenter la productivité et l'efficacité de l'agriculture et, par conséquent, à augmenter et stabiliser le prix des produits. Le crédit devient accessible grâce à la *Loi sur le crédit agricole* (1959), qui encourage également la mécanisation et l'expansion des exploitations agricoles. L'Office de stabilisation des prix agricoles (1958), anciennement l'Office des prix agricoles, fournit aux agriculteurs une mesure préventive contre le système de marché concurrentiel et toujours fluctuant en garantissant un prix de base pour certains produits sélectionnés. Les dépenses engagées par le gouvernement fédéral afin de soutenir et de stabiliser le prix des produits laitiers prennent une ampleur considérable au cours des années 70, comptant pour 80 p. 100 des sommes attribuées aux programmes de maintien des coûts et des revenus. Cet effort de stabilisation se prolonge par la création, en 1966, de la Commission canadienne du lait (*voir* SYNDICAT NATIONAL DES CULTIVATEURS). En 1959, les gouvernements provinciaux et fédéral créent un programme d'assurance-récolte qui permet de réduire les pertes dues aux catastrophes naturelles. La *Loi sur la remise en valeur et l'aménagement des terres agricoles*, devenue plus tard la *Loi sur l'aménagement rural et le développement agricole* (1960), et le Fonds de développement économique rural (1966), auxquels les deux ordres de gouvernement participent, sont destinés à améliorer la viabilité des collectivités rurales grâce à une meilleure utilisation des ressources et au recyclage qui facilite le passage des fermiers marginaux à d'autres emplois. En outre, le Programme de paiements anticipés pour le grain des Prairies (1957) autorise la Commission canadienne du blé à effectuer des paiements par anticipation aux producteurs sur une partie du grain entreposé à la ferme.

Les programmes du gouvernement fédéral, antérieurs aux années 70, interviennent le moins possible dans le système de marché concurrentiel de la fixation des prix. Les agriculteurs reçoivent les prix courants et les programmes de stabilisation compensent les revenus agricoles lorsque les prix sont inférieurs à la moyenne, mais le font de façon à réduire au minimum les déséquilibres de fonctionnement du système de marché. Pendant que la Commission canadienne du blé s'occupe de la mise en marché des céréales et de l'équité dans la fixation des prix, le prix des céréales est établi selon la fluctuation des facteurs du marché mondial. Les gouvernements provinciaux ont permis aux producteurs de regrouper leur production et de la vendre par l'intermédiaire des régies provinciales de commercialisation ou des coopératives alimentaires qui peuvent négocier des prix plus élevés. Après que la législation fédérale permettant les régies de commercialisation a été déclarée inconstitutionnelle (Renvoi de l'organisation du marché de produits agricoles, 1937), le gouvernement fédéral vote la *Loi sur l'organisation du marché des produits agricoles* (1949). Les régies provinciales se voient déléguer l'autorité, par le fédéral, de réglementer l'exportation des produits et le commerce interprovincial. Ces régies ne peuvent cependant pas limiter l'exportation des produits d'autres pays ou d'autres provinces, et sont, par conséquent, incapables de contrôler l'approvisionnement et les prix des produits réglementés.

Au cours des années 70, sous l'effet de l'instabilité des marchés et de l'importante compression du prix de revient pour les agriculteurs, les gouvernements provinciaux amorcent des programmes de maintien du revenu et le gouvernement fédéral étend les siens. Le Québec, la Colombie-Britannique et l'Ontario votent une législation complète sur la stabilisation et plusieurs autres provinces entreprennent de protéger les producteurs de porcs et de bovins contre l'instabilité des marchés et la dépréciation des prix. En 1975, le gouvernement fédéral modifie la *Loi sur la stabilisation des prix agricoles* et, en 1976, il adopte la *Loi sur la stabilisation concernant le grain de l'Ouest*. En vertu de la première loi, le gouvernement s'engage à soutenir les prix du lait et de la crème, du maïs, du soja, du bœuf de boucherie, du porc, du mouton, de l'avoine et de l'orge produits hors des limites de la Commission canadienne du blé, à 90 p. 100 de la moyenne des cinq années précédentes. La deuxième loi stabilise le revenu net de l'avoine, de l'orge, du blé, du colza canola, du lin et du seigle. Combinés aux programmes d'assurance-récolte, ces programmes exigent près de 50 p. 100 du budget fédéral en matière d'agriculture et assurent la protection de la majorité des produits.

La plus innovatrice des politiques des années 70 permet aux producteurs de fixer le prix des produits (*voir* OPÉRATIONS SUR MARCHANDISES). La *Loi sur les offices de commercialisation des produits de ferme* (1972) autorise la création de quatre offices de commercialisation: l'Office canadien de commercialisation des œufs (1972), l'Office canadien de commercialisation du dindon (1973), l'Office canadien de commercialisation du poulet (1979) et l'Office canadien de commercialisation des œufs d'incubation de poulet de chair (1986). L'exclusion des importations de produits soumis à la gestion de l'approvisionnement, permis en vertu de l'ACCORD GÉNÉRAL SUR LES TARIFS DOUANIERS ET LE COMMERCE (GATT), réserve le marché canadien aux producteurs d'œufs et de volailles du Canada. La gestion de l'approvisionnement a été mise en œuvre plus tôt dans l'industrie laitière.

Entre 1970 et 1972, un contingentement de la production est créé pour tenter d'établir un équilibre entre le lait et la crème destinés à l'industrie et la demande intérieure. Combiné avec le contrôle des importations (en vigueur depuis 1951) et des subventions fédérales, ce système augmente considérablement puis stabilise les revenus des agriculteurs de l'industrie laitière. Cette politique est modifiée profondément en 1973, et après 1976, elle détermine un prix maximum pour les céréales fourragères destinées aux acheteurs de l'Est du Canada. Le programme d'aide au transport des céréales s'est terminé en juillet 1995 et l'Office canadien des provendes disparaît.

Au début des années 80, les deux ordres de gouvernement encouragent fortement l'augmentation du pouvoir de négociation des agriculteurs en intervenant directement sur le marché par la réglementation de la production et en surveillant la fixation des prix. Bien que les dépenses fédérales en agriculture soient le double de celles des provinces, plusieurs d'entre elles ne sont plus d'accord pour laisser au gouvernement fédéral la mainmise sur les politiques agricoles. Au Québec, après l'élection du Parti québécois en 1976, le gouvernement provincial conçoit de plus en plus de mesures et augmente les dépenses dans le but d'atteindre l'autosuffisance en matière de denrées alimentaires. Le système agroalimentaire du Québec repose sur quatre piliers basés sur les lois provinciales et fédérales: la stabilisation du revenu, l'octroi de crédit, l'ASSURANCE-RÉCOLTE et le marché réglementé. Au milieu des années 90, le gouvernement du Québec supporte les deux tiers des dépenses nettes globales liées à l'agriculture de la province, alors qu'au milieu des années 60 et au début des années 70, c'était plutôt le gouvernement du Canada qui couvrait ces coûts.

Dans les années 80, les programmes relatifs au secteur canadien des céréales et des graines oléagineuses subissent de profonds changements. En 1983, à la suite d'un débat prolongé et fractionnel dans la communauté agricole des Prairies, le gouvernement canadien élimine les taux de transport de la Convention du Nid-de-Corbeau. Bien que la *Loi sur le transport du grain de l'Ouest* prévoie l'octroi de subventions gouvernementales en permanence aux chemins de fer afin de défrayer les coûts de transport du grain des Prairies vers les marchés extérieurs, le droit des fermiers à recevoir une aide au transport «perpétuelle» se termine. Ils sont donc tenus d'assumer une augmentation importante des coûts de transport.

D'autres changements dans les programmes gouvernementaux surviennent en raison de situations financières très difficiles pour les collectivités des Prairies qui se sont produites pendant une grande partie des années 80. La «guerre du commerce du grain» au milieu et à la fin des années 80 entre les États-Unis et la Communauté européenne entraîne la dégringolade du prix du grain canadien. La communauté agricole des Prairies, étranglée par d'énormes dettes et des taux d'intérêts élevés sans précédent, connaît une dépression qui s'apparente à celle des années 30. Les paiements reçus en vertu de la *Loi de stabilisation concernant le grain de l'Ouest* sont peu élevés et continuent à diminuer. En 1986-1987, les céréaliculteurs reçoivent une aide gouvernementale d'un milliard de dollars grâce au Programme spécial canadien pour les grains, qui permet aussi d'éponger la dette de 400 $ millions de la SOCIÉTÉ DU CRÉDIT AGRICOLE. L'Agriculture Credit Corporation de la Saskatchewan s'endette aussi considérablement en tentant d'empêcher les fermiers de quitter leur terre.

Deux événements signifient que ces paiements importants aux fermiers ne peuvent plus se poursuivre indéfiniment. Le premier est la dégradation de la situation fiscale des gouvernements fédéral et provinciaux dont les déficits élevés font de plus en plus partie du débat politique. Afin de réduire ses propres responsabilités financières en relation avec la sécurité et la stabilisation des revenus des agriculteurs, Ottawa apporte des changements aux programmes de protection du revenu dans le secteur des céréales et des graines oléagineuses, de façon à ce que les producteurs et les provinces assument la majorité des coûts. En 1991, on introduit deux nouveaux programmes au soutien du revenu des céréaliculteurs.

Le premier programme, le Régime d'assurance-revenu brut, assure à court terme le revenu brut des fermiers pour des produits particuliers. Cette assurance offre une protection contre les désastres naturels ou les risques du marché indépendants de la volonté des producteurs. Contrairement à l'ancienne *Loi de stabilisation concernant le grain de l'Ouest*, les gouvernements provinciaux versent dans ce régime des fonds équivalents à ceux du gouvernement canadien. Les producteurs paient aussi des primes, conformément à la Loi. Le deuxième programme, le Compte de stabilisation du revenu net, permet à un fermier de se constituer un fonds dans lequel il peut puiser lorsque son revenu est inférieur à un montant déterminé. Ce programme diffère des programmes conçus pour stabiliser le rendement des fermiers à partir de produits agricoles individuels parce qu'il stabilise les revenus en fonction des activités globales de la ferme. Les contributions des gouvernements fédéral et provinciaux ainsi que des agriculteurs assurent le financement du Compte de stabilisation du revenu net.

Le second catalyseur des changements politiques en agriculture découle des graves tensions dans les relations commerciales internationales engendrées par la protection accordée par les pays industriels à leurs producteurs nationaux. Étant donné l'importance des marchés d'exportation dans les secteurs canadiens du grain, du bœuf et du porc, le gouvernement canadien s'est montré préoccupé par la montée du protectionnisme des politiques commerciales américaines durant les années 80. En 1984, les limites imposées à la pénétration du Canada sur les marchés américains du porc par des intérêts américains, et les différends commerciaux qui existent sur certains produits alimentaires et la pêche, poussent le gouvernement canadien à exiger des règlements commerciaux plus clairs et un mécanisme de règlement bilatéral des différends en vertu de l'accord de LIBRE-ÉCHANGE (ALE) avec les États-Unis En vigueur en janvier 1989, l'ALE est étendu pour inclure le Mexique dans l'Accord de libre-échange nord-américain (ALENA) en 1993. Ces accords régionaux ont augmenté l'interdépendance Canada-États-Unis dans le commerce agroalimentaire. En 1984, 30 p. 100 des exportations agroalimentaires canadiennes sont destinées aux États-Unis; en 1993, ces chiffres sont de 55 p. 100 en raison de l'augmentation des exportations d'animaux vivants, de bœuf et de boissons. Les importations américaines au Canada, qui représentent 55 p. 100 des importations agroalimentaires canadiennes totales en 1984, atteignent 61 p. 100 en 1993. Les intérêts internes américains continuent de résister à la pénétration canadienne des marchés américains. En 1994-1995, le Canada doit accepter un seuil pour le volume de ses exportations de blé vers les États-Unis.

L'importance des marchés mondiaux pour le secteur canadien des céréales et des graines oléagineuses amène le Canada à se joindre au Groupe de Cairns, pays exportateurs de produits agricoles qui, sous la gouverne des États-Unis, lancent les négociations d'Uruguay du GATT en 1986. L'objectif est de libéraliser le commerce des produits agricoles et d'ouvrir les marchés agricoles intérieurs à la concurrence internationale. Ces négociations multilatérales sont très ardues pour le Canada. D'une part, le Canada recherche des marchés étrangers pour écouler ses céréales et ses graines oléagineuses par le biais de nouveaux règlements qui interdisent les subventions à l'exportation. Pendant ce temps, la Communauté européenne et les États-Unis réussissent à subventionner leurs exportations de céréales pour les vendre moins cher que le Canada aux pays importateurs de céréales. D'autre part, les négociateurs canadiens cherchent à poursuivre la protection accordée au marché interne de la volaille, des œufs et des producteurs laitiers en conservant le droit de restreindre le volume des importations lorsque les produits sont soumis à la gestion intérieure.

Le GATT, signé en 1993 et entré en vigueur en 1996, exige que tous les pays réduisent leurs subventions à l'exportation, permettent davantage d'importations et coupent le soutien global aux producteurs internes. Le Canada n'a pas réussi à maintenir le contrôle des volumes pour les produits soumis à la gestion de l'offre et doit donc accepter plus de volailles et de produits laitiers importés. Toutefois, les tarifs élevés des importations de produits laitiers et de volaille à moyen terme donne à ces secteurs le temps de s'ajuster aux tarifs moins élevés et à la concurrence des produits importés.

Pour les secteurs canadiens des céréales et des graines oléagineuses, la faible réduction des subventions à l'exportation autorisées facilite l'accès aux marchés étrangers, même si elle compromet les subventions au transport en vertu de la *Loi sur le transport du grain de l'Ouest*. Dans son budget de 1995, le gouvernement fédéral a annoncé la fin des subventions à l'exportation des céréales, décision dictée autant par les restrictions budgétaires que par les exigences du nouveau GATT.

Dès le milieu des années 90, des contraintes budgétaires et de nouvelles règles en matière de commerce international provoquent une importante réforme des politiques agricoles et modifient le rôle des gouvernements fédéral et provinciaux dans le secteur agroalimentaire du Canada. Dans le secteur des céréales et des graines oléagineuses, le budget fédéral de 1995 annonce non seulement la fin de l'aide au transport dans les exportations, mais également une réduction de 30 p. 100 du soutien fédéral dans les programmes de protection du revenu. Les programmes de soutien aux prix des produits laitiers connaissent aussi une réduction de cette ampleur, et ils se termineront de façon progressive d'ici l'an 2000. Quant aux producteurs de bétail et de porc, ils avaient déjà opté pour la cessation de leurs programmes de stabilisation parce qu'ils craignaient une réaction brutale de l'important marché américain.

En 1994-1995, le budget agroalimentaire du gouvernement canadien est de 55 p. 100, une baisse par rapport au 64,5 p. 100 en 1988-1989. Pour compenser l'écart, les provinces dépensent davantage, surtout le Québec et la Saskatchewan. La réduction des budgets dans la recherche agricole, les mesures de recouvrement des coûts pour l'inspection des aliments, l'élimination de la répétition ou du chevauchement des programmes et des règlements fédéraux et provinciaux ont miné le rôle de chef de file du gouvernement fédéral et la capacité du ministère de l'Agriculture et de l'Agroalimentaire d'élaborer des programmes nationaux. En 1996, au lieu d'offrir un seul programme national de protection du revenu pour le secteur des céréales et des graines oléagineuses, on autorise différentes assurances-récoltes provinciales, la stabilisation des exploitations agricoles au complet (Compte de stabilisation du revenu net (CSRN), Régime d'assurance-revenu brut (RARB) ou un autre programme) et une protection provinciale propre à chaque province.

À l'approche du XXIe siècle, les questions relatives à l'expansion du commerce d'exportation, au développement des marchés et à la concurrence internationale sont au premier plan de la politique agricole canadienne. Traditionnellement axée sur le producteur, la politique se concentre désormais sur une association entre les gouvernements et tous les secteurs de l'industrie agroalimentaire, dont chacun assume sa part de responsabilités financières en ce qui concerne la recherche, l'inspection des aliments ainsi que la mise en valeur du commerce et des marchés. Les activités de transformation qui ajoutent de la valeur aux marchandises en vrac, la diversification dans des produits non traditionnels et l'usage non alimentaire des produits font partie des moyens utilisés pour assurer la survie des collectivités rurales, la durabilité des ressources disponibles et la sécurité financière des exploitations agricoles.

Élaboration et mise en œuvre de la politique

Malgré la juridiction partagée par le fédéral et le provincial en regard de l'agriculture, c'est la loi fédérale qui prévaut en cas de conflit. L'autorité en matière de commercialisation est répartie de la façon suivante: le gouvernement fédéral régit les exportations et la commercialisation entre les provinces, tandis que les gouvernements provinciaux régissent la commercialisation à l'intérieur de leurs frontières. À l'échelle provinciale, les politiques agroalimentaires sont pratiquement toujours la responsabilité du ministère de l'Agriculture. Dans de nombreuses provinces, les ministères agricoles ont été rebaptisés pour refléter leur nouveau mandat touchant l'aménagement rural, l'agriculture, les aliments et les pêches. À l'échelle fédérale, le ministère de l'Agriculture et de l'Agroalimentaire est toujours le ministère central des questions agricoles.

Puisque le commerce des produits agricoles est de plus en plus important pour l'agriculture canadienne, le ministère de l'Agriculture et de l'Agroalimentaire travaille en étroite collaboration avec le ministre responsable du commerce international, à qui revient la responsabilité finale de la politique commerciale. Un certain nombre d'agences et de comités ayant des responsabilités déléguées concernant des produits particuliers relèvent du ministre de l'Agriculture et de l'Agroalimentaire. C'est le cas du Conseil national de commercialisation des produits agricoles (nommé par le ministre et responsable de la supervision des offices de commercialisation nationaux du poulet, de la dinde, des œufs et des couvoirs), de la Commission canadienne du lait, de la Société du crédit agricole, de la Commission canadienne du blé, de la Commission canadienne des grains et de l'ADMINISTRATION DU RÉTABLISSEMENT AGRICOLE DES PRAIRIES. Le ministre des Transports supervise le transport des céréales par train et par bateau.

Comme les deux ordres de gouvernement ont juridiction sur l'agriculture, les ministres de l'agriculture fédéral et provinciaux s'efforcent de coopérer lorsque vient le temps d'élaborer et de mettre en œuvre une politique agricole. Dans les années 90, cette collaboration a été mise à rude épreuve lorsque le fédéral s'est retiré de certains programmes financiers. Des provinces, comme la Saskatchewan qui compte depuis toujours sur l'importante aide financière du fédéral, se sont plaintes de l'échec d'Ottawa à assumer ses responsabilités. Un fédéralisme concurrentiel caractérise la relation du gouvernement fédéral avec le Québec et l'Alberta.

Les ministres de l'Agriculture du Québec, soutenus par le syndicat agricole québécois, l'Union des producteurs agricoles, souhaitent réduire le rôle du gouvernement canadien dans l'agriculture québécoise. C'est ainsi que, plutôt que d'avoir des programmes nationaux qui s'appliquent au Québec, ils ont réussi à faire transférer des fonds pour financer des programmes agroalimentaires élaborés et mis en œuvre dans la province. Le Québec se démarque du gouvernement fédéral dans l'aide permanente de l'État au secteur agricole. À l'autre extrémité, se trouve l'Alberta qui s'oppose aux programmes fédéraux incompatibles avec ses objectifs d'une présence discrète de la part d'un petit gouvernement provincial.

Par tradition, les associations professionnelles agricoles font partie de la politique communautaire agricole et aucune politique agroalimentaire n'est élaborée sans qu'elles ne soient consultées. Cette pratique s'intensifie à la fin des années 80 et 90 lorsque les gouvernements canadien et provinciaux demandent l'avis et le consentement des producteurs sur des réformes de la politique agricole. Dans certains secteurs, le rôle des producteurs en matière de politique, surtout dans les secteurs des produits laitiers et de la volaille soumis à la gestion de l'offre, va au-delà de la consultation et comprend parfois la délégation de pouvoirs importants. Les relations entre les ministres de l'agriculture et les syndicats agricoles sont encore plus étroites au niveau provincial qu'au niveau national, surtout en Saskatchewan et au Québec. Toutefois, l'influence des associations de producteurs sur la politique gouvernementale, spécialement en ce qui concerne la politique agroalimentaire nationale, a diminué au cours des dernières décennies. Cette diminution s'explique en partie par les différends idéologiques et la fragmentation organisationnelle de la communauté agricole, et par la volonté du gouvernement d'établir des liens plus étroits avec d'autres secteurs de la chaîne alimentaire, essentiellement les transformateurs, les transformateurs de second cycle, les distributeurs et les commerçants, afin de maximiser la concurrence des marchés du secteur.

Critique de la politique Les critiques relatives à la politique agricole canadienne diffèrent d'une époque à l'autre, et reposent essentiellement sur la négligence perçue des gouvernements envers les problèmes importants ou leur incapacité à équilibrer les objectifs contradictoires dans le domaine économique, social et politique sous-jacents à la politique agricole. Pour certains, notamment la plupart des économistes agricoles, la politique agricole ne doit viser que des objectifs économiques et maximiser le bien-être global du pays. Pour d'autres, dont un grand nombre d'intervenants de l'industrie agroalimentaire, la politique agricole doit assurer l'équilibre entre un secteur agricole efficace et des objectifs sociaux, comme la préservation des fermes familiales et la survie des collectivités rurales. Ils allèguent qu'on ne doit pas oublier non plus les objectifs politiques, y compris la contribution à l'unité nationale par des politiques conçues pour garantir un traitement équitable des producteurs et des intérêts agroalimentaires de chaque région.

La plainte la plus fréquente des années 70 et 80 était que le gouvernement se préoccupait des problèmes des producteurs au détriment des intérêts des consommateurs. Ces critiques s'adressaient principalement aux offices de commercialisation nationaux dans les secteurs des produits laitiers et de la volaille. On reproche à ces offices monopolistiques d'augmenter indûment le prix des aliments, de permettre à des agriculteurs incompétents de persévérer dans ce domaine ou d'empêcher de jeunes agriculteurs d'accéder à l'industrie des produits laitiers en gonflant la valeur des quotas et en augmentant par le fait même le coût des activités agricoles. On assiste à des tensions interprovinciales lorsque les provinces dont la population s'accroît veulent augmenter leur part du marché disponible, tandis que les provinces dont la population stagne ou décline refusent de la diminuer.

La tendance qui consiste à protéger les marchés de consommation locaux pour les producteurs locaux afflige le gouvernement fédéral, qui préconise une répartition géographique de la production basée sur les avantages comparatifs. À la suite d'intenses discussions avec tous les secteurs des industries des produits soumis à la gestion de l'offre, et dans le sillage des recommandations du Groupe de travail fédéral-provincial sur la commercialisation ordonnée, le ministre fédéral de l'Agriculture et de l'Agroalimentaire, en collaboration avec ses collègues provinciaux, introduit plusieurs changements pour apaiser les critiques relatives aux offices de commercialisation en matière de produits laitiers et de volaille. Des changements structuraux permettent une meilleure représentation des intérêts non producteurs (consommateurs, transformateurs de second cycle) aux offices nationaux de commercialisation et leur donnent le droit de vote. Des changements opérationnels sont adoptés afin de rendre les comités intérieurs de commercialisation plus enclins à reconnaître les préférences changeantes des consommateurs et les forces du marché et de permettre à la production de se déplacer dans des provinces plus économiques.

On reproche depuis longtemps à la politique agricole de ne pas avoir réussi à assurer la survie des exploitations agricoles familiales et des collectivités rurales. La question est particulièrement importante dans les années 80, lorsque plus de la moitié des collectivités agricoles des Prairies sont très endettées et qu'un grand nombre de cultivateurs, dont des jeunes, sont obligés d'abandonner l'agriculture. On assiste alors à un débat passionné sur le bien-fondé des mesures prises pour enrayer l'endettement, notamment les bureaux d'examen de l'endettement agricole qui ont servi de médiateurs entre l'institution prêteuse et l'agriculteur et le Programme de réorientation des agriculteurs qui aident financièrement les agriculteurs à se recycler dans une autre profession. La réussite de mesures plus récentes visant à créer de l'emploi dans les régions rurales reste à voir. Cependant, de nombreuses personnes des collectivités rurales craignent que la préoccupation des gouvernements envers la concurrence et l'efficacité commerciale nécessite davantage de consolidation et de capitalisation dans le secteur de la production agricole et mette ainsi en péril les exploitations agricoles familiales.

À la fin des années 90, les nombreuses préoccupations environnementales font partie de ces questions qui continuent à créer une polémique dans le milieu des politiques agricoles. Elles comprennent des mesures législatives relatives à l'utilisation durable des ressources, à la préservation des terres agricoles, à l'utilisation des BIOTECHNOLOGIES et au «droit de produire». Une autre source de conflit non résolu concerne la pertinence des agences de vente à guichet unique, comme la Commission canadienne du blé. Ceux qui la critiquent prétendent qu'elle est anachronique, inefficace et qu'elle représente un frein aux projets des producteurs, dans la nouvelle ère de libéralisation des marchés. Par contre, ses défenseurs affirment qu'une agence d'exportation monopolistique est plus nécessaire que jamais.

Grace Skogstad

Agriculture et nourriture Depuis 1951, l'agriculture canadienne a connu un grand nombre de changements structuraux et technologiques, et bien que certaines tendances se reflètent à l'échelon national, il existe des différences régionales importantes. La description qui suit de l'agriculture canadienne entre les années 1950 et 1980 tient compte de la région de l'Atlantique (Terre-Neuve, Île-du-Prince-Édouard, Nouvelle-Écosse et Nouveau-Brunswick), du Québec, de l'Ontario, des Prairies (Manitoba, Saskatchewan et Alberta) et de la Colombie-Britannique. Les données relatives aux territoires sont fournies lorsqu'elles sont jugées pertinentes.

Depuis la Seconde Guerre mondiale, le Canada est passé d'une société semi-rurale à une société urbaine hautement industrialisée. Avec l'industrialisation, le secteur rural décline rapidement en proportion, mais il semble que la population agricole soit maintenant stabilisée. L'industrialisation de l'agriculture s'accompagne de changements importants: exploitations agricoles plus grandes, investissements plus importants et techniques de gestion administrative plus élaborées. On peut dire que, d'une certaine façon, le secteur rural ne représente plus vraiment une entité sociale.

Les changements les plus sérieux sont de nature économique et sociale. P. ex., l'exploitation mixte perd du terrain à mesure que les agriculteurs se spécialisent dans une seule culture ou dans l'élevage d'un seul type de bétail. Or, cette spécialisation entraîne davantage de risques de marché comme le montre, d'ailleurs, le taux supérieur de faillites dans les années 80. Non seulement de tels changements structuraux sont-ils lourds à porter pour les intermédiaires commerciaux et les institutions financières, mais ils contribuent à augmenter le stress des collectivités agricoles. Par contre, les types de cultures et de bétail ont très peu changé.

Les changements les plus manifestes au chapitre des cultures sont probablement l'expansion de la production de maïs-grain dans l'est du Canada et, dans l'ouest, la culture de PLANTES OLÉAGINEUSES comestibles telles que le canola. Du côté de la ZOOTECHNIE, la production intensive hautement spécialisée de volaille, de viande ou d'œufs devient la norme et, en ce qui concerne la production de bœuf, les animaux plus maigres ont la préférence du consommateur.

Étapes Pendant la guerre, les Alliés ont besoin de nourriture et de fibres alors qu'ils font face à une diminution de la main-d'œuvre. Ces deux facteurs forcent les fermes canadiennes à se mécaniser, à s'agrandir et à se spécialiser: tendance qui se perpétue après la guerre. Entre 1951 et 1981, le nombre de terres agricoles amendées (principalement terres de cultures, pâturages bonifiés et jachères) augmente de 18 p. 100 et passe de 39 à 46 millions d'hectares (ce dernier chiffre est le même en 1986). L'investissement physique (dollars constants 1971) en machines agricoles s'accroît de 80 p. 100: de 3,8 milliards de dollars en 1951 à 6,9 milliards en 1981. Cet investissement, comparativement à celui en bâtiments et en bétail, grossit comme en témoignent les chiffres: 15 p. 100 du capital agricole total en 1951 et 20 p. 100 en 1981. Toujours en 1981, la part de l'investissement total consacrée aux machines est la plus élevée dans les régions de l'Atlantique et du Québec (24-25 p. 100), et la moins importante en Colombie-Britannique (12 p. 100).

Les terres agricoles sont cultivées plus intensivement, et l'investissement physique (dollars constants de 1971) en machines est majoré de 96 $/ha de terre agricole bonifiée en 1951 à 151 $ en 1981. La hausse la plus marquée du rapport machinerie/terre est enregistrée au Québec et la moins rapide, en Colombie-Britannique. Grâce à la mécanisation accrue, la main-d'œuvre d'une petite exploitation agricole peut maintenant en exploiter une plus imposante. La grandeur totale des exploitations agricoles est amplifiée de 83 p. 100 et passe d'une moyenne de 113 ha en 1951 à 207 ha en 1981 (l'augmentation à 231 ha, de 1951 à 1986, représente 104 p. 100). En 1986, l'accroissement de la grandeur moyenne des exploitations agricoles est le plus élevé au Manitoba (107 p. 100) et le moins important en Ontario (38 p. 100).

L'agriculture de subsistance au Canada disparaît largement dans les années d'après-guerre et est remplacée par un nouveau phénomène: un nombre sans cesse croissant d'agriculteurs et de membres de leur famille ont un travail rémunéré à l'extérieur de leur propre ferme. Ainsi, ces gens travaillent pour d'autres agriculteurs ou ont des emplois non liés à l'agriculture (p. ex., conducteur d'autobus scolaire). En 1986, 39 p. 100 des agriculteurs canadiens ont un quelconque travail rémunéré en dehors de la ferme, pendant une moyenne de 173 jours par année. La Colombie-Britannique compte la plus haute proportion (51 p. 100) de fermiers travaillant à l'extérieur, tandis que le Québec en a la plus petite (31 p. 100). En général, 12 p. 100 du travail à l'extérieur consiste en travaux exécutés pour d'autres fermiers, mais la plus grande part, soit 88 p. 100, vient d'un travail non lié à l'agriculture. Ces chiffres sont à peu près les mêmes pour toutes les régions.

Capital agricole

En 1986, la valeur en capital totale des exploitations agricoles canadiennes est de 110 milliards de dollars en dollars courants, soit une baisse de 20 milliards de dollars comparativement à 1981, mais 11 fois le niveau de 1951. La valeur en capital moyenne est de 374 000 $ par ferme en 1986, comparativement à 409 000 $ en 1981 et à 15 000 $ en 1951. En 1986, on retrouve la plus haute valeur moyenne régionale des exploitations agricoles dans les Prairies (456 000 $) et la plus faible dans la région de l'Atlantique (227 000 $). Une grande partie de l'augmentation nominale de la valeur en capital vient de l'immobilier: de 1951 à 1981, dans tout le Canada, la valeur des biens réels agricoles est passée de près de

260 \$/ha en 1951 à plus de 375 \$/ha en 1981 et à 1181 \$/ha en 1986. De 1951 à 1976, l'Ontario connaît les hausses les plus marquées mais, de 1976 à 1981, les Prairies affichent le plus haut taux d'augmentation. Dans les Prairies, la valeur en capital moyenne par ferme diminue de 1981 à 1986 et passe de 508 000 \$ à 456 000 \$.

Intrants agricoles Les exploitations agricoles modernes se tournent de plus en plus vers les ressources techniques, p. ex., l'utilisation d'engrais chimiques. Le taux moyen d'application des éléments nutritifs de base (azote, phosphate pour le phosphore et potasse pour le potassium) a presque quintuplé entre 1960-1961 et 1980-1981, allant de 14 kg/ha à 67 kg/ha pour l'ensemble du Canada (et à 175 kg/ha en 1985). Les différences régionales relatives aux fertilisants reflètent les caractéristiques du SOL, du CLIMAT et des cultures.

Les régions plus humides de l'est du Canada utilisent davantage de fertilisants que les autres; ce sont les régions généralement plus sèches des Prairies qui en font le plus faible usage. Le nombre d'agriculteurs déclarant utiliser des engrais s'étend de 38 p. 100 en 1971 à 59 p. 100 en 1980 et à 66 p. 100 en 1985; la plus grande augmentation est enregistrée dans les Prairies. De 1951 à 1985, la proportion des terres traitées avec les engrais commerciaux s'élève de 16 p. 100 à 34 p. 100. Le marché canadien des fertilisants a atteint le niveau de la maturité et, dans toutes les régions, le taux d'utilisation augmente moins depuis 1980 (il est tout de même deux fois supérieur à celui de 1970).

Les tendances concernant l'utilisation de PESTICIDES sont, en général, similaires à celles signalées pour les fertilisants. En 1970, 45 p. 100 des agriculteurs canadiens déclarent utiliser des pesticides; en 1980, ce chiffre passe à 53 p. 100; toutefois, il baisse à 21 p. 100 en 1985 (or, 59 p. 100 des fermiers disent utiliser des herbicides). Les régions agricoles traitées aux pesticides passent de 12 p. 100 en 1970 à 23 p. 100 en 1980, puis diminuent à 7 p. 100 en 1985. Pour ce qui est des régions, en 1985, la Saskatchewan affiche la plus grande fréquence d'utilisation de pesticides (17 p. 100) et la Colombie-Britannique, la plus faible (2 p. 100). Comme dans le cas des fertilisants, les divergences régionales reflètent les différences dans le genre de culture, l'intensité de la culture et la gravité des infestations d'INSECTES NUISIBLES.

Au cours de la dernière décennie, les exploitations agricoles ont de plus en plus recours aux ordinateurs évolués bien qu'aucune donnée statistique n'existe sur leur taux d'utilisation. Un grand nombre d'exploitants agricoles se servent de la technologie informatique pour obtenir quotidiennement l'indice des prix des cultures ou du bétail ou encore pour préparer des analyses de coûts ou des résumés financiers. Les gouvernements et les institutions privées élaborent des programmes pour encourager l'utilisation de l'informatique. Le plus connu est probablement le système canadien de gestion agricole (CANFARM) qui permet aux fermiers de soumettre à l'analyse certaines données. À l'origine, CANFARM est un programme fédéral, provincial et universitaire; il est aujourd'hui géré par une entreprise privée.

Mode de faire-valoir et organisation de l'entreprise Le faire-valoir direct est la principale forme juridique d'exploitation en 1951 (79 p. 100); il domine encore en 1981, mais ne représente que 63 p. 100 de toutes les exploitations agricoles. En 1981, le Québec compte la plus grande proportion de faire-valoir direct (80 p. 100); les Prairies ont la plus faible (54 p. 100). La proportion d'affermage est pratiquement la même, soit 7 p. 100 en 1951 et 6 p. 100 en 1981. Les fermes exploitées à la fois par un propriétaire et un locataire ont augmenté, passant de 14 p. 100 en 1951 à 31 p. 100 en 1981. Peu importe le mode de faire-valoir, la gestion familiale de l'exploitation agricole demeure la pratique la plus courante

dans tout le pays (99,3 p. 100 de toutes les fermes en 1981).

Population vivant de l'agriculture La population totale du Canada grimpe de 14 millions en 1951 à 24 millions en 1981 (et à 25,3 millions en 1986). Cependant, la population agricole baisse de 3 millions en 1951 (environ 21 p. 100 de la population totale) à un peu plus de 1 million en 1981 (4 p. 100 du total). La région de l'Atlantique et le Québec subissent la plus grande diminution au cours de cette période de 30 ans, tandis que la Colombie-Britannique enregistre la plus petite. En 1981, la région des Prairies a toujours la plus grande proportion (11 p. 100) de population vivant sur des fermes (comparativement à 38 p. 100 en 1951).

Superficie et conditions des terres agricoles Le Canada couvre près d'un milliard d'hectares. En 1986, les exploitations agricoles représentent moins de 7 p. 100 de cette superficie, soit 67,8 millions d'ha. Forêts, lacs, montagnes, marécages et toundra occupent le reste (*voir* CLASSIFICATION DES SOLS). En 1986, la superficie des terres agricoles bonifiées représente une proportion encore plus petite (46 millions d'ha ou plus de 4 p. 100) de la superficie totale du pays. Alors qu'en 1986 la superficie totale occupée par les fermes a diminué de plus de 3 p. 100 par rapport aux 70 millions d'ha de 1951, celle que représentent les terres agricoles bonifiées augmente de 7 millions d'ha depuis lors. Ainsi, la proportion de terres agricoles bonifiées passe de près de 56 p. 100 en 1951 à 68 p. 100 en 1986.

Entre 1951 et 1981, les changements en matière de superficie et de conditions des terres agricoles varient selon la région. Dans l'est du Canada, la superficie totale et la superficie des terres agricoles bonifiées ont toutes deux diminué dans les trois régions, particulièrement dans l'Atlantique. Dans l'ouest, par contre, elles ont grandi dans les deux régions. En Colombie-Britannique, la superficie des terres agricoles bonifiées a plus que doublé au cours de cette période de 30 ans. Les Prairies, région agricole la plus grande, représentent 81 p. 100 de la superficie totale en 1986 et 83 p. 100 de la superficie de terres bonifiées, comparativement à 71 p. 100 et à 74 p. 100 en 1951.

Types d'exploitations agricoles En 1986, le Canada a 293 089 exploitations agricoles de tous types et tailles comparativement à 62 300 en 1951 et à 318 000 en 1981. En 1986, environ 51 p. 100 d'entre elles sont dans les Prairies, tandis que le taux était de 40 p. 100 en 1956. La région de l'Atlantique a le plus petit nombre de fermes (4 p. 100 du total en 1986). Depuis la Seconde Guerre mondiale, le nombre total d'exploitations agricoles a diminué plus lentement en Colombie-Britannique que partout ailleurs. Cette province possède 4 p. 100 de toutes les fermes en 1951 et 6 p. 100 en 1986. La région de l'Atlantique subit la baisse la plus rapide au cours de cette période de 30 années, soit près de 82 p. 100.

Il existe quatre principaux types d'exploitation agricole: l'exploitation d'élevage (incluant l'ÉLEVAGE LAITIER), la culture de grande production, la culture fruitière et maraîchère (FRUITS et LÉGUMES) et les exploitations spécialisées qui regroupent différents types de cultures. Entre 1951 et 1981, on assiste à une diminution du nombre relatif d'exploitations d'élevage et à une augmentation de la proportion de cultures de grande production et de cultures fruitière et maraîchère. En 1981, les types d'exploitations agricoles par région sont répartis de la façon suivante: Atlantique: industrie laitière (27 p. 100), bœufs et PORCS (32 p. 100); Québec: industrie laitière (50 p. 100), bœufs et porcs (22 p. 100); Ontario: industrie laitière (19 p. 100), bœufs et porcs (36 p. 100), petites céréales incluant le BLÉ (21 p. 100); Prairies: bœufs et porcs (22 p. 100), petites céréales incluant le blé (63 p. 100); Colombie-Britannique: bœufs et porcs (36 p. 100), fruits et légumes (21 p. 100).

Depuis 1951, les changements les plus importants concernant les types d'exploitations agricoles régionales sont survenus en Ontario et en Colombie-Britannique. En Ontario, les fermes à petites céréales sont relativement peu nombreuses en 1951, mais représentent plus d'un cinquième de tous les types en 1981, principalement à cause de la production accrue de MAÏS. En Colombie-Britannique, alors que l'exploitation laitière domine en 1951, elle diminue à moins de 10 p. 100 en 1981 en raison de la spécialisation et de l'expansion de l'industrie laitière.

Cultures et exploitations d'élevage De 1961 à 1986, 82 p. 100 de toutes les terres agricoles bonifiées sont consacrés aux jachères et à la culture de 7 plantes: blé, avoine, orge, maïs, colza canola, pommes de terre et foin cultivé. Au pays, les cultures de blé, de maïs, d'orge, de colza canola et de foin cultivé ont été élargies alors que celle de l'avoine a chuté.

Bien que de plus grandes superficies aient généralement été consacrées aux cultures pendant cette période, il y a toutefois des variantes. Ainsi, dans la région de l'Atlantique, on cultive moins d'avoine et de foin, mais plus de pommes de terre. Au Québec, la culture de l'avoine a diminué, mais celle du maïs a pris de l'ampleur. En Ontario, on assiste à une hausse marquée de la culture du maïs-grain et du maïs-fourrage. Dans les Prairies, les cultures de blé, d'orge, de foin cultivé et de colza canola prennent plus de place (ce dernier est passé de 2000 ha en 1951 à 2,6 millions d'ha en 1986). En Colombie-Britannique, le nombre d'hectares plantés d'orge et de foin cultivé est beaucoup plus grand en 1986 qu'en 1951.

Le revenu individuel et la demande en viande et autres produits d'élevage ont augmenté, en général, avec l'accroissement de la population. Les données sur les animaux d'élevage varient durant la période donnée selon les stades des cycles du bœuf et du porc. En 1986, il y a un 60 p. 100 de bovins, le nombre de porcins a doublé et celui des volailles est en hausse de 44 p. 100. Dans la région de l'Atlantique et en Ontario, le nombre de porcins et de volailles a beaucoup grossi; au Québec, il a plus que triplé. En Colombie-Britannique, le nombre de porcins a quintuplé et celui de la volaille a presque quadruplé. Dans les Prairies, le nombre de bovins a doublé. Dans tout le pays, le nombre de moutons et d'agneaux a diminué de 48 p. 100 parce que les Canadiens préfèrent en général d'autres viandes. Par ailleurs, les producteurs d'agneau doivent faire face à la vive concurrence des Australiens et Néo-Zélandais qui offrent le produit à plus bas prix.

Sources de revenu agricole En 1986, les recettes des exploitations agricoles canadiennes totalisent 20,6 milliards de dollars, soit 7,5 fois celles de 1951. Les deux tiers de cette augmentation sont attribuables à l'augmentation des prix et un tiers vient des quantités plus grandes mises sur le marché.

Les recettes provenant des cultures croissent de 42 p. 100 du total en 1951 à 46 p. 100 en 1986, celles des ventes de bétail et de produits vont de 56 p. 100 à 50 p. 100. Durant la même période, les subventions gouvernementales, par le truchement de programmes de stabilisation des prix et des revenus, passent de 2 p. 100 des recettes totales en 1951 à 4 p. 100 en 1986 (*voir* RÉGIE DES MARCHÉS AGRICOLES). En ce qui concerne certains biens et services marchands, les recettes totales provenant de la vente du blé ont diminué; celles du colza canola ont crû d'à peu près zéro à plus de 3 p. 100 du total. Les parts des produits d'élevage et des produits laitiers sont demeurées pour ainsi dire inchangées, mais la proportion des recettes venant des porcins, de la volaille et des œufs a baissé à l'échelle nationale.

Dans la région de l'Atlantique, les pommes de terre, les produits laitiers, la volaille, les œufs, les porcins, les bovins, les fruits et les légumes représentent 80 p. 100 des recettes agricoles en 1951 et 85 p. 100 en 1986. La part relative des recettes des pommes de terre, des fruits et des légumes a doublé; celle des bovins a diminué de moitié. Les recettes totales provenant de toutes les sources augmentent 6,5 fois, mais une partie de la hausse est attribuable aux quantités plus importantes mises sur le marché. Au Québec, environ 80 p. 100 des recettes agricoles en 1951 et en 1986 viennent des produits laitiers, des porcins, de la volaille, des œufs, des bovins. Toutefois, l'importance relative des bovins a baissé. Le total des recettes provenant de toutes les sources a grandi 8,5 fois. Une partie de l'augmentation vient d'une plus grande quantité de produits mis sur le marché.

En Ontario, en 1951 et en 1986, 80 p. 100 des recettes agricoles proviennent de divers produits, les bovins comptant pour environ le quart. Le maïs-grain et le SOJA ont gagné en importance; par contre, les porcins, la volaille et les œufs ont perdu du terrain. Les recettes provenant de toutes les sources sont sept fois supérieures. Une partie de cette hausse vient d'une plus grande production.

Dans les Prairies, les ventes de blé représentent presque la moitié des recettes totales en 1986. La proportion des recettes du colza canola est passée de presque zéro en 1951 à près de 7 p. 100 en 1986. La part des bovins augmente aussi, tandis que celle des porcins est à la baisse. En 1986, le Manitoba est la province des Prairies offrant le plus de diversité. Le total des recettes de toutes les sources augmente de plus de sept fois de 1951 à 1986. Une bonne partie de cet accroissement découle d'une production supérieure.

En Colombie-Britannique, 84 p. 100 des recettes totales viennent des produits laitiers, des fruits, des légumes, des bovins, de la volaille, des œufs, de la floriculture, du matériel de pépinière et des porcins. La part relative des produits laitiers, de la floriculture, du matériel de pépinière et des porcins s'élève, tandis que celle des bovins et des veaux diminue. Le revenu total provenant de toutes les sources augmente de plus de neuf fois entre 1951 et 1986; cela est en partie attribuable à une plus grande production. (*Voir aussi* INDUSTRIE AGRO-ALIMENTAIRE; FAILLITE; AGRICULTURE, LÉGISLATION SUR L'; ALIMENTS ET BOISSONS, INDUSTRIE DES; SOCIÉTÉ RURALE.)

Ian F. Furniss

Agriculture, histoire de l' Au Canada, l'agriculture a évolué de façon nettement différente dans chaque région. Ceci s'explique d'abord par les différences de CLIMAT et de géographie, mais aussi par le fait que chaque région a été colonisée à un moment différent du développement économique et politique du pays et sous l'influence de forces nationales et internationales fort diverses. Le gouvernement a toujours constitué le principal facteur d'unification depuis l'époque coloniale. En effet, l'agriculture a été essentiellement dirigée par l'État et subordonnée à d'autres intérêts.

Plus de 1000 ans avant notre ère, les autochtones des régions inférieures des Grands Lacs et du Saint-Laurent apprennent l'horticulture des peuples indigènes du sud ou de l'ouest du continent. Les IROQUOIS et les groupes qui leur sont apparentés pratiquent la culture sur brûlis, mais aucun groupe ne dépend uniquement de l'agriculture pour subsister. Ils cultivent deux espèces de MAÏS (blé d'Inde), des COURGES et des haricots (*voir* HARICOT VERT), sélectionnent les semences et appliquent les principes élémentaires du forçage, mais ne connaissent pas l'importance de l'engrais. Bien avant l'arrivée des marchands français, les autochtones troquent leur maïs contre les peaux et la viande que leur procurent les groupes chasseurs des régions boisées. Après l'avènement de la TRAITE DES FOURRURES, des intermédiaires algonquins fournissent les Français en pelleteries de choix qu'ils troquent contre leur maïs avec des bandes vivant plus au nord. L'apport de l'agriculture autochtone dans l'approvisionnement du commerce des fourrures demeure important jusqu'à la fin du XVIIIe siècle.

Maritimes

Dans les Maritimes, l'agriculture remonte à la fondation de PORT-ROYAL par les Français en 1605. Les colons acadiens (*voir* ACADIE) construisent alors des digues dans les marécages d'eau salée du bassin d'Annapolis qu'ils utilisent comme pâturages et pour cultiver du blé, du lin et des légumes. Après la signature du TRAITÉ D'UTRECHT (1713), les Français se retirent à Plaisance (Terre-Neuve), à l'île Royale (île du Cap-Breton) et à l'île Saint-Jean (Île-du-Prince-Édouard). Ils entendent se servir de l'île Saint-Jean comme source de céréales et de bétail pour nourrir les marins et les pêcheurs installés au Cap-Breton. Peu d'Acadiens quittent leur pays natal pour s'installer dans l'île Saint-Jean avant les années 1750. À cette époque, les habitants de l'île Royale, pêcheurs pour la plupart, cultivent déjà du blé et des légumes dans de petites clairières et s'adonnent à l'élevage.

Après avoir acquis l'Acadie en 1713, l'Angleterre encourage l'agriculture dans les Maritimes à des fins de défense et de MERCANTILISME. Elle doit approvisionner la Nouvelle-Écosse, son rempart stratégique contre les Français. La Grande-Bretagne encourage aussi l'agriculture afin de fournir des vivres à ses commerçants qui traitent avec les Antilles et du chanvre pour sa marine et les navires marchands. Elle offre des avantages financiers aux colons d'Halifax qui défrichent et qui clôturent leurs terres mais, faute de marchés importants, la région ne dépasse pas le stade de l'autosuffisance. Les Acadiens continuent à approvisionner les Français retirés dans l'île Royale, ce qui contribue à leur expulsion par les Anglais en 1755. Ces derniers, toutefois, demanderont plus tard à des Acadiens de leur enseigner la culture en régions marécageuses, car l'afflux de colons LOYALISTES dans les années 1780 augmente la demande de produits maraîchers. À cause de la forte concurrence des Américains dans le domaine de la farine et des céréales, on convertit une grande partie des marais de la baie de Fundy en prairies propices à l'élevage du bétail. Le gouvernement anglais tente aussi d'encourager les agriculteurs à s'établir dans l'Île-du-Prince-Édouard en cédant 66 parcelles de 8094 ha à des particuliers.

De 1783 à 1850, l'agriculture occupe une place prédominante dans l'Île-du-Prince-Édouard, tandis qu'en Nouvelle-Écosse elle est moins importante que la PÊCHE de la morue et le commerce avec les Antilles et que le commerce du bois (*voir* BOIS, HISTOIRE DU COMMERCE DU) et la construction navale au Nouveau-Brunswick. Avec l'immigration de Britanniques et de loyalistes, la zone agricole dans les Maritimes dépasse les terres marécageuses et s'étend sur les rives des cours d'eau, le long du fleuve SAINT-JEAN en particulier. Les nouvelles terres se prêtent bien à la culture céréalière mais, pour des raisons d'ordre culturel, agricole et commercial, les colons s'adonnent en général à l'agriculture mixte. La plupart des agriculteurs à temps plein se consacrent avant tout à l'élevage du bétail, qui demande moins de main-d'œuvre que la culture des céréales. Avant 1850, la Nouvelle-Écosse et le Nouveau-Brunswick demeurent des importateurs nets de denrées alimentaires des États-Unis. Seule l'Île-du-Prince-Édouard dispose d'un excédent agricole et, dès 1831, exporte du BLÉ en Angleterre.

Au début du XIXe siècle, la mise en valeur agricole se heurte au manque de compétence des immigrants qui succèdent aux loyalistes. La plupart de ces colons sont des ÉCOSSAIS des Highlands qui sont peu préparés à défricher la forêt vierge et à pratiquer l'agriculture. En 1818, un marchand de Halifax, John YOUNG, commence sous le surnom d'«Agricola» à militer pour l'amélioration des méthodes agricoles. Des sociétés agricoles se forment alors autour d'un organisme central parrainé par le gouvernement et installé à Halifax. Cependant, les efforts de Young sont pratiquement vains car, les marchands ne s'inté-

ressant pas à l'agriculture locale, les agriculteurs sont peu motivés à augmenter leur production pour la vente. Néanmoins, les terres et la production agricoles augmentent progressivement et, vers le milieu du siècle, les agriculteurs constituent une force politique et exigent l'amélioration des moyens de transport et une meilleure protection de l'agriculture.

Après 1850, deux importants facteurs touchent l'agriculture des Maritimes: la spécialisation de la production agricole dans tout le monde capitaliste et, après 1896 surtout, l'intégration de l'économie des Maritimes à l'ÉCONOMIE canadienne. Entre 1880 et 1900, la production de fromage et de beurre de fabrique augmente et l'exportation de POMMES, vers l'Angleterre en particulier, progresse rapidement (*voir* FRUITS ET LÉGUMES, INDUSTRIE DES).

Après 1896, la prospérité liée à la colonisation des Prairies ouvre le marché canadien aux fruits (pommes surtout) et aux POMMES DE TERRE. Dès les années 1920, la concurrence des États-Unis, de l'Australie et de la Colombie-Britannique menace le marché d'exportation des pommes de la Nouvelle-Écosse en Angleterre, malgré les améliorations que les pomiculteurs néo-écossais apportent à leurs méthodes de production. Le marché de la pomme de terre acquiert de nouveaux débouchés à Cuba et aux États-Unis et bien que, à partir de 1928, Cuba atteigne l'autosuffisance en matière de pommes de terre, l'Île-du-Prince-Édouard y conserve une part du marché en lui fournissant des semences.

Vers 1920, les secteurs agricoles des Maritimes qui sont tributaires des marchés locaux commencent à souffrir. Les difficultés que connaît l'industrie forestière contribuent à la disparition des marchés et l'avènement du moteur à combustion interne diminue la demande de chevaux et de foin. La viande provenant d'autres régions du Canada supplante la production locale. De plus, dans les années 30, il devient plus difficile d'exporter des pommes de terre vers les marchés cubain et américain. Tous ces facteurs, qui s'ajoutent aux problèmes qui sévissent dans l'industrie des fourrures de renard argenté (*voir* FOURRURE, ÉLEVAGE D'ANIMAUX À) sont catastrophiques pour l'Île-du-Prince-Édouard, dont le revenu agricole passe de 9,8 millions de dollars en 1927 à 2,3 millions de dollars en 1932. Seul, le marché des pommes reste stable grâce au tarif préférentiel que l'Angleterre accorde aux pomiculteurs de l'Empire. Devant les nombreuses difficultés des années 30, quantité d'agriculteurs se tournent vers une agriculture plus diversifiée et autarcique, changement qui a pour conséquence l'augmentation des produits laitiers, volaille et œufs.

Terre-Neuve

À Terre-Neuve, l'agriculture a toujours été marginale. Les pêcheurs pratiquent néanmoins une agriculture de subsistance le long des criques et des ports de la côte orientale et l'agriculture commerciale se développe dans la péninsule d'Avalon et dans certaines parties des baies de Bonavista, de Notre-Dame et de la Trinité. L'agriculture terre-neuvienne connaît ses véritables débuts au moment des pénuries de vivres liées à la Guerre d'Indépendance américaine: 3100 ha sont alors mis en culture dans les régions de St. John's, de Harbour Grace et de Carbonear. Puis, au début du XIXe siècle, plusieurs facteurs viennent stimuler l'agriculture: l'arrivée d'immigrants irlandais compétents dans ce domaine, l'essor de St. John's en tant que marché de légumes, l'instauration d'un programme de construction de routes et, en 1813, l'autorisation permettant au gouverneur d'accorder des titres de propriété à des fins commerciales.

À la fin du XIXe et au début du XXe siècle, le gouvernement redouble d'efforts pour intéresser la population à l'agriculture. Dès 1900, la colonie compte 298 km² de terres en culture et quelque 120 000 chevaux, bovins et moutons. Par l'intermédiaire du Newfoundland Agricultural Board (Commission agricole de Terre-Neuve) formée en 1907, le gouvernement crée des sociétés agricoles (91 en 1913) qui fournissent une aide dans des domaines tels que le défrichage de terres ou l'achat de semences et d'outillage agricole. Dans les années 20, le gouvernement importe des animaux de race pour améliorer le cheptel local et, dans les années 30, afin d'alléger les épreuves dues à la Crise, il cède aux instances d'un groupe privé, la Land Development Association (Association pour la mise en valeur des terres), et fournit gratuitement des semences de pommes de terre dans le but d'encourager la culture potagère. Après son entrée dans la Confédération en 1949, Terre-Neuve profite des subventions fédérales pour élaborer des programmes de prêts aux agriculteurs, de défrichage de terres ainsi que pour stimuler la production d'œufs et de porcs. Depuis la Seconde Guerre mondiale, à Terre-Neuve comme dans le reste du Canada, le nombre de fermes diminue tandis que leur taille moyenne augmente.

Québec

En 1617, Louis HÉBERT commence à élever du bétail et à défricher un lopin pour la culture. Par la suite, d'autres colons suivent son exemple, cultivent céréales, pois et maïs. Cependant, en 1625, on ne compte encore que 6 ha de terres en culture. À partir de 1612, le roi de France accorde des monopoles de traite des fourrures à une série de compagnies qui, en échange, s'engagent à installer des colons. Ces compagnies à charte font venir des colons qui défrichent des terres à l'aide de bœufs, d'ânes et, plus tard, de chevaux, mais l'agriculture ne répond aux besoins locaux que vers 1640 et la commercialisation des produits agricoles demeure difficile durant tout le régime français. En 1663, Louis XIV réaffirme la domination royale et, de concert avec son ministre Colbert, encourage la colonisation par des familles. L'intendant Jean TALON réserve des parcelles pour des expériences et des démonstrations agricoles, introduit la culture du chanvre et du houblon notamment, élève diverses espèces de bétail et conseille les colons en matière de méthodes agricoles. Dès 1721, les agriculteurs de la Nouvelle-France récoltent chaque année 99 600 hl de blé et des quantités moindres d'autres denrées. Ils possèdent en outre quelque 30 000 bêtes: bovins, porcs, moutons et chevaux (voir RÉGIME SEIGNEURIAL).

Après 1763, à la suite de l'arrivée de marchands anglais, les produits agricoles canadiens trouvent de nouveaux débouchés au sein du système mercantile britannique. La culture est surtout l'affaire des HABITANTS francophones, mais des colons anglophones viennent les rejoindre. Des sujets anglais achètent des seigneuries qu'ils peuplent d'immigrants écossais, irlandais et américains. Des colons de la Nouvelle-Angleterre viennent aussi s'installer dans les Cantons de l'Est et d'autres régions. Dans les journaux, les Anglo-Canadiens font valoir de nouvelles techniques de culture du blé et de la pomme de terre et, en 1792, créent une société d'agriculture à Québec.

Comme le gouvernement encourage surtout le Haut-Canada (l'Ontario) et les Maritimes, la croissance des exportations de blé du Bas-Canada (le Québec), avant 1800, demeure modeste. Pendant la première moitié du XIXᵉ siècle, toutefois, la production de blé du Bas-Canada reste loin derrière celle du Haut-Canada. Certains attribuent cet échec aux sols et au climat de la région qui conviennent assez mal à la culture du blé, seule denrée offrant des possibilités importantes d'exportation, à l'épuisement du sol et au fait que, pendant cette période, la population de la province croît plus rapidement que sa production agricole. Disposant de peu d'excédents à réinvestir en valeurs, le Bas-Canada tarde à développer un réseau routier et les frais de transport y demeurent élevés.

Dans les années 1830, le Bas-Canada ne peut déjà plus subvenir à ses propres besoins en blé et en farine et commence à importer de plus en plus du Haut-Canada. Au milieu du siècle, la production agricole brute du Canada-Est (le Québec) s'élève à 21 millions de dollars, soit seulement 60 p. 100 environ de la production du Canada-Ouest (l'Ontario). Les fermes en voie de modernisation, tout comme les fermes traditionnelles, ont la charge de plus d'enfants qu'elles ne peuvent en nourrir et la pauvreté générale incite les milliers d'habitants à s'installer dans les villes du Québec ou à émigrer en Nouvelle-Angleterre (voir FRANCO-AMÉRICAINS). Aiguillonnée par des colonisateurs religieux, la colonisation s'étend aussi au nord de Trois-Rivières, au sud du lac Saint-Jean et sur la rive sud de la rivière Chaudière, mais on y pratique peu l'agriculture commerciale.

Vers la fin du XIXᵉ siècle, l'agriculture du Québec connaît une augmentation de la superficie cultivée et de la productivité et on délaisse la culture du blé pour se tourner vers l'industrie laitière et l'élevage. À partir des années 1860, des agents du gouvernement s'emploient à faire valoir, auprès des agriculteurs, les possibilités commerciales de l'industrie laitière et des agronomes, comme Édouard BARNARD, mettent sur pied une presse agricole et instituent l'inspection gouvernementale des produits laitiers. Des laiteries, des fromageries et des beurreries s'ouvrent près des villes et des voies ferrées, notamment dans la plaine montréalaise et dans les Cantons de l'Est. Au Québec, vers 1900, l'industrie laitière constitue le principal secteur agricole. Elle se mécanise, aux champs comme à l'usine, et l'industrie comprend de plus en plus d'hommes à mesure que les produits de la ferme se transforment en usine. À la fin du siècle, le Québec produit 3,6 millions de kilogrammes de fromage, soit 8 fois plus qu'en 1851.

Vers 1920, toutefois, l'agriculture ne représente déjà plus que le tiers de l'économie québécoise. La Première Guerre mondiale ayant provoqué une stimulation artificielle de la production, les secteurs minier, forestier et hydroélectrique attirent des entreprises qui ouvrent de nouveaux marchés et contribuent à transformer l'économie québécoise, jusqu'ici agricole, en une économie industrielle. Dans les années 20, les terres du Québec s'épuisent de nouveau par manque de fertilisants, un manque dû à l'absence de crédits. C'est à ce problème, ainsi qu'à d'autres, que s'attaquent des organisations politiques d'agriculteurs, comme l'Union catholique des cultivateurs, fondée en 1924.

Comme tous les agriculteurs canadiens, les cultivateurs québécois souffrent pendant les années 30. Dans les régions éloignées des marchés urbains, on assiste à la reprise de l'agriculture non commerciale et à la multiplication des fermes. Pendant cette décennie, le revenu des fermiers diminue beaucoup plus que celui des citadins. La Seconde Guerre mondiale marque le retour en force de l'agriculture commerciale. Ensuite, l'après-guerre se caractérise par la diminution du nombre de fermes et de la population rurale ainsi que par l'augmentation de la taille moyenne des propriétés agricoles.

Ontario

L'avènement de l'indépendance américaine en 1783 a deux conséquences. Elle représente une menace à la sécurité de la frontière méridionale de l'Amérique du Nord britannique et elle prive l'Angleterre de sa principale source de produits agricoles en Amérique du Nord. Les Anglais dirigent les loyalistes dans la région inférieure des Grands Lacs, le long desquels le gouverneur SIMCOE suggère d'installer des soldats à des fins de défense, tandis que d'autres colons s'installeront sur les terres à l'arrière. Les autorités encouragent d'abord la culture du chanvre comme produit d'exportation propre à stimuler l'industrie anglaise et à contribuer à la défense. Mais le projet échoue à cause de la main-d'œuvre

insuffisante par rapport à l'envergure de la région à cultiver. Entre 1783 et 1815, le peuplement progresse sur les rives des Grands Lacs et du Saint-Laurent, où l'on cultive des céréales et des légumes, en général pour subvenir à ses besoins.

De 1800 à 1860, la culture du blé domine dans la région qui constitue actuellement l'Ontario. Le blé, la denrée la plus facile à cultiver et à écouler est une source importante de revenus pour les colons. Outre la demande intérieure des garnisons anglaises, des équipes des chantiers de construction et des camps de bûcherons, les marchés principaux sont l'Angleterre et le Bas-Canada. De 1817 à 1825, les agriculteurs du Haut-Canada expédient une moyenne de 57 800 hl de blé à Montréal.

Cette dépendance à la culture du blé se traduit par une économie en dents de scie. En 1820, l'application des restrictions prévues dans la LOI SUR LES CÉRÉALES ferme les marchés britanniques au blé de l'Amérique du Nord britannique et provoque une baisse désastreuse des prix du blé et de la valeur des terres. Grâce à l'établissement, en 1825, de droits préférentiels pour le blé de l'Amérique du Nord britannique, le prix et les exportations reprennent, mais le marché s'effondre en 1834-1835. À la fin des années 1830, les mauvaises récoltes réduisent presque à la famine de nombreuses régions récemment colonisées.

Les États-Unis connaissent des revers analogues, ce qui permet temporairement au Haut-Canada d'y exporter ses surplus de blé en dépit des tarifs douaniers. Entre-temps, l'amélioration des moyens de transport facilite l'expédition de denrées vers d'autres régions. Grâce à ces progrès, à des conditions climatiques favorables et à la croissance des marchés, les exportations de blé passent de 1 million d'hectolitres en 1840 à 2,25 millions d'hectolitres en 1850.

Après 1850, l'agriculture du Canada-Ouest se diversifie de plus en plus. L'abrogation des lois sur les grains en 1846 abolit le statut préférentiel du blé de l'Amérique du Nord britannique et favorise ainsi la déstabilisation des prix, mais la hausse des prix américains après la découverte d'or en Californie aide les producteurs à surmonter les obstacles au commerce du bétail, de la laine, du beurre et des céréales secondaires. De 1854 à 1866, le TRAITÉ DE RÉCIPROCITÉ prolonge la situation favorable aux échanges commerciaux. Par ailleurs, la baisse des prix en 1857 et la destruction des récoltes par les moucherons en 1858 hâtent le passage à l'élevage du bétail. En 1864, commence la fabrication industrielle du fromage et, vers 1900, le cheddar canadien, fabriqué principalement en Ontario, a déjà conquis 60 p. 100 du marché anglais. Dans le domaine de l'organisation, le rôle de la Grange (après 1872) et celui des Patrons of Industry (après 1889) montrent que les agriculteurs ontariens prennent de plus en plus conscience de leurs capacités de production.

Au XIXᵉ siècle, les progrès techniques facilitent à la fois la culture des céréales et l'élevage du bétail. Après 1815, l'introduction de charrues en fonte, copies des modèles américains, améliore le labourage. De 1830 à 1850 environ, la rotation des cultures se répand: tous les deux ans, on pratique généralement la mise en jachère complète des terres pendant l'été pour lutter contre les mauvaises herbes. Les autorités gouvernementales recommandent aussi la technique anglaise des drains couverts pour assécher de vastes étendues de terrains bas ou marécageux. Cette technique permet d'éviter les fossés et les rigoles de drainage qui gênent la mécanisation. L'usage de la moissonneuse, qui se répand rapidement vers 1860, permet d'augmenter la production de grains. L'utilisation courante de l'écrémeuse, dès 1900, stimule la production du beurre, tandis que la réfrigération lance l'industrie du bœuf et du porc.

À la fin du XIXᵉ et au début du XXᵉ siècle, l'urbanisation augmente le besoin de culture maraîchère près des villes et de cultures plus spécialisées dans différentes régions: vergers dans la péninsule du Niagara et dans les comtés de Prince-Édouard et d'Elgin, tabac dans les comtés d'Essex et de Kent. L'industrie laitière se développe à la lisière des villes; les cultures marchandes diminuent au profit des grains de provende et du fourrage. De leur côté, les producteurs de bœuf ne peuvent plus répondre à la demande intérieure. On trouve, dans tout l'Ontario rural, des associations d'éleveurs, de producteurs laitiers, de producteurs de céréales, de fruits, etc., fondées par les cultivateurs ainsi que les Farmers' Institutes et les Women's Institutes lancés par le gouvernement. Ces associations témoignent de la foi en la vie campagnarde, face à l'exode rural et à une société en voie d'industrialisation. Divers groupes organisés par des agriculteurs participent au mouvement des FERMIERS UNIS DE L'ONTARIO qui constitue le gouvernement provincial en 1919, sous la direction de E.C. DRURY.

Pendant les années 20, la hausse du prix de certaines denrées agricoles permet aux agriculteurs ontariens de goûter à la prospérité, dont l'un des effets est de ralentir l'exode vers les villes. En 1931, cependant, les revenus agricoles ont déjà diminué de 50 p. 100 par rapport à 1926. L'Ontario échappe à la sécheresse qui sévit dans les Prairies, mais les fermiers n'arrivent pas à vendre le plus gros de leur production: les surplus de viande, de fromage, de légumes et de pommes sont envoyés dans l'Ouest. Le gouvernement fait face à la crise en recourant à la réglementation, pour l'industrie laitière principalement. En 1931, il crée la Régie des marchés de l'Ontario, dotée d'un plan quinquennal en 1932. Grâce aux prêts gouvernementaux, les producteurs améliorent leurs troupeaux et modernisent leurs exploitations. Dès la Seconde Guerre mondiale, l'agriculture ontarienne se diversifie en fonction d'un marché urbain, et les RÉGIES DES MARCHÉS AGRICOLES de même que les coopératives d'agriculteurs jouent des rôles de premier plan.

Prairies

Dans l'ouest de l'Amérique du Nord britannique, les colons écossais, après leur arrivée en 1812, pratiquent l'agriculture sur des terres riveraines dans la COLONIE DE LA RIVIÈRE ROUGE. Le système d'arpentage est canadien-français, mais les coutumes agricoles s'inspirent du modèle écossais. On cultive en bandes les terres adjacentes à la rivière (infield), tandis que les terres situées à l'arrière (outfield) sont réservées aux pâturages. Les MÉTIS font alterner l'agriculture et les activités saisonnières comme la CHASSE AU BISON et le transport de marchandises. La colonie de la rivière Rouge en vient à jouer un rôle dans l'approvisionnement du commerce des fourrures, en s'ajoutant à l'agriculture pratiquée par les autochtones et sous l'autorité des compagnies.

La Confédération stimule le développement de l'agriculture des PRAIRIES OCCIDENTALES. Au milieu du XIXᵉ siècle, des hommes d'affaires du centre du Canada cherchent des possibilités d'investissement susceptibles de parfaire le développement industriel du centre du pays. La perspective d'étendre l'agriculture à l'intérieur des terres de l'Ouest leur semble bien attirante. Le Canada achète la TERRE DE RUPERT à la Compagnie de la baie d'Hudson (1870), réprime la résistance des Métis (1869-1970 et 1885), déplace la population autochtone et procède à l'arpentage des terres qu'il entend céder aux colons (voir TERRES FÉDÉRALES, POLITIQUE SUR LES). Le blé prend rapidement une place importante dans l'économie. Cependant, la stagnation prolongée des prix mondiaux qui aboutit à une crise mondiale au début des années 1890 interrompt le développement jusqu'à 1900. L'Ouest canadien se heurte à deux obstacles majeurs: la sécheresse du climat et la brièveté de la saison de culture. Néanmoins, des expériences génétiques amènent la mise au point du blé Marquis en 1907 et le gouvernement du Dominion encourage la mise en jachère

pendant l'été pour conserver l'humidité du sol et lutter contre les mauvaises herbes. Ces mesures aident à supprimer les obstacles techniques à l'expansion continue de l'agriculture.

Dans les années 1870 et 1880 commence l'aménagement de vastes RANCHS sur les terres louées à bail dans le sud de la Saskatchewan et de l'Alberta actuelles. L'irrigation à petite échelle à partir de 1870 et l'instauration d'une politique du Dominion sur l'irrigation en 1894 permettent pratiquement de surmonter le problème de la sécheresse. De plus, la baisse générale des frais de transport (voir CONVENTION DU NID-DE-CORBEAU) et la hausse relative du prix du blé à la fin des années 1890 donnent à l'agriculture de l'Ouest le stimulant économique dont elle a besoin.

Le Dominion achève la colonisation agricole des Prairies dans le cadre des grands projets d'immigration de Clifford SIFTON. Fruits de la mécanisation de l'économie du blé, les tracteurs à vapeur et à essence, les charrues polysoc et les batteuses permettent d'amasser d'énormes surplus. La hausse sans précédent du prix du blé pendant la Première Guerre mondiale encourage la culture de nouvelles terres, mais la baisse des prix, en 1913, et après la Première Guerre mondiale précipite la faillite de nombreux agriculteurs surcapitalisés. Néanmoins, de 1901 à 1931, la superficie des terres ensemencées dans les Prairies passe de 1,5 à 16,4 millions d'hectares.

Les agriculteurs des Prairies ressentent durement l'effondrement des prix du blé après la Première Guerre mondiale. Nombre d'entre eux, incapables de payer l'outillage et les terres achetés à prix élevé pendant la guerre, perdent leurs fermes. De 1920 à 1940, les exploitants de terres au sol plus pauvre, tout comme les agriculteurs installés dans la zone de sécheresse du sud-ouest de la Saskatchewan et du sud-est de l'Alberta, ne cessent de perdre de l'argent. Dans les années 30, sécheresse, sauterelles et maladies des récoltes aggravent davantage la situation des agriculteurs et le gouvernement réagit en instaurant une ADMINISTRATION DU RÉTABLISSEMENT AGRICOLE DES PRAIRIES.

Les progrès technologiques, comme la mise au point de la moissonneuse-batteuse, augmentent l'efficacité de l'agriculture et éliminent en même temps les agriculteurs qui ne possèdent pas le capital nécessaire à l'achat des nouvelles machines. Interrompue pendant les années 30, la mécanisation de l'agriculture dans les Prairies reprend de plus belle après la Seconde Guerre mondiale.

Depuis le début de la colonisation, les agriculteurs de l'Ouest dépendent des hommes d'affaires du centre du Canada pour les intrants de leur production et pour financer, acheter et transporter leur grain. Afin de maîtriser quelque peu les forces économiques qui les dominent, ils se regroupent en organisations pour défendre leurs intérêts. Au Manitoba et dans les Territoires du Nord-Ouest, les premiers mouvements agraires vantent les vertus de la coopération, critiquent la politique tarifaire du Dominion, le prix du transport des marchandises et le refus du gouvernement fédéral d'accorder une charte aux sociétés de chemin de fer rivales du Canadien Pacifique. En 1899, après avoir forcé le gouvernement à assurer que les sociétés ferroviaires offriraient de meilleurs services, les agriculteurs forment des ASSOCIATIONS DE PRODUCTEURS DE GRAIN dans les Territoires du Nord-Ouest en 1901-1902 et au Manitoba en 1903. Ces organisations informent les agriculteurs, recommandant que le gouvernement provincial étatise les silos à grains de l'intérieur et militent pour la commercialisation coopérative des grains. Les agriculteurs réalisent ce dernier objectif en 1906 en formant la Grain Growers' Grain Co. (aujourd'hui, la United Grain Growers).

Cette compagnie est représentative de la première phase de la commercialisation coopérative des céréales dans les Prairies. À la lumière de la grande prise de conscience des agriculteurs et des tra-

vailleurs après la Première Guerre mondiale, on lui reproche d'être trop axée sur les affaires. On voit naître une aile radicale, dirigée par H.W. Wood, des FERMIERS UNIS DE L'ALBERTA. En 1923-1924, les agriculteurs organisent des syndicats obligatoires, en fait, une nouvelle forme de commercialisation coopérative, dans les trois provinces des Prairies (voir, p. ex., SASKATCHEWAN WHEAT POOL). Les syndicats ont du succès tout au long des années 20, mais s'effondrent sous le choc de la Crise des années 30. Le gouvernement fédéral intervient pour sauver les syndicats et stabiliser le marché du blé, mais on accorde la direction de cette opération à une personne issue du commerce privé des grains, ce qui sape la nature coopérative des syndicats.

Dans le cadre d'une deuxième tentative visant à stabiliser le marché, le gouvernement instaure, en 1935, la COMMISSION CANADIENNE DU BLÉ que les agriculteurs réclament depuis leur expérience d'une commission de blé en 1919-1920. Cependant, cette Commission, à nouveau dominée par le commerce privé des grains, défend ses intérêts autant que ceux des agriculteurs. En 1943, il devient obligatoire de passer par la Commission du blé pour commercialiser le blé de l'Ouest, puis, en 1949, l'orge et l'avoine.

Le mouvement agraire de l'Ouest canadien représente plus qu'un phénomène économique. Les membres des syndicats, les associations de producteurs de grains et les partis politiques réunissent les agriculteurs jouent un rôle important dans les questions de culture, de société et de politique des Prairies, autant que dans leur économie. P. ex., les femmes qui participent au mouvement agraire sont actives dans la croisade en faveur de la TEMPÉRANCE, luttent pour la reconnaissance du DROIT DE VOTE DE LA FEMME, pour le bien-être des enfants et pour l'instruction de la population rurale, autant que pour les causes économiques et politiques qu'elles défendent avec les hommes. Les mouvements politiques de contestation, comme l'Union des agriculteurs du Canada, qui mènent la lutte pour les syndicats dans les années 20, se joignent par la suite à la CO-OPERATIVE COMMONWEALTH FEDERATION où ils constituent un élément important de la tradition socialiste canadienne.

Colombie-Britannique

En Colombie-Britannique, l'agriculture se développe d'abord pour alimenter le commerce des fourrures. En 1811, Daniel Harmon, de la Compagnie du Nord-Ouest, entreprend un potager près du lac Stuart et, plus tard, des agents de la Compagnie de la baie d'Hudson (CBH) plantent de petits jardins dans l'île de Vancouver, à Fort St. James, Fort Fraser et Fort George. La CBH collabore aussi à l'établissement de la Puget's Sound Agricultural Co. pour favoriser l'approvisionnement. Après 1858, les RUÉES VERS L'OR stimulent la demande commerciale de produits agricoles. Des entreprises d'élevage et quelques colons agriculteurs s'établissent dans les vallées des rivières Thompson et Nicola, mais la production demeure bien inférieure à la demande, car l'or attire davantage les nouveaux venus que les débouchés agricoles.

Au début des années 1880, les camps de construction du chemin de fer fournissent un marché local pour les produits agricoles, mais la mise en place des raccordements du rail canadien détruit la jeune industrie du blé, incapable de concurrencer le blé des Prairies, au niveau de la qualité et du prix. Dans les années 1890, l'ouverture des mines Boundary et Kootenay crée de nouveaux marchés. Les sociétés d'exploitation forestière et les usines d'emballage du poisson stimulent aussi l'agriculture, mais les producteurs qui dépendent de l'industrie locale souffrent du déplacement des camps de bûcherons ou de la fermeture des mines et des conserveries. On continue de pratiquer l'agriculture à grande échelle dans des districts comme ceux de Cariboo et de Similkameen, tandis que des exploitations spécialisées plus petites se développent dans les vallées de l'Okanagan et du Fraser. Dès les années 1880, la culture des arbres fruitiers apparaît dans la vallée de l'Okanagan, tandis que des industries maraîchère et laitière s'épanouissent dans la vallée inférieure du Fraser, grâce à la croissance de marchés urbains.

La British Columbia Fruit-Growers' Association, fondée en 1889, constitue le premier regroupement officiel de producteurs de la province. L'organisme entend étudier les possibilités de marché dans les Prairies et les méthodes de régulation de la commercialisation des fruits. En 1913, les difficultés économiques contraignent les producteurs de fruits de l'Okanagan à mettre sur pied une coopérative de commercialisation et de distribution, amplement financée par le gouvernement provincial. La coopérative aide à éliminer la concurrence de l'Est et des États-Unis dans les Prairies. La crise de 1921-1922, toutefois, marque le début d'une quête de stabilité plus permanente qui durera 18 ans. Le plan de 1923 demande aux producteurs de fruits d'accepter pendant cinq ans de vendre leur récolte par l'intermédiaire d'une agence centrale. Seulement 80 p. 100 des producteurs soutiennent ce plan et la concurrence entre expéditeurs empêche les prix de monter. De 1927 à 1937, on met à l'essai divers projets gouvernementaux et privés, mais sans succès.

En 1938, le gouvernement provincial crée le Tree Fruit Board en tant que seul organisme de commercialisation des pommes. L'année suivante, des producteurs créent Tree Fruits Ltd., organisme central de vente appartenant aux producteurs. En 1939-1940, le chiffre d'affaires des coopératives d'agriculteurs de la Colombie-Britannique—dont Tree Fruits Ltd. est la plus importante—s'élève à près de 11 millions de dollars. La Seconde Guerre mondiale entraîne des difficultés pour l'agriculture de cette province, car elle en paralyse les exportations mais, dès 1944, l'aide gouvernementale et l'amélioration du pouvoir d'achat des Prairies contribuent à la création d'un marché favorable aux vendeurs.

Le Nord

Au nord des 60 degrés de latitude N., l'agriculture commence à l'arrivée des Européens, car les autochtones ne possèdent pas de techniques de culture adaptées à cette région. Après l'expérience de jardinage tentée par Peter POND près du lac Athabaska en 1778, la Compagnie de la baie d'Hudson installe des cultures et du bétail à Fort Simpson, à Fort Norman (maintenant Tulita) et à Fort Good Hope le long du fleuve Mackenzie, ainsi qu'à Fort Selkirk, au confluent de la rivière Pelly et du fleuve Yukon. À la fin du XIXe siècle et au début du XXe siècle, des missionnaires pratiquent l'élevage, le jardinage et la culture dans plusieurs missions. Pendant la RUÉE VERS L'OR DU KLONDIKE, des mineurs cultivent leurs propres légumes dans le sol assez fertile de Dawson, mais on importe la plus grande partie des denrées alimentaires. C'est durant la période de la ruée vers l'or que se développent les petits jardins maraîchers et l'agriculture à temps partiel, subordonnée à l'exploitation minière, qui caractérisent l'agriculture dans le Nord au XXe siècle. Au Yukon, des entreprises d'élevage s'établissent le long de la rivière Pelly et de la piste Whitehorse-Dawson. La région minière de Mayo crée une demande de produits maraîchers. Dans le district Mackenzie, les missionnaires oblats entreprennent d'importantes activités agricoles à Fort Smith, à Fort Resolution et à Fort Providence.

Au cours du XXe siècle, le gouvernement fédéral étudie les possibilités agricoles du Nord dans le cadre d'expériences menées en collaboration avec des agriculteurs qu'il choisit (les missionnaires oblats, p. ex.) et, après la Seconde Guerre mondiale, dans ses propres sous-stations. Le consensus est que l'agriculture commerciale n'est pas viable dans cette région, d'autant plus que l'amélioration des trans-

ports permet aux produits du sud de supplanter toute production dans le Nord et que le climat y est un obstacle permanent.

Lyle Dick et Jeff Taylor

Agriculture, législation sur l' Au Canada, plus de 90 p. 100 des entreprises agricoles sont familiales et elles emploient environ un million de personnes. En 1986, la valeur totale des fermes canadiennes est d'environ 110 milliards de dollars. La valeur moyenne par ferme était de 375 000 $, et, en moyenne, le fonds de terre valait plus de 375 $/ha. En raison de l'importance économique et sociale de la ferme familiale, de l'augmentation draconienne du nombre de faillites de producteurs agricoles au cours des 10 à 15 dernières années et du nombre décroissant de fermes familiales, les organisations agricoles insistent sur l'importance d'établir des fondations légales solides autour de l'entreprise agricole à la fois pour protéger les producteurs agricoles eux-mêmes et pour continuer à faire de la ferme familiale une unité viable.

En raison de ses problèmes sociaux et économiques particuliers, des structures commerciales rigides qui l'entourent, de ses risques élevés et des récentes conséquences de l'Accord de LIBRE-ÉCHANGE nord-américain, il faut aborder les aspects juridiques de l'entreprise agricole d'une façon plus sophistiquée que dans un grand nombre d'autres entreprises. La réglementation de la commercialisation varie selon le produit, la région du pays qui le produit et le marché visé (p. ex., intérieur ou extérieur), etc. Les cas particuliers devraient toujours être traités par un avocat, un conseiller fiscal ou un autre professionnel. Cependant, on peut tracer les grandes lignes des dispositions commerciales et des clauses fiscales des entreprises agricoles.

Les propriétaires d'entreprise agricole doivent savoir concilier les relations avec leur entreprise et leur famille. Les conséquences de ces types de relations sont particulières aux entreprises agricoles, parce que la famille agricole est la principale source de main-d'œuvre et de gestion de la ferme. Généralement, des dispositions commerciales entre les parents et les enfants existent et chaque partie doit s'acquitter de sa tâche. Les parents ont accumulé d'importants actifs, habituellement non liquides tels que terres, bâtiments, machines, stocks de grains et cheptel, et désirent conclure un arrangement pour que leurs enfants continuent à exploiter la ferme, tout en contrôlant d'une certaine façon la gestion et les revenus de l'entreprise jusqu'à leur retraite. À la retraite, ils peuvent vouloir contrôler les opérations pour protéger le reste de leur investissement.

Certains parents désirent léguer leur entreprise à leurs enfants qui désirent la reprendre, être payés pour le capital qu'ils leur ont transmis et toucher des revenus et un capital pour eux-mêmes durant le reste de leur vie et peut-être aussi pour leurs autres enfants non intéressés par l'entreprise. Ceux qui poursuivent désirent un revenu suffisant, des moyens de contrôler les intérêts du capital (si ce n'est de tout le capital) de la ferme et s'assurer une succession. Les parents veulent que les enfants non intéressés par l'entreprise reçoivent, le moment venu, leur juste part des actions du capital ou assument leur juste part de la dette garantie par leur père ou leur mère.

Tous les membres de la famille doivent s'entendre sur l'avenir de l'entreprise. L'évaluation et la possession des actifs (actuellement ou plus tard si les parents continuent à participer), le temps que chacun consacrera à l'entreprise, la répartition des revenus actuels et à venir, le transfert régulier du capital des parents aux enfants (par dons, achats ou les deux), les accords d'achat et de vente des actions de la ferme, et les moyens permettant aux autres enfants d'acquérir une participation dans l'entreprise sont des éléments à considérer.

Lorsqu'ils planifient leur succession, les parents décident comment répartir le contrôle de l'entreprise. La continuité de la gestion, l'effet du décès d'un des

parents sur la possibilité d'obtenir un crédit et des fonds pour l'achat de l'entreprise par leurs enfants et la nécessité d'avoir des fonds pour que l'exécuteur testamentaire puisse payer les dettes et les impôts et assurer un revenu aux personnes à charge sont d'autres éléments importants.

Une succession bien planifiée facilite de beaucoup l'obtention d'un crédit suffisant, crée des nantissements acceptables pour le garantir, fournit un fonds de retraite, empêche la vente d'actifs à des prix dérisoires, établit la valeur de l'entreprise et assure la poursuite des affaires. Dans la plupart des cas, le financement de l'achat des actifs des parents par les enfants est garanti par une hypothèque bancaire, la SOCIÉTÉ DU CRÉDIT AGRICOLE, une association de crédit du gouvernement provincial ou une caisse de crédit locale.

Lors de l'achat, les acheteurs doivent régler les obligations hypothécaires et ensuite tout solde impayé aux parents. En conséquence, l'économie de retraite des parents est menacée et peut même être engloutie dans des circonstances difficiles.

Planification de transfert de la ferme familiale Pour que le plan de transfert réponde aux besoins de chacun, il faut établir un certain nombre d'exigences concernant toutes les personnes impliquées: l'agriculteur, le conjoint, les enfants qui reprennent la ferme et les autres enfants qui ne prennent pas une part active dans la gestion de la ferme ou qui sont obligés de vendre leurs intérêts aux acheteurs.

Il faut absolument recueillir les données nécessaires à une prise de décision éclairée. Ces données devront permettre de calculer la valeur nette, les revenus et les dépenses de la ferme, le montant nécessaire à la retraite, les dettes, les revenus anticipés, ainsi que de discuter des buts immédiats et à long terme et de trouver un accord.

Tous doivent aussi considérer, chacun selon ses propres perspectives, d'autres points critiques. Ceux-ci comprennent les besoins de la retraite, le droit fiscal applicable, la meilleure façon de garder la ferme intacte et peut-être la développer pour qu'elle reste une unité rentable, le maintien du fonds commercial et la garde des plus jeunes enfants. Chacun doit surtout veiller à ce que chaque personne soit traitée de façon équitable.

Planification successorale Le plan successoral est un moyen équitable de transférer une propriété d'une génération à une autre. Il est dressé du vivant d'une personne ou, selon les circonstances, seulement à son décès. La planification successorale doit considérer toutes les implications légales et fiscales, afin, en particulier, de minimiser l'assujettissement à l'impôt lors du transfert. Le plan successoral doit contenir toutes les considérations envisagées lors de la planification de transfert telles que la préservation de la ferme et la transmission du droit de propriété par succession.

Un testament est rédigé conformément au plan de transfert. La rédaction d'un testament doit tenir compte de nombreuses considérations, dont la nomination des exécuteurs, la distribution d'actifs particuliers, le remboursement des dettes et la nomination d'un tuteur aux enfants mineurs. En plus de bien rédiger un testament, d'autres décisions cruciales doivent être prises telles que le choix du type d'entreprise, des mécanismes de transfert et des types d'assurance. Les membres de la famille doivent obtenir des conseils juridiques, comptables, financiers ainsi que sur les assurances afin d'éclairer leurs décisions.

La structure de l'entreprise agricole Une entreprise agricole, qui comprend au moins deux personnes, peut être exploitée de deux principales manières: par la société de personnes (en nom collectif ou en commandite) ou encore par la société par actions, chacune comportant ses avantages et ses inconvénients. Dans certains cas, une combinaison peut être souscrite.

La société de personnes agricole Une société de personnes est établie entre des personnes qui exploitent une entreprise en commun en vue d'en retirer un bénéfice. Ce n'est pas une entité légale puisque tous les droits et toutes les obligations reviennent aux associés de la société. Chaque associé est considéré comme l'agent de l'autre et peut le rendre responsable de toutes les dettes et de toutes les obligations encourues par la société.

La société en nom collectif comprend au moins deux associés qui sont chacun conjointement et individuellement responsable des dettes de l'entreprise, non jusqu'à concurrence de l'investissement dans la société mais, si cet investissement est insuffisant pour satisfaire les créanciers, jusqu'à concurrence de ses biens personnels nécessaires au remboursement de la dette. Chaque associé a un recours en dommages contre les autres.

La société en commandite comprend au moins un commandité et au moins un commanditaire. Un commanditaire n'est pas responsable des dettes de l'entreprise que jusqu'à concurrence de son investissement. Par contre, ses responsabilités augmentent s'il permet que son nom apparaisse dans l'organisation de l'entreprise et s'il participe publiquement à l'exploitation de l'entreprise. Pour être considéré comme commanditaire, il faut être désigné de la sorte dans une déclaration déposée auprès du gouvernement. Une société en commandite doit être enregistrée et tous les associés sont considérés comme commandités jusqu'à cet enregistrement.

Les apports de capital des associés peuvent varier, comme c'est souvent le cas dans des sociétés de personnes agricoles. L'associé qui a le plus investi peut alors toucher un intérêt sur l'excédent de la société. L'intérêt figure comme une dépense de la société, l'associé est donc partie payante de son propre intérêt. Dans d'autres cas, l'associé qui apporte moins de capitaux peut compenser en travaillant davantage. Ces positions sont parfois calculées pour diviser les bénéfices également.

Par ailleurs, un salaire peut compenser un surplus de travail, laissant le taux de rendement du bénéfice lié au montant de l'apport de capital. Le coût de la main-d'œuvre est facturé à la société et l'associé payé pour son travail contribue personnellement à sa rémunération. Le partage du revenu d'une société de personnes agricole est souvent difficile. Le père a besoin d'argent pour entretenir les autres membres de la famille et veiller à leur éducation. Les enfants peuvent aussi avoir une famille qui grandit et avoir besoin d'un revenu maximal.

L'acquisition de capital doit dans ce cas être limitée ou voir ses paiements amortis sur une longue période afin de maximiser la liquidité. On peut aussi, en même temps, désirer l'expansion de l'entreprise agricole. Il peut donc exister un conflit entre les besoins en capital pour l'expansion et le besoin immédiat de liquidité. Pour résoudre un tel conflit, il faut d'abord déterminer si l'entreprise agricole actuelle peut soutenir les associés ou trouver ce qu'il faut modifier pour que cela soit possible.

Les facteurs à envisager dans la division du revenu sont le montant dont doit disposer chaque partie pour ses dépenses familiales, les contributions au travail, la participation à la gestion ou le capital que chaque partie peut apporter. Il faut également trouver la formule qui lie le salaire minimum que chaque associé doit gagner, plus la division du surplus, à la croissance de l'entreprise. L'arrangement choisi doit être souple et tenir compte des besoins changeants de chaque associé.

La société par actions agricole Une société par actions est une personne morale (soumise à la *Loi sur les sociétés par actions*) qui a la capacité, les droits, les pouvoirs et les privilèges d'une personne. C'est une forme avantageuse d'association d'affaires parce qu'elle donne des avantages fiscaux potentiels, s'adapte aux nombreuses relations d'affaires, peut être un véhicule pour la planification successorale et sa responsabilité est souvent limitée aux actifs qu'elle possède.

Finalement, une société par actions a une identité distincte de celle de ses actionnaires et peut potentiellement exister éternellement. Elle offre donc des occasions d'investissement et de gestion qui sont largement indépendantes d'un propriétaire ou d'un associé. Un particulier investit dans ce genre de société en achetant des actions. Les actions sont réparties pour un montant fixé par les administrateurs et leur valeur, déterminée au moment de l'émission, représente le capital déclaré.

Il existe plusieurs classes d'actions, chacune comportant des restrictions et des droits différents. Les administrateurs doivent déterminer la nature et les attributs des actions à émettre en considérant le genre d'entreprise que la société compte exploiter, les relations entre les actionnaires et la façon de garantir le remboursement des dettes de la société.

Un producteur qui songe à se constituer en société doit considérer les divers aspects des dispositions pertinentes du DROIT DES SOCIÉTÉS qui peuvent affecter ses affaires. P. ex., la nomination des administrateurs et les règlements concernant le vote (dont la définition du quorum) déterminent qui a la main haute sur les décisions relatives à l'entreprise agricole.

De même, les règlements de la société sur l'achat et la vente d'actions peuvent toucher l'échange de celles-ci au sein de la famille ou leur vente à des personnes qui ne font pas partie de l'entreprise familiale. Les moyens de rembourser un actionnaire qui se retire ou la succession d'un actionnaire décédé peuvent influer sur la suite de la viabilité économique de la société. C'est pourquoi il est important que les dirigeants contractent une assurance-vie. Un accord exhaustif entre actionnaires déterminant toutes les règles de conduite des membres et de la société ainsi que les clauses relatives au désintéressement d'un actionnaire par les autres et la vente à un tiers est crucial.

De plus, une société se prête bien à un plan successoral. S'il est correctement dressé, il peut geler la valeur de la succession de sorte que ce soient les bénéficiaires choisis qui en profitent. Il permet au producteur de donner, durant sa vie, des actions participatives sans droit de vote qui n'ont aucune incidence sur le contrôle de la société, ses actifs ou son revenu. Il permet au producteur de donner tous les intérêts qu'il désire à des héritiers immédiats ou à venir. Il accorde aux exécuteurs testamentaires du producteur le maintien de ce contrôle après son décès afin de conserver la valeur de la ferme, poursuivre l'exploitation de l'entreprise et protéger la conjointe (le conjoint) et les personnes à charge.

Finalement, il permet au producteur de conclure des arrangements avec les enfants qui désirent exploiter la ferme afin qu'ils puissent participer au revenu et à la croissance constante des actifs, prendre le contrôle et ainsi rester dans l'entreprise.

Imposition d'une entreprise agricole Les producteurs agricoles doivent effectuer d'importants choix fiscaux. Ils doivent d'abord choisir entre une comptabilité d'exercice ou une comptabilité de caisse. Ils doivent ensuite décider s'ils veulent constituer l'entreprise en société ou non.

Comptabilité de caisse et comptabilité d'exercice La plupart des entreprises doivent opter pour la comptabilité d'exercice. Autrement dit, les revenus et les dépenses sont comptabilisés dès qu'ils ont lieu. Cependant, les entreprises agricoles et les entreprises de pêche peuvent choisir la méthode de comptabilité de caisse. Alors, le revenu est déclaré lorsqu'il est encaissé et les dépenses le sont lorsqu'elles sont payées.

La plupart des entreprises agricoles utilisent la méthode de comptabilité de caisse en raison de sa souplesse. Elle permet, p. ex., de déduire les dépenses (l'inventaire des aliments, des engrais, du cheptel) du revenu à la fin de l'exercice afin de réduire les recettes imposables. Le revenu annuel est diminué même si les achats ne sont pas consommés à la fin de l'année. Cette méthode ne permet toutefois pas de générer des pertes.

Constitution en société La constitution en société est le deuxième choix à évaluer. Du point de vue fiscal, la constitution en société est avantageuse lorsque le revenu de l'entreprise excède les frais de subsistance des particuliers ou des associés, et lorsque la société est dans une tranche d'imposition inférieure à celle des particuliers ou des associés.

En 1996, le taux d'imposition de la première tranche de revenu de 200 000 $ d'une société canadienne est d'environ 23 à 25 p. 100. En 1996, le taux d'imposition des particuliers est d'environ 30 p. 100 du revenu compris entre 8000 et 30 000 $, d'environ 40 à 50 p. 100 du revenu compris entre 30 000 et 62 000 $ et de plus de 50 p. 100 du revenu supérieur à 62 000 $. Les taux d'impositions varient d'une province à l'autre.

Une société peut aussi fournir de nombreux avantages sur le plan fiscal. P. ex., il est plus facile pour une société de fonder une fiducie familiale afin de partager le revenu entre les membres de la famille. Ce partage permet de payer moins d'impôt puisque chaque membre de la famille peut tirer profit de tranches d'imposition inférieures et de ses déductions personnelles.

Par contre, si l'entreprise familiale subit des pertes, une société peut alors être désavantageuse, puisque les actionnaires ne peuvent utiliser les pertes de la société.

Les pertes des entreprises agricoles sont limitées. La *Loi de l'impôt sur le revenu* désigne trois catégories de producteurs agricoles. Ceux dont l'activité agricole est l'occupation principale peuvent déduire toutes les pertes. En 1996, ceux qui exploitent une ferme comme activité secondaire dans l'espoir raisonnable de faire un bénéfice peuvent déduire des pertes jusqu'à un maximum de 8750 $ par an. Les agriculteurs pour qui l'activité agricole est un loisir ne peuvent déduire aucune perte.

Transfert d'un bien agricole Généralement, le transfert d'un bien en immobilisation (par vente ou par don) entraîne des gains ou des pertes en capital. Dans certains cas, les gains acquis avec certains biens agricoles sont protégés contre l'imposition par l'exemption de gains en capital de 500 000 $.

Dans certaines circonstances, le bien agricole, les intérêts dans les sociétés de personnes agricoles familiales ou les actions des sociétés agricoles familiales peuvent être transférés au conjoint ou à l'enfant sans engendrer de gains en capital. Cela s'appelle le roulement. Les gains en capital sont comptabilisés si le conjoint ou l'enfant transfère le bien dans une situation où le transfert d'impôt ne s'applique pas.

En plus des transferts d'impôt, l'exemption de gains en capital de 500 000 $ peut alléger le fardeau fiscal si le bien agricole, un intérêt dans une société de personnes agricole familiale ou les actions dans une société agricole familiale sont transférés. Cependant, même si l'exemption pour gains en capital peut être utilisée pour éliminer l'imposition sur le revenu normalement enclenché lors d'un transfert de bien, un impôt supplémentaire peut toujours s'appliquer. P. ex., l'impôt minimum de remplacement peut être payable même si l'exemption pour gains en capital s'applique aux gains encourus par un transfert. De plus, dans certaines provinces, p. ex. le Manitoba et la Saskatchewan, des surtaxes provinciales peuvent encore être appliquées sur les gains en capital bénéficiant d'une exemption.

Les règles qui concernent les transferts d'impôt agricoles familiaux et l'exemption pour gains en capital sont extrêmement complexes. Il faut consulter un fiscaliste, un comptable ou un avocat familier avec l'imposition avant de conclure qu'un transfert d'impôt ou que l'exemption pour gains en capital s'applique à un transfert de bien. (*Voir aussi* ÉCO-

NOMIE AGRICOLE; FAMILLE, DROIT DE LA; DROIT DES BIENS.)

Y. M. Henteleff et Ronald Schmalcel

Agriculture, ministère de l' Le ministère, appelé à l'origine Bureau of Agriculture (établi en 1852) et portant maintenant le nom de ministère de l'Agriculture et de l'Agroalimentaire, est créé en 1868 par une loi du Parlement afin de s'occuper du besoin urgent de lutter contre les maladies du bétail et d'éviter l'entrée au Canada d'animaux de ferme malades. Le ministère est chargé des politiques fédérales liées à l'agriculture et à l'alimentation, y compris le classement et l'inspection, la certification des semences, la réglementation des pesticides et des engrais, les programmes de développement de la commercialisation, la recherche scientifique et la diffusion d'information. Il incombe au ministre de proposer et d'administrer toute législation fédérale dans les domaines de l'AGRICULTURE ET DE L'ALIMENTATION. L'OFFICE DES PRODUITS AGRICOLES, la Commission canadienne du lait, la Commission canadienne des grains, l'Office canadien des provendes et le Conseil national de commercialisation des produits de ferme relèvent aussi du ministre. La Direction générale de la recherche, située à la Ferme expérimentale centrale à Ottawa, est le principal organisme de recherche au service de l'agriculture au Canada. Elle compte plusieurs stations de recherche dans tout le Canada afin de répondre aux besoins des diverses conditions de sol et de climat.

Agriculture, stations de recherche en Depuis plus d'un siècle, le gouvernement fédéral finance la recherche agronomique par l'intermédiaire d'un réseau de stations de recherche situées stratégiquement dans presque toutes les provinces. Ce programme de recherche a joué un rôle capital dans l'essor de l'industrie agroalimentaire canadienne, dont le chiffre d'affaires est évalué à plus de 40 milliards de dollars.

Historique

Les trois premiers essais dans le domaine de la recherche agronomique au Canada visent la création de fermes expérimentales. Une ferme laitière est établie sur les terres de Selkirk (Winnipeg) en 1821, suivie d'une installation pour faire la démonstration du nouvel équipement en 1831 et, finalement, de la création d'une ferme expérimentale de production ovine en 1838. Ces initiatives sont toutefois abandonnées peu après leur lancement. En 1884, la Chambre des communes met sur pied une commission parlementaire présidée par G.A. Gigault pour mener une enquête sur les moyens d'aider et d'améliorer l'agriculture au Canada. La commission recommande la fondation d'une ferme expérimentale, où des variétés de grains, d'arbres et d'engrais de provenance étrangère pourraient être testées. Elle recommande aussi que cette ferme distribue des échantillons de semences et de plantes dans tout le pays.

En novembre 1885, le Parlement donne au professeur titulaire William SAUNDERS, de l'U. de Western Ontario, le mandat d'étudier les modalités relatives à la fondation de fermes expérimentales. Son rapport du 29 février 1886 est présenté au Parlement, et une loi sur les fermes expérimentales reçoit la sanction royale le 2 juin 1886. Saunders est nommé directeur du nouveau service des fermes expérimentales le 12 octobre 1886. La loi autorise la création de cinq fermes de ce type. Ottawa est choisie comme emplacement de la ferme expérimentale centrale pour l'Ontario et le Québec. Les quatre autres stations se trouvent à Nappan (Nouvelle-Écosse), fondée en 1887, et à Brandon (Manitoba), à Indian Head (Territoires du Nord-Ouest) et à Agassiz (Colombie-Britannique), fondées en 1888. Ces nouvelles fermes expérimentales ont comme fonction prioritaire la mise à l'essai de cultures, de bâtiments d'élevage, de méthodes de nutrition et de gestion des animaux, et de l'utilisation du fumier comme

engrais. Le travail de démonstration comprend aussi la plantation de ceintures végétales sur tous les emplacements des fermes et l'aménagement paysager par la plantation d'arbres, d'arbustes et de plates-bandes de fleurs vivaces et annuelles.

C'est seulement au XXe siècle qu'on fonde des stations expérimentales en Alberta, à Lethbridge (1906), à Lacombe (1902) et à Fort Vermillion (1907). Suivent en 1909 les stations de Charlottetown (Île-du-Prince-Édouard) et de Rosthern (Saskatchewan) puis, en 1911, celle de Scott (Saskatchewan). La station de Rosthern a une durée de vie assez brève et ferme ses portes en 1940. Dans les Maritimes, on ouvre des stations expérimentales à Kentville (1811, Nouvelle-Écosse), à Fredericton (1912, Nouveau-Brunswick) et à St. John's (1950, Terre-Neuve). Au Québec, on en établit à La Pocatière (1912), à Lennoxville (1914), à L'Assomption (1928) et à Sainte-Foy (1954), avec un centre de recherche sur la nutrition à Saint-Hyacinthe (1988). En Ontario, des stations sont créées à Harrow (1913), à Kapuskasing (1916), à Delhi (1933), à Thunder Bay (1937), à London (1951) et à Smithfield (1960), en plus de la ferme expérimentale centrale. Au Manitoba, on fonde des stations expérimentales à Morden (1918), à Winnipeg (1924) et à Portage La Prairie (1944). La Saskatchewan possède des installations expérimentales à Saskatoon (1917), à Swift Current (1921), à Regina (1931) et à Melfort (1935). En Alberta, une seule nouvelle ferme expérimentale est créée, celle de Vegreville (1957), qui fermera ses portes en 1994. La Colombie-Britannique crée une station expérimentale à Summerland (1914), à Vancouver (1925), à Kamloops (1935), à Creston (1940) et à Prince George (1940). Deux stations expérimentales ouvrent dans le Territoire du Yukon, au Mile 1019 de l'autoroute de l'Alaska (1945), et dans les Territoires du Nord-Ouest à Fort Simpson (1947). Ces stations fermeront en raison du manque de potentiel agricole dans les régions qu'elles desservent.

En 1959, toutes les activités de recherche agronomique effectuées par le ministère de l'Agriculture et de l'Agroalimentaire fusionnent sous une seule direction, la Direction générale de la recherche, qui survit encore aujourd'hui. Elle est administrée par un sous-ministre adjoint, avec un directeur général pour la région de l'Est (Québec et Maritimes) et un directeur général pour la région Centre et Ouest (Ontario et provinces de l'Ouest). À la fin des années 70, la Direction générale de la recherche a déjà plus de 40 installations de recherche, qui seront regroupées en 18 centres de recherche ou centres d'excellence en 1995. La Direction générale a à son service environ 2300 employés à plein temps en avril 1997, dont 660 scientifiques. Elle fonctionne avec un budget de base de 214,7 millions de dollars en 1997-1998, et dispose en plus de 25 millions de dollars pour appuyer des projets industriels dans ses installations.

Réalisations de la Direction générale de la recherche

L'investissement fédéral dans la recherche agronomique a grandement contribué au succès de l'industrie agricole canadienne au siècle dernier. Non seulement l'agriculture fournit aux Canadiens des aliments sains, sans danger et nourrissants à des coûts parmi les plus bas au monde (seuls les prix américains sont moindres), mais encore les exportations agricoles et alimentaires s'élèvent à 17 milliards de dollars. Compte tenu de la courte période de végétation et de l'hiver long et rigoureux qui caractérisent la plupart des régions agricoles du Canada, on peut considérer l'agriculture moderne comme l'une des plus remarquables réussites canadiennes.

Recherche pédologique Le SOL est une ressource qu'il faut préserver pour les générations futures, mais certaines pratiques agricoles peuvent en affecter sérieusement la qualité. La tempête de poussière des années 30, durant laquelle des millions de tonnes de sol arable se sont littéralement envolées des Prai-

ries, en constitue probablement le plus bel exemple. La culture extensive pratiquée à l'époque a accentué la perte d'humidité du sol. Ce phénomène, conjugué à de forts vents et au manque de pluie, a engendré des tempêtes de poussière. Le rendement du blé des Prairies a alors chuté de 1,20 t à 0,68 t par hectare. Selon des recherches effectuées à Lethbridge, le soufflement de la couche arable durant les périodes sèches pourrait être sensiblement réduit par d'étroites bandes de sol disposées dans le sens nord-sud avec, entre elles, de petites bandes laissées en jachère. On découvrira plus tard qu'une plus longue éteule (résidu de culture après la coupe) permet de recueillir la neige en hiver et fournit de l'humidité au sol tout en empêchant la dispersion du sol durant la période de jachère. Ces progrès dans les pratiques de gestion des sols des Prairies accompagnés d'autres améliorations (p. ex. la culture de couverture et l'utilisation d'écrans végétaux) ont mis fin aux tempêtes de poussière dans les années 30. Parmi les travaux majeurs effectués par la Direction générale de la recherche, certains portent sur la valeur des rotations culturales, sur l'usage d'engrais et sur le traitement de la hausse du taux de salinité des sols.

Recherche sur les animaux Les scientifiques canadiens sont considérés comme des chefs de file mondiaux dans la mise au point de procédés de sélection destinés à identifier les reproducteurs supérieurs. L'industrie a tôt fait d'adopter cette technologie, si bien que le cheptel canadien est aujourd'hui très apprécié sur les marchés mondiaux et les ventes annuelles s'élèvent à des millions de dollars. La vache Holstein canadienne (race laitière) est considérée comme la meilleure au monde pour la production de lait. Les scientifiques fédéraux ont été les premiers à évaluer un bon nombre de races bovines à viande européennes qui ont été importées au Canada il y a 25 ou 30 ans. Les résultats démontrent que le croisement de ces races avec des races du pays a amélioré la productivité des races à viande d'au moins 25 p. 100 tout en produisant une viande rouge beaucoup plus maigre, comme l'exigent un nombre croissant de consommateurs. Aujourd'hui, conséquence de cette recherche, presque 80 p. 100 des vaches de boucherie du Canada sont métissées avec ces races européennes. Parmi les autres recherches remarquables en zootechnie, citons la récente mise au point d'une variété de luzerne (un fourrage vert) qui ne provoque aucune météorisation (une accumulation de gaz dans le rumen des bovins, fréquente s'ils sont nourris de légumineuses, et pouvant entraîner la mort), des recherches sur les besoins en oligoéléments des animaux de ferme et la lutte contre les mycotoxines dans les aliments, la création de la race de porc Lacombe, et la sélection de volaille résistante à la maladie.

Recherche sur les cultures La mise en marché du BLÉ MARQUIS en 1909 par Charles Saunders, le fils de William Saunders, est une autre réussite de la Direction générale de la recherche. La variété Marquis, un blé de printemps, est la première variété à maturité précoce qui possède aussi une grande valeur boulangère et meunière. Déjà en 1920, le blé Marquis poussait sur plus de 6 millions d'hectares dans les Prairies canadiennes, soit environ 90 p. 100 de la superficie ensemencée de blé. Bien que le Marquis ait été remplacé depuis longtemps par des variétés supérieures, les variétés de blé couramment ensemencées sont encore dans une grande mesure issues des centres de recherche agronomique fédéraux (le Cereal Research Centre à Winnipeg, le Semi-Arid Prairie Agricultural Research Centre à Swift Current). Le blé Marquis a fait du Canada un chef de file mondial dans la production de blé de haute qualité, une réputation qu'il conserve de nos jours avec des exportations s'élevant à des milliards de dollars. En plus de sa maturité précoce, un facteur de la plus haute importance dans notre courte période de végétation, les sélectionneurs en ont amélioré le rendement, la qualité et la résistance aux maladies (*voir* CULTURES, RECHERCHE SUR LES).

La création du CANOLA, une graine oléagineuse utilisée pour fabriquer de la margarine, des huiles de cuisine et des vinaigrettes, figure aussi parmi les réalisations d'importance. On extrait de l'huile par pression de la graine de colza, le précurseur du canola, depuis 3000 à 4000 ans. L'huile de colza a servi de lubrifiant pour la marine durant la Seconde Guerre mondiale en raison de sa teneur relativement élevée en acide érucique, une substance qui la rend impropre à la consommation humaine. Une grande partie de la recherche dont est issu le canola (à très faible teneur en acide érucique comparativement au colza) a été effectuée par Keith DOWNEY du Saskatoon Research Centre et la première variété a été commercialisée en 1964. De nombreuses variétés améliorées lui ont succédé. La consommation humaine de l'huile de canola est approuvée en 1977. Les États-Unis l'autorisent à leur tour en 1985. Aujourd'hui, le canola croît sur des millions d'hectares au Canada, procurant aux agriculteurs de nouveaux débouchés et une valeur ajoutée à l'industrie grâce à l'établissement d'usines de transformation.

Recherche en alimentation Les scientifiques canadiens ont mis au point des systèmes de contrôle de la qualité ou de classement de nombreux produits alimentaires dont ceux du bœuf, du porc, de l'agneau, de la volaille, des légumes et des fruits. Par le système de classement des animaux, les producteurs se conforment aux impératifs commerciaux. Ainsi, en identifiant les carcasses trop grasses, ce système a fait économiser à l'industrie de la production animale des centaines de millions de dollars en aliments pour le bétail. Parmi les autres progrès remarquables, on compte l'amélioration du goût et du stockage des jus de fruits, le perfectionnement des méthodes de congélation des aliments et de la conservation des aliments réfrigérés, dont les viandes, par des techniques d'emballage novatrices.

Projets de la Direction générale de la recherche Le regroupement en 18 centres d'excellence a changé le rôle de la Direction générale de la recherche. Son mandat premier est de protéger les ressources alimentaires canadiennes des maladies et des parasites étrangers et de s'assurer de l'innocuité et de la valeur nutritive des ressources alimentaires. Elle gère aussi un programme de recherche visant à assurer le maintien des ressources utilisées dans la production des aliments (sol, eau, plantes, animaux) pour les générations suivantes. La technologie de l'information, le GÉNIE GÉNÉTIQUE et la lutte biologique contre les parasites et les maladies seront les éléments clés du programme de recherche du XXI° siècle. Les centres de recherche agronomique anticipent pour les 5 prochaines années de nombreuses innovations, dont la commercialisation attendue de 15 à 20 nouvelles variétés de cultures; l'estimation des répercussions de l'agriculture canadienne sur les gaz à effet de serre, sur la qualité de l'eau et du sol; la poursuite de relevés de la carte génétique des bovins et de la volaille pour découvrir les sites qui régissent la production des caractères (p. ex. du taux de croissance et de la consommation des aliments) et la résistance aux maladies, ainsi que la mise au point de procédés d'emballage pour prolonger la durée de conservation des aliments.

Au cours des dernières années, les initiatives de recherche coopératives dans l'industrie sont devenues une partie importante des programmes des centres de recherche et l'investissement par l'industrie en 1996 a dépassé les 25 millions de dollars.

Stephen Morgan Jones

Ahearn, Thomas, ingénieur électricien, homme d'affaires (Ottawa, 24 juin 1855–*id.*, 28 juin 1938). Télégraphiste à l'âge de 14 ans, à 25 ans il est déjà directeur de la succursale d'Ottawa des compagnies de télégraphe et de téléphone. En 1882, il lance avec W.Y. Soper une entreprise d'entrepreneurs en électricité qui devient un réseau de compagnies contrôlant,

à Ottawa, l'approvisionnement en électricité, les tramways et l'éclairage des rues. Ahearn a la réputation d'avoir inventé la cuisinière électrique de l'hôtel Windsor. En 1899, il conduit la première automobile (électrique) d'Ottawa.

Riche dès 1900, il devient directeur de la Banque du Canada et d'autres institutions dominantes, et un éminent philanthrope. Président, de 1926 à 1932, de la Commission de l'amélioration d'Ottawa (plus tard la COMMISSION DE LA CAPITALE NATIONA-LE), il crée le réseau de promenades d'Ottawa et finance personnellement la construction du pont Champlain sur la rivière des Outaouais en 1928. La même année, il est nommé membre du Conseil privé.

Donald J.C. Phillipson

Ahousaht Les Ahousaht constituent la plus importante tribu autochtone d'origine NOOTKA de la côte Ouest de l'ÎLE DE VANCOUVER, en Colombie-Britannique, et comptent une population d'environ 1500 personnes (1996). À l'origine, les Ahousaht forment un petit groupe de la côte océane de l'île Vargas et de sa voisine, l'île de Vancouver. À la fin du XVIII° siècle, les Ahousaht, munis d'armes à feu obtenues de leurs alliés Mowachaht, conquièrent les Otososath, pourtant beaucoup plus nombreux, et s'emparent de leurs territoires de l'île Flores, du canal Millar et du bras Herbert. Il y a de nombreux mariages entre les Ahousaht et les membres de deux groupes voisins, soit les Manhousaht du bras Sydney et du bras Shelter, et les Kelsemaht de la côte Est de l'île Vargas et du détroit Bedwell. Ces tribus fusionnent officiellement avec la bande des Ahousaht au XX° siècle. De nos jours, les Ahousaht vivent dans le village de Mahktosis, connu aussi sous le nom de «Ahousat». De nombreux membres de la bande vivent à Port Alberni et à Victoria.

John Dewhirst

Aide agricole Consiste en l'approvisionnement en technologie ou en produits agricoles d'un pays par un autre. Elle s'effectue généralement par un pays développé vers un pays en développement. Cette aide continue d'avoir sa raison d'être, car 4 personnes sur 10 souffrent de malnutrition dans beaucoup de pays en développement. En effet, ces derniers ne produisent que 87 p. 100 des aliments dont ils ont besoin et ne pourront probablement pas en produire plus que 74 p. 100 en l'an 2000. P. ex., en 1988, on s'attendait à ce qu'ils manquent de plus de 77 millions de tonnes de blé, de riz et de céréales secondaires.

L'aide agricole n'est qu'un des éléments de l'AIDE EXTÉRIEURE. Celle apportée par le Canada est d'abord distribuée par l'intermédiaire de l'AGENCE CANADIENNE DE DÉVELOPPEMENT INTERNATIONAL (ACDI) et par le CENTRE DE RECHERCHE POUR LE DÉVELOPPEMENT INTERNATIONAL (CRDI). On estime à 2,096 milliards de dollars les montants déboursés par ces deux organisations en 1987-1988, c.-à-d. 79 p. 100 de l'Aide publique du Canada au développement et 0,5 p. 100 du produit intérieur brut. Le Canada se situe au septième rang des plus importants donateurs parmi les membres de l'Organisation de coopération et de développement économiques (OCDE). En 1985-1986, il a versé environ 580 millions de dollars en nourriture et en aide agricole par le biais des quatre intermédiaires suivants (les trois premiers sont régis par l'ACDI):

L'aide bilatérale Celle-ci est fournie à certains pays ou groupes de pays. En 1985-1986, l'aide bilatérale agricole et alimentaire s'élevait à 290,5 millions de dollars;

L'aide multilatérale Cette forme d'aide est distribuée grâce aux agences internationales de financement, de recherche et de développement. En 1985-1986, le Canada a versé 73 millions de dollars au Fonds international de développement agricole (FIDA) et près de 13,5 millions de dollars au Groupe consultatif pour la recherche agricole internationale, soutenant ainsi 14 centres de recherche interna-

tionaux. De plus, le Canada a versé la somme de 150,3 millions de dollars en aide alimentaire par l'entremise d'agences multilatérales, principalement par le Programme alimentaire mondial. On a surtout donné des céréales, soit une proportion de 95 p. 100. Le pourcentage restant comprenait l'huile végétale, les légumineuses, le lait écrémé en poudre et le poisson;

L'aide aux programmes spéciaux Il s'agit de l'argent dont disposent les organisations non gouvernementales (ONG). Les budgets d'aide alimentaire de 28,15 millions de dollars des ONG (1985-1986) ont surtout été gérés par le Programme du lait écrémé, la Banque de céréales vivrières du Canada et le Comité international de la Croix-Rouge;

Le Centre de recherche pour le développement international La contribution du CRDI à l'aide agricole est différente de celle de l'ACDI, puisqu'il fournit une aide scientifique et technique aux pays en développement qui peuvent ensuite l'utiliser pour améliorer leur production agricole. L'aide agricole du CRDI est gérée par deux organismes: la division des sciences agricoles, alimentaires et nutritives, qui disposait d'un budget annuel de 21,8 millions de dollars en 1985-1986, et la section de la division des sciences sociales qui s'occupe de l'économie et de la modernisation rurale, à l'aide d'un budget d'environ 2 millions de dollars.

Autres contributions L'aide agricole du Canada revêt plusieurs formes, dont l'envoi de conseillers à l'étranger et la formation d'étudiants venus de pays en développement. En 1985-1986, l'ACDI a financé en entier ou en partie plus de 360 conseillers à long terme dans le domaine de l'agriculture et des pêches (pour des périodes de plus de 6 mois) et 560 conseillers à court terme. Soixante-quatre pour cent de ces conseillers à long terme ont été envoyés en Afrique. Les universités et les collèges canadiens participent également au programme d'aide agricole du Canada. En 1985-1986, les huit facultés universitaires et collèges d'agriculture et de médecine vétérinaire ont entrepris de nouveaux projets internationaux correspondant à un versement total de 4,5 millions de dollars. De plus, ces institutions ont formé plus de 460 étudiants en pays en développement dans les domaines de l'agriculture et des pêches. La formation de ces étudiants a été subventionnée en tout ou en partie par l'ACDI.

Truman P. Phillips

Aide aux (ou des) pouvoirs civils Correspond au recours des autorités civiles aux militaires pour maintenir ou restaurer l'ordre public. On ne doit pas confondre cette aide avec la loi martiale (prise du pouvoir gouvernemental par les militaires) ou la LOI SUR LES MESURES DE GUERRE (restriction des libertés civiles imposée au Parlement en situation d'urgence), l'aide militaire aux autorités civiles en cas de catastrophe ou l'assistance fournie à la GENDARMERIE ROYALE DU CANADA (GRC), aux pénitenciers, aux douanes, etc. Cette aide fait désormais partie des opérations relatives à la Sécurité interne, terme général recouvrant les activités de surveillance par la GRC d'agents ennemis en sol canadien et d'autres activités du même type.

En Angleterre, une loi datant de 1360 autorisait les juges de paix à contenir, à arrêter ou à emprisonner les émeutiers. La première loi sur la gestion des émeutes a été promulguée en 1714. Jusqu'en 1829, les constables locaux étaient chargés du maintien de l'ordre, mais ils étaient si peu nombreux et si mal entraînés qu'il fallait faire appel aux militaires pour réprimer les émeutes les plus importantes. La police métropolitaine de Londres a été créée en 1829 afin de prévenir plutôt que de réprimer les soulèvements populaires. En 1856, une loi sur la police accordait aux policiers des fonctions distinctes de celles des militaires et des magistrats.

Après la prise de l'ACADIE en 1713, puis du Canada en 1760, les garnisons britanniques en Amérique du Nord britannique ont répondu aux demandes d'aide au pouvoir civil conformément au règlement militaire. En 1868 sont promulguées des lois canadiennes touchant la police, les assemblées illégales et les émeutes. Les LOIS DE MILICE autorisaient le recours aux troupes militaires canadiennes pour venir en aide au pouvoir civil. Le modèle britannique servait généralement de référence en la matière. Les règlements et les ordres de la milice canadienne remplacent ceux de la milice britannique en 1870. En 1924, le pouvoir de faire appel à l'armée est transféré des autorités locales aux procureurs généraux des provinces.

De 1796 à 1870, les troupes britanniques, aidées occasionnellement par la milice locale, ont fourni assistance au pouvoir civil en une centaine d'occasions. Depuis, les troupes canadiennes ont aidé à maintenir ou à restaurer l'ordre public quelque 140 fois et ont participé 20 fois à la répression d'émeutes carcérales. La moitié de ces interventions en faveur de l'ordre public ont eu lieu avant 1900, généralement en raison de l'absence de forces policières, ou du manque d'effectifs, ou encore d'un entraînement inapproprié. Depuis 1933, l'armée n'est pas intervenue pour briser des grèves, sauf lorsque le pays était sous le coup de la *Loi sur les mesures de guerre*. Toutes ces interventions, sauf une, ont eu lieu au Québec et en Ontario, les deux seules provinces ayant des forces policières autres que la GRC. Plus de la moitié des répressions d'émeutes carcérales ont eu lieu depuis 1962, et dans la plupart des cas, l'armée n'a pas eu recours à la force. Des recherches récentes permettent de prouver que l'histoire canadienne n'est pas exempte de violence, mais que les interventions de l'armée n'ont généralement pas donné lieu à un usage inconsidéré de la force. (*Voir aussi* FORCES ARMÉES et CRISE D'OCTOBRE.)

Jean Pariseau

Aide extérieure Le concept moderne d'aide extérieure (secours apporté par des pays riches et industrialisés à des pays pauvres et en développement) a sa source dans la RECONSTRUCTION, à la suite de la Seconde Guerre mondiale. Le succès du plan Marshall à canaliser les ressources des États-Unis vers l'Europe déchirée par la guerre convainc les chefs des pays occidentaux qu'un semblable transfert de ressources vers des pays d'Asie et d'Afrique nouvellement indépendants produirait de même un développement rapide. Le programme d'aide du Canada a commencé au cours de cette période d'optimisme.

En 1950, le Canada se joint au PLAN DE COLOMBO afin de venir en aide aux pays d'Asie membres du COMMONWEALTH qui viennent d'obtenir leur indépendance. Au cours des deux décennies suivantes, le programme canadien d'aide extérieure progresse régulièrement et s'étend aux pays membres du Commonwealth dans les Antilles (1958) et en Afrique (1960), puis à l'Afrique francophone (1961) et enfin à l'Amérique latine (1970).

Aide gouvernementale Les bases du programme canadien pour les années 70 sont établies au milieu des années 60, lorsque le gouvernement entreprend de hausser substantiellement les niveaux d'aide. En 1968, trois événements importants ont lieu: d'abord, la création de l'AGENCE CANADIENNE DE DÉVELOPPEMENT INTERNATIONAL, destinée à administrer l'aide canadienne; puis, Pierre Trudeau qui manifeste un intérêt constant pour le développement international, devient premier ministre; enfin, l'ex-premier ministre Lester B. Pearson dirige une commission internationale chargée d'examiner les résultats de 20 ans d'aide au développement et de proposer des politiques visant à l'améliorer.

Le rapport de la commission, intitulé *Partenaires dans le développement*, demande que chaque pays donateur fournisse une aide extérieure égale à 0,70 p. 100 de son produit intérieur brut. Le Canada accepte cet objectif en 1970 et réaffirme son engagement à plusieurs reprises mais, en 1986, son aide n'atteint que 0,46 p. 100. Cette même année, le Canada distribue quand même plus de deux milliards de dollars

d'aide dans un vaste éventail d'activités par le biais de divers canaux.

L'aide directe (bilatérale) d'un pays à un autre représente presque la moitié de toute l'aide canadienne dispensée dans plus de 90 pays. La grande partie de l'aide bilatérale est concentrée dans environ 30 pays, et l'Inde, le Pakistan, le Bangladesh et le Sri Lanka (quatre des premiers pays ayant bénéficié de l'aide canadienne dans le cadre du plan de Colombo) en reçoivent encore environ le tiers. L'aide bilatérale n'est habituellement pas fournie en argent, mais sous forme de biens et de services canadiens: blé et farine, locomotives et pièces de chemins de fer, équipement pour la production et la transmission d'hydro-électricité, engrais, semences, instruments aratoires et personnel pour agir en tant que conseillers ou instructeurs.

L'aide multilatérale, généralement en argent, est acheminée du Canada vers plusieurs organismes internationaux qui s'emploient dans leurs propres activités, dont les plus connus sont la Banque mondiale, d'autres banques de développement multilatéral et les agences spécialisées de l'ORGANISATION DES NATIONS UNIES. Plus du tiers de l'aide extérieure du Canada est versée à ces institutions multilatérales. Le reste sert au Centre de recherche sur le développement international, une société publique fondée en 1970 pour financer la recherche sur les besoins des pays en développement, et aux organisations non gouvernementales canadiennes œuvrant dans ces pays.

Il existe peu de précédents où un État ou un peuple acceptent une responsabilité continue dans l'amélioration d'autres États ou peuples sans demander en retour de remboursement en richesse ou en pouvoir. La nouveauté même de ce phénomène le rend complexe et controversé. Il n'existe toujours pas de consensus chez les pays donateurs sur ce à quoi l'aide devrait servir ou sur la meilleure façon d'y arriver.

Certains adhèrent encore au point de vue idéologique ou stratégique selon lequel l'Ouest doit aider les pays en développement afin d'entretenir avec eux des relations amicales et de les dissuader de s'aligner politiquement sur le bloc soviétique. D'autres voient le sous-développement des pays du tiers-monde comme la conséquence de leur exploitation par des pays riches et envisagent une aide généreuse comme une sorte de réparation.

Des sondages d'opinion et des déclarations de chefs politiques ont révélé que la principale motivation de l'aide extérieure canadienne est un souci humanitaire à l'égard des millions de personnes qui, de toute évidence, sont beaucoup plus pauvres que la plupart des Canadiens. Les disparités des niveaux de vie sont si grandes et si indépendantes de la volonté des gens pauvres que plusieurs Canadiens perçoivent maintenant l'obligation d'aider comme une question de justice plutôt que de charité.

Cependant, l'humanitarisme n'est jamais le seul motif, particulièrement dans le cas d'aide de gouvernement à gouvernement. Quand le gouvernement canadien alloue officiellement une aide au développement, il tient compte de certains intérêts commerciaux (ventes accrues et marchés futurs pour des produits canadiens) et d'intérêts politiques (désir d'établir ou d'entretenir de bonnes relations avec le pays bénéficiaire).

Même quand le motif premier est d'ordre humanitaire, il existe des tensions entre le besoin d'une aide à court terme pour soulager la souffrance et celui d'une aide à long terme visant à aider les gens à atteindre l'autosuffisance. Cette dernière démarche est de plus en plus acceptée, particulièrement depuis le milieu des années 70, où on met l'accent, dans l'aide au développement, sur les «besoins humains fondamentaux». Mais, avec ce genre d'aide, il est difficile d'obtenir des résultats rapides ou impressionnants. Plusieurs experts sont convaincus que les structures politiques et économiques existantes dans

bon nombre de pays en développement constituent elles-mêmes un obstacle majeur à l'amélioration du sort des pauvres et que l'aide officielle ne fait souvent que renforcer ces structures au lieu de favoriser la responsabilisation.

Les observateurs que l'intervention du gouvernement dans la vie économique laissent sceptiques soulèvent aussi des doutes sur l'efficacité d'une aide officielle, laquelle est nécessairement acheminée aux gouvernements en place. Dans la plupart des pays en développement, l'aide ne représente qu'une infime partie de l'investissement total et est concentrée dans des domaines où le secteur privé peut rarement jouer un rôle de premier plan. L'aide extérieure demeure, néanmoins, une composante, petite mais importante, du processus de développement. Son succès dépend des efforts consentis localement par les pays concernés et de toute la gamme des autres liens entre pays développés et pays en développement.

Bernard Wood et Roger Ehrhardt

Aide non gouvernementale En partie à cause des résultats insatisfaisants de l'aide de gouvernement à gouvernement, les pays industrialisés ont confié, au cours de la dernière décennie, une part importante et croissante de leur aide extérieure aux organisations non gouvernementales (ONG). Si l'aide volontaire aux pays en développement dispensée par l'intermédiaire des Églises et autres œuvres de charité est antérieure à l'engagement direct des gouvernements, ce n'est que depuis les 20 dernières années que les gouvernements ont commencé à financer le travail des ONG.

Au Canada, les ONG recevaient, dès le milieu des années 80, des fonds fédéraux et provinciaux de 200 à 250 millions de dollars (ou 10 à 12 p. 100 du total de l'aide extérieure), et une somme au moins équivalente en provenance de sources privées. En même temps, le nombre d'ONG a considérablement augmenté. Elles sont aujourd'hui 250, ce qui comprend non seulement les agences d'aide volontaire traditionnelles, mais aussi des collèges, des universités, des coopératives, des associations professionnelles et des syndicats.

Au début, les activités des ONG consistent surtout en secours d'urgence et en assistance sociale, y compris l'envoi de nourriture et de vêtements et le parrainage d'enfants et de familles. De telles activités demeurent importantes (et hautement visibles), mais les ONG s'emploient davantage aujourd'hui dans des travaux de développement à long terme axés sur la promotion de l'autosuffisance, travaux qui sont souvent réalisés par l'intermédiaire d'ONG indigènes dans les pays en développement.

Si la plupart des projets des ONG sont petits et communautaires, certaines agences commencent à entreprendre des programmes d'infrastructures et de prestation de services plus importants. La plupart des ONG estiment qu'une partie intégrante de leur travail consiste à éduquer les Canadiens en matière de développement international et à faire valoir en quoi leurs œuvres les concernent. En effet, un grand nombre de *centres de sensibilisation* et autres agences ne s'emploient uniquement que dans le travail d'information.

Les partisans des ONG prétendent que celles-ci ont plusieurs avantages sur l'aide acheminée officiellement: rapidité, flexibilité, coûts faibles, talents innovateurs et, surtout, capacité d'atteindre efficacement les plus démunis. S'il est vrai que les ONG peuvent se féliciter d'avoir réussi une foule de projets innovateurs, leur prétendue efficacité supérieure reste en grande partie non prouvée.

Les attentes relatives au rendement des ONG et les demandes qui leur sont faites de prouver leur valeur augmentent au même rythme que l'envergure et la complexité de leurs projets. En même temps, plusieurs craignent que les ONG, en se transformant d'âmes idéalistes en travailleurs professionnels du développement, n'en viennent à oublier la source ultime de leur force: le renforcement des liens entre les Canadiens et les citoyens des pays en développement. (*Voir aussi* RELATIONS CANADA–TIERS-MONDE.)

Brent Copley

Aide juridique Les services d'aide juridique financés par l'État et destinés aux démunis n'existent au Canada que depuis la seconde moitié du XXᵉ siècle. Auparavant, les avocats acceptent parfois de représenter gratuitement des clients démunis dans des causes qui le justifient. Parfois aussi, les juges nomment des avocats pour représenter des indigents, mais il s'agit essentiellement de services juridiques inspirés par un esprit de bienfaisance et de charité. Au cours des années 50 et au début des années 60, des municipalités et des provinces commencent à accorder des subventions permettant de verser des honoraires modiques aux avocats qui acceptent de plaider pour des clients qui ne peuvent payer leurs services. Toutefois, ce n'est qu'en 1966 que l'Ontario adopte une loi établissant le premier régime provincial général d'aide juridique. Cette loi représente un changement important dans la philosophie sous-tendant les services d'aide juridique: l'aide juridique n'est plus une œuvre de bienfaisance, mais un droit.

L'incidence du partage des frais sur les services Vers le milieu des années 70, les provinces et les territoires établissent tous des régimes d'aide juridique. Bien que les services d'aide juridique relèvent de la compétence constitutionnelle des provinces en matière d'administration de la justice, le ministère fédéral de la Justice commence à participer à ces programmes dans le cadre d'ententes de partage des frais pour les services d'aide juridique en matière de droit criminel, matière qui relève de la responsabilité constitutionnelle du gouvernement fédéral. Ces ententes de partage de frais influencent considérablement le développement uniforme des régimes provinciaux d'aide juridique, car elles fixent à la fois les normes minimales de services à fournir et les conditions d'accessibilité ainsi que les conditions financières pour les clients.

Par contraste, le fédéral ne finance pas toujours les services d'aide juridique en matière non criminelle, alors que les régimes provinciaux n'offrent que des services limités et, parfois, n'en offrent aucun. Bien que l'aide juridique soit un droit, les lois provinciales créant les régimes d'aide juridique laissent généralement à l'appréciation des responsables la décision d'accorder ou non l'aide juridique aux clients accusés d'infractions moins graves ou qui doivent comparaître devant des tribunaux inférieurs en matière familiale, ou lorsque l'affaire est entendue devant une cour des petites créances ou devant un tribunal administratif. En outre, la prestation de consultations juridiques, la préparation de documents et les négociations entreprises pour le compte d'un client sont généralement des services discrétionnaires offerts en vertu des lois régissant l'aide juridique.

Admissibilité financière Les ententes de partage de frais obligent les provinces à déterminer, selon une formule souple, si un client peut se payer les services d'un avocat. Les régimes provinciaux exigent généralement un examen du revenu, de l'actif disponible, des dettes, des obligations alimentaires, etc., de chaque client pour déterminer s'il est admissible ou non à l'aide juridique. L'application des lignes directrices en matière d'admissibilité financière varie d'une province à l'autre. On demande parfois au client de verser une contribution au titre des frais exposés par l'aide juridique ou de rembourser ces frais.

Avocats salariés ou rémunérés à l'acte? Au Canada, le développement de services d'aide juridique financés par l'État coïncide avec l'expansion de l'aide juridique ailleurs et avec l'adoption d'engagements internationaux favorisant l'aide juridique, p. ex. dans le Pacte international relatif aux droits civils et politiques adopté par l'Assemblée générale de l'ONU en 1966. Pourtant, même s'il existe un large consensus sur les objectifs fondamentaux des ser-

vices d'aide juridique, leur mise en œuvre diffère considérablement d'un pays à l'autre.

Le modèle américain des défenseurs publics salariés en milieu commercial contraste avec le modèle adopté à l'origine en Angleterre, dans le cadre duquel les avocats de pratique privée fournissent des services d'aide juridique aux clients et puis sont remboursés par le gouvernement. Depuis l'avènement du régime moderne d'aide juridique au Canada, la question du modèle approprié (avocats salariés ou avocats de pratique privée rémunérés à l'acte) est controversée. Plusieurs provinces, dont la Saskatchewan, le Manitoba, le Québec et la Nouvelle-Écosse, choisissent d'abord le système des avocats salariés installés dans des quartiers commerciaux, alors que l'Alberta et le Nouveau-Brunswick adoptent le modèle de la rémunération à l'acte. La Colombie-Britannique adopte pour sa part un modèle mixte, faisant appel à des avocats salariés, à des techniciens parajuridiques travaillant dans des bureaux d'assistance juridique ainsi qu'à des avocats rémunérés à l'acte. Le modèle mixte est également instauré en Ontario, où le premier modèle fondé sur les avocats rémunérés à l'acte est élargi en 1976 pour comprendre un réseau panprovincial de centres juridiques communautaires indépendants dirigés à la fois par des avocats et des techniciens parajuridiques. Dans cette province, les centres communautaires offrent des services d'aide juridique complémentaires, particulièrement pour les problèmes juridiques exclus des services rémunérés à l'acte (problèmes en matière de location immobilière, de bien-être, d'accidents du travail et d'immigration).

En 1980, la plupart des régimes provinciaux d'aide juridique sont fondés, à des degrés divers, sur ce modèle «mixte». En outre, plusieurs provinces adoptent le système de l'avocat de service et, dans le Grand Nord, un avocat de service travaille régulièrement en circuit. De nombreux régimes mettent en œuvre, souvent avec succès, des projets d'éducation juridique ainsi que des programmes conçus pour fournir un meilleur accès à la justice pour les démunis. Ces projets ont souvent recours à l'expertise de techniciens parajuridiques ou de travailleurs juridiques communautaires qui, parfois, remportent des victoires en justice pour les groupes de démunis.

Le coût, le contrôle et la Charte Dès 1980, la vigueur du système d'aide juridique au Canada repose sur sa diversité et le maintien de normes minimales établies par les ententes de partage de frais conclues avec le fédéral. Au cours de la dernière décennie, cependant, tous les régimes d'aide juridique subissent des compressions budgétaires. Actuellement, les services sont l'objet d'un manque de consensus quant aux priorités et aux politiques en la matière. Ainsi, la question de l'accès à la justice par le truchement de services d'aide juridique indépendants au Canada demeure un défi majeur. Dans le contexte des garanties que prévoit la CHARTE CANADIENNE DES DROITS ET LIBERTÉS, ce défi est de s'assurer que les services d'aide juridique mettent effectivement ces garanties en œuvre, dont les garanties de «l'égalité devant la loi», de la «protection égale» pour tous, de «l'égalité de bénéfice» de la loi ainsi que du «droit d'avoir recours à l'assistance d'un avocat».

Mary Jane Mossman

Aide mutuelle Principal moyen économique par lequel le Canada aide ses alliés en leur fournissant nourriture, matières premières et munitions de mai 1943 à la fin de la SECONDE GUERRE MONDIALE. Le Conseil de l'aide mutuelle, présidé par C.D. HOWE, supervise tous les achats des Alliés au Canada et alloue gratuitement plus de 2 milliards de dollars de production canadienne, principalement à la Grande-Bretagne et au Commonwealth. Geste motivé par un intérêt éclairé, l'aide mutuelle adhère au principe fondamental selon lequel il ne doit pas y avoir de dettes de guerre susceptibles de nuire au commerce d'après-guerre.

L'aide mutuelle et le DON D'UN MILLIARD DE DOLLARS ne sont pas des mesures populaires. Elles assurent cependant la base financière de la production de guerre canadienne, sur laquelle repose la prospérité du Canada en temps de guerre et probablement sa contribution la plus importante à la victoire.

Hector M. MacKenzie

Aigle Grand OISEAU DE PROIE de la famille des accipitridés. Il possède une vue exceptionnellement perçante, des ailes longues et puissantes, un bec crochu et des pieds forts munis de serres acérées. C'est un prédateur redoutable qui, perché ou planant dans le ciel, repère sa proie pour ensuite fondre sur elle.

Répartition On compte plus de 50 espèces d'aigles réparties sur tous les continents. Ces espèces sont divisées en quatre principaux groupes: les harpies et les serpentaires, deux groupes non représentés au Canada et dans lequel on trouve des espèces confinées principalement aux tropiques; les pygargues, représentés au Canada par le pygargue à tête blanche (*Haliaeetus leucocephalus*); et les aigles proprement dits, un groupe dans lequel on trouve l'aigle royal (*Aquila chrysaetos*), qui niche dans les régions montagneuses du Canada, sauf dans les îles de l'Arctique.

Description On reconnaît immédiatement le pygargue à tête blanche et l'aigle royal à leur grande taille et à leur envergure qui atteint 1,8 m. Les adultes des deux espèces sont faciles à distinguer: le pygargue à tête blanche a la tête et la queue blanches, tandis que l'aigle royal est entièrement brun et a les pattes emplumées jusqu'aux serres.

Nidification Le pygargue à tête blanche et l'aigle royal nichent au sommet des arbres ou sur les corniches dans les falaises, le pygargue démontrant une préférence pour les arbres et l'aigle, pour les falaises. Le nid est fait de brindilles et il est tapissé d'herbes et de plantes. Puisque les nids servent souvent pendant plusieurs années, ils atteignent parfois de très grandes dimensions. Les deux espèces pondent généralement deux œufs (de un à trois). L'aigle royal couve ses œufs durant 43 jours et le pygargue à tête blanche, durant 35 jours. Les jeunes, couverts de duvet, demeurent au nid de 50 à 100 jours après l'éclosion, une période au cours de laquelle ils dépendent des adultes.

Relations avec les humains Les plumes d'aigle avaient une grande valeur symbolique pour les Amérindiens des plaines. Elles représentaient le courage ou détenaient la puissance des esprits.

R.W. Fyfe

Aiglefin (*voir* MORUE)

Aikins, sir James Albert Manning, avocat, politicien, lieutenant-gouverneur du Manitoba (Richview, comté de Peel, Haut-Canada, 10 déc. 1851—Winnipeg, 1ᵉʳ mars 1929). Fils de James Cox Aikins, sénateur, ministre du gouvernement fédéral de 1869 à 1873 et de 1878 à 1882, et lieutenant-gouverneur du Manitoba de 1882 à 1888, Aikins est admis au barreau de l'Ontario en 1878 et à celui du Manitoba en 1879. Tout en gérant un important cabinet d'avocats à Winnipeg, où il est procureur du Canadien Pacifique (région de l'Ouest) de 1881 à 1911, il est également très en vue dans les affaires locales, provinciales et nationales. Il est membre de plusieurs commissions royales, député conservateur de la circonscription de Brandon de 1911 à 1915, chef de l'aile provinciale du Parti conservateur en 1915 et 1916 et lieutenant-gouverneur du Manitoba de 1916 à 1926. Nommé conseiller de la reine en 1884 et fait chevalier en 1914, il est président de l'Association du barreau manitobain de 1910 à 1916 et l'un des fondateurs, ainsi que le premier président (de 1914 à 1929) de l'Association du barreau canadien.

D.H. Brown

Aikins, William Thomas, chirurgien, enseignant (Canton de Toronto, Haut-Canada, 4 juin 1827—Toronto, 25 mai 1897). Fils d'immigrants irlandais protestants, il étudie à l'école de médecine John

ROLPH de Toronto et au Jefferson Medical College de Philadelphie. Il obtient son diplôme en 1850 et devient professeur d'anatomie à l'école Rolph. En 1856, le personnel, qui juge Rolph trop autoritaire, le contraint à abandonner la direction de l'école; Aikins, alors professeur de chirurgie, est nommé recteur. En 1887, grâce à ses efforts, l'École de médecine de Toronto devient la Faculté de médecine de l'U. de Toronto; il est nommé doyen, poste qu'il occupe jusqu'en 1893. Excellent chirurgien et professeur captivant, il est l'un des premiers à appliquer l'asepsie de Lister. Sous la direction de cet administrateur compétent, l'École de médecine de Toronto et la Faculté de médecine de l'université acquièrent une réputation internationale. Membre influent du Conseil de l'Ordre des médecins et chirurgiens de l'Ontario, il contribue à relever les normes provinciales des études de médecine.

David R. Keane

Ailleboust de Coulonge et d'Argentenay, Louis d', gouverneur de la Nouvelle-France de 1648 à 1651 (Ancy-le-Franc, France, vers 1612—Montréal, mai 1660). Aristocrate et ingénieur militaire, il fait voile vers la Nouvelle-France en 1643 pour jouer un rôle de premier plan dans le poste nouvellement établi de Ville-Marie (Montréal). Nommé gouverneur de l'ensemble du Canada en 1648, il ne peut empêcher les Iroquois d'anéantir presque tous ses alliés hurons. Après 1651, d'Ailleboust demeure en Nouvelle-France, dont il est gouverneur intérimaire de 1657 à 1658.

Allan Greer

Air Canada Légalement constituée en vertu d'une loi fédérale le 10 avril 1937, afin d'offrir un service public de transport aérien. La propriété des actions est donnée aux Chemins de fer nationaux du Canada. Les activités prévues commencent le 1er septembre 1937 par l'inauguration des services passagers et postaux entre Vancouver (Colombie-Britannique) et Seattle (État de Washington). Les services passagers et postaux transcontinentaux débutent le 1er avril 1939 de Montréal et de Toronto à destination de Vancouver via Ottawa, North Bay, Kapuskasing, Winnipeg, Regina et les routes de Lethbridge et d'Edmonton avec la mise en service d'une flotte de Lockheed L10A et 14.08.

Le 1er janvier 1965, une loi fédérale change le nom LIGNES AÉRIENNES TRANS-CANADA pour Air Canada. La *Loi d'Air Canada* de 1977 met à jour les vols nolisés de la compagnie. Les actions ordinaires passent des Chemins de fer nationaux du Canada à la Couronne, et la compagnie passe sous la juridiction de la Commission canadienne des transports. En 1987, la compagnie exploite des services aériens nationaux, des lignes aériennes outre-Atlantique jusqu'à Glasgow, Manchester, Londres, Paris, Zurich, Düsseldorf, Münich, Genève et Francfort ainsi que jusqu'à Bombay et Singapour, et des vols de fret jusqu'à Shannon et Bruxelles. Air Canada dessert aussi l'ensemble des États-Unis et des Antilles. La flotte opérationnelle comprend 113 avions dont 5 Boeing 747, 16 L-1011, 36 Boeing 727 et 14 Boeing 767.

En 1986, les sociétés dans lesquelles Air Canada a investi comprennent GPA Group Ltée (22,7 p. 100), Innotech Aviation Ltée (30 p. 100), MATAC Cargo Ltée (50 p. 100) et Global Travel Computer Holdings Ltd. (86,5 p. 100). Air Canada achète Nordair en 1979 et la revend en mai 1984. Comme la plupart des autres compagnies aériennes, Air Canada connaît une très forte croissance dans les années 60 et 70, mais la hausse des prix du pétrole et les guerres de prix enclenchent sa récession au milieu des années 70. Avant la levée des restrictions imposées à CP Air, Air Canada possède 77,8 p. 100 des vols intérieurs. Cependant, le nombre de passagers et le fret diminuent de façon draconienne au début des années 80. La compagnie réagit par des diminutions de salaires et des ventes d'équipement.

En 1983, la compagnie subit trois accidents: un DC-9 dérape hors d'une piste glacée à Regina; le 2 juin, 23 passagers meurent dans l'incendie d'un DC-9 à Cincinnati; et un B-767, à court de carburant, réussit à atterrir en toute sécurité à Gimli avec de la chance et grâce à l'adresse de son pilote. En 1986, le chiffre d'affaires et l'actif d'Air Canada, qui compte alors 22 200 employés, s'élèvent chacun à près de 3 milliards de dollars.

En 1989, le gouvernement privatise la compagnie, mais elle continue à essuyer des pertes financières. Pendant l'été 1992, Air Canada et les Lignes aériennes Canadien entament d'âpres négociations en vue d'une fusion; celles-ci se révéleront finalement infructueuses. Air Canada conclut un accord avec Continental en décembre 1992. Son siège social est à Montréal. En 1995, suivant l'accord *Open Skies* signé par Jean Chrétien et Bill Clinton, la compagnie introduit 99 vols par semaine en Floride. En 1997, Air Canada opère une flotte de 219 appareils effectuant plus de 1200 vols quotidiens vers 120 destinations au Canada, les É.-U., les Caraïbes, le Moyen-Orient et l'Asie. En 1999, il semble que l'avenir de la compagnie soit mis encore en doute par la considération d'offres publiques d'achat rivales. La compagnie emploie près de 24 000 employés. Ses quartiers généraux sont à Montréal.

Aird, sir John, banquier (Longueuil, Canada-Est, 15 nov. 1855—Toronto, 30 nov. 1938). Aird a été président de la Banque Canadienne de Commerce, mais on le connaît surtout en tant que président de la Commission royale de la radiodiffusion qui a déposé son rapport en 1929. Entré à la banque en 1878, il en devient président en 1924. Le gouvernement de Mackenzie KING le nomme président de la Commission royale de la radiodiffusion en 1928. Aird recommande dans son rapport la création d'un organisme public qui réglementerait les radiodiffuseurs privés et diffuserait ses propres émissions. C'est ainsi qu'on crée, en 1932, la Commission canadienne de radio-diffusion, le précurseur de la Société Radio-Canada.

J.L. Granatstein

Aird, John Black, avocat, sénateur, administrateur d'entreprise et lieutenant-gouverneur (Toronto, 5 mai 1923—*id.*, 6 mai 1995). Après avoir terminé ses études à l'Osgoode Hall Law School, Aird se joint à un cabinet d'avocats de Toronto qui porte actuellement son nom. Il est nommé sénateur libéral de Toronto en novembre 1964, poste qu'il quitte en 1974 pour devenir président de l'Institut de recherches en politiques publiques jusqu'en 1980. Il est aussi président de la section canadienne de la Commission mixte canado-américaine sur la défense de 1971 à 1979.

En 1980, il est nommé lieutenant-gouverneur de l'Ontario. Il ajoute à sa fonction de représentant de la Couronne une dimension plus que protocolaire en manifestant un vif intérêt envers les handicapés et en se faisant leur défenseur de plus en plus engagé, ce qu'il appelle de «l'humanisme civique».

Aird attire surtout l'attention du public alors qu'il préside à la passation des pouvoirs au Parti libéral à la suite de l'accord de 1985 entre le NPD et les Libéraux, une tâche dans laquelle il s'assure que ses interventions respectent la nature non partisane de la fonction de lieutenant-gouverneur. Il quitte Queen's Park en septembre 1985 et, en juillet 1986, il succède à George Ignatieff comme chancelier de l'U. de Toronto, ayant précédemment été chancelier de l'U. Wilfrid Laurier de 1977 à 1985. Aird se retire en 1991, mais est nommé chancelier émérite en reconnaissance de son travail à l'université.

William Kaplan

Airdrie, cité de l'Alb.; pop. 15 946 (rec. 1996), 12 456 (rec. 1991), 10 416 (rec. 1986); superf. 21,02 km²; const. en 1985. Située à 10 km au nord des limites de la ville de Calgary, Airdrie est à cheval sur l'autoroute 2. À ses origines, Airdrie est une gare sur la ligne de chemin de fer entre Calgary et Edmonton

qui est complétée en 1891. En 1900, la gare est convertie en bureau de poste pour desservir la population agricole croissante. Celle-ci commence à s'établir sur les terres de pâturage qui dominaient le paysage depuis 20 ans. En 1909, Airdrie, qui compte 32 maisons, est déjà constituée en tant que village.

Après une soixantaine d'années de croissance lente, Airdrie devient dans les années 60 une localité résidentielle pour les gens travaillant tout près, à Calgary. Cette expansion se poursuit à un tel rythme que la population augmente d'environ 500 p. 100 entre 1976 et 1981. Dès lors, Airdrie est reconnue comme la ville dont la croissance est la plus rapide au Canada. Même si la majorité de la main-d'œuvre d'Airdrie travaille à Calgary, le parc industriel East Lake de la ville fournit aussi beaucoup d'emplois localement.

Douglas Babcock

Aitken, Robert Morris, compositeur (Kentville, N.-É., 28 août 1939). Après avoir joué au sein de divers orchestres, le plus remarquable étant l'orchestre symphonique de Vancouver où, à l'âge de 19 ans, il est le plus jeune flûtiste principal dans l'histoire de l'orchestre, Aitken abandonne ce type de poste en 1971 pour se consacrer au récital solo et à la musique de chambre. Il fait plusieurs apparitions avec la claveciniste Greta Kraus et avec le Lyric Arts Trio, qu'il a formé en 1964. Très recherché en tant que soliste par les orchestres d'Amérique du Nord, d'Europe et d'Asie, il a souvent créé des œuvres canadiennes contemporaines. Dans ses compositions, Aitken donne une forme sonore au plaisir de jouer de l'interprète virtuose, ne craignant pas de faire des expériences de timbres avec l'instrument, d'ajouter une couleur électroacoustique et d'enrichir son produit musical d'une forte originalité grâce à des techniques orientales. Il occupe le poste de directeur musical des études avancées en musique au centre de Banff de 1985 à 1989 et, en 1988, il devient professeur à l'université de Freibourg, en Allemagne. Il a créé, et plus tard enregistré, le *Concerto pour flûte et orchestre* de Murray Schafer.

Barclay McMillan

Aitken, William Maxwell, premier baron Beaverbrook, financier, politicien, auteur et éditeur (Maple, Ont., 25 mai 1879—Cherkley, Mickleham, Angl., 9 juin 1964). Beaverbrook, le fils d'un pasteur presbytérien, déclare que sa religion est à la base de sa réussite mondiale. En 1880, sa famille déménage à Newcastle, au Nouveau-Brunswick, où «Max», un petit garçon intelligent, mais espiègle, manifeste une passion pour les affaires rentables. Il tâte un peu de journalisme et vend de l'assurance avant de devenir commis dans un cabinet d'avocats à Chatham, au Nouveau-Brunswick. C'est là que naissent ses amitiés avec R.B. BENNETT et James Dunn, qui demeureront des amis de toujours. En 1897, il renonce à ses études de droit pour suivre les deux hommes à Calgary, où il gère une salle de quilles. Il déménage ensuite à Edmonton, avant de revenir dans les Maritimes.

En 1900, il commence à vendre des obligations, particulièrement celles des industries florissantes et des services publics canadiens. En 1903, il se joint à la Royal Securities Corporation en tant que directeur et, en moins de cinq ans, il devient millionnaire. Il déménage à Montréal, où il concentre son attention sur la création de nouvelles entreprises et la fusion de celles qui existent déjà. Ses créations les plus remarquables sont Stelco et Canada Cement.

En 1910, il déménage à Londres, où il poursuit ses activités commerciales et fait son entrée en politique. Guidé par Andrew Bonar LAW, Aitken obtient un siège pour le Parti conservateur lors de la deuxième élection générale de 1910. Il défend les tarifs et l'unité impériale, et il est fait chevalier en 1911. Pendant la Première Guerre mondiale, il représente le gouvernement canadien au front et écrit le volume *Canada in Flanders*. Il révèle son aptitude pour les tactiques politiques par son rôle dans l'accession de

Lloyd George comme premier ministre. Il se voit conférer le titre de pair en 1917. Il tire son nom du ruisseau Beaverbrook situé près de sa maison au Canada. Il devient ministre de l'Information en 1918.

Après la guerre, Beaverbrook quitte la politique et lance une chaîne de journaux britanniques. Il achète le *Daily Express* et l'*Evening Standard*, et fonde le *Sunday Express*. Il écrit aussi des livres sur ses expériences de guerre. En 1929, il est à la tête du mouvement Empire Free Trade. Le concept ne reçoit toutefois pas beaucoup d'appuis, en raison du climat protectionniste des années 30.

À titre de ministre de la construction aéronautique dans le gouvernement de guerre de Churchill, Beaverbrook stimule l'industrie aéronautique. D'autres affectations de temps de guerre suivent, mais, malgré sa détermination optimiste, Beaverbrook n'a pas le tempérament pour connaître un succès durable en politique et il quitte celle-ci en 1945. Après la guerre, il s'occupe de ses journaux et écrit ses mémoires et les biographies de ses amis influents.

Duncan McDowall

Ajax, ville de l'Ont.; pop. 64 430 (rec. 1996), 57 350 (rec. 1991), 36 550 (rec. 1986); superf. 67,70 km²; fondée en 1941; constituée en tant que district en voie d'organisation en 1950, puis en tant que ville en 1955; située à 37 km à l'est de Toronto, le long de la route 401. Ajax s'intègre à la municipalité régionale de Durham en octobre 1973. Elle étend ses limites de façon à englober le village de Pickering et une partie du canton du même nom en janvier 1974. Le nom d'Ajax est emprunté à l'un des croiseurs britanniques de classe «Leander» qui coïncèrent le cuirassé de poche allemand *Graf Spee* en 1939. Ajax a été fondée afin de répondre aux besoins d'une usine de munitions construite sur un terrain de 1200 ha.

Après la Seconde Guerre mondiale, 3000 militaires y suivent des cours dispensés par l'U. de Toronto. Après leur départ, en 1949, la Société d'hypothèques et de logement annonce qu'Ajax deviendra le premier centre industriel et résidentiel entièrement planifié. Ajax est un centre d'industries légères et une ville-dortoir de la région métropolitaine de Toronto.

Gerald Stortz

Aklavik, hameau des T.N.-O.; pop. 727 (rec. 1996), 801 (rec. 1991), 763 (rec. 1986); superf. 15,54 km². Aklavik est situé à l'embouchure du FLEUVE MACKENZIE, à 1143 km à vol d'oiseau au nord-ouest de YELLOWKNIFE. Aklavik, mot d'origine inuvialuite, signifie «là où il y a des ours». C'est un important centre de la région du delta du fleuve Mackenzie dans les années 50, mais en raison de graves inondations la plupart des services sont transférés à INUVIK, la localité voisine, en 1961.

Les Dénés Inuvialuits et Gwich'ins, qui refusent d'être relogés, appellent l'endroit «la ville qui ne veut pas mourir». En 1931-1932, Aklavik sert de base pour la poursuite du «Trappeur fou de Rat River», Albert JOHNSON. La plupart des résidants vivent de la chasse, du piégeage et de la pêche.

Annelies Pool

Alarie, Pierrette, soprano et professeure (Montréal, Qc, 9 nov. 1921). Elle étudie avec Jeanne Maubourg, Albert Roberval et Elisabeth Schumann ainsi qu'au studio de Salvator Issaurel. En 1945, elle est gagnante des Auditions of the Air du Metropolitan Opera, où elle fait ses débuts le 8 décembre 1945. Comme soliste, et aussi avec Léopold SIMONEAU, son mari, elle chante sur les plus grandes scènes d'Europe et d'Amérique du Nord, et les critiques font l'éloge de sa voix cristalline et de sa maîtrise de la musique d'opérette et de l'opéra lyrique. Alarie et Simoneau reçoivent le PRIX DE MUSIQUE CALIXA-LAVALLÉE en 1959 et le Diplôme d'honneur de la Conférence canadienne des arts (1983). Leur album *Airs de concert et duos de Mozart* remporte le Grand Prix du disque de l'Académie Charles-Cros à Paris en 1961. Ses grands rôles enregistrés comprennent, entre autres, celui de Leila dans

Les Pêcheurs de perles de Bizet et celui de Juliette dans *Roméo et Juliette* de Gounod. Pour son concert d'adieu, avec Simoneau, donné à Montréal le 24 novembre 1970, elle choisit *Le Messie* de Haendel.

Avec Simoneau, elle fonde l'Advanced Training Opera Centre (1978-1981) et le Canada Opera Piccola (1982-1988). Elle est nommée Officier de l'Ordre du Canada en 1967, puis Compagnon en 1996 et devient Chevalière de l'Ordre des arts et des lettres de France en 1990. L'U. McGill lui décerne un doctorat honorifique en 1994.

Hélène Plouffe

Alaska, affaires des frontières de l' Le litige des frontières de l'Alaska, qui oppose le Canada et les États-Unis, porte sur la ligne de démarcation de l'Enclave de l'Alaska qui s'étend vers le sud jusqu'à 54° 40' de latitude N. sur la côte de la Colombie-Britannique. Lorsque les États-Unis achètent l'Alaska de la Russie en 1867, ils héritent de la limite établie en 1825 par le traité conclu entre l'Angleterre et la Russie. Les États-Unis revendiquent une bande côtière continue, non interrompue par les fjords profonds de la région. Le Canada veut avoir le contrôle des extrémités en amont de certains fjords, en particulier celui du canal Lynn qui donne accès au Yukon. La RUÉE VERS L'OR DU KLONDIKE, qui se met en branle à l'automne 1897, fait éclater le différend au grand jour. Après l'échec des négociations directes à la Haute commission mixte en 1898-1899, l'affaire est portée devant un tribunal international en 1903. Il se compose de trois Américains et de deux Canadiens (A.B. Aylesworth et sir Louis Jetté) qui affichent clairement leurs couleurs. Le sixième membre de ce tribunal, lord Alverstone, juge en chef de l'Angleterre, épouse la cause des Américains en faveur d'une ligne passant derrière l'extrémité en amont des bras de mer, mais souscrit au partage équitable des quatre îles situées à l'embouchure du canal Portland. En guise de protestation, les juges canadiens refusent de signer la décision rendue le 20 octobre 1903, et un violent sentiment anti-britannique prend naissance au Canada.

Irrité par cette décision, le premier ministre du Canada, sir Wilfrid Laurier, proteste que l'incapacité juridique du Canada de négocier des accords internationaux (DROIT DE TRAITER) rend la défense de ses droits difficile sur la scène internationale; pourtant, il ne prend aucune mesure immédiate. Avec le temps, la colère du Canada s'estompe, mais les soupçons à l'endroit des Américains, provoqués par la décision rendue en 1903, jouent peut-être un rôle dans le rejet du LIBRE-ÉCHANGE par le Canada lors des «élections de la réciprocité» de 1911. Néanmoins, le règlement de la question des frontières de l'Alaska permet aux États-Unis et à l'Angleterre de mieux s'entendre, ce qui servira les intérêts du Canada durant la Première Guerre mondiale.

D.M.L. Farr

Alaska, route de l' Construite de 1942 à 1943, s'étend de Dawson Creek, en Colombie-Britannique, à Fairbanks, en Alaska. Étant donné la menace de plus en plus réelle d'une invasion japonaise, une route temporaire est aménagée en un temps record de huit mois, passant à travers la forêt et cinq chaînes de montagnes. Connue sous le nom de route militaire Alcan, elle couvrait 2333 km, de Dawson Creek à Big Delta, en Alaska. Des équipes d'ingénieurs de l'armée américaine, postées en plusieurs endroits, pouvaient construire jusqu'à 13 km de route par jour. En 1944, elle devient une route de gravier permanente, toutes saisons, de 7 à 8 m de largeur et de 2451 km de longueur, de Dawson Creek, en Colombie-Britannique, à Fairbanks, en Alaska. C'est le résultat du travail de 11 000 militaires et de près de 16 000 civils canadiens et américains. Tout au long de cette route, on dénombre 133 ponts de 6 m ou plus de longueur et plusieurs milliers de caniveaux. Les États-Unis y ont investi 147,8 millions de dollars dans le projet en hommes, en matériel et en équipement. Le Canada a cédé le droit de passage et, le 3

avril 1946, a pris en charge la portion de 1954 km de route qui relie Dawson Creek à la frontière de l'Alaska. Le Canada a payé aux États-Unis 108 millions de dollars pour l'acquisition des petits aéroports et des pistes d'atterrissage, des bâtiments, des raccordements téléphoniques et d'autres biens, sans avoir déboursé pour la construction même de la route.

Ouverte sans restriction à la circulation en 1947, la route est remise à niveau et élargie par des ingénieurs de l'armée canadienne pendant les 17 années suivantes, jusqu'à ce que sa gestion soit transférée, en 1964, au département fédéral des Travaux publics, qui en poursuit la réfection. Certains tronçons ont été pavés et des centaines de kilomètres asphaltés, pour accueillir une circulation de près de 220 véhicules par jour dans les parties isolées, jusqu'à concurrence de 1700 par jour près de Whitehorse.

L'entretien de cette route est un combat de tous les jours contre la nature, à cause des inondations et des glissements de terrain printaniers et des blizzards et du froid extrême hivernaux, alors que des températures de -48 °C font en sorte que les lames des bulldozers se fracturent comme du verre. Construite au départ à des fins militaires, la route a contribué au développement des industries forestières, gazières, minières et touristiques ainsi qu'au développement du camionnage. Elle a servi de tremplin à la croissance d'Edmonton, devenu un important centre d'approvisionnement, et a eu un effet psychologique bénéfique, en établissant un lien durable entre le nord de la Colombie-Britannique et le Yukon, et en mettant fin à l'isolement du Nord.

C.W. Gilchrist

Albanais Les Albano-Canadiens ont leurs racines en Albanie, peu importe que leur pays d'origine soit la Yougoslavie, la Grèce ou l'Albanie elle-même. Petite nation de quelque deux millions d'habitants, l'Albanie se trouve dans le sud-est de l'Europe, sur la côte Ouest de la péninsule balkanique. Toutefois, plus de 1,3 million d'Albanais de souche vivent en Yougoslavie (ce sont les «Skipétars», soit les «Fils de l'Aigle») et quelque 250 000 en Grèce. Les Albanais d'Albanie se divisent en deux principaux groupes par dialecte: les Guègues dans la moitié Nord du pays et les Tosques dans la partie Sud. Environ 70 p. 10 des Albanais sont musulmans, 20 p. 100 sont orthodoxes et 10 p. 100, catholiques.

Migration et établissement Les premiers Albanais arrivent au Canada au début du siècle, à la suite de soulèvements révolutionnaires qui secouent le pays avant la guerre. Les quelques immigrants albanais qui arrivent ici après la Seconde Guerre mondiale s'installent soit à Montréal, soit à Toronto. Certains trouvent du travail à Calgary ou dans de petites localités de l'Ontario (à Peterborough, p. ex.).

Des Albanais de la Yougoslavie en arrivent à avoir une sorte de double allégeance ethnocivique. En effet, ceux-ci adhèrent aux organisations canado-yougoslaves de Toronto comme Bratstvo-Jedinstvo et l'association culturelle monténégrine Crna Gora, mais ils restent attachés à leur héritage ethnique et à l'histoire nationale albanaise, même si leurs ancêtres ont parfois quitté l'Albanie depuis plusieurs siècles. Quant aux Albanais d'Albanie même, ils participent activement à leurs organisations commerciales et sociales. On les retrouve souvent dans le secteur de la restauration.

Vie sociale et culturelle D'après le recensement de 1996 (dernière année pour laquelle des chiffres sont disponibles), on compte 4140 Albanais au Canada, dont 1900 vivant à Toronto. Ces chiffres sont loin d'être exacts, puisqu'il a été démontré que les Albanais des 2e et 3e générations au Canada évitent d'évoquer leur origine ethnique. Ainsi, le nombre réel d'Albanais au Canada reste incertain et la participation aux activités socioculturelles et aux festivals se limite le plus souvent à de petits groupes de familles.

Vladislav A. Tomoviç

Albanel, Charles, jésuite, missionnaire et explorateur (Auvergne, France, v. 1616—Sault Sainte-Marie, 11 janv. 1696). Ayant rejoint les missions des jésuites au Canada en 1649, Albanel est affecté à TADOUS-SAC, d'où il fait de nombreuses expéditions dans les régions sauvages avec les autochtones. L'intendant Jean TALON l'envoie explorer, dans les années 1671 et 1672, la région nordique de la baie d'Hudson afin de vérifier les rumeurs voulant que des Européens francophones y soient installés (il s'agit, en fait, de RADISSON et de GROSEILLIERS qui travaillent alors pour la Compagnie de la baie d'Hudson). Il atteint la baie en juin 1672. Il est probablement le premier Européen à s'y rendre par voie de terre. Il y retourne en 1673 pour tenter de persuader Groseilliers de revenir au service de la France. Il est détenu par les Anglais et ne revient au Canada qu'en 1676. Par la suite, il dessert les missions de l'intérieur ouest du pays.

Stanley Gordon

Albani, Dame Emma Nom de scène de Marie-Louise-Cécile-Emma Lajeunesse, soprano (Chambly, Canada Est, 1er nov. 1847—Londres, Angl., 3 avr. 1930). Ce sont d'abord ses parents qui lui ont enseigné le chant à Chambly, à Plattsburgh et à Montréal, où elle a présenté son premier concert en 1856. Elle devient la première artiste née au Canada à acquérir une réputation internationale dans le monde de l'opéra, de l'oratorio, et du concert de chant.

Après avoir étudié à Paris et à Milan, elle fait ses débuts en tant que cantatrice à Messina en Italie, dans le rôle d'Oscar dans *Un Ballo in maschera* (1869), et connaît son premier vrai triomphe peu après, en jouant Amina dans *La Sonnambula*. Ce succès lui ouvre les portes des opéras de Londres (1872), de Paris (1872) et de New York (1874). Bien qu'elle soit attachée au Covent Garden de Londres, elle n'a cessé de poursuivre une carrière internationale dans plusieurs pays. En 1891-1892, elle chante au Metropolitan Opera de New York.

Albani chante 43 rôles de premier plan avant de prendre sa retraite en 1896. Entre 1883 et 1906, elle effectue une douzaine de tournées au Canada pendant lesquelles elle est chaleureusement acclamée. Sa voix remarquable a été conservée sur l'enregistrement Rococo 5255, qui contient huit titres dont des chants qui remontent au tournant du siècle et trois arias de Haendel.

Gilles Potvin

Albany, rivière D'une longueur de 982 km, elle se trouve à la sortie du lac Saint-Joseph, dans le nord-ouest de l'Ontario. Elle coule vers l'est jusqu'aux chutes Eby, où elle franchit la saillie rocheuse du BOUCLIER canadien, dans les basses terres argileuses, et se jette dans la BAIE JAMES, près de Fort Albany (établi en 1684). Elle a un BASSIN HYDROGRAPHIQUE de 134 000 km² et son débit moyen est de 1420 m³/sec. Nommée en l'honneur du duc d'Albany, le futur roi Jacques II, cette rivière était une ROUTE DE LA TRAITE DES FOUR-RURES très fréquentée. Elle l'était toutefois moins que la RIVIÈRE HAYES à cause des accès plus difficiles à d'autres réseaux fluviaux. Les principales rivières tributaires sont l'Ogoki et la Kenogami.

James Marsh

Alberta La plus occidentale des trois provinces des Prairies canadiennes, partage de nombreuses caractéristiques physiques avec ses voisines de l'Est, la SASKATCHEWAN et le MANITOBA. Les montagnes Rocheuses forment la partie méridionale de la frontière qui, à l'ouest, sépare l'Alberta de la COLOMBIE-BRITANNIQUE. Par sa situation géographique, l'Alberta se trouve à une distance considérable des centres traditionnels de l'économie et de la vie politique canadiennes. Toutefois, elle possède les plus gros gisements de pétrole et de gaz naturel du pays. Grâce à l'essor qui a caractérisé, entre 1947 et 1982, l'industrie pétrolière, l'Alberta a connu au cours de cette période une croissance économique supérieure à celle de toute autre province, ce qui a

contribué à déplacer vers l'ouest la puissance économique du Canada.

L'Alberta, ainsi nommée en l'honneur de la princesse Louise Caroline Alberta, quatrième fille de la reine Victoria, était au départ l'un des quatre districts provisoires des Territoires du nord-ouest et n'englobait que la portion de la province actuelle située au sud du 55° de latitude N. et à l'ouest du 111° de longitude. Les frontières actuelles ont été fixées en 1905, lorsque l'Alberta a accédé au rang de province. D'apparence tout à fait homogène, elle se compose cependant de deux régions socioculturelles distinctes: le Sud, qui gravite autour de Calgary, le Centre et le Nord, autour d'Edmonton, la métropole.

Cette division a de profondes racines historiques. Le Sud était autrefois le domaine de la nation des Pieds-Noirs, alors que le Nord était dominé par les Cris et d'autres tribus des forêts. À leur arrivée, les Blancs, qui exploitent des ranchs, s'installent dans le Sud, tandis que les producteurs céréaliers ouvrent la région agricole du centre.

Calgary et la zone méridionale de l'Alberta sont d'abord reliées à l'est par le chemin de fer du Canadien Pacifique; Edmonton et le Nord, quant à eux, se servent du Grand Trunk Pacific Railway et du chemin de fer Canadian Northern Railway pour leurs communications avec l'est du pays. Plus tard, Calgary deviendra le siège administratif et financier de l'industrie du pétrole et Edmonton, le centre de prospection et de production.

Sur le plan politique, depuis les années 20, les deux régions ont régulièrement soutenu des formations conservatrices, d'abord le Crédit social, puis le Parti conservateur. Au cours des dernières années, sur l'échiquier provincial, dans le Nord, l'opposition tend à se regrouper autour du Nouveau Parti démocratique ou du Parti libéral, tandis que dans le Sud, elle s'oriente vers les candidats de centre-droit.

Territoire et ressources

La géographie physique, le climat, la nature des sols et de la végétation s'allient pour délimiter quatre régions naturelles en Alberta. La région des Prairies comprend la majeure partie du sud de l'Alberta, plus précisément les terres sises au sud et à l'est d'un arc s'étirant de Waterton, dans le sud-ouest, à un point situé le long de la frontière de la Saskatchewan, à l'est de Red Deer. Ces prairies vallonnées sont relativement sèches et caractérisées par l'absence d'arbres. Leur relief est par endroit interrompu par de profondes vallées fluviales et s'élève de moins de 300 m dans le nord-est à plus de 1460 m dans les COLLINES DE CYPRÈS au sud-est. Le centre de l'Alberta est principalement occupé par une prairie-parc, qui forme un croissant s'étirant vers l'ouest et le nord de la région des Prairies et qui englobe, en grande partie, le bassin hydrographique de la RIVIÈRE SASKATCHEWAN Nord.

Cette région, où se côtoient les terrains plats, correspondant au fond d'anciens lacs, et les paysages vallonnés, parsemés de dépressions et de nombreux lacs, comporte à la fois des terres boisées et herbeuses. La nature des sols et les facteurs climatiques rendent ces terres propices à l'agriculture. La moitié Nord de la province est le royaume de la FORÊT BORÉALE: le paysage y est caractérisé par de vastes lacs et de grandes rivières coulant vers le nord, en direction de l'océan Arctique. Le sol et le climat y sont peu favorables à l'agriculture, sauf dans la région de la RIVIÈRE DE LA PAIX au nord-ouest qui, grâce aux caractéristiques propres à la prairie-parc, est la région céréalière la plus septentrionale du monde. À l'ouest des plaines, les CONTREFORTS des ROCHEUSES s'élèvent à l'ouest de Grande Prairie et courent le long de la partie méridionale de la frontière avec la Colombie-Britannique. Des sommets atteignant 3600 m font de cette région l'un des paysages naturels les plus spectaculaires du Canada.

Géologie C'est dans l'extrême Nord-Est, à l'est de la rivière des Esclaves et de la partie inférieure de

la rivière Athabasca, qu'on retrouve les paysages les plus anciens de l'Alberta: on y voit affleurer des roches cristallines formées à l'ère précambrienne (il y a de 4000 à 600 millions d'années). Ce petit affleurement du BOUCLIER canadien ne se termine pas au nord-est, puisque les roches qui le composent forment l'assise du reste de la province, descendant jusqu'à 6000 m au sud-ouest.

À l'ère paléozoïque (il y a de 544 à 225 millions d'années), se sont succédé des périodes d'assèchement et d'inondation, et la vie y a évolué, depuis des formes primitives de végétaux et d'animaux à une végétation de région sèche et à des vertébrés. La décomposition de cette vie animale et végétale, en particulier durant la période dévonienne (il y a de 400 à 350 millions d'années), a contribué à la formation de la plupart des gisements de pétrole et de gaz naturel.

À l'ère mésozoïque (il y a de 225 à 70 millions d'années), l'Alberta a connu une alternance de soulèvements de terrains et d'inondations océaniques. C'est l'ère des DINOSAURES, au cours de laquelle se forment les BADLANDS de la vallée de la rivière Red Deer et la majeure partie des ressources de charbon de la province.

Au cours de l'ère cénozoïque (il y a 65 millions d'années), on assiste au soulèvement des montagnes Rocheuses et à la mise en place de la structure géomorphologique actuelle. Il y a environ 25 000 ans, au cours de la dernière progression du glacier continental qui a recouvert la presque totalité de la province, la glace a profondément labouré le sol. Seules y ont échappé les collines de Cyprès, les collines de Porcupine et les plus hauts sommets des Rocheuses. Le dernier retrait de l'époque glaciaire, il y a environ 13 000 ans, est à l'origine des sols et des réseaux fluviaux actuels.

Végétation La région des Prairies de la portion méridionale de l'Alberta regroupe des zones d'herbes courtes et des zones mixtes. Dans les régions situées au sud-est, on retrouve des herbes courtes, comme le bouteloua gracieux (*Bouteloua gracilis*), qui résistent à la sécheresse et poussent dans un SOL brun clair, pauvre en azote et en phosphore, d'environ 12 cm d'épaisseur. Les sécheresses annuelles et l'érosion éolienne entraînent une déflation du sol considérable. La zone de prairie mixte, qui décrit un arc orienté vers l'ouest et le nord de la région d'herbes courtes, se caractérise par un sol brun foncé, plus fertile, et une végétation naturelle formée de graminées et d'autres herbes plus hautes.

Dans la prairie-parc du centre de l'Alberta et dans celle de la rivière de la Paix, la végétation naturelle se compose d'herbes hautes et de trembles. La prairie-parc centrale possède des sols noirs fertiles, tandis que celle de la région de la rivière de la Paix reçoit des sols gris et gris foncés un peu moins hautes.

La région septentrionale de l'Alberta possède une végétation forestière où dominent, au sud, le tremble et le bouleau blanc, et au nord, l'épinette blanche, le mélèze et l'épinette noire. On trouve aussi des sapins baumiers et des pins gris à l'est et des pins de Murray à l'ouest, poussant dans des sols gris et pauvres. Le sapin subalpin, l'épinette blanche et le pin de Murray ont colonisé les régions moins élevées des Rocheuses, tandis que, plus haut, des peuplements disséminés d'épinettes noires et de mélèzes de Lyall côtoient des tapis de lichen et de fleurs alpines pour former de ravissants alpages. Enfin, les zones les plus élevées sont le domaine des roches, des neiges éternelles et des glaciers.

Hydrographie Dans le sud-est de l'Alberta, la petit bassin de la RIVIÈRE MILK se jette dans la rivière Missouri, puis dans le fleuve Mississippi, poursuivant vers le sud jusqu'au golfe du Mexique. Le reste de la portion méridionale de la province est drainé par les bassins fluviaux des rivières Saskatchewan Nord et Sud, vers l'est jusqu'à la baie d'Hudson, par le réseau de la rivière Nelson. Ces rivières charrient 75 p. 100 des volumes d'eau s'écoulant vers l'est. Le nord de la province est dominé par les bassins des rivières Athabasca, Hay et de la Paix, qui coulent vers le nord jusqu'à l'océan Arctique, par l'intermédiaire du fleuve Mackenzie.

La faiblesse des pluies annuelles, une importante évaporation et la rapidité du ruissellement provoquent des pénuries d'eau chroniques et variables dans le sud de la province. Plutôt modérée dans la prairie-parc, cette déficience devient beaucoup marquée dans la prairie à herbes courtes. Depuis la fin du XIXᵉ siècle, on a mis en place des systèmes d'irrigation qui desservent aujourd'hui quelque 500 000 ha. Cependant, la quantité d'eau disponible pour l'irrigation est elle-même limitée par le volume d'eau circulant dans le bassin hydrographique de la rivière Saskatchewan Sud.

À plusieurs reprises, on a envisagé le détournement vers le sud des rivières Athabasca et de la Paix. Le lac Claire et le Petit lac des Esclaves sont les deux principaux lacs entièrement situés en Alberta.

Climat Par sa localisation nordique, comprise entre les 49ᵉ et 60ᵉ degrés de latitude N., la province se trouve dans la zone tempérée septentrionale où les hivers sont froids et les étés, frais et assez courts. Cependant, les températures et les précipitations sont surtout déterminées par l'altitude et la largeur des Rocheuses et par la direction des vents dominants.

Les chaînes de montagnes interceptent l'air venant du Pacifique et l'assèchent. Les pentes orientales des Rocheuses se trouvent donc dans une région sous le vent abritée des précipitations et, la plupart du temps, le ciel de l'Alberta est dégagé. Les précipitations y sont généralement peu importantes, variant d'environ 30 cm par an dans le sud-est à 40 ou 45 cm dans le nord, sauf dans la région des contreforts montagneux, où des chutes annuelles de pluie de 55 à 60 cm sont enregistrées.

L'air sec et limpide procure aux Albertains de très longues périodes d'ensoleillement, qui varient annuellement de 1900 heures dans le nord à 2300 heures dans la région de Lethbridge, au sud. L'air qui s'engouffre dans l'entonnoir des Rocheuses produit aussi le CHINOOK, vent sec et chaud particulièrement fort et courant dans le sud-ouest, qui peut provoquer en quelques heures des hausses spectaculaires de température, faire fondre la neige et apparaître l'herbe tout en apportant un répit bienfaisant pendant le long hiver rigoureux.

L'influence de la masse d'air du Pacifique s'atténue dans l'est de l'Alberta, où elle cède la place à des masses d'air continental en provenance de l'Arctique et du Midwest américain. Celles-ci occasionnent en janvier des températures moyennes de -8 °C au sud à -24 °C au nord et, en juillet, des températures moyennes de 20 °C au sud à 16 °C au nord. La saison de croissance de la végétation varie d'environ 120 jours dans la partie méridionale à 60 jours dans la zone septentrionale. À cet endroit, la brièveté de la belle saison est compensée par des jours plus longs et des altitudes moins élevées, qui permettent la culture du blé aussi loin au nord que dans la vallée de la rivière de la Paix.

Richesses naturelles L'Alberta est la province canadienne qui possède le plus de richesses énergétiques. Selon des estimations effectuées à la fin de 1995, son sous-sol renfermerait encore les réserves récupérables suivantes: 374 millions de m³ de pétrole brut classique, 574 millions de m³ de pétrole brut synthétique et 1489 milliards de m³ de gaz naturel. Même si, depuis 1973, le volume de la production annuelle de pétrole excède celui des découvertes, l'augmentation des forages exploratoires et de reconnaissance ainsi que l'amélioration des méthodes de récupération ont accru la durabilité des réserves existantes.

Le CHARBON présente même un potentiel supérieur à long terme: environ 70 p. 100 des ressources charbonnières restantes au Canada, soit 34 milliards de tonnes d'après les estimations de 1995, se trouvent en Alberta. Alors que la puissance installée en 1994 atteignait 822,8 MW, on estime à 1923 MW le potentiel hydroélectrique inexploité total de la province.

L'Alberta possède des terres cultivables d'une superficie d'environ 2661 millions d'hectares. Ses forêts couvrent en tout 382 000 km², dont le rendement annuel atteint 1880,3 millions de m³ (conifères) et 1200,6 millions de m³ (bois dur). Les ressources traditionnelles du nord de l'Alberta, c.-à-d. la fourrure et la pêche, ont diminué ces dernières années, tandis que les ressources récréo-touristiques ont pris de l'importance avec l'urbanisation et la croissance démographique. Le territoire de l'Alberta comprend près de 54 000 km² alloués aux PARCS NATIONAUX et 10 000 km² occupés par les PARCS PROVINCIAUX et les espaces naturels et de loisirs.

Conservation de la nature Avec la promulgation, en 1992, de la *Loi sur la protection et l'amélioration générale de l'environnement*, l'Alberta est entrée dans une nouvelle ère en matière de conservation de la nature. Cette loi unique, qui possède des dispositions relatives à la sauvegarde de la qualité de l'air, des sols et de l'eau, découle de la refonte totale ou partielle de 10 lois antérieures. Elle vise à rationaliser la gestion des ressources de la province de telle sorte que les effets éventuels d'un projet sur l'environnement soient mieux identifiés et, s'il y a lieu, atténués, et que les richesses naturelles de l'Alberta soient exploitées dans une perspective de développement durable.

À l'origine, deux des cinq parcs nationaux de l'Alberta étaient des réserves fauniques: ELK ISLAND, à l'est d'Edmonton, et WOOD BUFFALO (44 802 km²), à cheval sur la frontière des Territoires du nord-ouest, avaient été créés pour aider à la protection du wapiti et du bison mais, dans les deux cas, ils ont surtout réussi de façon spectaculaire à protéger le bison des plaines. Plusieurs parcs provinciaux et parcs naturels servent de réserves fauniques, dont le PARC PROVINCIAL CYPRESS HILLS dans le sud-est, le parc Sir Winston Churchill sur le lac La Biche et le parc Willmore Wilderness au nord de JASPER.

Population

C'est surtout entre 1896 et 1914 qu'a lieu l'établissement de colonies agricoles en Alberta. En 1901, elle compte 73 022 habitants et 373 943 en 1911. Les colons viennent de l'est du Canada, des États-Unis, de Grande-Bretagne et du continent européen. Dans les décennies suivantes, la croissance démographique ralentit et la population atteint 584 454 personnes en 1921, 796 169 en 1941 et 1 331 944 en 1961. C'est au cours de la CRISE DES ANNÉES 30 que la croissance démographique est la plus faible. Puis, après la Seconde Guerre mondiale, la croissance reprend grâce à l'arrivée d'immigrants d'outre-mer et de Canadiens d'autres provinces, attirés par la prospérité notoire de la province.

Au cours du boom pétrolier des années 70, cette tendance s'accentue considérablement, et la population de la province explose, passant de 1 768 500 à 2 367 400 habitants. Depuis lors, elle s'est stabilisée. Un accroissement naturel minimal de la population compense le solde migratoire négatif. L'Alberta comptait 2 545 553 habitants en 1991 et 2 716 000 en 1994.

Centres urbains En 1994, la population albertaine est urbaine à 80 p. 100 et rurale à 20 p. 100. C'est vers la fin des années 30 que la population rurale culmine, avec 530 000 habitants, soit 66 p. 100 de la population totale.

L'URBANISATION s'accélère pendant la Seconde Guerre mondiale et, à la faveur de la prospérité d'après-guerre, elle s'intensifie nettement. Dès 1951, la population rurale ne totalise plus que 490 000 personnes, soit 61 p. 100. La concentration de la population au sein de deux grandes agglomérations constitue l'aspect le plus remarquable de la croissance urbaine: en 1946, EDMONTON et CALGARY regroupent 27 p. 100 de la population de l'Alberta; en 1991, ce pourcentage s'élève à 62,6 p. 100. Au recensement de 1991, la région métropolitaine d'Ed-

Mandat	Premier ministre	Parti
1905-10	Alexander Cameron RUTHERFORD	Libéral
1910-17	Arthur Lewis SIFTON	Libéral
1917-21	Charles STEWART	Libéral
1921-25	Herbert GREENFIELD	Fermiers unis de l'Alberta
1925-34	John Edward BROWNLEE	Fermiers unis de l'Alberta
1934-35	Richard Gavin REID	Fermiers unis de l'Alberta
1935-43	William ABERHART	Crédit social
1943-68	Ernest Charles MANNING	Crédit social
1968-71	Harry Edwin STROM	Crédit social
1971-85	Peter LOUGHEED	Conservateur
1985-92	Donald Ross GETTY	Conservateur
1992-	Ralph KLEIN	Conservateur

PREMIERS MINISTRES DE L'ALBERTA

monton, capitale provinciale et centre administratif, compte 839 934 habitants, tandis que celle de Calgary, siège des activités pétrolières et financières, arrive au deuxième rang avec 754 033 personnes. Pour ce qui est de la vente en gros et au détail, l'hinterland de la région de Calgary englobe toute la province au sud de Red Deer, plus une partie du sud-est de la Colombie-Britannique, tandis que celui d'Edmonton comprend le reste de l'Alberta et le nord-est de la Colombie-Britannique, dans la région de la rivière de la Paix.

La croissance d'Edmonton et de Calgary a nui aux centres urbains secondaires: LETHBRIDGE, RED DEER et MEDICINE HAT, au sud, ont conservé leur zone d'influence potentielle, mais aux dépens de localités plus petites. ST. ALBERT, Sherwood Park, LEDUC et FORT SASKATCHEWAN sont presque devenues des villes-satellites d'Edmonton. Seules FORT MCMURRAY, au nord-est, et GRANDE PRAIRIE, au nord-ouest, ont échappé à l'influence directe des deux villes principales, en raison de leur éloignement et de l'aspect régional de l'exploitation des ressources.

Population active En 1995, 1 489 000 personnes occupent un emploi en Alberta, et le taux de chômage s'y établit à 7,8 p. 100. Pendant de nombreuses années, la province conserve le taux de chômage le plus bas au Canada, mais, en 1982, elle passe au second rang derrière la Saskatchewan avec 7,7 p. 100, puis le taux excède 10 p. 100 en 1983-1984. Ce taux va chuter à 7 p. 100 en 1990, remonter à nouveau à 9,7 p. 100 en 1993 pour redescendre à 7,8 p. 100 en 1995. L'évolution de la population active albertaine est marquée par la croissance de l'industrie tertiaire (903 000 emplois en 1989 et 983 000 en 1995) et l'accroissement du taux d'activité des femmes (de 51,5 p. 100 de la population active totale en 1977, elles en représentent 64,7 p. 100 en 1995. En 1995, la population active se répartit ainsi: 38 p. 100 dans les services, 17 p. 100 dans le commerce, 7 p. 100 en agriculture, 7,7 p. 100 dans le secteur des transports, 6,8 p. 100 dans le domaine de la construction, 8 p. 100 dans le secteur manufacturier, 5,8 p. 100 pour les autres industries primaires et 4,7 p. 100 dans le milieu financier. En 1994, le revenu annuel moyen est de 25 224 $, devancé seulement par ceux de l'Ontario et de la Colombie-Britannique et supérieur à la moyenne nationale de 23 746 $.

Ethnies, langues et religions La population de l'Alberta se distingue par la diversité des groupes ethniques, des langues et des religions. Les autochtones, prédominants jusqu'en 1880, sont vite surpassés en nombre par l'afflux d'immigrants protestants anglophones et catholiques francophones, venus de l'est du Canada. Cependant, la très grande diversité ethnique remonte surtout à la vague d'immigration qui, de 1896 à 1914, provoque l'arrivée de dizaines de milliers de colons de langue et de religion fort diverses venant du nord, de l'est et du centre de l'Europe.

En 1991, les principaux groupes ethniques en importance sont les Britanniques (493 195 ou 20 p. 100); les Allemands (185 630 ou 7,4 p. 100); les Ukrainiens (104 350 ou 4,1 p. 100); les Français (74 615 ou 3 p. 100); les autochtones (68 445 ou 2,7 p. 100); les Néerlandais (54 750 ou 2,2 p. 100); les Scandinaves (45 985 ou 1,8 p. 100) et les Polonais (32 840 ou 1,3 p. 100). Parmi les autres groupes présents, on retrouve les Autrichiens, les Tchèques, les Finlandais, les Hongrois, les Italiens, les Japonais, les Juifs, les Russes, les Slovaques et les Antillais. En 1991, la population de langue maternelle anglaise domine nettement, avec 2 068 650 personnes ou 81 p. 100 de la population totale. Toutefois, d'autres langues ont survécu, aidées en cela par la venue d'immigrants, après la Seconde Guerre mondiale, qui ont renforcé des groupes d'origine autre qu'anglophone arrivés antérieurement. L'allemand est la langue maternelle de 80 030 habitants ou 3,2 p. 100 de la population totale, l'ukrainien, celle de 43 195

personnes ou 1,7 p. 100, le français, celle de 53 710 individus ou 2,1 p. 100 et le chinois, celle de 60 265 locuteurs ou 2,4 p. 100.

En 1991, les catholiques romains forment le groupe religieux le plus considérable, avec 640 485 fidèles ou 25,4 p. 100 de la population totale. Viennent ensuite par ordre décroissant les membres de l'Église unie, 419 600 ou 16,7 p. 100; les anglicans, 173 160 ou 6,9 p. 100; les luthériens, 137 145 ou 5,4 p. 100; les disciples de religions orientales non chrétiennes (dont les bouddhistes, les hindous, les musulmans, les sikhs, etc.), 78 460 ou 3 p. 100; les baptistes, 63 735 ou 2,5 p. 100; les pentecôtistes, 52 990 ou 2,1 p. 100; les presbytériens, 48 385 ou 1,9 p. 100; les orthodoxes de rite oriental, 42 720 ou 1,7 p. 100; et les catholiques de rite ukrainien, 26 170 ou 1 p. 100. En outre, certains groupes religieux, de faible importance mais d'une visibilité certaine, sont plus nombreux en Alberta que dans toute autre province: les mormons (*voir* ÉGLISE MORMONE), 46 830 ou 1,9 p. 100; les MENNONITES, 22 230 ou 0,9 p. 100; et les HUTTÉRITES, 9 980 ou 0,4 p. 100.

Cette diversité a exercé une influence sur les attitudes populaires et les politiques en matière d'éducation et de multiculturalisme. Au cours des années qui ont précédé la constitution de la province en 1905, la division de la société entre Français catholiques et Anglais protestants a conduit à la création de commissions scolaires locales séparées et financées par les fonds publics pour la minorité catholique (ou parfois protestante).

Par la suite, les huttérites, les mennonites et les membres de l'Église chrétienne réformée obtiendront, eux aussi, des privilèges dans le domaine de l'éducation, soit dans le cadre du système d'enseignement public, soit par le truchement d'écoles privées financées par les groupes eux-mêmes. Quoique l'anglais demeure la principale langue d'enseignement dans les écoles de l'Alberta, les autorités de compétence tant provinciale que locale ont toléré, et même encouragé, l'enseignement en français, en allemand, en ukrainien et en langue amérindienne.

Économie

L'économie de l'Alberta a longtemps reposé sur l'exploitation des matières premières et sur les marchés extérieurs, les prix et les revenus étant largement déterminés par des forces économiques et politiques extérieures. Ce modèle s'est implanté dès le XVIIIe siècle avec la TRAITE DES FOURRURES et s'est poursuivi au XIXe siècle avec l'industrie de l'élevage et, par la suite, la culture céréalière. L'achèvement, en 1885, de la liaison ferroviaire du CP ouvre des marchés aux céréales, tout en favorisant la pénétration des produits fabriqués dans l'Est. L'agriculture, l'activité économique prépondérante jusqu'à la découverte de pétrole dans le champ Leduc en 1947, a depuis été surpassée par les secteurs minier et manufacturier en ce qui a trait à la valeur nette de la production.

Au début des années 70, la flambée mondiale du prix du pétrole provoque une croissance frénétique et sans précédent de l'économie albertaine. Après une décennie de prospérité financière, due presque entièrement aux profits générés par l'industrie pétrolière, les effets de la récession économique des années 82 et 83, qui frappe l'ensemble du pays, se feront durement sentir en Alberta: ralentissement de la construction, chute des ventes au détail et montée soudaine du taux de chômage, qui passe de 4 à 10 p. 100. En 1982 et en 1983, les investissements et les dépenses dégringolent de façon dramatique et, depuis lors, ils se sont stabilisés à des niveaux considérablement moindres que ceux qui avaient été atteints au cours de la période de prospérité. Après plusieurs années de croissance économique très modérée sinon nulle, on assiste en 1986 à un effondrement considérable des prix du pétrole et des céréales sur les marchés internationaux. Malgré les nombreuses promesses formulées par le gouvernement provincial au cours

des années 70 et 80, selon lesquelles il allait utiliser les énormes redevances sur les ventes de pétrole et de gaz naturel pour diversifier l'économie, il faudra attendre la fin des années 80 pour assister à un début de diversification dans le domaine de l'industrie forestière. Au milieu des années 90, à la suite d'une hausse des prix de son pétrole et de son gaz naturel sur les marchés mondiaux, l'économie albertaine reprendra de la vigueur.

Agriculture L'industrie agricole albertaine demeure d'une importance vitale pour la province, pour le pays et, si l'on prend en considération les exportations de céréales, pour le monde. De 1975 à 1980, les recettes provenant de l'agriculture augmentent de 65 p. 100 et, depuis ce temps, elles connaissent des hausses constantes. Les rentrées d'argent provenant des cultures céréalières, principalement le BLÉ, le CANOLA et l'ORGE, totalisent 2 milliards de dollars. Parmi les autres cultures, mentionnons la betterave à sucre, la pomme de terre et d'autres légumes. En 1995, les revenus provenant de l'élevage du bétail et des produits dérivés atteignent 3 milliards de dollars. La transformation des produits agricoles génère à elle seule 4,75 milliards de dollars de plus, soit 25 p. 100 de la valeur totale des expéditions manufacturières de la province. Chaque année, la valeur des exportations excède les 36 milliards de dollars.

Les exploitations laitières et avicoles, de même que les élevages de bovins, de porcs et de moutons, se concentrent autour des régions métropolitaines d'Edmonton et de Calgary et dans le corridor qui relie les deux villes. Les producteurs de blé et de petites céréales se retrouvent principalement dans la région de la rivière de la Paix, dans les secteurs d'Edmonton, de CAMROSE et de LLOYDMINSTER, et dans une ceinture s'étendant de Red Deer, au sud-est, vers la frontière des États-Unis. Il existe une concentration d'entreprises à vocations variées dans le croissant qui s'étire vers le nord-ouest, de Lethbridge à Calgary et à Red Deer, et ensuite vers le nord-est, jusqu'à Camrose et à Lloydminster ainsi que dans les comtés au nord d'Edmonton. Les sols bruns et noirs, qui constituent la prairie mixte et la prairie-parc, conviennent particulièrement bien à l'agriculture mixte. En dehors de ce croissant fertile, surtout au sud-est, on retrouve les ranchs et les exploitations de blé, où l'étendue des unités de production compense le faible rendement du sol. Lethbridge se situe au centre de la zone de culture en terrain irrigué, où l'on produit la betterave à sucre, la pomme de terre et d'autres légumes.

Industrie Les fabricants albertains ont tendance, soit à traiter les matières premières locales (pétrole, denrées agricoles, bois, minéraux non métalliques), soit à se lancer dans la fabrication, sur commande, des produits nécessaires aux secteurs de l'exploitation des ressources et de la construction. Pendant les années 70, c'est l'INDUSTRIE PÉTROCHIMIQUE, surtout celles de l'éthylène, à Joffre, et du monomère de chlorure de vinyle, de l'éthylène et du chloral-cali, à Fort Saskatchewan, qui a connu l'essor le plus rapide. En 1995, la valeur nette de la production du secteur manufacturier atteint 27,2 milliards de dollars. L'industrie des aliments et des boissons, avec des recettes de 5,9 milliards de dollars, arrive en première place, suivie des produits chimiques (5 milliards), des produits forestiers (3,9 milliards) et des produits pétroliers (3,8 milliards).

De 1955 au début des années 80, la construction représente l'une des principales activités industrielles, et l'industrie du pétrole et du gaz contribue en grande partie à cet essor. Cependant, les récessions du milieu des années 80 et du début des années 90 frappent cette industrie de plein fouet. En Alberta, d'année en année, la valeur totale des travaux de construction fluctue énormément, selon le nombre de projets de grande ampleur mis en chantier. Pendant les années 70, Edmonton et Calgary, les villes-champignons du Canada, monopolisent une très grande partie des investissements en matière de construction commerciale et résidentielle. Après 1982, toutefois, les industries d'ingénierie et des services auxiliaires du secteur pétrolier, durement touchées par la crise économique, mettent un frein à leur expansion.

Le recul du secteur de la construction, largement responsable de la hausse du taux de chômage en Alberta, a fortement contribué à l'affaiblissement des syndicats des métiers de la construction, car les entrepreneurs, pressés de diminuer leurs coûts, ont choisi d'embaucher à moindre salaire des travailleurs non syndiqués. Ce phénomène a donné lieu, dans la province, à une agitation ouvrière qui a forcé le gouvernement à réviser les lois sur le travail.

L'industrie touristique forme l'un des quatre piliers de l'économie albertaine, ayant suscité, en 1986, des retombées de plus de 2 milliards de dollars, dont plus de la moitié ont été dépensés par des visiteurs provenant de l'extérieur. Cet afflux annuel de touristes permet la création, à l'échelle de la province, de plus de 74 000 emplois (temps plein). Les paysages époustouflants des montagnes Rocheuses et l'accès, à longueur d'année, à des installations récréatives, en particulier dans les parcs nationaux de BANFF et de JASPER, attirent chaque année des centaines de milliers de touristes du monde entier. Outre les parcs, de nombreuses attractions locales séduisent par milliers des visiteurs séjournant dans la province, en particulier le STAMPEDE DE CALGARY, célèbre à l'échelle planétaire. De même, des événements spéciaux, tels que la tenue à Edmonton, en 1978, des JEUX DU COMMONWEALTH et, en 1983, des JEUX MONDIAUX UNIVERSITAIRES, puis celle des Jeux olympiques d'hiver à Calgary, en 1988, ont attiré des milliers de visiteurs.

Mines On estime à 18,9 milliards de dollars la valeur totale de la production minérale en Alberta en 1993, soit 51,8 p. 100 de l'ensemble canadien. Les matériaux combustibles, de loin la principale composante de la production minière (plus de 95 p. 100), ont rapporté 18,5 milliards de dollars, soit 79,9 p. 100 de la valeur nationale totale. De 1975 à 1985, en Alberta, on note une baisse de l'extraction de pétrole brut et une hausse de la production annuelle de gaz naturel. Au cours de la première moitié des années 90, la production de pétrole brut classique s'est stabilisée, celle du gaz naturel a poursuivi sa croissance et la part dévolue au bitume et au pétrole synthétique s'est également accrue.

Entre 1975 et en 1980, le volume d'extraction du charbon en Alberta augmente de 67 p. 100 pour atteindre 20,1 millions de tonnes et s'élève à nouveau de 37 p. 100 pour passer à 27,6 millions de tonnes au milieu des années 80. C'est d'ailleurs le charbon qui, en 1872, est à l'origine de la première aventure minière en Alberta, dans la région de Lethbridge. Lorsque éclate la Première Guerre mondiale, l'industrie du charbon forme l'une des principales activités économiques dans les régions de Lethbridge, de CROWSNEST PASS et de Drumheller. Après un premier déclin dans les années 20 et la baisse massive de la consommation nationale dans les années 50, l'industrie du charbon atteint son plus bas niveau de production au début des années 60. Depuis lors, une légère hausse de la demande intérieure ainsi que la négociation de baux à long terme pour l'alimentation de l'industrie sidérurgique japonaise et l'implantation de nouvelles technologies pour la liquéfaction du charbon, ont ranimé ce secteur.

L'Alberta produit, en quantité limitée, du sel, du sulfate de sodium et de la tourbe, en plus d'un certain nombre de minéraux utilisés dans l'industrie de la construction (pierre à chaux, sable et argile). La province est le premier producteur mondial de soufre élémentaire provenant d'hydrocarbures. On y extrait de petites quantités d'or, et la région du lac Athabasca possède des gisements de minerai de fer et d'uranium à basse teneur qui demeurent inexploités.

Foresterie La forêt couvre près des trois quarts du territoire de l'Alberta, et 67 p. 100 de cette ressource sont considérés propices à une exploitation commerciale. Depuis la fin des années 80, le gouvernement albertain s'emploie à promouvoir ce volet de l'économie; entre 1986 et 1996, plus de 4 milliards de dollars sont investis dans de nombreux projets relatifs aux forêts. De nos jours, en Alberta, l'industrie forestière a surpassé le tourisme comme troisième industrie primaire en importance, même si cette position dépend fortement de l'évolution des prix mondiaux de ses produits.

En 1995, on estime que cette industrie procure 26 700 emplois directs et que près de 30 000 autres en dépendent indirectement. La valeur totale des expéditions de produits forestiers est évaluée à 4,2 milliards de dollars et celle des exportations, à 2,5 milliards. La province compte sept usines de pâte à papier et une usine de pâtes et papiers (Whitecourt). À l'exception de l'une d'entre elles, située à Calgary, ces usines se trouvent au nord et à l'ouest d'Edmonton. Les usines de papier sont situées à Edmonton et à Calgary.

Pêche Au milieu des années 70, la pêche commerciale (comprenant 50 p. 100 de corégone) dans les lacs du nord de l'Alberta affiche des prises atteignant en moyenne 2 millions de kilogrammes, pour une valeur annuelle d'environ 800 000 de dollars. En 1986-1987, elle génère des prises évaluées à 2,9 millions de kilogrammes, d'une valeur marchande de 5,2 millions de dollars.

Finances L'essor de l'industrie pétrolière après la Seconde Guerre mondiale, et surtout pendant les années 70, déplace vers l'Ouest la puissance financière du Canada, ce qui avantage surtout l'Alberta. Ayant raffermi son rang de principal centre financier de la province, Calgary devient la rivale des autres centres nationaux. Entre 1978 et 1986, l'Alberta Stock Exchange (Bourse de l'Alberta), établie à Calgary, enregistre l'inscription de près de 400 nouvelles entreprises, se composant en grande partie de petites sociétés pétrolières et gazières, ce qui porte à 491 le nombre de titres cotés. La valeur en dollars des sommes négociées sur le parquet de la Bourse passe de 95 à 480 millions de dollars au cours de la même période.

En 1980, 22 banques étrangères sont déjà installées à Calgary (en 1990, ce chiffre tombera à 17), ce qui fait de cette ville le troisième centre de sièges sociaux de grandes entreprises canadiennes, après Toronto et Montréal. La Banque Canadienne de l'Ouest, qui a son siège social à Edmonton, est maintenant la seule banque dont les principaux bureaux sont situés en Alberta.

Les institutions financières de la province sortent complètement ravagées de la récession du début des années 80. En 1985, la BANQUE COMMERCIALE DU CANADA et la Norbanque s'écroulent, à quelques semaines d'intervalle. De nombreuses sociétés de fiducie et de prêts hypothécaires s'effondrent, mouvement amorcé par la faillite de Dial Mortgage en 1981 et qui aura comme point culminant celle du Groupe Principal en 1987. En 1984, le gouvernement albertain se voit dans l'obligation de garantir 2,4 milliards de dollars de dépôts dans les caisses d'économie de la province et, en 1987, il force la fusion de huit d'entre elles.

Transports Bien que ce soit par voie d'eau que s'effectue, au XVIIIe siècle et au début du XIXe, le commerce des fourrures, c'est l'établissement d'un lien ferroviaire qui favorisera le peuplement de l'Alberta, vers la fin du XIXe siècle, et l'intégration de l'économie provinciale avec celle du reste du pays. Le sud de l'Alberta est desservi principalement par le CP, le centre par le CN, et les régions du nord, par l'Alberta Resources Railway, la compagnie des chemins de fer du nord de l'Alberta et le chemin de fer du Grand lac des Esclaves, tous affiliés au CN. La Central Western Railways (1986) exploite un service de transport des marchandises sur deux lignes, à l'est de Red Deer. C'est grâce aux voies ferrées du CP et du CN que la quasi-totalité de la récolte albertaine de céréales est expédiée à l'est ou à l'ouest, vers les marchés internationaux. Ces voies d'accès sont d'ailleurs si cruciales pour l'économie provinciale que les enjeux relatifs aux chemins de fer, comme l'abandon des lignes secondaires, la CONVENTION DU-NID-DE-CORBEAU, et l'amélioration des lignes principales et des installations terminales, revêtent une très grande importance, tant sur le plan politique que sur le plan économique.

Depuis la fin de la Seconde Guerre mondiale, l'importance du rôle joué par les routes de la province, pour le transport des personnes et des marchandises, s'est accrue considérablement: l'autoroute 2 à voies multiples qui relie Edmonton et Calgary est la plus fréquentée. Parmi les routes interprovinciales importantes, citons l'autoroute 1, ou ROUTE TRANSCANADIENNE, qui va de Medicine Hat à Banff en passant par Calgary; l'autoroute 16, ou Yellowhead, qui relie Lloydminster à Jasper en passant par Edmonton; et l'autoroute Mackenzie qui, orientée au nord, relie la région de la rivière de la Paix aux Territoires du Nord-Ouest.

C'est à Calgary que se trouve le siège social de Greyhound Canada Transportation Co., la plus grande société d'autobus interurbains du Canada, et de Red Arrow, une entreprise albertaine, desservant Fort McMurray, Edmonton, Red Deer et Calgary.

Les deux aéroports internationaux que compte l'Alberta sont situés à Calgary et à Edmonton. Air Canada, les lignes aériennes Canadien International et plusieurs transporteurs régionaux, américains et européens offrent des vols réguliers pour passagers vers d'autres parties du pays ou vers l'étranger. À l'échelle provinciale, Canadien International, dont le siège social se trouve à Calgary, domine le transport aérien.

Énergie La découverte du gisement de Turner Valley, en 1914, marque le début de l'industrie pétrolière en Alberta. Cependant, hormis un bref sursaut d'activité à la fin des années 30, cette industrie demeure négligeable jusqu'à la découverte, en 1947, du gisement de Leduc, suivie par la mise en exploitation des gisements de Woodbend, Redwater et Pembina. La province compte plus de 44 000 puits producteurs, disséminés presque à la grandeur de son territoire.

En 1994, la part de l'Alberta s'établit à 79 p. 100 de la production canadienne totale. Environ 50 p. 100 de la production est exportée aux États-Unis, 28 p. 100, vers les autres provinces, et les 22 p. 100 restants comblent les besoins du marché intérieur.

L'industrie du gaz naturel, plus ancienne que celle du pétrole, remonte à la découverte de gisements près de Medicine Hat en 1883. La plus grande partie de la production canadienne de gaz naturel provient des puits albertains. En 1994, la production albertaine représente 83 p. 100 de celle de l'ensemble du pays. Le marché provincial absorbe 14 p. 100 de la production, alors que 52 p. 100 est exportée vers les États-Unis et 17 p. 100 est utilisée pour satisfaire les besoins d'autres parties du Canada. Dans la province, le gaz naturel sert à produire de l'électricité, à alimenter en combustible les installations industrielles, commerciales et résidentielles, et il constitue la matière première de l'industrie pétrochimique.

Les deux tiers des réserves mondiales de bitume se trouvent en Alberta, emprisonnés dans des lits de sables souterrains (sables bitumineux) qui s'étendent sur plus de 78 000 km², un territoire presque aussi vaste que celui de l'Écosse. Le 1,7 billion de barils de pétrole qu'ils contiennent forme l'une des plus importantes concentrations mondiales connues d'hydrocarbures. À mesure que diminuera la production provenant de gisements classiques, les sables bitumineux pourraient constituer une solution d'avenir et assurer la sécurité énergétique du Canada au cours du XXIe siècle. L'Alberta possède aussi de vastes réserves d'huile lourde, qui présentent les mêmes caractéristiques chimiques que celles du bitume provenant des sables bitumineux.

Si l'exploitation des sables bitumineux s'est d'abord effectuée dans le cadre de MÉGAPROJETS, comme ceux de Syncrude et de Great Canadian Oil Sands (devenus Suncor), c'est aujourd'hui le principe de la croissance excédentaire qui semble en guider la progression. L'amélioration continue de la technologie, permettant d'abaisser les coûts associés à la récupération du pétrole des sables bitumineux, de même que des allégements fiscaux consentis par les gouvernements fédéral et provincial, annoncés en 1996, ont permis la mise en œuvre de projets d'une valeur totale de plus de 15 milliards de dollars, qui devraient être terminés d'ici le tournant du siècle.

Depuis 1947, l'industrie pétrolière, en suscitant la prospérité à la fois des secteurs public et privé, a transformé l'Alberta autrefois «pauvre» en une province «nantie». Alors qu'Edmonton est devenue le centre des industries auxiliaires, de la production et de l'expédition du pétrole, Calgary, peut-être à cause de la proximité du gisement de Turner Valley, est restée le centre d'exploitation et le centre financier et administratif.

Les redevances provenant de l'exploitation pétrolière ont rempli les coffres de la province, permettant ainsi au gouvernement du Crédit social (années 50 et 60) et aux conservateurs (années 70, 80 et 90) de ne pas augmenter le fardeau fiscal. Cependant, la mésentente au sujet de la fixation des prix du pétrole et des volumes d'exportation a provoqué des débats houleux entre l'Alberta et le gouvernement fédéral et fourni des arguments à de forts mouvements politiques prônant la suprématie des juridictions provinciales ou même le séparatisme. Au milieu des années 90, la plupart des différends ont été aplanis, et le secteur de l'énergie de l'Alberta profite du fait que ses produits sont avantagés par les cours élevé des prix mondiaux du pétrole.

En Alberta, près de 184 000 km de PIPELINES sillonnent la province pour le transport du pétrole (29 100 km) et du gaz naturel (154 700 km). Un autre réseau de pipelines, d'une longueur de 37 400 km, achemine le pétrole brut des chantiers de forage aux installations de collecte. Le pétrole coule vers l'est par l'entremise du système de canalisations d'Interprovincial Pipeline (achevé en 1953, de l'Alberta à Sarnia en Ontario, et en 1975-1976 jusqu'à Montréal). Il est transporté vers l'ouest, jusqu'au Pacifique, par l'oléoduc de Trans Mountain Pipe Line. La NOVA Gas Transmission possède et exploite les gazoducs, qui livrent le gaz aux consommateurs, tant aux entreprises qu'aux foyers à l'intérieur du territoire albertain, et l'acheminent jusqu'aux frontières de l'Alberta où il est pris en charge par des pipelines interprovinciaux ou américains. Grâce à un réseau interconnecté qui traverse la province, Alberta Natural Gas et Foothills Pipe Lines transportent le gaz du sud-est de la Colombie-Britannique vers les marchés américains.

Gouvernement et politique

L'autorité législative relève du LIEUTENANT-GOUVERNEUR (représentant de la Couronne, il est nommé par le gouverneur général à la recommandation du premier ministre) et d'une assemblée législative unicamérale élue, regroupant 83 députés. Toutefois, les pouvoirs traditionnels du lieutenant-gouverneur sont, pour ainsi dire, tombés en désuétude. Le pouvoir exécutif incombe à un cabinet de ministres responsables choisis par le PREMIER MINISTRE PROVINCIAL, chef du parti politique majoritaire à l'assemblée législative. Chaque ministre dirige un ou plusieurs ministères au sein du gouvernement.

L'autorité supérieure du système judiciaire est représentée par la Cour du banc de la Reine, dont les juges sont nommés par le gouvernement fédéral. La Division de première instance de la Cour du banc de la Reine entend tant les causes civiles que criminelles, habituellement les plus graves, tandis que la Division des appels instruit les appels émanant à la

fois de la Cour du banc de la Reine et de la Cour provinciale. Cette dernière, composée de juges nommés par la province, entend l'immense majorité des causes civiles et criminelles de première instance (*Voir aussi* PREMIERS MINISTRES DE L'ALBERTA: Table)

Autorités locales Le pouvoir municipal local, qui émane de la province, est exercé en vertu de diverses lois sur les municipalités (*voir* GOUVERNEMENT MUNICIPAL). Les administrations municipales assurent les services locaux, tels que la police, la protection contre les incendies, l'enlèvement des ordures, l'évacuation des eaux usées, le service d'aqueduc et autres services publics, l'entretien des routes et le transport en commun, les parcs et les loisirs. Les municipalités urbaines comprennent les cités, les villes, les «nouvelles villes» (dotées de capacités d'emprunt particulières), les villages et les «villages d'été» (zones de villégiature).

Les autorités rurales englobent les districts municipaux (regroupant 30 CANTONS en moyenne) et les COMTÉS (regroupant 40 cantons en moyenne). Ces deux types de municipalités rurales ne diffèrent que par l'étendue de leurs responsabilités en matière d'éducation publique: dans les districts municipaux, les commissions scolaires publiques forment des entités distinctes, tandis que les écoles publiques des comtés sont administrées par un comité du conseil de comté.

Il existe un troisième type de municipalité rurale: le district en voie d'organisation, pour les zones périphériques, qui n'élit pas son propre conseil, mais est administré directement par le ministère des Affaires municipales, à l'exception des secteurs urbanisés qui se trouvent à l'intérieur des limites des cinq parcs nationaux, lesquels sont régis par le gouvernement fédéral.

Représentation fédérale L'Alberta détient 6 sièges au Sénat (nombre fixe déterminé par la Constitution) et 26 sièges à la Chambre des communes (nombre variable découlant d'un REMANIEMENT effectué après chaque recensement décennal). À l'issue des deux premières élections fédérales qui suivent la création de la province, en 1908 et en 1911, le Parti libéral remporte la majorité des sièges albertains. Les conservateurs balaient la province à l'élection de 1917, puis les progressistes règnent de 1921 à 1930 et, enfin, le Crédit social de 1935 à 1957. Depuis la victoire écrasante, en 1958, de John Diefenbaker, l'Alberta vote massivement conservateur. Aux élections de 1972, de 1974, de 1979, de 1980 et de 1984, les conservateurs remportent tous les sièges de la province, avec un appui populaire qui varie de 58 à 69 p. 100.

De 1963 à 1984, étant donné le soutien massif accordé aux conservateurs, même si la majorité des électeurs canadiens reportent les libéraux au pouvoir, les députés de l'Alberta forment l'opposition à la Chambre des communes, sauf en 1979 et en 1980, pendant le bref gouvernement de Joe CLARK, luimême albertain d'origine, et de 1977 à 1979, années où Jack HORNER, après avoir démissionné du Parti conservateur, est ministre au sein du cabinet libéral. Entre 1984 et 1993, sous le gouvernement Mulroney à Ottawa, les conservateurs albertains exercent une influence sans précédent grâce à Joe Clark, à Don Mazankowski, à Harvey Andre et à d'autres, qui occupent des postes clés au sein du cabinet. Toutefois, la popularité croissante du Parti réformiste, conjuguée au mécontentement de la population au sujet de mesures fédérales comme l'imposition de la TPS, provoque, à l'occasion des élections de 1993, un bouleversement total. Les conservateurs perdent tous les sièges qu'ils détenaient en Alberta. Les libéraux réussissent à l'emporter dans 4 circonscriptions, et le jeune Parti réformiste s'empare facilement des 22 autres sièges.

Finances publiques Les habitants de l'Alberta sont les contribuables canadiens les moins imposés

au pays et, en 1995, ils demeuraient toujours exempts de taxe de vente au détail. En lieu et place, la province compte sur divers droits, frais de location et redevances versés par les sociétés pétrolières et gazières et les entreprises charbonnières et minières. En 1981-1982, ces redevances représentent 45 p. 100 des recettes totales du gouvernement, mais en 1992, cette proportion chute à 20 p. 100. Avant 1976, tous les revenus étaient versés au fonds budgétaire général, dans lequel on puisait pour financer l'ensemble des dépenses gouvernementales. Cependant, après la crise relative à la fixation des prix de l'énergie au milieu des années 70, les revenus s'accroissent de façon spectaculaire, et le gouvernement prévoit d'importants excédents. On met donc sur pied, en 1976, le FONDS DU PATRIMOINE DE L'ALBERTA, dans lequel on verse 30 p. 100 (puis 15 p. 100 en 1982 et 0 p. 100 en 1987) des recettes provenant de l'exploitation des ressources non renouvelables.

Grâce au Fonds du patrimoine, la province veut d'abord s'assurer d'un rendement maximal des capitaux propres pour pouvoir compter sur des ressources financières durant les périodes où les revenus provenant des richesses naturelles s'amoindriront; renforcer et diversifier l'économie de la province et entreprendre des projets d'immobilisation (établissements de santé, projets d'irrigation et projets d'ordre récréatif); enfin, investir dans le perfectionnement de la technologie des sables bitumineux. Vers la fin des années 80 et au cours des années 90, au moment où la dette de la province prend de l'ampleur, le recours aux sommes détenues par le fonds devient l'un des principaux enjeux à l'ordre du jour de la politique provinciale.

Santé En juillet 1969, l'Alberta adhère au régime fédéral d'assurance-maladie et gère depuis le régime universel d'assurance-maladie de l'Alberta. Par moments, les négociations entre la province et les médecins, au sujet des barèmes d'honoraires établis en vertu de ce régime, ont donné lieu à des affrontements virulents. Certains médecins ont alors opté pour la «facturation équilibrée» ou le «dépassement d'honoraires». Conformément aux dispositions de la *Loi sur la santé fédérale de 1984*, on a mis fin à ces pratiques en 1986. De nos jours, l'Alberta a retiré de la liste des prestations couvertes par le régime public d'assurance-maladie certains services «non essentiels», comme les examens de la vue. Dans la province, les services d'assistance sociale viennent en aide aux personnes âgées et handicapées et, de plus en plus, on met l'accent sur les services sociaux préventifs. L'argent du Fonds du patrimoine a servi au financement de la recherche médicale, par l'entremise du fonds de dotation de la Fondation du patrimoine pour la recherche médicale, disposant d'un capital de 300 millions de dollars, ce qui a permis d'augmenter le nombre de lits dans les hôpitaux (dont le nombre a été depuis considérablement réduit à la suite des coupures imposées par le gouvernement Klein).

Actuellement, les deux principaux projets d'immobilisation sont l'aménagement du Centre des sciences de la santé Walter C. Mackenzie à Edmonton et l'agrandissement de l'Hôpital pour enfants de l'Alberta à Calgary. La province dispose d'une vaste gamme d'établissements de santé, y compris de grands centres hospitaliers dans les principales agglomérations urbaines, des hôpitaux plus petits en zone rurale, des hôpitaux spécialisés dans les soins de longue durée, des hôpitaux psychiatriques et pour malades mentaux et des centres d'hébergement pour personnes âgées. La forte compression des dépenses imposée au secteur de la santé par le gouvernement Klein, dans son effort pour équilibrer le budget provincial, a entraîné des mises à pied massives et une détérioration de certains services de soins dans la province.

Politique Traditionnellement, la politique provinciale se caractérise par la montée au pouvoir de partis politiques possédant de confortables majorités à la

Chambre et qui demeurent longtemps au pouvoir avant de subir une défaite décisive et d'être, pour ainsi dire, «rayés de la carte» par une nouvelle force politique montante. Ce modèle est établi par les libéraux, sous la direction du premier ministre en titre, Alexander C. RUTHERFORD, qui obtient 57,5 p. 100 des voix, soit 22 des 25 sièges, à l'issue de la première élection provinciale en 1905. Les gouvernements libéraux de Rutherford et de ses successeurs, A.L. SIFTON et Charles Stewart, remportent des victoires analogues (1909, 1913 et 1917). Au cours de l'élection provinciale de 1921, soutenus par un mouvement de mécontentement qui agite le monde agricole à la fin de la Première Guerre mondiale, les FERMIERS UNIS DE L'ALBERTA sont propulsés au pouvoir, remportant 38 (tous en zone rurale) des 61 sièges, avec un maigre 28,9 p. 100 des suffrages exprimés. En 1926 et en 1930, ils répètent cet exploit avec le premier ministre John BROWNLEE. Cependant, en 1935, une nouvelle formation politique provinciale, la Ligue du CRÉDIT SOCIAL, dirigée par William ABERHART, enlève 56 sièges sur 63 avec 54 p. 100 des suffrages.

Sous les gouvernements d'Aberhart et de ses successeurs, Ernest MANNING et Harry Strom, le Crédit social, invincible, reste au pouvoir pendant 36 ans, jusqu'à la victoire de Peter LOUGHEED et des conservateurs qui, en 1971, gagnent 49 sièges sur 75 et 46 p. 100 des voix. Aux élections de 1975, de 1979 et de 1982, Lougheed et les conservateurs l'emportent haut la main sur les partis d'opposition. À l'élection de 1986, sous la houlette de Don GETTY, les conservateurs, qui voient leur soutien populaire chuter à 51 p. 100, obtiennent 61 sièges sur 83. Les néodémocrates, avec 29 p. 100 des suffrages exprimés, l'emportent dans les 16 circonscriptions, dont 11 à Edmonton. Les libéraux font élire quatre députés, et le Representative Party se retrouve avec deux sièges à la Chambre. En 1989, les conservateurs font élire une majorité de leurs candidats, bien que les suffrages exprimés en leur faveur aient baissé.

À l'occasion de l'élection provinciale de 1993, on assiste à une épreuve de force entre les deux maires, fort populaires, des deux principales villes: l'ancien maire de Calgary, Ralph Klein, successeur de Getty à la direction du Parti conservateur et comme premier ministre, et Laurence Decore, ancien maire d'Edmonton et chef nouvellement élu d'un Parti libéral renaissant de ses cendres, qui mène une campagne axée sur la responsabilité financière et la réduction du déficit. Victorieux, les conservateurs de Klein voient néanmoins leur majorité fondre de 51 à 32 sièges, dans un contexte marqué par une polarisation du vote entre les zones rurales conservatrices du Sud et les régions urbaines libérales du Nord. Le NPD, qui n'a fait élire aucun candidat, brille par son absence à la Chambre.

Klein entreprend résolument de diminuer l'importance du rôle dévolu au gouvernement; p. ex., il privatise le réseau d'établissements de vente de spiritueux, le Bureau d'immatriculation des véhicules automobiles et le Bureau de l'état civil. Sa politique relative à la réduction du déficit, qui impose des coupures draconiennes dans les services publics, lui conserve un fort taux de popularité parmi une majorité de l'électorat, mais ses effets à long terme sur les systèmes provinciaux de soins de santé et d'éducation restent à évaluer. Les divergences d'opinion qui opposent Klein et les libéraux fédéraux sur les enjeux reliés aux soins de santé cadrent bien avec une tradition albertaine, remontant aux Fermiers unis de 1920, selon laquelle les partis provinciaux au pouvoir sont souvent opposés aux politiques du gouvernement fédéral, en particulier dans les domaines de l'impôt sur le revenu, des ressources naturelles et de la nature de la Confédération canadienne.

Éducation

C'est au milieu du XIXᵉ siècle que les missionnaires catholiques et protestants fondent les pre-

mières écoles de l'Alberta. En 1884, l'Ordonnance sur les écoles des Territoires du Nord-Ouest instaure un double système confessionnel d'écoles catholiques et protestantes, inspiré du modèle québécois. Puis, avec l'arrivée subséquente de nouveaux colons protestants et la détermination affichée par le chef politique des Territoires, F.W.G. HAULTAIN, la dualité religieuse dans le domaine de l'éducation s'atténue peu à peu.

En 1905, l'Alberta entre dans la Confédération avec une structure modelée sur celle de l'Ontario: un système d'enseignement provincial unique, qui permet aux minorités religieuses dissidentes de disposer d'«écoles séparées», mais qui exclut la dualité à l'échelle de la province. En outre, on s'inspire du modèle ontarien au moment d'adopter les programmes d'études, le contenu des cours et les cycles scolaires, lequel demeurera en vigueur jusque dans les années 30. Toutefois, durant cette décennie, le secteur de l'éducation fait l'objet de réformes particulièrement innovatrices: l'inscription au programme des études sociales, l'apparition des écoles secondaires de premier cycle et l'administration en bloc de larges groupements d'écoles rurales, en plus de l'expansion de la formation des adultes et de la mise en place de mesures visant à promouvoir le perfectionnement professionnel et l'amélioration des conditions salariales des enseignants.

Administration En Alberta, le gouvernement provincial et les commissions scolaires locales publiques de même que les commissions scolaires des écoles séparées se partagent les responsabilités relatives à l'enseignement public. Au pays, c'est l'Alberta qui donnera le coup d'envoi de la réduction des dépenses publiques dans le domaine de l'éducation. En octobre 1994, le gouvernement met de l'avant une nouvelle structure visant à «assouplir» le système scolaire et à le rendre plus «abordable».

En 1993-1994, 483 600 élèves sont inscrits à l'école, de la 1ʳᵉ à la 12ᵉ année. Quelque 40 900 enfants de plus profitent d'un programme d'enseignement préscolaire facultatif, fruit d'une initiative mixte du gouvernement provincial et de conseils scolaires ou d'intervenants communautaires. Plus de 17 000 élèves fréquentent des écoles privées. Ces établissements, qui se distinguent surtout par leur confession religieuse ou leur spécificité linguistique, reçoivent près de 70 p. 100 des sommes allouées par les autorités provinciales aux écoles publiques.

Établissements d'enseignement L'enseignement postsecondaire relève de l'Alberta Advanced Education and Manpower (ministère de l'Enseignement supérieur). En 1994-1995, les subventions provinciales représentent environ 57 p. 100 du budget (14 p. 100 de moins qu'en 1992), le reste provenant des droits de scolarité et d'autres sources. Les quatre universités de la province (Alberta, Calgary, Lethbridge et Athabasca), dans tous les cas des établissements publics et non confessionnels, accueillent, en 1994-1995, 102 976 étudiants à temps plein. L'U. de l'Alberta et l'U. de Calgary, tout comme l'U. de Lethbridge, sont axées sur la recherche, tandis que l'U. Athabasca se spécialise dans l'enseignement à distance. Le secteur postsecondaire public regroupe aussi le Northern Alberta Institute of Technology d'Edmonton et le Southern Alberta Institute of Technology de Calgary (comptant à eux deux environ 16 177 étudiants à temps plein en 1994-1995) ainsi que 11 collèges publics (fréquentés par 27 128 étudiants à temps plein), qui offrent divers programmes pré-universitaires, des cours de rattrapage scolaire et des cours de formation professionnelle. Les modifications apportées en 1995 aux lois sur les collèges publics et sur les instituts de technologie permettent à ces établissements, sous réserve de l'obtention d'une autorisation ministérielle, d'offrir des programmes de formation technique menant à l'obtention d'un diplôme.

L'Alberta compte quatre collèges professionnels dont les programmes et services sont destinés aux

adultes qui n'ont pu parfaire leur formation pour des motifs éducationnels, sociaux ou économiques. Ils sont situés à Edmonton, à Calgary, au Petit lac des Esclaves et au lac La Biche et, en 1994-1995, plus de 12 580 étudiants à temps plein les fréquentent. De plus, 113 écoles professionnelles privées dûment licenciées accueillent, en 1994-1995, 12 354 étudiants.

La province contribue également au financement du Banff Centre, qui offre une vaste gamme de possibilités en matière d'éducation permanente dans les domaines des beaux-arts, de la gestion, des langues et de l'environnement. En 1994-1995, 18 717 personnes participent à ces programmes. Près de 33 p. 100 d'entre elles viennent d'autres provinces, alors que 25 p. 100 sont originaires de divers pays étrangers. En outre, quatre collèges privés agréés reçoivent une forme quelconque de financement du gouvernement provincial. Quoique certains de ces collèges ne dispensent qu'un nombre limité de cours de niveau secondaire, ou n'octroient que des diplômes partiels, pas moins de 2606 étudiants, en 1994-1995, y sont inscrits à temps plein à des programmes menant à l'obtention d'un diplôme.

Vie culturelle

En Alberta, la vie culturelle s'est heurtée à deux handicaps importants: la persistance d'une «mentalité de pionniers», qui fait une large place au matérialisme économique et à un individualisme farouche, et un sentiment d'aliénation culturelle vis-à-vis de grands centres métropolitains comme New York, Londres, Toronto et Los Angeles. Toutefois, elle a aussi profité de quelques avantages: la richesse des paysages naturels qui a influencé peintres et écrivains, la diversité de sa population qui permet de perpétuer les traditions de différentes cultures et, à certaines périodes, l'opulence du gouvernement, des sociétés et des particuliers, dont le secteur culturel a bénéficié. Le gouvernement provincial accorde son appui par l'entremise du Department of Community Development (ministère du Développement communautaire) et de l'Alberta Foundation for the Arts. Chaque année, la fondation distribue au milieu artistique près de 16 millions de dollars, qui proviennent de la vente de billets de loterie.

Arts Jusqu'aux années 60, le Provincial Institute of Art and Technology (devenu le Southern Alberta Institute of Technology), à Calgary, constitue le centre des arts visuels, dominés par une école de peintres paysagistes d'inspiration britannique. Qu'il s'agisse de W.J. PHILLIPS, de H.G. Glyde, de W.L. Stevenson ou d'Illingworth KERR, ils peignent la prairie et la campagne, avec ses contreforts et ses montagnes. Font exception à la règle Maxwell Bates (aussi architecte) et Marion Nicol, peintres modernes originaires de Calgary.

À partir des années 60, et ce, jusque dans les années 80, la théorie sur le formalisme abstrait de l'école new-yorkaise exerce son influence sur les peintres du nord de l'Alberta, tels que Douglas Haynes à l'U. de l'Alberta. Les peintres abstraits Robert SCOTT, Terrence Keller et Graham Peacock comptent parmi les nombreux artistes soutenus par l'Edmonton Art Gallery, qui devient aussi le chef de file à l'échelle du pays, en matière d'exposition et de promotion d'œuvres modernes de sculpteurs sur métal comme Peter Hyde et Alan Reynolds. La fin des années 80 est marquée, partout dans la province, par une résurgence de la peinture et de la sculpture figuratives et par l'apparition, tant à Edmonton qu'à Calgary, d'une importante colonie de graveurs d'art.

Les principaux musées d'art publics sont l'Edmonton Art Gallery et le Glenbow-Alberta Institute de Calgary, sans oublier la Southern Alberta Art Gallery de Lethbridge et la Prairie Art Gallery de Grande Prairie, qui ont un rayonnement régional.

Les activités professionnelles dans le domaine des arts d'interprétation sont concentrées à Calgary et à Edmonton, mais, selon la plupart des critiques, cette dernière l'emporte sur le plan artistique. Edmonton accueille un important festival folklorique estival et Jazz City, un festival international de jazz louangé par les critiques de par le monde. L'ORCHESTRE SYMPHONIQUE D'EDMONTON et l'Orchestre philharmonique de Calgary constituent les principales formations orchestrales de la province. L'Alberta compte aussi deux troupes d'opéra, l'Edmonton Opera Association et la Southern Alberta Opera Association de Calgary, ainsi qu'une compagnie de ballet, l'ALBERTA BALLET COMPANY, dont le siège social est à Calgary.

Parmi les compagnies théâtrales professionnelles d'importance, on retrouve le CITADEL THEATRE d'Edmonton et le Theatre Calgary. Par ailleurs, chaque année durant l'été, Edmonton est la ville hôtesse du Fringe Theatre Event, un festival où sont présentées, durant une semaine, des pièces, anciennes et modernes, dans des théâtres en plein air ou sur des scènes traditionnelles. De nombreux dramaturges albertains (dont John Murrell et Sharon Pollock, de renommée nationale) ont travaillé en collaboration avec l'Alberta Theatre Projects, une compagnie de Calgary qui favorise les écrivains et les thèmes locaux. Chaque été, Edmonton est également le théâtre de la manifestation The Works: A Visual Arts Celebration, un festival d'arts visuels qui s'est imposé, à l'échelle nationale, comme le pionnier du genre.

Parmi les principales salles à la disposition des arts d'interprétation, notons les auditoriums jumeaux Jubilee d'Edmonton et de Calgary (construits en 1955 à l'occasion du cinquantenaire de la province), le Citadel Theatre d'Edmonton, le Timms Centre For the Arts (1995), le Francis Winspear Centre for Music (1996) ainsi que le nouveau Centre for the Performing Arts, édifié par la ville de Calgary. Le BANFF CENTRE s'est bâti une renommée nationale et internationale en tant que centre de formation pour les jeunes professionnels des arts d'interprétation.

Plusieurs écrivains à succès, romanciers ou essayistes salués par le public et par la critique habitent l'Alberta, dont les romanciers Robert KROETSCH, qui observe d'un œil irrévérencieux et surréaliste la vie contemporaine dans la province, W.O. MITCHELL et Rudy WIEBE, qui explorent la diversité ethnique de la vie dans la Prairie. Par son concours annuel «Search-for-a-New-Alberta-Novelist», le gouvernement provincial encourage la découverte de nouveaux talents chez les jeunes.

Des historiens régionaux comme Grant MACEWAN, James Gray et Hugh Dempsey de Calgary, James MacGregor et A.W. Cashman d'Edmonton, qui s'adressent tant à des lecteurs lettrés qu'aux amateurs de littérature populaire, se distinguent dans le domaine de la littérature documentaire. La bibliothèque de l'U. de Calgary abrite l'une des meilleures collections canadiennes d'œuvres d'écrivains contemporains, dont Mitchell et Wiebe, qu'ils soient de la province ou d'ailleurs.

Médias En Alberta, la publication des quotidiens est monopolisée par les empires de presse, et six quotidiens sur neuf appartiennent à des groupes nationaux installés à Toronto. Le *Journal* d'Edmonton, l'*Herald* de Calgary et le *News* de Medicine Hat sont publiés par le groupe Southam; le *Sun* d'Edmonton et le *Sun* de Calgary appartiennent à Toronto Sun Publications; enfin, l'*Herald* de Lethbridge fait partie de l'empire de presse Thomson. La chaîne régionale Bowes Publishers Ltd. publie le *Daily Herald-Tribune* de Grande Prairie et le *Today* de Fort McMurray. L'*Advocate* de Red Deer, bien qu'il soit indépendant des groupes canadiens, est le seul quotidien canadien qui appartienne à des intérêts étrangers, soit le groupe Liverpool Post and Echo en Grande-Bretagne.

Plus de 130 hebdomadaires ou journaux locaux desservent les grands centres, les banlieues et les régions rurales. Parmi les revues publiées dans la province, notons l'*Alberta-Report*, de tendance néo-conservatrice, qui défend les droits des provinces. Edmonton, Calgary et Lethbridge publient des magazines sur leurs municipalités respectives. Il existe aussi un certain nombre de revues spécialisées portant sur le pétrole et les industries.

L'Alberta compte 12 stations de télévision qui appartiennent à des intérêts nationaux ou locaux. La Société Radio-Canada possède une station affiliée à Calgary et deux à Edmonton (dont CBXFT, une station de langue française). CTV possède des stations affiliées à Calgary, à Edmonton et à Lloydminster. CITV Edmonton et CICT-TV Calgary, propriété de Western International, de même que CISA-TV sont des stations indépendants. La plupart des habitants des zones urbaines de l'Alberta sont desservis par des entreprises de télédiffusion par câble, dont les abonnés ont accès à des chaînes américaines et locales supplémentaires.

Les 38 stations de radio AM et les 17 stations de radio FM de la province appartiennent toutes à des intérêts privés, à l'exception des stations du réseau de la SRC à Edmonton et à Calgary, de CJSR, station étudiante de l'U. de l'Alberta, et de CKUA, autrefois membre du réseau ACCESS, de propriété provinciale, qui utilisait principalement la radio et la télévision à des fins éducatives.

Lieux historiques Il existe un réseau de 18 lieux historiques, centres d'interprétation et musées, dont l'exploitation relève des autorités provinciales, qui couvre une mosaïque considérable de sujets reliés à l'histoire et aux sciences naturelles. En outre, on trouve plus de 200 musées à vocation communautaire et 30 dépôts d'archives locales. La Fondation des ressources historiques de l'Alberta, financée par les recettes de vente de billets de loterie, offre aussi une aide aux groupes locaux en matière de préservation des édifices d'intérêt patrimonial, de pose de plaques-repères, de recherche et de publication de documentation.

Le GLENBOW MUSEUM de Calgary, le Provincial Museum of Alberta à Edmonton, le ROYAL TYRREL MUSEUM OF PALAEONTOLOGY à Drumheller et le Reynolds-Alberta Museum à Wetaskiwin constituent les principaux musées. Parmi les autres importantes attractions de nature patrimoniale, figurent le site du patrimoine mondial Head-Smashed-In Buffalo Jump près de Fort Macleod, le Village du patrimoine culturel ukrainien à l'est d'Edmonton, le parc Fort Edmonton et l'Heritage Park à Calgary.

Les Archives provinciales de l'Alberta à Edmonton et les Glenbow Archives à Calgary abritent les principales archives historiques. Plusieurs organismes provinciaux importants sont engagés dans la sauvegarde du patrimoine et œuvrent, chacun de leur côté, dans les domaines de l'histoire, des musées, de l'archéologie, de la généalogie, des archives et autres.

Histoire

À la fin du XVIIIe siècle, le sud de l'Alberta est occupé par les PIEDS-NOIRS, les GENS-DU-SANG, les PEIGANS et les Hidatsas (Gros-Ventres). Les nations de Kootenay et d'autres peuplades montagnardes viennent régulièrement chasser le bison dans cette région, sujette aux incursions guerrières d'autres bandes installées plus au sud. Les SARSIS vivent le long de la rivière Saskatchewan Nord, mais on se demande encore s'ils s'y trouvaient avant que ne s'amorce le commerce des fourrures. Plus au nord habitent les CASTORS et, au-delà, les ESCLAVES.

Ces populations autochtones sont mises en contact avec des éléments de la culture européenne bien avant de croiser les premiers Européens. Les outils de métal et les armes, apportés par la COMPAGNIE DE LA BAIE D'HUDSON, font l'objet de nombreuses opérations de troc d'une bande à une autre, dans les Prairies, ce qui facilite leur pénétration vers l'ouest. Il en a été de même pour les chevaux qui, venus du Mexique espagnol, se sont répandus vers le nord au début du XVIIIe siècle. Peu à peu, les peuplades qui habitent près de la baie d'Hudson deviennent tributaires du commerce des marchandises et s'aventurent vers l'ouest à la recherche de fourrures à troquer. Au XVIIIe siècle, les Cris et les Assiniboines (y compris les Stoneys) remontent la rivière Saskatchewan Nord, repoussant les Sarsis et les Pieds-Noirs vers le sud et les Castors vers le nord. Les Chippewyans, qui pénètrent en Alberta en provenance de son secteur nord-est, repoussent les Castors vers les montagnes. Au début du XIXe siècle, enfin, les Gros-Ventres se sont déplacés vers le sud, aux États-Unis.

Exploration Anthony HENDAY, employé de la Compagnie de la baie d'Hudson (CBH), est le premier Européen connu à avoir atteint l'Alberta, comme on la connaît aujourd'hui. Accompagné d'une bande de Cris, il parcourt la région de Red Deer et, selon toute vraisemblance, il passe l'hiver de 1754 près de l'emplacement actuel d'Edmonton. À la fin du XVIIIe siècle et au début du XIXe, la région est dominée par la vive concurrence que se livrent la CBH et sa rivale, la COMPAGNIE DU NORD-OUEST, installée à Montréal.

En 1778, Peter POND, aventurier entrepreneur du Nord-Ouest, descend la rivière Athabasca et ouvre le premier poste de traite de fourrures de la province. Fondé en 1788, FORT CHIPEWYAN, sur le lac Athabasca, sert de pied-à-terre à Alexander MACKENZIE lorsque ce dernier descend le fleuve Mackenzie en 1789 puis, quatre ans plus tard, lorsqu'il remonte la rivière de la Paix et traverse les Rocheuses jusqu'au Pacifique.

Vers 1790 et au début des années 1800, la CBH riposte en envoyant Peter FIDLER et David THOMPSON explorer les rivières Athabasca et Saskatchewan pour en dresser la carte. Les deux compagnies établissent des postes rivaux dans le nord et le centre de l'Alberta, jusqu'à ce qu'elles fusionnent en 1821.

Au milieu du XIXe siècle, des missionnaires chrétiens en quête d'âmes autochtones à évangéliser ont déjà commencé à disputer aux marchands de fourrures la possession du territoire. En 1840, le méthodiste Robert RUNDLE est le premier ecclésiastique à s'installer dans ce qui constitue aujourd'hui l'Alberta. Il sera suivi, deux ans plus tard, par le prêtre catholique Jean-Baptiste Thibault. L'activité missionnaire s'intensifie entre 1850 et 1875, sous l'égide d'illustres personnages comme Albert LACOMBE, chez les catholiques, et George et John MCDOUGALL, père et fils, chez les méthodistes.

La progression constante des Européens à l'intérieur du territoire menace le monopole de la CBH. Prévoyant retirer la licence détenue par la compagnie, et désireux de savoir si le territoire convient à un peuplement généralisé, les gouvernements britannique et canadien organisent, en 1857, des expéditions chargées d'explorer les Prairies et de faire un rapport. Le capitaine John PALLISER conduit l'expédition britannique, tandis qu'Henry Youle HIND constitue l'âme dirigeante de l'équipe canadienne. Son rapport optimiste, qui fait contrepoids aux conclusions moins enthousiastes de Palliser, incite finalement la Grande-Bretagne à ne pas renouveler le permis de la CBH.

Peuplement Le 23 juin 1870, le gouvernement canadien prend possession de l'ensemble du territoire de la CBH, y compris tout le territoire de la future province de l'Alberta. L'année suivante, la région comprise entre la nouvelle province du Manitoba et les Rocheuses devient les Territoires du Nord-Ouest du Canada, dont le centre administratif est implanté d'abord à Winnipeg, puis à Battleford et, enfin, à Regina. En 1872, la POLITIQUE SUR LES TERRES FÉDÉRALES jette les bases de l'arpentage des propriétés par quart de section. Deux ans plus tard, la POLICE À CHEVAL DU NORD-OUEST établit son premier poste albertain à FORT MACLEOD.

En 1875, la *Loi sur les Territoires du Nord-Ouest* prévoit la nomination d'un lieutenant-gouverneur et la présence d'un corps législatif (on nomme d'abord un conseil qui sera progressivement remplacé par une assemblée élue). Par la suite, on signe une série de traités avec les groupes autochtones: le traité N°6 de 1876 a trait aux terres cries du centre de l'Alberta; le traité N°7 de 1877 concerne les Pieds-Noirs, les Sarsis et les Stoneys du sud de l'Alberta; le traité N°8 de 1899 vise la majeure partie du nord de l'Alberta (*voir* REVENDICATIONS TERRITORIALES).

Malgré l'arrivée du Canadien Pacifique à Calgary en 1883 et l'achèvement de la ligne transcontinentale en 1885, le peuplement s'effectue très lentement pendant les années 1880. En 1881, on ne dénombre qu'environ un millier de colons non autochtones ayant élu domicile dans les limites de la province actuelle. Dix ans plus tard, ils ne sont que 17 500. L'afflux important de colons, qui marque la fin du siècle, est consécutif à la création de variétés très hâtives de blé dur de printemps, à l'épuisement des bonnes terres disponibles dans l'Ouest américain, à l'apaisement de la crise économique qui, pendant 22 ans, a secoué l'Amérique du Nord, ainsi qu'à l'énergique politique d'immigration du gouvernement fédéral, dirigée par Clifford SIFTON.

De 1896 à la Première Guerre mondiale, l'Alberta et d'autres régions des Prairies canadiennes bénéficient d'une des migrations les plus importantes et les plus spectaculaires de l'histoire moderne de l'Amérique du Nord. Les colons arrivent en foule sur les terres agricoles des Prairies et dans ses villes grouillantes d'activités. Nombre d'entre eux viennent de l'Ontario et d'autres provinces de l'Est canadien, d'autres, des États-Unis, de Grande-Bretagne et d'Europe continentale. La grande diversité des langues et des religions va conférer un caractère multiculturel indélébile à la vie albertaine. La population albertaine passe de 73 022 habitants en 1901 à 373 943 en 1911, puis à 584 454 en 1921.

Développement La création de la province de l'Alberta, le 1ᵉʳ septembre 1905, se veut le résultat logique de l'arrivée massive d'immigrants ainsi qu'une réponse à la campagne politique en faveur de l'autonomie, qui avait cours dans les Territoires du Nord-Ouest. Les litiges politiques qui secouent la société au moment de l'accession au rang de province portent sur le droit de la minorité catholique à des écoles séparées financées par l'État, sur le tracé de la frontière avec la nouvelle province de la Saskatchewan (les Albertains revendiquent le 107° de longitude de O., mais ils doivent accepter le 110°) et sur le choix d'Edmonton comme capitale au détriment de Calgary. Ces initiatives, perçues comme une intrusion du gouvernement fédéral dans les affaires locales, laissent un relent d'amertume, mais aucune ne sera davantage contestée que la décision d'Ottawa de conserver l'autorité sur les terres publiques et les richesses naturelles. Il faudra attendre 1930 pour que ces juridictions soient confiées à l'Alberta.

Au cours de ses 10 premières années d'existence, la fortune sourit à la jeune province de l'Alberta: accentuation de l'immigration, abondance des moissons, naissance de nouvelles villes et agrandissement rapide du réseau de chemin de fer. Toutefois, chez les agriculteurs, un sentiment d'insatisfaction se répand. En effet, ils croient leur statut d'entrepreneurs indépendants menacé par les chemins de fer, les banques et les compagnies de silos à grains. Cette agitation est illustrée, en partie, par la popularité croissante, comme parti politique, des Fermiers unis de l'Alberta et par leur victoire sur les libéraux à l'issue de l'élection provinciale de 1921.

Au cours des années 20 et au début des années 30, ce gouvernement doit toutefois composer avec une économie provinciale beaucoup plus faible que durant les années grasses, avant 1914. Les prix des céréales ne cessent de fluctuer, et l'industrie du char-

bon, jadis importante, commence à péricliter. La CRISE DES ANNÉES 30, accompagnée de la sécheresse dans les Prairies, d'une déflation du sol et d'invasions de sauterelles, accélère le déclin amorcé un an plus tôt. La Ligue du Crédit social gagne l'élection provinciale de 1935 en promettant de combattre la Crise (et ce qu'on perçoit comme la mainmise de l'Est sur les affaires économiques albertaines) par diverses solutions qui font appel à un certain fondamentalisme religieux et à une théorie monétaire radicale.

La découverte de pétrole dans le champ Leduc, en février 1947, amorce la transformation de l'économie albertaine qui, d'abord fondée sur l'agriculture, sera désormais axée sur le pétrole. L'exploitation consécutive des ressources en pétrole et en gaz naturel provoque un afflux toujours croissant de redevances qui gonflent les revenus de la province, suscitent la prospérité au sein de la plupart des couches de la population et transforment les villes d'Edmonton et de Calgary en vastes agglomérations prospères. En 1973, la flambée mondiale des prix du pétrole accentue davantage cette prospérité, qui se maintient jusqu'à la récession économique générale du début des années 80, l'effondrement des prix du pétrole et des céréales de 1986 et la récession suivante qui survient au début des années 90. En 1996, à la suite des répercussions combinées d'une augmentation des recettes pétrolières et de coupures radicales des dépenses publiques par le gouvernement Klein, la province termine l'année avec un énorme surplus budgétaire. Cependant, les effets à long terme des coupures dans les domaines de la santé, de l'éducation et des services sociaux demeurent aléatoires.

Robert M. Stamp

Alberta Ballet Company En 1958, Ruth CARSE fonde l'Alberta Ballet Company à Edmonton. À l'origine, il s'agit d'une troupe amateur qui se produit sous le nom de Dance Interlude. La troupe est incorporée en 1961 sous le nom d'Edmonton Ballet Co. et reconstituée en 1966 pour former une troupe de danse professionnelle, l'Alberta Ballet Company. Carse prend sa retraite en 1975.

En 1976, Brydon Paige devient directeur artistique de la compagnie et réalise des chorégraphies d'œuvres célèbres, notamment *Casse-Noisette* de Tchaïkovski, *L'Oiseau de feu* de Stravinski et *Cendrillon* de Prokofiev. Il présente aussi des œuvres de chorégraphes extérieurs à la compagnie ainsi que celles du chorégraphe attitré des Ballets, Lambros Lambrou.

Ali POURFARROKH succède à Paige en 1988. La troupe, qui compte 20 danseurs, connaît un renouvellement important de son corps de ballet. Pourfarrokh délaisse les ballets narratifs et les superproductions au profit de projets plus néoclassiques, avec un répertoire où prédominent les œuvres nouvelles et les classiques du XXᵉ siècle. Aux prises avec un conseil d'administration et une administration déterminés à maintenir la stabilité fiscale de la compagnie, Pourfarrokh doit respecter de fortes contraintes. Malgré cela, il réussit à donner une nouvelle image artistique à la compagnie et à relever le niveau général des danseurs. Il ajoute régulièrement de nouvelles œuvres au répertoire et recherche de nouveaux chorégraphes talentueux, notamment la Canadienne Crystal Pite et, plus récemment, l'Américain Robert La Fosse.

Même si Pourfarrokh essaie surtout d'innover dans le domaine de la danse, il est aussi un homme d'affaires avisé et sait choisir des projets rentables. P. ex., il commande au célèbre chorégraphe américain Peter Pucci une œuvre très accessible, *Lifted by Love* (1994), montée sur les chansons de l'Albertaine k.d. LANG. Sa seule concession à la tradition est la reprise de *Casse-Noisette* (1995), mine d'or pour toutes les compagnies de danse classique. Pourfarrokh supervise aussi le déménagement de la compagnie d'Edmonton à Calgary, de même que sa fusion avec le Calgary City Ballet, en 1990.

Aujourd'hui, l'Alberta Ballet Company est confortablement installée dans le bâtiment historique du Nat Christie Centre, à Calgary, mais est toujours présente à Edmonton où elle organise des saisons régulières en alternance avec ses représentations à Calgary. Bien que la compagnie ait eu une école associée du temps où elle était basée à Edmonton, son déménagement à Calgary l'incite à fonder l'Alberta Ballet School of Dance, en 1991, qui sera son école officielle. Des cours réguliers et des cours d'été y sont offerts aux élèves en danse classique et en danse contemporaine. Sous la direction de Pourfarrokh, la compagnie entreprend aussi des tournées plus importantes au Canada et aux États-Unis. Pourfarrokh a annoncé qu'il prendra sa retraite à la fin de la saison 1997-1998.

Michael Crabb

Alberta Press Act Reference (1938) Dans ce renvoi, la Cour suprême du Canada avait, entre autres choses, à se prononcer sur une mesure législative albertaine qui battait en brèche la liberté d'expression et de presse. La loi forçait chaque journal dans la province à publier, à la demande du gouvernement, la réponse de ce dernier à la critique du gouvernement formulée dans le journal. La Cour suprême arriva à la conclusion que pareille mesure échappait au pouvoir de la législature et relevait du droit criminel qui est l'apanage exclusif du Parlement fédéral. La liberté de discussion n'est pas une chose locale. Elle fait partie de notre système. Plusieurs juges exprimèrent les avis suivants: notre système de gouvernement en est un reposant sur le principe de la démocratie parlementaire qui nous est venu de Grande-Bretagne; ce principe fait partie de notre constitution; dans le préambule de notre constitution, il est déclaré que nous avons, en principe, une constitution semblable à celle du Royaume-Uni. (*Voir aussi* DROIT CRIMINEL; ULTRA VIRES.)

Gérald-A. Beaudoin

Alberta Research Council (ARC) La plus ancienne organisation de recherche provinciale. A été fondée par décret en Conseil sous l'appellation de Scientific and Industrial Research Council of Alberta en 1921. Le secrétaire provincial, J.-L. Côté, et le recteur de l'U. DE L'ALBERTA, H.M. TORY, ont contribué à sa fondation.

En 1930, une loi provinciale charge l'ARC d'inventorier les ressources naturelles et de promouvoir leur exploitation. La CRISE DES ANNÉES 30 force cependant le gouvernement à cesser temporairement le financement de l'organisation. L'U. de l'Alberta dirige le Conseil de 1933 à 1942. En 1951, une modification à la loi en fait une organisation formellement indépendante de l'université et permet de nommer son premier directeur de la recherche: Nathaniel GRACE.

L'ARC est une SOCIÉTÉ DE LA COURONNE provinciale qui collabore avec le secteur privé afin de commercialiser des innovations technologiques. On y fait de la recherche appliquée et du développement, et on conseille et fournit des renseignements techniques à un large éventail d'organisations, des petites entreprises naissantes aux grandes sociétés multinationales. L'ARC est réputé pour son expertise dans les secteurs de la BIOTECHNOLOGIE, de l'information, de la FABRICATION et des RESSOURCES NATURELLES. Ses services de recherche et de développement font le pont entre la recherche fondamentale et le développement des marchés. Dans ses locaux de Calgary, de Devon et d'Edmonton, on collabore avec le secteur privé, les universités et d'autres organisations, selon divers types d'entente: rémunération des services, coentreprise ou consortium.

Le président de l'ARC est nommé par le conseil d'administration du Conseil et dirige environ 350 employés. Présidé par un député provincial, le conseil d'administration comprend quinze personnes qui viennent du milieu des affaires, des universités et du gouvernement.

Martin K. McNicholl et Deborah Millar

Alberta Theatre Projects (ATP) Fondé en 1972 par le metteur en scène Douglas Riske et la productrice Lucille Wagner, qui, avec la participation du dramaturge Paddy Campbell, projettent d'emmener des écoliers en autobus voir des pièces traitant de l'histoire canadienne dans un lieu historique. Les écoles de Calgary et le gouvernement fédéral accordent leur soutien et l'ATP devient le premier théâtre canadien destiné aux jeunes à posséder son propre établissement, le Canmore Opera House au Heritage Park.

Étant donné le nombre restreint de pièces de théâtre portant sur l'histoire du Canada, l'ATP commande de nouvelles œuvres. *The History Show*, de Campbell, est la première d'une série de plus de 30 pièces qui seront présentées au cours des quatre premières années. Quand l'ATP élargit son mandat afin d'y inclure une saison destinée aux adultes, il continue de commander des pièces. Campbell, W.O. MITCHELL, Sharon POLLOCK et John MURRELL font partie des dramaturges qui ont débuté en collaborant avec l'ATP.

Au fur et à mesure que l'ATP prend de l'ampleur, l'exiguïté du Canmore Opera House se fait sentir. Rares sont les théâtres qui ont connu un changement plus radical que l'ATP quand il a déménagé, en 1985, d'une cabane en rondins de 165 places pour s'installer dans un théâtre de 450 places au Calgary Centre for the Performing Arts. Riske et Wagner conseillent l'architecte Ian McIntosh au début du projet, mais, en 1983, leurs postes de directeur artistique et de productrice sont combinés en un seul poste. Michael Dobbin devient alors directeur de production et supervise le déménagement de la troupe au Martha Cohen Theatre (du nom d'une célèbre philanthrope de Calgary). Le programme destiné aux enfants ne survit pas au déménagement.

L'ATP se distingue des autres théâtres professionnels permanents par son profond engagement envers le théâtre contemporain («nous ne mettons pas en scène les dramaturges décédés») et les nouvelles œuvres. Le premier *playRites Festival* a lieu en 1987. Dirigé par Bob White, conseiller artistique responsable de la production des pièces, il s'agit d'un événement annuel qui se déroule sur une période de six semaines, de janvier à mars. Comme pièces principales, on propose quatre pièces canadiennes récentes. Au nombre des activités parallèles figurent la lecture publique de pièces en cours d'élaboration, dont plusieurs seront présentées sur la scène principale lors des saisons suivantes, et les *Brief New Works*, des pièces jouées gratuitement le midi. Le Blitz Weekend, qui réunit l'essentiel du programme, attire des professionnels du théâtre et des critiques de partout au Canada et de l'étranger. En outre, le festival est devenu une référence importante et un catalyseur pour d'autres événements du même type se déroulant dans l'Ouest canadien (p. ex., le Theatre Network's Nextfest et les Workshop West's Springboards d'Edmonton, et le Centre Stage's Festival of Short Plays of Red Deer).

Certains textes portés à la scène pour la première fois dans le cadre du *playRites* ont fait l'objet de productions dans d'autres théâtres au Canada, aux États-Unis et à l'étranger: *Unidentified Human Remains* et *True Nature of Love* de Brad FRASER, *Moo* de Sally Clark, *Mad Boy Chronicle* de Michael O'Brien, et *Some Assembly Required* d'Eugene Strickland.

En 1997, l'ATP et le BANFF CENTRE se regroupent afin de monter de nouvelles pièces. La Playwrights Colony (aujourd'hui playRites Colony), établie en 1974, réunit tous les étés, à Banff, des écrivains, des metteurs en scène, des dramaturges et une troupe permanente de comédiens afin de mettre au point des œuvres en cours.

Les longues années de service des deux directeurs artistiques ont permis à l'ATP d'acquérir une solide réputation et d'attirer un public de plus en plus nombreux d'amateurs de théâtre moderne prêtant à controverse et de pièces nouvelles.

Joyce Doolittle

Alberta Wheat Pool Cet organisme, dont le siège social se trouve à Calgary, est une coopérative agricole formée en 1923 quand le système de marché libre pour la vente de blé commence à s'affaiblir par suite de la baisse des prix. La contribution des membres fondateurs de l'Alberta Wheat Pool est de 1 $ par action. Les montants investis sont d'ailleurs remboursés après la promulgation d'une loi régissant l'organisme qui devient une association prestataire de services appartenant aux agriculteurs producteurs de céréales. Aujourd'hui, l'Alberta Wheat Pool s'occupe de distribution de semences et d'engrais. Les intérêts de ses membres ont préséance sur les profits. En 1996, elle affiche des ventes de 2,1 milliards $ (y compris le blé acheté pour le compte de la COMMISSION CANADIENNE DU BLÉ et livré à cette dernière), des actifs de 625 millions de dollars et un effectif de 1366 personnes. Les actions de cette coopérative sont détenues par 57 000 membres.

Deborah C. Sawyer

Albright, William Donald, journaliste et agronome (South Cayuga, Ont., 5 août 1881—Haney, C.-B., 29 avril 1946). Diplômé du Collège d'agriculture de l'Ontario (1903), Albright est rédacteur adjoint du *Maritime Farmer* (de 1903 à 1905) et corédacteur du *Farmer's Advocate* (de 1905 à 1913) avant de s'installer sur une ferme dans la vallée de Beaverlodge dans le nord-ouest de l'Alberta en 1913.

La réussite de ses expériences sur des plantes qui, normalement, ne parviennent pas à maturité dans la région attire l'attention du ministère de l'Agriculture, qui établit une sous-station d'expérimentation sur sa ferme en 1916. Par la suite, en tant que directeur de la sous-station (1919-1945), il s'emploie à prouver qu'il est possible d'avoir un foyer invitant et de bonnes conditions de vie dans les BASSES TERRES DE LA RIVIÈRE DE LA PAIX, et ce, en essayant des cultures fourragères et céréalières qui peuvent être rentables et en encourageant la culture potagère, de petits fruits de même que d'arbres et d'arbustes ornementaux.

Stanley Gordon

Alcan Aluminium Limitée Multinationale dont le siège social se trouve à Montréal. Grâce à ses filiales et à ses sociétés apparentées, elle est présente dans tous les principaux secteurs de l'industrie de l'ALUMINUM, à savoir l'exploitation minière de la bauxite, le raffinage de l'alumine ainsi que l'électrolyse et la production d'aluminium. La Northern Aluminium Company est constituée en 1902 à Shawinigan Falls, au Québec, comme filiale canadienne de l'Aluminum Company of America. En 1925, elle devient l'Aluminium Company of Canada Ltd., puis une société en 1928, grâce à l'acquisition des actions en circulation de la compagnie mère, ce qui l'amènera à se poser en concurrente importante de l'Aluminum Company of America. L'adoption du nom actuel remonte à 1966.

Alcan est l'une des plus grandes productrices d'aluminium à l'extérieur de l'ancienne Union soviétique. Au Canada, où sont situées la plupart de ses alumineries, la compagnie produit une portion considérable de ses besoins en électricité dans ses propres installations hydroélectriques. Cette source énergétique relativement bon marché permet à Alcan de se classer parmi les producteurs d'aluminium les moins coûteux. En 1995, les ventes d'Alcan se chiffrent à 9,2 milliards de dollars américains, ses actifs, à 9,7 milliards et ses effectifs à près de 40 000 personnes, dont 13 000 au Canada. Ses actions sont largement réparties avec 45 p. 100 d'entre elles en mains étrangères. L'entreprise possède des bureaux et des usines dans 30 pays. En 1999, une fusion d'Alcan est prévue avec les groupes français et suisse Péchiney et algroup. On s'attend à ce que cette union engendre un chiffre d'affaires de 12,4 milliards de $ US dans les domaines de l'aluminium et du conditionnement et à un effet de synergie de l'ordre de 150 millions de $ US.

Deborah C. Sawyer

Alcidés Famille d'OISEAUX MARINS dont font partie les GUILLEMOTS, le PETIT PINGOUIN, le mergule et le MACAREUX. Le GRAND PINGOUIN, aujourd'hui disparu, appartenait aussi à cette famille d'oiseaux.

Description Les alcidés sont des oiseaux plongeurs qui se nourrissent essentiellement de poissons qu'ils pourchassent sous la surface en se propulsant à l'aide de leurs ailes, ce qui donne l'impression qu'ils «volent» sous l'eau. Ces oiseaux trapus mesurent de 12 à 43 cm de longueur et pèsent entre 140 et 1100 g. Leur plumage est généralement noir ou gris foncé sur le dos et blanc sur le ventre. Les ailes et la queue sont courtes et les pattes sont situées très loin à l'arrière, ce qui facilite la nage.

Répartition et habitat Les 22 espèces actuelles de ce groupe ancien et diversifié habitent les eaux des régions polaires et tempérées, où elles vivent près des côtes et au large. Des 22 espèces qui habitent l'Amérique du Nord, 13 nichent au Canada. Le guillemot marmette (*Uria aalge*) et le guillemot de Brünnich (*U. lomvia*) se reproduisent dans les océans Atlantique et Pacifique; le mergule nain (*Alle alle*), le petit pingouin (*Alca torda*), le guillemot à miroir (*Cepphus grylle*) et le macareux moine (*Fratercula arctica*), nichent dans l'Atlantique ainsi que dans certains secteurs de l'océan Arctique. Le guillemot colombin (*C. columba*), le guillemot marbré (*Brachyramphus marmoratus*), le guillemot à cou blanc (*Synthliboramphus antiquus*), le starique de Cassin (*Ptychoramphus aleuticus*), le macareux rhinocéros (*Cerorhinca monocerata*), le macareux huppé (*Fratercula cirrhata*) et le macareux cornu (*F. corniculata*) nichent pour leur part dans le Pacifique. Quatre autres espèces, qui elles ne nichent pas au Canada, visitent cependant les eaux territoriales canadiennes à l'occasion: le guillemot de Xantus (*S. hypoleucus*), le starique perroquet (*Cyclorrhynchus psittacula*), le starique minuscule (*Aethia pusilla*) et le starique cristatelle (*A. cristatella*).

Reproduction Les alcidés ne viennent sur terre que durant la saison de reproduction. La plupart des espèces nichent en colonies sur la côte, souvent sur des îles, où elles sont à l'abri des prédateurs et à proximité de leur nourriture. Les alcidés jouissent d'une bonne longévité, et ils se reproduisent habituellement pour la première fois vers l'âge de quatre ou cinq ans. Ils pondent généralement un seul œuf par année. Selon l'espèce, la ponte se fait sur les saillies de falaises abruptes, dans les anfractuosités du roc, entre de gros rochers, dans un terrier, en terrain découvert et, exceptionnellement, dans les arbres, assez haut au-dessus du sol. Les deux parents partagent l'incubation et s'occupent du petit après l'éclosion. Par la suite, l'incubation et l'élevage du jeune durent habituellement 10 semaines.

D.N. Nettleship

Alcoolisme Comportement caractérisé par l'absorption incontrôlée de boissons alcoolisées au point d'endommager la santé et le fonctionnement en société. Il s'agit donc de l'extrême d'un éventail de comportements face à l'alcool qui varient selon le degré de dépendance et de tolérance de chaque personne, mais aussi à bien d'autres égards, comme le moment de la journée où l'on boit de l'alcool et le choix des boissons alcoolisées. Les habitudes, les normes et les critères ainsi que la réglementation et le contrôle de la consommation d'alcool varient également selon les groupes et les pays. Le terme «buveur à problèmes» désigne des personnes qui, sans avoir développé une dépendance physique à l'alcool, sont notamment aux prises avec des problèmes sociaux ou de santé.

Historique de la consommation d'alcool

Le procédé qui consiste à laisser des liquides sucrés fermenter pour en faire des boissons alcoolisées remonte aux débuts des temps anciens et était en usage dans de nombreuses cultures sans écriture de par le monde. Dans l'Antiquité, les Égyptiens buvaient de la bière et du vin, tout comme d'autres peuples du Moyen-Orient. Des 139 sociétés qui peuplent le monde, au moins 121 consomment apparemment de l'alcool. Les boissons fortes, obtenues par distillation de liquides fermentés, apparaissent pour la première fois au Moyen Âge chez les populations du Moyen-Orient ou de l'Asie méridionale (*voir* DISTILLERIE).

Les sociologues constatent que les quantités d'alcool absorbées varient selon les sociétés en fonction de leur avancement technologique et d'autres facteurs. Bien que les sociétés évoluées soient plus susceptibles de consommer de l'alcool, l'ivrognerie se rencontre plus souvent dans celles qui sont moins développées en raison, apparemment, de l'anxiété qu'engendrent les incertitudes économiques et autres impondérables. L'introduction de boissons distillées en provenance d'Europe perturbe aussi les pratiques traditionnelles des sociétés non occidentales. La consommation d'alcool est mieux contrôlée dans les sociétés très structurées, surtout lorsqu'elle fait symboliquement partie des célébrations collectives. Dans les sociétés industrialisées, la grande liberté personnelle et l'aisance dans laquelle les gens vivent, ainsi que l'obligation d'avoir une activité professionnelle organisée et des horaires de travail stricts incitent les gens à réglementer et à limiter leur consommation d'alcool.

Point de vue scientifique sur la consommation d'alcool

L'éthanol, couramment appelé «alcool», appartient en fait à une classe de composés organiques comprenant un groupe d'hydroxyles liés à un atome de carbone. L'alcool éthylique (CH_3CH_2OH) est le principal ingrédient pharmacologique des boissons alcoolisées. D'autres alcools et substances connexes s'y trouvent en petites quantités et peuvent contribuer aux effets physiologiques et psychologiques de l'alcool, y compris la «gueule de bois». Un ingrédient, le thujone, qui est un composant de l'huile d'armoise, est un puissant agent intoxicant présent dans l'absinthe et, en dose plus faible, dans les vermouths. Dans les vins, la levure agit sur les sucres naturels pour produire de l'éthanol. On fabrique des vins non seulement avec du raisin, mais aussi avec quantité d'autres fruits, et leur teneur en alcool ne dépasse pas 14 p. 100 environ, car, au-delà de cette concentration, la levure meurt (*voir* INDUSTRIE VITICOLE).

L'alcoolisation, qui consiste à distiller une partie du moût avant de le reverser dans le liquide d'origine, augmente la teneur en alcool, comme dans le cas du sherry. Les bières sont par nature moins alcoolisées. On les fabrique à partir de féculents en commençant par décomposer, à l'aide d'une enzyme, les carbohydrates complexes en sucres plus simples. Finalement, on peut produire par distillation des boissons pouvant présenter jusqu'à 95 p. 100 d'alcool en chauffant un liquide fermenté jusqu'à ce que l'éthanol s'évapore et qu'il se recondense dans un autre contenant, où il redevient liquide. Au Canada, les boissons distillées populaires sont le rhum, à base de canne à sucre, et le whisky, fabriqué à partir d'orge et d'autres céréales.

Les boissons alcoolisées passent rapidement dans le sang à travers les parois de l'estomac et de l'intestin grêle, car elles n'ont pas besoin d'être digérées. Le type et la quantité de nourriture présente dans l'estomac sont des facteurs qui peuvent modifier le taux d'absorption de l'alcool. P. ex., un repas riche en graisse pris avant de boire ralentit considérablement l'absorption d'alcool. Le sang transporte l'alcool dans toutes les parties du corps, où il est absorbé jusqu'à ce qu'il soit présent à parts égales dans le sang et dans les organes. L'alcool est éliminé dans une faible mesure (10 p. 100) par expiration, transpiration et miction, mais il est en grande partie métabolisé dans le foie et produit en fin de compte de l'eau, du dioxyde de carbone et de l'énergie.

Le degré d'intoxication par l'éthanol correspond à la concentration d'alcool dans le sang, qui dépend principalement de la quantité d'alcool consommée, du volume sanguin, du taux d'absorption et du métabolisme, ainsi que du temps écoulé depuis l'ingestion. Selon son poids, un homme adulte peut avoir une concentration d'alcool dans le sang de 0,06 p. 100 après avoir bu trois consommations normales d'une boisson alcoolisée. Les effets corrélés de ces faibles doses d'éthanol sur les plans physiologique et psychologique sont erratiques, mais l'alcool absorbé à plus fortes doses modifie incontestablement le fonctionnement du système nerveux central. Il est prouvé qu'une concentration de 0,1 p. 100 d'alcool dans le sang affecte certains centres moteurs du cerveau tels ceux de la parole, de l'équilibre et de la dextérité. Une concentration de 0,2 p. 100 atteint tous les centres moteurs et la zone des émotions. À 0,45 p. 100, tous les centres de perception sont altérés, ce qui provoque un coma. À 0,7 p. 100, les centres contrôlant le rythme cardiaque et la respiration sont altérés au point d'entraîner la mort.

En ce qui a trait aux comportements complexes (agressions, pulsions sexuelles), il est en général difficile d'interpréter les résultats des études psychologiques sur les effets de l'éthanol, surtout à faibles doses. Les recherches sur les effets de l'alcool sur les émotions et les humeurs ne sont pas plus concluantes. Beaucoup d'études en laboratoire négligent les variables du contexte dans lequel on boit dans la vie quotidienne (p. ex. la présence d'autres personnes, les rapports sociaux du buveur avec ces personnes, etc.). Il est aussi prouvé que les effets escomptés de la consommation d'alcool par une personne jouent un grand rôle dans le plaisir que l'alcool lui procure.

Des études des modèles nationaux et des recherches transculturelles sur la consommation d'alcool révèlent des variations considérables dans les comportements. Les définitions qui prévalent dans un groupe ou dans une société au sujet des fonctions, de la consommation et des effets de l'alcool influencent presque certainement dans une grande mesure les comportements des gens face aux boissons alcoolisées. Dans certaines sociétés, comme chez les Italiens, qui considèrent l'alcool avant tout comme une nourriture, le vin se boit à table et ne semble guère troubler les comportements. Par contre, les Scandinaves, et particulièrement les Finlandais, voient traditionnellement dans les boissons alcoolisées des produits enivrants. La consommation d'alcools forts, généralement en dehors des repas, y dégénère parfois en scènes explosives et violentes. Dans les régions d'Europe et d'Amérique du Nord où l'on boit de la bière, l'alcool est surtout considéré comme un «facilitateur» des interactions sociales. Il serait cependant prématuré de conclure que le degré d'alcool ou le type de boisson ingéré est la cause directe ou indirecte des réactions des gens. Chez certains paysans boliviens, p. ex., la boisson alcoolisée contient habituellement 95 p. 100 d'alcool, et pourtant, la réaction collective à cette intoxication massive est la passivité, et les comportements perturbateurs sont extrêmement rares.

Alcoolisme et abus d'alcool

Les recherches sur l'alcoolisme s'effectuent dans plusieurs domaines: biologique (effets de l'alcool sur l'organisme), psychologique (effets sur l'esprit) et sociologique (approvisionnement en alcool et consommation en société). Il est clair que certaines personnes développent une tolérance à l'égard de l'alcool et ont besoin d'en absorber des doses accrues pour montrer des signes d'intoxication. Certaines autres deviennent dépendantes, car leurs cellules se modifient et s'adaptent à l'alcool. Les différents symptômes de l'état de besoin sont un besoin maladif de consommer de l'alcool, des tremblements et une anxiété croissante (on peut considérer la «gueule de bois» comme une forme bénigne de

besoin). Parmi les réactions que peut provoquer le sevrage consécutif à une période prolongée d'alcoolisme, figurent les nausées, les vomissements et des crises. Le *delirium tremens* (DT), qui combine plusieurs symptômes d'un état de besoin, peut s'accompagner d'hallucinations et d'autres sensations désagréables.

La consommation prolongée d'alcool à fortes doses entraîne des problèmes chroniques tels que des carences nutritionnelles, des troubles digestifs, une inflammation du foie et du pancréas, de l'anémie, l'impuissance, des troubles neurologiques et le syndrome nouvellement découvert de l'alcoolisme fœtal. S'y ajoutent d'autres problèmes, notamment les accidents de la route, les blessures ou morts accidentelles, le suicide et le crime (*voir* CONDUITE EN ÉTAT D'ÉBRIÉTÉ).

Les nombreuses recherches n'ont pas réussi à lever le voile sur les causes de l'alcoolisme. En fait, l'alcoolisme se conçoit mieux comme un ensemble de problèmes connexes dont chacun a ses caractéristiques, ses causes, son pronostic et son traitement propres. Des facteurs culturels (religion, attitude envers l'alcool et problèmes d'alcoolisme) sont liés au taux d'alcoolisme. Des phénomènes sociaux tels que le mode de vie familial et les relations entre amis, la nature et la sévérité des sanctions et des récompenses réservées aux buveurs influencent aussi la consommation d'alcool et ses abus. À en croire certaines études, les incitations ou, au contraire, les freins à l'achat d'alcool que représentent le revenu et la réglementation de la production, de la distribution et de la vente des boissons alcoolisées ont des répercussions sur l'ampleur de la consommation et des problèmes qui s'y rattachent. Les individus n'ont pas tous les mêmes prédispositions à l'intoxication et à la dépendance à l'alcool, ce qui explique la multiplication des recherches physiologiques et psychologiques en la matière. Il existe peu de preuves, cependant, que certains types de personnalités aient des prédispositions à l'alcoolisme.

Consommation d'alcool au Canada

Environ 75 p. 100 des Canadiens adultes consomment des boissons alcoolisées au moins occasionnellement. À l'échelle internationale, le Canada est classé comme un pays de buveurs de bière, car cette boisson compte pour 51 p. 100 de la consommation absolue d'alcool tandis que les eaux-de-vie distillées comptent pour 30 p. 100. Les Turcs, les Polonais et les Israéliens consomment leur alcool en majorité sous forme de spiritueux, mais étant donné que la consommation d'alcool en volume est relativement faible dans ces pays, les Canadiens font partie des plus grands consommateurs de spiritueux. La consommation moyenne de vin par habitant est de 9 litres par an au Canada contre 62 au Portugal et 67 en France. On constate cependant une tendance à l'uniformisation des modes de consommation à l'échelle internationale. Ainsi, au Canada, la consommation de bière a baissé et celle du vin s'est accrue jusque dans les années 80. Le niveau de consommation d'alcool au Canada est dans l'ensemble proche de celui des pays industrialisés du nord-ouest de l'Europe.

La consommation de l'équivalent d'alcool pur par adulte était de 9 litres au Canada en 1991, soit une légère baisse par rapport aux années précédentes, même si elle n'atteignait pas 7 litres en 1950. Il n'en reste pas moins que dans la plupart des pays, dont le Canada, la consommation est aujourd'hui relativement modérée si on la compare à celle des XVIIIe et XIXe siècles. Les statistiques sur la consommation d'alcool des Canadiens d'autrefois sont rares. Dans les années 1870, les registres officiels des provinces l'estimaient à seulement 5 litres par an; toutefois, on ne tenait pas compte de la bière et du cidre artisanaux qui, dans un pays à prédominance rurale et agricole, peuvent avoir représenté la majeure partie de la consommation. Ajoutons que dans d'autres pays tels que la Suède et les États-Unis, l'essor du MOUVE-

MENT POUR LA TEMPÉRANCE, au XIXᵉ siècle, coïncide avec une tendance à la baisse de cette consommation.

Plus tôt, dans les années 1830, dans un district représentatif du Haut-Canada (Bathurst), on comptait six distilleries pour approvisionner la région. Comme chacune produisait alors quotidiennement environ 60 gallons de whisky et d'autres spiritueux, on arrive à 13,4 litres d'éthanol par adulte de 15 ans et plus, soit la moitié des 26,9 litres consommés aux États-Unis en 1830. Les chiffres canadiens n'incluent toutefois pas la bière, le cidre et le vin. Ainsi donc, bien que la consommation d'alcool ait augmenté depuis la fin de la prohibition, elle s'est stabilisée et reste probablement bien inférieure aux niveaux élevés d'avant l'apparition du mouvement pour la tempérance. En outre, une tendance à long terme montre un désintérêt en faveur des spiritueux en faveur des boissons moins alcoolisées.

Au Canada, le nombre d'alcooliques est estimé à environ un demi-million (environ 4 p. 100 des adultes buveurs d'alcool) selon l'incidence connue des décès par cirrhose du foie, ce qui sous-évalue donc probablement la réalité. Les comparaisons internationales de l'alcoolisme s'appuient sur les statistiques de cirrhose du foie (la «formule de Jellinek»), dont on sait qu'elles sont en corrélation très étroite avec celles du niveau global de consommation d'alcool. Ainsi, le taux d'alcoolisme national correspond généralement au taux de consommation nationale, et l'alcoolisme au Canada se situe dans la moyenne des pays occidentaux. Au Canada, environ 2200 personnes meurent annuellement d'une cirrhose du foie, ce qui donne un taux annuel de 8 décès par 100 000 habitants. Quelques centaines d'autres meurent des suites d'autres accidents liés à l'alcool (empoisonnement, accidents routiers, etc.). Le taux de mortalité par cirrhose du foie augmente notablement avec l'âge et est plus élevé en milieu urbain et dans l'ouest et le nord du Canada, deux régions enregistrant la plus forte consommation d'alcool.

Au moment des enquêtes, les Canadiens déclaraient prendre quatre consommations d'alcool en moyenne par semaine, ce qui est manifestement en deçà de la réalité. En effet, les statistiques des ventes aboutissent plutôt à 10,8 consommations hebdomadaires par personne, soit plus du double. En outre, la consommation réelle dépasse probablement ce chiffre, car de nombreux Canadiens achètent une partie non négligeable de leur alcool à meilleur prix dans les magasins hors taxes, à la frontière des États-Unis, sans compter qu'ils sont nombreux aussi aujourd'hui à fabriquer leur vin et leur bière à la maison.

Certes les touristes étrangers boivent aussi de l'alcool, surtout dans les Territoires du Nord-Ouest, mais la réciproque est au moins aussi vraie pour les touristes canadiens aux États-Unis. Les statistiques des ventes et les enquêtes concordent cependant sur la baisse de la consommation d'alcool ces dernières années. Le Canada est un pays complexe et varié dont les modes de consommation des boissons alcoolisées varient considérablement. Les hommes disent qu'ils boivent en moyenne trois fois plus d'alcool que les femmes.

Dans la région atlantique, plus traditionnelle, le coefficient hommes-femmes est de quatre, alors qu'il est moindre en Colombie-Britannique. Même s'il est permis d'avoir des réserves sur les différences de consommation entre les hommes et les femmes, il n'est pas moins sûr que le taux de mortalité par cirrhose du foie est deux fois supérieur chez les hommes. Les Canadiens anglophones boivent plus que les membres des minorités ethniques. Les hommes continuent à boire relativement beaucoup jusque dans la cinquantaine et la soixantaine alors que les femmes diminuent régulièrement leur consommation d'alcool en vieillissant. Les gens mariés boivent moins que les personnes célibataires, divorcées ou séparées.

Parmi les autres facteurs agissant sur la consommation d'alcool, figurent en particulier la classe sociale et la religion. Les femmes plus instruites, ayant une qualification professionnelle et un revenu supérieurs sont portées à boire davantage, bien que les études suggèrent que les grandes buveuses se trouvent surtout dans les groupes à faible revenu. Ce sont les hommes occupant des emplois intermédiaires et ayant une instruction moyenne qui consomment le plus d'alcool. En général, la consommation est plus fréquente, mais pas nécessairement plus grande, chez les personnes ayant un emploi et de l'instruction de niveau supérieur. Parmi les groupes religieux, les juifs sont les moins susceptibles de s'abstenir de boire, mais ont par contre le taux d'alcoolisme le plus faible. Cette absence de dépendance semble découler de la consommation rituelle d'alcool dans la pratique religieuse orthodoxe. C'est parmi les personnes sans affiliation religieuse que se retrouvent les plus grands buveurs. Chez les hommes, une maladie récente est plus fréquente chez ceux qui boivent davantage, alors que le contraire est vrai chez les femmes. Cependant, cette différence ne fait probablement que refléter l'accroissement de la morbidité avec l'âge, de même que les effets différents du vieillissement sur la consommation d'alcool des hommes et des femmes.

Réactions à la consommation d'alcool

Au Canada d'avant le XIXᵉ siècle, on considère généralement la consommation d'alcool comme allant de soi, et les gens boivent du cidre, de la bière et du vin tous les jours. On ne tient pas compte alors de l'accoutumance à l'alcool, puisque la consommation de boissons alcoolisées fait partie des normes acceptées. Les premières tentatives des autorités françaises et britanniques visant à réglementer l'usage de l'alcool chez les autochtones s'avèrent l'exception à la règle. Au tournant du XIXᵉ siècle, la consommation de spiritueux ayant de l'ampleur, les mouvements pour la tempérance en Angleterre et aux États-Unis prônent la modération. Les Églises, en particulier baptistes et méthodistes, participent activement à cette campagne et finissent par réclamer l'abstinence complète et la prohibition légale du «commerce des spiritueux». À ce stade, des conflits entre groupes sociaux (p. ex. religieux, ethniques et politiques) commencent à avoir des retombées sur le débat, et les plébiscites en faveur de la prohibition révèlent que la mesure est loin d'être appuyée également dans toutes les provinces. Le Québec s'oppose radicalement à la prohibition alors que l'Île-du-Prince-Édouard et la Nouvelle-Écosse s'y rallient avec enthousiasme. La prohibition devient une politique nationale pendant la Première Guerre mondiale, malgré la présence de nombreuses distilleries clandestines et d'échappatoires.

Au lendemain de cette guerre, les provinces remplacent progressivement la prohibition par un système de distribution et de permis sous contrôle gouvernemental, manifestement afin de préserver la santé et l'ordre publics. Aujourd'hui, le véritable rôle de ce système est de remplir les caisses de l'État et de faire fonctionner le patronage politique. Les recherches montrent cependant que les politiques de prix et la réglementation des horaires d'ouverture des points de vente ont un impact certain sur la consommation d'alcool et sur les problèmes connexes.

Traitement de l'alcoolisme

Il existe au Canada une série de programmes pour traiter les problèmes liés à l'alcoolisme. Certains traitent directement les alcooliques alors que d'autres les orientent vers des centres de traitement ou offrent des services de consultation aux familles d'alcooliques. Il existe aussi des programmes de prévention de l'alcoolisme et de lutte contre l'alcoolisme au volant. Les Alcooliques anonymes (AA) et une variété de programmes commandités par l'État (certains affiliés à des établissements de soins de santé, d'autres n'ayant pas d'autre but que de traiter l'alcoolisme) offrent direc-

tement de l'aide aux alcooliques. Les programmes gouvernementaux se classent en quatre catégories: désintoxication (soins de 2 à 3 jours avec hospitalisation); hospitalisation de courte durée avec traitements ou réadaptation pendant quelques jours ou quelques semaines; hospitalisation de longue durée; et finalement traitement en clinique externe.

La tendance des 10 dernières années est dans ce cas comme pour la plupart des maladies physiques et mentales, au traitement accru en consultations externes et à la réduction des hospitalisations. Les quelques études effectuées donnent des résultats contradictoires sur l'efficacité des consultations externes externes. Force est de conclure que cette orientation est dictée par le souci de réduire les coûts et que l'efficacité est secondaire. Selon une étude récente, il y avait un patient en consultation externe pour trois en résidence, le séjour de ces derniers étant grandement écourté. Environ 10 p. 100 des alcooliques canadiens bénéficient de l'ensemble des programmes qui leur sont offerts. Les hommes ont six fois plus de chances que les femmes d'y être admis et leur âge moyen est de 44 ans.

Les coûts et les bénéfices de marchandises comme les boissons alcoolisées peuvent notamment s'analyser en termes économiques. Au Canada, les monopoles gouvernementaux sur les ventes d'alcool rapportent environ 3 milliards de dollars par an, dont approximativement les deux tiers vont aux provinces. Certains revenus vont aux fermiers producteurs de fruits et de grains, aux brasseries, aux négociants en vins et aux distilleries ainsi qu'à l'industrie des services connexes. La masse salariale des employés travaillant dans la production d'alcool s'élève à un demi-milliard de dollars, et la publicité pour l'alcool représente un gros chiffre d'affaires. Les exportations canadiennes de spiritueux et, plus récemment, de bière, rapportent un volume appréciable de devises étrangères. Au passif du dossier de l'alcool s'inscrivent les dépenses en soins de santé qui lui sont directement ou indirectement imputables et que l'on estime à 2 milliards de dollars.

Les abus d'alcool sont aussi responsables des coûts prohibitifs d'autres secteurs tels que la police et les tribunaux, l'aide sociale et les accidents de la route. On estime à au moins un milliard par an les pertes de production causées par l'alcool. Beaucoup de coûts et de bénéfices sont plus difficiles à chiffrer. Le vin est indispensable aux cérémonies religieuses dans certains groupes, mais il est frappé d'anathème chez d'autres. Les avantages socio-psychologiques de l'usage d'alcool sont évidents, tout comme l'est le tort causé par sa consommation excessive et incontrôlée. Les buveurs modérés courent moins de risque de problèmes cardiaques que les personnes qui s'abstiennent complètement; ils sont apparemment en meilleure santé et vivent plus longtemps en moyenne. Les grands buveurs accumulent les problèmes de santé et vivent moins longtemps.

Types de thérapie

Plusieurs types de thérapie existent: les médicaments (p. ex. Antabuse), qui provoquent des réactions déplaisantes; les psychothérapies individuelles et de groupe; et les techniques de modification du comportement (p. ex. apprentissage par aversion). Leur efficacité est controversée.

Les études constatent des améliorations chez 33 à 70 p. 100 des patients, bien qu'on ne sache trop si l'objectif des thérapies est d'arriver à l'abstinence totale ou à la consommation modérée. Il ne faut pas oublier que l'alcoolisme est un problème dont la gravité fluctue et que ceux qui en souffrent cherchent probablement de l'aide au moment où ils en ont le plus besoin. On peut donc prévoir qu'à certains moments par la suite ils se sentiront mieux, mais il sera difficile d'attribuer l'amélioration exclusivement à la thérapie reçue. La documentation scientifique sur les résultats de ces thérapies est plus optimiste aujourd'hui qu'autrefois, et elle affiche un scepticisme croissant à l'égard d'Alcooliques anonymes. Toutefois, sur ce dernier point, l'intérêt personnel des auteurs peut entrer en ligne de compte.

Ronald L. Cosper

Alert, Nunavut; pop. 270 (rec. 1996), 246 (rec. 1991). Base militaire canadienne située à l'extrémité nord de l'ÎLE D'ELLESMERE, sur un terrain accidenté entouré de collines et de vallées. Le littoral est constitué d'ardoise et de schiste argileux, tandis que la zone au large des côtes est couverte d'amas de glace durant la période estivale. Sir George NARES, le commandant du HMS *Alert*, est le premier à accoster sur les rives au nord de l'île d'Ellesmere en 1875-1876. En 1950, le gouvernement canadien installe une station météorologique à Alert. L'armée prend la relève en 1958 et continue d'utiliser cette station toute l'année, mais elle ne peut révéler le nombre de ses employés ni la nature de ses activités pour des raisons de sécurité. L'accès à Alert est restreint au personnel militaire. C'est le plus nordique des peuplements permanents au monde.

Edward Struzik

Alexander, Harold Rupert Leofric George, 1er comte Alexander de Tunis, officier dans l'armée, gouverneur général (Londres, Angl., 10 déc. 1891—Slough, Angl., 16 juin 1969). Dernier gouverneur général britannique du Canada (1946-1952), il est issu de l'aristocratie irlandaise. Officier du régiment des Gardes irlandais durant la Première Guerre mondiale, il a espéré devenir un artiste professionnel, mais la guerre en fait un militaire dévoué.

En 1937, il est déjà le plus jeune major général de l'armée britannique. Il commande la 1re division en France en 1940, puis l'arrière-garde à Dunkerque, dirige la retraite de l'armée sino-britannique devant l'invasion japonaise de la Birmanie en 1942 et, à partir d'août 1942, devient commandant supérieur de l'armée dans la Méditerranée. Après la guerre, il doit être nommé chef de l'état-major général impérial, mais le premier ministre britannique, Winston Churchill, déclare que «le Canada est une affectation beaucoup plus importante».

Beau, athlétique, élégant et secondé par une épouse très populaire, lady Margaret, Alexander fait grande impression comme gouverneur général. À l'aise dans ce rôle protocolaire, il voyage beaucoup et mène une vie de détente. Il s'adonne au ski, à la pêche et à la peinture. À son retour en Angleterre, il occupe sans enthousiasme le poste de ministre de la Défense dans le gouvernement Churchill de 1952 à 1954.

O.A. Cooke et Norman Hillmer

Alexander, Lincoln MacCauley, avocat, député, fonctionnaire, lieutenant-gouverneur de l'Ontario (Toronto, 21 janv. 1922). Né de parents antillais immigrants, Alexander grandit dans un Ontario où seuls les Noirs exceptionnels parviennent parfois à franchir les barrières de la discrimination. P. ex., quand il se joint à l'Aviation royale du Canada en 1942, ce service a encore une disposition réglementaire refusant les personnes de couleur.

Après avoir obtenu un baccalauréat de l'U. McMaster et un diplôme en droit d'Osgoode Hall, Alexander pratique le droit et entre en politique comme député conservateur de la circonscription d'Hamilton-Ouest en 1968, devenant ainsi le premier Noir canadien à siéger à la Chambre des communes. Il devient plus tard ministre du Travail dans le gouvernement Clark en 1979. En 1980, il quitte la politique pour occuper le poste de président de la Commission des accidents du travail de l'Ontario, poste qu'il occupe jusqu'à ce qu'il soit nommé lieutenant-gouverneur de l'Ontario en 1985. À ce titre, il est mieux placé pour s'occuper davantage des affaires multiculturelles de l'Ontario. À l'expiration de son mandat, Alexander accepte le poste de chancelier de l'U. de Guelph.

James W. St.G. Walker

Alfalfa La luzerne (de genre *Medicago*) est une plante vivace herbacée qui appartient à la famille des LÉGUMES, cultivée comme plante fourragère. Elle s'est développée d'abord en Asie centrale, une région aux hivers froids et aux étés chauds et secs, puis s'est répandue en Europe, en Asie de l'Est, en Afrique et dans le Nouveau Monde. Les principales espèces commerciales sont «M. sativa» et «M. falcata».

Les fleurs de luzerne varient du violet au jaune et sont portées par un long racème (c.-à-d. d'une inflorescence formée de fleurs pédicellées insérées sur un axe allongé et espacées à distance égale à des niveaux différents). Les gousses sont en forme de spirale et les petites graines sont réniformes. Les feuilles trifoliées sont alternées le long de la tige.

Le système radiculaire se distingue par une profonde racine pivotante qui, dans des conditions de drainage favorables, peut atteindre une profondeur de 7,5 m. Les tiges dressées peuvent atteindre une hauteur de 60 à 90 cm; la repousse après la coupe se fait très rapidement, même lors des étés chauds. Lorsque la luzerne est coupée pour en faire du foin ou de l'ensilage, au stade bouton avancé, la teneur en protéines peut varier de 10 à 20 p. 100.

Depuis 1950, de nombreuses variétés améliorées ont été créées pour augmenter l'utilisation de la luzerne au Canada. La «M. falcata» à fleurs jaunes a été créée pour les prairies de terre sèche; la «M. sativa» à fleurs bleues, résistante aux maladies et aux insectes, pour maintenir des surfaces en hectares dans les régions du Canada offrant une température, un drainage et une acidité favorables. Le rendement varie grandement en fonction de la température et de l'humidité de l'air: p. ex., dans la région d'Edmonton, deux coupes donnent 5 136 kg/ha; à Winnipeg, 6 787 kg/ha; à Guelph, trois coupes donnent 13 619 kg/ha. La luzerne continue d'être le meilleur fourrage pour les bovins laitiers (*voir* ÉLEVAGE LAITIER). Les germes de luzerne sont aussi devenus un populaire ingrédient à salade et à sandwich.

W.R. Childers

Algoma University College Situé à Sault-Sainte-Marie, en Ontario, il a été fondé en 1967. Il est d'abord affilié à l'U. LAURENTIENNE. Le campus est construit autour d'un ancien édifice qui a autrefois abrité la Shingwauk Indian Residential School. L'école a été fondée en 1873 par le chef de la bande OJIBWAY de Garden River, Augustine Shingwauk (1800-1890), et par un missionnaire anglican, le révérend E.F. Wilson (1844-1914). Elle doit son existence au père d'Augustine, Shinguacôuse, qui a eu l'idée de faire construire un «wigwam d'enseignement» pour son peuple.

Le collège d'Algoma offre actuellement un programme d'arts et lettres de même qu'un programme de premier cycle en administration et en travail social. Il s'enorgueillit de ses classes peu nombreuses et de son enseignement individualisé. Le patrimoine autochtone demeure présent de façon intégrale dans la vie scolaire d'Algoma, encourageant ainsi la présence d'autochtones au sein des professeurs, des employés et du conseil des gouverneurs, ainsi qu'un enseignement interculturel. Algoma offre aussi un enseignement coopératif et un programme interculturel d'arts visuels, et on y trouve un conservatoire de musique. Une nouvelle bibliothèque, une résidence et un centre sportif ont été construits récemment sur le campus. En 1995-1996, environ 1100 étudiants fréquentaient le collège d'Algoma.

John D. Blackwell

Algonquin, parc provincial (créé le 27 mai 1893, 7723 km²). Le plus ancien PARC PROVINCIAL de l'Ontario et le premier parc provincial établi au Canada. Il est situé à 250 km au nord de Toronto. La région, qui recouvre la pointe sud du BOUCLIER canadien entre la BAIE GEORGIENNE et la RIVIÈRE DES OUTAOUAIS, est constituée principalement de granites précambriens rabotés et rainurés par les nappes glaciaires qui se sont retirées il y a 10 000 ans. Le relief vallonné est entrecoupé de nombreuses rivières et parsemé de quelque 2500 lacs qui permettent de gagner l'intérieur par bateau.

Histoire naturelle Sols pauvres, climat rigoureux et incendies sont autant de facteurs à l'origine d'une repousse forestière variée et changeante associant, entre autres, pins, sapins, bouleaux et peupliers. Le parc est renommé pour ses loups, mais d'autres espèces y abondent, notamment le chevreuil, l'orignal, l'ours et le raton laveur. On y a recensé environ 240 espèces d'oiseaux dont le geai gris, le tétras des savanes, le tangara écarlate, le moqueur roux et le huart. Les lacs profonds aux eaux froides et pauvres en substances nutritives conviennent tout particulièrement bien à la truite. Cependant, on y trouve aussi de l'achigan à petite bouche, du brochet, du maskinongé et du doré.

Histoire humaine Les forêts, tout particulièrement les peuplements de PIN blanc, ont donné lieu à de l'exploitation extensive dès le début du XIXe siècle. Aujourd'hui, plus de 70 p. 100 des terres du parc font encore l'objet d'une exploitation forestière contrôlée. Récemment, des pressions visant l'aménagement du territoire et les travaux de planification de l'utilisation du parc ont provoqué un important débat public sur la vocation et le statut qu'il conviendrait de lui donner. Beaucoup de recherches y ont été effectuées. Un OBSERVATOIRE astronomique, situé dans le parc, a été fermé en 1987.

Pavillons, terrains de camping, routes panoramiques, sentiers et 1500 km d'itinéraires de canotage sur lacs et rivières comptent parmi les aménagements et attraits du parc. Un nouveau centre pour les visiteurs, comprenant une librairie, un musée et un restaurant, a ouvert ses portes en 1993 dans le cadre des célébrations du centenaire du parc Algonquin.

John S. Marsh

Algonquins On entend par Algonquins (Algonkins) un groupe de communautés autochtones de langue algonquine vivant dans l'ouest du Québec ainsi que dans la région voisine de l'Ontario, plus particulièrement autour de la RIVIÈRE DES OUTAOUAIS et de ses affluents. Ils s'appellent Anissinapek (Anishinabeg) ou du nom de leur localité. Les Algonquins sont connus des Européens depuis 1603, alors qu'ils sont alliés avec les Français, les MONTAGNAIS-NASKAPIS et les HURONS contre les IROQUOIS. Le conflit, qui découle de la concurrence entourant la TRAITE DES FOURRURES avec les Européens, s'étend sur presque toute cette période historique.

L'algonquin est classé comme dialecte ojibwé, une des langues de la famille algonquine. Comme les dialectes ojibwés sont voisins, il n'est pas possible de tracer une frontière linguistique exacte entre les dialectes ojibwé et algonquin. Toutefois, les Algonquins se distinguent des OJIBWÉS au plan politique. Parmi les voisins des Algonquins, citons les CRIS, les OUTAOUAIS, les Hurons et les Iroquois.

Premiers régimes économique et social Comme les bandes ou les communautés locales algonquines sont très indépendantes les unes des autres, les relations entre les bandes et les autres groupes dépendent surtout de la situation locale. Des mariages ont lieu entre Algonquins et d'autres groupes, et, en général, les rapports entre bandes voisines sont tempérés par les liens de parenté, sans égard à la langue ou au nom de la tribu. Les relations avec les Iroquois connaissent des hauts et des bas, les hostilités atteignant leur paroxysme aux XVIIe et XVIIIe siècles. Toutefois, certains Algonquins vivent parmi les Iroquois catholiques à Oka, une mission près de Montréal.

Les Algonquins pratiquent la chasse et vivent en bandes composées de familles apparentées. Les bandes sont égalitaires et dirigées par des membres respectés et des chefs de famille. Dans la portion sud de leur territoire, où le climat et le sol le permettent, certaines bandes s'adonnent au jardinage. Pendant la période historique, ils commencent à s'intéresser à la traite des fourrures. Les camps d'été situés près des postes de traite s'agrandissent au fur et à mesure qu'augmente le temps consacré au piégeage des animaux à fourrure. Certains biens de base sont achetés des commerçants pour compléter le produit de la chasse et de la pêche. Au cours des dernières années, leurs habiletés leur permettent d'occuper des emplois en foresterie et dans d'autres industries.

Au cours du XIXe siècle, des RÉSERVES INDIENNES et des collectivités modernes voient le jour, souvent à proximité des anciens postes de traite. Les hostilités avec les Iroquois cessent quand Algonquins et Iroquois s'emploient ensemble à améliorer les conditions de vie de l'ensemble des autochtones. Plus récemment, les Algonquins ont fait front commun avec les Cris et d'autres groupes afin de lutter pour les mêmes objectifs, divers projets de développement menaçant leur mode de vie traditionnel. Le nombre d'Algonquins inscrits était de 10 457 en 1996. (*Voir aussi* AUTOCHTONES: LES FORÊTS DE L'EST et des articles généraux sous la rubrique AUTOCHTONES.)

Meredith Jean Black

Algue Les algues forment un groupe taxinomique constitué de plusieurs organismes aquatiques simples et d'organismes vivant dans des milieux humides tels que les surfaces rocheuses humides, les troncs d'arbres, les monticules de mousse ou la terre humide. Quelques espèces des déserts sont même endolithiques (c.-à-d. qu'elles vivent dans les pores de la roche) et dépendent de la rosée comme source d'humidité. D'autres poussent sur la neige fondante ou vivent attachées sous la surface de glaces flottantes.

Les algues sont principalement des organismes photosynthétiques dont le corps est appelé thalle (c.-à-d. qu'ils n'ont ni feuilles, ni tiges, ni racines). Chez toutes les formes photosynthétiques, la chlorophylle a est le principal pigment de photosynthèse. Les algues constituent des structures reproductrices non protégées. Chez certaines des formes morphologiquement les plus évoluées qui possèdent des tissus conducteurs, le tissu ne contient pas de lignine, un composé caractéristique des parois cellulaires des plantes ligneuses.

Classification

On considérait autrefois le groupe hétérogène des algues comme faisant partie intégrante du règne végétal. Avec la nouvelle classification en cinq règnes, on considère que toutes les algues eucaryotes (cellules à noyau distinct) font maintenant partie du règne des protistes, tandis que les ALGUES BLEU-VERT ou cyanobactéries (autrefois appelées cyanophycées) et les prochlorophytes sont classées dans le règne des monères avec les autres organismes procaryotes (cellules sans noyau distinct, BACTÉRIES). Certains phycologistes (du grec *phykos*, «algue» et *logos* «science») considèrent toutefois encore les algues comme des PLANTES.

Taxinomie des algues Les divisions taxinomiques formelles sont depuis longtemps abandonnées puisque l'on considère que les groupes d'algues sont suffisamment distincts pour que l'on puisse les diviser en comparant leurs pigments, leurs produits assimilateurs (réserves), leurs flagelles, la chimie et la structure de leur paroi cellulaire ainsi que l'aspect de leur ultrastructure cellulaire.

La microscopie électronique permet de mettre en évidence des caractéristiques structurales que l'on peut maintenant employer pour classifier les algues: flagelles (leurs poils), renflements, écailles, chloroplastes, réticulum endoplasmique du chloroplaste, thylakoïdes, phycobilisomes, écailles organiques et inorganiques externes, vésicules de dépôts siliceux, thèques, structure et division nucléaires et division cellulaire. Par ailleurs, les biochimistes analysent les détails moléculaires des pigments, les produits assimilateurs et les parois cellulaires. Aujourd'hui, quatre groupes évolutifs assez distincts peuvent être considérés comme des algues.

Algues procaryotes Elles sont les premières à apparaître (p. ex. les cyanobactéries, les prochlorophytes ou les chloroxybactéries) et ont plus d'affini-

tés avec les bactéries que les autres groupes d'algues, même si certains phycologistes les considèrent encore comme des algues.

Algues eucaryotes Elles tirent probablement leur origine d'un ensemble de relations endosymbiotiques. On peut distinguer trois lignées évolutives comprenant différents types d'endosymbiose. La première lignée inclut les algues dont l'enveloppe de chloroplaste est faite de deux membranes (p. ex. les glaucophytes qui représentent un stade intermédiaire du processus évolutif, tandis que les algues rouges [rhodophytes] et les chlorophytes représentent l'achèvement de ce processus évolutif, ce qui donne les chloroplastes).

Le deuxième groupe est celui des algues eucaryotes dont les chloroplastes sont entourés d'une membrane supplémentaire de réticulum endoplasmique de chloroplaste (p. ex. les flagellés eugléniens ou euglénophytes et les dinoflagellés ou dinophytes).

Le troisième groupe est celui des algues eucaryotes qui possèdent deux membranes de réticulum endoplasmique de chloroplaste, la membrane externe étant communément attachée à la membrane externe de l'enveloppe nucléaire. Entre le réticulum endoplasmique de chloroplaste et l'enveloppe de chloroplaste, se trouve un espace contenant des tubules, des ribosomes et, chez les cryptophytes, des produits de réserve. C'est le cas, p. ex., des cryptophytes, des bacillariophytes ou diatomées, des chrysophytes ou algues jaune-brun, des prymnésiophytes, des xanthophytes, des eustigmatophytes, des rhaphidophytes et des phéophytes ou algues brunes.

Structure

Cellules Les cellules d'algues sont parfois nues et parfois couvertes d'une paroi complète et rigide, d'une paroi incomplète (p. ex. lorica ou thèque) ou d'une série d'écailles organiques ou inorganiques, de plaques ou de bandes. Parmi ces divers recouvrements, on trouve le plasmalemme, une structure vivante qui régule l'arrivée de matériaux dans le protoplasme de la cellule et leur sortie.

Parois cellulaires En général, la paroi est constituée de deux éléments: un constituant amorphe qui forme la matrice de la paroi cellulaire dans lequel est incrusté un constituant fibrillaire. Ce dernier forme la structure rigide de la paroi cellulaire et est généralement composé de cellulose. Le constituant amorphe est principalement composé de polysaccharides qui, chez certaines algues rouges et algues brunes, se trouvent en quantité suffisante pour être exploités commercialement (p. ex. acide alginique, fucoïdine, carraghénine, prophyrane, gélose).

Noyau Le noyau des algues est entouré d'une enveloppe à double membrane, comme chez les autres organismes eucaryotes, et contient de l'ADN. Il existe deux types de noyaux chez les algues. Le premier se trouve chez les dinoflagellés (dinophytes) et les euglénophytes et est appelé «mésocaryote». Ce terme met en évidence la position évolutive des dinoflagellés et des eugléniens entre les procaryotes et les eucaryotes. Les autres algues ont un noyau eucaryote.

Pigments Les pigments sont situés dans les chloroplastes. La structure fondamentale de l'appareil photosynthétique comprend un ensemble de vésicules aplaties et membraneuses appelées les thylakoïdes et situées dans une matrice appelée stroma. Ce sont les thylakoïdes qui contiennent la chlorophylle et qui sont le site des réactions photochimiques. Selon l'espèce d'algue, ils sont indépendants des autres ou empilés. Le chloroplaste contient parfois un pyrénoïde autour duquel se trouvent ses produits de réserve.

On trouve quatre types de chlorophylles dans les algues: *a, b, c (c¹ et c²) et d*. La chlorophylle *a* est présente dans toutes les algues photosynthétiques tandis que la chlorophylle *b* ne se trouve que dans les euglénophytes et les chlorophytes. La chlorophylle *c* est présente dans les dinophytes, les cryptophytes, les rhaphidophytes, les bacillariophytes, les chryso-

phytes, les xanthophytes, les phéophytes et les prymnésiophytes. Finalement, la chlorophylle *d* est un constituant négligeable de plusieurs espèces d'algues rouges.

Les chloroplastes, en plus des pigments de chlorophylle, contiennent d'autres pigments accessoires: les caroténoïdes (carotènes et xanthophylles) dont certains sont spécifiques à un seul groupe d'algues. Ces pigments sont en quantité suffisante chez certains groupes pour masquer la couleur verte de la chlorophylle et donner à la cellule une couleur brune ou jaune-brun (p. ex. algues brunes, diatomées). On trouve des pigments de chromoprotéine solubles dans l'eau appelés phycobiliprotéines sur les thylakoïdes des cyanobactéries et des rhodophytes et dans ceux des cryptophytes.

Flagelle Plusieurs algues unicellulaires et coloniales ainsi que les zoospores sont pourvues de flagelles. Un flagelle est essentiellement une extension de la membrane cellulaire et comprend un axonème interne constitué de neuf paires (ou doublets) de microtubules répartis autour de deux paires. Le flagelle peut être lisse, poilu ou écailleux. Les groupes d'algues se distinguent par les caractéristiques de leurs flagelles.

Morphologie Les algues présentent une grande variété de morphologie. Certaines sont flagellées, unicellulaires mobiles ou coloniales et d'autres se déplacent comme des amibes. Il existe également des formes palmelloïde: ce sont des formes non mobiles, qui se trouvent là où des colonies amorphes se développent et dont seules les cellules reproductrices sont mobiles. Les colonies dendroïdes ou «arbustives» sont une variation de cette forme. Il existe également des algues unicellulaires non mobiles. On les appelle coccoïdes.

Comme chez les formes mobiles, les colonies non mobiles existent également. Certaines espèces forment des filaments ramifiés ou non ramifiés, tandis que d'autres forment des thalles parenchymateux ou pseudoparenchymateux. Le type le plus évolué de port est le port hétérotriche où le thalle est pourvu d'une structure rampante qui l'ancre à un substrat et d'une structure dressée habituellement composée de filaments ramifiés. Il existe également des algues siphonnées ou coenocytiques où le thalle croît sans former de cloisons sauf pour la production de structures reproductrices.

Reproduction

Beaucoup d'algues se reproduisent de façon végétative par division cellulaire ou par fragmentation, et plusieurs se reproduisent de façon asexuée en produisant des zoospores mobiles ou des aplanospores non mobiles. Les spores sont normalement produits dans des cellules non spécialisées ou dans des cellules spécialisées appelées sporanges.

De nombreuses algues se reproduisent de façon sexuée. Elles sont homothalliques ou hétérothalliques et se reproduisent par isogamie, anisogamie ou oogamie. Les rhodophytes constituent une exception, car le gamète mâle n'est pas pourvu de flagelle et n'est donc pas mobile. La fertilisation produit un zygote. Certains zygotes accumulent des réserves de nourriture, forment des parois cellulaires épaisses et résistantes et sont capables de survivre à une dessication prolongée. Leur cycle biologique est parfois principalement haploïde, et la méiose se produit alors quand le zygote se développe, ou principalement diploïde, et la méiose se produit avant la formation du gamète.

D'autres espèces d'algues produisent alternativement des générations isomorphiques ou hétéromorphiques (c.-à-d. l'alternance des générations haploïdes et diploïdes morphologiquement semblables ou dissemblables). Chez les algues rouges, le cycle biologique inclut parfois un stade haploïde gamétophyte, un stade diploïde appelé carposporophyte et un stade diploïde tétrasporophyte.

Écologie

Distribution Les algues se répartissent dans le monde entier et croissent partout où il y a de la lumière et de l'eau. Elles sont faciles à voir sur les côtes rocheuses de tous les continents (sauf l'Antarctique). Elles forment des masses flottantes (ou écume) notables dans les lacs et les étangs particulièrement productifs et s'attachent à des roches submergées ou à de grandes plantes aquatiques dans les lacs, les étangs et les cours d'eau peu profonds.

La côte pacifique du Canada abrite une flore plus riche que la côte atlantique où les espèces sont généralement plus petites et moins nombreuses. Sur la côte intérieure, les algues ne sont pas réparties de la même façon que sur la côte exposée à l'océan et cela s'explique surtout par les différences de salinité. Les algues marines subarctiques et arctiques sont moins diversifiées et abondantes. Les algues poussent peu dans les endroits non protégés.

Dans les régions marines du Canada, l'été se caractérise par la présence d'un grand nombre d'algues, l'augmentation étant particulièrement remarquable là où il y a une couverture de glace pendant l'hiver. La profondeur à laquelle croissent les algues dépend du taux de pénétration de la lumière. Dans les estuaires côtiers, le potentiel reproductif des algues est réduit et celles-ci sont morphologiquement différentes de celles qui vivent en milieu ouvert.

Prolifération Les milieux aquatiques ouverts, qu'ils soient marins ou dulçaquicoles, abritent des espèces d'algues qui sont trop petites pour être vues sans l'aide d'un microscope. On peut toutefois les voir lorsqu'elles forment d'immenses populations, comme dans les lacs eutrophes, ou quand elles prolifèrent soudainement (*bloom*). Habituellement unicellulaires ou coloniales, ces algues forment le phytoplancton (de petites plantes aquatiques qui dérivent) et sont des productrices primaires dont se nourrit le ZOOPLANCTON. Dans les eaux marines, les dinophytes et les bacillariophytes sont prédominants. Certaines espèces prolifèrent soudainement, comme quelques espèces de dinophytes qui causent des marées rouges.

Dans les eaux intérieures comme celles de certains bras de mer de la côte de la Colombie-Britannique, de la baie de Fundy (*voir* FUNDY, BAIE DE, ET GOLFE DU MAINE) ou de l'estuaire du Saint-Laurent, les dinoflagellés (dinophytes) produisent une toxine qui se concentre parfois dans les mollusques qui mangent ces algues. Les oiseaux et les mammifères (et même les humains) qui ingèrent ensuite ces mollusques peuvent souffrir de paralysie et même mourir.

Habitats Le Canada contient plus de 25 p. 100 des eaux douces de la planète, principalement dans des lacs et des cours d'eau. Le phytoplancton lacustre est bien développé en milieu ouvert et est particulièrement évident dans des lacs naturellement productifs ainsi que dans des lacs eutrophes, où des espèces de cyanobactéries sont souvent prédominantes. Les milieux moins profonds abritent des algues benthiques (de fond) et des plantes aquatiques à racines.

Les algues épipéliques se trouvent sur les sédiments submergés, les algues épiphytes s'attachent aux plantes submergées ainsi qu'aux autres algues et les algues épilithiques et épipsammiques s'attachent aux roches et aux grains de sables respectivement. Plus de 90 p. 100 des espèces d'algue font partie des communautés benthiques et présentent des processus d'adaptation fascinants: p. ex., les algues épipéliques mobiles ont des rythmes migratoires verticaux endogènes. Les algues benthiques sont des productrices primaires importantes dans les lacs, les étangs et les cours d'eau peu profonds.

Les algues peuvent également vivre dans des habitats aériens où il y a suffisamment d'humidité, comme le sol sec ou les pores de roches dans le désert. Dans les milieux humides, on trouve les algues sur les troncs d'arbres, les champignons, les mousses et les HÉPATIQUES ainsi que sur les roches, le ciment et d'autres objets d'origine non naturelle. Certaines algues vivent dans des SOURCES d'eau minérale et certaines algues vertes unicellulaires poussent sur la neige et sur la glace, p. ex. la neige rouge que l'on peut voir l'été dans les bancs de neige fondants des montagnes de la Colombie-Britannique et de l'Alberta. Quelques espèces vivent dans de grandes concentrations de divers produits chimiques (p. ex. le sodium, le magnésium, le chlore et le soufre) comme dans les étendues d'eau des prairies qui perdent de l'eau seulement par évaporation.

Quelques espèces vivent sur des animaux (épizoïques) ou dans des animaux (endozoïques) ainsi que sur d'autres organismes. Une algue verte du genre *Cephaleuros* est responsable de la rouille rouge du thé. D'ailleurs, dans certaines régions du monde, c'est la maladie la plus importante du thé et elle peut causer des pertes économiques considérables dans des cultures telles que celles du citron et du poivre.

Diatomées Ces algues se préservent très bien dans les sédiments des lacs en raison de leur paroi cellulaire de silice très résistante. C'est pourquoi elles sont beaucoup employées pour retracer l'histoire du développement des lacs. Elles sont très utiles dans l'est du Canada pour déterminer l'étendue de l'acidification lacustre. Dans l'ouest, elles permettent de reconstituer les changements de l'état trophique des lacs, les fluctuations des niveaux de lacs et la paléosalinité. Dans ces deux derniers cas, les diatomées sont utiles parce qu'elles sont des indicateurs substitutifs sensibles aux changements climatiques.

Michael Hickman

Algues bleu-vert Le nom de l'algue bleu-vert, qu'on appelle maintenant cyanobactérie, vient de la phycocyanine, un pigment bleu, qui, de pair avec la chlorophylle, lui donne son apparence bleu-vert. Avant l'identification du règne des monères, auquel elle appartient, on a appelé la cyanobactérie «ALGUE bleu-vert». La cyanobactérie possède les caractéristiques générales des procaryotes (c.-à-d. l'absence d'organites enclos dans une membrane tels qu'un noyau, des chloroplastes et des mitochondries) et fait partie d'une famille particulière de BACTÉRIES. Elle se présente sous forme de cellules individuelles, de colonies et de filaments.

En milieu marin, certaines cyanobactéries piègent des sédiments et les lient ensemble tout en précipitant le carbonate. Ce processus conduit à la formation de structures appelées stromatolithes. On sait que ces structures remontent au Précambrien, lorsque les cyanobactéries ont librement colonisé de vastes habitats, probablement grâce à l'absence d'organismes qui les auraient broutées ou perforées il y a plus de deux milliards d'années. En fait, lorsque ce type d'organismes s'est multiplié, la quantité de stromatolithes a diminué rapidement.

Photosynthèse Les cyanobactéries sont sans doute les premiers organismes à évoluer qui étaient capables d'effectuer la photosynthèse et produire de l'oxygène. Elles seraient donc à l'origine des premières accumulations d'oxygène dans l'atmosphère terrestre. Beaucoup d'espèces vivantes peuvent pratiquer la photosynthèse en présence d'oxygène (photosynthèse aérobie) aussi bien que dans un milieu dépourvu d'oxygène (photosynthèse anaérobie). Dans le premier cas, les électrons du photosystème I proviennent du photosystème II, mais chez les anaérobies, en présence de SOUFRE, les électrons proviennent de la réduction du soufre (anaérobies phototrophes facultatifs).

Pigments Le complexe de pigments comprend la chlorophylle *a*, des caroténoïdes (dont certains sont spécifiques à ce groupe, comme l'oscillaxathine, la myxoxanthophylle et l'aphanizophylle) et des phycobiliprotéines, qui sont des chromoprotéines solubles dans l'eau et rassemblées sous forme d'agrégats de phycobilisomes macromoléculaires attachés à la surface externe de la membrane des thylacoïdes dispersés dans la cellule.

Phycobiliprotéines Les phycobiliprotéines ont pour fonction de fournir une réserve d'azote à la cellule et de collecter l'énergie de la lumière pour la photosynthèse. Les concentrations de phycobiliprotéines varient en fonction de la qualité de la lumière et des conditions de croissance. Elles jouent un rôle dans l'adaptation chromatique. Les cellules renferment de l'amidon cyanophycéen (granules de glycogène); un hydrate de carbone emmagasiné similaire à l'amylopectine; des granules de cyanophycine qui emmagasinent des protéines sous forme de polypeptides; et des corps polyphosphoriques (qui contiennent du phosphate).

Autres caractéristiques structurales Une gaine gélatineuse enrobe de nombreuses cellules individuelles, des colonies et des filaments. Sa couleur dépend des conditions prédominantes du milieu environnant (p. ex., en milieu fortement acide, la gaine est rouge, et en milieu alcalin, elle est bleue). Les fimbrias ou pili s'étendent des parois cellulaires vers l'extérieur chez certaines espèces et jouent probablement un rôle dans les interactions des cellules eucaryotes et procaryotes (p. ex., en symbiose). La chimie et la structure de la paroi cellulaire ressemblent à celles des bactéries gram-négatives, mais sont plus complexes. Le peptidoglycane est l'élément fondamental de la paroi.

Reproduction La cyanobactérie se reproduit par division cellulaire, quoique certaines espèces filamenteuses produisent des fragments végétatifs spécialisés, appelés hormogonies. Ils servent de propagules végétatives et possèdent une multitude de vacuoles gazeuses qui assurent leur flottaison pour faciliter leur propagation.

Les endospores et les exospores sont produites chez certains genres par la division interne du protoplaste. Chez *Dermocarpa*, p. ex., une masse irrégulière de spores est produite à l'intérieur de la cellule, tandis que chez *Chaemisiphon* une rangée de spores se forment à l'extérieur. Certaines espèces produisent aussi des spores dormantes, appelées acinètes, en réponse à un stress environnemental.

D'autres espèces filamenteuses forment des hétérocystes. Ces cellules sont plus grandes que les cellules végétatives et servent de siège à la production de nitrogénase, enzyme qui catalyse la fixation d'hydrogène. Il existe aussi des preuves de reproduction sexuée (conjugaison) et de recombinaison génétique comme pour les autres bactéries.

Locomotion De nombreuses espèces benthiques (de fond) se déplacent sur les substrats par un mouvement de glissement sans organes de locomotion apparents. Le glissement se produit dans la gaine de mucilage. Cette gaine colle au substrat et est laissée derrière par le filament en mouvement. Les prolongements fibrillaires du protoplasme, disposés uniformément, ondulent contre la gaine et sont peut-être à l'origine de la force de propulsion du glissement. Chez certaines espèces, le glissement s'accompagne d'une rotation du filament.

Distribution et habitat Ce groupe d'organismes a une distribution très étendue dans des environnements différents et contrastants. On les trouve dans des eaux qui présentent une grande variété de conditions de température, de salinité et de qualité nutritive, ainsi que dans des habitats aériens comme les sols humides et les troncs d'arbre. Certaines espèces se trouvent à la fois dans le benthos (organismes des fonds aquatiques) et parmi le PLANCTON. Ces organismes jouent un rôle important en tant que colonisateurs primaires de certains lacs, dans l'implantation du phytoédaphon et dans l'accumulation d'humus.

En général, les cyanobactéries sont plus abondantes en eau alcaline ou à pH neutre, mais se trouvent aussi dans les SOURCES chaudes alcalines, ainsi qu'en milieu marin, particulièrement dans le plancton, où elles constituent la plus grande partie du picophytoplancton (minuscules cellules cocciformes de *Synechococcus* et *Synechcystis*).

Blooms Dans beaucoup de lacs eutrophes ou riches en nutriments, les cyanobactéries de plancton forment souvent, en été ou en automne, de très grandes populations qui peuvent atteindre des proportions d'efflorescence algale ou «blooms» (p. ex. *Anabaena* spp, *Microcystis aeruginosa*, *Aphanizomenon flos-aquae*).

Toxicité Certaines souches d'*Anabaena flos-aquae* et de *Microcystis aeruginosa* produisent des toxines qui peuvent intoxiquer les animaux qui boivent l'eau où elles se trouvent. L'algue ingérée meurt dans le tube digestif en relâchant des toxines (p. ex. l'anatoxine chez *Anabaena flos-aquae* et la saxitoxine chez *Microcystis aeruginosa* et *Aphanizomenon flos-aquae*). La saxitoxine est l'alcaloïde responsable de l'empoisonnement paralytique par les coquillages. Les cyanobactéries peuvent être des phototrophes obligatoires, des chimiohétérotrophes facultatifs ou des photohétérotrophes facultatifs. Beaucoup d'espèces établissent aussi des relations symbiotiques avec une grande variété d'organismes, comme les CHAMPIGNONS (formant des LICHENS), les bryophytes (MOUSSES et HÉPATIQUES), les FOUGÈRES, les PHANÉROGAMES (plantes à graines) et les animaux.

Michael Hickman

Algues marines ALGUES multicellulaires visibles à l'œil nu. Elles s'étendent du point le plus élevé des embruns jusqu'à la limite de pénétration de la lumière sous l'eau. Elles bordent toute la zone littorale et la plupart des espèces poussent dans des profondeurs ne dépassant pas 30 à 40 m. Elles sont particulièrement abondantes dans les zones intertidales inférieures et les zones subtidales peu profondes. Certaines ont l'aspect de petits filaments à peine visibles tandis que d'autres sont de grande taille et présentent une structure complexe. Il y aurait des laminaires géantes (*Macrosystis*) longues de 100 m et des spécimens de nereocystis de Lutke (*Durvillaea* genre de l'hémisphère Sud) pesant plus de 100 kg. Les algues sont classées par couleur, soit vertes, brunes et rouges. La plupart des algues marines sont rouges ou brunes; les vertes sont, pour la plupart, de forme planctonique ou d'eau douce (*voir* PLANCTON). De nombreuses espèces poussent sur les côtes du Canada: on en a dénombré 175 dans l'Arctique, 350 dans l'Atlantique et près de 500 dans le Pacifique.

La consommation des algues marines est surtout courante en Orient. De nombreuses espèces sont prisées par les Japonais; la plus populaire est le porphyre, que l'on cultive et dont la récolte annuelle vaut environ 1 milliard de dollars. Les Chinois mangent encore de la laminaire pour prévenir le goitre. En Occident, on ne consomme couramment que l'algue rouge du genre *Porphyra*, la MOUSSE D'IRLANDE (*Chondrus crispus*) et le rhodyménie palmé (*Palmaria palmata*), les deux derniers dans les provinces de l'Atlantique. Les algues marines servent aussi à la préparation de la nourriture pour animaux et sont utilisées comme amendement du sol et comme engrais. Dans les industries alimentaire et textile, on se sert des hydrocolloïdes (gommes solubles dans l'eau), dont l'agar et la carraghénine, provenant des algues rouges et l'algine, provenant des algues brunes. Dans les Maritimes, on récolte la mousse d'Irlande et on l'exporte pour la fabrication de la carraghénine. En Nouvelle-Écosse, on récolte l'ascophylle noueuse (*Ascophyllum nodosun*) pour en fabriquer de l'alginate. L'usage des algues marines est peu répandu en Colombie-Britannique. Certaines espèces, les rouges en particulier, sont magnifiques et convoitées par les collectionneurs.

J. Mclachlan

Aliments L'obligation pour le mari de fournir des aliments à sa femme séparée remonte aux premières lois écrites, le Code d'Hammourabi, datant d'environ 1792 à 1750 av. J.-C. Cette obligation existait aux débuts du droit ecclésiastique anglais. En 1867, elle est laïcisée par le Parlement. Puisque l'Angleterre permettait le versement de prestations à une femme

en cas de divorce, le Canada, par défaut, a adopté la même mesure. À l'exception de la Nouvelle-Écosse, qui possédait déjà sa propre loi sur le divorce avant la Confédération, les provinces avaient elles aussi diverses formes d'actions alimentaires, lesquelles étaient limitées aux actions en séparation (séparation judiciaire), aux actions en pension alimentaire ou aux actions en pension d'entretien.

À l'origine, toutes ces mesures avaient plusieurs caractéristiques communes: les aliments étaient versés à la femme innocente, sur une base périodique, sur preuve de la faute du mari. La notion de «faute» avait un sens très large, mais visait généralement l'adultère, l'abandon de foyer ou le fait de provoquer le départ de l'autre époux. Les aliments versés lorsque les parties étaient mariées étaient appelés «pension alimentaire» (*alimony* en anglais). Après le divorce, il s'agissait d'une «pension d'entretien» (*maintenance* en anglais). Aujourd'hui, ces notions sont devenues floues et ont été remplacées par celle de l'«aliments». Il convient de noter que ces prestations n'étaient versées que par le mari à la femme. Ainsi, la femme qui quittait son mari et vivait avec un autre homme ne pouvait réclamer des aliments, même s'il avait été coupable d'une «faute» telle que l'adultère, la cruauté physique ou l'abandon. Aujourd'hui, ces comportements sont englobés dans la notion de «conduite».

Vers la fin des années 60, le Canada a imposé l'égalité de traitement en ce qui concerne le versement des prestations alimentaires en cas de divorce. Certaines provinces, dont le Nouveau-Brunswick, l'Alberta, Terre-Neuve, la Nouvelle-Écosse, l'Ontario et l'Île-du-Prince-Édouard, prévoient encore des dispositions relatives à la conduite. Certaines de ces dispositions limitent l'examen de la conduite et mentionnent la «répudiation grossière du mariage» comme motif de refus ou de réduction du montant de la prestation. Au fédéral, au Québec, en Saskatchewan, en Colombie-Britannique et au Manitoba, les lois ou bien sont muettes sur la conduite ou interdisent expressément sa prise en considération. Dans les actions en divorce, dans lesquelles la vaste majorité des demandes d'aliments est présentée, les règles relatives aux aliments suivent automatiquement les dispositions de la *Loi sur le divorce* (Canada) de 1985. La conduite n'y est pas un des facteurs à considérer.

Le versement est généralement fait périodiquement, soit à la semaine ou au mois. Il peut s'agir d'une somme forfaitaire selon les circonstances, mais les aliments ne peuvent être utilisés comme forme de redistribution des biens. Les aliments au profit d'un époux, versés par suite d'une entente de séparation ou d'une ordonnance judiciaire, sont imposables entre les mains du récipiendaire et déductibles par le payeur.

Pour déterminer tant le montant que le droit aux aliments, le tribunal doit tenir compte des ressources, des besoins et, d'une façon générale, de la situation des parties. Les facteurs tels que la durée de la cohabitation des époux, les fonctions remplies par chacune des parties et les arrangements économiques concernant les enfants doivent être pris en considération. En outre, les avantages ou les inconvénients économiques qui découlent, pour les époux, du mariage ou de son échec, la résolution de toute difficulté économique que l'échec du mariage leur cause et la promotion de l'indépendance économique sont des objectifs que le tribunal doit viser.

Bien que les lois fédérales et provinciales en matière du DROIT DE LA FAMILLE ne soient plus sexistes, plus de 98 p. 100 de toutes les ordonnances alimentaires au profit d'un époux sont accordées aux femmes, principalement parce que, après un long mariage, les tribunaux tiennent compte du désavantage économique relatif d'une femme qui n'a pas occupé un emploi rémunérateur en raison de ses tâches ménagères. Lorsque ces facteurs sont pris en considération, il est difficile d'obtenir une ordonnan-

ce pour une durée fixe. L'ordonnance alimentaire ne prend fin automatiquement qu'en cas de décès du récipiendaire. Elle peut même continuer après le décès du payeur ou après le remariage du récipiendaire ou sa cohabitation avec une autre personne. Le tribunal tiendra de nouveau compte de ces facteurs s'il est saisi d'une demande visant à mettre fin au versement des aliments.

Leonard J. Pollock

Aliments et des boissons, industrie des La transformation ou la production des aliments et des boissons constitue l'une des industries secondaires les plus importantes du Canada et un élément vital de tout le système agroalimentaire au pays. En 1985, l'industrie compte 3554 usines et la valeur des expéditions se chiffre à 38,14 milliards de dollars. Les dépenses d'équipements et de fournitures totalisent près de 24,7 milliards.

À des fins statistiques, l'industrie agroalimentaire peut être divisée en cinq secteurs: agriculture (et pêche), transformation des aliments et boissons, commerce de gros, commerce de détail et commerce de la restauration. Les données de Statistique Canada indiquent qu'en 1986 le secteur de l'agroalimentaire employait 1,5 million de personnes, soit 11,5 p. 100 de la population active au Canada. L'agriculture fournit le plus grand nombre d'emplois, soit 518 000.

Il est intéressant de noter que, malgré des améliorations importantes apportées dans la production agricole depuis 1971, ces données n'ont guère varié. Par contre, l'emploi dans le secteur de la restauration a connu une hausse fulgurante de 122 p. 100 au cours de la même période, passant de 200 000 emplois en 1971 à 444 900 en 1986. Le commerce de détail, troisième en importance, fournit 230 500 emplois; il est suivi par le secteur de la fabrication avec ses 220 200 emplois et le commerce de gros qui en compte 61 800.

Dans certaines provinces, le taux d'emploi dépasse la moyenne nationale qui est de 13,4 p. 100: p. ex., 26 p. 100 de la population active travaille dans l'agroalimentaire en Saskatchewan, 25 p. 100 à l'Île-du-Prince-Édouard, 19 p. 100 à Terre-Neuve, 17 p. 100 au Manitoba, 15,8 p. 100 au Nouveau-Brunswick, 14,6 p. 100 en Nouvelle-Écosse et 13,9 p. 100 en Alberta. Seuls le Québec (12,5 p. 100), l'Ontario (12,2 p. 100) et la Colombie-Britannique (11,6 p. 100) se situent en deçà de la moyenne nationale.

L'industrie des aliments et des boissons se compose de 17 secteurs: INDUSTRIE DU TRAITEMENT DE LA VIANDE (535 usines en activité en 1985), transformation de la volaille (96 usines), produits du poisson (390 usines), INDUSTRIE LAITIÈRE (394 usines), INDUSTRIE DE LA CONFISERIE (121 usines), INDUSTRIE DU SUCRE (9 usines), INDUSTRIE DES FRUITS ET LÉGUMES (222 usines), BOULANGERIE (1473 usines), biscuiterie (31 usines), aliments divers (356 usines), INDUSTRIE DES HUILES VÉGÉTALES (11 usines), industrie de l'alimentation animale (554 usines), meunerie et fabrication de céréales de table (58 usines), INDUSTRIE DES BOISSONS GAZEUSES (187 usines), DISTILLERIE (30 usines), BRASSERIE (41 usines), INDUSTRIE VINICOLE (46 usines).

Ce complexe industriel est l'un des plus modernes du monde et l'un des systèmes de production d'aliments et de boissons les plus efficaces. Les données de Statistique Canada montrent qu'en 1983, les Canadiens allouaient seulement 20,1 p. 100 de leur revenu personnel disponible à la nourriture et aux boissons non alcoolisées consommées à la maison ou au dehors; en 1977, 21,3 p. 100; en 1981, 21,2 p. 100. La proportion des achats de nourriture et de boissons dans les magasins pour la consommation domestique par rapport au revenu personnel suggère une tendance similaire: 14,5 p. 100 en 1977 et 14 p. 100 en 1983.

Les achats de nourriture dans les restaurants totalisent une moyenne approximative de 4 p. 100 du revenu disponible entre 1971 et 1983. Le coût de la nourriture était plus bas aux États-Unis (16,1 p. 100), en France (18,9 p. 100) et en Suisse (19,9 p. 100). Les populations de certains pays industrialisés dépensent beaucoup plus: p. ex., en Allemagne, 23,7 p. 100; au Japon, 24,8 p. 100; en Italie, 29,1 p. 100; et en Grèce, 35,6 p. 100. On a estimé que les consommateurs de la majorité des pays du bloc soviétique dépensaient plus de 35 p. 100 de leurs revenus en nourriture et en boissons.

Par contre, parmi les industries canadiennes, celle des aliments et des boissons offre le plus bas niveau de profits. On a constaté une diminution régulière au cours des dernières années. Toutefois, en 1986, le profit pour chaque dollar de vente, après impôts, était de 4,6 p. 100, soit une augmentation sensible par rapport à la baisse de 2,25 p. 100 en 1980 et de 2,63 p. 100 en 1978. Malgré des profits peu élevés, l'industrie des aliments et des boissons maintient son haut niveau d'investissements dans la construction de nouvelles usines, l'expansion et la modernisation des installations existantes et dans l'achat de systèmes de transformation et d'emballage plus efficaces.

Fait paradoxal, les compagnies de transformation d'aliments et de boissons ont des activités à risque élevé pour l'environnement à cause des déchets qu'elles produisent. Contrairement aux déchets industriels pollués par les produits chimiques toxiques, les rejets des installations de transformation alimentaire créent des problèmes en raison de leur valeur nutritionnelle élevée. Si de tels déchets sont relâchés dans les eaux de surface sans avoir été traités, une croissance rapide et indésirable d'ALGUES et de bactéries peut s'ensuivre. Dans le cas des algues, une telle croissance épuise les réserves d'oxygène et détruit les populations de poissons.

Par conséquent, Environnement Canada fait respecter avec rigueur une série de normes concernant les effluents de chaque type de transformation des aliments et des boissons. Plusieurs provinces ont même adopté des normes plus astreignantes concernant les déchets de l'industrie alimentaire. Les industries des aliments et des boissons figurent parmi les plus réglementées au Canada; elles sont touchées par des règlements émis par divers ministères aux deux ordres de gouvernement (*voir* LÉGISLATION SUR LES ALIMENTS).

Technologie L'industrie emploie les techniques de transformation et de conditionnement les plus modernes. P. ex., le traitement thermique des aliments et des boissons en boîte, sous verre ou autres contenants rigides permet d'entreposer les produits à température ambiante pendant plusieurs années sans affecter la saveur du produit ou sa qualité nutritive. D'autres méthodes de conservation d'aliments sont employées au Canada, dont la congélation, la lyophilisation ou déshydratation, le séchage, la pasteurisation, le marinage et la fermentation.

Les entreprises canadiennes sont souvent les chefs de file en Amérique du Nord dans l'application de nouvelles méthodes de transformation et de conditionnement. L'utilisation du sachet stérilisable (aussi appelé boîte de conserve molle) pour la production de produits de longue conservation en est une illustration récente. Le conditionnement aseptique du lait et des jus de fruit en contenants laminés (carton et plastique), technique mise au point en Europe et d'abord apparue au Canada en 1965, est d'usage courant à la fin des années 80.

L'irradiation des aliments En Amérique du Nord, on emploie maintenant une autre technique de conditionnement sophistiquée: l'irradiation des aliments. Des chercheurs canadiens d'ÉNERGIE ATOMIQUE DU CANADA LTÉE (EACL) ont été parmi les premiers à mettre au point cette méthode totalement sécuritaire de conservation des aliments. En 1987, on comptait plus de 145 installations d'irradiation dans le monde, plus de 66 p. 100 mises au point et construites par EACL. La majorité des systèmes servent à stériliser des fournitures médicales et pharmaceutiques ainsi que des matériaux d'emballage. Cependant, 10 d'entre eux sont utilisés à plein temps et environ 30 autres à mi-temps pour la conservation des aliments. En 1983, la Direction générale de la protection de la santé donne suite à une proposition: elle reclassifie l'irradiation comme méthode de conditionnement des aliments plutôt que comme additif.

Associations La plupart des secteurs de l'industrie des produits alimentaires et des boissons sont représentés par une association nationale, souvent soutenue par des organismes homologues provinciaux. Ces associations visent principalement à obtenir le consensus sur des questions touchant leurs secteurs et consultent les gouvernements sur ces questions. Elles sont aussi des centres d'information.

Robert F. Barratt

Aliments, législation sur les L'ensemble des lois conçues pour empêcher la vente d'aliments impropres à la consommation représente une des formes les plus anciennes d'intervention gouvernementale ou sociétale dans le secteur de l'AGRICULTURE ET DE L'ALIMENTATION. Une des premières mentions de falsification figure dans une loi anglaise datant de l'an 1200 environ, sous le règne du roi Jean. Cette loi (*English Assize of Bread Act*) est avant tout à caractère économique et porte sur la quantité de pains que les boulangers sont tenus de mettre en vente. Au cours du XIIIe siècle, la loi est élargie pour inclure la bière, le poisson, la viande et diverses denrées alimentaires. Au fil des ans, elle évolue pour finalement tenir compte de la qualité des aliments, car il est peu logique d'acheter quoi que ce soit pour se nourrir et de découvrir que les boissons ont été largement diluées ou que les aliments sont avariés ou impropres à la consommation. En 1860, le Parlement anglais promulgue une loi-cadre qui ne vise aucun aliment en particulier, mais qui est plutôt destinée à empêcher la falsification de tout aliment ou boisson. Cette loi est modifiée en 1872 et en 1875.

Évolution de la loi au Canada

Dans la seconde moitié du XIXe siècle, le Canada subit l'influence des mesures prises en Angleterre. Bien que certaines lois sur les aliments aient été en vigueur avant la Confédération en 1867, la première législation fédérale sur la falsification des aliments est promulguée en 1874. Il est intéressant de noter que les États-Unis n'adopteront de loi semblable qu'en 1906. Cependant, avant cette date, différentes lois sur les denrées existent, et elles incluent des éléments en rapport avec la falsification et la sécurité des aliments. La loi de 1874 s'impose pour contrer la consommation abusive de boissons falsifiées. Le Parlement est alors assiégé de requêtes pour régler la situation. Finalement, les premiers législateurs jugent qu'ils ne doivent pas interdire l'alcool comme tel, mais seulement celui qui a été falsifié et qui présente un danger. Ainsi, le 1er janvier 1875 entre en vigueur une loi interdisant la falsification d'aliments, de boissons ou de drogues.

Ladite loi prévoit une amende de 100 dollars et un mois de prison, avec ou sans travaux forcés, pour tout fabricant d'alcool qui falsifie son produit en y ajoutant l'une ou l'autre des substances suivantes: sel, cuivre, sulfate, opium, tabac, chanvre indien, sels de plomb ou de zinc. Une deuxième infraction entraîne une amende de 400 dollars et trois mois de prison. La loi de 1875 a été modifiée plusieurs fois au cours des ans et, en 1920, elle est remplacée par la *Loi des aliments et drogues* (maintenant *Loi sur les aliments et drogues*). La dernière révision remonte à 1954 et est toujours en vigueur.

Loi sur les aliments et drogues La *Loi sur les aliments et drogues* est destinée à protéger les consommateurs des dangers pour la santé et des fraudes en cas de vente ou d'utilisation d'aliments, de drogues, de produits cosmétiques ou d'instruments médicaux. Son fondement législatif remonte à un article de la loi constitutionnelle de 1982 portant sur le droit criminel. Son exécution relève du ministre fédéral de la Santé et du Bien-être social. Contrairement aux lois exécutées par les ministres fédéraux de l'Agriculture et des Pêches, elle n'a pas et n'a jamais été conçue pour aider les producteurs, les fabricants ou les détaillants dans la préparation et la commercialisation des aliments. Les articles 4, 5 et 7 de la *Loi sur les aliments et drogues* sont très importants parce qu'ils couvrent, de façon très générale, tous les principaux aspects en matière de sécurité et fraude associés à la vente et à la consommation d'aliments. L'article 4 traite de la sécurité du produit, de son intégrité et de l'absence de falsification. L'article 5 porte principalement sur la fraude, et l'article 7 couvre la production, la fabrication et l'entreposage des aliments dans des conditions non hygiéniques.

L'article 25 donne autorité d'établir des règlements pour mettre en application des dispositions de la loi. C'est grâce à ces règlements que peut s'exercer un contrôle sévère. Ainsi, la section 16 des règlements énumère, sous forme de tables, quelque 380 additifs alimentaires autorisés. Si une substance n'apparaît pas dans une des 15 tables de la section 16, celle-ci ne peut être utilisée comme additif alimentaire. Y figurent également, sous forme de tables ou de «listes positives», des règlements concernant le niveau maximal permis de PESTICIDES ou d'autres produits chimiques agricoles qui peuvent se trouver dans les aliments. Lorsqu'une substance se révèle toxique et que l'usage doit en être limité ou interdit, on utilise alors une liste «négative». Cette dernière est utilisée dans l'article B.01.046 des règlements afin de limiter ou d'interdire la présence de 16 substances toxiques, pour cause d'adultération. En juillet 1983, le ministère de la Santé nationale et du Bien-être social propose de réglementer l'irradiation des aliments en la traitant comme un processus et non comme un additif alimentaire, conformément aux recommandations auxquelles adhèrent l'Organisation mondiale de la santé et l'Organisation des Nations Unies pour l'alimentation et l'agriculture. Cette proposition, objet de vives controverses, est finalement adoptée le 23 mars 1989.

En plus des listes «positives» et «négatives», certains règlements spécifiques sont établis afin de contrôler la présence de bactéries pathogènes du type SALMONELLE dans les produits susceptibles d'être contaminés, comme le chocolat, les œufs traités et les cuisses de grenouille. Les règlements servent aussi à identifier légalement des groupes alimentaires et à assurer la valeur nutritionnelle de certains aliments considérés essentiels dans l'alimentation de certaines personnes ou groupes de personnes.

Au Canada, la *Loi sur les aliments et drogues* et le *Règlement sur les aliments et drogues* peuvent être considérés comme les bases fédérales qui statuent la nutrition et la sécurité des aliments, mais bien d'autres lois ont un impact sur la vente des denrées alimentaires à l'échelon fédéral et provincial. P. ex., les ministères de l'Agriculture et des Pêches des deux niveaux de gouvernement ont des lois régissant la commercialisation de denrées déterminées. Ces lois s'appliquent surtout à l'identification et à la qualité du produit en termes de normes de qualité. La *Loi sur les produits antiparasitaires* et le *Règlement sur les produits antiparasitaires* présentent un intérêt particulier, considérant que le ministre fédéral de l'Agriculture est responsable de l'enregistrement des pesticides utilisables au Canada, alors que le ministre de la Santé nationale et du Bien-être agit comme conseiller dans l'évaluation de la sécurité des résidus de pesticides et fixe les limites acceptables dans les aliments.

Ces dernières années, les ministères de l'Environnement des deux paliers de gouvernement ont pris un règlement sur la décharge dans l'environnement de certaines substances toxiques susceptibles de contaminer la chaîne alimentaire. Toutes les provinces ont aussi des lois et des règlements en matière de santé publique qui accordent aux médecins fonctionnaires des échelons régional, municipal ou autre une autorité considérable pour faire appliquer des lois régissant les établissements de fabrication et de distribution alimentaires. La réglementation dans le domaine de la sécurité des aliments doit demeurer un processus actif et refléter les changements technologiques et sociétaux. De cette façon, les Canadiens pourront continuer à bénéficier d'un des systèmes de distribution alimentaire les plus sûrs au monde.

B.L. Smith

Aliments Maple Leaf inc. Cette société dont le siège social est à Toronto, est le plus important producteur canadien de produits alimentaires. La compagnie d'origine, fondée en 1927, s'appelle alors Canada Packers Inc. et achète le capital social de Gunns Ltd., de The Harris Abattoir Co. Inc., de Canadian Packing Co. Ltd. et de William Davies Co. Inc. En 1932, toutes ces activités sont regroupées, et Canada Packers Inc. devient une société exploitante. Le nom actuel est adopté en 1990 lors de la fusion de Canada Packers Inc. et de Maple Leaf Mills. Aujourd'hui, la société fabrique une gamme complète de produits alimentaires, effectuant la transformation et la distribution de produits à base de viande et de volaille, ainsi que la mise en conserve et la congélation de fruits et légumes. Elle produit et distribue également du savon, des produits chimiques, des produits pharmaceutiques, du cuir, de la nourriture et des produits d'hygiène pour les animaux en plus de vendre à des commerces au détail, des grossistes, des industries et des restaurants partout dans le monde. L'entreprise possède des usines au Canada, au Royaume-Uni et aux États-Unis. En décembre 1995, ses ventes annuelles se chiffrent à 3,06 milliards de dollars et ses actifs, à 1,3 milliard. Elle compte 11 000 employés. En 1995, McCain Capital Corp., de concert avec le Conseil du Régime de retraite des enseignantes et des enseignants de l'Ontario, achète une participation majoritaire dans la société.

Deborah C. Sawyer

Allan, Andrew Edward Fairbairn, producteur de dramatiques radiophoniques, acteur et rédacteur (Arbroath, Écosse, 11 août 1907—Toronto, 15 janv. 1974). Percevant la radio comme le théâtre national du Canada, grâce à son goût, à son jugement et à son intelligence, il élève l'art du théâtre radiophonique jusqu'à de nouveaux sommets au cours de sa longue carrière au réseau anglais de Radio-Canada et contribue à établir des normes internationales.

Allan immigre au Canada à l'âge de 17 ans et obtient un diplôme de l'U. de Toronto, où il dirige *The Varsity*. Il décroche son premier emploi dans le domaine radiophonique à CFRB Toronto. Il travaille pour la BBC en Angleterre au moment où la guerre éclate en 1939. Il retourne au Canada avec son père à bord de l'*Athenia*. Le navire est torpillé et coulé, et son père est tué.

En 1942, il entre au réseau anglais de Radio-Canada à Vancouver et produit à Toronto, de 1944 à 1956, plus de 400 pièces de théâtre radiophoniques, dont certains classiques et des œuvres récentes d'écrivains tels que Lister SINCLAIR, Ted Allan, Len Petersen, Tommy Tweed, Mavor MOORE et plusieurs autres qui écrivent des scénarios pour les étoiles montantes que sont Lorne GREENE, Lloyd Bochner, Budd Knapp, Jane Mallett et John Drainie. Robert FULFORD dit que ces pièces de théâtre «ont donné à plusieurs d'entre nous... le premier indice que certains écrivains canadiens avaient quelque chose d'intéressant à dire».

Il prend sa retraite en 1962, incapable d'adapter ses grands talents à la télévision. Il est le premier directeur artistique du SHAW FESTIVAL à Niagara-on-the-Lake, en Ontario, de 1963 à 1965, et il conti-

nue à écrire, à jouer et à diriger pour la télévision et la radio jusqu'à son décès survenu en 1974.

John L. Kennedy

Allan, compagnie Société de transport maritime écossaise-canadienne fondée par le capitaine Alexander Allan (1780-1854) qui, en 1819, se rend de Greenock, en Écosse, jusqu'à Québec sur son brigantin, *Jean*, qu'il vient d'acquérir. En 1826, le deuxième fils du capitaine, Hugh ALLAN, se rend à Montréal où il crée une entreprise de transport maritime prospère. En 1839, son frère cadet, Andrew, vient le rejoindre. Deux autres de leurs frères établissent des bureaux à Greenock et à Liverpool. En 1854, le consortium Allan constitue en corporation la Montreal Ocean Steamship Company qui se voit adjuger, en 1856, le contrat pour le transport postal gouvernemental de Montréal à Liverpool.

Bénéficiant de conceptions et de techniques innovatrices, les navires de la société Allan prospèrent sur l'Atlantique et sur les autres routes commerciales. Le premier paquebot en acier à parcourir l'Atlantique, en 1880, est le *Buenos Ayrean* de la compagnie Allan. Après le tournant du siècle, la compagnie a de la difficulté à financer de nouveaux navires et elle est vendue à la Canadian Pacific Steamships Ltd. en 1909 (*voir* CANADIEN PACIFIQUE).

Peter Hopwood

Allan, coupe Trophée emblématique des championnats de hockey amateur senior au Canada. Sir H. Montagu ALLAN a fait don du trophée peu de temps après que la COUPE STANLEY soit devenue le trophée du hockey professionnel.

Après la fondation de la LIGUE NATIONALE DE HOCKEY, les joueurs seniors qui n'ont pas poursuivi leur carrière chez les professionnels prennent généralement leur retraite. La Coupe Allan est alors présentée afin de les encourager à continuer à s'adonner à la pratique du hockey sur glace. Tout club senior amateur ayant remporté le championnat de sa ligue durant l'année peut participer aux compétitions pour l'obtention de la Coupe. Elle est présentée au Victoria Hockey Club de Montréal afin que l'équipe championne de la saison puisse défendre son titre. L'intérêt pour le trophée devient tel que les rencontres sont trop nombreuses et on doit organiser des éliminatoires régionales.

En 1914, une réunion en vue de former un corps administratif se solde par la fondation de l'ASSOCIATION CANADIENNE DE HOCKEY AMATEUR (ACHA) et, en 1928, la Coupe Allan est remise définitivement à l'ACHA. En 1920 et en 1924, les administrateurs défraient les coûts pour envoyer une équipe aux Jeux olympiques. Au cours des années 50, les équipes ayant remporté la Coupe Allan, les Trail Smoke Eaters, les Whitby Dunlops et les Penticton Vs, entre autres, représentent le Canada lors des championnats du monde. (*Voir aussi* HOCKEY SUR GLACE.)

James Marsh

Allan, sir Hugh, magnat du transport maritime, promoteur de chemins de fer et de financier (Saltcoats, Écosse, 29 sept. 1810—Édimbourg, 9 déc. 1882, inhumé à Montréal). En 1826, Allan émigre à Montréal où il obtient, grâce à sa famille, un emploi de commis dans une entreprise commerciale de marchandises diverses. Dix ans plus tard, grâce au financement offert par son père et ses frères restés en Écosse, Allan, maintenant associé dans l'entreprise, fait l'achat de navires à vapeur et de voiliers afin d'agrandir la flotte marchande de l'entreprise. En tant que président de la Chambre de commerce de Montréal, de 1851 à 1854, Allan persuade le gouvernement canadien de financer les lignes transatlantiques reliant Montréal à la Grande-Bretagne par des contrats de transport postal (1853). En 1956, à l'aide de navires perfectionnés construits à Clyde, en Écosse, et fort de l'appui de ses amis Conservateurs, Allan réussit à soutirer le contrat à ses compétiteurs.

Dans les années 1870, sa société, la Montreal Ocean Steamship Co. (connue sous le nom populai-

re de Allan Line), obtient des contrats pour le transport subventionné d'immigrants. Profitant des subventions offertes par le gouvernement du Québec pour la construction des chemins de fer de colonisation, Allan se lance dans la construction de voies ferrées. Un consortium mis sur pied par Allan, et comprenant quelques Américains, s'assure le contrat de construction du chemin de fer jusqu'à la Colombie-Britannique, promis à cette province lors de son entrée dans la Confédération. Entre-temps, Allan verse entre 350 000 $ et 360 000 $ à la caisse électorale des Conservateurs. Les soupçons à l'effet qu'Allan aurait en fait acheté le contrat de construction ferroviaire donnent lieu au SCANDALE DU PACIFIQUE et au renversement du gouvernement de sir John A. MACDONALD qui devient chef de l'opposition pour la seule fois de sa carrière.

Sir Allan s'intéresse particulièrement aux nouveaux moyens de communication, ainsi qu'aux industries manufacturières et minières. Administrateur de deux compagnies de télégraphe américaines et président de la Montreal Telegraph Co. (1852), il est l'un des premiers à se lancer dans l'industrie du téléphone au Canada. Il vend «l'usine de téléphones» de la Montreal Telegraph Co. à la nouvelle compagnie Bell Telephone pour 75 000 $. Allan possède des mines de charbon en Nouvelle-Écosse, ainsi que des usines de textile, de chaussures, de fer et d'acier, de tabac et de papier au Canada central. Il s'assure la faveur de la presse par de généreux prêts aux éditeurs de journaux qu'il finance avec les intérêts de ses investissements et de ses assurances.

Bien que presbytérien, Allan entretient de bons rapports avec le clergé catholique canadien-français. Il réussit même à obtenir qu'un prêtre soit relevé de ses fonctions paroissiales le temps de participer à une campagne en vue d'obtenir des subventions municipales pour l'un de ses chemins de fer. Allan est fait chevalier par la reine Victoria en 1871. (*Voir aussi* CHEMIN DE FER, HISTOIRE DU.)

Margaret E. McCallum

Allan, sir Hugh Andrew Montagu, banquier, armateur, sportif (Montréal, 13 oct. 1860—*id.*, 26 sept. 1951), deuxième fils de sir Hugh ALLAN. Afin d'éviter d'être confondu avec son cousin Hugh Andrew Allan (1857-1938), il change son nom pour Hugh Montagu en 1878.

Sa carrière professionnelle commence à l'âge de 21 ans quand il se joint à l'entreprise de Hugh et Andrew Allan, constructeurs et courtiers maritimes. Président de la compagnie de navigation Allan Line de 1909 à 1912, il s'intéresse surtout au domaine bancaire. Il est le dernier président de la Merchant's Bank of Canada, de 1902 à 1922. En 1921, cette banque compte 400 succursales et des actifs de 190 millions de dollars, mais le montant de ses prêts est trop élevé et, afin d'éviter la débâcle, Allan doit en négocier la fusion avec la Banque de Montréal. Il est également président ou directeur de plusieurs entreprises financières et manufacturières.

Grand amateur de sport, il est président du Montreal Jockey Club pendant de nombreuses années. Ses chevaux remportent le QUEEN'S PLATE, la Montreal Hunt Cup et divers autres trophées. En 1910, il fait don de la COUPE ALLAN, pour le championnat de hockey amateur. Lieutenant-colonel honorifique du Black Watch (Royal Highland Regiment) of Canada, il est fait chevalier en 1904.

De ses quatre enfants, deux filles périssent dans la tragédie du *Lusitania* en 1915 et son unique fils est tué au cours de la Première Guerre mondiale. Marguerite Martha Allan (1895-1942), la seule de ses enfants à avoir survécu, fonde le Montreal Repertory Theatre, une importante troupe de théâtre amateur de l'entre-deux-guerres.

D.M.L. Farr

Allan, Maud, née Ulla Maude Durrant, pionnière de la danse moderne (Toronto, 27 août 1873—Los Angeles, 7 oct. 1956). Allan fait ses études à San Francisco, étudie le piano à Berlin et devient une vedette en Angleterre. Elle participe à des tournées mondiales et est une citoyenne du monde. Allan fait ses débuts professionnels comme danseuse à Vienne, en 1903, dans un style que l'on pourrait qualifier de comédie musicale prémoderne occidentale.

Bien qu'on se souvienne surtout d'elle pour son œuvre provocatrice *The Vision of Salomé dance*, elle crée plus de 50 chorégraphies et est fortement influencée par son mentor en musique, le compositeur Ferrucio Busoni, ainsi que par les débuts de l'expressionnisme allemand.

Des événements malheureux, tels que le procès pour meurtre intenté à son frère, William Theodore Durrant, en 1895, à San Francisco, et le procès en diffamation qu'Allan entreprend contre un membre du Parlement, à Londres, en 1918, lui procurent une triste notoriété. Le fait qu'Allan adhère au mouvement expressionniste allemand dans sa vie artistique tout en étant très conformiste dans sa vie privée et son apparence rend la tâche compliquée à qui voudrait connaître la place qu'elle occupe dans l'histoire des débuts de la danse moderne. En 1908, elle écrit son autobiographie, *My Life and Dancing*.

Carol Bishop

Allan, Ted, dramaturge, acteur, scénariste, romancier, biographe (Montréal, Qc, 25 janv. 1916—*id.*, 29 juin 1995). Né Alan Herman, il grandit à Montréal et quitte l'école secondaire pour contribuer au revenu familial. Jeune communiste fervent, il est correspondant au *Toronto Daily Worker* et sert dans la Brigade internationale pendant la guerre civile espagnole (*voir* SOLDATS DE FORTUNE). Il s'inspire de ses expériences à la guerre pour écrire son premier roman, *This Time a Better Earth* (1939); un autre roman, *Love is a Long Shot* (1984), qui lui vaut le prix Stephen LEACOCK, est un portrait humoristique et autobiographique d'un adolescent socialiste. Son ouvrage le plus connu, *The Scalpel, the Sword: The Story of Dr. Norman Bethune*, publié en 1952 (trad. *Docteur Bethune*, 1973) et écrit en collaboration avec Sydney Gordon, consiste en une biographie héroïque et romantique qui dépeint avec enthousiasme la personnalité de BETHUNE, bien qu'une documentation déficiente en diminue la valeur historique.

Allan écrit aussi plusieurs pièces de théâtre, dont *Double Image* (1957) et *My Sister's Keeper* (1974). Un scénario commencé sous la forme d'une nouvelle, *Lies My Father Told Me* (1975), est mis en nomination pour un Oscar. Le film s'avère un succès international tant auprès du public que de la critique, et Allan participe à la rédaction de nombreux autres scénarios. *Willie the Squowse* (1977), une histoire pour enfants mettant en scène un personnage mi-écureuil, mi-souris, prouve la variété de ses talents artistiques.

Colin Boyd

Allan, William, homme d'affaires, politicien (près de Huntly, Écosse, 1770—Toronto, 11 juill. 1853). Entre 1795 et 1822, Allan se taille une réputation de marchand prospère à York (Toronto), de fonctionnaire et de spéculateur foncier. De 1822 à 1835, il est le premier président de la BANQUE DU HAUT-CANADA, une institution si florissante qu'elle est attaquée sur deux plans: politiquement, parce qu'elle est l'outil trop puissant du FAMILY COMPACT, et commercialement, en raison de son monopole dans les opérations bancaires au Haut-Canada. Allan siège au conseil de la Welland Canal Co., est commissaire adjoint de la Canada Company de 1829 à 1841 et administrateur de la British America Fire and Life Assurance Company de 1836 à 1853. Il est aussi membre du Conseil législatif de 1824 à 1841 et membre du Conseil exécutif de 1836 à 1841. Sa réputation lui vient cependant du secteur des affaires et s'appuie sur sa contribution dans le domaine bancaire ontarien.

Wendy Cameron

Allard, Jacques, professeur, essayiste (La Tuque, Qc, 1939). Il effectue successivement ses études au Collège de Valleyfield (B.A., 1961), à l'U. de Montréal

(licence, 1964), à l'École normale supérieure de Paris (C.A.P.E.S., 1964) et à l'U. de Paris VIII (doctorat, 1976). Après avoir enseigné dans différents collèges, ainsi qu'à l'U. de Montréal, il est nommé professeur à l'U. du Québec à Montréal (1970), dont il dirige le département des études françaises de 1976 à 1978.

Également reporter, animateur de radio et de télévision, correspondant pour de nombreux périodiques, il est le fondateur de la revue littéraire *Voix et Images* (1974) et a été directeur de collection aux Éditions HMH Hurtubise. Depuis 1984, il est directeur littéraire aux Éditions Québec Amérique.

Brillant essayiste (*Travaux sémiotiques*, 1984), critique littéraire de haute volée (*Traverses de la critique littéraire au Québec*, 1991; *Le roman mauve: microlectures de la fiction*, 1997), styliste fin et sensible, Jacques Allard a contribué à renouveler l'étude des textes littéraires en scrutant dans les moindres détails la relation des personnages avec leur environnement (*Zola, le chiffre du texte. Lecture de l'Assommoir* 1978), ce qui fait de lui l'un des champions de la nouvelle critique québécoise. Il s'intéresse actuellement à l'étude des discours religieux, politiques et amoureux qui fondent le roman québécois depuis la fin du XIXe siècle et qu'il résume en trois images: le Ciel, la Cité et la Chambre.

Ismène Toussaint

Allard, Jean Victor, militaire (Sainte-Monique de Nicolet, Qc, 12 juin 1913—Trois-Rivières, Qc, 23 avril 1996). En 1933, il entre dans la Milice active non permanente. Durant la Seconde Guerre mondiale, il sert au Collège d'état-major de l'armée canadienne à Kingston en Ontario, de même qu'en Angleterre, en Italie (dans le Royal 22e Régiment), en Belgique, aux Pays-Bas et en Allemagne (dans la 6e brigade d'infanterie). Il termine avec le grade de brigadier. De 1945 à 1948, il est attaché militaire à Moscou. En 1953, il est à la tête de la 25e brigade d'infanterie en Corée et représente le Canada lors de la signature de l'armistice à Panmunjom. De 1961 à 1963, il commande la 4e division de l'Armée britannique du Rhin (BAOR), une singulière expérience pour un Canadien. De plus, il est le premier commandant de la Force mobile. En juillet 1966, il est promu au grade de général et est nommé chef d'état-major de la Défense. C'est le premier Canadien de langue française à recevoir de tels honneurs. Compagnon de l'Ordre du Canada, il se retire en 1969 et publie ses mémoires en 1985.

Jean Pariseau

Allemands Les Germano-Canadiens – c.-à-d. les Canadiens d'ascendance germanique – constituent, parmi les groupes ethniques d'origine européenne, le troisième groupe en ancienneté et le troisième en envergure. En 1996, 2 757 140 Canadiens se disaient d'origine germanique. Près des deux tiers des 390 000 immigrants germanophones venus s'installer au Canada entre 1650 et 1950 ne sont pas originaires d'Allemagne, mais parmi les 380 000 autres arrivés au Canada de 1950 à 1994, les natifs d'Allemagne sont majoritaires.

Origines

Les Germano-Canadiens sont venus au Canada de presque tous les pays d'Europe de l'Est, de la Russie d'Asie, des États-Unis et de l'Amérique latine (il y a eu des colons allemands qui se sont installés en Europe de l'Est dès le Moyen Âge et dans les colonies d'Amérique dès 1683). L'essentiel de ceux qui ont émigré au Canada est originaire de la Russie, plus particulièrement des pays de la Volga, des côtes de la mer Noire et de la Volhynie. Le deuxième groupe en importance vient de l'Autriche-Hongrie, plus particulièrement de la Galicie et des colonies établies par ceux qu'on appelle les Souabes le long du Danube, entre l'Autriche et la Roumanie. Les Saxons de Transylvanie arrivent comme ouvriers immigrants dans les années 20 et comme réfugiés dans les années 50. Les Germano-Canadiens viennent aussi

d'autres pays d'Europe de l'Est: la Tchécoslovaquie, la Roumanie, la Pologne et les pays Baltes. Les germanophones qui arrivent au Canada sont de nationalités diverses – autrichienne, suisse, luxembourgeoise, hongroise, russe, française et américaine – et s'identifient à différentes régions: le Palatinat, la Bavière, la Saxe, le Burgenland, les Sudètes, la Souabe danubienne, les pays Baltes, l'Alsace et la Pennsylvanie hollandaise. Ils appartiennent à la religion mennonite, huttérite, luthérienne, catholique, baptiste, morave ou juive. Ils parlent des dialectes haut allemand, bas allemand, hollandais de Pennsylvanie et beaucoup d'autres dialectes régionaux. En raison de la diversité de leurs terres natales et de leurs nombreuses migrations antérieures, les immigrants de langue germanique ont transplanté une véritable mosaïque de cultures germanophones au sein desquelles on retrouve des caractéristiques ancestrales qui ont disparu en Allemagne même et apporté avec eux des stratégies remarquables pour s'adapter à des milieux non germaniques.

Migration et peuplement

L'immigration germanique au Canada peut être subdivisée en six grandes vagues: les premiers colons d'avant 1776; la vague engendrée par la Guerre d'Indépendance américaine, de 1776 à 1820; l'immigration en Ontario, de 1830 à 1880; l'immigration dans l'Ouest canadien, de 1874 à 1914; l'immigration de l'entre-deux-guerres; et l'immigration d'après 1945.

Jusqu'en 1760, les germanophones viennent essentiellement en NOUVELLE-FRANCE pour servir dans l'armée française. Il y a des gardes suisses dans la première expédition française de 1604 venue fonder une colonie en Acadie. Premier colon allemand officiellement enregistré au Québec, Hans Bernhard, originaire d'Erfurt, en Thuringe, achète une terre sur l'Île d'Orléans en 1664. En 1760, il y a environ 200 familles allemandes dans la vallée du Saint-Laurent, principalement des familles de soldats, de marins, d'artisans et de médecins militaires. Parmi les Allemands qui parviennent à la notoriété au Québec entre 1760 et 1783 en tant qu'hommes d'affaires, médecins, géomètres, ingénieurs, forgerons et fourreurs, plusieurs sont venus de la Nouvelle-Angleterre avec la milice britannique.

Le premier établissement allemand organisé au Canada se forme en Nouvelle-Écosse, entre 1750 et 1753, quand 2400 fermiers protestants du sud-ouest de l'Allemagne, ainsi que des commerçants, débarquent à Halifax avec leur famille. Ils sont recrutés par le gouvernement britannique pour renforcer sa position vis-à-vis des Français en Acadie. En 1753, 1400 de ces Allemands fondent la communauté voisine de LUNENBURG. Bien qu'ignorants des choses de la mer à leur arrivée, on les retrouve pêcheurs, marins et constructeurs de bateaux dès la deuxième génération. Dans les années 1760, les concessions de terres attirent dans la vallée de l'Annapolis, en Nouvelle-Écosse, un millier d'immigrants d'origine germanique de plus en provenance de la Nouvelle-Angleterre et de l'Allemagne.

Après 1752, la communauté morave de Herrnhut envoie des missions chez les Inuits du nord du Labrador. Installés dans huit stations côtières, les frères moraves allemands sont au service des Inuits jusque dans les années 1960 à titre d'enseignants, d'employeurs, de commerçants, de juges, de médecins, de professeurs de musique et de lexicographes. En créant une langue écrite (l'inuktitut) et en établissant un dictionnaire, ils contribuent à préserver la langue et l'identité culturelle des Inuits.

La Guerre d'Indépendance américaine provoque l'émigration des LOYALISTES. Les Allemands, qui représentent de 10 p. 100 à 20 p. 100 des réfugiés qui se sont enfuis au Canada en 1786, constituent le plus grand des groupes d'ascendance non britannique. Au Haut-Canada, la part des Loyalistes d'origine germanique aurait atteint 40 p. 100. Arrivés dès 1776, ces gens sont pour la plupart les enfants des habitants du Palatinat et des régions limitrophes qui ont émigré à New York, où ils se sont trouvés mêlés à la politique de leurs propriétaires, des Loyalistes irlandais des environs.

Pour réprimer la Guerre d'Indépendance américaine, la Grande-Bretagne engage pour ses troupes auxiliaires quelque 30 000 mercenaires dans différents États de l'Empire germanique. Quelque 2400 de ces «Hessois» (la majorité de ces soldats est originaire du pays de Hesse) resteront au Canada. Ils exercent une influence culturelle et démographique déterminante sur la société canadienne, du seul fait qu'ils représentent, en 1783, de 3 p. 100 à 4 p. 100 de toute la population canadienne de sexe masculin. Dans les villes du Québec où ils sont cantonnés, les Hessois épousent des filles de la région, deviennent pères de familles nombreuses et s'assimilent rapidement.

En 1794, un certain William BERCZY, spéculateur foncier et artiste, devient le cofondateur de York (Toronto) en lançant une gigantesque opération de colonisation dans le canton de Markham. Avec 190 immigrants recrutés en Allemagne, il se fraye, dans la forêt vierge, un chemin qui deviendra la rue Yonge, à Toronto. Il défriche, cultive les champs, construit une église et une école et fonde un établissement modèle dont les «moulins allemands» deviendront célèbres. L'entreprise est dissoute en 1803, quand le Conseil exécutif du Haut-Canada, qui n'a pas confiance dans les mobiles de Berczy, déclare sa concession illégale.

Les MENNONITES de Pennsylvanie arrivent sur ses traces. Ces fermiers anabaptistes et pacifistes fuient la ferveur nationaliste américaine et cherchent des terres pour leur population grandissante. Partisans des établissements homogènes, ils font l'acquisition d'un immense lopin de terre dans le comté de Waterloo. Ils y transplantent progressivement leurs familles, leurs coreligionnaires et la culture germanique de Pennsylvanie. En s'isolant des immigrants britanniques et en accueillant environ 50 000 nouveaux arrivants des années 1830 aux années 1850, leur établissement du comté de Waterloo, dont le noyau se nomme Berlin (qui sera rebaptisé Kitchener en 1916), se développe dans une région où la colonisation allemande est intense. De là, les colons allemands gagnent les comtés de Perth, de Huron, de Bruce et de Grey. Dans les années 1860, la guerre de Sécession arrache à l'Amérique les Allemands qui s'y étaient fixés pour les transplanter dans les terres encore sauvages de la vallée supérieure de l'Outaouais, où s'établissent 12 000 Prussiens en 1891.

En 1911, plus de la moitié des 152 000 premiers colons allemands de l'Ouest viennent d'Europe de l'Est. Après avoir perdu leur exemption du service militaire, environ 7000 mennonites de Russie ouvrent la voie entre 1874 et 1879. Ils provoquent, dans les Prairies canadiennes, un afflux constant de coreligionnaires venus d'Europe et des États-Unis. Le succès de leurs colonies manitobaines prouve que les fermiers venus des steppes russes sont particulièrement bien adaptés à l'agriculture dans les Prairies et que l'homogénéité ethnique et religieuse des établissements est une stratégie efficace pour ouvrir l'Ouest.

En Colombie-Britannique, la présence allemande remonte à la découverte, en 1858, d'or dans la région de Cariboo. C'est alors que les Allemands arrivent avec les premiers chercheurs d'or de Californie. Ils seront suivis par plusieurs vagues de mineurs qui remonteront jusqu'à la vallée du Fraser. En Alberta, les immigrants allemands commencent à s'établir en 1882. En 1892, le flot constant d'Américains d'origine allemande qui gagne l'Alberta et la Saskatchewan se mêle à des colons de presque toutes les régions germanophones d'Europe pour former des colonies allemandes mixtes. Les plus grandes sont les colonies catholiques de St. Peter et de St. Joseph, en Saskatchewan, fondées respectivement en 1902 et

en 1904. Mises sur pied par des moines bénédictins du Minnesota et de l'Illinois, elles visent à canaliser les nouveaux arrivants catholiques vers des colonies germanophones fermées, où leur foi sera préservée d'un environnement protestant.

En 1918, en dépit du sentiment germanophobe, le Canada accepte 1000 HUTTÉRITES et 500 à 600 mennonites qui fuient l'extrême intolérance des Américains à l'endroit des pacifistes. Sur les 18 colonies huttérites américaines, toutes, à l'exception d'une dont les membres sont les descendants des immigrants de langue allemande qui ont quitté l'Ukraine pour le Dakota du Sud dans les années 1870, entrent au Canada par suite d'un décret de 1899 qui les exempte du service militaire. Toutefois, en mai 1919, le Canada ferme ses frontières aux huttérites et aux mennonites jusqu'en 1921. Pour les ressortissants des anciens pays ennemis, l'interdiction est maintenue jusqu'en 1923.

Le Canada recommence à accepter les Allemands en 1924, à titre d'immigrants «non privilégiés». Cette catégorie les cantonne dans l'agriculture et les travaux domestiques. En janvier 1927, cependant, les ressortissants allemands passent dans la classe des «privilégiés». Sur les 100 000 immigrants allemands qui arrivent au Canada de 1924 à 1930, 52 p. 100 viennent d'Europe de l'Est et 18 p. 100 d'Amérique. De concert avec les comités d'immigration mennonites, baptistes, luthériens et catholiques, les organismes des chemins de fer canadiens (Canadien Pacifique et Canadien National) organisent le recrutement en Europe et l'établissement au Canada. Refusés aux États-Unis par suite de la loi sur les contingents, quelque 21 000 réfugiés mennonites de la Russie soviétique constituent le groupe d'immigrants allemands le plus important dans les années vingt.

Au cours des années 30, le Canada refuse l'asile politique à la majorité des réfugiés juifs du Troisième Reich qui en font la demande, à l'exception de 972 personnes qui font partie d'un contingent de 2300 personnes envoyées de Grande-Bretagne dans les camps d'internement canadiens en 1940 (voir IMMIGRATION, POLITIQUE D'). Nombre de ces dernières apporteront par la suite une contribution remarquable à la vie culturelle canadienne. Un seul autre groupe de RÉFUGIÉS allemands est accepté en 1939-1940, également à la suite de pressions exercées par la Grande-Bretagne. Ces 1043 sociaux-démocrates sudètes s'établissent dans la région de Tupper Creek, en Colombie-Britannique, ainsi que sur une concession ferroviaire désaffectée dans le nord-est de la Saskatchewan.

Dans le cadre de sa politique d'après-guerre sur le rétablissement des personnes déplacées en provenance d'Europe, le Canada accueille environ 15 000 Volksdeutsche (Allemands de souche de l'Europe de l'Est) de 1947 à 1950. La majorité d'entre eux sont parrainés par le Canadian Christian Council for the Resettlement of Refugees, organisme agréé par l'État et mis sur pied par les Églises luthérienne, catholique, mennonite et baptiste pour faciliter l'entrée des réfugiés de souche allemande qui n'ont pas été pris en charge par l'Organisation internationale des Nations Unies pour les réfugiés.

En 1950, les frontières sont rouvertes aux Reichsdeutsche (ressortissants allemands) qui, en 1960, fait affluer un quart de million d'immigrants germanophones, dont le tiers sont des réfugiés venus de la Russie, de la Volhynie, de la Souabe danubienne, des pays Baltes et des Sudètes, ainsi que des Saxons de Transylvanie. De 1945 à 1994, 5 p. 100 de 400 000 immigrants de langue allemande déclarent des origines autrichiennes et 5 p. 100 des origines suisses. Au cours des années 60, les contingents annuels d'immigrants allemands oscillent entre 4400 personnes et 8200 personnes. Dans les années 70 et 80, ils se situent entre 1500 personnes et 3400 personnes. Parmi ces nouveaux arrivants, 30 p. 100 à 50 p. 100 retourneront en Europe ou partiront aux États-Unis.

Vie économique

Jusqu'en 1945, c'est la perspective de pratiquer l'agriculture sur des terres vastes et peu coûteuses tout en conservant le caractère religieux de leur mode de vie propre qui attire la majorité des Allemands au Canada. Ces derniers jouent également un rôle appréciable en tant qu'entrepreneurs, professionnels, artistes et commerçants dans les débuts de la vie citadine canadienne de Halifax, de Berlin (le futur Kitchener), de Montréal, de Hamilton, de Toronto, de Winnipeg, de Calgary, d'Edmonton, de Victoria et de Vancouver. Une forte proportion des élites commerciales, professionnelles, universitaires ou artistiques germano-canadiennes qu'on retrouve sur la scène urbaine du pays est venue des États-Unis. À Hamilton, à Winnipeg, à Edmonton et à Calgary, les Allemands font partie de la main-d'œuvre industrielle dès les débuts.

Dans les années 50 et 60, la majorité des immigrants allemands cherchent du travail dans le secteur secondaire. Bien qu'ils ne représentent que 13 p. 100 de tous les immigrants, ils constituent 19 p. 100 de la main-d'œuvre spécialisée qui arrive au Canada de 1953 à 1963. Les Allemands parviennent rapidement à un revenu équivalent ou même supérieur à celui des Canadiens anglais ou français. Bénéficiant de l'important marché des immigrants allemands, ils saisissent souvent les occasions qui se présentent de travailler à leur compte. Entre 1950 et 1966, 19 p. 100 des entreprises lancées par des immigrants appartiennent à des Allemands. Certaines d'entre elles ont connu une telle croissance qu'elles ont atteint des proportions gigantesques, comme en attestent les succès financiers de Helmut et Hugo Eppich et de Frank Stronach à Vancouver. Mécaniciens à leur arrivée en 1953-1954, ils feront, dans les années 90, de leur petit commerce de pièces d'automobile et d'outils, qui recrute ses clients et ses employés parmi les immigrants allemands, une société multinationale connue sous le nom d'EBCO and Magna International.

Vie sociale

La diversité de leurs origines n'a pas empêché les immigrants germanophones de se créer une collectivité homogène. De Lunenburg, en Nouvelle-Écosse, jusque dans l'Ouest canadien, en passant par le comté de Waterloo, ce sont les antécédents pourtant hétérogènes des collectivités allemandes qui ont donné leur forme prédominante aux établissements allemands, ont façonné leur participation à la vie ecclésiale et aux associations ethniques bénévoles et les incitent à organiser des manifestations symboliques comme le German Day, l'Oktoberfest et le Karneval.

Alors que les Allemands des régions rurales d'Europe de l'Est sont enclins à structurer la vie sociale autour des Églises, les immigrants issus des villes allemandes fondent des clubs sociaux séculiers. La première organisation ethnique germano-canadienne est la Halifax High German Society (1786-1791). En 1994, il y en a plus de 600. La plus ancienne des associations allemandes encore en activité est la German Society of Montreal, fondée en 1835. La première organisation qui est reconnue à l'échelle nationale pour en avoir chapeauté d'autres est la Trans-Canada Alliance of German Canadians (TCA). Fondée en 1952, elle compte, en 1972, 94 organisations membres (avec 20 000 membres actifs et 40 000 membres inscrits). Le German-Canadian Congress (GCC), fondé en 1984, lui succède avec environ 550 organisations affiliées, entre autres 130 églises, 100 écoles de langue allemande, 20 foyers pour personnes âgées, des associations artistiques, des musées, des théâtres, des caisses de crédit, ainsi que plusieurs organisations régionales qui en chapeautent d'autres en 1994. Le GCC s'est fait le défenseur de la communauté germano-canadienne dans son ensemble, y compris les mennonites et les huttérites, les Autrichiens et les Suisses, ainsi que les Canadiens anglophones ou francophones d'ascendance germanique.

Vie religieuse et culturelle

Jusqu'à la Seconde Guerre mondiale, l'importance accordée à l'Église dans la vie sociale des immigrants des zones rurales reste le facteur le plus déterminant de la formation et du maintien de la collectivité au Canada. Les ministres du culte font office d'agents de liaison pour assurer la cohésion sociale et la sauvegarde de la langue et du patrimoine culturel allemands. Le luthéranisme est la confession la plus répandue parmi les Canadiens d'origine germanique, suivie par le catholicisme et le mennonitisme.

Le pluralisme culturel de la mosaïque canadienne d'origine allemande se reflète dans son riche héritage. À Lunenburg, les vestiges de la culture allemande du XVIIIe siècle sont encore palpables. Le premier arbre de Noël illuminé du Canada, coutume médiévale allemande, est érigé en 1781 par le général von Riedesel, commandant des troupes allemandes en Amérique du Nord. Des médecins, des artistes et des musiciens qui font partie de ses troupes établissent les normes professionnelles de leurs arts respectifs dans la société québécoise du temps.

L'amour que les Allemands nourrissent pour la musique se retrouve dans les chœurs, les musiciens, les chefs d'orchestre et les orchestres qu'ils ont formés dans de nombreuses villes canadiennes. Depuis le début du XIXe siècle, des artistes germano-canadiens comme William Berczy, Peter RINDISBACHER, Cornelius KRIEGHOFF et Otto R. Jacobi enrichissent la culture canadienne. Aujourd'hui, certains Canadiens d'origine allemande sont des architectes (Eberhard ZEIDLER), des scientifiques (Gerhard HERZBERG et John POLANYI) et des ingénieurs en aéronautique (Claus Wagner Bartak) reconnus à l'échelle internationale.

La presse de langue allemande remonte au *Neu-Schottländischer Calender* de Halifax (1788-1801). En 1867, 18 journaux de langue allemande avaient fait leur apparition dans le sud-ouest de l'Ontario. Le journal qui paraît depuis le plus longtemps sans interruption est le *Mennonitische Rundschau*. Le *Nordwesten* de Winnipeg (1889-1969) et le *Regina Courier* (1907-1969) sont les principaux journaux non confessionnels distribués à l'échelle nationale. En 1970, ils fusionnent pour devenir le *Kanada Kurier*.

Depuis 1900, la German Saturday School fournit un effort constant pour assurer la survie culturelle. Fondé par les Églises, les clubs et les parents, ce type d'école reçoit les élèves les samedis matin, quand les écoles ordinaires sont fermées, pour une période de deux à trois heures, sous l'égide d'enseignants immigrants bénévoles. Au début des années 70, le TCA coordonne un réseau national de 106 écoles du samedi rassemblant 10 240 élèves. Depuis lors, le nombre des inscriptions a baissé, et la langue allemande est de plus en plus enseignée à des élèves qui n'ont aucun antécédent germanophone.

Maintien du groupe

Jusqu'à la Première Guerre mondiale, les Canadiens d'origine allemande ne se demandent pas si leurs coutumes et leurs traditions sont compatibles avec la vie canadienne. D'ailleurs, les autorités canadiennes anglaises affirment à maintes reprises que les valeurs et le caractère allemands présentent des affinités avec les leurs. La Première Guerre mondiale vient modifier la situation du tout au tout. Du jour au lendemain, les Allemands deviennent les sujets d'un pays ennemi les plus vilipendés du Canada. Accusés de trahison et de sédition sans qu'aucune preuve vienne jamais étayer ces accusations, nombreux sont ceux qui se retrouvent ruinés et victimes d'ostracisme. La populace s'en prend à eux et à leurs biens dans toutes les villes canadiennes. La *Loi des élections en temps de guerre* de 1917 prive de leur droit de vote tous les Canadiens d'origine allemande qui ont été naturalisés après le mois de mars 1902. On dissout les clubs et les associations, on ferme les écoles allemandes et on supprime les journaux de langue allemande. La ville ontarienne de Berlin et d'autres villes changent de nom. Plus de 2000 immigrants allemands sont internés. L'ébranlement causé par la Première Guerre mondiale incite plusieurs Canadiens d'origine allemande à se faire passer pour des Hollandais, des Scandinaves ou des Russes. Ce climat persistera bien après la guerre. Durant la Seconde Guerre mondiale, le gouvernement canadien fait arrêter et interner 837 fermiers canadiens d'origine allemande, des travailleurs et des membres de clubs qui suscitent la vindicte et qui sont taxés de déloyauté. Les activités culturelles cessent presque totalement, une fois de plus.

Après 1945, le rétablissement déjà problématique de la confiance pour cette minorité ethnique devient d'autant plus difficile que l'on révèle les atrocités commises par le régime nazi. En 1964, le magazine *Maclean's* prétend que les Germano-Canadiens sont «presque douloureusement dépourvus d'assurance». D'après les enquêtes réalisées après la guerre, plus du tiers des immigrants allemands ne demandent qu'à renoncer à leur identité en faveur de leur «canadianité». Les recensements confirment que les Canadiens d'origine allemande abandonnent leur langue maternelle avec une rapidité qui n'est surpassée que par les immigrants scandinaves, hollandais, flamands et gaéliques.

Gerhard P. Bassler

Allen, Grant (Charles Grant Blairfindie), écrivain, historien, scientifique (Alwington, Ont., 24 févr. 1848—Londres, Angleterre, 28 oct. 1899). Grant passe la plus grande partie de son enfance au Canada et termine ses études en France et en Angleterre, où il obtient un diplôme du Merton College d'Oxford en 1871. Ses premiers livres portent sur la philosophie des sciences; *Physiological Aesthetics* (1877) s'inspire fortement des théories de Charles Darwin et de John Ruskin sur l'esthétique et la biologie, et *The Colour Sense* (1879) attire l'attention de Herbert Spencer. En 1879, il signe régulièrement dans le *London Daily News* et publie des articles de fiction dans des revues. La plupart de ses histoires ont été réunies dans quatre volumes, dont le premier s'intitule *Strange Stories* (1884). Une multitude d'autres œuvres s'ajoutent à ses premiers romans, *Philistia* (1884) et *Babylon* (1885).

Grant publie une quarantaine de romans et de récits, y compris des histoires sentimentales et des récits d'aventures dont l'intrigue se déroule dans des décors exotiques, des romans noirs et une satire pessimiste de la culture britannique dans laquelle il présente, dans un style simple, les courants intellectuels et sociaux de son temps. Il publie aussi trente ouvrages documentaires, y compris des essais scientifiques, des articles touristiques et des traités de philosophie naturaliste, dont *The Evolution of the Idea of God* (1897) et *The Hand of God* (1909).

Colin Boyd

Allen, Ralph, journaliste, directeur de rédaction et romancier (Winnipeg, 25 août 1913—Toronto, 2 déc. 1966). L'un des directeurs de rédaction les plus appréciés et les plus influents de son époque, Allen acquiert à juste titre la renommée par son travail à la revue *Maclean's* (1946-1960) et au *Toronto Star* (1964-1966). Élevé à Oxbow, en Saskatchewan, il commence sa carrière au *Winnipeg Tribune* et est un éminent correspondant de guerre pour le *Globe and Mail* de Toronto. Il écrit aussi cinq romans, dont le plus connu, *The Chartered Libertine* (1954), est une vision satirique de Radio-Canada, ainsi qu'une histoire populaire du Canada, *Ordeal by Fire* (1961). Il est à l'origine de beaucoup de procédés et de techniques de rédaction qui sont encore utilisés de nos jours.

Douglas Fetherling

Allen's Company of Comedians La première compagnie de théâtre professionnelle britannique à s'établir au Québec, en 1786. Allen vient du Theatre Royal d'Édimbourg. Il rencontre le major Jean ANDRÉ, à Philadelphie, et joue avec lui en 1777 et en 1778. Quand les Britanniques quittent la ville, en 1778, Allen abandonne sa compagnie et s'installe à Montréal, où il est soldat. Il s'y marie en 1779, et rejoint sa compagnie (qui s'est réfugiée aux Antilles durant la guerre) à Philadelphie, en 1785. Lorsque la troupe se divise, la même année, Allen revient au Québec avec la Company of Comedians.

Installée à Montréal, la Company of Comedians se produit dans la salle de réunion d'un des membres influents de la communauté juive, Simon Levy, située sur la place du marché (l'actuelle place Royale), puis Allen loue son propre théâtre-hôtel, face à la chapelle des Récollets, rue Notre-Dame. En plus d'Allen et de son épouse, la troupe se compose de deux autres couples, soit les Bentley et les Moore, recrutés en Amérique, mais nés en Angleterre. Les enfants d'Allen jouent aussi; âgé de 10 ans, Andrew Allen interprète des rôles de femmes et de pages. Simon Clarke, un soldat écossais recruté à Montréal, se fait une réputation de comédien talentueux.

Répertoire Le répertoire de la troupe, comprenant les pièces shakespeariennes *Henry IV* et *Richard III*, est impressionnant. Il comprend aussi des opéras comiques contemporains, *The Padlock,* de Dibdins, et des œuvres composées en 1783 par William Shield, accompagnées de livrets de John O'Keefe (*Poor Soldier, The Fair American* et *The Young Quaker*). La compagnie présente en anglais des pièces françaises (*L'Avare* de Molière). Les spectacles donnés en soirée se terminent souvent par une «burletta» (pantomime burlesque) sur une musique de John Bentley. Durant l'été 1786, la compagnie se produit à Québec, au Chien d'or, la salle franc-maçonnique de Miles Prentice. En octobre 1787, le gouverneur Guy CARLETON invite la troupe à interpréter *She Stoops to Conquer* à l'occasion de la visite royale du prince William Henry.

Écoles de formation Tous les membres de l'Allen's Company of Comedians profitent de la loi en faveur des Loyalistes pour s'établir dans la Province. Moore père prend la direction des comédiens de la garnison en 1786 et ouvre un an plus tard une école de théâtre à Montréal. Étienne (Stephen) Bellair ouvre ouvre une école de danse et d'escrime, tandis qu'un autre, Guillaume (William) Moreau-Mechtler, fonde une école de violon et de clavecin. Enfin, Bentley ouvre une école de langue et d'art oratoire. Moore fils épouse Agnès Anna McKay en 1790, et fonde le *Québec Herald* (1788-1793). La compagnie présente une saison complète en 1789-1790, et coordonne les dates de ses représentations avec celles des JEUNES MESSIEURS CANADIENS (JMC).

Mme Allen fait une tournée dans le Bas-Canada avec la troupe Love & Beatty, en 1796. Son fils Andrew signe une pétition préparée par un membre des JMC, Pierre Amable de Bonne, et destinée au gouverneur général, Robert PRESCOTT. Toutefois, on retrouve les Allen et les parents Moore en 1815 à Albany, dans l'État de New York. Ils semblent être retournés aux É.-U. juste après la guerre de 1812. Andrew, qui a épousé une actrice du nom de LaCombe, y ouvre le New Orleans Southern Cane and Hall en 1816. Il y joue si souvent le rôle d'Andrew Jackson, héros de *The Conquest of New Orleans,* que le nom de Jackson lui est resté. D'autres membres de la troupe, dont Bentley, Moore fils et Moreau-Mechtler, restent dans le Bas-Canada.

La Allen's Company of Comedians se distingue par son caractère professionnel à une époque pionnière ainsi que par sa contribution aux écoles d'art, de littérature et de spectacle de la province et sa collaboration avec le monde du théâtre francophone.

André G. Bourassa

Alleyn, Edmund, peintre (Québec, Qc, 9 juin 1931). Après avoir étudié à l'École des beaux-arts de Québec, il part en France en 1955, où il vit et expose ses œuvres jusqu'en 1971. De retour au Québec, il s'installe à Montréal, puis enseigne à l'U. d'Ottawa à partir de 1972. Son évolution en tant que peintre est des plus surprenantes, car chacune de ses périodes artistiques témoigne de sa virtuosité et de son originalité.

Alleyn commence par une période de figuration stylisée (1952-1962), pendant laquelle ses œuvres tachistes ou gestuelles font preuve d'élégance et de fluidité. Puis, il fait une incursion dans la mythologie autochtone en créant des œuvres qui s'en inspirent, avant de s'engager dans une série de portraits schématiques inspirés de la science-fiction, de la médecine déshumanisée et d'autres effrayants «zooms, conditionnements et agressions».

À la fois critique et partie prenante des changements technologiques de plus en plus rapides, Alleyn concentre ses recherches et ses réflexions sur l'*Introscaphe,* une synthèse qui marie les sens à l'électronique et qui est exposée, avec succès, au Musée d'art moderne de Paris en 1970. Lors d'une impressionnante exposition présentée à l'automne 1974 à Québec et à Montréal, intitulée *Une belle fin de journée,* il démontre, encore une fois, que son talent exceptionnel fait de lui un artiste original. Après une période d'inactivité, Alleyn reprend la peinture au milieu des années 80.

Guy Robert

Alleyne, John Anderson Ernest, chorégraphe et directeur d'une compagnie de danse classique (Bridgetown, Barbade, 25 janv. 1960). Arrivé au Québec à 4 ans, John Alleyne passe son enfance à la campagne. Il commence à danser à 8 ans, puis entre à l'École nationale de ballet de Toronto à 11 ans. Il obtient son diplôme en 1978 et se joint au Stuttgart Ballet, en Allemagne, où il reste 6 ans pendant lesquels il est salué par la critique. «L'on ne peut imaginer la compagnie sans sa grâce élastique et son brio», déclare le *Stuttgarter Ballett Annual* de 1981-1982.

À Stuttgart, il commence à expérimenter la chorégraphie, mais ce n'est qu'à son retour à Toronto, en 1984, où il danse en solo pour le BALLET NATIONAL DU CANADA, qu'il développe sérieusement ses talents de créateur. Il devient chorégraphe attitré du Ballet national du Canada en 1990 alors que ses œuvres font déjà partie du répertoire des BALLETS DE LA COLOMBIE-BRITANNIQUE. En 1992, il est directeur artistique des Ballets de la Colombie-Britannique. Fortement influencé par les chorégraphes de ballets contemporains qu'il a découverts en Europe, Alleyne aborde le vocabulaire de la danse classique de façon audacieuse et non traditionnelle. Persuadé que le ballet moderne peut attirer un public intelligent et spirituel, il fait figurer les œuvres des chorégraphes européens et canadiens les plus provocateurs et les plus imaginatifs aux côtés de ses propres œuvres dans le répertoire des Ballets de la Colombie-Britannique.

En 1992, il est le seul Canadien à recevoir une commande du New York City Ballet's Diamond Project pour une chorégraphie, et il est invité à participer au deuxième New York City Ballet's Diamond Project en 1994. Il remporte le Dora Mavor Award for Outstanding Choreography en 1992.

Max Wyman

Alliance du jour du Seigneur Organisme laïque fondé en 1888 sous l'égide de l'Église presbytérienne (*voir* ÉGLISES PRESBYTÉRIENNES ET RÉFORMÉES) et appuyé par les autres Églises protestantes (devenu en 1982 l'Alliance canadienne du jour du Seigneur), a pour but de lutter contre la sécularisation croissante du dimanche. Dans les débuts de l'industrialisation et de l'urbanisation du Canada, le dimanche est ordinairement le seul jour de repos; la question est de savoir si c'est un jour saint ou un jour de congé. Les Églises font face à une concurrence plus vive, car leurs ouailles sont sollicitées par d'autres activités que leurs offices: des industries comme celle des chemins de fer exigent que leurs

employés travaillent le dimanche, mais surtout, de nouveaux loisirs s'offrent aux gens. Les progrès technologiques comme les systèmes électriques de transport urbain augmentent la mobilité des gens et leur permettent de s'échapper des villes. Les loisirs commerciaux comme les manifestations sportives, les bars laitiers et les cinémas sont également attirants. Bon nombre de Canadiens semblent portés à traiter le dimanche à la fois comme un jour de religion et de récréation.

L'alliance est l'un des groupes de pression les plus efficaces du début du XXe siècle. Il obtient l'appui déterminant de la hiérarchie catholique canadienne-française et, grâce à la promesse d'une loi garantissant le jour de repos hebdomadaire, celui des organisations syndicales. En 1906, le concours de ces forces et les techniques perfectionnées de lobbying de l'Alliance persuadent le premier ministre sir Wilfrid LAURIER de déposer la *Loi du dimanche.* Malgré la forte opposition du secteur du transport et de l'industrie manufacturière, ainsi que d'une partie du Canada français, la loi est adoptée en mars 1907; elle impose des restrictions au commerce, au travail et aux loisirs le dimanche.

L'Alliance s'efforce ensuite de faire appliquer la loi. Cette dernière prévoyant que chaque poursuite doit être autorisée par une province, l'Alliance lutte sur beaucoup de fronts avec tantôt plus, tantôt moins de succès. La question du magasinage le dimanche est encore vivement débattue aujourd'hui et suscite l'opposition concertée des syndicats, des détaillants, des Églises et de l'Alliance du jour du Seigneur. La pratique d'activités de loisirs le dimanche au Canada a certainement fait échouer le principal objectif de l'association; le dimanche est surtout un jour de congé et n'est un jour saint que de façon secondaire. (*Voir aussi* MAGASINAGE LE DIMANCHE.)

Sharon P. Meen

Alliance Québec La victoire du PARTI QUÉBÉCOIS, en 1976, provoque une mobilisation sans précédent du milieu anglophone qui donne naissance à plusieurs groupes de pression. À Montréal deux associations surgissent de cette mobilisation, Participation Quebec et Positive Action, tandis qu'à l'extérieur de la région montréalaise, plusieurs organismes voient le jour, notamment la Townshippers Association, dans les Cantons de l'Est (1979), suivie d'autres groupes de moindre taille dans l'Outaouais, la vallée de la Châteauguay, Gaspé, la région de la ville de Québec et Trois-Rivières.

La réélection du Parti québécois en 1981 entraîne, surtout à Montréal, une remise en question de l'efficacité et des méthodes de tous ces organismes. C'est dans ce contexte, et avec l'encouragement des autorités fédérales qui financent déjà des organismes francophones hors Québec, qu'Alliance Québec prend la relève de Positive Action et Participation Quebec, en mai 1982. Alors que dans plusieurs régions on préfère conserver les associations déjà en place tout en s'affiliant à Alliance Québec, là où aucune organisation n'était présente, des chapitres d'Alliance Québec sont créés.

De 1982 jusqu'au RÉFÉRENDUM DE 1995, Alliance Québec, forte de subventions fédérales accrues, s'occupe de la législation linguistique, de l'accessibilité aux écoles et aux services médicaux et sociaux en anglais. Les leaders successifs (E. Moldoff, R. Orr, R. Keaton et M. Hamelin, parmi d'autres) savent travailler avec l'administration du Québec, tout en gardant la confiance d'associations régionales, jalouses de leur autonomie et de leurs visions particulières issues de leur expérience historique spécifique.

Après la quasi-défaite de l'option fédéraliste, lors du référendum de 1995, la tension qui couvait depuis longtemps entre radicaux et modérés éclate. Cette crise a pour issue l'élection de William Johnson à la tête de l'Alliance, en mai 1998. Ce dernier, resté en place deux ans, privilégie la contestation juridique et la confrontation avec les autorités provinciales, une

approche inspirée par une perpective axée sur la défense des libertés individuelles. Johnson décide de ne pas se représenter en 2000 et, le 27 mai, Anthony Housefather est élu à la présidence d'une association quelque peu ébranlée et jouissant d'un financement fédéral réduit. (*Voir* ANGLO-QUÉBÉCOIS.)

Gary Caldwell

Alliance réformiste conservatrice canadienne Dernier-né des partis politiques officiels au Canada, l'Alliance est fondée en janvier 2000 et se substitue officiellement au Parti réformiste du Canada en avril de la même année. La création de ce nouveau parti est le fruit du travail de l'Alternative unie, une coalition de réformistes et d'ex-progressistes conservateurs désireux de regrouper la droite canadienne sous un seul et même parti. Le lancement de ce projet, par le chef-fondateur du Parti réformiste, Preston Manning, survient à la suite de la campagne électorale de juin 1997 à l'issue de laquelle sa propre formation ne réussit pas à faire élire un seul député à l'est du Manitoba.

À ses débuts, l'Alternative unie a pour objectif de mettre fin à la division du vote de droite entre le Parti réformiste et le Parti progressiste-conservateur du Canada par le biais d'une fusion officielle de ces deux paris. Mais cette proposition est rejetée formellement par le PC et son chef Joe Clark réunis en congrès au cours de l'automne de 1999.

Malgré l'échec de ce projet de rapprochement, l'Alliance canadienne voit le jour. À la suite d'un référendum organisé parmi ses membres, le Parti réformiste, auquel la nouvelle formation a emprunté l'essentiel de son programme, convient de se dissoudre pour se fondre dans l'Alliance et Manning, lui-même, devient candidat à sa direction. Mais c'est Stockwell Day qui est élu premier chef du nouveau parti fédéral de droite à l'issue du second tour de scrutin, le 8 juillet 2000.

Chantal Hébert

Alline, Henry, évangéliste, hymnographe, théologien (Newport, R.I., 14 juin 1748—New Hampton, N.H., 2 févr. 1784). Prédicateur itinérant dans les Maritimes, Alline compose des hymnes et écrit des tracts religieux ainsi que son *Life and Journal.* Il commence sa carrière comme prédicateur itinérant à Falmouth, en Nouvelle-Écosse, et consacre presque toute sa vie à prêcher en Nouvelle-Écosse et au Nouveau-Brunswick. Bien qu'autodidacte, Alline est un écrivain et un prédicateur prolifique pour qui la musique fait partie intégrante du culte religieux.

De 1776 à 1783, il s'emploie sans relâche à créer et à soutenir un mouvement de renouveau religieux connu sous le nom de «New Light», dont la majorité des disciples, les «Allinites», sont en Nouvelle-Écosse.

Prédicateur éloquent, Alline réussit, non sans semer le malaise chez les fidèles des communautés ecclésiastiques en place, à éveiller de nombreux colons à la religion et l'on considère qu'il joue un rôle important dans l'établissement de l'Église BAPTISTE dans les Maritimes.

Outre *Life and Journal* (1806) et deux volumes d'*Hymns and Spiritual Songs* (1785 et 1786), il publie cinq brochures religieuses en plus de son important ouvrage théologique *Two Mites on Some of the Most Important and Much Disputed Points of Divinity* (1781), dans lequel il exprime son anticalvinisme notoire et ses croyances personnelles sur plusieurs questions religieuses. (*Voir* GRAND RÉVEIL.)

Douglas Lochhead

Allison, col D'une altitude de 1352 m, situé au kilomètre 60, il est le point le plus élevé de la route de Hope-Princeton (ouverte en 1949), qui traverse la CHAÎNE DES CASCADES, dans le sud de la Colombie-Britannique. Il a été nommé d'après John Fall Allison, chargé vers 1860 par le gouverneur J. DOUGLAS d'inspecter les découvertes d'or à la rivière Similkameen. À son retour, Allison a déclaré avoir découvert un col à basse altitude entre les rivières Skagit et Similkameen. Allison a exploité un gisement près de HOPE et, plus tard, s'est fait colon et éleveur dans la région de Princeton. Le bureau principal du Manning Provincial Park est situé à neuf kilomètres à l'est du col.

Glen Boles

Allocation familiale L'allocation familiale, une prestation mensuelle allouée aux familles pour les aider à faire face aux dépenses relatives aux enfants, date de 1945. Il s'agit du premier programme universel de sécurité sociale au Canada. Le terme universel s'applique aux indemnités qui sont versées seulement en fonction de l'âge, de la résidence et de la citoyenneté, sans tenir compte du revenu ou des avoirs du prestataire. Quand de telles indemnités sont destinées à un groupe particulier de la population, on les appelle aussi des subventions démographiques.

Pourquoi verser des allocations familiales? Une recherche minutieuse sur les causes de la pauvreté en Angleterre et ailleurs au début du XXe s. démontre que la dimension de la famille en constitue un facteur déterminant. Comme le salaire reflète la production du travailleur dans la société industrielle, sans la moindre référence à ses responsabilités familiales, ce qui serait un salaire adéquat pour un célibataire représente le seuil de la pauvreté pour un autre qui exerce le même travail au même taux salarial, mais qui a une famille à faire vivre. Les allocations familiales versées par l'État (ou moins fréquemment sous la forme d'une charge sociale) sont alors proposées non seulement pour combattre la pauvreté, mais aussi pour faire progresser le principe de l'«équité horizontale» entre les travailleurs qui portent le poids de subvenir aux besoins de la prochaine génération, et ceux qui n'ont pas ces responsabilités.

Une troisième raison justifiant un régime d'allocations familiales se trouve dans le rapport Marsh de 1943. On y soutient que si les allocations sont fixées à un minimum défendable, elles remplaceraient toutes les autres allocations destinées aux enfants à l'intérieur d'une grande variété de programmes d'aide à la subsistance telles la sécurité sociale, les indemnisations des travailleurs et l'assurance-chômage. Ces programmes pourraient alors développer leur propre plan d'indemnités en fonction des besoins des célibataires ou des couples, laissant au régime d'allocations familiales le soin de subvenir aux besoins des enfants concernés. Cela assurerait une certaine uniformité et simplifierait l'administration du système de sécurité sociale.

Historique des allocations familiales canadiennes Le concept d'allocations familiales est discuté au cours des années 20 en Grande-Bretagne, en Australie, aux États-Unis, au Canada et à la Société des Nations. En 1929, un comité du Parlement canadien reçoit le mandat d'examiner la question; il entend des arguments favorables et d'autres défavorables. À Québec, une commission d'enquête sur la sécurité sociale (1930-1932) examine des soumissions sur ce sujet. Ni l'un ni l'autre ne recommande l'adoption d'allocations familiales.

On entend peu parler de ce sujet jusqu'à la Seconde Guerre mondiale, quand le plan de reconstruction d'après-guerre (rapport Marsh) est rendu public en 1943.

Le rapport Marsh constitue un programme pour éliminer la pauvreté et l'insécurité sociale. Il s'appuie sur un vaste plan de sécurité sociale qui reposerait sur des allocations familiales universelles, un système de santé public et un programme d'aide à l'emploi à l'échelle nationale. Le plan est trop radical et trop onéreux pour le cabinet fédéral de l'époque, mais des facteurs politiques et économiques incitent le premier ministre Mackenzie King à choisir l'un des éléments du rapport Marsh (les allocations familiales) pour s'attirer les votes lors de l'élection fédérale. Il s'agit aussi d'une tactique destinée à écarter la gauche, qui fait alors des gains parmi l'électorat, de la scène politique canadienne. King a l'appui des économistes, dont une majorité prédit

une vague de chômage importante à la fin de la guerre (comme ce fut le cas à la fin de la Première Guerre mondiale). Les allocations familiales sont également perçues comme un moyen de soutenir le pouvoir d'achat. D'un point de vue constitutionnel, un programme d'allocations familiales se situe dans les limites du budget fédéral et soulève donc peu d'objections du côté des provinces.

Les adversaires voient dans les allocations familiales un gaspillage de l'argent des contribuables, parce qu'elles sont distribuées aux familles riches comme aux familles pauvres. Ces mêmes critiques allèguent que le «bonus du bébé» constitue une tactique pour obtenir les votes du Canada français, où les familles nombreuses sont plus fréquentes. Ils suggèrent de distribuer cet argent sous forme de services, plutôt que par chèque. Les défenseurs des allocations familiales répliquent qu'à elle seule, cette approche sous forme de services est paternaliste, et que les allocations rehausseront l'autonomie des familles.

En dépit d'une légère opposition des conservateurs à la Chambre des communes en 1944, la loi est votée à l'unanimité en deuxième lecture, ce qui est digne de mention dans le cas d'une loi aussi capitale.

Les versements d'allocations familiales, exemptes d'impôt, varient en fonction de l'âge: 5 $ par mois pour les enfants de moins de 5 ans, 6 $ de 6 à 9 ans, 7 $ de 10 à 12 ans, 8 $ de 13 à 15 ans. Le versement moyen par enfant est de 5,94 $, considérablement moins que le versement minimum de 7,50 $ par enfant recommandé par le rapport March. Au début, les allocations sont réduites à partir du cinquième enfant, mais cette disposition est supprimée en 1949.

En dépit de sa popularité, le programme est sérieusement négligé par le gouvernement fédéral. Entre 1945 et 1973, une seule augmentation marginale est votée, malgré la forte érosion due à l'inflation. Cet accroissement est suggéré par le Québec, qui s'est donné un plan similaire en 1961. La négligence du gouvernement envers son programme d'allocations familiales au cours des années d'après-guerre semble être directement liée à son incapacité d'apprécier à sa juste valeur le potentiel de ce programme en termes d'équité sociale et de bonne gestion administrative. De plus, la récession annoncée pour l'après-guerre n'a pas lieu.

En 1972, en réponse à l'inquiétude publique face à la pauvreté croissante au Canada, le gouvernement fédéral tente de remplacer l'universalité par la sélectivité, c.-à-d. par un régime d'allocations familiales proportionnel au revenu des familles. Selon cette proposition, 36 p. 100 des familles, soit les plus pauvres, recevraient des indemnités maximales, 34 p. 100 des indemnités partielles, et 30 p. 100 ne recevraient rien. Ce plan soulève une vive opposition en raison de son inefficacité à combattre adéquatement la pauvreté et de sa complexité administrative (les allocations devraient être déterminées à partir du revenu de l'année précédente). Ce projet de loi meurt au feuilleton à la Chambre des communes avant l'élection fédérale de 1972, qui ramène au pouvoir un gouvernement libéral minoritaire qui doit compter avec le Nouveau Parti démocratique, qui détient la balance du pouvoir et qui est un fervent défenseur de l'universalité.

Le gouvernement abandonne alors son plan sélectif et propose une nouvelle *Loi sur les allocations familiales* qui incorpore la sélectivité et l'universalité en rendant les allocations familiales imposables. Cependant, les parents qui disposent d'un haut revenu peuvent conserver une part de leur indemnité. Ainsi le principe de l'«équité horizontale» est sauf.

En 1978, les libéraux, qui sont à nouveau majoritaires au Parlement, procèdent à une restructuration majeure des allocations familiales: le soutien aux enfants repose maintenant davantage sur un mécanisme fiscal et moins sur les allocations familiales. Il

s'agit d'un crédit d'impôt pour enfant de 200 $ par année, remboursable pour les familles dont les revenus sont de 18 000 $ ou moins. Pour les revenus qui s'élèvent au-dessus de ce seuil, les indemnités se trouvent progressivement imposées jusqu'à disparaître entièrement à 26 000 $. Comme, en 1978, le revenu moyen des familles est de 19 500 $, la majorité des familles devraient recevoir une indemnité en vertu du nouveau programme qui entre en vigueur en 1979.

Le crédit d'impôt remboursable annuellement par enfant n'a plus la simplicité administrative, la prévisibilité et la régularité des paiements mensuels d'allocations familiales. Le crédit d'impôt est financé par une baisse de l'allocation familiale moyenne de 28 $ à 20 $ par mois et par la réduction ou l'élimination de certaines autres exemptions d'impôt pour les enfants.

En 1985, le gouvernement conservateur élu à Ottawa, soucieux de la dette du gouvernement et du déficit, annonce un programme de restructuration des indemnités familiales échelonné sur quatre ans. À partir de 1986, les allocations familiales ne sont que partiellement indexées au coût de la vie. Les crédits d'impôt remboursables pour les enfants sont augmentés pendant trois années consécutives, de 1986 à 1988, jusqu'à atteindre 549 $ par an. À partir de 1989, ils sont aussi partiellement indexés de la même manière que les allocations familiales (le taux d'inflation dépassant 3 p. 100). Au même moment, le nombre de familles admissibles au crédit d'impôt diminue par suite de la baisse du plafond de 26 330 $ à 23 500 $.

Les critiques font valoir que l'effet de l'indexation partielle des allocations familiales et des crédits d'impôt pour les enfants représente une baisse de 550 millions de dollars dans les revenus des familles en 1991, et que les familles les plus pauvres ne recevront qu'une augmentation symbolique de leur revenu familial net de 1985 à 1989.

En 1989, le gouvernement conservateur met un terme à l'universalité des allocations familiales, en demandant aux familles à revenu élevé de rembourser toute leur indemnité au moment de l'impôt. Cela fait partie de son programme destiné à concentrer les indemnités sociales sur les bénéficiaires à revenu modeste ou moyen. Paradoxalement, il maintient et augmente la déduction d'impôt pour les dépenses relatives à un enfant, ce qui assure davantage d'indemnité aux familles à revenu élevé.

Fin des allocations familiales fédérales En 1992, après une discussion publique minimale, le gouvernement fédéral conservateur remplace l'allocation familiale par une nouvelle prestation fiscale pour enfant, qui réunit l'allocation familiale et les deux crédits d'impôt pour enfant, l'un remboursable, l'autre non. La nouvelle indemnité, qui représente un maximum de 85 $ par mois par enfant jusqu'à l'âge de 18 ans, est exempte d'impôt et subordonnée au revenu familial net, tel qu'il apparaît dans la déclaration de revenus de l'année précédente. Les indemnités maximales sont réduites graduellement, au fur et à mesure que les revenus des familles dépassent le plafond (en 1992 il était de 25 921 $, quand le revenu familial moyen était de 38 565 $). Les indemnités ne sont que partiellement protégées contre les hausses du coût de la vie, c.-à-d. que seul un taux d'inflation dépassant 3 p. 100 entraînera un ajustement.

La dimension de la famille et son lien avec la pauvreté, ainsi que les coûts additionnels destinés au soutien des enfants d'âge préscolaire, sont compensés par de petits suppléments. Un supplément au revenu gagné est ajouté pour «stimuler les parents à revenu modeste à s'intégrer à la population active». Cette dernière initiative constitue, pour les mesures sociales canadiennes, un retour au XIXe s., à une époque où l'on tentait de distinguer les pauvres «dignes» des pauvres «indignes». L'allocation familiale universelle reposait sur l'idée que tous les enfants canadiens étaient dignes de recevoir des subventions publiques.

En dépit des efforts faits depuis 1978 pour concentrer les allocations familiales et les réductions d'impôt pour charge d'enfant sur les familles à revenu modeste ou moyen, l'incidence de la pauvreté infantile au Canada vient au second rang dans les nations occidentales industrialisées, immédiatement après les États-Unis. Les pays d'Europe de l'Ouest, où la pauvreté infantile est beaucoup plus faible, ont recours à la sélectivité à l'intérieur d'un cadre de programmes universels.

Le Québec reflète le style européen, en ce qu'il continue à fournir un programme d'allocations familiales universel, jusqu'à ce que les enfants atteignent la majorité. Il y a aussi des suppléments qui sont accordés universellement aux familles dont les enfants ont moins de six ans, aux familles qui ont charge d'enfants gravement handicapés. Il y a aussi des allocations pour les nouveaux-nés et pour les enfants nouvellement adoptés.

Alloucherie, Jocelyne, sculpteur (Québec, 1947). On la considère comme une des meilleures artistes tridimensionnelles et conceptrices d'installations sculpturales. Exposant ses œuvres dans la plupart des musées et centres d'exposition canadiens (Musée canadien de la photographie contemporaine (1998), Vancouver Art Gallery (1996), Musée d'art contemporain de Montréal (1995), elle est aussi reconnue en Europe pour les nombreuses expositions qu'elle y a réalisées.

On reconnaît facilement son travail sculptural par ses assemblages volumineux de formes géométriques ressemblant vaguement à du mobilier, où sont adjoints de larges photographies évoquant des paysages presque abstraits. Ses structures modulaires créent un espace plus concret ou plus architectural devant l'immatérialité des photographies, la mise en scène d'un univers rempli de contrastes et de rupture d'échelle, amenant le spectateur à contempler l'infiniment petit et l'immensité des grands espaces. La subtilité des nuances de tonalités et de formes permet d'ordonner des lieux indéfinis, à la fois étranges et familiers, accessibles et inaccessibles. Pour Jocelyne Alloucherie, c'est une façon de créer un état d'esprit et une attitude d'ouverture à notre propre environnement. Elle a réalisé quelques œuvres publiques, dont une devant l'hôpital Notre-Dame en 1996 (Montréal) et une autre sur les terrains du Collège Gérald-Godin en l'an 2000 (Montréal).

Depuis 1977, elle enseigne à l'U. Laval (Québec). Elle a reçu le prix du Gouverneur général du Canada (section arts visuels) au printemps de l'an 2000.
Gaston St-Pierre

Allward, Walter Seymour, sculpteur (Toronto, 18 nov. 1876—*id.,* 24 avril 1955). Surnommé «Allward de Vimy», Walter Allward doit sa réputation en grande partie au gigantesque monument qui domine le champ de bataille de Vimy, en France (1922-1936), commémorant la BATAILLE DE LA CRÊTE DE VIMY en avril 1917 et les quelque 11 000 soldats canadiens portés disparus pendant la Première Guerre mondiale.

Allward travaille d'abord comme apprenti dans le cabinet d'architectes Gibson and Simpson, puis dans la briqueterie Don Valley Brick Works, où il façonne des ornements architecturaux. Cette première formation, enrichie par des cours de modelage à la New Technical School, le prépare à la discipline de la sculpture ornementale, la carrière de toute sa vie.

Premières œuvres On compte parmi ses premières œuvres la figure de la «Paix» sur le *monument de la rébellion du Nord-Ouest* à Queen's Park, à Toronto (1895); *The Old Soldier,* commémorant la guerre de 1812, à la place Portland, à Toronto (1903); et une figure en pied du chef forestier Oronhyatekha, commandée par l'Ordre indépendant des Forestiers (1899).

Sa réputation bien établie, Allward reçoit du musée provincial, à Toronto, des commandes de bustes, notamment de lord Tennyson, de sir Charles Tupper, de sir Wilfrid Laurier et de sir Oliver Mowat. On trouve également dans l'enceinte de Queen's Park ses statues du général John Graves Simcoe (1903) et de sir Oliver Mowat (1905). En 1903, Allward est élu associé de l'ACADÉMIE ROYALE DES ARTS DU CANADA, et devient académicien à part entière en 1918. Son morceau de réception, *The Storm* (bronze, v. 1920), fait partie de la collection permanente du MUSÉE DES BEAUX-ARTS DU CANADA.

Monuments héroïques Le véritable talent d'Allward se révèle dans ses monuments héroïques, tels que la fontaine commémorative de la guerre des Boers, à Windsor (1906); le monument commémoratif de l'Afrique du Sud, à Toronto (1910); le monument commémoratif Bell, à Brantford (1917); le monument Lafontaine-Baldwin sur la colline parlementaire à Ottawa (1914); et la conception d'un monument commémoratif au roi Édouard VII, que le déclenchement de la Première Guerre mondiale l'empêche de terminer. Mais deux figures, celle de la «Vérité» et celle de la «Justice», sont coulées dans le bronze et ornent aujourd'hui l'entrée du bâtiment de la Cour suprême à Ottawa. Une représentation presque identique de la «Justice» se trouvera des années plus tard sur le monument de Vimy.

Parmi les autres monuments commémoratifs de la Première Guerre mondiale, mentionnons les monuments aux morts de Stratford (1922) et de Peterborough (1929). Allward obtient la commande du monument de Vimy en 1921 et déménage à Londres l'année suivante, où il installe son studio. Il se rend régulièrement à Vimy au cours des années suivantes. Le monument de Vimy est dévoilé le 26 juillet 1936 par le roi Édouard VIII en présence de 6000 Canadiens qui ont fait le voyage pour être témoins de l'événement.

À son retour au Canada en août 1936, Allward conçoit le monument à la mémoire de William Lyon Mackenzie à Queen's Park (1940), ainsi qu'un monument qui ne sera jamais réalisé en l'honneur de sir Frederick Banting, mort soudainement en 1941.
Christine Boyanoski

Alma, ville du Qc; pop. 26 127 (rec. 1996), 25 910 (rec. 1991); superf. 109,27 km²; const. en 1979. Elle est située à la source de la rivière SAGUENAY, près du lac SAINT-JEAN, à 230 km au nord de Québec. Chef-lieu de la MRC de Lac-Saint-Jean-Est, siège du district judiciaire du même nom, la ville actuelle regroupe les anciennes municipalités d'Alma, Riverbend, Isle-Maligne, Naudville et la paroisse d'Alma.

Née de l'industrie du bois de sciage en 1860, Alma devient rapidement une paroisse agricole prospère. Elle entre de plain-pied dans l'ère industrielle en 1923 avec la construction de la centrale hydroélectrique d'Isle-Maligne sur la Grande-Décharge. Mise en marche en 1926, la centrale alimente l'aluminerie d'Arvida et la papeterie Price (devenu Abitibi-Consolidated) de Riverbend. La population quintuple entre 1921 et 1931.

Au cours de la Seconde Guerre mondiale, ALCAN y établit une aluminerie qu'elle agrandit dans les années 50. À la même époque, Alma devient un centre d'activités tertiaires pour la région du Lac-Saint-Jean (commerce, hôtellerie, services professionnels, hôpital, collège). Centre géographique du Saguenay–Lac-Saint-Jean, Alma accueille différentes organisations régionales. Elle est aussi le point de départ de croisières sur le lac Saint-Jean.
Marc St-Hilaire

Almanachs anciens Les almanachs sont des compilations annuelles publiées en feuilles détachées ou sous forme de livres, comprenant un calendrier indiquant les fêtes des saints et autres dates importantes, ainsi que les phénomènes astronomiques tels que les éclipses, les phases de la lune et la course des planètes. Dès le milieu du XVIIIe siècle, l'almanach est une tradition bien établie en Grande-Bretagne et dans les colonies américaines. Les premiers imprimeurs immigrés au Canada importent la tradition et l'adaptent aux marchés francophone, anglophone et autochtone. L'almanach est publié en édition locale puisque les tableaux astronomiques sont élaborés à partir de la longitude et de la latitude d'une région géographique donnée. On y ajoute souvent d'autres informations d'intérêt local, telles qu'une liste des églises et des fonctionnaires municipaux, les règlements de la poste et des douanes, et les services de diligences et de traversiers. Peu coûteux, pratique et en demande chaque année, l'almanach est un succès de librairie pour les premiers imprimeurs du Canada et représente pour eux une importante source de revenus.

Des *premiers almanachs imprimés au Canada,* beaucoup ont disparu. On rapporte que le bureau de Brown et Gilmore de Québec aurait publié chaque année un almanach en feuilles au moins à partir de 1765 et, à partir de l'année suivante, un autre almanach sur le commerce avec les autochtones, mais on ne connaît l'existence de la plupart de ces premiers calendriers muraux que par les registres des imprimeurs. Par ailleurs, on sait qu'il y a une imprimerie à Halifax dès 1751, mais on ignore si un almanach y a été publié. À partir de 1780, et pour les 60 prochaines années, Brown et son successeur, John Neilson, publient le populaire *Almanach de Québec.* Le plus vieil almanach canadien a nous être parvenu est *The Nova-Scotia Calendar,* publié pour l'année 1770 par Anthony Henry de Halifax.

En 1788, Henry commence à publier un deuxième almanach, *Der Neu-Schottländische Calender,* pour les habitants allemands de la colonie. Il s'agirait de la première publication en allemand au Canada. En 1786, Christopher Sower publie le premier almanach du Nouveau-Brunswick. Le plus vieil almanach publié en Ontario qu'on ait retrouvé est le *Tiffany's Upper-Canada Almanac,* publié en 1802 par Silvester Tiffany à Niagara (Niagara-on-the-Lake). Au début du XIXe siècle, King's Printers de York (Toronto) publie des almanachs de plus en plus régulièrement.

Les almanachs publiés par Charles Fothergill au cours des années 1820 sont particulièrement intéressants, parce qu'ils contiennent chaque année une section intitulée «Sketch of the Present State of Canada» (Aperçu de l'état actuel du Canada). Peu d'almanachs semblent avoir été publiés dans les provinces des Prairies, peut-être à cause de l'arrivée relativement tardive d'imprimeurs dans cette région. Certains almanachs publiés dans le nord-ouest américain comprennent de l'information sur l'île de Vancouver et ses environs, mais *The British Columbia Almanac,* publié à Victoria (1895-1898) est le seul que l'on connaît qui ait été fait dans la province.

L'utilisation de l'almanach comme véhicule d'opinions politiques est une des vieilles traditions des pays de langue anglaise. L'édition de 1840 du *Caroline Almanack* de William L. MACKENZIE, publié alors qu'il était en exil à Rochester (N.Y.), en est un exemple canadien. Les groupes d'intérêts religieux, politiques, professionnels, ouvriers et commerciaux utilisent les almanachs pour y vendre leurs idées. Les almanachs produits par les fabricants de médicaments brevetés sont particulièrement prolifiques à la fin du XIXe et au début du XXe siècle, et le calendrier s'y trouve noyé dans un océan de publicités et de témoignages.

Le premier numéro du plus vieil almanach canadien publié sur une base continue, *The Canadian Almanac & Directory,* est publié par Hugh Scobie de Toronto et paraît en 1848. Il contient toujours un petit calendrier et une section sur l'astronomie. Il est encore consulté comme source d'informations générales sur la vie au Canada, comme le sont d'autres annuaires semblables, tels que le *Corpus Almanac & Canadian Sourcebook.*
Elizabeth Hulse

Almighty Voice ou Kah-kee-say-mane-too-wayo, signifiant Voix du Grand Esprit, aussi connu sous le nom de Jean-Baptiste, Cri, hors-la-loi (près de Batoche, Sask., 1874—*id.*, 30 ou 31 mai 1897). La confrontation d'Almighty Voice avec la Police à cheval du Nord-Ouest se termine par la dernière bataille entre Blancs et autochtones en Amérique du Nord. Il grandit sur la réserve One Arrow, près de Batoche. En octobre 1895, il est arrêté pour avoir abattu une vache illégalement.

Les histoires à son sujet sont contradictoires, mais, peu après son arrestation, Almighty Voice s'évade de la prison de Duck Lake, fait feu sur le sergent Colin Colebrook de la Police à cheval du Nord-Ouest et le tue. Pendant 19 mois, il déjoue la police, mais il se fait finalement coincer avec deux jeunes membres de sa famille dans un massif de peupliers. Durant deux jours, les fugitifs tiennent tête à une force d'une centaine de policiers et de volontaires. Ils tuent le caporal C.H.S. Hockin et le gendarme J.R. Kerr de la Police à cheval du Nord-Ouest, ainsi que le maître de poste de Duck Lake, Ernest Grundy. Le massif subit une canonnade et la mort des trois autochtones s'ensuit.

Edward Butts

Almond, Paul, cinéaste (Montréal, 26 avril 1931). Après des études à l'U. McGill et à l'U. Oxford, il se joint en 1954 à l'équipe du réseau anglais de Radio-Canada. Il réalise de nombreuses émissions dramatiques, dont *The Hill* (1954), *Under Milk Wood* (1959) et *Point of Departure* (1960), qui lui valent toutes de remporter le prix Ohio. En 1968, il réalise son premier long métrage, *Isabel,* mettant en vedette son épouse Geneviève BUJOLD. Deux autres films suivent, *Act of the Heart* (1970; v.f. *L'acte du cœur*) et *Journey* (1972; v.f. *Détour*), dans lesquels Bujold joue aussi le rôle principal. Cette trilogie exceptionnelle, qui démontre l'intérêt que manifeste Almond pour l'irrationnel et le mystique, est sans doute la meilleure œuvre qu'il ait réalisée et contribue de façon significative à l'industrie du film canadien. Il réalise ensuite *Final Assignment* (1980; v.f. *Le dernier reportage*), qui remporte peu de succès. Il poursuit avec *Ups and Downs* (1981) dans lequel il s'inspire de ses expériences vécues au pensionnat, puis *Captive Hearts* (1987), une initiative financée par des intérêts américains. Il reprend ensuite sa collaboration avec Bujold dans *The Dance Goes On* (1991; v.f. *Le temps retrouvé*).

Piers Handling

Alouette, nom commun donné à de petits oiseaux de la famille des alaudidés, dont la majorité des représentants habitent dans l'Ancien Monde.

Description Les alouettes ont une griffe arrière longue et acérée, et des ailes longues et pointues. Autre caractéristique importante, elles courent ou marchent au sol plutôt que de sautiller. Les oiseaux des deux sexes sont d'un brun discret grâce auquel ils se confondent avec leur environnement, et les jeunes sont mouchetés. Plusieurs espèces d'alouettes émettent, en vol, un chant remarquable et élaboré.

Répartition et habitat Les alouettes vivent au sol en milieux ouverts. Des 75 espèces du monde, deux vivent au Canada. L'alouette hausse-col (*Eremophila alpestris*) est une espèce indigène et holarctique que l'on trouve partout au Canada. Elle aime les milieux ouverts et niche dans les prairies, les toundras arctique et alpine, le long des côtes et même dans les aéroports, les champs cultivés et les pâturages. Dans les régions habitées, elle mange de grandes quantités d'insectes et de graines de mauvaises herbes.

Bien qu'elles soient migratrices, les alouettes commencent à nicher avant que la neige disparaisse, soit dès la fin mars dans plusieurs régions. La femelle creuse un trou sur le sol en guise de nid et le tapisse d'herbes. Elle y pond de trois à six œufs. L'alouette hausse-col hiverne dans le sud du Canada ainsi que plus au sud, où elle forme des bandes éparses.

L'alouette des champs (*Alauda arvensis*), introduite en 1902-1903, est maintenant résidante dans le sud de l'île de Vancouver. Le nombre d'individus demeure faible, et sa répartition est restreinte. Son chant a été immortalisé dans la poésie et la prose anglaise. (*Voir aussi* STURNELLE.)

Philip S. Taylor

Alouettes de Montréal Fondé en 1868, le Montreal Football Club est la première équipe de FOOTBALL organisée au Canada. Sa fusion avec l'Association des gymnastes amateurs de Montréal donne naissance aux MAAA Winged Wheelers. Jusqu'en 1936, ceux-ci participent au Big Four (Interprovincial Rugby Union) et, en 1931, ils remportent la COUPE GREY contre Regina.

En 1946, Lew Hayman fonde les Alouettes de Montréal qui entrent dans la Ligue canadienne de football (LCF). En 1949, celles-ci remportent la coupe Grey contre les STAMPEDERS DE CALGARY. De 1954 à 1956, avec le quart-arrière Sam ETCHEVERRY, elles participent trois fois de suite à la finale de la coupe Grey, mais elles sont battues par les ESKIMOS D'EDMONTON. C'est comme entraîneur des Alouettes que Etcheverry finit par remporter la coupe Grey contre Calgary, en 1970. Les Alouettes affrontent ensuite Edmonton aux matches de la coupe Grey de 1974, 1975, 1977 et 1979. Elles sont deux fois championnes, sous la conduite de l'entraîneur Marv Levy, en 1974 et 1977.

En 1977, les Alouettes déménagent au Stade olympique de Montréal (58 367 sièges) où elles connaissent plusieurs années de succès. En 1981, Nelson Skalbania, entrepreneur de Vancouver, achète l'équipe et y ajoute plusieurs américains surpayés. L'année suivante, il déclare la formation en faillite. Charles Bronfman achète alors l'équipe et la renomme les Concordes. L'équipe continue de perdre des millions de dollars. En 1987, Norm Kimball, ancien directeur général des Eskimos, prend l'équipe en mains. La formation, qui reprend le nom d'Alouettes, est dissoute avant le début de la saison.

Après dix ans d'absence et plusieurs tentatives infructueuses, le football canadien revient à Montréal en 1996 lorsque l'expansion de la LCF aux États-Unis s'avère un échec: la seule équipe américaine restante, les Stallions de Baltimore, s'installe à Montréal sous le nom d'Alouettes. L'arrivée à la direction de l'équipe de Larry Smith redonne espoir aux amateurs de football de Montréal. En 1997, les Alouettes quittent le Stade olympique et retournent au stade Percival Molson de l'UNIVERSITÉ MCGILL. La fièvre du football renaît à Montréal. En 1999, 9 des 10 matches se jouent à guichets fermés. La survie des Alouettes est assurée. Il ne leur manque plus que la Coupe Grey.

William Humber

Alphabétisme Se définit à la fois comme la capacité de lire et d'écrire son propre nom, et celle de lire et de comprendre des articles de journaux, de revues ou d'encyclopédies, dont le niveau de sophistication dépasse souvent le niveau moyen d'une dixième année scolaire. Ces définitions restent très larges de sorte qu'il est difficile de faire une estimation juste du nombre d'analphabètes dans une société donnée. C'est ainsi qu'on ne peut comparer les données de différents auteurs qui prétendent que l'analphabétisme a été supprimé dans l'ex-URSS et que 28 p. 100 des Canadiens sont analphabètes.

Avant la fin des années 80, aucune enquête statistique nationale n'est menée au Canada pour déterminer le taux d'alphabétisme de sa population. La première enquête du genre, en 1987, est commanditée par Southam News et estime à 24 p. 100 le nombre d'analphabètes au Canada.

Deux ans plus tard, Statistique Canada publie les résultats d'une seconde recherche plus poussée et identifie quatre niveaux d'aptitude à la lecture parmi les Canadiens adultes.

Les Canadiens de niveau 1 (7 p. 100 des adultes) ont de la difficulté avec tout matériel écrit. En général, ils se définissent eux-mêmes comme des personnes ne sachant pas lire.

Les Canadiens de niveau 2 (9 p. 100 des adultes) ne peuvent utiliser du matériel écrit que pour des besoins limités, comme trouver un mot familier dans un texte simple. Ils reconnaissent avoir de la difficulté à aborder du matériel de lecture d'usage courant.

Les Canadiens de niveau 3 (22 p. 100 des adultes) peuvent utiliser le matériel écrit dans différentes situations pourvu que le texte soit simple, rédigé clairement et qu'il n'impose pas de tâches trop complexes. Bien qu'en général ces personnes ne considèrent pas avoir de grosses difficultés à lire, elles ont tendance à éviter les situations qui exigent d'avoir à le faire.

Les Canadiens de niveau 4 (62 p. 100 des adultes) sont capables de lire la plupart des textes requis dans la vie quotidienne. Il s'agit d'un groupe important et diversifié présentant un large éventail d'aptitudes à la lecture.

Un certain nombre d'adultes se situant aux niveaux inférieurs d'alphabétisme sont des immigrants, mais ce n'est pas le cas de tous, tandis que quelque 3 p. 100 des adultes nés au Canada se situent au niveau 1. Le matériel utilisé pour les tests de l'enquête consiste en des documents que tout adulte trouve dans sa vie quotidienne: horaires d'autobus, manuels, petites annonces, etc. Il n'est pas évident, cependant, de déterminer à quel niveau doit se situer un adulte pour être en mesure de lire tout le matériel dont il a besoin pour composer avec le niveau d'alphabétisme de la société canadienne.

Niveau d'alphabétisme

Des organismes, comme l'UNESCO, considèrent que, dans une société industrielle, est totalement analphabète une personne dont le niveau d'études est inférieur à une 5ᵉ année, et est analphabète fonctionnelle une personne dont le niveau de scolarité est inférieur à une 9ᵉ année. Selon ces normes, près de un Canadien sur six est un analphabète fonctionnel en 1987. En dépit du fait qu'en général les femmes apprennent à lire plus vite et obtiennent de meilleurs résultats aux tests de lecture à l'école, la proportion d'analphabètes fonctionnels, calculée selon le niveau de scolarité réussi, est sensiblement la même chez les hommes (18 p. 100) que chez les femmes (17,5 p. 100).

Le niveau d'alphabétisme est souvent associé au statut professionnel. Ainsi, on estime, en 1987, que, chez les personnes âgées de 15 ans et plus, 33,8 p. 100 seulement des analphabètes fonctionnels, selon les normes de l'UNESCO, ont un emploi.

La scolarité, cependant, reste un facteur indirect et inadéquat pour mesurer le niveau d'alphabétisme. D'abord, il n'est pas du tout évident de savoir jusqu'à quel point une personne ayant une 10ᵉ ou une 11ᵉ année peut être considérée comme un alphabète fonctionnel dans une société hautement technologique. En outre, les réalisations individuelles varient considérablement après un même nombre d'années d'étude: il n'est pas rare que des élèves de 8ᵉ année obtiennent de meilleurs résultats que des élèves de 10ᵉ année, ou que des élèves de 10ᵉ année obtiennent une moyenne inférieure à celle d'un étudiant de 8ᵉ année.

Chose plus importante encore, de tels calculs ne tiennent pas compte d'autres facteurs qui peuvent s'avérer plus significatifs en ce qui a trait à l'emploi et à la mobilité sociale, tels la classe sociale, l'origine ethnique et le sexe. Au XIXᵉ siècle, la majorité des immigrants irlandais catholiques savaient lire et écrire, mais occupaient les plus bas échelons économiques et sociaux. La situation était encore pire chez les femmes et les Noirs, sans égard à leur scolarité.

Valeur sociale de l'alphabétisme

Depuis le XIXᵉ siècle, l'alphabétisme au Canada est considéré comme une «richesse» personnelle et sociale, bien que la définition précise du terme ne soit pas claire et qu'il soit difficile de percevoir ce que peuvent apporter véritablement à une personne l'apprentissage et la maîtrise de l'alphabétisme. Malgré tout, nombreux sont ceux qui, même à un âge avancé, font de grands efforts pour apprendre à lire et à écrire, et des sociétés aux régimes politiques diamétralement opposés favorisent l'alphabétisme en dispensant des programmes d'éducation populaire.

Au Canada, l'alphabétisme est surtout encouragé par les conseils scolaires, les bibliothèques et, dans une moindre mesure, les organismes privés. L'enseignement public (*voir* ÉDUCATION) au Canada favorise et soutient l'alphabétisme. Dans le secteur privé, le Frontier College, fondé en 1899, est le premier organisme canadien à recevoir, en 1977, une médaille de l'UNESCO pour le travail exemplaire accompli pour promouvoir l'alphabétisme. En général, les collèges canadiens sont, dans une large mesure, responsables de la mise en œuvre des programmes de base de l'ENSEIGNEMENT AUX ADULTES, y compris ceux conçus pour hausser le niveau d'alphabétisme.

Tendances

En général, les Canadiens sont de plus en plus alphabétisés et instruits. Ainsi, la proportion de Canadiens ayant complété des études secondaires est passée de 62 p. 100 en 1971 à 86 p. 100 en 1991. Pendant la même période, le pourcentage de Canadiens détenant un diplôme universitaire est passé de 4,8 p. 100 à 11 p. 100.

Même si les Canadiens sont aujourd'hui de plus en plus instruits au sens absolu, on ne sait pas s'ils ont acquis les compétences de lecture nécessaires pour traiter les nouvelles informations écrites qui sont de plus en plus sophistiquées, étant donné que très peu d'études se sont penchées sur le niveau d'alphabétisme nécessaire pour jouer pleinement un rôle dans la société moderne. L'aptitude à la lecture implique trois facteurs importants: la capacité à raisonner, la maîtrise de la langue et la connaissance du code alphabétique.

Le deuxième facteur, la maîtrise de la langue, est particulièrement important. Une grande partie du langage est constituée de connaissances codées. Ainsi, à mesure que le champ de connaissances s'agrandit, le langage nécessaire pour le décrire en fait autant. Par conséquent, des personnes peuvent devenir relativement analphabètes parce qu'elles ne sont pas au fait des nouvelles connaissances. Pour lire toute forme de texte et le comprendre, une personne doit posséder un certain bagage de connaissances. Or, si le domaine de la connaissance augmente plus rapidement que la capacité à l'intégrer, on peut envisager l'éventualité d'une augmentation de l'analphabétisme fonctionnel ou relatif.

Au cours des dernières années, les termes «analphabétisme visuel» et «analphabétisme informatique» sont devenus courants. Dans les deux cas, l'analphabétisme fait référence au fait d'être familier avec l'objet en question et d'être apte à le manipuler, en l'occurrence, les écrans à affichage cathodique et les ordinateurs.

J.J. Tuinman et Stan Jones

Alpinisme Consiste en l'escalade de terrains montagneux à des fins récréatives ou de recherche. Bien que ce sport soit généralement associé à l'assaut périlleux de sommets redoutables, il offre plusieurs possibilités. De nombreuses personnes se contentent de faire des randonnées dans les parties inférieures des montagnes, tandis que d'autres se spécialisent dans l'escalade de roche, que ce soit un rocher de 5 m ou une falaise de 1000 m, ou dans l'escalade de glace. Enfin, certains combinent ces trois types d'escalade pour atteindre les grands sommets alpins du monde.

L'escalade de montagnes est pratiquée depuis des siècles, soit pour des raisons religieuses ou simplement pour avoir une meilleure vue du paysage, mais ce n'est que depuis environ 150 ans que l'alpinisme récréatif existe. Vers le milieu du XVIIIe siècle, les naturalistes européens dirigent leur attention vers les glaciers de la vallée de Chamonix en France, et leurs études, combinées à l'intérêt pour les phénomènes naturels de l'ère victorienne, donnent naissance à l'engouement pour les montagnes. Les premières escalades dans les Alpes du centre de l'Europe, comme l'escalade du mont Blanc en 1786, sont entreprises au nom de la science, mais, dans les premières décennies du XIXe siècle, l'ascension des montagnes est devenue une activité de loisirs pour les Allemands, les Français et les Suisses. Ce sont toutefois les Britanniques qui populariseront ce sport. Pendant les premières années de l'alpinisme, c.-à-d. entre 1854, alors qu'Alfred Wills escalade le mont Wetterhorn en Suisse, et 1865, alors que les équipes d'Edward Whymper et du révérend Charles Hudson conquièrent le Cervin, une soixantaine d'escalades des plus difficiles et spectaculaires sont exécutées pour la première fois dans les Alpes par des alpinistes en majorité britanniques.

Dans les 15 années qui suivent l'ascension du Cervin, tous les monts importants des Alpes sont escaladés, et les alpinistes partent à la recherche de nouveaux sommets à défier. Certains s'attaquent à des parois plus difficiles de sommets déjà atteints et d'autres explorent de nouvelles chaînes de montagnes: les Andes, le Caucase, l'Himalaya, les montagnes de l'Afrique et celles de l'Ouest en Amérique du Nord. En 1885, l'achèvement du réseau ferroviaire du Canadien Pacifique (CP) permet l'accès à la CHAÎNE SELKIRK et aux ROCHEUSES du Canada. Elles sont les premières chaînes de montagnes du continent à être explorées de façon répétée pour leurs possibilités d'escalade. Le parc national des Glaciers, situé sous le COL ROGERS dans les Selkirk, constitue le lieu de rencontre internationalement reconnu des alpinistes à la fin des années 1880 et au début des années 1890, mais il est rapidement éclipsé par le LAC LOUISE, situé dans les Rocheuses. De 1899 à 1912, pour promouvoir l'alpinisme dans les montagnes de l'Ouest canadien, le CP engage des guides d'escalade suisses. En 1906, le Club alpin du Canada, prenant exemple sur le prestigieux Alpine Club de Grande-Bretagne (1850), est créé, puis, l'année suivante, il publie son premier journal.

Les Britanniques du Club alpin ainsi que les Américains de l'Appalachian Mountaineering Club (AMC) de Boston sont parmi les alpinistes qui escaladent en premier le Selkirk et les Rocheuses. En 1895, Phillip Abbot, un jeune avocat, devient la première victime de l'alpinisme en Amérique du Nord alors qu'il escalade en compagnie d'un groupe de l'AMC le mont Lefroy, situé au-dessus du lac Louise. Parmi les premières escalades dignes d'intérêt, on compte celles des monts Sir Donald en 1890, Temple en 1894, Lefroy en 1897 et ASSINIBOINE en 1901. Le mont ROBSON, d'une altitude de 3954 m, le plus haut des Rocheuses, n'est escaladé avec succès qu'en 1913. Cinq groupes différents s'y étaient essayés depuis 1908.

Bien que les Rocheuses demeurent appréciées des alpinistes du monde entier, la quête de nouveaux sommets attire les alpinistes dans le nord et l'est du pays dans les années 20. En 1924, influencé par une tentative britannique d'escalade du mont Everest, le Club alpin du Canada commandite l'escalade du mont LOGAN, d'une altitude de 5959 m. Il s'agit du sommet le plus élevé du Canada et du deuxième du continent. En mai 1925, une équipe d'alpinistes, dirigée par Albert H. MacCarthy, entreprend l'ascension des monts St. Elias à la frontière de l'Alaska et du Yukon. Après avoir passé deux mois dans les montagnes les plus élevées et les plus englacées de l'Amérique du Nord, les alpinistes reviennent et déclarent avoir atteint le sommet dans l'après-midi du 23 juin. Deux ans plus tard, une première tentative d'ascension du mont WADDINGTON est faite, lequel constitue le sommet le plus impressionnant de la CHAÎNE CÔTIÈRE de la Colombie-Britannique avec ses 4016 m de hauteur. Toutefois, malgré des tentatives répétées, ce n'est pas avant 1936 que son ascension est réussie. Elle est l'œuvre de deux Américains qui parviennent à se hisser sur sa face sud. À l'époque, il s'agit de l'escalade de roche la plus difficile de l'Amérique du Nord.

Bien que les montagnes canadiennes soient internationalement reconnues depuis des décennies, le Canada compte peu d'alpinistes de calibre international. Cependant, à la fin des années 50 et au début des années 60, de nombreux excellents grimpeurs britanniques et européens immigrent au Canada et, sous leur tutelle, un petit groupe d'alpinistes hors pair voit le jour. Grâce à des techniques d'escalade perfectionnées et à des ressources technologiques modernes, la nouvelle génération d'alpinistes a tôt fait d'entreprendre des escalades de plus en plus difficiles de sommets réputés. Mentionnons les ascensions hivernales des remarquables parois septentrionales des Rocheuses, l'escalade des crêtes en lame de couteau et des contreforts aigus du mont Logan ou bien les sommets non encore escaladés situés dans des endroits aussi reculés que la terre de BAFFIN et l'île d'ELLESMERE. Parmi les villes qui possèdent des centres d'alpinisme figurent Montréal, Ottawa, Toronto, Thunder Bay, Calgary, Edmonton, Banff, Vancouver et l'île de Vancouver. Tous ces centres sont membres du Club alpin du Canada. Par ailleurs, on remarque que les alpinistes repoussent de plus en plus les limites de l'escalade de roche et de glace.

Les Canadiens commencent aussi à faire reconnaître leur présence à l'étranger. En 1977, la première expédition canadienne dans l'Himalaya réussit l'ascension du mont Pumori (7131 m), puis, en 1981, une autre équipe se hisse péniblement au sommet du mont Dhaulagiri. Elle devient la première équipe canadienne à conquérir un sommet de 8000 m. Toutefois, l'entreprise la plus téméraire du début des années 80 revient à un groupe dirigé par Bill March de Calgary qui quitte Katmandou (Népal) à destination du mont Everest, à la fin d'août 1982. Plus d'un mois plus tard, le 5 octobre, Laurie Skreslet de Calgary devient la première Canadienne à conquérir la plus haute montagne du monde, suivie, deux jours plus tard, de Pat MORROW de Kimberley (Colombie-Britannique).

Des membres de cette expédition retourneront dans l'Himalaya au cours des années suivantes pour y entreprendre des escalades ambitieuses, dont celle du mont Makalu (8490 m) et du mont Kanchenjunga (8598 m). En 1986, deux autres Canadiens, Dwayne CONGDON et Sharon WOOD, qui font partie de l'équipe légère de 12 personnes non accompagnées de sherpas, réussissent aussi l'ascension de l'Everest par la difficile crête ouest. En 1988, un groupe de cinq grimpeurs québécois se joint à une équipe polonaise pour entreprendre la première ascension hivernale du K2, tentative considérée par plusieurs comme le plus grand tour de force du monde alpin actuel, mais ils n'y parviennent pas. (*Voir aussi* EXPÉDITION SUR LE MONT EVEREST.)

Bart Robinson

Althouse, John George, éducateur (Ailsa Craig, Ont., 10 avril 1889—Temagami, Ont., 2 août 1956). Diplômé de l'U. de Toronto, il est nommé directeur des écoles de la même université en 1923, puis doyen du Ontario College of Education en 1934, et directeur de l'instruction publique de l'Ontario en 1944. Bien que partisan modéré de l'enseignement progressif au cours des années 30, il devient le principal mandataire du revirement conservateur dans le système d'éducation de l'Ontario, sous le premier ministre George DREW, au cours des années 40. Président de l'Association canadienne d'éducation (1948-1949), il est l'auteur de l'ouvrage *The Ontario Teacher: An Historical Sketch of Progress, 1800-1910* (1929).

Robert M. Stamp

Altman, Sidney, biochimiste, biologiste moléculaire et professeur (Montréal, 7 mai 1939). Sa passion d'enfance pour la science le mène au PRIX NOBEL de chimie qu'il partage avec Thomas R. Cech, en 1989. Il commence sa carrière scientifique avec un baccalauréat en physique du Massachusetts Institute of Technology et il entreprend ensuite des études supérieures en physique à l'U. Columbia. La mort d'un ami le pousse toutefois à interrompre ses études. Après une courte carrière en révision et en rédaction, il commence un doctorat en BIOLOGIE MOLÉCULAIRE à l'U. du Colorado et déménage ensuite à Nashville, au Tennessee, avec son directeur, pour compléter son doctorat à l'U. de Vanderbilt. Il poursuit d'autres études à Harvard et ensuite à Cambridge avec Francis Crick (codécouvreur de la structure du gène) et d'autres chercheurs. En 1971, il obtient un poste de professeur adjoint à Yale et, par la suite, il devient professeur titulaire d'une chaire de biologie, puis doyen.

L'équipe de Altman, à Yale, et l'équipe de Cech, à l'U. du Colorado, effectuent des travaux indépendants et sans lien apparent et découvrent que l'ARN (acide ribonucléique) pourrait jouer le rôle de molécule et de biocatalyseur. Cela bouleverse les idées reçues voulant que toutes les enzymes soient des protéines et démontre que l'ARN est plus qu'un simple messager. Cette découverte fournit des données essentielles sur la façon dont la vie a pu évoluer dans le bouillon chimique des mers primitives, et a une grande portée pour les recherches fondamentales et appliquées en chimie et en génétique. De plus, elle pourrait fournir un outil de lutte contre les VIRUS. Le fait qu'aucune des deux équipes de recherche n'ait prévu cette découverte montre la nécessité de la recherche fondamentale pour fournir les acquis nécessaires aux études orientées. Entre autres diplômes, Altman reçoit également un doctorat *honoris causa* de l'U. McGill.

Martin K. McNicholl

Altschul, Rudolf, professeur d'anatomie, scientifique, auteur (Prague, Tchéc., 24 févr. 1901—Saskatoon, 4 nov. 1963). Il reçoit son diplôme de médecine à Prague et fait des études de troisième cycle à Paris et à Rome. En 1928, il pratique en neuropsychiatrie à Prague, mais s'envole en 1939 vers le Canada avec sa femme pour fuir l'occupation nazie et devient professeur à l'U. de la Saskatchewan. En 1955, il est nommé directeur de la Faculté d'anatomie.

Altschul était un homme d'une grande culture: photographe, linguiste, fin connaisseur en arts, conteur-né et professeur hors pair. Il est l'auteur de 103 articles scientifiques traitant d'une vaste gamme de sujets, dont la pathologie du système nerveux, la dégénérescence du système musculo-squelettique, la division des cellules et, en particulier, la dégénérescence artérielle. Il publie *Selected Studies on Arteriosclerosis* (1950) et *Endothelium–Its Development, Morphology, Function and Pathology* (1954). Ses dernières recherches ont mené au traitement par l'acide nicotinique pour abaisser le taux de cholestérol du sérum sanguin et, en 1964, il publie *Niacin in Vascular Disorders and Hyperlipemia*.

S. Fedoroff

Aluminium L'aluminium pur (Al) est un métal d'une couleur blanc argenté, malléable et ductile, dont la densité équivaut au tiers de celle de l'acier. C'est le métal le plus abondant de la croûte terrestre. Contrairement aux autres métaux importants, l'aluminium n'existe pas à l'état natif; il est cependant très répandu dans la nature sous forme de silicates, d'oxydes et d'hydroxydes, en combinaison avec d'autres éléments comme le sodium et le fluor, et sous forme de complexes en association avec des composés organiques. Lorsqu'il est combiné avec de l'eau et autres oligo-éléments, il produit le principal minerai d'aluminium, connu sous le nom de bauxite. Le lustre mat de l'aluminium provient d'une fine couche d'oxyde qui se forme lorsqu'il est exposé à l'air. Cette caractéristique rend l'aluminium résistant à la corrosion. L'aluminium possède une excellente conductance électrique, qui est deux fois plus grande que celle du cuivre. C'est aussi un conducteur efficace de la chaleur de même qu'un bon réflecteur de la lumière et de la chaleur rayonnante.

Histoire L'aluminium a été isolé sous forme métallique pour la première fois en 1825 par le physicien et chimiste danois Hans Christian Oersted, mais la méthode économique de production commerciale a été découverte seulement en 1886 par l'Américain Charles M. Hall et le Français Paul-Louis Toussaint Hérault. Les deux hommes travaillaient chacun de leur côté au moment de leur découverte. L'industrie mondiale de l'aluminium se base encore sur la méthode de production Hall-Hérault. Comme le processus nécessite une grande quantité d'électricité, les alumineries sont installées dans les endroits comme le Canada, où l'on produit de l'électricité en abondance à un coût raisonnable.

La combinaison de l'aluminium avec des métaux ou non-métaux produit des alliages qui mettent en valeur ses caractéristiques et augmentent ses possibilités d'utilisation. Les alliages à base d'aluminium se font le plus souvent avec le cuivre, le magnésium, le manganèse, le silicium et le zinc. La résistance à la traction et à la corrosion de l'aluminium, sa dureté, et ses propriétés de traitement thermique augmentent lorsqu'il est allié à l'un ou à plusieurs de ces éléments. Certains alliages de cupro-aluminium, p. ex., peuvent présenter une résistance à la traction de 50 p. 100 supérieure à celle de l'acier doux.

La bauxite, le principal minerai d'aluminium, contient environ 50 à 60 p. 100 d'alumine (oxyde d'aluminium, Al_2O_3) et se forme par la météorisation des roches riches en aluminium dans des conditions tropicales. Pour obtenir de l'aluminium, il faut séparer l'alumine pure de la bauxite dans une affinerie, puis traiter l'alumine par électrolyse. Un courant électrique circule à travers l'alumine dissoute dans un électrolyte en fusion, sépare l'oxyde d'aluminium en oxygène, qui se dépose sur des anodes de carbone immergées dans l'électrolyte, et en métal d'aluminium, qui descend dans le fond des cuves tapissées de carbone (cathode). Au début des années 1800, sir Humphry Davy a proposé le terme «aluminum». Il a été retenu en Amérique du Nord, mais on utilise le terme «aluminium» dans le reste du monde.

Tant dans sa forme pure qu'en alliage, l'aluminium est utilisé pour fabriquer quantité de produits pour le consommateur et les marchés des biens et des capitaux. Les marchés les plus importants pour l'aluminium en 1995 étaient le transport (29 %), l'emballage (23 %), la construction et le bâtiment (19 %), les matériaux électriques (8 %), la machinerie et l'équipement (8 %), et les biens de consommation (6 %). D'un point de vue géographique, l'Amérique du Nord est la plus grande région de consommation, représentant 33 p. 100 de la production du monde occidental, suivie par l'Europe avec 30 p. 100 et l'Asie avec 27 p. 100.

L'industrie canadienne Une première industrie d'aluminium a d'abord été établie au Canada au tournant du siècle à Shawinigan (Qc) lorsque la Northern Aluminum Co. (aujourd'hui ALCAN ALUMINIUM LTD) y installa sa première aluminerie. Au cours des 50 années qui suivirent, Alcan a établi un réseau d'alumineries et d'affineries d'alumine au Québec ainsi qu'une aluminerie en Colombie-Britannique. Alcan s'est associée avec la Canadian British Aluminum Co. dans les années 1950 pour ouvrir une aluminerie à Baie-Comeau (Qc). Par la suite, l'aluminerie a été achetée par la Société canadienne de métaux Reynolds ltée, qui l'a agrandie en 1985 et en 1991. Jusqu'en 1987, Alcan et Reynolds sont les seuls producteurs d'aluminium de première fusion du Canada. On a établi trois autres compagnies, Aluminerie de Bécancour inc. (en 1987), Aluminerie Lauralco inc. (en 1992) et Aluminerie Alouette inc. (aussi en 1992) dans la province de Québec, amenant ainsi la capacité totale de production d'aluminium du Canada à 2 283 000 t.

Le Canada ne possède aucune mine de bauxite; toutefois, il produit de l'énergie hydro-électrique en abondance à des prix compétitifs, dispose d'une main d'œuvre qualifiée et d'une infrastructure

publique moderne à proximité des marchés importants. Ce qui a permis au Canada d'établir une industrie d'aluminium d'envergure internationale. Le Canada produit actuellement de l'aluminium de première fusion dans 10 alumineries au Québec et une à Kitimat (C.-B.). La fabrication du métal affiné passe par trois étapes: la fonte, le laminage et l'extrusion. Parmi les produits manufacturés, on compte les portes, les fenêtres, les revêtements de maisons, les canettes pour boisson, les produits en feuilles, les ustensiles de cuisine et les installations électriques.

Le Canada est le troisième producteur d'aluminium au monde et a produit 2 171 992 t d'aluminium en 1995, soit environ 11 p. 100 de la production mondiale. Le Canada est aussi un important exportateur d'aluminium de première fusion. En 1995, le Canada a exporté 1,72 million de tonnes d'aluminium pour une valeur de 4,5 milliards de dollars. De ce montant, 74 p. 100 des exportations canadiennes étaient destinées au marché américain.

La production d'aluminium de deuxième fusion (recyclé) continue d'augmenter dans le monde; en Occident, elle a dépassé les 6,6 mégatonnes (Mt) en 1995. Cette hausse est attribuable à l'amélioration continuelle des systèmes de récupération de rebuts et à l'intensification du recyclage. Le recyclage de l'aluminium nécessite moins de 5 p. 100 de l'énergie utilisée pour fabriquer la matière première. L'industrie de l'automobile est la plus grande consommatrice d'aluminium de deuxième fusion, elle utilise 80 p. 100 de la production soit par l'achat direct ou par l'intermédiaire des mouleurs qui fournissent des pièces d'automobile. La demande pour des véhicules plus légers étant en hausse, on peut prévoir que la production d'aluminium de deuxième fusion augmentera considérablement.

En 1995, les plus grands producteurs d'aluminium de deuxième fusion étaient les États-Unis, le Japon et l'Allemagne. Le Canada a produit environ 86 000 t d'aluminium de deuxième fusion en 1995. Au Canada, environ 1,5 milliard de contenants d'aluminium sont récupérés et exportés aux États-Unis pour le recyclage qui atteint un taux d'environ 80 p. 100. Il existe aussi des installations pour le recyclage des canettes de boisson au Canada. (*Voir aussi* MÉTALLURGIE.)

P. Chevalier

Amateurs Typographes, Les Vers la fin des années 1830, des membres de l'Union typographique de Québec fondent une compagnie de théâtre qu'ils nomment Les Amateurs Typographes. Sous la direction d'Aimé-Nicolas dit Napoléon Aubin, la troupe poursuit ses activités jusqu'en 1876. Né en Suisse, Aubin passe par les États-Unis avant d'arriver à Québec, en janvier 1835, où il est correspondant pour le journal montréalais *La Minerve*. Il épouse la fille du notaire Michel-Flavien Sauvageau, en 1841, et se lie d'amitié avec des membres de la troupe des JEUNES MESSIEURS CANADIENS.

À titre de journaliste, de typographe et de directeur de théâtre, Aubin épouse les idées républicaines et socialistes et est emprisonné en 1839 pour avoir rédigé et publié un poème dans lequel il soutient les PATRIOTES de 1837. C'est aussi en 1839 qu'il met en scène *La Mort de César*, de Voltaire, ainsi qu'une pièce de son cru, *Le Chant des ouvriers*. Cette dernière provoque un tel tonnerre d'applaudissements que la police craint un nouveau soulèvement.

En plus de présenter des œuvres de dramaturges français, Les Amateurs Typographes interprètent des pièces locales: *Le Soldat français* (1839) de Marconnay, *La Donation* (1842) de Pierre Petitclair, *À quelque chose malheur est bon* (1863) de Jules-Fabien Gingras, et *Les Vengeances* (1876) de Pamphile Le May.

André G. Bourassa

Ambridge, Douglas White, ingénieur, homme d'affaires (Mexico, Mex., 5 janv. 1898—Toronto, 16 nov. 1976). Formé au Collège du Bas-Canada et à l'U. McGill, Ambridge occupe différents postes dans l'industrie des pâtes et papiers durant les années 20 et 30, et contribue à la construction de l'usine de l'Ontario Paper Co. à Baie-Comeau, au Québec, en 1937. Pendant la Seconde Guerre mondiale, il joue un rôle primordial dans la mobilisation des industries, à titre de membre du Conseil de la production et directeur général de la succursale de construction navale à Ottawa. Il dirige la construction de l'usine de fabrication de caoutchouc synthétique de la corporation de la Couronne Polymer à Sarnia, en Ontario, et en est successivement le vice-président, le président et le président du conseil d'administration. En 1946, il est fait Compagnon de l'Ordre de l'Empire britannique. Il devient la même année président de l'Abitibi Power and Paper Company, dont il dirige le redressement et l'expansion. Il prend sa retraite comme président en 1963 et comme président du conseil d'administration en 1967. Cette même année, il est nommé président du conseil d'administration de l'Ontario Deposit Insurance Corporation.

J. Lindsey

Amélanchier (*voir* BAIES SAUVAGES)

Aménagement urbain et régional Au sens large, l'aménagement urbain et régional désigne le processus par lequel une collectivité tente de contrôler ou de concevoir les changements que subit son environnement physique. Elle peut être désignée de différentes façons, par les termes d'urbanisme, d'aménagement urbain, d'aménagement communautaire et d'aménagement du territoire. L'aménagement vise le «milieu physique», c.-à-d. le territoire et les usages qui en sont faits, ainsi que tout ce qui s'y trouve, que ce soit sous-terre ou en surface. Il touche également le style des édifices et la façon dont ils sont disposés dans une ville, de même que la conception des endroits publics.

L'environnement physique est en partie naturel et en partie artificiel. Le but ultime de l'aménagement est de créer un milieu artificiel, ou «fabriqué», satisfaisant. Toutefois, les relations entre les milieux naturels et artificiels et entre la population et son habitat sont aussi de toute première importance. En fait, l'activité humaine peut avoir des répercussions négatives sur l'environnement naturel, tout comme certaines conditions naturelles peuvent être dangereuses pour le bien-être des humains. Dans le cas de la pollution de l'eau, le danger procède de l'activité humaine, tandis que lorsque des gens habitent des zones d'inondation, ils sont exposés à des dangers naturels. Les planificateurs se soucient autant de protéger l'environnement naturel des effets négatifs de l'activité humaine que de protéger les citoyens contre les milieux «à risques».

Pour aménager l'environnement physique, il faut lui imposer un certain ordre, en somme l'organiser de façon à ce qu'il réponde à certaines normes de qualité de vie. Cette notion est au cœur même de l'aménagement, bien que les caractéristiques d'un environnement sain et ordonné ne fassent pas l'unanimité. Les civilisations ont tendance à évaluer la qualité de vie et à organiser leur environnement de différentes façons. De nombreux facteurs influent sur les éléments à privilégier, selon l'endroit et l'époque. Chaque collectivité, par le biais de processus sociaux et politiques, doit définir, au moyen de normes qu'elle fixe, ce qu'est un environnement «sain». En outre, les circonstances et les goûts et besoins des citoyens agissent sur la qualité des milieux qui sont planifiés et établis.

De nos jours, l'aménagement urbain et régional touche une multitude de questions qui dépendent en partie de la dimension géographique du territoire en question. Les planificateurs régionaux s'intéressent à différents sujets comme la protection du territoire agricole ou d'autres lieux naturels (la forêt, les mines, les rives des lacs, le bord de la mer, etc.), la sauvegarde de lieux naturels ou historiques uniques, la situation des autoroutes et d'autres services de transport (comme les PIPELINES et les aéroports), et les perspectives de croissance des différentes col-

lectivités de la région. Si celle-ci comprend une grande ville, les planificateurs doivent également prendre en compte les problèmes provoqués par l'expansion urbaine et son incidence sur la campagne et les villes avoisinantes.

Dans les villes, l'aménagement comporte deux volets. D'une part, il faut prévoir la création de nouveaux quartiers, c.-à-d. déterminer où et quand construire et décider de la vocation des terrains ainsi utilisés (résidentielle, industrielle, commerciale ou récréative). Des plans encore plus détaillés seront aussi nécessaires pour déterminer la disposition de chaque parcelle du territoire. Un réseau de rues devra être conçu. Des terrains devront être réservés pour les écoles et les parcs, les usines, les édifices publics et les églises. Il faudra prévoir un système de transport en commun et les services publics. Enfin, des normes devront être établies et les idées mises à l'essai pour vérifier si l'environnement créé procure la qualité de vie souhaitée.

D'autre part, il faut s'occuper des parties de la ville qui existent déjà. Les urbanistes feront une distinction entre les secteurs où des changements ne sont pas souhaitables et ceux où ceux-ci sont soit inévitables, soit jugés nécessaires. Dans le premier cas, les urbanistes se soucieront de maintenir la qualité de l'environnement artificiel dans son état actuel. Ils devront faire fi des demandes de changements, notamment dans les centres des villes où des pressions sont exercées pour que de nouveaux appartements soient construits ou que les rues soient élargies pour faciliter la circulation. Dans le second cas, il faut déterminer quels changements sont souhaitables et en assurer la mise en œuvre. Il peut s'agir d'un secteur en voie de détérioration qui doit être amélioré ou encore d'un quartier où il faut démolir des immeubles pour lui donner une nouvelle vocation. Les problèmes que posent les changements rapides que subissent les quartiers commerçants, les districts industriels surannés ainsi que les transformations sociales et physiques de tous ordres que connaissent les centres des villes doivent tous être abordés par les urbanistes et les autorités publiques. Il en va de même pour certaines questions comme la CONSERVATION DU PATRIMOINE, le déplacement des voies ferrées, la construction de voies rapides pour les transports en commun et les besoins particuliers de divers groupes en matière de logement.

Même lorsqu'on ne constate que peu ou pas de croissance, comme ce fut le cas pour de nombreuses villes canadiennes dans les années 80, l'habitat urbain se modifie continuellement. Le vieillissement des villes rend plus difficile et plus coûteux le maintien de la qualité de vie. Les besoins et les désirs des gens changent et il faut continuellement adapter l'environnement. Des programmes spéciaux de restauration et de revitalisation peuvent être mis en œuvre pour tenter de ramener les commerces dans les quartiers commerçants en perte de vitesse et stimuler l'économie locale. Les investissements, tant publics que privés, sont plus rares qu'en période de croissance économique. Pour les urbanistes canadiens, les problèmes engendrés par le ralentissement de la croissance constituent l'un des défis actuels.

Fondements sociaux et politiques Comme toute autre forme de planification (PLANIFICATION DU DÉVELOPPEMENT RÉGIONAL; COMMISSION DE LA CAPITALE NATIONALE; DESIGN D'ENVIRONNEMENT, etc.), l'aménagement urbain et régional trouve sa raison d'être dans la croyance voulant que l'avenir soit plus prometteur s'il est maîtrisé et qu'un milieu aménagé permet davantage aux gens de profiter de la vie dans leur collectivité. Dans ce contexte, l'aménagement urbain et régional représente l'une des nombreuses formules adoptées par la société pour favoriser la sécurité, le confort et le mieux-être à long terme des citoyens. Il ne faut pas croire cependant que l'aménagement est uniquement l'affaire des gouvernements et que tous les planificateurs sont des fonctionnaires. Au contraire, les systèmes d'aménagement sont habituellement conçus pour que les besoins de l'ensemble de la collectivité soient pris en compte. Les plans proviennent de nombreuses sources, notamment des particuliers, des entreprises privées, et des organismes publics, qui poursuivent des buts ou des intérêts précis. Dans la collectivité «planifiée», il faut faire preuve de prévoyance et de contrôle, non pour empêcher la réalisation de ces plans, mais pour s'assurer qu'ils ne sont pas incompatibles ou qu'ils ne vont pas à l'encontre des besoins de l'ensemble de la collectivité.

Malheureusement, il est rarement possible de démontrer qu'une mesure prise en prévision de l'avenir sera nécessairement profitable à toute une collectivité. Il est également difficile de prouver l'unicité de l'intérêt public à servir. Plus souvent qu'autrement, l'aménagement consiste à tenter de décider quels intérêts méritent d'être retenus, tout en essayant de traiter chacun de façon juste et équitable. Un conseil municipal devrait-il permettre la construction d'un centre commercial dans un quartier résidentiel? Une question aussi simple en soulève une multitude d'autres, plus complexes, sur les libertés et droits individuels et sur les pouvoirs et les obligations des autorités. C'est pourquoi les décisions finales en matière d'aménagement doivent être politiques, puisque la politique est le moyen que s'est donné la société pour régler les conflits qui se présentent au sein d'une collectivité.

L'aménagement devient alors un moyen par lequel les collectivités décident à quoi devrait ressembler leur environnement. Quels genres d'avantages peuvent-elles alors envisager? Les définitions officielles au Canada répondent généralement à cette question en décrivant la planification comme une forme de CONSERVATION. Elle vise l'aménagement judicieux et la saine gestion des ressources de la collectivité, dont la plus importante est la terre. La notion suivant laquelle la terre est à la fois un bien privé et une ressource collective porte à controverse, mais la législation canadienne a pris position: l'intérêt de la collectivité concernant l'aménagement de tout territoire est légitime. Une somme considérable de deniers publics doit être injectée dans différents services comme les transports, les usines d'assainissement des eaux, les écoles et les parcs.

C'est également à la collectivité qu'incombe en grande partie le soin de veiller à ce que le territoire soit aménagé de manière à ce que ces services publics puissent fonctionner efficacement. Autrement dit, l'exploitation du territoire doit être le plus profitable et le moins coûteux possible pour le public. L'évaluation des avantages et des coûts n'est toutefois pas facile. Ainsi, pour décider quelle est la «meilleure» utilisation d'un territoire aux abords d'une ville, il faut savoir quelle valeur attacher à différents avantages (augmentation de nouvelles maisons disponibles ou milieu résidentiel attrayant) et comment mesurer ces avantages en regard de différents coûts (longs déplacements quotidiens entre la maison et le travail ou perte de bonnes terres arables).

Origines de l'aménagement au Canada Les liens étroits entre la conservation et l'aménagement urbain et régional ont commencé à se tisser avec la mise sur pied de la COMMISSION DE LA CONSERVATION avant la Première Guerre mondiale. Le Canada est alors emporté dans une vague de réformes qui s'inspirent de plusieurs mouvements internationaux: le mouvement d'urbanisme britannique; le mouvement de réformes progressistes aux États-Unis, qui s'en prend à la corruption politique et à la mauvaise gestion dans tous les secteurs de l'administration publique; les mouvements de réformes du logement dans ces deux pays et le mouvement CITY BEAUTIFUL, qui propose des villes bien ordonnées, dotées de beaux édifices et d'espaces verts, pour symboliser l'évolution de la civilisation industrielle.

Partout au Canada, des citoyens se regroupent en «commissions d'urbanisme» et en «ligues d'amélioration urbaine» pour tenter de trouver des solutions aux problèmes que pose l'habitat urbain (*voir* RÉFORMES URBAINES). Il faut pourtant attendre que la Commission de la conservation commence à s'intéresser aux questions de SANTÉ PUBLIQUE pour que ces préoccupations locales reçoivent une attention nationale. La Commission estime que la santé des citoyens est la plus importante de toutes les ressources. On juge alors que l'urbanisme constitue un moyen d'assurer la santé et la productivité de la population. La première loi britannique en matière d'aménagement, adoptée en 1909, et les idéaux mis de l'avant au Royaume-Uni par Ebenezer Howard sont perçus comme les modèles à suivre pour encourager l'essor de collectivités saines et attrayantes au Canada.

Celui qui contribue le plus à faire ressortir l'importance de l'exemple britannique est le D' Charles HODGETTS, conseiller auprès du comité de santé publique de la Commission de 1910 à 1920. Très conscient de l'insalubrité des logements dans lesquels vivent de nombreuses familles ouvrières de Toronto et d'autres villes industrielles, Hodgetts croit que de meilleures normes régissant la disposition des villes et les conditions de logement régleront ces problèmes. Il organise une conférence internationale sur l'urbanisme à Toronto en 1914. Cette même année, il obtient la nomination de Thomas ADAMS, l'un des plus influents urbanistes de l'époque, au poste de conseiller en urbanisme au sein de la Commission.

Adams considère l'aménagement comme une combinaison qui marie l'art à la science et qui nécessite une analyse rigoureuse des besoins et des problèmes de l'humain ainsi que des conditions naturelles d'une région, préalable à tout plan d'aménagement des terres. Il est d'accord avec Hodgetts au sujet de l'importance d'assurer des conditions de logement saines et d'améliorer les normes qui régissent la conception, mais sa perception du milieu bien planifié est beaucoup plus poussée. Adams représente la pensée prônant la «ville efficace» ou la «ville fonctionnelle». Il faut concevoir les différents quartiers de la ville en fonction de leur vocation: les secteurs résidentiels offrent toutes les commodités et les services qui vont de pair avec une vie communautaire saine; les zones industrielles sont bien desservies par les voies ferrées et d'autres modes de transport; les quartiers d'affaires et les centres municipaux sont conçus de façon à satisfaire tous les besoins des commerces et de la population qui forment la collectivité moderne; la ville entière est disposée en vue de faciliter les communications de manière sûre et pratique. En outre, il faut toujours faire le meilleur usage possible de la terre et ne jamais la gaspiller. Un plan d'aménagement détaillé devrait tenir compte des caractéristiques particulières d'un emplacement donné. Les installations publiques, comme les centres communautaires et les hôpitaux, devraient toujours être faciles d'accès pour les gens qui les utilisent. De même, il importe de coordonner la mise en valeur des terres privées et les programmes de travaux publics ainsi que d'établir des échéanciers de manière à réduire les dépenses publiques et à éviter des erreurs coûteuses. Ces principes guident encore l'urbanisme au Canada.

Adams sillonne le Canada à maintes reprises pour réaliser des études d'aménagement et analyser des problèmes liés à l'utilisation du terrain et à l'habitat. En 1919, il fonde l'Institut d'urbanisme du Canada, qui accepte comme membres toutes les personnes intéressées, sans égard à la profession. Au début, il s'agit surtout d'ingénieurs civils ou d'arpenteurs-géomètres ainsi que de quelques architectes de paysage et de représentants municipaux. L'Institut vise à promouvoir la recherche à disséminer les nouvelles connaissances et les résultats d'expériences en matière d'aménagement et, en général, à proposer des idées et à établir des normes élevées pour la pratique de cette discipline. Certains espèrent également

que l'urbanisme devienne le sujet de cours universitaires.

La CRISE DES ANNÉES 30 met un terme à la plupart des activités d'urbanisme au Canada. L'Institut d'urbanisme du Canada cesse ses activités en 1932 pour ne les reprendre que 20 ans plus tard. Parmi les urbanistes qui laissent leur marque, on retrouve Noulan Cauchon, Frederick Todd, Horace Seymour et Howard Dunington-Grubb. Beaucoup de villes dressent des plans directeurs, dont Ottawa, Vancouver, Calgary, Saint-Jean et Halifax, et de nombreuses cités jardins et de nouvelles municipalités intéressantes sont planifiées.

Fondements juridiques et administratifs de l'aménagement Une autre des contributions d'Adams est sa législation type en matière d'aménagement, qu'il met beaucoup de temps et d'énergie à faire adopter par les gouvernements provinciaux. Pour Adams, des lois efficaces sont importantes, car elles établissent le cadre à l'intérieur duquel chaque collectivité peut prendre des mesures touchant son environnement physique. Il croit également que l'aménagement est aussi nécessaire dans les milieux ruraux que dans les villes. En plus d'avoir de graves problèmes environnementaux et fiscaux qui leur sont propres, les villes et les campagnes dépendent tellement les unes des autres qu'il est impossible de les séparer pour les besoins de l'aménagement des terrains. Cette étape marque le début de l'aménagement rural au Canada.

En 1914, trois provinces seulement ont adopté des lois en matière d'aménagement: la Nouvelle-Écosse, le Nouveau-Brunswick et l'Alberta. En 1925, il en existe dans toutes les provinces, sauf au Québec, mais les planificateurs professionnels les jugent toutes insuffisantes. D'une part, ces lois ne rendent pas obligatoire l'élaboration de plans par les municipalités. D'autre part, elles ne prévoient aucune participation active des gouvernements provinciaux à l'aménagement. Les administrations municipales se montrent aussi insatisfaites, parce qu'elles veulent surtout avoir plus de pouvoirs pour réglementer la construction et le développement du territoire.

Les nouvelles techniques de ZONAGE, mises de l'avant aux États-Unis, semblent particulièrement intéressantes et Kitchener est la première ville à adopter un règlement de zonage au Canada, en 1924. Ce n'est qu'en 1925, année où la Colombie-Britannique adopte sa première loi sur l'aménagement, que le zonage devient partie intégrante de la législation en matière d'aménagement. D'autres provinces emboîtent le pas, mais la loi sur l'aménagement urbain et régional la plus complète est celle de l'Alberta adoptée en 1929. La législation canadienne en matière d'aménagement a évolué constamment depuis et les systèmes administratifs qui régissent l'aménagement urbain et régional aujourd'hui sont beaucoup plus vastes et beaucoup plus complexes qu'on aurait pu l'imaginer en 1929. Le modèle qu'elle a établi se retrouve dans les lois maintenant en vigueur, toutes adoptées à la fin des années 70 et au début des années 80.

L'objet principal des lois provinciales et territoriales est d'assurer la croissance et le développement ordonnés et cohérents des municipalités, en faisant preuve de prévoyance et en tenant compte des intérêts de la population. Elles doivent également créer et préserver un environnement physique, qui comprend notamment les immeubles et autres ouvrages, qui réponde aux besoins et aux préoccupations de la collectivité. Elles doivent réglementer quelle portion des terres privées et publiques peut être utilisée. Enfin, elles doivent permettre à la population de prendre part au processus décisionnel.

Outre leurs lois relatives à l'aménagement, les provinces ont d'autres genres de règlements sur l'aménagement du territoire qui ne relèvent pas des municipalités, soit ceux qui traitent des secteurs de l'énergie, de l'environnement, de la foresterie, du patrimoine et des parcs. Le Québec, entre autres, a

adopté la *Loi sur la protection du territoire agricole*; en Alberta, il existe une commission spéciale chargée d'aménager et d'administrer plus d'un million d'hectares de terres publiques à des fins agricoles; une société de développement de l'Île-du-Prince-Édouard s'occupe de l'aménagement global du territoire et a le pouvoir d'acquérir, de vendre et de louer des terres qui serviront à différents usages; le Manitoba a une commission interministérielle chargée d'aménager et d'administrer les terres provinciales. Le gouvernement fédéral s'occupe de l'aménagement des terres de la Couronne par le truchement de multiples lois et politiques du Cabinet, dont la Politique fédérale sur l'utilisation des terres et le Processus d'évaluation et d'examen en matière d'environnement.

L'aménagement régional au Canada se fait donc, de façon générale, par l'administration coordonnée de nombreuses lois à l'intérieur d'une province, par la concertation entre les lois provinciales et fédérales et par la mise en œuvre de mesures coordonnées entre des municipalités voisines. Ces activités d'aménagement bénéficient du soutien de systèmes d'information modernes, tels les systèmes de CARTOGRAPHIE PAR ORDINATEUR et d'analyse de données, le Programme de surveillance de l'utilisation des terres au Canada et les données de Statistique Canada sur la population, le logement et le commerce.

Toutes les municipalités possèdent un système de contrôle des données qui facilite la mise en œuvre d'une politique de prévision et de planification à long terme. Les grandes villes canadiennes utilisent des systèmes informatisés pour l'aménagement des services de TRANSPORT et le contrôle de certains changements écologiques, comme la POLLUTION DE L'AIR, ainsi que la réalisation d'études ou de prévisions concernant, entre autres, l'utilisation des terrains, la population et la construction d'immeubles. Les lois provinciales en matière d'aménagement prévoient ce que les administrations municipales et régionales peuvent et doivent faire.

De façon générale, une loi provinciale comporte cinq mesures de base. Premièrement, la municipalité doit dresser un «plan directeur», parfois appelé «plan officiel»ou «plan d'urbanisme», qui énonce quelles portions du territoire seront aménagées, et à quel moment. Ce plan expose habituellement les buts sociaux et économiques de la collectivité, ainsi que ses objectifs en matière de qualité de vie, et les ressources financières qui seront requises pour gérer les travaux publics (égouts, routes). Il décrit, au moyen de cartes, de dessins et de textes, les différents quartiers et districts ainsi que les lignes directrices qui régiront la construction d'immeubles dans ces districts. Une seconde série de plans plus détaillés peut parfois être nécessaire dans certains domaines, comme la conservation du patrimoine, le réaménagement des quartiers du centre-ville ou les parcs industriels. Les trois autres mesures constituent les instruments juridiques et administratifs qui permettent de mener à bien le plan d'urbanisme: zonage, lotissement et permis de construction. Avant qu'un tel permis ne soit donné, un lot doit d'abord faire partie d'un lotissement approuvé. En outre, des règles précises concernant le genre et le nombre d'immeubles qui peuvent être construits ainsi que leurs caractéristiques architecturales doivent être respectées. Le lotissement régit la conversion d'un terrain en lots de construction dont les dimensions et la forme sont adéquates, tandis que le zonage fixe les usages qui peuvent être faits d'un lot.

Les lois sur l'aménagement ont pour effet de restreindre les droits d'un propriétaire en faveur du bien-être de l'ensemble de la collectivité. Les avantages ainsi privilégiés comprennent la santé et la sécurité des citoyens, les commodités et l'agrément du milieu de vie, des normes acceptables concernant le logement et les lieux de travail privés et publics, et des dépenses publiques raisonnables pour le développement du territoire.

Dans certaines provinces, les lois sur l'aménagement permettent aux municipalités ou aux gouvernements provinciaux d'intervenir pour empêcher la destruction du patrimoine et de l'environnement, ou pour obliger les propriétaires à prendre des mesures pour rehausser l'architecture et l'apparence de ces immeubles ou améliorer les commodités offertes aux utilisateurs des immeubles dont la construction est proposée. L'équilibre entre la liberté d'utiliser son propre territoire et les obligations imposées par les autorités publiques dépend des valeurs sociales qui dominent à ce moment. En outre, toutes les lois canadiennes sur l'aménagement exigent maintenant que les citoyens puissent être entendus avant que d'importantes décisions soient prises et un propriétaire a toujours le droit d'interjeter un appel.

En vertu des lois canadiennes, les provinces délèguent aux agglomérations urbaines les pouvoirs en matière d'aménagement régional. À cette fin, les milieux ruraux et les villes sont souvent regroupés en «municipalités régionales de comté» créées par un décret du gouvernement provincial. Dans certains cas, les municipalités d'agglomérations urbaines choisies ont été regroupées pour constituer un deuxième niveau d'administration qu'on appelle «communauté urbaine» (p. ex. Québec, Montréal, Toronto, Vancouver et Winnipeg) qui s'occupe de l'aménagement global et de la coordination des services et travaux publics. Les plans détaillés et les règlements de développement relèvent des municipalités qui en font partie.

Ces dispositions s'appliquent essentiellement aux terres privées du Canada, qui ne représentent cependant que 10 p. 100 de l'ensemble du territoire canadien. À l'échelle provinciale, cette proportion varie beaucoup d'une province à l'autre: 75 p. 100 en Nouvelle-Écosse, 6 p. 100 en Colombie-Britannique. L'aménagement et la gestion des terres appartenant au fédéral ou aux provinces relèvent des différents ministères ou organismes gouvernementaux. Dans la plupart des cas, des mécanismes administratifs spéciaux ont été mis en place pour «intégrer» l'aménagement des terres de la Couronne et l'exploitation et la conservation des ressources qu'elles renferment.

Création de nouvelles villes Il s'agit d'un aspect particulier de l'aménagement qui comprend la planification globale, le zonage et le lotissement d'une collectivité avant l'arrivée de nouveaux habitants. Au Canada, les nouvelles villes, habituellement petites (moins de 5000 habitants) et souvent tributaires d'une seule industrie et de l'exploitation des ressources naturelles, sont surtout situées dans des régions éloignées, comme KITIMAT (Colombie-Britannique), Matagami (Québec), THOMPSON (Manitoba) et Tumbler Ridge (Saskatchewan). Depuis 1946, près de 200 nouvelles villes ont été créées au Canada, leur population totale s'élevant à 700 000 habitants.

La plupart des premières municipalités (fondées entre 1900 et 1920) n'ont pas été conçues par des urbanistes et n'ont pas bénéficié de plans imaginatifs. Adams et d'autres planificateurs ont commencé à appliquer les notions de cités-jardins, de plans directeurs et de zonage aux nouvelles villes minières dans les années 20, p. ex. à TÉMISCAMING (Québec), à KAPUSKASING (Ontario), à Arvida (Québec), à CORNER BROOK (Terre-Neuve) et à Port Alice (Colombie-Britannique). Après la Seconde Guerre mondiale, les planificateurs de VILLES DE RESSOURCES PRIMAIRES commencent à porter une attention particulière à la question des loisirs et aux problèmes sociaux aigus qui sont propres à ces petites villes isolées et «fermées». En outre, la conception des villes et des logements se fait désormais en tenant compte des conditions climatiques rigoureuses qui y sévissent. La ville de Fermont au Québec, conçue par Norbert Schoenauer et construite par la société Québec Cartier Mining Co., consti-

tue l'exemple le plus frappant d'aménagement progressiste. Son plan d'ensemble est réduit et ses rues de même que ses habitations sont disposées de façon à servir d'écran protecteur contre les vents d'hiver violents. De nombreuses maisons unifamiliales sont orientées de façon à profiter de l'énergie solaire passive. Le centre commercial et récréatif de la ville est entièrement situé à l'intérieur d'un complexe qui renferme aussi des appartements.

Aménagement communautaire et politique sociale Les controverses persistent quant au rôle que doit jouer l'aménagement et aux objectifs qu'il doit poursuivre en tant qu'institution sociale. Ses buts fondamentaux d'efficacité et de développement ordonné ne sont pas remis en question. Il s'agit plutôt de savoir si l'efficacité et le développement ordonné doivent être les seuls buts. À ses débuts au Canada, et dans les premiers mouvements de réformes américains et européens, l'urbanisme laissait présager quelque chose de bien plus radical. Il devait faire partie de la solution aux coûts sociaux astronomiques générés par la révolution industrielle, une vague de réformes sociales où la construction de meilleures villes devait contribuer à l'édification d'une meilleure société. De façon plus pragmatique et plus humanitaire, cela signifiait que chaque collectivité avait certaines obligations quant à la prise en charge des victimes du développement économique et de l'expansion des zones industrielles urbaines.

Les principaux effets de ces idées commencent à se faire sentir au Canada dans les années 50, bien que certains aient manifesté leurs préoccupations bien avant. Des réformateurs sociaux influents, comme J.S. WOODSWORTH à Winnipeg et Claire Casgrain à Montréal, ne ménagent rien pour faire avancer le mouvement d'aménagement au Canada. Cependant, il faut la Crise des années 30 et le désir de reconstruction nationale issu de la Seconde Guerre mondiale pour associer efficacement logement et aménagement physique et les intégrer à la politique sociale.

L'une des premières manifestations de cette tendance apparaît en 1935, dans le chapitre sur le logement de *Social Planning for Canada* compilé par la LEAGUE FOR SOCIAL RECONSTRUCTION. L'auteur de ce chapitre, Humphrey CARVER, jeune architecte d'origine britannique, est devenu l'un des plus brillants urbanistes canadiens de l'ère moderne. Carver soutient que tous les Canadiens ont le droit de vivre dans des maisons et des quartiers sécuritaires, sains et confortables, même s'ils n'en ont pas les moyens, et que l'État a le devoir de veiller à ce que de bonnes conditions de logement soient offertes à tous. Tout comme Adams et Hodgetts, il soutient aussi qu'il est nécessaire de bâtir un environnement physique et social favorisant un mode de vie décent. La thèse de Carver est élaborée dans l'étude *Housing and Community Planning*, publiée en 1944, et qui figure dans le rapport final du Comité pour la reconstruction d'après-guerre, mis sur pied par le gouvernement fédéral en 1941.

Cette étude est attribuable en partie au travail de deux hommes, C.A. Curtis, économiste qui préside le sous-comité du logement, et Leonard MARSH, conseiller en recherche du comité. Dans un style qui rappelle le plus connu des rapports d'Adams, *Rural Planning and Development* (1917), Curtis et Marsh exposent les dangers d'une urbanisation non maîtrisée et des quartiers délabrés. Ils attirent l'attention sur l'émergence de plus en plus grande de banlieues inutiles et disgracieuses et pressent le gouvernement du Canada de mettre en œuvre un programme national de développement communautaire et d'amélioration des conditions sociales dans lequel le logement, l'aménagement et l'enseignement figureront en tête de liste.

En 1944, le gouvernement apporte des modifications radicales à la *Loi nationale sur l'habitation* (LNH), afin d'encourager la construction de nouvelles maisons, la réparation et la modernisation de

celles qui existent déjà et l'amélioration générale du milieu.

En 1946, la Société centrale d'hypothèques et de logement (aujourd'hui la SOCIÉTÉ CANADIENNE D'HYPOTHÈQUES ET DE LOGEMENT, SCHL) est créée pour mettre en œuvre la nouvelle politique nationale du logement. Cette politique est améliorée au cours des 20 années qui suivent, grâce à des modifications apportées à la *Loi nationale sur l'habitation*, ce qui a stimulé l'urbanisme après la Seconde Guerre mondiale. C'est la première fois qu'on a un organisme national doté de pouvoirs réglementaires et financiers importants. À titre d'assureur d'hypothèques, la SCHL exerce un contrôle important sur le développement des banlieues (*voir* IMMOBILIER, INDUSTRIE DE L'). Grâce à ses subventions directes au logement des familles à faibles revenus et d'autres groupes défavorisés, la SCHL influence la géographie sociale des villes canadiennes. En outre, grâce à ses différents programmes de renouveau urbain, de restauration des quartiers insalubres dans les années 50 et 60 ou projets de réaménagement des quartiers dans les années 70, la SCHL joue un rôle de premier plan dans les transformations des centres des villes canadiennes.

Les mesures et les programmes de la SCHL ont fait l'objet de critiques au fil des ans, mais la LNH a toujours été inspirée par un objectif social précis: tous les Canadiens devraient avoir accès à des conditions d'habitation décentes. Les normes de «décence» doivent être définies par la société, mais la collectivité dans son ensemble assume les coûts nécessaires pour relever l'habitat de chaque citoyen à un niveau acceptable. Ce principe est bien accepté aujourd'hui au Canada et il suppose la mise en œuvre de nombreux programmes sociaux aussi bien par le gouvernement fédéral que par les gouvernements provinciaux. Une question se pose cependant: l'aménagement et les règlements régissant cet aménagement sont-ils les moyens adéquats pour procéder à une meilleure répartition? D'une part, les lois provinciales font rarement état de cette question. Leur énoncé de principe se limite habituellement à des expressions comme «développement économique et ordonné du territoire». D'autre part, dans les décisions réelles prises quotidiennement, les questions de droit et de justice tiennent une place prépondérante et de nombreuses collectivités canadiennes ont adopté une politique d'urbanisme qui sert, en réalité, à des fins de répartition. En général, cependant, les planificateurs canadiens se battent encore pour harmoniser les idéaux de réforme sociale qui constituent la force de frappe du mouvement d'aménagement au début du siècle, et la simple notion d'aménagement «convenable» du territoire.

Profession et études La croissance des villes après 1945 redonne vie à la profession d'urbaniste, qui connaît par la suite une expansion rapide. Outre le fait que les urbanistes sont plus en demande qu'auparavant, les tâches accomplies par les agences modernes se sont grandement diversifiées. En plus des principes traditionnels de disposition des villes, de lotissement et d'architecture, les urbanistes doivent aujourd'hui connaître la sociologie urbaine et le comportement humain, les sciences de l'administration, la prévision et l'analyse de données, le droit municipal et les lois d'urbanisme ainsi que les sciences environnementales.

Les programmes d'enseignement sont nés après 1947 grâce à l'aide inestimable du gouvernement fédéral et de la SCHL. En 1944, Marsh et d'autres urbanistes proposent au sous-ministre des Finances, W.C. Clark, d'inclure des dispositions dans la LNH prévoyant le financement de la recherche, de la formation professionnelle et de l'enseignement public. Clark ajoute donc une Partie V à la Loi et l'intitule Recherches sur le logement et l'aménagement urbain. Le Parlement débloque alors 5 millions de dollars pour la mise en œuvre de la Partie V et poursuit cet appui encore aujourd'hui.

Au fil des ans, la SCHL a financé beaucoup de recherches et a mené de nombreuses études pratiques sur l'aménagement, de concert avec les gouvernements provinciaux, les administrations municipales et les universités. Elle a attribué des centaines de bourses à des Canadiens pour qu'ils étudient l'aménagement urbain et régional. La SCHL a également parrainé une variété de magazines d'information (*Revue canadienne d'urbanisme*, *Habitat*, et *Cadres de vie*) et les fonds disponibles en vertu de la Partie V de la loi ont permis la création de l'Association canadienne d'urbanisme (ACU) en 1946. L'ACU est un organisme non gouvernemental qui vise à sensibiliser et informer les citoyens et à accroître leur participation aux questions d'urbanisme.

Les fonds débloqués aux termes de la Partie V servent aussi à implanter, dans les universités, des cours menant à un diplôme, en partie par des subventions directes aux premières écoles d'urbanisme: McGill (1947), Manitoba (1949), Colombie-Britannique (1950) et Toronto (1951). Un cours en langue française est mis sur pied en 1961 à l'U. de Montréal. Nombre d'autres universités offrent des cours d'urbanisme dans les années 60 et 70, dont 18 sont reconnus aujourd'hui par l'Institut canadien des urbanistes (ICU). Un certain nombre de cours récemment créés s'appellent «design d'environnement» ou «études environnementales», ce qui traduit l'extension et la nature multidisciplinaire de la profession moderne. L'U. de Waterloo, l'Institut polytechnique Ryerson, l'U. du Québec et l'Institut de Montréal ont des programmes de premier cycle (d'une durée de quatre ans), tandis que les autres écoles offrent des programmes de deuxième et troisième cycle.

À l'origine, tandis que les cours d'aménagement mettaient l'accent sur le design d'environnement, le gros des étudiants se composait d'architectes et d'ingénieurs. Ce modèle change à mesure que les programmes universitaires subissent des transformations quant à leurs perspectives sociales et à leur portée professionnelle. À la fin des années 50, des études dans l'une des branches des sciences sociales, comme la géographie, la sociologie ou l'économie, permettent d'accéder aux études en urbanisme, comme c'est le cas dans les années 60 et 70 pour les sciences administratives ou environnementales.

En 1949, il y avait 45 urbanistes professionnels au Canada. En 1988, l'Institut canadien des urbanistes compte quelque 3300 membres qui travaillent dans des bureaux d'experts-conseils, des ministères fédéraux et provinciaux, des administrations municipales et régionales, des sociétés de la Couronne, des industries d'exploitation des ressources naturelles et dans l'industrie de développement du territoire. Après l'obtention d'un diplôme en urbanisme, il faut deux années de travail supervisé pour être admis dans la profession. L'ICU est un organisme national auquel sont affiliés les instituts provinciaux et territoriaux. En plus de réglementer l'exercice de la profession et les normes d'admission des membres, l'Institut s'occupe de programmes d'éducation destinés au public et, à l'occasion, il conseille les gouvernements sur la législation et certaines questions liées à l'urbanisme et à l'environnement. Environ le tiers des ressources financières de l'Institut est consacré à la publication de la revue *Plan Canada*. La plupart des associations provinciales affiliées publient une revue traitant de sujets d'actualité en aménagement (p. ex. l'*Alberta Journal of Planning Practice*).

Contrairement aux professions d'architecte et d'ingénieur, dont l'exercice et l'utilisation des titres sont régis par des lois provinciales, la profession d'urbaniste n'est pas réglementée. Dans deux provinces seulement, soit la Colombie-Britannique et la Saskatchewan, la législation provinciale réserve le titre d'urbaniste aux personnes reconnues par les filiales provinciales de l'ICU. Néanmoins, dans toutes les autres provinces et territoires, à l'exception du Québec, toutes personnes ou entreprises privées peuvent exercer l'urbanisme, qu'elles soient membres ou non de l'Institut. Au Québec, le droit d'exercer la profession est réservé aux personnes qui ont obtenu un permis de la Corporation des urbanistes du Québec, une filiale de l'ICU.

Depuis plusieurs années, les membres des instituts de presque toutes les provinces ont entrepris de convaincre les gouvernements d'accorder aux urbanistes le droit exclusif d'exercer la profession. Au sein de l'ICU, cependant, les opinions sont partagées quant à l'opportunité de légiférer dans ce domaine, car une telle loi devrait fixer les paramètres à l'intérieur desquels pourrait s'exercer l'urbanisme par rapport à d'autres professions comme celles d'architecte ou d'ingénieur. Cette dissension s'explique par le fait que l'urbanisme ne peut encore se définir comme une discipline fondée sur un corpus distinct de connaissances et de compétences. En fait, à mesure que l'urbanisme s'est élargi pour englober une multitude de questions urbaines, régionales et environnementales, il est devenu une profession interdisciplinaire qui regroupe des professionnels hautement qualifiés issus d'une multitude de disciplines.

William T. Perks

Américains On considère généralement que la migration de part et d'autre de la frontière canado-américaine est un phénomène naturel, une diffusion à travers une frontière semi-perméable, et que les similitudes entre le Canada et les États-Unis contribuent à faciliter ces échanges. Il y a du vrai dans ces assertions pour une grande partie de l'histoire nord-américaine, mais il arrive souvent qu'on exagère l'importance de ces facteurs. De plus, de chaque côté de la frontière, on a adopté des réglementations qui, au cours des 25 dernières années, ont rendu cette migration beaucoup plus difficile.

Migration réciproque Tout acte de migration est, en soi, une aventure, et même le migrant nord-américain a par moments été motivé par l'esprit d'aventure. L'interpénétration entre le peuple canadien et le peuple américain est telle qu'aucun Canadien ne peut avoir échappé à son influence. Seulement 1,3 p. 100 de la population totale du Canada en 1951 (la plus récente statistique disponible) serait née aux États-Unis. Cette donnée est trompeuse, car, à l'époque, les dirigeants canadiens étaient peu disposés à reconnaître aux Américains une origine ethnique distincte, de sorte que ceux-ci n'ont jamais figuré dans une catégorie à part dans le recensement canadien. Ce n'est qu'en 1991 que les citoyens canadiens d'origine américaine ont pu choisir de s'identifier comme tels, encore fallait-il qu'ils écrivent eux-mêmes leur pays d'origine.

C'est pourquoi il a toujours été extrêmement difficile d'identifier les Américains dans les données de recensement, car beaucoup trop de statistiques s'appuient sur les vieux listages de «personnes nées aux États-Unis». De toute évidence, cette approche est assez limitée. Malgré les difficultés statistiques, on peut dire que les Américains constituent un des plus anciens apports migratoires au Canada et, à en juger par les fluctuations, l'un des plus persistants. Au fil des années, jusqu'à trois millions d'immigrants américains ont pu immigrer dans ce pays, à commencer par les *Planters* yankees venus en Nouvelle-Écosse au milieu du XVIII⁰ siècle, puis les LOYALISTES de la fin du XVIII⁰ siècle. Au XX⁰ siècle, le Canada a accueilli deux millions d'immigrants américains (environ 20 p. 100 de l'immigration totale). Ainsi, les États-Unis ont toujours été l'une des trois ou quatre nations d'origine les plus importantes parmi les immigrants canadiens, bien que leur contribution ait largement été occultée.

La proximité des deux pays a relativement facilité les allers et les retours de chaque côté de la frontière, mais il est facile de surestimer le caractère transitoire de l'immigration américaine. Entre la Première Guerre mondiale et les années 70, les citoyens américains étaient sensiblement moins portés à se faire naturaliser que d'autres ressortissants étrangers. Cependant, entre 1902 et 1914, p. ex., plus de 74 000 Américains sont devenus citoyens canadiens, soit plus du tiers de tous les Canadiens naturalisés au cours de cette période. Pendant tout le XX⁰ siècle, un dixième des immigrants américains ont obtenu la citoyenneté canadienne, soit 7 p. 100 de tous les étrangers naturalisés. Même si un grand nombre d'Américains sont venus au Canada puis sont rentrés aux États-Unis, de nombreux autres sont demeurés au Canada et y ont fait leur vie.

Meilleures chances de succès et refuge L'immigration américaine est en grande partie constituée de personnes à la recherche de terres, de nouvelles ressources ou de meilleures chances de succès. Cependant, il y a toujours eu une minorité d'immigrants américains venus au Canada pour y trouver refuge contre l'oppression politique ou religieuse. Parmi les réfugiés américains, on compte les Loyalistes, des NOIRS fugitifs, des résistants à la guerre, des réfractaires et quelques groupes religieux, tels les QUAKERS, les MENNONITES et les HUTTÉRITES, dont la migration a toujours été associée à leur PACIFISME. Les mormons (*voir* ÉGLISE MORMONE), quant à eux, sont venus au Canada en quête d'une plus grande tolérance à l'égard de leurs croyances religieuses.

Les immigrants américains sont issus de toutes les régions des États-Unis (mais plus particulièrement des États limitrophes) et de tous les groupes ethniques (mais plus particulièrement des groupes britanniques et nord-européens). Traditionnellement, le Canada ouvre ses portes aux immigrants américains qui possèdent des biens personnels et des compétences techniques, comme en témoigne sa POLITIQUE D'IMMIGRATION. Toutefois, les Américains n'ont pas tous été considérés comme des immigrants idéals. Depuis la fin des années 1800, la politique en matière d'immigration est arrivée à exclure la plupart des Noirs, des éléments présumés subversifs et des pauvres des milieux urbains. Qui plus est, on a souvent reproché aux immigrants américains leur manque d'«engagement» envers le Canada.

Migration Le plus important mouvement d'immigrants américains s'est produit entre 1895 et 1915, époque où les chemins de fer étaient bien établis dans l'Ouest et où les terres fertiles, mais peu coûteuses, commençaient à se faire rares aux États-Unis. Les fermiers américains ont déferlé sur le Canada. Dans l'Ouest, ils étaient presque aussi nombreux que les immigrants en provenance des îles Britanniques, peu enclins à l'agriculture. Les effets de cette migration se font encore sentir dans le nombre relativement élevé de personnes nées aux États-Unis qui vivent en Alberta et en Saskatchewan, dans la proportion de fermiers parmi les citoyens d'origine américaine et, de manière plus contestable, dans les opinions politiques de ces provinces, qui diffèrent considérablement de celles du reste du Canada.

Les Américains ont toujours recherché et trouvé des terres au Canada, appliquant leur expérience à l'exploitation de terres qu'ils percevaient à peine comme étrangères. À mesure que l'Amérique du Nord britannique et le Canada se distinguaient sur le plan politique pour devenir de plus en plus britanniques, l'influence américaine a décliné dans les domaines de l'éducation, de la religion et de la culture. La GUERRE DE 1812, qui a provoqué une forte vague d'immigrants britanniques entre 1815 et 1850, marque une point tournant. Néanmoins, un petit nombre d'ouvriers qualifiés et d'entrepreneurs américains sont venus s'établir au Canada au cours du XIX⁰ siècle, particulièrement en Ontario, et y ont joué un rôle important dans certaines industries comme la fabrication de produits en métal ou la transformation du bois d'œuvre.

Les immigrants américains ont aussi participé à de nombreuses entreprises déterminantes dans l'histoire canadienne: la TRAITE DES FOURRURES, l'EXPLORATION, la découverte et l'exploitation des ressources, les débuts de l'industrialisation (tant du côté patronal qu'ouvrier), la construction de ponts et de chemins de fer et la recherche scientifique moderne. Encore une fois, la proximité des deux pays a contribué à inciter les immigrants à profiter des possibilités qu'offrait le Canada, et ils sont venus avec l'avantage d'une technologie comparativement plus complexe et plus avancée. Toutefois, la participation des immigrants américains a été minime dans certains secteurs comme les banques canadiennes et le droit. En outre, les pionniers américains ont joué un rôle de premier plan parmi les leaders du mouvement de protestation agraire (*voir* POPULISME) et le mouvement syndical de l'Ouest, particulièrement celui des *Wobblies* (INDUSTRIAL WORKERS OF THE WORLD) et celui des socialistes dans les localités minières. Il n'empêche que, tout bien considéré, l'Angleterre a probablement inspiré davantage le radicalisme social et économique en milieu urbain.

Jusqu'à tout récemment, les immigrants américains se sont plus volontiers dispersés dans le pays que les autres immigrants. Traditionnellement, ils ont formé des concentrations relativement fortes dans certaines zones frontalières comme la péninsule de Niagara, mais ils ont aussi été moins portés à affluer dans les villes que les immigrants des autres pays. De plus en plus, ils sont attirés par le charme naturel de certains lieux et de certaines régions, comme les côtes Est et Ouest du pays. En 1951, tandis que les immigrants nés aux États-Unis représentaient 8 p. 100 de tous les immigrants nés à l'étranger, ils en représentaient 10 p. 100 en Colombie-Britannique et 31 p. 100 dans les provinces de l'Atlantique. Au cours des dernières années, la région de l'Atlantique est devenue la destination de prédilection d'un nombre considérable d'Américains.

Vie économique Les immigrants américains de ce siècle sont en moyenne plus riches que les autres immigrants. Entre 1964 et 1972, ils ont apporté au Canada un capital trois fois plus élevé par personne que la moyenne de tous les immigrants. Pendant qu'ils sont au Canada, les Américains ont aussi tendance à accumuler plus de richesses. P. ex., ils représentaient 43 p. 100 de tous les immigrants nés à l'étranger et possédant des terres d'une superficie supérieure à 951 acres. De plus, en 1970, la proportion d'immigrants américains se situant dans l'échelle supérieure des salaires était plus élevée que chez tout autre groupe d'origine étrangère.

Traditionnellement, on trouve parmi les immigrants américains un nombre disproportionné d'administrateurs et de propriétaires qui tendent à se concentrer dans les industries et les régions où les investissements américains sont le plus élevés (*voir* INVESTISSEMENT ÉTRANGER). L'exploitation des ressources (p. ex., la prospection et l'extraction de pétrole et de gaz naturel en Alberta) a attiré les investissements américains les plus importants et, apparemment, le plus grand nombre d'immigrants de la classe des gestionnaires. Cette prépondérance a commencé à diminuer dans les années 60, au profit notamment du secteur de l'informatique. Au milieu des années 60, l'image de cadre ou de technicien transitoire associée à l'immigrant américain a brusquement changé avec l'arrivée massive de membres des professions libérales, spécialement des professeurs d'université et des artistes, qui sont venus au Canada en invoquant souvent le sentiment d'aliénation que leur inspire le mode de vie américain, aggravé par la GUERRE DU VIÊT-NAM.

Pendant les deux derniers siècles, les entrepreneurs américains se sont signalés dans l'industrie manufacturière, surtout dans les secteurs étroitement liés à l'exploitation des ressources naturelles (p. ex., les pâtes et papiers et l'énergie hydroélectrique). Ces ressources ont souvent été exploitées par des firmes américaines pour répondre essentiellement aux besoins du marché américain. C'est le cas de la fabrication du papier journal, dont la consommation par habitant aux États-Unis est montée en flèche de 8 lb en 1890 à 62 lb en 1929. Les «succursales» d'entreprises appartenant à des Américains et contrôlées à partir de sièges sociaux aux États-Unis dominaient l'industrie dans les années 1890 et continuent à prospérer de nos jours, mais il est de plus en plus fréquent d'y trouver des administrateurs canadiens. Nombre de leurs administrateurs d'origine américaine ainsi que d'anciens gestionnaires américains de firmes canadiennes ont fait bien plus qu'un simple «service de garnison». Ils ont fondé des établissements d'importance et même des villes (p. ex., Walkerville, en Ontario, et Hull, au Québec) et ont généralement apporté une contribution à la société canadienne.

Cependant, la proportion d'administrateurs parmi les immigrants américains a commencé à chuter peu après la Seconde Guerre mondiale, de sorte que dans les années 60 la population active d'immigrants américains était manifestement composée de membres des professions libérales. Entre 1962 et 1980, 44 p. 100 des immigrants américains ayant l'intention de joindre les rangs de la population active canadienne se décrivaient comme des travailleurs professionnels (par opposition à 31 p. 100 des travailleurs immigrants britanniques et à 24 p. 100 de tous les travailleurs immigrants). La répartition de ces travailleurs selon la profession était particulière en ce sens qu'elle comptait de fortes concentrations dans le travail religieux, le travail social et l'enseignement universitaire.

Vie culturelle L'influence des immigrants américains sur la vie culturelle canadienne est difficile à évaluer parce que la culture canadienne dans son ensemble a toujours été influencée par la culture américaine (populaire ou autre). Un grand nombre des résistants à la guerre du Viêt-nam venus au Canada à la fin des années 60 ont été frappés par l'absence d'une culture canadienne distincte. Ironiquement, leurs appels en faveur de l'indépendance culturelle du Canada ont souvent été dénigrés par les Canadiens comme étant d'«inspiration américaine». Les Canadiens nés aux États-Unis ou de descendance américaine ne se sont jamais organisés en tant que groupe ethnique conscient de sa différence, principalement parce qu'ils ils ne se sont jamais tellement sentis «étrangers» au Canada et qu'ils peuvent très facilement retrouver leur identité américaine. Par ailleurs, la perception d'un vague sentiment d'hostilité envers les Américains au sein de la société canadienne a contribué à tempérer les ardeurs d'une conscience ouvertement américaine.

Depuis la Confédération canadienne, les immigrants et les pionniers américains les plus connus et les plus respectés sont probablement William VAN HORNE, Henry Wise WOOD, C.D. HOWE et Wilder PENFIELD. Chacun a laissé une trace indélébile dans l'histoire du Canada, que ce soit dans le chemin de fer Canadien Pacifique, le populisme agraire, les aspects du libéralisme moderne au niveau fédéral et la cartographie du cerveau humain. Ils se sont tous identifiés au Canada de façon évidente, mais on a vraisemblablement surestimé l'absence de cette qualité chez les immigrants américains en général. Comme l'a dit Van Horne: «La construction de ce chemin de fer aurait transformé un empereur allemand en Canadien.»

David Harvey

Amérique du Nord britannique Par ce nom, l'on désigne les colonies et territoires britanniques en Amérique du Nord après l'indépendance des États-Unis, en 1783, jusqu'à la CONFÉDÉRATION, en 1867. Il s'agit, dans un premier temps, du QUÉBEC, de la NOUVELLE-ÉCOSSE, de l'île Saint-Jean (ÎLE-DU-PRINCE-ÉDOUARD), de TERRE-NEUVE, des territoires de la COMPAGNIE DE LA BAIE D'HUDSON (CBH) et de territoires appartenant directement à la Couronne.

L'afflux en NOUVELLE-ÉCOSSE de colons LOYALISTES des États-Unis entraîne la création, en 1784, de deux colonies distinctes, le NOUVEAU-BRUNSWICK et le CAP-BRETON. La division de la province de Québec en HAUT-CANADA et en BAS-CANADA, en 1791, sépare les gens en grande partie d'origine britannique et américaine, installé dans l'ouest, des habitants d'origine française, dont la plupart vivent dans l'est.

En 1799, on donne à l'île Saint-Jean le nom d'Île-du-Prince-Édouard. En 1820, l'île du Cap-Breton est de nouveau unie à la Nouvelle-Écosse et, en 1841, le Haut et le Bas-Canada sont unis pour former la PROVINCE DU CANADA. Sur la côte ouest, la colonie de l'île de Vancouver, possession de la CBH, est créée en 1849, tandis que la partie sud de l'actuelle COLOMBIE-BRITANNIQUE devient une autre colonie de la Couronne en 1858. En 1866, les deux colonies sont réunies pour n'en former qu'une seule aux frontières agrandies, la Colombie-Britannique.

N.L. Nicholson

Amérique française Fondée en 1941 par d'anciens étudiants du collège Jean-de-Brébeuf et dirigée par Pierre Baillargeon, cette revue prend le relais d'autres publications du Collège lancées par François Hertel et ses collègues. Elle sert les idéaux artistiques d'une certaine élite intellectuelle du Québec. Les collaborateurs d'*Amérique française,* inquiets au sujet de l'avenir de la littérature et de la culture québécoises, s'emploient à faire reconnaître la culture française en Amérique. En fait, même si la revue traite des différents arts, elle s'intéresse surtout à l'art littéraire. Son objectif est de promouvoir la littérature canadienne-française alors en pleine croissance.

En 1945, le périodique perd de son dynamisme lorsque Gérard Dagenais, son nouveau directeur, commence à y publier des articles sur la nature sociale et économique. Par manque d'une philosophie cohérente et d'un principe directeur, la revue attire peu de lecteurs. En 1947, Hertel cède *Amérique française* à Corine Dupuis-Maillet, qui tente sans succès d'en faire une revue littéraire prestigieuse. Sa fille, Andrée Maillet, la reprend en 1951 et la consacre presque exclusivement aux nouveaux écrivains jusqu'en 1955, année où la revue disparaît. De 4 à 12 numéros par an auront été publiés depuis 1941. Pendant cette période, plusieurs auteurs ont fait leurs débuts dans les pages d'*Amérique française,* dont Jacques FERRON et Anne HÉBERT. Maillet relance la revue en 1963, mais un seul numéro paraîtra. (*Voir aussi* PÉRIODIQUES LITTÉRAIRES DE LANGUE FRANÇAISE.)

Lise Maisonneuve

Ames, Alfred Ernest, courtier en valeurs mobilières (Lambeth, Angl., 3 sept. 1866—Toronto, 20 sept. 1934). Il travaille comme employé de banque, puis déménage à Toronto et fonde la compagnie de courtiers en valeurs mobilières A.E. Ames en 1889. La même année, il se marie avec Mary Cox, la fille du financier et sénateur George COX. Il est nommé président de la Bourse de Toronto en 1897 et en 1898, président de la Chambre de commerce de Toronto en 1901 et en 1902, président de la Temiskaming and Northern Ontario Railway Commission de 1902 à 1904 et président de l'Association canadienne des courtiers en obligations en 1917. Il est directeur de plusieurs compagnies, dont la Home and Foreign Securities Co., la F.N. Burt Co., la Sterling Coal Co., la Compagnie d'Assurance du Canada sur la Vie, la Wm. A. Rogers Ltd., la Moore Corp., Kelvinator du Canada et l'International Milling Co. Membre influent du monde des affaires torontois, il crée une des premières et des plus importantes maisons de placement au Canada.

Jorge Niosi

Amherst, ville de la N.-É.; pop. 9669 (rec.1996), 9742 (rec. 1991), 9671 (rec. 1986); superf. 16,65 km^2; const. en 1889; située près de la frontière du Nouveau-Brunswick, à 15 km à l'est de SACKVILLE, au Nouveau-Brunswick. Le peuplement débute dans les années 1830, mais ce n'est que peu avant la Première Guerre mondiale qu'Amherst devient un important centre régional. La ville est alors fière de sa manufacture de wagons qui emploie quelque 2000 employés, ainsi que de sa société d'ingénierie de réputation internationale, de ses manufactures de laine, de chaussures, de produits en émail et de fabrication de pianos. Sa population était presque aussi élevée en 1914 qu'elle l'est aujourd'hui. Après la Première Guerre mondiale, son économie s'effondre, à l'instar de celle de nombreux centres maritimes, en raison des politiques économiques qui avantagent le Canada central. Dans les années 20, des milliers de résidants d'Amherst partent en quête de travail en Nouvelle-Angleterre et dans l'Ouest canadien.

Aujourd'hui, Amherst est un centre de services pour la collectivité agricole environnante, elle abrite un secteur industriel en croissance qui comprend des entreprises de plastique, d'appareils de téléphonie et de télécommunication, de composants pour l'industrie aérospatiale, de piles rechargeables et de ballasts pour l'éclairage. Le tourisme y est important et de nombreux visiteurs passent par Amherst, parce qu'elle est la porte d'entrée en Nouvelle-Écosse.

Nolan Reilly

Amherst, Jeffery, 1er baron Amherst, officier de l'armée britannique (près de Sevenoaks, Angl., 29 janv. 1717—*id.*, 3 août 1797). Moins reconnu que James WOLFE, Amherst est l'ultime conquérant du Canada dans la GUERRE DE SEPT ANS. Des protecteurs influents obtiennent pour lui le commandement d'une expédition contre LOUISBOURG en 1758. À la tête de forces écrasantes, il assiège la ville avec prudence et lenteur et en obtient finalement la capitulation le 27 juillet.

Nommé commandant en chef en Amérique du Nord, il remonte avec méthode et circonspection le lac Champlain en 1759, une tactique qui a peu d'effets sur les efforts que déploient les Français pour faire échec aux opérations de Wolfe et qui prend fin brusquement après la défaite de Québec en septembre. Mais, en 1760, Amherst planifie une campagne au cours de laquelle trois armées convergent sur Montréal et ont raison de la résistance des Français. La capitulation de Montréal, le 8 septembre, marque la fin du régime français au Canada. Amherst quitte l'Amérique du Nord pour l'Angleterre en novembre 1763, où la tactique qu'il a employée lors du soulèvement de PONTIAC est critiquée.

Fait chevalier en 1761 et anobli en 1776, il sert deux fois comme commandant en chef de l'armée britannique avant de se retirer en 1796 comme feld-maréchal. Homme formaliste et taciturne, Amherst a assis sa réputation en Amérique du Nord et doit une bonne part de son avancement ultérieur à son succès.

Stuart Sutherland

Amherstburg, ville de l'Ont.; pop. 10 245 (rec. 1996), 8 921 (rec. 1991), 8 413 (rec. 1986); superf. 11,26 km²; const. en 1878; située sur la rivière Detroit, près du lac Érié. Les premiers habitants s'y établissent en 1784 et la ville devient une base pour les Britanniques après qu'ils eurent évacué Detroit. En 1796, on érige le fort Malden et les réfugiés LOYALISTES dressent les plans de la ville. Le général BROCK utilise ce fort comme base pour s'emparer de Detroit en 1812, mais cette ville est sous occupation américaine de 1813 à 1815. En 1837-1838, Amherstburg subit quatre attaques des rebelles partisans de William Lyon MACKENZIE et est bombardée par le schooner Anne, qui, par la suite, s'échoue et est pris par l'adversaire. La garnison britannique demeure sur place jusqu'en 1851.

Aujourd'hui, la ville possède des industries du secteur secondaire, notamment des entreprises de fabrication de produits chimiques et de pièces d'automobiles, et elle est un centre de sauvetage maritime. On a restauré les terrassements, des constructions de pierre et un blockhaus au parc historique de Fort-Malden. L'église Christ Church date de 1818 et Bellevue, un merveilleux manoir géorgien, de 1819 environ.

James Marsh

Ami, Henri-Marc, paléontologue et préhistorien (Belle-Rivière, Qc, 23 nov. 1858—Menton, France, 4 janv. 1931). Fils d'un pasteur suisse, il étudie les sciences à l'U. McGill, notamment avec le professeur John William DAWSON. De 1882 à 1911, il est à l'emploi de la COMMISSION GÉOLOGIQUE DU CANADA. Ami est mieux connu pour son travail sur les formations géologiques du Québec et des Maritimes. Sa bibliographie compte plus de 200 titres.

De 1895 à 1900, il est rédacteur du *Ottawa Naturalist*. En 1900, il est élu membre de la Société royale du Canada (SRC), et, en 1905, la Société géologique de Londres lui décerne la médaille Bigsby. Sa situation financière avantageuse et son mariage à Clarissa Burland, née d'une influente famille de Montréal, lui permettent, en 1911, d'abandonner son poste à la Commission géologique afin de poursuivre des études en préhistoire. Après avoir déménagé en France, il fonde l'École canadienne de la préhistoire, une institution financée conjointement par le gouvernement français et la SRC.

Raymond Duchesne

Amiante Le terme amiante vient d'un mot grec qui signifie «qui ne peut être éteint» (on lui attribue faussement le sens de «incombustible»). Amiante est un terme générique, qui désigne deux groupes distincts de silicates: le groupe serpentine et le groupe amphibole. L'amiante est de nature fibreuse (la fibre d'amiante est beaucoup plus longue que large) et comprend six minéraux (*voir* MINÉRAL) exploités pour leurs propriétés physiques (grande résistance à la traction, résistance aux températures élevées et isolation électrique) et chimiques. Le chrysotile est le seul amiante de serpentine. L'amosite, la crocidolite, l'anthophyllite, la trémolite et l'actinolite sont les cinq variétés d'amiante du groupe amphibole. Par le passé, le chrysotile, l'amosite et la crocidolite étaient les trois variétés extraites de façon intensive pour leur valeur commerciale. De nos jours, le chrysotile est le seul amiante extrait pour sa valeur commerciale, bien que l'on pense que la crocidolite serait encore extraite en Afrique du Sud, principalement pour consommation à l'échelle locale et régionale. La production mondiale d'amiante a considérablement diminué depuis 1975, et la plupart des pays développés imposent maintenant des restrictions strictes ou des interdictions formelles en ce qui a trait à l'utilisation de l'amiante du fait des problèmes de santé qui y sont reliés.

«Fibre miracle» Il y a plus de 2000 ans, les Romains utilisaient un tissu d'amiante pour envelopper leurs morts avant de les brûler. À une certaine époque, l'amiante est utilisé dans plus de 3000 produits et on l'appelle la «fibre miracle». Mais, à cause des problèmes de santé qu'elle provoque, des milliers de produits n'en contiennent plus. De nos jours, l'utilisation principale de l'amiante est dans l'industrie de l'amiante-ciment (*voir* CIMENTERIES), qui consomme entre 85 p. 100 et 90 p. 100 de la production mondiale. On l'utilise aussi dans les matériaux de friction (garnitures de frein et d'embrayage), les matériaux de revêtement de toitures, les joints d'étanchéité statique et pour d'autres usages spéciaux. Aujourd'hui, la teneur en amiante des produits varie de 1 p. 100 ou moins à 30 p. 100 environ.

L'amiante est découvert pour la première fois en Amérique du Nord en 1860, dans la région de la rivière Des Plantes au Québec. La production canadienne commence en 1878 à THETFORD MINES (Québec). Industrie autrefois prospère, avec des exploitations en Colombie-Britannique, à Terre-Neuve, en Ontario et au Québec, l'industrie canadienne de l'amiante est maintenant concentrée au Québec, où deux compagnies, LAB Chrysotile inc. (le plus grand producteur canadien) et JM Asbestos inc., exploitent des mines à quatre endroits. En 1992, la production d'amiante chrysotile cesse en Colombie-Britannique, avec la faillite de la Cassiar Mining Corporation. À Terre-Neuve, la production d'amiante chrysotile arrête en 1995, lorsque la Teranov Mining Corporation cesse le retraitement des résidus par broyage humide.

À l'exception de Terre-Neuve, qui utilise le retraitement par broyage humide, au Canada on utilise un procédé mécanique de broyage à sec qui sépare les fibres de la roche par un concassage répété auquel sont soumises les roches non désintégrées. Viennent ensuite le séchage, la séparation des fibres de la roche par aspiration à chacune des étapes, le nettoyage, la classification et l'emballage. Le système de classification canadien établit les catégories suivantes: amiante brut; fibres triées à la main provenant d'un filon croiseur (qui peut comprendre jusqu'à 10 p. 100 ou plus de la roche); et amiante d'atelier. Toutes ces catégories sont obtenues par traitement mécanique du minerai.

Le Canada est le deuxième producteur d'amiante chrysotile au monde après la Russie. En 1995, la production canadienne représente 22,2 p. 100 de la production mondiale, estimée à 2,3 millions de tonnes. La production combinée de la Russie et du Kazakhstan représente environ 43 p. 100. Environ 2 p. 100 de la production canadienne est destinée aux usines de fabrication, principalement celles du Québec et de l'Ontario, le reste est exporté. Ainsi, le Canada est le plus grand exportateur d'amiante chrysotile au monde. En 1995, les chargements de fibres d'amiante se chiffrent à 308 millions de dollars, soit 0,04 p. 100 du PIB. En 1995, 100 p. 100 de la production canadienne de 510 800 t provient du Québec.

Patrick Morel-A-L'huissier

Effets de l'amiante sur la santé

Dès 1898, les chercheurs en médecine soupçonnent que l'inhalation de la poussière d'amiante peut avoir des effets nocifs sur la santé. Cependant, il faudra attendre une série d'études commencées dans les années 50 pour finalement démontrer que l'exposition à des concentrations de poussières d'amiante, alors habituelles dans le lieu de travail, occasionne une variété de MALADIES PROFESSIONNELLES, dont les plus importantes sont l'amiantose, le mésothéliome et le cancer du poumon.

L'amiantose apparaît après des années d'exposition à des concentrations relativement élevées de poussières d'amiante et entraîne la formation de tissu cicatriciel dans les poumons. Il s'ensuit des problèmes respiratoires, une mauvaise oxygénation du sang et une augmentation du risque d'avoir ultérieurement un cancer. Ces effets sont souvent la cause d'une invalidité et peuvent parfois provoquer la mort.

Le mésothéliome malin est un cancer de la paroi membraneuse du thorax ou de l'abdomen. Généralement mortel, le mésothéliome est très rare, sauf chez les personnes exposées à l'amiante. Il apparaît généralement 30 ans ou plus après une exposition allant de modérée à importante. Le cancer du poumon peut apparaître 20 ans ou plus après la première exposition à l'amiante, même en l'absence d'amiantose ou d'autres effets visibles. L'habitude de fumer augmente considérablement le risque de cancer du poumon chez la personne exposée à l'amiante, mais affecte peu ou pas l'apparition des autres maladies mentionnées ci-dessus.

Cancers L'amiante, principalement la crocidolite et l'amosite, est associé à une épidémie mondiale de ces types de cancer. Après la Seconde Guerre mondiale, l'utilisation de l'amiante augmente de façon considérable. Dans les années 60 et 70, un grand nombre de travailleurs exposés à l'amiante sont atteints de cancers. Dans les années 80, le nombre de nouveaux cas diminue à mesure que les travailleurs vieillissent et meurent de cancer ou d'autres causes. L'épidémie continuera aussi longtemps qu'un nombre considérable de ces travailleurs sera encore vivant. Ce problème donne lieu à des poursuites importantes. Chose curieuse cependant, peu de ces cas sont liés aux mines d'amiante, car le minerai extrait ne présente pas un aussi grand risque que lorsqu'il est raffiné. De plus, l'amiante extrait au Canada est le chrysotile, et il existe des preuves indiquant que le chrysotile serait moins dangereux que l'amosite et la crocidolite.

Toutefois, toutes les variétés d'amiante devraient être considérées comme potentiellement dangereuses. Les chercheurs canadiens, et en particulier ceux des institutions québécoises, ont été parmi les premiers au monde à établir les risques relatifs à l'exposition à l'amiante. L'innocuité des produits de substitution tels que les fibres vitreuses (minérales) fabriquées fait encore l'objet de recherches. Il semble que certains de ces produits présentent les mêmes risques que l'amiante, mais à un niveau moins élevé. D'autres, cependant, semblent être sans dangers pour la santé.

Dans toutes les provinces, la réglementation en matière d'exposition professionnelle requiert le contrôle des concentrations de poussières dans l'air afin de maintenir des niveaux qui ne présentent pas de dangers pour la santé. De plus, la plupart des provinces exigent que les travailleurs qui manipulent l'amiante se soumettent à un examen médical périodique. De telles réglementations, une meilleure technologie pour maîtriser les concentrations de poussières, la sensibilisation de l'industrie ainsi que l'éducation des travailleurs sont tous des facteurs qui diminuent l'ampleur du problème d'exposition à l'amiante. Il semble qu'aujourd'hui le plus grand problème consiste à enlever, sans risque, l'amiante utilisé par le passé comme isolant dans les bâtiments.

Tee L. Guidotti

Amiel, Barbara, journaliste (Hertfordshire, Angl., 1940). En 1952, Amiel immigre avec sa mère à Hamilton, en Ontario. Elle obtient son diplôme (B.A.) à l'U. de Toronto en 1963, travaille à la SRC jusqu'en 1968, puis séjourne à Hollywood avant de débuter, en 1973, sa carrière de rédactrice pigiste.

Au cours des années 70, en partie sous l'influence de George Jonas, avec qui elle écrit le livre à succès *By Persons Unknown* (1977), ses convictions politiques passent de la gauche à la droite, processus qu'elle décrit dans ses mémoires, *Confessions* (1980).

En tant que rédactrice principale, rédactrice en chef associée et chroniqueuse du magazine *Maclean's*, puis rédactrice en chef du *Toronto Sun* (1983-1985), Amiel s'attire le respect et la notoriété par ses commentaires acerbes, spirituels et rigoureusement étayés. En 1985, elle déménage en Angleterre où elle devient une chroniqueuse reconnue, bien que controversée, au *Times of London* (1986-1990). En 1991, elle est la première femme à occuper le poste de chroniqueuse politique principale du *Sunday Times*. En 1992, elle épouse le magnat canadien Conrad Black.

Amiral de la pêche Titre attribué chaque année au premier capitaine de bateau de pêche à entrer dans chaque port de Terre-Neuve. Cependant, au cours des années 1500, il arrivait que, dans certains ports, le titre soit donné à tour de rôle aux capitaines des bateaux qui participaient à la saison de pêche. Cette pratique est apparue vers la fin du XVIᵉ siècle et s'est poursuivie dans une certaine mesure jusqu'à la fin du XVIIIᵉ siècle. De par son titre, ratifié dans une charte anglaise datée de 1633, l'amiral de la pêche avait le droit de choisir le meilleur emplacement dans son port et le devoir d'assurer le respect des lois et règlements anglais. De concert avec les deuxième et troisième capitaines à pénétrer dans le port, respectivement nommés vice-amiral et contre-amiral, l'amiral de la pêche représente pour ainsi dire la première forme de «gouvernement» à Terre-Neuve. Étant donné qu'ils étaient de simples capitaines de bateau, leur façon d'exercer la justice laissait souvent à désirer, comme en témoignent les dossiers historiques relatant nombre de cas d'abus de pouvoir. (*Voir aussi* PÊCHE, HISTOIRE DE LA.)

Robert D. Pitt

Amnistie, Loi d' La Loi d'amnistie (1ᵉʳ févr. 1849) accorde le pardon à tous les participants aux RÉBELLIONS de 1837-1838. Elle doit son origine au pardon conditionnel offert en mars 1838 aux participants ayant joué un rôle secondaire dans la rébellion. En 1843, avec le consentement du ministère des Colonies, le gouverneur général Metcalfe accorde un pardon spécial à tous les rebelles exilés qui lui ont adressé une pétition. Au début de 1844, les 58 rebelles qui voulaient mettre fin à leur exil ont reçu l'amnistie et, en janvier 1845, ils commencent à revenir au Canada depuis l'Australie et les Bermudes. La même année, Louis-Joseph PAPINEAU, exilé en France depuis 1839, revient lui aussi. Quatre ans plus tard, le ministère Baldwin-LaFontaine présente son projet de loi sur l'amnistie. En vertu de cette loi, William Lyon MACKENZIE, seul rebelle à n'avoir pas reçu de pardon spécial en 1843, revient au Canada.

Curtis Fahey

Amos, ville du Qc; pop. 13 632 (rec. 1996), 13 783 (rec. 1991); superf. 428,72 km2; const. en ville en 1925. Située à 110 km au nord-est de Rouyn-Noranda en Abitibi-Témiscamingue, Amos doit son existence à son emplacement de choix au cœur de l'Abitibi au point de jonction entre le chemin de fer Transcontinental et la rivière Harricana, une des grandes rivières de la région. D'ailleurs, Amos portait autrefois le nom de Harricana, terme qui signifie en ALGONQUIN «rivière aux biscuits».

Fondée en 1914, Amos devient, au milieu des années 20, la ville la plus importante de l'Abitibi et le chef-lieu de comté de cette région du Québec nouvellement établie. Elle est nommée ainsi en l'honneur d'Alice Amos, épouse de sir Lomer Gouin, premier ministre du Québec. Cette ville joue un rôle de premier plan dans la région en raison de ses nombreuses scieries et des riches terres agricoles des environs qui longent la rivière Harricana. Amos est aussi l'emplacement d'une papeterie appartenant à la société Donohue. Non loin de la ville vivent les Abitibiwinis («habitants des hautes terres», une bande algonquine) dans le village de Pikogan.

Benoit-Beaudry Gourd

Amphibien Membre d'un groupe (traditionnellement considéré comme une classe) d'animaux VERTÉBRÉS qui descendent des poissons et sont les ancêtres des REPTILES. Les amphibiens sont représentés par trois ordres vivants: les anoures (GRENOUILLES), les urodèles (SALAMANDRES) et les apodes (cécilies, à savoir des animaux tropicaux dont aucun ne vit au Canada). Les grenouilles incluent une famille éteinte et 23 familles vivantes; les salamandres, cinq familles éteintes et huit vivantes; et les cécilies, six familles vivantes.

Description Les amphibiens sont des tétrapodes (quatre pattes) ou, comme certaines espèces de salamandres et de cécilies sans pattes, ont des ancêtres tétrapodes. Ils ont une peau humide et glandulaire sans écailles, plumes ou poils. Les grenouilles adultes n'ont pas de véritable queue. Elles ont des pattes postérieures d'une longueur disproportionnée et une bouche exagérément grande. La plupart des espèces de salamandres ont une forme typique de vertébrés: un corps et une queue allongés et des pattes antérieures et postérieures de taille assez semblable. Bien qu'elles soient faciles à identifier par l'absence d'écailles, les salamandres sont parfois prises pour des lézards. Toutes les espèces de grenouilles et la majorité des espèces de salamandres ont quatre orteils sur les pieds antérieurs et cinq sur les pieds postérieurs. Certaines espèces de salamandres ont un moins grand nombre d'orteils ou n'ont pas de pattes. Les cécilies n'ont pas de pattes, et leur queue est petite ou absente. Elles ont habituellement des plis ou sillons qui leur donnent une apparence de ver segmenté.

Les amphibiens modernes sont petits: les plus grandes salamandres atteignent 160 cm de longueur; les cécilies, 120 cm et les grenouilles, 30 cm. Les amphibiens vivants ont habituellement deux poumons, bien que le poumon gauche soit réduit chez les cécilies et que les membres d'une famille de salamandres (pléthodontidés) n'aient pas de poumons. Leur cœur a deux oreillettes et un ventricule (parfois partiellement divisé). Leur peau est généralement pourvue d'abondantes glandes à venin. Le venin est désagréable au goût, mais rarement fatal pour les prédateurs.

Reproduction et développement La majorité des espèces qui se reproduisent en milieu aquatique forment de grands rassemblements au printemps ou après de fortes pluies. La plupart des grenouilles mâles ont des chants ou des cris reproducteurs caractéristiques et ont parfois des chants ou des cris territoriaux pour défendre des sites. Au contraire, les salamandres émettent peu de sons, mais ont développé une parade nuptiale élaborée.

Chez la plupart des espèces de grenouilles, la fertilisation des œufs est externe. Plusieurs espèces de salamandres pondent de petits amas de sperme que la femelle recueille par son orifice génital et garde pour une fertilisation interne. La majorité des amphibiens pondent leurs œufs dans l'eau ou dans des milieux terrestres humides. La femelle garde rarement les œufs jusqu'à l'éclosion. La plupart des œufs pondus en milieu terrestre éclosent seulement quand le stade larvaire est terminé à l'intérieur de la coquille. Le cycle biologique d'un amphibien cependant comprend généralement une larve aquatique à respiration branchiale qui se métamorphose en un adulte à poumons, d'où le nom du groupe [gr. *amphi* «deux», et *bios* «vie»].

Des différences remarquables dans le développement larvaire des différents groupes montrent leur évolution longue et divergente. Chez les larves de salamandres, les pattes antérieures apparaissent avant les postérieures. Les larves ont une forme identique à celle des adultes et sont également carnivores. Certaines espèces de salamandres sont aquatiques et ont des branchies pendant toute leur vie.

La métamorphose des grenouilles, de la larve aquatique à l'adulte terrestre, est plus spectaculaire. Lorsqu'elles éclosent, les larves de grenouilles ont des branchies externes et n'ont pas de pattes. L'intestin du têtard est long et enroulé. Très tôt, les branchies deviennent internes. Le corps prend une forme globulaire, sans cou apparent, et une petite bouche en forme de bec, et des dents râpeuses servant à brouter la végétation apparaissent. Plus tard, les pattes postérieures apparaissent sous forme de bourgeons et finissent leur développement externe pendant que les pattes antérieures, qui se sont développées à l'intérieur du corps, émergent de la paroi corporelle. Les intestins raccourcissent pour convenir à un régime alimentaire carnivore. La bouche du têtard se divise, et les branchies ainsi que la queue disparaissent. La bouche s'élargit afin de pouvoir engloutir des animaux entiers, et la respiration est désormais effectuée par les poumons.

Température corporelle Les amphibiens sont ectothermes, c.-à-d. qu'ils ont un taux métabolique assez bas qui ne génère pas assez de chaleur pour permettre les processus physiologiques, et dépendent ainsi de la chaleur de l'environnement. Les amphibiens fonctionnent souvent mieux à des températures plus basses que la plupart des reptiles, mais sont plus vulnérables à la dessiccation tout au long de leur cycle biologique. Leurs œufs n'ont ni coquille protectrice ni membrane embryonnaire et sont recouverts seulement par une couche de gélatine. Les larves et les adultes d'amphibiens respirent par leur peau autant que par leurs poumons et doivent rester humides. Ils sont très adaptables et peuvent survivre à la congélation et à des températures aussi basses que -6 °C en baignant leurs cellules de cryoprotecteurs, entre autres la grenouille des bois, la rainette crucifère et la rainette faux-grillon, qui utilisent du glucose, et la rainette versicolore, du glycogène. De plus, ils sont capables de survivre après avoir perdu près de la moitié de leur poids corporel en humidité (crapauds pieds-en-bêche).

Répartition et habitat Les amphibiens n'ont plus la diversité et la taille de leurs ancêtres et ont survécu en jouant un rôle de petits prédateurs, principalement dans des habitats humides ou aquatiques. Seuls les têtards mangent des végétaux. Les grenouilles habitent toutes les parties des principaux continents sauf le Groenland et l'Antarctique. Les salamandres, dont la répartition est grandement restreinte à la zone tempérée nordique, sont plus diversifiées en Eurasie et en Amérique du Nord, mais une famille (pléthodontidés) s'est répandue dans les tropiques en Amérique centrale et en Amérique du Sud. Les cécilies sont entièrement tropicales.

Le Canada compte 44 espèces d'amphibiens indigènes: 23 espèces de grenouilles et 21 espèces de salamandres. Aucune n'est exclusive au Canada et la plupart ont une plus grande répartition aux États-Unis. Aucune n'habite la toundra, mais plusieurs abondent dans la forêt boréale. Les forêts décidues du sud-ouest de l'Ontario, la forêt pluviale côtière et les prairies des vallées intérieures de la Colombie-Britannique ainsi que les plaines centrales de la Saskatchewan et de l'Alberta comptent plusieurs espèces dont la répartition touche à peine le Canada. Aucun amphibien n'a survécu à la GLACIATION au Canada. Cette faune est donc arrivée il y a moins de 18 000 ans.

Importance biologique Les amphibiens ont peu d'importance économique directe. Certaines espèces de grenouilles sont capturées pour servir de nourriture, particulièrement le ouaouaron, une espèce indigène des régions méridionales de l'est du Canada et introduite en Colombie-Britannique. Les petites grenouilles sont utilisées comme appât de pêche. Les espèces le plus communément utilisées sont sans doute le ouaouaron, la grenouille léopard et le necture tacheté dont on se sert dans les universités et les écoles secondaires pour les dissections et les expériences de physiologie. Les amphibiens constituent cependant une partie essentielle de l'écosystème et forment une portion importante des biomasses terrestre, aquatique et semi-aquatique. Ils agissent comme des agents de lutte biologique contre les Invertébrés. On a récemment découvert qu'ils étaient des indicateurs utiles des effets des PLUIES ACIDES.

F.R. Cook

Amund Ringnes, île D'une superficie de 5255 km², est située entre les îles Ellef Ringnes et Axel Heiberg dans l'ARCHIPEL ARCTIQUE. Son relief est plat (son point culminant s'élevant à environ 610 m) et elle est balayée par les vents. En hiver, il est à peu près impossible de distinguer ses côtes de la glace qui l'entoure. Gunerius Isachsen la découvre le 20 avril 1900 lors de l'expédition norvégienne des ÎLES SVERDRUP dont il fait partie. Il lui donne le nom d'un membre de la brasserie qui a financé l'expédition. L'île est prospectée en 1916 par V. STEFANSSON qui y trouve du charbon et du gypse.

James Marsh

Amundsen, Roald, explorateur de l'Arctique (Sarpsborg, Norvège, 16 juill. 1872—entre la Norvège et Spitsbergen, 18 juin 1928). Jeune homme, Amundsen prend la mer. Déterminé à franchir le PASSAGE DU NORD-OUEST, il achète le *Gjoa,* l'apprête pour affronter les eaux arctiques et s'embarque en 1903. Après avoir passé deux hivers pris dans les glaces, le *Gjoa* émerge dans la mer de Beaufort, devenant ainsi le premier vaisseau à toucher l'Amérique du Nord par son rivage septentrional. En 1911, Amundsen atteint le pôle Sud et franchit, en 1920, le passage du Nord-Est. Il se lance ensuite dans l'exploration par la voie des airs et, en 1926, il survole le pôle Nord dans un dirigeable piloté par Umberto Nobile. Amundsen disparaît en 1928, après être parti à la recherche de Nobile, porté disparu lors d'un précédent vol dans l'Arctique.

Daniel Francis

Amyot, Francis, Frank, pagayeur (Toronto, Ont., 14 sept. 1904—Ottawa, 21 nov. 1962). Son père, le Dr John A. Amyot, fut sous-ministre fédéral de la Santé.

À Ottawa, Amyot faisait du canoë au Rideau Aquatic Club et au Britannia Boating Club. Comme il faisait 1,88 m et pesait 84 kg, il utilisait une embarcation et une pagaie faites sur mesure pour correspondre à son long et puissant coup de pagaie. De 1924 à 1935, il remporta six championnats seniors nationaux en simple avec une seule pagaie. En 1936, il fut entraîneur, directeur et membre de la première équipe canadienne de canoéisme olympique, et il remporta une médaille d'or pour la course de 1000 m. Pendant la Seconde Guerre mondiale, il fut membre de la Marine royale du Canada. Il fut également un dirigeant du Rideau Canoe Club.

C. Fred Johnston

Anabaptistes Les anabaptistes sont des dissidents religieux et sociaux en Europe au XVIᵉ siècle. Le mouvement est issu, en 1525, de l'orientation humaniste de la Réforme à Zurich, en Suisse; en 1526, de courants mystiques et apocalyptiques (conviction de l'imminence de la fin du monde) dans le centre et le sud de l'Allemagne; en 1530, du sacramentarisme (croyance selon laquelle les sacrements ne sont que des symboles extérieurs) et du perfectionnisme apocalyptique dans les Pays-Bas.

En Suisse, les principaux leaders sont Conrad Grebel, Michael Sattler et Balthasar Hubmaier; en Allemagne, Hans Denck, Hans Hut, Jakob Hutter (*voir* HUTTÉRITES) et Pilgram Marpeck; dans les Pays-Bas, Melchior Hoffman, Bernhard Rothmann, Dirk Philips, Menno Simons (*voir* MENNONITES) et David Joris.

Rejet radical Bien que le nombre de ses adhérents soit relativement peu élevé, le mouvement se manifeste néanmoins dans la plupart des régions germanophones d'Europe, de même qu'en France, en Angleterre, en Pologne, en Moravie et en Italie. Son rejet radical des croyances et des doctrines traditionnelles en fait partout l'objet d'une intense persécution: en 1578, au moins 6000 anabaptistes sont exécutés.

Autonomes au niveau organisationnel, les trois groupes précurseurs défendent cependant des positions similaires. La première est leur volonté de s'affranchir des tutelles du passé en revendiquant la liberté des laïques de faire leurs propres choix spirituels. Ils rejettent l'autorité du pape et des hiérarchies académiques et ne reconnaissent que celle des Écritures, dont l'interprétation devient la prérogative et la responsabilité de la congrégation. Au nom de la liberté religieuse, le mouvement s'oppose aussi à toute intervention du gouvernement civil et la plupart des anabaptistes tentent d'échapper au service militaire (*voir* PACIFISME). Les trois groupes adoptent une structure favorable au libre consentement et à la discipline. Ils considèrent l'Église comme la présence et l'action continuelles du Christ dans le monde.

La croix de l'apostolat Leur deuxième position commune est le rejet de la doctrine luthérienne (*voir* LUTHÉRIENS) selon laquelle seule la grâce divine est garante du salut. Tous soutiennent que le croyant doit manifester et faire grandir sa foi par ses actions: l'homme doit porter la croix de l'apostolat et participer ainsi à l'expiation. Ils s'opposent au baptême des enfants, parce que ceux-ci ne sont pas en mesure de s'engager personnellement dans l'apostolat chrétien. Le baptême des adultes croyants symbolise la participation délibérée de l'homme au processus du salut. D'où le nom «anabaptisme», du grec *anabaptizein,* signifiant «baptiser de nouveau».

L'importance accordée aux bonnes actions donne lieu à un fort courant de perfectionnisme. Le Christ, dont le retour est imminent, doit retrouver son épouse (l'Église) sans tache et sans ride. Le perfectionnisme engendre des schismes, tel celui des Amishs, en 1693, dont l'enjeu principal est la discipline de l'Église.

En 1991 (la dernière année où a eu lieu un recensement), quelque 267 270 Canadiens sont membres de groupes issus de la tradition anabaptiste: les mennonites, les huttériens, LA FRATERNITÉ CHRÉ-

TIENNE (les Dunkers) et l'Église missionnaire. (*Voir aussi* MOUVEMENTS ÉVANGÉLIQUE ET FONDAMENTALISTE.)

Walter Klaassen

Anahareo ou Gertrude Bernard, conservationniste (Mattawa, Ont., 18 juin 1906—Kamloops, C.-B., 17 juin 1986). Personne ne joue un rôle plus important qu'Anahareo dans la conversion du trappeur Grey Owl (Archibald BELANEY) en un conservationniste dévoué. Dans *Pilgrims of the Wild* (1934), Grey Owl raconte comment sa jeune épouse iroquoise, en sauvant de la mort deux jeunes castors, l'amène à réviser sa manière de vivre du tout au tout et à travailler à la protection de la faune. En 1932, ils ont une fille, Dawn. En 1936, le couple se sépare. Anahareo continue à défendre les droits des animaux sauvages. En 1979, elle est admise à l'Ordre de la nature de la Ligue internationale des droits des animaux qui est établie à Paris. Elle est l'auteure d'une autobiographie, *Devil in Deerskins* (1972).

Donald B. Smith

Analyse de Politiques/Canadian Public Policy est créée en 1974 par l'Association canadienne d'économique en collaboration avec L'ASSOCIATION CANADIENNE DE SCIENCE POLITIQUE et des associations savantes dans les domaines de la science politique, de la sociologie, de l'anthropologie, du droit, de la géographie, de l'administration publique et d'autres disciplines. C'est une revue trimestrielle qui publie parfois un cinquième numéro consacré à quelque problème particulier de politique gouvernementale. Il est financé essentiellement par des abonnements, mais reçoit aussi une subvention du Conseil de recherches en sciences humaines du Canada.

Son premier bureau se trouve à l'U. de Guelph (où se situe encore le bureau d'affaires), mais ses bureaux de rédaction ont été logés à l'U. de la Colombie-Britannique sous la direction d'Anthony Scott, à l'U. de l'Alberta sous Kenneth Norrie et à l'U. Simon Fraser sous Nancy Olewiler. *Analyse de Politiques/Canadian Public Policy* est une revue universitaire interdisciplinaire destinée à encourager la recherche et le débat sur des questions de politique gouvernementale au Canada. Elle publie, dans l'une ou l'autre langue officielle, des articles de haut niveau intellectuel mais rédigés dans un langage accessible à un vaste lectorat.

D. McGillivray

Anarchisme Doctrine politique qui enseigne que le gouvernement est mauvais et inutile, et que la reconnaissance d'une société devrait se fonder sur des associations d'entraide mutuelle. Au Canada, cette doctrine a reçu peu d'appuis, sauf chez de petits groupes d'activistes qui se sont manifestés de temps à autre dans les grands centres et chez un certain nombre d'écrivains quelque peu sensibles aux idées anarchiques.

En 1897, le plus célèbre théoricien du mouvement, Peter Kropotkin, visite le Canada. Sur sa recommandation, Léon Tolstoï et d'autres décident d'installer les DOUKHOBORS dans les Prairies canadiennes en 1898-1899. Après avoir milité aux États-Unis et en URSS, l'anarchiste Emma Goldman meurt à Toronto en 1940. Parmi les anarchistes canadiens, on trouve l'écrivain-activiste George WOODCOCK qui publie en 1962 une histoire du mouvement intitulée *Anarchism.*

Ancaster, ville de l'Ont.; pop. 23 403 (rec. 1996), 21 988 (rec. 1991), 17 264 (rec. 1986); superf. 174,55 km²; const. en tant que municipalité de canton en 1850, puis en tant que ville en 1974; située à 9 km au sud-ouest d'Hamilton, près de l'ESCARPEMENT DU NIAGARA. Augustus Jones, l'arpenteur du canton, lui donne en 1793 le nom de la paroisse d'Ancaster dans le Lincolnshire, en Angleterre. Les premiers colons y arrivent dès les années 1790. Durant la GUERRE DE 1812, les colons renégats travaillant dans cette région sont arrêtés et accusés de trahison. Lors des «Bloody Assizes», assises sanglantes qui ont lieu à Ancaster, 15 d'entre eux sont déclarés coupables; huit sont exécutés et sept sont expatriés. Dans les années 1830, Ancaster est le centre commercial de la région, mais elle subit bientôt plusieurs revers. En 1832, l'ouverture du canal Desjardins dans la ville de DUNDAS, sa voisine et sa rivale, lui donne un dur coup. De plus, elle se voit contournée par le chemin de fer à destination d'Hamilton. Bien qu'elle ne joue plus le rôle de centre commercial, Ancaster demeure une collectivité très active.

Aujourd'hui, l'agriculture est la principale activité économique d'Ancaster. Bon nombre de ses habitants travaillent à Hamilton, mais préfèrent la vie calme qu'offre Ancaster. Les deux tiers du territoire de la ville sont des terres agricoles ou des zones de conservation. De nombreux édifices historiques sont des attraits locaux, plus particulièrement le vieil hôtel de ville et le vieux moulin d'Ancaster.

Deborah Welch et Michael Payne

Anciens Canadiens, Les (1863). Ce classique canadien, qui allie l'attrait du roman historique au réalisme local, est l'œuvre de Philippe AUBERT DE GASPÉ père, alors septuagénaire, en réponse à l'appel à la préservation du passé lancé par le journal Les SOIRÉES CANADIENNES. Prenant place dans le Québec rural à l'époque de la CONQUÊTE, l'action relate la vie de deux jeunes gens: Jules d'Haberville, futur seigneur de Saint-Jean-Port-Joli, et Archibald Cameron of Locheill, un exilé des Highlands amoureux de Blanche, la sœur de Jules. Leur amitié, née au collège, à Québec, et développée dans la chaleureuse ambiance du manoir d'Haberville, est mise à dure épreuve lors de la guerre de 1759, car tous deux se retrouvent dans des camps opposés. Plus tard, alors que Jules épouse une Anglaise, Blanche, par souci de l'honneur, refuse de donner la main de Blanche à Archibald, qu'elle aime.

Les romans de Walter Scott se mêlent au folklore canadien-français dans les mémoires romancés d'Aubert de Gaspé; son style anecdotique mélange des faits historiques et des légendes, comme l'histoire de LA CORRIVEAU, dans un portrait nostalgique, voire héroïque, de la Nouvelle-France. La dixième édition française, définitive, a été publiée par Fides en 1975. La traduction de Charles G.D. Roberts, *The Canadians of Old* (1890) est supérieure à celle de Georgina Pennée (1864).

Michèle Lacombe

Anciens combattants L'humoriste canadien Stephen LEACOCK a écrit, en 1938, ces mots sur les anciens combattants: «À leur retour au pays, lorsque la guerre prend fin, ils sont accueillis sous des arches fleuries, et les jeunes femmes leur sautent au cou et, moins de six mois plus tard, on s'attend à ce qu'ils disparaissent sans laisser de traces, qu'ils soient les plus discrets possibles aux yeux de l'opinion publique et qu'ils soient tranquilles.» Ce commentaire, exprimé dans un contexte de guerre imminente, résumait succinctement le traitement pitoyable que le Canada a réservé aux anciens combattants de la Grande Guerre de 1914-1918. Après la SECONDE GUERRE MONDIALE, les Canadiens ont fait amende honorable en mettant sur pied de généreux programmes de réadaptation, considérés généralement comme les meilleurs au monde, malgré certaines lacunes comme les longues périodes d'attente qui se sont écoulées avant le versement de subventions aux PRISONNIERS DE GUERRE.

Il y a des anciens combattants au Canada depuis 1759, alors que six bataillons de miliciens ont participé sans succès à la défense de Québec. Au cours de la GUERRE DE 1812, au plus fort des combats, ce sont des unités de l'armée régulière britannique qui sont au front, mais les miliciens canadiens sont mis à contribution comme ce sera le cas, plus tard, au cours des RÉBELLIONS DE 1837 dans le Haut et le Bas-Canada et lors des invasion des FENIANS de 1864, 1866 et 1870 au Canada. Au cours de la RÉBELLION DU NORD-OUEST, les miliciens

attachés à la force de campagne du Nord-Ouest ont combattu Louis RIEL; en 1987, une veuve de l'un des membres de la force recevait toujours une pension. Le Canada a aussi fourni des voyageurs lors de l'EXPÉDITION SUR LE NIL en 1885 et des contingents à la force expéditionnaire de la GUERRE DES BOERS de 1899-1902. Le Canada a joué un rôle très actif durant les deux guerres mondiales et, entre 1950 et 1953, il a dépêché des contingents des forces aériennes et navales, ainsi que des troupes terrestres pour servir sous les drapeaux des Nations Unies durant la GUERRE DE CORÉE.

Le «scrip», ou octroi de terre, a été l'une des récompenses privilégiées accordées aux anciens combattants. Les anciens combattants qui ont pris part aux invasions des Fenians ont reçu des lots de 160 acres de terre dans les Prairies. En 1931, 160 survivants de la Police à cheval du Nord-Ouest, qui avaient servi en 1885 au sein de la force de campagne du Nord-Ouest, ont reçu un montant forfaitaire de 300 $ au lieu d'un «scrip» auquel ils avaient droit, mais qu'ils n'ont jamais reçu.

Chaque année, le Canada débourse près de 1,5 milliard de dollars en pensions de guerre, principalement en rentes d'invalidité pour les survivants. En 1987, le nombre d'anciens combattants au Canada s'établissait environ 708 000 dont 32 300 femmes et 11 000 marins marchands. Au tournant du siècle, on prévoit que le nombre d'anciens combattants chutera à 206 000 et à moins de 200 d'ici l'an 2 031, sous réserve de guerres éventuelles. Au 1er juin 1987, l'âge moyen des anciens combattants de la Première Guerre mondiale, toujours vivants, était de 90 ans, alors qu'il s'établissait à 67 ans pour ceux de la Seconde Guerre mondiale. Au nombre des anciens combattants qui reçoivent des rentes pour dépression, deux ont participé à la guerre des Boers, 1989 à la Première Guerre mondiale, 45 522 à la Seconde Guerre mondiale et 2354 à la Guerre de Corée. Si l'on inclut les conjoints survivants et les enfants, le nombre total de bénéficiaires de ces rentes s'établit à 83 872. Un autre groupe, totalisant 142 167 personnes, y compris les personnes à charge, recevait des pensions d'invalidité de guerre. Parmi ces personnes, plus de 95 000 sont d'anciens combattants, ce qui représente près d'une personne sur sept de l'ensemble des personnes survivantes.

La courte période de temps qui sépare les deux guerres mondiales a permis aux anciens combattants de la première de faire corriger, dans l'intérêt des anciens combattants de la deuxième, les lacunes qu'ils avaient identifiées dans leurs plans de réadaptation (le maigre financement accordé aux soldats pour s'établir sur des terres). La presque totalité des propositions de nature législative, y compris la suggestion formulée en 1943 de créer un ministère des Anciens combattants, ont été mises de l'avant par les anciens combattants eux-mêmes. Le fait que nombre de députés, y compris certains des membres du Cabinet, soient des anciens combattants, a aidé leur cause. En conséquence, 50 000 anciens combattants de la Seconde Guerre mondiale ont pu fréquenter l'université alors que 96 000 autres ont reçu des prestations pour les aider à se lancer dans le domaine agricole ou dans celui des pêches, pour acquérir une exploitation semi-agricole ou commerciale ou pour s'acheter une maison.

C'est la LÉGION ROYALE CANADIENNE qui est le principal porte-parole des anciens combattants. Elle a été fondée en 1926 par le fusionnement de dix groupes d'anciens combattants, de 50 sociétés régimentaires indépendantes et de 790 autres organismes, en tout 20 000 membres. De nos jours, la Légion, qui compte plus de 600 000 membres répartis en 1800 sections, a renforcé ses effectifs en ouvrant ses portes aux conjoints, aux fils et aux filles des anciens combattants et aux membres associés. Dès ses débuts, la Légion était au premier rang de tous les combats pour l'adoption de lois favorables aux anciens combattants et elle a été l'un des princi-

paux organismes à défendre les causes de la radio-diffusion publique nationale, de l'industrie canadienne du film, de l'édition de livres d'histoire canadienne et du logement social. Elle a toujours pris soin des siens, surtout durant les périodes difficiles. Maintenant, cependant, elle aide une collectivité beaucoup plus importante à titre de principal organisme de service au Canada.

Dave McIntosh

Anciens combattants, Loi sur les terres destinées aux Promulguée le 20 juillet 1942, elle s'inscrit dans une tradition canadienne remontant au XVIe siècle qui consiste à établir les ex-soldats sur des terres. En 1919, la *Loi d'établissement de soldats* avait fourni aux anciens combattants de la Première Guerre mondiale qui désiraient cultiver la terre des prêts leur permettant d'acheter une terre, du bétail et du matériel. Plus de 25 000 ex-militaires se prévalent de l'offre, bien que beaucoup d'entre eux soient contraints d'abandonner leur ferme entre les deux guerres à cause de leur lourd endettement et des conditions agricoles défavorables. Cette nouvelle loi, qui vise à corriger certains des problèmes inhérents à la version de 1919, laisse plus de latitude aux anciens combattants de la Seconde Guerre mondiale. Il leur suffit désormais de verser un dépôt minime pour acheter des terres grâce à un prêt gouvernemental. Des crédits supplémentaires sont mis à leur disposition pour l'achat de bétail et de matériel. Les délais de remboursement sont suffisants pour que les ex-militaires aient le temps de s'établir sans être étouffés par les obligations financières. On incite également les anciens combattants à cultiver à temps partiel des petits lopins à la campagne ou en banlieue, ou à substituer la pêche commerciale à l'agriculture à plein temps. En 1950, en vertu de cette loi, on commence aussi à accorder des prêts à ceux qui désirent construire leur propre maison. Plus de 140 000 ex-militaires sollicitent une aide financière de l'Office de l'établissement agricole des anciens combattants, une division du MINISTÈRE DES ANCIENS COMBATTANTS, avant la cessation du programme de prêts en 1977.

Glenn T. Wright

Anciens combattants, ministère des Cet organisme est établi en 1944 au moment de la division du ministère des Pensions et de la Santé nationale. Il devient alors l'unique responsable de l'administration des pensions et prestations des militaires canadiens. Il doit d'abord élaborer un programme de réadaptation et de réinsertion pour les soldats qui reviennent au pays après la Seconde Guerre mondiale. Des mesures législatives sont promulguées pendant la guerre pour prévoir les traitements hospitaliers, l'éducation, les assurances, la priorité d'emploi dans la fonction publique, le bien-être, les allocations et les prêts, les pensions et l'établissement sur des terres. Par la suite, certains programmes deviennent désuets, mais les activités du Ministère augmentent parce que les anciens combattants avancent en âge. Le Ministère continue de gérer des programmes spéciaux qui dispensent des soins médicaux et de l'aide financière aux anciens combattants âgés et aux personnes à leur charge. Les pensions et allocations sont administrées par trois organismes associés: la Commission canadienne des pensions, le Tribunal d'appel des anciens combattants et le Bureau des services juridiques des pensions.

Glenn T. Wright

Ancolie Plante herbacée (genre *Aquilegia*) de la famille du bouton-d'or (renonculacées). Son nom vient du latin *aquila*, aigle. On l'appelle aussi colombine (du latin *columba*, colombe). Parmi les 70 espèces recensées, presque toutes sont indigènes de l'hémisphère Nord, dont cinq du Canada. L'*A. brevistyla* se trouve dans l'ouest du Canada jusqu'en Ontario; l'*A. flavescens* (ancolie jaune), l'*A. formosa* (ancolie gracieuse) et l'*A. jonesii* sont indigènes des montagnes Rocheuses; l'*A. canadensis* (ancolie du Canada ou colombine) se retrouve en Saskatchewan et s'étend à l'est. Les feuilles comportent d'une à trois folioles, chacune divisée en trois parties.

Le caractère le plus distinctif de la fleur pendante est l'éperon recourbé en forme de doigt qui prolonge chacun des cinq pétales. Les ancolies sont très appréciées comme PLANTES ORNEMENTALES depuis des siècles. Elles produisent des formes variées à partir des graines. Les fleurs (surtout bleues, lavande, rouges, jaunes, blanches ou de couleurs mélangées) ont déjà été utilisées en garniture dans les plats et comme médicaments, jusqu'à ce que les surdoses se soient révélées mortelles. L'ancolie du Canada était employée par les Amérindiens comme aphrodisiaque et pour traiter les problèmes d'intestin ou pour sucrer le tabac. (Voir aussi PLANTES, UTILISATION PAR LES AUTOCHTONES DES; PLANTES VÉNÉNEUSES.)

Roger Vick

Anderson, Carol Marguerite, chorégraphe, professeure, administratrice et danseuse (Regina, Sask., 17 janv. 1951). En tant que membre fondatrice et par la suite chorégraphe et directrice artistique de la troupe à répertoire Dancemakers, basée à Toronto, Anderson contribue de façon significative au développement de la danse moderne au Canada.

Elle est acclamée pour sa façon de danser à la fois énergique et passionnée. Bien que ses chorégraphies s'inspirent largement de la danse moderne traditionnelle, Anderson entre de plus en plus dans le domaine de l'expérimentation sur les plans de la forme et du contenu. En 1973, elle fait partie de la première promotion du nouveau programme de danse de l'U. York. Elle étudie aussi avec Judy JARVIS et, bien que toujours étudiante, danse avec la troupe de Jarvis.

Quoique Anderson réalise des chorégraphies pour d'autres compagnies, elle est surtout associée à Dancemakers, dont elle est directrice artistique pendant trois ans, poste qu'elle quitte en 1988. Elle continue d'enseigner et travaille comme chorégraphe indépendante.

Michael Crabb

Anderson, Doris Hilda, née McCubbin, écrivaine, rédactrice en chef (Calgary, Alb., 10 nov. 1925). Diplômée de l'U. de l'Alberta (B.A. 1945), Anderson œuvre dans les domaines du journalisme et de la publicité avant de se joindre à l'équipe de rédaction de la revue *Châtelaine* en 1951. En tant que rédactrice en chef, de 1957 à 1977, elle remanie la revue en une tribune ouverte aux idées féministes et, en doublant le tirage, elle fait de *Châtelaine* la publication la plus rentable de la maison Maclean Hunter.

Nommée présidente du Conseil consultatif canadien de la situation de la femme en 1979, elle démissionne en 1981, dénonçant l'intervention indue du gouvernement visant à empêcher la tenue d'une conférence ayant pour thème «Les femmes et la constitution», organisée par le Conseil consultatif. La démission d'Anderson met en évidence les insuffisances des clauses de la constitution ayant trait aux droits des femmes et provoque une vive réaction de la part des associations de femmes du pays. La conférence annulée a tout de même lieu sous les auspices de ces dernières et, par la suite, les gouvernements sont amenés à préciser et à renforcer les clauses sur l'égalité contenues dans la Charte des droits et libertés.

En 1983-1984, Anderson est présidente du Comité canadien d'action sur le statut de la femme. Elle est l'auteure de plusieurs romans et d'une étude critique sur les droits des femmes dans plusieurs pays, intitulée *Unfinished Revolution*.

Anderson, Frank Ross, maître international des échecs (Edmonton, Alb., 3 janv. 1928—San Diego, Calif., 18 sept. 1980). Cloué au lit par l'arthrite pendant cinq ans, il apprend les ÉCHECS à 15 ans. Il devient membre d'un club d'échecs dès qu'il peut sortir. Il gagne le championnat du Canada en 1953 et 1958, mais c'est aux olympiades d'échecs qu'il remporte ses plus grands succès. À Amsterdam en 1954,

puis de nouveau à Munich en 1958, il gagne la médaille d'or des joueurs de deuxième échiquier. Il est sur le point de conquérir le titre de grand maître à Munich lorsqu'une réaction à un médicament prescrit par erreur l'empêche de se présenter à la dernière partie. À la fin des années 60, il déménage à San Diego, où il dirige un cabinet d'experts-conseils.

Jonathan Berry

Anderson, James Thomas Milton, éducateur, auteur, premier ministre de la Saskatchewan (Fairbank, Ont., 23 juill. 1878—Saskatoon, 29 déc. 1946). Après avoir enseigné dans le district de Yorkton, Anderson est nommé inspecteur d'écoles en 1911 et directeur de l'éducation auprès des néo-Canadiens en 1918, année où il publie *The Education of the New Canadian*. En 1924, il devient chef du Parti conservateur et, en 1925, il est élu député de Saskatoon à l'Assemblée législative.

Après la défaite du gouvernement de J.G. GARDINER le 6 septembre 1929, Anderson forme le gouvernement coopératif, une coalition de conservateurs, de progressistes et d'indépendants. La controverse, en 1930-1931, sur les amendements à la *Loi sur les écoles* (School Act), assombrit le bilan législatif de son ministère. Deux ans après la défaite écrasante de son gouvernement en 1934, Anderson se retire de la politique pour diriger une compagnie d'assurances, avant d'être nommé directeur intérimaire de l'École pour les sourds de Saskatoon, en 1944.

Raymond J.A. Huel

Anderson, John Murray, entrepreneur artistique, metteur en scène, auteur, parolier (St. John's, 20 sept. 1886—New York, 30 janv. 1954). Connu sous le nom de l'«Oncle Broadway» et du «Roi du music-hall», il produit et met en scène 34 grandes comédies et revues musicales (29 sur Broadway et cinq dans le West End), sept spectacles de cirque pour les Ringling Bros., quatre fêtes aquatiques pour Billy Rose, 11 tableaux historiques, 61 spectacles dans des salles de cinéma et 24 grands spectacles dans des boîtes de nuit.

Il émigre aux États-Unis en 1910 et débute à New York comme danseur de salon. Il épouse sa partenaire, Genevieve Lyon, en 1914. Son premier succès sur Broadway, *The Greenwich Village Follies* (1919), lance un nouveau genre de productions qui se démarquent par leur caractère artistique et leur raffinement.

David Gardner

Anderson, Patrick, poète, écrivain, enseignant et professeur (Ashtead, Angl., 4 août 1915—Halstead, Angl., 1979). Diplômé d'Oxford et de Columbia, Anderson arrive au Canada en 1940. Il enseigne dans une école privée de Montréal de 1940 à 1946. C'est au cours de cette période qu'il contribue de manière la plus significative aux lettres canadiennes, en cofondant deux magazines littéraires, *Preview* (1942) et NORTHERN REVIEW (1945).

Anderson est professeur adjoint à l'U. McGill pendant deux ans, puis il quitte le pays en 1950, ne revenant pour une visite qu'en 1971. Au cours de ses années à Montréal, il écrit trois recueils de poésie: *A Tent for April* (1945), *The White Centre* (1946) et *The Colour as Naked* (1953).

Dans les années qui suivent, alors qu'il enseigne en Malaisie et en Grande-Bretagne, il écrit de nombreux guides de voyage et des biographies, ainsi que deux œuvres autobiographiques. Un regain d'intérêt au Canada envers son œuvre suscite la publication de deux autres œuvres écrites dans un contexte canadien: *A Visiting Distance* (1976) et *Return to Canada: Selected Poems* (1977).

Marlene Alt

Anderson, Reid Bryce, directeur de ballet, danseur et chorégraphe (New Westminster, C.-B., 1er avril 1949). Après une brillante carrière de danseur en Europe, Anderson se forge une réputation de directeur de ballet original et créatif. Il étudie la danse à l'académie Dolores Kirkwood à Burnaby, en Colom-

bie-Britannique, au BANFF CENTRE et plus tard à la Royal Ballet School à Londres, en Angleterre. En 1969, Anderson se joint au prestigieux Stuttgart Ballet, en Allemagne, où il devient bientôt premier danseur, créant un grand nombre de rôles majeurs. Il est invité à se produire un peu partout dans le monde et s'initie à la chorégraphie. Anderson travaille aussi comme maître de ballet pour le Stuttgart Ballet de 1982 à 1986, et voyage à la grandeur du monde afin de monter les œuvres de l'ancien directeur artistique et chorégraphe principal de la compagnie, le célèbre John Cranko.

Il revient au Canada en 1986 et, l'année suivante, devient l'un des deux directeurs artistiques des BALLETS DE LA COLOMBIE-BRITANNIQUE, qu'il dirige ensuite seul. Au cours des deux années de son mandat, Anderson contribue à donner à la compagnie une image mieux définie et plus contemporaine et lui assure une réputation nationale. En juillet 1989, il accepte le poste de directeur du BALLET NATIONAL DU CANADA (BNC) et, grâce à son travail, permet à la compagnie de survivre à une crise financière. Il emmène avec succès la troupe dans des tournées à l'étranger, assure la formation de jeunes danseurs et de nouveaux chorégraphes et équilibre le répertoire du BNC grâce à un mélange d'œuvres traditionnelles, d'œuvres classiques du XXe siècle et de nouveaux ballets, créés par des chorégraphes canadiens et étrangers de premier plan. Anderson continue de danser. Il quitte le BNC en juin 1996 pour devenir directeur artistique du Stuttgart Ballet en Allemagne.

Michael Crabb

Anderson, rivière D'une longueur de 692 km, elle est issue d'un groupe de lacs situés au nord du GRAND LAC DES ESCLAVES, dans les Territoires du Nord-Ouest. Elle serpente vers le nord et l'ouest et se jette dans la baie Liverpool, un bras de la mer de Beaufort, immédiatement à l'est du delta de Mackenzie. Son cours inférieur était jadis habité par des Inuits, qui furent décimés par une épidémie de scarlatine en 1865. Au cours des années 1860, la Compagnie de la baie d'Hudson (CBH) exploitait un poste de traite à l'embouchure de la rivière, le site actuel du village moderne de Stanton. La rivière tire son nom de James Anderson, un agent de la CBH responsable de la région.

Daniel Francis

Anderson, Rudolph Martin, zoologiste, explorateur, conservateur (près de Decorah, Iowa, 30 juin 1876—Ottawa, 21 juin 1961). Anderson passe sa jeunesse en Iowa, où il obtient son doctorat. Par la suite, il déménage au Canada après avoir œuvré dans l'armée et travaillé comme ornithologue aux États-Unis. Il participe à l'exploration de l'Alaska avec l'American Museum of Natural History, il sert ensuite de second à Vilhjalmur STEFANSSON lors de l'Expédition dans l'Arctique canadien depuis l'Alaska jusqu'à Bathurst Inlet (1913-1916), dont il dirige le groupe du Sud. C'est à ce moment qu'il relate ses trouvailles en 16 volumes et qu'il commence à s'intéresser à la protection de l'environnement alors qu'il remarque le déclin des populations de caribous et de bœufs musqués du Nord. Les expéditions zoologiques suivantes le conduisent vers de nombreuses régions du Canada.

En 1916, il participe à un comité consultatif gouvernemental à Ottawa qui rédige la *Loi sur la convention concernant les oiseaux migrateurs*. Chef de la division de la biologie au Musée national (1920-1946) maintenant connu sous le nom de Musée canadien de la nature, il publie un catalogue très important des MAMMIFÈRES canadiens et un guide encore très utilisé de nos jours sur la collecte et la protection des VERTÉBRÉS. Il est aussi codirecteur du *Canadian Field-Naturalist* (1918-1955). Trois sous-espèces de mammifères portent son nom.

Martin K. McNicholl

André, frère, né Alfred Bessette, guérisseur spirituel, conseiller religieux (Saint-Grégoire-d'Iberville,

Canada-Est, 9 août 1845—Montréal, 6 janv. 1937). Bien qu'il soit analphabète, petit de taille, peu éloquent et qu'il ait toujours rempli les tâches les plus modestes au sein de la Congrégation de Sainte-Croix (CSC), le frère André devient le personnage religieux le plus populaire du XXe siècle au Québec.

Des dizaines de milliers de personnes attribuent leur guérison miraculeuse à l'intervention du frère André et de son patron, saint Joseph, l'époux de la Vierge Marie. Alors que son œuvre scandalise de nombreux prêtres, médecins et catholiques distingués, ses admirateurs cependant, dont bon nombre sont de familles ouvrières, l'aident dès 1904 à construire un petit oratoire en l'honneur de saint Joseph sur le versant du mont Royal. Quelques années plus tard, les autorités ecclésiastiques s'engagent dans la construction d'une basilique (1924-1955), qui demeure à ce jour le témoin le plus imposant de Montréal. L'Église y organise plusieurs pèlerinages et l'oratoire devient le centre liturgique du mouvement ouvrier catholique du Québec. Seul lieu de pèlerinage urbain d'importance au Canada, l'oratoire reçoit encore un demi-million de visiteurs par année.

La préoccupation première du frère André, en dépit de sa réputation de guérisseur spirituel, est de promouvoir le culte du Christ souffrant sous le patronage de saint Joseph. Affligé toute sa vie d'une mauvaise santé, le frère André encourage ses disciples les plus proches à accepter leurs souffrances plutôt que de chercher la guérison, étant donné que souffrir rapproche de Jésus sur la croix. Il est déclaré vénérable en 1978 et officiellement béatifié le 23 mai 1982.

Tom Faulkner

André, Harvie, politicien (Edmonton, Alb., 27 juill. 1940). Il étudie au California Institute of Technology et à l'U. de l'Alberta (Ph.D., 1963), puis il enseigne le génie chimique à l'U. de Calgary de 1966 à 1972. Élu à la Chambre des communes comme représentant de Calgary en 1972, il est un supporter important de Joe CLARK quand celui-ci brigue avec succès la direction du Parti conservateur en 1976.

Conseiller de confiance de Clark par la suite, André s'oppose vivement à PÉTRO-CANADA et au PROGRAMME ÉNERGÉTIQUE NATIONAL. Il devient expert en matière de défense et, en tant que porte-parole de l'opposition dans ce domaine, il fait pression pour que les Forces armées canadiennes soient renforcées et mieux équipées. Il est ministre des Approvisionnements et des Services dans le gouvernement MULRONEY en 1984-1985 et ministre adjoint de la Défense en 1985-1986.

Porte-parole tenace du gouvernement, mais toujours de bonne humeur, il est nommé ministre de la Consommation et des Affaires commerciales (1986-1989) et ministre responsable de la Société canadienne des postes en 1987. Réélu à la Chambre des communes en 1988, il est nommé ministre de l'Expansion industrielle régionale et ministre d'État chargé des Sciences (1989-1990). Le 6 mars 1993, il annonce qu'il se retire de la vie publique.

Norman Hillmer

André, Jean (John), décorateur, peintre et dessinateur de relevés topographiques (Londres, Angl., 1750—Tappan, É.-U., 1780). Né de père calviniste suisse et de mère huguenote de la famille Giradot, André arrive au Québec, soit avec Guy CARLETON en septembre 1774, soit juste avant lui. On l'envoie à Philadelphie, où se réunit le nouveau Congrès des États-Unis. L'année suivante, il figure parmi les défenseurs du fort Saint-Jean (*voir* SAINT-JEAN-SUR-RICHELIEU) aux côtés d'officiers comme René-Amable Boucher de Boucherville, Antoine Foucher, Antoine Juchereau Duchesnay de Fossambault, Hertel de Rouville fils, Joseph-Hyppolite Hertel de Saint-François, Georges-Hyppolite Le Comte Dupré, Dominique-Emmanuel Lemoyne de Longueuil, Samuel Mackay père, François-Marie Picoté de Belestre, Charles-Roch Quinson de Saint-Ours,

Louis-Antoine d'Irumbery de Salaberry et Edward Williams.

Le major André est nommé, avec le général Richard Montgomery, pour négocier la reddition du fort. Dans la confusion qui porte certains de ses anciens amis à abandonner la Couronne, il est soupçonné de servir le Congrès. En fait, il travaille pour le général Benedict Arnold. Il est en route pour revenir à Québec lorsqu'on l'arrête, près d'Albany, en possession de documents secrets. Ses anciens compagnons (parmi lesquels Knox et La Fayette) le font passer en cour martiale et le condamnent à mort. Exécuté en 1780, il est enterré comme un héros dans l'abbaye de Westminster.

En 1778, André produit Meschinanza, que l'on considère comme le premier grand spectacle historique américain. Le général John Burgoyne écrit le texte en l'honneur de lord Howe, rappelé en Angleterre. Prisonnier à Bristol (banlieue de Philadelphie) avec d'autres officiers de l'armée royale, André travaille comme décorateur et acteur dans le théâtre aujourd'hui abandonné de Southwark, et rédige des prologues. Sa vie d'espion inspire au moins trois mélodrames: deux de William Dunlap et un de Clyde Fitch. Son rapport illustré sur la bataille de fort Saint-Jean, dont le contenu est confirmé par les rapports de Foucher et de Salaberry, se trouve aux Archives du Canada.

André G. Bourassa

Andrews, lieu historique de la maison du shérif Construite en 1820 par Elisha Andrews, cette maison est située dans la ville historique LOYALISTE de ST. ANDREWS, au Nouveau-Brunswick. Fils du pasteur Samuel Andrews, éminent loyaliste, Andrews a lui-même été shérif du comté de Charlotte. Ce lieu historique est important tant par son association à la famille Andrews que par son excellent exemple de l'architecture résidentielle néoclassique. La maison, désignée lieu historique en 1993, a été soigneusement restaurée et meublée afin de donner aux visiteurs un aperçu de la vie d'une famille bourgeoise du début du XIXe siècle. La maison du shérif Andrews est ouverte de la fin juin au début d'octobre.

Deborah Welch et Michael Payne

Anémone ou fleur de vent, vivace, PLANTE herbacée, genre *anémone*, famille des renonculacées. Le genre comprend de 120 à 150 espèces qu'on retrouve pour la plupart dans les régions subarctiques et tempérées. La fleur en forme de coupe, simple, manque de pétales, mais possède de 5 à 20 sépales en forme de pétales. Elle est blanche, violette ou même rouge. Elle a un fruit sec à une seule graine (akène). Sur les 20 espèces nord-américaines, 11 sont des fleurs indigènes du Canada.

Avec ses fleurs blanches, l'anémone du Canada (*A. canadensis*) est l'espèce la plus répandue dans les endroits humides, elle se trouve partout au Canada, sauf à Terre-Neuve. L'anémone pulsatile (*A. patens*), la fleur-emblème du Manitoba depuis 1906 (*voir* EMBLÈMES FLORAUX DES PROVINCES), est communément désignée, mais à tort, comme le crocus de prairie. Au début du printemps, ses sépales aux nuances de violet composent un magnifique spectacle dans les Prairies. Les espèces les plus communément cultivées sont l'anémone japonaise (*A. hupehensis*), qui fleurit à l'automne, et l'anémone des fleuristes (*A. coronaria*) qui fleurit au printemps. Les anémones se cultivent à la mi-ombre, dans un sol bien drainé. Elles poussent à partir de graines et se propagent par division.

Céline Arseneault

Anémone des prairies (*voir* ANÉMONE)

Ange de pierre, L', traduction française (Montréal, 1976) de *The Stone Angel,* premier roman de la série «Manawaka» de Margaret LAURENCE et publié à Toronto, Londres et New York (1964). Hagar Shipley y raconte ses souvenirs tout en luttant pour faire la paix avec elle-même avant de mourir. À 90 ans, Hagar est une femme fière, puissante et tyrannique

qui souffre des outrages de la vieillesse. Le rythme du roman provient des variations de la voix d'Hagar qui alterne entre son passé et sa condition présente pour retrouver ses souvenirs. Le registre extrêmement varié de sa voix révèle les méandres de sa fierté. Le personnage et la voix d'Hagar sont acclamés, à juste titre, comme les créations les mieux inspirées de Laurence. Au fil de son histoire, Hagar évoque Manawaka (une petite ville fictive que Laurence situe au Manitoba) et se remémore les conséquences des mœurs restrictives de la ville, qu'elle décrit. Elle parle de la place qu'occupait sa famille dans la hiérarchie rigide de la société profondément puritaine de Manawaka. De nombreux lecteurs voient en Hagar un riche personnage fictif créé à partir de femmes ayant réellement vécu dans des petites villes des Prairies. *The Stone Angel* a aussi été traduit en allemand.

Neil Besner

Angéline de Montbrun (1882), roman de Laure Conan (nom de plume de Félicité ANGERS), est le premier roman psychologique paru au Canada français et l'un des premiers romans rédigés par une femme. Angers y réunit fiction épistolaire, méditations religieuses et journal intime. Le récit se déroule dans le village isolé de Valriant et relate la tragédie d'une jeune fille élevée par un père qu'elle considère comme son dieu et incapable, après la mort de celui-ci, de reporter son affection sur son fiancé, Maurice. Symboliquement défigurée par une mauvaise chute, Angéline renonce au monde et à son prétendant. Contrairement à son amie Mina, une mondaine devenue ursuline, elle connaît la souffrance morale et la torture des regrets, et attend avec impatience la mort et les joies de l'au-delà.

L'auteure transforme des détails autobiographiques en une puissante étude psychologique du rôle que jouait la religion dans la famille du XIXe siècle. Ce roman a été publié sous forme de feuilleton dans *La Revue canadienne* (de juin 1881 à août 1882) et sous forme de livre en 1884, puis réimprimé plusieurs fois. Yves Brunelle en a réalisé la traduction anglaise en 1974.

Michèle Lacombe

Angers, Félicité, nom de plume, Laure Conan, romancière (La Malbaie, Qc, 9 janv. 1845—Québec, 6 juin 1924). Témoin de son époque et première romancière canadienne-française, Conan obéit dans ses écrits à trois impératifs: famille, patrie et religion. *Un amour vrai* (1878-1879) est une longue nouvelle, mais ANGÉLINE DE MONTBRUN (1881-1882) est un roman original: sa forme et sa structure (lettres, narration, journal intime) répondent à des besoins personnels et ses personnages transcendent les stéréotypes traditionnels. Les premières critiques le qualifièrent d'œuvre pieuse; d'autres, modernes celles-là, le disent malsain, en raison du parfum d'inceste qui y règne; d'autres encore soulignent la fine analyse psychologique et la forme novatrice qui la caractérisent: l'auteur utilise des techniques visant à dissimuler les sentiments de l'héroïne lorsqu'ils sont inavouables et les révèle lorsqu'ils sont insolents. Les héroïnes de *La Vaine Foi* (1921) et de *L'Obscure Souffrance* (1919), toutes deux employées de maison, expriment avec encore plus de profondeur le chagrin et la foi d'Angéline de Montbrun. Portée par le courant littéraire de l'époque et influencée par l'*Histoire du Canada* de François-Xavier GARNEAU, Conan a écrit trois romans historiques: dans *À l'œuvre et à l'épreuve* (1891), Charles Garnier, le héros chrétien, renonce à son amour de jeunesse pour se faire jésuite et mourir en martyr; dans *L'Oublié* (1900), Lambert Closse se plie au devoir familial mais connaît tout de même une mort héroïque pour la patrie; *La Sève immortelle* (1925) dépeint le courage de deux jeunes gens qui renoncent aux amours étrangères pour s'unir l'un à l'autre et servir la patrie.

Gabrielle Poulin

Angers, François-Albert (Québec, 21 mai 1909). Après des études primaires au collège du Sacré-

Cœur de Montmagny et deux années préparatoires, en 1928, il s'inscrit à l'École des hautes études commerciales de Montréal. Son mémoire de fin d'études – le meilleur de la promotion – a pour titre: «La théorie quantitative de la monnaie et les variations de prix au Canada». Il lui vaut le prix Webster. Le directeur des HEC, Henri Laureys, lui fait obtenir de Québec une bourse pour étudier en Europe. Angers arrive à Paris à la fin de l'été de 1935 et s'inscrit à l'École libre des sciences politiques, section économique. Après les manifestations violentes des groupes d'extrême-droite, au cours des années antérieures, le Front populaire de Blum vient de prendre le pouvoir. Au printemps de 1937, Angers sort premier de sa promotion, «major» comme on dit en France. Il rentre alors à Montréal pour travailler à *l'Actualité économique* auprès d'Esdras MINVILLE, et servir d'assistant à Henri Laureys pour ses cours sur le commerce international des grandes matières premières. Nationaliste fervent, il commencera très tôt à collaborer à L'ACTION NATIONALE, et ne dédaignera pas d'y publier de vigoureux articles, parfois fortement polémiques, sur tout ce qui touchera la «question nationale». En 1949, il tirera de ses cours une «Initiation à l'économie politique», un ouvrage qui allait servir de manuel à plusieurs générations d'étudiants.

En même temps, il continuera de s'intéresser de très près aux questions monétaires. La doctrine du Crédit social commençant à être à la mode, au cours de ces années de la fin de la Crise et du début de la guerre, il démontrera, de façon magistrale, en quoi le major Douglas et ses disciples étaient dans l'erreur. Plus tard, en 1959, à la suite d'articles sur l'inflation publiés dans *l'Actualité économique*, la BANQUE DU CANADA invitera François-Albert Angers et Jacques PARIZEAU à une séance d'échange de vues sur la politique économique et la politique monétaire. Angers professait une foi solide envers les lois du marché, mais c'était en même temps un fervent partisan de la formule coopérative qu'il s'efforcera, sa vie durant, de promouvoir auprès des Québécois. Adepte des méthodes quantitatives, sauf lorsqu'il s'agira de débattre un point de doctrine, ses travaux de recherche économique s'appuieront toujours sur une solide base statistique telles les données compilées par Statistique Canada et par le Bureau de la statistique du Québec. Sa maîtrise des données quantitatives s'est manifestée, entre autres, à l'occasion de certaines recherches effectuées pour le bénéfice de la Chambre de commerce de Montréal. Mais c'est surtout dans le cadre des travaux menés pour le compte de la COMMISSION ROYALE D'ENQUÊTE SUR LES PROBLÈMES CONSTITUTIONNELS (Commission Tremblay), qu'il a pu donner toute sa mesure à cet égard. Sans sa collaboration, cette vaste enquête n'aurait jamais atteint les résultats qui ont été les siens.

Il a été membre du conseil d'administration de la SOCIÉTÉ SAINT-JEAN-BAPTISTE de Montréal et président de la Ligue d'action nationale depuis 1955.
Pierre Harvey

Anglais Les Anglais sont parmi les premiers Européens à naviguer dans les eaux canadiennes et à atteindre les côtes du Canada après les marins scandinaves du Xᵉ et du XIᵉ siècle. Les marins anglais sont même probablement venus pêcher près des côtes canadiennes avant le voyage de Jean CABOT en 1497. L'astrologue de la reine Élisabeth Iʳᵉ, le Dʳ John Dee, qui s'intéresse alors à la découverte du PASSAGE DU NORD-OUEST, obtient de l'information qui suggère que deux marchands de Bristol, Thorne et Eliot, ont atteint Terre-Neuve vers 1494.

Première possession anglaise

Au début du XVIᵉ siècle, des marchands britanniques financent plusieurs voyages et, dès 1527, le port de ST. JOHN'S devient un lieu de rendez-vous pour les bateaux de pêche. En 1583, quand sir Humphrey GILBERT vient réclamer le territoire au nom de la reine Élisabeth Iʳᵉ, il y trouve des installations de fortune érigées par des pêcheurs du Devon. Plus tard, en 1610, John Guy, également de Bristol, fonde le poste anglais bien connu de Cupers Cove, qui devient par la suite CUPIDS. C'est à partir de ce poste que la colonisation s'implante, les immigrants du sud-ouest de l'Angleterre étant deux fois plus nombreux que les Irlandais. Même aujourd'hui, Terre-Neuve demeure par ses origines la province la plus anglaise du Canada.

À cette époque, les Anglais se rendent à la baie d'Hudson par le passage du Nord-Ouest. Des capitaines célèbres de l'époque élisabéthaine se mettent en quête de ce passage, notamment Martin FROBISHER, atteint au bas du dos par une flèche inuit à Iqaluit (autrefois Frobisher Bay) en 1577. C'est en 1610 qu'Henry HUDSON pénètre dans une mer intérieure, appelée aujourd'hui la baie d'Hudson. Par la suite, la fondation de la COMPAGNIE DE LA BAIE D'HUDSON, en 1670, attire de nombreux marchands et travailleurs anglais, recrutés pour la plupart parmi les chômeurs des grandes villes. Ce sont des Anglais installés dans les forts de la compagnie autour de la baie qui mènent les expéditions d'exploration vers l'Ouest et le Nord. Parmi ceux-ci on retrouve Henry KELSEY, qui, en 1690, se rend dans les prairies canadiennes. Anthony HENDAY de son côté découvre les Rocheuses en 1754, et plus tard Samuel HEARNE, après une descente héroïque de la rivière Coppermine, atteint l'océan Arctique en 1771-1772.

Origines Les personnes de descendance anglaise viennent soit directement d'Angleterre, soit des colonies américaines. Dans le premier cas, leur motivation est surtout d'ordre économique. Au début du XIXᵉ siècle, l'Europe est peuplée de chômeurs, et, parmi les classes moyenne et favorisée, fils cadets et officiers mis en congé sont souvent incapables de maintenir le train de vie que commande leur rang. Vers la fin de la colonisation des PRAIRIES OCCIDENTALES, beaucoup d'immigrants anglais sont attirés par l'offre de concessions de terres.

Quant aux immigrants américains d'origine britannique, les raisons qui les poussent à quitter les États-Unis sont avant tout d'ordre politique, la plupart étant LOYALISTES. Certains Anglo-Américains toutefois émigrent vers le Haut-Canada et plus tard vers les Prairies à cause des débouchés qu'offre l'agriculture. À l'exception des liens particuliers entre Terre-Neuve et les comtés de Devon et de Dorset dans l'ouest de l'Angleterre, aucune région de ce pays ne contribue plus particulièrement qu'une autre à peupler le Canada. Les immigrants viennent de partout, de la ville comme de la campagne.

Migration Parce que l'Angleterre est le centre de l'Empire britannique, et par définition la «mère patrie» du Canada anglais, beaucoup d'Anglais, du moins jusqu'en 1867, remplissent des postes de fonctionnaires et de militaires. Ceux-ci, une fois relevés de leurs fonctions, restent au Canada. Ainsi, en 1871, quand la Colombie-Britannique entre dans la Confédération, presque tous les fonctionnaires sont Anglais ou Anglo-Irlandais.

L'immigration au pays commence véritablement dans les colonies de l'Atlantique, avec la fondation de HALIFAX en 1749. Les deux tiers de ses 3000 habitants sont des Anglais basés à cet endroit pour faire contrepoids à la force française de LOUISBOURG. À la prise de Louisbourg en 1758, de Québec en 1759 et lors du Traité de PARIS en 1763, la Nouvelle-France devient une autre colonie britannique. Peu après, dans les années 1760, des fermiers de descendance anglaise de la Nouvelle-Angleterre commencent à s'installer autour de la baie de Fundy sur d'anciennes terres acadiennes. Au début des années 1770, un groupe originaire du Yorkshire s'établit dans le nord de la Nouvelle-Écosse. Par la suite, en 1784, à la fin de la Guerre d'Indépendance des États-Unis, des loyalistes viennent vers le nord et forment une nouvelle province, le Nouveau-Bruns-

wick. Sa population est surtout de descendance anglaise, à l'exception des Acadiens revenus après la déportation.

Certains loyalistes vont vers la région qui deviendra le Haut-Canada en 1791. À la suite des guerres napoléoniennes, un grand nombre d'Anglais d'Angleterre, victimes des effets d'un chômage chronique et de salaires à la baisse, viennent se joindre à eux. En 1819, la moitié des sujets britanniques qui voguent vers l'Amérique du Nord britannique sont des Anglais des îles Britanniques. Beaucoup d'entre eux sont appuyés par l'État. Les autorités impériales qui espèrent reproduire, au moins partiellement, les classes sociales britanniques, et établir une certaine aristocratie au Canada, concèdent des terres à d'anciens officiers ainsi qu'à des membres de la bourgeoisie.

On octroie aussi de larges bandes de terre à des sociétés lucratives, comme la CANADA COMPANY, à condition d'y amener des Anglais aptes à devenir de bons colons. Contrastent avec cela les pratiques selon lesquelles les paroisses anglaises envoient au Canada des indigents victimes de mauvaises récoltes et de la récession, dépourvus des moyens et des talents nécessaires à la colonisation.

Cette vague d'immigration prend fin en 1851, et après une émigration considérable vers les États-Unis, il reste finalement quelque 93 000 personnes nées en Angleterre dans le Canada-Ouest (Ontario), soit le dixième de la population. Les Écossais sont presque aussi nombreux (90 000) et les Irlandais (227 000) les dépassent largement.

On relève par la suite au moins trois autres grandes vagues d'immigration anglaise. Après la Confédération, des orphelins et des élèves d'écoles industrielles et d'écoles qui dépendent de l'assistance publique, reçoivent un passage gratuit pour le Canada, où ils sont pris en tutelle par différentes sociétés. Entre 1867 et les années 1920, des milliers d'enfants britanniques, dont la plupart sont anglais, sont dispersés à travers le Canada (*voir* ENFANTS IMMIGRANTS).

Ouverture des Prairies Entre 1890 et 1914, à l'ouverture des provinces des Prairies, on assiste à une arrivée massive de colons anglais. En 1901, ils sont moins de 10 000, mais en 1906, trois ans après l'ouverture d'un bureau d'immigration au centre de Londres, ils sont 65 000 à immigrer. En 1913, ils atteignent le nombre record de 113 004. Bien que le gouvernement britannique, en vertu de l'*Empire Settlement Act* (1922), aide 130 000 immigrants britanniques à s'établir au Canada après la Première Guerre mondiale, leur nombre n'augmente véritablement qu'après la Seconde Guerre mondiale. En 1947, plus de 7000 Anglais émigrent au Canada, dont de nombreux ouvriers spécialisés, des artisans et des techniciens. En 1957, le chiffre atteint 75 546, pour diminuer à 43 000 en 1967.

Origines

En raison de l'immigration, pendant de nombreuses années, une grande partie de la population du Canada était née en Angleterre. Entre 1871 et 1901, près de 22 p. 100 des résidants canadiens sont nés en Angleterre. En 1911, 25 p. 100 de la population déclare l'Angleterre comme lieu de naissance, chiffre qui approche les 30 p. 100 en 1921. Après la Seconde Guerre mondiale, la population du Canada née en Angleterre diminue, en chiffres absolus et relatifs. En 1981, lors du recensement, on enregistre un peu moins de 4 p. 100 de Canadiens nés au Royaume-Uni, statistique qui englobe alors les personnes nées en Angleterre.

Même si Statistique Canada ne fait plus de distinction entre les immigrants anglais et britanniques dans ses recensements, on sait que tout au long de l'histoire du pays, les Anglais ont constitué le groupe ethnique majoritaire parmi les immigrants britanniques. Des 4657 immigrants britanniques entrés au Canada en 1984, 3516, soit 75 p. 100, viennent d'Angleterre. Ces dernières années, le nombre d'immigrants britanniques, comparé aux groupes d'immigrants autres que britanniques, a diminué et le nombre d'immigrants anglais a diminué en conséquence. Dans les années 50, près de 30 p. 100 des immigrants au Canada viennent de Grande-Bretagne. Dans les années 70, les immigrants britanniques, surtout anglais, représentent 13 p. 100 de l'immigration au Canada. Dans les années 80, la proportion des immigrants britanniques, majoritairement anglais, tombe à 7,5 p. 100 et dans les années 90 en dessous de 4 p. 100. Malgré un déclin dans le nombre d'immigrants, la représentation anglaise demeure importante. Au recensement de 1996, 2 048 275 personnes, soit 7 p. 100 de la population canadienne, se déclarent d'origine anglaise et 4 783 820 personnes, soit 17 p. 100, déclarent anglais dans la catégorie «multiples origines» (anglaise et une ou plusieurs origines).

Mode de peuplement Toutes proportions gardées, l'immigration anglaise a été la plus importante à Terre-Neuve, en Colombie-Britannique et aux Maritimes, puis en Ontario un peu plus tard. Au Québec, on retrouve les Anglais principalement dans les enclaves de Montréal et des Cantons de l'Est. Mais peu importe où ils s'installent, exception faite du Québec, ils s'intègrent rapidement à la communauté locale, principalement parce qu'ils n'ont pas à apprendre une nouvelle langue et qu'ils ne rencontrent à peu près pas de préjugés. Les excès d'anglophobie sont tellement rares que les avis «Anglais, s'abstenir de postuler» qu'on pouvait voir au début des années 1900 dans l'Ouest font partie de la légende des Prairies comme curiosité historique.

Le ressentiment populaire à l'égard des Anglais et en réalité contre tout immigrant s'accentue en période de récession. Durant celle du début du siècle, le gouvernement est aussi intraitable avec les Anglais qu'avec les autres immigrants. Des quelque 1800 personnes déportées en 1908, 1100 sont renvoyées dans les îles Britanniques. On rencontre quelques colonies rurales constituées uniquement d'Anglais, qui se regroupent surtout parce qu'ils appartiennent à la même classe sociale ou partagent les mêmes opinions, et non parce qu'ils sont de même nationalité. Une des premières formées est une colonie de gentilshommes anglais, fondée en 1882, à CANNINGTON MANOR, en Saskatchewan. Une des dernières, à la frontière de l'Alberta et de la Saskatchewan, est la colonie Barr (*voir* BARR, COLONS DE).

Vie économique Les Anglais se retrouvent à tous les niveaux de la vie économique canadienne. Ils sont omniprésents au sein des gouvernements. Ils se partagent le contrôle des entreprises canadiennes avec les ÉCOSSAIS, non seulement dans les parties anglophones du Canada, mais aussi à Montréal (*voir* ÉLITES; ÉLITE DU MONDE DES AFFAIRES). Depuis la création des forces armées canadiennes, l'état-major est principalement formé d'officiers de descendance anglaise.

Les premières vagues d'immigration anglaise contribuent à peupler en grand nombre les régions rurales d'agriculteurs et les villes d'artisans spécialisés. Toutefois, après la Seconde Guerre mondiale, ce sont aussi des professionnels, des techniciens et des artistes qui arrivent. Ils apportent une contribution appréciable à de nombreuses institutions canadiennes, notamment à l'ONF, à la SRC et au Conseil des Arts du Canada, ainsi qu'au Ballet national et au festival de Stratford.

Vie sociale et culturelle C'est peut-être parce qu'ils sont largement disséminés à travers le Canada et qu'ils se considèrent comme un peuple fondateur que les Anglais sont moins portés à défendre la mentalité de clan que les personnes appartenant à d'autres groupes. Le noyau familial facilite l'affirmation de leur identité. La proportion hommes-femmes d'origine anglaise avant la Première Guerre mondiale est de 5 pour 3. Pour les autres ethnies, elle est de 5 pour 1. L'association culturelle anglaise la

plus importante est la «Sons of England», qui compte 40 000 membres canadiens en 1913. Les loges, formées au Canada, sont habituellement dirigées par des Anglais fortunés, des professionnels, des ministres du culte et d'anciens officiers, tous de l'élite locale.

Le soutien le plus important au maintien des traditions est la soirée appelée «At home» qui s'inspire du music-hall anglais. Au cours de ces soirées, les Sons ou «fils d'Albion» se doivent d'être émus par des chansons patriotardes, de pleurer à l'évocation de la mère patrie, de savourer la bière brune tiède et de reprendre leurs dialectes régionaux. En qualité d'association vouée au bien commun, les Sons organisent des réceptions pour accueillir les nouveaux venus, fournissent des services médicaux et paient des indemnités de chômage et d'invalidité.

Souvent perçus comme xénophobes par les autres groupes ethniques, les Anglais ont la réputation d'être travailleurs. Au Canada, afficher ses origines anglaises offre le double avantage de s'accorder un statut et d'augmenter considérablement ses chances d'emploi. Des sociétés comme La compagnie T. EATON ltée poussent la partialité jusqu'à faire venir des Anglais de Londres pour travailler dans leurs magasins et leurs fabriques. Le Canadien Pacifique a même recours au syndicat des travailleurs de l'acier en Grande-Bretagne pour recruter de la main-d'œuvre.

À l'inverse des Écossais et des Irlandais, les Anglais ne commémorent à peu près pas leur fête nationale. Il n'y a qu'à Terre-Neuve où la fête de St. George est célébrée avec respect. Ils ne maintiennent que peu d'organismes pour entretenir les liens du groupe, bien que diverses activités contribuent à définir l'identité anglaise. Le téléroman anglais diffusé depuis longtemps, Coronation Street, est l'une des émissions-piliers de la CBC qui a suscité la formation de groupes de passionnés dans beaucoup de villes canadiennes. Au fil des générations, les accents associés aux différentes classes sociales en Angleterre se sont fondus dans le langage canadien et les clivages très apparents de la vieille société se sont estompés. Les classes qui divisent les descendants anglais au Canada sont établies en fonction de la fortune plutôt que de la naissance. Les enclaves anglaises snob de WESTMOUNT et de VICTORIA ont disparu. Tout comme cet autre phénomène typiquement anglais que constituaient les nombreux Remittance Men, soit les fils ineptes de familles fortunées qu'on payait pour demeurer au Canada. Beaucoup d'entre eux ont perdu la vie au cours de la Première Guerre mondiale. Les autres ont finalement disparu quand les restrictions monétaires ont mis fin à leurs subventions durant la Seconde Guerre mondiale.

Nombre d'institutions canadiennes, dont certaines très importantes, ont été profondément influencées par le modèle anglais. Elles sont encore largement soutenues par les Canadiens de souche anglaise. Les institutions démocratiques et la COMMON LAW d'inspiration anglaise et britannique sont les contributions les plus importantes de la Grande-Bretagne à l'héritage canadien.

Le système parlementaire, selon lequel le Cabinet gouverne le pays et est directement responsable devant le Parlement, constitue une extension du système de Cabinet britannique implanté au temps de la colonie et inscrit dans l'*Acte de l'Amérique du Nord britannique, 1867*. Au chapitre du DROIT, neuf provinces canadiennes appliquent une forme de droit civil qui repose largement sur la Common Law anglaise, à l'exception du Québec qui conserve le DROIT CIVIL français. Le système judiciaire a aussi été établi en fonction du modèle anglais.

Une autre institution qu'on retrouve dans toutes les villes canadiennes est un cercle très fermé, une réplique des clubs du West End de Londres fréquentés par les hommes d'affaires et les membres des professions libérales. Jusqu'à récemment, plusieurs

étaient réservés aux hommes anglo-saxons, tout comme leurs pendants anglais. Ces clubs nous viennent d'un système de division des classes sociales aujourd'hui modifié pour tenir compte de la fortune plutôt que des origines. L'ÉCOLE PRIVÉE s'inspirant du «public school» anglais est une autre institution exclusive. Les Anglais maintiennent les écoles privées au Canada non pour préserver leur culture, mais pour assurer de cette façon la transmission du système traditionnel des classes.

L'Église anglicane, autrefois la «Church of England in Canada», est probablement la plus importante des institutions typiquement anglaises implantées sans modification majeure (*voir* ANGLICANISME). Près de 50 p. 100 des Canadiens de descendance anglaise y adhèrent. Les autres appartiennent à l'Église unie, et à d'autres sectes protestantes de moindre importance. Enfin, une petite minorité est catholique. Des institutions comme la CROIX-ROUGE et les SCOUTS et GUIDES sont aussi d'origine anglaise.

Enfin, les travailleurs anglais apportent avec eux leurs traditions syndicalistes et leur démocratie sociale. Les syndicalistes de Grande-Bretagne forment l'élite du mouvement ouvrier au Canada. En 1965, plus de 70 p. 100 des postes de haut niveau dans les syndicats canadiens sont occupés par des personnes de descendance britannique, surtout anglaise. En 1990, près de 50 p. 100 des dirigeants des syndicats sont d'ascendance britannique. Le syndicalisme canadien, tel que nous le connaissons aujourd'hui, est une forme hybride des syndicats américains et britanniques, et son militantisme relève de son héritage anglo-écossais. Sur le plan politique, le Canada diffère des États-Unis, car il possède un parti, le NOUVEAU PARTI DÉMOCRATIQUE, autrefois CO-OPERATIVE COMMONWEALTH FEDERATION, social-démocrate. Il a été fondé par des Anglais, des Gallois et des Écossais, inspirés par le modèle du British Independant Labour Party et plus tard par le Parti travailliste. Depuis ses origines, le NPD fonctionne davantage comme un parti anglo-écossais que comme un parti américain. Sa structure, cellules de circonscriptions associées à des syndicats, est la copie de celle du Parti travailliste anglais.

L'activité culturelle anglaise se répand principalement à cause de la prédominance de la langue anglaise partout au Canada, sauf au Québec, et dans le nord-ouest du Nouveau-Brunswick. Cela se manifeste particulièrement dans la littérature. L'influence de la tradition et des modèles anglais marque profondément le Canada, et ce n'est qu'avec la génération actuelle qu'une écriture véritablement canadienne-anglaise se manifeste. Il n'y a jamais eu de littérature distincte écrite par des auteurs anglais pour préserver ou décrire la culture anglaise du Canada, comme il y a eu des écrivains islandais pour protéger la culture islandaise. Une fois de plus, la conviction des Anglais d'appartenir à la culture dominante empêche le particularisme. Les auteurs qui émigrent d'Angleterre se taillent rapidement une place au Canada. Tout en contribuant à la création d'une littérature canadienne, la tradition anglaise s'ajuste librement à son nouveau milieu nord-américain.

George Woodcock

Anglicanisme Tradition du CHRISTIANISME dont les membres sont en totale communion avec le siège de Canterbury (Angleterre). D'abord limitée aux îles Britanniques, l'Église d'Angleterre se répand ensuite dans presque toutes les régions du monde; elle compte, selon les chiffres les plus récents, environ 2,2 millions de fidèles au Canada (rec. 1991).

Fidélité à la tradition catholique primitive L'anglicanisme se considère fidèle à la tradition catholique primitive et s'appuie grandement sur les Écritures. Il a comme ministres des évêques, des prêtres et diacres qui descendent des apôtres par une succession ininterrompue. Il s'ordonne autour de sacrements et reconnaît une tradition ecclésiale, qui est toutefois exempte des excès et superstitions du

Moyen Âge. Tout en étant catholique à ces égards, l'anglicanisme est tributaire de la Réforme du XVIe siècle. On le désigne parfois comme une confession «protestante», mais cela porte à confusion, car ce terme s'applique aussi aux groupes dépourvus d'autorité épiscopale qui sont apparus à l'époque de la Réforme. En Écosse, aux États-Unis et ailleurs, les anglicans sont aussi appelés «épiscopalien».

La théologie et la liturgie anglicanes s'inscrivent dans la tradition gréco-gallicane: l'anglicanisme insiste sur les relations communautaires et l'amour fraternel plutôt que sur le conformisme légaliste qui prime dans la tradition latine (catholique romaine). Il se préoccupe de refaire l'unité de la foi chrétienne et participe depuis longtemps à ce qu'on appelle aujourd'hui les rencontres œcuméniques. Au Canada, des pourparlers vers la fin du XIXe siècle entre diverses confessions protestantes, auxquels les anglicans ne participent pas, annoncent la formation de L'ÉGLISE UNIE DU CANADA en 1925. Pendant les années 40, les anglicans entament toutefois des discussions avec l'Église unie auxquelles L'ÉGLISE CHRÉTIENNE (DISCIPLES DU CHRIST) prend part depuis 1969.

«Le plan d'union» Il propose que les confessions protestantes acceptent la structure épiscopale et on tente de résoudre les divergences théologiques. Sur le plan pratique, une certaine coopération se manifeste par l'adoption d'un calendrier et d'un livre de cantiques communs. Au début des années 70, toutefois, l'enthousiasme est tombé et l'Église anglicane se retire officiellement des négociations parce que les confessions sans autorité épiscopale n'ont pas compris qu'elle n'est pas un simple groupe protestant.

Les possibilités d'entente sont meilleures entre l'anglicanisme et l'Église romaine, mais elles sont entravées par des divergences doctrinales et, depuis le premier concile du Vatican (1870), par le refus de Rome de reconnaître les ordinations anglicanes. La Commission internationale anglicane-catholique romaine publie en 1981 un rapport sur la première étape de ses délibérations; ce document indique la possibilité d'un accord sur l'Eucharistie, les ordinations et la nature de l'autorité dans l'Église. Les pourparlers se poursuivent en 1987 sur les points de désaccord restants et les moyens pratiques d'aboutir à une réconciliation, mais l'ordination de femmes par certaines Églises anglicanes ne favorise pas le rapprochement.

Anglicanisme moderne La religion anglicane a deux livres fondamentaux: la Bible et le *Livre des prières publiques*. Elle estime que la Bible est la source et l'origine de la vérité chrétienne, mais aussi qu'il appartient à l'Église de l'interpréter; la tradition est un élément important pour la comprendre. Les exégètes anglicans contribuent grandement à l'avancement des études bibliques. Par ailleurs, le culte anglican est fondé sur la liturgie. Le premier livre des prières, publié en 1549, dont l'archevêque Thomas Cranmer est le principal auteur, est une compilation d'anciennes prières bibliques et catholiques. L'influence de Cranmer est encore visible dans les versions révisées actuellement en usage dans le monde entier. On compare parfois le *Livre des prières publiques* à une adaptation de la Bible aux fins du culte. Le mouvement liturgique du XXe siècle a eu une profonde influence sur l'anglicanisme comme sur toutes les autres Églises qui ont une liturgie.

Au Canada, comme dans d'autres communautés anglicanes, le *Book of Alternative Services* s'est ajouté au livre des prières et devrait servir éventuellement à la rédaction d'une nouvelle version du *Livre des prières publiques*. L'anglicanisme met l'accent sur le ministère de la Parole et des sacrements. L'Eucharistie est en théorie, et de plus en plus en pratique, le principal office du dimanche. Il existe une certaine tension entre une tendance qui insiste sur l'Écriture et une autre qui insiste sur les sacrements: le courant évangéliste (Basse Église) met en valeur le ministère de la Parole et l'expérience religieuse personnelle, alors que le courant catholique (Haute Église) considère l'Église comme une société divine, qui est le Corps du Christ et qui dispense la grâce de Dieu par les sacrements.

Tradition de souplesse La théologie anglicane a toujours été marquée par la souplesse; c'est pourquoi le monde ne semble pas avoir toujours perçu l'anglicanisme de la même façon. Toutefois, du fait qu'il laisse place à de fortes différences d'interprétation et d'usages, les schismes ont été rares. Les dissidents de la première vague, soit les congrégationalistes (*voir* ÉGLISES CONGRÉGATIONALISTES) et les ANABAPTISTES (y compris ceux qui se nommeront plus tard les BAPTISTES), ne représentent pas tant un désengagement par rapport à l'anglicanisme qu'une divergence doctrinale face au catholicisme en général. La dissidence la plus marquante de la deuxième vague est le MÉTHODISME, dont les différences tiennent moins à la doctrine qu'aux pratiques et au fonctionnement; le schisme est attribuable à l'incompréhension et à l'intransigeance de part et d'autre.

Les seuls schismes à signaler plus récemment sont celui du mouvement épiscopal réformé au XIXe siècle et celui du groupe anglo-catholique au XXe siècle. L'Église épiscopale réformée, fondée en 1843 aux États-Unis en guise de protestation contre le «ritualisme», s'implante l'année suivante en Angleterre sous le nom de «Free Church of England» et à peu près en même temps au Canada, surtout en Ontario et en Colombie-Britannique. Elle est nettement dans le courant évangéliste et s'oppose fortement à ce qu'elle qualifie de tendances romanisantes. Elle disparaît presque entièrement au XXe siècle.

L'Église anglo-catholique, qui acquiert un petit nombre d'adeptes au Canada, est le fruit d'une réaction contre ce qu'elle considère comme une libéralisation de l'Église épiscopale aux États-Unis dans les années 70. Elle s'objecte particulièrement aux projets de révision du livre des prières et à l'ordination des femmes, qui est l'un des changements importants de l'anglicanisme moderne. Des femmes sont admises aux synodes dans les années 50 et au sacerdoce en 1976. Le clergé compte 176 femmes en 1987 et 368 en 1993. Aucune femme n'a encore été élue évêque. La très révérende Victoria Matthews est élue et consacrée évêque suffragante de Toronto en 1993.

Les anglicans se sont toujours intéressés à l'éducation et ont travaillé à la fondation et au soutien d'écoles et de collèges. Beaucoup d'universités canadiennes sont d'origine anglicane ou reçoivent un soutien important de la part des anglicans.

Histoire canadienne

La première célébration connue d'un office dans le Canada actuel est présidée par Robert Wolfall, aumônier de l'expédition de sir Martin FROBISHER, à Frobisher Bay (aujourd'hui Iqaluit), le 2 septembre 1578. L'anglicanisme se répand par la suite grâce à l'immigration en provenance des îles Britanniques et à l'arrivée des LOYALISTES, dont beaucoup sont anglicans, après la Révolution américaine. Dans les colonies britanniques, il est implicitement admis qu'en l'absence de disposition législative contraire l'Église d'Angleterre est l'Église établie ou «officielle» et que les mêmes privilèges et les mêmes restrictions que dans la mère patrie s'appliquent. Ce n'est pas toujours ce que les autorités et les gens en général comprennent, surtout les non-anglicans. Le statut d'Église établie est une question épineuse, vivement débattue pendant toute l'histoire ancienne du Canada (*voir* RÉSERVES DU CLERGÉ). La législation de la Nouvelle-Écosse au XVIIIe siècle n'a pas pour but d'«établir» l'Église d'Angleterre, car cela va de soi, mais d'assurer aux protestants la liberté de culte et d'exclure les catholiques romains. Le statut d'Église établie s'accompagne de certaines responsabilités, comme la célébration et l'enregistrement des baptêmes, des mariages et des sépultures, qui sont importantes à une époque où le gouvernement ne s'occupe pas encore de l'inscription aux registres d'état civil. Ce n'est pas dire que l'Église a un pouvoir coercitif qui lui permet d'obliger l'État à l'appuyer ni que l'État lui accorde des avantages financiers.

Au début, l'Église n'a pas d'organisation locale au Canada: les membres du clergé anglican sont envoyés par les sociétés missionnaires ou sont aumôniers militaires. Conformément au principe de l'Église établie, c'est le gouverneur qui est ordinaire (chef de l'Église) et qui prend les décisions administratives nécessaires comme l'affectation de pasteurs aux paroisses, la délivrance de permis de mariage; il n'a pas de pouvoirs sacramentels ou ecclésiastiques.

Travail missionnaire Les organismes ci-après travaillent à l'œuvre missionnaire: la Society for the Propagation of the Gospel, fondée en 1701 comme prolongement de la Society for Promoting Christian Knowledge, créée en 1698; la Church Missionary Society, fondée en 1799; et la Colonial and Continental Church Society (CCCS), mise sur pied en 1838. Les deux premières effectuent tout le travail missionnaire anglican chez les peuples autochtones en Amérique du Nord britannique jusqu'à ce que la Missionary Society of the Church soit constituée au Canada en 1905, et elles continuent d'en assumer une grande partie jusqu'en 1940. La CCCS est une société évangélique dont le ministère vise surtout les colons. Son œuvre la plus considérable par ailleurs est le soutien d'un établissement de formation du clergé, l'Emmanuel College de Saskatoon, de 1914 à 1954.

Le premier évêché anglican d'Amérique du Nord britannique est celui de la Nouvelle-Écosse, fondé en 1787, dont l'évêque est le loyaliste Charles Inglis. Malgré son titre d'évêque de la Nouvelle-Écosse, son territoire inclut Terre-Neuve, les Bermudes, l'Île-du-Prince-Édouard, le Bas-Canada et le Haut-Canada. Sa charge est allégée en 1793 par la création du diocèse de Québec, dont Jacob MOUNTAIN est nommé évêque. Le diocèse de Québec est divisé de nouveau en 1839 lorsque John STRACHAN devient le premier évêque de Toronto. Celui-ci est un personnage original, parfois controversé, qui joue un rôle important dans les milieux ecclésiastique, politique et éducatif de son époque. Il est le véritable fondateur de l'U. de Toronto et de l'U. de Trinity College, à Toronto. Pendant son épiscopat, son diocèse est divisé pour former les diocèses d'Huron et d'Ontario. En 1860, les six diocèses (Nouvelle-Écosse, Québec, Toronto, Fredericton, Montréal et Huron) se concertent pour former le synode provincial de l'Église d'Angleterre et d'Irlande au Canada.

Organes législatifs et administratifs Le synode général de l'Église d'Angleterre au Canada est constitué en 1893 et tient ses premières séances en septembre au Trinity College de Toronto. Le synode général est un organisme législatif et administratif composé de membres du clergé et de laïcs de chaque diocèse. L'évêque qui le préside reçoit le titre de primat du Canada.

Le synode provincial de la TERRE DE RUPERT est formé en 1875. Le diocèse de la Terre de Rupert existait déjà depuis 1849 et avait eu David Anderson comme premier évêque. Pendant l'épiscopat de son successeur, Robert MACHRAY, le diocèse est divisé pour former les diocèses de Moosonee (1872; John Horden, premier évêque), de Saskatchewan (1874; John McLean) et d'Athabasca (1874; William Carpenter BOMPAS). Dans chaque province, un évêque est élu primat et on décide en 1893 de lui donner le titre d'archevêque.

En 1912, les diocèses de la province civile d'Ontario (Toronto, Huron, Ontario, Niagara, Ottawa et Algoma) sont séparés de la province du Canada pour former la province ecclésiastique d'Ontario. En 1914, les diocèses de Colombie-Britannique, encore dépourvus de structure provinciale, se regroupent pareillement pour former la province ecclésiastique de la Colombie-Britannique. Aujourd'hui, l'Église anglicane du Canada (nom qu'elle adopte en 1955) compte 30 diocèses répartis en 4 provinces, dont chacune a un évêque métropolitain. Son drapeau porte la croix de Saint-George rouge et une feuille d'érable verte dans chaque quartier.

Tension entre vie spirituelle et action sociale Au XIXᵉ siècle, les missionnaires anglicans confondent souvent évangélisation et acculturation; ils supposent implicitement qu'être anglican équivaut à être Anglais, ce qui donnera lieu à des difficultés plus tard. Au cours du XXᵉ siècle, l'écart entre les exigences de la vie spirituelle et celles de l'action sociale donne lieu à des tensions. L'Église s'est toujours préoccupée des personnes démunies; en Angleterre, elle est pendant nombre d'années le seul organisme de secours des pauvres. En 1908, un comité de la réforme morale et sociale (qui devient ensuite le conseil du service social) est formé par le Synode général de l'Église anglicane du Canada. Il travaille pendant longtemps à éveiller et faire connaître la conscience sociale des anglicans du Canada. Les structures organisationnelles nationales sont modifiées, mais l'Église continue de s'occuper activement de questions sociales comme l'AVORTEMENT et le CONTRÔLE DES NAISSANCES, les problèmes sociaux et économiques, le MOUVEMENT PACIFISTE et les droits des autochtones. Bien que ces activités soient largement appuyées, certains membres craignent que l'Église ne soit en danger de dévier de sa mission et de mal l'interpréter: le bien-être économique ne mène pas nécessairement au Royaume de Dieu.

F.A. Peake

Anglin, Margaret, actrice (Ottawa, 3 avril 1876—Toronto, 7 janv. 1958). Fille de Timothy W. ANGLIN, président de la Chambre des communes, elle naît dans les appartements du président. En 1894, elle fait ses débuts en tant qu'actrice dans *Shenandoah*, à New York. Elle connaît ses premiers succès en interprétant Roxanne dans *Cyrano de Bergerac* (1898), dans le rôle-titre de *Mrs. Dane's Defence* et dans *The Great Divide* (1906). Margaret Anglin fonde sa propre compagnie de théâtre classique en 1913 et joue les personnages de Viola, de Rosalind et de Cléopâtre de Shakespeare. Elle incarne aussi avec dynamisme Antigone, Médée, Électre et Iphigénie du répertoire de la tragédie grecque. Elle prend sa retraite après *Watch on the Rhine* (1943). Elle a fait une tournée en Australie et a souvent joué au Canada.

David Gardner

Anglin, Timothy Warren, journaliste et politicien (Clonakilty, comté de Cork, Irlande, 31 août 1822—Toronto, 3 mai 1896). Formé en IRLANDE, dans un milieu catholique et de classe moyenne, Anglin émigre au Canada en 1849, à la suite de la Grande famine. À Saint-Jean, au Nouveau-Brunswick, il fonde un journal, le *Freeman* dans lequel il fait valoir et défend les droits des Irlandais catholiques pendant trois décennies.

Élu à l'Assemblée législative du Nouveau-Brunswick en 1861, il mène contre la CONFÉDÉRATION une campagne habile initialement couronnée de succès. En 1865, il devient membre du cabinet du gouvernement du Nouveau-Brunswick opposé à la Confédération. Les tenants de la Confédération mènent une campagne diffamatoire, mais efficace, contre Anglin et ses partisans qu'ils accusent de déloyauté. Après la Confédération, Anglin accepte le nouvel ordre politique et, de 1867 à 1882, il est député au Parlement d'Ottawa et un membre éminent du Parti réformiste (libéral).

Dans le gouvernement d'Alexander Mackenzie (1873-1878), Anglin est président de la Chambre des communes. Il s'intéresse à divers enjeux politiques, particulièrement aux questions religieuses et ethniques, comme celle des écoles au Nouveau-Brunswick pendant les années 1870. Déménagé à Toronto en 1883, il poursuit de façon plus effacée ses activités journalistiques et politiques.

Anglin élève une famille aux nombreux talents. Son fils, Frank, devient juge en chef de la Cour suprême du Canada et sa fille, Margaret, une actrice de réputation internationale. Chef de file éloquent et combatif des Irlandais catholiques, Anglin contribue beaucoup à l'intégration de cette communauté à la société canadienne.

William M. Baker

Anglo-Québécois Le Québec anglais est le produit d'une histoire bien particulière qui fait en sorte que ses origines, aussi bien que sa destinée, sont à la fois indissociables de celle du Québec français et de celle du Canada tout entier. Cette imbrication géopolitique dynamique se manifeste, entre autres, dans le fait que la notion de «Québec anglais» n'existait même pas il y a à peine 40 ans. Jusqu'aux années 60 le Québec était habité par des Canadiens anglais et français (pour parler du peuplement européen) et non par des Anglo- ou Franco-Québécois; et, auparavant, par des «Canadiens» francophones indigènes et des «Anglais» immigrants et proches descendants d'immigrants britanniques.

Évidemment, pour l'Anglo-Québec tout a commencé par la conquête de 1759. Parmi les Britanniques ou Américains qui s'y sont établis émergent deux camps politiques: «le parti des anglais» qui veut la suppression de toute particularité sociale, culturelle ou légale pour fondre les habitants de la nouvelle colonie dans un tout anglais, où il n'y aurait pas d'obstacle au commerce ou aux libertés individuelles, et «le parti des français» (*sic*) convaincu de l'intérêt de conserver la particularité culturelle de la société québécoise. Les premiers sont surtout des commerçants ou des aventuriers américains qui préconisent – à titre de mesure extrême – l'annexion avec les États-Unis; tandis que les derniers sont principalement administrateurs coloniaux ou officiers militaires, surtout d'origine anglo-irlandaise ou écossaise; leur chef de file est Guy Carleton (lord Dorchester).

Heureusement, «le parti des français» prévaut et trouve consécration impériale de sa perspective dans l'Acte de Québec de 1774 dont les dispositions sont, à son avis, nécessaires pour éviter de répéter l'erreur irlandaise de «l'ascendance protestante». L'Acte de Québec provoque l'invasion américaine de 1774-1775, au cours de laquelle les nouveaux sujets (les Canadiens) et les anciens (les Anglais), ensemble, à Québec, repoussent l'envahisseur vainqueur jusque-là. Cette victoire militaire rend possible l'émergence, un siècle plus tard, du Canada que nous connaissons. De cet itinéraire historique, réaffirmé pendant la guerre de 1812-1814, est né le Canada des deux nations fondatrices: le Canada anglais et le Canada français.

Pendant un siècle, de 1763 (Proclamation du Québec) à 1867 (Confédération du Canada), une population anglaise s'établit au Québec qui est massivement britannique (irlandaise, écossaise et anglaise); on note toutefois un important peuplement d'origine américaine en Gaspésie et dans les Cantons de l'Est, qui de 2000 personnes en 1791 (date de l'Acte constitutionnel qui sépare le Québec de l'Ontario) passe à un quart de million au temps de la Confédération, dans les villes et la campagne du Bas-Canada. En ce milieu du XIXᵉ siècle, les Canadiens habitent, pour leur grande majorité, la campagne et son surtout fermiers, bien qu'une élite commerciale et industrielle, écossaise et anglo-irlandaise, commence à s'imposer à Montréal. Dès la Confédération, cette population anglo-canadienne se met à décliner en nombre et en influence au sein du Dominion du Canada.

La ruée vers les terres de l'Ouest canadien, l'hémorragie de la première grande guerre et les effets dévastateurs de la grande récession sur la fécondité conduisant à un inéluctable déclin démographique du Québec anglo-britannique. Lors de la récession de 1931 les Anglo-Québécois établis hors de Montréal sont moins nombreux qu'en 1867.

La Seconde Guerre mondiale et le sacrifice que beaucoup d'entre eux y ont fait de leur vie, sonne le glas du Québec britannique, comme d'ailleurs de l'empire tout court. À partir de 1931, le Québec anglais devient de moins en moins britannique. La population est de plus en plus diverse sur le plan ethnique et de plus en plus concentrée sur Montréal, mais grandissante en nombre, atteignant un demi-million lors de la fin de la deuxième guerre. Quant à sa culture politique, elle s'aligne sur le nouveau nationalisme canadien-anglais. La prospérité de l'après-guerre et les grands flux de l'immigration internationale et interprovinciale, le «baby-boom» des années 50 et 60 amènent cette population à un sommet de trois quarts de million en 1970. Le changement dans sa composition ethnique se reflète dans le fait qu'en 1986 seul le cinquième de cette population peut se flatter d'être «WASP» (*white Anglo-Saxon Protestant*).

À partir des années 70 le Québec anglais connaît des perturbations profondes. D'abord sur le plan de la culture politique, il se retrouve plus ou moins coupé du reste du Canada qui abandonne progressivement le nationalisme canadien-anglais et opte pour un nouveau credo politique dans lequel les droits des personnes dans un Canada multiculturel prennent de plus en plus de place, évoquant ainsi la tradition culturelle britannique (et française) qui a engendré le nationalisme canadien-anglais. Parallèlement, l'Anglo-Québec est assiégé par un nouveau mass media à contenu culturel surtout américain. Enfin, du côté de ses voisins canadien-français, les remous du «séparatisme» l'insécurisent quant à sa place au Québec.

Il s'ensuit un «exode» et un déclin de l'immigration et de la migration des autres provinces pendant les années 70 et 80, qui ramènent la population anglo-québécoise de son sommet de trois quarts de million à son niveau d'après-guerre de un demi-million. Un sentiment d'exclusion et d'insécurité culturelle s'est installé.

Plusieurs changements sociaux et culturels se sont opéré qui transforment le milieu. Il y a d'abord une modification des équilibres au sein de la structure de classes sociales, qui se creuse en son milieu, la classe moyenne voyant, p. ex., au cours des années 70, jusqu'à la moitié de ses jeunes partir une fois leur diplôme en poche. Cette bipolarisation, entre une classe moyenne supérieure (professionnels p. ex.) et une classe ouvrière et agricole, se manifeste, d'une façon caricaturale, dans ce qui se passe au Manoir Hovey, un prestigieux hôtel au bord du lac Memphrémagog dans les Cantons de l'Est: les travaux domestiques (entretien, ménage, plonge) sont acquittés par des anglophones; le propriétaire et une bonne partie de la clientèle sont aussi anglophones; tandis que les emplois d'administration et de direction ainsi que les emplois de prestige auprès des clients (maître d'hôtel, barman et serveuse) sont tenus par des francophones. Cette bipolarisation sociale de la population anglo-québécoise est surtout flagrante – comme au Manoir Hovey – en milieu rural.

Tandis que la population anglo-québécoise se concentre dans la région montréalaise (85 p. 100) et se retrouve constituée de fils et de filles d'immigrants non anglophones (de milieu juif p. ex.), la culture politique est plutôt néolibérale, le nationalisme canadien-anglais ne faisant pas partie de la conscience historique collective. Cette fracture dans la culture politique se manifeste vivement dans la différence d'approche entre les regroupements d'Anglo-Québécois extérieurs à Montréal (notamment les Townshippers) et Alliance Québec basée à Montréal; cette dernière défend les droits des personnes alors que les premières s'attachent aux intérêts concrets de leurs milieux particuliers. Il y a, toutefois, à Montréal, un foyer culturel anglo-canadien constitué de jeunes artistes et créateurs attirés par le dynamisme culturel du Québec français et le milieu urbain montréalais.

Depuis le milieu des années 80, l'Anglo-Québec connaît une histoire moins mouvementée. D'abord, il y a moins de départs, mais aussi moins d'arrivées, et la fécondité augmente! Tout ceci rend la population plus stable en nombre et en composition. De plus, le dénouement du référendum de 1995 et l'imminente diminution de la population française ont pour effet de rendre l'environnement politique moins menaçant. Toutefois, il est pertinent de se demander si l'Anglo-Québec a un avenir en tant que communauté.

C'est douteux. Pour réussir, il faut deux choses: une réhabilitation culturelle du Québec anglais au Québec, ce qui ne peut se faire qu'en passant par l'histoire, et une réhabilitation de la place du Québec au sein de la Confédération canadienne, ce qui ne peut se faire qu'en passant par le Québec français. Or, l'Anglo-Québec est fort de certains traits culturels de sa tradition – p. ex. une éthique familiale forte, un très solide «sense of place», de très bonnes dispositions pour *l'entrepreneurship*, etc. –, d'une nouvelle vigueur économique née du positionnement avantageux du Québec dans la nouvelle économie globale, de facilités de communication hors pair et d'un nouveau partenariat avec un Québec français affaibli par une implosion démographique et une technocratie étouffante, le tout catalysé par un élan culturel à venir. Tout est possible.

Gary Caldwell

Anguille Les anguilles sont des poissons à forme de serpent, de l'ordre des anguilliformes (ou apodes) et de la classe des actinoptérygiens. Il en existe 15 familles, 130 genres et 730 espèces incluant la murène, le congre, le serpent de mer et l'avocette. Mis à part la famille des anguillidés qui compte des espèces d'eau douce, les anguilles sont marines et abondent dans les eaux peu profondes des mers tropicales et subtropicales. Certaines vivent dans les mers profondes. Au Canada, on en connaît 35 espèces appartenant à 10 familles. L'anguille d'Amérique (*Anguilla rostrata*) est très commune dans les eaux douces de l'Est du Canada.

Description Les anguilles sont généralement de forme allongée et, en coupe transversale, elles sont rondes vers l'avant et comprimées latéralement vers l'arrière. Elles n'ont pas de nageoires pelviennes, et les nageoires dorsale et anale sont habituellement reliées à la nageoire caudale. La majorité des espèces n'ont pas d'écailles. Elles sont prédatrices et sont généralement nocturnes.

Reproduction Les anguilles américaines et européennes sont catadromes, c.-à-d. qu'elles vivent en eau douce et retournent dans l'océan (l'Atlantique près des Antilles) où elles fraient et meurent. La larve prend un an à atteindre la côte nord-américaine et probablement trois ans à atteindre la côte européenne. Le comportement, l'emplacement et la période de frai exacts des anguilles font l'objet de travaux de recherche continuels. La chair de ces poissons est très appréciée, particulièrement quand elle est fumée.

W.B. Scott

Angus, Richard Bladworth, banquier (Bathgate, Écosse, 28 mai 1831—Senneville, Qc, 17 sept. 1922). Formé dans une banque de Manchester, il émigre au Québec en 1857 et joint les rangs de la BANQUE DE MONTRÉAL dont il devient le directeur général en 1869. Il est ensuite nommé vice-président de la St. Paul Minneapolis and Manitoba Railroad de 1879 à 1883. Associé d'affaires de George STEPHEN, il est l'un des directeurs fondateurs et membre du conseil exécutif du CANADIEN PACIFIQUE (CP) de 1881 à 1922. Il joue un rôle actif dans les affaires du CP et sert d'intermédiaire très important avec la Banque de Montréal, dont il est président de 1910 à 1915.

John A. Eagle

Anhalt, István, compositeur, professeur (Budapest, Hongrie, 12 avril 1919). L'un des compositeurs les plus originaux du Canada, dont l'œuvre est fortement influencée par son étude de la psychologie du discours. Anhalt combine les instruments traditionnels, la musique électronique et la voix humaine dans les textures et les sonorités d'un langage musical très complexe. Il s'établit à Montréal en 1949 et se joint au département de théorie musicale de McGill. Il fonde et dirige son studio de musique électroacoustique de 1964 à 1971, puis il devient directeur de la faculté de musique de l'U. Queen, à Kingston, où il est professeur émérite depuis 1984.

Parmi ses œuvres représentatives, il faut mentionner la *Symphonie n° 1* (1958), la *Symphony of Modules,* pour orchestre et bande sonore (1967), *Foci* (1969) et *La Tourangelle* (1975), un drame musical inspiré de la vie de MARIE DE L'INCARNATION, une ursuline qui a vécu au XVIIe siècle. Anhalt continue la suite de composer jusqu'à sa retraite et il écrit un opéra, *Traces,* en 1994.

Barclay McMillan

Anian, détroit d' Fait partie du légendaire PASSAGE DU NORD-OUEST reliant les océans Atlantique et Pacifique. C'est probablement le détroit de Béring. Le nom tirerait son origine de la province chinoise d'Ania, mentionnée dans une édition de 1559 de l'ouvrage de Marco Polo. Le détroit figure d'abord sur une carte dessinée par le cartographe italien Giacomo Gastaldi vers 1562. Cinq ans plus tard, Bolognini Zaltieri dessine une carte qui montre un détroit d'Anian étroit et sinueux séparant l'Asie de l'Amérique. Dans l'imaginaire européen, le détroit est peu à peu perçu comme une voie maritime facile reliant l'Europe et la résidence du grand Khan à Cathay, en Chine au Nord.

La prétendue existence du détroit d'Anian motive les voyages de John CABOT, de CORTE-REAL, de Jacques CARTIER et de sir Humphrey GILBERT. Les cartographes et les marins tentent de prouver qu'il existe. Sir Francis DRAKE part à la recherche de son entrée à l'ouest en 1579. Le navigateur grec Juan de FUCA déclara avoir traversé le détroit du Pacifique à la mer du Nord et être revenu en 1592. L'Espagnol Bartholomew de Fonte (qui, selon certains savants, n'a jamais existé) prétend avoir navigué de la baie Hudson au Pacifique en traversant le détroit en 1640. James COOK fait taire les rumeurs de son existence en 1778 au cours de son troisième voyage dans le Pacifique. Ce seront finalement George VANCOUVER (1792-1794) et Alexander MACKENZIE, lors de leurs périples jusqu'aux océans Arctique (1789) et Pacifique (1793), qui détruiront le mythe.

Barry M. Gough

Animaux de l'Arctique Animaux dont le physique et le comportement sont adaptés aux conditions particulières de vie dans les régions les plus nordiques de la Terre. On peut définir l'Arctique de diverses façons. Du point de vue géographique, c'est la partie du monde située au nord du CERCLE ARCTIQUE (66° 32' de latitude N.), au-delà duquel il y a au moins un jour dans l'année où le soleil ne se couche pas et un autre où il ne se lève pas.

Les définitions écologiques invoquent des discontinuités majeures: en milieu terrestre, la démarcation principale est la LIMITE FORESTIÈRE; en mer, la frontière se situe là où les eaux froides et peu salées caractéristiques de l'Arctique rencontrent les eaux de l'Atlantique et du Pacifique dans des zones de remontées d'eau profonde et de brassage. Habituellement, en Arctique, la vie des animaux terrestres et aquatiques est étroitement liée. La mer constitue une source de nourriture pour les oiseaux terrestres (du bruant des neiges au cygne siffleur) qui, au printemps, se nourrissent des algues accumulées sur les plages après les tempêtes. L'hiver, grâce à la glace, le renard arctique, le loup et l'OURS POLAIRE ont accès à la vie marine. Inversement, plusieurs animaux marins (des guillemots aux morses) utilisent le milieu terrestre pour s'accoupler et élever leurs jeunes. D'autres comme le phoque annelé et la mouette blanche peuvent élever leurs petits sur la glace et sont donc indépendants du milieu terrestre.

Facteurs limitatifs La faune terrestre arctique ressemble à la faune commune des zones nordiques tempérées. On y trouve moins d'espèces, mais les mêmes ordres et familles qu'au sud y sont généralement représentés. Il y a plusieurs causes à cette faible variété. Sur terre, la température moyenne annuelle est sous le point de congélation, et le sol est gelé en permanence en profondeur; il n'y a donc pas de couche chaude près de la surface du sol pendant l'hiver. C'est pourquoi les reptiles et la plupart des mammifères hibernants ne se répartissent pas au nord de la ligne de PERGÉLISOL continu. Certaines espèces d'insectes, de rongeurs, de carnivores et d'oiseaux des zones boréales ne se trouvent pas dans cette région dénudée parce qu'ils dépendent des arbres pour trouver nourriture et abri.

Les étendues d'eau libre sont rares dans la plus grande partie de l'Arctique, et ce, pendant presque toute l'année. Sauf dans les endroits où il y a des rapides et des clapotis de marée, il se forme généralement de la glace solide ou une banquise dense qui bloque l'accès au milieu aquatique. Les animaux qui hivernent dans la TOUNDRA arctique doivent étancher leur soif avec de la neige. L'hiver, les oiseaux et les mammifères ichtyophages migrent généralement dans des endroits où les proies sont plus accessibles. Ceux qui restent se concentrent dans les rares polynies (endroits libres de glace).

Le facteur le plus restreignant pour la vie animale en Arctique est peut-être la brièveté de la saison de croissance. La VÉGÉTATION terrestre, qui pousse pendant les rares mais longs jours d'été, doit assurer la subsistance des animaux pendant un hiver exigeant et rigoureux. Il n'est pas surprenant que la majorité des animaux mobiles passe l'hiver ailleurs: les oiseaux se dirigent vers les côtes océaniques plus au sud, les plaines intérieures et les régions forestières, et un grand nombre de CARIBOUS de la toundra vont vers les pâturages de lichens de la FORÊT BORÉALE ouverte.

La courte saison de croissance chasse parfois certaines espèces hors des ÉCOSYSTÈMES arctiques. Au nord de la toundra, il est rare de rencontrer des mouches noires, qui sont un véritable fléau dans la forêt boréale. On peut attribuer l'absence de chauves-souris et d'hirondelles à la très courte période où les insectes volants sont disponibles comme source de nourriture.

Une autre contrainte importante de la vie arctique est la dangereuse perte de chaleur causée par la température hivernale basse et le refroidissement par le vent. Ce refroidissement oblige les animaux à sang chaud à avoir une fourrure épaisse, dense et isolante, ce qui veut dire que les animaux arctiques qui passent l'hiver à la surface du sol doivent généralement être de grande taille. En effet, plus l'animal est grand, plus son rapport surface-masse corporelle est grand et moins sa perte de chaleur relative est élevée. Le grand corbeau et le renard arctique sont les plus petits animaux que l'on rencontre au-dessus de la surface de la neige durant l'hiver.

Dans l'Arctique, les bancs de neige ou congères sont compacts et durs, et beaucoup d'animaux ne peuvent s'y abriter (p. ex. les gélinottes et les ongulés) comme ils le font dans la zone boréale, où la neige est plus molle. Certains animaux parviennent quand même à utiliser ces bancs de neige dure, comme le lemming d'Ungava, pourvu de griffes spéciales l'hiver, et l'ours polaire, qui y creuse une tanière pour hiberner et mettre bas. Le phoque annelé est le seul à construire la tanière où il met bas dans la neige de surface de la banquise côtière.

Les sources de nourriture sont parfois rares, dispersées et éphémères. La plupart des espèces arctiques s'y sont adaptées et sont, par conséquent, très opportunistes. Plus au sud, les Insectes se nourrissent habituellement d'une seule espèce de plante, tandis que les oiseaux et les mammifères ont un régime alimentaire assez fixe; dans l'Arctique, ils exploitent communément des sources de nourritures plus variées (c.-à-d. des niches trophiques).

L'ours polaire en est un exemple. Les ours sont typiquement omnivores. L'ours polaire est aussi amphibie et capable de subsister avec des ressources très diversifiées et peu abondantes, tant aquatiques que terrestres, pendant de longues périodes chaque année. Le labbe à longue queue est un oiseau également bien adapté à ce milieu. Durant le court été arctique, il se nourrit d'arthropodes terrestres (particulièrement d'araignées et de chironomes ou moucherons), d'oiseaux (surtout d'oisillons au nid), de lemmings, d'organismes marins des zones intertidales et de charogne.

Évolution L'origine de la faune terrestre actuelle de l'Arctique canadien remonte au pléistocène (*voir* ÉPOQUE GLACIAIRE). Il y a quelques milliers d'années, durant la dernière GLACIATION continentale, d'épaisses couches de glace recouvraient la plus grande partie du Canada et du nord des États-Unis. Les animaux arctiques descendent d'espèces qui occupaient les terres où la végétation repoussait après le retrait des glaces.

Il semble que cette faune soit arrivée de deux endroits: de l'Ouest, où les terres libres de glace s'étendaient depuis le Yukon et l'Alaska, sous ce qui est actuellement la mer de Béring; et du Sud, qui pouvait ressembler à l'environnement de la base d'un glacier moderne, soumis aux cycles d'avancée et de retrait du glacier. On présume que le lemming brun, le grizzly (ours gris) et le caribou de la toundra arrivèrent de l'Ouest, tandis que le campagnol à dos roux boréal, le renard roux et l'orignal arrivèrent du Sud.

On croit que quelques espèces, dont le caribou de Peary qui ressemble peut-être plus au renne du Svalbard qu'à tout autre caribou nord-américain, et le lièvre arctique, un lièvre de grande taille qui effectue des bonds en se dressant sur ses pattes arrière et que l'on rencontre dans les îles de la Reine-Élisabeth ainsi que dans le nord et l'est du Groenland, arrivèrent d'une troisième région, située dans l'Extrême-Arctique. L'ours polaire et le renard arctique sont tellement à l'aise sur la glace de mer qu'ils vivent partout où la banquise touche la côte.

Écologie Comparées aux milieux terrestres, les eaux marines et lacustres ont une température variant très peu durant toute l'année. Cependant, la baisse saisonnière de température influence beaucoup l'environnement aquatique en faisant geler les eaux de surface jusqu'à une profondeur de deux mètres ou plus. La glace, particulièrement lorsqu'elle est recouverte de neige, empêche les rayons solaires nécessaires à la photosynthèse de pénétrer dans l'eau. De plus, puisque la glace dérivante fait geler le fond et l'érode, la productivité des zones marines intertidales et côtières arctiques est grandement réduite. Par comparaison, la productivité marine est faible, car elle est limitée par la température et la disponibilité d'éléments nutritifs et de lumière. En raison du couvert glaciel dangereux et de la productivité hivernale limitée, plusieurs populations de mammifères marins hivernent en haute mer dans des milieux plus productifs.

La végétation marine comprend la végétation benthique (de fond), planctonique (algues flottant librement) et les algues qui poussent dans les couches inférieures et sur la surface submergée de la glace flottante. Ces végétaux sont mangés par le zooplancton, qui est lui-même mangé par la morue arctique (ou saïda), par des oiseaux comme les marmettes et les guillemots et par des mammifères marins comme le phoque annelé. Les algues servent également de nourriture aux mollusques, qui sont une ressource alimentaire du morse.

Les prédateurs situés dans les niveaux supérieurs de la chaîne alimentaire des mers arctiques sont l'ours polaire et l'épaulard. Parmi les principaux nécrophages, on compte le goéland bourgmestre, des crustacés amphipodes (qui mangent les poissons et les carcasses de phoques laissés trop longtemps dans les filets) et le laimargue (requin léthargique qui peut

atteindre une longueur de 3 m). L'omble chevalier, le principal poisson comestible de l'Arctique, passe les premières années de sa vie en lac, mais si la mer est accessible, il devient anadrome ultérieurement au cours de sa vie (c.-à-d. qu'il migre vers les eaux côtières l'été pour se nourrir voracement de crustacés et d'autres petits animaux marins et retourne frayer en lac à l'automne).

Activités humaines La faune arctique est à la base de l'économie locale de subsistance et, étant partiellement migratrice, elle est une source de nourriture, de commerce et de loisirs ailleurs dans le monde. L'oie des neiges, qui naît dans l'Arctique canadien, est chassée aussi loin au sud que dans les champs de riz du Texas. Les populations de phoques du Groenland, qui passent l'été dans les eaux arctiques, sont chassées dans le golfe du Saint-Laurent.

Les peuples primitifs de l'Arctique utilisaient des petites lames et des pointes de pierre pour tuer le gibier à peau mince comme le caribou et les oiseaux. Les cultures ultérieures dépendaient des mammifères marins, particulièrement de la baleine boréale. Les populations de cette dernière, qui est la plus grande baleine de l'Arctique, ont grandement été réduites par la chasse (*voir* BALEINE, CHASSE À LA) pratiquée par les Américains et les Écossais vers la fin des années 1800. La baleine boréale est actuellement le seul mammifère arctique réellement en voie d'extinction. On chasse encore occasionnellement celles qui restent au large de la côte nord de l'Alaska et de l'est de l'Arctique.

Les Inuits ont autrefois été grandement dépendants des mammifères marins, plus particulièrement du phoque annelé, qui reste tout l'hiver dans les baies et les détroits gelés et creuse des trous de respiration dans la glace. Les chasseurs les attendaient près des trous et les harponnaient quand ils arrivaient en surface.

Les phoques étaient une source de combustible (huile), de peau (utilisée pour fabriquer les bottes et les tentes d'été) et de viande. Les vêtements chauds ont toujours été essentiels dans l'Arctique: le pantalon d'hiver en peau d'ours du chasseur groenlandais était tout aussi caractéristique que le bonnet à poil des gardes de la gendarmerie royale. La peau des caribous tués en août, quand leurs nouveaux poils sont encore courts et fins, était la plus populaire pour la fabrication des vêtements. La fourrure du bœuf musqué et la peau du caribou tué en hiver étaient utilisées comme literie. Le commerce des fourrures de renard arctique a véritablement commencé au début des années 1900. L'avenir du piégeage dans l'Arctique est incertain parce que les populations de renards ainsi que la valeur de leur fourrure fluctuent beaucoup d'une année à l'autre.

Avec le développement social et l'expansion industrielle, la CONSERVATION de la faune arctique demande une attention soutenue. Parmi les mesures prises récemment dans ce domaine, il y a des restrictions par les États-Unis sur l'importation des produits de mammifères marins; l'imposition par la Commission baleinière internationale de quotas sur les prises de baleine boréale par les chasseurs autochtones de l'Alaska; la signature d'une convention internationale sur la conservation de l'ours polaire (particulièrement en haute mer) par les États-Unis, la Norvège, le Danemark, l'ex-URSS et le Canada; et la délégation de la gestion de la chasse à des organismes inuits du Canada après le règlement des revendications territoriales.

L'économie des villages autochtones, dépendante des ventes de fourrures d'animaux sauvages, est de plus en plus menacée par les groupes internationaux de pression pour le «droit des animaux», bien que les droits ne puissent être accordés mais seulement réattribués, dans ce cas des communautés humaines à des populations animales ou vice versa. Cependant, un intérêt renouvelé pour l'exploration et la production pétrolière, le forage en mer et le transport maritime pendant toute l'année est une grande source

d'inquiétude pour les environnementalistes et les groupes autochtones. P. ex., on veut bientôt ouvrir à l'exploration pétrolière la région faunique internationale de l'Arctique, dans le nord de l'Alaska, qui est un site de mise bas pour un grand troupeau de caribous.

Parmi les autres facteurs qui menacent les animaux arctiques, on compte la pollution (industrielle et militaire) provenant du Sud et atteignant les écosystèmes fragiles du Nord, la diminution de la COUCHE D'OZONE qui affecte les biotes des hautes altitudes et l'accroissement des populations humaines qui entraîne un plus en plus de chasse. (*Voir aussi* ANIMAUX EN HIVER et MIGRATIONS.)

A.H. Macpherson

Animaux en hiver Les animaux ont adopté diverses stratégies ingénieuses pour survivre aux hivers canadiens. Ces stratégies diffèrent autant que les animaux eux-mêmes.

On peut diviser les animaux en deux groupes: les poïkilothermes (animaux à sang froid) et les homéothermes (animaux à sang chaud). Les premiers sont incapables de réguler leur température interne et dépendent principalement de sources de chaleur externes. Les seconds produisent de grandes quantités de chaleur interne (endothermes) et ne dépendent donc pas de leur environnement pour régler leur température.

Animaux à sang froid

Les poïkilothermes peuvent survivre aux hivers dans les régions tempérées du Canada grâce à des réactions comportementales et à des réactions biochimiques complexes provoquées par le froid intense et par d'autres facteurs environnementaux. La majorité de ces espèces entrent en léthargie, mais plusieurs restent actives et quelques-unes combinent les deux stratégies.

Insectes et autres invertébrés Le cycle biologique de la plupart des espèces d'INSECTES qui hibernent sous forme d'œuf, de larve, de nymphe ou, moins communément, d'adultes se caractérise par une période d'arrêt de l'activité et du développement (diapause). Généralement, les insectes qui hibernent sont soit intolérants au gel, c.-à-d. qu'ils ne peuvent survivre à la formation de glace dans leurs tissus, soit tolérants.

Les non tolérants évitent la congélation par surfusion en vidant leur tube digestif, en réduisant leur masse d'eau corporelle, en produisant des substances antigel (cryoprotectrices) de façon anaérobie, p. ex. le glycérol, et en passant l'hiver dans un endroit sec.

Chez les insectes tolérants au gel, la formation de glace est favorisée par des protéines formant des noyaux de glace à quelques degrés sous 0 ºC, mais la glace est restreinte aux espaces extracellulaires et la formation totale de glace est limitée par des substances antigel. Ils peuvent survivre à des températures de -50 ºC ou moins. On ne connaît aucun animal qui survit à la congélation complète de l'eau de ses tissus, car la glace intracellulaire (formation de cristaux de glace dans la cellule) endommage les organites.

Les espèces aquatiques qui hibernent sous forme d'adultes se déplacent habituellement vers des sites terrestres ou d'étangs peu profonds vers des plus grands cours d'eau et des fosses profondes, tandis que d'autres hibernent sous forme d'œufs à l'extérieur ou à proximité de l'eau. En prévision de l'hiver, les larves de chironomidés (MOUCHERONS non piqueurs) construisent de solides cocons et les PHRYGANES scellent leur fourreau (étui). Les PERLES, les phryganes et les ÉPHÉMÈRES, bien que l'on croie qu'elles sont tolérantes au gel, évitent les températures sous zéro. Certains animaux marins de la zone intertidale, comme les MOLLUSQUES, sont également tolérants au gel.

Les espèces terrestres qui hibernent dans les plantes et l'écorce des arbres se cachent dans des crevasses ou des fissures profondes. D'autres hibernent dans la litière, dans le sol, dans des amas de roches, des grottes ou des terriers. Les PAPILLONS NOCTURNES et les PAPILLONS diurnes ainsi que d'autres insectes hibernent dans des cocons spéciaux, ou hibernacula, qui résistent à la gelée et à la sécheresse. Plusieurs espèces de COLÉOPTÈRES, de MOUCHES, de GUÊPES et de papillons diurnes et nocturnes, sont tolérantes au gel. Dans la végétation, les insectes trouvent des microsites protégés par la matière végétale et la neige. Une couverture de neige de plus de 20 cm à 50 cm d'épaisseur stabilise les températures à la surface du sol entre 0 °C et -10 °C. La neige maintient également l'humidité et protège ainsi les Insectes de la dessication.

Les insectes qui sont actifs à la surface de la neige, dont les puces de neige, les papillons nocturnes et les panorpes, augmentent leur température corporelle en se faisant chauffer au soleil. La majorité des insectes terrestres actifs l'hiver, principalement des adultes, mais aussi des larves, vivent à la surface du sol sous la neige, où se trouvent aussi des ARAIGNÉES, des MITES et des TIQUES.

Vertébrés inférieurs Les poissons d'eau douce, qu'ils soient semi-léthargiques (ANGUILLES) ou actifs grâce à un métabolisme élevé, sont protégés sous la glace par leurs liquides organiques, qui gèlent à des températures inférieures à celles de l'eau douce. Les poissons marins migrent en eau profonde ou, comme les MORUES, les CHABOTS et les plies, produisent des substances antigel (peptides ou glycopeptides) pour résister au gel dans les étendues d'eau salée peu profondes chargées de glace.

Les AMPHIBIENS et les REPTILES survivent à l'hiver en dormant sous des troncs d'arbres en décomposition, dans des crevasses rocheuses, dans des grottes ou dans les terriers d'autres animaux. Plusieurs amphibiens trouvent refuge sur les rives d'un cours d'eau, près d'une source ou dans un terrier creusé dans la vase d'un marais, d'un étang et au fond d'un lac, où les TORTUES et les SALAMANDRES hibernent également. Comme plusieurs autres poïkilothermes, une sous-espèce du TRITON vert, *Notophtalmus viridescens viridescens,* peut ajuster son métabolisme afin de s'acclimater au froid et de rester actif dans l'eau. La salamandre à points bleus, qui semble tolérante au gel, peut se déplacer sur la neige et la glace à des températures de 1 °C à 3 °C.

Les animaux qui hibernent dans un cours d'eau ou dans le fond d'un lac, comme la GRENOUILLE verte et la grenouille léopard, bien qu'elles soient engourdies dans une eau où la température est entre 0,5 °C et 2 °C, sont capables de nager. Le ouaouaron survit dans des étangs profonds où il y a suffisamment d'oxygène, et les CRAPAUDS s'enfoncent dans le sol. Quelques espèces d'amphibiens et de reptiles restent à la surface du sol en hiver, protégés seulement par de la mousse, de la litière et de la neige.

Des espèces tolérantes au gel, comme la grenouille des bois et la rainette crucifère, convertissent le glycogène du foie en glucose, qui agit comme un antigel pour empêcher la congélation des cellules, mais permet la formation de glace dans les espaces extracellulaires. Lorsque le corps contient de 60 p. 100 à 65 p. 100 de glace, le cœur arrête de battre, la respiration cesse et la grenouille survit grâce à un métabolisme anaérobie. Si la température descend sous -7 °C, l'animal meurt. La couverture de neige est donc importante pour sa survie.

Les SERPENTS se rassemblent dans des abris rocheux, parfois en groupes comprenant diverses espèces. Les couleuvres, qui tolèrent la congélation, voyagent parfois sur plusieurs kilomètres pour hiberner au même endroit chaque année.

Animaux à sang chaud

Les OISEAUX et les MAMMIFÈRES ajustent leur température corporelle dans une gamme étroite, mais certains peuvent abaisser leur métabolisme et même entrer en léthargie ou en hibernation pour l'hiver.

Léthargie Certains mammifères actifs l'hiver ainsi que des oiseaux comme les MÉSANGES entrent en léthargie la nuit en abaissant leur température corporelle de quelques degrés pour réduire les pertes de chaleur. L'OURS NOIR, qui accumule de la graisse à l'automne, dort profondément, car sa température reste presque normale même si ses rythmes respiratoire et cardiaque diminuent brusquement. Il peut perdre jusqu'à 40 p. 100 de son poids pendant l'hiver. Les ours, les RATONS LAVEURS, les MOUFFETTES et les TAMIAS se réveillent en plein hiver, par temps doux, pour chercher de la nourriture ou changer de tanière.

Hibernation L'hibernation, au cours de laquelle le métabolisme peut représenter seulement de 1 p. 100 à 5 p. 100 du métabolisme normal, se caractérise par des températures corporelles inférieures de 20 °C ou plus aux températures normales (hypothermie). Les rythmes respiratoire et cardiaque s'abaissent et deviennent irréguliers.

Le rythme respiratoire des marmottes peut être de 10 respirations par heure, leur rythme cardiaque de 4 ou 5 battements par minute et la température interne de quelques degrés au-dessus du point de congélation. Les hibernants comme les SOURIS sauteuses, les CHAUVES-SOURIS sédentaires et les ÉCUREUILS terrestres ou fouisseurs (incluant les MARMOTTES) accumulent de la graisse corporelle qui sert d'isolant et de réserve énergétique pour survivre pendant les longues périodes de léthargie. La graisse brune riche en énergie est utilisée par les hibernants pour produire de la chaleur interne (thermogénèse sans frissons) durant les fréquentes périodes d'éveil.

Autres stratégies La survie des mammifères dépend d'un pelage isolant dense et efficace et d'une épaisse couche de graisse pour résister aux rigueurs de l'hiver. Ils réagissent au froid en gonflant leurs poils (pilo-érection) pour emprisonner de l'air entre la surface de la fourrure et la peau. L'air ainsi emprisonné augmente la tolérance à l'eau froide du CASTOR, du RAT MUSQUÉ, du VISON et de la LOUTRE de rivière. Le duvet du RENARD roux et du PORC-ÉPIC est plus épais pendant la saison froide. Les CAMPAGNOLS à dos roux accumulent de la graisse brune à l'automne pour la production de chaleur pendant l'hiver. L'écureuil roux et l'écureuil gris, bien qu'ils soient actifs tout l'hiver, s'abritent dans des nids bien isolés pendant les tempêtes.

Les oiseaux gonflent leurs plumes pour diminuer les pertes de chaleur, et certaines espèces, dont les chardonnerets et les sizerins, sont pourvues d'un plus grand nombre de plumes en hiver. D'autres espèces conservent leur chaleur la nuit en se rassemblant ou en s'abritant dans la cavité d'un arbre, sous les branches d'un conifère ou sous les avant-toits ou les rebords de bâtiments. La plupart des oiseaux accumulent juste assez de graisse pour survivre un ou deux jours parce qu'un surplus de poids rend le vol difficile. Le plumage blanc des LAGOPÈDES, et la fourrure blanche des BELETTES et des LIÈVRES servent probablement de camouflage, mais l'air contenu dans les plumes et les poils creux (blancs) constitue possiblement un isolant.

Parmi les réactions physiologiques des homéothermes pour contrer le froid, on trouve l'augmentation ou la diminution de la production de chaleur grâce à des réactions métaboliques, la production de chaleur par des frissons musculaires (thermogénèse avec frissons) et la réduction du débit sanguin vers la peau (vasoconstriction). Les CERFS peuvent ralentir leur métabolisme pendant les périodes froides et ont ainsi besoin de moins de nourriture. Les oiseaux frissonnent pour maintenir leur température corporelle lorsqu'ils ne sont pas en vol, une activité qui génère de la chaleur par les muscles du vol.

Certaines espèces, dont les échassiers, les laridés (*voir* GOÉLANDS ET MOUETTES) et les CARI-BOUS, sont pourvues d'un réseau vasculaire complexe dans leurs membres, et la chaleur est transmise des artères chaudes aux veines plus froides et est ainsi dirigée vers les tissus profonds. La queue des castors est aussi pourvue de ce système d'échange de chaleur à contre-courant qui réduit grandement les pertes de chaleur durant l'hiver.

Neige Plusieurs animaux utilisent la neige comme surface de déplacement et comme isolant. Les pattes très emplumées des lagopèdes, les larges pattes densément poilues du lièvre d'Amérique, du LYNX du Canada, ainsi que les larges sabots du caribou sont des adaptations qui facilitent le déplacement sur la neige. Les orteils frangés des GÉLINOTTES ET DES TÉTRAS leur permettent d'agripper fermement la glace et les branches couvertes de neige. Les gélinottes, les tétras et les lagopèdes ainsi que certaines espèces de petits oiseaux s'enfoncent dans la neige pendant quelques heures ou pendant deux ou trois jours et réduisent ainsi leur perte de chaleur de 45 p. 100.

Dans la neige épaisse, les cerfs et les ORIGNAUX se rassemblent dans des peuplements de feuillus, où ils se nourrissent, et dans les forêts de conifères, qui offrent un couvert. Les cerfs piétinent la neige de façon à former un réseau de sentiers entre les sites d'alimentation et de repos (ravages). En montagne, des troupeaux de cerfs mulets et d'ÉLANS trouvent des conditions moins rigoureuses en descendant des versants exposés au sud.

La plupart des activités hivernales des MUSARAIGNES et des petits rongeurs, incluant la reproduction, ont lieu sous la neige, qui offre un microclimat stable et à l'abri du vent où les températures sont moins extrêmes que celles qui prévalent en surface. Des sentiers et des tunnels dans la litière du sol et dans la neige granulaire relient les réserves de nourriture aux nids d'herbes mortes où les animaux se recroquevillent seuls ou en groupe pour conserver leur chaleur. Peu de petits mammifères pourraient survivre à la surface de la neige puisque les dépenses énergétiques y sont de 15 p. 100 à 50 p. 100 plus élevées que sous la neige, où ils sont également moins vulnérables aux prédateurs.

P.J. Austin-Smith

Animaux en voie de disparition Parmi les espèces animales déjà disparues au Canada ou éteintes, on compte le putois d'Amérique (disparu, 1937), le renard véloce (disparu), le vison de mer (éteint), le GRAND PINGOUIN (éteint, 1844), l'eider du Labrador (éteint, 1878), la tourte voyageuse, (éteinte, 1914), le crotale des bois (disparu, 1941), le spatulaire (disparu, vers 1800), le naseux des rapides de Banff (éteint, 1986), le gravelier (disparu, 1958), le doré bleu (éteint, 1965) et le cisco à grande bouche (éteint, 1975). Plusieurs autres espèces animales sont en voie d'extinction.

Les principaux facteurs qui menacent les espèces canadiennes ou qui sont responsables de leur disparition sont l'exploitation (CHASSE, pêche, collecte d'œufs ou de jeunes), la destruction d'habitat et la POLLUTION. Parmi les facteurs affectant la qualité de l'ENVIRONNEMENT et conduisant à une perte constante d'habitat, on compte la diminution de la couverture forestière (*voir* FORÊT), puisque la coupe forestière excède le reboisement dans la plupart des provinces; le manque de VÉGÉTATION naturelle pour limiter l'érosion des berges et des lots forestiers sur plusieurs terres agricoles; la POLLUTION DE L'AIR par les pluies acides et d'autres substances toxiques; et la POLLUTION DE L'EAU par les industries, les individus et les municipalités.

Études de cas canadiens

Loutre de mer Sur la côte ouest, on chassait la LOUTRE DE MER (menacée) si bien que, à la fin des années 1700 et au cours des années 1800, on vendait jusqu'à 1200 peaux annuellement. Vers 1900, la loutre de mer était en voie d'extinction. La dernière observation documentée de cette espèce en Colombie-Britannique remonte à 1929. En 1911, un traité international assurait sa protection, et, vers la fin des années 60, la population d'Alaska comptait environ 30 000 individus. Des introductions faites en Colombie-Britannique (1969-1972) ont été fructueuses, et 70 individus ont été observés dans cette province en 1977.

Faucon pèlerin L'introduction de prédateurs de mammifères dans l'île Langara, en Colombie-Britannique, a entraîné la diminution des populations d'alques à cou blanc et de FAUCONS PÈLERINS (en danger de disparition) qui se nourrissent de ces mammifères. Plusieurs populations de faucons ont été décimées par le DDT qui, lorsqu'il est métabolisé en dichlorodiphényltrichloroéthylène (DDE), réduit la quantité de calcium dans les coquilles d'œuf, qui se cassent alors facilement.

Tétras des prairies À l'origine, le tétras des prairies (disparu) se trouvait en Alberta, en Saskatchewan, au Manitoba et en Ontario. Il occupait de grandes superficies de prairies non broutées ou légèrement broutées, et son habitat préféré incluait le barbon et le faux-sorgho indigène, le seigle sauvage, le panic raide et le sporobole piquant. Au début des années 1900, l'oiseau proliférait au centre des activités agricoles à petite échelle, mais lorsque l'on a transformé de grandes étendues des Prairies en culture et en fourrage pour les bovins, on a détruit son habitat.

Le tétras des prairies a disparu de toutes les provinces, sauf en Saskatchewan où l'on a fait 15 observations, dont certaines n'étaient pas fiables, entre 1965 et 1977. Le PARC NATIONAL DES PRAIRIES, établi en 1981 en Saskatchewan, est suffisamment grand et permettra peut-être le rétablissement de cette espèce.

Tortue luth La tortue luth (en danger de disparition) est une tortue de grande taille (jusqu'à 680 kg), principalement tropicale et pélagique. On a fait des observations dispersées de cet animal exceptionnel dans l'océan Atlantique, au nord de Nain, au Labrador, ainsi que sur la côte ouest jusqu'à Cordova, en Alaska. On estime que la population mondiale compte de 30 000 à 40 000 individus, mais chaque année, de 20 à 30 p. 100 de certaines populations sont tuées. Au Canada, on capture occasionnellement des adultes dans les filets de pêche ou on les harponne par simple curiosité, mais la plupart des mortalités ont lieu dans les eaux tropicales, où l'on ramasse les œufs pour les consommer. On croit que le nombre de tortue luth décline dans le monde et que cette espèce est en danger de disparition.

Dans les eaux canadiennes, on n'observe que des adultes. Ce sont peut-être des animaux migrateurs ou égarés, mais ils se nourrissent et semblent vigoureux.

Corégone d'Acadie C'est seulement en 1967 que l'on a découvert que le corégone d'Acadie (en danger de disparition) était une espèce distincte. On sait très peu de choses sur son cycle biologique. Lorsqu'il a été découvert, il était déjà menacé par un barrage qui empêchait sa migration depuis la mer vers ses sites de frai. Le barrage était pourvu d'une échelle à poissons inadéquate. Récemment, les PLUIES ACIDES provenant des États-Unis et de l'Ontario ont décimé les SAUMONS atlantiques dans le sud de la Nouvelle-Écosse et ont probablement eu le même effet sur le corégone d'Acadie.

Chat-fou tacheté Le chat-fou tacheté (vulnérable) est un poisson-chat minuscule à motifs tachetés qui atteint un maximum de 87 mm de longueur dans les eaux canadiennes. On le rencontre dans les cours d'eau, les ruisseaux et les lacs, où il est surtout actif la nuit. Il a déjà habité les tributaires du lac Érié et les rivières Niagara et Sydenham dans le sud de l'Ontario. Les parents se partagent la construction du nid et le soin des petits. Ce poisson se défend à l'aide d'une épine tranchante située sur sa nageoire pectorale avec laquelle il peut piquer un prédateur potentiel.

La dernière observation de cette espèce au Canada a eu lieu en 1976, même si depuis on a fait des recherches dans les habitats propices et les localités où il a déjà été observé. À cause de la taille et des habitats du chat-fou tacheté, il est difficile de savoir si les populations sont très peu nombreuses ou si cette espèce a déjà disparu des eaux canadiennes.

Chabot à tête courte Le chabot à tête courte (menacé) a été découvert dans les eaux canadiennes en 1957, dans les 24 derniers kilomètres du bassin de drainage de la petite rivière Flathead, en Colombie-Britannique, entre 1000 et 1400 m d'altitude. Cette espèce abonde sur les fonds de gravier ou de roche qui ne sont pas trop chargés de sédiments et où la température estivale varie entre 13 et 17 °C. Le chabot à tête courte atteint 100 mm de longueur et peut pondre jusqu'à 690 œufs, probablement sous des roches. Il se nourrit d'insectes et de petits poissons.

Le projet d'exploitation de charbon à ciel ouvert dans le bassin hydrographique de la rivière, charbon qui serait exporté au Japon, et de déviation du Howell Creek, un tributaire de la rivière Flathead, représente une menace pour l'espèce. La sédimentation, l'acidification ou la modification du courant et du régime de température de l'eau pourraient nuire à l'espèce.

Protection de l'habitat

S'il est clair que pour sauver une espèce de l'extinction, il faut la protéger de la surexploitation, il est moins évident que plusieurs caractéristiques subtiles de l'habitat ont aussi besoin de protection.

Habitats aquatiques L'habitat propice d'un poisson peut inclure des sites de frai dans les cours d'eau, des sites d'alimentation pour les alevins dans un lac ou pour les juvéniles et les adultes en milieux estuariens et pélagiques ainsi que des cours d'eau sans obstacle pour permettre la migration vers la mer et le retour vers les frayères.

Les poissons peuvent avoir besoin d'une frayère claire, bien oxygénée et non polluée. Il faut également que l'eau y coule à une certaine vitesse et que le gravier ait une taille précise et soit libre de sédiments organiques et inorganiques. Le lit de gravier doit parfois être à une certaine température, ni trop chaude ni trop froide, et ne jamais émerger suite à une baisse du niveau d'eau.

Les arbres que les forestiers et les agriculteurs coupent fréquemment sur les rives des cours d'eau sont importants pour la vie aquatique. En effet, les arbres, les arbustes et les plantes herbacées abaissent les températures estivales, les apports d'eau provenant de la fonte des neiges et de la pluie ainsi que l'érosion des rives. De plus, les feuilles qui tombent dans le cours d'eau constituent une source importante de nourriture pour le réseau écologique: les feuilles sont mangées par les BACTÉRIES et les animaux unicellulaires, qui sont mangés par des insectes et d'autres Invertébrés, qui à leur tour servent de nourriture aux oiseaux et aux poissons.

Un habitat est un milieu complexe, et de petits changements peuvent le rendre non propice à la survie d'une espèce. Si une seule des exigences d'habitat de l'espèce n'est pas respectée, il est possible que celle-ci ne survive pas.

Habitats terrestres Les habitats terrestres sont tout aussi vulnérables que les habitats aquatiques. P. ex., certains ongulés ont besoin de sel à lécher, de quartiers d'hiver et d'été ainsi que de sites tranquilles pour la mise bas.

Effets cumulatifs La lente dégénération de l'environnement peut représenter plus de danger pour la survie d'une espèce qu'un déversement grave de polluants, car on risque de ne pas le remarquer et de ne pas corriger la situation. L'accumulation graduelle de polluants peut avoir des effets catastrophiques. Ainsi, il fallut plusieurs années avant que le DDT ne cause un amincissement significatif de la coquille des œufs de faucons. Les pluies acides, les coupes à blanc et le drainage des milieux humides peuvent avoir des conséquences écologiques (et économiques) graves si la situation ne s'améliore pas.

Gestion et protection

Plusieurs organismes sont engagés dans l'étude et la gestion d'espèces rares et menacées. Depuis plusieurs années, le MUSÉE CANADIEN DE LA NATURE, à Ottawa, évalue la situation de la flore et de la faune canadiennes même si on ne lui a jamais accordé de ressources particulières pour effectuer cette tâche. Le SERVICE CANADIEN DE LA FAUNE joue un rôle dans la gestion et l'étude des oiseaux migrateurs, tandis que Pêches et Océans Canada s'occupe de la gestion et de l'étude des poissons et des mammifères marins. Les provinces et les territoires ont la responsabilité de la CONSERVATION ET DE L'AMÉNAGEMENT DE LA FAUNE.

Le Canada est un des signataires de la Convention sur le commerce international des espèces de flore et de faune sauvage menacées d'extinction (CITES). Cette convention régit le commerce d'espèces rares et menacées et de leurs sous-produits. Le Canada a aussi ratifié la Convention sur la diversité biologique et a donc certaines obligations dans la conservation de la diversité biologique et de la durabilité de ses composantes (*voir* BIODIVERSITÉ).

Le COMITÉ SUR LE STATUT DES ESPÈCES MENACÉES DE DISPARITION AU CANADA (CSEMDC) est un organisme composé de spécialistes travaillant au sein des gouvernements fédéral, provinciaux et territoriaux ainsi que d'organismes de conservation nationaux et privés. Il classe les espèces de plantes et d'animaux en péril au Canada dans des catégories (rare, menacée, en danger de disparition, disparue du Canada et disparue ou éteinte) et publie la liste des espèces canadiennes en péril, mais ce sont les organismes concernés qui doivent modifier la situation de façon à éliminer les menaces qui pèsent sur ces espèces.

De nombreux autres organismes sont actifs en matière de protection d'espèces canadiennes et de l'environnement, entre autres le FONDS MONDIAL POUR LA NATURE, à Toronto; la FÉDÉRATION CANADIENNE DE LA FAUNE, à Ottawa, la FÉDÉRATION CANADIENNE DE LA NATURE, à Ottawa; la POLLUTION PROBE FOUNDATION, à Toronto; et Écho de l'Océan, à Ottawa.

Pour protéger une espèce menacée, il peut être nécessaire d'assurer la conservation de son cycle biologique, de sensibiliser l'opinion publique à son sujet et de faire de la recherche, d'établir une législation pour sa protection, d'appliquer la loi et d'entreprendre d'autres mesures telles que la reproduction en captivité et la réintroduction en milieu naturel. Les individus et les industries commencent à se rendre compte que certains déchets ne disparaissent pas lorsqu'ils sont rejetés dans les airs, dans le sol ou dans l'eau, mais qu'ils se répandent dans la biosphère. Ils s'aperçoivent également qu'il faut penser aux répercussions de chaque intervention humaine sur l'environnement (p. ex. l'énergie, le transport, les dépotoirs, les marécages et les loisirs) et que la nature fait partie de l'habitat de l'humanité.

D.E. McAllister

Animaux fossiles Les premiers animaux étaient de taille microscopique et n'ont laissé aucun FOSSILE connu. Les fossiles d'animaux les plus anciens se trouvent dans les sédiments déposés sous les mers équatoriales peu profondes il y a plus de 600 millions d'années. Moins d'une centaine d'espèces sont connues, la plupart étant des méduses et des coraux mous, en forme de feuilles. Ces animaux se nourrissaient d'organismes microscopiques filtrés par l'eau de mer, tandis que des animaux moins abondants, qui ressemblaient à des vers, cherchaient sur le plancher océanique des débris organiques parmi les sédiments meubles. Les sites fossilifères les plus importants de l'hémisphère occidental, tant par leur âge avancé que par les milieux en eaux assez profondes qu'ils représentent, sont situés dans la presqu'île Avalon, à Terre-Neuve.

Il y a 500 millions d'années, les mers contenaient en abondance des animaux primitifs à pattes articulées (p. ex. les TRILOBITES) ainsi que de petits animaux à coquilles et des organismes primitifs non coralliens formant les récifs. Le SITE DES SCHISTES DE BURGESS, un SITE DU PATRIMOINE MONDIAL DES NATIONS UNIES dans le parc national de Yoho, a livré des fossiles superbement conservés d'animaux archaïques à corps mous, enfouis dans de l'argilite à grains fins à la base d'un récif algal. On a identifié, à ce seul site, environ 140 espèces, y compris des ancêtres d'animaux à colonne vertébrale. Il s'agit de la faune la plus diverse découverte jusqu'à présent. Les bandes côtières riches en éléments nutritifs des eaux équatoriales peu profondes ont servi d'origine à de nouvelles catégories d'animaux marins, qui ont généralement déplacé les formes plus primitives vers les bassins océaniques. En conséquence, il y a environ 450 millions d'années, les faunes trilobites ont cédé la place à des colonies vivant en eau peu profonde, dominées par des coraux primitifs, des brachiopodes en forme de lampe à huile, des lis de mer et des MOLLUSQUES à coquille droite. On en trouve des fossiles dans les strates horizontales de calcaire, de schiste et de grès à divers endroits au Canada.

Il y a environ 435 millions d'années, s'est produit un intervalle d'extinction qui a coïncidé avec le recouvrement par les glaciers continentaux de ce qui est devenu le désert du Sahara et avec le retrait des mers peu profondes des continents. Cependant, des représentants de la plupart des principaux groupes d'organismes marins ont survécu et repeuplé les mers. Le site de Hagersville, en Ontario, qui contient de gros crustacés marins qui occupaient les zones peu profondes, date de 380 millions d'années.

Une symbiose entre les CHAMPIGNONS et les ALGUES vertes a donné naissance aux plantes terrestres, qui se sont répandues sur les deltas fertiles et les terres basses côtières il y a 410 millions d'années. Les arthropodes terrestres sont aussi apparus, croit-on, à cette époque. Il y a quelque 350 millions d'années, une lagune d'eau saumâtre située près de Miguasha, au Québec, a été le site d'enfouissement de spécimens remarquablement bien conservés d'environ deux douzaines d'espèces de dipneustes et de crossoptérygiens. Se trouvent parmi eux les restes des amphibiens les plus vieux que l'on connaisse. Une autre extinction massive de cause inconnue s'est produite peu après.

Il y a 300 millions d'années, les principaux groupes d'animaux marins étaient de nouveau très variés. Les animaux réellement terrestres les plus anciens étaient des reptiles ressemblant à des lézards, dont les squelettes sont conservés dans des troncs d'arbres vides encore debout, ou enfouis dans des sédiments maintenant exposés dans les falaises près de Joggins, en Nouvelle-Écosse. Les reptiles se nourrissaient d'arthropodes, ce qui constitue les débuts d'une relation écologique, toujours existante, entre les deux principaux groupes d'animaux terrestres. Il a fallu attendre encore 20 millions d'années avant que les animaux à colonne vertébrale ne se nourrissent directement de plantes terrestres. À partir de cette période, le nombre de principaux groupes d'animaux terrestres se chiffre à au moins la moitié de celui des principaux groupes d'animaux marins. On trouve des fossiles de reptiles primitifs, d'aspect mammifère, dont l'âge est estimé à environ 275 millions d'années, dans les deltas semi-arides de Charlottetown, à l'Île-du-Prince-Édouard.

L'extinction la plus massive que l'on connaisse a eu lieu il y a 230 millions d'années. On pense que 90 p. 100 des espèces d'animaux marins auraient alors disparu et que les principaux groupes n'ont jamais retrouvé l'importance qu'ils avaient auparavant. Les animaux terrestres ont connu le même sort. Les extinctions sont attribuées à la coalescence des blocs continentaux en un unique mégacontinent, bien que certains trouvent que la brièveté des intervalles d'extinction soit incompatible avec de lourds mouvements continentaux. Les faunes marines seront par la suite caractérisées par une abondance de mollusques, d'arthropodes et de poissons osseux. Sur terre, de gros reptiles proches des ancêtres des mammifères sont remplacés par des reptiles de la famille des crocodiles. Comme lors des autres extinctions, les petits animaux insectivores à colonne vertébrale n'ont pas semblé souffrir autant que bon nombre de leurs parents plus gros.

Une autre extinction moins grave s'est produite il y a environ 195 millions d'années. Des animaux terrestres ressemblant à des crocodiles ont alors été remplacés par des colonies dominées par les mammifères et les DINOSAURES. Les mammifères étaient petits durant la période d'ascension des dinosaures et avaient probablement un taux métabolique élevé par rapport à leur taille. Ces taux permettaient aux mammifères insectivores de concurrencer les niveaux d'activité observée dans les sédiments de l'époque ou si l'inverse se produit. Les données sur la vie animale sur Terre devraient fournir un cadre à l'intérieur duquel il sera possible de projeter l'évolution de cette vie durant des millions d'années à venir. On pense que les OISEAUX primitifs, descendants de petits dinosaures carnivores, avaient aussi des taux métaboliques élevés. Inversement, les dinosaures herbivores ont grossi, en partie en raison des économies d'effort de locomotion et d'un taux métabolique réduit lié à une masse corporelle accrue. Ces herbivores dépensaient leur énergie efficacement. L'assemblage le plus important et le plus varié de dinosaures connus est constitué des squelettes conservés dans les badlands du PARC PROVINCIAL DINOSAUR, en Alberta, qui est l'un des sites du patrimoine mondial des Nations Unies. Jusqu'à présent, plus de 300 spécimens de 31 espèces différentes ont été trouvés. La richesse des fossiles a servi de base aux études sur l'écologie des dinosaures d'il y a environ 75 millions d'années.

Il y a quelque 65 millions d'années, une extinction massive a brusquement anéanti les dinosaures et probablement les trois quarts des espèces d'organismes. Les extinctions semblent liées à une anomalie chimique observée dans les sédiments de l'époque, ce qui suggère l'impact d'un astéroïde. Les mollusques marins, les arthropodes et les poissons osseux ont bien vite retrouvé et même dépassé leurs anciens degrés de diversité. Il y a 50 millions d'années, la Terre a cessé d'être un milieu presque entièrement marin, car les écosystèmes terrestres ont capturé et retenu de nombreuses substances vitales. Les oiseaux et les mammifères se sont diversifiés sur terre, leur taille généralement plus petite favorisant l'existence d'un nombre plus élevé d'espèces que dans le cas des dinosaures. On trouve dans l'île d'Ellesmere, dans les Territoires du Nord-Ouest, des fossiles de mammifères, de tortues et de crocodiles anciens, dans des forêts chaudes latifoliées. Ces fossiles auraient environ 50 millions d'années. Dans les collines Cypress, en Saskatchewan, on trouve une faune abondante et diversifiée de grands mammifères fossiles (âgés d'environ 35 millions d'années). Les ancêtres de l'homme sont apparus dans les régions équatoriales d'Afrique et d'Asie il y a environ 3 millions d'années. Dans le BASSIN DE OLD CROW, au Yukon, on trouve des fossiles de 25 000 à 30 000 ans de mammifères de l'époque glaciaire et d'hommes primitifs, sur des terres non glaciaires.

Au cours des 400 derniers millions d'années, les arthropodes ont dominé les faunes terrestres, tant par le nombre d'espèces et d'individus que par le volume de matière organique consommé. Cette domination est aujourd'hui remise en question par une espèce productive unique d'animal à colonne vertébrale, l'*Homo sapiens,* qui a développé un cerveau très complexe lui donnant un avantage sélectif énorme.

Ce qu'il reste à explorer

Le monde des fossiles recèle encore une vaste quantité d'informations inexplorées et intéressantes sur l'ÉVOLUTION de la vie animale. Les fossiles peuvent révéler les conditions physiques ou biologiques qui ont amené la stagnation ou l'accélération de l'évolution. Les données fourniront des moyens de mesurer les progrès des tendances telles que la différentiation de vers segmentés primitifs devenant des organismes plus complexes comme les papillons et les oiseaux, le développement de simples colonies dominées par des méduses archaïques devenant les récifs coralliens modernes aux délicates structures animées, et l'apparition de structures semblables chez des animaux non apparentés (p. ex. le cerveau de la pieuvre et du hibou). Les données auront aussi des répercussions importantes sur l'étude de l'évolution des organismes animés dans les mondes extraterrestres. Elles montreront si les extinctions massives stimulent l'apparition d'espèces animales plus évoluées ou si l'inverse se produit. Les données sur la vie animale sur Terre devraient fournir un cadre à l'intérieur duquel il sera possible de projeter l'évolution de cette vie durant des millions d'années à venir.

De façon générale, la lutte pour la survie a stimulé la spécialisation des structures animales et la multiplication des espèces animales. Ainsi, au cours de périodes qui ont duré des dizaines de millions d'années, le taux de croissance du nombre d'espèces animales correspondait de façon approximative au nombre d'espèces en existence. Le nombre total d'espèces présentes sur la Terre tend donc à croître encore plus rapidement. De même, l'atout concurrentiel le plus précieux de l'humanité, son cerveau, a évolué selon une tendance qui suppose que le taux de croissance de la taille du cerveau est proportionnel à la taille du cerveau. Une telle situation laisse croire que la concurrence entre les individus de notre espèce a mené à une pression sélective sur l'évolution du cerveau et que l'augmentation de la taille du cerveau devrait continuer.

La tendance à long terme vers une augmentation de la diversité et de la complexité de la vie animale a subi des interruptions périodiques lors d'intervalles plus courts marqués par d'importantes extinctions. Les causes des différentes extinctions massives peuvent varier. Il est clair que l'humain a joué un rôle dans les extinctions qui ont débuté vers la fin de la dernière ÉPOQUE GLACIAIRE (il y a 10 000 ans) et qui se poursuivent aujourd'hui. Après des extinctions massives antérieures, les rares organismes qui ont survécu se sont rapidement différenciés en une multitude d'espèces qui ont développé de nombreuses modifications réussies par rapport à la constitution corporelle d'autres époques. Peut-être notre espèce est-elle le tronc primitif d'une nouvelle sorte d'animal, dont les qualités intellectuelles se différencieront et s'étendront pour former une nouvelle gamme d'animaux différents et de plus en plus complexes dans l'histoire de la vie terrestre.

Dale A. Russell

Animaux, questions relatives aux Bien que le lien étroit entre l'homme et les animaux existe depuis la préhistoire, les organismes pour la protection des animaux n'existent, en Occident, que depuis à peine 125 ans.

Défense des animaux

Au cours de l'époque victorienne, un mouvement contre la vivisection s'amorce pour combattre l'utilisation d'animaux dans les laboratoires de recherche biomédicale. Au Royaume-Uni, la bataille entre les partisans de la vivisection et les militants qui s'y opposent a pour conséquence l'adoption, en 1876, de la *Cruelty to Animals Act.* Cette loi annonce la victoire des adversaires militants de la vivisection. Dorénavant, les chercheurs en science médicale de Grande-Bretagne doivent se soumettre à un système de permis, d'inspection et de règles de pratique. Cette loi, encore controversée aujourd'hui, est remplacée en 1986 par le *Animals (Scientific Procedures) Act.*

Après la Seconde Guerre mondiale, la recherche biomédicale subit un grand essor. Les découvertes en termes de médicaments, de traitements et de techniques se font à un rythme tel que les sciences de la santé peuvent maintenant prévenir et traiter des maladies que l'on croyait incurables, prolonger la vie et soulager la souffrance. Au Canada, depuis 1968, le Conseil canadien de protection des animaux (CCPA) s'occupe de la surveillance en matière d'éthique en ce qui concerne les deux millions d'animaux de laboratoire utilisés annuellement en recherche biomédicale. Le CCPA est à l'origine des comités locaux et institutionnels de protection des animaux, concept qui sera adopté plus tard par les États-Unis et par l'Australie. Le comité local de protection des animaux s'assure que les lignes directrices et les directives du CCPA soient respectées.

Le nombre d'animaux utilisés pour la recherche a diminué à cause du coût élevé d'achat et d'hébergement de l'animal. De plus, le développement d'animaux transgéniques (animaux dont on a altéré les gènes afin qu'ils reproduisent de plus près les maladies humaines) et la mise au point de techniques alternatives comme la culture de tissus et la simulation par ordinateur, réduisent le besoin d'utiliser des animaux. Même si les expériences faites sur les animaux ont fait progresser la médecine et la chirurgie humaine autant qu'animale, la controverse sur l'usage des animaux persiste.

En 1975, le psychologue clinicien Richard Ryder invente le mot «zooségrégation» pour décrire le favoritisme accordé à sa propre espèce. Ce préjugé est critiqué par les philosophes qui s'opposent au concept judéo-chrétien de la «suprématie» de l'homme sur l'animal et qui affirment que les animaux ont des droits similaires à ceux des humains (vivre sans souffrir ni subir les traitements que l'animal humain leur impose).

Cette dernière opinion est partagée par les groupes végétariens et végétaliens (qui ne consomment aucun produit animal). Même si ces groupes font la promotion de leur philosophie depuis de nombreuses années, le nombre d'adhérents est demeuré sensiblement le même jusqu'à ce que les fondations des maladies du cœur préconisent de consommer moins de graisses animales afin de diminuer les risques de maladies cardiovasculaires. Un grand nombre de personnes adhèrent à cette philosophie, mais il est intéressant de noter que la diminution de la consommation de viande n'est pas liée à un plus grand intérêt pour un traitement sans cruauté des animaux, mais plutôt à l'intérêt porté à un style de vie plus sain.

Peter Singer, James Mason et quelques autres désirent que le débat sur la libération de l'animal tienne compte d'une «nouvelle éthique» du traitement des animaux. Leur champ d'intérêt englobe maintenant les animaux domestiques élevés selon de nouvelles pratiques intensives de gestion du bétail, les animaux utilisés dans les RODÉOS, les cirques et les ZOOS, ainsi que ceux qui font l'objet de la chasse sportive ou qui sont tués pour leur peau.

Les groupes de militants pour la défense des animaux ont commis des actes de vandalisme contre les chercheurs, les laboratoires de recherche et les «fermes industrielles». Ils tapissent les vitrines de boucheries de slogans comme «la viande, c'est un meurtre». Les protestations sont souvent accompagnées d'actes de violence finissant par des arrestations qui donnent aux auteurs un sentiment d'accomplissement et les consacrent comme martyrs de la cause.

Les SOCIÉTÉS DE PROTECTION DES ANIMAUX et autres groupes à caractère moins militant ont manifesté la volonté d'ouvrir la discussion de façon rationnelle et sans parti pris. Certains considèrent les efforts des militants comme une «compassion mal dirigée». Parmi les quelque 30 organismes canadiens s'occupant de la protection des animaux, la Fédération des sociétés canadiennes d'assistance aux animaux est celle qui compte le plus grand nombre de membres (200 000 incluant les filiales).

Malheureusement, la prolifération de groupes polarisés («Save our Seals») dilue les objectifs d'ensemble des organismes de protection animale. Cette division nuit parfois aux modérés et aux gestes que ceux-ci posent pour protéger les animaux et éliminer les pratiques cruelles. Jusqu'à maintenant, personne n'a défini la notion d'«humanité», mais le professeur de philosophie Bernard E. Rollin traite de cette question dans son livre *Animal Rights and Human Morality* (1981). De plus, dans la dernière décennie, le nombre de livres sur le bien-être et les droits des animaux a augmenté considérablement.

Problèmes contemporains

Gestion du bétail L'industrie des productions animales a mis au point des méthodes modernes permettant au fermier de réaliser des profits et au consommateur de se procurer un produit économique. Pour ce faire, l'industrie a élaboré des techniques intensives de gestion du bétail qui sont remises en question par ceux qui se préoccupent du bien-être des animaux (*voir* ZOOTECHNIE). Afin de défendre leur point de vue, plusieurs groupes de producteurs se sont formés dans le but d'informer le public en général sur les efforts déployés par les fermiers canadiens pour assurer un traitement sans cruauté du bétail et de la volaille.

De son côté, Agriculture Canada publie des codes de pratiques concernant la plupart des espèces animales élevées sur les fermes canadiennes. Ces publications sont le résultat d'un consensus entre chercheurs, vétérinaires, fermiers, chargés de la réglementation et représentants des groupes de protection animale.

Maladie de la vache folle En 1996, le monde animal fait la manchette avec l'apparition de la MALADIE DE LA VACHE FOLLE ou encéphalopathie spongiforme bovine (ESB). Bien qu'aucune preuve scientifique n'existe d'un lien entre l'ESB et la maladie de Creutzfeld-Jakob (MCJ), un nombre disproportionné de cas de MCJ en Grande-Bretagne, comparativement aux autres pays, éveille le soupçon que l'ESB puisse être transmise à d'autres espèces, et tout particulièrement à l'humain.

L'ESB est découverte pour la première fois au Royaume-Uni au milieu des années 80. Depuis 1986, on compte 161 663 cas confirmés de la maladie en Grande-Bretagne, 205 cas en Suisse, 120 en Irlande et un cas au Canada attribué à une vache importée du Royaume-Uni (la vache a été tuée et la carcasse brûlée). Le Canada a interdit l'importation d'animaux vivants, d'embryons congelés et de sperme provenant de tout pays ayant rapporté des cas d'ESB.

Cette maladie semble être liée à une maladie du mouton, la tremblante du mouton (scrapie), car les bovins d'Angleterre ont été infectés en mangeant des compléments alimentaires provenant de carcasses de mouton ou de farine de viande de mouton. Au cours des dix dernières années, la tremblante du mouton a été identifiée dans 53 troupeaux de moutons au Canada. Tous les moutons ont été tués et brûlés.

Transport d'animaux Le transport d'animaux est un autre sujet mis en évidence au cours de la dernière décennie. Considérant qu'en Amérique du Nord au moins 75 000 chiens et chats voyagent en avion chaque année et que un million de poussins âgés d'un jour sont dans les airs à chaque jour, il est facile de comprendre que l'on s'intéresse grandement à la sécurité et au bien-être de ces animaux. Malheureusement, il est impossible d'obtenir des données précises sur le nombre d'animaux qui sont transportés par camion ou par bateau.

Des tentatives pour régler cette question sont amorcées à différents paliers. Ainsi, certaines compagnies aériennes ont produit des cassettes vidéo pour informer le public sur l'importance accordée à la préparation des animaux de compagnie en vue du voyage en avion ainsi que sur la formation de leur personnel au sol sur ce point. Agriculture Canada a mis sur pied un comité formé de représentants de

tous les groupes d'actionnaires ayant des intérêts dans le transport d'animaux. Le mandat du comité est de fournir un plan d'action pour assurer le bien-être et le bon traitement de tous les animaux transportés au Canada. L'objectif est d'assurer que les règles du transport d'animaux selon la *Loi sur la santé des animaux* soient appliquées. Des propositions ont été faites et des études pilotes locales ont été menées pour que des groupes de vétérinaires, des groupes régionaux de protection des animaux, l'industrie du bétail des régions, les chargés de la réglementation provinciale et des employés du gouvernement fédéral s'ajoutent aux personnes s'occupant de la question du transport d'animaux.

Il existe deux associations internationales de transport d'animaux. La «Animal Transportation Association» est multidisciplinaire et regroupe des compagnies aériennes, des transporteurs d'animaux, des agents d'assurances, des agents de transport, des groupes pour la protection des animaux, des vétérinaires et des organismes gouvernementaux. L'Association du Transport aérien international (IATA), quant à elle, regroupe des représentants de l'aviation commerciale et de nombreux observateurs ayant un statut consultatif. L'IATA publie un manuel de procédures utilisé par l'aviation commerciale, les organismes gouvernementaux, les organismes pour la protection des animaux, et autres. Ce manuel sert de guide pour les enceintes, la préparation des animaux au voyage et fournit une liste des organismes consultatifs et de la réglementation internationale.

Animaux de compagnie Au cours d'un grand nombre de colloques, on a tenté de définir les problèmes associés aux animaux de compagnie. Les discussions ont mis l'accent sur les maladies, les morsures de chien, la pollution des parcs, des pelouses et des jardins, le contrôle de la population animale et l'euthanasie. Malgré les colloques, les livres, les cliniques de stérilisation et l'éducation du public sur la responsabilité d'être propriétaire d'un animal, les fourrières et les sociétés de protection des animaux doivent tuer un nombre considérable de chats et de chiens. Au Canada, on détruit environ 500 000 animaux de compagnie par année.

Souffrance chez l'animal Le dilemme associé à la relation entre l'homme et les animaux fait l'objet d'un livre de Marion Stamp Dawkins, biologiste à Oxford: *Animal Suffering: The Science of Animal Welfare* (1980). On y trouve les grandes lignes de l'approche biologique de l'assistance aux animaux. Malheureusement, nos connaissances sont limitées en termes de ce qui constitue souffrance et détresse chez un animal: comment reconnaître la souffrance latente ou cachée. Pour mieux comprendre la souffrance chez les animaux, il est nécessaire de mieux comprendre leurs besoins éthologiques ou comportementaux, leur conscience et leur perception.

Besoins comportementaux Au cours de la dernière décennie, l'étude des besoins sociaux et comportementaux des animaux est devenue une science en soi bien que les adeptes de behaviorisme animal existent depuis de nombreuses années. On tente de régler la question en fournissant un meilleur environnement à l'animal, p. ex., de meilleures enceintes et la présence de congénères ou d'humains ou quelque chose avec quoi l'animal peut interagir. Ainsi, l'animal risque moins de manifester des troubles comportementaux comme se déplacer de façon continue et nerveuse, s'emballer ou mordre.

En général, les animaux sont des créatures sociales qui aiment le contact avec l'être humain ou l'interaction avec les animaux qu'ils aiment ou avec qui ils cohabitent. Il est maintenant prouvé scientifiquement que les animaux ont en effet des besoins comportementaux dont quelques-uns sont mesurables. De plus, on a établi que la manifestation des comportements naturels est essentielle au bien-être de l'animal. C'est pourquoi les nouvelles lois et lignes directrices doivent tenir compte des besoins sociaux et comportementaux des animaux.

L'étude du comportement canin et félin ou de l'animal de compagnie est une discipline qui gagne du terrain. Cela ne devrait étonner personne, car plus de 45 p. 100 des chiens et des chats qui sont euthanasiés chaque année à la demande de leur propriétaire le sont à cause de problèmes comportementaux ou de discipline.

Relation entre l'homme et l'animal L'examen approfondi de la relation entre l'être humain et les animaux a eu pour conséquence l'évolution de la reconnaissance scientifique du lien étroit entre l'homme et l'animal de compagnie. Fondée en 1981 dans le but de promouvoir les interactions entre l'homme et l'animal, la Delta Society, éminent organisme international, offre des cours et une formation sur l'interaction thérapeutique entre animaux de compagnie et écoliers, personnes malades, handicapées ou âgées ainsi que sur la responsabilité liée au fait de posséder un animal.

Au Canada, la Human Animal Bond Association of Canada (HABAC), dont les origines sont similaires à la Delta Society, voit le jour en 1987. HABAC travaille en collaboration avec la Delta Society dans l'élaboration de programmes, coopère avec l'Association canadienne des vétérinaires et la Fédération des sociétés canadiennes d'assistance aux animaux et sert d'organisme parapluie aux autres organismes partageant les mêmes buts, c.-à-d. la zoothérapie, les animaux de service et la responsabilisation du propriétaire d'un animal.

Le Canada a accueilli trois colloques «Pet as Society» (le premier en 1976), bien avant qu'un colloque, partout ailleurs, ne s'intéresse aux relations entre l'homme et l'animal ou à la responsabilisation des propriétaires d'animaux. En 1992, HABAC organise un congrès international à Montréal sous le thème «Animals and Us» qui réunit plus d'un millier de délégués du monde entier. C'est au cours de ce congrès que la International Association of Human-Animal Interactive Organizations est fondée et tient sa première réunion. Les chercheurs et les organismes qui s'intéressent aux liens entre l'homme et l'animal de compagnie parlent des avantages associés à cette relation, notamment une diminution du stress et de la tension artérielle ainsi qu'une meilleure socialisation. L'utilisation de chiens pour aider les handicapés (visuels ou auditifs) est déjà courante. Les nouvelles connaissances acquises grâce à la recherche biomédicale ou par notre propre compréhension des animaux et de nos responsabilités envers eux ne peuvent que mener à l'amélioration de la santé et du bien-être à la fois des personnes et des animaux.

H.C. Rowsell

Anjou (ou Ville d'Anjou), ville du Qc; pop. 37 308 (rec. 1996), 37 207 (rec. 1991); superf. 13,64 km²; const. en tant que ville en 1956; située au nord-est de l'île de Montréal, à environ 10 km du centre-ville de MONTRÉAL.

Elle fait d'abord partie de la municipalité paroissiale de Saint-Léonard-de-Port-Maurice de 1886 à 1916, puis forme une municipalité distincte en 1916, et se constitue en ville 40 ans plus tard. Son nom rappelle la vieille province française d'Anjou, située au sud-ouest de Paris, relativement près du port maritime de Nantes, sur l'Atlantique. Les ancêtres de nombreux Canadiens français d'aujourd'hui venaient de cette région de France.

Cette banlieue résidentielle de Montréal est connue pour ses parcs, ses arbres et l'ensemble de ses espaces verts. Elle dispose d'un vaste parc industriel spécialisé dans les entreprises de textiles et de fabrication de meubles ainsi que les usines de transformation des aliments et de fabrication de matériel de transport.

Pierre-Louis Lapointe

Anka, Paul Albert, chanteur, auteur-compositeur (Ottawa, 30 juill. 1941). Né de parents d'ascendance libano-canadienne, Anka devient célèbre dès son adolescence grâce à des chansons comme *Diana* (un succès qui vient au deuxième rang des best-sellers de tous les temps), *You Are My Destiny*, *Puppy Love* et *Lonely Boy.*

Il écrit plus de 400 chansons, démontrant son extraordinaire aptitude à créer des succès, y compris les chansons *My Way,* pour Frank Sinatra, *She's a Lady,* pour Tom Jones, et le thème de l'émission de télévision *The Tonight Show,* qui a servi pendant des décennies jusqu'au départ en retraite de Johnny Carson au début des années 90. Il continue de se produire à Las Vegas et ailleurs. En 1991, il devient l'un des propriétaires de l'équipe des SÉNATEURS D'OTTAWA.

Allan M. Gould

Anna Wyman Dance Theatre est considéré, depuis le milieu des années 70 jusqu'à sa fermeture en 1990, comme l'une des compagnies de danse moderne canadiennes qui contribuent le plus à établir cette nouvelle forme de danse au Canada. À l'origine, il s'agit d'une troupe amateur créée par la danseuse, chorégraphe et professeure autrichienne Anna WYMAN, après son arrivée à Vancouver, en 1967. Celle-ci fait des démonstrations et se produit en spectacle. La compagnie fait ses débuts professionnels en 1971, sous le nom d'Anna Wyman Dancers, en donnant une série de représentations à la Vancouver Art Gallery.

En 1973, le Conseil des Arts du Canada lui accorde son soutien opérationnel et elle prend le nom d'Anna Wyman Dance Theatre. Cette même année, elle participe à l'International Young Choreographers' Competition à Cologne, en Allemagne. Wyman y présente *Here at the Eye of the Hurricane* (musique de Karlheinz Stockhausen), que le jury classe parmi les trois œuvres les plus remarquables du concours.

Pendant de nombreuses années, le répertoire du Anna Wyman Dance Theatre se compose entièrement des chorégraphies de Wyman. Au début, son style insiste sur l'improvisation, mais, influencée par sa longue formation en danse classique et en danse moderne acquise en Autriche et en Angleterre, Wyman évolue vers un langage chorégraphique abstrait et hautement théâtral, qui utilise souvent la lumière, le cinéma, la vidéo, les lasers et l'informatique pour produire des effets techniques et théâtraux. Elle affiche aussi une préférence pour la danse avec un contenu social, politique et spirituel et utilise avec intelligence les capacités athlétiques du corps humain.

En 1975, l'Anna Wyman Dance Theatre est la première troupe de danse moderne à faire une tournée au Canada et elle devient rapidement l'une des compagnies qui voyagent le plus en Amérique du Nord. Elle est la première compagnie de danse moderne occidentale à faire une tournée en Chine (1980) et elle voyage aussi en Inde, en Asie du Sud-Est, en Australie, en Europe, au Mexique et partout aux États-Unis et au Canada. De nombreux films sont tournés sur la compagnie, parmi lesquels deux productions de l'Office national du film, deux productions télévisées du réseau anglais de Radio-Canada tournées en Europe, ainsi qu'une émission spéciale présentée à la télévision de service public, aux États-Unis, en 1986.

En outre, Wyman travaille souvent avec des artistes d'autres disciplines, comme le peintre Jack Shadbolt, et, au milieu des années 80, le répertoire de la compagnie commence à inclure des œuvres d'autres chorégraphes. À la fin des années 80, le Conseil des Arts du Canada retire son soutien opérationnel en raison des rapports produits par ses conseillers selon lesquels le niveau artistique a décliné. La compagnie interrompt donc ses activités en 1990. Toutefois, Anna Wyman continue de créer des chorégraphies et présente les spectacles des élèves de cycle supérieur de son école de Vancouver ouest.

Max Wyman

Annand, William, politicien, éditeur et premier ministre de la Nouvelle-Écosse de 1867 à 1875 (Halifax, 10 avril 1808—Londres, 12 oct. 1887). Élu à la Chambre d'assemblée de la Nouvelle-Écosse en 1836, Annand appuie le mouvement réformiste. Défait en 1843, il achète à Joseph HOWE le *Novascotian* et en devient le rédacteur en chef. L'année suivante, il fonde le *Morning Chronicle,* tout en continuant de publier le *Novascotian.*

Réélu en 1851, il conserve son siège jusqu'en 1867, en dépit des rumeurs l'accusant d'autoglorification. Son indécision sur la question de la Confédération affaiblit son rôle et lui fait perdre la direction des adversaires de la Confédération au bénéfice de Howe. Après sa défaite, il est nommé au Conseil législatif et manœuvre pour devenir premier ministre. Faible et indécis, il est remplacé par Philip Carteret HILL en 1875. Annand termine sa vie à Londres, d'abord comme agent général du Canada, puis comme agent de la Nouvelle-Écosse.

Lois Kernaghan

Annapolis Royal, ville de la N.-É.; pop. 583 (rec. 1996), 633 (rec. 1991), 631 (rec. 1986); superf. 2,10 km²; const. en 1893. La ville est située sur la rive sud de la rivière Annapolis, à environ 10 km de son embouchure, près de la côte ouest de la Nouvelle-Écosse. CHAMPLAIN et DE MONTS, qui découvrent la région en 1604, désignent l'ensemble du bassin sous le nom de PORT-ROYAL.

L'endroit est propice au peuplement à cause de son climat tempéré et de ses terres arables. C'est aussi un lieu idéal pour des fins militaires, en raison des collines environnantes qui l'abritent. BIENCOURT DE POUTRINCOURT y installe un petit groupe de cultivateurs en 1606, et des Acadiens s'établissent progressivement le long du bassin et de la rivière. La colonie est détruite en 1613 par Samuel Argall et les Anglais érigent un fort à proximité en 1628-1629. En 1632, les Français reviennent et, vers 1636, MENOU D'AULNAY construit un petit fort à l'emplacement actuel du fort Anne. Il est capturé par Robert Sedgwick en 1654 et est occupé à nouveau par les Français en 1670. On entreprend la construction du fort Anne en 1687 et, une fois achevé, il résiste à deux invasions des colons de la Nouvelle-Angleterre, en 1704 et en 1707. Francis Nicholson lui donne le nom d'Annapolis en l'honneur de la reine Anne lorsqu'il capture le fort en 1710, et la garnison demeure sur les lieux jusqu'en 1854.

La ville demeure la capitale de la Nouvelle-Écosse jusqu'à la fondation de Halifax en 1749. Après la déportation des Acadiens (*voir* ACADIE), des habitants de la Nouvelle-Angleterre et des LOYALISTES peuplent à nouveau le secteur. L'ancien nom et le nouveau fusionnent graduellement, et Annapolis Royal devient le nom officiel. Le transport maritime prend de l'importance au XIXᵉ siècle, grâce à l'exportation du bois, et on y implante une forge. Le tourisme est la principale industrie de la ville. Le fort Anne est restauré et devient en 1917 le parc historique national de Fort Anne, premier LIEU HISTORIQUE national au Canada. Avec PORT-ROYAL, également historique et situé à proximité, la ville attire quelque 100 000 visiteurs chaque année. Une bonne partie du centre-ville est une reconstitution du milieu du XVIIIᵉ siècle. Les Historic Gardens et le Kings Theatre sont au nombre des attractions touristiques estivales.

Annapolis Royal possède aussi l'unique centrale marémotrice moderne en Amérique du Nord, qui a été construite entre 1980 et 1984. La centrale produit de l'électricité à partir des marées de la BAIE DE FUNDY (les plus hautes du monde) et génère suffisamment d'énergie pour alimenter 4500 foyers.

Heather MacDonald

Annapolis, Basses Terres d' Situées dans les comtés de Digby, d'Annapolis et de King, en Nouvelle-Écosse, elles s'étendent sur 155 km, depuis la côte Est de la baie Sainte-Marie jusqu'à la rive ouest du BASSIN MINAS. Leur fondement géologique est constitué de roche sédimentaire friable, principalement rouge, de l'âge triasique (vieille de 245 ou 208 millions d'années). Depuis le niveau de la mer à leurs extrémités ouest et est, leur altitude est de 35 m environ dans le centre et de près de 60 m sur leurs flancs nord et sud. Elles sont surplombées, au nord, par l'escarpement de basalte du mont Nord, qui s'élève de 180 à 240 m, et, au sud, par les hautes-terres de granite du mont Sud, d'une altitude de 150 à 210 m.

À la suite du recul des glaciers, il y a environ 13 000 ans, les basses terres sont presque entièrement inondées par la mer, jusqu'à une altitude de 30 m. Le soulèvement isostatique subséquent entraîne le recul de la mer, mais 6000 ans l'élévation du niveau de la mer donne lieu à la croissance d'importants marais salés à chaque extrémité des basses-terres, où coulent en de longs méandres les rivières Annapolis et Cornwallis.

Ces marais sont au cœur de la colonie française acadienne (*voir* ACADIE), depuis la fondation de PORT-ROYAL (1605) jusqu'au milieu du XVIIIᵉ siècle. Les Acadiens y construisent des digues pour les protéger des inondations des marées et pour en permettre le drainage afin de les transformer en de riches prés de fauche. Dans le centre des basses terres, des sols bien drainés, non pierreux, ondulés et à l'abri des gelées du printemps, se prêtent à la pomiculture et à l'élevage laitier.

Les principales villes sont KENTVILLE, où se trouve une station d'expérimentation du ministère de l'Agriculture et de l'Agroalimentaire du Canada; Digby, terminus des traversiers de SAINT-JEAN, au Nouveau-Brunswick, et port de pêche; et Wolfville, où se trouve l'U. Acadia. Le nom vient d'ANNAPOLIS ROYAL (en l'honneur de la reine Anne d'Angleterre), le nouveau nom de la colonie de Port-Royal.

I.A. Brookes

Anne... la maison aux pignon verts (1986) est un roman de Lucy Maud MONTGOMERY, dont la version originale a été publiée à Boston, en 1908, sous le titre *Anne of Green Gables*. La première édition canadienne paraît à Toronto en 1943. Premier d'une série de huit romans sur Anne, il demeure l'œuvre la plus connue de Lucy Maud Montgomery. Son charme repose sur la croissance d'une enfant qui se transforme en une jeune héroïne volubile, débordante d'imagination, spontanée mais sensible. Sauvée de l'orphelinat, elle trouve largement de quoi alimenter son imagination aux Pignons verts, où elle gagne le cœur de Matthew et de Marilla Cuthbert, et à Avonlea, où elle s'attire l'affection de la communauté.

Son brillant passage de l'enfance à l'adolescence vaut au roman un succès international. Édité à de nombreuses reprises, *Anne of Green Gables* est traduit en 15 langues au moins et a fait l'objet de deux adaptations cinématographiques. Depuis 1965, une version musicale de l'histoire est interprétée chaque année à Charlottetown, à l'Île-du-Prince-Édouard. En 1985 et 1987, des adaptations cinématographiques sont présentées à la télévision et remportent un grand succès.

Neil Besner

Année polaire internationale (1882-1883) Première entreprise scientifique coordonnée à l'échelle mondiale et l'événement le plus important dans la fondation de la géophysique. Entre le 1ᵉʳ août 1882 et le 1ᵉʳ septembre 1883, 15 expéditions parrainées par 11 pays, dont le Canada, se rendent dans l'Arctique et dans l'Antarctique afin d'effectuer des observations simultanées bien planifiées en sciences de la terre. Les mesures effectuées sur le magnétisme, les aurores, la météorologie, les courants telluriques, la température du sol, les points géodésiques, le comportement des marées et l'électricité atmosphérique sont analysées et ajoutées au large éventail des autres observations relatives à la géologie, à l'océanographie et aux sciences naturelles qui sont effectuées durant l'année. L'extension de la recherche scientifique sur le terrain dans les régions polaires renforce grandement les données recueillies dans près de 35 stations d'observation situées en Europe, en Asie, en Amérique du Nord et en Amérique du Sud. L'ensemble de ces données permet alors d'effectuer les premières tentatives visant à dresser une météorologie marine synoptique détaillée de l'Atlantique Nord et de l'Atlantique Sud.

La planification et la coordination des observations scientifiques sur le terrain marquent une approche complètement nouvelle de la science en tant qu'activité internationale fondée sur la coopération et la solidarité. Les observations rigoureuses et le partage des résultats influencent fortement le futur concept de science dans toutes les disciplines. Le ministère des Affaires indiennes et du Nord Canada crée la Médaille du centenaire pour marquer le 100ᵉ anniversaire de l'Année polaire internationale et pour rendre hommage à la participation du Canada dans cette première tentative scientifique internationale. Cette médaille, accompagnée d'une bourse de 5000 dollars, est décernée tous les ans à une personne pour une activité scientifique ayant contribué de façon exceptionnelle au nord du Canada.

Annélides Embranchement de vers annelés possédant une véritable cavité corporelle (le cœlome) qui sépare le tube digestif de la paroi corporelle. Les annélides ont probablement évolué à partir de cœlomates non segmentés qui ont acquis la segmentation pour pouvoir creuser de façon soutenue. À leur tour, ils ont donné naissance aux ARTHROPODES. Les modalités de la sexualité des annélides sont très variées, mais la plupart des espèces canadiennes d'oligochètes, de sangsues et plusieurs polychètes sont hermaphrodites. Les annélides se divisent en trois classes: les polychètes (principalement des vers marins), les oligochètes (des VERS DE TERRE et plusieurs espèces de vers dulçaquicoles) et les hirudinées (SANGSUES).

Description La plupart des annélides sont vermiformes (en forme de ver). Ils ont une bouche antérieure (devant), précédée seulement du prostomium qui porte des organes sensoriels, et un anus postérieur. La plupart ont des soies (*setae*) généralement distribuées en groupes de quatre sur chaque segment. Le cerveau dorsal est relié par deux nerfs passant de part et d'autre de l'œsophage, à une série segmentée de paires de ganglions (centres nerveux secondaires) connectés par des nerfs, la chaîne nerveuse ventrale. Chez le ver de terre, elle comprend trois grosses fibres qui accélèrent la transmission de messages d'urgence d'une extrémité à l'autre du système nerveux qui, autrement, est plutôt lent. Ces fibres permettent au ver d'effectuer des mouvements de fuite rapide, p. ex. lors d'une attaque par un prédateur.

Les vers ont été les premiers animaux à développer des vaisseaux sanguins fermés dont certains ont augmenté en volume pour former des pompes ou des cœurs simples. Une tête se distingue parfois à la présence d'yeux très simples et de tentacules. Certaines espèces peuvent porter des branchies sur différentes parties du corps, mais la plupart respirent au travers de leur peau humide.

Ils possèdent peu d'organes internes. Ils excrètent par la surface de la peau et par des néphridies tubulaires (organes semblables à des reins). Le tube digestif simple inclut parfois des organes spéciaux et des régions d'entreposage (jabot) et de broyage de la nourriture (gésier).

Les sangsues sont les seuls annélides à avoir des dents qui servent à mastiquer des proies vivantes ou à percer la peau pour sucer le sang. Certains polychètes ont des mandibules ou denticules cuticulaires. Elles sont situées sur la partie terminale du pharynx qui peut être rapidement évaginé pour attraper ou mordre une proie (p. ex., *Glycera*). Plusieurs espèces de polychètes vivant dans des tubes ont des tentacules spécialisés pour attraper des particules alimentaires.

Distribution et habitat On trouve environ 9000 espèces d'annélides dans le monde. Au Canada, on connaît plus de 150 espèces d'oligochètes marins et dulçaquicoles et 20 espèces de vers de terre. La plupart des espèces de vers de terre sont décrites. Il y a probablement 600 espèces de polychètes et 45 espèces de sangsues au Canada et aux États-Unis.

Les polychètes (gr. poly «plusieurs», *chaete* «soie») habitent presque tous dans les mers ou les estuaires. De rares espèces, dont le maniyunkia du Canada, vivent en eau douce.

Les oligochètes (gr. *oligos* «peu») aux soies clairsemées, vivent surtout en milieu terrestre, dans des terriers humides. Ils incluent les vers de terre (la famille des lumbricidés et des formes apparentées) dont les segments portent huit soies. D'autres espèces d'oligochètes semblables, mais plus petites, ont jusqu'à 120 soies par segment, mais la moyenne est d'environ 24 soies seulement, distribuées en quatre groupes. Ces vers se rencontrent dans les profondeurs marines, le long des rivages, dans les lacs et les rivières, dans les sols humides, dans l'eau collectée sur la végétation ou sur des glaciers (*voir* VERS DE GLACIER, *Mesenchytraeus solifugus*).

Des enchytréides de grande taille (jusqu'à 8 cm de longueur, 5 mm de diamètre) de couleur rose ou brune habitent des sols anciens exemptés de la glaciation au Yukon occidental. Ils sont adaptés au pergélisol (sols soumis quotidiennement au cycle du gel/dégel). On rencontre fréquemment de petits enchytréides blancs dans le compost et la litière des vergers ou des boisés. On en fait l'élevage commercial pour nourrir les poissons. Les oligochètes se nourrissent de bactéries du sol, d'algues, de matière végétale et de restes d'animaux. Une espèce est prédatrice de petits animaux.

Les sangsues (hirudinées) ont toujours 34 segments, mais pas de soies. Elles se déplacent à l'aide de deux ventouses. Elles vivent en eau douce ou salée, ou en milieu terrestre sous les tropiques. De nombreuses espèces sont des parasites externes de vertébrés et quelques espèces se nourrissent d'escargots et de vers.

R.O. Brinkhurst

Anorexie mentale Appelée incorrectement «anorexie» (perte de l'appétit), il s'agit d'une maladie mentionnée dans les DOSSIERS MÉDICAUX depuis 1689. Les causes de cette maladie sont multiples et comprennent entre autres le besoin de maîtrise de soi ou de dominer son corps, le sentiment d'être incapable d'affronter les problèmes de l'adolescence et du monde adulte ainsi que les conflits familiaux. Les victimes typiques ont tendance à être autocritiques et dociles, et vivent souvent dans une famille où le ou les parents sont surprotecteurs.

Trouble émotionnel intrigant et potentiellement dangereux, l'anorexie mentale est de plus en plus répandue chez les adolescentes et les femmes (seulement un homme sur 15 en souffre). Cette maladie se caractérise par une obsession des régimes au point de s'émacier, ce qui entraîne des modifications du système endocrinien et, de plus, altère l'humeur et le comportement. Les symptômes cliniques de l'anorexie mentale sont identiques à ceux des personnes qui souffrent de sous-alimentation: obsession alimentaire, constipation, insomnie, perte de cheveux et peau sèche. Des changements psychologiques peuvent survenir comme la dépression, le repli sur soi, l'anxiété, l'irritabilité et la perte d'intérêt envers les autres.

Deux chercheurs torontois, auteurs de *Anorexia Nervosa: A Multi-dimensional Perspective,* ont découvert que, parmi tous les cas d'anorexie diagnostiqués, 45 p. 100 se sont rétablis complètement après avoir suivi un traitement avec un psychologue; 20 p. 100 n'ont connu aucune amélioration; 28 p. 100 sont passés d'un comportement anorexique à un état anxieux ou à des névroses graves; et 9 p. 100 sont décédés (3 p. 100 se sont suicidés, 3 p. 100 sont morts principalement en raison de perturbations métaboliques et 3 p. 100 sont morts de sous-alimentation).

M.T. Clandinin

Anse aux Meadows, L' Premier site viking authentique découvert en Amérique du Nord, elle est située sur la pointe nord de la presqu'île Great Northern, à Terre-Neuve. En 1914, le Terre-Neuvien William A. Munn formule l'hypothèse que des Vikings ont déjà débarqué à cet endroit. Toutefois, aucun vestige n'est découvert avant 1960, date à laquelle l'explorateur et écrivain norvégien Helge Ingstad et sa femme, l'archéologue Anne Stine Ingstad, fouillent l'endroit. Le site est l'objet de fouilles par Anne Stine Ingstad de 1961 à 1968 et par Parcs Canada de 1973 à 1976.

Les vestiges vikings consistent en trois édifices, chacun comprenant une grande maison et des aires de travail. Les objets découverts prouvent que ces peuples travaillaient le fer et le bois de charpente. C'est en fait le site de la plus ancienne forge connue du Nouveau Monde. Au nombre des artefacts distinctifs figurent une broche en bronze, un fuseau, des outils pour les travaux d'aiguille et des objets brisés en bois. Le type de construction, la nature des artefacts et la datation au carbone 14 indiquent que l'endroit aurait été occupé pendant un court laps de temps entre 990 et 1050. Le site porte aussi des traces d'occupation par des autochtones au cours de la période ARCHAÏQUE maritime, de la période groswater et de la période DORSET, ainsi qu'au IX siècle, soit avant l'arrivée des Vikings, dont le séjour est suivi d'une autre période d'occupation autochtone. Mais aucun groupe autochtone n'occupe le site à l'époque où les Vikings y séjournent.

Depuis 1977, L'Anse aux Meadows est classée site historique national et administré par Parcs Canada. Le site a été inscrit sur la liste des SITES DU PATRIMOINE MONDIAL DES NATIONS UNIES en 1978. Le village d'aujourd'hui est à l'origine un port de pêche français. En 1835, William Decker, un marin anglais, fonde la communauté actuelle qui vit principalement de la pêche côtière. (*Voir aussi* EXPÉDITIONS VIKINGS; ARCHÉOLOGIE et PRÉHISTOIRE.)

Birgitta Linderoth Wallace

Anthony, île L'une des îles le plus au sud des ÎLES DE LA REINE-CHARLOTTE, en Colombie-Britannique, elle abrite les restes d'une riche culture. Ninstints, un village des HAIDAS de Kunghit, révèle aux archéologues une histoire longue de 2000 ans. Les habitants de ce village sont découverts à la fin du XVIII siècle par des explorateurs européens intéressés à y commercer. Les deux groupes traitent paisiblement au cours des années 1780, mais de graves conflits éclatent en 1791 et en 1795. C'est toutefois la variole, plutôt que la guerre, qui décime la population, laquelle passe de 300 à 30 personnes. Le village est finalement abandonné à la fin du XIX siècle.

Maintenant dégagés de la dense végétation qui les recouvrait, les restes des maisons longues et des TOTEMS rendent silencieusement hommage à leurs créateurs. On cherchera, à l'aide de programmes de conservation complexes à protéger les structures restantes et, bien que les artefacts demeurent exposés aux intempéries, à prolonger l'existence de ce site faisant partie du patrimoine mondial de l'Unesco. L'île a été incorporée à la RÉSERVE DE PARC NATIONAL GWAII HAANAS en 1987. (*Voir aussi* ART AUTOCHTONE DE LA CÔTE DU NORD-OUEST.)

Lillian Stewart

Anthropologie Étude comparative des cultures passées et contemporaines, mettant l'accent sur les modes de vie et les coutumes de tous les peuples du monde. Étant donné la quantité d'informations recueillies et la variété des méthodes et des techniques utilisées en recherche anthropologique, des sous-disciplines spécialisées se sont développées: l'anthropologie physique, l'archéologie, l'anthropologie linguistique, l'ethnologie (aussi appelée l'anthropologie sociale ou culturelle), l'anthropologie théorique et l'anthropologie appliquée.

Sous-disciplines

L'anthropologie physique a pour objet l'étude de l'évolution et des variations physiques de l'humanité. Son champ disciplinaire comprend les relevés métriques des ossements et des êtres humains (anthropométrie); l'étude de la génétique humaine et la comparaison avec les modèles génétiques des autres primates; l'étude du comportement des primates en vue d'établir une description détaillée de leur comportement social et des généralisations comparatives de leur organisation sociale. Ces recherches suggèrent des directions à suivre sur les comportements des premiers humains. (*Voir* ANTHROPOLOGIE PHYSIQUE.)

L'ARCHÉOLOGIE étudie la préhistoire et une partie de l'histoire de l'humanité au moyen de fouilles, de l'analyse et de l'interprétation des vestiges des cultures passées. L'archéologie date aussi les origines des occupations humaines dans les diverses parties du monde, les origines des outils et d'artefacts, de l'art et des structures sociales qui se développent à travers les époques. Les archéologues cherchent à reconstruire les étapes du développement et les cultures entières des peuples anciens.

L'anthropologie linguistique, ou ethnolinguistique, est l'étude de l'organisation du langage. Elle se consacre à l'identification et à l'analyse des unités du discours, depuis les simples unités du son aux combinaisons complexes et diverses de sons et de significations qui sont utilisées dans les milliers de langues parlées dans le monde aujourd'hui. L'étude historique et comparative permet aussi de reconstituer des langues qui ne sont plus parlées et d'établir des relations entre les langues. L'anthropolinguiste peut aussi examiner les formes non verbales de communication et les règles d'emploi correct du discours (pragmatique) (*voir* ANTHROPOLOGIE, LINGUISTIQUE).

L'ethnologie et l'anthropologie théoriques constituent l'axe scientifique de l'anthropologie et sont décrites en détail dans la présente rubrique. L'anthropologie se développe, d'une part, à partir des disciplines décrites précédemment et, d'autre part, à partir de la description de cultures vivantes particulières (ethnographie). À mesure que notre connaissance de la préhistoire, de l'histoire et des diverses cultures actuelles s'accroît, l'anthropologie devient une science visant à expliquer globalement la vie sociale (anthropologie théorique).

Par l'analyse comparative du comportement individuel et des modèles culturels, cette science tente de formuler des généralisations et des tendances universelles (ethnologie). Cette nouvelle orientation se justifie par l'amélioration des outils de recherche et des modèles pratiques servant à décrire la réalité. L'ethnographie est associée au travail exploratoire et descriptif, souvent chez des peuples non européens distincts, tandis que l'anthropologie théorique utilise des hypothèses et des perspectives abstraites provenant d'autres disciplines, aussi bien que des instruments abstraits d'observation et d'analyse. L'ethnologie opère la synthèse des deux disciplines en utilisant des modèles théoriques et une vaste connaissance empirique des différentes cultures pour permettre des comparaisons et la formulation de normes culturelles générales.

L'anthropologie appliquée est l'utilisation des connaissances anthropologiques pour la solution de problèmes pratiques chez des groupes humains. Cette application concerne surtout de petites communautés aux prises avec des problèmes de pauvreté ou de changement culturel, technologique ou économique rapide. Elle tente aussi d'élaborer de nouvelles formes d'éducation, afin d'aider les gens à s'adapter aux changements rapides, ou des manières plus efficaces d'améliorer la santé de la collectivité.

L'anthropologie est une science jeune dont les objectifs majeurs sont de décrire, de comprendre et d'expliquer les origines, la diversité et la significa-

tion des coutumes, des croyances, des langues, des institutions et des modes de vie de l'humanité, de découvrir des normes culturelles générales et de fournir un guide pratique aux sociétés humaines.

Évolution historique de l'anthropologie La curiosité sur les modes de vie et les coutumes des différents peuples est probablement aussi vieille que l'humanité. Partout, les gens apprennent à reconnaître comme des proches ou des amis ceux dont les gestes, le langage et les vêtements leur sont familiers. Nous apprenons à remarquer les différences culturelles parce que ces différences dans le parler, l'apparence et les activités définissent ce qu'est pour nous un «étranger». Il est fait mention des différentes traditions dans les anciens documents écrits (Grèce antique, Mésopotamie, Chine et autres foyers de civilisation). Un peu partout dans le monde, voyageurs et philosophes spéculent sur les origines de l'humanité, l'utilisation du feu, le langage, le développement des villes et des royaumes, les lois, la religion, les métaux, la guerre, l'art, l'agriculture, la musique, etc. L'âge européen des découvertes suscite un intérêt renouvelé pour les peuples «étrangers» et leurs coutumes observées par les explorateurs, les négociants et les missionnaires.

L'anthropologie comme profession, comme étude par des personnes vouées à la science de la culture, apparaît à la fin du XIX siècle. Son principal intérêt théorique est l'évolution culturelle ou la détermination du lieu et du moment de l'apparition de la civilisation humaine et la manière dont les différentes civilisations se sont épanouies et répandues. Les cultures, selon ce point de vue aujourd'hui critiqué et dépassé, sont des systèmes naturels dont l'organisation et le contenu se développent selon des lois naturelles en progressant graduellement vers une culture «évoluée», c.-à-d. vers une perfection technique, intellectuelle et morale. Personnes et sociétés sont considérées comme engagées dans ce changement progressif, mais à des rythmes différents: de rythme lent, elles demeurent près de la barbarie; de rythme intermédiaire, elles atteignent le stade rudimentaire (habituellement horticulteurs ou pasteurs); de rythme rapide, elles parviennent à l'alphabétisme et finalement à une économie industrielle. On croyait que ce concept de culture était universel, qu'il s'appliquait à toute l'humanité. La force qui sous-tend ce progrès était considérée comme absolue, inévitable et irréversible, et était parfois appelée «unité psychique de l'humanité» ou nature humaine.

Ce concept fait place à un intérêt pour l'élaboration d'un mode d'examen plus minutieux du développement historique des cultures. C'est ce que l'on appelle l'historicisme. Tandis que la théorie de l'évolution soutenait que toutes les cultures passaient nécessairement par les mêmes stades pour atteindre le même but, les historiens culturels trouvent ce schéma trop simple et uniforme pour s'appliquer à la réalité des variations humaines. Ces historiens tentent d'identifier, pour chaque culture, ce qui est inventé et ce qui est emprunté (diffusion), une distinction qui soulève de nombreuses questions nécessitant des réponses fondées sur une documentation inébranlable. Comment les divers instruments de chasse sont-ils mis au point? Comment les différentes économies pastorales se forment-elles? Comment les pratiques agricoles dans les différentes parties du monde se développent-elles? Comment le développement de villages dont l'occupation est permanente favorise-t-il la croissance d'une économie agricole complexe? À quelle époque remonte la fabrication des outils de métal? Des questionnements fondamentaux sur des cultures particulières mènent à une mosaïque de réponses, et de là vers une représentation complète du développement des traditions culturelles.

Chaque élément est vu comme un système émergent, un système qui évolue selon ses propres conditions et dans sa propre direction, en intégrant des traits empruntés au fil des ans aux cultures voisines ou même aux cultures éloignées, ou imposés par elles. Les peuples ne réinventent pas perpétuellement leurs modes de vie, mais apprennent plutôt leurs cultures de façon automatique, comme faisant partie de ce que nous appelons la «tradition reçue», ces choses que les membres d'une société savent depuis toujours être utiles, vraies ou bonnes. Les anthropologues historicistes, ou ethnohistoriens, contribuent à notre compréhension des cultures en reconstruisant des histoires spécifiques.

Un autre centre d'intérêt fondamental de l'anthropologie théorique, très marqué pendant la période de l'entre-deux-guerres, concerne la recherche de fonctions universelles (relations intégrantes utiles) existant dans toutes les cultures. L'attention porte surtout sur le processus par lequel les groupes s'adaptent à leur environnement naturel et créent des activités collectives qui assurent la satisfaction des besoins humains. Les besoins fondamentaux de survie sont ceux qui sont liés au métabolisme, à la reproduction, au confort physique, à la sécurité, au mouvement et à la santé. Les besoins secondaires résultent de la manière dont les personnes en groupes satisfont leurs besoins fondamentaux, établissent des institutions qui servent à combler les besoins économiques, parentaux, politiques et autres en fixant les normes de comportement et de sélection des membres pour ces activités. Les besoins symboliques sont satisfaits par le biais des normes de communication, des croyances et rituels religieux et des modes d'expression de l'art, y compris les mythes et les légendes. Les anthropologues dits «fonctionnalistes» tentent de comprendre comment chaque culture satisfait ces besoins et quels genres d'institutions sociales servent traditionnellement à combler les différents besoins des individus qui lui sont associés.

Un peu comme les fonctionnalistes s'intéressent aux besoins humains universels, les théoriciens de la culture et de la personnalité portent leur attention sur les vieilles controverses au sujet des relations entre la nature et l'éducation, et entre l'individu et la culture, en explorant les fondements culturels de la personnalité. Les caractéristiques de l'éducation et du tempérament des enfants varient beaucoup d'une culture à l'autre. Certaines cultures, p. ex., sont remarquablement permissives, tandis que d'autres sont restrictives. Certaines ont une grande propension à manifester des émotions et d'autres en démontrent très peu. Certaines sont très cohérentes dans leur façon de traiter les enfants, alors que d'autres ont des réponses plutôt imprévisibles devant leur comportement. On observe que les diverses combinaisons de ces normes d'éducation des enfants conduisent à des caractéristiques différentes chez l'adulte et contribuent aux normes de comportement de celui-ci (agressif, placide, amical, méfiant) dans chaque culture.

La façon dont les personnes de chaque culture passent de l'enfance à la vieillesse présente de nos jours beaucoup d'intérêt pour de nombreux anthropologues. Des travaux récents en anthropologie cognitive font ressortir la variabilité des réponses individuelles à la socialisation culturelle.

En comparaison, l'anthropologie structurale cherche les règles universelles de la pensée humaine, habituellement loin de notre conscience normale, dans les habitudes de l'esprit inconsciemment apprises (et utilisées). Prenons l'exemple du langage: nous faisons des phrases en parlant entre nous et nos phrases suivent les règles grammaticales. Cependant, nous sommes rarement conscients des règles que nous utilisons. En parlant, nous ne pensons pas «d'abord le sujet, puis le verbe». Une bonne partie de notre comportement est guidée de la même façon par des règles inscrites dans notre inconscient profond, que nous utilisons intuitivement et spontanément. De cette manière, nous organisons nos relations sociales, nous apprécions le sens d'un livre ou d'une histoire et la justesse d'un rituel (mariage, funérailles, office). Les anthropologues structuraux croient que toutes les règles de ce genre sont des variantes de quelques règles «profondes» et universelles qu'ils tentent de découvrir. Une fois de plus, l'intérêt porte sur la définition de la nature humaine ou de l'unité psychique.

Dans le néo-marxisme, ou matérialisme historique, l'accent est mis sur l'évaluation critique des systèmes économiques, des modes de production et d'échange de biens. Les néo-marxistes croient que ces facteurs d'économie, de production et d'échange sont le fruit d'un affrontement entre les divers éléments du système social. Ils cherchent à démontrer que, dans le mode de production capitaliste, les travailleurs sont exploités par les intérêts du capital et qu'en conséquence ils profitent peu de leurs efforts de production.

L'anthropologie cognitive est une approche plus récente de l'analyse sociale. Elle étudie les unités de pensée et leurs combinaisons. Les anthropologues cognitifs cherchent les règles selon lesquelles les différentes cultures organisent leurs connaissances dans leurs propres styles distinctifs. Il s'agit de comprendre les caractéristiques culturelles comme elles sont comprises par les individus à l'intérieur d'une culture particulière et d'expliquer ces caractéristiques à un public plus vaste, à l'extérieur de cette culture.

Depuis les années 70, bon nombre d'anthropologues se tournent vers l'anthropologie interprétative, en mettant l'accent sur la signification que les déclarations et les actions des gens ont pour euxmêmes et en examinant la tâche des ethnographes qui consiste à reformuler cette signification dans des termes qui sont justes et compréhensibles dans la propre culture de l'anthropologue.

Les premiers anthropologues étudient les communautés dans des endroits isolés, coupés du monde moderne. Depuis la Seconde Guerre mondiale, l'isolement de ces petits groupes a pris fin. L'étude de la stabilité et du changement porte sur les contacts culturels, l'urbanisation, l'industrialisation, l'influence des médias et des écoles, et sur les autres facteurs dynamiques qui transforment même les peuples les plus éloignés, regroupés parfois sous le terme de mondialisation. Il y a un regain d'intérêt pour les études interculturelles utilisant la méthode comparative pour trouver des normes de culture générales et universelles, que ce soit dans l'éducation des enfants, la santé mentale ou la religion. L'attention ne porte plus sur des éléments isolés de la culture et sur leur distribution dans le monde, mais sur les relations entre les nombreux éléments ou groupes de traits culturels et sur leur interdépendance dynamique.

Concept de culture La définition classique de la culture, encore généralement acceptée, est publiée il y a plus de 100 ans par E.B. Tylor et désigne «cet ensemble complexe qui inclut le savoir, les croyances, l'art, les mœurs, le droit, les coutumes ainsi que toute disposition ou usage acquis par l'homme vivant en société». D'un point de vue anthropologique, presque tous les êtres humains adultes sont imprégnés de leur culture. Chacun connaît une langue, chacun sait comment agir avec ses parents, ses amis ou avec des étrangers, occuper une place dans la société, se servir de nombreux outils de base, faire un échange de biens ou de services, considérer les personnes qui détiennent un pouvoir politique ou un prestige social, évaluer choses, actions ou idées comme bonnes ou mauvaises et évaluer l'organisation de son monde particulier du point de vue de sa dimension, sa forme et ses objectifs.

Chacun dispose donc de ces connaissances de base et a aussi une idée de ce qui est excellent dans chacun de ces aspects de sa culture et peut-être de ce que la personne idéale devrait être. Mais ce qui est idéal pour un gentilhomme montréalais du XVIIIe siècle est loin de l'idéal d'un artiste de Vancouver ou d'un fermier des Prairies, d'un pêcheur des Maritimes ou d'une mère inuite. Pour prendre en considération ces différences, le concept de culture

est divisé en plusieurs segments, dont les principaux sont la technologie, l'économie, la parenté et l'organisation sociale, les systèmes de valeurs et l'idéologie.

La technologie concerne les objets manufacturés ou fabriqués et particulièrement la connaissance et l'habileté nécessaires pour les fabriquer. La technologie répond à l'environnement physique et au niveau de développement culturel, de sorte qu'une culture nordique fondée sur la chasse, p. ex., sera différente d'une culture tropicale fondée sur l'agriculture.

L'économie fait souvent référence à la production et à l'échange de biens, mais en anthropologie elle désigne aussi l'échange de services et de choses moins tangibles comme les droits et les privilèges. Cet échange peut se faire à l'intérieur d'une collectivité ou entre groupes. Souvent, il s'agit plus que d'un simple échange, un lien stable et sûr ou un pacte avec le groupe étant créé.

La parenté et l'organisation sociale se rapportent aux relations entre les personnes au sein d'un groupe et comprennent ce qu'un individu sait sur la façon d'agir dans ses relations avec les autres, à quoi il doit s'attendre dans ces relations, quelles personnes il est libre d'épouser, de qui il est susceptible d'hériter biens et autres droits et à qui il peut léguer avoirs et responsabilités.

Les systèmes de valeurs, les croyances et les comportements religieux sont les aspects de la culture qui sont les plus proches du sens humain des événements, au-delà des événements eux-mêmes. Naissance, maturité, mariage et mort sont porteurs, dans l'esprit de la plupart des gens, d'une signification particulière et souvent d'une valeur spirituelle. Cela est aussi vrai des aspects de la vie qui sont étroitement liés à la survie, comme les rituels de la chasse, de l'agriculture ou de la vie pastorale. Les idéologies, la vision du monde et les impératifs culturels indiquent aux gens la manière dont le monde est constitué ou organisé et comment ils doivent agir afin d'y être en harmonie plutôt que de risquer de souffrir en allant à l'encontre de l'ordre naturel. Les idéologies sont des schémas ou des images de la façon dont la société devrait s'organiser, une affirmation de l'idéal vers lequel le groupe devrait tendre.

Chacune des divisions principales de la culture fait l'objet de nombreuses études décrivant à la fois comment cette division est définie pour des cultures particulières et comment elle peut différer ou se rapprocher d'une culture à l'autre. Les données portant sur les cultures particulières et servant aux comparaisons interculturelles proviennent de l'activité anthropologique fondamentale: les études sur le terrain.

Recherche sur le terrain Elle est autrefois laissée aux voyageurs, aux négociants et aux missionnaires qui écrivent sur les peuples et leurs cultures. Les premiers anthropologues sont des philosophes sociaux et des intellectuels qui cherchent à comprendre les cultures par des études «de salon» de documents historiques et de comptes rendus de voyages. L'anthropologie n'est devenue une discipline basée sur l'enquête de terrain et sur l'accumulation d'observations de première main que dans les dernières décennies du XIXe siècle.

L'apprentissage des méthodes d'observation sur le terrain est une partie importante de la formation en anthropologie. Les données sont habituellement recueillies au moyen de l'observation systématique d'événements quotidiens et de l'«observation participante» des événements et des situations qui ont une importance particulière pour les gens (activités économiques, relations sociales, rituels, etc.). L'anthropologue cherche et interroge les personnes qui possèdent des connaissances précises et pertinentes et qui communiquent avec exhaustivité et exactitude (informateurs clés). Chaque travailleur sur le terrain élabore une méthode pour l'enregistrement et la classification de ses données de façon à pouvoir utiliser l'information exacte et appropriée au moment de la rédaction de ses rapports scientifiques.

Les anthropologues demeurent souvent sur le terrain un an ou plus, afin d'établir de bonnes relations avec la population qu'ils étudient et de faire un relevé minutieux et exact de ce que les gens disent et font. Ce genre de recherche nécessite des qualités humaines particulières aussi bien que des aptitudes à manier théories, concepts, méthodes et techniques anthropologiques. L'observateur doit aussi expliquer qui il est, ce qu'il fait, les raisons de sa recherche, l'usage qu'il fera de l'information qu'il recueille, combien de temps il doit rester et les autres sujets qui font partie de l'honnêteté et de la courtoisie envers un hôte. Il doit se conformer non seulement aux principes moraux de sa profession, mais aussi à ceux du groupe avec lequel il vit et sur lequel il écrira.

Anthropologie au Canada Les pères de l'anthropologie canadienne sont les missionnaires qui vivent au Canada français au XVIIᵉ siècle. Ces hommes, comme les pères LeClercq, LE JEUNE et Sagard, désirent vraiment connaître les modes de vie et les croyances de la population indigène et ils en fournissent des descriptions détaillées employées par les anthropologues professionnels, des premiers philosophes sociaux «de salon» aux anthropologues d'aujourd'hui qui s'intéressent à l'histoire. L'anthropologie canadienne se développe à partir de documents écrits par des individus dévoués dont la profession est d'ordre religieux (jésuites et autres missionnaires) ou qui sont des explorateurs et des commerçants comme LESCARBOT ou, deux siècles plus tard, des professeurs de nos premières universités, comme sir Daniel WILSON à Toronto ou John William DAWSON à l'U. McGill (vers 1885).

Les employés du gouvernement, en particulier de la COMMISSION GÉOLOGIQUE DU CANADA, écrivent des récits importants de leurs voyages, comprenant des détails sur les indigènes qu'ils rencontrent et observent. Le plus important de ces hommes est George Mercer DAWSON, employé par la Commission géologique à partir de 1875 et promu directeur en 1895. C'est son appui constant plus que celui de toute autre personne qui mène à l'établissement d'une base professionnelle pour l'anthropologie canadienne, même s'il meurt avant la reconnaissance officielle de celle-ci.

En 1910, le premier ministre Wilfrid Laurier crée une division de l'anthropologie à l'intérieur de la Commission géologique, marquant ainsi le début de l'anthropologie professionnelle au Canada. Les bureaux se trouvent dans l'édifice du musée commémoratif Victoria à Ottawa, et des hommes possédant une formation professionnelle sont recrutés en Angleterre comme aux États-Unis. Formé par le professeur BOAS, Edward SAPIR arrive juste après avoir terminé un doctorat et au moment d'entreprendre une brillante carrière en anthropologie. On engage aussi Charles Marius BARBEAU, boursier Rhodes originaire du Québec rural, qui a étudié avec les professeurs Tylor et Marett d'Oxford. Le travail de Barbeau aux MUSÉES NATIONAUX DU CANADA ne représente qu'une partie de sa contribution à l'anthropologie canadienne. Les archives de folklore de l'U. Laval ont pour origine ses vastes collections de culture matérielle canadienne-française, de chansons, d'histoires et de légendes et le travail de ses étudiants, particulièrement Luc Lacourcière, pour mettre sur pied les archives (1944). Barbeau recrute aussi pour le musée un collègue étudiant d'Oxford, Diamond JENNESS.

Sapir et Barbeau font tous deux des études et montent des collections ethnographiques sur les cultures des autochtones de la côte nord-ouest, suivant les traces de Dawson et Boas. Jenness est surtout connu pour sa recherche dans l'Arctique chez les INUITS DU CUIVRE. Chacun d'eux travaille aussi dans de nombreuses régions du Canada, enregistrant les traditions et les chansons, étudiant les langues indigènes et recueillant des artefacts. William WIN-

TEMBERG et Harlan Smith fouillent des sites archéologiques pour monter les collections d'objets préhistoriques.

Ces hommes, avec quelques autres, sont à l'origine du développement de la profession au Canada de 1910 jusqu'à 1925, année où Sapir quitte le Canada et où Thomas MCILWRAITH occupe le premier poste d'enseignement en anthropologie dans une université canadienne. Cinq ans plus tard, McIlwraith est toujours le seul membre de son département. Les U. de la Colombie-Britannique et McGill n'engagent des anthropologues qu'en 1947, ce qui dénote la lenteur de l'expansion de l'anthropologie.

La première thèse de doctorat à caractère anthropologique est basée de façon pertinente sur les relevés et autres documents des jésuites, *The Conflict of European and Eastern Algonkian Cultures, 1504-1700: A Study in Canadian Civilization*. Alfred G. BAILEY, son auteur reçoit un diplôme en histoire, car, en 1934, il n'y a aucun programme de doctorat en anthropologie.

Le premier doctorat en anthropologie est décerné en 1956 et seuls quelques doctorats sont accordés jusqu'à la fin des années 60. Les années 70 apportent une croissance rapide des milieux universitaires et aussi de l'anthropologie professionnelle et, en 1980, environ 400 personnes détenant des doctorats en anthropologie sont employées au Canada. Un plus grand nombre possèdent une maîtrise. Harry Hawthorne met sur pied une faculté à l'U. de la Colombie-Britannique et établit des normes pour l'utilisation de la recherche anthropologique dans un rapport sur l'élaboration de politiques présenté au gouvernement fédéral qu'il rédige avec M.-A. Tremblay, *A Survey of the Contemporary Indians of Canada* (1966-1967).

Le développement de l'anthropologie au Canada est dominé par des tendances communes, malgré les différences de langues ou les distances séparant les divers musées et universités. Cette uniformité s'explique en partie par l'influence considérable des idées de Boas et de ses étudiants. De plus, l'anthropologie au Canada anglais repose sur un intérêt pour les peuples indigènes du Canada qui vivent dans de petites communautés isolées. Pour cette raison, la démarche anthropologique relève de la tradition de l'enquête empirique sur le terrain, incluant l'observation participante et des entrevues avec les informateurs clés, ce qui donne lieu à des rapports qui décrivent la technologie, l'économie, l'organisation sociale, les valeurs et la vision du monde de chaque communauté particulière.

Dans de nombreuses communautés, les gens sont conscients de leur histoire passée. Ils sont parfois insatisfaits de leur situation actuelle et inquiets de voir leur passé leur échapper sans qu'il y ait un nouveau mode de vie acceptable ou rassurant pour le remplacer. L'intérêt des anthropologues pour les traditions représente alors une occasion d'enregistrer leur passé avant qu'il ne soit oublié. Depuis les premiers travaux de Boas, Jenness et d'autres sur les petites communautés traditionnelles de l'Arctique et depuis ceux de Boas, Barbeau, Sapir et d'autres sur les communautés autochtones de la côte nord-ouest, l'étude empirique des petites communautés isolées continue d'intéresser de nombreux anthropologues canadiens.

Au Canada français, l'anthropologie se fonde sur des études des milieux ruraux et des petites villes du Québec et sur leur population et s'attache aussi à étudier de petits groupes relativement isolés. Le développement de l'anthropologie au Québec a comme base les études classiques des premiers sociologues sur les Canadiens français. Léon GÉRIN fait une recherche des plus importantes: *L'Habitant de Saint-Justin* montre comment, dans le Québec rural, le vieux système patriarcal européen continue de régir l'organisation du mode de vie des communautés. L'Américain Everett C. Hughes influence aussi l'anthropologie québécoise par son livre *French Canada*

in Transition (1943), étude du processus d'industrialisation de la ville de Drummondville. Un autre Américain, Horace Miner, écrit *Saint-Denis: A French Canadian Parish* (1939), devenu un modèle pour les études des communautés au Québec.

L'anthropologue Miner et les sociologues Gérin et Hughes se servent beaucoup de l'observation participante et de l'interview d'informateurs clés au cours de leurs recherches sur le terrain. K.O.L. Burridge et C.S. Belsahw à l'U. de la Colombie-Britannique et R.F. Salisbury à McGill font des recherches reconnues mondialement, en Mélanésie, sur la religion et les autres croyances et sur l'économie des indigènes colonisés de cette région. Des recherches en Afrique sont entreprises par près de 100 anthropologues. L'étude de R.B. Lee de l'U. de Toronto sur l'économie politique des Bochimans est probablement la plus connue.

L'anthropologie progresse en accumulant des connaissances sur les populations, et celles que les anthropologues étudient ont une influence notable sur les concepts généraux et théoriques qui sont élaborés. Au Canada anglais, le développement de l'anthropologie est influencé par les études portant sur les petites communautés indigènes, mais les recherches dans d'autres régions du Canada et du monde augmentent graduellement dans les années 60 et 70. Cet horizon élargi apporte à l'anthropologie canadienne un accroissement appréciable du matériel empirique et théorique, tandis que l'intérêt initial pour les populations indigènes continue lui aussi de croître.

Au Québec, l'étude des communautés des milieux ruraux et des petites villes contribue à la délimitation culturelle des régions plus isolées. Elle se poursuit dans les années 60, surtout aux U. de Montréal et Laval. L'U. McGill, anglophone, soutient cette recherche et élabore aussi un programme de recherche sur le changement social chez les Cris de la baie James. Dans les années 70, les études régionales se poursuivent et accordent une attention particulière aux disparités socioéconomiques et aux interprétations marxistes. Laval et Montréal s'intéressent aussi aux Cris de la baie James, et McGill commandite des recherches en Afrique et en Amérique latine. Pendant les années 70, l'anthropologie appliquée se développe en partie en réponse aux besoins des populations et des organisations indigènes.

Au cours des années 70 et 80, la spécialisation accrue en anthropologie fournit des méthodes plus perfectionnées et permet davantage de précision dans la recherche, mais cette spécialisation fait en sorte que certains sujets ne reçoivent pas toute l'attention qu'ils méritent. Au Canada anglais et au Québec, l'étude des centres urbains est à peine commencée. Leurs dimensions et leur complexité continuent de forcer les anthropologues à élaborer des méthodes et des théories. Un bon nombre des régions les moins peuplées du Canada n'ont pas encore été étudiées.

En mettant l'accent sur les aspects économique et écologique de la culture, on crée des lacunes dans les recherches suivantes: famille, relations homme-femme, aspects sociaux et valorisants du travail, croyances et idéologies, organisation des groupes industriels, professionnels et bureaucratiques. Dans les années 80 et 90, l'approche féministe a un effet critique et correcteur sur la recherche dans toutes les régions et sur tous les aspects des études.

Le Canada dispose aujourd'hui d'excellentes ressources pour la formation d'anthropologues professionnels aptes à faire ce travail. Depuis 1995, 10 universités offrent des programmes menant au doctorat: Alberta, Colombie-Britannique, Laval, McGill, McMaster, Manitoba, Montréal, Simon Fraser, Toronto et York. Au moins 14 organisations professionnelles représentent les anthropologues, dont la Société canadienne d'ethnologie, fondée en 1973, éditrice du périodique *Culture*, est la plus représentative. Il existe au moins 20 autres périodiques ou collections de monographies.

Même si l'anthropologie est l'un des plus vieux centres d'intérêt de l'humanité, elle est une discipline jeune. Au siècle dernier, l'étude de la diversité humaine et des qualités universelles dans cette diversité se développe avec succès au Canada et dans d'autres pays. De gros progrès ont vu le jour, mais les efforts doivent être poursuivis. Si nous voulons comprendre la nature humaine, il nous faut aussi comprendre les nombreuses manières dont cette nature s'exprime et celles qui émergeront dans l'avenir. À mesure que nos connaissances gagnent en exactitude et en exhaustivité, la science de l'humanité contribue à guider nos efforts pour améliorer la condition de tous les peuples. Les anthropologues étudient l'humanité et servent les valeurs et les intérêts humains.

R.J. Preston et M.-A. Tremblay

Anthropologie appliquée Utilisation des connaissances d'autres cultures dans le but d'atteindre des résultats pratiques. Elle a été utilisée de façon non officielle pendant les débuts de l'anthropologie au Canada par les missionnaires, les explorateurs et les marchands. Plus tard, des anthropologues qualifiés, comme Franz BOAS et Edward SAPIR (directeur du Musée national, 1910-1925), ont parfois été invités à commenter certains aspects de la politique à l'endroit des autochtones. Le successeur de Sapir, Diamond JENNESS, s'est plus activement intéressé à la politique sur les autochtones, et son étude en quatre tomes, *Eskimo Administration,* qui compare les pratiques en Alaska, au Danemark et au Canada, est une référence classique.

Au Canada, c'est seulement après la Seconde Guerre mondiale que l'on a commencé à embaucher des anthropologues à des fins pratiques à l'extérieur des universités et des musées. En 1960, le ministère de la Citoyenneté et de l'Immigration (Division des affaires indiennes) a institué des programmes d'action communautaire pour les autochtones de la Nouvelle-Écosse à l'U. St. Francis Xavier et commandé une enquête sur les peuples autochtones de la Colombie-Britannique, réalisée par H.B. Hawthorn et C.S. Belshaw. Le ministère du Nord canadien et des Ressources nationales a mis sur pied un programme de recherche au Centre de coordination et des recherches, dirigé par V.F. Valentine. Ce programme a produit des études, comme celle de F.G. Vallee, sur les coopératives inuites naissantes. En Saskatchewan, le gouvernement provincial a auparavant engagé Valentine dans son programme de développement communautaire.

Dans les années 60, la croissance rapide des universités a incité les gouvernements à commander plus d'études. Ainsi, une équipe dirigée par Hawthorne et M.A. TREMBLAY a été chargée de mener une enquête afin de recommander des améliorations à la politique en matière autochtone, mais nombre des recommandations de leur rapport, *Survey of the Contemporary Indians of Canada* (1967), ont été ignorées dans le livre blanc de 1969 (*voir* LOI SUR LES INDIENS). Le ministère des Forêts et du Développement rural a commandé de nombreuses études dans le cadre du programme contenu dans la *Loi sur la remise en valeur et l'aménagement des terres agricoles.*

Au Québec, un groupe de McGill dirigé par N.A. Chance a étudié la participation des Cris au travail salarié, et le Bureau d'aménagement de l'est du Québec (BAEQ) a engagé des anthropologues pour élaborer des programmes afin de résoudre le problème de la pauvreté des fermes. Le BAEQ a utilisé son étude sur le terrain pour encourager les groupes ruraux à s'organiser, par l'entremise de ce que l'on appelle l'«animation sociale». C'est maintenant devenu une pratique courante en anthropologie appliquée.

L'utilisation des connaissances anthropologiques au service des petites communautés ou des communautés défavorisées a augmenté dans les années 70. De nombreux jeunes anthropologues ont mis leurs connaissances en pratique au sein du Service universitaire canadien outre-mer (CUSO), et d'autres bénévoles sans formation sont retournés aux études et sont devenus anthropologues. Au Canada, les pressions exercées pour régler les REVENDICATIONS TERRITORIALES autochtones ont incité de nombreux anthropologues à travailler pour des groupes autochtones, en documentant leurs revendications ou en les conseillant lors des négociations. Une équipe de McGill (R.F. SALISBURY, H.A. Feit, I. Larusic et d'autres) a participé à la première entente globale sur de telles revendications, soit la *Convention de la baie James et du Nord québécois* (1975). D'autres anthropologues ont travaillé au sein de la commission Berger, une enquête sur le PIPELINE DE LA VALLÉE DU MACKENZIE, et ont collaboré au rapport Lysik au Yukon.

Des groupes autres que les peuples autochtones sont aussi devenus des sujets d'étude pour la recherche appliquée. Après que la COMMISSION ROYALE D'ENQUÊTE SUR LE BILINGUISME ET LE MULTICULTURALISME a commandé des études sur des «pays tiers», de nombreux anthropologues ont commencé à travailler pour des groupes ethniques. À Terre-Neuve, l'Institute of Social and Economic Research de l'U. Memorial a étayé de documents les problèmes des communautés vivant de la pêche et des mines, et ceux découlant du PROGRAMME DE RÉINSTALLATION DE TERRE-NEUVE.

La prestation des services de santé, en particulier ceux destinés aux groupes défavorisés ou aux immigrants, fait appel à de nombreux anthropologues médicaux. Les anthropologues sont aussi engagés par des bureaux de consultants en gestion, et des sociétés de conseil en anthropologie ont ouvert leurs portes à Montréal, à Edmonton, à Ottawa, à Calgary et à Toronto. La Society for Applied Anthropology in Canada a vu le jour en 1981. Le projet de cette société est d'approuver des normes en vue d'une éventuelle reconnaissance de la capacité professionnelle des spécialistes en anthropologie appliquée.

Richard F. Salisbury

Anthropologie linguistique Au Canada, la LINGUISTIQUE existe en tant que discipline autonome, représentée par environ 12 programmes indépendants, ainsi que par des recherches linguistiques dans les départements d'anglais, de divers autres domaines de la langue, d'enseignement, de philosophie, de psychologie, de sociologie et d'anthropologie. Malgré cette grande diversité dans les disciplines, la linguistique associée à l'anthropologie se concentre particulièrement sur l'étude des langues autochtones de l'Amérique. Dans l'anthropologie de l'Amérique du Nord, la linguistique est traditionnellement reconnue comme une sous-discipline, au même titre que l'ANTHROPOLOGIE PHYSIQUE, l'ARCHÉOLOGIE, l'ANTHROPOLOGIE et l'ANTHROPOLOGIE APPLIQUÉE.

Au milieu des années 90, 13 départements d'anthropologie d'universités canadiennes ont au moins un linguiste inscrit sur la liste de leur personnel, et 6 des 11 programmes de doctorats offrent des cours en linguistique. La linguistique anthropologique, sous-discipline la moins étendue, a disparu de bon nombre d'universités et des programmes des musées au cours des 15 dernières années.

Étude des langues autochtones Il existe des précédents historiques au Canada dans l'étude des langues autochtones de l'Amérique. Edward SAPIR, linguiste le plus en vue des étudiants de Franz BOAS, a travaillé comme directeur de recherche en anthropologie à Ottawa de 1910 à 1925, sous les auspices de la Commission géologique du ministère des Mines. Ce programme est devenu le Service canadien d'ethnologie du MUSÉE CANADIEN DES CIVILISATIONS et a maintenu les intérêts linguistiques de Sapir.

Pendant qu'il est titulaire, Sapir encourage les recherches détaillées sur des langues en particulier, portant davantage attention à la phonologie (le son) et à la morphologie (la structure des mots). Insatisfait de la description existante, Sapir classe les langues autochtones de l'Amérique du Nord selon un petit nombre de souches, de familles affiliées, comparables dans le temps à l'indo-européen. Au Canada, on parle cinq des six souches de base nord-américaines de la classification de Sapir – l'esquimau-aléoute, le na-déné (dont l'athapascan, le haida et le tlingit), l'algonquin-wakashan, le penutian et le hoka-sioux.

De plus, Sapir a été un pionnier en matière de reconstruction de l'histoire culturelle à partir des indices linguistiques et a démontré, p. ex., que les bandes navajos et apaches du sud-ouest des États-Unis venaient de l'Alaska et du nord-ouest du Canada. Les consensus récents donnent des résultats plus conservateurs et reconnaissent 11 familles linguistiques au Canada. Dans les trois souches de base, l'esquimau-aléoute reste présent, le haida et le tlingit sont séparés d'athapascan et le kutenai de l'algonquin. Les trois groupes isolés ne sont pas inclus dans une grande famille. Le salish, le waskashan et l'iroquois sont des groupes intermédiaires constitués de langues multiples. Celles-ci comprennent les langues qui survivront au XXIe siècle et celles qui sont en voie d'extinction parce qu'elles ne sont parlées couramment que par quelques anciens.

Des études amérindiennes récentes ont continué à s'intéresser à la linguistique descriptive et à la classification des langues. Les linguistes se sont spécialisés dans la méthode et la théorie, même si beaucoup d'entre eux sont restés dans le domaine de l'anthropologie. L'étude traditionnelle de la phonologie et de la morphologie s'est élargie et inclut maintenant la syntaxe (structure de la phrase), la sémantique (le sens) et le discours ou la pragmatique. Certains ethnolinguistes ont modifié leur champ d'études qui est passé du sens au contexte socioculturel de la langue utilisée dans une culture particulière.

La linguistique appliquée s'intéresse à l'évolution du système d'écriture des langues autochtones, dont certaines se basent sur l'alphabet romain et d'autres sur l'écriture syllabique (des combinaisons de consonnes et de voyelles qui s'assemblent pour construire des mots). Une bonne partie de ce travail a été exécutée en collaboration avec les communautés autochtones du Canada qui désirent préserver leur langue. Le programme de publication du linguiste H.C. Wolfart et de Freda Ahenakew, linguiste qui parle le cri-des-Plaines, est particulièrement remarquable et offre une lecture contemporaine rédigée en écriture syllabique crie, en orthographe romaine et en traduction anglaise.

La linguistique en anthropologie constitue une partie importante de la formation des anthropologues et de leur contribution potentielle aux communautés qu'ils étudient, particulièrement dans l'enseignement des langues autochtones. En même temps, la linguistique anthropologique a conservé ses liens avec la linguistique générale, à laquelle elle contribue par sa compréhension des langues moins familières et néanmoins encore parlées de nos jours par de nombreux autochtones canadiens. (*Voir aussi* AUTOCHTONES, LANGUES DES.)

Regna Darnell

Anthropologie physique Elle étudie l'évolution et la nature biologique du genre humain et ses fondements reposent, tout comme ceux de la biologie moderne, sur la théorie néo-darwinienne, qui fournit une série de principes cohésifs aux disciplines utilisant des approches variées pour étudier leur sujet. Les spécialistes de l'anthropologie physique reconnaissent que la culture humaine autant que la biologie forment notre espèce, et que la connaissance approfondie de l'interaction de ces deux processus est nécessaire pour expliquer les variations chez l'humain dans le passé et le présent.

Nos connaissances de l'histoire biologique humaine nous viennent le plus directement de l'étude des fossiles. Bien qu'on n'ait découvert les restes d'aucun hominidé (fossile dans la lignée des humains) dans l'hémisphère Ouest, les Canadiens ont grandement contribué à la PALÉONTOLOGIE. Davidson BLACK a été l'un des plus éminents chercheurs dans ce domaine et a étudié et nommé le fossile appelé l'«homme de Pékin» (*Sinanthropus pekinensis* = *Homo erectus pekinensis*), découvert en Chine dans les années 20. Des études connexes sur des primates non humains (les prosimiens et les singes) s'échelonnent depuis les plus anciens fossiles jusqu'aux animaux vivant de nos jours. La recherche sur le comportement des primates a une grande valeur en soi, mais elle est aussi utilisée pour tenter de déduire les adaptations de comportement de nos ancêtres et des espèces qui nous sont apparentées au cours de l'évolution.

La plus grande contribution apportée par les Canadiens depuis la fin du XIX⁰ siècle se situe dans le domaine de l'ostéologie humaine ou de la biologie du squelette. Les premières descriptions des restes de squelettes d'ancêtres de peuples autochtones, lointains ou récents, ont ouvert la voie aux analyses des populations du passé en tant qu'entités dynamiques selon leur répartition temporelle, environnementale et spatiale, leur structure considérant les groupes d'âge et le sexe, et les liens sociaux et biologiques avec les populations primitives ou contemporaines. Les effets de la nutrition, de la maladie, du climat, de la culture et du flux génétique sur les populations du passé, y compris sur les colonisateurs européens, sont couramment étudiés à l'aide des techniques biochimiques, pathologiques, épidémiologiques, démographiques, radiologiques et statistiques. La recherche ostéologique, qui a longtemps été une primauté de l'U. de Toronto, se poursuit depuis quelques années à l'U. McMaster, à l'U. de Calgary, à l'U. de l'Alberta, à l'U. Queen's et au MUSÉE CANADIEN DES CIVILISATIONS. Ce dernier a mené des recherches coopératives, axées sur la collectivité, avec des groupes culturels autochtones, plus particulièrement au NUNAVUT et en Colombie-Britannique. Dans un même ordre d'idées, les institutions et organismes publics ont collaboré avec les groupes autochtones du Canada et les gouvernements pour rapatrier les restes ancestraux dans les collections des musées après une investigation scientifique méthodique.

L'étude des populations vivantes a permis d'observer l'adaptation au froid chez les groupes autochtones, la composition du corps des adultes, ainsi que la croissance et le développement des enfants. Les chercheurs de l'U. du Manitoba ont contribué à la connaissance de l'étiologie des MALADIES complexes telles que le DIABÈTE SUCRÉ, non insulino-dépendant (*voir* INSULINE), chez les peuples autochtones du Canada et les maladies cardiovasculaires chez les Inuits et les Sibériens. Les scientifiques de l'U. McMaster ont étudié l'influence de la dérive génétique, du flux génétique et des mariages sur les peuples des régions subarctiques, et les schèmes de santé des peuples autochtones du Canada en général, du passé jusqu'à nos jours. Les groupes sanguins et les données sur les squelettes ont été utilisés pour montrer les relations génétiques existant parmi divers groupes autochtones de l'Amérique du Nord et les peuples de l'Asie du Nord-Est. L'U. de l'Alberta, l'U. de Montréal et l'U. Simon Fraser ont entrepris des études de comportement chez les primates non humains, particulièrement dans les domaines de la dominance sociale, des stratégies de reproduction et de l'histoire de la vie des femelles, tout en ne ménageant aucun effort pour garder les animaux dans leur habitat naturel. Toutes ces études effectuées par des chercheurs canadiens ont suscité l'intérêt de la communauté internationale.

La plupart des spécialistes de l'anthropologie physique travaillent dans les départements universitaires d'anthropologie ou d'archéologie. Certains travaillent dans les départements d'anatomie, de dentisterie, des sciences de l'activité physique et de zoologie ou encore occupent des postes de conservateur dans les musées. Au Canada, des programmes de doctorat en anthropologie physique sont offerts à l'U. Simon Fraser, à l'U. McMaster et aux universités de l'Alberta, du Manitoba, de Toronto et de Montréal. De plus, l'U. Memorial et les universités de Victoria, de Calgary, de la Saskatchewan et de Winnipeg offrent une formation et des centres de recherche. L'Association pour l'anthropologie physique au Canada est l'organisation professionnelle qui regroupe les individus appartenant à cette discipline.

Emöke J.E. Szathmary

Anticosti, île d' D'une superficie de 8000 km², elle s'étend sur 225 km de longueur et sur 56 km à son point le plus large. Elle est située dans le golfe du SAINT-LAURENT, en travers de l'embouchure du fleuve Saint-Laurent. Son nom vient probablement du mot autochtone natiscosti, qui signifie *où l'on chasse les ours*. Selon certains, le nom viendrait des mots espagnols *ante*, avant, et *costa*, côte, ce qui est logique, mais il n'en existe aucune preuve.

Beaucoup plus grande que l'Île-du-Prince-Édouard, elle n'est habitée que par quelque 300 personnes. Presque toute la côte est dominée par d'abruptes falaises de pierre calcaire et plusieurs de ses rivières traversent de profonds canyons. L'extrémité orientale est une immense tourbière. La plupart des habitants descendent d'ancêtres de Terre-Neuve, de Saint-Pierre-et-Miquelon et des Îles de la Madeleine. Tous francophones, ils ont été pêcheurs, trappeurs, agriculteurs, bûcherons et gardiens de phare. En 1909, plus de 800 hectares étaient cultivés, mais il ne reste aucune ferme. Les phares sont maintenant complètement automatisés.

Découverte par Jacques CARTIER en 1534 (qui la prend pour une péninsule), l'île est cédée en 1680 comme seigneurie à Louis JOLLIET, en reconnaissance de son exploration du fleuve Mississippi. Après la chute de la Nouvelle-France, elle est annexée à Terre-Neuve, puis rendue au Canada en 1774. En 1872, une compagnie immobilière de Montréal fait faillite en tentant de coloniser l'île et, en 1884, l'île est vendue aux enchères pour 101 000 $ à Francis Stockwell, un homme d'affaires anglais, qui fait faillite à son tour en essayant de la développer. En 1895, Henri Menier, un richissime chocolatier français, achète l'île pour en faire une réserve sportive privée.

Elle est revendue en 1926 à la compagnie Consolidated Bathurst Inc. qui y développe une industrie de pâte de bois surtout prospère à la fin des années 20, quand la population de l'île s'élève à 3000 habitants. Ces exploitations prennent fin en 1972, à cause des coûts de transport et des feux de forêt. Le premier village permanent est situé à Baie-Sainte-Claire. Menier l'aménage en tant que village modèle, mais on l'abandonne dans les années 20 pour s'installer à Port-Menier ou Baie Ellis, le seul village de l'île à ce jour. À l'extérieur de Port-Menier se trouvent les ruines du Château Menier, une luxueuse villa, jadis célèbre point de repère de l'île, délibérément incendiée en 1953.

L'île abrite une faune très variée, dont plus de 100 000 cerfs de Virginie, soit la descendance des 220 cerfs amenés par Menier en 1896. La chasse au cerf est l'attraction principale. Chaque année, des milliers de navires passent au large de l'île qui a acquis le surnom de «cimetière du golfe» en raison de ses dangereux récifs. Quelque 400 bateaux y ont fait naufrage, la plupart aux XVIII⁰ et XIX⁰ siècles, avant l'installation de phares. Des navires échouent encore sur ses récifs, malgré les balisages.

Une controverse éclate en 1937, lorsqu'un groupe d'Allemands prend une option sur l'île dans le but d'y développer l'industrie forestière. Mais le projet avorte sous les pressions des gouvernements fédéral et du Québec.

James Marsh

Antigonish, ville de la N.-É.; pop. 4860 (rec. 1996), 4924 (rec. 1991), 5291 (rec. 1986); superf. 4,98 km²; const. en 1889; située dans une petite plaine, à environ 1,6 km du port d'Antigonish. À mi-chemin entre HALIFAX et SYDNEY, Antigonish est une ville universitaire paisible, un centre commercial et de services pour les collectivités environnantes. Elle est reconnue pour ses équipements sportifs et récréatifs et pour ses activités culturelles.

Historique En 1784, un groupe de soldats britanniques s'établit dans la région, alors connue sous le nom de Dorchester. La population s'accroît durant les GUERRES NAPOLÉONIENNES, tandis qu'Antigonish exporte vers la Grande-Bretagne le bois dont celle-ci a grand besoin.

La ville d'Antigonish n'a pas changé de nom depuis 1821. Celui-ci vient du mot micmac *Nalegit-koonechk*, «là où les branches sont brisées». En 1855, on y fonde l'UNIVERSITÉ ST. FRANCIS XAVIER. Au XX⁰ siècle, l'université fonde le MOUVEMENT ANTIGONISH, un programme d'ENSEIGNEMENT AUX ADULTES et d'effort individuel, le Coady International Institute, qui enseigne aux dirigeants du Tiers Monde, et le MOUVEMENT COOPÉRATIF de la Nouvelle-Écosse. Antigonish est également l'hôte des JEUX DES HIGHLANDS, la plus ancienne démonstration de danses et de sports écossais en Amérique du Nord.

Heather MacDonald

Antigonish, Mouvement d' Mouvement social et économique commandité par le service d'éducation permanente de l'UNIVERSITÉ ST. FRANCIS XAVIER, à Antigonish, en Nouvelle-Écosse. Pendant les années 20, à la suite de plusieurs décennies de problèmes dans les pêches, les mines et l'agriculture dans l'est de la Nouvelle-Écosse, l'université s'engage dans une série de programmes sociaux et économiques. En 1928, elle établit son service d'éducation permanente. Dirigé par le père Moses COADY, le service s'inspire grandement des idées du père J.J. «Jimmy» TOMPKINS et bénéficie fortement du talent d'organisateur de l'adjoint de Coady, A.B. MACDONALD.

Le «mouvement d'Antigonish» est tout à fait exceptionnel. C'est un mouvement catholique libéral à un moment où le conservatisme est dominant au sein de l'Église catholique romaine (*voir* CATHOLICISME; ACTION CATHOLIQUE). Il préconise l'ENSEIGNEMENT AUX ADULTES comme moyen d'amélioration sociale et d'organisation économique. Généralement, un organisateur du mouvement se présente dans une communauté et utilise ses contacts pour y convoquer une réunion publique afin d'évaluer les forces et les problèmes de la communauté. On crée ensuite un cercle d'étude et on élabore un programme comprenant une série de réunions. Habituellement, à la fin de ces rencontres, une ou plusieurs coopératives sont créées pour aider à vaincre les difficultés identifiées lors des discussions. La COOPÉRATIVE DE CRÉDIT est la forme de coopérative la plus commune, mais le mouvement organise également des coopératives de vente de poisson, de vente au détail, de construction domiciliaire et de mise en marché de produits agricoles.

Au cours des années 30, le mouvement d'Antigonish s'étend, ou est imité, dans plusieurs régions des PROVINCES ATLANTIQUES. Il est également connu dans d'autres régions du Canada et aux États-Unis en raison de la publicité que lui font ses propres chefs, les Églises et le mouvement des caisses populaires. Pendant les années 40, une série d'articles et de livres font connaître le mouvement en Europe, en Amérique latine et en Asie. Dans les années 50, des agents de l'éducation des adultes et des animateurs sociaux commencent à étudier le mouvement à Antigonish et, en 1959, le *Coady International Institute* est fondé.

L'institut, centre d'action sociale et d'enseignement aux adultes, attire très vite des étudiants venus suivre des cours sur la méthode d'Antigonish. À leur retour en Asie, en Amérique latine et en Afrique, ils essaient de reproduire, avec plus ou moins de succès, les premières réussites du mouvement en Nouvelle-Écosse. Au cours des dernières années, le mouvement joue un rôle important dans les programmes canadiens d'AIDE EXTÉRIEURE.

Depuis les années 50, le mouvement d'Antigonish a de la difficulté à maintenir ses groupes d'étude localement. L'arrivée de la télévision, l'amélioration du système routier et une amélioration continue du niveau de vie rendent difficile le rassemblement de groupes pour une étude soutenue et une action communautaire. De façon à maintenir ses acquis, le mouvement est forcé d'utiliser de nouveaux médias, comme la télévision, pour faire face aux problèmes courants qui, pour la plupart, ne peuvent être résolus par les coopératives. Le succès de ces efforts n'est pas aussi facile à démontrer que les réalisations concrètes des années 30 et 40. (*Voir aussi* TÉLÉENSEIGNEMENT; MOUVEMENT COOPÉRATIF.)

Ian MacPherson

Antillais La présence massive et visible des Antillais au Canada est un phénomène assez récent. Hormis l'arrivée au Canada d'un groupe de 556 Jamaïcains (*voir* NOIRS) en 1796, après que les Britanniques aient tenté en vain d'en faire des esclaves, les contacts entre Canadiens et Antillais à l'époque de la colonisation sont rares. C'est dans les années 60 que l'immigration antillaise s'intensifie et, dès 1973, elle compte pour près de 13 p. 100 de l'ensemble de l'immigration. Le recensement de 1996 dénombre 305 290 Canadiens d'origine antillaise, plus 147 515 ayant une quelconque origine antillaise, soit un total de 452 805. L'immigration antillaise a augmenté: en 1984, 5 630 Antillais sont arrivés au Canada contre 15 142 en 1992, la plupart en provenance d'Haïti et de la Jamaïque.

Les Antillais anglophones viennent d'Antigua, de Grenade, des Bahamas, de la Jamaïque, de Trinité-et-Tobago, de Montserrat, de Sainte-Lucie, des îles Vierges, de Saint Kitts and Nevis, de la Dominique et de Saint Vincent; les francophones sont d'Haïti, de la Martinique et de la Guadeloupe; et les hispanophones viennent de Porto Rico, de Cuba et de la République dominicaine.

Il y a trois grandes périodes d'immigration antillaise. De 1900 à 1960, le Canada accepte environ 21 500 Antillais, dont 33 p. 100 seulement sont classés comme étant «Noirs». La faible augmentation de l'immigration antillaise de 1945 à 1960 correspond à l'essor économique d'après-guerre et au programme de recrutement de domestiques antillaises (1955-1960). La deuxième période, de 1960 à 1971, concorde avec la «libéralisation» de la *Loi de l'immigration*. Au cours de cette période, le Canada accueille environ 64 000 Antillais.

L'augmentation de ce flux migratoire s'inscrit dans un contexte plus global où le Canada, face au ralentissement de l'immigration européenne, dépend de plus en plus de la main-d'œuvre des pays en voie de développement. La dernière période, qui débute avec les années 70, coïncide avec la récession économique. Sauf en 1973 et en 1974 (années exceptionnelles en raison de l'Opération Mon Pays, programme qui permet à de nombreuses personnes de régulariser leur statut), l'immigration antillaise diminue: de 10 p. 100 de l'immigration totale en 1975, elle passe à 6 p. 100 en 1979 et l'est encore de nos jours (1996). Avant 1960, la majorité des immigrants antillais vient des colonies britanniques, particulièrement de la Barbade, de la Jamaïque, de Trinité et des Bermudes. Au début des années 90, 40 p. 100 viennent de la Jamaïque, 25 p. 100 de Trinité et 19 p. 100 d'Haïti.

Ils sont concentrés en majorité dans les grandes agglomérations urbaines du Québec et de l'Ontario. Entre 1973 et 1980, 96 p. 100 des immigrants haï-

tiens s'installent au Québec, et, de 1990 à 1992, 88 p. 100 des Haïtiens choisissent aussi cette province comme destination préférée. Au cours de la même période, 80 p. 100 des immigrants antillais anglophones s'établissent en Ontario, principalement à Toronto, mais aussi à Kitchener, à Waterloo et à Windsor. Près de 11 p. 100 du même groupe s'installent à Montréal et 8,6 p. 100 choisissent de s'établir dans l'Ouest, surtout en Alberta et en Colombie-Britannique. Aujourd'hui, 86 p. 100 des immigrants anglophones s'établissent en Ontario, tandis que 6 p. 100 choisissent le Québec et 5 p. 100, l'Alberta et la Colombie-Britannique.

Vie économique

Depuis le début du XXe siècle, les immigrants antillais contribuent à la vie économique du Canada en fournissant une main-d'œuvre bon marché. De 1900 à 1945, ils sont surtout employés dans les fermes, les mines et les usines. Ils travaillent également comme mécaniciens, domestiques, serveurs, porteurs et commis. Durant les années 60, des milliers de travailleurs qualifiés viennent combler un marché du travail en pleine expansion dans les domaines de l'enseignement, de la santé et du travail de bureau. Entre 1962 et 1966, presque un tiers des immigrants antillais cherchent du travail dans la catégorie «professionnelle et technique». À cause des économies qu'il réalise ainsi du côté de la formation de la main-d'œuvre et grâce à la productivité des nouveaux arrivants, le Canada bénéficie doublement de l'exode des cerveaux de partout au monde.

À la fin des années 70, on note un changement marqué dans les catégories d'admission (diminution des indépendants, augmentation des parrainés) et dans les qualifications de la main-d'œuvre (scolarité et formation). Parallèlement, les employeurs continuent à embaucher des travailleurs temporaires dans les secteurs de l'agriculture et des services. Parmi les immigrants antillais, on compte une minorité de chefs d'entreprises familiales et de professionnels hautement qualifiés qui forment une petite bourgeoisie séparée. En majorité ce sont surtout des chauffeurs de taxi, des travailleurs d'usines, des concierges et des domestiques dont les conditions de travail sont instables et difficiles.

Vie sociale et culturelle

La communauté antillaise n'est pas homogène. Les distinctions de classes recoupent les différences régionales qui tiennent autant à l'identité des pays européens qui se sont partagé les Antilles au cours des siècles précédents qu'aux particularismes de l'histoire de chacune des îles. Le principal clivage est d'ordre linguistique. Les Haïtiens se dirigent massivement vers le Québec (Montréal), alors que les Antillais anglophones optent plutôt pour l'Ontario (Toronto). Là où ces deux groupes coexistent, comme à Montréal, ils ont relativement peu de contacts entre eux.

Les Antillais ont mené plusieurs luttes au Canada au sujet des écoles. Des associations ont lancé des programmes de transition pour aider les jeunes Antillais à s'adapter aux différents programmes scolaires, à mieux connaître leur pays d'origine et à contrer les préjugés de la société canadienne. On offre aussi des cours de créole à certains immigrants haïtiens. Montréal est devenu l'un des principaux centres de publication de la littérature haïtienne, qui traite des souvenirs de la patrie et des difficultés de la vie d'immigrant. Des peintres et des sculpteurs haïtiens se font aussi connaître au Québec.

Dans la communauté antillaise, la famille nucléaire fait partie d'un groupe de familles élargies disséminées dans plusieurs grandes villes nord-américaines qui maintiennent souvent des liens avec leur pays d'origine. Outre la famille, l'Église protestante joue aussi un rôle important dans l'accueil des nouveaux arrivés et dans l'aide aux personnes en difficulté.

Les immigrants jamaïcains ont introduit le rastafarianisme au Canada. Mouvement messianique à l'origine (1933), qui voit en Hailé Selassié (appelé Ras Tafari avant de devenir empereur) le dieu des Noirs venu renverser le monde blanc (Babylone), le rastafarianisme exerce une influence considérable sur toute la société jamaïcaine. Les Jamaïcains introduisent aussi la musique «reggae», née dans les ghettos de Kingston, en Jamaïque. Fusion des traditions musicales africaines et du *rhythm and blues*, le reggae voit le jour dans les années 60 et se répand rapidement en Angleterre et en Amérique. Les Trinidadiens introduisent le calypso et le carnaval. Tenu chaque année au début de l'été à Montréal et à Toronto, le carnaval est devenu un véritable symbole d'identité pour l'ensemble de la communauté antillaise canadienne.

Politique

Les luttes politiques des Antillais au Canada portent sur leurs conditions, sur l'omniprésence du racisme dans l'emploi, sur l'éducation, sur le logement, sur le droit d'immigrer et de participer à la vie politique de leur pays d'origine et du Canada. Les Antillais anglophones ont longtemps lutté par le truchement d'une organisation ouvrière aujourd'hui nommée l'Order of Sleeping Car Porters, qu'ils ont tenté d'affilier à l'International Brotherhood of Sleeping Car Porters (AFL-CIO). Depuis le début du XXe siècle, les Antillaises défendent leurs droits par le truchement du Coloured Women's Club. Le Congrès national des femmes noires du Canada, une organisation plus récente, regroupe les femmes anglophones et francophones du Canada, des Antilles et d'autres pays.

Pour défendre les intérêts des Noirs et lutter contre le racisme à divers niveaux, un certain nombre d'organisations unissant les Noirs d'origine canadienne et antillaise ont été créées, au nombre desquelles figure la Canadian League for the Advancement of Coloured People, inspirée par la grande organisation américaine. Entre les deux guerres, l'Universal Negro Improvement Association, fondée par Marcus Garvey, un Jamaïcain et l'un des grands leaders noirs américains, mène un mouvement différent préconisant le retour en Afrique et la non-intégration. Cette association a donné lieu à plusieurs associations affiliées au Canada.

À la fin des années 60, les organisations étudiantes et de jeunes se mobilisent contre le système scolaire. Ce mouvement est influencé à la fois par le mouvement des Panthères noires aux États-Unis, par les luttes de libération nationale menées dans le monde entier et par l'incident survenu à l'U. Sir George Williams de Montréal (*voir* UNIVERSITÉ CONCORDIA) en 1968-1969, où plusieurs étudiants noirs, protestant contre le système d'évaluation raciste d'un professeur, s'attaquent à un ordinateur. En Nouvelle-Écosse, on fonde le Black United Front.

Les organisations haïtiennes du Québec ont lutté activement contre le régime Duvalier et contre la déportation des Haïtiens en 1974 et en 1979. Elles ont mis sur pied des services d'information, de dépannage et d'alphabétisation. Les Haïtiens ont exercé tant de pression sur le gouvernement que le statut de réfugié politique est maintenant accordé plus librement aux immigrants haïtiens et sud-américains.

M. Labelle, S. Larose et V. Piché

Antilope (*voir* ANTILOPE D'AMÉRIQUE)

Antilope d'Amérique (*Antilocapra americana*) Ongulé svelte et de petite taille de l'ordre des ARTIODACTYLES. Elle est la dernière survivante des antilocapridés, une famille de ruminants d'Amérique autrefois abondante et diverse. Contrairement à ce que son nom laisse croire, ce n'est pas une véritable ANTILOPE.

En 1900, elle était presque éteinte, mais des mesures de CONSERVATION et de gestion de l'espèce ont assuré sa survie. Elle est maintenant commune dans l'ouest des États-Unis, où elle a été réintroduite et est rigoureusement protégée. Le sud-ouest de la Saskatchewan et le sud-est de l'Alberta constituent la limite nord de son aire de répartition.

Évolution La vitesse de cette espèce, inégalée dans le monde des MAMMIFÈRES, reflète bien le dur régime de prédateurs sous lequel les ongulés américains ont évolué. Le guépard d'Amérique, aujourd'hui éteint, a probablement déterminé l'évolution de l'antilope d'Amérique, tout comme l'environnement des PRAIRIES, avec ses feux de brousse, ses blizzards, ses sécheresses et ses inondations. Il en résulte que l'espèce est très grégaire, présente une courte espérance de vie et possède un gros cerveau, qui témoigne de sa capacité d'adaptation et d'apprentissage.

Les individus des deux sexes se déplacent ensemble et voyagent aisément sur des centaines de kilomètres pour éviter de mauvaises conditions hivernales ou quitter des régions ravagées par le feu. Le taux de reproduction très élevé de l'antilope d'Amérique (les jumeaux sont la règle) lui permet de se remettre rapidement des très nombreuses mortalités dues aux blizzards, aux noyades ou aux incendies.

Description À l'instar d'autres espèces d'ongulés des plaines, l'antilope d'Amérique a une robe de couleurs très contrastées. Le mâle et la femelle sont de même taille et de même apparence. Après la saison d'accouplement, quand le mâle perd la gaine cornée de ses cornes, il ressemble à la femelle, et les prédateurs ont du mal à le repérer. La perte de cette gaine est inhabituelle, car tous les bovidés ont une gaine permanente. Durant la saison de reproduction, le mâle est territorial chez certaines populations et forme un harem chez d'autres.

Valerius Geist

Antimoine (Sb) Un solide cristallin, lustré et blanc argenté. Contrairement à la plupart des métaux, il est cassant et mauvais conducteur de la chaleur et de l'électricité. L'antimoine fond à 630 °C et bout à 1380 °C. La stibnite MINÉRALE est la plus importante source d'antimoine. L'antimoine est aussi récupéré comme sous-produit au cours de la production de métaux non ferreux. L'antimoine vient en grande partie de minerais enrichis par flottation. L'antimoine est récupéré des minerais de PLOMB sous forme de plomb antimonié (*voir* MÉTALLURGIE).

On l'utilise depuis environ 6000 ans. On utilisait la stibnite à des fins médicinales et dans la fabrication des cosmétiques, tandis que l'antimoine métallique servait de revêtement pour les objets en cuivre. Aujourd'hui, l'antimoine est beaucoup plus utilisé sous forme de trioxyde que sous forme métallique. Parmi les principales utilisations du trioxyde d'antimoine, il y a les produits ignifuges, la céramique, les peintures, la décoloration du verre et les produits chimiques. L'antimoine métallique est allié au plomb pour donner à ce dernier une rigidité et une résistance supérieures. Le plomb d'antimoine sert aussi à fabriquer des gaines de câbles et des alliages pour coussinets. En 1994, la production mondiale s'élevait à environ 128 000 t et les principaux pays producteurs étaient la Chine, la Russie, l'Afrique du Sud et le Kirghizistan.

Au Canada, les minéraux d'antimoine sont répandus dans les régions de la Cordillère et des Appalaches. L'antimoine est récupéré comme sous-produit du plomb par la Cominco Ltd, en Colombie-Britannique, et la Brunswick Mining and Smelting Ltd, au Nouveau-Brunswick. En 1994, ces deux sociétés ont récupéré 540 t d'antimoine sous forme d'alliage de plomb antimonié, pour une valeur de 2,9 millions de dollars. L'antimoine est aussi récupéré à partir du recyclage des accumulateurs d'automobile au plomb-acide par la Tonolli Canada Ltd, de Toronto, et la Nova Pb Inc., au Québec. La production canadienne d'antimoine de première fusion devrait augmenter avant la fin de la décennie grâce à l'ouverture de nouvelles mines dans l'est du Canada.

Bill McCutcheon

Anti-réciprocité, mouvement Plusieurs organisations se forment pour s'opposer à l'accord de RÉCIPROCITÉ de janvier 1911 entre le Canada et les États-Unis. La plus importante est la *Canadian National League*, dirigée par l'avocat torontois Zebulon Lash. Les autres sont la *Canadian Home Market Association*, filiale de l'Association des manufacturiers canadiens dont les activités se concentrent dans la distribution de tracts et dans la collecte de fonds; et l'*Anti-Reciprocity League*, créée à Montréal à la fin de février 1911. S'affirmant non partisane du point de vue politique, la ligue fait campagne de porte en porte par le biais de pétitions et organise de grands rassemblements à l'échelle du pays. L'un des principaux instigateurs de l'activité anti-réciproque est Clifford SIFTON, ancien ministre de l'Intérieur du gouvernement libéral.

Curtis Fahey

Antisémitisme Dès ses premières manifestations, l'antisémitisme n'a jamais été un sentiment réservé aux seuls fanatiques. Au contraire, il a toujours fait partie de la tendance générale, étant partagé à divers degrés par tous les éléments de la société. Jusqu'aux années 50, il est même empreint d'une certaine respectabilité, et personne ne s'excuse d'être anti-juif, car personne ne l'exige. L'antisémitisme est présent dans les propos qui s'échangent dans les couloirs du Parlement et dans la presse. Il s'inculque dans les écoles et s'assimile dans la majorité des églises. Il règne au Canada, il y a cent ans, à une époque où à peine une poignée de JUIFS y vivent.

Les premières manifestations La première manifestation du sentiment anti-juif se traduit par l'expulsion d'Ezekiel Hart de l'Assemblée législative du Québec en 1808, quoique cette expulsion soit peut-être plus la conséquence de la politique de Hart que de sa religion. Le principal chef de file de l'antisémitisme au XIXᵉ siècle est l'écrivain et critique très en vue Goldwin SMITH. D'un antisémitisme maladif, Smith sème sa haine dans des douzaines de livres, d'articles et de lettres. Les juifs, déclare-t-il, sont des «parasites», ils sont «dangereux» pour leur pays d'accueil et sont «des ennemis de la civilisation». Ses tirades bilieuses contre les juifs donnent le ton à une société canadienne encore informe et exercent une profonde influence sur de jeunes Canadiens tels Mackenzie King, Henry Bourassa et bien d'autres. Et de fait, en 1905, dans le discours anti-juif le plus virulent de l'histoire de la Chambre des communes, reprenant largement les propos de Smith, Bourassa exhorte le Canada à fermer ses frontières aux immigrants juifs.

L'antisémitisme est particulièrement aigu au Québec, où l'Église associe les juifs au modernisme, au libéralisme et à une pléthore d'autres doctrines «dangereuses». De 1880 jusqu'aux années 40, certains périodiques catholiques tels *La Vérité, La Semaine religieuse et L'Action sociale* invectivent contre les juifs. Sous l'égide de gens comme Jules-Paul TARDIVEL, une littérature anti-juive calomnieuse se répand dans toute la province.

Il y a aussi des actes de violence contre les juifs, l'incident le plus notoire se produisant à Québec en 1910. Après l'allocution particulièrement enflammée d'un antisémite bien connu, Joseph Plamondon, certains des auditeurs s'en prennent à des boutiquiers juifs et saccagent leurs magasins. Mécontents, les juifs intentent des poursuites au civil contre Plamondon. Quatre ans plus tard, la cour leur accorde finalement un dédommagement minime, mais les attaques continuent.

Les attaques se poursuivent À partir des années 20, c'est un intellectuel canadien-français respecté, le chanoine Lionel-Adolphe GROULX, qui mène l'offensive. À maints égards, ce que Goldwin Smith a été pour le Canada anglais au XIXᵉ siècle, Groulx l'est pour le Canada français au XXᵉ siècle. Ses réquisitoires violents contre les juifs influencent l'élite de la province: les membres de son clergé, ses politiciens, ses professeurs et ses journalistes. Non

seulement les juifs sont vilipendés dans la presse catholique, mais les quotidiens populaires se joignent à l'attaque. C'est ainsi que naît le mouvement «Achat chez nous» que l'Église et les chefs nationalistes tentent d'instaurer pour boycotter tous les commerces juifs de la province et forcer ainsi les juifs à partir. En outre, comme le clergé catholique et le clergé protestant considèrent le Québec comme une société chrétienne, l'accès aux diverses commissions scolaires est interdit aux juifs pendant des années. Ce qui étonne le plus dans cette campagne concertée contre les juifs, c'est qu'ils ne représentent que 1 p. 100 de la population du Québec.

L'antisémitisme n'est toutefois pas l'apanage d'une seule province. Il est présent, voire florissant, dans le reste du pays. Au Canada anglais, les sentiments anti-juifs sévissent dans certaines organisations, comme le Parti créditiste, l'Ordre d'Orange et les Fils natifs du Canada. Pour les juifs canadiens des années 20 et 30, le contingentement et les restrictions font partie de la vie de tous les jours. Nombreuses sont les industries qui n'embauchent pas de juifs. Les établissements d'enseignement, telles les universités et les écoles professionnelles, font preuve de discrimination à leur endroit. Les médecins juifs ne trouvent pas d'emploi dans les hôpitaux. Il n'y a pas de juges juifs et les juristes juifs sont exclus de la majorité des cabinets d'avocats. Il n'y a pratiquement pas d'enseignants juifs ni, ce qui est le plus significatif, de professeurs juifs. Les infirmières, les ingénieurs et les architectes juifs doivent taire leur identité pour trouver de l'emploi dans leur domaine.

En outre, certains immeubles font l'objet de clauses restrictives qui empêchent leur vente aux juifs. De nombreux clubs, plages et stations de villégiature sont interdits aux juifs. On peut voir des pancartes affichant «Interdit aux juifs ou aux chiens» ou «Chrétiens seulement!» sur les terrains de golf de Halifax, à la porte des hôtels des Laurentides, dans les campagnes ontariennes, dans la région des lacs du Manitoba et dans les lieux de villégiature de la Colombie-Britannique.

Le pire, du moins pour les juifs prêts à tout pour quitter une Europe envahie par les Nazis, c'est que l'antisémitisme s'est infiltré dans les couches supérieures du gouvernement du Canada. Tandis que le premier ministre King redoute de voir les juifs accueillis au Canada «corrompre» la race, son gouvernement veille à ce qu'il n'en arrive plus de nouveaux. On ne s'étonnera donc pas que, de tous les pays occidentaux et de toutes les terres d'immigration, le Canada ait été l'endroit qui a le moins offert asile aux juifs d'Europe dans les années 30 et 40.

Pourquoi un tel sentiment d'antisémitisme au Canada? Certains détestent les juifs pour des motifs religieux: ils ont «tué le Christ» et ont refusé de se repentir ou de se convertir. Pour d'autres, les juifs sont le symbole des millions d'étrangers qui sont entrés au Canada depuis 1900. Ils haïssent les juifs parce que ces derniers sont les éléments les plus visibles de la prétendue «dégénérescence» du Canada. Pour l'élite canadienne (ses chefs, ses enseignants et ses intellectuels), les juifs ne correspondent pas à leur notion du Canadien idéal. Leur pays doit être un pays de fermiers et de propriétaires ruraux, et, à leur avis, les juifs sont incapables de réussir dans l'agriculture. Ils considèrent les juifs comme des citadins dans un pays qui souhaite édifier sa base rurale.

Depuis la Seconde Guerre mondiale, l'antisémitisme est en baisse au Canada. De nouvelles idées et de nouveaux chefs sont venus remplacer l'ordre ancien. Les attitudes, les mœurs et les coutumes d'autrefois évoluent lentement. La création de l'État d'Israël a modifié les stéréotypes qui s'attachent aux juifs. Après le massacre des juifs par les Nazis, seuls les fanatiques osent se déclarer anti-juifs au Canada. Il y a bien eu encore quelques flambées d'antisémitisme à la Chambre des communes chez certains membres du Crédit social de l'Alberta et de la part d'une petite poignée de parlementaires québécois, mais, dans l'ensemble, les propos ouvertement antisémites ont été bannis de la scène publique, bien qu'ils ne l'aient pas nécessairement été des salles de conférence et des clubs privés.

Dans les années 70 et dans les années 80, la plupart des obstacles sont levés. Les commissions des droits de l'homme, la CHARTE CANADIENNE DES DROITS ET LIBERTÉS, des dizaines de lois et de décisions judiciaires viennent garantir que la discrimination jadis si répandue au Canada envers les juifs, et d'autres groupes, ne se reproduira pas. Les juifs jouent dès lors un rôle de plus en plus important à tous les niveaux de la société canadienne: en politique, en droit, en médecine, dans les arts et dans les affaires.

Bien que les sondages d'opinions de 1986 indiquent que 6 p. 100 seulement des Canadiens se considèrent comme antisémites, ils montrent qu'au moins 20 p. 100 à 25 p. 100 nourrissent certains sentiments antisémites. L'apparition récente, au sein de la société canadienne, d'une nouvelle espèce de semeurs de haine, selon lesquels les juifs auraient imaginé de toutes pièces le génocide dont ils ont été victimes pendant la Seconde Guerre mondiale pour justifier la création de l'État d'Israël, tout autant que la résurgence d'une activité antisémite dans l'aile droite de certaines communautés ethniques, devraient servir d'avertissement. De toute évidence, si l'antisémitisme n'a plus le poids qu'il a déjà eu au Canada, il n'en a pas pour autant complètement disparu. (*Voir aussi* PRÉJUGÉS ET DISCRIMINATION.)

Irving Abella

Anyox, ville-fantôme de la C.-B., située sur la baie Granby, à 60 km au nord de Prince Rupert. En tsimshian, ce nom signifie «eau cachée». Découvert par le capitaine George VANCOUVER en 1793, l'endroit n'est colonisé que lorsque la compagnie minière Granby Consolidated Mining, Smelting and Power Co. Ltd s'y installe pour y exploiter un gisement de cuivre en 1912. Au plus fort de l'exploitation, c'est l'une des mines et fonderies de cuivre les plus productives de l'Empire britannique avec une production de près de 140 000 onces d'or, 8 millions d'onces d'argent et 760 millions de livres de cuivre.

La population fluctue entre 2500 et 3000 personnes. Elle diminue considérablement peu après la fermeture de la mine en juillet 1935, fermeture causée par la baisse des prix du cuivre et l'épuisement du minerai. Le bureau de poste ferme en 1939, et un feu de forêt détruit la plupart des constructions en bois en 1942. Dans son livre sur Anyox, Pete Loudon qualifie l'endroit de «ville qui s'est perdue».

Marie Elliott

Apiculture Technique d'élevage des ABEILLES en vue d'obtenir du miel et de la cire. Cette technique dérive de la «chasse au miel». En effet, on a trouvé, dans des grottes européennes et africaines, des peintures indiquant qu'il y a au moins 15 000 ans, les humains volaient les nids d'abeilles sauvages pour leur trésor sucré. On sait que, dès 3000 ans av. J.-C. en Égypte, on fournissait des abris aux abeilles et on les gardait pour leur miel. Dans les plus anciens écrits grecs et romains, l'apiculture est mentionnée. Les produits de la ruche étaient si recherchés que les Romains levaient parfois des impôts sur le miel et la cire d'abeille.

Dans la Bible et le Coran, on fait souvent mention des abeilles et du miel. Dans diverses religions de partout dans le monde, on donne aux abeilles et au miel une place particulière auprès des humains.

On garde les abeilles à miel dans des pots d'argile ou des cylindres, des bûches creuses, des paniers d'osier et des ruches de paille. Ces techniques limitent cependant la production de miel. Il y a peu de changements jusqu'au milieu du XIXe siècle, où le révérend L.L. Langstroth invente la ruche à cadres mobiles, aux États-Unis. Les abeilles laissent naturellement un passage entre leurs rayons, espace qu'elles ne comblent pas d'alvéoles ou ne bloquent pas avec de la propolis (ou résine d'abeille). Le principe de la ruche à cadres mobiles repose sur un trou de passage des ouvrières d'environ 8 mm de largeur entre les cadres. Il est alors possible d'ouvrir la ruche, de l'examiner et d'en retirer le miel sans abîmer les rayons qui sont sur les cadres. Cette invention a permis d'augmenter la production de miel et a rendu possible le développement de l'industrie apicole moderne.

Les Européens, qui colonisent l'Amérique du Nord, l'Amérique du Sud, l'Australie et la Nouvelle-Zélande, y introduisent des abeilles à miel provenant de leur pays d'origine. Les abeilles survivent bien dans ces nouveaux milieux, et on trouve actuellement d'importantes industries apicoles dans ces régions. En 1995, environ 13 300 apiculteurs canadiens ont élevé 500 000 colonies d'abeilles, et leur production totale de miel a atteint 38,6 millions de kilogrammes.

Abeilles à miel Le miel commercial provient de quatre espèces d'abeilles du genre *Apis*: *A. mellifera*, la plus importante et la plus exploitée, originaire d'Europe, d'Asie Mineure et d'Afrique; *A. cerana*, l'espèce la plus répandue en Asie; *A. dorsata* et *A. florea*, également des espèces asiatiques, que l'on ne peut garder dans des ruches, mais dont on collecte aussi parfois le miel sauvage dans leurs nids.

Plusieurs espèces d'abeilles non piqueuses, la plupart de la tribu *Meliponini* qui inclut les genres *Melipona* et *Trigonia*, sont aussi utilisées traditionnellement en Amérique centrale et en Amérique du Sud. Ces abeilles, que l'on ne rencontre que dans ces régions tropicales et semi-tropicales, sont parfois gardées dans des ruches fixes ou dans des nichoirs spécialement conçus où elles produisent de petites quantités de miel.

Toutes ces abeilles forment des sociétés pérennes et emmagasinent de grandes quantités de miel pour que la colonie puisse survivre pendant les périodes de disette. Cette caractéristique permet aux apiculteurs de récolter des surplus de miel. La plupart des autres espèces d'abeilles sauvages (p. ex. les bourdons) se nourrissent de nectar, mais ne font pas de réserve et ne sont pas exploitables dans la production de miel.

Colonies d'abeilles Au milieu de l'été, une colonie vigoureuse contient une reine, de 60 000 à 80 000 ouvrières (femelles stériles) et quelques centaines de faux-bourdons (mâles). La reine peut pondre jusqu'à 2000 œufs quotidiennement, la plupart fertilisés, qui arrivent à maturité comme ouvrières après 21 jours. Dans des conditions particulières, les abeilles peuvent élever, en quelque 16 jours, quelques-uns des œufs fertilisés en reines. Pour ce faire, elles les élèvent dans de grandes cellules en forme d'arachide dites cellules royales et nourrissent les larves de sécrétions glandulaires, la gelée royale. Une reine inséminée peut contrôler la fertilisation lorsqu'elle pond, et les œufs non fertilisés produiront des faux-bourdons qui se développent en 24 jours.

Butinage Les abeilles à miel obtiennent leur nourriture presque entièrement des plantes à fleurs. Elles récoltent le nectar en petites quantités de chaque fleur et l'apportent à la ruche dans leur jabot à miel. Elles transportent le pollen sous forme de boulettes dans les corbeilles à pollen situées sur leurs pattes. Le pollen n'est pas utilisé pour fabriquer le miel, mais il sert de source de protéines pour le développement des larves et pour les ouvrières adultes. Pour obtenir la grande quantité de nectar et de pollen nécessaire, les abeilles de chaque colonie butinent des millions de fleurs au cours d'une saison.

Lorsqu'elles butinent, elles assurent la pollinisation et rendent un service essentiel à l'industrie agricole, un service dont on estime la valeur à 10 ou 20 fois celle du miel et de la cire récoltés par les apiculteurs. Puisqu'il est possible de contrôler leur nombre et de les transporter facilement, on loue souvent les colonies d'abeilles pour la pollinisation et on les installe à proximité des cultures de fruitières et semencières commerciales.

Saison froide Bien que l'on garde les abeilles à miel dans des ruches et qu'on les sélectionne et les croise pour obtenir les caractéristiques de meilleures productrices de miel, on ne peut les considérer comme des animaux totalement domestiqués. Elles gardent leur instinct sauvage et ne peuvent être dirigées que de façon limitée.

La plupart des apiculteurs canadiens gardent leurs abeilles pendant l'hiver. Au cours de la saison froide, les abeilles se regroupent en grappes denses et génèrent assez de chaleur pour se garder au chaud. Les apiculteurs doivent s'assurer qu'elles ont assez de nourriture et qu'elles sont à l'abri du froid. On garde la majorité des colonies dehors l'hiver, mais parfois on les abrite dans des caves non chauffées (particulièrement au Québec). Les apiculteurs des Prairies de l'Ouest, qui tuaient autrefois leurs abeilles à l'automne et en importaient d'autres au sud des États-Unis au printemps (une reine et environ 10 000 ouvrières dans une cage grillagée), gardent maintenant leurs abeilles pendant l'hiver, parfois dans des abris spéciaux. Ce changement a été motivé par le risque d'invasion de parasites dangereux des abeilles (ACARIENS des trachées et ceux du genre *Varroa*) introduits aux États-Unis au milieu des années 80 et responsables de graves problèmes dans l'industrie apicole. Pour prévenir la propagation de ces parasites nuisibles, on a interdit l'importation d'abeilles au Canada depuis les États-Unis. Depuis, ces deux parasites ont pénétré au Canada, mais ils font l'objet d'une surveillance constante. L'importation est toujours interdite afin de faciliter le contrôle et d'empêcher l'arrivée des abeilles dites «africanisées», maintenant établies dans le sud-ouest des États-Unis.

En s'assurant que les abeilles ont assez de nourriture et d'espace, qu'elles sont en santé et qu'elles ont une reine jeune et productive, l'apiculteur fait en sorte que la population de sa colonie soit maximale à l'époque de la miellée (habituellement en juin, juillet et août), au cours de laquelle la majorité des plantes fleurissent et alors que les abeilles emmagasinent des surplus de nectar. Ce nectar est converti en miel par l'évaporation de l'eau et par la conversion du saccharose en sucres simples, le dextrose et le lévulose.

Miel Avant 1900, on consommait le miel directement des rayons. Aujourd'hui le miel pur extrait occupe la plus grande partie du marché. Pour ce faire, on prend les rayons remplis de miel, on enlève les bouchons de cire et on place les rayons dans un extracteur, où le miel est séparé des alvéoles par centrifugation. Le miel qui a été chauffé et filtré reste liquide pendant plusieurs mois et est souvent mis en marché sous cette forme.

Avec le temps, le dextrose du miel se cristallise, ce qui donne au miel une texture granuleuse. Le processus de granulation peut être contrôlé en ajoutant une petite quantité de miel déjà granuleux à du miel liquide et en le conservant à basse température (14 °C). Cela accélère la cristallisation et donne un miel lisse et crémeux. On peut retransformer le miel granuleux en miel liquide en le faisant chauffer (à une température n'excédant pas 60 °C) jusqu'à ce que les cristaux soient complètement fondus.

La couleur et la saveur du miel dépendent des fleurs qui ont servi à le produire. Les miels de trèfle, de luzerne, de navette, d'épilobe et de tilleul sont blancs, ceux de tournesol, de verge d'or et d'aster ont tendance à être dorés tandis que celui de sarrasin est assez foncé. Le miel plus foncé a généralement une saveur plus forte, mais il n'est pas de moindre qualité. La plupart des miels sont mélangés, car les abeilles butinent différentes espèces de plantes lorsqu'elles ramassent le nectar.

Depuis longtemps, l'organisation sociale complexe, la biologie et la nature industrieuse des abeilles à miel fascinent les humains. C'est peut-être ce qui motive plusieurs Canadiens à faire de l'apiculture leur passe-temps. En n'ayant que quelques ruches à entretenir, ils ont le temps d'observer plus attentivement le comportement de ces insectes sociaux si intéressants et si bénéfiques.

M.V. Smith et P.G. Kevan

Appareils électriques, industrie des La principale activité de l'industrie des appareils électriques au Canada est la conception, la fabrication et la vente des gros appareils électroménagers. Ses produits de base (c.-à-d. ceux dont le point de saturation sur le marché est très élevé et qui sont presque des articles de première nécessité) sont les réfrigérateurs, les cuisinières, les laveuses et les sécheuses automatiques. Les lave-vaisselle, les congélateurs, les fours à micro-ondes et les climatiseurs individuels viennent ensuite. La fabrication est entièrement concentrée en Ontario et au Québec.

Historique au Canada

Dans les années 20, 30 et 40, l'achat d'un gros appareil tel qu'une machine à laver représentait une dépense importante pour beaucoup de Canadiens. Il existait quelques fabricants canadiens d'appareils ménagers comme Beatty, à Fergus, en Ontario, qui ont bâti leur réputation sur la fiabilité de leurs machines à laver et de leur service après-vente. L'essor de l'industrie des appareils électroménagers est un phénomène de l'après-guerre résultant de la forte croissance de la demande pour les biens de consommation aux États-Unis dans les années 50.

À cette époque, les principaux appareils sont d'abord fabriqués aux États-Unis, puis importés au Canada. Des marques comme Kelvinator, Frigidaire, Philco, General Electric (GE) et Westinghouse sont bien connues des foyers canadiens. À cause des tarifs douaniers élevés, la majorité des fabricants américains trouvent plus rentable de fabriquer ces appareils au Canada lorsque le volume des ventes est suffisamment important pour réaliser des économies d'échelle appréciables. Par conséquent, l'industrie canadienne se voit en grande partie dominée par des capitaux étrangers, bien que le niveau des tarifs douaniers favorise la réussite de quelques entrepreneurs canadiens à l'échelle régionale.

W.C. Wood et Ralph Barford, qui sont parmi les hommes d'affaires canadiens les plus prospères, mettent sur pied des compagnies de produits électroménagers qui ont survécu malgré les hauts et les bas de l'industrie et la récession du début des années 80. Wood réussit en se spécialisant dans la fabrication d'un produit unique, les congélateurs, et en exportant aux États-Unis.

En 1984, il est devenu le fabricant de congélateurs le plus important et le plus moderne du Canada. Principalement en acquérant de petites entreprises comme McClary, Easy et Moffat, Barford met sur pied la compagnie GSW inc., qui est la seule compagnie canadienne à produire une gamme complète d'appareils électroménagers. Moffat, son acquisition probablement la plus importante, place GSW au rang des six grands fabricants de ce secteur. Les cinq autres, des entreprises détenues par des capitaux étrangers, sont Admiral, GE, Inglis, White et Westinghouse.

Dès le milieu des années 70, le gouvernement fédéral incite les fabricants à s'unir pour diminuer le prix de revient des appareils en augmentant leur capacité de production pour devenir plus compétitifs. Une occasion de regroupement se présente en 1975, lorsque White accepte d'acquérir l'importante division de l'électroménager de Westinghouse aux États-Unis. Les actifs détenus au Canada par cette société sont par le fait même inclus dans l'accord. Toutefois, l'AGENCE D'EXAMEN DE L'INVESTISSEMENT ÉTRANGER (AEIE) intervient pour bloquer la vente des intérêts canadiens. N'eût été cette décision, le projet de White-Westinghouse lui aurait accordé une capacité de production suffisante pour menacer ses quatre concurrents et en particulier GSW.

Pour protéger GSW, Barford négocie une fusion avec la Compagnie générale électrique du Canada Limitée et crée la société à risques partagés Camco. Celle-ci achète alors la division de l'électroménager de Westinghouse et, comme GSW détient 50 p. 100 des actions de Camco, la transaction ne nécessite pas d'examen par l'AEIE. En 1976, il ne restait plus que quatre sociétés concurrentes fabriquant une gamme complète d'appareils électroménagers: Admiral, Camco, Inglis et White. Ce nombre est réduit à trois en 1982 lorsque White, avec l'aide du gouvernement, achète Admiral qui est dans une situation précaire.

Bilan économique de l'industrie Malgré la hausse des exportations et la baisse des importations (des phénomènes attribuables en grande partie à la faiblesse relative du dollar canadien), l'industrie de l'électroménager enregistre encore un déficit en 1982. Cette année-là, la pire en 10 ans, les ventes baissent de 20 p. 100. Une reprise se manifeste en 1983 et se poursuit à un rythme quelque peu ralenti en 1984. Le seul article qui se vend très bien est le four à micro-ondes, dont les ventes augmentent régulièrement depuis 1976, passant de 65 000 unités cette année-là à 1 075 000 unités en 1986.

Toutefois, globalement, les ventes ne cessent de baisser depuis 1978. La cause de ce déclin est la saturation du marché des produits de base et le faible niveau des achats de remplacement. P. ex., la proportion de foyers canadiens possédant un réfrigérateur (99 p. 100) est la même en 1986 qu'en 1976. Le point de saturation pour les cuisinières (93 p. 100) et les machines à laver automatiques (76 p. 100) n'augmente pas non plus. La proportion de foyers possédant une sécheuse augmente légèrement, passant de 55 p. 100 en 1976 à 69 p. 100 en 1986.

En dehors de ces produits essentiels, le point de saturation varie. Pour les congélateurs, il atteint 58 p. 100 en 1986, mais, pour les appareils de climatisation, il n'est que de 18 p. 100. Dans le cas des nouveaux produits, le point de saturation au Canada se rapproche peu à peu de celui des États-Unis. Celui des lave-vaisselle atteint 26 p. 100 en 1979, comparativement à 43 p. 100 aux États-Unis. En 1986, ce chiffre passe à 38 p. 100 au Canada. La situation est analogue pour les fours à micro-ondes: en 1982, aux États-Unis, leur point de saturation est d'environ 27 p. 100. Il est de 31 p. 100 au Japon et de 10 p. 100 au Canada. En 1986, ce chiffre au Canada est passé à 44 p. 100 et à environ 60 p. 100 aux États-Unis.

Situation actuelle de l'industrie canadienne

Comme les tarifs sur les importations doivent diminuer au début des années 80 pour atteindre 12,5 p. 100 en 1987, les fabricants d'appareils électroménagers constatent que, pour tenir tête à la concurrence internationale, il faut accroître la RECHERCHE ET LE DÉVELOPPEMENT INDUSTRIELS. En 1984, les États-Unis ne peuvent plus exporter les produits de base au Canada à des prix inférieurs à ceux des fabricants canadiens et, même avec l'ACCORD DE LIBRE-ÉCHANGE, les produits de base américains ont encore de la difficulté à pénétrer le marché canadien à cause du taux de change (0,75 $ pour 1 $). Toutefois, il est plus vraisemblable qu'une entente de spécialisation dans les marchés canadien et américain rapporterait de plus grandes économies d'échelle au Canada. En 1986, les exportations de réfrigérateurs et de congélateurs se sont chiffrées à 143 847 appareils évalués à presque 40 millions de dollars, suivant une tendance à la hausse depuis 1984.

Pour ce qui est des nouveaux produits, les échanges internationaux sont moins influencés par les prix que par les innovations. Le Canada importe notamment des lave-vaisselle et des fours à micro-ondes dont la conception et la mise au point se font à l'étranger. Ces produits ne sont fabriqués au Canada que lorsque le volume des ventes est suffisant pour rendre l'entreprise rentable. Dans les milieux indus-

triels, on estime qu'en 1986 le coût de production au Canada est de 15 à 20 p. 100 plus élevé qu'aux États-Unis pour les produits courants et de 30 à 40 p. 100 supérieur pour les nouveaux produits, en supposant la parité des dollars canadien et américain.

Les fabricants de gammes complètes de produits électroménagers s'attendent à augmenter le nombre de leurs employés en Ontario et au Québec. La compagnie Camco, détenue actuellement à 51 p. 100 par la Compagnie générale électrique du Canada, est un puissant concurrent grâce aux marques Hotpoint, GE et Moffat. Elle fabrique aussi une partie des modèles Beaumark pour La Baie et Simpsons. La compagnie Inglis, détenue à 43 p. 100 par Whirlpool, est représentée par les produits Admiral, Inglis et Whirlpool et fabrique aussi les modèles Kenmore pour Sears. La compagnie White, détenue presque entièrement par la compagnie suédoise Electrolux, sera présente sur le marché notamment grâce aux marques White-Westinghouse, Kelvinator et Frigidaire.

Associations Au sein de l'industrie, la main-d'œuvre canadienne est représentée par plusieurs syndicats, dont les Ouvriers unis de l'électricité. À cause d'une baisse de la production et surtout de l'efficacité des installations, le niveau d'emploi a connu un déclin dans ce domaine, passant de 11 888 en 1976 à 6902 en 1981. Le taux des salaires était en moyenne plus élevé au Canada qu'aux États-Unis au milieu des années 70, mais le déclin du dollar canadien par rapport au dollar américain a renversé la situation dès le début des années 80.

En 1984, ces deux pays ont dû faire face à une forte concurrence de la part des pays d'Extrême-Orient et d'Amérique latine dans le domaine des pièces d'équipement bon marché. Les fabricants sont représentés par l'Association canadienne des fabricants d'appareils ménagers, qui est elle-même une filiale de l'Association des manufacturiers d'équipement électrique et électronique du Canada, dont le siège social est à Toronto.

Harold Crookell

Appâts, lois sur les («Bait Acts») Au début des années 1880, le commerce du poisson salé de Terre-Neuve est en difficulté en raison du déclin de la valeur marchande du produit. Une des causes principales réside dans une compétition accrue des pêcheurs norvégiens et français, ces derniers étant fortement subventionnés par leurs gouvernements. Bien qu'impuissant face aux pêcheurs norvégiens, le gouvernement local croit être en mesure d'influencer les Français.

La pêche sur les GRANDS BANCS est la plus importante activité française dans les eaux terre-neuviennes; elle exige des appâts frais achetés habituellement aux pêcheurs de la côte sud de l'île. Le gouvernement qui prend le pouvoir en 1885 décide d'utiliser les appâts comme moyen de réduire la compétition française sur les marchés étrangers en interdisant leur vente aux pêcheurs français, si leur gouvernement continue de les subventionner.

La première loi sur les appâts est déposée en 1886, mais la Grande-Bretagne refuse d'y accorder son assentiment, qui est indispensable, jusqu'à ce qu'elle soit modifiée en 1887. Cette loi et les modifications subséquentes ne restreignent pas vraiment les activités de pêche des Français qui réussissent à s'approvisionner autrement. Pendant les années 1890 et au début du XXᵉ siècle, Terre-Neuve tente d'utiliser les dispositions de la loi sur les appâts pour contrôler la vente d'appâts aux pêcheurs canadiens et américains. La législation ne règle pas les problèmes économiques de Terre-Neuve et la colonie cherche à nouveau des solutions dans le développement d'un chemin de fer et dans l'industrialisation. (*Voir* PÊCHE, HISTOIRE DE LA.)

Shannon Ryan

Appel L'appel est le recours judiciaire qui permet à une partie de se plaindre à une juridiction supérieure que la décision qu'une juridiction inférieure a rendue contre elle a été prononcée à mauvais droit et devrait

ARTISAN T-SHIRT

DESIGN FIRM: Jim Lange Design
LOCATION: Chicago, IL
CLIENT: Artisan, Inc.
LOCATION: Chicago, IL
ART DIRECTOR: Ben Douraghy
DESIGNER: Jim Lange
ILLUSTRATOR: Jim Lange
DISTRIBUTION: 500 pcs., Regional

This T-shirt promotion was created the old-fashioned way to reduce production costs. Rather than supplying the printer with a four-color original piece of art, each color layer was executed as a registered black-and-white mechanical separation.

ATLANTIC DESIGN WORKS
24 Glenbrook Road
West Hartford, CT 06107 USA
FAX: 860/521-4146
TEL: 860/521-5216
E-MAIL: adesign@ziplink.net

BIGITAL
José Leon Pagano 2646 7mo B
Buenos Aires, RA 1425 ARGENTINA
FAX: 011/54/1/802-9680
PHONE: 011/54/1/802-9680
E-MAIL: info@bigital.com

JOHN BRADY DESIGN CONSULTANTS
Three Gateway Center, 17th Floor
Pittsburgh, PA 15222 USA
FAX: 412/281-8794
TEL: 412/201-7006
E-MAIL: mjkinger@bradydesign.com

DAVID BROWN INTEGRATED DESIGN
CONSULTANTS
1266 Queen Street West, Studio #8
Toronto, ONT M6K 1L3 CANADA
FAX: 416/533-4258
TEL: 416/533-1374
E-MAIL: dbdesign@yesic.com

CANARY STUDIOS
600 Grand Avenue, Suite 307
Oakland, CA 94610 USA
FAX: 510/893-1413
TEL: 510/893-1737
E-MAIL: canary@dnai.com

CAPPELLETTO DESIGN GROUP
4-2156 West 12 Avenue
Vancouver, BC V6K 2N2 CANADA
FAX: 604/731-6100
TEL: 604/731-6122

DAVID CARTER DESIGN ASSOCIATES
4112 Swiss Avenue
Dallas, TX 75204 USA
FAX: 214/827-1938
TEL: 214/826-4631
E-MAIL: dcda@onramp.net

CHARNEY DESIGN
1120 Whitewater Cove
Santa Cruz, CA 95062 USA
FAX: 408/479-9403
TEL: 408/479-4675
E-MAIL: mscharney@aol.com

DESIGN CENTER
15119 Minnetonka Boulevard
Minnetonka, MN 55345 USA
FAX: 612/933-1562
TEL: 612/933-9766
E-MAIL: designcenter@dgi.net

EMAN COMMUNICATIONS DESIGN, Inc.
105 South Narcissus Avenue, Suite 402
West Palm Beach, FL 33401 USA
FAX: 561/835-0413
TEL: 561/835-4758
E-MAIL: tomos@eman.com

ESKIND WADDELL
471 Richmond Street West
Toronto, ONT M5V 1X9 CANADA
FAX: 416/504-6085
TEL: 416/504-6075

PHILIP FASS
1310 State Street
Cedar Falls, IA 50613-4128 USA
TEL: 319/277-6120

FORDESIGN
533 Twinbridge
Alexandria, LA 71303 USA
FAX: 318/449-4888
TEL: 318/449-4888
E-MAIL: Frank@Frank-Ford.com

G
640 East 15 Avenue, Apt. 206
Eugene, OR 97401 USA
TEL: 541/485-5541
E-MAIL: garyster@geocities.com

GRAFIK COMMUNICATIONS, Ltd.
1199 North Fairfax Street, Suite 700
Alexandria, VA 22314 USA
FAX: 703/683-3740
TEL: 703/683-4686
E-MAIL: jfk@grafik.com

HALAPPLE DESIGN & COMMUNICATIONS, Inc.
1112 Ocean Drive, Suite 203
Manhattan Beach, CA 90266 USA
FAX: 310/318-1914
TEL: 310/318-3823
E-MAIL: halapple@halappledesign.com

J. GRAHAM HANSON DESIGN
307 East 89 Street #6G
New York, NY 10128 USA
FAX: 212/426-7728
TEL: 212/348-8078
E-MAIL: jghdes@aol.com

HORNALL ANDERSON DESIGN WORKS, Inc.
1008 Western Boulevard, Suite 600
Seattle, WA 98104 USA
FAX: 206/467-6411
TEL: 206/467-5800
E-MAIL: c_arbini@hadw.com

BARRY HUTZEL
2058 Breeze Drive
Holland, MI 49424 USA
FAX: 616/786-7602
TEL: 616/786-7634
E-MAIL: bhutzel@sirus.com

JIM LANGE DESIGN
203 North Wabash, #1312
Chicago, IL 60601 USA
TEL: 312/606-9313

LAMBERT DESIGN
7007 Twin Hills Avenue, Suite 213
Dallas, TX 75231 USA
FAX: 214/987-0170
TEL: 214/987-3078

LIEBER BREWSTER CORPORATE DESIGN
324 West 87 Street, 6th Floor
New York, NY 10024 USA
FAX: 212/459-9103
TEL: 212/459-9099
E-MAIL: lieber@interport.net

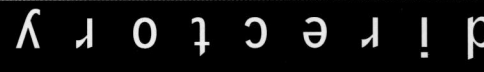

directory

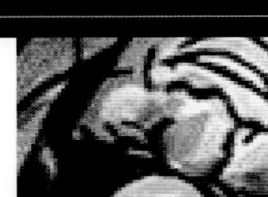

WORKSIGHT
46 Great Jones Street
New York, NY 10012 USA
FAX: 212/475-9098
TEL: 212/777-3558
E-MAIL: wsight@interport.net

WONG WONG BOYACK, Inc.
450 Sansome St. (Penthouse)
San Francisco, CA 94111-3324 USA
FAX: 415/394-6633
TEL: 415/394-6636
E-MAIL: bwong@wongwong.com

The WELLER INSTITUTE
FOR THE CURE OF DESIGN
PO Box 518
Oakley, UT 84055 USA
FAX: 801/783-5380
TEL: 801/783-5378

SCOTT WEAVER PHOTODESIGN
4400 Weaver Trail
Las Cruces, NM 88012 USA
TEL: 505/382-3507
E-MAIL: sweaverphoto@lascruces.com

VAUGHN/WEDEEN CREATIVE
407 Rio Grande NW
Albuquerque, NM 87107 USA
FAX: 505/247-9856
TEL: 505/243-4000
E-MAIL: BWerling@vwc.com

UNIVERSITY of DELAWARE, DEPARTMENT of ART
104 Recitation Hall
Newark, DE 19716 USA
FAX: 302/831-0505
TEL: 302/831-2244
E-MAIL: martha.carothers@mvs.udel.edu

TEAM ORACLE
503 Newfield Avenue
Stamford, CT 06905 USA
FAX: 203/967-4018
TEL: 203/967-4430
E-MAIL: levkoman@earthlink.net

STEWART MONDERER DESIGN, Inc.
10 Thatcher Street, Suite 112
Boston, MA 02113 USA
FAX: 617/720-5558
TEL: 617/720-5555
E-MAIL: sm@monderer.com

MIRELLE SMITS DESIGN
8554 Moore Road
Indianapolis, IN 46278 USA
TEL: 317/299-4653

SELBERT PERKINS DESIGN
2067 Massachusetts Avenue
Cambridge, MA 02140 USA
FAX: 617/661-5772
TEL: 617/497-6605
E-MAIL: spdeast@aol.com

SAYLES GRAPHIC DESIGN
308 Eighth Street
Des Moines, IA 50309 USA
FAX: 515/243-0212
TEL: 515/243-2922

MIKE SALISBURY COMMUNICATIONS
2200 Amapola Court
Torrance, CA 90501 USA
FAX: 310/320-4779
TEL: 310/320-7660
E-MAIL: MikeSalcom@aol.com

SAGMEISTER, Inc.
222 West 14 Street, #15A
New York, NY 10011 USA
FAX: 212/647-1788
TEL: 212/647-1789
E-MAIL: sagmeis@interport.com

ROGUEMEDIA
3C, 107-111 Wan Chai Road, Wan Chai
Hong Kong, HONG KONG
FAX: 011/852/2511-9921
TEL: 011/852/2893-2003
E-MAIL: bugsy@roguemedia.com.hk

GIORGIO ROCCO COMMUNICATIONS
Via Domenichino 27
20149 Milano, ITALY
FAX: 011-39-2-461728
TEL: 011-39-2-461723
E-MAIL: 100724.3647@compuserve.com

PETERSON & COMPANY
2200 North Lamar, Suite 310
Dallas, TX 75202 USA
FAX: 214/954-1161
TEL: 214/954-0522
E-MAIL: cherylb@peterson.com

KIKU OBATA & Company
5585 Pershing Avenue, Suite 240
St. Louis, MO 63112 USA
FAX: 314/361-4716
TEL: 314/361-3110
E-MAIL: chanssen@kikuobata.com

GE NEISE DIGITAL COMMUNICATION
1402 West Superior Street, Suite 2
Chicago, IL 60622 USA
FAX: 312/829-0139
TEL: 312/829-6964
E-MAIL: geneise@interaccess.com

MOONDOG STUDIOS, Inc.
210-309 West Cordova Street
Vancouver, BC V6B 1E5 CANADA
FAX: 604/681-1662
TEL: 604/681-1944
E-MAIL: moondog@cyberstore.ca

MISHA DESIGN
1638 Commonwealth Ave., Suite 24
Boston, MA 02135 USA
FAX: 617/277-3538
TEL: 617/277-7765
E-MAIL: MishaLenn@aol.com

MIRES DESIGN Inc.
2345 Kettner Boulevard
San Diego, CA 92101 USA
FAX: 619/234-1807
TEL: 619/234-6631
E-MAIL: dara@miresdesign.com

MAXIMA NEW MEDIA
PO Box 1195
Kohav Yair 44864 ISRAEL
FAX: 011/9729/749-4479
TEL: 011/9729/749-4825
E-MAIL: aronst.maxim.com

LORENC DESIGN
724 Longleaf Drive NE
Atlanta, GA 30342 USA
FAX: 404/233-5619
TEL: 404/266-2711
E-MAIL: Lorenc@mindspring.com

index

être infirmée. Le droit d'appel dépend du genre de cause dont il s'agit, du niveau de la juridiction qui a rendu la décision primitive et de la nature de cette décision.

Chaque province possède sa propre cour d'appel et la cour d'appel fédérale (voir COUR FÉDÉRALE DU CANADA) entend les appels qui relèvent de certains domaines de compétence fédérale. Les décisions de ces juridictions d'appel ne peuvent être attaquées en appel que devant la COUR SUPRÊME DU CANADA. Les juridictions d'appel canadiennes siègent presque toujours en nombre impair afin d'assurer une décision majoritaire en faveur de l'une ou l'autre des parties.

Lee Paikin

Applebaum, Louis, compositeur, chef d'orchestre, administrateur (Toronto, 3 avr. 1918—Toronto, 20 avr. 2000). Après avoir étudié au conservatoire de musique de Toronto et à l'U. de Toronto avec Boris Berlin, Healey WILLAN et sir Ernest MACMILLAN, Applebaum se rend à New York pour étudier la composition. Au milieu des années 40, on le retrouve à Hollywood, où ses musiques de film sont en grande demande, mais il est de retour au Canada en 1949.

L'un des plus prodigieux compositeurs du Canada, Applebaum a écrit et dirigé des centaines d'œuvres pour le cinéma, le théâtre, de même que des émissions dramatiques pour la radio et la télévision. Ses pièces de concert, de ballet et de fanfare, souvent composées sur commande, sont toujours admirées en raison de leur grande qualité et de leur justesse. En effet, elles reflètent sa conscience de la nécessité pour l'artiste d'être pragmatique et conscient de l'évolution de son art. En plus de sa carrière bien remplie comme compositeur, Applebaum possédait des compétences administratives qui lui ont permis d'agir comme conseiller pour divers organismes, notamment l'Office national du film, le Conseil des arts du Canada et la Société Radio-Canada, sans compter les festivals comme le Festival du printemps de Guelph.

Il a siégé à de nombreux comités, comme CAPAC-Association canadienne des radiodiffuseurs pour la promotion de la musique canadienne, et il a agi comme conseiller pour la création de facultés de musique, de même que de diverses compagnies d'opéra et de ballet.

Il a créé le volet musical du FESTIVAL DE STRATFORD en 1955, et il a présidé en 1965 un comité subventionné par le gouvernement dont le rapport a mené à la création de l'orchestre du Centre national des arts. Il a agi à titre de directeur exécutif du Conseil des arts de l'Ontario de 1970 à 1979, année où il est devenu coprésident, avec Jacques HÉBERT, du COMITÉ D'ÉTUDE DE LA POLITIQUE CULTURELLE FÉDÉRALE, qui a déposé son rapport en 1982. En 1985, Applebaum est devenu vice-président de la Société canadienne des auteurs, compositeurs et éditeurs de musique (CAPAC), puis président de 1988 à 1990. En 1976, il est fait Officier de l'Ordre du Canada.

Mabel H. Laine

Appleyard, Peter, musicien de jazz (Cleethorpes, Angl., 26 août 1928). Percussionniste de studio aux talents multiples et personnalité des boîtes de nuit et de la télévision à Toronto, il s'est établi au Canada en 1951 en tant que batteur, avant de commencer à jouer du vibraphone.

Parmi les émissions de télévision où il s'est produit, on peut mentionner *Mallets and Brass* à la Société Radio-Canada (1969, avec Guido Basso, joueur de flugelhorn) et le spectacle *Peter Appleyard Presents* (1977 à 1980), plus tard rediffusé dans les stations affiliées. Appleyard, qui a dirigé sa carrière canadienne avec un instinct prompt à détecter les goûts populaires, a enregistré plusieurs albums de musique instrumentale légère, y compris *Swing Fever* (1982), de même que les albums de jazz *Barbados Hot* et *Barbados Cool* (1990). Sa version de

The Lincolnshire Poacher a été un succès populaire au début des années 70. Appleyard a également fait des tournées à l'étranger avec Benny Goodman, Mel Tormé et d'autres musiciens de jazz reconnus aux États-Unis. Il a été reçu Officier de l'Ordre du Canada en 1992.

Mark Miller

Apprentissage L'apprentissage, en tant que formation par laquelle un novice apprend un métier ou un art auprès d'un maître, existe depuis des milliers d'années. Les corporations de métiers, créées aux VIIe et VIIIe siècles, ont réglementé et gardé la mainmise sur le système d'apprentissage jusqu'au XVIe siècle. À la fin du XIXe siècle, l'apprentissage était encore le seul moyen d'acquérir des qualifications dans la plupart des métiers (voir APPRENTISSAGE AU CANADA DU XVIIe AU XIXe SIÈCLE).

Au début du XIXe siècle, ce sont des ouvriers qualifiés d'origine européenne qui forment les apprentis. Cette formation est donnée de manière sporadique et varie à l'intérieur même d'un métier donné, mais, tant que l'immigration facilite le recrutement de personnes qualifiées, le manque de formation ne constitue pas un problème urgent. Cependant, l'industrialisation du Canada rend nécessaire la mise sur pied d'un programme d'apprentissage canadien. En raison des fortes pressions exercées par le secteur des métiers du bâtiment, dirigé par Joseph Piggott, l'Ontario adopte en 1928 la première loi sur l'apprentissage, qui la réglemente et lui assure une aide financière. La Colombie-Britannique (1935) et la Nouvelle-Écosse (1936) adoptent également des lois sur l'apprentissage inspirées de celle de l'Ontario.

Aide financière du fédéral En 1944, en vertu de la *Loi sur la coordination de la formation professionnelle,* le gouvernement fédéral s'entend avec les provinces pour fournir une aide financière à l'apprentissage. La majorité des provinces adoptent donc des lois qui instaurent des programmes d'apprentissage. En général, les lois provinciales prévoient des règlements pour la formation des apprentis, la mise sur pied de comités consultatifs sur les métiers et la nomination d'un directeur de l'apprentissage.

Le système d'apprentissage s'applique maintenant à plusieurs centaines de métiers. Les provinces ont institué le Comité de coordination du Programme des normes interprovinciales pour valider les certificats des apprentis de toutes les provinces qui répondent aux normes interprovinciales.

Fondements de l'apprentissage L'apprentissage est un système de formation dirigé par l'industrie selon les besoins économiques. Il repose sur une relation contractuelle entre un employé et un employeur, par laquelle le second accepte de donner au premier la possibilité d'acquérir les habiletés requises pour pratiquer un métier sous la supervision d'une personne déjà qualifiée dans ce métier. Habituellement, la formation dure entre trois et cinq ans et suit un programme de formation structuré. Environ 90 p. 100 de la formation se fait en milieu de travail. Certaines connaissances théoriques pertinentes sont enseignées dans une institution, généralement un CEGEP ou un institut de technologie (voir NORTHERN ALBERTA INSTITUTE OF TECHNOLOGY; SOUTHERN ALBERTA INSTITUTE OF TECHNOLOGY). Les progrès de l'apprenti sont surveillés par le directeur d'apprentissage de sa province, qui sanctionne également la réussite de sa formation en lui accordant un certificat de qualification.

Les apprentis sont habituellement payés selon un pourcentage prescrit du salaire d'un ouvrier qualifié, et des augmentations sont prévues au cours de la période d'apprentissage. Les coûts de la formation fournie dans les établissements scolaires sont assumés par le gouvernement fédéral, qui verse aussi aux apprentis une allocation de subsistance ou des prestations de l'assurance-emploi. Cependant, l'aide du fédéral a été réduite et le gouvernement a annoncé son intention de se retirer des programmes de formation existants. Les employeurs tirent profit du travail

de leurs apprentis. Pour les métiers considérés essentiels à l'économie canadienne, le gouvernement fédéral accorde des subventions substantielles aux employeurs qui forment des apprentis. Dans certaines provinces on a augmenté les subventions pour la formation des femmes afin d'encourager celles-ci à pratiquer des métiers non traditionnels.

Dans le système d'apprentissage, un nombre d'heures déterminé doit être consacré aux aspects pratiques et théoriques du programme d'études suivant le principe que l'employeur récupère les coûts de la formation en versant pendant un certain temps un salaire moindre à l'apprenti qui possède certaines des habiletés d'un ouvrier qualifié. D'aucuns, en particulier les syndicats, affirment que la compétence s'acquiert plus facilement par la pratique des habiletés en milieu de travail au cours d'une certaine période de temps.

Des critiques s'élèvent contre la fixation réglementaire du taux de salaire d'un apprenti en pourcentage du salaire d'un ouvrier qualifié. On y voit une barrière à l'entrée des jeunes en apprentissage. Certains allèguent que le taux est trop élevé et trop rigide pour les conditions actuelles du marché du travail. Diverses solutions sont proposées, y compris une déréglementation complète (ce qui permettrait d'établir les taux de salaire des apprentis par des négociations collectives dans les entreprises syndiquées ou par le jeu de l'offre et de la demande) et un système basé sur le salaire minimum en début de contrat avec des augmentations en pourcentage au cours de la période d'apprentissage.

Une autre question importante concerne les exigences actuelles d'une formation complète. Bon nombre de petites entreprises ne peuvent pas offrir une formation dans tous les champs de compétence d'un métier. Dans certains cas, les apprentis sont engagés par une association d'employeurs qui les déplace d'une entreprise à l'autre pour leur permettre d'acquérir toutes les qualifications requises. Le système de programmes d'études modulaires est une autre solution utilisée couramment et avec succès dans l'industrie minière et de plus en plus dans les métiers industriels. Les modules présentent la formation en blocs distincts. Les apprentis obtiennent des crédits dans chaque module et reçoivent un certificat de compétence à la fin de tous les modules. Les détracteurs de l'approche modulaire craignent que son utilisation à grande échelle ne provoque une fragmentation des métiers en spécialités pointues.

Les chiffres montrent bien qu'il y a au Canada plus de jeunes qualifiés intéressés à suivre un programme d'apprentissage qu'il n'y a de places disponibles, et que les principales barrières à l'apprentissage proviennent de l'incapacité des employeurs à offrir ce genre de formation lorsque la conjoncture économique empêche l'embauche d'employés additionnels.

Kenneth E. Hunter, Marvin Abugov et Don Ogaranko

Apprentissage au Canada du XVIIe au XIXe siècle Jusqu'au milieu du XIXe siècle, l'apprentissage est un mode de formation qui permet aux jeunes hommes et, plus rarement, aux jeunes filles d'acquérir les compétences nécessaires à la pratique d'un métier ou d'une profession. Trois voies sont alors possibles, celles des écoles, de la famille ou celle d'un artisan ou d'un professionnel avec lequel on conclut une entente notariée. Bien que la dernière forme soit celle qu'on mentionne le plus souvent dans les comptes rendus historiques, la formation dispensée par un membre de la famille à un autre membre de la famille semble tout aussi répandue et a la faveur des marchands et des professionnels (médecins, avocats, notaires). Peu font leur apprentissage dans des écoles. Dans les systèmes d'apprentissage formel et familial, la formation est essentiellement pratique et prend place dans l'atelier de l'artisan ou dans le bureau du professionnel.

Systèmes européen et canadien Dès le Moyen Âge, et même avant, un grand nombre de métiers, en France et dans d'autres pays européens, s'organisent en communautés, connues plus tard sous le nom de corporations ou guildes. La guilde se caractérise par l'instauration chez les artisans d'un système hiérarchique constitué d'apprentis, de compagnons et de maîtres. Les maîtres de métier sont à la tête des guildes et nomment les jurys dont le mandat est d'élaborer et d'appliquer les règlements. Parmi ces règlements, on trouve ceux qui régissent l'apprentissage et l'accès au statut de maître: l'apprenti doit se soumettre à une longue période de formation et à un rigoureux processus de sélection; le compagnon qui désire devenir maître doit payer une importante somme et réaliser une œuvre originale de qualité supérieure, c.-à-d. un chef-d'œuvre.

Lorsque les premiers artisans français arrivent en NOUVELLE-FRANCE au XVIIᵉ siècle, ils ne tardent pas à s'apercevoir qu'ils ne peuvent y perpétuer les règles strictes et les traditions de la guilde. Il y a beaucoup trop à faire dans le nouveau pays pour qu'ils se consacrent uniquement à leur métier. Ils doivent désormais partager leur temps entre la pratique du métier, le défrichage de la terre, la pêche et la traite des fourrures.

Au moment où les premiers villages apparaissent, il devient nécessaire de former un noyau d'artisans. Or, le système français ne peut convenir, car il n'y a pas de main-d'œuvre spécialisée au Canada aux XVIIᵉ et XVIIIᵉ siècles. On abandonne alors la guilde telle qu'elle existait en France, mais on en conserve la hiérarchie et la méthode de formation pratique. De leur côté, les membres des professions libérales jouissent de meilleures conditions: déjà favorisés par leur statut social, ils sont venus au Canada en moins grand nombre et peuvent se vouer presque entièrement à leur profession.

Les systèmes d'apprentissage qui ont cours en Angleterre, en France, aux États-Unis, au Québec et dans les Maritimes ont des caractéristiques communes, particulièrement en ce qui a trait à l'âge des apprentis et à la durée de l'apprentissage. À l'exception d'un grand nombre de maîtres anglophones, qui engagent des apprentis plus jeunes et pour plus longtemps, la plupart des maîtres embauchent les apprentis vers l'âge de 16 ans et pour une période de 3 ans. En général, l'apprenti a terminé sa formation vers l'âge de 21 ans, mais il existe des exceptions, notamment dans le cas des apprentis orphelins.

Les autorités se servent de l'apprentissage officiel comme moyen de placer les orphelins dans des familles et de s'assurer qu'ils apprennent un métier. En général, les orphelins commencent leur formation beaucoup plus jeunes et travaillent plus longtemps que les autres apprentis. Du côté des professions libérales, l'âge des apprentis est essentiellement le même que pour les artisans, mais la durée de formation est plus longue. Ainsi, la formation des avocats et des notaires a été fixée par la loi à cinq ans.

Les conditions de travail révèlent à la fois les caractéristiques de l'apprentissage et la grande différence entre les artisans et les professionnels. L'organisation traditionnelle de la production et du travail domine chez les artisans des XVIIᵉ et XVIIIᵉ siècles. À l'exception des pièces produites aux FORGES SAINT-MAURICE et dans un nombre restreint de grands ateliers, chaque pièce est le travail d'un seul artisan, maître ou compagnon, parfois assisté d'un apprenti.

L'artisan travaille habituellement dans un petit atelier (souvent adjacent à la maison) et il est propriétaire de tous ses outils. Le travail se fait généralement sur commande et la division des tâches n'existe presque pas. Les sources d'énergie majeures demeurent la force musculaire et l'eau, et l'outil manuel est le principal moyen de transformer la matière première.

Sous un tel système, les relations de travail ne sont pas établies sur la seule base de l'offre et de la demande, comme c'est le cas aujourd'hui, mais elles se définissent aussi en fonction de droits, d'obligations et de relations personnelles qui, souvent, sont de nature très autoritaire. Le contrat stipule que l'apprenti doit obéir au maître, défendre ses intérêts et s'efforcer d'apprendre son métier. En retour, le maître consent à révéler tous les secrets de son art et à fournir logis, nourriture, vêtement ainsi qu'un petit salaire annuel, payé en espèces ou en nature.

L'apprenti travaille 6 jours semaine; le nombre d'heures varie selon le métier, et selon qu'il s'exerce à l'intérieur ou à l'extérieur. La journée de travail commence habituellement à 5 heures et se termine à 20 ou 21 heures avec un minimum de 2 heures pour le repas du midi et du soir. Les apprentis travaillent de 12 à 14 heures par jour, un peu plus longtemps que le compagnon ou le maître, car ils ont à préparer le travail des autres avant l'ouverture de l'atelier et doivent nettoyer après la fermeture. Aux XVIIᵉ et XVIIIᵉ siècles, certains apprentis reçoivent une formation religieuse et scolaire en même temps qu'une formation pratique.

Une fois la période d'apprentissage terminée, le jeune travailleur peut travailler comme compagnon pendant quelques années puis ouvrir sa propre boutique s'il peut se le permettre financièrement; d'autres héritent de l'atelier paternel. Le compagnon gagne 4 à 6 fois plus que l'apprenti. Pendant ce stade intermédiaire, le compagnon fait son entrée sur le marché du travail et fabrique ses propres produits. Certains compagnons ont la responsabilité de former des apprentis ou de superviser l'atelier quand le maître est absent.

Les conditions de travail des apprentis commerçants et des apprentis dans les professions libérales sont bien différentes de celles des apprentis artisans. Les apprentis médecins, avocats ou notaires viennent généralement de familles aisées, travaillent moins d'heures et reçoivent une certaine instruction avant de commencer leur apprentissage; de plus, ils ne sont pas obligés d'effectuer des travaux ménagers.

Changements au XIXᵉ siècle L'essor économique du début du XIXᵉ siècle, combiné à certaines influences britanniques et à l'urbanisation, entraîne des changements irréversibles à la fois dans le processus de transformation de la matière première (*voir* FABRICATION INDUSTRIELLE), dans l'organisation du travail et dans les conditions d'apprentissage. Afin de rivaliser avec les produits d'importation sur un marché local en pleine expansion, un grand nombre de maîtres artisans doivent s'improviser marchands fabricants et adapter leurs méthodes de production. Ils se servent alors de machines-outils, se regroupent sous le même toit avec un certain nombre d'artisans, partagent les tâches et sont alors en mesure d'engager une main-d'œuvre non qualifiée et de fabriquer des produits sur une grande échelle. C'est le passage du travail artisanal à la fabrique puis, finalement, à la production manufacturière des grands centres urbains. Le processus de transition est lent et complexe et s'étend sur presque tout le XIXᵉ siècle; boutiques d'artisans et manufactures vont donc coexister pendant longtemps.

Ces changements majeurs remettent en question la place de l'apprentissage traditionnel dans le monde du travail et la société. Graduellement, les apprentis deviennent une source de main-d'œuvre à bon marché qu'on engage beaucoup plus pour profiter de leur travail que pour leur apprendre un métier. Ils sont engagés de plus en plus jeunes et leur contrat est prolongé et modifié pour inclure plusieurs tâches; ainsi ils demeurent une main-d'œuvre bon marché pour une plus longue période de temps. Les responsabilités traditionnelles du maître (soutien et éducation morale et religieuse) sont remplacées par un salaire en argent liquide. Certains maîtres négligent même de leur apprendre «les secrets du métier», alors que d'autres vont jusqu'à les maltraiter. Dans de telles circonstances, il arrive souvent que les apprentis choisissent de s'enfuir, car il est très difficile de résilier le contrat; ils sont alors poursuivis en justice.

Tandis que le système traditionnel d'apprentissage se détériore, d'autres institutions prennent de l'importance. Au début du XIXᵉ siècle, l'école du soir commence à remplacer l'instruction prodiguée auparavant par l'artisan et sa femme. Afin d'avoir la mainmise sur la formation des apprentis et des compagnons, les maîtres et les marchands suivent l'exemple de leurs collègues de Grande-Bretagne et établissent des instituts techniques dans les grandes villes de l'est du Canada (Halifax, Québec et Montréal). Aux yeux des autorités, ces instituts sont des centres de formation où les travailleurs vont apprendre le respect de l'ordre établi, la discipline au travail et à bien se comporter en société.

L'école du dimanche et les sociétés de tempérance, formées pendant la première moitié du XIXᵉ siècle, appuient les institutions dans la poursuite d'un but commun: apprendre au travailleur comment utiliser ses heures de loisirs pour mieux travailler ensuite. Pendant la deuxième moitié du XIXᵉ siècle, les instituts techniques remplacent en partie l'atelier comme lieu de formation.

Le désir de régir l'accès aux professions et de protéger ses membres entraîne la création des premiers syndicats dans les années 1830 et des corporations professionnelles à la fin des années 1840. Les métiers (cordonnier, tonnelier, ferblantier, etc.) se sentent menacés par les changements technologiques, à l'exception, toutefois, des métiers de la construction et des professions libérales qui, de leur côté, ont réussi à limiter le nombre d'apprentis.

Graduellement, les écoles vont se charger de la formation des professionnels, d'où la création d'associations professionnelles (médecins, notaires) qui permettront non seulement d'assurer la qualité de la formation, mais aussi de contrôler le nombre de diplômés (*voir* ÉDUCATION, HISTOIRE DE L'). D'abord réticentes à conférer tant de pouvoir aux médecins et aux notaires, les autorités gouvernementales finiront par le leur accorder en 1845 (médecins) et en 1847 (notaires), à la suite de pressions exercées par ces groupes professionnels.

Jean-Pierre Hardy et David-Thiery Ruddel

Apprentissage de Duddy Kravitz, l' Roman de Mordecai RICHLER (traduction de l'anglais: Élisabeth Gille-Nemirovsky, Paris, 1960; Jean Simard, Montréal, 1976). La version originale, *The Apprenticeship of Duddy Kravitz*, est publiée à Londres et à Boston en 1959, et à Toronto en 1969. Duddy Kravitz est un jeune Juif de Montréal au tempérament fougueux et est déterminé à réussir, peu importe les moyens, peu importe la fin. Inspiré par la devise de son grand-père selon laquelle un homme n'est rien sans terre, Duddy caresse le rêve de posséder une propriété en bordure d'un lac dans les Laurentides et échafaude un plan pour le réaliser. Duddy est un personnage attachant et rempli d'audace, mais sa soif de réussite l'amène à exploiter les autres.

Richler décrit l'initiation de Duddy en présentant une parodie satirique et mordante des petites bourgeoisies juive et anglo-protestante vues à travers la perspective du milieu dur et perspicace de la rue Saint-Urbain, qui devient l'une des caractéristiques du monde richlérien. Le triomphe final de Duddy signifie aussi sa chute, car sa réussite lui coûte davantage en amour perdu qu'il ne pourra jamais compenser en argent.

L'apprentissage de Duddy Kravitz est le roman le plus connu de Richler. On en fait un film en 1974 et Duddy fait ses débuts au théâtre, à Edmonton, en 1984.

Neil Besner

Apprentissage de Duddy Kravitz, L' (Film) Réalisé par Ted KOTCHEFF à partir du roman de Mordecai RICHLER. Avec Richard Dreyfuss (Duddy Kravitz), Jack Warden (Max Kravitz), Micheline LANCTÔT (Yvette).

À Montréal, en 1948, Duddy Kravitz âgé de 19 ans rencontre son père Max, chauffeur de taxi, dans un petit café. Duddy écoute attentivement Max faire l'éloge de Jerry Dingleman, «jeune prodige» local qui s'est sorti du ghetto juif de Montréal et est devenu riche. Il rêve de devenir un jour quelqu'un comme Dingleman. Peu de temps après, son grand-père lui dit qu'«un homme sans terre n'est rien». Duddy décide alors de tout mettre en œuvre pour acheter le lac situé près de la station estivale juive pour laquelle il travaille. Il tombe amoureux d'une collègue, Yvette, et l'entraîne très vite dans sa recherche perpétuelle d'argent et ses plans interminables pour s'enrichir. Dans le but de financer son rêve, Duddy fonde une compagnie de production de films, devient distributeur de machines à boules et, en désespoir de cause, imite la signature de son employé handicapé afin d'obtenir un prêt bancaire. Yvette le quitte et, même s'il réussit à acheter la terre de ses rêves, les gens qu'il aime, dont son cher grand-père, sont déçus par ses méthodes peu orthodoxes et le fuient.

Basé sur un scénario rédigé par Mordecai Richler à partir de son propre roman, *L'Apprentissage de Duddy Kravitz* occupe une place inhabituelle dans l'histoire du cinéma canadien. Bien que figurant parmi les 10 films canadiens primés par la critique en 1984 et en 1996, le film a été largement ignoré par la critique canadienne. À sa sortie, en 1974, la critique le cite comme un exemple d'adaptation cinématographique et en fait l'éloge pour le portrait réaliste qu'il trace du Montréal d'après-guerre. Par contre, la production est très contestée pour son style résolument hollywoodien et pour le choix des acteurs, presque tous américains (Richard Dreyfuss, Randy Quaid, Jack Warden). À l'instar du personnage de Duddy, il est indéniable que le film ait été un succès, mais sa production peu orthodoxe a fait fuir la critique. Politique culturelle mise à part, *L'Apprentissage de Duddy Kravitz* demeure un film attachant, parfois complexe. De plus, cette parodie de la tradition documentaire du cinéma canadien est irrésistiblement drôle.

Tom McSorley

Approvisionnements et Services, ministère des Responsable des achats et de la comptabilité au sein du gouvernement fédéral, le ministère des Approvisionnements et Services est créé en 1969 par la fusion du ministère de la Production de la défense, du département des Impressions et de la Papeterie publiques (Imprimeur de la Reine), de la Direction générale de la construction navale du ministère des Transports, du Bureau du contrôleur du Trésor, du bureau central de traitement des données du Conseil du Trésor et du Bureau des conseillers en gestion de la Commission de la fonction publique. La Direction des approvisionnements et celle des services sont dirigées chacune par leur sous-ministre. L'administration des approvisionnements s'occupe des achats, de l'impression, de la publication, de la gestion des transports, de la sécurité ainsi que de l'entretien et de la réparation du matériel des services publics fédéraux. Elle dispense ses services à la clientèle selon un système de recouvrement des coûts. L'administration des services fournit des services de paiement ou d'émission de chèques à tous les ministères fédéraux et des services de comptabilité, de vérification de comptes et d'informatique à tous les ministères et organismes fédéraux. Le Ministère veille aussi au versement des recettes fiscales aux provinces. Le ministre des Approvisionnements et Services est le receveur général du Canada et rend des comptes au Parlement au nom de la Corporation de disposition des biens de la Couronne, de la Monnaie royale canadienne et de STATISTIQUE CANADA. Le Ministère avait un budget de 546 millions de dollars en 1986-1987.

April, Raymonde, photographe (Moncton, N.-B., 23 juin 1953). Depuis le début des années 70, les œuvres d'April, alors qu'elle explorait l'influence de la narration sur les images photographiques, ont contribué à l'évolution de la photographie au Québec et au Canada. L'essentiel de son œuvre se compose de longues séries photographiques construites de manière évocatrice, de microévénements tirés de la vie quotidienne et transformés en histoires fabuleuses, et de séries de portraits et de paysages familiers. Si la photographe a touché les grands thèmes photographiques (portrait, paysage, nature morte, récit de voyage et journal intime), c'était pour mieux les subvertir, pour créer des affinités entre eux et pour réinventer d'autres modes d'association qui soient nouveaux et déconcertants. April transforme ces scènes familières et ces personnages de la vie quotidienne dans un désir de transcender l'expérience. L'ensemble de l'œuvre d'April est donc articulé autour d'une dialectique entre le proche et le loin, l'apparition et la disparition, faisant de l'éloignement un facteur essentiel dans la reconnaissance du territoire du symbolique et de l'imaginaire.

L'œuvre d'April a été exposée régulièrement au Canada (MUSÉE D'ART CONTEMPORAIN DE MONTRÉAL en 1986; Presentation House, Vancouver, en 1993; Galerie Jean-Claude Rochefort, Montréal, en 1993) et en Europe (Credac, Ivry-sur-Seine, en 1989; Fondation La Caixa, Tarragone, en 1992; Rencontres Internationales de la Photographie, Arles, en 1993; Galeria The Box, Turin, en 1994). Son œuvre a fait l'objet de diverses publications et fait partie des collections de musées au Canada et en Europe. (*Voir aussi* PHOTOGRAPHIE.)

Nicole Gingras

Aquaculture Culture et récolte, par les humains, de plantes et d'animaux d'eau douce ou marins. Pisciculture, piscifacture, élevage de poissons, mariculture, pacage marin sont tous synonymes d'aquaculture. Partout dans le monde, les exploitations aquacoles font partie intégrante des PÊCHES et de la GESTION DES RESSOURCES aquatiques. Parmi les espèces qui font l'objet d'un élevage ou d'une culture aquacole, on compte des poissons aussi différents que les truites, les carpes et les thons, des crustacés et des mollusques tels que les crevettes et les huîtres, ainsi que des algues. On les élève ou les cultive dans des étangs, des réservoirs ou des filets, en eau salée, saumâtre ou douce.

Production aquacole mondiale En 1992, la production aquacole mondiale atteint environ 19,3 millions de tonnes, ce qui constitue approximativement 19 p. 100 de la production de poissons mondiale (comparé à 10 p. 100 au cours de la décennie précédente). L'aquaculture connaît une croissance très rapide. De 1971 à 1980, sa production totale augmente de 73 p. 100, et, au cours de la décennie précédant 1992, elle augmente encore de 90 p. 100. L'organisation des Nations Unies pour l'alimentation et l'agriculture (FAO) prévoit une augmentation de 80 p. cent de cette production pour l'an 2025. Les poissons (p. ex. les carpes et les saumons) représentent 48,8 p. 100 de la production aquacole; les mollusques (p. ex. les huîtres, les moules), 18,1 p. 100; les algues (p. ex. le varech), 27,9 p. 100; et les crustacés (p. ex. les homards, les crevettes), environ 5,1 p. 100. Les plus importants élevages commerciaux du monde sont ceux des carpes (6,7 millions de tonnes en 1992), des tilapias (474 000 t), des saumons, des truites (629 000 t), des crevettes (884 000 t), des huîtres (954 000 t) et des moules (1,1 million t).

Presque tous les pays pratiquent une certaine forme d'aquaculture. Le Sud-Est asiatique, plus particulièrement la Chine, l'Inde, le Japon, la Corée, les Philippines, l'Indonésie et la Thaïlande, est le plus grand producteur aquacole du monde: il fournit 80 p. 100 de la production mondiale totale. Traditionnellement, on privilégie l'élevage d'espèces généralement acceptées dans les divers groupes sociaux, entre autres les TRUITES et les SAUMONS en Amérique du Nord et dans le nord de l'Europe, les carpes dans l'est de l'Europe et en Israël, les moules en France et en Espagne, les crevettes et le poisson-lait aux Philippines, des carpes asiatiques dans le sud-est de l'Asie et des algues marines au Japon et en Corée. Plus récemment, dans des endroits où l'on pratique l'aquaculture depuis longtemps et dans certaines régions où cette pratique est plus récente, comme l'Amérique latine et l'Australie, on met l'accent sur des produits de luxe, tels que des crevettes d'eau douce, des crevettes marines et des saumons, destinés à des marchés spécifiques ou à l'exportation, et la production totale de ces produits augmente rapidement.

Origines de l'aquaculture Les origines de l'aquaculture remontent à plusieurs milliers d'années. On élève des huîtres au Japon et des poissons en Égypte plus de 2000 ans av. J.-C. Les Chinois commencent l'élevage des carpes, qui sont les poissons le plus communément élevés, cinq siècles avant les Européens. Il semble que le premier livre traitant de pisciculture soit écrit par Fan Li, un érudit chinois, au Ve siècle av. J.-C. Du Ier au IVe siècle de notre ère, les carpes du Danube sont introduites en Europe par les Romains. Les techniques aquacoles sont raffinées par les moines du XIVe au XVIe siècle. Les truites sont élevées pour la première fois en pisciculture en Allemagne en 1741, et les premières tentatives d'élevage commercial commencent dès 1853 aux États-Unis. La truite arc-en-ciel, que l'on ne trouve à une certaine époque qu'en Amérique du Nord, est maintenant élevée partout dans le monde. D'autres espèces de poissons et de crevettes, que l'on considérait autrefois comme impossibles à cultiver, sont aujourd'hui élevées dans plusieurs régions tropicales et subtropicales, et on étudie actuellement plusieurs autres espèces qui pourraient un jour se prêter à l'aquaculture.

Technologies aquacoles On peut classer les méthodes d'aquaculture selon le degré d'intervention humaine nécessaire à la production. La liste suivante présente les techniques en ordre croissant du degré d'intervention exigé.

Ensemencement Une méthode bien connue et communément utilisée par les piscicultures fédérales et provinciales consiste à élever des poissons, tels que de jeunes truites, en pisciculture pendant quelques semaines ou plus d'une année pour ensuite les ensemencer dans des lacs et des cours d'eau. Les poissons sont alors exposés à tous les dangers de la nature tels que des poissons ou des oiseaux prédateurs.

Radeaux d'élevage de mollusques et radeaux de culture d'algues Dans ce type d'aquaculture, on suspend des cordes ou des filets sur un radeau. Les animaux ou les plantes, comme les moules ou le varech se fixent à la corde ou au filet et tirent leur nourriture et les éléments nutritifs de l'eau. Les organismes ne sont pas nourris, mais sont protégés des prédateurs de fond. De plus, ils ne sont pas aussi entassés qu'ils le seraient dans la nature.

Élevage de poissons en cage L'élevage de poissons en cage flottante offre des avantages considérables. P. ex., le saumon atlantique est gardé dans de grandes cages (20 m sur 20 m) faites de filets de nylon et installées dans des endroits protégés de la côte. Il est nourri quotidiennement d'aliments spécialement préparés. Protégé des oiseaux et des autres poissons, les saumons croissent rapidement et la majorité survit jusqu'à une taille commercialisable.

Élevage de poissons en étang L'élevage de poissons dans des étangs de terre ou de béton permet un plus grand contrôle de la production. Les truites, les carpes, la barbue de rivière et de nombreuses espèces sont nourries avec des aliments préparés ou des aliments naturels provenant de la fertilisation des eaux de l'étang. L'environnement des poissons est amélioré en ajoutant de l'eau, en aérant l'eau ou en la traitant avec des produits chimiques.

Culture et élevage intensifs dans des réservoirs Dans les systèmes d'aquaculture les plus intensifs, on contrôle autant de facteurs environnementaux qu'il est techniquement possible de le faire. Les poissons sont élevés dans des réservoirs ou des auges de béton ou de plastique. Des pompes assurent un débit d'eau constant à des températures contrôlées. Des aliments spécialement préparés sont donnés à des heures précises par des distributeurs automatiques. On utilise des stocks de poissons issus de croisements exempts de maladie afin d'approvisionner le marché de façon régulière et d'offrir un produit uniforme.

Aquaculture canadienne

L'initiateur de l'aquaculture au Canada est Samuel Wilmot. Dans les années 1860 et 1870, il met au point des techniques d'élevage de saumons et de truites qui connaissent un si grand succès que presque un siècle s'écoule avant que l'on apporte des changements importants dans la pisciculture du Canada. La majorité des premières exploitations aquacoles sont dirigées par les gouvernements, et on y fait presque exclusivement l'éclosion et l'élevage de jeunes poissons pour ensuite les ensemencer à des fins de pêches sportive et commerciale.

À partir des années 60, la valeur de la production non gouvernementale s'accroît et elle est aujourd'hui beaucoup plus grande que la production gouvernementale. Les produits de certains établissements aquacoles privés ou commerciaux servent à la PÊCHE SPORTIVE privée, mais la majorité de la production est vendue directement comme nourriture sur les marchés régionaux et les marchés d'exportation. En 1994, les aquaculteurs canadiens produisent 54 500 t de poissons, de crustacés et de mollusques évalués à 297 millions de dollars, ce qui représente approximativement 10 p. 100 de la valeur totale des pêches océaniques commerciales du Canada. Les principales espèces qui sont produites sont les saumons, les huîtres, les moules, les myes, les palourdes, les mactres, les truites et les ombles, entre autres l'omble chevalier.

Colombie-Britannique Les types d'exploitations aquacoles varient considérablement d'une région à l'autre du Canada. Au cours des années 70 et 80 sur la côte Ouest, il y a un accroissement important de l'élevage et de l'ensemencement du saumon du Pacifique dans le cadre du Programme de mise en valeur des salmonidés du Canada et de la Colombie-Britannique. Le but de ce programme était de doubler la récolte des pêches sportive et commerciale de saumons. Des entreprises privées mettent aussi sur pied des élevages de saumons en cage à des fins commerciales. Le nombre de ces exploitations augmente considérablement: on en compte 100 en 1994. La valeur totale de la production de saumons et de truites d'élevage atteint actuellement les 150 millions de dollars. La Colombie-Britannique est aussi un producteur important d'huîtres du Pacifique, et l'élevage de myes, de palourdes, de mactres et de pétoncles est aussi en croissance.

Eaux intérieures canadiennes La production dans les eaux intérieures canadiennes est beaucoup plus faible que la production océanique. Sa valeur totale atteint 27 millions de dollars. Dans les Prairies, de nombreux céréaliculteurs et éleveurs de bovins ensemencent régulièrement les cuvettes avec des fretins de truite arc-en-ciel, au printemps, et ils récoltent des poissons assez gros pour être mangés, à l'automne. Ces productions se font principalement de façon privée, mais de plus en plus sont commercialisées. On essaie également l'élevage de truites dans des cages, et on met sur pied, à petite échelle, des élevages d'omble chevalier en réservoirs. Un grand nombre d'alevins de dorés et de corégones sont ensemencés par les piscicultures gouvernementales dans de grands lacs afin d'améliorer et de rétablir les pêches commerciales d'envergure.

En Ontario et au Québec, on élève la truite arc-en-ciel et l'omble de fontaine dans des étangs et des réservoirs, et on tente depuis peu de les élever en cage. La principale production de poissons pour vente directe aux magasins et aux restaurants se fait dans ces deux provinces, mais on y fait aussi une production considérable de truites pour l'ensemencement d'étangs de pêche privés. Le gouvernement de l'Ontario ensemence le saumon du Pacifique et du touladi dans les GRANDS LACS afin d'y rétablir les pêches.

Provinces atlantiques Depuis les années 1880, le gouvernement fédéral ensemence des saumons atlantiques et des truites d'élevage dans les provinces atlantiques. Depuis peu, on met sur pied des élevages en cage de saumon atlantique et de truite arc-en-ciel dans le lac Bras d'Or, sur les côtes méridionales de la Nouvelle-Écosse et surtout au Nouveau-Brunswick. La production de saumon atlantique en cage passe de 78 t en 1981 à 297 t en 1986 et à 12 400 t en 1994. Une autre réussite de la côte Est est l'élevage de la moule bleue effectué essentiellement à l'Île-du-Prince-Édouard. En 1981, il n'existe pratiquement aucun élevage de moules. En 1986, la production atteint 1777 t d'une valeur de plus de 2,7 millions de dollars, et en 1994 elle atteint 6898 t d'une valeur de plus de 6,6 millions de dollars.

L'avenir Au milieu des années 80, les gouvernements fédéral et provinciaux du Canada commencent à clarifier la législation et la réglementation relatives à l'aquaculture et à coordonner les activités gouvernementales et industrielles permettant son développement. En 1995, ils présentent une stratégie fédérale d'aquaculture attendue depuis longtemps. La réussite des exploitations aquacoles au Canada dépend des nouvelles connaissances des scientifiques gouvernementaux, universitaires et industriels, de la disponibilité de territoire, d'eau et de capitaux, des technologies utilisées, de l'ouverture du marché et des compétences des entrepreneurs en techniques et en affaires. Les deux dernières décennies laissent entrevoir un avenir prometteur.

G. Burton Ayles

Aquarium Un aquarium est un organisme voué à l'exposition publique de la vie aquatique marine et dulçaquicole. On y présente non seulement des poissons, mais aussi d'autres espèces d'animaux aquatiques, tels que des invertébrés, des amphibiens, des reptiles, des oiseaux et des mammifères marins, comme la LOUTRE DE MER, les PHOQUES, les LIONS DE MER, les DAUPHINS et les BALEINES. Habituellement, le nom de l'espèce ainsi que des informations sur ses caractéristiques distinctives, son cycle de reproduction et sa répartition sont inscrits sur des étiquettes d'identification.

Les aquariums accrédités par l'Association canadienne des jardins zoologiques et des aquariums sont le Vancouver Aquarium (Vancouver, Colombie-Britannique), l'Aquarium et Centre marin (Shippagan, Nouveau-Brunswick) et l'Aquarium de Québec (Sainte-Foy, Québec). Les ZOOS qui abritent surtout des animaux terrestres mais gardent quelques espèces aquatiques sont le Biodôme de Montréal (Montréal, Québec), l'Assiniboine Park Zoo (Winnipeg, Manitoba), le Jardin zoologique du Québec (Charlesbourg, Québec), le Metro Toronto Zoo (Scarborough, Ontario) et le Calgary Zoo, Botanical Garden and Prehistoric Park (Calgary, Alberta).

Les thèmes et la philosophie des expositions varient d'un lieu à l'autre. Les aquariums accrédités se concentrent sur l'éducation, la recherche, la conservation et les loisirs. On estime que plus de 4,5 millions de personnes visitent les aquariums, chaque année, au Canada.

Capsules d'aquarium L'Aquarium et Centre marin de Shippagan, qui expose 163 espèces aquatiques, offre des programmes de conservation et d'éducation et abrite le Bureau régional et Centre de recherches d'aquaculture du ministère des Pêches et de l'Aquaculture du Nouveau-Brunswick. L'Aquarium de Québec, qui présente 250 espèces aquatiques, offre des activités d'interprétation et des programmes éducatifs.

Le Vancouver Aquarium, ouvert en 1956, a été le premier aquarium public du Canada. Il a été construit à la suite de la recommandation de la commission Massey, en 1951, de mettre sur pied un aquarium national qui montre l'importance des PÊCHES pour le Canada. Exploité par la Vancouver Aquarium Association, un organisme privé à but non lucratif, le Vancouver Aquarium est financièrement autonome. On y expose plus de 35 000 spécimens appartenant à 612 espèces. En plus de ses collections vivantes, l'Aquarium offre des programmes scolaires élaborés, ainsi que des programmes communautaires, de voyage et de diffusion externe pour tous les âges. Un programme de publications et un département de recherche et de conservation pourvu d'un personnel nombreux sont au service de la communauté scientifique et des universités locales.

Le premier aquarium à avoir obtenu une accréditation de l'Association canadienne des jardins zoologiques et des aquariums et de l'American Association of Zoological Parks and Aquariums, le Vancouver Aquarium, est élevé au rang d'aquarium national du Pacifique en 1987. Des reconstitutions d'habitats naturels y présentent la vie aquatique indigène de la région de la côte Pacifique, depuis les algues et les invertébrés jusqu'aux baleines. Pourvu de divisions zoogéographiques, l'aquarium offre également des services d'interprétation de la faune du Pacifique Sud, de l'Amazonie et de l'Arctique canadien.

Margaret Butschler

Aquin, Hubert, romancier (Montréal, 24 oct. 1929—id., 15 mars 1977). Surtout connu pour ses quatre romans modernistes et complexes, Aquin influence la culture contemporaine québécoise en tant qu'activiste, essayiste, cinéaste et rédacteur. Brillant, tourmenté et ardent partisan d'un Québec dont il semble incarner les contradictions, Aquin est doué d'un sens pour le spectaculaire et les manifestations publiques. Il va même jusqu'à déclarer: «C'est ma vie qui deviendra mon œuvre suprême». Il obtient une licence en philosophie de l'U. de Montréal en 1951. De 1951 à 1954, il fréquente l'Institut d'études politiques à Paris et, à son retour à Montréal, il travaille à Radio-Canada (1955-1959). De 1960 à 1968, il est un personnage influent et plutôt pittoresque au sein du mouvement pour l'indépendance du Québec. Tout en travaillant à la Bourse de Montréal (1960-1964) et à l'Office national du film (1959-1963), il est membre exécutif du premier parti politique indépendantiste, le Rassemblement pour l'indépendance nationale (RIN), de 1960 à 1969. Durant la même période, à titre de directeur de la rédaction de LIBERTÉ, il s'engage dans un débat avec Pierre Elliott TRUDEAU sur la question de l'indépendance du Québec. En 1964, il annonce dans un communiqué de presse qu'il entre dans la clandestinité et est prêt à devenir terroriste pour arriver à ses fins. Il est arrêté peu de temps après et interné dans un institut psychiatrique, où il écrit son premier roman, PROCHAIN ÉPISODE (1965), l'histoire d'un révolutionnaire emprisonné. En décembre 1964, il est acquitté d'une accusation de port d'arme prohibé.

La parution de *Prochain Épisode* fait de lui un des personnages les plus importants de la culture québécoise de l'époque, mais il continue de refuser tout compromis avec l'ordre établi. En 1966, il est expulsé de Suisse et soutient par écrit que la Gendarmerie royale du Canada y est pour quelque chose. Il devient, en 1969, le premier écrivain québécois à refuser le PRIX LITTÉRAIRE DU GOUVERNEUR GÉNÉRAL qui lui est décerné pour son œuvre *Trou de mémoire* (1968). Au cours de la même année, il dénonce la décision de Pierre BOURGAULT de fusionner le RIN au Mouvement pour la souveraineté-association de René LÉVESQUE et quitte le parti. Les années qui suivent semblent marquées par le désespoir croissant d'Aquin face au sentiment de solitude qui l'habite depuis son départ de la scène politique de son Québec bien-aimé. En 1969, il publie *L'Antiphonaire,* qui contrairement à ses deux romans précédents, ne contient aucune référence politique explicite et, la même année, reçoit le prix du Gouverneur général, qu'il refuse. En 1970, il obtient pour cet ouvrage le prix de la Province de Québec. En 1971, il démissionne du comité de rédaction de *Liberté,* prétextant que le périodique a passé sous silence, l'année précédente, les événements de la CRISE D'OCTOBRE pour ne pas perdre les subventions du CONSEIL DES ARTS DU CANADA. En 1972, il reçoit le prix Athanase-David pour l'ensemble de son œuvre. En 1974, Aquin publie son dernier roman, *Neige noire,* qui obtient le prix de La Presse la même année, une version moderne de *Hamlet* qui emprunte des techniques au cinéma, à la musique et à la peinture pour appuyer ses réflexions philosophiques sur le temps, l'amour, la mort et le sacré. L'année suivante, il obtient le Grand prix littéraire de la Ville de Montréal. Il devient directeur littéraire des Éditions *La Presse* en mars 1975. Certains voient dans cette démarche une contradiction avec ses anciennes convictions de «révolutionnaire» à cause des liens qui existent entre le poste et la POWER CORPORATION. Mais Aquin a toujours prétendu être devenu révolutionnaire parce qu'on lui avait refusé d'être banquier à cause de ses racines québécoises. Son séjour aux Éditions *La Presse* est parsemé de conflits à propos de sommes d'argent qu'il veut investir dans des entreprises littéraires québécoises «peu rentables». En août 1976, il démissionne et accuse son supérieur, Roger LEMELIN, de «coloniser le Québec de l'intérieur». Il connaît alors une période d'insécurité financière et de dépression profonde qui aboutit à son suicide.

Patricia Smart

Arabes Plus précisément les immigrants syriens et libanais, ont commencé à arriver en petit nombre au Canada en 1882. Leur immigration a été relativement peu considérable jusqu'en 1945, puis elle s'est accrue progressivement, surtout à partir des années 60. En 1996, le Canada comptait 188 430 immigrants qui se disaient d'origine arabe unique et 85 770 qui disaient avoir des origines arabes mixtes (arabe et une ou deux autres catégories ethniques), pour une population totale de 274 200 Canadiens d'origine arabe. L'étiquette «Canadiens arabes» ne fait pas référence à leur religion, à leur pays d'origine ou à l'époque à laquelle remonte l'établissement de la première génération au Canada. Elle indique plutôt les caractéristiques et les croyances que les membres de ce groupe ethnique ont héritées du passé ou acquises au Canada.

Origines Le monde arabe s'étend du golfe Persique aux côtes de l'océan Atlantique, en passant par l'Afrique du Nord. Il s'agit d'une région très variée sur les plans de la géographie physique, du climat et des ressources naturelles, mais ses habitants partagent les mêmes traditions culturelles et la langue arabe. La première vague d'immigrants arabes est venue de Syrie et de l'actuel Liban. Plus de 90 p. 100 d'entre eux étaient des chrétiens qui cherchaient à se soustraire à la pauvreté et au régime colonial de l'Empire ottoman (turc). Le flux d'immigrants arabes qui a suivi la Seconde Guerre mondiale comprenait une plus grande diversité de groupes chrétiens et un nombre important de musulmans et de druzes désirant échapper aux conditions sociales, économiques et politiques défavorables qui prévalaient dans leur pays natal.

Dans les années 80 et au début des années 90, un grand nombre de réfugiés, au sens de la convention, sont arrivés des pays arabes (24 813 de 1983 à 1992), notamment de la Somalie, du Liban et de l'Iraq. Au cours de la même période, un total de 13 379 investisseurs et entrepreneurs ont immigré principalement du Liban, du Koweït, de l'Arabie saoudite et des Émirats arabes unis, mais aussi dans une bonne mesure de l'Égypte, de l'Iraq, de la Jordanie et de la Syrie.

Ces deux vagues d'immigrants sont issues de contextes sociaux et politiques très différents. Les premiers sont venus d'un monde arabe moins développé économiquement et colonisé par les Turcs ottomans, tandis que ceux de l'après-guerre sont venus d'un monde arabe décolonisé, marqué par un développement socioéconomique très rapide et de nombreux bouleversements politiques, comme en fait foi le nombre important de réfugiés des dernières décennies du XXᵉ siècle. Ces différences entre les deux groupes s'expriment dans leur vision du monde, leurs opinions et leurs comportements.

Migration En 1901, le Canada comptait environ 2000 immigrants syriens, chiffre qui s'élevait à 7000 en 1911. Au cours des 40 années suivantes, peu d'immigrants syriens ont été admis au Canada à cause de restrictions sévères imposées à l'admission d'immigrants en provenance d'Asie (*voir* PRÉJUGÉS ET DISCRIMINATION). Cependant, entre 1946 et 1992, le Canada a accueilli plus de 200 000 immigrants en provenance du monde arabe. Après la Seconde Guerre mondiale, le nombre d'autorisations à entrer au Canada était d'abord minime, puis il a considérablement augmenté au cours des années. P. ex., de 1946 à 1955, le Canada recevait en moyenne 150 immigrants arabes par année; ce chiffre est passé à 446 de 1956 à 1960, à 2884 de 1961 à 1970, à 3986 de 1971 à 1980, à 8319 de 1981 à 1990 et à 24 615 par année en 1991 et en 1992.

La croissance importante de l'immigration arabe au Canada pendant les années de l'après-guerre a modifié de façon radicale la démographie de la communauté des Arabo-Canadiens. La particularité la plus évidente réside dans la prédominance des immigrants nés à l'étranger parmi ce groupe culturel, qui correspondent à 75 p. 100 (comparativement à 16 p. 100 d'immigrants nés à l'étranger dans l'ensemble de la population canadienne).

Le recensement de 1996 a dénombré 188 430 immigrants d'origine arabe unique au Canada. Le groupe le plus nombreux est venu du Liban, suivi des immigrants en provenance de l'Égypte, du Maroc, de la Syrie, de l'Iraq, de la Somalie, de l'Algérie, du Koweït, de la Tunisie, de la Jordanie, de l'Arabie saoudite, du Soudan et des Émirats arabes unis. Un plus petit nombre d'immigrants arabes sont originaires de Bahreïn, du Djibouti, de la Libye, de la Mauritanie, d'Oman, du Qatar et du Yémen. À leur arrivée, beaucoup de ces immigrants arabes étaient mariés, avaient des enfants et présentaient déjà un haut niveau de scolarité.

Actuellement, environ 49 p. 100 des membres du groupe ethnique arabe sont d'origine libanaise, 13 p. 100 sont d'origine égyptienne, 6 p. 100 d'origine maghrébine, 5 p. 100 d'origine syrienne, 5 p. 100 d'origine somalienne, 3 p. 100 d'origine palestinienne et 2 p. 100 d'origine irakienne. Le reste, soit 17 p. 100, est classifié dans les données du recensement comme «Arabe» sans référence à un pays d'origine spécifique. En termes de religion, environ 40 p. 100 sont musulmans, 29 p. 100 sont catholiques, 20 p. 100 sont orthodoxes, 9 p. 100 sont protestants et 2 p. 100 ne se reconnaissent aucune confession religieuse.

Profil d'établissement Les Canadiens d'origine arabe ont toujours eu tendance à s'installer dans les régions urbaines, sans toutefois se concentrer dans les mêmes quartiers. Depuis le début du siècle, le Québec et l'Ontario ont constamment attiré la majorité des Canadiens arabes, et 85 p. 100 d'entre eux se répartissent presque également entre ces deux provinces. Au Québec, la plus forte concentration se trouve dans le Grand Montréal. En Ontario, ils se concentrent surtout à Toronto et dans ses environs, mais aussi à Ottawa, à Windsor, à London et à Hamilton. La population arabe de l'Alberta se classe au troisième rang des provinces avec plus de 8 p. 100 de tous les Arabo-Canadiens, établis principalement à Edmonton et à Calgary. La communauté arabe de la Colombie-Britannique (concentrée à Vancouver)

et celle de la Nouvelle-Écosse (concentrée à Halifax) viennent respectivement au quatrième et au cinquième rang.

Vie économique Un grand nombre des premiers immigrants syriens ont gagné leur vie comme colporteurs, un travail indépendant mais de statut relativement inférieur. À force de travail, de parcimonie et de soutien mutuel, la prospérité économique des colporteurs a souvent augmenté, et ils ont étendu leurs activités commerciales. Pour leur part, les immigrants de l'après-guerre sont arrivés avec une meilleure formation et des qualifications professionnelles grâce auxquelles la majorité d'entre eux comptaient se lancer dans les professions libérales et d'autres carrières de bureau.

Religion et vie communautaire La première vague d'immigrants arabes et celle de l'après-guerre ont participé à la création d'institutions, particulièrement d'institutions religieuses. Plusieurs Églises chrétiennes orientales ont vu le jour au début du siècle: l'Église orthodoxe d'Antioche, l'Église melchite (catholique) et l'Église maronite (catholique). L'Église orthodoxe copte a été établie en 1965, après l'arrivée de nombreux immigrants coptes d'Égypte.

Les institutions musulmanes ont mis plus de temps à s'implanter, car les musulmans formaient à l'origine un groupe plus petit et étaient dispersés dans le pays. La première mosquée au Canada, la mosquée Al Rashid, a été construite à Edmonton en 1938. Depuis les années 50, les immigrants musulmans du monde arabe et d'autres parties du monde musulman sont venus en grand nombre au Canada, et l'on trouve maintenant une mosquée dans presque toutes les grandes villes canadiennes.

Les premiers immigrants arabes et ceux de l'après-guerre ont aussi fondé des associations laïques à des fins sociales, culturelles, politiques et de bienfaisance. Les adhérents appartiennent habituellement à différents groupes, mais, dans certains cas, l'adhésion est limitée aux jeunes, aux femmes, aux étudiants universitaires ou aux membres des professions libérales. Quelques groupes nationaux ont leur propre association, p. ex. les Libanais, les Syriens, les Palestiniens, les Égyptiens et les Maghrébins. Seule la Fédération canado-arabe d'envergure nationale par son rayonnement et la composition de ses membres. Plusieurs associations canado-arabes financent la publication de périodiques trilingues (arabe, anglais et français), et quelques journaux sont publiés par des particuliers d'origine arabe.

Éducation Les immigrants arabes accordent une grande valeur à l'éducation, pour eux-mêmes et pour leurs enfants. À l'exception des écoles de langue arabe du samedi, ils n'ont pas leurs propres écoles axées sur la communauté. Ils présentent un niveau d'éducation supérieur à celui de la moyenne canadienne. P. ex., en 1991, sur l'ensemble des Canadiens d'origine arabe, 23 p. 100 avaient un diplôme universitaire (comparativement à 11 p. 100 pour la population canadienne), 14 p. 100 étaient allés à l'université, 18 p. 100 avaient reçu une formation non universitaire ou dans les métiers, 15 p. 100 détenaient un diplôme d'études secondaires et 29 p. 100 avaient 13 ans de scolarité ou moins. Les Canadiens d'origine arabe se retrouvent à tous les niveaux de la hiérarchie professionnelle et certains d'entre eux se sont bâti une renommée dans leurs domaines respectifs.

Politique Les Canadiens d'origine arabe n'affichent aucune idéologie politique dominante et n'adhèrent à aucun parti en particulier. Ils prennent part à la politique municipale, provinciale et fédérale. Leur appartenance ethnique n'est pas un facteur déterminant dans leur engagement politique au Canada, sauf pour les groupes de pression politiques dont les activités visent leur statut social au Canada ou la politique canadienne au Moyen-Orient.

Maintien du groupe Les immigrants arabes ont dû apprendre une nouvelle langue, établir de nouveaux réseaux sociaux, s'intégrer au système économique, apprendre de nouvelles normes et de nouvelles valeurs culturelles et abandonner certaines coutumes de leurs pays d'origine. Les générations nées au pays sont évidemment davantage assimilées à la société canadienne. Toutefois, le degré plus ou moins élevé de développement des institutions au sein de leur groupe ethnique révèle une tendance à la préservation de leurs traditions. La sauvegarde de la langue arabe, p. ex., s'avère importante, et la famille et les écoles communautaires de langue y contribuent avec un succès mitigé. Au cours des 50 dernières années, l'arrivée régulière d'immigrants venant du monde arabe a facilité la préservation de la culture. Qu'ils connaissent ou non la langue arabe, les Arabo-Canadiens ont la possibilité et continuent de maintenir des liens avec leur patrimoine culturel grâce à la cuisine traditionnelle, à la musique, à la danse, à l'information dans les médias, en visitant leur pays d'origine et en entretenant une correspondance avec les amis et les membres de leur famille qui y sont demeurés. En général, les immigrants de la première génération sont plus susceptibles de garder contact avec leur héritage culturel que leurs compatriotes nés au Canada. Toutefois, même si de nombreux Canadiens d'origine arabe ont vraisemblablement perdu contact avec le passé, la majorité d'entre eux sont conscients et fiers de leurs origines ethniques. (*Voir aussi* ISLAM.)

Baha Abu-Laban

Arachnides Grande classe d'arthropodes chélicérates (à corps segmentés et membres articulés) qui inclut l'ordre des aranéides (ARAIGNÉES), des scorpionides (SCORPIONS), des opilions ou phalangides (faucheurs), des pseudoscorpions chélonétides (pseudoscorpions), des solfugides (solifuges) et des acariens (MITES et TIQUES). Deuxième en nombre d'espèces chez les insectes, on estime à environ 500 000 les espèces d'arachnides dans le monde et à 12 000 au Canada. La grande majorité sont des mites, et les araignées sont ensuite les plus communes.

Description De façon générale, les arachnides ont quatre paires de pattes locomotrices, deux paires d'appendices buccaux (chélicères et pédipalpes) et, s'ils sont présents, des yeux simples situés sur le corps au-dessus des deux premières paires de pattes. Ce sont des aptères.

Évolution Les arachnides sont une lignée ancienne: les plus anciens fossiles connus sont des scorpions vieux de 420 millions d'années. Les principaux groupes actuels existaient à la fin du dévonien, il y a au moins 353 millions d'années.

Distribution On rencontre les mites et les araignées partout au Canada, même dans l'Arctique. On trouve la tique, le pseudoscorpion et le faucheur sur tout le continent jusqu'à la LIMITE FORESTIÈRE, au nord, sauf dans les régions arctiques. Les scorpions et les solifuges vivent seulement dans les régions désertiques du Sud-Ouest canadien.

Régime alimentaire La plupart des espèces d'arachnides sont des prédateurs des autres arthropodes, même si certains faucheurs se nourrissent de matière organique morte. Les tiques parasitent les vertébrés, et les mites ont des habitudes alimentaires variées.

Evert E. Lindquist

Araignée Animal carnivore de l'embranchement des arthropodes (animaux segmentés à appendices articulés), de la classe des ARACHNIDES et de l'ordre des aranéides. On en connaît environ 30 000 espèces dans le monde, mais on estime qu'il en existe 50 000. On les trouve dans les habitats terrestres et aquatiques du monde entier, sauf en Antarctique. Au Canada on en connaît près de 1300 espèces, y compris 2 espèces de tarentules en Ontario et en Colombie-Britannique. On en trouve 13 espèces sur l'ÎLE D'ELLESMERE, la partie la plus septentrionale du Canada.

Description Les araignées ont huit pattes, et leur corps se divise en deux parties: l'abdomen et le céphalothorax (tête et thorax fusionnés). Des filières à soie à l'extrémité de l'abdomen sécrètent la soie que les araignées utilisent pour fabriquer leurs toiles, pièges et fils de transport, ainsi que pour envelopper leurs proies et tisser le cocon servant à protéger les œufs. Certaines espèces fabriquent chaque jour une nouvelle toile et mangent l'ancienne, recyclant ainsi la soie. Même si la majorité des espèces ont huit yeux, elles ne peuvent souvent que distinguer l'obscurité et la lumière. Cependant, les araignées-loups et les araignées sauteuses ont une bonne vision binoculaire sur environ 15 à 20 cm. Certaines espèces ont des capacités impressionnantes de mouvement. En effet, si les araignées de grande taille ne se déplacent que de quelques mètres par jour, les plus petites peuvent se disséminer sur 50 km ou plus quotidiennement, en se laissant porter par le vent suspendues à un long fil de soie («fil de la vierge»).

Reproduction La majorité des araignées du Canada produisent des jeunes chaque année ou tous les deux ans. Les araignées naines peuvent pondre seulement de 8 à 10 œufs, la veuve noire, 1000 ou plus. Les adultes des plus petites espèces canadiennes mesurent environ 0,4 mm et ceux des plus grandes environ 25 cm (envergure totale des pattes). La taille des tarentules tropicales, les plus grandes des araignées, peut atteindre plus de 10 cm avec une envergure de pattes de 27 cm. Les espèces canadiennes sont beaucoup plus petites. Dans les champs d'herbe, la densité des araignées peut atteindre deux millions par hectare.

Enzymes Les araignées sont limitées à une diète liquide. Après avoir capturé leur proie, elles en sucent le sang puis l'imprègnent et l'injectent avec de la salive contenant des enzymes digestives, transformant ainsi la proie en une soupe qui est aspirée. Toutes les araignées sont, jusqu'à un certain point, venimeuses, même les quelques espèces dont les glandes à venin sécrètent une gomme qu'elles crachent sur leur proie. Des espèces de veuves noires, qui sont parmi les plus venimeux des animaux, se rencontrent dans le sud de l'Ontario, de la Saskatchewan, de l'Alberta et de la Colombie-Britannique. Leur venin est environ 200 fois plus toxique que celui des serpents à sonnette.

Relations avec les humains Les araignées sont d'importants prédateurs, s'attaquant à une variété d'espèces d'insectes et contribuent ainsi à la lutte contre les INSECTES NUISIBLES. Les tarentules ont la réputation non méritée d'être dangereuses. En fait, la plupart sont plutôt dociles et attaquent seulement si on les provoque à l'extrême. Leur docilité, la facilité avec laquelle elles se laissent apprivoiser et leur taille en font des animaux de compagnie populaires.

Robin Leech

Arbitrage Procédure de règlement de différends juridiques par le recours à un tribunal neutre choisi par les parties en cause. Le tribunal d'arbitrage consiste soit en un seul arbitre, soit en un conseil d'arbitrage comprenant un arbitre choisi par chacune des parties et un arbitre neutre ou un surarbitre choisi sur accord des deux arbitres. Par opposition aux tribunaux dont la compétence émane de la loi indépendamment des vœux de l'une ou de l'autre partie, la compétence d'un tribunal d'arbitrage est déterminée mutuellement par les parties. Cependant, dans certaines circonstances, la loi exige que les différends soient tranchés par arbitrage plutôt que par les tribunaux.

Tribunaux d'arbitrage Les frais entraînés par l'arbitrage et, en particulier, le coût du tribunal d'arbitrage, sont partagés à parts égales par les parties, alors que le gouvernement prend à sa charge le coût du processus judiciaire. Les membres des tribunaux d'arbitrage sont choisis généralement en fonction de leur compétence et de leur expérience dans un domaine particulier (p. ex. en relations commerciales, en relations du travail ou en relations internationales), alors que les juges œuvrant dans le système judiciaire canadien sont des généralistes possédant une compétence générale pour appliquer les principes de droit à l'ensemble des diverses activités sociales, économiques et politiques, que ce soit au civil ou au criminel.

Dans le domaine commercial, les lois en matière d'arbitrage, adoptées par chacun des territoires et chacune des provinces du Canada, régissent la procédure d'arbitrage et donnent effet aux compromis que concluent les parties pour soumettre un différend contractuel à l'arbitrage plutôt qu'aux tribunaux ordinaires pour en obtenir une décision définitive. Les parties peuvent s'entendre non seulement sur la procédure d'arbitrage, mais également sur le système ou sur les principes juridiques qui seront appliqués par le tribunal d'arbitrage. Tout contrat commercial peut prévoir la résolution des différends qui en découlent par arbitrage, mais les clauses d'arbitrage ne sont généralement utilisées que dans certains secteurs: les contrats de construction et la marine marchande. Les sentences arbitrales commerciales sont définitives, elles s'imposent aux parties et ne sont pas susceptibles d'appel. Cependant, les sentences arbitrales peuvent être contrôlées par les tribunaux pour assurer qu'elles ont été prises en conformité avec les principes du droit administratif, sinon elles peuvent être infirmées. Au cours des dernières années, les législateurs canadiens ont adopté des lois spéciales pour régir l'arbitrage commercial international entre des parties dont les relations commerciales prennent naissance dans un ou plusieurs pays étrangers.

Recours à l'arbitrage Au Canada, le recours à l'arbitrage ou «l'arbitrage des griefs» est obligatoire pour la résolution de tous les conflits découlant d'une convention collective, et les tribunaux sont incompétents pour instruire ces griefs. Cette pratique provient d'une époque révolue où l'on jugeait que les conventions collectives n'avaient aucun effet juridique obligatoire et où les syndicats n'avaient pas la qualité de personne aux yeux du droit (*voir* DROIT DU TRAVAIL). Au Canada, l'arbitrage des griefs remplace la grève comme instrument de résolution des griefs et les grèves sont interdites pendant la durée d'une convention collective. Récemment, on a vu naître la médiation-arbitrage, un processus qui combine la médiation et l'arbitrage, l'arbitre étant d'abord appelé à assurer la médiation et, en cas d'échec, à passer à l'arbitrage.

L'arbitrage des différends est une procédure visant à déterminer les modalités d'une convention collective entre les parties à la négociation, plutôt que de leur permettre d'avoir recours à la sanction économique sous forme de grève ou de lock-out. Ce type d'arbitrage s'applique généralement aux composantes du secteur public jugées essentielles, comme la police, la protection incendie et le secteur de la santé. Par voie de loi de retour au travail, le législateur impose l'arbitrage des différends aux parties en raison du préjudice inacceptable que causerait à l'intérêt public une grève ou un lock-out (*voir* GRÈVES ET LOCK-OUT) dans le secteur privé ou dans le secteur public. Traditionnellement, le tribunal chargé d'un arbitrage des différends jouit d'un pouvoir discrétionnaire considérable pour imposer les modalités d'une convention collective, dont l'objet est de déterminer l'issue du conflit si les parties l'avaient elles-mêmes résolu.

Plus récemment, les législateurs ont donné des directives aux tribunaux d'arbitrage fondées sur une politique fiscale et budgétaire beaucoup plus générale. Dans l'arbitrage des propositions finales, le pouvoir discrétionnaire du tribunal d'arbitrage des différends se limite à choisir des propositions avancées par l'une ou l'autre des parties, que ce soit comme une solution globale à toutes les questions non résolues entre les parties ou comme une solution relative à chacune de ces questions. Les sentences résultant d'un arbitrage des griefs ou d'un arbitrage des différends sont définitives et ne sont pas susceptibles de contrôle judiciaire, sauf pour des motifs circonscrits conformément aux principes du DROIT ADMINIS-TRATIF.

Instrument principal L'arbitrage est une méthode communément utilisée pour la résolution pacifique de conflits entre les États en vertu notamment de traités et autres accords. L'arbitrage a été une institution caractéristique des relations politiques entre les pays de l'Occident depuis l'époque des cités grecques. Il constitue aujourd'hui un instrument principal pour la résolution de conflits internationaux. Il n'existe pas de tribunal judiciaire international jouissant d'une compétence inhérente pour régler les conflits entre les États et c'est pour cette raison que l'on a recours à l'arbitrage. Les tribunaux permanents, tels que la Cour internationale de justice, à la Haye, établie sous le régime de la Charte des Nations Unies, fonctionnent de manière semblable aux tribunaux d'arbitrage. La Cour internationale de justice a compétence uniquement sur consentement des parties en cause et chacune peut adjoindre des juges ad hoc aux membres permanents de la Cour en vue de la résolution d'un conflit en particulier. (*Voir aussi* GRÈVES ET LOCK-OUT; DROIT DU TRAVAIL.)

Thomas S. Kuttner

Arboretum On appelle «arboretum» (du latin *arbor*, «arbre») une collection d'arbres, et souvent d'arbustes, plantés pour illustrer la diversité des espèces et des formes. En général, les spécimens sont plantés en groupes reflétant les familles botaniques ou les préférences d'habitat, de manière à créer un terrain agréable, qui rappelle celui d'un parc. Un arboretum composé principalement de CONIFÈRES à feuillage persistant est une pinède. On peut y trouver jusqu'à plusieurs milliers d'espèces différentes de plantes ligneuses (p. ex. les RHODODENDRONS).

En général, les spécimens représentatifs portent des étiquettes avec leur nom scientifique et commun (ou «vernaculaire»); on y inscrit parfois le nom de leur famille et leur pays d'origine. On y indique aussi les parents ou hybrides. Des programmes éducatifs sont souvent créés en collaboration avec les écoles locales et les sociétés d'horticulture régionales. Les arboretums peuvent être indépendants ou faire partie d'un JARDIN BOTANIQUE.

Premiers arboretums Les premiers arboretums étaient probablement des boisés sacrés plantés à l'aube des civilisations les plus anciennes (chinoise, japonaise, méditerranéenne, sud-américaine). On a planté des arbres d'un bout à l'autre de l'Europe, mais ce n'était, au début, que pour leur bois et leurs fruits, à des fins médicinales ou ornementales, et pour fournir un abri au gibier. Si les jardins botaniques et les parcs privés en Europe comprennent beaucoup de collections d'arbres depuis le XVIe siècle, ce n'est qu'au XVIIIe siècle que les arboretums sont devenus des éléments d'aménagement paysager très répandus.

Un arboretum bien aménagé possède une librairie, un HERBIER et des installations pour la recherche. Il peut aussi être relié à une université voisine ou une STATION DE RECHERCHES munie de telles installations.

Fonctions principales Les principales fonctions d'un arboretum sont de cultiver et de présenter efficacement une sélection aussi large que possible de plantes ligneuses connues. La recherche de base implique l'identification et la consignation des caractéristiques, de la nomenclature correcte, des liens phylogéniques, de l'origine, de la distribution, des conditions de l'habitat, de l'importance économique et des usages culturels associés à chaque espèce de plante. La recherche appliquée comprend des essais pour éprouver la rusticité, étudier les méthodes de propagation, observer la production et la viabilité des semences et réaliser les expériences de sélection pour produire de nouvelles et de meilleures variétés.

Une autre fonction importante est l'introduction de plantes rapportées d'expéditions dans d'autres parties du monde ou obtenues par échange de graines et de matériel de propagation. Les programmes de recherche et les publications se concentrent sur les collections. Les arboretums servent aussi de centres d'information et d'apprentissage pour les étudiants en horticulture et en FORESTERIE.

La préservation de différentes plantes comme spécimens vivants et l'échange mondial de semences assurent un matériel de base pour la recherche continue de nouvelles sources de carburant, de nourriture et de médicaments. Les résultats des recherches fournissent des renseignements aux forestiers, aux producteurs de fruits, au personnel des pépinières, aux architectes-paysagistes, aux urbanistes, aux administrateurs de parc, aux botanistes amateurs ou professionnels ainsi qu'aux jardiniers.

Arboretums au Canada Le Dominium Arboretum and Botanical Gardens, situé à Ottawa, date de 1887. En 1889, le ministère de l'Agriculture y a planté les premiers arbres. D'autres jardins botaniques et arboretums ont été créés plus récemment au Canada. Le Jardin botanique de Montréal et les Jardins botaniques royaux à Hamilton (créés en 1931 et en 1941, respectivement) possèdent chacun des arboretums. L'arboretum Morgan, du Collège Macdonald de l'Université McGill (Québec), qui comporte des espèces de plantes ligneuses, est surtout un projet de conservation de la forêt et de SYLVICULTURE.

Plusieurs universités entretiennent des arboretums sur leur campus ou à proximité, comme les universités Laval, Laurentienne et Western Ontario, ainsi que les universités de Guelph, de l'Alberta et de la Colombie-Britannique. Il existe d'autres arboretums, notamment, l'arboretum Ross à Indian Head, en Saskatchewan; le Niagara Parks Botanical Gardens and School of Horticulture à Niagara Falls, en Ontario; l'arboretum du Centre de recherches du Canada à Morden, au Manitoba; le Van Dusen Botanical Garden dans le parc Queen Elizabeth à Vancouver, en Colombie-Britannique; le Zoo de la communauté urbaine de Toronto et un certain nombre de pépinières forestières dans les différentes provinces.

James H. Soper et Michael Hickman

Arbre Les arbres sont des plantes ligneuses vivaces à tige principale unique de plus de 3 m de hauteur et de 8 cm de diamètre à hauteur de poitrine. En comparaison, les arbustes comportent plusieurs tiges (c.-à-d. pas de tige principale) et sont plus petits. Ces définitions sont quelque peu arbitraires puisque plusieurs espèces (saules, aulnes, cerisiers, érables) prennent la forme d'arbres ou d'arbustes, selon le milieu où elles poussent. Si l'on compte les quelque 30 espèces d'arbustes qui atteignent la taille d'un arbre dans des conditions favorables, il y a environ 140 espèces d'arbres indigènes au Canada. Les plus grands et les plus vieux poussent dans les FORÊTS pluviales tempérées du Pacifique. Le Douglas taxifolié est un exemple remarquable et, bien qu'il n'atteigne pas les dimensions du séquoia ou l'âge du pin aristé, on observe des spécimens de 90 m de hauteur, de 5 m de diamètre à la base et de plus de 1000 ans. Le plus grand arbre connu au Canada est une épinette de Stika de 95 m de hauteur, dénommée le «géant de Carmanah», dans la Carmanah Valley, sur la côte ouest de l'île de Vancouver. Le plus grand Douglas taxifolié du pays, un arbre de 94,3 m de hauteur et de 8,07 m de circonférence, croît près de Coquitlam en Colombie-Britannique.

Valeur Les humains ont toujours été impressionnés par les arbres, par leur taille et leur majesté, par le bruit du vent dans leurs branches et par leur beauté. Les légendes et le folklore témoignent de la crainte révérencielle qu'ils inspirent: les IFS sont des symboles d'éternité; les BOULEAUX, des arbres sacrés; et les MÉLÈZES, sont considérés comme des protecteurs contre les sortilèges. Les Grecs attribuaient des esprits (dryades) aux arbres et leur donnaient un sens religieux tout comme les druides qui accordaient aux forêts et aux chênaies une valeur sacrée. Ces valeurs ont malheureusement disparu avec la société de consommation.

De nos jours, la valeur des arbres est fonction de leurs produits: bois de pulpe, bois d'œuvre, poteaux, contreplaqués, panneaux de particules, papiers, lièges, caoutchoucs, gommes, tanins, produits pharmaceutiques, fruits, noix ou sirops. Les arbres nous apportent également des bénéfices indirects puisqu'ils préviennent l'érosion du sol, le stabilisent, servent de brise-vent, de barrière contre le bruit et purifient l'air.

Évolution À part quelques grandes FOUGÈRES à tige unique, les arbres se divisent en gymnospermes (CONIFÈRES) et en angiospermes. Les gymnospermes, dont les feuilles sont en forme d'écaille ou d'aiguille, apparaissent pour la première fois dans les FOSSILES du carbonifère (il y a 353 à 300 millions d'années) et, au début du mésozoïque (trias, il y a de 250 à 205,7 millions d'années), ils sont alors les plantes dominantes sur Terre. Les angiospermes apparaissent plus tard au cours du mésozoïque, pendant le crétacé (144,2 à 65 millions d'années), et deviennent le groupe le plus abondant, peut-être à cause de leur association étroite avec les INSECTES pollinisateurs et avec les animaux de plus grande taille qui disséminent leurs fruits. Les angiospermes développent aussi la capacité de se multiplier de façon végétative par bourgeonnement, une caractéristique qu'ils ne partagent qu'avec quelques conifères.

Types La croissance des conifères est concentrée dans un tronc central à partir duquel poussent plusieurs petites branches, ce qui leur donne une cime de forme conique. Leurs feuilles sont généralement persistantes, ce qui constitue une adaptation leur permettant de vivre dans des environnements difficiles puisqu'ils peuvent ainsi recycler les éléments nutritifs de l'ancien feuillage pour former le nouveau. Les feuillus ont habituellement une cime de forme arrondie parce que leurs branches latérales croissent autant que les tiges centrales, qui fourchent parfois de façon répétée. Ils sont généralement décidus et poussent sur des sols plus fertiles et dans des climats plus doux que les conifères. Il existe cependant de nombreuses exceptions: certains conifères (p. ex. les mélèzes, les CYPRÈS, le métaséquoïa) sont décidus; certaines espèces de pins ont des bois relativement durs; certains feuillus (p. ex. les PEUPLIERS) ont des bois mous et d'autres sont à feuilles persistantes, plus particulièrement dans des climats subtropicaux et tropicaux. La seule espèce de feuillus à feuilles persistantes qui soit indigène du Canada est l'arbousier madroño ou arbousier de Menzies, qui se trouve dans le sud-ouest de la Colombie-Britannique.

Caractéristiques anatomiques

Racines Les racines de l'arbre ont à la fois une fonction d'ancrage et d'absorption. Tout comme les cimes, les racines diffèrent selon l'espèce et l'environnement. Elles peuvent être profondes (racines pivotantes des PINS) ou s'étendre horizontalement juste sous la surface (racines fasciculées des ÉPINETTES). Les racines échasses, élargies verticalement, sont caractéristiques des milieux humides, particulièrement dans les tropiques, bien que les ORMES en aient parfois. Lorsque l'arbre est enseveli sous des accumulations de tourbe, de limon dans les plaines inondables, ou de sable poussé par le vent, il développe des racines adventives sur la partie inférieure du tronc (comme chez les épinettes et les peupliers).

Anneaux de croissance Dans les endroits où il y a des variations climatiques saisonnières, les anneaux de croissance sont une caractéristique anatomique de l'arbre. Des cellules régénératrices méristématiques (le cambium et le phelloderme) enveloppent le tronc vivant, les branches et les racines juste sous l'écorce et forment chaque année des couches de phloème et de liège vers l'extérieur (écorce) et de xylème vers l'intérieur (bois). L'écorce et le bois épaississent tous deux avec le temps. Les produits de la photosynthèse et diverses autres substances biochimiques sont transportées par le phloème, et l'eau est canalisée principalement par le xylème actif dans l'aubier qui entoure le duramen (cœur), plus vieux, plus foncé et qui ne contient plus de cellules vivantes.

L'efficacité des cellules du xylème dans le transport de l'eau est fonction de leur dimension, qui dépend de régulateurs de croissance libérés par les points végétatifs ou points de croissance de l'arbre. Au printemps, lorsque la croissance des pousses commence, le cambium produit de grosses cellules. Plus tard, en été, avec le ralentissement puis l'arrêt de la croissance, le diamètre de ces cellules ligneuses diminue. C'est pourquoi une coupe transversale du tronc, d'une racine ou d'une branche laisse voir des cercles concentriques formés par le contraste entre les petites cellules denses du bois final (d'automne) et les grandes cellules plus pâles du bois initial (de printemps) de l'année suivante. Un simple décompte des anneaux de croissance peut toutefois entraîner une surestimation de l'âge réel d'un arbre puisque des changements météorologiques ou la défoliation déclenchent parfois une poussée de croissance supplémentaire et forment ainsi de faux anneaux annuels.

La dimension des anneaux reflète les conditions de croissance. Là où la pluie est le facteur limitant, les années humides ou sèches sont marquées par des anneaux larges ou étroits. Si la chaleur est le facteur limitant, la dimension des anneaux reflète la succession des étés chauds et froids.

Répartition Les arbres ont été éliminés par les GLACIERS qui ont recouvert la plus grande partie du Canada pendant l'ère glaciaire. La déglaciation commence il y a environ 18 000 ans et permet la migration des plantes sur des sols nouvellement exposés. Les espèces à petites graines ailées se déplacent plus rapidement et sur de plus grandes distances, et la zone boréale se couvre d'épinettes, de pins, de mélèzes, de SAPINS, de peupliers et de bouleaux. Les arbres qui migrent plus lentement ou qui sont moins tolérants aux diverses agressions arrivent plus tard et sont maintenant caractéristiques de milieux plus favorables, telles que le sud de la Colombie-Britannique, où il y a de nombreux conifères, et le sud de l'Ontario, où l'on trouve une variété encore plus grande d'arbres feuillus décidus.

Les répartitions en altitude et en latitude sont en partie liées à l'anatomie du bois: les cellules de xylème de petit diamètre des espèces boréales (épinettes, sapins, TREMBLES, AULNES, SAULES, bouleaux) sont moins sensibles au gel que les grandes cellules des espèces méridionales à «anneaux poreux» (CHÊNES, caryers, NOYERS).

Les espèces d'arbre qui ont une large répartition possèdent toutes des variétés adaptées à certaines régions. Malgré leur ressemblance, les épinettes blanches des Territoires, de Terre-Neuve et du sud du Manitoba diffèrent génétiquement et ne réagissent pas de la même façon lorsqu'on les plante dans un même endroit. En faisant une plantation à partir de graines indigènes de la région, on obtiendra donc un meilleur succès. Ces variations intraspécifiques montrent bien que pour préserver la diversité génétique des arbres indigènes ainsi que d'autres espèces de plantes et d'animaux, il est nécessaire de protéger plusieurs grandes régions naturelles largement réparties et de constituer des réserves écologiques.

J. Stanley Rowe

Arcand, Adrian, journaliste, démagogue et fasciste (Québec, v. 1899—Montréal, 1er août 1967). Disciple fanatique d'Adolf Hitler à la voix stridente, il publie plusieurs journaux en plus de fonder et de diriger une série de partis politiques d'extrême droite au Québec. L'Ordre patriotique des Goglus (fondé en 1929) promeut activement l'ANTISÉMITISME. Le Parti national social chrétien (créé en 1934) a pour emblème le svastika (croix gammée) entouré de feuilles d'érable et couronné d'un castor canadien. Ce parti préconise l'anticommunisme et le nationalisme canadien-français. Il reprend également la campagne antisémite d'Arcand contre les juifs canadiens demandant qu'on les déplace près de la baie d'Hudson.

Au début de la Seconde Guerre mondiale, Arcand, qui se proclame führer canadien, se vante que le Parti de l'unité nationale, récemment fondé par lui et les siens, va bientôt prendre le pouvoir. Il est interné au Nouveau-Brunswick par le gouvernement fédéral pendant toute la guerre et son parti est déclaré illégal. Arcand retourne au Québec en 1945 où la grande majorité des gens ne manifeste aucun intérêt pour lui ou ses idées. Nazi impénitent, il n'a jamais cessé de promouvoir l'antisémitisme, combattant des communistes réels et imaginaires et complotant pour un avenir fasciste au Canada. (*Voir aussi* FASCISME.)

William Kaplan

Arcand, Denys, cinéaste (Deschambault, Qc, 25 juin 1941). L'un des cinéastes québécois les plus politisés, il travaille d'abord pour PARTI PRIS avant de faire des études en histoire à l'U. de Montréal, où il codirige avec Denis HÉROUX et Stéphane Venne, *Seul ou avec d'autres* (1962). Il se joint à l'Office national du film (ONF) en 1963. Son long métrage documentaire sur l'industrie du textile, *On est au coton* (1970), suscite une telle controverse qu'on en interdit la distribution pendant six ans.

Il réalise un autre excellent documentaire, *Québec: Duplessis et après...* (1971), avant de quitter l'ONF pour le secteur privé. *La Maudite Galette* (1972), *Réjeanne Padovani* (1973) et *Gina* (1974) expriment sur la société québécoise des opinions originales qui donnent certainement à réfléchir. Ces trois œuvres s'inspirent des films noirs classiques, mais les conventions en sont souvent transformées. Il passe ensuite à la télévision où il écrit le scénario de la série *Duplessis* pour Radio-Canada et réalise trois épisodes de *Empire Inc.* Il retourne à l'ONF pour réaliser un documentaire sur le référendum de 1980, *Le Confort et l'indifférence* (1982), qui traduit un cynisme de plus en plus marqué face à la machine politique et remporte le Prix de la critique québécoise. Après une interruption de 10 ans, il revient au film commercial avec *Le Crime d'Ovide Plouffe* (1984), puis obtient un succès foudroyant avec sa comédie de mœurs, LE DÉCLIN DE L'EMPIRE AMÉRICAIN (1986), qui lui vaut de nombreux prix, y compris le prestigieux Prix de la critique française au Festival du film de Cannes. Les critiques de films new-yorkais le proclament Meilleur film étranger en 1986. Aux Génies, en 1987, il remporte les prix du Meilleur film, de la Meilleure mise en scène et du Meilleur scénario original. Il est aussi mis en nomination dans la catégorie du Meilleur film étranger par l'Academy of Motion Picture Arts and Science.

Avec *Jésus de Montréal* (1989), Arcand confirme sa réputation internationale et remporte au Festival du film de Cannes le prix du Jury, soit le prix le plus prestigieux jamais gagné par un film canadien. Il remporte aussi 10 prix Génie, y compris celui du Meilleur film et de la Meilleure mise en scène. Ce triomphe est suivi, en 1993, de son premier long métrage en anglais, *Love and Human Remains* (v.f. *De l'amour et des restes humains*), une adaptation de la pièce *Unidentified Human Remains and the True Nature of Love* du dramaturge Brad Fraser, d'Edmonton. Il réalise par la suite un téléfilm intitulé *Joyeux calvaire* (1997), une histoire fictive mettant en scène les sans-abri de Montréal. En 2000, *Stardom*, peinture vitrioleuse du milieu de la mode, est sélectionné en clôture du Festival de Cannes.

Piers Handling

Archaïque, culture Les archéologues qualifient la culture archaïque comme étant l'exploitation saisonnière sélective des forêts et des ressources forestières qui a précédé l'avènement de l'horticulture ou qui s'est faite en parallèle à celle-ci. Même si cette culture se trouve partout en Amérique du Nord, de 6000 ans av. J.-C. jusque vers 500 ans de notre ère, et fait suite à la première époque PALÉOINDIENNE, les genres d'artefacts découverts diffèrent selon les régions.

Sur le plan technique, la période archaïque se caractérise par des variétés bien définies d'outils pour le travail du bois comme les haches, les gouges et les couteaux. On trouve de la poterie dans certaines régions. Ailleurs, ce sont des lieux de sépulture officiels, mais il y a peu de traces d'habitations. La culture et l'acclimatation du maïs, une céréale que finiront par cultiver tous les peuples autochtones d'Amérique du Nord, ont lieu à la période archaïque dans les hautes-terres du Mexique. (*Voir aussi* PRÉHISTOIRE.)

René R. Gadacz

Archambault, Gilles, romancier (Montréal, 19 sept. 1933). Il obtient son baccalauréat du Collège Sainte-Marie en 1955 et sa licence en lettres de l'U. de Montréal en 1957. Il travaille à Radio-Canada (1959-1963) et devient par la suite réalisateur pour la radio.

En 1963, il publie son premier roman, *Une suprême discrétion,* dans lequel le héros, désillusionné, règle ses problèmes en se suicidant. Suit *La Vie à trois* (1963), dans lequel le romancier aborde les mêmes thèmes: la difficulté de vivre à deux, le manque de communication, la solitude; ensuite paraît *Le Tendre Matin* (1969). Six romans suivent, explorant aussi ces thèmes: *Parlons de moi* (1970), *La Fleur aux dents* (1971), adapté à l'écran par l'Office national du film par Pierre Turgeon (1975), *La Fuite immobile* (1974), *Les Pins parasols* (1976), *Le Voyageur distrait* (1981) et *À voix basse* (1983). Il publie aussi *Enfances lointaines* (1972), une collection de nouvelles, *Le Tricycle* et *Bud Cole Blues* (1974), deux pièces de théâtre pour la radio, et ensuite deux œuvres en prose: *Stupeurs* (1979) et *Les Plaisirs de la mélancolie* (1980). En 1984, il publie *Le Regard oblique*, une sélection de textes dans lesquels il jette un «regard oblique» humoristique sur les embûches du métier d'écrivain. En 1981, il reçoit le prix David pour l'ensemble de son œuvre. Depuis, il ne cesse de parcourir les territoires intimes de son propre «moi»: l'enfance, le souvenir, l'amour, etc. (*Premier amour,* 1988; *Les Choses d'un jour,* 1991; *Enfances lointaines*, Nouvelles, 1992; *Un Après-midi de septembre*, Récit, 1993; *Un Homme plein d'enfance,* 1996; *Les Maladresses du cœur,* 1998.) Signalons aussi ses remarquées *Nouvelles chroniques matinales* (1994) et ses *Dernières chroniques matinales* (1996), diffusées sur les ondes de la chaîne culturelle de Radio-Canada, où l'auteur est reconnu – entre autres – comme un grand spécialiste de jazz.

Aurélien Boivin

Archambault, Joseph-Papin, prêtre jésuite (Montréal, 1880—*id.*, oct. 1966). Il reçoit une éducation classique au Collège Sainte-Marie à Montréal. Il est ordonné en 1912. Alors qu'il enseigne au Collège Sainte-Marie, de 1904 à 1909, il crée le premier système de retraites fermées au Canada français pour encourager le renouvellement moral. Ses retraites ont d'abord lieu à la Villa Saint-Martin de l'Abord-à-Plouffe et, ensuite, à la Villa Manrèse de Québec.

Inspiré par le catholicisme social du pape Léon XIII, il participe à la fondation, en janvier 1911, de l'École sociale populaire (dont il est le directeur de 1929 à 1959). Il tente ainsi de vulgariser et de diffuser les enseignements sociaux de l'Église catholique. En 1921, il crée les SEMAINES SOCIALES DU CANADA, qu'il dirige pendant 40 ans, une conférence biennale destinée à élever la conscience des élites cléricale et petite-bourgeoise.

À la suite du Congrès de la langue française à Montréal en 1912, qui a provoqué son inquiétude face à l'absence aberrante du français dans le milieu des affaires de Montréal, il collabore à la fondation de la Ligue des droits du français en mars 1913, suivie de la Ligue d'Action française en 1917. Cette dernière produit *L'Action française,* une publication nationaliste militante, dirigée par son ami intime l'abbé Lionel GROULX, de 1922 à 1927. En 1933,

Archambault contribue au lancement de la Ligue d'Action nationale et de sa revue ACTION NATIONALE. Pendant les années 30 et 40, il mène une guerre incessante au communisme et au socialisme, et plus spécialement à la Co-Operative Commonwealth Federation (CCF), tout en faisant valoir les avantages spirituels et matériels d'un corporatisme social d'inspiration catholique.

Michael D. Behiels

Archambault, Louis, sculpteur et professeur (Montréal, 4 avr. 1915). Après de solides études au collège Jean-de-Brébeuf et à l'U. de Montréal, il s'inscrit, en 1936, à l'École des beaux-arts de Montréal où il obtient le prestigieux prix du Ministre (1939). En 1948, il remporte le premier prix de sculpture des concours du Québec. Cette même année, il signe, avec Alfred PELLAN et d'autres, le manifeste *Prisme d'Yeux*. Il participe, en 1951, à une exposition internationale de sculptures tenue à Battersea Park, à Londres, et le Winnipeg Show lui accorde le prix de sculpture en 1955. En 1958, l'Institut royal d'architecture du Canada lui remet une médaille d'honneur. Le Conseil des arts du Canada lui accorde, à plusieurs reprises, des bourses de recherches (1959, 1962, 1969). Les années 1967 et 1968 sont pour l'artiste de grandes années: il reçoit la médaille du Centenaire, l'Ordre du Canada et devient membre de l'Académie royale des arts du Canada. Il réalise des œuvres importantes pour le pavillon du Canada à l'exposition internationale de Bruxelles (1958) et à celle de Montréal (1967). Il exécute des commandes pour la Place des Arts de Montréal, les aéroports d'Ottawa et de Toronto, l'hôtel de ville d'Ottawa, le MacDonald Block, à Queen's Park, l'édifice de la Sun Life à Toronto, des édifices du gouvernement fédéral à Longueuil et Laval, le palais de Justice de Québec, la faculté de médecine vétérinaire de Saint-Hyacinthe, l'édifice d'Hydro-Québec à Saint-Bruno, le centre d'accueil de Longueuil et le centre hospitalier de Châteauguay.

Il prend part à des expositions personnelles au Musée d'art contemporain de Montréal en 1972 et au Centre culturel canadien de Paris, en 1980.

Ses œuvres sont inscrites au catalogue de nombreux musées au Canada et à l'étranger: Musée des beaux-arts de l'Ontario, Musée du Québec, Winnipeg Art Gallery, Banque d'art du Conseil des arts du Canada, Museo Internazionale Della Ceramica à Florence, Musée des beaux-arts du Canada à Ottawa, Musée d'art contemporain de Montréal, le Musée d'art de Joliette, Banque Canadienne Impériale de Commerce de Montréal, Scarborough College (Ontario), ministère des Affaires extérieures (Ottawa).

De plus, il enseigne à l'École du meuble et à la Montreal School of Art and Design, au Collège Macdonald, au Collège Jean-de-Brébeuf (Montréal), aux universités de la Colombie-Britannique, de Vancouver, du Québec, de Montréal et Concordia ainsi qu'à l'École des beaux-arts (Montréal) depuis 1947.

Louis Archambault est sans contredit le père de la sculpture moderne dans notre pays. Déjà au début de sa carrière, son œuvre est audacieuse, dépouillée et a la force que nous lui connaissons. Durant près d'un demi-siècle, cette constance est propre à son itinéraire. C'est avec génie qu'il produit son œuvre.

En contribuant à l'essor et au renouveau de la sculpture au pays, Louis Archambault est sans aucun doute le plus grand sculpteur de sa génération. Sa carrière est une longue suite de succès.

Michel Champagne

Archéologie Science historique ayant pour objet la découverte et la compréhension des sociétés anciennes et de leurs comportements par l'étude des traces et vestiges. À la différence de l'histoire traditionnelle, elle n'utilise pas que les documents écrits comme source principale d'information. Bien sûr, les archéologues tirent aussi parti des traditions écrite et orale, mais l'essentiel de leur documentation provient des traces physiques laissées sur les lieux où, il

y a longtemps, des gens ont vécu ou séjourné, travaillé et ont été enterrés. En conséquence, l'archéologie est capable d'étudier non seulement le passé récent et les questions déjà documentées dans une certaine mesure, mais aussi les époques immémoriales, les civilisations d'avant l'écriture.

L'archéologie est parfois divisée en deux périodes: historique et préhistorique, selon qu'il y a ou non des sources écrites. Au Canada, les vestiges de la préhistoire remontent à 30 000 ans (*voir* PRÉHISTOIRE) dans les parties non glaciaires du nord du Yukon. La période historique va habituellement de l'arrivée des Européens, il y a quelques centaines d'années, jusqu'à nos jours. Cependant, la transition entre la préhistoire et l'histoire n'est pas toujours nette et, souvent, les objets fabriqués par les Européens et l'influence de ces derniers (parfois même leurs maladies) ont pénétré au cœur du continent, par l'intermédiaire des AUTOCHTONES qui faisaient la traite des fourrures, pour atteindre les groupes éloignés qui n'avaient pas encore vu d'Européens. La période qui s'est écoulée entre l'arrivée des Européens et le contact direct est habituellement appelée «protohistoire». Au cours des dernières années, afin d'éviter tout malentendu au sujet du mot «préhistoire», que l'imagerie populaire associe aux dinosaures et aux peuplades primitives, plusieurs autochtones et archéologues en sont venus à préférer le terme «précontact» pour désigner la période qui précède l'arrivée des Européens.

Les vestiges archéologiques peuvent être aussi gros qu'une ville ou aussi petits qu'une perle en os, mais ils se limitent le plus souvent à des objets fabriqués à partir de matériaux non périssables comme la pierre ou la terre cuite. Certains objets se sont conservés de façon remarquable dans des cavernes sèches, dans des sites submergés ou dans le PERGÉLISOL. Âtres, réseaux d'empreintes de piquets, habitations, alignements de pierres, monuments de pierre, ateliers lithiques, peintures rupestres et pétroglyphes peuvent aussi fournir des renseignements importants sur les occupations, l'utilisation des ressources et les pratiques cérémonielles. Les sépultures constituent une mine d'information sur les rites funéraires et les particularités biologiques des peuplades vivant à des époques reculées. Leurs habitudes alimentaires nous sont révélées par l'analyse des restes des plantes et des animaux. Grâce à ces données, les archéologues sont en mesure de reconstituer maints aspects de leur vie économique, sociale, religieuse et politique.

Un site archéologique est un lieu où l'on peut trouver des vestiges d'un groupement humain antérieur. Il peut s'agir d'objets isolés, de lieux d'abattage et de cercles de tentes, mais aussi de sites plus complexes, comme des hameaux, des villages, des villes et des FORTIFICATIONS. Au Canada, parmi les sites et les monuments importants, mentionnons la forteresse de Louisbourg, les SÉPULTURES TUMULAIRES DE LA RIVIÈRE À LA PLUIE, les chemins conduisant à HEAD-SMASHED-IN BUFFALO JUMP en Alberta, certains villages de la fin de la période du précontact dans le sud de l'Ontario et la zone côtière de la Colombie-Britannique, qui pouvaient s'étendre sur plusieurs hectares.

Les sites archéologiques sont découverts par accident ou à la suite d'une recherche systématique. On peut apprendre beaucoup par la simple observation. Cependant, l'étude des sites enfouis requiert une excavation minutieuse au cours de laquelle il faut noter la position exacte de chaque objet ou trace ainsi que le contexte (ou couche de sol) où ils ont été trouvés. Lors des fouilles archéologiques, une des grandes difficultés consiste à déterminer la nature d'un site donné. Le site a-t-il été utilisé une seule fois (composante unique) ou périodiquement (composantes multiples)? A-t-il été occupé toujours par le même groupe de gens ou par plusieurs groupes différents? Et qu'y faisaient-ils?

La datation des sites anciens représente une autre difficulté. La datation au radiocarbone est l'une des méthodes de datation les plus utilisées au Canada. Au cours de leur vie, les êtres vivants assimilent du carbone, qui passe d'un isotope à un autre à un rythme connu. En mesurant la quantité de certains isotopes dans les restes organiques, comme le bois ou les os d'animaux, il est possible de déterminer à quel moment ces organismes ont cessé d'être vivants et, conséquemment, de dater approximativement le contexte dans lequel ils ont été trouvés. La plupart des archéologues se basent aussi sur la comparaison des types d'artefacts qu'ils ont mis au jour sur un site pour vérifier l'analyse du radiocarbone et pour appliquer ces résultats à des sites qui n'ont pas été datés directement. Des séquences culturelles élaborées, s'étendant sur des milliers d'années, ont été produites pour la plupart des régions du Canada.

Les sites archéologiques sont des ressources non renouvelables. Ils représentent souvent notre seul accès à un passé lointain qui n'a pas laissé de traces écrites. Ils sont protégés contre le vandalisme et les fouilles non autorisées par une quantité de lois et de règlements provinciaux, territoriaux et fédéraux. Partout au Canada, les sites sont inventoriés, à des fins de gestion, selon un système connu sous le nom de code Borden, d'après Charles Borden qui, le premier, l'a proposé.

L'archéologie au Canada

La formation universitaire est dispensée habituellement dans les départements d'anthropologie, mais deux universités canadiennes, l'U. de Calgary et l'U. Simon Fraser, ont des départements consacrés exclusivement à l'archéologie. Les archéologues œuvrent de concert avec des spécialistes d'autres disciplines, comme la géologie, la géographie, la biologie, l'anthropologie physique, la paléontologie, la chimie, l'astronomie, les mathématiques, la physique, l'histoire, la sociologie et l'ethnologie. Les archéologues professionnels peuvent travailler pour les musées, les universités, les organismes gouvernementaux de recherche et de régulation, ou encore pour des firmes privées de consultants. Depuis les années 70, la profession connaît une croissance considérable au sein des organismes provinciaux chargés de la gestion des ressources culturelles et dans les firmes de consultants qui rivalisent pour l'obtention de contrats gouvernementaux ou du secteur industriel. Il existe aussi, dans chaque province, des sociétés d'archéologie offrant une tribune de discussion pour tous ceux qui s'intéressent à cette discipline.

Histoire de l'archéologie au Canada

Des origines à 1911 L'archéologie canadienne remonte au début du XIXe siècle, à l'époque où les «antiquités» commencent à susciter de l'intérêt, parallèlement à la découverte du potentiel archéologique et au perfectionnement des méthodes de recherche. La période antérieure à la Confédération est aussi marquée par une chasse aux curiosités qui dégénère en destruction de sites, parmi lesquels des cimetières indigènes. La PÉNINSULE DU NIAGARA, en Ontario, est une exception à la règle, des fouilles ayant été entreprises dès 1828 sur l'emplacement des cimetières historiques des NEUTRES. Ce site jouit d'une réputation internationale. Tel est aussi le cas de l'ossuaire Dwyer, au nord de Hamilton. Dégagé un peu avant 1836, l'ossuaire attire l'attention d'un grand nombre de lettrés, dont sir Daniel WILSON. Celui-ci sera le premier à doter l'archéologie canadienne de méthodes rationnelles et scientifiques.

En 1842, sir William LOGAN crée à Montréal la COMMISSION GÉOLOGIQUE DU CANADA (CGC). Plusieurs scientifiques de la CGC s'intéressent à l'histoire naturelle, aux groupes autochtones et à l'archéologie. La commission met aussi sur pied le premier musée fédéral, ancêtre de l'actuel réseau des musées nationaux.

Après la Confédération, en 1867, l'intérêt pour la période de précontact se développe lentement. Les amoncellements de coquillages (complexes fumiers) des côtes Est et Ouest attirent toujours les collectionneurs, tandis que les spectaculaires tumulus du sud du Manitoba et de l'Ontario évoquent le peuple disparu des «constructeurs de tumulus». Ces travaux en terre s'apparentent à ceux qu'on retrouve dans les bassins des fleuves Mississippi et Ohio. Dans le sud de l'Ontario, la profanation de fosses funéraires des HURONS est devenue un sport du dimanche pour les pillards, malgré les plaintes et les objurgations d'éminentes personnalités. Au Québec, des initiatives concertées sont prises pour localiser des LIEUX HISTORIQUES, notamment HOCHELAGA (Montréal), par sir John DAWSON. Au Nouveau-Brunswick, Loring BAILEY et William Ganong compilent les données sur les sites historiques et préhistoriques connus de leur province.

Après la Confédération, on s'affaire à réunir des collections archéologiques et ethnographiques. Des méthodes de documentation par la photographie sont également mises au point. Des sociétés historiques, scientifiques et de sciences naturelles naissent un peu partout. Elles incitent les gouvernements à créer des musées et à instaurer des programmes éducatifs visant à promouvoir l'archéologie. En 1868 s'ouvre à Halifax, en Nouvelle-Écosse, le premier musée provincial. De leur côté, l'Ontario et la Colombie-Britannique parrainent des musées en 1886. Ces milieux sont propices à l'éclosion de la première génération d'archéologues professionnels, qui entreprennent des recherches sur le terrain, en décrivent et interprètent les résultats et en établissent les normes techniques.

Des gens remarquables comme T.G.B. Lloyd, William Gossip, Bernard Gilpin, Harry Piers, Spencer Baird, George Matthew, Henry Montgomery, George Laidlaw, Andrew Hunter, Frederick Waugh, Marvin Schultz, George Bryce, Charles Hill-tout et James TEIT ont jeté les bases de l'archéologie canadienne. Cependant, la personnalité la plus marquante est sans conteste l'Ontarien David Boyle. Forgeron puis maître d'école, Boyle se hisse jusqu'au poste d'archéologue provincial en chef en 1886, fonction qu'il occupe jusqu'à sa mort en 1911. En 1886, il lance la première revue canadienne entièrement consacrée à l'archéologie et à l'ethnographie, l'*Annual Archaeological Reports of Ontario*, qui sera publiée jusqu'en 1919. Autorité de réputation internationale, surtout en Angleterre et aux États-Unis, Boyle s'est dépensé sans compter. Vénéré au pays, il est considéré comme la figure dominante de l'archéologie et de la muséologie canadiennes.

1911-1946: Progrès et déclin
En Ontario, le musée provincial, aménagé dans un nouvel édifice, est rebaptisé MUSÉE ROYAL DE L'ONTARIO en 1914. Rowland Orr devient le second et dernier archéologue de la province, poste qu'il occupe de 1911 jusqu'à sa mort en 1933. Cependant, la seconde génération d'archéologues professionnels sera dominée par deux autres personnalités: Harlan I. Smith et William J. WINTEMBERG, tous deux attachés au Musée de la Commission géologique du Canada, connu plus tard sous le nom de Musée national du Canada.

Smith commence sa brillante carrière en 1891 en tant qu'assistant de Frederic W. Putnam, du Peabody Museum. En 1895, il entre à l'American Museum of Natural History, ce qui l'amène à participer à la Jesup North Pacific Expedition, organisée par Franz BOAS, en Colombie-Britannique. Plus tard, en 1911, Smith se joint au nouveau département d'anthropologie de la Commission géologique du Canada à titre d'archéologue en chef, fonction qu'il conserve jusqu'à sa retraite en 1937. Sa première tâche consiste à planifier des fouilles systématiques dans l'ensemble du pays, suivies de l'excavation d'un site important dans chaque région. Wintemberg amorce, en 1900, ses premières recherches dans le sud de l'Ontario en

qualité de protégé de Boyle et, en 1912, il entre au Musée commémoratif Victoria à Ottawa comme assistant de Harlan Smith. Peu après, Diamond JENNESS, l'anthropologue canadien le plus éminent dans le domaine de l'archéologie arctique, se joint également au Musée. Ottawa devient en 1912 le foyer de la recherche archéologique pancanadienne.

Dans le sud du Canada, Smith entreprend d'effectuer des relevés en Colombie-Britannique et en Alberta en 1913. Il embauche W.B. Nickerson pour reconnaître et fouiller la région des tumulus dans le sud du Manitoba de 1912 à 1915. Avec Wintemberg, il prospecte l'est et le sud de l'Ontario en 1911 et 1912, puis nous deux amorcent des fouilles au fameux site Roebuck, qui se poursuivront de 1912 à 1915. Smith et Wintemberg procèdent aussi à des relevés le long de l'Outaouais et du Saint-Laurent, au Québec. Frank SPECK, contractuel du musée, découvre le site de TADOUSSAC en 1915. Wintemberg et Smith prospectent le terrain et effectuent des fouilles en Nouvelle-Écosse en 1913 et 1914. Wintemberg y poursuit ses travaux, ainsi qu'au Nouveau-Brunswick et à Terre-Neuve, au cours des années suivantes.

Les recherches archéologiques dans l'Extrême-Nord du pays commencent dans le cadre de la Canadian Arctic Expedition de 1913-1918. Vilhjalmur STEFANSSON et Diamond Jenness entreprennent des fouilles ponctuelles dans l'ouest de l'Arctique, et Jenness étudie en plus les Inuits de la baie du Couronnement (*voir* INUITS DU CUIVRE). La première reconnaissance archéologique effectuée dans l'est de l'Arctique est l'œuvre de Therkel Mathiassen, archéologue de la cinquième expédition de Thulé réalisée de 1921 à 1924 par un groupe de Danois. C'est lui qui a ouvert la voie à l'étude scientifique de l'archéologie arctique grâce à sa définition de la culture inuite de THULÉ.

À l'époque, la question de l'origine des Inuits passionne l'opinion publique. Kaj Birket-Smith émet l'hypothèse, aujourd'hui rejetée, d'une origine continentale dont il situe le foyer dans le centre nord du Canada. Cette théorie est battue en brèche parce qu'elle s'appuie essentiellement sur des données et des techniques relevant de l'ethnologie. En 1925, Jenness apporte une contribution d'importance en proposant une analyse et une définition de la culture inuite du DORSET, qui a précédé la culture de Thulé dans l'Arctique canadien.

Entre 1908 et 1912, l'intérêt pour l'archéologie est à son comble. Des sections de l'Archaeological Institute of America sont établies à Montréal, à Toronto, à Kingston, à Ottawa et à Winnipeg. Cependant, elles ont pour la plupart la vie courte. La première société provinciale, l'Ontario Archaeological Association, est créée en 1919, mais elle ne vivra que 10 ans. La Saskatchewan aura sa propre société de 1933 à 1952. En 1926, Thomas McILWRAITH fonde, à l'U. de Toronto, le premier département d'anthropologie du Canada. Cependant, ce n'est pas avant 1938 que Phileo Nash se joint à cette université pour y donner les premiers cours en archéologie canadienne.

L'archéologie subit toutefois les conséquences de la Crise des années 30 et de la Seconde Guerre mondiale. En raison des réductions de personnel et de budget, le travail sur le terrain cesse presque complètement.

1946-1960: Revitalisation
La période immédiate de l'après-guerre marque la revitalisation de l'archéologie canadienne par la formation d'étudiants, par des techniques d'analyse et des méthodes de datation nouvelles, et par l'accroissement du nombre de spécialistes dont les intérêts s'étendent au pays tout entier. Parmi ceux-là, Elmer Harp travaille à Terre-Neuve; John Erskine en Nouvelle-Écosse; J. Russell Harper au Nouveau-Brunswick; Edward Rogers au Québec; Thomas Lee en Ontario et au Québec; Kenneth Kidd, Douglas Leechman, Norman Emerson, Wilfrid Jury, James Pendergast, Clyde Kennedy,

Richard B. Johnston et Frank Ridley en Ontario; Chris Vickers, R.S. MacNeish et Walter Hlady au Manitoba; Boyd Wettlaufer et Tom et Alice Kehoe en Saskatchewan; Douglas Leechman, Richard Forbis, William Mulloy et Marie Wormington en Alberta; Charles Borden, Douglas Leechman et Katherine Capes en Colombie-Britannique; Douglas Leechman et R.S. MacNeish dans le Nord-Ouest; et, pour le nord du Canada, Henry B. Collins, William E. Taylor fils, Jørgen Meldgaard et Moreau Maxwell.

En Ontario, bon nombre de projets archéologiques à grande échelle témoignent des nouvelles orientations prises à cette époque. Les fouilles réalisées sur le site de l'établissement jésuite de SAINTE-MARIE-DES-HURONS, d'abord par K.E. Kidd en 1941 et plus tard par Jury en 1948, représentent un effort concerté afin de mettre au jour et de reconstituer une des premières missions historiques du Canada. Les fouilles qu'effectue Thomas Lee de 1951 à 1953 sur le site de Sheguiandah, à l'ÎLE MANITOULIN, ont mis au jour un des plus grands ateliers lithiques paléoindiens connus en Amérique du Nord, et les travaux d'Emerson en 1956-1957, le long de la future VOIE MARITIME DU SAINT-LAURENT, constituent la première opération d'archéologie de sauvetage importante dans l'est du Canada, un projet mis de l'avant par Douglas Leechman dans les années 40. De 1955 à 1960, le Musée royal de l'Ontario commandite une équipe de recherche, sous la supervision de Richard Johnston, qui produit un rapport détaillé sur le célèbre TUMULUS DU SERPENT, près de Peterborough. Kenyon apporte aussi son concours en mettant au jour le site du village iroquois de Miller en 1958-1959. Grâce à ces initiatives, le travail archéologique au Canada prend une ampleur sans précédent.

1960-1975: Les années de prospérité
À partir de 1960, l'archéologie canadienne se développe à un rythme accéléré. Cette quatrième période est caractérisée par l'expansion des programmes universitaires et muséaux ainsi que par l'octroi de fonds publics considérables. Sous diverses formes, c'est l'âge d'or de l'archéologie canadienne: une époque où les emplois abondent, où les schémas culturels régionaux sont définis et les fondements de l'histoire préeuropéenne du Canada finalement établis.

Le Musée national du Canada connaît une évolution tout au long des années 60 et au début des années 70. En 1967, année du CENTENAIRE du Canada, William E. Taylor, archéologue, devient directeur du nouveau Musée national de l'homme (aujourd'hui le Musée canadien des civilisations). Cet événement coïncide avec une période où le gouvernement fédéral manifeste un intérêt croissant pour les questions relatives à la conservation du patrimoine. En 1971, la Division d'archéologie reçoit une augmentation substantielle de son budget de fonctionnement afin de mettre sur pied un programme d'archéologie de sauvetage à l'échelle nationale. Disposant d'un personnel permanent composé de 10 archéologues professionnels, le département est renommé Commission archéologique du Canada.

Dans les universités de l'est du Canada, les archéologues reçoivent alors leur formation à l'U. Memorial de Terre-Neuve à St-John's, à l'U. de Montréal et à l'U. du Québec à Montréal, tandis qu'en Ontario l'U. de Toronto décerne des baccalauréats et des doctorats à un nombre croissant d'étudiants et un nouveau programme de maîtrise voit le jour à l'U. McMaster. Dans l'Ouest, des programmes de baccalauréat et de maîtrise en archéologie sont établis dans les universités du Manitoba et de la Saskatchewan, et des programmes de doctorat dans les universités de l'Alberta et de la Colombie-Britannique. La plupart relèvent des programmes d'ANTHROPOLOGIE ou d'anthropologie et SOCIOLOGIE. Cependant, des départements indépendants d'archéologie sont mis sur pied à l'U. de Calgary et à l'U. Simon Fraser, une première en Amérique du Nord.

De nouvelles sources de financement deviennent accessibles au cours de cette période, notamment par l'intermédiaire du CONSEIL DES ARTS DU CANADA, qui, en 1961, entreprend de soutenir financièrement l'archéologie. Le Conseil national de recherches (sur une courte période) et le CONSEIL DE RECHERCHES EN SCIENCES HUMAINES DU CANADA feront de même. Parcs Canada lance de nouveaux programmes en archéologie préhistorique et historique. C'est aussi à cette époque que l'archéologie s'affirme au Québec, grâce à la création, en 1962, de la Société d'archéologie du Québec. Du milieu des années 60 jusqu'à la fin de cette décennie, tous les aspects de l'archéologie connaissent une progression remarquable.

Les régions du nord du Canada suscitent une attention presque continue entre 1960 et 1975, période où l'on effectue des études de terrain et des fouilles dans les vastes zones de la forêt boréale, dans les terres stériles du Keewatin et du Mackenzie comme dans les îles de l'archipel arctique. Une foule de découvertes résultent de ces travaux de pointe et plusieurs des schémas culturels qui correspondent à l'histoire du Canada de la période du précontact sont établis à cette époque.

L'archéologie au Canada atteint alors une certaine maturité. Non seulement le nombre d'archéologues professionnels s'élève à près d'une centaine, mais la plupart d'entre eux se réunissent pour former, en 1968, l'Association canadienne d'archéologie (ACA). Cet organisme tient lieu de tribune pour l'archéologie au Canada. En 1969, l'ACA lance une série de bulletins qui deviendront par la suite *The Canadian Journal of Archaeology*. En 1978, elle crée la prestigieuse médaille Smith-Wintemberg pour honorer l'œuvre d'une vie consacrée à l'archéologie. Elle a été remise jusqu'à ce jour à Charles Borden et à J. Norman Emerson en 1978, à Richard Forbis en 1984, à James V. Wright et à William E. Taylor fils en 1992, ainsi qu'à Roy Carlson en 1996.

Le nombre de publications sur l'archéologie augmente rapidement au cours de cette période. Au Musée national du Canada, la Commission archéologique du Canada lance, en 1972, la collection archéologique Mercure qui remplace le bulletin du Musée national de l'homme. Parcs Canada publie une série sur les lieux historiques canadiens qui offre des comptes rendus détaillés de recherches, comme celles qu'on a menées à la forteresse de Louisbourg, à FORT GARRY et à ROCKY MOUNTAIN HOUSE. Des musées provinciaux, des sociétés archéologiques, des universités et des organismes de réglementation proposent de nouveaux outils de diffusion. De toute évidence, la discipline de l'archéologie s'est fermement enracinée dans la plupart des régions du Canada au cours de ces années fertiles.

1975-1989: Compressions et importance accordée à la gestion des ressources Les années 60 et les années 70 connaissent une croissance industrielle sans précédent au Canada, grâce aux oléoducs, aux barrages hydroélectriques, aux mégaprojets d'exploitation des sables bitumineux, aux nouvelles infrastructures autoroutières et autres réalisations de grande ampleur. Les archéologues et les défenseurs du patrimoine partout au pays exercent des pressions sur les différents gouvernements pour que ceux-ci légifèrent en matière de protection des sites historiques menacés. Cette demande de protection des ressources archéologiques s'inscrit dans une préoccupation sociétale plus large au sujet de l'ENVIRONNEMENT et de la CONSERVATION et qui se répand en Amérique du Nord et en Europe.

À la fin des années 80, la plupart des provinces et des territoires ont déjà leur propre législation destinée à régir les ressources du patrimoine relevant de leur juridiction ou sont en train de mettre en place les structures préalables. Les divers règlements et lois ont mené à la création d'organismes gouvernementaux formés d'un personnel professionnel, que chapeautent des musées, des ministères de la Culture, de

la Citoyenneté, des Loisirs, des Ressources naturelles et même du Tourisme. Certains de ces organismes – comme la Commission archéologique de l'Alberta, la Direction de la conservation du patrimoine de la Colombie-Britannique et la Direction du patrimoine de l'Ontario – sont plus importants que bien des départements universitaires et disposent même de fonds plus substantiels (*voir* PATRIMOINE, CONSERVATION DU). En effet, la plus grande partie des fonds consacrés à l'archéologie à partir de 1975 relève de ce qu'on a appelé la Gestion des ressources culturelles (GRC). À l'opposé, depuis le milieu des années 70, le financement pour la recherche traditionnelle en archéologie a baissé de façon considérable.

Les services gouvernementaux de la GRC gèrent les ressources du patrimoine en exigeant des entrepreneurs qu'ils paient pour mener les études visant à identifier la présence de sites archéologiques dans les secteurs où des projets de construction sont prévus et en s'assurant d'atténuer les effets néfastes des travaux avant que ceux-ci ne soient autorisés. Pendant la période prospère du début des années 80, plus de 200 permis d'archéologie sont émis annuellement en Alberta pour des projets de la GRC. Ceux-ci concernent tout autant des inventaires de secteurs de lotissement que des projets d'envergure échelonnés sur plusieurs années, comme celui du réservoir Old Man, où des centaines de sites archéologiques ont été répertoriés et où certains des plus importants ont fait l'objet de fouilles méthodiques avant que les terres ne soient submergées. Des projets semblables sont réalisés dans d'autres régions du pays, dont le PROJET DE LA BAIE JAMES au Québec, le Nipawin Reservoir Heritage Study en Saskatchewan, le site C du projet de barrage sur la rivière de la Paix en Colombie-Britannique et le Programme d'initiatives pétrolières et gazières dans le nord dans le delta du Mackenzie. Pour répondre à la demande de personnel qualifié, plusieurs programmes universitaires en archéologie se développent, certains d'entre eux ajoutant même des cours spécifiques sur la théorie et les méthodes de la Gestion des ressources culturelles.

En plus de mettre l'accent sur la conservation et la protection des sites archéologiques, on s'emploie à éveiller l'intérêt de la population à l'égard du patrimoine archéologique du pays. L'effort le plus manifeste en ce sens se traduit par la mise en place de centres d'interprétation remarquables, comme ceux de Head-Smashed-In Buffalo Jump, dans le sud de l'Alberta, et de Wanuskewin Heritage Park, près de Saskatoon. Conçus en étroite collaboration avec la population autochtone, ces centres innovateurs offrent au public une expérience éducative qui combine l'approche scientifique occidentale et la vision autochtone de l'histoire basée sur les traditions et les légendes. D'autres formules telles que des prix littéraires pour le grand public, des affiches, des séries de conférences publiques, des émissions de radio et de télévision, des trousses pédagogiques pour écoliers et des semaines consacrées à des activités archéologiques constituent également des outils efficaces pour faire la promotion de l'archéologie.

Les années 90 et au-delà: Questions autochtones et réduction des effectifs Un certain nombre de problèmes majeurs marquent l'archéologie canadienne au cours des années 90. Parmi ceux-là, la baisse constante de l'appui gouvernemental s'avère l'un des plus préoccupants. Partout au Canada, les restrictions financières imposées par tous les ordres de gouvernement ont forcé les musées et les facultés universitaires à réduire leur personnel. Les subventions à la recherche accordées aux étudiants et aux facultés ont chuté radicalement. À l'échelle provinciale, les organismes du patrimoine sont lourdement touchés, de sorte que beaucoup d'entre eux ont des effectifs deux fois moins nombreux qu'il y a 10 ans. Dans plusieurs régions du Canada, il s'effectue moins de travail de

recherche sur le terrain qu'à n'importe quelle autre période depuis le début des années 60.

Un autre problème tient au fait que le gouvernement fédéral, bien qu'il ait signé presque toutes les conventions de l'UNESCO sur la conservation du patrimoine, ne possède pas encore de cadre légal cohérent pour protéger les sites archéologiques des territoires placés sous son autorité. À ce chapitre, le Canada accuse un retard considérable par rapport aux États-Unis et aux pays européens. On a bien essayé d'établir une législation à la fin des années 80, mais la tentative a échoué pour diverses raisons, dont les désaccords avec les PREMIÈRES NATIONS en ce qui a trait aux droits de propriété sur les vestiges archéologiques et à la dérogation aux parcs nationaux. La question demeure non résolue et rien ne laisse croire qu'on parviendra à une entente dans un proche avenir. Entre-temps, des sites archéologiques continuent d'être menacés par le processus naturel d'érosion, par le pillage aveugle et illégal et par le développement économique à grande échelle.

L'engagement beaucoup plus marqué des peuples autochtones dans la gestion de leur propre patrimoine est un autre changement survenu au cours des années 90. Ce processus a pris naissance dans les Territoires du Nord-Ouest, là où les permis d'archéologie avaient pendant longtemps nécessité l'approbation des membres de la première nation établie le plus près du site. En 1984, la signature d'un accord avec les Inuvialuits sur la revendication du territoire concède à ces derniers la responsabilité en matière de permis d'archéologie sur leur territoire. Les INUITS du NUNAVIT, établis dans l'Arctique de l'Est, gèrent actuellement les ressources du patrimoine de leurs secteurs de peuplement par l'intermédiaire de l'Inuit Heritage Trust. Dans les deux cas, les archéologues comme les autres scientifiques sont tenus de consulter les communautés au sujet de leurs programmes de recherche, d'offrir aux autochtones la possibilité de participer au travail sur le terrain et doivent rester ouverts à d'autres hypothèses que les leurs en ce qui a trait à l'interprétation des résultats. La communauté s'attend à bénéficier de rapports traduits en langue inuktitute, de matériel éducatif et, éventuellement, de présentations muséales.

Dans le sud du Canada, la situation fluctue également, avec la prolifération des traités portant sur les revendications territoriales et l'autonomie gouvernementale. La quasi-totalité de ces traités reconnaît aux autochtones la souveraineté sur des questions d'ordre culturel telles que l'archéologie. Depuis quelques années, l'Association canadienne d'archéologie tente de procéder à des ajustements pour tenir compte de ces changements et, en 1996, elle a émis une déclaration de principes du code de déontologie concernant les peuples autochtones. L'association tient aussi des sessions régulières dans le cadre de ses réunions annuelles pour discuter des nouvelles réalités de l'archéologie au Canada et de l'importance à accorder à la coopération avec les premières nations.

Les pratiques dans les musées connaissent également des modifications. Les recommandations émises en 1992 par l'Assemblée des premières nations et le groupe de travail de l'Association des musées canadiens ont reçu l'assentiment de tous les musées publics du Canada. Selon ces recommandations, il est obligatoire de remettre aux premières nations les ossements d'autochtones, les objets trouvés dans les sépultures, ainsi que tout autre objet dit «sacré». Le Musée canadien des civilisations, le Musée royal de l'Ontario et le Musée royal de la Colombie-Britannique, entre autres, ont engagé des négociations sur la restitution d'un certain nombre d'artefacts (*voir* ARTEFACTS, RAPATRIEMENT D').

Au début d'un nouveau millénaire, un optimisme prudent reste de mise en ce qui concerne l'archéologie canadienne. Le passé lointain que nous révèlent les vestiges archéologiques fera toujours l'objet de découvertes et d'interprétations, mais dans une perspective plus large qui prend en considération les besoins et les aspirations des peuples autochtones. La discipline elle-même évolue. En effet, jadis chasse gardée masculine, la profession voit un nombre sans cesse grandissant de femmes joindre ses rangs dans les secteurs privés comme au sein des gouvernements et des établissements d'enseignement. De fait, la majeure partie des étudiants inscrits dans les programmes de premier et de deuxième cycle au Canada sont des femmes. L'archéologie est désormais bien intégrée au tissu varié que forme la société canadienne.

R.G. Forbis et W.C. Noble

Archéologie au Québec L'archéologie au Québec a vraiment pris son essor entre 1960 et 1970, à l'époque du mouvement socioculturel connu sous le nom de RÉVOLUTION TRANQUILLE. Les Québécois mettent alors en place les premières structures officielles visant à favoriser la formation (programmes universitaires), la gestion (Service d'archéologie du gouvernement du Québec), les activités (nombreuses sociétés archéologiques) et la vulgarisation (Musée de Trois-Rivières, Cahier d'archéologie québécoise) de cette discipline.

Bien sûr, quelques fouilles archéologiques ont eu lieu auparavant et des particuliers ont constitué des collections ou se sont intéressés aux richesses archéologiques de la province, mais c'est seulement au cours de la Révolution tranquille que cette discipline va connaître la continuité, la croissance et le professionnalisme. À cette époque, il y a beaucoup à faire et les ressources sont limitées. En fait, c'est une décennie d'apprentissage et d'inventaire.

La création de la Société d'archéologie préhistorique du Québec (SAPQ) constitue l'un des événements marquants de cette période. Celle-ci rassemble un groupe dynamique de bénévoles, motivés par le désir de doter l'archéologie au Québec des normes de qualité les plus élevées. Il faut aussi mentionner les travaux de grande envergure accomplis par J. Pendergast et l'œuvre pionnière de M. Gaumont, R. Ribes, C. Martijn, R. Lévesque et C. Kennedy.

Les années 70

Cet élan se poursuit au cours de la période 1970-1980. Des programmes en archéologie québécoise sont mis sur pied, la *Loi sur les biens culturels* entre en vigueur, l'UNIVERSITÉ DE MONTRÉAL inaugure ses classes sur le terrain et une association d'archéologues québécois est formée. C'est pendant cette décennie que des firmes de consultants commencent à exercer leur activité et que des projets d'envergure voient le jour à la BAIE JAMES, dans l'Ungava, en Gaspésie et dans la région de Montréal. Un grand nombre de fouilles sont effectuées ailleurs et des travaux importants ont lieu à PLACE ROYALE à Québec ainsi qu'aux FORGES SAINT-MAURICE.

Même si certains en ont critiqué l'amateurisme, ces campagnes de travaux méthodiques permettent d'amasser une quantité considérable de données importantes. Il apparaît alors évident que le Québec préhistorique et historique recèle des vestiges dont on commence à peine à soupçonner la richesse. Plus qu'une nouveauté culturelle, l'archéologie fait désormais partie intégrante de l'activité intellectuelle du Québec.

Les années 1980-2000

Depuis 1980, plusieurs grands projets sur le terrain ont pris fin et la discipline s'est ressentie du climat d'austérité générale ainsi que de l'inadéquation de ses structures analytiques et pratiques. Il en a résulté une certaine désillusion, sans toutefois aller jusqu'à l'inaction. Il y a plus de publications et de rapports que jamais, et le travail se poursuit dans les domaines préhistorique et historique. Durant ces deux dernières décennies, la production de l'archéologie québécoise a été de plus en plus diffusée et de

plus en plus consultée par la communauté scientifique élargie du Nord-Est américain.

L'UNIVERSITÉ DU QUÉBEC a ouvert un chantier-école sur un site préhistorique (fermé depuis) et l'UNIVERSITÉ LAVAL a le sien sur un site historique. La collection de référence d'ossements créée à Montréal constitue un outil d'analyse précieux. Elle a été récemment intégrée à l'U. de Montréal. Les efforts de mise en valeur se multiplient (Pointe-du-Buisson, Grandes-Bergeronnes, Musée McCord, Musée canadien des civilisations) et ont rejoint un public élargi et curieux.

L'archéologie préhistorique

L'archéologie préhistorique permet une meilleure compréhension de l'adaptation et des mouvements de population qui ont eu lieu dans la toundra, la forêt du Bouclier et les basses terres du Saint-Laurent pendant des milliers d'années. Elle fournit la première source de documentation substantielle sur l'ancienne division du territoire entre les trois groupes d'autochtones qui l'occupaient au moment de l'arrivée des Européens: les INUITS, les ALGONQUINS et les IROQUOIS. Elle met en lumière leurs ressemblances et leurs différences par rapport aux populations voisines. Elle interagit avec l'ethnohistoire, l'ethnoarchéologie et diverses autres sciences qui ont en commun de vouloir comprendre le passé. En réalité, sa dimension transdisciplinaire est l'un de ses attributs caractéristiques.

L'archéologie historique

L'archéologie historique souvent plus visible, spectaculaire et rapprochée des grands centres démographiques – a aussi connu ses triomphes. Des milliers de touristes déambulent à Place Royale, visitent les Forges Saint-Maurice juste en amont de Trois-Rivières, le fort Chambly et le nouveau Musée d'archéologie et d'histoire de Montréal (Musée Pointe-à-Callière).

Rétrospective

Il y a 40 ans, l'archéologie se pratiquait souvent sur les territoires traditionnels des autochtones. Aujourd'hui, le travail archéologique s'effectue de plus en plus avec la collaboration de ces derniers. Dans le Sud, les municipalités et les municipalités régionales de comté sont plus au fait des inventaires archéologiques et de l'impact des projets d'envergure et s'intéressent à la mise en valeur de leur patrimoine. Ce développement de la discipline est essentiellement francophone. Bien qu'une appréciation plus répandue puisse s'en trouver entravée, cela est nécessaire à la création d'une tradition québécoise en archéologie.

En somme, en 40 ans, l'archéologie au Québec a écrit un premier chapitre dans les domaines préhistorique et historique, et ce, dans un territoire aussi vaste que la France, l'Espagne, l'Italie et la Grèce réunies. Ce n'est encore qu'un début.

Norman Clermont

Archéologie industrielle Type d'histoire interdisciplinaire qui favorise la compréhension de l'ère industrielle en se concentrant sur les artefacts physiques, qu'ils soient sur ou sous le sol, et en combinant les connaissances provenant du travail de terrain et la recherche historique. L'origine du nom est récente, mais est bien établie aux quatre coins du monde.

Historique L'archéologie industrielle a débuté en Grande-Bretagne, lieu d'origine de la révolution industrielle, à la fin des années 50, en réponse à la vitesse alarmante à laquelle le patrimoine industriel et technique était détruit, et afin de mettre en évidence la vie et le travail des industriels, des ingénieurs et des inventeurs du début de la période industrielle. Des Nord-Américains ont formé la Society for Industrial Archeology en 1971, et la Canadian Society for Industrial Heritage/Société canadienne de l'héritage industriel a été créée en 1988. Les sociétés provinciales sont la Ontario Society for Industrial

Archaeology (1981) et l'Association québécoise pour le patrimoine industriel (1988).

Domaine d'application Le domaine est partout interdisciplinaire et axé sur une grande variété d'objets, de structures et de sites industriels. Toutefois, l'expérience industrielle et les priorités sociales, économiques et politiques contemporaines des différents pays ont orienté naturellement le travail des archéologues industriels selon des axes particuliers à chaque pays. Dans les pays européens et aux États-Unis, p. ex., les structures et sites importants de la révolution industrielle ont reçu le plus d'attention. Ceux-ci comprennent les sources d'énergie et les systèmes de transmissions, les canaux et les chemins de fer, de même que les sites consacrés à l'industrie du textile et à la production de fer et d'acier. Quant aux praticiens européens, en plus de s'intéresser aux structures essentiellement techniques et industrielles, ils ont porté une attention particulière aux villages et aux habitations des travailleurs industriels.

Au Canada et en Scandinavie, le début de l'ère industrielle est associé plus étroitement à l'extraction des RESSOURCES premières et à la transformation primaire. On favorise donc l'étude des sites consacrés à l'EXPLOITATION MINIÈRE, à la FORESTERIE, à la pêche, à la fabrication du fer, au brassage et à la distillation. En Europe, où il existe un intérêt pour l'enseignement de l'archéologie industrielle, le domaine attire surtout des historiens étudiant la technologie ou l'architecture. En Amérique du Nord, le travail est effectué en général par le personnel des musées et des LIEUX HISTORIQUES ou par les défenseurs du patrimoine, y compris les historiens, les conservateurs, les architectes, les archéologues, les planificateurs, les photographes et les enseignants.

Méthodologie Avec une telle diversité de pratiques et d'intervenants, ce domaine doit encore élaborer une méthodologie cohérente et un cadre théorique. La recherche nécessite, en général, un travail sur le terrain comprenant la documentation à l'aide de photographies et de dessins techniques, d'entrevues et de plans du site. Il existe tellement de traces visibles en surface des débuts de l'INDUSTRIE et des technologies industrielles que l'excavation est rarement nécessaire. Les données du travail sur le terrain sont ensuite combinées à la recherche historique afin de fournir un relevé de ce que la révolution industrielle a amené, ce qui s'avère plus complet que ce que l'on trouve uniquement dans les documents écrits.

Quand le sujet traité est particulièrement menacé d'être perdu ou détruit, le travail sur le terrain ressemble à de l'ARCHÉOLOGIE d'urgence. Les menaces surviennent parce que les structures industrielles et techniques deviennent souvent désuètes. On les retrouve parfois dans des environnements peu attirants ou en mauvais état, et certains sont perçus négativement comme un symbole de la misère et de l'exploitation humaine. L'objectif peut donc être simplement de préserver la connaissance du site ou de la structure pour la postérité.

Approche canadienne Au Canada, on a montré moins d'intérêt pour les projets visant à documenter et inventorier ou à développer l'archéologie industrielle comme discipline académique. On a plutôt concentré le travail sur les musées industriels et les sites industriels historiques. Il existe plus de 690 musées de l'industrie et plus d'une centaine sont consacrés uniquement aux transports et aux communications. Toutefois, en 1986-1987, le BC Heritage Trust a financé un vaste inventaire de reconnaissance d'archives et de photos aériennes sur l'histoire de la conserverie du saumon en Colombie-Britannique. De nombreux sites archéologiques industriels sont gérés par les différents paliers de gouvernement, le plus important étant le parc national historique des FORGES SAINT-MAURICE, situées au nord de TROIS-RIVIÈRES, au Québec. Il s'agit du plus ancien complexe industriel du Canada.

Dianne Newell

Archer, Violet, compositrice, professeure (Montréal, 24 avr. 1913–Ottawa, 20 févr. 2000). Reconnue pour sa forte personnalité et sa maîtrise des techniques tant traditionnelles que contemporaines, elle a étudié la composition avec Claude CHAMPAGNE et Douglas Clarke, à Montréal, et avec Béla Bartók et Paul Hindemith, à New York.

Archer a composé une œuvre musicale énorme couvrant presque tous les domaines de la musique vocale et instrumentale, y compris un opéra comique, *Sganarelle* (1973), et la trame sonore d'un film documentaire (*Someone Cares*). Son *Concerto de piano n° 1* (1956), qui exige une grande virtuosité de la part du soliste et de l'orchestre, est considéré comme l'un des meilleurs concertos composés par un Canadien. Reconnaissant l'importance de créer des auditoires qui comprennent et apprécient l'harmonie, la mélodie et le rythme du XXe siècle, elle écrit de nombreuses pièces pour exécutants de niveau débutant et intermédiaire, et elle encourage fortement les autres compositeurs à écrire également pour les enfants.

Après avoir enseigné dans diverses universités aux États-Unis (1950 à 1961), où elle a également été membre du jury dans des concours de jeunes compositeurs à l'échelle de l'État, de même qu'à l'échelle nationale, Archer revient au Canada. Elle y enseigne la théorie et la composition à l'U. de l'Alberta de 1962 jusqu'à sa retraite en 1978, bien qu'elle continue par la suite de composer. Après avoir pris sa retraite, Archer poursuit ses activités en tant que compositrice, professeure et promotrice de la musique canadienne. On reconnaît officiellement ses contributions dans le domaine de la musique au Canada lorsqu'on lui décerne l'Ordre du Canada en 1984. Elle reçoit également le titre de compositeur de l'année du Conseil canadien de la musique, ainsi qu'un nombre incalculable de prix de divers gouvernements et groupes du domaine de l'art. On crée un festival qui se fonde sur ses compositions à Edmonton en 1985, et elle est la première compositrice à être ainsi honorée en Amérique du Nord.

Barclay McMillan

Archibald, sir Adams George, avocat, politicien, lieutenant-gouverneur du Manitoba et de la Nouvelle-Écosse (Truro, N.-É., 18 mai 1814—Truro, N.-É., 14 déc. 1892). Après avoir servi comme solliciteur général (1856-1860) et procureur général (1860-1863) à l'Assemblée législative de la Nouvelle-Écosse, il remplace Joseph HOWE comme chef du Parti libéral provincial en 1863. Chaud partisan de la Confédération, il assiste aux trois conférences, à Charlottetown, à Québec et à Londres, et il défend le projet publiquement, en 1866, contre les attaques de Howe et de William ANNAND. En 1867, il entre au Cabinet fédéral comme secrétaire d'État et, en 1870, il est nommé lieutenant-gouverneur du Manitoba et des Territoires du Nord-Ouest. Durant son bref mandat (1870-1872), il jette les assises des institutions civiles de l'Ouest et il négocie les premiers traités avec les Amérindiens de l'Ouest. En 1873, il devient lieutenant-gouverneur de la Nouvelle-Écosse et se retire en 1883.

Stanley Gordon

Archibald, Edith Jessie, née Archibald, femme du monde, féministe, auteure (T.-N., 1854—Halifax, 1936). Après des études à New York et à Londres, en Angleterre, Archibald épouse, en 1874, Charles Archibald, ingénieur des mines et futur président de la Banque de Nouvelle-Écosse. Elle est présidente de la WOMAN'S CHRISTIAN TEMPERANCE UNION Maritimes de 1892 à 1896, présidente du Conseil local des femmes de Halifax de 1896 à 1906, et présidente de l'Ordre des infirmières de Victoria à Halifax de 1897 à 1901. À titre de vice-présidente de la Croix-Rouge de la Nouvelle-Écosse, en 1914, elle préside le service chargé des prisonniers de guerre canadiens outre-mer.

Suffragette convaincue, Archibald conseille de remplacer la confrontation par l'adoption de tactiques féministes maternelles plus subtiles après la défaite des suffragettes au début des années 1890. Elle dirige leur délégation à l'Assemblée législative en 1917 et préside par la suite le mouvement Conservative Women's Auxiliary de Halifax. Oratrice au style imagé, elle publie articles, opuscules, chansons, pièces de théâtre et plusieurs livres, dont une biographie de son père, *Life and Letters of Sir Edward Mortimer Archibald* (1924) et *The Token* (1930).

Ernest R. Forbes

Archibald, Edward William, chirurgien, homme de science et formateur (Montréal, 5 août 1872—*id.,* 17 déc. 1945). Chirurgien doué, Archibald reconnaît que tout progrès en chirurgie doit venir de la recherche scientifique et change la façon d'enseigner la chirurgie à l'U. McGill et ailleurs; jusqu'alors purement clinique, la formation devient scientifique. Il acquiert en partie sa première formation à Grenoble, où il apprend le français et noue des liens avec la France qui dureront toute sa vie. Diplômé de l'école de médecine de McGill, il travaille à l'Hôpital Royal Victoria de Montréal peu de temps après son ouverture. Plus tard, il devient chirurgien en chef de l'hôpital et enseigne la chirurgie à McGill.

Archibald a quelques défauts: distrait au plus haut point, il est incapable de tenir compte du temps, mais ses défauts ne font qu'augmenter l'affection que lui témoignent ses collègues. Un de ceux-ci a écrit cette petite rime: «O Edward you would be sublime/If only you could be on time.» (Oh Edward tu serais épatant/Si seulement tu pouvais être à temps.)

Edward Bensley

Archipel Arctique Situé au nord de la partie continentale du Canada, il couvre une superficie de 1 300 000 km² en comptant le réseau de chenaux qui séparent les îles, ce qui en fait le plus grand archipel au monde. Parmi ces îles, on compte 6 des 30 plus grandes îles du globe, dont l'ÎLE DE BAFFIN, au cinquième rang. Elles sont séparées par des «chenaux», dont certains passeraient pour des mers n'importe où ailleurs. LE DÉTROIT DE PARRY, qui va du DÉTROIT DE LANCASTER jusqu'au détroit de M'Clure, sépare du reste de l'archipel les ÎLES DE REINE-ÉLISABETH situées au nord; c'est une section importante du PASSAGE DU NORD-OUEST. Parmi les îles et les groupes d'îles principaux, on retrouve les îles BANKS, VICTORIA, PRINCE-DE-GALLES, SOMERSET et de Baffin, et le groupe de la Reine-Élisabeth, qui comprend les îles SVERDRUP et PARRY, ainsi que l'ÎLE D'ELLESMERE.

Certaines de ces îles sont montagneuses et leurs sommets dépassent 2000 m, surtout dans la partie orientale. Ordinairement, les hautes terres sont recouvertes de calottes glaciaires qui contiennent la plus grande partie de la glace de glacier du Canada et d'où coulent les GLACIERS les plus imposants. Au sud-est, l'archipel est constitué de prolongements du BOUCLIER canadien orientés vers le nord, séparés par des roches paléozoïques subhorizontales. Dans la zone nord, qui comprend la plupart des îles de la Reine-Élisabeth, on trouve essentiellement des roches sédimentaires plus jeunes, très plissées, qui forment des montagnes sur des îles telles que AXEL HEIBERG et sur des parties de DEVON et d'Ellesmere au centre et à l'est.

Cette diversité géologique crée des paysages spectaculaires remarquablement variés, les montagnes escarpées «vieilles» et «jeunes» contrastant avec les plateaux et les plaines basses dont l'âge et la composition rocheuse varient. Ce sont peut-être ces roches sédimentaires qui donnent à cette région un caractère aussi particulier; ailleurs, dans la majeure partie des zones arctiques et subarctiques du Canada, c'est le bouclier qui prédomine. Les roches sédimentaires contiennent peu de minéraux métallifères, mais elles pourraient receler des gisements considérables de pétrole et de gaz naturel, tout comme le charbon découvert par les premiers explorateurs.

À part le Groenland, qui est presque entièrement recouvert de glace (c'est d'ailleurs une extension géologique de l'archipel), l'archipel Arctique canadien représente le plus grand territoire du haut Arctique du monde. Il s'agit à tous points de vue d'un véritable environnement polaire. Dans les îles septentrionales, la nuit dure trois ou quatre mois en hiver, tandis que durant une période équivalente en été il fait continuellement jour. Les îles de la Reine-Élisabeth sont un désert polaire où les précipitations atteignent souvent moins de 13 cm par année. Les températures annuelles moyennes descendent jusqu'à -20 °C au nord et -6 °C dans la partie sud de l'île de Baffin, avec des minima extrêmes de l'ordre de -50 °C. L'été, la température peut s'élever au-dessus du point de congélation pendant un ou deux mois. L'épaisseur du PERGÉLISOL dépasse 550 m et atteint 1000 m à certains endroits.

La végétation se compose essentiellement de petits carex, de mousses et d'herbes, avec parfois des saules nains. À certains endroits avantagés, la flore devient abondante et, durant la brève saison de floraison, la végétation est magnifique.

On trouve dans l'archipel à peine 17 espèces de mammifères terrestres, habituellement peu nombreux et occupant des territoires précis. Les CARIBOUS des îles, les caribous de Peary, plus petits et plus blancs que la variété continentale, vivent en petites bandes et ne migrent pas, contrairement à leurs homologues du continent. Les autres gros animaux habitant l'archipel sont le BŒUF MUSQUÉ, le renard arctique, le LOUP, le LEMMING et le lièvre blanc de l'Arctique.

À peine 64 espèces d'oiseaux passent l'été dans les îles de l'Extrême-Arctique, dont 6 seulement hivernent. Les mers environnantes abritent l'ours polaire, le morse et diverses espèces de phoques et de baleines, notamment le NARVAL et le béluga.

Depuis plusieurs milliers d'années, le haut Arctique est peuplé par les INUITS et leurs ancêtres; de nos jours, les Inuits habitent dans des colonies de peuplement disséminées un peu partout sur les îles, généralement au bord de la mer. Ils conservent des liens ancestraux avec les peuplades groenlandaises. On a découvert des preuves de contacts entre les Vikings établis au Groenland durant le Moyen Âge et la population des îles (*voir* EXPÉDITIONS VIKINGS). La population non autochtone se compose de fonctionnaires et de militaires vivant dans des villages comme IQALUIT, RESOLUTE BAY et ALERT.

Peter Adams

Chenaux de l'archipel Arctique

Le premier explorateur à naviguer sur les eaux de mer de l'archipel Arctique est William BAFFIN, qui passe en 1616 par le détroit de Smith et au nord de la BAIE DE BAFFIN et qui mentionne pour la première fois les détroits de Jones et de Lancaster, à l'entrée est du PASSAGE DU NORD-OUEST. En 1819, sir William PARRY se rend vers l'ouest jusqu'au détroit de M'Clure, où il est arrêté par les glaces. Enfin, le passage du Nord-Ouest est franchi par Roald AMUNDSEN de 1903 à 1906, puis à nouveau par le sergent LARSEN de la Gendarmerie royale du Canada de 1940 à 1942 (ouest-est) et en 1944 (est-ouest). Les eaux au nord de la baie de Baffin, qu'on appelle à présent le détroit de Nares, sont explorées à partir de 1852.

Avant la fin de la Seconde Guerre mondiale, on n'effectue guère de travaux scientifiques d'OCÉANOGRAPHIE dans l'archipel Arctique, malgré une première expédition dirigée par Otto SVERDRUP de 1898 à 1902 qui donne d'excellents résultats sur les plans géologique et biologique. Des explorations danoises et l'opération Marion de la garde côtière américaine en 1928 donnent lieu à des études océanographiques dans les détroits de Smith, de Jones et de Lancaster.

La profondeur des chenaux varie de moins de 200 m à environ 800 m dans la section est du détroit de Lancaster. Les seuils de profondeur les plus importants pour le transport maritime correspondent à 140 m dans le détroit de Barrow et à 250 m dans celui de Nares. Le plateau continental se situe à une profondeur variant de plus de 550 m à l'ouest et au nord jusqu'à 200 m à l'est. En dépit de la faible amplitude des marées, qui diminue d'est en ouest, celles-ci peuvent provoquer de forts courants dans certains passages étroits comme les détroits de Bellot, de Fury et Hecla et le canyon Hell Gate.

Dans l'Archipel, les eaux circulent surtout à partir de l'océan Arctique vers le sud par le détroit de Nares et vers l'est par les détroits de Lancaster et de Fury et Hecla. Les deux premiers courants prennent fin dans la baie de Baffin, tandis que le dernier aboutit dans le bassin Foxe, la baie d'Hudson et le détroit d'Hudson. Selon les plus récentes estimations, le débit total des eaux de l'océan Arctique passant par les îles totalise 2 100 000 m^3/s, mais il y a probablement des fluctuations annuelles considérables. La profondeur et l'étendue des chenaux se prêtent aux activités commerciales (pétroliers sous-marins), mais soulèvent en même temps des questions stratégiques (voie d'approche possible pour les sous-marins).

La calotte de glace, d'une épaisseur moyenne de 1,6 à 2 m, forme une couche continue en hiver dans l'ensemble de l'archipel, sauf pour plusieurs polynies récurrents (zones d'eau libre entourées par la banquise), dont les plus grands se trouvent dans la partie nord de la baie de Baffin et dans la zone sud-est de la MER DE BEAUFORT. Ces polynies, qui gèlent tardivement et dégèlent tôt, attirent la faune marine et les oiseaux, et l'on a trouvé des traces d'habitations très anciennes attribuées aux cultures de THULÉ et DORSET sur les terres voisines. Au point de vue biologique, les eaux de l'archipel, pauvres en poissons, abritent toutefois en abondance des mammifères et des oiseaux en été. Le plancton est typique de celui que l'on retrouve dans les premiers 250 m de la surface de l'océan Arctique.

M.J. Dunbar

Archipel-de-Mingan, réserve de parc national de l' Constituée en 1984, la réserve de parc national de l'Archipel-de-Mingan (150,7 km^2) offre un paysage insulaire unique, jalonné de colonnes rocheuses aux formes bizarres sculptées par le vent et la mer. La réserve comprend quelque 40 petites îles calcaires qui s'étendent sur 155 km le long de la rive nord du golfe Saint-Laurent, entre les villages de Longue-Pointe et d'Aguanish, au Québec. On y accède par bateau depuis Havre-Saint-Pierre, village desservi par la route 138 et par liaison aérienne. Des bateaux d'excursion privés amènent les visiteurs sur les îles.

Histoire naturelle Les îles baignent à environ 3,5 km du littoral parsemé de grottes, de pots de fleurs et de colonnades. Le macareux moine et d'autres oiseaux aquatiques nichent dans ces îles calcaires, alors qu'au large, les marsouins, les phoques et les baleines se nourrissent dans les eaux fertiles du golfe. En raison du climat rigoureux, la végétation des îles est plutôt typique des latitudes plus nordiques. Certaines espèces végétales sont endémiques à ces îles. Le seul mammifère terrestre répandu est le lièvre d'Amérique.

Aménagements Des sites de camping rudimentaires ont été aménagés dans certaines îles du parc et des hôtels de même que des terrains de camping se trouvent sur la côte. Havre-Saint-Pierre possède un centre d'interprétation. La randonnée pédestre et l'observation d'oiseaux sont des activités populaires sur la côte. On peut également participer à des excursions d'observation d'oiseaux et de mammifères marins. Le parc conservera son statut jusqu'à la résolution de la revendication territoriale globale des MONTAGNAIS-NASKAPI.

Maxwell W. Finkelstein

Architecture Les définitions classiques de l'architecture soutiennent qu'elle est «la mère de tous les arts». De nos jours, on ne définirait pas l'architecture comme un art, mais plutôt selon des termes techniques ou comme l'expression des valeurs d'une société donnée. Ce qu'on appelle architecture peut aussi bien désigner des constructions modestes et provisoires que des édifices monumentaux. Il semble rarement pertinent, du point de vue de la compréhension et de la connaissance de la forme bâtie, de faire une distinction entre l'architecture «grand art» et l'architecture comme simple reflet de traditions vernaculaires. L'historien de l'architecture américain, feu Spiro Kostof, réclamait «une définition plus globale de l'architecture et, par conséquent, une image plus démocratique de l'histoire de l'architecture». Cette façon démocratique de définir le terme architecture semble convenir à la tradition canadienne, dans laquelle l'histoire de notre environnement bâti est écrite par des artistes, des artisans et des constructeurs dont les origines, la formation et les motivations diffèrent beaucoup.

La définition plus large de l'architecture, qui renvoie à l'équilibre entre l'art et la technique de même qu'entre les traditions populaires et celles du grand art, ne date pas d'aujourd'hui. L'architecte et théoricien romain Vitruve (actif entre 46 av. J.-C. et 30 av. J.-C.) écrivait qu'il faut que l'architecture possède trois qualités, habituellement rendues en français par matériaux, solidité et plaisir pour l'œil, c.-à-d. une bonne planification, de la solidité dans la construction et le sens de l'esthétique. Vitruve exige que ces trois qualités soient réunies dans une construction pour que l'on puisse parler d'«architecture». Toutefois, chacune de ces qualités est liée aux normes culturelles et aux procédés techniques d'une société donnée. Toutes les constructions, du TIPI à l'église, peuvent nous révéler des choses sur les sociétés qui les ont créées: ce qu'elles valorisent, comment elles composent leurs équipes de construction, à quelles techniques elles font appel et quelles valeurs elles véhiculent par le biais des bâtiments qu'elles se font construire. Les aspects fonctionnel et artistique ne suffisent pas à définir l'architecture, car un bâtiment est plus que la somme de ses parties. L'architecture est une prise de position sociale exprimée en trois dimensions.

En adoptant une définition de l'architecture plutôt ouverte et inclusive, nous pouvons explorer le sujet de plusieurs points de vue. Si nous l'étudions à travers son histoire, sur une longue période de temps, nous pouvons retracer l'évolution du style et la multitude d'influences qui interviennent dans la création de l'environnement bâti. Une approche historique expose les rapports existant entre l'architecture et les autres disciplines, dont la SCULPTURE, le dessin, L'INGÉNIERIE et le DESIGN D'ENVIRONNEMENT, pour n'en nommer que quelques-unes. La plupart d'entre nous, cependant, connaissent l'architecture par rapport à certains types génériques de bâtiments. Nous vivons dans une HABITATION, pratiquons notre religion dans un ÉDIFICE POUR LE CULTE, travaillons dans des GRATTE-CIEL, dépensons notre argent dans les CENTRES COMMERCIAUX, faisons le plein dans les STATIONS-SERVICES, passons la nuit à L'HÔTEL, allons à l'HÔPITAL quand nous sommes malades ou encore cherchons à nous récréer dans l'un des nombreux ÉTABLISSEMENTS SPORTIFS. Les GRANGES et les SILOS ÉLÉVATEURS sont des lieux de travail pour certains Canadiens et des repères culturels pour beaucoup d'autres. Les concepteurs de bâtiments, du novice qui veut tout simplement dessiner le plan du chalet qu'il construira au bord d'un lac à l'élite professionnelle qui conçoit des projets expérimentaux ainsi que des bâtiments publics importants (tels que Douglas CARDINAL, qui a conçu le MUSÉE CANADIEN DES CIVILISATIONS), sont plus que des praticiens de l'architecture. Ils contribuent à enrichir notre environnement bâti et nous aident à comprendre la notion d'architecture ainsi que le rôle qu'elle joue dans notre vie.

Architecture au Canada

On comprend plus facilement l'histoire de l'architecture canadienne si on l'associe aux événements politiques. L'architecture autochtone au Canada, créée durant la période précédant les premiers contacts avec les Européens, change à la suite de ces contacts. Les peuples des premières nations du pays produisent une architecture unique, temporaire comme permanente. Dans la première catégorie, on trouve des constructions éphémères telles que les IGLOOS, WIGWAMS et les TIPIS. Dans la dernière figurent les maisons semi-souterraines et les MAISONS LONGUES en bois de la côte du Nord-Ouest. Ces bâtiments sont non seulement ingénieux et originaux sur le plan technique, mais ils révèlent des systèmes de croyances culturelles profondément enracinées qui en font les dépositaires d'un sens religieux et spirituel riche. L'architecture indigène contemporaine se pratique toujours, et elle englobe les formes et les matériaux traditionnels et contemporains (*voir* ARCHITECTURE, HISTOIRE DE L', Constructions autochtones).

Si les peuples autochtones du Canada ont créé un patrimoine architectural durable, les traditions européennes marquent l'histoire de l'architecture du Canada avec des bâtiments et des façons de les décrire et de les catégoriser. Beaucoup des termes utilisés pour décrire les styles de l'architecture au Canada sont hérités d'une tradition européenne. Toutefois, les premiers Européens à venir ici ne s'établissent pas en colonies permanentes. Le Canada possède quelques vestiges archéologiques fragmentaires du passage des Vikings, surtout à L'ANSE AUX MEADOWS à Terre-Neuve, qui datent approximativement de l'an 1000. Les marins basques, attirés par les riches bancs de poissons au large de la côte atlantique, à l'est du Canada, laissent également des traces de leurs séjours ici, comme à RED BAY au Labrador au milieu du XVIe siècle.

Durant le XVIe siècle, on voit apparaître l'architecture européenne avec l'installation permanente de colons français et anglais. Par la suite, au Canada anglais comme au Canada français, on continue, bien après 1800, de classer l'architecture canadienne selon ses origines culturelles. Durant le régime français, de 1608 à 1759, de nombreux bâtiments de pierre d'importance sont érigés à des fins religieuses, publiques ou militaires. La FORTIFICATION militaire française et les traditions d'aménagement sont importées. Les architectes royaux de France s'assurent de toujours produire une bonne planification et du travail de grande qualité. La forteresse de LOUISBOURG (détruite en 1758 et reconstruite à partir des années 1960) est le plus bel exemple de planification militaire en Amérique du Nord.

On remarque l'influence britannique pour la première fois dans les fortifications que les Anglais érigent contre la présence française en Amérique du Nord, puis contre celle des Américains. Des ouvrages fortifiés de facture modeste, puis des forts plus complexes sont construits. Le plan d'urbanisme et l'architecture domestique font bientôt leur apparition. La comparaison du plan géométrique de la ville de HALIFAX (fondée en 1749) avec celui de QUÉBEC, plus organique, démontre la façon tout à fait différente dont les Français et les Anglais construisent les villes. Après la conquête de Québec (1759), les traditions britanniques finissent par dominer graduellement. Québec et les autres villes érigées durant le régime français prennent un aspect nouveau et résolument anglais (*voir* ARCHITECTURE, HISTOIRE DE L': Architecture du Régime français jusqu'en 1759).

De 1759 à 1867, l'architecture est définie selon les traditions royales britanniques: les époques georgienne et victorienne. L'époque georgienne est associée au développement d'une architecture résidentielle raffinée. Les loyalistes américains apportent leurs propres traditions en s'installant au Canada, surtout au Canada atlantique et dans l'Ontario que l'on connaît aujourd'hui. La période victorienne est associée à la création de nombreux bâtiments publics. Des années 1840 aux années 1860, on construit de nombreux édifices publics, dont la taille est souvent disproportionnée par rapport aux moyens financiers des villes. Ces dernières les commanditent quand même, car elles rivalisent entre elles pour attirer les colons et obtenir des commandes du gouvernement. Notons ainsi le marché Bonsecours à Montréal et l'hôtel de ville de Kingston. On construit des universités telles que l'University College, University of Toronto (*voir* ARCHITECTURE, HISTOIRE DE L' : 1759-1867).

De la Confédération, en 1867, au déclenchement de la Première Guerre mondiale, en 1914, des gens de cultures autres que celles de la majorité franco-britannique immigrent au Canada, en apportant avec eux leurs traditions architecturales. Au XVIII° siècle, on sent déjà la présence des loyalistes américains et des immigrants allemands dans les villes canadiennes de l'Atlantique telles que LUNENBURG, et au XIX° siècle, les maçons écossais apportent leur expertise dans les villes de la vallée de l'Outaouais, notamment à PERTH. Puis arrivent les immigrants d'Europe centrale, surtout d'Ukraine, avec l'intention d'exploiter les terres agricoles de l'arrière-pays, dans l'Ouest, maintenant accessibles grâce au chemin de fer. Ils légueront un bien architectural durable. L'église ukrainienne, érigée à Smoky Lake en Alberta et aujourd'hui conservée au Musée canadien des civilisations, en est un exemple.

Peut-être en réaction contre la diversité culturelle croissante du Canada durant la période qui va de 1867 au début de la Première Guerre mondiale, les architectes et les fonctionnaires canadiens cherchent à créer un style national. Les ÉDIFICES DU PARLEMENT, à Ottawa, mettent à la mode, pour un temps, l'architecture civique de style gothique d'inspiration britannique. Durant la dernière moitié du XIX° siècle, les Américains mettent au point la technologie des gratte-ciel et l'influence américaine, qui s'oppose à l'influence britannique persistante, se fait de plus en plus sentir. Les architectes canadiens luttent contre la domination des États-Unis, et certains ont le sentiment que les Américains obtiennent une trop grande part du travail offert au Canada.

Tout au long de cette période, une pression de plus en plus forte s'exerce sur les architectes pour qu'ils se dotent d'un statut professionnel en créant des organismes d'autoréglementation responsables d'établir et de maintenir les normes de la pratique. Durant la dernière partie du XIX° siècle, l'architecture, l'arpentage et l'ingénierie deviennent des professions distinctes. Les architectes sont divisés quant à savoir s'ils devraient acquérir leur formation dans les universités ou encore par l'apprentissage (*voir* ARCHITECTURE, HISTOIRE DE L', 1867-1914).

Au lendemain de la Première Guerre mondiale, les architectes continuent de chercher un langage national et expérimentent timidement les traditions modernistes européennes. Des architectes tels que John LYLE cherchent à exprimer l'identité nationale en utilisant des ornements d'origine régionale. Toutefois, des architectes tels qu'Ernest CORMIER affirment qu'il n'est pas à propos d'utiliser des thèmes canadiens et réclament la création d'un style international en architecture canadienne. À cette époque, et ce, après avoir affronté maintes difficultés, des femmes commencent à exercer la profession d'architectes.

Au lendemain de la Seconde Guerre mondiale, la société canadienne entre dans une période de fébrilité, en ce qui a trait à la construction urbaine, par suite du retour des anciens combattants et de l'explosion démographique. Beaucoup de gens ont les moyens de s'acheter une voiture et les banlieues changent le mode de vie des Canadiens. L'architecture connaît un essor grâce aux recommandations précises du rapport de la COMMISSION ROYALE D'ENQUÊTE SUR L'AVANCEMENT DES ARTS, LETTRES ET SCIENCES AU CANADA (mieux connu sous le nom de rapport Massey, 1951) selon lesquelles les Canadiens devraient créer un langage canadien en architecture. Le rapport propose même

des étapes à suivre pour y parvenir. Le mouvement moderne en architecture devient populaire, surtout à Vancouver, à Winnipeg et à Toronto (*voir* ARCHITECTURE, HISTOIRE DE L', 1914-1967).

En 1967, alors que le Canada célèbre son centenaire avec l'EXPO 67, des architectes tels qu'Arthur ERICKSON sont reconnus sur la scène internationale. Après 1967, l'architecture canadienne prend des avenues nombreuses et variées. Des architectes poursuivent leur vision personnelle chacun de leur côté. Certains, tels que Douglas Cardinal d'Alberta, enrichissent le courant dominant canadien avec leur sensibilité autochtone. D'autres, comme Eberhardt ZEIDLER, apportent leur sensibilité européenne au Canada et acquièrent une renommée internationale. Les villes canadiennes croissent rapidement, et beaucoup de vieux bâtiments sont démolis. Le mouvement pour la CONSERVATION DU PATRIMOINE, qui soutient la conservation et la restauration de notre histoire architecturale, voit le jour (*voir* ARCHITECTURE, HISTOIRE DE L', de 1967 à nos jours).

Tandis que la quête d'un langage canadien en architecture se poursuit, on admet généralement que les variantes régionales contribuent à diversifier le vocabulaire architectural, plutôt qu'elles n'aident à former un style national dominant. Ainsi, l'architecture canadienne deviendra diversifiée, à l'image de la société et de la géographie canadiennes.

Geoffrey Simmins

Architecture, concours d' L'HÔTEL DE VILLE DE TORONTO, un édifice canadien bien connu, a été construit à l'issue d'un concours d'architecture. Terminé en 1963, il est l'œuvre de l'architecte finnois Viljo Revell, qui a remporté le concours international de 1958 lancé par la ville. Plus de 500 architectes du monde entier y ont pris part. L'hôtel de ville est célèbre pour sa conception architecturale particulière, et le concours d'architecture qui l'a choisi est depuis devenu un modèle du genre dans le milieu de l'architecture professionnelle.

Un concours d'architecture a lieu lorsqu'au moins deux architectes présentent pour un bâtiment prévu pour un même site à un certain moment des projets distincts. Certains concours sont ouverts, c.-à-d. que tout architecte d'une région donnée est libre d'y participer. D'autres sont sur invitation et n'admettent que les architectes possédant une expertise pertinente ou qui sont reconnus pour leurs réalisations exceptionnelles. Il peut aussi advenir que l'admissibilité soit limitée à une région géographique. Le bassin de concurrents admissibles peut donc être local, régional, provincial ou même international. Parfois, on choisit le gagnant parmi tous les participants. Certains concours se déroulent en deux temps. Quelques concurrents sont alors sélectionnés et constituent les finalistes, qui sont invités à participer à un second concours. Les participants à des concours sur invitation et ceux qui parviennent à la deuxième étape d'une sélection peuvent recevoir des honoraires. Ainsi, le concours de l'hôtel de ville de Toronto était ouvert et avait lieu à l'échelle internationale. Il s'est déroulé en deux temps et les finalistes ont reçu un prix en argent pour avoir été sélectionnés.

De nos jours, les concours sont tenus sous les auspices d'associations professionnelles d'architectes, qui s'assurent que les programmes et les documents du concours sont bien conçus, que les prix et récompenses offerts aux concurrents sont suffisants, que la procédure est juste et, finalement, que les jurés devant se prononcer sur l'issue du concours sont bien qualifiés. Le premier prix s'accompagne habituellement d'un contrat pour réaliser le projet lauréat, mais le prestige apporté par une deuxième place ou une troisième place constitue aussi un tremplin important dans la carrière d'un architecte. Parfois même, les projets terminant en deuxième place sont considérés comme annonciateurs d'un potentiel architectural qui a fait l'admiration du jury, mais qu'il a hésité à choisir.

Les concours d'architecture contemporains sont organisés par des conseillers professionnels qui assument la responsabilité de préparer les documents nécessaires aux concurrents, d'établir la procédure (p. ex., de s'assurer que l'identité de tous les concurrents reste secrète durant les délibérations du jury), de nommer des candidats-jurés et d'obtenir l'approbation des associations professionnelles d'architecture intéressées. D'ordinaire, le jury est formé d'une brochette d'éminents architectes et de représentants des sociétés qui commanditent la construction du projet gagnant.

Les procédures qui régissent aujourd'hui les concours d'architecture sont le fruit d'une longue évolution. Au Canada, le choix des projets lauréats s'est fait parfois de façon beaucoup moins rigoureuse. Citons le concours lancé en 1859 pour la réalisation du PARLEMENT et de ses annexes, à Ottawa. Ce concours est organisé par le ministère des Travaux publics, sur la recommandation du gouverneur général de l'époque, sir Edmund Walker Head. Sous le couvert de pseudonymes, 17 architectes soumettent 33 projets à un jury composé de 2 hauts fonctionnaires. C'est l'équipe formée de Thomas FULLER (qui deviendra l'architecte en chef du nouveau Dominion du Canada) et de Chilion Jones qui l'emporte et qui décroche le contrat pour construire l'édifice principal du Parlement. Dans cet exemple historique particulièrement heureux, les deuxième et troisième prix reçoivent aussi une commande. Thomas Stent et Augustus Laver sont choisis pour réaliser les bâtiments administratifs qui encadrent l'édifice principal, et F.W. CUMBERLAND et W.G. Storm, la résidence du gouverneur général (qui ne sera pas construite, puisqu'on utilisera plutôt un bâtiment existant, RIDEAU HALL).

Toutefois, le concours lancé en 1880 pour la construction du nouvel édifice de l'Assemblée législative de l'Ontario se termine de façon moins brillante. Après avoir écarté tous les plans soumis sous prétexte de leur coût trop élevé, on accorde le contrat à un architecte de Buffalo, dans l'État de New York, qui était par ailleurs membre du jury.

Au fil des années, d'autres controverses éclatent au sujet de concours, mais le procédé demeure. Dans les décennies suivantes, on lance des concours d'architecture pour la construction des édifices qui abriteront les assemblées législatives de la Colombie-Britannique en 1892-1893, de la Saskatchewan en 1907 et du Manitoba en 1913. Tous ces concours connaissent une issue favorable. À partir de la fin du XIX° s., des concours ont aussi lieu pour la construction d'hôtels de ville à Calgary, à Edmonton (à deux reprises), à Kitchener, à Mississauga, à Toronto (à deux reprises) et à Winnipeg. On a récemment procédé par concours pour choisir les projets du Musée des civilisations à Hull (lauréat, Douglas CARDINAL), du Musée des beaux-arts du Canada à Ottawa (Moshe SAFDIE), de la Mendel Art Gallery à Saskatoon (Blankstein, Coop, Gilmore & Hanna), ainsi que le plan directeur de l'U. Simon Fraser à Burnaby, en Colombie-Britannique (ERICKSON/Massey).

En 1960, Vincent MASSEY lance un concours sur invitation à quatre concurrents en vue de la conception d'un nouveau pavillon d'études supérieures à l'U. de Toronto, bâtiment qui porterait son nom. Cette initiative de Massey, une des dernières dans une longue série d'actions de ce mécène dans le domaine culturel, donne lieu à la réalisation du Massey College, l'un des chefs-d'œuvre de l'architecte Ron THOM, qui vient enjoliver de façon singulière le campus de l'U. de Toronto.

Ces dernières années, une variante du modèle connu des concours d'architecture devient à la mode, à telle enseigne qu'elle en arrive à semer l'inquiétude dans le milieu de l'architecture professionnelle. Il s'agit de ce que l'on nomme l'«appel à la proposition de développement». Un groupe de promoteurs est alors invité, habituellement par un organisme public ou parapublic, à soumettre des propositions d'utilisation d'une propriété que l'organisme possède. De telles propositions comprennent habituellement un financement pour l'organisme en question, de même que la soumission d'un concept architectural en rapport avec cette propriété. Dans ces cas, les architectes qui participent ne le font qu'à l'invitation des promoteurs officiellement invités à répondre à l'appel. Les jurés convoqués afin d'évaluer les soumissions ont la responsabilité de juger non seulement les concepts proposés, mais aussi les offres de financement qui les accompagnent.

Plus d'une fois, récemment, l'issue de tels appels a donné lieu à des accusations selon lesquelles on accorde moins d'importance à la valeur des concepts soumis qu'aux offres de financement qui les accompagne. Comme les architectes qui participent à ces appels sont payés de façon satisfaisante par les promoteurs, jusqu'à ce jour, les associations professionnelles en cause n'ont pas été en mesure d'établir la place de la conception architecturale dans de telles procédures.

George Baird

Architecture des banques Les banques commencent à s'implanter en Amérique du Nord britannique en 1820, quand la Banque du Nouveau-Brunswick, à Saint-Jean, se voit accorder une charte par le gouvernement provincial. La BANQUE DE MONTRÉAL, en activité depuis 1817, reçoit une charte du gouvernement du Bas-Canada en 1822. À la fin de l'année, il existe cinq banques à charte dans les provinces, et à la veille de la Confédération, on en compte 28 dans les provinces du Canada, de la Nouvelle-Écosse et du Nouveau-Brunswick.

Comme les banques se font concurrence, elles reconnaissent la valeur d'une architecture attrayante auprès des clients. Elles adoptent principalement des formes architecturales classiques, symboles de richesse, d'intégrité, de durabilité et de confiance. En 1818, la Banque de Montréal se fait construire, rue Saint-Jacques, un imposant bâtiment de trois étages, aux allures d'hôtel particulier de style georgien, dont le portique est constitué d'un fronton classique reposant sur des colonnes doriques. La BANQUE DU HAUT-CANADA (W.W. Baldwin, 1825-1827), rue Adelaide Est à Toronto, évoque aussi un respectable hôtel particulier de Londres avec portique dorique.

La Banque du Nouveau-Brunswick (vers 1826), à Saint-Jean au Nouveau-Brunswick, pousse l'audace encore plus loin en s'établissant dans un bâtiment de style néoclassique, dont la façade aux éléments ioniques n'est rien de moins que celle d'un temple, s'inspirant beaucoup en cela de l'innovatrice Second Bank of the United States de Philadelphie (William Strickland, 1818-1824). La Banque se donne ainsi l'image d'un temple de la finance. Les variations sur le thème classique se poursuivent ainsi tout au long du siècle. À Montréal, rue Saint-Jacques, centre de la finance au Canada, on trouve la deuxième Banque de Montréal (John Wells, 1845-1848), de style néoclassique; la Molson's Bank (George Browne, 1864-1866), aux allures de résidence bourgeoise «néo-Renaissance» italienne; et la Merchants Bank of Canada (Hopkins and Wily, 1870), de style Second Empire.

D'autres villes suivent l'exemple de Montréal. De même, on voit apparaître des bâtiments au style non classique, telle cette succursale de la Banque de Montréal au style *Richardsonian Romanesque* (Taylor and Gordon, 1889), dans l'ouest de la ville. Habituellement, les installations comprennent un hall et des bureaux consacrés aux activités bancaires.

La construction d'édifices bancaires hors du commun, à Winnipeg au début du XXᵉ siècle, clame tout haut la place dominante que cette ville des Prairies s'est taillée dans le monde de la finance. Dans les environs de l'avenue Portage et de la Main Street, on privilégie le classicisme des beaux-arts. Parmi les imposants édifices bancaires qu'on y trouve figurent les grands centres régionaux de la Banque de Mont-

réal (McKim, Mead and White, 1913) et de la Banque Canadienne de Commerce (Darling and Pearson, 1910), le bâtiment à 10 étages de la Banque de Hamilton (J.D. Atchison, 1916), ainsi que les édifices plus petits, mais non moins recherchés de la Banque de Toronto (H.C. Stone, 1906) et de la BANQUE ROYALE DU CANADA (Carrère and Hastings, 1910). Tous sont pourvus de halls magnifiques.

La loi autorise les banques à ouvrir des succursales en 1841, et, dès 1900, on assiste à une prolifération de ces établissements, dont les plans sont souvent conçus par le siège social de la banque. Afin de rester concurrentielle dans l'Ouest, qui se développe rapidement, la Banque Canadienne de Commerce engage l'agence d'architectes Darling and Pearson, de Toronto, pour concevoir des succursales préfabriquées. Entre 1906 et 1910, la B.C. Mills Timber and Trading Co. produit près de 70 bâtiments en trois dimensions qui, une fois parvenus à destination par chemin de fer depuis Vancouver, peuvent être érigés en une seule journée.

Dans les années 20 et les années 30, l'architecte John M. LYLE conçoit les plans de succursales, importantes ou modestes, pour la BANQUE DE NOUVELLE-ÉCOSSE (BNE). La succursale de la Banque de Nouvelle-Écosse (1924) que Lyle conçoit, rue Sparks à Ottawa, avec ses colonnes autoportantes et sa frise décorée, au premier étage, reposant sur une base rustiquée, sera le fleuron de ses créations architecturales de banques de style classique. Conçue sensiblement sur le même modèle, à Calgary, une autre création de Lyle pour la BNE (1929-1930), mais beaucoup plus sobre, à l'ornementation gravée, tend vers les formes épurées du modernisme tout en gardant un vocabulaire néoclassique.

Après 1945, ayant établi leur réputation au cours des décennies précédentes, les banques cessent d'avoir besoin de faire bonne impression au moyen de l'architecture et ne considèrent plus du tout leurs édifices de la même manière. À mesure que l'efficacité devient primordiale, l'uniformisation et la centralisation de la création architecturale s'intensifient. Jugées démodées, les vieilles succursales sont remplacées par de nouvelles, conçues par les architectes attitrés des banques. Chaque banque a son matériau de prédilection: les banques de Commerce et de Montréal adoptent la brique et la Banque Royale, le granite noir. La plupart des succursales sont de plainpied, rectangulaires et sobres. À la différence de l'époque où les banques dominaient leur environnement et symbolisaient la richesse et la valeur d'une ville, les succursales construites après la Seconde Guerre mondiale manquent souvent d'ampleur et s'efforcent tant bien que mal de prendre leur place dans la communauté.

Les sièges sociaux nationaux et régionaux, quant à eux, poursuivent la tradition conservatrice. Depuis les années 60, de nombreuses banques occupent de grandes sections des gratte-ciel de style international. Les plus remarquables sont le Toronto Dominion Centre, à Toronto (L.M. van der Rohe, John B. PARKIN Associates, BREGMAN and Hamann, 1963-1969), dont les deux tours d'origine ont aujourd'hui été portées à cinq; la Banque Royale de Montréal, Place Ville-Marie (I.M. Pei et associés, AFFLECK, Desbarats, Dimakopoulos, Lebensold, Michaud et Sise, 1958-1966); et la Royal Bank Plaza, à Toronto (Webb Zerafa Menkès Housden Partnership, 1972-1976), qui comprend un superbe atrium.

Durant les dernières décennies, au lieu de remplacer leurs bâtiments, beaucoup de banques décident de les agrandir. En 1968-1972, la Banque Canadienne de Commerce agrandit son siège social, abrité dans une tour de style art déco (York and Sawyer; Darling and Pearson, 1929-1931), à Toronto, en lui additionnant la tour plus haute (57 étages) de la Commerce Court (I.M. Pei; Page and Steele). La Banque du Canada, organisme chargé de la régle-

mentation de la monnaie nationale, agrandit son siège social, un chef-d'œuvre de style néoclassique (Marani, Lawson and Morris; S.G. Davenport, 1937), en l'encadrant d'un édifice de 12 étages en verre miroir (Arthur ERICKSON; Marani, Rounthwaite and Dick, 1974-1979). La Banque de Montréal, à Winnipeg, ajoute avec bonheur une mince tour de 22 étages revêtue de granite (Smith Carter Partners, 1982-1984) à son édifice de 1913, tout en respectant son caractère historique. (*Voir aussi* DESIGN D'ENVIRONNEMENT.)

Harold D. Kalman

Architecture, histoire de l' Des milliers d'années avant l'arrivée des premiers Européens, les peuples des PREMIÈRES NATIONS avaient développé de riches traditions de construction.

Le Canada se compose de cinq vastes régions culturelles définies par des critères climatiques, géographiques et écologiques communs. Chaque région a donné naissance à différentes formes architecturales qui reflètent bien ces critères ainsi que les matériaux de construction disponibles, les moyens de subsistance et les valeurs sociales et spirituelles des peuples qui y habitent.

Une des caractéristiques dominantes de tous les ouvrages architecturaux des premières nations réside dans la constante correspondance entre la forme structurale et les valeurs culturelles. Le WIGWAM, le TIPI et la maison de neige (*voir* IGLOO) sont des constructions fort évoluées convenant parfaitement à leur environnement et aux exigences des cultures nomades qui vivent de chasse et de cueillette. La MAISON LONGUE, la maison semi-souterraine et la maison en planches sont différentes solutions visant à répondre au besoin de formes d'habitation plus permanentes.

Non seulement les constructions comblent le besoin primaire d'un abri, mais elles expriment aussi de façon intégrale les croyances spirituelles et les valeurs culturelles des occupants. Dans les cinq régions, les constructions jouent deux rôles distincts: elles servent d'habitation et deviennent un moyen tangible pour l'humain de se rattacher à l'univers. La forme du bâtiment constitue souvent une métaphore du cosmos et, en tant que telle, est souvent associée à de puissantes valeurs spirituelles qui permettent de définir l'identité culturelle d'un peuple pendant des centaines, voire des milliers d'années.

Région de l'Est Au moment de l'arrivée des Européens, les groupes iroquoiens habitent la vallée du Saint-Laurent et le sud de l'Ontario. Les groupes algonquins vivent à l'est, au nord, et à l'ouest des Iroquois: dans les provinces de l'Atlantique, dans la vallée de la rivière des Outaouais, au nord du lac Huron et dans la région du lac Supérieur (*voir* AUTOCHTONES: LES FORÊTS DE L'EST).

La maison longue iroquoise: l'habitation iroquoise typique est la maison longue, structure longue et étroite qui sert à loger plusieurs familles apparentées. La structure oblongue est constituée d'une double rangée de jeunes troncs d'arbre enfoncés dans le sol, recourbés les uns vers les autres et attachés au sommet pour former la structure d'une voûte en berceau extensible. Des feuilles d'écorce sont solidement nouées entre les poteaux, et de jeunes troncs d'arbre additionnels sont posés horizontalement à l'extérieur en guise de renforcement. Des poteaux placés au centre aident parfois à soutenir le toit, qui comporte des ouvertures pour l'évacuation de la fumée. Des plates-formes de couchage sont placées le long des murs et l'on trouve à chaque extrémité une porte et un vestibule (pour le rangement).

Une rangée de foyers occupe le centre de l'habitation et chaque feu dessert normalement deux familles vivant l'une en face de l'autre. Généralement, la maison longue des Hurons mesure environ 24 m sur 8 m et compte trois foyers. Cependant, la longueur varie de 9 à 55 m, et l'on peut compter jusqu'à 12 foyers. Comme une famille peut comprendre jusqu'à huit membres, la population d'une seule maison longue peut être de 16 fois le nombre de foyers.

Un groupe de maisons longues forme le village, qui est souvent entouré d'une palissade de pieux. Les villages se situent sur des sites faciles à défendre, à proximité de cours d'eau, de bois et de terres arables. Le site Nodwell, près de Southampton en Ontario, sur les rives du lac Huron, était habité au milieu du XIVe s. Il était constitué d'une dizaine de maisons longues entourées d'une double palissade. On estime à 500 le nombre de personnes qui y ont vécu pendant au moins 20 ans. Autour de l'an 1500, la population iroquoise commence à augmenter rapidement, les villages deviennent de plus en plus grands, de plus en plus fortifiés, et certains peuvent même abriter plus de 2000 personnes.

C'est grâce à l'archéologie et aux descriptions et dessins des premiers visiteurs européens que l'on connaît les villages iroquoiens et leurs maisons longues. En 1615, Champlain écrit qu'un village contient 200 habitations assez grandes. L'élévation des huttes amérindiennes situées près de l'emplacement actuel de la ville de Kingston a été dessinée aux alentours de 1720. La meilleure reconstitution connue d'une maison longue de Hurons se trouve à SAINTE-MARIE-DES-HURONS, près de Midland en Ontario, où le docteur Wilfrid Jury, du Museum of Indian Archeology, de l'U. de Western Ontario, a tenté de reproduire une mission jésuite du début du XVIIe s.

La vie dans la maison longue est communautaire et s'organise en microcosme de la société iroquoise (voir IROQUOIS). La maison longue constitue une métaphore de la vie de ses habitants. Dans le nord de l'État de New York, la ligue des Cinq-Nations (plus tard des Six-Nations) s'appelle elle-même «peuple de la maison longue». La tribu la plus à l'ouest, les SÉNÉCAS, sont connus sous le nom de «gardiens de la porte occidentale», les MOHAWKS sont les «gardiens de la porte orientale» et les ONONDAGAS, au centre, sont les «gardiens du feu». Même si les techniques de construction traditionnelle ont été largement perdues quand les Hurons et les autres Iroquois de l'Ontario ont été dispersés et presque exterminés par les Cinq-Nations, beaucoup de ceux qui vivent sur la réserve des Six-Nations, près de Brantford en Ontario, se considèrent toujours comme les «descendants de la maison longue».

Le wigwam algonquin: les Algonquins sont des chasseurs et des cueilleurs dont la survie dépend des déplacements saisonniers qu'ils effectuent à l'intérieur des limites de leurs territoires. Une structure portative appelée wigwam leur sert d'abri. Bien qu'il existe des différences entre les tribus et les régions, le wigwam est généralement une habitation pouvant convenir à une ou deux familles, et dont la surface au sol est soit ronde, soit oblongue, de 3,5 à 4,5 m de diamètre. La structure est faite de jeunes troncs d'arbre ou de mâts enfoncés dans le sol et attachés ensemble au sommet. Une série de légères membrures horizontales (longrines) est attachée à la structure pour lui donner de la force et pour supporter le recouvrement extérieur fait de feuilles d'écorce, de peaux d'animaux ou de nattes de roseaux. Quand les gens se déplacent d'un endroit à l'autre, ils enlèvent le revêtement extérieur et l'emportent avec eux, laissant derrière eux les mâts pour réutilisation future, que ce soit par eux ou par d'autres groupes.

Certains wigwams sont coniques, d'autres sont en forme de dôme. Le wigwam conique photographié en 1860 et probablement situé à Dartmouth, en Nouvelle-Écosse, représente la forme que privilégient les MICMACS. Généralement, quatre mâts de 4 m de longueur sont attachés ensemble à leur sommet, et l'autre extrémité est enfoncée dans le sol. Des mâts supplémentaires sont placés entre les mâts principaux et convergent vers le sommet. Le recouvrement extérieur se compose habituellement de feuilles d'écorce de bouleau cousues ensemble, mais des peaux, des nattes tissées ou même des branches de

conifères peuvent aussi être utilisées. Une ou plusieurs longrines en anneau renforcent le cône et maintiennent l'écorce en place. L'intérieur est un espace simple divisé en plusieurs zones fonctionnelles. L'âtre occupe le centre et le matériel de cuisine pend d'un support installé sous la cheminée. Le plancher est couvert de branches de sapin odorantes, et des fourrures sont placées sur les dernières pour dormir. Les biens sont rangés sur le pourtour.

Le camp d'hiver des Micmacs consiste en un ou plusieurs wigwams sur le territoire de chasse ou de piégeage de la famille. Les camps d'été sont installés moins formellement et peuvent s'étendre le long d'un littoral ou d'un bord de rivière.

Les Algonquins de l'Est, du Nord et de l'Ouest construisent des wigwams coniques similaires à ceux décrits précédemment. Parmi les groupes qui adoptent ce type de wigwam, on trouve les BÉOTHUKS de Terre-Neuve, qui construisaient un mamateek polygonal ou wigwam d'hiver. Un dessin datant de 1820 et signé Shawnadithit, le dernier Béothuk, montre un mamateek, à la droite duquel se trouvent un mamateek conique d'été et un fumoir (hutte de séchage) pour la venaison.

Les Algonquins ne sont pas les seuls à bâtir des wigwams. Les CRIS du Nord, qui habitent des régions allant du Grand lac des Esclaves à la baie d'Hudson et à la baie James, utilisent un type de maison similaire. Les OJIBWÉS, qui vivent entre le lac Huron et les Prairies de l'Est, en font autant.

Les Ojibwés (et leurs voisins, les Chippewas et les Saulteux) construisent également des wigwams circulaires et oblongs en forme de dôme, qu'ils utilisent habituellement comme habitations d'hiver et regroupent en villages. De jeunes troncs d'arbre sont plantés verticalement dans le sol à intervalles d'environ 60 cm. Les mâts opposés sont courbés vers le centre et leurs extrémités sont attachées avec des lanières de racines. Des membrures horizontales (longrines) sont ajoutées pour renforcer la structure tendue. La partie inférieure est recouverte d'une rangée de nattes tressées de roseau ou de scirpe, et la partie supérieure, de feuilles d'écorce. Un orifice est pratiqué au centre du toit voûté. Un croquis réalisé en 1837 par l'auteure et artiste Anna Jameson illustre deux wigwams à Sault Sainte-Marie, en Ontario.

Le wigwam s'allonge parfois en un plan qui rappelle celui de la maison longue iroquoise. Les Midewiwins ou société de Grand Medicine, des Ojibwés et des Saulteux du lac Winnipeg, construisent des habitations qui mesurent jusqu'à 30 m de longueur, et que les chamans utilisent pour des cérémonies d'initiation ou de formation. La structure d'une habitation midewiwine en forme de voûte a été photographiée en 1934, à Rainy River, en Ontario.

Les Midewiwins, de même que d'autres groupes algonquins, développent des variantes du wigwam qui sont utilisées dans différents buts: la cabane à suer, petite tente conique où l'on jette de l'eau sur des pierres chaudes dans le but de produire de la vapeur; la hutte menstruelle, petit wigwam utilisé par les femmes pendant leurs menstruations; enfin, la plus petite d'entre elles, la tente tremblante, utilisée par le chaman dans l'exercice de ses fonctions. Il s'agit d'une structure circulaire sans toit, d'environ 1,2 m de diamètre, en forme de gros baril et habituellement couverte de peau brute. Le chaman entre dans la tente une fois la nuit tombée et fait appel aux esprits par des chants et des battements de tambour pour obtenir leur aide.

Prairies Les Prairies canadiennes limitent la frontière nord des grandes plaines, vaste région bordée à l'ouest par les montagnes Rocheuses et s'étendant vers le sud jusqu'à la bande de terre étroite du Texas. La région abritait de larges troupeaux de bisons d'Amérique du Nord jusqu'à leur extinction dans la deuxième moitié du XIXe s., ainsi que diverses cultures autochtones qui dépendaient de ces espèces animales.

Le Tipi des Plaines: comme les autres cultures de chasseurs, les premières nations des Plaines mènent une vie de nomades ou de semi-nomades qui les entraîne dans des déplacements saisonniers à la poursuite de nourriture et d'endroits sûrs pour hiverner. Des tournées saisonnières sont organisées soigneusement chaque année et prévoient le retour à des camps connus à des moments précis de l'année, soit pour la chasse, soit pour des rassemblements sociaux ou pour la saison hivernale. Les peuples des Plaines mettent au point un type de maison portative unique qui s'adapte parfaitement à leur mode de vie. Il s'agit du tipi, structure de forme conique faite de mâts de bois et recouverte de peaux de bison cousues. Jusqu'à l'arrivée du cheval dans les Prairies à la fin du XVIIIe s., la structure et le recouvrement de ces tipis sont tirés d'un camp à l'autre par des chiens, pendant que leurs propriétaires marchent à leurs côtés. Les chevaux améliorent la mobilité et les capacités de chasse des peuples des Plaines et remplacent les chiens comme principal moyen de transport des biens d'un campement à un autre. Comme les chevaux peuvent transporter des charges beaucoup plus lourdes, la grandeur moyenne des tipis augmente et leur aménagement devient plus raffiné et décoratif.

L'origine exacte du tipi des Plaines est incertaine. Des indices révélateurs comme des cercles de pierres utilisées pour retenir les bords des tentes de peaux marquent les sites d'anciens campements des Prairies qui datent d'au moins 5000 ans et de plus longtemps encore dans les régions plus au nord. Toutes les tentes faites de peaux ont des caractéristiques en commun, entre autres un foyer central sous un orifice pratiqué à la jonction des mâts de la structure, une entrée à l'est et une place d'honneur située en face de l'entrée.

À un certain moment, les habitants des Plaines ont réalisé deux innovations qui ont transformé leurs tentes de peaux en tipis. La première est la forme conique inclinée, dans laquelle la pente arrière est plus à pic que celle du devant (vers l'est). La surface au sol d'un tipi est donc ovoïde plutôt que circulaire. La forme inclinée permet à la cheminée de se trouver directement sous le point d'intersection des mâts, plutôt qu'en plein centre, ce qui permet d'en varier la grosseur ou même de la fermer complètement. La deuxième innovation consiste en l'addition de deux rabats (aussi connus sous le nom d'ailes ou d'oreilles) qui bordent la cheminée et sont supportés par des mâts extérieurs. En déplaçant ces mâts, les occupants peuvent contrôler les courants d'air et améliorer la ventilation et l'évacuation de la fumée.

Le profil des tipis varie entre les peuplades des Plaines. La principale différence est le nombre de mâts primaires utilisés pour la charpente. Les Pieds-Noirs et leurs alliés préfèrent une structure à quatre mâts, alors que les Cris, les Ojibwés et les peuples de langue sioux utilisent généralement une structure à trois mâts. La structure à quatre mâts donne une forme un peu plus circulaire et nécessite moins de mâts additionnels, mais est moins stable que la forme à trois mâts. Les affiliations tribales d'un camp sont faciles à identifier même à distance grâce aux différences dans les profils, à la forme des rabats de ventilation et à la longueur des mâts.

Tous les aspects de la construction de tipis sont la tâche des femmes: elles écorcent les arbres, aplanissent et sèchent les nombreux mâts nécessaires à la construction de chaque tipi. Le nombre et la longueur des mâts varient selon la tribu ou le propriétaire, une considération primaire étant la richesse du propriétaire qui s'évalue selon le nombre de chiens ou de chevaux. Un tipi de grandeur moyenne chez les Pieds-Noirs nécessite environ 20 mâts d'une longueur moyenne de 7,5 m. Les revêtements des tipis sont assemblés à partir des peaux tannées de bisons femelles tués au printemps ou au début de l'été, au moment où la fourrure est la plus courte. Les peaux sont nettoyées et soigneusement cousues à l'aide de lanières de tendons pour obtenir la forme semi-circulaire convenant parfaitement à la grandeur et à la configuration du tipi. Des trous sont pratiqués sur le pourtour extérieur de la structure afin d'y enfoncer les piquets qui retiennent le tipi au sol (des pierres sont utilisées dans les lieux venteux et pour les camps d'hiver). Une fois le tipi terminé, l'intérieur est enfumé, ce qui l'empêche de se durcir ou de craqueler après une pluie.

L'entrée des tipis fait face à l'est, le côté du soleil levant, et dans le sens contraire des vents dominants. Les mâts de la structure sont attachés ensemble, puis des mâts additionnels sont placés à intervalles réguliers pour obtenir le profil désiré. Le recouvrement est monté par le côté arrière de la structure à l'aide d'un mât spécial, puis est drapé sur la circonférence et fixé sur le devant par une couture faite à l'aide de tiges de bois lacées et allant du bas de la cheminée jusqu'à l'entrée. Des ajustements de la position des mâts et des piquets aident à étirer la couverture et à parvenir à un bon ajustement. Une doublure, aussi faite de peaux de bison cousues, est ensuite installée sur la paroi intérieure pour diminuer les courants d'air et l'humidité et empêcher que les ombres se projettent sur le mur extérieur. C'est pour cette raison qu'on appelle aussi cette doublure «écran à fantômes». Des peaux de bison sont ensuite étendues sur une couche de gazon fraîchement coupé et un feu est allumé à l'intérieur d'un anneau de pierres au centre du tipi. On place un autel directement derrière l'anneau du foyer pour y brûler du foin d'odeur. Les occupants s'assoient et dorment à des endroits établis selon les conventions sociales; l'homme le plus âgé, le propriétaire du tipi, occupe généralement la place d'honneur à l'arrière, du côté ouest du tipi, derrière le feu et face à l'entrée. Des paquets de médicaments sacrés sont placées sur des trépieds à l'intérieur du tipi.

Les peuples des Plaines font des associations symboliques très fortes entre le tipi et la réalité spirituelle. Le plancher du tipi symbolise la terre et la mère. Le recouvrement de l'habitation représente le ciel et le père. Les mâts constituent le lien entre la terre et le ciel et servent de sentiers le long desquels les prières des gens peuvent aller rejoindre le Grand Esprit.

Quelques tipis, peut-être 1 sur 10 chez les Pieds-Noirs, sont couverts d'images peintes qui les transforment en huttes sacrées qui servent à certains rituels bien particuliers. Les images peintes sur ces tipis reflètent l'iconographie distinctive de la tribu de son propriétaire et transmettent un message à la fois littéral et cosmologique. Les dessins en bordure de la base symbolisent la terre et les choses qui y sont associées. Ceux peints au sommet décrivent le ciel et le monde spirituel. Entre ces deux zones se trouve une section qui représente des aspects de ce monde ou d'un autre monde que l'occupant principal (ou son ancêtre direct) a visité lors d'une vision. Les images de cette section vont donc de descriptions d'exploits humains aux évocations de créatures surnaturelles qui transmettent des pouvoirs à celui qui a eu la vision en premier. Après une ou deux années d'usure, les peaux sont remplacées. Les peintures de la couverture du vieux tipi sont transférées de nouveau, et les dessins passent ainsi de génération en génération.

Les peuples des Plaines passent l'été et l'automne à chasser le bison et à participer à des rassemblements sociaux et culturels dont le moment culminant coïncide avec les cérémonies annuelles de la Danse du Soleil. À l'approche de l'hiver, ils se dispersent en petits groupes et vont établir leurs camps dans des vallées abritées près de rivières. La configuration des tipis dans un campement est déterminée selon des règles similaires à celles qui régissent le choix de l'emplacement précis attribué aux occupants et à leurs possessions dans chaque tipi. Pour des occasions importantes, les campements forment un cercle, et l'entrée se trouve habituellement orientée vers l'est. Les tipis sont placés de façon bien précise dans ce cercle, bande par bande et famille par famille. Parfois, ces subdivisions forment des cercles secondaires. Souvent, les tipis peints forment un cercle intérieur plus petit au cœur du grand cercle, surtout lorsqu'il s'agit de rassemblements importants comme les cérémonies de la Danse du Soleil.

Bien que la culture des Plaines se développe grâce à l'acquisition de chevaux et de fusils, sa survie est compromise par d'autres aspects de l'immigration européenne. La disparition des troupeaux de bisons dans la deuxième moitié du XIXe s. a un effet dévastateur sur les autochtones des Plaines. Ces derniers réussissent à survivre pendant un certain temps en modifiant leur régime alimentaire et en remplaçant les peaux de bisons par des toiles pour couvrir les tipis. Toutefois, ils perdent peu à peu leur autonomie, sont forcés d'abandonner leur mode de vie traditionnel de semi-nomades et de s'installer dans des réserves délimitées. Graduellement, le tipi cède la place à des formes architecturales imposées et associées à une existence sédentaire.

Plateau intérieur de la Colombie-Britannique La région du plateau central de la Colombie-Britannique est limitée à l'est par les Rocheuses et à l'ouest par la chaîne de montagnes côtières. Ce vaste territoire est caractérisé par de forts contrastes climatiques et géographiques: des étés brûlants et des hivers rigoureux; de vastes forêts de pins, d'épinettes et de sapins alternant avec des étendues semi-arides d'herbe et de sauge. Pendant des milliers d'années, ce territoire est occupé par différents peuples de langues salish, entre autres les CHILCOTINS, les Lillooets, les Thompsons et les Shuswaps. Durant les mois d'été, les habitants du Plateau vivent dans des abris à ossature de mâts légers couverts de roseaux tissés ou de nattes d'herbe qui conviennent bien à leurs déplacements saisonniers axés sur la pêche, la chasse et la cueillette de plantes sauvages. L'hiver, cependant, ils vivent dans des hameaux permanents formés de maisons semi-souterraines, généralement sur le flanc est de vallées de rivières où des versants montagneux offrent une protection contre les vents dominants. Ces constructions représentent une forme architecturale distincte et hautement efficace dont l'utilisation est fort répandue dans la région pendant au moins 3500 ans.

La maison semi-souterraine est surtout caractérisée par une structure pièce sur pièce construite sur un plancher excavé et recouvert d'une couche de terre isolante. Selon certains ethnologues, ce type d'habitation semi-souterraine serait originaire du Nord-Est de l'Asie. Elle serait apparue en Amérique du Nord, à la suite de migrations par le détroit de Béring, et se serait étendue graduellement à tout le continent, d'abord dans l'Arctique (maison en os de baleine des peuples Thulé), puis dans les régions du plateau (maisons semi-souterraines), et enfin dans les Plaines américaines (maisons de terre) et le Sud-Ouest américain (autres variantes d'habitations semi-souterraines). Peu importe ses origines, il semble que la maison semi-souterraine soit le plus vieux type d'habitation en Amérique du Nord, et elle est très répandue dans toute la région du plateau jusqu'à sa disparition à la fin du XIXe s.

Les maisons semi-souterraines sur lesquelles on possède le plus d'information sont celles construites par les Thompsons de la vallée de la Nicola dans le sud de la Colombie-Britannique. Dans les années 1890, l'ethnologue James TEIT étudie attentivement la conception et les techniques de construction de leurs habitations souterraines, ainsi que les croyances qui y sont associées. La construction commence par la prise de mesures précises des dimensions de la fosse, qui est creusée sur un diamètre de 7,5 à 12 m et jusqu'à une profondeur d'environ 1 m, et dont les murs latéraux sont inclinés vers l'extérieur. Quatre pieux sont ensuite insérés dans des trous du plancher à un angle parallèle aux murs d'excavation. Leur sommet est encoché pour recevoir les quatre poutres principales du toit, qui sont enfoncées dans le sol meuble à un angle aigu. Un assemblage de chevrons espacés est alors disposé en cercles concentriques à partir du pourtour jusqu'à la cheminée centrale au sommet de la structure souterraine. Les chevrons supportent un recouvrement constitué de rondins bien ajustés et calfeutrés au moyen d'une épaisse couche d'herbe ou d'aiguilles de pin. Sur le plateau supérieur, où les chutes de pluie sont importantes, on ajoute de l'écorce de cèdre, le côté incurvé tourné vers le haut. Finalement, la terre excavée est étendue sur le toit et foulée, et une échelle de rondins encochés est passée par la cheminée. Le printemps suivant, le gazon germe sur le toit et seule l'échelle qui fait saillie trahit la présence de cette habitation qui se fond dans le paysage.

L'échelle de la maison semi-souterraine fait à une certaine époque l'objet d'un soin artistique particulier. Le haut est parfois sculpté en forme de tête d'oiseau ou d'un autre animal et peint pour représenter l'esprit qui garde le sommet de la maison. On trouve un foyer central au pied de l'échelle, habituellement du côté nord, et une dalle de pierre qui protège l'échelle contre le feu. Lorsque la maison semi-souterraine est recouverte d'une couche de neige, son efficacité énergétique est telle qu'un petit feu permet à lui seul d'en chauffer l'intérieur.

Bien que la maison semi-souterraine ne comporte aucune division murale, elle se divise tout de même en quatre sections bien définies par l'emplacement des quatre poteaux principaux. Ce type de division correspond à la vision cosmique des Thompsons, qui perçoivent le monde comme une immense habitation circulaire divisée en quatre sections. Après la mort, l'âme traverse une rivière vers l'au-delà, également perçu comme une grande habitation ronde.

Les groupements visités par Teit sont généralement constitués de trois ou quatre maisons semi-souterraines habitées par 15 à 30 personnes chacune. Les communautés antérieures à l'arrivée des Européens étaient souvent beaucoup plus grandes, soit 100 maisons individuelles ou plus. Les dimensions, la configuration et les méthodes de construction des maisons semi-souterraines varient considérablement parmi les différents peuples du Plateau. Certaines habitations, comme celles des Thompsons, sont circulaires, d'autres sont allongées ou carrées ou bien possèdent des entrées secondaires sur le côté du toit. Les Shuswaps vivant dans la vallée de la rivière Thompson, près d'où se trouve aujourd'hui Kamloops, utilisent parfois six poteaux et poutres principaux plutôt que quatre, ce qui donne un profil plus conique.

Côte Ouest Une combinaison unique de forêt pluviale tempérée et de climat maritime plutôt doux a modelé la culture des premières nations de la côte ouest de la Colombie-Britannique actuelle. L'architecture des peuples de la côte exploite les ressources abondantes de thuyas géants, ce qui donne lieu à une architecture vernaculaire remarquable qui s'adapte bien à des croyances culturelles et à des modes de vie sociale fort développés.

Les forêts, la côte et les rivières de la région offrent d'abondantes sources de nourriture diversifiées. En retour, cette abondance permet le développement d'organisations sociales complexes qui valorisent l'origine ancestrale, le statut et la richesse, lesquels s'expriment dans l'architecture et les traditions artistiques de chaque culture de la côte.

La maison de planches: la plupart des peuples de la côte habitent des villages d'hiver permanents de l'automne au printemps et, pendant l'été, vivent dans des habitations fixes ou portatives. Ils emportent parfois les planches qui recouvrent l'ossature des maisons d'hiver pour en recouvrir l'ossature des maisons d'été, à mesure qu'ils se déplacent pour chasser les mammifères marins, pêcher le saumon et d'autres poissons et cueillir des fruits. La structure sociale des plus grands villages comprend une élite riche composée des chefs ou des nobles et un certain nombre de roturiers et d'esclaves qui n'occupent aucune place dans l'ordre social. Les maisons de planches, comme ils les appellent, illustrent bien ces cultures hiérarchiques. L'élite des nobles domine le village, car ceux-ci possèdent la plupart des maisons. En plus de loger la famille élargie, la maison témoigne de l'héritage ancestral et du statut social de son propriétaire par le biais d'images totémiques élaborées sous forme de poteaux sculptés, de toiles et de façades peintes.

La maison de planches est considérée véritablement comme l'expression vivante du prestige de son propriétaire, de son historique familial et de ses ancêtres surnaturels. Elle sert à entreposer les emblèmes gravés et sculptés et les trésors, hérités ou acquis. L'intérieur de ces maisons devient le théâtre de danses et de représentations rituelles pendant les fêtes de l'hiver ainsi que d'échanges de cadeaux connus sous le nom de POTLATCHES, qui rehaussent la force et l'autorité des chefs et resserrent les liens sociaux.

Les principaux groupes qui ont habité la Colombie-Britannique actuelle sont les SALISH DE LA CÔTE au sud, les KWAKIUTL (maintenant connus sous le nom de Kwakwaka'wakw), les NOOTKA (NUU-CHAH-NULTH), les NUXALKS (Bella Coola) au centre de la côte et les HAIDAS, les TSIMSHIANS, les GITKSANS et les NISHGAS (Nisga'a) au nord. Chaque groupe a développé des variations distinctes de la maison de planches.

Comme pour la plupart des autres formes architecturales développées par les peuples autochtones, celles de la côte ouest ont été influencées et modifiées par le contact avec les Européens. Dans cette région, le contact européen a apporté des outils d'acier qui mèneront à une croissance fulgurante de l'expression artistique au XIXᵉ s., surtout parmi les peuples du centre et du nord de la côte.

Les maisons de planches ont un certain nombre de caractéristiques structurales en commun, indépendamment de leurs constructeurs. Elles emploient toutes des formes variées de constructions à poteaux et à poutres, qui exploitent grandement les impressionnantes dimensions ainsi que les longues portées du thuya. Au sud, les peuples de langue salish développent une variante de toiture en appentis caractérisée par une seule pente de toit qui descend vers l'arrière. Le système d'ossature du bâtiment consiste en des poutres massives de toit, mesurant souvent plus d'un mètre de diamètre, traversant la maison sur toute sa largeur et dont la longueur varie de 7,5 à 15 m. Ces poutres sont supportées par deux rangées de poteaux placés à environ 4 m de distance. Elles sont souvent sculptées à l'image d'importants ancêtres de la famille ou d'êtres surnaturels associés à l'histoire familiale. Des planches de toit se chevauchant recouvrent les chevrons fixés aux poutres du toit. Les murs sont revêtus de larges planches de cèdre fendu fixées horizontalement entre deux poteaux verticaux. Au printemps, ces planches sont généralement enlevées et transportées vers les ossatures déjà en place au village d'été.

La dimension des huttes varie beaucoup. Certains villages salish comptent de nombreuses structures individuelles plutôt petites. Dans d'autres cas, les villages entiers sont faits de maisons de planches en rangées et formant de longues lignes pouvant atteindre 46 m de long. Ce système modulaire crée un mur palissade pouvant servir de protection contre des intrus hostiles. Les premiers observateurs européens croyaient que ces vastes maisons étaient des résidences uniques qui abritaient des villages entiers.

Les recherches archéologiques nous montrent que les Salish de la côte ont occupé de larges campements composés de grandes maisons de planches pendant de nombreux millénaires, et que de nombreux villages étaient répartis dans toute la vallée du bas Fraser et de l'île de Vancouver. Contrairement aux premières nations du centre et de la côte nord, les formes d'architecture des Salish déclinent rapidement suite au contact européen, peut-être en raison des ravages causés par la variole.

Les Nuu-Chah-Nulths, ou Nootka, qui vivent sur la côte ouest de l'île de Vancouver, construisent deux variantes de la maison de planches. Ceux du Nord érigent des structures à pignon à poutre de toit unique, alors que ceux du Sud construisent des toits en appentis qui comportent des ressemblances avec ceux de leurs voisins salish. Leurs maisons atteignent parfois 30 m de long et sont généralement installées de façon perpendiculaire à la plage.

Les Kwakiutl de la côte centrale vivent dans des villages d'hiver qui comptent souvent une dizaine de maisons de planche ou plus, disposées selon le rang social, en rangées qui font face à l'océan. Les peuples de la côte centrale voient les maisons d'hiver comme des «associées spirituelles» de la famille. Ils croient que le thuya, dont leurs maisons sont construites, possède des pouvoirs surnaturels qu'il transmet à la maison par les planches et les meubles. Des noms et des dessins cérémoniels sont sculptés et peints sur les éléments architecturaux pour rehausser les propriétés surnaturelles et le prestige attribué à la lignée familiale.

La façade des maisons les plus importantes est souvent décorée de peintures saisissantes et de poteaux sculptés qui représentent l'emblème du propriétaire. En relation avec la lignée sacrée des ancêtres de la maison, ils reproduisent des événements mythiques et signalent la transformation de la maison en un être symbolique pendant les cérémonies hivernales. L'entrée de maisons est parfois déguisée en bouche dévorante incarnant la puissance spirituelle de la maison pour le compte des invités qui la franchissent pendant les rassemblements des cérémonies hivernales.

Les maisons de planches des Kwakiutl sont généralement plutôt carrées, leurs côtés mesurent de 12 à 18 m et leurs toits sont à pignon. Les deux principales poutres du toit sont portées par deux paires de poteaux, l'une à l'avant et l'autre à l'arrière. Deux poutres supplémentaires aux avant-toits vont rejoindre les poteaux de coin. Les planches des murs verticaux et les planches du toit recouvrent une armature secondaire de poteaux attachés à l'ossature. Généralement, les Kwakiutl couvrent les frontons faisant face à l'eau de façades de planches verticales qui s'élèvent parfois au-dessus de la ligne de toit pour créer l'effet d'un fronton élevé.

Les Nuxalks, ou Bella Coolas, occupent un territoire de fjords protégés sur la côte centrale, au-dessus de l'extrémité nord de l'île de Vancouver. Les premiers visiteurs européens ont décrit des villages nuxalks dans lesquels les maisons de planches sont montées sur pilotis. Les Nuxalks construisent parfois des maisons dont la façade en trois parties reflète les divisions intérieures par trois baies égales et y incorporent un foyer excavé. En d'autres occasions, leurs maisons affichent un toit à pignon dominé par un poteau d'entrée centrale.

L'architecture des maisons de planches de la côte ouest atteint son plus haut niveau de raffinement technique dans la région la plus rude de la côte. Les Haidas, les Tsimshians, les Nishgas et les Gitskans construisent des maisons plus petites, mieux fermées et plus appropriées au climat rigoureux que celles de leurs voisins plus au sud. Les maisons de planches des Haidas mesurent généralement environ 12 m² et sont construites selon deux types de base. Le type de construction le plus commun est la maison à six poutres, appelée ainsi parce qu'elle est construite d'une ossature de six grandes poutres longitudinales qui dépassent le gable des pignons. La maison à six poutres met en valeur des techniques de joints hautement sophistiquées. Des poteaux sont érigés aux quatre coins, et des encoches à leurs bases reçoivent le bout des sablières. De larges plaques de toit inclinées, taillées dans des planches de cèdre de 75 cm sur 15 cm, sont insérées dans des fissures des poteaux de coin et soutenues au centre par des paires de poteaux, contre lesquels on vient placer le poteau central. La portée des six larges poutres s'étend sur

toute la profondeur de la maison, et une septième poutre au bord du toit est taillée pour laisser passer la cheminée.

Les Haidas construisent également une variante à deux poutres, tout comme les Tsimshians, qui occupent la région de la côte qui s'étend au sud des îles de la Reine-Charlotte jusqu'aux rivières Nass et Skeena. Des poteaux grossièrement sculptés et des colonnes frontales d'emblèmes (totem) constituent des caractéristiques toutes particulières aux maisons de planches des Haidas aussi bien que des Tsimshians. Contrairement à leurs vis-à-vis de la côte centrale, l'ornementation extérieure de ces maisons de planches s'arrête à ces éléments sculpturaux. Dans les maisons qu'occupent des personnes de hauts rangs parmi les Haidas ou les Tsimshians, on retrouve des foyers centraux et des marches vers le bas du niveau de plancher principal.

Comme dans le cas des constructions de bien d'autres cultures autochtones, les maisons des Haidas et des Tsimshians représentent le cosmos, offrent un accueil symbolique (aussi bien que littéral) aux esprits des ancêtres du passé et également à la vie de tous les jours et tentent de faciliter la compréhension de l'univers. Les maisons sont toutes connues par leur nom et leur construction constitue un événement important souligné par des cérémonies d'échanges de cadeaux.

Les photographies du XIXᵉ s. de villages des Haidas offrent un aperçu de cette forme architecturale unique vers la fin de son moment de gloire, avant que les ravages de la variole n'aient décimé la population. Elles dépeignent des villages aménagés sur des sites spectaculaires et composés de rangées serrées de maisons à pignon, la poussée horizontale de leurs pièces de bois massives contrastant violemment avec les rangées de totems élevés qui célébraient les traditions hautement sculpturales et les croyances culturelles de cette vigoureuse culture.

Région du Nord L'Arctique canadien abrite des habitations depuis des milliers d'années, malgré un climat et une configuration terrestre qui peuvent sembler fort hostiles à des habitants du Sud. La croissance d'arbres y est très limitée, et le sol est généralement soumis au permafrost. Les étés y sont tempérés mais courts, ils constituent des saisons dédiées à une vie de plein air intensive axée sur la chasse (aux mammifères marins et terrestres) et la pêche. Les hivers y sont longs, sombres et froids, c'est une période caractérisée principalement par une vie à l'intérieur.

Bien que l'histoire des constructions dans l'Arctique puisse remonter à quelque 25 millénaires, on ne connaît que peu de choses sur les premières cultures et leurs habitations. On en connaît cependant plus sur les Thulés, qui ont commencé à coloniser l'Arctique, de l'Alaska au Groenland, il y a environ 1000 ans avant J.-C. Les Thulés ont adopté des types de maisons différents pour l'hiver et pour l'été, chaque type répondant aux conditions environnementales et comportementales de sa saison respective.

La maison d'hiver des Thulés est une structure semi-souterraine fort évoluée, conçue pour offrir confort et chaleur pour des périodes prolongées de vie à l'intérieur, souvent sur des périodes de plusieurs années. Elle est bâtie avec les matériaux disponibles: de la pierre surtout, de la terre, de la mousse et des os de baleine, mais parfois également avec du bois à la dérive et du gazon. Généralement, la maison est de forme ovale de diamètres extérieurs d'environ 3 et 9 m et peut être creusée jusqu'à 1 m dans le sol. Un étroit passage souterrain pour l'entrée, long de quelques mètres, à angle ascendant vers le plancher assure un rempart efficace contre le froid (l'air froid se déplace vers la partie la plus basse du passage, loin des espaces de vie). Les murs et les planchers sont tapissés de pierres ou d'un autre matériau solide. La caractéristique la plus impressionnante de ce type d'habitation est le toit, soutenu par une structure faite, dans la région du centre et de l'est de l'Arctique, d'os de baleine, qui supportent différents matériaux de toit.

À la fin des années 70, une vingtaine de maisons d'hiver thulés ont été excavées à Brooman Point, dans les Territoires du Nord-Ouest, dans la région des îles Bathurst-Cornwallis du Grand Arctique. Selon toute évidence, leur période d'occupation correspond au XII° s. après J.-C. Chaque maison n'avait été occupée que pendant quelques années, et seules trois à cinq maisons étaient utilisées à la fois, de l'automne au printemps.

D'autres communautés de Thulés comprennent des habitations pour une ou deux familles ainsi que des installations communes, comme à Cumberland Sound sur l'île de Baffin, où les toits sont recouverts de gazon, de pierres et de fanons (un autre produit de la baleine).

La maison de neige inuite: les Inuits conservent le modèle d'habitation de leurs ancêtres thulés même un peu après le contact, jusqu'au moment où les maisons faites d'os de baleine sont abandonnées, peut-être à cause du climat plus froid du petit âge glaciaire des XVII°, XVIII° et XIX° s. La maison de neige en voûte (aussi appelée igloo/iglou) devient la forme d'habitation d'hiver la plus courante. L'igloo peut fort bien être un très vieux type d'habitation: les archéologues ont trouvé des couteaux à neige chez le peuple des Dorsets, la civilisation ayant précédé les Thulés, ce qui laisse supposer que les Dorsets ont peut-être construit avec de la neige en l'an 1000 après J.-C.

La maison de neige inuite est remarquable parce que la voûte est construite sans support extérieur. Une rangée de blocs de neige est disposée en cercle, dont le sommet est sculpté pour amorcer une paroi inclinée en spirale. Les blocs suivants sont alors taillés avec des arêtes obliques et disposés en spirale, chaque rangée étant un peu plus inclinée vers l'intérieur pour créer une forme arrondie, voûtée. De la neige est ensuite entassée dans les fentes. L'intérieur est souvent recouvert de peaux (parfois les mêmes peaux servant à couvrir la tente estivale), pour empêcher la chaleur de l'intérieur de faire fondre le toit. Un petit trou au sommet assure la ventilation. L'igloo conserve très bien sa chaleur au moyen de l'isolation naturelle qu'offre la neige et l'utilisation d'une entrée en tunnel munie d'un rempart contre le froid. Des dessins publiés dans les années 1880 par l'ethnographe Franz BOAS montrent clairement la forme et l'ameublement de l'igloo.

Une grande maison de neige abrite une famille pendant tout un hiver. En général, elles mesurent de 3 à 3,5 m de haut et de 3,5 à 4,5 m de diamètre. Des maisons plus petites, d'environ 1,5 m de haut et 2 m de diamètre, servent d'abris temporaires pendant les chasses ou les voyages d'hiver, parfois seulement pour une nuit.

Les détails de conception varient d'une région à l'autre. Certains utilisent des doublures de peaux, alors que d'autres n'en utilisent pas. Le toit des entrées peut être plat (comme chez les Esquimaux Copper), plutôt que voûté ou en dôme. Les Igloos sont parfois disposés en petits îlots et un certain nombre de salles de séjour partagent une même entrée ou une aire commune, comme une salle de banquet ou de danse. Certains îlots, comme chez les Igluliks esquimaux de la baie d'Hudson, peuvent avoir jusqu'à 10 unités bombées, chacune remplissant une fonction bien distincte (p. ex. une salle de séjour, un chenil pour les chiens, un espace de rangement).

La tente d'été: lorsque la température grimpe au-dessus du point de congélation, à la fin avril ou en mai, la maison de neige a tendance à fondre. Le dôme est alors enlevé et remplacé par une superstructure de peaux, soutenue par la base de neige. Cette habitation intersaison s'appelle «qarmaq». Ce nom est aussi utilisé pour une hutte de pierres, de gazon ou d'os de baleine dont le toit consiste en peaux et qui sert autant en automne qu'au printemps.

Les étés sont tempérés et sont l'occasion de périodes de chasse et de pêche actives, ce qui force la communauté à se déplacer. Les Inuits vivent dans de simples tentes (ou *tupiq*), faites de peaux de phoque, de caribou ou d'autres animaux cousues ensemble. Les peaux reposent sur des poteaux, et les côtés sont retenus au sol au moyen de pierres. Les foyers se trouvent à l'extérieur. La facilité avec laquelle les tentes peuvent être déplacées permet aux chasseurs de suivre leur proie.

Les Inuits qui vivent le long de la côte du Labrador, autant que certains groupes centraux, construisent des tentes munies d'une partie arrière conique, d'une entrée triangulaire et d'un poteau de bordure horizontal entre les deux. Cette division comprenant une entrée longitudinale et une salle de séjour circulaire double le plan de la maison de neige.

La forme de la tente varie selon les groupes. La tente des Igluliks est une simple structure en forme de corniche, qui n'est pas sans rappeler la tente impromptue d'aujourd'hui. La tente des Inuits des îles Belcher, dans la Baie d'Hudson, est conique et possède une cheminée centrale, comme les tipis des Plaines.

Harold Kalman et Edward Mills

Le choc de deux mondes

L'architecture du Régime français est faite de projets plus que de réalisations; l'histoire en est celle d'une lente adaptation, entre les ambitions de la France de l'ère classique et la Nouvelle-France au climat difficile, où la disponibilité des matériaux, autant que celle des constructeurs, dresse de multiples barrières devant ce qui n'aurait été, autrement, que la transposition des modèles métropolitains. Le vouloir français a surtout légué au Canada une mémoire, qui, pour l'essentiel, survit à travers la «canadianisation» des ambitions originelles de la mère-patrie.

Le vouloir d'une architecture française Les Européens qui découvrent le Nouveau Monde aux XVI° et XVII° s. tentent, tout naturellement, d'y transposer les acquis de leur civilisation. L'établissement en Nouvelle-France diffère cependant de celui de la Nouvelle-Angleterre: en effet, les Hollandais et les Britanniques qui abordent celle-ci sont en rupture avec leur terre d'émigration, et entreprennent de ce fait de s'adapter aux contrées dans lesquelles ils entendent s'installer définitivement. Pour ces individus en quête de liberté, la Nouvelle-Angleterre est une terre promise. À l'opposé, la Nouvelle-France est prise en charge comme colonie, par le Roi. Les Français, provenant d'un univers hiérarchisé, où des conventions rigides gouvernent tout, jusqu'aux représentations picturales, importent en Nouvelle-France des usages et des modèles qu'ils n'ont guère l'intention d'adapter au pays. C'est ainsi sous l'œil stupéfait des Amérindiens qu'ils entreprennent de construire leur établissement: alors que les Iroquoiens, en effet, ont coutume de bâtir à l'aide de matériaux bruts (troncs d'arbres, branches, écorces...), les menuisiers et charpentiers européens n'utilisent que des pièces de bois sciées ou équarries, qu'ils assemblent à tenon et mortaise et bloquent par des chevilles. La manière des premiers ne contaminera jamais celle des seconds.

L'architecture de la jeune Nouvelle-France reste toutefois réduite au minimum, à tout le moins jusqu'en 1664. Cette année-là, deux ans après l'institution de son règne personnel, Louis XIV fait de l'ancienne colonie une province française de plein droit: on entreprend d'ériger sur le Cap-aux-Diamants une capitale digne de ce nom. Les bâtiments de bois font alors place aux bâtiments de pierre, jusque-là fort rares; le paysage de la Nouvelle-France commence à se parer des formes du classicisme français.

Des villes, des villages et des fortifications La ville classique, telle qu'on voudra dès lors l'établir, est un objet rigoureusement planifié, dont l'organisation et, surtout, les fortifications sont tracées sur le papier

avant d'être transposées sur le sol. Mais en Nouvelle-France, la vision de la «ville nouvelle», figure géométrique quadrillant un territoire régulier et vierge, se heurte à celle de la ville aristocratique issue du Moyen Âge, dont l'image consacrée voit une ville haute (institutionnelle) dominer une ville basse (marchande), selon l'héritage d'une société fondée sur les privilèges et le droit du sang.

D'abord site d'un projet de ville nouvelle (Champlain l'appelait «Ludovica»), Québec, suivie de Montréal et de Trois-Rivières, naît ainsi autour de deux pôles, l'un s'érigeant sur une butte (figurant la «motte» du château médiéval); les enceintes fortifiées qui encerclent ces villes, fortement symboliques, servent pour l'essentiel à qualifier l'espace urbain, en distinguant le «bourg» aristocratique du «faux bourg», où le droit de cité n'a pas cours.

En dehors de ces villes, la Nouvelle-France s'établit sous la forme de villages linéaires, épousant le profil des concessions le long du Saint-Laurent. Mais là aussi, on construit autour de deux pôles: le domaine seigneurial (où se trouvent le manoir et le moulin banal) et l'enclos paroissial (où s'érigent l'église, le presbytère et le cimetière), qui attire notables, artisans et marchands.

Il faut attendre 1664, et la volonté de Louis XIV d'un peuplement en noyaux urbains, pour qu'apparaissent quelques premières véritables villes nouvelles (Charlesbourg, Bourg-la-Reine, Bourg-Royal, Boucherville), et un premier plan en damier pour Montréal (1671); c'est après cette date, aussi, qu'on entreprend de régulariser le tracé des rues de Québec, sous l'impulsion du projet d'une nouvelle enceinte fortifiée, œuvre des ingénieurs du roi qui orchestrent alors le développement urbain.

Ces «ingénieurs du roi» – ce sont des militaires de carrière, initiés à l'art de la fortification et aux conventions du dessin – apportent en effet un souffle nouveau sur le paysage de la Nouvelle-France quand, à partir de la fin du XVII° s., ils y sont envoyés pour veiller à la construction des bâtiments du roi (château Saint-Louis, palais de l'intendant, casernes, etc.) et des ouvrages militaires. Formés aux préceptes de l'ingénieur français Vauban, ils assurent la défense de la colonie d'abord en projetant des forts le long des voies de pénétration (fort Chambly, fort Senneville), puis, après la passation du Traité d'Utrecht (1713), en dressant un chapelet de places fortes aux frontières de la Nouvelle-France, sur les rives du lac Champlain (fort Carillon, fort Saint-Frédéric), sur les Grands Lacs (fort Duquesne, fort Niagara, fort Frontenac) et sur l'île du Cap-Breton (LOUISBOURG).

Des constructeurs Cependant, en l'absence «d'architectes du roi» ou «d'architectes bourgeois», les ingénieurs du roi collaborent aux grands projets de l'Église et des communautés religieuses; à l'occasion, ils œuvrent même à quelques projets domestiques. L'un d'entre eux, Gaspard CHAUSSEGROS DE LÉRY (1682–1756), peut d'ailleurs être crédité de l'état d'achèvement inégal qu'atteint le paysage construit de la Nouvelle-France, à la veille de la Conquête: habile dessinateur, rompu aux formules du classicisme et doté d'inventivité, Chaussegros de Léry parvient, le premier, à adapter les ambitions métropolitaines aux conditions qui prévalent dans la colonie.

Les chantiers de la Nouvelle-France, plutôt dominés par le savoir-faire des hommes de métier que par l'art de tels *architectes,* sont en effet souvent voués à la réduction, sinon à l'abandon de la forme classique métropolitaine. Les premiers constructeurs, charpentiers de navire et artisans divers, n'avaient qu'une connaissance rudimentaire de l'art de bâtir; les ouvriers qui leur succèdent à partir de 1664, quoique formés à l'enseigne du classicisme, n'ont au mieux pour seul bagage qu'une expérience sommaire sur un chantier d'importance et quelque traité résumant le secret de la taille des pierres, de la charpente ou de la menuiserie. Parmi eux, les hommes des métiers de pierre président aux chantiers: puisque la tradition française privilégie la construction en dur, leur travail encadre l'intervention des charpentiers, des menuisiers et des couvreurs. Apprentis maçons, maçons, maîtres maçons puis tailleurs de pierre, ils deviennent ainsi les premiers «architectes» de la Nouvelle-France, lorsque leur habileté à dessiner leur permet de revendiquer ce titre. Sont «architectes», en effet, les hommes de métier aptes à proposer des solutions originales – les seules requérant d'être dessinées – qui, une fois construites, servent à leur tour de modèles pour d'autres bâtiments.

La rareté de la main-d'œuvre et celle des matériaux restent cependant les constantes de l'architecture en Nouvelle-France. Non seulement les prix sont exorbitants, ce qui laisse les chantiers inachevés, mais l'inadaptation des procédés constructifs aux rigueurs climatiques rend les édifices vulnérables: la nécessité de chauffer devient une cause d'incendie et les dégels périodiques attaquent la maçonnerie des fondations et des murs. Dans ce contexte, les solutions dites «viables» sont rapidement adoptées par tous; elles concourent à l'uniformisation du paysage construit qui caractérise le XVIIIe s.

La présence du classicisme français Les premières constructions de la Nouvelle-France, au XVIIe s., sont assemblées en bois: on dit ces édifices «à colombage», ce qui signifie que leur ossature est faite de pièces de section carrée, sciées sur le long; ce colombage est parfois «pierroté», c.-à-d. complété par un remplissage de mortier et de pierres. À l'intérieur, les cloisons séparant les pièces sont assemblées à l'aide «d'ais», planches ou planchettes de bois; on couvre les toits de planches ou, plus simplement, de chaume.

C'est au sein de ce paysage traditionnel que s'implante, à partir de 1664, le projet métropolitain: à partir de cette date, quoique les constructions à colombage restent toujours largement majoritaires, les usages régionaux qui président au paysage architectural s'effacent peu à peu devant les préceptes des traités et des modèles parisiens, qui proposent un ensemble de caractéristiques bien reconnaissables, et éloquentes du nouveau statut de la colonie.

Le projet monumental de la métropole a tôt fait de colorer le paysage de la capitale: le château Saint-Louis (1647, 1692), l'église et le collège des Jésuites (1666), la cathédrale de Québec (1684), le palais épiscopal (1692) sont autant d'exemples qui imposent dans la colonie la présence du classicisme français. Les communautés et les ordres religieux suivent le mouvement. À Québec, à Montréal, à Trois-Rivières, surgissent ainsi du sol de vastes monuments dont l'échelle et l'expression formelle, quoique étonnantes dans cette contrée à peine défrichée, déteignent bientôt sur l'ensemble du paysage construit.

La pierre crépie et la pierre de taille Le classicisme – qui s'épanouit en France lorsque naît la Nouvelle-France – désigne l'héritage de l'Antiquité grecque et romaine, codifié au fil de la Renaissance en Italie (XVe s.), diffusé en France à partir du début du XVIe s., puis en Angleterre, un siècle plus tard. Il s'agit d'un langage architectural fondé sur un système de proportions (les ordres) et qui utilise un vocabulaire particulier (colonnes, chapiteaux, frontons, etc.).

En France, le classicisme connaît divers épisodes, caractérisés par des variations ornementales que l'on associe aux règne des rois (style Henri IV, Louis XIII, etc.); son impact dans la colonie, moins ostentatoire, ne préserve généralement que l'esthétique globale du classicisme «à la française». À la base de celle-ci, on construit en pierre: l'idéal classique s'affirme en effet par des formes régulières et bien découpées. À défaut de mettre au travail des tailleurs de pierre en nombre, les maîtres d'œuvre de la colonie doivent se satisfaire d'un calcaire sombre, équarri grossièrement; pour protéger la pierre de piètre qualité et les joints épais de l'appareil de maçonnerie, mais aussi pour simuler une couleur de pierre de taille plus claire, les murs sont enduits de chaux. Seuls les cadres (piédroits et linteaux) des ouvertures (portes, fenêtres et foyers) sont assemblés en pierre de taille bouchardée ou peignée.

Cependant, le développement d'une pratique traditionnelle en Nouvelle-France favorise aussi l'apparition de matériaux de substitution, témoins de l'adaptation au contexte colonial. Pour imiter les murs de pierre, on crépit les maisons à colombage; on va jusqu'à ériger les pans de bois avec le fruit caractéristique des murs de maçonnerie.

Les voûtes L'un des attributs essentiels de l'architecture classique française est la voûte, qui dégage l'édifice du sol et le protège du feu. Établissant un cellier dans les maisons bourgeoises, auquel s'ajoute une cuisine dans les palais et les couvents, la voûte de la Nouvelle-France est assemblée sur un cintre de bois à l'aide de pierres de carrière ou de moellons posés sur un lit de mortier, alors que les modèles métropolitains, valorisant la virtuosité des tailleurs de pierre, privilégient les voûtes les plus plates possibles, même assemblées «à joints secs», parfois. En cette voie, ce sont les ouvrages du XVIIe s., nés de la main d'hommes de métier immigrants, qui sont les plus achevés qu'ait connus la Nouvelle-France: les voûtes du XVIIIe s. témoignent déjà de l'édulcoration de l'art, adoptant un profil en berceau dont l'arc, très cintré, naît près du sol.

Les toits et les charpentes Pour ériger les toits des bâtiments, les ouvriers importent en Nouvelle-France la technologie de la «grosse charpente», ossature destinée à recevoir un recouvrement en pierre (ardoise). Les fermes de ces charpentes, ainsi que le contreventement faîtier important qui les relient, sont faites de pièces préparées hors du chantier et assemblées en peu de temps selon un ordre précis, à tenon et mortaise: la forme des assemblages, répondant à diverses situations, distingue l'évolution de ce type d'ouvrage en Nouvelle-France.

La «grosse charpente» du XVIIe s. épouse la proportion du «plein comble», c.-à-d. que le toit est, en profil, équilatéral; ceci signifie que la hauteur du faîte est déterminée par la profondeur du bâtiment. Au XVIIIe s., l'apparition du corps de logis doublé, augmentant considérablement cette profondeur, requiert que l'on adopte plutôt le triangle isocèle – la hauteur du toit équivaut à la demi-profondeur de l'édifice. Ces nouveaux toits moins hauts sont aussi charpentés moins lourdement, les fermes pouvant être espacées grâce à l'introduction de pannes; dotés d'échelles accrochées en permanence, ils sont de surcroît plus aisément escaladés, en cas d'incendie.

Le toit comme ornement Puisque le classicisme français inclut ainsi la forme du toit dans le propos formel de l'architecture, mais pour néanmoins éviter une structure inutilement coûteuse en bois long, tout en prévenant que soit exagérée la hauteur des toits sur les édifices plus profonds, les architectes introduisent le toit brisé ou «à la Mansart», le toit en carène et le toit à l'impériale, qui coiffe les tourelles des escaliers et des latrines. On veut ces toits couverts d'ardoise; mais après que la pénurie de ce matériau a, un temps, consacré quelques toitures incomplètes dans le paysage, on remplace les planches chevauchées, couvertures temporaires, par des substituts qui se popularisent: le bardeau de cèdre noirci et la tôle posée «à la canadienne», comme s'il s'agissait des ardoises en quinconce qui, en France, parent aussi les élévations.

Les portes et les fenêtres Les fenêtres de l'univers classique français sont de véritables «croisées», structures de bois où l'intersection d'un meneau droit et de croisillons suggère la forme d'une croix. La croisée divise la fenêtre en quatre sections: deux battants et deux vantaux, tous mobiles. En milieu urbain, les fenêtres sont généralement doublées de contrevents intérieurs en bois et de lourds rideaux; quelques premières fenêtres doubles apparaissent toutefois, pour parer au froid du pays. Quant aux portes, aveugles, elles sont faites de panneaux d'assemblage; les portes extérieures des bâtiments d'importance, faites de deux battants au XVIIe s. (le plus large étant mobile), ne comptent plus qu'un seul battant, toujours aveugle, au XVIIIe s. À l'intérieur, les portes ajourées de carreaux de verre, se multiplient.

Portes et fenêtres sont feuillurées et battent sur un cadre mince; la quincaillerie, posée en surface, est habilement travaillée par les forgerons.

La naissance d'une architecture «canadienne»

Dès le début du XVIIIe s., les hommes de métier délaissent le vocabulaire du classicisme au profit de la structure des bâtiments: seule y survit la forme essentielle de l'architecture classique, mâtinée des usages et des normalisations conséquents du contexte particulier de la colonie.

La normalisation de la maison urbaine Les hommes de métier sont encouragés à abandonner le vocabulaire classique par les nombreuses ordonnances des intendants qui, après les incendies de Québec (1682) et de Montréal (1721), interdisent l'usage des ornements et des boiseries afin d'éviter la propagation du feu. L'ordonnance rédigée par l'ingénieur Gaspard Chaussegros de Léry et promulguée par l'intendant Claude-Thomas Dupuy en 1727 est très explicite quant à la forme qu'adopteront les maisons: en pierre, celles-ci doivent s'élever sur des caves voûtées; leurs foyers et leurs cheminées sont logés dans les murs pignons; les souches des cheminées doivent être inscrites dans un seul massif de maçonnerie, pour en faciliter l'accès; les murs pignons et les murs de refends transversaux débordent des toits, faisant office de coupe-feu; les toits brisés, qui sont en fait des étages habités en bois, sont proscrits et remplacés par des combles à deux versants, non habités; les grosses charpentes disparaissent au profit de charpentes plus légères qui peuvent être démontées en peu de temps; enfin, toutes les boiseries (chambranles, galeries, tourelles d'escalier) sont interdites sur les murs extérieurs. L'ensemble de ces dispositions forme le premier véritable règlement d'urbanisme régissant la construction qu'ait connu le Canada.

Mais, aussi complète soit-elle, l'ordonnance n'a guère de chance d'être comprise par des hommes de métier pratiquement illettrés et dont la formation est antérieure à cette nouvelle codification. Aussi, la mutation de l'architecture monumentale classique française vers une première architecture «canadienne» passe par quelques chantiers majeurs qui vont servir d'école de formation au changement. L'un de ceux-là est le chantier de reconstruction du palais de l'intendant, dont l'incendie, en 1726, a d'ailleurs été la cause immédiate de la promulgation de l'ordonnance. Chaussegros de Léry dresse des plans de reconstruction intégrant toutes les spécifications du règlement. Ainsi diffusé et compris, reproduit par les hommes de métier et diffusé à nouveau, le prototype fait la norme: la maison urbaine en Nouvelle-France est un type architectural consacré auquel les «Canadiens» s'identifient.

Il faut dire que l'ordonnance et son prototype sous-tendent aussi la mise aux normes de l'expression ornementale dans la colonie où les maîtres d'œuvre avaient tendance à prendre quelques libertés par rapport aux conventions classiques – celles-ci, en effet, réservent l'usage des ordres aux nobles, soit à l'architecture des églises, des palais et des hôtels particuliers. L'architecture «à ordres absents» qui domine dès lors dans la colonie engendre l'uniformité caractéristique du paysage domestique de la Nouvelle-France: en l'absence d'un décor architectural, fut-il en bois, la dimension des maisons reste la seule marque de distinction possible aux bourgeois suffisamment fortunés pour acquérir de plus grands lots.

La maison rurale Si la maison en pierre reste cependant l'exception, plus coûteuse que la maison à colombages, l'apparition de procédés de substitution permettant d'imiter la figure souhaitée témoigne de la consécration du nouveau type architectural de la maison urbaine de la Nouvelle-France.

En milieu rural, où l'architecture domestique évolue plus lentement, notamment puisqu'elle n'y est pas réglementée comme dans les villes, la construction en pierre est d'autant plus rare; la construction en bois domine largement les villages et les campagnes du Régime français. Sur l'île d'Orléans, on ne compte, en 1743, que trois constructions en pierre.

Ce n'est que dans la seconde moitié du XVIIIᵉ s., quand le milieu rural connaîtra une expansion démographique considérable, qu'on introduira la maçonnerie pour agrandir les maisons en bois. Le carré ainsi ajouté latéralement est responsable de l'apparition de la figure typique des maisons en pierre étirées et peu profondes, nées d'une telle expansion ou construites d'un seul tenant pour loger plusieurs générations d'une même famille; dans la région de Montréal, le peuplement plus récent et la disponibilité des terres engendrent des maisons plus petites et moins élaborées.

Dans tous les cas, l'architecture des maisons rurales se limite cependant à une forme essentielle se référant à quelques modèles urbains; la figure du château Saint-Louis de Montmagny est reprise par plusieurs maisons de la côte de Beaupré et aussi par le manoir de Niverville (1729) à Trois-Rivières; de même, la mémoire du château Saint-Louis que reconstruit FRONTENAC, en 1692, survit dans la figure achevée du manoir Mauvide-Genest (1750), à Saint-Jean de l'Île d'Orléans.

L'art d'habiter

Au XVIIᵉ s., la Nouvelle-France se satisfait d'un confort bien relatif, en regard de nos critères actuels. L'usage métropolitain du bâtiment à corps de logis simple s'impose dès les débuts de la Nouvelle-France; les pièces de la maison, peu profondes, sont dites «traversantes», car elles s'ouvrent à la fois sur l'avant et sur l'arrière. Selon cette logique, une maison cossue est une maison qui s'étire en longueur, dont on ne peut contrôler l'expansion qu'en rassemblant les ailes du bâtiment, tantôt en forme de château, tantôt en forme de palais.

Châteaux et palais L'édifice de type «château» est formé de quatre corps de logis dressés autour d'une cour intérieure; les monastères et les couvents l'ont adopté dès le XVIᵉ s., puisqu'il symbolisait la vie recluse en permettant une circulation continue d'un corps de logis à l'autre, autour d'un cloître intérieur. À Québec, le monastère des ursulines, celui des augustines de l'Hôtel-Dieu, le collège des Jésuites, celui des Récollets et l'ensemble du Séminaire de Mᵍʳ de LAVAL sont des édifices de type château; conçus et partiellement mis en œuvre tôt dans le XVIIᵉ s., leur forme archaïque les distingue de bâtiments d'un type plus récent, les «palais».

Moins autarcique que le «château», l'édifice de type «palais» épouse une figure adaptée à l'environnement urbain: parallèle à la rue, le corps de logis principal se dresse au fond d'une cour d'honneur, qu'encadrent deux autres corps de logis, dits «avant-corps». Le palais et l'hôtel particulier – sa forme diminutive – apparaissent en France au début du XVIIᵉ s., et surclassent rapidement le château, puisque leur figure supporte la mitoyenneté. Au Québec, à Montréal d'abord, ce sont les Messieurs de Saint-Sulpice, fils de grandes familles nobles, qui adoptent les premiers le type du palais pour loger leur Séminaire, en 1685; puis, à Québec, en 1692, c'est Mᵍʳ de Saint-Vallier, prince de l'Église de sang noble, qui érige en guise de palais épiscopal un véritable hôtel particulier, qui sera d'ailleurs connu comme «l'hôtel de Mᵍʳ l'Évêque».

L'appartement et l'unité salle-chambre Dans ces corps de logis simples se retrouvent une ou plusieurs unités d'habitation: des «appartements». On y compte au moins trois pièces, disposées en enfilade: la sal-

le, l'antichambre et la chambre, chacune donnant accès à la suivante. L'appartement plus cossu peut comporter plusieurs antichambres et la chambre peut y être flanquée de «cabinets» de travail et de garde-robes, réduits sans fenêtres où sont entreposés les vêtements, mais aussi où dorment les domestiques et les enfants.

En milieu rural, ainsi que chez les artisans et chez les bourgeois moins fortunés, l'art d'habiter se satisfait de l'héritage médiéval: l'unité de deux pièces «salle-chambre», où la salle, traditionnellement, ne se distinguait de la chambre que par l'âtre qui s'y trouvait, chauffant la pièce et permettant d'y cuisiner. En Nouvelle-France, le climat proscrit une chambre non chauffée; aussi les plus démunis n'habitent-ils qu'une salle, servant aussi de chambre, tandis qu'une véritable unité salle-chambre, dotée de deux âtres, apparaît déjà comme un signe de richesse – quoique l'on retrouve généralement des lits ou «cabanes» dans les deux pièces de ces maisons. De cela il ressort que la seule distinction entre la salle et la chambre de la Nouvelle-France tient aux accès extérieurs (avant et arrière), ménagés à partir de la salle; bon nombre de maisons anciennes portent encore témoignage de cette convention, leurs portes avant et arrière étant toutes regroupées dans la même moitié du bâtiment.

Ces habitations sont des lieux où règne la promiscuité: en milieu rural, dès la fin du XVIIᵉ s., plusieurs générations de la même famille occupent la même unité salle-chambre d'une maison, tandis qu'en milieu urbain, la convention requiert du bourgeois qu'il subdivise sa maison en plusieurs unités salle-chambre, habitées par les familles de domestiques ou de locataires. C'est dire que les grandes maisons bourgeoises, élevées sur plusieurs étages, sont de véritables immeubles à logements multiples où le propriétaire, ses employés, les domestiques et les locataires partagent les mêmes allées, les mêmes escaliers, les mêmes latrines, la même cuisine, dans un aménagement non hiérarchisé des circulations qui forcent les uns à traverser les pièces des autres pour accéder à leur logement.

Le corps de logis double Au début du XVIIIᵉ s., les Français introduisent au Québec l'usage du corps de logis doublé, construction plus profonde où les pièces ouvertes sur l'avant («côté cour») sont séparées par un mur de refend des pièces qui s'ouvrent sur l'arrière («côté jardin»). C'est alors que le type «palais» déclasse définitivement le type «château», parce qu'il s'adapte aisément au doublement du corps de logis. Le premier édifice, qui témoigne de ce nouvel art de vivre, est le palais de l'intendant que conçoit l'ingénieur La Guer Morville, en 1713: autour d'une vaste salle implantée au centre, qui accueille les délibérations du Conseil souverain, se déploient l'appartement de l'intendant, au nord, et celui de son épouse, qui fait miroir au sud. Cette convention, qui veut que les époux de rang noble ne cohabitent pas dans le même appartement, explique que le palais épiscopal et le château Saint-Louis de Frontenac, construits pour des célibataires, soient restés à demi inachevés.

Quoique l'habitat multifamilial et la promiscuité ne changent pas tout au long du Régime français (il faut attendre l'usage britannique pour qu'apparaisse l'habitat unifamilial), le doublement du corps de logis a un impact considérable sur l'architecture domestique et sur le paysage construit. À partir de 1720, la plupart des maisons en milieu urbain sont bâties plus profondes, puisqu'elles contiennent deux rangées de pièces adossées, ce qui facilite évidemment la modification des unités salle-chambre en unités d'appartements, plus vastes. On voit apparaître des cuisines à côté des salles, et des antichambres, des cabinets et des garde-robes, autour de la chambre. Plusieurs bâtiments existants sont reconstruits et pour être doublés, au vu de telles dispositions: c'est le cas du château Ramezay, à Montréal, en 1756, de la Grande Maison des forges du

Saint-Maurice, en 1737 et du manoir de Boucherville, après la Conquête.

Le mobilier Dans les palais et dans les hôtels particuliers de la Nouvelle-France, les meubles sont de qualité, mais peu variés; pour les bourgeois et artisans du XVIIᵉ s., le mobilier est une chose rare, limitée à des coffres, des tabourets, plusieurs paillasses et un lit par maisonnée. La typologie se diversifie au XVIIIᵉ s., avec l'expansion des unités d'habitations; mais au lieu d'œuvres sculptées d'ébénistes et de meubliers, comme on en trouve en métropole, ce sont alors des menuisiers qui assemblent en panneaux et moulures les armoires, les chaises, les tables et les autres meubles témoignant de la spécialisation de l'habitat. C'est dire que les meubles qui datent du Régime français sont rares, d'autant plus que ceux qui étaient importés de France, à défaut d'une tradition d'ébénisterie locale, y sont retournés avec leurs propriétaires au lendemain de la Conquête. L'essentiel du mobilier dit «traditionnel» appartient à la seconde moitié du XVIIIᵉ et au début du XIXᵉ s., quand les conditions économiques plus favorables et l'évolution de l'art d'habiter offriront aux Canadiens de vivre dans des maisons plus confortables.

Églises et clochers

La présence de l'Église, au départ justifiée par l'œuvre missionnaire dans le Nouveau Monde, s'affirme rapidement dans les établissements européens par un ambitieux programme de construction. Les premiers, les jésuites, entreprennent en 1647 la construction de l'église Notre-Dame-de-la-Paix, à Québec: il s'agit d'une structure de pierre simple, dont le plan en croix latine, l'abside semi-circulaire «orientée» (tournée vers l'est, comme le veut la tradition chrétienne), les chapelles latérales au niveau du transept, le petit clocheton de la croisée se conforment aux usages métropolitains. C'est cependant surtout après 1664 que l'architecture religieuse connaît un essor prodigieux, en nombre et en qualité, dans l'immense nouveau diocèse confié au premier évêque, François de LAVAL. Celui-ci encourage la construction de vastes églises dans les villes en expansion et des lieux de culte plus modestes, mais néanmoins en pierre, dans les premières paroisses qu'il érige en milieu rural.

En 40 ans, plusieurs édifices religieux majeurs ont été construits à Québec et à Montréal, quoique souvent victimes des mésaventures typiques des chantiers du Régime français. En 1666, ce sont à nouveau les jésuites qui, évincés de la paroisse Notre-Dame, érigent une nouvelle église attenante à leur collège, juste en face; le plan en croix latine, les deux tourelles d'escalier en façade et la toiture en croupe couverte d'ardoise y sont typiques de l'architecture des jésuites en Europe. En réponse à l'affront, l'évêque ordonne la reconstruction de la petite église de 1647 pour lui conférer une dignité épiscopale – le diocèse a été érigé en 1674 – et l'architecte Claude BAILLIF reçoit le mandat d'ériger une vaste cathédrale dont la façade serait dominée par deux hautes tours. Le chantier débute en 1684 mais subit plusieurs interruptions; l'église reste inachevée. Il en va de même pour le palais épiscopal que se fait construire Mgr de Saint-Vallier, en 1692, par le même Claude Baillif. Le bâtiment prévu n'est réalisé qu'à moitié cependant que la chapelle – qui devait en former le centre – demeure un élément externe, admiré pour ses qualités architecturales: façade en pierre de taille rythmée par des pilastres et des chapiteaux de l'ordre composite, et toiture en forme de carène.

D'autres édifices apportent ainsi les modèles de l'architecture religieuse de la mère-patrie; l'église Saint-Antoine des récollets, construite à Québec à partir de 1693, et l'église Notre-Dame de Montréal, commencée en 1672 et péniblement terminée en 1683, qui évoque la figure de l'église des sulpiciens à Paris.

Ces églises monumentales, aujourd'hui toutes disparues, ont introduit la norme de l'architecture religieuse classique qui avait cours en France au XVII⁰ s. Elles sont devenues des modèles et ont, à leur tour, inspiré des constructions plus modestes qui n'ont retenu des prototypes que les solutions qui paraissaient les mieux adaptées au contexte socio-économique de la Nouvelle-France.

En milieu rural, les premières églises reproduisent donc les dispositions fort simples de Notre-Dame-de-la-Paix, pour ensuite, sous la pression démographique, être agrandies selon le modèle de la cathédrale; au début du XVIII⁰ s., ce modèle devient la norme dans les paroisses rurales, où la nef allongée et le clocher déporté vers le pignon de façade caractérisent l'image uniforme de l'église en Nouvelle-France. Les églises du Cap-de-la-Madeleine (1715) et de Saint-Pierre de l'Île d'Orléans (1717) en sont les exemplaires les plus anciens.

Les autres grands modèles urbains ont aussi un impact; les églises des récollets de Québec et de Montréal connaissent une large descendance, en raison de leur vaste nef et de leur plan simple, facile à construire. À Saint-Jean (1732) et Saint-François (1734) de l'Île d'Orléans tout comme au Sault-au-Récollet (1749), sur l'île de Montréal, cette influence est toujours bien observable. Semblablement, l'église de la Saint-Famille de l'Île d'Orléans, construite à partir de 1743, porte la mémoire de l'église des jésuites de Québec dont elle a repris la figure et les dimensions.

La chapelle de Mⁱʳ de Saint-Vallier devient aussi un modèle, diffusé notamment à travers le plan que Jean Maillou en tire pour l'adapter à une commande en milieu rural. Avec son abside en hémicycle, inscrite dans la ligne des murs de la nef, l'église de Saint-Étienne de Beaumont (1726) illustre bien cette figure simple qui a dominé tout au long du XVIII⁰ s.

La sobriété qui s'impose à travers cette diffusion des modèles, dans les extérieurs, contraste avec l'éclat des intérieurs composés par les sculpteurs-ornemanistes, richement sculptés et rehaussés de dorures et polychromies. Il faut dire que, de façon générale, les ornements de fer forgé, de plâtre et de bois sont fort populaires au XVII⁰ s.; dans les églises notamment, en prenant pour modèle quelques œuvres importées, comme le baldaquin de l'ancienne chapelle du palais épiscopal et le maître-autel de l'église Sainte-Hélène de Kamouraska, les Noël Levasseur (1680–1740) et Jacques Leblond dit Latour (1671–1715) établissent une solide tradition en sculpture architecturale, qui fleurira tout au long des XVIII⁰ et XIX⁰ s. Le témoin le plus éloquent de cet art est le retable de la chapelle des ursulines, réalisé à partir de 1730 par Pierre-Noël Levasseur (1690–1770) et son atelier.

Il reste que, à travers la construction des églises de la Nouvelle-France, le recours aux prototypes urbains, autant que les aventures de certains chantiers, évoquent clairement la «canadianisation», qui passe d'abord par de nombreuses réductions par rapport aux modèles originels de la mère-patrie. Devant les retards entraînés sur les chantiers par les difficultés de compléter d'ambitieux programmes architecturaux, l'ingénieur Chaussegros de Léry, là aussi, se distingue en proposant une solution adaptée au contexte colonial: un projet en trois temps, prévoyant qu'on érige d'abord le gros œuvre (la maçonnerie et la charpente), l'ornementation ne devant être complétée que plus tard, selon les moyens de la paroisse. Bref, la «canadianisation» rend les constructions possibles, même si les projets se limitent de plus en plus à l'édification de la forme essentielle, débarrassée de tous les ornements.

Le poids de l'héritage

Après 1760, quand la Conquête sonne le départ des élites françaises, les «Canadiens» nés au pays, déjà bien établis, demeurent; parmi eux, ceux qui ont côtoyé les hommes de métier français appelés à œuvrer en Nouvelle-France restent les uniques porteurs de l'esthétique et des savoir-faire tant bien que

mal importés, puis développés pendant le Régime français. Les destructions massives de la guerre créent un formidable besoin de constructeurs, tout en mettant en valeur les métiers du bois, les structures de pierre ayant, quant à elles, survécu aux incendies. C'est la chance de quelques-uns, dont le maître charpentier Jean BAILLAIRGÉ (1726-1805) qui, ayant acquis une habileté en dessin, se qualifiera comme architecte de la reconstruction de Québec.

Peu de traces survivent de la Nouvelle-France: parfois incendié, détruit, reconstruit et modernisé à travers les siècles, l'héritage du Régime français parvient à l'an 2000 plus en archives que dans la rue, où l'on ne trouve guère que les dispositions ultimes d'un long processus de réduction, d'adaptation, de canadianisation pour évoquer la mémoire des efforts fournis jusqu'en 1760.

L'architecture en Nouvelle-France est faite de papier et d'intentions; les conventions rigides et les ambitions de la mère-patrie ont légué une vision du monde, préservée dans les représentations du paysage, plus qu'un véritable paysage construit. La prééminence du savoir-faire des hommes de métier, source même de l'édulcoration des modèles métropolitains, est pourtant aussi responsable de la survivance d'une architecture de la Nouvelle-France, devenue «forme essentielle» sur laquelle les siècles suivants ont superposé de nouvelles formes, de nouveaux matériaux, de nouveaux modes d'habiter; les pratiques traditionnelles en ont perpétué l'image, bien au-delà de la Conquête, dans le paysage canadien construit.

Lucie K. Morisset et Luc Noppen

Architecture de la Conquête à la Confédération (1759-1867)

Jusqu'aux années 1830 au moins, et même plus tard dans certaines régions, l'architecture du régime anglais est polarisée sur les formes géorgiennes, symbole de l'ordre impérial britannique, et les diverses tendances régionales déjà établies sur le territoire ou en voie de l'être.

Québec après la Conquête Au Québec, le passage du régime français au régime anglais n'a pas d'impact immédiat sur les formes architecturales. La Guerre de Sept ans sème la destruction dans les villes et les villages en bordure du Saint-Laurent, mais la période de reconstruction qui lui succède favorise des types de construction déjà en usage et raffermit leur interprétation vernaculaire. Des illustrations des villes de Montréal et de Québec au début du XIX⁰ s. montrent des maisons qui respectent le type de construction établi pendant le Régime français. Cependant, la caractéristique la plus marquante de ces bâtiments n'apparaît qu'en coupe: la large charpente de toiture contient un entrait retroussé (coyau), qui donne aux fermes l'aspect d'un «A» ouvert à la base. Le plancher de l'étage supérieur se trouve sous les sablières, ce qui crée un espace de vie hybride, en partie entouré de la structure de maçonnerie et en partie entouré par le toit. Les fenêtres des lucarnes typiques situées dans la partie inférieure du toit et reposant directement sur les sablières constituent le résultat de cet aménagement intérieur. En façade, la portion du mur située au-dessus du plancher s'appelle le surcroît parce qu'elle fait apparaître le mur plus haut qu'il ne l'est réellement. C'est l'espace anormalement grand entre les fenêtres les plus élevées et la bordure du toit qui permet de le repérer.

Les établissements religieux aident à perpétuer d'autres modes de construction bien établis. Un bon exemple de ce type est le Château Bellevue (1777-1781; agrandi en 1870), situé à Petit-Cap près de Saint-Joachim, que les dirigeants du Séminaire de Québec font construire comme maison de vacances pour leurs étudiants. Cet édifice appartient au type de charpente à pieux utilisé pour les établissements religieux de tout le régime français. Le Château Bellevue, construit entre 1777 et 1781, est un bâtiment allongé de deux étages avec un toit à pente raide à

versants aux deux extrémités. Le toit est soutenu par une charpente à entrait retroussé, ce qui est facilement visible de par la position des lucarnes. Le plan compte une seule série de chambres accessibles par une rangée de portes d'un coté, comme dans les palais et les hôtels français du XVIII⁰ s. Aujourd'hui, la façade principale compte deux portiques à arc plat et bossage: celui de la partie originale, du côté gauche, est fait de pierre et celui de l'agrandissement de 1870 est une copie en bois du précédent. Les ouvertures sont régulièrement réparties, et seules les lucarnes placées dans un ordre plus serré au-dessus de la porte originale montrent une certaine irrégularité.

Par opposition à cette survivance des types de bâtiments français, les dirigeants britanniques se sont graduellement établis à Québec en transformant les édifices publics existants et en érigeant de nouveaux bâtiments de style palladien. Ces interventions aboutissent parfois à la création de nouvelles agglomérations qui offrent de puissants symboles de la présence britannique, comme sur la Place d'Armes, à Québec, où le Château Haldimand (1786, détruit en 1892) a été construit comme annexe au Château Saint-Louis, pour y tenir les réceptions ne trouvant pas de place dans ce dernier. L'extérieur, que l'on peut voir sur de vieilles photographies, donne un exemple de l'apparence austère qui caractérise les premiers édifices publics érigés par le nouveau régime. Le palais de justice (1799-1804, détruit par le feu en 1873), situé face à la rue Saint-Louis, de l'autre côté de la Place, reprend le modèle adopté par d'autres palais de justice au Canada à cette période, bien que son architecte soit l'artiste de la ville de Québec, François Baillairgé (1759–1830).

Puis la cathédrale Holy Trinity (1800-1804, modifiée en 1816), dont l'abside est traitée en façade secondaire donnant sur la Place, est érigée dans un style palladien sans compromis et selon les plans de deux officiers britanniques, le capitaine William Hall et le major William Robe. Robe est également chargé de l'aménagement du paysage de la Place d'Armes. Quelques années plus tard, le vieux Château Saint-Louis (modifié en 1808-1811; incendié en 1834) se transforme en composition palladienne: un troisième étage est ajouté, un nouveau toit à pente plus faible est posé et de larges frontons classiques complètent le tout.

Provinces maritimes avant les loyalistes Dans les Maritimes, la déportation des Acadiens et l'arrivée de pionniers des colonies britanniques situées le long de la côte atlantique créent une situation assez différente de celle qui existe au Québec. Néanmoins, la polarité entre le régionalisme et l'impérialisme demeure une caractéristique majeure de l'architecture de cette période. Les nouveaux colons apportent avec eux des types et des techniques de construction qui leur sont familiers. Ce mouvement établit un lien solide avec la Nouvelle-Angleterre bien avant l'arrivée des loyalistes dans les années 1780. La Maison Simeon Perkins (1766-1767, agrandissement 1781, 1792), à Liverpool, en Nouvelle-Écosse, constitue un excellent exemple de ce lien. Il s'agit d'un bâtiment à ossature de bois, parement de clin et toit à pignon, comme on en retrouve en Nouvelle-Angleterre. Sur la façade avant, les fenêtres sont situées près du haut du mur et ne laissent pas d'espace pour un surcroît. Ce détail laisse supposer que les fermes qui soutiennent le toit sont triangulaires, munies de tirants à la base, plutôt que des coyaux communément utilisés au Québec. En 1781, lors de l'agrandissement de la maison, des lucarnes sont ajoutées et elles doivent être placées à demi dans la pente du toit de façon à correspondre à l'espace intérieur.

La ville de Barrington, en Nouvelle-Écosse, est fondée en 1761 sur le site de Le Passage, qui avait été rasé par les habitants de la Nouvelle-Angleterre en 1755. Sa chambre d'assemblée (1765) appartient à un type communément utilisé par les congréganistes de la Nouvelle-Angleterre du XVIII⁰ s. La porte d'entrée est située au milieu d'un des longs côtés, alors que l'intérieur est disposé le long du plus court axe du bâtiment. La chaire fait face à l'entrée, et la grande salle d'assemblée est entourée de galeries sur les trois autres côtés. À l'extérieur, les fenêtres du haut, qui apportent de la lumière aux galeries, se replient contre les avant-toits d'une manière typique de la Nouvelle-Angleterre et scindent la frise sous la corniche. Cette dernière, de même que les longs pilastres corniers, constitue les seuls éléments d'ornementation classique du bâtiment.

Contrairement à ces édifices vernaculaires, les projets menés par les dirigeants se conforment généralement à des précédents britanniques qui supposent l'allégeance à la Couronne. Le duc de Kent, qui fait part de son mécontentement devant l'architecture des édifices publics de Halifax lors de son séjour dans cette ville, fait construire l'Horloge de la Ville sur la colline de la Citadelle en 1802-1803. Il s'agit d'une variation du petit temple de Bramante (Tempietto), à Rome. Cet édifice est donc un exemple typique du classicisme géorgien appliqué aux colonies.

La PROVINCE HOUSE (1811-1819), qui ressemble au bloc central d'une résidence d'été du XVIIIe s. en Angleterre plus élaboré et plus monumental. Dans cet édifice, les formes palladiennes sont traitées de façon baroque. Des colonnes ioniques monumentales soutiennent un fronton central arborant les armoiries royales. Aux deux extrémités de la façade principale et au centre des façades latérales, des pilastres soutiennent également leurs propres frontons, plus petits que ceux de la façade principale. Ces colonnes et pilastres relient les deux niveaux supérieurs de l'élévation, et un premier étage rustiqué fournit le basilaire pour la partie supérieure.

Le style palladien constitue une façon originale d'utiliser le vocabulaire classique en Angleterre, basé sur le travail de l'architecte de la Renaissance, Andrea Palladio. Ce style sera utilisé pour la construction d'édifices représentant l'ordre britannique jusqu'à la moitié du siècle, et le Colonial Building (maintenant la PROVINCE HOUSE, 1843-1848) à Charlottetown, à l'Île-du-Prince-Édouard, l'utilise plutôt efficacement. Situé à Queen Square, il fait partie d'un autre petit groupe d'édifices qui symbolisent les institutions britanniques. À St. John's, à Terre-Neuve, le Colonial Building (James PURCELL, 1846-1850) est également une conception de type palladien fort bien rendue dont le portique ionique monumental soutient un fronton classique aux armoiries royales.

Loyalistes Leur arrivée dans les années 1783-1784 se traduit par une augmentation radicale de la population dans bien des régions. Les loyalistes ramènent des colonies qu'ils laissent derrière eux de nouvelles conceptions architecturales, mais ils se tournent aussi directement vers les modèles britanniques que préfèrent les élites locales. La ville de Shelburne, en Nouvelle-Écosse, fait l'objet d'un relevé à l'intention des nouveaux colons. Des terres sont distribuées gratuitement, et près de 1500 bâtiments sont construits en 1783 et en 1784. Deux édifices adjacents connus sous le nom de la maison et le magasin Ross-Thompson (début des années 1780) témoignent de l'influence coloniale américaine déjà présente en Nouvelle-Écosse. Le toit à deux pentes, qui ajoute une note tout à fait géorgienne au magasin, se voit fréquemment en Nouvelle-Angleterre sur les maisons et les édifices publics du XVIIIe s.

Beaucoup de maisons de cette période utilisent un vocabulaire classique qui correspond aux modèles coloniaux américains, mais leurs caractéristiques géorgiennes ont la même signification que dans les colonies du XVIIIe s., notamment l'aspiration vers les valeurs britanniques et la loyauté à la Couronne. C'est le contexte colonial lui-même plutôt que la source réelle d'inspiration qui donne un sens à ces formes. La Maison des loyalistes de Saint-Jean, au Nouveau-Brunswick, (vers 1810-1817), une maison

à double pilotis, montée sur sous-sol élevé et recouverte d'un toit plat, rappelle les maisons des commerçants de Salem de Marblehead, au Massachusetts ou de Portsmouth, au New Hampshire. Sa construction à ossature de bois recouverte de bardeaux est typique de l'Amérique, mais son entrée adamesque témoigne d'une bonne connaissance des modèles britanniques.

Acacia Grove (1811-1817), à Starr's Point, en Nouvelle-Écosse, est une structure de maçonnerie imposante mais compacte dont le type de plan est similaire. Cependant, ses deux cheminées s'élèvent entre les chambres de l'avant et de l'arrière, et les conduits apparaissent au milieu des arêtes du toit plutôt que dans les murs d'extrémité. Sa sobriété et sa stabilité ne sont pas sans rappeler les maisons des plantations du Sud mais, comme toute bonne conception géorgienne, elle exprime son allégeance aux valeurs britanniques, comme l'aurait fait en Virginie ou dans les Carolines avant la révolution.

Haut-Canada (Ontario) Avant le début de l'immigration des loyalistes au Canada, le Haut-Canada était peu peuplé. Leur installation au pays constitue seulement une partie des moyens utilisés par les autorités britanniques pour développer la région. Cataraqui (Kingston) fait l'objet d'un relevé en octobre de l'année 1783 afin d'accueillir un groupe de loyalistes de New York. Newark (Niagara-on-the-Lake) est fondée en 1792 pour devenir la capitale du Haut-Canada. Ces villes loyalistes, tout comme de nombreuses autres, sont conçues sur le modèle d'une grille régulière déployée avec une rigidité toute militaire. De la même façon, les plans de la ville de York (Toronto), qui remplacera Newark à titre de capitale en 1796, sont conçus en 1793 sans tenir compte de la topographie.

Une fois le XIXe s. bien amorcé, la plupart des habitants du Haut-Canada vivent dans des maisons en rondins et, moins souvent, dans des maisons à charpente de bois ou des maisons de maçonnerie. Les constructeurs canadiens-français contribuent à faire connaître les techniques de construction qui leur sont familières, et les loyalistes, qui viennent de diverses régions des États-Unis, en font autant. Cependant, la plupart des propriétaires tendent vers les modèles géorgiens proposés par l'élite. Comme dans les autres régions, le vocabulaire classique géorgien et, plus particulièrement, le style palladien, constituent les symboles de la structure du pouvoir colonial britannique et contribuent à sa légitimation, car ils sont associés au bon goût et au raffinement culturel.

The Grange, la maison de brique construite par D'Arcy Boulton fils, à Toronto (1817-1818, agrandissement vers 1840 et 1880), représente l'une des conceptions palladiennes les mieux réussies de cette période. Les trois baies centrales de la façade à cinq baies font saillie vers l'avant, et un large fronton classique les surplombe. La base de l'élévation est peu élevée, comme dans les villas à deux étages de Palladio, le toit à croupe présente une faible pente et la sobriété générale des détails permet à l'ensemble de respirer aisément. Au début du XIXe s., la plupart des maisons de l'élite s'inspirent de modèles similaires. La Maison William-Campbell (1822), située à Toronto, en est un autre exemple remarquable, et on en trouve plusieurs autres spécimens à Kingston et à Perth.

Prairies Au cours de cette période, le développement des Prairies est sous le contrôle des compagnies qui font le commerce de la fourrure et qui, au début, ne favorisent pas la colonisation permanente de la terre sur laquelle on leur a accordé des droits de commerce. La Compagnie de la baie d'Hudson et la Compagnie du Nord-Ouest embauchent plusieurs artisans de Québec pour construire des postes de traite, contribuant ainsi à la dissémination des techniques de construction venues de la Nouvelle-France, comme le colombage pierrotté et le pièce sur pièce à tenons à coulisse, ou la technique dite du «poteau à rainures».

Lower Fort Garry, construit en 1830 au bord de la rivière Rouge au Manitoba, offre un bel exemple d'architecture de poste de traite, même s'il n'est pas tout à fait typique étant donné l'utilisation de la maçonnerie. C'est un complexe de bâtiments à l'organisation hiérarchique très claire, entouré de murs de maçonnerie droits dont les angles sont munis de bastions circulaires. L'édifice principal, appelé la grande maison (1831-1832), est une structure de maçonnerie au toit en croupe à forte pente, entourée sur trois côtés d'une véranda dont les caractéristiques rappellent l'architecture domestique de Québec. On peut observer des exemples de poteaux cannelés dans la récente reconstruction de la Maison Carlton, à Carlton, en Saskatchewan. Un poste de traite construit par la Compagnie de la baie d'Hudson en 1810 présente un aménagement formel d'édifices entourés d'une palissade en bois dont les coins sont munis de bastions, comme au Lower Fort Garry, mais entièrement faits de bois.

Le développement de la région de la rivière Rouge est stimulé par lord SELKIRK, qui fait l'acquisition d'une portion importante de terre de la Compagnie de la baie d'Hudson en 1811, afin de poursuivre sa mission philanthropique en faveur des dépossédés de l'Écosse et de l'Irlande du Nord. En dépit des conflits avec la Compagnie du Nord-Ouest, la colonisation de la rivière Rouge se poursuit, et des documents montrent que la technique du poteau à rainures, qui est depuis connue sous l'appellation de pièce sur pièce à tenons en coulisse (plus loin, on y fait référence en tant que «charpente de bois de la Rivière rouge»), est la technique de construction la plus commune. Dans cette technique, les poteaux reposant sur un seuil, fournissent un cadre solide dont les baies sont remplies de pièces de bois horizontales et munies de languettes glissant dans les rainures pratiquées dans les côtés de chaque poteau. Ces maisons ne comportant généralement qu'un seul étage, elles ont souvent une mansarde dont le plancher est fixé dans les murs, créant ainsi un surcroît dans le style québécois. La Maison Pierre Delorme (vers 1857-1871), préservée dans le parc provincial de Saint-Norbert, en est un excellent exemple.

Le couvent de deux étages des Sœurs grises de Saint-Boniface, au Manitoba (1846-1851), est aussi une construction à charpente de bois de la rivière Rouge. Les lucarnes fixées à la base du toit et l'importante pièce de mur au-dessus des fenêtres supérieures de l'élévation révèlent encore une fois l'existence d'un surcroît.

On ne rencontre pas souvent le vocabulaire géorgien dans les Prairies au cours de cette période mais, lorsqu'on est à la recherche de références sur les institutions britanniques, des modèles et des types communs dans l'est du Canada refont surface. Vers le milieu du siècle cependant, la popularité de la renaissance des styles pratique de larges brèches dans l'autorité que le vocabulaire classique a héritée de la Renaissance, et d'autres références commencent à émerger dans l'ensemble du Canada colonial.

Renaissances stylistiques

La renaissance des styles, comme le néoclassicisme, le style néogrec et le néogothique établissent un type particulier de relation avec le passé. Chacun d'entre eux traite l'architecture d'une période distincte comme s'il s'agissait d'un système rigide qu'on ne pouvait adopter qu'en tenant compte des associations qu'il engendre dans l'esprit des usagers. Au Canada, un nombre important d'édifices suivent rigoureusement les codes d'un style de renouveau particulier, mais plus souvent encore les éléments architecturaux sont utilisés comme des fragments exacts sur le plan archéologique, puis incorporés aux compositions qui, autrement, respectent les conventions géorgiennes. L'édifice colonial de St. John's, à Terre-Neuve, en est un bon exemple de cette pratique. Le porche, dérivé des temples antiques, reflète une certaine connaissance archéologique. Les marches rappellent celles d'un temple, et les chapiteaux ioniques ont des volutes à l'avant et à l'arrière uniquement, plutôt que sur les quatre côtés.

L'Église presbytérienne St. Andrew (1831, flèche remplacée en 1854) à Niagara-on-the-Lake représente un exemple plus complet du style néogrec. Sa façade est aménagée tel le devant d'un temple et présente une colonnade dorique autoportante à la manière antique. Les colonnes n'ont pas de base, les chapiteaux ne présentent qu'une simple échine (moulure arrondie) et l'abaque est un simple élément carré. Le toit, dont le pignon forme un fronton classique, intègre ce fragment archéologique au reste de l'édifice.

Néoclassicisme Cette période, qui couvre surtout les années 1830, 1840 et 1850, est la période au cours de laquelle un nombre important d'architectes de la Grande-Bretagne immigrent au Canada. Parmi eux, on trouve Henry Musgrave Blaiklock (1790-1843) à Québec, George BROWNE (1811-1885), qui vit tour à tour dans les villes de Québec, de Montréal et de Kingston, John Ostell (1813-1892) à Montréal, Thomas Rogers (vers 1780-1853) à Kingston et à Toronto, William Thomas (1799-1860) à Toronto et John Wells (1789-1864) à Montréal.

Le style néoclassique est rapidement adopté pour les édifices publics, tant par l'administration municipale que gouvernementale. L'hôtel de ville monumental de Kingston (George Browne, 1843-1844, dôme remplacé en 1909) est un excellent exemple de cette évolution. L'avant du temple placé au centre de sa longue façade est très bien intégré. Les colonnes toscanes simples, la corniche qui court sur toute la façade, les pilastres aux deux extrémités, le bossage, les arches autour des fenêtres, tous ces éléments sont conçus de façon claire, simple et puissante.

À Toronto, l'OSGOODE HALL, construit en plusieurs étapes (1833, 1844-1845, 1857-1860), est également un bel exemple de l'interprétation néoclassique du vocabulaire géorgien. Cependant, l'exemple le plus élégant est probablement celui de la Banque de Montréal (1845-1848) sur la Place d'Armes à Montréal, dont la façade a été conservée avant l'addition de l'édifice Beaux-arts de McKim, Mead et White. On peut apprécier l'accent mis sur l'ordre et le vocabulaire dans le renouveau classique en comparant cette façade à l'édifice précédent de la Banque de Montréal (1818-1819), près duquel il a été érigé.

Néoclassicisme québécois Au Québec, le néoclassicisme est fortement associé à l'abbé Jérôme DEMERS (1774-1853) et à son architecte, Thomas Baillairgé (1791–1859). Demers, vicaire général du diocèse, donnait un cours d'architecture au Séminaire de Québec qui visait à adapter les principes de Jacques-François Blondel à Québec, amenant ainsi les idées néoclassiques sur le sujet de l'architecture héritée de la Nouvelle-France. Le Séminaire de Nicolet (1826-33) est conçu par Demers lui-même, alors que «l'architecture» (le fronton, la corniche, le portail et le beffroi) l'est par Baillairgé.

Cependant, dans les années 1830, les réalisations de Baillairgé deviennent plus élaborées, en partie sous l'influence des architectes britanniques établis dans la ville. Ses réalisations pour le parlement de Québec (construit de 1831 à 1850, incendié en 1854) et la cathédrale Notre-Dame de Québec (construite en partie en 1843-44) révèlent son assimilation du vocabulaire architectural contemporain.

Néogothique Le renouveau gothique devient graduellement le courant le plus important de l'architecture canadienne dans la seconde moitié du XIXᵉ s. Le néogothique en Grande-Bretagne évolue en partie parce que les édifices gothiques sont considérés comme la forme même de l'architecture antique de la Grande-Bretagne. Il passe d'une tendance décorative et picturale à une meilleure compréhension archéologique des édifices médiévaux et, par le biais de cette compréhension, il atteint une philosophie dont la morale est plus étayée. Ces différentes phases de la renaissance gothique ont toutes un effet sur l'architecture canadienne.

Églises néogothiques Le plus ancien édifice de prestige à adopter le vocabulaire gothique est l'ÉGLISE NOTRE-DAME (1823-1829; tours terminées en 1843) à Montréal. Conçue par James O'Donnell (1774-1830), architecte établi à New York, l'église possède un plan rectangulaire simple de type géorgien, mais son vocabulaire architectural (arc en tiers-point, supports polygonaux, créneaux) est entièrement emprunté au gothique.

Bien que la renaissance gothique continue de connaître certains succès auprès de l'Église catholique romaine, elle ne deviendra jamais son style privilégié. Le néobaroque, offrant des associations avec l'Italie, sera avantagé. À l'opposé, dans l'Église anglicane, le gothique devient rapidement la référence la plus courante. La CATHÉDRALE CHRIST CHURCH (Frank Wills, corrections apportées par William Butterfield, 1845-1853; flèche reconstruite en 1911-1912) à Fredericton, au Nouveau-Brunswick, reflète les idées du mouvement ecclésiologique de Grande-Bretagne. Non seulement l'édifice présente des détails ornementaux bien assimilés, mais il se distingue également par des espaces complexes qui s'expriment à l'extérieur comme s'il s'agissait de volumes distincts. Même l'entrée est traitée comme un volume indépendant juxtaposé au corps de l'église.

Les principes du mouvement ecclésiologique sont également suivis dans les églises de paroisse telles que St. Stephen's-in-the-Fields (1858, restaurée en 1865) à Toronto, et d'autres églises protestantes les endossent rapidement. Ces principes sont également appliqués à de petites églises en bois, bâties des Maritimes jusqu'en Colombie-Britannique, dont le développement connaît une expansion extraordinaire due à la Ruée vers l'or à la fin des années 1850. De cette façon, la renaissance gothique supplante complètement le vocabulaire géorgien, dont l'universalité n'avait pas été remise en question jusqu'aux années 1830. Au milieu du XIXᵉ s., un langage architectural universel étant devenu impossible, l'éclectisme typologique, qui définit le style approprié à donner à chaque type d'édifice, prend la relève: le classicisme devient associé aux banques, le gothique, aux églises anglicanes et protestantes, le baroque, aux églises catholiques romaines, etc.

Édifices du parlement d'Ottawa La popularité du gothique atteint un point culminant avec l'érection des ÉDIFICES DU PARLEMENT, à Ottawa, qui est choisie comme capitale du Canada en 1857. À cette époque, les édifices se doivent d'adopter le «style gothique civil» que l'on peut observer, p. ex., dans les hôtels de ville flamands de la fin du Moyen Âge. Cependant, ils représentent aussi une étape vers la combinaison de références et de styles multiples dans un seul et unique projet. La composition de l'ensemble du complexe peut être comparée au Campidoglio de Michel-Ange à Rome, dans lequel le siège du gouvernement se trouve à l'extrémité d'une cour et les édifices assortis se trouvent sur deux côtés opposés. L'édifice du Parlement (Thomas Fuller et Chilion Jones, 1859-76; incendié en 1916), dont la tour monumentale se trouve au milieu de la façade, et les immeubles ministériels disposés de façon symétrique (Thomas Stent et Augustus Laver, 1859-65) établissent un ensemble de relations comparable, mais le caractère formel de l'ensemble est contrebalancé par la multitude d'éléments gothiques, par la maçonnerie polychrome et par certaines dissemblances dans la composition des deux derniers édifices.

La bibliothèque du Parlement, qui constitue la seule partie ayant survécu à l'édifice principal, illustre clairement cette approche synthétique en combinant la bibliothèque de type circulaire, concept classique bien établi, et l'extérieur d'une salle capitulaire médiévale, édifice également circulaire. Les architectes multiplient les lucarnes en tiers-point, les pignons et les pinacles dans la mesure du possible, pour créer la masse picturale qui domine, encore aujourd'hui, la Colline parlementaire lorsqu'on la regarde d'un point éloigné.

Marc Grignon

1867-1914

Entre la Confédération (1867) et le début de la Première Guerre mondiale (1914), la croissance du Canada, qui passe du statut de colonie de la Grande-Bretagne à celui de nation moderne, en grande partie urbaine, industrielle et réellement autonome, se reflète dans son architecture. En 1914, l'Ouest étant annexé et colonisé, le Canada connaît une expansion importante, passant d'un groupe de provinces cernées par l'Atlantique et les Grands Lacs à un pays revendiquant sa souveraineté sur toute la moitié Nord du continent. Sous l'influence du capitalisme et du libéralisme, la finance et l'industrie revêtent une nouvelle importance, et deux métropoles considérables voient le jour: Montréal et Toronto. En 1911, Montréal compte près de 500 000 habitants, et Toronto, plus de 300 000. Plusieurs centres régionaux sont en plein essor, Winnipeg et Vancouver en tête. L'influence étrangère en matière d'architecture est aussi britannique qu'américaine, mais, en architecture de même qu'en culture généralement, les Canadiens sont à la recherche de formes «uniques» pour exprimer le caractère de leur jeune pays. Le changement rapide survenu en moins d'un demi-siècle ressemble, à certains égards, à une révolution architecturale.

Statut de la profession

En 1867, l'architecture prend la forme d'une quête marginale et, là où on la pratique, elle est dominée par les renaissances stylistiques victoriennes. La plupart des édifices sont vernaculaires (copiés sur des modèles connus ou traditionnels), et n'importe qui peut se prétendre architecte. Les dessinateurs ayant reçu une formation professionnelle sont rares, bien qu'un petit nombre d'architectes formés en Grande-Bretagne se soient établis dans les grandes villes canadiennes au cours des deux décennies ayant précédé la Confédération. L'un d'entre eux, Thomas FULLER, vient de terminer les ÉDIFICES DU PARLEMENT canadien à Ottawa (Fuller & Jones, 1859-1866), version puissante du haut gothique victorien destinée à exercer une influence à long terme sur le design public canadien. Dans les rues commerciales, domine le style Renaissance des années 1830-1850, le style à l'italienne, généralement traduit par de la brique, offrant des corniches réunies par une accolade (souvent en bois) et des rangées de fenêtres en arches rondes ou plates. Les maisons, mises à part celles qui sont spacieuses, coûteuses et construites selon les styles à la mode, sont généralement simples et faites en bois, et leurs côtés ou leurs pignons font face à la rue. Un design plus public et plus sobre est influencé par ce qu'il est convenu d'appeler l'«éclectisme pictural».

Styles de la fin du XIXᵉ siècle

Au cours des années 1870, le style Second Empire, français d'origine, américain d'adoption et marqué par les riches effets sculpturaux classiques et les toits à hautes mansardes (parfois en ardoise), est la mode dominante dans le cas des édifices publics. Le style sert pour les hôtels, les gares de chemins de fer, les hôtels de ville, particulièrement l'hôtel de ville de Montréal très français (H.-M. Perrault, 1872-1878) et les assemblées législatives, entre autres celles du Québec (E. E. Taché, 1877-1887) et du Nouveau-Brunswick (Charles Dumaresq, 1880-1882).

Le gouvernement fédéral met également à profit le Second Empire dans la plupart de ses édifices des années 1870, notamment la spacieuse et somptueuse maison des douanes du port de Saint-Jean, au Nouveau-Brunswick. (McKean et Fairweather, 1877-1881).

Les styles Second Empire sont même appliqués au design des projets domiciliaires, particulièrement lorsque le designer et le propriétaire veulent produire une forte impression. Le design de William Tutin Thomas pour la Maison Shaughnessy à Montréal, construite en 1874-1875, montre le toit mansardé typique présentant un travail délicat de moulage en fonte de la crête faîtière à son sommet.

Les églises et autres types d'édifices semi-publics imposants de cette période ont tendance à toujours reposer sur le gothique victorien, et le feront encore pour plusieurs décennies à venir, tel que le suggère l'église Notre-Dame (1876-1926) de Joseph Connolly (RC) à Guelph, en Ontario. Certaines églises catholiques, cependant, surtout la cathédrale Marie-Reine-du-Monde (Joseph Michaud, Victor Bourgeau et Étienne-Alcibiade Leprohon, 1870-1894), privilégient une version ravivée du baroque romain, en y ajoutant une touche contre-réformiste.

En dépit du précédent créé par le Parlement fédéral, le gothique victorien se prête moins aux grands édifices publics, bien que des exemples existent jusqu'au milieu des années 1880. L'hôtel de ville de Winnipeg de BARBER AND BARBER (construit en 1884-1886), et que l'on surnomme «l'hôtel de ville en pain d'épice» en est un exemple remarquable et pour le moins excentrique.

Essor économique et nouveaux styles La décennie 1885-1895 représente un tournant décisif pour l'architecture au Canada. Entre des phases de croissance et de faillites économiques cycliques, c'est une période de prospérité relative marquée par une construction rapide à grande échelle. Le chemin de fer transcontinental du Canadien Pacifique est achevé en 1886, ouvrant ainsi les Prairies de l'Ouest à la colonisation et cristallisant la prédominance de Montréal dans le monde de la finance et du transport au Canada.

Le gouvernement fédéral, sous la direction de John A. MACDONALD et des conservateurs, construit à ses propres fins et de façon énergique. Avec Fuller dans le rôle d'architecte en chef pour le ministère des Travaux publics de 1881 à 1896, un certain nombre d'édifices fédéraux sont construits dans tout le pays. Le plus imposant est l'édifice Langevin à Ottawa (1883-1888), mais on érige également des édifices locaux servant à accueillir certaines fonctions du gouvernement fédéral tels que des installations pour les services postaux et les douanes, des prisons et des palais de justice.

C'est au cours de cette décennie que de nouveaux types d'édifices font leur apparition au Canada, dont une bonne partie est fortement influencée par les formes des édifices réalisés aux États-Unis au cours de la période de croissance qui a suivi la Guerre civile dans ce pays. L'édifice à bureaux en hauteur, le magasin à rayons fort pratique, l'édifice de l'assemblée législative à coupole, l'immeuble à appartements et l'église protestante en forme d'amphithéâtre ont tous fait leur apparition au Canada dans les années 1880 ou 1890.

Professionnalisation de l'architecture La décennie comprise entre 1885 et 1895 témoigne de l'organisation et de la professionnalisation de l'architecture, de sa conversion en une forme moderne reconnaissable. Les architectes de plusieurs provinces se fédèrent en instituts professionnels possédant des codes d'éthique et des pouvoirs sur la formation et la législation. L'Ontario Association of Architects est créée en 1889; de semblables regroupements voient le jour au Québec et en Colombie-Britannique en 1890-1892. Un journal professionnel, le *Canadian Architect & Builder*, est fondé en 1888, et la première école d'architecture dans une université canadienne ouvre ses portes à l'U. McGill en 1896.

Ces changements au sein de la pratique de l'architecture sont accompagnés de l'apparition d'un nouveau style, importé des États-Unis, qui domine le design public et, dans certains cas, le design privé également, jusqu'aux environs de 1900. C'est la manière néoromane lancée par l'architecte américain Henry Hobson Richardson. Son empreinte est imposante, espacée de façon rythmique et présentant des ouvertures en forme d'arches arrondies, aux couleurs fortes et à la maçonnerie texturée. Richardson la déploie comme une mode qui répond à tous les besoins, suffisamment pittoresque pour plaire à l'œil victorien de l'époque précédente et sensible à la discipline qu'il avait acquise lors d'une formation aux Beaux-Arts à Paris. En Amérique du Nord, au cours des années 1880, le style remporte un succès sans précédent.

Style Beaux-Arts Le style Beaux-Arts fait sa première apparition d'importance au Canada par le biais du design de Richard Waite pour l'édifice de l'assemblée législative de l'Ontario (1886-1892) et dans les églises et les édifices commerciaux de Toronto conçus aux alentours de 1886 par Edmund Burke et E. J. LENNOX. Le style romanesque richardsonien se retrouve bientôt partout. L'immeuble canadien le plus imposant dans ce style est l'hôtel de ville de Toronto, de Lennox (1889-1899). Le style se prête de façon toute particulière aux besoins commerciaux des magasins et des entrepôts, grâce au précédent entrepôt-magasin Marshall Field de Richardson à Chicago (1885-1887) et à la rude masculinité de la mode, qualité que les Victoriens associent au commerce. L'entrepôt J.H. Ashdown de Winnipeg (première partie par S. Frank Peters, additions par J.H.G. Russell, 1895-1911) en est un bel exemple.

En plus de se présenter dans sa forme «pure», le style Beaux-Arts peut aussi être modifié pour répondre au caractère ethnique et national canadien. Certaines gares et certains hôtels construits par le CP présentent un caractère français de fin du Moyen Âge-Renaissance qui porte l'étiquette «Style Château». La gare Windsor de Montréal (parties originales par Bruce Price, 1888-1889, avec additions subséquentes) constitue un exemple de ce type d'architecture.

Le château Frontenac, dans la ville de Québec (parties originales par Bruce Price, entrepris en 1892) et l'hôtel Banff Spring, dans sa version d'origine (Bruce Price, 1886-1888) et dans sa version actuelle (W.S. Painter, 1911-1914, et J.W. Orrock, 1925-1928) en sont également de bons exemples. Malgré les différences stylistiques qu'ils présentent, tous expriment le plaisir éprouvé lors de cette période de construire à partir d'un design néomédiéval vigoureux, mais assimilé.

Le style richardsonien se prête à la variété qui peut lui donner un caractère plus britannique et plaît énormément en Colombie-Britannique côtière. En plus de rappeler l'œuvre de Richardson, les édifices du Parlement de F.M. RATTENBURY à Victoria (1893 à 1897) évoquent les précédents édifices impériaux anglais et anglo-indiens et le dôme de l'immeuble administratif de l'exposition mondiale colombienne à Chicago en 1893. Le château Craigdarroch (W.H. Williams, 1887-1890), également à Victoria, possède, quant à lui, un caractère franco-écossais.

Style néo-Queen Anne Alors que le style romanesque de Richardson domine l'architecture publique, commerciale et religieuse, le style néo-Queen Anne remporte le même genre de succès sans précédent en ce qui a trait à l'architecture domestique à partir du milieu des années 1880 et jusqu'à 1910 environ. Mode hybride sortie du design des débuts du XVIIIe s. en Angleterre, elle devient la spécialité de certains architectes anglais, p. ex. R.N. Shaw et J.J. Stevenson. Le style néo-Queen Anne se distingue par l'usage de brique rouge, souvent décorée d'ornements légers et jolis tels des éventails et des tournesols, en bois, en brique moulée ou en terre cuite. On trouve rarement le style dans toute sa pureté au Canada, bien que des exemples tels que la mai-

son massive du baron du bois, J.R. Booth, à Ottawa (J.W.H. Watts, 1909) puissent être cités. L'importance réelle du style réside dans le caractère de variété, d'intimité et de pittoresque qu'il confère à un nombre infini de petites maisons individuelles et en rangée et de maisons divisées en appartements de dimension moyenne au cours d'une période où l'immobilier de masse à proximité du centre-ville est en demande au Canada. Les interminables rangées de maisons de brique rouge, construites par des spéculateurs, et longeant les rues de l'est et de l'ouest du centre-ville de Toronto en sont un bel exemple. Il en va de même pour les maisons divisées en appartements telles que le Roslyn Court et les DeBary Apartments à Winnipeg (W.W. Blair, 1909, et C.S. Bridgeman, 1912, respectivement).

Comme le suggère la mode richardsonienne, un thème-clé dans l'architecture canadienne des années 1880 consiste en la pression culturelle venant des États-Unis. De prestigieuses commandes de design sont fréquemment attribuées aux architectes américains tels que Price et Waite. C'est d'ailleurs en partie pour exclure les architectes américains que des organismes professionnels délivrant des permis sont créés, mais aussi pour élever les normes de l'enseignement et de la pratique canadienne, afin que des Canadiens soient en mesure de rivaliser avec eux sur un pied d'égalité. En plus de l'implication directe, l'influence américaine a un impact sur le Canada de deux façons cruciales. L'une d'elles est l'émergence du soi-disant style commercial dans les magasins à rayons et dans les imposants édifices à bureaux, et l'autre provient des Beaux-Arts.

Style commercial Les édifices à bureaux, en tant que type, sont construits surtout aux États-Unis et ne font leur apparition au Canada que dans les années 1880. Les premiers d'entre eux, aussi originales qu'aient été leur hauteur et leur structure, se traduisent en des styles historiques. L'immeuble de la New York Life Insurance de 1888 à Montréal (Babb, Cook & Willard, de New York), une tour de plus de huit étages, est le premier gratte-ciel au Canada. Le traitement richardsonien de sa façade en arches arrondies fait allusion aux tours de maison de la fin du Moyen Âge italien. L'édifice de la Confederation Life à Toronto (Knox, Eliot & Jarvis, de Chicago, 1890-1891) est, au dire de Harold Kalman, «une fantaisie châtelaine romantique romanesque-gothique». Ces premiers édifices en hauteur comportent des murs de maçonnerie porteurs, mais ils ne font qu'un usage limité de la structure de métal. Une structure métallique ignifuge, dont l'utilisation n'est possible qu'après la baisse des prix de ce matériau, est introduite en 1895 dans la reconstruction du magasin à rayons Robert Simpson à Toronto (BURKE AND HORWOOD). Pour sa réalisation, Edmund Burke conçoit un traitement externe franc en forme de boîte, virtuellement non historiciste, reflétant la cage de métal à l'intérieur.

Des traitements de nature aussi rationnelle mais colorés par l'influence des Beaux-Arts deviennent la norme après 1900 et, au moment de la Première Guerre mondiale, même les villes canadiennes de dimension moyenne possèdent des édifices à bureaux de 8 à 10 étages. L'édifice de Vancouver de Henry Birks (1912-1913, Somervell & Putnam, de Seattle), de 10 étages plus une mezzanine, est construit à partir d'une structure de béton armé, et son élégant revêtement est en terracotta blanche. Les magasins à rayons, exigeant de grandes aires ouvertes libres de colonnes, sont un phénomène qui est lié à ce courant. Les magasins de la Compagnie de la baie d'Hudson tels que celui de Vancouver (Burke, Horwood & White, 1913), font leur apparition partout dans l'Ouest dans des versions de baroque édouardien.

Beaux-Arts L'autre indice de la présence des Américains avant les années 1900 est l'introduction des méthodes de formation et de design des Beaux-Arts, ainsi que le néoclassicisme érudit qui les accompagne généralement. En France, l'École des beaux-arts offre une formation systématique en analyse et en design que les traditions d'apprentissage anglo-américaines ne peuvent égaler. Après la Guerre civile, les Américains, construisant sur une grande échelle et à grands frais, reconnaissent la valeur du système et organisent la plupart de leurs écoles d'architecture et certaines de leurs pratiques sur le modèle des Beaux-Arts. La manie d'organiser chacun des aspects de la vie et l'exemple du plan de conception des Beaux-Arts ainsi que celui de l'Exposition mondiale colombienne de 1893 apportent la rigueur des Beaux-Arts et mettent à l'avant-scène l'élégance néoclassique, leçons que les Canadiens retiennent, bien que l'on puisse percevoir chez certains «l'attitude américaine».

Le classicisme pâle, plein de dignité des Beaux-Arts commence à envahir la plupart des champs du design, mettant en fuite le style richardsonien, de telle sorte qu'en 1914, il est la seule mode dominante du design public (et privé dans la plupart des cas) au Canada. De 1901 à 1905, McKim, Mead & White, de New York, rénovent et agrandissent le quartier général de la Banque de Montréal, transformant la banque en forme de temple des années 1840 de John Well. Le vestibule devient un nouveau et immense hall de banque doté d'un intérieur classique coloré, rappelant celui d'une ancienne basilique chrétienne. Bientôt, les banques à fronton de temple munies de façades à colonnes classiques font leur apparition comme signe extérieur de richesse dans les grandes villes canadiennes. La Banque de Commerce du Canada de Darling & Pearson à Winnipeg (1910-1912) et la Banque de Nouvelle-Écosse, d'un goût plus fin, de John M. LYLE à Ottawa (1923) en sont de beaux exemples.

L'influence du classicisme des Beaux-Arts n'apparaît que rarement dans les maisons, bien qu'on puisse en relever des exemples tels que la maison de J.K.L Ross (E. et W.S. Maxwell, 1908-1909) dans le «Mille carré doré» abritant l'élite de Montréal. Cependant, les édifices publics de tout type ont vite fait de s'y conformer. Les édifices d'assemblées législatives construits dans les trois provinces des Prairies entre 1908 et 1920 sont dotés de dômes, préalablement conçus selon les structures des Beaux-Arts au goût de la Grande-Bretagne impériale.

Les édifices fédéraux érigés après 1900: hôtels de ville, écoles et bibliothèques municipales empruntent ce style. Par ailleurs, lorsqu'ils sont faits de brique rouge, une légère touche du style néo-Queen Anne est évoquée. Les méthodes de composition des Beaux-Arts peuvent s'adapter à des styles autres que celui du classicisme, comme c'est le cas de l'édifice ministériel médiéval Connaught à Ottawa, de 1913-1914 (David Ewart pour le ministère des Travaux publics).

À long terme, les Beaux-Arts ont peut-être exercé l'influence la plus marquante pour ce qui est de l'enseignement de l'architecture. Bien que le programme de l'U. McGill demeure obstinément pittoresque, orienté vers les Arts & Crafts, les écoles de la génération suivante ont toutes adopté le modèle systématique de formation des Beaux-Arts au moyen d'exercices gradués de dessin, mettant normalement l'accent sur les styles classiques. Cela est vrai en ce qui concerne l'U. de Toronto, qui offre un enseignement en architecture en 1890 (l'école ouvre en 1948), et l'U. du Manitoba, qui démarre son programme en architecture en 1912.

La composition formelle, symétrique des Beaux-Arts s'étend même à l'échelle de la ville grâce à l'initiative du MOUVEMENT CITY BEAUTIFUL, un rejeton américain des Beaux-Arts, qui préconise une planification néobaroque axiale et symétrique pour l'élaboration de projets de centres municipaux et, dans de rares cas, de villes entières. Une élaboration globale, comme on se plaît à le nommer, tire son origine de la planification de parcs du milieu du XIXᵉ s., dont le principal porte-parole est Frederic Law Olm-

sted de Boston. Son travail comprend la conception des plans du Parc du Mont-Royal, puis sur le flanc nord de Montréal (élaboré en 1874-1877), dans un style naturaliste plutôt anglais.

Toutefois, en 1900, la planification rationnelle s'applique à des villes entières telles que Chicago en 1907-1909. Un projet présenté en 1915 par Edward Bennett, architecte américain originaire de Grande-Bretagne, pour une grande circonscription électorale fédérale longeant les sommets des falaises surplombant la rivière des Outaouais, fait écho à la grandeur formelle de Washington, mais recommande l'emploi d'un style imagé de château pour la capitale du Canada. L'année précédente, le concepteur anglais, Thomas Mawson, publie un projet élaboré pour Calgary, projet qui avortera cependant, dans lequel il préconise des édifices classiques uniformes en rangées et des boulevards radiaux traversant le réseau d'une multitude de rues et se terminant de façon impressionnante sur des perspectives baroques. En réalité, peu de réalisations, autant pour Ottawa que pour Calgary, seront menées à terme, en partie parce que la Première Guerre mondiale éclate.

Simplicité domestique L'aspect formel devient à ce point lassant sur le plan domestique que le style commercial rationnel et les Beaux-Arts provoquent une réaction naturaliste dans l'architecture domestique des Arts & Crafts. Tout spécialement au Canada, on trouve dans ce domaine une touche anglaise, étant donné que le mouvement des Arts & Crafts tire son origine d'une réaction à l'égard de la Grande-Bretagne industrielle du milieu de l'ère victorienne. Après 1900, des maisons des Arts & Crafts, rustiques mais spacieuses et luxueuses, et des «banlieues-jardins» dessinées dans un esprit naturaliste commencent à faire leur apparition aux abords de plusieurs villes canadiennes, encouragées en cela par l'étendue des lignes de tramway. Citons à titre d'exemples à Toronto, le travail d'Eden Smith, né et formé en Angleterre, les appartements-jardins les Riverdale Courts (1914-1916) et plusieurs maisons dans le Wychwood Park. De même, les nombreuses et spacieuses maisons de type bungalow de Samuel Maclure construites sur l'île de Victoria, aux alentours et dans la banlieue-jardin des Shaughnessy Heights installée sur des terres du CP au sud de la péninsule du centre-ville de Vancouver qui, peu après 1900, déclasse Victoria comme métropole de la Colombie-Britannique. Le travail de Maclure oriente les activités immobilières vers les artisans et le mouvement du bungalow californien des États-Unis.

Percy Nobbs, arrivé au Canada en provenance de l'Écosse pour diriger le programme d'architecture à l'U. McGill où il introduit la notion de critique architecturale au pays, met l'accent sur les valeurs des Arts & Crafts dans ses cours, ses conférences, et ses publications, de même que dans certains de ses dessins. Sa propre résidence dans Westmount, au Québec (1913-1915), en est un bel exemple. La ville de Mont-Royal, sur l'île de Montréal, dont le développement relève du Canadian Northern Railway grâce aux conceptions de l'architecte paysagiste Frederick Todd en 1910-1911, est un exemple précoce remarquable de banlieue-jardin qui constitue l'origine du phénomène de la banlieue canadienne du XXᵉ s.

Entre 1900 et la Seconde Guerre mondiale, l'architecture progressiste du Canada se polarise entre deux extrêmes: rusticité pittoresque à la maison et rationalité et formalité en public, spécialement au centre-ville. Un thème marque toute cette période, particulièrement le début du siècle, c'est celui de l'expression nationale. Lorsque survient la Grande Guerre, soutient Kelly Crossman, de nombreux architectes en viennent à considérer l'expression du fait d'être canadien comme étant la tâche-maîtresse de la conception architecturale. La recherche prend plusieurs formes, passant par la prolifération du style château des hôtels des compagnies de chemins de fer, la construction de nouvelles lignes transcontinentales par les compagnies du Grand Trunk Pacific

et du Canadien National (CN) conduit à la construction de plusieurs autres, incluant le château Laurier d'Ottawa (Ross & MacFarlane, 1908-1912, avec additions subséquentes), jusqu'aux études de Nobbs et d'autres édifices vernaculaires de Québec. De même que pour l'émergence du Groupe des Sept en peinture, ces tendances en architecture apportent au sens d'identité des Canadiens maturité et appréhension face à l'impérialisme britannique et à une pression culturelle apparemment irrésistible de la part des puissants États-Unis.

Christopher Thomas

1914-1967

Tradition Le 3 février 1916, un incendie se déclare sur la colline parlementaire d'Ottawa. Le lendemain matin, il ne reste du Bloc central (1859) que la célèbre bibliothèque à pinacle et quelques murs en ruine. Le Canada est en guerre contre l'Allemagne, ses citoyens sont sous les drapeaux, mais la reconstruction commence presque sur-le-champ. Les architectes désignés, John A. Pearson et J. Omer Marchand, optent, à partir de leurs dessins, pour une continuité avec le passé.

Lorsque l'on procède à l'ouverture de la Tour de la Paix du Bloc central en 1927, la forme gothique fière et imposante devient le symbole rayonnant d'une nation maintenant prospère, monument commémoratif en hommage aux milliers de Canadiens morts dans les Flandres. Construit d'acier et de béton, méticuleusement planifié, le nouvel édifice présente une structure et une fonction contemporaines. Cependant, même l'observateur le plus désinvolte est en mesure de constater que sa masse et son revêtement ne sont qu'une paraphrase mise à jour de l'édifice qu'il remplace. À l'intérieur, un grand nombre d'espaces publics sont de style néogothique.

Cette approche, en apparence traditionnelle mais en fait moderne, est la mode dominante de l'architecture canadienne en vogue au cours des années 20. À Ottawa, elle s'apparente tout à fait au désir de créer un ensemble architectural unifié sur toute la longueur de la rue Wellington. Remarquablement réussie, cette initiative de l'entre-deux-guerres comprend, en plus du nouveau Bloc central, les tours au toit cuivré des édifices de la Confédération (1928-1931) et de la Justice (1934-1936, toutes deux du ministère des Travaux publics) de même que celles de la Cour suprême (Ernest CORMIER, 1938-1939) et de la Banque du Canada (Marani, Lawson et Morris, 1937-1938).

À l'extérieur de la capitale, des édifices raffinés et élégants sont construits dans des styles qui varient d'un océan à l'autre. Ce choix de style reflète souvent les conventions de l'avant-guerre basées sur l'utilisation de l'édifice. Sur les campus universitaires des exemples convaincants du style collège gothique sont réalisés, agrandis ou entrepris. Ici aussi le résultat se traduit par le sens de la continuité et de l'unité avec le passé comme Toronto (HART HOUSE, SPROATT AND ROLPH, 1911-1919, la tour du soldat ajoutée en 1924), en Colombie-Britannique (l'édifice de la Science, Sharp et Thomson, 1914-1925), en Saskatchewan et à McMaster.

Les années 20 sont également marquées par un renouveau de la vogue romantique château-baron pour les hôtels prestigieux. Les centres de villégiature mondialement connus que sont le Château du lac Louise et l'Hôtel Banff Springs sont agrandis, et de nouveaux hôtels sont construits à Vancouver (l'Hôtel Vancouver, 1928-1939) et à Saskatoon (Bessborough, 1930-1932), tous deux dessinés par Archibald et Schofield. Dans le cas des édifices publics et particulièrement celui des édifices commerciaux, les formes classiques demeurent le style de prédilection (l'édifice de la Sun Life, Montréal, Darling et Pearson, 1914-1931), bien qu'au cours des années 30 le langage classique soit de plus en plus simplifié, voire rendu au point de l'abstraction. Parfois étiquetés comme étant de «classicisme dénudé», on peut trouver de bons exemples dans la plupart des villes, souvent dans le cas de banques telles que la Banque de la Nouvelle-Écosse de John LYLE à Calgary (1929).

Le design domestique est également dominé par un goût pour les interprétations élégantes des styles architecturaux du passé. Du Westmount de Montréal aux Shaughnessy Heights de Vancouver, le voisinage des riches procure un sens bucolique aux pignons Tudor, aux parapets géorgiens, aux terrasses italiennes et aux arches espagnoles disposés dans des jardins aménagés avec grand soin.

Pour les classes moyennes, le bungalow californien demeure populaire, tandis qu'ici et là on peut observer l'influence de Frank Lloyd Wright. L'œuvre d'Ottawa de Francis Sullivan (la maison E.P. Connors, Ottawa, 1914-1915) en est un exemple; la maison B.T. Lea à Vancouver par John A. Pauw (1930) en est un exemple plus récent.

Période du jazz et nouveaux styles

Au milieu des années 20, la culture de l'après-guerre du monde industrialisé commence à générer une série de styles unifiés qui ont une influence sur la mode, le design et l'architecture. Ces derniers incluent l'Art déco, le modernisme, l'expressionnisme et le fonctionnalisme. Par-dessus tout, on note un intérêt très répandu pour de nouvelles sources d'inspiration, allant de l'exotique au primitif jusqu'à l'industriel. Les formes sont simplifiées, la composition est plus géométrique et on observe un engouement général pour l'abstraction.

C'est dans ce climat architectural changeant qu'émerge le style romanesque, nouvellement en vogue, spécialement lorsqu'il est utilisé comme point de départ. À l'Hôtel Royal York, de Toronto (Ross et Macdonald avec Sproatt et Rolph, 1927-1929), on combine ce style au toit de château. En ce qui concerne le gratte-ciel de 34 étages de la Banque canadienne impériale de Commerce (York et Sawyer, avec Darling et Pearson, 1929-1931) situé tout près, l'effet global est légèrement plus vertical, et l'intérieur, ravissant.

Au temple Holy Blossom (Toronto, Chapman et Oxley avec Maurice D. Klein, 1936-1937) et à l'église anglicane St. James (Vancouver, Adrian Gilbert Scott avec Sharp et Thompson, 1935-1937), le romanesque est combiné à une structure de béton exposée pour créer des formes simplifiées puissantes qui sont tout à fait de leur époque.

L'architecture canadienne a longtemps été influencée par les modes architecturales américaines et européennes, et, à la fin des années 20, l'Art déco (dénomination née lors de l'Exposition internationale des arts décoratifs et industriels modernes de Paris de 1925) fait son apparition. De même, à New York, les gratte-ciel sont devenus monnaie courante.

Citons à titre d'exemples l'édifice Aldred à Montréal (E.I. Barrott, 1929-1931) et l'édifice de la Marine à Vancouver (MCCARTER AND NAIRNE, 1929-1930). Cependant, le mouvement fait aussi son apparition à la Bourse de Toronto (George et Moorhouse avec S.H. Maw, 1936-1937), dans des maisons (la maison Cormier, Montréal, 1930) et dans les magasins à rayons. En 1930, T. Eaton et Compagnie invite le dessinateur français Jacques Carlu (alors professeur au MIT) à tracer les plans des intérieurs de ses magasins de Montréal et de Toronto.

Pendant les années 30 et au début des années 40, l'architecture est aussi influencée par la simplification du design industriel. Le style qui en résulte (surfaces en stuc uni, coins ronds et accents horizontaux) est souvent appelé «moderne». Il est particulièrement populaire dans le design des salles de cinéma (le Varscona Theatre, Rule, Wynn et Rule, Edmonton, 1940), et l'on est en mesure de retrouver son influence dans plusieurs édifices de cette période.

Expression nationale

La nature complexe de l'architecture canadienne au cours des années 20 et 30 est particulièrement

évidente au Québec. Il est possible d'y rencontrer, dans sa forme la plus évidente, l'influence d'un autre thème des années de l'entre-deux guerres: le désir de nouvelles formes d'expression culturelle stimulé par des préoccupations sociales, religieuses, ethniques et nationales. Sans l'ombre d'un doute, l'architecte le plus marquant de la province est Ernest Cormier (1885-1980). L'œuvre de Cormier, qui possède une formation d'ingénieur et d'architecte et qui a reçu son éducation tant à Paris qu'à Montréal, englobe l'Art déco raffiné de sa propre demeure (Montréal, 1930), les hangars d'hydravions en mince voile de béton armé (Montréal, 1928) et les formes puissantes et étendues de son chef-d'œuvre, l'U. de Montréal (1924-1943). Cet imposant campus domine le versant nord-ouest du Mont-Royal. Visible à des kilomètres à la ronde, sa masse sévère et rectiligne et son usage rationnel du verre et de la brique se combinent à un maniement sûr du détail et de l'ornement pour en faire un symbole puissant de la nature mouvante de la société québécoise.

Les formes de l'U. de Montréal semblent en équilibre entre la simplicité radicale du fonctionnalisme, mode qui dominera bientôt l'architecture canadienne, et le désir d'employer des matériaux d'une façon expressive, sinon abstraite, afin de produire un effet émotionnel. On peut également observer cette tendance expressionniste dans l'œuvre de Dom Paul Bellot et ses disciples. Bellot, un moine belge, dont l'œuvre peut être classée parmi les chefs-d'œuvre de l'expressionnisme européen, est invité à donner une conférence à Montréal en 1934. Ses idées touchent une corde sensible chez les architectes catholiques à la recherche d'un langage architectural innovateur. En 1939, Bellot est nommé architecte à l'Oratoire Saint-Joseph, qui est achevé en tenant compte de ses recommandations, et se joint au groupe de design mis sur pied pour l'Abbaye de Saint-Benoît-du-Lac (Mansonville, Québec). Bellot stimule une école de design ecclésiastique dont un des premiers fruits est l'Église Sainte-Thérèse-de-Lisieux par Adrien Dufresne (Beauport, Québec, 1936).

Paradoxalement, alors que le Québec francophone compte sur une culture moderne émergente pour y puiser son inspiration au cours des années 20 et 30, les anglophones de la province se concentrent sur l'examen et la redécouverte du passé préindustriel du Québec. Stimulés par les peintures d'artistes tels que Clarence GAGNON et encouragés par les architectes-spécialistes Percy NOBBS et Ramsay Traquair de l'U. McGill, un grand nombre d'architectes du Québec parmi les plus à la mode empruntent la construction en pierre des champs et les toits à pignon de la maison québécoise traditionnelle dans la réalisation d'un style régionaliste domestique.

C'est la manifestation canadienne du «régionalisme» à l'échelle du continent dans le design domestique. Mais l'intérêt et la mode pour les formes historiques du Québec font partie d'un courant nationaliste plus imposant qui influence l'architecture canadienne de cette époque. À l'extérieur du Québec, le défenseur le plus marquant d'une architecture ouvertement canadienne est l'architecte de Toronto John Lyle. Dans une série d'articles et de réalisations, Lyle explore les possibilités d'une iconographie décorative canadienne (Bibliothèque Runnymede, Toronto, 1929; Banque de la Nouvelle-Écosse, Halifax, 1930).

Dans d'autres régions du pays, et plus particulièrement dans les Prairies nouvellement colonisées, une architecture de folklore de formes adaptées et transposées commence déjà à prendre forme et se traduit, entre autres, par une œuvre de charme et de vigueur allant de l'humble au monumental (l'église de l'Immaculée-Conception, Cook's Creek, Manitoba, 1930, père RUH, 1924-1925).

Fonctionnalisme et mouvement moderne

Au milieu des années 30, le fonctionnalisme européen, une approche de l'architecture caractérisée par

des formes aux allures de boîte, des feuilles de verre, des surfaces planes et une croyance en la primauté de l'utilité et de la fonction dans un design global, commence à influencer la culture architecturale canadienne. Cependant, les effets persistants d'une dépression économique dévastatrice et la pénurie de clients audacieux font que seule une poignée de maisons portant le nouveau style (auquel on se réfère sous l'appellation de «style international») sont construites en 1940. Parmi celles-ci, on compte les œuvres de Marcel Parizeau et de Robert Blatter au Québec et, en Colombie-Britannique, celles de Binning, de Peter Thornton, de Robert Berwick et de C.E. Pratt à Vancouver. Les édifices industriels et les occasionnelles réalisations commerciales témoignent aussi de l'évolution vers le mouvement fonctionnaliste.

La conséquence la plus spectaculaire du fonctionnalisme se fait sentir dans les universités. Au début des années 40, on met sens dessus dessous des décennies de tradition pédagogique, alors que non seulement le style fonctionnaliste, mais l'idéologie et le *modus operandi* du mouvement moderne sont introduits par John BLAND à l'U. McGill, Eric ARTHUR à Toronto et John Russell au Manitoba. Après la guerre, un nombre record de vétérans s'inscrivent à l'université, et cette orientation moderniste va en s'intensifiant. Les trois écoles d'architecture, de concert avec l'école nouvellement fondée à l'U. de la Colombie-Britannique, embauchent toutes des professeurs formés à la pratique moderniste. Certains viennent au Canada en provenance de l'Europe, d'autres, des écoles américaines telles que Harvard et le MIT. Au début des années 50, une génération de jeunes architectes modernistes entrent dans la profession.

La carrière de John C. Parkin (1922–1988) témoigne de cette situation. Ayant effectué ses études à l'U. du Manitoba, Parkin part pour Toronto, puis obtient son diplôme sous la direction de Walter Gropius à Harvard. Il retourne alors à Toronto où, faisant ses débuts par la réalisation des édifices du quartier général de l'Ontario Association of Architects (1954), il dessine une série remarquée d'édifices empruntant le style international. Pendant ce temps, son employeur, John B. PARKIN (aucun lien de parenté), met sur pied une entreprise de design polyvalente qui convient on ne peut mieux aux besoins de clients appartenant à une corporation et qui offre tous les services imaginables, allant de l'ingénierie au design intérieur, l'aménagement paysager, la signalisation et bien sûr la forme architecturale (l'aéroquai, Aéroport international Lester-B.-Pearson de Toronto, 1957-1965).

Modernisme

Au milieu des années 50, l'architecture canadienne est une profession tout à fait imbue de la sensibilité moderniste. Ses réalisations et sa sphère d'activités progressent sur tous les fronts: une presse architecturale revigorée (The Canadian Architect, fondé en 1957); des expériences dans l'élaboration de projets suburbains (Don Mills, Ontario, et Wildwood Park, Winnipeg); de nouvelles villes telles Kitimat, en Colombie-Britannique; un programme de logements communautaires à l'initiative de la Corporation d'hypothèque et de logement du Canada; et des progrès incessants dans la technologie de la construction.

La demande pour des édifices publics de toutes sortes de même que la prospérité du monde des affaires canadien se traduit par un flot incessant de commandes. Le centre le plus ancien de la production moderniste est Vancouver. Là, une poignée d'architectes explorent le langage moderniste avec un succès remarquable. La bibliothèque municipale de Vancouver (Semmens et Simpson, 1956-1957) et l'édifice du BC Electric par Thomson, Berwick et Pratt (1955-1957) en sont quelques exemples.

Le paysage de la ville se dote également de nouveaux concepts domestiques impressionnants, tout particulièrement ceux auxquels les nouveaux diplômés Ron THOM et Arthur ERICKSON mettent la main. D'autres centres importants incluent Winnipeg, particulièrement les œuvres de Green, Blankstein, Russell et associés (Aéroport international de Winnipeg, avec W.A. Ramsay, 1960) et de Smith, Carter et Searle (l'École d'architecture, 1959), Ottawa (l'Hôtel de ville d'Ottawa, Rother, Bland et Trudeau, 1958) et Toronto, dont le très médiatisé Hôtel de ville (Viljo Revell, 1961-1965) traduit l'optimisme utopiste de cette ère.

Pour des observateurs perspicaces, il est désormais évident qu'en 1960 l'effet du modernisme confère à l'architecture canadienne une confiance en soi unique dans son histoire. Avec un peu de recul, cela semble justifié. Cela s'applique à Montréal plus que nulle part ailleurs, ville sur le point de connaître une transformation qui se traduira par l'Exposition internationale de 1967. La construction de la PLACE VILLE-MARIE (I.M. Pei et associés, architecte, Affleck, Desbarats, Dimakopoulos, Lebensold, Michaud, Sise, architectes résidents, 1958-1965; *voir* ARCOP) va devenir le point de départ d'une série de gratte-ciel (Place Victoria, Luigi Moretti et Pier Luigi Nervi, Greenspoon, Freedlander et Dunne architectes, et Jacques Morin, architecte, 1961-1965), d'édifices publics (Place Bonaventure, Affleck, Desbarats, Dimakopoulos, Lebensold, Sise architectes, R.T. AFFLECK partenaire, 1963-1967) et d'infrastructures publiques (le métro de Montréal) qui retiennent l'attention partout dans le monde. La revitalisation du centre de Toronto est également remarquable, bien que s'étant manifestée quelque temps plus tard, avec tout d'abord le Centre Toronto Dominion (Mies van der Rohe, consultant, John B. Parkin associés et Bregman et Hamann construction, 1964-1968).

L'arrivée d'un second courant de jeunes praticiens, dont le travail est souvent hautement individuel, est une caractéristique tout aussi importante de la fin des années 50 et 60. En réaction à la monotonie remarquée du modernisme dominant, Roger D'Astous au Québec, Etienne GABOURY au Manitoba, Clifford Wiens en Saskatchewan et Douglas CARDINAL en Alberta exécutent un travail qui témoigne d'un souci renouvelé pour la culture locale.

À Toronto, Ron Thom, parachuté de sa Colombie-Britannique natale, apporte sa touche personnelle à l'UNIVERSITÉ TRENT et à l'U. de Toronto (Massey College), pendant que la silhouette sans cesse grandissante d'Arthur Erickson plane au-dessus de ses contemporains. De par l'extraordinaire plan qu'il réalise pour l'UNIVERSITÉ SIMON FRASER en Colombie-Britannique, Erickson retient l'attention mondiale, unanime à acclamer la valeur remarquable et considérable de ses mérites sur la scène internationale.

Kelly Crossman

Architecture canadienne 1967-1997

Aux yeux des Canadiens et de toutes les nations qui y participent, l'EXPO 67 témoigne de la percée triomphale du modernisme architectural, courant qu'on qualifie de diversifié et d'éclectique. Cette exposition, qui présente des œuvres tant nationales qu'internationales ainsi que les technologies de pointe en matière d'organisation et de design, laisse transparaître un sentiment de confiance envers l'avenir du pays et représente un point tournant dans l'architecture et dans l'urbanisme du XXᵉ s. au Canada. L'exposition, qui se déroule à Montréal, la ville la plus cosmopolite du Canada, fait découvrir un pays sophistiqué, uni, fort et ouvert sur le monde. Tout ceci est remis en question au cours des décennies suivantes: en 1968, la montée en flèche des activités du FRONT DE LIBÉRATION DU QUÉBEC (FLQ) ébranle les illusions, qui sont ensuite anéanties par la

CRISE D'OCTOBRE de 1970. En 1968, la création du PARTI QUÉBÉCOIS (PQ) et le succès qu'il remporte ensuite aux élections provinciales de 1976 révèlent la profondeur des déchirements sous-jacents qui divisent le pays.

Les répercussions économiques des années 70, notamment sur la politique canadienne qui se voit renforcer l'esprit de division et le sentiment d'aliénation, influenceront aussi de façon plus directe le développement de l'architecture. En 1973 et 1974, en raison de la forte augmentation du prix du pétrole produit par l'OPEP (Organisation des pays exportateurs de pétrole), l'est du Canada entre en récession, tandis que la production de pétrole et de gaz entraîne un boom économique dans l'Ouest. En Ontario et au Québec, le développement architectural stagne, alors qu'il est en plein essor en Alberta et en Colombie-Britannique. Les stratégies adoptées par le gouvernement fédéral en vue de contrôler les investissements et les prix dans le secteur du pétrole et du gaz donnent lieu à un débat amer en Alberta. Tout porte à croire que le malaise qui règne dans l'Ouest atteint le Québec.

En 1982 et en 1983, la méfiance et le mécontentement s'accentuent lorsque la politique fédérale ajoute ses effets à la chute des prix du pétrole sur le marché international. L'Ouest entre à son tour en récession. Le secteur de la construction est paralysé, le taux de chômage augmente, le développement architectural stagne. L'intervention du fédéral dans l'économie fait l'objet de réprobations, non seulement au Canada mais dans les pays de l'Occident, tandis que Ronald Reagan, Margaret Thatcher et Brian MULRONEY favorisent le concept de libre-échange (voire même une politique permanente de libre-échange). Les architectes sont témoins du déclin de leur secteur et leurs associations figurent au premier rang des tenants de l'ALENA (Accord de libre-échange nord-américain). Le nombre de firmes importantes diminue, tandis que les petits cabinets luttent pour obtenir des contrats.

Ce n'est qu'au cours des années 90, grâce à une économie plus stable et à la réapparition de la croissance, que l'architecture canadienne reprend son envol. Au cours de cette décennie, elle est influencée par une variété de facteurs: un regain de confiance envers l'économie et la politique, l'émergence de nouvelles méthodes de design, une nouvelle énergie de la part des firmes qui ont survécu à la crise des années 70 et 80 et la poursuite du débat portant sur la théorie et la pratique du design, entamé au cours des décennies précédentes.

Tandis que le modernisme devient le mouvement le plus influent dans la décennie qui suit la Seconde Guerre mondiale, l'austérité des designs cubiques de l'époque est constamment relancée par d'autres interprétations du modernisme, notamment par les œuvres sculpturales en béton aux formes beaucoup plus irrégulières de Le Corbusier, et par celles de Frank Lloyd Wright, beaucoup plus variées et ornementées. Dès 1967, les approches dites «modernes» des architectes canadiens sont évidentes dans les différents centres à travers le Canada.

Diverses interprétations du modernisme provoquent un regain d'intérêt envers l'histoire de l'architecture, comme en font foi les anciens édifices et les villes canadiennes plus anciennes. Dans son livre *De l'ambiguïté en architecture* (1966), l'architecte et professeur américain Robert Venturi milite, à l'échelle internationale, en faveur de structures d'édifices plus complexes, plus ambiguës, citant, p. ex. les œuvres maniéristes italiennes du XVIᵉ s. Tandis que, selon Robert Venturi, son travail consiste à explorer et à enrichir les possibilités qu'offre le modernisme, ses écrits seront bientôt considérés comme la base du postmodernisme architectural, et ses designs figureront parmi les premières sources d'inspiration importantes.

Au Canada, le règne du modernisme a été d'une durée impressionnante, compte tenu de l'opposition

et de la résistance de la part des antimodernistes qui prônent le bas de gamme commercial et préfèrent l'apparence peu originale des centres commerciaux conventionnels et la construction spéculative des maisons. À long terme, les répercussions des nouvelles méthodes de design sur l'évolution des formes urbaines ont été plus importantes que l'évolution des courants architecturaux.

L'écrivaine torontoise Jane Jacobs nous a montré la richesse et la complexité de la vie urbaine opposée à la stérilité de la ségrégation de la planification urbaine du milieu du siècle. Le paysage urbain d'un certain nombre de villes canadiennes a retrouvé richesse et vitalité, malgré la prolifération de développements immobiliers dans les banlieues. Heureusement pour la qualité du paysage urbain, on a évité les pires excès de l'individualisme économique, même dans les bastions où règne la philosophie de libre-échange, comme à Calgary. Au cours du XXIᵉ s., un des défis que devra relever le design sera de tenir compte des écarts croissants en termes de revenus et de l'existence d'une classe sociale très défavorisée sur le plan économique, dont l'accès aux réseaux de soutien est limité.

Expo 67 La gamme variée de constructions réalisées à Montréal pour l'Expo 67, tout comme la planification et la construction du site en soi, illustre bien la philosophie canadienne et internationale de l'époque. Le modernisme classique se traduit par les formes géométriques gracieuses et bien délimitées des pavillons du Québec (Papineau, Gérin-Lajoie, LeBlanc & Durand), le pavillon de la Grèce et le pavillon d'Haïti (conçu par une autre firme québécoise, Jodoin, Lamarre, Pratte, Carrière). On peut également y voir des œuvres exubérantes conçues avec les technologies les plus contemporaines, p. ex. le pavillon des États-Unis (un dôme géodésique conçu par Buckminster Fuller) et celui de l'Allemagne, une toile de vélum de plastique translucide suspendue par des mâts et des câbles conçue par Frei Otto.

L'Expo 67, reflétant ainsi la nouvelle préoccupation des années 60, c.-à-d. les mégastructures, expose plusieurs de ces structures sur ou sous lesquelles se déroule une vaste gamme d'activités. Parmi les plus notables figurent les pavillons thématiques de la Corporation de l'Expo, conçus par Affleck, Desbarats, Dimakopoulos, Lebensold & Sise: des charpentes tétraédriques massives en acier jointes par des plaques boulonnées.

Inspiré par Le Corbusier, l'édifice administratif d'Irving Grossman témoigne d'un intérêt pour les qualités sculpturales du béton coulé sur place, façonné en un haut-relief par le sculpteur Ted Bieler dans les atriums à étages. Quant aux pavillons thématiques d'Erickson Massey, fabriqués avec des poutres de bois d'œuvre laminées à la colle et des panneaux de fibre de verre translucides, et aménagés de piscines et de plantes, ils créent un environnement plus agréable et fort apprécié sous la chaleur estivale de Montréal. Certains pavillons, au lieu d'afficher une présence spectaculaire, sont regroupés en des sites plus restreints, un peu à la manière d'un modeste village, comme l'ensemble de pavillons Africa Place, conçu par John Andrews et érigé par la Corporation pour accueillir les expositions de quelques pays du continent africain nouvellement devenus indépendants.

Un des héritages de l'Expo 67, toujours présent aujourd'hui, est le complexe Habitat 67, dont la conception évoque la philosophie innovatrice en matière de développement urbain adoptée par Moshe SAFDIE qui, à cette époque, vient de recevoir son diplôme de l'U. McGill. L'Habitat, construit sur une péninsule s'étendant de la rive nord du Saint-Laurent jusqu'aux deux principales îles du site de l'Expo, présente une série de luxueux logements mitoyens en terrasses, en fait de multiples boîtes de béton précontraint fabriquées sur place et reposant sur d'imposantes poutres de béton précontraint, sur lesquelles on peut circuler grâce à des passerelles et des passages couverts.

Le site de l'Expo en soi est une réussite complète en matière de design et d'ingénierie. Grâce à l'utilisation de quantités massives de matériaux de remplissage, on a créé deux grandes îles à partir d'îlots déjà existants, on les a relié par des chemins et des ponts qui assurent un lien rapide avec les rives nord et sud du Saint-Laurent. Le site a été planifié de façon à ce que les pavillons et les expositions, les sentiers pédestres, les canaux, les aires de restauration rapide, des toilettes ainsi que les autres commodités et agréments constituent un aménagement à la fois structuré et naturel. Par conséquent, en ce qui a trait aux services et au mobilier urbain extérieur (lampadaires, bancs et paniers à rebuts), on a créé un environnement logique, en insistant toutefois davantage sur la notion de plaisir que sur celle de structure.

Modernisme triomphant Au cours des années 60 et suivantes, les architectes canadiens qui ont participé à l'Expo 67 conçoivent d'importants projets à travers le pays, bien que les opportunités de construction dans le centre démographique se fassent plutôt discrètes en raison des revers que subit l'économie. Un des thèmes qui s'imposera au cours de la période qui suit l'Expo est l'atrium. Une installation principale construite autour de l'élément central de l'atrium crée des espaces publics intérieurs protégés des intempéries. Parmi les exemples dignes de mention, le Eaton Centre, à Toronto (conçu par Zeidler, Roberts et Bregman et Haman, 1973-1981), le Complexe Desjardins, à Montréal (conçu par divers architectes et planificateurs travaillant de concert, 1972-1976) et le Sinclair Centre, à Vancouver (conçu par Richard Henriquez et Toby Russell Buckwell and Partners, 1983-1986).

Le Sinclair Centre aborde un autre des thèmes importants de la période post-Expo: l'intérêt croissant envers le respect du patrimoine et la restauration de vieux édifices de valeur. La Maison Alcan (conçue par Ray Affleck en collaboration avec Julia Gersowitz, 1980-1983) est un des projets de conservation datant de cette période et faisant partie du patrimoine de Montréal: on construit un nouvel édifice derrière les anciens sur la rue Sherbrooke, ces deux structures sont reliées par un atrium de manière à créer un complexe unifié. Les designers ont réussi non seulement à préserver les anciens édifices mais aussi à protéger les façades, essentielles pour préserver le cachet unique de cette rue.

Avant de retourner aux États-Unis en 1980, Barton MYERS (au début en partenariat avec A.J. DIAMOND) a réalisé des édifices de différentes tailles dans lesquels il a combiné la sensibilité des activités et des textures urbaines complexes à l'intransigeance des formes et des matériaux modernes. Sa propre maison, qui occupe la pleine largeur d'un lot étroit situé dans le vieux Yorkville, à Toronto (1970), et le CITADEL THEATRE (construit à Edmonton, avec la collaboration de Rick Wilkin, 1975) illustrent bien son approche.

Quant à Erickson, il continue de répondre aux commandes et travaille avec ambition à l'échelle internationale, comme l'a fait Safdie. Ces deux architectes, ainsi que certains autres, continuent d'explorer des thèmes à caractère moderniste, même s'ils ne se limitent pas au fonctionnalisme minimaliste du style international. Dans leurs œuvres les plus récentes telles que la participation d'Erickson au concours de la Bibliothèque de Chicago en 1988 et la conception de la nouvelle bibliothèque centrale de Vancouver par Safdie en 1991, ils ont démontré que même les modernistes endurcis étaient ouverts à la fascination croissante qu'exercent les alternatives devenues populaires vers la fin des années 60 et le début des années 70.

Alternatives au modernisme Une préoccupation de nature historique caractérise les œuvres des architectes contemporains qui rejettent certains ou tous les préceptes du modernisme. Les styles géorgien et victorien ont été réincarnés dans des projets contemporains, comme c'est le cas pour les nombreuses variantes de l'architecture régionale, p. ex. la construction des fermes et des villages du XIXᵉ s. Les styles géorgien et victorien continuent d'influencer le secteur de la promotion immobilière, très sensible aux courants architecturaux, comme en témoigne la construction du Mackenzie Town Centre, à Calgary (1996-1997). La récupération des thèmes de l'architecture régionale est nuancée par une sensibilité moderniste.

L'exploration de thèmes régionaux semble importante aux yeux d'un certain nombre d'architectes, dont Peter ROSE (Bradley House, North Hatley, Québec, 1977-1979), Jones et Kirkland (Mississauga City Hall, 1982), où certains des thèmes régionaux avaient été abordés dans le programme de concours rédigé par George Baird; de Fred Valentine (Rosza Centre, U. de Calgary, 1997) et de Brian MacKay Lyons à Halifax.

Les édifices en brique du patrimoine victorien de Toronto ont trouvé un défenseur, l'architecte A.J. Diamond (YMCA central du Grand Toronto, 1984, et l'Earth Sciences Centre de l'U. de Toronto, 1989).

L'exemple le plus intéressant est sans doute le CENTRE CANADIEN D'ARCHITECTURE, à Montréal (Peter Rose et Phyllis Lambert, en collaboration avec Erol Argun, 1985-1989). Rose et Lambert ont privilégié la traditionnelle pierre calcaire grise locale pour la construction du Centre, dont la forme, l'organisation et le détail trouvent leur origine dans des thèmes reliés aux beaux-arts et reflètent le modernisme austère de Lambert, acquis chez Mies, surtout en ce qui a trait au détail et à l'aménagement des fonctions des conservateurs.

Quant à l'architecte créatif de Vancouver Richard Henriquez, il adopte une approche personnalisée du design: il choisit souvent des formes contrastantes pour exprimer un récit historique (fictif). L'une de ses réalisations, le Sylvia Hotel, à Vancouver, consiste en un ajout de condominiums qui reproduit l'aspect extérieur de l'hôtel de 1912 et comporte, à l'intérieur, une tour rotative moderniste de métal et de verre, qui suggère la démolition partielle et la reconstruction d'une ancienne structure. Des réalisations ultérieures, telles que le Trent University Environmental Sciences Centre (Peterborough, Ontario, 1990-1991), expriment le même genre de récits fictifs, souvent basés sur l'histoire locale ou l'architecture ancienne.

L'intérêt pour le caractère local et spécifique d'une ville est à la base des œuvres de John et de Patricia PATKAU (ils sont respectivement nés en 1947 et en 1950). Leurs réalisations sont celles qui ont suscité l'intérêt le plus vif à l'échelle internationale. Elles sont complexes, souvent abstraites et ambiguës et montrent des strates de la construction. Des éléments apparemment arbitraires créent un contraste par rapport aux formes orthogonales simples. Ces réalisations font toutefois preuve d'une grande sensibilité envers le site et la vue, caractéristique que l'on décèle facilement dans la Pyrch House (Victoria, 1982) ou, plus récemment, la Strawberry Vale Elementary School (Saanich, Colombie-Britannique, 1992). La Clay and Glass Gallery (Waterloo, Ontario, 1988), quoique simplifiée depuis le concours de design en 1986, poursuit ces mêmes objectifs, en créant un contraste entre la brique et le béton et les détails sophistiqués du métal et du verre. Malgré leur éloignement évident du style moderniste, les moyens qu'utilisent Patkau et Henriquez pour accomplir leurs œuvres sont indiscutablement contemporains. C'est la technologie moderne qui dicte le style de construction et le vocabulaire artistique.

Renouvellement du modernisme Au Canada, il est encore trop tôt pour affirmer que le modernisme (design qui repose d'abord sur le fonctionnalisme et l'utilisation franche de matériaux authentiques) a été remplacé par le postmodernisme (l'exploitation de références historiques à des fins individualistes). Dans leur pratique, des architectes contemporains comme Ron Keenberg (Winnipeg), Peter CARDEW (Vancouver), Dan HANGANU, Saucier & Perrotte (Montréal) et Stephen Teeple (Toronto) choisissent d'adopter des approches révolutionnaires, mais clairement modernistes.

La nouvelle réalisation de Keenberg, les Archives nationales du Canada (Hull, 1997), met l'accent sur l'utilisation de matériaux qui répondent tant aux exigences fonctionnelles qu'au désir de concevoir des formes extrêmement expressives. Cardew adopte la même approche, il utilise des techniques et des matériaux industriels pour créer des œuvres qui répondent aux attentes diversifiées de ses clients.

La Cinémathèque (Montréal, 1997), conçue par Saucier & Perrotte, présente un scénario de lieux multiples pour une visualisation optimale et critique de films et de vidéos. Le répertoire de Hanganu a une approche plus expressionniste. Cependant, des réalisations aussi «colorées» que celles des locaux du Cirque du Soleil sont clairement attribuables au courant moderniste puisqu'elles explorent des créneaux nouveaux et diversifiés.

Dans une œuvre telle que le Kitchener City Hall (1994, compétition de 1988), les architectes de KUWABARA PAYNE MCKENNA BLUMBERG, qui reprennent les dossiers de la firme Barton Meyer, à Toronto, présentent une réflexion intéressante sur le passé moderniste de Toronto, mais parviennent également à s'insérer prudemment au cœur de la ville en quête de revitalisation. Leurs œuvres, ainsi que celles de plusieurs autres, qui se classent parmi les réalisations architecturales les plus réussies au Canada, expriment une sophistication soutenue. L'attention qu'elles accordent à la qualité de la vie urbaine est beaucoup plus grande aujourd'hui qu'elle ne l'était au début du modernisme.

Michael McMordie

Architecture paysagère Elle consiste en la conception, l'aménagement, la gestion et l'entretien des domaines fonciers, à la campagne et dans les villes et elle englobe des aspects liés au design, à l'écologie, à l'esthétique et à la technologie ainsi que des considérations d'ordre social et culturel. L'architecture paysagère est une profession diversifiée et complète. Certes, elle repose sur un travail de conception, mais elle fait également appel à un savoir provenant de professions connexes telles que l'ARCHITECTURE, LE DESIGN D'ENVIRONNEMENT et L'INGÉNIERIE, l'aménagement régional et récréatif, l'écologie et l'horticulture de même que l'histoire et les sciences sociales. De plus, de nouvelles possibilités fascinantes sont dorénavant offertes par les études de plus en plus poussées dans ce domaine et par la possibilité d'effectuer des recherches assistées par ordinateur.

L'expression «architecture paysagère» apparaît pour la première fois sous forme écrite dans le titre d'un livre de Gilbert Laing Meason paru en Écosse en 1828. Puis, Frederick Law Olmsted et Calvert Vaux sont les premiers à utiliser le titre professionnel «architecte paysagiste» lorsqu'ils exposent leur plan Greensward pour l'aménagement de Central Park à New York en 1858. D'autres pionniers se qualifient également de concepteurs paysagers, de jardiniers paysagistes ou d'ingénieurs paysagistes, le choix des termes découlant souvent de leur formation antérieure dans des domaines comme l'agronomie, l'architecture, le génie civil, le jardinage, l'horticulture, l'hydraulique, LA SYLVICULTURE, l'ARPENTAGE et l'art topographique (*voir* PEINTRES TOPOGRAPHES). Au Canada, les premiers architectes paysagistes à s'annoncer sous ce titre sont Frederick Gage TODD de Montréal et Charles Ernest Woolverton de Grimsby (Ontario), qui fondent leur cabinet privé en 1900 et 1901 respectivement.

De nos jours, les architectes paysagistes œuvrent à plusieurs niveaux. Ils élaborent des projets d'aménagement régionaux d'après les évaluations des caractéristiques visuelles et de la qualité des lieux. Ils préparent des plans d'aménagement et de préservation pour les parcs nationaux et provinciaux (*voir* PARCS NATIONAUX et PARCS PROVINCIAUX) en plus de concevoir de grands ensembles résidentiels, des complexes urbains à aires ouvertes, des espaces riverains, des campus universitaires, des parcs de quartier et des jardins intimes. Un bon nombre d'entre eux travaillent dans des firmes privées dont l'envergure varie des bureaux individuels ou cabinets comprenant un petit nombre d'associés aux grandes entreprises multidisciplinaires ayant parfois des succursales dans plusieurs provinces. Certains travaillent dans le secteur public, à divers ordres de gouvernement. D'autres enseignent à l'université ou au collège.

De nos jours, les architectes paysagistes s'occupent principalement de terrains ayant été transformés par les activités humaines. Le rétrécissement rapide des zones rurales et des territoires sauvages ainsi que les pressions de plus en plus fortes en faveur du développement les obligent dans bien des cas à posséder des connaissances particulières et des capacités de conception élaborées pour reconstituer les forêts, les champs et les terres humides dégradées ainsi que les terrains contaminés par l'industrie, et pour revitaliser et densifier les zones urbaines sous-utilisées. Vu l'expansion constante des villes et des banlieues et l'augmentation de la population urbaine, les architectes paysagistes s'intéressent de plus en plus à la qualité de la vie urbaine et aux façons dont les municipalités aménagent et gèrent leurs espaces verts.

Premiers paysages culturels

Les travaux d'architecture paysagère s'inscrivent dans le concept de paysage culturel, une expression qui, selon la définition de Parcs Canada, désigne «tout endroit transformé ou auquel les gens attribuent une influence ou un sens culturel donné». Les autochtones misaient sur les phénomènes écologiques et naturels afin de modifier, à leur profit, la topographie de l'Amérique du Nord. Ils attribuaient des connotations spirituelles à des endroits particuliers et se transmettaient cette symbolique de génération en génération. Cependant, les scientifiques et les conservationnistes contemporains commencent à peine à saisir la richesse et la profondeur des liens qu'entretiennent traditionnellement les PREMIÈRES NATIONS avec le paysage. Il est plus facile de reconnaître d'emblée les paysages culturels produits par des commerçants, des missionnaires, des militaires, des fonctionnaires et d'autres intervenants d'origine européenne qui ont défriché les forêts, fondé des villages, aménagé des jardins et des vergers, introduit en Amérique des espèces de bétail et de plantes d'Europe et construit des infrastructures importantes telles que routes, digues et barrages.

Les Français sont les premiers Européens à concevoir des ouvrages en sol canadien. En 1604, Samuel de CHAMPLAIN fait des projets pour la colonie de l'Île Sainte-Croix (désormais l'île Dochet) en ACADIE. Ces plans prévoyaient divers bâtiments et jardins autour d'une place publique. L'établissement, cependant, sera de courte durée. Des documents et des preuves archéologiques permettent de penser que les maisons canadiennes construites plus tard au cours du XVIIᵉ siècle, en Acadie, dans la vallée d'Annapolis et aux environs, comportent des jardins clos. Moins de cinq ans après la fondation de LOUISBOURG en 1713, on y aménage des jardins avec des plates-bandes surélevées. Les plus anciens jardins qui subsistent encore au Canada, ceux des sulpiciens à Montréal, remontent aux années 1680; ils sont agencés selon l'utilisation de la géométrie qui caractérise la Renaissance française. Les plans de la haute ville de Québec, qui datent de la fin du XVIIᵉ siècle et du début du XVIIIᵉ siècle, signalent de nombreux jardins du genre près

des habitations ainsi que des couvents et des monastères.

Bien que les concepteurs de plusieurs des plus anciens sites paysagers au Canada soient inconnus, on sait que l'un des premiers spécialistes de l'aménagement est Gaspard-Joseph CHAUSSEGROS DE LERY, un ingénieur qui a, entre autres, établi les plans des villes de Québec en 1716 et de Montréal en 1731, de même que les plans du jardin du Gouverneur à Québec qui remontent à 1752.

Les comptes rendus d'époque révèlent la présence, dès la deuxième moitié du XVIIIᵉ siècle, de jardins d'agrément privés à Montréal et à Halifax. Vers 1817, Charles Ramage Prescott (1772-1859) aménage des jardins, un verger et une serre sur son domaine d'Acacia Grove à Starr's Point (Nouvelle-Écosse). À la fin du XVIIIᵉ siècle, avec la construction du pavillon Prince's Lodge, on voit apparaître dans l'est du Canada le style paysagiste anglais pittoresque. Le bassin Bedford à Halifax, qui en est un des exemples les plus anciens, a partiellement survécu. Durant les années 1820 et 1830, ce style apparaît également dans les édifices gouvernementaux à St. John's (Terre-Neuve), au domaine de Richard John UNIACKE à Mont Uniacke en Nouvelle-Écosse (*voir* UNIACKE ESTATE MUSEUM PARK), l'édifice Fanningbank (devenu par la suite la Maison du gouvernement) à Charlottetown (Île-du-Prince-Édouard), la résidence Spencer Wood de Henry Atkinson à Sillery, au Québec, de même que le parc Sir Peregrine Maitland and Lady Maitland's Stamford près de Niagara Falls, en Ontario (*voir* MAITLAND, sir Peregrine).

Nos connaissances de certains de ces aménagements paysagers anciens viennent d'esquisses, de dessins et d'aquarelles réalisées par des militaires britanniques ayant appris le dessin topographique. Certains de ces créateurs comme W.R. Best dans les Maritimes esquissent également des plans qui concernent des lieux précis.

Le premier adepte connu de l'école dite pittoresque à œuvrer au Canada est André Parmentier, un pépiniériste et paysagiste originaire de Brooklyn (État de New York). Vers 1829, il trace les plans du complexe de King's College et ceux du domaine Moss Park de William Allan à York (aujourd'hui Toronto). Au début de l'année 1830, six mois avant sa mort prématurée, il visite Montréal en quête de nouvelles commandes.

Époque du paysage victorien

Au Canada, l'époque victorienne est marquée par l'émergence d'une série de nouvelles formes d'architecture paysagère, parmi lesquelles il faut classer les cimetières aménagés. Ces «cités des morts» visent à remédier aux conditions malsaines et à l'encombrement qui affectent beaucoup de cimetières d'églises, et à compléter les lieux d'enterrement non confessionnels déjà établis, imitant les cimetières ruraux très populaires aux États-Unis aménagés à l'extérieur des limites de beaucoup de villes et villages. Le prototype est le cimetière de Mount Auburn près de Boston, qui attire les visiteurs depuis son inauguration en 1831.

En 1844, après avoir étudié un traité sur le site de Mount Auburn, l'architecte John G. Howard conçoit le cimetière St. James de Toronto en dessinant des parcours incurvés semblables et en tirant parti de la topographie des lieux. Au cours des décennies suivantes, on adopte des règlements et des sociétés se forment dans le but d'aménager d'autres cimetières du genre. Mentionnons notamment les cimetières montréalais du Mont-Royal et de Notre-Dame-des-Neiges et le cimetière Cataraqui près de Kingston (Ontario), qui datent des années 1850, de même que les cimetières Beechwood et Notre-Dame à Ottawa et celui de Mount Pleasant à Toronto, qui remontent aux années 1870. Plusieurs de ces cimetières paysagers, accessibles par les moyens de transport en com-

mun, viennent remplacer les parcs publics inexistants ou inadéquats.

Pour compenser l'insuffisance des parcs municipaux, on aménage également des terrains d'agrément privés (dont les concepteurs sont inconnus), ouverts au public, avec toutefois des frais d'entrée dans certains cas. Les jardins Vauxhall à Montréal, créés aux environs de 1781, en sont l'un des premiers exemples. Cependant, ces terrains d'agrément se multiplient au XIXᵉ siècle, celui de Guilbault à Montréal (1831-1869) et le parc de Caer Howell à Toronto (1835-1915), en particulier, connaissent une popularité durable. Ces endroits aménagés de portails monumentaux et de lieux de promenade offrent au public des aires de pique-nique, des parterres de fleurs, des kiosques et des pavillons. On y vend de la crème glacée et des friandises, les orchestres locaux y jouent de la musique, on y présente des feux d'artifice et toutes sortes d'amusements. À la fin du XIXᵉ siècle, les parcs d'amusement tels que Happyland ainsi que les parcs Elm, River et Hyland à Winnipeg attirent les foules grâce à des carrousels, des circuits de montagnes russes, des patinoires, de grands pavillons de danse, des installations sportives et un service de transport en commun.

Durant la période qui précède la Confédération, des concepteurs paysagistes professionnels, dont certains comme Parmentier, font de brèves visites tandis que d'autres s'établissent définitivement au Canada, sont à l'œuvre dans l'est et dans le centre du pays. Ainsi, en Ontario, divers types de clients commandent des réalisations variées touchant un large éventail de lieux. À Toronto en 1844, John Howard, originaire d'Angleterre, dessine les plans de l'édifice Osgoode Hall appartenant à la Law Society of Upper Canada et ceux du nouveau cimetière de l'église anglicane. Pendant les années 1850, William Mundie et George Laing, deux Écossais ayant immigré à Hamilton, se font connaître partout dans la région pour leurs compétences en tant que jardiniers paysagistes. Le carnet de commandes de Mundie comprend plusieurs grandes serres, les terrains du parc universitaire, de l'école normale et de l'école modèle à Toronto de même que le cimetière de St. Catharine et les alentours du monument Brock à Queenston. Quant à Laing, il aménage notamment les terrains du château Dundurn à Hamilton et le domaine Woodend à Ancaster. En 1853, Frederick Cornell, un arpenteur de Rochester (État de New York), franchit le lac Ontario pour créer le cimetière Cataraqui. En 1859 et 1860, Edwin Taylor, jardinier paysagiste formé en Angleterre, travaille à Toronto, où il poursuit l'œuvre de Mundie au University Park et dessine le plan des terrains très étendus de la Toronto Horticultural Society (de nos jours les Allan Gardens).

Bien que le style «jardinier», qui met l'accent sur les agencements horticoles, prédomine dans les années 1850 et 1860, le style pittoresque moins exubérant conserve des adeptes. Lord MONCK en applique les principes à la résidence de RIDEAU HALL à Ottawa durant son mandat au poste de gouverneur général de 1864 à 1868, en demandant à son jardinier en chef, Alpine Grant, de faire aménager une nouvelle allée à l'entrée et de planter de nombreux arbres afin de varier les points de vue à l'approche de la demeure.

Peu après la création de la CONFÉDÉRATION, les gouvernements fédéral et provinciaux financent la construction de divers édifices publics et l'aménagement des terrains environnants. En 1873, le ministère fédéral des Travaux publics confie au New-Yorkais Calvert Vaux (qui vient de rompre l'année précédente son association avec F.L. Olmsted Sr) le mandat de dessiner les jardins publics autour des édifices parlementaires à Ottawa. Vers la même époque, le ministère ontarien des Travaux publics charge H.A. Engelhardt, un ingénieur civil établi à Belleville qui a reçu une formation de jardinier paysagiste en Prusse, de concevoir et de superviser l'aménagement de la section ornementale des pourtours du nouvel établissement pour les malentendants à Belleville et de celui pour les handicapés visuels à Brantford. Les lieux conçus par Vaux sont classiques, élégants et aménagés en terrasses, alors que les créations de Engelhardt s'inscrivent dans une veine «jardinière».

Dans beaucoup d'établissements publics, on cherche à atteindre l'autosuffisance en faisant cultiver les terrains par les pensionnaires pour les nourrir. Dès 1835, le pénitencier du gouvernement provincial ontarien à Kingston possède son propre verger. À la fin des années 1850, pendant que Olmsted et Vaux vantent l'effet thérapeutique des parcs sur les mœurs des citadins, quelques médecins préconisent le recours à ce genre de parcs pour calmer et soigner les malades mentaux. Les deux idées font du chemin. À la fin du XIXe siècle et au début du XXe siècle, les plans des hôpitaux psychiatriques canadiens prévoient souvent des terrains d'athlétisme et un paysage ornemental soigneusement conçu, en plus de jardins, vergers et champs cultivés. Parmi les établissements où l'on considère le travail et la détente comme des aspects importants du traitement, mentionnons l'asile d'aliénés de Mimico près de Toronto réalisé dans les années 1890 et au début des années 1900 par le jardinier paysagiste Samuel Matheson, et l'hôpital psychiatrique Essondale (rebaptisé Riverview) à Port Coquitlam (Colombie-Britannique), conçu après 1911 par John Davidson et par son successeur, Jack Renton.

L'origine de plusieurs parcs publics du Canada remonte aux années 1830 et 1840, mais l'un des mieux préservés est le Halifax Public Gardens. Ces jardins, entrepris au début des années 1840 pour le compte de la Nova Scotia Horticultural Society, se développent lentement jusque dans les années 1870. Grâce au concours du surintendant Richard Power, un jardinier paysagiste doué pour le style jardinier, ils acquièrent leur forme actuelle puis, en 1874, ils sont constitués en parc municipal. Durant les 10 années qui suivent les débuts de la Confédération, d'autres municipalités améliorent également leurs parcs ou en créent de nouveaux. Citons p. ex. le parc Victoria à Charlottetown qui occupe un terrain offert par le gouvernement fédéral en 1873, celui de Major's Hill à Ottawa créé en 1874 qui est le premier parc municipal de cette ville, ainsi que le parc Stanley à Vancouver, inauguré en 1888.

Un des premiers parcs canadiens construits sur une série de zones topographiques, celui du Mont-Royal à Montréal, est l'œuvre de l'agence fondée par Frederick Law Olmsted Sr à Brookline au Massachusetts. Les travaux, commencés en 1873, durent plus de 20 ans. Olmsted contribue également à la préservation du paysage naturel entourant les CHUTES NIAGARA. En compagnie de trois collègues, il commence à y songer au cours d'une promenade à l'île Goat en 1869. Le projet se concrétise du côté canadien lorsque le parlement ontarien adopte en 1885 la loi instituant le Parc des chutes du Niagara. À la suite de la création du parc Queen Victoria de Niagara Falls en 1887 sous la supervision de l'ingénieur civil James Wilson et du jardinier en chef Roderick Cameron, horticulteur professionnel, la Commission des parcs du Niagara aménage les lieux en tenant compte du paysage naturel et en appliquant les principes de l'architecture paysagère. Ces caractéristiques marquent encore la zone sur laquelle elle exerce un contrôle.

On croit également que Olmsted aurait dessiné le plan des terrains de Beechcroft à Roches Point (Ontario) peu après 1869, pour un homme d'affaires américain qui avait acheté ce domaine en vue d'y faire construire sa résidence estivale. Dans les années 1880 et 1890, des concepteurs professionnels embellissent les terrains des résidences d'été dans d'autres lieux de villégiature nouvellement en vogue, comme la région des Mille-Îles.

Dans les années 1880, les concepteurs paysagistes œuvrent d'un océan à l'autre. George Fletcher, jardinier paysagiste, travaille à Halifax puis à Charlottetown, où il poursuit la tâche entreprise en 1884 à Queens Square par un horticulteur amateur, Arthur Newberry. La firme d'Olmsted prépare, en 1887, les plans du parc Montebello à St. Catharines en Ontario. Charles H. Miller du cabinet Miller and Yates de Philadelphie planifie et supervise, en 1882, l'aménagement du campus du nouveau Collège d'agriculture de l'Ontario à Guelph. John Blair, qui prendra sa retraite à Duncan (Colombie-Britannique) après une carrière fort occupée d'architecte paysagiste aux États-Unis, planifie et supervise, en 1889, d'importants travaux d'amélioration au parc de Beacon Hill à Victoria.

Du tournant du siècle jusqu'à la PREMIÈRE GUERRE MONDIALE, des lois régissant les parcs publics, comme celles de l'Ontario et du Manitoba adoptées respectivement en 1883 et 1892, encouragent les municipalités à instituer des commissions responsables des parcs et à créer des parcs. Le meilleur exemple est la Commission des parcs de Winnipeg, mise sur pied en 1893, qui dotera cette ville et sa banlieue de 29 parcs avant 1914. Parmi les architectes paysagistes qui participent à ces projets, citons celui qui est le plus en demande, Frederick Todd. Il entreprend une carrière de 48 ans au Canada à partir de 1900, lorsque la firme Olmsted l'envoie à Montréal pour continuer les travaux au parc du Mont-Royal. Entre 1900 et le début de la Première guerre mondiale, le cabinet de Todd dessine non seulement les plans du parc Assiniboine à Winnipeg, mais aussi ceux des parcs Wascana et Victoria à Regina, du parc Queen à Stratford (Ontario), de plusieurs parcs à Galt (Ontario) et du parc Bowring à St. John's (Terre-Neuve).

À l'instar de plusieurs architectes paysagistes de l'époque, Todd s'intéresse aussi à l'urbanisme et dessine les plans de plusieurs villes, jardins et quartiers. Son projet d'embellissement de 1903, commandé par la Commission d'amélioration de la ville d'Ottawa, est le premier d'une longue série de plans exhaustifs concernant la région de la capitale nationale, et pose les fondements du rapport de Jacques Grébert, entrepris en 1937, approuvé en 1951 et mis en œuvre par la suite.

Alors que, dans les réalisations de Todd, les idées de l'école City Beautiful sont tempérées par une grande sensibilité envers les paysages naturels, Thomas Mawson se révèle un défenseur plus hardi du style beaux-arts et du mouvement City Beautiful. Mawson, architecte paysagiste anglais de renom, effectue en 1912 une tournée de conférences qui l'amène dans 14 villes, de Halifax à Victoria, ce qui lui permet d'obtenir plusieurs commandes. En compagnie des membres de son cabinet, il prépare les plans du campus de l'U. Dalhousie (1912) et de celui de l'U. de la Saskatchewan à Saskatoon (1912), un projet d'université à Calgary (1912) et les plans de l'U. de la Colombie-Britannique (1913). Durant cette période, ses collègues et lui conçoivent un plan d'aménagement pour Coal Harbour et des améliorations au parc Stanley à Vancouver, esquissent un «agencement artistique» pour le site de la municipalité de Banff, planifient les villes de Calgary et de Regina et dessinent les plans de deux complexes d'habitation. En outre, Mawson poursuit les travaux entrepris par Todd à Wascana Park, la zone de terre et d'eau entourant le Parlement de la Saskatchewan.

Pour certaines de ces réalisations, Mawson est associé à Howard Burlingham DUNINGTON-GRUBB, un ancien employé qui, avec son épouse Lorrie, a immigré à Toronto en 1911 où il fonde ce qui deviendra plus tard les pépinières Sheridan. Lorrie Alfreda DUNINGTON-GRUBB est, semble-t-il, la première femme à exercer le métier d'architecte paysagiste au Canada. Elle est réputée pour ses vastes connaissances en aménagement urbain de même qu'en horticulture et en conception de jardins. Howard Dunington-Grubb réalise, au cours d'une carrière qui s'étend jusque dans les années 60, des ouvrages publics tels que le Oakes Garden Theatre et les jardins du Rainbow Bridge à Niagara Falls, le terre-plein central de l'avenue University à Toronto, sans compter l'aménagement des terrains entourant plusieurs résidences du sud de l'Ontario.

Bien que Todd et Dunington-Grubb soient les créateurs canadiens les plus connus de la première moitié du XXe siècle, d'autres méritent d'être mentionnés. Ainsi, C. Ernest Woolverton de Grimsby (Ontario) et le Montréalais Rickson A. Outhet seraient apparemment les premiers architectes paysagistes d'origine canadienne. Woolverton exerce surtout en Ontario, tandis qu'à ses débuts Outhet propose notamment, en 1906, un plan d'aménagement pour le parc Tuxedo à Winnipeg, un quartier résidentiel de banlieue dont le plan final, enregistré officiellement en 1911, est l'œuvre de l'entreprise d'Olmsted. Alfred V. Hall est un autre représentant éminent de cette profession qui, de concert avec William E. Harries et Arthur M. Kruse, mène à Toronto et à Buffalo une carrière aussi longue et poussée que celle de Dunington-Grubb. À titre de consultant en urbanisme auprès du gouvernement provincial, Hall dessine en 1922 les plans de la ville de KAPUSKASING en Ontario.

Tout comme au XIXe siècle, des Canadiens fortunés continuent à consulter des architectes paysagistes locaux et étrangers pour l'aménagement de grands domaines et de résidences à la campagne. James DUNSMUIR recourt aux services de la firme Brett and Hall de Boston qui, entre 1908 et 1920, aménage les terrains du château Hatley (devenu par la suite le Collège militaire de Royal Roads) à Colwood, en Colombie-Britannique. Pour dessiner les jardins de Parkwood à Oshawa (Ontario), Samuel P. McLaughlin fait appel à des talents canadiens, Harries and Hall durant les années 10, le couple Dunington-Grubb dans les années 20, et l'architecte torontois John LYLE pendant les années 30. Vers 1933, W.B. Sewell charge Todd de préparer les plans d'aménagement de son domaine à Montebello au Québec. Tout au long de la première moitié du siècle, la firme d'Olmsted s'emploie à embellir des propriétés privées en Colombie-Britannique, au Manitoba, en Ontario, au Québec et au Nouveau-Brunswick, en plus de jouer un rôle de consultant auprès des municipalités, des entreprises et de diverses institutions.

Certains propriétaires fonciers préfèrent aménager eux-mêmes leurs terrains et leurs jardins, Jennie Butchart (*voir* BUTCHART, Robert Pim) et Elsie Meighen Reford comptant parmi les plus éminents. À partir de 1907, Butchart transforme une carrière de calcaire abandonnée sur l'île de Vancouver (Colombie-Britannique) en un jardin qui jouit bientôt d'une réputation internationale, les Butchart Gardens. Entre 1927 et 1954, madame Reford cultive des plantes vivaces provenant de tous les coins du monde dans les prés et les bois entourant sa résidence d'été du Bas-Saint-Laurent près de Rimouski au Québec. La propriété, appelée les Jardins de Métis, ouvre ses portes au public en 1961.

L'entre-deux-guerres

Entre les deux guerres, plusieurs autres espaces verts publics apparaissent, malgré les séquelles de la CRISE DES ANNÉES 30. Dans le cadre du plan City Beautiful de 1928 préparé par l'agence d'architecture paysagère torontoise Wilson, Bunnell and Borgstrom pour l'entrée nord-ouest de Hamilton (Ontario), Carl Borgstrom conçoit le Rock Garden, qui deviendra plus tard les Jardins botaniques royaux (*voir* JARDIN BOTANIQUE). Les travaux dans une carrière de gravier abandonnée, entrepris en novembre 1929, seront achevés deux ans plus tard. Henry J. Moore, horticulteur ontarien, propose en 1928 l'aménagement de l'International Peace Garden sur un site immense chevauchant la frontière près de Boissevain au Manitoba et de Dunseith dans le Dakota du Nord. Le jardin sera inauguré en 1932. L'aménagement du «Formal Garden» sur un axe longitudinal, d'après les plans originaux de Hugh V. Feehan, architecte paysagiste américain, débute en 1934 et dure plusieurs années. On ajoutera par la suite d'autres parterres, ainsi que diverses zones et divers axes transversaux, dont certains sont conçus conjointement par des architectes paysagistes des deux pays. Les jardins Cascades of Time près du bâtiment administratif du Parc national de Banff, bien que réaménagés en partie en 1965, ont été conçus au début des années 1930 par Harold C. Beckett, architecte ontarien ayant une formation autodidacte en architecture paysagère, afin d'illustrer de façon simple l'histoire géologique des Rocheuses.

En 1934, neuf praticiens de la région torontoise, soit le couple Dunington-Grubb de même que Carl S. Borgstrom, Humphrey S.M. CARVER, Gordon J. Culham, Edwin M. Kay, Helen M. Kippax, Frances C. Steinhoff et J. Vilhelm Stensson, fondent l'Association des architectes paysagistes et des urbanistes du Canada (désormais la Société canadienne des architectes paysagistes) dans le but de faire valoir leurs intérêts et leurs objectifs communs. Bien qu'établi au départ en Ontario, cet organisme comptera bientôt des membres au Québec, et plus tard dans les autres provinces. Des filiales se forment par la suite un peu partout au Canada.

La crise des années 30 et la Seconde Guerre mondiale ralentissent considérablement l'essor de cette profession. Auparavant, une bonne partie des travaux était commandée par des particuliers; à présent, les commandes proviennent davantage du secteur public. Les travaux, autrefois effectués sur une petite échelle, prennent de l'ampleur. Les logements publics, les parcs et les routes exigent une expertise accrue fournie par un noyau mieux intégré de spécialistes, et impliquent une gestion à plus long terme. Les organismes publics tels que la Commission du district fédéral (aujourd'hui la COMMISSION DE LA CAPITALE NATIONALE ou CCN) et la Société centrale d'hypothèque et de logement (maintenant la SOCIÉTÉ CANADIENNE D'HYPOTHÈQUES ET DE LOGEMENT ou SCHL) favorisent le travail coordonné d'architectes, d'architectes paysagistes et de dessinateurs, qui créent des œuvres au concept élargi dont la réalisation est étalée sur une plus longue période. Parmi les personnages importants à l'échelle nationale, mentionnons Carver, dont l'intérêt marqué envers l'architecture paysagère, la protection de l'environnement et les questions sociales est soutenu par un poste au sein de la SCHL, ainsi qu'Edward I. Wood, qui exercera une forte influence en tant qu'architecte paysagiste principal à la CCN de 1934 jusqu'à sa retraite en 1965.

Avec la fin de la guerre, l'enseignement, de même que la formation professionnelle, acquiert une importance croissante et devient de plus en plus accessible. Un nombre assez important de jeunes Canadiens vont étudier l'architecture paysagère aux États-Unis, là où Walter Gropius, Hideo Sasaki, Garrett Eckbo et d'autres maîtres enseignent les principes du modernisme, tandis que Ian McHarg, entre autres, met au point de meilleures méthodes pour l'analyse des sites. La profession se développe, les bureaux prennent de l'expansion et les projets deviennent plus diversifiés.

Évolution récente

Durant les années 50 et au début des années 60, l'architecture paysagère s'épanouit au Canada grâce à la venue de jeunes concepteurs venus des États-Unis et d'Europe. L'arrivée de nouveaux talents et les projets de plus grande envergure favorisent une coordination accrue entre les équipes à l'œuvre, tant en architecture paysagère que dans les professions connexes.

L'aménagement de la voie maritime du Saint-Laurent et la construction de barrages sont des chantiers importants qui visent à améliorer la navigation et à augmenter la production hydroélectrique. Ces chantiers entraînent des travaux de terrassement considérables, le déplacement de localités et de routes ainsi que la construction d'installations touristiques. Le plus connu de ces centres touristiques, qui comptent parmi les premiers au pays, est le parc du champ de bataille de Crysler Farm (voir CRYSLER'S FARM), qui commémore une bataille décisive de 1813. Dans les limites du parc se trouve UPPER CANADA VILLAGE, un ensemble de bâtiments historiques que l'on a déménagés, restaurés et reconstitués dans un cadre historique rappelant le Canada d'avant la Confédération. Le parc et le village ont tous deux été aménagés par des équipes comprenant des architectes paysagistes.

Au cours des dernières années, l'adoption de diverses lois provinciales a contribué à stimuler les réalisations multidisciplinaires sur une grande échelle qui font appel à des architectes paysagistes. La loi ontarienne sur les offices de protection de la nature, adoptée en réponse aux dégâts provoqués par l'ouragan Hazel en 1954, permet un aménagement en fonction des seuils d'inondation plutôt que des limites administratives. Le Comité de conservation de la ville de Toronto et de ses environs coordonne, depuis cette époque, la rétrocession à l'État de terres appartenant à des particuliers dans les principales vallées, de manière à empêcher la construction de bâtiments privés et à réduire les pertes économiques qui pourraient être causées par des inondations. Ainsi, cet organisme a confié à des architectes paysagistes le mandat de créer plusieurs nouvelles zones d'activités récréatives et de préservation du milieu naturel. À Regina, la Wascana Centre Authority (mise sur pied en 1962) constitue le premier district de conservation urbaine de la Saskatchewan à s'être doté d'un plan directeur à long terme pour contrôler le développement. La Meewasin Valley Authority, fondée dans les années 70, poursuit les mêmes objectifs à Saskatoon et aux alentours. Une de ses réalisations est le Wanuskewin Heritage Park, que les architectes paysagistes ont contribué à planifier, dans le but de protéger, en offrant des services d'interprétation, un site historique national qui rend hommage au patrimoine culturel des Indiens des Plaines septentrionales.

Les années 60 marquent une période d'essor pour le Canada et pour cette profession. EXPO 67 à Montréal est sans doute la principale réalisation de cette décennie. Le plan directeur de l'ensemble du site est préparé par l'agence Project Planning Associates Ltd., et les architectes paysagistes de divers cabinets fournissent une bonne partie des plans, du soutien technique et de la coordination pour cette exposition en plus d'aménager le terrain environnant les pavillons. La mise à contribution d'un aussi grand nombre d'agences donne à la profession de l'ampleur et un nouvel élan. La planification de la Place Ontario à Toronto constitue également un ouvrage majeur d'aménagement paysager de l'époque.

L'augmentation et l'enrichissement de la population accentuent aussi les besoins en nouveaux logements, en lieux récréatifs et en institutions d'enseignement. On construit de nouvelles villes et on ajoute des quartiers autour de plusieurs des principales agglomérations. Citons en particulier le cas du quartier Don Mills à North York (Ontario), planifié au début des années 50 par une équipe placée sous la direction de Macklin Hancock, et auquel on a appliqué les théories modernes pour l'aménagement urbain, aux transports et à la préservation des espaces verts.

Des architectes paysagistes contribuent à la préservation de paysages uniques ayant une portée culturelle et à leur mise en valeur sous forme de parcs nationaux ou provinciaux. Citons entre autres le PARC NATIONAL DU GROS-MORNE à Terre-Neuve, le PARC MARIN NATIONAL FATHOM FIVE en Ontario et le PARC PROVINCIAL WRITING-ON-STONE, en Alberta. À Gros-Morne, l'aménagement d'un parc a permis de préserver, au profit de la population, une zone importante de montagnes et de fjords sur le littoral ouest de l'île, tout en stimulant l'économie locale et le mode de vie des habitants. Au Parc Fathom Five, les formations de calcaire de la partie supérieure de la péninsule de Bruce se combinent aux îles environnantes et à leur prolongement sous-marin, ce qui rehausse leur intérêt pour les historiens, les plongeurs et les visiteurs en général. Il s'agit d'un des premiers parcs où l'on interprète le lien entre la terre et l'eau. Le Parc de Writing-on-Stone vise à protéger les pétroglyphes et le territoire aride caractérisé par des coulées où ils se trouvent. Dans plusieurs de ces cas, on mise davantage sur l'analyse écologique, visuelle et sociale pour favoriser un processus décisionnel plus cohérent, grâce à une relation de travail plus étroite entre les spécialistes des sciences physique et sociale d'une part, et les architectes paysagistes d'autre part. Des réalisations comme celles-ci contribuent à faire connaître les spécialistes de cette profession au pays même et à l'étranger ainsi qu'à diversifier leur travail.

Les activités bourdonnantes des années 60 conduisent à la mise sur pied, en 1964, des premiers cours universitaires d'architecture paysagère au Canada, dans les universités de Guelph et de Toronto. De nos jours, les universités de la Colombie-Britannique, du Manitoba, de Guelph, de Toronto et de Montréal offrent des programmes de baccalauréat et de maîtrise dans cette discipline. Il en résulte une multiplication du nombre d'architectes paysagistes qui, à leur tour, insufflent de l'énergie et orientent leur profession. Les diplômés de ces cours œuvrent dans divers champs professionnels. Une bonne partie d'entre eux gravitent autour de grands cabinets multidisciplinaires (qui sont de plus en plus nombreux), qui se spécialisent dans des ouvrages complexes à l'échelle régionale, nationale et même internationale. Certains s'en tiennent à la vocation première de leur profession et se spécialisent en aménagement de terrains résidentiels et de jardins. Cependant, ils tendent tous vers une démarche interdisciplinaire, renforcée par les préoccupations actuelles touchant la protection de l'environnement et le développement durable.

Les années 70 donnent lieu à un réexamen de beaucoup d'espaces urbains et périurbains. On réaménage ainsi Robson Square et le complexe des palais de justice à Vancouver (architectes de la firme Arthur ERICKSON associés à Cornelia Hahn Oberlander, architecte paysagiste; travaux terminés en 1979). On y intègre de nouveaux édifices importants entourés d'espaces ouverts au public où l'on trouve des jardins surélevés, des chutes et un bassin. Le résultat final ressemble à un paysage nordique et permet également de résoudre les problèmes d'accès et d'interconnexion. Le zoo du Toronto métropolitain (Johnson Sustronk Weinstein and Associates Ltd., planifié en 1968-1969, inauguré en 1972) remplace un petit zoo du centre ville qui datait du XIXᵉ siècle. Ce zoo rompt avec le concept périmé des cages, en laissant les animaux errer librement dans des endroits aménagés qui rappellent leur habitat naturel.

Durant les années 70, on cherche à fournir aux citadins des espaces verts à des fins récréatives. On crée alors le parc provincial de Fish Creek (terminé en 1985) qui couvre une superficie de plus de 3000 acres dans une zone alors située dans les faubourgs de Calgary, pourtant desservie par les transports en commun. C'est le premier parc provincial qui se trouve à l'intérieur d'une ville. La principale agence de consultants sur ce projet, tant pour le rapport consultatif des citoyens (1974) que pour le plan directeur (1976), s'appelle Lombard North Group. Le parc provincial de Bronte Creek, dont le cabinet Project Planning Associates Limited entreprend en 1972 l'élaboration du plan directeur et du programme d'activités, est le premier parc provincial ontarien dans un voisinage urbain. Il est conçu dans le but précis d'inciter les habitants des quartiers défavorisés de Toronto et de Hamilton à s'adonner aux sports et aux loisirs dans un cadre naturel. Ce site devait lui aussi être accessible par les transports en commun, un objectif n'ayant jamais été atteint.

À partir des années 70, les architectes paysagistes sont appelés à s'occuper de gestion et de remise en état des territoires, vu l'intérêt croissant de la population pour ces questions. Parmi les nombreux plans de gestion s'appliquant à plusieurs zones naturelles et sauvages, mentionnons ceux du Parc national de Banff en Alberta et du PARC PROVINCIAL ALGONQUIN en Ontario, qui s'efforcent de tenir compte des modes d'utilisation présents et passés du territoire et de prévoir les besoins à venir, de même que les pressions qui s'y exerceront. Ces plans favorisent la mise au point de méthodes d'évaluation et de gestion des terrains et précisent l'impact des activités humaines sur les milieux naturels fragiles. De plus en plus, l'architecture paysagère se fonde sur l'étude scientifique des écosystèmes, les techniques de simulation informatiques et la connaissance des mécanismes biologiques afin de restaurer les milieux naturels dégradés.

La préservation des lieux historiques commence à s'imposer durant les années 70 lorsque Parcs Canada devient un chef de file national dans le domaine. Les travaux de remise en état des terrains et des jardins de la forteresse de LOUISBOURG en Nouvelle-Écosse, entrepris en 1961 et poursuivis jusque dans les années 70, reposent sur des recherches historiques et archéologiques poussées. La restauration du parc historique national de la FERME MOTHERWELL dans le sud-ouest de la Saskatchewan, entre 1968 et 1983, implique des recherches fouillées et des décisions réfléchies de la part d'une équipe multidisciplinaire d'architectes paysagistes. Plus récemment, d'autres ordres de gouvernement, souvent en association avec des organismes de services locaux, réalisent des projets patrimoniaux. Citons, entre autres, la réhabilitation des terrains de Spadina à Toronto et celle du jardin potager au château de Dundurn à Hamilton (Ontario).

Durant les années 80, la reconstruction urbaine et l'aménagement de sites récréatifs majeurs acquièrent une grande importance. On crée ainsi des sites de compétitions nationales et internationales qui attirent de nombreux participants. Le réaménagement de quartiers et la densification de la population résidante visent à résoudre les problèmes relatifs à la qualité de vie et au développement durable. Plusieurs études portent alors sur la création d'espaces verts et d'aires publiques en milieu urbain. L'étude des routes commémoratives pour le compte de la Commission de la capitale nationale propose un trajet destiné aux activités d'envergure nationale à Ottawa-Hull et des mesures en vue d'embellir le panorama le long des routes. Cependant, on y expose surtout des lignes directrices pour préserver les points de vue et les panoramas actuels aux alentours du Parlement et on y fait des suggestions visant à protéger la végétation dans un contexte urbain stressant.

On procède aussi à la remise en valeur du bord de mer dans plusieurs villes du pays, notamment l'île Granville à Vancouver et le quartier riverain à Halifax. Parallèlement, dans beaucoup de localités, on aménage ce que l'on appelle des «corridors verts» à partir de ravins, d'emprises désaffectées et d'autres tracés linéaires afin de relier les espaces verts fragmentés et de composer un réseau de parcs étendu. Il en résulte des espaces naturels où les gens peuvent déambuler plus librement parmi le paysage urbain. Mentionnons à ce chapitre la Ceinture verte de la capitale nationale à Ottawa, le parc provincial de Fish Creek à Calgary, la vallée de Meewasin à Saskatoon et, plus récemment, le Waterfront Trail en Ontario.

On réaménage également des parcs plus petits et des zones réservées à l'intérieur des grands parcs, en appliquant les concepts contemporains, en améliorant les moyens de connexion et en utilisant des nouveaux matériaux. C'est le cas, entre autres, du parc Ambleside Landing à Vancouver Ouest, conçu par l'agence Durante and Partners, qui se distingue par une œuvre d'art environnementale, «Granite Assemblage» de Don Vaughan (travaux terminés en 1990), de la promenade Victoria à Edmonton (Carlyle Landscape Architecture and Urban Design, travaux réalisés de 1988 à 1990) et du Parc Bay-Adelaide à Toronto (Baird, Sampson, architectes, Milus Bollenberghe, Topps, Watchorn, architectes paysagistes, 1990). Citons aussi le village de Yorkville Park à Toronto (Oleson, Worland, architectes, Schwartz/Smith/Meyer Inc. et Chip Sullivan, architectes paysagistes, projet réalisé en 1991-1993), le MUSÉE DES BEAUX-ARTS DU CANADA (Cornelia Hahn Oberlander, architecte paysagiste, 1984-1989), la Place Berri à Montréal (Peter Jacobs, architecte et architecte paysagiste et Philippe Poullaouec-Gonidec, architecte paysagiste, 1989), de même que les jardins du CENTRE CANADIEN D'ARCHITECTURE à Montréal (Melvin CHARNEY, artiste et architecte, Gerrard and Mackars, architectes paysagistes consultants), aménagés en 1988-1990, dans lesquels le paysage sert de moyen d'exploration historique et artistique.

Au cours des dernières années, on expérimente de nouvelles conceptions à une plus grande échelle qui s'appliquent à des zones récréatives rurales et à des réalisations commerciales, dont plusieurs stations de sports d'hiver. Les villages de Whistler (Colombie-Britannique) et de Canmore (Alberta) en sont des exemples. Dans ces deux endroits, on trouve des lieux d'hébergement et de divertissement et on favorise une intensification des activités récréatives, tout en respectant les particularités visuelles et physiques des lieux. Plusieurs réalisations qui datent des années 80 accordent une importance particulière à la protection des qualités inhérentes au milieu contre la surexploitation. Au Centre d'interprétation de HEAD-SMASHED-IN BUFFALO JUMP à Fort Macleod (Alberta), les visiteurs peuvent découvrir la culture des Premières nations et les principales caractéristiques de leur mode de vie ancestral, sans pour autant que ces activités dérangent l'aspect actuel des lieux.

Le thème du développement durable se situe au cœur du document *Our Common Future* (1987), le rapport produit par la Commission mondiale sur l'environnement et le développement lors du Sommet de la terre à Rio de Janeiro, en 1992. Les architectes paysagistes admettent qu'ils ont, entre autres, pour mission d'informer la population au sujet des problèmes environnementaux et d'aider à mettre au point des stratégies de protection. Dans le sud de l'Ontario, des architectes paysagistes contribuent à la restauration et au reboisement de la vallée et du bassin de la rivière Don, sous l'impulsion, dans la partie aval, du comité Bring Back the Don. D'autres réalisent une étude sur la moraine d'Oak Ridges, qui propose un projet visant à préserver les terres et les forêts au-dessus de la nappe aquifère (où les principales rivières de la région de Toronto prennent leur source), et participent à la réalisation du projet Paradise ayant permis de restaurer la zone de Cootes Paradise près de Hamilton. Toutes ces entreprises favorisent la protection des sites fragiles, la réhabilitation des cours d'eau et des terres humides, la régénération des forêts et le prolongement des activités à des fins environnementales en milieu urbain.

À mesure que la société continue à utiliser nos ressources limitées, les architectes paysagistes s'efforcent de trouver des solutions à la fois novatrices et éclairées.

Ed Fife et Pleasance Crawford

Architecture, pratique de l' L'architecte conçoit, inspecte et certifie des bâtiments. La construction de bâtiments et leur mise en service se divise en neuf étapes, chacune exigeant des approbations spécifiques et des engagements de financement. Ces étapes sont: l'*étude d'opportunité*, au cours de laquelle on détermine l'usage, la nature, l'ampleur et l'emplacement général des installations; l'*étude de faisabilité*, au cours de laquelle on examine et évalue les diverses options, et on délimite le site; la *définition du projet*, au cours de laquelle on donne en détail les exigences des installations; la *conception*, au cours de laquelle on prépare le schéma théorique et on le pousse jusqu'à la conception détaillée; le *dossier définitif de conception*, dans lequel on inclut les dessins d'exécution, les devis descriptifs; les *soumissions et marchés*, au cours desquels les documents du contrat servent à l'appel d'offres et au choix d'un entrepreneur pour l'exécution des travaux; la *construction*, au cours de laquelle les installations sont réalisées la *livraison*; au cours de laquelle les installations passent du maître d'œuvre au maître d'ouvrage et mises en service; l'*exploitation et l'entretien*, au cours desquels le propriétaire exploite les installations durant toute leur vie utile.

Le processus varie selon la complexité des installations et le temps requis pour leur réalisation. Le projet peut être divisé en un grand nombre de sous-projets, mais chacun de ceux-ci suivra en gros les étapes précisées ci-dessus. Les connaissances et les expertises nécessaires à chaque étape varient elles aussi. P. ex., pour une petite maison unifamiliale, une personne seule, l'architecte peut fournir presque tout ce qu'il faut pour terminer ou coordonner chaque étape. À une autre échelle, des installations complexes, telles qu'un grand hôpital, exigeront la participation de nombreux experts, d'une équipe multidisciplinaire dirigée et coordonnée par des personnes consciencieuses, adroites et spécialisées.

La décision de construire un bâtiment est prise par des particuliers, des groupes représentant une institution publique ou privée ou des entreprises. Le maître d'ouvrage choisit l'architecte pour son habileté et sa capacité à diriger et à gérer la réalisation du bâtiment et pour ses aptitudes de concepteur et de spécialiste en contrôle de la qualité. Les agences d'architectes sont capables de fournir les services spécialisés demandés par les clients pour divers types de bâtiments tels que des écoles, des hôpitaux, des immeubles à bureaux, des installations commerciales, des installations récréatives, des édifices culturels et des maisons.

Une petite agence compte un ou deux architectes enregistrés auprès d'une association professionnelle et jusqu'à 10 assistants ou plus qui peuvent être ou non des architectes pleinement qualifiés. Les architectes principaux sont habituellement des généralistes qui ont l'expérience, les connaissances et les aptitudes personnelles pour s'occuper de toutes les étapes des petits projets et des projets de taille moyenne. Un grand bureau d'architectes repose sur un ou plusieurs architectes principaux, plusieurs architectes associés ou partenaires débutants, tous des architectes enregistrés. L'agence peut employer de 50 à 200 architectes, technologues ou dessinateurs. Les grands bureaux ont à leur service ou peuvent mettre sur pied des équipes de professionnels d'autres disciplines tels que des ingénieurs en structure, des ingénieurs en mécanique, des ingénieurs en électricité ou des ingénieurs civils. Ils peuvent alors fournir l'expertise requise par les projets complexes.

Au Canada, la pratique de l'architecture est contrôlée par la profession selon les modalités de la loi provinciale. Dans chaque province, une association ou un ordre d'architectes surveille ou réglemente la pratique en contrôlant l'octroi de permis à des architectes selon des exigences et des procédures d'admission et en imposant des sanctions aux membres qui transgressent les règlements d'exercice et le code d'éthique. Seuls les membres de l'association ou de l'ordre provincial peuvent s'appeler architectes ou exercer l'architecture. L'association ou l'ordre peut poursuivre pour pratique illégale quiconque essayerait d'utiliser le titre sans être qualifié. Les membres d'une association ou d'un ordre provincial peuvent devenir membre de l'Institut royal d'architecture du Canada (IRAC).

Pour devenir un architecte reconnu par un ordre provincial, les candidats doivent satisfaire aux exigences de formation, d'examen et d'expérience. Les exigences de formation consistent en un diplôme professionnel de bachelier en architecture (ou l'équivalent), suivi d'un programme de trois ans d'expérience de stage surveillé en entreprise et de travaux additionnels demandés par l'ordre professionnel avant l'examen d'admission. Un candidat peut aussi satisfaire aux exigences de formation en suivant le programme Canadian Architectural Minimum Syllabus, un programme pour autodidactes permettant à un candidat de se qualifier tout en travaillant en agence. Le Conseil canadien de certification en architecture passe au crible et approuve le niveau de formation de tous les candidats. De nombreuses universités possèdent une école d'architecture au Canada: l'U. de la Colombie-Britannique, l'U. de Calgary, l'U. du Manitoba, l'U. Carleton, l'U. Laval, l'U. McGill, l'U. de Montréal, l'U. de Toronto, l'U. de Waterloo et la Technical University of Nova Scotia de Halifax.

Les accords sur la mobilité prévoient pour les architectes des arrangements de reconnaissance réciproque de titres, qui peuvent inclure des dispositions pour des examens spéciaux (p. ex. lorsque la langue ou les systèmes légaux diffèrent). Cette mobilité a été renforcée en raison de l'évolution de l'Accord de libre-échange avec les États-Unis et le Mexique, et du mouvement graduel vers des normes partagées dans la formation professionnelle en architecture et dans la notation.

Douglas Shadbolt

Architecture religieuse Les débuts de l'architecture religieuse canadienne coïncident avec la venue des premiers missionnaires en NOUVELLE-FRANCE. Les récollets, arrivés au pays en 1615, et les jésuites, en 1625, bâtissent des chapelles de mission, en utilisant les techniques de construction des autochtones. Puis ils remplacent ces premiers bâtiments rudimentaires par des structures un peu plus permanentes, en bois de charpente. Assez tôt au XVIIe s., les communautés religieuses construisent aussi des chapelles et de petites églises destinées à la pratique du culte des colons français. Comme les chapelles de mission, ces premiers bâtiments ont une facture très simple et dépouillée. Érigés d'abord en bois, ils font place graduellement à des constructions en pierre.

Dès la seconde moitié du XVIIe s., avec l'arrivée d'un plus grand nombre d'artisans et de constructeurs formés en France, et sous l'influence des jésuites, sont construites à Québec et Montréal quelques grandes églises qui transposent ici certains traits de l'architecture religieuse française. Ces bâtiments se caractérisent notamment par leur plan en forme de croix latine et leur clocher posé à la croisée de la nef et du transept. L'église bâtie à Québec (érigée en 1666, démolie en 1807) se révèle un exemple marquant de cette architecture classique d'origine française, alors introduite dans la colonie. Le premier évêque de Québec, François de Montmorency-LAVAL, va jouer un rôle déterminant au niveau de la diffusion de ce style dans les villages et les campagnes, en encourageant et en contrôlant la construction de nombreuses églises de pierre qui adaptent et simplifient ces modèles de l'architecture française.

Pendant la première moitié du XVIIIe s., les travaux de l'ingénieur du roi, Gaspard CHAUSSEGROS DE LÉRY, dans les villes de Montréal et Québec, perpétuent ce style tout en l'adaptant au contexte colonial. Mais ce sont les petites églises rurales, construites par une main-d'œuvre locale qui témoignent le mieux de l'originalité et des qualités de cette tradition architecturale naissante. Autant par sa présence physique que par son symbolisme, l'église paroissiale devient alors le bâtiment le plus important de la collectivité. Les trois sortes de plans employés pour la construction de ces églises demeurent en usage au Québec jusqu'au début du XIXe s. Déjà présent au siècle précédent, le plan jésuite en forme de croix latine se distingue par des chapelles qui coupent la nef. Le plan récollet est constitué d'une nef avec une abside semi-circulaire en retrait. Encore plus simple, le plan MAILLOU comporte une nef qui se termine par une abside en demi-cercle. Avec son plan récollet, ses murs de pierre des champs et ses ouvertures tête cintrée, l'église Saint-François (1734-1736) à l'île d'ORLÉANS, est représentative de ces petites églises paroissiales dont l'extérieur est marqué de la plus grande sobriété. Par contre, plusieurs d'entre elles ont un riche décor intérieur qui contraste avec l'austérité de l'extérieur. La sculpture sur bois y est d'une très grande qualité. L'intérieur de la chapelle du couvent des Ursulines, à Québec, aménagé par Noël et Pierre-Noël Levasseur (de 1714 à 1759) témoigne encore aujourd'hui de la qualité de cette ornementation.

À compter de 1750, l'établissement au pays d'une nouvelle société britannique, en grande partie anglicane, amène d'importants changements architecturaux. Ainsi assiste-t-on dans différentes régions de l'E. du pays à la construction d'églises suivant un style populaire en Angl. depuis le début du XVIIIe s., et étroitement associé à l'Église anglicane: le style palladien. Dans les centres urbains et les régions où la concentration des communautés anglicanes le permet, surgissent quelques grandes églises érigées selon les préceptes de ce style qui prône la symétrie, l'ordre et l'emploi d'un vocabulaire classique sobre. L'église St. Paul de Halifax (1750) est la première église anglicane érigée au Canada. Elle s'inspire du modèle de la chapelle Marylebone (1721-1722), à Londres, dessinée par l'architecte palladien James Gibbs.

La présence de nouveaux bâtiments de ce style, de même que l'arrivée d'une main-d'œuvre originaire de l'Angl. ou des É.-U. favorisent la diffusion du style palladien et de ses variantes, surtout au Qc et dans les prov. de l'Atlantique. Ainsi en N.-É. et au N.-B., de nombreuses petites églises en bois, de différentes confessions, reprennent quelques-uns des motifs du nouveau style, notamment le large fronton qui orne la façade, la fenêtre vénitienne de l'abside, les ouvertures à tête cintrée et l'ornementation classique autour de la porte centrale.

Les immigrants d'origine LOYALISTE arrivés au pays à la fin du XVIIIe s. introduisent dans les prov. de l'Atlantique un nouveau genre d'églises, surtout utilisé par les Congrégationalistes: la meeting house. Avant tout un lieu de rencontre, ce bâtiment de bois est marqué de la plus grande simplicité extérieure et intérieure. Son architecture rappelle beaucoup celle d'une maison. La meeting house de Barrington (1765), en N.-É., en est un exemple.

Au Québec, ce n'est pas avant les années 1820 que le style palladien affecte vraiment l'architecture religieuse traditionnelle. Même à ce moment, c'est au niveau de l'ornementation extérieure que s'exerce le plus gros de son influence. Au début du XIXe s., sous l'impulsion de l'abbé Conefroy, on délaisse les trois plans qui jusque-là avaient été privilégiés (récollet, jésuite et Maillou) en faveur d'un plan en forme de croix latine rappelant celui favorisé par les Jésuites au XVIIe s. C'est l'architecte François BAILLAIRGÉ qui parvient à intégrer le mieux l'aspect décoratif de la nouvelle mode architecturale palladienne aux églises du Qc. De son côté, en rédigeant son *Précis d'architecture* (1828), l'abbé Jérôme DEMERS joue lui aussi un rôle déterminant auprès de toute une génération de constructeurs, en favorisant la diffusion d'idées nouvelles, dont certaines proviennent des styles palladien et néoclassique.

À compter des années 1820 et jusque dans les années 1860, l'intérêt pour l'architecture classique se modifie: jusque-là dirigé vers la Renaissance, il se porte désormais vers l'Antiquité. Certains motifs de la façade des églises (colonnes, pilastres et entablement) prennent alors une plus grande importance. Au Qc en particulier, cette étape du néoclassicisme s'exprime au cours des années 1830-1840 dans les travaux de l'architecte Thomas Baillairgé, qui construit des églises dont la façade est encadrée de deux tours.

L'influence néoclassique se manifeste par une préférence pour des motifs provenant de l'architecture grecque au détriment des détails romains. Dans certains cas, l'apport de l'architecture grecque s'exprime simplement par des détails décoratifs apposés à la façade de l'église. En d'autres occasions, l'église est conçue sur le modèle d'un temple grec, comme en témoigne l'église St. Andrews (1831) à Niagara-on-the-Lake.

La construction de l'église NOTRE-DAME à Montréal (1823-1829) marque un important moment de l'histoire architecturale canadienne. En effet, pendant près de cent ans, le style néogothique sera étroitement associé à l'architecture religieuse de toutes les régions canadiennes et de presque toutes les confessions. Ce nouveau style prendra du temps à s'implanter puisque surtout dans les régions de l'E., il cohabitera avec une tradition d'origine classique déjà bien établie.

Ce style se propage véritablement à partir des années 1840, au moment où se manifeste une tendance au réalisme et à l'authenticité archéologique, qui convient tout particulièrement à l'architecture religieuse. La Cambridge Camden Society formée de théologiens anglais qui, à compter de 1839, favorisent un renouvellement de l'architecture religieuse, encourage alors les constructeurs d'églises anglicanes à retourner au plan des églises médiévales catholiques, caractérisé par une nef flanquée de bas-côtés, surmontée de galeries et orientée vers le chœur. Le chœur devient dès lors un élément déterminant du plan; chaque composante du plan intérieur (nef, chœur, bas-côtés, porche) est désormais exprimée à l'extérieur du bâtiment. Les cathédrales St. James (1849-1853) de Toronto, CHRIST CHURCH (1846-1853) de Fredericton et St. John The Baptist (1848-1880) de St. John's, T.-N. représentent cette volonté de copier des modèles médiévaux.

Au Québec, cependant, où la tradition classique est déjà étroitement associée à l'architecture catholique, l'implantation du style néogothique ne se fait pas aussi facilement que dans les autres régions. Ainsi en réaction à la construction de la cathédrale anglicane Christ Church (1857-1859) de Montréal, un édifice néogothique conçu selon les préceptes de la Cambridge Camden Society, Mgr Ignace BOURGET fait ériger la cathédrale Saint-Jacques (1875-1885) sur le modèle de Saint-Pierre de Rome. Mgr Bourget, qui entendait ainsi dissocier la foi catholique du style néogothique, ouvre la voie à un engouement pour l'architecture néobaroque qui se manifeste en cette région du pays au cours des années 1870-1880.

Lorsque le style néogothique évolue vers l'expression d'effets visuels et pittoresques, c'est en Ont. qu'il s'exprime avec le plus d'éclat, grâce au travail de l'architecte Henry Langley qui, pendant plus de quarante ans, construira des églises anglicanes, méthodistes, baptistes et catholiques. Au moment où, dans l'E. du pays, cet aspect du style néogothique commence à disparaître, il se développe dans l'O.: la cathédrale St. Paul (1895) de Regina, en Sask., témoigne de l'influence de ce courant par sa tour latérale, sa large toiture et ses proportions massives, alors que la cathédrale St. John The Divine (1912) à Victoria, Colombie-Britannique, en exprime certains traits par sa verticalité et son ornementation.

Parallèlement à la construction de ces grands bâtiments, sont aussi érigées de petites églises qui privilégient certains des aspects particulièrement marquants du style néogothique. Ainsi des églises de l'E. du pays reproduisent en bois quelques-uns des détails néogothiques les plus frappants: c'est ce qui a été appelé le Carpenter's Gothic. L'église anglicane St. Johns (vers 1840) de Lunenburg, N.-É. et l'église Unie (vers 1870) de Malpèque Î.-P.-É., témoignent de cette mode.

En Ont., un groupe de petites églises utilise des briques de couleur contrastante pour accentuer le pittoresque de certains détails néogothiques, notamment autour des fenêtres. L'église Unie de Crown Hill (vers 1880), en Ont., illustre cette tendance. Toujours en Ont., de même qu'au Man. et en Sask., d'autres petites églises d'une facture très sobre ne retiennent du courant néogothique que les fenêtres en ogive et la tour centrale apposée à la façade. On en voit des exemples à l'église anglicane St. Clement (1860-1861) à Selkirk, Man. et à l'église anglicane St. James (vers 1909) à Star City, Sask.

Enfin, à l'extrémité O. du pays, de nombreuses églises en bois arborent de manière pittoresque certains détails néogothiques. Ainsi, l'église de mission Holy Cross (vers 1905) située à Skookumchuck, en C.-B., se distingue par une façade marquée de nombreux détails néogothiques, alors que celle de Fort Good Hope (1864-1882), dans les T. N.-O., oppose à un extérieur assez conventionnel une décoration intérieure d'une grande richesse.

Par ailleurs, au cours des années 1880-1890, certains architectes délaissent le néogothique pour une nouvelle mode architecturale qui est alors populaire aux É.-U. Ces architectes construisent de grandes églises dont la maçonnerie rustiquée, la monumentalité et les ouvertures larges et arrondies expriment l'influence néoromane. L'église Metropolitan United Church (1890-1891) à Victoria, en C.-B., en est un exemple. À ce moment également, suivant une mode qui affecte tout particulièrement les églises méthodistes et presbytériennes, plusieurs églises adoptent un plan en auditorium.

En général au cours du XIXe s., les églises catholiques et protestantes adoptent une disposition rectangulaire où l'autel occupe une position centrale dans le sanctuaire. Le décor intérieur des églises anglicanes est habituellement plus sobre que celui des églises catholiques. Les églises méthodistes et presbytériennes sont également très dépouillées mais la chaire y occupe une place centrale. Enfin, d'autres congrégations religieuses, les congrégationalistes, les unitariens, les adventistes et les baptistes, ont également des lieux de rencontre d'une grande simplicité.

Dans le dernier quart du XIXe s., plusieurs groupes d'immigrants venus de Scandinavie et de Russie peuplent les régions de l'O. et y amènent leurs traditions architecturales. C'est ainsi que les immigrants d'origine ukrainienne, établis au Man. et en Sask., construisent des églises dont l'architecture rappelle celle des églises byzantines: le plan cruciforme, les clochers en forme de bulbe et l'ornementation intérieure colorée sont les motifs les plus caractéristiques.

Au début du XXe s., sous l'influence de l'enseignement prodigué par l'École des beaux-arts de Paris, se développe une attitude nouvelle qui marquera profondément l'architecture d'une partie de ce siècle. Contrairement à ce qui s'est produit tout au long du XIXe s., les architectes accordent désormais moins d'importance à l'expression du pittoresque, aux styles historiques et aux détails stylistiques pour privilégier la disposition et la composition de l'édifice, l'expression de sa monumentalité et l'organisation de son plan.

Le plan des églises, conçu d'après un système d'axes, devient très rigoureux; la nef en particulier prend une importance nouvelle au sein de ce plan. Sous l'influence des principes de composition Beaux-Arts, on bâtit aussi bien des églises de style néogothique que classique, baroque ou roman: ainsi la cathédrale catholique de Saint-Boniface (1908), au Man., développe la tendance romanesque alors que celle de Gravelbourg (1919), en Sask., traduit l'influence néobaroque.

Cependant, sur le plan architectural, l'influence Beaux-Arts annonce la fin d'une époque au cours de laquelle les architectes se tournaient volontiers vers le passé pour y trouver leur inspiration et des modèles. À cause de leurs dimensions et aussi de leur importance symbolique pour chaque communauté, les églises du XIXe s. et du début du XXe s. comptent encore aujourd'hui parmi les bâtiments qui illustrent le mieux l'apport de ces grands courants architecturaux.

Nathalie Clerk

Édifices religieux modernes Par leur nombre, les églises et les temples érigés depuis la Seconde Guerre mondiale occupent une place considérable dans l'ensemble de l'architecture religieuse au Canada. Dans les régions urbaines, où la croissance démographique est la plus forte, on bâtit plus d'églises que durant toutes les époques antérieures réunies. Surtout construites dans les banlieues, les églises nouvelles reflètent le caractère de ce milieu où la densité de la population est faible et l'échelle des édifices volontairement restreinte. Le nombre des paroissiens est souvent réduit et le budget limité. Parce que la plupart des paroissiens doivent se rendre à l'église en automobile, le terrain de stationnement devient une nécessité. À ces contraintes matérielles qui réduisent l'importance de l'église dans le paysage urbain et laissent une image ambiguë de ce type d'édifice, s'ajoute un problème plus fondamental encore, soit celui de la redéfinition de l'édifice pour le culte. Architectes et clients sont conscients de la nécessité de renouveler l'architecture religieuse, mais les solutions à adopter sont loin de ressortir clairement. Cette incertitude est d'ailleurs accrue par l'interrogation sur la place de la religion dans le monde moderne.

Suite à des débats houleux tenus en Europe entre les deux guerres, des colloques sur la construction des églises sont organisés dans diverses villes canadiennes (Toronto, 1956, 1961 et Vancouver, 1960). L'église est-elle davantage maison de Dieu que maison des hommes? Doit-elle se présenter comme un abri qui protège ceux qui s'y réunissent pour prier et entendre la parole de Dieu? Est-elle un refuge pour le recueillement ou doit-elle plutôt s'ouvrir sur le monde extérieur pour faire davantage partie de la vie quotidienne? L'aménagement intérieur est aussi soumis à une redéfinition des fonctions liturgiques. L'emplacement du baptistère, de l'autel et des autres lieux liturgiques dépend du symbolisme dont on les revêt. Bien que la construction des églises (dont certaines sont aussi des centres communautaires) témoigne de l'évolution de la liturgie et de la conception religieuse, beaucoup d'églises revêtent peu d'intérêt pour leurs qualités architecturales et, depuis 1970, très peu d'églises sont construites.

Pendant que les théologiens cherchent à définir la nature et le rôle de l'église, les architectes, de leur côté, tentent d'en renouveler le langage formel et de convaincre leurs clients de la nécessité de ce changement. Jusqu'à la veille de la guerre, il va de soi qu'une église se construit dans l'un ou l'autre des styles historiques, généralement le néogothique au Canada anglais et un des styles classiques au Québec. Au milieu des années 30 cependant, des formes nouvelles commencent à voir le jour en architecture religieuse comme en architecture civile.

L'église anglicane St. James (1935) de Vancouver, de l'architecte londonien Adrian G. Scott, paraît marquer le départ du mouvement moderne sur la côte du Pacifique. Le plan en croix grecque et les voûtes en berceau de cette église en béton donnent à l'intérieur des airs de l'architecture byzantine, mais l'extrême dépouillement accentue la géométrie des formes. À l'extérieur, les ressauts rectilignes du portail et les grandes surfaces nues des masses géométriques recouvertes de stuc témoignent de l'influence de l'architecture fonctionnaliste, tandis que les formes prismatiques des parties hautes ont le caractère de l'art déco. Scott est assisté des architectes locaux Sharp et Thompson qui, dans les mêmes années, bâtissent la Crown United Church également à Vancouver. Les fenêtres étroites couronnées par des arcs en mitre, comme à l'église St. James, sont un compromis entre l'arc brisé de l'architecture gothique et le géométrisme du style international. La masse cubique et son revêtement en stuc témoignent encore plus de l'enracinement du style moderne en Colombie-Britannique.

À la même époque, l'architecture religieuse québécoise subit l'influence de Dom Paul Bellot, un bénédictin français venu au Canada pour la première fois en 1934. Il revient en 1936 pour construire la coupole et finir l'intérieur de l'oratoire Saint-Joseph à Montréal, une église monumentale commencée pendant la Première Guerre dans la tradition académique. S'inspirant de l'architecture médiévale, Dom Bellot avait conçu pour le béton armé un système structural fait d'arcs polygonaux et d'arcs paraboliques pour la brique. Dès 1935-1936, on voit s'élever un exemple de chacun de ces deux types: en béton, l'église Saint-Jacques de Montréal (Gaston Gagnier) et en brique, l'église Sainte-Thérèse-de-Lisieux à BEAUPORT (Adrien Dufresne). C'est le début d'un courant qui durera une vingtaine d'années et qui va donner au Québec un style distinctif, bien que d'un modernisme modéré, d'architecture religieuse.

Après 1950 La différence entre les églises du Québec et celles du reste du pays commence à s'estomper. On distingue alors deux styles principaux. D'abord, les églises à toit horizontal ou à pentes très faibles, comme la petite église anglicane St. Cuthbert's à Montréal (1946-1947), de l'architecte Fred Lasserre. Les églises de la seconde catégorie ont les pentes du toit fortement accusées, ce qui maintient les murs gouttereaux à une faible hauteur. Plusieurs de ces dernières ont comme charpente des arches en bois lamellé. Aussi bien dans les églises de la première que dans celles de la deuxième catégorie, la structure détermine à la fois la forme extérieure et l'espace intérieur. Ce rationalisme, particulièrement froid dans les églises de la première catégorie, est alors critiqué pour son inaptitude à inspirer aux fidèles un sentiment d'élévation.

Un moyen retenu pour résoudre ce problème consiste à donner un profil excurvé aux pentes de la toiture afin de renforcer l'effet d'ascension, comme à la Westminster Presbyterian Church (Salter et Allison) de Barrie, Ontario. Une autre solution consiste à percer une ouverture au faîte de la toiture, parfois sur toute sa longueur comme à la West Ellesmere United Church (Eberhard ZEIDLER) de Scarborough, afin d'éclairer l'intérieur d'une lumière zénithale. Certaines églises, telles Saint-Raphaël de Jonquière (Saint-Gelais et Tremblay) et Notre-Dame-des-Champs à Repentigny (D'Astous et Pothier), combinent les pentes excurvées et l'éclairage zénithal.

Au début des années 60, il devient de plus en plus courant dans les églises catholiques de remplacer le plan longitudinal par un plan centré. La résolution du concile Vatican II de favoriser la participation des fidèles à la célébration de la messe va généraliser l'adoption de ce plan qui garantit une relation intime entre l'assemblée et l'autel. Ces églises, dont plusieurs sont les plus expressives de toute l'architecture religieuse d'après-guerre, sont en général basses et ont le chœur et la nef couverts d'une seule et même toiture afin de souligner l'union de ces deux espaces. Ce toit s'élève depuis des murs bas pour atteindre son sommet au-dessus de l'autel. On en trouve des exemples dans toutes les régions du pays, comme Saint-Jean-Baptiste-de-la-Salle à Montréal (Lemay et Leclerc), St. John Brébeuf à Winnipeg (Libling, Michener and Associates), Précieux-Sang à Saint-Boniface, Manitoba (GABOURY, Lussier et Sigurdson) et St. Mary's à Red Deer, Alberta (Douglas CARDINAL).

Depuis les années 80, le plan centré fait le plus souvent place à la forme plus simple et posée du rectangle où l'autel occupe le milieu d'un des longs côtés. Des formes plus traditionnelles remplacent aussi les lignes dynamiques qui procuraient un effet expressionniste aux églises des deux décennies précédentes. Il arrive même de suggérer, tant à l'intérieur qu'à l'extérieur, les trois nefs parallèles des églises traditionnelles, même si l'intérieur ne forme qu'un seul et même espace. Un bel exemple de ce parti est l'église Divine Infant à Orléans, Ontario (Murray and Murray, Griffiths and Rankin Architects).

Dès les années 60, quelques architectes entreprennent de renouveler le style des églises de rite oriental, tout en cherchant à respecter certaines traditions architecturales de ces églises. Radoslav Zuk fait figure de pionnier avec ses églises ukrainiennes comme Holy Family à Winnipeg et St. Michael's à Tyndall, Manitoba. Les coupoles, qui donnent aux églises traditionnelles leur silhouette caractéristique, sont rappelées dans des formes géométriques gracieuses qui respectent également les propriétés du bois ou du béton, matériaux avec lesquels elles sont construites. Un autre exemple est la cathédrale grecque orthodoxe de Montréal (AFFLECK, Desbarats, DIMAKOPOULOS, LEBENSOLD, Sise), qui s'inscrit dans la tradition byzantine avec sa coupole en béton posée sur une nef de plan carré. Plus récemment, des édifices religieux pour le culte islamique ajoutent une note de couleur au paysage canadien. La Jamatkhana (Mosquée de Khan) de Burnaby, Colombie-Britannique (Bruno Freschi), rassemble les dômes et les formes octogonales traditionnellement associées à cette architecture.

Étant donné que les églises postérieures à la Seconde Guerre mondiale sont de dimensions relativement petites et que, depuis les années 70, la construction de nouvelles églises se fait plutôt rare, on peut s'étonner que deux des églises les plus vastes de la deuxième moitié du XXᵉ s. soient des réalisations récentes. Il s'agit dans les deux cas d'églises pour des abbayes bénédictines: Westminster Abbey à Mission, Colombie-Britannique. (Asbjorn Gathe), et Saint-Benoît-du-Lac au Québec (Dan S. HANGANU), la première, du début des années 80 et la seconde, du début des années 90. En employant respectivement le béton et l'acier, les architectes tentent d'y reproduire le mouvement vertical et l'effet squelettique qui caractérisent les monumentales églises abbatiales du Moyen Âge.

Claude Bergeron

Archives Les archives sont habituellement définies comme des documents permanents. En ce sens, les archives constituent un ensemble cohérent d'informations générées ou reçues par un gouvernement, une corporation, un organisme ou une personne au cours de son travail. Puis ces informations sont conservées dans un endroit, de préférence continuellement surveillé. Étant donné que les informations peuvent maintenant être stockées sous des formes multiples, les archives augmentent de façon complexe.

De nos jours, les archives adoptent différentes formes: fichiers traditionnels, procès-verbaux de réunions, grands livres de comptabilité, agendas, lettres, rapports, microfilms, photographies, matériel cartographique, plans d'architecture, films, bandes sonores, bandes vidéo et banques de données informatisées. Vu les grandes possibilités de conserver l'information, les documents d'archives se renouvellent et se multiplient de façon continue sinon constante. Dans tout organisme administratif moderne (gouvernement ou association bénévole locale), l'information est tout d'abord conservée à des fins administratives. Cependant, plus tard, elle sera utilisée pour diverses raisons: consultation, vérification ou encore recherches juridiques. Quand l'information n'est plus d'actualité, l'archiviste de l'entreprise choisit les documents qui, de par leur qualité, se conservent le mieux.

Gouvernements, institutions et grandes firmes gèrent eux-mêmes leurs propres archives. En vertu d'accords préalables, les archives de petits organismes sont souvent entreposées dans un service d'archives publiques fédéral, provincial, municipal ou universitaire. De la même façon, des individus de toutes les classes sociales peuvent créer des documents qui conserveront longtemps de la valeur pour la société. Au Canada, ces collections personnelles, considérées comme des archives, viennent s'ajouter aux documents officiels et témoignent de la diversité de la société canadienne. La plupart des services d'archives publiques, de même que ceux de certaines universités et de certaines bibliothèques, recherchent activement des documents privés qui soient reliés à leurs champs d'activité.

Le mot «archives» a une seconde signification. Il renvoie également aux institutions et aux groupes chargés de conserver les documents. En ce sens, un service d'archives a trois fonctions. Tout d'abord, il évalue l'information, choisit celle qu'il voudrait conserver et en fait officiellement l'acquisition. Puis le service d'archives conserve les documents, soit en les gardant intégralement et dans leur état original, soit en transposant l'information sur une formule permanente. Un service d'archives classe alors les documents en ordre puis en fait la description. Le classement se fait surtout en fonction de la «provenance» et du «respect des fonds», il est donc préférable de conserver les documents dans leur état original, car ils sont le reflet d'une façon de faire propre au contexte où ils ont vu le jour.

Les outils servant à la description des archives Ces outils sont tous appelés, à juste titre, «aides de recherches». Ce sont les catalogues des principaux articles, les index, les listes de dossiers, les inventaires, les guides institutionnels et, plus particulièrement au Canada, le *Catalogue collectif des manuscrits conservés dans les dépôts d'archives canadiens* (deux volumes en 1975, plus les suppléments) et le *Guide des archives photographiques canadiennes* (1984). En définitive, ces outils visent à rendre les documents d'archives accessibles au public. Parfois, des règlements concernant la protection de la vie privée ou des questions de droits d'auteur limitent l'accès aux archives pendant une certaine période, généralement déterminée, afin de protéger des informations confidentielles récentes.

Toutefois, la plupart des archives canadiennes sont accessibles à tous, afin d'inciter toutes les personnes voulant faire des recherches approfondies à tirer parti de ces ressources. De nombreux services d'archives canadiens répondent aux demandes de renseignements écrites et, moyennant des frais, fournissent des copies de leurs documents. Certains services d'archives peuvent prolonger leurs heures d'ouverture ou s'occuper d'expositions, d'éducation des adultes et de programmes de publication.

Rôle des archives

Les archives jouent, pour plusieurs raisons, un rôle essentiel dans la société contemporaine. Leur ancien rôle, c.-à-d. la conservation des documentations des gouvernements, des corporations et des personnes, demeure puisque la preuve du droit de propriété ou l'éligibilité à une pension, tout autant que les querelles à propos des frontières internationales, reposent depuis toujours sur l'intégrité des documents d'archives. La sphère d'activité du gouvernement est très vaste. Ainsi, les documents officiels concernant l'expansion de l'intérêt public, la taxation et les dépenses, l'immigration, la conscription, l'aide sociale, les subventions, le zonage municipal et d'autres questions touchant les citoyens témoignent de la politique de ce gouvernement et de la façon dont il remplit le mandat que lui a confié le public.

Dans une société démocratique, il existe un droit fondamental, celui de posséder des documents convenablement conservés et, pour le public, d'avoir accès aux archives gouvernementales. Celles-ci remplissent une fonction administrative importante quand elles sont organisées suivant un système de gestion des documents. En traitant les informations administratives souvent volumineuses avec une approche systématique, le gouvernement et les services d'archives ont diminué les besoins d'espace et d'équipement pour l'entreposage des documents tout en simplifiant la consultation des décisions et des politiques précédentes. Finalement, les archives constituent une ressource culturelle fondamentale. Elles témoignent des pensées des générations précédentes de la façon la plus directe qui soit. En principe, les archives sont le miroir de l'organisation ou de la communauté sur laquelle elles se fondent. Ses collections visent à exprimer tous les aspects d'un passé complexe. Tout comme la mémoire, elles peuvent faire appel à diverses méthodes et constituer un instrument fondamental dans la plupart des activités historiques.

La tradition des archives canadiennes Cette tradition provient du rôle à la fois culturel et administratif que jouent les archives dans notre société. L'intérêt naturel du gouvernement pour la conservation de documents importants à des fins administratives et juridiques remonte à l'époque de la NOUVELLE-FRANCE. En effet, en 1724, on propose d'engager un conservateur d'archives, et, en 1731, l'intendant Gilles Hocquart suggère la construction d'un immeuble réservé à celles-ci. En 1790, le Conseil législatif de Québec rend une ordonnance, selon laquelle tous les documents «obtenus avant la Conquête», particulièrement ceux concernant la propriété, devront être conservés dans un endroit sûr. Elle stipule aussi qu'il faudra «prendre les moyens de les faire connaître et de les rendre utiles [et] en rendre l'accès facile et peu dispendieux». Ces initiatives sont trop rares. Au moment de la Confédération, le Secrétariat d'État se voit imposer une responsabilité de chancellerie, celle «de conserver tous les papiers et documents d'État». Un fonctionnaire, Henry J. Morgan, est dûment nommé à la tête de cette division des archives où il reste de 1875 à 1883.

La SOCIÉTÉ LITTÉRAIRE ET HISTORIQUE DE QUÉBEC, fondée en 1824, met sur pied un programme actif de recherche et de publication avec l'aide, en 1832, d'une première subvention de l'Assemblée législative du Bas-Canada. Des membres de la Société visitent Paris, Londres et New York en vue de trouver et de transcrire les documents historiques relatifs au Canada. Au cours des années 1850, la bibliothèque du Parlement s'intéresse de plus en plus à ces recherches et y intègre les souvenirs des pionniers sur l'époque du Haut-Canada et sur la GUERRE DE 1812.

Avant la Confédération, une autre province s'intéresse aux archives. En 1857, le Parlement de la Nouvelle-Écosse vote une motion de Joseph HOWE qui nomme T.B. Atkins, commissaire aux documents.

Quatre ans après la Confédération, la Société littéraire et historique de Québec prend de nouveau l'initiative en adressant une pétition au nouveau gouvernement fédéral afin qu'il établisse un service d'archives pour aider les «auteurs et enquêteurs littéraires». Le gouvernement y donne suite en 1872. Une division des archives est fondée au ministère de l'Agriculture, et un journaliste, Douglas Brymner, en prend la direction. Brymner, considéré comme le premier archiviste fédéral canadien, fait preuve d'un enthousiasme et d'un zèle extraordinaires.

Jusqu'à sa mort en 1902, il poursuit son «noble rêve», cherchant à «obtenir de toutes les sources, qu'elles soient publiques ou privées, des documents pouvant éclairer l'histoire sociale, commerciale, municipale et même politique». Malgré le peu de ressources à sa disposition, l'archiviste obtient des documents essentiels du ministère de la Défense et acquiert ou découvre toutes sortes de dossiers, papiers et brochures. Brymner, pour donner suite à quelques tentatives déjà effectuées par d'autres, entreprend de faire transcrire à la main les documents du passé colonial du Canada conservés au British Museum, au Bureau des documents publics et aux Archives nationales de France. Les annuaires d'un bon nombre de ces institutions sont publiés dans les rapports annuels des archives. Au moment où étudiants et chercheurs entreprennent l'étude de l'histoire du Canada, ils trouvent un trésor d'informations dans ces archives en devenir ainsi qu'un confrère bienveillant dans la personne de Brymner.

Archives nationales du Canada À la suite des recommandations d'une commission fédérale sur l'état des documents gouvernementaux, deux sections des archives sont fusionnées en 1903: la division des documents du Secrétariat d'État et celle des archives du ministère de l'Agriculture. Arthur G. Doughty est nommé, en 1904, archiviste fédéral et conservateur des documents, avec un mandat aussi «exhaustif» que Brymner aurait pu le rêver.

Au cours des 31 années qui suivent, sous la direction dynamique de Doughty, les Archives connaissent une vive expansion tant du point de vue de leur taille et de leur personnel que de celui de la portée de leurs activités. La division est reconnue officiellement en 1912, donnant aux ARCHIVES NATIONALES DU CANADA (appelées Archives publiques du Canada jusqu'en 1987) un statut ministériel officiel. On construit un immeuble ignifugé qui ouvre ses portes en 1906, s'agrandit en 1926 et est rapidement plein. Le programme de reproduction outre-mer se développe d'une façon systématique et la recherche de contenu canadien prend de l'expansion dans les répertoires européens. Les descendants français et anglais des gouverneurs des colonies, des administrateurs et des généraux répondent généreusement aux appels fervents de Doughty dans sa recherche de documents historiques. Au Canada, les Archives établissent des bureaux, pour un certain temps, à Montréal, à Québec, à Trois-Rivières, à Saint-Jean, à Halifax et à Winnipeg pour trouver, reproduire et acquérir du matériel d'archives. Les cartes, les diverses images et même les pièces de musée qui ne sont pas matière à archives prennent le chemin de l'«entrepôt» de Doughty sur l'histoire canadienne.

Commence alors le transfert aux Archives nationales du Canada d'une grande quantité de documents gouvernementaux. En 1912, une commission royale recommande un système d'archives mieux organisé au gouvernement fédéral, mais la Première Guerre mondiale retarde la construction d'un édifice approprié à l'entreposage de documents. Malgré bien des tentatives, l'absence d'un système efficace de gestion des documents se fait sentir jusque dans les années 50.

Répercussions L'accumulation toujours croissante de documents a des répercussions sur la façon d'enseigner et d'écrire l'histoire du Canada. Des historiens sont consultés par la Commission sur les manuscrits historiques (formée en 1907) et pour l'édition de publications documentaires. L'un des rêves de Doughty concernant une nouvelle façon d'aborder l'HISTORIOGRAPHIE se réalise entre 1913 et 1917 avec la publication de l'ambitieuse série en 23 tomes, *Canada and its provinces: a history of the canadian people and their institutions*. De 1911 à 1920, des bourses sont attribuées à des étudiants de dernière année pour leur permettre de passer leur été aux Archives publiques à étudier les sources originales. Au cours des deux décennies qui suivent, cette formation peut être suivie d'un cours de deuxième cycle universitaire, dispensé aux Archives, sur l'histoire du Canada. Après la Première Guerre mondiale, les Archives deviennent, durant l'été, un lieu de rencontre où de nombreux historiens effectuent des recherches, échangent des idées, organisent la profession, planifient de nouvelles publications et ravivent leur enthousiasme avant de reprendre leur poste d'hiver où chacun enseigne l'histoire du Canada, souvent seul et dans une université éloignée.

Les activités des Archives diminuent pendant la Crise des années 30. Doughty prend sa retraite en 1935 avec le titre de chevalier, et, après sa mort, on érige une statue en son honneur. Son successeur, Gustave Lanctôt, modifie quelque peu les politiques d'acquisition des Archives, concentre ses efforts sur l'augmentation des archives postérieures à la Confédération et introduit de nouveaux médias documentaires (films et bandes sonores).

À la suite de la prolifération de dossiers qu'entraîne la période de l'après-guerre et des strictes recommandations de la commission Massey (1951), un nouvel archiviste dynamique, W. Kaye LAMB, réussit à donner aux Archives un rôle prépondérant dans un nouveau système de gestion des documents du gouvernement fédéral. L'ouverture d'un dépôt de préarchivage fédéral à Ottawa (1956), suivie de celle de dépôts similaires dans tout le Canada pendant les dernières décennies, marque le début d'une nouvelle période pour les Archives publiques du Canada. La fusion d'un bureau d'archives culturelles multimédia et d'un bureau d'archives gouvernemental, commencée en 1903, devient enfin réalité.

Grâce à M. Lamb, à son successeur, Wilfred I. Smith, et à un personnel professionnel grandissant, les Archives prospèrent. Le CENTENAIRE de la Confédération canadienne constitue l'occasion rêvée de réaliser le déménagement tant attendu dans un nouvel édifice élégant, servant aussi de siège à la BIBLIOTHÈQUE NATIONALE DU CANADA. L'acquisition de manuscrits privés et de documents s'effectuant d'une manière systématique, les activités traditionnelles connaissent un nouvel essor. Certaines anciennes divisions (les collections nationales de cartes et de photographies, les archives nationales du film, la vidéothèque, la phonothèque, les archives architecturales, les archives ethniques et culturelles et le Service de restauration des documents) sont officialisées et prennent de plus en plus d'importance.

En 1987, avec la *Loi sur les Archives nationales du Canada*, les Archives publiques du Canada deviennent les Archives nationales du Canada, ce qui a pour effet de consolider les rôles traditionnels des Archives au point de vue légal. De nouvelles technologies sont adaptées aux services des archives. Dans les années 50, la microphotographie permet aux bureaux de Paris et de Londres d'obtenir, p. ex., la copie fidèle d'une série complète de documents au lieu d'un choix de copies péniblement manuscrites et sujettes aux erreurs, comme cela a pratiqué depuis 1880. Le microfilm représente également un moyen économique de reproduire des documents uniques et d'en assurer la protection et la consultation facile dans tout le Canada. Plus récemment, l'installation d'un système d'archives lues par machine et les essais effectués pour la conservation des informations à l'aide du laser sur des disques numériques placent les Archives nationales du Canada à l'avant-garde en matière d'implantation de technologies nouvelles.

Système d'archivage Le premier modèle des Archives nationales du Canada est suivi par les provinces. En effet, réalisations et orientations servent de modèles à la plupart des bureaux d'archives provinciaux, municipaux ou institutionnels. Les initiatives de la Nouvelle-Écosse, avant son entrée dans la Confédération, sont officialisées par une loi en 1929 et par l'ouverture d'un édifice destiné aux archives en 1931. L'Ontario instaure un système d'archivage provincial en 1903 et consolide son programme par une loi en 1923. Le Bureau des archives du Québec (maintenant les Archives nationales du Québec), dès sa fondation en 1920, entreprend un impressionnant programme d'acquisitions et de publications. Pour d'autres provinces (la Colombie-Britannique, l'Alberta, la Saskatchewan, le Manitoba, l'Île-du-Prince-Édouard et le Nouveau-Brunswick), l'activité archivistique se développe peu à peu dans les bibliothèques législatives, selon l'intérêt que lui portent les bibliothécaires. En 1908, les archives de la Colombie-Britannique commencent à se faire connaître en tant qu'unité distincte, mais, pour les autres provinces, ces services demeurent dans un état rudimentaire pendant l'entre-deux-guerres.

La prolifération des dossiers administratifs, autant en termes de volume que de variétés, qui est à l'origine de l'essor que connaissent les archives du fédéral après la Seconde Guerre mondiale, peut également se remarquer au sein des provinces, municipalités, entreprises, universités et, bien sûr, dans les bureaux administratifs. Pour faire face à cette croissance, de nombreuses organisations mettent sur pied des systèmes d'archivage et des programmes de gestion des documents. Alors que des préoccupations d'ordre culturel sont probablement à l'origine du développement des premières archives, des besoins administratifs jouent un rôle de plus en plus important dans la croissance des archives, ces dernières années.

La législation sur les archives La législation sur les archives, établie en Saskatchewan, en 1945 et en 1955, sert de modèle aux autres provinces. L'Ontario, surtout entre les années 1965 et 1975, mit au point un excellent programme de gestion des documents. En 1968, toutes les provinces ont créé leur système d'archives et, depuis cette date, elles possèdent des installations modernes ou rénovées, leur garantissant des conditions de conservation et de sécurité adéquates (*voir* CONSERVATION DU PATRIMOINE MUSÉOLOGIQUE). Au Nouveau-Brunswick (1977), au Québec (1983) et à Terre-Neuve (1983), des progrès législatifs très importants sont réalisés avec la promulgation de nouvelles lois. Seule la Colombie-Britannique ne possède aucune législation dans ce domaine. Le Yukon (1972) et les Territoires du Nord-Ouest (1979) adhèrent au système provincial d'archives.

À vrai dire, l'archivage prend une expansion considérable au cours des deux dernières décennies. Les Archives nationales du Québec établissent un réseau de huit bureaux régionaux dans toute la province. Plusieurs grandes villes possèdent maintenant des programmes d'archives très importants (Toronto, Vancouver, Edmonton, Calgary, Ottawa). La plupart des universités ont leur propre service pour préserver leurs documents, et un certain nombre d'entre elles, par l'entremise de leur service d'archives ou de leur bibliothèque, ont monté d'importantes collections: des archives de FOLKLORE sont conservées dans les universités Memorial, Laval et Laurentienne; des documents littéraires à Queen, McMaster et Calgary; et des collections régionales à Moncton, Queen, Western Ontario, Manitoba, Brandon et Colombie-Britannique. De plus, des églises, des banques, des compagnies d'assurances et des compagnies pétrolières ont parfois constitué des archives, et un certain nombre de musées, de sociétés historiques et de bibliothèques ont fait des efforts considérables pour offrir un service d'archives au public.

Un rapport, *Les Archives canadiennes,* publié en 1980 par le CONSEIL DE RECHERCHES EN SCIENCES HUMAINES DU CANADA, met en lumière l'intérêt croissant que suscitent les archives et leur importance pour les ÉTUDES CANADIENNES. La progression de cette activité a entraîné une complexité et une augmentation quant au nombre des documents et des demandes de recherche. Les archives étaient autrefois consultées par une clientèle surtout composée d'érudits, mais, aujourd'hui, généalogistes, historiens, protecteurs du patrimoine, enseignants, producteurs de la télévision ou de la radio demandent l'aide des archivistes. Pour faire face à la situation et pour que les différents bureaux puissent échanger des sources d'information et des installations spécialisées, le rapport de 1980 recommande la formation d'un réseau provincial d'archives, soutenu par les divers services fédéraux que coordonnent les Archives nationales du Canada. Le Conseil canadien des archives (1985) et des conseils provinciaux récemment créés mettent en branle des projets de coopération pour améliorer les services d'archives dans tout le pays.

La prolifération des archives au cours des récentes années s'accompagne de la naissance d'une profession issue de l'archivistique. En 1956, une division des archives est créée au sein de la SOCIÉTÉ HISTORIQUE DU CANADA. Cela incite l'U. de Carleton à offrir un cours sur les archives. C'est ainsi que débute la publication de *L'Archiviste canadien*. En 1967, l'Association des archivistes du

Québec voit le jour. Elle regroupe les archivistes amateurs et professionnels dans une association très active possédant sa propre publication, *Archives*. En 1975, la division des archives devient l'Association des archivistes canadiens et son journal, *Archivaria*, augmente son tirage et son nombre de pages. Les deux associations, vaguement réunies au sein du Bureau des archivistes canadiens, ainsi que les associations d'archives provinciales naissantes tentent de résoudre des problèmes fondamentaux tels que l'éducation, la formation, les standards descriptifs, les droits d'auteur, la liberté d'information et les politiques gouvernementales, dans la mesure où ils concernent les archives. Pour préparer à cette profession, l'U. de Colombie-Britannique crée un programme de maîtrise. Des cours variés et des cours visant l'obtention d'un diplôme peuvent être suivis dans des écoles de bibliothécaires, dans des collèges et dans des universités.

Ian E. Wilson

Archives nationales du Canada Appelées Archives publiques du Canada jusqu'en 1987, elles comptent parmi les institutions d'archives les plus anciennes et les plus importantes au Canada. Les Archives nationales, qui ont pour mandat de conserver la documentation inédite du Canada, entreposent du matériel provenant de nombreuses sources et traitant des divers aspects de la vie canadienne. En 1872, un décret en conseil nomme un fonctionnaire du ministère de l'Agriculture responsable de la conservation des documents historiques d'importance nationale. Ceci marque le début des premières ARCHIVES fédérales canadiennes. En 1903, le directeur des archives se voit attribuer la responsabilité supplémentaire de trier et de conserver les documents précieux du gouvernement fédéral. En 1912, une loi du Parlement crée le service des Archives publiques.

Les collections comprennent aujourd'hui des millions de documents: copies de documents remontant aux régimes français et britannique, dossiers provenant de tous les ministères et organismes du gouvernement fédéral, livres rares, cartes et atlas, médailles et photographies. On y trouve aussi de la correspondance et d'autres documents ayant appartenu à des particuliers ou à des sociétés privées, des films, des émissions de télévision, des enregistrements sonores et des documents informatisés. Les archives conservent ce matériel et le mettent à la disposition des chercheurs du gouvernement, des universités, des médias ou du grand public qui s'intéressent à l'histoire et à la généalogie.

Pour atteindre le grand public, les archives publient des brochures et des ouvrages de référence, préparent des diapositives et des microfiches et organisent des expositions dans lesquelles elles rendent compte de la diversité de leurs acquisitions et de l'évolution du pays. Elles participent aussi à l'administration publique générale en aidant les organismes et les ministères fédéraux à mettre en place des systèmes efficaces de gestion de leurs documents et en s'assurant que les documents devenus inutiles soient systématiquement détruits et que les documents précieux soient conservés et acheminés vers des collections permanentes.

Parmi les archivistes fédéraux qui ont le plus contribué à développer les archives figurent Arthur G. DOUGHTY (1904-1935), Gustave LANCTÔT (1937-1948) et W. Kaye LAMB (1948-1969). Ce titre a été remplacé en 1987 par celui d'archiviste national. La même année, Jean-Pierre Wallot a été nommé à cette fonction, assisté de Michael Swift.

Archives nationales du Canada

Archives publiques du Canada (*voir* ARCHIVES NATIONALES DU CANADA)

ARCOP, acronyme de Architects in Co-partnership, est le nom qu'a adopté la firme qui a succédé à Affleck, Desbarats, Dimakopoulos, Lebensold, Sise. En 1968, Hazen Sise prend sa retraite, Guy Desbarats quitte la pratique privée pour l'enseignement, puis pour la fonction publique fédérale, et Dimitri

Dimakopoulos fonde son propre cabinet. En rebaptisant la firme ARCOP, Ray AFFLECK et Fred LEBENSOLD deviennent les associés d'Arthur Boyd Nichol en 1970. En 1973, Paul Hughes et Ramesh Khosla se joignent à ARCOP. En 1990, la firme ARCOP Associates fusionne avec Cote Glouberman pour former The ARCOP Group.

ARCOP a gardé la réputation d'excellence architecturale acquise dans les années 60 et a continué d'être un lieu d'apprentissage pour les jeunes architectes talentueux. Entre autres projets importants réalisés par la firme dans les années 70, notons le Dalhousie University Life Sciences Centre (1973) et l'hôtel Mughal Sheraton, à Agra, en Inde (1978), qui a remporté le prix Aga Khan de création architecturale islamique. Alliant les principes qui ont présidé à la planification de l'hôtel Place Bonaventure, à Montréal, et les formes géométriques de l'architecture traditionnelle mongole, cet hôtel se distingue par son design contextuel. À Montréal, la Maison Alcan (1983) constitue le premier grand projet commercial canadien à intégrer entièrement des bâtiments historiques à une nouvelle construction. Le Centre de commerce mondial de Montréal (1991) est un autre exemple de ce type d'intégration.

Julia Gersovitz

Arctique, exploration de l' Débute sous le règne d'Élisabeth Iʳᵉ. Les marins anglais recherchent alors un raccourci vers les îles des Épices de l'Extrême-Orient en passant par les mers nordiques de l'Amérique: c'est la recherche du PASSAGE DU NORD-OUEST. Au cours de trois voyages (1576, 1577 et 1578), Martin FROBISHER se heurte à l'île de Baffin qui lui bloque le passage. Cherchant à contourner cet obstacle, John DAVIS (1585, 1586 et 1587) explore le golfe (aujourd'hui la baie) de Cumberland et découvre l'entrée du détroit d'Hudson, qui mènera plus tard Henry HUDSON (1610) vers la baie qui porte son nom.

En 1616, Robert BYLOT et William BAFFIN explorent la baie de Baffin, observant les passages vers l'ouest des détroits de Jones et de Lancaster. Les mers couvertes de glaces et les mirages leur font penser qu'il s'agit de baies sans issue, erreur fréquente parmi les explorateurs arctiques. Le littoral arctique de l'Amérique du Nord demeurera ensuite inexploré pendant deux siècles. Puis, Samuel HEARNE (1771), par la rivière Coppermine, et Alexander MACKENZIE (1789), par le fleuve Mackenzie, atteignent à peine les eaux de marée arctiques et n'apprennent rien sur les côtes adjacentes. Seules quelques parties isolées de la côte est de l'île de Baffin sont découvertes au nord dans le vaste ARCHIPEL ARCTIQUE.

En 1818, l'AMIRAUTÉ britannique reprend sa recherche du passage du Nord-Ouest. Cette année-là, John ROSS fait le tour de la baie de Baffin, mais, comme Baffin, il croit que le détroit de Lancaster n'est qu'une baie. En 1819-1820, W.E. PARRY montre que le détroit débouche sur des mers inconnues à l'ouest. Entravé par les glaces, il navigue sur une distance de 800 km le long du détroit de Parry (détroit de Lancaster, détroit de Barrow et détroit du Vicomte de Melville) jusqu'à l'île Melville, où il passe l'hiver. Au-delà du détroit du Vicomte de Melville, étranglé par les glaces, il entrevoit l'île Banks. Au cours d'un voyage ultérieur, il pénétrera dans l'anse Prince-Régent, où il perd un navire dans les glaces. Les étés sont très courts, et on se rend compte qu'un voilier peut naviguer à peine deux mois avant d'être immobilisé par les glaces.

Au sud, entre 1819 et 1839, des expéditions en canot et en petite embarcation dirigées par John FRANKLIN, puis par Thomas Simpson explorent, du détroit de Béring à l'isthme de Boothia, un chenal le long du littoral continental. En 1845, Franklin quitte l'Angleterre à bord de son bateau avec l'intention de relier ce chenal au détroit de Parry, visant ainsi à compléter le passage du Nord-Ouest. Ses deux navires ne reviendront jamais, et il s'écoule plusieurs

années avant que leur disparition ne soit signalée. De 1848 à 1854, la Grande-Bretagne et les États-Unis enverront de nombreuses expéditions de secours pour les retrouver. La recherche des équipages disparus est difficile, les navires étant pris dans les glaces la majeure partie de l'année. On organise de petites expéditions à traîneau, qui transportent de l'équipement et du ravitaillement, pour chercher des indices. Bien qu'elles ne réussissent pas dans leur mission, ces expéditions servent à dresser la cartographie d'une grande partie de l'archipel canadien.

John RAE et Richard Collinson explorent et cartographient les côtes des îles situées le plus près du littoral continental, tandis que quatre équipages de l'escadron du capitaine Horatio Austin (1850-1851) font la même chose des deux côtés du détroit de Parry. D'autres expéditions établissent la carte d'une partie des îles Somerset et Victoria et tracent le contour des côtes sud des îles Devon, Bathurst et Melville, dont les côtes nord seront explorées par sir Edward BELCHER (1852-1854). Le célèbre voyageur à traîneau Leopold MCCLINTOCK, aidé de G.F. Mecham, découvre l'île Eglinton et l'île Prince-Patrick durant un voyage aller-retour de plus de 2100 km.

Le voyage le plus étonnant de l'histoire polaire est celui du navire de secours *Investigator*. Parti de Plymouth, en Angleterre, le 20 janvier 1850, il contourne l'Amérique du Sud et pénètre dans l'océan Arctique par le détroit de Béring. Son capitaine, Robert MCCLURE, découvre le détroit du Prince-de-Galles, qu'il traverse pour aboutir à l'angle nord-est de l'île Banks entrevue par Parry, bouclant ainsi le passage du Nord-Ouest. Par un trajet différent, McClure a réussi ce pourquoi Franklin a péri: il a relié le voyage d'exploration de Parry en provenance de l'est avec le levé côtier de Franklin à partir de l'ouest. De façon imprudente toutefois, il lance son navire dans la banquise qui avait arrêté Parry. Des masses de glace poussées par des vents violents renversent son navire à maintes reprises. En septembre 1851, il trouve refuge dans la baie de Mercy sur la côte nord de l'île Banks, où l'*Investigator* est prisonnier des glaces durant 18 mois. L'équipage est réduit à une misère extrême et aurait péri sans l'arrivée opportune d'un détachement de l'escadron de Belcher, sous la direction du capitaine Henry KELLETT.

Les pénibles expéditions à la recherche de Franklin se poursuivent. Rae (1851) et Collinson (1853) réussissent presque, mais ils rebroussent chemin à l'approche de l'hiver. En 1854, Rae apprend des Inuits que de nombreux Européens sont morts des années auparavant dans la partie ouest de l'île du Roi-Guillaume et sur le continent adjacent. En 1859, McClintock atteint l'île par navire et par traîneau et confirme que les vaisseaux de Franklin avaient été pris dans les glaces de la région. Les équipages ont succombé à la famine et au scorbut en tentant d'atteindre le continent à pied. McClintock comble aussi les lacunes dans les cartes dressées par ses prédécesseurs, cartographiant presque en entier les côtes de l'archipel jusqu'à 77° de latitude N.

Les découvertes plus au nord sont largement attribuables à des Américains et à des Scandinaves. L'Anglais E.A. Inglefield et les Américains E.K. KANE, I. Hayes et C.F. HALL ouvrent le chenal entre le Groenland et l'île d'Ellesmere, et l'expédition polaire britannique menée par G.S. NARES en 1875-1876 termine le levé de la côte est de l'île. En 1876, P. Aldrich contourne le nord de l'île d'Ellesmere et nomme cap Columbia le point situé à l'extrême nord du territoire canadien actuel. Le Norvégien Otto SVERDRUP explore presque toute la côte ouest de l'île d'Ellesmere (1898-1902), exploration que l'Américain Robert Peary termine en 1906. En groupes distincts, les Norvégiens arpentent aussi toute la côte de l'île Axel Heiberg et découvrent et cartographient à l'ouest les deux îles Ringnes et l'île

King Christian; cette dernière se révélera une source prometteuse de gaz naturel dans les années 80.

Sverdrup a accompli énormément sans grande mésaventure ni danger. Les Norvégiens ont l'habitude de déplacements en ski et connaissent bien le climat nordique, ce qui leur donne un avantage considérable sur leurs prédécesseurs britanniques, comme le montrent les périples de Vilhjalmur STEFANSSON (1913-1918), qui ouvrent aux Européens les derniers territoires encore inconnus du Nord canadien. À l'emploi du gouvernement canadien, Stefansson traverse le détroit de Béring, où son navire est broyé par les glaces. Doué d'une grande faculté d'adaptation, il organise une expédition à pied et franchit les dangereuses glaces mouvantes de la mer de Beaufort jusqu'à l'île Banks. Retournant sur les glaces, il achève le levé de l'île Prince-Patrick, entreprise par McClintock, et se dirige vers le nord-est, où il découvre les îles Brock et Borden. On s'apercevra plus tard que cette dernière est en fait formée de deux îles: Borden et Mackenzie King. Sa découverte de l'île Meighen en 1916 sera le dernier ajout d'importance au territoire canadien.

Le passage du Nord-Ouest est tracé, mais il faudra beaucoup de temps avant qu'on puisse y naviguer, car aucun voilier ne peut espérer le traverser et aucun bateau à vapeur ne peut charger suffisamment de charbon pour se frayer un chemin à travers la banquise qu'il est impossible d'éviter. De 1903 à 1906, l'explorateur norvégien Roald AMUNDSEN, qui a entrepris un levé magnétique, utilise le moteur à combustion interne pour propulser son navire de 80 tonnes, le *Gjoa*, d'un océan à l'autre. Le voyage du bateau-citerne américain *Manhattan* en 1969 prouve que le trajet le moins difficile pour franchir le passage du Nord-Ouest suit le détroit de Parry et le détroit du Prince-de-Galles.

Ces explorations ont fait avancer davantage la science en général que les intérêts pratiques. L'extraction des combustibles fossiles apparemment abondants des îles nordiques n'a guère été fructueuse. Par contre, l'attrait des gisements pétroliers et minéraux a donné un nouvel élan à l'exploration de cette région pionnière canadienne, qui se fera avec de meilleurs moyens grâce aux photographies aériennes et aux cartes plus détaillées. (*Voir aussi* EXPLORATION.)

Leslie H. Neatby

Arctique, souveraineté dans l' Ce sont les dédales complexes du DROIT INTERNATIONAL qui régissent les revendications d'un pays quant à l'exercice de sa SOUVERAINETÉ sur des terres ou étendues maritimes. Parmi les critères généralement admis d'octroi de souveraineté, on retrouve la découverte, la cession, la conquête et l'administration. Pour exercer leur souveraineté en Amérique du Nord, les Européens se sont basés sur le principe que les populations autochtones ne détenaient aucun droit de propriété légal sur la terre qu'ils habitaient, c.-à-d. qu'ils ne la «possédaient» pas et qu'ils ne jouissaient que de DROITS ANCESTRAUX, plus particulièrement des droits d'usufruit ayant trait à l'utilisation de la terre et à la jouissance des produits qu'elle leur procure.

Revendications canadiennes sur le Nord En premier lieu, la revendication du Canada sur le Nord s'appuie sur la charte accordée, en 1670, à la COMPAGNIE DE LA BAIE D'HUDSON par Charles II, qui lui donne un titre sur la TERRE DE RUPERT (le bassin hydrographique de la baie d'Hudson ou environ la moitié du territoire actuel des Territoires du Nord-Ouest) auquel s'ajoute, en 1821, le reste de la superficie actuelle des Territoires du Nord-Ouest, au sud de la côte de l'Arctique. C'est ainsi que, en juin 1870, lorsque la Compagnie de la baie d'Hudson cède les titres de propriété qu'elle détient à l'égard de ses terres, le nouveau dominion obtient la souveraineté sur l'ensemble des terres qui composent aujourd'hui les Territoires du Nord-Ouest, à l'exception de l'archipel

Arctique. Cette souveraineté n'a jamais été contestée.

Toutefois, des doutes ont subsisté, quant aux revendications du Canada par rapport à sa souveraineté dans l'Arctique, en ce qui concerne les îles situées au nord de la portion continentale du Canada. Certains des premiers explorateurs à y mettre le pied sont d'origine britannique (Martin FROBISHER en 1576, John DAVIS en 1585 et en 1587 et bien d'autres), mais un grand nombre de ces îles ont été découvertes et explorées par des Scandinaves et des Américains. En juillet 1880, le gouvernement britannique cède au Canada le reste de ses possessions dans l'Arctique, y compris «toutes les îles adjacentes à l'un de ces Territoires», qu'elles aient été découvertes ou non, ce qui constitue un bien faible argument pouvant justifier une revendication en matière de souveraineté, étant donné qu'un doute sérieux entache le droit des Britanniques de céder au Canada des îles n'ayant pas encore été découvertes ou l'ayant été par des étrangers. Lors de l'adoption du *Colonial Boundaries Act* en 1895, on a bien tenté d'alléger la portée de ces doutes, mais la définition des territoires revendiqués demeure toujours relativement nébuleuse.

Au même moment, même si les Américains n'ont toujours pas exprimé de revendications officielles, leurs activités autour de l'ÎLE D'ELLESMERE se multiplient. Entre 1881 et 1884, le lieutenant A. Greely prend la tête d'une expédition scientifique, et en 1909, Robert Peary atteint le PÔLE NORD après avoir quitté son camp de base situé au nord de l'île d'Ellesmere. C'est entre 1898 et 1902 que les revendications canadiennes sont particulièrement menacées, lors de l'expédition conduite par Otto SVERDRUP, qui mène à la découverte des îles d'Axel Heiberg, d'Ellef Rignes et d'Amund Rignes. Il est alors le premier homme, incluant les Inuits, à y mettre le pied. Il revendique l'ensemble de ces découvertes, soit environ 275 000 km², au nom de la Norvège. D'autres vastes îles ont également été découvertes par des explorateurs d'origine autre que britannique.

Voyages périodiques À partir des années 1880, le gouvernement canadien commandite des voyages périodiques à destination de l'Arctique de l'Est, afin d'y manifester sa présence à l'appui de ses revendications. En 1897, on met en branle une série de patrouilles arctiques, au cours desquelles le capitaine W. Wakeham hisse le pavillon canadien sur l'île de Kekerton et revendique la «terre de Baffin» au nom du dominion. En 1904, A.P. LOW, à bord d'un voilier, atteint le cap Herschel sur l'île d'Ellesmere, où il dresse la carte du territoire et le revendique au nom du Canada. Entre 1904 et 1925, le capitaine J.-E. BERNIER y effectue de nombreux voyages dont le plus important sans doute a lieu en 1909, alors qu'il place une plaque sur l'île Melville, acte par lequel il revendique la possession, pour le compte du Canada, de l'ARCHIPEL ARCTIQUE, de la partie continentale du pays jusqu'au pôle Nord.

Dans l'Arctique de l'Ouest, entre 1913 et 1918, Vilhjalmur STEFANSSON découvre les dernières îles de l'archipel arctique et il les revendique au nom du Canada. Cependant, aux yeux du droit international, la pose de plaques et l'agitation de drapeaux demeurent des gestes purement symboliques, puisqu'ils ne s'accompagnent pas de démarches convaincantes d'occupation et d'administration.

L'affirmation de la souveraineté du Canada La première affirmation énergique de la souveraineté canadienne dans l'Arctique a lieu en 1903, alors qu'est établi un poste de la Police à cheval du Nord-Ouest sur l'ÎLE HERSCHEL, mis sur pied afin de surveiller les activités des baleiniers américains dans l'Arctique de l'Ouest. On y applique les lois canadiennes et on y fait flotter le drapeau dans la région, ce qui rend incontestable la souveraineté canadienne.

Après la Première Guerre mondiale, les Américains et les Danois font montre d'ignorer les reven-

dications canadiennes sur l'Extrême-Arctique, en particulier sur l'île d'Ellesmere, que le gouvernement danois avait qualifiée, en 1919, de «zone inoccupée». Il s'agit là d'une contestation sans vergogne de la souveraineté du Canada dans l'Arctique, qui sera suivie d'un plan visant à occuper, de façon convaincante, l'île d'Ellesmere et d'autres îles. En 1922, on ouvre un poste de la Gendarmerie royale du Canada (GRC) à Craig Harbour et à l'extrémité sud de l'île, de même qu'à Pond Inlet sur l'île de Baffin. En 1923, un autre détachement est installé à Pangnirtung et, en 1924, à Dundas Harbour sur l'île Devon. En 1926, le détachement de la presqu'île Bache est mis sur pied sur la côte orientale de l'île d'Ellesmere à 79° de latitude N.

En dépit de l'absence de Canadiens, dans un rayon de plusieurs centaines de kilomètres de la presqu'île Bache, la GRC y exploite un bureau de poste (la livraison du courrier a lieu une fois par année), car le droit international reconnaît l'exploitation d'un bureau de poste comme un signe tangible d'exercice de souveraineté. La GRC continue aussi d'y effectuer des patrouilles sur une base intensive. Sur l'île d'Ellesmere, qui est inhabitée, celles-ci visent à explorer le territoire. En 1929, une patrouille, sous le commandement de l'inspecteur A.H. Joy, a effectué un voyage de 3000 km en traîneau à chiens. La découverte de terres nouvelles continue. En 1928, p. ex., l'agent de police T.C. Makinson découvre un large passage, près du détroit de Smith, qui porte aujourd'hui son nom.

Chaque année, sur l'île de Baffin, la police visite les campements inuits, procède à un recensement, explique la portée de la loi et, ensuite, envoie un rapport à Ottawa sur les conditions locales de vie. Tous ces gestes s'avèrent des manifestations d'exercice de souveraineté. Lorsque le besoin s'en fait sentir, ils appliquent le droit criminel, comme c'est le cas lors de l'assassinat de Robert Janes, un commerçant terre-neuvien, à Pond Inlet en 1920. Ce geste a contribué à affirmer les revendications canadiennes sur l'Arctique. En 1930, Ottawa, en échange d'une somme de 67 000 dollars, acquiert de Sverdrup les comptes rendus de son expédition, et, en 1931, la Norvège renonce officiellement à ses revendications sur les ÎLES SVERDRUP. Ainsi, le Canada ferme la porte à une contestation de sa revendication officielle.

Contestations actuelles de la souveraineté canadienne dans l'Arctique Deux facteurs sont à l'origine du différend actuel concernant la souveraineté dans l'Arctique. Premièrement, bien que la revendication du Canada sur les terres de l'Arctique ne soit plus menacée, le fait qu'une vaste partie de celles-ci soit inhabitée et virtuellement laissée sans défense laisse planer la possibilité qu'il n'en soit pas toujours ainsi. Deuxièmement, ce qui pèse plus lourd dans la balance, le consensus international ne concerne que les terres; les voies d'accès et les détroits, tout particulièrement le PASSAGE DU NORD-OUEST, ne sont pas universellement reconnus comme faisant partie du territoire canadien.

Le Canada considère les passages et les détroits comme des eaux intérieures dont l'utilisation, par des navires étrangers, nécessite qu'une autorisation ait été accordée. Étant donné la perspective d'une circulation accrue de vaisseaux transportant vers le sud le pétrole provenant des puits nouvellement découverts au large de l'Alaska, les États-Unis, qui tendent de plus en plus à les considérer comme des eaux internationales accessibles à tous, ont fait état de cette prise de position en dépêchant les pétroliers *Manhattan*, en 1969, et *Polar Sea*, en 1985, dans l'Arctique canadien sans en demander la permission. Selon les deux parties, l'enjeu devrait faire l'objet d'une cause juridique, et le Canada a proposé de soumettre le litige à la Cour internationale de justice.

Les protestations qu'ont suscitées au Canada ces deux voyages portent à croire que les Canadiens se soucient profondément du sort de l'Arctique. Toutefois, il semble plus probant de croire qu'il s'agit d'une manifestation du nationalisme canadien (ou d'antiaméricanisme) qui, fondamentalement, possède peu de rapports avec un authentique intérêt pour la région, car dès que le danger est passé, la poussière retombe, et les Canadiens retrouvent leur apathie naturelle vis-à-vis du NORD. Dans la foulée du voyage de 1985 du *Polar Sea,* le ministre des Affaires extérieures, Joe Clark, a annoncé des plans relatifs à la construction, aux coûts de 500 millions de dollars, d'un nouveau BRISE-GLACE. Victime des compressions budgétaires, celui-ci est demeuré sur les planches à dessin. En 1987, le gouvernement a également annoncé qu'il comptait construire et mettre en service dans les eaux arctiques des sous-marins à propulsion nucléaire, mais cette décision était dictée tant par le rôle dévolu au Canada dans la défense continentale que par son souci d'affirmer sa souveraineté.

Après avoir été entouré de beaucoup de tapage et de disputes politiques, le projet de construction ou d'achat de sous-marins a été discrètement abandonné. Au début de 1996, on a laissé tomber un autre plan de patrouille des eaux de l'Arctique, jugé trop coûteux. Dans le cadre de cet enjeu, certains des sentiments très vifs qui ont été exprimés découlent d'un authentique sentiment d'inquiétude au sujet de la vulnérabilité de l'environnement arctique. On y retrace peut-être aussi l'expression d'un sentiment de culpabilité, car les Canadiens, tout en promettant de protéger l'intégrité du Grand Nord canadien, ont toujours été hésitants à manifester un engagement ferme à cet égard vis-à-vis de la région.

W.R. Morrison

Arden, Jann, née Jann Arden Richards, interprète et compositrice de chansons (Calgary, 27 mars 1962). La jeunesse d'Arden est partagée entre deux passions: le hockey sur glace et la musique. Elle joue à l'aile droite et gratte les cordes de sa guitare. Dans la vingtaine, elle chante pour divers groupes, interprète des *torch songs* dans des pianos-bars et joue de la guitare dans les rues de Vancouver, de Calgary et d'Edmonton. À la fin des années 80, elle signe un contrat avec Neil MacGonigill, l'ancien gérant de Ian Tyson. Cette association lui confère une place dans le circuit des festivals de musique folk et lui permet de présenter un concert prestigieux avec l'Orchestre symphonique d'Edmonton.

En 1991, c'est avec A&M/Island/Motown Records of Canada qu'Arden signe un contrat. Son premier grand succès, l'album introspectif *Time For Mercy* (1993), est produit à Los Angeles par Ed Cherney (Eric Clapton, Bonnie Raitt). Le simple *I Would Die For You* connaît une très grande popularité au Canada et lui vaut le PRIX JUNO de l'artiste solo la plus prometteuse. *Living Under June* (1994), un album pop entraînant destiné à un public adulte, est lui aussi produit par Cherney et met en vedette un duo avec Jackson Browne. Les chansons *Could I Be Your Girl* et *Unloved* envahissent les ondes des stations de radio du Canada pendant que l'album se vend à un demi-million d'exemplaires et Arden remporte trois autres prix Juno. Grâce à son succès en Australie et dans le top 5 des disques simples en Italie, *Insensitive* lui permet de percer le marché américain en avril 1996.

Bien que la musique d'Arden soit souvent douce et posée, sa personnalité enjouée et son sens aiguisé du comique en font la candidate par excellence pour animer la soirée des prix Juno de 1997 à Hamilton, en Ontario. En septembre de la même année, elle lance son troisième album, ironiquement intitulé *Happy?*. Elle lance également sa propre étiquette, Big Hip Records, en produisant un album pour Lin Elder, sa choriste.

Jeff Bateman

Argenson, Pierre de Voyer d', gouverneur de la Nouvelle-France de 1658 à 1661 (bapt. en France, 19 nov. 1625—France, vers 1709). Une attaque des Iroquois survient le lendemain de son arrivée à Québec et ses principales préoccupations, dès lors, sont de négocier avec ces puissants ennemis et d'assurer une défense contre eux. Il dépense presque autant d'énergie dans ses querelles publiques avec Mgr de Laval et les jésuites. Également préoccupé par la précarité de l'économie canadienne, il presse les autorités d'instaurer un monopole du commerce des fourrures et d'augmenter la population agraire, mais ses conseils ne sont pas suivis.

Allan Greer

Argent (Ag) Élément métallique qui a un lustre blanc brillant et un point de fusion de 962 ºC. De tous les métaux, il possède les conductivités électrique et thermique les plus élevées, et même si le soufre le ternit, il résiste à la corrosion. L'argent occupe le deuxième rang après l'OR pour la malléabilité et la ductilité, pouvant facilement être roulé ou frappé en feuilles, ou encore laminé en fils minces. Son utilisation dans la fabrication d'ornements et d'ustensiles date de la préhistoire. L'argent est, depuis le début des temps, un moyen d'échange majeur. Les mines de l'est de la Méditerranée et de l'Espagne sont les premières sources connues, mais le centre de production se déplace vers l'hémisphère Ouest vers le XVIe siècle.

Aujourd'hui, les grands pays producteurs sont le Mexique, le Pérou, la Communauté des États indépendants, les États-Unis, le Canada, l'Australie, le Chili, la Pologne et la Chine. Les pellicules et papiers photo représentent environ 30 p. 100 de la consommation d'argent. Les applications industrielles et décoratives, telles que le revêtement des miroirs, l'utilisation comme bactéricide ou algicide dans les systèmes d'épuration d'eau ou encore les contacts, conducteurs et piles en électricité et en électronique représentent plus de 35 p. 100 de la consommation mondiale. On l'utilise beaucoup pour l'argenterie, les bijoux et les œuvres d'art, pour l'argent sterling (92,5 p. 100 d'argent, 7,5 p. 100 de cuivre) et pour l'argenture. De nos jours, l'argent utilisé pour la monnaie se limite surtout aux pièces numismatiques et aux médaillons (*voir* MONNAIE, FRAPPE DE LA; MONNAIE). Le Mexique l'utilise toutefois dans la production des pièces de 10, 20 et 50 pesos depuis 1993.

L'argent est récupéré des minerais extraits et des matériaux recyclés comme les pellicules photo, les dispositifs électroniques, les déchets industriels, l'argenterie et les bijoux. Environ 20 p. 100 de l'argent produit annuellement provient de matériaux recyclés. Certaines régions, comme le Cœur d'Alène en Idaho ou le Mexique, récupèrent ce métal de minerais extraits surtout pour son contenu en argent. Cependant, près de 85 p. 100 de l'approvisionnement minier est un sous-produit du traitement des minerais d'or et de plomb-zinc-cuivre. Les grandes régions productrices au Canada sont la Colombie-Britannique, le Nouveau-Brunswick, l'Ontario et le Québec. En 1995, la production minière canadienne atteint 1,2 million de kilogrammes, soit environ 9 p. 100 de la production mondiale. Le minerai des mines d'argent primaire est concentré par gravité et flottation, et l'argent est récupéré par cyanuration ou pyrométallurgie (*voir* MÉTALLURGIE). L'argent présent dans les minerais de métaux communs suit ces métaux dans les procédés de concentration et de fusion et est récupéré dans les résidus par électrolyse.

J.J. Hogan et J. Keating

Argent, objets du culte en Au Canada, les pièces d'orfèvrerie qui nous viennent de l'époque coloniale étaient en grande partie destinées à l'exercice du culte. Cet important legs patrimonial remonte aux premiers établissements de l'Église catholique en NOUVELLE-FRANCE. Selon les lois de l'Église, les calices et les patènes utilisés pour la célébration de la messe devaient être de métal noble. Comme l'or était trop cher, on utilisait l'ARGENT pour fabriquer les vases sacrés, tout comme de nombreux autres objets religieux. On encourageait la réalisation de ces œuvres d'art, expression tangible de la foi, et leur beauté inspirait les sentiments les plus élevés.

Au XVIIe siècle, les missionnaires apportent en Nouvelle-France des pièces d'argenterie, tandis que d'autres objets de culte sont envoyés de France par des donateurs. Les Hurons de Wendake (Québec) conservent un important reliquaire français offert à la mission de Lorette en 1679, ainsi qu'un ostensoir, daté de 1664, qui appartenait initialement aux jésuites. Ces derniers ont aussi légué un ostensoir parisien aux Mohawks de Kahnawake (Québec), de même que des pièces anciennes de fabrication française à diverses paroisses et institutions. Les églises de l'époque coloniale commandaient parfois des ouvrages d'argenterie à des orfèvres parisiens.

Vers les années 1700, avec la création et l'essor de nouvelles paroisses et l'augmentation de la demande de pièces d'argenterie, des maîtres orfèvres formés en France viennent s'établir dans la colonie. Ils enseignent leur art suivant un système d'APPRENTISSAGE et font circuler leurs précieux outils. Il devient alors moins coûteux, plus sûr et plus rapide pour les églises de confier leurs commandes à un artisan local que de faire venir des pièces de l'étranger. La rareté de l'argent demeure aussi un problème constant. On récupère donc les pièces de monnaie et les objets usés pour les fondre et façonner de nouvelles pièces. La plupart des ouvrages d'orfèvrerie des églises catholiques sont aujourd'hui conservés dans les anciennes paroisses et institutions religieuses du Québec. Plusieurs figurent dans les collections du MUSÉE DU QUÉBEC, du MUSÉE DES BEAUX-ARTS DE MONTRÉAL, du MUSÉE ROYAL DE L'ONTARIO, du MUSÉE DES BEAUX-ARTS DU CANADA et de divers autres musées et galeries d'art.

Les objets sacrés les plus précieux sont le calice, une coupe utilisée pour le vin de messe, ainsi que la patène, une petite assiette qui sert à recueillir le pain bénit ou l'hostie. Bien que ces objets soient en argent, les surfaces intérieures qui viennent en contact avec les saintes espèces sont généralement dorées. D'autres objets religieux sont souvent faits d'étain (*voir* POTERIE D'ÉTAIN), de CUIVRE ou de laiton, mais dès que la paroisse peut se le permettre, elle les remplace par d'autres en argent. Les pièces majeures comprennent le ciboire, vase muni d'un couvercle et contenant les hosties, ainsi que l'ostensoir, qui sert à exposer l'hostie consacrée, placée à l'intérieur d'une lunule de verre entourée d'un soleil irradiant posé sur piédestal. Parmi les autres pièces d'importance, on trouve les croix processionnelles, les bénitiers, les lampes du sanctuaire, les chandeliers et les aiguières. De petites burettes en forme d'oiseaux ou munies d'un bec, disposées sur un plateau, servent de récipients pour l'eau et le vin; des encensoirs suspendus au bout de chaînes contiennent l'encens que l'on conserve dans des navettes. Les aiguières baptismales sont minuscules, tout comme les récipients munis de couvercles pour conserver les huiles saintes (ampoules). Ces objets sont souvent rangés dans des coffrets pour en faciliter le transport. On trouve également des porte-Dieu (un ciboire que le prêtre porte aux malades), des crucifix, ainsi que des croix et des coffrets renfermant des reliques. L'instrument de paix, aujourd'hui démodé, consiste en une petite plaque sur laquelle les membres du clergé et les fidèles, pendant la messe, posent les lèvres en signe de paix.

Les orfèvres les plus éminents du régime français, comme Paul Lambert, Jean-François Landron et Jacques Pagé, travaillent à Québec. Roland Paradis et Ignace-François Delezenne produisent des pièces religieuses pour les régions de Québec et de Montréal. Les premiers artisans adoptent les styles provinciaux de l'époque Louis XIV, peut-être en s'inspirant des trésors locaux provenant de France, mais la facture de leurs œuvres est plus simple. De sobres alignements de feuilles, de perles ou de godrons stylisés, généralement mis en valeur par des surfaces lisses, comptent parmi les motifs de prédilection. On a recours à des procédés de repoussage, de ciselage et de gravure et on applique parfois des moulures en guise d'ornement. Les parties arrondies sont obtenues par martelage de feuilles d'argent puis soudées à une base. Le pied des calices et des ciboires est réalisé en sections moulées ou frappées, vissées ensemble avec des tiges filetées.

La ville de Québec demeure le foyer de la production d'orfèvrerie religieuse après la CONQUÊTE britannique (1759-1760). C'est dans cette ville que l'exceptionnel François Ranvoyzé crée de nombreuses pièces ornementales dans un style libre. Parmi elles, notons quatre objets en or exécutés pour la paroisse de L'Islet, entre 1810 et 1812. Laurent Amiot, qui revient à Québec en 1787 après avoir étudié à Paris, emprunte au nouveau style Louis XVI, populaire en France, des éléments néoclassiques. Les formes élégantes aux lignes épurées s'ornent de simples cannelures rudentées, de rainures et de motifs circulaires. Les surfaces lisses sont parfois gravées de motifs délicats, mais, le plus souvent, elles sont dépourvues d'ornement. De larges plaques d'argent, introduites à peu près à la même période, permettent désormais à l'orfèvre de couper et d'assembler les parties concaves plutôt que de les mettre en forme par martelage.

Les pièces d'orfèvrerie se rencontrent moins fréquemment dans les églises protestantes de cette période, et elles sont rarement exposées. Les églises anglicanes du XVIIIe siècle reçoivent des pièces d'argenterie de mécènes d'Angleterre, notamment de la famille royale britannique. La reine Anne a offert des calices, des patènes, des flacons en forme de chopines et des écuelles pour l'aumône. Un ensemble de communion qu'elle a donné à ANNAPOLIS ROYAL se trouve présentement à l'église St. Paul à Halifax. Un autre ensemble, offert aux Mohawks de New York, a été par la suite envoyé en Ontario, où il est conservé dans la réserve des Six-Nations, près de Brantford. George III a fait parvenir de l'argenterie aux villes de Saint-Jean et de Québec; la cathédrale Notre-Dame de Québec possède toujours certaines de ces pièces, tandis que deux autres appartiennent maintenant à la paroisse de Saint-Armand, dans les Cantons de l'Est. Nombre de pièces d'orfèvrerie retrouvées dans les églises anglicanes s'apparentent par leurs formes à celles des églises catholiques, quoique généralement très sobres, conformément aux courants stylistiques britanniques. D'autres églises protestantes utilisent des pièces d'argenterie durant cette période, mais dans une moindre mesure. Les pièces que l'on trouve dans les premières églises presbytériennes et méthodistes sont fort simples et ont souvent l'aspect d'objets d'usage quotidien. Les patènes utilisées pour la communion proviennent surtout de Grande-Bretagne et des États-Unis.

Les pièces d'orfèvrerie des églises des Maritimes viennent presque exclusivement de France et de Grande-Bretagne. En effet, seules quelques-unes ont été fabriquées localement. La cathédrale de Moncton possède une ancienne pièce acadienne en argent, un porte-Dieu réalisé par Jean Ferment de Québec, vers 1751. En 1835, John Munro fabrique deux patènes en argent pour l'église presbytérienne St. Andrews, à Saint-Jean (Nouveau-Brunswick). À Halifax, Peter Nordbeck et d'autres artisans exécutent de superbes ouvrages pour les églises de la Nouvelle-Écosse, de 1820 jusqu'au milieu du XXe siècle.

Une fois le peuplement du pays bien engagé et les églises construites, on aura généralement recours à l'importation pour l'orfèvrerie religieuse. Au milieu du XIXe siècle, grâce à de nouvelles techniques de fabrication et d'argenture, le coût de l'orfèvrerie est moins élevé à l'étranger. Bien qu'à cette époque Robert Hendery de Montréal et François Sasseville de Québec réalisent une grande quantité de vases sacrés, il est de plus en plus difficile pour un artisan de soutenir la concurrence. C'est encore vrai aujourd'hui, et seule une infime partie de l'argenterie est fabriquée au Canada. Les églises protestantes importent surtout leurs objets sacrés de Grande-Bretagne et des États-Unis, tandis que ceux des églises catholiques proviennent d'un peu partout dans le monde.

Honor De Pencier

Argent, troc avec les Indiens À partir du milieu du XVIIe siècle jusqu'au début du XIXe siècle, les négociants de fourrure européens offrent en troc des bijoux en argent (*voir* BIJOUTERIE ET DE L'ARGENTERIE, INDUSTRIE DE LA) aux Indiens d'Amérique. Dès les premiers échanges (entre pêcheurs saisonniers et Indiens), l'ARGENT joue un rôle important. Les premiers objets en argent sont des médailles et des hausse-cols militaires (c.-à-d. des pendentifs en forme de croissant qui symbolisent le rang). Les Français, les Britanniques, les Hollandais et les Espagnols les offrent à leurs alliés amérindiens respectifs. Plus tard, apparaissent d'autres modèles, inspirés des modes et des traditions européennes, comme les croix et les cœurs Luckenbooth, gages d'amour populaires en Écosse au XVIIIe siècle. On trouve aussi communément des broches circulaires de tailles diverses, parfois décorées de motifs gravés ou de formes géométriques évidées. Des motifs indiens finissent par être reproduits dans l'argent pour fabriquer p. ex. des broches circulaires et concaves qui imitent des bijoux semblables à ceux réalisés à partir de coquillages avant l'arrivée des Européens. Pour la TRAITE DES FOURRURES, on fabrique aussi des boucles d'oreilles, des bracelets, des bandeaux, des broches carrées et des effigies d'animaux en argent.

Les bijoux de traite sont fabriqués par des orfèvres de Québec, de Montréal, de Londres et de différentes villes américaines, dont New York, Philadelphie et Détroit. Entre 1780 et 1820, la demande est telle que les bijoux en argent deviennent un des principaux produits des orfèvres. Au Canada, les principaux orfèvres s'appellent Robert Cruickshank, Charles Arnoldi, Pierre Huguet dit Latour, Joseph Schindler et Narcisse Roy. Pour répondre à la demande des négociants de fourrure, ces maîtres vont parfois jusqu'à employer une trentaine d'autres orfèvres. Le poinçon du maître figure sur les plus gros articles en argent, mais généralement pas sur les plus petits. Les articles d'orfèvrerie de traite sont produits en grandes quantités (*voir* MONNAIE), à partir de pièces d'argent habituellement fondues et façonnées ou martelées en feuilles minces. La minceur de l'article est la première qualité que recherchent les commerçants, tant pour réduire le coût que pour alléger la charge pendant le transport vers l'intérieur du pays.

L'argent devient un symbole d'amitié et d'alliance et il est utilisé la première fois pour des alliances militaires lors des guerres coloniales. Plus tard, ce sont les commerçants de fourrures qui présentent des cadeaux en argent aux chefs de tribus avec lesquels ils veulent faire du troc. Cette pratique, perçue non comme un pot-de-vin, mais comme un signe de bonne volonté, reprend une tradition indienne plus souvent associée à l'échange de WAMPUMS et symbolise une entente entre égaux. Les commerçants de fourrures finissent par se rendre compte que les objets en argent constituent une lucrative monnaie d'échange, car ils sont petits, faciles à transporter, fabriqués sur place et très recherchés par les Indiens. Un chasseur indien peut aussi facilement échanger trois peaux de castor contre une broche en argent que contre une couverture ou une lame de couteau en fer. Consciente de la vive concurrence que lui livre la COMPAGNIE DU NORD-OUEST, la COMPAGNIE DE LA BAIE D'HUDSON, qui siège dans les îles Britanniques, essaie de ne pas faire appel aux objets en argent dans ses échanges en raison de leur coût fort élevé, mais les succès de ceux qu'on appelle les Nord-Ouest sont tels que les Britanniques se voient forcés d'introduire l'orfèvrerie de traite en 1796. En 1821, quand ces derniers s'approprient la Compagnie du Nord-Ouest, qui a son siège à Montréal, ils éliminent tout de suite les objets en argent de leur liste des produits d'échange.

Au milieu du XIXe siècle, les orfèvres indiens commencent à fondre certains gros objets pour en faire de plus petits. Ils travailleront plus tard de l'argent neuf. Bien que cette activité s'interrompe au début du XXe siècle, un regain d'intérêt se manifeste pour la fabrication d'objets en argent aux motifs traditionnels depuis les années 60. Aujourd'hui, les Amérindiens de l'est du pays recommencent à produire des articles en argent à l'intention de leurs clients, autochtones et autres.

Sandra Gibb

Argenterie L'argenterie existe au Canada depuis l'époque coloniale. Les classes dirigeantes du Régime français possèdent une quantité considérable d'objets en ARGENT apportés dans leurs bagages ou importés de France. Les premières pièces fabriquées en NOUVELLE-FRANCE datent du premier quart du XVIIIe siècle. On les doit à des artisans qui ont appris leur art en effectuant un APPRENTISSAGE auprès d'orfèvres formés en France. Parmi les orfèvres célèbres à Montréal et à Québec durant le Régime français figurent Paul Lambert, Roland Paradis, Jacques Pagé et Jean-François Landron.

Comme très peu d'objets en argent fabriqués dans la colonie sont parvenus jusqu'à nous, il est difficile d'estimer combien il s'en est produit. L'argent, obtenu en faisant fondre des pièces de monnaie ou d'autres objets en argent, est toujours rare. Certains objets, fabriqués localement, ont sans aucun doute été perdus lorsqu'ils ont été refondus pour produire des pièces de monnaie ou ils ont été détruits dans des incendies, ou ramenés en France. En se basant sur les ustensiles conservés au fil des ans, on peut déduire que les cuillères sont fabriquées en grande quantité ainsi que les fourchettes et les cuillères à ragoût à long manche. Ces objets pèsent très lourd et imitent le joli style français du XVIIIe siècle, avec le bout du manche incurvé vers le haut. Il est alors d'usage de placer la cuillère et la fourchette face contre table. C'est pourquoi le dos de la cuillère de service est souvent gravé d'un motif décoratif. Les initiales du propriétaire sont souvent gravées au dos, près du poinçon de l'orfèvre.

Pour ce qui est de la vaisselle d'argent, un grand nombre de petits gobelets portent le poinçon d'orfèvres de Québec. Un autre objet populaire est l'écuelle, un bol à deux anses pour servir les ragoûts et les soupes. Par contre, on trouve peu d'assiettes, de taste-vin, de chandeliers et de salières, bien qu'il nous en reste assez pour attester qu'ils ont été fabriqués localement, de même que les tabatières et les boucles. Ces pièces d'argenterie destinées à la vie de tous les jours, bien que peu originales dans leur forme et de style sobre, sont habilement exécutées. La décoration consiste en de simples bandes gravées ou en relief ou en petits motifs de coquillage ou de feuille. Les armoiries ou le nom du propriétaire sont parfois partie intégrante de l'objet.

Sous le Régime anglais, les orfèvres continuent de fabriquer de l'argenterie selon les formes traditionnelles françaises. Cependant, à mesure que la colonie se détache de la France comme source d'approvisionnement, les artisans locaux reçoivent à l'occasion des commandes de pièces importantes, comme des soupières ou des aiguières. Les pièces qui nous restent témoignent de l'exceptionnelle qualité de l'art des orfèvres, tels Ignace-François Delezenne, Jacques Varin et François Ranvoyzé (l'un des plus grands orfèvres du Québec).

Peu à peu, les importations et l'influence des immigrants britanniques et européens transforment le mode de vie dans la colonie et, par conséquent, l'argenterie qui en est le reflet. L'introduction de l'argent en feuille permet de mettre au point une nouvelle méthode de fabrication de la vaisselle. Au lieu de mouler le récipient à la main, l'orfèvre taille puis réunit les parties séparées pour obtenir une forme cylindrique.

Des années 1780 aux années 1840, les orfèvres canadiens s'inspirent de cette technique nouvelle pour fabriquer des théières, des sucriers, des bols à crème, des coupes et des gobelets dans le style néoclassique, alors à la mode en Grande-Bretagne et en Europe. Ils fabriquent aussi de petits objets, comme des saupoudreuses à poivre et à épices, des râpes à muscade, des passoires à vin, des moutardiers, des tabatières, des burettes, des boucles et des boutons. Les ustensiles en argent comportent principalement des cuillères à servir, des fourchettes, des louches à soupe, à sauce ou à grog de style «Old English» ou «Fiddle», avec le bout du manche incurvé vers le bas. Certaines cuillères sont décorées d'un motif de coquillage ou de gravures à facettes polies, mais, le plus souvent, elles n'en ont pas. Certaines portent les initiales de leur propriétaire en cursives sur le dos du manche. On trouve également des cuillères à thé, des cuillères à tamiser le sucre, des pinces à sucre, des cuillères à sel, à moutarde et à moelle, des brochettes à viande et des ustensiles pour servir le poisson. Les formes évoluent peu avant l'époque victorienne, où les styles plus décoratifs seront la mode.

À Québec, Laurent Amiot est devenu le meilleur orfèvre après Ranvoyzé, et d'excellents artisans suivent leur trace. Pourtant, c'est Montréal qui devient le centre de l'argenterie grâce à sa population croissante et au succès économique de la TRAITE DES FOURRURES. De grands orfèvres viennent de Grande-Bretagne, comme Robert Cruickshank, James Hanna et, plus tard, George Savage. Parmi les orfèvres européens figurent les Arnoldi, les Schindler et les Bohle. Les orfèvres canadiens trouvent également du travail à Montréal, et les plus connus sont Salomon Marion et Paul Morand, tous deux apprentis de l'atelier de renom de Pierre Huguet, dit Latour, né lui aussi au Canada.

Avant la Confédération, Halifax est le troisième centre de l'argenterie le plus important au Canada. Dès 1800, les immigrants britanniques et allemands et les loyalistes établissent la tradition de cet art en Nouvelle-Écosse. Leurs œuvres se rapprochent de la production québécoise de l'époque, bien que leurs ustensiles soient souvent plus ornementaux. De rares pièces fabriquées au tout début comprennent un surtout, un encrier et une horloge à dorure d'argent. Un des plus talentueux orfèvres de la Nouvelle-Écosse est probablement Peter Nordbeck, aux côtés de James Langford, de William Veith et, plus tard, de Julius Cornelius et de Michael Septimus Brown. Un grand nombre sont aussi connus pour leurs bijoux (voir BIJOUTERIE ET DE L'ARGENTERIE, INDUSTRIE DE LA), qu'ils sertissent d'or local, de pierres et de coquillages. Chez les loyalistes établis au Nouveau-Brunswick, des orfèvres s'annoncent également comme bijoutiers et horlogers. Ils font surtout des ustensiles. Dans toutes les provinces de l'Atlantique, l'argenterie est surtout importée. À Terre-Neuve et à l'Île-du-Prince-Édouard, les artisans locaux proposent rarement de fabriquer une pièce d'argenterie.

L'Ontario produit peu d'argenterie faite à la main avant l'avènement de la fabrication à la chaîne. Il semble que les premières pièces fabriquées localement l'aient été de la main du loyaliste Jordan Post, installé à York (Toronto) en 1787. Des ustensiles datant du début du XIXe siècle portent le poinçon d'orfèvres de Niagara, de Kingston et de Toronto. Il reste peu de pièces de vaisselle connues, à l'exception de grandes coupes commémoratives fabriquées par William Stennett (1829) et Henry Jackson (1838).

Vers les années 1850, les découvertes techniques faites en Angleterre et aux États-Unis ont des répercussions sur le travail de l'orfèvre. De nouvelles techniques de fabrication et l'introduction de la galvanoplastie permettent la production en masse d'articles de table peu coûteux. Les importations aug-

mentent et la production locale d'argenterie devient l'apanage de quelques artisans connus sous le nom de fournisseurs (makers to the trade). La compagnie Robert Hendery, qui deviendra plus tard Hendery and Leslie, est le fabricant le plus important à Montréal. Le poinçon de la compagnie représente un lion rampant dans un ovale et une tête de souverain dans un carré aux coins tronqués. On trouve ce poinçon sur la plupart des pièces d'argenterie produites au Canada pendant la seconde moitié du XIXe siècle, accompagné généralement du nom ou des initiales du négociant pour lequel elles ont été fabriquées. Plus de 100 négociants, dont un en Colombie-Britannique, commandent de l'argenterie auprès de la compagnie Hendery. En 1899, Henry BIRKS and Sons achète Hendery and Leslie et, avec des succursales dans tout le pays, devient la plus grande compagnie d'orfèvrerie au Canada.

À cette époque, caractérisée par l'argent plaqué et la production de masse, les pièces commémoratives, créées individuellement, sont les pièces d'argenterie les plus exceptionnelles qui aient été fabriquées au Canada. Des coupes, des médailles, des truelles, des aiguières et des plateaux à servir font l'objet de commandes spéciales pour célébrer une victoire, une occasion ou un talent particulier. On y grave la date, l'occasion qui est soulignée et, souvent, le nom du donateur et du récipiendaire. Un grand nombre de ces objets ainsi que d'autres objets souvenirs sont destinés à être exposés et non à être utilisés, ce qui explique qu'ils aient été conservés. Certaines pièces sont décorées de feuilles d'érable et de castors.

Vers le milieu du XXe siècle, les orfèvres recommencent à produire au Canada des pièces faites à la main, généralement sur commande. Ces commandes sont accordées à l'atelier de l'artisan et sont la preuve que le public reprend contact avec les orfèvres. Les grands fabricants et les négociants se gardent toujours la plus grande part du marché de l'argenterie, mais les artisans attirent un intérêt croissant, eux qui allient les techniques et les styles traditionnels pour produire des œuvres uniques.

Aucune association et aucune régulation officielle ne régissent, avant le XXe siècle, le poinçonnage ou la qualité de l'argent utilisé au Canada. Sous le Régime français, les orfèvres utilisent un poinçon à leurs initiales, avec une fleur de lys ou une couronne au-dessus de celles-ci et un motif en forme d'étoile ou de croissant en dessous, le tout inséré dans un cartouche de forme irrégulière. Vers la fin du XVIIIe siècle, les orfèvres québécois ont tendance à placer leurs initiales, en lettres moulées ou cursives, dans un cartouche rond ou rectangulaire. Ils ajoutent parfois un poinçon au nom de la ville. Cette pratique est la même dans les Maritimes, où l'on retrouve également une tête de souverain, un lion et quelquefois une ancre. À partir de 1820, les orfèvres de Québec utilisent parfois des symboles similaires, de type britannique, et les orfèvres ontariens les imitent un peu plus tard.

Honor de Pencier

Argiles Elles constituent un groupe complexe de minéraux industriels qui ont chacun leur minéralogie, et qui ont des habitats et des usages différents. Ce sont tous des minéraux naturels d'apparence terreuse, de granulométrie fine et qui sont composés surtout de silicates hydratés d'aluminium, auxquels s'ajoutent du fer, des alcalis et des éléments alcalino-terreux.

La valeur commerciale des argiles et des argiles schisteuses dépend de leurs propriétés physiques (c.-à-d. qu'elles doivent être suffisamment plastiques pour se laisser facilement mouler, avoir une bonne résistance mécanique, un faible retrait, et une faible déformation sous charge) et de la proximité des marchés où les produits d'argile sont utilisés.

Les argiles communes et les argiles schisteuses sont les principales matières premières extraites de dépôts au Canada. Elles servent à fabriquer des produits tels les briques ordinaires de construction, des tuiles pour toits et des tuyaux de drainage. Presque

toute la production de ces argiles est utilisée par les consommateurs locaux.

Les argiles réfractaires sont utilisées principalement pour fabriquer des produits à forte résistance thermique comme les briques réfractaires et les creusets. Les dépôts d'argile réfractaire connus au Canada ne sont pas assez réfractaires pour résister aux hautes températures et ont besoin d'addition en alumine.

Les argiles à poterie sont intermédiaires entre les argiles communes de qualité inférieure et les argiles kaoliniques réfractaires de haute qualité. Elles sont utilisées pour la fabrication de conduits d'égouts, de revêtements intérieurs de cheminées, briques de parement, contenants, tels pots, cruches et vases, et par des potiers professionnels et amateurs.

Les argiles plastiques sont très résistantes à la chaleur et sont composées de particules fines de kaolin, de quartz, d'illite et de mica. On les emploie surtout dans la fabrication de poterie, de vaisselle, de tuiles pour murs, de pièces sanitaires (c.-à-d. les salles de bain). Elles sont également utilisées comme agent de remplissage dans les caoutchoucs, les plastiques, les peintures et les adhésifs.

L'usage à grande échelle au Canada de ces argiles a été limité par les faibles réserves des dépôts et par l'éloignement des marchés.

Le kaolin est une argile de haute qualité qui contient une plus grande quantité d'alumine et un peu moins de silice que les argiles plastiques. Les dépôts connus de kaolin au Canada n'ont pas été développés à cause des coûts de traitement élevés pour séparer les minéraux de kaolinite des autres minéraux. Pour cette raison, tout le kaolin utilisé au Canada est importé, surtout des États-Unis. En 1997, les importations de kaolin des États-Unis se sont chiffrées à 700 000 tonnes pour une valeur de 81 millions de dollars US. Le kaolin est surtout utilisé comme matière de charge (agent de remplissage) et de recouvrement du papier dans l'industrie des pâtes et papiers. Il est également utilisé dans les plastiques, les peintures et le caoutchouc.

Les argiles communes et les argiles schisteuses sont extraites dans la plupart des provinces au Canada. Cependant, on essaie de trouver des dépôts qui contiennent des argiles ayant de meilleures caractéristiques au séchage et à la cuisson. On trouve des argiles réfractaires dans la formation Whitemud dans le sud de la Saskatchewan, dans le sud-est de l'Alberta et à Sumas Mountain en Colombie-Britannique. En Nouvelle-Écosse, certaines argiles de Shubenacadie ne sont pas assez résistantes à la chaleur pour être utilisées dans des applications réfractaires de qualité moyenne. Les argiles de Muskodoboit ont déjà été utilisées par des fonderies dans les provinces de l'Atlantique. La formation Whitemud est la principale source d'argile à poterie au Canada. Les argiles communes et les argiles schisteuses sont extraites à partir d'opérations à ciel ouvert qui utilisent de l'équipement minier moderne. Leur traitement consiste à les broyer, tamiser, mélanger, traiter (conditionner) avec de l'eau, à en faire l'extrusion et à les cuire et sécher. Le traitement des argiles réfractaires et de la bentonite (une argile absorbante et gonflante) est plus spécialisé et peut impliquer la calcination, dans le cas de l'argile réfractaire, et l'activation (pour la rendre plus réactive) à l'acide, dans le cas de la bentonite.

Les produits d'argiles sont fabriqués dans presque toutes les provinces au Canada. En 1997, la production canadienne de produits d'argile s'élevait à environ 130 millions de dollars.

Michel Brau Boucher

Argonautes de Toronto Équipe de football. En 1873, les membres de l'Argonaut Rowing Club de Toronto (un club d'aviron) forment une équipe de football et choisissent comme couleurs les bleus des universités Oxford et Cambridge. Ils perdent leur première finale de la COUPE GREY contre l'U. de Toronto en 1911, et remportent leur première Coupe Grey contre la même équipe en 1914. Dirigés par le grand athlète Lionel CONACHER, ils battent les ESKIMOS D'EDMONTON dans le premier match est-ouest de la Coupe Grey (1921) et remportent huit autres championnats nationaux au cours des 31 années suivantes (1933, 1937, 1938, 1945, 1946, 1947, 1950 et 1952), avec des joueurs canadiens du calibre de Joe KROL. Le quart Joe Theismann les mène jusqu'à la finale du championnat de 1971 qu'ils perdent contre l'équipe de Calgary. Sous la direction de l'entraîneur Bob O'Billovich, ils perdent le match de la Coupe Grey contre les Eskimos d'Edmonton en 1982.

L'équipe met fin à 31 ans de déception en remportant la victoire contre les BC LIONS en 1983. Elle perd le match de la Coupe Grey en 1984 ainsi qu'une classique en 1987. En 1959, les Argonautes déménagent du Varsity Stadium au Stade de l'Exposition nationale du Canada, puis au SkyDome en 1989. En 1991, Wayne GRETZKY, Bruce McNall (le propriétaire des Los Angeles Kings) et le comique John CANDY achètent l'équipe des Argonautes. Ils attirent aussitôt le gagnant du Trophée Heisman, Raghib «le Rocket» Ismail pour jouer dans leur équipe. Cette année-là, Ismail mène l'équipe à son 12e championnat de la Coupe Grey, contre Calgary. Labatts achète l'équipe et la revend par la suite à TSN. En 1996, les Argonautes acquièrent l'excellent quart Doug Flutie et remportent la Coupe Grey contre Edmonton.

Derek Drager

Argue, Hazen Robert, politicien (Moose Jaw, Sask., 6 janv. 1921—1991). La famille Argue, arrivée à Ottawa de l'Irlande en 1821, a eu plusieurs membres éminents au cours de neuf générations. Elle compte entre autres le docteur Thomas Herbert Argue, médecin de campagne et inventeur, le docteur Andrew William Argue, ancien chancelier de l'U. de la Saskatchewan, et Fletcher Argue, dont l'édifice des Arts et des Sciences de l'U. du Manitoba porte le nom. De 1945 à 1963, Hazen est député fédéral d'Assiniboia (anciennement Wood Mountain), en Saskatchewan, et il est le plus jeune élu des Communes à son arrivée. Il est le seul député de l'opposition de la Saskatchewan à survivre au balayage de DIEFENBAKER en 1958. Cette année-là, il devient leader parlementaire du caucus de huit membres de la COOPERATIVE COMMONWEALTH FEDERATION (CCF).

En 1960, il est élu chef national de la CCF. Lorsque la CCF et le Congrès du Travail du Canada forment le NOUVEAU PARTI DÉMOCRATIQUE (NPD) en 1961, T.C. DOUGLAS l'emporte facilement sur Argue à la direction du parti. Six mois plus tard, Argue sème la consternation au sein du NPD lorsqu'il démissionne, alléguant que la structure du parti confère trop de pouvoirs aux syndicats. Réélu à la Chambre des communes en 1962 sous la bannière libérale, il est défait en 1963. En dépit des objections de certains libéraux de la Saskatchewan de plus vieille date, Argue est nommé au Sénat en 1966. Il est ministre d'État responsable de la COMMISSION CANADIENNE DU BLÉ de 1980 à 1982.

Bill Cameron

Argus Corporation Ltd dont le siège social est à Toronto, est une société spécialisée de placement et de portefeuille constituée en 1945. À ses débuts, cette société et ses activités n'attiraient guère l'attention, mais la situation change en 1978 lorsque des membres de la famille Black en deviennent actionnaires majoritaires grâce à l'acquisition de deux blocs d'actions de Ravelston provenant des successions de J.A. (Bud) MCDOUGALD et d'Eric Phillips. Hollinger Inc., qui est elle-même une société de portefeuille avec des intérêts considérables dans la publication de journaux, est aujourd'hui l'unique entreprise d'Argus. Ravelston Corp. Ltd, qui détient la totalité des actions d'Argus, est elle-même contrôlée par Conrad M. BLACK. En 1995, Argus enregistre un bénéfice net de 14,1 millions de dollars sur des produits de 17,1 millions de dollars. En

décembre 1995, l'actif d'Argus vaut 440,8 millions de dollars.

Deborah C. Sawyer

Armée (*Voir* FORCES ARMÉES: milice et armée)
Armée de l'air (*Voir* FORCES ARMÉES: Armée de l'air)
Armée du Salut «Soupe, savon, salut», telle est la réponse donnée en 1865 aux «cris d'amertume des pauvres de Londres» par le prédicateur méthodiste dissident William Booth (*voir* MÉTHODISME). Telle est l'origine de l'Armée du Salut, vouée à la réforme physique et spirituelle des déshérités: la «soupe» comprend bientôt des centres d'hébergement pour hommes, des refuges pour femmes, des colonies agricoles et d'autres établissements du genre. Quant au «salut», il est prêché dans le style méthodiste par une armée d'officiers qui, avec drapeaux, fanfares et chants militaires, partent en quête de leurs ouailles dans les quartiers pauvres. À la fin du siècle, l'Armée du Salut est solidement ancrée dans la société britannique et s'est propagée dans beaucoup d'autres pays.

L'Armée du Salut est introduite au Canada en 1882 par d'ardents propagandistes, comme William Freer et sa femme (à Toronto) ainsi que Jack Addie et Joe Ludgate (à London). Des bataillons de l'Armée sont formés dans toutes les grandes villes de l'Ontario. En 1886, on trouve déjà des «salutistes» de St. John's à Victoria, quoique leurs formes inusitées d'expression religieuse (chants d'action de grâce sur des airs connus, réunions sans façon et bruyantes assemblées en plein air) soulèvent beaucoup de colère et occasionnent des batailles juridiques. Toutefois, par son travail tenace d'aide sociale, l'Armée finit par gagner le respect dans tout le pays.

Un premier refuge pour filles «déchues» ouvre ses portes à Toronto en 1886, suivi par d'autres à Winnipeg, à Montréal et à Victoria. En 1891, l'Armée ouvre son premier foyer d'accueil pour la réadaptation de ceux qui sortent de prison, puis, peu après, des maisons de refuge pour enfants, des prisons agricoles et des centres d'hébergement pour hommes.

En 1904, le premier Hôpital de la Grâce ouvre ses portes à Winnipeg; l'année suivante, un officier de l'Armée du Salut devient le premier agent de libération conditionnelle du pays et les premiers immigrants d'Angleterre parrainés par l'Armée arrivent la même année. Dès 1914, le nombre total des immigrants établis au Canada grâce à ce parrainage dépasse les 150 000.

L'Armée garde aujourd'hui son double objectif social et évangélique. Elle est une Église reconnue et compte environ 125 000 membres, qui ont tendance à être moins évangélistes que leurs prédécesseurs, mais qui professent encore une théologie méthodiste, qui s'abstiennent strictement de boire de l'alcool et qui évitent l'attachement mondain. Fanfares et tambourins continuent de faire taper du pied et d'exalter les cœurs.

L'aile sociale offre des cours de langues aux néo-Canadiens et de nouveaux programmes de développement au nom de l'AGENCE CANADIENNE DE DÉVELOPPEMENT INTERNATIONAL. En plus de veiller sur les personnes en libération conditionnelle, elle dirige des centres de réhabilitation et de désintoxication pour alcooliques, des Hôtelleries de l'Espoir, des Hôpitaux de la Grâce et des camps d'été pour enfants défavorisés. Elle offre aussi des consultations aux toxicomanes et tend une main secourable lorsque le besoin s'en fait sentir. La devise de l'Armée est inchangée: «Sauvé pour servir».

R.G. Moyles

Armements Les armements, ou outils de combat, comprennent les dispositifs de surveillance et de reconnaissance. Les premiers armements consistaient probablement en des pierres de forme irrégulière (armes à missile) et en des gourdins rudimentaires (armes de combat corps à corps), lesquels

avaient sans doute été instinctivement façonnés à partir d'outils utilisés lors de la cueillette. Par la suite, la combinaison des deux a donné une hache de combat ou une lance, lesquelles, comme la plupart des armes, pouvaient être utilisées à des fins offensives ou défensives. Le recours au bois ou au cuir, pour servir de bouclier ou d'armure, se voulait strictement une mesure défensive et, employé seul, il ne servait pas à grand-chose.

De nos jours, la gamme des armements défensifs s'étend des plaques de blindage espacées et superposées, en acier ou en céramique, sur les chars d'assaut, aux systèmes aéroportés d'alerte et de contrôle (AWACS). Les armes offensives sont devenues plus complexes et plus meurtrières, avec une portée, une précision et une puissance de feu accrues. Les systèmes d'arme à missiles modernes se composent de trois éléments de base: une plate-forme de transport et de lancement, un dispositif de lancement et le missile. La panoplie s'étend du fantassin portant un fusil automatique au sous-marin à propulsion nucléaire, transportant des missiles balistiques à lanceur sous-marin (SLBM) dotés de missiles à ogives multiples indépendamment guidées (MIRV) à tête atomique, au véhicule téléguidé (VTG) et aux aéronefs chargés de napalm, de bombes ou de missiles à tête chercheuse.

Étant donné l'aspect hautement technique de certains armements actuels, comme la reconnaissance par satellite et les dispositifs informatisés de télémétrie et de communication à laser, il est extrêmement difficile de faire, en certains cas, une distinction entre les armements et les outils de nature industrielle. Il se peut même que, dans le cadre des «Initiatives de défense stratégique» (IDS) des Soviétiques et des Américains, l'espace devienne un des champs de bataille de l'avenir, où évolueraient des armes au laser à propulsion nucléaire ou d'autres pièces d'équipement sophistiquées.

Des documents archéologiques montrent que les armements préhistoriques auraient suivi, en Amérique du Nord, les mêmes étapes de développement qu'ailleurs dans le monde. La description des armes les plus anciennes peut être retracée dans la saga groenlandaise du XIVe siècle, qui narre les batailles livrées par les aventuriers des EXPÉDITIONS VIKINGS armés de haches contre des «skraelings» (peut-être des BÉOTHUKS) disposant d'arcs et de flèches, au cours de leurs explorations des côtes de l'Atlantique Nord autour de l'an 1000 de notre ère. Arcs et flèches restent les armes principales au XVIe siècle, au moment où les Européens mettent à nouveau le pied sur le continent, ouvrant ainsi l'ère de la poudre noire.

Au cours de l'été 1534, à la baie des Chaleurs, Jacques CARTIER se sert de pistolets rudimentaires («lances de feu») pour impressionner les Indiens et, pendant l'hiver de 1535, un canon siège à Québec sur les remparts de son fortin. En 1609, Samuel de CHAMPLAIN, qui a décidé de s'allier aux guerriers hurons et algonquins, abat deux Iroquois avec son arquebuse (mousquet à mèche) et, ce faisant, ouvre la porte à une longue période d'hostilités. Dans un compte rendu rédigé 140 ans plus tard, Pehr KALM, un voyageur d'origine suédoise, rapporte qu'il serait étonnant de trouver un Canadien français «qui ne soit pas un excellent tireur et qui ne possède pas son propre fusil». Il souligne également la production de canons et de mortiers aux FORGES SAINT-MAURICE près de Trois-Rivières. À cette époque, certains Indiens s'arment de mousquets, même si l'arc et le tomahawk restent plus populaires.

Tandis que les populations autochtones sont soumises, repoussées plus loin vers l'ouest ou massacrées, le succès des combats entre immigrants européens en Amérique du Nord dépend de l'utilisation d'armes à missiles de plus en plus sophistiquées, mettant un terme à la production canadienne limitée d'armements. Au tout début du XIXe siècle, le mousquet à mèche est remplacé par le fusil chargé par la culasse. En fait, une proportion de plus en plus faible de gens possède une arme. En 1866 et en 1870, pour repousser les attaques des FENIANS, la milice canadienne dispose de quelques fusils à chargeur, provenant des États-Unis et, pour mater la RÉBELLION DU NORD-OUEST en 1885, elle se sert d'une mitrailleuse Gatling de fabrication américaine. Toutefois, la milice continue de dépendre de fusils et de pièces d'artillerie d'origine britannique.

En 1882, l'ARSENAL FÉDÉRAL amorce la production de munitions de petit calibre, mais ce n'est qu'en 1903 qu'est mis en production le premier fusil canadien à chargeur se chargeant par la culasse, le Ross (inspiré du Mannlicher autrichien), qui est distribué aux miliciens. Excellent fusil léger et sportif, il se révèle toutefois d'une piètre utilité dans le contexte rigoureux du service actif en 1915 et, en mars 1917, sa production est arrêtée. Au sein du CORPS EXPÉDITIONNAIRE CANADIEN, il est remplacé par le fusil Lee-Enfield. Au cours de la SECONDE GUERRE MONDIALE, le FUSIL ROSS est de nouveau distribué aux miliciens chargés de la défense territoriale.

Au cours de cette guerre, le Canada produit une vaste gamme d'armements, incluant des avions de combat, tels que les bombardiers Mosquito de De Havilland et le Lancaster de Avro, des véhicules blindés, des pièces d'artillerie et des canons navals, des péniches de débarquement, des escortes de convois, des radios, des RADARS, des SONARS, des armes légères de même que d'énormes quantités de munitions, d'explosifs et de pièces pyrotechniques. Peu d'entre eux, cependant, sont de conception canadienne, et les forces canadiennes n'en sont pas nécessairement équipées. L'une des rares tentatives de conception canadienne, le char d'assaut Ram, ne connaît aucun succès et n'est jamais utilisée sur les champs de bataille. Toutefois, les caisses de Ram, une fois les tourelles retirées, servent en 1944 en Europe du Nord-Ouest pour les premiers transports de troupes blindées (TTB).

Depuis le deuxième conflit mondial, le Canada continue, pour ses principaux systèmes de défense, d'utiliser principalement des armements conçus par ses alliés, modifiés à l'occasion pour satisfaire des besoins intérieurs (*voir* BOMARC, AFFAIRE DES MISSILES). P. ex., durant 25 ans de 1952 à 1977, c'est le char d'assaut britannique Centurion qui sert de char de combat principal au Canada. Font exception à cette règle le chasseur CF-100 de AVRO et les diverses classes de petits navires de guerre, tout particulièrement les destroyers de classe Tribal et les frégates d'escorte de la classe Saint-Laurent. L'abandon de projets élaborés et complexes, comme ceux du TTB Bobcat, de l'avion de chasse AVRO ARROW et de l'hydroptère Bras d'or, s'explique par les possibilités limitées de commercialisation et les coûts trop élevés des travaux de conception.

Le Canada connaît plus de succès au niveau de la production de composantes de haute technologie pour les systèmes d'arme américains. Ses alliés de l'OTAN utilisent les roquettes air-sol CRV-7, les mines antipersonnel «Elsie» et les projectiles d'artillerie à portée accrue ERFB, de conception canadienne. Pour leurs plates-formes tactiques de lancement, les forces canadiennes dépendent fortement du chasseur Hornet, des hélicoptères Twin Huey, Kiowa et Sea King (tous de fabrication américaine) et du char d'assaut Léopard C 1 (d'origine ouest-allemande), qui sont tous armés d'une variété de missiles appropriés. Au nombre des armes légères actuellement utilisées par l'infanterie canadienne (qui se déplace dans les TTB de fabrication canadienne et de conception américaine) figurent des fusils et mitrailleuses légères belges, des mitrailleuses lourdes, des lance-missiles antichars et antiaériens américains.

Dans le cadre de l'Accord du NORAD, des missiles air-air équipés d'ogives nucléaires sont présents sur le territoire canadien, sous le contrôle des autorités américaines, afin d'être utilisés en cas de besoin par les aéronefs canadiens. Ils sont mis au rancart dans les années 80 lors de la mise en service du CF-18 Hornet. En Europe, les forces canadiennes bénéficient du soutien de systèmes d'arme nucléaire américains, mais le Canada renonce à recourir de son propre chef à des armes nucléaires. Lorsque cette décision est prise, en 1970, le missile Honest John, acquis en 1961, est retiré de l'inventaire des armes utilisées au Canada. Entre-temps, une guerre verbale stérile continue de faire rage au sujet de la nature offensive ou défensive de systèmes d'armes, tels que le missile de croisière et le bombardier furtif, puisque, comme durant la préhistoire, leur utilisation est grandement liée aux intentions de ceux qui les utilisent.

De nos jours, on accorde de plus en plus d'attention au débat «qualité contre quantité», selon les paramètres de la loi N-carré de Lanchester: pour que les chances soient égales de part et d'autre, il faut hausser l'efficacité de la partie, dont les effectifs numériques sont les plus faibles, dans une proportion équivalant au carré du ratio des forces impliquées. Cela signifie que, pour faire face à des effectifs deux fois plus élevés, la partie la plus faible doit multiplier par quatre son degré d'efficacité pour avoir une chance raisonnable de l'emporter. Devons-nous sacrifier l'efficacité et favoriser la simplification des systèmes d'armes pour en permettre la multiplication? Parmi les superpuissances, alors que les États-Unis ont presque toujours misé sur l'efficacité, l'Union soviétique a généralement privilégié la force du nombre. (*Voir aussi* DÉSARMEMENT.)

Brereton Greenhous

Arméniens Il y a environ sept millions d'Arméniens dispersés au monde: trois millions dans la nouvelle République d'Arménie (1991); un million dans d'autres régions de l'ancienne Union Soviétique, y compris la nouvelle république indépendante du Haut-Karabakh (1992); le reste, éparpillé dans le monde entier. Au total, 37 500 Arméniens habitent au Canada. L'Arménie englobe seulement une portion de l'Arménie historique, qui comprend aussi des territoires de la Turquie actuelle.

Migration et peuplement

Première vague: jusqu'à la Première Guerre mondiale Des étudiants, des marchands et des agriculteurs, dont la plupart proviennent de territoires occupés par l'Empire ottoman, amorcent le mouvement d'immigration arménienne au Canada entre 1880 et 1890. En 1914, environ 2000 Arméniens, la plupart des hommes de régions rurales, arrivent au Canada et s'installent surtout dans le sud de l'Ontario.

Ils fuient les persécutions de la majorité musulmane en Turquie et viennent travailler dans les ferronneries afin de trouver l'argent nécessaire à la reconstruction de leurs propriétés détruites au cours des massacres et des pogroms périodiques approuvés par l'État. Ils s'installent près des usines, à Brantford, à Hamilton et à St. Catharines. Pour certains, le marché du travail devient le point de départ de la création d'entreprises commerciales ou artisanales.

Deuxième vague: de 1919 aux années 50 De 1915 à 1922, plus de 1,5 million d'Arméniens périssent dans la foulée de la politique de génocide pratiquée par le gouvernement turc. Les Arméniens du Canada essaient de faciliter l'entrée au pays des survivants, mais les restrictions canadiennes relatives à l'immigration, dont celle de classer les Arméniens dans le groupe des Asiatiques, les empêchent de les faire venir tous, si ce n'est 1500 d'entre eux.

La plupart de ces réfugiés sont des femmes et des enfants. Ils forment un groupe beaucoup plus hétérogène que leurs prédécesseurs et leur arrivée redonne de la vitalité à la communauté arménienne, menant ainsi à la création d'enclaves arméniennes très unies à Brantford, à St. Catharines, à Hamilton, à Galt, à Guelph, à Windsor, à Toronto et à Montréal. La survie nationale et la reconstitution des familles deviennent des questions cruciales qui donnent lieu à des mariages endogames au cours des années 20. Des activités de nature commerciale prennent de l'expansion, surtout le commerce du tapis d'Orient.

Parmi les nouveaux venus se trouvent les «garçons de Georgetown», un groupe d'une centaine d'orphelins que fait venir l'Armenian Relief Association of Canada dans les années 20 pour les installer dans une ferme achetée à leur intention près de Georgetown, en Ontario. Quand l'Église unie du Canada prend possession de la ferme en 1928, les orphelins sont dispersés chez des fermiers ontariens soit comme enfants en famille d'accueil, soit comme ouvriers agricoles.

Troisième vague: des années 50 aux années 90 L'instabilité au Moyen-Orient, la libéralisation des lois sur l'immigration et la décision de ne plus classer les Arméniens dans le groupe des Asiatiques conduisent un flot d'immigrants au Canada (années 50 et 60). Ils viennent surtout des centres urbains des pays du Moyen-Orient et de la Méditerranée, où ils ont trouvé refuge après le génocide, et s'installent pour la plupart à Montréal et à Toronto. À Montréal, l'installation se déplace de l'avenue du Parc vers Saint-Laurent et jusque dans Laval. À Toronto, les Arméniens sont dispersés dans toute la ville, mais ils ont édifié des structures communautaires dans le nord-est de la région métropolitaine de Toronto.

De nos jours, environ 47 p. 100 des Arméniens vivent dans le Montréal métropolitain, 37 p. 100, dans la région Toronto–St. Catharines-Hamilton, et le reste, dans d'autres centres urbains. Bon nombre possèdent leur propre entreprise (bijoux, tapis, automobile) ou exercent une profession dans les domaines traditionnels de la médecine, des soins infirmiers et de l'enseignement ainsi que dans la pharmacie, la comptabilité, l'ingénierie, le droit, l'architecture et l'ordinatique.

Religion L'Arménie est le premier pays à adopter le christianisme comme religion d'État. La majorité des Arméniens du Canada appartiennent à l'Église nationale apostolique d'Arménie, une église autocéphale dont l'archevêché est à Echmiadzin, en Arménie. En 1930, les Arméniens construisent leur première église, Saint-Grégoire-l'Illuminateur, à St. Catharines, en Ontario. À la suite de la mainmise communiste sur l'Arménie en 1920 et de l'assujettissement d'Echmiadzin, de nombreux Arméniens anticommunistes de la diaspora se séparent de l'Église mère et se tournent vers l'autorité religieuse de l'évêché de Cilicie, à Beyrouth, au Liban. L'appartenance politique est le seul différend qui sépare les deux groupes. Par suite de l'indépendance de l'Arménie et de l'élection du patriarche Karekin II de Cilicie au patriarcat de l'archevêché, il existe désormais un espoir de réunification des deux Églises.

Comme pour l'Église apostolique, l'arménien est la langue de l'Église catholique romaine d'Arménie. En 1983, des Arméniens catholiques de Montréal construisent leur première église, Notre-Dame-de-Nareg. Comme l'Église de Toronto, elle relève de l'exarque chargé des Arméniens catholiques romains de l'Amérique du Nord (New York) qui, lui, relève finalement de l'autorité du pape, à Rome.

En 1960, les évangéliques de Montréal et de Toronto fondent leurs premières Églises. Même si certaines congrégations évangéliques sont affiliées à l'Église unie du Canada, elles sont autonomes et les services sont célébrés en langue arménienne vernaculaire.

Politique

La Fédération révolutionnaire arménienne (Tashnag), établie à Brantford, 1902-1904, constitue la principale force nationaliste au Canada depuis près de 100 ans. Elle est aujourd'hui la plus grande organisation politique au pays et compte neuf divisions. Le parti démocrate libéral arménien (Ramgavar), conservateur et pro-Église, est le deuxième en importance. Il a vu le jour à Montréal en 1963 et compte des divisions à Toronto et à Vancouver. Le parti social-démocrate Hunchagian met sur pied des divisions au Canada avant 1914, mais succombe sous les attaques communistes dans les années 20. Il est réanimé par un petit groupe à Montréal et Toronto en 1979-1980.

Éducation

Afin d'améliorer leur niveau d'apprentissage, les pionniers arméniens organisent des classes de lecture au Canada. Ils mettent aussi sur pied des écoles arméniennes d'appoint afin d'offrir à leurs enfants une connaissance rudimentaire de la langue et de la culture arméniennes. Au cours des dernières années, les Arméniens ont construit six écoles privées à Montréal et à Toronto. Les trois écoles de Montréal offrent le programme allant du préscolaire à la 11e année (près de 1800 élèves en 1995) tandis que celles de Toronto vont du préscolaire à la 8e année (environ 600 élèves en 1995). Les églises arméniennes exploitent des écoles du dimanche où l'on enseigne l'arménien, et de nombreuses organisations sont responsables de garderies, camps d'été, écoles du samedi et classes de langues ancestrales.

Culture Le génocide et la peur de l'extinction complète de la nation ont incité les Arméniens à redoubler d'efforts pour préserver leur héritage ethnique au Canada. Dans la culture canado-arménienne, l'accent est mis surtout sur le génocide, en raison surtout du refus persistant du gouvernement turc de le reconnaître. Chaque année, les Arméniens se rassemblent pour rendre hommage aux martyrs du génocide et se remémorer la patrie perdue. Alors même qu'une culture canado-arménienne unique fleurit, les démarches artistiques demeurent teintées de l'héritage du génocide. Les associations culturelles et les journaux arméniens, y compris de nombreux bulletins et les hebdomadaires trilingues, *Abaka* (qui signifie Futur) (Ramgavar, fondé à Montréal en 1975) et *Horizon* (Tashnag, fondé à Montréal en 1979) jouent un rôle important dans la préservation de la culture et de la langue. Des chorales, du théâtre, des concerts, des événements littéraires, de la musique, de la danse, des festins nationaux et des pique-niques font partie des activités culturelles. Les talents d'un grand nombre d'artistes exceptionnels d'origine arménienne sont reconnus sur la scène culturelle canadienne, notamment ceux d'Atom EGOYAN, le jeune lauréat producteur de films, et du photographe, Michael Torosian.

Associations de bienfaisance, sociétés sportives et groupes de jeunes Une filiale de l'Armenian Relief Society (ARS) a été créée à Brantford en 1910. Le principal objectif de l'ARS, le groupe de femmes le plus important au Canada, est de venir en aide aux Arméniens démunis et d'améliorer la culture et l'éducation arméniennes. L'objectif de l'Armenian General Benevolent Union (AGBU) est semblable et, depuis sa renaissance au Canada dans les années 70, il a grandement contribué à renforcer la vie communautaire arménienne. La plupart des institutions et des organisations ont des programmes axés sur le sport et les jeunes, y compris les scouts et les guides.

Indépendance de l'Arménie Depuis plus de 100 ans, les Arméniens du Canada poursuivent deux buts: améliorer le sort de leur communauté au Canada et aider leur mère patrie. Les troubles dans les républiques d'Arménie et de Karabakh ont rallié la communauté. Le tremblement de terre de 1988, le blocus de l'Azerbaïdjan en 1989 et de la Turquie, la guerre qui se prolonge depuis 1988 contre l'Azerbaïdjan pour la conquête de l'enclave arménienne du Haut-Karabakh ainsi que l'indépendance acquise en 1991 ont déclenché de multiples activités afin d'aider la patrie assiégée, preuves de la diversité et du dynamisme de la communauté canado-arménienne.

Isabel Kaprielian-Churchill

Armes à feu On ne sait ni quand ni où ont été inventées les armes à feu. Par contre, on sait que des canons suffisamment perfectionnés, tirant boulets de fer ou de pierre, ont été utilisés lors du siège de Trente (1278). La littérature fait souvent mention d'armes à feu, mais la plus vieille illustration datée avec certitude remonte à 1326. La plupart des armes à feu primitives se chargent par la gueule, c.-à-d. qu'on introduit d'abord la poudre par la gueule de l'arme et ensuite la balle. Une baguette de fer rougie sert alors à allumer une amorce de poudre qui va, par un trou dans la culasse, jusqu'à la charge principale. La poudre, en brûlant, dégage une énorme quantité de gaz qui propulse le projectile hors du canon, en direction de la cible.

L'évolution des armes à feu a été très lente. On a inventé des «canons à main» assez légers pour être portés par un seul homme, mais la méthode de mise à feu reste inchangée pendant plus de 100 ans. Aux environs de 1400, on invente la platine à mèche dans laquelle une mèche d'amadou, préalablement allumée, est dirigée par l'action d'un levier vers un bassinet contenant la poudre d'amorce. Le résultat est une première arme vraiment complète en elle-même: le mousquet à mèche. Quand sir Humphrey GILBERT découvre Terre-Neuve, en 1583, son navire est armé de canons et ses hommes utilisent le mousquet à mèche.

Vers la fin du XVe siècle, en Italie, un mécanisme dans lequel une pierre (pyrite de fer) est frottée sur une roulette d'acier en rotation produisant ainsi une gerbe d'étincelles est inventé: la platine à rouet. Les étincelles allument la poudre d'amorce du bassinet et provoquent la mise à feu. Cette amélioration se répand lentement à travers l'Europe. Très coûteux et fragile, ce mécanisme est construit en grande quantité pour les armes de chasse de la noblesse, mais ne devient jamais une arme de guerre. Puis Pierre du Gua de MONTS et Samuel de CHAMPLAIN viennent au Canada avec canons et mousquets à mèche. En 1619, l'Habitation de Québec possède deux de ces coûteuses arquebuses à rouet, trois petits canons et six canons à pivot se chargeant par la culasse.

Au moment de la fondation de Québec (1608), un armurier français nommé Le Bourgeoys invente un mécanisme de mise à feu efficace et bon marché qui représente une innovation en matière de métallurgie: la platine à silex. Avec ce mécanisme, un morceau de silex, taillé de façon appropriée, est placé dans les mâchoires d'un chien, mû par un puissant ressort en V. La détente appuyée, le chien s'abat vers l'avant et la pierre frappe une plaque d'acier (la batterie). Les étincelles produites par frottement tombent dans le bassinet et mettent le feu à la charge d'amorce qui enflamme à son tour la charge principale. Le fusil à silex devient rapidement la meilleure arme et donc le plus utilisée. Rapidement adopté par les colons nord-américains, il se retrouve très vite entre les mains des Amérindiens. Des armuriers canadiens, copiant des modèles anglais ou français, fournissent une partie du marché local, mais la plupart des armes à feu sont alors importées par les compagnies de traite ou les marchands.

Innovations

La platine à silex ne subit pas beaucoup de modifications jusqu'à ce qu'on la remplace dans la première moitié du XIXe siècle. En 1807, Alexandre Forsyth, un pasteur écossais, fait breveter une platine utilisant une petite quantité de fulminate pour enflammer la charge principale. Cette invention mène rapidement à l'invention de la capsule fulminante (1818 environ), de la cartouche de papier ou métallique à amorce séparée (1821) et, finalement, à la cartouche amorcée vers 1826. Les armuriers canadiens adoptent rapidement ces innovations et y apportent des améliorations de leur cru. Les plus anciennes armes fabriquées au Canada remontent à environ 1830. William Gurd, de York (Toronto), fabrique à cette époque des armes utilisant des pla-

tines modifiées. Les pistolets et les fusils fabriqués par J. Woods, de Brantford, portent une adresse du Haut-Canada, ce qui indique qu'il aurait été propriétaire d'une manufacture de carabines avant 1840.

La principale difficulté à résoudre au cours de la fabrication d'une arme chargée par la culasse reste l'étanchéité, car les gaz ne doivent pas refluer vers l'arrière. Le problème est résolu avec l'invention de la cartouche métallique à parois minces, qui se dilate comme un bouchon quand les pressions sont fortes, puis se contracte quand les pressions tombent après que les gaz ont quitté le canon, facilitant ainsi le retrait de la douille. C'est surtout en France, en Angleterre et aux États-Unis qu'on perfectionne la cartouche. Dudley Booth, d'Ottawa, crée en 1867 une arme à chargement par la culasse et une cartouche, qui n'obtiennent aucun succès. Entre 1850 et 1880, plusieurs autres Canadiens font breveter des armes à chargement par la culasse. Certaines connaissent une popularité locale, mais aucune n'acquiert de renommée nationale.

La majorité des armes à feu sont importées d'Angleterre ou des États-Unis: fusils de luxe de Grande-Bretagne, carabines des États-Unis, pistolets et revolvers des deux pays. On a trouvé au Canada des armes portant un numéro de série inférieur à 100, fabriquées par de grands armuriers américains. Dès 1866, Smith & Wesson, le fameux fabricant de revolvers de Springfield, au Massachusetts, fait de la publicité dans le *Vindicator* d'Oshawa (Ontario).

Armes militaires

Les armes militaires proviennent surtout d'Angleterre. Le climat canadien favorise les tests de résistance au froid des nouvelles armes, et plusieurs d'entre elles n'ont jamais été fabriquées grâce à ces essais. Le premier envoi de carabines Snider-Enfield à chargement par la culasse arrive au Canada en 1866, quand les FENIANS américains menacent nos frontières. De plus petites quantités d'armes américaines sont ensuite achetées pour la milice canadienne. En 1855-1856, 800 revolvers Colt Navy, modèle de 1851, sont destinés à la cavalerie de la milice de la province du Canada. On les reconnaît facilement aux marques de commerce et aux numéros de série. Dans les années 1860, plusieurs fusils et carabines à répétition Spencer sont achetés ainsi que ceux d'autres armuriers. En 1885, la POLICE MONTÉE DU NORD-OUEST passe une première commande à la compagnie Winchester pour l'achat de carabines de modèle 1876. La même année, la compagnie Colt Repeating Arms prête deux mitrailleuses Gatling au commandant A.L. Howard de la garde nationale du Connecticut, qui les utilise lors de la RÉBELLION DU NORD-OUEST. Howard s'établit ensuite au Canada, où il fonde la Dominion Cartridge, à Brownsburg (Québec).

À la même époque, des armuriers canadiens fournissent la milice en armes de tir à la cible de première qualité, et les fermiers, chasseurs et sportifs en armes de chasse. Les compétences de certains armuriers n'ont rien à envier à celles des autres armuriers du monde et la précision de leurs armes rivalise avec celle des meilleurs fabricants anglais. James Paris Lee débarque tout jeune d'Écosse et effectue ses études à Galt (Cambridge, Ontario). Apprenti bijoutier, il s'installe à Chatham en 1850. Plus tard, il déménage au Wisconsin, à Janesville, où il invente plusieurs armes, dont le fusil à culasse mobile, qui sert de modèle au fusil Lee-Enfield fabriqué pour les troupes du Commonwealth jusqu'en 1950 et utilisé par les troupes canadiennes pendant les deux guerres mondiales.

Vers 1900, sir Charles Ross, l'inventeur américain du fusil à culasse mobile, s'installe au Canada et attire l'attention du gouvernement sur son invention. Une manufacture est installée à Québec et les premiers fusils ROSS fabriqués au Canada sont livrés au gouvernement en 1905. Le Ross subit de nombreuses modifications avant d'être remplacé par le Lee-Enfield lors de la Première Guerre mondiale.

Dès 1865, la demande d'armes faites sur commande cède peu à peu la place à celle des armes à répétition, fabriquées à la machine, dont la plupart sont réalisées à coût moindre aux États-Unis. Néanmoins, quelques armuriers de renom continuent d'en fabriquer au Canada. Si peu d'entre eux se sont enrichis, ils ont du moins perpétué la tradition en proposant des armes de qualité répondant encore aux exigences des sportifs canadiens. (*Voir aussi* ARMEMENTS.)

S. James Gooding

Armes à feu, contrôle des Le projet de loi C-68, qui reçoit la sanction royale en décembre 1995, contient la série la plus récente de modifications de fond. Il prévoit pour le *Code criminel* de nouvelles dispositions relatives aux armes à feu et établit une loi distincte régissant le système d'enregistrement des armes à feu, soit la *Loi sur les armes à feu*. Ce projet de loi a suscité une vive controverse. Ses dispositions étendant les pouvoirs de la police en matière de fouille, de perquisition et de saisie et créant un système universel d'enregistrement ont été les plus controversées. Les communautés autochtones se sont, elles aussi, inquiétées que la nouvelle loi et sa mise en œuvre puissent porter atteinte à leurs droits traditionnels et à leurs droits issus de traités.

La loi n'a donné lieu à aucune contestation constitutionnelle en bonne et due forme à ce jour. Il semble qu'elle puisse s'appliquer sous le régime du pouvoir du Parlement en matière de droit criminel ou concernant la paix, l'ordre et le bon gouvernement. Certaines dispositions feront sans doute l'objet d'une attention particulière à la lumière de la CHARTE CANADIENNE DES DROITS ET LIBERTÉS. La *Loi sur les armes à feu* prévoit expressément qu'elle ne diminue en rien les droits des autochtones garantis par la Charte et que sa mise en œuvre doit être adaptée au contexte autochtone.

Objectifs principaux La *Loi sur les armes à feu* a six objectifs principaux: 1) décourager l'utilisation des armes à feu dans la commission d'infractions criminelles; 2) s'assurer que des personnes non compétentes ou dangereuses ne puissent obtenir d'armes à feu; 3) permettre aux autorités de confisquer aux personnes dangereuses leurs armes à feu; 4) permettre aux autorités de retirer à leurs propriétaires leurs armes à feu dangereuses; 5) permettre la réglementation du commerce, de l'utilisation, de l'entreposage et du transport des armes à feu; et 6) aider la police à enquêter sur les crimes comportant l'utilisation d'armes à feu et à prévenir la commission de ces crimes. Cette loi fait partie d'un cadre beaucoup plus large de contrôle des armes. Les armes telles que les arbalètes, les munitions, les couteaux à ouverture automatique et les accessoires tels que les silencieux sont également réglementés.

La *Loi sur les armes à feu* utilise une variété de moyens pour atteindre ses objectifs: la création d'infractions criminelles, un système de délivrance de permis et d'enregistrement, des dispositions autorisant les fonctionnaires, dans des circonstances limitées, à saisir ou à confisquer des armes à feu, et la réglementation des utilisateurs des armes à feu ainsi que des entreprises qui font le commerce des armes à feu.

Le *Code criminel* établit les infractions suivantes: braquer une arme à feu, posséder une arme à feu dans un dessein dangereux et porter une arme dissimulée. L'utilisation d'une arme à feu dans la commission de certains actes criminels constitue en elle-même une infraction dont l'auteur est passible d'une peine minimale obligatoire additionnelle et consécutive. Une peine minimale obligatoire de quatre ans d'emprisonnement est imposée pour l'utilisation d'une arme à feu dans la commission d'infractions graves avec usage de violence telles que l'homicide involontaire, la tentative de meurtre ou le vol qualifié.

Ordonnances d'interdiction Le *Code criminel* prévoit le prononcé d'«ordonnances d'interdiction» dont les modalités et les conditions varient. Ces ordonnances interdisent à des personnes de posséder des armes à feu ou certaines autres armes pour des durées précises et peuvent prescrire la remise et la confiscation des armes à feu. Les ordonnances d'interdiction sont obligatoires en cas de déclaration de culpabilité pour certaines infractions graves, telles que les infractions avec usage de violence dont les peines maximales sont de 10 ans ou plus, p. ex. le fait de commettre des actes de harcèlement criminel ou le trafic de stupéfiants. Elles sont discrétionnaires dans le cas de déclaration de culpabilité pour des infractions moins graves avec usage de violence ou pour des infractions avec usage d'armes à feu. Des fonctionnaires désignés peuvent solliciter des ordonnances d'interdiction contre des personnes avec lesquelles la possession d'une arme à feu est dangereuse pour quiconque, ou des ordonnances contre leurs associés, ou pour limiter l'accès aux armes à feu de leurs associés. Les ordonnances d'interdiction peuvent être accordées comme conditions d'une ordonnance de mise en liberté sous caution ou d'engagement de ne pas troubler l'ordre public. Dans des circonstances appropriées, des exemptions peuvent être accordées pour permettre soit la chasse de subsistance ou le trappage, soit le maintien d'un emploi.

La matière principale de la *Loi sur les armes à feu* est le système de délivrance de permis et d'enregistrement. On distingue entre trois types d'armes à feu: les armes à feu prohibées, les armes à feu à autorisation restreinte et les «armes d'épaule». Les «armes prohibées» sont soit des armes à feu énumérées au *Code criminel* (p. ex. les carabines à canon scié) ou des armes désignées par des décrets sur les armes à autorisation restreinte (p. ex. les fusils de combat). Il est interdit aux particuliers d'acquérir des armes à feu prohibées. Si elles sont acquises de façon légitime avant l'interdiction, leur possession bénéficie généralement de la «protection des privilèges existants», c.-à-d. qu'elles sont considérées comme des armes à utilisation restreinte et leurs propriétaires peuvent en conserver la possession, bien que leur aliénation soit généralement limitée ou interdite, ces armes devant être éventuellement remises. Les «armes à autorisation restreinte» sont soit des armes énumérées au *Code criminel* (armes de poing autres que les armes de poing prohibées), soit des armes désignées par des décrets sur les armes à autorisation restreinte (p. ex. certaines carabines de type militaire). «Armes d'épaule» est l'expression populaire qui désigne les armes à feu non prohibées ou ne faisant l'objet d'aucune restriction. Ce groupe d'armes à feu comprend la plupart des carabines sportives et les fusils de chasse. Une arme à feu ne peut être interdite ou son utilisation ne peut être limitée, s'il s'agit, selon le gouverneur en conseil, d'une arme à feu d'un genre utilisé habituellement au Canada pour la chasse ou le sport.

Conditions d'obtention du permis De façon très générale, pour acheter une arme d'épaule, il faut présenter une demande à un contrôleur des armes à feu ou à son représentant après avoir réussi le Cours canadien de sécurité dans le maniement des armes à feu ou un cours équivalent. Une personne est inadmissible à l'obtention d'un permis si sa possession d'une arme à feu est susceptible de constituer une menace à la sécurité de quiconque. Les facteurs qui tendent à justifier l'inadmissibilité comprennent le fait d'avoir, dans les cinq années précédentes, été déclaré coupable d'une infraction commise avec usage de violence, d'une infraction de harcèlement criminel ou de certaines infractions liées aux drogues, d'avoir été traité pour une maladie mentale caractérisée par la violence ou d'avoir eu des antécédents de comportement violent. Une enquête peut être effectuée pour déterminer l'admissibilité.

Un particulier est inadmissible s'il se trouve sous le coup d'une ordonnance d'interdiction. Pour acquérir une arme à feu à autorisation restreinte, une demande distincte doit être présentée, dont les conditions sont semblables à celles qui s'appliquent aux armes d'épaule, à cette différence qu'il faut avoir satisfait aux exigences concernant le cours de sécurité dans le maniement des armes à feu à autorisation restreinte. Un particulier ne peut acquérir une arme à autorisation restreinte qu'à des fins de protection de la vie, à des fins professionnelles, à des fins de cours ou de compétitions de tir à la cible, à des fins de collection d'armes à feu, s'agissant d'un «collectionneur d'armes à feu» (défini dans la Loi). Le propriétaire d'une arme à autorisation restreinte doit également demander un permis de transport (p. ex. à des fins de tir à la cible) ou une autorisation visant le transport de l'arme à feu (p. ex. à des fins professionnelles). La personne à qui on refuse un permis ou une autorisation peut interjeter appel.

En général, le permis délivré à un particulier expire cinq ans après le premier anniversaire de naissance du titulaire qui suit la date de délivrance du permis. La *Loi sur les armes à feu* précise également les dates d'expiration des autorisations. En cas de possession continue d'une arme à feu, les permis et les autorisations doivent être renouvelés. Le renouvellement est accordé aux mêmes conditions aux termes desquelles le permis a été délivré.

Sur obtention d'un permis, le particulier peut acheter une arme à feu. La vente doit être autorisée par le contrôleur des armes à feu ou son représentant, et l'acheteur doit se conformer aux normes légales et réglementaires, notamment l'obtention d'un certificat d'enregistrement de l'arme à feu.

Conditions d'obtention du certification d'enregistrement d'une arme à feu Toutes les armes à feu, non seulement les armes à feu à autorisation restreinte, doivent être enregistrées. La demande d'enregistrement doit être présentée au contrôleur ou à son représentant. Le formulaire de demande doit contenir la description et le numéro de série (le cas échéant) de l'arme à feu. Le certificat d'enregistrement d'une arme à feu est délivré à son propriétaire. Contrairement au permis, il n'est pas nécessaire que l'enregistrement soit renouvelé. L'enregistrement expire dès que le titulaire du certificat cesse d'être propriétaire de l'arme à feu.

Est établi le Registre canadien des armes à feu dont le rôle est de servir de système d'enregistrement de toutes les données concernant chaque permis, certificat d'enregistrement ou autorisation délivrés. Ces données peuvent aider la police à retrouver des armes à feu volées et à déterminer le nombre et le type d'armes à feu que possède une personne, l'identité des propriétaires d'armes à feu, si les propriétaires ont respecté la réglementation relative notamment à l'entreposage, si des armes à feu ont été illégalement importées ou vendues et si des armes à feu sont possédées de façon illégale. La compilation de ces renseignements peut être utilisée par les responsables politiques.

Les exigences relatives au permis et à l'enregistrement sont accompagnées d'infractions, en particulier de trois différentes sortes d'infractions relatives à la possession d'une arme à feu sans permis et certificat d'enregistrement, et dont les peines vont en augmentant.

La *Loi sur les armes à feu* prévoit une variété de dispositions particulières concernant les mineurs qui chassent ou qui font du trappage comme style de vie, l'importation et l'exportation par les non-résidants, le commerce des armes à feu (y compris l'exportation et l'importation, le commerce de détail et le transport des armes à feu), ainsi que des dispositions transitoires concernant les personnes qui possédaient des armes à feu avant l'entrée en vigueur de la loi C-68. Les dispositions relatives au commerce des armes à feu sont accompagnées d'infractions prévues au *Code criminel,* qui visent les trafiquants et les contrebandiers d'armes à feu et interdisent les cessions ou l'importation et l'exportation non autorisées d'armes à feu.

Dispositions relatives aux perquisitions et aux saisies La Loi confère aux fonctionnaires des pouvoirs de perquisition et de saisie. Le *Code criminel* accorde aux agents de la paix des pouvoirs de perquisition et de saisie lorsqu'ils sont munis d'un mandat et autorise trois sortes de perquisitions et de saisies lorsqu'ils ne sont pas munis d'un mandat: lorsque l'urgence de la situation l'exige et que la perquisition est effectuée dans un lieu autre qu'une maison d'habitation; lorsqu'une personne trouvée en possession d'une arme à feu ne peut présenter un permis et un certificat d'enregistrement ou si des motifs permettent l'obtention d'un mandat, mais qu'il pourrait être dangereux pour une personne d'en obtenir un.

La *Loi sur les armes à feu* autorise également les perquisitions et les saisies sans mandat dans certains cas: un «inspecteur» (défini dans la Loi) peut, à toute heure convenable, procéder à la visite de tout lieu et y effectuer des inspections s'il a des motifs raisonnables de croire qu'il s'y trouve une entreprise liée aux armes à feu ou les registres d'une telle entreprise, une collection d'armes à feu ou les registres y afférents, des armes à feu prohibées ou plus de 10 armes à feu. L'inspecteur a le droit d'exiger la production de registres pertinents et de les reproduire ou d'utiliser les systèmes informatiques sur les lieux afin de prendre connaissance des données qui s'y trouvent et d'en obtenir des imprimés. Si le lieu est une maison d'habitation, en général, l'inspecteur ne peut y entrer sauf si un avis raisonnable a été donné et que l'occupant a consenti ou qu'un mandat a été obtenu. Commet une infraction le propriétaire ou toute autre personne se trouvant dans un lieu faisant l'objet d'une visite qui ne prête pas son concours à l'inspecteur.

De nombreux détails relatifs à la mise en œuvre de la Loi sont prévus par les règlements. P. ex., la *Loi sur les armes à feu* autorise la prise de règlements concernant la création et le fonctionnement de clubs et de champs de tir, le fonctionnement des expositions d'armes à feu, l'entreposage, le maniement et le transport des armes à feu, la tenue de registres afférents aux armes à feu. La Loi prévoit également que certains de ces règlements d'application doivent être déposés devant chaque chambre du Parlement. Les comités compétents de chacune de ces chambres sont saisis de ces règlements et peuvent mener des enquêtes ou tenir des audiences publiques à cet égard.

Des lois provinciales prévoient d'autres règles concernant l'utilisation des armes à feu pour la chasse et l'acquisition de licences et de permis de chasse.

Wayne Renke

Armoise Plante ou arbrisseau amer et aromatique (genre *Artemisia*), dont l'odeur rappelle celle de la sauge. L'armoise fait partie de la famille des composées (Asteraceae) qui comprend des espèces annuelles, bisannuelles et vivaces. On en trouve plus de 100 espèces, surtout dans les régions arides de l'hémisphère Nord. Le Canada compte 15 espèces indigènes et 7 espèces introduites (dont deux de l'Europe, quatre de l'Eurasie et une des îles Aléoutiennes).

La plus importante diversité d'armoises indigènes croît dans les montagnes de l'Ouest, où certaines espèces se rencontrent de l'Alaska jusqu'à la Californie et au Colorado. Au Canada, plusieurs espèces croissent à la grandeur des Prairies et deux autres espèces croissent d'un bout à l'autre du pays. L'armoise pousse dans les plaines arides, les coteaux et les pentes rocheuses.

Les inflorescences, ensembles de capitules habituellement lâches et penchés et adoptant parfois la forme d'un épi, apparaissent à l'été et à l'automne. Chaque capitule se compose d'un disque comportant un nombre plus ou moins grand de fleurons tubulaires. Le fruit est petit, dur et sec. De nombreuses

armoises présentent une grande variabilité et l'hybridation se produit fréquemment. Le genre comprend l'absinthe et l'estragon. Son appellation, Artemisia, vient de la reine de Carie, Artémise de Perse. (*Voir aussi* PLANTES, UTILISATION PAR LES AUTOCHTONES DES.)

Armour, Leslie, philosophe (New Westminster, C.-B., 6 mars 1931). Titulaire d'un baccalauréat ès arts de l'U. de la Colombie-Britannique (1952) et d'un doctorat de l'U. de London (1956), Armour enseigne la PHILOSOPHIE, d'abord aux États-Unis puis à l'U. de Waterloo et à l'U. d'Ottawa (depuis 1977). Comme bien des Canadiens qui excellent dans leur domaine, il est mieux connu à l'étranger que dans son pays. Il est un pionnier dans la publication des premiers ouvrages canadiens en philosophie et il a publié des ouvrages philosophiques en métaphysique, en religion, en droit, en politique et en économie.

Ses trois premiers ouvrages, *The Rational and the Real* (1962), *The Concept of Truth* (1969) et *Logic and Reality* (1972), s'inscrivent dans la tradition idéaliste qui a marqué une grande partie de son œuvre. L'idée du Canada a présidé, pendant toute sa vie, à la poursuite parfois tumultueuse de causes justes. Cette idée remonte à ses jours comme rédacteur de journal étudiant, journaliste de presse écrite et collaborateur à des agences de nouvelles canadiennes et britanniques. Une bonne partie de son œuvre (p. ex., *The Idea of Canada and the Crisis of Community* (1981) et «The Metaphysics of Community») se veut le reflet du fédéralisme politique et philosophique propre au Canada et témoigne de son attachement sincère au Canada. Les publications plus récentes d'Armour portent sur Spinoza et Hegel (*Being and Idea*, 1992) et sur Pascal (*Infini-Rien*, 1993). Auteur prolifique, il compte à son actif plus de 20 chapitres de livres et 60 articles de revues. Aussi, donne-t-il fréquemment des conférences lors de congrès sur l'économie, sur les études religieuses, ainsi que sur les philosophies française et allemande. Il a publié des articles dans tous ces domaines. Armour est un véritable exemple de l'éclectisme de la culture canadienne.

Elizabeth A. Trott

Armstrong, James Sherrard, avocat, auteur, juge (Sorel, Bas-Canada, 27 avril 1821—*id.*, 23 nov. 1888). Avocat du Québec, compétent mais peu reconnu, Armstrong se voit accorder une promotion sans précédent en 1871, lorsqu'il est nommé juge en chef de Sainte-Lucie, dans les Antilles. Après sa cession à la Grande-Bretagne en 1803, l'île garde la langue et les lois qui prévalaient avant la révolution. À la suite de la nomination de juges britanniques formés dans la common law et ne sachant ni lire ni écrire le français, les lois et le système judiciaire deviennent de plus en plus confus. Choisi pour le poste par le MINISTÈRE DES COLONIES parce qu'il est bilingue et formé en droit civil, Armstrong assume non seulement ses fonctions judiciaires, mais il codifie les lois de Sainte-Lucie en utilisant la procédure et le code civil du Québec comme modèles. C'est ainsi que le Québec est devenu et demeure à ce jour une source importante de jurisprudence pour Sainte-Lucie. À sa retraite en 1881, Armstrong retourne au Canada, où il est plus tard nommé président de la Commission royale d'enquête sur les relations entre le capital et le travail au Canada, l'une des plus importantes enquêtes du gouvernement au XIXᵉ siècle.

D.H. Brown

Armstrong, John, imprimeur, chef syndical (mort à Toronto, 22 nov. 1910). Principal porte-parole syndical du Parti conservateur à Toronto dans les années 1880, Armstrong est un membre actif du Conseil des métiers et du travail de Toronto et du CONGRÈS DES MÉTIERS ET DU TRAVAIL DU CANADA. Renvoyé du *Toronto Mail* à la suite de la grève infructueuse de 1884, Armstrong contribue à éloigner brièvement les travailleurs torontois des tories.

Grâce à l'intervention opportune de sir John A. MACDONALD, il réussit à négocier une trêve entre les imprimeurs et le *Mail*. Nommé membre de la Commission royale sur les relations entre le travail et le capital au Canada, il dirige une faction en faveur des ouvriers qui soumet un rapport séparé. Quand les conservateurs prennent le pouvoir en Ontario, il est nommé secrétaire du Bureau du travail de l'Ontario.

G.S. Kealey

Arnold, Benedict, militaire (Norwich, Conn., 14 janv. 1741 ou 1742—Londres, Angl., 14 juin 1801). Apprenti apothicaire, il part se joindre à une compagnie de New York engagée dans la GUERRE DE SEPT ANS. Plus tard, il crée une société de commerce à New Haven. Lorsqu'il a écho de la bataille de Lexington au début de la GUERRE D'INDÉPENDANCE AMÉRICAINE, Arnold rassemble la milice locale et lance une attaque fructueuse contre Ticonderoga le 10 mai 1775.

Participant à la campagne menée par Richard Montgomery pour envahir le Canada, Arnold mène une expédition le long des rivières Kennebec, Dead et Chaudière pour arriver en face de Québec avec 700 des 1100 hommes qui composaient ses troupes à l'origine. Il prend le commandement lorsque Montgomery est tué dans l'attaque désastreuse des 30 et 31 décembre et campe devant Québec jusqu'à ce qu'il soit transféré à Montréal en avril. En juin, il est en pleine retraite, mais se retrouve au cœur de l'action au lac Champlain et lors de la campagne de Saratoga. Il fait chaque fois preuve d'un courage remarquable. Bien qu'il soutienne ne pas sympathiser avec la cause révolutionnaire, il trahit son camp parce qu'il est déçu de ne pas être promu et d'être accusé d'avoir utilisé son poste à des fins personnelles, mais l'argent y est aussi pour quelque chose.

Il fait défection en 1780 et reçoit 6315 livres en guise de récompense, ainsi qu'une généreuse pension. Il part pour l'Angleterre en 1781 et pour Saint-Jean, N.-B. en 1786, endroit qu'il quitte en 1791 dans un tourbillon de controverse, de rancœur et de démêlés judiciaires. En 1798, on lui accorde une grande concession de terres dans le Haut-Canada, mais il n'y élit jamais domicile. Les réalisations militaires de cet homme ambitieux et arrogant ont été ternies par les controverses qu'il a provoquées, et son nom demeure synonyme de trahison et d'infamie dans l'histoire américaine.

James Marsh

Arnprior, ville de l'Ont.; pop. 7113 (rec. 1996), 6679 (rec. 1991), 6040 (rec. 1986); superf. 13,63 km²; const. en 1892. Arnprior est située au confluent de la rivière Madawaska et de la rivière des Outaouais, à 56 km à l'ouest d'OTTAWA. La communauté est fondée en 1823 par lord Archibald McNAB, un Écossais despote, et l'endroit porte le nom de la maison ancestrale des Buchanan (Arnpryor), membres de la famille de McNab. Ce dernier perd ses droits de peuplement en 1840 et la région est désertée jusqu'en 1851, année où Daniel McLachlin entreprend l'exploitation forestière à grande échelle sur la rivière Madawaska. Les industries forestière et du textile forment pendant longtemps la base de l'économie de la région.

Des souvenirs du temps de McNAB, comprenant l'acte de vente et la pétition de ses compatriotes demandant sa destitution, sont exposés au Musée d'Arnprior et de la région. Sa résidence d'été, le Waba Lodge, a été reconstituée à 10 km au sud-ouest d'Arnprior. Aujourd'hui, Arnprior est une communauté diversifiée avec une large base industrielle et sert de porte d'entrée pour le tourisme du comté de Renfrew.

K.L. Morrison

Arpent L'arpent est une mesure française de longueur et de superficie dont de nombreuses variantes régionales coexistent dans la France du XVIIᵉ siècle. Parmi celles-ci, l'arpent de Paris est utilisé au Canada avant 1636 comme unité d'un système de mesures. L'arpent de superficie ou arpent carré (équivalant à

0,342 ha), demeure l'étalon de superficie des terrains dans les anciens districts seigneuriaux du Québec jusqu'à ce qu'il soit remplacé par le système métrique à la fin des années 70.

Tom Wien

Arpentage Méthode scientifique de mesure des caractéristiques naturelles ou artificielles de la surface terrestre. Pour toute surface de terre à mesurer, il est toujours possible de choisir deux points, de mesurer la distance qui les sépare et donc de tracer une ligne à l'échelle sur une carte, un plan ou une section (*voir* CARTOGRAPHIE). On peut situer d'autres points par rapport à la ligne en prenant deux autres mesures qui peuvent également être reportées à l'échelle. Ces mesures peuvent concerner deux angles, une ligne mesurée et un angle, ou deux lignes mesurées. Elles permettent de tracer une carte précise des caractéristiques les unes par rapport aux autres. L'arpentage permet de dresser des cartes de toutes sortes, de situer précisément des bâtiments ou des ouvrages d'ingénierie (p. ex. des barrages, des ponts, des tunnels), de borner des propriétés, de cartographier les voies navigables et de déterminer la position de dispositifs comme les SATELLITES et les plates-formes océaniques de forage pétrolier.

On situe les points par des opérations à deux dimensions sur le plan horizontal et par celles qui situent le plan vertical ou d'élévation. Les levés topographiques sur de petites surfaces considèrent la zone arpentée comme un plan horizontal perpendiculaire à la direction de la gravité établie par un fil à plomb (c.-à-d. un poids suspendu qui, lorsqu'il pend librement, pointe vers le centre de la Terre). Les levés à la planchette sont limités à des zones de moins de 250 km². Pour les plus grandes étendues, la différence entre le plan horizontal et la courbure de la Terre devient trop importante. Les levés géodésiques corrigent la courbure en établissant un réseau de points de contrôle précisément répartis à la surface de la Terre. On s'en sert pour déterminer la position des parallèles de latitude et des méridiens de longitude, et pour établir une grille témoin pour d'autres types d'arpentage. Les levés cadastraux bornent les propriétés et déterminent d'autres frontières légales. Les levés hydrographiques permettent de cartographier les caractéristiques des voies navigables, de tracer les côtes, d'identifier les courants, les fonds marins, la position des écueils et de tout autre danger pour la navigation (*voir* HYDROGRAPHIE).

Jusqu'à une période très récente, on se servait d'instruments manuels pour mesurer les distances et les angles. La chaîne d'arpentage, introduite en 1620, a environ 20 m (66 pi) de long et est composée de 100 maillons. Elle a servi d'étalon à de nombreux levés effectués au Canada, p. ex. l'arpentage des terres fédérales, jusqu'à son remplacement par des rubans d'acier. On déterminait également la distance à l'aide d'appareils télescopiques viseurs (p. ex. le tachéomètre) et optiques (p. ex. le télémètre). On mesurait les angles à l'aide du théodolite et du tachéomètre, des appareils de type télescope servant à déterminer précisément l'angle formé par deux cibles. Les observations astronomiques et la boussole permettaient de déterminer l'emplacement et le relèvement magnétique, tandis que les niveaux et les baromètres servaient à prendre les mesures verticales.

Lors des levés à plus grande échelle, on se sert d'instruments électroniques qui fonctionnent par fréquences radio, RADAR ou LASER pour déterminer très précisément les distances. Les signaux sont réfléchis par une cible qui les renvoie vers l'instrument de lecture ou on envoie des signaux à un émetteur répétiteur qui les retransmet immédiatement à l'émetteur. Dans les deux cas, la mesure du temps écoulé permet d'établir très précisément la distance. Un grand nombre de ces appareils électroniques de mesure des distances impriment sur papier les distances en même temps qu'ils les mesurent.

La méthode de localisation par satellite se fait par triangulation d'un point sur Terre par rapport à la position de deux satellites et est précise à quelques millionièmes de mètre. Les calculs peuvent être effectués et coordonnés par ordinateur, lequel sert également à dresser des cartes et des sections.

La photogrammétrie, méthode qui sert à déterminer la forme et la taille des objets et leur position relative à l'aide de photographies, est utilisée depuis les années 1860. Les techniques de photogrammétrie aérienne (c.-à-d. les levés aériens) sont en usage au Canada depuis environ 1920. La TÉLÉDÉTECTION est une technologie plus récente; elle utilise les informations ou les images fournies par des satellites en orbite, comme le satellite Landsat, pour établir des données détaillées sur les caractéristiques de la surface terrestre.

Le Canada couvre environ 10 millions de kilomètres carrés. L'arpentage y est donc une importante entreprise publique. Après la Confédération, en 1867, commence une période active d'établissement des FRONTIÈRES. On finit de déterminer la position du QUARANTE-NEUVIÈME PARALLÈLE entre les Rocheuses et le lac des Bois en 1874. En 1925, la COMMISSION DE LA FRONTIÈRE INTERNATIONALE, commission canado-américaine, termine ses travaux sur près de 8000 km de frontières entre le Yukon et l'Alaska, l'ouest du Canada et les États-Unis et à travers les Grands Lacs, et dans l'est jusqu'à la baie de FUNDY.

La division Arpentage des terres fédérales de la Direction générale des Terres du Canada est fondée en 1871 pour arpenter les territoires occidentaux de la COMPANIE DE LA BAIE D'HUDSON qui font maintenant partie du Canada (*voir* RUPERT, TERRE DE; TERRES FÉDÉRALES, POLITIQUE SUR LES). Sous la direction de J. S. DENNIS, du bureau de l'arpenteur général, on entreprend de subdiviser les terres nouvellement acquises en cantons de 10 km², contenant 36 lots de 260 ha environ afin d'ouvrir ces terres à la colonisation. Les surfaces arpentées brisaient tous les records de l'époque. En 1883, on arpente environ 11 millions d'hectares pour les seules allocations de terres au chemin de fer du CANADIEN PACIFIQUE tracé vers l'Ouest.

La COMMISSION GÉOLOGIQUE DU CANADA est fondée en 1842, et son premier directeur est sir William LOGAN. Tout au long du XIXᵉ et au début du XXᵉ siècle, des levés d'exploration et géologiques sont effectués dans des régions éloignées du pays par des arpenteurs intrépides tels que A.P. LOW, G.M. DAWSON, D.B. Dowling, R.G. MCCONNELL et J.L. Charles. À la même époque, les levés hydrographiques et topographiques s'intensifient. Édouard DEVILLE introduit les techniques de photogrammétrie en arpentage, tandis que les travaux d'Otto Klotz et de W.F. KING en vue de prolonger les méridiens de longitude jusqu'au Pacifique mènent à la fondation de l'observatoire national d'ASTRONOMIE du Canada à Ottawa.

Les techniques d'arpentage au Canada ne cessent de se raffiner depuis le début du XXᵉ siècle et toutes les régions du pays sont cartographiées de façon très détaillée. La précision des levés actuels est un facteur important du raffinement des réseaux de transport, des grandes centrales hydroélectriques, des réseaux de communication et d'autres installations dont la sécurité et la réussite dépendent de la précision de la localisation. L'arpentage est un domaine important du GÉNIE CIVIL. L'arpentage est enseigné dans les écoles et les facultés de génie et dans d'autres établissements (p. ex., le Ryerson Polytechnical Institute (*voir* RYERSON POLYTECHNIC UNIVERSITY). Après avoir effectué des stages, les diplômés peuvent se présenter aux examens de la Commission d'arpentage du Canada.

Claude Lajeunesse

Arrestation par un simple citoyen Geste qui remonte à l'Angleterre médiévale où il n'existait pas de force policière et où chacun avait le devoir d'aider à appréhender les criminels. Ces pouvoirs sont maintenant énoncés dans le Code criminel. Une personne en possession légitime d'un bien peut arrêter une personne qu'il trouve en train de commettre une infraction criminelle sur ou concernant ce bien. P. ex., un agriculteur peut ainsi arrêter une personne qui vole son tracteur. Par ailleurs, toute personne peut arrêter un individu qu'elle trouve en train de commettre une infraction grave (acte criminel) ou de fuir la police après avoir commis une infraction. Dans tous les cas, la personne arrêtée doit être livrée immédiatement à un agent de police.

Lee Paikin

Arsenal fédéral Fondé en 1882 à Québec afin d'approvisionner la Milice du Canada en munitions, il est le premier établissement gouvernemental spécialisé dans la fabrication de cartouches et d'obus ainsi que dans le contrôle de la qualité. Durant la Première Guerre mondiale, un deuxième arsenal est construit à LINDSAY, en Ontario, et au cours de la Seconde Guerre mondiale, le MINISTÈRE DES MUNITIONS ET DES APPROVISIONNEMENTS bâtit ou convertit d'autres installations en vue de la production de munitions de petit calibre ou d'obus d'artillerie. En septembre 1945, on procède à la fusion de ces établissements sous le nom des Arsenaux canadiens Limitée, société d'État qui relève maintenant du ministère des Approvisionnements et Services.

Stephen Harris

Arsenault, Angèle, chanteuse et chansonnière (Abrams, Î.-P.-É., 1ᵉʳ oct. 1943). Amateur et interprète de chansons folkloriques acadiennes, elle commence à écrire et à chanter ses propres chansons en anglais et en français, grâce aux encouragements de son imprésario, Lise Aubut (1973-1974). Elle est cofondatrice de la Société de production et de programmation de spectacles (1974). Son album *Libre* remporte le prix de l'album le plus vendu du gala de l'ADISQ en 1979. Au début des années 80, elle adopte un style plus naturel, mais ses chansons rythmées demeurent le symbole de son humour particulier.

Hélène Plouffe

Arsenault, Aubin-Edmond, avocat, politicien et premier ministre de l'Île-du-Prince-Édouard (Egmont Bay, Î.-P.-É., 28 juill. 1870—Charlottetown, 29 avr. 1968). En devenant premier ministre de l'Île-du-Prince-Édouard en 1917, Arsenault est le premier Acadien à occuper un tel poste au Canada. Fils de Joseph-Octave Arsenault, longtemps député à l'Assemblée législative et premier et seul Acadien de la province à avoir été nommé au Sénat, Aubin-Edmond siège à l'Assemblée législative de Île-du-Prince-Édouard de 1908 à 1921. Il est successivement ministre sans portefeuille, premier ministre, procureur général et chef de l'opposition de 1919 à 1921. Arsenault est juge à la Cour suprême de l'Île-du-Prince-Édouard de 1921 à 1947.

Georges Arsenault

Art Le présent article ne traitera pas de l'art des premières nations, non qu'il ne mérite pas de retenir l'attention, mais parce qu'il est traité ailleurs dans l'Encyclopédie du Canada (*voir* ART AUTOCHTONE; ART INUIT; AUTOCHTONE DE LA CÔTE DU NORD-OUEST, ART; PRÉHISTOIRE). Nous ne traiterons ici que de l'art des nouveaux arrivants européens en terre canadienne. On ne peut séparer les premières manifestations artistiques sur notre sol des traditions européennes de la même époque. Dès leur arrivée au Canada, les premiers colons français tentent de reconstituer l'environnement architectural de la mère patrie (*voir* ARCHITECTURE). Avant même de se lancer dans des projets plus audacieux, ils mettent en place un système de fortification utilisé en Europe depuis la fin du Moyen Âge: le manoir fortifié. L'Abitation de Champlain à Québec (1608) et le fort de Pointe-à-Callières de Maisonneuve à Montréal (1642) sont de cet ordre, bien que de bois plutôt que de pierre, parce que ce matériau abonde et est plus facile à travailler. Chose certaine, les méthodes de construction n'empruntent rien aux habitations indigènes.

Objet de curiosité autant que de conquête, les membres des premières nations du Nouveau Monde sont d'abord représentés sur des cartes géographiques ou dans les récits de voyage des découvreurs par des enlumineurs et des graveurs qui n'ont aucun contact avec leur sujet. Aussi, leurs représentations reflètent-elles plus les préconceptions traditionnelles sur les habitants censés habiter les confins du monde connu que les descriptions des voyageurs, qui, eux-mêmes, ne sont pas sans préjugés. Ainsi *Les œuvres de Champlain* sont illustrées par des gravures probablement faites à partir de ses dessins, lesquels ne sont pas sans mérite quand ils décrivent certains aspects de la vie des Hurons: la chasse au cerf, les rituels de guérison et les pratiques funéraires, entre autres. Les portraits d'Inuits peints par John White au cours de l'expédition de Martin FROBISHER sont étonnamment réalistes. Enfin, les dessins à la plume du *Codex canadensis* attribués maintenant au jésuite Louis Nicolas, illustrant son *Histoire naturelle des Indes Occidentales* et représentant des Indiens, s'inspirent des gravures de l'*Historiae Canadensis...* (1664) du père François Du Creux. Ils ont tellement détaillé leurs modèles qu'ils ont contribué grandement à l'avancement de nos connaissances sur les premiers occupants du Canada, et en particulier les Algonquiens.

Bien que beaucoup plus lente qu'en Nouvelle-Angleterre à la même époque, la croissance de la population rend bientôt nécessaire la construction de structures plus permanentes. Des villes se mettent à fleurir. QUÉBEC a déjà pris sa forme vers la fin du XVIIᵉ s., ses édifices principaux occupant les emplacements qu'ils auront durant tout le Régime français (jusqu'en 1760). L'église paroissiale, les couvents et les résidences du gouverneur et de l'intendant occupent les meilleurs terres au sommet du Cap Diamant, et constituent ce qu'on appelle la «haute ville». La «basse ville» donne sur le port et se développe autour de la chapelle Notre-Dame-des-Victoires (1688), devant laquelle on a mis un buste du roi. Réalisés selon les plans de Claude Baillif, de Levasseur de Néré et de Chaussegros de Léry, des ingénieurs plutôt que de véritables architectes, les différentes structures de la ville sont cependant solidement construites en pierre et rappellent le style provincial français de la même période.

Fondé un peu plus tard, MONTRÉAL suit un développement analogue. On abandonne le vieux fort de Maisonneuve et la ville s'étend sur le bord du Saint-Laurent entre l'église paroissiale, près de l'emplacement de l'actuelle église Notre-Dame, et la chapelle Bonsecours, commencée en 1657. On construit des murs de fortification autour de la ville dans une tentative d'en marquer les limites, mais la ville s'étend bientôt au-delà de ces murs. Un exemple frappant d'architecture militaire du XVIIIᵉ s. est la forteresse de LOUISBOURG sur l'île du Cap Breton. Construite par Jean-François de VERVILLE, sur le modèle des FORTIFICATIONS de Vauban, elle coûte une fortune. Parc Canada en a assuré la restauration minutieuse durant les années 60.

Accompagnant ce développement urbain, le RÉGIME SEIGNEURIAL encourage la création d'un habitat rural le long du Saint-Laurent. Les villages proprement dits, avec leur église, mettent du temps à se développer, mais au XVIIIᵉ s. la campagne est déjà parsemée d'églises qui imitent les splendides églises de la ville, qui elles-mêmes se démarquent des églises de la province française. Notre-Dame de Québec et les églises des jésuites et des récollets ont une influence déterminante sur ces églises de campagne. Les maisons des environs de Québec imitent les maisons normandes, alors qu'ailleurs, on sent l'influence du Maine, du Perche ou de l'Anjou, les provinces d'origine de la plupart des colons. Contrairement à ce qui se passe en Nou-

velle Angleterre, on construit en bois ou en pierre, jamais en briques.

Vers la fin du XVIIᵉ s., les sculpteurs reçoivent la commande de retables de bois peint et doré pour les églises. Contrairement aux tableaux d'église, qui, peints sur toile, peuvent être roulés et transportés sur les navires, les sculptures, moins facilement transportables, se doivent d'être faites sur place par des maîtres qui transmettent leur savoir à leurs apprentis. Se constituent de cette manière de véritables dynasties de sculpteurs dont les plus célèbres sont les LEVASSEUR et les BAILLAIRGÉ (ou Baillargé) à Québec, Philippe Liébert et, plus tard, Louis QUÉVILLON à Montréal. Ces sculpteurs s'inspirent des styles de la métropole (parfois avec un peu de retard, vu les difficultés de communication): Louis XV, rococo, néoclassique (*voir* SCULPTURE). Les pièces d'orfèvrerie sont plus facilement transportables que les sculptures, mais les besoins en orfèvrerie domestique et religieuse sont tels que d'excellents orfèvres comme François Ranvoyzé et Ignace-François Delezenne arrivent à vivre de leur art.

Le MERCANTILISME de la France nuit au développement de la PEINTURE. À l'exception des ex-voto (*voir* PEINTURE VOTIVE) et de quelques portraits de religieuses (souvent posthumes) ou d'officiers peints en Nouvelle-France, les tableaux du Régime français sont importés. On «importe» même un peintre, le frère LUC, qui passe 15 mois au Canada. Une des conséquences heureuses de cet état de chose pour la peinture: notre ancienne peinture, comme l'admirable *Portrait de Marguerite Bourgeois* par Pierre Leber, a parfois plus de fraîcheur et de naïveté que certaines de nos sculptures.

La conquête anglaise de 1760 ne change pas immédiatement l'aspect de notre architecture. Les édifices endommagés durant la guerre sont reconstruits et les églises sont construites selon les plans traditionnels, un peu plus formalisés peut-être sous l'influence du plan de l'abbé Conefroy pour l'église de Boucherville (1801). Plus tard, sous l'influence de Jérôme Demers, professeur d'architecture au Séminaire de Québec, des architectes, comme son élève Thomas Baillargé, s'ouvrent au néoclassicisme français. Demers ne jure que par les architectes français Vignole et Blondel.

L'arrivée des Britanniques en Amérique du Nord a un effet immédiat sur la peinture. Les officiers anglais, formés à l'Académie militaire de Woolwich, se prennent d'enthousiasme pour le paysage canadien et produisent des PEINTURES TOPOGRAPHIQUES et des paysages d'agrément qui sont parfois gravés à Londres. Thomas DAVIES est l'un des premiers et des plus importants de ces aquarellistes anglais. Ses travaux ont une fraîcheur que l'on ne retrouve pas autant chez ses contemporains, Richard Short ou James Pattison COCKBURN, d'orientation plus documentaire.

De nouvelles vagues d'immigrants ont une profonde influence sur les arts. Comme les Français avant eux, les immigrants britanniques ont tendance à préférer le style qu'ils connaissent le mieux, à savoir le style georgien, qui pendant longtemps symbolise l'attachement à la Couronne britannique. Les LOYALISTES apportent des objets d'art et des idées des États-Unis, de l'argenterie, des gravures et des tableaux, et le souvenir de l'architecture de diverses régions. En 1800, une économie florissante favorise la classe moyenne et la garnison. La vogue du portrait s'installe. Des marchands et leurs familles, des soldats, des membres du gouvernement ou du clergé se font portraiturer. Après avoir pratiqué cet art du portrait aux États-Unis pendant 14 ans, Robert Field vit 8 ans à Halifax, poursuivant sa carrière de portraitiste. Ses portraits d'un réalisme solide se ressentent de sa formation anglaise et font penser à Reynolds.

Le tournant du siècle marque ce que l'on a parfois appelé l'Âge d'or de la peinture au Québec. De nou-

veaux stimuli se font sentir. Les artistes du Québec se rendent en Europe pour étudier et des artistes européens immigrent au Canada. François Beaucourt, Antoine PLAMONDON et Théophile HAMEL font partie des premiers, alors que William BERCZY et Cornelius KRIEGHOFF, du second. Joseph LÉGARÉ n'a jamais eu la chance de se former en Europe, mais il se fait collectionneur et est même le premier à ouvrir une «galerie de peinture» en 1833 au Canada. Ses meilleurs tableaux enrichissent la petite histoire, politique ou autre, du Québec.

L'influence des styles européens au Canada demeure toujours très forte, mais la peinture s'intéresse à de nouveaux sujets. Le jeune peintre suisse Peter RINDISBACHER se rend dans la baie d'Hudson et s'installe dans la colonie de la rivière Rouge d'où il rapporte des portraits d'Indiens, peints d'un pinceau à la fois précis et naïf. Paul KANE pousse l'esprit d'aventure encore plus loin, sur les traces de son émule américain George Catlin, et parcourt tout le Canada à la recherche de sujets indiens, de paysages et de scènes de portage. Ses carnets d'esquisses et ses tableaux sont une mine d'information sur les premières nations.

Comme les États-Unis, le Canada de la première moitié du XIXᵉ s. subit l'influence de plusieurs styles architecturaux. Des architectes anglais comme John Wells (Banque de Montréal, 1848) et John Ostell (église Notre-Dame-de-Grâce, Montréal, 1851) ont recours au style néoclassique, alors que James O'Donnell et ses commanditaires favorisent le style néogothique pour l'ÉGLISE NOTRE-DAME (Montréal, 1829). On retrouve les mêmes oppositions de style à Halifax, à Kingston et à Toronto.

En 1796, York (nommée Toronto en 1834) devient la capitale du Haut-Canada. Devenant de plus en plus prospère, elle attire des portraitistes, comme le français G. T. Berthon, des paysagistes, comme Robert R. Whale, et des explorateurs et des peintres de genre, comme William HIND, dont les dessins sont aussi intéressants que les tableaux. De plus d'importance sont Lucius O'BRIEN, John A. Fraser et Allan EDSON qui, comme les peintres américains de la même période, favorisent une approche romantique du paysage, peint d'une touche plus large et de manière plus colorée. Ces peintres sont les premiers à vouloir traduire la majesté des Rocheuses et les effets atmosphériques de la côte Atlantique sur la toile.

Avec la Confédération en 1867, le besoin d'exprimer un Canada uni se fait sentir dans les arts. Les édifices du Parlement à Ottawa sont complétés en 1866 et Robert HARRIS reçoit la commande de son fameux tableau représentant les pères de la Confédération, en 1883. En 1880, le marquis de Lorne fonde l'Académie royale canadienne des arts et la Galerie nationale du Canada (*voir* MUSÉE DES BEAUX-ARTS DU CANADA) à Ottawa (*voir* ASSOCIATIONS D'ARTISTES).

Après un bref ralentissement causé par la crise de 1873, l'architecture canadienne se développe à un rythme sans précédent et, au moins dans l'Est, reflète le passage d'une économie essentiellement rurale à une économie industrielle. La période 1873-1914 témoigne d'un goût nouveau pour l'historicisme, chaque architecte sentant le besoin de rivaliser avec ses collègues en citant l'un ou l'autre élément du passé: flèches ou vitraux gothiques, mansardes françaises, motifs italiens ou Tudor. On retrouve cet éclectisme autant dans les édifices publics (les églises, les GARES FERROVIAIRES comme la gare Windsor à Montréal, les HÔTELS de style château comme le château Frontenac à Québec ou l'Empress à Victoria) que dans l'architecture domestique, particulièrement dans la campagne ontarienne. Malgré cet engouement pour les *revivals*, un sentiment plus moderne de l'espace architectural et le recours à des matériaux contemporains comme le fer et le verre et, plus tard, le béton, se fraient une voie et annoncent des changements de structure dans l'architecture canadienne.

Au tournant du XXᵉ s., des peintres aussi importants que James Wilson MORRICE, le père du modernisme canadien, et Ozias LEDUC, qui partage son temps entre d'ambitieuses décorations d'église et d'exquises natures mortes et des paysages de Saint-Hilaire au Québec, font sentir leur influence. De son côté, le peintre ontarien Homer WATSON propose, comme Leduc, une vue intimiste du paysage canadien. George REID et Paul PEEL sont plus proches de la tradition académique. Malgré tout, sauf chez Morrice qui est un admirateur de Matisse déjà en 1908 et peut-être William BRYMNER qui admire, sans les imiter de trop près, les impressionnistes, l'influence de l'école de Paris met encore du temps à faire sentir son influence au Canada.

Au même moment, on enregistre un changement important dans la sculpture, qui, jusque-là, s'est contentée de suivre la tradition. On explore de nouveaux matériaux, comme le bronze et le plâtre au lieu du bois. On répond à de nouveaux besoins: monuments historiques pour les squares des villes, en particulier monuments de guerre à la suite de la Première Guerre mondiale; ornement des façades des nouveaux édifices, comme le projet de Louis-Philippe HÉBERT pour le Palais législatif à Québec; et monuments aux morts dans les cimetières (*voir* PIERRES TOMBALES). On veut traiter de nouveaux sujets inspirés du folklore et de l'histoire du Canada. On le fait dans tous les styles à la mode en Europe: académisme, art nouveau, symbolisme (Alfred LALIBERTÉ) et, plus tard, art déco. La sculpture devient publique (*voir* ART DES LIEUX PUBLICS) et, à Québec, moins exclusivement religieuse.

Le début des années 20 est une période faste pour la peinture canadienne. Le GROUPE DES SEPT, ayant ses assises à Toronto et cherchant un style proprement canadien en peinture, se consacre au paysage. Ses membres sont sensibles à sa majesté et tentent de le capter dans des motifs décoratifs et des couleurs vives, sans pour autant renoncer au naturalisme des générations précédentes. Tom THOMSON laisse derrière lui un remarquable ensemble de tableaux et d'esquisses à l'huile. Concurremment, au Québec se développe un style régionaliste, reflétant mieux une nature transformée par 300 ans d'occupation.

Sur la côte Ouest, Emily CARR s'enthousiasme pour l'art des Indiens de la Côte du Nord-Ouest et pour le paysage de Colombie-Britannique. Influencée par le fauvisme et par le mysticisme de Lawren HARRIS, elle apporte une contribution majeure à l'art canadien, première femme peintre à atteindre le premier rang en art canadien.

John LYMAN, un grand admirateur de Morrice, tente, après son retour d'Europe et au début des années 30, d'aligner le mouvement pictural sur l'école de Paris. Il fonde la SOCIÉTÉ D'ART CONTEMPORAIN en 1939, rejetant toute forme d'académisme ainsi que l'hégémonie des Sept en peinture canadienne. Durant la Seconde Guerre mondiale, on assiste à un développement sans précédent de la peinture au Québec. En 1940, Alfred PELLAN revient d'un séjour de 14 ans à Paris et expose une peinture marquée à la fois par le cubisme et par le surréalisme. Paul-Émile BORDUAS réunit autour de lui un groupe de jeunes artistes, dont Jean-Paul RIOPELLE et Fernand LEDUC, qui forment le groupe des AUTOMATISTES. Leur manifeste, le REFUS GLOBAL (1948) a une influence prépondérante sur l'évolution idéologique du Québec, voire même hors de la seule «bourgade plastique», comme disait Borduas.

Après pareil point de départ, les mouvements se succèdent au Québec, la peinture ayant tendance à s'y définir d'une manière théorique, plus que dans les autres provinces. En réaction à l'automatisme, les PLASTICIENS, Guido MOLINARI et Claude TOU-SIGNANT en tête, libèrent la peinture de ses attaches surréalistes et la conduisent dans le champ des recherches formelles. À partir de ce moment, les peintres s'intéressent à des problèmes de couleur et de structure. Des préoccupations analogues se font sentir à Toronto. LE GROUPE DES ONZE, dont les membres les plus célèbres sont Harold TOWN et Jack BUSH, évolue de l'expressionnisme abstrait new-yorkais au formalisme. On peut dire que le principal problème de la peinture canadienne était et demeure celui de maintenir sa spécificité en face de son voisin du Sud. Michael SNOW, dont la contribution au cinéma est reconnue universellement, et le groupe d'artistes de London en Ontario, autour de Greg CURNŒ et de Jack CHAMBERS, réussissent cette gageure. On retrouve la même préoccupation chez les sculpteurs de la période: Armand VAILLANCOURT, Robert ROUSSIL et Robert MURRAY.

À première vue, on peut penser que l'architecture moderne au Canada est de style plus international que sa peinture ou sa sculpture. Cependant, et le climat et la tradition ont donné un caractère spécifique à notre architecture. Les étrangers sont souvent plus étonnés que nous nous le sommes par le développement de notre architecture souterraine à Montréal ou à Toronto, où il est possible d'aller de l'hôtel ou de son domicile au supermarché sans avoir à sortir en hiver. Arthur ERICKSON à l'U. Simon Fraser de Vancouver et John Andrews au Scarborough College de l'U. de Toronto ont réussi des édifices d'une rare élégance.

Qu'est-ce qui est spécifique, dès lors, à l'art canadien? Depuis le début, nos artistes se sont refusés à faire table rase, à se couper de leurs racines européennes, qu'elles aient été française, anglaise, écossaise, irlandaise ou ukrainienne. En même temps, se débarrassant du poids excessif des traditions, nos artistes ont fait preuve d'inventivité, leur isolement ne leur donnant pas d'autres choix, pour s'adapter à des conditions difficiles. Certes, l'expérience canadienne ressemble à l'expérience américaine sous plusieurs rapports, mais l'influence française, presque inexistante aux États-Unis, a été trop importante chez nous pour ne pas avoir contribué à la différence entre nos deux pays. Ceci se vérifie non seulement chez les artistes du Québec, mais dans l'ensemble des artistes canadiens. Bien plus, des institutions fédérales, comme le CONSEIL DES ARTS DU CANADA, la Banque d'œuvres d'art et le Musée des beaux-arts du Canada, ont réussi à créer, chez les artistes canadiens, un sens d'appartenance qui transcende la barrière des langues et les conduit à apporter une réponse canadienne aux grands problèmes artistiques de l'heure.

François-Marc Gagnon

Art autochtone L'histoire de l'art autochtone au Canada remonte à un moment quelconque de la dernière ÉPOQUE GLACIAIRE, il y a environ 80 000 à 12 000 ans (*voir* PRÉHISTOIRE). À ce jour cependant, les objets d'art trouvés dans plusieurs parties du Canada (sauf des outils de pierre finement ouvragés et présentant une valeur esthétique) remontent à plus à 5000 ans (p. ex., des sculptures décoratives et figuratives des périodes les plus anciennes de la région du bas Fraser en Colombie-Britannique). Le développement de l'art autochtone est plus complexe à bien des égards que celui des colons européens dont l'arrivée est relativement récente. On peut le diviser en 3 périodes distinctes: l'art préhistorique, l'art de l'époque qui suit le contact ou «historique» et l'art contemporain.

Comme les historiens de l'art autochtone doivent s'en remettre largement aux découvertes archéologiques pour étudier la période préhistorique, le travail des ethnographes, des ethnohistoriens et des archéologues historiques est d'une importance vitale pour la connaissance de l'histoire de l'art autochtone. Les ethnographes montrent qu'une interprétation juste du sens et de la fonction des œuvres d'art autochtones dépend de la compréhension et de la prise en compte des modes de vie, des valeurs esthétiques et des principes des peuples eux-mêmes.

Les ethnohistoriens examinent les sources visuelles et les documents écrits anciens tels que les cartes, les peintures, les journaux de bord de marins et les récits d'explorateurs, de marchands et de voyageurs. Ces documents leur permettent de retracer l'histoire des peuples autochtones, depuis le contact initial jusqu'au XXᵉ siècle. Les archéologues historiques fouillent des sites de l'époque postérieure à la prise de contact qui démontrent la séquence chronologique précise de l'interaction entre les autochtones et les Européens ainsi que des signes témoignant de l'introduction de nouveaux matériaux, techniques et méthodes de travail chez les artistes et artisans autochtones.

Art préhistorique

La découverte, la connaissance et la datation approximative d'œuvres d'art préhistoriques reposent sur des fouilles méticuleuses et une interprétation prudente. Les récentes découvertes importantes révèlent un personnage minuscule, mais sculpté avec recherche, trouvé au site Glenrose près de l'embouchure du Fraser en Colombie-Britannique. Cette petite figurine de merrain, qui a pu servir de poignée pour un outil de sculpteur, remonte à environ 4000 ans et constitue la preuve de l'existence d'un art de la côte nord-ouest présentant des caractéristiques formelles typiques à cette période historique. D'autres découvertes incluent la localisation dans le nord-ouest de l'Ontario de ce qui pourrait être la plus ancienne œuvre d'art au Canada, soit un site pétroglyphique peut-être vieux de 5000 ans; la sculpture d'un visage humain souriant datant de 5000 à 3000 av. J.-C., trouvée à Côteau-du-Lac, près du Saint-Laurent, dans le sud-ouest du Québec; et la confirmation que les formes artistiques spectaculaires de la côte de la Colombie-Britannique, plus spécialement les TOTEMS, ne sont pas le produit du contact avec les Européens, comme on le pense d'abord, mais sont le résultat d'une évolution continue sur place qui remonte à au moins 2500 ans. Comme les sols humides et acides de la majeure partie du Nord du Canada ne permettent pas la conservation des œuvres d'art en bois, en fibre, en peau ou en d'autres matériaux périssables, une grande partie de l'art préhistorique canadien a été perdu. L'art rupestre demeure une exception majeure: des peintures en ocre rouge et des sculptures incrustées à même des surfaces naturelles de pierre (*voir* PICTOGRAMMES ET PÉTROGLYPHES).

L'art préhistorique varie non seulement en genre, en style, en fonction, en imagerie et en sens d'une région à l'autre, mais également d'une période à l'autre. Ces mutations s'accélèrent presque partout au Canada après l'an 1000 av. J.-C., influencées par une variété de facteurs: l'apparition de la poterie, de l'agriculture et de la vie de village organisée dans les forêts de l'est des États-Unis et finalement au Mexique, où les civilisations du Nouveau Monde se développent de façon indépendante de celles de l'Ancien.

Il existe plusieurs manifestations extraordinaires d'art préhistorique au Canada. La culture marpole (500 av. J.-C— 500 apr. J.-C.), qui a son centre dans le delta du fleuve Fraser et les îles environnantes du golfe de la côte sud de la Colombie-Britannique, a laissé une grande variété de sculptures en pierre et en os (contenants pour les cérémonies, effigies et ustensiles) qui, de diverses façons, laissent prévoir le style et l'iconographie de l'ART AUTOCHTONE DE LA CÔTE NORD-OUEST de l'époque qui suit le contact.

La culture iroquoienne de l'époque précédant le contact (900-1600 apr. J.-C.) dans le sud de l'Ontario (les ancêtres des Hurons, des Pétuns et des Neutres) produit une poterie d'une haute qualité technique aux beaux effets visuels avec ses motifs géométriques et figuratifs. L'art iroquoien de la vallée du haut Saint-Laurent est remarquable pour ses pipes à effigie en argile et en pierre présentant des formes et une variété iconographique fascinantes. Les fourneaux et les tuyaux de pipe sont sculptés ou modelés en haut-relief ou incrustés d'images humaines et zoomorphes de lézards, de tortues et d'oiseaux, tous des animaux dotés d'une puissance considérable dans l'iconographie de l'art religieux des Grands Lacs. Ces petits chefs-d'œuvre remplissaient une fonction sacrée: la consommation rituelle du tabac liée aux croyances spirituelles des PREMIÈRES NATIONS (*voir* CALUMET).

Art de l'époque qui suit le contact

L'art de l'époque qui suit le contact ou «historique» est bien connu, grâce surtout aux spécimens que les explorateurs, les marchands, les missionnaires, les artistes et les spécialistes recueillent, dont ils font des croquis, sur lesquels ils écrivent depuis plus de 300 ans et qui se trouvent maintenant dans divers musées du monde entier. La distribution et le caractère culturel des groupes autochtones au début de la période de contact servent habituellement de fondement à la division de l'art autochtone en diverses régions, mais cet accent sur le «présent ethnographique» conduit à une perspective figée du temps, une vue erronément étroite de la profondeur du temps et de la diversité et de la richesse de l'art autochtone.

On peut classer l'art autochtone au Canada en sept divisions régionales: l'Est subarctique (l'est du Bouclier canadien), l'Ouest subarctique (l'ouest du Bouclier canadien et le bassin hydrographique du Mackenzie), le sud des Grands Lacs et la vallée du haut Saint-Laurent, les Prairies (le sud du Manitoba, de la Saskatchewan et de l'Alberta), le Plateau (l'intérieur du sud de la Colombie-Britannique), la côte nord-ouest (la côte de la Colombie-Britannique) et l'Arctique (le littoral arctique et les îles près du littoral à l'est de Terre-Neuve).

Est subarctique L'art de l'est subarctique est peut-être le plus ancien au Canada. On y trouve la plupart des sites d'art rupestre préhistorique et du début du contact. La grande partie des peuples de langue algonquienne (les Ojibwés, les Cris, les Algonquins, les Outaouais, les Montagnais, les Naskapis de l'Ontario et du Québec ainsi que les Micmacs et les Malécites du sud des Maritimes) mène une existence nomade reposant sur la chasse, la pêche et la cueillette de fruits sauvages jusqu'à une période tardive au XIXe siècle et même au XXe siècle.

L'art des MICMACS et des MALÉCITES de la Nouvelle-Écosse et du Nouveau-Brunswick demeure distinct assez longtemps au XXe siècle. Les Micmacs sont réputés pour leurs broderies en poil d'orignal et leurs décorations en piquants de porc-épic sur les récipients en écorce de bouleau et la vannerie ainsi que sur les vêtements en tissu et en peau. Les femmes micmacs ainsi que celles d'autres nations aiment bien les perles de verre apportées par les commerçants européens comme substituts au piquant de porc-épic et au poil d'orignal plus difficiles à utiliser.

L'utilisation des perles, riches en couleurs et variées par la grosseur et la transparence, modifie inévitablement le caractère esthétique du dessin micmac. L'art des femmes micmacs dans les décorations de piquants de porc-épic, de poil d'orignal et de perles est largement bidimensionnel, séculier par sa fonction et de style abstrait, à la différence de celui des hommes qui travaillent en trois dimensions avec des matériaux plus résistants comme le bois ou la pierre.

Une des caractéristiques bien connues des motifs graphiques des Micmacs est ce que l'on appelle habituellement la «double courbe». Elle consiste en un arrangement symétrique de deux courbes ou spirales opposées l'une à l'autre et évoquant des formes de plantes. Elle apparaît comme l'élément fondamental

de la plupart des motifs bidimensionnels de l'Est subarctique et devient très élaborée chez les Algonquins et les Iroquois de la région des Grands Lacs. Même si l'enseignement par les ursulines des travaux à l'aiguille aux jeunes filles autochtones a pu l'influencer, le modèle s'enracine dans la culture existante, parce que les plantes et leurs propriétés médicinales et magiques occupent une place importante dans les croyances des aborigènes subarctiques et les pratiques chamanistes à base d'herbes.

L'art des nomades naskapis se distingue aussi par ses motifs bidimensionnels. Il convient surtout de mentionner les pelisses en peau de caribou, gravées et peintes de dessins géométriques linéaires et de motifs à double courbe. Dans toute la région subarctique et les territoires des Grands Lacs, la couleur rouge joue un important rôle symbolique comme expression du renouvellement de la vie et de la continuité de la force vitale tant chez les humains que chez les animaux.

Les OJIBWÉS de la partie subarctique de l'Ontario et du Manitoba sont connus pour diverses formes d'art sacré. Les œuvres des femmes ojibwées présentent les mêmes caractères que beaucoup d'autres réalisées dans toute la région subarctique, sur les plans de la technique, de la fonction et du genre: des ornements de perles et de piquants de porc-épic sur les vêtements, l'écorce et la vannerie, à motifs géométriques ou floraux. Les hommes ojibwés, responsables des travaux à vocation sacrée et cérémonielle, réalisent un art hautement symbolique, figuratif et documentaire. L'art sacré est destiné à revêtir des significations spécifiques, à représenter les aides spirituelles et à enregistrer les expériences et les événements rituels et mythologiques.

Cette division des tâches en matière d'art semble avoir été le modèle général chez les peuples autochtones d'Amérique: les hommes créent des œuvres publiques ayant une fonction religieuse et cérémoniale, tandis que les femmes se livrent à un art personnel, avant tout pour le simple plaisir visuel ou la «beauté», mais en utilisant souvent des motifs symbolisant des concepts spirituels et cosmologiques, tels que les Quatre Quarts ou les éclairs en zigzag de l'OISEAU-TONNERRE. La plus grande partie de l'art rupestre de l'Ontario et du Manitoba provient des guérisseurs ojibwés (ou CHAMANS), qui y consignent leurs rencontres visionnaires avec les esprits jusqu'à une période tardive au XXe siècle.

Les récits sacrés inscrits sur de l'écorce de bouleau sont une des plus importantes formes d'art religieux ojibwé de l'époque historique. Il s'agit de pièces d'écorce rectangulaires de plusieurs centimètres à trois mètres de longueur, sur lesquelles on grave des images hautement symboliques et ésotériques, grâce à une technique de fines lignes presque imperceptibles. Ces récits servent de documents sur les traditions religieuses ou d'aide-mémoire pour les cérémonies rituelles. Les plus détaillés, les plus importants et les plus précieux sont ceux de MIDEWIWIN ou des Grand Medicine Society.

L'art des CRIS de la région subarctique est celui qu'on a le moins étudié à ce jour. Le sens artistique des Cris se manifeste dans des broderies raffinées faites de piquants de porc-épic et de poil d'orignal, et qui sont réputées pour la perfection de leur technique et l'harmonie délicate de leurs couleurs. Chasseurs nomades menant une existence précaire sous un climat rigoureux, de l'est de la baie James au nord de la Saskatchewan et de l'Alberta, les Cris doivent porter leurs biens sur eux, de sorte que certains vêtements, surtout les pelisses peintes et brodées, les mocassins et les moufles, sont devenus une forme d'expression esthétique personnelle. Les objets d'art sacré, p. ex. les tambours peints des chamans et les peaux d'animaux cérémonielles réalisés avec des motifs symboliques, sont moins connus mais demeurent tout aussi importants comme objets esthétiques autant chez les Cris que chez les Ojibwés.

Ouest subarctique Ce qui a été dit des Cris de l'Est subarctique s'applique en grande partie à l'Ouest subarctique, une région présentant des conditions environnementales similaires, habitée par les peuples de langue athapascane. Bien qu'ils ne parlent pas la même langue que les Algonquins de l'Est subarctique, les Dénés (voir DÉNÉE, NATION), comme les Athapascans préfèrent être appelés, partagent une culture et un art semblables à ceux de leurs voisins subarctiques. Leur art s'exprime surtout dans la décoration de leurs biens et de leurs vêtements personnels. Ils ornent ainsi les peaux de caribou et d'orignal de piquants de porc-épic, de broderies en poil d'orignal, de perles et de fil commercial, composant des motifs géométriques et floraux. En comparaison avec les groupes du Sud, comme les Ojibwés et les Iroquois, les broderies des autochtones de la région subarctique témoignent d'un sens délicat des couleurs et d'une précision exquise du dessin.

Sud des Grands Lacs et la vallée du haut Saint-Laurent De la fin de l'ère préhistorique au début de la période historique, les peuples de langue iroquoienne de cette région, les HURONS, les NEUTRES, les PÉTUNS et, plus tard, les IROQUOIS eux-mêmes, connaissent des changements plus rapides que les autochtones de tout le reste du Canada. À cause de leur statut de fermiers vivant dans des villages relativement permanents, leurs institutions politiques et sociales trouvent à s'exprimer dans des œuvres d'art appropriées. Plusieurs premières nations émigrent cependant vers l'Ouest ou l'Est, ou s'installent dans des réserves de la région au cours du XIXe siècle. L'art a une nouvelle fin: c'est une marchandise qu'on vend aux étrangers, aux touristes et aux collectionneurs «d'artisanat» autochtone. À l'époque préhistorique, cette région est déjà sujette à des influences extérieures. Les Iroquois, en particulier, maintiennent des liens commerciaux au sud avec les cultures «mississipiennes» hautement complexes et économiquement développées des forêts de l'Est qui, à leur tour, sont influencées par les innovations culturelles mexicaines (la technique de la céramique pénètre au Canada à partir de cette source). Au début de la période de contact, ils nouent des alliances avec les Européens par le biais de la TRAITE DES FOURRURES.

L'histoire de l'art dans cette région est trop complexe pour être présentée en détail, sauf pour quelques faits saillants. Même si, dans l'ensemble, on trouve une homogénéité indiscutable dans les œuvres à base de piquants et de perles de la région subarctique et de celle des Grands Lacs, les œuvres des Hurons sont distinctes à la fin de l'époque historique. L'«art typique» des Hurons montre une préférence pour la broderie en poil d'orignal avec des motifs floraux d'une beauté exquise sur des peaux teintes en noir.

La qualité de leurs produits commerciaux, inégalée nulle part au Canada, connaît son apogée en 1830, longtemps après que les Hurons ont quitté l'ouest de l'Ontario pour s'établir à Lorette, au Québec. Les sacs et les sacoches en peau et en fil, décorés d'une grande variété de motifs géométriques, naturalistes et mythologiques, sont les ancêtres des «bandoulières» plus récentes, tissées et abondamment ornées de perles de la région des Grands Lacs. Les motifs les plus fréquents représentent l'oiseau-tonnerre et la panthère sous-marine, finement rendus à l'aide de piquants, de poil d'orignal et de perles.

Tout aussi typiques sont les écharpes tissées à la main et entrelacées de perles blanches, les lanières à fardeau en chanvre indien tressé, les gourdins de bois à l'extrémité en forme de boule gravés et sculptés en haut-relief, et les gaines de couteau décorées de façon élaborée. Même si, comme dans le cas des œuvres en argent, les autochtones adoptent des techniques et des motifs européens, la fameuse écharpe de l'Assomption est un objet commercial. Même les paniers d'éclisse, considérés par les collectionneurs comme des pièces typiques d'artisanat autochtone, empruntent une technique apprise des colons suédois établis dans la vallée du Delaware.

Les Iroquois proprement dits, ou Six-Nations, ne se fixent pas au Canada avant la fin de la Guerre d'Indépendance américaine. Les expressions les plus notables de l'art iroquois de l'époque historique demeurent les faux-visages, des masques de bois dotés d'yeux en métal et parfois en poil de cheval, que les hommes sculptent pour les cérémonies de guérison (voir SOCIÉTÉ DES FAUX-VISAGES). On considère ces masques, d'un caractère fortement sculptural, avec plusieurs types de bouche et peints en rouge ou en noir ou dans les deux couleurs, comme des objets sacrés renfermant la force vitale de l'arbre vivant.

Les masques représentent des êtres mythologiques, le plus célèbre étant le Crooked Face, celui qui a défié le Créateur et a eu le nez brisé. D'autres masques, fabriqués à l'aide de grains de maïs séché, sont portés à l'occasion de cérémonies agricoles et représentent un second groupe d'êtres surnaturels se rapportant à la terre, qui enseignent l'agriculture à l'humanité.

Outre l'art personnel (vêtements) et l'art sacré (faux visages), les Iroquois laissent un autre type d'objet d'art à signification et à fonction «politiques». Les cordons et les ceintures WAMPUMS mesurant plusieurs centimètres de largeur et parfois plusieurs mètres de longueur sont fabriqués à l'aide de coquillages blancs et pourpres importés de la côte atlantique. Le haut degré de sophistication politique auquel sont parvenus ces peuples de langue iroquoise leur permet, en l'absence d'écriture, d'utiliser ces ceintures wampums décorées de motifs symboliques, pour conserver des traces visuelles d'événements et de traités particuliers. À ce titre, la ceinture wampum devient un symbole d'amitié et de coopération entre divers groupes politiques, autant autochtones qu'européens.

Prairies Au moment de son émergence au XIX⁰ siècle, la culture autochtone des Prairies constitue une synthèse des cultures autochtone et blanche, produit des influences européennes de l'époque qui suit le contact, comme l'introduction du cheval et du fusil qui favorisent la mobilité et l'efficacité de la CHASSE AU BISON. L'art des GENS-DU-SANG, des PIEDS-NOIRS et des ASSINIBOINES est semblable à celui de leurs voisins de l'Est subarctique et de l'ouest des Grands Lacs par les techniques, les matériaux et les motifs, l'influence de l'Est ayant pénétré les Prairies à la suite de la migration vers l'ouest, conséquence des nouvelles possibilités de chasse, de la traite des fourrures et du développement de la colonisation.

La peinture sur les peaux constitue le genre majeur de l'art essentiellement bidimensionnel des peuples des Prairies. Les grands TIPIS, dont la fabrication nécessite jusqu'à 40 peaux de bison, constituent leur forme architecturale majeure. Souvent, chez les Blackfoot du sud de l'Alberta, on décore abondamment les tipis des membres importants de la tribu de motifs naturalistes et géométriques. Les images issues des rêves, peintes sur des boucliers en cuir écru, ne le cèdent en rien aux tableaux surréalistes contemporains par leur charge esthétique et visionnaire. Considérées comme des représentations des esprits protecteurs personnels du guerrier, on croit qu'elles le protègent à la guerre et l'aident à la chasse. Les robes de cérémonie en peau de bison peinte constituent une autre forme importante d'art, avec leurs motifs allant des «soleils levants» abstraits et concentriques aux dessins figuratifs.

L'art personnel (les mocassins, les vestes, les robes, les jambières et les chemises en peau de chevreuil et ornés de piquants de porc-épic et de perles) est au centre des préoccupations esthétiques. C'est uniquement dans cette région que l'on trouve ces récipients en cuir écru peint, de formes et de tailles différentes, appelés PARFLÈCHES, dont les décorations ne sont jamais identiques.

Plateau On oublie souvent la région du Plateau située au centre de la Colombie-Britannique dans les études sur l'art autochtone, bien qu'elle soit unique à maints égards. Les SALISH DU CONTINENT ont laissé une quantité importante de pictogrammes préhistoriques. Les Lillooets, les Thompsons, les Okanagans et les Shuswaps de la période historique sont connus pour leurs paniers faits avec soin à la main, étanches, et fabriqués suivant le procédé au colombin et décorés de motifs géométriques. On a fait peu de recherche sur l'art des peuples du Plateau, comme leurs couvertures tissées de laine de chèvre des montagnes, leurs vêtements, ou leurs croyances religieuses qui fournissent le contexte nécessaire à une interprétation de l'art de plusieurs cultures des premières nations.

Côte du Nord-Ouest et l'Arctique On a accordé une attention considérable au cours des dernières années à l'histoire de l'art de la côte du Nord-Ouest et de l'Arctique (voir aussi AUTOCHTONE DE LA CÔTE DU NORD-OUEST, ART, ART INUIT et GRAVURE INUITE).

L'art autochtone des périodes préhistorique et qui suivent le contact est un art «traditionnel». Même si l'art autochtone est fortement influencé par les matériaux, les techniques et les motifs européens durant la période historique, il tire largement son inspiration du cadre culturel des premières nations. Au contraire, l'art autochtone contemporain, tout comme celui de partout ailleurs au monde, implique des enjeux tout à fait différents de ceux du passé, dont l'expression de soi et, encore plus récemment, le militantisme socio-politique.

Art autochtone contemporain

L'art autochtone contemporain commence vers 1945. Depuis ce temps, trois «courants» majeurs dominent la scène de l'art autochtone contemporain au Canada: l'art inuit, l'art autochtone de la côte ouest et l'école dite des «régions boisées» des «peintres des légendes». Il existe également un groupe plus dispersé d'artistes qui travaillent de façon indépendante dans le courant de l'art occidental et que l'on peut qualifier d'internationalistes par l'envergure et l'intention. La première «école» à se faire connaître, cependant, est celle de l'art inuit contemporain, avec l'apparition de ses sculptures à la fin des années 40, puis la gravure inuite à la fin des années 50. Au début, les deux reçoivent un soutien important surtout de l'artiste torontois James A. Houston et du gouvernement canadien.

Dans les années 60 et 70, alors que les dessins originaux d'artistes inuits commencent à être connus et appréciés, c'est la sculpture et la gravure inuites qui sont les plus populaires et ont le plus de succès sur le marché. À la fin des années 60 et au début des années 70, on assiste à ce que certains appellent une «renaissance» de l'art de la côte du Nord-Ouest de la Colombie-Britannique, avec l'apparition de nombreuses formes traditionnelles de sculpture sur bois, de ferronnerie, de peinture, de gravure et de tissu, d'abord parmi les nations «nordiques» (Haida, Tsimshian et Kwakiutl) et, plus récemment, parmi les Nootkas et les Salish de la côte établis plus au «sud».

Un peu plus tard, dans les années 70, l'école des régions boisées se fait connaître grâce à la renommée grandissante de Norval MORRISSEAU, un Ojibwé du nord de l'Ontario. La majorité des artistes de cette école, actifs au cours des années 70 et 80, sont influencés et inspirés par Morrisseau. On les appelle peintres des légendes pour leur représentation de l'imagerie tirée des traditions spirituelles et mythologiques. Les artistes autochtones indépendants commencent à attirer l'attention dans les années 80. Ils en viennent à dominer la scène artistique contemporaine dans les années 90, au point où plusieurs d'entre eux prennent désormais place parmi les artistes visuels de premier plan du Canada d'aujourd'hui.

Pendant ce temps, cependant, un type d'art autochtone que l'on finit par appeler «touristique», «souvenir» et «aéroport», s'inspire à la fois de l'art et de l'artisanat traditionnels et contemporains, et alimente le marché euro-canadien de «souvenirs autochtones». Les premiers de ces produits datent principalement du milieu du XIX⁰ siècle, quand la vente de certains objets d'art traditionnel autochtone aux voyageurs et aux colons européens ouvre progressivement la voie à de nouveaux types d'objets produits spécifiquement à cette fin. Il s'agit de sculpture d'argilite des Haidas de Colombie-Britannique; de sacs, de mocassins, de pelotes à épingles et d'autres «fantaisies» fabriqués par les Iroquois et les Algonquins pour la vente dans les foires agricoles et aux chutes du Niagara, en Ontario; et de planchettes de cribbage en ivoire sculpté et d'autres sculptures miniatures des Inuits au XIX⁰ siècle et au début du XX⁰.

Autant les Inuits que les premières nations fabriquent aujourd'hui encore des objets artistiques pour touristes, parallèlement aux quatre tendances mentionnées plus haut. On en trouve en vente dans les boutiques de souvenirs des grands magasins, les aérogares et les boutiques spécialisées des réserves dirigées par des entrepreneurs autochtones. L'art touristique «prétend» représenter dans une large mesure la culture autochtone authentique, en répondant comme il le fait aux attentes stéréotypées du marché touristique non autochtone. Malgré ses prétentions contraires, l'art touristique présente souvent une fausse image de la culture autochtone.

L'art autochtone contemporain se situe entre deux pôles, suivant le degré auquel le travail de chaque artiste se rapproche ou bien des traditions esthétiques et culturelles proprement autochtones ou bien des traditions euro-canadiennes. De ce point de vue, l'art autochtone contemporain au Canada peut être regroupé suivant trois grandes tendances: 1) des expressions étroitement liées au style, à la technique et à l'imagerie des arts autochtones traditionnels; 2) celles qui combinent des éléments, des images et des thèmes stylistiques traditionnels, et des techniques artistiques et des traditions stylistiques euro-canadiennes; et 3) celles qui appartiennent entièrement au courant occidental contemporain dominant, tout en étant investies et conditionnées par les valeurs spirituelles et culturelles des traditions autochtones propres à chaque artiste.

L'art traditionnel, par contre, continue d'être produit et utilisé dans les communautés autochtones encore vivantes ou récemment revitalisées. C'est le cas en Colombie-Britannique où la sculpture de totems, de masques et d'autres genres traditionnels se développe avec la levée de la prohibition du potlatch par le gouvernement canadien. L'infâme Loi 87, adoptée par le gouvernement fédéral en 1884, interdit le potlatch, une très importante fête religieuse et sociale qui nécessite une grande quantité d'œuvres d'art lors des représentations dramatiques des traditions et de l'histoire orale. Les artistes de la côte ouest, comme les Haidas Bill REID, Tony HUNT et Bob DAVIDSON parmi beaucoup d'autres, travaillent dans le cadre des styles et de l'imagerie de l'art traditionnel de la côte nord-ouest, une tradition demeurée vivante durant la période de bannissement du potlatch, grâce à des gens aussi connus que les Haidas Charles EDENSHAW (1839-1920), Willie Seaweed (1873-1967) et Mungo MARTIN (vers 1879/1882-1962), de la nation Kwakiutl.

Sur la côte, on produit encore aujourd'hui de l'art contemporain destiné aux villages autochtones, mais, le plus souvent, les articles traditionnels comme les masques, les hochets, les boîtes, les tissus et les bijoux sont adaptés aux techniques, aux matériaux et aux usages euro-canadiens, et vendus dans les boutiques d'art autochtones. Bill Reid est le meilleur exemple de l'adaptation des traditions autochtones de la côte ouest aux enjeux contemporains.

D'abord connu pour ses bijoux d'argent et d'or (bracelets, anneaux et broches gravés d'emblèmes comme l'ours, le corbeau, la grenouille et l'épaulard), Reid est maintenant reconnu à l'échelle nationale et internationale pour ses sculptures publiques monumentales. Mentionnons, p. ex., sa grande sculpture de bois «Raven Discovering Mankind in a Clamshell» (1983), érigée au Museum of Anthropology de l'U. de la Colombie-Britannique; un grand bronze, «Killer Whale» (1984), pièce centrale du Vancouver Aquarium dans le parc Stanley; et son très fameux «Spirit of Haida-Gwaii» (1991) à l'ambassade du Canada à Washington.

Cette dernière sculpture monumentale, mesurant 6 m de long sur 4,3 m de haut, représente les animaux mythiques haidas dans un voyage spirituel en canot. Avec sa patine noire, la sculpture ressemble à l'argilite, la pierre traditionnelle des sculpteurs haidas du XIXe siècle. La réalisation de cette œuvre pour l'ambassade canadienne est temporairement suspendue par Reid en protestation contre la coupe du bois, pour des intérêts commerciaux, dans la forêt pluviale primitive côtière des îles de la Reine Charlotte. La protestation de Reid illustre la fréquence croissante avec laquelle les artistes autochtones du Canada se tournent vers le militantisme socio-politique. Il ne s'agit pas simplement là d'un virage de l'art autochtone vers de nouvelles fonctions, mais aussi d'une participation croissante aux processus démocratiques de la société canadienne en général.

L'orientation de la production contemporaine de la côte ouest est résolument traditionnelle. Les artistes peuvent s'éloigner radicalement de l'imagerie, des formes et de la composition traditionnelles, mais leurs travaux sont néanmoins produits à l'intérieur d'un éventail établi d'éléments et de motifs visuels connus comme le «style classique» de l'art de la côte du Nord-Ouest, un style qui atteint son développement le plus caractéristique chez les artistes haidas, tsimshians et tlingits du XIXe siècle.

L'art inuit contemporain est également traditionnel. En dépit des arguments souvent rapportés d'universitaires puristes qui prétendent que l'art inuit contemporain est largement le produit de l'influence gouvernementale, d'un marketing habile et d'influences euro-canadiennes délibérées, l'expression stylistique et l'iconographie inuites demeurent aujourd'hui une expression de la culture inuite telle que vécue, autant dans le passé que dans le contexte culturel contemporain.

La sculpture, la gravure, les dessins et les tissus inuits contemporains peuvent souvent employer des techniques artistiques occidentales et satisfaire un marché extérieur. En même temps, cet art manifeste de nombreux points de continuité avec la culture, les valeurs et la vision du monde traditionnelles. Parmi les artistes les plus connus, on compte Ashoona PITSEOLAK (1907-1983), Ashevak KENOJUAK (né en 1927), Karoo Ashevak (1940-1974), Jessie OONARK (1906-1985) et Ruth Annaqtuusi Tulurialik (née en 1934).

On peut dire que le travail de Norval MORRISSEAU et des autres peintres des légendes comme Jackson BEARDY (1944-1984), Blake DEBASSIGE (né en 1956) et Carl RAY (1943-1978), se situe à peu près à mi-chemin des traditions esthétiques autochtone traditionnelle et euro-canadienne. Les toiles, parfois très grandes, sont réalisées avec de l'acrylique synthétique, un matériau qui a la faveur des artistes euro-canadiens dans les années 60 et 70.

En même temps, autant que le style que les artistes s'inspirent de la pictographie algonquine telle qu'on la trouve dans les manuscrits d'écorce de bouleau des Ojibwés et dans les PICTOGRAMMES ET PÉTROGLYPES de la région du Bouclier canadien. Les sources de Morrisseau incluent aussi les vitraux colorés de l'église catholique de son enfance et les croyances de la religion Eckankar, les deux

traditions spirituelles ayant attisé sa vision innée du monde mystique ojibwé, qu'il a apprise sur les genoux de son grand-père maternel, un sorcier traditionnel ojibwé. Ce syncrétisme des arts et de la spiritualité autochtones traditionnels et occidentaux est présent chez Morrisseau et chez plusieurs autres à sa suite, et donne lieu à une forme artistique se situant entre deux cultures et faisant appel aux deux.

Un large réseau d'artistes contemporains d'ascendance autochtone produisent des œuvres appartenant presque entièrement au courant euro-canadien et international dominant. Ces artistes ne sont plus formés aux techniques traditionnelles d'une première nation particulière. Ils ne sont pas autodidactes non plus, comme l'était Morrisseau. Ils étudient plutôt dans les grandes écoles des beaux-arts du Canada, des États-Unis et de Grande-Bretagne. Des artistes comme Carl BEAM (né en 1943), Bob BOYER (né en 1948), Robert Houle (né en 1947), Alex JANVIER (né en 1935), Gerald McMaster (né en 1953), Lawrence Paul (né en 1957), Edward POITRAS (né en 1953), Jane Ash POITRAS (née en 1951), Joane Cardinal-Schubert (née en 1942) et Pierre Sioui (né en 1950) sont tous des individualistes qui se voient d'abord comme des artistes, mais dont le passé autochtone constitue un aspect important de leur identité propre. Ils demeurent néanmoins fiers de leur identité et voient leur rôle d'artiste d'une façon traditionnelle, c.-à-d. qu'ils utilisent leur art pour parler au nom de leur peuple.

Bien qu'ils réalisent toutes leurs œuvres dans le contexte occidental des écoles d'art, des galeries, des marchands, des critiques et des musées, et suivant les techniques, les genres et les modes d'expression caractéristiques de l'art occidental contemporain, ils se préoccupent d'adopter une position personnelle sur l'une ou l'autre ou l'ensemble des questions sociales, politiques, raciales et environnementales auxquelles autant les autochtones que la société dans son ensemble doivent faire face. Même si leur expérience est personnelle et individuelle, ces artistes sont quand même marqués par les valeurs spirituelles et culturelles de leurs traditions respectives. Ils accordent beaucoup d'importance à la critique et à l'engagement sociopolitique. Leurs œuvres remettent en question les difficiles relations passées et présentes des autochtones avec la société euro-canadienne. Par leurs mots et leurs images, ils font plus spécialement ressortir les graves problèmes auxquels la communauté entière des humains fait actuellement face: la dégradation écologique, la pauvreté, la violence, la guerre, le sida, la déshumanisation technologique.

Carl Beam, d'origine ojibwée de West Bay, île Manitoulin en Ontario, est un de ces artistes indépendants contemporains d'origine autochtone au Canada. Rejetant l'étiquette d'«artiste autochtone», il réalise des œuvres multimédias qui posent aux publics canadien et international des questions concernant les problèmes mondiaux de la survie et de l'injustice humaines, suivant des valeurs autochtones. Réalisé dans un créneau résolument postmoderne, son travail comprime des formes et des images prélevées de l'histoire mondiale de l'art dans une seule structure spatiotemporelle.

Dans une œuvre telle que Semiotica I (vers 1985-1989), Beam combine des images d'un aigle en vol, symbole prééminent de la spiritualité autochtone, à celles d'un engin spatial prêt au lancement à Cap Kennedy, de feux de circulation et d'un parcomètre. Il appartient aux spectateurs de tirer leurs propres conclusions de l'œuvre, un exploit qu'on réussit mieux si on est familier de l'ensemble de sa production.

Son œuvre ne s'inspire pas seulement d'images tirées de la tradition autochtone (bison, aigle, plumes, photographies de Geronimo et Sitting Bull), mais aussi de celles de civilisations aussi anciennes que l'Égypte et de journaux contemporains illustrant des événements actuels, dont l'assassinat du présiddent et artisan de la paix Anouar al-Sadate ou le débat sur le projet d'achat de sous-marins nucléaires par le Canada.

De telles images servent de motifs récurrents dans son œuvre. Composées et recomposées dans des juxtapositions métaphoriques, elles défient les hypothèses et les prétentions des spectateurs. La vision et les techniques de Beam sont à la fois poétiques et critiques. Son œuvre fournit un tableau de ce qui le préoccupe: la perte des valeurs spirituelles dans la société entière; la destruction de l'environnement naturel par la pollution industrielle; l'inhumanité de la race humaine qui se livre à l'assassinat des artisans de la paix, aux trahisons et au génocide; la menace de déshumanisation représentée par la technologie; l'identité personnelle; et la place du moi individuel au sein de l'histoire globale. Les images empruntées des journaux et les photographies se mêlent à des éléments peints et à du texte, du lettrage et des nombres, souvent superposés les uns aux autres. La transparence, la juxtaposition et les associations métaphoriques implicites parmi et entre ces images disparates requièrent que ses œuvres soient lues et leur sens interprété par des observateurs empathiques, curieux et sensibles.

Le travail actuel des artistes d'ascendance autochtone se développe rapidement dans de nouveaux médias, dans la vidéo et des projets d'installation. Les artistes d'origine autochtone, tout comme d'autres artistes canadiens de la fin du XXe siècle, continuent de manifester dans leurs œuvres leurs préoccupations quant à la société globale. Comme autochtones, ces artistes contribuent à apporter de l'authenticité, de la conviction et souvent une expérience personnelle directe à la force inhérente à leurs représentations visuelles.

Joan M. Vastokas

Art autochtone de la côte du Nord-Ouest Il y a plus de 3000 ans, les peuples autochtones de la côte de la Colombie-Britannique et des régions environnantes de l'État de Washington et du sud-est de l'Alaska ont développé des traditions artistiques qui sont réputées dans le monde entier pour leur style et leur originalité. Les objets conçus suivant ces traditions le sont selon des règles établies et présentent des caractéristiques si évidentes qu'une fois saisis les principes de base, on peut les identifier sans peine. Le style linéaire et configuratif est l'élément essentiel de l'art de la côte nord-ouest et, au tournant du XXe siècle, son utilisation s'est répandue aux régions du Sud. Il représente la force positive de la peinture, de la sculpture en relief et de la gravure. La structure linéaire et configurative consiste en des lignes continues, coulantes, courbes, qui tournent, s'enflent et rapetissent d'une manière précise. Elle sert à exécuter des compositions abstraites, mais aussi à esquisser des silhouettes et à tracer des éléments imbriqués dans d'autres motifs.

En général, les PREMIÈRES NATIONS ne distinguent pas ce qui est de l'art de ce qui n'en est pas. Dans leurs langues, il n'existe pas non plus de terme correspondant au mot «art». Partout dans la région, des objets spéciaux ont été, et sont toujours, fabriqués dans le but de représenter les privilèges et les droits acquis de leur propriétaire. Bien que les manières d'établir la parenté varient d'un groupe à l'autre, les peuples affirmant avoir les mêmes ancêtres revendiquent aussi des droits sur les territoires ancestraux, des pouvoirs spirituels, des noms, des chants, des danses, des emblèmes et autres «possessions» qui contiennent et révèlent tout à la fois la richesse et l'identité de leur famille.

Potlatchs Les potlatchs sont des événements officiels au cours desquels est célébrée en grande pompe la passation de noms, de droits et de privilèges d'une génération à l'autre. Ces privilèges, ainsi que les objets qui les accompagnent, sont présentés au public et leur transfert s'inscrit dans la mémoire collective de la communauté assistant au POTLATCH. Une autre caractéristique du potlatch est la distribution d'objets de richesse (et d'argent depuis peu) par les hôtes aux invités, parmi lesquels se trouvent des gens d'autres villages et d'autres bandes. En acceptant ces cadeaux, les invités confirment à leurs hôtes qu'ils transmettent leur héritage d'une manière adéquate.

Emblèmes Les emblèmes, ou art héraldique, sont des objets associés au potlatch. L'emblème lui-même est un concept, faisant habituellement, mais pas toujours, allusion aux animaux réels et imaginaires, p. ex. les oiseaux de tonnerre, qu'on représente de façon convenue. Les détails des images emblématiques sont très variés, répondant à des préférences individuelles ou stylistiques. Les représentations d'animaux dans l'art de la côte nord-ouest ne sont pas toutes emblématiques. Parmi les objets de ce type les plus courants, on note les totems, les façades ornementées des habitations et les cloisons (séparant les pièces), les robes de cérémonie et les coiffures, les houlettes, les plats, les cuillères et les louches pour les repas. Les emblèmes sont jalousement gardés: ils constituent des legs ancestraux qui, à une époque mythique, ont été acquis auprès d'animaux surnaturels ou de représentations d'êtres surnaturels, et que les descendants ont le devoir de conserver indéfiniment. Afficher les emblèmes d'une autre bande est une insulte à l'intégrité et à l'identité de ce groupe.

Danses d'hiver Les danses d'hiver (qui, de nos jours, ont lieu toute l'année) sont des mises en scène très élaborées où des danseurs masqués et des mécanismes ingénieux symbolisent la mort et la résurrection et d'autres manifestations surprenantes de pouvoirs et de présences surnaturels. Dans ce contexte, les représentations d'animaux, plus particulièrement les masques, ressemblent à celles du potlatch, mais relèvent d'un concept différent. Lors de ces rituels initiatiques, les rencontres avec les puissances surnaturelles se manifestent par une possession de l'esprit ou une simulation théâtrale (la différence n'est pas toujours évidente pour l'observateur).

Art et chamanisme Selon les spécialistes, les danses d'hiver proviendraient d'une croyance ancienne liée à la protection spirituelle, très développée parmi les chamans (guérisseurs mystiques). L'expérience visionnaire est décrite comme l'apparition, lors d'un rêve ou d'une transe, d'une aide ou d'une protection spirituelle prenant la forme d'un animal. Le rêveur en tire des connaissances et des pouvoirs spéciaux. Les chamans de la côte nord-ouest utilisaient des objets particuliers, souvent faits de bois, d'ivoire ou d'os, symboles commémoratifs de leurs aides spirituelles. Parmi ces objets, on trouve des amulettes, des capteurs d'âme (objets sculptés de forme tubulaire qu'on croit être des récipients pour les âmes perdues) et des crécelles sphériques représentant le visage de Janus, qui figurent parmi les chefs-d'œuvre de l'art de la côte nord-ouest (*voir* CHAMAN).

Les artistes

Les sociétés autochtones de la côte nord-ouest du Canada sont uniques en ce sens qu'elles subvenaient aux besoins d'un groupe d'artistes professionnels masculins qui étaient, pour l'essentiel, dispensés de la quête de nourriture, grâce au soutien de riches mécènes qui commandaient des œuvres pour les potlatchs et les danses d'hiver. Même si la plupart des hommes fabriquaient des objets pour leur usage personnel ou celui de leur famille, il semble que c'est aux spécialistes que l'on doit les objets d'art exceptionnels conservés précieusement dans les musées. Dès leur jeunesse, ces artistes étaient les apprentis d'un maître qui, la plupart du temps, était leur oncle ou leur père. En plus de fabriquer des objets, ils étaient responsables de l'art scénique des rituels. Si toutes les femmes tissaient (des paniers et des étoffes), certaines d'entre elles, une fois leurs enfants élevés, se spécialisaient comme le faisaient les hommes.

Art des femmes Pour le tissage, les autochtones utilisaient toutes les techniques en usage ailleurs en Amérique du Nord, sauf celle du tissage en lices. Les TLINGITS, un peuple de l'intérieur des terres, excellaient dans la fausse broderie; les HAIDAS dans les chapeaux de racines d'épinette «exclusifs»; les SALISH de la côte dans l'imbrication d'écorce de merisier sur les paniers torsadés; et les femmes nuu-cha-nulth (NOOTKAS ou de la côte ouest) dans les chapeaux d'écorce de cèdre avec pointe en forme d'oignon, recouverts de brins de xérophylle représentant des scènes typiques de chasse à la baleine.

Au XIXe siècle, une technique de tissage à la structure linéaire et configurative unique se développe dans le Nord et devient la spécialité des Tlingits Chilkat. Les couvertures chilkat sont l'exemple le plus prisé de l'art du tisserand: même les chefs des bandes éloignées du Sud, comme les Kwakwaka'wakw du Sud (KWAKIUTLS) les portent. La chaîne est faite d'écorce de cèdre déchiquetée, tressée avec de la laine de chèvre de montagne, et la trame est de pure laine. La chaîne est suspendue à une barre horizontale et les fils de trame double sont tissés en travers. Les dessins de type linéaire et configuratif, calqués sur les tableaux à motifs peints par les hommes (*voir* CHILKAT, COUVERTURE).

Les Salish de la côte fabriquent des couvertures en sergé tressé à motifs géométriques avec de la laine de chèvre, du duvet de phléole des prés et, semble-t-il, du poil d'un petit chien soyeux, disparu depuis les premiers contacts avec les Européens. Dans les années 80, des femmes de la communauté de Musqueam, près de Vancouver, relancent l'art de fabriquer des couvertures en sergé tressé. Avec l'introduction du mouton domestique, vers 1850, et des techniques écossaises de tricot, les femmes salish de la côte commencent à tricoter des chandails cowichans, devenus depuis une industrie artisanale prospère. La fabrication de paniers se poursuit activement parmi les femmes salish de la côte et nuu-cha-nulth, et connaît un regain d'intérêt parmi les TSIMSHIANS et les Haidas. Les couvertures tissées ont, depuis, été remplacées par les couvertures de laine de la Compagnie de la baie d'Hudson, autant pour les danses que pour les cadeaux de potlatch. Les emblèmes étaient cousus sur les couvertures de laine, avec des boutons, des coquillages ou des appliqués.

Art des hommes Depuis des temps ancestraux, les hommes travaillent toute une variété de matériaux: le bois, la pierre, la corne, le cuivre, les os, les andouillers, le cuir, l'ivoire et les ormeaux (ou oreilles de mer). L'argent et l'or étaient utilisés à l'époque historique, et des œuvres de bronze, ainsi que sur papier et toile ont été réalisées récemment. Les couteaux, herminettes, ciseaux, gouges et alènes étaient faits de pierre, de coquillages et de dents de castor, et leur manche avait une forme sculpturale. Le métal était très recherché par les Européens et, au XIXe siècle, les peintures autochtones sont remplacées par les produits occidentaux. Si les outils ont conservé leurs formes traditionnelles, ils sont maintenant munis de lames d'acier.

Les hommes sont les spécialistes de la fabrication des contenants (bols, plats, boîtes, coffres, louches), de même que des canoës. Les boîtes sont fabriquées à l'aide d'une technique semblable à la fabrication des éclisses de guitare: on détrempe un panneau à la vapeur avant de le plier de manière à former trois côtés plus un fond et on fixe le quatrième côté à l'aide de chevilles. Les plats et les bols en pierre, en bois, et en coquillages sont sculptés en formes d'animaux.

Styles

Dans l'art de la côte nord-ouest, selon un ensemble de conventions, les parties d'animaux représentent ces animaux en entier (p. ex. le bec du corbeau, les dents du castor et les nageoires caudales des baleines). Il arrive fréquemment que deux ani-

maux partagent un même corps ou que la tête, la colonne vertébrale ou la grande arête d'un animal soit fendue afin de créer deux profils bilatéralement symétriques. Certains membres et organes d'animaux changent de place; d'autres se trouvent à l'intérieur d'autres animaux ou sont entrelacés avec ceux-ci. Toutes ces conventions sont d'une complexité formelle et iconographique remarquable.

Le thème de la transformation ou de la métamorphose des êtres vivants de la terre, de la mer et du ciel, et, au bout du compte, du passage du monde des vivants à celui des morts, est souvent présenté lors des danses d'hiver, mais on en trouve des manifestations évidentes dans d'autres iconographies de la côte nord-ouest. Dans un type particulier de masque à double visage transformable, un mécanisme actionné par des cordes permet d'ouvrir le visage externe (habituellement une tête d'animal) pour révéler un visage humain. Souvent, les masques ont des pièces mobiles: les yeux et la mâchoire, notamment.

On a relevé trois styles principaux: ceux du Nord, du Centre et du Sud, selon les principales divisions culturelles utilisées par les anthropologues.

Nord de la province On trouve dans le nord de la province, dont font partie les Tlingits, les Haidas, les Tsimshians, les Nishgas, les Gitksans, les Haislas et les HEILTSUKS (Bella Bella), un style particulier de peinture, de gravure et de sculpture en relief en deux dimensions, suivant une esthétique linéaire et configurative. Les compositions de ce type datant du XIXe siècle se trouvent surtout sur les façades des habitations, les cloisons et les emblèmes des chefs. Les œuvres des maîtres de l'esthétique linéaire et configurative du XIXe siècle sont identifiées selon les principes appliqués par les spécialistes actuels de l'histoire de l'art.

Dans la peinture linéaire et configurative, on trouve une combinaison de trois couleurs: des lignes principales noires (autrefois tracées à l'aide de charbon et de lignite), des lignes secondaires rouges (ocres) et des éléments tertiaires bleu-vert (des minéraux à base de cuivre). Les pigments étaient mélangés avec une substance dérivée d'œufs de saumon séchés, et les pinceaux faits de poils de porc-épic. Les motifs étaient exécutés à main levée, quoique l'on eût souvent recours à des gabarits pour les formes ovoïdes, très fréquentes.

Au moment des premiers contacts avec les Européens, on a découvert un style de peinture très élaboré dans le Nord, dans lequel les motifs peints s'étendent jusqu'aux limites de l'objet (de manière variable selon la nature de l'objet décoré). Tous les éléments de ces motifs s'harmonisent selon une esthétique à la fois subtile et complexe.

On trouve aussi des structures linéaires et configuratives dans les sculptures nordiques, dont les totems, les coiffures, les masques, les crécelles, les canoës, les rames, les bâtons ainsi que les bols, plats et boîtes de formes variées. Dès le début du XIXe siècle, les sculpteurs haidas commencent à travailler avec un schiste ampéliteux mou (l'argilite) et à fabriquer des curiosités pour les marins et les marchands, ensuite pour les colons et les touristes.

Le centre de la province En 1880, les peuples Kwakwaka'wakw et Nuu-Chah-Nulth adaptent les éléments de la peinture linéaire et configurative nordique au style préhistorique des anciens Wakashans découvert par le capitaine James COOK un siècle plus tôt. Les Nuu-Chah-Nulth développent une combinaison unique de structures linéaires et configuratives et d'éléments géométriques et naturalistes. Les Kwakwaka'wakw gardent un style exubérant, haut en couleurs et flamboyant. Au début du XXe siècle, ils ajoutent des pigments orange, jaunes et verts à leur palette. Les NUXALKS (Bella Coolas) empruntent de nombreux éléments stylistiques et cérémoniels à leurs voisins, créant un style facilement reconnaissable aux traits lourds et bulbeux de leurs masques et à l'utilisation caractéristique d'une peinture bleue.

Le sud de la province La peinture et la sculpture en relief de la région des Salish de la Côte sont géométriques: cercles, chevrons, croissants, rangées de points, triangles et formes en T. Selon des observations récentes faites par les spécialistes, ces éléments révèlent un type de motif linéaire et configuratif en négatif (en retrait), considéré par certains comme étant antérieur à la tradition nordique correspondante. On notera également des sculptures d'êtres humains et d'animaux simplifiées, cercueils, poteaux de cimetière et un type de masque unique, le Sxayxway, aux yeux globuleux. La tradition du Sud franchit difficilement le cap du XXᵉ siècle, mais connaît toutefois un renouveau depuis les années 70.

Le contact avec les Européens

Après des millénaires d'évolution apparemment constante, les traditions et la société artistiques autochtones sont gravement perturbées par l'arrivée des Européens qui, du point de vue des autochtones, équivaut à une invasion. Même si, pendant le premier siècle de la colonisation par les Blancs, l'art et la culture autochtones sont stimulés par l'argent, la TRAITE DES FOURRURES, les outils de métal et d'autres aspects de la technologie européenne, la population autochtone est décimée et démoralisée par l'alcoolisme et les maladies, par les écoles de Blancs pour les enfants autochtones, par la répression politique et religieuse du potlatch, et d'autres formes d'oppression coloniale.

En 1910, la structure sociale et le système de croyances traditionnels sont si grandement bouleversés que des observateurs blancs prédisent son effondrement total et l'assimilation inévitable de la population restante dans la société canadienne. Excepté dans le cas d'une poignée d'artistes, en particulier dans le centre de la province, qui ont conservé leur habileté grâce à la formation traditionnelle d'apprentis, la remarquable tradition développée pendant plus de 3000 ans s'est transformée en production de souvenirs pour quelques rares touristes. Cela semble être la fin d'un des ensembles de réalisations culturelles les plus originaux de l'humanité.

Renouveau contemporain En 1958, le sculpteur haida Bill REID et le sculpteur nimpkish Douglas Cranmer se mettent à reconstituer des habitations traditionnelles et des totems haidas pour le Museum of Anthropology de l'U. de la Colombie-Britannique. Reid est depuis devenu le père du renouveau artistique de la côte nord-ouest. Dans les années 80, environ 200 hommes (et de plus en plus de femmes) produisent activement des œuvres d'art dans tous les styles d'autrefois. Un marché appréciable de collectionneurs s'est créé autour de leurs œuvres et, selon quelques experts, certaines des nouvelles pièces sont à la hauteur du talent technique des maîtres du XIXᵉ siècle.

Des artistes autochtones comme Bill Reid, Robert DAVIDSON, Joe David, Norman Tait, Tony Hunt père, Freda Diesing, Susan Point, Dorothy Grant et de nombreux autres enseignent aujourd'hui à une nouvelle génération d'artistes, qui vendent leurs œuvres aux collectionneurs et font des masques, des couvertures et d'autres objets et emblèmes traditionnels, notamment des totems destinés à leur propre peuple. Depuis les années 80, la palette s'est étendue à l'ensemble des couleurs et les artistes se servent de nombreux matériaux, dont la céramique et le verre. Du côté de l'habillement, on trouve autant de survêtements que de la haute couture. (*Voir aussi* ART AUTOCHTONE; PICTOGRAMMES ET PÉTROGLYPHES.)

Marjorie M. Halpin

Art contemporain Au Canada comme ailleurs, l'art contemporain se caractérise par un questionnement sur la nature de l'art (ce qu'il est, ce qu'il doit être, à qui il s'adresse), dans une perspective historique s'accompagnant d'expérimentations et d'innovations. Le contenu des œuvres qui en résultent passe de la recherche profondément personnelle à l'enquê-

te publique sur des questions sociales et politiques. Sur le plan de la forme, les œuvres contemporaines sont réalisées de façon méthodique et rationnelle ou libre et intuitive, individuellement ou collectivement.

Une fois les formes traditionnelles abandonnées, l'art contemporain repousse ses limites comme rarement il ne l'a fait auparavant. Il étudie le rapport entre la fin et les moyens, rétablit les frontières entre l'art et la «réalité» et redéfinit l'objet d'art dans son contexte esthétique, social et économique. Les procédés artistiques prennent leur élan et trouvent leur voie grâce à des apports de domaines aussi variés et contradictoires que les technologies de pointe dans les secteurs de l'informatique et des communications, le mysticisme oriental, les nouvelles théories en sciences sociales et en sciences du comportement, en philosophie et en linguistique et les travaux de Marshall McLUHAN. Durant cette période, l'évolution est aussi favorisée par l'afflux d'idées sur l'art provenant de divers pays, mais surtout des États-Unis. Cependant, à mesure que le modernisme cède la place au postmodernisme, l'Europe redevient peu à peu un centre de diffusion des nouvelles idées. Le besoin d'expérimenter est alimenté par l'arrivée de nouveaux matériaux et instruments, créés grâce aux progrès technologiques, tels les matières plastiques, les lasers, les nouvelles techniques photographiques (notamment l'holographie), les technologies informatiques et la réalité qu'elles créent, de même que les moyens d'information (qui de par leur nature proposent de nouveaux contextes et sont accessibles à un public plus vaste).

Fusion des Arts (fondé en 1964), à Montréal, et Intermedia (fondé en 1967), à Vancouver, naissent de ce bouillonnement. Ce sont des groupes informels composés d'artistes œuvrant dans différents médias (cinéma, musique, danse, poésie) de même que dans les champs traditionnels que sont la peinture et la sculpture, considérés par beaucoup comme inutilement limitatifs lorsqu'ils sont cloisonnés. Glenn Lewis, Glenn Toppings, Dennis Vance, Dallas Sellman, Gary Lee Nova, Evelyn Roth, Gerry Gilbert et de nombreux autres sont associés à Intermedia, bien qu'ils travaillent souvent en coopération ou utilisent des pseudonymes leur procurant l'anonymat. Les artistes de Fusion, dont les fondateurs sont Richard Lacroix, François Soucy, François Rousseau et Yves Robillard, mettent aussi leurs idées et leurs ressources en commun. Il en résulte des happenings et des performances (œuvres installées aussi bien à l'extérieur que dans une galerie d'art et combinant les sens du toucher, de l'ouïe et de la vue avec le mouvement afin d'expérimenter la conscience sensorielle) qui respirent l'optimisme devant les bienfaits que les arts, maintenant unis dans une langue commune et compréhensible, apporteront à la société.

En formant la N.E. Thing Co. (fondée en 1966, incorporée en 1969), Iain et Ingrid (née Elaine) Baxter, qui sont au nombre des membres fondateurs d'Intermedia, illustrent les principes du multimédia et de l'interdisciplinarité en mettant sur pied dans leur compagnie des divisions consacrées à des œuvres de toutes sortes: natures mortes travaillées sous vide, paysages en plastique gonflable, œuvres transmises par télex, photographies d'images trouvées portant les sceaux ACT (Aesthetically Claimed Thing / Objets à prétention artistique) ou ART (Aesthetically Rejected Thing / Objets rejetés sur le plan esthétique) de la N.E. Thing Co., tout cela afin de stimuler le BNB (bien national brut), beaucoup plus important que le PNB (produit national brut). Un macaron de la compagnie annonce la bonne nouvelle: «L'art est partout», ce qui veut dire que l'art peut être vraiment n'importe quoi ou encore n'être rien de remarquable. Ce concept, de plus en plus important dans les années 60, est l'aboutissement logique du geste posé par l'artiste français Marcel Duchamp qui, en 1913, expose dans une galerie d'art une roue de bicyclette montée sur un tabouret aux côtés

d'autres objets «préfabriqués». En démontrant que l'art peut être un produit commercial (un objet d'information), la N.E. Thing tente de démystifier l'art, de l'ancrer dans le monde réel et de prouver, comme l'a fait Duchamp, que l'art est dans l'œil du spectateur.

Même si elle imite le modèle capitaliste, la N.E. Thing Co. partage la conviction de nombreux artistes progressistes de l'époque que l'art ne devrait pas être considéré comme un produit commercial. Parmi les nombreuses propositions que Les Levine ont faites depuis les années 60 sur la façon dont l'art devrait être perçu, on trouve ses «Disposibles» (1968-1969). Ces objets de plastique aux couleurs vives, formés sous vide, sont destinés à être jetés, n'ont aucune valeur intrinsèque comme objets d'art et peuvent être arrangés au gré de la fantaisie de leur propriétaire. C'est l'idée de Levine qui fait office d'objet d'art, l'apparence qu'elle prend important peu.

À l'époque, Michael SNOW, tout comme Levine, vit à New York. Ils contribuent, chacun à leur manière, au développement de l'art conceptuel au Canada, bien que, par sa nature, celui-ci se répande facilement par la poste, les revues et le bouche à oreille.

Art conceptuel Ce dernier maintient que puisque les formes traditionnelles de la peinture et de la sculpture sont désuètes et que l'art abstrait n'est guère mieux, le but de la création artistique est de mettre en évidence une certaine «essence de l'art», qui existe indépendamment de la forme qu'elle peut prendre. Le principal legs de l'art conceptuel au Canada réside davantage dans une façon de concevoir l'art que dans des œuvres notables, bien que les idées les plus remarquables soient celles qui s'attachent à un certain sens de la forme et qui ne sont donc pas véritablement conceptuelles. Snow travaille principalement selon un procédé qui explore systématiquement le potentiel intrinsèque de la caméra. Il produit ainsi des films et des œuvres éclatées ou disciplinées, cohérentes et d'une grande poésie. Les œuvres de Snow, qui sont renommées à l'échelle internationale, constituent une source d'inspiration pour bien des artistes, en particulier pour ceux qui croient que l'art survit ou disparaît suivant la force du concept qui l'a fait naître.

Au début des années 70, le NOVA SCOTIA COLLEGE OF ART AND DESIGN (NSCAD), à Halifax, est le foyer de l'art conceptuel au Canada. *Camera Inserted in my Mouth* (1973-1976) d'Eric Cameron est une œuvre représentative des membres influents du NSCAD: une caméra est installée dans la bouche de l'artiste pendant 30 minutes, soit la durée d'une bande vidéo normale. La seule forme visible à l'écran, qui autrement aurait été noir, est le flou d'un filet de salive. Cette œuvre utilise ce média pour exprimer l'idée de la nature profondément introspective de l'art.

Dans *One Million Pennies* (1980), Gerald Ferguson illustre de façon frappante la notion cruciale selon laquelle l'art et l'argent peuvent être synonymes: aucune autre façon n'ayant été imaginée pour représenter la valeur, Ferguson place un million de cents fraîchement frappés par l'Hôtel de la monnaie canadienne sur le plancher d'une galerie d'art. Les peintures de Garry Neill Kennedy représentent aussi une nouvelle tendance de l'art conceptuel. Projetant de faire un commentaire sur la nature irréductible des peintures en tant qu'objets d'art, Kennedy prend un malin plaisir à analyser systématiquement le format et les couleurs (en identifiant les pigments utilisés) de 32 peintures de la collection permanente du Musée des beaux-arts de l'Ontario. À la suite de cette analyse, il produit une série parallèle et entièrement schématique de dessins intitulée *Canadian Contemporary Collection – The Average Size – The Average Colour* (1978), le 33ᵉ dessin représente la moyenne de l'ensemble.

Art corporel Tandis qu'on pratique l'art conceptuel dans l'est du Canada, la forme d'art corporel dans laquelle l'artiste est à la fois la source de toutes les idées sur l'art et l'instrument ultime de leur réalisation s'avère la plus populaire. À Vancouver, l'art corporel fait partie de l'esthétique de la satire anarchique et de l'indulgence expressive qui caractérisent les œuvres d'Al Neil et les artistes du Western Front. À Toronto, il permet à de nombreux artistes de s'intéresser à l'exploration et à l'expression de soi. Partout, on l'utilise pour servir la cause des femmes. L'artiste montréalais Sorel Cohen réalise un montage dans lequel il résume les activités physiques (faire le lit, nettoyer les vitres) et le rôle social (gestionnaire et ménagère) dévolus traditionnellement aux femmes. Compte tenu du peu de sensibilité exprimé par l'art minimaliste et l'art conceptuel, les séquences photographiques de Cohen reproduisent de façon directe, sans poésie et sans dramatisation, ces activités physiques.

Dans *Smile*, une bande vidéo prototypique réalisée en 1971 par Albert McNamara alors qu'il est étudiant au NSCAD, la particularité du sourire d'une personne se perd, pendant une demi-heure, dans la contemplation d'un cliché dont les sujets sont le corps et son expressivité. La technique de la vidéo, avec sa combinaison unique d'éléments à caractère intime associés à son tournage et d'éléments à caractère public entourant sa diffusion, est tout à fait adaptée aux préoccupations de l'art corporel. Dans *Birthday Suit*, Lisa Steele examine les cicatrices et les imperfections de son corps tout en racontant leur histoire. Vincent Trasov, qui s'est déguisé en cacahuète durant cinq ans pour les besoins de son travail, pose sa candidature à la mairie de Vancouver en tant que Mr. Peanut (personnage publicitaire), en 1974. Sa campagne électorale, celle d'un artiste-politicien prisonnier de son image sur la scène publique, symbolise les difficultés de l'art et de l'artiste quand il s'agit de tenir des rôles significatifs dans la société.

Avec *Vanitas – Flesh Dress for an Albino Anorectic* (1987), de Jana Sterbak, la réaction du public face au corps (dont la définition et les contours sont variables et intimement liés au contexte sociopolitique) ne se fait pas attendre lorsqu'on l'expose au Musée des beaux-arts en 1991. Le vêtement fait de grandes tranches de bœuf cru arrive avec succès à intégrer des idées sur la chair de la femme et de l'animal, le spectacle et la consommation, la nourriture et le sexe de telle façon qu'il semble appuyer la théorie selon laquelle l'accueil qu'on lui fait joue un rôle important dans la création d'une œuvre d'art.

Genevieve Cadieux, dont les œuvres traitent de la difficulté de décoder le langage du corps, installe les lèvres rouges à peine entrouvertes d'une femme comme enseigne lumineuse géante sur le toit d'un édifice de Montréal. *La voie lactée* (1992) montre qu'il est loin d'être facile de savoir «lire» même les plus connus des emblèmes du corps. Ces artistes et beaucoup d'autres contribuent de manière importante à l'étude des liens existant entre le corps et l'opinion qu'on s'en fait, entre le fait de voir et celui de savoir et entre les différents agents qui déterminent l'accès à la connaissance.

Art environnemental Ici, la conscience de la personne s'élargit jusqu'à la conscience du monde qui l'entoure. On croit que la réalité «du dehors» a plus de présence et de potentiel que toute représentation en peinture ou dans une autre technique. L'artiste n'intervient que pour s'approprier les qualités présentes dans la nature. Depuis la fin des années 60, cette stratégie de longue haleine est utilisée à de nombreuses fins. Pendant un certain nombre d'années, Irene WHITTOME expose des objets et des couleurs de sa création dans des galeries et les emploie métaphoriquement afin d'exprimer ce que lui inspirent certains endroits, espaces ou villes, et d'en recréer l'atmosphère originale.

En 1971, Bill Vazan réalise *World Line* avec l'aide d'un ingénieur civil et de nombreuses personnes éparpillées dans 25 endroits différents du globe: ensemble, ils tracent une ligne imaginaire en zigzag qui fait le tour de la terre. Les seules formes visibles qui composent l'œuvre sont 25 angles tracés avec du ruban noir sur 25 étages et dont les droites mènent géodésiquement au point suivant de la ligne. *World Line* nous invite (tout comme l'avait fait une autre œuvre de Vazan, qui mettait le Canada entre parenthèses, la parenthèse ouvrante étant dessinée sur une plage de Vancouver et la parenthèse fermante, sur une plage de l'Île-du-Prince-Édouard) à revoir certaines de nos idées préconçues les plus tenaces sur un environnement que nous avons peine à imaginer.

Dans la galerie de l'Alberta College of Art, Rita McKeough expose, sous le titre *Defunct* (1981), les répliques qu'elle a construites d'anciennes maisons de Calgary. Le soir, elle se rend à la galerie pour les détruire, manifestant ainsi son mécontentement face à la destruction insouciante de notre environnement urbain. Dans *Destruck* (1983), les maisons de McKeough ont des bras pour se défendre, mais peine perdue: la bataille qui s'ensuit ne fera que prolonger leur agonie.

L'environnement architectural préoccupe aussi l'architecte/artiste montréalais Melvin CHARNEY, qui recrée, dans une galerie ambulante, des types d'architecture vernaculaire que, selon lui, nous négligeons et détruisons à notre détriment, car lorsque nous effaçons le passé inscrit sur le plus humble de nos bâtiments, nous risquons de perdre notre identité dans le présent. À Montréal, en 1976, Charney est l'âme dirigeante de «Corridart», manifestation durant laquelle de nombreux artistes de la ville transforment la rue Sherbrooke, une artère servant souvent de scène aux défilés, selon leur perception de cette rue et de son histoire. Moins d'une semaine après leur mise en place et devant la venue prochaine des visiteurs qui assisteront aux Jeux olympiques, le maire Drapeau ordonne la destruction des installations artistiques, perçues comme une menace. Ce geste démontre de manière frappante le pouvoir de l'art.

Les «Public Projections» de Krzystof Wodiczko révèlent que nous voyons un bâtiment ou un lieu comme un mythe en interaction avec les changements sociaux et les conditions culturelles. Au moyen d'un projecteur de diapositives, il projette des images de ce mythe pendant un certain temps sur les bâtiments auxquels elles se rapportent. Les images projetées sur la façade du Musée des beaux-arts de l'Ontario, en 1981, suggèrent qu'il y a collusion entre l'art, le monde des affaires et la bureaucratie culturelle. Les mythes que nous créons autour des montagnes de même que ceux qui sont liés aux armes nucléaires combinés avec l'annonce d'essais du missile de croisière américain en Alberta mènent à la projection de l'image de ce missile sur un rocher, près de Banff.

Art postal Forme d'art dont les œuvres sont diffusées au moyen du service postal et qui permet aux artistes de se soustraire aux limites de l'objet d'art et de la galerie d'art. Chuck Stake (Don Mabie), qui poste ses œuvres d'art à partir de Calgary depuis 20 ans, et Anna Banana sont deux des artistes les plus prolifiques de cette discipline au Canada. Ils utilisent un réseau mondial pour joindre ceux qui créent et font partager l'art pour le prix d'un timbre-poste.

Collage Assemblage de diverses images disposées au hasard, mais d'une façon telle que l'œuvre finie est plus impressionnante et significative que chacune de ses partie prise séparément. Ce sont les œuvres de Duchamp, des premiers surréalistes et des dadaïstes qui en ont érigé les bases complexes. Le collage correspond à une notion contemporaine selon laquelle nous n'avons aucune raison de faire de la discrimination entre une chose et une autre, entre une interprétation et une autre, puisque tout intervient dans notre façon de concevoir le monde.

Cette notion est aussi une composante du structuralisme, nouvelle approche cognitive rendue accessible à tous grâce aux écrits de l'anthropologue français Claude Levi-Strauss. «Le fait de décider de prendre en considération toute chose facilite la création d'une banque iconographique», remarque-t-il, ce qui incite Michael Morris et Vincent Trasov à fonder Image Bank, à Vancouver. Un artiste peut s'y procurer sur demande les nombreuses images qui circulent sur le réseau international des arts visuels, de la poésie, de la littérature et de la musique, augmentant ainsi ses chances de faire des juxtapositions et des liens entre divers éléments qui ont tous une certaine valeur. Ces mêmes idées inspirent le *Great Wall of 1984* (1973) à Glenn Lewis. Lewis invite 165 personnes à participer à un énorme collage qui consiste à rassembler 365 boîtes en plexiglas et à les empiler le long d'un mur, ce qui ne manque pas d'attirer la curiosité des visiteurs de la Bibliothèque scientifique nationale, à Ottawa.

La réapparition du collage est suivie d'un retour à l'imagerie. L'illusion, l'art dramatique, le récit, souvent utilisés de façon instinctive, accompagnent une profonde remise en question des modes de représentation. La situation pluraliste qui prévaut à la fin de années 70 amène des artistes à réagir en recourant à l'analyse. Les œuvres de deux de ces artistes, Jeff Wall et Ian Wallace, de Vancouver, s'avèrent une analyse rationnelle et fort lucide de la façon dont l'art contemporain peut évoluer et revendiquer un statut et une signification qui lui soient propres, comme cela se fait dans d'autres domaines. Ils se servent de la photographie pour analyser la valeur de leurs propres images et de celles véhiculées par les médias de masse et pour se demander de quelle façon leur conception de l'art diffère de celle d'autres artistes.

Dead Troops Talk, une œuvre épique de Wall, réalisée comme la plupart de ses œuvres grâce à une technique utilisant un transparent Cibachrome, représente une patrouille de l'armée rouge après une embuscade près de Mogo, en Afghanistan, durant l'hiver 1986. Wall utilise des conventions tirées de l'histoire de l'art et du cinéma afin de permettre au spectateur de prendre ses distances par rapport à la mise en scène morbide d'un reportage, mode d'expression utilisé par les médias de masses pour nous manipuler, ce qui ne rend pas moins troublante cette œuvre. Dans la même veine, mais dans le domaine de la peinture, un moyen d'expression que l'on a parfois cru sans avenir, Bob Boyer, Claude BREEZE, Eleanor Bond, Yvon Gallant, Robert Houle, Wanda Koop, Atilla Richard Lukacs et Joanne Tod procèdent à ce même type de démarche.

Leurs emprunts lucides et réfléchis à l'histoire de l'art et, dans bien des cas, à la publicité et à la peinture d'enseignes ou aux technologies de communication s'inscrivent dans l'éternel débat qui cherche à déterminer si l'art est toujours et partout un projet évoluant de façon autonome ou bien s'il fait intrinsèquement partie d'une langue plus vaste, appartenant à l'immense système des représentations culturelles. Ken Lum et Robert Fones, deux artistes très différents, étudient l'aspect sémiologique du langage dans leurs œuvres.

Performance Souvent apparentée à l'installation, c'est l'une des plus importantes formes d'art hybrides. Elle trahit tour à tour ses origines dans l'urgence politique de l'agit-prop, le caractère enjoué du cabaret dada et la spontanéité du happening, dans sa préoccupation du processus grâce auquel les images et les idées prennent ou perdent leur signification et dans sa relation avec l'art conceptuel. Bruce Barber, dans des performances didactiques, adresse des reproches tant au spectateur qu'au producteur du contenu sociopolitique implicite véhiculé par les médias de masse. Elizabeth Chitty montre jusqu'à quel point ces médias ne satisfont que nos sens, tandis que les performances de Marcella Bienvenue reproduisent la confusion philosophique provoquée par le barrage médiatique, dans laquelle se perd inévitablement l'individu. Dans ces exemples et dans bien d'autres, la performance est un moyen efficace, bien qu'il ne soit pas le seul, pour exprimer les préoccupations féministes.

Trois artistes de Toronto, A.A. Bronson, Felix Partz et Jorge Zontal, regroupés sous le pseudonyme de General Idea, offrent une parodie extravagante de la société et de ses formes de publicités dans une série progressive de performances, de vidéos et d'installations. Selon eux, tous les arts ont besoin d'une quelconque forme de publicité et doivent se créer ou se trouver un créneau pour ne pas être dénués de sens aux yeux de la société.

Installation Il n'est pas toujours facile ou pertinent de distinguer l'installation de la performance, de l'œuvre intégrée à un lieu ou de la sculpture. Faye Heavyshield, John McEwen et Rodney Graham sont sans doute des artistes très différents les uns des autres qui partagent une même conception de l'espace dans leurs œuvres, mais qui sont aussi critiques envers une conception de la culture ou d'une certaine période de l'histoire. P. ex., *Child's Sweater c 1970* (1989) et *Field Work* (1989), de Liz Magor, évoquent la fin des années 60 sur la côte ouest, époque où l'artiste et ses amis se faisaient leur propre «culture» à partir des connaissances qu'ils avaient de la culture des peuples autochtones. Dans un climat où les droits de propriété d'une culture font l'objet d'un grand débat, ces œuvres (tout évocatrices, réfléchies et comprises qu'elles soient) suscitent des critiques parce qu'elles s'approprient une culture et sont défendues parce qu'elles clarifient les processus grâce auxquels l'histoire de l'art évolue. Dans ses œuvres, telles que *Species Life* (1989) et *Horro Autoxicus* (1990), Nell Tenhaaf aborde quelques-unes des implications culturelles des nouvelles technologies.

Dans *Patternity* (1991), Sara Diamond transforme une galerie en ce qu'elle appelle une «salle de séjour théorique», soit un espace défini par l'intellect dans lequel on débat de la création d'une identité familiale. Sa tapisserie et ses rideaux, ses écrans de télévision, tout son intérieur est modelé avec les sons, les cartes et les images de la vie de son père et montrent comment ces éléments ont influencé sa vie. Cette pièce se veut à la fois une analyse féministe de l'enchevêtrement du personnel avec le politique, de l'influence de la psychanalyse sur la famille et une théorie sur les densités de l'expérience personnelle.

Edward POITRAS, dans ses installations réalisées avec des techniques mixtes, notamment *Stars in Sand* (1982) et *Big Iron Sky* (1984), exprime la poésie troublante et pince-sans-rire née de l'ambivalence que des artistes des PREMIÈRES NATIONS entretiennent à l'égard leurs ancêtres et de leurs formes d'art. De nombreux artistes autochtones partout au Canada sont à la recherche de formes qui intégreraient des éléments des arts traditionnels et de la mythologie à leur art, souvent empreint de colère en raison de la situation actuelle.

Carl Beam est à la tête de ceux qui soutiennent que leur ethnicité (p. ex. les origines ojibwées de Beam) est secondaire par rapport au rôle qu'ils jouent dans une société pluraliste, même, ou peut-être surtout, quand cette ethnicité inspire le contenu de leurs œuvres. Cette affirmation le place parmi les nombreux artistes qui courent le risque de créer leur propre mythologie plutôt que de puiser dans ce qui est approuvé en vertu de l'appartenance à un groupe social. Les tableaux vivants de Gathie Falk, à l'instar de ses œuvres réalisées avec d'autres techniques, montrent qu'il est possible de communiquer de façon efficace au moyen de symboles hautement idiosyncratiques.

Durant les 25 dernières années, l'art politique a évolué de la protestation à une prise de position qui permet d'explorer les multiples formes que revêt l'exercice du pouvoir dans les relations humaines: des gouvernements sur les sujets, des colonisateurs sur les colonisés, des institutions sur les personnes, des hommes sur les femmes ou vice-versa. P. ex., Mark Lewis, dans le cadre d'une analyse à grande échelle qui intègre un film, réalisé avec Laura Mulvey, *Disgraced Monuments* (1993), et qui traite du sort réservé aux statues de Lénine depuis l'effondrement de l'Union soviétique, construit des répliques de monuments déchus pour diverses places publiques de villes canadiennes. Les réactions que cela suscite témoignent des façons différentes et complexes dont les monuments publics expriment le pouvoir dans les régimes démocratiques et totalitaires.

Dans ses grands tableaux aux couleurs vives, parmi lesquels *Red Man Watching White Man Trying to Fix Hole in Sky* (1990) ou encore *Scorched Earth, Clear Cut Logging on Native Sovereign Lands, Shaman Coming to Fix* (1991), Lawrence Paul Yuxweluptun puise dans sa spiritualité cowichane pour s'attaquer aux «intrusions toxicologiques dans la terre natale» qui menacent quotidiennement son peuple de pollution morale et physique. La mort prématurée de Greg CURNOE, en 1993, met brutalement fin à son projet de toute une vie visant à déterminer sa propre identité selon les conditions fixées par les ressources historiques, géographiques et architecturales de sa communauté de London, en Ontario. Au moyen d'ordinateurs, il commence à écrire la chronique détaillée de l'usage et de la propriété, en reculant le plus loin possible dans le temps, de l'âcre de terre qu'il possède. Cette histoire s'avère un microcosme de la dépossession et des litiges qu'ont fait subir les colons à la population autochtone. Une petite publication, *Deeds Abstracts* (1992), a fourni un aperçu de la richesse de cette ressource.

La poésie personnelle présente dans les récentes performances de Bruce Parsons est employée pour mettre en évidence un message de la plus grande pertinence: le déséquilibre entre l'utilisation abusive de la nature par l'homme dans les sociétés industrialisées. Parmi les artistes de plus en plus nombreux disposés à utiliser tous les moyens d'expression, y compris le prétendu renouveau de la peinture, pour montrer leur façon de réagir sans compromis devant un monde troublé, mentionnons Jamelie Hassam, qui, avec *Desaparecidos* (1981), recrée avec tout son climat d'angoisse la protestation des grands-mères des «disparus» d'Argentine et Ron Benner, dont les œuvres traitent du pillage de la nature par l'homme ou de celui d'une société par une autre.

Carol Cond se demande comment les artistes peuvent travailler en jouant le rôle de compromission que leur confère leur position privilégiée, d'un point de vue historique. Karl Beveridge tente de répondre à cette question dans ses installations photographiques, qui traitent de questions sociales spécifiques telles que les conséquences de la grève et le rôle de la femme au travail. Pour Bryan Dyson, qui fonde Syntax (Calgary International Artists' Contact Centre) en 1980, et pour son collègue Paul Woodrow, la seule solution susceptible de sortir l'art de cette impasse, la seule façon pour les artistes d'assumer leurs responsabilités envers la société consiste à arrêter de produire de l'art et à consacrer leur énergie à l'animation des diverses activités culturelles organisées dans leur communauté de Hillhurst-Sunnyside, à Calgary. Ils croient qu'aujourd'hui, l'action sociale directe est le seul moyen efficace dont disposent les artistes pour donner une forme à leurs idées et à leurs perceptions.

D'autres artistes, surtout à Toronto, parmi lesquels Janice Gurney et Ian Carr-Harris, choisissent de faire face à ce problème en affirmant avec insistance qu'une pratique de l'art valable ne peut exister qu'en théorie – par l'organisation d'idées et de formules inspirées de diverses disciplines intellectuelles, reflétées ou suggérées par les œuvres.

Il existe une idée répandue, et pas seulement au Canada, selon laquelle l'art et le discours qui le légitime sont liés de façon symbiotique. Aujourd'hui, ce discours provoque des querelles, parfois amères, pour savoir si l'appartenance ethnique ou l'appartenance à un sexe influe ou non sur la production et la perception de l'art.

Parmi les artistes autochtones, Rebecca Belmore se distingue pour ses pièces conçues dans le but de donner une voix aux marginaux et aux âmes emprisonnées de son peuple, les Ojibwés, pour qui l'art présenté dans les galeries n'a guère d'importance. *Ayum-ee-aawach Oomama-mowan: Speaking of their Mother* (1991) est un énorme mégaphone disposé en plusieurs endroits, notamment sur la colline parlementaire (qui fait partie des terres revendiquées par les Algonquins), spécialement conçu pour permettre aux autochtones de s'adresser directement à la Terre-mère. *Mawu-che-hitoowin: A Gathering of People for any Purpose* (1992) consiste en une série de chaises décrépies disposées en cercle. Les visiteurs qui s'assoient dessus peuvent écouter, grâce à un casque, les propriétaires de ces chaises raconter leur histoire.

On se demande encore avec passion si l'art se justifie par des mesures politiques (quelles devraient-elles être?) ou par sa qualité (quelle est-elle?). Ce sont en quelque sorte les questions des années 60, mais formulées différemment au milieu des années 90, dans un contexte qui les rend encore plus pertinentes, c.-à-d. une société qui a vécu la crise d'Oka et les revendications territoriales, un Canada qui prend de plus en plus conscience de son statut de colonisé-colonisateur, des revendications sur l'égalité des droits de la femme, de l'épidémie de sida et de l'implication politique des problèmes de santé qui s'y rattache, de même que des conséquences de la spécificité culturelle des immigrants.

Au Canada, la diversité des courants artistiques contemporains est liée à leur histoire propre, à leurs ressources et aux influences venues de l'étranger en raison de la distance qui sépare les centres artistiques. Cet isolement est compensé par l'aide du gouvernement sous la forme de programmes, qui rendent possibles des expositions ou qui permettent à des artistes de voyager dans tout le pays. Le gouvernement aide aussi un réseau de galeries et d'aires d'exposition spéciales et un certain nombre de publications d'art diffusées à l'échelle nationale: *Canadian Art*, *Border Crossings*, *Fuse*, *C Magazine*, *Matriart*, *Parachute*, *Parallelogramme* (l'organe des centres d'art autogérés), *Vie des Arts*, *Provincial Essays* et *Public Access*. De nombreuses communautés partout au Canada produisent aussi leur propre magazine ou leur journal. Diffusées à prix abordable ou gratuitement, parfois éphémères, ces publications paraissent dans le but de permettre la concertation sur des préoccupations locales.

À une époque qui a vu la population des centres métropolitains s'accroître rapidement, des bouleversements démographiques survenir dans tout le pays et le financement public diminuer progressivement, le Canada se caractérise, au milieu des années 90, à la fois par ses différences régionales et ses différentes solutions au problème du financement, ainsi que par ses liens nationaux et internationaux.

Les sources de financement publiques et privées ont des répercussions à une époque où les milieux artistiques cherchent des solutions de rechange, souvent par le biais de diverses activités collectives, et où l'activisme social se trouve à la frontière toujours imprécise qui sépare l'art et les préoccupations sociales. Que les œuvres produites à Terre-Neuve, en Acadie, ailleurs dans les Maritimes, au Québec, dans plusieurs régions de l'Ontario, à Toronto, dans les Prairies, en Alberta et en Colombie-Britannique constituent ou non une réponse à l'économie sociale et à la politique locale, l'art dans ces régions revêt trop d'aspects distincts pour qu'on puisse en faire un portrait d'ensemble. (*Voir aussi* PEINTURE: LES DÉBUTS; ART VIDÉOGRAPHIQUE.)

Charlotte Townsend-Gault

Art actuel au Québec

Parmi les manifestations esthétiques qui ont contribué aux fondements de la postmodernité, l'installation et la performance (ou art corporel) figurent comme des avènements disciplinaires hautement significatifs. Emblématiques des préoccupations actuelles en art, installation et performance, comme pratiques, révèlent des caractéristiques qui en font des représentants privilégiés de l'art actuel, soit la mixité des matériaux, l'hybridité des disciplines, le caractère éphémère de l'œuvre et la participation active du spectateur. Or, l'histoire récente de l'art au Québec est non seulement marquée par ces deux disciplines, mais s'inscrit dans le courant international de l'art par la spécificité de ses propositions.

L'installation Dans l'histoire plus générale de l'art, et de par le fait qu'elles s'ajustaient à un lieu choisi, des œuvres comme celle du *Merzbau* (démarrée en 1919) de Kurt Schwitters ou *l'Espace Proun* (1923) d'El Lissitzky marquent l'amorce de l'installation. Nommée ainsi dans les années 70, l'installation, en effet, se définit comme l'occupation d'un espace dont les spécificités physiques tout autant que symboliques se trouvent spécialement exploitées. Témoin d'un état, d'un contexte, l'installation est le lieu même de réflexion où l'art se manifeste à un point tel que, dégagée de son espace de présentation, l'œuvre se détruit. Les premières œuvres *installatives* étaient par nature in situ. Ainsi, parlant *d'Assimilation / Simulation* (1978) de Pierre GRANCHE – pyramide tronquée surgissant comme extension du sol de l'ancien MUSÉE D'ART CONTEMPORAIN DE MONTRÉAL –, René Payant, théoricien de l'art, note l'«indéplaçabilité» de l'objet et fait remarquer que le retrait de cet «objet» entraîne son ultime disparition.

L'artiste installateur choisit fréquemment un lieu désaffecté dans lequel il voit un espace à commenter. Au Québec, Martha Fleming et Lynne Lapointe innovent dans ce type d'installation. *Projet Building / Caserne # 14* (1983) est indélogeable de son espace, une caserne de pompiers désaffectée. Conservé intact, et voulu comme tel, le lieu est marqué de petites interventions qui mettent l'accent sur l'héroïsme légendaire du pompier. En 1984, Fleming & Lapointe s'approprient un ancien bureau de poste qu'elles transforment en *Musée des Sciences*. Dans cet espace, elles mettent femmes et «objectivité» de la science en présence les unes de l'autre dans un cadre architectural qui rappelle le musée et sa manière de documenter, de présenter la grande comme la petite histoire. Irene F. WHITTOME, avec son *Musée blanc* (1975) et son *Musée des traces* (1989), joue également avec ces attendus (apparence, disposition, etc.) qui déterminent les conventions du lieu muséal et du statut de l'œuvre d'art.

Avec *Le Terrain du dictionnaire A / Z* (1980), Rober RACINE cherche à montrer comment l'installation peut s'intégrer à notre espace environnant en proposant un «parc de la langue française» où chacun des 55 000 mots du dictionnaire *Le Petit Robert* prendrait place dans l'espace. Le dictionnaire, devenant lieu géographique, permettrait ainsi au «flâneur postmoderne» de circuler librement à travers le langage. Dans les Jardins de l'Orangerie à Kassel (1992), p.ex., il a affiché tous les mots commençant par la lettre K.

Au Québec, quelques événements constituent des repères certains dans l'histoire de l'installation, comme *Aurora Borealis* (1985) présenté dans le cadre des Cent Jours d'art contemporain.

Depuis les années 80, l'installation se fait moins orthodoxe et prend diverses formes sans toutefois prétendre à une quelconque spécificité. Il ne semble plus primordial qu'elle soit indissociable du lieu où elle prend place pour être nommée ainsi. P. ex., une mise en scène créée à partir d'œuvres photographiques sera désignée comme installation photo (Geneviève CADIEUX, Roberto Pellegrinuzzi) et à partir d'œuvres vidéographiques comme installation vidéo (Luc Courchesne, Barbara Steinman). (*Voir* ART VIDÉOGRAPHIQUE.)

La performance (art corporel) L'on s'accorde volontiers pour faire remonter les origines de la performance aux manifestations futuristes (1910) ou dada (1916) du début du siècle. D'abord nommée «happening» à la fin des années 50, la performance s'impose au début des années 70 à New York et quelques années plus tard seulement au Québec. Comme l'installation, la performance se caractérise par son caractère hybride et éphémère. Entremêlant parfois théâtre, danse, musique, arts visuels, poésie, la performance ne dure en effet que le temps de sa représentation. Accomplie devant public, elle se déroule en temps réel et dans un espace réel, témoignant ainsi d'un retour en force du sujet délaissé délibérément par le modernisme. De même, elle réincorpore intentionnellement la dimension narrative dans son propos, contaminant ainsi, aux yeux des puristes, la prétendue vérité de l'œuvre moderniste.

Au Québec, la *Danse dans la neige* (1948), de la danseuse et artiste visuelle Françoise SULLIVAN, est fréquemment citée comme l'une des premières performances de l'histoire de l'art contemporain québécois. Et depuis, la danse est demeurée liée à la performance. L'œuvre de Marie CHOUINARD est, à ce titre, exemplaire d'un travail sur la gestualité, la voix et l'investissement corporel.

En 1972, est fondé le premier lieu de diffusion de la performance au Québec, Véhicule Art, qui sera également le premier centre géré par des artistes. Festivals, événements, colloques se suivent à partir de cette date (tels «03 23 03» en 1977, organisé par France Morin, Chantal Pontbriand et Normand Thériault, et «Performance et multidisciplinarité: postmodernisme» en 1980) qui, menés par Chantal Pontbriand et la revue *Parachute*, demeurent étroitement liés à l'avènement de la performance et à son histoire.

À Québec, la revue *Inter* (nommée *Intervention* à sa fondation en 1978) et l'espace Inter / Le lieu (1981) privilégient, depuis leur origine, l'œuvre *performative* et le discours qui en résulte. Des *performeurs* et auteurs comme Alain-Martin Richard et Richard Martel en sont les figures pionnières.

Proche de l'activisme ou de la pratique sociale, la performance se veut alors provocante voire offensive et iconoclaste, tel *Istvan Kantor* de Monty Cantsin qui macule de son sang des œuvres d'art. Moins violente, mais néanmoins critique, l'œuvre de Jana STERBACK, *Vanitas – Flesh Dress for an Albino Anorectic* (1987), habille de viande le corps d'une femme, mettant ainsi en relief la chair et le comestible qui s'y rattache. Un discours social et politique, féministe très fréquemment, est associé à la performance perçue comme le médium par excellence pour donner une visibilité aux revendications (Sylvie Laliberté, Shawna Dempsey, Cathy Sisler).

L'investissement du corps dans le récit et dans le temps, l'engagement du sujet dans l'histoire, la remise en cause de la fonction de l'art apparaissent comme autant de voies critiques qui justifient la nécessité de l'expression par la performance dans l'art contemporain.

Thérèse St-Gelais

Art des lieux publics Les œuvres d'art situées dans des lieux publics précis proviennent de commandes passées par des personnes ou des groupes. Parcs, édifices du gouvernement, banques, écoles, églises, hôtels, gares, sièges sociaux et restaurants sont quelques-uns des endroits où l'on présente des œuvres fixes dont la composition, les dimensions et les proportions s'adaptent au site environnant qui en fait ressortir la signification. Le thème de l'œuvre peut se rapporter à la fonction du bâtiment ou de l'espace qu'elle met en valeur. L'art dans les lieux publics est souvent produit à des fins de célébration, de propagande, de commémoration ou d'éducation. À sa fonction décorative peut s'ajouter un message politique, social ou religieux qui exprime l'idéologie du groupe ou de l'individu qui a commandé l'œuvre.

Chez les autochtones d'Amérique du Nord, de nombreux peuples produisaient autrefois de nombreuses œuvres d'art public, principalement sous forme de sculptures sur bois. Cet art remplissait à la fois des fonctions sociales et rituelles (*voir* ART AUTOCHTONE; ART INUIT; AUTOCHTONE DE LA CÔTE DU NORD-OUEST, ART).

Sous le Régime français, la forme d'art la plus répandue dans les endroits publics était la SCULPTURE. Les peintures, importées pour la plupart, étaient de petite taille et pouvaient s'adapter à différents décors. Seul le frère LUC créait des peintures qui se mariaient à l'architecture des retables. En 1686, l'intendant Bochart de Champigny a fait ériger un buste en bronze de Louis XIV sur la Place Royale, à Québec. Des statues de saints dans des niches ornaient les édifices aux intersections et permettaient de reconnaître certaines rues. Des sculptures monumentales, le plus souvent en bois, ornaient les façades d'églises, p. ex. celles de Sainte-Famille (île d'Orléans) et de Cap-Santé (Portneuf), et les retables du maître-autel étaient richement agrémentés de statues dorées, de bas-reliefs et de peintures. L'un des plus beaux exemples de retables, exécuté par Pierre-Noël LEVASSEUR et des membres de son atelier, se trouve à la chapelle des ursulines de Québec.

Aux XVIIIe et XIXe siècles, les sculpteurs ont trouvé des débouchés dans la sculpture navale et ont fait connaître de part et d'autre de l'Atlantique les noms des chantiers navals et des armateurs du Québec et des Maritimes. La tradition de la sculpture religieuse et de la sculpture navale s'est perpétuée au cours du XIXe siècle grâce aux membres de la famille BAILLAIRGÉ, de Québec, et des ateliers de QUÉVILLON et de ses compétiteurs, de la région de Montréal.

Ces premières sculptures s'apparentaient aux traditions culturelles françaises et soulignaient la présence d'une autorité royale et catholique. Les changements qui ont résulté de la Conquête étaient principalement iconographiques. La nouvelle puissance politique était moins démonstrative, et les ÉDIFICES GOUVERNEMENTAUX étaient surmontés des armoiries britanniques. Le meilleur exemple de ce changement de régime politique consiste en une colonne de pierre dominant la ville de Montréal et érigée en 1808 pour célébrer la victoire de l'amiral Nelson à Trafalgar (1805). En 1828, un obélisque en pierre a été construit à Québec à la mémoire des généraux Montcalm et Wolfe. Il est devenu le premier d'une série de MONUMENTS austères érigés au Canada pour commémorer la vaillance dans la mort.

L'économie florissante, la population croissante ainsi que l'immigration d'artistes itinérants dans la colonie ont entraîné une prolifération d'œuvres d'art dans les endroits publics. Au XIXe siècle, les œuvres éphémères étaient en vogue: arches de triomphe, chars allégoriques et affiches (*voir* PEINTURE: LES DÉBUTS). Les artistes Louis Dulongpré, Joseph LÉGARÉ et, plus tard, Alfred PELLAN ont tous créé des décors de théâtre.

Au début, les premières peintures étaient inspirées d'artistes étrangers, notamment italiens et allemands. Les plus anciens décors peints connus sont les colonnes et la voûte de la cathédrale Notre-Dame de Montréal. Conçus comme un ensemble et exécutés sur place en collaboration avec l'architecte, ils ont été produits vers le début des années 1830. En 1844, Andrew Morris a créé les allégories du commerce et de l'agriculture pour l'édifice de l'administration municipale de Montréal, reflet de la sécularisation croissante de l'art au Canada.

En Europe, les nazaréens et les préraphaélites encourageaient l'art dans les lieux publics, une influence qu'ont subie les membres du clergé catholique du Canada lors de leurs nombreux voyages à l'étranger. Des artistes immigrants ont laissé des marques de leur habileté à créer des programmes iconographiques complets, à la mesure de l'ARCHITECTURE pour laquelle ils étaient conçus: Lamprecht à l'église de Saint-Romuald, les frères Mulleir au Gésu de Montréal et Luigi Cappello dans la région de Montréal. Côté sculpture, les artistes italiens ont apporté au Canada le goût des stèles et des monuments funéraires élaborés, souvent ornés de reliefs de bronze ou de figures en ronde-bosse. À la fin du XIXᵉ siècle, la firme montréalaise de Carli et Petrucci était un chef de file sur le marché de l'Est du Canada.

Progressivement, les artistes canadiens se sont approprié le marché de la peinture murale, au moment où d'importants projets de monuments commémoratifs ont encouragé le développement de leur carrière. On avait prévu une riche ornementation iconographique pour la façade de l'Hôtel du Parlement de Québec, mais le travail a été retardé jusqu'en 1890, quand Louis-Philippe HÉBERT a réalisé les sculptures de Frontenac, d'Elgin, de Salaberry, de Wolfe, de Montcalm, de Lévis, et les sculptures de groupe *Halte dans la forêt* et *Pêche au nigog*. Napoléon BOURASSA, qui a terminé sa formation en Italie et en France, s'est révélé le pionnier canadien de la peinture murale. Il a été l'architecte et le décorateur de Notre-Dame-de-Lourdes (1883) et le fondateur du studio où Hébert et de nombreux autres peintres de murales seront formés.

La décoration pour cinq jeunes artistes, de la chapelle du Sacré-Cœur de la cathédrale Notre-Dame de Montréal a consacré les artistes canadiens maîtres de l'art mural. Charles HUOT et Ozias LEDUC ont développé des thèmes canadiens directement reliés au cadre environnant, et ce, jusqu'à une époque avancée du XXᵉ siècle. L'évolution politique s'est accompagnée d'une conscience accrue de l'histoire, marquée par la prolifération des sociétés historiques locales, des historiens et des généalogistes. Le nombre de personnes et d'événements historiques dignes d'être représentés a rapidement augmenté, et les pères de la jeune nation canadienne, George-Étienne Cartier et John A. Macdonald, se sont vu dédier de nombreux monuments (*voir* HARRIS, ROBERT).

En 1899, George A. REID a conçu une série de peintures murales pour le hall du nouvel hôtel de ville de Toronto, qui illustraient la fondation d'établissements dans le Haut-Canada. Ce projet n'a jamais été achevé, mais Reid a tout de même laissé plusieurs murales importantes à Toronto, dont celles de la bibliothèque d'Earlscourt et de l'auditorium du Jarvis Collegiate Institute. Comme la plupart des artistes de la peinture murale canadiens de cette époque, Reid n'utilisait pas la technique de la fresque, mais fixait plutôt sur le mur les canevas peints. En Europe et aux États-Unis, les grands projets de construction comportant des monuments sculptés, des peintures murales, des mosaïques et des vitraux étaient populaires au tournant du siècle. L'année 1898 a vu la création de la Toronto Guild of Civic Art, et après 1895, l'Académie royale des arts du Canada (ARC) consacrait parfois une salle de ses expositions annuelles à la peinture murale.

Le Canada étant un pays relativement pacifique, les monuments commémorant la guerre et ses victimes y sont peu nombreux. La GUERRE DE 1812 est commémorée par une statue héroïque d'Isaac BROCK juchée au sommet d'une haute colonne classique à Queenston Heights, en Ontario. Pour leur part, George W. Hill, à Montréal (le *Lord Strathcona Memorial*), et W.S. Allward, à Toronto, ont érigé des monuments en mémoire de la GUERRE DES BŒRS. Après 1918 et de nouveau après 1945, les artisans fondeurs et les sculpteurs ont joui de revenus considérables grâce aux dons privés et aux fonds publics. Les villes et les édifices publics ont été décorés de plaques commémoratives, de bustes, de statues en pied ou même de représentations de soldats au combat, généralement surmontés d'une allégorie de la Victoire, comme c'est le cas de l'éloquent monument de la Place de la Confédération, à Ottawa.

Les fontaines et les monuments en hommage à des personnages historiques ou contemporains ont donné l'occasion à des artistes comme E.O. Hahn, Alfred LALIBERTÉ et Elizabeth WYN WOOD de produire des œuvres splendides. L'architecte et sculpteur John M. LYLE a intégré dans ses édifices de nombreux reliefs allégoriques inspirés de l'iconographie canadienne.

La croissance industrielle du Canada au cours de la Première Guerre mondiale s'est traduite par la construction de nombreux édifices publics dans le secteur privé (sièges sociaux, hôtels, banques) dont beaucoup s'ornaient de peintures murales. Certains artistes ont utilisé cette technique seulement à l'occasion (Charles COMFORT, Arthur LISMER), mais d'autres, comme Gustav Hahn, Guido Nincheri ou Frederick Challener, en ont fait leur spécialité. En 1923 et en 1924, l'ARC a organisé deux concours d'art mural. En 1924, 10 artistes ont reçu une commande consistant à décorer l'église St. Anne de Toronto.

Cette tendance à décorer de grandes surfaces a été encouragée par les écoles d'art, et bon nombre d'œuvres remarquables ont été produites avant et après la Crise des années 30, bien que, contrairement aux États-Unis, le Canada n'ait pas entrepris de projets artistiques dans les lieux publics pour procurer du travail aux artistes. Parmi les rares exemples d'œuvres datant de ces années, notons la construction et la décoration du Chalet du Mont-Royal, remarquable pour son effort de renouvellement d'une iconographie historique basée sur des faits plutôt que sur des mythes.

Dans les arts appliqués, les professions ont lentement évolué au Canada. Leur essor est survenu surtout après 1960, et les matériaux comme l'émail, la céramique, le tissage et le verre font désormais partie des œuvres d'art public. De nombreux auditoriums, centres d'exposition, campus universitaires et aérogares trouvent de nouvelles façon d'intégrer les arts dans l'architecture. Les tisserandes Mariette Rousseau-Vermette et Micheline BEAUCHEMIN, entre autres, ont confectionné des rideaux de théâtre, l'une pour la Place des Arts, à Montréal, et l'autre pour le Centre national des Arts du Canada, à Ottawa. Jordi Bonet a créé des œuvres murales et des portes en céramique et en bronze pour de nombreux théâtres et places publiques. Il a également décoré le pourtour du hall principal du Grand Théâtre de Québec d'un relief d'une grande inspiration, mais qui a suscité beaucoup de controverses.

EXPO 67 à Montréal, le triste sort de «Corridart» lors des Jeux olympiques de 1976 et la construction et l'agrandissement des réseaux du métro de Montréal et de Toronto sont autant d'occasions de produire des œuvres d'art public. La collaboration entre les architectes, les ingénieurs et les artistes a facilité l'intégration de la lumière et du mouvement dans ces espaces, illustrant de nouveaux rapports entre les humains et leur environnement. Cependant, l'art public a souvent été perçu comme la simple décoration et c'est seulement au cours des dernières années que les gouvernements ont amorcé un effort concerté pour en encourager le développement rationnel.

Laurier Lacroix
L'art dans les endroits publics de 1976 à nos jours Au cours des 20 dernières années, l'art destiné aux endroits publics au Canada s'est considérablement transformé et diversifié sur les plans de sa fonction, de sa forme et de sa définition. Le monument, la forme la plus pérenne de l'art public, a fait place à des modes d'expression contemporains aussi diversifiés que l'art des rues, l'art spécifique à un lieu, le *land art*, l'art en tant qu'architecture, la peinture, la photographie, la performance, l'art communautaire et l'art électronique comme dans les panneaux publicitaires. Les changements qui s'opèrent actuellement dans l'art public sont directement reliés à ceux qui se produisent dans l'art contemporain et dans la société, et le mécénat dont bénéficient les œuvres d'art des lieux publics s'est modifié et élargi, passant de l'Église et des organismes gouvernementaux aux municipalités, aux groupes communautaires, aux organisations artistiques et au secteur privé.

En 1978, le ministère fédéral des Travaux publics, alors responsable des commandes d'œuvres d'art pour tous les édifices gouvernementaux, a mis un terme à son programme de subventions grâce auquel des artistes comme Alex Wyse, Bob BOYER, Russell Yuristy et Joe FAFARD avaient produit des œuvres destinées à différents édifices dans tout le pays. Maintenant que le gouvernement fédéral a entrepris de privatiser certains organismes publics, tels les aéroports, de nombreux ministères commencent à penser à des stratégies pour retirer du domaine public ces œuvres à grande échelle.

En réaction au virage qu'ont pris le mécénat et le financement, les grandes villes et certaines provinces ont instauré des programmes d'art public au début des années 80, et poursuivent encore de nos jours leur action en ce sens. Dans bien des divisions administratives, des politiques et des règlements ont été adoptés pour exiger qu'un pourcentage (généralement 1 p. 100) du budget des projets des travaux de développement touchant, p. ex., les installations, les parcs et les places publiques, soit consacré à l'art. Si les politiques et les programmes provinciaux et municipaux varient, ils poursuivent un même objectif: intégrer l'art dans l'environnement quotidien.

De nombreux gouvernements provinciaux (p. ex. celui du Québec) administrent des fonds pour les œuvres d'art dans les lieux publics, et commandent des œuvres pour les écoles, les hôpitaux et autres installations provinciales, même les établissements correctionnels (l'exemple type étant le travail qu'a réalisé Jean-Yves Vigneau pour une prison de Hull, au Québec). La ville d'Halifax a été la première à instaurer un tel programme, imitée par d'autres grandes villes. Dans le cadre de leur politique à cet égard, des villes comme Vancouver, Toronto, Calgary et Edmonton, entre autres, encouragent les promoteurs privés à affecter à l'art 1 p. 100 du budget de leurs projets de développement.

Les édifices publics se sont depuis longtemps révélés d'excellentes sources de commandes d'œuvres d'art, une tradition qui se poursuit encore. En 1993, la ville d'Edmonton a commandé des œuvres importantes à plus de 40 artistes albertains pour son nouvel hôtel de ville, notamment à Douglas Haynes, à Isla Burns, à Glenn Guillet, à Hilary Prince et à Wendy Toogood. Le Grand Toronto a également demandé à des artistes et à des artisans de produire des œuvres pour son nouvel édifice. Gerald McMaster, Cynthia Short et la tisserande Betty Kirby, p. ex., ont créé des meubles, des éléments architecturaux, des sculptures de grandes dimensions, des peintures murales, etc.

L'hôtel de ville d'Ottawa est une création de l'architecte Moshe SAFDIE, de même que le MUSÉE DES BEAUX-ARTS DU CANADA. En 1991, huit artistes ont été invités à collaborer avec l'architecte pour intégrer l'art et l'architecture, dont Micheline BEAUCHEMIN, de Grondines au Québec; Ann Newdigate, de Saskatoon; Catherine Widgery, de Montréal; et Juan Geuer, d'Almonte en Ontario. *Vox Populi* de Juan Geuer, une sculpture lumineuse animée par la voix, utilise l'édifice comme dispositif sonore pour parler de démocratie. L'œuvre de Widgery, *Objective Memory*, évoque l'équilibre entre l'être humain, la nature et l'environnement. D'autres œuvres sont de nature fonctionnelle: une aire de jeu, de l'ameublement, etc.

Les grands événements urbains constituent souvent de bonnes occasions de créer des œuvres d'art public. À Expo 86 à Vancouver, James Wines a réalisé *Highway '86–Processional*, une œuvre désignant les différents modes de transport. De plus, dans une œuvre orchestrée par Stephen Braithwaite pour célébrer le 125ᵉ anniversaire du Canada, le public a pu devenir artiste et participer à la création d'une sculpture durant 125 jours pour le compte de la Commission de la capitale nationale. En 1988, le comité organisateur des Jeux olympiques d'hiver de Calgary a commandé des œuvres d'art à plusieurs artistes. Le plancher de linoléum de Barbara AST-MAN, incrusté de l'ovale olympique du patinage de vitesse, en est un exemple.

Au Canada, les installations sportives dominent le paysage et la culture, et l'art sert encore souvent de simple élément décoratif à ces édifices. Cependant, plusieurs artistes sont récemment allés au-delà de la simple création de monuments en l'honneur d'un héros ou d'un sport pour traduire littéralement dans l'œuvre d'art l'utilisation à laquelle l'endroit est voué. P. ex., l'œuvre figurative *The Audience*, de Michael SNOW, qui se trouve au Skydome de Toronto, rend hommage à l'assistance. Pour sa part, prenant le «jeu» pour thème de son œuvre située sur l'aire publique de l'aréna des Canucks de Vancouver, Liz Magor a collaboré avec les architectes paysagistes pour créer une planche de jeu surdimensionnée accompagnée de balles géantes.

Dans les années 80, le «site» lui-même, avec ses particularités physiques, esthétiques, sociales et/ou historiques, est devenu un élément clé dans les projets soumis par les artistes. Les sites propices à la présentation d'œuvres d'art sont très variés: intérieurs ou extérieurs d'édifices, aires ouvertes des rues, divisions administratives à l'intérieur des villes et projets d'aménagement de parcs. Le site dans lequel s'intègre une œuvre d'art peut grandement faciliter le dialogue entre l'art et le public. On considère maintenant que l'inclusion des artistes dans l'équipe d'architectes, de paysagistes, d'urbanistes, d'ingénieurs et d'entrepreneurs pendant la phase conceptuelle d'un projet est un aspect essentiel du processus de commande. En 1995, p. ex., Gwen Boyle, une sculpteure de Vancouver, a collaboré avec les architectes paysagistes, dans un projet de développement privé, pour intégrer au trottoir du texte relatant l'histoire du bord de mer. De la même façon, une œuvre de Justin Wonacott a combiné divers composants pour évoquer la vie sur la rue Rideau à Ottawa au début du XIXᵉ siècle. Ces éléments tels que des images et des textes incrustés dans les trottoirs, des citations dans les abribus, des passages pour piétons peints et une boîte lumineuse formée d'un triptyque photographique représentent des événements et des points de repère.

Parallèlement à la tendance de l'art à s'éloigner du «monument» pour se rapprocher de l'art in situ, on a assisté à l'émergence d'activités artistiques dans les endroits publics qui se déroulent de façon continue au sein de la communauté. Qualifiées par l'histoire d'art activiste, d'art féministe, d'art ethnique, d'art sociopolitique, ces œuvres favorisent la communication et, en ce sens, peuvent être classées dans la catégorie de l'art à caractère public. P. ex., l'artiste Krzysztof Wodiczko utilise la projection d'images pour créer des œuvres d'art public, qui abordent des questions urbaines contemporaines comme la situation lamentable des sans-abri, l'environnement et la violence. Joe Fafard, un artiste saskatchewanais connu pour ses vaches de bronze qui broutent au centre-ville de Toronto, œuvre commandée par la Banque Toronto-Dominion, a terminé en 1995 une œuvre environnementale de grandes dimensions, produite en collaboration avec un groupe de fermiers de la Saskatchewan Wheat Pool. Les collectifs d'artistes comme Fastwurms mélangent souvent la politique et l'humour afin de transmettre leur message, et la plus récente (et dernière) œuvre de General Idea porte sur la crise du sida.

Des programmes d'artistes résidents ont vu le jour dans les centres communautaires, les ateliers industriels et les écoles, et le secteur privé participe souvent aux projets entrepris dans les centres-villes. Ainsi, C.J. Fleury, artiste résident de Wakefield, au Québec, a travaillé avec plus de 300 mécaniciens municipaux, nettoyeurs de rues, ouvriers d'entretien et autres, pendant un an, afin d'imaginer, de concevoir et de fabriquer une sculpture imposante à Otta-

wa. À Calgary, la 4ᵗʰ Avenue Art Society, dont sont membres les propriétaires d'immeubles et de commerces du secteur, a commandé à des artistes des peintures murales et des installations sculpturales. Le long de cette rue, la principale de Calgary, on peut maintenant admirer les œuvres de Joan Cardinal Schubert, de Tiko Kerr et d'autres peintres albertains très en vue. En fait, la peinture murale prend de nouvelles formes dans les communautés, à mesure que des artistes tels le peintre Ken LOCHHEAD et Diane Woodward transforment les pataugeoires des quartiers en peintures de grandes dimensions.

À Vancouver, comme dans bien d'autres villes, le travail des artistes a devancé les programmes officiels mis sur pied pour parrainer leurs projets. Au début des années 80, le collectif Artists for Non-Commercial Culture, de Vancouver, a commencé à travailler à plusieurs projets d'art public. P. ex., les artistes Jil P. Weavirg, Susan Edelstein et Margot Leigh Butler, notamment, ont exécuté des œuvres sur des bancs à des arrêts d'autobus choisis de Vancouver, dans le cadre du projet Benchmarks. Les slogans, les dessins relatifs à l'immobilier ou aux réclames publicitaires ont été remplacés par les slogans et les dessins du collectif d'artistes, qui avait pour mission de «revendiquer une portion de la sphère publique pour recueillir les commentaires de ses constituants». Le projet Mount Pleasant Community Fence, parrainé par la galerie The Grunt, de Vancouver, dirigée par des artistes, consiste en une clôture de 400 pieux en cèdre conçus et sculptés par des enfants du voisinage, des personnes âgées, des groupes multiculturels et des artistes locaux pour entourer un jardin communautaire.

De tels projets illustrent la tendance croissante vers la participation des citadins à la création d'œuvres d'art public et démontrent que, dans cette forme d'art, le processus de création est aussi important que le produit fini. Des artistes collaborent avec d'autres artistes et des profanes pour réaliser leurs projets, de sorte que le public se fait participant et collaborateur.

Plus la forme et la définition de l'art public changent, plus le rôle de l'artiste continue à évoluer.

Annalee Adair

Art Gallery of Greater Victoria Située à Victoria, en Colombie-Britannique, la galerie est un musée multidisciplinaire de beaux-arts et d'art décoratif. Elle possède une collection permanente composée de plus de 14 000 peintures, estampes, sculptures, dessins et objets d'art décoratif. Les collections de la galerie réunissent des pièces d'art canadien, européen et asiatique. La collection d'art japonais de la Art Gallery of Greater Victoria est considérée comme étant la plus belle au Canada.

Fondée en 1946, la galerie occupe le même espace depuis 1950. Le manoir historique Spencer, construit en 1889, se trouve au cœur du complexe de la galerie. Dans ses salles d'exposition modernes, la galerie présente annuellement plus de 30 expositions temporaires, composées de pièces de la collection permanente ou de pièces d'art contemporain provenant de la région. De plus, la galerie offre une grande variété d'activités publiques telles que conférences, projection de films, cours d'art et concerts.

Art Gallery of Hamilton Fondée en 1914 à l'occasion du legs de tableaux ayant appartenu à William Blair Bruce (1859-1906), la galerie se développe grâce aux efforts de deux de ses anciens directeurs, T.R. MacDonald (1947-1973) et Glen Cumming (1973-1989). Sa collection comprend actuellement quelque 7500 pièces qui couvrent plusieurs domaines et styles différents, mais on y retrouve de nombreux tableaux modernes canadiens, américains et anglais, de même que des tableaux hollandais des XVIIᵉ et XVIIIᵉ siècles, des tableaux français du XXᵉ siècle et des tableaux européens du milieu du XXᵉ siècle.

La collection de tableaux canadiens contemporains s'est enrichie et comprend maintenant des installations et des œuvres faisant appel à des procédés

photographiques. Elle inclut un nombre impressionnant d'œuvres sur papier et d'estampes anciennes, modernes, contemporaines, nationales et internationales (dont les estampes de Karel Appel), ainsi qu'une collection de plus en plus importante de sculptures nationales et internationales du XXᵉ siècle.

Au cours des années 90, la programmation des expositions a délaissé quelque peu la collection pour se centrer sur des questions fondamentales, relatives à la pratique des arts et à leur conservation, comme en témoignent les installations créées dans le cadre de la galerie, de même que par des conservateurs et des artistes invités. La galerie organise une grande exposition contemporaine temporaire par année (avec un artiste en cours ou en fin de carrière), en plus d'une exposition de groupe et d'un programme permanent de projets réalisés par des artistes régionaux.

Art Gallery of Windsor (AGW) Ressource culturelle précieuse pour la région de WINDSOR. En effet, la galerie présente sa collection d'art canadien dans une ville qui possède la frontière la plus achalandée entre le Canada et les États-Unis.

La Art Gallery of Windsor ouvre ses portes dans le manoir Willistead en 1943 et présente des expositions qu'elle emprunte à d'autres galeries d'art et à d'autres organismes. Après son incorporation en 1944, elle commence à bâtir sa propre collection et à organiser des expositions et des programmes éducatifs. En 1975, la AGW s'installe dans un ancien entrepôt rénové de fabrication de bière, situé en face de la rivière, et devient, avec le temps, l'une des galeries publiques les plus importantes de l'Ontario.

En 1993, la galerie déménage temporairement dans le centre commercial Devonshire, à la suite de la décision controversée du conseil d'administration de louer l'espace longeant la rivière à la province de l'Ontario, qui transforme l'édifice en casino. Quoi qu'il en soit, le conseil d'administration voit dans ce déménagement une occasion de rendre l'art accessible au monde qui l'inspire et de mieux comprendre la place qu'il occupe dans notre culture.

La collection de la AGW comprend près de 2500 œuvres d'art: peintures, dessins, estampes, photographies, sculptures, installations et vidéos. Toutes ces œuvres font partie du patrimoine culturel canadien et couvrent la période allant de 1750 jusqu'à nos jours. Ses peintures canadiennes de la fin du XIXᵉ siècle et ses œuvres du début du modernisme du XXᵉ siècle figurent parmi les plus importantes de la collection. Chaque année, grâce à son programme d'acquisition, la galerie ajoute en moyenne de 40 à 60 œuvres à sa collection. La galerie présente une exposition permanente complète de sa collection à laquelle s'ajoutent des expositions temporaires.

Art inuit Dans cet article, le terme esquimau «Inuit», assez récent au Canada français et anglais, sera réservé aux Esquimaux du Canada d'autrefois et d'aujourd'hui. Les Groenlandais, qui parlent un dialecte voisin de l'inuktitut canadien et dont l'art et les objets fabriqués sont souvent presque identiques à ceux que l'on a trouvés dans l'Arctique canadien depuis 4000 ans, se nomment Katladlit, tandis que les Esquimaux de Sibérie (ou d'Asie) et ceux de l'ouest et du sud-ouest de l'Alaska se donnent le nom de Yuit. Ils parlent le dialecte Yupik et, si l'on excepte l'art de la culture de THULÉ, leur art présente peu de ressemblances de forme avec celui de l'Arctique canadien. Toutefois, la grande ressemblance de l'iconographie (images) et des thèmes (contenu) entre ces formes d'art indique une ascendance commune ou tout au moins des échanges culturels. De toute évidence, les mots «Inuit» et «Esquimau» n'ont pas un sens identique et on doit les distinguer soigneusement.

Périodes culturelles On ne peut comprendre l'histoire des cultures esquimaudes et l'art des diverses régions et des diverses périodes que si l'on écarte le mythe d'une civilisation esquimaude homogène. Bien que l'on n'ait pu déterminer l'origine unique ou multiple des Esquimaux et de leurs diverses civilisations, on distingue cinq cultures dans la zone canadienne: PRÉ-DORSET, DORSET, Thulé, historique et contemporaine.

Culture pré-Dorset La première culture résulte des immigrants venus de Sibérie par le détroit de Béring, il y a de cela 4000 à 4500 ans (*voir* PRÉHISTOIRE). Il semble subsister peu d'objets d'art de cette période, mais les artefacts joliment façonnés que l'on a découverts, en particulier les pointes détachables de harpon et de lance en pierre soigneusement choisie, loin d'être seulement fonctionnels, présentent également une valeur esthétique considérable, et l'on peut les considérer comme des objets d'art, même s'ils n'ont pas été conçus dans cette intention. De leur merveilleuse simplicité et de la sensibilité de l'œuvre émane un pouvoir magique qui s'est perpétué pendant l'époque de la culture Dorset. La culture pré-Dorset dure plus de 1000 ans, soit jusqu'au début du premier millénaire av. J.-C.

Culture Dorset La période commence entre 700 et 500 av. J.-C. et peut être considérée comme la première culture autochtone de l'Arctique canadien. Elle s'étend, en effet, du golfe de l'île Coronation à la pointe sud de Terre-Neuve et jusqu'à la côte occidentale du Groenland. La datation et les origines de l'art Dorset ne sont pas toujours faciles à déterminer. Selon la chronologie établie pour la zone d'Igloolik par l'archéologue danois Jorgen Meldgaard, qui en situe l'apogée entre 500 et 1000, l'art n'apparaît que vers le milieu de la période Dorset, soit entre 400 et 500. Pourtant, on a établi que le célèbre masque miniature Tyara, fabriqué avec le souci de la perfection qui caractérise les meilleures créations de l'art Dorset, est antérieur à 600 av. J.-C. On peut attribuer cette contradiction à une datation au carbone erronée ou au fait que le masque appartienne à la culture pré-Dorset. Il existe deux masques miniatures pré-Dorset d'aspect semblable, provenant de la zone d'Igloolik.

Il se peut que les Esquimaux de cette période, comme d'autres cultures préhistoriques et sans écriture, aient détruit ou abandonné les objets représentant des forces surnaturelles. Le masque miniature Tyara, conservé involontairement, aurait été utilisé ou préservé par la culture suivante. Il se peut aussi que la finesse d'exécution et la beauté de ces objets possèdent un caractère magique qui dépasse la fonction utilitaire pour être plus efficace.

L'art de la culture Dorset semble viser un but visiblement magique et religieux qu'on constate en particulier chez les ours et les faucons «évidés», c.-à-d. creusés et perforés, dont la forme ressemble à des pointes de harpon. Le bout des pointes est une tête d'ours; les ouvertures alignées sont les pattes de devant collées au corps ou repliées vers l'arrière comme celles d'un animal en train de nager. Enfin, les saillies de la base représentent les pattes de derrière de façon plus ou moins abstraite. Tout en ayant une forme voisine de celle des pointes de harpon, les faucons évidés ressemblent aussi à des squelettes d'oiseaux. L'image d'animaux éviscérés rappelle un rite d'initiation chamanique commun à de nombreuses régions du monde arctique, de la Sibérie au Groenland: le CHAMAN doit se concevoir comme un squelette durable, dépourvu de chair et de sang, pour attirer la collaboration des esprits. Les dessins de squelettes incisés, et non gravés, dans de nombreuses sculptures d'animaux ont une origine voisine, et suggèrent plusieurs conceptions surnaturelles du corps: esprit ou essence détachée de la matière, forme rituelle ou instrument utilisé à des fins magico-religieuses.

Les symboles linéaires ou incisés sur les nombreuses sculptures (marques et croix accolées) se retrouvent dans d'autres cultures préhistoriques et sans écriture. Apparemment associés eux aussi au surnaturel, ils renforcent l'hypothèse du contenu magico-religieux de l'art Dorset. On trouve dans cette culture plusieurs autres types d'images taillées dans le bois ou dans l'andouiller: «groupes de visages», masques de bois, masques miniatures, figurines humaines, multiples représentations d'animaux, d'oiseaux, de mammifères terrestres et marins, parfois pourvues de marques représentant un squelette. Ces sculptures dont on connaît très mal l'utilité présentent des caractéristiques communes: elles sont sculptées le plus souvent dans l'ivoire, parfois dans l'os, l'andouiller ou le bois, elles sont très petites (de 1 à 10 cm), à part les groupes de visages, elles sont tridimensionnelles et présentent des traits expressifs très précis, sculptés à l'aide d'un couteau ou d'un instrument à graver. À part celles qui sont taillées dans l'andouiller ou le bois, ces sculptures sont remarquablement lisses malgré leur petite taille et leur expressionnisme.

On a retrouvé des pétroglyphes sculptés dans des affleurements de stéatite au bord de la baie de Wakeham, dans l'Ungava (Nouveau-Québec), des visages et des masques miniatures rappelant quelque peu les visages déjà mentionnés (*voir* PICTOGRAMMES ET PÉTROGLYPHES). Leurs formes rappellent toutefois le masque miniature Tyara, trouvé dans l'île voisine de Sugluk (Salluit). Cette ressemblance permet de préciser l'origine Dorset du masque miniature Tyara, mais remet encore plus en doute la date de sa fabrication.

Culture de Thulé Cette culture est beaucoup plus facile à définir et à dater malgré certaines contradictions. C'est après l'an 1000 que cette culture, originaire du nord de l'Alaska, commence sa migration vers l'Arctique canadien pour atteindre l'est du Groenland vers 1200. La culture de Thulé, qui constitue la plus uniforme des cultures esquimaudes, couvre toute la zone arctique de l'hémisphère occidental, y compris l'extrémité est de la Sibérie asiatique et donne aux Esquimaux une apparente homogénéité qui, excepté dans le cas des artefacts, est trompeuse. Dans l'Arctique, l'art Thulé ne présente pas vraiment l'uniformité que lui prêtent de nombreux chercheurs, et ses formes, moins remarquables que celles de l'art Dorset et de l'art ancien de la mer de Béring (en Alaska), amènent les archéologues d'aujourd'hui à réviser de nombreuses erreurs.

Les Esquimaux Thulé, dont les ancêtres habitaient le sud-ouest de l'Alaska, ont adopté la culture des gens du Nord. Ce sont les véritables ancêtres des Inuits contemporains. Pourtant, au Canada, l'art des deux cultures ne témoigne que peu de cette parenté, par opposition à la tradition artistique Thulé qui se poursuit jusqu'à la fin du XIXe siècle et même au début du XXe siècle.

Au Canada, les objets d'art Thulé sont le plus souvent des peignes, des porte-aiguilles, des «figurines flottantes» (oiseaux, esprits, êtres humains) ou encore des ustensiles ou des effigies féminines. À l'opposé de l'art Dorset, dont le style ne ressemble que très peu à l'art contemporain de l'Alaska, l'art Thulé du Canada ressemble pratiquement en tous points aux prototypes de l'Alaska de la même culture et de la même période.

Tandis que l'art Dorset, à la forme et à la technique austères et expressionnistes, revêt un aspect nettement masculin lié aux armes et aux outils utilisés par les hommes, l'art Thulé touche presque toujours des images, des formes et des usages féminins. En effet, les objets utilitaires et décoratifs qu'il orne (peignes, porte-dés, porte-aiguilles, épingles à cheveux, pendentifs) appartiennent manifestement à des femmes, et les «figurines flottantes» représentent des femmes ou s'apparentent à elles par leur forme. La structure de base de ces figurines est identique et elle ne montre que la partie supérieure du corps; la partie immergée, et par là invisible, n'est pas représentée. De toute évidence, ces figurines servaient toutes, à l'origine, d'amulettes ou d'objets magico-religieux. Il est donc difficile de croire qu'on les utilisait pour le jeu (*tingmiujang*), bien qu'elles aient servi de modèles aux pièces de jeu utilisées après le déclin de la culture de Thulé traditionnelle, liée à la pêche à la baleine aux XVIIe et XVIIIe siècles.

Petites, de forme élégante et souvent très bien décorées, les figurines et statuettes féminines de l'art Thulé n'ont presque jamais de visage, au contraire des personnages de l'art Dorset, aux traits masculins et expressifs. Notons cependant deux objets représentant un visage bien sculpté ressemblant à l'art Dorset: un peigne de la région de Pelly Bay et une fourchette à moelle (ou peut-être un poinçon utilisé pour les tentes ou UMIAK) provenant du détroit de Strathcona Sound Bay. On a retrouvé par ailleurs quelques sculptures aux visages vaguement gravés, quelques silhouettes sur des peignes, et un foret à arc, unique en son genre, de la région d'Arctic Bay.

Période historique Cette période commence avec le déclin de la culture de Thulé, causé par le refroidissement du climat et la disparition des baleines, et coïncide avec l'arrivée des Blancs dans l'Arctique au XVIe siècle. L'art perd de son unité malgré sa persistance jusqu'au XXe siècle, alors que les figurines flottantes deviennent pièces de jeu et les statuettes féminines des poupées. On continue à sculpter des objets féminins, mais leurs formes en sont beaucoup plus grossières.

Au début du XIXe siècle, les poupées, les jouets et les sculptures d'animaux, échangés avec les baleiniers, les marins et les explorateurs, qui viennent de plus en plus régulièrement, donnent peu à peu naissance à un commerce de souvenirs, qui prennent une forme souvent très délicate. En fait, les Inuits s'appliquent beaucoup plus aux sculptures destinées au commerce qu'à celles qu'ils exécutent pour eux-mêmes. En 1920, les objets d'art commercial, le plus souvent en os ou en ivoire, ont perdu toute leur signification magico-religieuse originelle, et sont devenus des répliques des outils et des armes appartenant aux Blancs et aux Inuits. Dans diverses régions, les Inuits sculptent des objets liturgiques (répliques de figurines catholiques) ou encore des coffrets à cigarettes, des porte-allumettes, des planchettes servant aux mots croisés et des voiliers, incrustés ou incisés. Malgré le mode de vie très traditionnel des Inuits avant la Seconde Guerre mondiale, la forme de leur art, et non leur mode de fabrication (*pinguaq* ou «représentations miniatures»), s'oriente de plus en plus vers les goûts et les usages des Blancs.

Phase contemporaine Cette phase constitue l'aboutissement logique de la période historique, caractérisée par un art et une culture en pleine transition. Cette phase coïncide avec «l'"ouverture» progressive du Nord après la Seconde Guerre mondiale, avec le lancement du réseau d'alerte avancé (DEW) et, avant tout, avec le nouvel intérêt des nations occidentales pour l'art et la culture des sociétés sans écriture. C'est en grande partie grâce à la perspicacité et aux efforts de diffusion de James A. HOUSTON, jeune artiste torontois, que se développe en 1948 et 1949 «l'art esquimau» ou «l'art inuit» que nous connaissons aujourd'hui. Houston encourage en effet les Inuits à appliquer leurs «talents naturels» à la création d'objets d'art qui les aideront à surmonter leurs difficultés économiques. À ce propos, ils reçoivent l'aide des coopératives des INUITS.

On voit d'abord apparaître sur les marchés du Sud les objets en ivoire et en stéatite de Povungnituk et de Port Harrison (Inukjuak), au Nouveau-Québec. Viennent ensuite ceux de Sugluk (Salluit), de Cape Dorset et de Repulse Bay. Bientôt, tout le centre de l'Arctique est représenté, de Coppermine (Kugluktuk) à Arctic Bay, et d'autres régions se joignent plus tard, dans les années 60 et 70. Le succès de l'entreprise résulte en grande partie du soutien que Houston et les Inuits reçoivent du gouvernement fédéral, de l'ancienne Canadian Handicrafts Guild et de la Compagnie de la baie d'Hudson. En 1957 et 1958, Houston introduit la gravure à Cape Dorset. Au cours des 20 années suivantes, cette forme d'art s'étend jusqu'à Povungnituk, Holman, Baker Lake, Pangnirtung et, à un moindre degré, jusqu'à plusieurs autres localités arctiques, dont Clyde.

Les sculptures en stéatite et en serpentine ont nettement la préférence, mais ces pierres, devenues de plus en plus rares, doivent être importées du sud, et elles diffèrent beaucoup des matériaux utilisés depuis les temps préhistoriques et historiques. On travaille encore l'ivoire dans plusieurs régions, en particulier à Pelly Bay et à Repulse Bay, où prédominent les sculptures miniatures. Les artisans d'Arctic Bay, qui utilisaient les os des baleines échouées, ne le font presque plus depuis le milieu des années 70. Les ossements de baleine trouvés sur les lieux préhistoriques de la culture de Thulé sont très recherchés à la fin des années 60 et au début des années 70, surtout à Pangnirtung et à Spence Bay, mais l'utilisation de ce matériau diminue constamment, en grande partie à cause de l'embargo des États-Unis sur les espèces en voie d'extinction.

Bien que la sculpture reste la principale activité artistique, la GRAVURE INUITE est devenue la production la plus stable et la plus lucrative pour les collectionneurs et les «investisseurs» du Sud. Les peintures et les dessins inuits, même s'ils étaient nombreux, n'ont jamais connu la même popularité que les gravures. Tous les graveurs dessinent, mais seuls quelques artistes peignent, notamment Pudlo PUDLAT de Cape Dorset et Davie Atchealak de Pangnirtung. Les tentures murales (brodées, tissées ou ornées de motifs appliqués) sont probablement les créations actuelles en deux dimensions les plus remarquables. Cependant, même si elles sont hautement prisées par les connaisseurs, elles ne sont pas non plus aussi populaires que les gravures.

Ces nouvelles formes d'art ne présentent pas l'uniformité de style et de contenu typiques de l'art Dorset et Thulé, mais font plutôt ressortir des caractéristiques locales et individuelles. Si l'art inuit se reconnaît facilement, c'est seulement à cause de ses thèmes ou de son style personnel ou local bien défini. En effet, sous forme de récit ou d'illustrations, il dépeint surtout le mode de vie et les moyens de survie traditionnels, les animaux du Nord et leurs esprits, ainsi que les chamans et les croyances qui rattachent les Inuits au monde des esprits. Cependant, la ressemblance s'arrête là: à Baker Lake p. ex., Makpaaq et Ekoota ont lancé la sculpture sur pierre massive, tandis qu'Ikseetaryuk sculpte dans l'andouiller des images et des compositions tout à fait originales, sans lien stylistique avec les sculptures sur pierre. Il en va de même pour les graveurs et les créateurs de tentures murales de Baker Lake comme OONARK, Tulluq, Anguhadluq, William Noah, Simon Tookoome et une dizaine d'autres, qui possèdent un style bien à eux.

La situation est la même à Cape Dorset où, tout en étant très individualistes, des artistes réputés tels que les sculpteurs Aqjangajuk Shaa, QAQAQ ASHOONA, KIUGAK ASHOONA, Kumwartok, Latcholassie, OSUITOK IPEELEE et PAUTA SAILA, et les graveurs PARR, PITSEOLAK et Pudlo se rattachent à l'art de Cape Dorset. On peut même parler d'un style Cape Dorset, aux formes nettes et précises, et aux idées souvent originales.

Les principaux artistes de Povungnituk ont eux aussi leur style et leurs thèmes propres. C'est le cas de trois sculpteurs et graveurs, Davidialuk, Joe TALIRUNILI et Josie Papialook (ou Paperk/Poppy), qui sont rarement imités, tandis que beaucoup d'artistes moins importants reprennent les idées de Charlie Sivuarapik, de Levi Alasua Pirti Smith et d'Eli Sallualuk. Toutefois, les multiples styles de Povungnituk, qu'ils soient de tendance figurative ou fantastique, présentent la même finesse d'exécution. Pourtant, les œuvres de Davidialuk, de Talirunili et de Paperk, quoique très narratives, conservent une naïveté fruste et une expression puissante. Si l'on peut aussi comparer les œuvres de Pelly Bay, de Repulse Bay et d'Eskimo Point (Arviat), nettement liées à l'ART POPULAIRE, on doit cependant noter

de nombreuses et subtiles exceptions. En général, les sculptures sur pierre et andouiller d'Eskimo Point (Arviat) sont exécutées de façon plus grossière que celles sur pierre et ivoire des deux autres collectivités. Toutefois, l'œuvre abstraite de PANGNARK, artiste d'Eskimo Point, est très élégante et raffinée. Les artistes qui sculptent l'os de baleine, en particulier les vertèbres aux formes naturellement fantastiques, sont légèrement favorisés au départ et créent souvent des œuvres étranges. Citons dans ce domaine les artistes de Spence Bay (Talovoak) comme Karoo Ashevak et Anaija, sans oublier les créations intéressantes des artistes de l'est et du nord de l'île de Baffin.

De nos jours, les styles et les images évoluent rapidement, plus particulièrement dans les trois peuplements kitikmeots de l'extrême ouest de l'Arctique central. À cet endroit, parmi les artistes les plus importants, on trouve Nick Sikkuark et Judas Ullulaq (Gjoa Haven), Charlie Ugyuk (Taloyoak) et le regretté Augustin Anaittuq (Pelly Bay). Parmi ceux qui ont déménagé vers le sud du Canada et qui sont plus âgés, se trouvent Manasie Akpaliapik (Toronto), les frères Abraham Anqhik de Salt Spring Island (Colombie-Britannique) et David Ruben Piqtoukun, de Toronto.

Les collectionneurs et les musées sont prêts à payer extrêmement cher les pièces de ces artistes, mais encore plus pour des gravures et des peintures anciennes, plus «classiques». L'augmentation rapide de la production actuelle s'accompagne malheureusement d'une baisse fréquente de qualité. Bien qu'un nombre impressionnant d'artistes talentueux produise encore beaucoup d'œuvres fascinantes, les normes de qualité globale doivent être scrupuleusement surveillées. Les meilleurs artistes inuits sont bien conscients de cet aspect. Toutefois, seuls les acheteurs locaux du Nord (les coopératives, la Compagnie du Nord-Ouest et plusieurs grossistes qui achètent directement des artistes) peuvent, en fait, exercer une certaine influence sur la quantité et la qualité de la production (ou surproduction) de cet important courant de l'art canadien.

George Swinton

Art naïf Depuis le début du siècle, on entend par «art naïf», l'art (la plupart du temps la peinture, mais aussi la sculpture) produit par des gens dépourvus des habiletés conventionnelles dans la représentation fidèle de la réalité. Il peut s'agir d'artistes sans formation académique, comme le douanier Henri Rousseau, de personnes âgées se découvrant sur le tard une passion pour la peinture, comme Grandma Moses aux États-Unis ou Alfred Wallis en Angleterre, ou simplement de personnes plus ou moins marginales dans le cas de l'art produit par des prisonniers, des gens du peuple, voire des malades mentaux. Dans ce dernier cas, le peintre Jean Dubuffet a proposé de parler plutôt d'«art brut», qu'il définissait comme comprenant les «œuvres ayant pour auteurs des personnes étrangères aux milieux intellectuels, le plus souvent indemnes de toute éducation artistique et chez qui l'invention s'exerce, de ce fait, sans qu'aucune incidence ne vienne en altérer la spontanéité».

Au Québec, la prise de conscience de l'importance de l'art naïf, spécialement dans la région du Charlevoix, remonte au début des années 30. Il faut remercier les peintres américains, Maud et Patrick Morgan, d'avoir, les premiers, attiré l'attention sur une quinzaine d'artistes naïfs de la région. Depuis la fin des années 20, on tenait dans l'ancienne Académie Saint-Jean-Baptiste de Pointe-au-Pic des expositions de fleurs et de tableaux d'estivants, à des fins charitables. Lasse de s'occuper de ces manifestations, Elizabeth Thébault-Binsse en confia l'organisation aux Morgan, en 1934. Ceux-ci en profitèrent pour exposer leurs «découvertes» de 1934 à 1938 et donnèrent de moins en moins de place aux paysagistes amateurs venus du reste du Canada et des États-Unis. Ils firent plus. En 1937, ils tenaient la

première exposition de peintres naïfs du Charlevoix à la East River Gallery de New York, puis, en 1941, à la Addison Gallery of American Art, à Andover. L'année suivante, toujours à Andover, on réservait une place à ces mêmes artistes du Charlevoix dans le cadre de l'exposition *Aspects of Contemporary Painting in Canada,* où ils côtoyaient PELLAN, BORDUAS, LYMAN, etc.

Parmi ces peintres de la région de Charlevoix, il faut signaler Simone-Mary Bouchard et des membres de sa famille. Installée au Moulin César près de Baie-Saint-Paul, la famille Bouchard regorgeait de talents. L'aînée, Simone-Mary (1912-1945) se mit assez tard à la peinture: en 1937, huit ans avant sa mort. Mais elle peignit de merveilleux bouquets de fleurs, des scènes de famille (*La famille à l'ouvrage,* vers 1940) ou de la vie du village (*Les fiançailles,* vers 1939). Jean Palardy et Marius Barbeau rendirent visite à la famille Bouchard en 1937 et signalèrent sa présence dans la région aux Morgan. Louise Gadbois et, par elle, le père Marie-Alain Couturier, o.p., la présentèrent au marchand de tableaux Max Stern qui, en 1952, organisa une exposition intitulée *Les trois sœurs Bouchard* et consacrée à Simone-Mary et ses deux sœurs, Marie-Cécile (1920-1930) et Edith (née en 1924), également peintres.

Yvonne Bolduc (1905-1983) et Georges-Édouard Tremblay (1902-1987) commencèrent à produire au milieu des années 20 et réussirent à vivre de leurs œuvres. Ils avaient le goût de l'expérimentation. Yvonne Bolduc, p. ex., fit des tableaux en collant des graines de différentes couleurs sur sa toile et G.-E. Tremblay fit des cartons de broderie ou de tapis crocheté.

Robert Cauchon (1916-1969), de Clermont, qui gagna sa vie comme bûcheron, profita de sa présentation à la East River Gallery, puisqu'il y fut remarqué et invité à participer au *Masters of Popular Painting,* l'année suivante. Son talent est robuste (*La promenade en hiver,* vers 1941) et parfois fantaisiste (*La mi-carême,* vers 1940).

À ce groupe, il faudrait ajouter Blanche Bolduc, la sœur d'Yvonne, qui se découvre à 50 ans une vocation d'artiste, Alfred Deschênes (1913-1975) de Cap-à-l'Aigle, Adéla Harvey (1895-1960) et Philippe Maltais (1910-1980). Tous ces artistes bénéficièrent grandement du passage des touristes dans leur région, et de ces touristes particuliers que furent des peintres comme Clarence A. GAGNON, Marc-Aurèle FORTIN, Jori SMITH, Louise Gadbois et Jean-Paul LEMIEUX.

Le Musée Laure-Conan à LA MALBAIE consacre depuis 1976 une salle permanente aux artistes naïfs de la région.

Ailleurs au Québec, le cas le plus extraordinaire de peintre naïf est sans aucun doute celui d'Arthur Villeneuve, barbier devenu peintre. Né à CHICOUTIMI en 1910, il se met tard à la peinture, comme c'est souvent le cas des artistes naïfs. Son œuvre la plus fascinante est sa propre maison, sise alors au 669 rue Taché, dont toutes les surfaces tant extérieures qu'intérieures ont été peintes à partir de 1957, la transformant en véritable «Musée de l'artiste». En 1994, on l'a sauvée de la destruction en la mettant à l'abri dans une salle de l'ancienne Pulperie, transformée en musée de site, à Chicoutimi. Mais Villeneuve a aussi peint beaucoup de tableaux et a fini par se faire connaître comme peintre. Il a développé un style particulier fait de petites cellules grimaçantes, cachant parfois des animaux, parfois des têtes humaines et composant des paysages «préhistoriques» ou retraçant de manière très fantaisiste l'histoire récente du Québec (*La visite du général de Gaulle à Montréal,* 1969). Le mérite d'avoir découvert le talent d'Arthur Villeneuve revient sans doute à Claude Picher, alors employé de la Galerie nationale du Canada, qui décernera à Villeneuve le deuxième prix de peinture à l'exposition du printemps, à Arvida, en 1959. La Galerie Waddington de Montréal s'intéressera à son œuvre au début des années 60 et le MUSÉE DES BEAUX ARTS DE MONTRÉAL lui consacrera une grande rétrospective en 1972. Il est mort le 24 mai 1990, peu après l'inauguration de l'exposition *Arthur Villeneuve et la peinture naïve*.

L'autre grand nom de l'art naïf au Canada est Robert «Scottie» Wilson. Né à Glasgow en 1890, il quitta l'école à l'âge de 9 ans, s'enrôla dans les Scottish Rifles à l'âge de 16 ans et servit aux Indes et en Afrique du Sud. Il fut de nouveau militaire durant la Première Guerre mondiale et émigra au Canada vers 1931, où il tint boutique sur la rue Yonge, à Toronto. Il vendait des bibelots et achetait de vieilles plumes fontaines dans l'espoir de faire de l'argent avec leur pointe en or. C'est en essayant une de ces plumes qu'il se découvrit un talent de dessinateur. Il vendit sa boutique et déménagea à Vancouver où il vécut dans le quartier chinois. Ses dessins sont remarquables, consistant en autant de formes remplies de milliers de lignes tracées les unes à côté des autres avec beaucoup d'application. Ils font apparaître tantôt des «Clowns» (autoportraits), tantôt des «Greedies», c.-à-d. les forces du mal, tantôt des canards, des poissons, des grenouilles ou des arbres stylisés. Parfois il dessinait des «totems», semblables à ceux qu'il avait pu voir dans Vancouver Park. Scottie demeura au Canada durant la Seconde Guerre mondiale. Il refusa tout d'abord de faire de l'argent avec ses dessins, préférant les exposer dans des cinémas ou des édifices désaffectés. Il retourna en Angleterre, en 1945, où des marchands de tableaux le persuadèrent d'exposer ses œuvres plus commercialement. Il devint célèbre, mais garda toujours ses distances avec les puissances de l'argent, vendant pour une *pound*, à la porte de la galerie qui l'exposait, des travaux semblables à ceux accrochés aux cimaises et pour lesquels on en demandait 250! Il est mort en 1972, à Londres. Ses œuvres canadiennes sont considérées comme les plus intéressantes, les plus sombres et dramatiques. Avec le succès, son inspiration s'adoucit et prit un tour plus utopique.

François-Marc Gagnon

Art populaire Il comprend une grande variété d'œuvres artistiques, caractérisées par un mélange de naïveté et de raffinement, de tradition culturelle et d'innovation personnelle. Bien que l'on puisse en donner de nombreuses définitions, en général l'art traditionnel est divisé en deux catégories: l'art culturel et l'art individuel. L'art culturel repose sur une base ethnique: il est français, anglais, allemand, polonais, ukrainien, etc. D'ordinaire assez conservateur, il se veut l'expression d'une communauté. En revanche, l'art individuel est innovateur et il exprime une personnalité unique, voire excentrique. Qu'il s'agisse de peinture, de sculpture, de gravure ou de motifs picturaux ou décoratifs appliqués sur des objets, les produits de l'art populaire plaisent au public. Les artistes les créent dans l'intention d'intéresser les gens ordinaires que sont leurs voisins, leurs amis ou leurs connaissances.

Historiquement, l'art populaire est né du désir de donner un sens à la routine quotidienne du travail et de la vie domestique et de l'humaniser. Il reflète ainsi les diversités culturelles et régionales du Canada. Aujourd'hui, souvent coupé des sources traditionnelles, soumis aux contraintes imposées par les musées et les collectionneurs, l'art populaire est devenu un moyen d'expression individuelle et esthétique qui utilise de nouvelles techniques et réagit aux influences de la société moderne. Alors que l'art populaire traditionnel est habituellement anonyme, les artistes contemporains sont connus et se spécialisent dans des moyens d'expression et des styles particuliers.

L'art populaire reflète les idées et coutumes à partir desquelles s'élaborent les modes de vie et peut donc s'inspirer de la religion, d'un sentiment patriotique envers le roi et la patrie, de la satisfaction apportée par la vie quotidienne ou de l'amour de la nature. L'art populaire est parfois qualifié de «primitif» parce que les artistes qui le pratiquent n'ont pas de formation particulière à leur art, qu'ils travaillent d'instinct et qu'ils expriment avec simplicité les vérités fondamentales reconnues par les gens ordinaires.

Inspiration religieuse L'art populaire d'inspiration religieuse s'épanouit au Canada dès le début de la colonisation européenne et il exprime la continuité et la tradition. Les visiteurs du Québec catholique à l'époque des XVIIIe et XIXe siècles décrivent les devises pieuses décoratives, les peintures religieuses illustrant des thèmes anciens et les coqs surmontant le clocher des églises, ce qui rappelle aux paroissiens la basilique de Saint-Pierre de Rome. Ces objets sont peints ou façonnés par des gens simples et croyants qui n'ont pas de formation, mais qui éprouvent tous un grand désir d'exprimer leur sensibilité artistique. L'une des formes notables de cet art populaire religieux, repris de la tradition française, est la PEINTURE VOTIVE, qui illustre des événements miraculeux tels qu'un naufrage imminent évité grâce à l'intervention de Sainte-Anne (collection de Sainte-Anne-de-Beaupré au Québec). Les personnages sculptés de la Sainte Famille et des saints les plus populaires qui ornent de nombreuses églises ont inspiré la fabrication de copies plus naïves destinées à la dévotion religieuse domestique.

Dans tout le Québec, des croix de chemin ont été érigées à de nombreux carrefours et le Christ crucifié, qui repose sur certaines d'entre elles, est souvent l'œuvre d'un artisan local. Ces œuvres s'élèvent parfois au rang de l'art populaire le plus raffiné. C'est le cas p. ex. d'un Christ simple, massif et austère, aux traits modestes et dignes, qui ne prétend pas au réalisme du grand art, sculpté par un artisan de la péninsule de Gaspé et maintenant conservé au Musée des beaux-arts de Montréal. Les artistes locaux sculptent les personnages de la Nativité pour la crèche de Noël, reproduisent l'agneau sur les bannières utilisées lors des processions religieuses ou fabriquent des moules à confiserie à motifs bibliques. Toute cette production rappelle de façon agréable les enseignements de la religion et montre l'importance de la vie religieuse. Au cours des années 30 et 40, un groupe d'artistes locaux du comté de Charlevoix représentent des thèmes connus, dont quelques-uns d'inspiration religieuse, comme les rois mages visitant une humble maison et se mêlant aux membres de la famille en toute simplicité pour célébrer Noël.

L'art religieux des provinces protestantes du Canada est moins apparent, puisque la religion protestante ne permet pas les représentations de Dieu. Cependant, des pièces murales dédiées à un parent disparu ou les modèles de broderie de la Nouvelle-Écosse datant du début du XIXe s. sont la preuve d'une profonde piété religieuse. Les loges des Orangistes protestants (*voir* ORANGE, ORDRE D') portent, au cours de leurs processions, des bannières ornées de symboles religieux et de nombreux foyers protestants possèdent de petites peintures de King Billy monté sur son cheval blanc. Des bannières religieuses sont suspendues dans le Sharon Temple, construit par un groupe de protestants du Nord de Toronto. Au XIXe s., Anna Weber, une mennonite du comté de Waterloo (Ontario), peint des motifs qui représentent la nature telle qu'elle est décrite dans le «Cantique des cantiques». Presque partout au Canada, les anciennes PIERRES TOMBALES des petits cimetières locaux sont souvent considérées comme faisant partie de l'art populaire. En Ontario, l'une de ces pierres rappelle, de façon imagée, la mort d'un pionnier qui s'est fait écraser par un arbre alors qu'il était en train de défricher la forêt. À Halifax, une pierre tombale du XVIIIe s. montre Ezéchiel soufflant dans sa trompette lors du Jugement dernier; tout près, une autre pierre montre Adam et Ève de chaque côté du pommier et le serpent enroulé autour de l'arbre. On trouve un autre exemple d'art populaire religieux dans la «poupée de maïs», tressée avec art avec la dernière gerbe de la moisson et parfois lancée dans le feu afin de se concilier les dieux. Cette pratique correspond à une superstition qui remonte à l'époque des druides en Angleterre.

Thèmes communs La loyauté envers la patrie, l'origine raciale et la religion sont les thèmes communs de l'artiste populaire au Canada, qu'il soit britannique, français, allemand, italien, mennonite, ukrainien, doukhobor ou polonais. Nombreux sont les monuments commémoratifs de batailles sur lesquels on trouve des peintures détaillées ou des sculptures de soldats en uniforme. Durant les deux guerres mondiales, des mères patriotiques ont accroché des images de chars d'assaut et de drapeaux sur leurs paillassons. Les loyalistes qui immigrent au Canada ne laissent aucun doute sur leurs sympathies britanniques, et ils érigent devant le King's Head Inn de Burlington (Ontario) un panneau sur lequel est peinte la tête du roi Georges III. Un sculpteur local a créé une statue du général WOLFE, qui demeurera longtemps encastrée dans une niche au coin d'une rue de la ville de Québec. Les immigrants luthériens de la région palatine d'Allemagne, qui s'installent dans le haut du fleuve Saint-Laurent en 1784, ont fabriqué une girouette en forme de cygne, en souvenir du cygne de Saint-Lothair, symbole traditionnel de leur pays natal. Les enseignes d'auberges et de commerces des villes anglaises et françaises font office de galerie d'art populaire et fascinent les gens. Elles sont reproduites au Canada. Des motifs traditionnels de vêtements et certaines décorations utilisées en Europe ont également été reprises en Amérique.

Les œufs de Pâques ukrainiens relèvent d'une pratique ancienne et recherchée de l'art populaire qui a une grande importance symbolique et religieuse. La tradition de décoration, d'ornementation et de calligraphie des documents, livres et divers articles est apportée en Ontario par des immigrants mennonites entre les années 1780 et 1830 (*voir* ÉCRITURE ET CALLIGRAPHIE GOTHIQUES). Petit à petit, les objets représentant des symboles ou des héros canadiens apparaissent. Un modèle de broderie des années 1880 représente John A. MACDONALD et quantité d'objets s'ornent de différents motifs reproduisant des feuilles d'érable, des castors ou des policiers de la Gendarmerie royale. D'autres figures, comme le cowboy et le pionnier, deviennent des motifs privilégiés de l'art populaire.

Jusqu'au début du XXe s., alors que les voiliers sont encore le seul lien avec les contrées éloignées, une bonne partie de la production artistique populaire est consacrée à la mer, particulièrement dans les motifs de goélettes et de phares créés sur la côte est (*voir* SCULPTURE). Les équipages éprouvent de l'affection pour leurs bateaux et les nomment en l'honneur de héros de la mer célèbres, comme l'amiral Nelson, ou pour des raisons plus personnelles, comme le Mary W. Craftsmen. Dans les chantiers navals de Québec, de St. John's, de Digby et de Summerside, on crée des bustes de femmes aux formes généreuses ou encore un grand amiral pour évoquer les noms des bateaux. Une sculpture remarquable orne la proue du clipper baptisé MARCO POLO, construit près de Saint-Jean et qui accomplit des voyages records en Orient. Certains marins au long cours passent de longues heures à créer des modèles ou des peintures de leur bateau, souvent avec un gréement compliqué, qu'ils pourront ensuite montrer à leur retour. D'autres sculptent des boîtes à babioles ou des fanons de baleine, gravant sur les surfaces polies des images de licornes, d'ours polaires ou des gages d'amour envers les absents.

L'art populaire canadien s'inspire également de l'agriculture, qui joue un rôle important dans la vie du pays. L'agriculture connaît une période de prospérité évidente à la fin du XIXe s. au Québec et en Ontario. On construit alors de vastes GRANGES, dont beaucoup sont couronnées de girouettes décoratives faites de métal ou de bois et représentant des chevaux, des vaches ou des moutons. Les fermiers méritants exposent leur meilleur bétail lors de foires agricoles ou d'expositions provinciales à Toronto, à

Québec et à Fredericton, et des artistes et des artisans comme J.W. Swift, de Toronto, sont mandatés pour peindre, à l'eau ou à l'huile, le plus beau bétail. Encore aujourd'hui, certains fermiers accrochent à l'entrée de leur ferme des enseignes peintes à la main représentant le type de troupeau qu'ils élèvent. Jan Wyers, un immigrant danois, produit dans la seconde moitié du XIXᵉ s. certaines des peintures d'art populaire les plus admirables du pays, représentant la pour plupart la vie à la ferme. William Panko, un artiste de l'Ouest qui ne connaît pas l'art de la perspective, peint dans les années 40 des scènes qui expriment le plaisir de la vie au grand air.

Dans les fermes autosuffisantes, où l'on exécute des tâches variées à la fois dans les champs et dans la maison, de nombreux objets utilitaires sont joliment façonnés et ornés de motifs significatifs et délicats. Outils manuels, trépieds, moules et peignes utilisés pour le filage témoignent souvent d'un grand talent (*voir* CUIR, TRAVAIL DU). Les cachets en bois pour le beurre servent de marque de commerce et révèlent la sensibilité esthétique du fermier.

Les femmes de la campagne recyclent les fibres textiles et en font des COURTEPOINTES et des TAPIS décoratifs, dont l'assemblage de couleurs et de motifs rivalise avec la peinture contemporaine abstraite. Elles brodent sur les taies d'oreillers, le linge de table et les mouchoirs de délicats symboles évoquant le sentiment amoureux. Les «sculpteurs» de la famille fabriquent des modèles d'animaux domestiques et de poupées. Ils sculptent aussi des étagères et des armoires, des chevaux à bascule et des jouets pour les enfants (*voir* JOUETS ET JEUX; MEUBLES RUSTIQUES). Les plus habiles d'entre eux fabriquent des leurres travaillés pour la chasse, ornés de détails animaliers. Les coffres de bois servent de malles de voyage et de boîtes de rangement dans la maison.

Avec l'industrialisation, de nombreux artisans se mettent à fabriquer des miniatures qui représentent de façon tangible, pour les générations à venir, la vie rurale qui passe. Ils témoignent ainsi des talents, des loisirs et des histoires du passé. D'autres sculpteurs reproduisent plutôt les nouvelles technologies telles que les machines à vapeur qui fonctionnent et des modèles complexes de machinerie de ferme.

L'art populaire n'est pas nécessairement utile ou fondé sur la culture ou la tradition. Il peut être simplement fantaisiste et provenir de l'imagination particulière d'un artiste. Ornements de jardin, maisons d'oiseaux, vitrines et figurines peuvent être exotiques, érotiques, humoristiques ou fantaisistes, mais toujours y transparaît le caractère spontané et direct de l'artisan. J.B. Côté, un sculpteur de Québec, a réalisé une figurine de bois représentant un jeune homme décharné et dégingandé qui chante dans une chorale et qui a l'air d'un fanfaron avec son collet empesé du dimanche qui semble l'emprisonner ou même l'étrangler. Ses qualités humaines attrayantes ont immédiatement plu au public et, comme tout art populaire à succès, il a égayé la vie des gens ordinaires de son entourage. (*Voir aussi* DANSE FOLKLORIQUE; FOLKLORE.)

J. Russell Harper

Art Ross, trophée Décerné annuellement au joueur de la LIGUE NATIONALE DE HOCKEY qui a accumulé le plus grand nombre de points durant la saison. Si deux joueurs sont à égalité à la fin de la saison, le trophée est remis à celui qui a marqué le plus de buts. Le trophée est présenté pour la première fois en 1947 par Arthur Howie Ross, ancien gérant des Bruins de Boston. Parmi les récipiendaires, on compte Gordie HOWE HOWE (6 fois), Phil ESPOSITO (5 fois), Stan Mikita (4 fois) et Guy LAFLEUR (3 fois). Wayne GRETZKY a gagné le trophée à 10 reprises, un record sans précédent, et Mario LEMIEUX l'a remporté 5 fois.

James Marsh

Art vidéographique L'art vidéographique (ou art vidéo) de la dernière partie du XXᵉ siècle prend raci-ne dans la science du XIXᵉ siècle. En effet, c'est l'invention du tube cathodique et la découverte de l'électron en 1897 qui ont permis la reproduction et la transmission électroniques des images. À partir de 1951, il devient possible d'enregistrer des images et du son sur un ruban magnétique (le ruban Ampex «Prime»). Dès 1963, Nam June Paik utilise un appareil de télévision dans une installation, montrant ainsi l'importance de la télévision en tant que symbole et moyen de façonner la culture.

L'art vidéo se développe après l'apparition sur le marché, vers 1965, du Portapak de Sony qui permet aux artistes n'appartenant pas à l'industrie de la télévision commerciale de produire, de manipuler et d'enregistrer de façon électronique des images et du son. Cet équipement (caméra et enregistreuse, presque sans aucune possibilité de montage) peu coûteux, portable et facile à utiliser est rapidement adopté par les artistes et les organisateurs communautaires. Ces deux groupes sont alors capables de produire de la «télévision» sans avoir à se soumettre aux restrictions de format et d'idéologies de la programmation télédiffusée. Les activistes de la vidéo, qui utilisent ce moyen de communication comme outil de sensibilisation sociale et politique, partagent avec les vidéastes d'art une démarche typique des années 60 et 70. Ils se perçoivent comme participant à la contre-culture, définie par des idéaux politiques de gauche et en accord avec les idées de Marshall McLuhan. Pour McLuhan, les médias électroniques sont le prolongement du système nerveux humain et, par le fait même, définissent des attitudes et des idées collectives. Les bandes vidéo produites par les artistes vers la fin des années 60 et le début des années 70 témoignent d'une nouvelle préoccupation concernant la prédominance du procédé sur la production dans l'art conceptuel et les performances.

Dès le début, les grands centres d'art vidéo (Vancouver, Toronto, Montréal et Halifax) se distinguent. Vancouver commence à utiliser la vidéo vers 1969, pour enregistrer les représentations et les événements d'Intermedia (1967-1971). En 1973, le congrès Matrix International Video aboutit à la création de la Satellite Video Exchange Society qui, avec son jumeau le Western Front, existe toujours en tant qu'organisme de production et de distribution vidéo géré par des artistes. Depuis 1976, le Western Front a institué un programme de résidence qui a aidé des artistes canadiens et étrangers à produire quelquesunes des meilleures œuvres vidéo et de nos jours des œuvres multimédiatiques.

À Toronto, la vidéo fait son apparition en 1970 lors d'ateliers offerts aux artistes à A Space, le premier studio vidéo canadien géré par des artistes. Suit l'ouverture de Trinity Square Video, en 1973. En 1976, A Space Video est constitué en société séparée, sous le nom de Charles Street Video, et, depuis cette date, il tente d'offrir aux artistes un accès à la technologie vidéo la plus récente: possibilité de tourner en couleurs et de faire du montage plus, aujourd'hui, l'enregistrement de qualité en betacam avec montage assisté par ordinateur et infographie.

À Montréal, la vidéo est d'abord utilisée aux studios de l'Office national du film (ONF), où les cinéastes l'expérimentent en tant qu'outil d'observation et de réflexion sociale. En 1971, le premier centre vidéo au Canada ouvre ses portes. Le Vidéographe est un des projets du programme «Société nouvelle» de l'ONF. En 1973, Le Vidéographe se transforme en un centre indépendant de production, de distribution et de diffusion vidéo après avoir développé, en 1972, une innovation technique qui permet de faire du montage rudimentaire à partir d'un magnétoscope. En 1972 également, la galerie Vehicle Art lance un programme en vidéo: elle achète l'équipement nécessaire pour enregistrer des performances artistiques et présenter des œuvres vidéographiques. La galerie poursuit ses activités jusqu'en 1980, date à partir de laquelle elle devient les Productions et réalisations indépendantes de Montréal (PRIM).

L'art vidéo fait son apparition à Halifax à la fin des années 60, avec des œuvres structuralistes et formalistes réalisées au Nova Scotia College of Art and Design (NSCAD). Les productions du NSCAD (tant celles des professeurs que celles des étudiants) atteignent un point culminant entre 1971 et 1973. Bien que le collège continue à s'impliquer dans l'art vidéo, surtout grâce au travail de l'artiste et professeur Jan Peacock, les activités liées à l'art vidéo se concentrent désormais autour du Centre for Art Tapes, fondé en 1978. Pendant cette même période, quelques activités se développent à l'U. de Guelph autour d'artistes et professeurs tels que Noel Harding.

Le CONSEIL DES ARTS DU CANADA intègre la production vidéo dans ses programmes de bourses au début des années 70. En 1982, le Conseil crée une section des arts médiatiques afin de développer et d'administrer son programme de productions vidéo, d'art audio et d'art assisté par ordinateur, mais aussi dans le but de soutenir les centres de production et de distribution médiatiques du Canada gérés par les artistes. C'est aussi dans les années 70 que de nombreux musées et galeries d'art commencent à présenter des bandes vidéos d'art et à exposer des installations vidéo: la Vancouver Art Gallery, la Art Gallery of Ontario et le Musée d'art contemporain de Montréal sont parmi les premiers à considérer la vidéo comme un moyen de communication artistique. En 1977, le Musée des beaux-arts du Canada commence à développer une collection vidéo, qui est maintenant la plus importante au Canada et parmi les plus importantes au monde. En 1997, ce musée devenait le dépositaire de la collection vidéographique d'Art Metropole qui fut, à partir de 1974, l'un des premiers centres d'artistes à s'occuper de distribution d'art vidéographique; cette collection comprenant près de 800 titres venait s'ajouter aux quelque 600 déjà dans la collection du musée.

Esthétique vidéographique L'éclectisme de l'art vidéo lui permet d'échapper à toute tentative de définition. Il puise dans diverses formes d'art, mais aussi dans les théories de la communication et de l'information. Il est associé aux mouvements sociaux et a évolué en parallèle avec l'accès grandissant des artistes aux technologies de pointe. Toute définition de l'art vidéo doit aussi tenir compte des tensions complexes et créatives qui existent entre l'artiste de la vidéo et l'activiste de la vidéo.

À Vancouver, l'art vidéo a toujours joint à l'approche artistique le radicalisme social, le féminisme et la défense des minorités, dans le but de produire un style documentaire unique. Les œuvres de Paul Wong, de Kate Craig et de Sara Diamond sont différentes les unes des autres, mais partagent un même intérêt envers le documentaire portant sur des événements, des comportements ou des mouvements de société. Paul Wong est, avec Kate Craig, l'un des premiers vidéastes à Vancouver. Il a produit *Murder Research* (coréalisé avec Kenneth Fletcher) en 1977, et *Confused: Sexual Views* en 1984. Dans la première production, il cherche à reconstruire un meurtre à partir de recherches documentaires et d'images photographiques. Dans la deuxième, il traite du comportement sexuel à travers les témoignages et les histoires vécues racontées par ses amis et connaissances. Les deux productions sont à la fois présentées en monobande, ainsi qu'en installation multicanal associées à des photographies.

En 1988, Wong se penche sur la question des minorités et explore sa propre identité en tant que sino-canadien avec *Ordinary Shadows, Chinese Shade*, un documentaire dans le style du cinéma-vérité qui raconte son retour en République populaire de Chine et la visite du village de ses ancêtres. Son œuvre, la plus réussie jusqu'à maintenant, est probablement *Chinaman's Peak, Walking the Mountain* (1992), une installation vidéo. Présentée comme une salle funéraire en souvenir de son père et de deux amis qui se sont suicidés, l'œuvre traite de la mémoire et de l'histoire. Des allusions au travail et à la mort de travailleurs chinois lors de la construction du chemin de fer pancanadien émergent des cérémonies chinoises basées sur la vénération des ancêtres.

Kate Craig, qui a créé le programme de résidence d'artistes en vidéo au Western Front en 1976, a fait un documentaire sur elle-même, *Delicate Issue* (1979), en filmant son corps en plan très serré. Dans cette œuvre, elle explore les notions du moi et du corps, de la limite entre le public et le privé, tout en faisant implicitement référence au fait que les femmes sont présentées comme des objets par les médias. Depuis ses voyages au Japon et en Inde, elle utilise, dans ses œuvres les plus récentes, des effets vidéo minimalistes comme des jeux de texture et de répétition, afin de montrer que nous observons les cultures étrangères au terme d'un processus d'abstraction.

La première œuvre vidéo de Sara Diamond est inspirée du décès de sa mère. *The Influences of my Mother* (1982) est suivi de l'installation *Heroics* (1984), de la vidéo *Ten Dollars or Nothing* (1989) et de la production télévisée *The Lull Before the Storm* (1991). Ses œuvres présentent une approche plus formelle de l'histoire et du documentaire que celles des autres vidéastes, probablement parce qu'elle a une formation d'historienne. Son œuvre la plus réussie jusqu'à maintenant est *Patternity* (1990), une installation à bandes multiples présentée sur huit moniteurs, dans laquelle, à l'aide de témoignages, elle explore les souvenirs de son père, un juif de New York impliqué dans les mouvements syndicaux du début du XXe s. Cette installation complexe, qui combine des éléments photographiques et textuels avec la vidéo, ressemble aux premières œuvres vidéo, en ce sens qu'elle se sert d'histoires racontées pour mettre en évidence une structure dans le passé. Le dédoublement du *t* dans le titre est intentionnel.

Dans les années 70, les centres de production vidéo de Toronto et de Halifax sont imprégnés de préoccupations formalistes qui touchent alors le modernisme des arts visuels, particulièrement l'autoréflexion et le structuralisme. Par contre, dans les années 80, les artistes qui abordaient l'autoexploration et l'autoreprésentation se tournent vers des questions sociales, comme la question des minorités et la censure. L'œuvre de Lisa Steele témoigne de ce changement. Ses premières œuvres, comme *A Very Personal Story* (1974) ou *Facing South* (1975), emploient la forme narrative à la première personne pour explorer la relation entre le monde intérieur des perceptions et le monde extérieur de la nature et de la société. Dans ses dernières œuvres, le point de vue de l'artiste est soit stéréotypé, afin de créer un effet particulier, soit minimisé. *The Gloria Tapes* (1979-1980), emprunte le style des romans-feuilleton pour présenter des femmes privées du droit de vote, tandis que *Legal Memory* (1991) est une histoire fictive relativement traditionnelle, inspirée d'un procès ayant réellement eu lieu et impliquant l'armée canadienne et les homosexuels.

L'œuvre de Colin Campbell est également représentatif de l'utilisation que font de nombreux artistes de leur moyen de communication pour jeter un regard en eux-mêmes. Dans sa série *Woman from Malibu* (1976), il explore des notions telles que la vérité, la fausseté et l'influence de la culture médiatique et de l'artificiel sur le moi.

Dans ses œuvres vidéo, Vera FRENKEL est constamment à la recherche de la frontière entre la réalité et la fiction, entre les faits et l'imaginaire. Elle met en doute les notions d'authenticité et de fausseté. Dans des œuvres comme *The Secret Life of Cornelia Lumsden* (1979) ou *Her Room in Paris* (1979), Frenkel s'attaque aux problèmes des constructions mythiques dans les médias et la culture. Présenté pour la première fois en 1992 lors de Documenta à Kassel (Allemagne), du Transitbar participe à la fois à la recherche documentaire et à la quête esthétique. Pour présenter la question des minorités et des cultures immigrantes de la fin du XXe s., elle emploie des témoignages et des histoires vécues pour faire apparaître des questions universelles sur la nature transitoire de la mémoire et sur l'éternel sujet de l'étranger dans la société.

Les artistes de la vidéo se sont approprié de nombreuses techniques utilisées par la télévision: le «dialogue» direct avec les téléspectateurs, p. ex., ou le gros plan sur le présentateur. Ils utilisent ces techniques dans le but de démontrer que, par le langage, le sens est toujours médiatisé. Les formats télévisuels que sont les bulletins de nouvelles, les documentaires, les romans-feuilletons et les téléromans, au Québec, ont tous été utilisés en vidéo. General Idea, un groupe de trois artistes du multimédia qui publie le magazine *File*, est le groupe qui a utilisé de la manière la plus astucieuse des formats télévisuels pour questionner la place de l'art et des artistes dans la société. Toutes leurs œuvres vidéo importantes – d'abord *Pilot* (1977), réalisé pour TVOntario, ensuite *Test Tube* (1979), *Loco* (1982) et *Shut the Fuck up* (1985) – ont été réalisées pour être télédiffusées. General Idea utilise la vidéo pour critiquer la culture et contester les représentations médiatisées que la société propose de l'art et de l'artiste.

Au Québec, l'art vidéo évolue d'une manière différente qu'au Canada anglais. Dans les années 70, il vise l'activisme social. Depuis les années 80, les œuvres vidéographiques traitent plutôt de questions personnelles et formelles liées à la littérature contemporaine, aux nouvelles formes de narration et à la nouvelle figuration en peinture. Le cinéma direct, une technique employée dans les années 60 par des réalisateurs tels que Perreault et Groulx, de la section française de l'Office national du film, a exercé une grande influence sur les artistes de la vidéo. Deux œuvres produites au début des années 70 par Le Vidéographe témoignent de cette influence. *Continuons le combat* (1971), de Pierre Falardeau, est un documentaire au ton ironique dans lequel le commentaire d'un match de boxe professionnelle constitue une analyse de l'événement en tant que rituel social. En réalité, le sujet du documentaire est la société québécoise. La voix de Falardeau, qui passe du discours théorique au commentaire humoristique ou sarcastique, accompagne des images tournées dans le style du cinéma direct.

Dans *Hitch-Hiking* (1972), Frank Vitale explore la notion de «temps réel» en tournant 20 minutes de son et d'images montées au minimum. Dans ce vidéo, Vitale présente son voyage en auto-stop d'un bout à l'autre de l'État de New York: lorsqu'il monte dans une voiture, saute dans un train et reçoit une amende. Cette dernière scène constitue un discours hilarant sur l'art et la loi.

L'œuvre de Robert Morin et de Lorraine Dufour, qui ont participé à la fondation de la Coop Vidéo de Montréal en 1976, constitue l'apogée du cinéma direct. Avec leur collègue Jean-Pierre St-Louis, aussi de la Coop, Morin et Dufour montrent, par leur œuvre, que le cinéma direct n'est encore qu'une lecture ou une construction de la réalité. Leur travail est cependant aussi ironique en ce sens qu'il mine son propre contenu narratif. P. ex., *Fait divers: Elle remplace son mari par une TV* (1982), de St-Louis et Linda Craig, entraîne le doute dans l'esprit des téléspectateurs à savoir si l'histoire est une fiction ou un documentaire, illustrant ainsi le statut ambigu des événements médiatisés.

Dans *Le voleur vit en enfer* (1982), Robert Morin fait preuve d'une mordante ironie en simulant un documentaire sur un réalisateur affolé tournant des images dans son appartement et qui téléphone à une ligne d'écoute. Le personnage principal raconte son histoire à la première personne tandis que les images montrent la pauvreté de son environnement et jusqu'à quel point sa réalité est façonnée par l'imagination. La préférence de Morin pour le portrait de personnages marginaux et inadaptés apparaît clairement dans *La Réception* (1989), une œuvre inspirée des *Dix petits nègres* de Agatha Christie. Dans cette œuvre, Morin met en doute notre capacité de comprendre une réalité extérieure à la nôtre. Le film se termine avec la «mort» du caméraman; c'est le dernier personnage, qui s'apprête à se suicider, qui éteint la caméra.

Un courant secondaire dans l'évolution de l'art vidéo se préoccupe des qualités esthétiques de l'image électronique. Deux Canadiens, Jean-Pierre Boyer de Montréal et Ernest Gusella, né à Calgary, ont exploré la nature électronique de la vidéo et ont produit ce que l'on a appelé des «images de synthèse» ou des «images vidéo-synthétisées». Entre 1972 et 1975, Boyer réalise une série de vidéos dans lesquels la musique électronique de Pierre Henry et de Jean-Claude Risset génère des images qui forment le contenu de la bande vidéo. Entre 1970 et 1974, Gusella étudie la relation entre le son et l'image électroniques, à partir d'un équipement électronique comme des synthétiseurs audio et vidéo. Ces œuvres vidéo abstraites n'ont pas encore connu de suites. On trouverait des suites à ce courant dans les travaux actuels de Yann Breuleux et Alain Thibault, amalgamant musique électroaccoustique et techno avec le traitement numérique de formes visuelles abstraites.

À Montréal, Neam Cathod et le Département d'entraînement à l'insanité constituent un groupe d'artistes médiatiques ayant une solide formation en musique électronique et intéressés par la création et la manipulation du son et de l'image. Dans *Blind Light* (1982), les sons et les images de la télévision sont considérés comme des bruits qui deviennent de plus en plus agressifs au fur et à mesure qu'ils sont superposés jusqu'à devenir une cacophonie. Dans *Danlkû* – (1989), le bruit est créé par la superposition d'images variées, ce qui aboutit à une surcharge d'informations causant de violentes réactions chez le téléspectateur. Ces œuvres constituent une critique des médias et de l'ère de l'information. Par la technique du collage, ils dépeignent le monde comme un endroit où les médias favorisent la multiplication des images et où les sons ont tendance à devenir du bruit.

Nouvelles orientations Les années 80 et 90 sont marquées par l'influence de l'ordinateur sur l'art vidéo. Différentes techniques telles que le montage informatisé, la manipulation de l'image et le graphisme, entre autres, influencent la vidéo. Au Canada, la plupart des centres de la vidéo se considèrent maintenant comme des centres de médias électroniques. P. ex., la Western Front à Vancouver et PRIM à Montréal sont devenus des organismes du multimédia qui possèdent une technologie de pointe en média audio, vidéo et informatique. De nos jours de tels centres d'artistes en arts médiatiques, audio, vidéo et médias informatisés, se retrouvent dans des villes aussi différentes que Québec, Igloolik, Calgary ou Winnipeg.

On doit maintenant considérer l'art vidéographique dans le contexte plus large de l'art médiatique, c.-à-d. de l'art qui utilise les technologies modernes de communication. Aujourd'hui, des artistes travaillent leurs œuvres à l'aide de techniques numériques informatisées. De nouvelles voies d'exploration artistique s'ouvrent avec chaque nouvelle invention technique. Parmi les artistes importants des médias informatisés, mentionnons Luc Courchesne et ses portraits et paysages interactifs, David Rokeby et son *Very Nervous System* des années 80 ou plus récemment son *Giver of Name*; Catherine Richards dont les œuvres s'intéressent aux dispositifs basés sur l'électromagnétisme, notamment sur le tube cathodique et ses variantes; enfin, Char Davies qui invite les spectateurs à se couvrir d'un casque de visualisation et d'une veste avec senseurs pour leur offrir un voyage dans un monde virtuel et poétique.

Jean Gagnon

Artefacts, rapatriement d' La plupart des collections ethnologiques se rapportant aux PREMIÈRES

NATIONS que l'on trouve de nos jours dans les musées canadiens ont été assemblées (et parfois confisquées) par les missionnaires, les agents du gouvernement, les collectionneurs amateurs et professionnels, et des anthropologues comme Edward SAPIR et Marius BARBEAU, à la fin du XIXe et au début du XXe siècle, à une époque où l'on croyait que la culture autochtone était sur le point de disparaître. Ces collections, qui comprennent des milliers d'objets sacrés, cérémoniels ou d'utilisation courante, des squelettes ancestraux et des objets funéraires, devaient permettre aux générations futures d'anthropologues et d'étudiants d'étudier les cultures autochtones traditionnelles. Les autochtones estiment maintenant qu'ils sont privés de leur patrimoine meuble et de leur héritage culturel, qui se trouvent au MUSÉE CANADIEN DES CIVILISATIONS et dans divers musées provinciaux tels que le MUSÉE ROYAL DE L'ONTARIO, le GLENBOW MUSEUM et le Musée d'anthropologie de l'UNIVERSITÉ DE LA COLOMBIE-BRITANNIQUE.

Bien qu'il n'existe aucune loi canadienne pour mettre en œuvre le rapatriement des artefacts, les musées examinent actuellement une à une les demandes des premières nations. Ils prennent en considération aussi bien la légalité de la possession et la signification cérémonielle des objets pour la communauté que leur état physique ou de conservation. Les artefacts sont traités avec un soin professionnel, et une attention particulière est portée à leur conservation et à leur exposition conformément à la politique du musée. Parfois, le rapatriement pose des problèmes d'ordre pratique, p. ex. lorsque les communautés n'ont pas les installations ou le personnel qualifié pour assurer la gestion, la conservation ou l'utilisation des objets. Certaines requêtes d'artefacts conservés au Musée canadien des civilisations ont été fructueuses. P. ex., des objets confisqués lors d'un POTLATCH ont été rendus aux bandes amérindiennes d'Alert Bay et de Cape Mudge en 1978, la BOURSE SACRÉE Starlight a été restituée à la nation SARSIS (Tsuu t'ina) de l'Alberta en 1989, et, en 1991, la Confédération des SIX-NATIONS a récupéré trois WAMPUMS (le bandeau de la Ligue, le wampum du chef MOHAWK et un wampum SÉNÉCA appelé Les Trois Sœurs).

René R. Gadacz

Arthabaska (*voir* VICTORIAVILLE)

Arthrite Le mot arthrite (du grec *arthron*, articulation, et *itis,* inflammation) désigne une grande diversité d'affections articulaires, toujours accompagnées d'inflammation à divers degrés. Si elle n'est pas contrôlée ou si elle persiste pendant assez longtemps, l'inflammation cause des douleurs et, au stade final, détruit les surfaces articulaires. Le rhumatisme (du grec *rheumatismos*, écoulement d'humeurs) est un terme utilisé dans le langage courant (mais rarement par les médecins) pour décrire les douleurs, aiguës ou chroniques, ou des raideurs des muscles, des tendons, des ligaments et des articulations, y compris l'arthrite et des affections musculaires douloureuses. On estime que plus de quatre millions de Canadiens souffrent d'arthrite.

Les affections rhumatismales sont importantes tant du point de vue clinique qu'économique. Environ 1 Canadien sur 50 présente, vers 75 ans, des symptômes d'une forme quelconque de rhumatisme (dans des proportions de 65,4 p. 100 chez les femmes et 34,6 p. 100 chez les hommes). Entre 7 et 10 p. 100 des consultations au cabinet du médecin se rapportent à des problèmes musculo-squelettiques (se classant tout juste derrière les troubles circulatoires, respiratoires et endocriniens). Ce pourcentage ne reflète toutefois pas vraiment la prévalence de la maladie car jusqu'à 75 p. 100 des personnes présentant des symptômes rhumatismaux ne consultent pas un médecin. Le taux de prévalence est de 21 p. 100 chez les femmes et de 16 p. 100 chez les hommes.

Campagne contre les affections rhumatismales
La lutte contre ces maladies est menée par des sociétés professionnelles, des organismes bénévoles ou des organismes gouvernementaux. La Ligue internationale contre le rhumatisme a été fondée en 1927. La Ligue panaméricaine constitue une de ses subdivisions, et, au Canada, la Société d'arthrite coordonne et soutient la presque totalité du travail et de la recherche à tous les niveaux.

Arthrose et polyarthrite rhumatoïde Ce sont les formes d'arthrite les plus répandues. L'arthrose affecte environ une personne sur dix et se caractérise par une raideur au lever, une douleur aggravée par l'activité, une enflure et un craquement des articulations lorsqu'elles bougent et une réduction graduelle de l'amplitude du mouvement. La surface articulaire s'amincit graduellement et l'articulation perd de sa stabilité mécanique. L'arthrose s'observe plus fréquemment chez les sujets âgés mais on ne sait pas si elle est liée au processus normal du vieillissement. Traditionnellement, elle est classée parmi les affections dégénératives et survient surtout dans les principales articulations qui supportent le poids du corps, comme les hanches et les genoux. Le traitement fait appel aux médicaments anti-inflammatoires (p. ex., aspirine), à la physiothérapie et aux aides à la marche. Il est possible d'effectuer le remplacement complet d'une articulation, comme la hanche, par une prothèse articulaire.

La polyarthrite rhumatoïde est une maladie inflammatoire chronique de cause inconnue, bien qu'elle soit peut-être reliée au système immunitaire. Elle affecte environ 1 p. 100 de la population nord-américaine âgée de plus de 15 ans et frappe 3 fois plus de femmes que d'hommes. Bien que la polyarthrite rhumatoïde touche les articulations, c'est une maladie systémique et de ce fait, elle affecte la plupart des autres tissus de l'organisme à des degrés divers. Au stade initial, on observe habituellement une enflure, une fièvre, une douleur et une raideur dans une ou plusieurs articulations. Cette inflammation est habituellement symétrique, c.-à-d. qu'elle affecte les petites articulations des mains, des poignets et des pieds mais a tendance, sauf dans sa forme grave, à épargner les hanches et la colonne vertébrale. Son traitement inclut la prise de médicaments anti-inflammatoires, comme les sels d'or, l'utilisation d'attelles et d'aides à la marche, le repos et la physiothérapie. On peut avoir recours à l'insertion de prothèses articulaires faites d'une combinaison de métal et de divers matériaux de plastique et de silastique.

Formes moins répandues Parmi les formes moins courantes d'arthrite, on trouve un type particulièrement virulent, l'arthrite rhumatoïde juvénile, observée chez les enfants (garçons et filles) entre un et cinq ans. Caractérisée par une fièvre élevée, des éruptions cutanées, des douleurs articulaires et parfois des troubles cardiaques, la maladie peut détruire de nombreuses articulations.

Les autres arthritides comprennent la spondylarthrite ankylosante, la polyarthrite psoriasique, la fibromyalgie, le lupus érythémateux et le syndrome conjonctivo-urétro-synovial de Fiessinger-Leroy. La spondylarthrite ankylosante, maladie héréditaire à laquelle la population autochtone semble particulièrement vulnérable, frappe principalement les jeunes hommes, touchant surtout leur colonne vertébrale et les grandes articulations pelviennes. La polyarthrite psoriasique, une forme d'arthrite inflammatoire, est associée à la maladie de la peau appelée psoriasis. Le syndrome conjonctivo-urétro-synovial de Fiessinger-Leroy s'accompagne d'une atteinte des voies urinaires ou des intestins. La fibromyalgie, aussi appelée rhumatisme musculaire ou fibrosite, cause, entre autres symptômes, de la fatigue, de la raideur, de l'engourdissement, ainsi que l'enflure des articulations et des tissus mous. Elle affecte plus de femmes que d'hommes, dans un rapport de 4 pour 1 et survient plus souvent à partir de 50 ans chez les femmes. Le lupus érythémateux est une maladie auto-immune chronique qui touche environ 15 000 Canadiens, dont 90 p. 100 sont des femmes. Le dysfonctionnement du système immunitaire s'accompagne de la formation d'anticorps qui attaquent les tissus sains de l'organisme. Il peut en résulter une inflammation de la peau, des muscles, des articulations, du cœur, des poumons, des reins, des vaisseaux sanguins et du système nerveux.

Goutte La goutte se manifeste par l'inefficacité de l'organisme à éliminer certaines substances chimiques, ce qui provoque la précipitation de cristaux d'acide urique (urate monosodique) dans les articulations et autour de celles-ci. Il s'agit de la perturbation métabolique la plus connue comme cause de l'arthrite. D'autres cristaux peuvent causer l'arthrite comme le pyrophosphate de calcium, responsable d'une maladie appelée «pseudogoutte» en raison de la similitude des symptômes avec ceux de la goutte. Les affections rhumatismales liées à la goutte provoquent une détérioration rapide des surfaces articulaires à cause des enzymes libérées par les globules blancs de l'organisme. Ces enzymes dégradent le tissu des surfaces articulaires, détruisant ses propriétés mécaniques.

David C. Reid

Arthropode Embranchement d'animaux à symétrie bilatérale qui ont un squelette externe (exosquelette), un corps à segments multiples et des appendices pairs articulés. Cet embranchement, qui inclut les ARAIGNÉES, les ACARIENS, les CRUSTACÉS, les CENTIPÈDES et les INSECTES, est représenté presque partout et compte 75 p. 100 des espèces animales connues (plus de 923 000 espèces dans le monde et plus de 33 670 au Canada).

Structure Les arthropodes se distinguent par leur exosquelette chitineux sécrété par une couche sous-jacente de cellules épidermiques. L'exosquelette est composé de protéines et de chitine (une substance semblable à la cellulose) et est formé de deux couches: une épicuticule externe contenant généralement de la cire, qui réduit les pertes d'eau, et une procuticule interne. L'exosquelette est constitué de plaques (sclérites) et de cylindres de cuticule rigide reliés par des régions flexibles (membranes articulaires). La procuticule externe des sclérites est une exocuticule rigide et le reste est une endocuticule plus molle.

Mouvement Puisque leurs articulations n'ont pas d'exocuticule, les arthropodes peuvent bouger leurs appendices et plier un segment par-dessus l'autre. Leurs mouvements sont produits par la contraction et le relâchement des fibres des muscles striés. La majorité des arthropodes utilisent leurs appendices pour bouger, p. ex. les espèces aquatiques s'en servent comme pagaie et les espèces terrestres, comme pattes.

Croissance Les jeunes arthropodes se développent en perdant et en remplaçant périodiquement leur exosquelette (mue), un processus régulé par des hormones (principalement l'ecdysone). La cavité corporelle est remplie de sang, et un cœur peu développé fait circuler le sang dans une ou plusieurs artères. Le sang des arthropodes est habituellement incolore parce qu'il n'a pas les pigments respiratoires que contient le sang des vertébrés. Les arthropodes aquatiques respirent avec des branchies situées sur leurs appendices ou sur leurs segments corporels. Les espèces terrestres respirent avec des trachées ou des sacs pulmonaires dont les membranes sont agencées comme les feuilles d'un livre.

Organes sensoriels Parmi les organes sensoriels de l'exosquelette, on compte des poils sensibles au son, au toucher, à l'odeur, au goût, à l'humidité ou à la température et, généralement, deux yeux composés ainsi qu'un œil simple ou plusieurs yeux simples. L'information sensorielle est traitée par le système nerveux central qui consiste en un cerveau relié à une corde nerveuse ventrale faite de ganglions pairs (masses nerveuses) reliés longitudinalement par des paires de connexions.

Régime alimentaire Les arthropodes se nourrissent de matière organique, vivante ou morte, ou parasitent parfois d'autres animaux. La structure de leur tube digestif et de leurs pièces buccales varie selon leur régime alimentaire. Les organes excréteurs sont les branchies, les glandes antennaires, les glandes coxales ou les tubes de Malpighi.

Reproduction et développement La majorité des espèces d'arthropodes ont des sexes séparés. Le sperme est généralement transmis à la femelle dans un sac scellé (spermatophore). Ce processus est généralement précédé d'un comportement élaboré. Les jeunes nouvellement éclos sont plus petits que leurs parents et diffèrent de ces derniers par leur forme, leur régime alimentaire et leur comportement. Ils passent au stade adulte en subissant une métamorphose régulée par des hormones.

Limite de taille Leur taille est limitée par leur rapport surface-volume. La surface corporelle d'un arthropode varie dans une proportion égale au carré de ses dimensions linéaires; et son poids, au cube. Les grands arthropodes sont ainsi proportionnellement plus lourds que les petits, qui ont une surface corporelle proportionnellement plus grande.

Les petites formes terrestres doivent vivre dans des microhabitats humides pour éviter la dessication. Parce que la puissance des fibres musculaires est proportionnelle à la surface de section transversale, les grands arthropodes sont proportionnellement plus faibles que les petits. Les grandes espèces sont trop lourdes et faibles pour se déplacer rapidement. De plus, elles ont de la difficulté à respirer puisque l'échange gazeux se fait principalement par simple diffusion. Par conséquent, les espèces terrestres sont quelque peu limitées quant à la taille et à l'habitat. Les espèces marines, supportées par l'eau, peuvent atteindre une très grande taille (jusqu'à 60 cm de longueur).

Évolution et phylogénie Les arthropodes ont probablement évolué dans les mers précambriennes, il y a plus de 570 millions d'années, du même ancêtre ou des mêmes ancêtres que les ANNÉLIDES, des vers de la classe des polychètes (vers à plusieurs appendices semblables à des poils). Les plus anciens FOSSILES connus (cambrien inférieur, il y a 544 à 520 millions d'années) sont diversifiés, et plusieurs appartiennent à des groupes qui existent encore. Ces faits laissent croire que la séparation des lignées s'est produite bien avant cette période. On ne sait pas si les arthropodes ont évolué d'un ancêtre commun ou de plusieurs ancêtres non apparentés. Les arthropodes sont classés en quatre sous-embranchements décrits ci-dessous.

Trilobites Les TRILOBITES, aujourd'hui éteints, prédominaient dans les mers paléozoïques, il y a 544 à 250 millions d'années.

Chélicérates Les chélicérates sont les seuls arthropodes sans antennes. Leur corps consiste en un céphalothorax (tête et thorax fusionnés) et un opisthosome (abdomen). Il porte une paire d'appendices en forme de pinces servant à l'alimentation, une paire de pédipalpes et quatre paires de pattes locomotrices. Ce groupe inclut les limules, les pycnogonidés et les ARACHNIDES (ARAIGNÉES, TIQUES, ACARIENS, SCORPIONS), et compte plus de 64 550 espèces décrites, dont 3225 se rencontrent au Canada.

Crustacés Les crustacés, qui comptent plus de 31 300 espèces connues, sont surtout marins, mais certaines espèces vivent en eau douce ou en milieu terrestre. Leur tête porte deux paires d'antennes, une paire d'yeux composés pédonculés ou non, deux mandibules et deux paires de maxillaires. La segmentation et les appendices du thorax et de l'abdomen varient selon l'espèce et le mode de vie. Leurs appendices sont biramés (séparés en deux branches) et leur servent à filtrer la nourriture, à respirer, à nager, à s'enfouir, à élever les jeunes et à se reproduire. Ce sous-embranchement inclut les PUCES D'EAU, les copépodes, les BALANES, les CRABES, les HOMARDS, les ÉCREVISSES, les CREVETTES et d'autres groupes.

Uniramia Ce sous-embranchement compte les myriapodes (centipèdes, MILLIPÈDES, symphyles et pauropodes) et les insectes. On en connaît quelque 760 000 espèces dans le monde, dont environ 30 580 au Canada, la grande majorité étant des insectes. Certains scientifiques classent le sous-embranchement des uniramia avec les crustacés dans le sous-embranchement des mandibulates en raison de la similarité de la structure de leur tête. La plupart des membres du sous-embranchement des uniramia possèdent une paire d'antennes et de mandibules ainsi qu'une ou deux paires de maxillaires (généralement fusionnés au centre). Les insectes ont trois paires de pattes non ramifiées. Les myriapodes en ont plus. La majorité des insectes adultes ont une ou deux paires d'ailes. Leurs segments corporels sont groupés en sections composées (deux chez les myriapodes et trois chez les insectes).

Groupes apparentés Trois autres embranchements sont fréquemment classés avec les arthropodes parce que leurs représentants ont des structures semblables à ceux-ci. Les onychophores (péripates) comptent 70 espèces connues d'animaux terrestres semblables à des chenilles, qui vivent dans les tropiques et l'hémisphère Sud. Leur corps mou, couvert de cuticule flexible, se comprime bien dans des petits espaces.

Les onychophores possèdent une paire d'antennes, une paire de mandibules en forme de pince, plusieurs paires de pattes ventrales non articulées et des organes internes présentant les caractéristiques des annélides et des arthropodes.

Les tardigrades sont de petits (0,3 à 1,2 mm) animaux à huit pattes qui vivent dans l'eau pelliculaire, sur la mousse, dans le sol ou dans l'eau douce ou salée, et qui se nourrissent de cellules végétales, de détritus ou d'autres animaux. Ils partagent des caractéristiques avec les gastrotriches (embranchement d'organismes aquatiques de forme quelque peu semblable à celle d'un ver) et les arthropodes. On en connaît environ 400 espèces dont 48 se trouvent au Canada.

Les pentastomides comptent environ 90 espèces, dont deux au Canada, appelées les linguatules, qui sont très spécialisées et qui infestent les poumons des vertébrés, surtout des reptiles. Certains auteurs croient qu'ils ont des affinités avec les arachnides, les myriapodes ou les crustacés.

B.S. Heming

Arthur, Eric Ross, architecte, auteur (Dunedin, Nouvelle-Zélande, 1er juill. 1898—Toronto, 1er nov. 1982). Formé en Angleterre, il arrive au Canada en 1923 et devient professeur agrégé d'architecture à l'U. de Toronto. Pendant toute sa carrière, il s'intéresse à la conservation du patrimoine architectural de sa ville d'adoption. Il est un des fondateurs de l'organisme The Architectural Conservancy of Ontario (1932) et il participe activement à de nombreux projets de restauration à Toronto, dont le ST. LAWRENCE HALL (1967). Il est l'auteur et le coauteur de plusieurs ouvrages sur l'architecture. Le plus connu, *Toronto: No Mean City* (1964), est un outil de référence sur la ville et sur son histoire architecturale. Il est nommé Compagnon de l'Ordre du Canada en 1968.

Susan Ford

Articles de troc avec les Indiens À l'époque des premiers contacts avec les Européens, les peuples amérindiens du Canada échangent des fourrures contre des produits de fabrication européenne, dont diverses pièces de métal (p. ex. des haches, des couteaux en fer, des clous), de la corde et des vêtements usagés. Pendant cette période, le commerce des fourrures s'effectue surtout avec les pêcheurs qui débarquent le long des côtes pour y faire sécher leurs prises. Bien que ces échanges soient peu nombreux, les Européens réalisent des profits substantiels en raison de la faible valeur de leurs produits par rapport à celle des fourrures, vendues à prix fort sur le marché outre-Atlantique.

Au cours du XVIe siècle, cependant, la TRAITE DES FOURRURES en vient à former une activité à part entière. Des bateaux spécialement affrétés sont envoyés le long de la côte atlantique avec des cargaisons de produits manufacturés. Il s'agit alors pour les Européens d'offrir les types de produits les plus en demande, qui rapportent le plus de fourrures et au meilleur prix.

Dès le début, les haches de fer comptent parmi les objets les plus convoités. Elles sont importées au Canada français en quantité telle qu'elles vont littéralement pulluler dans de nombreuses régions du sud de l'Ontario, jusqu'à devenir la première culture commerciale des défricheurs qui travaillent la terre. Pour fabriquer ces haches, on utilise une courte barre de fer qu'on plie autour d'un mandrin et dans laquelle on pratique une ouverture en forme de biseau. Les extrémités sont ensuite soudées et façonnées par martelage en une longue et lourde lame. Une mince pièce d'acier est généralement insérée dans la lame pour obtenir un tranchant bien aiguisé et durable.

Bien que des générations d'enfants aient grandi avec l'idée que ces haches étaient des armes, des découvertes archéologiques laissent croire que ce sont surtout les femmes qui les utilisaient, notamment pour couper les branches et les arbustes et faire du feu. Elles servaient également, de toute évidence, à bien d'autres fins.

Si la lourde hache française peut convenir aux besoins des peuples iroquois sédentaires, elle est beaucoup trop encombrante pour les chasseurs et les cueilleurs des forêts du Nord. Les Français introduisent alors la hache biscaïenne, plus légère et plus effilée. Celle-ci fait probablement son apparition vers la fin du XVIIe siècle, à l'époque où la COMPAGNIE DE LA BAIE D'HUDSON établit ses postes de traite à la baie James.

De plus, si on parvient à situer l'introduction de ces différentes formes d'outils dans le marché, il devient possible de dater les sites archéologiques. P. ex., les premiers fusils à silex dont la Compagnie de la baie d'Hudson fait le commerce à la baie James sont munis d'une platine et d'un chien plats. Cependant, comme on sait que le modèle Oakes pourvu d'un chien et d'une platine aux surfaces arrondies a fait son apparition dans le Nord-Ouest en 1682, on peut en déduire que tout site archéologique présentant le modèle Oakes est ultérieur à 1682.

Les produits du commerce changent avec le temps. Même si ces changements ne sont pas toujours datés avec précision, on peut en retracer approximativement l'époque. On peut, p. ex., évaluer l'âge d'une collection de pipes de kaolin ou de bouteilles de verre à 10 ans près. Les perles de verre et les casseroles de cuivre restent beaucoup plus difficiles à dater, bien que certains indices soient révélateurs. Ainsi, les premières grandes perles en forme d'étoile ne sont associées qu'aux premiers établissements français et il semble que les petites casseroles de cuivre aux parois verticales ne soient apparues que beaucoup plus tard, à l'époque où la Compagnie de la baie d'Hudson en assurait l'approvisionnement.

Les peuples autochtones s'intéressent aux produits de fabrication européenne pour leur supériorité technologique: les fusils à silex, les haches en fer, les couteaux et les casseroles de cuivre sont tout simplement plus efficaces que les arcs et les flèches, les outils de pierre et les paniers d'écorce qu'ils remplacent. De même, pendant presque toute l'année, les vêtements de laine sont largement supérieurs aux vêtements confectionnés avec des peaux d'animaux. Mais le commerce ne se limite pas qu'à des produits utilitaires. Une pipée de tabac n'améliorait peut-être pas l'habileté du trappeur, mais elle le rendait probablement plus serein. Quant à sa femme et ses filles, elles auraient pu continuer à s'attacher les cheveux avec des bandes de cuir, comme l'avaient fait leurs aïeules depuis des générations, mais elles trouvaient les rubans aux couleurs vives plus attrayants.

La quantité de biens importés au cours des premières années du commerce de la fourrure est impressionnante. Ainsi, en 1684, la Compagnie de la baie d'Hudson envoie 300 fusils à silex, 2000 haches de fer, 2160 pipes en kaolin, 3000 canifs et 5000 couteaux de boucher à son poste d'Albany. Les Anglais et les Français, éternels rivaux, dominent alors le commerce des fourrures. Les Français ouvrent la voie vers l'ouest, empruntant les anciennes routes ouvertes par les canots amérindiens.

Même après la conquête de la Nouvelle-France, la rivalité commerciale se poursuit à mesure que les marchands de Montréal se dirigent vers l'ouest. À l'époque où le commerce est à son apogée, les marchands suivent la «route des voyageurs», un parcours bien établi qui s'étend de Montréal, sur le Saint-Laurent, jusqu'au fort Chipewyan, sur le lac Athabasca. Le commerce des fusils, des casseroles, des perles, des pipes, des vêtements de laine, des couvertures en échange des fourrures, a permis l'ouverture de la moitié d'un continent et a donné au Canada sa configuration essentielle.

Walter A. Kenyon

Artiodactyles Les artiodactyles sont un ordre de MAMMIFÈRES à nombre pair de doigts, qui marchent sur leurs ongles (sabots). Cet ordre et l'autre ordre des mammifères pourvus de sabots, les périssodactyles, forment le groupe des ongulés. L'ordre des artiodactyles comprend 195 espèces de mammifères principalement herbivores et regroupés en familles qui incluent les cochons, les pécaris, les hippopotames, les chameaux, les chevrotains, les CERFS, les girafes, les ANTILOPES D'AMÉRIQUE ainsi que la famille comprenant les bœufs, les moutons, les chèvres et les BISONS

Description La structure du pied est la principale caractéristique de ce groupe: l'axe du support de la patte est situé entre les troisième et quatrième doigts, sur lesquels repose presque tout le poids de l'animal. Le premier doigt est toujours absent. Le deuxième et, chez certaines espèces, le cinquième doigt (doigts latéraux) peuvent être réduits ou absents. L'os le plus caractéristique du squelette, l'astragale (talus), a les extrémités supérieure et inférieure en forme de poulie, ce qui accroît la flexion et l'extension des membres postérieurs, empêche les mouvements latéraux, et permet aux artiodactyles de se relever rapidement en commençant le mouvement par l'arrière-train.

Cet astragale particulier est parfois considéré comme la clé du succès de cet ordre parce qu'il permet aux puissants muscles propulseurs des membres postérieurs, lorsque l'animal se lève, de s'activer plus rapidement que chez les périssodactyles. L'astragale de ces derniers restreint les mouvements des membres postérieurs et l'animal doit se relever en commençant le mouvement par les pattes avant, ce qui ne lui donne pas la même capacité d'accélération que les artiodactyles. Cette différence rend les périssodactyles plus vulnérables lorsqu'ils sont surpris en position couchée par un prédateur.

Il existe trois sous-ordres reconnus d'artiodactyles: les suiformes, les tylopodes et les ruminants.

Suiformes Ce sous-ordre comprend les familles des porcs, des pécaris et des hippopotames, qui se distinguent par leurs trois paires d'incisives. Les canines et, chez les hippopotames, les incisives prennent la forme de défenses.

Tylopodes Ce sous-ordre inclut les chameaux de l'Ancien Monde et du Nouveau Monde. Ils ont une paire d'incisives sur la mâchoire supérieure et seulement deux ongles élargis sur chaque patte au lieu de sabots normaux.

Ruminants Les membres de ce sous-ordre n'ont pas d'incisives sur la mâchoire supérieure. Tous les ruminants ont un estomac complexe comportant quatre poches, ou, plus rarement, trois. La nourriture est ingérée rapidement, mastiquée brièvement et avalée jusqu'à la première poche, appelée la panse ou rumen. C'est dans cet environnement chaud et humide que commence la décomposition bactérienne. Ensuite, une boule de nourriture, appelée boulette de régurgitation, est volontairement régurgitée et mastiquée ou ruminée, alors que l'animal est au repos. Les BACTÉRIES de l'estomac transforment la cellulose en glucose, créent des protéines bactériennes et synthétisent certaines vitamines. La boulette de régurgitation mastiquée est avalée jusqu'au deuxième compartiment, appelé le bonnet ou reticulum, où l'action bactérienne se poursuit. La nourriture est ensuite envoyée dans le feuillet ou omasum, et finalement au quatrième compartiment, l'abomasum ou caillette, qui sécrète le suc gastrique. Non seulement les ruminants utilisent les éléments cellulaires assimilables de leur nourriture, mais en digérant les bactéries, ils bénéficient ainsi d'éléments nutritifs qui, sinon, ne seraient pas assimilables.

Cette capacité à tirer davantage d'énergie, par la rumination, d'herbages secs de qualité inférieure pourrait avoir contribué à la prolifération des espèces de ruminants. Les membres de l'ordre des périssodactyles, qui comprend le CHEVAL, le tapir et le rhinocéros, étaient les espèces d'ongulés les plus abondantes au début du tertiaire (il y a 65 à 34 millions d'années), mais ils ont connu un déclin au cours de l'oligocène (il y a entre 34 et 23,7 millions d'années). Au cours du miocène (il y a entre 23,7 et 4,9 millions d'années), les espèces d'artiodactyles ont proliféré et ont largement remplacé les périssodactyles.

Relations avec les humains Les artiodactyles sauvages étaient une source de viande, de cuir, de cornes et de bois pour les cultures primitives. Aujourd'hui, ils sont chassés, et la plupart de nos animaux d'élevage descendent de cet ordre. Ils nous fournissent de la viande, du lait, du cuir, des peaux, de la laine et ils sont utilisés comme bêtes de somme à divers endroits dans le monde. À l'origine, les artiodactyles n'existaient pas en Australie, dans l'Antarctique et dans de nombreuses îles océaniques. Ils ont été introduits pour l'élevage ou en milieu naturel, tant et si bien que rares sont les endroits habités de la planète, à part l'Antarctique, où on ne retrouve pas d'artiodactyles aujourd'hui.

Donald Pattie

Artisanat Il est difficile de définir précisément et de manière commode l'artisanat contemporain, d'abord parce que les concepts sous-jacents changent et, ensuite, parce que dans le langage courant, on utilise à la fois les termes «art» et «artisanat» pour désigner un travail hautement spécialisé. Ce n'est, en bonne partie, qu'au XXe s. que le mot «artisanat» désigne les objets façonnés. Au XIXe s., on désigne ces objets par des termes comme arts appliqués, décoratifs ou ornementaux, qui signifient habituellement objets utilitaires, plaisants pour les sens et dont la réalisation demande une grande habileté.

Malheureusement, l'ornementation excessive de l'époque victorienne jette le discrédit sur les artisans et les arts décoratifs. Situation nouvelle, car plusieurs des plus grands artistes de la Renaissance, orfèvres de métier, ont su exercer leurs talents tant dans la conception de tapisseries murales ou de gobelets que dans la réalisation de décors de théâtre.

Au début du XXe s., l'artisanat englobe les objets faits à la main dans le cadre d'une production en atelier ou à domicile. Cette définition s'applique toujours au Tiers-Monde où les techniques artisanales reposent encore sur la tradition transmise des parents aux enfants. Parallèlement à un florissant marché d'objets utilitaires (paniers, pots, boîtes), les articles de luxe ont toujours trouvé preneur, qu'il s'agisse des objets sacrés servant aux cérémonies religieuses ou des articles utilisés par les gens aisés. Cette division existe encore partout. En Europe, en Amérique du Nord et en Australasie, ce marché d'objets uniques inclut souvent des «objets d'art», c.-à-d. des objets dont la fonction est purement esthétique et qui sont fabriqués avec un matériau traditionnellement artisanal (argile, fibres, bois, VERRE, métal, CUIR).

Artisanat contemporain au Canada Dans les années 50 et 60, on constate une grande augmentation du nombre de personnes vivant de l'artisanat. Cette croissance peut être attribuée, en partie, à l'idéologie de l'époque prônant l'autosuffisance. De nos jours, cette tendance se maintient, en partie, en raison de l'augmentation significative du taux de chômage, particulièrement dans les provinces de l'Atlantique. Ainsi, beaucoup de chômeurs cherchent à gagner leur vie en devenant artisans et demandent des cours de formation. Simultanément, le nombre d'artisans amateurs et de bricoleurs augmente aussi.

Selon différentes études canadiennes, 1,5 million de personnes consacrent plus de 7 heures par semaine à une activité artisanale. Le recensement de 1991 indique qu'environ 16 000 personnes gagnent leur vie en fabriquant et en vendant des objets d'artisanat. La valeur des ventes au détail de ces objets conçus au Canada représente 500 millions de dollars par année. Le marché des articles originaux de qualité, qui soulignent autant l'individualité de l'acheteur que celle de l'artisan, s'est aussi élargi.

Au Canada, la plupart des matières premières utilisées en artisanat (p. ex., le coton, la soie, le jute) sont importées. Quant au chanvre (dont sont tirés la marijuana et le haschich), la culture en a été interdite il y a 50 ans. Depuis peu, l'utilisation de matières (p. ex., les peaux, l'ivoire) provenant d'animaux en voie de disparition soulève des inquiétudes. Cependant, la plupart du temps, les artisans emploient des matériaux traditionnels. On s'interroge aussi sur les risques pour la santé que représentent les nouvelles substances: solvants, vernis, glaçures, pigments, plastiques et additifs. On reconnaît aujourd'hui que ces substances sont dangereuses. À leur insu, les artisans et les amateurs ont été soumis à un certain danger en les manipulant. En revanche, l'artisanat a également une grande valeur thérapeutique. Les thérapeutes occupationnels reconnaissent depuis longtemps la valeur des travaux manuels dans le processus de réadaptation, et des millions de personnes, dans le monde entier, prennent tout simplement plaisir à travailler de leurs mains.

Traditionnellement, on devenait artisan après un long APPRENTISSAGE ou bien le savoir-faire était transmis de père en fils. De nouveaux concepts en éducation préconisent l'utilisation de matériaux traditionnels, comme l'argile, au primaire, non pas pour apprendre aux élèves à travailler l'argile, mais comme moyen d'expression. Avant la fin des années 60, avant la création des COLLÈGES COMMUNAUTAIRES, très peu d'institutions offrent une formation en techniques artisanales. P. ex., en Ontario, on fonde une école d'artisanat et de création rattachée au Sheridan College. L'école est cependant un pensionnat qui a pour mission d'offrir des cours d'artisanat et de création à tous les étudiants ontariens. De plus, il existe une forte demande pour des cours du soir et des cours d'été permettant l'apprentissage des techniques élémentaires. En période de récession économique, les écoles d'artisanat et de création qui ne sont pas financièrement autonomes voient leurs programmes supprimés ou interrompus. Parfois, c'est tout un département qui est touché et, en Colombie-Britannique, un collège entier a été fermé. La fermeture d'établissements se poursuit malgré la forte demande pour des cours de formation.

Les communications modernes ont presque éliminé les différents styles provinciaux ou régionaux caractérisant autrefois l'artisanat canadien. Le Québec, avec ses ceintures fléchées, et Terre-Neuve, avec son tissage et ses tapis crochetés, sont les deux seules provinces pouvant prétendre se distinguer, car ces styles traditionnels n'ont pas encore été copiés à grande échelle. Quelques provinces ont acquis une certaine réputation: la Nouvelle-Écosse, entre autres, est bien connue au Canada et aux États-Unis pour ses COURTEPOINTES. On fait beaucoup de CÉRA-

MIQUE dans toutes les provinces. On enseigne le TISSAGE et l'impression sur tissu partout, et il existe très peu de différences d'une région à l'autre. Même en ce qui a trait aux techniques moins répandues, comme le soufflage du verre, on peut reconnaître un style international. Dans l'ensemble du Canada, le travail des artisans du verre et de la céramique est le plus reconnu à l'échelle internationale, mais ce travail n'est pas l'apanage d'une province en particulier, quoique le Québec et l'Ontario, plus peuplés, regroupent le plus grand nombre d'artisans tandis que la Colombie-Britannique vient non loin au troisième rang.

Associations Puisqu'il est possible d'apprendre assez rapidement les rudiments de plusieurs techniques, beaucoup d'amateurs essaient de vendre leur production. Cette surabondance d'objets sur le marché nuit aux artisans professionnels et entraîne une diminution de la qualité. Les associations d'artisans tentent depuis longtemps de maintenir certaines normes de qualité dans la conception et la production artisanales. En 1902, en partie à cause d'un intérêt général pour l'artisanat suscité par le mouvement Art nouveau, la Women's Art Association ouvre une boutique à Montréal. Le groupe obtient sa charte en 1906 et devient la Corporation canadienne de l'artisanat (rebaptisée ensuite la Guilde canadienne des métiers d'art). Sa mission est de promouvoir, de renouveler et de répandre la pratique de l'artisanat. Elle aide aussi les artisans à mettre leurs œuvres en marché, organise des expositions, offre des cours et renseigne le public sur le travail artisanal de qualité. À la demande de sir Wilfred Grenfell, la Guilde ouvre des centres d'artisanat au Labrador. À Terre-Neuve, le Outport Nursing Committee, fondé en 1920, organise un service par lequel les femmes de la région contribuent au paiement des soins et des services médicaux en tricotant et en tissant des objets qui sont ensuite mis en vente. Ces articles porteront ensuite la marque de commerce NONIA, un acronyme représentant le nouveau nom du groupe (Newfoundland Outport Nurses' Industrial Association).

Dès le début, la Guilde s'intéresse à l'artisanat autochtone. En 1930, elle tient à Montréal une exposition importante d'art inuit. En 1933, elle crée un comité d'autochtones dont la mission est d'encourager un renouveau dans l'ART AUTOCHTONE. En 1940, on lui demande d'y inclure aussi l'ART INUIT. En 1948-1949, la Guilde nomme James HOUSTON représentant de l'Arctique. C'est en grande partie grâce à son travail que l'art inuit prend un nouvel essor.

Chaque province ou territoire possède son association d'artisans. Les associations provinciales comptent environ 9000 artisans professionnels regroupant une variété de disciplines: bois, céramique, impression sur tissu, sculpture souple, bijoux de métal, cuir, peaux, gravure. Le Conseil canadien des métiers d'art est le seul organisme national. Si ces organismes visent encore les mêmes objectifs que la Corporation canadienne de l'artisanat de 1906, ce n'est pas qu'ils n'ont pas su tirer de leçon de l'histoire, mais bien parce que les problèmes de cette époque existent toujours aujourd'hui.

Peter H. Weinrich

Artistes de guerre Sous l'égide du Bureau canadien des archives de guerre de l'Armée canadienne, lord Beaverbrook (Max AITKEN) et lord Rothermere fondent, pendant la Première Guerre mondiale, le premier programme officiel d'art militaire connu sous le nom de Canadian War Memorials Fund. Depuis sa création en 1916 jusqu'à sa dissolution en 1919, le programme embauche plus de 60 artistes britanniques, australiens, yougoslaves, belges et canadiens qui produisent des toiles, des œuvres sur papier et des sculptures représentant la participation du Canada à la Grande Guerre. Aucune des 800 œuvres montrant des travailleurs dans les fermes et les usines, sur le front civil, ou dans les champs dévastés par la guerre en France et en Flandre, n'est

exposée durant la guerre. Par contre, une fois la guerre terminée, quantité d'œuvres sont exposées à Londres, New York, Ottawa, Toronto et Montréal.

Ces expositions démontrent non seulement que le Canada est le premier à mettre sur pied un programme d'art militaire, mais aussi qu'elles constituent des témoignages visuels incomparables de la guerre. Le tableau *For What?* de F. H. VARLEY prouve à quel point les artistes de guerre voient la face sombre et cachée de la guerre. De même, le *Screened Road A* d'A.Y. JACKSON montre que le paysage dévasté et criblé de trous par la guerre est un sujet digne des artistes de guerre. Toutefois, la valeur du programme ne se limite pas à la collection d'œuvres produites. Au lendemain de la guerre, en participant aux expositions organisées par le programme, les artistes de guerre peuvent faire juger leurs œuvres par les critiques les plus influents et par les représentants de galeries d'art. Le fait d'avoir peint des paysages de France et de Flandre, d'avoir vu les scènes de guerre représentées dans les tableaux des modernistes britanniques et d'avoir pu rencontrer d'importants critiques d'art et mécènes, ainsi que des représentants de galerie d'art de grande renommée, permettra au Groupe des Sept de l'Ontario et à ses disciples d'obtenir une reconnaissance nationale. Le programme fournit aux Canadiens des souvenirs de leur participation à la guerre et accorde à l'art et aux artistes canadiens une place importante dans le cadre culturel de l'entre-deux-guerres.

Au cours de l'automne de 1939, quand la Seconde Guerre mondiale éclate, les artistes canadiens sont mis, une fois de plus, à contribution grâce à l'expérience du Canadian War Memorials Fund. Cependant, le Canada ne dispose d'aucun programme officiel d'art militaire avant 1943. Créé en bonne partie grâce aux efforts de Vincent MASSEY et du directeur de la Galerie nationale du Canada, H.O. McCurry, le programme devient la responsabilité du ministère de la Défense nationale. Cette fois, seuls les artistes canadiens enrôlés dans l'armée sont embauchés. Bien que plus modeste que la production du Canadian War Memorial Fund (seulement 32 artistes reçoivent des commandes à titre d'artistes de guerre), la production de la Seconde Guerre mondiale montre les activités militaires canadiennes en Afrique du Nord, à Kiska (au large des côtes de l'Alaska), dans l'Atlantique Nord et dans le Pacifique, de même qu'au Canada, en Grande-Bretagne et en Europe. Contrairement aux tableaux réalisés au cours de la Première Guerre mondiale, les toiles sont exposées durant la guerre et parfois même sont installées à l'arrière du champ de bataille, de manière à informer le personnel civil et militaire de la contribution du Canada à l'effort de guerre.

Dans l'ensemble, la collection comprend plus de 1000 œuvres qui représentent davantage les hommes et les machines que les paysages. *Tank Advance*, réalisée en 1944 par Lawren P. Harris, évoque à merveille l'atmosphère, le ton et l'emprise de la machine sur le paysage. *Dead German on the Hitler Line* de Charles F. COMFORT dépeint les horreurs engendrées par la guerre. *Tragic Landscape* d'Alex COLVILLE juxtapose la terreur de la guerre à la paix et à la tranquillité de la nature domestiquée. Il se dégage du contraste entre ces deux réalités un sentiment d'angoisse et d'incertitude qui deviendront plus tard la marque de commerce de l'œuvre de Colville.

Le Canada ne sollicite aucun artiste pour représenter les activités militaires durant la guerre de Corée. Cela n'empêche pas des soldats comme Ted Zuber, à leur retour au Canada, de décrire de leur propre chef leur expérience sur la ligne de front. De même, le gouvernement canadien ne demande pas à des artistes de décrire les opérations de maintien de la paix au Congo. Cependant, en 1967, le ministère de la Défense nationale crée le Programme d'aide des Forces canadiennes aux artistes civils. Cet organisme envoie des artistes civils au Viêt-nam, en Europe et au Moyen-Orient, entre autres, afin que les

Forces armées canadiennes continuent d'être représentées comme elles l'ont été pendant la Première Guerre mondiale. Jusqu'ici, une vingtaine d'artistes ont participé au programme. Toutefois, Robert Hyndham, Mary Leach, Ted Zuber et Graham Wragg n'ont pas réussi à produire des œuvres du calibre de celles de Jackson, Varley, Comfort, Harris ou Colville. La communauté artistique canadienne ne manifeste plus d'intérêt pour cette forme d'art considérée comme démodée et éclipsée par la photographie et le film.

Maria Tippett

Arts Club Theatre En février 1964, l'Arts Club Theatre de Vancouver ouvre ses portes avec la pièce *Light up the Sky*. Fondé par Otto Lowy, Yvonne Firkin et quelques autres, le théâtre s'installe à l'étage d'une mission évangélique, au 1181 de la rue Seymour, dans une salle dont l'aménagement des sièges est flexible et qui peut accueillir de 125 à 200 spectateurs.

Au cours des années 60, l'Arts Club présente environ six spectacles par année, la plupart étant des comédies légères d'auteurs étrangers. Bill Millerd, nommé directeur en 1972, s'assure d'y offrir des spectacles durant toute l'année. Il y réussit avec une grande diversité de pièces: la classique *Journey's End*; *Comedians* de Griffith, mettant en vedette Brent Carver; et le spectacle qui tiendra l'affiche le plus longtemps, *Jacques Brel is Alive and Well and Living in Paris*.

En 1979, Millerd ouvre un théâtre de 450 sièges dans l'île Granville et, en 1983, fait l'acquisition d'une troisième salle, le Revue Theatre, qui peut accueillir 250 spectateurs. Après la démolition de l'ancien emplacement de la rue Seymour, l'Arts Club maintient sa politique de toujours disposer d'un troisième lieu où présenter des spectacles.

Ce système de trois salles permet à Millerd d'offrir avec succès des spectacles s'adressant à des publics différents. Le Revue Theatre présente diverses comédies musicales qui tiennent longtemps l'affiche, telles que *Sex Tips for Modern Girls*, *Angry Housewives* et (pendant 20 mois) *Aint Misbehavin'*. Les pièces *Comedy of Errors* (La Comédie des erreurs) et *School for Wives* (L'École des femmes), mises en scène par Morris Panych dans des décors de Ken Macdonald, comptent parmi les succès de son répertoire classique. Deux comédies canadiennes, *Talking Dirty* de Sherman Snukal et *The Late Blumer* de John Lazarus, restent longtemps à l'affiche.

L'Arts Club a aussi aidé les dramaturges canadiens Sherman Snukal et Morris Panych à lancer leur carrière. L'Arts Club a présenté *Vigil* de Panych. Cet engagement envers le théâtre canadien a donné lieu à la production de pièces de Michel Marc BOUCHARD, Brad FRASER, Tomson Highway, Wendy Lill et George Walker. En mai 1996, avec Millerd toujours à la barre, l'Arts Club Theatre en était à sa 328e production.

Malcolm Page

Arts graphiques et graphisme (*Voir* ILLUSTRATION)

Arts martiaux (*Voir* JIU-JITSU, JUDO, KARATÉ)

Arts visuels, diffusion au Québec Le passage des œuvres d'art de l'atelier de l'artiste aux divers publics intéressés se fait par les voies habituelles de la communication (presse, radio, télévision) et par des voies spécifiques au domaine artistique (musées, galeries, revues spécialisées). Une des particularités de la situation canadienne et québécoise consiste en l'implication de l'État dans la diffusion des biens culturels. Des programmes d'aide aux artistes et aux organismes culturels ont été mis en place depuis les années 60 qui permettent aux créateurs de montrer leurs productions. Ainsi, le Conseil des arts du Canada (depuis 1957), le ministère de la Culture et des communications et le Conseil des arts et des lettres du Québec (CALQ) et le Conseil des arts de la Communauté urbaine de Montréal (CACUM) contribuent de manière importante à la diffusion des œuvres grâce à leurs nombreux programmes qui soutiennent autant les individus que les organismes. L'aide de l'État vient compléter les efforts individuels des artistes et ceux du secteur privé.

Les musées du Québec collectionnent et présentent tant l'art ancien que l'art moderne et contemporain. Leur rôle dans la diffusion et dans l'acceptation des œuvres d'art actuel est surtout évident lors des expositions individuelles et collectives montées en leur sein. Le MUSÉE DU QUÉBEC, le MUSÉE D'ART CONTEMPORAIN DE MONTRÉAL, le MUSÉE DES BEAUX-ARTS DE MONTRÉAL, le Musée de Joliette et le CENTRE CANADIEN D'ARCHITECTURE organisent, pendant toute l'année, des expositions qui présentent le travail des artistes du Québec, du reste du Canada et de l'étranger. Des centres, qui ne disposent pas de collection permanente et se différencient donc des musées, proposent aussi des expositions d'art actuel. De tels centres peuvent être indépendants (Centre international d'art contemporain), liés à des institutions universitaires (UNIVERSITÉ DU QUÉBEC À MONTRÉAL, UNIVERSITÉ LAVAL, UNIVERSITÉ CONCORDIA, UNIVERSITÉ DE MONTRÉAL, UNIVERSITÉ DE SHERBROOKE) ou à des municipalités.

Les galeries d'art privées et les centres d'artistes autogérés sont des lieux importants de diffusion des arts visuels à Montréal, à Québec ainsi que dans les principaux centres régionaux. Les galeries d'art sont des entreprises privées qui assurent la visibilité des artistes en les représentant auprès des collectionneurs privés et publics et en montrant leurs œuvres périodiquement. Depuis l'inauguration des premières galeries à Montréal (Morency, Watson, L'Art français), on ne compte plus les ouvertures et fermetures. Leur histoire, qui devrait être racontée, rend hommage à des pionniers (Max Stern de la galerie Dominion, Agnès Lefort, Denyse Delrue, Yves Lasnier) ainsi qu'aux générations successives de marchands qui, depuis la fin des années 70, permettent la circulation des œuvres et le développement d'une expertise d'organisateurs d'expositions. Quelques galeries montréalaises peuvent être mentionnées pour la qualité de leur travail et leur longévité. Ainsi les galeries Simon Blais, René Blouin, Christiane Chassay, de Bellefeuille, Graff, Trois Points, Joliette, Waddington & Gorce et quelques autres ont, au fil des ans, acquis une belle réputation.

Les centres d'artistes, créés au début des années 70, sont des lieux importants de diffusion et de production de l'art actuel. Leur influence se fait sentir à Montréal, à Québec et sur tout le territoire de la province. Réunis en association depuis 1986 (le Regroupement des centres d'artistes autogérés du Québec), ces centres à but non lucratif sont d'incontournables lieux d'accueil pour la production des jeunes générations et pour le développement de compétences diverses tant chez les artistes que chez les jeunes historiens de l'art. Certains d'entre eux, longtemps appelés galeries parallèles (Véhicule étant la première) ou espaces alternatifs, ont des mandats bien précis qui concernent l'exploration des nouvelles technologies (PRIM, Vidéographe et Oboro à Montréal, la Bande Vidéo à Québec, Daïmôn à Hull), les médias traditionnels et leurs avatars post-modernes, l'installation p.ex. (Optica, Skol, le Centre de sculpture Est-Nord-Est) ou la PHOTOGRAPHIE (Dazibao, Optica, Vu à Québec). La plupart des centres d'artistes de la ville de Québec sont réunis sous un même toit, le Complexe Méduse. Ailleurs, la localisation est plus éclatée: immeubles commerciaux désaffectés, anciennes écoles, quartiers industriels, etc.

Ces divers lieux investis par les artistes sont des endroits spécifiques de diffusion des œuvres auxquels il faut ajouter un volet éditorial d'importance variable selon les années, mais d'un grand intérêt pour la visibilité à long terme et la compréhension des enjeux artistiques. Les catalogues d'exposition produits en grand nombre par les musées, les galeries privées et les centres d'artistes permettent de reconstituer l'histoire des arts visuels au Québec en gardant une trace réfléchie des efforts individuels et collectifs. Ces catalogues sont parfois relayés par les livres sur l'art que produisent quelques audacieuses maisons d'édition (Lanctôt, Intervention, Centre de Diffusion 3D, Dazibao, Vu). Le centre de documentation Artexte à Montréal assure la conservation et la diffusion de ces outils essentiels pour une mémoire qui deviendra histoire. De nombreuses revues d'art de grande qualité assurent la périodicité de l'information et la transmission des enjeux théoriques du travail des artistes. Aux ancêtres *Vie des Arts* (1956) et *Parachute* (1975), se sont ajoutées des publications à périodicité variable, visant des segments particuliers du public des arts visuels ou autres médiums: les revues *Espace*, *ETC Montréal*, *Esse* ou *Spirale* à Montréal, *Inter* à Québec, *Protée* à Chicoutimi font ainsi un remarquable travail de repérage et de présentation du travail d'artistes locaux et étrangers tout en permettant à des auteurs venus de tous les horizons de s'exprimer. Au fil des jours, ce travail de diffusion est assuré par la critique d'art de journaux comme *LE DEVOIR*, *LA PRESSE*, *The Gazette*, *Voir*, *The Mirror*, et, dans une moindre mesure, par la RADIO et la TÉLÉVISION. Les nouvelles technologies devraient permettre une plus grande ouverture par voie de CD-Rom ou de DVD bien que la distribution de tels produits, le plus souvent expérimentaux, ne soit par des plus faciles à réaliser.

Lise Lamarche

Asbestos, ville minière du Qc; pop. 6271 (rec. 1996); const. en 1899, puis en ville en 1937; située dans le bas-plateau appalachien à 63 km au nord de Sherbrooke et à 55 km au sud-est de Drummondville. Le nom anglais «Asbestos», signifiant «incombustible» en Grec, a été donné vers 1884 par les propriétaires anglais des mines d'AMIANTE. En 1879, un prospecteur, Evan William, découvre un gisement sur le site actuel, alors propriété de Charles Webb, lequel est exploité dès 1881 par William Jeffrey et, depuis ce temps, la mine Jeffrey ne cesse de s'agrandir avec la John Manville Co. (1905-1983), puis la JM Asbestos (depuis 1983). La mine Jeffrey est la plus grande mine d'amiante à ciel ouvert au monde: 350 m de profondeur et 6 km² de superficie. L'usine peut produire 650 millions de kilogrammes de fibres par année, mais les problèmes liés à l'amiantose des dernières années ont considérablement ralenti la production.

Le 13 février 1944 éclate à Asbestos une grève des ouvriers de l'industrie de l'amiante qui mobilise 5000 mineurs pendant 120 jours ouvrables. Cet événement constitue un tournant dans l'histoire sociale du Québec (*voir* GRÈVE DE L'AMIANTE.)

L'agrandissement progressif de la mine a transformé le paysage urbain, que l'on a amputé de quelques rues et maisons, en 1975, pour faire place au développement minier. Avec l'industrie de l'amiante, la présence de manufactures de bois ouvré et d'équipements électriques a permis à la ville de devenir le pôle régional du comté de Richmond. En l'an 2000, l'usine Magnola a été construite pour fabriquer du magnésium à partir des résidus de la mine d'amiante. La ville est annuellement l'hôte du Festival des gourmands. En 1990, le nom d'Asbestos a aussi été donné à la MRC de 15 005 habitants (rec. 1996), en remplacement du nom de «MRC de l'or blanc» qui avait été donné lors de sa formation en 1982.

Jean-Marie Dubois et Pierre Mailhot

Asclépiade Nom commun des plantes herbacées et vivaces du genre *Asclepias*, de la famille des asclépiadacées (de Asclépios, dieu de la Médecine dans la mythologie grecque). Il en existe 100 espèces dans le monde et 13 sont indigènes du Canada. À l'exception de l'asclépiade tubéreuse (*A. tuberosa*), toutes les espèces canadiennes produisent un suc laiteux ayant des propriétés toxiques. Les feuilles sont simples et les fleurs poussent en grandes ombrelles. Les follicules sont habituellement gros et contiennent souvent des centaines de graines, munies d'ailes soyeuses. Dans la nature, plusieurs espèces, dont l'asclépiade tubéreuse (ou bulbeuse), sont des plantes remarquables, très estimées. Six espèces sont classées comme mauvaises herbes canadiennes, la plus importante étant l'asclépiade commune (*A. syriaca*); on la trouve du Manitoba jusque dans les Maritimes, et elle pousse en abondance dans le sud de l'Ontario et du Québec. Elle se propage par ses rhizomes et par ses graines. En Ontario, pendant la Seconde Guerre mondiale, on la cultive pour en tirer une fibre textile ainsi que du caoutchouc à partir du latex. On lui trouve aussi d'autres utilisations économiques. Elle constitue une source de nectar pour le monarque ainsi que pour d'autres papillons diurnes. Les Amérindiens la prisaient pour ses vertus médicinales et s'en servaient pour le tissage et la fabrication de cordes. (*Voir aussi* PLANTES, UTILISATION PAR LES AUTOCHTONES DES.)

Paul B. Cavers

Ashburton-Webster, traité Nommé aussi traité de Washington, il est signé le 9 août 1842, et négocié pour la Grande-Bretagne par Alexander Baring, premier lord Ashburton, et pour les États-Unis par Daniel Webster, secrétaire d'État. Il permet de faire disparaître plusieurs sources de friction entre les deux pays, notamment au sujet des frontières entre l'Amérique du Nord britannique et les États-Unis, demeurées imprécises après le traité de GAND.

Un problème particulier a trait aux 12 000 mi² (environ 31 000 km²) que se disputent le Nouveau-Brunswick et le Maine, dont 5000 mi² (environ 13 000 km²) sont finalement attribués au Nouveau-Brunswick. Le traité prévoit également le relevé, le tracé, et la délimitation de la frontière approuvée entre le Nouveau-Brunswick et le Maine. Les travaux sont terminés en juin 1847. Le traité apporte des changements mineurs le long des frontières au nord du Vermont et de l'État de New York et délimite pour la première fois la frontière qui va du lac Huron au lac des Bois.

N.L. Nicholson

Asiatiques du Sud Les personnes que l'on désigne comme étant des Asiatiques du Sud (ou Sud-Asiatiques), des Indo-Canadiens ou des Indiens orientaux, constituent l'une des populations ethnoculturelles les plus diversifiées du Canada. Elles viennent de l'Asie du Sud: Inde (44 p. 100), Pakistan (8 p. 100), Bangladesh (1 p. 100) et Sri Lanka (autrefois Ceylan, 9 p. 100). La majorité des Canadiens de l'Asie du Sud sont des immigrants ou des descendants d'immigrants de ces pays, mais près de 38 p. 100 sont originaires de communautés sud-asiatiques qui se sont établies, à l'époque du colonialisme britannique, en Afrique de l'Est et du Sud (11 p. 100), en Guyane (13 p. 100), à Trinidad (8 p. 100), aux îles Fidji (5 p. 100) et à l'île Maurice (1 p. 100), D'autres viennent de Grande-Bretagne, des États-Unis et d'Europe.

D'après le recensement sur les origines ethniques, il y avait 723 345 Asiatiques du Sud au Canada en 1996, en comparaison de 221 085 en 1981.

Aux yeux des Asiatiques du Sud, une telle appellation équivaut à celle d'«Européen» par laquelle on désigne une personne en provenance d'un pays d'Europe. Bien que partageant les mêmes caractéristiques historiques et religieuses, ces Asiatiques se rattachent à des racines ethnoculturelles plus spécifiques. Ainsi, dans la région du Toronto métropolitain, on trouve plus de 20 groupes ethniques différents parmi la grande population de Sud-Asiatiques qui compte 200 000 membres.

Origines

La diversité ethnique reflète l'incomparable pluralité culturelle de l'Asie du Sud, qui compte un milliard d'habitants. Environ 55 p. 100 des Canadiens d'Asie du Sud sont nés en Inde, où l'on parle 14 langues principales et où l'on compte des centaines de groupes ethniques différents. Ce pluralisme se reflète sur la religion: 80 p. 100 des Indiens sont hindouistes, plus de 50 millions sont musulmans et 15 millions pratiquent le SIKHISME. Beaucoup d'autres sont chrétiens ou jaïns. Bien que ces deux pays soient différents sur le plan culturel, le Pakistan et le Bangladesh ont une religion commune prédominante: l'islam. Une troisième grande religion, le BOUDDHISME, est pratiquée par la majorité des Sri Lankais, qui comptent néanmoins d'importants groupes religieux minoritaires hindouistes, chrétiens et musulmans parmi eux. Les communautés établies à l'extérieur de l'Asie du Sud sont beaucoup plus homogènes, mais chacune possède une identité propre et une manière de vivre qui la distingue de tout autre groupe de l'Asie du Sud.

Migration

Les premiers immigrants de l'Asie du Sud arrivent à Vancouver en 1903. La grande majorité sont des sikhs qui ont entendu parler du Canada par des membres des forces indiennes britanniques postées à Hong Kong, qui ont traversé le Canada l'année précédente dans leur périple pour aller assister aux célébrations du couronnement d'Édouard VII. Ces premiers immigrants sont attirés par les salaires canadiens élevés et ils ont tôt fait de trouver du travail. L'immigration augmente rapidement et atteint le chiffre de 5209 personnes en 1908; tous sont des hommes qui abandonnent temporairement leur famille afin de trouver du travail au Canada. Il est probable que 90 p. 100 d'entre eux étaient des sikhs, originaires de l'arrière-pays agricole du Panjab. La plupart d'entre eux restent en Colombie-Britannique.

Voyant en eux une menace raciale semblable à celle qu'avaient inspirée les CANADIENS D'ORIGINE JAPONAISE et les immigrants CHINOIS avant eux, le gouvernement de la Colombie-Britannique ne tarde pas à limiter les droits et privilèges des Sud-Asiatiques. En 1907, ces immigrants sont privés de leurs droits de citoyen par les autorités provinciales. Ces restrictions entraînent les conséquences suivantes: ils ne peuvent ni voter au fédéral, ni occuper une charge publique, ni remplir la fonction de juré, ni exercer une profession ou un emploi dans la fonction publique, ni participer comme main-d'œuvre à la réalisation de travaux publics. L'année suivante, le gouvernement fédéral adopte un règlement d'immigration spécifiant que les immigrants peuvent entrer au Canada, mais au terme d'un voyage sans escale à partir de leur pays d'origine. Comme aucun service de transport de ce genre n'existe entre l'Inde et le Canada, ce règlement (et c'est là son but) a pour effet de rendre impossible l'immigration de Sud-Asiatiques. Cette interdiction prive les hommes de leur famille et paralyse l'expansion des communautés.

La contestation énergique de ces règlements devant les tribunaux ne donne rien et, en 1913, la frustration éprouvée face au traitement gouvernemental se transforme en appui au Parti ghadar, organisation vouée au renversement de l'administration britannique en Inde. Le règlement d'immigration est directement contesté en 1914, lorsque le cargo KOMAGATA MARU prend la mer à Hong Kong, à destination du Canada avec 376 immigrants d'Asie du Sud à son bord. Les autorités de l'immigration isolent le navire pendant deux mois dans le port de Vancouver, jusqu'à ce qu'il soit forcé de retourner en Asie. Le sentiment révolutionnaire atteint alors son paroxysme; bien des hommes retournent en Inde travailler pour le Parti ghadar.

Le règlement fédéral exigeant l'entrée des immigrants au pays par transport sans escale demeure en vigueur jusqu'en 1947, tout comme d'ailleurs la plupart des lois anti-Asiatiques du sud de la Colombie-Britannique. En 1919, en raison de pressions de la communauté et de représentations du gouvernement indien, le Canada permet aux femmes et aux enfants

mineurs des résidents canadiens d'origine sud-asiatique d'immigrer et, vers le milieu des années 20, s'établit un léger mouvement d'immigration de femmes et d'enfants. Ce mouvement ne réussit toutefois pas à contrebalancer les effets de la migration des Canadiens d'origine sud-asiatique vers l'Inde et les États-Unis, qui réduit leur population à environ 1300 personnes au Canada.

Pendant les années 20, la sécurité économique des Sud-Asiatiques s'améliore, ces derniers travaillant principalement dans l'industrie forestière, ainsi que dans la vente de bois et de sciure de bois utilisés comme combustible de chauffage domestique. Quelques scieries sont achetées par des Asiatiques et deux d'entre elles emploient plus de 300 personnes. Les effets de la CRISE DES ANNÉES 30 sur cette communauté se font lourdement sentir mais sont atténués par une entraide mutuelle très marquée. Au moment de la Seconde Guerre mondiale, les Asiatiques du Sud de la Colombie-Britannique se sont assurés beaucoup d'appuis locaux en faveur de leurs démarches pour récupérer le droit de vote, principalement celui de la CO-OPERATIVE COMMONWEALTH FEDERATION. En 1947, l'interdiction du droit de vote en Colombie-Britannique de même que d'autres restrictions sont levées.

Devant l'indépendance imminente de l'Inde, le gouvernement fédéral abolit cette même année le règlement du voyage sans escale, le remplaçant en 1951 par des quotas d'immigration annuels de 150 personnes pour l'Inde, de 100 pour le Pakistan et de 50 pour le Ceylan. Il n'y a alors que 2148 Asiatiques du Sud au Canada, dont 1937 en Colombie-Britannique. Une croissance modérée de l'immigration porte ce nombre à 6774 en 1961.

Comme les restrictions raciales nationales sont retirées des lois de l'immigration dans les années 60, l'immigration de Sud-Asiatiques s'accroît considérablement. Sur le plan culturel, l'immigration est beaucoup plus diversifiée. Dans les années 50, une proportion élevée d'immigrants s'avère des sikhs, parents des premiers immigrants sud-asiatiques, alors que dans les années 60, on assiste à des hausses marquées de l'immigration en provenance d'autres parties de l'Inde et du Pakistan. Au début des années 60, les deux tiers des hommes sud-asiatiques qui immigrent ici sont des professionnels. Ils sont enseignants, médecins, professeurs ou chercheurs. Au cours des années 60 et 70, la préférence du Canada pour des immigrants très qualifiés contribue à la diversification de l'éventail ethnique des immigrants sud-asiatiques et à la diminution de la proportion de sikhs. Dans les années 70, on assiste au début de l'immigration en provenance des îles Fidji, de la Guyane, de Trinidad et de l'île Maurice. Les lois d'immigration non discriminatoires adoptées en 1967 provoquent une autre ruée de l'immigration provenant de l'Asie du Sud. En 1971, les Canadiens d'origine sud-asiatique sont au nombre de 67 925.

En 1972, l'Ouganda expulse tous les Asiatiques du Sud qui s'y trouvent. Le Canada en accueille 7000 (dont bon nombre sont des Ismaïliens) en tant que RÉFUGIÉS politiques. Par la suite, un flot régulier d'immigrants sud-asiatiques arrive au Canada en provenance du Kenya, de la Tanzanie et du Zaïre, soit directement, soit via la Grande-Bretagne. De 1977 à 1985, la conjoncture économique canadienne étant moins favorable, l'immigration d'Asiatiques du Sud diminue de façon significative et est ramenée à environ 15 000 personnes par an. Elle a repris depuis, pour s'établir, p. ex., à 40 000 personnes en 1992.

Mode d'établissement Jusqu'à la fin des années 50, presque tous les Sud-Asiatiques du Canada vivent en Colombie-Britannique, mais à partir de ce moment-là les immigrants plus instruits commencent à s'installer partout au pays. Dans le corridor urbain allant du Toronto métropolitain à Windsor, la population sud-asiatique s'accroît considérablement pour se chiffrer aujourd'hui à près de 382 000 per-

sonnes. En Colombie-Britannique, cette même population atteint maintenant près de 165 000 personnes, dont la plus grande partie (125 000) demeure dans la région de Vancouver. Pratiquement tous les Asiatiques du Sud vivent en ville et 97 p. 100 d'entre eux résident dans 4 provinces: 427 000 en Ontario; 165 000 en Colombie-Britannique; 56 000 en Alberta; et 50 000 au Québec. De plus, certaines communautés ethniques sont concentrées dans des régions bien précises en raison des vagues successives d'immigration. Les sikhs sont nettement surreprésentés à Vancouver; les Sud-Asiatiques provenant des îles Fidji, ceux de Guyane et de Trinidad se concentrent à Toronto tandis qu'on trouve des ismaïliens à Vancouver, à Edmonton et à Calgary.

Vie économique Les premiers sikhs établis en Colombie-Britannique travaillent presque tous dans l'industrie forestière. Ils sont toujours présents dans cette industrie, à la fois comme travailleurs ou propriétaires. Les professionnels qualifiés de différentes origines ethnoculturelles, arrivés entre 1960 et 1985, sont maintenant bien établis. La répartition professionnelle s'élargit dans les années 70 avec l'arrivée d'une plus grande proportion de cols bleus et de cols blancs. L'exode d'Ouganda amène des gens d'affaires en grand nombre et certains d'entre eux deviennent entrepreneurs, les uns possédant des voitures-taxi, d'autres dirigeant des entreprises. La présence d'autres Sud-Asiatiques dans le milieu des affaires est également élevée. En Asie du Sud, peu de femmes de la classe moyenne travaillent à l'extérieur du foyer avant les années 90, mais les Canadiennes originaires de ces mêmes régions participent très activement à l'économie, soit comme travailleuses, soit comme employées de bureau. Près de 70 p. 100 des Canadiennes d'origine sud-asiatique âgées entre 20 et 45 ans ont maintenant un travail rémunéré, comparativement à environ 55 p. 100 de l'ensemble des Canadiennes de cette tranche d'âge. On trouve également des Sud-Asiatiques en agriculture, surtout en Colombie-Britannique.

Vie sociale et communautaire Les Sud-Asiatiques du Canada ont des bagages culturels tellement variés qu'on ne peut guère généraliser au sujet de leur vie sociale et communautaire. Il reste tout de même que tous viennent d'endroits où les familles élargies, les liens du sang et les relations communautaires sont extrêmement importants. Les immigrants d'Asie du Sud adoptent vite la plupart des traditions canadiennes, mais s'efforcent de préserver l'essentiel de leurs pratiques familiales et communautaires. En général les parents tentent, souvent sans succès, d'inculquer à leurs enfants les principales valeurs familiales sud-asiatiques. Ce mouvement s'accompagne d'un phénomène d'acculturation important chez les 15 p. 100 d'entre eux qui sont nés au Canada. Les relations entre hommes et femmes changent aussi, d'autant plus que les épouses ont aussi accès à des ressources financières et sociales. En raison des mariages interraciaux, on peut s'attendre à ce que les modes de vie familiale changent encore avec la montée de la deuxième génération.

En règle générale, les liens sociaux sans caractère officiel sont très forts entre les individus possédant les mêmes antécédents. Les Sud-Asiatiques ne forment généralement pas de communautés géographiquement concentrées dans les centres urbains et leurs relations reposent principalement sur de fréquentes visites. En revanche, les liens entre les différentes communautés sud-asiatiques sont très faibles et se limitent presque exclusivement aux contacts entre les dirigeants. Par conséquent, on ne saurait parler de «la» communauté sud-asiatique de tel ou tel endroit, puisqu'il en existe plusieurs. Les contacts entre les communautés se font principalement lorsque ces dernières sont petites ou qu'elles partagent la même culture, la même langue, ou la même religion.

Vie culturelle et religieuse

L'accent mis sur les événements culturels extra-familiaux varie beaucoup d'une communauté à l'autre. Généralement, les groupes ayant une conscience ethnique élevée, p. ex. les 150 à 180 000 sikhs du Canada maintiennent vivants plusieurs de ces événements, alors que d'autres groupes comme ceux venant des îles Fidji ou de la Guyane, de même que les professionnels sud-asiatiques, ne le font pas. Un écart semblable existe quant aux institutions religieuses. Les sikhs sont nombreux, leur identité est à la fois ethnique et religieuse, et leurs institutions religieuses existent depuis la construction du premier temple sikh au Canada, en 1908. C'est avec beaucoup de succès qu'ils ont réussi à établir et à toujours préserver leur religion au Canada.

Les musulmans ismaéliens, dont le leader spirituel est l'Aga Khan, constituent un groupe à la fois ethnique et religieux qui compte plus de 30 000 personnes. Ils mettent sur pied de solides institutions religieuses partout où ils s'installent. Les 70 000 musulmans sunnites sud-asiatiques (qui viennent surtout du Pakistan et de l'Inde) se sont généralement regroupés avec d'autres sunnites pour construire des mosquées multiethniques: eux aussi semblent réussir à transmettre efficacement leur religion à leurs enfants. Les communautés hindouistes comptent maintenant de 160 à 200 000 personnes et leur nombre augmente rapidement. Dans les groupes hindouistes de taille suffisante, les gens bâtissent des temples pour desservir une communauté en particulier ou plusieurs communautés, dans lesquels on se rend pour prier à l'occasion des cérémonies annuelles et des rituels importants reliés au mariage et au décès. Les Cinghalais, qui pratiquent le BOUDDHISME, ont érigé un temple à Toronto (*voir* HINDOUISME; ISLAM).

La plupart des communautés soutiennent de nombreuses autres institutions et activités. Des organisations religieuses reconnues comme telles prennent souvent en charge des écoles de langues pour les enfants, tout comme des activités culturelles telles que la danse et la musique sud-asiatiques. En outre, il existe maintenant plus de 250 associations socioculturelles d'Asiatiques du Sud au Canada, la plupart d'entre elles ayant été formées au cours des 20 dernières années. La musique folklorique et classique, et la danse sont populaires. De plus, les communautés appuient maintenant la publication de 70 journaux et bulletins de liaison. Les émissions de radio et de télé sud-asiatiques par câble sont de plus en plus nombreuses, surtout dans les grands centres.

Politique

Jusqu'en 1965, les mouvements politiques sud-asiatiques existent surtout pour exercer des pressions afin d'éliminer les restrictions légales adoptées par le corps législatif de la Colombie-Britannique et de modifier les lois de l'immigration. Depuis les 20 dernières années, les Asiatiques du Sud s'engagent de plus en plus dans divers mouvements politiques. Leurs associations font maintenant un lobbying de tous les instants auprès du gouvernement en vue d'une aide aux programmes culturels, d'un accès plus facile à l'immigration et d'une action manifeste pour contrer PRÉJUGÉS ET DISCRIMINATION. Certains membres de cette communauté occupent des charges à l'échelle locale, mais ils ne s'intéressent guère au palier fédéral avant les années 80. En 1993, 16 candidats sud-asiatiques briguent les suffrages fédéraux et 3 d'entre eux sont réélus. La même année, la Colombie-Britannique compte deux ministres provinciaux parmi les Sud-Asiatiques. Les Asiatiques du Sud s'occupent parfois de politique dans leur pays d'origine; la prise de position de plus en plus marquée des Canadiens sikhs, après 1983, en faveur de l'octroi de droits plus importants aux sikhs du Panjab en est un exemple récent.

Identification au groupe

En 1994, environ 80 p. 100 des Canadiens d'origine sud-asiatique sont des immigrants. Seuls les sikhs sont au pays depuis suffisamment longtemps pour avoir mis au point de véritables outils de soli-

darité. Une forte conscience de groupe et un statut de minorité se sont traduits par un haut niveau de rétention culturelle chez les sikhs de la Colombie-Britannique. Pratiquement tous les membres de la deuxième génération connaissent la culture et la langue sikhes, puis se marient avec des membres de la même communauté.

D'autres groupes, comme les ismaéliens, les Pakistanais et les musulmans sunnites mettent plus l'accent sur la religion que sur la culture ou la langue comme élément de solidarité. Pour la plupart des groupes sud-asiatiques, l'acculturation sera importante chez les membres de la deuxième génération, les principales exceptions ayant trait aux traditions sur le mariage et la famille. L'intégration sociale sera également un élément important du développement des relations futures entre les Sud-Asiatiques et les autres. L'augmentation de l'immigration en provenance de l'Asie du Sud s'est heurtée à certains préjugés raciaux au milieu des années 70, surtout à Toronto et à Vancouver. Ces problèmes ont diminué depuis.

Norman Buchignani

Asiatiques du Sud-Est L'Asie du Sud-Est comprend l'Indonésie, le Brunei, Singapour, les Philippines, la Birmanie, la Malaysia, la Thaïlande, le Viêt-nam, le Cambodge et le Laos. Cet article ne concerne que les Indochinois: les Vietnamiens (qu'on estime à 120 000 de la population canadienne à la fin de 1995), les Chinois du Viêt-nam (80 000), les Laotiens (20 000) et les Cambodgiens ou Khmers (20 000).

Migration et peuplement Les Indochinois viennent au Canada en cinq vagues. Certains arrivent en tant qu'étudiants au cours des années 50 et 60 et décident de rester, de sorte qu'en 1970 on compte environ 1200 Vietnamiens, ainsi que quelques centaines de Laotiens et de Cambodgiens, établis principalement au Québec. La défaite des Américains au Viêt-nam et la chute du régime Thiêu, au début de 1975, conduisent au départ massif de Vietnamiens, dont environ 6500 sont admis au Canada comme RÉFUGIÉS politiques. C'est ainsi qu'à la fin de 1978, on dénombre 10 000 Indochinois au Canada. La majorité habite Montréal, Toronto, Calgary, Edmonton et Vancouver. Environ 80 p. 100 d'entre eux sont des Vietnamiens, la plupart des hommes étant des professionnels, des bureaucrates, des militaires ou des étudiants.

Vers la fin de 1978, l'exode des «boat people» (Vietnamiens et Chinois du Viêt-nam) prend des proportions dramatiques et, en novembre de la même année, le Canada accepte 604 réfugiés qui s'étaient embarqués sur l'affréteur Hai Hong. Comme la situation des boat people, de même que celle des «land people» laotiens, cambodgiens et vietnamiens qui se sont enfuis en Thaïlande, ne cesse de se détériorer, le Canada admet 59 970 réfugiés et des immigrants de catégorie désignée, au cours des deux années suivantes (1979-1980). Plus de 32 000 d'entre eux sont parrainés par 6887 groupes privés ou communautaires, dont 65 p. 100 ont été mis sur pied par des organismes religieux. À elles seules, les Églises catholique, mennonite, réformée et unie ont soutenu 48 p. 100 de tous les réfugiés qui ont été parrainés par des organisations privées.

En raison du parrainage, les Indochinois se trouvent disséminés dans tout le pays, mais beaucoup migrent vers les villes, notamment Toronto, Ottawa, Montréal, Edmonton, Calgary et Vancouver. Par la suite (1981-1986), bon nombre d'Indochinois continuent d'arriver en tant que réfugiés politiques ou comme immigrants de catégorie désignée: 24 000 du Viêt-nam, 3400 du Laos et 8900 du Cambodge. Parallèlement, un nombre croissant de personnes arrivent du Viêt-nam en empruntant les voies habituelles de l'immigration: 16 500 pour les seules années 1984-1986. À la fin de 1986, 129 000 Indochinois, ou 95 p. 100, sont des immigrants: 100 000 viennent du Viêt-nam, 14 000 du Cambodge et

15 000 du Laos. Les efforts déployés par les Canadiens originaires du Sud-Est asiatique pour réunir leur famille, au cours des années 1987-1996, contribuent à accroître la population immigrante de 50 p. 100 pendant la dernière décennie. Plus de la moitié des derniers immigrants s'établissent en Ontario, le reste se répartissant en nombre à peu près égal en Alberta, au Québec et en Colombie-Britannique. Les Indochinois migrent ensuite de façon significative du Canada aux États-Unis et, depuis 1990, on remarque un petit mouvement de retour au Viêt-nam.

Vie économique Les réfugiés vietnamiens de l'exode des années 1975-1976 ont habituellement une solide éducation et des compétences professionnelles. Plusieurs parlent couramment l'anglais ou le français. Malgré une baisse de leur pouvoir économique, ils rétablissent rapidement leur situation. Les Indochinois qui arrivent à partir de 1977 viennent de milieux économiques plus diversifiés, et il en va de même des perspectives qui les attendent au Canada. Parmi les nouveaux arrivants en provenance du Viêt-nam, environ 90 p. 100 des travailleurs ont de l'expérience comme cols bleus, 5 p. 100 sont des cols blancs et 50 p. 100 sont des professionnels, des administrateurs ou des propriétaires de petits commerces. Nombre de Chinois du Viêt-nam ont déjà possédé de petites entreprises, tandis que les Laotiens et les Cambodgiens sont souvent issus de milieux ruraux.

Les réfugiés qui arrivent après 1976 font preuve d'une grande capacité d'adaptation à la vie économique canadienne. L'aide de la famille ainsi qu'un réseau d'assistance informel fourni par la communauté contribuent largement à cette situation. Dans la plupart des villes canadiennes, on trouve maintenant une kyrielle de magasins de détail, de restaurants et de commerces indochinois. Néanmoins, beaucoup d'Indochinois occupent aujourd'hui des emplois précaires à revenu modeste dans le secteur des services et de l'industrie. Plusieurs sont sous-payés. Avec le ralentissement de l'économie canadienne qui s'amorce en 1980, des milliers d'Indochinois migrent, depuis d'autres parties du pays, d'abord vers l'Ontario puis au Québec et en Alberta.

Vie sociale et culturelle En raison des circonstances traumatisantes dans lesquelles les Indochinois émigrent jusqu'en 1986, ces derniers concentrent d'abord leurs efforts sur l'emploi, sur l'apprentissage des langues anglaise et française et sur la réunification de leur famille. Pour les Indochinois, la famille est par tradition au cœur de l'organisation sociale. Ce rôle central est maintenu au Canada, du moins pour ceux qui sont capables de reconstituer ici leur vie familiale. Des conditions politiques plus stables dans les pays sources facilitent grandement la réunification des familles. Cependant, de nombreuses familles canadiennes demeurent incomplètes, surtout chez les Cambodgiens, qui, dans bien des cas, ont perdu des parents pendant le règne de Pol Pot. Il existe d'importants réseaux communautaires informels qui procurent un soutien psychologique, favorisent le regroupement de personnes ayant des racines communes et offrent des informations utiles. Même si les groupes ne sont pas vraiment structurés, chacun constitue une communauté ethnoculturelle locale presque entièrement indépendant. Il en va de même des institutions communautaires.

La plupart des Vietnamiens pratiquent le BOUDDHISME mahâyâna. Ils forment des associations bouddhiques dans tout le Canada afin d'observer les rites religieux prescrits au moment de la naissance, du mariage et de la mort. Les catholiques vietnamiens se joignent habituellement aux paroisses catholiques qui existent déjà, mais il arrive qu'ils aient leur propre organisme religieux ou leur propre paroisse, à l'instar de leurs compatriotes d'autres confessions chrétiennes. Les Vietnamiens s'emploient à créer dans tout le Canada des organismes communautaires en règle, lesquels deviennent des foyers importants de manifestations culturelles et d'activités récréatives, et participent au maintien des traditions socioculturelles. À l'échelle nationale, la Fédération canadienne des associations vietnamiennes, qui regroupe plusieurs associations locales affiliées, s'attache principalement à conserver la culture vietnamienne et à faciliter l'intégration à la vie canadienne.

Les immigrants chinois en provenance du Viêtnam partagent plusieurs traits culturels et linguistiques avec d'autres CHINOIS canadiens, dont les origines les plus lointaines sont cantonaises. Ainsi, les Chinois du Viêt-nam font souvent appel aux institutions de la communauté chinoise canadienne. Les bouddhistes mahâyâna, tout comme les confucianistes, les taoïstes et les adorateurs des ancêtres, accomplissent à la maison la plupart de leurs rites religieux. Pour les événements religieux associés au cycle de la vie, ils recourent aux institutions chinoises canadiennes. Les Chinois du Viêt-nam s'identifient néanmoins fortement à leur héritage unique et forment des associations culturelles dans plusieurs villes.

Les groupes laotien et cambodgien se rattachent au bouddhisme theravâda, ce qui les distingue sensiblement des bouddhistes vietnamiens sur le plan religieux. Peu nombreux, aucun des deux groupes n'a encore établi ses propres institutions religieuses permanentes en dehors du Québec. Les moines laotiens et cambodgiens, ainsi que les organismes religieux de plusieurs régions du pays, accomplissent un nombre croissant de cérémonies religieuses qui sont significatives pour l'identité personnelle et collective de ces populations. Les associations culturelles laotiennes et cambodgiennes ne connaissent pas encore un développement comparable à celui des organisations vietnamiennes.

Doreen Indra

Asper, Israel Harold (Izzy), homme d'affaires, communicateur, avocat, politicien (Minnedosa, Man., 11 août 1932). Asper obtient un baccalauréat ès arts (1953), un baccalauréat en droit de l'U. du Manitoba, en 1957, et est admis au barreau la même année. À Winnipeg, il fonde le cabinet d'avocats Asper, Freedman and Co. en 1959 (aujourd'hui Buchwald, Asper and Henteleff, Barristers), et retourne à l'U. du Manitoba pour faire sa maîtrise en droit en 1964. Spécialiste du droit fiscal, il le devient aussi chroniqueur fiscal affilié à l'échelle nationale pour le *Globe and Mail* (1966-1977).

Libéral de longue date, Asper tente de ranimer le parti provincial moribond dont il devient chef et député au début des années 70. À la même époque, il fonde CanWest Broadcasting et la station de télévision indépendante CKND, une pionnière de la télévision indépendante au Canada. La station connaît du succès, mais elle éprouve des difficultés à obtenir des émissions. Au milieu des années 70, Asper saute donc sur l'occasion de sauver le jeune réseau Global TV, en Ontario, afin de s'assurer une source de production d'émissions. Il en résulte la création de CanWest Global Communications, dont le siège social est à Winnipeg, l'une des plus grandes entreprises de télédiffusion au pays, qui compte des stations de télévision dans toutes les régions du Canada, de même qu'en Australie et en Nouvelle-Zélande. Asper est depuis longtemps une personnalité de marque au Manitoba. Il a reçu plusieurs titres honorifiques, dont la médaille du jubilé des anciens de l'U. du Manitoba en 1979, en tant que diplômé s'étant le plus démarqué depuis 25 ans.

Asperge (*Asparagus officinalis*), LÉGUME vivace de la famille des LILIACÉES. Originaire d'Eurasie, l'asperge était déjà cultivée il y a plus de 2000 ans comme aliment et à des fins médicinales. Si elle est consommée avant le repas, on attribue à l'asperge la capacité d'ouvrir et de rafraîchir le foie, la rate et les reins ainsi que de soulager les personnes atteintes de la gravelle, du scorbut ou d'hydropisie. L'asperge a une efficacité remarquable dans les cas de troubles de la vue et a un effet bénéfique dans beaucoup de troubles des seins.

L'asperge s'est répandue en Europe et plus tard en Amérique du Nord. Les pointes, coupées quand elles atteignent de 15 à 18 cm de hauteur, sont très estimées, qu'elles soient cuites ou crues. On plante des griffes d'un an (obtenues de graines semées en pépinière) qu'on dépose au printemps dans une tranchée de 15 cm de profondeur et qu'on recouvre de 5 cm de sol. On récolte les premières pointes d'une nouvelle plantation pendant environ deux semaines au printemps de la troisième année; et on obtient une véritable saison de récolte (de 6 à 8 semaines) seulement la cinquième année. Un champ établi peut produire pendant 15 à 20 ans. En Colombie-Britannique, il existe un champ en exploitation depuis plus de 50 ans.

Après la récolte, on permet aux pointes de donner naissance à des tiges ramifiées (1,5 à 2,5 m de hauteur) où se fabriquent les réserves d'hydrates de carbone qui seront entreposées dans les racines charnues et utilisées pour générer de nouvelles pousses au printemps. La tige, tuée par le gel, sert à retenir la neige et à isoler les racines.

Les principaux INSECTES NUISIBLES de l'asperge sont les criocères dans l'est du Canada et les aphidés dans la VALLÉE DE L'OKANAGAN en Colombie-Britannique. La principale maladie est la jaunisse *fusarienne*, sans oublier la rouille qui représente un problème dans les régions humides de l'est du Canada. On compte plusieurs variétés d'asperge, notamment la Mary and Martha Washington, la Viking, la Beacon, la Jersey Centennial et les hybrides mâles Lucullus et Jersey Giant. Les principales zones de production au Canada sont l'Ontario (1722 ha, en 1986), la Colombie-Britannique (218 ha), le Québec (450 ha) et le Manitoba (32 ha). En 1985, la production d'asperges s'élevait à 3070 t.

H. Tiessen

Asselin, Martial, avocat, sénateur, lieutenant-gouverneur du Québec (La Malbaie, Qc, 3 févr. 1924). Avocat, Asselin est admis au barreau du Québec en 1951, et pratique le droit dans sa ville natale et dans Charlevoix. Il est élu maire de La Malbaie en 1957 et député progressiste-conservateur à la Chambre des communes en 1958. Il cumule les fonctions de député et de maire de La Malbaie jusqu'en 1963, année où le premier ministre John DIEFENBAKER le nomme ministre des Forêts. Asselin est défait en 1963, mais est réélu à la Chambre des communes en 1965 et en 1968. Il est appelé à siéger au Sénat en 1972.

Devant la faible représentation du Québec en Chambre en 1979, le premier ministre Joe CLARK se tourne vers le Sénat en quête de ministres du Québec, et nomme Asselin ministre d'État chargé de l'Agence canadienne de développement international et ministre de la Francophonie. Il est vice-président du Sénat de 1984 à 1988. Il cède son siège en 1990, l'année où il est assermenté lieutenant-gouverneur de la province de Québec.

Asselin, Olivar, journaliste (Saint-Hilarion de Charlevoix, Qc, 8 nov. 1874–Montréal, Qc, 18 avr. 1937). Il est un polémiste brillant et redouté, militant engagé de la cause nationaliste, maître à écrire de toute une génération d'éditorialistes. Son père, tanneur de son métier, lui transmet très tôt ses idées libérales.

Plus tard exilé en Nouvelle-Angleterre avec sa famille, Asselin passe du travail en usine au journalisme de combat où il excelle rapidement. Il rentre au Québec en 1900, au moment où Henri BOURASSA, suite au déclenchement de la GUERRE DES BOERS, rompt avec les Libéraux de Wilfrid LAURIER et inaugure sa militance nationaliste. Asselin devient très tôt son bras droit. Après son mariage avec Alice Le Bouthillier, en 1902, il fonde la LIGUE NATIONALISTE (1903) et le quotidien *Le Nationaliste* (1904). On le retrouve encore aux côtés de Bourassa, en 1910, lors de la fondation du DEVOIR.

En brouille avec son chef, Asselin doit ensuite exercer divers métiers pour faire vivre sa famille. Il a alors trois enfants. En 1913, il est porté à la présidence de la SOCIÉTÉ SAINT-JEAN-BAPTISTE. En 1915, à l'occasion de la Grande Guerre, il lève un bataillon pour se porter au secours de la France envahie. Au retour de la Conférence de Versailles, en 1919, le polémiste travaille pour une maison de courtage. En 1925, il fonde l'œuvre de la Merci pour venir en aide aux vieillards itinérants.

En 1930, on le retrouve toutefois à la direction du *Canada* dont le déclin inquiète les Libéraux d'Alexandre TASCHEREAU. Asselin renouvelle l'équipe de rédaction et relance avec succès le journal. Il le quitte, en 1934, pour fonder son propre journal de combat : *L'Ordre*. Il est forcé de mettre fin à sa publication en 1936. À 62 ans, Asselin riposte une dernière fois en lançant *La Renaissance* qui connaîtra une brève existence. Ce sera le chant du cygne du polémiste qui meurt à Montréal le 18 avril 1937.

Hélène Pelletier-Baillargeon

Assemblée des Premières Nations (APN) Organisation politique représentant les PREMIÈRES NATIONS du Canada identifiées comme bandes en vertu de la *Loi sur les Indiens* et dont les membres ont été appelés INDIENS au cours de l'histoire (*voir aussi* AUTOCHTONES). Les réunions de l'APN, tenues au moins une fois par an, rassemblent les chefs de chacune des Premières Nations, qui sont environ 630 au Canada.

Assemblée délibérante pancanadienne La création de l'APN, en 1980, résulte de mouvements qui préconisaient que les chefs redeviennent les seuls porte-parole des Premières Nations dans une assemblée délibérante pancanadienne. Auparavant, la Fraternité nationale des Indiens (FNI) représentait les Indiens du Canada par l'intermédiaire des associations indiennes provinciales, dont plusieurs ont vu le jour dès les années 20. (Bon nombre de celles-ci représentent des traditions issues d'organisations politiques formées bien avant l'arrivée des Européens.) La Fraternité, qui a succédé au Conseil consultatif national des Indiens fondé en 1961 (*voir aussi* CONSEIL NATIONAL DES AUTOCHTONES DU CANADA), et qui a défendu activement les intérêts des Indiens pendant toutes les années 60 et 70 (sous la direction de Walter Deiter, de George MANUEL et de Noel Starblanket), sert aujourd'hui de secrétariat administratif pour l'APN. La FNI demeure l'entité juridique habilitée à conclure des accords avec le gouvernement en ce qui a trait, p. ex., aux mécanismes de financement et aux ententes de bail. L'APN peut ainsi demeurer une assemblée délibérante sans être soumise aux règlements auxquels elle aurait dû se conformer si elle avait été une société constituée en vertu d'une charte gouvernementale. Son rôle premier est de permettre aux chefs de délibérer sur des questions d'intérêt pancanadien et de prendre des décisions qui seront appliquées à l'échelle régionale ou locale.

À la fin des années 70, les Premières Nations tendent de plus en plus à exercer leurs pouvoirs de gouvernement autonome. Dès 1978, les communautés manifestent le besoin d'être représentées directement dans les pourparlers sur les propositions constitutionnelles du gouvernement fédéral. Conséquemment, la *Loi constitutionnelle* de 1982 prévoit une série de conférences des premiers ministres visant «à déterminer et à définir» les droits ancestraux et ceux qui sont issus de traités. L'APN représentera les communautés des Premières Nations aux conférences des premiers ministres de 1983, de 1984 et de 1987.

Déclaration des Premières Nations L'Assemblée des Premières Nations est fondée en 1980, à l'occasion de la réunion de centaines de chefs à Ottawa. L'Assemblée est alors proclamée la seule et unique voix des Premières Nations au Canada. Elle remplace la Fraternité nationale des Indiens (dont la direction était choisie par les associations autochtones provinciales) suivant une nouvelle structure fondée sur le vote des gouvernements locaux des Premières Nations. Les chefs définissent leurs rapports avec le Canada et les relations entre les bandes dans un manifeste intitulé *Déclaration des Premières Nations*.

Ils conviennent de se réunir en 1982 pour élire un chef national et lui confier un mandat de 3 ans. David Ahenakew, ancien président de la Federation of Saskatchewan Indians, devient ainsi le premier chef national. Il est entouré de 6 chefs adjoints régionaux. Une confédération des Nations se réunit de temps à autre en tant que comité exécutif intérimaire, et les chefs se rencontrent au moins une fois par an pour décider des politiques et de la ligne de conduite à adopter.

Difficulté d'une position unifiée Le gouvernement fédéral reconnaît l'APN comme l'organisation représentant les Premières Nations aux conférences des premiers ministres, visant à déterminer et à définir les DROITS ANCESTRAUX, et les droits issus de traités dans la révision de la constitution, en 1982. Mais face aux positions que prennent les gouvernements fédéral et provinciaux, il est difficile pour l'APN de maintenir un front uni. Les opinions divergent particulièrement entre les Premières Nations qui ont participé aux traités numérotés (surtout dans les régions des Prairies) et celles dont les droits relèvent de titres ancestraux. D'autres différends surviennent lorsque, à la même époque, le gouvernement fédéral présente une loi qui autorise certains anciens membres, mais pas la totalité d'entre eux, à réintégrer les bandes dont ils avaient été exclus. Le fait que cette mesure ne soit pas assortie d'une augmentation de l'assise territoriale et du financement des services communautaires est une source de préoccupation. En 1985, afin de faire valoir leurs droits, les chefs des bandes visées par les traités numérotés forment l'Alliance des nations des Prairies, assujetties à des traités.

La principale bataille de l'APN porte sur l'inscription dans la Constitution canadienne du droit des Premières Nations à l'autonomie gouvernementale. Elle cherche à obtenir, de la part du gouvernement et de la population, une plus grande acceptation de la reconnaissance constitutionnelle des droits ancestraux et des droits issus de traités. En 1987, la troisième et dernière conférence des premiers ministres sur les droits ancestraux se termine sans qu'il y ait un accord sur l'autonomie gouvernementale des Premières Nations. Au cours de la réunion finale, l'APN soumet une proposition d'autonomie gouvernementale pour les autochtones, conjointement avec le Conseil national des autochtones du Canada, le Ralliement national des Métis et le Comité inuit sur les affaires nationales. La conférence s'achève néanmoins avec la rupture des négociations sur les droits ancestraux. Moins d'un mois plus tard, les premiers ministres réunis au lac Meech conviennent de décrire le Québec comme une «société distincte» dans la Constitution. Georges ERASMUS, chef national de l'APN, et plusieurs autres intervenants autochtones ne manquent pas d'exprimer leur amertume devant l'attitude des premiers ministres qui ont accepté les revendications du Québec, mais non celles des nations autochtones.

Avant comme après les pourparlers constitutionnels, l'APN a fait des démarches sur ces questions auprès des commissions de l'ONU. Lorsqu'un groupe d'étude parlementaire sur l'autonomie gouvernementale des Indiens est créé en 1982, un membre de l'APN est nommé d'office au comité pour aider les députés, mais sans droit de vote. À Ottawa, les dirigeants de l'APN exercent des pressions sur les députés, les ministres et les hauts fonctionnaires pour s'assurer que les positions de l'Assemblée soient prises en considération dans la formulation des politiques gouvernementales. Des secrétariats dans divers domaines (éducation, santé, services d'information, services sociaux, développement écono-

mique) poursuivent des consultations, élaborent des politiques et assistent les communautés des Premières Nations. Afin de financer le travail de ces secrétariats, l'APN reçoit une aide sous forme d'accords de contribution pour des tâches précises. Pour l'APN, un financement stable représente un défi aussi grand que la reconnaissance constitutionnelle de l'autonomie gouvernementale des Premières Nations.

Négociations de l'Accord de Charlottetown Au cours des négociations constitutionnelles qui ont mené à l'ACCORD DE CHARLOTTETOWN en 1990, l'APN, sous la direction d'Ovide MERCREDI, fait valoir le principe selon lequel le droit ancestral à un gouvernement autonome est «inhérent» et n'a pas été éteint par la loi canadienne. Ce principe est enchâssé dans l'accord, avec quelques restrictions notables. L'échec de l'accord incitera l'APN à emprunter d'autres voies vers l'autonomie gouvernementale (*voir aussi* REVENDICATIONS TERRITORIALES ainsi que AUTOCHTONES, ORGANISATIONS ET ACTIVISME POLITIQUES DES).

Au terme des pourparlers constitutionnels, de nombreuses Premières Nations se consacrent aux priorités locales et le rôle d'une organisation nationale semble perdre de l'importance. En outre, certaines situations de crise, comme les événements d'Oka, à l'été 1990, et ceux de Kettle Point et de Stony Point près de Forest (Ontario), en 1995, monopolisent l'attention des Premières Nations, d'autant que les gouvernements se montrent de moins en moins disposés à discuter d'autonomie gouvernementale après l'échec de l'Accord de Charlottetown. Les événements survenus à Oka et ailleurs au pays donnent lieu à la création de la COMMISSION ROYALE D'ENQUÊTE SUR LES AUTOCHTONES, dont l'ancien chef national Georges Erasmus est nommé coprésident. Ovide MERCREDI, le successeur d'Erasmus, est aux prises avec certaines initiatives régionales émanant du gouvernement Chrétien, qui freinent ses efforts pour mettre en œuvre un projet commun à l'échelle nationale.

En 1996, la Commission Erasmus-Dussault publie un rapport en 5 volumes qui contient plus de 400 recommandations visant à favoriser de nouvelles relations entre le Canada et les Premières Nations. Bien que le rapport ait été qualifié de mort-né par les critiques, son existence même a incité, aussi bien les chefs autochtones que les ministres fédéraux et provinciaux responsables des affaires autochtones, à définir des programmes politiques pertinents. Depuis qu'il est entré en fonction en 1997, le successeur de Mercredi, Phil Fontaine, du Manitoba, a élaboré son programme en mettant l'accent sur le renouvellement des relations entre le Canada et les nations autochtones. Il accorde aussi une importance particulière au développement économique des Premières Nations, à la révision de la *Loi sur les Indiens* et à l'établissement de relations harmonieuses avec le gouvernement. (*Voir aussi* ACCORD DU LAC MEECH.)

Michael Posluns et Anthony J. Hall

Assemblée nationale Autrefois appelée l'Assemblée législative, l'Assemblée nationale du Québec constitue le seul parlement au Canada où les francophones sont majoritaires. L'origine de l'Assemblée nationale remonte à l'ACTE CONSTITUTIONNEL DE 1791 qui établit les deux provinces du HAUT-CANADA et du BAS-CANADA et prévoit pour chacune la création d'une assemblée élue.

Cette Assemblée dispose cependant de pouvoirs très limités, ce qui entraîne des conflits avec le pouvoir exécutif (le gouverneur représentant de la Couronne britannique). L'Assemblée exige des pouvoirs supplémentaires, notamment le contrôle des dépenses publiques et la responsabilité ministérielle, c.-à-d. que les ministres rendent compte de leur gestion devant l'Assemblée plutôt qu'au Gouverneur. Le rejet de ces revendications par Londres sera l'une des causes de la RÉBELLION DE 1837-1838.

Ce n'est qu'en 1848, sous l'Union (*voir* ACTE D'UNION) que les Canadiens obtiennent le pouvoir de gérer leurs propres affaires: le chef du parti majoritaire devient premier ministre; il choisit ses ministres qui doivent rendre compte devant l'Assemblée législative. Le principe de la responsabilité ministérielle est alors acquis.

Une partie du travail des députés consiste à siéger à l'Assemblée pour adopter les lois sous la gouverne du Président de l'Assemblée élu par tous ses collègues et qui veille au respect des règles de procédure. Les lois font, dans un premier temps, l'objet d'une présentation par le ministre à l'Assemblée qui vote sans débat. Dans un deuxième temps, les députés se prononcent sur le principe du projet de loi, c.-à-d., ses principes fondamentaux et son opportunité. Le projet est alors renvoyé en commission parlementaire pour étude, article par article, et amendement, s'il y a lieu. Le rapport de la commission est déposé devant l'Assemblée qui vote une troisième fois sans qu'un amendement soit recevable. Le projet devient loi par la sanction du lieutenant-gouverneur, et elle entre en vigueur le jour de sa sanction ou à une date ultérieure déterminée.

Les commissions parlementaires, au nombre de 8, jouent un rôle déterminant dans le processus législatif et elles contribuent à valoriser le travail des députés. L'Assemblée nationale procède également de façon non partisane à la nomination des présidents de quelques organismes dont le rôle est déterminant pour la qualité de la vie démocratique au Québec (Protecteur du citoyen, Directeur général des élections, Vérificateur général, etc.).

S'adaptant aux exigences du processus de mondialisation, l'Assemblée nationale entretient un réseau international de parlementaires auxquels elle est en lien par la géographie (Council of State Governments des États-Unis), la langue (Commission interparlementaire franco-québécoise) ou le régime parlementaire (Association parlementaire du Commonwealth). L'Assemblée nationale du Québec a pris l'initiative, en 1997, de convier les parlements du continent; elle assume maintenant le Secrétariat du Comité directeur de la Conférence parlementaire des Amériques.

André Poupart

Assiniboine, mont D'une altitude de 3618 m, il est la montagne la plus élevée des ROCHEUSES. Il est situé entre la route transcanadienne et la frontière américaine. On dit souvent de ce mont qu'il est le «Matterhorn des montagnes Rocheuses canadiennes». Se trouvant sur la ligne continentale de partage des eaux, à 35 km au sud de Banff, son versant Ouest est situé dans le parc provincial du mont Assiniboine et son versant Est, dans le parc national Banff. Le mont Assiniboine doit son nom au docteur G.M. DAWSON de la Commission géologique du Canada qui, en 1885, lui attribue le nom donné aux autochtones de la région. Le père de Smet et ses guides sont probablement les premiers hommes blancs à en voir le sommet en 1845. Après plusieurs tentatives pour atteindre le sommet du mont, sir James Outram, accompagné de ses guides suisses, réussit la première ascension en 1901. Il s'agit d'une montée assez facile selon les normes d'aujourd'hui, mais de nombreux accidents ont eu lieu sur cette montagne.

Glen Boles

Assiniboine, parc provincial du mont Créé en 1922, il a une superficie de 386 km². Il est constitué des pics montagneux, de prairies alpines et de lacs, que domine le MONT ASSINIBOINE, à 35 km environ au sud de BANFF, en Alberta. Situé en grande partie à 1500 m d'altitude, le parc comprend de nombreux pics s'élevant à plus de 2700 m, de nombreux petits lacs, dont le Magog, et quelques cours d'eau souterrains dans les régions de RELIEF KARSTIQUE. Parmi les mammifères, on compte le wapiti, l'orignal, le cerf-mulet, la chèvre de montagne, le mouflon d'Amérique, l'ours, le loup, l'écureuil terrestre, le coyote et le porc-épic. À ce jour, 66 espèces d'oiseaux ont été répertoriées, notamment le geai du Canada, le lagopède, le gibier d'eau et l'aigle royal. Au début des années 1800, la région fait l'objet d'exploration et, dans les années 1880, elle est portée à l'attention du public par G.M. DAWSON qui la baptise mont Assiniboine en l'honneur des Amérindiens y ayant chassé pendant bien des générations. Le Club alpin du Canada encourage l'aménagement de sites récréatifs dans la région et contribue à la création du parc, lequel est agrandi en 1973. Aujourd'hui, le parc est surtout fréquenté pour la randonnée, l'escalade, les randonnées équestres et le ski de fond. Il compte peu d'installations outre le centre et les chalets du lac Magog, quelques terrains de camping, et des sentiers sauvages. On peut s'y rendre principalement à pied ou à dos de cheval, depuis la station de ski de Sunshine Village, Spray Reservoir ou l'autoroute 93.

John S. Marsh

Assiniboine, rivière D'une longueur de 1070 km et d'un débit moyen de 45 m³/s, elle est nourrie par les rivières Lilian et Whitesand, dans le sud-est de la Saskatchewan. Elle s'élargit dans le lac des Prairies et traverse la frontière sud-est du Manitoba, où elle rejoint la RIVIÈRE QU'APPELLE, à 30 km au sud-est de BRANDON, la SOURIS RIVER. Elle se jette dans la RIVIÈRE ROUGE aux «fourches» de Winnipeg, traverse une vaste vallée panoramique jusqu'à l'escarpement du Manitoba et draine une grande plaine fertile qui est l'une des meilleurs régions productrices de blé au Canada.

LA VÉRENDRYE y construit le FORT LA REINE (1738) près de l'emplacement actuel de PORTAGE LA PRAIRIE. Les commerçants de fourrures voyagent sur la rivière et, après 1850, la colonisation s'étend à l'ouest des fourches, où le sols légers et secs se prêtent idéalement à la culture. La rivière est navigable sur quelque 500 km et, avant l'avènement des chemins de fer, 7 bateaux à roue arrière y font la navette entre Winnipeg et FORT ELLICE. Son nom, qui signifie «ceux qui cuisent en mettant des pierres chaudes dans l'eau», est emprunté aux ASSINIBOINES qui habitaient la région.

James Marsh

Assiniboines Ils ont comme nom un mot OJIBWÉ qui se rapporte à leur habitude de faire bouillir des aliments dans de l'eau où sont déposées des pierres chaudes. Dans les *Relations des Jésuites*, où leur existence est mentionnée pour la première fois, on signale qu'ils se sont séparés des SIOUX Yantonai avant 1640. Venant du sud du Mississippi, ils immigrent vers le nord-ouest au lac des Bois et vers le lac Winnipeg. À l'apogée de leur puissance, leur territoire s'étend des vallées des rivières Saskatchewan et Assiniboine au Canada, jusqu'à la région située au nord des rivières Milk et Missouri aux États-Unis. Ils parlent un dialecte dakota (ou lakota) de la famille linguistique siouenne.

Premiers contacts avec des Européens Les Assiniboines (qui se nomment eux-mêmes Nakoda Oyadebi) sont représentatifs des premiers peuples chasseurs de bison dans les plaines nord-américaines, qu'Henry Kelsey est le premier à décrire dans les années 1690. Jeune employé de la Compagnie de la baie d'Hudson (CBH), KELSEY accompagne des Assiniboines dans des expéditions de traite en canot depuis les comptoirs de la baie James jusqu'à l'intérieur du territoire qui forme aujourd'hui la Saskatchewan, assurant ainsi la mainmise de la CBH sur les fourrures en échange de produits européens: ustensiles en métal, armes et poudre à canon, perles, tissus, tabac, alcool et autres biens manufacturés.

Plus tard, des marchands et des explorateurs, dont LA VÉRENDRYE (dans les années 1730), Anthony HENDAY (1754-1755) et Alexander Henry fils (dans les années 1800), confirment que les Assiniboines occupent, dans les prairies de l'Ouest, un vaste territoire qui s'étend jusqu'au Dakota du Nord et au Montana. Leur mode de vie est décrit du point de vue culturel de ces premiers voyageurs, qui les

apprécient pour leur contribution économique à la traite des fourrures.

Les sentiers utilisés par les Assiniboines deviennent les principales routes vers le Sud, tandis que leurs camps traditionnels font office de centres de distribution de marchandises et de collecte des fourrures pour les postes de traite, construits sur le réseau fluvial qui va des Rocheuses à la baie d'Hudson.

Les effets de la traite des fourrures À partir de la fin du XVIIᵉ siècle, les Assiniboines commercent avec la COMPAGNIE DE LA BAIE D'HUDSON, et sont reconnus comme producteurs de PEMMICAN et comme intermédiaires dans le commerce des biens européens qu'ils fournissent aux bandes éloignées des plaines. Le fait qu'ils acquièrent des chevaux plusieurs décennies avant l'arrivée de Henday, en 1754, dans ce qui est aujourd'hui l'Alberta, et qu'ils aient très tôt accès aux armes à feu et articles en métal accentue l'importance de leur rôle dans l'économie du commerce des fourrures avec la CBH et, plus tard, avec la Compagnie du Nord-Ouest. Intermédiaires commerciaux, cavaliers accomplis, guerriers respectés et fournisseurs de viande fraîche aux multiples postes de traite, les Assiniboines jouissent d'une nouvelle richesse qui culmine entre les années 1780 et le début des années 1800.

Tout au long du XIXᵉ siècle, ils demeurent les alliés des CRIS et sont en conflit de façon intermittente avec les PIEDS-NOIRS, les Gros Ventres et leurs parents sioux du Sud. Ils souffrent beaucoup des maladies venues d'Europe, surtout de la variole. On estime le nombre d'Assiniboines à plus de 10 000 à la fin du XVIIIᵉ siècle, mais ils connaissent par la suite une baisse de population catastrophique et ne sont plus que 2600 en 1890. Grâce à de meilleures conditions de vie, leur nombre augmentera considérablement dans les années 20.

Culture La culture des Assiniboines présente la plupart des caractéristiques propres aux autochtones des Plaines. Ils sont reconnus pour leur habileté à construire des enclos à bisons, et ils recourent davantage aux chiens pour tirer les TRAVOIS chargés de perches de TIPIS, de peaux et de leurs biens personnels, quand ils suivent les troupeaux de bisons durant les chasses saisonnières. Ces peuples des forêts et des prairies chassent aussi le gros gibier (cerf, caribou et orignal), et piègent les petits animaux à fourrure pour s'en nourrir et en tanner les peaux.

Vie spirituelle et religieuse Leur cérémonie la plus sacrée est la DANSE DU SOLEIL, qui a lieu au début de l'été après la chasse au bison du printemps. Hommes et femmes honorent le Grand Esprit au cours de cérémonies faites de prières, de chants, de tambours, de danses et de jeûne qui se terminent par un festin. Les jeunes hommes vont en des lieux sacrés à la recherche de la vision pour connaître leurs esprits protecteurs et accomplir chants et rituels (*voir* AUTOCHTONES, RELIGION DES).

Vie politique et sociale Les structures politique et sociale des Assiniboines reposent sur un système de familles étendues qui vivent dans des campements nomades, regroupant de quelques centaines à 3000 membres. Dans cette société patrilinéaire, ce sont les hommes qui détiennent les positions clés et le pouvoir décisionnel. Le représentant délégué ou le chef est un «homme bon» choisi pour traiter avec les étrangers. Il est guidé dans ses actions par un conseil composé de représentants de tous les groupes de familles étendues qui se sont réunies pour former une BANDE ou une nation. Le chef doit son titre à ses talents exceptionnels de chasseur, à ses exploits personnels dans les attaques contre l'ennemi, et à la bienveillance et à la générosité dont il fait preuve envers les autres.

Il arrive aussi qu'on choisisse des dirigeants spéciaux, comme un chef de guerre pour mener un combat, un chef chasseur pour diriger une chasse au bison de grande ampleur, un chef du camp des guerriers. Dans les réunions du conseil, convoquées périodiquement afin de permettre aux aînés,

aux guérisseurs, aux gardiens du calumet, aux femmes et aux chefs de famille de s'entendre sur certaines questions, on cède la parole aux personnes dont la sagesse et le talent sont reconnus. James L. Long énumère 33 bandes au sein de la nation assiniboine, dans les années 30. Dispersés à travers les prairies, les différents groupes de villages développent au cours des siècles des variantes linguistiques, et une histoire propre à chacun, pour former finalement des communautés autonomes en Saskatchewan, en Alberta et dans le nord des États-Unis. Selon le lieu et la saison, ils font la cueillette de légumes et de fruits sauvages, dont les baies d'amélanchier, pour accompagner la viande séchée et le bannock. Les commerçants blancs et les colons les estiment et font souvent mention de leur hospitalité.

La signature de traités dans les années 1870 confirme la relation de gouvernement à gouvernement qui existait entre la Couronne britannique, et le droit du Canada et ses PREMIÈRES NATIONS. Les commissaires aux traités promettent des paiements d'annuités (de 5 $ à 25 $), des soins médicaux, des écoles, une aide agricole et une aide économique en échange de la coexistence pacifique, et du partage des terres et des ressources avec les nouveaux arrivants, les colons, les éleveurs, la police, les missionnaires et les promoteurs. Dans les années 1880, après l'extinction quasi totale du bison, leur ressource principale, les peuples des Premières Nations acceptent à contrecœur de s'installer sur des terres de RÉSERVES INDIENNES, dont la superficie équivaut à un mille carré (2,6 km²) par famille de 5 personnes. Jusqu'à la modification de la LOI SUR LES INDIENS en 1951, ils vivent dans des conditions misérables, et souffrent de problèmes de santé, de chômage élevé, de discrimination, de manque d'éducation et de formation, et des restrictions de leur liberté religieuse et politique imposées par le gouvernement (*voir* AUTOCHTONES, CONDITIONS SOCIALES DES).

Conditions actuelles Aujourd'hui, grâce à l'élection de conseils de bande (formés d'un chef et de conseillers), les Premières Nations jouissent, à divers degrés, d'une certaine autonomie gouvernementale (*voir* JUSTICE AUTOCHTONE), mais demeurent soumises aux contraintes de la *Loi sur les Indiens*, de la Constitution canadienne de 1982 et des décisions judiciaires, de même qu'à la direction vigilante du ministère des Affaires indiennes.

Au Manitoba, à l'heure actuelle, les Assiniboines survivent uniquement en tant que personnes et n'ont pas de réserve.

Au Canada, les bandes White Bear et Carry the Kettle on signé le Traité nº 4 (1874), les bandes Mosquito-Grizzly Bear's Head, le Traité nº 6 (1876), et les bandes vivant au sud de la frontière internationale, le traité de Judith River (1855). En Saskatchewan, les bandes sont maintenant regroupées dans 3 réserves: Carry the Kettle, nº 378 (où habite aussi un groupe de Sioux); Mosquito-Grizzly Bear's Head, nº 343; et White Bear, nº 365 (où vivent aussi des Ojibwés et des Cris). La réserve assiniboine Carry the Kettle, située à 11 km au sud de Sintaluta (à l'est de Regina), couvre une région agricole d'environ 16 470 ha. On y trouve une école, un centre communautaire, une caserne de pompiers, un entrepôt et une usine de traitement des eaux. En 1996, la population s'élève à 1788 personnes, dont quelque 670 vivent dans la réserve.

La réserve Mosquito-Grizzly Bear's Head est située à 27 km au sud de Battleford et s'étend sur une superficie de 12 750 ha de terres à polyculture. Elle comprend un bureau du conseil de bande, une clinique médicale, une caserne de pompiers, une école et des résidences pour enseignants desservant environ 200 élèves. Le recensement de 1996 y dénombre 981 personnes, dont 489 vivent dans la réserve et 445 hors de la réserve.

La réserve White Bear, qui comprend plus de 17 200 ha de terres agricoles, se trouve à 13 km au nord de Carlyle. Elle dispose d'un bureau du conseil de bande, d'un aréna, d'une clinique médicale, d'une école et d'un gymnase. En 1996, la bande compte 1682 membres, dont près d'un millier vivent hors de la réserve. Elle bénéficie des nouvelles exploitations de gaz et de pétrole, et des terres à vocation récréative, acquises en vertu de leurs droits fonciers issus du traité.

En Alberta, les Assiniboines-Stoneys ont 2 réserves situées sur le territoire du Traité n° 6, à l'ouest d'Edmonton. Celle de la bande Paul, n° 133 A, B et C, couvre environ 7330 ha et regroupe plus de 1400 personnes (1996). La bande exploite un terrain de golf et une épicerie avec poste d'essence. L'économie repose principalement sur l'agriculture et sur la fabrication de matériel agricole.

Quant à la réserve de la bande Alexis, n° 133, elle s'étend sur environ 6175 ha pour une population de 1169 personnes (1996). La bande exploite avec profit une épicerie et un poste d'essence. La communauté jouit de plusieurs services: bureau administratif, centre communautaire, caserne de pompiers, usine de traitement des eaux, foyer pour personnes âgées, écoles, garderie, aréna, clinique médicale, club de golf et plusieurs ateliers publics.

Les autochtones du sud de l'Alberta qui habitent la réserve du Traité n° 7 sont appelés STONEYS. Aux États-Unis, les Assiniboines vivent dans les réserves de Fort Belknap et de Fort Peck, dans le Montana. (*Voir aussi* AUTOCHTONES: LES PLAINES et les articles généraux sous la rubrique AUTOCHTONES.)

Ian A.L. Getty

Association canadienne de hockey amateur L'Ontario Hockey Association, fondée en 1890, est la première association à s'occuper de l'administration du HOCKEY. Plusieurs autres organisations de ce genre verront le jour et, le 4 décembre 1914, une réunion a lieu à Ottawa pour discuter de l'établissement d'un organisme de régie. W.F. Taylor, originaire de Winnipeg, en obtient la présidence, tandis que John Ross ROBERTSON, éditeur de journal et personnalité sportive respectée, est nommé président honoraire.

L'Association canadienne de hockey amateur (ACHA) a alors comme principal objectif de promouvoir le hockey senior et de créer un championnat national dans cette division (*voir* ALLAN, COUPE). En 1919, l'ACHA institue la COUPE MEMORIAL pour le hockey junior. Malgré un courant de professionnalisme croissant (*voir* SPORTS, HISTOIRE DES), l'Association conserve des règlements stricts en ce qui a trait au statut d'amateur. Ce n'est pas avant 1935 que les règlements seront assouplis pour permettre le dédommagement des joueurs en cas de perte de temps de travail ou pour autoriser leur participation à des compétitions contre des professionnels.

En 1936, l'ACHA conclut une entente avec la LIGUE NATIONALE DE HOCKEY (LNH) portant sur des règles de jeu uniformes et sur la sélection des joueurs amateurs par les clubs professionnels. En 1967, on abolit le parrainage pour le remplacer par un mode de sélection des joueurs ayant un âge défini. En 1963, l'ACHA autorise la formation d'une équipe nationale, dirigée par le père BAUER, pour représenter le Canada aux Olympiques de 1964. Le programme demeure en place jusqu'en 1969. Par la suite, Hockey Canada devient responsable du programme. En 1972, la fondation de l'ASSOCIATION MONDIALE DE HOCKEY provoque une crise dans le repêchage des joueurs amateurs. En effet, l'Association recrute des joueurs qui n'ont pas l'âge réglementaire. Il n'existe de nos jours aucune entente officielle entre le hockey professionnel et le hockey amateur.

James Marsh

Association canadienne de la dystrophie musculaire (ACDM) Fondée en 1954 par un groupe de parents d'enfants atteints de dystrophie musculaire, elle est maintenant un organisme bénévole de soins de santé

national comprenant 11 bureaux partout au Canada. Elle s'efforce de combattre 40 troubles neuro-musculaires différents causés généralement par une grave dégénérescence musculaire et qui handicapent les personnes atteintes.

Le premier mandat de l'association est de financer les projets de recherche médicale visant à trouver un remède à la dystrophie musculaire et aux troubles neuro-musculaires relatifs à cette maladie. Toute personne atteinte de dystrophie musculaire peut bénéficier des nombreux services directs offerts par l'ACDM. Le programme d'équipement aide les personnes atteintes par l'emprunt, l'achat et l'entretien général d'articles essentiels tels que les fauteuils roulants. Un programme de la section offre un soutien à ses membres, avec la possibilité de participer à des activités récréatives, éducatives et à des collectes de fonds. Un réseau complet de ressources en matière de services médicaux, gouvernementaux et de soutien permet aussi de faire en sorte que tous les besoins du client soient satisfaits.

Tout au long de l'année, l'ACDM organise des événements de collecte de fonds, notamment le Téléthon de la dystrophie musculaire durant la fin de semaine de la Fête du travail (le *Jerry Lewis Labour Day Telethon* aux États-Unis).

Association canadienne de science politique Fondée en 1913, l'Association se désagrège pendant la Première Guerre mondiale, mais elle est reconstituée en 1929 et n'a pas interrompu ses activités depuis. Elle est constituée en corporation en 1971 conformément à la *Loi sur les corporations canadiennes*. Les objectifs de l'Association sont, entre autres, d'encourager et de faire avancer la SCIENCE POLITIQUE et ses relations avec d'autres disciplines, ainsi que de promouvoir la recherche, notamment grâce à des publications.

En 1997, l'Association compte 1250 membres appartenant à environ 50 départements de sciences politiques d'universités canadiennes, aux gouvernements fédéral et provinciaux, ainsi qu'au secteur privé. Elle travaille en français et en anglais et participe à des activités communes avec la Société québécoise de science politique. Le secrétariat permanent de l'Association est à Ottawa.

En 1935, l'Association commence à publier la REVUE CANADIENNE D'ÉCONOMIQUE ET DE SCIENCE POLITIQUE. En 1967, les économistes constituent leur propre association et la revue continue d'être publiée sous le titre de *Revue canadienne de science politique*. L'Association parraine et administre le Programme de stages parlementaires, rattaché à la Chambre des communes, et le Programme de stages à l'Assemblée législative de l'Ontario. L'Association est financée en partie par les cotisations des membres et les abonnements à la revue, mais elle reçoit un soutien considérable du Conseil de recherches en sciences humaines du Canada.

Elle a eu comme président des personnalités telles que Stephen LEACOCK, O.D. SKELTON et Eugene FORSEY.

Norman Hillmer

Association canadienne d'études fiscales, L' Organisme de recherche et d'édition à but non lucratif, qui patronne des études et des conférences sur les questions de finances publiques et de fiscalité. Son siège social est à Toronto. Elle a été fondée en 1945 (mais non soutenue) par l'Association du Barreau canadien et l'Institut Canadien des Comptables Agréés. Plusieurs membres de ces deux organismes sont aussi membres de l'association. Des sociétés et des personnes peuvent aussi en devenir membres. En plus de mener un large éventail d'études spécialisées, l'association publie annuellement *The National Finances*, qui examine les revenus et les dépenses du fédéral, et *The Conference Report*, une collection des communications prononcées lors de sa conférence nationale annuelle. Elle publie aussi la *Revue fiscale canadienne* et *Provincial and Municipal Finances*.

David Crane

Association canadienne-française pour l'avancement des sciences (ACFAS) Créée en 1923, l'Association canadienne-française pour l'avancement des sciences a joué un rôle majeur dans l'émergence d'une communauté scientifique francophone. Elle s'est fixé au départ deux buts: briser l'isolement des chercheurs en les regroupant pour ainsi augmenter leur impact dans la société et faire connaître les sciences au grand public tout en assurant la relève. En 1933, se tient le premier congrès de l'Acfas, devenu aujourd'hui le plus important congrès multidisciplinaire annuel de langue française et une tribune importante pour les jeunes chercheurs. En 1959, l'Association publie le Bulletin de l'Acfas chargé «d'établir un contact nouveau entre nos divers milieux scientifiques». Ce Bulletin est devenu la revue de recherche Interface, le seul magazine de vulgarisation scientifique consacré aux travaux des scientifiques francophones du pays. L'Acfas continue aujourd'hui de jouer un rôle de rassembleur et porte-parole de la communauté scientifique.

Danielle Ouellet

Association des consommateurs du Canada (ACC) Organisme privé bénévole à but non lucratif et sans connotation idéologique, qui s'est appelé Association canadienne des consommateurs jusqu'en 1962. L'ACC est officiellement fondée en 1947 en tant que produit des efforts couronnés de succès de la COMMISSION DES PRIX ET DU COMMERCE EN TEMPS DE GUERRE du gouvernement fédéral qui s'était assuré, en 1941, le concours de 56 organisations féminines chargées de faciliter le rationnement de temps de guerre en surveillant les augmentations de prix. En 1961, l'association augmente son nombre d'adhérents en acceptant les hommes.

Les bénévoles de l'ACC défendent les intérêts de leurs collectivités partout au pays, dans plus de 70 associations locales, affiliées à des associations provinciales qui sont elles-mêmes affiliées à l'ACC nationale. L'ACC, dont les politiques sont élaborées par ses membres, est administrée par un conseil d'administration formé de membres élus annuellement. Le conseil a son bureau national à Ottawa avec ses 4 directions: activités et politique de l'association; finance et administration; publications et essais (responsable du magazine *Le consommateur canadien / Canadian Consumer*, du laboratoire d'essais de l'ACC, de la recherche et du marketing); et le programme des industries réglementées (créé en 1973 pour intervenir avant le règlement des tribunaux et favoriser, de la part des industries soumises à la réglementation gouvernementale, une prise de conscience des intérêts des consommateurs).

L'ACC a contribué à réaliser des changements dans plusieurs domaines, parmi lesquels, l'interdiction de l'emploi du DDT et autres pesticides de longue durée; l'élimination de la taxe fédérale sur les médicaments d'ordonnance; l'utilisation de fermetures de sécurité sur les contenants de médicaments; l'adoption de la *Loi sur l'étiquetage et l'emballage;* l'établissement d'une Commission de surveillance des prix des produits alimentaires; l'élaboration de plusieurs règlements prévus par la *Loi sur les produits dangereux;* la révision à la baisse des limitations de vitesse; l'application de normes de sécurité pour les autobus scolaires; la création de zones non-fumeur dans les transports publics; les avertissements sur les produits du tabac; l'élimination des taxes de vente sur les matériaux de construction; et la réduction des augmentations de tarif de téléphone proposées. En 1987, l'Association hésite à endosser l'accord commercial entre le Canada et les États-Unis, étant donné qu'elle n'en connaît pas le contenu réel et qu'elle désire garantir qu'un tel accord profiterait considérablement aux consommateurs.

Marilyn Lister

Association des femmes compositeurs canadiennes (Association of Canadian Women Composers) Organisme national fondé en 1980 par l'écrivaine et communicatrice Carolyn Lomax, l'Association des femmes compositeurs canadiennes (ACWC) vise à promouvoir l'exécution, au Canada et à l'étranger, d'œuvres composées par des femmes. L'ACWC cherche aussi à encourager les femmes compositeurs à développer leur potentiel créatif et à favoriser les normes de composition les plus élevées. Regroupant environ 40 membres à ses débuts, l'Association en compte 65 en 1996. Elle comprend des membres actifs, affiliés, associés et des compositeurs en formation. Un annuaire destiné aux membres est publié en 1987 et distribué dans les bibliothèques et les départements de musique dans toute l'Amérique du Nord. En 1996, on procède à la révision et à la mise à jour des données biographiques en vue d'une nouvelle publication.

L'ACWC publie un bulletin d'information en anglais trois fois par année. Celui-ci contient également des rapports de correspondants en Australie et en Europe, ainsi qu'aux États-Unis et en Extrême-Orient. Bien que le bureau principal soit situé à Toronto, les assemblées annuelles de l'organisme se tiennent dans différentes villes canadiennes. Au cours de ces rencontres, on travaille en atelier, on reçoit des artistes et des conférenciers et on présente en concert des œuvres des membres. Parmi les membres éminents de l'ACWC, on retrouve les compositrices réputées Violet ARCHER d'Edmonton, Jean COULTHARD de Vancouver-Ouest, Diana McIntosh de Winnipeg, Barbara PENTLAND de Vancouver et Ann Southam de Toronto. L'Association a réussi à stimuler la créativité des femmes compositeurs canadiennes par ses efforts et ses programmes; cependant, elle reconnaît toujours la nécessité d'assurer l'exécution et la diffusion des résultats de cette créativité.

Patricia Wardrop

Association des manufacturiers canadiens (AMC) Fondée en 1871, elle est constituée par une loi fédérale, en 1902, afin de promouvoir les industries canadiennes, et de servir les intérêts des fabricants et des exportateurs canadiens. L'AMC gère le précurseur de l'actuel Service des délégués commerciaux du Canada et, en plus de contribuer à la création de la Commission des chemins de fer (qui deviendra successivement la Commission des transports du Canada, la Commission canadienne des transports, l'Office national des transports en 1987 et, finalement, la Canadian Transportation Agency [*voir* OFFICE NATIONAL DES TRANSPORTS]) et de l'Exposition nationale canadienne, elle a réalisé des études préparatoires à l'avant-projet de la *Loi sur les accidents du travail* de l'Ontario. Pour être membre de l'AMC, les entreprises doivent fabriquer leurs produits au Canada et employer au moins 5 personnes. La plupart des entreprises (75 p. 100) emploient moins de 100 personnes.

L'AMC fournit à ses membres des renseignements importants pour l'industrie manufacturière et donne son point de vue à tous les ordres de gouvernement sur des questions qui touchent les intérêts des fabricants. Elle emploie du personnel à temps plein un peu partout au pays, afin d'aider les membres à régler les problèmes qui surviennent en matière de douanes et accises, de normes environnementales, de modalités d'exportation et d'importation d'énergie, de relations de travail, de recherche et développement, de fiscalité, de normes techniques, de télécommunications, et de transports.

L'association est organisée aux échelons national, provincial et local. Outre son siège social, situé à Toronto, elle compte 7 bureaux régionaux et un bureau à Ottawa.

J. Laurent Thibault

Association des médecins pour la survie mondiale (Canada) (à l'origine Médecins canadiens pour la prévention de la guerre nucléaire) Organisme bénévole à but non lucratif voué à la prévention de la guerre nucléaire, dont la création est largement attribuable à Frank Sommers, son président fondateur. L'organisme américain Physicians for Social Res-

ponsibility est fondé en 1961, à Boston, dans l'intention de réunir l'information nécessaire pour mobiliser l'opinion publique en faveur de l'accord sur l'interdiction partielle des essais nucléaires de 1963. Le PSR reprend vie en 1978, à la suite de l'accident du réacteur nucléaire de Three Mile Island (Pennsylvanie). En décembre 1980, 3 médecins de Harvard et 3 médecins soviétiques d'ex-URSS se réunissent à Genève pour poser les fondations de l'Association internationale des médecins pour la prévention de la guerre nucléaire.

En mars 1981, le premier congrès mondial de l'Association internationale des médecins pour la prévention de la guerre nucléaire a lieu près de Washington, DC. Soixante-treize médecins de 12 pays différents y participent, dont les Canadiens Donald Bates, Paul Duchastel, Étienne LeBel et Frank Sommers. Six autres congrès suivent. À l'heure actuelle, l'Association internationale a des groupes affiliés dans une cinquantaine de pays et représente plus de 160 000 médecins dans le monde entier. L'Association reçoit le prix Nobel de la paix en 1985 (*voir* PRIX NOBEL), en reconnaissance des efforts de l'organisme pour renseigner le public. Les cofondateurs, Bernard Lown et Evgueni Chazov, acceptent le prix conjointement.

Au Canada, d'importantes conférences ont lieu pour informer les médecins et la population des conséquences désastreuses potentielles d'une guerre nucléaire, et des conséquences du militarisme sur la santé et l'environnement. Au pays, l'ASSOCIATION MÉDICALE CANADIENNE et l'Association canadienne de santé publique reconnaissent et appuient le travail de l'Association des médecins pour la survie mondiale. Cette dernière fait aussi partie d'un réseau grandissant d'organismes qui unissent leurs efforts pour militer en faveur de l'élimination des armes nucléaires. Des campagnes publiques démontrent les dangers de la dépendance sur la technologie pour lutter contre les attaques nucléaires, et sensibilisent la population au gaspillage des ressources mondiales, entraîné par la poursuite de la course aux armements.

L'Association des médecins pour la survie mondiale est répartie dans 25 sections au Canada et regroupe plus de 2000 membres. Le 8e congrès mondial de l'Association internationale des médecins pour la prévention de la guerre nucléaire, dont le thème est *Healing our Planet – A Global Prescription*, se déroule à Montréal en 1988.

Linda McDermott

Association des musées canadiens En juin 1997, l'Association des musées canadiens (AMC) célèbre son 50e anniversaire. Le 29 mai 1947, H.O. McCurry, alors directeur de la Galerie nationale du Canada (aujourd'hui, le MUSÉE DES BEAUX-ARTS DU CANADA), décide de réunir, au Musée de la Province de Québec, un petit groupe de délégués venant de 13 musées canadiens, afin de discuter de la création d'une association de musées canadiens. Il en deviendra le président fondateur.

Ce nouvel organisme, géré par des bénévoles, doit relever des défis dans plusieurs domaines: géographie, financement et communication. Toutefois, grâce aux efforts d'employés des musées et à l'engagement de leurs institutions, l'association est devenue un organisme national, voué à l'avancement du secteur muséal.

Aujourd'hui, l'association regroupe un large éventail d'établissements situés partout au Canada (musées à but non lucratif, galeries d'art, centres scientifiques, aquariums, archives, temples de la renommée, centres dirigés par des artistes, parcs zoologiques et lieux historiques), ainsi que leurs employés. Tous travaillent à préserver et à faire connaître le patrimoine culturel canadien.

Au départ, l'association désire, entre autres objectifs, améliorer la qualité des musées canadiens en offrant une formation aux employés des galeries d'art et des musées. Cet objectif demeurera impor-

tant tout au long des années 60 et 70, jusqu'à la mise sur pied d'associations provinciales de musées et de programmes régionaux de formation.

Les célébrations du Centenaire et les années qui précèdent 1967 marquent une nouvelle orientation dans l'histoire de l'AMC. En 1965, le premier bureau de l'association ouvre ses portes à Ottawa, et des employés rémunérés assument les tâches quotidiennes, auparavant effectuées par des bénévoles. Partout au Canada, des centaines de nouveaux musées ouvrent leurs portes et offrent autant de nouveaux emplois. La communauté muséale croît rapidement durant la fin des années 60. Cette croissance se poursuit au début des années 70 avec la mise en œuvre de la Politique nationale des musées, en 1972.

L'AMC a toujours défendu les intérêts des musées et de leurs employés. Elle a aussi appuyé la mise en place d'une politique culturelle fédérale, et soutenu les modifications législatives nécessaires, notamment en ce qui concerne les biens culturels, l'importation, la fiscalité, les droits d'auteur, la pornographie et les armes à feu.

L'AMC informe ses membres des préoccupations propres au secteur muséal par l'entremise de son assemblée générale annuelle, de congrès, de symposiums et de publications, ainsi qu'en leur fournissant l'occasion de participer à ses comités.

On dénombre actuellement plus de 2000 musées et institutions culturelles au Canada. Chaque année, les musées canadiens accueillent plus de 55 millions de visiteurs, tandis que 60 millions de personnes fréquentent les lieux historiques et les parcs nationaux. Les musées emploient plus de 10 000 personnes à temps plein et 10 000 personnes à temps partiel, et recourent aux services de plus de 40 000 bénévoles.

Catherine Cole

Association des orchestres canadiens (Association of Canadian Orchestras) Organisme de services national qui vient en aide aux orchestres semi-professionnels et professionnels, aux orchestres de jeunes, de chambre, et aux orchestres locaux. Elle voit le jour en 1971, puis se constitue en association en 1972, lors d'une conférence à Winnipeg. Déjà en 1996, 135 groupes de toutes les provinces s'étaient joints à elle. L'AOC remplit une mission d'aide au développement de la vie des orchestres au Canada, par la protection et l'amélioration de la santé artistique, administrative, et financière de ses orchestres membres. Son secrétariat, qui est à Toronto, offre à cette fin un éventail de publications: *Orchestra Canada*, un périodique mis en circulation en 1973, qui paraît six fois par année et contient un répertoire annuel des membres ainsi que des renseignements pertinents; divers manuels et guides, et Opus, un bulletin mensuel d'information sur l'emploi, créé en 1977, qui facilite la «mobilité» des chefs d'orchestre et des musiciens.

Le secrétariat gère un centre de documentation qui fournit des services de recherche et d'information. En 1992, il lance un programme de formation professionnelle, destiné aux gestionnaires responsables de la collecte de fonds et du marketing; on accepte 12 participants pour l'année 1996-1997. En 1996, il entreprend un programme de formation de chefs d'orchestre. Afin de répondre fermement et en connaissance de cause aux préoccupations de la communauté des orchestres canadiens, l'AOC recueille, établit, et analyse chaque année les données soumises par ses membres, afin de préparer des rapports sommaires. Elle soumet aussi des mémoires et des documents d'opinion à des ministères gouvernementaux, des départements, des commissions d'étude et des comités. Elle renforce la portée nationale de l'organisme par ses conférences biennales données à divers endroits, ses comités régionaux et provinciaux, ainsi que son réseau de comités bénévoles. L'AOC est gérée par une commission bénévole et un directeur général rémunéré. Elle se finance au moyen des revenus de ses publications, des cotisations des membres, des donations, des commandites et, jusqu'en 1996, des subventions du CONSEIL DES ARTS DU CANADA et des gouvernements fédéral et provinciaux.

Patricia Wardrop

Association des routes et transports du Canada Fondée en 1914 sous le nom d'Association canadienne des bonnes routes (ACBR) et constituée plus tard par une loi du Parlement, l'Association des routes et transports du Canada (ARTC), exerce beaucoup d'influence sur le développement du réseau routier et sur la technologie pertinente. La ROUTE TRANSCANADIENNE, point culminant d'une campagne de plusieurs années, en est un exemple. En 1970, l'association est rebaptisée sous le nom d'Association des routes et transports, en raison de la diversification de son mandat. Elle a comme membres les gouvernements fédéral et provinciaux, plusieurs gouvernements municipaux, les transporteurs, et les fournisseurs de produits et services de transport, les planificateurs, les constructeurs, et les représentants du monde de l'enseignement. L'ACBR organise la première conférence nationale du Canada (1955) sur la sécurité routière, au cours de laquelle est créé le Conseil canadien de la sécurité. En 1956, elle met sur pied la Commission canadienne de la signalisation routière, et publie, trois ans plus tard, un manuel des marques sur chaussée et des panneaux de signalisation routière normalisés. Elle produit aussi, en 1963, le *Manual of Geometric Design Standards for Canadian Roads and Streets*. En 1987-1988, l'ARTC appuie 18 projets de recherche ou de développement, plusieurs conférences, 25 publications techniques et 5 publications d'information. Depuis 1952, elle a accordé près de 400 000 $ en bourses d'études supérieures en sciences des transports. Elle dispose d'un centre de documentation en information technique, relié par ordinateurs à des banques de données internationales.

C.W. Gilchrist

Association d'études canadiennes (AEC) Fondée en 1973, elle a son siège social à Montréal. Elle est devenue une SOCIÉTÉ SAVANTE distinctive comptant parmi ses membres plus de 150 institutions et 600 particuliers. Elle a pour mission d'encourager l'enseignement, la recherche et la publication sur le Canada et tente de mettre en pratique l'étude de T.H.B. SYMONS intitulée *To Know Ourselves* (2 vol., 1975). L'Association perçoit les études canadiennes comme une exploration interdisciplinaire du pays sous tous ses aspects: son environnement social, culturel et physique, son système économique et sa place dans le monde. Elle encourage généralement les études thématiques portant sur le Canada comme entité plutôt que d'accorder des bourses axées sur une discipline ou sur des études régionales (*voir* ÉTUDES CANADIENNES).

L'AEC organise des conférences sur des thèmes nationaux (le Nord canadien, le Canada et la mer, le discours théorique dans la collectivité canadienne, l'écologie et la culture, la pratique des arts au Canada). Elle appuie également les travaux portant sur l'ethnohistoire, le multiculturalisme et le cinéma, l'enseignement supérieur et l'aménagement des archives. James E. Page, anciennement du Seneca College, Willowdale (Ontario), et pilier de l'AEC jusqu'en 1982, a réussi la mise sur pied du Conseil international des études canadiennes. Depuis peu, la priorité va à un programme d'échanges entre professeurs et étudiants, en accordant des prix et en renforçant sa présence dans tous les coins du Canada.

Paul Gallagher

Association du barreau canadien (ABC) Il représente plus de 35 000 avocats, juges, notaires, professeurs de droit et étudiants en droit au Canada. Représentant les juristes canadiens tant à l'échelle nationale qu'internationale, l'ABC a pour mandat d'améliorer le droit et l'administration de la justice, de favoriser l'accès à la justice, de promouvoir l'égalité dans la profession et devant la justice, d'améliorer les connaissances, les habiletés professionnelles, les normes éthiques et le bien-être des membres de la profession juridique, de représenter la profession juridique à l'échelle nationale et internationale et de promouvoir les intérêts de ses membres. L'ABC remplit ses objectifs par l'entremise du travail de ses sections, comités et groupes de travail aux paliers national et divisionnaire. Elle compte des divisions dans chacune des provinces et dans les territoires. L'adhésion à l'ABC est facultative partout, sauf en Colombie-Britannique et au Nouveau-Brunswick, où, par entente avec les barreaux locaux, les avocats doivent être membres de l'association nationale. Environ les deux tiers de tous les avocats en exercice au Canada sont membres de l'ABC. Fondée en 1914, l'ABC a tenu sa première réunion en 1915. Elle a été constituée en corporation en 1921.

Son bureau national est situé à Ottawa. Grâce à une cinquantaine d'employés, ce bureau offre à ses membres des services de supervision des projets en matière de législation et des services de liaison à cet égard, la qualité de membre, une formation juridique permanente, des services de traduction, de coordination des réunions, de comptabilité, de traitement de données, d'assurance collective, de communication et d'impression, ainsi que des services professionnels. Le conseil statue sur les questions de politique interne. Il se réunit deux fois par année et comprend environ 500 membres, représentant divers paliers de l'Association. Les membres du conseil national élisent le trésorier et le vice-président.

Les 28 sections de l'ABC constituent un forum pour le développement des spécialités individuelles. Elles fournissent de l'information aux membres sur des domaines particuliers du droit. En plus des comités permanents, des groupes de travail et des conférences, les sections offrent à chaque avocat l'occasion de se tenir bien informé des développements récents en droit et le moyen de travailler à l'avancement de la profession.

L'ABC est également affiliée à des associations internationales, dont l'Association des Barreaux du Commonwealth, l'Association internationale du Barreau et l'Union internationale des avocat(e)s. Le fait d'adhérer à ces groupes lui a permis de collaborer sur une grande échelle aux développements récents survenus au sein de la profession juridique.

D.H. Brown

Association médicale canadienne Organisme créé à Québec en 1867 par 167 médecins. C'est une fédération nationale volontaire qui regroupe 10 associations médicales provinciales indépendantes. L'organisme est aujourd'hui le porte-parole de la majorité des médecins de langues française et anglaise au Canada. Charles TUPPER en est le premier président.

Les politiques de l'AMC sont établies après une étude minutieuse par l'un des 3 conseils, l'une des 4 commissions réglementaires, une quantité de comités spéciaux et le Conseil d'administration. Un débat définitif à l'égard des questions importantes se déroule normalement après la tenue du conseil général (appelé le «Parlement de la médecine canadienne»), constitué de plus de 225 médecins élus. Gestion MD Ltée, le Centre de courtage MD et l'Agence d'assurance Lancet Ltée, possédés à part entière par l'association, offrent des services aux membres, tels que des régimes d'épargne-retraite, des services de gestion de portefeuille, et différents programmes de formation et de perfectionnement professionnels.

Plus de 40 organismes médicaux représentent un éventail des différentes spécialités, allant de la médecine sportive à la neurologie et à la médecine familiale, sont affiliés à l'AMC. En outre, plus d'une trentaine de sociétés, comme la Société canadienne du cancer (fondée par l'AMC en 1937), en sont membres associés. Le *Journal de l'Association médicale canadienne*, publication officielle de l'organisme, est bimestriel.

Douglas Geekie

Association mondiale de hockey (AMH) Ligue professionnelle de HOCKEY sur glace, fondée en 1971 pour concurrencer la LIGUE NATIONALE DE HOCKEY (LNH). Elle entreprend sa première saison en 1972-1973. Le Canada est bien représenté dans la nouvelle ligue avec des équipes à Ottawa, à Québec, à Edmonton et à Winnipeg. L'AMH obtient ses lettres de noblesse lorsque les JETS DE WINNIPEG engagent Bobby HULL, vedette de la LNH. À la deuxième saison de la ligue, les Aeros de Houston embauchent Gordie HOWE qui jouera avec ses fils Mark et Marty. Des problèmes financiers entraînent la dissolution de la ligue en juin 1979. Les équipes de Winnipeg, de Québec, de Hartford et d'Edmonton (*voir* OILERS D'EDMONTON) se joignent alors à la LNH.

Frank Polnaszek

Association nationale de la femme et du droit (ANFD) Cette association a tenu son congrès de fondation à Winnipeg, en 1975. Aujourd'hui, elle compte environ 1000 membres: avocates, étudiantes en droit, ou professionnelles dans des domaines connexes. Elle a pour objectifs l'éducation visant à faciliter la compréhension des questions juridiques féministes, la recherche portant sur l'examen des lois, des politiques et des réformes proposées, et l'action visant à éliminer la discrimination sexuelle. L'ANFD favorise aussi l'échange d'information par l'entremise de son bulletin et de son affiliation à d'autres groupes de femmes. Elle s'intéresse à de nombreuses questions juridiques féministes. Entre autres, elle est intervenue dans la réforme du CODE CRIMINEL relativement aux agressions sexuelles, et a exercé des pressions concernant les dispositions sur l'égalité dans la CHARTE CANADIENNE DES DROITS ET LIBERTÉS.

Janice Dickin

Association pour l'annexion Fondée en 1849 afin de promouvoir l'union politique du Canada et des États-Unis, elle publie en octobre et en décembre deux versions d'un manifeste en faveur de l'annexion. La plupart des signataires sont de la puissante communauté anglophone des affaires de Montréal et de Québec. À ceux-là s'ajoutent les membres du mouvement nationaliste canadien-français radical, dirigé par Louis-Joseph PAPINEAU. Le monde des affaires est déçu de l'abolition par l'Angleterre des tarifs préférentiels sur le bois d'œuvre canadien, les produits du blé et la farine, et de sa décision d'accepter le BILL DES INDEMNITÉS. Les nationalistes, quant à eux, sont des républicains qui préfèrent les institutions politiques américaines. En raison de la forte opposition de la ligue britannique d'Amérique et des partisans de Louis-Hippolyte LAFONTAINE, le mouvement disparaît après la signature du Traité de RÉCIPROCITÉ, en 1854.

Jacques Monet, S.J.

Association pulmonaire du Canada Fondée en 1900, elle est le premier organisme canadien bénévole intervenant dans le domaine de la santé. Elle est née de l'ancienne Association canadienne contre la tuberculose. À l'origine, elle offre des services pour soigner les patients atteints de la TUBERCULOSE dans des sanatoriums, et des cliniques de dépistage et de traitement. Au début du siècle, la tuberculose est la cause principale de décès au Canada.

À partir de 1927, la vente des Timbres de Noël sert à amasser les fonds nécessaires. La campagne annuelle du Timbre de Noël constitue la principale source de financement des associations pulmonaires, partout au Canada. Maintenant, l'Association pulmonaire du Canada s'est donné comme mission d'informer le public par des campagnes de sensibilisation, afin de prévenir ou de réduire les effets des maladies respiratoires causées par le TABAGISME et l'environnement. Des programmes d'éducation populaire et de sensibilisation sont mis au point pour renseigner les enfants et les adultes qui souffrent d'asthme, d'emphysème ou de bronchite chronique.

D'autres groupes y sont associés, dont la Société canadienne de thoracologie, la Société canadienne des infirmières en santé respiratoire et la Société canadienne de physiothérapie cardiorespiratoire. Des programmes de subventions de recherche et de spécialisation ont été institués en 1959, dans le but de stimuler et d'encourager la recherche dans le domaine des maladies pulmonaires aiguës ou chroniques.

Associations d'artistes Au Canada, l'histoire des regroupements d'artistes en arts visuels compte quantités de sociétés éphémères qui ont eu une influence marquante tant sur les artistes professionnels que sur les amateurs. Quelle que soit l'époque, différents types d'associations ont vu le jour, regroupant des artistes selon leur âge, leur région, leur esthétique, leur discipline artistique, leur profession, voire leur sexe. Créées souvent pour répondre à des besoins particuliers (former des groupes de pression, organiser des expositions, offrir aux artistes d'être mieux représentés sur le marché de l'art), les associations d'artistes sont souvent le résultat des efforts d'une seule personne qui gère le groupe à titre de président ou de secrétaire.

Les associations mixtes, créées avant 1840, s'intéressent fort peu aux arts visuels, mais ces réunions entre artistes de différentes disciplines sont propices à de fructueux échanges intellectuels. Le Halifax Chess, Pencil and Brush Club (1787-1817) est considéré comme la première association d'artistes du Canada tel qu'on le connaît. Toutefois, son mandat ne se limite pas aux arts, mais prévoit aussi des rencontres sociales.

La Society for the Encouragement of Art and Science in Canada (Québec, 1827) se joint, en 1829, à la SOCIÉTÉ LITTÉRAIRE ET HISTORIQUE DE QUÉBEC. Elle regroupe majoritairement des militaires et des membres du clergé, autant que de professions libérales, intéressés par les questions d'ordre scientifique, historique et littéraire. Les artistes qui font partie de ce groupe sont surtout des amateurs ou de jeunes professionnels, tout comme c'est le cas pour la Society of Artists and Amateurs of Toronto (1834). À intervalles irréguliers, la Toronto Society of Arts (1847) et la Montreal Society of Artists (1847) mettent les artistes en contact avec un public capable de leur ouvrir les portes des cercles fortunés, auxquels appartiennent les rares personnes à commander des œuvres d'art.

L'association montréalaise reprend ses activités en 1860 sous le nom de Société des Arts de Montréal, mais ses artistes cessent peu de produire. Les collectionneurs ont la mainmise sur l'association, et louent un espace une fois l'an pour y exposer leurs collections et les œuvres de quelques artistes membres ou invités, faisant partie pour la plupart de l'éphémère Société des artistes canadiens (1867).

En 1879, l'association se porte acquéreur de locaux permanents, ce qui lui permet de tenir des expositions annuelles sur le modèle des salons de Paris et d'être l'hôte des expositions de l'Académie royale des arts, en invitant certains artistes à agir en qualité d'instructeurs ou de membres de comités. Ces derniers tirent profit de ce genre d'activités, mais lorsque l'association se transforme en musée, bien des artistes n'y trouvent plus leur compte. Malgré tout, l'école continue à avoir de bons professeurs, elle attire de nombreux artistes prometteurs et constitue une excellente tribune pour les professeurs d'art (*voir* ÉDUCATION ARTISTIQUE).

La fondation de l'ACADÉMIE ROYALE DES ARTS DU CANADA (ARC) en 1880, sous l'influence et le patronage du gouverneur général, le marquis de Lorne, et de la princesse Louise, marque une étape importante pour la reconnaissance du statut des artistes au sein de la société canadienne. L'Académie adopte plusieurs règlements des académies européennes et britanniques. P. ex., les membres sont élus par nomination et doivent faire don de l'œuvre soumise en vue de leur admission. Ces œuvres sont devenues la base de la collection permanente du MUSÉE DES BEAUX-ARTS DU CANADA.

L'ARC continue de jouer un rôle de premier plan dans l'histoire de l'art au Canada. Devenue l'arbitre du bon goût dans les cercles artistiques reconnus, ses expositions annuelles, tenues dans quelques villes partout au Canada, deviennent des événements d'envergure nationale, et ses concours sont propices à rendre l'art accessible au public (*voir* ART DES LIEUX PUBLICS). Elle fait connaître l'art canadien à l'extérieur du pays en envoyant des œuvres à des expositions de l'Empire britannique et à des expositions mondiales. Entre-temps, elle promulgue des cours visant à améliorer la qualité des œuvres d'art produites au Canada.

L'ARC ne réussit pas à combler les besoins particuliers des artistes régionaux. Si les membres sont choisis à l'échelle nationale, leur représentativité est loin de l'être. L'Académie a des moyens limités, et sa structure est mal servie par l'éloignement de certains artistes et par les charges administratives. Dès sa fondation, l'ARC est prise à partie par des artistes, peu enclins à admettre sans regimber les normes esthétiques qu'elle impose au pays. D'autres associations ont pris de l'importance aux yeux des peintres, des sculpteurs, des artistes en arts visuels et des architectes canadiens.

L'Ontario Society of Artists (OSA), fondée en 1872, a toujours été dynamique. Elle crée sa propre collection, tient des expositions annuelles et fonde l'Art Union of Canada pour inciter les collectionneurs à acquérir les œuvres de ses membres. En collaboration avec le ministère de l'Éducation, l'OSA fonde une école des beaux-arts, connue aujourd'hui sous le nom de l'ONTARIO COLLEGE OF ART AND DESIGN. Ce sont les membres de l'OSA qui en établissent le programme d'enseignement et qui y enseignent.

Tandis que le nombre d'artistes, professionnels et formés, augmente au sein d'une société en pleine croissance démographique et économique, de nouvelles associations d'artistes voient le jour, spécialisées pour la plupart. Toronto en est l'hôte de beaucoup, moins prestigieuses que l'ARC ou l'OSA, mais la diversité des objectifs y attire les artistes désireux de partager leurs talents respectifs avec d'autres artistes aux idées similaires.

La Toronto Art Students' League, fondée en 1886, est non seulement une école, mais aussi un endroit où les membres peuvent se rencontrer pour dessiner, échanger, discuter du travail des autres et créer des projets conjoints. La plupart des membres sont des illustrateurs, tout comme c'est le cas du Pen and Pencil Club de Montréal. L'Art Students' League donne naissance au Graphics Art Club, qui joue un rôle important dans l'évolution de l'art graphique avant de devenir la Société canadienne des arts graphiques en 1933.

Des groupes spécialisés dans un seul art voient le jour, regroupant uniquement des professionnels. L'éphémère Association of Canadian Etchers (1885) reprend ses activités sur une base plus solide en 1916, sous le nom de Société des peintres-graveurs canadiens. Le Toronto Camera Club (1891) et le Montreal Sketching Club (1899) tiennent des rencontres et des expositions, et tous deux publient des livres d'auteurs et des catalogues. Le nombre incroyable de ces associations et de leurs membres montre bien le vif besoin des artistes de rencontrer leurs confrères (*voir* PHOTOGRAPHIE; GRAVURE).

À l'opposé des groupes fortement structurés comme l'ARC ou le Women's Art Association of Toronto (1890), il existe des clubs comme le Arts and Letters Club of Toronto (1908), le Mahlstick Club (1899), l'Arche et le Arts Club de Montréal (1912). Leurs membres sont habituellement des amis, issus de la même classe sociale et partageant les mêmes goûts, qui se rencontrent quand bon leur semble. Les rencontres sont plaisantes, on y discute librement, chacun présentant à tour de rôle ses œuvres pour en recevoir une critique amicale. Les ressources sont mises en commun pour organiser des expositions publiques ou privées, des dîners, des excursions ou des foires. Le Canadian Art Club de Toronto (1907) est simplement un groupe d'artistes connus, membres pour certains de l'ARC, dont le seul objectif est d'organiser des expositions pour les œuvres de ses membres et d'attirer l'attention des collectionneurs.

Au début du siècle, des regroupements d'artistes voient le jour dans l'Ouest. La Winnipeg Art Society (1902), la British Columbia Society of Artists (1909) et la British Columbia Art League (1920) confirment le développement de la région, et la volonté des artistes et des amateurs qui y vivent de se stimuler mutuellement et d'animer leurs activités créatrices. Au cours des années qui suivent la Seconde Guerre mondiale, de nouveaux regroupements se joignent au réseau: la Manitoba Society of Artists (1925), les Women Painters of Western Canada et l'Alberta Society of Artists (1931).

Les Maritimes ne sont pas en reste. Là aussi, les associations se multiplient. La Maritime Art Association, fondée en 1935, plonge ses racines dans des groupes antérieurs (p. ex. la Nova Scotia Society of Artists, le Newcastle Art Club, la Moncton Arts Society, l'Art Society of Prince Edward Island). En 1940, le groupe des Maritimes est unifié et renforcé par la publication de *Maritime Art*, une revue qui contribue à faire connaître les œuvres des artistes. Contre toute attente, cette dernière devient un magazine national, le *Canadian Art*, publié conjointement par des curateurs de la galerie Nationale, avant de devenir une publication indépendante de Toronto, *Arts Canada*.

De nouveaux groupes nationaux sont fondés en respectant l'esprit de leurs prédécesseurs. La Société canadienne des peintres en aquarelle (1925) porte intérêt (et fait renaître celui du public) à l'aquarelle, un art déjà très populaire au cours du XIXᵉ siècle. Le Council of the Guild of Sculptors (1896) reprend ses activités et se transforme pour devenir la Société des sculpteurs du Canada (1928).

Le GROUPE DES SEPT (1920-1933) est un exemple typique des autres associations qui se sont formées plus tard dans le siècle, en ce sens qu'il regroupe plusieurs artistes qui partagent le même idéal esthétique. Ensemble, ils cherchent à rendre hommage au Canada en privilégiant la peinture de paysages, sans que cela empêche pour autant les artistes de se distinguer. Aux Sept succède le Canadian Group of Painters (1933), regroupant des membres de partout au Canada, des femmes aussi bien que des hommes, et qui s'intéresse au modernisme, aux portraits comme aux paysages, de même qu'au «droit des artistes canadiens de trouver de la beauté et de l'intérêt dans toute chose».

De nombreux artistes n'aiment pas le fait que le Groupe des Sept soit devenu une «institution nationale» et, dans le climat de contestation qui s'ensuit, plusieurs nouveaux groupes voient le jour, surtout au Québec. Le Beaver Hall Hill Club (1920-1924) à Montréal, formé principalement de femmes peintres de la Société des Arts, étudie les tendances artistiques contemporaines, et les artistes se concentrent sur les aspects psychologiques et formels de leurs compositions. L'Eastern Group of Painters (1938) comprend 7 artistes exerçant à Montréal, qui partagent le même intérêt pour la peinture et non pour une théorie nationaliste.

Lyman fonde, à Montréal, la SOCIÉTÉ D'ART CONTEMPORAIN (1939-1948) afin de défendre l'art moderne. La Société est formée d'artistes et de quelques intellectuels qui ne partagent pas nécessairement le même style ou la même philosophie, mais qui désirent apporter leur appui à une forme artistique qui ne soit pas académique. En 1948, le mouvement des AUTOMATISTES et celui du Prisme d'yeux publient chacun un manifeste prônant une attitude critique à l'égard de la création artistique, ce qui provoque la chute du groupe de Lyman (*voir* REFUS GLOBAL).

L'art abstrait s'impose partout au Canada grâce au Calgary Group (vers 1947), aux PLASTICIENS (dont le manifeste est publié en 1955), à l'Association des artistes non figuratifs de Montréal (1956-1961), au GROUPE DES ONZE (1953-1960) à Toronto et au REGINA FIVE (au début des années 60). Ces groupes ne tentent pas de définir un nouveau courant artistique. C'est parce qu'ils se centrent sur un élément particulier de leur travail, depuis le processus de création (individualité du geste, spontanéité), jusqu'à la mise en valeur de certains éléments formels et graphiques (surface, espace, lumière, tracé, couleur), que ces artistes dotent leur art d'une nouvelle perspective, tout en prenant part à un mouvement d'envergure internationale. Ces groupes offrent une tribune idéale aux artistes qui veulent débattre les questions touchant le rôle de l'art et le sens qu'il revêt dans une civilisation postindustrielle (*voir aussi* PEINTURE: LES DÉBUTS).

Le militantisme de la société occidentale des années 60 et du début des années 70 se reflète dans le genre d'associations d'artistes de cette époque. La période entre 1960 et 1980 voit se consolider des sociétés déjà en place, et se créer de nouveaux groupes qui tentent de sensibiliser le gouvernement et le public au rôle et aux besoins des artistes. Ceux-ci s'engagent davantage sur les plans politique et social par le biais de leurs associations, cherchant à prendre part aux débats du moment tout en réaffirmant l'aspect professionnel de leur carrière.

On voit apparaître de nouveaux groupes, comme le General Idea de Toronto et N.E. Thing Co de Vancouver, stimulés par le développement d'une esthétique et d'un art communs. Des groupes déjà en place tentent d'agir de façon plus cohésive et plus efficace. Ainsi, la Société des peintres-graveurs canadiens se joint à la Société canadienne des arts graphiques en 1976, pour former le Conseil canadien de gravure et de dessin.

Cherchant de plus en plus à atteindre un marché international et compétitif, les artistes en viennent à analyser plus objectivement le bien-fondé de leurs associations et les bienfaits qu'ils en retirent. La Society of Cooperative Artists (1957), devenue en 1967 la Société des artistes canadiens, publie *Art Magazine* à partir de 1969 pour mieux renseigner le public sur les œuvres produites par ses membres, et les activités des autres organismes et associations.

Des super sociétés sont fondées à l'échelle nationale afin de représenter les artistes en arts visuels dans tout le Canada d'une façon différente de l'ARC. La Professional Artists of Canada (PAC) est fondée en 1969 comme un regroupement d'associations, rassemblant 7 sociétés désireuses de s'associer pour rencontrer le public et être ainsi en mesure d'en connaître les opinions.

Les associations déjà en place fondent la PAC en réaction à l'établissement, vers la fin de 1967, d'un groupe plus exigeant, le Canadian Artists Representation/Front des artistes canadiens (CAR/FAC). Fruit de l'initiative de Jack CHAMBERS, il s'agit d'une structure décentralisée dès le départ, qui vise à réunir ses membres en fonction des exigences professionnelles, telles que le paiement des droits d'auteur aux artistes pour la reproduction de leurs œuvres et une échelle de cotation pour les expositions.

En 1957, la Conférence canadienne des arts soulève des questions concernant les droits d'auteur, la réforme fiscale et la sécurité sociale pour les artistes en arts visuels qui n'ont ni gérant, ni revenu régulier. Mis à part les droits d'auteur, ces problèmes ne sont toujours pas résolus et il semblerait que les artistes en tant que groupe ne sont pas assez puissants pour mener à terme leurs exigences les plus élémentaires. Des regroupements récents, comme le Western Front de Vancouver et l'Art Metropole de Toronto, sans nier une conscience sociale, ont pour but premier de fournir à leurs membres et aux invités un type d'organisation du genre des «galeries parallèles», et des centres dirigés par les artistes qu'on trouve partout au Canada. Ces centres offrent aux artistes des installations et l'espace nécessaire pour réaliser et exposer leurs œuvres expérimentales, qui sont rarement mises en vente.

Les artistes québécois ont toujours fait bande à part, demeurant au sein d'associations de chapeautant. Dans les années 70, cependant, ils forment des groupes d'artistes spécialisés. Les sculpteurs et les graveurs en sont les plus actifs (Association des sculpteurs du Québec, 1961-1976; Conseil de la sculpture, 1978; Association des graveurs du Québec, 1971; Conseil de la gravure, 1978, qui prépare un code d'éthique pour ses membres et devient en 1985 le Conseil québécois de l'estampe). Comme c'est le cas au sein des autres associations canadiennes, les efforts pour unifier à long terme les artistes québécois (Société des artistes professionnels du Québec, 1966) obtiennent des résultats mitigés en raison du manque d'intérêt en général et de l'absence de solidarité de la part des artistes en tant que groupe.

Les groupes les plus créatifs et les plus actifs de l'histoire de l'art au Canada semblent être les petites associations organisées d'après les affinités naturelles et où les artistes créent des œuvres selon un idéal esthétique commun. Ces associations naturelles permettent aux artistes de comparer leur opinion et leurs travaux à ceux de leurs collègues et amis, lors d'échanges directs et informels, et les aident par là à affronter avec une assurance et une confiance accrues l'isolement et les hésitations associés au travail en atelier.

Laurier Lacroix

Associations de femmes Au début du XIXᵉ siècle, les femmes de la bonne société se réunissent à l'échelle locale pour s'adonner à des œuvres charitables ou religieuses. Elles fondent des refuges et des orphelinats pour venir en aide aux femmes et aux enfants dans le besoin, et prêtent leur concours aux églises comme auxiliaires féminines. À la fin du XIXᵉ siècle, leurs activités prennent de l'ampleur et incluent un nombre incalculable d'organisations réformistes, qui sont maintenant de plus en plus interconfessionnelles et laïques, comme la WOMAN'S CHRISTIAN TEMPERANCE UNION, la YOUNG WOMEN'S CHRISTIAN ASSOCIATION (YWCA) et le CONSEIL NATIONAL DES FEMMES DU CANADA.

Contrairement aux groupes antérieurs, ces organisations ont un caractère national et s'adressent à un éventail beaucoup plus large de femmes au Canada. Elles cherchent à améliorer la société et sont prêtes, dans certains cas, à recourir au pouvoir de l'État par l'entremise de lois prévoyant l'imposition de réformes. Pourtant, leur centre d'intérêt ne change pas réellement puisque ces organisations consacrent aussi beaucoup d'efforts à aider les femmes et les enfants nécessiteux, et continuent de s'inspirer du message évangélique.

Les femmes qui se joignent à ces organisations ont conscience de devoir s'engager dans la société. La plupart d'entre elles acceptent de jouer leur rôle familial, mais sont convaincues de devoir, à ce titre, se trouver une plate-forme publique puisque la société exerce un impact croissant sur la vie familiale. C'est particulièrement vrai en milieu urbain où prévalent l'alcoolisme, la prostitution, la délinquance et la maladie. Les femmes des milieux ruraux pressentent le défi lancé par l'urbanisation, et veulent en outre surmonter les problèmes qui naîtront de l'isolement et du dépeuplement des campagnes. Les organisations agricoles des premières décennies du XXᵉ siècle ouvrent grandes leurs portes aux auxiliaires féminines et à leurs associations, considérées comme partie intégrante du mouvement des fermiers. Les instituts créés par les femmes obtiennent un tel succès qu'ils se répandent dans le monde entier. Aux associations de femmes à vocation interventionniste s'ajoutent de nombreuses autres qui cherchent seulement à donner à leurs membres le moyen de s'exprimer. Les clubs de lecture et les associations musicales, p. ex., s'adressent à la femme au foyer, alors que d'autres associations veulent représenter les besoins précis des femmes professionnelles telles que les enseignantes et les infirmières (*voir* FEMMES DANS LA POPULATION ACTIVE).

On estime qu'aux alentours de 1912, 1 femme sur 8 est affiliée à un groupe de femmes, ce qui fait du mouvement féminin une force incontestable dans la société canadienne. Ce mouvement n'attire cependant pas toutes les femmes. Ses membres sont en effet surtout des anglophones protestantes de la classe moyenne et d'âge moyen. Les francophones de religion catholique trouvent dans l'Église romaine, et dans ses communautés et groupes de femmes un terrain propice à la vie organisationnelle. Aussi vont-elles attendre le début du XXᵉ siècle avant de fonder des associations comme la Fédération nationale Saint-Jean-Baptiste qui militent en faveur de changements dans la société, à la manière dont le font les organisations anglophones protestantes. Contrairement à leurs consœurs anglophones du Canada, elles gardent cependant un attachement plus profond à la religion qui les inspire et les influence. Les femmes des groupes minoritaires (par la race, l'ethnie ou la religion) ne se sentent pas toujours les bienvenues dans les principales organisations féminines. C'est pourquoi elles créent souvent leurs propres associations au profit de leurs communautés et des femmes qui en font partie.

Les associations de femmes à vocation interventionniste accomplissent un travail impressionnant. Elles sensibilisent l'opinion publique aux besoins des travailleuses, aux lacunes du système scolaire, aux problèmes de l'intempérance, à l'existence d'une morale à deux poids deux mesures pour les hommes et les femmes, et aux niveaux extrêmement élevés de mortalité infantile dans certaines villes du pays. En participant à ces groupes, les femmes contribuent ainsi à changer l'image qu'on se fait de la femme canadienne.

En se rassemblant, les femmes prennent conscience du pouvoir que donne l'action collective et les joies de la sororité. Elles apprennent aussi comment administrer et recueillir des fonds. Devant le mur de résistance auquel se bute leur volonté de réforme, elles réalisent leur impuissance comme femmes. Elles se rendent compte que, étant donné qu'elles n'ont pas le droit de vote, les politiciens ne les écouteront pas et ne donneront certainement pas satisfaction à leurs requêtes. Cela les encourage à appuyer le mouvement en faveur du DROIT DE VOTE DE LA FEMME qui va mobiliser, dans la deuxième décennie du XXᵉ siècle, un grand nombre d'organisations féminines prêtes à concerter leurs efforts.

Une fois conquis le droit de vote au niveau fédéral en 1918, les divers groupes de femmes n'ont plus d'objectif précis sur lequel faire front commun, et perdent de ce fait un peu de leur visibilité et de leur attrait. Dans les années 20, leurs énergies sont mobilisées par les associations religieuses et le mouvement pacifiste (*voir* LIGUE INTERNATIONALE DES FEMMES POUR LA PAIX ET LA LIBERTÉ).

Les associations de femmes exercent peu d'attraits sur les jeunes femmes qui préfèrent explorer leur potentiel individuellement. Les groupes féminins restent cependant actifs à l'échelle nationale et locale. L'émergence du MOUVEMENT DES FEMMES à la fin des années 60 donne un nouvel élan à leurs organisations, qu'annonce tout d'abord la formation, en 1960, de la VOIX DES FEMMES. Aux anciens groupes s'en ajoutent de nouveaux dont beaucoup ont une direction autonome. Ils cherchent avant tout à mieux faire comprendre aux femmes leur statut de second rang au sein de la société. Cette prise de conscience va donner naissance à des groupes spécifiques réunissant les femmes autochtones, les travailleuses, les femmes des minorités culturelles et les lesbiennes. En plus, le COMITÉ CANADIEN D'ACTION SUR LE STATUT DE LA FEMME émerge comme porte-parole et groupe de pression au service des femmes. Une fois de plus, l'action collective des femmes attire l'attention du public. Cette fois-ci cependant, les femmes ne cherchent pas à faire accepter une réforme, mais à bouleverser la façon dont la société traite et perçoit les femmes.

Wendy Mitchinson et Ann Middleton

Au Québec En 1893, des femmes participant au grand mouvement de réforme sociale, qui s'impose au pays, fondent le Conseil local des femmes de Montréal, branche du Conseil national des femmes du Canada. Parmi celles-ci, quelques francophones catholiques, dont Marie GÉRIN-LAJOIE et Caroline Béïque qui, quelques années plus tard, décident de doter les Canadiennes françaises d'un lieu de rencontre et d'affirmation bien à elles. Mal à l'aise dans un environnement majoritairement anglophone et protestant et fortes des nouveaux principes de l'Église catholique, qui encouragent les laïques à se regrouper en associations, elles mettent sur pied, en 1907, la Fédération nationale Saint-Jean-Baptiste [FNSJB]. Œuvre d'action catholique, en même temps que fédération d'organisations vouées à l'amélioration des conditions de vie des femmes, la FNSJB prend l'initiative et défend de nombreuses revendications comme la lutte pour le suffrage féminin, l'amendement du code civil en faveur des femmes mariées, l'accessibilité des femmes à l'éducation supérieure ainsi que la protection maternelle et infantile. Plus encore, la FNSJB soutient que la société entière bénéficiera de l'action publique des femmes, dans la mesure où cette action est conforme au rôle maternel qu'elles exercent dans la famille. C'est notamment dans sa revue mensuelle *La Bonne parole* (1913-1958) que la fédération fait connaître ses positions.

Bien que le rôle maternel des femmes soit très valorisé au cours des premières décennies du XXᵉ siècle, toutes les associations féminines de l'époque n'insistent pas sur la différence entre les hommes et les femmes. La longue bataille pour le droit de vote, qui a lieu au Québec de 1917 à 1940 (*voir* DROIT DE VOTE DES FEMMES), illustre particulièrement bien la diversité idéologique des groupes de femmes. D'une part, on trouve des femmes anglophones et francophones de plusieurs allégeances idéologiques qui, en 1922, se rassemblent pour former le Comité provincial pour le suffrage féminin (connu sous le nom de Ligue des droits de la femme à partir de 1928). Sous les pressions du clergé catholique, le comité doit cependant ralentir ses activités, et il faut attendre l'accession de Thérèse CASGRAIN à la présidence, en 1927, pour que la lutte reprenne. Toujours en 1927, Idola SAINT-JEAN quitte le comité pour fonder l'Alliance canadienne pour le vote des femmes du Québec, une organisation beaucoup plus radicale qui affirme que les hommes et les femmes sont des citoyens égaux. Dans cette perspective, les caractéristiques naturelles des femmes ne doivent pas servir d'arguments pour limiter leur rôle dans la société. D'autre part, des associations comme les Cercles de fermières – le premier est fondé en 1915 par le ministère de l'Agriculture – s'opposent à la participation politique des femmes et font circuler des pétitions pour contrer le suffrage féminin. À leur avis, les femmes ont déjà toute l'influence nécessaire dans la famille et leur participation politique pourrait mettre en péril ce pouvoir moral.

L'opposition au droit de vote ne marginalise toutefois pas les Cercles de fermières. En fait, les associations de femmes rurales comptent au Québec un nombre impressionnant de membres. Dans les années 1950, les Cercles de fermières et l'Union catholique des femmes rurales (précédemment l'Union catholique des fermières) regroupent près de 80 000 femmes. Ces dernières y trouvent des lieux de

rencontre, de formation, en même temps que de promotion du travail traditionnel des femmes.

Après 1940, année d'accession des femmes au suffrage dans la province de Québec, les organisations existantes tentent, sans toujours y arriver, de redéfinir leurs objectifs. La période 1940-1965 est souvent considérée comme un moment de patience du féminisme. Une exception toutefois: la Ligue des femmes du Québec, organisation communiste assez marginale, qui perpétue la tradition féministe en dépit du faible nombre de ses adhérents. Malgré tout, et même si elles ne revendiquent plus au nom du féminisme, les femmes ne cessent de se regrouper pour faire valoir leurs intérêts. Des associations à caractère moins revendicateur comme l'Association des femmes diplômées des universités, les groupes de consommatrices, les associations pacifistes, telle la Voix des femmes, apparaissent au cours de ces années.

À cette époque, la FNSJB n'a plus l'influence qu'elle détenait au début du siècle et un manque de leadership se fait sentir. Pour combler cette lacune, Thérèse Casgrain convoque, en 1965, une grande assemblée féminine qui décide de la mise sur pied d'une nouvelle fédération de femmes et d'associations féminines. Vaste regroupement laïque et multiculturel, la Fédération des femmes du Québec [FFQ] voit le jour officiellement en 1966. Cet événement marque l'entrée des Québécoises dans la révolution féministe qui touche l'ensemble de l'Occident.

L'État ne fait pas la sourde oreille: en 1967, le gouvernement fédéral institue la COMMISSION ROYALE D'ENQUÊTE SUR LA SITUATION DE LA FEMME AU CANADA (Commission Bird). Impatiente de voir se concrétiser les recommandations rendues publiques dans le Rapport Bird, la Fédération des femmes du Québec réclame, en 1973, la création d'un organisme de surveillance. Le Conseil du Statut de la femme [CSF] est alors fondé par le gouvernement québécois. Laurette Robillard en est la première présidente, et Claire BONENFANT lui succède en 1978. Avec les années, le CSF s'impose comme un organisme de recherche spécialisé dans l'étude des conditions de vie des femmes. D'une certaine façon, il s'agit de la consécration du féminisme par son institutionnalisation.

Dans toute cette effervescence, l'Association féminine d'éducation et d'action sociale [AFÉAS] naît en 1966 de la fusion de l'Union catholique des femmes rurales du Québec et des Cercles d'économie domestique. Cette association milite en faveur de la reconnaissance du travail des femmes rurales. Pour ce faire, elle insiste pour que soient mieux répartis les pouvoirs et les ressources dans les entreprises familiales, et pour que le patrimoine familial soit divisé de façon à ne plus pénaliser les femmes mariées. Par ailleurs, certaines associations de femmes, créées durant ces années, prennent une tangente beaucoup plus radicale et remettent en question l'organisation patriarcale de la société. Initiative féministe visant à affirmer l'autonomie politique des femmes, le Front de libération des femmes du Québec [FLFQ], fondé en 1969, est de celles-là. Il faut dire qu'au Québec, la question nationale occupe l'avant-scène politique au cours des années 60, et surtout avec la montée du PARTI QUÉBÉCOIS, au milieu des années 70. Certaines femmes se sentent alors coincées dans les débats partisans, tiraillées qu'elles sont entre leurs convictions nationalistes et féministes.

La presse féminine est un autre moyen privilégié par les femmes pour prendre la parole. *La Gazette des femmes* diffuse depuis 1979 les positions du CSF; *Québécoises deboutte!* (1972-1974) et *Les têtes de pioche* (1976-1979) sont l'œuvre de collectifs qui s'affirment par leur radicalisme; avec un tirage de 25 000 exemplaires, *La vie en rose* (1980, 1982-1988) demeure une publication majeure qui consacre la presse féministe au Québec. De plus, des maisons d'éditions, comme les Éditions du Remue-ménage,

publient et diffusent des écrits féminins ainsi que des recherches féministes.

Au cours des vingt-cinq dernières années, on constate une multiplication des associations féminines. Les femmes s'associent le plus souvent en fonction d'intérêts spécifiques, traduisant ainsi la diversité de leurs réalités et de leurs revendications: les femmes ne sont pas *seulement* des femmes, elles sont aussi *immigrantes, autochtones, juives, travailleuses*, etc. C'est pourquoi des groupes comme le Collectif des femmes immigrantes du Québec ainsi que l'Association des femmes autochtones du Québec existent et que d'autres, comme le Conseil national des femmes juives (fondé en 1918), perdurent. Les réalités du marché du travail incitent également les femmes à se regrouper; en témoigne l'existence d'associations professionnelles comme l'Association des infirmières et des infirmiers de la province de Québec, les comités de condition féminine des centrales syndicales, l'organisme Au bas de l'échelle, qui défend les intérêts des travailleuses et des travailleurs non syndiqués, ou encore l'Association des femmes d'affaires du Québec. De plus, des mouvements naissent pour promouvoir des dossiers spécifiques tels le Comité de lutte pour l'avortement libre et gratuit. L'affirmation culturelle se perçoit à travers la création, p. ex., du Théâtre expérimental des femmes. À ces associations s'ajoutent le Regroupement des centres de femmes du Québec, le Regroupement provincial des maisons d'hébergement et de transition pour les femmes victimes de violence conjugale ou encore le Mouvement contre le viol, ainsi que les autres centres d'aide aux victimes d'agressions sexuelles, dont l'objectif premier est d'offrir des services à une clientèle féminine.

De son côté, La Fédération des femmes du Québec continue de jouer un rôle rassembleur en insistant sur des thèmes mobilisateurs comme la pauvreté ou encore la violence. L'organisation de la marche du Pain et des roses, en 1995, ainsi que celle de la Marche mondiale des femmes, en 2000, sont des exemples de l'orientation actuelle de la FFQ. Rendre la société meilleure, plus juste et plus équitable à l'égard des femmes, voilà l'objectif actuel de la fédération.

Karine Hébert

Associations de producteurs de grain Regroupements de fermiers créés dans les Prairies au début du XXᵉ siècle. Ils sont nés dans le sillage de la loi sur les céréales du Manitoba, le Manitoba Grain Act (juillet 1900), qui réglemente l'exploitation des voies ferrées et des silos au bénéfice des céréaliers. Cette loi, qui fait suite à de nombreuses protestations des milieux ruraux depuis la fin des années 1880, est considérée par les fermiers comme une grande victoire. Cependant, l'insatisfaction au sujet de la gestion de la récolte exceptionnelle de 1901 amène les fermiers d'Indian Head (territoire actuel de la Saskatchewan) à tenir une rencontre en décembre 1901 et à former la Territorial Grain Growers' Association (Association «territoriale» de céréaliers). La Manitoba Grain Growers' Association (Association des céréaliers du Manitoba) est fondée à Virden en 1903. En 1906, la Territorial Grain Growers' Association est scindée en deux entités, la Saskatchewan Grain Growers' Association et l'Alberta Farmers' Association. Cette dernière se joint ensuite à la Canadian Society of Equity pour devenir l'association des United Farmers of Alberta (FERMIERS UNIS DE L'ALBERTA) en 1909. En 1920, la Manitoba Grain Growers' Association devient l'association des United Farmers of Manitoba (FERMIERS UNIS DU MANITOBA) en vue de gagner l'appui de tous les fermiers et de former un parti politique. La Saskatchewan Grain Growers' Association fusionne ensuite avec la Farmers' Union of Canada (Union des fermiers du Canada), en 1926, pour créer l'association militante des United Farmers of Canada (FERMIERS UNIS DU CANADA, section de la Saskatchewan).

Les associations de céréaliers défendent efficacement les intérêts des provinces de l'Ouest et de l'agriculture en général. Elles font des représentations auprès des gouvernements fédéral et provinciaux afin d'aboutir à une réforme du système de commercialisation des céréales et d'améliorer la situation dans les campagnes. Elles parrainent la création de 3 grands organismes de commercialisation des céréales: la Grain Growers' Grain Co. (1906), la Saskatchewan Co-operative Elevator Co. (1911) et l'Alberta Farmers' Co-operative Elevator Co. (1913). Elles publient le GRAIN GROWERS' GUIDE de 1908 à 1928, qui est en quelque sorte la voix des agriculteurs des Prairies jusqu'au milieu des années 20. Ces associations réclament de meilleures routes, des écoles et des soins médicaux pour le milieu rural.

Particulièrement sensibles au sort misérable des femmes en milieu rural, les associations plaident en faveur du DROIT DE VOTE DES FEMMES et aident celles-ci à obtenir le droit de vote dans les provinces de l'Ouest, au cours de la Première Guerre mondiale. En principe, les associations sont politiquement neutres, mais quelques grands meneurs de la première heure, dont les libéraux C.A. Dunning, M.A. MOTHERWELL et T.A.CRERAR, exercent une influence politique à l'échelle nationale. La politique, cependant, demeure un sujet de discorde à l'intérieur des associations, et l'une des raisons qui entraînent leur disparition graduelle, lorsque les fermiers se mettent à s'affirmer et à réclamer une participation plus directe à la vie politique.

Ian MacPherson

Assurance Accord selon lequel une partie ou la totalité des pertes économiques sont transférées à un assureur qui, moyennant une prime, s'engage à indemniser l'assuré des pertes résultant de certains risques déterminés pendant la période couvrant l'entente.

Le monde moderne est rempli d'aléas. Alors que les dangers (accident, incendie, maladie ou décès) peuvent mener à des pertes financières, ce sont les aléas qui créent les potentialités de perte. Le «risque», terme utilisé pour exprimer la probabilité d'une perte, guette continuellement les individus, les organisations ainsi que la société en général. Le besoin de sécurité est profondément ancré dans la nature humaine et la plupart des gens craignent la menace d'une perte que représente le risque. Il n'est donc pas surprenant que des efforts pour contrer le risque aient été entrepris tôt dans l'histoire de l'humanité.

L'idée de mettre les risques en commun nous vient des civilisations anciennes. Les commerçants chinois divisaient leur cargaison entre plusieurs bateaux avant d'entreprendre de dangereux voyages sur les voies navigables de la Chine. De cette façon, un commerçant n'avait pas à encourir une perte totale en cas de catastrophe fluviale. La Grèce et la Rome antiques, ainsi que les nations commerçantes du Moyen Âge pratiquaient diverses formes de partage du risque. Le concept visant à transférer les conséquences économiques du risque, c.-à-d. l'achat d'une protection par l'assurance, constitue un élément important dans la gestion du risque.

Bien qu'il y ait déjà un certain nombre de compagnies d'assurance-incendie dans les paroisses ou les municipalités, au milieu des années 1830, dans le Haut-Canada et le Bas-Canada, la première compagnie d'assurance-vie est fondée en 1847 à Hamilton, en Ontario. La formation de grandes compagnies d'assurances (Mutual Life, Sun Life, Confederation Life et London Life) après 1870 résulte de l'adoption, en 1868, de la première loi sur l'assurance au Canada. L'industrialisation et les nouvelles technologies ont certes contribué à l'élaboration rapide de l'industrie de l'assurance.

Principe de base de l'assurance L'assurance implique un accord entre l'assuré, qui paie une prime, et l'assureur, qui promet de rembourser à l'assuré les pertes financières subies au cours de risques

déterminés. Pour pouvoir conclure une telle entente avec un individu ou une organisation, l'assureur doit avoir un nombre assez élevé d'ententes couvrant des risques semblables. En combinant un grand nombre d'expositions au risque, il est possible de prévoir de façon assez précise les pertes encourues collectivement.

Le principe qui sous-tend cette théorie est la loi des grands nombres qui, dans le contexte de l'assurance, se formule ainsi: à mesure que le nombre d'expositions au risque augmente, les pertes réelles approchent d'assez près leur valeur escomptée. La perte collective escomptée est ainsi partagée de façon proportionnelle par tous les assurés sous forme de prime. Avec l'assurance, les individus ou les organisations échangent le risque de pertes incertaines, mais possibles.

Gestion de l'assurance Un accord d'assurance est un contrat entre l'assureur et l'assuré définissant le risque couvert, précisant les conditions auxquelles le contrat s'applique et donnant un aperçu du processus de règlement. Les assureurs sont soit des sociétés commerciales privées, soit des agences gérées par l'État. La plupart des assureurs privés sont des sociétés anonymes ou des mutuelles. Les sociétés anonymes sont à but lucratif et sont la propriété de leurs actionnaires. Les mutuelles appartiennent à l'assureur, et tout revenu excédentaire par rapport aux règlements des demandes d'indemnité et aux dépenses revient aux assurés sous forme de dividendes ou de réductions de primes.

Une association d'individus peut aussi se constituer en assureurs. Dans un tel cadre, les assureurs individuels assument personnellement les risques et sont donc sujets à puiser à même leurs biens personnels pour le règlement des pertes. La plus connue parmi ces associations est la Lloyd's de Londres, qui est présente partout dans le monde et assure de gros risques qu'aux autres assureurs peuvent rejeter.

Les agences gouvernementales fournissent aussi une certaine protection, le plus souvent obligatoire, contre certains risques. Ces programmes portent le nom de SÉCURITÉ SOCIALE et comprennent les indemnités prévues aux lois sur les accidents du travail, l'assurance-automobile pour certaines provinces, ainsi que certains régimes de retraite. Ces programmes ne reposent pas nécessairement sur le postulat que des fonds suffisants sont amassés à l'avance pour le paiement des pertes. Les prestations sont payées à même les recettes fiscales générales.

Surveillance et réglementation L'industrie de l'assurance est réglementée pour un certain nombre de raisons, p. ex. le fait que les primes soient payées à l'avance et que les prestations peuvent être payées dans un futur souvent lointain aux assurés ou à d'autres, le fait que les consommateurs ont peu de protection contre des pratiques injustes, et que des primes excessivement basses ou élevées peuvent conduire à l'insolvabilité ou à des profits injustifiés.

Outre l'autoréglementation pratiquée par les associations industrielles, la responsabilité de la surveillance dans le domaine de l'assurance au Canada est partagée par les gouvernements fédéral et provinciaux. Le Bureau du surintendant des institutions financières est responsable de l'enregistrement et des licences de compagnies inscrites au fédéral. Il s'assure également que ces dernières remplissent leurs obligations auprès des assurés. Ainsi, les compagnies d'assurances doivent soumettre des relevés financiers afin de prouver, à l'aide de tests de solvabilité qu'elles possèdent suffisamment de ressources financières. De plus, des restrictions limitent l'investissement des fonds qui appartiennent aux compagnies d'assurances.

Les administrateurs provinciaux prescrivent des conditions de contrat statutaires, délivrent les permis des agents, les courtiers ainsi que des experts, et fixent (dans plusieurs provinces) les coûts de l'assurance-automobile. Les compagnies d'assurances peuvent néanmoins faire faillite, et cela leur arrive,

mais c'est rare. Le cas échéant, l'assuré se retrouve en position difficile, particulièrement à la suite d'une perte, car il ne recevra, au mieux, qu'une très faible compensation.

Divers types d'assurance Il existe une grande variété de régimes d'assurance, dont l'assurance-vie, par laquelle l'assureur s'engage à fournir un certain montant aux bénéficiaires de l'assuré en cas de décès de celui-ci ou à prendre en charge les engagements, en cas de décès du soutien de famille (assurance-crédit). Alors que l'assurance-vie temporaire assure une protection en cas de décès (prématuré) à l'intérieur d'une période déterminée, l'assurance-vie entière prévoit le paiement du capital assuré à la mort de l'assuré, quel qu'en soit le moment. Dans la combinaison dite «assurance mixte», le capital assuré est payable à la mort de l'assuré ou à l'échéance de la police. Elle constitue donc, en plus, un moyen de réaliser des économies. L'assurance-invalidité, qui assure une protection en cas de perte de revenu afférente à une invalidité, est similaire à l'assurance-vie.

L'assurance-maladie représente une autre catégorie importante d'assurance. La maladie ou les accidents peuvent entraîner non seulement des pertes de revenus considérables, mais aussi des frais médicaux élevés. C'est pourquoi les compagnies d'assurance-vie, ainsi que d'autres types de compagnies d'assurances, offrent des programmes d'assurance-maladie. À l'heure actuelle, l'assurance-maladie offerte par des organismes gouvernementaux est obligatoire pour tout citoyen canadien (*voir* SANTÉ, POLITIQUE SUR LA).

La protection contre les réclamations associées à la responsabilité civile, résultant de méfaits commis par des individus ou des organisations, est aussi une catégorie importante d'assurance. Selon la loi, les dommages et les contrats (*voir* CONTRATS, DROIT DES) sont la source des risques de responsabilité civile. Alors que, dans le domaine des contrats, les sinistres résultent de la violation des clauses d'un contrat, dans le domaine des délits, les réclamations en RESPONSABILITÉ CIVILE DÉLICTUELLE procèdent de dommages provoqués intentionnellement (intrusion, diffamation) ou par négligence.

Le coupable est responsable des conséquences financières de son méfait, si celui-ci provoque des pertes pour autrui. Pour faire face à ces obligations envers autrui (tierce personne), l'assurance-responsabilité est devenue essentielle dans notre société litigieuse. Sous un régime d'assurance-responsabilité, l'indemnisation du dommage ou des pertes ne se fait que si l'assuré est juridiquement responsable. L'assurance-responsabilité offre aux individus une protection pour couvrir les pertes résultant de lésions corporelles ou de dommages à la propriété, ou les deux. On offre aussi ce type d'assurance aux entreprises (sous forme de responsabilité de produits) et, depuis peu, aux professionnels (p. ex. en guise de protection des médecins contre les réclamations pour FAUTE PROFESSIONNELLE).

L'assurance-automobile est probablement la forme la plus répandue d'assurance. Les polices d'assurance-automobile offrant une protection contre les réclamations de responsabilité sont en général obligatoires et constituent une condition préalable à l'immatriculation d'un véhicule. Il existe deux types de régimes d'assurance-automobile: avec ou sans égard à la responsabilité. Dans les régimes sans égard à la responsabilité, la compagnie d'assurances peut verser les indemnités pour dommages corporels ou matériels sans qu'une cour ne procède à la détermination de la responsabilité, dans le cadre d'un accident d'automobile. L'établissement d'un tel système doit être approuvé par le gouvernement provincial.

La Saskatchewan est le premier endroit au monde où l'on institue, en 1946, un régime d'assurance-automobile sans égard à la responsabilité. Le Québec adopte un système similaire en 1978. Les polices prévoyant une protection en cas de dommages au véhicule à la suite de collisions, ou en cas d'autres risques comme le vol, l'ouragan et le feu, sont facultatives.

L'assurance-incendie garantit une indemnité en cas de dommages ou de destruction d'une propriété par incendie. Au cours des années, des formes types d'assurance-incendie sont mises au point. L'assurance-incendie fait en général partie du contrat d'assurance des propriétaires-occupants, lequel comprend en plus une protection contre les effractions, les vols, les dégâts d'eau et la responsabilité civile personnelle. En fait, la police des propriétaires-occupants constitue ce que l'on nomme un contrat «multirisques», qui garantit efficacité et tarifs avantageux à l'assuré.

Il existe de nombreuses autres formes d'assurance sur les biens, parmi lesquelles on compte l'assurance maritime, l'assurance-aviation, les assurances contre la grêle, les ouragans, les tremblements de terre, les fraudes informatiques et même contre les vacances gâchées par la pluie. On peut aussi s'assurer contre les enlèvements et les détournements d'avion.

Perspectives d'avenir Les assureurs essaient de réduire les primes grâce à la commercialisation de masse. Les assurances collectives s'inscrivent dans ce nouveau courant. L'un des principaux problèmes de l'industrie est l'augmentation de fraudes, d'incendies criminels et de la criminalité, ce qui a des répercussions sur l'assurance. L'internationalisation des économies, qui provoque une augmentation de la demande pour l'assurance des crédits à l'exportation, représente aussi un phénomène important.

Non seulement le volume mondial d'assurances augmente, ce qui met les assureurs locaux et étrangers en concurrence sur un même marché, mais le besoin de réassurance (prise en charge par une deuxième compagnie d'assurances d'une partie du risque déjà couvert pour réduire le risque encore davantage) s'accroît lui aussi. Les ramifications internationales de l'assurance influent considérablement sur la BALANCE DES PAIEMENTS du pays (c.-à-d. la comptabilité des importations et des exportations).

La question des DROITS DE L'HOMME risque aussi d'influencer l'orientation future de l'industrie de l'assurance. Le principe de l'assurance (l'accord entre compagnies d'assurances de partager les risques présentés par une catégorie donnée d'individus) s'oppose de plus d'une façon au principe des droits de la personne qui veut que nul ne soit jugé ou classé d'après son appartenance à un groupe. Plusieurs groupes de la population canadienne, et notamment les femmes et les handicapés, se disent préoccupés par ce qu'ils croient être des primes d'assurance discriminatoires.

Du point de vue de la réglementation, il est nécessaire de veiller à la viabilité et à la solvabilité de l'industrie de l'assurance, et de faire en sorte que la catégorie des «risques tarés», comme on l'appelle, puisse bénéficier de l'assurance. Une supervision constante, l'institution d'un système de protection de l'assuré en cas de FAILLITE de la compagnie et la création de consortiums peuvent contribuer à la réalisation de ces objectifs. Face à l'accroissement des risques de pertes catastrophiques (p.ex. les pétroliers géants), et au réaménagement des rapports entre groupes et individus au sein du système socioéconomique, l'industrie des assurances aura de lourds défis à relever dans l'avenir.

C. Haehling von Lanzenauer

Assurance-chômage (*Voir* TRAVAIL, POLITIQUE DU)

Assurance-récolte Un programme d'assurance-récolte tous risques est offert aux producteurs canadiens en vertu de la *Loi sur l'assurance-récolte* du fédéral (1959) et par une législation parallèle et complémentaire édictée par chaque province. Ce programme fédéral à frais partagés est conçu pour stabiliser le revenu des agriculteurs en minimisant, pour l'agriculteur, les effets préjudiciables des pertes de récolte causées par des risques naturels inévitables. Plus de 100 000 agriculteurs y participent volontairement. La majorité des récoltes commerciales du Canada sont maintenant assurables en vertu de ce programme. Lorsque les récoltes baissent sous un niveau établi actuariellement, l'agriculteur assuré reçoit une indemnité pour combler la différence.

J.C. Gilson

Aster Nom commun (lat. pour «étoile») s'appliquant principalement à deux genres herbacés (*Aster* et *Callistephus*) de PLANTES à fleurs de la famille des Composées ou des astéracées. Plus de 250 espèces de la vraie aster sont connues dans le monde. Des 52 espèces indigènes du Canada, environ 40 sont maintenant cultivées. L'*A. alpinus* et l'*A. campestris* des montagnes Rocheuses sont les plus populaires pour les jardins alpins. La plupart des espèces canadiennes sont vivaces, fleurissent tard en saison et sont en général bleues, pourpres, roses ou blanches. Les plantes ont des feuilles alternes et simples, et des fleurs éclatantes en larges bouquets ou en capitules, qui comprennent un disque central entouré de fleurs ligulées de couleurs vives. Les asters sauvages se trouvent dans divers habitats: les prairies, les forêts et les zones désertiques. Certaines espèces sont ligneuses à la base.

La reine-marguerite (*Callistephus chinensis*), introduite de la Chine en 1731, est maintenant une des fleurs coupées les plus populaires, grâce à ses formes variées et à ses nuances de bleu, caractéristiques rares dans la famille voisine des chrysanthèmes. Les infusions des racines d'aster étaient employées par certains autochtones canadiens comme remèdes pour les coupures, les malaises cardiaques et les troubles oculaires. (*Voir aussi* PLANTES ORNEMENTALES; PLANTES, UTILISATION PAR LES AUTOCHTONES DES.)

Roger Vick

Astman, Barbara, photographe, artiste multimédia (Rochester, N.Y., 12 juill. 1950). Barbara Astman est diplômée du Rochester Institute of Technology (1970) et du Collège des beaux-arts de l'Ontario (1973). Dans ses photographies et ses installations sculpturales, elle associe diverses formes d'art traditionnel, dessin, peinture, photographie, sculpture, tout en créant des œuvres très contemporaines par leur sensibilité. Sa fascination pour les nouvelles technologies lui permet de produire des images remarquables tant par la couleur, la texture que les dimensions.

Sa série «Red» (1980) représente une avancée dans son évolution artistique à plusieurs niveaux: forme, contenu et symbolisme. Dans cette série, l'artiste apparaît de face, au milieu d'un ensemble d'objets dans une composition soigneusement équilibrée. Chaque objet, peint de couleur rouge par vaporisation, suggère diverses significations à la fois gaies et vaguement menaçantes. Dans la série «Places» (1982), elle explore la dimension traditionnelle des compositions sculpturales: une construction avec médias mixtes incluant du linoléum, du bois et des matériaux plastiques. Les hiéroglyphes répartis dans l'espace de cette série sont des abstractions inspirées de ses souvenirs personnels.

Les «Settings for Situations» (1984) révèlent son grand intérêt pour le constructivisme et la réalisation de décors de théâtre, à savoir des constructions en bois aux formes élégantes placées sur le sol et fixées au mur. Elle explore également toutes les nuances d'expression dramatique que peut suggérer le rideau de théâtre comme l'atteste sa série évocatrice «Curtain» (1988) composée de murales en Ektacolor aux puissants contrastes de rouge et de noir, ainsi que le panneau d'affichage éclairé par l'arrière, commandé pour le projet d'intégration de l'art dans les panneaux d'affichage des Jeux olympiques d'hiver de Calgary, en 1988.

L'œuvre de commande réalisée durant les années 90 marque un tournant audacieux dans son travail qui se caractérise par de saisissants contrastes de thèmes architecturaux, d'architecture paysagère et de photographies. Parmi ces thèmes, figurent le sol en linoléum pour l'Anneau olympique de patinage de vitesse à Calgary (1988), les dalles en béton coulé de la Tour du Conservatoire à Toronto, la carte cognitive en verre gravé à l'eau-forte pour le centre de loisirs St-Laurent, près d'Ottawa, et les panneaux de verre intérieurs de la Simoe Place à Toronto.

Ses dernières œuvres, *Untitled* (série «Fruit»),1990; *Untitled* (Série «Rock»),1991-1993; et *Untitled* (série «Seeing and Being Seen»), 1994; représentent une combinaison saisissante de thèmes ouvertement classiques qui servent de support à des préoccupations psychologiques en rapport avec la sensualité, l'âge, la maturité et les questions spirituelles.

La série «Tuscan Landscape» (1995-1996.), représentations obtenues par frottement de graphite sur des feuilles de vélin/photogramme, défie la notion traditionnelle du paysage. Les scènes tirées de *Movie for One* (1996-1997) constituent des représentations abstraites du haut du torse et de la tête: elles dépeignent l'ambiguïté psychologique inhérente à la douleur et aux forces de vie conflictuelles.

Karyn Elizabeth Allen

Astronaute Un astronaute est une personne qui participe à un vol au-delà de l'atmosphère terrestre. Yuri Gagarin, de l'ancienne Union soviétique, est à bord du premier vaisseau spatial habité en orbite autour de la Terre. Ce vaisseau est lancé le 12 avril 1961. Le 20 février 1962, John Glenn devient le premier Américain à être en orbite autour de la Terre. Bien que le premier SATELLITE construit par des Canadiens soit lancé en 1962, la participation du Canada à un vol habité ne commence que deux décennies plus tard. En 1983, à la suite d'une offre de la NASA de faire voler des astronautes canadiens comme des «spécialistes de charge utile» à bord de la navette spatiale, un comité de sélection du CONSEIL NATIONAL DE RECHERCHES DU CANADA interviewe des candidats en octobre et en novembre 1983. Il en sélectionne 6, à savoir Ken Money (physiologiste, 1935), ancien athlète olympique et pilote d'avion à réaction; Roberta BONDAR (neurologue, 1945), professeure et ancienne pilote; Marc GARNEAU (expert en électronique, 1949), commandant dans les FORCES ARMÉES canadiennes; Stephen MACLEAN (physicien, 1954), expert en lasers; Robert Thirsk (médecin, 1953); et Bjarni Tryggvason (chercheur en aérodynamique et en météorologie, 1945).

Les Canadiens dans l'espace En 1984, Marc Garneau devient le premier Canadien à voler dans l'espace, à bord de la navette spatiale Challenger. Il réalise des expériences sur le mal de l'espace et effectue des mesures sur l'atmosphère terrestre. Il conduit aussi des tests préliminaires sur le Système de vision spatiale, un système de visualisation informatisé conçu pour faciliter la commande et le fonctionnement dans l'espace des télémanipulateurs, dont le bras robotisé (BRAS SPATIAL CANADIEN) de la navette, fabriqué par le Canada, et un plus grand système de télémanipulation que le Canada est en train de construire pour la station spatiale internationale.

L'explosion en vol en 1986 de la navette spatiale Challenger provoque l'arrêt des vols des navettes durant plusieurs années. En janvier 1992, Bondar s'envole à bord de la navette spatiale Discovery. Au nom des scientifiques du monde entier, elle effectue des expériences en physiologie spatiale et en traitement des matériaux dans l'espace à l'intérieur du module abritant le Laboratoire international de microgravité, de construction européenne, placé dans la soute de la navette. En octobre 1992, Maclean s'envole également à bord de Discovery. Il effectue aussi des expériences en physiologie spatiale, en science de l'atmosphère et en traitement des matériaux dans l'espace, mais son objectif principal est d'essayer le premier prototype de Système de visualisation spatiale en vol. Les essais sont tellement fructueux que la NASA projette d'équiper toute sa flotte de navettes spatiales de ce système.

En juin 1992, après un processus de sélection de cinq mois, l'Agence spatiale canadienne choisit un deuxième groupe de 4 astronautes canadiens, à savoir Chris Hadfield (pilote d'essai militaire, 1959), pilote d'élite des Forces canadiennes au service de la Marine américaine; Dafydd (Dave) Williams (médecin, 1954), chef du service des urgences d'un hôpital de Toronto; Julie Payette (ingénieure en informatique, 1963), chercheuse en reconnaissance informatique de la parole chez Bell-Northern Research; et Robert Stewart (géophysicien, 1954), professeur et chercheur en géophysique à l'U. de Calgary. Deux semaines plus tard, Stewart démissionne en raison de l'incertitude qui plane sur les futurs vols de navette, puis est remplacé par Michael McKay (ingénieur, 1963), capitaine des Forces armées canadiennes, spécialiste en génie informatique et en ROBOTICS. En 1995, McKay démissionne comme astronaute en service pour des raisons de santé, mais il continue à travailler pour le programme des astronautes qui soutient les missions de la navette comprenant des Canadiens.

Les spécialistes de mission Au milieu de 1992, Hadfield et Garneau deviennent les premiers Canadiens à s'entraîner comme «spécialistes de mission» de la NASA. Contrairement aux spécialistes de charge utile, dont le rôle principal est d'effectuer des expériences scientifiques, les spécialistes de mission sont responsables du fonctionnement des systèmes de la navette, dont le Canadarm, et de l'exécution des marches dans l'espace. Seuls les astronautes américains sont admissibles à l'entraînement des spécialistes de mission jusqu'en 1992, date à laquelle la NASA ouvre son programme aux astronautes des pays qui participent à la construction de la station spatiale internationale: le Canada, le Japon et les membres de l'Agence spatiale européenne.

En 1993, après presque un an d'entraînement de base, Hadfield et Garneau deviennent admissibles à une affectation sur un vol. Hadfield vole à bord de la navette Atlantis en novembre 1995, devenant le premier Canadien à voler comme spécialiste de mission et le premier à manœuvrer le Canadarm dans l'espace. Il l'utilise pour positionner un module d'arrimage, construit par les Russes, qui relie la navette Atlantis à la station spatiale russe Mir et permet à chaque équipage de rendre visite à l'autre dans son vaisseau spatial respectif. Hadfield devient le premier Canadien à visiter la station spatiale russe.

Marc Garneau retourne dans l'espace en mai 1996 à bord de la navette Endeavor, devenant ainsi le premier Canadien à accomplir deux missions en navette. Il exécute une série d'expériences scientifiques commanditées par des Canadiens, dont deux soumises par des étudiants, et il manœuvre le Canadarm pour récupérer un satellite en orbite.

En juin 1996, Bob Thirsk vole comme spécialiste de charge utile à bord de la navette Columbia. Dave Williams, le troisième Canadien choisi pour suivre un entraînement de spécialiste de mission en janvier 1995, termine l'entraînement de base et attend une assignation de vol.

Lydia Dotto

Astronomie Science qui se consacre à l'étude du SOLEIL, du système solaire, des étoiles éloignées, des galaxies lointaines et de tous les autres corps célestes pouvant être détectés dans l'univers. L'astrophysique, un domaine étroitement lié de la spectroscopie et de la COSMOLOGIE, fait partie de ses principales branches. L'astronomie est souvent considérée comme la plus ancienne des SCIENCES puisque, il y a plus de 5000 ans, les mouvements des astres servaient à prédire des événements tels que le débordement annuel du Nil. À l'époque des explorations modernes, l'astronomie était appliquée à la navigation, à l'ARPENTAGE et à la mesure du temps.

L'astronomie moderne, cependant, s'intéresse davantage à la nature physique et chimique de la matière située au-delà de l'atmosphère terrestre, où les conditions de température et de pression, ainsi que les champs gravitationnels et les champs magnétiques, permettent aux astronomes d'observer la matière dans des conditions extrêmes impossibles à reproduire dans les laboratoires terrestres. L'astronomie est aussi étroitement liée à la PHYSIQUE, à la CHIMIE, aux MATHÉMATIQUES, à la GÉOLOGIE, à l'INGÉNIERIE et à l'INFORMATIQUE.

L'astronomie au Canada

Les premières observations astronomiques documentées effectuées sur le territoire du Canada actuel remontent aussi loin que le début du XVIIᵉ siècle. Il s'agit d'observations sporadiques consignées par des explorateurs de l'Arctique en 1612, puis de témoignages occasionnels de missionnaires français qui, à partir de 1618, font état de COMÈTES et d'éclipses. Des missionnaires jésuites rapportent ainsi une éclipse le 27 octobre 1632. Il peut y avoir désaccord sur ce qui constitue le plus ancien OBSERVATOIRE au Canada, selon la définition que l'on adopte. L'un des premiers observatoires en Amérique du Nord a été construit à LOUISBOURG par le marquis de Chabert en 1750-1751. Chabert y élabore des cartes, effectue des observations et rédige un rapport intitulé *Voyage fait par ordre du Roi en 1750 et 1751 dans l'Amérique septentrionale*. Malheureusement, rien ne subsiste de cet observatoire.

Il existe des preuves que Joseph Frederick Wallet DESBARRES a construit un petit observatoire en 1765 à Castle Frederick, en Nouvelle-Écosse, afin d'y vérifier le bon fonctionnement de ses instruments de topographie. L'édifice abritait aussi vraisemblablement des télescopes astronomiques. Il ne reste rien non plus de cet édifice. On commence à faire des observations au Toronto Magnetic Observatory en 1840, mais les instruments astronomiques qui lui sont destinés ne sont jamais livrés. En 1850, on érige un observatoire à la Citadelle de Québec afin de satisfaire aux besoins de la navigation maritime, mais ni la structure originale, ni celle qui lui a succédé sur les plaines d'Abraham, en 1874, n'ont survécu jusqu'à nos jours.

On construit un autre observatoire sur le campus de l'U. du Nouveau-Brunswick en 1851, et une plaque commémorative, dévoilée en 1955, présente cet édifice comme étant le «premier observatoire astronomique au Canada». Un observatoire public voit le jour à Kingston en 1856, puis un autre à Montréal en 1862. Ce dernier sert à déterminer l'HEURE. Pendant les trois décennies qui suivent, on installe des télescopes rudimentaires dans d'autres villes et municipalités. En 1885, pressé par l'urgence d'arpenter les terres adjacentes au chemin de fer transcontinental, le gouvernement fédéral s'engage dans la même voie, car dans les régions montagneuses, les techniques astronomiques deviennent une nécessité.

La détermination de la longitude (relative au méridien d'une ville située en Europe de l'Ouest) d'un navire en mer, d'une île nouvellement découverte ou d'une colonie dans les Amériques constitue un problème de taille au cours des voyages d'exploration. L'invention et le perfectionnement du chronomètre de marine par John Harrison en 1761 résoudra le problème sur le plan pratique. Auparavant, cependant, diverses méthodes astronomiques sont utilisées pour tenter de déterminer la longitude. En Nouvelle-France, p. ex., les jésuites et d'autres observateurs notent plus d'une douzaine d'éclipses entre 1632 et 1694. Cinq éclipses lunaires sont observées à Québec ou à SAINTE-MARIE-DES-HURONS (Midland, en Ontario), ainsi qu'en Europe, et l'on en tire d'utiles longitudes. Même si l'on réussit assez bien à observer des éclipses solaires, les théories de l'époque ne permettent pas de déterminer des longitudes exactes par ce moyen.

Au début du XIXᵉ siècle, l'intérêt pour les éclipses s'est d'ores et déjà concentré davantage sur l'étude du Soleil que sur la détermination des longitudes. C'est pourquoi l'intérêt pour les éclipses solaires totales devient prépondérant. Les expéditions liées aux éclipses nécessitent une planification minutieuse et signifient souvent des voyages difficiles vers des contrées lointaines, comme c'est le cas de l'expédition américaine menée dans le nord du Manitoba pour observer l'éclipse totale du 17 juillet 1860. L'équipe, dont fait partie Simon Newcomb, un astronome américain né en Nouvelle-Écosse, vit la même expérience que de nombreuses expéditions ultérieures: des nuages surviennent au jour tant attendu. Au cours du XXᵉ siècle, 8 éclipses solaires totales se sont produites au Canada. Elles ont été observées par des équipes au sol et, depuis 1945, à partir d'aéronefs et même de fusées. La plus importante expédition canadienne demeure cependant celle menée en 1922 en Australie, sous la direction de C.A. CHANT; pendant l'éclipse, on y observe le déplacement des étoiles visibles près du Soleil éclipsé. Les données recueillies par cette expédition contribueront à fournir un appui à la théorie de la relativité, basée sur des observations.

Peu de récits dans l'histoire de l'astronomie peuvent rivaliser avec les premières observations des passages de Vénus. Dans les rares occasions où Vénus passe directement entre la Terre et le Soleil, on peut la voir, pendant plusieurs heures, traverser le disque solaire. Au XVIIᵉ siècle, on se rend compte que le minutage précis de ces passages, qui viennent par paires à huit ans d'intervalle tous les 122 ans, peut servir à établir l'ordre de grandeur du système solaire. On met en œuvre des efforts immenses pour observer le passage de 1769. Entre autres, une équipe dirigée par l'astronome William Wales et un autre observateur anglais, Joseph Dymond, s'engage dans une expédition difficile dans la région de CHURCHILL, au Manitoba. Après un hiver redoutable, elle observe avec succès le passage de Vénus.

Une tentative d'observation à l'Île-aux-Coudres, à 100 km en aval de Québec, échoue partiellement à cause des nuages. En 1882, on décide d'observer le passage à partir de régions moins reculées du Canada, en particulier des observatoires plus imposants de Woodstock, en Ontario (où le ciel se couvre au moment crucial), et de Kingston, aussi en Ontario (où l'on réalise des observations fructueuses). Ces campagnes internationales obtiennent un certain succès, mais les difficultés d'observation réduisent la précision des résultats finaux.

L'astronomie canadienne connaît une évolution parallèle dans les universités et les organismes du gouvernement fédéral. L'intérêt des provinces se matérialise indirectement par leur appui au développement des universités. Le gouvernement fédéral fournit une première contribution financière à la recherche en astrophysique par la création, en 1905, de l'Observatoire fédéral à Ottawa, lequel est pourvu d'une lunette astronomique et d'un télescope solaire, ainsi que d'instruments pour l'observation des passages et servant à l'astronomie de position. En 1918, l'Observatoire fédéral d'astrophysique, situé près de Victoria (C.-B.), s'ajoute aux installations de recherches fédérales. Son télescope, dont le miroir mesure 1,88 m (72 po), est le plus gros du monde à l'époque. L'addition d'un deuxième télescope et la modernisation constante du matériel de détection sont venues améliorer les installations de Victoria.

D'importants observatoires de radioastronomie ont été construits près de Penticton, en Colombie-Britannique, et dans le PARC PROVINCIAL ALGONQUIN, en Ontario. Plus récemment, le télescope de la Société de télescope Canada-France-Hawaï, situé au sommet du mont Mauna Kea, à Hawaï, et mis en service en 1979, est devenu l'instrument le plus important pour les astronomes canadiens dans le domaine optique. En 1970, tous les programmes de recherche gouvernementaux en astronomie ont été placés sous l'égide du CONSEIL NATIONAL DE RECHERCHES DU CANADA

(CNRC). L'Institut Herzberg d'astrophysique du CNRC est créé en 1975, et offre des programmes d'astrophysique et de sciences spatiales en laboratoire.

Le premier département canadien d'astronomie est mis en place à l'U. de Toronto en 1904. En 1933, grâce aux efforts de C.A. Chant, l'Université fait l'acquisition de l'observatoire David Dunlap. En 1971, elle inaugure le premier télescope canadien en opération dans l'hémisphère Sud, à Las Campanas, au Chili. Au début de 1987, l'astronome canadien Ian Shelton observe, grâce à ce télescope, l'explosion d'une supernova dans le Grand nuage de Magellan. Il s'agit d'un événement astronomique ayant des répercussions profondes dans le domaine de la recherche en astronomie. Les universités Queen, York, de Western Ontario, de Calgary, de l'Alberta et de Victoria possèdent aussi leurs propres installations d'observation. Pour leur part, l'U. de Montréal et l'U. Laval partagent des installations au mont Mégantic, au Québec.

Les universités suivantes ne dispensent que des cours de premier cycle: Laurentienne, Laval, de Lethbridge, du Manitoba, McGill, de la Saskatchewan et Simon Fraser. Les universités de l'Alberta, de la Colombie-Britannique, de Guelph, Lakehead, de Montréal, Queen, St. Mary, de Toronto, de Victoria, de Waterloo, de Western Ontario et York offrent une formation aux étudiants du premier cycle et des cycles supérieurs.

Le premier grand planétarium établi au Canada est le Queen Elizabeth Planetarium, qui ouvre ses portes en 1962 à Edmonton, en Alberta. Plusieurs villes canadiennes ont maintenant des planétariums qui, pour un coût modique, permettent de familiariser le public de façon visuelle avec l'astronomie.

Malgré sa petite taille, la communauté astronomique canadienne réunit plusieurs savants réputés pour leur contribution à l'astronomie internationale. Parmi les plus éminents se trouvent C.S. BEALS, Sidney VAN DEN BERGH, C.A. Chant, Arthur COVINGTON, J. Donald Fernie, W.E. HARPER, Frank HOGG, Helen HOGG-PRIESTLEY, W.F. KING, J.L. LOCKE, Donald C. Morton, Andrew MCKELLAR, Peter MILLMAN, Joseph PEARCE, R.M. PETRIE, J.S. PLASKETT, R.M. STEWART et R.K. YOUNG.

Associations et publications Des sociétés d'astronomie actives, regroupant des astronomes professionnels et des amateurs enthousiastes, se multiplient de nos jours tant à l'échelle locale que nationale et internationale. La première société canadienne d'astronomie est le Toronto Astronomical Club, créé en 1868 à l'initiative d'Andrew Elvins. Ce club est un prolongement du Canadian Institute et, après deux décennies d'un dynamisme inégal, il devient en 1890 l'Astronomical and Physical Society of Toronto. En 1903, il est rebaptisé Société royale d'astronomie du Canada (SRAC), à laquelle s'associent des centres locaux. Elle compte aujourd'hui 20 centres répartis dans les principales villes canadiennes. Ses membres, au nombre d'environ 3000, comprennent à la fois des professionnels et des amateurs.

Chaque centre possède son propre programme de cours, et plusieurs sont dotés d'excellentes installations d'observation. Une assemblée générale annuelle réunit des membres présents partout au Canada et même à l'étranger pour une rencontre de trois jours, tenue dans différents endroits au pays, au cours de laquelle ils échangent des idées et présentent les résultats de leurs activités. Les clubs locaux d'astronomie ne sont pas tous membres de la SRAC. Il existe plusieurs clubs autonomes dans diverses villes et municipalités, et on trouve, au Québec, une association des clubs francophones, l'Association des groupes d'astronomes amateurs (AGAA). Plus de 12 clubs, dont deux centres francophones de la SRAC, appartiennent à l'AGAA, qui compte environ 1000 membres.

La Société canadienne d'astronomie (SCA) a été créée en 1970 à titre de regroupement des astronomes professionnels canadiens et elle réunit maintenant près de 300 membres. Elle tient une assemblée annuelle où l'on présente les résultats des recherches et elle représente les astronomes pour les questions d'ordre national.

Des articles sur l'astronomie paraissent dès les années 1850 dans le *Canadian Journal*, publié par le Canadian Institute. Les premières *Transactions of the Astronomical and Physical Society of Toronto* sont publiées en 1891. En 1907, le *Journal de la Société royale d'astronomie du Canada* vient remplacer cette publication annuelle. Le *Journal*, qui vise à la fois les amateurs et les professionnels, paraît au moins 6 fois par an et jouit d'une diffusion importante à l'étranger. La SRAC publie aussi chaque année le *Manuel de l'observateur*, un condensé de phénomènes célestes à venir et de données astronomiques. La SRAC, plusieurs de ses centres locaux, l'AGAA, la SCA et d'autres clubs publient également régulièrement des bulletins d'information.

Ian Halliday

Astrophysique L'astrophysique est l'étude de la composition et du comportement des corps célestes. Elle ne se distingue pas nettement de l'ASTRONOMIE. On utilise le mot «astrophysique» quand on veut insister sur l'application des lois physiques ou sur la compréhension des corps célestes du point de vue de leur physique. Le domaine de l'astrophysique comprend l'observation et l'analyse des planètes et des étoiles (dont notre soleil), des étoiles binaires, des amas d'étoiles, de la matière interstellaire, des galaxies, des QUASARS ou de tout autre chose qui fait partie de l'univers. En combinant la théorie et l'observation, les astrophysiciens déduisent des caractéristiques physiques telles que la composition chimique, l'âge, la vitesse de rotation, les champs magnétiques, les mouvements dans l'espace, etc. Ces renseignements servent à comprendre comment les corps célestes se forment, comment ils se transforment avec le temps, comment ils finissent et quels forces et processus physiques sont en jeu.

Les astrophysiciens utilisent de nombreuses branches de la PHYSIQUE, notamment la physique nucléaire pour étudier la production d'énergie dans les étoiles, de la physique atomique pour comprendre le spectre des étoiles et des nébuleuses gazeuses, des lois régissant le comportement physique des gaz, et de la théorie magnétique pour sonder les taches stellaires et les éruptions à la surface des étoiles. La physique gravitationnelle est essentielle à l'étude de l'orbite des planètes et des étoiles binaires, de la rotation de notre galaxie et de l'expansion de l'univers. D'autres sciences contribuent aussi de façon importante: p. ex. la CHIMIE permet d'étudier les réactions atomiques et moléculaires dans l'espace interstellaire; la GÉOLOGIE, la géophysique et la MÉTÉOROLOGIE contribuent à l'étude des planètes. Des compétences techniques en optique, en électronique (*voir* ÉLECTRONIQUE, INDUSTRIE DE L') et en informatique (*voir* INFORMATIQUE ET SOCIÉTÉ) sont nécessaires pour collecter les données astrophysiques et les comparer à la théorie. Plusieurs domaines du génie contribuent à la construction de télescopes astronomiques (comme le télescope Canada-France-Hawaii, *voir* OBSERVATOIRE), de détecteurs de lumière et de vaisseaux spatiaux.

Rayonnement L'information concernant les corps célestes arrive sous forme de rayonnement électromagnétique, c.-à-d. sous forme d'ondes lumineuses ou de photons. La forme la plus énergétique est le rayonnement gamma, suivi du rayonnement X, du rayonnement ultraviolet, de la lumière visible (du violet au rouge), de la lumière infrarouge, des ondes millimétriques et des ondes radioélectriques, celles-ci transportant le moins d'énergie. Des télescopes optiques, des télescopes à rayons X, des radiotélescopes et d'autres télescopes sont nécessaires pour

mesurer toute la bande de rayonnement; seuls les rayonnements optique et radioélectrique peuvent être mesurés à partir de la surface de la Terre, l'atmosphère étant opaque aux autres domaines. La photométrie, la polarimétrie et la spectroscopie sont des techniques d'analyse de la lumière.

Photométrie La photométrie mesure l'éclat. L'éclat d'un objet, tel que nous le percevons, dépend de son éloignement, de sa brillance intrinsèque et de la quantité de matière obscurcissante le long de la ligne de visée. Les étoiles les plus chaudes émettent plus de lumière bleue que de lumière rouge, comparativement aux étoiles plus froides. La lumière stellaire captée par un télescope est mesurée par un détecteur de lumière; on détermine la quantité relative de lumière des différentes couleurs en plaçant des filtres colorés devant le détecteur. Le système de couleur DDO (David Dunlap Observatory), conçu par R.D. McClure et S. VAN DEN BERGH, est utilisé partout. La photométrie à rayons X permet d'étudier les régions superficielles d'une étoile: les chromosphères et les couronnes. Les éclipses et les pulsations stellaires s'étudient aussi par photométrie.

Polarimétrie La polarimétrie mesure l'orientation des ondes lumineuses. Les ondes d'une source naturelle de rayonnement possèdent toutes les orientations possibles: la lumière résultante n'est pas polarisée. S'il existe un champ magnétique dans la matière qui émet la lumière, l'orientation devient ordonnée et la lumière est polarisée. La polarisation se produit aussi quand la lumière est réfléchie ou diffusée, comme la lumière stellaire le devient lorsqu'elle traverse la matière interstellaire. On détecte la polarisation des ondes lumineuses en plaçant un polaroïd ou un prisme de Nicol dans le faisceau de lumière. Dans de nombreux cas, les sources astronomiques ne montrent qu'une polarisation partielle (inférieure à 10 p. 100), s'il y en a. On sait que certains types de galaxies, en raison de leurs émissions lumineuses et radioélectriques fortement polarisées, possèdent des champs magnétiques intenses.

Spectroscopie La spectroscopie mesure les caractéristiques détaillées du spectre électromagnétique. La plupart de ces caractéristiques sont des bandes de couleurs très étroites appelées raies spectrales. Elles ont normalement moins de lumière que les domaines spectraux adjacents et elles reflètent les caractéristiques énergétiques des niveaux d'excitation des atomes présents dans le corps céleste observé. Dans le spectre d'une étoile type, p. ex., quelques-unes des raies spectrales les plus souvent vues sont produites par des éléments tels que l'hydrogène, le sodium, le magnésium, le calcium, le titanium, le fer et le nickel. L'analyse spectroscopique de l'intensité et de la forme des raies spectrales renseigne sur la composition chimique, la température, la pression, les champs magnétiques, les mouvements de convection, les vitesses de rotation et les vitesses d'approche ou de fuite du corps étudié. Les chercheurs canadiens sont des pionniers dans l'étude des étoiles, des galaxies et des quasars à l'aide de la spectroscopie.

David F. Gray

Athabasca, col D'une altitude de 1748 m, ce col est un endroit éloigné, aujourd'hui rarement fréquenté par les randonneurs et les alpinistes. Il est situé à la limite sud-ouest du PARC NATIONAL JASPER, sur la frontière de la Colombie-Britannique et de l'Alberta. Du côté est, des pentes douces y mènent depuis la rivière Whirlpool, tributaire de la rivière Athabasca. Le versant ouest descend abruptement le long du ruisseau Pacifique jusqu'à la rivière Wood, affluent du fleuve Columbia.

David THOMPSON est le premier à le traverser avec son équipe en 1811. Par la suite, et pendant plusieurs années, le col est emprunté comme route principale du commerce des fourrures traversant les ROCHEUSES, même si l'accumulation de neige cause des problèmes aux voyageurs à la fin du printemps. Un petit lac, au sommet, a été nommé Committee Punch Bowl en l'honneur de la haute direction de la Compagnie de la baie d'Hudson.

Glen Boles

Athabasca, lac D'une superficie de 7935 km², il est situé à une altitude de 213 m. Sis dans le nord-est de l'Alberta et le nord-ouest de la Saskatchewan, aux confins du BOUCLIER précambrien, il s'agit du quatrième lac en importance entièrement situé au Canada. Alimenté par les rivières ATHABASCA et PEACE, il s'écoule au nord via la RIVIÈRE DES ESCLAVES dans le GRAND LAC DES ESCLAVES. Le lac était un carrefour de la route des fourrures, car c'était le point le plus à l'ouest où les canots pouvaient se rendre et en revenir avant l'arrivée des glaces. Les brigades de canots y revenaient de l'Arctique par le fleuve Mackenzie et la rivière des Esclaves, et d'autres y arrivaient du Pacifique par la rivière de la Paix ou la rivière Athabasca. Le Fort Chipewyan (établi en 1788) était le lieu de rencontre et est encore un centre de commerce.

Camsell Portage, Uranium City et Eldorado sont situés sur la rive Nord du lac. Le lac est découvert par Samuel HEARNE en 1771. Son nom, d'origine crie, peut signifier «où il y a des roseaux» ou «lieu de rencontre de plusieurs eaux». Le lac a un bon stock de poissons blancs, dont se nourrissaient à l'époque les commerçants de fourrures.

James Marsh

Athabasca Landing, aujourd'hui devenu la ville d'Athabasca en Alberta, est, de 1876 à 1913, un important centre de commerce reliant les Prairies au lointain Nord-Ouest. Connu localement comme «la porte d'entrée du Nord», Athabasca Landing sert aussi de base à l'Église anglicane pour ses activités missionnaires dans le Nord-Ouest. De 1895 à 1916, il est siège épiscopal de l'immense diocèse d'Athabasca.

Le développement commercial commence en 1876, quand la Compagnie de la baie d'Hudson (CBH), cherchant une meilleure route des fourrures pour la région de la RIVIÈRE DE LA PAIX, achève la construction de la PISTE D'ATHABASCA LANDING à partir d'Edmonton. Le petit poste de traite, fondé en 1877 à Athabasca Landing par la CBH, se développe pendant les années 1880, lorsque la CBH en fait le centre d'un nouveau réseau de transport par BATEAUX À VAPEUR sur les rivières Saskatchewan Nord, Athabasca et des Esclaves, ainsi que sur le fleuve Mackenzie et, également, le port d'attache du bateau SS *Athabasca* (mis en service en 1888).

En 1897-1898, le village de toile d'Athabasca Landing constitue le point de départ tout indiqué pour les aventuriers cherchant à rejoindre, par voie d'eau en territoire canadien, les champs aurifères du Yukon. Ainsi, la RUÉE VERS L'OR DU KLONDIKE et la visite prolongée de l'Indian Treaty and Scrip Commission, en 1899, favorisent le développement d'un village autour du poste de la CBH. Entre 1900 et 1910, le monopole de la CBH sur le commerce local des fourrures et du transport est de plus en plus soumis à la concurrence d'entreprises rivales. Le nombre de bateaux à vapeur construits, accostés et entretenus à Athabasca Landing augmente considérablement.

L'accroissement du trafic fluvial, l'arrivée de milliers de colons, la spéculation foncière en pleine effervescence et l'anticipation fiévreuse de l'arrivée du chemin de fer suscitent une croissance économique et démographique rapide de 1909 à 1913. En 1911, Athabasca Landing devient une ville constituée, et en août 1913, quand son nom devient Athabasca, la population de la nouvelle municipalité atteint presque les 2000 habitants. Avant 1919, cependant, les chemins de fer ont contourné Athabasca et anéanti sa raison d'être comme port intérieur.

David Gregory

Athabasca Landing, piste d' Est construite en 1875 par la Compagnie de la baie d'Hudson, entre Edmonton et ATHABASCA LANDING, afin d'améliorer et d'étendre le transport dans le Nord. Ce portage de 161 km, qui relie la rivière Saskatchewan Nord au réseau fluvial du Mackenzie, joue un rôle essentiel dans le développement du nord de l'Alberta, du Territoire du Yukon et des Territoires du Nord-Ouest. Arpentée en 1879, cette piste est la route nordique la plus fréquentée du Canada pendant 40 ans. Au cours de ces années, l'économie de la région, fondée sur le monopole de la traite des fourrures, se modernise et se diversifie, l'Ouest canadien est colonisé, et les moyens de transport sont modernisés.

La mise en place de lignes de chemin de fer (qui atteignent Athabasca en 1912, Grande Prairie en 1916 et Fort McMurray en 1917) diminue l'importance de la piste. Elle est cependant utilisée lors de la construction de la ROUTE DE L'ALASKA pendant la Seconde Guerre mondiale. Aujourd'hui, les autoroutes contournent cette piste historique. Le tronçon restant part de Gibbons, en Alberta.

J.B. Czypionka

Athabasca, rivière D'une longueur de 1231 km, elle prend sa source dans le CHAMP DE GLACE COLUMBIA et coule vers le nord à travers le parc national Jasper, puis vers le nord-est au-delà de FORT MCMURRAY, en Alberta, jusqu'au LAC ATHABASCA. C'est l'affluent supérieur le plus méridional du FLEUVE MACKENZIE, et ses principaux tributaires sont les rivières Pembina, McLeod et la Petite rivière des Esclaves. Dans le nord-est de l'Alberta, elle traverse de vastes gisements de sable pétrolifère contenant du BITUME. Près de la rivière, le sable pétrolifère se trouve sous la surface, et l'on en voit des affleurements sur son escarpement. Peter POND a hiverné sur les rives de la rivière en 1778, et la première route de transport de marchandises vers les Rocheuses empruntait l'Athabasca jusqu'à Jasper et se poursuivait à dos de cheval en franchissant le COL ATHABASCA. Plus tard, les marchandises étaient transportées par des chevaux depuis Edmonton vers le nord, jusqu'à Athabasca Landing, puis par barge sur la rivière. La route a cessé d'être utilisée après la construction du chemin de fer d'Edmonton à Waterways (1917).

James Marsh

Athans, George (fils) skieur nautique (Kelowna, C.-B., 6 juil. 1952). Il commence la compétition en ski nautique dès l'âge de 12 ans. Trois ans plus tard, il remporte son premier titre canadien en slalom. Avant de mettre un terme à sa carrière en 1975 en raison d'une blessure au genou, Athans est proclamé 10 fois champion canadien de 1965 à 1974, et il établit 5 records canadiens. En 1971, il remporte le titre de champion du monde à Banolas, en Espagne, puis encore en 1973, à Bogota, en Colombie. La même année, il est le premier skieur non américain à remporter le titre US Masters très convoité. Il est nommé l'athlète amateur de l'année au Canada, en Colombie-Britannique et au Québec, et en 1974, il est reçu Officier de l'Ordre du Canada.

Après avoir mis fin à sa carrière, Athans se fait le dynamique promoteur du ski nautique, un sport peu connu. Comme commentateur sportif pour le réseau anglais de Radio-Canada, il comprend que la télévision est un bon moyen de faire connaître le ski nautique et d'autres sports méconnus. Il commence alors à produire des émissions modestes, et celles-ci attirent suffisamment d'adeptes pour lui permettre de développer son entreprise. Il fonde ensuite Athans Communications et produit des émissions hebdomadaires sur divers sports aquatiques. Ces émissions connaissent beaucoup de succès et, avec l'avènement du réseau national des sports (TSN), elles ont permis de faire mieux valoir le ski nautique et les autres sports aquatiques.

Reg Barnes

Athéisme et agnosticisme L'athée ne croit pas à l'existence de Dieu; l'agnostique croit que nous sommes incapables de savoir s'il existe ou non. Bien que le terme «agnosticisme» ait été inventé par T.H. Huxley (1825-1895), le point de vue est très ancien, remontant aux sceptiques grecs. Du fait que l'agnostique, comme l'athée, ne peut pas adhérer de façon pratique à une croyance religieuse, les croyants peuvent rarement les distinguer l'un de l'autre. Les deux positions sont répandues aujourd'hui, et ce, pour trois raisons principales.

D'abord, l'énorme progrès des connaissances scientifiques ne doit rien à l'idée de Dieu: il n'y a pas de physique ni de chimie chrétienne. Étant donné que les affirmations qu'on peut faire sur Dieu ne peuvent être vérifiées par la science, les athées les rejettent et les agnostiques disent qu'on ne peut pas se prononcer à leur sujet. Deuxièmement, le pouvoir de la technologie a diminué chez l'être humain le sentiment de dépendance face aux forces extérieures, enlevant ainsi les obstacles psychologiques au scepticisme. Troisièmement, l'étude scientifique et historique de la religion elle-même a indiqué que le phénomène religieux peut être expliqué sans admettre la réalité de Dieu. Un résultat important de ces influences est la sécularisation de la pensée morale et sociale même chez les gens qui se considèrent religieux.

À l'époque de Huxley, l'athée ou l'agnostique était souvent quelqu'un qui avait une éducation chrétienne et continuait à s'intéresser vivement à la religion, même après l'avoir rejetée. Cela est moins fréquent aujourd'hui: les penseurs religieux doivent maintenant s'adresser à un monde où une indifférence répandue s'ajoute encore au doute et à la négation. Une expression intellectuelle de cette position est le courant philosophique couramment appelé «positivisme», qui soutient non seulement que les affirmations au sujet de Dieu sont hors du domaine de la connaissance, mais qu'elles ne peuvent même pas être formulées clairement.

Au Canada, le déclin de la religion a pu être ralenti par la faible densité de la population et les solidarités ethniques; toutefois, bien que la RELIGION demeure un facteur important, le scepticisme est largement répandu. Au Canada, le penseur agnostique le plus important est Kai Nielsen, qui peut être qualifié de néopositiviste. Des philosophes comme Hugo Meynell et Donald Evans sont les représentants d'un réveil du théisme en Amérique du Nord qui tente de l'emporter sur les influences athées et agnostiques, mais celles-ci sont encore très prédominantes dans les milieux intellectuels. (*Voir aussi* PHILOSOPHIE.)

Terence Penelhum

Athlétisme Sport aux multiples formes, il regroupe plusieurs disciplines distinctes: la marche olympique, la course, la course de haies, les sauts (hauteur, perche, longueur, triple saut), les lancers (javelot, disque, poids, marteau) et les épreuves combinées (décathlon, heptathlon). Les JEUX OLYMPIQUES, la compétition sportive la plus connue, regroupent 41 épreuves d'athlétisme, 24 masculines et 17 féminines. Aux Olympiques, plus de pays rivalisent en athlétisme qu'en tout autre sport.

L'athlète de cette discipline sportive participe aux Olympiques d'abord et avant tout pour améliorer sa performance personnelle, comme le suggère la devise des Jeux: *citius, altius, fortius*. Les athlètes s'entraînent non seulement pour dépasser leurs concurrents, mais aussi pour atteindre leur meilleure performance individuelle ou de groupe, ou pour briser des records auxquels les organismes régissant le sport (la Fédération internationale d'athlétisme amateur, la FIAA, et sa filiale canadienne, Athlétisme Canada) accordent une place spéciale. Organisateurs, athlètes et partisans attribuent ainsi à l'athlétisme moderne un but très différent de son précurseur antique, l'athlétisme de la première ère des Jeux olympiques.

En fait, même si les Grecs possèdent les outils techniques pour mesurer le temps et la distance, ces résultats leur importent peu et ils ne les enregistrent pas. Ce qui les intéresse, c'est la compétition comme telle. Beaucoup pensent que l'établissement de records dans des activités communes à presque toutes les cultures est ce qui rend l'athlétisme si populaire dans tant de pays, un miroir de la quête moderne de progrès scientifique.

Les Canadiens connaissent depuis longtemps l'athlétisme classique. En 1844, un groupe de Montréalais organisent une compétition de deux jours qu'ils appellent «les Olympiques». Cependant, les origines de l'athlétisme au Canada remontent aux compétitions de courses et de lancers des peuples autochtones, à l'athlétisme pratiqué au temps de la colonie par les officiers britanniques et les fonctionnaires, aux Jeux calédoniens des immigrants écossais, et aux épreuves de force qui ont lieu dans les campagnes lors de corvées ou de foires. Avant la Confédération, en 1867, des rencontres hautement compétitives et des courses ont lieu de façon régulière. L'épreuve la plus populaire est probablement la course à pied professionnelle: les participants courent ou marchent selon leur propre rythme, de façon à parcourir la plus longue distance en une période de temps préétablie (six jours souvent).

En 1884, afin de mettre un peu d'ordre dans tous ces divers types de compétitions, la Montreal Amateur Athletic Association crée l'Amateur Athletic Union (AAU), organisme national qui régit l'athlétisme. Bien que brièvement menacée au début par l'Amateur Athletic Federation, plus libérale, et par une ligue de coureurs professionnels du début du XXᵉ siècle, l'AAU et, par la suite, l'Association canadienne d'athlétisme (ACA), fondée en 1969, (Athlétisme Canada depuis avril 1991) supervisent depuis lors les niveaux les plus élevés de compétition d'athlétisme.

L'AAU encourage l'amateurisme au sens le plus strict, c.-à-d. la croyance en la supériorité des valeurs morales inhérentes à une participation pour le plaisir, sans récompense matérielle. Cet idéal est renforcé par une liste d'interdictions régissant l'admissibilité. Ainsi, la participation est limitée aux personnes qui ont le temps et l'argent pour pratiquer le sport par eux-mêmes, et aux établissements scolaires et organisations sociales (universités, YMCA, associations sportives policières) qui souscrivent à l'idéologie du dépassement de soi. L'athlétisme est aussi limité aux hommes.

Jusqu'aux années 20, ces dirigeants, avec l'appui de médecins et de moralistes qui cherchent à préserver la santé et la vertu des femmes dans une société patriarcale, réussissent à tenir la femme à l'écart, sous prétexte que l'activité physique vigoureuse endommagerait ses organes reproductifs et que sa participation serait «déplacée». Dans les années 20, par suite de pressions exercées par les femmes, l'AAU met sur pied un comité de femmes et la FIAA inclut des épreuves féminines aux Jeux olympiques. Cependant, les avantages qui en découlent n'égalent en rien ceux dont bénéficient les hommes.

Les Canadiens participent à toutes les épreuves d'athlétisme avec honnêteté et distinction. Chaque génération, ou presque, a ses bons sprinters. Au début du siècle, Robert KERR, de Hamilton, se distingue par ses départs fulgurants et domine les compétitions canadiennes, américaines et celles de l'Empire britannique. Aux Olympiques de 1908 (Londres), il gagne des médailles d'or et de bronze. C'est aux Olympiques d'Amsterdam (1928) que le sprint canadien entame probablement sa période la plus fructueuse avec les victoires de Percy WILLIAMS, de Vancouver. Malgré sa petite taille, Williams remporte les sprints du 100 mètres et du 200 mètres avec son spectaculaire saut à la ligne d'arrivée. De leur côté, Fanny ROSENFELD, Florence Bell, Ethel Smith et Myrtle Cook joignent leurs efforts et remportent le tout premier relais féminin 4 x 100 mètres de l'histoire. Au cours des dix années suivantes, les sprinters canadiens décrochent 6 autres médailles olympiques et 22 médailles aux Jeux de l'Empire britannique. Ces exploits ne seront

égalés que dans les années 60, lorsque Harry JEROME, de Vancouver, égale le record mondial au 100 mètres, et remporte des médailles d'or aux Jeux du Commonwealth et aux Jeux panaméricains, ainsi qu'une médaille de bronze aux Olympiques.

Les coureurs de demi-fond canadiens se distinguent aussi. En 1900, aux Jeux olympiques de Paris, le Torontois George ORTON devient le premier Canadien à remporter une médaille d'or au 2500 mètres steeple. Il avait déjà plusieurs championnats et records à son actif. Au cours de l'entre-deux-guerres, le Montréalais Phil Edwards et le Torontois Alex Wilson gagnent 7 médailles en 3 présences aux Jeux olympiques. Le Torontois Bill Crothers, un des coureurs les plus gracieux de l'histoire, continue la tradition pendant les années 1960. Il remporte l'argent aux Olympiques de Tokyo (1964) et domine, pendant de nombreuses années, l'épreuve du 1000 verges au circuit nord-américain d'athlétisme en salle.

En général, les coureurs de fond canadiens réalisent de meilleures performances sur route que sur piste. Plusieurs marathoniens remportent la victoire, notamment Bill Sherring, en 1906, aux Jeux olympiques d'Athènes (jeux non reconnus officiellement). C'est également le cas de Harold Webster, en 1934, aux Jeux de l'Empire britannique à Londres, et d'Andy Boychuk aux Jeux panaméricains, à Winnipeg, en 1967. Les marathoniens canadiens remportent 16 fois le fameux marathon de Boston. Il s'agit de Tom LONGBOAT d'Onondaga (1907), John Miles de Sydney (1926 et 1929), Gérard Côté de Saint-Hyacinthe (1940, 1943, 1944 et 1948), Jerome Drayton de Toronto (1977) et Jacqueline Gareau de Montréal (1980). Tous ces athlètes sont maintenant des figures légendaires. Aux JEUX DU COMMONWEALTH de Vancouver (1954), le Torontois Rich Ferguson finit troisième lors de la célèbre course du mille entre le Britannique Roger Bannister et l'Australien John Landy. Bannister remporte cette course en 3 h 58 min 8 s.

Plus de la moitié des médailles remportées par des Canadiens lors de compétitions internationales le sont dans les épreuves les moins populaires des concours (lancers et sauts). Traditionnellement, les athlètes canadiens excellent au saut en hauteur: Ethel CATHERWOOD (1928), Duncan McNaughton et Eva Dawes (1932), et Greg Joy (1976) remportent des médailles olympiques. Aux Jeux du Commonwealth, des médailles iront à Debbie Brill (une des pionnières de la technique de Fosbury, maintenant quasi universelle) en 1970 et en 1982, Claude Ferrange (1978) et Milt Ottey (1982). Parmi d'autres Canadiens qui se distinguent, citons le Montréalais Étienne DESMARTEAU, premier Canadien à remporter l'or au lancer du poids de 56 livres (25,4 kg) aux Olympiques de St. Louis, en 1904. Citons aussi les lanceurs Ed Coy, Dave Steen, George Puce, Jane Haist et Boris Chambul; les sauteurs à la perche Ed Archibald, William Happeny et Bruce Simpson; et, au saut en longueur Garfield McDonald, Cliff Bricker et Hal et Wally Brown.

A partir des années 1960, la structure de l'athlétisme au Canada change de façon radicale. Par suite de l'adoption de la *Loi sur la santé et le sport amateur* (1961), les programmes fédéraux et provinciaux connaissent un essor important. On assiste à la professionnalisation des entraîneurs et des administrateurs sportifs, et on recrute des gens des milieux médicaux et scientifiques dans le but de favoriser la haute performance. Auparavant, l'athlétisme était dirigé presque entièrement par des bénévoles qui, souvent, assumaient les rôles d'entraîneur, d'officiel et d'administrateur. Leur résidence personnelle servait de bureau à l'organisation sportive et l'argent consacré à un grand nombre d'activités provenait de leur propre revenu. Il existe maintenant une distinction précise entre les rôles d'entraîneur, d'officiel et d'administrateur.

Athlétisme Canada, organisme fortement subventionné, et ses filiales provinciales possèdent des bureaux permanents, du personnel à plein temps et un réseau d'entraîneurs rémunérés qui supervisent l'entraînement des athlètes. Les athlètes d'élite ne sont plus considérés comme «amateurs», car la plupart d'entre eux reçoivent des subventions de l'État pour leurs frais de subsistance et d'entraînement, ce qui est permis par les règlements de la FIAA depuis 1974. Ils peuvent aussi obtenir des prix en argent et, depuis 1982, ont le droit de prêter leur nom dans le cadre de promotions publicitaires. Un grand nombre d'entre eux se consacrent à l'athlétisme à plein temps. Tous ces changements ont nettement amélioré les conditions d'entraînement, augmenté les occasions de participer aux compétitions et prolongé les carrières. Conséquemment, dans l'ensemble, la qualité des performances canadiennes n'a jamais été aussi élevée. En 1964, seulement 14 Canadiens répondent aux critères de qualification pour les Olympiques de la FIAA, par rapport à 71 en 1984.

La piètre performance du Canada aux Olympiques de Mexico, en 1968 (aucune médaille en athlétisme), ont des répercussions sur le développement futur. En 1972, l'Association olympique canadienne (AOC) et Sport Canada mettent au point le «plan des Jeux», un partenariat de financement réunissant les gouvernements fédéral et provinciaux ainsi que les organismes sportifs nationaux, dans le but de hisser le Canada au rang des 10 premiers aux Jeux olympiques de 1976, à Montréal. Le «plan des Jeux» subventionne diverses compétitions (p. ex. la première rencontre féminine d'athlétisme entre le Canada et les États-Unis, en 1972) et les camps d'entraînement (comme celui du Fitness Institute de Toronto ou le National Athletic Training Camp, qui se déroule à Montréal dans un hangar réaménagé de Canadair). Pendant ce temps, d'autres athlètes, dont l'ex-athlète de demi-fond Abigail HOFFMAN, exercent des pressions sur le Comité olympique canadien pour qu'il permette aux amateurs de s'entraîner plus longtemps que les 60 jours prévus tous les quatre ans, et qu'ils soient remboursés, légalement, pour les frais d'entraînement. On met alors sur pied des programmes d'aide aux athlètes basés sur le système de subventions, qui tient compte des performances et du classement mondial. Ainsi, entre mai 1975 et les Olympiques de 1976, environ 2,3 millions de dollars sont distribués à quelque 600 athlètes pour couvrir leurs frais de subsistance et ceux liés à l'entraînement.

Ce genre d'investissement s'accompagne d'attentes élevées quant aux performances des athlètes et une querelle entre l'Association olympique canadienne et l'ACA (maintenant Athlétisme Canada) à propos des standards (distances, hauteurs et temps requis pour obtenir une place au sein de l'équipe nationale) atteint son point culminant lors des épreuves de sélection pour les Jeux de Munich de 1972. En conséquence, 9 des meilleurs Canadiens en athlétisme ne seront pas membres de l'équipe nationale. La cinquième place du perchiste Bruce Simpson est la meilleure performance canadienne en athlétisme à Munich.

Pendant que Montréal se prépare à accueillir les Jeux olympiques de 1976, l'ACA invite, en 1973, le spécialiste polonais du sprint, Gerard Mach, pour offrir des cours pratiques. Peu après, Mach devient le premier entraîneur professionnel d'athlétisme au Canada. L'ACA organise alors son premier «plan des Jeux» autour d'un directeur technique, Lynn Davies, et de 4 entraîneurs nationaux: Derek Boosey (sauts et épreuves combinées), Jean-Paul Baert (lancers), Paul Poce (course de fond) et Gerard Mach (sprints, courses de haies et relais). Parmi les 56 athlètes faisant partie de l'équipe canadienne d'athlétisme aux Olympiques de Montréal, 9 femmes et 5 hommes se qualifient pour les finales. Quatre athlètes et 3 des quatre équipes de relais battent des records personnels et canadiens pendant les Jeux. La médaille d'argent de Greg Joy en saut en hauteur est la seule médaille en athlétisme, et le Canada termine 11ᵉ au classement général.

Le «plan des Jeux» de 1976 porte ses fruits en 1978 lorsque les athlètes canadiens terminent premiers au classement général des Jeux du Commonwealth à Edmonton. Des médailles d'or sont remportées par Boris Chambul (disque), Claude Ferrange (saut en hauteur), Carmen Ionesco (disque), Diane Jones Konihowski (pentathlon), Phil Olsen (javelot) et Bruce Simpson (saut à la perche). Le Canada remporte aussi 8 médailles d'argent et 9 de bronze. Aux Jeux panaméricains, à San Juan (Porto Rico), le Canada se classe troisième et remporte 18 médailles en athlétisme.

En dépit du boycott des Jeux olympiques de Moscou, la philosophie de l'ACA mise en avant avec le «plan des Jeux», qui consiste à séparer les différentes épreuves d'athlétisme, se poursuit par la création de «centres d'entraînement spécialisés». Dans ces centres, des entraîneurs reconnus travaillent avec les nouveaux talents. On compte un centre de sprint à Toronto, sous la direction de l'entraîneur Charlie Francis, un centre de course de fond à Victoria, dirigé par l'entraîneur Ron Bowker, un autre à Winnipeg, dirigé par Alphonse Bernard, un centre d'épreuves combinées à Saskatoon, dirigé par l'athlète et entraîneuse Diane Jones Konihowski, et enfin un autre semblable à Toronto, dirigé par Andy Higgins. Des fonds en fiducie (initiative de l'ACA approuvée par la FIAA lors de son congrès, en 1982) permettent aux athlètes amateurs de recevoir, de façon légale et sans perdre leur statut d'amateur, de l'argent (venant du parrainage d'entreprises, d'activités de promotion ou du gouvernement) pour couvrir leurs frais de subsistance et d'entraînement.

En 1983, la FIAA organise les premiers championnats du monde d'athlétisme à Helsinki (Finlande) et redonne ainsi à cette discipline sportive l'importance qu'elle avait aux Jeux olympiques de l'Antiquité. Pour la première fois depuis les Jeux de Munich en 1972 (boycott des Africains aux jeux de Montréal et des Américains à ceux de Moscou), les meilleurs athlètes mondiaux s'affrontent dans 41 épreuves. Les Canadiens ne remportent aucune médaille aux Championnats du monde d'athlétisme de la FIAA, se classant 7ᵉ au monde (on y établit un record du Commonwealth et trois records canadiens). Il s'agit de la meilleure performance de tout temps d'une équipe canadienne d'athlétisme.

En 1984, aux Jeux de Los Angeles, Ben JOHNSON remporte le bronze au 100 mètres et Lynn Williams fait de même au 3000 mètres. Des médailles d'argent iront à l'équipe masculine (relais 4 x 100 mètres) et à l'équipe féminine (relais 4 x 400 mètres). Aux Jeux panaméricains de 1986, les athlètes canadiens remportent 7 médailles d'argent et 3 de bronze. Johnson devient, par la suite, le meilleur sprinter au monde en établissant un record au 100 mètres et en remportant le titre de champion du monde en 1987. Enfin, il établit aussi 2 records sur piste intérieure: 6,41 secondes au 60 mètres et 5,55 secondes au 50 mètres. Du côté féminin, Angella ISSAJENKO détient le record du 50 mètres en salle (6,06 secondes).

L'athlétisme canadien subit un dur coup lorsque, à Séoul en 1988, Ben Johnson est déclaré positif à un contrôle lié aux stéroïdes après avoir remporté l'or au 100 mètres. Cet événement reléguera dans l'ombre la performance de Dave Steen (le bronze) au prestigieux décathlon. Par suite de ce scandale lié au dopage, le gouvernement fédéral crée une commission d'enquête (ENQUÊTE DUBIN) qui entendra des témoignages choquants sur l'usage répandu de substances améliorant la performance. Comme conséquence au rapport Dubin, le Canada renforce ses programmes de dépistage de drogues et figure parmi un très petit nombre de pays qui administrent, au hasard, des tests antidoping. Toutefois, les travaux de la Commission seront ignorés par les autres pays.

Aux Jeux du Commonwealth de 1990, les Canadiens décrochent 4 médailles d'or et 6 de bronze. En 1991, aux Championnats du monde, Michael Smith remporte l'argent au décathlon, et Atlee Mahorn, le bronze au 200 mètres. De son côté, Mark MCKOY, qui, lui aussi, quitte Séoul en disgrâce après avoir admis qu'il a fait usage de stéroïdes, fait un retour à la compétition en 1991, puis obtient l'or au 110 mètres haies aux Olympiques de Barcelone en 1992. C'est la première médaille d'or en athlétisme pour Canada en 60 ans. Guillaume Leblanc remporte l'argent au 20 kilomètres marche et Angela Chalmers gagne le bronze au 3000 mètres. Peu de temps après, McKoy quitte le Canada pour devenir membre de l'équipe autrichienne.

Le scandale entourant l'affaire Ben Johnson continuera d'entacher l'athlétisme canadien jusqu'en juillet 1995, moment où Donovan BAILEY, d'Oakville en Ontario, et Bruny Surin, de Montréal, réussiront les temps les plus rapides en sol canadien (9,91 secondes et 9,97 secondes au 100 mètres).

Les succès de Bailey et Surin se poursuivent aux Championnats du monde à Göteborg, en Suède. Bailey décroche l'or au 100 mètres avec un temps de 9,97 secondes, et Surin le suit de près et remporte l'argent. Les deux sprinters se joignent à Robert Esmie, de Sudbury, et à Glenroy Gilbert, d'Ottawa, et décrochent la médaille d'or au relais 4 x 100 mètres (première médaille d'or canadienne en relais à un Championnat du monde). Avec la médaille de bronze de Michael Smith au décathlon, l'équipe canadienne d'athlétisme connaît sa meilleure performance de tous les temps.

Aux Olympiques d'Atlanta (1996), les Canadiens continuent d'exceller aux épreuves de vitesse. Donovan Bailey remporte le 100 mètres contre les meilleurs sprinters jamais rassemblés et établit un record mondial (9,84 secondes). L'équipe composée de Bailey, Esmie, Gilbert et Surin remporte le relais 4 x 100 mètres lors d'une finale spectaculaire.

Sans aucun doute, les Canadiens continueront de pratiquer avec plaisir l'athlétisme pendant encore de nombreuses années, mais les chances de réaliser des performances mondiales dépendent du soutien des gouvernements. Les coûts liés à l'entraînement et aux compétitions ne sont à la portée que d'une minorité d'athlètes. On parle ici de location d'installations, des honoraires de l'entraîneur, de consultations scientifiques, de traitements médicaux spécialisés, de frais de déplacement et de subsistance. D'autres organismes publics, notamment les écoles et les universités, assument certains de ces coûts. Athlétisme Canada et quelques clubs sont en mesure de générer un certain revenu grâce à des campagnes de «levées de fonds» et au marketing qui, pour des fins publicitaires, met à profit le prestige des athlètes d'élite.

Toutefois, ces contributions ne suffisent pas. Si les dirigeants de ce sport souhaitent retrouver l'autonomie de l'ancienne Amateur Athletic Union, ils dépendent cependant des fonds et des services de l'État, qui sont soumis à l'autorité gouvernementale. Jusqu'à maintenant, on s'entend pour dire que les organismes publics devraient fournir à tous la chance de réaliser des performances de haut calibre dans des sports comme l'athlétisme. L'enthousiasme soulevé par les exploits de Bailey à Atlanta n'a pu éliminer les soucis concernant le sort de l'athlétisme qui, au cours des dernières années, subit des compressions budgétaires gouvernementales.

Bruce Kidd et Ted Barris

Athlone, Alexander Augustus Frederick William Alfred George Cambridge, comte d' Militaire, gouverneur général du Canada de 1940 à 1946 (Kensington Palace, Londres, Angl., 14 avril 1874—Londres, 16 janv. 1957). Athlone est le deuxième membre de la famille royale (après le duc de CONNAUGHT) à être gouverneur général du Canada. Son épouse, la princesse Alice, est une petite-fille de la reine Victoria. Militaire à la retraite après la Première Guerre mondiale, Athlone s'intéresse à la

recherche en éducation et en médecine, et est gouverneur général de l'Afrique du Sud de 1923 à 1930.

Sur le point d'être nommé gouverneur général du Canada en 1914, il demande que sa candidature soit retirée à cause du déclenchement de la Première Guerre mondiale. Bien qu'il se sente trop âgé quand on le lui offre de nouveau pendant la Seconde Guerre mondiale, il occupe pourtant le poste pendant une période dépassant le mandat habituel. Il s'entend bien avec le premier ministre Mackenzie KING, qui est aussi pointilleux que lui, d'autant plus qu'Athlone est d'une discrétion à toute épreuve, prudent et modeste. Malgré tout, King trouve difficile de partager la vedette avec un chef d'État «n'appartenant pas à son propre pays».

Norman Hillmer

Athol Murray College of Notre Dame Situé à Wilcox, en Saskatchewan, il a été fondé en 1920 par les Sœurs de la Charité de Saint-Louis sous le nom de Notre-Dame of the Prairies. En 1927, le père Athol Murray, qui se joint aux sœurs, est inspiré par une maxime de Saint-Augustin voulant que «à celui qui fait fructifier ses talents, Dieu ne refuse pas sa grâce». Cette maxime devient le mot d'ordre du modeste campus qui, au cours de la CRISE DES ANNÉES 30, offre une formation scolaire aux étudiants qui désirent améliorer leur sort, sans tenir compte de leur capacité de payer les frais de scolarité. Ses origines modestes ne l'empêchent pas de devenir la plus grande institution d'enseignement secondaire catholique, mixte et résidentielle, indépendante au Canada. Le collège offre aussi un programme entièrement agréé de cours préparatoires à l'université (niveaux 9 à 12).

Sous la devise *Luctor et Emergo* («je lutte et j'émerge»), le collège cherche à favoriser la croissance spirituelle, physique, émotive et intellectuelle des individus grâce à des programmes scolaires, ainsi que des activités religieuses, culturelles, sociales et sportives, en particulier le HOCKEY. Les Hounds de Notre-Dame ont remporté 48 championnats provinciaux et 4 championnats nationaux, et ont assuré une formation solide à plus de 100 joueurs qui ont joué par la suite dans la LIGUE NATIONALE DE HOCKEY ou qui ont participé aux JEUX OLYMPIQUES et aux championnats du monde.

Parmi les installations du campus historique de Notre-Dame dignes d'être mentionnées, on peut citer la «Tower of God», l'église St. Augustine, le musée et les archives du collège, l'immeuble Lane Hall, l'aréna, le gymnase et le centre d'entraînement, le «Houndshop», les édifices abritant les salles de classe et les laboratoires, ainsi que les immeubles neufs ou rénovés qui logent environ 400 étudiants.

Doug Lewis

Atlantic Theatre Festival En 1992, un groupe d'amateurs de théâtre de Wolfville, en Nouvelle-Écosse, décide de créer une compagnie à répertoire afin de présenter du théâtre classique pendant l'été. Sous la direction de Michael Bawtree, directeur artistique, et grâce à une subvention d'infrastructure gouvernementale de deux millions de dollars, la compagnie fait construire un théâtre à avant-scène prolongée de 514 places, inspiré de celui du Festival de Stratford, sur l'ancienne patinoire (vieille de 60 ans) de l'UNIVERSITÉ ACADIA. Bawtree, aidé de Christopher PLUMMER, lance une campagne visant à amasser trois millions de dollars supplémentaires afin de payer l'équipement du théâtre et les frais de fonctionnement de la première saison.

Étant donné que l'Atlantic Theatre Festival (ATF) s'inspire du FESTIVAL DE STRATFORD, Bawtree invite Michael LANGHAM, ancien directeur artistique du Stratford, à diriger Peter Donat, originaire de Kentville, dans *The Tempest* (v.f. *La Tempête*) de Shakespeare, qui inaugure le festival le 16 juin 1995. La même saison, le festival présente, entre autres, *A Flea in Her Ear* (v.f. *La Puce à l'oreille*) de Feydeau, mettant en vedette le comique Bill Carr (Atlantique), et *The Cherry Orchard* (v.f. *La Cerisaie*) de Tchekhov, mise en scène par Langham et son épouse

Helen Burns. Bien que le festival soit une réussite artistique, la compagnie termine l'année avec un manque à gagner de 881 000 $. Grâce aux dons de particuliers, de commanditaires et du Department of Renewal and Tourism de la Nouvelle-Écosse, le déficit est ramené à moins de 200 000 $.

Dans le cadre de sa deuxième saison, le festival présente *Twelfth Night* (v.f. *La Nuit des rois*) de Shakespeare, mise en scène par Langham; *She Stoops to Conquer* d'Oliver Goldsmith, mise en scène par Michael Bawtree; et *A Doll's House* (v.f. *Maison de poupée*) d'Ibsen, montée par Burns et Langham, et mettant en vedette Megan Follows dans le rôle de Nora. Le nombre de spectateurs passe de 26 000 la première année à 34 000 la deuxième année. Toutefois, le festival enregistre toujours un déficit de fonctionnement de 75 000 $ et les responsables en viennent à la conclusion qu'ils n'ont pas les moyens de payer les grosses distributions exigées par les pièces de Shakespeare. Ils se tournent alors vers des pièces plus modestes. La saison 1997 présente *Tartuffe* de Molière, réalisée par Michael Bawtree et mettant en vedette Bill Carr; *The Importance of Being Earnest* (v.f. *De l'importance d'être constant*) de Wilde, avec Jane Casson-Redlyon dans le rôle de lady Bracknell; et *Uncle Vanya* (v.f. *Oncle Vanya*) de Tchekhov, mise en scène par Burns et Langham, avec Leon Pownall dans le rôle de Vanya, Peter Donat dans le rôle de Serebryakov et Megan Follows dans celui de Sonya. Ces pièces remportent plus de succès sur le plan financier: les ventes de billets de saison augmentent de 25 p. 100 et les recettes au guichet, de 70 000 dollars, pour atteindre 770 000 dollars.

Avec son répertoire de théâtre classique, l'ATF devient très vite chef de file dans le domaine des FESTIVALS DE THÉÂTRE canadiens. Ses pièces sont bien reçues par les médias, mais son influence économique sur une région éprouvée par la perte d'emplois dans les secteurs de l'agriculture et de la pêche impressionne davantage les fonctionnaires des divers gouvernements. Fort d'un budget de 1,8 million de dollars, et d'un personnel de 12 employés à temps plein et de 97 employés saisonniers, l'ATF génère de deux à trois millions de dollars dans l'économie de la vallée de l'Annapolis. Il y a dix ans, les pouvoirs publics auraient accordé peu d'importance à des projets comme l'ATF, mais aujourd'hui, les fonctionnaires reconnaissent les retombées économiques engendrées par les arts au niveau régional.

Patrick B. O'neill

Atlantique, provinces de l' Ce sont la NOUVELLE-ÉCOSSE, l'ÎLE-DU-PRINCE-ÉDOUARD, le NOUVEAU-BRUNSWICK et TERRE-NEUVE. Les PROVINCES MARITIMES (N.-É., Î.-P.-É. et N.-B.) ont beaucoup de points en commun. Entre autres, elles partagent un même patrimoine historique et culturel, et leurs résidants ont des attitudes très semblables vis-à-vis du Canada, des États-Unis et de la Grande-Bretagne. L'évolution de Terre-Neuve et des Terre-Neuviens est influencée par des forces et des personnages assez différents.

Jusqu'en 1949, la plupart des Terre-Neuviens ont peu de liens affectifs et économiques avec les Maritimes ni, d'une manière générale, avec le reste du Canada. Au cours des XVIIIe et XIXe siècles, Terre-Neuve, contrairement aux provinces Maritimes, n'est pas intimement liée à la vie économique, culturelle et politique de l'Amérique du Nord. Elle est plutôt le bastion des traditions britanniques, nourrissant ainsi un puissant mouvement patriotique local qui l'inscrit à contre-courant des autres provinces. En 1949, la CONFÉDÉRATION marque le début du processus difficile de transformation des Terre-Neuviens en Canadiens.

À partir de cette date, plusieurs initiatives sont entreprises pour rapprocher entre elles les provinces Atlantiques. La création du Conseil économique des provinces de l'Atlantique en 1954 est probablement la plus importante. Celui-ci devait favoriser entre les provinces de l'Atlantique une unité de pensée économique et projeter une image régionale positive. Malgré tous les efforts du Conseil et de nombreux organismes analogues, peu de résidants des provinces de l'Atlantique se perçoivent comme faisant partie d'une telle région.

Comme la Commission de l'unité canadienne l'a découvert en 1978, l'union des provinces Maritimes a obtenu beaucoup de soutien dans les provinces concernées, tandis que l'union des provinces de l'Atlantique a suscité peu d'enthousiasme. Terre-Neuve n'a jamais été intéressée par l'union des provinces de l'Atlantique et la découverte du champ pétrolifère Hibernia au large de ses côtes n'a fait que renforcer sa volonté de rester à part.

George A. Rawlyk

Atlas national du Canada Publié pour la première fois par le ministère de l'Intérieur en 1906, c'est l'un des premiers atlas nationaux au monde. Une deuxième édition, semblable quant à la présentation et au contenu, est publiée en 1915. On y trouve le plan des principales villes du Canada ainsi que des cartes thématiques traitant de sa géologie, de ses communications, de ses ressources naturelles, de sa population, de son activité économique. Aucune nouvelle édition ne paraît avant 1958, alors que, stimulé par l'Union géographique internationale et le Conseil canadien de recherche en sciences sociales, le ministère des Mines et des Relevés techniques publie 110 planches dans une reliure à feuilles volantes. Ces planches présentent la nature, l'étendue et l'utilisation des ressources physiques canadiennes ainsi que leur impact sur l'économie et la société. Pour la première fois, on publie aussi une édition en français.

Entre 1969 et 1973, le ministère de l'Énergie, des Mines et des Ressources publie les planches de la quatrième édition, intitulée cette fois *Atlas national du Canada*. En 1974, pour la première fois, un éditeur commercial, The Macmillan Company of Canada, se joint au ministère fédéral afin de produire des versions anglaise et française d'une édition à reliure rigide. L'élaboration de la cinquième édition débute en 1978 et se termine en 1994. Cette édition, sous forme de grandes feuilles non reliées, traite d'un large éventail de thèmes dont l'exploration du Canada, le climat, les peuples autochtones, les ressources et les structures socioéconomiques.

Numérisation Bien qu'il offre toujours des versions imprimées de fonds de carte de référence, depuis 1994, l'*Atlas national* se concentre surtout sur la production de nouvelles cartes thématiques sur INTERNET, et sur la distribution de données numériques par l'intermédiaire d'Internet et de distributeurs de cartes géographiques. Le concept d'atlas est peu à peu devenu un SYSTÈME D'INFORMATION GÉOGRAPHIQUE (SIG) qui permet l'accès à des ensembles de données géospatiales sur le Canada. La numérisation a été rendue nécessaire non seulement par des contraintes économiques, mais aussi par la nécessité de mettre à jour les cartes plus fréquemment et de fournir des données dans toute une variété de formats électroniques.

Le site Web principal de l'atlas comporte un service de cartes personnalisées qui permet à l'usager de créer des cartes présentant les couches précises de données dont il a besoin, comme les lacs et les rivières, les frontières politiques ou les routes. L'usager peut ensuite sélectionner un ou plusieurs thèmes (telles que les espèces menacées de disparition, les langues parlées au Canada ou les risques naturels) qui sont ensuite superposés au fond de carte défini précédemment.

Les responsables de l'*Atlas national* sont également chargés du site Web Rescol, du gouvernement fédéral. En plus des documents de la page d'accueil, le site Rescol fournit des données géographiques sur le Canada, un atlas des communautés canadiennes, et des liens vers d'autres ressources cartographiques pouvant être utiles aux professeurs et aux étudiants. L'*Atlas national* est désormais produit par le Centre canadien de télédétection, une division du ministère des Ressources naturelles du Canada.

N.L. Nicholson et Ian Darragh

Attawapiskat, rivière Mesure 748 km de long, et est formée par le confluent des rivières Pineimuta, Trading et Otoskwin dans le lac Attawapiskat, dans le nord-est de l'Ontario. Elle coule vers l'est, bifurque vers le nord, puis s'élance vers l'est jusqu'aux plaines bordant la BAIE JAMES. Son bassin hydrographique couvre 50 200 km², et elle a un débit moyen de 626 m³/s. Son embouchure, tout en tourbières et marais, procure une halte migratoire à un grand nombre d'oies et de canards. À part quelques comptoirs de brousse et le petit village cri d'Attawapiskat à son embouchure, les rives de la rivière sont pratiquement inhabitées. Son nom vient du mot algonquin *atawabiskat*, qui signifie «fond rocheux», par allusion à son lit de calcaire qui fut jadis le fond d'une ancienne mer.

James Marsh

Attikameks (Tête-de-Boule) Vers 1972, les CRIS vivant dans la région du Bouclier, sur le cours supérieur de la RIVIÈRE SAINT-MAURICE, au Québec, décident de reprendre le nom «Attikamek» (poisson blanc) utilisé par leurs prédécesseurs au XVIIe s. et d'abandonner le nom «Tête-de-Boule», d'origine incertaine, qui leur avait été attribué à partir de 1697. Ce changement de nom ne suppose pas nécessairement qu'il existe une étroite relation ethnique entre les Attikameks du XVIIe s. et ceux d'aujourd'hui.

À la suite de divers bouleversements sociaux liés aux épidémies survenues à l'époque du contact avec les Européens et aux violentes GUERRES IRO-QUOISES qui sévissent dans ces régions au milieu du XVIIe s., une réorganisation complète est effectuée parmi les chasseurs nomades du Québec et divers groupes qui, distincts jusque-là, commencent à se rassembler en bande. Il est connu que les frontières ethniques sont restées relativement flexibles au cours des années, et que les Attikameks d'aujourd'hui se découvrent des liens généalogiques avec plusieurs groupes voisins.

Bien que ce peuple ait compté entre 500 et 550 personnes au milieu du XVIIe s., en 1850, il ne reste que quelque 150 personnes disséminées sur 7000 km² et réparties dans deux bandes principales, les Kikendatchs et les Weymontachies. La BAND Manouane apparaît un peu plus tard, vers 1865-1875, en tant que branche des Weymontachies.

Conditions économiques Au cours des siècles, les Attikameks de la région de la Saint-Maurice mènent une vie rude, chassant, pêchant, piégeant et cueillant des baies sauvages à proximité des postes de traite installés dans leur région à la fin du XVIIIe et au début du XIXe s. Leur priorité consiste à maintenir l'autonomie de chaque famille nucléaire, mais les familles s'organisent en petites coopératives l'hiver ou en groupes de chasse, avec un chef d'expérience à leur tête. Leurs activités économiques consistent en un compromis entre les activités saisonnières traditionnelles et la dépendance économique de la TRAITE DES FOURRURES.

Malgré une longue tradition de participation à la traite des fourrures, les contacts permanents avec les missionnaires n'ont lieu qu'à partir des années 1837. Après 1830, les terres ancestrales des Attikameks sont extrêmement convoitées par les négociants en bois. En 1910, le chemin de fer atteint les Weymontachies, et l'aménagement des rivières Saint-Maurice et Manouane ajoute aux pressions sociales et modifie l'environnement. Pendant la Seconde Guerre mondiale, on voit apparaître une classe de salariés qui bénéficient de prestations sociales.

Actuellement En 1996, les 1747 Attikameks inscrits dans la région de la Saint-Maurice luttent pour conserver leur autonomie culturelle traditionnelle et un rôle dans la société, égal à celui des non-autochtones du Québec. Depuis 1975, ils se sont joints aux INNUS (MONTAGNAIS-NASKAPIS) pour former le Conseil Attikamek-Montagnais. (*Voir aussi* AUTOCHTONES: LA RÉGION SUBARCTIQUE.)

Norman Clermont

Attorney Personne désignée pour représenter une autre personne ou pour agir à sa place. La procuration est le document juridique qui nomme ce représentant. Avant 1574, les avoués (*attorneys-at-law*) étaient autorisés à exercer devant les cours supérieures de common law, en Angleterre, en qualité de représentants de plaideurs qui ne comparaissaient pas en cour. Après 1873, ce terme a été remplacé par celui de *Solicitor of the Supreme Court of Judicature* (avoué près la Cour suprême de justice).

En Amérique du Nord, les termes *attorney* et *attorney-at-law* ou avoué sont devenus synonymes du terme *lawyer* ou avocat. Le ministre fédéral de la Justice est le PROCUREUR GÉNÉRAL de sa Majesté la Reine au Canada.

K.G. McShane

Attribution d'une période de temps Fixée par les articles 115, 116 et 117 du *Règlement de la Chambre des communes*, elle est souvent confondue avec l'article 57, la règle de la CLÔTURE, par les médias. Depuis 1968, l'étape de l'étude en comité se déroule en COMITÉS permanents, pour la plupart des projets de loi qui peuvent être modifiés à l'étape du rapport. Par contre, l'article 57 du règlement s'applique seulement à la Chambre et aux comités pléniers. Il est inefficace si plusieurs motions distinctes sont proposées à une étape donnée. L'adoption très controversée du règlement par la Chambre a eu lieu le 24 juillet 1969, par l'application de la règle de la clôture.

Le nouveau règlement fixe les modalités permettant à la Chambre d'établir un calendrier pour un projet de loi à l'une ou plusieurs étapes du processus législatif. L'article 115 du règlement s'applique lorsque les leaders de tous les partis à la Chambre sont d'accord. L'article 116 s'applique lorsque le leader du gouvernement à la Chambre a l'appui de la majorité des partis. L'article 117 permet au gouvernement de proposer et à la Chambre de déterminer, après un débat de deux heures, l'attribution d'un délai raisonnable pour une étape donnée d'un projet de loi (la deuxième lecture, p. ex.). Lorsque le délai imparti (deux jours, p. ex.) est épuisé, la mise aux voix a lieu. C'est pourquoi l'attribution du temps est souvent qualifiée de guillotine. (*Voir aussi* OBSTRUCTION SYSTÉMATIQUE.)

John B. Stewart

Atwood, Margaret Eleanor, dite «Peggy», poète, romancière et critique (Ottawa, 18 nov. 1939). Écrivaine prolifique et polyvalente, Atwood compte parmi les auteurs contemporains les plus importants du Canada. Elle étudie à l'U. de Toronto de 1957 à 1961 (où elle obtient la médaille E.J. Pratt en 1961) et au Radcliffe College de Harvard (M.A., 1962). L'influence des professeurs Jay MacPherson et Northrop FRYE guide ses premières poésies vers le mythe et l'archétype dans *Double Persephone* (1961). *The Trumpets of Summer* est une émission radiophonique commémorative mettant l'accent sur les productions canadiennes d'œuvres shakespeariennes (réseau anglais de Radio-Canada, 1964). Sa réputation en poésie est établie lorsque *The Circle Game* (1966) obtient le prix du Gouverneur général.

En 1969, elle publie *The Edible Woman* (trad. *La Femme comestible*, 1984), roman qui, à travers le thème de l'aliénation de la femme, fait écho à sa poésie. Puis, dans ses recueils de poésie *Procedures for Underground* (1970) et *The Journals of Susanna Moodie* (1970), elle représente un être humain qui accepte difficilement l'irrationnel. L'inadéquation du langage, quand il s'agit de décrire l'expérience, est développée dans *Power Politics* (1971; trad. *Politique du pouvoir*, 1995), ouvrage dans lequel les mots constituent un refuge pour les femmes contre la force des hommes.

Dans les années 70, Atwood s'implique dans des combats culturels nationalistes en tant que rédactrice pour House of Anansi Press (1971-1973), et en tant que rédactrice et caricaturiste pour *This Magazine*. Elle publie SURVIVAL: A THEMATIC GUIDE TO CANADIAN LITERATURE en 1972 (trad. *Essai sur la littérature canadienne*, 1987), qui, à sa première publication, est considéré comme l'ouvrage le plus saisissant jamais écrit sur la littérature canadienne. Depuis, le livre continue d'être lu et enseigné, et il façonne encore la manière dont les Canadiens se perçoivent. La même année, elle publie *Surfacing* (trad. FAIRE SURFACE, 1978), un roman dans lequel le conflit entre technologie et nature est posé en termes politiques. Comme dans ses autres textes narratifs, l'héroïne passe par une période initiatique d'isolement dans l'irrationnel représenté par la nature sauvage où elle se transforme, grâce à ses contacts avec les cultures autochtone et québécoise, avant de réintégrer la société.

Un succès continu auprès de la critique accueille la publication de *You are Happy* (1974) qui comprend une version remaniée de *The Odyssey from Circe's Perspective*, et de son troisième roman, *Lady Oracle* (1976; trad. *Lady Oracle* 1976), parodie des contes de fées et des romans noirs, qui remporte le Book Award de la ville de Toronto (1977) et un Canadian Booksellers Award. Durant ces années, Atwood travaille, avec moins de succès toutefois, à d'autres genres, soit des textes et des scénarios pour la télévision, *The Servant Girl* (réseau anglais de Radio-Canada, 1974), et un roman historique, *Days of the Rebels: 1815-1840* (1977). Son recueil de nouvelles *Dancing Girls* (1977; trad. *Les danseuses et autres nouvelles*, 1986) est accueilli avec plus de ferveur et remporte le Book Award de la ville de Toronto, le prix de la Canadian Booksellers Association et le Periodical Distributors of Canada Short Fiction Award.

Deux livres suivent en 1978: *Two-Headed Poems*, qui continue d'explorer la duplicité du langage, et *Up in the Tree* (trad. *Sur l'arbre perchés*, 1979), un livre pour enfants qui permet de découvrir Atwood l'artiste. Puis, *Life Before Man* (1979; trad. *La vie avant l'homme*, 1981) est un récit plus traditionnel que ses premières œuvres de fiction, il développe par l'exposé plutôt que par l'image, une série de triangles amoureux.

En 1980, elle devient vice-présidente de la Writers' Union of Canada. Elle travaille à une pièce pour la télévision, *Snowbird* (réseau anglais de Radio-Canada, 1981), et publie un autre livre pour enfants, *Anna's Pet* (1980), adapté pour la scène par le Mermaid Theatre (1986). Toujours préoccupée des libertés civiques, elle demeure active pendant de nombreuses années au sein d'Amnistie internationale, et cette activité influence le sujet de *True Stories*, un recueil de poésie, et de *Bodily Harm* (trad. *Marquée au corps*, 1983), un roman paru en 1981. Dans ces 2 œuvres, elle «témoigne», balayant les frontières qu'elle a elle-même établies entre la poésie (au cœur de sa relation avec le langage) et la fiction (sa vision morale du monde). Elle continue sa lutte contre la censure littéraire à titre de présidente de la section anglo-canadienne de PEN International, de 1984 à 1986.

Ses critiques, rassemblées dans *Second Words* (1982), contiennent quelques-unes des premières critiques féministes écrites au Canada. Son implication dans l'*Oxford Book of Canadian Poetry* (1982) qu'elle révise, témoigne de sa position centrale parmi les poètes de sa génération. Son recueil de nouvelles, *Bluebeard's Egg* (1983; trad. *L'œil de Barbe bleue*, 1985), remporte le Book of the Year des Periodical Distributors of Canada et de la Foundation for the Advancement of Canadian Letters.

Murder in the Dark (1983; trad. *Meurtre dans la nuit*, 1987), recueil de poèmes en prose expérimentaux et postmodernes qui racontent de courtes histoires, éveille l'attention critique de nouveaux milieux. Elle continue de faire alterner prose et poésie avec *Interlunar* (1984) et *Selected Poems II:*

Poems Selected & New 1976-1986 (1986). Toutefois, le succès international, tant auprès du public que de la critique, de *The Handmaid's Tale* (1985; trad. *La Servante écarlate*, 1987), accroît sa renommée de romancière. Lauréate du prix du Gouverneur général, du Los Angeles Time Prize, du Arthur C. Clarke Award for Science Fiction et du Commonwealth Literary Prize, son roman a aussi été sélectionné pour le Booker Prize (Royaume-Uni) et le prix Ritz-Paris-Hemingway (Paris). Il s'agit en fait d'une anti-utopie dont l'action se déroule dans une théocratie monothéiste de droite, située dans la ville de Boston, devenue site de stockage de déchets nucléaires. Par ailleurs, le roman explore les préjugés sexistes de l'historiographie. Il a fait l'objet d'un film chaudement accueilli (1990).

L'auditoire international d'Atwood s'élargit encore grâce au public de ses nombreuses séances de lecture, et aux étudiants de ses cours de création littéraire et d'études canadiennes en des lieux fort divers, tels que les universités d'Alabama, de New York, de Berlin, de Macquarie (Sydney) et Trinity (Texas). En 1986, elle collabore à la publication de *The Oxford Book of Canadian Short Stories in English* (1986, révisé en 1995). Elle collabore également à la préparation d'un second volume, *The New Oxford Book of Canadian Short Stories*, publié en 1995.

En 1987, elle remporte un certain succès dans de nouveaux projets littéraires: le scénario de *Heaven on Earth*, téléfilm sur les enfants de Barnardo au Canada, et *The Festival of Missed Crass*, histoire fantastique et satirique pour enfants adaptée en comédie musicale pour le Young People's Theatre.

Son roman *Cat's Eye* (1988; trad. *Œil-de-chat*, 1990), qui s'intéresse à un artiste en arts visuels qui s'interroge sur la subjectivité et la temporalité dans la création d'œuvres plastiques, subvertit les habitudes littéraires par son exploration du domaine de l'enfance, avec ses transferts de pouvoir, ses secrets et ses trahisons. Le public et la critique ont accueilli avec enthousiasme ce livre qui a remporté le Book Award de la ville de Toronto, le Coles Book of the Year, l'Author of the Year Award de la Canadian Bookseller Association, et le Book of the Year Award de la Foundation for the Advancement of Canadian Letters et des Periodical Marketers of Canada. *Cat's Eye* est sélectionné pour le Booker Prize.

De nouveaux recueils de poésie paraissent au Canada et en Angleterre: *Selected Poems 1966-1984* (1990), suivi de *Margaret Atwood Poems 1965-1975* (1991). *Wilderness Tips* (1991; trad. *Mort en lisière*, 1996), qui a remporté le Trillium Award de 1992 et le Book of the Year Award des Periodical Marketers of Canada, se compose d'un mélange d'histoires aux accents gothiques sur des femmes arrivant à la cinquantaine et de récits sur la confrontation à la vie sauvage. Il est suivi de *Good Bones* (1992; trad. *La troisième main*, 1995), textes courts sur les parties du corps féminin et les contraintes sociales, teintés d'un humour dévastateur.

Après 2 recueils de nouvelles, elle publie un roman qui compte parmi ses textes les plus extraordinaires et les plus complexes. *The Robber Bride* (1993; trad. *La Voleuse d'hommes*, 1994), qui examine le mode de vie des Torontois et l'amitié entre femmes, est reçu avec grand plaisir par les lecteurs de la région et remporte le prix du roman de l'année de la Canadian Authors Association (1993), le prix du Commonwealth pour la région du Canada et des Caraïbes, et partage le prix Trillium de 1994.

Malgré le succès de ses œuvres romanesques, Atwood ne néglige pas pour autant les autres genres. Elle continue de publier des livres pour enfants, *For the Birds* (1990) et *Princess Prunella and the Purple Peanut* (1995; trad. *Princesse Prunelle et le pois pourpre*, 1996), et de manifester son goût pour les jeux de mots. En 1995, elle publie *Morning in the Burned House*, son premier recueil de nouveaux poèmes depuis dix ans, qui comprend une suite de poèmes élégiaques témoignant d'une nouvelle gamme d'émotions. Non pas qu'elle ait abandonné ses anciennes préoccupations littéraires, mais celles-ci paraissent sous un jour plus sombre, comme en témoigne sa critique littéraire *Strange Things: The Malevolent North in Canadian Literature* (1996), présentée à l'U. Oxford en 1991 dans la collection «Clarendon Lectures in English Literature». Malgré les nombreuses transformations survenues dans la littérature canadienne, en particulier pour ce qui est de l'esprit urbain qui y prédomine depuis la publication de *Survival* en 1972, elle continue d'entretenir son obsession autour du thème de la vie sauvage dans l'imaginaire canadien et les représentations du Nord canadien, comme l'image de cannibalisme rattachée à la malheureuse expédition de Franklin.

En 1996, Atwood publie son étonnant roman *Alias Grace* (trad. CAPTIVE, 1998) voué à un accueil chaleureux. Pour la première fois dans ses romans, elle s'intéresse au passé, à la vie et aux préoccupations de l'une des femmes qui figure parmi les plus énigmatiques et les plus célèbres du milieu du XIXᵉ siècle, Grace Marks. Dans cet ouvrage, Atwood s'inspire de *Life in the Clearings* de Susanna Moodie, roman dans lequel cette dernière présente sa version de la vie de Grace Marks.

Dans tous ses écrits, on reconnaît la construction langagière et la précision de sa parole qui créent un sentiment de l'inévitable, et qui donnent une résonance particulière à ses mots. Dans la fiction, Atwood explore les grands thèmes de notre temps sur le ton satirique et introspectif propre au roman contemporain.

Atwood connaît un succès constant auprès de la critique depuis les années 60. Elle a reçu de nombreux prix dont la médaille du Président de l'U. Western Ontario (1965), le Centennial Commission Poetry Competition Award (1967), l'Union Poetry Prize (1969), le Bess Hoskins Prize (1974) de *Poetry magazine* (Chicago), le St. Lawrence Award for Fiction (1978), la Radcliffe Graduate Medal (1980), le PRIX MOLSON (1981), le Guggenheim Fellowship (1981), le Welsh Arts Council International Writer's Prize (1982), le Philips Information Systems Literary Prize (1986), un Toronto Arts Award (1986), Mˢ Magazine's Woman of the Year Award (1986), l'Ida Nudel Humanitarian Award du Congrès juif canadien (1986), un American Humanist of the Year Award (1987), un Women of Distinction Award du YWCA (1988), la Centennial Medal de Harvard (1990), le John Hughes Prize du Welsh Development Board (1992) et la médaille commémorative du 125ᵉ anniversaire de la Confédération du Canada (1992). En 1994, elle est reçue Chevalier de l'Ordre des Arts et des Lettres (France), ce qui constitue une prestigieuse distinction, et reçoit le Sunday Times Award for Literary Excellence (Grande-Bretagne). Enfin, en 1995, elle obtient l'International Humorous Writer Award de la Swedish Humour Association.

Elle est titulaire de nombreux doctorats honorifiques, et elle est membre de la Société royale du Canada, Compagnon de l'Ordre du Canada et membre honoraire de l'American Academy of Arts and Sciences.

Barbara Godard

Aubépine Petit arbre ou arbuste à feuillage caduque du genre *Crataegus*, de la famille des roses (Rosacées). L'aubépine est habituellement dotée de fortes épines (tiges modifiées). Elle porte des fleurs odorantes, blanches ou roses, parfois rouges, disposées en grappes voyantes et pollinisées par les insectes. Ses feuilles sont dentées ou lobées et revêtent des couleurs vives en automne. Ses baies charnues, en forme de pomme, contiennent 1 à 5 noyaux osseux. La plupart des espèces se trouvent dans la zone tempérée du Nord.

En raison des divergences dans la classification des nombreux clones asexués et hybrides trouvés dans la nature, l'estimation du nombre d'espèces varie entre 100 et 1100, mais la centaine paraît plus réaliste. Dans l'est du Canada, il existe un grand nombre d'espèces d'aubépine; dans l'ouest, elle est moins répandue. Les autochtones et les premiers colons consommaient ses baies dont ils faisaient aussi du vin. L'aubépine sert de PLANTE ORNEMENTALE en aménagement paysager, comme arbuste ou disposée en haie. (*Voir aussi* PLANTES, UTILISATION PAR LES AUTOCHTONES DES.)

Aubergine (*Solanum melongena*, var. *esculentum*) Plante herbacée vivace de la famille des MORELLES. Le genre comprend environ 1500 espèces de climat tropical et tempéré, dont 6 de celles-ci (une sauvage et 5 cultivées) poussent au Canada. Originaire du sud-ouest asiatique, l'aubergine est issue d'une espèce sauvage dont le fruit est ovoïde. Les plants sont buissonnants ou droits, et mesurent de 45 à 100 cm de hauteur; les fleurs, de 2 à 4 cm de diamètre, sont violettes et disposées une par une. Les fruits (de 20 à 25 cm de longueur) sont d'un violet foncé et luisant, et pourvus d'un calice vert. L'aubergine est une culture tardive: pour cela, elle nécessite un départ en serre ou en couche chaude durant 9 à 10 semaines, puis atteint sa maturité de 55 à 80 jours après sa transplantation. Elle peut être la proie d'INSECTES NUISIBLES (tels que l'altise de l'aubergine et le doryphore de la pomme de terre) et de maladies végétales (telles que la flétrissure verticillienne et la flétrissure bactérienne). Sa valeur nutritive est comparable à celle de la TOMATE, mais elle se conserve plus longtemps que celle-ci. La culture commerciale de l'aubergine n'occupe qu'une petite surface agricole au Canada. Toutefois, on la cultive dans les potagers partout dans le pays.

V.W. Nuttall

Aubert de Gaspé, Philippe-Ignace-François, journaliste (Québec, 8 avril 1814—Halifax, 7 mars 1841). Il est l'auteur du premier roman canadien-français. Après ses études au Séminaire de Nicolet, Aubert de Gaspé devient sténographe et journaliste. En novembre 1835, il est emprisonné durant un mois à la suite d'une altercation avec un député, mais il se venge en mettant une bombe puante dans le vestibule du Parlement du Québec.

Obligé de se réfugier à Saint-Jean-Port-Joli, il écrit, pour se distraire, un roman, *L'Influence d'un livre* (1837). Son père, Philippe-Joseph AUBERT DE GASPÉ, qui a plus tard écrit *Les Anciens Canadiens* (1863), serait apparemment l'auteur d'au moins un chapitre (chap. 5) de cet ouvrage. Le jeune Aubert de Gaspé se défend contre les accusations de sensationnalisme et d'irréalisme portées contre son roman, mais quand celui-ci est réédité à titre posthume en 1864 sous le titre *Le Chercheur de trésors,* l'abbé Henri-Raymond CASGRAIN en a édulcoré plusieurs passages et supprimé d'autres.

David M. Hayne

Aubert de Gaspé, Philippe-Joseph, romancier (Québec, 30 oct. 1786—*id.*, 29 janv. 1871). Fils d'une vieille famille seigneuriale, Aubert de Gaspé étudie le droit avec Jonathan SEWELL et est admis au Barreau en 1811. Cette année-là, il épouse Susanne Allison, qui lui donnera 13 enfants, et entreprend sa carrière d'avocat. En 1816, il est nommé shérif de la ville de Québec, mais on lui retire son poste en 1822 à la suite de comptes erronés.

Retiré dans son manoir ancestral de Saint-Jean-Port-Joli, il est plus tard emprisonné pour dettes (1838-1841), mais il est libéré grâce à une loi spéciale du Parlement. Durant ce séjour en prison, son fils, Philippe-Ignace-François AUBERT DE GASPÉ, meurt à Halifax. Après sa libération, Aubert de Gaspé prend l'habitude de passer l'été dans son domaine et l'hiver à Québec, participant à la vie sociale et littéraire de la capitale et fréquentant la librairie d'Octave CRÉMAZIE, lieu de rencontre des écrivains.

En 1863, Aubert de Gaspé publie son récit historique LES ANCIENS CANADIENS, qui connaît un succès immédiat et est aujourd'hui considéré comme le premier ouvrage classique de fiction canadienne-française. Trois ans plus tard paraissent ses *Mémoires,* dans lesquelles il évoque la vie des Canadiens français au début du XIXᵉ siècle; mentionnons enfin un dernier recueil, *Divers* (1893), publié à titre posthume.

David M. Hayne

Aubut, Françoise Son nom de femme mariée est Pratte. Organiste et professeure (Saint-Jérôme, Qc, 5 sept. 1922—Montréal, Qc, 8 oct. 1984), elle est l'une des premières à exécuter les œuvres de Marcel Dupré et d'Olivier Messiaen au Canada. Elle étudie au Conservatoire national à Montréal avec Eugène Lapierre et Antonio Létourneau, au New England Conservatory à Boston et au Conservatoire de Paris avec Dupré et Messiaen. En 1945, elle rentre au Canada après avoir remporté un Grand premier prix, décerné pour la première fois à une artiste nord-américaine.

En plus de donner de nombreux récitals, elle enseigne à l'U. de Montréal, au CONSERVATOIRE DE MUSIQUE DU QUÉBEC et à l'École Vincent-d'Indy. Son répertoire comprend, notamment, les œuvres des compositeurs canadiens Jean PAPINEAU-COUTURE et Roger MATTON. Elle a reçu le PRIX DE MUSIQUE CALIXA-LAVALLÉE en 1961.

Hélène Plouffe

Audition, perte d' Tous les Canadiens, peu importe l'âge, le sexe, l'origine ethnique, le lieu de résidence, la formation scolaire ou le statut socio-économique, peuvent être touchés par la perte d'audition. Ils ont tous des besoins sociaux, émotionnels, éducationnels et de réadaptation très différents; il faut donc leur fournir des services, des aides techniques et divers programmes.

Évaluation de l'audition L'audition est mesurée en unités appelées décibels (dB) qui indiquent l'intensité d'un son. P. ex., une conversation s'élève en moyenne à 60 dB, tandis que le bruit de la circulation d'une ville se situe à environ 80 dB en moyenne. Une exposition prolongée à un son de plus de 85 dB, comme le bruit produit par une tondeuse à gazon, un camion à ordures ou une motocyclette, peuvent provoquer des dommages auditifs. Un groupe de musique rock émet généralement des sons de 110 dB, suffisants pour causer des dommages au bout de 15 minutes si on ne se protège pas les oreilles. Une exposition d'une durée prolongée à des sons de cette intensité peut entraîner une perte d'audition temporaire; une exposition fréquente peut provoquer une perte d'audition permanente. Le bruit d'un moteur à réaction ou d'un coup de feu dépasse le seuil de la douleur (125 dB). (*Voir* BRUIT.)

Habituellement, c'est un audiologiste ou un audiométriste qui effectue l'évaluation de l'audition d'une personne. Il porte alors les résultats en dB sur un graphique appelé audiogramme qui est un enregistrement du domaine des fréquences audibles de la personne. Quelqu'un dont l'audiogramme se situe dans les limites de la normale peut entendre des sons à partir de 25 dB d'intensité. Si les sons doivent être plus intenses pour qu'ils soient perçus, on estime que cette personne a subi une perte d'audition (techniquement, cependant, ce terme ne décrit pas parfaitement une personne qui est sourde de naissance car elle n'a pas réellement «perdu» d'acuité auditive). «Perte d'audition» est donc le terme général pour décrire tous les degrés de sensibilité auditive réduite.

Terminologie La terminologie utilisée pour décrire les gens atteints de perte d'audition a fait l'objet d'une attention particulière ces dernières années. Les sourds ne se considèrent pas comme des personnes handicapées, mais comme des membres d'une communauté culturelle distincte, la communauté des sourds (*voir* SOURDS, CULTURE DES), et n'approuvent pas l'usage de termes comme déficience auditive et surdité. La distinction se manifeste parfois en caractères d'imprimerie: «sourd» pour désigner les troubles de l'audition et «Sourd» pour les membres de la communauté.

Les professionnels de la santé distinguent les niveaux de perte d'audition au moyen de termes spécifiques (légère, modérée, grave, profonde), et croient que chaque type de perte d'audition entraîne des conséquences différentes pour la vie d'une personne. P. ex., une perte auditive légère (0 à 30 dB) peut n'avoir qu'un effet minime sur l'aptitude de cette personne à communiquer de façon orale, alors qu'une perte profonde (plus de 90 dB) peut rendre les sons à peu près inaudibles et la communication orale improbable, voire impossible. De la même façon, les personnes atteintes de divers degrés de perte d'audition sont désignées différemment. P. ex., une personne atteinte d'une perte auditive grave ou profonde est qualifiée de sourde, alors que quelqu'un souffrant d'une perte d'audition légère à modérée est habituellement désignée comme malentendante ou dure d'oreille. Ces étiquettes ont évolué avec le temps. Dans les années 1800 et au début des années 1900, une personne aujourd'hui désignée comme «sourde» était appelée «muette». Des étiquettes comme «sourd-muet» ne sont plus acceptables.

La perte d'audition se divise en 2 grandes catégories: surdité de transmission et surdité de perception neurosensorielle. L'oreille comprend 3 parties: l'oreille externe, l'oreille moyenne et l'oreille interne. Si la perte d'audition est due à un obstacle à la transmission des sons dans l'oreille externe et l'oreille moyenne vers l'oreille interne, il s'agit alors de surdité de transmission. Certains troubles, cependant, affectent les cellules sensorielles de l'oreille interne. Dans ce cas, la personne est atteinte de surdité cochléaire qui peut affecter la réception d'un son, de même que la compréhension d'un message parlé. Finalement, si un trouble affecte le nerf auditif lui-même, la personne souffre alors de surdité rétrocochléaire. Comme il est habituellement difficile de distinguer entre surdité cochléaire et rétrocochléaire, le terme surdité «neurosensorielle» est souvent utilisé. Les prothèses auditives peuvent être utiles aux gens qui souffrent de surdité de transmission. Dans de nombreux cas, elles ne sont cependant pas utiles aux personnes atteintes de surdité rétrocochléaire, car le son lui-même est amplifié et peut alors être détecté, mais il reste encore assourdi et déformé, et il n'est donc pas facilement discernable.

La perte d'audition peut être soit prélinguistique (elle a eu lieu avant l'apprentissage de la langue parlée), soit postlinguistique (elle a eu lieu après l'apprentissage de la langue parlée). L'utilisation de ces deux termes est impropre lorsqu'ils sont employés pour signifier que la surdité peut compromettre l'aptitude à apprendre une langue, ce qui n'est pas le cas (à preuve, les sourds qui ont appris un langage gestuel). C'est dans les domaines de l'apprentissage d'un langage et du choix d'un langage que les médecins, les éducateurs, les parents d'enfants sourds ou malentendants et les personnes sourdes elles-mêmes ont entretenu les plus vifs débats (surtout parce que le choix d'une langue a des conséquences sur l'efficacité des méthodes d'éducation des enfants sourds et malentendants). Les désaccords à ce sujet existent depuis des siècles et se manifestent surtout dans les philosophies relatives aux méthodes d'enseignement aux enfants sourds. Les adeptes de l'approche orale interdisent souvent toute utilisation d'un langage gestuel, alors que ceux qui favorisent une approche mimique encouragent l'utilisation d'un langage gestuel dans un but pédagogique et comme aide à la communication. Ces désaccords persistent encore de nos jours.

L'effet que peut avoir la surdité sur la vie d'une personne dépend de nombreux facteurs: le degré de perte d'audition (que l'on évalue à l'aide d'un audiogramme), le type de surdité et l'âge auquel l'audition a été affectée. Les décisions prises par la famille, ainsi que les attitudes de la collectivité dans laquelle vit une personne, déterminent aussi l'influence de la perte d'audition sur sa vie.

Causes de la perte d'audition Divers facteurs peuvent influencer l'audition à différents stades du développement d'une personne: des causes génétiques (c.-à-d. héréditaires) ou environnementales (p. ex. des infections virales, notamment le virus de la rubéole et le cytomégalovirus [CMV]) peuvent entraîner une perte d'audition congénitale (à la naissance ou avant celle-ci). Il existe d'autres facteurs tels que la prématurité, surtout accompagnée d'une insuffisance de poids à la naissance; les médicaments, les drogues ou l'alcool ingérés par la mère au cours de la grossesse; une lésion au cours de l'accouchement; une carence en oxygène; etc. Les causes de la perte d'audition fortuite (qui a lieu après la naissance) comprennent entre autres: l'exposition au bruit; les tumeurs; les infections (surtout celles de l'oreille moyenne, comme dans l'otite moyenne, ou des méninges recouvrant la moelle épinière et le cerveau, comme dans la méningite spinale); certains médicaments; la malnutrition; les blessures (à la tête surtout); les maladies (comme le diabète sucré, le dérèglement de la thyroïde ou les maladies rénales et vasculaires); et le processus de vieillissement (sénescence auriculaire). Les acouphènes (bourdonnements d'oreille) surviennent aussi avec une fréquence élevée chez les personnes âgées.

Les épidémies ont eu une influence importante sur l'incidence de la perte d'audition chez les Canadiens. Au cours des années 50 et 60, p. ex., des flambées de rubéole et de rougeole ont provoqué l'augmentation du nombre de naissances d'enfants atteints de pertes d'audition graves à profondes (en même temps que des troubles physiques, cognitifs et émotionnels additionnels dans certains cas). Cette augmentation d'enfants sourds et malentendants appelée parfois «explosion due à la rubéole» a eu pour conséquence une croissance des besoins en programmes éducatifs et en services.

Des vaccins visant à prévenir de semblables épidémies ont été mis au point et ont réduit le nombre d'enfants dont la perte d'audition résulte d'une infection au virus de la rubéole. Toutefois, d'autres virus comme le cytomégalovirus (CMV) ont pris sa place. Beaucoup de ces MALADIES causent également des troubles physiques, émotionnels et cognitifs qui peuvent nuire à la vie de la personne atteinte. Les dispensateurs de soins font donc face à des besoins d'une complexité croissante. La pauvreté, la malnutrition et la disponibilité des soins de santé peuvent aussi avoir une incidence non négligeable sur le nombre de personnes qui ont subi une perte d'audition. Il existe également une corrélation entre l'âge et la qualité de l'audition, un élément de plus à prendre en considération pour les dispensateurs de soins, notamment dans la détermination de l'incidence de la perte d'audition (à la fois sur l'individu et sur la collectivité). De nos jours, la proportion de gens âgés augmente, en raison de l'amélioration des soins de santé (qui a entraîné une diminution des taux de mortalité), et à cause de l'explosion démographique des années 40 et 50. De ce fait, l'incidence de la perte d'audition chez les personnes âgées augmente elle aussi.

Statistiques Il est difficile de déterminer le nombre de Canadiens atteints de perte d'audition. Ni l'évaluation de l'audition, ni la déclaration des épreuves auditives ne sont obligatoires. Pour compliquer davantage la situation, les statisticiens, les professionnels de la santé et les démographes ne s'entendent pas sur les variables nécessaires, permettant d'inclure un cas dans les différentes catégories de perte d'audition. De 1784 à 1951, le recensement national comportait des questions sur la surdité, mais les réponses constituaient des cas isolés et variaient selon l'interprétation du répondant. Souvent les rapports de recensement combinaient des réponses de personnes sourdes et de personnes aveugles, ce qui offrait peu de renseignements sur le nombre réel de Canadiens atteints de perte d'audition. En 1983, l'Enquête sur la santé et l'incapacité au Canada entreprend de recueillir des renseignements sur les gens atteints de diverses invalidités, mais encore une fois, les rapports regroupent souvent les diverses incapacités. Toutefois, de nombreux membres de la culture des sourds ne se considèrent pas comme «handicapés» et refusent alors d'être inclus dans une enquête sur un groupe souffrant d'incapacité physique. Malgré le manque de statistiques, la plupart des professionnels qui dispensent les services aux sourds, aux malentendants et aux sourds postlinguistiques s'entendent pour dire que l'âge où se produit la perte d'audition constitue un des facteurs les plus importants pour déterminer les besoins éducatifs, sociaux et médicaux, ainsi que les besoins de réadaptation.

Une étude récente menée par des chercheurs de l'U. McGill à Montréal a permis de mieux comprendre les enfants sourds et malentendants. Au cours d'une période de dix ans couvrant la fin des années 70 et le début des années 80, une vaste base de données démographiques, concernant 8000 enfants, a été constituée. Le rapport a été publié en 1987 sous le titre *Study of Deaf Children in Canada*. Un autre rapport nous a fourni les données sur les AUTOCHTONES sourds du Canada vivant dans les régions septentrionales du pays.

Des études menées aux États-Unis indiquent l'existence d'une relation entre l'âge et la perte d'audition. Un rapport américain de 1989 indique qu'après 65 ans, les gens sont 7 fois plus susceptibles d'être atteints de perte d'audition qu'avant cet âge. La possibilité de subir une perte d'audition augmente avec l'âge. Les hommes sont plus susceptibles que les femmes de connaître des problèmes d'audition, mais l'écart entre les sexes diminue avec l'âge. Il y a une différence considérable entre les besoins et les préoccupations des personnes âgées qui ont été sourdes pendant toute leur vie ou presque (et qui ont utilisé un langage gestuel comme langue première), et ceux qui ont subi une perte d'audition pour la première fois à un âge avancé. P. ex., les interprètes gestuels peuvent s'avérer utiles au premier groupe mais pas à l'autre.

Technologie et surdité La technologie rend service aux personnes atteintes de perte d'audition grâce aux dispositifs techniques pour malentendants: prothèses auditives, systèmes à cadre de basse fréquence, systèmes FM et combinés de téléphone à amplification, implants cochléaires (considérés comme inappropriés par beaucoup de membres de la communauté des sourds, surtout lorsqu'ils sont utilisés sur de jeunes enfants), dispositifs d'avertissement visuels ou tactiles, sous-titrage d'émissions télévisées et d'enregistrements magnétoscopiques, et sous-titrage en temps réel d'émissions télédiffusées en direct, téléscripteurs pour malentendants, et systèmes de relais téléphoniques, ainsi que prise de notes informatisée pour les réunions et les salles de classe. Toute cette technologie n'est toutefois pas nécessairement appropriée à chaque personne atteinte de perte d'audition.

Incidence sur les individus et la société Il existe des différences notables entre les services requis pour satisfaire les besoins et les préoccupations des sourds, des malentendants, des individus devenus sourds en bas âge ou en vieillissant, et les personnes âgées qui ont été sourdes toute leur vie ou presque. Des études américaines ont montré, p. ex., que les personnes âgées atteintes de perte d'audition souffrent également de plus grandes restrictions dans leurs activités quotidiennes que les autres aînés. Le débat sur la meilleure approche à adopter dans l'éducation des enfants sourds se poursuit, et demeure l'objet des recherches qui apportent un éclairage nouveau sur l'acquisition et l'apprentissage d'une langue. L'influence de facteurs environnementaux (comme le bruit, les maladies et les blessures à la tête) sur la perte d'audition doit également être envisagée. Les attitudes de la société vis-à-vis des gens sourds et l'influence personnelle que peut avoir la perte d'audition sur un individu constituent également des sujets d'intérêt. Tous ces facteurs exercent des pressions supplémentaires sur la formation et le financement des individus et des groupes qui dispensent des services aux Canadiens atteints de pertes d'audition.

Dorothy L. Smith et Clifton F. Carbin

Auger de Subercase, Daniel d', Officier et gouverneur de la colonie française (Orthez, France, 12 févr.—Cannes-L'Écluse, France, 20 nov. 1732). Subercase arrive à Québec en 1687 comme capitaine de la Marine. Il mène de main de maître plusieurs campagnes contre les Anglais et les autochtones, et est reconnu pour son approche dynamique. En 1702, il devient gouverneur de Placentia, à Terre-Neuve, où il déclenche, en 1705, une attaque ambitieuse mais vaine contre St. John's.

Sous le règne de Subercase, la colonie vit une certaine stabilité et, en 1706, on le récompense en lui conférant le titre de gouverneur de l'ACADIE. Subercase tente d'y encourager l'établissement des Français, mais n'y parvient pas en raison d'un moral anéanti, de la négligence des autorités de l'époque et des attaques répétées des Anglais. PORT-ROYAL est assiégé deux fois, d'abord en 1707 sans succès, puis en 1710, lorsque la garnison, comprenant moins de 300 soldats, capitule devant une force de 2000 soldats. La reddition est définitive: la colonie devient britannique, et Subercase, le dernier gouverneur de l'Acadie française, retourne en France, où il vivra dans l'oubli.

Lois Kernaghan

Augustana University College Situé à Camrose, en Alberta, il est fondé par des pionniers norvégiens en 1910. Il porte alors le nom de Camrose Lutheran College. Il s'agit du premier collège privé de l'Alberta autorisé à conférer des grades universitaires, suivant en cela les dispositions de la loi adoptée en 1983 par le gouvernement albertain. En 1989, l'établissement devient le Camrose Lutheran University College et il porte son nom actuel depuis 1991. Il s'agit d'une université résidentielle de lettres et sciences humaines, et de sciences de l'Église évangélique luthérienne au Canada, membre à part entière de l'ASSOCIATION DES UNIVERSITÉS ET DES COLLÈGES DU CANADA.

Durant les premières années, Augustana offre une intéressante possibilité d'éducation secondaire, et est reconnu pour la qualité de son programme de formation générale et sa poursuite d'une éducation qui, au-delà de l'intellect, cherche à atteindre «le cœur et ses sentiments». Augustana commence à offrir une formation universitaire à l'automne de 1959, comme collège affilié à l'U. DE L'ALBERTA, puis une deuxième année du programme de transfert, en 1969. Il devient une université en 1985, au moment de conférer ses premiers baccalauréats. Cette université décerne maintenant des baccalauréats dans 19 disciplines des arts et des sciences, et est ouverte aux étudiants de toutes les traditions.

Avec près de 800 étudiants à temps plein en 1997-1998 et 56 professeurs à temps plein, Augustana se consacre à la qualité de l'enseignement au baccalauréat, ainsi qu'au développement intellectuel, moral et spirituel des étudiants. De plus, elle favorise actuellement un certain nombre d'études internationales et compte des étudiants provenant de plus de 15 pays. En 1991, Augustana fonde le Centre for Interdisciplinary Research in the Liberal Arts (CIRLA), qui appuie la publication de *Dianola: A Liberal Arts Interdisciplinary Journal*. Elle commandite des conférences internationales et accueille des forums électroniques comme le e-group CIRLA-L.

Christene Jensen McCloy

Augustines de la Miséricorde de Jésus Congrégation religieuse féminine formée en 1957, lorsque 14 couvents canadiens des Augustines hospitalières et trois missions à l'étranger, autonomes jusqu'à cette date, se regroupent en fédération. Le premier couvent fondé au Canada est l'HÔTEL-DIEU de Québec (1639); toutes ses religieuses viennent du couvent de Dieppe (France), qui existait avant 1285, peut-être même depuis 1155. Ces sœurs augustines travaillent dans

les hôpitaux en Amérique du Nord et, de pair avec les URSULINES, ce sont les premières religieuses canadiennes.

Depuis 1946, une fédération existe également en France; sa maison générale se trouve à Rennes. En 1996, on compte 350 religieuses canadiennes (un chiffre en baisse comparativement à celui de 515 en 1986). La maison générale se situe à Sillery, au Québec. (*Voir aussi* COMMUNAUTÉS RELIGIEUSES CHRÉTIENNES.)

Michel Thériault

Augustyn, Frank, danseur de ballet (Hamilton, Ont., 27 janv. 1953). Danseur classique fort louangé et admiré pour son élégance, Augustyn reçoit sa formation à l'ÉCOLE NATIONALE DE BALLET, et se joint au BALLET NATIONAL DU CANADA en 1970. Dès 1971, il devient soliste, puis danseur principal en 1972. En 1973, au Concours international de ballet de Moscou, il partage le prix du meilleur pas de deux avec Karen KAIN, une de ses fréquentes partenaires de danse. Les deux ont été les vedettes de plusieurs films de Norman CAMPBELL et ont dansé *Giselle* au théâtre Bolshoï de Moscou, en plus de faire de nombreuses tournées. En 1979, Augustyn est fait Officier de l'Ordre du Canada. En 1980, il se joint à l'Opera Ballet de Berlin, puis il retourne au Ballet national du Canada en 1982. À la même époque, il devient aussi artiste invité permanent du Boston Ballet.

En 1989, il quitte le Ballet national pour prendre la direction du Théâtre-Ballet canadien, plus tard renommé le Ballet d'Ottawa. Il élargit le répertoire de la troupe en ajoutant des œuvres de José Limón et de Flemming Flindt, ainsi que des chorégraphies à Edward Hillyer, à Serge BENNATHAN, à Michael Downing et à d'autres. Il produit et interprète *The Tin Soldier* pour la scène et pour la Société Radio-Canada. En 1994, il quitte son poste de directeur artistique du Ballet d'Ottawa, mais il continue à y danser et à y enseigner à titre d'artiste invité. Il est le directeur artistique du Gala des étoiles de Montréal, qui a lieu annuellement. Augustyn a reçu des doctorats honorifiques des universités York et McMaster (1979).

Penelope Reed Doob

Aulavik, réserve de parc national d' Créée en 1992 et située sur l'ÎLE BANKS, au centre de la large vallée de la rivière Thomsen, la réserve (1992, 12 200 km²) porte un nom inuvialukton signifiant «là où les gens voyagent». Le nom a été suggéré par un des anciens de Sachs Harbour, la seule communauté de l'île.

On accède au parc par avion nolisé à partir d'Inuvik, à environ 800 km au sud-ouest du parc. Visité par seulement 150 personnes en 1995, c'est le parc le moins fréquenté de tout le réseau des parcs nationaux. La plupart des visiteurs descendent en canot ou en radeau la Thomsen, la rivière navigable la plus septentrionale du Canada.

Histoire naturelle La vallée de la rivière Thomsen est la région du monde où le BŒUF MUSQUÉ est le plus prolifique. L'île Banks en abrite quelque 40 000. Ces bêtes à longs poils rudes parcourent les marais de la vallée, et s'y nourrissent de saules herbacés, de carex et d'herbages.

Le cours inférieur de la rivière Thomsen, avec les lacs et les étangs de la toundra à proximité, ont été désignés SANCTUAIRE D'OISEAUX migrateurs, en raison du grand nombre de bernaches cravant qui les fréquentent. À l'ouest, la rivière est bordée par une version arctique des BADLANDS, paysage de profonds ravins aux ramifications multiples, assurant un habitat de reproduction au FAUCON PÈLERIN, au faucon gerfaut et à la buse pattue.

À l'est, des lits de sable, de schiste argileux et de silt, et des filons de charbon et de schiste charbonneux, renferment des arbres et des PLANTES FOSSILES de la fin de l'ère des dinosaures, il y a plus de 65 millions d'années.

Histoire humaine Des sites archéologiques remontant à 3400 ans témoignent du riche patrimoine culturel de la région.

Maxwell W. Finkelstein

Aulne ARBRE ou arbuste, du genre *Alnus*, de la famille du BOULEAU. Les 30 espèces connues se trouvent principalement dans l'hémisphère Nord; trois sont indigènes au Canada. L'aulne rugueux (*A. rugosa*) est un arbrisseau transcontinental et le plus répandu au Canada. L'aulne rouge (*A. rubra*) est un petit arbre à faible longévité de l'ouest de la Colombie-Britannique. L'aulne crispé (*A. crispa*) est un arbuste transcontinental des régions du Nord. L'aulne de Sitka (*A. crispa* var. *sinuata*) se trouve dans les montagnes de la Colombie-Britannique et certains considèrent qu'il appartient à une espèce distincte (*A. sinuata*).

Ce genre possède les mêmes caractéristiques que le bouleau: racines traçantes, écorce au marquage horizontal (lenticelles) et chatons (structures cylindriques de reproduction) allongés pendant la floraison printanière. L'aulne occupe des terrains humides et possède des nodules racinaires capables de fixer l'azote de l'air. Il se distingue par des bourgeons en grappes, par le cœur de ses ramilles, qui est quelque peu triangulaire en coupe transversale, et par une infructescence ressemblant à des cônes miniatures.

Guérisseurs, artisans et guerriers ont utilisé l'aulne. On a employé son écorce dans des remèdes pour la gorge, son bois pour des meubles ainsi que pour des fondations de pont, car il ne pourrit pas dans l'eau, et le charbon de son bois comme composant de la poudre à canon.

Roger Vick

Aurora, ville de l'Ont.; pop. 34 857 (rec. 1996), 29 454 (rec. 1991); superf. 49,16 km²; située dans le comté de York, à 30 km au nord de TORONTO. Constituée en tant que village en 1863, puis en tant que ville en 1888, elle se fusionne à la municipalité régionale de York en octobre 1970. L'année suivante, elle annexe une partie des cantons de King et de Whitchurch.

À l'origine, elle a pour nom Machell's Corners, en l'honneur d'un commerçant local. En 1854, le maître de poste Charles Doan la nomme Aurora, d'après Aurore, la déesse grecque du matin. La même année, la *Toronto*, première locomotive mise en circulation en Ontario, arrive à Aurora. Elle annonce une époque prospère amenée par le chemin de fer et l'industrie axée sur l'agriculture.

Au XIXᵉ siècle, le quakerisme se concentre fortement dans la région d'Aurora. Aujourd'hui, Aurora est la plaque tournante de l'éducation. On y trouve le collège privé de Saint Andrew, de même que d'autres établissements d'enseignement. Ceux-ci sont complétés par des parcs industriels. Aurora est aussi une ville-dortoir de la métropole de Toronto.

Gerald Stortz

Aurore boréale Apparition dynamique de diverses couleurs lumineuses dans le ciel, le jour ou la nuit, aux latitudes élevées de l'hémisphère Nord. Les aurores boréales sont toujours disposées le long d'une bande (l'ovale auroral) dont le centre est le PÔLE GÉOMAGNÉTIQUE. La largeur normale de la bande varie entre 500 et 1000 km. Au Canada, sa position moyenne est au-dessus de Yellowknife (Territoires du Nord-Ouest) à l'ouest, et au-dessus de la Grande Rivière de la Baleine (Québec) à l'est. Au cours d'épisodes d'activité intense, l'ovale peut s'étendre très au sud jusqu'à Miami, en Floride (août 1972), et même au-delà. La luminosité peut fluctuer très fortement, en particulier aux alentours du minuit local, lors du déclenchement explosif d'activités appelées sous-orages. Les aurores boréales proviennent de l'ionosphère, la région de la haute atmosphère allant de 100 à 300 km au-dessus de la surface terrestre. Elles sont principalement causées par des électrons excités (de 1 à 20 kiloélectrons volts) qui sont accélérés vers l'ionosphère à partir d'une région allant de 5000 à 20 000 km au-dessus de la surface terrestre. Ces électrons excités bombardent la haute atmosphère et «excitent» les particules constitutives de l'atmosphère. En revenant à des états de moins grande excitation, ces particules émettent de la lumière. La lumière verte ou rouge vient de l'oxygène atomique excité, et la lumière pourpre, de l'azote moléculaire excité.

Selon la théorie actuelle, l'énergie nécessaire à la formation des aurores boréales provient du vent solaire, un flux de gaz composé principalement de protons et d'électrons qui s'échappent du soleil à des vitesses supersoniques de 300 à 1000 km/s (voir PHYSIQUE). Le vent solaire porte l'empreinte du champ magnétique solaire qui pénètre ainsi profondément dans l'espace interplanétaire. Le vent solaire interagit avec le champ magnétique terrestre et déforme ce dernier pour donner naissance à la magnétosphère (c.-à-d. la cavité créée dans l'espace interplanétaire par le champ magnétique terrestre et ayant la forme d'une comète dont l'extrémité émoussée serait tournée vers le Soleil). Une région en forme de puits conique, baptisée cornet polaire, interrompt la magnétosphère aux alentours de chaque pôle. Une partie du plasma du vent solaire, ralenti et réchauffé par son interaction avec la magnétosphère, pénètre dans chacun des cornets, puis directement dans l'ionosphère en engendrant les aurores du côté diurne. Toutefois, la plupart des particules qui pénètrent la magnétosphère contournent la Terre et, une fois arrivées sur le côté nocturne, elles finissent par s'écouler vers la Terre par des processus analogues à la convection. Certaines des particules sont alors accélérées dans l'ionosphère de la face nocturne et donnent naissance à de brillantes aurores.

La quantité d'énergie qui pénètre la magnétosphère est régulée principalement par l'intensité du champ magnétique interplanétaire et sa direction par rapport aux lignes du champ magnétique terrestre, à la frontière extérieure de la magnétosphère. L'activité varie aussi en fonction des taches solaires et de la fréquence des éruptions chromosphériques. Le phénomène parallèle observé dans l'hémisphère Sud est connu sous le nom d'aurore australe.

Les aurores sont la partie visible de la dissipation d'énergie, occasionnée par la rentrée du vent solaire dans la magnétosphère. Cette énergie se dissipe aussi par chauffage ohmique (c.-à-d. la chaleur générée par l'écoulement d'un courant électrique dans une résistance). Les courants en jeu sont gigantesques: des courants parfois supérieurs à un million d'ampères traversent l'ionosphère résistive dans la région des aurores lumineuses. Les champs magnétiques créés par ces courants peuvent fausser les boussoles et causer des coupures d'électricité, à la suite de surtensions dans les lignes à haute tension.

Les aurores boréales ont hanté l'imagination de leurs spectateurs durant des siècles. Chez les Inuits, les arsaniits sont des êtres célestes jouant à la balle. Pour certains autochtones, les aurores boréales représentent les esprits de leurs ancêtres qui dansent devant le Grand Esprit. Récemment, des chercheurs canadiens ont placé un imageur ultraviolet à bord du satellite suédois Viking et ont réussi à obtenir une vue globale des aurores boréales, et à suivre leurs rapides évolutions.

Gordon Rostoker

Australia (voir CANADA ET AUSTRALIE)

Auteurs et milieu de l'édition Selon la première étude de réalisée en 1979 par Statistique Canada, seuls quelques rares écrivains canadiens vivent des droits que leur rapportent leurs livres. Cette étude se base sur un échantillon de 1045 écrivains, choisis parmi les 4479 membres de syndicats d'écrivains. Il ressort que 71 p. 100 des écrivains interrogés vivent en Ontario et au Québec; 24 p. 100 gagnent un salaire annuel de plus de 20 000 $ et 42 p. 100, de 5000 $ et moins. Enfin, ils ne sont que 311 à se consacrer à plein temps à l'écriture. Même si les profits ne sont pas l'unique motivation des auteurs, les revenus provenant de leur travail intellectuel les encouragent à contribuer à la vie culturelle canadienne. Ces revenus dépendent de leurs relations avec les éditeurs, l'État, les écoles et le grand public.

Succès commercial ou non, les auteurs professionnels doivent se consacrer entièrement à leur art, car la rédaction d'un manuscrit exige parfois plus d'un an de travail. Commence ensuite la longue recherche d'un éditeur, laquelle peut être confiée à un agent littéraire. Une fois le manuscrit accepté par le comité de lecture de la maison d'édition, l'éditeur détermine le prix de détail du livre d'après l'estimation des frais engagés (édition, présentation, impression, reliure, distribution). Une remise de 20 à 50 p. 100, accordée aux divers intermédiaires et aux détaillants, fait partie des coûts de distribution. Quand il y a coédition avec un pays étranger, ces frais sont partagés avec un autre éditeur. L'auteur, dont les droits représentent entre 5 et 15 p. 100 du prix de vente, est habituellement le dernier à bénéficier d'une telle entreprise. Toutefois, il reçoit des droits sur chaque livre vendu. Les éditeurs estiment faire leurs frais quand ils vendent 70 à 80 p. 100 des exemplaires publiés.

Étant donné que nous ne pouvons abandonner la survie de notre littérature aux caprices du marché, il est généralement admis que les écrivains ont besoin de revenus supplémentaires. Quand le mécénat et les ressources financières personnelles font défaut, c'est à des organismes des gouvernements fédéral et provinciaux qu'il incombe de subventionner les écrivains. Cette situation a évolué; en effet, depuis toujours, la géographie et l'économie du Canada, associées à la concurrence étrangère, ont rendu précaire le marché des livres et des magazines canadiens.

La distribution coûte cher, car la population canadienne, peu nombreuse, est dispersée dans un vaste territoire de 6500 km de long. Les éditeurs britanniques et américains, qui récupèrent leurs frais de distribution au Canada grâce à leurs marchés plus vastes, ont pris le contrôle du marché canadien à la fin du XIXe siècle en, en établissant des succursales à Toronto, centre de l'édition de langue anglaise. De cette manière, ils ont empêché les éditeurs canadiens d'accéder directement à leurs marchés et se sont approprié cette activité lucrative et les droits subsidiaires au détriment des auteurs canadiens et étrangers.

Dans un tel contexte, il n'est possible de publier des livres inédits que s'il y a collaboration avec une maison d'édition étrangère, une pratique courante. Il arrive parfois que la décision de publier un auteur canadien soit prise dans un autre pays. Quoi qu'il en soit, même les œuvres publiées à la fois au Canada et à l'étranger ne permettent pas nécessairement à leurs auteurs de vivre.

Le succès des écrivains demeure lié à celui de leurs éditeurs. À Toronto, le marché du livre a prospéré durant les années 50 et 60, mais depuis 1970, l'inflation et la récession ont sérieusement ébranlé les plus importantes maisons d'édition locales-: Ryerson et Gage ont été vendues à des entreprises américaines (Gage a été rapatriée en 1978); Macmillan a changé deux fois de propriétaire; d'autres ont été placées sous séquestre ou ont frôlé la faillite.

Les enquêtes gouvernementales sur le contrôle étranger de l'édition et de la distribution ont amené l'Ontario et le Québec à accorder une aide financière à l'industrie du livre. Le gouvernement fédéral a freiné les prises de contrôle étrangères en créant l'AGENCE D'EXAMEN DE L'INVESTISSEMENT ÉTRANGER (1974), réorganisée au milieu des années 80 sous le nom d'Investissement Canada. Entre-temps, les coûts de production et de distribution ont augmenté et les prix de détail ont monté en flèche. Les budgets provinciaux consacrés aux manuels scolaires ont subi des réductions, les bibliothèques scolaires et publiques ont diminué leurs achats et de nouveaux produits se sont disputé l'argent des consommateurs.

Ces conditions auraient pu être encore plus difficiles pour les auteurs sans l'intervention de la COMMISSION ROYALE D'ENQUÊTE SUR L'AVANCEMENT DES ARTS, LETTRES ET SCIENCES AU CANADA (Commission Massey). En 1951, celle-ci recommande au gouvernement de venir en aide aux éditeurs et aux auteurs. C'est ainsi que le CONSEIL DES ARTS DU CANADA sera créé en 1957. Par la suite, toutes les provinces se doteront d'organismes semblables.

Bien que les auteurs et les éditeurs accueillent favorablement l'aide des gouvernements, l'énorme bureaucratie qui administre les programmes introduit une certaine réglementation et intervient dans le domaine de la création. Au début des années 70, le gouvernement fédéral commence à encourager la promotion du livre canadien à l'étranger. En 1979, il crée le Programme d'aide au développement de l'édition canadienne afin d'accorder directement des subventions aux éditeurs. Ces dernières années, le soutien de l'État provient principalement du MINISTÈRE DES COMMUNICATIONS, sous forme de subventions directes aux éditeurs pour la publication de titres particuliers ou encore sous forme de bourses de subsistance aux écrivains. Le Conseil des Arts du Canada subventionne aussi le Festival national du livre, événement annuel consacré à la promotion du livre et de la lecture, et gère les prix du Gouverneur général. Le Conseil des arts de chaque province fonctionne de la même façon, à peu de choses près. À l'instar de ces organismes, quelques villes, universités et maisons d'édition accordent des prix littéraires qui peuvent favoriser la vente de livres d'auteurs particuliers.

Cependant, dans les années 80, autant les partis libéral que conservateur révisent leur engagement envers la communauté artistique. Le Rapport du Comité d'étude de la politique culturelle fédérale (1982), présidé par Louis APPLEBAUM et Jacques HÉBERT, recommande que le gouvernement fournisse une aide accrue aux éditeurs et aux écrivains, tout en réaffirmant la liberté de l'écrivain à l'égard de tout contrôle politique. Après 1984, la volonté des conservateurs de signer un accord de libre-échange avec les États-Unis entre souvent en contradiction avec leur politique en matière de souveraineté culturelle, notamment quand les Américains remettent en question la nature des subsides offerts aux industries culturelles.

Le ministre des Communications, Marcel MASSE, essaie de remplacer l'inefficace Programme d'aide au développement de l'édition canadienne. Lui-même et son successeur, Flora MACDONALD, seront témoins de l'incapacité d'Investissement Canada à soutenir leur politique de rapatriement de l'industrie du livre. En 1986, cette même industrie condamne unanimement les droits temporaires de 10 p. 100 imposés sur les publications de langue anglaise en représailles aux droits américains sur les bardeaux et les bardeaux de fente; c'est un échec. La même année, Masse met en œuvre le Droit de prêt au public, attendu depuis longtemps, un programme administré par le Conseil des Arts du Canada en vue de rembourser quelque 6000 auteurs canadiens pour l'utilisation de leurs livres dans les bibliothèques publiques.

Au début des années 80, le gouvernement fédéral prépare une refonte complète de la *Loi sur le droit d'auteur* (pour remplacer celle de 1921). Il consulte les éditeurs, les auteurs et les bibliothécaires sur des questions comme le droit d'auteur international, la libre circulation des livres aux frontières, la photocopie non autorisée et l'édition électronique. Un livre blanc sur la LOI SUR LE DROIT D'AUTEUR paraît en 1984.

Le droit d'auteur et les problèmes qu'il suscite ont conduit à la création de la Canadian Society of Authors (1899) et de la CANADIAN AUTHORS ASSOCIATION (1921). En plus de débattre de cette question cruciale, des organismes plus récents comme la League of Canadian Poets (1966), la Writers' Union of Canada (1973) et l'Union des écrivains québécois font pression pour une plus grande propriété canadienne dans les secteurs de l'édition et de la distribution, une aide financière accrue à la traduction littéraire, des ajustements en matière d'impôt et le Droit de prêt au public. En 1975, la Writers' Union of Canada proteste contre la vente par les grandes chaînes de détail Coles et W.H. Smith des invendus d'auteurs canadiens dans leur édition américaine, alors que ces ouvrages sont encore sous presse au Canada. Pareille importation est alors possible en raison de la lenteur des procédures d'injonction de la Cour et des amendes minimes imposées pour la violation des droits d'auteur.

La conjoncture économique difficile à laquelle font face les principaux éditeurs et la disparition de publications rentables comme le *Star Weekly*, le *Family Herald* et le *Weekend Magazine* sont contrebalancées par les succès de la presse régionale, qui vit sa plus grande ère de prospérité depuis la Confédération. Les années 60 et 70 voient apparaître de PETITES MAISONS D'ÉDITION sur tout le territoire canadien. Elles suscitent un nouvel intérêt pour la littérature régionale et, en dépit de conditions économiques difficiles, bon nombre d'entre elles survivront et prospéreront.

Le public et la critique reconnaissent les écrivains canadiens tant au Canada qu'à l'étranger, et ce, plus particulièrement depuis la Seconde Guerre mondiale. Écoles et universités dispensent un plus grand nombre de cours de littérature canadienne, notamment grâce aux réimpressions et aux anthologies ainsi qu'aux cassettes et disques d'auteurs commentant et faisant la lecture de leurs œuvres. De nombreux collèges offrent des programmes d'écrivains résidents qu'ils subventionnent avec l'aide de diverses institutions et du Conseil des arts. La littérature et la recherche sont en plein essor dans des revues spécialisées; bibliographies, biographies, correspondances et sondages permettent de situer nos écrivains dans le contexte canadien, une situation pratiquement inconnue avant 1960.

Le métier d'écrivain a été le thème central de divers congrès littéraires tels que The Canadian Writers' Conference (U. Queen's, 1955), The State of English Language Publishing in Canada (U. Trent, 1975), The Conference on the Canadian Novel (U. de Calgary, 1978). Depuis 1970, la popularité des lectures publiques par les auteurs permet au public de découvrir et d'apprécier davantage la littérature contemporaine.

La situation des écrivains dépend de nombreuses variables économiques. Toutefois, la reconnaissance accrue de la littérature canadienne et de ses créateurs représente un signe encourageant et bénéfique sur les plans intellectuel et économique. Cela indique que notre société commence à comprendre l'importance du rôle des écrivains dans notre culture. (*Voir aussi* ÉDITION DE LANGUE ANGLAISE; ÉDITION DE LANGUE FRANÇAISE; LITTÉRATURE DE LANGUE ANGLAISE; LITTÉRATURE DE LANGUE FRANÇAISE.)

George L. Parker

Autobus, transport par Le mot «autobus» vient du latin *omnibus* et fait référence à tout véhicule motorisé pouvant transporter plus de passagers qu'une voiture. Les autobus servent à parcourir de courtes distances, tandis que les autocars, pourvus de sièges confortables et d'autres commodités, sont conçus pour des trajets plus longs. L'autobus est le moyen de transport public le plus populaire au Canada, il est d'ailleurs souvent le seul service offert. Les autobus interurbains, pour les distances de moins de 500 km, offrent le double avantage de tarifs modérés et de départs quotidiens fréquents.

Croissance du transport par autobus Au Canada, les premiers services de transport en commun, qui font leur apparition au lendemain de la Guerre de Sept Ans, sont hippomobiles. Avant 1800, il existe un service de transport entre Halifax et Windsor, pendant que Montréal est relié à Québec, à Albany et à Saint-Jean. Plusieurs routes s'ouvrent dans le Haut-Canada, notamment entre Newark et Chippawa.

L'ouverture des routes de l'Ouest est plus tardive, reflétant le rythme de croissance de cette région. Le célèbre BX (le Barnard's Express, qui devient par la suite le BC Express) s'engage pour la première fois sur la ROUTE CARIBOO en 1863, entre Lillooet et Soda Creek, en Colombie-Britannique. La route Barnard se développe à mesure que le réseau routier prend de l'ampleur, reliant ce qui est alors la plus importante communauté de la Colombie-Britannique, Barkerville, aux bateaux à vapeur du fleuve Fraser à Yale.

L'inauguration du réseau transcontinental du Canadien Pacifique favorise aussi la prolifération des services de diligences dans les Prairies. Moosomin, en Saskatchewan, est un des premiers carrefours. On peut y prendre une diligence vers le nord pour Fort Ellice afin de rejoindre les bateaux à vapeur de la rivière Qu'Appelle; vers le sud pour les États-Unis, jusqu'à Boscurvis; et vers les régions du nord-ouest comme Redpath, Kinbrae et la colonie de Montréal (maintenant appelée Bredenbury). Les diligences de Moosomin jouent, entre autres, un rôle important au moment de la rébellion du Nord-Ouest.

Les lignes urbaines de diligences hippomobiles se développent au rythme des villes canadiennes. Certaines de ces lignes sont des parcs de voitures de louage ou des services de transfert vers d'autres destinations, comme c'est le cas à Montréal, à Toronto et ailleurs où les gens se déplacent entre les ports ou les gares de chemin de fer et les quartiers résidentiels et commerciaux. Ces lignes servent aussi de jonction entre réseaux fluviaux. Certaines offrent un service urbain plus complet, comme c'est le cas à Victoria dans les années 1880, tandis que d'autres se raccordent aux réseaux de tramways hippomobiles, toute l'année ou de façon saisonnière.

À Montréal, on utilise surtout les tramways hippomobiles pendant l'été et l'automne, les autobus tirés par des chevaux au printemps et des traîneaux en hiver. Certaines sociétés réussissent à survivre à la transition des autobus hippomobiles aux autobus motorisés et existent encore à l'heure actuelle, comme c'est le cas de la Brewster Transport (Alberta, Colombie-Britannique) et de la Penetang-Midland (Ontario). Les dirigeants de certaines sociétés, quant à eux, optent pour des tramways et des autocars, comme le fait Francis Stillman Barnard de Victoria (fils du fondateur de BX).

Après quelques essais, les autobus urbains et les services de trolleybus apparaissent pour de bon après la Première Guerre mondiale, tout d'abord comme supplément aux lignes de tramways, pour ensuite les remplacer dans la plupart des villes. L'industrie des autobus ruraux et interurbains prend son essor vers la fin des années 20 et le début des années 30, supplantant en grande partie les autres moyens de transport. Elle connaît des poussées rapides de croissance dès la fin des années 40 jusqu'à la fin des années 60. La construction de nouvelles autoroutes et l'agrandissement des banlieues offrent de nouvelles possibilités au cours des années suivantes.

Différents services de transport par autobus La plupart des gens connaissent bien les services réguliers: un autobus est soumis à des horaires fixes et à un itinéraire précis. Tout le monde peut en profiter, pourvu qu'on s'acquitte du tarif établi. De plus, il est possible d'expédier des paquets par les services ruraux et interurbains. La plupart des autobus suivent les trajets réguliers. Les services nolisés représentent aussi un moyen de transport populaire pour les groupes voulant se rendre d'un endroit précis à un autre et au moment où ils le désirent.

Les voyages forfaitaires sont une forme de transport par autocar et peuvent offrir un service régulier. Éventuellement, le circuit peut s'étendre sur de longues distances, incluant l'hébergement et les repas. Des centaines de compagnies d'autocars offrent des services nolisés et des voyages forfaitaires.

Quant aux systèmes de transport industriels, ils fournissent des services réguliers pour ceux dont le lieu de travail se trouve à un endroit où il n'y a pas de transport en commun, notamment en Colombie-Britannique et en Alberta. La plupart du temps, les coûts liés à ces services sont défrayés par les employeurs, à la fois pour aider les travailleurs et économiser les espaces de stationnement. Certaines flottes industrielles comptent ainsi plusieurs centaines d'autobus. Dans l'industrie du sciage de la Colombie-Britannique, il y a d'ailleurs plus d'autobus de service industriel que dans le transport métropolitain de Vancouver.

Les navettes aéroportuaires, tout comme les autobus desservant les gares de chemin de fer à une autre époque, assurent le lien entre les aéroports et le centre des grandes villes. Ils peuvent aussi se rendre directement dans d'autres petites municipalités peu éloignées.

Les autobus scolaires jaunes, répandus dans tout le Canada, se trouvent autant dans le secteur privé que dans le secteur public, ces derniers puisant leurs fonds d'exploitation dans les taxes scolaires. Les quelque 36 000 autobus scolaires assurent chaque année plus de 700 millions de trajets.

Bien que la majorité des régions du Canada bénéficient d'un bon service de transport en commun, au Canada et aux États-Unis le service rural sur courtes distances est pratiquement inexistant. Au Canada, on dessert des populations avec des services spécifiques comme les autobus scolaires, les minibus destinés aux personnes âgées ou handicapées et le transport industriel pour les travailleurs. En Europe, un seul réseau répond normalement à toutes ces exigences.

Compagnies de transport par autobus Il en existe plus de 1000, mais l'exploitation de la plupart des circuits relève de compagnies d'envergure telles que Acadian Lines, Canada Coach, Gray Coach, Grey Goose, Greyhound Lines of Canada, SMT Eastern, Saskatchewan Transportation, Terra Transport (Canadien National) et Voyageur. Cinq de ces compagnies appartiennent à des intérêts privés, tandis que les autres sont des sociétés d'État. Le territoire, la fréquence du service et le taux de croissance de l'économie de la région desservie déterminent si l'entreprise peut s'avérer profitable.

Technologie et fabrication Il existe de nombreux types d'autobus: le véhicule à moteur arrière standard, celui à 2 essieux, qu'on trouve en ville, et son équivalent, l'autocar à 2 ou 3 essieux pour le service interurbain. L'autobus scolaire est muni d'un châssis routier et d'un moteur avant; l'autobus articulé est plus long, tout en étant pourvu de soufflets qui lui permettent de tourner plus facilement; enfin, l'autobus à impériale est utilisé pour les visites panoramiques. Les trolleybus existent depuis le tout début du transport en commun, et quatre grandes villes en possèdent toujours d'importantes flottes.

Anciennement, la fabrication des autobus relevait de plusieurs petites entreprises comme Sunnyside Auto Body Works (Alberta), Laurie Wagon (Manitoba), Smith Brothers (Ontario), St-Lin Bodies (Québec) et Middle West Pubnico Bus Builders (Nouvelle-Écosse). Avec le temps, les plus grandes entreprises s'approprient le marché autant au pays qu'à l'étranger.

En matière de transport urbain, la Division Diesel de General Motors, la Flyer ltée et les industries ontariennes de transport par autobus se partagent la plus grande partie du marché. Pour les régions rurales et le transport interurbain, il existe deux fabricants notoires (1987), chacun d'eux ayant innové. Ces compagnies sont Prévost Car (Québec) et Motor Coach Industries (Manitoba). L'entreprise Prévost met au point une façon économique de fabriquer de grandes fenêtres s'incurvant jusqu'au toit de l'autobus, ce qui intéresse particulièrement les compagnies d'autobus nolisés et d'excursion.

La Motor Coach Industries, associée à Greyhound Lines of Canada, fabrique un autocar très fiable pouvant dépasser les deux millions de kilomètres à peu de frais, ce qui rend ce véhicule très populaire auprès des compagnies qui assurent des services réguliers.

La réglementation des services de transport par autobus relève des gouvernements provinciaux. La Cour suprême du Canada juge que le gouvernement fédéral a le droit de réglementer le transport par autobus entre les provinces, mais pour des raisons pratiques chaque province établit sa propre réglementation en consultation avec ses homologues.

Les services réguliers font l'objet d'une réglementation rigoureuse. La plupart des itinéraires ruraux ne desservent généralement pas une population suffisante pour justifier plus d'un transporteur. Les itinéraires interurbains sont attribués normalement à un seul transporteur afin que ses profits puissent couvrir les frais nécessaires pour desservir les régions moins populeuses. Les tarifs, ainsi que les entrées et les sorties du marché, sont réglementés.

Les services nolisés et d'excursions font aussi l'objet d'une réglementation, bien que dans certaines régions les restrictions relatives au nombre de transporteurs soient maintenant moins rigoureuses. À toutes fins utiles, les exploitants accrédités peuvent offrir leurs services indéfiniment.

Règle générale, l'achalandage des aéroports n'est pas suffisant pour justifier plus d'un transporteur par ligne, et c'est pour cela qu'il n'y a qu'une seule entreprise qui détient un monopole. La concurrence ne s'installe entre les transporteurs que tous les cinq ou dix ans, lorsque les dirigeants des aéroports procèdent à une adjudication publique visant à sélectionner un transporteur qui aura à son tour le monopole.

Perspectives d'avenir Le Canada est peut-être bien une nation de conducteurs automobiles, mais lorsqu'il s'agit de déplacements par route, ses habitants sont fort enclins à utiliser les transports publics. Les Canadiens utilisent les services d'autobus réguliers et le chemin de fer 3 fois plus que leurs voisins américains. On remarque des résultats similaires lorsqu'on compare le transport urbain des 2 pays dans des villes ayant des populations équivalentes.

Grâce à un important réseau de services et à des tarifs relativement bas, les Canadiens vont certainement continuer à utiliser ce moyen de transport sûr et écologique. (*Voir aussi* TRAMWAYS; TRANSPORTs; TRANSPORT URBAIN.)

Brian E. Sullivan

Autochtones Les peuples autochtones du Canada sont abordés dans 6 articles généraux. AUTOCHTONES: L'ARCTIQUE; AUTOCHTONES: LES FORÊTS DE L'EST; AUTOCHTONES: LA CÔTE DU NORD-OUEST; AUTOCHTONES: LES PLAINES; AUTOCHTONES: LE PLATEAU; AUTOCHTONES: LA RÉGION SUBARCTIQUE.

Il y a aussi des entrées distinctes pour les groupes suivants: ABÉNAQUIS; AHOUSAHT; ALGONQUINS; ASSINIBOINES; ATTIKAMEKS; INUITS DE L'ÎLE DE BAFFIN; BEARLAKES; CASTORS; BÉOTHUKS; PIEDS-NOIRS; PIEDS-NOIRS, NATION DES; GENS-DU-SANG; INUITS DU CARIBOU; PORTEURS; CAYUGAS; SALISH DE LA CÔTE CENTRALE; CHIKLISETS; CHILCOTINS; CHIPEWYANS; CLAYOQUOT; INUITS DU CUIVRE; CRIS; DAKOTAS; NATION DÉNÉE; DITIDAHTS; PLATS-CÔTÉS-DE-CHIEN; EHATTESAHTS; GITKSANS; HAIDAS; HANS; LIÈVRES; HEILTSUKS (Bella Bellas); HESQUIAHTS; HURON; INUITS IGLULIK; INNUS; INUITS; IROQUOIS; KABLOONAS; KASKAS; KITAMAATS; KOOTENAYS; KUTCHINS; KWAKIUTL; Kyuquot; INUITS DU LABRADOR; INUITS DU MACKENZIE; MALÉCITES; MÉTIS; MICMACS; MOHAWKS; INNUS (MONTAGNAIS-NASKAPIS); MOWACHAHTS MUCHA-

LAHTS; NAHANNIS; NASKAPIS; INUITS DE NETSILIK; NEUTRES; NICOLA-SIMILKAMEEN; NISHGAS; NOOTKA; SALISH DE LA CÔTE NORD DU DÉTROIT DE GEORGIA; NUTCHATLAHTS; NUXALKS (Bella Coolas); NUUCHAH-NULTH (Nootka); OJIBWÉS; ONEIDAS; ONONDAGAS; OPETCHESAHTS; OUTAOUAIS; PACHEENAHTS; PEIGANS; PÉTUNS; INUITS SADLERMIUTS; SALISH DE LA CÔTE; SALISH DU CONTINENT; SARSIS; SÉKANIS; SÉNÉCAS; SHESHAHTS; SIOUX; SIX-NATIONS; ESCLAVES; STONEYS-NAKODAS; Tagish; TAHLTANS; TLINGITS; TOQUAHTS; TSETSAUT; TSIMSHIANS; TUTCHONIS; UCHUCKLESAHTS; UCLUELETS; INUITS D'UNGAVA; COUTEAUX-JAUNES.

Autochtones, Commission royale d'enquête sur les Elle est créée après la crise d'Oka, au cours de l'été 1990, dans le cadre d'une série d'initiatives du gouvernement fédéral visant à apporter une réponse aux problèmes autochtones. Ses paramètres sont élaborés à la suite des consultations dirigées par l'ancien juge en chef Brian DICKSON auprès des groupes autochtones nationaux et régionaux, des chefs autochtones de diverses provenances, des politiciens fédéraux et provinciaux, ainsi que des experts de la question autochtone. Lorsqu'il reçoit le rapport de Dickson, le gouvernement fédéral décrète la formation d'une commission le 26 août 1991. Celle-ci a pour mandat d'étudier l'évolution des relations entre les peuples autochtones, le gouvernement du Canada et la société canadienne dans son ensemble. Le juge Dickson détermine 16 points nécessitant une attention spéciale. À sa recommandation, 4 commissaires sur 7 sont d'origine autochtone. Georges ERASMUS, un ancien chef national de l'ASSEMBLÉE DES PREMIÈRES NATIONS, et le juge René Dussault de la Cour d'appel du Québec agissent comme coprésidents.

D'autres personnes siègent à la Commission, dont Viola Robinson, ancienne présidente du CONSEIL NATIONAL DES AUTOCHTONES DU CANADA (CONGRÈS DES PEUPLES AUTOCHTONES); Mary Sillett, ancienne présidente de l'Association nationale des femmes inuites de Paukuutit et vice-présidente d'INUIT TAPIRISAT DU CANADA; Paul Chartrand, avocat métis et directeur du département des études amérindiennes de l'U. du Manitoba; Bertha WILSON, ancienne juge de la Cour suprême du Canada; Allan BLAKENEY, ex-premier ministre de la Saskatchewan. Quand M. Blakeney démissionne, en avril 1993, il est remplacé par le professeur Peter Meekison, politicologue de l'U. de l'Alberta et ancien sous-ministre des Affaires fédérales et intergouvernementales de l'Alberta.

La Commission a pour mandat de mettre sur pied un vaste programme de recherche, pour lequel les groupes autochtones seront consultés. Le plan de recherche intégrée, publié en 1993, se fonde sur 4 grands thèmes: gouvernement autochtone; territoire et économie; société et culture; le Nord. Ces thèmes sont abordés sous 4 angles différents: l'histoire; les femmes; les jeunes et les perspectives urbaines. La coordination de la recherche relève de deux codirecteurs. La Commission visite les communautés autochtones dans tout le Canada et entend les mémoires de plus de 2000 personnes au cours des audiences publiques. Elle commande aussi plus de 350 projets de recherche.

Le rapport, diffusé le 21 novembre 1996 à l'issue d'une cérémonie spéciale tenue à Hull (Québec), comprend 5 volumes: *Un passé, un avenir; Une relation à redéfinir* (2 parties); *Vers un ressourcement; Perspectives et réalités* et *Vingt ans d'action soutenue pour le renouveau.* Ce qui ressort essentiellement du rapport, c'est la nécessité d'une restructuration complète des relations entre les peuples autochtones et non autochtones du Canada.

Les principales recommandations visent à l'élaboration d'une nouvelle proclamation royale. En

d'autres mots, la Commission recommande que le gouvernement s'engage à établir de nouvelles règles d'éthique qui respectent et reconnaissent la culture des peuples autochtones, leurs valeurs, leurs origines et leur droit à l'autodétermination.

Quant au thème portant sur un «Gouvernement autochtone», la Commission a examiné divers modèles d'autodétermination et d'autonomie gouvernementale, de même que l'aspect juridique de la question pour les trois groupes autochtones, y compris ceux qui vivent dans les centres urbains. Elle conclut que les gouvernements autochtones de demain devraient concentrer leurs efforts sur les nations plutôt que sur les communautés mêmes. On a évalué que de 60 à 80 nations autochtones pourraient constituer des organisations dans tout le Canada. La Commission propose en outre l'établissement d'un parlement autochtone où siégeraient des représentants qui conseilleraient le Parlement sur des questions touchant ces peuples.

Les recommandations relatives au thème «Territoire et économie» soulignent l'importance de donner aux peuples autochtones des terres et des ressources adéquates, ainsi que le besoin d'accroître de façon significative le territoire des PREMIÈRES NATIONS dans le sud du Canada. Une recommandation vise à créer un tribunal indépendant chargé des questions relatives aux territoires et aux traités et d'assurer la supervision des négociations entre les gouvernements fédéral, provinciaux et autochtones sur les questions territoriales. Les gouvernements autochtones sont encouragés à créer des institutions économiques reflétant leurs valeurs culturelles et qui puissent répondre de leurs actes, tout en étant à l'abri de toute ingérence politique.

Sous le thème «Société et culture», la Commission propose notamment l'adoption de stratégies en matière de santé et de ressourcement, l'établissement d'une université internationale pour les peuples autochtones, l'instauration de programmes éducatifs qui faciliteront leur autonomie gouvernementale, de même que des cours destinés au public afin qu'il comprenne mieux ces peuples autochtones et soit sensibilisé à leur culture.

Les conclusions et recommandations de la Commission concernant «le Nord» sont principalement axées sur le besoin d'assurer aux peuples autochtones la possibilité de participer au développement politique et culturel en cours.

La Commission recommande également diverses actions immédiates, comme la tenue d'une CONFÉRENCE DES PREMIERS MINISTRES dans les six mois suivant la parution du rapport et une augmentation majeure des dépenses dans les programmes autochtones, dont le budget pourrait passer de 1,5 milliard de dollars à 2 milliards de dollars par année sur une période de 15 ans, afin de répondre aux besoins les plus pressants en matière de santé, d'éducation, de création d'emplois et d'habitation. La Commission propose qu'un nouveau ministère fédéral des relations autochtones soit créé pour aider les différents groupes à faire la transition vers un gouvernement autonome. Elle souhaite le maintien d'un ministère des programmes indiens et inuits afin d'assurer des services aux communautés qui ne sont pas prêtes à effectuer ces changements.

Le rapport de la Commission servira de référence au débat en cours sur le développement politique, social, économique et culturel des peuples autochtones. Il présente le point de vue de ces peuples sur l'histoire du Canada et sur le rôle qu'ils devraient jouer dans une société moderne. La portée des recommandations de la Commission est beaucoup plus large que celle de toute autre commission royale, y compris celles d'importance majeure comme la COMMISSION ROYALE D'ENQUÊTE SUR LE BILINGUISME ET LE BICULTURALISME et la COMMISSION ROYALE D'ENQUÊTE SUR LES PERSPECTIVES ÉCONOMIQUES DU CANADA. Alors que des groupes autochtones comme l'Assemblée des Premières Nations ont manifesté leur appui aux recommandations de la Commission, on peut s'attendre à ce que les gouvernements non autochtones étudient ces propositions attentivement. Le coût des recommandations du rapport a d'ailleurs été perçu négativement par le gouvernement fédéral.

Audrey Doerr

Autochtones, conditions économiques des Les systèmes économiques des autochtones se fondaient principalement sur le partage (une mise en commun à caractère familial et égalitaire des ressources), pratiqué entre les 26 groupes individuels ou BANDES, dans le Nord; sur la réciprocité (une forme calculée d'échange donnant, donnant), pour les 17 sociétés intermédiaires ou «tribus» du Sud; et sur la redistribution (gestion centralisée et politiquement organisée de l'économie), en vigueur dans la totalité des 11 chefferies de la côte nord-ouest. Ces sociétés très hiérarchisées de la côte du Pacifique achètent et vendent des esclaves, qui représentent environ 10 p. 100 de la population. Aucune société autochtone n'utilise d'argent véritable ou tout autre moyen d'échange comportant des «liquidités» élevées, comme ces pièces de monnaie qui permettent d'acheter une gamme étendue de biens et de services. Il n'existe pas de marchés véritables où les prix sont fixés essentiellement en fonction de l'offre et de la demande. La notion du travail rémunéré n'existe pas davantage. À l'époque de la TRAITE DES FOURRURES, cependant, certains éléments d'une économie à base de troc et de salaire font leur apparition dans plusieurs communautés autochtones.

Participation au marché du travail

En 1981, quelque 38 p. 100 seulement des INDIENS inscrits, âgés de plus de 15 ans, sont «employés», en ce sens qu'ils travaillent pour un revenu monétaire, comparativement à 60 p. 100 de l'ensemble de la population âgée de 15 ans et plus. Selon les données ministérielles de 1996 du ministère des Affaires indiennes et du Nord canadien (MAINC), le taux de participation au marché du travail en 1991 des Indiens inscrits de plus de 15 ans et vivant dans des réserves n'est que de 47 p. 100, comparativement à 68 p. 100 pour l'ensemble de la population du même âge. L'*Enquête auprès des peuples autochtones* (1991) rapporte que seulement 43 p. 100 des 388 900 adultes recensés, âgés de plus de 15 ans, sont «employés», c.-à-d. qu'ils travaillent pour un revenu monétaire, comparativement à 61 p. 100 pour toute la population canadienne de la même catégorie.

Économie autochtone moderne

Il convient de souligner, cependant, que cette faible participation des autochtones au marché du travail est due essentiellement à des contraintes structurelles. Dans la mesure où les autochtones au Canada restent attachés à leur héritage économique, ils éprouvent des difficultés à s'adapter à l'économie générale du pays. Comme tout nouvel entrepreneur, un autochtone désireux de se lancer en affaires doit se familiariser avec les détails d'un système nouveau et complexe assujetti à des réalités telles que la comptabilité, le dépôt de soumission, le contrat, le permis, les prêts, les syndicats et l'impôt. L'*Enquête auprès des peuples autochtones* de 1991 a révélé que le «taux de chômage» – soit ceux qui cherchent un emploi salarié et sont incapables d'en trouver – était de 25 p. 100 chez les adultes se déclarant autochtones, comparativement à 10 p. 100 pour l'ensemble de la population, selon le recensement canadien.

Trois facteurs clés ont présidé à la structuration du système économique des autochtones à l'ère moderne: l'héritage évolutionniste propre à chacune des sociétés traditionnelles ayant survécu; la façon dont les individus, dans le passé, se sont intégrés à l'économie monétaire, de marché et de salaires; et le rôle joué par le gouvernement fédéral au chapitre du sou-

tien et de la gestion de l'économie des communautés autochtones.

En règle générale, les sociétés autochtones socialement et politiquement les plus complexes sont celles qui s'adaptent le mieux, à l'époque des premiers contacts, à l'économie des Blancs. Il en va de même de leur participation à l'économie des temps modernes. Les autochtones dont l'héritage remonte aux chefferies de la Colombie-Britannique ou aux sociétés du Sud, comme celles des PIEDS-NOIRS, des MOHAWKS ou des HURONS, ont des revenus plus élevés que les INUITS, les DÉNÉS et les ALGONQUINS du Nord, dont l'héritage est confiné à celui de la bande. Les différences historiques qui ont affecté la participation à l'économie moderne apparaissent au sein des mêmes groupes. Les CRIS et les OJIBWÉS, p.ex., qui se déplacent vers les Prairies à l'époque de la traite des fourrures, sont plus prospères que ceux qui ne quittent pas leur patrie du nord du Québec et de l'Ontario. Cet essor économique a permis aux Cris et aux Ojibwés de former les deux groupes autochtones les plus importants au Canada.

Financement du gouvernement

Après la Seconde Guerre mondiale, et surtout au cours des années 60, le gouvernement fédéral commence à jouer un rôle plus actif auprès des communautés autochtones en leur assurant des services sociaux, éducatifs et économiques (*voir* AUTOCHTONES, PROGRAMMES GOUVERNEMENTAUX CONCERNANT LES). Depuis le début des années 80, les dépenses fédérales consacrées aux autochtones ont plus que triplé, passant de 1,4 milliard de dollars en 1980-1981 à 5,6 milliards en 1995-1996. Actuellement, le mandat du gouvernement fédéral exige qu'environ 4,9 milliards des 5,6 milliards de dollars soient alloués aux INDIENS inscrits vivant dans des RÉSERVES et aux Inuits.

Participation des autochtones à l'économie

La participation des autochtones à l'économie, du point de vue de l'emploi et du revenu, est fort inférieure à la moyenne nationale. D'autres indicateurs sociaux tels que l'espérance de vie, l'invalidité et les taux de mortalité montrent aussi que les conditions de vie des autochtones sont pires que celles des autres Canadiens (*voir* AUTOCHTONES, CONDITIONS SOCIALES DES). Dans le passé, les PREMIÈRES NATIONS et les communautés inuites n'étaient pas maîtres de leur avenir social et économique. Aujourd'hui, le gouvernement canadien admet que les peuples autochtones ont un droit inhérent à l'autonomie gouvernementale. Grâce à sa stratégie de développement économique, les Premières Nations et les communautés inuites gèrent maintenant l'exploitation des ressources ainsi que leurs propres activités commerciales et planifient l'économie de leurs communautés. Les données du MAINC pour 1996 font état de plus de 400 organisations communautaires de développement économique qui sont administrées par des communautés autochtones et auxquelles elles doivent rendre compte.

Logement

Au Canada, quelque 60 p. 100 des maisons rurales, des chalets et des habitations en milieu éloigné sont équipés de systèmes d'eau courante et d'évacuation des eaux usées. Par le passé, les conditions de logement des autochtones étaient gravement inadéquates. Dans les années 60, moins de la moitié des maisons des réserves avaient l'électricité et très peu étaient équipées de systèmes d'eau courante ou d'égout. En 1996, selon le rapport du MAINC, environ 90 p. 100 des habitations des autochtones sont munies d'un système d'égout, environ 96 p. 100 d'un système d'alimentation en eau et près de 100 p. 100 ont l'électricité. Les maisons des autochtones sont maintenant construites conformément au code du bâtiment. Entre 1983-1984 et 1995-1996, une

moyenne de 3338 unités d'habitation sont construites chaque année dans les réserves. En 1995-1996, on y dénombre 2427 nouvelles unités.

Territoire et économie

Les territoires dont disposent les 2376 réserves et communautés indiennes sont en général assez peu étendus (3 000 000 ha ou 30 000 km² sont détenus en fiducie en 1996). En 1998, on avait déjà conclu 12 ententes sur des revendications territoriales globales. Au Canada, la superficie moyenne d'une réserve est de 1100 ha. La plus grande partie du territoire ne se prête qu'à l'industrie primaire, comme la pêche et l'exploitation forestière. Environ 20 p. 100 du territoire des Premières Nations a un bon potentiel agricole, mais ces terres sont surtout situées dans le sud du Canada où les autochtones ont déjà accès à d'autres types d'emplois.

Emplois et revenus

Les statistiques du marché du travail de 1991 révèlent un haut degré de dépendance et une échelle de salaire qui n'atteint que la moitié de la moyenne nationale. Un nombre substantiel d'autochtones ont recours à la chasse et à la pêche pour assurer leur subsistance à la manière ancestrale. Une forte proportion d'autochtones sont employés à des travaux en plein air ou saisonniers, même si ces métiers sont moins rémunérateurs que les emplois intérieurs et permanents, comme les fonctions professionnelles, techniques, administratives et de bureau et les domaines de la vente et des services. Selon l'*Enquête auprès des peuples autochtones* de 1991, 12 p. 100 ont déclaré un revenu de moins de 2000 dollars et 18 p. 100 un revenu qui se situe entre 20 000 et 39 999 dollars. Quant à l'ensemble de la population canadienne âgée de 15 ans et plus, 6 p. 100 seulement ont déclaré un revenu inférieur à 2000 dollars, tandis que 28 p. 100 ont déclaré un revenu entre 20 000 et 39 999 dollars.

Éducation et conditions économiques

Les faibles revenus, la pauvreté générale et le taux élevé de chômage des autochtones résultent à la fois des contraintes structurelles et des aptitudes individuelles. L'héritage culturel, les emplois limités, la faible scolarité, le fait d'habiter des régions éloignées des principaux centres économiques et la discrimination raciale sont autant de causes des conditions socio-économiques défavorables. Presque tous les autochtones terminent leurs études primaires, la plupart font certaines études secondaires et un petit nombre poursuivent des études au niveau postsecondaire (*voir* AUTOCHTONES, ÉDUCATION DES). Les autochtones adultes ont en moyenne une formation scolaire de 2 ans inférieure à la moyenne nationale. Cependant, l'écart se rétrécit car les étudiants non autochtones des régions rurales consacrent à peu près le même nombre d'années à leurs études.

L'enseignement primaire et secondaire est offert dans des écoles publiques, des écoles administrées par les bandes ou des écoles relevant de conseils scolaires provisoires. Au cours des dernières années, les conseils de bande des PREMIÈRES NATIONS ont choisi d'administrer la totalité ou certaines parties de leurs programmes d'éducation. En faisant appel aux personnes-ressources de leurs communautés, comme les aînés, et en enseignant les métiers traditionnels, les autorités scolaires des bandes répondent aux besoins particuliers des enfants autochtones. Les écoles sous administration autochtone ont aussi connu une augmentation considérable et constante des taux d'inscription, de fréquentation et de rétention scolaires. En 1996, les données du MAINC montrent que les inscriptions dans les garderies et dans les écoles primaires et secondaires administrées par les bandes sont passées de 5 p. 100 en 1976-1977 à 57 p. 100 en 1995-1996, tandis que les inscriptions dans les écoles fédérales, qui étaient de 42 p. 100 en 1976-1977, ont chuté à moins de 2 p. 100 en 1995-

1996. La proportion d'enfants inscrits dans les écoles provinciales ou privées a aussi baissé, passant de 53 p. 100 en 1976-1977 à 42 p. 100 en 1995-1996. Les inscriptions d'Indiens ayant statut légal dans les établissements d'enseignement postsecondaire ont augmenté considérablement: de 3599 en 1977-1978 à 26 305 en 1995-1996. Toujours selon l'*Enquête auprès des peuples autochtones* menée en 1991, 33 p. 100 des adultes âgés de 15 à 49 ans qui appartiennent à un groupe autochtone, ont déclaré avoir fait certaines études postsecondaires ou détenir un diplôme universitaire.

Entreprises autochtones

Plusieurs d'entre elles entrevoient un avenir prospère. Les autochtones se sont lancés dans tous les secteurs d'activité y compris l'industrie manufacturière, l'exploitation forestière, les services spécialisés, les beaux-arts, l'artisanat traditionnel, la haute couture, le tourisme et l'informatique. Un peu partout au pays, on retrouve de petites entreprises dans les communautés autochtones: magasins de vente au détail, salons de beauté et salons de coiffure, laveries automatiques, camps touristiques et entreprises de location de terrains de villégiature; au Québec, une fabrique de canots et de bâtons de jeu de crosse, une conserverie de poisson, un centre commercial et, chez les Mohawks, une entreprise de montage de structures métalliques; en Ontario, des fabriques de chaussures et de manteaux de fourrure, un parc industriel, une station de ski, une grande entreprise de culture de canneberges et une production annuelle de plus de 125 tonnes de riz sauvage; au Manitoba, 2 compagnies d'aviation de brousse, un centre commercial, une entreprise d'apiculture; en Saskatchewan, des fermes et des ranchs; en Alberta, le Sawridge Motor Hotel à Jasper, une usine de maisons préfabriquées, diverses exploitations pétrolières et d'élevage; en Colombie-Britannique, des entreprises de pisciculture et des conserveries de poisson, des exploitations forestières et des scieries, des services miniers et de location de bureaux; enfin, dans les Territoires du Nord-Ouest, les investissements de la Société de développement inuite dans les exploitations minières, un hôtel et des immeubles à bureaux.

Programmes de développement économique

Entreprise autochtone Canada, le programme d'Industrie Canada, a alloué plus de 300 millions de dollars au financement d'entreprises autochtones. Les organismes de développement économique communautaire, administrés par les communautés autochtones, contribuent aussi au progrès économique par le lancement d'entreprises, la création d'emplois et l'exploitation des ressources. Bien que plusieurs de ces entreprises bénéficient d'importantes subventions gouvernementales ou de fonds octroyés par les bandes, elles sont autant de signes prometteurs de la croissance d'un entrepreneuriat autochtone.

Économie des Métis

Selon l'enquête de 1991, le taux de chômage chez les adultes métis est d'environ 22 p. 100. Parmi ceux qui travaillent, 26 p. 100 déclarent des revenus de 20 000 à 39 000 dollars, soit 7 p. 100 de moins que l'ensemble de la population du Canada de plus de 15 ans. Ils habitent généralement les mêmes régions que les autochtones, mais ont davantage tendance à s'urbaniser. En Alberta, 8 communautés métisses vivent dans des communautés établies par le gouvernement provincial. Leurs membres travaillent surtout comme pêcheurs, agriculteurs et bûcherons. Dans quelques provinces, les Métis ont des droits distincts de ceux des autres autochtones et ne sont pas assujettis aux mêmes règlements. L'Alberta et les Territoires du Nord-Ouest, p.ex., leur permettent de pêcher pour assurer leur subsistance, tandis qu'en Ontario et au Nouveau-Brunswick, ils bénéficient de conditions spéciales dans certaines zones de pêche.

Économie des Inuits

L'économie de l'Arctique repose encore principalement sur les programmes gouvernementaux, comme ceux qui ont trait au développement et à la défense du Nord. Dans l'ouest de l'Arctique, quelques Inuits travaillent dans l'industrie du pétrole et du gaz et dans des entreprises connexes. La chasse, la pêche et le piégeage assurent encore l'alimentation de bon nombre d'Inuits et arrondissent leurs revenus. Au cours des dernières années, la base économique des Inuits s'est grandement diversifiée, grâce à la demande de sculptures et de gravures qui sont habituellement vendues par l'intermédiaire des COOPÉRATIVES DES INUITS et qui représentent une source constante de revenus pour de nombreuses communautés.

John A. Price

Autochtones, conditions sociales des Au Canada, elles varient considérablement en fonction de l'instance gouvernementale dont ils relèvent, du lieu géographique, du niveau de revenu et de facteurs d'ordre culturel.

Les conditions sociales des INDIENS inscrits du Canada sont principalement sous la compétence du ministère fédéral des Affaires indiennes et du Nord canadien (MAINC), souvent appelé Affaires indiennes et du Nord Canada. (*Voir* AUTOCHTONES, PROGRAMMES GOUVERNEMENTAUX CONCERNANT LES; AUTOCHTONES, POLITIQUES GOUVERNEMENTALES CONCERNANT LES.)

L'administration de la plupart des programmes sociaux à l'intention des Indiens inscrits vivant dans une réserve est transférée au conseil de BANDE, organisme élu responsable de la gestion de la réserve. Les programmes actuels du MAINC consistent, dans une proportion de 82 p.100, en services de base comme ceux que dispensent les gouvernements provinciaux: enseignement primaire et secondaire, services sociaux, réseaux d'eau et d'égouts et administration locale. Les 18 p.100 restants sont consacrés à des services comme le logement, le développement économique et les études postsecondaires.

Les organisations indiennes sont des associations représentatives au niveau national, provincial, régional et tribal dont les mandats comportent souvent l'amélioration des conditions sociales tant à l'intérieur qu'à l'extérieur des réserves.

Puisque les Indiens non inscrits (sans statut) et les MÉTIS ne sont pas assujettis à la *Loi sur les Indiens*, ils ne sont pas admissibles à l'aide du MAINC. Ce sont les provinces qui sont légalement tenues de leur fournir les services d'assistance sociale. Les organisations provinciales des Indiens non inscrits et des Métis reçoivent de l'aide de divers ministères ou organismes fédéraux (Patrimoine canadien, SCHL) pour dispenser certains services sociaux, comme le logement.

Les INUITS, bien que non visés par la *Loi sur les Indiens*, sont englobés dans la définition d'«Indien» en vertu de la LOI CONSTITUTIONNELLE DE 1867 et sont donc sous la responsabilité du gouvernement fédéral. Ils reçoivent de l'aide du MAINC et des gouvernements des Territoires du Nord-Ouest, du Québec et de Terre-Neuve.

Situation géographique

On trouve des autochtones dans toutes les parties du Canada, depuis les communautés et réserves éloignées du Nord jusque dans les grands centres urbains. Les Indiens inscrits vivent à l'intérieur ou à l'extérieur des réserves, lesquelles peuvent être isolées (dans le Nord), assez près des centres urbains (dans le Sud) voire, dans certains cas, dans les limites mêmes de centres urbains. (*Voir* AUTOCHTONES, DÉMOGRAPHIE DES.)

Depuis plus d'une trentaine d'années, les autochtones déménagent vers les centres urbains et rien n'indique que cette tendance s'atténue (*voir* AUTOCHTONES, MIGRATION URBAINE DES).

Cette migration est particulièrement forte dans les provinces des Prairies, le pourcentage de la population d'ascendance autochtone de Winnipeg étant passé de 4,1 p. 100 en 1986 à 6,8 p.100, en 1991. C'est dans la population des centres urbains de la Saskatchewan qu'on trouve la plus forte proportion d'autochtones, soit 7,3 p.100. Les grandes agglomérations urbaines comme Toronto, Vancouver et Montréal ont une plus faible proportion d'autochtones (entre 1,4 et 3 p.100), ce qui représente malgré tout un grand nombre de personnes. En général, les autochtones qui migrent vers les villes sont jeunes (ils ont entre 20 et 25 ans) et bon nombre d'entre eux sont parents de jeunes enfants.

Dans les régions nordiques, Indiens, Inuits et Métis vivent dans des collectivités comptant une population de quelques douzaines de personnes à plusieurs milliers de personnes. Certains dépendent encore, dans une forte mesure, du piégeage, de la chasse et de la pêche, bien qu'il leur soit devenu de plus en plus difficile de vivre depuis quelques années. C'est néanmoins par ces moyens de subsistance que des autochtones se procurent encore jusqu'à 50 p. 100 de leur nourriture.

Niveaux de revenu

Le taux de chômage chez les autochtones canadiens est plusieurs fois supérieur à la moyenne nationale. En 1990, le revenu moyen de l'ensemble des autochtones est de 14 198 dollars, mais varie suivant le lieu géographique. Dans le cas des Indiens inscrits vivant dans les réserves, la moyenne du revenu individuel est de 8812 dollars, comparativement à 12 551 dollars pour les Indiens inscrits vivant hors des réserves. Les Inuits déclarent un revenu moyen de 12 661 dollars et les Métis, de 12 685 dollars. Si ces chiffres marquent une importante augmentation au cours des cinq dernières années, ils demeurent cependant bien inférieurs à la moyenne canadienne pour la même période, laquelle s'établissait à 20 264 dollars.

Plus que tout autre groupe ethnoculturel au Canada, les autochtones dépendent de l'assistance sociale. Les données du recensement de 1981 montrent que l'aide sociale sous forme de paiements de transfert du gouvernement représente 10 p.100 du revenu des Indiens non inscrits et 27 p. 100 de celui des Indiens inscrits vivant dans les réserves. En 1990, le nombre moyen d'Indiens inscrits recevant de l'aide mensuelle augmente de près de 50 p.100.

Facteurs culturels

Ils peuvent avoir des incidences importantes sur les conditions sociales. Certains écrits donnent à entendre que les valeurs traditionnelles comme le partage, la non-concurrence et la frugalité facilitent la vie en milieux traditionnels, mais nuisent à l'adaptation à la vie moderne dans les villes.

Population

Elle augmente depuis de nombreuses années: en 1991, les Indiens inscrits sont 5 fois plus nombreux qu'ils l'étaient il y a 100 ans. De 1981 à 1991, la population des Indiens vivant dans les réserves s'accroît d'un tiers, celle des Indiens vivant à l'extérieur des réserves double et celle des Inuits augmente aussi d'un tiers. Certains soutiennent que les populations autochtones se rapprochent seulement maintenant du nombre qu'elles étaient avant l'arrivée des Européens (*voir* AUTOCHTONES, DÉMOGRAPHIE DES).

En général, les autochtones représentent l'un des plus jeunes groupes d'âge au Canada. Selon les deux derniers recensements (1986, 1991), près de 40 p.100 des Indiens vivant dans les réserves ont 15 ans ou moins. En 1991, sur 10 Indiens inscrits vivant dans les réserves, 6 ont moins de 25 ans (comparativement à 4 sur 10 chez les Canadiens non autochtones). Les mêmes tendances se retrouvent chez les Inuits et les Métis. Les conséquences en ce qui a trait aux services sociaux sont évidentes: tandis que la majorité des Canadiens doivent se préoccuper des services à dispenser aux personnes âgées, la communauté autochtone (tant à l'intérieur qu'à l'extérieur des réserves) doit, pour sa part, se soucier d'assurer des possibilités d'accès à l'enseignement et des emplois permanents à une population relativement jeune (voir AUTOCHTONES, PROGRAMMES GOUVERNEMENTAUX CONCERNANT LES).

Logement En dépit de quelques améliorations récentes, les autochtones vivent dans des conditions de logement insalubres depuis des années. Il y a 15 ans, plus de 50 p. 100 des maisons dans les réserves étaient surpeuplées, comparativement à 21 p. 100 aujourd'hui. Quant aux Indiens inscrits hors réserves, 22 p. 100 vivent dans des logements surpeuplés comptant plus d'une personne par pièce.

Le gouvernement fédéral fournit des unités de logement aux Indiens des réserves et y répare les maisons existantes, avec la coopération de la SCHL, même s'il ne soutient qu'aucune loi ou qu'aucun traité ne l'oblige à le faire. De 1990 à 1995, le MAINC et la SCHL subventionnent la construction de 18 000 nouvelles maisons pour les autochtones et la rénovation de 15 000 logements existants. Comparé à celui des autres groupes au Canada, le parc de logements des Indiens inscrits des réserves est relativement récent. En 1994-1995, seulement 8,1 p. 100 des logements ont besoin d'être remplacés, 27,9 p. 100 nécessitent des rénovations mineures et 18,2 p. 100, des rénovations majeures.

Il convient cependant de tenir compte du fait que, dans le passé, les maisons des autochtones étaient souvent mal construites. Les nouvelles maisons construites dans les années 60 ne satisfaisaient pas aux normes nationales de base du bâtiment et n'étaient pas conçues en fonction des besoins particuliers d'un mode de vie traditionnel et d'un climat rigoureux. Malgré le fait que la construction des maisons fournies par le MAINC soit maintenant conforme aux normes du code national du bâtiment, leur durée de vie est de 15 à 20 ans, soit moins de la moitié de la moyenne nationale. Ainsi, même si le nombre de logements que l'on construit augmente, la courte durée de vie de ces bâtiments et l'afflux de résidents engendré par l'adoption du projet de loi C-31 font que la pénurie de logements demeure un problème majeur dans la plupart des réserves.

Pour les Inuits, des programmes similaires de construction de logements sont en place, mais les programmes destinés aux Indiens non inscrits et aux Métis des communautés éloignées accusent beaucoup de retard. Il existe toutefois plusieurs programmes de subventions au logement pour les Métis et les Indiens non inscrits des régions rurales, programmes qui sont souvent administrés par les organisations politiques provinciales de ces groupes.

Desservir ces communautés éloignées dépend naturellement de leur accessibilité par route ou par chemin de fer. Actuellement, un tiers seulement des collectivités éloignées sont accessibles toute l'année. Pratiquement toutes les communautés autochtones et les réserves indiennes disposent de l'électricité depuis quelque temps, et les autres services publics y sont graduellement améliorés.

En 1977-1978, 53 p. 100 des maisons dans les réserves sont dotées d'un système élémentaire d'alimentation en eau courante, comparativement à 94 p. 100 en 1994-1995. Le service minimal comprend une canalisation d'amenée pour l'eau (au lieu du transport) et des réservoirs de rétention et des camions-pompes pour l'évacuation des eaux usées (plutôt que des lieux d'aisance). En 1977-1978, 47 p. 100 des logements disposent d'un système élémentaire d'évacuation des eaux usées, comparativement à 88 p. 100 en 1994-1995.

La chute du taux de mortalité infantile et l'amélioration de l'état de santé en général sont attribuables, au moins en partie, à l'installation de réseaux d'eau et d'égouts. En 1995, cependant, près de 20 p. 100 des réseaux d'adduction d'eau et 9 p. 100 des réseaux d'élimination des eaux usées dans les réserves nécessitent des améliorations afin d'éliminer les dangers pour la santé.

Le taux très élevé de décès par le feu dans les réserves est imputable à une protection insuffisante contre les incendies. Au Manitoba, moins de 10 p. 100 des réserves ont un équipement convenable. Au Yukon et dans les provinces maritimes, 70 p. 100 des réserves disposent d'une bonne protection.

Santé

L'état de santé des Indiens du Canada s'est considérablement amélioré au cours des dernières années, mais il accuse du retard par rapport à celui de l'ensemble de la population du pays (voir AUTOCHTONES, SANTÉ DES). Entre 1981 et 1986, l'espérance de vie à la naissance des hommes passe de 62,4 à 63,8 ans et celle des femmes de 68,9 à 71 ans.

Au cours de la dernière décennie, les principales causes de mortalité chez les Indiens inscrits sont les accidents et la violence (accidents de véhicules à moteur, suicides, brûlures et incendies, armes à feu et noyades). Les taux de mortalité qui en découlent baissent de près d'un tiers depuis 1978, mais demeurent supérieurs au taux national. Ils représentent plus du tiers des mortalités chez les autochtones, comparativement à 8 p. 100 dans l'ensemble de la population canadienne. On estime qu'entre 50 et 60 p. 100 des accidents et des décès sont liés à l'alcool. Les autochtones âgés de 15 à 44 ans sont particulièrement vulnérables et sont 3 fois plus susceptibles d'en mourir que le Canadien moyen.

Les taux de suicide chez les autochtones au Canada sont supérieurs à ceux de la population en général depuis plusieurs années. Actuellement, le taux de suicide chez les Indiens inscrits est de 3,3 fois et chez les Inuits de 3,9 fois plus élevé que celui de la moyenne nationale. Les taux de suicide les plus élevés sont chez les adolescents indiens (de 10 à 19 ans) et chez les jeunes adultes (de 20 à 29 ans). Entre 1987 et 1991, l'adolescent indien inscrit est 5,1 fois plus susceptible de mourir du suicide qu'un adolescent non autochtone.

L'amélioration de la santé des autochtones résulte d'un meilleur contrôle des maladies infectieuses, de l'amélioration des conditions de vie, du progrès de la technologie médicale et d'une plus grande facilité d'accès aux services médicaux. La mortalité infantile passe de 23,7 pour 1000 habitants en 1980 à 10,9 pour 1000 habitants en 1993, ce qui demeure cependant supérieur au taux de mortalité infantile dans la population en général qui est de 7,9 pour 1000 habitants.

L'urbanisation croissante de la population autochtone cause chez celle-ci une plus forte incidence des affections caractéristiques de la société moderne, comme la maladie cardio-vasculaire, les cancers et les troubles mentaux.

Comportement antisocial

Dans le système de justice pénale, les autochtones sont surreprésentés en tant que contrevenants et détenus et sous-représentés en tant que dirigeants, officiers, aides judiciaires ou avocats (voir AUTOCHTONES, DROIT DES). Selon l'Enquête publique sur l'administration de la justice et les populations autochtones au Manitoba (1991), le taux de criminalité élevé chez les autochtones est imputable à la pauvreté, à l'alcool, à la désintégration culturelle, à leur marginalisation dans la société, à une surveillance policière exagérée et à la discrimination systémique au sein de l'appareil judiciaire.

En 1993-1994, le nombre de contrevenants autochtones représente 17 p. 100 de l'ensemble des condamnés à l'emprisonnement, même si la population autochtone ne représente que de 3 à 4 p. 100 de la population totale du Canada. La proportion des peines d'emprisonnement varie d'une région à l'autre du pays. Le taux d'incarcération d'autochtones dans les provinces des Prairies et dans les deux territoires est supérieur à la moyenne nationale (47 p. 100 au Manitoba, 72 p. 100 en Saskatchewan, 34 p. 100 en Alberta, 62 p. 100 au Yukon, 90 p. 100 dans les Territoires du Nord-Ouest). Dans les autres provinces, ce pourcentage est inférieur, allant de 2 p. 100 au Québec à 16 p. 100 en Colombie-Britannique. La même tendance se retrouve dans les taux de probation, les plus grandes concentrations étant enregistrées au Manitoba, en Saskatchewan, en Alberta et au Yukon.

Les autochtones ont davantage tendance à être impliqués dans des délits contre la personne que contre la propriété. Voies de fait simples, introductions par effraction, vols de moins de 1000 dollars et méfaits publics sont les infractions les plus courantes. Les données pour le Manitoba indiquent que, chez les hommes, les autochtones âgés de 18 à 34 ans sont plus susceptibles d'être condamnés à l'emprisonnement que les non-autochtones du même groupe d'âge et les peines qu'ils reçoivent ont tendance à être plus longues. Chez les femmes, les autochtones âgées de 18 à 34 ans sont plus susceptibles d'être condamnées à l'emprisonnement, mais leurs peines ne diffèrent pas beaucoup de celles imposées aux non-autochtones du même groupe d'âge. Les peines que purgent les prisonniers autochtones dans les pénitenciers fédéraux tendent aussi à être plus longues que celles des prisonniers non autochtones.

Les autochtones sont également surreprésentés parmi les jeunes contrevenants. Comparativement aux non-autochtones, les jeunes autochtones ont plus d'accusations portées contre eux, sont plus souvent et plus longtemps détenus avant leur procès et sont davantage susceptibles d'être condamnés à la détention et à purger des peines plus longues. P. ex., en Alberta, le taux d'admission dans les prisons de jeunes contrevenants autochtones en 1989 est de 71 pour 1000 habitants, contre 12,1 pour 1000 habitants dans la population non autochtone. Au cours de la dernière décennie, on rapporte des taux similaires partout au Canada.

Afin de lutter contre ces problèmes, les autochtones jouent un rôle de plus en plus important au sein du système de justice. Dans les organismes de correction, on recourt à des solutions autres que l'incarcération, telles que la cérémonie du cercle de guérison et le conseil de détermination de la peine. On traite au moyen de méthodes de guérison traditionnelles plutôt que par la peine d'emprisonnement en cherchant à aider aussi bien la victime que le contrevenant.

Parce que les forces policières en place ne connaissent pas leur culture et leurs besoins, les autochtones commencent à former leurs propres forces policières au cours des années 70 et 80. Les programmes de recrutement d'agents de police autochtones aident la GRC et les autres forces policières à engager des policiers autochtones. On abandonne malheureusement bon nombre de ces programmes dans les années 90 en raison des contraintes budgétaires.

Famille

Il est particulièrement difficile d'interpréter les statistiques ayant trait à la structure familiale des autochtones parce que les définitions de la famille et de ce qui compose une unité familiale diffèrent grandement d'une culture à l'autre. Les données des recensements canadiens sont naturellement fondées sur la définition de l'unité familiale selon la culture dominante, définition qui n'est pas nécessairement compatible avec la conception de ce qu'est une famille chez les autochtones, où des systèmes d'appui à la famille sont communs. Ainsi, les chiffres relatifs aux «familles monoparentales dans les réserves» peuvent être totalement trompeurs quant à la composition réelle d'un ménage, à l'interaction entre adultes et enfants, etc.

Il est néanmoins possible de faire certaines grandes comparaisons. La vaste majorité des ménages autochtones et non autochtones épousent le modèle de la famille nucléaire (2 parents et des enfants). Soixante-dix-sept pour cent des Indiens inscrits vivant dans les réserves, 73,4 p. 100 des Indiens inscrits vivant à l'extérieur des réserves, 81,1 p. 100 des familles inuites, 74,6 p. 100 des familles métisses et 87,3 p. 100 des familles non autochtones déclarent correspondre à une structure de famille nucléaire.

Dans l'ensemble, c'est dans les familles autochtones que l'on trouve la plus forte proportion d'unités familiales monoparentales. En 1991, dans 22,8 p. 100 des cas, les familles d'Indiens inscrits des réserves sont monoparentales, ce qui représente une légère diminution par rapport au chiffre de 24,4 p. 100 enregistré en 1986. Les trois quarts de ces familles monoparentales sont dirigées par des femmes, soit une légère augmentation. Fait intéressant, le quart des familles monoparentales sont dirigées par des hommes, ce qui constitue la plus forte proportion de telles familles au Canada.

Les Indiens inscrits vivant à l'extérieur des réserves déclarent le plus grand nombre de familles monoparentales (26,5 p. 100 en 1991, 29,9 p. 100 en 1986), et le pourcentage de ces familles, qui sont dirigées par des femmes, passe de 93,2 p. 100 en 1986 à 90,6 p. 100 en 1991.

De tous les autres groupes autochtones du Canada, les familles inuites comptent le plus faible pourcentage de familles monoparentales: 19,9 p. 100 en 1991, contre 18,9 p. 100 en 1986.

Chez les Métis, 25,5 p. 100 des familles sont monoparentales, dont 85,4 p. 100 sont dirigées par des femmes. On ne dispose d'aucune donnée sur les familles métisses avant 1991. On peut comparer ces données avec celles de la population en général, dont 10,5 p.100 déclarent des familles monoparentales dirigées par des femmes et 2,2 p. 100 de familles dirigées par des hommes seuls.

Un des problèmes majeurs éprouvés par les familles autochtones est le grand nombre d'enfants confiés aux agences de services sociaux, souvent à cause du manque de compréhension des valeurs et des pratiques familiales autochtones de la part des travailleurs sociaux blancs. Le pourcentage d'enfants autochtones pris en charge atteint son maximum, 6,5 p. 100, au milieu des années 70. La situation s'améliore au début des années 80, lorsque des agences de services à l'enfance et à la famille, dirigées par des autochtones, commencent à assumer la responsabilité des enfants pris en charge et des enfants négligés. En 1990-1991, un peu moins de 4 p. 100 des enfants autochtones sont pris en charge. Les agences autochtones de services à l'enfance et à la famille tentent de retrouver bon nombre des enfants confiés à des familles d'accueil non autochtones et de les ramener dans leurs communautés.

Le placement disproportionné d'enfants autochtones dans des foyers non autochtones a des effets désastreux tant sur les individus que sur les communautés. Les autochtones et la société canadienne en général ne font que commencer à en comprendre les conséquences. Une étude menée récemment par Bagley (1991) montre que les adolescents autochtones adoptés par des familles non autochtones sont beaucoup plus susceptibles que les autres enfants adoptés, y compris ceux originaires de pays étrangers, de souffrir de troubles émotifs et comportementaux.

Joe Sawchuk

Autochtones, démographie des En dépit du fait que les estimations historiques du nombre d'autochtones vivant au Canada lors de l'arrivée des Européens divergent, les anthropologues évaluent leur population à environ 350 000 personnes. Par la suite, leur nombre diminue de façon dramatique en raison des épidémies, des famines et des guerres. En 1867, on croit que, outre quelque 10 000 MÉTIS au Manitoba et 2000 Inuits dans l'Arctique, entre 100 000 et 125 000 INDIENS vivent sur le territoire du Canada

actuel. La population autochtone du Canada continue à décroître jusqu'en 1920 (*voir* AUTOCHTONES, SANTÉ DES). Cependant, depuis lors, elle augmente à un rythme plus rapide que celui de la population générale. À la fin des années 50, le taux de croissance annuel de la population indienne atteint son sommet, soit un peu moins de 4 p. 100 (le baby-boom indien d'après-guerre) et, depuis, il a diminué graduellement jusqu'à environ 1,5 p. 100.

Recensement Les estimations de la population autochtone du Canada varient selon que l'on consulte les chiffres du Registre des Indiens administré par le MINISTÈRE DES AFFAIRES INDIENNES ET DU NORD CANADIEN ou ceux du recensement canadien publié par Statistique Canada. Le Registre des Indiens comprend les particuliers inscrits sous le régime de la *Loi sur les Indiens*, tandis que les chiffres rapportés par Statistique Canada incluent toutes les personnes qui disent être de descendance autochtone (soit les Indiens inscrits aussi bien que les non inscrits). Ainsi, les chiffres du recensement sont beaucoup plus élevés que ceux du Registre. Selon ce dernier, la population indienne compte 610 874 personnes en 1996.

Population actuelle Selon Statistique Canada, en 1996, le pays compte environ 461 500 Indiens inscrits, 92 780 Indiens non inscrits, 210 190 Métis et 41 080 Inuits, pour une population totale de 799 010, soit environ 3 p. 100 de la population du Canada. Bien que ces chiffres soient habituellement précis, ils sont fondés sur un échantillon de seulement 20 p. 100 de la population canadienne plutôt que sur un recensement complet. De plus, ces chiffres ont été ajustés pour tenir compte de l'énumération incomplète des réserves et établissements indiens et du sous-dénombrement du recensement.

Projections démographiques Élaborées par Statistique Canada, elles indiquent que, à partir d'hypothèses de croissance moyenne, la population de descendance autochtone s'élèvera à environ 1,6 million de personnes en 2016. Le nombre d'Indiens inscrits représentera une forte proportion de cette croissance de la population autochtone en raison des effets combinés de l'accroissement naturel (la différence entre les naissances et les décès; (*voir* AUTOCHTONES, SANTÉ DES) et de la réintégration des Indiens non inscrits en vertu des dispositions du projet de loi C-31.

Répartition provinciale Bien que les provinces des Prairies comptent la plus forte proportion de population autochtone du Canada (45,4 p. 100), les autochtones ne représentent que 7,6 p. 100 de la population totale de cette région. Par contre, 62 p. 100 des habitants des Territoires du Nord-Ouest sont autochtones. L'Ontario et la Colombie-Britannique comptent 17 p. 100 de tous les autochtones du pays, le Québec, presque 9 p. 100, et les provinces de l'Atlantique, moins de 5 p. 100. La Colombie-Britannique, la Saskatchewan et le Manitoba comptent parmi les provinces qui ont la plus forte proportion d'autochtones vivant en régions rurales ou éloignées, alors que la plus forte proportion de ceux vivant en régions urbaines et semi-urbaines se trouve en Ontario, au Québec et dans les provinces de l'Atlantique. Au Yukon et dans les Territoires du Nord-Ouest, les Inuits, les Indiens et les Métis vivent presque tous en régions rurales ou éloignées.

Migration de la population Du milieu des années 60 jusqu'au milieu des années 80, un nombre important d'autochtones quitte leur réserve et leur communauté généralement pour aller s'établir en milieu urbain. Cette migration est principalement due au manque de possibilités d'emploi à l'intérieur ou à proximité des RÉSERVES INDIENNES et des communautés autochtones. Cependant, depuis l'adoption du projet de loi C-31 en 1985, de nombreux Indiens sont retournés dans leur réserve. Selon les données du recensement de 1996, plus de la moitié de tous les Indiens vivent dans les réserves. Les communautés

inuites sont relativement stables si on les compare aux communautés autochtones du Sud du pays.

Frank Trovato

Autochtones, droit des Compte tenu de la complexité de l'histoire sociale et constitutionnelle du Canada, les droits légaux spéciaux dont jouissent les autochtones diffèrent d'une région à l'autre et ne s'appliquent pas de la même façon à tous les groupes. Aujourd'hui, le statut d'autochtone n'est plus frappé d'aucune incapacité juridique particulière. Les règles discriminatoires qui prévalaient jadis (p. ex. celles qui empêchaient les Indiens de voter ou de quitter leur réserve sans permission) sont abrogées et il est peu probable qu'on en promulgue d'autres (p. ex. l'AFFAIRE DRYBONES). La seule démarche que les autochtones ne peuvent légalement accomplir est d'aliéner leurs DROITS ANCESTRAUX, leurs droits issus de traités ou les territoires des réserves à qui que ce soit d'autre que la Couronne aux droits du Canada. Devant la loi, les autochtones ont les mêmes droits que les autres Canadiens et, en vertu de leur statut d'autochtone, ils peuvent revendiquer des droits particuliers, ce qui est une question complexe.

Statut d'autochtone

L'article 35 de la LOI CONSTITUTIONNELLE de 1982 définit «les peuples autochtones du Canada» comme étant INDIENS, INUITS et MÉTIS. Cependant, les différences d'ordre historique et juridique du passé compliquent la question de la définition, et le problème s'aggrave du fait que les 3 groupes ne jouissent pas de droits égaux et que le gouvernement fédéral refuse de reconnaître qu'il a des responsabilités égales à l'endroit de chacun d'eux.

Dans les débuts de notre histoire, il suffit de vivre selon les coutumes indiennes pour être considéré comme Indien. C'est en 1850 seulement que le Bas-Canada commence à déterminer par leur ascendance ceux qui ont le droit d'occuper les terres de réserves. À partir de la Confédération, les lois fédérales régissent le statut d'Indien et l'appartenance à l'effectif des bandes en vertu d'un régime extrêmement complexe. En 1985, les modifications apportées à la LOI SUR LES INDIENS viennent transformer radicalement les règles anciennes, qui sont fort critiquées.

Le gouvernement fédéral définit le statut d'Indien selon ses propres règles, qui n'excluent plus les femmes dont le mari n'est pas Indien. L'acquisition ou la perte du statut ne dépend plus du mariage, et les conseils de bande peuvent maintenant adopter des règlements administratifs sur la résidence. L'ancien cadre dans lequel on détermine par le même ensemble de règles le statut, l'appartenance à une bande et les droits de résidence connaît désormais des variantes dans le pays.

Les tribunaux supposent en principe que les pouvoirs du Parlement à l'égard des «Indiens» englobent l'autorité législative sur les Esquimaux ou Inuits, mais il n'existe pas de «Loi sur les Inuits», peut-être parce qu'il n'y a jamais eu de réserves inuites à réglementer. Le statut d'Inuit sera vraisemblablement défini en droit à l'occasion des négociations relatives aux REVENDICATIONS TERRITORIALES, au moment où l'on abordera la question des «bénéficiaires». Pour les Inuits du Nord québécois, on règle cette question en procédant à une première inscription des bénéficiaires. À cette liste s'ajouteront d'autres noms dans l'avenir, en fonction de l'origine, du mariage ou de l'adoption.

Quant au terme «métis», il est mal défini et sert à désigner le descendant d'une union entre une personne autochtone et une autre non autochtone, ou les personnes qui ont reçu des terres en vertu du certificat de Métis au lieu de souscrire à un traité (*voir* TRAITÉS INDIENS), les personnes auxquelles l'ACTE SUR LE MANITOBA de 1870 octroie des territoires métis, les personnes inscrites en vertu de l'*Alberta Métis Betterment Act* et les francophones de collectivités d'ascendance mixte du Nord-Ouest. L'évaluation du nombre de Métis varie entre 100 000 et un million de personnes suivant la définition utilisée et le nombre de générations sur lesquelles porte cette définition. Dans l'ensemble, le droit fédéral ne reconnaît pas de droits permanents aux Métis. Lors du débat constitutionnel de 1984, les représentants du gouvernement fédéral soutiennent que les Métis, contrairement aux Indiens et aux Inuits, ne relèvent pas de la compétence législative fédérale. Certaines lois provinciales prévoient par contre des dispositions spéciales pour les collectivités métisses installées dans la province. Si le Parlement exerçait une compétence parallèle sur les Métis et leurs terres, ces dispositions pourraient engendrer de la confusion sur le plan constitutionnel.

Droits fonciers des autochtones

Le Parlement a également le pouvoir de légiférer sur les «terres réservées aux Indiens», et le gouvernement fédéral celui de négocier avec les groupes autochtones leur renonciation à leurs droits fonciers. En vertu du DROIT CONSTITUTIONNEL du Canada, une fois cette renonciation obtenue, les terres cédées deviennent soumises au droit provincial de propriété générale des terres de la Couronne et des ressources naturelles, et le gouvernement fédéral perd tout droit de regard sur ces terres au nom des autochtones. Même les dispositions fort claires de la *Loi sur les Indiens* concernant la gestion, par le gouvernement fédéral, des terres des réserves indiennes cédées demeurent inapplicables en l'absence d'un accord fédéral-provincial sur le statut des terres cédées.

Des accords de ce genre, auxquels on peut assimiler le Statut de Westminster de 1931, qui touche le Manitoba, la Saskatchewan et l'Alberta, sont conclus avec la Nouvelle-Écosse, le Nouveau-Brunswick, l'Ontario et la Colombie-Britannique. Il n'existe pas d'entente particulière avec le Québec, l'Île-du-Prince-Édouard et Terre-Neuve. Les territoires du Nord, qui relèvent de la compétence fédérale, n'en exigent aucune.

Les droits fonciers des autochtones demeurent en grande partie non définis, mais on les qualifie d'«usufructuaires», par comparaison avec une règle du droit romain concernant la jouissance d'une terre appartenant à autrui. Ici, il s'agit du droit des autochtones d'utiliser des territoires qui appartiennent à la Couronne selon la lettre de la loi. Les droits des autochtones sur les terres, tels qu'ils sont définis dans la *Loi sur les Indiens*, sont de nature collective, c.-à-d. qu'ils appartiennent au groupe et non à l'individu, et ne peuvent être cédés, sauf par le groupe à la Couronne aux droits du Canada (*voir* RÉSERVE INDIENNE).

Lois d'application générale

Comme les autres Canadiens, les autochtones sont soumis aux lois générales du pays, à moins qu'il n'existe à leur égard un traité ou une autre disposition qui leur assure une protection spéciale. Si une loi entre en conflit avec la culture ou le mode de vie autochtone alors qu'aucune protection spéciale n'est prévue, les tribunaux appliquent tout de même cette loi aux autochtones.

Les lois d'application générale peuvent être des lois provinciales ou des lois fédérales, comme le *Code criminel* ou la *Loi sur les pêches*. L'article 88 de la *Loi sur les Indiens* ne désigne cependant que les lois provinciales. Toutefois, toutes les lois sont assujetties à la Constitution, et l'article 35 prévoit la protection générale des droits ancestraux et des droits issus de traités contre tout empiétement par des lois fédérales ou provinciales. Dans l'affaire Sparrow (1990), le tribunal juge que les lois fédérales peuvent réglementer l'exercice de ces droits si l'empiétement se justifie pour des motifs de conservation ou de sécurité publique.

Droits de chasse et de pêche

Dans les régions où ces droits de prélèvement ne sont pas garantis par traité, les autochtones peuvent compter sur la protection constitutionnelle de leurs droits ancestraux de chasse et de pêche. Dans les provinces des Prairies, pour renforcer les engagements pris par traités, la *Loi constitutionnelle de 1930* garantit aux Indiens le droit de chasser et de pêcher pour leur subsistance sans être assujettis aux règlements provinciaux sur les terres inoccupées de la Couronne et les autres terres sur lesquelles ils jouissent d'un droit d'accès. Les revendications des Métis à cet égard sont généralement vaines. Chez les Inuits, la chasse et la pêche sont rarement réglementées.

Le droit des autochtones d'exploiter les ressources fauniques à des fins commerciales demeure mal défini. Dans les affaires Agawa (1988) et Jones (1993), les tribunaux confirment les droits issus de traités de pêcher à des fins commerciales, tandis que dans Horseman (1990), ils décrètent que les droits d'exploiter commercialement les ressources fauniques dans les provinces des Prairies, bien que confirmés antérieurement par traité, sont éteints par la *Loi constitutionnelle de 1930*. La question de l'étendue des droits ancestraux (non issus de traités) d'exploiter les ressources fauniques à la vente ou au troc devrait être tranchée par la Cour suprême du Canada dans le cadre d'un certain nombre d'appels interjetés par la Colombie-Britannique.

Statut juridique des groupes autochtones

Les droits des autochtones sont considérés comme des droits collectifs, mais le statut juridique officiel des bandes indiennes lui-même n'est pas clairement défini en droit canadien: les bandes ne peuvent ester en justice en leur nom propre, ni limiter leurs obligations en matière de paiement de dettes aux biens collectifs. Certains groupes évitent cette situation en se constituant en personne morale, cette procédure judiciaire leur permettant d'acquérir certains droits et immunités. D'autres préfèrent s'en abstenir, car cette démarche leur fait perdre les exemptions fiscales rattachées au statut d'Indien.

Des groupes inuits et métis constituent leurs associations politiques et de développement en sociétés (*voir* AUTOCHTONES, ORGANISATIONS ET ACTIVISME POLITIQUES DES) et créent des coopératives (*voir* COOPÉRATIVES INUITES), mais en tant que groupes, ils ne jouissent d'aucun pouvoir statutaire aux termes des lois fédérales. La *Loi sur les Indiens* ne confère que des pouvoirs limités aux bandes et aux conseils de BANDES. L'un des objectifs que visent les Indiens en réclamant l'autonomie gouvernementale est d'accroître et de faire reconnaître constitutionnellement les droits et les pouvoirs juridiques des bandes.

Us et coutumes

Le droit canadien reconnaît certaines traditions autochtones, p. ex. le mariage coutumier, que les tribunaux reconnaissent fort tôt, sans toutefois en faire autant pour le divorce. La *Loi sur les Indiens* mentionne les «adoptions selon les coutumes» sans fournir d'explication, et les tribunaux reconnaissent cette forme d'adoption non seulement dans le cas des collectivités indiennes mais aussi dans les collectivités inuites, en se fondant sur la reconnaissance du droit coutumier autochtone. De même, comme les dispositions de la *Loi sur les Indiens* concernant les élections ne sont pas obligatoires, les dirigeants des bandes choisis selon la coutume peuvent exercer les pouvoirs légalement conférés au chef et au conseil. Dans de nombreuses collectivités, les conflits entre les conseils choisis selon les règles coutumières et les conseils élus durent depuis des décennies. Dans d'autres, ces conflits se multiplient parce que les partisans de la tradition tentent d'exercer leurs pouvoirs ancestraux ou parce que les conseils élus en viennent à être perçus comme des pions sur l'échiquier du gouvernement fédéral. Les modifications apportées à la *Loi sur les Indiens* en 1985 donnent aussi lieu à des poursuites, telles celles de l'affaire Corbière (1993), où des membres d'une bande, dont plusieurs viennent d'acquérir leur statut et la reconnaissance de leur appartenance à la bande, contestent les dispositions de la *Loi sur les Indiens* qui les privent de leur droit de vote parce qu'ils ne résident pas habituellement dans la réserve.

Il est probable que la liste des coutumes reconnues par la loi s'allonge. La CHARTE CANADIENNE DES DROITS ET LIBERTÉS, p. ex., fait mention des droits linguistiques découlant de la coutume, et ces droits peuvent s'appliquer aux LANGUES DES AUTOCHTONES.

Imposition

En vertu de la *Loi sur les Indiens*, les intérêts des Indiens ou des bandes sur les terres de réserve, de même que leurs biens personnels situés dans une réserve, sont exemptés d'impôts. L'application de cette disposition à la taxe de vente et à l'impôt sur le revenu soulève des problèmes complexes. Dans l'affaire Williams (1992), la cour juge que les Indiens ne sont pas tenus de payer des impôts si leurs revenus sont suffisamment liés à une réserve pour être considérés comme des biens situés dans la réserve. Les changements apportés ultérieurement aux méthodes de perception de Revenu Canada suscitent toujours la controverse. Généralement, la même exemption s'applique aux biens ou aux services par ailleurs soumis à la taxe fédérale sur les produits et services (TPS). Bien que certaines provinces accordent des exemptions particulières aux résidants des réserves ou exonèrent les biens achetés par les Indiens à l'intérieur des réserves, les pouvoirs qu'ont les provinces d'imposer les Indiens sont circonscrits, sur le plan constitutionnel, par les restrictions fédérales antérieures prévues dans la *Loi sur les Indiens*.

Il n'existe pas d'exemption spéciale pour les droits de douane et d'accise, même si le TRAITÉ DE JAY (1794) (Traité d'amitié, de commerce et de navigation) et le TRAITÉ DE GAND (1814) portent que les Indiens peuvent traverser librement la frontière canado-américaine avec leurs biens. Dans l'affaire Francis (1956), la Cour suprême déclare que ces deux traités ne sont pas des traités indiens et que, en dépit de leur caractère international, ils n'ont pas force de loi à l'intérieur du Canada.

On peut s'attendre à ce que les groupes autochtones préconisent l'élargissement des exemptions fiscales à l'occasion de la négociation des questions constitutionnelles et de leurs revendications territoriales. Cependant, dans l'entente de 1996 sur les revendications des Nishgas, les requérants autochtones acceptent de limiter les exemptions dont ils bénéficient au titre de l'impôt provincial et même de renoncer un jour à certaines d'entre elles. On suppose que la Colombie-Britannique exigera la même chose des autres requérants participant au processus de négociation de traités dans cette province.

Égalité devant la loi

Les principes démocratiques de la règle de la majorité et de l'égalité devant la loi ne tiennent souvent pas assez compte des droits des minorités, et les tensions qui en découlent trouvent un exutoire dans le contentieux autochtone. La DÉCLARATION CANADIENNE DES DROITS de 1960 confirme le droit à l'égalité devant la loi et, à l'issue de l'AFFAIRE DRYBONES, la Cour suprême déclare qu'un Indien est victime d'une discrimination injuste pour des motifs raciaux lorsqu'il est reconnu coupable en vertu d'une disposition de la *Loi sur les Indiens* qui considère comme un délit pour un Indien le fait d'être en état d'ébriété à l'extérieur d'une réserve. Cette disposition, qui prévoit une peine un peu plus lourde que la loi territoriale comparable, est annulée parce qu'elle refuse à l'accusé le privilège de l'égalité devant la loi.

Dans une affaire ultérieure, le tribunal ne tient pas compte de la Déclaration des droits. Sa décision, dans l'AFFAIRE LAVELL (1973), est fondée sur l'argument suivant: si la Cour annule une disposition d'affiliation discriminatoire, elle risque en fait d'abroger en entier la loi qui établit une discrimination fondée sur la race. La décision prise dans l'affaire Lavell est fort critiquée. Cette possibilité de conflit entre les droits des minorités et le principe de l'égalité devant la loi est manifeste dans la Charte canadienne des droits et libertés, qui prévoit expressément qu'aucune des garanties, y compris celle de l'égalité devant la loi, ne peut être interprétée de manière à diminuer les droits ancestraux ou les droits issus de traités conférés par la Proclamation royale de 1763.

Systèmes judiciaires autochtones

La Commission royale sur les peuples autochtones (CRPA) adopte comme mission de trancher les nombreux conflits qui subsistent entre la coutume autochtone et les régimes juridiques non autochtones. Dans un rapport provisoire, particulièrement dans le domaine de la justice pénale, elle souligne la discrimination dont les autochtones ont toujours été victimes sous la coupe d'un appareil judiciaire essentiellement européen, fait état du nombre disproportionné d'autochtones incarcérés et recommande de créer ou de reconnaître des systèmes judiciaires autochtones capables de s'occuper des délits et de réhabilitation par des moyens culturellement appropriés. On fait maintenant appel à des programmes de déjudiciarisation et à des conseils de détermination de la peine dans bien des endroits, y compris dans des centres urbains.

Les groupes autochtones considèrent leurs systèmes judiciaires comme inséparables de leur droit à l'autodétermination. On ne peut s'attendre à ce que ces systèmes règlent tous les litiges et aplanissent tous les différends, mais il se peut très bien qu'ils soient une manifestation de la volonté du gouvernement de reconnaître et d'accepter la compétence des systèmes judiciaires autochtones sur leur propre peuple.

Résumé

Après l'adoption de la *Loi constitutionnelle de 1982*, il existe 3 catégories de droits autochtones reconnus par la Constitution: les droits jugés «existants» aux fins de la protection constitutionnelle, ceux qui acquièrent la protection de la Constitution par suite du règlement des revendications territoriales et ceux qui bénéficient d'une reconnaissance constitutionnelle ou légale à la suite de négociations entre des groupes autochtones et des gouvernements. (*Voir aussi* PROCLAMATION ROYALE DE 1763.)
William B. Henderson

Autochtones, éducation des Chez la plupart des INDIENS et des INUITS, l'éducation traditionnelle se fait par l'observation et la pratique, par l'adaptation à la famille et au groupe, par les enseignements des traditions orales et par la participation aux institutions et aux cérémonies tribales. Ces méthodes permettent aux enfants d'acquérir les valeurs, les compétences et les connaissances jugées nécessaires à la vie d'adulte. Cette forme d'éducation persiste encore aujourd'hui, mais, pour de nombreux autochtones, son importance est éclipsée au cours des 350 dernières années par l'implantation du style d'éducation euro-américain centré sur l'école.

Ce mode formel d'éducation à l'européenne des enfants autochtones commence en Nouvelle-France au début du XVIIᵉ siècle dans des écoles de missionnaires dirigées par des communautés religieuses telles que les récollets, les jésuites et les ursulines. Ces écoles consacrent la participation prédominante de l'Église à l'éducation des autochtones jusqu'à la Seconde Guerre mondiale. Les objectifs premiers de ces écoles de missionnaires sont de «civiliser» et de christianiser les autochtones. À la fin du XVIIIᵉ et au début du XIXᵉ siècle, diverses Églises protestantes commencent aussi à jouer un rôle actif dans l'éducation des enfants autochtones à l'intérieur de ce qui constitue aujourd'hui le Canada. De 1763 à 1830, le gouvernement impérial utilise l'armée pour traiter

des «affaires indiennes», et on prend peu de dispositions ayant trait à l'éducation des autochtones. Après 1830, au moment où l'administration est confiée au Secrétaire d'État aux colonies, on alloue quelques sommes d'argent à l'éducation sous forme de dons aux organismes religieux. Ce financement permet la construction d'écoles dans certaines réserves. À la même époque, diverses colonies commencent à consacrer des ressources, toutefois limitées, à l'éducation des bandes vivant à l'intérieur de leurs frontières.

À partir des années 1830, les Églises, surtout de confession catholique et anglicane, en collaboration avec les gouvernements coloniaux et, plus tard, avec le gouvernement fédéral, commencent à créer des pensionnats destinés aux autochtones. En 1900, le Canada compte déjà 64 pensionnats. Pourvues d'enseignants missionnaires qui offrent une formation professionnelle, manuelle et religieuse, ces écoles sont considérées comme le système idéal pour éduquer les autochtones parce qu'elles soustraient les enfants aux influences du mode de vie familial traditionnel. Elles servent de complément à la politique prédominante d'assimilation des autochtones à la société des Blancs. Les parents autochtones jugent ces pensionnats comme un mal nécessaire. Nécessaire parce que beaucoup d'autochtones perçoivent le christianisme comme une force nouvelle et positive dans leurs vies ou parce qu'ils reconnaissent avoir besoin des compétences des Européens. Cependant, ils voient ces écoles comme un mal, aussi, parce qu'elles rompent les liens qui unissent les enfants à leur foyer et à leur famille. La plupart des autochtones trouvent dur et cruel le régime de vie en vigueur dans ces pensionnats: toute désobéissance vaut aux enfants une punition corporelle, et la majorité des enseignants interdisent l'utilisation des langues autochtones et rendent les enfants honteux de leur identité. Les témoignages d'Indiens ayant subi des agressions sexuelles dans les pensionnats sont de plus en plus nombreux.

Après 1867, l'éducation offerte aux autochtones se divise en 2 catégories: l'éducation des jeunes Indiens inscrits relève de la compétence fédérale en vertu de la Constitution et des traités. Celle des Indiens non inscrits, des Inuits et des MÉTIS incombe aux provinces et aux territoires. En 1900, on compte 226 externats subventionnés par le fédéral dans les RÉSERVES INDIENNES. La plupart des professeurs sont des missionnaires et le programme comporte une forte proportion d'enseignement religieux. À partir des années 30, les programmes commencent à s'inspirer davantage de ceux des écoles provinciales des Blancs.

Les statistiques de 1940 révèlent que très peu d'enfants indiens inscrits profitent de cet enseignement formel. De nombreux enfants doublent 3 ou 4 classes au niveau primaire et seulement une faible proportion d'entre eux terminent le primaire et passent au secondaire. Au cours des années 40, le gouvernement fédéral, en collaboration avec les autorités provinciales responsables de l'éducation, instaure une politique d'intégration: désormais, une aide fédérale permettra aux étudiants indiens de poursuivre leurs études dans des écoles primaires et secondaires provinciales. En retirant les élèves autochtones des externats inadéquatement pourvus de personnel enseignant, mal équipés et d'orientation exagérément religieuse, on entend accélérer leur assimilation et améliorer leurs résultats scolaires. L'inscription dans les écoles provinciales progresse rapidement, si bien qu'en 1960 près de 10 000 étudiants indiens fréquentent des écoles provinciales à l'extérieur des réserves.

Les nombreux problèmes qui affectent le programme poussent les parents autochtones et les dirigeants politiques à le réévaluer. Malgré leur compétence supérieure, les professeurs du système provincial ne reçoivent pas la formation spécialisée nécessaire pour enseigner aux élèves autochtones.

Les parents critiquent le transfert de leurs enfants dans des pensions de famille, souvent situées à plusieurs centaines de kilomètres de la maison familiale, ainsi que le transport quotidien par autobus des élèves vers les écoles provinciales. La plupart des élèves autochtones ont de piètres résultats scolaires: en 1967, sur une population de quelque 60 000 étudiants autochtones, seulement 200 d'entre eux sont inscrits dans des universités canadiennes.

En 1972, la Fraternité des Indiens du Canada produit une déclaration de principe sur l'éducation des autochtones intitulée *La maîtrise indienne de l'éducation indienne*, que le ministère des Affaires indiennes et du Nord canadien (MAINC) adopte subséquemment comme politique fédérale. Le document insiste sur l'importance du contrôle communautaire pour améliorer l'éducation, sur le besoin d'un plus grand nombre d'enseignants autochtones, de programmes scolaires et de matériel d'enseignement adéquats dans les écoles autochtones et sur l'importance de l'enseignement de la langue et des valeurs autochtones dans l'éducation de ces jeunes. Depuis la présentation de ce document, plusieurs changements surviennent. Dès 1983, plus de 200 écoles à l'intérieur des réserves sont dirigées entièrement ou en partie par les conseils de bande. Plus de 80 écoles de réserve offrent des cours en langue autochtone, et 38 p. 100 des jeunes autochtones fréquentant l'école reçoivent des cours de langue sous une forme ou sous une autre. En Ontario, au Manitoba, en Saskatchewan, en Alberta, en Colombie-Britannique, en Nouvelle-Écosse et au Nouveau-Brunswick, des universités élaborent plusieurs programmes de formation pour accroître le nombre d'enseignants autochtones.

En 1976, en conséquence de la CONVENTION DE LA BAIE JAMES ET DU NORD QUÉBÉCOIS, on crée le plus grand conseil scolaire autochtone du Canada, la Commission scolaire crie. Bien que l'éducation des Indiens inscrits dans les réserves relève de la compétence fédérale (article 91 de la *Loi constitutionnelle*), la Commission scolaire crie relève de l'autorité du ministère de l'Éducation du Québec (article 93 de la *Loi constitutionnelle*). La Trent University, à Peterborough, est la première université canadienne à créer un programme d'études autochtones et, depuis 1969, des programmes semblables sont créés dans toutes les provinces, sauf la Nouvelle-Écosse et le Québec. Le SASKATCHEWAN INDIAN FEDERATED COLLEGE, qui est affilié à l'U. de Regina, est la première institution canadienne d'enseignement postsecondaire conférant des diplômes universitaires dirigée par des Indiens. Plus de 20 collèges communautaires autochtones au Canada offrent une gamme de programmes d'enseignement postsecondaire, parfois conjointement avec des universités ou des collèges à charte provinciale. En 1995, le Canada comptait environ 25 000 Indiens inscrits poursuivant des études postsecondaires.

Bien que certains Inuits aient bénéficié de l'éducation des écoles missionnaires au Labrador dès les années 1790, l'éducation formelle des Inuits n'est offerte sur une échelle nationale qu'à partir des années 1950 avec la construction d'écoles élémentaires et de pensionnats dans les principaux villages de l'Arctique. La diminution du nombre de pensionnats de l'Arctique suit celle des pensionnats pour les Indiens et incite le gouvernement fédéral à entreprendre, en 1970, un programme de construction d'écoles dans la plupart des villages inuits. Les cours destinés aux Inuits, contrairement à ceux dispensés dans les écoles pour Indiens et autres autochtones, sont donnés dans la langue des Inuits, l'inuktitut, dans presque toutes les classes du niveau primaire. Malgré cette innovation pédagogique, l'éducation en milieu inuit se bute à des problèmes semblables à ceux que connaissent les autres étudiants autochtones.

On ne dispose pas de statistiques relatives aux étudiants métis et indiens non inscrits, mais les études démontrent généralement que, en raison de leurs piètres conditions socio-économiques et de l'absence de toute participation provinciale ou fédérale à leur éducation, ils connaissent le même sort que les autres autochtones dans leur tentative de recevoir une éducation formelle.

Pour que les autochtones puissent profiter de leur éducation formelle, plusieurs changements s'imposent. Les bandes indiennes, par le biais des responsables de l'éducation au niveau local ou régional, doivent disposer de plus d'autorité sur le plan des politiques, des budgets, de l'embauche des professeurs et des programmes d'éducation. L'Assemblée des chefs du Manitoba est en tête dans la prise de contrôle complète de l'éducation des Indiens relevant de la compétence fédérale. Le matériel d'enseignement et les programmes doivent intégrer et renforcer la culture et les valeurs acquises par les jeunes autochtones dans leur famille. Aux niveaux local et urbain, le système d'éducation doit offrir un plus grand choix de programmes de formation technique et professionnelle. Il faut éduquer les enfants du niveau primaire dans la langue parlée dans la famille et la communauté, particulièrement dans les régions où la langue autochtone est menacée d'extinction (*voir* AUTOCHTONES, LANGUES DES). L'expérience démontre clairement que les efforts visant l'aliénation culturelle des autochtones ne favorisent pas leur apprentissage dans le système d'enseignement officiel.

Harvey Mc Cue

Autochtones et Français, relations entre Les pêcheurs bretons et normands prennent contact avec le peuple algonquin du Nord-Est au début du XVIe siècle, ou plus tôt, soit au moment où ils cherchent à s'abriter dans les ports naturels et les baies lors des tempêtes et à s'approvisionner en eau et en nourriture. Les premiers contacts avec les autochtones ne se seraient pas toujours bien passés. Quelques-uns sont enlevés et amenés en France pour être exhibés à la Cour et sur la place publique, lors des cérémonies d'État et de fêtes religieuses. Aussi, les autochtones prennent-ils la précaution de cacher les femmes à l'intérieur des terres lorsque des groupes arrivent pour la pêche à la morue et la chasse au morse.

Par ailleurs, le troc est un commerce qui convient à tout le monde. Les autochtones échangent des peaux et des fourrures contre des perles, des miroirs, des clochettes et des breloques ayant une valeur esthétique ou spirituelle. Les Français et les autochtones semblent se satisfaire de ce genre de commerce. Mais bientôt, les autochtones exigent des objets d'une plus grande valeur, soit des aiguilles, des couteaux, des chaudrons ou des tissus, tandis que les Français développent un goût insatiable pour les peaux de castor.

Au XVIe siècle, les Français, comme leurs voisins de l'Ouest de l'Europe, commencent à revendiquer des territoires «n'appartenant à aucun prince chrétien». Ils déclarent que ces terres ne sont pas habitées, du moins elles ne sont pas défrichées, et qu'on doit les intégrer aux territoires chrétiens. La commission royale de ROBERVAL pour la région du Saint-Laurent du 15 janvier 1541 et la commission La Roche pour l'île de Sable en 1598 entérinent ces acquisitions, soit par cession volontaire ou par le biais de la conquête.

Vers le début du XVIIe siècle, une politique de paix est envisagée, au moment où la TRAITE DES FOURRURES prend de l'expansion et où l'on considère sérieusement d'ériger des missions catholiques. Le fait que les Français choisissent d'établir leurs colonies sur la rive des marais de la baie de Fundy et dans la vallée du Saint-Laurent, où habitaient les premiers Iroquois «laurentiens» avant 1580, montre qu'aucun autochtone n'a été évincé par les colons. Les 2 peuples vivent donc en harmonie jusqu'à la chute de l'ACADIE (1710) et de la NOUVELLE-FRANCE (1760). Au-delà des terres agricoles acadiennes et des seigneuries situées dans la vallée laurentienne, les autochtones continuent à vivre de façon indépendante, poursuivant leur mode de vie traditionnel et conservant leurs us et coutumes. Les ordres donnés par le roi au gouverneur Courcelles en 1665 indiquent que «les officiers, les militaires et tous les sujets de Sa Majesté doivent traiter les autochtones de façon équitable, sans jamais avoir recours à la violence». En outre, personne n'a le droit de «prendre leurs terres sous prétexte qu'il est préférable qu'elles deviennent françaises».

En 1716, les ordres de Sa Majesté n'exigent pas seulement la paix entre les colons et les autochtones, dans l'intérêt du commerce et des missions, mais interdisent aussi de cultiver la terre et de s'établir à l'ouest des seigneuries de la région de Montréal. Dans les PAYS D'EN HAUT, on s'assure d'obtenir la permission des autochtones avant d'établir un poste de traite, de construire un fort, d'ériger une mission ou d'installer une petite communauté agricole comme dans les territoires de Detroit et de l'Illinois. À la suite d'une conférence à Québec, à l'automne de 1748, où sont présents 80 délégués iroquois, le gouverneur La Galissonière et l'intendant Bigot confirment à nouveau que «ces autochtones se disent et sont un peuple indépendant de toutes les nations, et il est incontestable que les territoires qu'ils habitent leur appartiennent». Néanmoins, la France continue à affirmer sa souveraineté et à parler de «nations alliées» à l'échelle internationale. Cette souveraineté sert face à l'ennemi venu d'autres pays d'Europe et non contre les autochtones. Elle ne leur enlève pas leur indépendance et n'étouffe pas leurs coutumes.

Les autochtones acceptent ce protectorat, car il représente un soutien extérieur leur permettant de continuer à se gouverner eux-mêmes et à respecter leurs traditions. Le peuple micmac, et plus tard celui des Abénaquis, se convertit au catholicisme. C'est de leur propre chef qu'ils le font, en l'absence d'une structure évangélique, afin de renforcer l'alliance avec les Français contre les incursions anglo-américaines. Pendant que les Micmacs signent un traité de paix et de fraternité avec les autorités britanniques à Halifax en 1752, le peuple abénaquis, réfugié au Canada, rabroue le délégué officiel du gouverneur de Boston.

Au début de leur mandat apostolique en Acadie en 1611 et au Canada en 1615, les missionnaires catholiques rêvent d'une conversion rapide des autochtones, les considérant même comme les descendants des 10 tribus perdues d'Israël (*voir* MISSIONS ET MISSIONNAIRES). L'hospitalité traditionnelle des Micmacs et des Montagnais favorise la venue de missionnaires itinérants. Bientôt, les efforts d'évangélisation se concentrent sur la confédération des HURONS, groupe de sédentaires horticoles bénéficiant d'un emplacement stratégique (*voir* SAINTE-MARIE-DES-HURONS). Cependant, la dissension liée au favoritisme démontré aux convertis, doublée des ÉPIDÉMIES qui déciment la population, font presque avorter la mission. À 2 reprises, les Français doivent menacer les Hurons de mettre un terme au commerce s'il y a exil ou exécution des Jésuites, car les Hurons accusent ces derniers de sorcellerie. Après la dispersion des Hurons en 1648-1649, les missionnaires se tournent vers d'autres peuples du bassin des Grands Lacs, comme la confédération des IROQUOIS. Toutefois, leur succès est mitigé. La majorité des autochtones affichent un dualisme tolérant, qui se résume à cette phrase: «Conservez vos façons de faire et nous conserverons les nôtres, car tout le monde a ses préférences».

Il est plus commode de faire des réductions, communément appelées réserves, à l'intérieur des seigneuries de la Nouvelle-France. En 1637, la seigneurie de SILLERY, près de Québec, est désignée comme une réserve pour certains Montagnais des environs et pour les chasseurs nomades venus du Nord, dans le cas où ceux-ci se feraient agriculteurs sous la tutelle des Jésuites. Les Montagnais n'y resteront pas longtemps et des réfugiés abénaquis s'y installeront. Enfin, les Hurons s'y réfugient également, au moment de la conquête iroquoise. Éventuellement, des réserves se forment en limite des 3 têtes de pont des colonies françaises: les Hurons à Lorette, près de Québec; les Abénaquis à Bécancour et à Saint-François, près de Trois-Rivières; les Iroquois à Kahnawake, près de Montréal; et les Algonquins et les Iroquois au Lac-des-Deux-Montagnes. Ces réserves sont parfois déplacées loin des grandes agglomérations, non seulement en raison de l'épuisement du sol, mais pour isoler les autochtones convertis, les missionnaires craignant les tentations exercées par l'alcool, la prostitution et le jeu. De connivence avec des commerçants montréalais, la réserve de Kahnawake devient le lieu de prédilection pour le trafic illicite avec les villes d'Albanie et de New York. Ceux qui choisissent de vivre dans les réserves le font pour des raisons religieuses et pour échapper à la persécution et aux invasions de leurs territoires. Néanmoins, à long terme, les avantages économiques ne sont pas négligeables. C'est souvent dans les réserves qu'on recrute ceux qui font des expéditions en canot, ainsi que les guides et les guerriers pour le commerce et la guerre. Les produits des champs et de la chasse, la fabrication de canots, de raquettes et de mocassins ont du succès sur le marché intérieur.

Les dirigeants français cherchent à christianiser et à franciser les autochtones en vue d'atteindre l'idéal utopique de la «nation unique». L'Église tente de réaliser cet objectif grâce aux missions itinérantes et à l'éducation d'une élite autochtone en France, dans les réserves et dans les pensionnats. Il devient cependant clair que les autochtones ne renieront pas leur culture, même une fois convertis. Ce sont plutôt les missionnaires et les coureurs de bois qui apprennent leurs dialectes et qui adoptent leurs techniques de survie.

Les mariages interraciaux, ou métissages, remontent aux rencontres occasionnelles, qui ont surtout lieu entre les femmes autochtones et les Français sans épouse européenne. Ce type de mariage apparaît d'abord chez les pêcheurs et les marins de la côte atlantique. Il se répand ensuite à l'intérieur des terres où les interprètes et les marchands, et, plus tard, les COUREURS DE BOIS indépendants et les garnisons entrent en contact avec les tribus de l'intérieur. Les VOYAGEURS et ceux qui se déplacent en canot pour la traite des fourrures, font appel aux femmes autochtones pour monter et démonter les camps, préparer la nourriture, porter les bagages et servir de maîtresses. Bon nombre de ces unions à «la façon du pays» sont néanmoins durables et légitimes. Le droit canon interdit à cette époque les mariages entre les catholiques et les païens. C'est pourquoi les missionnaires doivent souvent instruire et baptiser les adultes et les enfants avant de rendre l'union légitime. En 1735, Louis XV interdit formellement les mariages mixtes. Toutefois, il ne réussit pas à les empêcher, comme en témoigne les communautés florissantes de MÉTIS dans le bassin des Grands Lacs, notamment sur les rives du lac Supérieur.

La guerre fait partie intégrante de la vie autochtone et les Français y participent activement. La plupart des tribus restent loyales à la France jusqu'au soulèvement de PONTIAC en 1763. Seuls les Iroquois, les Renards et les Sioux font exception. Champlain, en appuyant ses partenaires commerciaux algonquins et hurons en 1609, reste longtemps l'ennemi juré des Iroquois. Les Français ne réussissent pas à empêcher le génocide des Hurons aux mains des Iroquois en 1648-1649. Ils ne sont pas capables non plus de mettre fin aux incursions des Iroquois sur leurs propres territoires et sur ceux de leurs alliés, du moins, pas avant la Grande Paix de Montréal en 1701 (*voir* GUERRES IROQUOISES). Les Renards se font hostiles en 1712 et ce n'est qu'après plusieurs interventions militaires qu'ils se disperseront en 1730. Les Sioux, eux aussi, attaquent souvent les partenaires commerciaux de la France et ses alliés avant d'arriver à un accord de paix en 1754. La milice canadienne et les auxiliaires autochtones se distinguent également lors d'expéditions destinées à venir en aide à la Louisiane, aux prises avec les Chicachas et les Natchez.

La France dépense de fortes sommes d'argent pour la distribution annuelle des «présents du roi» aux nations alliées. De plus, la Cour fait don de vêtements, d'armes et de munitions aux auxiliaires autochtones, en plus de les payer et d'entretenir leurs familles pendant que les hommes sont sur le champ de bataille. Les autochtones ont une valeur inestimable en raison de leur qualité de guides et d'éclaireurs, et de leur habilité à préparer des attaques-surprises. Les Français ne s'ingèrent pas dans leurs pratiques de guerre, comme le scalp et la torture, pendant qu'ils combattent à leurs côtés. Les autochtones sont des auxiliaires indépendants. Dans la défaite, les Français se souviennent d'eux. Après la capitulation (1760), ils demandent et obtiennent qu'ils soient traités comme des militaires sous les drapeaux. Les Français veulent qu'ils «continuent à habiter leurs terres» et qu'ils bénéficient de la liberté de culte, en plus de garder les missionnaires auprès d'eux.

Cornelius J. Jaenen

Autochtones: la côte du Nord-Ouest La partie canadienne de cette côte est une région où se côtoient des extrêmes: larges plages, fjords profonds et montagnes aux sommets enneigés. Les températures sont modérées, la moyenne de janvier est au-dessus du point de congélation et la moyenne de juillet est inférieure à 18 ºC. La côte du Nord et les îles du large reçoivent de 155 à 655 cm de pluie par année, et les côtes protégées du détroit de Georgia en reçoivent de 65 à 175 cm, surtout en hiver. Les épaisses forêts de conifères abondent dans la région, et les plages et les ruisseaux sont bordés de sous-bois touffus.

Avant l'arrivée des Blancs, la nourriture était abondante: on trouvait sur place des cerfs à queue noire, des ours, des élans et des chèvres de montagne, et il y avait partout des mammifères marins (des phoques et des marsouins) et de grandes quantités de poissons, de crustacés et de coquillages. Une variété de fruits, de bulbes et d'autres plantes fournissaient des éléments nutritifs importants. Et, surtout, les grandes remontes de SAUMONS DU PACIFIQUE, arrivant en grand nombre lors de leur migration annuelle et que l'on mangeait immédiatement après la capture ou que l'on séchait pour les consommer plus tard.

Grandes familles linguistiques et tribus

De toutes les régions autochtones du Canada, c'est celle qui présente la plus grande diversité linguistique. Les TLINGITS de la pointe nord-ouest de la Colombie-Britannique et du sud-ouest du Yukon vivent à l'intérieur des terres et sont apparentés aux Tlingits de la côte sud de l'Alaska. Les HAIDAS vivent sur les ÎLES DE LA REINE-CHARLOTTE. Le tlingit et le HAIDA sont des langues isolées et uniques. On n'a pu prouver qu'ils s'apparentaient à quelques autres langues. Le long des rivières Nass et Skeena et des côtes avoisinantes, on parle 3 langues de la famille linguistique TSIMSHIAN, qui a peut-être une parenté lointaine avec plusieurs autres familles linguistiques, collectivement appelées pénutiennes, qui sont parlées dans l'Oregon et au sud de cet État. Le long de la côte, du territoire tsimshian au nord-est de l'île de Vancouver, on parle successivement le haisla (les KITAMAATS), le HAELTZUK (les Bella Bellas), l'oowekyala (à Rivers Inlet) et le kwakwala (les KWAKIUTL du Sud). Ces langues sont elles-mêmes apparentés aux langues du Nuu-Chah-Nulth (NOOTKA) et au DIDIDAHTS, parlées sur la côte ouest de l'île de Vancouver, ainsi qu'au makah, parlé au cap Flattery (dans l'État de Washington). Toutes ces langues appartiennent à la famille linguistique wakashenne.

Les autres peuples des côtes de la Colombie-Britannique parlent des langues de la grande famille salish. Au nord, entre les Haislas et les Haeltzuks, on parle le NUXALK (les Bella Coolas). Dans la région du détroit de Georgia, au-dessous des Kwakiutl du Sud, on parle 7 langues salish de la côte et les locuteurs ne se comprennent pas entre eux: le comox, le pentlatch (disparu) et le sechelt, qui forment l'ensemble appelé SALISH DE LA CÔTE NORD DU DÉTROIT DE GEORGIA, ainsi que le squamish, le halkomelen, le nooksack (maintenant parlé seulement dans l'État de Washington) et le salish des détroits, qui forment l'ensemble appelé les SALISH DE LA CÔTE CENTRALE.

Ainsi, sur la côte nord-ouest de la Colombie-Britannique, on trouve 19 langues dont les locuteurs ne se comprennent pas entre eux. Ces langues appartiennent elles-mêmes à 5 groupes distincts entre lesquels aucune relation n'a encore été clairement établie (*voir* AUTOCHTONES, LANGUES DES).

Résumé historique

Les premiers habitants de la côte du Nord-Ouest s'y sont probablement établis il y a 10 000 ans (*voir* PRÉHISTOIRE), mais les premiers contacts avec les Européens ont lieu à la fin du XVIIIᵉ siècle, lorsque des explorateurs espagnols et britanniques ouvrent la voie aux commerçants à la recherche de grandes quantités de peaux de loutre de mer. Toutes les tribus acceptent avec empressement d'utiliser les armes à feu, les outils en fer et les autres produits des Européens, mais des postes de traite permanents ne sont établis que lorsque la COMPAGNIE DE LA BAIE D'HUDSON construit une série de forts grâce auxquels, en 1850, elle s'assure la mainmise sur le commerce.

La découverte d'or sur le fleuve Fraser en 1857 provoque une ruée de mineurs et de colons vers les colonies nouvellement fondées (*voir* RUÉES VERS L'OR). Les villes sont rares, mais les autochtones y viennent de loin pour échanger des marchandises. Les maladies contagieuses, surtout la variole, déciment les autochtones, qui ne sont plus, en 1885, qu'une minorité de la population.

Le gouverneur James DOUGLAS conclut quelques petits traités avec des villages autochtones de l'île de Vancouver entre 1850 et 1854 (*voir* TRAITÉS INDIENS). Les droits ainsi reconnus aux autochtones ne le sont plus après l'entrée de la Colombie-Britannique dans la Confédération en 1871. Deux commissions, constituées en 1876 et en 1912, sont chargées de créer et de confirmer des RÉSERVES INDIENNES. Ni l'une ni l'autre n'est habilitée à conclure des traités ou à trouver des solutions définitives aux doléances des autochtones. Ces réserves, bien qu'elles soient imposées unilatéralement aux autochtones et ne répondent pas toujours à leurs demandes, assurent au moins à beaucoup de leurs villages un minimum de protection pendant que l'afflux d'étrangers se poursuit.

La question non réglée des terres ainsi que l'oppression du gouvernement qui impose notamment une disposition interdisant le POTLATCH dans la LOI SUR LES INDIENS de 1884, amènent les groupes locaux à protester. Des associations organisées regroupant toutes les tribus se constituent par la suite, soit l'Allied Tribes of British Columbia, en 1915, et le Native Brotherhood of British Columbia, en 1931.

À la suite de l'arrêt Calder, rendu par la Cour suprême en 1973, et de la décision du Canada de négocier le règlement des revendications en souffrance, le Canada et le NISGA'A entreprennent en 1976 des négociations en vue de conclure un traité. La Colombie-Britannique se joint aux négociations en 1990 et une entente de principe est signée en mars 1996. Les gouvernements provincial et fédéral et des représentants des PREMIÈRES NATIONS de la Colombie-Britannique constituent en 1993 la Commission des traités de la Colombie-Britannique pour faciliter la négociation de traités avec les autres premières nations de la province. En 1996, la plupart des groupes côtiers ont déjà déposé des déclarations d'intention en vue de négocier des traités dans le cadre du processus établi par la Commission des traités.

Dès leurs premiers contacts avec des étrangers, les autochtones de la côte se sont volontiers adonnés au commerce et ont travaillé comme manœuvres, bateliers ou domestiques. Lorsque l'exploitation des ressources en était à ses débuts, ceux qui vivaient dans des régions éloignées (et dont l'économie de subsistance était viable) étaient de parfaits travailleurs saisonniers. Toutefois, la mécanisation et la centralisation progressives des industries de la pêche et du bois ont fait diminuer la participation des autochtones à titre de travailleurs et de petits producteurs indépendants. Ce sont toujours les industries axées sur les ressources qui procurent le plus d'emplois aux autochtones mais, dans les années 60, le chômage et le sous-emploi sont devenus chroniques chez les communautés côtières.

Culture traditionnelle

Répartition du travail Les fondements matériels de l'existence étaient les mêmes partout sur la côte du Nord-Ouest. La charpenterie était le travail des hommes, qui utilisaient des lames en pierre ou en coquillage, des coins et des marteaux en pierre pour façonner une multitude d'articles d'usage quotidien. D'énormes habitations d'hiver, dotées d'une charpente à poteaux et à poutres recouverte de planches de cèdre taillées, étaient construites dans des styles régionaux distinctifs, ainsi que les pirogues (*voir* CANOT D'ÉCORCE), à bord desquelles on voyageait sur les cours d'eau rapides et en haute mer.

Il revenait surtout aux femmes de filer le cordage servant aux filets et aux lignes à pêche et de tresser des articles avec des racines et de l'écorce de cèdre: gros récipients d'entreposage, paniers de cueillette ajourés et chapeaux élégants finement décorés. Des tapis et des nattes en écorce de cèdre ou en jonc garnissaient et recouvraient l'intérieur des maisons pour les garder plus au chaud. Les femmes tissaient aussi des jupes et des manteaux en écorce de cèdre pour porter tous les jours. Pour les occasions spéciales, les gens des tribus du Nord portaient des COUVERTURES CHILKAT richement décorées, faites en écorce tressée et en laine de chèvre de montagne. Chez les Salish de la côte, on ajoutait du poil de chien au poil de chèvre de montagne pour tisser d'épaisses couvertures ornées de bordures décoratives qu'on portait tous les jours par temps froid. Tout le long de la côte, des mantes de fourrure s'ajoutaient à cette garde-robe rudimentaire.

La chasse, la pêche et la cueillette étaient les moyens de subsistance. Les ressources marines avaient une importance primordiale. Les agrès de pêche étaient adaptés aux conditions particulières de la mer et des cours d'eau, ainsi qu'aux espèces de poisson propres à chaque endroit. On pêchait à la traîne ou à la ligne dormante avec des hameçons garnis d'appâts. On utilisait aussi des harpons, des javelots ou des filets, et on installait des pièges à marée ou des nasses dans les cours d'eau. Pour la chasse aux mammifères terrestres, on utilisait des arcs et des flèches, des collets, des assommoirs et des filets. On chassait les mammifères marins à l'aide de harpons en mer et de gourdins ou de filets sur les rivages. L'abondante sauvagine était capturée à l'aide de toutes sortes de filets ingénieux. La pêche aux mollusques et aux crustacés, la cueillette de baies sauvages et la récolte de racines comestibles, de bulbes et de pousses vertes fournissaient aussi des aliments nutritifs. Aucune de ces ressources variées n'était répartie également dans toutes les régions et les tribus côtières, de façon cyclique, quittaient leurs villages d'hiver pour se déplacer ou se disperser aux divers endroits à mesure qu'arrivait la saison propice à chaque ressource, puis elles retournaient à leur point d'attache.

La pêche et la chasse étaient pratiquées surtout par les hommes, tandis que la cueillette des plantes et des mollusques était surtout le travail des femmes. Par contre, le travail était réparti de façon complémentaire et se faisait souvent en collaboration. Les hommes et les femmes fabriquaient les outils nécessaires au travail. Presque tous les aliments étaient obtenus à certaines périodes en quantité supérieure aux besoins immédiats; en conséquence, on les mettait en réserve. Les captures de poisson et de gibier étaient surtout faites par les hommes, mais les femmes s'occupaient de la cuisson et de la conservation.

Vie sociale Partout sur la côte du Nord-Ouest, la cellule sociale de base était le clan qui avait généralement un ancêtre commun. Chez les peuples du Nord, l'appartenance à ce clan dépendait de l'ascendance maternelle; dans le Sud, on pouvait appartenir au groupe tant par la lignée masculine que par la lignée féminine. Dans les deux régions, des groupes de proches parents se formaient ainsi; les gens se mariaient entre eux, vivaient ensemble dans une maison ou un groupe de maisons et suivaient les directives et les conseils de chefs compétents. Ces derniers portaient des titres officiels ou des noms héréditaires prestigieux dans la lignée familiale. Ils étaient les gestionnaires des biens familiaux, y compris les biens immatériels comme les noms, les pratiques rituelles, les chants spéciaux et les connaissances secrètes. Le plus important était toutefois la propriété des biens immeubles comme les maisons et leurs terrains, les buissons de baies sauvages, les territoires de chasse, les roqueries de phoques et les emplacements de pièges à poissons. Certains territoires et certains secteurs aquatiques étaient accessibles à tous, mais les endroits qui fournissaient la nourriture la plus abondante étaient de propriété privée.

Les biens immobiliers, mis en valeur par une habile gestion du travail familial et de l'équipement de chaque personne, permettaient aux clans et à leurs chefs d'être fort productifs et d'accumuler une richesse notable. La propriété était le fondement et le moyen d'action du système de rangs et de classes de la côte du Nord-Ouest. Certaines tribus avaient un système interne de rangs sociaux définis; dans d'autres tribus, les catégories étaient souples. On trouvait partout quelque forme de distinction entre supérieurs et inférieurs ainsi que la pratique de l'ESCLAVAGE. Les esclaves étaient acquis à la guerre ou achetés. Ils vivaient dans les maisons de leurs propriétaires, mais ils n'avaient pas tous les droits civils et ils étaient tenus d'accomplir des tâches serviles.

Les villages étaient toujours proches des eaux navigables et les maisons étaient disposées sur les plages en rangées parallèles à l'eau. Ils étaient unifiés par les liens de parenté, le dialecte et les droits communs sur un territoire, mais ils n'avaient aucune administration, sauf celle qui était exercée par des lignées puissantes. Au début de la période historique, chez les Tsimshians de la côte et chez les Nootkas, dans le nord de la côte ouest, des chefs de village puissants se sont imposés et ont commencé à élargir leur influence sur la confédération des villages. Ces alliances étaient les seules organisations tribales officielles. Les conflits qui dégénéraient parfois en guerres étaient le résultat de blessures ou d'intrusions illicites. L'acquisition de biens, y compris d'esclaves, étaient aussi des sujets de conflit. La petite taille et l'indépendance des villages ainsi que la pratique de donner des cadeaux en dédommagement des torts causés aidaient à limiter l'ampleur des guerres.

Les gens haut placés de clans ou de villages distincts trouvaient des intérêts communs dans leur appartenance à une même classe et formaient des associations rituelles souvent décrites comme des sociétés secrètes. Surtout, ils étaient unis par les liens du mariage et les échanges de cadeaux auxquels ils

donnaient lieu. Des mariages étaient conclus entre personnes de clans distincts vivant souvent dans des villages fort éloignés. Pour assurer la validité des droits de la lignée et le maintien du statut social, on convoquait une assemblée de gens provenant de nombreux clans afin qu'ils soient témoins de ces réclamations; l'occasion donnait lieu à un potlatch au cours duquel des repas étaient servis aux invités et des cadeaux leur étaient offerts. On pratiquait le troc et le commerce, mais les cadeaux et les fêtes étaient les principaux moyens de répartition et d'échange.

Vie religieuse et spirituelle Toutes les tribus s'adonnaient aux importants rituels religieux en hiver et considéraient l'été comme un temps plus propice aux jeux, aux fêtes et aux cérémonies d'attribution des noms. Il n'y avait pas de séparation stricte entre le sacré et le profane, car on voyait le sacré dans toute pensée et toute action. La croyance en des esprits puissants identifiés à des formes et à des objets animés était fondamentale. Les esprits pouvaient intervenir dans les affaires humaines, mais quelqu'un pouvait, en se purifiant, espérer de devenir ses alliés. Ces esprits conféraient leurs pouvoirs aux CHAMANS et aux ministres de la religion, mais ils donnaient aussi aux gens ordinaires des talents spéciaux ou leur apportaient la chance. De tels privilèges étaient héréditaires dans certains cas. Cette conscience du pouvoir des êtres vivants autres que l'homme concordait avec la pratique répandue des prières et des cérémonies de bienvenue visant à obtenir d'abondantes migrations annuelles de poissons (*voir* AUTOCHTONES, RELIGION DES).

Au cours de sa vie, chaque personne changeait de statut en atteignant la puberté, lorsqu'un nom lui était conféré ou quand elle se mariait. Ces occasions étaient marquées par des tabous et des rites complexes et par des festivités. On attribuait la maladie à des causes physiques, mais aussi à la perte de l'âme ou à l'intervention de forces spirituelles; on appelait alors les chamans, desquels on attendait un diagnostic et un traitement curatif. Toutes les tribus croyaient à la vie après la mort et à des esprits qui pouvaient faire du tort aux vivants. Les rites funéraires et commémoratifs servaient à séparer les vivants des morts et à nourrir, à honorer et à apaiser les défunts.

Culture et arts La musique et les arts décoratifs accompagnaient les activités tant sacrées que profanes. Les auxiliaires spirituels léguaient les chants et les traditions des sociétés secrètes et des familles. Ceux-ci étaient transmis au moyen de ces chants qui accompagnaient souvent des mises en scène masquées d'événements mythiques. On chantait en toute occasion, pour calmer les bébés, accompagner les jeux, exprimer l'affection ou la tristesse. La voix était le seul instrument mélodique, mais elle était accompagnée par une variété d'instruments à percussion, de sifflets et de cors.

La sculpture et les arts décoratifs faisaient aussi partie de la vie quotidienne et agrémentaient les outils, les maisons, les paniers, les vêtements et les articles qui se rapportaient au monde surnaturel. La sculpture et la peinture sur bois, les TOTEMS en particulier, sont les produits les plus réputés de la culture de la côte du Nord-Ouest. Les fouilles archéologiques indiquent que l'art a une longue histoire dans la région et que les styles régionaux ont en commun des caractéristiques formelles fondamentales remontant à une tradition plus ancienne. Dans le Nord, les arts suivent des règles très strictes et les emblèmes familiaux y sont souvent représentés sur les terrains des gens. Les sculpteurs wakash excellaient dans la fabrication de masques pour les représentations théâtrales. Les Salish mettaient surtout l'accent sur les objets à usage religieux et s'intéressaient peu aux emblèmes. Dans toutes les régions, la possession de sculptures et d'objets d'art décoratif était un signe de richesse et dénotait le statut social (*voir* AUTOCHTONES DE LA CÔTE DU NORD-OUEST, ART).

Changements culturels

Bien que les cultures de la côte du Nord-Ouest aient visiblement changé en adoptant d'emblée les vêtements et les outils des Européens, les villages, souvent installés sur leurs anciens emplacements, gardent leur ancienne vocation maritime et la nourriture traditionnelle fait partie du régime alimentaire de prédilection. Jusqu'à une époque récente, les missionnaires et les administrateurs gouvernementaux ont pratiqué une politique d'occidentalisation forcée. L'éducation obligatoire dans des PENSIONNATS centralisés où les langues autochtones étaient interdites a eu de graves répercussions sur les structures communautaires, la connaissance des langues et la socialisation des autochtones. Plusieurs langues de la côte du Nord-Ouest ne sont plus parlées couramment que par quelques personnes et sont menacées de disparition, malgré des efforts tentés pour renverser la tendance au moyen de programmes officiels d'enseignement des langues. P. ex. le pentlatch a déjà disparu.

Même si le potlatch a été interdit de 1884 à 1951, les fêtes et les échanges cérémoniels, surtout chez les Kwakiutl du Sud, n'ont jamais complètement cessé et connaissent un renouveau depuis quelques décennies. Les quelques villages salish de la côte qui ont maintenu la coutume de la danse des esprits ont été les centres d'un renouveau religieux remarquable qui continue d'attirer des adeptes. Ces traditions sont encore réservées aux communautés autochtones, qui s'en servent pour renforcer leur identité et leur estime de soi.

Après avoir atteint un creux en 1915, la population des tribus de la côte du Nord-Ouest ne cesse d'augmenter. En 1991, on comptait environ 51 565 Indiens inscrits et un nombre peut-être aussi grand de descendants non inscrits des tribus côtières. Bon nombre de résidents des villages isolés sont partis à cause du chômage et parce qu'ils avaient la possibilité de s'instruire dans les centres urbains. Plus de 40 p. 100 de la population inscrite vit à l'extérieur des réserves.

Les autochtones de la côte du Nord-Ouest se sont toujours fermement opposés aux politiques et aux pratiques qui ont réduit leurs DROITS ANCESTRAUX et ont laissé leurs REVENDICATIONS TERRITORIALES en suspens (*voir* AUTOCHTONES, POLITIQUE GOUVERNEMENTALE CONCERNANT LES). Ils appuient fortement les associations autochtones provinciales et nationales.

Michael Kew

Autochtones, langues des Dans la mesure la plus précise qu'il soit possible de le déterminer, on dénombre 51 ou 52 différentes langues autochtones parlées au Canada. Elles appartiennent à 11 familles distinctes. Trois de ces familles ne consistent qu'en une seule langue, que l'on appelle «isolat» ou «langue isolée». Parmi les 8 autres familles, certaines sont des groupes de langues aussi étroitement apparentés que ceux qui composent les familles romanes, germaniques ou slaves faisant partie des langues indoeuropéennes, alors que d'autres constituent des groupes plus ramifiés de l'ordre des langues indoeuropéennes dans leur ensemble. Dans quelques cas, on trouve que les familles de langues autochtones du Canada et du reste de l'Amérique du Nord ont une parenté éloignée, mais à cet égard on avance beaucoup plus d'hypothèses qu'on peut en vérifier. À la lumière des connaissances actuelles sur le sujet, la majorité des familles linguistiques autochtones d'Amérique du Nord semblent aussi indépendantes les unes des autres que l'indo-européen l'est de l'ouralien, du sino-tibétain ou du japonais. L'Amérique du Nord demeure incontestablement une des régions linguistiques les plus complexes du monde.

Un bon nombre des langues autochtones du Canada sont parlées dans plusieurs dialectes plus ou moins intelligibles mutuellement, surtout si la langue est utilisée dans les limites d'un vaste territoire. Ainsi, le CRI est une seule langue, parlée dans 6 variantes dialectales reconnues dans des douzaines de collectivités et de réserves, depuis les Rocheuses jusqu'à l'intérieur du Québec. Quant à la langue ojibwée, qui compte au moins 7 variantes dialectales, on l'entend chez plusieurs communautés dispersées dans le centre du Canada (*voir* ÉCRITURE SYLLA-BIQUE CRIE). De tels dialectes s'imbriquent les uns dans les autres pour former des chaînes dont les maillons peuvent devenir mutuellement inintelligibles aux extrémités géographiques. Néanmoins, à des fins de classification, on considère ces chaînes comme des langues uniques. Le cri et l'OJIBWÉ sont 2 des 10 langues de la famille algonquienne parlées au Canada. Certaines d'entre elles et quelques autres sont aussi utilisées aux États-Unis.

Situation des langues autochtones du Canada À la lumière du recensement de 1991, Statistique Canada estime que le pays compte alors environ 223 000 personnes parlant au moins une langue autochtone. En supposant que la plupart d'entre elles sont aussi les personnes qui déclarent avoir une certaine ascendance indienne (*voir* INDIEN), métisse (*voir* MÉTIS) ou inuite (*voir* INUIT), cela veut dire qu'environ 1 autochtone sur 5 au Canada parle une langue autochtone. À la fin du XXᵉ siècle, la majorité des autochtones, surtout les plus jeunes, ne parlent aucune langue autochtone.

Parmi les 51 ou 52 langues autochtones, seuls le cri, l'ojibwé et les langues comprenant la branche inuit-inupiaq de la famille esquimaude-aléoute sont parlées par un nombre suffisant de personnes pour avoir quelque chance de survivre à long terme. Quelques-unes des autres langues ont au moins des chances raisonnables de survivre dans un proche avenir, mais la majorité d'entre elles sont menacées. Au moins 7 sont pratiquement éteintes au milieu des années 90, alors que seulement une poignée de personnes âgées parlant ces langues sont encore vivantes. Il n'y a donc aucun doute que le nombre de langues autochtones jadis parlées au Canada était considérablement supérieur au nombre actuel. Le nicola (*voir* NICOLA-SIMILKAMEEN) et le TSET-SAUT (athapascane), le pentlatch (salishenne) (*voir* SALISH DU CONTINENT), le SÉNÉCA et le tuscarora (iroquoienne) (*voir* IROQUOIS) étaient toutes des langues parlées au Canada jusqu'à récemment mais qui sont maintenant éteintes. Certaines d'entre elles sont encore parlées par quelques personnes âgées aux États-Unis. Les autres langues qui ont disparu dans les premiers temps du contact avec les Européens comprennent: le BÉOTHUK (isolat), le HURON (iroquoien du Saint-Laurent), le NEUTRE et le PÉTUN (toutes deux iroquoiennes).

Répartition géographique des familles linguistiques autochtones du Canada Aucune des familles de langues autochtones du pays n'est parlée exclusivement au Canada, et la plupart d'entre elles sont utilisées des deux côtés de la frontière canado-américaine. L'esquimaude-aléoute étend ses ramifications non seulement aux États-Unis (Alaska), mais aussi à l'ouest, en Sibérie, et à l'est, au Groenland. À l'intérieur du Canada, les familles de langues autochtones sont concentrées dans l'Ouest. Sauf pour l'esquimaude-aléoute, dont la branche inuit-inupiaq s'étend dans tout l'Arctique canadien, on trouve seulement 2 familles linguistiques à l'est du lac Winnipeg, l'algonquienne et l'iroquoienne, et seule cette dernière est exclusivement présente au-delà de ce point. Dans les Prairies, on parle encore le sioux (*voir* SIOUX), l'algonquien et l'athapascan, bien que ces deux dernières appartiennent avant tout à la région (subarctique) de la forêt boréale. L'athapascan et le tlingit (*voir* TLINGIT) sont parlés dans un certain nombre de communautés de l'intérieur de la Colombie-Britannique. Le long de la côte Ouest et de ses cours d'eau intérieurs vivent de nombreuses communautés parlant le salish, le TSIMSHIAN, le wakash (*voir* NOOTKA) et le haïda (*voir* HAIDA [GROUPE AUTOCHTONE]). Le kootenai (*voir* KOOTE-NAYS), qui est isolé, est présent dans le sud-est de la

Colombie-Britannique, près du lac et de la rivière Kootenay. Huit des onze familles linguistiques se trouvent uniquement en Colombie-Britannique.

Cette concentration des familles porte les étudiants en histoire autochtone à croire que l'Ouest est une région linguistiquement âgée qui a tout probablement servi de point de départ aux migrations successives de groupes de langues différentes qui se sont dirigées vers le sud et vers l'est, une théorie qui s'accorde assez bien avec les découvertes archéologiques et ethnologiques. À l'opposé, le centre et l'est du Canada sont dominés sur le plan linguistique par la famille algonquienne et en particulier par 2 langues, le cri et l'ojibwé. Cette situation laisse supposer une propagation linguistique beaucoup plus récente par comparaison à l'Ouest.

Classification des langues autochtones du Canada Elle englobe à la fois la question des relations internes entre membres d'une même famille et celle des liens externes entre familles à l'intérieur de groupes encore plus étendus, que l'on appelle des souches ou des supersouches suivant leur importance. On sait précisément à quelles familles appartiennent les quelque 50 langues autochtones, mais beaucoup moins à quelles souches.

Edward SAPIR se démarque nettement en matière de classification des langues autochtones par un article célèbre publié dans l'*Encyclopaedia Britannica* en 1929, un article qui guide la recherche sur les langues autochtones pendant plusieurs décennies et qui suscite toujours de vifs débats. Dans cette classification, les nombreuses familles linguistiques d'Amérique du Nord sont d'abord regroupées en 12 souches de niveau intermédiaire considérées comme raisonnablement sûres, puis, ce qui est beaucoup plus douteux, en 6 supersouches d'une très grande étendue, considérées comme possibles mais qui ne sont pas prouvées. Toutes les familles de langues autochtones du Canada, sauf une, sont alors comprises sous 4 supersouches: l'algonquienne-wakash (algonquien, kootenai, wakash, salish, plus 3 familles aux États-Unis); la na-dénée (athapascan, haïda et tlingit); la penutiane (concentrée en Californie et en Oregon et dont le seul membre canadien est le tsimshian); et la hokane-siouenne (regroupant de nombreuses familles dans l'ouest des États-Unis et quelques-unes au Mexique, et les familles iroquoienne et siouenne qui se sont répandues jusqu'au Canada).

Une famille, l'esquimaude-aléoute, est considérée encore aujourd'hui comme formant une souche distincte. Au cours des récentes décennies, la plupart des linguistes se détournent de plus en plus de cette forme englobante de classification et d'autres du même genre pour au moins revenir vers des souches de niveau intermédiaire. Dans certains cas, on propose des liens additionnels de niveau intermédiaire ou inférieur, même quand des liens d'un ordre plus élevé n'ont pu être établis à la suite de longues recherches. C'est ainsi qu'on relie l'eyak, langue isolée de l'Alaska, à l'athapascan et que l'on assiste au démembrement de la supersouche na-dénée. Le lien entre les familles siouenne et iroquoienne, bien que problématique, est établi plus solidement aujourd'hui qu'il ne l'était en 1929, bien qu'il reste très peu de choses de la supersouche hokane-siouenne de Sapir, dans laquelle on plaçait à l'origine les 2 familles.

Diversité structurale des langues autochtones Les premières descriptions des langues autochtones de l'Amérique du Nord ont tendance à toutes les inclure dans un même moule comme étant «polysynthétiques» ou «holophrastiques», de manière à capter une tendance chez certaines d'entre elles à une grande complexité du mot, particulièrement du verbe. On découvre que les éléments formels exprimés dans les langues européennes familières par des mots distincts ou des terminaisons de mot sont, dans bien des langues autochtones, unis dans des successions de préfixes ou de suffixes entourant des racines de base. Il existe certainement des familles telles que l'esqui-

maude-aléoute, l'iroquoienne et l'algonquienne où on peut utiliser le terme polysynthèse pour caractériser le verbe, mais des étiquettes typologiques aussi générales créent une fausse impression d'uniformité de structure pour tout le continent et obscurcissent des différences importantes que l'on trouve parfois même parmi des langues aussi «analytiques» que l'anglais et d'autres qui sont aussi «désinentielles» que le latin et le grec, de sorte qu'il est impossible de considérer l'ensemble des langues autochtones de cet hémisphère comme constituant un seul type structural ou un seul ensemble de types.

En outre, pratiquement toutes les catégories grammaticales connues chez les langues du vieux continent (personne, cas, nombre, genre, temps, mode, aspect, voix) se trouvent dans les langues de l'Amérique du Nord et certaines catégories inhabituelles suscitent un intérêt considérable pour la recherche sur les langues autochtones: des racines de verbe désignant des catégories de forme et de mouvement, des ensembles de démonstratifs indiquant si un objet mentionné par la personne qui parle lui est visible, des modes verbaux indiquant si ce dont parle l'interlocuteur peut être vérifié par l'expérience immédiate, et même différents ensembles de chiffres pour compter différentes catégories d'objets. Une forme particulière de recherche, qui s'est développée autour du supposé problème de la vision du monde, tente de déterminer si de telles catégories exercent une influence sur les modes habituels de penser et de percevoir des interlocuteurs et de quelle manière elle le font. Les langues autochtones affichent aussi une grande diversité dans leurs systèmes de sons. Dans certaines familles, telles que l'iroquoienne et l'esquimaude-aléoute, l'inventaire des sons de base est plutôt limité, tandis que dans d'autres, particulièrement celles du Plateau et de la côte Ouest, il est très grand. (*Voir aussi* COMMUNICATIONS DANS LE NORD; ÉCRITURE SYLLABIQUE CRIE; AUTOCHTONES, ÉDUCATION DES.)

Michael K. Foster

Autochtones: l'Arctique Les INUITS ont presque toujours été les seuls habitants de l'Arctique canadien, ces régions côtières et de l'intérieur situées au nord de la LIMITE FORESTIÈRE. Dans les régions s'étendant autour de cette ligne de démarcation, les Inuits et les Indiens occupent traditionnellement des environnements similaires (quoique rarement à la même époque) et chassent et pêchent les mêmes espèces de gibier et de poisson. L'été, les régions de l'Arctique jouissent de la lumière du jour pendant de longues heures et d'un climat modéré. Les hivers sont longs et froids et, dans les secteurs les plus au nord, le soleil disparaît complètement durant un certain temps au cœur de l'hiver. On peut y observer une couverture végétale continue, particulièrement dans les endroits bien irrigués, mais on y voit aussi des affleurements rocheux et les zones arides dénudées qui prédominent. L'Arctique est complètement dépourvu d'arbres, pourtant des plantes frutescentes y poussent, dont plusieurs variétés à baies comestibles. La topographie est variée, allant des basses terres parsemées de lacs aux régions alpines recouvertes de glaciers.

Langues principales et groupes de tribus

Au Canada, on compte 8 principaux groupes inuits: du LABRADOR, d'Ungava (*voir* INUITS D'UNGAVA), de l'ÎLE DE BAFFIN, d'Iglulik (*voir* INUITS D'IGLULIK), du Caribou (*voir* INUITS DU CARIBOU), de Netsilik (*voir* INUITS DE NET-SILIK), du Cuivre (*voir* INUITS DU CUIVRE) et de l'Arctique occidental (*voir* AUTOCHTONES, DÉMOGRAPHIE DES). Les Inuits de l'Arctique occidental (ou Inuvialuits) sont récemment venus de l'Alaska prendre la place laissée par les INUITS DU MAC-KENZIE, décimés par plusieurs ÉPIDÉMIES de grippe et de variole au début du siècle. Quant aux INUITS SADLERMIUTS établis dans le nord-ouest de la baie d'Hudson, ils ont disparu au début du siècle après être entrés en contact avec les Blancs (voir AUTOCHTONES, SANTÉ DES).

Tous les Inuits du Canada parlent une seule langue, l'inuktitut ou l'esquimau-aléoute, bien qu'il existe 6 dialectes différents (voir AUTOCHTONES, LANGUES DES). Toutefois, avec l'amélioration des moyens de transport et la diffusion d'émissions de radio et de télévision en langue inuite, les différences linguistiques s'atténuent (voir COMMUNICATIONS DANS LE NORD; AUTOCHTONES, MÉDIAS DES) Les Inuits n'avaient pas de langue écrite. Ils adoptent l'écriture après l'arrivée des missionnaires. Depuis 1920, le taux d'alphabétisme chez les adultes atteint presque 100 p. 100.

Résumé historique

Les premiers contacts suivis avec des étrangers ont lieu à la fin du XVIIIe siècle entre des missionnaires moraves et les Inuits du Labrador. Des liens commerciaux passagers sont créés dans quelques autres endroits de l'Arctique, mais la plupart des contacts n'ont lieu que près d'un siècle plus tard. Durant la seconde moitié du XIXe siècle, des explorateurs et des chasseurs commerciaux de baleines apportent diverses marchandises aux Inuits, mais des postes de traite plus ou moins permanents ne sont installés dans les régions arctiques qu'après la fin de la chasse commerciale à la baleine, à l'époque de la Seconde Guerre mondiale. Durant cette période, on établit aussi des missions et des postes de police. Après la guerre, le gouvernement construit des écoles, des postes de soins infirmiers, des aéroports et des installations de communication et lance des programmes de construction de logements dans les nouveaux hameaux et établissements.

Culture traditionnelle

Les groupes inuits comptent traditionnellement entre 500 et 1000 membres. L'unité sociale et politique la plus importante est la BANDE régionale. Plusieurs bandes régionales forment ensemble un groupe tribal plus grand, à l'intérieur duquel interviennent les mariages et dont tous les membres parlent le même dialecte. Au cours des mois d'hiver, les bandes régionales se rassemblent durant de courtes périodes dans des campements pour la chasse au phoque.

Pendant le reste de l'année, les Inuits vivent en bandes plus petites, souvent formées de 2 à 5 familles. Chaque ménage comprend généralement un couple marié et ses enfants, mais peut aussi accueillir des parents âgés ou célibataires. Les ménages participent à plusieurs activités économiques et sociales, et le partage sur une grande échelle demeure une caractéristique prédominante de la vie sociale des Inuits. La plupart des familles qui choisissent de vivre ensemble sont apparentées et la direction du groupe est généralement assumée par le membre actif le plus âgé.

Le mariage est très répandu chez les Inuits et est habituellement contracté au début de l'âge adulte. Il est de coutume pour un jeune couple de vivre à proximité des parents de l'un des époux. Plusieurs ménages adoptent des enfants, un signe de l'importance accordée aux enfants. L'adoption, les fiançailles, les célébrations de la naissance à l'occasion desquelles un adulte s'engage envers le nouveau-né qui reçoit son nom sont autant d'occasions où les enfants jouent un rôle important dans l'établissement des précieuses relations entre familles. La famille forme une unité économique importante, fondée sur la répartition des responsabilités entre tous les membres d'un ménage, y compris les enfants et les vieillards.

La chasse aux mammifères marins est la base économique de la plupart des groupes inuits. Durant l'été et l'automne, plusieurs groupes chassent le caribou ou se déplacent vers leurs régions côtières de prédilection pour pêcher et chasser diverses espèces de gibier. La pêche et la cueillette (œufs d'oiseaux,

crustacés et baies) constituent d'importantes activités saisonnières, tout comme la chasse à l'ours blanc et à la baleine. La nourriture fraîche revêt une grande valeur, mais certaines quantités d'aliments sont entreposées pour consommation future. Le séchage et la mise en cache froide sont pratiques courantes, mais on utilise aussi plusieurs techniques spéciales de conservation, dont l'entreposage dans l'huile.

La technologie traditionnelle se développe autour des matériaux disponibles sur place: os, corne, andouillers, ivoire, pierre et peaux d'animaux. Dans certaines régions, on fabrique des paniers avec de l'herbe ou des fanons de baleine, on remplace les os par le bois, les andouillers ou les os par le cuivre brut et les peaux d'animaux par celles d'oiseaux ou de poissons. Tendons, intestins et vessies servent à des usages particuliers. On reconnaît aujourd'hui l'inventivité des Inuits. Un bon nombre de leurs inventions sont considérées comme des chefs d'œuvre de technologie. On pense en particulier à l'abri de neige en forme de coupole (igluviak, ou IGLOO en français), à la pointe de harpon à cheville et au KAYAK.

Il va de soi que les lieux des campements sont choisis en fonction des ressources en nourriture disponibles selon les saisons. La composition des campements peut varier périodiquement suivant les besoins et les désirs d'ordre social de se rapprocher de parents vivant ailleurs. Plusieurs techniques de chasse sont plus efficaces lorsque menées de concert par plusieurs chasseurs, comme celles de la chasse au phoque en hiver.

Tous les Inuits se servent de traîneaux et d'embarcations de peaux, bien qu'on note des variantes régionales dans leur conception et leur utilisation. Historiquement, on a recours aux chiens pour la chasse, ceux-ci servent à repérer les phoques sous la glace ou à tenir les ours et les bœufs musqués à distance. L'été, on s'en sert comme bêtes de somme. Les hommes utilisent des kayaks à une place pour chasser le phoque ou le caribou dans les lacs et rivières. En Alaska, on se sert d'énormes UMIAKS recouverts de peau pour chasser la baleine, bien que dans l'Arctique canadien (et au Groenland) de telles embarcations servent surtout aux femmes pour le transport des biens du ménage lors d'un déplacement.

La tente souvent tendue sur un court piquet, est généralement fabriquée de peaux de phoque épilées, et retenue au sol par des pierres. Chez les Inuits du Caribou, la tente est souvent de forme conique et faite de peaux de caribou épilées. On vit sous la tente lorsqu'on ne dispose pas de neige pour fabriquer des abris ou lorsqu'on est trop éloigné des endroits où se trouvent des maisons aux murs de pierre ou de terre.

Les igloos sont de conceptions diverses. Dans les campements d'hiver, la principale pièce de séjour peut être assez vaste, près de 4 m de diamètre et jusqu'à 3 m de hauteur. Il y a aussi des pièces d'entreposage, un couloir d'entrée et des pièces habitables supplémentaires de chaque côté. Dans certaines régions, on isole les murs avec des peaux de caribou. La plupart des igloos sont dotés d'une surface de couchage en neige durcie et d'une fenêtre (faite de glace transparente tirée d'un lac) pratiquée dans le toit. Des igloos plus petits et plus simples sont encore utilisés lors des déplacements d'hiver. Dans l'Arctique occidental, on construit des habitations permanentes d'hiver à l'aide de bois de grève. Les fenêtres de ces habitations sont faites de parchemins de peau d'animal translucide.

Les Inuits sont très habiles pour fabriquer des chaussures et des vêtements à partir de peaux d'animal traitées. Les parkas, les moufles et les bottes sont faites selon un modèle de base, mais les motifs et la technique gardent certaines caractéristiques régionales. Chez la plupart des groupes inuits, les chaussures sont faites avec la peau de 2 espèces de phoque: avec pelage (pour l'hiver) et sans pelage (pour le printemps et l'été). Dans ce dernier cas, elles sont parfaitement imperméables. Dans certaines

régions, on se sert plutôt de peau de caribou, tout particulièrement pour les bottes d'hiver.

La parka est traditionnellement doublée de 2 vestes en fourrure de caribou, l'une à l'intérieur et l'autre à l'extérieur. Dans certains groupes, on porte les parkas en peau de phoque du printemps à l'automne, et celles en peau de caribou, l'hiver. Les vêtements des femmes sont souvent plus élaborés que ceux des hommes, la parka à queue et tablier étant munie d'un gros capuchon. Les femmes portent leurs enfants dans un sac sur le dos et non dans le capuchon. Elles ont peu de parures, mais pratiquent le tatouage facial.

Plusieurs rituels à signification sociale entourent la naissance à laquelle assiste, outre la sage-femme, un autre adulte dans le rôle de parrain rituel du nouveau-né, qui sera responsable de l'éducation morale de l'enfant. Tout au long de la vie, on s'adresse à lui en des termes spéciaux, et le garçon se fait un devoir de remettre à cet adulte le premier animal qu'il tue et la fille, la première pièce de vêtement qu'elle confectionne. Le nom donné à la naissance revêt un sens précis car, chez les Inuits, le nom confère à celui qui le porte une part de son identité et de son caractère.

Les fiançailles des enfants peuvent avoir lieu en tout temps, même avant leur naissance. Les jeunes promis l'un à l'autre s'adressent la parole en observant un rituel particulier et leurs familles tiennent compte dans leurs rapports mutuels de ces liens futurs. Plusieurs rituels sont associés à la chasse, bien qu'ils deviennent moins courants. Pour prédire l'avenir, on recourt à des os d'animaux ou à des ballots cérémoniels et on tient des cérémonies pendant lesquelles le sujet entre en transes pour prédire l'avenir. Le mariage, une institution remarquablement stable chez les Inuits, est habituellement précédé d'une période d'union à l'essai. On relève certains cas de polygamie et, plus rarement, de polyandrie, mais ils constituent l'exception.

Au XXe siècle, presque tous les Inuits embrassent le CHRISTIANISME et un grand nombre de communautés sont maintenant desservies par des ecclésiastiques ou des catéchistes inuits. Avant l'arrivée des missionnaires, les chefs religieux des Inuits étaient les chamans dont la formation était souvent longue et ardue. Les chamans étaient les intermédiaires entre les Inuits et les différentes forces spirituelles qui influencent les affaires humaines. La vie des Inuits, avant leur conversion au christianisme, exigeait la stricte observance de diverses interdictions et de règles de conduite. Le rôle du CHAMAN était d'identifier les pécheurs et de déterminer la forme d'expiation appropriée (voir AUTOCHTONES, RELIGION DES). Les premiers missionnaires jouent un rôle semblable, mais ils introduisent plusieurs nouvelles règles et interdictions et imposent une pénitence à ceux qui ont péché.

L'éducation des jeunes Inuits est fondée sur l'exemple donné par les adultes avec qui ils vivent en rapport étroit. Le désir de susciter l'éloge des aînés qu'on respecte et d'acquérir l'aptitude sociale incite fortement les jeunes à rallier la société des adultes (voir AUTOCHTONES, ÉDUCATION DES). Bon nombre des croyances et des valeurs de la société s'illustrent implicitement par le comportement. Ainsi, le constant partage de la nourriture et d'autres biens est une manifestation de la valeur de la générosité et de la coopération, de même qu'un rejet de l'avarice, de la gourmandise et de l'égoïsme. Les aînés donnent plus de poids à cette morale en l'illustrant par des histoires qu'ils prennent plaisir à raconter, particulièrement aux enfants (voir INUITS, MYTHES ET LÉGENDES DES).

L'instrument de musique traditionnel est le tambour, qui mesure jusqu'à 1 m de diamètre et qui est fait d'une membrane de peau tendue sur un cerceau de bois. Chez les Inuits de l'Arctique occidental, plusieurs joueurs de tambour assis accompagnent habituellement un ou plusieurs danseurs tandis que, dans d'autres régions de l'Arctique, le tambourineur joue seul, debout, en chantant et en se balançant au rythme du tambour. À la suite des contacts avec le monde extérieur, on utilise de plus en plus d'autres instruments tels que le concertina, l'accordéon, le violon, l'harmonica et, plus récemment, la guitare. La danse carrée, souvent exécutée en figures complexes et sans meneur, est très populaire. Le chant guttural est pratiqué dans certains groupes, habituellement par 2 femmes qui émettent une vaste gamme de sons provenant du fond de la gorge et de la poitrine.

Les arts décoratifs sont associés à la confection de vêtements en peaux cousues ou à des inscriptions sur les ustensiles. Les innovations récentes dans l'ART INUIT, comme les sculptures en stéatite, les gravures et les plaques murales, tirent leur origine d'ouvrages traditionnels et font parfois appel à de nouveaux matériaux ou à de nouvelles techniques. On continue aussi de créer des jeux de ficelles et d'autres jeux qui développent la mémoire, la dextérité manuelle et la patience.

Changements culturels

Les contacts avec le monde extérieur entraînent bien des changements dans la culture et la société inuites. L'adoption rapide des outils en fer, des armes à feu, des tissus et des bateaux en bois modifie ou remplace certains articles d'usage courant. Le passage au christianisme se traduit par la perte de plusieurs pratiques et idéologies religieuses traditionnelles, et la loi canadienne se superpose au droit coutumier pour ce qui est du mariage, du règlement de différends et de la gestion de la faune (*voir* AUTOCHTONES, DROITS DES). Même la langue évolue: des mots anglais ont remplacé les chiffres au-dessus de 6 (bien qu'on conserve l'appellation inuite pour les chiffres 10 et 20).

Toutefois, bien des éléments ne peuvent être remplacés adéquatement. Mentionnons les harpons servant à la chasse aux mammifères marins, les bottes en peau de phoque et les parkas en peau de caribou pour la chasse d'hiver, les igloos, les traîneaux utilisés pour voyager en hiver, les techniques de préparation des peaux et la confection de vêtements en peau. De même, des éléments importants du système de valeurs des Inuits résistent au changement: le mode traditionnel d'éducation des enfants, la protection de l'environnement, la survivance de la langue et de la culture inuites et le respect de l'autonomie de l'individu (*voir* COOPÉRATIVES INUITES).

Évolution récente

Au début des années 70, une organisation nationale, l'INUIT TAPIRISAT DU CANADA, est mise sur pied pour protéger les droits individuels et culturels des Inuits. Elle crée plusieurs organismes en réponse aux besoins exprimés. On charge, p.ex., la Commission de la langue inuite de trouver des moyens d'accroître l'utilisation de l'inuktitut dans les activités gouvernementales, le secteur de l'éducation et les communications. On crée aussi un Bureau des revendications territoriales pour mener des recherches et des négociations sur les REVENDICATIONS TERRITORIALES des Inuits.

Plusieurs de ces questions, comme la protection de l'environnement arctique, sont de portée internationale. C'est pourquoi on forme une organisation inuite internationale, la Conférence circumpolaire inuite, dotée de comités chargés de renforcer les communications et les initiatives artistiques et culturelles dans toute la communauté inuite ainsi que la coopération internationale dans la protection de l'environnement. Cette organisation est affiliée à de nombreux organismes internationaux, y compris les Nations unies, ce qui garantit que les préoccupations des Inuits soient entendues dans le monde entier.

Milton M.R. Freeman

Autochtones: la région subarctique La région des cultures subarctiques couvre une grande partie de la zone de forêts de conifères nordiques ou boréales de 5 millions de km² qui s'étend depuis la toundra arctique jusqu'aux montagnes, aux plaines ou aux forêts

à feuilles caduques du Sud, et à travers l'Amérique du Nord, du Labrador jusqu'à la mer de Béring. Les trois quarts de cette région parsemée de nombreux lacs et traversée de quantité considérable de cours d'eau s'étendent sur le Bouclier canadien, la baie d'Hudson et les basses-terres du fleuve Mackenzie. Le reste se compose à l'Ouest de chaînes de montagnes, de plateaux et des basses terres le long du fleuve Yukon. Les hivers sont longs et rudes, mais feuillage des forêts et la neige assurent un abri aux êtres humains et aux animaux. La température descend souvent jusqu'à -40 ºC en hiver, mais peut monter à 30 ºC durant l'été.

Les mammifères communs de la région sont l'orignal, le caribou, l'ours noir, le mouflon de Dall (montagnes du Nord-Ouest), le castor, le lièvre, ainsi que la marmotte, appelée aussi chien de prairie, et leur présence s'avère importante pour la subsistance et l'apport de matières premières. Certains de ces animaux fournissent les fourrures destinées au commerce, mais on vend également celles du carcajou, de la loutre, de la martre, du vison, de la belette, du rat musqué, du lynx, du loup, du coyote et du renard. En certains endroits, on trouve également le bœuf musqué, le bison et le wapiti. Les cours d'eau et les lacs regorgent de plusieurs espèces de poissons, parmi lesquelles on trouve le poisson blanc (corégone), le brochet, la truite de lac, l'omble et la barbotte dans le réseau hydrographique de l'Arctique ainsi que le saumon dans le Pacifique et, en quantité moindre, dans les cours d'eau et les lacs de la région de l'Atlantique. En certaines saisons, des oiseaux aquatiques migrateurs traversent en grand nombre la région subarctique.

Principaux groupes de tribus et langues

La majorité des tribus de la région subarctique orientale parlent des langues appartenant à la famille algonquienne. Celles de la région subarctique occidentale, des langues rattachées à l'athapaskan. Les Algonquins du Nord de la région, dont les ATTIKAMEKS et les INNUS (MONTAGNAIS-NASKAPIS) du Québec et du Labrador, parlent des dialectes apparentés à la langue cri, alors que les dialectes des Algonquins du Sud appartiennent à la langue ojibwée. Les BÉOTHUKS de Terre-Neuve parlent une langue d'affinité incertaine. Les linguistes ont identifié plus de 20 langues différentes rattachées à l'athapaskan du Nord à l'intérieur de la région subarctique occidentale, y compris l'Alaska (*voir* AUTOCHTONES, LANGUES DES).

La plupart des autochtones de la région subarctique ne sont pas politiquement constitués en tribus, mais on peut les diviser en groupes identifiés, membres de bandes voisines (populations régionales exploitant des territoires définis), parlant le même dialecte et unis par des liens de parenté et des traditions communes. À l'intérieur des deux principales familles linguistiques, des groupes voisins partagent souvent des modes de vie similaires. Le fait qu'on trouve une plus grande diversité linguistique et culturelle chez les Athapaskans que chez les Algonquins s'explique peut-être par les variations géographiques de la région subarctique occidentale, plus nombreuses que dans l'Est.

Résumé historique

Les contacts avec les Européens transforment profondément les cultures de la région subarctique. Les conséquences de ces rapports varient suivant les époques et les endroits. Les premiers contacts survenus au XVIIᵉ siècle provoquent d'importantes migrations de certains groupes de la région, comme les CRIS, et amènent un régime nouveau et différent de relations intertribales. Le XIXᵉ siècle se caractérise par des rapports directs entre les autochtones et les Européens actifs dans la TRAITE DES FOURRURES. Ces relations entraînent des conséquences dont la gravité varie d'un groupe à l'autre. À Terre-Neuve, à la suite de la perte de leur habitat et de massacres par les Blancs, les Béothuks disparaissent complètement en 1829.

Par contre, leurs voisins innus (montagnais-naskapis) développent une économie basée sur le piégeage et l'instauration de liens commerciaux avec les nouveaux arrivants. Ils s'adaptent très bien aux nouvelles conditions imposées par les contacts avec les Européens: ceux-ci ont besoin d'eux pour prendre les animaux à fourrure, mais n'ont pas un besoin immédiat de leurs territoires de chasse. D'autres groupes autochtones, comme les Cris, deviennent les intermédiaires dans le commerce des fourrures entre la COMPAGNIE DE LA BAIE D'HUDSON (CBH) et les Athapaskans de la région subarctique de l'Ouest. À partir de 1789, à la suite des expéditions d'Alexander MACKENZIE le long de la rivière de la Paix et du fleuve Mackenzie, la COMPAGNIE DU NORD-OUEST, une compagnie concurrente, crée des postes de traite qui lui permettent de développer des liens directs avec les Athapaskans. En 1821, ces postes sont rachetés par la CBH qui continue d'exercer une grande influence dans la région.

Le XXᵉ siècle est témoin du développement des ressources industrielles du Nord et de l'arrivée de non-autochtones dans la région subarctique. Ces transformations incitent les autochtones de la région à exercer des pressions en faveur du règlement de leurs REVENDICATIONS TERRITORIALES et d'une prise en main accrue de leurs affaires.

Culture traditionnelle

Tous les autochtones de la région subarctique subsistent de chasse, de pêche, de piégeage et de cueillette de plantes sauvages. L'agriculture s'avère impossible dans ces régions (les récoltes fructueuses qu'on parvient à obtenir dans le Nord de nos jours ont commencé à être produites dans les zones avoisinantes uniquement après l'arrivée des Européens). Les hommes s'occupent surtout de chasser le gros gibier, tandis que les femmes piègent le lièvre, pêchent, débitent la viande afin de la faire sécher et traitent les peaux. Certaines activités de chasse, comme le rabattage et la construction et la surveillance des enclos, nécessitent la participation de presque tous les membres adultes de la BANDE.

Comme le gibier est réparti de façon éparse à travers les immenses territoires des forêts boréales et n'est présent qu'en certains endroits, à certaines périodes de l'année, la densité de la population humaine de la région est l'une des plus basses au monde. Certains experts estiment que la population de l'ensemble de la région pouvait se situer autour de 60 000, alors que d'autres prétendent qu'elle atteignait un chiffre supérieur avant l'apparition des maladies d'origine européenne.

Les autochtones de la zone subarctique vivent en bandes régionales regroupant de 25 à 30 personnes. Chaque bande se déplace fréquemment d'un endroit à l'autre à l'intérieur d'un vaste territoire selon que les approvisionnements en gibier varient de saison en saison et d'année en année. La taille d'un groupe et la nature de son cycle économique annuel sont directement assujetties à la disponibilité des ressources de la région. LES TUTCHONIS, Athapaskans du plateau du Yukon, et d'autres tribus vivant à l'Ouest des Rocheuses se rassemblent le long des cours d'eau pendant l'été pour pêcher et sécher le saumon. Les CHIPEWYANS, Athapaskans vivant au nord du lac Athabaska, se déplacent jusqu'à l'extrémité de la toundra pour y suivre les troupeaux de caribous. Les Innus passent l'été le long de la côte de l'Atlantique, du golfe du Saint-Laurent ou de la baie James, et l'hiver à l'intérieur des terres.

L'accès à un territoire n'est pas réservé à l'usage exclusif d'une seule bande. Des bandes voisines bénéficient fréquemment de droits de chasse, particulièrement quand elles font face à des périodes de pénurie de nourriture ou quand certains territoires sont exploités en commun. Toutefois, certains sites comme les lacs et les cours d'eau qui regorgent de poissons sont exploités par la même bande année après année. Pendant l'été, au moment où la nourriture abonde, il arrive souvent que plusieurs bandes régionales vivent ensemble.

Avant l'arrivée des Européens, la majorité des bandes de la région subarctique n'ont pas de chefs officiels. Le peuple se range derrière ceux qui manifestent des qualités de chef et qui prennent l'initiative d'organiser certaines sphères d'activité, comme le commerce, la guerre ou la chasse collective, y compris les préparations nécessaires à ces activités. Outre le prestige et le respect qui leur sont conférés, leur autorité ne s'étend généralement pas au-delà de ces responsabilités. Toutefois, les marchands de fourrures européens tentent de mettre en place des chefs et de les doter de pouvoirs considérables ce qui leur permet de mieux contrôler la population autochtone rattachée aux postes de traite.

La plupart des femmes et des hommes d'âge adulte jouent un rôle dans le processus de décision qui concerne la bande. Les familles ou les particuliers qui sont en désaccord avec une décision particulière sont libres de se joindre à une autre bande ou à un autre camp ou encore de s'isoler pendant un certain temps. Les tribus de la région subarctique se font remarquer autant par la valeur qu'elles attachent à l'autonomie personnelle que par la souplesse de leur organisation sociale. Ces caractéristiques les aident à s'adapter aux possibilités et aux restrictions de leur environnement.

Les liens de parenté, essentiellement matrilinéaires chez les Athapaskans du bassin hydrographique du Pacifique, bilatéraux chez ceux du bassin hydrographique du Mackenzie et les deux à la fois chez les tribus de langue algonquienne, servent à rapprocher les gens. Habituellement, les personnes qui communiquent souvent entre elles utilisent des titres de parenté pour s'adresser l'une à l'autre ou s'y référer (p. ex. la personne la plus âgée devient grand-père ou grand-mère). Les liens de parenté déterminent souvent l'appartenance aux groupes et régissent les mariages. Des tribus vivant à l'ouest du fleuve Mackenzie sont organisées en clans, dans certains cas, selon une double division (moitiés), comme les tribus de la côte ouest. Ces divisions servent avant tout à assurer hospitalité et protection aux membres d'un clan en visite appartenant à d'autres camps ou tribus, à remplir certaines obligations cérémonielles à l'égard de la division opposée (p. ex. l'incinération des morts ou la réciprocité de certaines festivités) et à régulariser les mariages en satisfaisant à l'exigence de l'exogamie des clans.

Contraints de se déplacer pour chercher leur nourriture, les autochtones de la région subarctique possèdent une quantité limitée de biens personnels. Ils transportent peu de bagages et préfèrent fabriquer sur place les outils et les articles d'usage domestique dont ils ont besoin plutôt que de les emporter avec eux lors de leurs déplacements. Leur succès à la chasse dépend de la précision de leurs connaissances sur le comportement des animaux. On enseigne aux enfants à compter sur leurs propres moyens et à être débrouillards et observateurs. Ils apprennent à connaître les habitudes du gibier et à se retrouver au milieu de vastes régions à la topographie compliquée. Ils renforcent ces habiletés en écoutant pendant de longues heures des contes pratiques ainsi que des légendes mythologiques et en apprenant des chants pour la chasse et le piégeage ainsi que d'innombrables comptines. Ceux qui ont du succès à la chasse sont renommés pour avoir gagné le respect et la confiance des animaux.

Les autochtones des forêts du Nord fabriquent des MOCASSINS d'été, des jambières, des jupes, des vestes et des chemises à l'aide de légères peaux souples tannées qu'on débarrasse de leurs poils en les grattant après traitement avec la cervelle de l'animal. Seuls les Athapaskans du Pacifique portent la courte tunique à queue en V faite de peaux de caribou et abondamment ornée de piquants de porc-épic teints, de dentales et de perles de graines séchées (par la suite de perles de verre, perles du commerce). Cette chemise raffinée est parfois portée avec des jambières auxquelles sont attachés des mocassins. D'une manière plus générale, les autochtones de la région subarctique portent des vêtements relativement légers et construisent des feux là où ils s'arrêtent. Les tuniques de nuit pour l'hiver sont faites de peaux de lapin coupées en lanières, cordées et tissées ensembles.

L'équipement de chasse comprend des arcs, différents types de flèches et divers pièges, collets et assommoirs ingénieux ainsi que certains dispositifs comme des barrières dérivantes pour diriger le caribou. On pêche avec des filets tendus, des pièges, des lances, des hameçons et des lignes. On sèche les baies à l'automne ou encore on les dépose dans des paniers qu'on enfouit dans le sol. On les mélange souvent à du gras et du poisson, dans l'extrême Nord-Ouest, ou on les incorpore à de la viande séchée attendrie et de la graisse pour produire du PEMMICAN. Les femmes sont habiles dans la préparation de la viande. Elles la sèchent, tannent les peaux et les cousent, font la cuisine et fabriquent des contenants en peaux, en écorce de bouleaux ou de la vannerie à partir de racines de pruche tressées et font des filets à partir de petites branches de saule ou de babiche.

Les hommes fabriquent des RAQUETTES, des TOBOGGANS, des CANOTS D'ÉCORCE ainsi que des traîneaux et l'équipement nécessaire à la chasse. Ils doivent parcourir de longues distances pour assurer leur subsistance. Les raquettes sont indispensables aux déplacements en hiver. Les bagages plus lourds sont chargés sur les toboggans et, dans l'extrême Nord-Ouest, les traîneaux sont tirés par des chiens et des hommes. À l'origine, on dispose de très peu de chiens pour s'acquitter de cette tâche. Durant l'été, les gens se déplacent avec leurs biens le long des cours d'eau et sur les lacs en canots.

Compte tenu de leur existence nomade, les tribus des forêts du Nord construisent des abris de peaux qui se transportent facilement ou en confectionnent avec d'autres matériaux disponibles sur place, comme l'écorce. La conception des habitations varie surtout en fonction des traditions et des matières premières trouvées sur place, mais toutes sont chauffées et éclairées par un seul foyer. Elles n'abritent pas plus de deux familles. Chez les OJIBWÉS du Nord, les abris coniques ou à perches faîtières sont recouvertes d'écorce de bouleau. Nombre d'Athapaskans du bassin hydrographique de l'Arctique vivent à l'intérieur d'abris coniques recouverts de peaux, semblables aux tipis des Prairies. Chez les KUTCHINS et les HANS du Yukon tout comme chez ceux du Nord de l'Alaska, la tente conique est remplacée par une tente en forme de dôme ou hémisphérique. À l'intérieur du bassin hydrographique de l'Arctique (Mackenzie) ainsi que dans les montagnes du Nord-Ouest et la région du Plateau, on utilise des structures à double pans qu'on recouvre de peaux et de broussailles.

Dans les campements de pêche de la cordillère, on trouve des «fumoirs» non isolés qui ressemblent grossièrement aux cabanes de bois rond. De manière à assurer davantage de chaleur à l'intérieur des habitations d'hiver, on ne dépouille pas de leurs poils les peaux recouvrant les tentes coniques ou en forme de coupole qui, malgré leur volume, demeurent transportables. Certains Athapaskans du district du Mackenzie et de la cordillère, de même que les Indiens de la région subarctique orientale passent l'hiver à l'intérieur de constructions coniques en bois rond dont les interstices sont calfeutrés de mousse et le toit partiellement recouvert de terre et de neige. Les Hans de la région de Dawson, ainsi que plusieurs groupes d'Athapaskans, construisent des maisons creusées de forme rectangulaire qu'ils couvrent abondamment de tourbe pour les protéger du froid, tandis qu'à l'autre extrémité, au sud de la Colombie-Britannique, des groupes comme les CHILCOTINS utilisent des maisons creusées semblables à celles du Plateau.

On déploie des efforts considérables pour entreposer les aliments et les pièces d'équipement destinés à une utilisation future à l'intérieur de fosses spécialement aménagées, de solides constructions coniques claquemurées, de cairns ou sur des plates-formes aménagées dans les arbres.

Des mythes et des légendes parlent d'une époque où les animaux étaient dotés d'une grande puissance et pouvaient revêtir des formes humaines. De nombreux habitants de la région subarctique racontent des récits concernant un «héros culturel», le premier être à s'approprier des pouvoirs. Dans leur interprétation, les pouvoirs et la connaissance se confondent. Ils prétendent qu'un individu doté de pouvoirs possède des connaissances inaccessibles au commun des mortels. Le héros témoigne de la connaissance personnelle et de l'assurance qui sont reconnues comme des qualités importantes pour survivre et qui lui permettraient de l'emporter sur les méchants sorciers et de vaincre les animaux mythiques dangereux, pour ainsi transformer le monde en un endroit plus sûr dans lequel vivraient les humains. Les héros des Algonquins et les personnages de filou sont les Nanabush et les Wisahkecahk. Dans la culture des Athapaskans, le héros prend de nombreux noms, mais est souvent associé aux oiseaux migrateurs et au soleil, capables de voler dans le ciel. Les croyances sur l'interdépendance des humains et de la nature formulées dans le mythe aidaient les autochtones subarctiques à donner un sens à leur environnement.

Les chefs religieux utilisent leur pouvoir au profit des autres, bien que, dans certains cas, ils apportent le malheur. Dans plusieurs tribus algonquines, ces CHAMANS, ou sorciers, dirigent la cérémonie de la TENTE TREMBLANTE, cérémonie au cours de laquelle on implore, à l'intérieur d'un tipi spécial, les esprits éloignés d'individus ou d'animaux pour la guérison ou pour des prophéties. Dans d'autres tribus, les chamans officient sous une couverture ou revêtent un vêtement particulier, symbole de leur fonction. Chez les Athapascans de l'Ouest, les sorciers, hommes et femmes, font payer très cher leurs services, font valoir des privilèges exclusifs ou prennent des libertés parmi leur peuple, ce qui fait que certains d'entre eux sont craints et respectés. Chez les Naskapis certains hommes et certaines femmes prédisent l'avenir grâce à la scapulomancie, mode de divination qui s'inspire de la forme des rainures que présente une omoplate de caribou chauffée par le feu.

Les CASTORS de la rivière de la Paix ont des prophètes qu'ils appellent rêveurs. Ces gens ont fait l'expérience de la mort et se sont envolés comme des cygnes vers un paradis immatériel situé au-delà des cieux. Dès lors, ils guérissent et dirigent des danses religieuses inspirées de chants rapportés de leurs périples célestes. Comme dans plusieurs autres tribus de la région subarctique, ils chantent au rythme d'un petit tambour tenu à la main. Toutefois, la majorité des personnes ont, jusqu'à un certain degré, le pouvoir de soigner. Parallèlement au chamanisme, à la divination et à la guérison, il existe un ensemble de croyances et de pratiques, d'interdits (tabous), d'obligations et de rituels mineurs. Parmi ces coutumes, on note les cérémonies particulières ayant lieu avant et après avoir tué des animaux.

Changements culturels

Le contact avec les Européens représente un énorme défi pour les tribus de la région subarctique. Beaucoup d'autochtones deviennent rapidement dépendants d'articles commerciaux tels que les armes, les couteaux, les haches, les marmites, les vêtements et même de la nourriture. En effet, ils doivent abandonner la chasse pour piéger des espèces animales dont les peaux sont recherchées sur les marchés européens. Les bandes s'établissent dans les régions des comptoirs de traite où les marchands s'efforcent de les contrôler. Les chefs responsables du commerce qui négocient avec les Européens acquièrent une importance aussi grande que les premiers chefs chargés d'organiser la chasse.

Le commerce des fourrures a un impact important sur l'écologie de la région subarctique. De nombreuses espèces de gibier et d'animaux à fourrure s'éteignent. Des maladies d'origine européenne telles que la variole, la tuberculose, la rougeole et la grippe causent la mort d'un grand nombre d'autochtones (*voir* AUTOCHTONES, SANTÉ DES). D'autres tribus sont victimes de la famine pendant les périodes de maladie ou de rareté du gibier.

Les autochtones adoptent plusieurs éléments du CHRISTIANISME, mais conservent un grand nombre de leurs propres traditions spirituelles, mélangeant parfois les deux. La capacité d'assimiler des idées et des techniques nouvelles est une caractéristique de la culture des autochtones de la région subarctique.

À notre époque, le développement des ressources premières à grande échelle et la colonisation du Nord par de nombreux étrangers mettent en danger l'économie des autochtones basée sur le piégeage des animaux et la chasse nécessaire à leur subsistance. En 1975, le Grand Conseil des Cris signe la CONVENTION DE LA BAIE JAMES ET DU NORD QUÉBÉCOIS en retour d'indemnités visant à atténuer les impacts sociaux et les bouleversements écologiques causés par l'aménagement hydroélectrique de cette région. De nombreux Cris continuent à chasser et à piéger sur leurs terres, utilisant leurs droits à des prestations gouvernementales pour subvenir aux coûts du transport et des systèmes de communication modernes. Les autochtones de la région subarctique occidentale du district du Mackenzie, politiquement organisés au sein de la NATION DÉNÉE, essaient d'obtenir leur autonomie gouvernementale à l'intérieur du contexte national canadien.

Robin Ridington

Autochtones: le Plateau La zone culturelle du Plateau tire son nom du plateau de Colombie. Au Canada, cette région comprend le haut-plateau qui s'étend entre la chaîne côtière de la Colombie-Britannique et les Rocheuses. Les experts ont suggéré toute une série de frontières pour limiter au nord la région culturelle du Plateau. En 1932, Diamond JENNESS qualifie cette région de «cordillère» et en repousse la frontière nord jusqu'au territoire des TAHLTANS. D'autres spécialistes choisissent le territoire des SÉKANIS ou celui des PORTEURS comme ligne de démarcation. Aujourd'hui, de l'avis unanime des anthropologues, tous ces peuples doivent être inclus dans la zone culturelle subarctique, et c'est plutôt la limite septentrionale du territoire des Shuswaps qui doit constituer la frontière nord du Plateau.

Le Plateau se caractérise par des étés chauds et secs et des hivers froids. Ce climat crée un environnement favorable au cerf de Virginie, au caribou, à l'ours noir et au grizzli, à l'orignal et au mouflon de montagne, de même qu'à de plus petits animaux tels le coyote, le renard, le lynx, le loup, le raton laveur, le porc-épic, la martre, la belette, le castor, la marmotte et le lièvre. Les principales rivières accueillent les migrations annuelles du SAUMON DU PACIFIQUE et d'autres poissons, qui constituent la principale source de subsistance.

Principaux groupes tribaux et linguistiques

Ce sont les langues athapascanes (le NICOLA-SIMILKAMEEN, maintenant disparu), le salish (le salish du continent, comprenant le shuswap, le lillooet, le thompson et l'okanagan; *voir* SALISH DU CONTINENT), et le KOOTENAY (*voir* AUTOCHTONES, LANGUES DES).

Résumé historique

Les archéologues posent comme principe qu'il y a de 9000 ans à 10 000 ans, peu de temps après la fonte des glaciers de la plus récente période glaciaire, le Plateau de la Colombie-Britannique était peuplé d'autochtones qui ont émigré vers le nord après avoir quitté des régions plus au sud de ce même Plateau, où les glaciers avaient disparu plus tôt (*voir* PRÉHISTOIRE). Il s'y développe progressivement une culture adaptée aux montagnes boisées, aux collines couvertes de sauge et de cactus et aux ressources fluviales de la région.

Avant tout, c'est l'abondance des ressources naturelles du Plateau qui attire les non-autochtones dans cette région. Ainsi, l'attrait des fourrures mène d'abord l'explorateur Alexander MACKENZIE à rencontrer les Shuswaps du Nord, en 1793, et entraîne David THOMPSON dans le territoire des Kootenays, en 1807. En 1808, Simon FRASER explore le fleuve qui porte désormais son nom. Les Indiens du Plateau offrent l'hospitalité à tous ces explorateurs. Un jour, un chef prend Fraser par le bras et lui indique de serrer la main des 1200 Amérindiens rassemblés à Lytton pour le rencontrer.

Des postes de traite des fourrures ont été construits dans diverses régions du Plateau avant les années 1820. L'introduction des armes à feu et des outils métalliques facilite la chasse aux animaux à fourrure, dont les populations se mettent bientôt à décroître. À la même époque, des épidémies de rougeole, de grippe et de variole s'abattent sur les campements autochtones, tuant des milliers de personnes.

C'est l'or qui attire ensuite la nouvelle vague de non-autochtones qui envahissent le Plateau. La découverte d'or en bordure du fleuve Fraser en 1857 attire en effet près de 30 000 prospecteurs d'origines ethniques les plus diverses (*voir* RUÉES VERS L'OR). Il n'est donc pas étonnant que la violence éclate immédiatement. Pour tenter de ramener la paix et de protéger les territoires autochtones contre de nouveaux empiétements, le nouveau gouverneur de la Colombie-Britannique, James DOUGLAS, ébauche une politique des droits des autochtones. Selon lui, la meilleure façon de régler le problème de la propriété des terres est d'éteindre les droits fonciers des autochtones au moyen de traités et en leur offrant des indemnités. Les autochtones vivront dans des RÉSERVES INDIENNES. Dans le Plateau canadien, aucun TRAITÉ INDIEN n'est signé et aucune indemnité n'est versée, même si on procède à l'arpentage et, en 1858, au partage des réserves. Plusieurs grandes réserves établies durant l'époque coloniale seront réduites en 1871, après la Confédération. Avant la fin des années 1890, tous les autochtones du Plateau sont tenus de vivre dans de petites réserves dispersées.

Culture traditionnelle

L'information sur le mode de vie qui prévaut à l'intérieur du Plateau avant l'arrivée des Européens est incomplète. Au moment où l'on réalise les premières études détaillées sur les peuples de la région, à la fin des années 1880 et au début des années 1900, le mode de vie traditionnel a déjà subi de profondes transformations. Le résumé qui suit, tiré des œuvres des premiers ethnographes James TEIT, Franz BOAS, George Mercer DAWSON et Charles HILL-TOUT ainsi que des travaux de recherche de spécialistes contemporains, témoigne des lacunes de nos connaissances sur le mode de vie traditionnel du Plateau.

Migration Dans cette région, des groupes de personnes apparentées travaillent et se déplacent ensemble au printemps, à l'été et à l'automne. Ils rejoignent d'autres groupes pour passer l'hiver dans des villages relativement permanents. La société du Plateau est à plusieurs égards égalitaire et communautaire, bien que les décisions importantes soient laissées aux hommes. Chaque village a son chef ou son notable qui voit à l'organisation des activités économiques (p.ex., le chef du saumon s'occupe de la pêche). On prend le conseil de ces hommes au

sérieux, mais tous les adultes mâles participent à des réunions au cours desquelles on discute des préoccupations générales du groupe. Dans certaines régions du Plateau, les aînés de l'ensemble de la communauté forment un conseil. Le chef invitent les autres hommes à discuter des problèmes auxquels la bande est confrontée. C'est souvent l'avis des aînés où de ceux qui ont le plus d'expérience qui est accepté.

Division du travail Les tâches sont réparties en fonction du sexe. Les hommes sont responsables de la chasse, du piégeage, de la pêche et de la fabrication d'outils et d'armes d'os, de bois et de pierre. Les femmes préparent les repas et transforment la nourriture pour l'entreposage d'hiver, font la cueillette des plantes, voient à l'entretien de la maison et prennent soin des jeunes enfants. Les rôles sont peu spécialisés. Les hommes qui acquièrent des habiletés physiques et spirituelles durant leurs années d'adolescence deviennent les «professionnels» de la chasse à l'ours et à la chèvre de montagne. On attend de tous les hommes qu'ils soient des chasseurs de cerf compétents. À quelques exceptions près, le territoire et ses ressources appartiennent à la communauté. Certains particuliers sont propriétaires de leur propre zone de pêche au saumon, mais d'autres zones appartiennent collectivement aux résidents ou à des groupes du village. Les territoires de chasse et de cueillette de racines éloignés sont généralement réservés à tous ceux qui parlent la même langue, et on permet parfois à d'autres gens de les utiliser. Le partage obligatoire et l'égalitarisme économique constituent l'ethos fondamental de la société. Certains groupes de Shuswaps et de Lillooets ont un système héréditaire en vertu duquel certains chasseurs assument l'intendance des régions qu'ils connaissent bien.

Nourriture Les membres d'un village se la partagent. Dans les zones de pêche au saumon, on installe une pêcherie à fascines ou un filet pour capturer le poisson destiné à tout le village. Les hommes harponnent les poissons pour les besoins de leur propre famille. Étant donné que l'économie du Plateau est basée sur la chasse, la pêche et la cueillette, activités saisonnières et aléatoires, on consacre beaucoup de temps et d'efforts à fumer et à sécher la nourriture afin de l'entreposer. Toute la communauté, enfants et adultes, participent à ces activités.

La nourriture n'est pas toujours abondante. Parfois les migrations de saumon échouent, certains animaux sont introuvables ou les cueillettes de racines et de baies sont infructueuses. Il faut alors parcourir de plus longues distances et travailler plus fort pour survivre. Chaque printemps, afin d'assurer une bonne récolte, on célèbre par une cérémonie spéciale la première montaison de saumon et l'apparition des fleurs de baies.

Transport Les autochtones du Plateau se déplacent en pirogues faites de genévrier rouge ou de peuplier ou en canots d'écorce de pin blanc ou de bouleau. L'hiver, ils utilisent des RAQUETTES de différentes formes se prêtant aux divers états de la neige et du terrain. Au début, les chiens leur servent d'animaux de bât et pour la chasse au chevreuil. Dans les années 1730, l'introduction du CHEVAL, en provenance du sud, améliore considérablement la mobilité des autochtones du Plateau. Au Canada, les Kootenays sont vraisemblablement le premier peuple autochtone du Plateau canadien à obtenir des chevaux.

Habitation On trouve 3 principaux types de maison dans la région du Plateau: la maison semi-souterraine, l'abri recouvert de joncs de scirpe et le TIPI. La maison semi-souterraine consiste généralement en une fosse surmontée d'un toit conique fait de perches recouvertes de broussailles et de terre. L'architecture varie d'une région à l'autre. La fosse peut être circulaire ou carrée, le toit conique, pyramidal ou presque plat et l'entrée peut consister en une ouverture (qui permet également à la fumée de s'échapper) pratiquée au centre du toit ou en une porte percée dans un des côtés du toit. Des tunnels servent parfois d'entrée ou permettent de communiquer avec plusieurs maisons semi-souterraines. Celles-ci servent surtout durant l'hiver, mais de récentes découvertes laissent croire qu'elles sont également utilisées à d'autres périodes de l'année.

Les abris recouverts d'écorce, de joncs de scirpe ou d'herbe sont utilisés partout dans la région du Plateau. Ils sont construits suivant 3 principaux plans au sol: rectangulaire, aux côtés parallèles et aux extrémités arrondies, ou rectangulaire à une extrémité arrondie. Durant l'hiver, on isole la base de ces abris d'un remblai de terre et de neige. Un ou plusieurs feux ouverts sont placés au centre de l'abri. Chez les Kootenays, on se sert de tipis recouverts de peaux en plus des autres types d'habitation. La structure de base de leur tipi est faite de 4 perches principales et renforcée de 15 autres perches. On recourt également à des appentis de perches et de broussailles pour servir d'abris dans les campements temporaires. On trouve aussi une SUERIE pour les hommes, et une pièce d'isolement réservée aux femmes pendant leurs menstruations. Sur le Plateau, on délaisse les habitations de style traditionnel au milieu et vers la fin du XIXe siècle, bien qu'en certains endroits, on les utilise jusqu'au début du XXe siècle.

Croyances Les bandes du Plateau entretiennent des rapports profonds avec les choses inanimées qui peuplent leur environnement. Elles attribuent des pouvoirs spéciaux à tout ce qui les entoure, y compris les roches et les arbres. Cette relation spirituelle avec la nature imprègne tous les aspects de la vie quotidienne (*voir* AUTOCHTONES, RELIGION DES). Durant son adolescence, chaque individu subit un apprentissage spécial lui permettant de recevoir la pouvoir d'un gardien spirituel issu de la nature. L'esprit descend sur la personne quand celle-ci est en état de transe. Il lui explique comment utiliser son don et lui transmet une «chanson pour appeler le pouvoir». Les chamans, qui suivent une formation plus longue et plus intense, reçoivent des pouvoirs spéciaux qui les rendent capables de guérir les malades ou de jeter des sorts. Ils sont à la fois craints et respectés. Ils utilisent leurs pouvoirs transmis par l'esprit protecteur dans leurs rituels de guérison (*voir* CHAMAN).

La Danse du gardien spirituel, la plus importante des cérémonies chez la plupart des peuples du Plateau aux États-Unis, est également observée au Canada, surtout par les Okanagans. Il est probable que cette danse ait aussi été pratiquée jadis par les Shuswaps, les Thompsons et les Lillooets, mais de façon légèrement différente. Certains Okanagans du Canada participent encore aux danses d'hiver tenues aujourd'hui en Colombie-Britannique et aux États-Unis. Le chaman est l'hôte de la Danse d'hiver, au cours de laquelle il communique en public avec ses puissances spirituelles. Après une ou plusieurs nuits de danse, au cours desquelles sont administrés des soins aux malades, l'hôte ou l'hôtesse offre des présents aux invités. D'autres groupes salish du Plateau observent des rituels semblables, ponctués de chants offerts aux esprits, à n'importe quel moment de l'année.

Chez les Kootenays, on célèbre une cérémonie destinée à unir le pouvoir d'un esprit à son possesseur afin de prédire l'avenir ou de retrouver des objets perdus. Cette cérémonie, tout comme la DANSE DU SOLEIL, fait croire à l'existence de liens entre les Kootenays et les Indiens des Plaines. Depuis les années 80, certains groupes de Shuswaps observent aussi la Danse du Soleil.

Vêtements Les autochtones du Plateau portent des vêtements confectionnés de peaux d'animaux tannées ou tissées avec des herbes ou de l'écorce de broussailles assouplie. Le port des MOCASSINS est courant. Ils sont le plus souvent en peau de chevreuil et parfois en peau de saumon. Les vêtements d'hiver sont confectionnés avec les épaisses peaux d'animaux à fourrure. Certains groupes décorent leurs vêtements de coquilles de dentale, d'ocre, de

piquants de porc-épic, de graines ou de perles faites à la main. Les articles utilitaires comme les nattes et les paniers tissés sont également ornés de jolis motifs. Le tatouage et le perçage des oreilles et du nez sont des coutumes que l'on trouve chez certains groupes.

Chansons Elles occupent une place importante dans la vie traditionnelle du Plateau, et servent à s'approprier des pouvoirs magiques et religieux. Elles sont parfois accompagnées du son de flûtes en os d'oiseau, de hochets fabriqués avec des sabots de cerf, de bâtons frappés sur des planches, mais surtout de tambours en bois recouverts de peau. La chanson du jeu de bâtonnets demeure très en vogue aujourd'hui. On la chante quand 2 équipes adverses s'engagent dans 1 match de paris.

Littérature orale Jadis, son importance était telle qu'on y consacrait les longues soirées d'hiver. Elle ne sert plus maintenant qu'à meubler les pages des livres. Dans un cycle complexe de contes, souvent truffés d'épisodes amusants et paillards, le filoucréateur est le personnage surnommé le Coyote.

Changements culturels

Les dirigeants de la Compagnie de la baie d'Hudson et les premiers missionnaires tentent d'introduire l'alphabet et le calendrier chez les habitants du Plateau, mais c'est un missionnaire catholique, le père LE JEUNE, qui connaît le plus de succès. Les efforts déployés récemment pour enseigner aux autochtones à écrire les diverses langues parlées dans la région du Plateau ont moins de succès que le travail de Le Jeune au tournant du siècle, au moment où il réussit à alphabétiser plus de 2000 Salish du continent.

Christianisme Pendant un certain temps, toutes les bandes du Plateau embrassent le CHRISTIANISME, mais on assiste aujourd'hui à un retour aux religions anciennes. Depuis la création des RÉSERVES INDIENNES à la fin du XIXe siècle, les autochtones du Plateau jouent un rôle prépondérant dans les luttes menées pour faire valoir les REVENDICATIONS TERRITORIALES des autochtones en Colombie-Britannique. En 1906, le dirigeant shuswap, Basil David, fait partie d'une délégation qui se rend Angleterre pour présenter au roi des revendications territoriales. En 1915, à Spences Bridge, sur le Plateau canadien, plusieurs Salish du continent, avec l'aide de l'ethnographe James Teit, créent l'influente organisation autochtone Allied Tribes of British Columbia, qui demeure active pendant 12 ans.

Problèmes contemporains

Depuis le début des années 70, quelques jeunes autochtones du Plateau tentent de réinterpréter de façon réfléchie les coutumes traditionnelles, ce qui entraîne l'émergence d'un mouvement PANAMÉRINDIANISTE qui se répand de plus en plus. Durant les dernières années de la décennie 70, on assiste à la création de puissants conseils de bandes autochtones du Plateau canadien, structurés en fonction de critères linguistiques définis et regroupant plusieurs bandes. Les bandes et les conseils préconisent avec vigueur l'instauration de l'autonomie gouvernementale des autochtones, le développement économique des terres de réserves, les possibilités d'accès à l'éducation pour les autochtones, la survivance de leur culture et de leur langue et enfin, le règlement équitable des revendications territoriales qui les opposent depuis longtemps aux gouvernements provincial et fédéral.

Dorothy Kennedy et Randy Bouchard

Autochtones: les forêts de l'Est Ces forêts font partie d'une vaste zone biotique qui s'étend au sud-ouest, jusqu'à l'Illinois, et à l'est, jusqu'à la côte de la Caroline du Nord. Les forêts à feuilles caduques du Sud de l'Ontario, des basses terres du Saint-Laurent et des provinces de la côte de l'Atlantique se transforment au nord en forêts mêlées de conifères et d'arbres à feuilles caduques, caractéristiques du

BOUCLIER canadien, en allant vers l'ouest, et du plateau des Appalaches, vers l'est. Sauf dans les provinces de l'Atlantique, la ligne de partage des eaux de la région des Grands Lacs et du Saint-Laurent met des moyens de transport fluviaux à la disposition de tous les habitants des forêts de l'Est. Ceux qui vivent au sud des hautes-terres jouissent d'un sol et d'un climat qui se prêtent à la culture du maïs, des fèves et des COURGES. Presque toute leur alimentation provient de leurs vastes champs.

La viande du cerf de Virginie est probablement la plus importante pour la subsistance des Indiens, sauf dans le Nord où l'on trouve l'orignal et le caribou. Certaines peuplades des régions côtières chassent le phoque. À l'intérieur des terres, on pêche des poissons d'eau douce et, le long du littoral, des anguilles, des mollusques et des crustacés. Dans certaines régions et suivant les saisons, les oiseaux aquatiques et terrestres constituent une ressource importante. Au cours de la période historique, les animaux à fourrure, particulièrement le CASTOR, jouent un rôle prépondérant dans la vie économique des Indiens. On cueille diverses variétés de noix, de baies, de tubercules et de plantes. Certaines peuplades récoltent la sève de bouleau et d'érable ainsi que le RIZ SAUVAGE.

Principaux groupes tribaux et linguistiques

Les Indiens des forêts de l'Est parlent des langues appartenant aux familles linguistiques iroquoise et algonquienne, qui ne sont pas apparentées. Au début de la période historique, les Iroquois occupent la majeure partie du sud de l'Ontario, du nord des États-Unis de l'Ohio, de la Pennsylvanie et de New York, et la vallée du Saint-Laurent à l'est, jusqu'à la ville de Québec. Le territoire habité par les groupes algonquiens s'étend depuis le lac Supérieur, au nord du lac Huron, jusque dans la vallée de l'Outaouais, puis vers l'est à travers la Nouvelle-Angleterre et les provinces de l'Atlantique jusqu'à la côte. Les familles iroquoises comprennent les ÉRIÉS (au sud du lac Érié), les NEUTRES (région des rivières Grand et Niagara), les Wenros (à l'est de la rivière Niagara) et les IROQUOIS des Cinq-Nations, soit les SÉNÉCAS, les CAYUGAS, les ONONDAGAS, les ONEIDAS et les MOHAWKS à la rivière Mohawk et, au nord, jusqu'aux montagnes Adirondacks). Elles comptent également les HURONS, regroupés en 5 tribus (de la baie Georgienne au lac Simcoe), les PÉTUNS (au sud-est de la baie Georgienne) et les Iroquois du Saint-Laurent (de Montréal à Québec). Les groupes algonquins, pour leur part, englobent les OJIBWÉS (du lac Supérieur au nord-est de la baie Georgienne), les OUTAOUAIS (île Manitoulin et péninsule de Bruce), les Nipissing (dans la région du lac Nipissing), les ALGONQUINS (autour de la rivière Outaouais et de ses affluents), les ABÉNAQUIS (au Vermont, au New Hampshire, dans l'ouest du Maine et le sud-est du Québec), les MALÉCITES (du sud de la vallée du Saint-Laurent à la baie de Fundy, dans l'est du Maine et l'ouest du Nouveau-Brunswick), et les MICMACS (dans le sud-est de la Gaspésie et l'est du Nouveau-Brunswick, dans l'Île-du-Prince-Édouard et la Nouvelle-Écosse).

Les groupes parlant les langues iroquoises appartiennent à 2 branches, l'une au sud, formée des Cherokees, et l'autre au nord, qui comprend tous les groupes mentionnés ci-dessus. Les langues utilisées par les Iroquois du Canada (les Iroquois du Saint-Laurent, les Hurons, les Pétuns et les Neutres) sont toutes disparues, et les 6 langues iroquoises parlées au Canada à notre époque (le mohawk, l'oneida, l'onondaga, le cayuga, le séneca et le tuscarora) sont celles de groupes d'immigrants (LOYALISTES) venus de l'État de New York. Dans les forêts de l'est du Canada, on trouve deux branches de la famille algonquienne, les Algonquins du centre (Ojibwés, Outaouais, Nipissing et Algonquins) et les Algonquins de l'Est (Abénaquis, Micmacs et Malécites).

Les langues parlées dans chacune des branches demeurent très intelligibles pour les deux groupes, les Algonquins du centre constituant des chaînes linguistiques (*voir* AUTOCHTONES, LANGUES DES).

Résumé historique

Quoique les Vikings norvégiens (*voir* EXPÉDITIONS VIKINGS) semblent avoir fait des expéditions sporadiques sur la côte est entre le Xe siècle et le XIVe siècle, les principales influences européennes sont celles des pêcheurs des Grands Bancs de Terre-Neuve. Ces derniers ont aussi commencé à faire la traite des fourrures au début du XVIe siècle, juste avant que Jacques CARTIER établisse ses premiers contacts avec les Micmacs et les Iroquois du Saint-Laurent en 1534-1535. À la fin du XVIe siècle, la plupart des groupes des forêts de l'Est sont engagés, directement ou indirectement, dans la TRAITE DES FOURRURES. Au cours de cette période, les Iroquois du Saint-Laurent abandonnent leurs terres ancestrales et la fameuse Confédération iroquoise devient prédominante, bien qu'on se demande encore si elle est née avant ou après l'arrivée des Européens.

Dès le début du XVIIe siècle, des colonies européennes sont établies dans l'île de Sable (temporairement), à Tadoussac, sur la rivière Sainte-Croix dans le Maine, et à PORT-ROYAL dans la vallée de l'Annapolis. En 1609, Henry HUDSON explore la côte de la Nouvelle-Angleterre et la rivière qui porte son nom, tandis que Samuel de CHAMPLAIN participe à une expédition guerrière des MONTAGNAIS contre les Mohawks près du lac Champlain, événement qui marque le début de la participation européenne aux hostilités intertribales quasi continuelles qui durent pendant un siècle. En 1624, quand les Hollandais établissent La Nouvelle Amsterdam [New York], les animaux à fourrure ont déjà été en bonne partie exterminés sur la côte de l'Atlantique. Durant la première moitié du XVIIe siècle, les épidémies de maladies européennes (*voir* AUTOCHTONES, SANTÉ DES) et les guerres réduisent considérablement les populations indiennes, alors que leur mode de vie, fondé sur la chasse et la cueillette, est bouleversé. Les autochtones développent des relations de dépendance quand les articles européens remplacent les leurs et de nouvelles formes de territorialité et d'hégémonie sont instaurées.

En Nouvelle-Angleterre, la guerre de Pequot (1637) et la guerre du roi Philip (1675-1676) entraînent des déplacements de populations qui facilitent la colonisation européenne. Après 1660, environ des Abénaquis déménagent à Saint-François près du Saint-Laurent. Dans la région des Grands Lacs, les Iroquois des Cinq-Nations intensifient leurs attaques contre d'autres Iroquois et les Algonquins durant les années 1640 et les années 1650, forçant plusieurs personnes à fuir leur patrie (*voir* GUERRES IROQUOISES). Le reste des groupes de Hurons, de Pétuns, de Neutres et d'Ériés s'enfuient vers l'Ouest et deviennent connus sous le nom de Wyandot. Un groupe de Hurons s'établit à Lorette, près de Québec. Les Iroquois des Cinq-Nations, réduits par les guerres et les épidémies, augmentent leur nombre en adoptant leurs prisonniers et les réfugiés de guerre.

Vers la fin du XVIIe siècle, au moment où la puissance des Iroquois commence à décliner, les Ojibwés et les Algonquins s'étendent dans le Sud de l'Ontario. Leurs descendants y occupent aujourd'hui des réserves. En 1722, les Iroquois acceptent les Tuscaroras, un peuple de langue iroquoise du nord qui a fui des Carolines vers le nord. Après cet ajout, la Confédération est souvent appelée les Six-Nations, quoique les Tuscaroras ne seront jamais les égaux politiques des 5 nations fondatrices.

Durant la première moitié du XVIIIe siècle, la plupart des Algonquins sont les alliés des Français, qu'ils approvisionnent en fourrures, en échange de biens européens. À l'exception d'un groupe de Mohawks établi près de Montréal, la majorité des Iroquois s'allient aux Britanniques. À l'époque de la GUERRE DE SEPT ANS et après la conquête de la NOUVELLE-FRANCE par les Britanniques, en 1759-1760, les Outaouais et les Ojibwés, mécontents des nouvelles politiques, capturent temporairement Détroit et Michilimakinac.

Cependant, la majorité des Algonquins adoptent la cause britannique lors de la GUERRE D'INDÉPENDANCE AMÉRICAINE, mais le combat divise les Iroquois de l'État de New York, dont un grand nombre s'établissent dans les territoires cédés par les Britanniques dans le sud de l'Ontario. Des membres des Six-Nations iroquoises s'installent le long de la rivière Grand et quelques groupes de Mohawks, à la baie de Quinte.

Les cessions de territoires dans l'État de New York, une dépendance croissante vis-à-vis des Blancs et un état de démoralisation généralisé provoquent un mouvement de réaction en 1799, dirigé par le prophète sénéca Handsome Lake. La nouvelle religion s'étend à d'autres communautés iroquoises au Canada et aux États-Unis (*voir* RELIGION DE HANDSOME LAKE). Après la GUERRE DE 1812, quelques groupes d'Ojibwés, d'Outaouais et de Potawatomis quittent les États-Unis à destination de la région de la baie Georgienne. Une partie des Oneidas s'établit près de la rivière Thames. Durant la première moitié du XIXe siècle, on arpente des terres pour créer des réserves à l'intention des Algonquins le long de la baie Georgienne, les traités Robinson-Huron et Robinson-Supérieur de 1850 ayant entraîné l'émancipation de la plupart des Algonquins de l'Ontario. Dans les provinces de l'Atlantique, on crée une soixantaine de réserves à l'intention des Micmacs (*voir* RÉSERVE INDIENNE; TRAITÉS INDIENS).

À mesure que les colonies des Blancs s'agrandissent et se multiplient dans les forêts de l'Est, la chasse et la cueillette pratiquées par de nombreux Algonquins perdent de leur importance. On a de plus en plus recours à l'horticulture à petite échelle, souvent introduite par les missionnaires, pour compléter une alimentation qui vient à dépendre autant de la nourriture commercialisée que du poisson et du gibier locaux. Les Euro-Canadiens emploient quelques Indiens dans l'industrie forestière, l'exploitation minière et le commerce des fourrures ou même comme ouvriers à temps partiel.

Dans les réserves, on remplace les institutions politiques traditionnelles par un système d'élection des chefs et des conseillers, sauf dans quelques bandes iroquoises où l'on confie les fonctions politiques aux chefs de la Confédération. Au sein des Six-Nations, un système d'élection remplace officiellement le système traditionnel en 1924, ce qui n'empêche pas la vieille tradition de la Confédération de continuer à s'opposer aux autorités élues et au gouvernement fédéral qui refuse de la reconnaître.

Au début du XXe siècle, la majorité des Indiens des forêts de l'Est ont adopté le christianisme, parfois uniquement pour la forme. Plusieurs Iroquois continuent à pratiquer la religion de la longue maison de Handsome Lake. Le peu d'emplois disponibles et la formation insuffisante des Indiens créent un phénomène de dépendance à l'égard de l'aide économique gouvernementale, qui se traduit par un accroissement de la pauvreté de la plupart des réserves éloignées des grands centres urbains.

Après la CRISE DES ANNÉES 30, plusieurs Indiens émigrent vers les grandes villes du Canada et des États-Unis pour y travailler. De nombreux autres les y ont suivis depuis. Ils reviennent souvent en visite à la réserve et y retournent lorsqu'ils sont au chômage ou au moment de leur retraite. Depuis le début des années 60, cette dépendance économique est diminuée par de nouveaux programmes de travail, financés par le gouvernement à l'intérieur des réserves, et le regain de vie que connaissent l'art et l'artisanat. La construction de cliniques de santé et l'introduction de traitements médicaux modernes favorisent une forte croissance de la population, au point où certains groupes comptent actuellement plus de membres qu'à l'époque de l'arrivée des Européens (*voir* AUTOCHTONES, DÉMOGRAPHIE DES).

En 1995, il y avait 48 207 Iroquois répartis dans 8 réserves au Canada, y compris les Hurons de Lorette. Quelque 18 656 Micmacs appartiennent à 25 réserves dans les provinces de l'Atlantique et les Abénaquis sont membres de la réserve de Saint-François. Il est difficile d'évaluer le nombre d'Algonquins qui vivent dans les forêts de l'est du Canada, car ils ne sont pas tous des Indiens inscrits rattachés à des réserves. Il semble toutefois raisonnable d'avancer le chiffre de 50 000.

Culture iroquoienne

Tous les Iroquois se nourrissent principalement de maïs, de fèves et de courges cultivés et ajoutent à ce régime les produits de la chasse, de la pêche et de la cueillette. Les hommes s'emploient à défricher des aires de forêt tandis que les femmes ensemencent la terre, en récoltent les fruits et fabriquent des poteries. Les Hurons échangent leur maïs avec les Nipissing contre du poisson ou des peaux. L'entreposage des récoltes permet d'établir des campements sédentaires, souvent fortifiés et de différentes dimensions, allant de petits hameaux, comptant quelques familles, à des agglomérations plus importantes où vivent jusqu'à 2500 personnes. La densité de peuplement est élevée, atteignant un sommet de près de 24 personnes au kilomètre carré (60 personnes au mille carré) chez les Hurons. Bien que les évaluations diffèrent, les Iroquois du Nord devaient compter de 70 000 personnes à 90 000 personnes à l'arrivée des Européens.

Un village typique comprend un grand nombre de maisons longues en écorce d'orme ou de cèdre. Chaque MAISON LONGUE abrite plusieurs familles apparentées. Au moment de prendre résidence, le couple observe une tradition matrilocale. Après son mariage, le mari vit dans la maison longue de son épouse. De même, la filiation, le patrimoine et l'héritage suivent un ordre matrilinéaire. Un ou plusieurs ménages forment une matrilinéarité. Plusieurs lignées constituent un clan exogame représenté par un emblème totémique particulier. Il semble que les tribus aient été formées de 3 à 10 clans dont les membres sont dispersés dans plusieurs villages. Chez certains groupes, les clans sont divisés en 2 catégories ou moitiés. Les membres d'un clan et même d'une tribu, chez les Iroquois des Cinq-Nations, se considèrent comme frères et sœurs, indépendamment de leur village.

La plupart des nations iroquoises ont des chefs civils et des chefs guerriers. La Confédération des Cinq-Nations a un conseil comprenant 50 postes permanents et héréditaires qui s'est maintenu, quoique de façon modifiée, jusqu'à nos jours. Chez les Cinq-Nations, lors des cérémonies funéraires, on honore le souvenir des chefs de la Confédération disparus, on les remplace et on confère à leurs successeurs des noms honoraires liés à leurs fonctions. Les Hurons ont un système politique similaire.

Tous les groupes ont des spécialistes de la religion (CHAMAN) qui pratiquent des rituels saisonniers souvent liés aux récoltes et organisent des célébrations périodiques (*voir* AUTOCHTONES, RELIGION DES). Chez les Hurons, la FÊTE DES MORTS est un rituel très complexe, qui se déroule habituellement au moment où les villages doivent se déplacer. On rassemble les ossements des parents décédés avant de les déposer dans des fosses communes (ossuaires) munies d'un mobilier funéraire. Les Cinq-Nations ont un certain nombre de sociétés de guérisseurs, qui mettent justement l'accent sur la guérison, dont la mieux connue est la SOCIÉTÉ DES FAUX-VISAGES. À l'occasion des cérémonies, les membres portent des masques de bois minutieusement sculptés.

Culture algonquienne

L'horticulture, en tant qu'activité de subsistance, n'est pas pratiquée ou est marginale chez la plupart des Algonquins des forêts de l'Est. Les Outaouais, les Algonquins, les Abénaquis et les Malécites s'en tiennent à certaines cultures. Les Ojibwés et les Micmacs n'en cultivent aucune alors que les Nipissing échangent leur poisson contre le maïs des Hurons. On se nourrit surtout des produits de la chasse et de la pêche. On chasse l'ours, le chevreuil, l'orignal, le caribou et même le phoque, le marsouin et la baleine dans certaines régions. On se sert d'arcs, de flèches, de lances, de pièges, de collets et d'assommoirs pour chasser et, pour pêcher, d'hameçons, de fascines, de foènes et de filets. Dans la région des Grands Lacs, on récolte le riz sauvage au début de l'automne et on recueille la sève d'érable ou de bouleau au début du printemps. La viande est bouillie ou rôtie pour la consommation immédiate ou fumée et séchée pour la conservation.

La routine des activités saisonnières ne dispose pas à un mode de vie strictement sédentaire, bien que l'abondance de certains aliments, surtout le poisson, et le mince recours à l'horticulture permettent une plus grande sédentarité que chez les peuples de la région subarctique. Les habitations sont plus petites et plus temporaires que celles des Iroquois, allant des TIPIS en écorce de bouleau et de forme conique aux WIGWAMS à coupole ou aux constructions rectangulaires qui abritent plusieurs familles. La dimension du village varie selon les saisons, les plus fortes concentrations de population ayant lieu durant l'été. Certains villages outaouais et abénaquis comptent jusqu'à 300 personnes.

Contrairement aux Iroquois, qui se déplacent surtout sur la terre ferme ou en CANOTS grossiers d'écorce d'orme, les Algonquins fabriquent des canots d'écorce de bouleau, étroits et élancés. En hiver, ils utilisent des RAQUETTES, des traîneaux et des TOBOGGANS. Le commerce et les visites semblent pratiques courantes entre peuplades algonquines voisines.

Il est difficile d'évaluer la population des différents groupes algonquins après l'arrivée des Blancs à cause des déplacements et des épidémies qui s'ensuivent. Le Canada aurait compté alors entre 15 000 et 20 000 Algonquins du centre et autant d'Algonquins de l'Est, qu'ils vivent au Canada ou que leurs descendants s'y soient installés plus tard. Des estimations plus précises exigeraient de plus amples recherches.

Avant l'arrivée des Européens, l'unité politique la plus importante chez les Algonquins des forêts de l'Est semble être le village constitué par une bande, étant donné que les confédérations de chefs de village n'existent pas. Chaque BANDE ou village constitué par une bande semble avoir au moins un chef, dont le statut est habituellement transmis par la lignée paternelle. Chaque groupe patrilinéaire est caractérisé par un totem à l'effigie d'un animal. Les territoires des villages de bande ne sont pas rigoureusement délimités et tous les membres ont un accès égal aux ressources de base. Des querelles entre tribus ont peut-être lieu, mais il est douteux qu'elles aient eu l'envergure des guerres qui ont éclaté au début de la période historique.

Le chaman est le personnage religieux le plus important. Il est guérisseur et recourt à des cérémonies magiques pour éloigner les mauvais esprits tels que le WINDIGO, pour calmer ou encore pour repérer le gibier. L'univers est habité de puissances impersonnelles et les Algonquins ne font pas de distinction conceptuelle entre le monde des humains et celui des animaux. Ils célèbrent des fêtes et des rituels saisonniers, de même que des rituels associés à la naissance, à la puberté et à la mort.

La quête de la vision, nécessaire à l'acquisition de son propre gardien surnaturel, est pratiquée par tous les groupes. Chez les Algonquins du centre, la célébration de la Fête des Morts est quelque peu différente de celle des Hurons. Au cours du XVIIe siècle, ces célébrations attirent un grand nombre de personnes appartenant souvent à plusieurs tribus. Compte tenu du grand nombre de biens dont on se départit de la famille des nouveaux chefs qui y sont évoqués, ces fêtes ressemblent au POTLATCH funéraire pratiqué sur la côte du Nord-Ouest.

Changements culturels

Un grand nombre de transformations culturelles se sont opérées au sein de tous les groupes des forêts de l'Est. La chasse, la cueillette et la pêche sont devenues des activités de subsistance marginales, sauf chez certains Micmacs pour qui la pêche demeure importante. Transformée par la nouvelle technologie, les récoltes et la répartition des tâches en fonction du sexe, l'agriculture décline à mesure que les populations des réserves s'accroissent, que les terres sont morcelées et que de nouvelles possibilités de travail se présentent. Cependant, on mange encore des aliments traditionnels tels le pain et la soupe au maïs et on continue de cultiver le tabac utilisé lors de cérémonies.

L'acculturation et l'assimilation touchent à divers degrés les populations des réserves et les différents groupes à l'intérieur d'une même réserve (voir AUTOCHTONES, CONDITIONS SOCIALES DES). Certains Algonquins conservent toujours une vision animiste du monde, alors que les Iroquois, observant en cela la religion de la longue maison, respectent des croyances et des principes autochtones modifiés. Les croyances et les valeurs traditionnelles ont tendance à être plus profondément ancrées chez ceux qui parlent régulièrement la langue autochtone. Le regain de vie de certains aspects de la culture traditionnelle, non seulement les arts et l'artisanat (voir ART AUTOCHTONE), mais aussi les danses et les cérémonies rituelles, de même qu'une prise de conscience politique accrue renforcent l'identité et le respect de soi après trois siècles d'érosion culturelle.

Charles A. Bishop

Autochtones: les Plaines Il s'étend depuis le sud du Manitoba et du fleuve Mississippi vers l'ouest jusqu'aux Rocheuses et vers le sud, depuis la rivière Saskatchewan Nord jusqu'à l'intérieur du Texas. C'est une région au climat continental, avec des étés chauds et secs et des hivers très froids. De hautes herbes recouvrent les plaines onduleuses à l'est. Des herbes courtes, de la sauge et des cactus forment la végétation des hautes plaines à l'ouest. Terres plates et collines se profilent dans toutes les directions. Coulant vers l'est, des rivières découpent profondément les terres et fournissent le peu d'eau disponible. Les arbres ne croissent que dans les vallées des hautes plaines, mais se font plus abondants à la périphérie de la région.

La culture et la subsistance des Indiens des Plaines reposent principalement sur les immenses troupeaux de BISONS qui parcourent les plaines et s'y nourrissent jusqu'au début des années 1880. Les troupeaux de bisons y côtoient les antilopes d'Amérique, les orignaux, les cerfs-mulets, les lièvres, les chiens de prairie, différents petits herbivores, les lagopèdes, les oies, les canards et les grues. Les prédateurs de cette faune sont les loups, les coyotes, les grizzlis, les pumas, les aigles et autres OISEAUX DE PROIE et, enfin, l'homme.

Principaux groupes tribaux et linguistiques

On compte 6 familles linguistiques, dont 3 se trouvent dans les plaines canadiennes. Les PIEDS-NOIRS, les Gros-Ventres (Atsina), les CRIS des Plaines et les OJIBWÉS des Plaines parlent des langues algonquiennes; les ASSINIBOINES, les STONEYS-NAKODAS et les Sioux-DAKOTAS,

des langues siouennes; et les SARSIS, une langue athapascane. Les langues de familles différentes divergent autant que l'allemand et le chinois et, à l'intérieur de chaque famille, les langues sont aussi éloignées les unes des autres que l'anglais et le hollandais. Cette diversité linguistique et la grande mobilité des populations nomades des plaines favorisent le développement du langage gestuel (voir AUTOCHTONES, LANGUES DES).

Avant que les épidémies du début du XIXe siècle ne déciment la population, on compte environ 33 000 Indiens dans le nord des Plaines. La population des groupes de cette région varie alors d'environ 700 pour les Sarsis à près de 15 000 pour les trois tribus de Pieds-Noirs.

Résumé historique

Il y a environ 10 000 ans, de petites bandes de chasseurs nomades parcourent les plaines (voir PRÉHISTOIRE). La plupart d'entre eux, toutefois, se déplacent graduellement vers le sud et sont remplacés par d'autres groupes nomades. Vers l'an 200 de notre ère, un peuple pratiquant l'horticulture quitte la vallée du Mississippi pour se diriger vers le nord-ouest et s'installer temporairement dans le sud du Saskatchewan et de l'Alberta (voir CLUNY, SITE ARCHÉOLOGIQUE DE). Ils s'établissent dans des villages semi-permanents situés à proximité de leurs jardins disposés le long des rivières. Forts de leurs contacts avec des cultures plus avancées du sud-est de l'Amérique du Nord, ces jardiniers jouent un rôle important dans la propagation vers le nord-ouest de certaines idéologies et de cérémonies religieuses. Ce sont les chasseurs et les jardiniers préhistoriques qui établissent les modèles culturels sur lesquels est fondée la culture des Indiens des Plaines de la période historique.

Au XVIe siècle, des colons espagnols du Mexique introduisent les CHEVAUX dans le sud des Plaines. Grâce au commerce intertribal et à la suite de razzias, ces animaux gagnent graduellement le nord pour atteindre les plaines canadiennes vers 1730. L'utilisation des chevaux modifie les techniques de chasse et permet aux nomades de transporter plus facilement davantage de biens lors de leurs déplacements. L'amélioration évidente qu'ils apportent aux conditions de vie des chasseurs nomades entraîne des pillages de chevaux qui deviennent la forme la plus courante de guerre entre tribus. De petites expéditions guerrières mènent des incursions en territoire ennemi et en ramènent les chevaux, non sans parfois tuer quelques personnes. Cette guerre est un jeu dangereux, aussi ritualisé que l'étaient les combats de la chevalerie médiévale en Europe, et dont les enjeux sont le prestige et la richesse.

À peu près à l'époque de l'apparition des chevaux dans le Nord, des marchands de fourrures venus de l'Est introduisent les armes à feu. De 1730 à 1870, les Indiens des Plaines jouent un rôle important dans la TRAITE DES FOURRURES, lequel, par contre, bouleverse profondément leur mode de vie. Contraints d'adapter leur façon de chasser aux exigences des marchands, les Indiens troquent peu à peu leur indépendance initiale pour les commodités que leur procure la traite des fourrures.

Culture traditionnelle

Les femmes font la cueillette saisonnière de racines et de baies comestibles, mais c'est la chasse, et particulièrement la chasse au bison, pratiquée par les hommes, qui est leur principale source de nourriture. Seuls les Cris et les Ojibwés des Plaines complètent leur régime avec du poisson. Afin de pouvoir s'approcher suffisamment du gibier et le tuer à l'aide d'arcs et de flèches, les chasseurs se déguisent avec des peaux d'animaux. Ils poussent les troupeaux de bisons dans des enclos ou des corrals, ou les font fuir à la débandade vers des falaises escarpées (voir BISON, CHASSE AU). Si l'acquisition du cheval facilite grandement la chasse au bison, les armes à chargement par la bouche se révèlent inférieures aux arcs, qui ne sont abandonnés qu'après l'arrivée des armes à chargement par la culasse vers 1860.

Quand les hommes chassent, les femmes s'emploient à transformer le produit de la chasse et surtout à faire sécher les aliments. Elles font cuire un peu de viande pour la manger immédiatement, mais la plus grande partie est tranchée et séchée au soleil en prévision de l'hiver, ou broyée et mêlée à du gras et à des baies pour en faire du PEMMICAN. Les peaux de bison servent à confectionner des robes, des toits de tente, des MOCASSINS et des boucliers. Les cornes, les sabots, la queue, le poil, les os et les tendons du bison servent à fabriquer des outils et des ustensiles. Quant à la bouse, elle sert de combustible dans ces plaines dépourvues d'arbres. On préfère les peaux d'antilope et d'orignal pour la confection de vêtements: pagnes, jambières et chemises pour les hommes, longues robes et jambières pour les femmes.

Les biens familiaux sont transportés sur des TRAVOIS (cadres triangulaires formés de perches) tirés par des chiens. Les travois servent aussi de structures pour les abris de forme conique appelés TIPIS, qui sont recouverts de peaux de bison cousues ensemble. Après l'arrivée du cheval, on construit de plus grands travois et tipis. Quelques tribus du Nord des Plaines utilisent des RAQUETTES pendant l'hiver.

La riche inspiration artistique des Indiens des Plaines se manifeste, différemment selon les groupes, dans les articles utilitaires qu'ils fabriquent. En témoignent: les tatouages, les vêtements peints ou décorés de piquants de porc-épic teints, les peintures sur les tipis, les boucliers et les paniers en cuir brut, les sculptures sur les bols de bois, les cuillères de corne et les pipes de pierre, l'usage répandu de plumes sur les insignes réservés aux cérémonies et les énormes monuments en pierre disposés sur le sol (voir ART AUTOCHTONE). Certains individus sont reconnus et recherchés pour leur maîtrise exceptionnelle d'un art particulier, mais la production artisanale ne constitue pas, même pour eux, une occupation exclusive. La plupart des articles pittoresques des Indiens des Plaines qui sont exposés dans les musées sont fabriqués par des femmes. Les hommes fabriquent les articles nécessaires à la chasse, à la guerre et aux cérémonies.

L'adaptation de leur mode de vie à l'environnement naturel et, particulièrement, à l'obligation de suivre les déplacements des troupeaux de bisons, a des répercussions sur l'organisation sociale des autochtones. La plupart des tribus sont constituées de bandes indépendantes et vaguement organisées. Les chefs de bande s'attirent le respect et l'appui de leurs partisans tant que la quête de nourriture et la défense contre les attaques des ennemis sont couronnées de succès. Les chefs sont davantage des conseillers que des dirigeants. Leurs décisions s'inspirent du consensus de l'assemblée des Aînés ou Anciens. L'humiliation et la risée publiques sont les principaux moyens de discipline sociale. Durant la majeure partie de l'année, chaque bande se déplace seule. En période de pénurie, il arrive qu'elle se divise en petits groupes afin de multiplier les chances de trouver de la nourriture.

Les bandes ne se réunissent dans un seul et immense campement que pendant quelques semaines, à la mi-été, au moment où les bisons se rassemblent en vastes troupeaux. Elles s'adonnent alors à des festivités cérémonielles et militaires, qui constituent les principaux éléments de cohésion de la tribu. Après l'exécution de la DANSE DU SOLEIL et, parfois, une chasse tribale au moment où les bandes se dispersent de nouveau. À l'automne, elles se déplacent vers des campements bien protégés situés dans des vallées fluviales, dans les contreforts et les forêts-parcs, où elles passent l'hiver.

Les idées et pratiques religieuses imprègnent tous les aspects de la vie quotidienne. La religion des Indiens des Plaines est fondée sur la croyance que les animaux et les autres phénomènes de la nature possèdent une puissance spirituelle que l'on peut, dans des conditions précises, faire servir à son avantage. L'individu désireux de s'approprier une telle puissance se retire en un endroit isolé où il s'adonne au jeûne et à la prière jusqu'à ce qu'un gardien spirituel lui apparaisse dans un rêve (quête de la vision). La différence entre les individus ordinaires et les chefs des rituels augmente de façon progressive et découle avant tout de la quantité de puissance spirituelle acquise par des visions personnelles ou par des achats ritualisés auprès de quelqu'un d'autre. Ces expériences mystiques donnent naissance à des cultes qui meurent avec leur initiateur ou deviennent de plus en plus populaires. Tous les rituels tribaux tirent leur origine de ces cultes personnels.

Changements culturels

Le rythme normalement lent et graduel de l'évolution sociale des Indiens des Plaines s'accélère subitement à la suite de leurs contacts avec la civilisation européenne. Bien que de caractère distinctement autochtone, la culture historique des Indiens des Plaines aurait été tout autre sans l'apport du cheval et du marchand européen. L'introduction, au milieu du XVIIIᵉ siècle, d'articles de métal rend la poterie, les ciseaux de pierre et les pointes de flèches désuets. Les perles de verre remplacent les piquants de porc-épic à partir de 1830. Après 1850, on se vêt autant de tissus que de peaux. Pendant plus d'un siècle, la traite des fourrures est le seul moyen de contact entre la société euro-canadienne et les Indiens des Plaines.

Au cours de cette période, les autochtones sont généralement libres d'accepter ou de rejeter ce que les Européens ont à leur offrir et, comme telle, la traite des fourrures est une certaine forme d'adaptation qui les prépare aux profonds changements culturels qui leur sont plus tard imposés. L'origine des MÉTIS, descendants d'Indiens et d'Européens, remonte au début de la période des échanges commerciaux. Le commerce des fourrures n'apporte toutefois pas que l'abondance matérielle. Des épidémies de maladies européennes ravagent le nord des Plaines en 1781, 1819, 1837, 1845, 1864 et 1869 (voir AUTOCHTONES, SANTÉ DES). Chaque fois, des milliers d'Indiens meurent. Les survivants sont laissés à eux-mêmes, leurs conceptions du monde et leurs croyances sapées.

La consommation d'alcool se propage, particulièrement après l'arrivée des marchands de whisky américains au cours des années 1860 (voir AUTOCHTONES, CONDITIONS SOCIALES DES). Pendant ce temps, les troupeaux de bisons sont décimés par une chasse aveugle, motivée par le profit, et surtout par la construction du chemin de fer transcontinental aux États-Unis.

En réponse à la violence croissante dans la région, la Police à cheval du Nord-Ouest, récemment constituée, se rend dans l'Ouest en 1874 et réussit, en peu de temps, à y faire régner l'ordre et la loi. Elle ne peut cependant empêcher la disparition des troupeaux de bisons ni mettre un terme à l'arrivée des colons qui construisent fermes et villages partout dans les Plaines. En 1870, le gouvernement fédéral achète le territoire du Nord-Ouest de la COMPAGNIE DE LA BAIE D'HUDSON et, par une série de traités entre 1871 et 1877, obtient des Indiens la cession de leurs territoires (voir TRAITÉS INDIENS). En 1880, la population totale des plaines s'élève à 120 000 habitants, les quelque 30 000 Indiens qui restent étant devenus minoritaires. La plupart d'entre eux vivent alors dans des réserves (voir RÉSERVE INDIENNE), où des agents du gouvernement tentent de les initier à de nouveaux moyens de subsistance, surtout à l'agriculture. Suivent des années de disette et de famine pendant lesquelles les Indiens dépendent des rations souvent insuffisantes du gouvernement. Durant cette difficile période d'adaptation sociale et économique, de nombreux missionnaires de diverses confessions religieuses jouent un rôle primordial dans la création d'un système d'éducation et agissent souvent comme médiateurs entre les autochtones et la société des Blancs.

Au début, certaines de ces Églises appuient la volonté des chefs autochtones de créer des organisations provinciales qui leur permettront de faire valoir leurs besoins sociaux et économiques. À partir des années 20, ces organisations luttent contre le harcèlement du gouvernement et l'apathie des autochtones, en se libérant lentement du paternalisme oppressif des politiques gouvernementales. Après la Seconde Guerre mondiale, elles exercent davantage de pressions et forcent le gouvernement à assumer ses responsabilités plus sérieusement. Dans les réserves, on lance divers programmes économiques et les agents du gouvernement transfèrent de plus en plus leurs responsabilités administratives aux chefs et aux conseils de bande élus. Il est difficile d'obtenir des chiffres précis sur la population autochtone mais, en 1986, on estime à environ 65 000 le nombre d'Indiens vivant dans les plaines canadiennes: environ 16 000 dans le sud de l'Alberta, 20 000 dans le Sud de la Saskatchewan et 28 000 dans le sud du Manitoba.

Ted J. Brasser

Autochtones, médias des Avant les années 60, seuls quelques périodiques étaient publiés à l'intention des lecteurs autochtones, la plupart, par des organisations missionnaires et gouvernementales non autochtones. Les exemples les plus notables sont le *Kamloops Wawa* (1891-1905), paraissant en langue chinook, et les publications des Oblats en inuktitut dans les années 40 et 50. Parmi le petit nombre de journaux authentiquement autochtones, signalons le *Indian* (1885-1986), publié à Hagersville, en Ontario. *The Native People* (1968-1982), publié par la Alberta Native Communications Society, marque le début de l'ère moderne des médias autochtones.

Les progrès rapides de la technologie des communications ainsi que l'exposition croissante des autochtones à la radio, à la télévision et à la presse écrite sensibilisent davantage les dirigeants INDIENS, INUITS et MÉTIS à la puissance des communications de masse comme moyen d'influer sur le processus politique. Convaincus que les médias d'information visent avant tout des auditoires non autochtones et qu'ils sont contrôlés par des intérêts non autochtones, plusieurs organisations autochtones locales (voir BANDE), provinciales et fédérales commencent à publier leurs propres bulletins et journaux durant les années 70. Ces publications se consacrent surtout à la promotion des questions autochtones et publient peu de nouvelles et d'articles d'intérêt général. Par la suite, de nombreuses autres publications traitent de sujets beaucoup plus variés.

Au milieu des années 60, grâce à une subvention de démarrage du gouvernement de l'Alberta, Eugene Steinhauer, un Cri qui deviendra plus tard président de l'Association des Indiens de l'Alberta, se procure un magnétophone et du matériel rudimentaire de montage audio et commence à produire des émissions de nouvelles et d'affaires publiques qui sont diffusées par les stations affiliées à la Société Radio-Canada (SRC) dans les régions éloignées de l'Alberta. Dès 1968, l'entreprise de Steinhauer était devenue la Alberta Native Communications Society (Société autochtone de communications de l'Alberta), une organisation à but non lucratif subventionnée par le gouvernement provincial et le Secrétariat d'État, qui en vient à publier le journal *The Native People* et à produire des émissions pour la télévision, sous le slogan «Des signaux de fumée aux satellites». D'autres entreprises autochtones de communications, subventionnées au moins en partie par le Secrétariat d'État dans le cadre de son Programme de communication des autochtones, et quelques-unes partiellement subventionnées par les provinces, voient le jour dans diverses régions du Canada.

Dès 1987, on compte 17 entreprises autochtones de communications engagées dans la radio, la télévision et la presse écrite et visant à offrir aux autochtones le reflet de leurs expériences de vie, domaine négligé par les grands médias. Depuis ses débuts, le programme du Secrétariat d'État repose sur le principe voulant que ces entreprises autochtones doivent s'adresser à la fois aux Indiens inscrits et non inscrits et éviter de tomber sous le contrôle ou l'influence des organisations politiques autochtones, afin d'élargir la tradition de «liberté et d'indépendance» propre à la presse de la société non autochtone. Certains dirigeants autochtones acceptent ce principe, mais d'autres le rejettent avec vigueur. Cette opposition est particulièrement forte en Saskatchewan et au Nouveau-Brunswick, où la plupart des dirigeants autochtones croient qu'aucune société autochtone de communications ne saurait exister sans faire partie ou subir l'influence des organisations politiques autochtones.

Au cours des années 70 et 80, environ 190 publications autochtones voient le jour, mais la plupart sont éphémères. La publicité et le tirage ne comptant que pour 10 p. 100 de leurs revenus, de nombreuses publications sont incapables de se constituer une solide assise financière ou de prospérer dans un climat politique incertain. En 1990, le gouvernement Mulroney met fin aux subventions (de près de 3,5 millions de dollars, à l'époque) destinées aux publications autochtones, en abolissant le Programme de communication des autochtones, qui existait depuis 20 ans. Si cette mesure ébranle bon nombre de publications subventionnées, elle ne porte cependant pas le coup de grâce que plusieurs appréhendaient. En fait, le nombre de publications a plus que doublé, passant de 25, en 1985, aux 69 inscrites dans l'*Annuaire des media Matthews* (sous la direction du ministère du Patrimoine canadien), sans compter toutes les autres publications, telles les bulletins de plus en plus nombreux d'organisations de femmes autochtones.

Télécommunications

Depuis les débuts de la radio dans les régions nordiques, on a diffusé de façon intermittente et sans licence en diverses langues autochtones. Au début des années 80, l'une des réalisations les plus importantes survenues dans les communications autochtones est peut-être la décision du Conseil de la radiodiffusion et des télécommunications canadiennes (CRTC) d'accorder une licence de diffusion à la Inuit Broadcasting Corporation et à Taqramiut Nipingat Incorporated, afin que ces sociétés produisent des émissions de télévision à l'intention des auditoires en majorité inuits de l'Arctique de l'est et du nord du Québec, et qu'elles les relient par l'intermédiaire de la chaîne satellite de la SRC. Un autre développement est l'autorisation accordée à CANCOM, une entreprise privée de transmission par satellite, d'assurer des services de radio et de télévision dans les régions moins bien desservies (*voir* COMMUNICATIONS DANS LE NORD).

Tandis que les publications parviennent à se débrouiller par leurs propres moyens, le gouvernement fédéral continue de subventionner la production et la distribution d'émissions de radio et de télévision dans le Nord. Dans le cadre du Programme d'accès des autochtones du Nord à la radiotélédiffusion, lancé en avril 1983, le gouvernement fournit une aide à 13 entreprises autochtones de communications situées dans les deux Territoires et dans les régions nordiques de 7 provinces. Les émissions de radio et de télévision qu'elles réalisent rejoignent environ 400 communautés, soit un auditoire d'un quart de million d'autochtones.

En janvier 1992, Television Northern Canada (TVNC) lance un organisme indépendant à but non lucratif qui distribue par satellite des émissions de télévision destinées aux autochtones des communautés nordiques. TVNC produit 100 heures d'émissions par semaine, en 11 langues et dialectes autochtones

ainsi qu'en français et en anglais, et projette d'élargir ses services.

Robert J. Rupert

Autochtones, migration urbaine des Les autochtones forment la population la plus rurale du Canada. Un demi-million d'entre eux conservent des liens avec la terre par héritage, par des droits à une assise territoriale rurale et par une vaste série de mesures administratives mises en place par le gouvernement fédéral. Ces conditions sont entérinées par la LOI CONSTITUTIONNELLE DE 1982, qui constitue une garantie unique au monde en faveur d'une population autochtone pour laquelle la chasse demeure le principal héritage (*voir aussi* DROITS ANCESTRAUX).

Redéfinition de la vie Le système de marché ainsi que d'autres éléments de la culture canadienne moderne ont envahi la plupart des communautés autochtones à un point tel que le mode traditionnel de subsistance est en voie d'être assimilé à une forme d'infériorité sociale, au même titre que le «chômage» et la «pauvreté». Cette situation, conjuguée à l'accroissement de la population autochtone et à la disparition du gibier dans certaines régions, a forcé les gens à abandonner la chasse, la pêche et le piégeage et à se lancer à la recherche de «vrais emplois» et du mode de vie plus matérialiste qu'offrent les villes.

Les peuples agricoles HURONS et IROQUOIS de l'Est et SALISH, NOOTKAS, KWAKIUTLS et TSIMSHIANS de la côte de la Colombie-Britannique ont toujours mené une existence semi-urbaine à l'intérieur de grands villages. Ces sociétés sont donc mieux préparées à la vie urbaine que les autochtones semi-nomades qui sont chasseurs par tradition. Selon le registre des Indiens de 1996, 42 p. 100 des INDIENS inscrits vivent hors des réserves. Et les populations des BANDES d'Indiens inscrits s'urbanisent parce qu'elles demeurent dans des milieux urbains ou près de ceux-ci.

Selon l'*Enquête auprès des peuples autochtones* de 1991, le pourcentage d'adultes qui ont déclaré avoir changé de communauté au moins une fois au cours de leur vie est de 22 p. 100 en Ontario, 21 p. 100 en Colombie-Britannique, 14 p. 100 dans les Prairies, 9 p. 100 au Québec, 8 p. 100 dans les Maritimes et 2 p. 100 dans le Nord. Ainsi, le taux de migration hors des réserves est élevé en Ontario et en Colombie-Britannique, moyen dans les Prairies et faible au Québec, dans les Maritimes et dans le NORD. Les mouvements migratoires les plus forts touchent les bandes limitées en nombre; celles dont les membres ont traditionnellement travaillé à l'extérieur des réserves; celles qui n'ont guère de possibilités d'emplois à l'intérieur des réserves; celles dont la scolarité est plus élevée; celles dont les écoles pratiquent davantage l'intégration et celles qui ne disposent pas d'une administration structurée de PREMIÈRE NATION.

Analyse de la migration autochtone Les données précises sur la migration urbaine de la population autochtone sont très rares et la plupart de l'information dont on dispose sur sa mobilité est fondée sur les données des recensements. Dans une analyse du recensement de 1986 sur la migration autochtone, on découvre que les Indiens inscrits ayant vécu à l'extérieur des réserves sont plus enclins à changer de communauté que ceux qui ont vécu dans des réserves. Parmi les groupes autochtones, c'est chez les Indiens et les Métis qu'on trouve les plus hauts taux de migration hors des réserves.

Selon l'*Enquête auprès des peuples autochtones* de 1991, la proportion d'adultes ayant déménagé à un moment donné de leur vie, mais pas au cours des 12 derniers mois, était de 61 p. 100 chez les Indiens vivant actuellement dans des réserves, hors des réserves ou dans des communautés, et de 69 p. 100 chez les Métis. Parmi ceux qui ont déménagé, 41 p. 100 des Indiens et 48 p. 100 des Métis ont déclaré avoir emménagé à l'intérieur de la même commu-

nauté, et 27 p. 100 des Indiens et 26 p. 100 des Métis avaient emménagé dans leur lieu de résidence actuel après avoir quitté une communauté différente à l'intérieur du Canada.

D'après la même enquête, 40 330 Indiens et 14 590 Métis ont déclaré avoir déménagé au moins une fois au cours des 12 derniers mois. Parmi ceux-là, 22 p. 100 d'Indiens et 17 p. 100 de Métis provenaient d'une autre communauté au Canada.

Les Inuits sont plus éloignés des grands centres urbains que les Indiens et les Métis. Et comme ils adhèrent à un mode de vie plus traditionnel, il n'est pas étonnant que la ville les attire moins. Selon l'enquête effectuée en 1991, 3445 adultes inuits avaient déménagé au cours des 12 derniers mois. Parmi ceux-là, 29 p. 100 ont emménagé dans un autre quartier au sein de la même communauté et seulement 11 p. 100 dans une communauté différente.

Taux de croissance hors des réserves L'adoption du projet de loi C-31 en 1985 a contribué à l'augmentation du nombre d'Indiens vivant à l'extérieur des réserves, car beaucoup d'entre eux qui avaient perdu leur statut avaient alors la possibilité de recouvrer leurs droits. En vertu de ce projet de loi, 76 000 femmes (et leurs enfants) ayant perdu leur statut par mariage pouvaient s'attendre au rétablissement de leurs droits. Conséquemment, plus de 100 000 personnes se sont ajoutées à la population d'Indiens inscrits. D'après le Registre des Indiens de 1996, la population vivant à l'extérieur des réserves est passée de 147 424 à 256 505 entre 1987 et 1996. La répartition actuelle de cette population au Canada est la suivante: 34 p. 100 dans la région de l'Atlantique, 29 p. 100 au Québec, 49 p. 100 en Ontario, 39 p. 100 dans les Prairies, 49 p. 100 en Colombie-Britannique et 37 p. 100 dans le Nord.

L'amélioration des services médicaux, d'éducation, de logement et de gestion d'entreprise a incité de nombreuses personnes à demeurer résidants, au moins de nom, d'une réserve. Bon nombre d'entre elles tentent aussi de se faire accepter par leurs bandes ancestrales et de s'établir à nouveau dans les réserves. Même si on manque d'informations directes, il y a fort à parier que la migration des villes aux réserves a été importante au cours des 10 dernières années. Selon l'*Enquête auprès des peuples autochtones* de 1991, le nombre d'adultes autochtones ayant changé de lieu de résidence au cours de leur vie est passé de 40 020 entre 1981 et 1985 à 140 300 entre 1986 et 1990. Il est probable qu'une proportion substantielle de ces personnes a réintégré une réserve.

En quittant la réserve, les Indiens quittent aussi une juridiction dont les services sont financés par le MINISTÈRE DES AFFAIRES INDIENNES ET DU NORD CANADIEN, pour se retrouver sous la compétence de dizaines d'autres organismes fédéraux et provinciaux. Les autochtones qui migrent vers des milieux urbains doivent donc compter sur les services publics municipaux et provinciaux. Selon la COMMISSION ROYALE D'ENQUÊTE SUR LES AUTOCHTONES (1996), en 1991 le gouvernement fédéral a versé aux provinces plus de 70 milliards de dollars pour financer des programmes pour les autochtones dans les domaines des études postsecondaires, de la santé et du Régime d'assistance publique du Canada. Le ministère du Patrimoine canadien, pour sa part, finance des programmes pour les Indiens hors réserves en versant, chaque année, plusieurs millions de dollars aux associations politiques autochtones, aux CENTRES D'AMITIÉ autochtones dans les milieux urbains, aux associations de femmes et aux associations sociales et culturelles (*voir* AUTOCHTONES, PROGRAMMES GOUVERNEMENTAUX CONCERNANT LES). Les centres autochtones urbains remplissent d'importantes fonctions sociales et contribuent à intégrer les divers services sociaux offerts aux autochtones dans les villes. Winnipeg compte le plus grand nombre d'autochtones vivant en région urbaine. En effet, près de 45 750 autochtones de provenance diversifiée et de toutes les conditions sociales sont dispersés dans la région métropolitaine.

Le *Rapport de la Table ronde nationale sur les préoccupations des populations urbaines autochtones* (1993) fait état des problèmes et des défis auxquels font face les autochtones qui migrent en région urbaine. Dans ses recommandations, il énumère les principaux domaines dans lesquels des services pourraient aider la population autochtone des villes: éducation, toxicomanie, invalidité, SIDA, clochardisation, LES SERVICES D'AIDE À L'ENFANCE, services sociaux, santé, chômage et logement, sensibilisation culturelle, isolement culturel, jeunes sans abri (*voir* AUTOCHTONES, ÉDUCATION DES; AUTOCHTONES, SANTÉ DES; AUTOCHTONES, CONDITIONS SOCIALES DES). Le rapport souligne la nécessité d'adapter les services à la culture, aux modes de vie et aux coutumes de ces individus et communautés.

Organisations autochtones urbaines Il existe 4 catégories d'institutions autochtones urbaines (le Québec a un modèle urbain unique, plus assimilateur): les services sociaux offerts par la communauté majoritaire; les réseaux populaires d'amis et de parents axés sur la famille où les autochtones fournissent eux-mêmes des services sociaux (p. ex. l'assistance juridique, l'aide aux toxicomanes, le travail social); un ensemble d'associations bénévoles éducatives, politiques, récréatives, artistiques et religieuses; et enfin les services universitaires et professionnels mis sur pied par les autochtones. Il importe aussi de souligner la créativité culturelle qui se manifeste dans le nouveau genre de société autochtone qui se développe dans les villes canadiennes.

Les femmes autochtones tendent à poursuivre davantage leurs études et à accepter des emplois moins rémunérés mais plus réguliers que ceux des hommes, et elles représentent 54 p. 100 des autochtones qui migrent vers des milieux urbains dans tout le pays. Une étude menée en 1978 par l'Association des femmes autochtones de l'Ontario auprès de 1094 femmes indiennes, démontre qu'en ce qui concerne les activités et les attitudes, il y a très peu de différences entre les femmes vivant dans les réserves et celles qui habitent à l'extérieur de celles-ci. La plupart des Indiens qui ont quitté les réserves demeurent dans des villes ou à proximité et continuent d'entretenir des liens proches avec les parents et amis qui vivent dans les réserves (*voir* FEMMES AUTOCHTONES, QUESTIONS RELATIVES AUX).

Intégration Des études menées partout au pays indiquent que la pénurie de logement, la croissance de la population et le manque de travail dans les réserves sont les principales raisons pour lesquelles les jeunes autochtones migrent vers les villes. Certains autochtones urbains correspondent et retournent régulièrement dans leurs réserves, tandis que d'autres s'installent dans les villes en permanence. Le succès de l'adaptation au milieu urbain dépend de plusieurs facteurs: les antécédents culturels des diverses personnes selon l'évolution traditionnelle de leur héritage social autochtone; des éléments de nature historique, tels que la durée et l'importance des contacts avec les Blancs; la proximité de leurs communautés par rapport aux centres urbains; la qualité de l'accueil des Blancs, l'ampleur des PRÉJUGÉS ET DE LA DISCRIMINATION à l'égard des autochtones; et la nature de l'engagement des institutions autochtones urbaines dans la ville où ils s'installent.

Une évaluation du succès de l'intégration au milieu urbain dans diverses régions du pays accorde la première place au Québec, où peu d'autochtones quittent les réserves, mais où ceux qui migrent vers les villes y sont relativement bien accueillis. Le sud de l'Ontario, le sud de l'Alberta et Vancouver se classent en deuxième place. Viennent ensuite la Colombie-Britannique, le Yukon, les Territoires du Nord-Ouest et les Maritimes; et finalement le nord

de l'Alberta, la Saskatchewan, le Manitoba et le nord de l'Ontario, qui offrent les pires conditions d'intégration urbaine à cause de l'ampleur du RACISME, de la piètre organisation sociale des bandes, de l'éloignement des centres urbains et de la jeunesse relative des institutions urbaines pour les groupes autochtones.

L'urbanisation dans l'Arctique, de la Sibérie au Groenland, s'est manifestée par la concentration de centaines de petits groupes de chasseurs autochtones semi-nomades dans des dizaines de villages permanents et dans quelques villes comme INUVIK et IQALUIT (Frobisher Bay). Étant donné que les INUITS et les personnes d'autres origines sont appelés à vivre ensemble dans les mêmes communautés, les gens apprennent à se connaître et il y existe moins de préjugés et de discrimination que dans le nord des Prairies, où les Indiens et les Métis ont tendance à demeurer dans les réserves ou d'autres communautés séparées des villes des Blancs. Dans l'Arctique, où il y a un fort roulement de travailleurs soumis aux conditions de chantiers éphémères, les problèmes sociaux surgissent surtout dans les grandes villes, comme à Tuktoyaktuk, base de l'exploration pétrolière dans la mer de Beaufort.

John A. Price

Autochtones, organisations et activisme politiques des Depuis la fin du XIXᵉ siècle, l'activisme politique des autochtones du Canada se manifeste surtout par la création d'associations politiques qui débordent du cadre de la BANDE pour défendre leurs intérêts communs. L'une de ces premières associations, le Grand Conseil général des Indiens de l'Ontario, est le fruit des efforts des missionnaires pour créer un conseil des nations OJIBWÉS avant la Confédération. Durant son existence, dans les années 1871 à 1938, le Conseil se montre prudent et conciliant dans ses rapports avec les fonctionnaires fédéraux chargés des affaires indiennes. Les CRIS des Prairies, au contraire, au cours des années qui précèdent la RÉBELLION DU NORD-OUEST de 1885, commencent à mettre sur pied une alliance politique dans le but de forcer le gouvernement fédéral à honorer ce qu'ils considèrent comme des engagements issus de traités (*voir* TRAITÉS INDIENS). Bien que de peu d'envergure et en grande partie non voulue, la participation des autochtones à la rébellion les contraint à renoncer au rassemblement des dirigeants autochtones des Prairies qu'ils avaient antérieurement prévu et au cours duquel on devait décider des meilleurs moyens de pression à exercer pour inciter le gouvernement fédéral à apporter les modifications désirées aux politiques relatives aux Indiens et à l'administration de ces politiques. La rébellion vient resserrer l'emprise du gouvernement sur les réserves et affaiblir davantage l'autonomie des autochtones. Malgré les limitations sévères que la LOI SUR LES INDIENS impose aux organisations et à l'activisme politiques et même si la plupart des autochtones n'ont pas le droit de voter aux élections fédérales et provinciales avant la fin de la Seconde Guerre mondiale, la lutte pour la réalisation des différents objectifs visés se poursuit.

Campagne pour la reconnaissance des droits Durant les années 1890, les Nishgas de la Colombie-Britannique commencent à faire campagne pour que le gouvernement reconnaisse leurs droits ancestraux sur les terres. En 1906, le chef de la bande de Capilano se rend en Angleterre pour présenter au roi Édouard VII une pétition sur les REVENDICATIONS TERRITORIALES. Une nouvelle organisation, les Allied Tribes of British Columbia, est fondée en 1915 avec l'intention, qui se révèle vaine, de contraindre le Conseil privé britannique à rendre un arrêt sur leurs revendications territoriales. Le gouvernement ayant rejeté ces revendications en 1927, l'organisation est dissoute et remplacée en 1931 par la Native Brotherhood of British Columbia, issue des activités ouvrières des autochtones employés dans l'industrie côtière.

Organisation politique des autochtones Les premières tentatives visant à créer une organisation politique nationale des autochtones commencent en Ontario et au Québec durant la Première Guerre mondiale, au moment où le Conseil des tribus, qui siège aux États-Unis, entreprend une vigoureuse mais brève campagne pour étendre ses ramifications au Canada. En 1919, la League of Indians of Canada est fondée en Ontario par un ancien combattant de retour au pays, F.O. Loft, qui est membre de la réserve des Six-Nations et milite en faveur du règlement d'un ensemble de griefs communs à tous les autochtones du Canada: la perte des territoires des réserves et la non-reconnaissance des droits fonciers des autochtones; les restrictions imposées aux droits de chasse et de piégeage des autochtones; les politiques en matière d'enseignement et les pratiques administratives visant à éliminer les langues et coutumes autochtones; et les mauvaises conditions économiques et l'état de santé médiocre qui règnent dans les réserves.

Les efforts consentis par Loft au début des années 20 pour amener les autochtones de l'Ouest à se joindre à la ligue se révèlent étonnamment efficaces, malgré l'opposition des fonctionnaires du ministère des Affaires indiennes qui tentent, entre autres mesures, de dépouiller Loft de son statut d'INDIEN. Étant donné qu'il est bien difficile de réunir au sein d'une même organisation nationale indienne des bandes géographiquement éloignées et divisées sur les plans ethnique, linguistique et religieux, l'échec de la ligue est moins surprenant que ses succès initiaux.

À la fin des années 30 et pendant les années 40, l'organisation politique des autochtones progresse, surtout aux échelons régional et provincial, grâce à la fondation, p. ex., de l'Indian Association of Alberta et de la Saskatchewan Indian Association, en 1944. En 1945, Andrew PAULL, dirigeant indien de la Colombie-Britannique, crée la North American Indian Brotherhood dans l'espoir lui aussi de mettre sur pied une organisation nationale des autochtones du Canada, mais cette tentative échoue, en partie parce qu'on la soupçonne de vouloir représenter avant tout des autochtones catholiques.

L'inquiétude du public Face à l'anomalie du statut social, juridique et économique des autochtones, l'opinion publique force (entre 1946 et 1948 et entre 1959 et 1961) la tenue de deux enquêtes parlementaires spéciales sur l'administration des Affaires indiennes. Toutes deux débouchent sur la fondation d'un certain nombre d'associations qui tentent de se faire entendre au nom de groupes autochtones régionaux et provinciaux. En Saskatchewan, p. ex., on voit fusionner pendant les années 40 et 50 plusieurs petites associations, notamment la Protective Association for Indians and their Treaties, la Saskatchewan Indian Association, l'Union of Saskatchewan Indians et la Queen Victoria Treaty Protective Association. Cette fusion entraîne la formation de la Federation of Saskatchewan Indians qui devient plus tard la Federation of Saskatchewan Indian Nations et qui, depuis la fin des années 50, est le principal porte-parole des autochtones de cette province.

Attribution du droit de vote Il prend effet aux élections fédérales en 1960 et aux élections provinciales de l'Alberta (1965) et du Québec (1969). On voit alors disparaître une distinction politique importante entre les autochtones et les autres Canadiens. Néanmoins, de nombreux autochtones hésitent alors et encore maintenant à exercer leur droit de vote, en partie par crainte de compromettre leur statut juridique et constitutionnel particulier. Depuis 1962, le nombre d'électeurs autochtones qui vont voter aux élections fédérales ne cesse de diminuer. Dès 1979, leur taux de participation aux élections fédérales est de plus de 2 fois moindre que celui des non-autochtones. Le taux de participation aux élections de bande demeure toutefois élevé, ce qui témoigne du peu de confiance que les autochtones accordent aux rouages et aux mécanismes politiques normaux des ordres fédéral et provincial pour défendre leurs intérêts.

En proposant en 1969 d'abolir la *Loi sur les Indiens* et le ministère des Affaires indiennes et du Nord canadien et de transférer la responsabilité administrative des affaires indiennes aux gouvernements provinciaux, le gouvernement fédéral augmente de façon spectaculaire l'étendue et l'intensité de l'activisme et des organisations politiques chez les autochtones du Canada. L'opposition aux propositions du gouvernement entraîne au début des années 70 la création de plusieurs nouvelles associations provinciales et la transformation de certaines autres en organisations politiques actives que les gouvernements commencent à reconnaître comme les représentants compétents de leur peuple. Des associations provinciales et territoriales reçoivent également des fonds publics pour exécuter une série de programmes de recherche, de liaison et de services pour le compte des autochtones. Les intérêts administratifs et juridiques particuliers des Indiens inscrits les incitent, dans la plupart des cas, à garder une certaine distance entre leurs organisations et celles des MÉTIS et des Indiens non inscrits.

Au-delà de l'ordre provincial, la Fraternité des Indiens du Canada (qui devient l'ASSEMBLÉE DES PREMIÈRES NATIONS, représentant 90 p. 100 de tous les chefs du Canada en 1980) et le CONSEIL NATIONAL DES AUTOCHTONES DU CANADA (représentant les Métis et les Indiens non inscrits) essaient de faire modifier les politiques gouvernementales, notamment en matière de DROITS ANCESTRAUX, de développement économique et d'éducation (*voir* AUTOCHTONES, PROGRAMMES GOUVERNEMENTAUX CONCERNANT LES). Entre 1978 et 1982, des organisations d'Indiens, de Métis et d'Indiens non inscrits, de même que l'INUIT TAPIRISAT DU CANADA, interviennent dans les discussions sur le rapatriement de la Constitution du Canada pour s'assurer que leurs droits ancestraux sont reconnus dans la constitution. Depuis les années 70, les dirigeants autochtones sont également devenus des acteurs de premier plan au sein des organisations internationales de minorités autochtones, telles que la Conférence circumpolaire inuite et le Conseil mondial des peuples indigènes, fondé lors d'une conférence tenue à Alberni, en Colombie-Britannique, en 1975, et dont le secrétariat international, d'abord situé à Lethbridge, en Alberta, est déplacé à Ottawa en 1984.

Groupes d'intérêts particuliers En plus du rôle joué par les autochtones dans les organismes provinciaux, nationaux et internationaux qui les représentent, il faut souligner l'existence, courte parfois, d'un certain nombre d'autres groupes d'intérêts particuliers: le Canadian Indian Youth Council (années 60), le Saskatchewan Native Youth Movement (années 70), la Calgary Urban Indian Treaty Alliance (début des années 70), la Canadian Native Communications Society (années 60 et 70), Indian Rights for Indian Women (années 70), l'Association nationale des femmes autochtones du Canada (années 70). La National Alliance for Red Power (années 60, début des années 70) et l'American Indian Movement (années 70), organisations qui préconisent des programmes d'action plus radicaux que ceux des organisations provinciales et territoriales officiellement reconnues, reçoivent aussi un appui limité des peuples autochtones du Canada.

L'activisme politique dont font preuve les autochtones du Canada depuis la Seconde Guerre mondiale leur a permis de participer, à divers niveaux, aux prises de décisions politiques et de modifier sensiblement certains aspects de leur situation. P. ex., Elijah Harper, député provincial ojibwé du Manitoba, joue un rôle de premier plan en empêchant l'adoption de l'accord (constitutionnel) du lac Meech en 1990. Toutefois, si l'on trouve des autochtones parmi les députés fédéraux et provinciaux ou au sein des conseils territoriaux, l'activisme autochtone se manifeste surtout en dehors de la politique électorale. Depuis 1969, bien des efforts sont consentis afin de créer des voies de communication et des mécanismes de négociation propres à faciliter les discussions entre les autochtones et les gouvernements. Les dirigeants des organisations autochtones découvrent également plusieurs tactiques politiques efficaces, dont l'utilisation des médias de masse, pour faire part de leurs préoccupations à un public non autochtone éventuellement solidaire de leurs revendications, au Canada et dans le reste du monde, et susceptible d'exercer certaines pressions sur les dirigeants politiques canadiens.

Protestation symbolique Si les dirigeants autochtones s'abstiennent généralement de faire des menaces de violence, ils sont toutefois devenus experts dans l'organisation de protestations symboliques. Un exemple est l'organisation de l'«Express constitutionnel», à bord duquel les autochtones sont venus en très grand nombre à Ottawa pendant les négociations sur la Constitution pour faire valoir personnellement leur opposition à la position du gouvernement. Mais même si les organisations politiques autochtones acquièrent une certaine importance dans le public et parviennent à forcer le gouvernement à modifier ses politiques dans plusieurs secteurs, leur dépendance financière à l'égard de ce dernier a pour effet indirect de limiter leur autonomie politique. De plus, les dirigeants et les organisations des premières nations se font voler la vedette plusieurs fois par des affrontements armés provoquées par des groupes autochtones militants. Des affrontements de ce genre opposent ces groupes et la police ou les forces armées pendant de longues périodes à Oka, au Québec, en 1990, et à Gustafsen Lake, en Colombie-Britannique, en 1995. En dépit de ces manifestations de militantisme, il n'en reste pas moins que la situation politique des peuples autochtones se caractérise par une autonomie limitée depuis plus de 100 ans.

Au cours des prochaines années, les organisations politiques autochtones devront relever des défis aussi bien internes qu'externes. Les autochtones ne représentent qu'une faible proportion de la population totale du Canada. L'influence politique que leurs dirigeants exercent depuis les trois dernières décennies afin de persuader les gouvernements d'améliorer le traitement qui leur est accordé est en grande partie fonction du niveau général d'abondance et de tolérance de la société canadienne. On ignore encore quel traitement les gouvernements vont réserver aux autochtones. Toute aussi importante, cependant, sera la détermination avec laquelle les autochtones, au palier local, insisteront pour que leurs organisations continuent à défendre les valeurs et les objectifs politiques qui guident depuis longtemps les organisations et l'activisme politiques des autochtones au Canada.

Noel Dyck

Autochtones, politique gouvernementale concernant les Pour l'essentiel, elle vaut d'abord et avant tout pour les INDIENS car, jusqu'aux années 40, le gouvernement s'intéresse très peu aux INUITS et ne se reconnaît pas de responsabilité particulière envers les MÉTIS et les Indiens non inscrits. Les débuts de l'histoire de la politique indienne au Canada sont marqués par la présence de la France et de l'Angleterre en tant que puissances coloniales. La politique de l'époque postconfédérale s'inspire, en grande partie, du modèle en application dans le Haut-Canada, encore que l'on note des différences régionales appréciables.

Commerce, alliances militaires et droits ancestraux

La révolution scientifique et sociale qui permet l'expansion européenne outre-mer est à la base même de la difficile coexistence entre les Européens et les divers peuples préindustriels qu'ils rencontrent partout dans le monde. La société technologique européenne s'efforce de conquérir la nature et d'occulter les valeurs traditionnelles, tandis que les cultures autochtones, elles, entretiennent des liens très étroits avec la nature et s'appuient fermement sur la tradition. Aussi, quand les deux sociétés doivent partager le même territoire, leurs conceptions opposées deviennent-elles inconciliables.

Les pays européens tentent de régler le problème par la domination. Ils revendiquent par droit de «découverte» les territoires moins peuplés de la terre et considèrent les peuples indigènes qui y vivent comme assujettis à la puissance colonisatrice. Cependant, comme les premiers Européens qui arrivent en Amérique du Nord dépendent forcément, sur les plans matériel et pratique, des peuples autochtones plus nombreux et mieux adaptés, on assiste alors à la conclusion d'alliances commerciales et militaires entre Blancs et Indiens. Durant toute la période des alliances, qui dure jusqu'au début du XIXe siècle, la politique relative aux Indiens est d'ordre diplomatique et militaire, car on considère que les autochtones forment, dans une certaine mesure, des nations indépendantes et souveraines (*voir* AUTOCHTONES, DROITS DES).

Commerce, guerre et œuvres missionnaires marquent les rapports des Français avec les peuples autochtones. La politique officielle des Français vise un double objectif: évangéliser les autochtones et les intégrer à la société française. Bien que quelques groupes autochtones s'établissent à proximité des Français dans les réserves à vocation agricole gouvernées par l'Église, la grande majorité continue de vivre à part en tant que nations indépendantes. À la fin du XVIIe siècle, même les missionnaires et les fonctionnaires du gouvernement reconnaissent l'échec de leur politique d'assimilation à grande échelle. Les commerçants des fourrures s'y sont toujours opposés à cause de ses effets négatifs sur le commerce (*voir* TRAITE DES FOURRURES). Comme les colonies françaises ne s'étendent pas profondément en territoire autochtone et ne nécessitent pas le déplacement de populations, les Français ne reconnaissent jamais officiellement que les autochtones possèdent des droits sur le territoire, pas plus qu'ils ne signent de traités relativement à des cessions territoriales. Les colonies anglaises, plus populeuses, s'étendent cependant vers l'Ouest et, même si certaines d'entre elles concluent des traités avec les Indiens qu'elles déplacent, ces colonies constituent une menace constante pour les groupes voisins.

Les alliances conflictuelles entre groupes autochtones et Européens remontent au début du XVIIe siècle, à l'époque où CHAMPLAIN conclut une alliance avec les HURONS, s'aliénant par le fait même les ennemis des Hurons, les IROQUOIS. Au cours des deux siècles suivants, les Français et les Anglais s'attirent des alliés autochtones dans leur concurrence commerciale, territoriale et impériale en Amérique du Nord. L'effondrement de la puissance impériale française à la suite de la GUERRE DE SEPT ANS (1756-1763) livre les anciens alliés autochtones de la France à la menace de la libre expansion de la Grande-Bretagne. La résistance autochtone se manifeste par une série de soulèvements inspirés par le chef OUTAOUAIS, PONTIAC. Les autorités impériales réagissent en publiant la PROCLAMATION DE 1763, qui garantit aux Indiens que leurs territoires ne subiront aucune autre perturbation, au-delà des colonies établies. Les territoires autochtones ne pourront être cédés qu'à la Couronne lors d'une assemblée générale des autochtones. Ce principe constitue la base du futur système des traités.

En moins de 20 ans, la révolte réussie des Treize colonies britanniques ranime les alliances, les nations indiennes luttant en vain pour protéger leurs territoires de l'expansion américaine. La Grande-Bretagne accepte volontiers l'assistance des Indiens dans les efforts diplomatiques et militaires qu'elle déploie pour protéger ses conquêtes canadiennes. L'appui des Indiens s'avère profitable aux Britanniques dans la GUERRE DE 1812. La fin de la période des alliances coïncide avec la deuxième étape de la politique relative aux Indiens qui se poursuit depuis l'époque de la Confédération jusqu'au milieu du XXᵉ siècle. Ses traits marquants sont l'imposition par les gouvernements européens de traités, de réserves et de politiques sociales paternalistes visant à favoriser l'assimilation des Indiens. Comme l'expansion des colonies dans le Haut-Canada requiert de nouveaux territoires, on conclut des traités visant à «éteindre» les DROITS ANCESTRAUX sur le territoire conformément aux principes de la Proclamation de 1763. Par contre, dans les colonies plus anciennes des Maritimes ou au Québec, on ne conclut pas de traités de cession territoriale, même quand on ouvre de nouvelles régions à la colonisation.

Colonisation européenne et statut des autochtones

L'augmentation de la population non autochtone entraîne un changement d'attitude envers les Indiens: on cesse de les traiter comme des nations indépendantes et on les installe à l'intérieur de réserves (*voir* RÉSERVE INDIENNE). Là, on forme des «bandes» indiennes sous la surveillance de surintendants ou d'agents du service des Indiens. Ces agents, qui ne sont plus des diplomates militaires mais des gestionnaires locaux des terres de réserves et des affaires de la BANDE, incitent les Indiens à se tourner vers l'agriculture et à devenir autonomes par des moyens autres que traditionnels et à vivre, de façon générale, comme la population environnante. Les réserves disposent habituellement d'une église et d'une école. On confie la mise sur pied de ces activités à un service civil des Indiens, qui remplace les autorités militaires en 1830. L'instauration de propriétés communes dans les réserves, de fonds des bandes, d'une législation spéciale et de droits issus de traités finit par déboucher sur le concept juridique du statut d'Indien inscrit. Certains individus d'ascendance indienne, les Métis et les Indiens non inscrits, ne remplissent jamais les conditions nécessaires à l'obtention du statut d'Indien inscrit ou le perdent de diverses façons. La politique indienne de presque toute la période postconfédérale vise ultimement à éliminer tous les Indiens inscrits en les assimilant et en les incitant à demander leur ÉMANCIPATION. Mais cette mesure légale n'a jamais été populaire chez les Indiens et n'a pas atteint son objectif global.

Traités conclus après la Confédération et leurs versions modernes

À partir de la Confédération, la responsabilité des affaires indiennes incombe au gouvernement central à Ottawa, ce qui n'influence nullement l'orientation générale de la politique concernant les Indiens, laquelle ne subit aucune modification importante jusqu'au milieu du XXᵉ siècle. Pendant que le Dominion se prépare à coloniser et à développer de nouveaux territoires, le système des traités continue de servir d'instrument expansionniste de la politique indienne. Les traités signés à la fin du XIXᵉ et au début du XXᵉ siècle, comme leurs versions antérieures, visent à éteindre les droits ancestraux sur un territoire donné. En retour, ils accordent aux autochtones assujettis au traité des terres de réserve, une modeste contribution en espèces ainsi que des biens et des services. Aujourd'hui, les Indiens visés par des traités soutiennent que les termes des traités doivent être interprétés libéralement. P. ex., la disposition concernant l'école doit être considérée comme étant une promesse de dispenser l'enseignement du primaire jusqu'au postsecondaire.

Outre des désaccords quant à leur interprétation, les traités donnent lieu à des revendications particulières par lesquelles les autochtones allèguent que les dispositions d'un traité n'ont pas été respectées ou

prétendent que des dispositions de la *Loi sur les Indiens* ont été mal administrées, surtout en ce qui concerne la cession ou la vente d'une terre de réserve. Sur les 754 revendications qui sont présentées à la fin de l'exercice 1995-1996, 354 en sont encore à l'étape de l'examen ou de la négociation. On s'attend à ce que de nouvelles revendications soient présentées.

Sauf quelques exceptions, les personnes de descendance mixte, soit les Métis, et d'autres qui n'ont pas obtenu ou conservé le statut d'Indien pour une raison ou pour une autre ne sont pas inclus dans les traités ou dans les bandes créées par la *Loi sur les Indiens*. Au Manitoba, cependant, les Métis reçoivent des concessions de terre ou des certificats d'argent en vertu de la *Loi de 1870 du Manitoba*. Le but visé est d'éteindre leur titre foncier autochtone. Plus tard, on recourt à cette pratique dans l'ouest et le nord du Canada dans le cadre d'un processus extérieur à celui des traités mais qui, à partir de 1899, lui est souvent parallèle.

Dans les cas où l'on n'a pas encore besoin du territoire pour la colonisation ou le développement, il n'y a pas de signature de traités avec les Indiens. Cette pratique donne lieu plus récemment à la présentation d'importantes revendications territoriales dans le nord du Canada. L'*Alaska Native Claims Settlement Act* de 1971 ouvre au Canada la voie aux ententes modernes sur les revendications territoriales globales. Elle permet d'accorder beaucoup plus de droits fonciers que les traités antérieurs et mène à des règlements beaucoup plus généreux sous forme d'argent ou de ressources. La première de ces grandes ententes globales est la CONVENTION DE LA BAIE JAMES ET DU NORD QUÉBÉCOIS de 1975 au Québec. Elle est précipitée par un projet de construction de barrages hydroélectriques dans le nord du Québec, et est suivie depuis par d'autres ententes dont certaines sont en cours de négociation. Celles-ci portent sur des terres dans les Territoires du Nord-Ouest et au Yukon. D'autres visent les superficies provinciales non touchées par des traités. Des revendications territoriales globales font l'objet de recherches dans les Maritimes, au Labrador, au Québec et en Ontario.

Si, au XIXᵉ siècle, le gouvernement du Dominion conclut des traités dans le cas des Prairies qui relèvent alors de sa compétence, il ne peut en faire autant de façon unilatérale en Colombie-Britannique, où les terres de la Couronne relèvent du gouvernement provincial. Dans l'ensemble, il faut attendre jusqu'à ces dernières années pour qu'en Colombie-Britannique le titre ancestral soit reconnu et négocié. En 1992, une commission tripartite d'étude des traités commence à travailler en vue de la négociation de traités dans cette province.

Loi sur les Indiens et administration des Indiens

L'organe administratif de la politique relative aux Indiens subit peu de changements après la Confédération. En 1868, le service des Indiens devient un bureau fédéral qui change plusieurs fois de nom jusqu'à aujourd'hui. En 1876, on regroupe les mesures législatives concernant les Indiens sous une seule LOI SUR LES INDIENS. Mais la diversité des autochtones et des régions du Canada, ajoutée aux différences sur le plan historique, donnent lieu à des variations dans l'administration de la loi à l'échelle régionale. Dans les régions colonisées, l'administration des Indiens obéit au double objectif de la protection provisoire et de l'assimilation éventuelle, tandis que, dans les régions éloignées, la prudence et l'économie dictent de les abandonner plus ou moins à leur sort.

En 1939, un tribunal proclame que les Inuits relèvent de la responsabilité du gouvernement fédéral, mais qu'ils ne sont pas soumis à la *Loi sur les Indiens*. On met sur pied à leur intention des programmes de développement économique et des services distincts, surtout depuis les années 50, alors

que le développement envahit de plus en plus leur territoire et bouleverse leur mode de vie. Au cours des dernières années, ces gens du Nord participent à des règlements modernes de revendications territoriales globales, comme la Convention définitive des Inuvialuits dans l'ouest de l'Arctique et l'Accord sur le Nunavut, dans la partie Est, qui leur confèrent des pouvoirs politiques, des terres et des avantages économiques.

Avant la Seconde Guerre mondiale, le gouvernement décide de ses politiques indiennes sans consulter les principaux intéressés et dans l'indifférence presque totale de la population. Mais cela commence à changer à partir des années 40 alors que les Indiens s'engagent davantage sur le plan politique et sont moins disposés à accepter leur situation marginale dans la société et à laisser à d'autres le soin de décider à leur place. Mieux informé, le public est troublé par leur pauvreté et leur marginalité. Cette évolution se traduit par l'introduction de programmes nouveaux et élargis. Le gouvernement s'efforce de promouvoir le développement économique des Indiens et de leur procurer la même qualité de services, en particulier par le biais d'accords avec les provinces.

La Loi sur les Indiens est révisée en 1951, mais le cours accéléré du changement nécessite bientôt un examen plus approfondi. Des rencontres de consultation (1968-1969) avec les représentants des Indiens créent chez ces derniers l'espoir de participer à la deuxième révision. Les Indiens indiquent clairement qu'ils veulent que leurs droits particuliers soient respectés et que leurs revendications relatives aux territoires et aux traités soient réglées avant de procéder à la révision de la *Loi sur les Indiens*. Les espoirs des Indiens sont anéantis avec la publication des propositions gouvernementales (Livre blanc) en juin 1969 qui semblent ne tenir compte d'aucune des priorités qu'ils ont énoncées. Le Livre blanc propose l'abolition par étapes du ministère des Affaires indiennes et de la *Loi sur les Indiens* à l'intérieur d'un délai de cinq ans et l'élimination du statut d'Indien. On minimise l'importance des traités indiens et des revendications des autochtones. Les Indiens réagissent de façon hostile et soutenue aux recommandations gouvernementales.

Ils mettent sur pied un vaste réseau d'organisations politiques indiennes et présentent des contre-propositions de leur cru sur une gamme étendue de revendications. Le gouvernement, confronté à un réveil de la conscience populaire, revient sur ses positions et crée un fonds destiné à aider les Indiens dans leurs efforts pour clarifier leurs demandes. Les peuples indiens continuent quand même de soupçonner que les politiques du Livre blanc demeurent malgré tout l'objectif du gouvernement.

Initiatives des Indiens pour en arriver à une autosuffisance renouvelée

Depuis le Livre blanc, l'activité politique des Indiens contribue grandement à sensibiliser davantage à leurs problèmes et à leurs objectifs le public en général et la population indienne elle-même. La plupart de leurs organisations politiques, avec lesquelles le gouvernement négocie, trouvent soutien et justification auprès d'une solide base communautaire. Les Indiens ont désormais des dirigeants expérimentés en mesure de satisfaire à la volonté exprimée par le gouvernement de négocier les enjeux. C'est à leur insistance qu'un article est ajouté à la *Loi constitutionnelle de 1982* affirmant les droits ancestraux et les droits issus de traités existants et incluant dans la définition des «peuples autochtones du Canada» les Indiens, les Inuits et les Métis. Cependant, la signification de l'article demeure en grande partie indéfinie et est matière à controverse parmi les premiers ministres et les dirigeants autochtones.

Par des modifications à la *Loi sur les Indiens* en 1987, on abolit la notion de l'émancipation, l'un des principaux objectifs de la politique pendant plus d'un siècle et demi. On redonne en outre le statut d'Indien et les droits d'appartenance à une bande à ceux qui les avaient perdus du fait que leur transmission était restreinte à la lignée paternelle ou du fait de l'émancipation. Ces modifications ont aussi pour effet de permettre aux bandes de gérer leur propre effectif selon leurs propres règles d'appartenance. L'autogestion occupe une place dans les affaires indiennes, particulièrement depuis les années 60 lorsque les PREMIÈRES NATIONS commencent à prendre en main certains aspects de l'administration des bandes, y compris l'administration des programmes subventionnés par le gouvernement. Cependant, la délégation de ces pouvoirs continue d'être source d'insatisfaction.

Face à cette insatisfaction, le comité spécial de la Chambre des communes sur l'autonomie politique des Indiens (le comité Penner) publie, en 1983, un rapport recommandant que l'on donne aux communautés indiennes la possibilité de concevoir de nouvelles formes de gouvernement autochtone pour remplacer les structures existantes limitées prescrites par la *Loi sur les Indiens*. Reconnaissant que les nations autochtones étaient autonomes avant l'avènement du régime de dépendance et de paternalisme, le rapport recommande la mise en place de gouvernements indiens d'un ordre distinct de celui des gouvernements fédéral et provinciaux.

La reconnaissance dans la *Loi constitutionnelle de 1982* du droit inhérent des premières nations à l'autonomie gouvernementale constitue le fondement de la négociation actuelle d'ententes particulières sur l'autonomie gouvernementale. Ces négociations entre le gouvernement fédéral, les gouvernements provinciaux et territoriaux et certaines premières nations visent à en arriver à des ententes particulières sur l'autonomie gouvernementale dans le cadre de la constitution canadienne. L'administration par le gouvernement fédéral, conformément à la *Loi sur les Indiens* et aux traités, se poursuit à un niveau réduit à mesure que les premières nations assument davantage la responsabilité des programmes. Entre-temps, les fronts sur lesquels les premières nations espèrent progresser sont le règlement des revendications globales et particulières, la conclusion de traités en Colombie-Britannique et la réalisation d'ententes sur l'autonomie gouvernementale pour les premières nations qui le désirent. Les ententes conclues pourraient ultimement remplacer la *Loi sur les Indiens* en tant qu'instrument principal régissant les rapports entre les premières nations et le gouvernement sans altérer la relation spéciale qui existe entre les peuples autochtones et la Couronne ni abroger les droits ancestraux, les droits constitutionnels ou les droits issus de traités déjà existants.

John Leonard Taylor

Autochtones, programmes gouvernementaux concernant les Au Canada, ils sont mis en œuvre par le gouvernement fédéral et certaines provinces. Historiquement, le gouvernement du Canada ne se reconnaît des responsabilités et des obligations qu'envers les Indiens inscrits et les INUITS (*voir* INDIENS) et refuse de reconnaître, en tant que peuples dotés de droits spéciaux, les MÉTIS et les Indiens non inscrits. On laisse aux gouvernements provinciaux le soin de pourvoir aux besoins de ces derniers par les divers programmes qu'ils instaurent de temps à autres. En 1970, le gouvernement fédéral commence finalement à financer les organisations de développement politique et culturel des Métis et des Indiens non inscrits, mais les programmes économiques, sociaux et de santé sont ou bien mis sur pied par les provinces ou demeurent inexistants.

Depuis 1876, la LOI SUR LES INDIENS est le principal texte législatif sur lequel se fonde le gouvernement pour déterminer les critères de son administration des Indiens et de leurs territoires. Du XIXe siècle jusqu'au milieu du XXe siècle, les objectifs de la politique canadienne relative aux Indiens sont doubles et contradictoires: protéger les Indiens contre la société des Blancs et les assimiler à la société des Blancs. Le gouvernement poursuit ces objectifs au moyen d'un programme de contrôle administratif très sévère qui, dès les années 60, soulève de nombreuses critiques du public. On retrouve ces objectifs dans des programmes politiques, économiques et culturels qui visent à détruire les bases traditionnelles du mode de vie des Indiens et à les remplacer par des valeurs anglo-canadiennes. L'ÉMANCIPATION (perte du statut légal d'Indien) de plus de 20 000 Indiens entre 1876 et 1974 fait partie intégrante de cette démarche du gouvernement. Cette émancipation, ainsi que le refus de reconnaître le caractère autochtone des Métis et leurs droits, a pour effet d'abandonner une population autochtone aux aléas de l'assimilation.

Depuis le début des années 50, on assiste, dans la pratique, à un important changement d'orientation des politiques et des programmes fédéraux: les cultures autochtones jouissent de la liberté d'expression; leurs organisations politiques sont reconnues et subventionnées; des bandes indiennes et des organisations inuites se voient confier la responsabilité d'administrer certains programmes gouvernementaux; les pensionnats et les enseignants missionnaires font place à un système mixte d'écoles fédérales et provinciales dirigées par des Indiens et des Inuits et subventionnées par le MINISTÈRE DES AFFAIRES INDIENNES ET DU NORD CANADIEN (MAINC); le rôle paternaliste des agents des Indiens et des bureaucrates se transforme en un rôle technique et professionnel, mais pas dans la mesure où le souhaitent les Indiens.

Le gouvernement fédéral tente de transformer sa politique d'assimilation des autochtones en une politique axée sur la reconnaissance de leur autonomie gouvernementale. En 1982, 2 clauses sont ajoutées à la Constitution, qui reconnaissent les Indiens, les Inuits et les Métis en tant que peuples autochtones ayant des droits ancestraux et issus de traités existants. Puis, en 1985, la modification de la *Loi sur les Indiens* permet de rétablir dans leurs droits les personnes ayant involontairement perdu leur statut d'Indien, tel qu'il est défini dans la loi. La majorité des personnes touchées sont les femmes qui avaient perdu leur statut en épousant un homme non inscrit. Cette modification, connue sous le nom de Projet de loi C-31, entraîne des dépenses supplémentaires qui, à partir de 1985, augmentent régulièrement et atteignent plus de 200 millions de dollars en 1992-1993. Les principaux programmes touchés par le Projet de loi C-31 durant la période d'affectation de fonds de 1985 à 1990 sont, notamment, ceux de la santé (101 millions de dollars), du logement (91 millions de dollars), de l'éducation postsecondaire (71 millions de dollars) et de l'aide sociale (41 millions de dollars). (*Voir aussi* FEMMES AUTOCHTONES, QUESTIONS RELATIVES AUX.)

Malgré ces améliorations, certaines attitudes et pratiques évoluent à peine. Le gouvernement canadien continue de minimiser ses responsabilités et ses obligations à l'égard des Indiens et d'autres groupes autochtones et, en conséquence, cherche à transférer aux autorités provinciales ou à celles des BANDES indiennes les dépenses qu'il engage dans des programmes et des services. En 1975-1976, l'ensemble des dépenses fédérales pour les Indiens s'élève à 703 millions de dollars, soit seulement 2,1 p. 100 du budget annuel du gouvernement fédéral.

En 1992-1993, les sommes affectées aux autochtones sont de 5 milliards de dollars, mais ne représentent que 4,2 p. 100 du budget annuel du gouvernement fédéral. En 1995-1996, le MAINC répartit son budget de 5,3 milliards de dollars en 2 grandes catégories, soit les dépenses destinées aux autochtones vivant au nord (148 millions de dollars) et au sud du 60e parallèle. Les fonds alloués aux autochtones vivant au sud du 60e parallèle sont destinés aux REVENDICATIONS TERRITORIALES (420 millions de dollars) et aux Affaires indiennes et inuites (3,48 milliards de dollars). Le budget des Affaires indiennes et inuites est divisé en trois catégories: 1) directions régionales (31 millions de dollars), 2) services fonciers et fiduciaires (6,3 millions de dollars) et 3) subventions aux premières nations (3,39 milliards de dollars). Enfin, les affectations aux PREMIÈRES NATIONS sont réparties entre: 1) les services publics, 2) l'éducation, 3) les services sociaux 4) le logement, 5) le gouvernement local.

Selon le MAINC, la raison d'être de ses programmes et services pour les Indiens et les Inuits au Canada est de remplir les obligations constitutionnelles et statutaires du pays envers les Indiens inscrits et les Inuits. Outre les programmes fédéraux destinés à tous les Canadiens (allocations familiales, sécurité de la vieillesse, assurance emploi), les Indiens inscrits reçoivent aussi une exemption d'impôts sur les revenus gagnés dans la réserve; les soins médicaux non inclus dans le programme universel d'assurance-santé des provinces (dont les soins dentaires); une exemption partielle de taxes de vente fédérales et provinciales; des logements subventionnés; et une aide aux étudiants du niveau postsecondaire (1994). L'aide fédérale aux collectivités des réserves indiennes touche, notamment, l'éducation, la santé, l'aide sociale et les services sociaux, le logement, les équipements communautaires, la culture, l'administration locale de la bande et le développement économique. Les bandes des premières nations et les autres institutions autochtones gèrent plus de 80 p. 100 des budgets établis pour ces programmes.

Santé Depuis 1945, la Direction générale des services médicaux de Santé Canada fournit des services de santé aux bandes indiennes et le MAINC finance l'administration de ces programmes par les bandes. Les comités de santé des bandes administrent de plus en plus les programmes de santé publique, la liaison avec les travailleurs de la santé et le travail des infirmières de la santé publique. En 1993-1994, les dépenses des services de santé aux autochtones se chiffraient à 896 millions de dollars.

Logement Le MAINC finance la construction de logements dans les réserves, l'achat de maisons à l'extérieur des réserves, la construction de routes et l'aménagement de réseaux d'eau et d'égout et de services électriques. Cependant, le financement du logement dans les réserves par la Société canadienne d'hypothèques et de logement (SCHL) augmente de plus en plus. Aux termes de son programme de logement et de restauration pour les ruraux et les autochtones, la SCHL considère les bandes indiennes, les conseils tribaux, les Métis, les Indiens non inscrits et les organisations inuites comme des sociétés d'habitation à but non lucratif. En 1993-1994, les fonds affectés au logement totalisent 860 millions de dollars, soit 566 millions de dollars par le MAINC et 294 millions de dollars par la SCHL.

Éducation Le MAINC assure le soutien à l'éducation des jeunes Indiens aux niveaux élémentaire et secondaire. Au cours de l'exercice financier de 1993-1994, l'éducation, le transport et le soutien de plus de 100 000 enfants ont coûté 696 millions de dollars. En plus, les études postsecondaires de 22 000 étudiants ont engendré une dépense de 212 millions de dollars, soit un total de plus de 900 millions de dollars. (*voir aussi* AUTOCHTONES, ÉDUCATION DES).

Assistance sociale Elle est répartie en deux catégories: 1) l'assistance sociale aux enfants et aux familles, y compris les soins en établissement, la sélection des foyers d'accueil et des foyers de groupe et les pensions alimentaires ont coûté 267 millions de dollars; 2) le soutien social, comme l'assistance sociale mensuelle accordée à environ 145 000 Indiens vivant dans des réserves a coûté 558 millions de dollars. En 1993-1994, le total des dépenses au chapitre de l'aide sociale et du soutien social était d'environ 825 millions de dollars.

Évolution économique et création d'emplois Le Programme de développement économique des collectivités, le principal programme du genre instauré par le MAINC, les aide à définir et à réaliser leurs objectifs économiques par le développement d'entreprises, la création d'emplois et l'exploitation des ressources. On verse 46 millions de dollars à 397 organisations de développement économique des collectivités. Dans le cadre de ses Programmes économiques pour les autochtones, Industrie Canada fournit 68 millions de dollars pour le financement d'entreprises autochtones en 1993-1994. En 1992-1993, le ministère de l'Industrie, des Sciences et de la Technologie et le ministère de l'Emploi et de l'Immigration se joignent au MAINC pour créer la Stratégie canadienne de développement économique des autochtones (SCDEA). Dans le cadre de cette initiative, le ministère de l'Emploi et de l'Immigration est responsable des programmes de formation professionnelle et d'adaptation au milieu des autochtones qui, en 1992-1993, ont coûté environ 200 millions de dollars, comparativement à 3 millions de dollars en 1977-1978 (*voir aussi* AUTOCHTONES, CONDITIONS ÉCONOMIQUES DES).

Aide aux gouvernements des premières nations
Plus de 270 millions de dollars servent à soutenir les opérations des bandes et des conseils tribaux: salaires, frais de voyages, de bureau et de vérification, contributions au régime de rentes et dépenses d'administration.

Assistance culturelle et en milieu urbain Le MAINC et la Direction des citoyens autochtones (DCA) financent les programmes de développement culturel, les centres culturels administrés par des Indiens, les organisations de femmes autochtones, les artistes autochtones et les projets culturels. La DCA finance également un réseau de CENTRES D'AMITIÉ, qui fournissent une aide aux activités culturelles et aux services sociaux et d'information aux autochtones vivant en milieu urbain. En 1993-1994, les dépenses du ministère du Patrimoine canadien au chapitre des peuples autochtones étaient de 38,6 millions de dollars.

Les décisions quant aux programmes et services à fournir et quant aux niveaux auxquels ils doivent être financés dépendent principalement des engagements politiques et économiques du gouvernement fédéral. Les priorités et les besoins des autochtones ont une influence importante, mais secondaire, sur l'élaboration des politiques et des programmes. Pourtant, ces peuples réclament de plus en plus le droit de concevoir et de mettre en œuvre leurs propres programmes afin que ceux-ci répondent mieux à leurs besoins.

Dan Gottesman

Autochtones, religions des Elles sont constituées d'un ensemble complexe de coutumes sociales et culturelles qui permettent d'établir une relation avec le sacré et le surnaturel. Dans la plupart des régions du pays, on pratique des traditions riches en mythologie et en rites religieux. On en trouve de grandes manifestations sur la côte du Nord-Ouest (Kwakiutl, Haidas, Tsimshians), dans les grandes Prairies du Nord (Pieds-Noirs, Peigans, Gens du Sang, Sarsis) et dans les forêts du centre et de l'Est (Ojibwés Cris, Hurons, Iroquois). En général, les groupes athapascans de la région subarctique et les Inuits de l'Arctique ont des cérémonies religieuses moins complexes, mais riches en mythes traditionnels (*voir* INUITS, MYTHES ET LÉGENDES DES).

Si leurs mythologies défient toute classification simplifiée, 3 types principaux de mythes, particulièrement importants et souvent combinés, ressortent dans la religion des peuples autochtones. Le premier englobe les mythes relatifs à la création, qui décrivent l'origine du cosmos et la corrélation entre ses divers éléments. On trouve ici: 1) le mythe du Plongeur terrestre, selon lequel le Grand Esprit ou encore le Transformateur plonge ou ordonne aux autres animaux de s'enfoncer dans les eaux originelles pour en retirer de la boue avec laquelle il façonna la Terre (les forêts de l'Est, les Prairies du Nord); 2) les mythes du Filou qui représentent souvent, mais pas toujours, le Transformateur sous les traits d'un per-

sonnage comique qui vole la lumière, le feu, l'eau, la nourriture, les animaux ou même l'humanité et les perd ensuite ou les lance à l'aventure pour qu'ils créent le monde tel qu'il est aujourd'hui (un CORBEAU chez les Nuxalks, les Tsimshians et les Haidas; un lièvre, NANABOZO ou Nanabush, chez les Ojibwés; une grenouille dans le Plateau colombien; un coyote chez les Pieds-Noirs); les mythes relatifs au Héros culturel dans lesquels le Transformateur apparaît sous les traits d'un être humain doté de pouvoirs surnaturels, qui amène le monde à son état actuel grâce à des exploits héroïques (le GLOOSCAP chez les Micmacs, des Malécites et des Abénakis).

Dans le Plateau colombien et les grandes Prairies surtout, on raconte qu'il existe deux Transformateurs (plus précisément un Transformateur et un compagnon, qui est un frère, une sœur ou un autre parent). Ils essaient de se surpasser l'un l'autre dans des exploits faisant appel à la force, à l'adresse ou à la ruse, ce qui entraîne la formation du monde dans son état actuel.

De nombreux mythes décrivent l'origine de la lune, du soleil et des étoiles. Une tension entre les corps célestes y est habituellement dépeinte. Ainsi, on raconte que la fraîcheur de la lune durant la nuit est indispensable pour contrebalancer la chaleur du soleil qui brûle la terre et tue les êtres humains. Un mythe inuit parle du soleil et de la lune comme d'un frère et d'une sœur condamnés à la séparation éternelle pour avoir eu des rapports incestueux durant leur vie humaine. Parmi les nombreux mythes sur les origines de l'homme figurent ceux qui racontent que le Transformateur a changé divers animaux en êtres humains. D'autres mythes portent sur l'origine de la mort. Le deuxième groupe de mythes est celui des mythes institutionnels, qui racontent les origines des traditions religieuses telles que la DANSE DU SOLEIL (Prairies du Nord), les BOURSES SACRÉES (Pieds-Noirs, Cris, Ojibwés, Iroquois), les cérémonies d'hiver (Salish de la côte, Nootkas, Kwakiutl) et la célébration du maïs vert (Iroquois; *voir* SOCIÉTÉ DES FAUX-VISAGES).

Là où les gens croient que les temps primordiaux étaient très différents du présent, les autochtones adoptent comme modèle de société la façon dont les êtres mythiques de jadis organisaient leurs institutions sociales et religieuses. Les mythes du troisième groupe, soit les mythes rituels, servent de points de référence décrivant de façon détaillée le cérémonial et les rituels des fêtes où l'ordre cosmique est représenté d'une façon spectaculaire (Danse du Soleil dans les Prairies, rituel du MIDEWIWIN chez les Ojibwés et célébration iroquoise du maïs vert). Les exigences de la mythologie sont souvent très précises sur l'observance de rites liés à la fertilité, à la naissance, aux initiations et à la mort. Il peut arriver également que soient décrites les exécutions chamaniques (*voir* CHAMAN). Les cérémonies sont souvent précédées de rituels purificatoires rigoureux tels que les bains sudorifiques (Salish, Pieds-Noirs, Indiens des forêts de l'Est), le jeûne et la continence (*voir* SUERIE). Les festins font également partie du cérémoniel.

L'usage de drogues hallucinogènes comme le peyote paraît limité et relativement récent dans les pratiques religieuses des autochtones du Canada, bien que les états de transe semblent être un phénomène assez commun (p. ex. dans les danses d'hiver des Salish, les offices chamaniques de plusieurs groupes et peut-être dans les rituels de la TENTE TREMBLANTE).

Certains mythes paraissent avoir perdu leur caractère sacré et, tout en étant considérés comme des récits authentiques décrivant de véritables êtres mythiques, ils sont devenus des contes folkloriques destinés au divertissement ou à l'éducation. Tous les mythes religieux et plusieurs contes folkloriques sont dotés d'une dimension morale ou éthique qui prescrit, interdit, recommande ou condamne certains comportements.

Les mythes de type orphique prévalent dans les forêts de l'Est (Hurons, Ojibwés, Montagnais-Naskapis, Iroquois, Outaouais), sur la côte du Nord-Ouest (Salish, Kwakiutl, Nootkas, Haidas, Tsimshians, Tlingits) et dans le plateau colombien (Thompson, Okanagans, Porteurs, Salish du continent). Ils racontent l'histoire du Héros culturel ou d'un autre personnage religieux important qui effectue un voyage périlleux au royaume de la mort pour en ramener un être bien-aimé. Ces mythes comportent une représentation très détaillée du royaume des morts et sont importants si l'on veut comprendre des phénomènes aussi divers que la Danse des fantômes des Prairies, les concepts de l'âme et plusieurs aspects du chamanisme.

Dans les sociétés qui ont pratiqué l'agriculture à un moment ou à un autre de leur histoire, plusieurs groupes croient en l'existence d'un Grand Esprit ou d'un Grand Mystère supérieur (le *Wakan Tanka* des sociétés des Plaines et le *Kitchi Manitou* des Algonquins de l'Est). En général, la puissance ou le mystère surnaturel, appelé *Orenda* par les Iroquois, *Wakan* par les tribus des Plaines et MANITOU par les sociétés algonquiennes, est potentiellement bénéfique, mais il peut devenir dangereux s'il est traité avec insouciance ou irrévérence. Ce mystère ou cette puissance est une propriété des esprits. C'est également un attribut du Transformateur, du Filou, du Héros culturel ou d'autres personnages surnaturels. Les chamans, les prophètes et les autres officiants attachés aux cérémonies sont investis de sa présence. Les esprits de toutes les créatures vivantes sont puissants et mystérieux, tout comme le sont plusieurs phénomènes naturels et les lieux importants sur le plan rituel. Les objets rituels tels que les crécelles, les tambours, les masques, les bourses sacrées et les sanctuaires réservés au culte sont imprégnés de mystère (*voir* CALUMET; MEDICINE WHEELS).

La plupart des tribus de la côte du Nord-Ouest considèrent que le temps est divisé en une période actuelle et un passé mythologique éloigné, où les choses étaient bien différentes de ce qu'elles sont maintenant. Elles croient que les choses ont atteint leur état actuel, c'est par l'intermédiaire du Transformateur. Les conceptions de l'avenir concernent principalement la mort de l'individu et sa vie après la mort. Selon leur croyance, le domaine des morts est très éloigné du monde des vivants, souvent au-delà d'un immense fleuve, sur des îles perdues en mer, sur des montagnes lointaines ou dans un monde souterrain. Ce domaine ne peut être atteint par les morts qu'au terme d'un périple très difficile ou très périlleux pour les vivants (p. ex. les chamans, les personnages surnaturels du mythe d'Orphée).

Toujours selon leurs croyances, le monde a une surface circulaire recouverte d'un monde supérieur qui épouse la forme d'un dôme. Ces différents niveaux sont unis par un «axe cosmique», qui peut être représenté par un «arbre universel», un «pont arc-en-ciel» ou l' «épine dorsale des mondes» (la Voie lactée). Les mythes religieux concernant l'Époux-étoile (Ojibwés-Témagamis), la Chaîne des flèches (Tlingits) ou l'Arbre qui grandit (Chilcotins) décrivent les contacts noués entre les êtres humains et le monde existant au-delà de cet axe. Lors des cérémonies, des éléments tels que des colonnes de fumée, les piliers centraux d'une habitation ou le pilier central de la hutte de la Danse du Soleil représentent cet axe. Des tourbillons ou des cavernes peuvent représenter des chemins menant aux enfers.

De nombreux groupes parlent d'une mer originelle ou d'un déluge universel. La plupart reconnaissent au moins 6 points cardinaux (les 4 coins du monde, plus le zénith et le nadir). Des sociétés de la côte du Nord-Ouest telles que les Kwakiutl divisent l'année en 2 grandes saisons: l'été (le temps «profane») et l'hiver (le temps «surnaturel»). C'est durant cette dernière que se déroulent la plupart des cérémonies religieuses. Les sociétés agricoles, comme les Iroquois, observent des calendriers rituels plus complexes, établis en fonction des périodes de cueillette de diverses plantes comestibles, et célèbrent une fête consacrée au renouveau de la vie, habituellement au milieu de l'hiver.

Un concept clé des sociétés indiennes et inuites est la notion du Protecteur du gibier, un être surnaturel qu'on considère comme le maître ou l'intendant d'une ou de toutes les espèces animales, particulièrement celles qui sont chassées par l'homme. On en trouve des exemples caractéristiques dans la cérémonie de l'Ours chez les Abénakis et les Montagnais-Naskapis, de l'Esprit du bison dans les sociétés des Prairies ainsi qu'avec Sedna, Déesse de la mer et Protectrice des phoques chez les Inuits.

Parmi les divers personnages religieux, les plus connus sont les chamans. Ce sont à la fois des guérisseurs, des prophètes, des devins et des gardiens de la mythologie. Ils agissent souvent comme officiants des cérémonies religieuses. Dans certaines sociétés, toutes ces fonctions sont dévolues à une même personne; ailleurs, les chamans sont des spécialistes. Les guérisseurs peuvent appartenir à différents «ordres», comme le Midewiwin ou la Grande Société de médecine des Ojibwés, ou à des sociétés secrètes ou fermées (Kwakiutl, Pieds-Noirs). Le Midewiwin des Ojibwés est une société fermée comprenant 4 (parfois 8) ordres d'hommes et de femmes que l'on peut consulter en tout temps en cas de maladie ou de malheurs communautaires, et qui officient à la cérémonie annuelle du renouveau universel du Midewiwin à la fin de l'été.

Les chamans sont, dans les Prairies, les coordonnateurs de la Danse du Soleil (Pieds-Noirs, Sarsis), qui est également une cérémonie célébrant le renouveau universel. Des sociétés chamaniques fermées, ou même secrètes, jouent un rôle important dans la Cérémonie de l'hiver des Kwakiutl, des Nootkas et d'autres groupes de la côte du Nord-Ouest. On attribue aux chamans des pouvoirs généralement considérés comme bénéfiques pour la communauté, mais on les soupçonne, dans certains cas, de s'en servir à des fins de sorcellerie. Les chamans agissant comme devins et prophètes s'emploient à prédire le résultat de la chasse, à retrouver les objets perdus et à déterminer les causes profondes de mécontentement et de mauvaise volonté au sein de la communauté. Les Pieds-Noirs, les Cris, les Ojibwés et d'autres groupes ont des devins qui annoncent leurs prophéties (peut-être en état de transe) à l'occasion de la spectaculaire cérémonie de la Tente tremblante. Chez les Cris, les Pieds-Noirs et les Ojibwés, les chamans ont la garde des bourses sacrées contenant des substances et des objets dotés de grands pouvoirs et de mystère.

Les autochtones savent que de nombreuses maladies, surtout celles qui sont physiquement guérissables, sont attribuables à des causes naturelles. Par ailleurs, ils croient que des objets peuvent être déposés dans leur corps par des sorciers. Pour de telles maladies, le traitement appliqué par le chaman-guérisseur est dicté par son esprit tutélaire; celui-ci peut sucer rituellement l'objet causant la maladie hors du corps, le balayer avec une plume d'oiseau ou l'extirper à l'aide de gestes spectaculaires.

La maladie peut aussi être le fait d'une «perte de l'esprit». Le chaman-guérisseur s'efforce alors de retrouver l'esprit du malade (son âme ou le pouvoir de son esprit protecteur ou encore les deux) et de le réintroduire à l'intérieur du corps. La croyance courante considère les troubles affectant un individu ou une communauté comme le résultat d'un comportement irrespectueux envers les animaux durant la chasse, envers les objets sacrés de la tribu ou envers les phénomènes naturels.

La Quête de l'Esprit protecteur, pratique courante jadis chez la plupart des groupes de tribus du Canada, connaît présentement une certaine résurgence au sein des religions des tribus de la côte du Nord-Ouest, particulièrement chez les Salish de la côte. Les mâles, surtout au moment de la puberté, mais aussi à d'autres moments de leur existence, effec-tuent des séjours prolongés dans des régions éloignées, jeûnant, priant et se purifiant en se lavant dans des ruisseaux et des étangs. Le but est d'avoir une vision ou même de rencontrer un esprit protecteur (très fréquemment un animal, mais également un personnage mythologique). Le contact avec un esprit protecteur est censé assurer à un individu en santé, prospérité et succès, particulièrement à la chasse et à la pêche. L'Esprit protecteur peut être évoqué (Salish) ou même représenté directement ou mis en scène (Kwakiutl) au moyen de chants, de masques, de TOTEMS, de décorations sur les habitations et de peintures sur le corps, ou encore à l'aide d'insignes religieux personnels.

Les cérémonies saisonnières et les rituels relatifs aux «crises existentielles» sont très courants. Font partie des rituels saisonniers, les fêtes des «premiers fruits» et de la moisson et les rites liés à la venue de la nouvelle année et au renouveau de la création (cérémonie du Midewiwin chez les Ojibwés, Danse du Soleil dans les Prairies, les rites du Premier saumon sur la côte du Nord-Ouest). Parmi les rituels concernant les crises existentielles, on note les cérémonies accompagnant la naissance ou la dotation d'un nom, la puberté, le mariage et la mort, qui sont toutes empreintes d'une certaine solennité. Il est possible que la Fête des morts du XVIIe siècle célébrée chez les Hurons ait repris des éléments appartenant à la fois aux rites saisonniers et aux rites attachés aux crises existentielles.

Les contacts avec les divers types de religions européennes entraînent plusieurs genres de réactions chez les autochtones et modifient même d'une façon ou d'une autre la forme de leurs religions. Certaines religions indiennes rejettent le formalisme importé d'Europe et se tournent vers des «mouvements autochtones» soucieux de faire revivre les croyances et les pratiques religieuses de jadis (p. ex. la RELIGION DE HANDSOME LAKE chez les Iroquois). Des «religions syncrétiques» tentent de combiner les formes autochtones traditionnelles avec les pratiques européennes (la religion des SHAKERS de la région des Salish et l'Église autochtone américaine des Prairies). D'autres mouvements religieux s'opposent radicalement à la liturgie européenne (p. ex. la Danse des fantômes des Sioux et autres tribus des Prairies au XIXe siècle).

En résumé, il faut voir les institutions religieuses indiennes et inuites dans le contexte des liens de parenté et des interactions sur les plans social et politique.

Derek G. Smith

Autochtones, santé des Au Canada, c'est un sujet qu'il convient d'aborder sous 3 aspects: 1) santé et maladies, 2) médecine traditionnelle et 3) services de santé.

Santé et maladies À partir du XVIe siècle et jusqu'au XIXe siècle, la santé des autochtones a subi des chocs radicaux après l'arrivée des Européens. L'introduction de «nouvelles» maladies, plus particulièrement d'infections comme la variole, la rougeole et la grippe a entraîné ÉPIDÉMIES, famines, et bouleversements sociaux. Partout au pays, de nombreux groupes ont été fortement dépeuplés. Certains, comme les BÉOTHUKS à Terre-Neuve et les INUITS SADLERMIUTS de l'île Southampton dans l'Arctique, ont été complètement décimés. À partir du milieu du XVIIIe siècle, la tuberculose devient le principal fléau des autochtones de l'Est et du Sud du pays et, depuis le milieu du XIXe siècle, chez ceux de l'Ouest et du Nord. La forte concentration humaine dans les établissements permanents ainsi que les piètres conditions d'habitation, d'hygiène et d'approvisionnement en eau favorisent la propagation des épidémies (*voir* AUTOCHTONES, CONDITIONS SOCIALES DES). La malnutrition résultant de la perte des approvisionnements en nourriture traditionnelle et l'abus d'alcool diminuent d'autant plus la résistance à la maladie.

Depuis le début du XXe siècle, la population autochtone recommence à s'accroître lentement (*voir* AUTOCHTONES, DÉMOGRAPHIE DES), grâce à un meilleur contrôle des maladies. Indicateur de l'état de santé global, le taux de mortalité infantile chez les autochtones (nombre de morts d'enfants âgés de moins d'un an par 1000 naissances vivantes) a baissé constamment, alors qu'au début des années 1990 ce taux était encore le double de la moyenne nationale. Cette baisse s'est manifestée plus rapidement chez les Inuits, bien que le taux de mortalité infantile y demeure plus élevé que chez les autochtones du sud. Cependant, de nouveaux problèmes de santé ont surgi. La violence, les suicides et les accidents, dont la plupart sont dus à l'abus d'alcool, comptent aujourd'hui pour plus du tiers de tous les décès. Les changements survenus dans leur mode de vie quant au régime alimentaire et aux activités physiques ont entraîné une hausse importante de maladies chroniques non infectieuses, comme le diabète et la cardiopathie.

Médecine traditionnelle Avant l'arrivée des Européens, les autochtones avaient leur propre médecine, dispensée par différents guérisseurs. Dans leur culture, la «perte de l'âme», «l'intrusion d'un object» et la sorcellerie étaient, entre autres, causes de maladie. Chaque peuple avait ses propres cérémonies et techniques de diagnostic et de thérapie: certaines bandes des Plaines utilisaient les BOURSES SACRÉES, les Iroquois avaient des SOCIÉTÉS DES FAUX VISAGES et plusieurs groupes recouraient aux cérémonies de la TENTE TREMBLANTE et de la SUERIE comme moyens de guérison. Tous utilisaient des plantes médicinales dont ils faisaient la cueillette. On faisait grand usage de chants, de crécelles et de feux de tabac. Et, comme dans d'autres cultures non amérindiennes, massages, lavements, saignées et sacrifices étaient pratique courante.

Comme elle faisait partie intégrante de leur culture et de leur religion, leur médecine traditionnelle a connu un déclin et souffert d'acculturation sous l'influence dominante de la société euro-canadienne et de ses institutions, en particulier les Églises et les gouvernements (*voir* AUTOCHTONES, RELIGION DES). Elle n'a pas disparu, cependant, et s'est révélée vivace au cours des dernières années. Les guérisseurs traditionnels sillonnent le continent pour soigner leurs clients des communautés autochtones et collaborent de plus en plus avec les médecins occidentaux, surtout dans le domaine de la santé mentale.

Services de santé Au cours des ans, la prestation de services de santé aux autochtones a soulevé beaucoup de débats et de controverses au Canada. Parmi tous les traités entre le Canada et les peuples autochtones, un seul, le Traité n° 6, visant le centre de la Saskatchewan et l'Alberta, mentionne que l'agent des Indiens mettra un «coffret de médicaments» à la disposition des autochtones. Pris dans son sens littéral, un «coffret de médicaments» n'est qu'une boîte en bois, mais cela peut aussi représenter l'ensemble de la technologie médicale qui grandit avec le temps, une interprétation qui a donné lieu à plusieurs causes devant les tribunaux.

Le service de santé dont bénéficient les autochtones depuis le début des années 1900 est rudimentaire. Après la Seconde Guerre mondiale, on a confié les services de santé des autochtones vivant dans les réserves et de tous les résidants des Territoires du Nord-Ouest à la Direction générale des services médicaux du ministère fédéral de la Santé, et consenti une hausse phénoménale de budget, de personnel et d'équipement. Au cours des deux dernières décennies, le gouvernement fédéral a amorcé un processus de «transfert des pouvoirs» aux communautés autochtones et aux organisations régionales et les services de santé font maintenant partie intégrante des régimes d'autodétermination des autochtones.

T. Kue Young

Automatisme, Défense d' Le terme «automatisme» s'entend d'un comportement inconscient, involontaire. C'est un moyen de défense opposable à une accusation de crime en ce sens que la responsabilité criminelle exige du poursuivant qu'il établisse la présence de deux éléments: le fait que l'accusé a, hors de tout doute raisonnable, commis l'acte prohibé et la faute, l'acte ayant été intentionnel, produit d'un choix ou d'une volonté. Pour de nombreuses infractions, l'exigence de la faute consiste en un état mental subjectif; l'intention coupable, ou MENS REA, nécessitant la volonté d'accomplir l'acte en toute connaissance de cause. Le caractère volontaire de l'acte tout comme l'intention coupable peuvent normalement être déduits des faits mêmes de l'infraction reprochée. Dans certains cas, la preuve que l'acte a été commis sous l'empire de l'automatisme pourra toutefois être admise pour réfuter la présomption du caractère volontaire ou de la capacité nécessaire d'avoir une intention coupable et démontrer ainsi que l'accusé n'était pas criminellement responsable. Les règles de droit gouvernant le recours à la preuve d'automatisme varient selon la cause de l'automatisme, qui peut être une maladie mentale, l'intoxication ou quelque autre circonstance.

L'accusé qui plaide l'automatisme met en cause sa santé mentale. Selon les règles applicables à l'aliénation mentale, si la preuve est faite que l'automatisme résulte d'une telle aliénation, l'accusé est reconnu non criminellement responsable pour cause d'aliénation mentale. (*Voir* CAPACITÉ PÉNALE.)

Plaider l'automatisme résultant de l'intoxication est limité par les règles de common law relatives à l'intoxication et par l'article 33.1 du *Code criminel*. Cette disposition prévoit notamment que le fait de s'être intoxiqué volontairement ne constitue pas un moyen de défense à une infraction commise avec violence. (*Voir* INTOXICATION, DÉFENSE D'.)

Preuve de l'automatisme Établir qu'il a été provoqué par d'autres causes est généralement admissible pour démontrer que l'accusé a agi involontairement ou qu'il n'avait pas l'intention requise. L'accusé doit être acquitté s'il peut soulever un doute raisonnable sur la question de savoir si, au moment de l'infraction, il souffrait d'automatisme sans aliénation mentale et qu'il n'était pas intoxiqué. Les acquittements de ce genre sont rares, bien que ce moyen de défense ait valu l'acquittement dans l'affaire de Dorothy Joudrie, à Calgary, en 1996.

Automatisme reconnu par les tribunaux Dans un cas sans aliénation mentale, il peut résulter, p. ex., d'un coup à la tête ou de conditions physiologiques comme l'empoisonnement, l'infarctus ou l'hypoglycémie. Parmi les causes plus controversées mais judiciairement reconnues, mentionnons les troubles du sommeil et les réactions psychologiques à des chocs graves, exception faite des réactions aux stress et aux contrariétés courantes de la vie. Ces causes sont distinctes des maladies mentales en ce sens qu'il faut tenir compte, notamment, du fait que l'automatisme a pu être causé par une «cause externe», de la facilité avec laquelle on peut feindre l'état d'automatisme, de la probabilité que cet état soit récurrent, de la possibilité que le sujet a besoin de subir des traitements ainsi que de la preuve médicale ou psychiatrique.

Wayne Renke

Automatistes, les Inspiré par l'écriture automatique du poète français André Breton, le peintre Paul-Émile BORDUAS invente une façon de transposer sur toile (*voir* PEINTURE) l'idée d'une production spontanée sans idée préconçue. Le mouvement automatiste naît quand il expose 45 de ses gouaches au théâtre de l'Ermitage, à Montréal du 25 avril au 2 mai 1942. Se joignent bientôt à lui quelques-uns de ses élèves de l'École du Meuble, dont Marcel BARBEAU, Jean-Paul RIOPELLE et Roger Fauteux. D'autres comme Pierre GAUVREAU, Fernand LEDUC et Françoise SULLIVAN viennent de l'École des beaux-arts de Montréal, Bruno Cormier et Claude Gauvreau du Collège Sainte-Marie et Jean-Paul MOUSSEAU du Collège Notre-Dame. Borduas prend l'habitude de recevoir le groupe à son atelier, où l'on discute aussi bien de marxisme et de psychanalyse que de religion et de politique. Les Automatistes exposent comme groupe à New York en 1946 et à Paris en 1947. Leurs premières présentations montréalaises se font sur la rue Amherst en avril 1946, puis au 75 Ouest rue Sherbrooke, en février 1947. C'est à cette dernière occasion qu'un journaliste, Tancrède Marsil, leur donne le nom d'«Automatistes».

En 1948, le groupe lance le manifeste REFUS GLOBAL. Borduas est responsable de 3 textes dont l'essai principal qui donne son nom au manifeste et qui est contresigné par une quinzaine de ses amis. Claude GAUVREAU (poète et frère de Pierre), la danseuse Françoise Sullivan, le psychanalyste Bruno Cormier et Fernand Leduc y ont aussi des textes. On y dépeint les intuitions esthétiques du groupe jusque dans le domaine politique, en faisant de l'«anarchie resplendissante» un équivalent de la peinture automatiste. Le groupe se disperse après la publication du manifeste, Riopelle et Leduc ayant quitté Montréal pour Paris. Leur dernière exposition collective, organisée par Claude Gauvreau, *La Matière chante* a eu lieu en 1954.

François-Marc Gagnon

Automne, couleurs de L' Souvent qualifiées de flamboyantes, elles font partie des enchantements de l'automne canadien. La transformation du vert en jaune, en ambre, en cramoisi et en pourpre est due à un processus chimique fascinant. Chaque feuille contient un mélange de substances colorées dont la température, les précipitations et la longueur du jour déterminent la prédominance selon les saisons.

Au printemps et en été, la substance la plus abondante est la chlorophylle qui donne aux feuilles leur couleur verte. La chlorophylle est essentielle à la photosynthèse, processus qui convertit en sucre l'énergie du soleil, elle-même nécessaire à la synthèse de la chlorophylle. En été, quand les jours sont longs et que la lumière du soleil abonde, les feuilles produisent la chlorophylle en abondance, qui leur procure leur couleur verte tout au long de la saison. Toutefois, à mesure que l'automne approche et que les jours raccourcissent, la production de chlorophylle ralentit. De plus, les températures fraîches de saison freinent l'acheminement des éléments nutritifs vers les feuilles, ce qui accentue le phénomène. La diminution de la quantité de chlorophylle fait ressortir les autres substances colorées présentes dans les feuilles et jusqu'alors masquées par la couleur verte.

Parmi ces autres substances colorées figurent les caroténoïdes. Ces pigments d'un jaune éclatant changent en or trembles, bouleaux, peupliers, aulnes, noyers, érables, platanes et cerisiers tardifs. Contenus dans beaucoup d'autres organismes vivants, les caroténoïdes donnent leur couleur caractéristique au canari, au maïs, à la carotte, au bouton d'or, à la banane et au jaune d'œuf. Contrairement à la chlorophylle, la synthèse des caroténoïdes n'a pas besoin de lumière, de sorte que le raccourcissement des jours ne ralentit aucunement leur production. Aussi leur couleur s'épanouit-elle lorsque la chlorophylle disparaît. On le constate, p.ex., à la couleur jaune du gazon qu'un morceau de bois ou une roche a privé temporairement du soleil.

La tourbière est l'un des habitats les plus colorés du Canada. Dans ce type de terre humide, où la sphaigne constitue la principale espèce du couvert végétal (*voir* MARAIS, MARÉCAGE ET TOURBIÈRE), l'eau est très acide et pauvre en oxygène, ce qui ne convient pas à de nombreux végétaux. Néanmoins, outre la sphaigne, deux groupes de plantes survivent dans ces milieux acides, soit les éricacées et les mélèzes, qui arborent en automne des couleurs éclatantes. La famille des éricacées comprend les bleuets et d'autres arbrisseaux comme la cassandre, l'andromède, le thé du Labrador et le kalmia à feuilles étroites, qui tournent au cramoisi en automne. Le mélèze laricin, conifère de la grande famille des MÉLÈZES, passe du vert tendre à un jaune d'or riche et translucide. Ses aiguilles longues et fines donnent à ses branches leur aspect plumeux et délicat. Contrairement aux autres conifères, le mélèze laricin perd ses aiguilles en automne.

Partout au monde sous des latitudes tempérées, le jaune est une couleur courante du feuillage automnal, mais on ne trouve le rouge éclatant qu'en Amérique du Nord, au Japon, en Corée du Sud et du Nord et dans le nord de la Chine. L'érable rouge nord-américain a été introduit dans un grand nombre de pays, où des cultures sélectives ont abouti au développement de nombreuses variétés locales aux noms évocateurs comme October Glory (Gloire d'octobre), Red Sunset (Coucher de soleil rouge) ou Autumn Flame (Flamme automnale).

Les rouges et les pourpres du feuillage automnal sont attribuables à un autre groupe de pigments appelés anthocyanines. À l'opposé des caroténoïdes, ces pigments rouges ne sont pas présents durant toute la saison de croissance et ne se développent qu'à la fin de l'été, à la suite du changement dans la dégradation métabolique du sucre. C'est aux anthocyanines qu'on doit les magnifiques rouges des érables, des chênes, des sumacs, des cornouillers, des Éricacées et du nyssa sylvestre ainsi que la couleur familière de fruits comme les canneberges, les prunes, les raisins, les pommes, les cerises et les fraises. Les anthocyanines s'associent fréquemment aux caroténoïdes jaunes pour produire les tons de bronze ou d'orangé de certains autres feuillus.

Certains automnes sont moins colorés que d'autres. Des conditions de sécheresse font faner les feuilles, qui se colorent à peine et virent au brun avant de tomber. De fortes pluies inhibent aussi la coloration. Combinées au vent, elles font tomber les feuilles avant qu'elles n'atteignent tout leur éclat. Les plus belles couleurs automnales surviennent lorsqu'un temps doux et ensoleillé le jour alterne avec des nuits fraîches mais sans gel. (Contrairement à la croyance commune, le gel n'est pas nécessaire à la coloration des feuilles et il peut entraîner une défoliation prématurée.) Ces conditions idéales favorisent essentiellement le déploiement de toutes les nuances de rouge. Elles semblent toutefois avoir peu d'effet sur l'intensité des jaunes.

Les arbres perdent leurs feuilles en automne, car c'est pour eux le moyen le plus économique de survivre à l'hiver. Sur l'arbre, les feuilles évacuent continuellement de l'eau par leurs pores, qui doivent rester ouverts pour absorber le dioxyde de carbone nécessaire à la photosynthèse. Quand le froid empêche la photosynthèse, la feuille encore rattachée continue à se déshydrater tout à fait inutilement. En outre, une fois le sol gelé, l'arbre ne peut plus en extraire l'eau dont il a besoin pour compenser ces pertes. Enfin, la conservation des feuilles en hiver occasionnerait un poids supplémentaire de neige et de glace. Les feuilles toujours alimentées en sève finiraient par tomber sous le poids, emportant avec elles quantité d'éléments nutritifs essentiels à la santé de l'arbre. Les arbres à feuilles caduques retirent donc de leurs feuilles, avant qu'elles ne tombent, les minéraux et autres éléments nutritifs qu'ils emmagasinent en prévision de la prochaine saison de croissance. Les conifères n'ont pas besoin de se dépouiller de leurs aiguilles en automne, parce qu'ils sont mieux protégés contre la déshydratation. Leurs aiguilles sont recouvertes d'une épaisse couche de cire, et leurs pores peuvent se fermer complètement pour empêcher toute évaporation.

Le destin des feuilles d'automne est scellé des semaines avant qu'elles ne se détachent de l'arbre. Quand s'achève la saison de croissance, en fin d'été, des cellules forment une couche liégeuse à la base de la tige de la feuille, empêchant ainsi les minéraux, l'eau et les autres nutriments de pénétrer dans la feuille. Peu à peu, cette couche affaiblit le point d'attache de la feuille, qui finalement tombe emportée par le vent. Une substance cireuse et imperméable recouvre alors la cicatrice foliaire. Durant l'hiver, les feuilles tombées se tassent sous l'effet de la neige et de la pluie. Au printemps, elles se décomposent lentement sous l'action des bactéries, des champignons, des insectes et des vers pour se convertir en éléments nutritifs que l'arbre pourra à nouveau absorber. Elles contribuent ainsi à la préparation d'une nouvelle moisson de couleurs automnales éclatantes.

Wayne Lynch

Automobile Peu d'inventions ont eu autant de répercussions sur le monde que l'automobile. La première voiture, construite au Canada par Henry Seth Taylor en 1867, est accueillie comme une innovation, tout comme le seront les véhicules monocylindriques importés des États-Unis en 1898. C'est la création de Ford Motor Co. Ltd. of Canada, en 1904, qui lance l'INDUSTRIE DE L'AUTOMOBILE canadienne. Dès 1913, le pays compte environ 50 000 véhicules motorisés et, en 1985, près de 15 millions.

Deuxième pays en termes de rapport automobiles/habitants, le Canada est souvent considéré comme dépendant de l'automobile. Aujourd'hui, on utilise l'automobile dans 78 p. 100 des trajets entre la maison et le travail, 86 p. 100 de tous les voyages d'étape et 88 p. 100 de toutes les utilisations combinées. Les véhicules canadiens parcourent près de 15 milliards de kilomètres par année, sur près d'un million de kilomètres d'autoroutes, de routes et de rues.

Le nombre de véhicules dans chaque province est généralement proportionnel à sa population, l'Ontario comptant le plus d'automobiles (plus de 5 millions en 1985) et l'Île-du-Prince-Édouard le moins (76 000).

Les premières automobiles sont utilisées par leurs riches propriétaires pour la course et le divertissement. Bien que motorisés, ces véhicules ne sont en vérité que des «voitures sans cheval», guère plus que de légers boghéis dotés d'une force motrice. Ils sont coûteux, peu fiables et même dangereux. Les premières automobiles sont fabriquées à la main et parfois sur commande. Ransom Olds conçoit le principe des pièces interchangeables, qui permettent la production par chaîne de montage. Les coûts ainsi réduits, l'automobile devient accessible à de nombreux clients jusque-là découragés par des prix excessifs.

La production augmente de pair avec les ventes. Désormais, le centre mondial de l'automobile, Detroit, au Michigan, et la ville voisine de Windsor, en Ontario, prospèrent. Grâce à l'automobile, on voyage davantage et plus facilement, et les voyageurs de commerce couvrent plus de territoire. Elle permet, en outre, d'habiter plus loin de son lieu de travail, ce qui entraîne des répercussions majeures sur l'aménagement urbain (*voir* DESIGN D'ENVIRONNEMENT). Il faut construire davantage de rues, de routes et d'autoroutes. L'automobile donne lieu à une prolifération de stations-service, de garages, de compagnies d'assurances et de nombreux autres genres de services.

Aujourd'hui, l'automobile représente, de concert avec ses fournisseurs, son infrastructure et ses industries dérivées, une composante importante de l'économie, notamment l'INDUSTRIE DE LA CONSTRUCTION. Le transport consomme près de la moitié de tout le pétrole utilisé au Canada et l'automobile à elle seule, près de la moitié de cette quantité, soit autant que tous les autres moyens de transport réunis.

L'impact énorme de l'automobile a ses contrecoups. Les terrains occupés par les chemins, les routes et les autoroutes auraient pu être alloués à l'agriculture et à la construction d'habitations ou de parcs. L'inquiétude suscitée par cette perte au profit de l'automobile incite les groupes environnementaux à exercer des pressions qui sont responsables, notamment, de l'annulation des projets de construction de l'autoroute Spadina, à Toronto, et des projets d'ex-pansion des autoroutes dans les parcs nationaux de l'Ouest.

Chaque année, les automobiles canadiennes produisent des millions de tonnes de gaz carbonique, d'oxyde de carbone, de particules diverses et d'autres gaz nocifs, qui sont en partie responsables du smog, véritable plaie dans beaucoup de régions (*voir* POLLUTION DE L'AIR; POLLUTION). Les normes antipollution pour les automobiles sont moins rigoureuses au Canada qu'aux États-Unis. Un grand nombre de véhicules vendus au Canada ne satisfont pas aux exigences minimales de l'Environmental Protection Agency des États-Unis.

Les blessures subies par les Canadiens sont de loin beaucoup plus attribuables à l'automobile qu'à tout autre moyen de transport. Les jeunes en sont souvent les victimes: en 1985, p. ex., 52 p. 100 des personnes tuées dans des accidents d'automobile avaient entre 15 et 34 ans. Avant 1980, les statistiques concernant les accidents incluaient tous les accidents d'automobile rapportés. Depuis 1980, les statistiques compilées par les gouvernements provinciaux ne tiennent compte que des accidents avec décès ou blessures. En 1985, le Territoire du Yukon a enregistré le plus faible nombre d'accidents mortels par nombre de véhicules/km, et l'Île-du-Prince-Édouard, le nombre le plus élevé.

Au cours des dernières années, toutes les provinces ont adopté des lois qui rendent obligatoire le port de la ceinture de sécurité. Les experts en matière de sécurité estiment que le port de la ceinture a réduit les décès et la gravité des blessures. Depuis qu'on a intensifié les campagnes sur ses bienfaits, les automobilistes l'utilisent de plus en plus.

Aujourd'hui, la plupart des automobiles au Canada fonctionnent à l'essence; un nombre restreint roulent au diesel. Certains véhicules (surtout les taxis et les flottes de véhicules commerciaux) fonctionnent au propane, au gaz naturel liquéfié et au moyen d'autres produits pétroliers. L'alcool peut servir de carburant, mais il est généralement plus coûteux que l'essence. Selon les promoteurs, les véhicules à propulsion électrique ont un avenir prometteur. Toutefois, ils sont très peu utilisés jusqu'à maintenant en raison de leur coût, du poids de leur batterie et de leur rayon d'action réduit.

K.M. Ruppenthal

Automobile, industrie de l' Au Canada, en 1986, elle comprenait quelque 500 sociétés dont la production de véhicules et de pièces se chiffre presque à 37 milliards de dollars. Elle occupe le premier rang parmi les industries manufacturières. La première voiture canadienne autre qu'à traction animale est fabriquée par Henry Seth Taylor, en 1867, à Stanstead, au Québec. Cette voiture de plaisance, fonctionnant à la vapeur, est alors considérée comme une innovation, mais au fur et à mesure que d'autres pionniers fabriquent des moteurs électriques, à vapeur et à essence, à la fin du XIXᵉ siècle, l'automobile se taille une place sur le marché du TRANSPORT des passagers et des marchandises.

Au Canada, l'industrie automobile débute en 1904, lorsqu'un groupe de jeunes hommes d'affaires de Windsor, en Ontario, dirigé par Gordon M. McGregor, crée Ford du Canada ltée, un an seulement après la mise en production d'automobiles à Detroit par Henry Ford, promoteur et fondateur de la compagnie. L'assemblage des voitures se fait dans les usines de la Walkerville Wagon Co. Ltd., et les pièces sont transportées par traversiers chargés de wagons d'une rive à l'autre de la rivière Detroit. Les voitures Ford du Canada ne tardent pas à être expédiées dans presque tous les coins du vaste Empire britannique. Le colonel R.S. MCLAUGHLIN, pionnier de l'industrie canadienne de l'automobile, convertit sa prospère entreprise familiale d'Oshawa, en Ontario, en remplaçant la production de voitures hippomobiles et de traîneaux par celle de la nouvelle voiture sans attelage de cheval, équipée d'un bruyant moteur à combustion interne.

En 1908, McLaughlin conclut une entente avec William C. Durant, un génie de la finance et fondateur de General Motors, afin d'utiliser les moteurs de David Buick. Les moteurs de Buick, combinés aux carrosseries de McLaughlin, obtiennent une renommée internationale. Plus tard, Durant offre à McLaughlin les droits canadiens sur la Chevrolet «Classic Six», une voiture de tourisme à 5 passagers, conçue par le pilote de course automobile Louis Chevrolet. General Motors du Canada est fondée en 1918, lors de la fusion de McLaughlin Motor Co. Ltd. et de Chevrolet Motor Co. du Canada. McLaughlin en assume alors la présidence.

Au début du siècle, Detroit, située tout juste de l'autre côté de la rivière du même nom, en face de WINDSOR, devient la capitale mondiale de la production automobile. La suprématie de Detroit peut s'expliquer par la présence bien établie de ses constructeurs de voitures à chevaux, de bicyclettes et de bateaux à vapeur, ainsi que par l'excellence du réseau routier dans la région environnante. Windsor devient le prolongement canadien de Detroit pour 2 bonnes raisons: l'imposition d'un droit de douane de 35 p. 100 sur tous les types de voitures entrant au Canada et d'un droit de douane préférentiel pour les exportations vers les pays britanniques.

L'élaboration de la technologie automobile a son origine en Europe. Même le nom «automobile» est d'origine française. C'est un capitaine de l'armée française, Nicolas Cugnot, qui construit le premier véhicule terrestre autopropulsé, le tracteur d'artillerie à vapeur, et c'est un autre Français, Jean-Joseph-Étienne Lenoir, qui, le premier, utilise un moteur à essence dans un véhicule pour la grande route. Les véhicules à propulsion électrique ou à vapeur offrent plusieurs avantages, mais le moteur à combustion interne prend le dessus. Nicolaus A. Otto, un ingénieur allemand, met au point le moteur à 4 temps, clé de voûte de l'industrie qui produit les 400 millions d'automobiles et de camions circulant aujourd'hui sur le globe. Gottlieb Daimler et Wilhelm Maybach font équipe à la fin du XIXᵉ siècle pour mettre au point un moteur pratique, conçu selon le principe élaboré par Nicolaus Otto. Emile Levassor, de Panhard et Levassor, conçoit un châssis pouvant recevoir un moteur. Avec l'arrivée des pneus à chambre à air, presque plus rien n'empêche les voitures de rouler.

Grâce aux maîtres mécaniciens de Detroit, le jouet de luxe devient un engin fiable, populaire, fabriqué en série, vendu à prix abordable pour usage courant. Ransom E. Olds est le premier à réussir à produire en série une voiture aux États-Unis, soit sa «joyeuse» Oldsmobile, au profil élancé et au tableau de bord incurvé. Ford, Charles et Frank Duryea, Henry Leland, Walter Chrysler, Charles Nash et Charles dit «Boss» Kettering, l'inventeur du démarreur automatique qui apporte la sécurité et la fiabilité, contribuent tous de façon importante à l'essor de l'industrie de l'automobile.

Au début, on lance des milliers d'automobiles sur le marché, mais peu survivent. Au Canada, on connaît alors la LeRoy, la populaire Russell, la Tudhope, la Thomas, la Galt et bien d'autres encore, mais aucune compagnie d'automobiles indépendante ne survit, la population n'étant pas suffisante pour soutenir une industrie nationale autonome. Toutefois, l'industrie du véhicule motorisé connaît un essor en raison des besoins de la première guerre motorisée. De 1918 à 1923, le Canada devient le deuxième pays constructeur de véhicules au monde et un important exportateur. Les manufacturiers canadiens qui réussissent sont ceux qui font équipe avec des entreprises américaines prospères.

Plusieurs facteurs donnent à l'industrie de l'automobile la dimension et la forme qu'on lui connaît aujourd'hui: la première législation sur le «contenu canadien» en 1926, les audiences de la Commission du tarif au milieu des années 30, la Commission royale d'enquête sur l'industrie de l'automobile en 1960, l'ACCORD CANADO-AMÉRICAIN SUR

LES PRODUITS DE L'INDUSTRIE AUTOMOBILE (Pacte de l'auto) qui s'ensuit en 1965, et la crise du pétrole en Iran, en 1979, qui marque le début de la récession du début des années 80 dans l'industrie de l'auto. Au moment de la reprise, on assiste au retranchement des entreprises asiatiques en Amérique du Nord, tant sur le plan des exportations que des investissements. Les activités de ces firmes ne sont pas réglementées par le Pacte de l'auto. Le libre-échange conditionnel de véhicules automobiles et de pièces d'équipement d'origine entre le Canada et les États-Unis est l'une des conséquences de ce pacte. L'accord prévoit des garanties exigeant que les producteurs au Canada maintiennent un volume de production de véhicules proportionnel au nombre de véhicules vendus au pays. Actuellement, on exporte plus de 80 p. 100 des véhicules canadiens.

Dans les années 80, l'industrie de l'automobile représente près de 14 p. 100 des emplois directs du secteur manufacturier et 10 p. 100 de la valeur des exportations des produits manufacturés. Cette industrie absorbe 14 p. 100 de la production de fonte, 11 p 100 des produits de caoutchouc, 7 p. 100 des produits usinés, 9 p. 100 des fils métalliques, 14 p. 100 de l'aluminium transformé, 6 p. 100 des tapis et textiles et 9 p. 100 de produits en verre. Plus de 20 p. 100 du total des expéditions intérieures de l'acier sont destinés à l'industrie automobile, ce qui représente plus de 10 000 emplois dans l'industrie sidérurgique. Le Canada, qui comptera sous peu plus de 10 fabricants de voitures et de camions, se place au sixième rang des producteurs mondiaux. Les usines d'assemblage produisent aussi la moitié de la valeur de toutes les pièces et composantes qui entrent dans la production d'un véhicule automobile. Quelque 450 producteurs canadiens indépendants se partagent 40 p. 100 de la production des pièces d'origine, tandis que les 12 multinationales indépendantes les plus importantes assurent le reste de la production.

L'Ontario demeure le grand centre d'assemblage de véhicules puisque 83 p. 100 des véhicules y sont assemblés. À peu près 12 p. 100 le sont au Québec et de plus petites usines assurent la production en Colombie-Britannique, au Manitoba et en Nouvelle-Écosse. C'est en Ontario (80 p. 100) et au Québec (10 p. 100) qu'on note la plus grande concentration d'usines de pièces d'origine. La production de pièces pour service après vente, équivalente au quart de la production des pièces d'origine, se fait surtout en Ontario (68 p. 100), au Québec et dans l'Ouest (16 p. 100 chacun). L'industrie de l'automobile comprend aussi un réseau de distribution de 3500 concessionnaires employant presque 80 000 personnes.

L'industrie de l'automobile au Canada n'est pas indépendante, mais totalement intégrée à une industrie nord-américaine régie par le Pacte de l'auto. Les retombées de cet accord sont positives en général pour le Canada et se traduisent par la création d'emplois, de meilleurs salaires et la réduction des prix des voitures pour les Canadiens. L'industrie canadienne est également plus efficace depuis la signature de l'accord et depuis que les usines canadiennes sont concurrentielles par rapport à celles des États-Unis. Toutefois, plusieurs événements survenus au cours des années 70 entraînent l'industrie nord-américaine dans une grave période de crise.

L'augmentation des ventes d'automobiles japonaises, coréennes et européennes, au moment où les consommateurs canadiens optent pour des voitures plus petites et consommant moins d'essence, est certes le signe de changement le plus visible. Néanmoins, tandis que les Japonais s'imposent volontairement des restrictions sur l'exportation de voitures au Canada, les récents modèles de voitures de General Motors, de Ford et de Chrysler regagnent progressivement la confiance tant des consommateurs que des fervents de l'automobile. La question des quotas d'importation soulève la controverse en 1983: d'une part, le Groupe de travail fédéral sur l'industrie canadienne de l'automobile défend la nécessité d'imposer des quotas pour protéger les emplois, d'autre part, des groupes de consommateurs prétendent que pareils quotas limitent le choix et font grimper le prix des voitures.

Entre 1980 et 1986, on dépense au Canada près de 12 milliards de dollars pour construire de nouvelles usines et moderniser l'équipement. Des sommes énormes sont consacrées à des projets précis: ainsi, près de 3 milliards de dollars sont investis dans la modernisation et l'expansion de l'usine des transmissions de GM à Windsor, plus de 900 millions sont investis par Ford dans la construction d'une nouvelle usine de moteurs, 500 millions par Chrysler pour la modernisation de l'usine d'assemblage la plus robotisée du continent, et 764 millions par American Motors à Brampton. On réorganise les méthodes de gestion et la structure de l'industrie, ainsi que les relations avec les travailleurs et les fournisseurs de façon à favoriser une plus grande productivité et une meilleure qualité des produits.

Les gouvernements participent eux aussi à l'industrie de l'automobile. Le gouvernement fédéral se sert de l'impressionnante piste d'essai et des installations de BLAINVILLE au Québec, construites au coût de 25 millions de dollars, et l'Ontario implante 6 centres de technologie, un centre technologique de pièces d'automobile à St. Catharines et un centre technologique de robotique à Peterborough. Renouvelée dans sa structure et revigorée, l'industrie de l'automobile pourra compter sur de nombreuses innovations au cours des prochaines années.

James G. Dykes

Autonomie, projets de loi d' Ceux de 1905 permettent la création des provinces de l'Alberta et de la Saskatchewan. Le gouvernement fédéral refuse d'accepter le projet proposé par le premier ministre des Territoires du Nord-Ouest, F.W.G. HAULTAIN, qui envisage une seule province contrôlant ses terres, ses ressources et sa politique en matière d'éducation et crée plutôt deux provinces. Ces lois définissent les frontières des provinces, leur accordent le même statut que les autres provinces, à l'exception des terres non allouées et des ressources naturelles qui restent sous le contrôle du fédéral jusqu'à 1930. Elles prévoient en outre une représentation au Parlement fédéral et la formation de GOUVERNEMENTS RESPONSABLES locaux, définissent les subventions fédérales et assurent le maintien des écoles catholiques et protestantes tel que le prévoient les LOIS SUR LES TERRITOIRES DU NORD-OUEST de 1875. Ces projets de lois sont tellement controversés qu'ils provoquent un débat de presque 10 semaines, de février à juillet 1905. Il atteint alors son paroxysme et provoque la QUESTION DES ÉCOLES DU NORD-OUEST, de même qu'un profond ressentiment à l'égard d'un statut quasi colonial des provinces des Prairies au sein de la Confédération.

David J. Hall

Autrichiens Personnes originaires de la République fédérale d'Autriche (*Österreich*), pays de la région alpine de l'Europe centrale qui a fêté ses mille ans en 1996. La langue officielle de l'Autriche est l'allemand et la religion dominante est le catholicisme.

Avant 1918, l'Autriche actuelle faisait partie d'un État multinational beaucoup plus grand, l'Empire austro-hongrois, dont la capitale était Vienne. L'Empire comprenait également les pays actuels de la Hongrie, de la Croatie et de la Slovénie et le territoire des républiques tchèque et slovaque actuelles, ainsi que certaines régions de la Roumanie, de la Pologne, de la Dalmatie, de la Bosnie, et le Nord-Est de l'Italie. Les Allemands de souche des pays non germaniques de l'ancien Empire sont parfois appelés les «Vieux Autrichiens» (*Altösterreicher*).

En 1918, l'Autriche-Hongrie est scindée en plusieurs États. La République d'Autriche est proclamée, mais son développement sera entravé par des difficultés économiques et des désaccords politiques. L'Autriche est occupée par les forces allemandes en 1938 et intégrée au Reich allemand, mais sera rétablie après la Seconde Guerre mondiale.

Migration et établissement À compter des dernières décennies du XIXᵉ siècle, les Autrichiens arrivent au Canada en plusieurs vagues successives. Comme d'autres immigrants, ils s'exilent pour des raisons économiques ou politiques et arrivent au Canada en quête de liberté, de débouchés ou d'une terre. Au cours des deux décennies précédant la Première Guerre mondiale, un nombre important de familles germanophones d'Autriche-Hongrie sont attirées par les Prairies. Elles viennent de l'Ukraine, de la Bucovine, de la Hongrie, de la Transylvanie, du Burgenland et de la Basse-Autriche. Cette vague d'immigrants agricoles se dirige surtout vers les collectivités de la Saskatchewan, dont Claybank, Edenwold, Fort Qu'Appelle, Indian Head, Kendal, Kennell-Craven, Mariahilf-Grayson, Markinch, Silton, Spring Valley et Vibank. Le recensement de 1921 fait état de 57 535 Autrichiens au Canada.

Une deuxième phase de l'immigration autrichienne amène environ 5000 personnes au Canada entre 1926 et 1933. Cette population est plutôt urbaine et tend à s'installer davantage dans les centres importants.

Après l'annexion de l'Autriche par l'Allemagne (l'*Anschluss*), un certain nombre de réfugiés et d'émigrés éminents d'origine autrichienne viennent au Canada. Malgré la diversité de leurs opinions politiques, ces Autrichiens lancent diverses activités organisées visant le rétablissement d'une Autriche indépendante.

Enfin, l'afflux le plus important d'immigrants autrichiens aura lieu après la Seconde Guerre mondiale, soit de 1946 jusqu'au début des années 1970. Au cours de cette période, 67 000 personnes signalant l'Autriche comme leur dernier pays de résidence arrivent au Canada. En 1996 (l'année la plus récente pour laquelle des chiffres sont disponibles), le recensement dénombre 140 520 personnes d'origine autrichienne. Plus du tiers de ces gens résident en Ontario, la plus forte concentration se trouvant dans les zones urbaines d'Hamilton et de Toronto. Un grand nombre d'immigrants autrichiens se sont également établis en Alberta et en Colombie-Britannique.

Vie sociale et communautaire Les Autrichiens sont éparpillés un peu partout dans l'ensemble de la population canadienne. Ils ont su s'adapter rapidement, tant sur le plan culturel qu'économique, au mode de vie canadien. Nombre d'entre eux ont réussi dans les affaires, l'industrie, les arts ou les professions libérales. Il existe des associations et des clubs autrichiens dans nombre de villes importantes du Canada. Le but de ces organisations est généralement social, culturel ou sentimental, et non nationaliste. Ainsi, les Autrichiens du Canada se lient souvent aux Canadiens d'origine suisse ou allemande, qui leur sont proches au plan culturel. Par ailleurs, les journaux et les émissions à caractère ethnique en langue allemande sont généralement adaptés à la diversité ethnique de ces 3 groupes germanophones.

R.W. Masswohl

Auyuittuq, parc national Situé dans la péninsule Cumberland de l'ÎLE DE BAFFIN, le parc national d'Auyuittuq est créé en 1976 et possède une superficie de 21 496,4 km². Il est le premier PARC NATIONAL canadien situé au-delà du cercle arctique.

Histoire naturelle Auyuittuq, «la terre qui ne fond jamais», est une terre rude de TOUNDRA dénudée, de pics escarpés, de FJORDS profonds et de glace. La calotte glaciaire Penny recouvre 25 p. 100 de la superficie du parc. La végétation est clairsemée, mais certaines fleurs comme la dryade à feuilles entières, le pavot safrané jaune et la saxifrage à feuilles opposées poussent pendant le court été arctique et réussissent à égayer le sol sablonneux. La faune terrestre est peu abondante. Les herbivores comme le lièvre arctique, le lemming et quelques caribous sont la proie du loup, du renard arctique et de la belette. Les eaux côtières du côté nord du parc, par contre, grouillent de vie. Le littoral accueille des millions d'OISEAUX MARINS: goéland bourgmestres, fulmars, guillemots noirs viennent en effet nicher sur les falaises escarpées. Ours polaires, phoques, morses, bélugas et narvals sillonnent les eaux glacées du littoral.

Histoire humaine Le peuple de l'âge de pierre de la culture DORSET habitait cet endroit il y a plus de 2500 ans. Les explorateurs scandinaves visitent les lieux, mais ne s'y attardent pas. Au XIIe siècle, le peuple de la culture de THULÉ, les ancêtres des Inuits actuels, viennent y chasser la baleine et le caribou. Les explorateurs anglais débarquent en 1585, mais le contact des habitants avec la culture européenne ne se fera qu'au milieu du XVIIIe siècle, lorsque des chasseurs de baleine établissent des postes côtiers sur l'île de Baffin.

Installations D'avril à juillet, les pics façonnés par les glaciers et la piste de randonnée du col Akshayuk attirent les mordus de nature sauvage. L'accès au parc s'effectue par bateau de pourvoyeur privé, par motoneige, à pied ou à ski à partir des communautés environnantes, de Pangnirtung ou de l'île Broughton.

Maxwell W. Finkelstein

av Paul, Annette, danseuse de ballet, directrice et professeure (née Annette Wiedersheim-Paul, Stockholm, Suède, 11 févr. 1944). Grâce au talent artistique et à l'expérience qu'elle a su manifester, d'abord comme ballerine, puis comme directrice et professeure, av Paul a joué un rôle important dans la prestation et l'enseignement de la danse au Canada. Elle reçoit sa formation à l'École du ballet royal de Suède (1953-1961), puis, en 1962, le chorégraphe Youri Grigorovitch la choisit parmi les élèves de l'école pour jouer le rôle principal dans son ballet, *Fleur de pierre* (traduction libre du titre russe). Au cours des dix années suivantes, elle s'élève pour devenir l'une des premières ballerines de la compagnie, et elle danse en tant qu'artiste invitée du ROYAL WINNIPEG BALLET, du Harkness Ballet, du Ballet de Norvège, ainsi que d'autres compagnies. En 1964, elle épouse le chorégraphe Brian MACDONALD. En 1973, av Paul déménage à Montréal pour se joindre aux GRANDS BALLETS CANADIENS à titre de danseuse principale. Grâce à sa beauté, à sa maturité artistique et à sa polyvalence, elle interprète un vaste répertoire de danse, allant du classique pur au néoclassique. Elle crée plusieurs rôles dans de nouveaux ballets, dont plusieurs de Macdonald. En 1984, elle cesse de danser pour fonder, au début de 1986, le BALLET BRITISH COLUMBIA (Ballet de la Colombie-Britannique) et en assumer la direction artistique. Son expérience et ses nombreuses relations avec le monde du ballet permettent à la compagnie de s'établir sur des bases particulièrement solides. Depuis son départ de Vancouver en 1987, elle travaille partout à travers le Canada comme professeure invitée et répétitrice à l'école affiliée des Grands Ballets Canadiens, à l'ÉCOLE NATIONALE DE BALLET, à l'École du ballet royal de Suède et au programme d'été de danse du BANFF CENTRE de l'Alberta.

Michael Crabb

Avalanche Masse de NEIGE ou de GLACE qui dévale rapidement une pente en entraînant de l'eau, de la roche, de la terre (*voir* SOL), de la végétation, etc., en proportions variables. On privilégie l'utilisation de cette expression lorsqu'il s'agit principalement question d'un affaissement de neige ou de glace (comparativement aux GLISSEMENTS DE TERRAIN et aux AVALANCHES DE PIERRES).

Chaque année, de nombreuses avalanches se produisent dans les montagnes de l'Alberta, de la Colombie-Britannique, des Territoires du Nord-Ouest et du Yukon. Elles surviennent moins fréquemment dans les collines et les montagnes arrondies de l'Est. Pourtant, il y a déjà eu une avalanche mortelle à Toronto, ce qui montre la vulnérabilité de

tout endroit où l'on retrouve neige et pente convenable.

Ampleur L'ordre de grandeur des avalanches (ampleur et conséquences) est évalué de la façon suivante: une grosse avalanche, capable de détruire un village ou une forêt, dévale environ 1000 m (jusqu'à 5000 m dans les cas extrêmes comme aux monts LOGAN et ST. ELIAS) et déplace plus de 100 000 m³ de neige, de glace et de débris, sa force de choc dépassant 100 kPa; une avalanche moyenne, capable de détruire une maison ou une voiture, dévale 100 m, déplace de 1000 à 10 000 m³ de neige et présente une force d'impact d'environ 10 kPa; une petite avalanche, capable d'enterrer, de blesser ou de tuer un être humain, dévale moins de 100 m et déplace un volume de 10 à 100 m3 de neige, sa force de frappe atteignant environ un kPa.

Couloir d'avalanche Celui-ci comprend 3 zones: le point de départ, le couloir proprement dit et le cône de dépôt. La plupart des points de départ des importantes avalanches s'assimilent à de larges entonnoirs, des cirques ou des pentes, ouverts aux vents dominants et où s'accumule la neige. La pente comporte normalement au moins une section où l'inclinaison dépasse 25°. Même si les avalanches de neige fondante se déclenchent parfois sur des pentes plus douces (de 5° à 10°).

Les avalanches de glace naissent habituellement sur le front d'un GLACIER ou sur un courant glaciaire tributaire, qui avance ou recule au-dessus d'une paroi.

La neige ou la glace ainsi libérée du point de départ emprunte ensuite le couloir (une pente ouverte ou, le plus souvent, un ravin qui enserre et oriente la masse en chute). À mesure que s'accroît la vitesse, la masse peut entraîner sur son passage de la neige, de la glace, de l'eau, des pierres, de la terre, de la végétation, etc. Sa vitesse est fonction de la raideur du couloir, de sa longueur, de sa forme, de la nature du terrain sillonné, ainsi que de la hauteur de la chute et des propriétés de la masse mouvante. Le CONSEIL NATIONAL DE RECHERCHES DU CANADA a enregistré des vitesses atteignant approximativement 50 m/sec pour des avalanches poudreuses au col Rogers.

L'avalanche de neige poudreuse, qui se déplace rapidement, forme un spectaculaire nuage et engendre des «souffles aérodynamiques» qui rompent le front et les côtés de la masse de neige en mouvement. L'avalanche de neige fondante ou mouillée se déplace normalement moins rapidement et elle ne s'accompagne ni de nuage ni de souffle.

Le cône de dépôt se forme là où la masse perd de la vitesse, à cause de la diminution de la pente, de l'élargissement du couloir, de son aboutissement à une pente dénudée ou à un cône alluvial ou de la traversée d'un terrain plus accidenté.

Dans les Alpes, des avalanches à l'ampleur exceptionnelle aboutissent bien au-delà des limites antérieurement enregistrées et détruisent des bâtiments vieux de plusieurs siècles. À l'opposé, au Canada, elles détruisent des constructions relativement récentes (édifices, lignes de transport d'énergie, ponts, chemins de fer), traversant des couloirs d'avalanche au sujet desquels on ne possède que peu ou pas de renseignements. Les conséquences économiques des avalanches se font particulièrement sentir en Colombie-Britannique où, en plus des dommages matériels et des pertes de vies qu'elles occasionnent, on déplore des interruptions à la circulation routière et ferroviaire.

Types d'avalanche Il y en a deux. Dans le premier cas, une petite masse (moins d'un m³) de neige folle s'échappe du point de départ. À mesure qu'elle descend, elle entraîne dans son sillage un volume de neige qui va en s'élargissant, donnant l'impression, à distance, que l'avalanche a commencé au sommet d'un triangle. En conséquence, on les qualifie parfois d'«avalanches de sommet».

Dans le deuxième cas, une plaque de neige compacte s'effondre sur une assez grande surface de neige (de 100 m² à 100 000 m²) de faible résistance. L'épaisseur des plaques peut varier d'aussi peu que 0,1 m à 5 m d'épaisseur dans des circonstances exceptionnelles. Les avalanches de plaques s'avèrent particulièrement dangereuses car une énorme quantité de neige se met immédiatement en mouvement. À la suite de la rupture de la plaque, on remarque au point de départ la coupure particulièrement apparente de la surface de rupture.

La rupture d'équilibre de la plaque neigeuse survient lorsque le poids de la plaque est supérieur à la capacité de résistance des couches de neige qui la supportent, souvent après une grosse tempête, alors que le processus d'agglomération de couches neigeuses à risque n'est pas en mesure de soutenir l'accroissement de charge occasionné par la nouvelle neige, mais aussi par suite du dégel et de la déformation des couches par reptation.

Les couches ont tendance à s'affaiblir quand la neige se recristallise en profondeur. Le givre de profondeur, source de fragilité, se compose de grains faibles et gros, recristallisés à forts gradients de température. Quant au givre de surface, une autre forme de fragilisation, il se forme quand la vapeur d'eau de l'atmosphère se dépose directement sur la neige, donnant des cristaux fins et sans cohésion.

La plaque devient instable lorsqu'une lourde couche de neige nouvelle s'ajoute aux couches déjà affaiblies par le givre en profondeur ou en surface. Les avalanches de plaques ont tendance à se déclencher sur des croûtes de glace ou sur des pentes à couverture uniforme, en particulier lors du dégel alors que s'opère la fragilisation des liens.

Surveillance et atténuation On évalue l'instabilité des pentes par l'observation des couches faibles et la consultation des données météorologiques (chutes de neige, VENT, températures). Au col Rogers, les météorologues disposent de plusieurs stations de météorologie et d'étude de la neige en montagne. Ils observent l'accumulation de nouvelles couches de neige durant les périodes critiques et ils évaluent la résistance au cisaillement des couches faibles à l'aide de bâtis de cisaillement, de pénétromètres ou en effectuant des simulations de rupture sur modèles réduits. Ils enregistrent aussi l'activité des avalanches, car une fois qu'une masse aura commencé à dévaler certaines pentes (pentes d'essai), l'activité se poursuivra et sera peut-être appelée à s'intensifier.

Lorsque des observations permettent de croire qu'une pente présente des risques d'instabilité, les autorités en limitent l'accès au public et déclenchent artificiellement l'avalanche en faisant exploser une charge de dynamite au point de départ. On érige parfois des ouvrages de protection (abris ou chicanes en béton, remblais ou barrages de terre) à l'intérieur du périmètre du cône de dépôt.

Pertes de vies Au Canada, les avalanches tuent en moyenne 7 personnes par année (surtout des alpinistes et des skieurs). Parfois, elles sont la cause de DÉSASTRES majeurs: 60 victimes près de Dyea, à la frontière de la Colombie-Britannique et de l'Alaska, le 3 avril 1898; autour de 62 victimes, près du COL ROGERS, en Colombie-Britannique, le 5 mars 1910; 57 victimes à la suite d'avalanches de pierre et de neige, près de Britannia Mine, en Colombie-Britannique, le 27 mars 1915; et 26 victimes près de Granduc Mine, en Colombie-Britannique, le 18 février 1965.

Environ 50 p. 100 des victimes emportées par des avalanches meurent par suffocation dans les 30 minutes qui suivent. Cependant, des victimes ensevelies dans des circonstances favorables (dans des poches d'air) ont survécu plus longtemps (même pendant des jours). C'est pourquoi, chaque fois que cela est possible, des équipes formées à cet effet tentent de secourir les victimes en utilisant des sondes et des chiens. Une victime munie d'un dispositif de transmission (émetteur de champ d'induction, émetteur à haute fréquence, champ magnétique) peut être repérée assez rapidement par une équipe de secours disposant d'un récepteur compatible.

R.I. Perla

Avalanche de pierres Forme courante de GLISSEMENT DE TERRAIN sur les talus rocheux élevés et abrupts, qui se produit quand une masse de roches dévale rapidement la pente. Lorsque, dans son mouvement, cette masse traverse l'air ambiant, on parle alors d'une chute de roches. Si, au départ, la partie supérieure de la masse culbute vers l'extérieur, le terme rupture de tête est plus approprié. L'affaissement de surface, c.-à-d. la chute de roches à l'intérieur d'une dépression fermée, qui est caractéristique des RELIEFS KARSTIQUES, peut être causée par l'effondrement de cavités souterraines naturelles appelées cavernes. Par avalanche, on entend le déplacement d'une masse qui, sauf à sa base, conserve sa forme intégrale. Lors d'une avalanche de pierres, le plan de rupture désigne la surface entre la masse de roches en mouvement et le roc sur lequel elle se déplace. Quand de nombreuses petites avalanches de pierres se produisent du haut d'une falaise de roche dure, elles forment un talus ou un éboulis, c.-à-d. une accumulation de fragments rocheux empilés en vrac, inclinée vers l'extérieur de la falaise. Il arrive parfois que cette forme de relief soit communément désignée sous le nom de glissement rocheux. Toutefois, cette rubrique traite surtout des processus entraînant le déplacement vers le bas de matériaux rocheux.

Les déplacements de roches le long des versants surviennent dans les régions montagneuses ou aux endroits où le roc a été mis à nu par l'érosion ou l'excavation. On les rencontre dans toute la Cordillère canadienne, le long des littoraux rocheux et dans les profondes vallées fluviales de l'est du Canada. Les avalanches de pierres se produisent également dans les excavations artificielles, les tranchées aménagées pour les routes, les excavations de mines ou de carrières. Le volume des déplacements peut varier depuis la chute d'un seul bloc de moins d'un mètre cube jusqu'au glissement de flancs entiers de montagnes totalisant plusieurs millions de mètres cubes. Les avalanches les plus importantes peuvent franchir plusieurs kilomètres en quelques minutes. L'AVALANCHE DE PIERRES DE FRANK a duré une centaine de secondes et a entraîné certains blocs rocheux sur 2 kilomètres. La vitesse du phénomène a valu aux glissements catastrophiques l'appellation d'avalanche de pierres, par analogie au déplacement rapide des AVALANCHES de neige.

Les faiblesses naturelles déterminent souvent la forme et l'emplacement des avalanches. Les roches sédimentaires, comme celles que l'on trouve à Frank et au lac Brazeau, comportent des plans de faiblesses entre les différentes couches de sédiments qui sont à l'origine des roches. Si, par la suite, les roches sédimentaires sont comprimées et plissées pour former une chaîne de montagnes, les strates adoptent une inclinaison très accentuée. Les vallées creusées à travers les montagnes par l'érosion des rivières ou des glaciers peuvent dégager une zone de faiblesse inclinée, qui donne lieu à une avalanche typique des montagnes Rocheuses. Il est possible que l'EXPLOITATION DU CHARBON au pied du mont Turtle ait aussi contribué à provoquer l'avalanche de pierres de Frank. Un représentant officiel à cette époque avait noté que, même si des glissements destructeurs se produisaient souvent dans les Alpes, ce phénomène était fort peu courant dans les Rocheuses canadiennes. Cette observation porte à croire qu'une cause artificielle pourrait avoir été à l'origine de l'avalanche de pierres.

Des recherches récentes ont établi le relevé des débris laissés par des centaines d'avalanches de pierres dans toute la Cordillère, comparables par leur importance à celle de Frank. De toute évidence, ces avalanches préhistoriques et celles qui se sont produites au lac Brazeau, à Hope et au ruisseau Rubble sont attribuables à des causes naturelles. Les processus qui détruisent la cohésion ou l'adhérence le long de surfaces de rupture potentielle peuvent provoquer des avalanches. P. ex., l'eau qui s'infiltre dans la masse rocheuse peut geler et prendre de l'expansion, élargissant les fissures naturelles d'une surface de rupture grandissante. À Hope, les secousses d'un TREMBLEMENT DE TERRE pourraient avoir déclenché l'avalanche. Au ruisseau Rubble, la rupture pourrait s'être produite quand des débris ou un bouchon de glace ont bloqué l'écoulement des sources de fort débit qui à présent jaillissent de l'escarpement de la pente. Dans les zones de roche calcaire, comme celle où se trouve Frank, les phénomènes karstiques produisent la dissolution du roc le long des plans de stratification, en faisant disparaître efficacement le ciment naturel qui donne sa cohésion à la masse rocheuse. Plusieurs processus différents peuvent contribuer à provoquer une même avalanche de pierres.

Il est rare que des avalanches d'importance se produisent sans signes avant-coureurs comme un fendillement du sol au faîte de la pente ou un renflement du sol au-dessus du pied de la surface de rupture. Des systèmes de détection ont été conçus afin de surveiller les pentes, permettant ainsi la poursuite des travaux d'excavation tout autour de la masse grandissante de roches déplacées, et ce, jusqu'à ce que la rupture de pente devienne imminente. On peut atténuer les mouvements en diminuant la force de gravitation qui agit sur la masse rocheuse. Ainsi, on peut réduire la masse au sommet de la pente ou procéder à un drainage de l'eau qui s'y trouve. Pour augmenter la résistance au mouvement, on peut accroître la charge au pied de la pente ou renforcer artificiellement la surface de rupture. Les méthodes modernes d'ingénierie peuvent éliminer les pertes de vie et les dommages causés aux propriétés par les avalanches de pierres.

D.M. Cruden

Avalanche de pierres de Frank Le 29 avril 1903, à 4 h 10, 74 millions de tonnes de roc se détachent du versant est du mont Turtle, situé dans la région du COL CROWSNEST en Alberta, bouchant l'entrée d'un puits de mine et envahissant le secteur est de Frank, une municipalité des Territoires du Nord-Ouest (Alberta). Les roches se répandent sur une distance de 1,6 km dans la vallée et recouvrent des routes, des voies ferrées, des habitations et des fermes. Après 13 heures d'efforts héroïques, 17 hommes emprisonnés dans l'atmosphère raréfiée de la mine réussissent à creuser un nouveau puits et à en sortir vivants. Les sauveteurs parviennent à rescaper des débris 23 hommes, femmes et enfants, mais au moins 70 autres personnes trouvent la mort. La ville est évacuée par mesure de précaution contre d'éventuels glissements. Lorsque tout danger semble écarté, les résidents reviennent s'y installer et rouvrent la mine. Une nouvelle mine de charbon est exploitée sur le versant nord de la montagne, et, en 1913, la vieille mine est abandonnée. En 1918, des incendies entraînent la fermeture de toutes les installations. Le mont Turtle est une formation rocheuse naturellement instable et l'effet combiné des tremblements de terre, de l'érosion et de l'extraction houillère a engendré l'avalanche de roches. Le mont Turtle fait aujourd'hui l'objet d'une surveillance quotidienne pour détecter tout mouvement géologique. (*Voir aussi* DÉSASTRES; AVALANCHE DE PIERRES.)

Frank W. Anderson

Avalée des avalés, L' Ce premier roman de Réjean DUCHARME, publié par Gallimard en 1966 et accueilli avec enthousiasme par la critique, inaugure le mystère qui plane sur l'auteur alors âgé de 24 ans, en même temps qu'il constitue une des œuvres majeures de la littérature québécoise. Bérénice Einberg, enfant terrible coincée entre un père juif insensible et une mère catholique neurasthénique qu'elle adore et déteste à la fois, cherche à se libérer de toute forme d'autorité et de pouvoir, refusant la civilisation adulte qu'elle critique jusque dans son emprise sur la sexualité et le langage. D'une écriture vive et intempestive, alliant humour et désespoir, le roman qui développe le thème du mal de vivre et de vieillir en invoquant la figure de Nelligan, remporte en 1967 le prix du Gouverneur général et est l'objet de multiples commentaires critiques qui semblent ne pas pouvoir épuiser la richesse de l'œuvre ni échapper à la fascination qu'elle exerce depuis sa parution.

François Rochon

Avalon, presqu'île D'une superficie de 10 360 km², elle forme une vaste étendue de terre dans le sud-est de l'île de Terre-Neuve qui s'avance en saillie dans les riches zones de pêche de l'Atlantique Nord. La terre y est orientée vers le nord-est, suivant les plis des structures précambriennes, cambriennes et ordoviciennes de la presqu'île. L'isthme d'Avalon, qui mesure moins de 5 kilomètres de large à son point le plus étroit, relie la presqu'île au reste de l'île de Terre-Neuve. Du cap Grates, dans le Nord, au cap Pine, dans le Sud, la presqu'île s'étire sur 180 km, dont presque 100 km d'est en ouest.

La presqu'île est la région la plus populeuse de l'île depuis sa colonisation. Au début des années 1800, 75 p. 100 de la population de la colonie y habitaient déjà. De nos jours, 40 p. 100 des Terre-Neuviens y vivent, dont plus de la moitié dans la région métropolitaine de ST. JOHN'S.

C'est sur ses côtes accidentées que se sont installés les premiers colons, et ses 4 grandes baies, la baie de la TRINITÉ, la baie de la CONCEPTION, la baie ST. MARY'S et la baie de PLAISANCE, ont été leurs premiers lieux de pêche. La toute première véritable colonie de Terre-Neuve a été celle de CUPIDS (1610), sur les rives de la baie de la Conception. Par la suite, plusieurs autres «implantations» se sont établies sur des terres accordées par charte dans toute la presqu'île. En 1623, une partie de la presqu'île a été concédée à sir George CALVERT, qui y a vécu de 1627 à 1629 et a fixé son quartier général à FERRYLAND, sur la rive sud. Il a nommé son domaine «Avalon» d'après le lieu légendaire où le christianisme a été introduit en Angleterre, et ce nom s'est étendu à toute la presqu'île.

Pendant les XVIIe et XVIIIe siècles, la presqu'île Avalon a été le théâtre de nombreux conflits entre les Français et les Anglais, exacerbés par le fait que la France a fondé PLACENTIA comme sa capitale dans l'île, sur la rive sud-ouest, dans les années 1660. Aujourd'hui, en plus de constituer la principale région commerciale et administrative de la province, la presqu'île comprend plusieurs lieux historiques, 3 parcs historiques nationaux, divers parcs provinciaux, un parc naturel régional près de Salmonier, un spectaculaire sanctuaire d'oiseaux marins au CAP ST. MARY'S et une réserve naturelle de 862 km² dans le secteur Sud-Est.

Robert D. Pitt

Aviation Art et science de voler, elle n'est une réalité concrète que depuis le début du XXe siècle. Des Canadiens ont participé à son évolution presque depuis sa naissance. Des recherches importantes de première heure sont menées par Rupert TURNBULL, qui construit la première soufflerie au Canada en 1902, et par le visionnaire Alexander Graham BELL, qui crée l'Aerial Experiment Association en 1907. Celui-ci recrute 2 diplômés de l'U. de Toronto, John MCCURDY et F.W. Baldwin, ainsi que 2 Américains, Glenn Curtiss et Tom Selfridge.

Cette équipe met au point plusieurs appareils dans les laboratoires d'Hammondsport (New York), près de l'usine de moteurs de Curtiss, et à BADDECK (Nouvelle-Écosse), à l'ouest de Sydney. Le Red Wing, conçu par Selfridge et achevé en 1908, accomplit avec succès 2 vols avant de s'écraser. Baldwin, son pilote, devient donc le premier Canadien à voler, bien que l'expérience ait lieu aux États-Unis. Le White Wing, également piloté par Baldwin, prend ensuite son envol. Le June Bug de Curtiss lui succède et sera le premier avion à parcourir dans les airs une distance de plus de 1000 m. Enfin, après un premier essai à Hammondsport, le SILVER DART de McCurdy est expédié à Baddeck et, le 23 février 1909, pour la première fois au Canada, un appareil motorisé plus lourd que l'air réussit à voler.

Afin de trouver d'autres sources de financement, McCurdy pilote, en août 1909, le Silver Dart et le Baddeck I (le premier avion construit au Canada) devant un groupe d'officiers de la milice à la base de Petawawa (Ontario). Même si les 2 avions répondent bien aux commandes, ni l'un ni l'autre ne survit à l'atterrissage sur une surface très inégale. L'intérêt pour l'aviation reste vif malgré cet échec et d'autres appareils expérimentaux sont construits. En 1911, McCurdy vole de Key West à La Havane, le plus long survol maritime jusque-là. John Porte se prépare à piloter un appareil de Terre-Neuve jusqu'en Irlande en 1914, mais le projet est abandonné lorsque la guerre éclate.

Aviation commerciale

Le premier vol commercial au Canada remonte à octobre 1913. L'avion s'envole de Montréal avec à son bord des journaux destinés à Ottawa. Au retour, il s'écrase au moment du décollage. En 1919, le CANADIEN PACIFIQUE (CP) demande au Parlement l'autorisation de modifier ses statuts afin d'y inclure le transport aérien. Pour tenir compte de l'industrie naissante, le gouvernement légifère en votant, en 1919, la *Loi sur l'aéronautique*, qui crée la Commission de l'air chargée d'examiner les demandes de cette nature.

C'est en 1920 qu'a lieu le premier vol commercial de passagers: 2 pilotes de brousse conduisent un commerçant de fourrures de Winnipeg jusqu'à The Pas, au Manitoba. Les premiers vols réguliers débutent un mois plus tard lorsque l'Imperial Oil nolise plusieurs Junkers pour transporter des hommes et du matériel depuis Edmonton jusqu'aux champs pétroliers nouvellement découverts à Fort Norman (Territoires du Nord-Ouest).

Le transport aérien progresse rapidement entre 1920 et 1937, bien qu'il soit encore formé d'un grand nombre de petits transporteurs qui exploitent surtout les routes nord-sud pour acheminer le fret des chemins de fer vers l'arrière-pays (*voir* AVIATION DE BROUSSE). Même si des services de courrier aérien sont mis à l'essai dès 1920, ce n'est pas avant 1927 que les postes canadiennes autorisent la livraison aérienne, lorsque les conditions hivernales interrompent le transport par voie terrestre.

Le Parlement transfère, en 1936, le contrôle de l'aviation civile du ministère de la Défense au nouveau ministère des Transports, alors sous l'égide de C.D. HOWE. Celui-ci fait face aux demandes d'investisseurs américains qui désirent ouvrir une route aérienne transcontinentale pour le transport des passagers. Plusieurs pays du Commonwealth souhaitent établir un système semblable, mais à l'intérieur d'un réseau britannique plus ambitieux, qui desservirait le monde entier. Howe va donc pressentir les 2 grandes compagnies ferroviaires du Canada ainsi que la Canadian Airways et leur demander de participer à la création d'un transporteur national à but non lucratif et garanti par le gouvernement.

Le CP et la Canadian Airways se retirent lorsqu'il est question de la représentation gouvernementale au conseil d'administration. Howe se consacre alors à la création d'un transporteur qui sera la propriété exclusive de l'État. Les Lignes aériennes Trans-Canada sont fondées en 1937 comme filiale à part entière du Canadien National (CN). En 1964, elles prennent le nom d'Air Canada puis, en 1977, la *Loi sur Air Canada* transfère les parts du CN à la Couronne. Air Canada est aujourd'hui la plus grande ligne aérienne du pays. Le gouvernement envisage en 1987 de la vendre à des investisseurs privés ou à ses employés.

Le CP acquiert 11 compagnies aériennes en 1941 et poursuit ses activités sous le nom d'United Air Services Ltd. Le 24 mars 1942, elles deviennent les Lignes aériennes Canadien Pacifique ltée. La compagnie demande, en 1944, le statut de transporteur transcontinental, ce qui ne lui sera accordé qu'en 1958 et pour une seule ligne quotidienne. L'entente est progressivement élargie et CP Air accède à partir de 1979 au marché transcontinental sans aucune restriction. Freinée par le gouvernement dans sa tentative d'exploiter une ligne intérieure, CP Air poursuit une expansion internationale à partir de sa base de Vancouver, s'appropriant les routes aériennes qu'Air Canada, qui détient le droit de préemption sur toutes les lignes extérieures, considère comme non rentables.

Des vols sont inaugurés vers l'Australie, le Japon et Hong-Kong (1949), vers l'Amérique du Sud (1953) et vers l'Europe (1955) par une route aérienne circumpolaire Vancouver-Amsterdam. Afin de croître assez vite pour concurrencer Air Canada, tout en profitant de la déréglementation de ce secteur, CP Air achète Eastern Provincial Airways en 1984 et Nordair en 1985. CP Air est à son tour absorbée par Pacific Western Airlines en 1987, et le transporteur qui en résulte prend le nom de Lignes aériennes Canadien International.

Canadien International va racheter les 5 lignes aériennes régionales qui existaient à l'époque: Pacific Western (Colombie-Britannique/Prairies), Transair (Manitoba), Nordair (Ontario, nord du Québec), Quebecair (Québec) et Eastern Provincial (Provinces atlantiques).

Le transport aérien intérieur est en fait déréglementé depuis 1985 et des changements organisationnels majeurs se produisent, qui mèneront à la formation de deux «mégatransporteurs» (Air Canada et Canadien International) au lieu de la structure à 3 niveaux (national, régional et local) qui s'est maintenue, avec des changements mineurs, de la fin de la guerre jusqu'à récemment. Les 2 grandes compagnies aériennes achètent à présent des transporteurs ou les créent elles-mêmes afin d'optimiser leur alimentation en fret. Leur participation au capital comprend, dans le cas d'Air Canada: Air BC, Air Ontario, Austin Airways, Air Nova. Pour Canadien International, elle comprend: NorCanair, Air Atlantic, Nordair Metro, Quebecair, Time Air. Il reste à voir comment la situation évoluera. WARDAIR, dont le siège social se trouve à Edmonton, est créée en 1953 comme compagnie de vols de brousse nolisés et se lance dans les vols nolisés outre-mer en 1962. Elle exploite des gros porteurs sur les vols nolisés internationaux et ses revenus égalent ceux de n'importe laquelle des compagnies régionales. Avec la déréglementation, Wardair inaugure, en 1986, des vols internationaux et intérieurs réguliers.

Aviation générale

Elle prend énormément d'importance au Canada. À la fin de 1986, 26 898 appareils civils sont enregistrés, ce qui représente un appareil pour 1000 habitants. De ce total, 200 seulement sont la propriété des grandes compagnies aériennes. Ce nombre global, qui a plus que doublé depuis la décennie précédente, comprend 24 690 avions, 1276 HÉLICOPTÈRES et quelque 932 aéronefs divers comme des planeurs, des autogyres et des BALLONS. Environ 21 000 immatriculations (78 p. 100) précisent un usage privé seulement, 5600 (21 p. 100) un usage commercial, et le reste est constitué soit d'appareils expérimentaux, soit d'appareils exploités par des organismes gouvernementaux. Les sociétés possèdent et exploitent environ 1000 appareils privés pour le transport de leurs dirigeants. Les 20 000 avions privés restants, généralement pilotés par leurs propriétaires, servent à des fins commerciales et récréatives. Le Canada compte en 1986 environ 61 000 pilotes qualifiés, une augmentation de 50 p. 100 par rapport à la décennie précédente. Cependant, comme le coût des vols récréatifs augmente rapidement, le nombre de permis d'élèves-pilotes émis de nos jours n'atteint plus que la moitié de celui de 1980.

L'aviation commerciale générale est une industrie majeure au Canada. En 1985, ce secteur d'activité regroupait, en omettant les grandes compagnies aériennes, 1055 exploitants canadiens. Transports Canada évalue à plus de 2,4 millions le nombre d'heures de vol en 1983. Parmi les activités les plus répandues, on trouve les vols nolisés, les vols d'entraînement, ceux des clubs aéronautiques à but non lucratif et des services de transport à taxe unitaire. Les autres usages comprennent la pulvérisation des cultures, la lutte contre les incendies, la construction, la photographie aérienne et le tourisme.

Réglementation gouvernementale

La plupart des pays, dont le Canada, considèrent que l'aviation comporte suffisamment de risques en elle-même pour justifier des contrôles gouvernementaux visant à assurer des normes minimales de sécurité et de compétence (*voir* TRANSPORT, RÉGLEMENTATION DU). Le gouvernement a également décrété que l'aviation commerciale est d'utilité publique et que, conséquemment, l'intérêt public doit être protégé.

En vertu d'un jugement de la Cour suprême datant de 1932, l'aviation relève entièrement de la juridiction fédérale. La réglementation provinciale à cet égard est donc minimale. La responsabilité de la sécurité aérienne incombe à TRANSPORTS CANADA par l'intermédiaire d'un de ses organismes, l'Administration canadienne des transports aériens (ACTA). En plus de veiller à la construction d'aéroports et d'assurer leur entretien, de fournir des installations de navigation aérienne et des services de contrôle de la circulation aérienne, l'ACTA est responsable de l'immatriculation du matériel et des appareils, de l'émission des permis au personnel (pilotes, mécaniciens et contrôleurs) et des enquêtes en cas d'accident.

La réglementation commerciale relève du Comité du transport aérien, qui fait partie de la Commission canadienne des transports (CCT) (*voir* OFFICE NATIONAL DES TRANSPORTS). Son rôle consiste à accorder les permis d'exploitation des services commerciaux aériens en ce qui concerne le transport régulier ou nolisé des passagers, le fret, la poste et les services spécialisés comme la formation des pilotes, la pulvérisation des cultures et la lutte contre les incendies. Toutefois, comme la tendance générale est à l'assouplissement de la réglementation commerciale, le ministre des Transports propose en 1985 de remplacer la CCT par un nouvel organisme régulateur doté d'une structure. Le nouvel organisme, l'Office national des transports du Canada, est créé en vertu d'une loi adoptée en 1987.

L'avenir

À la fin des années 60, à l'époque du projet de construction de l'aéroport international de MIRABEL (le plus récent au pays), le trafic aérien au Canada augmente dans une proportion d'environ 15 p. 100 par an et on s'attend à ce qu'il poursuive indéfiniment cette croissance. La conception de cet aéroport tient compte de l'arrivée prochaine du transport supersonique et du jumbo-jet à 2 étages d'une capacité de 800 passagers. Cependant, en 1986, on ne prévoit à long terme qu'un maigre 4 p. 100 d'augmentation par année, le jumbo-jet reste sur les planches à dessin et le supersonique se révèle non rentable. Aujourd'hui, la conception des appareils et la planification des activités des lignes aériennes s'effectuent en prévision d'une circulation aérienne réduite. On met l'accent sur l'économie de carburant et l'efficacité en améliorant l'aérodynamique et les moteurs, en réduisant le poids des appareils et en utilisant des procédés de contrôle fonctionnels. Le coût sera la grande préoccupation de l'avenir.

Richard Fisher

Aviation de brousse Le mot «brousse» est utilisé au Canada depuis le XIXe siècle pour décrire le milieu hostile qui se trouve au-delà des zones habitées.

Donc, l'expression «aviation de brousse» signifie survoler dans des conditions défavorables, voire même hostiles, les étendues reculées au-delà des bandes de terres habitées du sud du Canada, dans la «brousse» du BOUCLIER canadien et de l'Arctique dénudé. À la fin de la Première Guerre mondiale, la plus grande partie du sud du Canada est desservie par le chemin de fer; alors que le nord demeure toujours inaccessible par voie terrestre. Les innombrables lacs et rivières servent toutefois d'aires d'amerrissage aux avions munis de flotteurs en été et de skis en hiver.

Fairchild Aerial Surveys (of Canada) effectue les premiers vols de brousse durant l'hiver 1917-1918. Le 27 décembre 1926, H.A. «Doc» Oaks transporte par les airs des provisions pour la Bathurst Mines, de Hudson (Ont.) à Narrow Lake (Ont.). Sous la direction de Oaks, on met au point des méthodes de réchauffement et d'entretien des moteurs adaptées aux rigueurs de l'hiver. On attribue aux frères Elliot de Sioux Lookout (Ont.) l'invention de skis spéciaux permettant aux avions d'atterrir sur la neige ou la glace. Au début, les pilotes font essentiellement de la navigation à vue en suivant sur les cours d'eau.

Les premiers vols de brousse font de la reconnaissance aérienne pour détecter les feux de forêt. En 1919, la Laurentide et d'autres compagnies de pâtes et papiers engagent l'ex-pilote du Royal Naval Air Service, Stuart GRAHAM, pour patrouiller la vallée de la rivière Saint-Maurice à la recherche de feux de forêt. À l'aide de 2 anciens hydravions à coque Curtiss HS-2L du surplus de l'armée, la compagnie Laurentide étend son champ de patrouille du lac des Bois jusqu'à la baie James.

On remplace ce genre d'activités, en 1924, par un service général d'aviation, Laurentide Air Service Ltd., qui dessert le Québec et l'Ontario et offre le premier service canadien de transport aérien des passagers, des marchandises et du courrier entre Haileybury (Ontario) et Rouyn (Québec). La compagnie Laurentide cesse ses activités en 1925 et, jusqu'en 1927, le Ontario Provincial Air Service est la plus importante entreprise d'aviation de brousse au Canada. La création de cette dernière remonte à 1924 et opère presque uniquement dans le domaine forestier.

On prend conscience de l'utilité de l'aéronef dans l'exploitation des mines du Nord après la découverte d'or dans le district de Red Lake, au nord de l'Ontario en 1925. Patricia Airways et Exploration Ltd. transportent les passagers, les marchandises et le courrier dans cette région éloignée. En 1928, Northern Aerial Mineral Exploration effectue les premières prospections aériennes dans les vastes régions de l'Ungava et du Yukon.

En 1926, James A. Richardson, un riche marchand de grain de Winnipeg, crée Western Canada Airways (WCA), rebaptisée Canadian Airways en 1930. En 1929, Leigh BRINTNELL, un pilote de la WCA, décolle de Winnipeg, se rend jusqu'au Grand lac de l'Ours où il laisse le prospecteur Gilbert LABINE et se dirige vers Aklavik en passant par les monts Richardson jusqu'à Whitehorse et Prince George. Il prend ensuite la direction d'Edmonton et revient finalement à Winnipeg. Il couvre ainsi quelque 15 000 km. En 1930, LaBine trouve de la pechblende et fait fortune.

En janvier 1929, un service aérien régulier de la WCA opère déjà entre le fleuve MacKenzie et Fort McMurray. La chute dans le golfe Queen Maude de 2 avions constitue l'un des événements les plus tragiques de la fin des années 20. Ces avions, commandés par le lieutenant-colonel C.D.H. MacAlpine, avaient quitté Churchill (Man.) en direction du nord. Avec l'aide des Inuits de la région, les 2 pilotes se rendent sains et saufs par voie terrestre à Cambridge Bay.

En 1930, une expédition dirigée par Walter Gilbert survole la péninsule de Booth et trouve un cairn contenant des artefacts datant de l'expédition de Franklin (voir FRANKLIN, À LA RECHERCHE DE). Les pilotes de brousse effectuent, en 1926, d'importantes études sur le tracé proposé pour le chemin de fer de la baie d'Hudson. En 1927, 7 avions sont transportés sur l'île Southampton dans l'Arctique afin de recueillir des informations sur la navigation dans le détroit d'Hudson.

Le recours à l'aviation de brousse dans le développement de l'exploitation minière continue même durant la Crise des années 30. Au milieu des années 30, on transporte plus de marchandises par voie aérienne au Canada que dans tous les autres pays réunis. L'aviation de brousse prend beaucoup d'ampleur durant l'exploitation des réserves de minerai de fer au Québec et au Labrador. À la fin des années 40, Hollinger Ungava Transport (HUT) transporte du carburant, de la nourriture, des bulldozers démontés et même du béton pour la construction des barrages. Grâce à un total d'arrivées pouvant atteindre 96 avions par jour, la HUT transporte quelque 170 000 passagers en 10 000 vols au cours du projet.

Au milieu des années 50, Maritime Central Airlines effectue quelque 28 000 vols en 29 mois au cours de la construction du réseau DEW à travers le Nord canadien. Plus tard, le projet de la baie James dépend d'abord entièrement de l'aviation de brousse, avant que les énormes avions Hercule ne transportent d'immenses quantités de nourriture, de carburant et d'équipement.

L'aviation de brousse a transformé le Nord. Dans les années 30, il est possible d'affréter un avion et de se rendre à peu près n'importe où. Les services d'aviation sont disponibles pour les trappeurs, les missionnaires, les géologues et les géomètres. De plus, les malades ou les victimes d'accident qui ont besoin de soins médicaux peuvent être transportés rapidement.

Le premier incident du genre se produit le 28 août 1920 lorsque le pilote W.R. Maxwell transporte à bord d'un Curtiss HS-2L le dénommé J.W. Thompson de Moose Factory sur la baie James, à Cochrane (Ont.), pour l'opération d'une mastoïdite. De tels vols sont courants vers la fin des années 20 et tout au long des années 30; le plus long de ceux-ci a lieu du 27 novembre au 20 décembre 1939, lorsque W.E. Catton fait le voyage aller-retour de Winnipeg à Repulse Bay (T.N.-O) à bord d'un Junkers W-34 pour transporter un homme aux mains gelées atteint de gangrène.

Après la guerre, on construit des pistes d'atterrissage dans les établissements les plus importants du Nord. Les radars font leur apparition, et on dispose d'appareils de radio et de navigation efficaces ainsi que de services météorologiques modernes. Grâce à ces progrès, l'aviation de brousse et le Nord ont beaucoup changé, mais les avions à flotteurs ou à skis continuent toujours à desservir tous ceux qui vivent et travaillent dans les régions éloignées. (Voir aussi NOORDUYN NORSEMAN; DE HAVILLAND BEAVER; DE HAVILLAND OTTER.)

Aviation militaire Elle tire ses origines de l'utilisation, aussi tôt qu'en 1794, au cours des guerres de la Révolution française, de montgolfières à des fins d'observation. En 1883, le capitaine H. Elsdale, des Royal Engineers (Corps royal du génie), réussit à prendre des photos aériennes de la Citadelle de Halifax à l'aide d'un appareil-photo actionné par une minuterie et suspendu à un ballon. En Libye (1910-1911) et dans les Balkans (1912-1913), l'Italie recourt à des avions pour des missions de reconnaissance et d'attaque de cibles au sol. C'est au cours de la Première Guerre mondiale que, pour la première fois, des aéronefs sont impliqués dans des combats air-air. Au début de la guerre, les principaux belligérants n'ont de part et d'autre que des «machines volantes» rudimentaires. Avant la fin des hostilités, ils disposent de grandes flottes d'avions de chasse, d'avions tout usage, d'appareils lance-torpilles, de gros hydravions, de bombardiers lourds et de dirigeables de forme allongée.

En dépit des avertissements pressants lancés par les pionniers de l'aviation J.A.D. MCCURDY et F.W. Baldwin, le Canada ne possède, au moment d'entrer en guerre, aucun service aérien. Malgré cet état de choses, 22 000 Canadiens servent outre-mer dans les escadrilles britanniques au cours du premier conflit mondial. Au pays, la firme Canadian Aeroplanes Ltd de Toronto fabrique 1200 avions d'entraînement pour les Forces aériennes royales et 30 hydravions de type Felixstowe commandés par les États-Unis. Aucun autre avion de combat n'est produit au Canada avant 1938. En 1919, la Grande-Bretagne fait don au Canada d'une centaine d'aéronefs (un assortiment d'avions-écoles, de chasseurs, de bombardiers et d'hydravions), et les États-Unis font parvenir douze autres hydravions. Ces appareils sont les premiers à voler pour l'Aviation canadienne, une force intérimaire (1920-1923) à laquelle succède l'Aviation royale du Canada (ARC) (1924).

Lors de la création de l'ARC, l'optique du gouvernement est que seuls des objectifs pacifiques peuvent justifier l'existence d'une aviation militaire. En conséquence, les premiers vols de l'ARC sont surtout consacrés à des activités comme l'arpentage topographique, les patrouilles forestières, la surveillance des pêcheries et des missions de détection d'actions de contrebande. En 1934, devant de nouvelles menaces de guerre, l'ARC possède 166 avions, dont 28 seulement conçus à des fins militaires. Tentant tardivement de se réarmer, le gouvernement découvre que les seuls avions militaires disponibles sont des appareils obsolètes dont les Britanniques s'apprêtent à se débarrasser. Faute de mieux, il en acquiert un certain nombre et, même s'il s'agit de modèles désuets, il en commande d'autres à des manufacturiers canadiens. À la veille de la guerre, si l'on fait exception des 19 Hurricanes de Hawker obtenus du Royaume-Uni en 1939, la flotte aérienne opérationnelle du Canada se compose de biplans vieillots.

La Seconde Guerre mondiale voit l'industrie aéronautique (voir AVIATION) canadienne prendre son envol, au point que près de 15 000 aéronefs militaires sortent des chaînes de production (deux tiers sont des avions d'entraînement pour le compte du PROGRAMME D'ENTRAÎNEMENT AÉRIEN DU COMMONWEALTH). Le reste de la production consiste en avions, de conception américaine ou britannique, destinés à des missions opérationnelles: des Bolingbrokes de Bristol, des Cansos de Consolidated, des Helldivers de Curtis, des Page Hampdens de Handley, des Mosquitoes de De Havilland et des Lancasters et des Hurricanes de Avro. Les 48 escadrilles canadiennes, qui servent outre-mer, utilisent des appareils fournis par le ministère de l'Air de la Grande-Bretagne. Les escadrilles de l'ARC évoluent au-dessus des théâtres de guerre en Europe du Nord-Ouest, en Méditerranée et en Asie du Sud-Est et jouent aussi un rôle important durant le RAID DE DIEPPE, la BATAILLE DE L'ATLANTIQUE de même que lors des offensives combinées menées par des bombardiers sur l'Allemagne. Au cours de la guerre, l'ARC devient la troisième force aérienne en importance parmi les Alliés occidentaux.

Depuis 1948, l'aviation militaire canadienne a été chargée de plusieurs missions: dissuader les agressions, appuyer les opérations des Nations Unies pour le MAINTIEN DE LA PAIX, soutenir les forces terrestres et navales lors d'exercices de défense et porter assistance lors de missions de recherche et de sauvetage. En 1948, forcé d'améliorer ses forces territoriales de défense aérienne à cause des tensions accrues entre l'Est et l'Ouest, le Canada dote 6 escadrilles de son premier avion de chasse opérationnel, le Vampire, de fabrication britannique. Pour la défense de l'Europe, l'ARC fournit 12 escadrilles de Sabre F-86, le seul avion allié capable d'égaler les prouesses du Mig-15 soviétique. Les Sabres de l'ARC, de même que ceux qui équipent les armées de l'air de la Grande-Bretagne, de la Grèce, de la

Turquie et de l'Italie, sont fabriqués sous licence par CANADAIR LTÉE de Montréal. Deux versions du Sabre, les modèles V et VI, propulsés par le moteur Orenda, de conception et de fabrication canadiennes, ont démontré des performances exceptionnelles.

L'AVRO CF-100 CANUCK, un avion tous temps à long rayon d'action muni de deux moteurs Orenda, est le premier aéronef militaire entièrement conçu et fabriqué au Canada. Apparu en 1953, il remplace les Vampires pour la défense du territoire nord-américain. En Europe, 4 escadrilles de CF-100 sont stationnées en cas de besoin d'avions de chasse tous temps.

Au cours des années 50, les organisations canadienne et américaine de défense aérienne sont intégrées en vertu de l'Accord du NORAD et à la fin des travaux de construction d'un réseau continental de défense radar. Les Canadiens et les Américains ont d'abord envisagé un avion de conception d'avant-garde qui puisse tirer profit des avantages offerts par ce système. L'ARC misait gros sur le AVRO ARROW, mais, vu ses coûts de fabrication prohibitifs et des motifs d'ordre politique, les travaux de mise au point de cet appareil en restent au stade expérimental. L'annulation de ce programme a un effet désastreux sur l'industrie aéronautique militaire canadienne, puisque que l'achat de tous les futurs appareils sera fait à l'étranger.

Au cours de la décennie suivante a lieu l'achat de 3 chasseurs américains: le Starfighter CF-104 (1961) et l'avion de chasse Freedom CF-5 (1968) pour déploiement en Europe et, en 1961, le Voodoo CF-101 pour remplacer les CF-100. Les CF-104 et les CF-5 sont fabriqués sous licence par Canadair. Dans les deux cas, on ne peut que constater l'impact immense de la technologie moderne. Ainsi, le CF-104, l'avion de combat le plus rapide au monde à l'époque, était doté de systèmes de navigation et de commande de tir informatisés qui ne nécessitaient, de la part du pilote, qu'une simple surveillance. Mais cet avion monomoteur a été impliqué dans tant d'écrasements qu'il est de sinistre mémoire.

En 1982, tous ces appareils sont remplacés par le CF-18 de McDonnell Douglas, un chasseur bimoteur polyvalent, pouvant atteindre une vitesse maximale de Mach 1,8 (presque 2 fois la vitesse du son), doté de systèmes incorporés pouvant inclure des ajouts ultérieurs du ressort de l'avionique et des armements. Automatisé au maximum et armé d'un canon ainsi que de missiles, le CF-18, malgré certaines graves difficultés initiales est appelé dans les années à venir à rester à l'avant-scène des avions de combat.

Fred Hatch

Aviculture Se définit comme l'élevage de la volaille pour la viande ou les œufs produits. Les types de volailles canadiennes sont: le poulet (*Gallus gallus* ou *G. domesticus*, famille des phasianidés), la dinde (*Meleagris gallipavo*, famille des phasianidés), le canard (*Anas platyrhynchos, Cairina moschata*, famille des anatidés) et l'oie (genre *Anser*, famille des anatidés). En 1986, on recensait au Canada plus de 371 millions de poules et de poulets répartis ainsi: 133,5 millions en Ontario, 106,5 millions au Québec, 38,9 millions en Colombie-Britannique, 34 millions en Alberta, 18,1 millions au Manitoba, 13,6 millions en Nouvelle-Écosse, 11,4 millions en Saskatchewan, 10,4 millions au Nouveau-Brunswick, 4,9 millions à Terre-Neuve et 0,7 million à l'Île-du-Prince-Édouard.

La même année, on dénombrait plus de 17 millions de dindes au Canada, dont 6,9 millions en Ontario, 4,5 millions au Québec, 1,3 million en Alberta, 1,2 million au Manitoba, 1,6 million en Colombie-Britannique, 718 000 en Saskatchewan, 513 000 en Nouvelle-Écosse, 323 000 au Nouveau-Brunswick et 1000 à l'Île-du-Prince-Édouard. On élève aussi le canard et l'oie partout au Canada. En 1986, la consommation individuelle moyenne y était de 17,9 douzaines d'œufs (soit 12,2 kg), 21,8 kg de poulet et 4,2 kg de dinde, de canard et d'oie. Tou-

jours en 1986, la vente de volailles et d'œufs a totalisé plus de 1,4 milliard de dollars en recettes agricoles.

Des éleveurs ont créé de nouvelles variétés hybrides de poulets pour la production commerciale de viande et d'œufs. Dans une moindre mesure, les mêmes recherches ont été effectuées pour la production de viande de dinde. Très peu de recherches ont été menées sur la reproduction des OISEAUX AQUATIQUES. Les entreprises d'élevage doivent conserver des lignées pur sang pour les croisements. La plupart des oiseaux de race pur sont toutefois gardés à des fins de loisir par les amateurs de races de fantaisie ou font l'objet d'expositions. Les seuls éleveurs d'envergure mondiale au Canada sont la Shaver Poultry Breeding Farms Ltd., de Cambridge (Ontario), et la Hybrid Turkeys Ltd., de Kitchener (Ontario). Toutefois, presque tous les éleveurs du monde vendent des souches parentales à des couvoirs franchisés du Canada et ces établissements fournissent à leur tour les volailles aux producteurs canadiens.

Poulets Les principales races pondeuses sont la Leghorn Blanche et la Rhode Island Red. La poule élevée pour la ponte d'œufs de consommation est de couleur blanche et pèse environ 1,8 kg. La plupart des poules pondent des œufs à coquille blanche, mais les pondeuses d'œufs à coquille brune gagnent en popularité et ont d'ailleurs un meilleur rendement. Les poules pondeuses donnent de 265 à 280 œufs au cours des 13 ou 14 mois où elles sont en ponte. Il faut 1,64 kg de moulée par douzaine d'œufs pondus. Les femelles de la race Plymouth Rock blanche sont croisées avec les mâles d'autres races (Cornouailles, New Hampshire) afin de produire des oiseaux vendus pour la viande (poulets à griller et à rôtir).

Le poulet de commerce a un plumage blanc, engraisse rapidement, est vigoureux et bien dodu. Les poulets de gril sont généralement abattus quand ils atteignent 47 jours et un poids vif de 1,77 kg. Il leur faut 888 g de moulée pour produire 1 kg de poids vif. Le poulet Shaver, produit au Canada, est utilisé à la fois pour la production d'œufs et de viande. Les autres lignées les plus populaires sont: Dekalb (ponte), Hyline (ponte ou chair), Hubbard (chair), Arbor Acres (chair), Ross (ponte ou chair) et Babcock (ponte).

Dindes La plupart des dindes commerciales ont un plumage blanc, sont vigoureuses, dodues, et croissent rapidement. Les dindes à griller sont abattues à l'âge de 13 ou 14 semaines, quand elles atteignent un poids de 4,44 kg (femelles) ou de 6,50 kg (mâles). Il leur faut 1,06 kg de moulée pour produire 1 kg de poids vif. Les grosses dindes sont abattues à 21 semaines quand elles pèsent au moins 1,10 kg. Il leur faut 1,30 kg de moulée pour produire 1 kg de poids vif. Les éleveurs ont utilisé les races Broad Brested Bronze et White Holland pour créer les variétés modernes Hybrid (Canada) et Nicholas (États-Unis).

Canards et oies Les races pures et les croisements fournissent les volailles destinées à la consommation. Le canard de Pékin est le plus courant des canards élevés pour leur chair. Les Rouen, Aylesbury et Muscovy sont moins utilisés. Un certain nombre d'Indian Runner et de Khaki Campbell sont élevés au Canada pour la production d'œufs. Les trois races d'oies les plus populaires sont l'Embden, la Chinese et la Toulouse.

Les fermes d'élevage sont classées selon la nature de leur production: production d'œufs, viande de poulet, élevage de dindes, d'oiseaux aquatiques, de gibier à plumes ou d'oiseaux exotiques. La production d'œufs, de viande de poulet et de dinde est réglementée par les gouvernements fédéral (*Loi sur la commercialisation des produits agricoles*) et provinciaux (*voir* RÉGIE DES MARCHÉS AGRICOLES). Les organismes fédéraux assignent des quotas de production aux provinces, éliminent les surplus du marché et réglementent l'importation et l'exportation

des produits. Les organismes provinciaux accordent des quotas de production aux producteurs, établissent les prix, font la publicité du produit et prélèvent une taxe auprès des producteurs pour couvrir les frais d'administration. L'objectif général est de faire en sorte que chaque province soit autosuffisante. L'élevage de GIBIER À PLUME, assez récent, ainsi que l'élevage d'oiseaux exotiques, ne sont pas tellement réglementés et il existe peu de statistiques disponibles à ce sujet.

John P. Walker

Aviron Sport qui consiste à propulser, à l'aide de rames, une embarcation souvent conçue spécialement pour la course sur l'eau. L'aviron se pratique sous deux formes, soit avec une ou deux rames. Dans les disciplines à deux rames (en couple), l'athlète tient une rame dans chaque main. Les courses comprennent des épreuves à un, deux et quatre rameurs. Dans les disciplines à une rame (en pointe), l'athlète tient une seule rame à deux mains. Les courses comprennent des épreuves à deux rameurs (avec ou sans barreur), quatre rameurs (avec ou sans barreur) et huit rameurs (avec barreur).

Les embarcations de course sont légères, profilées et solides. Les coques ont moins de 3 mm d'épaisseur et sont généralement faites d'acajou, de cèdre, de fibre de verre ou de carbone; les charpentes sont construites avec un bois dur léger. Les embarcations sont munies de sièges coulissants et de cale-pieds fixés solidement à la coque qui permettent à l'athlète de glisser vers l'avant et d'adopter une position d'attaque qui imprime la puissance dès le premier coup de rame dans l'eau. Les rames varient en longueur, en poids et dans la conception de la pale en fonction de la taille, et des préférences du rameur et selon qu'ils sont utilisés en couple ou en pointe.

Ce sport remonte aussi loin que 450 av. J.-C. Plusieurs civilisations anciennes ont laissé des illustrations et des écrits sur l'aviron: Grecs, Romains, Égyptiens et Japonais. C'est en Angleterre, cependant, qu'apparaissent l'équipement moderne et les régates tels que nous les connaissons aujourd'hui. La course la plus ancienne a probablement été organisée sur la Tamise en 1715 par le comédien irlandais Doggett. Le sport est introduit au Canada par les Anglais qui arrivent en Amérique au début du XIXe siècle.

Une des premières régates dont il est fait mention, au Canada, a lieu le 10 août 1816 dans le port de St. John's (Terre-Neuve). Les RÉGATES DE ST. JOHN'S, sans doute la plus vieille épreuve sportive en Amérique du Nord, ont débuté en 1818 au lac Quidi Vidi et continuent encore de nos jours. À l'époque, les embarcations de 6 hommes sont beaucoup plus lourdes et lentes que celles utilisées aujourd'hui dans les compétitions nationales et internationales. Dans les années 1820, les clubs d'aviron de Halifax, composés principalement de militaires et de marins, dominent les régates maritimes. À partir des années 1840, les clubs de rameurs et les régates font leur apparition dans le Haut-Canada, notamment à Toronto, Brockville, Monkton et Cobourg. Les rameurs canadiens se mesurent alors aux Britanniques et aux Américains lors des régates d'Halifax, de Toronto, de Boston, de Philadelphie, de Chicago et d'autres grands centres. À la fin du XIXe siècle et au début du XXe, de nombreux rameurs en couple canadiens se distinguent sur la scène internationale dans les courses amateurs et professionnelles.

Vers la fin des années 1860, George Brown, pêcheur de Herring Cove (Nouvelle-Écosse), remporte des courses contre les meilleurs rameurs en couple du Canada, des États-Unis et de Grande-Bretagne. Dans les années 1870 et 1880, le Torontois Edward (Ned) HANLAN remporte des championnats canadiens, américains et britanniques incluant sept épreuves ouvertes à tous qui sont l'équivalent des championnats mondiaux. Rameur canadien le plus célèbre, Hanlan est considéré comme le premier héros national du sport canadien.

Quatre rameurs de Saint-Jean au Nouveau-Brunswick (Price, Ross, Hutton et Fulton) remportent le premier championnat du monde du 7 juillet 1867 à Paris. Ils seront désormais appelés les «Paris Four». Parmi les autres Canadiens à se distinguer, citons Bob Pearce, médaillé d'or en skiff pour l'Australie aux Olympiques de 1932 et champion canadien en 1933; Jake Gaudaur d'Orillia (Ontario), champion du monde en 1896 ainsi que les Torontois Lou Scholes et Joe Wright, père.

Le Vancouver Rowing Club jouit d'une longue et glorieuse tradition qui remonte à 1888. Différentes équipes entraînées par Frank Read, réputé mondialement, remportent de nombreuses épreuves internationales entre 1954 et 1960, y compris des médailles d'or aux JEUX DU COMMONWEALTH et aux JEUX PANAMÉRICAINS et trois médailles olympiques (une d'or et deux d'argent). Aux Olympiques de 1956, l'équipe composée de quatre étudiants de l'U. de la Colombie-Britannique (Don Arnold, Walter d'Hondt, Lorne Loomer et Archie MacKinnon) remporte l'or avec la plus grande avance de l'histoire des jeux modernes.

Aux Olympiques de 1964, la médaille d'or va à Roger Jackson et George Hungerford du UBC-Vancouver Rowing Club; ils sont entraînés par deux élèves de Read: Glen Mervin qui a fait partie de l'équipe ayant remporté l'argent (huit en pointe) aux Olympiques de 1960 et par David Gillanders, assistant de Read pendant de nombreuses années. Au cours de la dernière décennie, le succès international du Canada vient surtout des performances des équipes féminines junior et senior aux championnats du monde et aux Olympiques.

Tricia Smith, Betty Craig et Susan Antoft remportent des médailles d'argent aux championnats du monde de 1978 à 1981, de même que de nombreux autres trophées internationaux. À Montréal, en 1976, les épreuves féminines d'aviron figurent pour la première fois aux Jeux olympiques. En 1979, à Moscou, un équipage féminin junior, entraîné par Rudy Wieler, donne au Canada sa première médaille d'or (huit en pointe) aux championnats mondiaux, battant l'URSS et l'Allemagne de l'Est. Le Canada connaît ses meilleures performances en aviron aux Jeux olympiques de 1984 (Los Angeles) où elle obtient six médailles. Pour la première fois de l'histoire olympique canadienne, l'équipe masculine en huit (Patrick Turner, Kevin Neufeld, Mark Evans, Grant Martin, Paul Steele, J. Michael Evans, Dean Crawford, Blair Horn et Brian McMahon), entraîné par Neil Campbell, remporte la médaille d'or dans une course des plus serrées avec l'équipe américaine. L'équipe féminine (quatre avec barreur) remporte l'argent, et Tricia Smith et Betty Craig remportent aussi l'argent (deux en pointe). Les médailles de bronze vont à Robert Mills (skiff), à l'équipe de quatre rameurs en couple et à Danielle et Silken LAUMANN (deux en couple).

En 1985, l'équipe formée de Doug Hamilton, Paul Douma, Bob Mills et Mel Laforme donne au Canada son premier titre mondial en couple, battant une bonne équipe de l'Allemagne de l'Est. Après de pauvres performances aux Olympiques de 1988 (Séoul), l'équipe canadienne se renforce et prend une nouvelle direction. Aux championnats du monde de 1990, le Canada décroche une médaille d'or, une d'argent et une de bronze et, en 1991, les rameurs canadiens se démarquent sur la scène internationale. L'équipe féminine (quatre en pointe sans barreur) répète son exploit de l'année précédente en obtenant la médaille d'or. Silken Laumann devient la championne du monde en couple après avoir remporté l'argent en 1990. Les rameuses en huit avec barreur et en deux en pointe sans barreur remportent aussi des championnats mondiaux. Le huit masculin remporte l'argent pour une deuxième année consécutive.

Les Olympiques de 1992 (Barcelone) sont un triomphe pour les rameurs canadiens. L'équipe remporte quatre médailles d'or. Le huit féminin (Marnie McBean, Kathleen Heddle, Kirsten Barnes, Brenda Taylor, Jessica Monroe, Kay Worthington, Megan Delahanty, Shannon Crawford et le barreur Lesley Thompson), le quatre féminin (Kirsten Barnes, Brenda Taylor, Jessica Monroe et Kay Worthington) et le deux féminin (Marnie McBean et Kathleen Heddle) répètent les performances, toutes couronnées d'or, des championnats mondiaux de l'année précédente. Le huit masculin (John Wallace, Bruce Robertson, Michael Forgeron, Darren Barber, Robert Marland, Michael Rascher, Andy Crosby, Derek Porter et le barreur Terry Paul) remportent l'or en dépassant l'équipe allemande, alors championne olympique et championne mondial. C'est cependant Silken Laumann qui volera la vedette avec sa médaille de bronze remportée après deux mois seulement de convalescence d'une grave blessure. Laumann est une source d'inspiration pour les athlètes de tous les pays participant à ces jeux.

C'est encore en aviron que le Canada connaît le plus de succès aux Olympiques d'Atlanta (1996). Marnie McBean et Kathleen Heddle remportent l'or encore une fois dans le deux en couple (elles sont les premières Canadiennes à remporter trois médailles d'or). Derek Porter et Silken Laumann se méritent tous deux l'argent en skiff. David Boyes, Gavin Hassett, Jeffrey Lay et Brian Peaker remportent l'argent au quatre en couple (poids légers). Heather McDermid, Tosha Tsang, Maria Maunder, Alison Korn, Emma Robinson, Anna van der Kamp, Jessica Monroe, Theresa Luke et Lesley Thompson remportent l'argent au huit féminin. Pour McBean, Heddle ainsi que Laryssa Beisenthal et Diane O'Grady, c'est le bronze pour le quatre en couple.

Le bassin olympique de Montréal et les parcours de St. Catharines (Ontario) et de Burnaby Lake (Colombie-Britannique) sont de classe internationale mais les athlètes qui font partie des clubs d'aviron de Vancouver jusqu'à Terre-Neuve s'entraînent la plupart du temps sur les rivières, les lacs, les bras de mer et toutes sortes de plans d'eau. Les plus prestigieuses régates en Amérique du Nord (centenaires depuis 1982) sont celles de la Royal Canadian Henley Regatta de St. Catherines, nommées d'après les célèbres régates britanniques auxquelles ont participé des équipes canadiennes (hommes et femmes). Les écoliers ont aussi leur championnat national annuel.

En 1880, l'Association canadienne d'aviron amateur voit le jour. C'est l'un des premiers organismes à régir un sport au Canada. Rassemblant des clubs dans tout le pays, elle établit les règles canadiennes de l'aviron. Depuis 1974, elle organise des championnats canadiens pour hommes et femmes, poids légers, jeunes et maîtres. Les bureaux de l'association sont situés au Centre canadien d'administration du sport et de la condition physique à Vanier (Ontario) et emploie un personnel permanent constitué de professionnels, techniciens et administrateurs.

Roger Jackson

Avison, John Henry Patrick, chef d'orchestre, pianiste (Vancouver, 25 avril 1915—*id.*, 30 novembre 1983). Après avoir commencé sa carrière comme pianiste solo et accompagnateur, il devient le premier chef de l'Orchestre de chambre de la Société Radio-Canada à Vancouver en 1938. Pendant les 42 années qui suivent, cet orchestre reconnu exécute, sous sa direction polyvalente, des œuvres datant de toutes les époques, accordant toutefois une place de choix aux œuvres du XVIIIe siècle et à la création d'œuvres canadiennes.

Barclay McMillan

Avison, Margaret, poète, bibliothécaire et travailleuse sociale (Galt [Cambridge], Ont., 23 avril 1918). Après des études au Victoria College et à l'U. de Toronto, Avison lance sa carrière d'écrivaine avec un poème publié en 1939 dans la revue *The Canadian Poetry*. Elle reçoit une bourse d'études de la fondation Guggenheim en 1956 et remporte le prix du gouverneur général pour son premier recueil de poèmes intitulé *Winter Sun* (1960). Ce recueil la classe parmi les poètes difficiles et introspectifs ayant tendance à verser dans des images intimes et des sentiments subtils qui, à la fois, stimulent et frustrent le lecteur. Ses écrits complexes cachent un esprit profondément religieux et vulnérable.

En 1966, Avison publie *The Dumbfounding*, un exposé beaucoup plus accessible sur la découverte spirituelle, où la narration à la première personne révèle l'essence de son «moi». Elle pousse plus loin sa pensée dans *Sunblue* (1978), où ses préoccupations sociales et ses valeurs morales se fondent à ses convictions religieuses et à la réaffirmation de ses croyances personnelles. En 1990, elle reçoit son deuxième prix du Gouverneur général pour *No Time*.

Avison a enseigné au Scarborough College et œuvré comme travailleuse sociale au sein de la Presbyterian Church Mission à Toronto. Elle a étudié la création littéraire à l'U. de l'Indiana et à l'U. de Chicago et a été écrivaine résidente à l'U. Western Ontario. Parmi ses autres œuvres, notons *History of Ontario* (1951), publiée à l'intention des jeunes. Elle a collaboré aussi à la traduction en anglais d'une anthologie hongroise *The Plough and the Pen: Writings from Hungary 1930-1956* (1963).

Michael Gnarowski

Avocat C'est un membre du Barreau de l'une ou l'autre des provinces ou des Territoires du Canada. Les avocats exercent une fonction publique auprès du tribunal et collaborent à l'administration de la justice. Ils jouissent du droit exclusif de plaider ou d'agir devant tout tribunal de droit commun pour le compte d'autrui. Ils partagent, au Québec, avec les notaires le droit de donner des consultations et avis d'ordre juridique.

Les avocats exercent dans des contextes et dans des domaines de plus en plus variés et spécialisés. On constate une tendance à la fusion des bureaux pour former des méga cabinets afin de répondre aux exigences des clients qui ont des activités internationales en même temps que, dans un mouvement contraire, l'ouverture de «boutiques du droit» spécialisées dans un secteur précis. En 2000, il y a environ 18 500 personnes inscrites au tableau du BARREAU DU QUÉBEC.

André Poupart

Avocette d'Amérique Oiseau de rivage de grande taille et à longues pattes appartenant à la famille des récurvirostridés, l'avocette, au plumage noir et blanc fortement contrasté, mesure environ 50 cm de longueur.

Répartition et habitat Les quatre espèces d'avocettes (une en Amérique du Nord, une autre en Amérique du Sud, une en Eurasie et une en Australie ainsi qu'en Nouvelle-Zélande) nichent en petites colonies éparses dans les marais salés côtiers et les lacs alcalins peu profonds à l'intérieur des terres. Caractérisé, entre autres, par son cou couleur cannelle et ses pattes bleu vif, l'avocette d'Amérique (*Recurvirostra americana*), niche dans le sud de l'Alberta, de la Saskatchewan et du Manitoba et localement dans l'ouest de l'Ontario ainsi que dans l'ouest des États-Unis, jusqu'en Californie et au Texas. Elle hiverne au Texas, en Californie, en Amérique centrale et aux Antilles.

Régime alimentaire L'avocette se nourrit de petits crustacés, de vers et d'autres animaux qui vivent au fond de l'eau. Son long bec mince et retroussé est bien adapté à sa technique de chasse. Tout en marchant lentement en eau peu profonde, l'avocette «fauche» l'eau avec son bec, juste au-dessus du fond vaseux, et capture les proies ainsi attirées par ce mouvement de bec.

Population La disparition des milieux humides explique la diminution du nombre d'avocettes. Cependant, leur réintroduction en Angleterre, depuis les années 40, constitue un bel exemple de réussite de conservation d'un ANIMAL EN VOIE DE DISPARITION par l'entremise de l'aménagement de son habitat.

R.G.B. Brown

Avoine (*Avena sativa*) Plante de la famille des graminées (*Gramineae*) cultivée pour ses grains de CÉRÉALES. À des fins commerciales, l'avoine est classée comme un grain petit ou secondaire. On ne connaît pas l'origine de sa culture, mais les espèces d'avoine sont arrivées au Canada par l'entremise des colons européens qui l'utilisaient principalement comme nourriture pour le bétail (les chevaux étant surtout nourris de cette céréale) et comme nourriture de base au petit-déjeuner. Les climats frais et humides sont idéaux pour l'avoine. Cette plante atteint habituellement de 1 à 1,5 m et demande de 90 à 115 jours pour venir à maturité, selon la variété et les conditions de culture. Au champ, chaque graine produit entre une et trois tiges, chacune terminée par une panicule (grappe d'organes reproducteurs) portant les grains enveloppés. À une époque, la culture de l'avoine au Canada n'était surpassée que par celle du BLÉ, occupant jusqu'à 6,8 millions d'hectares. L'avoine ne représentait que 1,16 million d'hectares en 1986. Cette baisse est due en partie à la diminution constante du nombre de chevaux et à l'arrivée de désherbants détruisant la folle avoine (*A. fatua*), une mauvaise herbe voisine de l'avoine. Ces désherbants ont une incidence sur l'avoine, alors qu'ils n'affectent pas d'autres grains, tels le blé et l'orge. Les chercheurs canadiens ont développé de nombreuses variétés d'avoine qui résistent plus efficacement aux maladies et aux verses, qui mûrissent plus rapidement et qui fournissent un meilleur rendement. On compte même des variétés à grain nu. Encore aujourd'hui, l'avoine est surtout utilisée à titre de nourriture pour le bétail et de produit pour le petit-déjeuner.

M.L. Kaufmann

Avortement Interruption de la grossesse, surtout lorsqu'elle est délibérément provoquée. Jusqu'en 1988, toute tentative de procurer un avortement par quelque moyen que ce soit constituait un acte criminel au sens du Code criminel du Canada. La peine maximale était l'emprisonnement à perpétuité, ou deux ans d'emprisonnement si la femme elle-même était déclarée coupable. Aux termes de modifications adoptées en 1969, les médecins qui pratiquaient un avortement pouvaient, dans certaines conditions, bénéficier de l'immunité. La loi légalisait l'avortement s'il était effectué par un médecin dans un hôpital accrédité après qu'un comité eût certifié que la continuation de la grossesse mettrait probablement en danger la vie ou la santé de la mère. Cette modification codifiait le moyen de défense théorique excipant de la nécessité. Moyen de défense de common law, la défense de nécessité tire sa source de l'arrêt anglais Rex c. Bourne. Avant 1969, certains médecins invoquaient ce moyen de défense pour pratiquer des avortements.

Controverse En pratique, on n'avait jamais appliqué la loi en matière d'avortement contre les médecins au Canada, aussi les tribunaux canadiens ne s'étaient-ils jamais prononcés sur ce moyen de défense. Les médecins qui pratiquaient l'avortement avant ces modifications avaient établi un système ad hoc d'examen variant énormément entre les villes, les provinces et les régions. La légitimité était ainsi conférée à une série subjective et incohérente de définitions de la notion de «santé» et il appartenait à la profession médicale de la raffiner. La légalité d'un avortement était fondée sur des définitions locales de cette notion et l'accessibilité dépendait du lieu de résidence de la femme, de l'orientation religieuse et politique des fournisseurs locaux de services de santé, des priorités en matière de financement des services, de la situation économique de la femme et de sa capacité de voyager pour obtenir des services. L'avortement est demeuré un sujet controversé sur les plans moral, juridique, sociologique, philosophique et démographique. Condamné par certains groupes, il était approuvé par d'autres comme étant une question de moralité qui devait être laissée à la conscience de chacun, et non à celle de l'État.

Le premier médecin à être poursuivi pour avoir pratiqué un avortement est le Dr Henry MORGENTALER. Il avait omis de faire examiner par un comité de l'avortement thérapeutique sa décision de pratiquer cet avortement, comme l'exigeait le Code criminel.

En 1973, un jury acquitte le Dr Morgentaler de l'accusation d'avoir pratiqué des avortements, mais, en 1975, la Cour suprême du Canada écarte le verdict du jury et il doit purger une peine d'emprisonnement. Cependant, la Cour suprême établit qu'en théorie la défense de nécessité peut être invoquée pour les avortements pratiqués par des médecins à l'extérieur des limites strictes du Code criminel. Dans le cas particulier du Dr Morgentaler, ce moyen de défense ne pouvait être invoqué.

Les opinions se sont polarisées sur les questions suivantes : le fœtus a-t-il un «droit à la vie» indépendamment de sa mère et la «liberté» d'une femme comporte-t-elle le droit de choisir d'interrompre sa grossesse. Joseph Borowski, un ancien député provincial du Manitoba, invoqua la Déclaration canadienne des droits pour contester la loi au nom des droits du fœtus, alors que le Dr Morgentaler l'invoqua pour se défendre contre les poursuites intentées contre lui. Se fondant sur une interprétation stricte de la Déclaration des droits, les tribunaux ont statué qu'elle ne leur permettait pas de juger de la teneur ou de la valeur intrinsèque de la loi, aussi les contestations en cause n'ont-elles jamais été tranchées sur le fond.

Contestations constitutionnelles Après le rapatriement de la Constitution du Canada en 1982 et l'entrée en vigueur, en 1985, des dispositions relatives au droit à l'égalité de la Charte canadienne des droits et libertés, une nouvelle série de contestations constitutionnelles et de causes types se rapportant aux droits du fœtus et à ceux du libre choix, les plaideurs étant toujours Borowski et Morgentaler, commence à se retrouver devant les tribunaux. Il en résulte l'annulation des dispositions du Code criminel relatives à l'avortement pour le motif qu'elles violent le droit constitutionnel de la femme de choisir. En 1988, la Cour suprême annule la loi pour le motif que la Charte garantit le droit de la femme à la sécurité de sa personne. Elle statue aussi que les retards résultant de la procédure établie par les comités de l'avortement thérapeutique enfreignent ce droit.

La question des droits du fœtus est finalement tranchée dans l'arrêt Daigle c. Tremblay rendu par la Cour suprême du Canada en 1989. La Cour y statue que seuls les êtres humains ont des droits constitutionnels et que ces droits commencent au moment de la naissance vivante. La Cour décide aussi que le père d'un fœtus n'a aucun droit patrimonial à l'égard du fœtus et ne peut obtenir une injonction visant à empêcher la mère enceinte d'exercer son droit constitutionnel de choisir d'avoir un avortement. En mai 1990, la Chambre des communes approuve (à 140 contre 131) une nouvelle loi qui assujettirait de nouveau l'avortement au régime du Code criminel, autorisant des avortements seulement si un médecin juge que la santé de la mère est menacée par sa grossesse. Le projet de loi expire au feuilleton devant le Sénat en janvier 1991.

Les tribunaux ont aussi examiné, sous le régime du droit administratif et du droit constitutionnel traditionnel, diverses tentatives déguisées entreprises par les provinces et les municipalités sous le couvert des lois sur les services médicaux censées relever des pouvoirs provinciaux au titre de la *Loi constitutionnelle de 1867* en vue de limiter la capacité des femmes enceintes d'exercer leur droit au libre choix ou d'en rendre l'exercice plus difficile. Toutes ces tentatives ont échoué. La controverse s'est déplacée sur le terrain de tentatives politiques visant à refuser le financement aux cliniques privées offrant des services d'avortement et à interdire l'établissement de telles cliniques dans les provinces.

Débat non résolu En 1993, Morgentaler conteste la loi de la Nouvelle-Écosse intitulée *Medical Services Act*. Dans sa décision dans l'affaire, la Cour suprême du Canada annule la loi interdisant les cliniques d'avortement. En 1996, le gouvernement de l'Alberta, après avoir été pénalisé sous le régime de la *Loi canadienne sur la santé* parce qu'il autorisait les cliniques d'avortement de la province à facturer leurs clients en dehors du régime d'assurance-maladie, accepte de financer les cliniques d'avortement. Cependant, la résolution définitive de la question de l'avortement par la Cour suprême du Canada, après la participation pleine et entière de tous les intervenants, n'a pas mis fin au long débat public concernant l'avortement. Certains extrémistes, prétendant défendre les droits du fœtus, ont recouru à la violence à l'endroit du personnel médical pratiquant des avortements en Colombie-Britannique et à des protestations devant les cliniques d'avortement partout au pays. En juin 1996, une femme d'Ottawa est poursuivie pour tentative de meurtre de son fœtus après lui avoir tiré dessus avec une arme à plomb deux jours avant sa naissance. Cette cause exigera un examen plus approfondi du stade de la grossesse auquel la loi protège, le cas échéant, le fœtus.

Linda Long

Avro Arrow (CF-105) Avion biréacteur supersonique d'interception tout-temps à la fine pointe de la technologie, mis au point par A.V. Roe of Canada à partir de 1949 jusqu'à l'annulation controversée du projet par le gouvernement en 1959. Encouragés par le succès d'A.V. Roe dans la mise au point de l'AVRO CF-100 CANUCK et reconnaissant la nécessité d'un avion pour contrecarrer la menace des bombardiers soviétiques au-dessus d'un Nord canadien convoité, d'enthousiastes officiers de l'Aviation royale du Canada, des scientifiques de la Défense et des représentants officiels de l'industrie militaire parviennent à persuader le gouvernement libéral, en décembre 1953, d'autoriser la construction de deux prototypes de carlingue en prévision d'une série d'au plus 600 avions coûtant chacun 2 millions de dollars.

Le Canada doit aussi mettre au point le moteur et les systèmes de conduite de tir et de missiles de l'Arrow. Les coûts estimés s'élèvent à 12,5 millions de dollars par avion. Les vols d'essai indiquent qu'avec les réacteurs adéquats cet appareil pourrait bien être l'avion d'interception le plus rapide et le plus évolué au monde. Cependant, des doutes s'installent lorsque la commande gouvernementale diminue à 100 et que le coût unitaire augmente. En octobre 1958, pour réduire les coûts, le nouveau gouvernement conservateur met fin à la mise au point de la conduite de tir et de missiles. On redouble d'efforts pour vendre l'avion aux États-Unis juste au moment où ceux-ci font la promotion des MISSILES BOMARC et où le lancement, par l'Union soviétique, d'un missile balistique intercontinental met en doute la priorité à accorder à la menace des bombardiers soviétiques.

Après un nouvel échec des efforts d'exportation, le projet est annulé le 20 février 1959. Avec amertume, A.V. Roe licencie 14 000 employés, et le gouvernement ordonne de détruire tous les plans et tous les prototypes. De nombreux Canadiens déplorent cette destruction de l'industrie aéronautique canadienne, qui entraîne le départ de scientifiques et d'ingénieurs vers les États-Unis, et la dépendance accrue du Canada envers les États-Unis en matière d'avions d'interception.

John Kirton

Avro Canuck (CF-100) Premier chasseur à réaction conçu et construit au Canada. Après quatre ans de mise au point, le premier appareil vole en janvier 1950, et 692 appareils sont construits. Il devient opérationnel en avril 1953 et sert durant dix ans dans les escadrons du NORAD et de l'OTAN. Il n'est pas aussi rapide que les autres chasseurs de l'époque, mais son bon taux de montée, son excellent radar, la fiabilité d'un biréacteur et sa capacité tout-temps le rendent apte à la défense dans les conditions extrêmes du Nord canadien et dans les nuages de l'Allemagne de l'Ouest. Cinquante-trois appareils sont vendus à la Belgique. Deux appareils sont conservés au Musée national de l'aviation, un, au Calgary Centennial Planetarium et d'autres, dans des parcs et des bases dans tout le Canada. On considère que le nom «Canuck» est mal choisi pour un chasseur.

James Marsh

Avro Jetliner (C-102) Premier avion de ligne à réaction en Amérique du Nord, conçu au Canada par James Floyd. Le premier appareil vole le 10 août 1949 et dépasse la vitesse de 800 km/h. C'est le premier vol d'un avion de transport à réaction en Amérique du Nord et le deuxième au monde. (Le de Havilland Comet s'envole le 27 juillet 1949.) En avril 1950, il est le premier avion de transport à réaction à effectuer un vol international en Amérique du Nord, de Toronto à New York. Il suscite beaucoup d'intérêt aux États-Unis et compte parmi les réussites aéronautiques exceptionnelles de son époque, mais on n'en a jamais produit. LES LIGNES AÉRIENNES TRANS-CANADA s'en désintéressent avant même le premier vol et, dans l'atmosphère de la guerre froide, C.D. HOWE insiste pour qu'Avro se concentre sur l'avion de chasse CF-100. L'Aviation royale du Canada est la première armée de l'air à se servir d'avions de transport à réaction et commande 2 Comet en novembre 1951. L'avion de ligne à réaction est vendu à la casse en 1956; seul le fuselage avant et les réacteurs survivent au Musée national de l'aviation.

James Marsh

Axel Heiberg, île D'une superficie de 43 178 km², elle est la troisième plus grande des ÎLES DE LA REINE-ÉLISABETH, dans l'Arctique, et la septième plus grande au Canada. Elle est séparée de l'ÎLE D'ELLESMERE, à l'est, par les détroits d'Eurêka et de Nansen. Les Monts de la Princesse-Margaret s'élèvent abruptement à l'ouest, à une hauteur de 2211 m. Des champs de glace et des glaciers recouvrent les montagnes sur 14 733 km². La partie orientale, accidentée, comprend quelques plaines. La végétation est rare, mais on trouve une bonne végétation dans certains endroits des basses-terres. Le mammifère le plus commun est le lièvre arctique. Le bœuf musqué habite les basses-terres, mais le caribou est rare. L'île est découverte en 1899 lors d'une expédition norvégienne dirigée par Otto SVERDRUP, qui lui donne le nom du consul norvégien.

S.C. Zoltai

Axelrad, Arthur Aaron, histologiste (Montréal, 30 déc. 1923). Formé à l'U. McGill (M.D., membre de l'Ordre du Canada, 1949; Ph.D. 1954), Axelrad est professeur titulaire et chef de la section d'histologie dans le département d'anatomie de l'U. de Toronto de 1966 à 1985. Il est salué dans le monde entier pour ses recherches sur l'hématopoïèse et la leucémie. Le groupe de recherche d'Axelrad acquiert une renommée internationale pour ses études sur divers aspects de la différenciation des cellules sanguines et surtout sur les syndromes myéloprolifératifs.

Le groupe se concentre maintenant sur la recherche des molécules régulatrices qui contrôleraient la prolifération des cellules souches hématopoïétiques et des gènes qui les codent. Axelrad a publié plus de 80 articles scientifiques. On l'élit membre de la Société royale du Canada en 1982.

Keith L. Moore

Axworthy, Norman Lloyd, politicien (North Battleford, Sask., 21 déc. 1939). Docteur en science politique de l'U. de Princeton (1972), il milite dans les mouvements politiques de gauche. Il enseigne à l'U. de Winnipeg, dont il dirige l'Institut d'études urbaines, avant d'être élu député à l'Assemblée législative du Manitoba (1973-1979). Il est élu député fédéral de Winnipeg pour la première fois en 1979. Parlementaire combatif, administrateur rigoureux et représentant assidu de sa circonscription, Axworthy est le seul représentant de l'Ouest canadien

membre du cabinet dans le dernier gouvernement du premier ministre Pierre Elliott TRUDEAU au sein duquel il est ministre de l'Emploi et de l'Immigration de 1980 à 1983 et ministre des Transports en 1983-1984. Il est le seul libéral des Prairies à être élu aux élections de 1984.

Dans l'opposition, durant les années Mulroney, Axworthy fut critique libéral en matière d'expansion régionale et industrielle et de la Commission canadienne du blé (1984), critique commercial (1985-90), notamment du LIBRE-ÉCHANGE, critique de la politique de défense et des affaires extérieures (1990-93).

Lorsque Jean CHRÉTIEN devint premier ministre, Axworthy prit la tête de l'important ministère du Développement des Ressources Humaines qu'il garda de novembre 1993 à janvier 1996. Il mena pendant 18 mois une révision controversée de la Sécurité sociale qui tenta imparfaitement d'équilibrer les réformes d'assurance-emploi ainsi que la réduction des bénéfices avec les mesures de création d'emplois. Plus convivial fut le ministère des Affaires étrangères (1996 à aujourd'hui) qui lui a mérité des louanges pour être revenu aux valeurs internationalistes de Lester B. PEARSON, notamment dans son plaidoyer persistant en faveur d'un traité international visant à l'élimination des mines anti-personnelles. Sa contribution à la signature dudit traité, le 1er janvier 1998, lui a été d'un apport considérable pour l'obtention du prix Nobel de la Paix.

Norman Hillmer

Axworthy, Thomas Sidney, politicien (Winnipeg, 23 mai 1947), frère cadet de Lloyd Axworthy. Il obtient un B.A. avec distinction de l'U. de Winnipeg, puis une maîtrise et un doctorat de l'U. Queen en 1979. Il se joint au PARTI LIBÉRAL au début des années 60 et, en 1967, il entreprend des recherches pour le Groupe d'études à orientation nationaliste sur la structure de l'industrie canadienne créé par Walter Gordon, qui l'influence fortement.

Il entre au BUREAU DU PREMIER MINISTRE en 1975, participant activement à sa politisation sous le secrétaire principal Jim COUTTS. La responsabilité première d'Axworthy est de s'occuper des provinces de l'Ouest et, par la suite, de la politique économique nationale. En 1980, il devient secrétaire principal et premier rédacteur des discours du premier ministre Pierre Trudeau, et grand stratège du PROGRAMME ÉNERGÉTIQUE NATIONAL et du rapatriement de la Constitution.

Après la retraite de Trudeau, Axworthy est invité à se joindre à la Kennedy School of Government de Harvard et, depuis l'été 1986, il est vice-président de la Fondation Charles R. Bronfman à Montréal. Columnist pour le *Toronto Star*, commentateur dans les médias et tacticien de parti aux nombreux contacts, il représente l'aile nationaliste progressive du Parti libéral fédéral.

James Lightbody

Aylmer, ville du Qc; pop. 34 901 (rec. 1996), 32 244 (rec. 1991); superf. 91,21 km²; const. en 1975. Elle est située sur le lac Deschênes sur la rivière des OUTAOUAIS, à 10 km au sud-ouest de HULL. Cette municipalité de banlieue, qui s'étend sur un vaste territoire, est née de la fusion, par voie législative, d'Aylmer (constituée en 1847 et nommée ainsi en l'honneur de lord AYLMER, gouverneur général de l'Amérique du Nord britannique), de Lucerne (1965, anciennement Hull-Ouest, qui remonte à 1878) et de Deschênes (1920). Elle est un paradis des golfeurs et le site de l'hippodrome Connaught. Pendant la plus grande partie du XIXe s., la plus ancienne zone bâtie, l'actuel centre-ville d'Aylmer, est le chef-lieu du canton de Hull. Aylmer est la ville la plus bilingue de la Région de la capitale nationale: 58,7 p. 100 de ses citoyens sont de langue maternelle française, et 30,5 p. 100, de langue maternelle anglaise (rec. 1996).

Pierre Louis Lapointe

Aylmer (Ont.), ville de l'Ont.; pop. 7018 (rec. 1996), 6244 (rec. 1991); superf. 5,85 km²; const. en tant que village en 1871, puis en tant que ville en 1887. Aylmer est située en bordure du ruisseau Catfish, à 50 km au sud de LONDON et à 10 km au nord du lac Ontario.

La colonisation commence dans les années 1830 avec l'arrivée de John van Patten de l'État de New York. En 1836, le nombre d'habitants de la localité est suffisamment élevé pour justifier l'établissement d'un bureau de poste. Nommée Troy à l'origine, la ville est par la suite nommée Aylmer en l'honneur de lord AYLMER, le gouverneur général du Haut-Canada, de 1831 à 1835. On appelle aussi la ville Aylmer West, pour la différencier d'une autre communauté du Bas-Canada (Québec) aussi nommée AYLMER. En 1851, Aylmer devient une communauté prospère qui compte plusieurs scieries et minoteries.

Aylmer est encore aujourd'hui un centre de services pour les régions avoisinantes et un centre de transformation du tabac et des produits laitiers. Elle abrite la plus grande usine de transformation du tabac jaune au monde. Chaque année, 60 000 CYGNES siffleurs s'arrêtent dans cette ville lors de leur migration vers l'Arctique.

Deborah Welch et Michael Payne

Aylmer, Matthew Whitworth-Aylmer, 5e baron, administrateur colonial (24 mai 1775—Londres, Angl., 23 févr. 1850). Après une éminente carrière militaire, il est nommé gouverneur général de l'Amérique du Nord britannique en 1830 et entre en fonction le 4 février 1831. Il tente de pacifier la majorité francophone, mais l'Assemblée du Bas-Canada devient de plus en plus radicale et adopte en 1834 une liste de griefs, les 92 Résolutions, dont l'une exige son rappel. Aigri, il favorise la minorité anglophone et exacerbe ainsi les divisions ethniques. Blâmé pour avoir échoué comme conciliateur, il est congédié en 1835.

Il est sans doute dépourvu de sens politique, mais une grande part des critiques qui lui sont adressées sont injustes, car il ne peut être tenu responsable de la crise qui sévit dans le Bas-Canada et qui mènera aux RÉBELLIONS DE 1837-1838.

P.A. Buckner

Ayot, Pierre, professeur, graveur et artiste multidisciplinaire (Montréal, 26 juin 1943—Saint-Jean-de-Matha, Qc, 2 mai 1995). Il étudie la gravure avec Albert DUMOUCHEL à l'école des beaux-arts de Montréal où il commence à enseigner en 1963. Il poursuit sa carrière d'enseignant au département des arts plastiques de l'U.du Québec à Montréal jusqu'à sa mort prématurée dans un accident de voiture. En 1966, Ayot fonde GRAFF, Centre de conception graphique, un atelier collectif particulièrement dynamique au tournant des années 70, où domine une esthétique inspirée à la fois du pop art américain et de l'animation de Dumouchel.

Son œuvre a fait l'objet d'une quarantaine d'expositions personnelles à Montréal, ailleurs au Canada et aussi à Paris, Bâle, Bruxelles et Genève. Ses participations à des expositions collectives et à des biennales d'estampes, au pays et à l'étranger, ne se comptent plus. Mais on se rappellera surtout ses importantes expositions au MUSÉE D'ART CONTEMPORAIN DE MONTRÉAL, au MUSÉE DU QUÉBEC et, après sa mort, au MUSÉE DES BEAUX-ARTS DE MONTRÉAL. En 1989, il était lauréat du prix Louis-Philippe-Hébert de la SOCIÉTÉ SAINT-JEAN-BAPTISTE. L'aventure d'Ayot constitue un cas intéressant, entre autres parce que l'artiste a fait toute une carrière multidisciplinaire en sérigraphie et montré qu'il n'est pas nécessaire de sortir de la gravure pour aller ailleurs... Il a joué du trompe-l'œil pendant 30 ans et, s'ingéniant à court-circuiter la hiérarchie entre les motifs «nobles» et les plus quotidiens, il a fait de son musée imaginaire un inoubliable musée de l'imaginaire.

Gilles Daigneault

Babiche Elle est faite de cuir vert, dépouillé de son poil par trempage, étiré pendant qu'il sèche, puis découpé en longues lanières. Nommée ainsi par les premiers négociants français, la babiche a de multiples usages: confection de fils de pêche et de harpons, de cordes d'arc, de filets maillants, de colliers de portage, de bandeaux et de RAQUETTES. Enfin, les peaux servent aussi à fabriquer des tambours. Tricotée, la babiche sert à fabriquer des sacs d'une grande qualité de confection, tandis que tressée, elle sert à fabriquer des licous et des courroies de transport. Les peaux de différents animaux terrestres et marins sont transformées en babiche, dont l'épaisseur, la couleur et la résistance varient selon l'animal.

René R. Gadacz

Baby, François, homme d'affaires, officier de milice, politicien (Montréal, 4 oct. 1733—Québec, 6 oct. 1820), est commerçant de fourrure à Montréal dans les années 1750. Il est envoyé comme prisonnier en Angleterre en 1760. Il revient de France en 1763 et devient marchand à Québec. En 1773-1774, il se rend à Londres comme défenseur influent des propositions constitutionnelles du gouverneur CARLETON (Dorchester), qui seront finalement adoptées et deviennent l'ACTE DE QUÉBEC. Sa résistance à l'invasion américaine de 1775-1776 et sa conduite politique subséquente lui valent d'être nommé au Conseil législatif en 1778. Ses revenus de propriétaire foncier, en plus des rentes viagères, et ses salaires du gouvernement lui assurent sa subsistance, le reste de sa vie.

Baby appuie le gouverneur HALDIMAND qui s'oppose aux revendications des marchands coloniaux qui demandent une assemblée élue. Plus tard, il s'oppose également aux tentatives du PARTI CANADIEN d'étendre l'autorité de l'Assemblée aux finances de la colonie. Favorablement considéré dans la haute société mondaine, Baby est également un catholique dévot dont la conduite lui assure l'admiration du sévère évêque PLESSIS.

James H. Lambert

Baby-boom Ce terme désigne la période de hausse des taux de natalité qui dure du début des années 50 jusque vers 1965. La CRISE DES ANNÉES 30 prolonge le déclin du taux de natalité au Canada (*voir* POPULATION) comme dans la plupart des pays occidentaux. Ce taux (nombre annuel de naissances pour 1000 habitants) atteint son plancher au Canada en 1937 à 20,1. L'amélioration des conditions économiques entraîne sa remontée, qui s'accélère pendant la Seconde Guerre mondiale. Ce taux atteint 24,3 par 1000 habitants en 1945. En 1946, il grimpe à 27,2 et fluctue entre 27 et 28,5 jusqu'en 1959 puis redescend progressivement par la suite.

Ce sont les naissances retardées par la crise des années 30 qui déclenchent le baby-boom, mais deux autres facteurs interviennent aussi. En premier lieu, la proportion d'adultes qui se marient augmente, et ceux qui le font ont plus d'enfants. Les femmes, mariées et célibataires réunies, nées en 1911 et 1912, ont en moyenne 2,9 enfants, tandis que celles nées en 1929 à 1933 en ont en moyenne 3,3. Ces nombres

mesurent leur «descendance finale». Vingt ans séparent ces deux générations entre lesquelles il existe un écart de 0,4 enfant, soit 13 p. 100.

En second lieu, plus de la moitié des naissances du baby-boom résultent de ce que les démographes appellent un «phénomène de calendrier». Un nombre accru de jeunes adultes se marient plus jeunes (l'âge médian au premier mariage des femmes est de 23,2 ans en 1940 et de 21,1 en 1965) et, de 1945 à 1965, ont surtout leurs enfants au cours des premières années de leur union.

Pour la période qui va de 1940 à 1965, le nombre de naissances au Canada grimpe de 253 000 en 1940 à 479 000 en 1960 avant de redescendre à 419 000 en 1965. Pendant ces 25 années, le baby-boom engendre un surcroît de 1,5 million de naissances par rapport au nombre qui aurait eu lieu n'eut été du baby-boom (environ 8,6 millions), soit une hausse de plus de 18 p. 100. Vers 1965 par contre, les gens se marient plus tard et retardent la venue de leurs enfants, notamment parce qu'un plus grand nombre de femmes s'engagent sur le marché du travail et que les couples disposent de méthodes de contraception plus efficaces.

Jacques Henripin

Effets à long terme
Émergence des baby-boomers Le baby-boom apparaît d'abord comme la clé de voûte qui explique de nombreux faits étudiés en sciences sociales. Il garde certes son importance, mais il n'agit plus dorénavant conformément aux paradigmes de la théorie. Les baby-boomers appartiennent à la génération de 1946 à 1966. Celle-ci crée dans les courbes démographiques une enflure qui rappelle le lapin avalé par un python et glissant le long de son corps. Durant les 20 années suivant 1966, ce «lapin» atteint les âges de 20 à 39 ans (1966-1986). Encore 25 ans (1991-2011) et le «lièvre» atteindra les âges de 45 à 64 ans. Il commencera alors à franchir le seuil habituel du passage de la vie active à la retraite (65 ans). Suivront alors jusqu'en 2031 20 années pendant lesquelles la société verra gonfler sensiblement l'effectif des gens à la retraite.

Émergence des «baby-busters «(les générations issues de l'effondrement de la natalité) Selon la théorie d'Easterlin, les générations à fort taux de natalité, comme celles des baby-boomers, sont désavantagées sur le plan économique, contrairement aux autres qui tirent avantage de leur faible effectif, d'où l'apparition du baby-bust après 1966. Si cette théorie se vérifie pour le Canada dans son ensemble et pour plusieurs autres pays développés, tel n'est pas ce que suggère la comparaison entre le Québec et l'Ontario: le Québec connaît un baby-boom moins prononcé que celui de l'Ontario, mais il enregistre cependant une baisse de sa fécondité plus forte qu'en Ontario.

Les maigres cohortes du baby-bust entrent sur le marché du travail à partir de la fin des années 80 et devraient, selon la théorie d'Easterlin, tirer avantage de leur petit nombre sur le plan économique. Bien au contraire, elles se heurtent à un chômage élevé et à une structure des revenus défavorable. Par conséquent, rien n'incite les baby-busters à préparer le prochain baby-boom. Il est concevable de croire que le baby-bust aurait été plus important encore sans l'impact de l'effet d'écho produit par le baby-boom (malgré le peu de naissances par femme, le nombre de naissances augmente à cause du grand nombre de femmes appartenant aux générations du baby-boom). En fait, on ne discerne pas cet effet d'écho.

«La guerre des générations» Le nombre additionnel de travailleurs issus du baby-bust à partir de la fin des années 80 est faible et entraîne un bouleversement dans la proportion de la population qui génère le revenu national et de celle des consommateurs. Le rapport entre les gens à la retraite ou les pensionnés et ceux qui travaillent passe de 1 sur 5 à 1 sur 2. Certains analystes y voient le germe d'une «guerre des générations». Illustrons cette situation

sous l'angle des théories marxistes et keynésiennes. Les surplus sont éliminés par la consommation des baby-boomers vieillissants et disposant, comme cela semble être le cas, de ressources financières suffisantes. Cela va à l'encontre de la théorie de Marx pour qui les guerres impérialistes doivent servir à éliminer les surplus de l'économie capitaliste, et s'oppose également à celle de Keynes qui voit en l'endettement public un moyen de financer la relance de la demande effective. De la sorte, les jeunes baby-busters restent au travail, du moins selon la théorie qui prévoit une interaction entre les générations du baby-boom, de l'après baby-boom (effet d'écho) et du baby-bust.

Vieillissement à long terme de la société Aux modifications fondamentales décrites ci-dessus s'ajoutent d'autres changements. Les baby-boomers, qui ont d'abord fait chuter la moyenne d'âge de la société, la font augmenter à présent: le plafond historique atteint par l'âge médian dans les années 80 et 90 (34 ans en 1994) sera, avec 40 ans, largement dépassé en 2016. Même en l'absence de nouvelles baisses de la fécondité des femmes, le nombre des naissances tombera bien au-dessous de 400 000 par an et celui des décès franchira les 200 000 par an jusqu'à dépasser celui des naissances.

Karol J. Krotki

Bache, sites archéologiques de la presqu'île de Il y a 4200 ans, les sites archéologiques de la presqu'île de Bache étaient occupés par des groupes de chasseurs. On croit que ces groupes sont venus du nord-est de l'Asie et de l'Alaska. On a découvert les vestiges de campements de chasse saisonnière des Paléo-Inuits dans les vallées intérieures du Nord, et sur les terrasses marines des côtes centre et sud de l'île d'Ellesmere. Parmi les artefacts se trouvent de petits outils en pierre finement travaillés appartenant à la tradition arctique, de même que des sculptures artistiques datant de la fin de la période DORSET. Vers la fin du XIIᵉ siècle, les Inuits de la CULTURE THULÉ, les ancêtres directs de tous les INUITS vivant aujourd'hui, arrivent par la mer de Béring et remplacent la population de culture dorset. On trouve des vestiges d'établissements de la culture de Thulé sur la côte des fjords et des îles qui se prêtent bien à la chasse aux animaux marins, notamment la baleine franche. Le contact avec les voyageurs vikings semble avoir lieu vers 1250 dans la région de Smith Sound. Les Inuits abandonnent l'île d'Ellesmere au cours de la Petite Glaciation, entre 1650 et 1850.

Peter Schledermann

Back, Frédéric, cinéaste d'animation, muraliste, graphiste et enseignant de renommée internationale (Sarrebruck, All., 8 avril 1924). Il étudie les beaux-arts à Rennes, en France, avant d'émigrer au Canada, en 1948. En 1952, il entre au service de Radio-Canada à Montréal et s'occupe des graphismes et des effets visuels pour plusieurs émissions de télévision éducatives et scientifiques. En 1968, il se joint à l'équipe du studio d'animation de Radio-Canada (qu'Hubert Tison vient de créer) et sort son premier film, *Abracadabra*, en 1970. Suivent 8 courts métrages d'animation dont les sujets sont essentiellement adaptés pour les enfants et qui traitent habituellement d'écologie ou de culture québécoise. Ses films sont reconnus pour sa technique raffinée du dessin au crayon de cire sur acétate givré et pour son style néo-impressionniste aux lignes fluides.

Chaudement acclamé lors de festivals internationaux d'animation, il remporte de nombreux prix. Deux de ses films lui valent des Oscars: *Crac!*, en 1982, (dans lequel il retrace à la fois l'histoire d'une famille et celle de la culture québécoise par le biais d'une chaise berçante) et *L'homme qui plantait des arbres*, en 1987 (d'après un récit de Jean Giono mettant en scène un homme qui transforme de ses mains un paysage aride). Deux autres de ses films sont nominés aux Oscars: *Tout-rien* (1981) et *Le fleuve aux grandes eaux* (1993). À l'issue de ce dernier,

Grand prix du festival d'Annecy, il quitte Radio-Canada. Il prépare pour 2001 un documentaire intitulé *Mémoire de la terre* consacré au Haida, une tribu amérindienne, fidèle à ses idéaux écologistes.

Entre autres distinctions, il est nommé Officier de l'Ordre du Canada en 1990 et reçoit le prix du Gouverneur général pour les arts de la scène en 1994.

John L. Kennedy et Eugene Walz

Back, sir George, explorateur de l'Arctique, officier de marine et artiste (Stockport, Angl., 6 nov. 1796—Londres, Angl., 23 juin 1878). Back effectue un premier voyage dans le Nord en 1818; par la suite, il consacre la plus grande partie de sa vie à l'Arctique. Posté à Halifax en 1814, il accompagne le lieutenant John FRANKLIN à la rivière Coppermine en 1819. Il fait preuve d'héroïsme en sauvant la vie de camarades pendant l'expédition. En 1824, il rejoint Franklin, qu'il accompagne par voie de terre jusqu'au Grand lac de l'Ours, puis, en 1825, sur les côtes de l'Arctique.

En 1834, dans le cadre d'une mission de recherche commandée par John ROSS, Back trouve et parcourt la rivière Thlew-ee-choh qui portera plus tard son nom. Malgré l'échec de sa dernière mission due à la formation très intense des glaces (1836), Back voit l'œuvre de sa vie récompensée lorsqu'il reçoit la médaille de la Royal Geographical Society et est fait chevalier (1839).

Back aurait appris les rudiments de l'aquarelle alors qu'il était prisonnier de guerre en France (1809-1814). Il est considéré comme le plus grand topographe de l'Arctique de son temps. À l'aide d'une chambre claire, tout au long de ses voyages, il dessine des feux de forêt, des rapides, des formations rocheuses, des campements et représente la vie des autochtones. Les Archives nationales du Canada possèdent les documents de la deuxième expédition de Franklin et de celle de Back par voie de terre jusqu'à la rivière Thlew-ee-choh.

James Marsh

Back, rivière Elle prend sa source dans le lac Contwoyto, au nord du GRAND LAC DES ESCLAVES, dans les Territoires du Nord-Ouest, et coule sur 974 km vers le nord-est à travers la toundra canadienne jusqu'à l'inlet Chantrey, au sud de l'île du Roi-Guillaume. Elle draine un vaste bassin de 107 000 km² et possède un débit moyen de 612 m³/s. Son cours supérieur est turbulent, mais quand elle débouche sur une grande plaine, elle s'élargit pour former les lacs Pelly, Garry et Lower Garry. Son dernier bras se rétrécit pour traverser une autre formation rocheuse jusqu'à la côte.

Elle tire son nom de sir George BACK, le premier qui l'a explorée en 1834. À l'origine, elle s'appelait «Thlew-ee-choh», vraisemblablement une expression inuktitute signifiant «rivière poissonneuse». Back a baptisé les lacs d'après sir John Henry Pelly et Nicholas Garry, gouverneur et sous-gouverneur de la Compagnie de la baie d'Hudson.

James Marsh

Backwoods of Canada *The Backwoods of Canada: Being Letters From the Wife of an Emigrant Officer, Illustrative of the Domestic Economy of British America* (trad.: *Les forêts intérieures du Canada: lettres écrites par la femme d'un officier émigrant sur la vie domestique des colons américains*, Paris, 1843) de Catharine Parr TRAILL, est publié à Londres en 1836. Ces lettres, destinées à la mère de l'auteur qui vit en Angleterre, fournissent un compte rendu optimiste de la vie quotidienne dans les forêts intérieures du HAUT-CANADA.

Traill raconte sa traversée (qui dura un mois) en compagnie de son mari, pour se rendre au Canada, de même que leurs pérégrinations à l'intérieur des terres et leur installation près de Peterborough où Traill vécut plus de 60 ans. Les lettres décrivent sa nature de façon particulièrement vivante, et tracent le portrait d'une femme persévérante, enjouée et pleine de ressources qui s'adapte à sa nouvelle vie dans un

nouveau milieu. Elles fournissent aussi une description quasiment encyclopédique de son cadre de vie. Qu'il s'agisse de décrire les autochtones, les Américains, la faune et la flore, les paysages naturels, les coutumes canadiennes, les maladies, ou encore de donner les procédés de fabrication du savon mou, des chandelles, du vinaigre, ou des marinades, les lettres de Traill, d'une débordante vitalité, témoignent du plaisir évident qu'elle ressent à découvrir sa terre d'élection. En 1843, *Backwoods* est traduit en français à Paris. En 1966, Clara THOMAS publie à Toronto une version anglaise de morceaux choisis de cet ouvrage.

Neil Besner

Bactéries Ce sont des micro-organismes unicellulaires capables de croître et de se diviser rapidement. En tant que procaryotes (du grec «avant le noyau»), elles se caractérisent par l'organisation de l'acide désoxyribonucléique (ADN, qui définit le matériel génétique) en un chromosome circulaire simple, non inclus dans une structure membranaire, et en éléments circulaires plus petits appelés plasmides; par des ribosomes (corpuscules impliqués dans la synthèse des protéines) de petite taille et uniformément distribués dans le cytoplasme; et par l'absence d'organites délimités par une membrane. La plupart des bactéries sont des cellules de forme soit sphérique ou ovoïde (*coccus*), en bâtonnet (*bacillus*), ou en spirale (*spirillum*), d'une largeur de 0,2 à 5 microns et d'une longueur maximale de 150 microns.

Caractéristiques Plusieurs bactéries n'ont pas de mobilité autonome, mais certaines se meuvent par l'agitation de flagelles et d'autres peuvent glisser sur les substrats solides. La division cellulaire par fission binaire donne deux cellules-filles identiques qui peuvent se séparer ou rester attachées pour former une chaîne ou un filament.

Quelques bactéries se reproduisent par bourgeonnement ou en formant des conidies (spores asexuées). En conditions défavorables, certaines bactéries forment une endospore intracellulaire résistante à la chaleur, à la sécheresse et aux agents antibactériens et pouvant germer pour produire une autre cellule végétative quand les conditions s'améliorent.

Métabolisme Certains types de bactéries sont photosynthétiques, mais elles sont exceptionnelles. Parce qu'elles produisent de l'oxygène, on pense que certaines bactéries photosynthétiques (c.-à-d. les cyanobactéries, *voir* ALGUES BLEU-VERT) sont à l'origine de l'oxygène de l'atmosphère primitive de la Terre.

Chez les bactéries non photosynthétiques, les aérobies génèrent leur énergie par oxydation (dépendante d'oxygène) de substrats, comme c'est le cas chez les êtres vivants supérieurs. Plusieurs d'entre elles utilisent ainsi de l'oxygène libre pour convertir de la matière organique en gaz carbonique et en eau, libérant ainsi de l'énergie pour la croissance et la reproduction.

Certaines peuvent oxyder le soufre, l'hydrogène ou l'azote via des processus uniques aux bactéries. Certaines bactéries anaérobies font de la photosynthèse, alors que les autres utilisent la fermentation ou la respiration anaérobie pour générer leur énergie.

Les bactéries peuvent se développer de façon aérobie ou anaérobie selon les conditions nutritionnelles et environnementales. Le carbone nécessaire à la croissance cellulaire peut être obtenu à l'aide de matière organique ou de gaz carbonique, et l'azote peut être tiré de diverses sources inorganiques et organiques, incluant l'azote libre de l'atmosphère.

Habitat Grâce à leur diversité métabolique, les bactéries se trouvent partout dans notre environnement, notamment là où les êtres vivants supérieurs ne peuvent exister. Les archéobactéries (du grec «anciennes bactéries») vivent dans des environnements extrêmes (p. ex. très hautes températures, de 80º C à 110º C, très fortes salinités, de 25 à 30 %, ou conditions très anaérobies) tels qu'il y en avait probablement sur la Terre primitive. Certaines croissent

dans les sols et les eaux acides, les milieux salins, les milieux hyperpressurisés comme les grandes profondeurs océaniques, les eaux et les sols très froids de l'Arctique, les sources thermales, ou des milieux anaérobies tels que les marais (*voir* MARAIS, MARÉCAGES ET TOURBIÈRES), les sédiments aquatiques et le tube digestif des animaux.

Propriétés utiles Les bactéries jouent un rôle dans le cycle d'éléments tels que le carbone, l'azote, le phosphore et le soufre qui sont tous essentiels à la vie. P. ex., le carbone est fixé sous forme de matière organique par les PLANTES et les ALGUES, qui peuvent être consommées par des animaux. Pour que la photosynthèse se perpétue, les matières excrétées ainsi que les restes végétaux et ANIMAUX doivent être décomposés (minéralisés) afin de libérer du gaz carbonique. Les bactéries aérobies et anaérobies jouent un rôle clé dans ce processus.

Les bactéries sont les agents biologiques responsables du recyclage des éléments nutritifs des déchets domestiques, agricoles et industriels. Le méthane, un gaz qui constitue une importante source d'ÉNERGIE et que l'on peut utiliser à des fins domestiques ou industrielles, est un produit de la minéralisation de certaines archéobactéries.

Certaines bactéries peuvent fixer l'azote de façon autonome. D'autres le font en symbiose avec une plante. Ce dernier procédé est largement répandu chez les LÉGUMINEUSES: les bactéries du genre *Rhizobium* sont produites commercialement, et les graines de légumineuses sont inoculées avant d'être ensemencées pour augmenter la quantité d'azote fixée.

Les bactéries capables de produire de l'acide sulfurique sont utilisées dans les EXPLOITATIONS MINIÈRES de cuivre et d'uranium. Celles capables de se développer sur des hydrocarbures servent au nettoyage lors de déversements pétroliers. Les bactéries peuvent désormais être génétiquement modifiées pour détruire d'autres polluants tels que les herbicides et les insecticides.

Dans l'INDUSTRIE DES ALIMENTS ET DES BOISSONS, les bactéries sont utilisées dans la production de fromage, de yaourt, de vinaigre et de choucroute. La méthionine et la lysine, des acides aminés, sont fabriquées à partir de bactéries et sont ajoutées aux céréales et au riz pour améliorer leur valeur nutritive. Des enzymes bactériens servent à la fabrication de sirops à haute teneur en fructose (édulcorants) à partir de fécule et à la conversion de l'édulcorant synthétique aspartame et de l'acide glutamique en glutamate monosodique (un condiment). Les bactéries anaérobies du genre *Clostridium* ont été utilisées pour la fabrication industrielle de solvants importants comme l'acétone. Les bactéries qui causent des maladies d'insectes servent dans la lutte biologique contre les INSECTES NUISIBLES.

Les bactéries sont utilisées pour fabriquer des produits médicaux importants tels que des vaccins, des vitamines (p. ex. la riboflavine et la vitamine B12), des antibiotiques (p. ex. la polymyxine et la bacitracine) et des stéroïdes. Les techniques de GÉNIE GÉNÉTIQUE ont rendu possible l'exploitation de l'*Escherichia coli*, une bactérie à croissance rapide, dans la production de l'INSULINE, de l'interféron, de l'hormone de croissance humaine et d'autres composés produits par des cellules d'eucaryotes (à noyau véritable) et qui ne sont normalement pas issus des procaryotes. La bactérie *Agrobacterium tumefaciens*, qui cause la maladie des plantes appelée «galle du collet» ou «cancer végétal», est largement employée en BIOTECHNOLOGIE végétale comme vecteur d'introduction de nouveaux gènes dans les plantes.

Propriétés nocives Les bactéries jouent un rôle dans la détérioration de divers matériaux de construction et de la nourriture, ainsi que dans la carie dentaire. La colonisation bactérienne et la production d'acides accélèrent la corrosion des métaux et la désintégration du béton. Des centaines de millions de dollars sont dépensés annuellement pour des biocides afin d'essayer de lutter contre ces bactéries.

Approximativement 10 p. 100 des espèces connues peuvent causer des MALADIES chez les animaux ou chez les plantes. D'importantes pertes de productivité sont dues à la flétrissure bactérienne des plantes cultivées, et d'autres bactéries sont responsables du pourrissement des légumes.

Les bactéries causent de graves maladies infectieuses chez les humains (p. ex. la typhoïde, le choléra, la diphtérie et la tuberculose) et chez les animaux (p. ex. l'anthrax, l'avortement épizootique ou brucellose bovine). Certaines infections bactériennes (p. ex. INTOXICATION ALIMENTAIRE, dysenterie) se contractent par ingestion de nourriture ou d'eau contaminée par des bactéries cutanées, nasales ou fécales. Les bactéries à l'origine des MALADIES SEXUELLEMENT TRANSMISSIBLES se propagent par contact direct entre individus. D'autres maladies bactériennes (p. ex. la peste bubonique et la maladie de Lyme) sont transmises par des arthropodes associés à des rongeurs ou à d'autres animaux.

La pasteurisation a amélioré les mesures sanitaires d'élimination des déchets humains et animaux, et l'hygiène accrue dans la manipulation des sources d'eau et de nourriture ont permis de diminuer significativement l'incidence de certaines maladies bactériennes. Les infections bactériennes les plus virulentes ont été maîtrisées grâce à des programmes intensifs de vaccination et à l'utilisation d'antibiotiques. (*Voir aussi* MICROBIOLOGIE.)

D.W.S. Westlake et G.A. Jones

Baddeck, localité non constituée de la N.-É.; pop. 1064 (rec. 1991), située sur la rive nord du LAC BRAS D'OR, à 77 km à l'ouest de SYDNEY. La Piste Cabot commence et se termine à Baddeck. L'inventeur Alexander Graham BELL y a fait construire une maison d'été. En 1909, le premier vol d'un aéronef dans l'Empire britannique a lieu à Baddeck. Le Musée Alexander-Graham-Bell évoque le vol du *SILVER DART* et plusieurs des inventions de Bell.

Les LOYALISTES sont les premiers colons à s'établir dans la région. Cependant, la première concession de terre est accordée à un colon anglais en 1819. Au XIXᵉ siècle, Baddeck fournit les régions voisines en produits manufacturés. On y exploite des mines d'or et de gypse. On y trouve aussi des moulins à grain et une importante industrie de construction navale. Aujourd'hui, Baddeck mise beaucoup sur sa réputation de havre de vacances. Le musée, les paysages superbes et la navigation à voile en sont les principales attractions.

Heather MacDonald

Badlands Terres dénudées, ravinées et érodées par le ruissellement de l'eau, les badlands forment des paysages impressionnants marqués par un réseau complexe de ravins profonds, étroits et sinueux et parfois de CHEMINÉES DE FÉE aux formes fantastiques.

Les pentes fortes, souvent escarpées, criblées de rigoles et quasi dépourvues de végétation sont des témoignages éloquents des forces de l'ÉROSION. Pour les colons européens, de telles régions n'offraient aucun intérêt. Le terme «badlands» vient peut-être de l'expression française «mauvaises terres à traverser», les Français ayant été parmi les premiers à explorer ces régions de l'ouest de l'Amérique du Nord.

Distribution Les régions de badlands sont disséminées dans les prairies de l'Ouest canadien, où elles contrastent fortement avec le paysage légèrement vallonné des plaines. On les retrouve surtout le long des vallées fluviales du sud de l'Alberta, particulièrement le long de la RIVIÈRE RED DEER, qu'elles bordent sur 300 km et jusqu'au PARC PROVINCIAL DINOSAUR, où elles prennent leurs formes les plus impressionnantes et où elles sont associées aux fameux fossiles de dinosaures de renommée mondiale. En 1979, ce parc est désigné SITE DU PATRIMOINE MONDIAL DES NATIONS UNIES,

en partie à cause de ses badlands spectaculaires, les plus importantes du Canada.

Les badlands se forment aux endroits où les ROCHES SÉDIMENTAIRES tendres et pauvrement consolidées (shale, siltstone et grès peu cimenté) sont exposées à une forte érosion. Elles ont tendance à apparaître dans les régions arides et semi-arides, comme le sud de l'Alberta, où les précipitations se présentent sous la forme d'orages brefs et torrentiels.

Érosion Sur ce substratum de roches argileuses, dénudées et relativement imperméables, l'écoulement rapide de l'eau creuse des rigoles et des ravines, et provoque une érosion de plusieurs millimètres par année. L'érosion de surface est souvent accompagnée d'une érosion souterraine considérable, conséquence des diaclases et du phénomène de renard, qui entraîne fréquemment la formation de dolines et de ruptures de pentes.

Plusieurs régions de badlands de l'Alberta sont le résultat de l'excavation rapide de chenaux par l'eau provenant de la fonte des glaciers lors du retrait de l'inlandsis laurentidien durant la dernière glaciation du Wisconsin, il y a environ 14 000 ans. Les parois escarpées des vallées, creusées dans le roc tendre du crétacé supérieur, prédominant dans le substratum géologique du sud de l'Alberta, se prêtaient idéalement à la formation de badlands.

Ian A. Campbell

Badminton C'est un jeu qui oppose deux joueurs (quatre en double) sur un court rectangulaire divisé en deux parties égales par un filet de cinq pieds de hauteur (1,5 m). Le but est de frapper le volant à l'aide d'une raquette, de sorte qu'il touche le plancher du court opposé. On se sert de raquettes très légères pour frapper à grande vitesse le volant, spécialement conçu pour ce jeu, ou pour exécuter des amortis. Les joueurs d'élite font preuve d'habiletés motrices, d'une grande coordination oculo-manuelle et d'une excellente condition physique.

Le badminton a probablement pris naissance en Chine et au Siam (Thaïlande) il y a environ 2000 ans. Selon certaines sources, des officiers de l'Armée britannique en service à Poona, en Inde, auraient adopté cet ancien jeu et l'auraient probablement introduit en Angleterre dans les années 1860. Il est possible que le badminton ait été joué pour la première fois à la maison de campagne du duc de Beaufort, appelée Badminton House. Des stations balnéaires anglaises adoptent le badminton et, peu de temps après, les banlieues londoniennes en font autant. La Badminton Association of England, créée en 1893, a déterminé les règles du jeu qui, d'ailleurs, ont très peu changé depuis.

Les militaires introduisent le badminton à Vancouver, en Colombie-Britannique, à la fin des années 1890. Le sport met du temps à gagner d'autres régions, mais on peut prouver que le badminton était pratiqué à Ottawa en 1900. Le premier club canadien est fondé à Montréal en 1907, et le premier tournoi ouvert est le BC Championships (saison 1913-1914).

Après la Première Guerre mondiale, on fonde l'Association canadienne de badminton (1921-1922) et les premiers championnats canadiens ont lieu à Montréal en 1922. D'abord réservée aux Canadiens, la compétition s'ouvre aux étrangers en 1957 et elle est maintenant considérée comme un événement de premier plan sur la scène internationale. Le badminton prend son envol au Canada à l'automne 1925, lorsqu'une équipe britannique fait une tournée dans tout le pays et donne l'impulsion nécessaire à la construction d'installations de badminton dans plusieurs villes.

Cinq ans plus tard, on organise une tournée similaire. Le capitaine des deux équipes britanniques est sir George Thomas, celui-là même qui a donné la Coupe Thomas à la Fédération Internationale de Badminton (FIB) en 1939. Au cours de la tournée de 1930, Jack PURCELL, de Guelph, en Ontario, défait les quatre meilleurs joueurs britanniques et, en 1933, remporte le titre de champion du monde profession-

nel. Dans les années 30, Dorothy WALTON domine le badminton féminin et remporte le championnat féminin en simple, All-England, en 1939.

Le Canada se distingue aux Jeux du Commonwealth: Jamie Paulson, de Calgary, remporte l'or à Édimbourg en 1970 et, quatre ans plus tard, gagne l'argent à Christchurch, en Nouvelle-Zélande. En 1978, à Edmonton, les Canadiens remportent deux médailles d'argent et deux de bronze.

Aux Jeux du Commonwealth de 1982, tenus à Brisbane, le Canada remporte l'argent à l'épreuve par équipe et l'or au double féminin. Quatre ans plus tard, à Édimbourg, le Canada remporte l'argent dans ces deux épreuves. En 1990, à Auckland, en Nouvelle-Zélande, le Canada gagne à l'épreuve par équipe et au simple féminin, et le bronze aux doubles masculin et féminin.

En 1987, le Canada compte 30 installations destinées au badminton, bien que ce dernier se pratique surtout dans les gymnases des écoles, les salles paroissiales et les centres communautaires. On estime à 1,5 à 2 millions le nombre de Canadiens qui s'adonnent au badminton de façon récréative. L'association Badminton Canada poursuit sa mission qui est de promouvoir le badminton récréatif et le badminton de compétition pour le bénéfice de ses 60 000 membres.

John J. Jackson

Baer, Erich, chimiste et professeur (Berlin, Allemagne, 8 mars 1901—Toronto, 23 sept. 1975). Baer étudie à l'U. de Berlin, où il est élève de Hermann O.L. Fischer avec lequel il travaille à l'U. de Toronto de 1937 à 1948. Il devient professeur en 1951 et professeur émérite en 1969. Son travail porte sur la synthèse de substances à base de glycérol. L'un des composés de ce genre est devenu connu sous le nom d'ester Fischer-Baer, lequel joue un rôle capital dans le métabolisme des glucides.

Pour disposer les atomes des molécules dans l'ordre qui convient et pour faire en sorte qu'ils adoptent la configuration appropriée dans l'espace tridimensionnel, Baer emploie simplement la configuration déjà présente dans les alcools de sucre naturels. Les dérivés du glycérol ainsi obtenus constituent les éléments de base permettant de faire la synthèse d'une série de phospholipides, substances semblables à des graisses et contenant un groupe phosphate substitué. Ces phospholipides sont des éléments structuraux essentiels des membranes cellulaires de tout organisme vivant.

Baer a publié plus de 100 articles scientifiques et reçu de nombreuses distinctions honorifiques et récompenses. L'héritage qu'il laisse compte une génération d'hommes de science bien formés.

Leon J. Rubin

Baffin, baie de D'une superficie de 689 000 km², il s'agit d'une masse d'eau profonde située entre le Groenland et l'ÎLE DE BAFFIN. Sa profondeur est généralement inférieure à 1000 m, mais atteint 2400 m vers le milieu. La baie est reliée à l'océan Arctique, au nord, par les détroits de Nares, de Jones et de LANCASTER et à la MER DU LABRADOR, au sud, par le DÉTROIT DE DAVIS. Elle a été découverte en 1616 par Robert Bylot, qui lui a donné le nom de son chef pilote, William BAFFIN.

Les courants y circulent généralement dans le sens inverse des aiguilles d'une montre. Au large du Groenland, ses eaux salées et relativement tempérées coulent vers le nord, tandis que, au large de l'île de Baffin, ses eaux froides et plus douces provenant de l'océan Arctique coulent vers le sud. Des icebergs, détachés des glaciers du Groenland, s'y trouvent toute l'année, mais en plus grand nombre en août. De novembre à juillet, la baie est recouverte d'une vaste banquise. Dans le nord de la baie s'ouvre de façon répétée une polynie, ou étendue libre de glaces (eaux du Nord), pour une raison qu'on ignore encore.

On y pratique la pêche depuis 1650, et, dès 1900, la pêche intensive par les Européens et les Américains y a décimé l'importante population de baleines.

On y a très peu exploité les autres mammifères (phoques, morses) ainsi que le poisson (morue, flétan, aiglefin, hareng).

Allyn Clarke et Ken Drinkwater

Baffin, île de Cette île des Territoires du Nord-Ouest (superf.: 507 451 km², longueur: 1 500 km, largeur: 200 à 700 km) est la plus grande du Canada et la cinquième du monde. Située dans l'ARCHIPEL ARCTIQUE, elle est séparée du Groenland par le DÉTROIT DE DAVIS et la BAIE DE BAFFIN, du nord du Québec par le DÉTROIT D'HUDSON, et de la presqu'île Melville par le bassin de Foxe et le détroit encaissé de FURY ET HECLA. L'immensité de cette île et son littoral déroutant ont désorienté les premiers explorateurs et ont fait que, jusqu'à tout récemment, sa géographie est restée méconnue. C'est à cet endroit, semble-t-il, que s'est formée, il y a 18 000 ans, l'une des plus grandes nappes glaciaires qui a recouvert presque tout le Canada. Cette île est demeurée sous les glaces jusqu'à il y a environ 1 500 ans. Aujourd'hui encore, de vastes surfaces sont couvertes de glace toute l'année.

Du point de vue géologique, l'île de Baffin est le prolongement de la bordure orientale du BOUCLIER canadien, qui s'élève à l'est pour former une crête montagneuse et qui se transforme en plateaux et terres basses à l'Ouest. Au nord, le plateau désert comprend la presqu'île Brodeur et la péninsule Borden, qui sont séparées par l'inlet de l'Amirauté, probablement le plus grand FJORD au monde. La grande plaine superbe de Koukdjuak s'étend du sud de la rivière Hantzsch à la péninsule Foxe. Elle se compose d'une bande littorale plate faite de marais herbeux et d'une plaine légèrement plus haute comportant une série de plages anciennes.

La péninsule Foxe est formée de rochers au sud et de falaises spectaculaires sur la côte Ouest. L'île de Baffin est recouverte de nombreux lacs d'eau douce, tels que le LAC NETTILLING (5 542 km²) et le lac Amadjuak (3 115 km²).

Narvals, morses, bélougas, baleines boréales, phoques barbus et phoques du Groenland hivernent dans la baie de Baffin. De plus, des millions d'oiseaux nidifient dans cette île: marmettes de Brünnich, mouettes et fulmars. À Cape Dorset, un sanctuaire d'oiseaux protège eiders, guillemots, goélands, bruants, pipits communs et sizerins.

Premiers peuplements et développement Les groupes du Dorset s'établissent vraisemblablement autour de la péninsule Cumberland il y a environ 1500 ans. Le peuple de THULÉ se disperse sur l'île (*voir* INUITS DE L'ÎLE DE BAFFIN) aux XIIᵉ et XIIIᵉ siècles. Des EXPÉDITIONS VIKINGS la visitent probablement aux Xᵉ et XIᵉ siècles. Peut-être s'agit-il de l'île que les sagas vikings appellent Helluland. Martin FROBISHER s'y rend en 1576 et fait deux autres voyages (1577 et 1578) au cours desquels il rapporte des tonnes de minerai sans valeur, qu'il prend pour de l'or. John DAVIS mène trois expéditions dans la baie de Cumberland (1585, 1586 et 1587). William BAFFIN, dont l'île portera le nom, établit la carte de la côte Est en 1616 et Luke FOX entre dans le détroit de Foxe en 1631.

Les baies et les fjords de l'île continuent toutefois à dérouter les navigateurs qui cherchent le PASSAGE DU NORD-OUEST. On ne redécouvrira la baie de Baffin qu'en 1818. W.E. PARRY explore la côte Ouest de 1821 à 1823, suivi par les pêcheurs de baleines venus d'Écosse et de Nouvelle-Angleterre, qui établissent des ports autour de la baie de Cumberland. Les tombes des marins et des vestiges de la CHASSE À LA BALEINE, demeurés en bon état jusqu'au début du XXᵉ siècle, ont été découverts à Kivitoo, sur la côte de Davis. Des scientifiques allemands construisent une station météorologique dans la baie de Cumberland en 1882-1883.

Franz BOAS passe l'hiver à Kekertuk en 1884 et dessine une carte assez précise de toute l'île. J.E. BERNIER hiverne à Pond Inlet en 1906-1907, et dans la baie de l'Arctique en 1910-1911, d'où J.E.

Lavoie fait le tracé de l'inlet de l'Amirauté jusqu'au détroit de Fury and Hecla. Les ports baleiniers de Kekerton et de l'île Blackhead sont les premiers établissements européens. L'Église anglicane établit des missions dans ces stations et la Compagnie de la Baie d'Hudson ouvre son premier comptoir à Lake Harbour en 1911.

Aujourd'hui Le plus grand établissement est aujourd'hui IQALUIT (pop. 3552, rec. 1991). Des quantités importantes de plomb, de zinc et d'argent sont extraites des mines de Nanisivik et expédiées dans les fonderies du sud du Canada. Le village de PANGNIRTUNG constitue l'entrée sud du PARC NATIONAL AUYUITTUQ, le premier parc national au nord du cercle polaire arctique, et le village de Broughton Island en constitue l'entrée nord. Ce parc offre quelques-uns des paysages les plus spectaculaires de l'île: col de Pangnirtung (une tranchée en forme de U de 100 km de long), glaciers, lacs, chutes d'eau et le mont Odin (2147 m). Les autres collectivités sont Pond Inlet, ARCTIC BAY et Clyde River.

James Marsh

Baffin, William, explorateur (probablement à Londres, 1584? —1622). Ce navigateur, parmi les plus habiles de son temps, est le pilote en chef du capitaine James Hall lors de son voyage maudit au Groenland en 1612. Il mène également deux expéditions dans la région des Spitsbergen en 1613 et en 1614, et navigue à bord du DISCOVERY sous les ordres du capitaine Robert BYLOT en 1615, à la recherche du PASSAGE DU NORD-OUEST. Tous deux explorent l'entrée du détroit d'Hudson, mais les glaces leur font rebrousser chemin, alors qu'ils ont en vue ce que W.E. PARRY baptisera plus tard ÎLE DE BAFFIN. Au cours de ce voyage, Baffin trouve le premier point de longitude en mer en observant l'occultation d'une étoile par la lune.

Bylot et Baffin entreprennent une autre expédition vers le Nord-Ouest en mars 1616. Ils naviguent en direction nord jusqu'à 77° 45'. Il faudra attendre 236 ans avant que cette latitude nord ne soit dépassée. Ils cartographient la baie de Baffin et découvrent le DÉTROIT DE LANCASTER, sans se rendre compte qu'il s'agit de l'entrée du passage du Nord-Ouest.

Baffin meurt au cours d'une bataille contre les Portugais dans le golfe d'Oman. On lui avait demandé de faire le guet sur les murs du château, mais «une balle tirée du château l'atteint à l'abdomen, lui fait faire trois bonds avant qu'il ne meure sur le champ». Baffin fut le navigateur le plus talentueux à parcourir l'Arctique canadien au XVIIᵉ siècle, mais sa grande découverte du détroit de Lancaster fut vite oubliée.

James Marsh

Baggattaway (*Voir* CROSSE)

Bagot, sir Charles, gouverneur général de l'Amérique du Nord britannique de 1841 à 1843 (Rugeley, Angl., 23 sept. 1781—Kingston, Canada-Ouest [Ont.], 19 mai 1843). Après des études à Rugby et à Oxford, il est élu au Parlement britannique en 1807. Il est sous-secrétaire d'État aux Affaires étrangères, puis exerce successivement la fonction de ministre en France et aux États-Unis, puis celle d'ambassadeur en Russie et aux Pays-Bas. En 1817, il négocie un accord prévoyant le désarmement des Grands Lacs et du lac Champlain (l'ACCORD RUSH-BAGOT) avec le secrétaire d'État américain, Richard Rush.

En janvier 1842, sir Charles arrive à Kingston en tant que GOUVERNEUR GÉNÉRAL du Canada. En septembre de la même année, il est évident que le gouvernement de son prédécesseur, lord SYDENHAM, est en train de perdre la confiance de la majorité à l'Assemblée. Bagot invite le chef de file des Canadiens français, Louis-Hippolyte LAFONTAINE, à participer au Conseil exécutif. Lafontaine accepte la proposition, tout comme Robert BALDWIN. Même si Bagot n'adhère pas complètement au principe de GOUVERNEMENT RESPONSABLE, l'invitation lancée à Lafontaine n'est guère appréciée

à Londres, et sa politique n'est pas reprise par son successeur, sir Charles METCALFE.

Plusieurs mois avant sa mort, Bagot est alité et incapable de jouer un rôle actif au gouvernement, mais il n'en est pas moins sévèrement critiqué par les chefs conservateurs. Cependant, il reste très apprécié des réformistes, en particulier chez les Canadiens français, du fait de son aisance en français, de son charisme d'orateur et de son don pour la diplomatie en politique. Sa femme, lady Mary Wellesley-Pole, nièce du duc de Wellington, est très prisée en société à Kingston et à Québec.

Jacques Monet, S. J.

Bagshaw, Elizabeth Catherine, médecin (près de Cannington, Ont., 18 oct. 1881—Hamilton, Ont., 5 janv. 1982). Après avoir obtenu son baccalauréat en médecine de l'U. de Toronto en 1905, Bagshaw exerce sa profession avec succès pendant 60 ans. C'est toutefois comme directrice médicale de la clinique de planification des naissances d'Hamilton, poste qu'elle occupe pendant 30 ans, qu'elle est la plus connue.

Enthousiaste et courageuse, elle accepte le poste en 1932 malgré l'opposition de ses collègues médecins et des membres du clergé local. Elle travaille avec des bénévoles qui fournissent des contraceptifs peu coûteux et fiables aux femmes d'Hamilton. Bagshaw reçoit plusieurs distinctions au cours de sa vie, dont un doctorat honorifique de l'U. McMaster.

Dianne Dodd

Baha'isme Religion qui compte des adeptes dans 235 pays et territoires, et qui a formé 173 assemblées spirituelles nationales. On estime qu'il y a aujourd'hui 28 600 baha'is au Canada. Alors que le mouvement babi, précurseur du baha'isme, s'inspirait du chi'isme iranien (*voir* ISLAM), la foi baha'ie est indépendante et s'inspire de ses propres Écritures saintes, constituées surtout par les écrits du fondateur, Baha'Ullah (1817-1892), «la gloire de Dieu». Les baha'is le considèrent comme le messager de Dieu.

L'enseignement fondamental de Baha'Ullah est que l'humanité forme une seule race humaine et que l'ère de l'unification de cette race en une société mondiale est arrivée. Les principes de justice qui fondent cet enseignement sont notamment l'égalité des sexes, le droit de tous à l'éducation et aux possibilités économiques, l'abolition de toute forme de préjugé et l'objectif d'établir un gouvernement démocratique mondial doté de sa propre force de maintien de la paix.

Les baha'is croient que toutes les grandes religions du passé ont été des étapes de la révélation progressive de ce que Baha'Ullah a appelé «la Foi immuable de Dieu». Dieu est inconnaissable en lui-même, mais il se révèle d'âge en âge par ses messagers, dont la vie et l'enseignement sont un reflet des qualités divines. Ces révélations successives sont la principale force qui civilise la nature humaine et qui fait évoluer la société. D'autres messagers succéderont à Baha'Ullah aussi longtemps que l'univers existera, mais la tâche du troisième millénaire sera la réalisation de la vision d'unité mondiale de Baha'Ullah.

Le but de la vie d'une personne est de connaître et d'adorer Dieu. On atteint ce but lorsqu'on passe toute sa vie à apprendre à servir l'humanité en répondant au message de Dieu et, ce faisant, on améliore ses capacités spirituelles, morales et intellectuelles. Ces activités doivent être aidées par la prière, la méditation de la Parole créatrice et la maîtrise du tempérament physique. L'âme est immortelle et continue d'évoluer après la mort.

La foi baha'ie naît en Perse (ancien nom de l'Iran) en 1844 avec l'annonce de l'avènement d'une nouvelle ère par un précurseur de Baha'Ullah appelé le Bab (1819-1850), nom qui signifie «la Porte». Celui-ci, ainsi qu'environ 20 000 de ses disciples perses, que le clergé musulman considère comme hérétiques, est persécuté et tué. Baha'Ullah est emprisonné, puis exilé et détenu dans la prison-forteresse turque d'Akko, sur la baie de Haïfa, dans le territoire actuel d'Israël. Les sanctuaires où se trouvent les tombeaux du Bab et de Baha'Ullah sont aujourd'hui les centres d'attraction d'un imposant complexe de jardins et de bâtiments. En 1987, plus de 2000 groupes ethniques sont représentés dans les 120 000 centres baha'is qui existent dans le monde entier. Les persécutions menées contre les 300 000 baha'is d'Iran pour leur refus de renier leur foi se sont intensifiées sous le régime de l'ayatollah Khomeiny et sous la république islamique actuelle.

Les baha'is n'ont aucun clergé. Les affaires de la communauté sont dirigées par des conseils locaux, nationaux et internationaux démocratiquement élus. Aux deux paliers inférieurs, les conseils, appelés assemblées spirituelles, sont élus chaque année. Le conseil suprême d'administration, appelé Maison universelle de justice, est élu tous les cinq ans. Son siège se trouve au Centre mondial de la foi, à Haïfa, près du mont Carmel. En raison de ses croyances, la foi baha'ie accorde une grande importance à la coopération et consacre tous ses efforts à l'unité mondiale. L'organisme qui la représente dans les affaires internationales, la Communauté internationale baha'ie, a un statut consultatif auprès de l'ORGANISATION DES NATIONS UNIES à titre d'organisme non gouvernemental et participe activement à de nombreuses activités humanitaires et éducatives de cette organisation.

Le baha'isme au Canada

Le Canada a joué un rôle remarquablement important dans l'histoire du baha'isme. Après avoir visité Montréal et plusieurs villes des États-Unis en 1912, le fils du fondateur, Abd Al-Baha, confie aux croyants canadiens et américains la responsabilité commune de la propagation de la foi baha'ie à travers le monde. Les baha'is canadiens répondent de façon enthousiaste et les responsabilités assumées par leur communauté au chapitre des activités internationales se situent au deuxième rang en terme d'importance. L'une des membres de la communauté, Mary Sutherland Maxwell, de Montréal, épouse en 1937 l'arrière-petit-fils du fondateur de la foi baha'ie, Shoghi Effendi Rabbani, qui joue le rôle vital de Gardien de la Cause de Dieu jusqu'à sa mort en 1957.

La communauté canadienne a joué un rôle particulièrement important dans la conception de nombreux sanctuaires et lieux de culte imposants dans le monde entier. Deux architectes baha'is de Montréal, Jean-Baptiste Louis Bourgeois et William Sutherland Maxwell, ont conçu respectivement le sanctuaire du Bab au mont Carmel, en Terre sainte, et le premier lieu de culte de l'hémisphère occidental, à Chicago, en Illinois. Plus récemment, un architecte baha'i de Vancouver, Fariborz Sabha, a créé l'extraordinaire Temple du Lotus, à New Delhi en Inde, dont les publications internationales d'architecture ont fait l'éloge. Un autre baha'i de Vancouver, H. Amanat, est le concepteur du complexe d'édifices monumentaux en marbre qui constituent le centre administratif international de cette religion, sur les pentes du mont Carmel, à Haïfa en Israël, et dont la construction sera bientôt terminée.

Les baha'is canadiens travaillent à d'innombrables projets de développement communautaire entrepris par leur religion de par le monde, et leur assemblée nationale collabore à diverses activités du même genre avec l'AGENCE CANADIENNE DE DÉVELOPPEMENT INTERNATIONAL et le CENTRE DE RECHERCHES POUR LE DÉVELOPPEMENT INTERNATIONAL. La communauté canadienne a pris l'initiative de former une organisation internationale pour les études baha'ies qui réunit des spécialistes et des étudiants en vue d'appliquer les principes baha'is à diverses préoccupations sociales. L'Association d'études baha'ies, fondée en 1977, a son bureau central à Ottawa et a des organismes affiliés dans 25 pays.

Cette foi a attiré des membres de toutes les provinces et de tous les territoires du Canada, et ses fidèles appartiennent à tous les groupes ethniques et classes sociales. Environ 35 de ses 374 assemblées spirituelles locales élues se trouvent dans des réserves amérindiennes. D'autres se composent d'Inuits vivant dans des endroits éloignés de l'Arctique. L'Assemblée spirituelle nationale du Canada est la première institution baha'ie du monde à avoir été officiellement constituée en corporation par loi spéciale d'un parlement souverain (1949). Cet exemple a été suivi par de nombreux pays. Le Baha'i National Centre est situé à Thornhill, en Ontario, et l'ancienne maison des Maxwell, à Montréal, est aujourd'hui un lieu de PÈLERINAGE baha'i.

J. Douglas Martin

Baie-Comeau, ville du Qc; pop. 25 554 (rec. 1996), 26 012 (rec. 1991); superf. 352,27 km²; const. en 1937; située sur la rive nord du FLEUVE SAINT-LAURENT, à environ 422 km au nord-est de Québec, à l'embouchure de la RIVIÈRE MANICOUAGAN. Au début du XXᵉ s., la région est encore un immense territoire de chasse et de pêche occupé par les INNUS (MONTAGNAIS-NASKAPIS), complètement isolé et sans voie d'accès.

Profitant de sa position géographique avantageuse (baie en eau profonde, rivières avoisinantes au débit important et immenses ressources forestières), le colonel Robert R. McCormick, éditeur du *Chicago Tribune*, fonde la ville et y construit une papeterie en 1936. On nomme alors la ville Napoléon-Alexandre-Comeau en hommage à un naturaliste bien connu de la Côte-Nord. Au cours des années 50, Baie-Comeau connaît une croissance rapide: la Quebec North Shore Paper Co. prend de l'expansion et rénove son usine de papier, la Reynolds y construit une grande usine d'ALUMINIUM en 1958, puis la Cargill Grain Co. y installe des silos à grains en 1960.

La construction d'une route de 448 km reliant les localités de la Côte-Nord en 1960 et la réalisation, entre 1959 et 1979, de barrages hydroélectriques sur les rivières aux Outardes et Manicouagan, stimulent la croissance économique de la ville et de la région. Les installations Manic-Outardes construites par HYDRO-QUÉBEC alimentent la ville de Québec en électricité. Le barrage Daniel-Johnson (Manic 5), à 210 km au nord de Baie-Comeau, est l'un des plus grands du monde. L'aluminerie s'est agrandie pour devenir la plus importante en Amérique du Nord. De plus, la région est dotée d'un port en eau profonde. Baie-Comeau est aussi la ville natale de l'ancien premier ministre du Canada, Brian MULRONEY.

Claudine Pierre-Deschenes

Baie Verte, ville de T.-N.; pop. 1708 (rec. 1996), 1913 (rec. 1991); superf. 395,36 km²; const. en tant que ville en 1958; située le long de la côte Nord-Est de T.-N., sur la péninsule de Baie Verte. Bien qu'elle fasse partie de la CÔTE FRANÇAISE jusqu'en 1904, cette région est habitée par des colons anglais à compter de 1870. Aux environs de 1850, on y exploite une mine de cuivre. Les exploitations minière et forestière sont les principaux secteurs d'activités de la ville jusqu'en 1915, année de fermeture de la mine.

L'exploitation minière redevient importante en 1963, alors que Advocate Mines Ltd. entreprend l'exploitation des mines d'amiante et que la Consolidated Rambler y reprend peu après l'exploitation du cuivre. À la fin des années 70, la moitié de la main-d'œuvre travaille dans les mines, mais, au début des années 80, la baisse des prix entraîne des arrêts de travail. La mine de cuivre d'Advocate ferme alors et devient la propriété de Baie Verte Mines inc. La fermeture de la mine de cuivre entraîne une baisse de 20 p. 100 de la population au cours des cinq années suivantes, malgré l'espoir suscité pour l'avenir de la collectivité par la découverte de minerai dans cette région. Baie Verte demeure le principal centre de services de la péninsule.

Robert D. Pitt

Baies de culture Les baies ou les petits fruits (*voir* FRUITS ET LÉGUMES, INDUSTRIE DES) tendres cultivés en plus grande quantité au Canada sont la fraise (*Fragaria ananassa*), la framboise rouge (*Rubus idaeus*), le bleuet (airelle des bois) en corymbe ou bleuet arbustif (*Vaccinium corymbosum*), le bleuet à feuilles étroites ou bleuet nain (*V. angustifolium*) et la canneberge (atoca) (*V. macrocarpon*). La mûre (*Rubus* d'espèces diverses), qui est un autre petit fruit tendre qui pousse en Amérique du Nord, ne fait pas l'objet d'une production commerciale au Canada. C'est dans le sud-ouest de la Colombie-Britannique que sont produites les plus grandes quantités de baies au pays, sauf pour ce qui est du bleuet à feuilles étroites.

La fraise représente une culture importante en Ontario, au Québec et dans les Maritimes, ainsi que dans quelques régions à l'extérieur des centres urbains des Prairies. Ces dernières années, la production de framboises rouges a connu un grand essor en Colombie-Britannique (le plus grand producteur du monde), mais a diminué dans l'Est du Canada. La production de bleuets en corymbe a augmenté en Colombie-Britannique et est demeurée stable dans certaines régions de l'Ontario, du Québec et des Maritimes. La production de bleuets à feuilles étroites, presque entièrement limitée aux Maritimes, a augmenté.

La culture de la fraise et de la framboise est à son meilleur dans un sol fertile et bien drainé. Dans les sols plus lourds, la croissance risque d'être sérieusement affectée par la pourriture des racines. Le bleuet en corymbe donne une meilleure production dans un sol acide et riche en matières organiques. Le bleuet à feuilles étroites croît en sol acide, habituellement peu ou moyennement fertilisé, p. ex. des terres agricoles laissées à l'abandon. La canneberge abonde dans les sols acides des marais ou des tourbières. Toutes les cultures de petits fruits sont considérées vivaces. Cependant, certaines plantations de fraises sont remplacées tous les deux ans, surtout là où les maladies et les insectes affectent la récolte. Les plantations des autres petits fruits continuent parfois de produire durant 25 ans ou plus.

Les plants de chacune de ces cultures peuvent s'autoféconder. Cependant, la pollinisation croisée permet d'obtenir des fruits plus gros et en plus grande quantité. Pour ce faire, les abeilles doivent être en nombre suffisant pour assurer la distribution du pollen à l'intérieur de la plantation. La fraise est cueillie à la main, et la récolte de la framboise rouge et du bleuet en corymbe se fait habituellement à l'aide de divers types de machines munies d'un crible. Les canneberges sont recueillies par une machine qui secoue le fruit de l'arbrisseau. Le bleuet à feuilles étroites est récolté à la main, au moyen de râteaux à bleuets.

Le fraisier Le fraisier est cultivé selon deux procédés: à rangs buttés, auquel cas on enlève tous les stolons, et la production provient entièrement des plantes mères, espacées de 30 cm à 35 cm dans des rangs séparés de 2,7 m à 3 m; à rangs nattés, où l'on choisit un certain nombre de stolons qu'on laisse s'enraciner, et les plantes mères et les stolons produisent des fruits. Les plantes mères sont espacées de 50 cm à 75 cm dans des rangs séparés de 2,7 m à 3 m. Généralement, les fruits produits en rangs buttés sont plus gros et vendus frais aux marchés. Les fruits plus petits des rangs nattés sont expédiés aux industries de transformation.

Le framboisier rouge Le framboisier rouge est généralement planté tôt au printemps. Pour une nouvelle plantation, les tiges d'un an, sans inflorescence, sont espacées de 75 cm dans des rangs séparés de 3 m. Dans des plantations bien établies, on laisse jusqu'à 12 tiges par plant ou souche. Les vieilles tiges sont enlevées en hiver. Tôt au printemps, on rabat à 1,5 m les nouvelles tiges de fructification.

Le bleuet Le bleuet en corymbe pousse sur de hautes tiges espacées de 1,5 m à 1,8 m dans des rangs séparés de 3 m. Le rabattage annuel, qui consiste à couper les tiges les plus vieilles et les plus faibles, se fait en hiver. Comme la plupart des bleuetières de bleuets à feuilles étroites se développent en milieu naturel, la question de l'espacement ne s'applique pas. Le rabattage se fait tard en automne ou tôt au printemps par feux de broussailles alimentés et contrôlés au pétrole, au propane ou à la paille.

La canneberge La canneberge est cultivée sur des tiges longues de 7 cm à 10 cm et plantée pour un rapport de 1700 kg/ha à 2200 kg/ha. Le rabattage n'est pas nécessaire.

Insectes et maladies

Toutes les cultures de petits fruits sont affectées par les insectes et divers organismes pathogènes. La fraise et la framboise sont particulièrement réceptives aux moisissures (*voir* CHAMPIGNON) du fruit, avant et après la récolte, qui sont circonscrites par des pulvérisations chimiques et par la résistance génétique des plants. Les maladies virales, qui sont transmises par les PUCERONS, affectent parfois gravement la production de fraises. Le recours à certains cultivars (variétés commerciales) plus résistants, combiné avec la répression chimique des pucerons, peut empêcher la propagation des virus.

Les virus s'attaquent aussi à la framboise rouge, mais une résistance accrue des plants a permis de limiter la dispersion. Les problèmes de racines dans les deux cultures sont parfois aussi causés par les insectes et les NÉMATODES, en plus des moisissures. Dans le cas de ces dernières, l'aération des racines par un meilleur drainage du sol peut suffire. Les insectes et les nématodes qui attaquent les racines sont éliminés par fumigation ou arrosage de PESTICIDES.

Le bleuet et la canneberge sont particulièrement vulnérables aux maladies fongiques que sont la pourriture sclérotique et la moisissure cotonneuse des fruits. Dans les deux cas, les fruits infectés présentent une masse de spores semblable à une boule de coton blanc autour des graines. Le contrôle se fait par répression chimique ou par des moyens préventifs, comme la destruction des fruits infectés. Le bleuet est habituellement peu affecté par les INSECTES NUISIBLES, alors que la canneberge y est très sensible. Le fléau est habituellement combattu par des méthodes culturales, dont l'inondation des tourbières. Ces dernières années, le coût élevé de la main-d'œuvre a rendu nécessaire l'emploi de produits chimiques pour détruire les PLANTES NUISIBLES dans toutes les cultures. Les procédés varient selon la culture et l'emplacement.

L'avenir

L'avenir de la production de petits fruits semble assuré au Canada en raison de certains facteurs intimement liés: développement de pratiques de culture plus efficaces, moins exigeantes en main-d'œuvre (récolte mécanique, meilleures méthodes de formation); nouveaux produits (yogourt, jus); et nouvelles méthodes de commercialisation (autocueillette, vente directe au marché des producteurs). L'augmentation de la production a été stimulée par le désir d'atteindre une plus grande indépendance dans la production de fruits et par la certitude que les petits fruits représentent des substituts nutritifs satisfaisants aux produits dérivés de fruits importés. Une indépendance accrue signifie une augmentation des besoins pour un rendement stable dans les régions déjà productrices et un développement dans les régions périphériques. La demande pour une augmentation de la production devrait encourager la RECHERCHE SUR LES CULTURES portant sur tous les aspects de la culture des petits fruits.

Hugh A. Daubeny

Baies sauvages On trouve au Canada plus de 200 espèces de petits fruits (*voir* FRUITS ET LÉGUMES, INDUSTRIE DES) charnus sauvages. La plupart des gens considèrent qu'ils sont tous des «baies», mais du point de vue technique, ils sont classés dans différentes catégories, y compris les drupes ou fruits à noyau (p. ex. la cerise et la baie de sureau), les fruits à pépins (p. ex. la saskatoon appelée aussi amélanche ou petite poire), les vraies baies (comme la groseille à maquereau et la myrtille) et les fruits agrégés (tels la framboise et la fraise). Ici, le mot «baie» est utilisé dans son sens le moins technique.

Quelques baies sont vénéneuses, d'autres sont d'une comestibilité douteuse ou d'un goût désagréable. Aucune règle ne distingue les espèces vénéneuses des espèces comestibles. Quiconque veut récolter des baies sauvages doit apprendre à connaître les espèces de sa région et à les préparer.

Les Amérindiens consommaient presque toutes les espèces comestibles. Ils en séchaient de nombreuses espèces ou les conservaient dans de l'eau ou de l'huile pour les consommer hors saison. Elles ajoutaient de la variété et comme plusieurs d'entre elles sont riches en vitamines et en minéraux, elles jouaient un rôle nutritionnel essentiel dans le régime alimentaire traditionnel. Les colons européens aimaient aussi les baies sauvages et s'en servaient pour faire des desserts, des conserves, des jus et des vins. Les Canadiens les apprécient encore et préfèrent souvent leur saveur à celle des baies commerciales. Voici une description des baies sauvages qu'ils préfèrent.

La mûre appartient au genre *Rubus*, de la famille des roses, rosacée. Plus de 12 espèces de mûriers poussent dans les bois et les clairières, surtout dans les provinces de l'Est et dans le sud de la Colombie-Britannique. Ce sont des fruits de choix: crus ou apprêtés, ils font d'excellentes tartes, confitures et gelées et de bons vins.

La myrtille, l'airelle et le bleuet du Canada (genre *Vaccinium*, famille des bruyères, éricacées) poussent sur des arbrisseaux et sont comestibles. On en trouve quelque 18 espèces au Canada, y compris la canneberge commune ou atoca (dont on parlera séparément). Leur couleur varie du rouge au noir en passant par le bleu. Les variétés cultivées proviennent d'espèces sauvages.

La shépherdie argentée (*S. argentea*), du genre *Shepherdia*, de la famille des oléastres, éléagnacée, et la shépherdie du Canada ou arbre à savon (*S. canadensis*), croissent sur des arbrisseaux à feuilles caduques. Ce sont de petits fruits de couleur orange rougeâtre. Au Canada, le premier de ces arbrisseaux pousse surtout dans les PRAIRIES tandis que le deuxième pousse d'un océan à l'autre. Les fruits sont amers, mais bons en gelée. Ceux de la shépherdie argentée étaient utilisés par les Amérindiens pour assaisonner la viande de bison. Les autochtones de la Colombie-Britannique fouettent la shépherdie du Canada avec de l'eau pour en faire une sucrerie fort appréciée.

La cerise de Virginie (*Prunus virginiana*, famille des roses, rosacée) pousse sur le cerisier à grappes, ou cerisier de Virginie, un arbrisseau ou arbuste répandu dans tout le sud du Canada et vers le nord jusqu'au Yukon. Les fruits, dont la couleur varie du rouge au noir, poussent en longues grappes. Ils ont de gros noyaux pierreux et peuvent être astringents, mais sont excellents en gelée, en jus et en sirop. Six autres espèces du genre *Prunus* (quatres cerises et deux prunes) proviennent du Canada.

La canneberge (genre *Vaccinium*, famille des bruyères, Éricacée) est une plante vivace basse qui ressemble à une vigne et pousse dans des tourbières (*voir* MUSKEG et TOURBE). Trois ou quatre espèces étroitement liées sont connues, dont l'une est le précurseur de la canneberge cultivée. Les canneberges ont un goût âpre, mais sont bonnes en sauce et dans les desserts. La lingonne ou airelle de montagne (*V. vitis-idaea*) est de la même famille, mais elle est plus petite et pousse en grappes. Le pimbina ou viorne trilobée (*Viburnum opulus* et *V. edule*, famille des chèvrefeuilles, caprifoliacées) a un goût âcre et pousse aussi en grappes sur de grands arbustes.

La gadelle appartient au genre *Ribes*, de la famille des saxifragacées, sous-famille des groseilles, grossularioidée. On en trouve quelque 14 espèces au Canada, dont plusieurs ressemblent aux variétés domestiques et sont utilisées de façon semblable. Sa couleur va du rouge au noir en passant par le bleuâtre. Les gadelliers n'ont ni épine ni aiguillon et sont donc différents des groseillers à maquereaux.

La groseille (genre *Ribes*, famille des saxifragacées, sous-famille des groseilles, grossularioidée) pousse sur des arbrisseaux épineux ou à aiguillons de la famille des gadelliers. On trouve les groseillers à maquereaux dans tout le Canada, sauf dans le Grand Nord. Nous en avons au moins 12 espèces. La couleur des groseilles va du rougeâtre au pourpre foncé. Elles ont un goût aigrelet et, comme leurs parentes cultivées, sont meilleures en gelée et en conserve.

La framboise (*Rubus idaeus* ou *R. Strigosus*, famille des roses, rosacée) pousse dans les bois et dans les clairières, de Terre-Neuve à la Colombie-Britannique et dans les Territoires. C'est à partir du framboisier sauvage qu'on a développé les variétés cultivées. La famille de la framboise compte la framboise noire (*R. occidentalis*), la ronce occidentale (*R. occidentalis leucodermis*), la mûre blanche (*R. chamaemorus*), la ronce acaule (*R. arctiens*), la ronce parviflore (*R. odoratus*, *R. parviflorus*) et la ronce élégante (*R. spectabilis*).

Le salal (gaulthérie Shallon, famille des bruyères, éricacée) pousse sur un arbrisseau à feuilles persistantes qu'on trouve principalement le long de la côte de la Colombie-Britannique. Les fruits sont disposés en grappes. Une fois écrasés en purée puis séchés en prévision de l'hiver, ils constituent encore un plat important des autochtones de la côte Nord-Ouest. Quatre autres espèces de gaulthérie croissent au Canada.

La saskatoon, aussi appelée amélanche ou petite poire, (*Amelanchier alnifolia*, famille des roses, rosacée) pousse sur un arbuste à feuilles caduques qu'on trouve de l'ouest de l'Ontario jusqu'en Colombie-Britannique ainsi qu'au Yukon. La ville de Saskatoon tire son nom d'un mot cri désignant un fruit charnu et sucré de première importance pour les autochtones et les premiers colons. Dans les Prairies, les saskatoons étaient un important composant du PEMMICAN. Elles sont encore appréciées et les sélectionneurs de végétaux en développent des variétés pour la production commerciale. Quelque 15 espèces apparentées, toutes à fruits comestibles, poussent au Canada.

La fraise appartient au genre *Fragaria*, de la famille des roses, rosacée. Trois espèces de fraisiers sont originaires du Canada. Les fraisiers poussent dans les bois, les prairies, les clairières et sur les littorals. Tous les fraisiers sont des plantes vivaces herbacées à feuilles trilobées et ressemblent étroitement aux fraisiers domestiques, lesquels viennent de deux espèces sauvages. Malgré leur douceur et leur petitesse, la saveur délicate des fraises sauvages en font un fruit très apprécié. (*Voir aussi* BAIES DE CULTURE et PLANTES, UTILISATION PAR LES AUTOCHTONES DES).

Nancy J. Turner

Bailey, Alfred Goldsworthy, historien, poète, homme de lettres (Québec, 18 mars 1905—Fredericton, 21 avr. 1997). Il fait des études à l'U. du Nouveau-Brunswick, à l'U. de Toronto et à la London School of Economics. Universitaire dévoué, il travaille au Musée du Nouveau-Brunswick, puis à l'U. du Nouveau-Brunswick où il occupe différents postes: professeur d'histoire, doyen de la faculté des Arts et vice-recteur à l'enseignement. Son œuvre la mieux connue est sans doute *The Conflict of European and Eastern Algonkian Cultures, 1504-1700: A Study in Canadian Civilization* (1937).

Il publie son premier recueil de poèmes, *Songs of the Saguenay* (1927), à compte d'auteur à Québec. Il y apparaît, ainsi que dans *Tao* (1930), comme un jeune artisan aux convictions traditionalistes. Il fréquente les milieux littéraires de Fredericton et collabore à la mise sur pied de la revue *The Fiddlehead*. En 1952, il publie *Border River*, un recueil aux accents plus modernes et à la forme plus libre. Ses œuvres complètes, *Miramichi Lightning* (1981), bouclent la boucle et révèlent au lecteur un poète accompli.

Son style conservateur et fortement imprégné du romantisme propre à la poésie de la fin du XIXᵉ siècle fait place par la suite à une poésie contemporaine dans laquelle il peint la réalité qui l'entoure. Ses propos donnent souvent l'illusion d'être contenus mais traduisent, en fait, une imagination débordante. En 1972, il publie une série d'essais, *Culture and Nationality*, qui ne font que le confirmer dans son rôle, déjà établi, d'historien culturel. Il a été Membre de la Société royale du Canada et Officier de l'Ordre du Canada.

Michael Gnarowski

Bailey, Brian, designer de mode (Galahad, Alb., 15 févr. 1958). Bailey naît dans une famille de cinq garçons, dans une région rurale de l'Alberta. Il se fait connaître comme créateur d'une collection de vêtements pour femme «tout aller», très citadins et sophistiqués. En 1981, après des débuts dans la vente au détail de vêtements pour homme, il déménage à Toronto pour étudier le dessin de mode à la RYERSON POLYTECHNICAL UNIVERSITY. En 1983, il est engagé par la maison de couture Cowan, où il crée des collections pour la marque Bernard Cowan. En 1988, Bailey est déjà reconnu comme un des grands designers canadiens et lance sa propre marque après avoir passé un contrat avec la compagnie de Cowan. Cet accord se termine en 1992, quand il fonde sa propre compagnie, Iscariot Design, qui distribue actuellement la marque Brian Bailey au Canada, aux États-Unis et au Royaume-Uni.

Important promoteur du design de mode au Canada, Bailey aide à mettre en place les Toronto Ready To Wear Canadian Designer Collections. Il est président de Designers Ontario, et représente les designers à la Campagne sectorielle du vêtement mode et au City of Toronto Fashion Industry Liaison Committee. L'industrie reconnaît son talent et il reçoit plusieurs prix. En 1994, son travail est récompensé par l'Industry Achievement Award.

Kelly Okamura, Designlink

Bailey, Donovan, sprinter (Manchester, Jamaïque, 16 déc. 1967). Bailey est adolescent lorsqu'il vient s'établir au Canada, en 1981. Athlète doué, il n'est pas encore prêt à se consacrer entièrement au sprint. Il lance plutôt une entreprise import-export de vêtements (son véritable intérêt) qui connaît la réussite. Ce n'est qu'en 1990 qu'il s'entraîne régulièrement à la course sur courte piste. Ses performances sont assez bonnes pour lui faire obtenir une place dans l'équipe nationale de sprint et, en 1993, il est coureur de réserve au relais 4 x 100 m.

Après le championnat du monde de 1993, il s'établit en Louisiane afin de s'entraîner sérieusement. Ses temps s'améliorent de façon remarquable, si bien qu'en 1995 il remporte plusieurs victoires et établit le meilleur chrono au monde pour la saison. La même année, au championnat canadien, il réussit un chrono de 9,91 s à la finale du 100 m et devient le favori pour remporter le championnat du monde. Il domine la finale du 100 m au championnat mondial à Goteborg, en Suède, avec un temps de 9,97 s et remporte la médaille d'or.

Ses performances constituent les moments les plus marquants des Jeux olympiques de 1996, à Atlanta. Devant les meilleurs coureurs jamais rassemblés jusqu'alors, Bailey remporte la finale du 100 m en enregistrant un record mondial de 9,84 s. De plus, il est celui qui passe la ligne d'arrivée à la finale du relais 4 x 100 m, donnant ainsi la victoire à son équipe et volant la médaille d'or aux Américains.

Bailey, Loring Woart, géologue et pédagogue (West Point, N.Y., 28 sept. 1839—Fredericton, N.-B., 10 janv. 1925). Fils d'un professeur de l'US Military Academy, Bailey fait ses études à Harvard et à Brown et fréquente des hommes de science importants. À l'U. du Nouveau-Brunswick, il enseigne la chimie et les sciences naturelles de 1861 à 1900, puis la biologie et la géologie de 1900 à 1907. Bailey s'intéresse beaucoup à la géologie, à la biologie, à l'anthropologie et à la physique appliquée.

En 1863 et en 1864, avec G.F. Matthew et C.F. Hartt, il parcourt le Nouveau-Brunswick pour y effectuer des levés minéralogiques et géologiques. Ils découvrent que les formations rocheuses datent de l'âge silurien (cambrien) et non précambrien comme on le croyait. Leurs travaux permettront de déterminer la composition géologique de toute la région, y compris la Nouvelle-Angleterre. À partir de 1868, Bailey effectue pendant l'été des travaux sur le terrain pour la Commission géologique du Canada. Membre fondateur de la Société royale du Canada (1882), il quitte l'enseignement en 1907. À titre de membre du Conseil de biologie, il poursuit des recherches sur les diatomées au Canada.

Suzanne Zeller

Baillairgé, Famille Architectes, sculpteurs et peintres ayant œuvré au Québec durant cinq générations jusqu'au XXᵉ siècle. Les membres les plus éminents de cette famille sont Jean, François, Thomas et Charles.

Baillairgé, Jean Maître charpentier, sculpteur, menuisier, architecte (Blanzay, France, 31 oct. 1726—Québec, 6 sept. 1805). Jean Baillairgé est amené en Nouvelle-France en 1741 par Mgr Pontbriand. Il maîtrise déjà les techniques de la menuiserie, en plus de posséder des rudiments du classicisme académique français. Durant 60 ans, il l'exécute, et conçoit à l'occasion, des ouvrages en bois pour des magasins, des demeures particulières ainsi que des édifices publics et religieux.

Il convient notamment de mentionner ses sculptures pour des églises de Québec et des alentours, en particulier la chaire, le banc des marguilliers et le clocher (1768), de même que le retable (1786-1793), avec l'aide de son fils) de la cathédrale Notre-Dame à Québec. Homme inflexible sur les questions de religion, de devoir et d'autorité, mais de caractère joyeux, il combat dans les rangs de la milice de Nouvelle-France en 1759, puis il fait partie de la garnison britannique qui s'oppose aux envahisseurs américains en 1775-1776. Il suscite chez ses contemporains un engouement pour les arts de la construction et fonde une dynastie d'architectes, de sculpteurs et de peintres.

Baillairgé, François Sculpteur, architecte, peintre et trésorier municipal (Québec, 21 janv. 1759—Québec, 15 sept. 1830). Par la qualité de son travail, François Baillairgé surpasse son père Jean, surtout dans les sculptures ornementales. À une époque où le Québec est coupé de sa mère patrie, il renoue avec les principes du classicisme français en vogue sous le règne de Louis XVI. Reconnaissant très tôt les talents de François, son père et les autorités du Séminaire de Québec l'envoient étudier à Paris, à l'Académie royale de peinture et de sculpture, de 1778 à 1781.

À son retour, François sculpte des retables pour de nombreuses églises paroissiales en plus de produire des grands tableaux d'inspiration religieuse, des figures de proue et des œuvres fantaisistes comme les armoiries pour le carrosse du duc de Kent. Travaillant d'abord avec son père et ensuite avec son fils, François excelle dans la conception et l'exécution d'ouvrages richement ciselés dans une veine classique, destinés à l'intérieur des églises. Parmi ses chefs-d'œuvre, mentionnons ceux de L'Islet (1782-1786), de Saint-Ambroise-de-la-Jeune-Lorette (1810-1816), de Saint-Joachim de Montmorency (à partir de 1816) et de Baie-Saint-Paul (1818-1828). François Baillairgé a vraisemblablement introduit le

baldaquin et le tabernacle à dôme de style Louis XVI, qui ornent les autels du Québec.

Il possède une formation de type classique comme en témoignent les leçons qu'il donne en peinture, en sculpture et en mathématiques, de même que son application des théories figurant dans les traités d'architecture achetés en France. Il applique consciencieusement les principes tirés du livre (1568) de Philibert de L'Orme, interprète français des goûts italiens de la Renaissance, dans ses compositions pour le tabernacle de la cathédrale Notre-Dame à Québec et la façade de la prison de Québec (1808-1814). En compagnie de son fils Thomas et de l'abbé Jérôme DEMERS, François Baillairgé ouvre la voie à l'épanouissement du néoclassicisme académique au Québec.

Baillairgé, Thomas Architecte, sculpteur et peintre (Québec, 20 déc. 1791—Québec, 9 févr. 1859). S'inspirant de l'héritage architectural légué par son père François et son grand-père Jean, Thomas Baillairgé pousse l'architecture des églises québécoises au summum de la perfection. Dans son travail, il évolue graduellement de l'exécution à la conception. Il collabore étroitement avec l'abbé Jérôme Demers, qui tente d'établir les règles et les principes de conception et d'exécution architecturale dans son «Précis d'architecture» (1828). Ce traité d'architecture didactique, le premier rédigé au Canada, est complété par des dessins et estampes classiques de Thomas Baillairgé.

Celui-ci opère une synthèse de son héritage Renaissance en mêlant les styles néoclassiques français et anglais, qui se traduit par une série d'églises harmonieuses et monumentales. Tant l'intérieur en relief fascinant de l'église Saint-Joachim de Montmorency (1816-1829) que le double clocher rehaussant la façade de la cathédrale Notre-Dame de Québec (1843) et des églises Sainte-Geneviève de Pierrefonds (1844) et Saint-Roch de Québec (1845) illustrent son sens du classicisme, caractérisé par une intégration rigoureuse des divers éléments en un ensemble harmonieux.

Conformément à la tradition familiale, dans le cadre de sa profession, il enseigne à ses apprentis l'architecture et la sculpture, et leur accorde un certificat de compétence au bout de trois ans de travaux pratiques, de cours théoriques et de lectures dans sa splendide bibliothèque. Ce célibataire affable, amoureux de la musique, anime souvent des soirées au cours desquelles l'élite canadienne-française discute tantôt de politique, tantôt de sciences et d'histoire. Ce concepteur d'églises, le plus éminent au Canada français, influencera l'architecture religieuse durant près d'un siècle.

Baillairgé, Charles Architecte, ingénieur civil, arpenteur, mathématicien, inventeur et auteur (Québec, 29 sept. 1826—Québec, 10 mai 1906). Issu de la quatrième génération de cette dynastie, il rompt avec le classicisme de ses prédécesseurs et devient un concepteur éclectique bien au fait des progrès technologiques et de la diversité de styles propres à son époque. Apprenti auprès du cousin de son père, Thomas, il obtient ses galons d'architecte, d'ingénieur civil et d'arpenteur provincial dès l'âge de 22 ans.

La transition d'artisan à concepteur est complétée, puisque Charles, contrairement aux créateurs précédents de la famille Baillairgé, ne réalise pas ses œuvres lui-même. Homme ambitieux et curieux intellectuellement, il délaisse rapidement le néoclassicisme de son mentor pour créer des édifices innovateurs et sortant de l'ordinaire. Deux de ses premières créations bousculent le conservatisme architectural du Québec: une chapelle d'inspiration néogothique comportant un triple balcon, destinée aux Sœurs de la Charité (1850-1854), et l'atelier Bilodeau doté de colonnes doriques de 8 mètres de haut et, à l'intérieur, d'une mezzanine en porte-à-faux (1849-1850).

Durant les années 1850, il obtient des commandes importantes, notamment la salle de musique de Québec (1851-1853), l'U. Laval (1854-1857), l'église de Sainte-Marie de Beauce (1854-1860) et la prison de Québec (1860-1863). Sa réputation est telle qu'on le convoque à Ottawa, en 1863, pour superviser la construction des ÉDIFICES DU PARLEMENT et des bâtiments ministériels. Son ambition personnelle de passer du poste d'architecte associé à celui d'architecte en chef des travaux publics échoue en raison de la corruption qui règne à Ottawa. Appelé à témoigner contre les entrepreneurs, il est brusquement démis de ses fonctions de sorte que son témoignage ne sera pas entendu. De retour à Québec, il remplace son père à titre d'ingénieur municipal, poste qu'il occupera de 1866 à 1898.

Lecteur passionné, Charles Baillairgé enrichit la bibliothèque architecturale de François et de Thomas en collectionnant une grande variété de livres provenant d'Angleterre, de France, de Belgique, et des États-Unis. Il rédige lui-même de nombreux écrits, tant en français qu'en anglais, sur l'architecture, le génie, les langues et les mathématiques. Son tableau stéréométrique, une formule mathématique servant à mesurer les volumes, lui vaut une notoriété internationale.

Son goût de l'étude et son penchant pour la mécanique l'amènent à inventer une automobile à vapeur alors qu'il a à peine 17 ans, de même qu'une fontaine rotative électro-chromatique et une réplique de la tour Eiffel en fer destinée à la ville de Londres. Travailleur infatigable, Charles Baillairgé dessine les plans de plus de 180 édifices, signe plus de 250 livres et articles et engendre 20 enfants. Son fils William Duval lui succède au poste d'ingénieur municipal, prolongeant ainsi jusqu'à la cinquième génération le rayonnement de sa famille dans le milieu québécois de la construction.

Christina Cameron

Baillie, James Little, ornithologue, naturaliste et auteur (Toronto, 4 juil. 1904—Toronto, 29 mai 1970). Employé du Musée royal de l'Ontario (ROM) pendant 48 ans, Baillie consacre tout son temps, son travail comme ses loisirs, à l'étude et à l'interprétation ornithologiques. À sa mort, il était conservateur adjoint en ornithologie au ROM. Il a aussi occupé les postes de registraire, d'employé de catalogue et de conservateur de la collection ornithologique du musée.

Dans son domaine, il accomplit un travail incroyable: il participe au Council of the American Ornithologists' Union, occupe le poste de secrétaire-trésorier de la Canadian Audubon Society, travaille à la mise sur pied du Toronto Ornithological Club, préside le Toronto Field Naturalists, rédige pendant 29 ans un article hebdomadaire sur les oiseaux dans le *Toronto Telegram* et donne des conférences sur l'ornithologie à l'U. de Toronto. De plus, il écrit de nombreux articles sur l'ornithologie publiés par le ROM. Il compile des volumes de données sur les naturalistes d'Amérique du Nord qui sont maintenant à l'U. de Toronto. Le Toronto Field Naturalists' Club acquière 36 ha de terres près de Uxbridge en Ontario, qui deviennent la réserve naturelle Jim Baillie.

G. Bennett

Baillif, Claude, constructeur et architecte (v. 1635—Antilles, 1698 ou 1699). Arrivé au Canada en septembre 1675, Baillif, un Parisien, travaille comme tailleur de pierres pour le SÉMINAIRE DE QUÉBEC pendant trois ans. Après 1678, il devient entrepreneur en construction et bâtit des remparts, des maisons, des églises, des batteries de canons, une tour de cathédrale et le palais épiscopal.

La polyvalence est essentielle à la survie des artisans de la colonie. Des traités d'architecture civile et militaire guident Baillif dans ses conceptions. En 1682-1683, il a deux associés, puis il travaille seul, faisant appel à des sous-traitants et à ses propres ouvriers ou apprentis.

Ce constructeur et son épouse ne possèdent qu'une petite maison et peu de biens. Cependant, lorsqu'il fait voile vers la France en octobre 1698, il rapporte 2667 livres. Après un naufrage dans la mer des Caraïbes, Baillif meurt à bord d'un autre navire au large de Saint-Martin.

Peter N. Moogk

Bain, Francis, géologue, ornithologue, botaniste, auteur, artiste (Charlottetown, 25 févr. 1842—York Point, Î.-P.-É., 23 nov. 1894). Agriculteur autodidacte, autorité reconnue en matière de minéraux, de FOSSILES et d'histoire naturelle de l'Île-du-Prince-Édouard, il débute la collecte de DINOSAURES au Canada quand il trouve et identifie un fossile de reptile primitif, le *Bathygnathus borealis*, sur l'Île-du-Prince-Édouard. Il y découvre aussi une espèce de fougère fossile que sir William DAWSON a nommée par la suite *Tylodendron baini*. En 1892, Bain est mandaté par le gouvernement fédéral pour étudier la possibilité de réaliser la construction d'un tunnel sous-marin reliant l'Île-du-Prince-Édouard et le Nouveau-Brunswick.

Entre 1881 et 1893, il publie plus de 20 articles scientifiques et deux livres, *The Natural History of Prince Edward Island* (1890) et *Birds of Prince Edward Island, Their Habits and Characteristics* (1891). Il publie aussi plus de 50 articles sur les sciences naturelles dans le *Daily Examiner* et le *Chignecto Post*, y compris une chronique intitulée «Notes of a Naturalist» (Commentaires d'un naturaliste). Ses connaissances et sa compréhension des sciences naturelles en font le premier Prince-Édouardien que l'on peut qualifier d'«écologiste».

Kathy Martin

Bain, George, journaliste, auteur et professeur (Toronto, 29 janv. 1920). Bain fait ses études à Toronto et sert comme pilote d'escadrille de bombardement durant la Seconde Guerre mondiale. Au milieu des années 50, il lance la chronique d'Ottawa dans le *Globe and Mail* de Toronto. Cette chronique, qui traite de la politique fédérale avec un mélange de gravité et de mots d'esprit, pousse de nombreux rédacteurs en chef à le considérer comme un facteur important de sensibilisation politique des Canadiens.

Bain est correspondant à Londres de 1957 à 1960 et à Washington de 1960 à 1969, année de son retour à Ottawa. En 1964, il intègre graduellement dans sa chronique d'Ottawa ses *Letters from Lilac*, ville fictive de la Saskatchewan. Les gloussements de Pearson, l'index frétillant de Diefenbaker, les haussements d'épaule de Trudeau et les enjeux politiques du Canada entrent de la sorte dans le domaine public grâce au journal fictif *Lilac Advance* et à son correspondant Clem Watkins.

Bain passe au *Toronto Star* en 1973 et y reste jusqu'en 1981. Il assume alors la direction du département de journalisme au King's College d'Halifax. Il prend sa retraite en 1985. Il est l'auteur de plusieurs livres et obtient la médaille Stephen Leacock. Il collabore à nouveau au *Globe and Mail* jusqu'en mai 1987.

Jean Margaret Crowe

Baker Lake, hameau du Nunavut; pop. 1385 (rec. 1996), 1186 (rec. 1991); superf. 172,18 km²; situé à 946 km au nord-est de YELLOWKNIFE. Le hameau se trouve à 160 km de la LIMITE FORESTIÈRE, à l'extrémité nord-ouest du lac Baker (1888 km²), à peu près au centre géographique du Canada. C'est la seule communauté inuite vivant à l'intérieur des terres dans les Territoires du Nord-Ouest. Ces INUITS DU CARIBOU tirent leur subsistance du caribou et du poisson de l'intérieur, plutôt que des mammifères marins, comme le font les autres groupes inuits.

La localité s'accroît rapidement après la Seconde Guerre mondiale. Elle sert alors de base avancée pour l'«Operation Muskox», une expédition de MOTONEIGE de l'armée canadienne. À la fin des années 70, la communauté fait les manchettes nationales sur une question de jurisprudence concernant les DROITS ANCESTRAUX: les résidants contestent alors le droit des compagnies d'exploiter l'URANIUM dans la région.

Bien que la majorité de sa population inuite vive encore de la chasse et de la sculpture, Baker Lake compte aujourd'hui deux hôtels, un centre d'art et d'artisanat, un magasin général et un aérodrome.

Annelies Pool

Baker, Michael Conway, compositeur et professeur (West Palm Beach, Floride, 13 mars 1937). S'étant établi au Canada en 1958, il étudie la composition avec Jean COULTHARD et Elliot Weisgarber à l'U. de la Colombie-Britannique. Bien qu'il ait composé plus de 100 œuvres de concert et plusieurs ballets d'une hauteur tonale moderne émouvante, Baker est peut-être mieux connu pour ses nombreuses musiques écrites pour des films et des émissions télévisées, dont *The Grey Fox* et *One Magic Christmas*, qui lui ont valu plusieurs prix. Il a aussi été professeur de musique au sein du système scolaire de Vancouver, à l'U. de la Colombie-Britannique et à l'U. Simon Fraser. Sa musique a fait l'objet d'enregistrements sous les étiquettes Centrediscs, CBC et Summit.

Robin Elliott

Baker, Peggy Laurayne, née Smith, danseuse, chorégraphe et professeure (Edmonton, Alta., 22 oct. 1952). Baker jouit d'une réputation internationale comme l'une des meilleures danseuses modernes canadiennes. Avant d'entreprendre des études en art dramatique à l'U. de l'Alberta, Baker découvre la danse moderne avec Patricia Beatty, cofondatrice du TORONTO DANCE THEATRE. En 1971, elle se rend à Toronto afin d'étudier à l'école du Toronto Dance Theatre, et fait ses premières apparitions sur scène en tant qu'apprentie. En 1974, Baker fait partie des membres fondateurs de la compagnie Dancemakers pour laquelle elle réalise à l'occasion des chorégraphies. Après une interruption pour des études à New York (1976-1977), elle reste membre de la troupe jusqu'en 1980 et en assure la direction artistique à partir de 1979.

Baker danse avec la compagnie Lar Lubovitch à New York de 1981 à 1988 et devient l'une de ses interprètes les plus acclamées. Plus tard, elle assiste Lubovitch comme maîtresse de répétition. En 1990, elle fait une tournée des États-Unis avec le White Oak Dance Project de Mikhaïl Baryshnikov et entame une nouvelle carrière solo comme danseuse et chorégraphe. Depuis, ses interprétations ont reçu un accueil favorable de la critique, tant au Canada qu'à New York.

Son corps sculptural, grand et mince, et sa capacité à interpréter des rôles extrêmement variés, contribuent à son charisme sur scène. Baker est réputée pour ses qualités techniques et expressives. Elle peut se mouvoir avec une grâce lyrique tout en utilisant les lignes naturelles de son corps afin de produire des figures délibérément déformées et angulaires. Dans ses spectacles en solo, Baker mêle à sa propre chorégraphie l'œuvre de chorégraphes tels que James KUDELKA, Paul-André FORTIER, Mark Morris et Molissa Fenley. Elle préfère les œuvres métaphoriques qui, bien qu'elles ne soient pas spécifiquement narratives, sont profondément humaines. Baker est capable d'exprimer des émotions qui vont de la rêverie élégiaque à un humour d'une extrême légèreté.

Ses qualités de pédagogue en font une professeure très demandée tant aux États-Unis qu'au Canada. En 1993, elle devient la première artiste en résidence à l'ÉCOLE NATIONALE DE BALLET du Canada. Elle y enseigne, y réalise des chorégraphies et y monte des œuvres de Lubovitch à l'attention des étudiants.

Michael Crabb

Balance des paiements Relevé comptable des transactions économiques intervenues entre résidants (y compris le gouvernement) d'un pays et ceux d'autres pays au cours d'une période donnée, généralement annuelle ou trimestrielle. Ce terme s'applique aussi à la différence entre recettes et paiements d'une certaine catégorie d'opérations internationales (échanges commerciaux ou comptes courants le plus souvent) qui peut faire l'objet d'une analyse économique (portant sur les causes ou les conséquences de l'état de cette balance) et d'une politique de l'État (sur les moyens d'atteindre une situation idéale de cette balance).

La balance des paiements est fondée sur une comptabilité à partie double, où chaque opération économique donne lieu à un crédit et à un débit. Un crédit indique une diminution de l'actif ou une augmentation du passif; un débit affiche l'inverse. Ainsi, lors d'un échange de biens par troc entre résidants de deux pays, la baisse de l'inventaire des biens exportés constituerait un crédit, alors que la hausse de l'inventaire des biens importés s'inscrirait comme un débit. Le paiement des exportations se traduira par un accroissement du solde bancaire des résidants exportateurs, par une augmentation de la dette des résidants étrangers importateurs ou par une diminution de la dette de ces mêmes résidants exportateurs.

L'accroissement du solde du compte bancaire et le montant des prêts consentis à des résidants étrangers s'inscriraient comme débits d'un montant égal à celui du crédit né de l'exportation des biens. Les transactions non accompagnées de paiement (p. ex. dons personnels envoyés à l'étranger, aide étrangère sans contrepartie ou envoi de fonds par des immigrants à leur parenté au pays d'origine) figurent néanmoins dans la colonne du débit pour maintenir l'équilibre entre crédits et débits.

Puisque toutes les transactions s'incrivent en double entrée, c.-à-d. dans une colonne de débit et une colonne de crédit, un écart ne peut apparaître entre la somme des crédits et celle des débits que pour certaines catégories de transactions, mais non pour l'ensemble de la balance des paiements. En fait, certaines transactions sont mal répertoriées ou ne le sont pas du tout, ce qui provoque un déséquilibre entre les deux sommes. Le redressement se fait alors par l'introduction d'une catégorie arbitraire qu'on appelle des «erreurs et omissions nettes». Dans les statistiques canadiennes, les crédits sont des encaissements annotés d'un signe positif, et les débits, des débours marqués d'un signe négatif.

Les comptes de la balance des paiements du Canada se regroupent en 3 grandes catégories de transactions, la balance du commerce des marchandises (appelée aussi balance commerciale), la balance des comptes courants et la balance des capitaux. La balance commerciale rend compte des recettes de l'exportation de biens moins les dépenses des importations de biens. La balance des comptes courants est la somme de la balance commerciale et de la valeur nette des transactions portant sur les services, les revenus d'investissement et les transferts unilatéraux (*voir* COMMERCE INTERNATIONAL). Le compte de capital comptabilise les mouvements monétaires officiels sous la forme des variations dans les réserves d'or et de devises étrangères de l'État résultant de ses interventions sur les marchés des changes. La somme des comptes courants, du compte de capital et des «erreurs et omissions nettes» équivaut, par définition, à zéro.

Les plus importantes opérations du compte courant sont celles du commerce des marchandises: en 1995, les exportations représentent 81,4 p. 100 des recettes courantes et les importations, 69,8 p. 100 des paiements courants. Les autres opérations courantes concernent les services et les revenus d'investissement à l'étranger. En 1995, l'excédent du commerce des marchandises se chiffre à 28,39 milliards de dollars, un sommet en termes de dollars (ces chiffres sont en dollars courants et ne tiennent donc pas compte de la dépréciation causée à la valeur réelle des transactions par l'inflation). La balance des comptes courants enregistre cependant un déficit de 11,2 milliards de dollars dû au déficit de 39,59 milliards des transactions invisibles courantes.

Les principales recettes de transactions invisibles proviennent de la vente de services de voyages, de fret et de services d'affaires à des résidents étrangers ainsi que des revenus tirés par des Canadiens de leurs investissements étrangers. Les Canadiens font à l'étranger des dépenses de voyages et de fret, mais les paiements invisibles les plus importants, sous forme d'intérêts et de dividendes (47,76 milliards de dollars), sont payés à des non-résidents pour l'utilisation de leurs capitaux au Canada.

Les importations de biens et services d'un pays ne doivent pas forcément égaler ses exportations. Le Canada a généralement plus de dépenses courantes que de recettes, sauf lors de la récession du début des années 80. Sa balance des opérations courantes est égale à la différence entre le total de ses revenus de toutes sources (production et vente de biens et de services, revenus d'investissements à l'étranger et de transferts unilatéraux) et l'ensemble de ses dépenses. Un individu dont les dépenses excèdent ses revenus doit financer la différence par l'emprunt ou la réduction de ses avoirs. Le Canada fait la même chose: sa balance des comptes courants se finance par des emprunts ou des prêts nets, ou encore par l'achat ou la vente de capitaux propres (capitaux des propriétaires). À l'échelle internationale, les Canadiens et leurs gouvernements sont des débiteurs nets (avec une des dettes nettes par habitant les plus élevées au monde). Au compte de capital figurent les transactions internationales nettes de diverses catégories d'actifs.

En 1995, les entrées nettes d'investissements directs de l'étranger au Canada se chiffrent à 6,84 milliards de dollars (au lieu d'une exportation nette de 212 millions en 1994). Cet apport net est attribuable à d'importants mouvements de capitaux bruts dans les deux sens, et entraîne un accroissement de la propriété étrangère d'entreprises canadiennes.

En 1995, les principaux investissements directs nets des résidents canadiens à l'étranger se chiffrent à 7,87 milliards de dollars. De ce total, 5,43 milliards sont utilisés en placements de portefeuille (actions et obligations), soit beaucoup moins que le montant record de 13,89 milliards placés en 1993. L'exportation totale de capitaux canadiens atteint 18,64 milliards en 1995, soit moins que le record de 19,14 milliards en 1993.

La valeur globale des investissements étrangers au Canada dépasse encore de beaucoup celle des investissements canadiens à l'étranger, surtout si l'on considère la taille relative des économies concernées. Le total des dettes envers les non-résidants augmente de 25,29 milliards en 1995. Les étrangers réduisent de 4,24 milliards leur portefeuille d'actions canadiennes en 1995, mais augmentent de 29,8 milliards leur part des obligations canadiennes. Toutes fluctuations comprises, la balance du capital enregistre une entrée nette de capitaux de 6,65 milliards de dollars en 1995, contre une entrée record de 37,95 milliards en 1993.

En 1995, le surplus de 6,65 milliards de dollars enregistré par la balance des capitaux ne compense pas le déficit de 11,2 milliards inscrit à la balance des comptes courants. L'écart entre les deux, soit 4,55 milliards ne peut être imputé nulle part et apparaît donc à la rubrique des erreurs et omissions nettes.

La politique du MERCANTILISME, qui prévaut jusqu'à la fin du XVIIIe siècle, recommande un surplus des recettes sur les dépenses dans la balance commerciale ou celle des comptes courants. Les résidents étrangers paient l'excédent en or ou en argent et augmentent ainsi les réserves de métaux précieux qui reflètent la richesse d'un pays. Les seules transactions de capitaux reconnues alors sont les échanges internationaux de métaux précieux. De là viennent les expressions balance des paiements «favorable» qui indique un excédent, et «défavorable» qui indique un déficit de la balance commerciale ou de celle des comptes courants.

D'autres mercantilistes croient qu'un excédent crée de l'emploi et prônent donc l'adoption d'une politique qui engendrerait un excédent des exporta-

tions. En 1752, le philosophe écossais David Hume conteste la théorie mercantiliste en expliquant qu'un excédent permanent du compte courant est impossible à réaliser parce que l'afflux d'or et d'argent par lequel l'étranger paie cet excédent entraînerait un accroissement des réserves monétaires, suscitant ainsi la hausse des prix à l'intérieur du pays et, par conséquent, l'augmentation des importations et la diminution des exportations.

D'après l'analyse économique moderne, l'excédent des comptes courants permet à un pays de compenser les fluctuations temporaires de son revenu par des emprunts ou des prêts destinés à régulariser la consommation. La balance des paiements est également considérée comme un moyen de répartir les ressources pécuniaires internationales. Les résidants d'une région à haute productivité de capital importent plus de biens et de services qu'ils n'en exportent et utilisent cette balance pour accroître le potentiel de production de leur pays.

H.C. Eastman

Balane Nom commun d'INVERTÉBRÉS marins de la classe des crustacés et de la sous-classe des cirripèdes. Les balanes, seule forme sessile de CRUSTACÉS, ont adopté un style de vie assez singulier. Elles se tiennent sur la tête et portent la nourriture à leur bouche au moyen de 6 appendices ou cirres, qui fonctionnent comme un filet miniature et filtrent la nourriture particulaire de l'eau. Les yeux et la deuxième paire d'antennes sont absents et la taille de l'animal est réduite. La carapace (manteau) est composée de plaques calcaires. Au Canada, on rencontre fréquemment la balane crénelée sur les roches en zone intertidale, certains représentants vivant fixés sur la peau des grands cétacés. L'anatife revêt l'apparence d'une tête d'oiseau, d'où son nom anglais de *stalked goose barnacle*.

Certaines espèces vivent en agrégats denses qui se reproduisent simultanément. Au printemps, les rochers de la zone intertidale sont couverts de naissains (larves) qui se fixent grâce à un ciment pouvant résister à d'énormes pressions. Les balanes constituent une part importante des salissures fixées à la coque des navires, ralentissant considérablement leur vitesse. Au Canada, cette pollution a un impact économique non négligeable. Les balanes sont un mets délicat dans certains pays, mais rarement apprécié au Canada.

V. Tunnicliffe

Balbuzard pêcheur (*Pandion haliaetus*) Grand OISEAU DE PROIE caractérisé par une huppe ainsi que par un plumage noir, gris et blanc contrasté.

Régime alimentaire Il se nourrit exclusivement de poissons. Il est particulièrement bien adapté pour la pêche: ses narines se referment, la plante de ses pattes est munie de spicules cornés et acérés (petites épines) et son doigt externe est réversible, ce qui facilite la capture et la rétention des proies. On l'accuse souvent de se nourrir de poissons très prisés par les amateurs de pêche sportive, mais il se nourrit principalement de poissons non recherchés par les pêcheurs. Il capture ses proies près de la surface ou en eau peu profonde.

Nidification Le balbuzard pêcheur niche dans toutes les régions du Canada. Il construit de grands nids à l'aide de branches, situés à proximité ou au-dessus de l'eau. Au début de l'automne, il migre en Amérique du Sud.

R.W. Fyfe

Balcer, Léon, politicien (Trois-Rivières, Qc, 13 oct. 1917—Sainte-Foy, Qc, 22 mars 1991). Diplômé en droit de l'U. Laval, Balcer est élu à la Chambre des communes sous la bannière du Parti progressiste conservateur en 1949. Il devient Solliciteur général dans le gouvernement de John DIEFENBAKER en 1957 et ministre des Transports en 1960.

Réélu en 1963, Balcer devient le porte-parole conservateur des Canadiens français, mais ses différends avec Diefenbaker deviennent de plus en plus évidents. Balcer s'oppose à Diefenbaker au sujet du nouveau drapeau canadien au cours du DÉBAT SUR LE DRAPEAU et ne se représente pas aux élections de 1965. En 1966, il se présente comme libéral aux élections provinciales, mais il est défait et se retire de la vie publique.

Robert Bothwell

Baldwin, Robert, avocat, politicien, titulaire de charge (York [Toronto], 12 mai 1804—*id.*, 9 déc. 1858). Fils aîné de William Warren BALDWIN, il est admis au barreau en 1825. Timide, introspectif, d'une intelligence et d'un tempérament différents de ceux de son père, qui est très doué, Robert Baldwin entre en politique en 1829 comme réformiste, après avoir été élu à l'Assemblée lors d'une élection partielle. Défait l'année suivante, il quitte la vie publique. Homme mélancolique, renfermé, torturé par les doutes et les démons, sa vie et son bonheur sont centrés sur sa famille, et plus particulièrement sur sa femme, qu'il a épousée en 1827. La mort de celle-ci, le 11 janvier 1836, le bouleverse profondément et peut expliquer la grave maladie dépressive qui l'affligera plus tard. Malgré son chagrin et sa profonde aversion pour la vie publique, son sens chrétien du devoir le pousse à accepter un poste au Conseil exécutif le mois suivant.

La démission, en mars 1836, de Baldwin et des autres conseillers devant le refus du lieutenant-gouverneur Francis Bond HEAD de les consulter plonge la colonie dans la crise politique et constitutionnelle la plus grave avant la RÉBELLION DE 1837. Baldwin demeure neutre pendant le soulèvement. L'année suivante, lui et son père ont un bref entretien avec lord Durham quand ce dernier visite Toronto en juillet 1838. Baldwin soumet alors à Durham un mémoire détaillé sur le principe du GOUVERNEMENT RESPONSABLE qui a probablement influencé Durham à adopter ce principe dans son fameux rapport. Après la révolte, Baldwin se fait rassembleur dans la reconstruction de l'opposition réformiste et conclut une alliance avec L.H. LAFONTAINE et les libéraux du Bas-Canada.

Ni politicien de nature ni grand intellectuel, Baldwin commande le respect et exerce un leadership moral en raison de son caractère. Dans une société préindustrielle qui révère le code du gentilhomme, il incarne les vertus fort appréciées que sont l'honneur, le devoir et le principe. Chaque fois qu'il est nommé à un poste, il démissionne plutôt que de renier ses principes. Solliciteur général dans le ministère du gouverneur général, lord SYDENHAM, et conseiller exécutif en 1841, Baldwin démissionne en juin de la même année, lorsque le gouverneur refuse de mettre en œuvre un gouvernement responsable.

À l'Assemblée, Baldwin et LaFontaine continuent de rallier des membres à la cause de la responsabilité ministérielle jusqu'à ce qu'ils obtiennent une majorité. Ils forment le gouvernement de 1842 à 1843 et de 1848 à 1851, période au cours de laquelle le gouvernement est surnommé «grand ministère». Leur premier gouvernement est actif et couronné de succès, mais un conflit avec le gouverneur METCALFE qui refuse de les consulter sur la question du favoritisme entraîne leur démission en novembre 1843. Dans ces deux gouvernements, Baldwin est copremier ministre et Procureur général du Haut-Canada.

Ses grandes réalisations dans le second ministère sont la création officielle de la responsabilité ministérielle et sa mise en pratique au cours de la crise de 1849, provoquée par la proposition d'indemniser les personnes qui avaient subi des pertes durant les rébellions (*voir* INDEMNITÉS, BILL DES); la fondation de l'UNIVERSITÉ DE TORONTO; la réforme du système judiciaire du Haut-Canada; et la mise sur pied d'un système de gouvernement municipal efficace dans le Haut-Canada. Son emprise sur le pouvoir est cependant affaiblie par une révolte de la gauche du parti (les CLEAR GRITS), le déclin de sa santé et ses désaccords sur la politique économique avec Francis HINCKS.

Découragé et miné par la dépression, Baldwin démissionne le 30 juin 1851. Au cours de la même année, il se présente de nouveau, mais il est battu. Cet être tourmenté se retire chez lui, où il se voue à des pratiques rituelles à la mémoire de son épouse. Comme homme, Baldwin a été peu compris ou aimé de ses contemporains et des historiens. Il n'a pas réussi à maintenir l'ordre social qu'il cherchait à défendre, mais il a sauvé sa réputation en prenant l'initiative de populariser le principe d'un gouvernement responsable et en étant l'un des premiers, sinon le premier, à préconiser une nation biculturelle.

Michael S. Cross et Robert L. Fraser

Baldwin, William Warren, médecin, avocat, politicien (Knockmore, Irl., 25 avr. 1775—Toronto, 8 janv. 1844). Il émigre au Haut-Canada en 1799 et s'installe à York (Toronto). Courtois, doué et fortuné avec le temps, Baldwin se constitue comme avocat une clientèle importante et distinguée. On se souvient surtout de lui pour ses activités politiques. Élu seulement 2 fois à l'Assemblée, il contribue néanmoins grandement à la cause de la réforme et de l'organisation politiques.

Baldwin est un homme du XVIIIe s., un whig irlandais qui appuie l'aristocratie, la primogéniture, la responsabilité ministérielle et les libertés civiles et religieuses de la Constitution britannique. Il se bat principalement pour la cause du GOUVERNEMENT RESPONSABLE, souhaitant que «les principes anglais de responsabilité soient appliqués à notre Conseil exécutif». Son fils aîné, Robert BALDWIN, imprégné des idées paternelles, poursuit les objectifs de son père.

Robert L. Fraser

Baleine Nom commun donné à de grands MAMMIFÈRES aquatiques ou marins de l'ordre des CÉTACÉS, qui vivent dans tous les océans. Leur masse varie d'environ 30 kg chez les plus petits dauphins à plus de 150 tonnes chez le rorqual bleu. Les baleines appartiennent à deux sous-ordres: les mysticètes ou baleines à fanons et les odontocètes ou baleines à dents (parmi lesquelles les plus petites espèces sont appelées DAUPHINS ET MARSOUINS).

Répartition et habitat Les eaux canadiennes sont riches en baleines. On y trouve huit espèces de mysticètes et environ 25 espèces d'odontocètes. À l'époque des premières explorations (*voir* BALEINE, CHASSE À LA), on en a fait une exploitation commerciale importante.

À la suite d'une chasse excessive, plusieurs espèces sont devenues rares, entre autres la baleine boréale (*Balaena mysticetus*), une baleine à fanons arctique, la baleine noire (*Eubalaena glacialis*), une espèce des régions tempérées, et le rorqual bleu (*Balaenoptera musculus*), le plus grand animal que la Terre n'ait jamais porté.

La baleine grise (*Eschrichtius robustus*) est disparue de l'Atlantique Nord et a été presque exterminée dans le Pacifique Nord. Aujourd'hui, toutefois, ses migrations le long de la côte nord-américaine du Pacifique constituent l'un des plus grands spectacles du monde animal.

Le cachalot macrocéphale (*Physeter catodon*), une espèce cosmopolite et le plus grand des odontocètes, se nourrit principalement de CALMARS et vit habituellement dans les eaux profondes. Les mâles adultes effectuent des déplacements saisonniers vers les hautes latitudes, tandis que les femelles et les jeunes restent dans les eaux tempérées ou tropicales.

Les baleines à bec (famille des ziphiidés) sont rares dans les régions côtières, mais la baleine à bec de Baird (*Berardius bairdii*) et la baleine à bec commune (*Hyperoodon ampullatus*) ont déjà été chassées par des baleiniers locaux, la première au large de la Colombie-Britannique et la seconde au large de la Nouvelle-Écosse.

Observation des baleines Depuis le moratoire de 1972 sur la chasse à la baleine au Canada, l'observation de ces animaux a gagné en popularité. On rencontre plusieurs espèces du côté Nord de l'estuaire du SAINT-LAURENT, plus particulièrement le BÉLUGA (*Delphinapterus leucas*), le rorqual commun (*Balaenoptera physalus*), le petit rorqual (*B. acutorostrata*) ainsi que le rorqual bleu.

Le globicéphale noir (*Globicephala melaena*), le rorqual à bosse (*Megaptera novaeangliae*) et le rorqual commun sont les principales espèces recherchées au large de Terre-Neuve; la baleine noire, le rorqual commun et le rorqual à bosse, dans l'embouchure de la BAIE DE FUNDY; et l'épaulard (*Orcinus orca*), le rorqual à bosse et la baleine grise, au large de la Colombie-Britannique. Cette dernière espèce est connue pour ses chants envoûtants. (*Voir* ANIMAUX EN VOIE DE DISPARITION.)

R. Reeves et E.D. Mitchell

Baleine, chasse à la Environ 33 espèces de BALEINES vivent dans les eaux canadiennes, dont 13 ont fait l'objet de pêche commerciale à grande échelle. On exploite d'abord les plus faciles à chasser: les baleines boréales, noires et grises. Leur nombre diminuant, les pêcheurs se tournent vers le rorqual à bosse et le cachalot. Plus tard, les progrès techniques permettent de chasser les très rapides rorquals bleus, communs et boréals. Les autochtones, les INUITS à l'extrême nord et les NOOTKAS dans l'île de Vancouver, sont les premiers à pêcher la baleine au Canada pour leur subsistance. Dès le XVIe s., des pêcheurs BASQUES partis de France et d'Espagne naviguent dans les eaux du golfe du SAINT-LAURENT où de grands troupeaux de baleines se rassemblent tous les étés pour se nourrir. Au XVIIIe s., des navires britanniques et américains naviguent le long du littoral de l'Atlantique. Au XIXe s., les Canadiens font leur entrée dans le domaine et établissent une station de dépeçage à Terre-Neuve. Les pêcheurs partent de Gaspé pour faire la chasse à la baleine au même titre que les autres pêches en haute mer. À la fin du siècle, les baleiniers norvégiens établissent eux aussi des stations à Terre-Neuve, dans le Labrador et dans le golfe du Saint-Laurent. Au début des années 1830, des baleiniers américains faisant route vers le Nord, en direction de la mer de Béring, chassent les baleines qui migrent le long de la côte du Pacifique. Une industrie locale canadienne opère durant une courte période, de 1868 à 1872, dans des ports de l'île de Vancouver et du détroit de Georgia. À partir de 1905, au moins une installation est en exploitation (sauf de 1942 à 1947) jusqu'en 1967, année où la dernière entreprise de la côte Ouest, la Western Canada Whaling Company, ferme ses portes.

La pêche à la baleine commence dans la région arctique du DÉTROIT DE DAVIS au XVIIe s. Les baleiniers hollandais, allemands, anglais et écossais concentrent la pêche sur la côte est (Groenland) jusqu'à ce que des expéditions menées par John Ross (1818) et W. Edward PARRY (1819) traversent la baie de Baffin et pénètrent dans le DÉTROIT DE LANCASTER. Le point le plus septentrional de la pêche à la baleine est l'île d'Ellesmere. En automne, la pêche à la baleine se fait surtout dans la BAIE DE CUMBERLAND. Elle atteint son point culminant entre 1820 et 1840, avec parfois près de 100 navires dans le détroit de Davis et des prises excédant certaines années 1000 baleines.

Habituellement, les expéditions de pêche à la baleine se déroulent seulement l'été. Les navires arrivent dans le détroit de Davis en avril et en repartent en octobre. Cependant, en de nombreuses occasions, ils sont surpris par les glaces et restent prisonniers tout l'hiver ou coulent.

Pendant que les baleiniers britanniques dominent dans le détroit de Davis, les navires américains pénètrent jusqu'au nord-ouest de la baie d'Hudson (1860) et, après 1889, plus loin que Point Barrow, dans la MER DE BEAUFORT. À la fin des années 1890, ces vaisseaux atteignent le golfe Amundsen. La pêche à la baleine dans la mer de Beaufort ne dure pas aussi longtemps que dans l'est de l'Arctique (de

1889 à 1914 environ). Ces régions sont tellement inaccessibles que les baleiniers demeurent toute l'année sur place. Ils passent l'hiver à geler dans des abris portuaires afin de commencer la pêche dès le début du printemps. Leur nombre est restreint: au plus, 500 pêcheurs hivernent dans la mer de Beaufort et 200, dans la baie d'Hudson. Sur l'île de Baffin, l'hivernage ne commence pas avant les années 1850, et ce n'est que plus tard que des stations permanentes sont établies, dont celles de Kekerton et de l'île Blacklead dans la baie de Cumberland.

Toutefois, la présence des baleiniers bouleverse l'existence des Inuits. Leurs services sont requis comme pilotes, chasseurs, conducteurs de chiens et couturières. De plus, ils désirent vivement échanger des marchandises avec les Européens. L'importation de spiritueux entraîne l'augmentation de la violence. Les contacts entre les baleiniers et les Inuits favorisent la transmission de maladies étrangères. Des épidémies de rougeole, de typhus et de scarlatine ravagent les populations autochtones. Au début du XXe s., les INUITS SADLERMIUTS de l'île Southampton dans la baie d'Hudson disparaissent jusqu'au dernier. L'afflux des baleiniers cause beaucoup de torts aux ressources de l'Arctique. Des troupeaux de caribous sont décimés pour fournir de la viande aux équipages des navires. Le manque de viande et de cuir, de même que des changements dans les goûts, font que les Inuits adoptent la nourriture et les vêtements des pêcheurs. Certains autochtones travaillent sur les bateaux comme pêcheurs ou hommes d'équipage et, petit à petit, la vie économique des Inuits se transforme.

L'activité des baleiniers étrangers dans l'Arctique pousse le gouvernement canadien à affirmer sa souveraineté sur l'ARCHIPEL ARCTIQUE. Officiellement, ces îles appartiennent au Canada depuis 1880, mais rien n'en atteste l'appartenance et les étrangers continuent d'y pêcher sans aucune réglementation. Vers 1900, des rumeurs laissent croire que les États-Unis songent à annexer la région, prenant prétexte de la présence des baleiniers américains. La Police à cheval du Nord-Ouest y dépêche alors des hommes (1903) pour prélever des droits de douane, réglementer le trafic d'alcool, délivrer des permis de pêche et faire régner l'ordre.

Les baleines servent à différents usages selon les époques. Les Inuits ne gaspillent rien de la baleine; ils mangent la peau, la graisse, la chair et les organes internes; ils utilisent les fanons et les os pour construire des bâtiments, et fabriquer des meubles et d'innombrables petits objets; ils se servent de l'huile pour se chauffer et s'éclairer. Les Européens sont plus gaspilleurs. L'huile extraite de la graisse sert d'abord à alimenter les réverbères et à fabriquer du savon. À la fin du XIXe s., le gaz de houille et les produits pétroliers remplacent l'huile animale comme combustible d'éclairage, mais on continue à utiliser cette dernière dans la margarine, les peintures et les vernis et comme lubrifiant. L'huile de blanc de baleine produite par les cachalots sert à fabriquer des bougies, des lubrifiants, des cosmétiques et du cirage à chaussures. La baleine boréale est la plus importante baleine des eaux canadiennes. Elle fournit les fanons, sorte de lames cornées qui pendent transversalement du haut de sa gueule. Une baleine boréale de grande taille peut en compter au-delà de 700. À la même époque, c'est pratique courante de prélever les fanons et de rejeter la carcasse. On se sert alors de ce matériau flexible pour fabriquer des fouets de boghei, des cerceaux, des parapluies, des roues de carrosse, des corsets et des cannes à pêche. Au XXe s., on les remplace par l'acier à ressort et par le plastique. La viande de baleine est destinée à l'alimentation humaine (surtout au Japon et en Norvège) et animale.

À l'origine, les baleiniers commerciaux pourchassent, à bord de petites embarcations, les cétacés à l'aide de harpons à main et de lances. On harponne la baleine et on la laisse libre au bout du fil. Une fois le câble entièrement déroulé, on attache la baleine à l'embarcation jusqu'à ce qu'elle s'épuise avant de la tuer. De nouvelles armes sont utilisées au milieu du XIXe s. Le fusil à épaule décharge un projectile qui explose à l'intérieur de l'animal. Le canon lance-harpon, arme semblable à un canon qu'on installe à la proue du bateau, décharge un harpon barbelé porteur d'une charge explosive. À cause de ces armes, la pêche n'est plus un sport mais un véritable carnage. Les baleiniers sont équipés de moteurs à vapeur pour la première fois dans les années 1850. Dès 1870, presque toute la flotte du détroit de Davis fonctionne à la vapeur et les baleiniers américains de la mer de Beaufort leur emboîtent aussitôt le pas. La vitesse accrue des bateaux, ainsi que leur puissance et leur maniabilité, permettent aux pêcheurs de s'éloigner davantage de leur port d'attache et de réduire les dangers occasionnés par les glaces et les tempêtes.

Au déclenchement de la Première Guerre mondiale, la pêche à la baleine commerciale est presque interrompue dans l'Arctique canadien. Les stocks de baleines sont en voie d'extinction et la demande de fanons a diminué. Toutefois, le long de la côte de la Colombie-Britannique, ainsi qu'à Terre-Neuve et en Nouvelle-Écosse, la pêche se poursuit à partir de plusieurs stations terrestres. Des baleinières pourchassent et tuent des baleines et ramènent les carcasses à terre pour la transformation. En 1925, l'arrivée des navires-usines amorce une nouvelle étape à l'échelle internationale dans la pêche à la baleine. Plus tard, des hélicoptères et le SONAR sont utilisés, surtout par la Russie et le Japon, pour repérer les baleines, qui sont ensuite pourchassées par les baleinières et transformées à bord des navires-usines. Les prises annuelles augmentent considérablement pour dépasser le chiffre de 50 000, à la fin des années 30. Après la création de la Commission baleinière internationale en 1946, on interdit complètement la pêche de plusieurs espèces et l'on fixe des quotas pour contrôler l'exploitation des autres. En 1972, le gouvernement fédéral ordonne l'arrêt de toutes les activités de pêche à la baleine à partir des ports canadiens. L'ordre gouvernemental ne touche que deux stations à Terre-Neuve et une en Nouvelle-Écosse puisque, sur la côte Ouest, la dernière entreprise a fermé ses portes en 1967. La pêche à la baleine est toujours permise aux Inuits. En raison des mesures de protection, certains stocks de baleines montrent des signes de repeuplement. Dans les années 30, la baleine boréale, qu'on croit alors en voie d'extinction, est déclarée ANIMAL EN VOIE DE DISPARITION. Des études récentes démontrent qu'elle a survécu et qu'elle revient lentement dans certaines régions.

En 1982, le Canada se retire de la Commission baleinière internationale dont il était membre. La Commission a obtenu des succès importants, mais comme les pays membres ne sont pas tenus de se conformer à ses recommandations, son efficacité dépend finalement de la bonne volonté des pays qui pratiquent la pêche à la baleine. Des décisions sont souvent modifiées pour garder des pays dans l'organisation, au sein de laquelle s'exerce un certain contrôle, plutôt que de les laisser en marge et de les voir ainsi échapper à toute réglementation. En 1980, le Canada indique son désaccord avec l'idée de déclarer un moratoire sur la pêche à la baleine commerciale en raison de l'absence d'une recommandation claire et justifiée de la part du comité scientifique de la Commission. Les représentants canadiens croient, en effet, que les exigences en matière de protection peuvent être respectées en vertu des procédures de gestion de la Commission qui prévoient des moratoires sélectifs (quotas zéro). La position du Canada sur la question du moratoire est vivement critiquée par les groupes opposés à la pêche à la baleine. Néanmoins, un moratoire annoncé en 1982 entre en vigueur le 1er janvier 1986. Bien qu'il ne soit plus membre de la Commission baleinière internationale, le Canada s'oppose toujours à la pêche à la baleine commerciale sur son territoire et continue à collaborer avec le comité scientifique de la Commission. (*Voir aussi* FAUNE, CONSERVATION ET AMÉNAGEMENT DE LA.)

Daniel Francis

Balfour, déclaration de Ce sont les conclusions d'un comité présidé par lord Balfour, ministre du cabinet britannique et ancien premier ministre, mis sur pied dans le cadre de la conférence impériale de 1926 et chargé d'étudier les relations entre les éléments autonomes de l'Empire ou COMMONWEALTH. Il s'agit d'un document fondamental dans l'évolution du Canada vers le statut de nation pleinement autonome. Le comité déclare que la Grande-Bretagne et les dominions du Canada, de l'Afrique du Sud, de l'Australie, de la Nouvelle-Zélande et de l'État libre d'Irlande sont, «au sein de l'Empire, des collectivités autonomes de statut égal; elles ne sont d'aucune manière subordonnées les unes aux autres tant au point de vue domestique qu'extérieur; mais elles sont unies par une allégeance commune à la même couronne et associées librement comme membres du Commonwealth des nations britanniques». Consignée mot à mot dans le compte rendu des travaux du comité, la déclaration mène directement au STATUT DE WESTMINSTER de 1931, loi reconnaissant officiellement l'indépendance des dominions.

Norman Hillmer

Ballard, Bristow Guy, ingénieur et chercheur (Fort Stewart, Ont., 19 juin 1902—Ottawa, 22 sept. 1975). Ballard fait ses études à l'université Queen et travaille pendant cinq ans aux locomotives électriques ultrarapides chez Westinghouse, avant de se joindre au CONSEIL NATIONAL DE LA RECHERCHE DU CANADA (CNRC), en 1930. Il devient directeur de la division de radiotechnique et de génie électrique en 1948, vice-président (scientifique) en 1954 et président en 1963. Sa nomination comme président a lieu pendant les derniers jours du gouvernement DIEFENBAKER. Il déclare alors à plusieurs de ses amis qu'il n'a jamais brigué ce poste et qu'il hésite à l'accepter, car sa surdité l'empêche de bien se faire connaître parmi les «mandarins» d'Ottawa.

Son principal objectif: stimuler l'INGÉNIERIE canadienne pour combler le retard qu'elle accuse par rapport à la science au Canada. Ses efforts dans ce sens seront toutefois vains. En 1955, il convoque une réunion des doyens des facultés de génie et leur soumet l'éventail des subventions de recherche et des bourses d'études disponibles aux scientifiques; ses propositions sont rejetées. À titre de président du CNRC, il tente de réorienter le conseil vers le génie industriel, mais les professeurs d'université, qui forment la majorité du conseil, l'en empêchent. Les politiques de Ballard seront en grande partie réalisées par ses successeurs, W.G. SCHNEIDER et J. Larkin KERWIN.

Donald J.C. Phillipson

Ballet Au sens strict du terme, il s'agit d'une forme stylisée de danse théâtrale basée sur un système codifié de mouvements. Associé à de la musique, à des décors et à des costumes, le ballet peut raconter une histoire, évoquer une ambiance, illustrer une œuvre musicale ou encore conférer à une représentation théâtrale un aspect divertissant ou insolite. Aujourd'hui, le terme renvoie plus largement au ballet classique et à ses techniques bien définies, mais aussi à des formes libres de danse contemporaines. Le ballet traditionnel est issu des premières danses présentées à la cour pendant la Renaissance italienne. Ces danses sont introduites en France au XVIe s. par les maîtres italiens.

Le ballet de cour, une danse sociale réservée à l'aristocratie, prend bientôt la forme de représentations complexes, spectaculaires et très théâtrales par lesquelles les monarques français peuvent démontrer leur richesse et leur puissance. Le plus connu, *Le Ballet comique de la reine Louise,* est monté à Paris en 1581 à l'occasion des fêtes d'une durée de deux semaines entourant un grand mariage royal. La représentation de 5 heures est remarquable par sa narration dramatique continue.

Pendant que les ballets de cour continuent d'animer les salons de l'aristocratie, le ballet en tant qu'art théâtral prend son essor grâce au populaire opéra-ballet. Cette forme artistique, apparue en France à la fin du XVIIᵉ siècle, fait alterner des actes dansés et des actes chantés. Le ballet devient de plus en plus une activité professionnelle pour les danseurs de formation. Comme l'opéra-ballet ne permet guère au ballet d'évoluer en tant qu'art indépendant, les maîtres de danse, au XVIIIᵉ s., commencent à créer des danses ayant leur propre histoire.

Le travail du chorégraphe et théoricien français Jean Georges Noverre (1727-1810) influence de façon déterminante le développement du ballet d'action. Dans ses *Lettres sur la danse et sur les ballets* (1760), il rejette le rôle subalterne laissé à la danse dans l'opéra-ballet et recommande fortement un style plus dramatique. Cette forme de danse exige une technique plus expressive que celle de l'opéra-ballet, aux mouvements plutôt traditionnels. Le ballet d'action vise à établir la danse comme un art théâtral distinct. La danse fait toujours partie des opéras, mais le ballet s'impose lentement au théâtre. *La Fille mal gardée* (1789) compte parmi les premiers ballets de cette époque à être encore exécutés sur scène.

La danse entre dans une ère nouvelle au cours de la première moitié du XIXᵉ s. Le danseur, chorégraphe et maître italien Carlo Blasis (1797-1878) écrit nombre d'ouvrages où il expose ses propres théories sur le ballet et publie un important manuel dans lequel il en définit les techniques.

À la même époque, la bourgeoisie européenne accourt pour voir des ballerines célèbres comme Marie Taglioni, Fanny Elssler et Carlotta Grisi. En effet, au cours du siècle, le ballet devient, tant en France qu'ailleurs en Europe, l'apanage des ballerines, les danseurs n'obtenant que des rôles secondaires. Bien que le courant intellectuel et esthétique qu'est le romantisme s'étende lentement au ballet, des œuvres comme *La Sylphide* (1832) et *Giselle* (1841) captivent l'imagination du public et figurent encore aujourd'hui parmi les plus populaires.

En France, le ballet connaît un déclin vers la fin du XIXᵉ s., mais il prospère au Danemark grâce au brillant maître de ballet Auguste Bournonville (1805-1879), de même qu'en Russie, où le chorégraphe français Marius Petipa crée des ballets aussi populaires et durables que *La Belle au bois dormant* et *Le Lac des cygnes*.

Mais même en Russie, à la fin du XIXᵉ s., une nouvelle génération de danseurs cherche à purger le ballet de la superficialité des œuvres de Petipa. Au cours des années qui précèdent la Première Guerre mondiale, certains de ces jeunes danseurs se joignent au grand imprésario russe Serge Diaghilev qui contribue, par ses chorégraphies innovatrices et avant-gardistes, à rétablir le ballet en Europe de l'Ouest en produisant des troupes de danseurs russes à Paris et dans d'autres capitales importantes. Ses excellents danseurs présentent de nouvelles œuvres de chorégraphes comme Vaslav Nijinsky (aussi un danseur aux dons exceptionnels), Mikhail Fokine, Leonide Massine et, quelques années plus tard, Bronislava Nijinska et George Balanchine.

Sous les auspices de Diaghilev, grands artistes, écrivains, compositeurs et chorégraphes s'unissent pour créer de nouvelles œuvres dont le thème, les pas, les décors, les costumes et la musique forment un tout. Le ballet peut dès lors être considéré comme une véritable forme d'art. En raison de la révolution russe de 1917, la troupe de Diaghilev demeure dans l'Ouest et, même après le décès prématuré de ce dernier, en 1929, des troupes de ballet russes continuent de se produire en Amérique du Nord jusque dans les années 50. De nombreuses autres figures importantes du ballet russe émigrent aussi vers l'Europe, l'Asie et l'Amérique du Nord, faisant de leur mieux, en tant

que professeurs et chorégraphes, pour promouvoir le ballet où qu'ils aillent.

Pendant que Diaghilev aide à faire revivre et à rajeunir le ballet en Occident, d'autres formes de danse très différentes voient le jour en Europe et en Amérique du Nord. Elles rejettent en grande partie l'aspect rigide – et donc les limites artistiques – du ballet traditionnel. La danse moderne, comme on l'appellera ultérieurement, émane d'une conception différente du mouvement et crée son propre genre de théâtre dansé. Au cours des dernières années, cependant, les écarts entre le ballet et la danse moderne se sont estompés. La fusion partielle des techniques et des styles a donné naissance à un genre hybride. Les chorégraphes de ballet classique et de danse moderne empruntent aujourd'hui des idées et des mouvements des deux traditions. Nombre des danseurs de ballet d'aujourd'hui étudient la danse moderne, et les danseurs modernes suivent souvent des cours de ballet.

Jusqu'au milieu du XXᵉ s., les Canadiens sont plus des spectateurs que des participants dans le monde du ballet. Avec la colonisation française de la vallée du Saint-Laurent au XVIIᵉ s., des maîtres de ballet immigrent au Canada, mais leurs activités se limitent à l'enseignement de l'art aux enfants de familles aisées. Les véritables débuts du ballet professionnel au Canada remontent aux années 30, au moment où de grands professeurs comme Boris VOLKOFF à Toronto, Gwendolen Osborne à Ottawa, Gérald Crevier à Montréal et June Roper à Vancouver commencent à former des danseurs professionnels.

Toutefois, sans compagnies canadiennes pour les accueillir, ces jeunes artistes talentueux doivent s'exiler pour travailler. Patricia Wilde, d'Ottawa, et Melissa Hayden, de Toronto, sont de ceux-là. Au début des années 50, les deux ballerines acquièrent une réputation internationale en dansant pour des compagnies de ballet américaines. Près de 10 ans plus tard, Lynn SEYMOUR, née en Alberta et formée à Vancouver, se voit obligée de poursuivre sa carrière en Angleterre. Danseuse pour le Royal Ballet, elle sera acclamée comme l'une des plus grandes ballerines dramatiques du siècle.

En 1938, deux professeures de ballet anglaises, Gweneth LLOYD et Betty FARRALLY, forment ce qui deviendra plus tard (1949) la première compagnie professionnelle, le Winnipeg Ballet. À Toronto, Celia FRANCA, éminente danseuse et chorégraphe britannique, fonde le BALLET NATIONAL DU CANADA (1951). Sept ans plus tard, les GRANDS BALLETS CANADIENS naissent sous la direction de Ludmilla CHIRIAEFF. Ces trois grandes compagnies regroupent environ 130 danseurs. Chacune a son identité distincte.

Le ROYAL WINNIPEG BALLET, depuis longtemps considéré comme l'une des troupes les plus populaires en Amérique du Nord, présente des œuvres choisies pour plaire au grand public sans pour autant sacrifier l'intégrité artistique. Les danseurs sont reconnus pour leur extraordinaire énergie et leur désir de donner toujours le meilleur d'eux-mêmes. Le Ballet national, en revanche, suit la tradition des répertoires classiques des grandes compagnies européennes et, malgré son vaste ensemble d'œuvres en un acte, il est réputé pour ses longues productions comme *Le Lac des cygnes* et *La Belle au bois dormant*.

Les Grands Ballets canadiens, tout comme le Royal Winnipeg Ballet, évitent de produire des ballets longs et coûteux, qui nécessitent décors et costumes sophistiqués. Depuis quelques années, la compagnie se distingue notamment par sa volonté d'expérimenter les œuvres de nouveaux chorégraphes, dont plusieurs Canadiens, et d'inclure quelques créations de grands chorégraphes de danse moderne.

L'ÉCOLE NATIONALE DE BALLET et celles qui sont rattachées au Royal Winnipeg Ballet et aux

Grands Ballets canadiens occupent le premier rang en matière d'enseignement professionnel. Outre ces grandes compagnies, il existe de petites troupes de ballet, comme l'Alberta Ballet de Calgary et le Ballet British Columbia de Vancouver, qui se consacrent au ballet contemporain, et le Ballet Jörgen de Toronto, qui se spécialise dans les œuvres des nouveaux chorégraphes.

En dépit de sa courte histoire, le ballet est bien enraciné au Canada. Les grandes compagnies canadiennes se produisent à l'étranger et des ballerines canadiennes comme Karen KAIN et Evelyn HART ont triomphé dans d'importants concours internationaux. Plusieurs années durant, des observateurs inquiets ont regretté le manque évident de bonnes chorégraphies canadiennes, manque ressenti aussi par plusieurs compagnies dans le monde. Le Canada a toutefois de plus en plus de chorégraphes, tels que Brian MACDONALD, de la génération précédente, et, plus récemment, James KUDELKA, John ALLEYNE, Mark GODDEN et Jean Grand-Maître, qui ont tous une réputation internationale.

Michael Crabb

Ballet Jörgen C'est une compagnie de Toronto dont l'objectif est de présenter de nouvelles chorégraphies canadiennes. Bengt Jörgen, alors jeune danseur, fonde la troupe en 1987. À ses débuts, elle sert à présenter les chorégraphies de Jörgen et celles de chorégraphes de ballet canadiens débutants qui souhaitaient travailler avec un nouveau groupe de danseurs spécialisés en chorégraphie contemporaine.

Jörgen naît à Stockholm où il étudie à la Royal Swedish Ballet School. Une fois installé au Canada, il poursuit ses études à L'ÉCOLE NATIONALE DE BALLET, puis, après avoir reçu son diplôme en 1982, il intègre le BALLET NATIONAL DU CANADA, où il danse jusqu'en 1985. Sa carrière de chorégraphe débute avec la création de deux ballets couronnés de succès, *Shelter* et *Circle*, présentés dans le cadre des ateliers de chorégraphie du Ballet national.

Le Ballet Jörgen a toujours pour mandat de découvrir et d'encourager les nouveaux chorégraphes et de les aider à développer leur talent, particulièrement dans le domaine du BALLET. Dans ce but, la compagnie se consacre à des créations nouvelles et innovatrices qu'elle présente à Toronto ou en tournée. De plus, elle offre périodiquement des ateliers à l'échelle nationale afin de permettre à des chorégraphes talentueux et motivés, novices ou expérimentés, d'essayer de nouvelles idées dans un milieu ouvert d'esprit et sous la supervision attentive d'artistes confirmés. Arnold SPOHR, directeur artistique émérite du ROYAL WINNIPEG BALLET, se joint au Ballet Jörgen en 1993 à titre de codirecteur, car il croit en l'objectif de la compagnie qui produit essentiellement de nouvelles œuvres encore liées à la tradition du ballet classique.

Le Ballet Jörgen fait des tournées partout au Canada et présente un éventail de ballets allant des créations les plus modernes aux œuvres classiques populaires. En 1995, la compagnie introduit dans son répertoire une version abrégée de *Casse-Noisette*, adaptée par Jörgen, afin de pouvoir présenter cette œuvre classique populaire dans de petites salles de spectacle, partout au Canada.

Depuis 1992, le Ballet Jörgen a ses locaux au George Brown College, à Toronto, où Jörgen a aussi fondé la School of Classical and Contemporary Dance, qui offre aux élèves un programme de formation préprofessionnel en danse classique et en danse moderne.

Grant Strate

Ballet national du Canada Comptant dans ses rangs environ 65 danseurs, le Ballet national du Canada (BNC), fondé en 1951, est la compagnie de danse professionnelle la plus importante au pays. Le BNC est reconnu sur la scène internationale comme étant une compagnie de répertoire majeure du ballet classique pouvant présenter la majorité des grands ballets narratifs et puiser dans un vaste répertoire d'œuvres montées par des chorégraphes prestigieux du XXᵉ s., tels que George Balanchine, Frederick Ashton, Antony Tudor, Jerome Robbins, John Cranko, Kenneth MacMillan, William Forsythe, John Neumeier et Glen Tetley. Ce dernier a créé plusieurs œuvres de commande alors qu'il occupait le poste de directeur artistique adjoint, de 1986 à 1989, et a continué de le faire depuis.

Au fil des ans, de nombreux chorégraphes canadiens ont composé des ballets pour la compagnie, parmi lesquels David Adams et Grant STRATE dans les années 50 et 60, Anne Ditchburn, Constantin PATSALAS, John ALLEYNE, Robert DESROSIERS, Danny GROSSMAN et surtout James KUDELKA, à partir du milieu des années 70. Bien que la compagnie présente un nombre impressionnant de chorégraphies contemporaines, sa personnalité artistique et son image publique se définissent toujours mieux par ses productions somptueuses de grands classiques comme *Giselle*, *La Fille mal gardée*, *Le Lac des cygnes*, *La Belle au bois dormant*, *Don Quichotte* et *Casse-Noisette*, toujours populaires.

Établie à Toronto et fondée par Celia FRANCA, sous les auspices d'un groupe de passionnés du ballet de la région, la compagnie, en dépit du nom qu'elle porte, n'a jamais reçu de mandat «national» officiel. Franca et son conseil d'administration ont décidé seuls de donner à la compagnie un statut national en recrutant ses danseurs dans tout le Canada et en entreprenant de coûteuses et longues tournées canadiennes. Franca croyait aussi que seules les productions classiques pouvaient permettre aux danseurs d'acquérir de l'expérience et de parvenir enfin à une excellence qui serait reconnue à l'échelle internationale. L'ÉCOLE NATIONALE DE BALLET, également fondée par Franca en 1959, a grandement aidé la compagnie à atteindre ses objectifs.

Bien que ses premières années soient assombries par des problèmes financiers qui restreignent ses activités, la compagnie fait des tournées au Canada et aux États-Unis et se rend, plus tard, dans de nombreux pays d'Europe et en Asie. En 1964, elle élit domicile dans la salle de 3200 places de l'O'Keefe Centre de Toronto pour y présenter ses grandes productions pendant l'automne, l'hiver et le printemps. Par ailleurs, à mesure que se construisent des salles de spectacles plus grandes et plus modernes au Canada, la compagnie donne de l'envergure à ses productions pour s'adapter à ces nouvelles installations.

Outre Franca, un certain nombre de personnalités ont joué un rôle important dans le développement de la compagnie. Rudolf Nureyev, qui y danse avec la compagnie pour la première fois en 1965, revient en 1972 pour mettre en scène sa spectaculaire version de *La Belle au bois dormant*. Il a su relever la qualité des spectacles, promouvoir la carrière de danseurs tels que Karen KAIN, Frank AUGUSTYN et Veronica TENNANT, et rehausser le prestige de la compagnie sur la scène internationale. De son côté, Alexander Grant, directeur artistique du BNC de 1976 à 1983, augmente le nombre de représentations par saison, favorise le développement de nombreux jeunes danseurs, donne la chance à des chorégraphes canadiens de se faire valoir et enrichit considérablement le répertoire d'œuvres d'éminents chorégraphes, tels que son mentor, Frederick Ashton.

Erik BRUHN, pour sa part, commence son étroite association avec la compagnie en 1963 à titre d'artiste invité, de professeur et de chorégraphe producteur. Directeur artistique du BNC de 1983 à 1986, il contribue à donner à la compagnie une image plus contemporaine et enrichit le répertoire d'un large éventail de commandes allant d'œuvres de danse moderne à des chorégraphies pour des ballets classiques. Bruhn continue de marquer le développement de la compagnie en engageant Valerie Wilder, qui y dansera de 1970 à 1978, et en s'associant à Lynn Wallis, qui deviendra directrice artistique adjointe et

prendra seule la relève de Bruhn à la mort de ce dernier en 1986.

À titre de directeur artistique de 1989 à 1996, Reid ANDERSON met davantage l'accent sur les classiques que ses prédécesseurs. Cependant et en dépit de graves difficultés économiques causées par la récession, la compagnie continue de se produire en tournée comme en saison régulière, et de nourrir sa créativité grâce à la commande de nombreuses œuvres originales auprès de Tetley, d'Alleyne, de Forsythe, de Kudelka et de Serge BENNATHAN notamment. Anderson forme toute une génération de jeunes danseurs parmi lesquels figurent Martine Lamy, Kimberley Glasco, Margaret Illmann, Serge Lavoie, Jeremy Ransom, Rex HARRINGTON, Robert Tewsley, Yseult Lendvai, Chan Hon Goh et Aleksandar Antonijevic. En février 1996, James Kudelka est engagé comme directeur artistique du Ballet national du Canada (*voir* BALLET). Son arrivée correspond à une période sombre provoquée par la baisse substantielle des subventions gouvernementales, forçant la compagnie à restreindre ses activités. Kudelka s'est employé à relever le défi de maintenir la vitalité artistique du BNC et à élaborer des stratégies afin de le soutenir durant cette période d'austérité économique.

Michael Crabb

Ballets de la Colombie-Britannique Installés à Vancouver, ils constituent la seule compagnie de danse professionnelle de la Colombie-Britannique. Ils jouissent d'une réputation nationale et internationale en tant que compagnie de danse contemporaine vouée à la création de nouvelles œuvres. Chaque saison, ils emploient 16 danseurs pour une période d'environ 35 semaines. Les Ballets de la Colombie-Britannique sont créés en 1986 et remplacent l'ancien Pacific Ballet Theatre (dirigé par Maria Lewis de 1975 à 1980, puis par Renald Rabu de 1980 à 1984), qui lui-même avait remplacé la compagnie Vancouver's Ballet Horizons, fondée par Morley Wiseman en 1970.

Annette AV PAUL est la première directrice artistique des Ballets de la Colombie-Britannique. Lui succèdent Reid ANDERSON, Patricia Neary et Barry Ingham. Sous la direction de John ALLEYNE (depuis 1992), la compagnie présente des chorégraphies d'Alleyne, des Canadiens Christopher HOUSE, James KUDELKA, Serge BENNATHAN, Mark GODDEN et Jean Grand-Maître, de même que des ballets contemporains tirés du répertoire international. En tant que directeur artistique, Alleyne aide la compagnie à se créer un répertoire qui corresponde aux valeurs contemporaines, ce qui attire un public nouveau et plus jeune à ses spectacles.

Grant Strate

Ballets Jazz de Montréal, Les Ils figurent parmi les troupes canadiennes de danse les plus populaires, les plus dynamiques et les plus renommées au niveau international. Les Ballets Jazz de Montréal se spécialisent dans un style de danse jazz, qui allie la technique du ballet classique à des déhanchements et des mouvements plus percutants, rappelant par moments les revues américaines, et se produisent sur de la musique jazz ou de la musique intégrant des éléments rythmiques hérités du jazz traditionnel. On dit souvent de leurs œuvres qu'elles sont parmi les plus accessibles au grand public.

Ironiquement, cette caractéristique vaut parfois à la compagnie d'être dédaignée par la critique canadienne et par les autres compagnies canadiennes sous le prétexte, erroné, qu'une troupe qui est populaire et qui vit largement de ses recettes ne peut faire de l'art sérieux. Elle reçoit plus d'honneurs à l'étranger qu'au Canada.

Eva VON GENCSY, Geneviève SALBAING et Eddy Toussaint créent Les Ballets Jazz de Montréal en 1972 dont les principaux danseurs proviennent de l'école fondée par Von Gencsy à Montréal, en 1962. Toussaint quitte la compagnie au bout de deux ans pour créer sa propre troupe, puis, dès 1977, Gencsy

se désintéresse de la compagnie pour se tourner vers l'enseignement et la chorégraphie à la pige. Salbaing est alors l'unique directrice artistique des Ballets Jazz de Montréal.

Sous la direction de Salbaing, le répertoire devient beaucoup plus varié et la troupe entreprend une grande tournée au Canada et à l'étranger, se produisant dans les grandes villes du monde comme dans de petites communautés. Ses tournées amènent la troupe à danser dans toute l'Amérique du Nord et du Sud, en Australie, en Russie, en Afrique et partout en Europe. Elle est sans contredit la compagnie canadienne de danse qui voyage le plus. William Whitener devient directeur en novembre 1991, mais travaille, dans un premier temps, sous la supervision de Salbaing. De juillet 1992 à novembre 1993, il est directeur artistique à part entière. Puis, pendant un peu plus d'un an, un membre de la compagnie, Yvan Michaud, assure cette direction jusqu'à ce que Mauricio Wainrot devienne directeur à temps plein, le 1ᵉʳ juillet 1994. Mais Wainrot démissionne un an plus tard et Michaud est confirmé dans ses fonctions de directeur artistique. Il est remplacé par Louis ROBITAILLE en septembre 1998.

Le répertoire de la compagnie comprend des œuvres de chorégraphes canadiens tels que Brian MACDONALD et James KUDELKA de même que les créations de nombreux chorégraphes étrangers, parmi lesquels Wainrot, Vicente Nebrada, Lynne Taylor-Corbett, Ulysses Dove, Louis Falco, David Parsons et Buzz Miller.

Michael Crabb

Bancroft, Henry Hugh, organiste et compositeur (Cleethorpes, Angl., 29 févr. 1904—Edmonton, Alb., 11 sept. 1988). Élevé en Angleterre, Bancroft arrive au Canada en 1929 où il devient organiste et maître de chorale pour les églises anglicanes St. Matthew et All Saints, à Winnipeg, puis à la cathédrale Christ Church, à Vancouver. En 1948, il s'établit à Sydney, en Australie. Il retourne à Winnipeg en 1953, puis il s'établit à Nassau, aux Bahamas. En 1958, il devient organiste et maître de chorale à la cathédrale All Saints, à Edmonton, et il prend sa retraite en 1980. En 1977, il reçoit le Lambeth Degree, qui lui est décerné par l'archevêque de Canterbury, et en 1980, un doctorat en droit honorifique de l'U. de l'Alberta.

Eric J. Holmgren

Band, The Groupe rock populaire sur la scène internationale (1968-1976) qui fait ses débuts vers 1960 sous le nom de The Hawks, alors qu'il accompagne Ronnie HAWKINS. Le batteur Levon Helm (Marvell, Arkansas, 26 mai 1940) quitte les États-Unis pour se rendre en Ontario avec Hawkins. Le guitariste et compositeur Robbie ROBERTSON, le joueur de basse Rick Danko (Greens Corner, Ontario, 9 déc. 1943), le claviériste Garth Hudson (London, Ontario, 2 août 1937) et le pianiste Richard Manuel (Stratford, Ontario, 3 avr. 1945) sont les recrues canadiennes. Après avoir quitté Hawkins en 1963, le groupe se produit sous le nom de Levon and the Hawks, The Crackers et des Canadian Squires. Helm et Robertson suivent Bob Dylan au cours de son évolution rapide du folk au rock électrique en 1965, et le groupe (de nouveau appelé The Hawks) accompagne Dylan durant sa tournée mondiale de 1965-1966.

Le quintette, désormais appelé The Band, enregistre une série de séances de musique légendaires, *The Basement Tapes*, dans une maison de stuc rose de West Saugerties dans l'état de New York. Les enregistrements, souvent piratés, sont faits en compagnie de Dylan. The Band enregistre aussi un tout premier album très applaudi par la critique, *Music from Big Pink* (1968). Ce dernier, des albums de styles fort variés tels que *The Band*, *Stage Fright* et l'album phare enregistré en spectacle, *Rock of Ages*, comprennent des morceaux caractéristiques comme *The Weight*, *Tears of Rage*, *Chest Fever* du claviériste Hudson et *Up on Cripple Creek*, le plus gros succès américain du groupe.

The Band se joint de nouveau à Dylan pour un album (*Planet Waves*) et une tournée (enregistrement en spectacle *Before the Flood*) en 1974. Quelques années plus tard, des différends entre Helm et Robertson mènent à la dissolution définitive du groupe. *The Last Waltz*, un concert d'adieu, a lieu au Winterland Ballroom à San Francisco en novembre 1976. Le spectacle comprend des artistes invités, dont Dylan, Hawkins, Neil YOUNG, Joni MITCHELL, Eric Clapton et Ringo Starr. Le réalisateur Martin Scorsese a tourné un documentaire sur l'événement.

The Band se reforme en 1986, exception faite de Robertson. Manuel se suicide le 4 mars de la même année alors que le groupe est en tournée en Floride. En 1993, Helm, Hudson, Danko et de nouveaux musiciens lancent Jericho, le premier album enregistré en studio par The Band en 18 ans. Ils travaillent aussi à l'enregistrement de *High on the Hog* (1996). Le coffret-anthologie *Across the Great Divide* (1994) renferme des chansons datant de la période Hawkins. En 1994, The Band fait son entrée dans le Temple de la renommée du rock and roll.

Jeff Bateman

Bande, la Elle constitue, partout dans le monde, une forme fondamentale de groupement résidentiel local, dans les sociétés traditionnelles simples basées sur la chasse et la cueillette. Avant que les Européens colonisent le Canada, on compte 26 sociétés organisées en bandes: les INUITS, plusieurs sociétés athapascanes (NATIONS DÉNÉES), plusieurs sociétés alonquines dans le Nord et les BÉOTHUKS. Les bandes locales se composent essentiellement de plusieurs familles, ordinairement de 20 à 50 personnes, qui vivent et travaillent ensemble de manière coopérative et égalitaire en partageant à peu près toutes les ressources alimentaires. La taille et la composition de ces groupes locaux fluctuent en fonction de facteurs comme la disponibilité du gibier et les mouvements de population associés aux mariages. Au cours du cycle annuel de chasse, de pêche et de cueillette de végétaux, il arrive souvent que plusieurs de ces bandes locales se rassemblent une ou deux fois l'an pour des festivités regroupant plusieurs centaines de personnes (*voir* POW-WOW et DANSE DU SOLEIL).

Le gouvernement canadien utilise aujourd'hui le terme de bande pour décrire l'unité locale qu'administre le ministère des Affaires indiennes et du Nord canadien. Ces unités incluent les dizaines de sociétés autochtones complexes qui étaient traditionnellement organisées non pas en bandes, mais en tribus ou en chefferies. Il existe plus de 600 de ces bandes administratives modernes, qui fonctionnent comme de petites municipalités autochtones et sont gérées par des conseils de bande élus selon la LOI SUR LES INDIENS du Canada. Ces bandes ne correspondent pas toujours au regroupement culturel et linguistique des peuples autochtones. (*Voir aussi* AUTOCHTONES, DÉMOGRAPHIE DES; RÉSERVE INDIENNE).

John A. Price

Bande dessinée anglophone, la Dans les années 20, la bande dessinée est déjà une forme d'expression artistique populaire en Amérique du Nord. La Crise des années 30 amène les éditeurs à s'adapter aux goûts du public qui veut s'évader de la réalité. Les premiers récits d'aventures, *Buck Rogers* (écrits par Harold Foster, de Halifax) et *Tarzan*, apparaissent en 1929. Des classiques tels que *Dick Tracy*, *Flash Gordon* et *Prince Valiant* (le chef-d'œuvre de Foster) suivent. Au Canada, le succès des bandes dessinées américaines provoque la publication par le *Toronto Telegram* de *Men of the Mounted* et de *Robin Hood*.

Les années 30 voient naître un nouveau support pour la bande dessinée, le livre. Après la publication de *Funnies on Parade*, en 1933, de nombreux éditeurs, dont l'homme d'affaires Jake Geller de Winsor (*Comic Cuts*) commencent à publier des périodiques. Alors que les premiers livres de bandes dessinées sont des réimpressions, les publications suivantes

utilisent du matériel original. Au départ, le succès des bandes dessinées n'est que modéré, mais elles deviennent rapidement un commerce fructueux, surtout après la publication, en 1938, d'Action *Comics No. 1*, qui présente les aventures de *Superman*, le premier surhomme de la bande dessinée. Les coauteurs en sont Jerry Siegel et le Torontois Joe Shuster. L'homme de fer touche une corde sensible et inspire une myriade de héros semblables. Les États-Unis attirent au moins deux autres contributeurs canadiens: Albert Chartier et Charles Spain Verral.

Avec la déclaration de la guerre, la popularité de la bande dessinée continue de croître au Canada. Toutefois, le pays doit répondre aux exigences économiques de la guerre et aux mesures spéciales adoptées, qui privent brusquement les jeunes Canadiens de leurs héros américains. Compte tenu du déficit croissant des échanges économiques avec les États-Unis, le gouvernement King vote, en 1940, la *Loi sur la conservation des changes en temps de guerre*, qui limite les importations de tout produit non essentiel, y compris les bandes dessinées.

Âge d'or: 1941-1947 Le vide qui en résulte dans les kiosques à journaux canadiens ne sera que de courte durée. Quatre éditeurs, Maple Leaf Publishing de Vancouver et les entreprises torontoises Anglo-American, Hilllborough Studios et Commercial Signs of Canada (devenu plus tard Bell Features), se hâtent de profiter de l'avantage que la loi protectionniste leur offre.

Les premières bandes dessinées véritablement canadiennes paraissent en 1941. Il s'agit de *Robin Hood* et *Company Comics*, publiés par Anglo-American, et de *Better Comics*, publié par Maple Leaf. Alors que *Robin Hood* est publié en noir et blanc (comme la plupart des blancs des années 40) et qu'il se compose de réimpressions, *Better* est imprimé en couleurs et présente un matériel original. C'est le cas, entre autres, du premier surhomme canadien, *Iron Man* de Vernon Miller. À ces titres s'ajoutent, dès juillet 1941, *Freelance* d'Anglo-American suivi, en août 1941, de *Triumph-Adventure-Comics* de Hilllborough et de *Wow Comics* de Bell Features, en septembre 1941.

En 1942, Hillborough et Bell fusionnent et un nouvel éditeur voit le jour à Montréal, Educational Projects. À la fin de 1943, une vingtaine de bandes dessinées sont publiées sur une base régulière, dont *Active Comics*, *Canadian Herœs*, *Commando Comics*, *Dime Comics*, *Grand Slam Comics*, *Lucky Comics*, *Rocket Comics* et *Three Aces*. À lui seul, Bell Features publie plus de 100 000 bandes dessinées par semaine.

La bande dessinée canadienne aborde des thèmes variés: la guerre, l'humour, la science-fiction, les surhommes, les westerns. Parmi les titres les plus populaires, citons *Dixon of the Mounted* de E.T. Legault, *Rex Baxter* d'Edmond Good, *Phantom Rider* de Jerry Lazare, *Speed Savage* de Ted Steele, *Freelance* de Ted McCall et Ed Furness et *Brok Windsor* de Jon St. Ables. Signalons également les trois surhommes nationaux qui s'engagent dans une bataille contre les puissances de l'Axe: *Nelvana of the Northern Lights* d'Adrian Dingle, *Johnny Canuck* de Leo Bachle et *Canada Jack* de George Rae.

Malgré la popularité dont elles jouissent, surtout dans leurs meilleures années, vers 1943-1944, les bandes dessinées canadiennes ne font pas long feu. En effet, à la fin de la guerre, l'embargo sur les bandes dessinées américaines est levé. Apparemment découragé par le flot de bandes dessinées en couleurs qui arrivent des États-Unis, Educational Projects se retire à l'automne de 1945. Par contre, Maple Leaf, Anglo-American et Bell essaient de résister, en précisant davantage leur position, en ajoutant la couleur et, dans le cas des entreprises torontoises, en distribuant leur matériel à l'extérieur du pays. Quelques nouvelles revues voient aussi le jour en 1946-1947, mais à la fin de 1947, l'âge d'or de cette explosion de

produits culturels canadiens prend fin. Les nombreux héros canadiens disparaissent. Il ne reste plus que de beaux souvenirs, mais de plus en plus pâles, pour ceux qui ont grandi pendant les années de guerre.

Croisade contre les bandes dessinées: 1948-1966 Une fois l'âge d'or de la bande dessinée terminé, Edmond Good, Mel Crawford et quelques autres artistes vont travailler pour l'industrie américaine de la bande dessinée. La plupart des créateurs cessent de produire dans ce domaine et quelques-uns d'entre eux se lancent dans les arts graphiques. Adrian Dingle et Harold Town deviennent d'ailleurs des artistes visuels de renom.

Mais la bande dessinée canadienne n'est pas complètement morte. À la fin de 1947, le pays fait face à une autre crise économique et on impose un deuxième embargo sur la bande dessinée américaine. Cette fois-ci, les éditeurs ont le droit d'importer les plaques maîtresses des États-Unis, de sorte qu'ils ne sont plus obligés de publier du matériel original. L'industrie de la réimpression devient assez importante au Canada entre 1948 et 1951, année où l'embargo est levé. Le principal éditeur de l'époque est Superior Publishers de Toronto qui, contrairement à ses compétiteurs, publie des bandes originales qu'il achète à un studio d'art américain.

L'année où apparaissent ces réimpressions, la bande dessinée est la cible d'une croisade nationale, dirigée par des leaders convaincants tels qu'Eleanor Gray de l'association des parents d'élèves et des professeurs (PTA), et le député E. Davie Fulton, qui cherchent à faire disparaître les bandes dessinées à intrigue policière. Ils tiennent ces récits pour responsables de la délinquance juvénile et d'une panoplie d'autres problèmes sociaux. À la fin de 1949, la campagne contre la bande dessinée parvient à faire adopter un amendement au Code criminel qui rend illégal la production, l'impression, la publication, la distribution, la vente et même la possession de ces bandes dessinées.

Cependant, malgré les mesures législatives, on doit se rendre à l'évidence qu'il est impossible d'empêcher le flot de bandes dessinées policières, d'horreur ou d'amour de se déverser sur le marché. Les leaders concernés cessent donc leur campagne pour se joindre au Dr Frederic Wertham, auteur de *Seduction of the Innocent* (1954) et à quelques autres alliés américains. En 1955, ils obtiennent des audiences d'un sous-comité du Sénat américain, lesquelles aboutissent à la création du Comics Code Authority, un organisme d'autocensure de l'industrie de la bande dessinée. L'année suivante, Superior, le dernier survivant des éditeurs de bandes dessinées canadiennes et un des principaux opposants à l'autocensure, cesse de publier.

La plupart des bandes dessinées disponibles au Canada au cours des années 60 sont aseptisées et américaines. Les bandes dessinées canadiennes se limitent à celles produites dans deux studios: Genes Production de Toronto et ComicBook World d'Halifax. Quelques autres bandes dessinées sont publiées à part, dont celles, non humoristiques, de *Larry Brannon* et *The Giants*.

Un médium qui s'affine: de 1967 à aujourd'hui Les attitudes répressives qui avaient envahi la culture populaire des années 50 sont remises en question vers le milieu des années 60. La plupart des activités culturelles, y compris la bande dessinée, sont redéfinies et bénéficient d'un nouveau souffle. De 1967 à 1973, plusieurs éditeurs littéraires clandestins publient de nombreuses bandes osées, destinées à un public adulte, parmi lesquelles *All Canadian Beaver Comix*, *Beer Comix* et *Fuddle Duddle*. Identifiés comme Acomix@ pour se distinguer de la production asservie au Comics Code, ces bandes dessinées subversives sont produites principalement dans quatre centres: Toronto, Vancouver, Saskatoon et Ottawa. Les principaux artistes qui contribuent à cette rébellion sont Rand Holmes, Brent Boates, Dave Geary et Stanley Berneche.

Vers la fin de la période «underground», c'est de nouveau l'âge d'or de la bande dessinée au Canada et un nouvel enthousiasme apparaît. L'intérêt principal de la bande dessinée passe de la contre-culture à la science-fiction, au fantastique, aux surhommes, etc. Tout comme c'est le cas pour les *Acomix@*, les nouveaux titres, dits parallèles, visent un public adulte. Deux éléments contribuent à leur succès: l'arrivée d'un nouveau système de distribution et l'émergence d'un réseau national de boutiques de bandes dessinées.

De 1974 à 1985, des dizaines de revues de bandes dessinées sont publiées par des éditeurs parallèles comme Orb Publications, CKR Publications, Andromeda Publications, Aardvark-Vanaheim, Vortex Publications et Matrix Graphic Series. Parmi les grands titres de cette période figurent *Orb*, *Captain Canuck*, *Mister X*, *Reid Fleming*, *World's Toughest Milkman*, *New Triumph* et *Stig's Inferno*. Mais le plus important est *Cerebus* de Dave Sim, un mensuel dont le premier numéro remonte à décembre 1977, et qui est encore publié aujourd'hui, ce qui en fait le mensuel canadien le plus ancien. Chef-d'œuvre de la bande dessinée contemporaine, *Cerebus* est conçu comme une épopée en 300 numéros.

Les années 1974 à 1985 donnent lieu à deux autres changements majeurs. Premièrement, un nombre grandissant de créateurs canadiens, dont le célèbre John Byrne, s'associent au marché américain. Deuxièmement, l'amélioration des techniques de photocopie donne naissance à un nouveau groupe de producteurs pleins d'humour, en quelque sorte un nouvel underground de la bande dessinée dans lequel les visions avant-gardistes sont encouragées. Les principaux représentants de ces artistes-éditeurs sont Chester Brown, Colin Upton et John MacLeod.

Ces tendances se poursuivent dans les années 90. Le nombre de Canadiens qui contribuent à la bande dessinée américaine augmente encore. On y retrouve, entre autres, Ken Steacy, Tom Grummett, Ty Templeton, Bernie Mireault, Todd McFarlane, Dale Keown et plusieurs autres artistes populaires. L'édition à petite échelle se développe aussi, de sorte qu'elle présente parfois les formes artistiques les plus innovatrices d'Amérique du Nord dans le domaine de la bande dessinée.

Pour ce qui est des productions parallèles, elles subissent un profond remaniement au cours des années 1986-1987. Depuis, Drawn and Quarterly, Black Eye Productions et plusieurs nouveaux éditeurs ont vu le jour. Drawn and Quarterly contribue d'une manière significative au raffinement grandissant du médium de la bande dessinée en Amérique du Nord. Les quatre principaux artistes associés à la compagnie, Chester Brown (*Yummy Fur*, *Underwater*), Julie Doucet (*Dirty Plotte*), Joe Matt (*Peep Show*) et Seth (*Palooka-Ville*), sont au premier rang de la bande dessinée moderne. Leurs narrations graphiques, particulièrement originales et souvent osées, transcendent les usages défraîchis du courant dominant. Ainsi, au cours de ses quelque 60 ans d'existence, la bande dessinée canadienne a considérablement évolué.

John Bell

Bande dessinée francophone, la Créé en 1879 par Hector Berthelot, puis repris par Joseph Charlebois en 1904 dans le quotidien montréalais *La Presse*, «le Père Ladébauche» marque le début de l'histoire officielle de la bande dessinée au Québec, plus de 21 ans avant le début de la période moderne de la bande dessinée franco-belge en mai 1925, lors de la création de «Zig et Puce» d'Alain Saint-Ogan ! Repris à nouveau par Albéric Bourgeois, à partir de 1905, le «Père Ladébauche» connaîtra une longue carrière qui se terminera en 1957. Premier héros très caractéristique de la bande dessinée québécoise, il est tout d'abord illustré comme un bourgeois typique, à chapeau rond, monocle et canne. Puis, dans les années 30 – grande époque de la littérature du terroir, il revêt l'allure d'un paysan à ceinture fléchée avec sa tuque

et sa pipe de plâtre. De manière générale, les personnages de cette époque sont extrêmement fidèles au caractère du Québécois moyen: rural et simple. Autre création d'Albéric Bourgeois, «Les Aventures de Timothée», publiées dans le quotidien *La Patrie* à partir du 30 janvier 1904.

C'est dans ce même journal qu'Albert Chartier (né en 1912) commence sa carrière professionnelle d'auteur de bande dessinée avec la publication de Bouboule. Ce n'est toutefois qu'à partir de novembre 1943 que Chartier s'impose avec la création d'Onésime. Ce personnage voit le jour dans le *Bulletin des agriculteurs* et connaît la plus longue carrière de l'histoire de la bande dessinée du Québec, puisque ses aventures sont encore publiées aujourd'hui, toujours sous la plume de son créateur. En reconnaissance de son immense influence pour la bande dessinée québécoise, Chartier a été fait docteur *honoris causa* par l'U. du Québec à Hull en octobre 1999. Tout comme la presse canadienne-anglaise, les quotidiens du Québec publient, chaque fin de semaine, des suppléments illustrés. Malgré l'omniprésence des *strips* américains qui envahissent les pages de ces suppléments, plusieurs auteurs francophones y proposent des histoires originales dès 1909. On remarquera, p. ex., Vic Martin et les aventures de «L'oncle Pacifique» dans les pages du Petit Journal. Les noms de Yvette Lapointe (Les Petits espiègles), Tom Lucas (Casimir), Arthur Lemay (Aventures de Timothée), René Boivin (qui signe les textes de «Bouboule» d'Albert Chartier) sont parmi les rares que l'on retrouve pendant toute la décennie dans les illustrés de fin de semaine.

Vers le milieu du siècle, deux facteurs vont avoir une influence déterminante sur le développement de la bande dessinée au Québec. D'une part, l'adoption par le gouvernement canadien du *War Exchange Conservation Act*, durant la Seconde guerre mondiale, freine considérablement l'importation des *strips*, permettant du même coup une recrudescence de création originale *made in* Québec. Après la guerre, c'est la censure religieuse qui infléchit considérablement la création québécoise. La revue *Hérauts*, parue à partir d'avril 1944, est consacrée à la réédition en français de bandes dessinées américaines d'allégeance catholique. En 1947, cette revue fait son entrée dans le système scolaire de la province et s'associe à des publications religieuses pour préserver la morale des enfants contre «l'abrutissement et la corruption des valeurs» qu'entraînent les *comics-strips* américains et les revues frivoles françaises.

Le renouveau Il faut attendre les années 60 et la Révolution tranquille pour assister à un nouvel élan de création originale dans la bande dessinée québécoise. Les nouveaux talents explorent alors de nouvelles avenues, aussi bien du point de vue de la scénarisation et de l'illustration, que de celui des thèmes exploités. Dans le vent contestataire des années 60, les histoires, qui dépeignent souvent une société écrasante et en pleine mutation, sont, en effet, empreintes de fatalisme.

En parallèle avec les courants contestataires d'Europe et des États-Unis, paraissent au Québec des revues aux noms évocateurs comme *Ma(r)de in Québec*, *L'Hydrocéphale illustré*, *La Pulpe*, *B.D*, *L'Écran*. Le très actif groupe Chiendent réussit, quant à lui, l'exploit de placer quelques bandes dues à des auteurs locaux dans Perspectives, supplément illustré du quotidien *La Presse* et du *Dimanche-Matin*. C'est alors qu'apparaissent, pour la première fois, les noms de ceux et celles qui feront la bande dessinée des 20 années suivantes: Jacques Hurtubise, Réal Godbout, Gilles Thibault, Jacques Boivin. On délaisse alors le public traditionnel, p. ex. les enfants, pour se lancer dans l'expérimentation graphique et la contestation sociale. Le groupe de *L'Hydrocéphale entêté* se donne la mission de faire connaître la bande dessinée québécoise par tous les moyens: revue, *comic book*, guide à l'intention des auteurs spécialisés, expositions au Québec, au Canada et aux USA, ainsi que la

fondation d'un collectif d'auteurs, la coopérative «Les Petits dessins». Grâce au quotidien *Le Jour*, on publie en 1974, mais pendant quelques mois seulement, six bandes quotidiennes exclusivement réalisées par des auteurs québécois.

Le lectorat de la bande dessinée est toutefois extrêmement limité pour un si vaste territoire. La plupart des revues sont éditées le temps de quelques numéros, dans le meilleur des cas sur quelques années, et sporadiquement. C'est en 1979 que paraît la désormais célèbre revue d'humour social et satirique *Croc*. Fondé et animé par Jacques Hurtubise, Pierre Huet et Hélène Fleury, cette revue est le creuset de nombreux talents et est un modèle de longévité puisqu'il ne cesse ses activités qu'en 1994, après plus de 189 numéros. Les Réal Godbout, Pierre Fournier, Jean-Paul Eid, Claude Cloutier, Caroline Merola, Serge Gaboury, Lucie Faniel et de nombreux autres profitent de ce tremplin pour épanouir leur talent. *Croc* donnera naissance à une autre revue, celle-ci exclusivement consacrée à la bande dessinée, *Titanic*. D'autres talents s'exercent dans ces nouvelles pages. Rémy Simard, Garnotte, Patrick Henley (Henriette Valium), Jules Prud'Homme et Sylvie Pilon ne sont que quelques-uns des dessinateurs que dénicheront Huet et Hurtubise.

En 1987 apparaît *Safarir*, concurrent direct de *Croc*. Contrairement à *Croc* qui se réclamait de l'hebdomadaire français Hara-Kiri, *Safarir* se fait le porte-parole de l'humour à l'américaine de style MAD. Le foisonnement de revues régionales consacrées à la bande dessinée du Québec au début des années 80 créé un véritable catalyseur d'énergie pour les auteurs. Des associations d'auteurs (p. ex., BD Estrie, ScaBD et ACIBD) regroupent les auteurs en chapelles qui ne réussisent jamais à s'unir pour constituer une association nationale susceptible de défendre leurs intérêts communs.

Dès le milieu des années 80, des maisons d'édition spécialisées en bande dessinée ouvrent leurs portes à des publications plus professionnelles. Les Éditions du Phylactère, Éditions KamiCase (qui sont depuis partie intégrante des Éditions du Boréal), Éditions Mille-Iles, Soulières Éditeur (anciennement Éditions Falardeau) côtoient des maisons plus modestes telles que D'Amours, Romanichels, Raz-de-Marée.

La fin du XXᵉ siècle Du milieu des années 80 au début des années 90 survient un grand vide du côté de l'édition, tant au Québec qu'en Europe ou aux États-Unis. Dans ce contexte, et bien qu'il existe déjà depuis les années 60, le phénomène des fanzines (littéralement «magazines de fanatiques») devient beaucoup plus important. Les fanzines sont de petits albums ou revues, en général photocopiés à la main, économiques et simples à produire par l'auteur luimême et distribués sous le manteau. Les jeunes auteurs en mal de maisons d'édition exercent leur talent dans un foisonnement de publications dites alternatives. Depuis, cette forme de publication s'est raffinée et certaines paraissent plus régulièrement. Les revues Spoutnik, EXIL, Gratte-Cellules, Fish-Piss, Guillotine, Tabasko, Mr.Swiz, Baloney Comix ne sont que quelques-unes de ces parutions originales et très diversifiées tant du point de vue qualitatif qu'éditorial.

C'est grâce à ces fanzines que le public découvre le talent de Julie Doucet, d'Henriette Valium, de Jean-Pierre Chansigaud, de Marc Tessier et d'Alexandre Lafleur, de Leif Tande, de Fidèle Castrée, d'Hélène Brosseau, d'Éric Thériault, de Grégoire Bouchard, de Leanne Franson et combien d'autres ! L'activité soutenue des maisons d'édition spécialisées, auxquelles se rajoute à la fin des années 90 L'Oie de cravan, l'accroissement de la qualité des albums et l'effervescence des auteurs valent à ces derniers d'être invités d'honneur au prestigieux Festival international de la bande dessinée d'Angoulème (France), en janvier 2000. La Fondation du 9ᵉ art, vouée au développement et à l'épanouissement de la bande dessinée francophone en Amérique du Nord et mandatée par le gouvernement du Québec, y envoie une délégation de 28 auteurs, libraires et éditeurs spécialisés. La bande dessinée suscite alors une immense curiosité en Europe en proposant une approche et un style au confluent des courants traditionnels tout en préservant l'essence de sa créativité.

Parmi les événements importants consacrés à la bande dessinée au Québec, mentionnons le Festival de la bande dessinée francophone de Québec qui se tient, chaque printemps, dans la Vieille Capitale. Autre événement original, la Zone internationale du neuvième art (ZINA) propose au grand public une nouvelle façon de lire et de produire la bande dessinée via les nouvelles technologies.

De même, on remarque un attrait soutenu de la part des auteurs de bande dessinée pour les nouvelles technologies. La création en direct sur Internet est de plus en plus fréquente. Les précurseurs, Nicolas Lehoux (Leou) de Phylactère Cola, Thierry Gagnon, le Groupe Alliage sont bientôt rejoints par des auteurs plus classiques, tel André-Philippe Côté (Baptiste), qui décident d'ajouter à leur portfolio une production originale et exclusivement créée pour Internet.

Parallèlement à cette effervescence, de plus en plus d'agences de communication utilisent la bande dessinée afin de produire des campagnes d'information et de promotion d'un style nouveau. Malgré l'absence quasi totale de regroupement, qui favoriserait le soutien gouvernemental à la création en bande dessinée, l'arrivée dans le paysage culturel d'organisations vouées au développement de la littérature de narration graphique permet aux auteurs de bénéficier de nouvelles vitrines publiques. Au début du troisième millénaire, les auteurs de bande dessinée du Québec prouvent leur polyvalence alors que l'industrie de la bande dessinée québécoise trouve de plus en plus d'écho dans le monde.

William Swift

Banff, ville de l'Alb.; pop. 6098 (rec. 1996), 5688 (rec. 1991), 5197 (rc 1986); superf. 4,86 km2; située au bord de la rivière Bow, à 128 km à l'ouest de Calgary. La ville est fondée en 1883 près de l'emplacement prévu pour un tunnel du chemin de fer du Canadien Pacifique. À l'origine, elle se situe à 3 km de l'actuelle ville de Banff et se nomme «Siding 29». Elle est rebaptisée le 25 novembre 1883 par Lord Strathcona (Donald SMITH) en l'honneur de sa ville d'origine, en Écosse. Trois ans plus tard, Banff déménage ses installations et sa population atteint le chiffre de 300 habitants la première année.

L'expansion de Banff est depuis toujours dépendante du gouvernement fédéral, du tourisme et du chemin de fer. En 1885, la Banff Hot Springs Reserve s'établit sur un terrain de 4 ha autour des sources sulfureuses locales, puis en 1887, le parc prend de plus en plus d'expansion à mesure qu'on aménage la Réserve des Parcs des Rocheuses. Celui-ci met rapidement la ville de Banff en valeur, et donne lieu au plus important événement dans l'histoire de la ville, soit l'ouverture du Banff Springs Hotel, le 1er juin 1888. En 1930, la réserve prend le nom de PARC NATIONAL BANFF.

Des Albertains célèbres tels que Mary Schaffer Warren, Walter J. Phillips, Earle Birney, Carl Rungius et le Dr Brett (lieutenant-gouverneur de l'Alberta et propriétaire du Park Sanatorium Hotel) ont fait de Banff leur foyer. La ville devient très tôt l'un des principaux centres culturels et récréatifs de l'Alberta, grâce à ses stations de ski et ses installations de plein air de niveau mondial. Cette richesse culturelle est mise encore plus en valeur par la création du Banff Centre School of Fine Arts, en 1933 (aujourd'hui le BANFF CENTRE) et plus tard, par le Peter Whyte Museum of the Canadian Rockies.

Frits Pannekoek

Banff Centre Créé en 1933 avec l'appui de la Direction de l'éducation permanente de l'U. de l'Alberta,

le centre, situé dans un décor particulièrement inspirant, offre un programme d'été dont l'objectif est de permettre aux débutants et aux amateurs plus avertis dans les domaines du théâtre, de la musique et des arts de s'enrichir culturellement. Le centre porte le nom de Banff School of Fine Arts de 1933 à 1978, année où il devient officiellement le Banff Centre, nom qui correspond mieux à son vaste champ d'activités. Sous l'influence de ses deux premiers directeurs, Donald Cameron et David Leighton, l'école devient, au cours des années 80, l'un des centres d'éducation permanente internationaux les plus importants. Elle offre tout au long de l'année un programme scolaire intense et diversifié de calibre professionnel dont peuvent bénéficier à la fois les gens du métier et les étudiants plus avancés.

Le Banff Centre est situé dans l'un des plus beaux sites naturels d'Amérique du Nord, sur le versant du mont Tunnel, en face du centre de villégiature de BANFF et du pittoresque bâtiment historique du Banff Springs Hotel. Il offre à ses stagiaires les avantages d'une ambiance propre aux montagnes de l'Ouest et des installations modernes de premier choix pour la pratique des arts visuels et des arts du spectacle. Des professeurs de réputation mondiale et un important système de bourses ont assuré, au cours des ans, la participation d'étudiants brillants, dotés d'un esprit de compétition constructif. De nombreux lauréats des concours organisés par le Banff Centre ainsi que de nombreux boursiers du centre se sont bâti une réputation internationale et se sont fait connaître dans le monde entier.

Bien que le centre décerne des diplômes à la fin des différents programmes, le concept fondamental d'enseignement du Banff Centre diffère de celui de la plupart des écoles d'art, des conservatoires ou des programmes universitaires en beaux-arts en mettant l'accent sur la recherche individuelle. Le centre a toujours tenu pour acquis que chaque stagiaire maîtrise les techniques de base de son art et qu'il cherche une nouvelle approche ou veut passer à une nouvelle étape, en artiste mûr et créateur, dans un environnement paisible et stimulant.

Le Banff Centre exploite aussi tout au long de l'année un centre de conférences autonome. De plus, quelques artistes invités-résidents, soigneusement choisis, peuvent profiter du Leighton Artists' Colony, érigé sur les lieux, pour se consacrer entièrement à l'exploration de nouvelles formes d'expression artistique, sans les contraintes imposées par les horaires de cours, les tâches administratives et l'enseignement. La Walter Phillips Gallery, outre son programme permanent de concerts et de pièces de théâtre ouvert au grand public, présente chaque année une gamme intéressante d'expositions d'art de calibre international, à l'image de ses installations.

J.R. Stocking

Banff, parc national Créé en 1885, il est situé dans les Rocheuses et possède une superficie de 6641 km². Il est le premier et le plus fréquenté des PARCS NATIONAUX du Canada. Sa limite est se trouve à 111 km à l'ouest de Calgary. Le parc s'étire sur 240 km le long du versant est de la LIGNE CONTINENTALE DE PARTAGE DES EAUX. Il est borné au nord par le PARC NATIONAL JASPER. D'abord créé pour protéger des sources d'eau chaude sulfureuse accessibles à tous, le parc est devenu avec ses pics imposants et ses prairies émaillées de fleurs l'une des destinations vacances les plus attrayantes du pays.

Histoire naturelle Le plus grand réseau de CAVERNES au Canada (Castleguard Cave) s'étend sur 23 km sous le CHAMP DE GLACE COLUMBIA. Les GLACIERS suspendus aux flancs supérieurs des montagnes ont contribué à façonner le paysage en créant de nombreux lacs et chutes ainsi que de vastes vallées en fer à cheval. Des forêts de pins de Murray, d'épinettes d'Engelmann, de sapins subalpins couvrent fréquemment le flanc des montagnes et abritent plusieurs gros mammifères, dont

l'orignal, le wapiti, l'OURS NOIR, et l'impressionnant grizzli, l'hôte le plus imposant du parc. Le long des routes qui sillonnent le parc, on peut souvent apercevoir un mouflon d'Amérique, un cerf mulet et d'autres animaux sauvages. Rares toutefois sont ceux qui ont la chance de voir les quelques cougars et loups qui fréquentent le parc.

Installations Terrains de camping, complexes hôteliers, pistes de ski alpin et nordique, et quelque 1100 km de sentiers pédestres, autant d'attraits qui s'offrent au visiteur à partir de la ville de BANFF. Près de 5 millions de visiteurs ont été accueillis au cours de l'année 1995-1996.

Maxwell W. Finkelstein

Banks, Harold Chamberlain, surnommé «Hal», chef syndical (Waterloo, Iowa, 28 févr. 1909—San Francisco, Calif., 24 sept. 1985). Leader syndical des marins, dur et impitoyable, Banks est invité au Canada en 1949 par des compagnies de navigation appuyées par le gouvernement fédéral et la main-d'œuvre syndiquée. Ils entendent éliminer le SYNDICAT CANADIEN DES MARINS (Canadian Seamen's Union) contrôlé par les communistes. En deux ans, la section canadienne du Syndicat international des marins (Seafarers' International Union) obtient, avec Banks, les droits de négocier les conventions collectives de presque tous les marins canadiens.

Tout en réalisant des gains importants en ce qui a trait aux salaires et aux conditions de travail pour ses membres, Banks n'en dirige pas moins le SYNDICAT INTERNATIONAL DES MARINS de manière dictatoriale. Ses tentatives en vue d'élargir le mandat de son syndicat et de représenter les officiers et les ingénieurs engendrent des conflits avec d'autres syndicats et, finalement, avec le CONGRÈS DU TRAVAIL DU CANADA. Ce conflit provoque rapidement des luttes sanglantes dans les ports canadiens et une interruption générale de la navigation.

Le gouvernement fédéral nomme une commission d'enquête présidée par T.G. Norris, juge de la Cour d'appel de la Colombie-Britannique. Dans son rapport, Norris décrit Banks comme un voyou et une brute. Trouvé coupable de conspiration pour voies de fait, Banks s'enfuit aux États-Unis, qui refusent de l'extrader.

William Edward Kaplan

Banks, île D'une superficie de 70 028 km² et la cinquième plus grande île du Canada, elle est l'île le plus à l'ouest de l'ARCHIPEL ARCTIQUE. Elle est bordée par la mer de Beaufort, à l'ouest, et séparée de l'île Melville par le détroit de McClure, au nord, et de l'île Victoria par le détroit du Prince-de-Galles, à l'est.

Description Le littoral sud-est est marqué de falaises impressionnantes de quartzites jaune, blanc et rouge. Le bas littoral de l'ouest est caractérisé par de longs cordons sablonneux qui prennent leur source à la pointe sud-ouest et deviennent les falaises spectaculaires de Nelson Head (425 m). Celles-ci sont composées de roche précambrienne remontant à deux milliards d'années environ (elles ont 325 millions d'années de plus que toute autre partie de l'île). Des falaises de roche calcaire s'élèvent aux caps McClure et Crozier, sur le littoral nord.

Le long de la côte Est, le terrain s'élève à partir de la grève pour se transformer en falaises de boue, de sable et de gravier. Le plus haut point est Durham Heights (presque 730 m). La partie centrale de l'île est constituée d'une plaine sillonnée par les vallées des rivières les plus importantes (Big, Bernard et Thomsen), qui prennent leurs sources du côté est. La rivière Thomsen est la rivière navigable en canoë la plus au nord du Canada. Des couches de charbon dur et impur reposent sous le plateau du nord-est, et de la houille grasse a été retrouvée autour de la baie de Mercy. Sur le côté est, anciennement recouvert par les glaciers, les lacs sont nombreux et les collines sont recouvertes de till.

Un grand nombre de renards arctiques, de même que des caribous, des ours polaires, des loups, des bœufs musqués, des lièvres arctiques, des lemmings, des carcajous, des phoques et quelquefois des grizzlis vivent dans l'île. Des baleines blanches et des baleines boréales se retrouvent souvent près de la côte. L'île est aussi habitée par de nombreuses espèces d'oiseaux, y compris des bernaches noires, des eiders, des cygnes siffleurs, des harfangs des neiges, des buses pattues et des corbeaux. On pêche l'omble chevalier de l'Arctique aux embouchures des rivières Sachs, De Salis et Thomsen, les corégones et la truite, dans la rivière Thomson. Le seul insecte piqueur qu'on y trouve est le maringouin.

Historique L'île Banks est aperçue pour la première fois par le lieutenant F.W. BEECHEY, un membre de l'expédition de W.E. PARRY (août 1820), et elle porte le nom du président de la Société royale du Canada, sir Joseph Banks. En 1850, R.J. MCCLURE débarque sur la côte Sud. V. STEFANSSON arrive à l'île en traversant les glaces de la mer de Beaufort et établit un camp près du cap Kellet.

L'île était habitée par les Inuits il y a au moins 500 ans, mais aujourd'hui, à l'exception d'une base aérienne à Sachs Harbour, on n'y trouve que des trappeurs.

James Marsh

Banks, Thomas Benjamin, «Tommy», pianiste et acteur (Calgary, 17 déc. 1936). Il commence sa carrière à l'âge de 14 ans en donnant des concerts de jazz à Edmonton avec le saxophoniste Don Thompson, et entreprend par la suite une carrière plus vaste, autant en jazz qu'en musique populaire, en studio ou avec de grands orchestres, comme pianiste, arrangeur, directeur musical ou chef d'orchestre. Il est animateur du *Tommy Banks Show*, télédiffusé au réseau de la Société Radio-Canada, de 1968 à 1974 et de 1980 à 1983, à partir d'Edmonton, et il est coordonnateur de concerts télévisés de musique populaire avec les orchestres symphoniques d'Edmonton, de Montréal et de Hamilton pendant les années 70. Il continue par la suite à diriger des concerts de musique populaire avec divers orchestres, un peu partout au Canada.

Banks remplit également le rôle de directeur musical pour les cérémonies des Jeux du Commonwealth (1978), de l'Expo 86 et des Jeux olympiques d'hiver (1988). Il compose des fantaisies musicales (p. ex. *The Gift of the Magi*), de la musique pour des séries dramatiques à la radio, de même que des ritournelles publicitaires. Un enregistrement de l'orchestre de Banks avec Big Miller (*voir* MILLER, CLARENCE HORATIO), *Jazz Canada Montreux 1978*, au festival de Jazz de Montreux en Suisse, lui permet d'obtenir un prix Juno en 1979. On peut aussi si entendre Banks jouer comme soliste de piano sur l'album *Yes Indeed!* (1995). Un quintette de jazz formé par Banks fait une tournée en Extrême-Orient en 1983, devenant ainsi le premier groupe de jazz étranger à donner un spectacle dans la République populaire de Chine. Banks est membre du Conseil des arts du Canada de 1989 à 1995 et devient également membre de l'Ordre du Canada en 1991.

Bannatyne, Andrew Graham Ballenden, homme d'affaires et politicien (South Ronaldsay, Orcades, 31 oct. 1829—St. Paul, Minn., 18 mai 1889). Bannatyne fut un des hommes d'affaires les plus importants de la rivière Rouge. Soucieux de l'avenir, il soutient Louis RIEL en 1869 et 1870, dans l'espoir de l'avènement d'une société multiraciale. À 14 ans, il entre au service de la Compagnie de la baie d'Hudson, qu'il quitte en 1851 afin de s'établir à titre de commerçant libre avec son beau-père, Andrew McDermot. À la fin des années 1860, Bannatyne et son nouveau partenaire, Alexander Begg, sont les plus importants commerçants de gros et de détail de la rivière Rouge.

Lorsque Louis Riel amorce sa résistance en 1869, Bannatyne appuie la négociation d'une annexion au Canada et tente, avec un certain succès, de servir d'agent de liaison entre les Blancs et les Métis. Le côté capricieux de Riel donne lieu à de nombreuses scènes orageuses mais Bannatyne, en tant que membre du gouvernement provisoire, joue un rôle stabilisateur. En 1873-1874, il soutient l'élection de Riel à la Chambre des communes, mais une fois Riel déclaré hors la loi et son siège de Provencher laissé vacant, Bannatyne est élu par proclamation en 1875.

Peu intéressé par la politique fédérale, Bannatyne ne cherche pas à être réélu. Au cours des années 1870, il vend son entreprise et se lance dans la spéculation foncière, domaine dans lequel il prospère avant d'être ruiné lorsque la vague de spéculation de l'Ouest prend fin en 1882.

J.E. Rea

Bannique Issu du vieil anglais *bannuc* («bouchée»), la bannique est une sorte de pain constituant la nourriture de base dans l'alimentation des premiers colons et des trappeurs. Elle est faite de farine sans levain, de saindoux, de sel et d'eau et a la forme d'une petite crêpe épaisse ou d'un gâteau rond et plat. On y ajoute parfois de la levure chimique. La bannique s'inspire des traditions culinaires de l'Écosse et du Nord de l'Angleterre.

John Robert Colombo

Banque à charte C'est une institution dont la principale activité est de servir d'intermédiaire financier entre emprunteurs et prêteurs. Les banques à charte offrent aussi une gamme d'autres services financiers à leurs clients, dont la compensation de chèques, les cartes de crédit et la garde des valeurs. Leurs profits proviennent de l'écart entre les intérêts qu'elles paient aux déposants et les intérêts que leur paient leurs emprunteurs.

Les banques obtiennent leur charte du gouvernement fédéral en vertu de la LOI SUR LES BANQUES. Autrefois, l'octroi d'une charte à une banque nécessitait l'adoption par le parlement d'une loi spéciale. Depuis 1980, cependant, les banques obtiennent leur charte par lettre patente qui constitue une prescription juridique ne nécessitant pas l'adoption d'une loi spéciale.

Cette loi regroupe les banques sous deux annexes différentes. Les banques de l'annexe A sont à participation multiple (aucun actionnaire individuel ou société ne peut contrôler plus de 10 p. 100 des actions avec droit de vote); les banques de l'annexe B ont un capital fermé (la propriété en est plus concentrée). La plupart des banques de l'annexe B appartiennent à des compagnies étrangères et le gouvernement fédéral contrôle leur importance. (*Voir aussi* BANQUE.)

Paul Boothe

Banque canadienne impériale de commerce (CIBC) C'est une banque à charte dont le siège social se trouve à Toronto. Elle a eu deux prédécesseurs: d'une part, la Banque du Canada (constituée en 1858), devenue Banque canadienne de commerce en 1867 et qui absorbe des banques moins importantes, en premier lieu la Banque Gore en 1869 et en dernier lieu la Standard Bank of Canada, en 1928; d'autre part, la Banque impériale du Canada (constituée en 1875), qui absorbe aussi d'autres banques entre 1875 et 1956, dont la Banque Barclays (Canada) en dernier lieu. L'appellation actuelle date de 1961, au moment de la fusion de la Banque canadienne de commerce et de la Banque impériale du Canada.

La CIBC offre des services bancaires aux particuliers et aux entreprises dans 1400 succursales au Canada et dirige le réseau international d'agences le plus important de toutes les institutions financières du Canada, dont plus de 80 situées dans les Antilles. Après les changements apportés à la Loi sur les banques dans les années 70, la CIBC, comme les autres banques canadiennes, s'est mise à soigner davantage son image publique en engageant la vedette canadienne Anne MURRAY comme porte-parole. Elle s'est aussi tournée vers l'assurance, et ce, de façon plus énergique que toutes les banques canadiennes, par le biais de ses trois filiales dont elle est seule propriétaire: la Compagnie d'assurance-vie CIBC limitée, la Compagnie d'assurance générale CIBC limitée et La Compagnie d'assurance personnelle du Canada.

La CIBC possède maintenant sa propre compagnie de fiducie et détient une participation majoritaire dans Wood Gundy, une maison de courtage. En octobre 1997, elle déclarait un revenu net de 1,7 milliard de dollars, des actifs de 238 milliards de dollars et employait plus de 45 000 personnes.

Au début de 1998, suite aux plans de fusion de la Banque Royale du Canada et de la Banque de Montréal, la CIBC annonce son propre projet de fusion avec la Banque Toronto-Dominion. De telles fusions réduiraient les «5 grandes» banques du Canada aux «3 grandes». Toutefois, l'accord du gouvernement est requis pour permettre de telles fusions. L'objectif de la fusion, selon les banques, est de leur assurer une base d'actifs plus solide ainsi que plus de force pour une participation effective sur le marché global des services financiers. Cependant, en janvier 1999 le gouvernement fédéral annonce sa décision de ne pas permettre la fusion des banques.

Deborah C. Sawyer

Banque Commerciale du Canada Elle devient la dixième banque de l'annexe A lorsqu'elle obtient le statut de banque à charte et prend le nom de Banque commerciale et industrielle du Canada, le 30 juillet 1975. Cette banque, dont le siège social est à Edmonton, commence officiellement ses activités le 6 juillet 1976 à Vancouver et à Edmonton avec un capital-actions initial de 22 millions de dollars. Dès le mois d'août 1984, elle acquiert une dimension internationale avec ses 16 agences de prêts et de dépôts situés dans tout le pays et dans l'Ouest des États-Unis. Le capital s'élève alors à 107 millions de dollars grâce aux apports d'actionnaires publics privilégiés et, provenant d'actionnaires privés ordinaires, d'importants fonds institutionnels et de fonds de pension. L'appellation «Banque Commerciale du Canada» est adoptée le 25 avril 1981. En septembre 1985, la banque s'effondre après une vaine tentative de sauvetage par les gouvernements fédéral et provincial, et par plusieurs autres banques à charte. La COMMISSION ESTEY a enquêté sur cette faillite, ainsi que sur celle de la Norbanque, et constaté, preuves à l'appui, que de mauvaises pratiques de gestion et la récession qui affectait alors l'ouest du Canada sont responsables de cette faillite.

Banque continentale du Canada Son siège social est à Toronto, lorsqu'elle commence ses activités en tant que filiale d'une compagnie financière, IAC Limited (fondée en 1925, sous le nom d'Industrial Acceptance Corp Ltd). En 1981, elle absorbe IAC et devient une banque à charte. En 1986, la compagnie enregistre des revenus de plus de 650 millions de dollars et déclare des actifs de 5,5 milliards (ce qui la classe au 15e rang des institutions financières au Canada). En novembre 1986, la Banque Lloyds Internationale du Canada en prend le contrôle, ce qui suscite un débat parlementaire puisque, en vertu de la Loi des banques, une banque de l'annexe A ne peut être vendue à une banque de l'annexe B. Finalement, la Lloyds achète 90 p. 100 de son capital; les 10 p. 100 restants comprennent 18 millions de dollars en prêts au secteur de l'énergie, le portefeuille de prêts de la Banque continentale en Amérique latine et ses activités de crédit-bail. La Lloyds est achetée par la Banque Hong Kong du Canada, en 1990. Ce qui reste de l'organisation est renommé CBOC Continental Inc en 1996, et après avoir remporté une cause contre Revenue Canada devant la Cour suprême en 1998, amorce sa descente finale.

Deborah C. Sawyer

Banque de la Colombie-Britannique C'est une banque fédérale créée en 1966 dont le siège social est à Vancouver. En 1986, elle employait 1410 personnes et possédait des succursales en Colombie-Britannique et en Alberta, ainsi qu'aux îles Caïmans, aux États-Unis et à Hong Kong. Ses actifs étaient alors de 2,7 milliards de dollars (ce qui la classait au 27e rang des institutions financières du Canada) et son revenu atteignait 324 millions de dollars. Le 18 février 1993, la Société a été dissoute.

Deborah C. Sawyer

Banque de Montréal Son siège social se trouve à Montréal, c'est la plus ancienne des banques à charte du Canada. Fondée en 1817, elle a participé à de nombreux projets qui ont stimulé la croissance du Canada: les premiers CANAUX, le TÉLÉGRAPHE, le CANADIEN PACIFIQUE, d'importants projets hydroélectriques et le développement des industries de l'ÉNERGIE et des MINES du Canada. Elle est la banque du gouvernement canadien de 1863 à 1935, année de la création de la BANQUE DU CANADA. En 1818, elle est la première banque à établir une représentation à l'étranger par l'intermédiaire d'agences correspondantes à Londres et à New York. En 1893, elle est nommée agent financier du gouvernement du Canada en Angleterre, fonction qu'elle occupe encore. Entre 1903 et 1962, elle achète les actifs de petites banques et en reprend les activités, principalement dans les Provinces atlantiques.

Les changements à la *Loi sur les banques* dans les années 90 permettent aux banques d'étendre leurs activités dans des domaines autres que les services bancaires traditionnels, comme celui des valeurs mobilières, de l'assurance et d'autres produits financiers. Dans ce secteur, la Banque de Montréal se montre très entreprenante en achetant rapidement deux importantes maisons de courtage de valeurs mobilières, Nesbitt Thomson et Burns Fry et en les fusionnant pour faire de Nesbitt Burns le courtier en valeurs mobilières le plus important du Canada. Elle pénètre aussi le marché bancaire des États-Unis en achetant deux banques de la région de Chicago. En 1995, l'assouplissement des règles de propriété étrangère permet à la Banque de Montréal de devenir la première banque canadienne à s'inscrire à la cote officielle de la Bourse de New York.

Plus récemment, la banque s'est tournée vers le système bancaire électronique en créant une succursale virtuelle, mbanx.

Actuellement, cette banque possède plus de 1300 succursales au Canada et à l'étranger, et offre des services bancaires aux entreprises, aux gouvernements, aux commerçants et aux particuliers ainsi qu'une gamme de services commerciaux et internationaux. Deuxième institution financière en importance au Canada, elle a enregistré en 1997 des profits nets de 1,3 milliard de dollars et déclaré des actifs de 207,8 milliards de dollars.

Deborah C. Sawyer

Banque de Nouvelle-Écosse Fondée en 1832 à Halifax, c'est la deuxième banque à charte la plus ancienne au Canada. Elle ouvre sa première succursale dans les Maritimes, mais elle s'installe aussi à Winnipeg et au Minnesota dans les années 1880, à l'époque de la construction du Canadien Pacifique. Entre 1883 et 1919, elle fusionne avec des banques moins importantes, la première étant la Union Bank de l'Île-du-Prince-Édouard et la dernière, la Bank of Ottawa. Elle est la première banque à s'installer aux Caraïbes, en ouvrant une agence à la Jamaïque en 1889; elle établit aussi une agence à Londres en 1920.

Durant les années 60, la banque se diversifie de nouveau au plan international: elle exploite maintenant plus de 200 agences et filiales dans 44 pays, et possède 1460 succursales et agences au Canada. Elle offre une gamme de services financiers parmi lesquels le commerce de l'or et de l'argent, les prêts hypothécaires, le crédit-bail et des services immobiliers et de fiducie. Maintenant appelée couramment «la Banque Scotia», elle a été pionnière dans le développement de plusieurs services financiers destinés à simplifier les opérations bancaires du consommateur ordinaire.

En 1981, elle devient la première banque canadienne à offrir les services d'une agence complète au Japon et participe aussi à l'essai des applications commerciales d'un satellite de communication au monde des affaires. Le bureau de la direction a été transféré à Toronto en 1900, mais le siège social se trouve encore à Halifax. La Banque Scotia a maintenant des activités dans toutes les sphères du marché financier, grâce à sa propre compagnie d'assurance-vie, à sa maison de courtage et à sa compagnie de fiducie, et à un certain nombre d'achats, dont celui de Montreal Trustco, en 1994. En octobre 1997, à la clôture de son année financière, elle déclare un revenu net de 1,5 milliard de dollars et des actifs de 195,2 milliards de dollars (ce qui la classe au 4e rang des institutions financières du Canada). Elle emploie plus de 38 000 personnes dans le monde.

Deborah C. Sawyer

Banque du Canada Propriété exclusive du gouvernement du Canada, c'est la banque centrale ou le gestionnaire de la politique monétaire du pays. Fondée en 1935 après l'adoption de la LOI SUR LA BANQUE DU CANADA, elle émet le papier-monnaie, joue le rôle d'agent financier et de banquier pour le gouvernement fédéral, fixe le TAUX D'ESCOMPTE OFFICIEL et participe à l'élaboration de la POLITIQUE MONÉTAIRE et à sa mise en œuvre.

En sa qualité d'agent financier et de banquier de l'État, elle gère l'émission et le rachat des titres du gouvernement fédéral et le paiement de l'INTÉRÊT couru; elle intervient aussi sur le marché des changes pour exercer une influence stabilisatrice sur le TAUX DE CHANGE du dollar canadien. Elle n'effectue pas d'opérations bancaires commerciales (*voir* BANQUES).

Dans le rapport annuel de 1995 de la Banque du Canada, le gouverneur déclare que la banque a pour objectif de contribuer au bien-être économique des Canadiens; ce qu'elle fait de trois façons: en gérant la croissance de la monnaie de manière à en préserver la valeur; en contribuant à la sécurité et à la santé du système financier; et en satisfaisant aux besoins monétaires courants des Canadiens.

Avant 1995, la banque exigeait que chaque banque à charte garde en réserve un minimum de liquidités (calculé en pourcentage des dépôts), sous forme de billets ou de dépôts à la Banque du Canada. Elle les obligeait aussi à maintenir des réserves secondaires, sous forme d'excédent de trésorerie, de bons du Trésor et de prêts au jour le jour aux courtiers en valeurs mobilières. La banque n'a jamais modifié ces ratios de réserve pour influencer la politique monétaire, et elle a graduellement éliminé ces exigences en 1994.

La mise en œuvre de la politique monétaire se fait désormais de trois façons: par la gestion des réserves-encaisse, par les opérations sur le marché libre et par la pression morale.

Gestion des réserves-encaisse La gestion des sommes en dépôt dans le système bancaire constitue le principal moyen d'influer sur les taux d'intérêt. Chaque jour, les banques essaient d'équilibrer le mieux possible le total des crédits et des débits de leurs comptes, afin d'éviter que leur compte de compensation à la Banque du Canada n'affiche un solde positif, qui ne rapporte aucun intérêt, ou un solde négatif, qui leur coûte des frais d'intérêt. La Banque du Canada peut exercer une influence sur ces soldes en transférant des liquidités des comptes ouverts chez elle par le gouvernement fédéral vers des comptes à vue dans les banques commerciales. L'accroissement d'un solde positif a tendance à faire baisser les taux d'intérêt, alors que la hausse d'un solde négatif favorise des taux élevés.

Les opérations sur le marché libre Si la gestion des réserves-encaisse ne produit pas l'effet escompté, la banque achète ou vend sur le marché libre des bons du Trésor de trois mois. Un rachat, p. ex., est payé en créditant le compte du vendeur à la banque, ce qui se traduit essentiellement par l'impression de monnaie. La masse monétaire se trouve alors augmentée et les banques commerciales disposent de fonds supplémentaires leur permettant de hausser leur marge de crédit.

La pression morale En de rares occasions, la Banque a demandé aux banques à charte de modifier certaines activités de prêt, d'intensifier ou de diminuer leurs opérations de prêt ou de faire en sorte d'obtenir des taux d'intérêt voulus.

La Banque du Canada a eu six gouverneurs: G.F. TOWERS, J.E. COYNE, L. RASMINSKY, G.K. BOUEY, John W. CROW et Gordon G. THEISSEN. Bien que la banque jouisse d'une grande indépendance, la *Loi sur la Banque du Canada* donne au ministre des Finances le droit de lui donner des directives officielles par écrit, si, après consultation, un désaccord persiste sur une politique. Ce fut la démission de J.E. Coyne en 1961, en raison d'un différend avec le gouvernement, qui amena l'introduction de la disposition légale stipulant que la responsabilité ultime des politiques revient au gouvernement.

E.P. Neufeld et A.J. Thomson

Banque du Canada, Loi sur la En réponse à la Commission royale de 1933 sur les banques et la monnaie, la *Loi sur la Banque du Canada* est adoptée le 3 juillet 1934 et crée la BANQUE DU CANADA (1935). La Banque du Canada est d'abord une institution privée, mais elle devient une institution d'État en 1938. La Loi et ses modifications changent également le cadre légal des banques à charte canadiennes qui doivent dorénavant maintenir une proportion spécifique (pas moins de 5 p. 100, habituellement 10 p. 100) entre leurs engagements auprès de leurs clients (comptes courants et comptes d'épargne) et leurs droits auprès de l'administration monétaire nationale (billets de la Banque du Canada, plus les dépôts à cette banque).

Les banques perdent le droit d'emprunter de l'État sur demande, comme cela était permis en vertu de la LOI DES FINANCES de 1914. Elles peuvent en retour emprunter à la Banque du Canada, qui détient aussi les principaux comptes du Dominion et lui consent des prêts, tout en gérant le système monétaire national. Elle le fait en émettant des billets, en changeant le taux d'INTÉRÊT des prêts accordés aux banques à charte, et en achetant et en vendant des titres sur le marché des valeurs, de façon à influencer l'offre et la demande de crédit. Elle peut également acheter et vendre de l'or et des devises étrangères, et ainsi influencer la balance de l'offre et de la demande sur le marché des changes, où le dollar canadien est échangé contre des monnaies étrangères. Par ce genre d'opération, la Banque du Canada peut influer sur le coût et la disponibilité du crédit, et elle le fait, mais elle ne fixe jamais les taux d'intérêt pour le grand public et ne réduit jamais directement la disponibilité du crédit.

Pendant la Seconde Guerre mondiale, elle aide le Canada à financer son effort de guerre. Une nouvelle mesure législative modifie et élargit ses pouvoirs, mais l'essentiel demeure inchangé. Elle acquiert une filiale, la Banque d'expansion industrielle, créée en 1945. La Banque du Canada est reconnue comme la banque centrale du Canada en raison de ses fonctions spéciales auprès des banques à charte, du marché international et du gouvernement fédéral.

Ian Drummond

Banque du Haut-Canada Banque à charte constituée le 21 avril 1821 et dont les activités débutent à York (Toronto) en juillet 1822. Elle doit son origine aux pressions exercées par un groupe de marchands, à des liens étroits avec le FAMILY COMPACT et à l'espoir du gouvernement du Haut-Canada qu'une banque pourra lui fournir les capitaux dont il a tant besoin. William ALLAN, président de la banque pendant 12 des 13 premières années et administrateur judiciaire, adapte la théorie bancaire britannique à la réalité d'une colonie sérieusement en manque de capitaux. Thomas Gibbs Ridout, premier caissier (directeur général) de 1822 à 1861, et William Proudfoot, successeur d'Allan (1835-1861), connaissent moins de succès.

Durant les RÉBELLIONS DE 1837, la banque contrarie les intérêts des marchands locaux, ce qui, en partie, entraîne l'expansion plus rapide de la Commercial Bank of the Midland District au cours des années 1840. Pendant la décennie suivante, la Banque du Haut-Canada gère le portefeuille de l'État, prête des sommes considérables à court terme pour le développement des chemins de fer et, durant la période de grande prospérité des années 1850, s'engage dans des spéculations imprudentes dans les domaines foncier et des chemins de fer. Elle ne se remet jamais de l'effondrement économique de 1857, perd la responsabilité du portefeuille de l'État en 1864 et fait faillite en novembre 1866. Malgré sa contribution importante au développement du commerce canadien, la banque est victime du changement qu'elle a favorisé: la transition du MERCANTILISME à une économie industrielle.

Peter A. Baskerville

Banque Mercantile du Canada Son siège social se trouvait à Montréal, elle menait ses activités bancaires classiques par l'entremise de 13 succursales et d'un bureau de représentation. Au début des années 80, ses actifs de plus de 4 milliards de dollars et ses revenus d'environ 500 millions de dollars la classaient parmi les 20 institutions financières les plus importantes au Canada. En 1986, la banque est devenue la propriété exclusive de la Banque nationale du Canada.

Deborah C. Sawyer

Banque nationale du Canada Son siège social se trouve à Montréal, c'est une banque à charte canadienne dont les activités commencent en 1979. Elle est créée à la suite de la fusion de deux banques: la Banque Canadienne Nationale, fondée en 1859 sous le nom de Banque nationale et dont le nouveau nom est adopté en 1925, après sa fusion avec la Banque d'Hochelaga en 1924, et la Banque provinciale du Canada, fondée en 1861.

En 1981, elle achète la Laurentide Mortgage Corporation, spécialisée dans les prêts hypothécaires, et plusieurs succursales actives de La financière Laurentide Ltée. En 1986, elle fait l'acquisition de La Banque Mercantile du Canada. Elle possède aussi 67 p. 100 de Lévesque Beaubien Geoffrion inc., une des maisons de courtage les plus importantes et les plus influentes au Canada.

De nos jours, elle mène des activités bancaires courantes et offre des services financiers connexes dans plus de 600 succursales et bureaux partout au Canada. En 1997, elle déclare un revenu net de 342 millions de dollars et des actifs de 66,2 milliards de dollars, et elle compte plus de 16 000 employés.

Deborah C. Sawyer

Banque royale du Canada Elle a son siège social à Montréal, c'est la plus grande banque à charte du Canada. Elle entame son existence vers 1864-1869 sous le nom de Merchants Bank of Halifax et prend son nom actuel en 1901. Elle installe sa première succursale hors frontière aux Bermudes en 1882 et se développe entre 1903 et 1925 en absorbant d'autres banques, dont plusieurs dans les Caraïbes. Elle offre aujourd'hui une gamme complète de services financiers. Elle est depuis longtemps un chef de file dans les prêts hypothécaires résidentiels, et son portefeuille dans ce secteur dépasse les 44 milliards de dollars.

Elle est la première banque à informatiser ses opérations, et plus de 95 p. 100 des comptes de ses clients sont «en ligne». Elle est aussi la première banque à offrir des services dans l'Arctique. Elle exploite 1600 succursales et figure parmi les 50 banques les plus importantes du monde. En octobre 1997, son revenu net atteint 1,6 milliard de dollars, ses actifs sont de 244,7 milliards de dollars et elle compte plus de 50 000 employés à temps plein. Ses actions sont largement offertes au public. Au début de 1998 la Banque Royale du Canada annonce son intention de fusionner avec la Banque de Montréal, sous réserve de l'approbation du gouvernement fédé-

ral. Cependant, en janvier 1999 le gouvernement fédéral annonce sa décision de ne pas permettre la fusion des banques.

Deborah C. Sawyer

Banque Toronto-Dominion Son siège social se trouve à Toronto; c'est une banque à charte canadienne établie en 1955 par suite de la fusion de la Bank of Toronto (constituée en 1855) et de la Dominion Bank (constituée en 1869). La Banque Toronto-Dominion a connu une croissance régulière. En 1960, elle fonde TD Realty Co Ltd., et, en 1968, en association avec la BANQUE ROYALE DU CANADA, la BANQUE IMPÉRIALE CANADIENNE DE COMMERCE et la Banque canadienne nationale, elle crée Chargex Ltd. (maintenant VISA).

La Banque TD, comme on l'appelle familièrement, a fondé d'autres sociétés en partenariat, entre autres la Tordom Investments Ltd, créée en association avec Leamor Holdings Ltd, une société enregistrée de prêts qui, par la suite, devient Tordom Corporation International.

En 1973, en association avec la BANQUE DE NOUVELLE-ÉCOSSE, elle fonde la Scotia-Toronto Dominion Leasing Limited, qui loue de l'équipement aux industries canadiennes. En 1985, elle acquiert Euro-Pacific Finance Corp., une banque d'affaires australienne.

Forte d'un réseau de 943 succursales réparties dans tout le Canada et le monde entier, la Banque Toronto Dominion offre une gamme complète de services bancaires, y compris une infoligne sur les titres boursiers à l'intention des investisseurs, des services de courtage et de valeurs mobilières, des fonds communs de placement et des services de placement, ainsi que des services bancaires aux entreprises. En 1997, elle déclare un revenu net de plus de 1 milliard de dollars et des actifs de 163,9 milliards de dollars, et emploie plus de 31 000 personnes partout dans le monde

Deborah C. Sawyer

Banques d'alimentation Le terme «banque d'alimentation» est souvent utilisé au Canada pour désigner toute réserve d'aliments destinée à des fins de bienfaisance. Toutefois, au sens strict, ce terme désigne tout programme à grande échelle de collecte d'aliments en vue de les redistribuer gratuitement à la communauté, habituellement par l'intermédiaire des églises ou des organismes de services sociaux.

Même s'il voit d'abord le jour aux États-Unis, c'est au Canada que le concept de banque d'alimentation est mis en pratique avec succès à grande échelle par la Edmonton Gleaners Association. La création des banques d'alimentation vient de la prise de conscience de besoins non satisfaits dans la communauté, en raison des contraintes ou des failles des réseaux de services sociaux en place. Cette situation incite vivement les églises et autres organisations à prendre en main la prestation directe, dans les résidences privées, de services d'approvisionnement alimentaire d'urgence. Les banques d'alimentation jouent un autre rôle important, celui de fournir un supplément aux programmes alimentaires et aux soupes populaires à l'aide d'aliments «récupérables» ou de «surplus» recueillis chez les fabricants, les magasins d'alimentation, les détaillants et les grossistes. Les campagnes publiques de collectes d'aliments en conserve et l'achat d'aliments effectué grâce à des dons en argent viennent compléter le tout.

Le financement des banques d'alimentation varie énormément d'une ville à l'autre. Certaines grandes banques acceptent l'aide du gouvernement; cependant, la plupart la refusent, préférant avoir recours à des dons de la population plutôt que de devenir partie intégrante de la structure gouvernementale. D'autres reçoivent le soutien d'organisations charitables affiliées à Centraide dans leur localité (p. ex. Edmonton, Montréal et Ottawa). D'une manière générale, les banques d'alimentation affirment être des organisations bénévoles visant à fournir des solutions «d'urgence à court terme» au problème de la

faim, et demandent aux gouvernements et autres organismes en place d'élaborer des stratégies coordonnées pour y remédier à long terme. Certaines banques jouent un rôle clé dans la sensibilisation de la population aux principaux problèmes et recommandent ouvertement des améliorations. Des conférences ont eu lieu à Edmonton, en 1985, et à Toronto, en 1986, en vue d'établir une association nationale et on s'est déjà engagé dans cette voie.

On estime qu'il existe une trentaine de banques d'alimentation au Canada et des centaines de programmes connexes.

Brian Bechtel

Banting, sir Frederick Grant, codécouvreur de l'INSULINE (Alliston, Ont., 14 nov. 1891—près de Musgrave Harbour, T.-N., 21 févr. 1941). Ce benjamin de six enfants d'une famille rurale de classe moyenne achève ses études secondaires et s'inscrit en médecine après avoir échoué sa première année en lettres à l'U. de Toronto. Il obtient son diplôme en 1916 avec des notes supérieures à la moyenne et sert comme médecin-major en France, où il sera blessé et décoré pour sa bravoure. En 1919-1920, il termine sa formation de chirurgien orthopédiste et, dès juillet 1920, il pratique à London, en Ontario.

Durant la soirée du 31 octobre 1920, la lecture d'un article banal dans une revue médicale lui fournit une hypothèse visant à isoler le processus de sécrétion interne du pancréas. Appuyé par l'U. de Toronto, il commence à y travailler le 17 mai 1921, sous la direction de J.J.R. MACLEOD et avec la collaboration de C.H. BEST. Les expériences sommaires de Banting et Best ne confirment pas le concept de départ, incorrect physiologiquement. Toutefois, les résultats apparemment favorables des recherches les incitent à poursuivre leur travail et, au cours de l'hiver 1921-1922, un groupe de chercheurs, dont Macleod, Banting, J.B. COLLIP et Best, découvre l'insuline.

L'insuline se révèle, de façon immédiate et spectaculaire, un traitement efficace contre le DIABÈTE SUCRÉ. Banting est reconnu comme le principal découvreur de l'insuline, parce que son idée est à la base des recherches, parce qu'il est l'un des premiers à encourager l'utilisation de l'insuline et parce qu'il mène avec ses amis une campagne pour discréditer ses collaborateurs aînés, Macleod et Collip, avec qui il ne s'entend pas. À l'annonce qu'il doit partager le prix Nobel de physiologie ou de médecine (1923) avec Macleod, Banting donne la moitié de la somme reçue à Best. Le gouvernement canadien lui octroie une rente viagère, et il devient le premier professeur canadien en recherche médicale à l'U. de Toronto. Il est fait chevalier en 1934.

Banting dirige de nombreuses recherches sur la silicose et les problèmes de médecine aéronautique, avant de mourir dans un accident d'avion en 1941 alors qu'il se rendait en Angleterre pour étudier l'évolution de la recherche médicale. En fait, il n'est ni véritablement qualifié ni bien formé comme savant et ses recherches sont sans grande valeur. La renommée, qui pèse lourd sur cet homme peu sûr de lui mais décidé, lui cause beaucoup de tristesse et lui fait mener une vie turbulente. Il devient un peintre amateur accompli, dont les toiles reflètent fortement l'influence de son ami A.Y. JACKSON. Sa deuxième épouse et un fils né de son premier mariage lui ont survécu. De son vivant, maints sondages effectués par des magazines le reconnaissent comme le Canadien le plus célèbre.

Michael Bliss

Baptistes D'abord appelés ANABAPTISTES, mot qui signifie «baptisés de nouveau», ce nom désigne les personnes et les groupes qui, au cours de la Réforme protestante du XVIe s., rejettent la validité du baptême des enfants et baptisent ou rebaptisent les adultes lors d'une profession de foi. Plus tard, les deux termes en viennent à désigner deux traditions différentes: celle des baptistes en Angleterre et celle des anabaptistes mennonites sur le continent européen.

Croyances fondamentales Les baptistes admettent que la Bible est le compte rendu fiable de la révélation de Dieu à l'humanité et l'unique règle de foi et de conduite chrétiennes. Idéalement, chaque croyant et chaque assemblée jouissent de la «liberté de conscience» ou faculté d'interpréter les Écritures et de demander l'aide de l'Esprit de Dieu en toutes circonstances. L'église locale est considérée comme une communauté de croyants qui se sont engagés à suivre le Christ, généralement à la suite d'une expérience de renaissance spirituelle ou de conversion, ont fait une confession de foi publique et se sont soumis au rite du «baptême du croyant». En général, seules ces personnes peuvent adhérer à une église baptiste.

Depuis les années 1640, les baptistes ne reconnaissent, comme seule forme valable, que le baptême par immersion totale. Le deuxième rite, rarement qualifié de sacrement, est la communion, qui est simplement une commémoration du sacrifice du Christ sur la croix et qui a lieu dans la plupart des églises baptistes le premier dimanche de chaque mois.

Direction et organisation Le ministère est un service auquel tous les disciples sont conviés afin qu'ils exercent leurs dons; c'est le sacerdoce de tous les croyants. Le rôle du pasteur est considéré comme une vocation à temps plein qui consiste à prêcher, enseigner, conseiller, former et coordonner le ministère qu'exerce chacun des membres. Dans plusieurs églises baptistes, l'ordination, qui peut être reçue tant par les femmes que les hommes, n'est pas un sacrement. Elle est la reconnaissance publique de la vocation, des dons et de la formation reçue en vue d'exercer le ministère. Les diacres sont des laïcs, hommes et femmes, élus parmi la communauté locale pour aider aux tâches pastorales, à la célébration de la communion et à l'administration générale.

Les églises locales sont libres de prendre des décisions concernant les croyances, les usages, la nomination des ministres, l'organisation, les finances et les biens. Des procédures démocratiques prévalent à tous les niveaux de direction de l'église. Les structures ecclésiales plus larges (qui ne sont jamais appelées églises, mais plutôt associations, conventions, unions, conférences et fédérations) ne limitent aucunement l'autonomie des églises locales; elles favorisent la fraternité et animent les programmes coopératifs. Le principe de l'autonomie des églises locales, ainsi que des divergences théologiques et des différences ethniques, ont empêché la formation d'un organisme national unique. Les baptistes du Canada se divisent encore en cinq grands organismes et plusieurs autres de moins grande envergure. Les baptistes ont été parmi les premiers à préconiser la liberté religieuse et la séparation entre la religion et l'État. Ils participent à la vie politique, économique et culturelle et cherchent à instaurer le règne du Christ dans tous les aspects de la vie.

Provinces de l'Atlantique La première église baptiste anglophone est fondée en 1609 à Amsterdam, en Hollande, par des réfugiés puritains venus d'Angleterre. La plus ancienne communauté britannique est mise sur pied en 1612, près de Londres. La première communauté américaine est établie en 1639, à Providence, dans le Rhode Island. Des pasteurs venus du Massachusetts fondent les premières églises baptistes du Canada à Sackville, en Nouvelle-le-Écosse (maintenant au Nouveau-Brunswick), en 1763, et à Horton (maintenant appelée Wolfville), en Nouvelle-Écosse, en 1765 ou 1766. Les deux communautés disparaissent au milieu des années 1770, bien que l'église de Wolfville, réorganisée en 1778, soit l'église baptiste la plus ancienne parmi celles existant encore au Canada. Le GRAND RÉVEIL en Nouvelle-Écosse et les mouvements de réveil du XIXᵉ siècle favorisent la croissance rapide de l'Église baptiste dans les Maritimes. Au Nouveau-Brunswick, les baptistes deviennent la plus importante confession protestante.

Au début, la majorité des baptistes adhère à la tendance théologique commune (CALVINISME) tandis qu'une minorité approuve la doctrine opposée du libre arbitre (arminianisme), selon laquelle le salut est possible pour tous. Les deux groupes fusionnent en 1906 pour former la United Baptist Convention of the Maritime Provinces (UBCMP).

En 1963, «Maritime» est remplacé par «Atlantique» afin d'inclure Terre-Neuve, où des églises baptistes se sont formées dans les années 50; l'organisme devient ainsi l'UBCAP. Les églises faisant partie de l'African United Baptist Association, section de l'UBCAP, sont très importantes dans la grande communauté noire de Nouvelle-Écosse. Ce n'est que dans les provinces de l'Atlantique que les baptistes canadiens ont évité le schisme entre les organisations.

Ontario et Québec Dans le Haut et le Bas-Canada, la vie baptiste est marquée dès le début par les divergences de croyances et de traditions entre immigrants américains et britanniques. Les premières églises sont fondées par des pasteurs américains: le Caldwell's Manor (Cantons de l'Est, Bas-Canada) en 1794 et une église près de Beamsville (Haut-Canada) en 1796. Ces églises refusent d'admettre à la communion ceux qui ne sont pas baptistes. Des immigrants britanniques qui préconisent l'accès libre à la communion ont une influence sur l'évolution des églises baptistes de Montréal et de l'est de l'Ontario.

À partir de 1815, des Écossais venus des Highlands introduisent la tradition du mouvement de réveil de James et Robert Haldane dans la vallée de l'Outaouais. Pendant plusieurs décennies, des controverses touchant la pratique de la communion et d'autres désaccords empêchent la coopération dans le travail missionnaire et l'éducation. En 1888, deux organisations régionales fusionnent pour former la Convention baptiste de l'Ontario et du Québec (CBOQ).

À partir des années 1820, des esclaves qui fuient le sud des États-Unis en empruntant le «CHEMIN DE FER» CLANDESTIN forment un réseau de congrégations de Noirs. Au cours des années 1830, des immigrants francophones suisses arrivés au Québec introduisent, sous la direction d'Henriette Feller (1800-1868), le travail missionnaire baptiste à Montréal et dans les Cantons de l'Est (mission de la Grande-Ligne). En 1969, les églises francophones forment leur propre Union des Églises Baptistes Françaises du Canada (UEBFC).

Provinces de l'Ouest En 1873, les baptistes de l'Ontario envoient un pasteur à Winnipeg. La première église baptiste y est établie en 1875, et la Convention Baptiste du Manitoba et des Territoires du Nord-Ouest, en 1884. Entre-temps, des églises sont fondées sur la côte du Pacifique, à Victoria (1876) et à New Westminster (1878). En 1897, on fonde la Convention des Églises Baptistes en Colombie-Britannique. Dix ans plus tard, les églises des provinces de l'Ouest se regroupent pour former la Baptist Convention of Western Canada, renommée la Baptist Union of Western Canada (BUWC) en 1909. Dans le centre et l'ouest du Canada, les communautés baptistes, qui comptent beaucoup d'immigrants dans leurs rangs, offrent des services religieux en plus de 30 langues. Ces dernières années, les églises baptistes canadiennes qui connaissent l'expansion la plus rapide sont de langue chinoise.

Organisation nationale La formation d'une association nationale ayant été réclamée à maintes reprises, la Fédération des Églises Baptistes du Canada est enfin créée en 1944. En 1983, elle est renommée Fédération Baptiste Canadienne (FBC). L'affiliation à toute union ou convention constitue une adhésion automatique à la FBC. Les principales préoccupations de cette fédération sont d'ordre national, international et interconfessionnel. La FBC favorise également la consultation et la collaboration entre ses quatre organisations affiliées dans des domaines comme le MOUVEMENT ÉVANGÉLIS-

TE, l'éducation chrétienne et les aumôneries; elle parraine également un vaste programme d'aide et de développement à l'étranger.

Le seul autre organisme national ayant un lien avec la FBC est le Canadian Baptist Overseas Mission Board (CBOMB), fondé en 1912. Cet organisme aide les églises de 30 pays et appuie 90 missionnaires canadiens (voir MISSIONS ET MISSIONNAIRES). En 1995, la FBC et le CBOMB fusionnent pour former les Canadian Baptist Ministries (CBM).

Autres organisations baptistes Le Fellowship of Evangelical Baptist Churches in Canada (FEBC), deuxième en importance parmi les organismes baptistes, remonte à la fusion réalisée en 1953 entre la Union of Regular Baptist Churches (fondée en 1927) et le Fellowship of Independent Baptist Churches (fondé en 1933). Les deux groupes sont formés à la suite de la controverse théologique du milieu des années 20 entre les partisans du fondamentalisme et ceux du modernisme, menée par Thomas Todhunter Shields, pasteur de la Jarvis Street Baptist Church, à Toronto (voir MOUVEMENTS ÉVANGÉLISTES ET FONDAMENTALISTES).

Environ le septième des églises de la CBOQ la quittent pour former deux nouveaux groupes. En 1965, la Convention of Regular Baptists of British Columbia, créée en 1927, et la Prairie Regular Baptist Missionary Fellowship, créée en 1930, se joignent à la FEBC.

En plus des deux grands organismes baptistes (FBC et FEBC), qui sont enracinés dans la tradition protestante canadienne, trois autres conventions et plusieurs groupes plus petits entretiennent des liens étroits avec leurs homologues des États-Unis, même s'ils possèdent maintenant leur propre administration au Canada. À l'origine, la North American Baptist Conference (NABC) est une association d'églises germanophones. En 1851, la plus ancienne communauté du genre est fondée à Bridgeport, en Ontario (près de Kitchener), mais la plupart se trouvent aujourd'hui dans les provinces de l'Ouest et ont perdu depuis longtemps leur caractère ethnique.

Dans les années 1890, des immigrants suédois fondent des églises baptistes, entre autres à Waterville, au Québec, et à Winnipeg, au Manitoba. Leurs descendants perpétuent une association distincte appelée Baptist General Conference of Canada. Aujourd'hui, presque toutes leurs communautés se trouvent dans l'Ouest du pays.

Malgré les protestations des anciennes organisations baptistes fondées au Canada, la plus grande confession protestante des États-Unis, celle des Southern Baptists, vient s'établir dans l'Ouest et le Centre du Canada à partir des années 50. En 1985, les communautés, affiliées au début à l'organisation américaine, forment la Canadian Convention of Southern Baptists. Celle-ci compte des églises affiliées dans toutes les provinces sauf celles de l'Atlantique. Quelques églises membres des Bible Baptist Churches et des Églises Baptistes du Septième jour sont rattachées aux organismes américains correspondants.

La mosaïque baptiste canadienne s'est également enrichie de plusieurs petits groupes ayant des caractères particuliers. P. ex., l'Alliance des Églises Baptistes Réformées, fondée au Nouveau-Brunswick en 1888 dans le cadre du mouvement de sanctification, fusionne avec l'Église méthodiste wesleyenne en 1966. Le nouvel organisme se joint à la Pilgrim Holiness Church en 1968 et devient l'Église wesleyenne.

Vers 1875, George W. Orser préside la fondation de la Primitive Baptist Conference of New Brunswick. Cette conférence a récemment noué des liens avec la National Association of Free-Will Baptists, un organisme des États-Unis. L'Association of Regular Baptist Churches du Canada, organisée en 1957, regroupe un petit nombre d'églises sous l'égide de la Jarvis Street Baptist Church, à Toronto. De plus, bon nombre de communautés baptistes sont indépendantes, sans affiliation à un organisme plus vaste.

Coopération avec d'autres chrétiens Plusieurs conventions ou conférences participent à l'Alliance Baptiste Mondiale, qui compte 125 conventions dans 100 pays et déclare avoir un total de 34 millions de membres adultes. Des divergences d'attitudes existent parmi les baptistes quant aux relations œcuméniques. Beaucoup d'assemblées canadiennes collaborent avec d'autres églises en matière d'évangélisation, de service conjoint et de ministères sociaux. De plus, beaucoup appuient l'EVANGELICAL FELLOWSHIP OF CANADA (EFC). La BUWC et la Baptist General Conference sont des organisations membres de l'EFC. Dès sa fondation, en 1944, la FBC adhère au CONSEIL CANADIEN DES ÉGLISES (CCE) mais la quitte en 1980 à cause de l'absence de consensus entre les quatre conventions qui la constituent. Seule la CBOQ demeure membre du CCE. Aucune association baptiste canadienne ne fait partie du Conseil œcuménique des Églises (COE).

Enseignement supérieur et politique Pendant le deuxième quart du XIXᵉ s., les baptistes luttent pour l'égalité d'accès à l'éducation pour tous les citoyens. Le Acadia College, à Wolfville (Nouvelle-Écosse), est le premier établissement postsecondaire au Canada à ne pas imposer d'examen confessionnel aux étudiants et aux professeurs. En Ontario, les baptistes sont les initiateurs de la lutte concernant les RÉSERVES DU CLERGÉ et de la fondation d'une université provinciale non sectaire à Toronto.

Ils fondent plusieurs collèges: l'Acadia College (1838), qui devient plus tard l'UNIVERSITÉ ACADIA; le Canada Baptist College (Montréal, 1838-1849); ainsi que le Woodstock College (Woodstock, Ontario, 1857) et le Toronto Baptist College (1881), tous deux remplacés par l'UNIVERSITÉ MCMASTER; et le Brandon College (1899-1938), devenu l'UNIVERSITÉ BRANDON. Aucun de ces établissements n'est maintenant dirigé par des baptistes. Cependant, les diverses assemblées et conférences baptistes dirigent actuellement 2 collèges, 11 séminaires et plusieurs ÉCOLES BIBLIQUES et centres de formation des laïcs.

Parmi les nombreux éducateurs et érudits baptistes, deux méritent une mention spéciale: George P. Gilmour, recteur de l'U. McMaster (1950-1961), et Watson Kirkconnell, recteur de l'U. Acadia (1948-1964). Plusieurs chefs politiques ont eu des liens étroits avec des associations baptistes, notamment les premiers ministres canadiens Alexander MACKENZIE, Charles TUPPER et John DIEFENBAKER, et les premiers ministres provinciaux William ABERHART, Ernest MANNING et Thomas DOUGLAS.

Les statistiques sur le nombre de membres des églises baptistes ne tiennent pas compte des enfants et des adhérents. Ces deux derniers groupes participent activement à la vie religieuse, mais, normalement, ne sont pas membres de l'église avant d'y avoir adhéré publiquement par une profession de foi et d'avoir reçu le baptême. Au recensement de 1991 (dernière année pour laquelle les chiffres sont connus), on rapportait 663 360 baptistes au total, soit une augmentation modeste par rapport aux 422 312 membres de 1921. Néanmoins, comme pour les autres grandes confessions protestantes, la proportion des baptistes dans l'ensemble de la population canadienne a diminué, passant de 4,8 p. 100 en 1921 à 2,4 p. 100 en 1991.

J.K. Zeman

Bar Nom commun donné à plusieurs espèces de POISSONS appartenant à trois familles: celle des bars des eaux tempérées (percichthyidés) qui inclut sept espèces au Canada (dont le baret, le bar blanc, le bar rayé et le cernier atlantique); la famille des bars de mer (serranidés) qui compte quatre espèces au Canada (barbier ligne-en-palier, le mérou noir, le mérou rouge et le mérou neigeux); et enfin celle des crapets

(centrarchidés) qui compte 12 espèces au Canada (dont le crapet de roche, l'achigan à grande bouche et l'achigan à petite bouche). Les membres de ces familles ne sont pas tous appelés bar et les pêcheurs à la ligne désignent plusieurs espèces de poissons non apparentées par ce nom. Les bars des eaux tempérées se trouvent dans les eaux salées, saumâtres ou douces de l'Est du Canada et il arrive que l'on rencontre le bar rayé sur les côtes de la Colombie-Britannique, où il a été introduit.

Bars des eaux tempérées Tout comme les crapets, les bars des eaux tempérées ont des dents dans la bouche et des nageoires à rayons épineux. Ils se distinguent par une épine sur l'opercule et deux nageoires dorsales (la nageoire épineuse étant séparée de la nageoire à rayons mous). Ils sont parfois pris par les pêcheurs commerciaux et sportifs. Le Baret, qui se répand vers le nord depuis les États-Unis, s'est établi depuis peu dans le lac Ontario. Cette espèce, qui a un taux de fécondité élevé, a souvent des problèmes de surpopulation, ce qui entraîne l'apparition d'individus nains.

Bars de mer Les membres de ces familles se trouvent sur la côte atlantique, mais on sait peu de choses à leur sujet. Certaines espèces ont été recensées au Canada pour la première fois très récemment.

Crapets et achigans Les membres de la famille des Crapets sont des poissons d'eau douce que l'on trouve dans les lacs, les étangs et les cours d'eau lents et chauds du sud du Canada. Ils sont indigènes à l'est, mais sont introduits dans les bassins hydrographiques du Pacifique. Ils se caractérisent par leurs rangées de dents sur la voûte du palais, la langue et les mâchoires, par leurs épines sur la nageoire anale et sur la nageoire dorsale continue et par leurs écailles cténoïdes (à bordure épineuse). Ils se nourrissent d'insectes, d'écrevisses et d'autres espèces de poissons. L'achigan à grande bouche et l'achigan à petite bouche sont des espèces sportives importantes.

Brian W. Coad

Barachois Pond, parc provincial C'est l'un des plus vastes parmi les 48 parcs provinciaux de Terre-Neuve et du Labrador. Il a été créé en 1962 et possède une superficie de 35 km². Il est situé à l'extrémité de la baie Saint-Georges, à 70 km au sud de CORNER BROOK, le long de la Transcanadienne.

Histoire naturelle Le parc occupe une partie des Appalaches, connue sous le nom de monts Long Range, dont la formation remonte à plus de 450 millions d'années. L'érosion a abaissé la cime des montagnes à moins de 400 m et des glaciers ont creusé la vallée qui est maintenant remplie par le Barachois Pond. La région est couverte de forêts où prédominent l'épinette, le sapin, le mélèze et le tremble. On y trouve aussi des peuplements de frêne noir et de pin blanc, qui sont rares à Terre-Neuve, et beaucoup d'ORCHIDÉES. Parmi les mammifères qu'on y trouve, mentionnons le lièvre d'Amérique, le castor, le caribou et l'insaisissable martre. Plus d'une centaine d'espèces d'oiseaux égaient le parc, dont l'une très rare, le pic tridactyle.

Histoire humaine La région a longtemps servi de territoire de chasse à l'orignal, au caribou et au lièvre. Bûcherons et habitants de l'endroit s'y procuraient du bois de chauffage. Elle est désormais vouée à la conservation de la nature et aux activités de loisir.

Installations Le parc comporte un terrain de camping moderne. On peut y pratiquer la natation et la pêche et y effectuer des excursions en bateau, en canot ou à pied (la piste menant au mont Erin offre de belles perspectives). Pendant l'été et l'automne, des animateurs offrent des programmes d'interprétation de la nature. Un dépanneur, un service de location de bateaux ainsi que divers autres commerces sont exploités par des entrepreneurs privés. Aucun service n'est offert pendant l'hiver, mais on peut y faire du ski, de la raquette, de la MOTONEIGE ou de la pêche sur glace.

John S. Marsh

Baraga, Frederic, prêtre et missionnaire catholique (Mala Vas, actuelle République de Slovénie, 29 juin 1797—Marquette, Mich., 19 janv. 1868). Il s'installe aux États-Unis en 1830 et consacre sa vie au service des OUTAOUAIS et des CHIPEWYANS. Il dessert aussi les autochtones habitant la rive Nord du lac Supérieur, de Fort William à Sault Sainte-Marie, y compris la région allant de Garden River à Bruce Mine et Goulais Bay. En 1857, il devient le premier évêque de Sault Sainte-Marie. Il publie de nombreux ouvrages, dont *Theoretical and Practical Grammar of the Otchipwe Language* (Détroit, 1850; 2ᵉ éd., Montréal, 1878) et *Dictionary of the Ojibway Language* (Cincinnati, 1853; réimprimé à Montréal, première partie 1878; deuxième partie 1880), premier livre publié dans cette langue. Ces deux ouvrages servent encore aux enseignants autochtones. Les sermons de Baraga ont été traduits de l'ojibway au maskegon par le père André Garin et publiés sous le titre *Sermons de Monseigneur Baraga* (Montréal, 1859; réédition 1887). Le Vatican songe actuellement à béatifier Mᵍʳ Baraga pour son action à titre de missionnaire.

Cvetka Kocjancic

Barbeau, Charles Marius, ethnologue, folkloriste, ethnomusicologue (Sainte-Marie-de-Beauce, Qc, 5 mars 1883—Ottawa, 27 févr. 1969). Pionnier des Études professionnelles sur le FOLKLORE au Canada, il travaille au Musée national de 1911 jusqu'à la fin des années 60, où il monte une vaste collection d'archives des chansons, textes et artefacts traditionnels des peuples canadiens-français et autochtones. Éduqué par ses parents jusqu'à l'âge de 12 ans, il entre au séminaire à 14 ans, puis étudie le droit à l'U. Laval. Boursier de la Fondation Cecil Rhodes, il étudie à Oxford, où il commence à être fasciné par l'anthropologie. Fort de son diplôme d'anthropologie, il obtient un poste au nouveau Musée national à Ottawa. L'apport le plus durable de Barbeau est celui du collectionneur de traditions folkloriques. Il a diffusé sa collection par le biais de près de 1000 publications, sans compter plusieurs milliers de textes et chansons inédits qui sont conservés en archives.

Fidèle avant tout à sa patrie, le Québec, il est convaincu que le Québec rural a préservé des traditions folkloriques de l'époque médiévale. Il travaille néanmoins aux États-Unis et un peu partout au Canada, et plus particulièrement en Colombie-Britannique, avec les TSIMSHIANS. La terre natale et la migration sont les deux thèmes prédominants de sa vie. Le mythe des Tsimshians selon lequel ils ont émigré anciennement d'une terre natale lointaine le convainc que, de mémoire d'homme, ils sont partis de l'Asie en tribu. Cette hypothèse, que les anthropologues n'acceptent plus, motive fortement Barbeau à poursuivre au cours des ans, avec l'aide du Tsimshian William BEYNON, l'enregistrement du folklore traditionnel de la tribu, afin de préserver l'héritage d'un passé qui s'estompe sous les pressions de l'âge industriel.

Barbeau fonde, en outre, les Archives de folklore de l'U. Laval, ainsi que plusieurs associations folkloriques et, grâce à plusieurs ouvrages primés et aux conférences et aux cours qu'il donne sans relâche, il réussit surtout à sensibiliser les Canadiens à l'ethnologie et au folklore. Il reçoit plusieurs décorations et titres honorifiques, dont des doctorats des universités Laval, Oxford et de Montréal, et il est nommé Compagnon de l'Ordre du Canada. Son apport continue de susciter le respect.

R.J. Preston

Barbeau, Jean Dramaturge (Saint-Romuald, Qc, 10 févr. 1945). Il est surtout connu pour son traitement humoristique mais intelligent du JOUAL, le parler populaire du Québec, dans des pièces comme *Manon Lastcall* (1972) et *Joualez-moi d'amour* (1972). Cette dernière pièce illustre avec brio la dichotomie linguistique et culturelle qui existe au Québec. *Le Chemin de Lacroix* (1971), *0-71* (1971) et *Ben-Ur* (1971) décrivent également, mais de façon moins amusante, des victimes psychologiques du malaise de la province. Les œuvres plus récentes de Barbeau explorent des thèmes plus larges, comme c'est le cas pour *Le Jardin de la maison blanche* (1979), une critique cinglante des valeurs matérialistes de la société contemporaine nord-américaine, et pour *L'Abominable Homme des sables* (1989). Au nombre des auteurs les plus populaires et les plus productifs des années 70 et 80, il se fait beaucoup moins présent dans les années 90.

L.E. Doucette

Barbeau, Marcel peintre, sculpteur, cinéaste (Montréal, 18 fév. 1925). Membre actif des AUTOMATISTES, dont le chef de file est Paul-Émile BORDUAS, Barbeau est un artiste innovateur dont les œuvres sont beaucoup exposées. Il reçoit une très solide formation de base. En plus d'étudier le dessin à l'École du meuble de Montréal, il travaille avec Borduas, avec l'architecte Marcel Parizeau et avec l'historien de l'art Maurice Gagnon. De 1962 à 1974, il voyage beaucoup et expose à Paris, à New York et en Californie. Son style change et passe du lyrisme abstrait de la période automatiste à un mode d'expression plus géométrique.

À la fin des années 70, il revient à une forme plus libre, couvrant toute la surface du tableau, comme il le faisait au début. Ses sculptures sont exposées à Montréal (1984) et à Toronto (1986). Dès 1987, sa peinture change à nouveau: s'inspirant de ses sculptures et de ses collages, il retourne au Hard Edge et aux couleurs très contrastantes. Il reçoit de nombreux prix, y compris le prix Zack de l'Académie royale des arts du Canada en 1964 et la médaille d'or de peinture des Jeux de la Francophonie à Paris en 1994. Ses œuvres font partie de grandes collections. Il a été nommé Officier de l'Ordre du Canada en 1995. En 2000, sa fille, Manon Barbeau, a réalisé un documentaire sur son œuvre: *Barbeau, Libre comme l'art.*

Ann Davis

Barber and Barber De 1876 à 1887, c'est l'agence d'architectes la plus prolifique de Winnipeg. Fondée en 1876 par Charles Arnold Barber (Irish Creek, près d'Athens, Canada-Ouest, v. 1847—1916) auquel se joint en 1882 son frère, Earle William Barber (1855—1915), l'agence conçoit plus de 100 bâtiments en un peu plus de 10 ans, au cours d'un des plus importants booms de la construction de cette ville. Aucun des deux frères ne possède, apparemment, de formation pratique ou scolaire et, dans les années 1880, leur style n'est déjà plus en vogue comparativement à celui d'architectes mieux formés comme George BROWNE. À la suite d'un scandale au sujet du devis estimatif de l'hôtel de ville de Winnipeg (au demeurant, leur meilleure réalisation dans la ville), les frères quittent Winnipeg en 1887, et établissent leur pratique à Duluth, dans le Minnesota, et à Superior, dans le Wisconsin.

William P. Thompson

Barber, Clarence Lyle, économiste (près de Wolseley, Sask., 5 mai 1917). Son expérience de la vie agricole dans les Prairies pendant la CRISE DES ANNÉES 30 lui inspire la détermination d'améliorer la politique économique canadienne et le sensibilise aux besoins des agriculteurs. Après ses études à l'U. de la Saskatchewan, à l'U. Clark et à l'U. du Minnesota, Barber passe deux ans dans l'Aviation royale du Canada, entre au Bureau fédéral de la statistique en 1945, puis à l'U. McMaster en 1948 et à l'U. du Manitoba en 1949, où il demeure jusqu'à sa retraite en 1984.

Barber écrit beaucoup d'articles et de monographies sur la théorie et la politique économiques dans le contexte canadien. Il dirige la recherche qui aboutit au creusement du canal régulateur de crue du Winnipeg métropolitain, est conseiller de l'ONU aux Philippines et l'unique membre, de 1966 à 1970, de la Commission royale d'enquête sur le prix des machines agricoles. Il est membre de la COMMISSION ROYALE D'ENQUÊTE SUR L'UNION ÉCONOMIQUE ET LES PERSPECTIVES DE DÉVELOPPEMENT DU CANADA de 1982 à 1985. Il est élu à la Société royale du Canada en 1977.

A.M.C. Waterman

Barbour, Douglas, poète, professeur, critique et éditeur (Winnipeg, 21 mars 1940). Depuis la parution de *Land Fall* (1971), son œuvre, minimaliste et dénuée de métaphores, se caractérise par les équivalences linguistiques qui traduisent exactement ce que perçoit l'œil du poète, thème qu'il traite en profondeur dans *Visions of My Grandfather* (1977). Dans *Songbook* (1973), *Shore Lines* (1979) et *The Harbingers* (1984), les mots eux-mêmes deviennent le paysage: ce sont les rythmes sonores phonémiques et souvent en contrepoint qui donnent leur sens aux poèmes.

Barbour exploite au maximum ces tendances lors de sa collaboration avec Stephen SCOBIE aux traductions homolingues de *The Pirates of Pen's Chance* (1981) et dans leur prestation en duo intitulée *re:sounding*. À la fin du recueil de poèmes choisis *Visible Visions* (1984), des «ghazals» unissent la poésie vocale au discours conversationnel dans une nouvelle perspective lyrique. *Stories for a Saskatchewan Night* (1990) associe les rythmes contrapuntiques du jazz, qu'affectionne particulièrement Barbour, aux formes littéraires intertextuelles auxquelles il s'intéresse également. Ce recueil lyrique comprend des traductions homolingues variées et des poèmes découlant de vers d'autres poètes et qui y répondent. Barbour fait partie de l'équipe de rédaction du *NeWest Press* depuis 1978 et a été président de son conseil d'administration. Il est aussi cofondateur (avec Shirley Neuman et Stephen SCOBIE) de *Longspoon Press* (1980-1987) et professeur d'anglais à l'U. de l'Alberta. Il a rédigé des critiques littéraires, parmi lesquelles figurent des livres et des monographies sur l'auteur de science-fiction Samuel Delany (en 1979) et sur les poètes et romanciers canadiens John NEWLOVE (en 1992), Daphne MARLATT (en 1992), B.P. NICHOL (en 1992) et Michael ONDAATJE (en 1993).

Shirley Neuman

Barenaked Ladies Groupe rock, formé en 1988 à Scarborough, en Ontario. C'est le fruit d'une association entre l'autodidacte Ed Robertson, et le musicien classique Steven Page qui a étudié la théorie musicale à l'U. York et chanté dans le Toronto Mendelssohn Youth Choir. Le groupe comprend aussi Tyler Stewart (batterie) et les frères Jim (guitare basse) et Andy Creeggan (percussions et piano), tous deux anciens membres du Toronto Symphony Youth Orchestra.

Le son unique de ce groupe, de type hip-hop acoustique, est entendu pour la première fois sur une cassette de cinq chansons, sur laquelle figure l'enregistrement simple humoristique *Be My Yoko Ono*. Produit par la maison Page Publications, dirigée par Victor Page, le père de Steven, l'enregistrement fait sensation dans le Sud de l'Ontario, où leurs spectacles attirent des foules nombreuses, ce qui leur vaut une bourse d'enregistrement de 100 000 $, décernée par la station radiophonique torontoise CFNY-FM. Ils deviennent connus à l'échelle nationale quand les autorités municipales de Toronto leur interdisent de participer à un concert du Nouvel An au Nathan Phillips Square, parce qu'elles jugent le nom du groupe trop choquant. L'enregistrement, vendu à 70 000 exemplaires, est la première production indépendante à se classer parmi les 20 plus grands succès au palmarès canadien.

Après avoir signé un contrat en avril 1992 avec la maison Sire Records de New York, le groupe Barenaked Ladies lance son premier album, intitulé *Gordon*, à la fin de l'été de la même année. Des chansons accrocheuses, mélodieuses et souvent humoristiques (*Enid, If I Had a Million Dollars, Grade 9*) ainsi que des tournées intensives font vendre l'album à plus de 800 000 exemplaires au Canada. En 1993, le quintette obtient un PRIX JUNO pour le groupe de l'année.

L'album *Maybe You Should Drive* (1994), comprenant les succès *Jane* et *Alternative Girlfriend*, démontre une plus grande profondeur et un côté moins loufoque du répertoire de Page et de Robertson. L'album *Born On A Pirate Ship* (1996) est le résultat des efforts d'un groupe restructuré et réduit à quatre membres. Andy Creeggan se lance en effet dans une carrière solo plutôt discrète avec le tandem The Brothers Creeggan (1995). *Don't Talk, Dance!* est une œuvre parallèle de Stewart réalisée en collaboration avec Gordie Johnson, du groupe Big Sugar, et Chris Brown, du Bourbon Tabernacle Choir.

En Amérique du Nord, la popularité du groupe grimpe en flèche en 1996. La chanson *The Old Apartment*, qui connaît un succès relatif, est appuyée par un vidéoclip réalisé par l'acteur Jason Priestley de la série *Beverly Hills 90210*. L'album *Rock Spectacle* est enregistré pendant des concerts donnés à Chicago et à Montréal. Un nouvel enregistrement de *Brian Wilson*, une chanson dédiée au fondateur des Beach Boys et l'une des premières chansons écrites par le groupe, devient la coqueluche des stations de radio américaines au début de 1998.

Jeff Bateman

Baril, Maurice, militaire (Saint-Albert de Warwick, Qc, 22 sept. 1943). Il s'enrôle dans le Corps-école d'officiers canadiens, alors qu'il étudie à l'U. d'Ottawa, devient officier en 1963 et est versé au Royal 22e Régiment en 1964. Parmi ses nombreux postes, mentionnons son séjour au sein du Régiment aéroporté du Canada (1968-1971) et à l'École supérieure de guerre de Paris (1977-78). Promu lieutenant-colonel, il commande le 2e bataillon du Royal 22e Régiment (1980-82). Devenu colonel en 1984, il est commandant adjoint du Collège de commandement et d'état-major des Forces canadiennes, en 1985, puis, en 1989, brigadier-général et commandant du Centre d'entraînement au combat à la base de Gagetown. En juin 1992, il est nommé conseiller militaire au Département des opérations du maintien de la paix au Q.G. de l'ONU où, en 1993, il atteint le grade de major général. En juillet 1995, il assure le commandement du Secteur du Québec de la Force terrestre, à Montréal et en septembre suivant, avec le grade de lieutenant-général, il prend la tête de la Force terrestre du Canada. En septembre 1994, il est nommé chef de l'état-major de la Défense. Il est Compagnon de l'Ordre du Canada.

Serge Bernier

Barker, William George, surnommé «Billy», pilote de chasse (Dauphin, Man., 3 nov. 1894—Ottawa, Ont., 12 mars 1930). On lui attribue 53 victoires aériennes au cours de la Première Guerre mondiale, mais il doit surtout sa célébrité au combat épique qu'il livre seul contre quelque 60 avions allemands et qui lui vaut la Croix de Victoria le 27 octobre 1918. Après la guerre, il s'associe à W.A. BISHOP, à Toronto, dans une entreprise d'aviation commerciale mal conçue, mais en juin 1922 il accepte un poste dans l'Aviation canadienne et agit brièvement comme directeur intérimaire de l'Aviation royale du Canada. Il est mortellement blessé lors de l'écrasement de son avion Fairchild à la base aérienne de Rockcliffe, à Ottawa.

Brereton Greenhous

Barkerville Ville restaurée de la ruée vers l'or, située dans la région intérieure de la Colombie-Britannique. La RUÉE VERS L'OR DU FLEUVE FRASER, la première d'une série en Colombie-Britannique, débute dans la région (90 km à l'est de QUESNEL) en 1862, lorsque William «Billy» Barker, un marin cornouaillais, y découvre un important gisement. La ROUTE CARIBOO, qui prenait fin au nord à Barkerville, est terminée en 1865-1866. Elle permet aux gros chariots de marchandises et aux diligences d'accéder à la ville, ce qui l'intègre au district de Cariboo, un long couloir en continuel développement. La population de Barkerville augmente considérablement. En 1863, le commissaire de l'or estime la population de la région à presque 10 000 habitants, malgré le fait que la plupart des mineurs passent l'hiver à Victoria ou à San Francisco.

Des marchands, des hôteliers, des constructeurs, des banquiers et la première communauté CHINOISE du Canada y résident en permanence. À mesure que la population de la région se stabilise, la ville commence à offrir des activités culturelles. Le dimanche devient jour de congé; les mineurs se syndiquent pour avoir des quarts de travail plus courts; on construit un temple maçonnique en 1866, puis on établit un magasin de la Compagnie de la baie d'Hudson en 1867; les prédicateurs qui résident à Barkerville prennent de l'importance; les pièces de théâtre dramatiques remplacent les courses de chevaux et les spectacles de variétés en tant que divertissements en 1868; et, enfin, on interdit le jeu.

Le 16 septembre 1868, la majeure partie de la ville, dont le temple maçonnique, est détruite par un incendie. Dès 1869, on reconstruit une centaine de maisons et de commerces. Des bureaux gouvernementaux restent ouverts en raison de l'agitation occasionnelle des mineurs dans le district, mais vers 1900, la ville est en déclin. Au cours des années 30, elle devient un satellite de Wells, l'emplacement de la mine de quartz aurifère de Cariboo.

Dans les années 50, la ville perd son statut de centre administratif et devient presque une ville fantôme. En 1958, le gouvernement provincial entreprend la restauration de cette ville historique dans le cadre des célébrations de son centenaire. En 1959, Barkerville devient un parc historique provincial.

Alan F.J. Artibise

Barnard, Édouard-André, agronome et journaliste (Trois-Rivières, Qc, 30 sept. 1835—Varennes, Qc, 19 août 1898). Important agronome québécois de la seconde moitié du XIXe s., Barnard abandonne précocement ses études et devient commerçant. En 1856, il s'intéresse à l'agriculture et, pendant plusieurs années, s'occupe aussi d'activités militaires. Pendant l'AFFAIRE DU TRENT de 1861, il organise deux compagnies de volontaires à Trois-Rivières.

Il s'engage dans les ZOUAVES et se rend à Rome en 1868. À son retour à Trois-Rivières, il dirige *La Semaine agricole* (1869-1872), puis s'établit à VARENNES, où il donne des conférences. Il passe un an en Europe et y fait la promotion de l'immigration au Canada tout en étudiant l'agriculture européenne. De retour au pays, il occupe plusieurs postes supérieurs au ministère de l'Agriculture et, en 1877, il fonde *Le Journal d'agriculture.*

J.-C. Robert

Barnes, Howard Turner, physicien (Woburn, Mass., 21 juill. 1873—Burlington, Vt, 4 oct. 1950). Diplômé en 1893 de l'U. McGill, en sciences appliquées, il est initié à la recherche par son professeur de physique Hugh L. Callendar, une sommité en mesures électriques de précision. Barnes applique les techniques de son professeur et consacre sa vie à un problème qui touche particulièrement les Canadiens, l'étude des propriétés physiques de la glace. En 1906, il publie *Ice Formation.* Par la suite, il s'attaque à l'aspect pratique du problème et publie en 1928 le résultat de ses recherches dans *Ice Engineering.* Il prend sa retraite en 1933.

Ses connaissances en mesures de précision lui permettent d'être élu à la Royal Society of London en 1911. En 1912, il donne la conférence Tyndall au Royal Institute de Londres, événement très prisé, sur son sujet favori: les aspects économiques et physiques de la formation de la glace au Canada. Membre de la Société royale du Canada depuis 1902, il devient président de la Section III en 1908. La même année, il est nommé Macdonald Professor of Physics à l'U. McGill, succédant ainsi à Ernest RUTHERFORD.

Yves Gingras

Barr, colons de En 1902, le révérend Isaac Barr s'assure la possession d'un immense terrain allant de la frontière actuelle entre l'Alberta et la Saskatchewan à Maidstone (Sask.). En mars 1903, il y amène environ 2000 colons venus d'Angleterre. Arrivés le 17 avril 1917 à Saskatoon, ils passent deux semaines à se chamailler et à s'organiser avant de se mettre en route pour couvrir assez facilement en chariot les 270 km qui les séparent des terres où ils vont s'établir. Plusieurs mécontents quittent le groupe pour constituer des communautés autonomes. Las d'être sans cesse critiqué, Barr démissionne, part à Toronto pour tenter de régler ses problèmes financiers et s'établit aux États-Unis et par la suite en Australie.

Son rival, le révérend George Lloyd, prend alors la direction du projet. C'est en son honneur que la première ville de la colonie est nommée LLOYDMINSTER en juillet 1903. Malgré ces difficultés de départ, on doit aux colons de Barr d'avoir ouvert tout le territoire à l'ouest de Saskatoon. En 1905, les provinces de l'Alberta et de la Saskatchewan sont créées (*voir* AUTONOMIE, PROJETS DE LOIS D'), et la frontière interprovinciale passe par Lloydminster.

Bien que le CANADIAN NORTHERN RAILWAY, qui rejoint la ville la même année, construise sa gare du côté albertain, moins peuplé, les colons continuent de défricher le côté de la Saskatchewan. Il faut attendre l'essor pétrolier des années 70 pour que la portion ouest devienne aussi importante que le côté est.

Frank W. Anderson

Barr, Dave, golfeur (Kelowna, C.-B., 13 avril 1952). Il apprend à jouer au GOLF en frappant des balles dans la cour d'une école de Kelowna avant de s'inscrire à la section jeunesse du Kelowna Golf Club. Il fréquente ensuite l'U. Oral Roberts grâce à une bourse d'études en golf et devient professionnel en 1974. Golfeur autodidacte, il apporte au jeu un style naturel et décontracté que plusieurs lui envient.

On compte, au nombre de ses victoires, le Quad Cities Open, qui fait partie du US Tour, à Coal Valley (Illinois), en 1981; le championnat individuel à la Coupe du monde de 1983, à Djakarta; le championnat de l'Association canadienne des golfeurs professionnels en 1985, à Brampton (Ontario); la Coupe du Monde par équipe (avec le canadien Dan Halldorson) à La Quinta (Californie), en 1985; et le classique Georgia-Pacific Atlanta, en 1987. Il finit également ex-æquo en seconde place (à un coup du meneur) lors du U.S. Open de 1985, à Birmingham (Michigan), ce qui représente la meilleure performance jamais réalisée à ce jour par un Canadien à ce tournoi. Barr joue régulièrement sur le circuit américain et participe fréquemment à des tournois au Canada, car il est un fervent supporter du golf canadien.

Barr connaît, en 1994, sa meilleure saison sur le circuit de la PGA. Même s'il n'y remporte aucune victoire, il se classe parmi les 50 meilleurs boursiers grâce à des gains de plus de 300 000 $. Il couronne cette saison en faisant équipe avec Ray Stewart et Rick Gibson pour représenter le Canada au tournoi international de la prestigieuse Coupe Dunhill, qui a lieu sur le parcours de St. Andrews, en Écosse. Barr bat alors trois des meilleurs golfeurs au monde: Nick Price, Bernhard Langer, et Tom Kite des États-Unis, pour enfin mener le Canada à sa première coupe Dunhill.

Lorne Rubenstein

Barr, Murray Llewellyn, anatomiste et généticien (Belmont, Ont., 20 juin 1908). Diplômé de l'U. de Western Ontario et membre de la faculté d'anatomie de cette institution de 1936 à 1973, il contribue grandement à l'établissement de la cytogénétique humaine. De 1939 à 1945, il est lieutenant-colonel de l'armée de l'air canadienne. En 1949, il découvre, en collaboration avec E.G. Bertram, la chromatine sexuelle, dérivée d'un chromosome X, dont la présence permet de distinguer les cellules normales femelles des cellules normales mâles.

Un simple frottis buccal, test qu'il introduit avec K.L. MOORE en 1955, permet d'identifier les personnes ayant un complexe anormal de chromosomes sexuels et d'établir la nature exacte de l'anomalie par l'étude des chromosomes ou caryotypage. Cette recherche contribue fortement à la compréhension des causes des différents syndromes congénitaux.

Barr est l'auteur de *The Human Nervous System* et de *A Century of Medicine at Western.* Il est membre de la Société royale de Londres et a reçu plusieurs autres distinctions honorifiques. En 1962, le président John F. Kennedy lui remet le prix de la fondation Joseph P. Kennedy fils pour souligner ses travaux en arriération mentale.

W.J. Brady

Barr, Robert, écrivain et journaliste (Glasgow, Écosse, 16 sept. 1850—Surrey, Angleterre, 21 oct. 1912). Romancier et nouvelliste populaire au tournant du siècle, il émigre avec sa famille pour s'établir à Wallacetown, au Canada-Ouest, en 1854. Après avoir obtenu un certificat d'enseignement provisoire, il s'inscrit à la Toronto Normal School où il obtient son brevet d'enseignement en 1873. Il devient, en 1875, directeur de la Windsor Central School. En 1876, il déménage aux États-Unis et se joint à l'équipe du quotidien *Detroit Free Press.* Il se rend en Angleterre en 1881, où il occupe le poste de corédacteur du journal *The Idler,* et y reste jusqu'à sa mort. Il publie plus de 30 livres de genres divers: des récits d'aventures romantiques historiques et contemporaines, des romans policiers, des satires sociales et des farces. Parmi ses œuvres les plus remarquables, on compte une série d'histoires policières intitulée *The Triumphs of Eugene Valmont* (1906) et deux romans inspirés de son séjour au Canada. Son premier roman, *In the Midst of Alarms* (1894), se déroule pendant l'invasion des FENIANS au Canada, en 1866, et décrit cette bataille plutôt risible. *The Measure of the Rule* (1907) est un roman autobiographique qui s'inspire des expériences qu'il a vécues à la Toronto Normal School, et dans lequel il dénonce de façon satirique et mordante la médiocrité de l'enseignement qu'on y dispensait, la discipline rigide qu'on imposait aux élèves et l'indifférence qu'on leur témoignait. Par ailleurs, il a complété le roman inachevé de Stephen Crane, *The O'Ruddy* (1903) et publié un récit de voyage intitulé *The Unchanging East* (1900).

Colin Boyd

Barrages et dérivations Ce sont les principaux moyens de réguler le débit des cours d'eau et le niveau des LACS. Les barrages sont des obstacles érigés en travers des cours d'eau pour en endiguer le débit. Les dérivations acheminent l'eau des nombreuses retenues par les RÉSERVOIRS créés par les barrages au moyen de CANAUX, de fossés ou de pipelines, afin de l'utiliser dans les mêmes bassins de drainage ou dans d'autres.

Raisons d'être

Dans l'ensemble, le Canada est doté d'abondantes ressources d'eau douce, mais leur disponibilité varie considérablement d'une saison à l'autre ou d'une année à l'autre. Pour remédier aux INONDATIONS ou aux SÉCHERESSES, comme à d'autres problèmes d'approvisionnement en EAU, les ingénieurs ont mis en œuvre depuis un certain temps des projets qui redistribuent le régime naturel afin de satisfaire aux exigences temporelles et spatiales d'une économie en croissance.

Les barrages et les dérivations répondent aussi à d'autres besoins, comme l'IRRIGATION, la production d'énergie, la protection contre les crues, le maintien des niveaux de navigation et l'utilisation de l'eau à des fins récréatives, municipales et industrielles.

Bâtir le Canada

Pendant la période coloniale, les pionniers du Haut-Canada et du Bas-Canada endiguent de petits cours d'eau pour faire fonctionner leurs moulins à grains et leurs scieries, et parfois aussi pour acheminer leurs billes de bois vers les marchés. La navigation sur les cours d'eau plus importants nécessite souvent des canaux et des écluses, comme ceux construits par le Corps royal du génie pour assurer une profondeur navigable au fleuve Saint-Laurent et aux rivières des Outaouais et Rideau, et en contourner les rapides. Graduellement, les projets augmentent en nombre et en importance à mesure que le nouveau dominion s'étend vers l'Ouest.

À la fin du XIXᵉ s. et au début du XXᵉ siècle, des projets d'irrigation prennent forme dans les grandes prairies sèches. Des villes comme Winnipeg et Victoria cherchent à s'assurer un approvisionnement en eau pour leurs besoins futurs. La production d'HYDROÉLECTRICITÉ devient déjà une nouvelle panacée industrielle dans tout le pays.

Ère des grandes réalisations

À vrai dire, dans l'histoire canadienne, l'ère de la construction des grands barrages et dérivations ne commence pas avant le milieu du XXᵉ s. et dure jusqu'aux années 90. L'exploitation à grande échelle des cours d'eau canadiens débute dans les années 50 avec différents aménagements: la dérivation, par l'Alcan, des eaux du Kemano, au centre de la Colombie-Britannique, afin d'alimenter en énergie la fonderie d'aluminium de KITIMAT; l'irrigation de la rivière St. Mary, en Alberta; et l'aménagement hydroélectrique international de la VOIE MARITIME DU SAINT-LAURENT. Le développement se poursuit dans les années 60 avec les complexes hydroélectriques du TRAITÉ DU FLEUVE COLUMBIA et de la RIVIÈRE DE LA PAIX (Colombie-Britannique), le BARRAGE GARDINER à vocations multiples (Saskatchewan), le canal de dérivation de Winnipeg et le premier complexe hydroélectrique du FLEUVE NELSON (Manitoba), l'aménagement des rivières aux Outardes et MANICOUAGAN (Québec) et, enfin, l'aménagement des CHUTES CHURCHILL (Labrador).

Dans les années 70, les projets de dérivation des eaux entre bassins prennent une ampleur sans précédent sur le continent avec l'aménagement des rivières Churchill-Nelson et du LAC WINNIPEG (Manitoba), de même que le PROJET DE LA BAIE JAMES (Québec). La cadence de la construction commence cependant à ralentir dans les années 80, et seul le Québec poursuit intensivement ses activités de façon à terminer les travaux de la rivière La Grande (baie James, phase I).

Ailleurs, les projets de cette nature font l'objet de controverses et s'achèvent à grand-peine (Rafferty-Alameda, en Saskatchewan; la RIVIÈRE OLDMAN, en Alberta) ou sont laissés en suspens indéfiniment (Kemano II, en Colombie-Britannique; la rivière Conawapa, au Manitoba; le réaménagement de la RIVIÈRE MOOSE, en Ontario; barrages du cours inférieur du Churchill, au Labrador). L'ère des grands barrages et dérivations semble tirer à sa fin au Canada, malgré les prévisions optimistes des années 80 en matière d'exportation d'eau canadienne vers les États-Unis, par le biais d'ententes sur une plus grande libéralisation des échanges commerciaux.

Priorités nouvelles

Une combinaison de facteurs physiques, économiques, environnementaux et sociaux est responsable du déclin de la popularité des grands projets de dérivations et de stockage des eaux. Les meilleurs sites sur les systèmes de drainage les plus accessibles ont déjà été aménagés. La demande d'eau et d'ÉNERGIE diminue dans une économie en récession, et on cherche plutôt, comme solution moins coûteuse, à en rationaliser l'utilisation. Le mécontentement de la population s'accroît aussi à mesure qu'elle prend conscience des effets désastreux des gros projets sur l'environnement et sur les communautés qu'on a déplacées ou lésées d'une façon ou d'une autre.

Répartition des aménagements

Le Canada dispose de telles réserves naturelles d'eau dans ses lacs que le stockage artificiel, obtenu par la création de réservoirs ou l'agrandissement de lacs, reste bien mineur en comparaison. Le stockage artificiel a néanmoins augmenté pour atteindre environ la superficie du LAC ONTARIO.

Le Canada se classe aujourd'hui parmi les 10 principaux constructeurs de barrages au monde. En dehors des milliers de petits barrages non répertoriés, le plus récent répertoire des barrages du Canada fait état de 650 grands barrages au début des années 90. Le Québec en possède le plus grand nombre, suivi par la Colombie-Britannique, Terre-Neuve et l'Ontario. Le débit total des eaux dérivées d'un bassin de drainage vers un autre est énorme, soit 4450 m³/s. Si tout ce débit était combiné pour former un nouveau cours d'eau, il s'agirait du troisième en importance au Canada, après le Saint-Laurent et le Mackenzie.

Aucun autre pays ne dérive autant d'eau. Des 54 aménagements répertoriés, les plus récents sont également les plus importants: le complexe La Grande (baie James, au Québec), le barrage de dérivation Churchill-Nelson (Manitoba) et le barrage des chutes Churchill (Labrador). Les trois installations et leurs sept dérivations représentent les trois quarts de toute l'eau dérivée au Canada. Encore une fois, le Québec domine dans ce réseau géographique.

But de ces projets Au pays, la plupart des barrages et des dérivations ont été aménagés pour la production d'énergie hydroélectrique. L'irrigation (surtout dans le sud de l'Alberta), la lutte contre les inondations (Manitoba) et les ouvrages d'approvisionnement municipaux (Regina, Winnipeg et London) ont plutôt une importance régionale ou locale. Il ne fait aucun doute que le Canada est le «pays de l'hydroélectricité», avec 95 p. 100 du volume d'eau emmagasinée en amont des barrages ou dérivée d'un bassin vers un autre pour la production hydroélectrique.

La situation diffère dans la plupart des autres pays, où les cours d'eau sont endigués ou dérivés pour alimenter en eau les régions agricoles et les villes. Au Canada, c'est l'électricité, non l'eau, que l'on transporte vers les marchés à partir de ces installations.

Conséquences des aménagements Les principaux avantages des aménagements hydrauliques se traduisent normalement par des statistiques sur la production d'électricité, les cultures irriguées, le commerce fluvial, la réduction des dommages dus aux inondations et les services liés à l'utilisation de l'eau dans les municipalités ou à des fins industrielles et récréatives. Ce qu'on ne peut facilement évaluer, cependant, ce sont les conséquences écologiques et sociales à long terme.

La création ou l'agrandissement de réservoirs oblige les gens à déménager, perturbe l'habitat faunique et peut influer sur la stabilité géologique et le climat du milieu. Un réservoir d'une plus grande superficie augmente l'évaporation, et les sédiments sont emprisonnés dans des eaux qui se meuvent lentement, ce qui réduit, en aval, à la fois le débit d'eau et la quantité de limons contenant des substances nutritives.

L'étude des effets de l'agrandissement du LAC SOUTHERN INDIAN, qui sert de réservoir de dérivation à la rivière Churchill, a révélé un problème grave. Le MERCURE des terrains inondés et de la végétation se transforme en méthylmercure toxique qui est absorbé par les poissons, les rendant dangereux pour la consommation humaine pendant des années. La pêche autochtone à cet endroit fait face à d'autres problèmes dont la turbidité causée par l'affaissement des berges du lac, à la suite du dégel du pergélisol qu'a entraîné la crue des eaux, et l'arrêt de la migration du corégone à la hauteur du barrage et de la décharge du lac. Une bonne partie de la communauté autochtone elle-même a dû être relogée en raison de la submersion du territoire qu'elle occupait en bordure du lac.

D'autres problèmes surgissent à cause des changements apportés au débit en aval des réservoirs et des points de dérivation. Les aménagements hydroélectriques altèrent le processus naturel d'inondation en augmentant le débit pendant l'hiver afin de répondre aux demandes d'énergie, et en le réduisant de beaucoup au printemps, juste au moment où les besoins biologiques se manifestent à nouveau dans les marais, les deltas et les estuaires.

Un autre sujet de préoccupation a trait aux habitats forestiers riverains plus secs dans les plaines inondables, qui parviennent difficilement à conserver les conditions d'humidité nécessaires à la régénération des sites de dérivation et de retenue des eaux en aval. La dérivation d'eau entre bassins risque d'entraîner la migration d'un poisson indésirable, avec les parasites, bactéries et virus qui lui sont associés, vers d'autres systèmes de drainage non préparés à leur résister. C'est pourquoi le Canada continue de s'opposer à la construction d'un système de canal et de pipeline pour le barrage de dérivation de Garrison, au Dakota du Nord.

Frank Quinn

Barre du jour, La Fondé en 1965 par Nicole BROSSARD, Marcel Saint-Pierre, Roger Soublière et Jan Stafford, *La Barre du jour* (BJ) est une revue dont l'objectif est de stimuler l'écriture et de transformer la production aussi bien que la lecture de la littérature. En 1977, *La Barre du jour* devient *La Nouvelle Barre du jour* (NBJ) sous l'impulsion de Brossard (qui quitte la direction en 1979), de Michel Gay et de Jean-Yves Collette. Malgré un changement à la direction en septembre 1981, qui passe à Hugues Corriveau, à Louise Cotnoir et à Lise Guèvremont, l'objectif de la revue demeure inchangé. Collette et Gay en reprennent la direction en 1984 et y demeurent jusqu'à la cessation de la publication en 1990.

Dès les débuts, *La Barre du jour* cherche à allier la recherche formelle et la reconnaissance d'une certaine tradition. La revue présente donc des œuvres inédites signées Charles GILL, Louis-Joseph QUESNEL, Nérée Beauchemin, Saint-Denys GARNEAU, Gaëtane de Montreuil et Émile NELLIGAN. En abandonnant le thème du pays (*voir* ROMAN DE LANGUE FRANÇAISE) et en évitant les luttes révolutionnaires, il se démarque de *L'Hexagone* et de PARTI PRIS. *La Barre du jour* privilégie les articles sur la théorie et le formalisme, puis *La Nouvelle Barre du jour* favorise la fiction et la théorie littéraire appliquée et publie à la fois des articles théoriques et des articles sur les luttes concrètes du féminisme. Par ailleurs sont publiés des articles portant sur divers sujets tels que l'histoire de la littérature et la théorie littéraire, ainsi que des numéros spéciaux qui sont consacrés à des genres comme le fantastique et la science-fiction.

La Nouvelle Barre du jour est un laboratoire de création et de recherche littéraire, un atelier d'écriture permanent, attirant les collaborateurs selon ses besoins. La revue ne se contente pas de faire écho aux tendances littéraires du Québec, elle en est également la source. Même si elle est parfois répétitive par les thèmes et les sujets qu'elle aborde, l'importance de son rôle dans la littérature québécoise est indéniable. (*Voir aussi* PÉRIODIQUES LITTÉRAIRES DE LANGUE FRANÇAISE.)

Joseph Bonenfant

Barreau du Québec, Le Des avocats ont exercé leur profession au Québec bien avant la constitution du barreau du Bas-Canada par une loi le 30 mai 1849 (le barreau du Haut-Canada avait obtenu sa charte en 1797).

En Nouvelle France, la justice était rendue sans le concours d'avocats. Dès 1765, le gouverneur James MURRAY décerne à trois NOTAIRES et un marchand des commissions d'avocats. En 1779, la communauté des avocats du Québec, précurseur du barreau, est créée. Cette association manifeste l'esprit de corps des avocats, leur soucis d'affirmer leur indépendance à l'égard des pouvoirs politique et judiciaire et, enfin, leur volonté d'améliorer la compétence et la moralité de ses membres.

La loi de 1849, réserve l'exercice du droit aux membres du barreau qui doit s'assurer qu'ils sont «capables d'en remplir les devoirs avec honneur et intégrité». À cette fin, le barreau peut adopter des règlements sur l'admission et la discipline de ses membres. À ses débuts, le barreau était constitué de trois districts (Montréal, Québec, Trois-Rivières) qui détenaient l'essentiel des pouvoirs. Le nombre de sections augmente progressivement (il y a aujourd'hui 15 sections) et, en 1967, une réforme des structures du barreau a centralisé la majorité des pouvoirs exercés jusque-là par les sections. Cette réforme a permis au barreau de se doter d'un secrétariat permanent, d'un Bureau du syndic et d'un processus disciplinaire centralisé et de fonder une école de formation professionnelle.

L'adoption du Code des professions en 1974 et une évolution socioéconomique rapide de la société ont amené le barreau à être plus présent sur la place publique tout en préconisant des adaptations en profondeur de la profession à la mondialisation, à l'internationalisation des transactions et aux nouvelles méthodes de solution des conflits sans négliger la question essentielle de l'accessibilité à la justice.

André Poupart

Barrett, David, travailleur social, politicien et premier ministre de la Colombie-Britannique (Vancouver, 2 oct. 1930). Issu d'une famille juive de la classe ouvrière, il étudie la philosophie à la Seattle University et le travail social à la St. Louis University, aux États-Unis, puis retourne en Colombie-Britannique en 1957, où il travaille au ministère des Services correctionnels. Élu député de la Fédération du Commonwealth coopératif (CCF) aux élections provinciales de 1960, il est réélu sous la bannière du NOUVEAU PARTI DÉMOCRATIQUE (NPD) (1963, 1966 et 1969), dont il devient le chef en 1969 lorsque son rival, Tom BERGER, perd les élections.

En 1972, le NPD est porté au pouvoir et lance plusieurs réformes: arrêt de la conversion des terres agricoles, redevances minières, création d'une puissante Commission de travail et accroissement du secteur public. L'opposition au militantisme du gouvernement néo-démocrate et la baisse des revenus permettent au Parti Crédit Social de renverser le gouvernement Barrett en 1975. Réélu lors d'une élection partielle en 1976, il demeure chef de l'opposition. Après une autre défaite électorale en mai 1983, il abandonne la direction du NPD provincial et, en 1984, devient animateur d'une émission-débat radiophonique à Vancouver. À la fin de 1986, il annonce son intention de briguer les suffrages aux prochaines élections fédérales.

Élu au Parlement en 1988, il se porte candidat à la direction du parti après la démission de Ed Broadbent, mais se fait battre de justesse par Audrey McLaughlin et perd son siège aux mains de son adversaire du Parti réformiste en 1993. Barrett est un orateur sensible et divertissant, dont la simplicité en fait une figure populaire dans l'univers étrange de la politique de la Colombie-Britannique.

J. T. Morley

Barrett, Silby, chef syndical (Bishop's Cove, baie de la Conception, T.-N., 27 sept. 1884—Toronto, 9 août 1959). Barrett est d'abord pêcheur avec son père et travaille dans les mines de charbon du Cap-Breton et de l'Ohio avant de s'établir à GLACE BAY en 1908. Il devient président des United Mine Workers de la Nouvelle-Écosse en 1916 et des Amalgamated Mine Workers de la Nouvelle-Écosse en 1917. Lorsque les mineurs s'affilient sous le nom de District 26 des United Mine Workers of America (UMWA) en 1919, Barrett devient membre du conseil international, poste qu'il occupera jusqu'en 1942.

Bien qu'il ait très tôt la réputation d'être un «rouge», Barrett devient vite un allié inconditionnel du

président des UMWA, John L. Lewis. Lors de la suspension du District 26 en 1923, Lewis nomme Barrett président provisoire du district et, en 1936, directeur canadien du comité organisateur des travailleurs de l'acier (Steelworkers' Organizing Committee).

Barrett est l'un des fondateurs du CONGRÈS DU TRAVAIL DU CANADA en 1940, et est, chaque année, élu membre de l'exécutif jusqu'en 1955. Ayant déménagé à Toronto dans les années 40, il devient directeur du District 50 des UMWA. Tenace partisan de la CCF, Barrett est reconnu dans les milieux syndicaux pour sa perspicacité politique et son humour mordant.

David Frank

Barrette, Antonio J., politicien, premier ministre du Québec en 1960 (Joliette, Qc, 26 mai 1899—Montréal, 15 déc. 1968). Il entame sa carrière politique en remportant le siège de Joliette pour le parti de l'UNION NATIONALE aux élections de 1936 qui portent le parti de Maurice DUPLESSIS au pouvoir. Il est réélu six fois entre 1939 et 1960 sans grande difficulté. Fort de son expérience syndicale comme ingénieur-mécanicien et chef du Conseil régional du travail, il est ministre du Travail de 1944 à 1960, et est chargé d'appliquer les politiques du travail de son parti, certaines nettement antisyndicales.

À la mort de Paul SAUVÉ en janvier 1960, il est choisi comme nouveau chef du parti. Devenu premier ministre du Québec, il le reste jusqu'à l'élection de juin de la même année, où il doit céder le pouvoir aux libéraux. Il termine sa carrière publique comme ambassadeur du Canada en Grèce de 1963 à 1966.

Daniel Latouche

Barrhead, ville de l'Alb.; pop. 4239 (rec. 1996), 4160 (rec. 1991), 3991 (rec. 1986); superf. 7,74 km²; const. en 1946; située à 118 km au nord-ouest d'EDMONTON, dans la vallée de la rivière Paddle. La ville est à proximité du sentier historique de la traite des fourrures (1825) qui reliait Edmonton et Fort Assiniboine. Des centaines de chercheurs d'or durant la RUÉE VERS L'OR DU KLONDIKE ont emprunté ce sentier.

À partir de 1906, des colons d'origines diverses, principalement de la Grande-Bretagne et des États-Unis, s'installent dans la vallée et y défrichent la terre pour la culture des céréales, tandis que plusieurs scieries exploitent le bois sur pied. Le nom de Barrhead est emprunté à une localité d'Écosse. À l'origine, le village grandit autour du magasin, du bureau de poste et de la salle communautaire fondée par la Paddle River and District Co-operative Society (constituée en 1912). La venue de la ligne du Pembina Valley Railway, en 1927, amène le village à se déplacer plus près du chemin de fer.

Barrhead est aujourd'hui un centre de services. L'activité agricole y demeure importante et attire des manufactures de produits connexes.

Douglas Babcock

Barrie, ville de l'Ont.; pop. 79 191 (rec. 1996), 67 728 (1991), 48 357 (rec. 1986); superf. 76,79 km²; const. en 1959; située à 90 km au nord de TORONTO, à l'extrémité de la baie Kempenfelt, en bordure du LAC SIMCOE. La colonisation commence en 1833; Barrie longe alors une importante route d'approvisionnement inaugurée durant la Guerre de 1812 pour relier York (Toronto), au bord du lac Ontario, aux postes militaires britanniques dans le secteur supérieur des Grands Lacs. La ville doit son nom au commodore Robert Barrie, officier de la marine britannique sur le lac Ontario.

Un excellent système routier la relie à Toronto et, depuis le début des années 90, elle est dotée d'un aéroport régional. Son économie repose sur l'industrie des services et sur le secteur manufacturier, principalement la fabrication d'automobiles, de caoutchouc et de plastique, de métaux, de produits hygiéniques et de soins de santé, de boissons et d'aliments, et de produits électroniques. Barrie abrite le campus principal du Georgian College of Applied Arts and Technology.

Au nombre des établissements culturels se trouvent le Gryphon Theatre, le MacLaren Art Centre et un musée consacré à l'histoire du comté de Simcoe. En hiver, Barrie attire de nombreux adeptes de la pêche sur glace. Le 31 mai 1985, une TORNADE a tué huit personnes et causé d'importants dégâts dans un secteur de la ville.

Daniel Francis

Barrister Un *barrister* est un membre de la profession juridique en Angleterre qui a le droit exclusif de comparaître devant les cours supérieures. Généralement appelé par un PROCUREUR, il jouit d'un statut juridique unique. Au Canada, on utilise ce terme de façon informelle pour désigner les avocats qui comparaissent devant les cours supérieures. Cependant, tous les avocats de common law au Canada sont à la fois *barrister* et procureur, bien que certaines lois provinciales mentionnent les deux catégories. En DROIT CIVIL québécois, on distingue les NOTAIRES des avocats.

K.G. McShane

Barrow, John, footballeur (Delray Beach, Floride, 31 oct. 1935). Au cours de sa fulgurante carrière de 14 années (1957-1970) au sein de l'équipe des TIGER CATS D'HAMILTON, il est proclamé 12 fois joueur étoile de l'Est et 11 fois membre de l'équipe d'étoiles de la ligue canadienne (*all-Canadian*). En 1962, il reçoit le TROPHÉE SCHENLEY pour sa performance comme joueur défensif, alors qu'en 1959, 1961, 1964, 1965 et 1967, il se classe second. En 1967, il est élu «joueur de ligne du siècle» de la LIGUE CANADIENNE DE FOOTBALL. Pilier de la défensive de l'équipe des Tiger Cats (réputée pour son jeu robuste et ses plaquages violents), Barrow mène son équipe 9 fois en 11 ans à la finale de la COUPE GREY. L'équipe remporte le championnat en 1957, 1963, 1965 et 1967. Les habiletés de Barrow, non limitées à la défensive, lui valent d'être nommé «bloqueur étoile offensif» quatre autres fois de 1957 à 1960. À sa retraite, il devient directeur général des ARGONAUTS DE TORONTO de 1971 à 1975. John Barrow fut intronisé au TEMPLE DE LA RENOMMÉE DU FOOTBALL CANADIEN en 1976.

Peter Wons

Barry, James Miranda Stuart, médecin et chirurgien militaire (Angleterre, v. 1795—Londres, Angl., v. 1865). James Barry, dont le vrai nom est probablement Bulkeley, est une femme qui, en 1809, se déguise en homme afin d'être admise à l'U. d'Édimbourg pour pouvoir y étudier la médecine. Bien avant que les universités commencent à accepter des étudiantes, elle obtient son diplôme et s'enrôle dans l'armée britannique. Elle sert en Afrique du Sud, dans les Caraïbes et dans d'autres pays, où elle se fait une excellente réputation de chirurgien.

En 1857, Barry est affectée au Canada à titre d'inspecteur général des hôpitaux militaires, faisant d'elle le médecin en chef de l'armée au Canada. On la prend effectivement pour un homme, mais son apparence étonne. Petite et mince, elle est considérée simplement comme un personnage excentrique. Elle aime se promener dans Montréal en carriole rouge, accompagnée d'un petit chien blanc et d'un grand domestique noir. Malgré tout, les soldats l'apprécient. Elle exige que ceux-ci soient mieux nourris et veille à ce que les hôpitaux soient plus propres et plus confortables. Elle tombe malade en 1859 et doit rentrer en Angleterre où, comme à son habitude, elle refuse d'être examinée.

Ce n'est qu'à sa mort qu'on découvre le secret de Barry.

Barry, Ulric, dit Fred, comédien directeur de troupe (Montréal, 28 oct. 1887—*id.*, 1964). Fils d'un aubergiste, il débute à 11 ans dans différents cercles de théâtre amateur, puis devient rapidement professionnel, au début des années 10. Pilier du milieu théâtral québécois de l'entre-deux-guerres, Barry acquiert une très grande renommée en participant à une multitude de productions, de tous les genres, de tous les styles. Doté d'une élocution particulière et d'une façon toute personnelle de rythmer les phrases, il est aussi bien capable d'interpréter des comédies folles de Feydeau que des drames larmoyants comme *Aurore, l'enfant martyr* (1929). Barry inspire toute une génération d'hommes et de femmes de théâtre, de Germaine Giroux à Gratien GÉLINAS. Il effectue une tournée en France avec la troupe d'Henry Deyglun pour présenter *Terre canadienne*. Il joue dans les *Fridolinades* de Gélinas qu'il met également en scène. Il participe à la création de *Tit-Coq* de même qu'à sa version filmée. En 1930, avec Albert Duquesne, il achète la salle du Chantecler (où s'installera plus tard le THÉÂTRE DU RIDEAU VERT) et lui donne le nom de théâtre Stella. Mais la crise et la concurrence du cinéma portent un dur coup au théâtre québécois de cette période. À la radio d'État, Barry marque toute une génération d'auditeurs en incarnant de nombreux personnages, dont Georges Beauchamp du radioroman *Rue Principale* et le docteur Cyprien dans *Un homme et son péché*. Il tourne également au cinéma, en 1934, dans le film *Maria Chapdelaine*, de Julien Duvivier, mettant en vedette la comédienne française Madeleine Renaud. La petite salle de spectacle rattachée au théâtre DENISE-PELLETIER, dans l'Est de Montréal, porte son nom.

Stéphane Baillargeon

Bartle (1994), affaire Monsieur Bartle est arrêté, à 1 h du matin, pour conduite avec facultés affaiblies. Après avoir échoué le test routier «Alert», il est amené au poste de police où il est promptement informé de son droit à l'assistance d'un avocat, y compris des services d'aide juridique disponibles. Cependant, les policiers omettent d'informer Bartle de l'existence de services d'avocats de garde et de la possibilité d'y recourir 24 heures par jour au moyen d'un numéro 1-800. La Cour suprême, à la majorité, est d'avis que cette omission porte atteinte aux droits garantis par l'alinéa 10*b*) de la Charte canadienne des droits et libertés et que la preuve obtenue en conséquence doit être écartée en vertu du paragraphe 24(2) de la Charte en question.

Bartlett, Robert Abram, navigateur de l'Arctique (Brigus, T.-N., 15 août 1875—New York, 28 avril 1946). Chasseur de phoque et marin marchand dès sa jeunesse, Bartlett entreprend sa carrière dans l'Arctique, en 1898, en tant que commandant du navire *Windward* au cours de la première des trois tentatives de Robert Peary pour atteindre le pôle Nord. Lors de la dernière tentative de Peary en 1908-1909, il accompagne ce dernier jusqu'à 240 km du pôle.

En 1913, Bartlett commande le KARLUK, un ravitailleur de l'EXPÉDITION ARCTIQUE CANADIENNE dirigée par Vilhjalmur STEFANSSON. Le navire s'échoue près de l'île Wrangel, au nord de la Sibérie. Bartlett fait une traversée audacieuse des glaces en traîneau jusqu'au port de East Cape en Sibérie orientale, où il embarque sur un bateau en partance pour l'Alaska. Par la suite, il commandera le *Effie M. Morrisey* durant deux décennies et effectuera des voyages scientifiques vers l'Arctique. Il publie son autobiographie, *The Log of Bob Bartlett*, en 1928.

Daniel Francis

Bartlett, William Henry, artiste, auteur, voyageur (Kentish Town, Angl., 26 mars 1809—mort au large de Malte, 13 sept. 1854). Dès son jeune âge, Bartlett travaille comme apprenti (1822-1929) avec John Britton et fait preuve de talent comme dessinateur et paysagiste. En 1832, il rencontre William Beattie, qui devient son ami à vie et son biographe. Beattie le choisit pour illustrer son récit de voyage, *Switzerland Illustrated* (1836).

À partir de ce moment et jusqu'à sa mort, Bartlett voyage énormément, tant au Moyen-Orient qu'en Europe et en Amérique, tout en réalisant des centaines d'esquisses pour des gravures dans plus de 40 livres, dont 13 qu'il écrit lui-même. Sa popularité lui vient en bonne part de sa formation en architecture, laquelle, doublée de son penchant pour le pittoresque

et le sublime, permet au lecteur de reconnaître d'emblée ses scènes charmantes, impressionnantes et représentatives.

En 1838, Bartlett passe plusieurs mois au Canada où il dessine des scènes célèbres dont, entre autres: les chutes Montmorency et Niagara, le marché aux poissons de Toronto, la vue plongeante de Montréal, et les écluses du canal Rideau à Ottawa. Il illustre aussi le travail quotidien des Canadiens: le défrichage des forêts, la pêche, le boutage sur la rivière des Outaouais, l'excavation du canal Long Sault, la rentrée des filets de pêche à Wellington, dans le comté Prince-Édouard, la traversée du bétail dans les Cantons de l'Est, et la construction de l'esplanade de Québec. Les nombreuses gravures qui illustrent les 2 volumes de *Canadian Scenery* (1842) constituent une importante documentation sur les conditions de vie dans les Maritimes et les deux Canadas en 1838.

Alexander M. Ross

Barytine Minéral blanc, incolore, gris, brun, bleu ou rouge qu'on retrouve dans les roches sédimentaires, ignées et métamorphiques. La barytine est composée de 65,7 p. 100 d'oxyde de baryum (BaO) et 34,3 p. 100 de trioxyde de soufre (SO₃). Les gisements commerciaux se trouvent sous forme de strates, de veines, de remplissage de cavités ou sous forme résiduelle. Étant donné que la barytine possède une densité élevée, qu'elle est tendre, inerte chimiquement et que son prix est relativement faible, on l'utilise principalement comme matériau constituant des boues lourdes pour le forage de l'huile et du gaz naturel. En raison de sa couleur pâle et de son faible éclat, elle sert de matière de charge surtout dans les plastiques, mais également dans les peintures. Elle sert également d'agent de remplissage dans le caoutchouc, les matériaux de friction et les tapis pour amortir le bruit. Puisqu'elle absorbe les rayons gamma, on l'utilise comme écran-radiation dans les édifices à béton qui abritent des réacteurs nucléaires. Le grade pharmaceutique «haute pureté» est utilisé comme contraste en radiographie. La barytine est également un fondant, un oxydant et un décolorant pour le verre. Le carbonate de baryum (BaCO₃) est un produit intermédiaire utilisé dans la fabrication du verre de télévision et du verre optique, les glaçures de céramique, les émaux pour la porcelaine et les ferrites.

Les grades de barytine commercialisés sont les suivants: boues de forage, verre, peinture et chimique. Le grade chimique est utilisé pour produire le sulfate de baryum (BaS) haute pureté et le carbonate de baryum (BaCO₃) haute pureté. Le grade boues de forage coûte le moins cher et le grade chimique coûte le plus cher. Il existe quatre mines de barytine en opération au Canada: deux en Colombie-Britannique (surtout pour les boues de forage mais également pour les peintures), une en Ontario (pour les peintures, les plastiques et les lubrifiants) et une en Nouvelle-Écosse (grade pharmaceutique). En 1997, la production canadienne de barytine est de 76 955 t et les expéditions sont de 84 091 t pour une valeur de 7118 millions de dollars.

Michel A. Boucher

Bas-Canada Partie méridionale de l'actuelle province de Québec qui, de 1791 à 1840, formait une province britannique distincte. En 1791, la Grande-Bretagne divise la PROVINCE DE QUÉBEC en deux parties: le HAUT-CANADA et le Bas-Canada. Cet événement était prévisible puisque l'Angleterre a adopté une politique de division territoriale aux XVIIᵉ et XVIIIᵉ s., lors de la création des colonies américaines, en 1769, lors de la séparation de l'Île-du-Prince-Édouard de la Nouvelle-Écosse, puis en 1784, après une vague d'immigration LOYALISTE (ayant aussi touché le Québec), lors de la création des provinces du Cap-Breton et du Nouveau-Brunswick.

Après la conquête de la NOUVELLE-FRANCE, la Grande-Bretagne redéfinit les frontières de sa nouvelle colonie afin d'offrir une chance égale aux industries de la pêche et de la traite des fourrures,

causes de rivalités entre les marchands de Québec et de Montréal. Adopté en 1774, l'ACTE DE QUÉBEC reconnaît formellement l'échec de ce projet et ajuste les frontières selon les besoins d'une économie transcontinentale.

En 1791, la traite des fourrures joue encore un rôle majeur pour les marchands et les travailleurs saisonniers ruraux. Ces derniers considèrent que leur territoire comprend tout autant la vallée du Saint-Laurent que les vastes espaces s'étendant à l'ouest des Grands Lacs jusqu'au Pacifique. Cependant, au début du XIXᵉ siècle, les raisons économiques justifiant cette idée ont disparu, et pour la plupart des francophones du Bas-Canada, leur territoire s'étend des basses-terres du fleuve, de Montréal au golfe du Saint-Laurent. En 1822, quand Louis-Joseph PAPINEAU s'oppose à l'union des deux Canadas, il décrit le Bas-Canada comme un espace géographique, économique et culturel distinct destiné à héberger pour toujours l'HABITANT, catholique et francophone.

Cette vision québécoise trouve peu d'appuis chez les marchands anglophones qui continuent de défier la loi de 1791 et qui, de Montréal, contrôlent une grande partie de l'économie du Haut-Canada. Ces hommes d'affaires, propriétaires de banques et d'entreprises de transport et fervents avocats de la construction de canaux sur le Saint-Laurent, s'occupent surtout d'exportation de céréales vers l'Angleterre et de transport de produits forestiers du Haut-Canada vers le port de Québec. Leur domaine économique dépasse les limites de la vallée du Saint-Laurent. Après l'échec de la tentative d'union en 1822, ils lancent une campagne en faveur de l'annexion de Montréal au Haut-Canada et persistent à appuyer cette idée jusqu'après les RÉBELLIONS DE 1837, époque de l'union réelle des deux Canadas.

Une économie en crise Vers 1760, l'économie coloniale est toujours dominée par la TRAITE DES FOURRURES et l'AGRICULTURE basée sur le blé. Les PÊCHES, le commerce du bois, la construction navale et LES FORGES SAINT-MAURICE n'ont encore qu'une importance secondaire. La traite des fourrures s'étend vers le nord et le Pacifique. À la fin du XVIIIᵉ s., on exporte chaque année vers l'Angleterre 600 000 peaux de castor et autres pelleteries dont la valeur dépasse 400 000 livres.

Toute cette activité, de nature transcontinentale et internationale, est surtout contrôlée par une bourgeoisie dirigeant la COMPAGNIE DU NORD-OUEST, entreprise montréalaise qui a supplanté ses rivales américaines et la COMPAGNIE DE LA BAIE D'HUDSON (CBH). Toutefois, après 1804, la rivalité entre ces deux compagnies entraîne la baisse de leurs profits, à tel point qu'en 1821, la Compagnie du Nord-Ouest doit se fondre dans la CBH.

Le commerce du blé connaît des transformations tout aussi majeures. Vers 1730, la culture du blé à la base d'une agriculture de subsistance devient peu à peu une activité commerciale ouverte sur un nouveau marché extérieur, comprenant surtout les Antilles jusqu'en 1760, puis, vers 1800, le sud de l'Europe et la Grande-Bretagne.

Par la suite, la production diminue tellement qu'à partir de 1832, le Bas-Canada importe chaque année plus de 500 000 minots de blé (environ 19,5 millions de litres), du Haut-Canada. Le déficit devient chronique. L'avoine, la pomme de terre et l'élevage rapportent de minces profits à certains fermiers, mais la plupart de leurs entreprises visent purement la subsistance. Les difficultés inhérentes à l'agriculture et à la traite des fourrures ont un effet néfaste sur le niveau de vie de la population.

Par contre, après 1806, ces circonstances favorisent le COMMERCE DU BOIS. La production et l'exportation des produits forestiers prennent de l'ampleur pendant le blocus continental décrété par Napoléon. L'Angleterre, souhaitant garantir ses provisions de bois destinées à la construction des navires de guerre, institue des tarifs préférentiels maintenus au même niveau jusqu'en 1840, et ceci malgré des baisses de prix successives. Ainsi, la population du Bas-Canada bénéficie d'une aide considérable. L'industrie forestière, dominée par les chantiers du Québec, est très active dans la vallée de l'Outaouais, dans les CANTONS DE L'EST et dans les régions de Québec et de Trois-Rivières. Le pin et le chêne équarris, le bois de construction, les douves, la potasse et la construction navale sont les pivots de cette industrie.

L'économie du Bas-Canada, transformée par une crise engendrée par le déclin des exportations de fourrures et de blé, se concentre autour de Québec et dépend de plus en plus du Haut-Canada pour l'exportation des excédents de production, provoquant un besoin urgent de créer des institutions de crédit et d'investir massivement dans la construction de routes et de canaux.

Surpopulation Dès le début du XVIIIe s., la population canadienne-française s'accroît sans apport de l'immigration. Avec un taux de naissance d'environ 50 p. 1000 et un taux de mortalité d'environ 25 p. 1000, la population double tous les 25 à 28 ans. L'immigration britannique qui suit la Conquête n'a que peu d'effets sur cette tendance démographique, sauf pendant la vague d'immigration loyaliste. Le territoire est alors si vaste et la population si réduite que cette vigoureuse croissance des Canadiens français se perpétue jusqu'à la fin du siècle.

Il est alors dans l'intérêt du seigneur d'accorder des terres sur demande pour augmenter le revenu du fermage, mais dès le début du XIXe s., alliée au taux de naissance élevé, cette politique réduit le nombre de bonnes terres disponibles. De plus, les seigneurs, attirés par l'augmentation du prix des produits forestiers, restreignent l'accès des paysans à la propriété foncière. Comme les terres disponibles se font de plus en plus rares, on assiste à la naissance d'un prolétariat qui, vers 1830, constitue environ le tiers de la population rurale. Les Canadiens français qui choisissent d'émigrer aux États-Unis (*voir* FRANCO-AMÉRICAINS) proviennent de ce prolétariat et de la classe paysanne touchée par la pauvreté.

Après 1815, une pression démographique s'intensifie dans les communautés rurales des rives du Saint-Laurent et de la rivière Richelieu après l'arrivée massive d'immigrants britanniques à la recherche de terres et d'emplois. Paysans et prolétaires ruraux se sentent menacés par ces étrangers qui s'établissent dans les Cantons de l'Est que, depuis longtemps, les Canadiens français considéraient comme un déversoir. La croissance rapide de la population urbaine anglophone leur semble encore plus alarmante. À Québec, en 1831, les anglophones représentent 45 p. 100 de la pop. et 50 p. 100 des ouvriers journaliers. À Montréal, en 1842, ces proportions atteignent respectivement 61 p. 100 et 63 p. 100. Ces facteurs contribuent à augmenter chez les francophones l'impression que leur culture est en danger et favorisent le mouvement nationaliste, aux prises avec la lutte des classes (*voir* NATIONALISME CANADIEN-FRANÇAIS).

Luttes de classes et conflits politiques En Nouvelle-France, les militaires, la noblesse et le clergé prédominent. La bourgeoisie leur est soumise. Après 1760, militaires, aristocrates et marchands britanniques remplacent leurs homologues francophones. L'épanouissement d'une conscience de classe à l'intérieur des deux bourgeoisies, anglaise et française, déclenche un conflit entre classe moyenne et aristocratie sur la question des institutions parlementaires. En 1791, le résultat de cet affrontement assure la prédominance de la classe moyenne et le déclin économique et social de la noblesse. Vers la fin du XVIIIe s., le pouvoir de cette dernière repose entièrement sur la protection et les privilèges accordés par les chefs du gouvernement colonial.

Les changements économiques et démographiques du début du XIXe s. provoquent la détérioration des relations sociales, l'émergence de nouvelles idéologies et une réorientation des anciennes. C'est dans ce climat que naît une lutte entre trois groupes sociaux: la bourgeoisie anglophone, la classe moyenne canadienne-française et le clergé. La bourgeoisie marchande de langue anglaise, principale bénéficiaire de la réforme de 1791 et de la récente expansion économique, se sent menacée par les changements importants qui ont cours. Leurs efforts visant la canalisation du Saint-Laurent et leur désir de stimuler la construction de voies d'accès vers les Cantons de l'Est font partie d'un vaste programme pour accroître l'immigration, fonder des banques, modifier la politique fiscale de la colonie et abolir ou réformer le RÉGIME SEIGNEURIAL et le droit coutumier.

L'application de ces mesures exige l'appui politique des nationalistes francophones, majoritaires à l'Assemblée législative, dont la puissance s'affirme de plus en plus. Le revenu provenant des TAXES SUR LE BOIS est incertain puisque, après la paix de 1815, il dépend à la fois de la bonne volonté des nationalistes et du maintien de ces tarifs par l'Angleterre. Les marchands anglophones dominent les milieux d'affaires urbains (en 1831, ils représentent 57 p. 100 de la classe marchande de Québec et 63 p. 100 de celle de Montréal) et jouent un rôle démesuré dans les campagnes. Néanmoins, ils se sentent vulnérables dans une colonie où la population est surtout francophone.

Il n'est donc pas surprenant que les anglophones aient tendance à chercher l'appui des gouverneurs, des fonctionnaires coloniaux et même du gouvernement de Londres. Leur attitude s'explique par leur incapacité à former un parti pouvant influencer une majorité, si mince soit-elle, à l'Assemblée législative. Leurs défaites successives pendant plus de 30 ans les obligent à maintenir des liens avec le gouvernement impérial et le statu quo constitutionnel, et à promouvoir le conservatisme.

Au début du siècle, cette bourgeoisie entre en conflit avec la classe moyenne canadienne-française, surtout avec les membres des professions libérales, qui développent peu à peu une conscience nationale. Ces professionnels, dont le nombre croît rapidement et qui aspirent à constituer une élite nationale, s'aperçoivent que les principaux secteurs de l'économie sont de plus en plus contrôlés par les anglophones. Considérant cela comme une grave injustice envers leurs compatriotes francophones, ils en viennent à tenir marchands et bureaucrates anglophones pour les pires ennemis de la nation canadienne-française.

Leur idéologie, chaudement accueillie par les petits marchands francophones, devient de plus en plus hostile aux entreprises sur lesquelles repose la puissance des anglophones. La petite bourgeoisie francophone glorifie l'agriculture, défend la COUTUME DE PARIS et le système seigneurial (qu'elle souhaite étendre à toute la province) et s'oppose à la British American Land Company, proclamant bien haut que le territoire du Bas-Canada est la propriété exclusive de la nation canadienne-française.

Pour faire valoir ses points de vue, la bourgeoisie canadienne-française crée le PARTI CANADIEN (devenu, en 1826, le Parti PATRIOTE). Les dirigeants du parti expliquent les disparités économiques par le contrôle exercé sur la politique par la Grande-Bretagne et par le favoritisme. Leur idéologie, tout en prévoyant une évolution politique fidèle à la tradition britannique, préconise la domination du parti majoritaire à l'Assemblée législative.

Le chef du parti, Pierre BÉDARD, est le principal artisan de cette stratégie, inspirée par le désir d'appliquer le principe de la responsabilité ministérielle (dont la conséquence logique est de transférer le pouvoir à la majorité francophone et de restreindre celui du gouverneur). En 1810, les guerres révolutionnaires et impériales, une situation tendue avec les États-Unis et l'idée d'une autonomie coloniale donnent une allure tellement radicale à ces théories réformistes que, méfiant, le gouverneur CRAIG ordonne l'arrestation des rédacteurs du journal *Le Canadien*, la suppression de cet outil nationaliste et la dissolution de l'Assemblée législative.

Après la GUERRE DE 1812, Papineau, nouveau chef du parti nationaliste décapité, se rend compte qu'il faut viser des résultats plus modestes. Il concentre ses efforts sur le contrôle des revenus et sur certaines plaintes et son objectif immédiat reste de partager le pouvoir avec les adversaires de son parti. Papineau espère ainsi maîtriser le clergé, gagner à sa cause les catholiques irlandais et éviter d'être accusé d'extrémisme nationaliste. C'est dans cette perspective que les rôles joués par John Neilson et plus tard par E.B. O'Callaghan à l'intérieur du parti peuvent se comprendre.

Ce n'est qu'après 1827 que la pression exercée par les événements et les militants force Papineau à être plus radical et que l'idée d'un Bas-Canada indépendant commence à s'imposer. À l'origine, le désir d'accéder au pouvoir par des moyens politiques orthodoxes est au cœur de cette évolution idéologique. Toutefois, le modèle britannique est bientôt remplacé par le modèle américain, lequel justifie le principe électoral pour toutes les fonctions du pouvoir, des juges de paix et des officiers jusqu'aux conseillers législatifs et même au gouverneur.

Comme la lutte s'intensifie, le Parti patriote gagne des appuis dans les milieux francophones, mobilisés par le patriotisme, mais perd une part de sa popularité dans les milieux anglophones qui soutiennent plutôt leurs marchands. Partageant le même objectif, l'indépendance nationale, les militants patriotes ont des opinions différentes quant au genre de société à laquelle leur victoire devrait conduire. La majorité, qui appuie Papineau, souhaite la continuation de l'«ancien régime», alors qu'une minorité espère édifier une nouvelle société basée sur un libéralisme plus authentique. Ces vues opposées vont jouer un rôle majeur dans l'échec des insurrections.

Le clergé, solidement établi à la tête d'un réseau complexe d'institutions lui assurant des revenus considérables, s'engage naturellement dans cette lutte pour le pouvoir. Ayant constaté les effets de la Révolution française et de l'intervention du gouvernement colonial protestant dans le système d'éducation du Québec au début du siècle, le clergé québécois reste conscient de la menace pesant sur son influence. Il en devient encore plus conscient lorsque le conflit éclate entre le Parti canadien et le parti des marchands, lequel a l'appui du gouverneur.

Les dirigeants ecclésiastiques se convainquent qu'un groupe local utilise les institutions parlementaires pour réaliser des objectifs révolutionnaires. En conséquence, pendant la crise de 1810, Mgr PLESSIS demande aux prêtres d'appuyer les candidats du gouvernement, ce qu'ils font sans grand succès. Au début de la guerre de 1812, il n'est pas surprenant que l'épiscopat dénonce avec force les Américains et demande à la population, sous peine de sanctions religieuses, de défendre son territoire.

Après 1815, rassurés par la paix et l'attitude conciliante des dirigeants du Parti canadien qui s'opposent aux sulpiciens (toujours d'origine française à l'époque) et appuient les efforts du clergé pour créer un diocèse à Montréal, les chefs religieux entreprennent une lutte pour rétablir et accroître leurs privilèges. Ils tentent d'avoir l'autorité sur l'enseignement primaire, comprenant bien que l'école est à la base de toute organisation sociale. Avec l'appui de Papineau, le clergé remporte une victoire éclatante, mais brève, contre les protestants et le gouvernement avec la *Loi des écoles de fabriques* adoptée en 1824.

Le clergé accroît son influence avec Mgr LARTIGUE à l'archevêché de Montréal, lequel réoriente l'idéologie et la stratégie du clergé pour combattre la menace laïque et protestante. Ce rôle lui sied bien. Il est l'un des premiers ecclésiastiques à abandonner le GALLICANISME en faveur de l'ULTRAMONTANISME théocratique. Il appuie la nouvelle forme de nationalisme, maintenant détaché de ses racines libérales et accordant un rôle primordial au clergé.

Il espère redonner à l'Église la pleine maîtrise de l'éducation et la rapprocher du peuple pour ainsi accroître encore son influence. Cependant, après 1829, le Parti patriote crée des écoles d'Assemblée (pépinières de futurs patriotes), cherche à démocratiser l'administration des paroisses et adopte un discours libéral et républicain. Dès lors, la rupture entre le clergé et la classe moyenne canadienne-française est inévitable.

Insurrections de 1837-1838 Cette lutte à trois pour le pouvoir devient plus violente en mars 1837, lorsque le gouvernement britannique, voulant mettre fin à l'impasse politique et financière, adopte les résolutions Russell, soit le refus de souscrire aux demandes des Patriotes. Ceux-ci ne sont pas assez bien organisés pour entreprendre immédiatement l'aventure révolutionnaire. Ils mettent donc au point une stratégie qui prévoit que l'État puisse refuser de céder aux pressions populaires, tout en leur laissant le temps de se préparer à un soulèvement armé prévu au début de l'hiver.

En 1837, les grandes assemblées de comtés et de paroisses favorisent une agitation qui se répand de paroisse en paroisse. D'abord, l'action reste dans les limites de la légalité, mais, sous la pression des radicaux, les assemblées les outrepassent rapidement. Les dirigeants gouvernementaux considèrent cette agitation comme une vaste tentative de chantage, mais le clergé, mieux informé, comprend aussitôt les véritables objectifs des Patriotes.

En juillet 1837, Mᵍʳ Lartigue a déjà donné des instructions précises à ses prêtres en cas de soulèvement armé. L'agitation monte jusqu'à la fin du mois d'octobre, moment où les Patriotes tiennent l'Assemblée des six comtés à SAINT-CHARLES-SUR-RICHELIEU. On y adopte une déclaration de droits et des résolutions visant le renversement du gouvernement. Pendant ce temps, les Patriotes, fort actifs à Montréal, créent les FILS DE LA LIBERTÉ, une association prônant publiquement la révolution, font des exercices militaires et provoquent une grande agitation en défilant dans les rues. Le 6 novembre, un affrontement entre les Fils de la Liberté et les anglophones du DORIC CLUB suscite l'intervention du gouvernement, ce qu'attendaient anxieusement et depuis longtemps les habitants des campagnes, harcelés par les Patriotes. Quelques jours plus tard, le gouvernement émet des mandats d'arrêt contre les dirigeants des Patriotes. Ceux-ci quittent Montréal à la hâte et se réfugient dans les campagnes.

L'affrontement armé a lieu bien avant la date prévue par les Patriotes. À la suite d'un incident survenu à LONGUEUIL le 16 novembre, le gouvernement envoie des troupes dans la vallée du Richelieu. Le 23 novembre 1837, les Patriotes, conduits par Wolfred Nelson, prennent Saint-Denis, mais sont battus deux jours plus tard à SAINT-CHARLES. Ayant dispersé les derniers insurgés du sud de Montréal, le général COLBORNE attaque SAINT-EUSTACHE le 14 décembre, mettant ainsi fin à la résistance des Patriotes.

Papineau, commandant suprême, se cache à Saint-Hyacinthe avant de se réfugier aux États-Unis sous un faux nom. De nombreux réfugiés se regroupent aux États-Unis et, jusqu'à ce que lord DURHAM arrive à apaiser les passions, tentent d'organiser l'invasion du Bas-Canada. Leurs efforts sont rendus plus difficiles par une scission interne entre radicaux appuyant Côté et Nelson et les éléments plus conservateurs dirigés par Papineau. Quand Durham quitte le Canada, au début de novembre 1838, une deuxième insurrection éclate, menée par les radicaux. Si les forces révolutionnaires se répandent à travers tout le territoire grâce aux efforts de la Société des frères chasseurs (*voir* CHASSEURS, LOGES DES), les Patriotes n'ont pas plus de chance que l'année précédente. Au milieu de novembre 1838, l'ordre règne déjà dans la vallée du Richelieu.

En 1837, Durham exile quelques-uns des prisonniers politiques les plus compromis, mais essuie les réprimandes de Londres. En 1838, on arrête 850 suspects: 108 sont traduits en cour martiale, et 99 sont condamnés à mort. On en pend seulement une douzaine et déporte 58 autres en Australie. Les principaux bénéficiaires de la révolution restent le clergé, avec sa vision particulière d'une nation française et catholique, et la bourgeoisie anglophone, avec ses projets d'expansion basés sur des mesures économiques. En 1840, l'ACTE D'UNION signé en Grande-Bretagne prévoit l'unification du Haut-Canada et du Bas-Canada en 1841 pour former une colonie unique, la PROVINCE DU CANADA.

Fernand Ouellet

Baseball Se joue à l'aide d'une balle et d'un bâton entre deux équipes de neuf joueurs qui alternent au bâton et au champ. Le but du jeu est de marquer des points en faisant avancer les joueurs dans le sens contraire des aiguilles d'une montre autour de 4 buts espacés de 90 pieds (27,5 m). Les jeux de balle et bâton sont issus de rituels religieux anciens célébrant le retour du printemps, et on les retrouve tout au long de l'histoire. En Amérique du Nord, le jeu dérive des *rounders (jeux de balle au camp)* anglais. En Nouvelle-Angleterre, les *rounders* prennent la forme d'un sport régional populaire appelé *townball*, qui se pratique dans le cadre de rencontres publiques au début du XIXᵉ s.

Ces formes de jeu non réglementées donnent naissance à deux variantes du baseball, chacune ayant ses propres règles écrites de jeu et structures d'équipes. Les deux formes se disputent la faveur du public jusqu'à la guerre de Sécession. Le «jeu du Massachusetts» ressemble le plus au *townball* avec 10 à 14 hommes au champ. On s'adonne à une variante de ce jeu à Beachville (Ontario), le 4 juin 1838, à l'occasion d'une fête soulignant la victoire de l'armée sur les insurgés en 1837. Il s'agit là du premier match du genre jamais rapporté par écrit au Canada. Alexander Cartwright et son club, les New York Knickerbockers, introduisent sept ans plus tard le «jeu de New York», qui compte neuf hommes sur le terrain.

La région du sud-ouest de l'Ontario est associée de très près aux débuts du baseball organisé au Canada. La première équipe canadienne, les Young Canadians de Hamilton, est formée en avril 1854. William Shuttleworth, le greffier municipal, contribue à l'essor du club. Les Burlingtons de Hamilton (1855) et les clubs de London (1856) et de St. Thomas (1858) comptent parmi les premiers clubs. Les règles du jeu du Massachusetts ont alors la préférence, mais celles du jeu de New York sont introduites à Hamilton en 1859. La popularité du jeu à neuf joueurs aux États-Unis et le début, en 1860, de compétitions internationales, où Buffalo l'emporte sur Burlington, contribuent à répandre rapidement le sport en Ontario.

En 1863, les Young Canadians de Woodstock s'attribuent eux-mêmes une balle d'argent, qui deviendra le trophée annuel remis aux champions canadiens. Le club de Woodstock est composé de sept joueurs d'origine ontarienne qui ont divers métiers. En 1864, ils s'inclinent devant les Atlantics de Brooklyn, les champions américains, lors d'un tournoi à Rochester (New York). En 1867, les clubs de Woodstock, Hamilton et Ingersoll participent à un tournoi mondial de baseball à Détroit (Michigan) et Ingersoll remporte le championnat junior.

Vers 1868, de fortes primes en argent incitent certains clubs à adopter le statut semi-professionnel qui permet aux joueurs de se partager les sommes gagnées. En 1869, les Maple Leafs de Guelph détrônent l'équipe de Woodstock, championne canadienne. L'équipe de Guelph est la première à engager des professionnels des États-Unis qui, jumelés à des Canadiens comme le lanceur étoile William Smith, remportent le championnat mondial semi-professionnel à Watertown (New York) en 1874.

En 1876, George Sleeman, président du club de Guelph, et Harry Gorman fondent la première ligue canadienne qui regroupe alors les clubs de Kingston, de Toronto, d'Hamilton, de Guelph et de London. L'engagement de Fred Goldsmith, premier lanceur de balle courbe, et de cinq autres professionnels a sans doute été déterminant dans la victoire des Tecumsehs de London contre les champions canadiens de Guelph. La même année, plusieurs grandes villes américaines forment leur propre ligue nationale dans le but de monopoliser les meilleurs joueurs.

En 1877, un certain nombre de villes industrielles de moindre importance fondent, à des fins de réforme, l'Association internationale. London et Guelph s'affilient à la nouvelle association et les Tecumsehs remportent le premier championnat en battant les Alleghenys de Pittsburgh. London, qui se dissocie de la ligue nationale à cause des restrictions imposées sur les matchs contre des équipes non membres, est le seul club canadien à concourir en 1878.

Des difficultés financières mènent les Tecumsehs à la faillite à la mi-saison. En 1885, la formation d'une autre ligue canadienne en Ontario donne au baseball organisé les lignes directrices dont il a besoin. La décision qu'a prise Toronto de joindre les rangs de la ligue mineure américaine en 1886 marque la fin de l'indépendance du baseball professionnel en Ontario, car les équipes ontariennes sont désormais à la merci des intérêts des organisations de la ligue majeure américaine.

Le baseball gagne en popularité dans d'autres coins du pays. En 1865, un règlement adopté par la ville de Montréal interdit de jouer au baseball dans les parcs et les endroits publics. Le sport se répand aussi dans les Maritimes par la Nouvelle-Angleterre. D'ailleurs, le premier joueur d'origine canadienne à joindre les rangs d'une ligue majeure est William Phillips, de Saint-Jean (Nouveau-Brunswick), qui jouera pour Cleveland en 1879.

Dans l'Ouest canadien, une forme rudimentaire de baseball se pratique à Red River dans les années 1840, mais il faut attendre 1874 pour voir apparaître, à Winnipeg, la version moderne. L'essor du baseball est lié à celui du chemin de fer, et un grand nombre de ses premiers promoteurs sont associés à des entreprises qui ont intérêt à voir les joueurs et les partisans se déplacer en train. Au XIXᵉ s., des cheminots et même un futur premier ministre de la Saskatchewan, Walter SCOTT, comptent parmi les adeptes du baseball amateur.

Les joueurs professionnels américains ont contribué à populariser le baseball de même que des Canadiens de l'Est, dont James Ross, membre de l'équipe de baseball amateur de London en 1877. Ross amène le jeu dans l'Ouest, où il exploite un ranch. Il deviendra plus tard sénateur. Vers 1904, le baseball soulève tellement d'enthousiasme au Yukon qu'on organise un championnat international de deux matchs, remporté par Whitehorse contre Skagway (Alaska). En 1907, la Ligue canadienne de l'Ouest, organisation mineure de baseball professionnel, est formée en Alberta et, deux ans plus tard, des équipes de la Saskatchewan et du Manitoba joignent ses rangs. Au cours de sa courte existence, la ligue connaît des problèmes financiers comme tant d'autres organisations mineures de sport professionnel au Canada.

La Cape Breton Colliery League regroupe les villes minières de la Nouvelle-Écosse et réussit à survivre comme ligue mineure officielle de 1937 à 1939. Au Québec, la Ligue provinciale, parfois considérée hors-la-loi parce qu'elle est indépendante des ligues majeures de baseball, existera de 1935 jusqu'au début des années 60. C'est dans cette ligue qu'évolueront Roland Gladu et Jean-Pierre Roy, vedettes canadiennes-françaises.

Les équipes de Toronto et de Montréal font partie de la Ligue internationale, une ligue mineure renommée, pendant 78 et 55 ans respectivement. Montréal jouit d'une bonne réputation dans le monde du baseball et, parmi les propriétaires de l'équipe, on compte l'étoile canadienne de baseball «Tip» O'NEILL et

Charles Trudeau, père du futur premier ministre du Canada.

En 1946, Jackie Robinson se joint aux Royaux de Montréal et devient le premier joueur noir du baseball professionnel moderne. Favori des foules, il mène son équipe au championnat de la ligue mineure. Une nouvelle ère débute en 1969 avec l'arrivée du baseball majeur à Montréal.

En 1977, les EXPOS DE MONTRÉAL quittent le parc Jarry pour s'installer au Stade olympique où ils attirent plus de deux millions de spectateurs en une seule saison. La même année, une deuxième concession canadienne voit le jour lorsque les BLUE JAYS DE TORONTO se joignent à la Ligue américaine. Avec plus de six millions de spectateurs au cours des quatre premières saisons, ils établissent un record d'assistance. En 1987, ils enregistrent plusieurs autres records d'assistance pour une équipe des ligues majeures : 2 778 459 fans pour les matchs à domicile et 1 959 280 fans pour les matchs à l'étranger, ainsi qu'un record d'assistance pour l'ensemble des matchs à domicile et des matchs à l'étranger.

En 1989, les Blue Jays troquent l'Exhibition Stadium pour le SkyDome situé au centre-ville de Toronto. La saison 1990, première année complète au SkyDome, ils attirent plus de quatre millions de spectateurs à leurs matchs à domicile, un record de tous les temps. Champions de leur division à cinq reprises, les Blue Jays connaissent leur plus grand succès en 1992 et 1993 en devenant la première équipe du Canada à remporter les séries mondiales et la première équipe, depuis les victoires des Yankees en 1976 et 1977, à gagner les séries deux fois consécutives.

Au Canada, le baseball amateur est encadré par diverses organisations locales et provinciales comme, p. ex., l'Ontario Baseball Association fondée à Hamilton en 1918. Sur le plan national, la Fédération canadienne de baseball amateur (Baseball Canada) encadre les équipes amateurs, offre des programmes de formation aux entraîneurs et aux arbitres et organise les championnats canadiens.

En 1991, le Canada compte plus de 250 000 joueurs amateurs, des catégories moustique à senior, inscrits à la fédération (en 1981, on en comptait 115 000). Cette croissance se reflète dans le Programme national de développement qui permet aux meilleurs joueurs de s'entraîner sérieusement en vue de participer aux compétitions internationales et aux Olympiques. D'ailleurs, plusieurs joueurs de calibre des ligues majeures ont fait partie du programme, dont Larry Walker (joueur le plus utile à son équipe en 1997) et Kevin Reimer.

Dans les années 90, près de 15 Canadiens jouent dans les ligues majeures (il n'y en avait que 4 en 1987). Jusqu'à présent, plus de 150 Canadiens ont fait partie des ligues majeures. Parmi ceux-là, citons Ferguson JENKINS qui, en 1991, est admis au Temple de la renommée du Baseball de Cooperstown (New York), le plus grand honneur que peut recevoir un joueur. En 1997, Larry Walker est en tête de la Ligue nationale avec 49 circuits, il est deuxième avec une moyenne de 0,366 et troisième avec 130 points produits. Il est considéré comme le joueur le plus utile à son équipe.

Le baseball demeure le sport national aux États-Unis et sa popularité au Canada s'étend sur plusieurs générations en plus d'embrasser les sociétés bien différentes du XIXᵉ et du XXᵉ s. En 1983, on inaugure le Temple de la renommée du baseball canadien, situé à Exhibition Place (Toronto). Parmi les joueurs qui y ont été admis, on retrouve Phil MARCHILDON, George «Mooney» GIBSON, Ferguson Jenkins, John Hiller, Reggie Cleveland, Claude RAYMOND, Bob EMSLIE et Charles BRONFMAN.

Softball (balle molle) Au softball, variante du baseball, la balle est plus grosse et lancée par en dessous. Le jeu se pratique sous deux formes au Canada : la balle rapide, où le lancer est accéléré, et la balle lente, où le lancer s'effectue selon un arc de cercle.

Le softball est d'abord une forme de baseball intérieur pratiquée aux États-Unis dans les années 1890. En peu de temps, le jeu se répand au Canada et fait des adeptes chez les hommes comme chez les femmes en tant qu'activité de plein air. L'Ontario Amateur Softball Association, formée en 1923, est la première organisation du genre. Depuis, le softball a été adopté dans le monde entier. Les Canadiens l'ont introduit en Hollande pendant la Seconde Guerre mondiale.

En 1949, les Tip Top Tailors de Toronto gagnent le championnat nord-américain à Little Rock (Arkansas). En 1972, l'équipe canadienne des Richmond Hill Dynes de l'Ontario remporte le championnat masculin à Manille et, en 1976, une autre équipe canadienne, la Victoria Bate Construction de la Colombie-Britannique, partage le titre mondial masculin avec celles des États-Unis et de la Nouvelle-Zélande au tournoi de la Nouvelle-Zélande. En 1987, une équipe canadienne remporte la médaille d'or aux Jeux panaméricains et se qualifie pour les Olympiques de 1988.

Le softball est encadré par des organisations locales et provinciales. De son côté, l'Association canadienne de softball amateur (Softball Canada) assure la coordination sur le plan national et organise sept tournois nationaux annuels. Au Canada, plus de 567 000 hommes et femmes pratiquent le softball dans près de 40 000 équipes.

William Humber

Bases des Forces canadiennes (*Voir* BORDEN, BASE DE L'ARMÉE CANADIENNE; CHILLIWACK; KINGSTON; COLLÈGES MILITAIRES ET D'ÉTAT-MAJOR; MOOSE JAW; OROMOCTO; PORTAGE LA PRAIRIE; COLLÈGE MILITAIRE ROYAL DU CANADA; SUMMERSIDE; et WAINWRIGHT).

Basile, Jean, né Bezroudnoff, romancier, critique littéraire, essayiste et éditeur (Paris, 1932—Montréal, 10 fév. 1992). Après des études universitaires à Paris, il immigre à Montréal et se joint au *Devoir* en 1962 comme journaliste et ensuite comme critique littéraire, avant d'être nommé chef de la section littéraire, poste qu'il quitte en 1967. Il collabore à la fondation du magazine *Mainmise* (1970) et, à la fin de 1973, retourne au *Devoir* comme critique littéraire. Administrateur des Éditions de l'Aurore (1976-1977), il fonde sa propre maison d'édition, Les Éditions Jean Basile (1979). En 1984, il revient au journalisme, dans le magazine *La Presse Plus*.

En 1963, il publie *Lorenzo* (1964), le premier volume d'une trilogie romanesque qu'il complète avec *Le Grand Khan* (1967) et *Les Voyages d'Irkoutsk* (1970). Il aborde l'écriture théâtrale avec *Joli Tambour* (1966), un drame psychohistorique, et retourne au roman avec *Le Piano-trompette* (1983). Il publie aussi *L'Écriture radio-télé*, suivi des *Suggestions de Robert Choquette* (1976), *Coca et cocaïne* (1977), un essai sur l'usage des drogues, *La Culture du cannabis* (1979) et *Iconostase pour Pier-Paolo Pasolini* (1984).

Aurélien Boivin

Basilic (*Voir* HERBES ET FINES HERBES)

Basiliens Les Pères basiliens, ou la Congrégation de Saint-Basile, fondée en France en 1822, sont maintenant établis à Toronto. Ils arrivent au Canada en 1850 et, en 1852, fondent le Collège Saint-Michel. Les pères se consacrent surtout à l'enseignement secondaire et universitaire, œuvrant dans des écoles secondaires de Toronto et de Windsor, en Ontario, et de Lethbridge, en Alberta. Ils sont les premiers à œuvrer pour l'affiliation des collèges catholiques aux universités provinciales et collaborent avec les U. de Toronto, de Windsor, de la Saskatchewan, de l'Alberta et de la Colombie-Britannique, en plus de dispenser des services d'aumônerie dans d'autres universités. Ils dirigent l'Institut pontifical des études médiévales, à Toronto.

Père James Hanrahan

Basinski, Zbigniew Stanislaw, physicien (Wolkowysk, Pologne, 28 avril 1928). Reconnu comme le doyen de la PHYSIQUE canadienne des métaux, il obtient un baccalauréat ès sciences, une maîtrise ès arts, un doctorat et un doctorat ès sciences de l'U. d'Oxford pendant qu'il occupe un poste d'assistant de recherche au département de métallurgie. De 1954 à 1956, il travaille aux Oxygenic Engineering Laboratories du Massachusetts Institute of Technology.

En 1956, il joint la division de la physique du CONSEIL NATIONAL DE RECHERCHES DU CANADA où, depuis 1974, il dirige la section de physique des matériaux. Il passe ses années sabbatiques au Carnegie Institute of Technology de Pittsburg (Pensylvannie) à titre d'éminent professeur invité de la Chaire Ford, en génie métallurgique; à Oxford, à titre de professeur invité du Commonwealth, en métallurgie et science des matériaux, et à titre de chercheur boursier du Wolfson College de Oxford; et au Cavendish Laboratory de Cambridge (Angleterre) à titre de chercheur boursier étranger du Churchill College. Pendant de nombreuses années, il est professeur adjoint à l'U. Carleton d'Ottawa.

Les recherches de Basinski sur la physique des métaux lui ont valu une reconnaissance internationale, particulièrement ses travaux sur la mécanique et la thermodynamique de la plasticité des métaux (incluant l'écrouissage, le durcissement par solution solide et la fatigue du métal), et sa contribution à l'instrumentation et aux techniques d'observation (mesures à basse température, microscope à transmission et microscopie électronique à balayage). En 1977, il est le premier à recevoir la Canadian Metal Physics Medal, remise annuellement pour service éminent à la physique des métaux.

Il est membre de la Société royale du Canada et de la Royal Society de Londres et, en 1986, il est nommé officier de l'Ordre du Canada. Il est l'auteur de plus de 70 mises au point et articles originaux.

Basketball Son origine remonte à 1891, date de son invention par un Canadien, James NAISMITH. Le jeu d'équipe fait son apparition à l'International Training School du YMCA, aujourd'hui le Springfield College, à Springfield (Massachusetts), avant de se répandre dans le monde entier. Naismith, un étudiant en psychologie devenu ensuite entraîneur à cette école, crée une activité récréative d'hiver qui se pratique à l'intérieur et qui peut facilement être apprise et jouée en équipe. Il cherche à développer une activité avec ballon qui n'exige pas les contacts physiques propres au football et favorise le lancer avec habileté plutôt qu'avec force. Il en résulte un jeu d'équipe dont l'objectif est de marquer des points en lançant un gros ballon dans un panier placé horizontalement à environ trois mètres au-dessus du sol.

Une fois cette idée mise au point, Naismith élabore des règles spécifiques pour en faire un jeu bien structuré. Le basketball d'aujourd'hui, extrêmement complexe et nécessitant à la fois synchronisation, intuition et coopération, a beaucoup évolué depuis ses débuts, quand il ne comprenait que 13 règles élémentaires. Des archives indiquent que l'on joue au basketball au Canada avant 1900, et des photographies de l'équipe de basketball de 1900-1901 du YMCA de Vancouver sont exposées à la Pacific National Exhibition, à Vancouver.

Des diplômés de l'ancienne école du YMCA exportent ce sport dans le monde entier. En 1930, on joue au basketball dans une cinquantaine de pays. Sa popularité entraîne son admission en tant que compétition olympique officielle en 1936. Le basketball a déjà été présenté comme sport de démonstration aux Jeux olympiques de St. Louis, en 1904, et grâce à une équipe féminine, les EDMONTON GRADS, aux Jeux de 1924, de 1928 et de 1932. Aux Olympiques de Berlin, l'équipe canadienne, les Windsor Ford V8s, composée de joueurs venant principalement de Windsor (Ontario) et renforcée par des joueurs de la côte Ouest, remporte la médaille d'argent.

Le classement de l'équipe masculine canadienne aux Olympiques ultérieurs est le suivant : aux

XIVe Jeux, à Londres, en 1948, elle finit neuvième; aux XVe Jeux, à Helsinki, en 1952, elle ne se qualifie pas pour les quarts de finales; aux XVIe Jeux, à Melbourne, en 1956, elle finit neuvième; aux XVIIe Jeux, à Rome, en 1960, elle ne se qualifie pas lors du tournoi préolympique; aux XVIIIe Jeux à Tokyo en 1964, elle finit quatorzième; aux XIXe Jeux, à Mexico, en 1968, elle ne se qualifie pas; aux XXe Jeux, à Munich, en 1972, elle manque la quatrième place de peu et finit cinquième au tournoi de qualification préolympique à Augsburg; aux XXIe Jeux, à Montréal, en 1976, l'URSS bat le Canada 100 à 72 et remporte la médaille de bronze, procurant ainsi une honorable quatrième place au Canada; en 1980, le Canada boycotte les Olympiques de Moscou et aux XXIVe Jeux à Séoul, en 1988, il finit sixième. L'équipe canadienne ne se qualifie pas pour les Olympiques de 1992.

En ce qui concerne les autres compétitions internationales, le Canada doit la majorité de ses victoires aux Edmonton Grads dirigés par J. Percy PAGE. De 1915 à 1940, cette équipe domine le basketball: elle remporte quatre championnats mondiaux et compte un record de 502 victoires sur 522 parties, dont 78 victoires consécutives. Depuis 1976, l'équipe nationale masculine du Canada se classe régulièrement parmi les six meilleures équipes d'amateurs au monde. Elle remporte une médaille d'or à la coupe du Commonwealth, en 1978, et aux Jeux mondiaux universitaires en 1983. En 1981, l'équipe nationale féminine se classe quatrième au monde derrière l'URSS, les États-Unis et Cuba. Aux Jeux mondiaux universitaires de Tokyo, l'équipe masculine canadienne remporte la médaille de bronze et l'équipe féminine finit quatrième. En 1987, aux Jeux panaméricains, l'équipe féminine remporte la médaille de bronze et l'équipe masculine finit cinquième.

1994 marque le début d'une nouvelle ère quand la National Basketball Association, ligue professionnelle majeure aux États-Unis, accorde des concessions à deux villes canadiennes. Les Raptors de Toronto et les Grizzlies de Vancouver, qui commencent toutes deux à jouer en 1995, font entrer le basketball professionnel au Canada.

L'Association canadienne de basketball amateur, aujourd'hui appelée Basketball Canada, est créée en décembre 1928 à Port Arthur (Thunder Bay), en Ontario, et a pour mandat de régir le basketball au Canada. À l'origine, son rôle principal consistait à prêter son appui aux championnats nationaux, mais à présent, son mandat s'est élargi. En plus des championnats nationaux masculin et féminin, l'association est responsable de nombreux programmes et activités de développement, notamment des équipes nationales masculine et féminine, du perfectionnement technique grâce aux programmes de formation des entraîneurs des officiels et des joueurs, des programmes pour les jeunes, du temple de la renommée, des activités d'éducation, de promotion et de financement. En 1973, Basketball Canada vote l'adoption des règles de jeu internationales de la Fédération internationale de basketball amateur (FIBA). Cette transition aux règles internationales se fait relativement bien avec la formation de la National Association of Basketball Officials (NABO), et ce, même si les universités canadiennes et certaines écoles secondaires conservent les anciennes règles.

Frank T. Butler

Basques Pêcheurs et marins réputés, les Basques viennent du sud-est du Golfe de Gascogne. Avec les Portugais, ils sont parmi les premiers à se rendre jusqu'aux GRANDS BANCS DE TERRE-NEUVE. Vers 1525, ils commencent à pratiquer la CHASSE À LA BALEINE et la pêche à la MORUE près des côtes de Terre-Neuve, le long de la rive nord du Saint-Laurent, du détroit de Belle Isle à la rivière Saguenay, et dans les endroits où les conditions sont propices à la faune aquatique boréale. Pendant plus d'un siècle, les Basques ont la mainmise sur la pêche le long de tout le littoral nord-est du Canada.

Tous les printemps, jusqu'en 1626 environ, ils reviennent à leurs stations de dépeçage, où ils dressent des échafaudages pour le séchage de la morue et construisent des fourneaux de pierre pour la préparation de l'huile de baleine, denrée très prisée en Europe. Leurs rencontres avec les autochtones, principalement les MICMACS, sont amicales. En décembre ou en janvier, lorsque la glace se fait plus envahissante, ils retournent chez eux.

Les activités basques dans l'estuaire du Saint-Laurent atteignent leur apogée entre 1550 et 1580. Cependant, au début du XVIIe siècle, divers facteurs concourent à mettre fin à leurs voyages: diminution du nombre de baleines, affaiblissement de l'influence espagnole pendant la guerre franco-espagnole, présence de plus en plus grande des Anglais et des Hollandais dans les eaux nordiques, hostilité croissante des Inuits et puissance accrue de la NOUVELLE-FRANCE.

Lors de ses premiers voyages, Samuel de CHAMPLAIN rencontre des pêcheurs basques et tire profit de leur connaissance de la rive nord du Saint-Laurent. Il entretient des liens étroits avec les Basques de France, même si ces derniers s'opposent à la fondation de Québec. Avec Marc LESCARBOT, Champlain décrit la principale colonie basque de Lesquemin (Les Escoumins, au Québec). Il fait la connaissance, à Tor Bay (Nouvelle-Écosse), d'un pêcheur basque d'expérience qui y vient chaque année depuis 1565. Il décrit le détroit de Belle Isle comme un endroit fréquenté par les Basques espagnols.

Les Basques ont laissé de nombreuses traces de leur présence sur nos rives. Notre toponymie en témoigne, avec des noms comme Mingan (Québec), Ingornachoix, Port-au-Choix et Port-au-Port (Terre-Neuve). Les Canadiens français adoptent même un mot d'origine basque, ORIGNAL, pour désigner l'élan du Canada. Des recherches archéologiques à RED BAY (Terre-Neuve) confirment la présence des Basques. On y a découvert une abondance de tuiles rouges pour toiture (servant de lest), de la poterie, de la verrerie et des squelettes. Cinq épaves basques ont été trouvées dans cette région, dont la plus ancienne, celle du *San Juan*, remonte à 1565.

René Boulanger

Basses terres de la rivière de la Paix Contrée ondulante, plus ou moins délimitée, qui s'étend à l'est des ROCHEUSES de part et d'autre de la RIVIÈRE DE LA PAIX, s'inclinant vers l'est. Bien qu'on parle souvent en l'occurrence de «basses terres», au plan topographique, cette région s'inscrit dans les hautes plaines de l'ouest de l'Alberta. Les collines les plus hautes sur les contreforts orientaux des Rocheuses dans la partie nord-est de la Colombie-Britannique ont une altitude d'environ 1000 m, tandis que la plaine à l'ouest du LAC ATHABASCA se situe à quelque 300 m au-dessus du niveau de la mer. La topographie locale, un relief d'érosion, se caractérise par de nombreuses collines au sommet plat qui dominent de quelques centaines de mètres les larges vallées en pente douce. Au contraire, la rivière de la Paix et ses affluents immédiats suivent un cours encaissé à une profondeur d'environ 200 m dans la partie de la plaine, ce qui pose de sérieux obstacles au transport. Toutefois, dans la plaine inondable à l'est, la hauteur des berges escarpées de la rivière de la Paix diminue à environ 70 m à l'ouest de Fort Vermilion.

À l'époque où les CASTORS (Athapaskans) occupent la région, avant les explorations et la colonisation par les Européens au XIXe s., la plus grande partie des basses-terres de la rivière de la Paix est recouverte d'une forêt de peupliers faux-trembles. Les épinettes poussent alors en haut des pentes, tapissées d'un sol gris forestier moins fertile. Dans plusieurs des vallées étendues, surtout dans la partie occidentale, le sol de couleur plus foncée et plus fertile fait pousser les hautes herbes des Prairies. Les agriculteurs qui viennent s'établir dans la région au début du XXe s. sont portés à s'installer dans les zones herbeuses où il y a moins d'arbres à abattre avant la mise en culture.

Le climat des basses-terres est un peu plus propice à l'agriculture que les autres régions du centre nord de l'Alberta. Les montagnes Rocheuses étant moins élevées dans la partie occidentale de la région, les masses d'air en provenance du Pacifique peuvent les franchir avec moins de perturbations, d'où des précipitations annuelles de 38 à 45 cm environ, plus que dans le centre est de la province. Cependant, les masses d'air froid venues du Nord-Ouest peuvent envahir la zone n'importe quand, de sorte que la moyenne annuelle des journées sans gel varie considérablement selon les années et les endroits. Dans les districts agricoles proches de la frontière entre l'Alberta et la Colombie-Britannique, on enregistre en moyenne 110 journées sans gel durant l'année.

À la fin du XVIIIe s., les trafiquants de fourrure s'aventurent dans ce milieu forestier et poussent les Amérindiens à piéger les animaux à fourrure. On ouvre et ferme des postes de traite un peu partout dans la région, notamment à Fort Dunvegan (1805) et à FORT ST. JOHN (1806). Les premiers colons agriculteurs arrivent dans la région au début du XXe s., faisant partie du peuplement d'ensemble des bordures nord des Prairies et des forêts-parcs des plaines de l'intérieur. La colonisation s'accélère une fois que le chemin de fer atteint la ville de PEACE RIVER en 1915 et qu'il est prolongé, l'année suivante, jusqu'à GRANDE PRAIRIE. Les colons y trouvent un environnement qui se compare favorablement à celui du centre de l'Alberta, mais les difficultés d'accès et l'éloignement des marchés nuisent à leurs efforts. Vers 1986, les terres cultivées dans la partie ouest couvrent au total 1 746 280 ha en Alberta et 408 183 ha dans le nord-est de la Colombie-Britannique. Bien que la plus grande partie de la région demeure couverte de forêts, dont une partie est exploitée par des entreprises forestières et papetières, la prospection et la mise en valeur des gisements souterrains de pétrole et de gaz naturel occupent une place croissante.

J. Lewis Robinson

Bassett, John White Hughes, cadre à la radiotélévision (Ottawa, 25 août 1915—Toronto, 27 avril 1998). Fils de l'éditeur du *Montreal Gazette*, Bassett obtient son diplôme de l'U. Bishop en 1936 et travaille ensuite comme journaliste au *Toronto Globe and Mail*. Après avoir servi l'armée canadienne durant la guerre en Europe, particulièrement en Italie, il échoue dans sa tentative de se faire élire comme candidat conservateur aux élections générales de 1945. Il devient alors directeur du *Toronto Telegram*, qu'il achète en 1952, pour en demeurer le directeur jusqu'à la fin du journal, en 1971.

Il diversifie ses activités journalistiques en investissant dans la télévision et dans le sport. Il est toujours président de BATON BROADCASTING INC, propriétaire de la station CFTO à Toronto. Au fil des ans, il est tour à tour propriétaire du club de football de Toronto, les Argonauts, et copropriétaire du Maple Leaf Gardens. En 1962, il échoue une fois de plus dans sa tentative de se faire élire au fédéral dans la circonscription de Spadina, à Toronto.

Bien connu dans le monde des affaires pour son style coloré et son franc-parler, il a ses entrées depuis sa jeunesse dans les milieux d'affaires et sociaux de Toronto et de Montréal. Son fils John (décédé le 14 mai 1986) était un homme d'affaires et un organisateur sportif actif; son fils Douglas (né le 22 juin 1940) est président-directeur général de Baton; sa petite-fille, Carling BASSETT, est une étoile de tennis internationale.

Duncan McDowall

Bassett-Seguso, Carling Kathrin, joueuse de tennis (Toronto, 9 oct. 1967), fille de John Bassett. En 1981, elle remporte le championnat canadien junior en tennis intérieur et, en 1982, se classe première au monde chez les juniors après des victoires à Tokyo et à Taipei. De plus, en 1982, à l'âge de 14 ans, elle devient la plus jeune gagnante du championnat fermé du Canada. Elle remporte à nouveau ce titre en 1983, année où elle passe chez les professionnelles, et en 1986.

Dès l'âge de 16 ans, elle s'est imposée comme meilleure joueuse de tennis au Canada, battant plusieurs fois des joueuses de calibre international et méritant une invitation au tournoi Gunze, à Osaka, au Japon. Elle s'incline devant Chris Evert lors de la finale de championnat de l'Association internationale de tennis, puis en 1983, elle se rend en quart de finale aux Internationaux de France, d'Australie et à Wimbledon. En 1984, elle joue la demi-finale aux Internationaux des États-Unis, puis en 1985, elle participe aux demi-finales des cinq tournois de l'Association internationale de tennis féminin. En 1986, elle participe aux Internationaux de France, puis s'incline à nouveau devant Chris Evert. En 1987, elle remporte cependant son premier tournoi de Grand Prix (le Grand Prix de Strasbourg d'une valeur de 75 000 $), en France. Elle se retire de la compétition en 1988.

James Marsh

Bassin hydrographique C'est un territoire qui déverse l'eau qu'il a reçue sous forme de précipitations (exception faite des déperditions par évaporation, transpiration des plantes, incorporation dans le SOL ou EAU SOUTERRAINE, etc.) dans un cours d'eau et ses affluents ou dans l'ensemble de ces cours d'eau. Il est délimité par des reliefs élevés qui correspondent à la ligne de partage des eaux et déterminent le sens du courant. Le Canada compte six grands bassins de ce genre qui sont décrits ci-dessous. Les nouvelles données dont nous disposons maintenant justifient une révision à la hausse des volumes d'eau charriés par les rivières, spécialement pour les bassins du Nord et de l'Ouest, quoique les estimations régionales à jour ne soient pas encore disponibles.

Le bassin de l'Arctique

Ce territoire couvre 3,58 millions de km² et reçoit les eaux des parties nord des deux tiers du territoire de l'Alberta, du nord de la Colombie-Britannique, du nord de la Saskatchewan, de même que celles du Yukon et des Territoires du Nord-Ouest, y compris de l'archipel Arctique. Son débit annuel moyen est évalué à 15 500 m³/s. Le plus grand fleuve du territoire est le fleuve MACKENZIE. Son bassin d'alimentation de 1,787 million de km² constitue à peu près la moitié du bassin hydrographique de l'Arctique, 20 p. 100 de la superficie canadienne, et il draine 60 p. 100 des eaux de l'Arctique. Ses affluents les plus importants, les rivières de la PAIX, ATHABASCA et LIARD, prennent leur source sur le versant est des Rocheuses. Le Mackenzie se jette dans la mer de Beaufort avec un débit moyen de 9910 m³/s, ce qui correspond à une hauteur d'eau moyenne sur toute la zone de 170 mm. Son segment le plus long mesure 4241 km, de la source de la rivière Finlay, dans le nord de la Colombie-Britannique, à l'embouchure du fleuve, en passant par la rivière de la Paix, le lac Athabasca et le Grand lac des Esclaves. Il a 1000 km de plus que le segment le plus long des cinq autres bassins. Le débit du Mackenzie atteint son maximum en juin. De mai à septembre, il est assez constant et compte pour 70 p. 100 du débit annuel. Cette régularité est attribuable au relief relativement plat de la toundra canadienne à l'est et aux nombreux lacs dont les plus importants, le GRAND LAC DE L'OURS et le GRAND LAC DES ESCLAVES, s'étendent chacun sur plus de 30 000 km².

La GLACE joue un rôle majeur dans l'HYDRO-LOGIE de la région qui repose en grande partie sur du PERGÉLISOL. Les lacs, fleuves et rivières sont navigables du 15 juin au 1er novembre, à l'extrémité nord du bassin du Mackenzie, et moins longtemps dans l'archipel Arctique. Dans les années 70, l'inquiétude qu'ont suscitée la construction de PIPE-LINES et leurs conséquences dans la vallée du Mackenzie a mené à des études techniques, sociales et culturelles fort poussées. Les effets des corridors de TRANSPORT dans la vallée sur le fragile équilibre écologique entre les autochtones et leur environnement ont soulevé beaucoup de questions.

Le bassin du Pacifique

La région de la Cordillère (1,08 million de km²), située à l'ouest de la grande ligne de partage des eaux, va de la frontière des États-Unis, en Alberta et en Colombie-Britannique jusqu'au Yukon, près du delta du Mackenzie. Elle déverse ses eaux dans le Pacifique avec un débit moyen de 21 200 m³/s, équivalent à une hauteur d'eau annuelle sur la zone de 620 mm, la plus élevée au Canada. Ce débit est attribuable aux abondantes précipitations associées à l'air humide provenant du Pacifique que reçoivent les Rocheuses et les chaînes côtières. Toutefois, les apports varient beaucoup. Dans les vallées arides de l'intérieur, la hauteur d'eau est de 100 mm/an ou moins, et sur le littoral, elle peut atteindre 3200 mm/an.

Le fleuve FRASER (1368 km) traverse de spectaculaires canyons et de riches terres agricoles. Il arrose une superficie de 230 000 km² en Colombie-Britannique. Son débit moyen est de 3620 m³/s, et il atteint son maximum en juin et son minimum en mars. Les risques d'inondation le long de son cours d'eau inférieur sont une source d'inquiétude depuis quelques années.

Le bassin du fleuve COLUMBIA (sud-ouest de la Colombie-Britannique) a un débit moyen de 2800 m³/s à la frontière des États-Unis. Une partie des eaux provient d'un bassin hydrographique de 50 000 km² en territoire américain. Trois grands RÉSERVOIRS contribuent à lutter contre les INON-DATIONS, surtout aux États-Unis. On pourra un jour y aménager des centrales hydroélectriques pouvant produire 4000 MW au Canada (*voir* BC HYDRO). La rivière Okanagan, affluent du Columbia, favorise la culture des fruits dans les vallées semi-arides.

Au moment du frai, le SAUMON remonte certains grands cours d'eau, comme le Fraser. D'autres rivières et fleuves, SKEENA, NASS et STIKINE, se jettent dans le Pacifique avec un débit moyen de 3800 m³/s. Le fleuve Yukon, dont la surface hydrographique couvre 800 000 km², a un débit moyen de 2300 m³/s à la frontière de l'Alaska. Une fraction seulement du potentiel hydrographique des cours d'eau est exploitée. Le bassin du Pacifique favorise la pêche, l'agriculture et la production d'HYDRO-ÉLECTRICITÉ et constitue une précieuse ressource pour l'industrie du BOIS, l'industrie des PÂTES ET PAPIERS, l'industrie minière (traitement du minerai) et les municipalités.

Le bassin de l'ouest de la baie d'Hudson et du Mississippi

Ce territoire (2,64 millions de km²) comprend tout le Manitoba, la plus grande partie de la Saskatchewan, le tiers sud de l'Alberta, la presque totalité du district du Keewatin, une partie de l'Ontario (à l'ouest du lac Supérieur) et une superficie d'environ 150 000 km² en territoire américain. Une région de 27 500 km² comprenant le sud de la Saskatchewan et le sud-est de l'Alberta appartient au bassin du Mississippi qui aboutit au golfe du Mexique. Les principaux cours se déversant à l'ouest de la BAIE D'HUDSON sont les rivières HAYES, CHURCHILL, KAZAN et THELON et le fleuve NELSON. On estime à 9400 m³/s environ le débit moyen de ces cours d'eau.

La rivière Saskatchewan, le fleuve Nelson et leurs affluents arrosent le territoire le plus important (1 million de km²). Les rivières BOW, OLDMAN et SASKATCHEWAN du Nord et du Sud prennent leur source sur le versant est des Rocheuses et parcourent 1900 km à travers les plaines. Là, les cours d'eau se transforment en marécages. Certains n'ont pas de déversoir, tandis que d'autres, les années les plus humides, se déversent dans les cours d'eau principaux qui alimentent une série de lacs dans le centre sud du Manitoba. C'est là que se rejoignent la rivière ROUGE, venant du sud, et la rivière WINNIPEG, venant de l'est. Cette dernière arrose la région du lac des Bois, en Ontario, et descend au Minnesota. Les eaux du lac Winnipeg (24 000 km²) aboutissent à la baie d'Hudson par l'intermédiaire du fleuve Nelson.

À son embouchure, le débit moyen du Nelson est de 2370 m³/s, soit une hauteur d'eau annuelle d'environ 125 mm. Les principales sources des eaux du fleuve sont sur le versant est des Rocheuses, dans la région des lacs, au Manitoba, dans le nord-ouest de l'Ontario et aux États-Unis. Plus de 50 p. 100 de son débit annuel provient du territoire américain. Ce sont les quelques grands lacs et les centaines de lacs plus petits, couvrant 50 000 km², qui régularisent son débit; celui-ci varie rarement de plus de 30 p. 100 de sa moyenne annuelle. Il atteint son maximum en juillet et son minimum entre janvier et mars. Les importantes centrales aménagées sur les fleuves Nelson et Churchill offrent des perspectives considérables de développement.

Les rivières Saskatchewan Nord et Sud jouent un rôle important dans l'agriculture. Elles arrosent une région fertile dont la productivité est limitée par des précipitations irrégulières. Leur apport, ajouté à celui des rivières Bow et Oldman, est indispensable aux agglomérations et aux industries en Alberta et en Saskatchewan. La grande irrégularité des affluents a nécessité l'aménagement de nombreux barrages, qui permettent d'emmagasiner l'eau pendant les années d'abondance en prévision des années sèches.

Le bassin du sud et de l'est de la Baie d'Hudson

Ce territoire couvre 1,4 million de km² et comprend la plus grande partie du nord de l'Ontario et de l'ouest et du nord du Québec. Il y a au moins 15 bassins secondaires de 30 000 km² ou plus. Les plus importants sont ceux du SEVERN, qui se jette dans la baie d'Hudson; d'ALBANY (134 000 km²), du MOOSE (108 000 km²), de LA GRANDE (98 000 km²), qui se jettent dans la BAIE JAMES; et du KOKSOAK (133 000 km²), qui se jette dans la BAIE D'UNGAVA. Le territoire, en plein Bouclier canadien, est constitué de roches cristallines anciennes. Les GLACIATIONS ont laissé d'innombrables lacs, étangs et marais. Dans certains secteurs, au moins 15 p. 100 du territoire est couvert d'eau douce. Ce sont ces lacs qui régularisent le débit des cours d'eau pendant toute l'année. Les eaux sont dans l'ensemble de bonne qualité et généralement peu touchées par l'activité humaine.

Si les rivières et les lacs sont couverts de glace six mois par année, l'eau continue néanmoins de couler. Les cours d'eau qui drainent le Sud atteignent leur minimum en mars, ceux qui se jettent dans la baie d'Ungava, en avril. Leur débit est à son maximum à la fin de mai ou en juin, après la débâcle. Environ 45 p. 100 du débit annuel se produit de mai à juillet, sauf pour les cours d'eau qui se jettent dans la baie d'Ungava, et environ 60 p. 100, de juin à août. Le débit moyen de l'ensemble des cours d'eau qui se jettent dans les baies James, d'Hudson et d'Ungava est d'environ 20 000 m³/s, ce qui correspond à une hauteur d'eau annuelle moyenne de 450 mm et représente environ 60 p. 100 des précipitations reçues. La région offre des perspectives hydroélectriques considérables. Le PROJET DE LA BAIE JAMES est l'un des plus importants du monde. En augmentant le débit moyen de la Grande Rivière de 1700 m³/s à 3000 m³/s, les centrales pourront produire 10 000 MW.

Le bassin des Grands Lacs et du Saint-Laurent

Ce territoire couvre une région de 1 million de km² en amont de Montréal et est dominé par les GRANDS LACS (245 000 km²). La moitié environ appartient au Canada. Le lac Michigan est tout entier aux États-Unis. La frontière passe par les lacs Supérieur, Huron, Érié, Ontario et Saint-Clair. La plus grande partie du bassin appartenant au Canada fait partie du Bouclier canadien, seule une faible partie se situe dans les BASSES-TERRES DU SAINT-LAURENT, qui comprennent la pointe sud de l'Ontario, entourée de la baie Georgienne, des lacs Huron, Saint-Clair, Érié, Ontario, et les lisières du fleuve Saint-Laurent. L'ensemble Grands Lacs – Saint-Laurent forme une importante voie navigable de près de 4000 km qui va de l'île d'Anticosti jusqu'en amont du lac Supérieur (*voir aussi* VOIE MARITIME DU SAINT-LAURENT).

Dans les basses-terres, la plupart des cours d'eau ont moins de 300 km de long. Ils jouent un rôle majeur dans l'industrie, l'agriculture et l'alimentation en eau des villes et offrent des possibilités de loisir à la population urbaine locale. L'utilisation intensive des terres situées dans le sud du bassin et la diversité des dépôts glaciaires entraînent une grande irrégularité des débits, des inondations locales et la détérioration de la qualité de l'EAU.

Le débit moyen de la rivière NIAGARA, à Queenston, entre les lacs Érié et Ontario, est de 5760 m³/s. Celui du Saint-Laurent à Cornwall, en aval des Grands Lacs, est de 6430 m³/s. Au confluent du fleuve et de la rivière des OUTAOUAIS, à Montréal, le débit moyen s'élève à 9800 m³/s, ce qui correspond à une hauteur d'eau moyenne annuelle de 300 mm dans l'ensemble du bassin. De tous les bassins du Canada, c'est celui du Saint-Laurent qui est le plus au sud. Ce facteur, associé à sa superficie assez considérable, est à l'origine de déperditions importantes par évaporation. Il est alimenté à environ 25 p. 100 à 30 p. 100 seulement par les précipitations. Cependant, les lacs, grâce à leurs dimensions, régularisent le débit.

Le bassin de l'Atlantique

Ce territoire comprend les cours d'eau qui se jettent dans le fleuve Saint-Laurent (à partir de l'est de Montréal), le GOLFE DU SAINT-LAURENT et l'océan Atlantique. Terre-Neuve, la Nouvelle-Écosse, le Nouveau-Brunswick, l'Île-du-Prince-Édouard ainsi qu'une partie du Québec en font partie. Il couvre un million de km².

À la hauteur de la Côte Nord et du Labrador, les eaux proviennent essentiellement du Bouclier canadien, couvert à 10 p. 100 ou 15 p. 100 de lacs. Le reste provient des Appalaches, plateau renfermant des roches cristallines et sédimentaires et couvert de sols minces. Les cours d'eau y sont courts et l'aire d'alimentation bien développée en raison des longues périodes d'érosion auxquelles elle a été soumise. Environ 9 p. 100 de la superficie de Terre-Neuve et 5 p. 100 de la superficie de la Nouvelle-Écosse sont constitués de lacs. En revanche, il y a peu de lacs au Nouveau-Brunswick et à l'Île-du-Prince-Édouard. Les plus importants des affluents du Saint-Laurent sont les rivières Manicouagan (45 000 km²) et Saguenay (88 000 km²). Au Labrador, le fleuve Churchill arrose 79 800 km² avant de se jeter dans l'Atlantique. Au Nouveau-Brunswick, le fleuve SAINT-JEAN arrose 55 400 km² avant de se jeter dans la BAIE DE FUNDY. De grandes centrales hydroélectriques ont été aménagées sur la plupart des cours d'eau importants.

Le débit de l'ensemble du bassin est en moyenne de 21 000 m³/s, ce qui équivaut à une hauteur d'eau annuelle de 650 mm ou à environ 50 p. 100 des précipitations annuelles. Le taux annuel de ruissellement est le plus faible dans la portion ouest du bassin de la rivière Saint-Maurice (17 l/s/km²) et le plus élevé au sud-ouest de Terre-Neuve (45 l/s/km²).

Les taux de ruissellement quotidien les plus faibles varient de 3 l/s/km² (fleuve Churchill) à 1 l/s/km² (rivières aux Outardes). De nombreux petits cours d'eau tarissent pendant une partie de l'été ou pendant l'hiver (à cause des glaces). Il existe des problèmes locaux liés à la qualité de l'eau dans les régions d'intenses activités agricoles, forestières et industrielles. (*Voir aussi* RÉGIONS GÉOLOGIQUES; ZONES DE GÉOGRAPHIE PHYSIQUE.)

H.D. Ayers

Bata, Thomas John, fabricant de chaussures (Prague, Autriche-Hongrie [Tchécoslovaquie], 17 sept. 1914). Il est le fils de Thomas Bata, le propriétaire des plus grandes compagnies de fabrication de chaussures du monde. En 1929, il entreprend sa carrière comme apprenti dans l'entreprise de son père à Zlin, en Tchécoslovaquie. En 1935, il se rend en Angleterre à titre de directeur général adjoint de la British Bata Shœ Co. Il arrive au Canada en 1939 et construit une nouvelle usine à Batawa, en Ontario. À cette époque, la compagnie est déjà établie dans plus de 30 pays.

En 1985, la compagnie a des usines dans 61 pays et fabrique un million de paires de chaussures par jour. Elle exploite 92 usines et 6000 magasins de détail, et ses produits sont distribués par 100 000 commerçants répartis dans 115 pays. Bata est maintenant lui-même président de Bata Ltd. Il est aussi conseiller pour le Centre sur les sociétés transnationales aux Nations Unies, président de plusieurs organismes économiques internationaux et membre honoraire du conseil d'administration de l'U. Trent.

Jorge Niosi

Bataille d'Amiens A lieu du 8 au 11 août 1918 à l'ouest d'Amiens, en France. Assaut coordonné, dont les troupes canadienne et australienne sont le fer de lance, cette bataille fait appel à l'aviation, aux blindés, à l'artillerie, à la cavalerie et à l'infanterie. Le général allemand Erich Ludendorff définit plus tard cet assaut comme le «jour de deuil de l'armée allemande». Les forces alliées remportent une grande victoire. Les quatre divisions canadiennes détruisent en grande partie 15 divisions allemandes et en mettent quatre en déroute, au prix de pertes en vies humaines s'élevant à environ 9000 hommes. Ce succès marque le début des «cent jours» qui voient les Allemands reculer partout le long du front occidental pour aboutir finalement à l'armistice du 11 novembre 1918. (*Voir* PREMIÈRE GUERRE MONDIALE.)

Brereton Greenhous

Bataille d'Angleterre Du 10 juillet au 31 octobre 1940, a lieu la première bataille exclusivement aérienne de l'histoire. Le Fighter Command de la Royal Air Force (RAF) réussit à forcer la Luftwaffe allemande à abandonner sa tentative d'établir sa suprématie aérienne au-dessus du sud et de l'est de l'Angleterre. Sans cette suprématie, une invasion allemande de la Grande-Bretagne s'avère irréalisable. Une seule escadrille canadienne participe à ce combat, même si beaucoup plus de Canadiens servent aux premières lignes dans la RAF.

Équipée d'appareils Hawker Hurricane et commandée par E.A. McNab, la 1ʳᵉ escadrille de chasse, devenue plus tard l'escadrille 401, affronte pour la première fois l'ennemi le 25 août. Quand elle est retirée le 9 octobre, elle a à son crédit 30 avions ennemis détruits et huit autres «probablement abattus». Trois Canadiens seulement sont tués et 10 autres blessés lors d'atterrissages en catastrophe. (*Voir aussi* SECONDE GUERRE MONDIALE.)

Brereton Greenhous

Bataille de Beaver Dams Le 24 juin 1813, une troupe d'environ 500 soldats américains, commandés par le lieutenant-colonel Charles G. Boerstler, tombe dans l'embuscade dressée par un détachement de guerriers autochtones des Six-Nations, provenant de Lac-des-Deux-Montagnes et de Saint-Régis, au Bas-Canada, le long d'une enceinte boisée de la piste, près de Beaver Dams (Thorold, Ontario). Après que les guerriers eurent tué plusieurs soldats ennemis, le lieutenant James FitzGibbon, averti par Laura SECORD que les Américains ont l'intention de le surprendre, convainc Boerstler que son unité de moins de 50 hommes de la force régulière n'est que l'avant-garde d'un fort contingent britannique caché dans la forêt et que, si le combat continue, il pourrait être impossible de maîtriser la sauvagerie des guerriers autochtones.

Plus tard, on a reconnu que «les Indiens de Kahnawake ont livré le combat, que les Mohawks ou les Six-Nations ont eu le butin du pillage et que FitzGibbon a eu le crédit». Après leur défaite à STONEY CREEK trois semaines plus tôt, la bataille de Beaver Dams persuade les Américains qu'il leur est impossible de s'aventurer en sécurité à l'extérieur des confins du fort George (près de la ville de Niagara). Ces défaites poussent le secrétaire américain à la Guerre John Armstrong à congédier le major général Henry Dearborn. (*Voir aussi* GUERRE DE 1812.)

Carl A. Christie

Bataille de Châteauguay Elle se déroula le 26 octobre 1813 entre les éléments dirigeants d'une armée d'invasion américaine et une force canadienne plus petite, constituée en majorité de VOLTIGEURS, un corps d'infanterie canadien-français sous les ordres du lieutenant-colonel Charles de SALABERRY. Le champ de bataille était situé sur les rives de la rivière Châteauguay, à environ 50 km au sud de Montréal. Grâce à des engins inventifs et à des tactiques alarmistes, notamment en faisant retentir des cornes dans les bois pour faire croire à la présence d'une troupe nombreuse, les Canadiens confondirent les Américains, qui devinrent très prudents et ne tardèrent pas à se replier. Montréal ne fut jamais sérieusement menacée durant le reste de la GUERRE DE 1812.

Robert S. Allen

Bataille de Cut Knife Le 2 mai 1885, pendant la RÉBELLION DU NORD-OUEST, les Cris et les Assiniboines ont défait 300 soldats commandés par le lieutenant-colonel William OTTER, lors de la bataille de Cut Knife. Disposant d'un nombre limité d'hommes, le chef de guerre Fine Day a pratiquement entouré et immobilisé les forces d'Otter dans une plaine découverte. Après six heures de combat, Otter battait en retraite, tandis que le chef cri POUNDMAKER retenait ses guerriers. Huit des hommes d'Otter ont péri, cinq ou six autochtones ont été tués.

Le champ de bataille est situé dans la réserve de Poundmaker, à environ 40 km à l'ouest de Battleford en Saskatchewan, juste au nord de Cut Knife Hill, nom qui vient d'un guerrier sarsis mort près de là. Il y a un cairn presque au centre du champ de bataille, près de la tombe du chef Poundmaker, mort en 1886 à Blackfoot Crossing, en Alberta, et dont le corps y repose depuis 1967.

Bob Beal

Bataille de Frenchman's Butte Le 28 mai 1885, durant la RÉBELLION DU NORD-OUEST, l'Alberta Field Force, sous le commandement du général Thomas B. STRANGE, livre une bataille contre les Cris, menés par leur chef de guerre, Wandering Spirit (pendu à Battleford, le 27 novembre 1885, pour son rôle dans le massacre du lac Frog). L'affrontement a lieu au nord d'une colline proéminente appelée Frenchman's Butte, située à environ 45 km au nord-ouest de la ville actuelle de Lloydminster. Les deux forces belligérantes se tirent dessus pendant plusieurs heures à travers une vallée avant de battre en retraite. Aucun homme de Strange n'est tué et les pertes du côté des Cris sont légères. De nos jours, on peut emprunter un sentier tracé au nord du champ de bataille. Il passe près des retranchements cris dans un petit ravin et mène jusqu'à la principale position des Cris. Une plaque apposée sur un gros rocher commémore cette bataille qui n'a fait ni gagnants ni perdants.

Bob Beal

Bataille de Hong Kong En 1940, l'Angleterre considère qu'en cas de guerre avec le Japon elle peut sacrifier sa colonie de Hong Kong et sa garnison de 20 000 hommes, et décide de ne pas y envoyer de renfort. Toutefois, en septembre 1941, le gouvernement canadien accepte d'y envoyer les Fusiliers royaux du Canada (une unité du Québec) et les Winnipeg Grenadiers, bien qu'ils ne soient pas préparés au combat. Ils arrivent le 16 novembre 1941 et, 22 jours plus tard, les Japonais attaquent les Nouveaux Territoires de la colonie sur le continent. Le 18 décembre, les Japonais débarquent dans l'île de Hong Kong et, le jour de Noël, le gouverneur capitule. Des 1975 Canadiens, 557 sont tués au combat ou meurent dans les camps de prisonniers. Au Canada, des pressions politiques forcent le gouvernement à former une commission royale d'enquête sur les circonstances de l'engagement du Canada. Le juge en chef, sir Lyman DUFF, seul commissaire, interprète mal ou ignore la preuve et exonère le cabinet, le ministère de la Défense nationale et les officiers supérieurs de l'état-major. En 1948, un rapport confidentiel du général Charles Foulkes, chef d'état-major, relève plusieurs erreurs dans l'évaluation de Duff, mais conclut que, même si le contingent canadien avait été mieux formé et équipé, cela n'aurait rien changé au déroulement du combat. (*Voir aussi* SECONDE GUERRE MONDIALE.)

Brereton Greenhous

Bataille de la crête de Vimy Elle est livrée du 9 au 14 avril 1917, au cours de la PREMIÈRE GUERRE MONDIALE. Cette longue crête de faible altitude représente une position clé qui relie la nouvelle LIGNE HINDENBURG des Allemands à leurs retranchements principaux aboutissant au nord de la CÔTE 70 près d'Arras, en France. Précédemment, tant les armées françaises que britanniques avaient tenté sans succès de s'emparer de la crête. Au printemps 1917, la tâche est confiée au corps canadien, commandé par le lieutenant-général anglais sir J.H.G. BYNG.

Après un entraînement et une répétition poussés, le 9 avril 1917, les Canadiens se lancent à l'assaut sur un front de 6,4 km, avec l'appui de près de 1000 pièces d'artillerie. C'est la première fois que les Canadiens combattent ensemble, et ils remportent une splendide victoire, chassant les Allemands de la crête. Dès le 14 avril, ils ont gagné plus de terrain et ont capturé plus de canons et de soldats allemands que ne l'ont fait auparavant les Britanniques durant toutes leurs offensives. Chez les Canadiens, 10 602 hommes sont blessés, dont 3 598 meurent. Néanmoins, cet exploit procure aux Canadiens un sentiment de fierté nationale et une plus grande confiance en leurs capacités. Les soldats canadiens acquièrent la réputation de troupes d'élite.

R.H. Roy

Bataille de la Restigouche Après la chute de Québec, en septembre 1759, les Français envoient à la France une demande urgente de 4000 soldats et de vivres. Ce n'est que le 19 avril que cinq navires marchands et une frégate quittent Bordeaux avec 400 hommes et des vivres. La frégate et deux des navires marchands atteignent le Saint-Laurent le 15 mai et apprennent qu'une importante flotte britannique avait remonté le fleuve. Le commandant, François Chenard Giraudais, remonte la Restigouche à la recherche d'un refuge. Il installe des batteries sur les rives de la rivière et un barrage au travers. C'est là que le rattrape le capitaine John Byron avec un navire de 70 canons et 2 frégates. Les lourds canons britanniques détruisent les batteries sur les rives, non sans que les artilleurs français infligent de lourds dommages aux navires britanniques dans un duel d'artillerie qui fait rage toute la journée. Lorsque deux des navires français ne peuvent plus combattre ni flotter, ils sont incendiés et leur équipage ainsi que les troupes s'enfuient.

W.J. Eccles

Bataille de la Somme Elle se déroule du 1er juillet à la fin de novembre 1916, au cours de la PREMIÈRE GUERRE MONDIALE. Les troupes anglaises, impériales et françaises harcèlent les lignes de défense allemandes au nord de la Somme dans l'une des batailles les plus futiles et les plus sanglantes de l'histoire. Dès le premier jour, le premier régiment terre-neuvien est pratiquement anéanti au hameau de

Beaumont. Le corps canadien se lance dans la mêlée le 30 août, et, pendant ses attaques en septembre, il reçoit le soutien des premiers blindés engagés sur le front occidental. Les mitrailleuses, les barbelés, les tranchées et le pilonnage massif par l'artillerie donnent lieu à des combats féroces marqués par de lourdes pertes, surtout lors de la capture de la tranchée Regina, de Courcelette, de Thiepval et des hauteurs d'Ancre. La pluie, la neige et le grésil mettent un terme à la bataille. Au bout de cinq mois de lutte acharnée, les Alliés pénètrent à environ 13 km à l'intérieur d'un front de 35 km. Selon les estimations, les pertes alliées sont de 623 907 militaires, dont 24 713 Canadiens et Terre-Neuviens. On estime les pertes des Allemands à 660 000 hommes.

R.H. Roy

Bataille de l'Atlantique Cette expression est utilisée le 6 mars 1941 par le premier ministre britannique, Winston Churchill, pour décrire les efforts déployés pour faire échec aux attaques de la marine allemande contre les convois maritimes alliés entre l'Amérique et l'Europe pendant la Seconde Guerre mondiale. À cette date, les Allemands ont déjà coulé quelque 61,2 millions de tonnes, dont le tiers seulement a pu être remplacé. En mai 1941, les cryptographes britanniques réussissent à déchiffrer le code naval allemand Enigma, ce qui donne aux Britanniques l'avantage dans l'est de l'Atlantique. Après juin, les escortes navales alliées assurent une protection continue aux convois, et en septembre, la flotte américaine prend la relève.

Les pertes sont terribles, mais au mois de novembre 1942, le rythme de construction de nouvelles unités navales dépasse celui des pertes encourues. La puissance stratégique et la protection aérienne poussent les sous-marins allemands U-Boots vers le milieu de l'Atlantique, hors de portée des avions basés à proximité du littoral. De nouveaux succès des cryptographes en décembre 1942 et en mars 1943, et l'effort conjugué des groupes de soutien mobiles et des porte-avions munis d'appareils à long rayon d'action, permettent d'établir un équilibre des forces en présence. Dans les trois premières semaines de mai 1943, les escorteurs coulent 31 U-Boots, forçant l'Allemagne à abandonner les routes de convoi de l'Atlantique Nord. En septembre, une nouvelle tentative ennemie se solde par un échec.

Le Canada fournit environ la moitié des escortes navales, surtout des corvettes chargées de protéger les convois maritimes, regroupées dans les forces d'escortes connues sous le nom des Newfoundland (plus tard Mid Ocean) and Western Local Escort Forces. Les petites corvettes sont armées d'un seul canon de 4 pouces et d'un minimum de dispositifs permettant de localiser et de détruire un sous-marin. L'espace y est restreint et elles «roulent par forte rosée». Dans les circonstances, et dans une période de temps si courte, on ne pouvait mieux faire. Les appareils assurant l'ensemble de la protection aérienne proviennent de Terre-Neuve et des Maritimes, et 7 escadrilles de l'ARC servent ailleurs sous le commandement britannique de l'aviation côtière. Malgré le manque d'équipement et de formation, les forces canadiennes arrivent à atteindre des normes opérationnelles adéquates et se voient confier la défense du nouveau théâtre des opérations dans l'Atlantique du Nord-Ouest. À la fin de la guerre, 25 421 navires marchands regroupés dans des convois ont réussi la traversée de l'Atlantique, et on attribue à la MRC et à l'ARC la destruction de 47 des 788 U-Boots allemands et de deux sous-marins italiens. (*Voir aussi* SOUS-MARINS ALLEMANDS, OPÉRATIONS DES.)

W.A.B. Douglas

Bataille de Moraviantown Parfois appelée bataille de la Thames, elle a lieu le 5 octobre 1813. À la suite de la victoire navale américaine, sous le commandant Oliver H. Perry, lors de la bataille du lac Érié à PUT-IN-BAY le 10 septembre 1813, toute la péninsule occidentale du Haut-Canada est menacée de tomber

entre les mains de l'ennemi. Le major-général Henry PROCTOR, qui commande toutes les forces britanniques et canadiennes à l'ouest de Burlington, est à court d'approvisionnements et décide de battre en retraite vers l'amont de la rivière Thames. Après un lent repli désordonné, il prend position près de Moraviantown. Les forces britanniques, épuisées et découragées, se retirent peu de temps après le début du combat et laissent les autochtones, dirigés par le chef TECUMSEH, lequel est tué, se défendre par eux-mêmes.

Aux yeux des autochtones, le comportement de Proctor confirme leurs pires craintes quant au manque de résolution et d'engagement authentique de leur vieil allié, le roi George III. Proctor, passé en cour martiale et démis de son rang et de son salaire pendant six mois, n'assumera jamais aucun autre commandement important. Heureusement pour le Haut-Canada, l'armée d'invasion américaine rentre à Détroit sans exploiter les possibilités stratégiques de sa victoire sur la Thames. (*Voir aussi* GUERRE DE 1812.)

Carl A. Christie

Bataille de Paardeberg C'est la première victoire importante des Britanniques pendant la GUERRE DES BOERS depuis la «semaine noire» (du 10 au 15 décembre 1899). Face à une nouvelle offensive britannique dirigée contre leurs capitales, les Afrikaners offrent une résistance à Paardeberg, sur la rivière Modder, à quelque 130 km de Bloemfontein. Le 1er contingent canadien combat d'abord au gué de Paardeberg le 18 février 1900 où, après avoir essuyé le feu de l'ennemi pendant des heures sous un soleil de plomb, il reçoit l'ordre de mener un assaut suicidaire. Le second engagement a lieu le 27 février, à 3 km du gué. Les Canadiens, attaquant avant l'aube, font face au tir de fusil cinglant des Afrikaners. Bien que le régiment reçoive l'ordre de battre en retraite, deux compagnies des Maritimes, qui n'ont pas entendu l'ordre ou n'en tiennent pas compte, restent sur leur position et ripostent par le feu. Peu de temps après, le général Piet Cronje et quelque 4000 Afrikaners épuisés capitulent. Le Canada perd 31 hommes dans la bataille de Paardeberg et 92 autres sont blessés.

Carman Miller

Bataille de Plattsburgh En septembre 1814, l'armée et la marine d'Angleterre, sous les ordres de sir George PREVOST, tentent de s'emparer du nord de l'État de New York. Selon le plan de Prevost, ses 11 000 soldats, dont bon nombre sont des vétérans des guerres européennes contre Napoléon, doivent s'emparer de la ville de Plattsburgh (New York) qui est défendue par seulement 4000 hommes. Pendant ce temps, la flotte britannique du lac Champlain, commandée par le capitaine George Downie, doit détruire sa rivale américaine dirigée par le commodore Thomas Macdonough. Pressé par Prevost de lancer son attaque contre la forte ligne de défense de la flotte américaine dans la baie de Plattsburgh, Downie perd la vie – et son escadre – avant même que l'indécis Prevost n'attaque les défenses terrestres. La nouvelle de la défaite navale convainc Prevost, contre l'avis de ses majors-généraux, d'interrompre l'offensive et de remonter la rivière Richelieu afin de regagner la sécurité du Bas-Canada avant que les Américains n'interceptent sa retraite. Toute cette campagne, sa conception, sa planification et surtout la façon dont elle a été menée et abandonnée a terni la réputation de Prevost, et probablement contribué à la détérioration de sa santé et à sa mort prématurée, en janvier 1816, à l'âge de 48 ans.

Carl A. Christie

Bataille de Queenston Heights Elle se déroule le 13 octobre 1812 alors que la milice de l'État de New York se lance, avant l'aube, dans une invasion de Queenston (Haut-Canada), en traversant les courants périlleux de la rivière Niagara. Découvrant un sentier caché vers le sommet de l'escarpement, les Américains parviennent à s'emparer d'un redan d'où un canon empêche leurs renforts de traverser la rivière.

Ils s'assurent ainsi la maîtrise de la bataille. Le major-général Isaac BROCK, commandant des forces britanniques et canadiennes, mène personnellement une charge pour reprendre la position et meurt dans sa tentative infructueuse. Après que son aide-de-camp, le lieutenant-colonel John Macdonell, fut mortellement blessé dans un assaut tout aussi vain, le major-général Roger Hale Sheaffe, arrivé de Fort George avec des renforts, escalade l'escarpement sans être vu par les Américains. Attaquant de l'arrière, Sheaffe bloque l'ennemi entre son armée et la falaise. Une fois la fumée retombée, près de 1000 Américains sont faits prisonniers, alors que les pertes des vainqueurs ne sont que de 28 morts et de 77 blessés, dont des soldats réguliers, des miliciens et des autochtones. Cette victoire, qui suit de près et sans effusion de sang la prise de Detroit par Brock, relève le moral des habitants du Haut-Canada et les convainc qu'ils peuvent résister aux visées de conquête de leurs imposants voisins du Sud. (*Voir aussi* GUERRE DE 1812.)

Carl A. Christie

Bataille de Ridgeway Elle a lieu le 2 juin 1866. Des volontaires canadiens, dirigés par le lieutenant-colonel Alfred Booker, un officier de la milice, affrontent des vétérans de la guerre civile des FENIANS, commandés par le lieutenant-colonel John O'Neill, qui traversent la rivière à Buffalo durant la nuit du 31 mai; ils sont 800 hommes. Apprenant que deux colonnes s'avancent à leur rencontre, une depuis Hamilton et l'autre depuis Toronto, O'Neill dirige ses troupes vers la colonne en provenance de Hamilton, qui compte environ 900 hommes sous les ordres de Booker. Les Fenians prennent alors position à environ 5 km de la gare de Ridgeway, où les troupes de Booker arrivent, faisant ensuite marche vers le nord. La rencontre a lieu le 2 juin. Trompant par erreur les éclaireurs à cheval ennemis pour un détachement de cavalerie, Booker sème la confusion parmi ses troupes en leur ordonnant de former un carré. Profitant de cette confusion, les troupes de O'Neill repoussent leurs adversaires en chargeant à la baïonnette. Les Canadiens ont 10 morts et 38 blessés, tandis que les pertes chez les Fenians sont moindres, bien que l'on ignore les chiffres.

Hereward Senior

Bataille de Saint-Charles Le matin du 25 novembre 1837, deux jours après la défaite de Francis GORE à la bataille de SAINT-DENIS et sa retraite sur Sorel, les troupes du colonel Wetherall (environ 350 soldats) quittent Saint-Hilaire et se dirigent vers le camp du manoir Debartzch et les retranchements environnants au sud du village de Saint-Charles. Le camp est alors défendu, entre autres, par quelque 100 hommes de la paroisse de Saint-Charles. En s'approchant, les soldats échangent des coups de feu avec de petits groupes de combattants.

Wetherall déploie ses hommes à une certaine distance des fortifications et leur ordonne de charger. Le combat est violent et inégal (les défenseurs sont au nombre de 60 à 80 tout au plus), fait de nombreuses victimes, particulièrement parmi les PATRIOTES, qui ne peuvent pas empêcher la prise des barricades et du manoir.

Alors qu'elles retournent vers Montréal en passant par Chambly, les troupes livrent bataille le 28 novembre (Pointe-Olivier, Saint-Mathias) mais la défaite des patriotes à Saint-Charles avait pratiquement permis à l'armée d'obtenir la maîtrise complète de la région du Richelieu. (*Voir aussi* RÉBELLIONS DE 1837.)

Jean-Paul Bernard

Bataille de Saint-Denis À la mi-novembre 1837, le gouvernement du Bas-Canada décide de lancer l'armée contre les PATRIOTES et ordonne d'arrêter leurs chefs. Sous la conduite de Thomas Storrow Brown, de Montréal, les Patriotes du comté de Richelieu s'emparent du manoir du seigneur Pierre Debartzch et s'entourent de fortifications, pendant

qu'à Saint-Denis, ils se regroupent autour de Wolfred Nelson.

Deux détachements de l'armée viennent de Montréal pour attaquer Saint-Charles: l'un, sous le commandement du colonel Wetherall, prend la route du sud par Chambly, et l'autre, commandé par le lieutenant-colonel Francis GORE, prend la route du nord par Sorel. Après avoir marché toute la nuit par un temps affreux, les troupes de Gore arrivent à Saint-Denis le matin du 23 novembre et attaquent les rebelles retranchés à l'autre bout du village, à l'endroit où se trouvent la maison Saint-Germain et la distillerie de Nelson.

Les murs de la maison Saint-Germain résistent à l'attaque de l'artillerie et ses occupants sont bien placés pour tirer par les fenêtres sur les troupes exposées. Gore doit ordonner la retraite vers 15 h quand les renforts des patriotes assiégés commencent à affluer dans les villages voisins et menacent de lui barrer la route de Sorel. (*Voir aussi* RÉBELLIONS DE 1837.)

Jean-Paul Bernard

Bataille de Sainte-Foy Elle a lieu pendant la GUERRE DE SEPT ANS sur le chemin de Sainte-Foy, un village situé à 8 km à l'ouest de Québec. À la fin d'avril 1760, François de LÉVIS, à la tête d'une armée de 5000 Français, attaque les troupes britanniques composées de 3900 hommes dirigés par le colonel James MURRAY. Lévis leur inflige une sévère défaite à l'extérieur des murs de la ville. Il assiège ensuite la ville en attendant des renforts de la France. Toutefois, les navires britanniques étant arrivés les premiers, Lévis se voit obligé de lever le siège et de battre en retraite vers Montréal.

W.J. Eccles

Bataille de Saint-Eustache Elle a lieu le 14 décembre 1837. Après la destruction du camp des PATRIOTES à la suite de la bataille de SAINT-CHARLES le 25 novembre 1837, l'armée peut se préparer à attaquer les camps des patriotes qui se trouvent au nord: ceux de Saint-Benoît et de Saint-Eustache dans le comté des Deux-Montagnes. L'expédition a été soigneusement préparée et compte des forces importantes: conduite par sir John COLBORNE en personne, qui commande l'armée britannique en Amérique du Nord, elle compte 1200 soldats réguliers (y compris un régiment de 600 soldats de la garnison de Québec), une artillerie d'une douzaine de canons et plus de 200 volontaires de Montréal et de Saint-Eustache.

Le moral des rebelles est au plus bas à la suite de la défaite de leurs camarades à Saint-Charles et l'influent William Henry Scott a tôt fait de conclure que la résistance n'a plus de chances de réussir. Mais Jean-Olivier CHÉNIER parvient à ranimer le courage des troupes et prend le commandement des hommes retranchés dans l'église, le presbytère, le couvent et les maisons avoisinantes. La victoire de Colborne sera décisive. Près de 100 rebelles sont tués, y compris Chénier, et un plus grand nombre encore sont faits prisonniers. Le lendemain l'armée prend Saint-Benoît, où le camp est complètement désorganisé. Le village est entièrement brûlé. (*Voir aussi* RÉBELLIONS DE 1837.)

Jean-Paul Bernard

Bataille de Steele Narrows Survenue le 3 juin 1885 au lac Loon, à 95 km au nord-est de Lloydminster, c'est le dernier soubresaut de la RÉBELLION DU NORD-OUEST. Cet engagement, appelé souvent combat du lac Loon, est une simple escarmouche opposant quelque 65 membres de la Police à cheval du Nord-Ouest, dirigés par le surintendant Sam STEELE, à des Cris des bois et à des Cris des plaines qui battent en retraite après le combat de Frenchman's Butte. Les troupes de Steele ne subissent aucune perte, mais quatre Cris sont tués, dont le renommé chef des Cris des bois, Cut Arm. Le champ de bataille est désormais un lieu historique provincial où se trouvent des plaques explicatives.

Bob Beal

Bataille de Stoney Creek Elle est livrée durant la nuit du 5 au 6 juin 1813. Une armée formée de 700 miliciens canadiens et soldats anglais de la force régulière, dirigée par le lieutenant-colonel John Harvey, lance une attaque-surprise contre les 3500 militaires américains envahisseurs, campés près de Stoney Creek, dans le Haut-Canada. Après une mêlée confuse et sanglante entraînant des pertes considérables de chaque côté, les deux armées craignent d'avoir subi un revers. En fait, les Américains, dont les deux brigadiers-généraux ont été faits prisonniers, se retirent vers Fort George, en bordure de la rivière Niagara. Avec la bataille de BEAVER DAMS survenue deux semaines plus tard, la bataille de Stoney Creek remet la péninsule du Niagara sous l'autorité britannique et canadienne et met fin à la tentative américaine de conquérir la partie ouest de la province.

Carl A. Christie

Bataille de Windmill Elle s'inscrit dans la série de raids menés à la frontière canadienne par les LOGES DES CHASSEURS ayant leurs bases aux États-Unis. Le 12 novembre 1938, le colonel Nils Von Schoultz, un Finlandais (identifié par erreur comme un Polonais), fait échouer la goélette *Charlotte* à quelques milles en aval de Prescott, et prend position dans un moulin à vent en pierre de six étages et dans plusieurs maisons en pierre à proximité. Un petit navire, l'*Experiment*, vient couper le trajet de repli de Schoultz vers les États-Unis tandis qu'une troupe de 70 fusiliers marins venus de Kingston par vapeur et quelque 700 miliciens accourent des comtés environnants. Ces troupes expulsent les chasseurs de leurs positions avancées, mais ne réussissent pas à s'emparer du moulin à vent. Après deux jours d'escarmouches, le colonel Henry Dundas arrive avec quatre compagnies du 83e régiment, deux projectiles de 18 lb et un obusier. Quand les envahisseurs capitulent le 16 novembre, 137 d'entre eux, dont Schoultz, sont faits prisonniers. Les chasseurs auraient perdu 80 hommes tandis que les pertes britanniques et canadiennes s'établiraient à 16 soldats tués et 60 blessés.

Hereward Senior

Bataille des plaines d'Abraham Elle a lieu le 13 septembre 1759 pendant la GUERRE DE SEPT ANS en amont de Québec sur une étendue de terrain qu'on croit avoir été nommée d'après Abraham Martin, à qui ces terres avaient été concédées entre 1635 et 1645. Une puissante force britannique, sous les ordres du major-général James WOLFE et du vice-amiral Charles Saunders, remonte le Saint-Laurent pour s'emparer de Québec. Les Français, commandés par le marquis de MONTCALM, leur lieutenant-général, réussissent d'abord à tenir les Britanniques en respect.

Ayant remonté le fleuve les 5 et 6 septembre, l'armée de Wolfe débarque le 13 du même mois, sans rencontrer d'opposition, et escalade la falaise à quelques kilomètres en amont de Québec. Montcalm, voyant les communications avec ses sources de ravitaillement menacées, se sent forcé d'engager le combat sans même attendre de réunir toutes ses troupes. Il semble y avoir égalité numérique dans les deux camps, soit environ 4500 hommes de part et d'autre, mais l'armée anglaise est composée de soldats réguliers seulement, tandis que l'armée française compte de nombreux miliciens insuffisamment entraînés. Le feu nourri de l'infanterie anglaise brise l'attaque des Français, qui battent en retraite dans le désordre. Wolfe et Montcalm sont tous deux mortellement blessés. Cette nuit-là, l'armée de campagne française remonte le Saint-Laurent, en faisant un long détour. Québec capitule le 18 septembre. Les Français tentent une nouvelle attaque en 1760, mais ne parviennent pas à reprendre Québec. Plus tard, la même année, les Britanniques s'emparent de Montréal et c'est la chute de la NOUVELLE-FRANCE.

C.P. Stacey

Bataille d'Ortona Elle se déroule du 20 au 27 décembre 1943. Appuyant la 8e Armée du général

Montgomery qui remonte la côte italienne de l'Adriatique, la 1re division canadienne du major-général Christopher VOKES a l'ordre de s'emparer du port de mer médiéval d'Ortona, perché sur un haut promontoire et inexpugnable sur trois côtés, celui-ci étant flanqué au nord et à l'est de falaises littorales et, à l'ouest, d'un profond ravin. Le 20 décembre, avec l'appui de leur propre brigade blindée, les troupes canadiennes attaquent depuis le sud. L'ennemi livre une résistance opiniâtre et inflige de nombreuses pertes à l'infanterie du Loyal Edmonton Regiment et des Seaforth Highlanders du Canada. Au bout d'une semaine de combats acharnés, la ville est finalement prise et le reste des forces allemandes se retirent dans la nuit du 27 décembre. Un correspondant de guerre rapporte que les Allemands «ont monté un Stalingrad miniature dans le malchanceux port d'Ortona». Dans la prise de cette ville «sans importance» et de ses environs, 1372 soldats canadiens ont perdu la vie, soit près de 25 p. 100 de tous les Canadiens tués dans le théâtre de guerre méditerranéen.

David Evans

Bataille du lac aux Canards Le 26 mars 1885, la RÉBELLION DU NORD-OUEST a pris naissance à l'ouest de l'établissement du lac aux Canards, sur l'ancien chemin de Carleton, au nord de la ville actuelle de Rosthern en Saskatchewan. Le lac aux Canards se trouvait à l'intersection des chemins de Carleton et de Prince Albert, à mi-chemin entre le quartier général des Métis, à BATOCHE, et celui de la Police à cheval du Nord-Ouest, à Fort Carleton.

La bataille a éclaté vers midi, quand un émissaire cri et un interprète de la police se sont bagarrés au cours de pourparlers. Les policiers et les combattants volontaires se sont retirés environ une demi-heure plus tard. Douze des 100 membres des forces de l'ordre ont été tués. Six membres des forces rebelles, lesquelles étaient légèrement supérieures en nombre, ont péri. Gabriel DUMONT, le chef militaire des Métis, a été blessé, tandis que son frère Isidore a été le premier à succomber. Un cairn marque maintenant la limite à l'est du champ de bataille, sur la route 212.

Bob Beal

Bataille du Rhin Lors de cette bataille qui se déroule du 8 février au 10 mars 1945, la PREMIÈRE ARMÉE CANADIENNE (dont fait partie le 30e Corps d'armée britannique) et la 9e armée américaine refoulent les Allemands vers le Rhin. Durant la première phase de la bataille, les troupes canadiennes doivent attaquer en sol inondé (Opération Véritable, 8 au 21 février) et, durant la deuxième phase, traverser la forêt de Hochwald (Opération Blockbuster, 22 février au 10 mars) en affrontant l'opposition opiniâtre des Allemands qui défendent le territoire de leur patrie. Tout au long de ce mois, le mauvais temps prive les Alliés d'une bonne partie du soutien aérien tactique auquel ils sont habitués, tandis que la boue immobilise fréquemment les blindés. Néanmoins, la rive gauche du Rhin est conquise jusqu'à Düsseldorf, au sud, au cours de combats parmi les plus féroces de ce conflit. Les pertes alliées atteignent près de 23 000 hommes, dont 5300 chez les Canadiens. Quant aux Allemands, ils perdent approximativement 90 000 soldats, dont 52 000 sont faits prisonniers. Le 23 mars 1945, les Alliés occupent la rive du Rhin depuis Strasbourg, en France, jusqu'à Nijmegen, aux Pays-Bas. (*Voir aussi* SECONDE GUERRE MONDIALE.)

Brereton Greenhous

Bataille d'Ypres Elle dure officiellement du 22 avril au 25 mai 1915 et est la première d'une série d'affrontements majeurs auxquels participent les troupes canadiennes durant la PREMIÈRE GUERRE MONDIALE. Le 22 avril 1915, un vent léger du nord-est pousse un nuage jaune verdâtre de gaz au chlore sur une distance de près de 7 km en direction des tranchées alliées près d'Ypres (aujourd'hui Ieper), en Belgique. Il s'agit de la première attaque aux gaz efficace sur le front occidental. Dépourvus de

masques à gaz, les Français et les Algériens dans les tranchées sont obligés de battre en retraite, suffoquant et agonisant à mesure que le chlore ravage leurs poumons.

L'offensive allemande profite ainsi d'une ouverture béante, de sorte qu'on dépêche la première division canadienne accompagnée de troupes britanniques pour stopper l'avance ennemie. Au cours d'une semaine de combats féroces et de contre-attaques marquées par de nouvelles attaques au gaz, la poussée allemande est arrêtée. Malgré les pertes subies qui dépassent 6000 hommes, le courage et l'adresse déployés par les Canadiens face à ce nouveau moyen d'extermination leur vaut la réputation de troupes d'élite. Le combat de la CRÊTE DE FREZENBERG s'inscrit dans la série de batailles livrées à Ypres.

R.H. Roy

Batailles (*Voir* AMIENS, BATAILLE D'; BATAILLE DE L'ATLANTIQUE; BATOCHE; BATAILLE DE BEAVER DAMS; BATAILLE D'ANGLETERRE; BATAILLE DE CHÂTEAUGUAY; CRYSLER'S FARM; BATAILLE DE CUT KNIFE; DIEPPE, RAID DE; BATAILLE DU LAC AUX CANARDS; FORT BEAUSÉJOUR; FORT DUQUESNE; FORT FRONTENAC; BATAILLE DE FRENCHMAN'S BUTTE; FREZENBERG, CRÊTE DE; CÔTE 70; HINDENBURG, LIGNE; BATAILLE DE HONG KONG; KAP'YONG; LELIEFONTEIN; PAYS-BAS, LIBÉRATION DES; LUNDY'S LANE; SORREL, MONT; BATAILLE DE MORAVIANTOWN; NORMANDIE, DÉBARQUEMENT DE; BATAILLE D'ORTONA; BATAILLE DE PAARDEBERG; PASSCHENDAELE; BATAILLE DES PLAINES D'ABRAHAM; BATAILLE DE PLATTSBURGH; BATAILLE DE PUT-IN-BAY; BATAILLE DE QUEENSTON HEIGHTS; BATAILLE DE LA RESTIGOUCHE; BATAILLE DU RHIN; BATAILLE DE RIDGEWAY; BATAILLE DE SAINT-CHARLES; BATAILLE DE SAINT-DENIS; BATAILLE DE SAINT-EUSTACHE; BATAILLE DE SAINTE-FOY; SEVEN OAKS, INCIDENT DE; BATAILLE DE LA SOMME; BATAILLE DE STEELE NARROWS; BATAILLE DE STONEY CREEK; VIMY, CRÊTE DE; BATAILLE DE WINDMILL; BATAILLE D'YPRES).

Bataillon Mackenzie-Papineau Nom collectif donné à quelque 1300 volontaires canadiens qui sont membres des brigades internationales recrutées pour venir en aide au gouvernement républicain appuyé par les communistes, et combattre les fascistes de Franco durant la Guerre civile espagnole (juillet 1936 à mars 1939). Un bataillon portant le nom des chefs de la RÉBELLION DE 1837 se joint à la XVe brigade internationale anglophone le 1er juillet 1937, à Albacete, en Espagne. D'autres Canadiens gagnent les rangs du bataillon Abraham Lincoln, du bataillon britannique et d'autres unités, y compris des détachements d'aide médicale et de transport.

Le docteur Norman BETHUNE, certainement le Canadien présent en Espagne le plus célèbre, crée et dirige un service de transfusion sanguine. Les «Mac-Paps» prennent part à cinq campagnes majeures, dont l'assaut sur Fuentes de Ebro le 13 octobre 1937, la défense de Teruel en décembre et janvier, les «retraites» de mars et d'avril 1938 et une contre-attaque sur le fleuve Èbre au cours du dernier été de la guerre. Le bataillon est dirigé par Edward Cecil-Smith, commandant militaire et chroniqueur de l'actualité ouvrière pour un journal de Toronto, et par Saul Wellman, syndicaliste de New York et commissaire politique de l'unité. Lorsque les Mac-Paps se retirent du conflit en septembre 1938, on rapporte que le bataillon ne compte plus que 35 hommes en état de marcher.

À leur retour au pays au début de 1939, les survivants, soit seulement la moitié des volontaires originaux, sont accueillis par des sympathisants, mais n'ont droit à aucun accueil officiel. En avril 1937, le gouvernement du Canada avait adopté la *Loi sur*

l'enrôlement à l'étranger, qui interdit aux Canadiens de participer à des guerres étrangères, et la *Loi sur les douanes*, qui prévoit la réglementation gouvernementale des exportations d'armes. Causes d'une gêne en hauts lieux, les Mac-Paps languissent dans l'obscurité jusqu'aux années 70, alors que des livres, des films et des pièces de théâtre font connaître leur histoire.

Victor Howard

Bateaux à vapeur et bateaux à aubes Généralement affectés à la navigation intérieure, ce sont des bâtiments à fond plat et à faible tirant d'eau, par opposition aux navires océaniques à fort tirant. Inventée en 1685 par le physicien français Denis Papin, la roue à aubes (actionnée par vapeur sous pression dans des chaudières alimentées au bois ou au charbon) est fixée à la coque du bateau soit sur le côté (bateau à roue latérale), soit à l'arrière (bateau à roue arrière), et lui permet d'avancer et de reculer.

En 1783, le bateau à aubes s'exhibe sur la Saône en France. Le premier à naviguer en Amérique du Nord emprunte le fleuve Delaware en 1787. Après l'inauguration du réseau fluvial du Mississippi par Robert Fulton, à la Nouvelle-Orléans, en 1811, des centaines de bateaux y assurent un service régulier de 1830 à 1870. Premier bateau à roue à naviguer dans les eaux canadiennes, l'ACCOMMODATION, un bateau à roue latérale, est lancé en 1809 lors d'un voyage inaugural de 36 heures, entre Montréal et Québec. Parmi les autres lancements de bateaux à roue au Canada, citons le *Frontenac*, sur le lac Ontario (1816); le *General Stacey Smyth*, sur le fleuve Saint-Jean (1816); le *Union*, dans les biefs d'aval de la rivière des Outaouais (1819); le *Richard Smith*, qui se rend à l'Île-du-Prince-Édouard (1830); le ROYAL WILLIAM, qui navigue de Québec à Halifax (1831); le BEAVER, premier vapeur océanique à naviguer sur la côte de la Colombie-Britannique (1836); le *Spitfire*, premier bateau à vapeur à pénétrer dans le port de St. John's (1840); et le Anson Northup, premier bateau à roue à traverser la frontière internationale sur la rivière Rouge (1859).

Les vapeurs à roue jouent un rôle important dans l'histoire du Canada. Le Swiftsure transporte des troupes sur le Saint-Laurent durant la Guerre de 1812. Le Royal William, construit à Québec, devient, en 1833, le premier bateau à traverser l'Atlantique en fonctionnant presque tout le temps à la vapeur. Les bateaux à vapeur de la Colombie-Britannique transportent des milliers de chercheurs d'or dans les vallées du fleuve Fraser (1858), de la rivière Caribou (1862) et du fleuve Yukon (1898). Entre 1836 et 1957, 300 vapeurs font le service sur les voies maritimes de la Colombie-Britannique et du Yukon. L'International, bateau à vapeur de la rivière Rouge, est réquisitionné par les troupes de Louis Riel à Fort Garry, en 1870, et le Northcote, bateau à roue arrière de la rivière Saskatchewan, attaque les Métis de Gabriel Dumont lors de la bataille de BATOCHE.

Les vapeurs à roue transportent les premières cargaisons de blé exportées du Manitoba et hâtent la construction d'un système avancé de canaux intérieurs et d'écluses en Ontario. Ils transportent à Winnipeg la première locomotive du Canadien Pacifique, assurent le premier courrier postal au Klondike, amènent les premiers missionnaires et apportent les premiers fruits frais dans le Grand Nord. Ces bâtiments utilitaires remplissent aussi un rôle social. Les cabines de luxe, les pianos à queue et les bons vins sont compris dans le tarif de première classe, même à bord des vapeurs de l'arrière-pays. Les cabines sous le pont et la chaufferie ont leur violoneux, leurs danses folkloriques et leurs parties de cartes. Après 1900, lorsque le train devient le principal moyen de transport de fret, les vapeurs offrent des excursions, des voyages de chasse et des croisières au clair de lune. Le dernier bateau à roue arrière pleinement opérationnel, le Samson V (construit en 1936 pour desservir le Fraser), est retiré du service en 1981.

Ted Barris

Bateman, Robert McLellan, peintre (Toronto, 24 mai 1930). Bateman reçoit d'abord une formation de naturaliste au Royal Ontario Museum, à Toronto, puis étudie la peinture et le dessin avec Gordon Payne et Carl SCHAEFER. Jeune artiste, il est inspiré par le GROUPE DES SEPT. Il explore plusieurs styles abstraits et semi-abstraits avant d'adopter le réalisme pour lequel on le connaît aujourd'hui.

Revenant à sa carrière d'enseignant dans une école secondaire du Sud de l'Ontario, où il enseigne pendant vingt ans l'art et la géographie, Bateman combine assidûment l'art avec la défense de la cause écologiste. Jeune homme, il participe à l'établissement de la Bruce Trail de l'Ontario. Au cours des dernières années, il se sert de sa renommée d'artiste pour promouvoir les causes écologistes partout dans le monde. Depuis son déménagement en Colombie-Britannique, en 1985, il s'oppose activement à l'exploitation forestière et à la pêche intensives. Nombre de ses peintures comportent des messages manifestes en faveur de la conservation de la nature. Il exprime souvent ses craintes concernant la menace qui guette les écosystèmes traditionnels de la nature et de l'homme, dont il parle comme d'un «monde en voie de disparition».

En raison de son immense popularité et des sujets qu'il choisit de traiter, Bateman entretient des rapports malaisés avec le milieu des arts, qui tend à classer son œuvre dans l'«art animalier». Quoi qu'il en soit, ses meilleures œuvres, mettant souvent en scène des animaux sauvages dans des décors naturels soigneusement documentés et exacts du point de vue écologique, sont aussi des compositions soignées qui s'inspirent des peintres abstraits modernes tels que Mark Rothko et le Canadien Paul-Émile BORDUAS, de même que des arts traditionnels japonais et chinois. En 1985, la Smithsonian Institution, à Washington, organise une exposition de ses œuvres, intitulée Portraits of Nature.

Richard Archbold

Bates, John Seaman, chimiste et environnementaliste (Woodstock, Ont., 9 juin 1888—Sackville, N.-B., 26 nov. 1991). Diplômé de l'U. Acadia, Bates obtient le premier doctorat en génie chimique attribué par l'U. Columbia en 1914. Pendant sa première carrière dans l'industrie des pâtes et papiers, il est l'un des premiers à appliquer des principes scientifiques au traitement de la pâte à papier. À un âge auquel la plupart des gens sont à la retraite, Bates entre au gouvernement et devient conseiller dans le domaine de l'alimentation en eau et de l'environnement au Nouveau-Brunswick, en Nouvelle-Écosse et à l'Île-du-Prince-Édouard.

Bates est probablement plus connu pour sa participation à la fondation d'associations scientifiques et techniques telles que la section technique de l'Association canadienne des producteurs de pâtes et papiers et l'Institut de chimie du Canada. En 1986, l'U. Dalhousie lui décerne un doctorat honorifique. Il est décoré de l'Ordre du Canada en 1989.

T.H.G. Michael

Batfish C'est un véhicule sous-marin qui sert à transporter des instruments et des capteurs océanographiques. Il est remorqué par un bateau et se déplace en ondulant et en effectuant des mouvements en dents de scie. Il peut descendre et remonter en faisant tourner ses ailerons sur commande à partir du bateau, et est capable de plonger jusqu'à 400 m environ. La commande qui permet d'actionner les ailerons est alimentée par la pompe hydraulique à roue qui se trouve à l'intérieur du véhicule. Le centre du câble de remorquage armé contient sept conducteurs électriques qui transmettent à la surface l'information électronique provenant des capteurs montés sur le *Batfish*. Cette information est transférée à un ordinateur qui se trouve à bord du bateau et est emmagasinée sur une bande magnétique.

Le *Batfish* a été mis au point à l'INSTITUT OCÉANOGRAPHIQUE DE BEDFORD de Dartmouth, en Nouvelle-Écosse, et fabriqué par Guildli-ne Instruments Ltd. de Smiths Falls, en Ontario. Il est équipé de trois capteurs: une sonde de conductivité-température-profondeur, servant à mesurer les caractéristiques océanographiques physiques; un fluorimètre (installé sur le dessus du *Batfish*), mesurant la fluorescence de la chlorophylle, qui est l'indicateur du phytoplancton ou de la biomasse végétale; un compteur de zooplancton électronique (monté sous le *Batfish*), mesurant les petits animaux marins (d'une longueur d'environ 0,5 à 4 mm) qui se nourrissent principalement de plantes marines. L'information recueillie par les capteurs biologiques est utilisée dans les études sur la chaîne alimentaire marine menées par le secteur des pêches. (*Voir aussi* ECOLOG.)

Alex W. Herman

Bathurst, ville du N.-B.; pop. 13 815 (rec. 1996), 14 409 (rec. 1991), 14 683 (1986); superf. 90,94 km²; centre administratif du comté de Gloucester; situé en bordure du havre de Bathurst, à l'embouchure de la rivière Népisiguit, dans le nord-est de la province. Fondé en 1652 par Nicolas DENYS, l'emplacement est abandonné en 1688, après la mort de ce dernier. En 1757, les premiers colons, des Acadiens dépossédés (*voir* ACADIENS), s'y établissent. Des commerçants anglais arrivent ensuite en 1776. Appelé d'abord Népisiguit, puis Saint-Pierre, le village est renommé Bathurst en 1826, en hommage au ministre des colonies, Henry Bathurst, 3ᵉ comte de Bathurst.

Économie Le travail forestier, la construction navale (commencée en 1820) et les scieries constituent les principales activités économiques jusqu'en 1914, année de l'ouverture de l'usine de pâte à papier. En 1923, on agrandit l'usine pour fabriquer du papier et on y réalise d'importantes rénovations en 1983 et 1987. La découverte d'importants gisements de métal commun dans la région (1953) contribue à l'expansion la ville. Le sous-sol de la région contient 40 p. 100 de toutes les réserves d'argent, de plomb et de zinc du Canada; chaque jour, 10 000 t de minerai sont traitées dans les usines.

La majeure partie de la population de Bathurst est francophone ou anglophone. En plus d'écoles publiques desservant les deux communautés linguistiques, la ville compte un collège communautaire offrant des cours de formation professionnelle et technique dans les deux langues.

Burton Glendenning

Bathurst, île D'une superficie de 16 042 km² et de plus de 18 000 km² si on compte ses îles avoisinantes, elle est située dans l'ARCHIPEL ARCTIQUE. La position actuelle du pôle Nord magnétique se trouve près de son extrémité nord. La structure géologique composée de strates sédimentaires non déformées a une influence importante sur la géographie physique de l'île. Elle est constituée d'un plateau de faible relief, incliné vers le sud et l'ouest, dont peu d'endroits dépassent 330 m d'altitude. De nombreux affleurements de schiste et de siltstone entretiennent une végétation luxuriante pour une telle latitude. Ils sont également à l'origine d'une abondante population animale, contrairement aux autres îles arctiques.

Bien qu'elle ait déjà été découverte par sir William PARRY en 1819, et par la suite explorée dans le cadre des expéditions à la recherche de sir John FRANKLIN, ce n'est qu'après un vol de reconnaissance de l'Aviation royale du Canada en 1947 que sa configuration finale est établie. La «péninsule» qui forme la côte Ouest s'avère un ensemble d'îles. Parry nomme l'île d'après Henry Bathurst, 3ᵉ comte de Bathurst, ministre britannique de la Guerre et des Colonies pour une longue période au début du XIXᵉ s.

Doug Finlayson

Bathurst, inlet Il s'agit de l'extension sud-est de la BAIE DU COURONNEMENT. L'inlet Bathurst pénètre la côte arctique sur une distance d'environ 200 km. Le hameau est situé à l'embouchure de la rivière Burnside. Celle-ci prend sa source dans le lac Contwoyto au sud-ouest. En 1821, sir John FRANK-LIN nomme le passage en l'honneur d'Henry Bathurst, troisième comte de Bathurst, qui est, à l'époque, secrétaire aux colonies. Certaines des nombreuses îles qui s'y trouvent comportent des falaises abruptes où nichent le faucon pèlerin et l'aigle royal.

James Marsh

Batoche Lieu historique national situé à 44 km au sud-ouest de Prince Albert, en Saskatchewan. Cette localité est habitée par les Métis et est le siège d'un affrontement majeur du 9 au 12 mai 1885, pendant la RÉBELLION DU NORD-OUEST. Le major général Frederick MIDDLETON, à la tête de 900 hommes, attaque moins de 300 défenseurs MÉTIS, Cris et Dakotas. Cette attaque est lancée sur deux fronts, soit sur la rivière, grâce au vapeur *Northcote* de la Compagnie de la baie d'Hudson, et sur la terre ferme. La stratégie échoue quand les Métis abaissent un câble de traversier, décapitant ainsi la cheminée du *North-cote*, qui se met alors à dériver.

Les Métis résistent aussi efficacement aux forces terrestres de Middleton grâce à des tranchées remarquablement bien creusées sous la direction de Gabriel DUMONT. Au matin du 12 mai, Middleton, fort d'un canon de 9 livres, d'une mitrailleuse Gatling et d'une unité de 130 hommes, feint de se diriger vers le nord, attirant ainsi les Métis hors des tranchées creusées autour de l'église de Saint-Antoine-de-Padoue. Ils sont ainsi à portée de mitrailleuse. Un vent violent empêche le lieutenant-colonel Van Straubenzie d'entendre le feu et de coordonner son attaque sur l'église avec l'action de Middleton. Peu après midi, le colonel de Middleton, impatient de sa trop grande prudence, lance une attaque frontale contre les défenseurs affaiblis et perce leurs lignes. Ils en étaient réduits à charger leurs fusils avec des clous et des cailloux. La capture du village met un terme à la rébellion. Plus de 25 combattants des deux côtés sont tués. Louis RIEL se rend quelques jours plus tard, et Gabriel Dumont fuit aux États-Unis alors que d'autres participants sont capturés et détenus en attendant leur procès.

À Batoche, on peut visiter l'église et le presbytère, les seuls édifices de l'époque qui restent sur le site. On peut y voir les vestiges des tranchées creusées par les Métis et du camp de Middleton. Dumont et d'autres chefs Métis sont enterrés dans un cimetière des environs. La petite localité comprend maintenant un centre d'accueil où des animateurs relatent aux visiteurs le déroulement de la bataille et les renseignent sur la vie économique et sociale des Métis.

Walter Hildebrandt

Baton Broadcasting Incorporated C'est une société canadienne de communications ayant des activités diversifiées et dont la famille Eaton (LA COMPAGNIE T. EATON LIMITÉE) détient 53 p. 100 du capital par l'entremise de la Telegram Corporation Ltd. Allan L. Beattie est le président de Baton et Douglas G. Bassett en est le directeur et le chef de service administratif. La société Baton possède et exploite 20 stations de télévision affiliées au réseau CTV et à la Société Radio-Canada, en Ontario et en Saskatchewan, ainsi que 3 stations indépendantes. CFTO-TV de Toronto est la station la plus importante de la région de Toronto.

Par l'intermédiaire de ses filiales, Glen-Warren Productions Ltd. (Toronto) et Carleton Productions Inc. (Ottawa), la société Baton possède des installations étendues pour la production d'émissions télévisées. Elle possède aussi une société de vente de radiodiffusion et de reproduction de vidéocassettes. En 1994, Baton avait un actif total de 323 millions de dollars et des revenus de 253 millions de dollars.

Peter S. Anderson

Battle, Helen Irene, zoologiste et éducatrice (London, Ont., 31 août 1903). Pionnière canadienne en zoologie et professeure très estimée, elle est professeure émérite de zoologie à l'U. de Western Ontario depuis 1972. L'une des premières zoologistes activement engagées dans la recherche en laboratoire (par opposition à la recherche sur le terrain) en biologie marine, elle prouve que les méthodes des laboratoires d'histologie et de physiologie pourraient résoudre des problèmes marins. Bon nombre de ses articles sont joliment illustrés de ses propres dessins à l'encre.

Elle est l'une des premières femmes à travailler dans un domaine habituellement réservé aux hommes. Elle fait campagne pour que les femmes trouvent leur place dans les universités et en encourage plusieurs à faire carrière dans les sciences. Le Musée national des sciences naturelles d'Ottawa l'a choisie comme l'une des 19 figures scientifiques féminines exceptionnelles du Canada, et on la cite dans une exposition itinérante soulignant l'année internationale de la femme. Elle cumule de nombreux honneurs. Elle se consacre à son premier amour, l'enseignement, durant quelque 50 ans. Ses étudiants sont devenus des chefs de file de la biologie au Canada, et son influence a largement dépassé les frontières canadiennes.

Donald B. McMillan

Battleford, ville de la Sask.; pop. 3936 (rec. 1996), 4107 (rec. 1991); superf. 22,30 km²; const. en 1904; située au confluent de la RIVIÈRE SASKATCHEWAN Nord et de la rivière Battle, à 138 km au nord-ouest de SASKATOON. Battleford compte parmi les plus importants des premiers établissements de l'Ouest canadien. Bien qu'il ne soit qu'un petit poste de traite de la fourrure et un camp de travail pour les arpenteurs, ce lieu devient en 1876 la capitale des vastes TERRITOIRES DU NORD-OUEST. On y construit alors un grand complexe gouvernemental comprenant le Palais du gouvernement et un poste de la Police montée du Nord-Ouest, et on y élabore le tracé d'une future ville. Les activités commerciales et gouvernementales prennent vite de l'ampleur. En 1883, le siège de la capitale est cependant déplacé à Regina et la ligne de chemin de fer du CP passe par le sud de la Saskatchewan plutôt que par Battleford, comme il était prévu. Durant la RÉBELLION DU NORD-OUEST (1885), les troubles chez les Métis et les autochtones nuisent davantage aux perspectives de développement de la région.

En 1905, la ligne de chemin de fer atteint la région, mais le Canadian Northern Ry choisit de contourner Battleford, ce qui entraîne plus tard l'établissement du village voisin de NORTH BATTLEFORD. Battleford prospère comme centre gouvernemental pour l'enregistrement des titres fonciers, district judiciaire et bureau des affaires indiennes, mais ne réalise jamais ses objectifs de départ. Aujourd'hui, le Fort Battleford, LIEU HISTORIQUE national, le Palais du gouvernement et d'autres bâtiments historiques rappellent l'importance de la ville avant qu'elle ne perde son statut de «capitale». Battleford et North Battleford comptent maintenant une population globale de 17 987 hab. (rec. 1996). Ces deux villes constituent le centre de services de la région environnante qui vit principalement de l'agriculture, de l'exploitation du pétrole et du gaz naturel, du secteur manufacturier et du tourisme.

Mark Rasmussen

Bauer, père David William, prêtre BASILIEN, éducateur et entraîneur de hockey (Kitchener, Ont., 10 nov. 1925—Goderich, Ont., 9 nov. 1988). Le père Bauer grandit dans une famille nombreuse et passionnée de hockey. Son frère Robert (Bobby) fut l'un des membres de la célèbre «Kraut Line» des Bruins de Boston et a dirigé les Dutchmen de Kitchener-Waterloo aux Jeux olympiques de 1956 et de 1960.

Adolescent, David William fréquente à Toronto le St. Michael's High School, collège de garçons réputé pour son programme de hockey junior. Ailier gauche exceptionnel, il devient plus tard entraîneur de l'équipe junior «A» de St. Michael, qui remporte la COUPE MEMORIAL en 1961. En 1961-1962, il est muté au collège St. Marks de l'U. de la Colombie-Britannique.

Le 26 août 1962, l'Association canadienne de hockey amateur accepte la proposition du père Bauer de créer une équipe nationale qui redorerait le blazon du Canada dans les compétitions internationales, tout en permettant à ses joueurs d'acquérir une solide éducation. En 1967, cette équipe remporte le tournoi du Centenaire au Canada et, l'année suivante, une médaille de bronze aux Jeux olympiques d'hiver de Grenoble, en France. Cependant, les équipes européennes s'améliorent à un point tel qu'il devient bientôt impossible de faire bonne figure sans l'aide de joueurs professionnels. Le Canada se retire donc des compétitions internationales le 4 janvier 1970.

L'équipe nationale est dissoute, mais au Canada et à l'étranger, on respectera toujours le père Bauer pour son attachement aux idéaux du sport amateur et pour avoir réussi à concilier le sport et l'éducation. Une bourse d'études de l'U. de la Colombie-Britannique porte son nom. Il reçoit aussi l'Ordre du Canada et, en septembre 1986, on nomme en son honneur une patinoire olympique à Calgary. (*Voir aussi* HOCKEY, ÉQUIPES OLYMPIQUES CANADIENNES.)

Gigi Clowes

Baumann, Alex, «Sasha», nageur (Prague, Tchécoslovaquie., 21 avril 1964). Le jeune Alex a neuf ans lorsqu'il arrive à Sudbury sa famille. Peu de temps après, dirigé par l'entraîneur Jeno Tihanyi, il commence à battre plusieurs records en natation lors de compétitions pour son groupe d'âge. En 1978, il remporte le 200 m quatre-nages individuel (4NI) (papillon, brasse, dos et style libre) à la rencontre internationale de Darmstadt et gagne plusieurs compétitions nationales et internationales au 200 m et 400 m (4NI), avant d'établir, le 28 juillet 1981, un record du Commonwealth dans le 400 m 4NI et un record mondial dans le 200 m NI le lendemain.

Contraint au repos durant 10 mois en raison d'une douleur chronique à l'épaule, il marque son retour en établissant un record du Commonwealth dans le 400 m 4NI et un record mondial dans le 200 m 4NI lors des JEUX DU COMMONWEALTH tenus à Brisbane (Australie), en octobre 1982. L'année suivante, il remporte les 200 m et 400 m 4NI aux JEUX MONDIAUX UNIVERSITAIRES tenus en juillet à Edmonton et établit à 4:17:53 le record mondial du 400 m 4NI lors des essais olympiques.

Ses deux médailles d'or aux Jeux olympiques de Los Angeles (record mondial au 200 m 4NI en 2:01:42 et record mondial au 400 m 4NI en 4:17:41) en font l'un des cinq Canadiens double médaillés d'or (avec George HODGSON, Percy WILLIAMS, Gaëtan BOUCHER et Carolyn WALDO). Il poursuit sa carrière et remporte deux médailles d'or (200 et 400 m 4NI) aux Jeux du Commonwealth de 1986. L'année suivante, il enregistre la meilleure performance mondiale au 200 m 4NI, mais en octobre 1987, il annonce son retrait de la compétition. Alex Baumann est officier de l'Ordre du Canada.

James Marsh

Baxter, John Babington Macaulay, avocat, politicien, premier ministre et juge en chef du Nouveau-Brunswick (Saint-Jean, N.-B., 16 févr. 1868—*id.*, 27 déc. 1946). Il est un rouage important de la mise sur pied du Parti conservateur au Nouveau-Brunswick et le chef de file du MOUVEMENT DES DROITS DES MARITIMES dans les années 20. On le retrouve tour à tour conseiller municipal (1892-1910), procureur général du Nouveau-Brunswick (1915-1917), ministre fédéral des Douanes (1921), premier ministre du Nouveau-Brunswick (1925-1931) et juge en chef (1935-1946). Il est l'auteur de *Historical Records of the New Brunswick Regiment, Canadian Artillery* (1896), l'unité dont il assume le commandement de 1907 à 1912.

Arthur T. Doyle

Bay Roberts, ville de T.-N.; pop 5472 (rec. 1996), 5474 (rec. 1991), superf. 24,15 km²; const. en 1951. Située sur la côte Ouest de la BAIE DE LA CONCEPTION, Bay Roberts est fondée vers la fin du XVIIᵉ s. par des pêcheurs anglais. Son nom viendrait probablement du patronyme français Robert. La pêche côtière et, plus tard, la pêche au large des côtes du Labrador ainsi que la chasse au phoque contribuent au développement de Bay Roberts comme principal centre commercial et de pêche au début du XIXᵉ s.

À l'instar de CARBONEAR et de HARBOUR GRACE, Bay Roberts devient un important centre de services, d'approvisionnement et de communications où sont installés de nombreux grossistes et petites entreprises. La ville est aujourd'hui le plus grand centre de production de poisson salé de Terre-Neuve et approvisionne les marchés de l'Europe, du Brésil et des Caraïbes. Dans les années 70, la ville annexe plusieurs localités voisines.

Janet E.M. Pitt Et Robert D. Pitt

Bayefsky, Aba, artiste et professeur (Toronto, 7 avril 1923). De 1937 à 1942, Bayefsky étudie à la Central Technical School de Toronto. L'année suivante, il s'enrôle dans l'Aviation royale du Canada et est nommé ARTISTE DE GUERRE officiel en 1944. Il raconte en images le camp de concentration de Belsen et produit par la suite de nombreuses œuvres liées à ce thème (Reflections on the Holocaust, The Art of Aba Bayefsky, exposé au Musée canadien de la guerre, à Ottawa, pendant toute l'année 1998). Par la suite, il peint, entre autres, la vie dans un camp de réfugiés en Italie (1947), fait une année d'étude à Paris (1948), voyage en Inde (1958) et au Japon (1960, 1969 et 1982). Outre ses aquarelles et ses huiles bien connues représentant des scènes qui se déroulent au marché et ses portraits d'amis, Bayefsky réalise plusieurs commandes de murales de grand format. Il réalise aussi des séries de lithographies dans lesquelles il traite de la mythologie et des légendes indiennes du Canada (*Forces of Earth and Sky*), ainsi que de la religion juive (*Tales from the Talmud*).

Tout au long de sa carrière, Bayefsky s'intéresse à la figure humaine et en fait la base de son art. Il a récemment terminé une importante série de tableaux ayant pour sujet des gens tatoués (canadiens et japonais). Bayefsky expose, depuis 1941, et a été actif plus de 42 expositions individuelles. Ses œuvres font partie d'importantes collections publiques et privées partout au Canada et dans le monde. De 1957 à 1988, il est chargé de cours au ONTARIO COLLEGE OF ART AND DESIGN. Il est nommé Membre de l'Ordre du Canada en 1979.

Pamela Wachna

Bayfield, Henry Wolsey, officier de marine et hydrographe (Hull, Angl., 21 janv. 1795—Charlottetown, Î.-P.-É., 10 févr. 1885). À 11 ans, Bayfield entre dans la Marine royale. En 1816, il est engagé comme aide par le capitaine W.F. Owen pour effectuer le relevé hydrographique du lac Ontario. En 1817, après le rappel d'Owen en Angleterre, l'amirauté lui demande de faire des relevés hydrographiques du lac Érié, puis des lacs Huron et Supérieur. Après avoir terminé ces relevés, on le nomme hydrographe pour le Saint-Laurent.

À Québec, de 1827 à 1840, il effectue les relevés hydrographiques et dresse les cartes des rives du fleuve Saint-Laurent dans la région de Québec, du golf du Saint-Laurent, d'une partie de la côte du Labrador ainsi que la côte est du Nouveau-Brunswick. À Charlottetown, de 1841 à 1856, il fait les relevés du littoral de l'Île-du-Prince-Édouard, de la majeure partie de la côte de la Nouvelle-Écosse et d'une partie de la côte de Terre-Neuve. Ses relevés comprennent les principaux estuaires du fleuve, les ports de Montréal, de Québec, de Halifax et de Charlottetown ainsi que l'île d'Anticosti, l'île de Sable et les îles de la Madeleine.

Motivé par la prévention des naufrages et des pertes de vie, Bayfield se fait un point d'honneur d'établir des cartes précises. En 1856, il est promu contre-amiral, en 1863, vice-amiral, et en 1867, amiral. Il publie ses directives de navigation dans *The St.*

Lawrence Pilot (1860) et *The Nova Scotia Pilot* (1856, 1860).

Ruth McKenzie

BC Hydro British Columbia Hydro and Power Authority (BC Hydro), une SOCIÉTÉ DE LA COURONNE provinciale, est la troisième entreprise publique de transport d'électricité en importance du Canada. Elle dessert plus de 1,4 million de clients disséminés sur une zone contenant plus de 90 p. 100 de la population de la province. Elle génère annuellement entre 43 000 et 52 000 gigawatts-heures d'électricité, selon les niveaux d'eau disponibles. La majeure partie de cette énergie est produite dans les trente centrales hydroélectriques qui, ensemble, ont une capacité totale de 9716 MW. Les grandes centrales du fleuve Columbia et de la rivière de la Paix produisent plus de 75 p. 100 de cette puissance. Les centrales thermiques, les centrales à turbines à gaz et les centrales fixes diesel classiques fournissent le reste.

Un réseau interconnecté de lignes de transport et de distribution de plus de 71 000 km fournit l'électricité aux abonnés. BC Hydro emploie environ 6400 personnes. Ses bureaux sont à Vancouver et à Burnaby. Le conseil d'administration de BC Hydro est nommé par le lieutenant-gouverneur en conseil et est responsable de la direction générale de la société. La Utilities Commission de la Colombie-Britannique réglemente BC Hydro.

Commencement Le parlement de la Colombie-Britannique fonde BC Hydro en 1962 au moyen d'une législation provinciale qui fait fusionner la BC Electric Company et la BC Power Commission. La BC Electric Company est un ancien service privé qui se lance dans des activités liées à l'hydroélectricité et aux tramways électriques vers la fin des années 1890. Le gouvernement provincial l'achète en 1961. La BC Power Commission est un service public fondé par le gouvernement de la Colombie-Britannique en 1945 pour regrouper les activités de nombreuses petites entreprises de services publics hors du territoire desservi par la BC Electric Company.

Après la fusion, BC Hydro commence à développer le potentiel hydroélectrique de la rivière de la Paix et du fleuve Columbia. Le barrage W.A.C. Bennett sur la RIVIÈRE DE LA PAIX est actuellement l'un des plus grands barrages en terre. Le projet de la centrale électrique Gordon M. Shrum de 2730 MW est l'une des plus grandes centrales souterraines au monde quand elle entre en service en 1968.

Capacité Le TRAITÉ DU FLEUVE COLUMBIA (signé en 1961 et en vigueur en 1964) entre le Canada et les États-Unis ouvre la voie à la construction en Colombie-Britannique de trois barrages (Duncan, Keenleyside et Mica) pour régulariser le débit du fleuve Columbia, contrôler les crues et permettre à la Colombie-Britannique et aux États-Unis de construire de grandes centrales électriques le long du fleuve et de ses affluents. Seul le projet Mica, d'une capacité finale de 2604 MW, comprend alors une centrale de production d'électricité. Les projets Seven Mile de 594 MW sur la rivière Pend d'Oreille et le projet Peace Canyon de 700 MW sur la rivière de la Paix entrent en service en 1980. Avec le projet Revelstoke de 1843 MW, terminé en 1984, sur le fleuve Columbia, la capacité totale de production en service de BC Hydro passe à plus de 10,5 millions de kilowatts. Cette capacité a légèrement crû depuis 1984, surtout grâce à des achats auprès de producteurs indépendants. Les plans actuels de BC Hydro visent à satisfaire la demande croissante de ses abonnés en augmentant le rendement et la sortie de ses centrales existantes.

Changements organisationnels En plus de fournir de l'ÉLECTRICITÉ, BC Hydro distribue du gaz naturel dans les basses terres du Fraser et de l'air propané dans la région métropolitaine de Victoria. Elle exploite aussi des services de transport urbain dans les régions métropolitaines de Vancouver et de Victoria, un service d'autobus interurbains dans les basses terres du Fraser et sur l'île de Vancouver, ainsi qu'un service de trains de marchandises dans les basses terres du Fraser. BC Hydro se défait de ses activités liées au transport, au gaz et aux chemins de fer entre 1979 et 1989 pour se consacrer à ses affaires dans le domaine de l'électricité.

Restructuration Des changements organisationnels effectués pendant l'hiver 1995-1996 structurent BC Hydro en trois unités commerciales et fonctionnelles distinctes, soit l'alimentation en électricité, le transport et la distribution de l'électricité, ainsi que les services aux abonnés. Elles sont le reflet des trois domaines dans lesquels l'industrie des services publics d'électricité est en train de se segmenter sur les plans national, continental et international. Cette restructuration interne accroît l'obligation de rendre des comptes, la responsabilité et la flexibilité de BC Hydro et aussi son aptitude à répondre rapidement aux changements dans l'industrie. (*Voir aussi* ÉLECTRICITÉ, SERVICES PUBLICS D'.)

Flint Bondurant

BCE Inc. *voir* **Entreprises Bell Canada Inc.**

Beaconsfield, ville du Qc; pop. 19 414 (rec. 1996), 19 616 (rec. 1991); superf. 10,64 km²; const. en 1910 à la suite de sa séparation d'avec la paroisse de Saint-Joachim-de-la-Pointe-Claire. Elle se trouve à l'extrémité sud-ouest de l'île de Montréal, au bord du lac Saint-Louis.

Beaconsfield tire son nom de Benjamin Disraeli, premier comte de Beaconsfield (1804-1880), le premier ministre préféré de la reine Victoria. L'honorable J.H. Menzies, grand admirateur de Disraeli, donne le nom de celui-ci à une grande propriété appelée Le Bocage, qu'il avait achetée au bord du lac Saint-Louis.

Cette communauté, largement anglophone et résidentielle, est située dans le district communément appelé L'Ouest-de-l'Île et fait partie de la Communauté urbaine de MONTRÉAL.

Pierre-Louis Lapointe

Beals, Carlyle Smith, astronome (Canso, N.-É., 29 juin 1899—Ottawa, 2 juill. 1979). Beals combine les fonctions d'astronome et de directeur adjoint à l'Observatoire fédéral d'astrophysique (Victoria, Colombie-Britannique). Il laisse la direction en 1946 mais demeure l'astronome fédéral à Ottawa jusqu'à sa retraite en 1964. À Victoria, il contribue de façon importante à l'observation et à l'interprétation des raies d'émission dans les spectres de certaines étoiles chaudes. Il étudie aussi la nature des nuages de gaz dans l'espace interstellaire et met au point des instruments astronomiques.

Dans les années d'après-guerre, à titre d'astronome fédéral, il guide le développement de la recherche canadienne en astronomie et en géophysique. Alliant ses connaissances en ASTRONOMIE à l'intérêt qu'il porte à la géophysique, il lance avec grand succès un projet sur l'identification et l'étude des cratères et météorites au Canada. Reconnu mondialement comme l'un des astronomes de pointe, il a reçu de nombreuses distinctions dont l'Ordre du Canada. En septembre 1987, on a donné son nom à l'astéroïde 3314.

J.L. Locke

Beardy, Jackson, né Quentin Pickering Jackson Beardy, artiste (Island Lake, Man., 24 juill. 1944—Winnipeg, 8 déc. 1984). D'origine crie, Beardy fait ses études dans un pensionnat administré par le gouvernement et étudie l'art à la Winnipeg Technical Vocational High School et à l'U. du Manitoba. Dans la vingtaine, il est souvent gravement malade. Son art s'inspire d'une connaissance profonde des traditions CRIES, acquise grâce à la relation privilégiée qu'il entretient avec sa grand-mère durant son enfance et à sa recherche systématique de mythes et de légendes dans le nord du Manitoba, au milieu des années 60. En 1972, Beardy se joint à ODJIG, MORRISSEAU, RAY, JANVIER, Cobiness et Sanchez pour former le «Groupe des Sept».

Bien que les premières œuvres de Beardy racontent souvent des légendes précises, ses œuvres de la maturité expriment des concepts cosmologiques et spirituels fondamentaux tels que l'équilibre dans la nature, la régénération et la croissance, ainsi que l'interdépendance de tout ce qui existe. Son style graphique personnel se caractérise par des régions planes nettement délimitées aux couleurs chaudes et aux arabesques de peinture. De 1982 à 1983, il agit à titre de conseiller au ministère des Affaires indiennes et du Nord canadien.

Ruth B. Phillips

Bearlake Communauté amérindienne du groupe linguistique athapascan située près du GRAND LAC DE L'OURS dans les Territoires du Nord-Ouest. Leur poste de traite et leur établissement se trouvent à Fort Franklin, à l'extrémité ouest du lac. Avant le XXᵉ s., la bande Bearlake accède au statut de peuple distinct.

Historiquement, et probablement depuis la préhistoire, le Grand lac de l'Ours a été exploité par diverses petites tribus: les LIÈVRES, les PLATS-CÔTÉS-DE-CHIEN et les ESCLAVES. Ces groupes chassaient les troupeaux de caribous et pêchaient sur les côtes et le long des tributaires du lac. Les INUITS, peuple autochtone ennemi des Athapascans, s'approchaient quelquefois de la région nord-ouest du lac pour y chasser le caribou. Ce contact a pu se traduire par quelques hostilités ouvertes, mais comme ils se craignaient mutuellement, les deux peuples s'évitaient, ce qui réduisit graduellement l'hostilité durant la période historique.

Structure sociale et langue Fort Franklin, situé sur la baie Keith, près de l'entrée de la rivière Great Bear, est à proximité de l'une des quelques zones de pêche exploitées à longueur d'année à cette latitude. Pour des communautés voisines et amies, c'était l'endroit tout indiqué pour jouir d'une ressource assurée et socialiser. Avec la venue de la TRAITE DES FOURRURES, et un poste de traite ouvert de façon intermittente depuis 1804, les différents groupes autochtones ont eu de plus en plus de contacts entre eux. Au cours du XIXᵉ s. et au début du XXᵉ s., ces groupes ont commencé graduellement à se nommer «Bear Lakers» (habitants du lac de l'Ours). Ils ont aussi développé leur propre dialecte, y incorporant des mots des groupes linguistiques des Plats-Côtés-de-Chiens, des Peaux-de-Lièvres et des Esclaves.

Économie En 1986, la bande Bearlake ne compte que 572 habitants. En 1930, des gisements d'uranium et d'argent sont cependant découverts à l'extrémité est du Grand lac de l'Ours. Au cours des années 40, l'exploitation de l'uranium permet à la bande Bearlake de participer un peu à l'économie canadienne, mais vers les années 50, cet apport reste négligeable. Aujourd'hui, la bande Bearlake vit toujours de la chasse et de la pêche traditionnelles. Elle s'adonne aussi au trappage et ses membres occupent quelques emplois, ce qui leur permet d'acquérir d'autres produits.

Beryl C. Gillespie

Beatty, sir Edward Wentworth, avocat et fonctionnaire du chemin de fer (Thorold, Ont., 16 oct. 1877—Montréal, 23 mars 1943), fils d'Henry BEATTY. Après avoir étudié au Upper Canada College, à l'U. de Toronto et à Osgoode Hall, il fait son stage dans un cabinet d'avocats de Toronto. Quand A.R. Creelman, un des associés du cabinet, est engagé comme chargé des affaires juridiques du Canadien Pacifique (CP) en 1901, il emmène Beatty comme assistant à Montréal. Ses capacités impressionnent Thomas SHAUGHNESSY, le président du CP, qui l'engage en 1913 comme chargé des affaires juridiques. En 1918, il devient le premier président du CP né au Canada.

Le CP fait face à la concurrence du Canadien National, surtout dans le domaine de l'hébergement et de la construction des lignes des Prairies dans les années 20. Sir Beatty consolide le système légué par T. Shaughnessy et, en 1942, crée les Lignes aériennes Canadien Pacifique. Il est fait chevalier en 1935.

John A. Eagle

Beatty, Henry Perrin, politicien (Toronto, Ont., 1ᵉʳ juin 1950). Diplômé de l'Upper Canada College de Toronto, Beatty obtient un baccalauréat ès arts général de l'U. de Western Ontario en 1971. Il milite au sein de groupes étudiants progressistes-conservateurs, il travaille pour le gouvernement ontarien et, en 1972, il est élu député dans Wellington-Dufferin-Simcoe. Il est réélu en 1974, 1979, 1980 et 1984. Il devient ministre d'État au Conseil du Trésor en 1979, dans le gouvernement de Joe Clark, et est ainsi le plus jeune à devenir membre du Cabinet.

Au début de 1984, Beatty dirige une commission mise sur pied par l'opposition conservatrice afin d'entendre les plaintes des Canadiens à l'endroit du ministère du Revenu et, après la victoire électorale des conservateurs de septembre 1984, il est nommé ministre du Revenu national et ministre responsable de Postes Canada. Au mois d'août de l'année suivante, il est nommé solliciteur général et, en juin 1986, il devient ministre de la Défense nationale et présente un livre blanc sur la politique de la Défense dans lequel il prône un accroissement des dépenses en matériel militaire.

Beatty est battu lors des élections fédérales de 1993. Il se retire de la vie publique et devient directeur de deux sociétés de télécommunications, tout en rédigeant une chronique pour le *Toronto Sun*. En 1995, il devient le président-directeur général de la Société Radio-Canada qu'il quitte en 1999.

Dean Beeby

Beatty, Patricia, danseuse, chorégraphe, professeure et directrice (Toronto, 13 mai 1936). Enseignante inspirée, mentor pour de jeunes danseurs et source d'inspiration pour ses principes artistiques rigoureux et sans compromis, Beatty joue un rôle déterminant dans l'essor de la DANSE MODERNE, de l'interprétation et de la chorégraphie au Canada. Elle suit l'influent programme de danse moderne du Bennington College, au Vermont, reçoit son diplôme en 1959, puis poursuit ses études à New York à la Martha Graham School, tout en dansant avec la troupe de Pearl Lang, et en travaillant à titre d'enseignante et d'assistante de répétitions au Connecticut College et à la Julliard School de New York (1960-1965). Durant ces années, elle danse aussi avec Sophie Maslow, Lucas Hoving et Jeff Duncan.

De retour à Toronto, elle fonde, en 1966, la New Dance Group of Canada, qui donne sa première représentation en 1967 avec comme artistes invités Peter RANDAZZO et David EARLE. En 1968, elle se joint à eux pour fonder le TORONTO DANCE THEATRE (TDT). Avec sa silhouette sculpturale et l'amplitude de ses mouvements, Beatty devient, au sein de la compagnie, une danseuse à la présence envoûtante et, bien qu'elle ne soit pas une chorégraphe aussi prolifique que Randazzo et Earle, elle enrichit le répertoire d'œuvres originales.

Bon nombre de ses premières chorégraphies s'attachent à décrire les relations entre les sexes. Des œuvres subséquentes, telles que *Seastill* (1979), *Skyling* (1980) et *Emerging Ground* (1983), puisent leur inspiration dans la nature. Son solo, *First Music* (1969), s'avère un moyen simple, mais inoubliable, de mettre en valeur la danseuse soliste. Son projet chorégraphique datant de 1983, *Painters and the Dance*, intégrant la danse avec des créations de l'artiste Graham Coughtry, a été repris par la DANNY GROSSMAN DANCE COMPANY, qui la considère d'une importance historique pour la chorégraphie canadienne.

Beatty quitte le TDT afin de prendre sa retraite au début des années 90, mais continue d'enseigner et de présenter, à l'occasion, des spectacles montés à partir de ses chorégraphies et de celles d'autres femmes chorégraphes sur des thèmes liés à la spiritualité.

Michael Crabb

Beau, Henri, peintre (Montréal, 27 juin 1863—Paris, France, 15 mai 1949). Il prend ses premières leçons de dessin et de peinture à Montréal chez l'abbé Chabert. Il voyage aux États-Unis en 1884 et se retrouve à San Francisco où il colorie des gravures. De retour à Montréal deux ans plus tard, il prépare un voyage d'études à Paris. Il s'inscrit aux cours de Bouguereau à l'académie Julian, fréquente l'atelier de Léon Bonnat à l'académie Colarossi, et prend les leçons de Gérôme à l'École des beaux-arts. En 1893, il expose ses premières œuvres au Salon des artistes français ainsi qu'au Salon d'automne. Sa carrière commence officiellement lorsqu'il remporte le 3ᵉ prix de peinture à l'Exposition universelle de 1900. La France achète l'œuvre primée et la cède au musée de Nevers. Très actif, Henri Beau participe régulièrement à de nombreuses expositions européennes et nord-américaines. Au Canada, le Salon du printemps de l'Art Association et les expositions de l'Académie royale du Canada présentent fréquemment ses toiles. Installé à Paris entre les deux guerres, il y occupe, de 1915 à 1938, le poste de «peintre officiel des Archives publiques du Canada» menant à la fois une carrière de peintre et une vie mondaine active qui le conduisent au secrétariat de la Société nationale des beaux-arts de Paris, au Salon d'hiver et à la Société des uns. Il est nommé Officier à l'Académie française.

Avec son frère Paul, célèbre ferronnier d'art, Henri Beau laisse une marque précise dans l'art au Canada. Son esthétique, encore empreinte d'académisme, annonce cependant la jeune peinture montante. Formé au goût français, il demeure l'un des derniers représentants d'une époque qui s'achève. Présent au Canada comme à l'étranger, il a participé à la vie littéraire québécoise en illustrant le livre de Robert Roquebrune, *La Nuit de Noël du colonel Allen*. Il a laissé des œuvres importantes dont la grande toile *Les Noces de Cana* (1894) dans la chapelle du Sacré-Cœur de l'ÉGLISE NOTRE-DAME de Montréal, *La Dispersion des Acadiens* (1900) à l'U. Saint-Joseph de Moncton, au Nouveau-Brunswick, et *L'arrivée de Champlain à Québec* (1908), aujourd'hui exposée au Musée du Québec. En 1987, le Musée de Québec présente une importante rétrospective de ses œuvres avec un catalogue bien documenté.

Michel Champagne

Beauchemin, Micheline Peintre-lissier (Longueuil, Qc, 24 oct. 1930). Beauchemin commence sa carrière en fabricant des vitraux, mais elle passe très vite aux couleurs brillantes des écheveaux de laine qu'elle crochète, tisse ou brode pour en faire de prodigieuses pièces murales. Elle étudie ensuite à l'École des beaux-arts de Montréal et, en 1953, elle gagne une bourse pour aller étudier à Paris avec Ossip Zadkine. À la suite de voyages en Afrique du Nord et en Grèce, elle décide de retourner à la broderie, une activité à laquelle elle s'adonnait avec beaucoup de plaisir quand elle était jeune. En 1954, elle envoie *Visage de Mistra* à Chartres.

De retour au Canada, en 1957, elle crée quelque 60 tapisseries, murs amovibles et formes spatiales faites d'un assemblage de laine, d'acrylique, de fils d'or et d'argent, et d'aluminium. Ces œuvres peuvent être admirées à la Place des Arts (Montréal, 1963), au Centre national des Arts d'Ottawa, dans d'autres villes canadiennes, ainsi qu'à Tokyo et à San Francisco. En 1977, 1978 et 1979, elle vend l'*Oiseau totem*, un rideau en tapisserie, et 30 ailes flottantes faites de fils de nylon à des entreprises de Montréal, Shawinigan et Québec.

Au cours des années 80, Beauchemin participe à la dixième Biennale internationale de tapisserie de Lausanne, en Suisse, au Barbican Centre, au Royaume-Uni, et à des expositions dans plusieurs galeries d'art canadiennes. On peut voir au Musée Marcil de Québec une pièce constituée d'un panneau d'aluminium enveloppé d'un tissu tricoté de fils de laine, de soie et d'acrylique opalescent. Les voyages et les études de Beauchemin au Japon, en Chine, en Inde, dans l'Arctique canadien et dans les Andes ajoutent profondeur et mystère à son amour de la lumière, de l'eau, des ailes et des filets. Elle a reçu plusieurs titres honorifiques, dont celui de l'Ordre du Canada et elle est membre de la Royal Society of Arts du Canada.

Anne McDougall

Beauchemin, Nérée, poète (Yamachiche, Qc, 1850—id., 1931). Il obtient un diplôme de médecine en 1874 à l'U. Laval et reprend la clientèle de son père. Ses premiers poèmes paraissent dans les journaux *L'Opinion publique* (1871) et *La Patrie* (1884). Se tenant à l'écart des influences et des événements littéraires de son temps, il est néanmoins admis comme membre de la Société royale du Canada en 1886, sous le parrainage du poète Louis Fréchette (1839-1908). Il fait successivement paraître *Les floraisons matutinales* (1897) et *Patrie intime. Harmonies* (1928), recueil pour lequel il reçoit une médaille de l'Académie française, et acquiert la célébrité grâce à un poème «d'un patriotisme mystique» (Réginald Hamel): *La cloche de Louisbourg*. Il s'éteint paisiblement dans le village qui l'a vu naître.

S'inspirant du folklore de son enfance, des airs paysans naïfs et populaires de sa région, la poésie de Nérée Beauchemin, patriotique et teintée de religiosité, dépeint de petites scènes champêtres, l'humble labeur des champs, les méditations d'une âme contemplative face à la nature. Simple, tranquille et familière, éloignée des accents épiques et pompeux de son époque, elle traduit la fidélité d'un être au pays de ses aïeux et fait de lui un représentant éloquent mais discret du romantisme québécois.

Ismène Toussaint

Beauchemin, Yves, écrivain (Noranda, Qc, 26 juin 1941). Avant de devenir recherchiste à Radio-Québec, Yves Beauchemin enseigne, puis travaille dans l'édition. Son premier roman, *l'Enfirouapé* (1974), découvert par le libraire Henri Tranquille, fait revivre, sur le mode burlesque, certains événements de la CRISE D'OCTOBRE 1970. *Le Matou* (1981) raconte les aventures loufoques et tragiques d'un jeune Montréalais qui a choisi de gérer un restaurant afin de s'affranchir d'un passé collectif de dépendance économique. Observation lucide des individus et des sociétés, art de camper des personnages pittoresques, ton détaché dont l'ironie est tempérée par l'humour, vie foisonnante, prise en charge par une écriture alerte, exubérante et parfaitement maîtrisée, autant d'éléments qui ont contribué à faire du *Matou* l'un des rares best-sellers de la littérature québécoise. Il a été porté à l'écran en 1985 par le réalisateur Jean BEAUDIN et diffusé sous forme de série télévisée en 1987. Depuis, Yves Beauchemin a publié dans la même veine *Juliette Pomerleau*, 1989, ainsi que *Second violon*, 1996 et *Les Émois d'un marchand de café*, 1999.

Gabrielle Poulin

Beauchêne, Robert Chevalier Aventurier et corsaire (Pointe-aux-Trembles [Montréal], 23 avril 1686 — Tours, France, déc. 1731). Dans sa jeunesse, Beauchêne est VOYAGEUR et participe aux expéditions contre les colonies anglaises. En 1707, il s'embarque sur un corsaire acadien.

Il traverse plus tard l'Atlantique, erre dans l'ouest de la France et est tué pendant une bagarre à Tours. Ses mémoires, qui contiennent de nombreuses exagérations et inexactitudes, sont publiés en deux volumes par Alain-René Lesage sous le titre *Les Aventures de monsieur Robert Chevalier, dit de Beauchêne, capitaine de flibustiers dans la Nouvelle-France* (1732).

Allan Greer

Beaucours, Josué Dubois Berthelot de, officier militaire, ingénieur et gouverneur de Trois-Rivières et de Montréal (France, 1662—Montréal, 9 mai 1750). Arrivé en Nouvelle-France en 1688 comme officier d'infanterie, Beaucours est beaucoup mieux connu pour ses travaux de FORTIFICATION à Trois-Rivières (1690-1691), à Québec (1692-1693, 1710-1711 et 1713-1714), à Chambly (1709-1711), à Montréal (1702 et 1707-1709) et à LOUISBOURG (1715-16).

Appuyé par les administrateurs et les gouverneurs coloniaux pour son sens pratique, il est moins apprécié à Versailles en raison de la qualité technique de ses ouvrages, encore objet de controverse aujourd'hui. Ses affectations comme ingénieur en chef du Canada en 1712-1714 et de l'Île Royale (Cap-Breton) en 1715-1716 sont brèves mais, après 1716, il gravit lentement les échelons administratifs et devient gouverneur de Trois-Rivières en 1730 et gouverneur de Montréal en 1733, poste qu'il quitte en 1748 pour prendre sa retraite.

F.J. Thorpe

Beaucourt, François Malépart de, peintre (La Prairie, 1740—Montréal, 1794). Il est le premier peintre né au Canada à s'être vraiment distingué comme artiste. Il était le fils de Paul Beaucourt, également peintre et son premier maître qui était venu en Nouvelle-France, en 1720, comme militaire. La famille déménagea à Québec durant la GUERRE DE SEPT ANS. François Beaucourt partit pour la France en 1763 et, après un court séjour à Paris, se rendit à Bordeaux; en 1773, il y épousa la fille du peintre Joseph Camagne, dont il suivit les leçons. Il réussit à se faire assez connaître à Bordeaux pour être élu membre de l'Académie de peinture, sculpture et architecture civile et navale de Bordeaux. Après avoir beaucoup voyagé en Europe, jusqu'en Russie, il s'installa à Paris où il peignit quelques portraits et fréquenta le cercle des élèves de Fragonard. Il retourna au Canada après une absence de 15 ans. On le retrouve à partir de 1786, peignant des portraits, dont le fameux *Esclave à la nature morte* (1786) qui se trouve au Musée McCord à Montréal, et des sujets religieux, même s'il accompagnait sa signature des trois points de l'Ordre des francs-maçons. Il visite Philadelphie, en 1792, et meurt à Montréal deux ans plus tard. Il est enterré à l'église Notre-Dame, à Montréal. Le MUSÉE DU QUÉBEC possède plusieurs de ses portraits, dont celui du *couple Eustache-Ignace Trottier dit Desrivières*.

François-Marc Gagnon

Beaudet, Jean-Marie, chef d'orchestre, pianiste, administrateur, organiste et professeur (Thetford Mines, Qc, 20 févr. 1908—Ottawa, 19 mars 1971). En tant que chef d'orchestre et administrateur, il fait connaître la musique canadienne au pays et à l'étranger. De 1937 à 1964, il occupe plusieurs postes à la Société Radio-Canada (SRC) et donne une plus grande place à la musique dans les émissions de la SRC. Il y dirige aussi plusieurs orchestres.

Après avoir été représentant de la SRC à Paris (1957-1959), il revient au Canada en tant que secrétaire général du Centre de musique canadienne (1959-1961). En 1964, il est nommé directeur musical du Centre national des arts dont il forme l'orchestre permanent, qui donne son premier concert en 1968. En 1971, le Conseil canadien de la musique lui décerne sa médaille à titre posthume.

Hélène Plouffe

Beaudin, Jean, réalisateur (Montréal, 6 févr. 1939). Après des études de beaux-arts à Montréal et à Zurich, en Suisse, Beaudin entre à l'OFFICE NATIONAL DU FILM (ONF) en 1964 au studio d'animation. Puis il s'intègre à l'équipe chargée de réaliser les films pédagogiques. Il se laisse bientôt tenter par la fiction. Son premier film expérimental, *Stop* (1970), est suivi en 1971 d'un long métrage érotique, *Le Diable est parmi nous*, qu'il produit dans le secteur privé. Beaudin revient à l'ONF et réalise deux courts métrages et deux moyens métrages simples et personnels, dont *Cher Théo* (1975). Il réalise ensuite sa première grande œuvre, *J.A. Martin, photographe*, qui raconte l'histoire d'un photographe ambulant, du début du siècle, que sa femme accompagne en tournée. Le film vaut à Monique MERCURE le prix de la Meilleure interprétation féminine au Festival de Cannes.

Après l'intermède de la réalisation collective *Jeux de la XXIᵉ Olympiade* (1977), Beaudin revient à la fiction avec *Cordélia* (1980), un long métrage

d'époque inspiré d'une histoire véridique: le procès pour meurtre d'une femme probablement victime d'une erreur judiciaire. Encore une fois, le cinéaste fait montre de son talent de directeur d'acteurs et de son goût pour les œuvres bien filmées. En 1984, il réalise une adaptation, *Mario*, sise dans le décor photogénique des Îles-de-la-Madeleine, et en 1985 une autre adaptation, *Le Matou*, d'après le best-seller d'Yves BEAUCHEMIN. Ce film moins personnel fait aussi l'objet d'une série pour la télévision. Il devient alors un réalisateur de feuilletons très couru; on lui doit notamment *L'or et le papier* (1988-1989) *Les Filles de Caleb* (1990-1991, d'après Arlette Cousture), *Shehaweh* (1991), *Miséricorde* (1994) et *Ces enfants d'ailleurs* (1994). Parallèlement, il tourne plusieurs films publicitaires. Mais il ne rompt pas avec le cinéma. Son travail d'après la pièce de René-Daniel DUBOIS, *Being at Home with Claude* (1992), marque un jalon important dans l'histoire du rapport théâtre / cinéma au Canada. Il confirme qu'il est le cinéaste de la littérature québécoise en réalisant *Souvenirs intimes* (1998), d'après Monique Proulx. Le cinéma de Beaudin est caractérisé par son professionnalisme, sa simplicité, sa plastique visuelle.

Pierre Véronneau

Beaudoin, Gérald A., professeur de droit, avocat et sénateur (Montréal, 15 avril 1929). Éminent spécialiste de la CONSTITUTION canadienne et des droits de la personne, il a fait ses études universitaires à l'U. de Montréal, à l'U. d'Ottawa et à l'U. de Toronto, et ses études de cycle supérieur en Europe. Après avoir occupé le poste de conseiller juridique au ministère fédéral de la Justice, il enseigne à la Faculté de droit civil de l'U. d'Ottawa et il en est le doyen de 1969 à 1979. De 1986 à 1989, il assume la direction du Centre des droits de la personne. Auteur d'un grand nombre d'articles et d'ouvrages de droit, dont *Le Partage des pouvoirs* (1980), *La Constitution du Canada* (1990), *Le fédéralisme au Canada* (2000), *Les droits et libertés au Canada* (2000), il participe également aux éditions successives de LA CHARTE CANADIENNE DES DROITS ET LIBERTÉS (1982, 1989).

Beaudoin est membre de la Commission sur l'unité canadienne (commission Pépin-Robarts) qui siège de 1977 à 1979. Après sa nomination au Sénat sous la bannière du Parti progressiste-conservateur en 1988, il est coprésident du Comité mixte spécial de la Chambre des communes et du Sénat sur la formule d'amendement (rapport Beaudoin-Edwards) et du Comité mixte spécial de la Chambre des communes et du Sénat sur le renouvellement constitutionnel (rapport Beaudoin-Dobbie). Il préside aussi le Comité sénatorial permanent des affaires juridiques et constitutionnelles et est membre du Comité sénatorial spécial sur l'euthanasie et l'aide au suicide. D'un caractère affable et sociable, il possède des amis dans tous les secteurs de la société et dans tous les partis politiques. Fervent partisan du bilinguisme et de l'unité canadienne, il est très en demande comme orateur et conférencier au Canada et à l'étranger.

W.H. McConnell

Beaudoin, Laurent, entrepreneur (Laurier Station, Qc, 13 mai 1938). Après un B.A. au Collège Sainte-Anne, en Nouvelle-Écosse, il obtient son diplôme de comptable agréé et une maîtrise en commerce à l'U. de Sherbrooke.

C'est là qu'il rencontre celle qui va devenir sa femme, Claire, une des filles de Joseph-Armand Bombardier qui fabrique, dans son atelier de Valcourt (Qc), des véhicules chenillés pour le transport sur terrain enneigé.

Beaudoin débute sa carrière à Québec en 1961 au cabinet de comptables Beaudoin Morin Dufresne où il se bâtit une clientèle pendant deux ans. Il se joint à l'Auto-Neige Bombardier, en 1963, à titre de contrôleur, devient directeur général, l'année suivante, et président, en 1966. Précurseur, il voit de l'avenir

dans le sport de la motoneige et réoriente la firme, Bombardier Ltée, dès 1967.

En 1974, il amorce la diversification, dans le transport de passagers sur rail, grâce au contrat du métro de Montréal, suivi de ceux du métro de New York et du tunnel sous la Manche. En 1986, il fait entrer Bombardier dans l'aéronautique, par l'acquisition de Canadair, à Montréal, suivie de celles de Learjet aux États-Unis, de Havilland en Ontario et Shorts en Irlande du Nord. Bombardier devient le troisième constructeur de l'aviation civile, derrière Boeing et Airbus, multipliant les lancements, sur des marchés en pleine mutation, d'avions régionaux et d'affaires plus confortables.

Laurent Beaudoin siège à plusieurs conseils d'administration et a reçu de nombreux prix et doctorats honorifiques. Il est compagnon de l'Ordre du Canada (1989) et officier de l'Ordre du Québec (1990). En avril 1992, la Chambre de commerce internationale lui décerne le titre de l'homme d'affaires international de l'année pour le Canada et, en octobre, le World Trade Institute l'intronise au World Trade Hall of Fame.

Laurier Cloutier

Beaudoin, Louise, politicienne (Québec, 26 sept. 1945). Ministre des plus récents gouvernements formés par le Parti québécois, Louise Beaudoin a joué un rôle de premier ordre dans les relations diplomatiques entre le Québec et la France.

Diplômée en histoire de l'U. Laval, elle agit d'abord comme responsable de la coopération à l'École nationale d'administration publique avant de remplir la fonction stratégique de directrice de cabinet du ministre des Affaires intergouvernementales du Québec, Claude Morin, de 1976 à 1981. Elle est par la suite nommée directrice des Affaires françaises au sein du ministère des Relations internationales, de 1981 à 1983, avant d'être Déléguée générale du Québec en France, de 1984 à 1985. À son retour, elle occupe brièvement le poste de ministre des Affaires internationales du Québec.

Après la victoire du Parti libéral du Québec, en 1985, Louise Beaudoin fait le saut dans le monde des affaires et se voit confier le poste de chargée de mission par Canadair pour l'Europe, avant de devenir directrice de la distribution et des affaires internationales chez TÉLÉFILM CANADA, puis directrice de la Société du Palais de la civilisation de Montréal et vice-présidente au développement des marchés de Raymond Chabot International de 1992 à 1994.

Élue députée de Chambly en 1994, puis à nouveau en 1998, elle a occupé de nombreuses responsabilités ministérielles. Ministre déléguée aux Affaires intergouvernementales canadiennes, du 26 septembre 1994 au 2 août 1995, elle devient, après cette date, ministre de la Culture et des Communications, puis responsable de l'Autoroute de l'information de janvier 1996 à décembre 1998. Après les élections de 1998, elle est nommée ministre des Relations internationales et ministre responsable de la Francophonie. Elle est également ministre responsable de la Charte de la langue française depuis août 1995.

Jean Chartier

Beaufort, mer de Elle englobe l'ensemble du courant océanique gyratoire qui circule dans le sens des aiguilles d'une montre dans le Bassin Canada de l'océan Arctique au nord de l'Alaska, et le long de la côte du Yukon et du delta du Mackenzie. Elle est bordée à l'est par les îles BANKS et PRINCE-PATRICK. Dans un sens plus officiel et plus restreint, elle se définit comme étant la partie de l'océan Arctique qui s'étend au sud et à l'est d'un axe reliant la pointe Barrow en Alaska à Lands End sur l'île Prince-Patrick. Cette définition, plus spécifique, attribue à la mer de Beaufort une superficie de 450 000 km².

La côte, de faible élévation, est constituée d'un cordon d'îles et de flèches littorales. Elle est sensible à l'énorme effet décapant de la glace et à l'érosion qu'engendrent les ondes de tempête. Les eaux intérieures sont peu profondes (la ligne de profondeur du 200 m se trouve entre 80 et 200 km du littoral), et la plateforme est plus étendue du côté canadien que du côté américain. À l'extrémité de la plateforme, soit à 200 m de profondeur, le plancher océanique plonge assez rapidement pour atteindre 3500 m, la principale partie du Bassin Canada vers le nord approchant les 4000 m à son point le plus profond.

Les marées sont principalement semi-diurnes (deux marées par jour) et ont une faible amplitude, soit entre 0,3 et 0,5 m. Les courants intérieurs de la zone libre de glace en été varient et sont surtout assujettis aux vents qui alternent du nord-ouest à l'est. Les vents du nord-ouest, renforcés par la rotation de la Terre, font dévier vers l'est le débit fluvial du FLEUVE MACKENZIE chargé de sédiments, suivant ainsi la direction générale de la circulation de l'eau de mer. Les vents d'est tendent à inverser le courant.

L'été se caractérise par un écoulement vers le nord-ouest, à l'est de l'île Herschel, et par un courant qui se dirige vers l'est le long de la péninsule Tuktoyaktuk. Plus loin au large, dans les eaux prises par les glaces, l'écoulement se fait vers l'ouest, sous l'influence dominante du courant gyratoire de la mer de Beaufort. L'eau est caractéristique de celle de l'océan Arctique, c.-à-d. température basse et de faible salinité, mais l'influence du Pacifique, provenant de la mer de Béring, y est ressentie et influe sur la faune, notamment sur le hareng du Pacifique et sur le saumon.

En été, les oiseaux marins abondent dans cette région qui constitue une importante aire de reproduction et une halte migratoire. Le taux général de productivité biologique, de nature subarctique plutôt qu'arctique, est relativement élevé, et l'économie des autochtones repose en bonne partie sur les phoques et les baleines.

L'exploration pétrolière et gazière sur la plateforme canadienne débute par des relevés sismiques à la fin des années 60. En 1973, on procède au forage du premier puits. En 1986, le projet Amauligak confirme les potentiels pétrolier et gazier de la mer de Beaufort. Dès sa première année d'exploitation, le gisement produit 50 400 m³ de pétrole qui sont mis sur le marché au Japon.

M. J. Dunbar

Beauharnois, Charles de Beauharnois de La Boische, marquis de, gouverneur de la Nouvelle France de 1726 à 1747 (La Chaussaye, près d'Orléans, France, 12 oct. 1671—Paris, France, 12 juill. 1749). Sa longue expérience comme officier de marine, acquise au cours des guerres de Louis XIV, lui permet d'assumer la difficile tâche de contrôle de l'expansion coloniale britannique. Avec l'aide des peuples amérindiens alliés, il réussit à défendre les points stratégiques aux frontières acadiennes, sur le lac Ontario et dans l'Ouest, malgré les restrictions financières en temps de paix.

Les répercussions de la GUERRE DE LA SUCCESSION D'AUTRICHE en Amérique du Nord provoque, en 1744, une pénurie des articles commerciaux, ce qui compromet gravement le réseau d'alliances entre les Français et les autochtones. Après le départ de Beauharnois, en 1747, plusieurs de ses recommandations sont approuvées, notamment la FORTIFICATION de la ville de Québec et le renforcement de la puissance française dans l'Ouest.

Jeannette Larouche

Beauharnois de La Chaussaye, François de, Baron de Beauville, INTENDANT de la Nouvelle-France de 1702 à 1705 (bapt. près d'Orléans, France, 19 sept. 1665—*id.*, 9 sept. 1746). Protégé du ministre de la Marine, Beauharnois fait face à des difficultés à son arrivée en Nouvelle-France. Le commerce de la fourrure connaît une récession en raison de la crise économique qui sévit en Europe, et la guerre a éclaté entre l'Angleterre et la France.

Il tente, à l'aide des subventions de la Compagnie de la Colonie, de poursuivre le commerce de la fourrure et de pratiquer l'agriculture, mais son séjour est trop bref pour obtenir des résultats concrets. Néanmoins, les trois années pendant lesquelles il a été intendant le rendent candidat à quelque promotion en France, ce qui lui vaudra l'honneur d'être nommé intendant de la marine à Rochefort. Son frère Charles, marquis de BEAUHARNOIS, est gouverneur en Nouvelle-France.

Jeannette Larouche

Beaulé, Chevalier Pierre, organisateur et dirigeant syndical, fonctionnaire (Québec, 31 août 1872—*id.*, 8 oct. 1957). Cordonnier et machiniste de métier, Beaulé est membre de l'Union des machinistes, affiliée à la Fraternité des cordonniers unis à Québec, et participe aux Cercles d'études des ouvriers. Partisan des syndicats confessionnels et nationaux, il facilite le regroupement des conseils des travailleurs catholiques du Québec et en devient l'organisateur.

Premier président désigné de la Confédération des travailleurs catholiques du Canada (CTCC) de 1921 à 1933, aujourd'hui connue sous le nom de CONFÉDÉRATION DES SYNDICATS NATIONAUX, il implante des syndicats dans le secteur des services ainsi que des syndicats industriels et de métiers. Il est en outre le premier représentant du CTCC au sein de la délégation canadienne à l'Organisation internationale du travail à Genève, responsabilité qu'il assume à trois autres reprises.

Il participe à divers comités d'aide aux chômeurs, durant les années 30. Le pape le nomme Chevalier de l'Ordre St. Grégoire-le-Grand. Beaulé démissionne du poste de président du CTCC et rejoint, deux ans plus tard, la fonction publique provinciale du Québec.

F.J.K. Griezic

Beaulieu, Michel, écrivain, critique littéraire et traducteur (Montréal, 31 oct. 1941—*id.*, 10 juill. 1985). Après avoir étudié au collège Jean-de-Brébeuf, il s'inscrit à la faculté des arts de l'U. de Montréal. Tour à tour critique d'art, rédacteur et directeur du *Quartier latin* (1961-1964), il fonde *L'Odyssée* (1963), le journal des étudiants de la faculté des arts, avant d'être nommé (1964) directeur de la publication pour l'Association générale des étudiants.

En 1963, il devient journaliste pour *La Presse* et fonde, avec Gaston MIRON, les Éditions Estérel. Il est critique pour *Le Devoir* en 1971 et 1972, et collabore à la fondation du Centre d'essai des auteurs dramatiques et de la revue *Jeu*. Il est à la fois critique, éditeur, journaliste et traducteur, et travaille pour de nombreux périodiques, tant au Québec qu'à l'étranger. Il publie son premier recueil de poèmes en 1964, *Pour chanter dans les chaînes*, et en 1985 il a déjà publié quelque 20 titres, dont trois romans et une quinzaine de pièces de théâtre pour la radio.

Mais c'est surtout en poésie qu'il se distingue; en tout, une trentaine de recueils au nombre desquels on remarque *Le Pain quotidien*, 1965; *Mère, un poème*, 1966; *Chez l'obscène nyctalope*, 1968; *Paysage*, 1966; *Oracle des ombres*, 1979; *Quadrature*, Treize poèmes, 1989; *Indicatif présent* et autres poèmes, 1993. Il reçoit, en 1973, le prix de la revue *Études françaises* pour son recueil *Variables*; il obtient le Grand Prix littéraire du *Journal de Montréal* en 1980 pour sa rétrospective *Desseins, poèmes 1961-1967*; il reçoit le prix du Gouverneur général (1982) pour son recueil *Visages* et, à titre posthume, le prix Gatien-Lapointe (1985) pour *Kaléidoscope*.

Roger Chamberland

Beaulieu, Victor-Lévy, journaliste, romancier, essayiste, dramaturge, éditeur (Saint-Paul-de-la-Croix, Qc, 2 sept. 1945). Bien connu, Beaulieu est une personnalité importante de la littérature québécoise, tant pour ses activités diversifiées que pour ses écrits. Il a gagné de nombreux prix littéraires: le Grand prix littéraire de la Ville de Montréal (*Les Grands-pères*, 1971), le prix du Gouverneur général

(*Don Quichotte de la démanche*, 1974), le prix France-Canada (*Monsieur Melville*, 1978; trad. 1985) et le prix Jean-Béraud-Molson (*Satan Belhumeur*, 1981).

Beaulieu adore mélanger divers styles d'écriture et transcender leurs limites habituelles. *Blanche forcée* (1976) est un récit; *N'évoque plus que le désenchantement de ta ténèbre, mon si pauvre Abel* (1976) est une lamentation; *Sagamo Job J* (1977) est un hymne; *La Tête de Monsieur Ferron* (1979) est une épopée humoristique.

En tant qu'essayiste, il s'intéresse à ses ancêtres littéraires (*Pour saluer Victor Hugo*, 1971; *Jack Kérouac*, 1972) et aux écrits québécois oubliés (*Manuel de la petite littérature du Québec*, 1974). Il signe deux téléséries (*Les As* et *Race de monde*, une adaptation admirable de son premier roman du cycle «La Vraie Saga des Beauchemin») et plusieurs pièces de théâtre (dont *Ma Corriveau*, 1976, et *Monsieur Zéro*, 1977).

Après avoir travaillé pour les Éditions du Jour et les Éditions de l'Aurore, il dirige sa propre maison d'édition, VLB éditeur, de 1976 à 1984, continue de publier essais (*Jack Kerouac*, 1987), romans (*Steven le hérault*, 1985; *La Jument de la nuit*, 1994); pièces de théâtre (*Votre fille peupleuse par inadvertance*, 1990; *La Maison cassée*, 1991; *Sophie et Léon*, 1992; *La Nuit de la grande citrouille*, 1993; *Le Bonheur total*, vaudecampagne, 1995; *En attendant Trudot*, suivi de *Y'avait beaucoup de Lacasse heureux*, 1995; *La Guerre des clochers*, 1997; *Beauté féroce: une histoire d'amour pas comme les autres*, 1998) et récits-souvenirs (*Docteur Ferron, pèlerinage*, 1991; *Gratien, Tit-Coq, Fridolin, Bousille et les autres*, 1993; *Trois-Pistoles et les Basques: Le Pays de mon père*, 1997) avec un grand souci du détail. Constamment en évolution, l'œuvre de Beaulieu décrit la quête d'un pays et est également une quête littéraire.

Benoît Melançon

Beaulne, Guy, directeur de théâtre (Ottawa, Ont., 23 déc. 1921). Son père, Léonard, est directeur d'une compagnie de théâtre à Ottawa, Le Groupe Beaulne, et directeur du département des arts de l'U. d'Ottawa. En 1943, Guy obtient son diplôme de professeur en arts, en pédagogie et en philosophie à l'U. d'Ottawa. De 1944 à 1948, il est directeur de La Corporation des Diseurs, qui se produit au Caveau, à Ottawa, et donne des cours d'expression théâtrale et de diction à l'U. d'Ottawa.

Grâce à une bourse, il se rend à Paris où il étudie la phonétique à la Sorbonne et le théâtre au Conservatoire d'art dramatique, sous la direction de Denis d'Inès (1948-1950). Il est en même temps correspondant pour Radio-Canada et critique pour *Le Droit*.

De retour au Canada, Guy Beaulne produit des radio théâtres pour Radio-Canada jusqu'en 1956, puis travaille pour la télévision jusqu'en 1963. En 1958, il fonde l'Association canadienne du théâtre d'amateurs (ACTA), dont il est le directeur jusqu'en 1963. Puis il est directeur général de l'éducation artistique au ministère des Affaires culturelles du Québec jusqu'en 1970, premier administrateur du Grand Théâtre de Québec jusqu'en 1976 et représentant de la Délégation générale du Québec à Paris jusqu'en 1979. De 1981 à 1987, il est directeur du Conservatoire d'art dramatique de Montréal.

Guy Beaulne crée l'émission de radio *La Famille Plouffe* et produit l'émission de télévision du même nom avec Jean-Paul Fugère. Dans le domaine du théâtre expérimental, il collabore à l'émission de radio *Nouveautés dramatiques* et à l'émission de télévision de langue anglaise *Shœstring Theatre*. Il est le père de la metteure en scène Martine Beaulne.

André G. Bourassa

Beauport, ville du Qc; pop. 74 000 décret du 1er janvier 2000, 72 000 (rec. 1996), 69 158 (rec. 1991); superf. 79 km²; const. en 1976; située dans la région de Québec. Elle est bordée au nord par les Laurentides et au sud par le fleuve Saint-Laurent. Son réseau hydrographique comprend les rivières Montmorency et Beauport, les lacs Desroches et Monette, ainsi que de nombreux ruisseaux.

Historique En 1634, Robert Giffard reçoit la seigneurie de Beauport de la Compagnie de la Nouvelle-France. Cette terre fertile et cette immense forêt sont situées entre les rivières Beauport et Montmorency. Le fleuve Saint-Laurent, à proximité, sert de moyen de communication et de transport des marchandises. Dès 1698, la communauté, située à 1 km à l'est de la rivière Beauport, compte 444 habitants.

En 1845, on établit la municipalité de la paroisse de Beauport. En 1976, sept municipalités fusionnent pour former la ville de Beauport. Cette banlieue de la ville de Québec attire les nouveaux résidents par son aménagement routier, l'étendue de son territoire, ses installations récréatives et ses aires naturelles.

Beauport est un centre économique important comprenant un parc industriel où travaillent plus de 2000 personnes. S'ajoutent à cela les emplois que procurent les huit zones industrielles de la ville.

La ville de Beauport renferme un des neuf arrondissements historiques protégés en vertu de la Loi sur les biens culturels du Québec. Cet arrondissement, qui s'étend sur 7 km de longueur de part et d'autre de l'avenue Royale, comprend quelque 664 bâtiments dont 504 ont une valeur patrimoniale.

Beauport possède une architecture unique qui s'étend sur 350 ans. Chacune des sept anciennes municipalités détient une richesse historique dans ses constructions résidentielles et ses églises.

Beausoleil, Claude, professeur, écrivain et critique littéraire (Montréal, 16 nov. 1948). Après avoir obtenu un baccalauréat (1970) et une maîtrise (1973) en études littéraires de l'U. du Québec à Montréal, il reçoit son certificat en histoire de l'art et s'inscrit à d'autres cours au Centre international de linguistique et de sémiotique d'Urbino, en Italie (1978). Professeur au département de français du CEGEP Édouard-Montpetit, il est aussi critique littéraire pour *Mainmise* (1975-1977), *Hobo-Québec* (1973-1979), *Le Devoir* et la revue *Spirale*. Ses manuscrits sont publiés dans plusieurs revues, dont *Lèvres urbaines*, qu'il fonde en 1983. Il a reçu un doctorat de l'U. de Sherbrooke en 1992.

Auteur prolifique, Beausoleil a publié une quarantaine de titres après la parution de son premier livre, *Intrusion ralentie*, en 1972, et a reçu plusieurs prix et décorations, dont le prix Émile-Nelligan (1980) pour son recueil *Au milieu du corps l'attraction s'insinue*. En 1989, le Gouvernement du Québec lui remettait l'Ordre des francophones d'Amérique. Son recueil *Le grand hôtel des étrangers* a fait l'objet d'une adaptation multimédia de Michel Lemieux et Victor Pilon qui a été présentée dans les grandes capitales du monde. Après avoir poursuivi des recherches sur le langage, en se basant sur des théories contemporaines du structuralisme et de la psychanalyse, au début des années 1970, Beausoleil est revenu à une poésie plus près de l'émotion quotidienne et de l'expérience des sensations vives. Ses poèmes (*Fureur de Mexico*, 1992; *Montréal est une ville de poèmes, vous savez*, 1992; *L'usage du temps*, 1993; *Le Déchiffrement du monde*, 1993; *La Ville aux yeux d'hiver*, 1994; *La Vie singulière*, 1994; *Le Rythme des lieux*, 1995; *Quatre échos de l'obscur*, 1997) ont été traduits dans cinq langues.

Roger Chamberland

Beaven, Robert, homme d'affaires, politicien et premier ministre de la Colombie-Britannique (Leigh, Angl. 20 janv. 1836—Victoria, 18 sept. 1920). La ruée vers l'or l'entraîne de Toronto à Victoria, où il se lance en affaires. Il est secrétaire de la Confederation League pendant la période tumultueuse qui entoure l'entrée de la Colombie-Britannique au sein de la Confédération canadienne. Élu en 1871 à l'Assemblée législative de la Colombie-Britannique, il fait partie des cabinets de DE COSMOS et de WALKEM. Il succède à Walkem comme premier ministre en 1882.

Après une première défaite aux élections de juillet 1882, il s'accroche au pouvoir jusqu'à ce qu'il soit défait à l'Assemblée législative en janvier 1883. Beaven n'en continue pas moins d'y siéger jusqu'en 1894, notamment à titre de chef de l'opposition. Il est aussi maire de Victoria en 1892, 1893 et 1896.

H. Keith Ralston et Betty Wilcox

Beaver Vapeur à aubes de bois, il fut le premier navire à vapeur sur la côte Nord-Ouest. Lancé le 2 mai 1835 près de Londres, il atteint le fleuve Columbia en 204 jours, arrivant à Vancouver le 10 avril 1836. Bateau ravitailleur de la Compagnie de la baie d'Hudson (CBH) jusqu'à la RUÉE VERS L'OR de 1858 sur le fleuve Fraser, il assure ensuite le service de passagers et de marchandises entre Victoria et le continent.

De 1862 à 1874, le *Beaver* de la CBH devient le navire hydrographique de Sa Majesté. La Compagnie le vend en 1874, et il sert ensuite comme bâtiment utilitaire et comme remorqueur jusqu'en 1888, année où il est démoli dans la première passe du port de Vancouver. Il n'en reste que quelques reliques.

James Marsh

Beaver Club Il s'agit d'un cercle montréalais fondé en 1785. L'admission y est limitée aux anciens de la TRAITE DES FOURRURES des PAYS D'EN HAUT. On trouve parmi les membres de riches négociants en fourrures, des courtiers en fourrures à la retraite et des actionnaires avec de nombreux appuis politiques provenant surtout, mais pas seulement, de la COMPAGNIE DU NORD-OUEST. Parmi les membres honorifiques figurent des officiers d'armée et des capitaines de vaisseau, et parmi les invités, des personnalités de l'époque. Le cercle est au cœur des activités sociales de Montréal, sa principale occupation consistant à organiser, durant l'hiver, des agapes. Il cesse ses activités vers 1825, malgré une reprise de courte durée en 1827. Sa devise est «Le courage dans l'infortune».

Jean Morrison

Beaver, The Magazine publié par la Compagnie de la baie d'Hudson qui est créé en 1920 en tant que magazine du personnel. Il paraît mensuellement jusqu'en 1924, puis trimestriellement. Douglas MacKay, rédacteur en chef de 1933 à 1938, estime que le magazine intéresse les gens à l'extérieur de l'entreprise, et change son format et son contenu. Le tarif d'abonnement est alors de 1,00 $ par an.

On élimine en 1941 l'information concernant les employés. Sous la direction de rédacteurs en chefs compétents, le magazine se fait graduellement connaître par ses articles bien écrits et bien illustrés sur l'histoire de l'entreprise, l'histoire des peuples autochtones et l'art autochtone. Il est apprécié et remporte des prix pour son exactitude et sa rédaction méticuleuse.

Depuis 1986, c'est un bimestriel, et son bloc-générique passe de *The Beaver – Un magazine du Nord* à *The Beaver – Exploration de l'histoire du Canada*. Comme l'indique son bloc-générique, il est orienté vers l'histoire du Canada et met l'accent sur ses aspects sociaux.

La Société historique nationale du Canada, un organisme créé en 1994 avec l'aide de la Compagnie de la baie d'Hudson, achète *The Beaver* en faire son journal et développer l'intérêt pour l'histoire canadienne. En 1994, *The Beaver* a un tirage payé de 40 000 exemplaires.

Shirlee Anne Smith

Bécancour, ville du Qc; pop. 11 489 (rec. 1996), 10 911 (rec. 1991); superf. 434,29 km²; const. en 1855. Elle est située presque en face de Trois-Rivières, sur la rive sud du fleuve Saint-Laurent, au confluent de la rivière Bécancour. Couvrant un vaste territoire reconnu pour sa beauté, Bécancour perd peu à peu son caractère rural et agricole traditionnel dans les années 60, au profit de la croissance industrielle. À la fin de cette décennie, on aménage un grand parc industriel pour y accueillir des industries

métallurgiques et sidérurgiques et d'autres industries de moindre importance.

Cette ville porte le nom de René Robineau de Bécancour, chef d'une expédition contre les Iroquois en 1696. En 1669, des missionnaires français établissent les premiers contacts avec les Abénakis de la région, et une colonie européenne permanente s'y établit trois ans plus tard. En 1702, on érige un petit fort pour protéger la ville contre les attaques des Iroquois. Bien que, à l'origine, la population soit surtout française, une petite communauté irlandaise s'y installe vers les années 1840.

Au XIXᵉ s., on y construit plusieurs scieries qui ne survivront pas à la crise des années 30. Un réseau important d'autoroutes et de transport ferroviaire dessert la ville. En 1892, on érige à Bécancour une imposante église d'architecture néogothique et romane sur laquelle se dresse un clocher de 55 m de haut.

Serge Durflinger

Bécasseau et chevalier Noms communs donnés aux oiseaux de rivage de la famille des scolopacidés, dans laquelle on retrouve les bécasseaux, les chevaliers, les BÉCASSINES, les tourne-pierres, les BÉCASSES, les courlis (*voir* ANIMAUX EN VOIE DE DISPARITION), et les barges. Les bécasseaux et les chevaliers ont récemment été répartis en deux tribus distinctes: les *Tringini* (18 espèces) et les *Calidridini* (24 espèces).

Répartition Les bécasseaux et les chevaliers nichent dans les régions septentrionales de l'hémisphère Nord. Après la nidification, ils entreprennent de longues MIGRATIONS afin de se diriger vers l'Australie, la Nouvelle-Zélande, l'Asie, l'Afrique et l'Amérique du Sud pour y passer la saison hivernale. Parmi les espèces souvent observées au Canada, on retrouve le chevalier grivelé (*Actitis macularia*, le chevalier solitaire (*T. solitaria*), le bécasseau semipalmé (*Calidris pusilla*), le bécasseau à croupion blanc (*C. fuscicollis*), le bécasseau à poitrine cendrée (*C. melanotos*) et le bécasseau variable (*C. alpina*).

Description On distingue les scolopacidés des PLUVIERS à leur bec proportionnellement plus long et plus mince, à leurs longues pattes, à leur doigt postérieur, absent chez le bécasseau sanderling (*C. alba*) et à leur plumage leur permettant de se fondre dans l'environnement. Leur poids varie de 21 g chez le bécasseau minuscule (*C. minutilla*) à 200 g chez le bécasseau de l'anadyr (*C. tenuirostris*). Les cris mélodieux des bécasseaux leur ont valu le nom familier de *peeps* chez les anglophones de l'Amérique du Nord.

Comportement Après la saison de reproduction, ils forment des bandes d'oiseaux parmi lesquelles on trouve une ou plusieurs espèces. En vol, la précision avec laquelle ces bandes d'oiseaux tournent et virevoltent est remarquable. L'éclat lumineux que produit alors l'alternance de leur ventre blanc et de leur dos gris semble confondre les OISEAUX DE PROIE, qui ont ainsi de la difficulté à isoler un individu pour l'attaquer.

Nidification Les comportements liés à la reproduction sont fort diversifiés chez les scolopacidés, bien davantage que chez de nombreux autres groupes d'oiseaux. La majorité des scolopacidés sont monogames et ont une ou deux couvées par saison. Certaines espèces, dont le bécasseau variable, sont polyandres, c.-à-d. que différents mâles incubent les couvées successives d'une seule femelle. D'autres espèces, dont le bécasseau à croupion blanc, sont polygames, c.-à-d. qu'un mâle s'accouple avec plus d'une femelle. Chez la plupart des espèces, une couvée compte généralement quatre œufs (de deux à cinq).

L'incubation dure de 18 à 32 jours selon l'espèce. Les jeunes quittent le nid peu de temps après l'éclosion. À l'instar des pluviers, les scolopacidés veillent sur leurs petits et utilisent souvent des manœuvres de diversion pour attirer les prédateurs loin des œufs ou des oisillons.

A.J. Baker

Bécassine Nom commun donné à 19 espèces d'oiseaux de rivage, de petite ou moyenne taille (de 254 à 406 mm), regroupées au sein du groupe des bécasseaux (*voir* BÉCASSEAU ET CHEVALIER), de la famille des scolopacidés. Tout comme les BÉCASSES, les bécassines possèdent un long bec, dont le bout est flexible. Leurs yeux sont situés loin vers l'arrière de la tête, ce qui leur procure une bonne vision périphérique.

Comportement La parade aérienne à laquelle se livrent les bécassines lorsqu'elles reviennent et qu'elles commencent à revendiquer un territoire au moment de la nidification, a fait la réputation de cet oiseau. Les bécassines volent alors jusqu'à une centaine de mètres au dessus de leur territoire tout en décrivant des cercles. Elles effectuent soudainement de courts piqués tout en émettant un son fort et chevrotant produit par la friction de l'air entre les plumes externes de leur queue déployée.

Répartition La bécassine des marais (*Gallinago gallinago*) a une répartition holarctique. Elle niche depuis l'Alaska jusqu'en Californie et jusque dans le nord des États-Unis et à Terre-Neuve, vers l'est. Elle hiverne plus au sud, jusqu'au Venezuela et en Colombie.

A.J. Baker

Beck, sir Adam, industriel, politicien et commissaire d'un service public d'électricité (Baden, Canada-Ouest, 20 juin 1857—London, Ont., 15 août 1925). Craint et respecté comme bâtisseur d'empires, Beck domine la politique en Ontario pendant une génération, tout en créant et en développant la Commission de l'énergie hydroélectrique de l'Ontario, dont il fait la plus grande institution publique au monde dans le domaine de l'électricité. Fils d'un fondeur et meunier luthérien allemand, Beck se fait connaître comme fabricant de boîtes à cigares, athlète exceptionnel, maire et député provincial à London.

En qualité de maire, il dirige un mouvement de municipalités de l'Ontario et de chambres de commerce pour obtenir de l'électricité à meilleur marché des CHUTES NIAGARA. En 1905, James P. WHITNEY le nomme responsable d'une enquête publique qui recommandera finalement la création d'un système coopératif de distribution hydroélectrique financé par la province et appartenant aux municipalités.

Soutenue par des défenseurs de la nationalisation provenant des deux partis politiques, la Commission de l'énergie hydroélectrique de l'Ontario débute de façon modeste en 1910 mais, grâce à la promotion vigoureuse de Beck en faveur d'une énergie à prix coûtant («Power At Cost»), elle recrute bientôt des milliers de nouveaux clients parmi les industriels, les commerçants et les foyers. En facturant un bas prix initial pour stimuler la demande, puis en construisant de grandes centrales électriques efficaces dont les faibles coûts permettront des diminutions de tarif, Beck développe rapidement son système et élimine la majorité de ses concurrents privés. Il intimide aussi les municipalités récalcitrantes, tyrannise le gouvernement provincial grâce à la friction de ses partisans et abuse de son pouvoir de réglementation pour contrecarrer des rivaux privés. Finalement, il va trop loin et le gouvernement de E.C. DRURY annule son projet de chemin de fer électrique. G. Howard FERGUSON surveille aussi Beck et Hydro de près.

Principal fondateur et l'âme d'HYDRO ONTARIO, Beck a favorisé l'établissement de la tradition de l'entreprise publique au Canada, alors que ses méthodes ont peu fait pour rendre ces entreprises politiquement plus responsables.

H.V. Nelles

Beck, Gary, pilote de voiture d'accélération (Seattle, Wash., 21 janvier 1941). Beck pilote des stock-cars durant 12 ans avant de passer aux courses d'accélération. Installé à Edmonton, en Alberta, il est l'un des meilleurs pilotes des années 70.

En 1972, il remporte à Indianapolis (Indiana) le championnat de la National Hot Rod Association. Il connaît sa meilleure saison en 1974, alors qu'il remporte trois courses de la NHRA, fait sans précédent, et deux compétitions de l'American Hot Rod Association. La même année, il est aussi couronné champion du monde et nommé conducteur de l'année par Car Craft et Drag News. En 1975, il remporte plusieurs courses, dont le Canadian Open.

Gerald Redmond

Beck, Tom, défenseur de l'environnement et consultant en gestion environnementale et sociale dans le domaine de l'exploitation des champs pétrolifères (Wishaws, Écosse, 11 mars 1932). Beck est un pionnier de la gestion et de la protection de l'environnement dans le domaine de l'INDUSTRIE PÉTROLIÈRE canadienne. Ses vingt années d'activités au sein de l'industrie pétrolière albertaine lui valent sa nomination au poste de coordonnateur des services environnementaux d'Elf Oil Exploration and Production Ltd. en 1970 et, plus tard, de la Société Aquitaine du Canada Limitée. De 1980 à 1982, il est directeur des affaires environnementales et sociales pour Petro-Canada.

Beck, qui se consacre à la conservation de l'environnement et à l'exploitation raisonnable des ressources naturelles, exerce une grande influence dans le domaine. Il est l'un des fondateurs de l'Alberta Wilderness Association, administrateur de l'Arctic Institute, et président du Conseil consultatif canadien de l'environnement de 1978 à 1987.

Ian McTaggart-Cowan

Becker, Abigail, née Jackson, «L'héroïne de Long Point» (comté de Frontenac, Haut-Canada, 14 mars 1830—Walsingham Centre, Ont., 21 mars 1905). Après avoir épousé Jeremiah Becker, chasseur et trappeur, elle s'établit en 1848 sur la rive sud de Long Point, une longue péninsule étroite du lac Érié tourmentée par des vents changeants et des bancs de sable mobiles.

Au cours d'une forte tempête, le 24 novembre 1854, la goélette *Conductor*, surchargée, s'échoue sur un banc de sable près de la péninsule. Le capitaine et l'équipage restent agrippés toute la nuit au gréement gelé, n'osant pas s'aventurer dans les vagues déferlantes. Abigail trouve les hommes en péril le matin suivant et, bien que ne sachant pas nager, elle s'aventure dans l'eau glacée jusqu'aux épaules afin d'inciter les hommes à nager jusqu'à elle. Le capitaine et six hommes d'équipage se laissent convaincre et gagnent la rive, mais le cuisinier reste accroché au gréement jusqu'à ce qu'il soit secouru le lendemain matin.

L'équipage chante bien haut l'héroïsme d'Abigail. Elle reçoit 350 $ d'une bourse de 550 $ amassée par les marins et les marchands de Buffalo (N.Y.), une médaille d'or spécialement conçue par la New York Lifesaving Benevolent Association, une lettre manuscrite de la reine Victoria accompagnée de 50 £, une lettre de félicitations du gouverneur général Lord Aberdeen ainsi qu'une médaille de bronze de la Royal Humane Society.

Plus tard, elle vient en aide à six marins naufragés qui ont réussi à atteindre la terre et elle sauve de la mort un petit garçon tombé dans un puits. Une plaque est érigée à Port Rowan, en Ontario, le 10 septembre 1958 afin de commémorer l'héroïsme de cette femme. Les abords du monument historique Abigail Becker englobent une partie du terrain où se trouvait la ferme d'Abigail, laquelle a élevé 17 enfants, dont six étaient des beaux-fils et des belles-filles et deux, des enfants adoptés.

E.E. Augusteijn

Beckwith, John, compositeur et professeur (Victoria, C.-B., 9 mars 1927). Une des voix canadiennes anglaises les plus remarquables parmi les compositeurs canadiens, Beckwith a créé une œuvre abondante qui prend sa source dans son expérience sensible de l'environnement canadien. Bien qu'il ait composé beaucoup de musique instrumentale, la plupart de ses œuvres importantes sont vocales; ce sont souvent des mises en musique de textes d'écrivains canadiens.

Beckwith a composé bon nombre de ses créations les plus éloquentes au cours de sa longue collaboration avec le poète-dramaturge James REANEY; parmi elles, les opéras *Night Blooming Cereus* (1953-1958) et *The Shivaree* (1965-1978). Ses *Sharon Fragments* (1966) pour chorale sans accompagnement, commémorant les Children of Peace, une secte religieuse de mélomanes du XIXe s. de l'Ontario, sont l'une de ses œuvres à thème historique les plus souvent exécutées. Champion de la musique canadienne pendant quarante ans, Beckwith est parmi ceux qui ont le plus marqué la vie musicale au pays.

Très lu et des plus cultivés, Beckwith est bien connu comme écrivain, conférencier et commentateur à la radio et la télévision. Il écrit des critiques musicales pour des journaux torontois et signe des articles sur divers aspects de la vie musicale canadienne pour des revues et des livres de référence. Il planifie et écrit plusieurs séries d'émissions et de documentaires sur la musique pour la radio anglaise de Radio-Canada.

Il se joint au corps professoral de l'U. de Toronto en 1952 et est doyen de la faculté de musique de 1970 à 1977. En 1984, il est nommé premier professeur Jean A. Chalmers de musique canadienne et premier directeur de l'Institute for Canadian Music de l'U. de Toronto.

Barclay McMillan

Bédard, Jean, philosophe et intervenant social (1950). Il est apparu comme un bolide dans le monde des lettres. En 1996, il inaugurait chez lui, dans sa maison au bord du fleuve, à Saint-Fabien-sur-mer, près de Rimouski, des séminaires de réflexion sur la culture occidentale et la modernité. Son premier colloque portait sur Maître Eckhart et la spiritualité occidentale. Cette démarche est à l'origine d'un roman, *Maître Eckhart, 1260-1328* (1998), qui parut avec la chaude recommandation de Ylia Progogine, prix Nobel, et connut un succès immédiat. Il fut traduit en plusieurs langues.

Jean Bédard est un homme d'un esprit ample et profond à la fois. Il est très ouvert à la connaissance de l'astrophysique moderne qui, selon lui, permet de mieux comprendre les grandes données de la spiritualité occidentale. Tout en poursuivant un travail d'enseignement et d'action sociale, il s'adonne à la recherche et à l'écriture. En plus de son ouvrage sur Maître Eckhart, il a publié deux romans: *L'âme déliée* (1989) et *L'œil de Tchichès: la vision des bienheureux* (1991), un ouvrage sur le travail social et communautaire, et prépare un autre livre cette fois sur un disciple de Maître Eckhart, le cardinal Nicolas de Cusa, qui a vécu au XVe s.

Paul-Émile Roy

Bédard, Louise, chorégraphe, danseuse, directrice, professeure (Montréal, 26 mai 1955). Venue à la danse tardivement, Bédard forge un lien avec le Groupe Nouvelle Aire à Montréal en 1979, en étudiant la danse moderne, le butoh et le ballet. Elle cultive aussi sa voix avec des professeurs venant de partout dans le monde. En 1981, elle participe au O'Parade de Linda Rabin et devient bientôt une interprète très recherchée pour son attaque courageuse, ainsi que pour l'intensité lyrique, presque douloureuse, de son interprétation.

Le talent de Bédard comme artiste de la scène est reconnu en 1984 lorsque la pionnière de la danse, Jeanne RENAUD, lui demande de danser dans une nouvelle production de Déformité (créée en 1947). Se produisant toujours comme danseuse indépendante, elle est engagée régulièrement pendant les années 80 par FORTIER DANSE CRÉATION, O'Vertigo Danse, Sylvain Émard Danse et, notamment, par la Fondation Jean-Pierre PERREAULT pour laquelle elle interprète les rôles de Rodolphe, Joe, Nuit, Orénoque et Îles.

Bédard commence son travail de chorégraphe avec *Pulsions et dérisions* en 1983. En 1987, elle participe à la fondation de Circuit-Est, une coopérative de chorégraphes qui lui assure un lieu de répétition constant à partir duquel elle pourra créer un nombre important de ses œuvres. En 1990, elle forme la compagnie Louise Bédard Danse.

Les Métamorphoses clandestines (1991), pour quatre danseurs, sont suivies de *Vierge Noire* (1993), pour quatre danseuses. *Danse les Fougères foulées du regard* (1995), pour trois couples, termine le triptyque et remporte les 5e Rencontres chorégraphiques de la Seine-Saint-Denis (anciennement connues comme le concours Bagnolet) à Paris, en juin 1995. En 1996, après plusieurs années de chorégraphie pour des groupes, Louise Bédard se produit en solo dans *Cartes postales de Chimère*, un séjour poétique dans la mémoire d'une femme. En 1997, Bédard reçoit le Jean A. Chalmers National Dance Award pour son travail de création et d'interprétation dans *Cartes postales* et dans *Danse les fougères*, mention spéciale du jury. Les deux œuvres ont fait l'objet de vastes tournées.

En 1999, Bédard retourne à la chorégraphie de groupe avec Urbania Box, *Je n'imagine rien*, pour six danseurs, un œuvre qu'elle présente à différentes communautés montréalaises pour obtenir une rétroaction de la critique.

La chorégraphie de Bédard se confond avec son style d'interprétation, à la fois méticuleux et infiniment subtil. Chaque geste est clairement défini à partir du sursaut d'un muscle de la joue jusqu'au fléchissement du bout du doigt. L'éclairage et les décors sont construits avec le même soin que ses mouvements. Ces œuvres multidimensionnelles, faisant preuve à la fois de délicatesse et d'intelligence, ont un effet poignant sur le spectateur.

Bédard a participé à de nombreuses productions cinématographiques et à de nombreux films vidéo, incluant la production télévisée de REFUS GLOBAL d'Yves Racicot, des films de ses œuvres réalisés par Bernard Hébert, et ses propres productions de films vidéo. Elle a également figuré dans une douzaine de films dans lesquels elle danse pour d'autres. *Linde Howe-Beck*

Bédard, Myriam, biathlonienne (Loretteville, Qc, 22 déc. 1969). Elle commence le biathlon à l'âge de 15 ans alors qu'elle fait partie des cadets. Elle participe à sa première compétition, l'année suivante, avec une paire de skis loués. Elle devient membre de l'équipe nationale du Canada en 1987. Quatre ans plus tard, en Allemagne, elle devient la première Canadienne à remporter une épreuve de la Coupe du monde. Elle termine d'ailleurs au 2e rang du classement général de cette saison 1990-91. Bédard étonne ensuite le milieu du biathlon en remportant la médaille de bronze du 15 km aux Jeux olympiques de 1992.

Lors des championnats du monde de 1993, elle remporte la médaille d'or pour l'épreuve de 7,5 km et la médaille d'argent pour le 15 km. Aux Jeux olympiques de 1994 à Lillehammer, en Norvège, elle comble ceux qui ont placé leurs espoirs en elle et connaît des heures de gloire: elle remporte la médaille d'or aux épreuves de 7,5 km et de 15 km, devenant ainsi la première non Européenne médaillée d'or à des épreuves olympiques de biathlon. En 1994, Bédard reçoit le TROPHÉE LOU-MARSH qui couronne l'athlète canadien par excellence de l'année. *Yvon Dore*

Bédard, Pierre Stanislas, politicien et juge (Charlesbourg Château, Qc, 13 nov. 1762—Trois-Rivières, Bas-Canada, 26 avril 1829). Admis au barreau en 1790 et d'abord élu député de Northumberland à l'Assemblée législative du Bas-Canada en 1792, Bédard devient bientôt chef du nouveau PARTI CANADIEN et un critique notoire de la CLIQUE DU CHÂTEAU au pouvoir.

En 1806, Bédard participe à la fondation du journal *Le Canadien*, destiné à diffuser le programme de son parti parmi l'intelligentsia de la province. En 1810, sur l'ordre du gouverneur sir James CRAIG, il est arrêté et emprisonné avec d'autres collègues du journal *Le Canadien* à cause de commentaires

publiés dans le journal. Il est plus tard relâché sans être traduit en justice, et le fait qu'il soit nommé juge en 1812 est généralement considéré comme un geste de réparation de la part de l'administration pour son arrestation. Hormis quelques absences pour cause de maladie, il demeure juge jusqu'à sa mort. *Stanley Gordon*

Bedford Communauté urbaine de la N.-É.; pop. 13 638 (rec. 1996), 11 618 (rec. 1991); située en amont du bassin de Bedford, dans la municipalité régionale de Halifax. Les MICMACS sont les premiers à habiter la région. À partir du début du XVIIe s., les Français utilisent également le bassin. La localité et le bassin sont nommés Bedford, en l'honneur de John Russell (1710-1771), quatrième duc de Bedford et ministre des colonies au moment de la fondation d'Halifax en 1749.

Quand le fort est érigé en 1749 afin de garder ouvert le chemin menant au bassin des Mines et assurer la défense contre les raids autochtones, l'endroit s'appelle Sackville. Le nom de Bedford est adopté en 1856, année de la construction d'une gare par la Nova Scotia Railway (plus tard l'Intecolonial). Au XIXe s., certaines petites entreprises, dont la confiserie Moirs, emploient la main-d'œuvre locale, mais ce n'est qu'à compter de 1961 que Bedford connaît un véritable essor à mesure que les gens cherchent à s'éloigner d'Halifax. Bedford devient alors une importante station estivale et une banlieue-dortoir. Elle est constituée en tant que ville en 1980, mais elle perd son statut de ville en 1996 lorsqu'elle fusionne avec la municipalité régionale de Halifax. *L.D. McCann*

Beechey, Frederick William, officier naval, artiste et explorateur (Londres, Angl., 17 févr. 1796—*id.*, 29 nov. 1856). Beechey joint les rangs de la marine britannique à l'âge de 10 ans et participe à la bataille de la Nouvelle-Orléans en 1815. En 1818, il est commandant en second sur le *Trent*, sous la direction de John FRANKLIN (plus tard sir John Franklin), à la recherche du PASSAGE DU NORD-OUEST.

En 1819-1820, il sert sous les ordres de W.E. PARRY sur le *Hecla* et, lors d'un voyage de découverte vers l'Arctique de l'Est, passe l'hiver à Winter Harbour, sur l'île Melville, où il fait des observations scientifiques et des croquis du terrain. C'est durant cette expédition que seront découverts l'inlet Prince-Régent, le détroit de Barrow, le détroit de Wellington et les îles Parry.

De 1825 à 1827, il commande un voyage d'exploration vers l'Arctique de l'Ouest. Il sera promu au rang de contre-amiral et deviendra président de la Royal Geographical Society. Le lac Beechey (sur la rivière Back, dans les Territoires du Nord-Ouest), la pointe Beechey (en Alaska) et le cap Beechey (sur l'île Ellesmere) sont nommés en son honneur, tandis que l'île Beechey (Territoires du Nord-Ouest) est nommée en l'honneur de son père. *W.R. Morrison*

Beechey, île Elle est située à l'entrée du détroit de Wellington, dans l'ARCHIPEL ARCTIQUE, du côté nord du DÉTROIT DE LANCASTER et au large de la pointe sud-ouest de l'ÎLE DE DEVON. À marée basse, elle se joint à l'île plus grande grâce à un isthme de gravier étroit et forme ainsi la rive Nord-Ouest de la baie d'Erebus. On croit que les navires de sir John FRANKLIN y ont passé l'hiver de 1845-1846. Lors des recherches ultérieures pour retrouver Franklin, l'île sert de dépôt d'approvisionnement et de lieu de rendez-vous. L'île est petite, elle a une largeur de 2,5 km seulement, mais ses rives abruptes, qui aboutissent à un plateau de 244 m de haut, en font une élévation très au vu. *Daniel Francis*

Beecroft, Norma, compositrice et commentatrice (Oshawa, Ont., 11 avril 1934). Compositrice avant-gardiste, Beecroft a créé une musique d'une originalité certaine pour divers moyens d'exécution, combinant instruments traditionnels, voix et sons produits ou modifiés électroniquement. *From Dreams of*

Brass pour soprano, narrateur, chœur, orchestre et ruban, une de ses œuvres les plus connues, reflète tout à fait le style de Beecroft et utilise, comme *Rasas II* et *The Living Flame of Love*, un texte écrit ou traduit par sa sœur, Jane Beecroft, poète et peintre.

Promotrice enthousiaste de la musique canadienne, Beecroft réalise des émissions pour la radio anglaise de Radio-Canada et devient l'animatrice bien connue de *Music of Today*. Elle s'emploie aussi activement à promouvoir des concerts de nouvelle musique. En 1986-1987, elle est directrice de cours de l'atelier d'écriture musicale à l'U. York.

En 1994, pour célébrer le 60e anniversaire de Beecroft, New Music Concerts présente en première trois de ses nouvelles œuvres: *Images* pour quintette à vent, *String Quartet* et *CJRT 1994* pour flûtes basses et percussion. *Barclay McMillan*

Beers, William George, joueur de crosse et dentiste (Montréal, 5 mai 1843—*id.*, 26 déc. 1900). Il est la figure dirigeante du sport de la CROSSE qu'il organise et contribue à populariser. Fondateur et directeur de la première revue de dentisterie au Canada, il est le doyen de la première faculté d'art dentaire du pays. Il apprend à pratiquer la crosse dès l'âge de 6 ans et, à 17 ans, on le choisit pour représenter Montréal comme gardien de buts lors du match présenté devant le prince de Galles.

En 1867, il tente de faire adopter la crosse comme sport national du Canada. Sa campagne échoue mais contribue à faire passer, la même année, le nombre de clubs de 6 à 80, grâce aussi au congrès national qu'il organise à Kingston (Ontario). Il est élu secrétaire de la National Lacrosse Association créée au terme de ce congrès, au cours duquel sont aussi adoptés les règlements qu'il avait publiés en 1860 afin de normaliser la pratique de ce sport.

Beers publie, en 1869, *Lacrosse: The National Game of Canada*. Il ne cesse jamais de promouvoir ce sport et accompagne des équipes canadiennes en Angleterre en 1876 et en 1883. *Peter Lindsay*

Begbie, sir Matthew Baillie, juge et premier juge en chef de la Colombie-Britannique (cap de Bonne-Espérance, 9 mai 1819—Victoria, 11 juin 1894). Envoyé par l'Angleterre en 1858 pour agir comme premier juge de la nouvelle colonie de Colombie-Britannique, il se fait rapidement une réputation de partisan résolu, mais juste, de l'ordre public britannique dans les camps miniers dispersés de la colonie, dont la population blanche est en majorité américaine. Ses efforts et ceux du gouverneur James DOUGLAS permettent à la colonie de demeurer britannique et de faire partie du Canada.

Lors de l'entrée de la Colombie-Britannique dans la Confédération en 1871, Begbie en devient le premier juge en chef. Il oriente le système judiciaire de la province vers une ère de grande complexité, tout en manifestant des traits de caractère insoupçonnés chez un juge victorien: il épouse les droits des Chinois et des autochtones, il porte un intérêt de toute une vie à des réformes progressistes du droit et il a un penchant pour les «faibles». Durant ses dernières années, il est la célébrité de la société élégante de Victoria, où il mène une vie aisée de célibataire. *David Ricardo Williams*

Bégin, Monique, première Québécoise élue à la Chambre des communes (Rome, Italie, 1er mars 1936). Après l'obtention d'un certificat d'enseignement (1955), d'un B.A. (1958) et d'une maîtrise en sociologie (1961) à l'U. de Montréal, elle poursuit des études de doctorat à Paris. Elle se distingue d'abord à titre de secrétaire générale de la Commission royale d'enquête sur la situation de la femme. Elle entame sa carrière politique en se faisant élire sous la bannière libérale à la Chambre des communes (1972). Elle est ensuite réélue systématiquement (1974, 1979, 1980), avec dans ces deux derniers cas les plus fortes majorités jamais obtenues.

D'abord ministre du Revenu (1976-1977), puis ministre de la Santé et du Bien-Être social (1977-1984), elle fait adopter une hausse du supplément de revenu pour les personnes âgées nécessiteuses (à trois reprises), le crédit d'impôt pour enfants et une nouvelle loi sur la santé (1984), qui vient renforcer le régime d'assurance-maladie en place. Elle inaugure la politique de dévolution des services de santé aux autochtones.

Elle se voit décerner des doctorats honorifiques par diverses universités et elle est la première récipiendaire de la médaille Dr Brock CHISHOLM (1984), remise par l'Organisation mondiale de la santé de Genève. Elle occupe des postes d'enseignement à l'U. Notre Dame, aux États-Unis (1984-1985), et à l'U. McGill (1985-1986). L'U. d'Ottawa la nomme première titulaire de la Chaire conjointe en études des femmes, créée conjointement avec l'U. Carleton. En 1990, elle devient doyenne de la Faculté de sciences de la santé à l'U. d'Ottawa, charge qu'elle conserve jusqu'à sa retraite en 1997. Elle est toujours professeure émérite dans cette université.

Marthe Legault

Bégon de la Picadière, Michel, INTENDANT de la Nouv.-France de 1712 à 1726 (Blois, France, 21 mars 1667—la Picadière, France, 18 janv. 1747). Pendant son mandat, il veut assurer le développement de la colonie: peuplement, monnaie, production et circulation des produits. Au moment de son arrivée, l'économie de la Nouv.-France est en difficulté: la crise dans le commerce du castor n'est pas résorbée et l'inflation causée par la MONNAIE DE CARTES À JOUER sévit. Sa proposition pour régler le problème de la monnaie est acceptée et la métropole la rachète, par tranches, à la moitié de valeur. Il propose en vain de faire venir des esclaves noirs et des Français en nombre. Il ne réussit pas plus à libéraliser le commerce des fourrures qu'à implanter les industries qui auraient pu combler le déficit commercial de la colonie. Pris en conflit d'intérêt personnel et soupçonné de détournement de fonds, il est rappelé en France en 1723.

France Beauregard

Belaney, Archibald Stansfeld, surnommé *Grey Owl*, écrivain et défenseur de l'environnement (Hastings, Angl., 18 sept. 1888—Prince Albert, Sask., 13 avril 1938). Élevé par deux tantes célibataires et sa grandmère, Belaney connaît une enfance malheureuse. Durant sa jeunesse, il est fasciné par les autochtones d'Amérique du Nord et rêve d'en devenir un. À l'âge de 17 ans, il part pour le Nord du Canada où il restera toute sa vie, sauf durant son service de guerre. C'est en côtoyant les Ojibwés du Nord de l'Ontario qu'il apprend à connaître la nature.

Peu après son arrivée, Belaney s'invente une nouvelle identité, se présentant comme le fils de parents écossais et apache et se fait appeler Grey Owl. Il publie sous ce nom son premier livre, *The Men of the Last Frontier* (1931; trad. *La Dernière Frontière*). Sa femme, l'iroquoise ANAHAREO, le convainc de l'importance de la CONSERVATION de l'environnement, qui devient le thème central de ses écrits.

Pendant son affectation comme responsable d'un programme de protection des castors à Riding Mountain, puis au parc national de Prince-Albert, dans l'Ouest canadien, il écrit trois livres: *Pilgrims of the Wild* (1934), *The Adventures of Sajo and her Beaver People* (1935; trad. *Sajo et ses castors*, 1938) et *Tales of an Empty Cabin* (1936; trad. *Récits de la cabane abandonnée*, 1951). Il connaît beaucoup de succès grâce à son travail, surtout en Grande-Bretagne où il effectue deux tournées de conférences.

Après sa mort, les médias découvrent ses origines anglaises et, dans l'indignation qui s'ensuit, son œuvre en tant que défenseur de l'environnement est oubliée. Ce n'est qu'une génération plus tard que son travail sera à nouveau reconnu.

Donald B. Smith

Bélanger, Daniel, auteur, compositeur et interprète (Montréal, 26 déc.1961). Après avoir tenté diverses

expériences musicales, Daniel Bélanger lance, en 1992, *Les insomniaques s'amusent* qui est choisi album Pop-Rock de l'année par l'ADISQ. Après avoir assuré les premières parties des spectacles de Céline DION, Patricia Kaas et Michel Jonasz, il gagne de plus en plus d'adeptes avec les chansons *Sèche tes pleurs*, *La folie en quatre* et *Opium* et remporte les Félix de l'interprète masculin, de l'album et du spectacle de l'année 1994, en plus de se produire quelques semaines plus tard au Théâtre du Forum devant plus de 6000 personnes. Musicalement plus audacieux, *Quatre saisons dans le désordre*, lancé en 1996, devient également l'Album Pop-Rock de l'année. Les Félix de l'auteur-compositeur et du spectacle de l'année confirment que Daniel Bélanger est devenu, en peu de temps, un chansonnier de premier plan et un artiste qui étonne par sa maîtrise de la scène. Il effectue, au début de 1998, une tournée en solo pour présenter des versions acoustiques de ses chansons. Paru en 1999, l'album *Tricycle* témoigne de six ans d'évolution de l'artiste en tournée. Ses chansons *Les temps fous*, *Les deux printemps* et *Sortez-moi de moi* sont devenues des classiques.

Robert Thérien

Belcher, archipel de Situé au sud-est de la BAIE D'HUDSON, à 100 km à l'ouest du Poste-de-la-Baleine, au Québec. L'étendue continentale totale, d'environ 13 000 km², est composée d'un groupe d'îles longues et étroites orientées nord-est/sud-ouest le long d'un immense littoral. Si l'on se fie à son journal de 1610, Henry HUDSON aurait aperçu les îles avant la mutinerie de son équipage. Il aurait vraisemblablement été emporté à la dérive sur l'archipel de Belcher et y serait enterré. L'archipel de Belcher, comme toutes les îles de la baie, fait partie des Territoires du Nord-Ouest et porterait le nom d'un employé de la Compagnie de la baie d'Hudson.

Les îles deviennent de moins en moins importantes sur les cartes maritimes successives et sont pratiquement redécouvertes par l'explorateur R.J. Flaherty en 1915, alors qu'il cherche du minerai de fer. Flaherty réalise, en 1922, le chef-d'œuvre *Nanook of the North*, un film documentaire basé sur ses contacts avec les Inuits.

D'après ce qu'on dit, les habitants de l'archipel de Belcher sont le dernier groupe d'Inuits à entrer en contact avec d'autres Canadiens. Dans les années 60, on ouvre un établissement scolaire multifonctionnel et l'auteur de ces lignes en est le premier enseignant. Plus tard s'ajoute un poste de soins infirmiers. Les sculptures de l'archipel de Belcher ont des yeux caractéristiques, taillés en mouvements circulaires à l'aide du bout d'une lime.

Michael C. Hampson

Belcher, sir Edward, hydrographe, explorateur (Halifax, N.-É., 27 févr. 1799—Londres, Angl., 18 mars 1877). À titre d'hydrographe, il participe à d'importantes expéditions navales britanniques dans le détroit de Béring, en Afrique, aux Amériques et en Extrême-Orient. Il fait preuve de compétence, mais se révèle querelleur et vindicatif. En 1852, on lui confie la charge de diriger cinq navires qui partent à la recherche de sir John FRANKLIN.

L'expédition de Belcher sert à assurer le sauvetage de Robert MCCLURE et de ses hommes, bloqués pendant trois hivers au cours de leur propre recherche. Mais, quand ses navires sont pris dans les glaces à l'été de 1854, il ordonne d'en abandonner quatre. De retour en Angleterre, il passe en cour martiale, mais est acquitté. Le reste de sa vie, Belcher poursuit des recherches littéraires et scientifiques.

Daniel Francis

Belette Petit MAMMIFÈRE à corps allongé, de l'ordre des CARNIVORES et de la famille des mustélidés. Trois espèces habitent le Canada: l'hermine (*Mustela erminea*), la belette à longue queue (*M. frenata*) et la belette pygmée (*M. novalis*). Cette dernière est la plus petite espèce de l'ordre des carnivores. Le genre *Mustela* inclut également le VISON, le PUTOIS

D'AMÉRIQUE et le putois d'Europe, une espèce introduite.

Description La belette a les parties supérieures du corps et de la queue brun foncé, ses parties inférieures ont une couleur qui varie du blanc crème à l'orangé. Dans les régions nordiques, les belettes deviennent blanches l'hiver. Dans l'INDUSTRIE DE LA FOURRURE, on ne fait pas de distinction entre les fourrures des trois espèces, et toutes sont désignées sous le nom d'hermine. Les trois espèces ont une tête nettement pointue, longue et aplatie, de petites oreilles arrondies, un corps long et mince pourvu d'un gros cou et de courtes pattes.

Répartition et habitat On rencontre la belette dans tout le Canada continental, depuis l'intérieur de la Colombie-Britannique jusque dans le nord de l'Ontario et du Québec. Elle affectionne les FORÊTS de conifères et la TOUNDRA, mais habite aussi les marais, les prés et les terrains boisés accidentés. La belette à longue queue, la plus grande des belettes, se rencontre depuis l'Amérique du Sud jusqu'à environ 49° de latitude nord. Au Canada, on la trouve dans le sud de la Colombie-Britannique, dans les PRAIRIES, en Ontario, au Québec et au Nouveau-Brunswick. Elle habite les forêts mixtes de feuillus et d'autres types de forêts ou des milieux ouverts, toujours près de l'eau.

L'hermine, répandue dans l'hémisphère Nord, se rencontre partout au Canada dans des habitats comme la toundra, la FORÊT BORÉALE, les prés et les rives des cours d'eau. Toutes les espèces capturent de petits mammifères et des INSECTES. La belette à longue queue et l'hermine capturent aussi de jeunes LAPINS et des rongeurs de taille moyenne.

Reproduction et développement La belette à longue queue s'accouple en juillet et en août, et 4 à 9 petits naissent de 205 à 237 jours plus tard. La longue période de gestation s'explique par l'implantation différée de l'embryon. L'hermine s'accouple en mars. Sa gestation dure approximativement 30 jours, et elle donne naissance à une portée de six petits en moyenne. La belette pygmée produit annuellement deux ou trois portées de trois à six petits. Sa période de gestation est d'à peu près 35 jours. Les mâles aident parfois les femelles à chasser pour nourrir les petits.

Relations avec les humains Les belettes sont de bonnes chasseuses de SOURIS et sont ainsi utiles aux fermiers, sauf quand elles s'en prennent à la volaille.

C.S. Churcher

Belges Ils constituent une nation composée de deux principales communautés ethnolinguistiques: les Flamands, qui habitent le nord et l'ouest de la Belgique et dont la langue est le néerlandais, et les Wallons, qui habitent le sud de la Belgique et qui parlent le français. En 1996, 31 375 Canadiens se disaient d'origine belge et 92 225 autres mentionnaient qu'ils avaient une ascendance belge. Les Belges sont répartis inégalement au pays. Environ 32 p. 100 d'entre eux habitent l'Ontario, 24 p. 100 le Québec et 30 p. 100, les Prairies. Pour une grande part, il s'agit d'une population rurale, sauf au Québec, où ils sont concentrés dans la région de Montréal, et en Colombie-Britannique. Les Flamands dépassent les Wallons en nombre dans une proportion de quatre pour un, et on les trouve partout au pays, bien qu'on en trouve une certaine concentration dans le sud-ouest de l'Ontario et le sud du Manitoba. Les Wallons s'établissent au Québec et dans de petites communautés francophones des provinces de l'Ouest.

Migration et peuplement

Dès 1859, la colonie, composée du Haut et du Bas-Canada, nomme une commission d'enquête sur l'immigration qui étend aux Belges l'indemnité de passage et l'octroi d'une terre gratuite dont bénéficient les citoyens britanniques. Cela établit les fondements d'une politique ultérieure dans le nouveau Dominion du Canada. La première loi sur l'immigration du Canada (1869) inclut la Belgique parmi les «pays préférés» dont il faut rechercher les immigrants. Le premier fonctionnaire de l'Immigration du Dominion en Europe est Edouard Simaeys, dont le bureau est à Anvers. Celui qui fait le meilleur travail parmi tous ces fonctionnaires, Désiré de Cœli, entreprend ses conférences intensives et sa campagne de promotion en 1898.

Parmi les compagnies de navigation qui proposent des indemnités de passage aux immigrants, on trouve la Red Star Line, qui reçoit des subventions du gouvernement à Bruxelles. Gustaaf Vekeman, au Québec, et Louis Hacault, au Manitoba, font partie des immigrants prospères qui écrivent pour le gouvernement des brochures destinées à attirer plus d'immigrants. Des fonctionnaires et des journalistes belges sont invités, aux frais du gouvernement canadien, à considérer la possibilité de s'établir au Canada. En 1897, l'ingénieur Georges Kaiser écrit un livre qui aura de l'influence: *Au Canada*. La compagnie ferroviaire Canadien Pacifique parraine le voyage de Louis Varlez et de Lucien Brunin dans l'Ouest canadien, en 1929. Leur rapport aura aussi de l'influence. Ces efforts entraînent quatre vagues d'immigration en provenance de la Belgique.

Première vague La première période d'immigration vers le Canada coïncide avec l'agitation ouvrière de la Wallonie et les tensions sociales dans les Flandres, dans les années 1880. Cette première vague se dirige principalement vers le Québec et le Manitoba, provinces qui sont perçues comme des terres d'accueil francophones et catholiques. Les fermiers flamands choisissent les Cantons de l'Est, au Québec, et le sud du Manitoba. Dans cette dernière région, ils fondent les communautés de Bruxelles, de Saint-Alphonse et de Mariapolis. Les verriers wallons commencent à entrer dans les premières manufactures ontariennes, tandis que les mineurs occupent des emplois dans les houillères de la Nouvelle-Écosse et de l'île de Vancouver. Les mineurs wallons, qui connaissent l'organisation syndicale et les associations politiques ouvrières, ne tardent pas à s'impliquer avec ferveur dans les luttes qui opposent les ouvriers à la Dominion Coal Company, au Cap-Breton. À Springhill, Joseph Lavenne se distingue comme chef syndical et activiste au sein du Parti socialiste du Canada. Plusieurs mineurs quittent la Nouvelle-Écosse pour la Pennsylvanie, puis reviennent sur l'île de Vancouver et s'établissent finalement en Alberta, où d'autres viennent les rejoindre depuis l'Europe. À l'île de Vancouver, ils sont le fer de lance de l'organisation de la Miners Liberation League en 1912, dont le but est de travailler à la libération des mineurs détenus.

En Alberta, les mineurs wallons s'impliquent dans le radicalisme ouvrier et Léon Cabeaux, Frank Soulet, Joseph Lothier et Gustave Henry se distinguent comme chefs syndicaux dans les régions du Pas du Nid-du-Corbeau, de Lethbridge et de Drumheller. Ils sont aussi représentés dans l'émeute d'Estevan, en 1931, date à laquelle le gouvernement belge fournit des fonds pour rapatrier les mineurs, soit parce qu'ils sont déçus des conditions de travail au Canada, soit parce qu'on a ordonné leur déportation.

Deuxième vague La deuxième vague d'immigrants, qui commence en 1896, est soutenue par un lien maritime direct avec Anvers en 1903 et par une nouvelle législation en 1906. Cette législation encourage les immigrants à être des chefs de file de l'industrie laitière dans la région de Winnipeg, de la culture fruitière dans la vallée de l'Okanagan et de la culture maraîchère et de la betterave sucrière dans le sud-ouest de l'Ontario. En 1912, la Dominion Sugar Company commence à recruter directement les travailleurs agricoles et autres ouvriers belges pour son industrie de la betterave sucrière dans le sud-ouest de l'Ontario. La Knight Sugar Company fait de même dans le sud de l'Alberta. En 1897, la Belgo-Canadian Fruit Lands Company, une compagnie d'Anvers dirigée par Raoul de Grelle et Ferdinand De Jardin, dans

la vallée de l'Okanagan, entreprend l'exploitation extensive de vergers mis en irrigation. Une filiale fondée en 1908, le Belgian Orchard Syndicate, construit sa propre usine de conserves pour expédier les pommes, les fruits à noyau et les légumes. L'organisation belge de la Vernon Orchard Company amène l'expansion de la culture commerciale des fruits et des légumes dans le district de Vernon. Les Flamands dirigent plusieurs fermes laitières aux alentours de Sherbrooke, au Québec, et de Winnipeg et de Saint-Boniface, au Manitoba, ainsi que des crèmeries et des fromageries dans chacune des deux provinces. Les familles Bossuyt, Nuyttens, Van Walleghem et Anseeuw s'engagent activement dans la Commission manitobaine des produits laitiers pendant plusieurs décennies, et les fermes des familles Bossuyt et Anseeuw sont des points de mire pour les visiteurs étrangers.

Troisième vague Après la Première Guerre mondiale, plus de 14 000 autres immigrants arrivent, recrutés principalement par les compagnies ferroviaires, les manufacturiers de betterave à sucre de l'Ontario et de l'Alberta et les compagnies de tabac. L'industrie du tabac séché à l'air chaud, qui prend une expansion rapide dans les sols sablonneux des environs de Tillsonburg et de Delhi, attire tout autant les Belges du nord des États-Unis. Ils contribuent à l'organisation de la Southern Ontario Flue-Cured Tobacco Growers' Association en 1932. Les Belges se distinguent de façon remarquable dans l'industrie maraîchère et dans l'industrie laitière de la vallée du Fraser, en Colombie-Britannique, et dans la vallée du Richelieu, au Québec.

Quatrième vague La dernière et la plus importante vague, qui se produit entre 1945 et 1975, n'entraîne pas l'émergence de nouvelles colonies. La majorité des nouveaux arrivants vont dans les centres urbains ou encore dans les colonies déjà fondées par leurs prédécesseurs. Les politiques d'immigration du Canada passent, en 1962, de l'accent mis sur des groupes préférés à une préférence pour les individus qui ont une éducation, une formation et des habiletés intéressantes. Le Québec attire désormais environ les deux tiers des immigrants belges, particulièrement ceux du secteur professionnel, ainsi que des travailleurs spécialisés dans des domaines tels que la biotechnologie, l'aéronautique et l'informatique.

Vie économique

Les secteurs autres que celui de l'agriculture exercent depuis longtemps un attrait sur les entrepreneurs belges. En 1888, le consul général de Belgique à Montréal, Ferdinand Van Bruyssel, institue un consortium de 14 compagnies pour former le Comptoir belgo-canadien, qui fournit une bonne partie des matériaux et de l'expertise technique destinés à la construction de chemins de fer et à d'autres projets de travaux publics du Canada central. Au cours des décennies suivantes, d'autres entrepreneurs tels que Highboard Biermans et sa Belgo-Canadian Paper Company, Alexis Nihon, dans la production de marbre et de granite, les Miron, dans la fabrication de ciment et de béton, les Simard, dans la construction navale, et la compagnie Franki, dans la construction d'édifices en hauteur, jouent un rôle clé dans l'économie du Québec.

Les entreprises Franki, de Liège, étendent leurs activités à Vancouver, tandis que l'Union minière exploite des mines dans le nord de l'Ontario. En 1929, le consul de Belgique à Vancouver, Léon Dupuis, met sur pied la Chambre de commerce canado-belge et, jusqu'à l'éclatement de la Seconde Guerre mondiale, les entreprises Dupuis n'ont pas de véritables compétiteurs dans les domaines du rail, de l'acier de construction, du fil métallique, du ciment et du verre, matériaux qu'elles importent par la route ferroviaire de la baie d'Hudson. L'activité reprend en 1945, avec la participation de Sogémines et de Solvay dans les industries minière et métallurgique. Genestar émerge en 1965 en tant que participant clé.

Canadian Petrofina, Canadian Hydrocarbons et Great Northern Gas Utilities sont les principales compagnies financées par des Belges qui ont contribué à l'industrialisation dans l'Ouest canadien.

Éducation

Au Québec, les Belges jouent un rôle important au sein de la direction des maisons d'enseignement, contribuant aussi à leur développement. L'U. de Louvain sert de modèle à l'UNIVERSITÉ LAVAL. Des éducateurs belges fondent l'École des Hautes Études Commerciales, l'École des Arts Décoratifs et l'École d'Architecture, et réorganisent l'École Polytechnique de Montréal en 1908. Les écoles d'agriculture de Vilvoorde et de Gembloux servent de modèle aux écoles d'agriculture provinciales et leur fournissent des instructeurs. De façon générale, les éducateurs belges préfèrent enlever à l'Église sa mainmise sur l'éducation québécoise. Sur le plan public, Gustave Francq organise des clubs ouvriers, des coopératives d'alimentation et des installations sportives pour la jeunesse, à Montréal. Il se bat avec un certain succès pour l'adoption de lois du salaire minimum et pour les droits des femmes.

Vie culturelle

Les contributions à la vie culturelle sont nombreuses, particulièrement au Québec. Elles incluent des musiciens de renom qui contribuent à la fondation de l'Orchestre Symphonique de Montréal, de la Société Canadienne d'Opérettes, des Variétés Lyriques et des Chanteurs à la Croix de Bois. Les tableaux d'Henri-Léopold Masson sont exposés dans des galeries partout au Canada et l'on se souvient avec bonheur des sculptures de Pierre Hayvaert au pavillon du Québec, lors d'Expo 67.

Vie religieuse

Les missionnaires belges, JÉSUITES et RÉCOLLETS sont actifs au Canada au cours des XVIIe et XVIIIe s. Au XIXe s., les Rédemptoristes, les Oblats et les Capucins travaillent au sein des communautés d'immigrants et des communautés des PREMIÈRES NATIONS. La hiérarchie catholique romaine comprend des évêques belges: Pierre-Herman DOSQUET, pendant le régime français; Charles-Jean Seghers et Jean-Baptiste Brondel, dans la Colombie-Britannique coloniale; Rémi De Roo et les archevêques Maurice Baudoux et Louis Hacault, pendant la période contemporaine. Il n'existe qu'une seule paroisse flamande au Canada: la paroisse Sacré-Cœur, à Saint-Boniface. Un pensionnat pour jeunes garçons flamands, qui est aussi une école d'agriculture, le Scheppers College à Swan Lake, au Manitoba, est ouvert de 1920 à 1932, jusqu'à ce qu'il soit victime de la Crise des années 30.

Vie sociale et communautaire En 1903, à Montréal, Alphonse Ghyssens fonde l'Union belge dans le but de rassembler socialement Wallons et Flamands. Des activités sociales et des activités sportives telles que les courses de vélo, les courses de pigeons et le tir à l'arc à la perche sont concentrées au Manitoba autour du Club belge fondé à Saint-Boniface, en 1905. Le Club belge a aussi parrainé une société de secours mutuels et une caisse d'épargne et de crédit. En 1948, on fonde un Belgian Club à Delhi pour prendre la relève d'un certain nombre de clubs d'art dramatique, de littérature ou de loisirs qui tenaient des activités dans le Sud-Ouest de l'Ontario. Finalement, en 1962, les communautés de la vallée du Richelieu, au sud-est de Montréal, mettent sur pied le Club belgo-canadien de Sabrevoix. Les clubs de Saint-Boniface, de Delhi et de Sabrevoix sont désormais ouverts à toutes les communautés ethniques. Les Flamands comme les Wallons s'intègrent bien à la société francophone du Québec. Ailleurs, les Flamands tendent à s'identifier à la communauté anglophone dominante, alors que la majorité des Wallons s'intègrent aux minorités francophones.

Cornelius J. Jaenen

Béliveau, Jean, joueur de hockey (Trois-Rivières, Qc, 31 août 1931). Il apprend à patiner dans la cour arrière de la demeure familiale, à Victoriaville. Il joue dans la catégorie junior à Victoriaville et à Québec. Il devient vite l'idole de Québec où il poursuit sa carrière avec les As de Québec de la Ligue Senior du Québec. Adulé par les amateurs, qui emplissent le Colisée pour le voir à l'œuvre, il reste sourd, pendant deux ans, aux offres mirobolantes des CANADIENS DE MONTRÉAL. Il accepte finalement le contrat le plus lucratif de l'époque et revêt le chandail des Canadiens lors de la saison 1953-1954.

Champion marqueur de la saison 1955-1956, il reçoit aussi le TROPHÉE HART (remis au joueur le plus utile). Il est devenu le digne meneur de la plus puissante équipe de l'histoire de la LNH. En 18 saisons complètes et 1125 matchs, il marque 507 buts et totalise 1219 points. En 162 matches éliminatoires, il totalise 79 buts et ses 176 points constituent alors un record qui ne sera surpassé qu'en 1987 par Wayne GRETZKY.

Il met fin à sa carrière après la saison 1970-1971 et devient vice-président des Canadiens, poste qu'il occupe jusqu'à sa retraite en 1993. Élu au Temple de la renommée du hockey en 1972, il devient plus tard Officier de l'Ordre du Canada.

James Marsh

Bell, Alexander Graham, inventeur (Édimbourg, Écosse, 3 mars 1847—Baddeck, N.-É., 2 août 1922). Parmi les inventeurs des XIXe et XXe s., on considère que Bell n'est devancé que par Thomas Alva Edison. Grâce à leurs inventions, ils sont tous les deux à l'origine d'importants changements sociaux. En 1870, Bell quitte l'Écosse et s'installe à Brantford (Ontario) avec ses parents. Il travaille comme thérapeute du langage auprès des malentendants. L'approche scientifique de leurs travaux, leur connaissance du télégraphe électrique et leur invention d'un microphone fonctionnel aboutissent à l'invention du TÉLÉPHONE en 1874-76 (*voir aussi* TÉLÉCOMMUNICATIONS).

À cette époque, Bell enseigne dans une école pour malentendants à Boston et passe ses étés avec sa famille à Brantford. Il fait breveter le téléphone et met beaucoup d'énergie à en promouvoir le développement commercial aux États-Unis en fondant la Compagnie de téléphone Bell, en 1876. Ses victoires dans de nombreuses poursuites relatives à des brevets sur le téléphone en font un homme riche à l'âge de 35 ans. Il déménage à Washington (D.C.) afin de veiller à ses intérêts commerciaux. En 1890, il achète un terrain à Baddeck (Nouvelle-Écosse), où il construit plus tard une maison qu'il baptise *Beinn Bhreagh* («belle montagne» en gaélique).

Bell passe le reste de sa vie dans le domaine de la recherche scientifique, soit en faisant lui-même de la recherche, soit en finançant celle des autres. Aux États-Unis, il collabore avec S.P. Langley, constructeur d'un aéronef à vapeur dans les années 1890, et finance les premières recherches atomiques de A.M. Michelson. Bell travaille lui-même sur la pile photoélectrique, le poumon d'acier, le dessalement de l'eau de mer et le phonographe. Il essaie aussi d'élever une «super race» de moutons à Baddeck.

Son épouse, Mabel Gardiner Hubbard (1857-1923), qui est sourde, partage ses intérêts scientifiques et philanthropiques. Elle est membre à part entière de la Aerial Experiment Association, entreprend ses propres recherches horticoles et, avec ses deux filles, milite dès 1910 en faveur du droit de vote des femmes.

En 1907, Bell fonde la Aerial Experiment Association (AEA) en partenariat avec J.A.D. MCCURDY, F.W. Baldwin et quelques autres jeunes ingénieurs, parmi lesquels Glenn H. Curtiss, constructeur américain de moteurs de motocyclettes. Après des essais préliminaires avec des cerfs-volants capables de transporter un homme, l'AEA s'intéresse ensuite aux biplans à essence (nommés aérodromes) et réussit à en construire plusieurs.

Le vol du SILVER DART à Baddeck, le 23 février 1909, est généralement reconnu comme le premier vol avec équipage au Canada. L'AEA travaille simultanément sur les «hydrodromes», ou embarcations hydrofoils, à partir de 1908. En 1919, le HD-4, construit en 1917, établit un nouveau record mondial de vitesse sur l'eau, à 114,04 km/h, qui n'est brisé par aucun autre bateau pendant plus d'une décennie. La HD-4 et plusieurs autres souvenirs de Bell sont conservés dans le lieu historique national de Baddeck. Il existe plusieurs biographies de Bell. L'histoire technique de l'AEA de J.H. PARKIN s'intitule *Bell and Baldwin* (1964).

Donald J.C. Phillipson

Bell, Alexander Melville, père d'Alexander Graham BELL, éducateur et fondateur de l'industrie canadienne du téléphone (Édimbourg, Écosse, 1er mars 1819—Washington, D.C., 7 août 1905). Avant d'émigrer avec sa famille à Tutela Heights, près de Brantford (Ontario), dans les années 1870, il est professeur de diction aux universités de Londres et d'Édimbourg. Il invente le «langage visualisé», code conçu spécialement pour les sourds, qui indique exactement comment les sons de la voix humaine sont produits. Il signe plusieurs textes sur le sujet.

En 1877, ayant obtenu 75 p. 100 des brevets canadiens relatifs au téléphone, Bell engage des agents pour promouvoir la location d'appareils à relier à des lignes privées appartenant aux locataires. Incapable de trouver des acheteurs canadiens pour ses brevets, il les vend à National Bell (États-Unis) en 1880. Au Canada, il enseigne la diction au collège Queen de Kingston (Ontario) avant de déménager à Washington, D.C., en 1881.

Robert E. Babe

Bell, George Maxwell, «Max», éditeur de journal, industriel et sportif (Regina, 13 oct. 1912—Montréal, 19 juill. 1972). Quand son père, George Melrose Bell, éditeur du *Calgary Albertan,* accablé de dettes, meurt en 1936, Max Bell (alors directeur général du journal) réunit une somme de 35 000 $ grâce à des prêts de ses amis et reprend les activités. En trois ans, il rembourse ses emprunts et la banque et, en 1943, il est l'éditeur de l'*Albertan.*

Des investissements fructueux dans le pétrole, notamment, permettent à Bell d'amasser une fortune et de construire un empire de la presse. Il était à un moment l'actionnaire individuel le plus important du Canadien Pacifique (CP). En 1959, il est sur le point d'acheter la Compagnie de la baie d'Hudson, mais se retire à la dernière minute, prenant conscience de son manque d'expérience dans le domaine du commerce de détail. Aussi, en 1959, il fonde la compagnie FP Publications avec Victor Sifton du *Winnipeg Free Press.*

Bell achète d'abord six journaux: l'*Ottawa Journal,* le *Winnipeg Free Press,* le *Free Press Weekly,* le *Calgary Albertan,* le *Victoria Times* et le *Victoria Daily Colonist.* Il agrandit la chaîne en 1963 par l'achat d'intérêts majoritaires dans *Sun Publishing* de Vancouver. FP acquiert aussi le *Lethbridge Herald,* le *Montreal Star* et le *Globe and Mail.*

Au milieu des années 60, les Canadiens lisent en majorité des journaux de FP. Bell n'intervient pas sur la politique éditoriale de ses journaux, déclarant que les profits qu'il en tire l'intéressent davantage.

Sportif enthousiaste toute sa vie, il joue au hockey pour les Kimberley de la Colombie-Britannique et pour les Dynamiters pendant deux ans après l'obtention de son diplôme à l'U. McGill, en 1932. Plus tard, il investit dans les CANUCKS DE VANCOUVER de la Ligue nationale de hockey (LNH) et les chevaux de course. En 1965, son cheval, Meadow Court, gagne l'Irish Derby; un autre gagne la Queen's Plate. Défenseur de l'activité physique tout au long de sa vie, Bell n'a jamais pris d'alcool ou fumé. Il faisait souvent sa gymnastique durant les séances de travail et, à l'âge de 50 ans, au grand étonnement d'un groupe d'éditeurs, il traversa la salle de réunion en marchant sur les mains.

Homme profondément religieux, affable, plein de vitalité (qui, dit-on, ne s'est jamais fait d'ennemi), Bell a financé généreusement, et souvent de façon anonyme, les entreprises de sa communauté et, en particulier, l'Église presbytérienne. Lorsqu'il meurt d'une maladie du cerveau à 59 ans, les hommages sincères de ses contemporains affluent de tout le continent et d'Europe. Il a laissé un patrimoine évalué à 22 millions de dollars.

Chuck Davis

Bell, île de D'une superficie de 34 km², elle est la plus grande île de la BAIE DE LA CONCEPTION, située près de la PRESQU'ÎLE AVALON à Terre-Neuve. Elle est composée d'un affleurement plat de grès ordovicien et de schiste intercalé de ferret, un minerai de fer. On aperçoit ses hautes falaises de roche rouge de Portugal Cove à l'est, d'où un bac effectue la traversée de 5 km jusqu'à l'île. Longue de 9 km et large de 3 km, l'île prend son nom du rocher Bell, qui se trouve tout près.

Colonisée au milieu du XVIIIe s., l'île a connu des changements radicaux dans son économie durant les années 1890, quand a commencé l'exploitation du minerai de fer. Le site de la mine Wabana, dans le nord, est devenu sa localité la plus peuplée. La Nova Scotia Steel a été la première compagnie à exploiter la mine. Devenue la propriété de la Dominion Steel Corp., la mine a finalement été achetée par Hawker-Siddeley Canada.

Jusqu'à ce que les exploitations débutent au Labrador, la mine de l'île de Bell fut le plus grand producteur de minerai de fer du Canada. Pendant son exploitation, elle fut la plus grande mine de fer sous-marine du monde. Le minerai était traité par fusion à SYDNEY, en Nouvelle-Écosse, jusqu'à ce que la concurrence et les marchés déclinants entraînent la cessation des activités minières sur l'île de Bell en 1966. Par conséquent, l'île a connu des difficultés économiques et une diminution de sa population. Une bonne partie de la main-d'œuvre fait maintenant la navette entre l'île et St.-John's, à proximité.

Robert D. Pitt

Bell, John, commerçant de fourrures et explorateur (île de Mull, Écosse, 1799—Saugeen, Ont., 24 juin 1868). John Bell entre à la COMPAGNIE DU NORD-OUEST en 1818 en tant que commis. En 1824, tandis qu'il travaille pour la COMPAGNIE DE LA BAIE D'HUDSON, il est transféré dans le District du Mackenzie, où il devient commis en chef du fort Good Hope (1825-1826), le poste de la compagnie situé le plus au nord. Pour le compte de la compagnie, il explore le nord-ouest de l'Amérique du Nord britannique, à la recherche de nouvelles routes des fourrures.

En 1840, il ouvre le poste de la rivière Peel (FT MCPHERSON), qui devient à son tour le poste le plus boréal de la compagnie. Au cours de l'été 1845, il atteint le confluent du fleuve Yukon et de la rivière Porcupine. Il est le premier Européen à y arriver. En 1847-1848, il participe aux recherches en vue de retrouver l'expédition Franklin, qui s'est perdue (*voir* FRANKLIN, À LA RECHERCHE DE). Il travaille dans les postes du Nord jusqu'en 1851. Homme sobre et modeste, il est le modèle classique du commerçant de fourrures et de l'explorateur.

Kenneth S. Coates

Bell, John Howatt, avocat, politicien et premier ministre de l'Île-du-Prince-Édouard (Cape Traverse, Î.-P.-É., déc. 1846—Los Angeles, 29 janv. 1929). Après avoir siégé comme député libéral à l'Assemblée législative de l'Î.-P.-É., de 1886 à 1898, puis à la Chambre des communes de 1898 à 1900, Bell est réélu dans sa province en 1915, et en devient premier ministre de 1919 à 1923. L'action de son gouvernement porte avant tout sur la construction routière. Au cours de son mandat, les femmes obtiennent le droit de vote au niveau provincial, en 1922.

Nicolas J. De Jong

Bell, Marilyn, nageuse (Toronto, 19 nov. 1937). Le 8 septembre 1954, Marilyn Bell se glisse dans les eaux froides du lac Ontario et franchit à la nage les 32 milles (51,5 km) qui séparent Youngstown (New York) de la rive Ouest de Toronto. Accompli par une jeune femme de 16 ans, cet exploit fascine le pays tout entier. Des reporters du *Toronto Star* et du *Toronto Telegram* en viennent même aux coups alors que la nageuse se débat contre les lamproies et s'étouffe presque dans les eaux huileuses. On pardonne à son instructeur, Gus Ryder, d'avoir refusé de la retirer du lac alors qu'elle semble frôler l'inconscience.

Elle devient ensuite la plus jeune personne à traverser à la nage la Manche et le détroit Juan de Fuca, mais rien ne peut égaler l'euphorie de la foule qui l'attend à Toronto lorsque, 20 heures et 59 minutes après son départ, elle touche faiblement le mur qui marque la fin de son parcours. On a dit de Bell qu'elle avait accompli l'exploit canadien par excellence: celui d'un individu qui, inébranlable et déterminé, refuse de plier devant les éléments.

La vogue des traversées de lac allait plus tard amener plusieurs nageurs marathoniens à égaler son exploit et à franchir plus rapidement la même distance, mais aucun ne connut la gloire de ce qui fut l'événement de la décennie. À la grande joie du public qui l'adule et la couvre de cadeaux, Marilyn Bell est une héroïne modèle: humble, intelligente, reconnaissante et charmante. Elle quitte les feux de la rampe aussi abruptement qu'elle y est entrée, auréolée de gloire.

June Callwood

Bell, Robert, géologue et explorateur (Toronto, 3 juin 1841—Rathwell, Man., 17 juin 1917). En 1857, Bell est assistant junior à la COMMISSION GÉOLOGIQUE DU CANADA (CGC). Il obtient un baccalauréat ès sciences de l'U. McGill en 1861 et, en 1862, devient membre de la prestigieuse Geological Society of London en reconnaissance de la contribution du Canada à l'exposition de Londres. Il succède à George LAWSON comme professeur suppléant de chimie et de sciences naturelles à l'U. Queen de 1863 à 1867.

En 1869, Bell est engagé à temps plein par la CGC. Il entreprend alors une série d'expéditions dans le Nord et l'Ouest afin d'effectuer le relevé topographique des rivières se jetant dans la BAIE D'HUDSON, et des explorations préliminaires pour déterminer le tracé d'un chemin fer transcontinental. Il devient directeur adjoint de la CGC en 1877, membre fondateur de la SOCIÉTÉ ROYALE DU CANADA en 1882, et obtient son diplôme en médecine à l'U. McGill en 1878. De 1884 à 1885, il participe à titre de médecin et d'agent scientifique aux deux expéditions financées par le gouvernement pour l'exploration du DÉTROIT D'HUDSON. Il surnomme la baie d'Hudson «la Méditerranée de l'Amérique du Nord» et recommande son utilisation comme voie navigable naturelle entre l'Ouest canadien et l'Europe.

En 1889, il devient membre de la Royal Commission on the Mineral Resources of Ontario. En 1897, il explore l'ÎLE DE BAFFIN et, en 1899, la région du GRAND LAC DES ESCLAVES.

Malgré tous les honneurs qu'il a reçus et ses explorations remarquables de vastes régions précédemment inconnues au cours desquelles il a recueilli des données dans des domaines aussi variés que la géologie, la zoologie, l'ethnologie, la botanique et la foresterie, Bell n'a jamais réalisé son ambition de devenir directeur de la CGC, bien qu'il ait occupé le poste de directeur intérimaire de 1901 à 1906 et celui de géologue principal de 1906 à 1908. Après avoir habité Paris de 1912 à 1914, Bell et sa famille s'installent dans la région de la rivière Assiniboine au Manitoba.

Suzanne Zeller

Bell, Robert Edward, spécialiste de la physique atomique et professeur d'université (Ladner, C.-B., 29 nov. 1918). Une fois diplômé de l'U. de la Colombie-Britannique (B.A. en 1939, M.A. en 1941), il tra-vaille sur la mise au point du RADAR au CONSEIL NATIONAL DE RECHERCHES pendant la Seconde Guerre mondiale. Il reprend ses études aux cycles supérieurs à l'U. McGill en 1945 et reçoit un doctorat en physique nucléaire en 1948, tout en étant déjà membre du personnel de recherche du projet d'Énergie atomique Canada à Chalk River.

En 1952, il se joint au personnel de McGill et, en 1960, est promu professeur titulaire de physique au laboratoire Ernest-Rutherford, devenant professeur de physique émérite au moment de sa retraite, en 1983. Il occupe plusieurs postes importants à McGill, dont ceux de doyen et de vice-recteur, de 1970 à 1979. En plus d'être un atomicien de renommée internationale, il connaît un grand succès à titre de professeur d'université.

Bell se distingue surtout pour sa contribution scientifique à l'étude de l'énergie d'interaction nucléaire entre un proton et un neutron, à l'invention de la méthode de chronométrage direct permettant de mesurer les processus nucléaires à une fraction de milliardième de seconde près, et à la découverte de la radioactivité protonique. Ses exploits lui valent de devenir membre de sociétés prestigieuses telles que l'American Physical Society en 1954, la Société royale du Canada en 1955 et la Royal Society of London en 1965.

En 1968, il reçoit de l'Association canadienne des physiciens (ACP) la Médaille pour contribution exceptionnelle en physique, et de 10 universités canadiennes de premier plan des doctorats honorifiques. En 1971, il est fait compagnon de l'Ordre du Canada. Il est président de l'ACP de 1965 à 1966 et de la Société royale du Canada, de 1978 à 1981. Sa nomination au poste de directeur de l'Arts, Sciences and Technology Centre de Vancouver, de 1983 à 1985, couronne sa prestigieuse carrière.

S.K. Mark

Bellefleur, Léon Peintre, graveur (Montréal, 8 févr. 1910). Après avoir reçu son diplôme d'enseignant en 1929, il suit des cours du soir à l'École des beaux-arts de Montréal jusqu'en 1938. En 1940, il rencontre Alfred PELLAN et découvre l'œuvre de Paul Klee. En 1946, il monte une exposition de tableaux inspirés par les dessins de ses enfants à la Maison des Compagnons. En 1948, il signe le manifeste contestataire «Prisme d'yeux».

En 1951, Bellefleur participe à la deuxième exposition internationale de Cobra à Liège, en Belgique, et, en 1953, il se joint au mouvement AUTOMATISTE. Il étudie la gravure en France, aux ateliers de Friedlander et de Desjaubert en 1954, et, après son retour au Québec en 1957, il développe son style de peinture «à facettes», dans lequel ses compositions non figuratives sont construites avec une spatule. Plus tard, après son retour en France en 1958, il se rapproche du groupe surréaliste d'André Breton.

Une première rétrospective de ses œuvres est présentée en 1968, à Ottawa, à London (Ontario) et à Montréal. De nombreuses expositions de ses œuvres ont été tenues au Canada, en Angleterre et au Danemark. En 1977, il est le premier récipiendaire du prix Borduas.

André-G. Bourassa

Belleville, ville de l'Ont.; pop. 37 083 (rec. 1996), 37 243 (rec. 1991), 36 041 (rec. 1986); superf. 29,13 km²; const. en 1877. Chef-lieu du comté de Hastings, la ville est située dans la baie de Quinte, un bras du lac Ontario, à environ 180 km à l'est de Toronto, à l'embouchure de la rivière Moira. Les premiers habitants sont des commerçants de fourrures, mais on attribue sa fondation au capitaine John Meyers, un loyaliste, qui construit un moulin à blé à proximité de la rivière en 1790. Il y a d'abord à cet endroit le village de Meyer's Creek. En 1816, on dresse officiellement les plans de la ville et Meyer's Creek devient Belleville, qui rappelle le nom d'Arabella, femme de Francis Gore, lieutenant-gouverneur du Haut-Canada.

Avec l'exploitation des forêts de l'arrière-pays, Belleville devient un important centre de sciage. Le GRAND TRUNK RAILWAY (GTR) y construit une voie ferrée en 1855, et la ville devient un point divisionnaire; la gare du GTR, qui date des années 1850, est bien préservée et constitue un bel exemple de cette époque centrée sur les chemins de fer. L'exploitation forestière tire à sa fin dans les années 1870, mais une florissante industrie de fabrication de fromage voit le jour, et l'économie de la région est axée maintenant sur une variété d'industries légères. La ville a son musée, le Hastings County Museum, et on y trouve également le campus du Loyalist College.

Daniel Francis

Bellot, détroit de Situé à 71° 58' N, il sépare l'île Somerset de la péninsule de Booth et marque le point le plus au nord de l'Amérique du Nord continentale. Le passage d'une largeur de 2 km a été découvert en 1852 par le capitaine William Kennedy, commandant une expédition à la recherche de sir John FRANKLIN, et par l'officier de marine français et explorateur de l'Arctique, Joseph René Bellot, adjoint de Kennedy. Bellot mourut dans l'Arctique un an plus tard, à l'âge de 26 ans. F.L. McClintock passa l'hiver dans le détroit en 1858-1859.

Stanley Gordon

Bell-Smith, Frederic Marlett, peintre (Londres, Angleterre, 26 sept. 1846—Toronto, Ont., 23 juin 1923). Bell-Smith étudie les arts à Londres avant de venir à Montréal en 1867. Il travaille dans des entreprises de photographie de Montréal, puis d'Hamilton, Ontario, et Toronto. Il expose surtout des aquarelles sur des sujets liés au sport.

En 1881, il est nommé directeur du secteur des arts au Alma College de St. Thomas, en Ontario. Au cours des années 1880, il fait du dessin à Québec, dans le Maine et dans les Rocheuses. À partir de 1888, il vit de la vente de ses œuvres et expose régulièrement. Il tente, sans succès, de se faire officiellement parrainer par le gouvernement en 1895 et 1897. Néanmoins, il obtient une certaine notoriété quand on lui accorde, en 1895, l'honneur de s'asseoir près de la reine.

Bell-Smith est un artiste populaire et prolifique. Il est surtout connu pour ses paysages des Rocheuses et de Selkirk Range, où il effectue de fréquents voyages, et pour ses tableaux représentant des rues de Londres et de Paris.

Roger H. Boulet

Belœil, ville du Qc; pop 19 294 (rec. 1996), 18 516 (rec. 1991); superf. 24,01 km²; const. en 1953; située à 32 km à l'est de MONTRÉAL, sur la rive ouest de la RIVIÈRE RICHELIEU, en face de Mont-Saint-Hilaire.

Historique La colonisation de Beloeil commence au cours du premier quart du XVIIIᵉ s. En 1754, toutes les terres disponibles sont concédées. Une collectivité agricole prospère se développe autour de la seigneurie de Belœil, octroyée en 1694 à Joseph Hertel, qui la vend ensuite à Charles Le Moyne de Longueuil en 1711, et de la paroisse Saint-Mathieu, créée en 1772. La municipalité de paroisse de Saint-Mathieu-de-Belœil, établie en 1855, comprend le village de Belœil, qui deviendra une municipalité autonome en 1903.

La construction d'une poudrière dans une municipalité voisine en 1878 mène à l'implantation d'une importante usine de munitions de la CIL, dont la production joue un rôle important pour Belœil au cours des deux guerres mondiales. L'augmentation de population qui s'ensuit est en partie responsable de l'accroissement de la demande d'électricité, qui, à son tour, est responsable de la constitution de Belœil en tant que ville en 1914. Ce statut lui est nécessaire afin d'obtenir et de gérer le réseau de distribution d'électricité sur son territoire et dans les environs immédiats. La ville de Belœil a, depuis son origine, une double vocation, elle devient rapidement un lieu de transition important pour le commerce et les services publics dans la Vallée du Richelieu par l'avènement du chemin de fer en 1852, la constuction de la route n° 9 (aujourd'hui 116) entre Montréal et Québec en 1939 et finalement avec l'autoroute 20 en 1964. Belœil est aussi considérée comme une banlieue résidentielle de Montréal. Sa population, qui était dans les années 60 aux alentours de 6000 hab., triple au cours des deux décennies suivantes. Dans la décennie qui suit, Belœil augmente de 2000 à 3000 hab. seulement.

Situation actuelle L'origine du nom de Beloeil appartient aujourd'hui à la légende, qu'aucun document d'origine n'a encore démontré la source, et elle fait référence à la beauté du paysage offert par le mont Saint-Hilaire qui se mire dans la rivière Richelieu. Les visiteurs peuvent admirer eux-mêmes ce panorama en se rendant au CENTRE DE CONSERVATION DE LA NATURE MONT-SAINT-HILAIRE. Le circuit qui va de l'autoroute 20 jusqu'au pont de la route 116 qui traverse la rivière Richelieu, autant les automobilistes que les cyclistes, déploie aux yeux de ses visiteurs la beauté du paysage qui a inspiré cette légende.

Pierre-Louis Lapointe et Gino Ongaro

Béluga Le béluga, la baleine blanche ou le marsouin blanc, (*Delphinapterus leucas*) atteint une longueur maximale de près de 6 m. Ce cétacé vit en grande partie dans l'Arctique et quelques troupeaux seulement vivent dans les régions subarctiques. En Amérique du Nord, la plupart des bélugas sont migratoires et sont identifiés par leurs quartiers d'été: Cook Inlet (Alaska), baie de Bristol, mer de Beaufort, détroit de Lancaster, détroit de Barrows, inlet Prince-Régent, baie de Cumberland, Est et Ouest de la baie d'Hudson, baie d'Ungava et fleuve Saint-Laurent. Les bélugas se tiennent souvent à proximité des glaces.

Description L'adulte est nettement blanc sauf autour des nageoires pectorales et de la queue. Il n'a pas de nageoire dorsale. Le front haut et rond se termine par un museau court et large. Comme son proche parent, le NARVAL, ses vertèbres cervicales ne sont pas soudées, et il peut facilement tourner la tête. Les petits de l'année et les individus immatures ressemblent aux adultes, mais leur couleur va de gris à bleu. Le béluga a un répertoire sonore remarquablement varié, qui lui vaut d'être surnommé le canari des mers. Son système d'écholocation, utilisé pour la navigation et la chasse, est l'une des merveilles de la nature.

Biologie et populations Le béluga a longtemps été chassé par les autochtones du Nord pour sa viande et son huile et par les baleiniers commerciaux pour sa peau et son huile (*voir* BALEINE; BALEINE, CHASSE À LA). Il se nourrit de divers organismes marins, et certains pêcheurs l'ont considéré comme un sérieux compétiteur à la pêche au SAUMON et à la MORUE. Au cours des années 30, un programme d'extermination du béluga a alors été mis de l'avant par le gouvernement du Québec, qui offrait une prime pour chaque animal tué dans le fleuve Saint-Laurent. Aujourd'hui, la population du Saint-Laurent est gravement décimée, tout comme celles de la baie de Cumberland, de la baie d'Ungava et du sud-est de la baie d'Hudson.

R.Reeves et E.D. Mitchell

Belzberg, Samuel, financier (Calgary, 26 juin 1928). Après des études à l'U. de l'Alberta, Belzberg investit dans le gaz et le pétrole, et dans tous les domaines du développement immobilier. En 1962, il fonde la compagnie City Savings and Trust à Edmonton, pour combler les besoins de l'Ouest canadien en matière de financement du développement immobilier. Belzberg déménage à Vancouver en 1968 et fonde avec ses associés, dont ses frères Hyman et William, la Western Realty, une fusion de 16 sociétés privées. En 1973, la vente de la Western Realty permet aux Belzberg d'acheter la Far West Financial Corporation of California, ce qui leur vaut une notoriété nationale.

En 1970, la First City Financial Corporation est créée comme société mère de la City Savings et, en 1986, elle devient une société de portefeuille d'investissement diversifié dont les actifs dépassent 4,5 milliards de dollars; elle exerce ses activités dans tout le Canada et aux États-Unis. La City Savings and Trust, renommée First City Trust Company en 1978, avait atteint en 1986 une valeur de 3,1 milliards de dollars. En 1985, elle acquiert une importante compagnie américaine du nom de Scovill inc. pour 523 millions de dollars. En 1987, Belzberg est président de la campagne «Lien avec l'avenir» de l'U. Simon Fraser, administrateur du FRASER INSTITUTE et membre du Conseil Rockefeller de l'Université.

Les Belzberg, qui ont perdu beaucoup de membres de leur famille au cours de la Seconde Guerre mondiale, ont financé le Simon Wiesenthal Center, à l'U. Yeshiva, à Los Angeles, qui poursuit des recherches sur l'Holocauste et s'agrandit pour englober un Musée de la Tolerance. En 1977, Belzberg a aussi créé la Dystonia Medical Research Foundation, dont les deux bureaux principaux sont à Vancouver et à Los Angeles, et des cliniques à l'U. de la Colombie-Britannique, à l'U. Columbia et à Londres, en Angleterre.

Chuck Davis

Bénédictins Il existe déjà diverses traditions monastiques en Europe de l'Ouest quand saint Benoît de Nursie fonde, en 529, l'abbaye du mont Cassin, en Italie. Sa règle, qui remplace bientôt toutes celles des autres monastères occidentaux, est reconnue pour sa modération et sa souplesse. Par conséquent, diverses branches de l'ordre se forment au cours des siècles suivants, toutes différentes les unes des autres et composées de maisons autonomes.

Au Canada, elles sont représentées, par ordre chronologique, par la Congrégation de Sainte-Gertrude-la-Grande (Winnipeg, 1905, féminine), l'American Cassinese Congregation (Muenster, Saskatchewan, 1908, masculine), la Congrégation de France (Saint-Benoît-du-Lac, Québec, 1912, masculine), Sainte-Marthe-sur-le-Lac, (Québec, 1937, féminine), la Congrégation Suisse-Américaine (Ladner, Colombie-Britannique, 1939, masculine), les moniales bénédictines de Mont-Laurier, Québec (1949), les Benedictines of Saint Lioba (Vancouver, 1951-1968, féminine) et enfin les moniales bénédictines du Précieux Sang (Joliette, Québec, 1974).

Michel Thériault

Bengough, Percy, dirigeant syndical (Londres, Angl., 1883–Vancouver, 10 août 1972). Bengough immigre au Canada en 1905, exerce son métier de machiniste et adhère à l'Amalgamated Society of Engineers. En 1916, il se joint à l'Association internationale des machinistes et occupe divers postes au sein de ce syndicat.

De 1921 à 1942, il est secrétaire du Vancouver Trades and Labor Council. Il est élu vice-président du CONGRÈS DES MÉTIERS ET DU TRAVAIL DU CANADA en 1931 et en est le président de 1943 à 1954. Il appuie vivement la fusion avec le Congrès canadien du travail pour créer le CONGRÈS DU TRAVAIL DU CANADA en 1956.

En 1949, Bengough participe à la fondation de la Confédération internationale des syndicats libres et est membre du conseil exécutif. Durant la guerre, il travaille au sein de plusieurs comités consultatifs gouvernementaux, ce qui lui vaut d'être nommé Compagnon de l'Ordre de Empire britannique.

Laurel Sefton MacDowell

Bennathan, Serge, chorégraphe et directeur artistique (L'Aigle, France, 14 août 1957). Bennathan immigre au Canada en 1985 où il s'affirme comme l'un des chorégraphes canadiens les plus originaux. En qualité de directeur artistique de Dancemakers depuis 1990, il redonne à la troupe une nouvelle image.

Bennathan est élevé en Normandie (France). En 1971, il se rend à Paris pour y étudier la danse, puis se joint à la troupe de Roland Petit, le Ballet de Marseille, en 1974. C'est au cours d'une tournée avec le Ballet de Marseille qu'il visite pour la première fois le Canada. En 1978, il réalise ses premières chorégraphies pour Roland Petit. Bennathan travaille ensuite avec l'ancienne danseuse étoile, directrice et professeure de ballet Rosella Hightower à Cannes, où il fonde sa première compagnie. Des problèmes financiers l'obligent à fermer sa compagnie et il décide d'émigrer au Canada.

Bennathan travaille pendant deux ans avec Le Groupe de la Place Royale à Ottawa, puis abandonne la danse et s'installe à Vancouver afin de se concentrer sur la chorégraphie. Il y travaille avec diverses troupes locales, dont l'EDAM, le Dancecorps, la Judith Marcuse Dance Company et les BALLETS DE LA COLOMBIE-BRITANNIQUE, tout en présentant ses propres créations indépendantes. C'est à cette époque que Bennathan rencontre la décoratrice Nancy Bryant et le compositeur Arne Eigenfeldt, qui deviendront deux de ses plus fidèles collaborateurs artistiques.

La volonté de Bennathan de traduire des émotions personnelles intenses par des mouvements passionnés et évocateurs est évidente dans deux des œuvres qu'il compose à la fin de son séjour à Vancouver. *The Desires of Merlin* (1989), réalisée pour les Ballets de la Colombie-Britannique, consiste en une méditation symbolique sur les aspects contrastés de la séduction féminine (érotisme et spiritualité). *La Beauté du Diable* (1990), une production indépendante, est inspirée par un conflit personnel, l'artiste étant aux prises avec une relation amoureuse intense, et réunit des éléments profanes et sacrés.

Devenu directeur artistique de Dancemakers à Toronto, Bennathan aide la compagnie à trouver une identité mieux définie en modifiant son répertoire de danse moderne éclectique. Dancemakers devient le véhicule presque exclusif de l'œuvre de Bennathan, y gagnant une homogénéité stylistique ainsi qu'un prestige national et international considérable, en particulier pour l'expressivité et l'intensité de ses danseurs. Sous la direction de Bennathan, qui adopte une approche humaniste et utilise un langage figuré varié et rempli d'émotion, Dancemakers s'est affirmée comme la seule véritable troupe de Nouvelle Danse à Toronto. Cependant, Bennathan préfère décrire son travail comme «contemporain» et son style comme «organique», reflétant l'intérêt qu'il porte à la diversité des mouvements.

Parmi ses œuvres les plus réussies pour Dancemakers figure *Quand les grand-mères s'envolent* (1992), créée à la suite de la mort de sa grand-mère, mais à laquelle Bennathan a su donner une dimension universelle en abordant les thèmes de la mort et de la séparation. Ces thèmes reviennent en 1993 dans *Chronicles of a Simple Life*, inspirée par la mort d'un ami atteint du SIDA et, en 1994, dans *Les Vents tumultueux*, qui allie texte et mouvement sur une scène nue afin d'explorer les transformations de la vie et la passion créatrice de l'artiste.

Bennathan continue de réaliser des chorégraphies pour d'autres troupes que Dancemakers, notamment pour le BALLET NATIONAL DU CANADA et les Ballets de la Colombie-Britannique. En 1992, il est le chorégraphe de la nouvelle création de Harry Somers, *Mario et le magicien*, pour la COMPAGNIE D'OPÉRA CANADIENNE. En avril 1996, il emmène Dancemakers à New York pour une première tournée.

Michael Crabb

Bennett, Avie J., homme d'affaires, éditeur et philanthrope (Toronto, 2 janv. 1928). En 1985, après une carrière réussie dans la construction de centres commerciaux, domaine qu'il inaugure avec sa famille, il acquiert MCCLELLAND & STEWART, éditeur canadien de grande renommée.

Il reste fidèle à l'engagement de cette entreprise en faveur de la littérature canadienne en publiant annuellement quelque 100 nouveaux titres. En 1991, il achète Hurtig Publishers d'Edmonton, éditeur de *The Canadian Encyclopedia* (trad. *L'Encyclopédie canadienne*). Il est Officier de l'Ordre du Canada et reçoit un doctorat honoris causa en droit de l'U. de Toronto en 1995. En 1998, il est nommé chancelier de l'U. York.

Bennett, Richard Bedford, vicomte de, homme d'affaires, avocat, politicien et premier ministre (Hopewell Hill, N.-B., 3 juill. 1870—Mickleham, Angl., 26 juin 1947). Il dirige le Parti conservateur de 1927 à 1938 et est premier ministre du Canada, du 7 août 1930 au 23 octobre 1935. Une fois diplômé de l'U. Dalhousie en 1893, il déménage à Calgary et devient associé juridique du sénateur James A. LOUGHEED.

En 1898, il est élu député du Parti conservateur à l'Assemblée législative des Territoires du Nord-Ouest, mais tente en vain d'entrer en politique fédérale en 1900 et de siéger à la nouvelle Assemblée législative de l'Alberta en 1905. Ses associations avec Lougheed et Max AITKEN le rendent prospère et, lorsqu'il est élu en Alberta en 1909, il est financièrement indépendant.

En 1911, il se rend à Ottawa à titre de député du Parti conservateur pour Calgary-Est. Il est pris de découragement lorsque le premier ministre Borden ne le nomme pas à son cabinet. Comme il prévoit être nommé au Sénat, il ne défend pas son siège en 1917. En 1921, Arthur MEIGHEN, qui n'aime pas Bennett mais respecte son influence, le nomme ministre de la Justice. Vaincu à l'élection générale de 1921, Bennett remporte le siège de Calgary-Ouest en 1925. Il agit à titre de ministre des Finances en 1926 sous le bref gouvernement de Meighen. En 1927, il est élu chef du Parti conservateur lors du premier congrès du parti.

Excellent orateur parlementaire, il renforce le Parti, mais c'est la CRISE DES ANNÉES 30 qui lui vaut sa victoire aux élections de 1930. Il promet des mesures énergiques pour combattre la crise, mais une fois au pouvoir, il trouve difficile de mettre sur pied un programme cohérent. Son flair pour les affaires nuit à ses intérêts politiques. Sa plus grande initiative, celle de convaincre l'Empire britannique d'adopter des tarifs préférentiels, apporte un certain soulagement économique au Canada, mais s'avère insuffisante. L'établissement des camps de travail pour les hommes célibataires lui vaut une baisse marquée de popularité.

En 1933, au plus fort de la crise, il semble indécis et inefficace. Il devient la cible d'interminables railleries. On surnomme «Bennett buggies» les automobiles tirées par des chevaux parce que les propriétaires n'ont pas les moyens d'acheter de l'essence. En 1934, il est de plus en plus isolé et fait face à une importante dissension tant au sein de son parti qu'au pays. Au début de 1935, il annonce de façon dramatique qu'il appuie des «contrôles et règlements gouvernementaux». Il demande l'adoption d'un impôt progressif, de l'assurance-chômage, de l'assurance-maladie et d'autres réformes sociales d'envergure. Malheureusement pour Bennett, le *New Deal* qu'il propose n'enthousiasme pas les Canadiens outre mesure, contrairement aux réactions que provoque celui de Roosevelt aux États-Unis. En octobre 1935, les Libéraux de Mackenzie KING balaient les conservateurs du pouvoir.

Bennett reste le chef inefficace de l'opposition jusqu'en 1938, année où il abandonne amèrement le Canada et s'achète un domaine dans le Surrey, en Angleterre. Ses amis britanniques, notamment Aitken (lord Beaverbrook), lui obtiennent le titre de vicomte en 1941. Il n'a jamais pardonné aux Canadiens de l'avoir abandonné et ceux-ci, en faisant fi de sa carrière, ne lui ont, semble-t-il, jamais pardonné non plus. (*Voir aussi* NEW DEAL DE BENNETT.)
John English

Bennett, William Andrew Cecil, marchand et politicien (Hastings, N.-B., 6 sept. 1900—Kelowna, C.-B., 23 fév. 1979). Bennett est premier ministre de la Colombie-Britannique de 1952 à 1972, une période de croissance économique inégalée. Ayant fait ses études au Nouveau-Brunswick, il achète à Kelowna,

en 1930, une quincaillerie qui devient prospère. Il est élu député conservateur provincial dans la circonscription d'Okanagan en 1941, siège comme député d'arrière-banc pour la coalition et fait partie du Post-War Rehabilitation Council. En 1951, il change de parti et siège comme indépendant, mais il est réélu sous la bannière du CRÉDIT SOCIAL lors des élections controversées de juin 1952. Il est ensuite choisi chef du caucus. Le lieutenant-gouverneur le désigne pour former un gouvernement le 1er août 1952.

Pendant deux décennies de prospérité, l'administration Bennett s'attribue le mérite de la construction et de l'amélioration des autoroutes, des prolongements vers le Nord du réseau ferroviaire de la Pacific Great Eastern Railway et des principaux travaux hydroélectriques sur le fleuve Columbia et la rivière de la Paix. Tout en favorisant la libre entreprise, Bennett exproprie la plus grande entreprise hydroélectrique privée de la province en 1961. Il reprend aussi le contrôle de la compagnie de traversiers Black Ball et crée la BC Ferry Corp. en 1958. Il tente de mettre sur pied la BANQUE DE LA COLOMBIE-BRITANNIQUE, dont la province aurait détenu 25 % du capital-actions.

À partir de 1953, Bennett s'approprie le rôle de ministre des Finances. Appliquant une politique du «paiement comptant», dont l'objectif est de surveiller de près les dépenses et les dettes transférées ou les «engagements imprévus» des administrations comme la Toll Highway and Bridge Authority, Bennett affirme, en 1959, que sa province n'a plus de dettes. Son administration limite le pouvoir des syndicats et freine les dépenses de la sécurité sociale, économise dans la fonction publique, mais fait construire des établissements d'enseignement postsecondaires. Bennett se dit fier d'être Canadien, mais entretient des conflits avec le gouvernement fédéral à propos du TRAITÉ DU FLEUVE COLUMBIA, du partage de l'assiette fiscale et de la réforme constitutionnelle.

En août 1972, la Colombie-Britannique porte au pouvoir le Nouveau Parti démocratique dirigé par David BARRETT. Par la suite, Bennett démissionne comme député et comme chef du Crédit social. Son fils, William Richards BENNETT, lui succède.
Patricia E. Roy

Bennett, William John, homme d'affaires (Schreiber, Ont., 3 nov. 1911—Montréal, Qc., 23 avril 1991). Diplômé de l'U. de Toronto, Bennett devient secrétaire privé de C.D. HOWE en 1935 et travaille comme adjoint administratif de Howe au ministère des Munitions et des Approvisionnements durant la Seconde Guerre mondiale. En 1946, il est nommé vice-président et directeur général d'Eldorado Mining and Refining Ltd., une société de la Couronne chargée de la production d'uranium. Sous sa gouverne, Eldorado commence la production de son gisement d'uranium de Beaverlodge en 1953.

Dans les années 50, en qualité de président d'Eldorado et d'Énergie atomique du Canada limitée (EACL), Bennett dirige le développement de l'industrie de l'ÉNERGIE NUCLÉAIRE du Canada. Il se retire d'Eldorado et d'EACL en 1958, et devient vice-président de la compagnie Iron Ore en 1960, puis président en 1965. Il engage le futur premier ministre Brian MULRONEY chez Iron Ore en 1976. Mulroney le remplace comme président de la société au moment de sa retraite en 1977.
J. Lindsey

Bennett, William Richards, fils de W.A.C. BENNETT, homme d'affaires, politicien et premier ministre de la Colombie-Britannique (Kelowna, C.-B., 14 avril 1932). À la fin du secondaire, Bennett se lance en affaires et, avec son frère, réussit dans l'immobilier et d'autres entreprises spéculatives. En 1973, il sollicite le siège de la circonscription d'Okanagan-Sud, laissé vacant par la démission de son père et, peu après, il devient à la fois chef du CRÉDIT SOCIAL et de l'Opposition en Chambre. Il réussit à reconstituer la base de son parti et canalise l'Opposition au gouvernement néo-démocrate de David BARRETT. Le Crédit social reprend le pouvoir à la fin de 1975 et Bennett devient premier ministre.

Son règne n'est toutefois pas de tout repos: avant l'élection de 1983, son gouvernement est éclaboussé par des scandales mineurs et par la rumeur de sa soumission aux vues de certains de ses ministres influents. En outre, son administration traverse une période économique stagnante. Après l'élection de mai 1983, où le Crédit social accroît sa majorité, Bennett fait face à la conjoncture économique et à la hausse du chômage: il tente de sabrer dans les effectifs de la fonction publique et favorise de grands projets tels que l'extraction du charbon dans le nord-est de la province, la construction d'un réseau de transport rapide à Vancouver et l'exposition universelle de Vancouver, EXPO 86.

L'impopulaire programme de compressions budgétaires provoque des rassemblements de masse organisés par la coalition SOLIDARITY, formée de syndicats et d'organismes communautaires. À la fin de 1983, le gouvernement devient plus conciliant: il abandonne certaines propositions comprises dans le budget de l'été précédent. Cependant, il maintient sa détermination à réduire ses dépenses dans le secteur public, ce qui contribue à accroître l'hostilité de nombreux groupes à l'égard de son gouvernement. En mai 1986, peu après l'ouverture d'Expo 86, Bennett démissionne comme premier ministre et William VANDER ZALM lui succède au début du mois d'août.

La réputation de Bennett est restée intacte pendant une dizaine d'années en politique, en dépit des nombreux scandales qui ont marqué son administration, mais elle n'a pas survécu à son départ de la vie publique. Un scandale d'opération entre initiés concernant la société Doman Securities a engendré de longues procédures. À la fin de ses enquêtes, la commission des valeurs mobilières de la Colombie-Britannique a reconnu l'ancien premier ministre coupable de délit d'initiés.
J.T. Morley

Benoît, Jacques, écrivain (Lacolle, Qc, 1941). En 1967, Benoît publie *Jos Carbone,* un récit où se mélangent violence et fantastique, pour lequel il obtient le prix du Québec en 1968. Encouragé par ce succès, Benoît publie en rafales *Les Voleurs* (1969), *Patience et Firlipon* (1970) et *Les Princes* (1973). Il se tourne ensuite vers la scénarisation et réalise *La Maudite Galette, Réjeanne Padovani* (écrit et réalisé en collaboration avec Denys ARCAND) et *L'Affaire Coffin.*

Journaliste à LA PRESSE, Benoît obtient, en 1976, le prix Judith-Jasmin pour une série d'articles ayant pour titre «Il était une fois dans l'Est». En 1981, il publie *Gisèle et le serpent,* qui le consacre maître incontesté du roman de fiction. En 1985, il s'accorde un intermède en publiant un essai sur l'œnologie: *Les Plaisirs du vin.*
André Vanasse

Benoît, Jean, artiste surréaliste (Québec, v. 1922). Benoît étudie à l'École des beaux-arts de Montréal, où il est l'élève d'Alfred PELLAN. Tout comme Pellan, Léon BELLEFLEUR, Albert DUMOUCHEL, Mimi PARENT et Jeanne Rhéaume, il est l'un des 14 cosignataires, en 1948, du manifeste *Prisme d'Yeux,* rédigé par Jacques de TONNANCOUR.

En 1948, Benoît quitte le Québec avec Mimi Parent pour s'installer à Paris, où ils rencontreront André Breton en 1959. À partir de ce moment et jusqu'à la dissolution officielle du mouvement, Benoît prend part aux activités surréalistes et y apporte une touche personnelle non conformiste et iconoclaste, visible surtout dans sa performance intitulée *Executing the will of the Marquis de Sade,* présentée dans l'appartement parisien de Joyce Mansour, en décembre 1959.

L'œuvre de Benoît, dont Breton fait de nombreuses fois l'éloge, repousse les limites de l'art traditionnel. Ni sculpteur ni peintre, il crée divers objets qui expriment la nature radicale de sa vision du monde. Refusant de présenter ses œuvres en public quand il n'y voit pas d'autre but que la quête du succès, il a toutefois présenté deux expositions en France qui soulignent son importance sur la scène artistique: *Sauvages des villes, sauvages des îles*, au Centre d'art contemporain à Noyers, en 1992, et sa première exposition individuelle, en octobre 1996, à la Galerie 1900-2000 à Paris, qui revêt une importance toute particulière. À cette occasion, les Éditions Filipacchi publient un ouvrage important d'Annie Le Brun qui rend compte avec rigueur des créations de Benoît au cours des 50 dernières années.

Jean-Marie Apostolides

Benoît, Jehane, née Patenaude, conseillère en alimentation, auteure, et commentatrice à la radio et à la télévision (Montréal, 21 mars 1904—Sutton, Qc, 24 nov. 1987). Par ses livres et ses apparitions à l'émission *Take 30* du réseau anglais de Radio-Canada, Mme Benoît est une pionnière dans l'explication de la cuisine canadienne aux Canadiens. Elle étudie au Cordon bleu à Paris et obtient un diplôme comme chimiste en alimentation de la Sorbonne en 1925. À Montréal, elle ouvre une école anglaise et française de cuisine, Fumet de la Vieille France, qui attire 8000 étudiants en quatre ans.

De 1935 à 1940, elle exploite The Salad Bar, l'un des premiers restaurants canadiens à se spécialiser dans la cuisine végétarienne. Ses 30 livres, dont plusieurs ont été des succès de librairie, présentent la cuisine canadienne et québécoise. En 1975, la publication de *Madame Benoît's Microwave Cook Book* (trad. *La cuisine micro-ondes*, 1976), fait de Mme Benoît une des premières adeptes de la cuisson au four à micro-ondes. En 1985, elle entreprend la publication en six volumes d'une encyclopédie de la cuisine micro-ondes. En 1973, elle est faite Officier de l'Ordre du Canada.

Gordon Morash

Benson, Clara Cynthia, professeure de chimie (Port Hope, Ont., 1875—*id.*, 24 mars 1964). Associée à l'U. de Toronto pendant 50 ans, Benson est la première femme à obtenir un diplôme en chimie (1899), confiante que plusieurs postes seraient offerts aux femmes qui choisiraient cette discipline. Elle devient l'une des deux premières femmes à obtenir un doctorat à Toronto (1903). Nommée professeure de sciences à la Lillian Massey School of Household Science, elle appuie ses collègues dans leur lutte visant la reconnaissance de leur compétence académique dans ce domaine.

Professeure de talent et amie de ses élèves, Benson stimule la recherche et occupe le poste de professeure et de directrice du département de chimie alimentaire de la faculté des arts ménagers de 1926 à 1945. Une bourse à son nom lui rend hommage. L'édifice Benson de l'U. de Toronto est ainsi baptisé en reconnaissance des efforts qu'elle a déployés pour obtenir de meilleures installations sportives pour les étudiantes.

Patricia H. Coleman

Bentham, Douglas Wayne, sculpteur (Rosetown, Sask., 1947). Bentham étudie les beaux-arts à l'U. de la Saskatchewan, où il obtient un baccalauréat en 1969, puis revient y terminer sa maîtrise en 1989. Il parfait ensuite sa formation à l'EMMA LAKE ARTISTS' WORKSHOP, à l'atelier Triangle de Pine Plains, dans l'État de New York, et à l'atelier de sculpture de Hardingham, en Angleterre. Il est l'assistant du sculpteur britannique, sir Anthony Caro, à Emma Lake en 1977.

Les œuvres de Bentham, l'un des sculpteurs les plus importants du Canada, font partie de collections publiques et privées au Canada et aux États-Unis. Il réalise un certain nombre de commandes publiques au Canada, y compris des œuvres pour la Bibliothèque scientifique nationale à Ottawa, pour l'édifice du gouvernement fédéral à Calgary, et pour plusieurs emplacements à Saskatoon. Sculpteur inventif

dans la tradition constructiviste, Bentham tend à travailler en série, habituellement dans l'acier ou le bronze soudé, incorporant souvent des éléments de grandes sculptures dans des sculptures de table, et vice-versa. Son style a évolué considérablement depuis 30 ans. Il demeure un artiste productif, prolifique et inventif.

Terry Fenton

Bentley, Maxwell, dit Max, joueur de hockey (Delisle, Sask., 1er mars 1920—Saskatoon, 19 janv. 1984). Il joue dans des équipes «senior» à Drumheller (Alberta) et à Saskatoon avant de devenir professionnel avec l'équipe de Chicago. Il y occupe durant cinq ans le poste de centre de la «Pony Line», en compagnie de son frère Doug, à l'aile gauche, et de Bill Mosienko, à l'aile droite. Champion compteur en 1945 et 1946, il est échangé, en 1947, à l'équipe de Toronto contre 5 joueurs. Il évolue avec les MAPLE LEAFS durant six ans et termine sa carrière avec les Rangers de New York.

Patineur vif, doté d'une excellente accélération et remarquable au bâton, Bentley est l'un des joueurs les plus complets de son époque. Il marque 245 buts pour un total de 544 points en 646 matchs en saison régulière, ainsi que 18 buts et 45 points en 52 matchs en séries éliminatoires. Il se retire du hockey en 1954 pour s'occuper de la ferme familiale où il cultive le blé.

James Marsh

Beny, Roloff, photographe (né Wilfred Roy à Medecine Hat, Alb., 7 janv. 1924—Rome, Italie, 16 mars 1984). Dès l'enfance, Roloff Beny se lance dans la photographie. Il peint également et présente une exposition d'aquarelles à l'âge de 15 ans. Après avoir étudié les beaux-arts à l'U. de Toronto et à l'U. de l'État de l'Iowa, il se consacre à la peinture et à la gravure de reproduction. Néanmoins, au milieu des années 50, il se tourne vers la photographie et expose pour la première fois ses œuvres en 1955, à Londres, en Angleterre.

Par la suite, il expose à maintes reprises et publie plus d'une douzaine de livres abondamment illustrés sur ses voyages, parmi lesquels on trouve *To Everything There Is a Season: Roloff Beny in Canada*; *Japan in Colour*; *India*; *Odyssey: Mirror of the Mediterranean*; et *Forty Countries in Forty Years*. Au nombre des titres honorifiques qu'il reçoit, mentionnons la Médaille d'or à la Foire internationale du livre de Leipzig, en 1968. Il élit domicile à Rome pendant de nombreuses années.

Louise Abbott

Beothuks Les Beothuks («le peuple» ou «vrai peuple»), maintenant éteints, étaient des autochtones qui vivaient à Terre-Neuve. Des listes de mots, transcrites au XVIIIe s. ou au début du XIXe s., laissent croire à un lien linguistique avec l'algonquin. À l'époque de leur contact avec les Européens, les Beothuks occupaient au moins les côtes Sud et Nord-Est de Terre-Neuve. Leur nombre aurait été de 500 à 1000 personnes, mais il est difficile de l'évaluer en raison du rétrécissement de leurs territoires lors des premiers contacts et de l'absence de documents de l'époque.

D'après des études archéologiques, les Beothuks auraient habité Terre-Neuve longtemps avant la colonisation européenne et descendraient peut-être d'un premier peuple qui a occupé l'île pendant plusieurs milliers d'années. Dans les temps préhistoriques, ils étaient, semble-t-il, un peuple côtier organisé en petites bandes dispersées dans les diverses baies, vivant de la pêche et de la chasse aux phoques et autres mammifères marins et oiseaux. Ils allaient aussi probablement dans l'intérieur des terres pour capturer le caribou aux gués des rivières, mais, après les premiers contacts, ils auraient cessé d'occuper l'intérieur des terres durant l'hiver.

Autant dans l'ère historique que dans l'ère préhistorique, les Beothuks logeaient dans des tentes couvertes de peaux ou d'écorce pendant l'été et dans des maisons semi-souterraines en hiver. Pour chasser, ils

utilisaient arcs, flèches, harpons et lances, et la chasse se faisait souvent à bord de canots d'écorce, à proue et poupes relevées, qui étaient assez hauts en leur centre et pouvaient tenir la mer. Os sculptés, colliers en bois de cervidés et en ivoire, ornés de gravures aux dessins complexes, sont les artefacts qui les distinguent le plus. À la fin du XIXe s. et au début du XXe s., on a recueilli plusieurs de ces objets dans des cavernes ou des abris sous roche servant de lieux de sépulture.

Une autre caractéristique notoire de la culture des Beothuks est l'utilisation abondante qu'ils faisaient de la poudre d'hématite, ou ocre rouge, avec laquelle ils peignent leurs canots, divers objets et même leur corps. Comme ces gens sont les premiers autochtones d'Amérique du Nord que les Européens rencontrent, il est possible que leur emploi de l'ocre rouge soit à l'origine du sobriquet «Peaux Rouges» que leur donnent les Européens et qui s'appliquera plus tard à tous les peuples indigènes du continent.

Les empiétements, les massacres et les maladies des Européens contre lesquelles ils n'avaient aucune résistance décimèrent rapidement les Beothuks. SHAWNANDITHIT, la dernière Beothuk connue, meurt de la tuberculose, à St. John's, en juin 1829.

James A. Tuck

Berczy, William, peintre, architecte et colonisateur (né Johann Albrecht Ulrich Moll, Wallerstein, Allemagne, baptisé le 10 déc. 1744—New York, 5 fév. 1813). Il passe son enfance à Vienne, étudie en Italie et travaille en Angleterre avant de partir, en 1792, avec un groupe de colons vers l'état de New York, puis, en 1794, vers Markham, dans le Haut-Canada. Par la suite, il se considère canadien. À partir de 1805, d'abord à York (Toronto), ensuite à Montréal, il vit exclusivement de sa peinture.

Il devient un portraitiste connu et fait aussi de la décoration d'églises et des travaux d'architecture. Il dessine les plans de la cathédrale Christ Church de Montréal en 1803. Berczy est surtout connu pour deux portraits peints à l'huile: l'impressionnant portrait grandeur nature de Joseph BRANT, dans son costume coloré (vers 1805) et le portrait de famille *The Woolsey Family* (1808-1809), dont la composition et le détail architectural remarquables en font un des chefs-d'œuvre de l'art canadien ancien.

Rosemary Shipton

Beresford, ville du N.-B.; pop. 6830 (rec. 1996), 6764 (rec. 1991), 3826 (rec. 1986); superf. 464,7 km²; const. en tant que village en 1967, puis en tant que ville en 1984. Située à 9 km au nord de Bathurst, dans la baie des Chaleurs, la localité est peuplée après 1812. Elle doit son nom à William Carr Beresford, un général de l'armée de Wellington durant la bataille de Waterloo. Bien que plusieurs scieries voient le jour à la fin du XIXe et au début du XXe s., Beresford est aujourd'hui une communauté essentiellement résidentielle, dotée d'industries locales de services. L'industrie minière et forestière, et l'usine de papier de Bathurst, la ville voisine, sont les principaux employeurs de la région. Comme Beresford est située à proximité de belles plages, sa population augmente durant la saison estivale.

Burton Glendenning

Beresford-Howe, Constance, romancière (Montréal, 10 nov. 1922). Auteure de 10 romans et de divers textes publiés dans des revues, Beresford-Howe a fait ses études à l'U. McGill (bacc., 1945; maîtrise, 1946) et à l'U. Brown à Providence (doctorat, 1965). Alors qu'elle est membre du département d'anglais de l'U. McGill (1949-1971), elle écrit quatre romans qui décrivent la vie affective de jeunes femmes: *The Unreasoning Heart* (1946); *Of This Day's Journey* (1947); *The Invisible Gate* (1949) et *My Lady Greensleeves* (1955).

En 1971, Beresford-Howe s'établit à Toronto où elle enseigne l'anglais au Ryerson Polytechnical Institute (maintenant Ryerson Polytechnic University) jusqu'en 1987. À partir de 1971, elle publie six autres romans: *The Book of Eve* (1973; trad. *Le Livre d'Ève*, 1975), *A Population of One* (1977), *The Marriage Bed* (1981), *Night Studies* (1985; trad. *Cours du soir*, 1988), *Prospero's Daughter* (1989; trad. *Coup de théâtre*, 1994) et *A Serious Widow* (1991). Ces romans décrivent la vie quotidienne de femmes contemporaines. *Eve*, une adaptation pour la scène de Larry Fineberg de *The Book of Eve*, est présentée pour la première fois au FESTIVAL DE STRATFORD le 14 juillet 1976.

Jean Wilson

Berger, Thomas Rodney, avocat, juge et philanthrope (Victoria, C.-B., 23 mars 1933). Berger pratique le droit à Vancouver de 1957 à 1971. Il est l'avocat des parties demanderesses dans la cause historique portant sur la revendication des droits ancestraux dans l'affaire Calder *et al.* c. Procureur général de la Colombie-Britannique. Il est député fédéral du NOUVEAU PARTI DÉMOCRATIQUE pour la circonscription de Vancouver-Burrard en 1962-1963, député provincial du NPD en 1968-1969, puis chef du NPD de la Colombie-Britannique en 1969. De 1971 à 1983, il est juge à la Cour suprême de la Colombie-Britannique et, de 1974 à 1977, commissaire de l'Enquête sur le PIPELINE DE LA VALLÉE DU MACKENZIE.

Son rapport, un best-seller intitulé *Le Nord: terre lointaine, terre ancestrale* (1971), critique avec éloquence le projet de construction du gazoduc de l'Arctique qui devait partir de la baie Prudhœ, en Alaska, traverser le nord du Yukon et suivre la vallée du Mackenzie. Le gouvernement du Canada accepte sa recommandation de rejeter la proposition et approuve un autre tracé. Les autres recommandations du rapport sont subséquemment adoptées.

Les interventions publiques de Berger dans le débat constitutionnel de 1981 mènent à l'inscription des droits «ancestraux ou issus de traités» des peuples autochtones dans la *Loi constitutionnelle de 1982*. En 1983, il démissionne de la magistrature pour marquer son opposition au point de vue du Conseil canadien de la magistrature selon lequel les juges ne doivent pas intervenir sur des questions de grand intérêt public. De 1983 à 1985, il préside l'Alaska Native Review Commission, parrainée par la Conférence circumpolaire inuit et le Conseil mondial des peuples indigènes. Son rapport, le *Village Journey*, est publié en 1985.

Berger reprend la pratique privée du droit à Vancouver tout en continuant à écrire et à se consacrer au service international. En 1991, il publie *A Long and Terrible Shadow*, étude des droits des peuples autochtones et des valeurs européennes dans les Amériques depuis 1492. En 1991 et 1992, il est vice-président de la commission de la Banque mondiale sur les questions de déplacement des populations et de l'environnement dans le cadre des projets de Sardar Sarovar en Inde occidentale, laquelle conclut que les projets sont mal conçus, menant ainsi au retrait du financement de la Banque et à la création d'un service d'inspection permanent.

En 1995, Berger présente au procureur général de la Colombie-Britannique un rapport sur les sévices sexuels subis par des élèves de la Jericho Hill School for the Deaf. Sa recommandation visant la prise de mesures de redressement en faveur des victimes et l'indemnisation de ces dernières est acceptée. Il reçoit l'Ordre du Canada en 1990 et, en 1992, la médaille de la liberté de la ville de Vancouver.

Denis Smith

Bergeron, Henri, homme de médias, auteur (Saint-Lupicien, Man. 1925—10 juill. 2000). Fils d'un agriculteur et cheminot canadien-français et d'une Cévenole pieuse et dévouée, il naît dans une minuscule maison de pionniers, et grandit au sein d'une famille de 13 enfants. C'est au cours de sa scolarité au Collège des Jésuites (Saint-Boniface), puis de ses études de doctorat en droit à l'U. du Manitoba (Winnipeg), qu'il se découvre une passion pour le spectacle et la communication. En 1943, il fait ses débuts sur les planches du Cercle Molière, la plus vieille troupe de théâtre au Canada, où le rejoignent bientôt sa sœur Liliane (1928-), pionnière de la radio féminine, et son frère Léandre (1933-), futur docteur ès lettres et écrivain. Toutefois, il ne fera pas carrière dans ce domaine. L'année suivante, il épouse une infirmière, Yvonne Mercier (1923-), qui lui donnera cinq enfants.

Pionnier de la radio lui-même, il devient successivement annonceur au premier poste français de l'Ouest (CKSB, Saint-Boniface, 1946), animateur et directeur des émissions de CKCH-Hull (Qc, 1949-1952), et le premier animateur de langue française à la télévision canadienne (CBFT-Montréal, 1952), où son parfait bilinguisme fait merveille. Tout au long de son riche parcours – où il mène conjointement des activités d'animateur de galas, de présentateur radio, de narrateur à l'Office national du Film (ONF, Montréal) et de professeur de communication à l'U. de Montréal – le succès de ses émissions ne se dément pas: *L'Heure du Concert, Concert pour la Jeunesse* (années 60), *Les Beaux Dimanches* (années 70-80), pour ne citer que les plus célèbres.

Ardent défenseur de la qualité et de la pureté de la langue française, respecté par le public savant, adulé par le public populaire – que touchent sa simplicité et son optimisme jovial –, il achève sa carrière couvert d'honneurs et de récompenses, parmi lesquelles le prix du Conseil de la Vie française en Amérique (1963), l'Ordre du Canada (1978), l'Ordre des francophones d'Amérique (1989), l'Ordre de la Pléiade (1994) et l'Ordre national du Québec (1995).

Depuis quelques années, Henri Bergeron troquait le micro contre la plume, mais, à travers ses nombreux ouvrages, l'on retrouve les qualités qui ont fait la gloire de l'homme de radio: rythme du conteur, sens du suspens, clarté et concision de la langue. Si ses mémoires, *Un bavard se tait pour écrire* (1989) et *Le cœur de l'arbre: Le bavard récidive* (1995) nous entraînent du pied de la Montagne Pembina (Man.) au faîte de la tour de Radio-Canada, à Montréal, *La communication... c'est tout* (1992) nous enseigne l'art du bien parler, tandis que *L'Amazone* (1998), une biographie romanesque écrite en hommage à sa femme et aux pionniers de l'Ouest, nous fait partager la folle chevauchée d'une infirmière du XIXe siècle, partie accompagner un groupe de colons du Québec jusqu'au Manitoba.

Ismène Toussaint

Béring, conflit de la mer de Au cours des années 1880, pendant que les Américains chassent le phoque aux îles Pribilof, obtenues de la Russie en 1867 par les États-Unis, les Canadiens s'adonnent aussi à la CHASSE AU PHOQUE en haute mer. En 1886, les garde-côtes de la douane américaine, invoquant le droit de protéger la «propriété américaine», commencent à saisir les phoquiers canadiens. En 1893, un tribunal international confirme le droit des Canadiens à chasser le phoque dans les eaux internationales, mais impose certaines restrictions. En 1911, une conférence internationale bannit la chasse pélagique du phoque dans la mer de Béring, mais accorde une importante compensation au Canada.

N.F. Dreisiger

Bering, Vitus Jonassen, explorateur (Horsens, Dan., 1681—île de Béring, 8 déc. 1741). Officier de la marine russe, Bering est engagé par Pierre le Grand pour explorer la côte sibérienne en 1725. Après un retard de trois ans, Bering lève l'ancre à Okhotsk et traverse le détroit de Béring, prouvant ainsi que l'Asie et l'Amérique ne sont pas reliées. Lors d'une autre expédition en 1741, il quitte la Sibérie et fait voile vers l'est, dans le golfe de l'Alaska. Il est le premier navigateur à apercevoir la terre ferme de l'Alaska. Sur le chemin du retour, les tempêtes le forcent à faire escale à l'île de Béring, où il meurt du scorbut.

Daniel Francis

Béringie C'est une masse continentale comprenant une partie de trois pays modernes (Canada, États-Unis et Russie) et qui s'étend depuis le fleuve sibé-rien Kolyma et la presqu'île du Kamtchatka, traversant l'Alaska et le Yukon, jusqu'au fleuve Mackenzie, dans les Territoires du Nord-Ouest. Presque au centre de la région se trouve le détroit de Béring, d'où le nom «Béringie». Aujourd'hui, le détroit relie les océans Arctique et Pacifique, mais, dans le passé, l'abaissement du niveau de la mer, conséquence partielle de la formation des glaciers continentaux, mit à découvert des parties de plateaux continentaux qui formèrent un grand isthme entre le Nord-Est de l'Asie et le Nord-Ouest de l'Amérique du Nord.

La Béringie revêt une double importance: elle ouvre la voie aux échanges intercontinentaux de plantes et d'animaux pendant les périodes glaciaires et aux échanges interocéaniques pendant les périodes interglaciaires. Elle est un centre de l'ÉVOLUTION et semble avoir hébergé une population de plantes et d'animaux apparemment uniques. Ainsi, l'histoire de la Béringie est importante non seulement pour son évolution géographique, mais aussi pour celle de la faune et de la flore.

La Béringie est une région d'une grande beauté: les plus hautes montagnes d'Amérique du Nord surplombent de grands plateaux et de sinueuses rivières. Elle s'étend des côtes glacées de l'Arctique au nord jusqu'aux côtes du Pacifique réchauffées par le courant japonais au sud. Les températures vont des plus froides sur Terre en hiver aux chaleurs accablantes en été. Les journées de 24 heures en été contrastent avec les longues périodes nocturnes de l'hiver.

En raison de son aridité, la Béringie est demeurée en bonne partie sans glace durant les périodes glaciaires. La stratigraphie faite à partir de longues successions de sédiments non glaciaires exposés à divers endroits peut être corrélée avec les mouvements de glaciers alpins et continentaux se trouvant ailleurs. Les FOSSILES provenant de tels sédiments sont souvent exceptionnellement abondants et bien conservés. Ils comprennent des pollens, des végétaux et des os de vertébrés et d'invertébrés. L'étude des fossiles et des sédiments dans lesquels on les trouve a permis la reconstitution expérimentale de milieux anciens en Béringie occidentale et orientale.

La Béringie revêt un intérêt particulier dans l'étude de la PRÉHISTOIRE, car selon toute probabilité, c'est la région par laquelle l'homme a d'abord pénétré dans l'hémisphère occidental, apparemment à la poursuite de grands MAMMIFÈRES qui, d'après les preuves fossiles, auraient erré vers l'est en parcourant l'isthme de Béring. Des parties de la Béringie occidentale (aujourd'hui la Sibérie orientale) ont pu être occupées par l'homme il y a déjà 35 000 ans. On a tenté d'identifier des objets façonnés d'âge semblable d'après des os de mammifères éclatés et coupés, mais la preuve certaine de la présence humaine la plus ancienne en Alaska et au Yukon remonte à 20 000 ou 25 000 ans.

Le peuplement permanent de la Béringie a été rendu possible grâce à l'invention et au perfectionnement d'un éventail complexe d'aptitudes techniques et culturelles. Des vêtements de peaux taillées, des abris sûrs, la maîtrise du feu, des méthodes spéciales d'approvisionnement et d'entreposage de la nourriture et probablement des embarcations pour traverser de grandes étendues d'eau froide constituent alors des éléments essentiels à la survie sous ces latitudes. D'après certains auteurs, la colonisation préhistorique de la Béringie représente une réalisation technologique équivalant à la pénétration de milieux tels que l'Antarctique, les fonds marins et la Lune.

Richard E. Morlan

Berkeley, Edith et Cyril, née Dunington, biologiste (Tulbagh, Afrique du Sud, 6 sept. 1875—Nanaimo, C.-B., 25 févr. 1963) et Cyril, chimiste (Londres, Angl., 2 déc. 1878—Nanaimo, en C.-B., 25 août 1973). Edith et Cyril se rencontrent pendant leurs études au baccalauréat à la London University, se marient en 1902 et déménagent à Bihar, en Inde, où Cyril étudie la culture et la transformation de l'indigo. Ils déménagent en Colombie-Britannique en 1914 où ils cultivent la terre pendant deux ans près de Vernon. De plus, tous deux enseignent à la nouvelle U. de la Colombie-Britannique et, en 1919, ils s'installent à la Station de Biologie de Nanaimo.

À l'instigation d'Edith, ils deviennent des spécialistes mondiaux en matière de classification des vers polychètes marins et des membres très respectés de la communauté scientifique de la station. Cyril reçoit un doctorat en droit honorifique de l'U. de Victoria en 1968 en reconnaissance du travail effectué par son épouse et lui-même. Tous deux sont des jardiniers passionnés qui collectionnent les espèces de rhododendron et créent de nouvelles espèces d'iris.

A.W.H. Needler

Berkinshaw, Richard Coulton, dirigeant de société (Toronto, 2 sept. 1891—*id.*, 4 mai 1970). Berkinshaw étudie à l'Upper Canada College, à l'U. de Toronto et à Osgoode Hall. Après avoir servi pendant la Première Guerre mondiale, il pratique le droit corporatif dans un cabinet de Toronto jusqu'en 1920, moment où il se joint à la Goodyear Tire and Rubber Company of Canada, dont il devient directeur général et trésorier en 1933.

Il tient un rôle-clé dans la mobilisation industrielle du Canada durant la Seconde Guerre mondiale, en tant que président de la Commission de contrôle des industries en temps de guerre, président de la corporation Polymer et directeur général de la Division des priorités du MINISTÈRE DES MUNITIONS ET DES APPROVISIONNEMENTS. Il est fait commandeur de l'Ordre de l'Empire britannique en 1946.

Berkinshaw retourne chez Goodyear en 1945, en devient président en 1952 et président du conseil en 1959. Il a été chancelier du Trinity College, à Toronto, et président de l'EXPOSITION NATIONALE CANADIENNE, de l'hôpital Queen Elizabeth et de la Chambre de commerce de Toronto.

J. Lindsey

Bernache du Canada (*Voir* OIE)

Bernard, Louis, grand commis de l'État (Montréal, 27 juill. 1937). Numéro 1 de la fonction publique et éminence grise des gouvernements souverainistes du PARTI QUÉBÉCOIS, Louis Bernard a été au cœur du développement de l'État québécois des 30 dernières années. Diplômé en droit de l'U. de Montréal et en droit administratif du London School of Economics and Political Science, Louis Bernard entre comme avocat, en 1960, au cabinet Stikeman & Elliott. De 1964 à 1970, il agit à titre de sous-ministre adjoint au ministère des Affaires intergouvernementales canadiennes.

C'est en 1970, d'abord à titre de chef de cabinet de Camille LAURIN, que Louis Bernard entreprend un parcours qui le mènera au sommet de la fonction publique québécoise. Dès 1976, il accède au poste stratégique de chef de cabinet du Premier ministre René Lévesque. L'année suivante, il devient Secrétaire général associé à la Réforme électorale et parlementaire et surtout, en 1978, Secrétaire général du Conseil exécutif, soit le poste le plus élevé de la fonction publique à Québec. Il est en poste lors du RÉFÉRENDUM DE 1980. Par la suite, il assume le poste de conseiller spécial au Conseil exécutif, jusqu'à son départ du gouvernement en 1987. Dans le secteur privé, il est vice-président exécutif de la Banque Laurentienne.

En 1994 et 1995, Louis Bernard est rappelé au gouvernement, à nouveau à titre de Secrétaire général du Conseil exécutif, poste qu'il exerce au moment du RÉFÉRENDUM DE 1995. Il aura donc été intimement lié à la définition des deux stratégies référendaires.

À la fin de 1995, Louis Bernard revient à la Banque Laurentienne à titre de vice-président exécutif, poste qu'il quitte trois ans plus tard. Il agit depuis comme consultant et négociateur pour le gouvernement québécois. En 1987, il a publié *Réflexions sur*

l'art de gouverner. Il est Officier de l'Ordre national du Québec (2000).

Jean Chartier

Bernardi, Mario, chef d'orchestre (Kirkland Lake, Ont., 20 août 1930). Considéré comme le meilleur chef d'orchestre d'origine canadienne de sa génération, Bernardi dirige un peu partout au Canada et à l'étranger. Après avoir étudié en Italie et à Toronto, il débute comme pianiste et accompagnateur, carrière qu'il délaisse pour celle de chef d'orchestre après ses débuts avec la COMPAGNIE D'OPÉRA CANADIENNE en 1957. Il dirige plusieurs opéras au Canada avant d'être nommé directeur musical de la compagnie d'opéra Sadler's Wells, à Londres (1966-1968).

Premier chef de l'orchestre du Centre national des arts, fondé à Ottawa en 1968, Bernardi crée un ensemble discipliné et bien équilibré, dont la sonorité transparente et le jeu sensible sont acclamés mondialement. Il quitte Ottawa en 1982 pour diriger l'Orchestre de Radio-Canada à Vancouver en 1983. Directeur musical de l'ORCHESTRE PHILHARMONIQUE DE CALGARY (1984-1993), il élargit considérablement le répertoire de cet ensemble en présentant une musique beaucoup plus contemporaine tout en façonnant l'un des meilleurs orchestres du Canada. Bernardi poursuit sa carrière internationale comme directeur indépendant. Il est nommé Compagnon de l'Ordre du Canada en 1972.

Barclay McMillan

Bernier, Joseph-Elzéar, navigateur de l'Arctique (L'Islet, Qc, 1er janv. 1852—Lévis, Qc, 26 déc. 1934). Capitaine de l'*Arctic*, un vaisseau à vapeur du gouvernement, Bernier dirige des expéditions en haute mer de 1904 à 1911, garantissant les droits de souveraineté du Canada sur l'archipel Arctique. Il quitte l'école à 14 ans pour travailler comme mousse à bord du bateau de son père. Trois ans plus tard, il est capitaine de son propre navire, avec lequel il transporte du bois du Québec en Angleterre. Pendant 25 ans, il commande des vaisseaux à voile partout dans le monde.

En 1895, Bernier devient gouverneur de la prison de Québec, poste qui lui permet de satisfaire à loisir son intérêt pour la navigation polaire. Il élabore un plan pour atteindre le pôle Nord, un exploit jamais encore accompli, mais en 1904 le gouvernement le presse au dernier moment de patrouiller l'Arctique de l'Est avec son navire.

Dans ses expéditions annuelles, Bernier explore l'archipel et collecte des droits de douane des chasseurs de baleine et des commerçants. En juillet 1909, il dévoile une plaque à l'île Melville, par laquelle le Canada revendique officiellement les îles de l'Arctique. Après 1911, Bernier s'adonne personnellement au commerce à l'île de Baffin et, pendant la Seconde Guerre mondiale, il commande un convoyeur dans l'Atlantique. Après la guerre, il reprend la patrouille de l'Arctique, puis il prend sa retraite en 1925.

Bernier commande plus de 100 navires au cours de sa carrière et traverse l'Atlantique 269 fois. Il possède plus de connaissances sur la navigation périlleuse dans les eaux de l'Arctique que tout autre navigateur contemporain. Ses trois rapports sur les expéditions du gouvernement fédéral dans les îles de l'Arctique et dans le détroit d'Hudson, 1906 – 1910 (1910-1911) sont des classiques de la littérature canadienne sur cette région.

Daniel Francis

Bernier, Sylvie, plongeuse (Québec, 31 janv. 1964). Elle remporte la médaille d'argent au PLONGEON du tremplin de 3 m aux JEUX DU COMMONWEALTH de 1982, à Brisbane, en Australie, et 1 médaille de bronze aux JEUX MONDIAUX UNIVERSITAIRES, en 1983, et aux JEUX PANAMÉRICAINS de 1983. En 1984, elle couronne sa fulgurante progression en devenant la seule Canadienne à dominer une compétition olympique de plongeon: elle est médaillée d'or du 3 m des Jeux olympiques de Los Angeles. Elle abandonne la compétition en

décembre 1984 et entre dans le monde des communications. Elle est membre de l'Ordre du Canada et du Temple de la renommée des sports du Canada.

James Marsh

Bernstein, Harold Joseph, physico-chimiste (Toronto, 26 août 1914). Après avoir obtenu un doctorat de l'U. de Toronto en 1938, il étudie à l'U. de Copenhague grâce à une bourse. Capturé par les nazis qui envahissent le Danemark en 1940, il vit la terrible expérience d'être interné pendant cinq ans en Allemagne.

Après la guerre, il entre au CONSEIL NATIONAL DE RECHERCHES à Ottawa en 1946, y fonde une section de spectroscopie moléculaire et met sur pied une étude de la résonance magnétique nucléaire. En collaboration avec W.G. SCHNEIDER et J.A. Pople, il écrit un texte important, *High Resolution Nuclear Magnetic Resonance* (1959). Il explore aussi un nouveau domaine appelé spectroscopie Raman de résonance.

Sa longue carrière lui vaut une renommée internationale et il reçoit plusieurs distinctions et prix. Il prend sa retraite en 1978.

N.T. Gridgeman

Bersianik, Louky, pseudonyme de Lucile Durand, poète, auteure (Montréal, 14 nov. 1930). Elle commence très tôt à réciter ses poèmes sur les planches, lors des tournées de son père, auteur dramatique. Après ses études à la Faculté des lettres et à l'École de bibliothéconomie de l'U. de Montréal, elle obtient une maîtrise pour un mémoire sur Georges Bernanos, un baccalauréat en bibliothéconomie, et poursuit des études doctorales à la Sorbonne (1953-1955). De retour à Montréal, elle travaille à la Bibliothèque municipale (1956-1958), puis à celle du cégep du Vieux-Montréal (1968-1970). De 1954 à 1981, elle occupe divers emplois à la télévision (Radio-Canada, Télé-Métropole, O.R.T.F.) et dans des compagnies de cinéma. Parolière pour des chansonniers, elle est également professeur de création littéraire à l'U. Concordia, puis à l'U. du Québec à Montréal.

Auteur de contes pour enfants (*Togo, apprenti-remorqueur*, 1966), d'essais (*Les Agénésies du vieux monde*, 1982; *La main tranchante du symbole, textes et essais féministes*, 1990), d'articles (*Liberté, Le Devoir, La Nouvelle Barre du Jour, Études littéraires*, etc.), de romans (*Le pique-nique sur l'Acropole*, 1979; *Permafrost 1937-1938*, 1997) et de poèmes (*La page de garde*, 1978; *Maternative. Les Pré-Ancyl*, 1980; *Au beau milieu de moi*, 1983; *Axes et eau. Poèmes de «La Bonne Chanson»*, 1984; *Kerameikos*, poèmes, 1987), où elle se fait souvent la chantre de l'amour lesbien, Louky Bersianik défrait la chronique en 1976 avec la publication d'un triptyque, *L'Euguélionne*. Véritable bible du féminisme, bâtie comme une tragédie grecque et riche de références culturelles, cet ouvrage effectue le décompte systématique des discours sexistes, tant dans le domaine littéraire que scientifique, et leur oppose un contre-discours, propre à rééquilibrer les rapports de force entre hommes et femmes. Incarnant la «conscience féministe» québécoise des années 1970-1980, Louky Bersianik est sans contredit celle qui, par le verbe, a poussé le plus loin son combat pour la défense de l'image de la femme au sein de notre société.

Ismène Toussaint

Berton, Pierre, journaliste, historien et personnalité médiatique (Whitehorse, Yn, 12 juill. 1920). Peut-être l'écrivain vivant le mieux connu au pays, Berton est surtout considéré comme un solide vulgarisateur de l'histoire du Canada. Il est journaliste au *Vancouver News-Herald* (à partir de 1942), au *Vancouver Sun* (1945-1947), au *Maclean's* (à partir de 1947) et au *Toronto Star* (1958-1962). Depuis la fin des années 50, il est une personnalité de la télévision canadienne grâce à ses apparitions comme animateur de sa propre émission ou comme expert invité dans d'autres émissions. Son premier livre important est *Klondike* (1958), un récit de la RUÉE VERS L'OR

DU KLONDIKE de 1898, un épisode dans l'ombre duquel Berton a vécu pendant des années, étant lui-même fils de chercheur d'or et ayant grandi à Dawson parmi les vestiges de la ruée.

Cependant, après la parution de *Klondike*, le nom de Berton est associé pendant dix ans à des livres tirés de son audacieuse chronique dans le *Star* et des entrevues qu'il réalise lors de ses émissions, ainsi qu'à des ouvrages polémiques, tels que *The Comfortable Pew* (1965) et *The Smug Minority* (1968), qui attaquent respectivement l'Église anglicane et l'axe de la politique et des affaires. Il ne retrouve son rôle d'historien populaire que dans les années 70 en tentant de revenir au sujet plus sérieux du Klondike. Cette fois, il aborde l'histoire de la construction du chemin de fer du CANADIEN PACIFIQUE dans *The National Dream* en 1970 et *The Last Spike*, l'année suivante. Ce sujet convient tout à fait à ses talents: une verve patriotique, un penchant pour l'accumulation de détails pittoresques et, surtout, une narration dynamique.

Avec *The Dionne Years* (1977; trad. *Les Jumelles Dionne et leur époque*), Berton se rapproche de l'histoire sociale d'un canevas plus petit. En se tournant vers la GUERRE DE 1812 dans *The Invasion of Canada* (1980; trad. *Invasion du Canada*, 1982) et *Flames Across the Border* (1981), il traite à nouveau d'événements qui se prêtent par leur ampleur à sa vision héroïque de ce que le passé devrait être, et l'odeur de la poudre à canon accélère le rythme de son récit sans lui laisser le temps d'en raconter trop. Parmi ses autres œuvres historiques, *My Country* (1976) et *The Wild Frontier* (1978) sont des collections de portraits de personnages et de descriptions d'événements. Dans *Hollywood's Canada* (1975), il montre à quel point les films d'Hollywood présentent le Canada sous un faux jour. *Drifting Home* (1973) est une tranche inattendue d'autobiographie sous la forme d'un récit d'une expédition en radeau dans le Nord.

En 1984, Berton revient à l'histoire populaire avec *The Promised Land*, une histoire de la colonisation de l'Ouest canadien, puis ensuite avec son immense succès *Vimy* (1986), une étude de la bataille qui a lieu au cours de la Première Guerre mondiale et qui porte sur le Corps d'armée canadien prenant d'assaut la crête de VIMY en avril 1917. Dans *Starting Out* (1987), il reprend la trame autobiographique en rédigeant ses mémoires qui vont jusqu'en 1947. *Winter* (1994), qui n'est pas un ouvrage proprement historique, revient sur l'un de ses thèmes récurrents: notre identité en tant que Canadiens. En glorifiant l'hiver, il met en valeur la force de caractère qui permet aux Canadiens d'en surmonter la rigueur. Il a reçu trois prix du Gouverneur général, plusieurs diplômes honorifiques et il est compagnon de l'Ordre du Canada.

Bertrand, Janette, journaliste, animatrice, comédienne et auteure dramatique (Montréal, 25 mars 1925). Communicatrice d'une grande polyvalence, elle est l'une des personnalités de la télévision les plus appréciées du public québécois. Après des études en lettres à l'U. de Montréal, Janette Bertrand amorce sa carrière en 1950 lorsque la direction du Petit Journal lui confie la chronique *Opinions de femmes*, dans laquelle, féministe avant l'heure, elle ose traiter avec humour de l'attitude des hommes dans la société. Elle tiendra par la suite, dans le même journal, *Le courrier du cœur* pendant 17 ans, ainsi qu'une autre chronique intitulée *L'agence matrimoniale de Janette*. Ces deux rubriques permettront à la future animatrice et à l'auteur dramatique d'amasser une somme considérable de connaissances sur l'être humain.

Janette Bertrand fait son entrée dans le monde des médias électroniques à la radio de RADIO-CANADA, où elle animera un *Déjeuner en musique* dont elle écrit aussi les textes. Mais c'est à la radio de la station privée CKAC à Montréal qu'elle tiendra le plus longtemps l'antenne, avec une émission quotidienne, *Mon mari et nous*.

Sa carrière télévisuelle est encore plus diversifiée. Elle anime et signe plusieurs émissions populaires à Radio-Canada et à Télé-Métropole: des séries et téléromans (*Toi et moi, Quelle famille!, Grand-papa*), un talk-show (*Comment ? Pourquoi ?*), des jeux-questionnaires (*Adam et Ève*), une émission basée sur l'improvisation dirigée (*L'école du bonheur*). Dans le populaire téléroman *Quelle famille!*, qui gardera l'antenne pendant cinq saisons à Radio-Canada, Janette Bertrand apparaît aussi comme comédienne.

Sa pleine mesure, elle la donnera comme animatrice de talk-show à Télé-Métropole et à Radio-Québec et comme auteur dramatique en signant la série télévisée *Avec un grand A* ou encore les pièces de théâtre *Moi Tarzan, toi Jane* et *Dis-moi le si j'dérange*. Avec des émissions comme *Janette veut savoir, SOS j'écoute, Parler pour parler*, Janette Bertrand fait ni plus ni moins office d'éducatrice populaire auprès d'un large public. Proclamée par un vote du grand public «Femme du siècle», au Salon de la femme du Québec en 1990, elle a reçu plusieurs prix et distinctions, dont celui de l'Ordre national du Québec (1992).

Robert Maltais

Bertrand, Jean-Jacques, politicien, premier ministre du Québec de 1968 à 1970 (Sainte-Agathe-des-Monts, Qc, 20 juin 1916—Montréal, 22 févr. 1973). Élu député de l'UNION NATIONALE pour Missisquoi en 1948, et réélu plusieurs fois entre 1952 et 1970, il est toujours perçu comme chef de l'aile progressiste du parti. Ministre des Ressources de 1954 à 1958, et des Terres et des Forêts de 1958 à 1960, il brigue, en 1961, la direction du parti qui a été défait aux élections un an auparavant. Il échoue au profit de Daniel JOHNSON.

Quand son parti revient au pouvoir en 1966, il devient ministre de l'Éducation et endosse activement les réformes des libéraux dans le domaine de l'éducation. À la mort de Johnson en 1968, il est élu chef du parti, et devient premier ministre. Contraint de trouver une solution face aux premiers symptômes de la crise de la langue (en particulier la question des écoles de la municipalité de Saint-Léonard, champ de bataille des partisans et des opposants des écoles françaises), il propose la LOI 63, qui garantit aux parents le droit de choisir les écoles pour leurs enfants.

Ardent nationaliste et fervent défenseur des droits du Québec, il est l'un des principaux architectes des revendications québecoises relatives à une réforme de la Constitution. Son parti perd les élections de 1970 au profit du Parti libéral de Robert BOURASSA. Il poursuit sa carrière politique, comme chef de l'opposition, jusqu'en 1971.

Daniel Latouche

Bertrand, Pierre, auteur et philosophe (Montréal, 1946). Docteur en philosophie de l'U. de Paris VIII et Paris I, il fait carrière dans l'enseignement à Montréal, et pratique une abondante et fructueuse activité d'écrivain. Il a publié une bonne douzaine d'ouvrages d'une rare qualité, dont *L'oubli: révolution ou mort de l'histoire* (1975), aux Presses universitaires de France, *Éros et liberté* (1993), *La ligne de création* (1993), *Méditations 1* (1995), *Méditations 2* (1996), *Logique de l'excès* (1996), etc.

Pierre Bertrand est un philosophe, mais il est peut-être avant tout un écrivain. Il écrit dans une langue des plus élégantes et qui convient très bien au type d'essai qu'il pratique. Il ne recourt jamais au jargon de la discipline, mais traite plutôt son sujet de façon lyrique, avec abondance, engageant harmonieusement le penseur et l'artiste dans une même démarche de réflexion.

Si l'on voulait caractériser l'œuvre de Pierre Bertrand, on pourrait dire qu'elle est une célébration de la vie.

Paul-Émile Roy

Bessborough, Vere Brabazon Ponsonby, 9ᵉ comte de, gouverneur général du Canada de 1931 à 1935 (Londres, Angl., 27 oct. 1880—Stanstead, Angl., 10 mars 1956). Il est le seul homme d'affaires britannique important à devenir gouverneur général, une affectation plutôt étonnante. Issu de la noblesse irlandaise, il a une formation d'avocat. Officier d'état-major pendant la Première Guerre mondiale, il est député au Parlement de Westminster en 1910, puis de nouveau de 1913 à 1920, alors qu'il entre à la Chambre des lords. Dans les années 20, il dirige le chemin de fer Sao Paulo et la Margarine Union en plus d'être vice-président de De Beers.

Lui aussi son épouse française sont des acteurs amateurs enthousiastes qui construisent un théâtre à leur domicile, dans le Sussex, et instaurent le Festival d'art dramatique du Canada. Ce riche et bel aristocrate, bien nourri et impeccablement vêtu, paraît sans doute déplacé au plus fort de la Crise des années 30, mais il démontre par de petits gestes qu'il est sympathique aux difficultés économiques des Canadiens et, à sa demande, on retranche 10 p. 100 de son salaire.

Norman Hillmer

Bessette, Gérard, romancier, critique (Sainte-Anne-de-Sabrevois, Qc, 25 fév. 1920). Bessette obtient son diplôme de l'École normale Jacques-Cartier (1944), puis son doctorat en lettres françaises (1950) à l'U. de Montréal avec une thèse publiée en 1960 sous le titre *Les images en poésie canadienne-française*. Son poème *Le Coureur* lui avait déjà valu un deuxième prix au Concours littéraire du Québec de 1947 et il avait représenté le Canada aux Jeux olympiques de 1948 (section Poésie). Il en vient bientôt à publier trois premiers romans qui décrivent une société réaliste ou ironique la société québécoise des années 50. *La Bagarre* (1958), *Le Libraire* (1960) et *Les Pédagogues* (1962) dénoncent ainsi le poids de la tradition sur les formes et les discours. Bessette devient aussi un pionnier de la critique psychanalytique au Canada avec *Une littérature en ébullition* (1968), *Trois romanciers québécois* (1973) et *Mes romans et moi* (1979). Toute son œuvre se développe au fil d'une carrière professorale qui le mène de l'U. de la Saskatchewan (1946-1949) à l'U. Duquesne (Pittsburg, 1951-1958), au Collège militaire de Kingston (1958-1960) puis à l'U. Queen d'où il prend sa retraite en 1979. Deux ouvrages pédagogiques résultent de sa carrière professorale: l'anthologie *De Québec à Saint-Boniface: Récits et nouvelles du Canada français* (1968) et *Histoire de la littérature canadienne-française I* (1968) que Bessette coécrit. Depuis *L'Incubation* (prix du Gouverneur général en 1965), on reconnaît de plus en plus la richesse et l'originalité d'une œuvre qui invente, de façon ironique ou intimiste, les formes contemporaines du roman au Canada. *Le Cycle* (1971), *Les Anthropoïdes* (1977), *Le Semestre* (1979), *Les Dires d'Omer Marin* (1985), *Le Cycle* (1987) en témoignent tour à tour. Membre de la Société royale du Canada et de l'Académie des lettres du Québec, Gérard Bessette reçoit, en 1980, le prix Athanase-David pour l'ensemble de son œuvre.

Jacques Allard

Best, Charles Herbert physiologiste et codécouvreur de l'INSULINE (West Pembroke, Maine, 27 févr. 1899—Toronto, 31 mars 1978). Fils d'un médecin d'origine canadienne, Charles Best vient de terminer son B.A. en physiologie et en biochimie à l'U. de Toronto au printemps de 1921, quand son employeur d'été, le professeur J.J.R. MACLEOD, l'assigne à un projet conçu par Frederick BANTING. Best joue à pile ou face avec un camarade de classe pour savoir lequel des deux commencerait avec Banting et il gagne. L'autre étudiant ne prendra d'ailleurs pas la suite de Best.

Les expériences passionnantes de Banting et de Best, au cours de l'été 1921, convainquent Macleod d'appuyer et d'étendre la recherche. Ainsi, au printemps de 1922, une équipe de chercheurs bien entraînée et à l'aise financièrement, comprenant Macleod, Banting, J.B. COLLIP et Best, isole la sécrétion interne du pancréas, qu'ils nomment insuline. Corécipiendaire avec Macleod du PRIX NOBEL de physiologie ou de médecine pour la découverte de l'insuline, en 1923, Banting annonce qu'il partagera avec Best sa part du prix en argent.

Après ses études en Angleterre, Best succède à Macleod à titre de professeur de physiologie à l'U. de Toronto en 1929. Il s'adonne à la recherche et à la formation des étudiants et publie d'importantes études sur la choline, l'héparine et l'histaminase, et d'autres travaux sur le métabolisme glucidique. Il est coauteur d'un manuel sur la physiologie à grande diffusion. Plus tard, il sera honoré dans le monde entier pour sa contribution à la découverte de l'insuline.

Michael Bliss

Best-sellers de langue anglaise Les livres canadiens qui ont obtenu les succès les plus durables en librairie au fil des ans (comme *Anne of Green Gables*, 1908, de L.M. MONTGOMERY; trad. ANNE... LA MAISON AUX PIGNONS VERTS, 1986) témoignent de la récurrence des goûts chez le grand public. En revanche, les livres qui atteignent immédiatement des ventes sensationnelles sont sujets à des modes passagères. Enfin, certains auteurs, comme Arthur Hailey, produisent un best-seller après l'autre.

Les premières bibliographies de best-sellers, à la fois de fiction et d'essais, paraissent dès 1888 dans *The Canadian Bookseller*. Depuis 1970, elles sont publiées dans le *Toronto Star*, et depuis 1975, dans *Maclean's*.

Les records de vente varient énormément. Pour la fiction p. ex., une même liste de best-sellers peut inclure, au palmarès des 10 premiers, des livres qui ne se sont vendus qu'à 3000 exemplaires et d'autres dont les ventes ont atteint 75 000 à 100 000 exemplaires. Dans le cas des essais, on parle de chiffres se situant entre 20 000 et 40 000, bien que certains titres aient atteint les 100 000 exemplaires vendus.

Comme les éditeurs, les libraires et les auteurs sont parfois réticents à fournir des données précises et la recherche effectuée n'est pas tellement scientifique. De telles bibliographies ne donnent donc que des résultats partiels. Elles ne comprennent d'ailleurs pas les manuels scolaires, bien qu'ils soient souvent vendus en grandes quantités. Néanmoins, les listes courantes et les listes historiques fournissent des indices importants sur l'évolution des goûts et des intérêts des lecteurs canadiens.

Certains livres canadiens, en plus de connaître du succès au pays, se sont également bien vendus à l'étranger. Les auteurs canadiens ont rapidement compris qu'il n'est pas nécessaire de recourir à un cadre non canadien pour qu'une œuvre connaisse une popularité internationale. THE CLOCKMAKER, de T.C. HALIBURTON (1836), ne tarde pas à être largement accueilli en Grande-Bretagne et aux États-Unis. La Néo-Écossaise Margaret Marshall Saunders situe prudemment son roman *Beautiful Joe* (1894) en Nouvelle-Angleterre, mais d'autres auteurs des premiers best-sellers internationaux proposent des images purement canadiennes: *The Seats of the Mighty* (1896) de Gilbert PARKER se déroule dans le Vieux-Québec; *Black Rock* (1898) de Ralph Connor, dans les Rocheuses; *Songs of a Sourdough* (1907; trad. *Chants d'un sourdaud*, 1979) de Robert SERVICE, dans le Yukon; *Anne of Green Gables* de L.M. Montgomery, dans l'Île-du-Prince-Édouard; et *Sunshine Sketches of a Little Town* (1912; trad. *Un été à Mariposa. Croquis en clin-d'œil*, 1986) de Stephen LEACOCK, en Ontario.

La réputation d'un auteur à succès est souvent garante de ventes importantes pour les prochaines parutions. Parker, Connor (pseudonyme de C.W. GORDON), Montgomery, Service et Leacock demeurent en tête de liste des best-sellers, année après année, jusque dans les années 20, et chacun de leurs nouveaux ouvrages répond à des goûts établis. Ainsi, *Anne of Green Gables* de L.M. Montgomery, avec sa langue imagée, son portrait d'une héroïne libérée et proche de la nature, décrit une enfance

canadienne idéalisée, d'un attrait universel. En 1918, plus de 750 000 exemplaires se sont vendus aux États-Unis. Au Japon et en Pologne, ce roman figure encore parmi les premiers best-sellers pour enfants.

À la fin de la Première Guerre mondiale, *The Cow Puncher* (1918) de R.C. STEAD connaît un grand succès au Canada, mais mitigé à l'étranger. Vient ensuite un autre best-seller international de l'auteure canadiennne Mazo DE LA ROCHE, *Jalna* (1927; trad. *Jalna*, 1934), qui décrit une famille passionnée vivant dans un cadre attrayant de l'Ontario. Au début des années 80, les ventes de cette œuvre et de ses suites dépassent les neuf millions d'exemplaires.

Dans les années 20 et 30, un public important apprécie également un cadre canadien moins raffiné, comme celui que décrivent Luke Allan dans *Blue Pete: Half Breed* (1921), Frank Packard dans les histoires de «Jimmy Dale» ou encore Hulbert Footner dans des romans policiers comme *Easy To Kill* (1931). Ces ouvrages concurrencent les ventes de romans bucoliques, tel *The Yellow Briar* (1933) de Patrick Slater, et celles de romans historiques comme *The Flying Years* (1935), de Frederick Niven.

Au Canada et à l'étranger, les sujets historiques sont en tête de liste au début de la Seconde Guerre mondiale. Parmi les œuvres canadiennes, mentionnons *Champlain Road* (1939; trad. *La Route de Champlain*, 1942), de F.D. McDowell, *Three Came to Ville-Marie* (1941) d'Allan Sullivan et, de manière plus sentimentale, *Thorn-Apple Tree* (1942) de Grace Campbell.

Après *Jalna*, aucun ouvrage canadien ne connaît un tel succès international, sauf *Earth and The High Heaven* (1944; trad. Entre ciel et terre, 1946) de Gwethalyn Graham, qui dépeint un climat de tensions familiales exacerbées par l'ANTISÉMITISME dans le Montréal du temps de la guerre. Les conflits ethniques sont aussi à la base du best-seller *Two Solitudes* (1945, trad. *Deux solitudes*, 1963) de Hugh MACLENNAN. Ces deux livres sont bien accueillis aux États-Unis, malgré leur cadre canadien. Le roman de Graham se retrouve d'ailleurs au sixième rang des listes américaines de best-sellers de l'année. *The Loved and the Lost* (1951) de Morley CALLAGHAN, avec son cadre montréalais et ses luttes interraciales, s'inscrit dans le mouvement lancé par Graham et MacLennan.

Dans les années d'après-guerre, les histoires de guerre atteignent de forts tirages. C'est le cas de *The Sealed Verdict* (1947) de Lionel Shapiro, *Home Made Banners* (1946) de Ralph ALLEN et *Turvey* (1949) d'Earle BIRNEY. Mais l'histoire sociale des années 50 doit aussi retenir la multiplication des ventes de romans d'amour tels que *The Nymph and the Lamp* (1952; trad. *La Nymphe et la lampe*, 1952) de Thomas RADDALL, de livres humoristiques comme *The Roving Eye* (1950) d'Eric Nicol et de livres pour enfants (*voir* LITTÉRATURE ENFANTINE DE LANGUE ANGLAISE) tels que *Who Has Seen the Wind* (1947; trad. *Qui a vu le vent*, 1974) de W.O. MITCHELL et *Lost in the Barrens* (1956; trad. *Perdus dans le Grand Nord*, 1974) de Farley MOWAT.

En 1959, le best-seller canadien de fiction est *The Apprenticeship of Duddy Kravitz* (trad. *L'Apprentissage de Duddy Kravitz*, 1960) de Mordecai RICHLER, dont l'action se situe à Montréal, tandis que *Where the High Winds Blow* (1960), de David WALKER, démontre qu'il existe encore, en 1960, un marché pour les livres d'aventures prenant place dans l'austère Grand Nord canadien.

Dans les années 60, les habitudes de lecture et d'achat de livres des Canadiens ont changé en raison des effets de la télévision et de l'arrivée du livre de poche. *The New Canadian Library*, les clubs du livre et les tournées de lecture des auteurs ont fait grimper les ventes. Entre 1960 et 1970, bien qu'aucun livre canadien ne devienne un best-seller international, le nombre d'ouvrages canadiens de langue anglaise augmente d'environ 250 p. 100.

Au début des années 70, les best-sellers internationaux s'intéressent aux nouvelles attitudes à l'égard de la violence, du féminisme, des relations interraciales, des drogues et de la vie familiale. Les écrivains canadiens cherchent à écrire des œuvres de fiction qui traduisent ces changements. Mais le roman traditionnel connaît aussi du succès (*voir* LITTÉRATURE POPULAIRE DE LANGUE ANGLAISE); des romanciers canadiens écrivent des romans dans la collection HARLEQUIN, qui offre des histoires de jeunes travailleuses courageuses et harcelées (dans des décors exotiques) et de leurs luttes pour parvenir à une vie de luxe et au bonheur conjugal.

Les éditeurs affrontent des périodes inflationnistes difficiles et se réjouissent de compter sur des auteurs doués comme Richard Rohmer, dont la fiction s'inspire des situations alors en cours dans le monde des finances et de la politique. Parmi les ouvrages généraux, on remarque alors *The National Dream* (1970) et *The Last Spike* (1971; trad. des deux volumes, *Le Grand Défi. Le chemin de fer canadien*, 1974) de Pierre BERTON, et *The Canadian Establishment* (1975; trad. *L'Establishment canadien*, 1981) de Peter C. NEWMAN.

La liste des best-sellers depuis les années 70 devrait probablement comprendre des souvenirs et des biographies de politiciens comme *One Canada* (1975) de J.G. DIEFENBAKER, *Mike* (1972-1975) de L.B. PEARSON et *The Northern Magus* (1980; trad. *Le Prince*, 1981) de Richard GWYN; des romans d'aventures comme *A Man Called Intrepid* (1976) de William Stevenson; des livres humoristiques comme ceux de la série *Charlie Farquharson* de Don HARRON; des guides de finance comme ceux de la collection «How To Invest» de Morton Shulman; des romans comme ceux de la trilogie *Deptford* de Robertson DAVIES, surtout *Fifth Business* (1970; trad. *Cinquième emploi*, 1975), et ceux de la série *Manawaka* de Margaret LAURENCE, dont *A Jest of God* (livre de poche, 1974; trad. *Un Dieu farceur*, 1981) dont la version cinématographique *Rachel, Rachel* a stimulé les ventes; la suite historique d'Alice MUNRO, dont *Lives of Girls and Women* (1971); et enfin, les contes divertissants de Harry BOYLE et de Constance BERESFORD-HOWE. Les romans authentiques, frais et à l'humour caustique de Margaret ATWOOD connaissent un très grand succès, plus particulièrement *The Handmaid's Tale* (1985; trad. *La Servante écarlate*, 1987) dont les ventes surpassent celles de toutes ses autres œuvres. Certains best-sellers canadiens ont remporté de prestigieux prix internationaux, comme ce fut le cas pour *The Stone Diaries* de Carol SHIELD, qui remporte le prix Pulitzer. D'autres ont rejoint un plus large public par le biais, p. ex., des livres-cassettes. C'est le cas de *In the Skin of a Lion* (trad. *La Peau d'un lion*, 1989) de Michael ONDAATJE.

Les bibliographies des best-sellers traduisent les préférences des Canadiens et peut-être aussi leurs aspirations et leur besoin d'évasion, de plaisirs inaccessibles, d'information et de conseils sur des sujets brûlants. Les bibliographies de best-sellers n'indiquent pas ce que les Canadiens devraient lire, mais bien ce qu'ils lisent vraiment. (*Voir aussi*: BEST-SELLERS DE LANGUE FRANÇAISE, LITTÉRATURE POPULAIRE DE LANGUE ANGLAISE.)

Elizabeth Waterston

Best-sellers de langue française Même si le best-seller, au sens moderne du terme, est un phénomène assez récent au Canada français, il a toujours existé des romans populaires qui rejoignent un lectorat plus vaste grâce à la traduction ou aux éditions européennes. Les chiffres concernant les ventes pour les premiers livres parus au Canada français sont rarement disponibles, mais il est possible d'établir une liste des romans populaires qui ont connu le plus grand succès commercial. En général, le XIXe s. se démarque par un engouement pour les romans historiques et les récits d'aventures, tandis qu'au XXe s., la traduction et surtout les PRIX LITTÉRAIRES POUR ŒUVRES DE LANGUE FRANÇAISE, notamment les PRIX LITTÉRAIRES DU GOUVERNEUR GÉNÉRAL, jouent un rôle de plus en plus important dans la création d'un best-seller.

La situation démographique oblige depuis toujours l'écrivain professionnel canadien-français à rechercher un lectorat international. Il n'est donc pas surprenant de voir que ce sont des immigrants, ou des exilés européens, qui écrivent les best-sellers du XIXe siècle destinés à l'origine au marché étranger. Henri-Émile Chevalier (1828-1879) publie ses «romans-feuilletons», ou romans à quatre sous, dans la série «Drames de l'Amérique du Nord». *L'Ile de sable* (1862), dont le titre devient par la suite *Trente-neuf hommes pour une femme: Épisode de la colonisation du Canada*, abondamment réimprimé à Paris et en traduction américaine, est le roman qui raconte les aventures de pirates, d'autochtones et de personnages historiques qui se vend le mieux. La popularité des livres qui évoquent le pittoresque nord-américain remonte à *Des sauvages* (1603) de Champlain et persiste jusqu'au XXe s.

On se souvient de la série «L'Épopée canadienne» de l'écrivain français Maurice CONSTANTIN-WEYER (1881-1961), récipiendaire du prix Goncourt en 1928 pour son roman «canadien» *Un Homme se penche sur son passé* (1928). Plus récemment, Anne et Serge Golon obtiennent un grand succès populaire avec leur série pour les jeunes dont l'action se déroule dans la Nouvelle-France du XVIIe s., notamment avec *Angélique et le nouveau monde* (1967).

Le plus célèbre best-seller écrit par un étranger mais considéré comme appartenant au patrimoine canadien-français est, bien sûr, MARIA CHAPDELAINE de Louis HÉMON (1916). Jusqu'à tout récemment, la traduction de William H. Blake (1921) était la seule œuvre dont disposaient la plupart des Canadiens anglais pour avoir un aperçu du roman et de la culture canadienne-française.

Quantité de Québécois ont écrit des romans historiques abondamment lus au XIXe s. mais, de nos jours, ils sont occultés au profit des «romans du terroir», plus sérieux, qui étaient à l'époque approuvés et encouragés par l'Église et qui sont maintenant reconnus par la critique. On classe parmi ces romans historiques l'œuvre de Philippe-Joseph AUBERT DE GASPÉ (*Les Anciens Canadiens*, 1863) et celle de Laure Conan (pseudonyme de Félicité ANGERS). Celle-ci vivait retirée à La Malbaie et a été l'une des premières écrivaines à vivre de sa plume.

Rosanna LEPROHON (née Mullins), dont la traduction française de sa trilogie «de Villerai» est un succès de librairie alors que le texte original anglais reste plus ou moins ignoré, est accueillie avec enthousiasme par les lecteurs francophones jusque vers les années 20. *Le Manoir de Villerai* (paru sous forme de feuilleton en 1851 et de livre en 1861), fréquemment réimprimé en français, tarde à être publié sous forme de livre en version originale anglaise.

Le roman du terroir, traité sur un ton ironique ou exploitant le goût du sensationnel, connaît un regain de popularité dans les années 30, avec l'apparition du radio théâtre qui lui redonne un second souffle. Le plus connu et le plus apprécié est sans aucun doute *Un homme et son péché* (1933) de Claude-Henri GRIGNON. La série radiophonique ouvre la voie à une série télévisée longtemps diffusée. La cousine de Grignon, Germaine GUÈVREMONT, rédige elle-même le scénario de son roman primé LE SURVENANT (1945) et de sa suite pour les séries radiophoniques et télévisées, longtemps diffusées mais moins populaires. TRENTE ARPENTS (1938) de «Ringuet» (Philippe PANNETON) est le roman du terroir qui passe le mieux à la postérité. Il obtient un succès critique autant que populaire et est traduit en anglais et en allemand après avoir gagné le prix David et Viking et le prix du Gouverneur général.

Au cours des années 30 et 40, la radio permet à de nouveaux courants littéraires de se faire connaître. Elle aide Gratien GÉLINAS à vendre ses textes sur «Fridolin» et Émile Coderre à publier les poèmes de son personnage «Jean Narrache». Le réalisme urbain apparaît avec LES PLOUFFE (1948), roman primé de Roger LEMELIN, adapté pour la radio et la télévision sous le même titre, en 1952. Seul le succès populaire et critique de *Bonheur d'occasion* (1945), de Gabrielle Roy, traduit en plusieurs langues après avoir reçu le prix Fémina, dépasse le succès de Lemelin.

La période creuse entre la guerre et la Révolution tranquille voit apparaître les romans à quatre sous de Pierre Daignault. Sous le pseudonyme de «Pierre Sauriol», il écrit, de 1947 à 1966, plus de 900 épisodes hebdomadaires. Il y raconte les aventures d'espionnage de l'«Agent IXE-13», publiées par les Éditions Police-Journal. Daignault collabore parfois avec Yves THÉRIAULT, le plus prolifique des écrivains professionnels reconnus à l'époque. Les deux romans de Thériault sur les peuples autochtones, *Agaguk* (1958) et *Ashini* (1961), sont salués par la critique et viennent s'ajouter à plus d'un millier d'histoires et de nouvelles dans lesquelles l'auteur étudie le côté sombre et primitif des pulsions sexuelles et violentes ainsi que leurs manifestations dans la société québécoise.

Le best-seller régional apparaît en force comme un sous-produit du nationalisme culturel de la fin des années 60. Le succès de Jacques GODBOUT avec SALUT GALARNEAU! (1967), de Roch CARRIER avec LA GUERRE, YES SIR! (1968) et d'Anne HÉBERT avec KAMOURASKA (1970), pour ne citer qu'eux, en témoigne. En revanche, dans le vrai sens du terme, le best-seller canadien-français n'apparaît réellement qu'à la fin des années 70. En tant que premier roman rédigé par une Canadienne et couronné par un prix Goncourt, PÉLAGIE-LA-CHARRETTE (1979) d'Antonine MAILLET connaît le succès de librairie qu'il mérite. Avec *Le Matou* (1981), Yves BEAUCHEMIN obtient un succès retentissant non seulement au Québec mais aussi en France, et peut s'enorgueillir d'avoir vendu plus d'un million d'exemplaires d'un roman canadien-français. L'adaptation visuelle du roman historique d'Arlette Cousture, *Les Filles de Caleb* (1985), recueille un aussi grand succès que le livre. Depuis la publication de ces ouvrages, les auteurs régionaux, qui s'expriment dans leur propre langue et qui dépeignent une situation particulière à l'Amérique du Nord francophone, peuvent espérer compter sur un lectorat international plus vaste. (*Voir aussi* LITTÉRATURE POPULAIRE DE LANGUE FRANÇAISE.)

Michèle Lacombe

Bethune, Charles James Stewart, prêtre, entomologiste et enseignant (West Flamborough Township, Haut-Canada, 11 août 1838—Toronto, 18 avril 1932). Il reçoit son diplôme du Toronto's Upper Canada College et du University of Toronto's Trinity College (B.A. 1859) et est ordonné prêtre anglican en 1862. Après avoir servi dans les paroisses pendant 9 ans, il est nommé directeur du Trinity College School, à Port Hope, dont il fait une des plus prestigieuses écoles pour garçons du Canada.

En tant que professeur et directeur du département d'entomologie de l'Ontario Agricultural College (qui fait aujourd'hui partie de l'U. de Guelph) 1906-1920, il devient l'un des premiers à enseigner la science des insectes au niveau universitaire. Collectionneur passionné d'insectes, il fonde, avec William SAUNDERS, la Entomological Society of Canada en 1863, qu'il préside pendant 11 ans et dont il dirige la revue, *Canadian Entomologist* pendant une trentaine d'années. À Guelph, il met en place un programme d'enseignement de l'ENTOMOLOGIE économique basé sur des principes scientifiques solides. De plus, il encourage la collecte et l'identifi-

cation précise des insectes et publie de nombreux articles sur la vie et le contrôle des insectes.

P.W. Riegert

Bethune, Henry Norman, chirurgien, inventeur et militant politique (Gravenhurst, Ont., 3 mars 1890—Huang Shiko, Chine du nord, 12 nov. 1939). La renommée de Bethune au Canada tient à son travail héroïque en République populaire de Chine et à l'impact de sa bravoure sur les relations sino-canadiennes. Fils de pasteur, Bethune embrasse la carrière de chirurgien, à l'instar de son grand-père. Il interrompt ses études de médecine à Toronto pour devenir instituteur ouvrier au Collège Frontière (de 1911 à 1912) et servir, en 1915 comme brancardier durant la Première Guerre mondiale.

Après une brève période dans la Marine royale, une formation universitaire en Angleterre et quelque pratique privée à Détroit, Michigan, il est atteint de tuberculose pulmonaire, en 1926. Cette épreuve personnelle passée, il se consacre aux victimes de la tuberculose et à la chirurgie thoracique à l'Hôpital Royal Victoria de Montréal, puis à l'Hôpital du Sacré-Cœur à Cartierville, au Québec.

Entre 1929 et 1936, il invente ou redessine 12 instruments médicaux ou chirurgicaux, et publie 14 articles décrivant ses innovations en technique thoracique. De plus en plus désillusionné par le traitement chirurgical, il s'inquiète des aspects socio-économiques de la maladie. Il défie sa profession et propose des réformes radicales des soins médicaux et des services de santé au Canada.

Au terme d'un voyage en Union soviétique en 1935, Bethune adhère au Parti communiste. Cet engagement le mène en Espagne, en 1936, où il participe à la Guerre civile; il y organise un service mobile de transfusion sanguine, le premier du genre, qui couvre un front de 1000 km. Il rentre au Canada en 1937 et mène une levée des fonds pour la cause antifasciste en Espagne. Peu après, il s'intéresse de près à la guerre opposant les forces communistes et les envahisseurs japonais en Chine. «L'Espagne et la Chine, écrit-il, sont engagées dans un seul et même combat.»

Bethune quitte le Canada pour la dernière fois en 1938 et se joint à la huitième armée de campagne dans la région frontalière de Shanxi-Hobei. Là, il est à la fois chirurgien infatigable et inventif, professeur et propagandiste. Il s'identifie au peuple chinois et à sa cause. Sa mort accidentelle des suites d'une septicémie est évoquée par Mao Zedong dans son essai *In Memory of Norman Bethune*. Celui-ci demande avec instance à tous les communistes de s'inspirer de l'esprit internationaliste de Bethune, de son sens des responsabilités et de son altruisme. Cet essai, l'un des trois articles prescrits durant la Révolution culturelle, a associé intimement le nom de Bethune et celui du Canada en République populaire de Chine.

Hilary Russell

Betterave C'est une plante herbacée bisannuelle de la famille des chénopodiacées. On en cultive quatre variétés: la betterave rouge, la betterave fourragère, la bette à cardes et la betterave à sucre. La betterave provient du bassin de la Méditerranée où la *Beta maritima*, ancêtre de la *Beta vulgaris*, pousse toujours à l'état sauvage.

Toutes les variétés de betteraves supportent bien les climats tempérés. Pour un développement optimal, elles nécessitent une température qui se situe entre 18 et 28 ºC ainsi que 500 à 700 mm de pluie au cours d'une saison de croissance, qui dure entre 5 et 7 mois. Au cours de leur première année de croissance, des bulbes se développent, ainsi que des racines sucrées et un grand nombre de racines à pétioles. Les racines doivent traverser des périodes de gel prolongées avant de fleurir au cours de leur deuxième année.

La betterave fourragère existe depuis des milliers d'années. Aujourd'hui encore, on l'utilise dans le nord de l'Europe pour nourrir le bétail. On mange des betteraves rouges depuis des lustres, cuites ou fraîchement cueillies. Tous les pays subtropicaux et ceux dont le climat est tempéré la cultivent. La racine est sphérique (son diamètre peut atteindre 10 cm) et sa teinte provient de la bétaïne, un pigment rouge foncé. Partout au Canada, les betteraves rouges sont très populaires chez les jardiniers.

Ghislain Gendron

Betterave à sucre Au cours de la première année de croissance, une grosse racine blanche de forme conique, succulente, ainsi qu'un bouquet de larges feuilles se forment sur les betteraves à sucre. Lorsque les plants passent un hiver, de larges tiges ramifiées, pouvant atteindre deux mètres de hauteur, se développent au cours de la deuxième année et porteront les graines. Les fleurs sont pollinisées par le vent et peuvent se croiser facilement avec d'autres variétés de l'espèce.

En 1747, Andreas Margraff, un chimiste allemand, démontre que le sucre extrait des betteraves est identique à celui provenant de la canne à sucre. En 1802, on construit la première usine de production de betteraves en Silésie. En 1840, les betteraves à sucre fournissent 5 p. 100 de la production mondiale de sucre. En 1881, la première raffinerie au Canada à extraire le sucre des betteraves est construite à Farnham, au Québec. De nos jours, la betterave à sucre assure 40 p. 100 de la production mondiale de sucre et fournit 10 p. 100 de sa production au Canada.

Les betteraves à sucre s'adaptent à plusieurs types de sols et de climats. En Amérique du Nord, on les cultive commercialement du Canada (Alberta, Manitoba, Québec) jusqu'à la frontière du Mexique. On utilise une machinerie spécialisée pour la plantation des graines, l'application de pesticides, la culture et la récolte. On enraye les maladies qui s'attaquent aux semis grâce aux fongicides. Les autres types de maladies n'entraînent aucune répercussion économique au Manitoba et en Alberta. Toutefois, au Québec, la cercosporiose peut causer des dommages sérieux. Au Canada, les insectes nuisibles comprennent le vert gris, la larve de taupin, l'altise et la tisseuse.

En Alberta, on utilise l'arrosage artificiel pour la culture des betteraves à sucre, tandis qu'au Manitoba, elle repose sur l'arrosage naturel. Le rendement atteint de 25 à 60 t par hectare, selon la saison de croissance et les pluies. À partir d'une tonne de betteraves, on produit en moyenne 125 kg de sucre blanc granulé. Les feuilles laissées dans les champs servent à nourrir le bétail ou sont enfouies dans le sol et servent d'engrais.

Une fois séchée, la pulpe de bette (ce qui reste une fois que le sucre a été extrait) équivaut à près de 6 p. 100 du poids des racines. La mélasse, liquide noir visqueux qui reste une fois que le sucre est extrait du jus de bette, équivaut à près de 5 p. 100. Ces deux produits constituent une excellente nourriture pour le bétail. La mélasse est aussi largement utilisée dans la production de levure.

J.W. Hall

Bette à cardes La bette à cardes (*B. vulgaris* var. *cicla*) est une bette à feuilles: sa racine n'est pas comestible, mais on la cultive pour ses larges pétioles charnus et ses feuilles immenses. La bette à cardes constitue l'une des meilleures plantes potagères, car elle supporte très bien la chaleur. Les plants atteignent entre 50 et 100 cm de hauteur. Les variétés communes possèdent des feuilles vertes froissées et des pétioles d'un blanc verdâtre. Le plus récent cultivar (variété commerciale), appelé Rhubard, possède des pétioles cramoisis. Grâce au rouge intense de son pétiole, de sa nervure médiane et de ses nervures principales, le cultivar Burgundy s'intègre parfaitement à un arrangement décoratif, en bordure des massifs, p. ex. (*voir* PLANTES ORNEMENTALES).

Après une plantation printanière, une récolte régulière des feuilles durant toute la saison étalera la productivité jusqu'aux gelées d'automne. La bette à cardes représente donc une alternative intéressante

aux épinards. C'est une excellente source de vitamine A. On peut couper le pétiole et la nervure médiane et les manger comme les asperges. Les feuilles peuvent être congelées ou mises en conserve comme les épinards. La production commerciale de la bette à cardes est restreinte, mais cette dernière est très populaire auprès des jardiniers.

V.W. Nuttall

Betula, lac Le lac Betula, au Manitoba, est un lac d'eau douce et un centre de villégiature situé dans le parc provincial Whiteshell, à 145 km au nord-est de Winnipeg. La région, ouverte à la construction de chalets dans les années 50, est un endroit très populaire pour la natation, la pêche et le ski nautique. Son histoire culturelle est particulièrement remarquable car la région contient des pétroformes, mosaïques de roche créées par des peuples préhistoriques. Ces silhouettes, faites de roches pesant jusqu'à plusieurs centaines de kilos, sont posées sur une table de granit à ciel ouvert. On trouve surtout des effigies de tortues et de serpents, mais aussi des cercles, des représentations humaines et des formes géométriques.

Les pétroformes proviendraient de la culture Laurel (de 500 av. J.-C. à 800 apr. J.-C.). Certaines ont sans doute été utilisées pour marquer des portages, mais celles des sites plus éloignés ont probablement été utilisées lors de cérémonies et de rites religieux. Quelques alignements correspondent à des phénomènes astronomiques. Leurs créateurs étaient peut-être les ancêtres de peuples de langues algonquiennes qui continuèrent à créer des pétroformes après avoir déménagé dans les hautes plaines de l'Ouest. L'étude systématique des mosaïques de Whiteshell a commencé à la fin des années 60.

D.M. Lyon

Beurling, George Frederick, dit «Buzz», pilote de chasse (Verdun, Qc, 6 déc. 1921—Rome, Italie, 20 mai 1948). Il abat 28 avions ennemis en quatre mois alors qu'il est sergent-pilote dans l'escadron 249 des Forces aériennes royales (RAF) à Malte en 1942, et est nommé et promu lieutenant d'aviation. Blessé en 1942, il est transféré à l'Aviation royale du Canada (ARC) à titre de capitaine d'aviation. Alors qu'il vole avec les escadrons 403 et 412, on lui attribue trois nouvelles victoires, ce qui porte le total de celles-ci à 31.

Il s'insurge contre la discipline militaire et est renvoyé en octobre 1944. Ne parvenant à trouver sa place au sein d'un monde sans combat, il déclare: «C'est la seule chose que je sais faire correctement, c'est la seule chose que j'ai faite qui me plaise». Il joint donc les rangs de l'armée de l'air israélienne en 1948 et meurt dans l'écrasement de l'avion qu'il convoie en Palestine.

Brereton Greenhous

Beynon, Francis Marion, journaliste et réformatrice sociale féministe (Streetsville, Ont. 21 mai 1884—Winnipeg, 5 oct. 1951). Durant son enfance, sa famille quitte l'Ontario pour aller s'établir au Manitoba. Beynon travaille à Winnipeg dans les domaines de la publicité et du journalisme. Elle est membre actif du Canadian Women's Press Club (aujourd'hui le Club Média du Canada) et participe à l'organisation de la Political Equality League of Manitoba, principale organisation pour le suffrage des femmes de la province.

Dans sa rubrique du GRAIN GROWERS' GUIDE, pour lequel elle est rédactrice de la page féminine de 1912 à 1917, elle choisit d'aborder la «question des femmes» sous un angle très large de manière à discuter non seulement de la question du suffrage, mais aussi de celle du travail des femmes et de la structure du mariage et de la famille. Lorsque la guerre éclate, elle prend une position pacifiste qui la force à quitter son poste au *Grain Growers' Guide* en 1917. Elle quitte alors Winnipeg et s'installe aux États-Unis où elle demeure jusqu'à la fin de sa vie active.

Deborah Gorham

Beynon, William, chef héréditaire nishga et ethnographe (Victoria, 1888—1958). Beynon a d'abord de la difficulté à se situer par rapport à son héritage autochtone, puis il l'assume de plus en plus par le biais de la recherche. De 1915 à 1956, il est interprète et chercheur chez les Tsimshians, les Nishgas et les Gitksans de la Colombie-Britannique. En compagnie de Marius BARBEAU, il met au point une méthode de recensement ethnographique de ces cultures, notamment de leur organisation sociale et de leur mythologie. Il est aussi, épisodiquement, l'assistant de Franz BOAS et de Philip Drucker. Bien qu'il ne soit pas anthropologue de formation, ses notes de recherche fournissent des données fondamentales sur ces cultures.

J.J. Cove

Biard, Pierre, missionnaire jésuite (Grenoble, France, 1567 ou 1568—Avignon, France, 17 nov. 1622). Après s'être longuement préparé au travail de missionnaire, Biard s'embarque pour l'ACADIA au début de 1611. Déterminé et débrouillard dans son travail de missionnaire chez les Micmacs et les Malécites, il s'attire l'hostilité de colonisateurs français comme Charles de BIENCOURT, dont il critique les méthodes en les qualifiant d'égoïstes et de matérialistes.

En juillet 1613, en tentant d'établir, en compagnie de trois autres jésuites, une colonie d'esprit religieux sur la côte du Maine, Biard est capturé lors d'un raid anglais puis renvoyé en France. Sa *Relation de la Nouvelle-France* (1616) est une analyse pénétrante des problèmes rencontrés par les premiers colonisateurs européens.

John G. Reid

Bibliographies littéraires de langue anglaise Les études littéraires reposent essentiellement sur des outils de recherche appropriés et des corpus dûment constitués. Dans les deux cas, il s'agit d'un travail de bibliographie littéraire: le premier énumératif, le second textuel et analytique. La bibliographie énumérative a pour objet de répertorier la production littéraire d'une nation, qu'elle soit passée ou présente, primaire ou secondaire. Au mieux, elle permet aux chercheurs de dégager la structure et l'évolution de leur discipline. Concrètement, devant les impératifs de l'histoire de l'édition et de la diffusion de textes primaires, elle les incite à faire preuve de rigueur dans leurs recherches sans perte de temps considérable. Les bibliographies elles-mêmes varient de la simple liste chronologique de titres courts à des catalogues très élaborés offrant quasiment des fac-similés de pages de titre. Elles peuvent également réunir toute une gamme de matériel primaire ou secondaire, provenant du passé ou du présent. Pour être utile, la bibliographie énumérative doit répondre à trois critères: universalité, accessibilité et pertinence.

Le chercheur littéraire se doit donc de connaître les textes primaires. En ce qui concerne la littérature canadienne anglaise (*voir* LITTÉRATURE DE LANGUE ANGLAISE), il peut consulter la *Checklist of Canadian Literature and Background Materials 1628-1960* (2e éd, 1972) de R.E. Watters, la bibliographie rétrospective de base qui, malgré sa présentation un peu déroutante et son caractère désuet, a quand même beaucoup contribué à faire mieux connaître la littérature canadienne dans toute son étendue. À cet ouvrage fondamental s'ajoutent des documents de référence tels que la *Bibliography of Canadian Imprints, 1750-1800* (1952) de Marie Tremaine, les catalogues des bibliothèques et les répertoires des Canadiana de la Bibliothèque Nationale du Canada (publication mensuelle et annuelle), qui, même s'ils synthétisent globalement les textes primaires du Canada, sont loin d'offrir aux chercheurs la possibilité de reconstituer avec certitude le corpus des différents auteurs.

Pour remédier à cette carence, les chercheurs peuvent recourir à un certain nombre de bibliographies rétrospectives de sources primaires et secondaires comme *English-Canadian Literature to 1900* de R.G. Moyle (1976), *Modern English-Canadian Poe-*

try de Peter Stevens (1978) et *Modern English-Canadian Prose* de Helen Hoy (1983). Outre le corpus de plus de 150 auteurs et une liste complète d'ouvrages critiques et historiques proposés, ces documents de référence offrent également aux étudiants et aux jeunes chercheurs une vue d'ensemble de la littérature canadienne jusqu'aux années 70 et mettent à leur portée d'autres éléments de référence: anthologies clés, ouvrages d'histoire littéraire et de critique générale et périodiques littéraires importants.

Plus riche et plus détaillée, *The Annotated Bibliography of Canada's Major Authors* (1979-) de Jack David et Robert Lecker, permet de suivre par volume cinq écrivains importants. Une fois terminée, la série comptera 50 auteurs et sera assortie, outre la liste habituelle des sources primaire et secondaires, de documents aussi intéressants que des manuscrits, des œuvres publiées dans des périodiques (production non négligeable pour les poètes) et des comptes rendus.

Bien entendu, au-delà des œuvres de fiction, les chercheurs s'intéresseront aux disciplines connexes que sont l'histoire et les études autochtones. À cet égard, la *Bibliography of Canadian Bibliographies* de Douglas Lochhead (1972) et des guides régionaux spécialisés permettent de trouver aisément une bibliographie abondante à laquelle s'ajoutent sans le *Canadian Periodical Index* (annuel), le *Canadian Book Review Annual*, *Canadiana* et la *MLA International Bibliography* (annuelle). Bien qu'elle soit publiée aux États-Unis, cette dernière renferme pourtant d'importantes références à la critique canadienne contemporaine.

Force est de reconnaître cependant que, malgré l'accroissement des outils de recherche, les bibliographies énumératives au Canada restent encore trop disparates et restreintes d'autant que peu d'attention est accordée à la transmission textuelle, aux variantes et aux auteurs mineurs. L'enquête bibliographique dépend pour l'essentiel de préférences et d'initiatives individuelles, ce qui, par ricochet, pointe à l'horizon la nécessité d'un effort accru de la part de tous les chercheurs en faveur de la production d'une bibliographie universelle regroupant toutes les sources littéraires primaires et secondaires canadiennes. À tout prendre, la bibliographie énumérative a été au moins amorcée. Peut-on dire autant de la bibliographie textuelle?

On a longtemps estimé que la bibliographie textuelle et analytique n'était nécessaire que pour déterminer la provenance d'anciens textes, comme ceux de Shakespeare ou de Milton, dont il existe de nombreuses versions ou variantes faisant autorité. Dans un tel contexte, la bibliographie analytique examinait alors l'histoire de l'impression des textes et la bibliographie textuelle en vue d'appliquer les résultats obtenus à la production d'une édition définitive. Aujourd'hui, on admet que la bibliographie textuelle ne s'impose que lorsqu'il s'agit de produire une édition critique selon les modalités suivantes: 1) établir et recueillir les textes qui font autorité; 2) choisir un texte étalon; 3) rassembler tous les textes ou toutes les versions sans exception; 4) déterminer un texte pour l'édition; 5) préparer un appareil critique; 6) fixer par ces étapes l'étendue des modifications et des corrections obligatoires. Faute de telles modalités dans le passé, les nouvelles éditions des classiques canadiens, lorsqu'elles n'étaient pas tronquées ou corrompues, correspondaient à de simples réimpressions de n'importe quelle édition précédente.

Cependant, soucieux de la fidélité textuelle, les éditeurs de classiques canadiens ont, au cours des dernières années, donné une place importante à la «bibliographie textuelle». Pour s'en convaincre, il suffit de citer les nouvelles éditions critiques de *The History of Emily Montague* de Frances BROOKE (1769) et WACOUSTA de John RICHARDSON (1832), produites par le Centre for Editing Early Canadian Texts de l'U. Carleton, sans oublier les projets éditoriaux majeurs envisagés pour l'œuvre

d'E.J. Pratt et d'A.M. Klein, qui ont défini en la matière un nouveau *modus operandi*, garant d'une transmission aussi sérieuse que fidèle de la littérature canadienne-anglaise comme celle de toute autre nation.

R.G. Moyles

Bibliographies littéraires de langue française On distingue deux types de bibliographies portant sur la LITTÉRATURE DE LANGUE FRANÇAISE: les rétrospectives, qui dressent la liste des ouvrages publiés à une époque antérieure, et les courantes, qui consignent livres et articles à mesure qu'ils sont publiés. Les livres québécois publiés après l'avènement de l'imprimerie au Canada central (1764) jusqu'en 1820 sont dits «incunables» (premiers ouvrages imprimés) et, en raison de leur rareté, sont généralement décrits en détail par les bibliographes. Les incunables du Québec sont répertoriés dans trois ouvrages: *A Bibliography of Canadian Imprints, 1751-1800* (1952) de Marie Tremaine, *Les imprimés dans le Bas-Canada, 1801-1840* de John Hare et Jean-Pierre Wallot, dont seul le premier tome (1801-1810) a paru en 1967, et le *Catalogue collectif des impressions québécoises, 1764-1820* (1984) de Milada Vlach et Yolande Buono. Les œuvres de la fin du XIXᵉ s. et du début du XXᵉ s. sont inventoriées dans l'ouvrage en plusieurs tomes intitulé *Bibliographie du Québec, 1821-1967* (1980-1995; aussi sur CD-ROM) et dans *Canadiana, 1867-1900* (1981-; sur microfiches).

Les bibliographies rétrospectives

Parmi les bibliographies rétrospectives qui ne rassemblent que des œuvres littéraires, la plus complète reste le *Dictionnaire des œuvres littéraires du Québec* (1978-), sous la direction de Maurice Lemire, dont six tomes ont été publiés à ce jour. René Dionne et Pierre Cantin, quant à eux, ont publié, de 1988 à 1994, des bibliographies plus exhaustives touchant les années 1760 à 1899 et 1974 à 1984. Des listes distinctes, dressées par John Hare, sur le roman, la poésie, le théâtre et les essais, figurent dans les volumes III à VI des *Archives des lettres canadiennes* (1961-). D'autres bibliographies spécialisées traitent des nouvelles du XIXᵉ s. (Aurélien Boivin, *Le conte littéraire québécois au XIXᵉ siècle* [1975]), des romans du XIXᵉ s. (David M. Hayne et Marcel Tirol, *Bibliographie critique du roman canadien-français, 1837-1900* [1968]), des récits de voyage (John Hare, *Les Canadiens français aux quatre coins du monde* [1964]), des journaux (André Beaulieu et Jean Hamelin, *La presse québécoise des origines à nos jours* [1973-], dont 10 volumes ont été publiés à ce jour) et des revues (*Catalogue de la Bibliothèque nationale du Québec: revues québécoises*, 3 volumes [1981]). Les pièces de théâtre des XIXᵉ et XXᵉ s. sont inventoriées dans *Le théâtre canadien d'expression française* (1975-1978; 4 volumes) d'Édouard-Gabriel Rinfret et les études sur le théâtre, dans *Pour suivre le théâtre au Québec* (1985) de Pierre Lavoie.

Les courtes bibliographies

De courtes bibliographies, portant sur la plupart des auteurs québécois, sont rassemblées dans le *Dictionnaire pratique des auteurs de langue française en Amérique du Nord* (1989) de Réginald Hamel, John Hare et Paul Wyczynski. De plus, les thèses consacrées à des auteurs particuliers et celles des facultés de bibliothéconomie présentées dans les universités québécoises contiennent des références plus complètes sur les auteurs québécois. On trouve les premières dans le *Répertoire des thèses littéraires canadiennes de 1921 à 1976* (1978) d'Antoine Naaman et dans *Canadian Theses/Thèses canadiennes* (1952-), alors que les secondes sont répertoriées dans *Bio-bibliographies canadiennes-françaises* (1970) de Jeanne Proulx et dans *Bibliographie de bibliographies québécoises* (1978; supplément, 1980). Quelques bibliographies d'auteurs ont fait l'objet de publication sous forme de livre. C'est le cas de la *Bibliographie descriptive et critique d'Émile Nelli-*

gan (1973) de Paul Wyczynski et de *Jacques Ferron, polygraphe* (1984) de Pierre Cantin.

Actuellement, la bibliographie de base pour suivre la production littéraire québécoise, qui est continuellement en hausse depuis 1960, reste la *Bibliographie du Québec* (1968-). Elle est publiée mensuellement et donne la liste de tous les ouvrages publiés au Québec, ou qui portent sur celui-ci. Un excellent bilan annuel des œuvres littéraires, *Livres et auteurs québécois* (1969-1982; autrefois *Livres et auteurs canadiens* [1961-1968]) a été publié pendant quelques années. Un bilan annuel sélectif est toujours publié dans «Letters in Canada» du *University of Toronto Quaterly* (1937-).

David M. Hayne

Bibliothéconomie C'est une science qui englobe toutes les fonctions rattachées à la gestion d'une bibliothèque. Il faut avoir suivi un cours universitaire de cycle supérieur pour être reconnu comme membre de la profession. Il y a 60 ans, la plupart des bibliothécaires canadiens acquièrent leur formation en milieu de travail. Les quelques bibliothécaires titulaires d'une formation officielle la reçoivent aux États-Unis. C'est pendant l'été 1904, avec la tenue d'une séance de formation de trois semaines à l'U. McGill, que l'on commence à offrir sporadiquement ce genre de cours de courte durée. En 1927, l'U. McGill institue un programme d'un an au premier cycle. L'U. de Toronto, pour sa part, ouvre une école de bibliothéconomie en 1928. Les écoles de bibliothéconomie des universités McGill et Toronto instaurent, en 1931 et en 1936 respectivement, des programmes de deuxième et de troisième cycle reconnus par l'American Library Association (ALA). Dans les années 30, on fonde trois autres écoles de bibliothéconomie, soit à l'U. d'Ottawa, à Montréal (École de bibliothécaires) et à Mount St. Vincent à Halifax. Ces écoles ne sont jamais agréées et finissent par disparaître.

McGill et Toronto demeurent les chefs de file dans le domaine de l'enseignement de la bibliothéconomie, mais avec l'expansion de la discipline dans les années 60, elles ne suffisent plus à la demande, ce qui incite certains établissements à ouvrir de nouvelles écoles de bibliothéconomie, dont l'U. de la Colombie-Britannique (1961), l'U. de Montréal (1961) et l'U. de l'Alberta (1968). En général, elles offrent un baccalauréat en bibliothéconomie (B. Bibl.) qui, puisqu'il faut déjà détenir un diplôme de premier cycle pour y être admis, est considéré comme l'équivalent de la Master of Library Science (MLS, maîtrise en bibliothéconomie) américaine. Toutes les écoles canadiennes sont reconnues par l'ALA.

Au début des années 70, les écoles de bibliothéconomie canadiennes se différencient assez nettement du modèle américain. Devant l'élargissement du champ de la discipline, le besoin croissant de bibliothécaires spécialisés et la demande continue de généralistes, les écoles canadiennes doublent la durée de leurs programmes et accordent une maîtrise en bibliothéconomie plutôt qu'un baccalauréat. Un programme de maîtrise de deux ans existe depuis 1964 à l'U. McGill. Les U. de Toronto, de Montréal et de la Colombie-Britannique établissent le leur avant 1972, puis l'U. de l'Alberta fait de même en 1976. Les écoles de bibliothéconomie de l'U. de Western Ontario (1967) et de l'U. de Dalhousie (1979) n'ont pas toujours offert le programme de maîtrise. Les programmes de formation en bibliothéconomie sont donc considérablement plus longs au Canada qu'aux États-Unis et ailleurs, mais certains établissements américains commencent à suivre l'exemple canadien.

Parmi les progrès notoires observés au cours des années 70, on remarque la création du programme de doctorat (Toronto et Western Ontario), la construction d'installations imposantes et l'augmentation rapide des inscriptions. Les U. de Toronto et de Western Ontario figurent aujourd'hui parmi les plus importantes du continent. En 1986-1987, les 7 écoles offrant des cours de cycle supérieur en bibliothéconomie décernent 457 diplômes de maîtrise en bibliothéconomie. De ce nombre, l'U. de Montréal, la seule institution francophone, en remet 71. On accorde aussi 2 doctorats.

Depuis quelques années, le contenu des programmes ainsi que de la nature et de la portée de cette discipline font l'objet d'une remise en question. Traditionnellement, la bibliothéconomie est liée aux activités d'une bibliothèque: la sélection et l'acquisition des documents, le catalogage, la classification et l'analyse documentaire, le service aux usagers ainsi qu'à certaines questions comme le rôle social d'une bibliothèque. Ces aspects ont toujours leur importance, mais la bibliothéconomie n'est plus aussi étroitement liée à la bibliothèque comme institution.

La bibliothéconomie s'intéresse à tous les aspects du fonctionnement d'une bibliothèque et plus généralement à tout le processus de transfert d'information, qu'il s'effectue par support imprimé ou par voie électronique. Ainsi définie, la bibliothéconomie chevauche d'autres disciplines comme la documentation et la science de l'information. D'ailleurs, toutes les écoles de bibliothéconomie canadiennes portent un nom où figure l'expression «science de l'information» et accordent une importance considérable à la technologie de l'information, au stockage et au repérage de l'information par voie électronique, de même qu'aux théories de l'information et de la communication. Ainsi, les diplômés canadiens en voie de devenir, non plus de simples bibliothécaires, mais plutôt des «professionnels de l'information». La plupart, bien sûr, se verront toujours affectés à des bibliothèques publiques, d'établissements d'enseignement ou spécialisées, mais d'autres pourraient très bien travailler dans des milieux moins traditionnels comme l'édition, la recherche, les cabinets d'avocats, la gestion des archives et même fonder leur propre entreprise. En fait, tout poste exigeant des connaissances approfondies des méthodes de sélection, d'organisation ou de recherche de documents, de la technologie des télécommunications et du vidéotex et de l'élaboration de bases de données convient au diplômé en bibliothéconomie et en science de l'information.

Dans de nombreuses universités canadiennes, en plus du programme de cycle supérieur en bibliothéconomie, la faculté d'éducation offre un cours de premier cycle en bibliothéconomie scolaire, formant des bibliothécaires chargés d'une bibliothèque scolaire ou des enseignants bibliothécaires. Ce dernier terme reflète le point de vue selon lequel le bibliothécaire scolaire devrait être avant tout un éducateur qui aide l'enseignant à offrir aux écoliers des méthodes efficaces de consultation du matériel didactique. Depuis que la plupart des programmes sont élaborés selon la recommandation de la Canadian School Library Association (1981), la bibliothéconomie scolaire compte parmi les disciplines universitaires de cycle supérieur dans toutes les provinces, sauf à l'Île-du-Prince-Édouard et en Saskatchewan.

Pour ce qui est de la formation des techniciens en documentation, le Canada dispose d'une infrastructure bien développée: 23 établissements, depuis la fondation de celle de Winnipeg en 1962. Dans les quatre provinces de l'Ouest, ces programmes sont offerts par les centres universitaires de premier cycle et les instituts de technologie; en Ontario, par les écoles d'arts appliqués et de technologie et par l'U. de Lakehead, qui propose un programme de trois ans en technique de documentation; et au Québec, par les collèges d'enseignement général et professionnel (cégeps). Il n'y a rien d'offert à ce cycle d'études dans les Provinces de l'Atlantique, sauf au Nouveau-Brunswick où l'on a créé un programme d'aide-bibliothécaire. En général, les programmes de formation en technique de documentation représentent deux ans d'études, la moitié de cette période étant consacrée aux cours sur le travail en bibliothèque. À l'exception du Québec, la plupart des établissements se conforment aux directives sur la formation des bibliotechniciens (1982) publiées par la Canadian Library Association. Cette dernière parraine d'ailleurs fréquemment des études dans le but de maintenir des normes de qualité élevées dans l'élaboration des programmes. Ainsi, le Canada prend une position d'avant-garde dans les domaines de la bibliothéconomie et de son apprentissage.

Samuel Rothstein

Bibliothèque nationale du Canada Elle a été créée par la *Loi sur la Bibliothèque nationale* (1953) en tant que service du gouvernement fédéral pour rassembler, conserver et promouvoir les documents du patrimoine canadien, ainsi que pour participer au développement et permettre l'accessibilité des services et des ressources de la bibliothèque. La Bibliothèque renferme des livres, des périodiques, des journaux, des microformes, des bandes sonores et tout autre matériel publié au Canada, concernant le Canada ou écrit par des Canadiens. Les règlements concernant le dépôt légal dans la *Loi sur la Bibliothèque nationale* stipulent que les éditeurs canadiens doivent remettre un ou deux exemplaires de tout nouveau livre (selon le prix) ou de tout autre production à la Bibliothèque. Des publications étrangères sélectionnées en lettres et en sciences humaines sont aussi offertes, et le nombre total d'objets collectionnés est de près de trois millions. La Bibliothèque contient les plus importantes collections de musique canadienne (imprimée ou enregistrée), de journaux canadiens et de publications officielles provenant des gouvernements fédéral et provinciaux. On y retrouve aussi des livres canadiens rares, des manuscrits d'auteurs canadiens et des thèses (mises sur microfilms afin de les protéger, de les vendre ou de les prêter) provenant d'universités canadiennes. Les collections de la Bibliothèque ainsi que ses services de référence, de consultation et de localisation sont offerts à tous les Canadiens qui peuvent soit se rendre à Ottawa, soit passer par une autre bibliothèque, laquelle entrera en contact avec la Bibliothèque nationale.

Grâce à un certain nombre de programmes, la Bibliothèque essaie également d'aider les bibliothèques canadiennes à offrir leurs services à la population. Elle tient un catalogue central des ressources documentaires des bibliothèques canadiennes et publie la bibliographie canadienne (*Canadiana*) ainsi que plusieurs autres bibliographies, catalogues et rapports techniques. Les dernières technologies dans les domaines de l'informatique et des télécommunications ainsi que la participation de la Bibliothèque à des activités nationales et internationales de standardisation facilitent le partage des ressources bibliothécaires. Au sein du Canada, la Bibliothèque coordonne et soutient le réseau des bibliothèques canadiennes afin qu'elles puissent partager leurs ressources au moyen d'un système informatique de prêt entre bibliothèques. La Bibliothèque est dirigée par un administrateur général (W.K. LAMB, de 1953 à 1968; G. SYLVESTRE 1968 à 1983; M. Scott, depuis 1984), aidé d'un comité consultatif composé de bibliothécaires, de spécialistes et de tout autre Canadien se montrant intéressé.

Marianne Scott et Guy Sylvestre

Bibliothèques Au Canada, les premières bibliothèques correspondent aux collections privées que constituent les immigrants européens. La plus ancienne est celle de Marc LESCARBOT, érudit et avocat établi à PORT-ROYAL en 1606. Les premières communautés religieuses assemblent aussi leurs collections: certains ouvrages de la mission canadienne des Jésuites, qui date de 1632, et du Collège des Jésuites de Québec (fondé en 1635) existent toujours. Aux XVIIIe et XIXe siècles, on trouve des bibliothèques dans les colonies, les postes de traite ou les postes militaires dont la COLONIE DE LA RIVIÈRE ROUGE à Selkirk, le poste de la Compagnie de la baie d'Hudson (CBH) à YORK FACTORY, celle de John McKay dans l'île de Vancouver après 1786, celle de Roderick Mackenzie au Fort Chipewyan (Alberta), après 1788, et celle de lord DALHOUSIE à la garnison d'Halifax.

Bibliothèques publiques

Au XIXe s., les bibliothèques des instituts techniques, des districts scolaires et des universités, de même que les bibliothèques communautaires, professionnelles et publiques prennent de l'ampleur. Le financement de la plupart des bibliothèques publiques des premières décennies du XIXe s. provient des frais d'abonnement. Mentionnons celle fondée par le gouverneur HALDIMAND dans la ville de Québec en 1779, la bibliothèque de Montréal créée en 1796 et celle de Niagara fondée en 1800.

Vers 1850, les bibliothèques sont fermement implantées en Amérique du Nord britannique. Les premières bibliothèques publiques gratuites ouvrent leurs portes en 1883 à Saint John, à Guelph et à Toronto. Avant d'être l'institution qu'elle est aujourd'hui, la bibliothèque publique évolue lentement, s'adaptant aux diverses conditions géographiques, économiques, culturelles et démographiques de chaque province. Les bibliothèques des districts scolaires, les instituts techniques et d'associations communautaires constituent les ancêtres des bibliothèques publiques subventionnées.

Bibliothèques de district scolaire Les bibliothèques de district scolaire sont instaurées en 1850 par Joseph HOWE, en Nouvelle-Écosse, et Egerton RYERSON au Canada-Ouest (Ontario). Les deux hommes estiment qu'enfants et adultes pourraient bénéficier de services bibliothécaires par le biais des écoles avec l'aide financière et administrative des gouvernements coloniaux. Le Nouveau-Brunswick (1858) et l'Île-du-Prince-Édouard (1877) fondent aussi de telles bibliothèques, qui disparaissent après la Confédération à cause d'une désaffectation locale causée par les tendances centralisatrices des ministères de l'Éducation.

Instituts techniques Les instituts techniques voient le jour en Grande-Bretagne de pair avec les sociétés ouvrières. En 1828, le premier de ces instituts est créé à Montréal. Ce genre d'institution devient rapidement populaire dans les communautés d'Halifax, de Montréal, de Toronto et de Victoria, parce qu'il donne à la classe ouvrière un accès peu coûteux aux livres et aux journaux. L'intérêt que ces instituts suscitent décline après la confédération (1850), et plusieurs d'entre eux sont intégrés aux bibliothèques municipales. En Ontario, p. ex., ce passage est facilité par une loi de 1882 permettant l'établissement de bibliothèques publiques gratuites dans les villes et villages ainsi que le transfert des avoirs des instituts aux bibliothèques. Des subventions sont aussi transférées, entraînant la disparition de ces instituts ou leur remplacement par les bibliothèques publiques.

Bibliothèques d'associations communautaires Nombre de bibliothèques d'associations communautaires ayant des intérêts divers naissent dans l'Est du Canada après 1800. La collection de la SOCIÉTÉ LITTÉRAIRE ET HISTORIQUE DE QUÉBEC (fondée en 1824) est particulièrement remarquable. La plupart de ces associations se veulent un lieu de rencontre où l'on tient des conférences, des débats et d'autres activités, et où les membres peuvent emprunter des livres. Tout comme celles des instituts techniques, les bibliothèques des associations sont publiques: elles sont ouvertes à tous, sans distinction de classe, de race ou de religion et visent à élargir les goûts de leurs membres, tant en musique, en littérature et en culture qu'en sport. Un grand nombre deviennent par la suite des bibliothèques publiques gratuites, quoiqu'il en existe encore, notamment en Colombie-Britannique.

Bibliothèques gratuites Une loi ontarienne de 1882 autorise l'établissement de bibliothèques gratuites, financées par un prélèvement de la moitié d'un millième de dollar déterminé d'après la valeur de tous les biens mobiliers et immobiliers. Un conseil local de neuf membres élus par le conseil municipal et le conseil d'administration scolaire y fait autorité. La bibliothèque publique de Toronto est la plus grande des premières bibliothèques à choisir ce statut. Le modèle ontarien de bibliothèques est ensuite adopté par les autres provinces: Colombie-Britannique (1891), Manitoba (1899), Saskatchewan (1906), Alberta (1907), Nouveau-Brunswick (1929), Terre-Neuve (1935), Île-du-Prince-Édouard (1935, révoqué en 1936), Nouvelle-Écosse (1937), Québec (1959) et Territoires du Nord-Ouest (1966).

Bibliothèques publiques modernes De nos jours, une bibliothèque choisit, acquiert et organise des collections de livres, de périodiques, de journaux, de publications officielles, de rapports, de micro-fiches, de cartes, de matériel audiovisuel, de rubans informatiques, etc., et en donne l'accès au public. Tout matériel acquis pour les usagers est placé sur les étagères, selon un système de fiches et de classification qui en facilite l'accès. Le service de référence aide l'usager à déterminer ce qui lui est nécessaire et à le trouver. Les services additionnels, comme les sections pour enfants, l'audiovisuel et la diffusion sélective de l'information, varient selon la clientèle de chaque bibliothèque.

Les bibliothèques publiques du Canada sont régies par des statuts provinciaux et principalement financées par des taxes locales. Des subventions provinciales complètent ces fonds. Elles sont généralement dirigées par un conseil d'administration local qui a le pouvoir d'embaucher les employés, de superviser les biens et d'établir des règlements et le budget de la bibliothèque. Les services varient en fonction du mandat des communautés locales et de leur conseil d'administration.

La période de croissance des bibliothèques publiques qui suit immédiatement les années 1900 est marquée par la construction de bibliothèques et l'augmentation des collections et des services. Comme on veut augmenter le nombre de membres, on permet le libre accès aux livres, on crée des sections pour enfants, on adopte des systèmes standard de classement et de catalogage et on entreprend la construction de bibliothèques dans les zones rurales. Des bibliothèques volantes sont créées en Colombie-Britannique, en Ontario et au Québec peu avant le XXᵉ s. Des bibliothèques semblables sont aussi mises sur pied par les U. Dalhousie, McGill et celles du Manitoba et de l'Alberta ainsi que par les autorités provinciales de la Saskatchewan, de l'Ontario et de Terre-Neuve. Bien que le développement des bibliothèques publiques soit freiné pendant la crise des années 30 et la Seconde Guerre mondiale, il reprend de plus belle après 1945.

L'éducation reçoit beaucoup d'attention au cours des années 60, et plus de 125 bibliothèques publiques, nouvelles ou réorganisées, sont mises sur pied, en partie grâce aux subventions accordées dans le cadre du Centenaire. Le développement des bibliothèques est compromis par l'inflation des années 70 et du début des années 80. En effet, les pressions exercées par les paliers municipal et régional sur les bibliothèques pour qu'elles réduisent ou stabilisent leurs dépenses entraînent une diminution des services alors que la population en exige davantage. Bien qu'on coupe dans les services, les statistiques demeurent impressionnantes. En 1986, Statistique Canada signale que les bibliothèques publiques possèdent 51,8 millions de livres, prêtent 154,8 millions d'articles, consacrent 57,7 millions de dollars à l'achat de matériel et emploient plus de 11 457 personnes dans 3 136 centres de services partout au Canada.

Bibliothèques régionales En raison de la répartition démographique du Canada, les gouvernements provinciaux et les associations professionnelles encouragent la création de plus grandes unités de services, telles les bibliothèques de comté, de région et

de province. Les premiers systèmes régionaux sont mis à l'essai au début des années 30 dans la vallée du fleuve Fraser et à l'Île-du-Prince-Édouard. D'autres provinces fondent des bibliothèques régionales après la Seconde Guerre mondiale. Certaines, comme la Saskatchewan, sont d'avis que ce système offre la meilleure solution pour desservir les petites communautés éloignées, les bibliothèques municipales de la province servant de réserves à ces bibliothèques. Les structures administratives et l'appui financier de ces systèmes régionaux varient d'une province à l'autre: certaines unités de services relèvent d'un système provincial tandis que d'autres restent autonomes. Certaines provinces offrent un traitement centralisé et des collections de réserve pour les bibliothèques en région et d'autres pas.

Bibliothèques universitaires, collégiales et scolaires

Les bibliothèques universitaires et collégiales, qui sont rattachées à leur communauté, sont financées par un pourcentage des fonds d'exploitation (de 6 à 8 p. 100) et par des subventions spéciales provenant d'agences de financement ou de fondations. Le bibliothécaire en chef d'une université relève d'un responsable universitaire, comme le bureau du vice-président, et est représenté dans les organes de décision principaux de l'université. Les bibliothèques collégiales reçoivent un pourcentage moins élevé des fonds d'exploitation et leur structure administrative varie grandement, à l'intérieur même de chaque province et entre les provinces.

Bibliothèques universitaires La première bibliothèque universitaire en tant que telle est celle du King's College de Windsor, en Nouvelle-Écosse, fondée en 1789. Si bien des universités et des collèges créés au début du XIXᵉ s. dans l'Est du Canada s'adjoignent une bibliothèque, les collections se développent relativement peu jusqu'en 1950, quand ces bibliothèques prennent rapidement de l'ampleur devant le regain d'intérêt envers l'éducation et la recherche. D'après Statistique Canada, en 1984-1985, 1,5 p. 100 (291 millions de dollars) des dépenses totales des universités canadiennes sont consacrées à l'acquisition de matériel pour les bibliothèques.

La création de cinq universités ontariennes témoigne de cette croissance rapide. Dès leur ouverture, elles possèdent toutes des collections cataloguées grâce au New Universities Library Project, mis en place au début des années 60 en Ontario, et qui constitue l'une des premières applications à grande échelle des progiciels de gestion automatisée pour bibliothèques. D'autres provinces, dont la plus engagée est la Colombie-Britannique, financent le développement des bibliothèques universitaires, et le CONSEIL DES ARTS DU CANADA et par la suite le CONSEIL DE RECHERCHES EN SCIENCES HUMAINES DU CANADA offrent des subventions spéciales pour l'enrichissement des collections de renommée nationale.

Vers la fin des années 60, des programmes de coopération sont mis sur pied afin de permettre la réorganisation et le partage des collections. Le conseil des bibliothèques universitaires de l'Ontario crée un réseau coopératif comprenant systèmes d'échange, de prêt entre bibliothèques, de catalogue collectif automatisé répertoriant publications en série et publications officielles et favorisant les ententes réciproques entre universités. En Colombie-Britannique, les Tri-University Libraries organisent un projet de catalogage collectif subventionné par le gouvernement et incluant les bibliothèques collégiales. Au Québec, le conseil des bibliothèques universitaires institue des projets similaires. Le plus audacieux est sans doute TÉLÉCAT/UNICAT (1974-1979), un catalogue collectif et un système de gestion auxquels participent les bibliothèques de 18 universités ontariennes et québécoises ainsi que les bibliothèques du gouvernement. Le projet est aban-

donné lorsque de nouvelles technologies permettent de relier de façon plus rentable les systèmes intégrés de chaque bibliothèque par des réseaux de TÉLÉCOMMUNICATIONS.

Bibliothèques collégiales Depuis 1960, les bibliothèques collégiales se développent rapidement au Canada, dans les cégeps du Québec, dans les collèges d'arts appliqués et les écoles techniques de l'Ontario, et dans les instituts de technologie ou les collèges communautaires ailleurs dans le pays. Ces bibliothèques sont des centres d'apprentissage offrant des documents non imprimés ainsi que les imprimés traditionnels. Les dernières informations de Statistique Canada sur ces bibliothèques remontent à 1982-1983. À cette époque, on compte 86 bibliothèques de collèges communautaires dans 9 provinces sauf le Québec, qui possèdent 3,8 millions de volumes, en prêtent 3,4 millions, allouent 7,3 millions de dollars à l'achat de matériel et emploient quelque 1000 personnes.

Bibliothèques scolaires Au Canada, ces bibliothèques sont des centres d'apprentissage pour les élèves et les professeurs et nombre d'entre elles jouent un rôle essentiel dans l'enseignement. Leur mission dépend de la volonté du conseil d'administration et du directeur de chaque école de leur réserver espace, personnel, fonds et matériel. Afin de maintenir la qualité, des superviseurs ou des consultants sont engagés par de nombreuses bibliothèques scolaires pour faciliter l'organisation des bibliothèques et veiller à leur fonctionnement.

Des associations provinciales de bibliothèques scolaires ainsi que la Canadian School Library Association proposent des normes quant à la taille des collections, au personnel, aux installations et au rôle du bibliothécaire dans le développement des programmes. En 1981-1982, Statistique Canada signale l'existence de 7528 bibliothèques scolaires centralisées, possédant 47,7 millions de volumes, allouant annuellement 27,9 millions de dollars pour l'acquisition de matériel et employant 9041 personnes réparties dans 9 des provinces. Pour le Québec, on ne possède pas de données, ni à l'époque ni à l'heure actuelle.

Bibliothèques spécialisées

Une bibliothèque spécialisée répond aux besoins de l'organisme qui la subventionne, qu'il s'agisse d'une administration fédérale, provinciale ou municipale; d'entreprises, d'associations ou d'industries; ou d'institutions publiques comme les hôpitaux et les musées. Les bibliothèques spécialisées se différencient par leur thème, comme le droit, la finance, l'assurance ou la santé. L'origine des premières bibliothèques spécialisées remonte au XVIIᵉ siècle. Deux bibliothèques sont créées à l'hôpital général de Québec et à l'Hôtel-Dieu de Québec pour offrir aux patients de la littérature religieuse, mais la plupart datent d'après la Seconde Guerre mondiale. Elles sont représentées par la Canadian Association of Special Libraries and Information Services et aussi par diverses associations à caractère spécialisé, comme l'Association des bibliothèques de la santé du Canada ou l'Association canadienne des bibliothèques de droit.

Bibliothèques gouvernementales Le gouvernement fédéral assure le financement de la bibliothèque du Parlement, la BIBLIOTHÈQUE NATIONALE DU CANADA, de celle de l'Institut canadien de l'information scientifique et technique (ICIST), de celles des ministères et des sociétés d'État ainsi que le service de bibliothèques publiques des Territoires du Nord-Ouest et des bibliothèques régionales du Yukon. Il contribue aussi à fournir des services aux bibliothèques des bandes indiennes. Les bibliothèques fédérales relèvent de leur ministère, mais coopèrent sur des sujets d'intérêt commun par l'entremise du Conseil des bibliothèques fédérales, dont le secrétariat est assuré par la Bibliothèque nationale. Le bibliothécaire parlementaire relève directement du Parlement. Le bibliothécaire national, qui a le statut de directeur-adjoint, relève du Parlement par l'entremise du ministre des Communications. La croissance des bibliothèques des ministères provinciaux est proportionnelle à celle de leur province respective: p. ex., depuis 1965, elles se développent rapidement en Ontario, au Québec et en Alberta.

Bibliothèques législatives Les bibliothèques législatives voient le jour en 1758 lorsqu'une législature coloniale est créée pour la Nouvelle-Écosse. En 1800, des bibliothèques législatives sont créées à l'Île-du-Prince-Édouard, au Nouveau-Brunswick, dans le Haut-Canada et dans le Bas-Canada. En 1867, la bibliothèque du Parlement est officiellement fondée à Ottawa et regroupe les collections des bibliothèques législatives du Bas-Canada, du Haut-Canada (1791-1841) et de la Province du Canada (1841-1867). Jusqu'à la création de la Bibliothèque nationale, en 1953, la bibliothèque du Parlement reçoit des exemplaires du dépôt légal de tous les livres publiés au Canada. Elle sert de centre de documentation pour les députés et les sénateurs. Les bibliothèques législatives provinciales sont financées par les gouvernements provinciaux et sont destinées aux députés et parfois au personnel de la fonction publique. Leurs collections rassemblent une riche documentation sur l'histoire et l'évolution de leur région. La Bibliothèque nationale du Québec est unique: elle sert de dépôt pour toutes les publications québécoises, elle coordonne les projets bibliographiques québécois et, de par son mandat visant à promouvoir l'activité littéraire, elle participe aux accords culturels entre la France et le Québec.

Bibliothèques professionnelles, industrielles et d'affaires Les premières bibliothèques professionnelles sont des bibliothèques de droit. La Société du barreau du Haut-Canada est fondée en 1797 et, à cette époque, des collections sont à la disposition des avocats à Halifax et à Québec. À mesure que les industries et les entreprises prennent de l'expansion, les sociétés les plus importantes mettent sur pied des bibliothèques: celle du Grand Trunk Railway, créée pour les employés, en 1857, à Montréal, constitue un bon exemple. Les bibliothèques industrielles modernes, comme celle d'Esso Ressources-Canada Ltée à Calgary, sont installées dans les grandes villes à forte concentration d'entreprises et d'industries, comme Montréal et Toronto. Dans les années 80, les bibliothèques scientifiques et techniques forment le groupe le plus considérable de bibliothèques spécialisées.

Bibliothèques d'organismes à but non lucratif D'imposantes collections littéraires sur les beaux-arts, la science ou la technologie existent dans maintes bibliothèques rattachées à des organismes à but non lucratif, comme les musées et les galeries d'art, notamment le Musée des beaux-arts de Montréal, le MUSÉE DES BEAUX-ARTS DU CANADA à Ottawa, le MUSÉE DES BEAUX-ARTS DE L'ONTARIO, les MUSÉES NATIONAUX DU CANADA et le MUSÉE ROYAL DE L'ONTARIO. Des bibliothèques rattachées au réseau anglais de la SOCIÉTÉ RADIO-CANADA et au CENTRE DE MUSIQUE CANADIENNE de Toronto constituent des centres de documentation pour les télédiffuseurs, les radiodiffuseurs et les compositeurs.

Associations de bibliothèques

Il existe au-delà de 150 associations de bibliothèques au Canada, y compris des associations nationales, provinciales, régionales, locales et ethniques, parfois regroupées selon leur vocation de bibliothèques publiques, universitaires, gouvernementales, scolaires et spécialisées. La première association créée est l'Ontario Library Association, en 1900. D'autres associations provinciales sont ensuite établies en Colombie-Britannique (1911), au Québec (1932), dans les Maritimes (1935), au Manitoba (1936), en Saskatchewan (1942), en Alberta (1944)

et dans les Territoires du Nord-Ouest (1981). Le Yukon n'en possède pas encore.

D'abord une association nationale bilingue, la Canadian Library Association (CLA), établie en 1946, devient unilingue en 1973. La CLA regroupe cinq associations différentes, comme la Canadian Association of College and University Libraries, et elle finance plusieurs groupes et comités de coordination. Parmi les principales initiatives de la CLA, notons l'enregistrement sur microfiches des journaux canadiens à valeur historique, la compilation et la publication de l'*Index de périodiques canadiens* (1948-1986), l'encouragement à la publication de livres de référence, l'établissement de normes, la liaison des associations nationales et internationales avec le gouvernement fédéral et la tenue de journées d'études pour la formation du personnel des bibliothèques.

L'Association pour l'avancement des sciences et des techniques de la documentation (ASTED) regroupe les bibliothèques francophones à l'échelle nationale. Tout comme la CLA, l'ASTED comporte des sous-sections pour les bibliothèques universitaires, scolaires et publiques.

Développements modernes

Après la guerre, les bibliothèques canadiennes, dans toutes les catégories, tentent de répondre aux besoins croissants d'information des usagers. Les collections sont transformées pour s'adapter aux microfiches, aux cassettes audio et vidéo, aux disques compacts, aux livres parlés, aux films et aux livres en braille. Des programmes destinés à divers groupes culturels ou minoritaires prennent une large place dans les services des bibliothèques publiques, et la recherche documentaire, s'appuyant souvent sur des bases de données informatisées, devient un élément majeur des services de référence des bibliothèques publiques et spécialisées. Les services aux adultes occupent une très grande place dans les bibliothèques collégiales et prennent une part grandissante dans les bibliothèques universitaires.

La généralisation de ces services est facilitée par des ententes de coopération locales, régionales, provinciales et nationales ou des réseaux de partage des ressources, et elle bénéficie du soutien de la Bibliothèque nationale et de l'ICIST, qui facilitent volontiers l'accès à leurs propres collections, par prêt ou photocopie, aux bibliothèques canadiennes.

Les bibliothèques publiques et universitaires occupent parfois, déjà avant 1900, des établissements distincts mais, entre 1901 et 1923, les subventions Andrew Carnegie permettent de construire 125 bibliothèques publiques. À cette époque, la mode étant au style beaux-arts dans l'architecture publique, même les plus petites bibliothèques sont dotées de colonnes classiques et d'une ornementation élaborée. Ces anciennes bibliothèques, fonctionnelles pour les besoins de l'époque, se révèlent malheureusement difficiles à modifier ou à agrandir devant le nombre croissant de leurs usagers et l'arrivée de nouveaux services et des nouvelles technologies.

Une deuxième vague de construction a lieu au cours des années 60 et 70, l'accent portant cette fois sur l'architecture intérieure. Toutefois, ces bibliothèques ne sont pas forcément fonctionnelles malgré leur esthétique. Avec son ouverture absolument novatrice, la Metropolitan Toronto Central Library, inaugurée en 1977, attire l'attention du monde entier. Les édifices des bibliothèques universitaires connaissent aussi un grand renouveau, avec la construction de nouvelles bibliothèques centrales ou de succursales sur chaque grand campus universitaire du Canada.

Depuis 1960, les nouvelles technologies, et tout ce qu'elles supposent en fait de services, de personnel, de collections et d'édifices, constituent de loin ce qui transforme le plus les bibliothèques. À la fin des années 70, les progrès de la technologie des

mini-ordinateurs et des micro-ordinateurs permettent d'élaborer des systèmes locaux à un coût raisonnable, et les réseaux d'information, soutenus par la Bibliothèque nationale et l'ICIST, fournissent les mécanismes nécessaires au partage des ressources et à l'échange des données.

Les services offerts par les bibliothèques se modifient et s'accroissent avec l'introduction de systèmes informatisés qui rendent disponible le matériel le plus récent. L'ICIST donne accès à d'importantes bases de données par le biais du SCDSI (diffusion sélective de l'information) et du CAN/OLE (interrogation en direct) et favorise l'échange électronique du courrier pour les demandes de prêts entre bibliothèques et les commandes de documents en direct (CAN/DOC). La très riche base de données bibliographiques de la Bibliothèque nationale (DOBIS) est à présent accessible à toute bibliothèque canadienne pour la recherche en direct. L'UTLAS (University of Toronto Library Automation System), créé en 1971, fournit des services automatisés, des produits et des systèmes à près de 200 bibliothèques. Geac, une entreprise informatique établie au Canada, vend plus de systèmes de catalogage et de mise en circulation de livres en ligne que tout autre fournisseur au monde. Parmi ses clients, on compte la bibliothèque du Vatican, la Bibliothèque nationale et le Smithsonian Institute.

Pour répondre aux nouvelles exigences, les écoles de bibliothéconomie du Canada ajoutent des cours d'informatique et de télécommunications à leur programme de formation et des cours en sciences de l'information à l'éducation permanente. Des cours techniques sont offerts dans plusieurs collèges communautaires. À présent, au moment de rénover ou de construire des bibliothèques, on prend grand soin de prévoir de l'espace pour les nouveaux ou futurs systèmes d'information. Les nombreuses et nouvelles possibilités qui s'offrent aux bibliothèques pour accroître l'accessibilité à leurs collections, et la coopération entre les bibliothèques, favorisée par les nouvelles technologies, engendrent de nouveaux défis. Il faut sérieusement envisager la création de systèmes de documentation qui combinent les ressources de tous les genres de bibliothèques par le biais de structures administratives souples. L'appui aux bibliothèques et aux réseaux d'information du XXIe s. devra être coordonné au niveau national, si l'on veut satisfaire aux exigences toujours croissantes d'une SOCIÉTÉ D'INFORMATION.

Margaret Beckman, Moshie Dahms et Lorne Bruce

Bic, île du Île inhabitée d'une superficie de 14 km² située dans le FLEUVE SAINT-LAURENT, à 30 km à l'ouest de Rimouski (Québec). En raison de sa position avantageuse à l'embouchure du fleuve, près du havre naturel du Bic, l'île joue un rôle militaire important à l'époque du régime français. À la suite de la prise de Québec par les frères KIRKE en 1629, l'île sert de base de communications pour les vaisseaux naviguant entre les avant-postes éloignés (Gaspé, Tadoussac, Québec) et est utilisée comme base navale pendant les conflits opposant Français et Anglais et les guerres anglo-américaines. Des missionnaires en font aussi un lieu de ralliement.

Plusieurs projets de développement du havre du Bic sont élaborés puis abandonnés dans la période qui a précédé et suivi la Conquête. Sous le régime français, les nombreux dangers liés à la navigation fluviale incitent bien des marins à devenir pilotes de navires transatlantiques. James MURRAY, gouverneur de la colonie, réglemente la navigation fluviale et fait construire une station de pilotage dans l'île. Les pilotes y bâtissent plusieurs petites maisons, d'où le nom anse des Pilotes. En 1905, la station est déplacée à Pointe-au-Père, à 40 km en aval. Un grand nombre de légendes évoquent le mystérieux passé de l'île et les nombreux navires qui se sont échoués sur ses récifs.

Antonio Lechasseur

Bickert, Edward Isaac, surnommé «Ed», le guitariste de jazz le plus connu au Canada (Hochfeld, Man., 29 nov. 1932). Il commence sa carrière vers 1955 à Toronto, en jouant avec Ron COLLIER, Rob MCCONNELL, Don THOMPSON et, pendant plus de 25 ans, Moe KOFFMAN. Il développe un style original, discret, mais d'un raffinement harmonique remarquable, et acquiert une renommée internationale en jouant avec le saxophoniste américain Paul Desmond de 1974 à 1976. Il se fait d'abord connaître par ses premiers enregistrements (1975-1978) et par ceux qu'il fait avec les Boss Brass de McConnell. Jusqu'en 1997, Bickert enregistre une douzaine d'albums seul ou en collaboration, dont plusieurs, comme *I Wished upon the Moon* et, *Third Floor Richard*, avec la fameuse compagnie de disques californienne Concord Jazz. Son disque longue durée *Ed Bickert/Don Thompson* reçoit un prix Juno en 1979. Bickert est fait membre de l'Ordre du Canada en 1997.

Mark Miller

Biculturalisme Ce néologisme entre dans la conscience du public canadien avec la création de la COMMISSION ROYALE D'ENQUÊTE SUR LE BILINGUISME ET LE BICULTURALISME en 1963. En examinant les termes de références, les membres de la Commission ne trouvent ce terme dans aucun dictionnaire. Ils se rappellent cependant que l'emploi de ce terme remonte à 1929, lorsque Graham SPRY, qui s'adresse alors au Cercle canadien de Québec, évoque le «caractère biculturel de la nation».

La Commission conclut dès lors que ce concept fait référence à l'existence au Canada de deux cultures principales, dont l'une relève de la langue anglaise et l'autre, de la langue française. Elle a pour mandat d'examiner l'état de chacune de ces deux cultures et leurs chances d'exister et de s'épanouir ainsi que les conditions devant leur permettre de coopérer efficacement.

Les membres de la Commission ne voient pas dans ce concept une invitation pour les individus à devenir biculturels, ce qui n'arrive que rarement. Ils croient plutôt trouver la pierre angulaire du biculturalisme dans une représentation adéquate des deux cultures au sein des institutions communes du pays et dans la possibilité pour les personnes travaillant dans ces institutions de conserver et d'exprimer leur culture propre.

Les membres rejettent l'idée d'une culture qui serait fondée sur la descendance ethnique. Ils considèrent que la langue d'usage courant et la conscience d'appartenance sont des facteurs beaucoup plus importants. Ils constatent en effet que les Canadiens d'origine autre que britannique participent pleinement à la culture du Canada anglophone, et que certains dont les ancêtres ne sont pas originaires de la France sont intégrés à la culture canadienne-française. Ils constatent en outre que les membres de certains groupes ethniquement homogènes désirent conserver et mettre en valeur leur héritage culturel particulier tout en participant pleinement, dans la plupart des cas, à la vie de la société canadienne qui les entoure.

La Commission consacre de nombreux écrits à ces «groupes culturels» et fait des recommandations sur l'aide dont ils ont besoin pour conserver leur langue et soutenir leurs activités culturelles. Ces observations sont ainsi à l'origine de la déclaration du gouvernement fédéral sur le MULTICULTURALISME en 1971.

Le terme de biculturalisme a beau être récent, il remonte néanmoins aux origines du Canada moderne. En effet, après la CONQUÊTE de 1759-1760, les autorités britanniques accordent en 1774 aux Canadiens français l'usage entier de leur langue et de leur code de droit civil. De plus, ils laissent la voie libre à l'Église catholique, qui est l'un des fondements de leur culture.

En 1839 cependant, lord Durham (*voir* DURHAM, RAPPORT) déclare dans son célèbre rapport vouloir assimiler les Canadiens français en regroupant le Haut et le Bas-Canada en une seule entité. Les Canadiens français font cependant preuve d'une résistance acharnée à l'assimilation, tandis que leurs politiciens, et notamment LAFONTAINE, font en sorte que le gouvernement de la PROVINCE DU CANADA tienne compte de leur participation aux activités du parlement.

Ce dernier ne tarde pas à reconnaître le français comme une langue officielle et met sur pied une structure de l'enseignement public qui assure en fait la pleine protection de l'éducation en français au Canada-Est. Ainsi continue de s'épanouir une culture canadienne-française distincte, tandis que les dispositions de l'Acte de la CONFÉDÉRATION de 1867, et spécifiquement les sections 93 et 133, assurent à la Province de Québec et à sa forte majorité francophone les pleins pouvoirs en matière d'éducation et à d'autres niveaux relevant de la culture. De la sorte, cette province se voit garantir l'appui constitutionnel pour la culture canadienne-française.

Dans les années 60 néanmoins, la population francophone du Canada exprime clairement son mécontentement quant à la place faite à sa langue au Québec et à la place du Québec dans le Canada. Beaucoup d'entre eux voient en effet une menace pour la culture française dans les faits suivants: la position dominante de la langue anglaise et des anglophones dans la vie industrielle et commerciale du Québec, les obstacles que rencontrent les francophones qui travaillent dans l'administration fédérale et la situation critique des minorités francophones hors du Québec, dont la langue et la culture sont bien loin de bénéficier des avantages octroyés à la minorité anglophone du Québec.

Depuis les années 60, la vie culturelle du Québec connaît un essor vigoureux, avec des réalisations remarquables en éducation, en littérature, en théâtre, à la télévision, à la radio, au cinéma et dans d'autres domaines. Un nombre croissant de francophones se servent de leur culture et de leur langue dans le haut de la hiérarchie du monde des affaires.

Beaucoup de francophones disposent de divers soutiens bien nécessaires à leur culture: radio et télévision française, journaux et périodiques, organismes culturels, etc. Cependant, la législation linguistique du Québec, sous la forme de la LOI 101 de 1977, réduit le visage biculturel de cette province en la rendant officiellement unilingue, bien que la section 133 de l'Acte de l'Amérique du Nord britannique y soit toujours en vigueur. Entre-temps, à l'extérieur du Québec, beaucoup de groupes, tant anglophones que francophones, ont maintenant accès à des écoles publiques francophones.

Il semble aujourd'hui évident que le Canada a bel et bien deux cultures principales, l'une de langue anglaise, l'autre de langue française. La question reste ouverte de savoir si chacune des deux dispose de moyens strictement égaux d'épanouissement. C'est là un débat qui atteint son point culminant à la fin des années 80 et dans les années 90 avec l'ACCORD DU LAC MEECH et l'accord de Charlottetown, tous deux rejetés. Après un deuxième RÉFÉRENDUM tenu au Québec en octobre 1994 sur la question de la souveraineté, et dans la perspective d'un éventuel troisième référendum avant l'an 2000, la question non résolue du biculturalisme reste bien la question clé de l'unité canadienne. (*Voir aussi* BILINGUISME; DUALITÉ CULTURELLE; LAURENDEAU.)

A. Davidson Dunton et Claude Couture

Bicyclette La bicyclette à deux roues autopropulsée, que l'on connaît de nos jours, ainsi que le tricycle, le tandem et les variations modernes aux formes bizarres, sont l'aboutissement de nombreux modèles apparus en grande partie au cours du XIXᵉ s.: draisienne sans pédales, «tape-cul» difficile à manier, invraisemblable bicycle (grand bi) et finalement, bicyclette au style contemporain qui offre beaucoup de sécurité. La première bicyclette à faire son apparition au Canada est généralement de fabrication artisanale, consistant en deux roues reliées par une poutrelle de bois ou de fer et qui, sur les routes non asphaltées promet une rude randonnée d'où le nom de «tape-cul». Ce vélocipède se distingue par ses pédales fixées directement à la roue avant et voit le jour dans les Maritimes en 1866. Cependant, ce n'est qu'en 1869 que sa popularité se répand dans toute l'Amérique du Nord.

Des pistes pour vélocipèdes sont construites de Halifax jusqu'à Toronto. On peut y louer des bicyclettes et suivre des leçons d'apprentissage. En 1869, une démonstration de bicyclettes a lieu au Mechanics Hall, à St. John's, à Terre-Neuve, et les cyclistes à Victoria, en Colombie-Britannique, participent à des courses au Beacon Hill Park. La même année, les frères Michael et John Goodwin, de Stratford en Ontario, exploitent la première entreprise de fabrication de bicyclettes en fer.

L'intérêt pour ce genre de bicyclette est de courte durée. En 1876, un grand bi est exposé dans le cadre de la Philadelphia Centennial Exposition. Il se distingue par l'alignement de deux roues: la roue avant mesure jusqu'à 60 pouces (152,4 cm) de diamètre et la roue arrière, qui assure l'équilibre, a un diamètre maximal de 18 pouces (45,7 cm). Vers les années 1880, les usagers de ce genre de bicyclette font partie d'une élite dont on peut lire les exploits dans les quotidiens. La difficulté à manier un tel engin et son coût de 300 dollars limitent le nombre de personnes qui s'y adonnent à de jeunes hommes professionnels.

Le premier club canadien de cyclisme voit le jour à Montréal en 1878, et trois ans plus tard, dans le cadre d'un rassemblement de cyclistes à London, en Ontario, on soulève la possibilité de créer une association nationale. Celle-ci voit le jour un an plus tard sous le nom de Canadian Wheelmen's Association. En 1883, Winnipeg a son propre club et lors de l'inauguration du Calgary Bicycle Club en 1892, le club compte 22 membres. Les femmes y sont acceptées seulement à titre de membres honoraires.

C'est dans la dernière décennie du XIXᵉ s. que la bicyclette devient le moyen de transport personnel privilégié. Au Canada, comme ailleurs, la production de masse et l'arrivée du modèle moderne de bicyclette avec pneumatiques, train d'engrenages et chaîne permet aux hommes et aux femmes de toute classe sociale de s'adonner au sport. L'histoire populaire veut que la bicyclette libère la femme d'une inactivité physique très à la mode ainsi que de la façon conventionnelle et restrictive de s'habiller en mettant de l'avant la culotte bouffante, si choquante à l'époque. En fait, la bicyclette n'est qu'un facteur parmi d'autres qui ont entraîné des changements dans les rôles sociaux et les milieux de travail.

Parmi les enthousiastes de l'époque pour cette activité, citons Archibald LAMPMAN qui vend sa poésie afin d'acheter une bicyclette à sa femme. Kit Coleman, première femme éditorialiste en chef de la page féminine du *Toronto Mail*, remarque, avec une note de dédain, que «les femmes les plus âgées sont celles qui pédalent avec le plus de passion».

En 1882, Semmens, Ghent and Co. de Burlington, en Ontario, fabrique des bicyclettes plaquées au nickel, et la compagnie Thomas Fane de Toronto met sur le marché un engin conçu pour le climat canadien. En 1898, le pays compte plus de 25 fabricants, et, à Toronto seulement, on trouve plus de 90 magasins de bicyclettes.

La même année, la formation d'un conglomérat américain oblige la fusion des cinq plus importantes compagnies canadiennes (Massey-Harris, H.A. Lozier, Welland Vale, Goold et Gendron) qui formeront la même année la Canada Cycle and Motor Co. (CCM). Avec une production annuelle de 40 000 bicyclettes et un total de 1700 employés, l'avenir paraît prometteur. Toutefois, au tournant du siècle, le marché de la bicyclette atteint un point de saturation et l'avènement de l'AUTOMOBILE entraîne une diminution des ventes qui dure jusqu'à la Première Guerre mondiale.

Le rôle utilitaire de la bicyclette est maintenant établi. Étonnamment, plusieurs voyageurs qui se rendent aux champs aurifères pendant la RUÉE VERS L'OR DU KLONDIKE l'adoptent. La route de 400 km qui relie Dawson à Whitehorse est la «piste cyclable» la plus utilisée, et, à la fin de l'hiver 1901, 250 personnes empruntent la piste avant le dégel du printemps. En 1904, Dawson aspire à la coupe Stanley, et les joueurs entreprennent en bicyclette le voyage de 23 jours devant les conduire à Ottawa.

Les courses cyclistes ont peu d'envergure dans les années 1880, mais elles gagnent plus d'adeptes dans la décennie suivante. En 1894, la première course sur route Dunlop a lieu à Toronto. Il y en a une édition annuelle jusqu'en 1926. En 1899, Montréal est l'hôte des championnats du monde, et, en l'espace de quelques années, les Canadiens se distinguent sur le circuit américain, qui est mieux organisé.

L'Ontarien Archie McEachern et le Terre-Neuvien Urban McDonald trouvent la mort dans deux accidents de course sur piste de bois. Burns Pierce et les frères Tom et Nat Butler, tous originaires de la Nouvelle-Écosse, font carrière aux États-Unis et y connaissent du succès. Pendant l'hiver 1905-1906, lors d'un tour de France et d'Allemagne, Nat bat plusieurs des meilleurs cyclistes européens.

Au cours des décennies suivantes, les Canadiens demeurent compétitifs. En 1917, le Torontois Art Spencer remporte le titre de champion américain à Newark. Dix ans plus tard, un grand rouquin plutôt maigre de Victoria, William «Torchy» PEDEN, fait son apparition, mais on fonde peu d'espoir sur lui. Il surprend en devenant la vedette des courses cyclistes intérieures de six jours, très populaires, particulièrement pendant la Crise des années 30. Il est simple, sympathique et sa taille crée une présence impressionnante sur la piste. Peden remporte 38 victoires, record inégalé jusqu'à 1965.

Au cours des années 30, le Montréalais Pierre Gachon est le premier Canadien à participer au Tour de France. Fait symbolique de l'attrait du sport, une course de 4300 miles (7166,7 km) est organisée en 1933. Le parcours, qui commence et finit à Montréal, décrit une boucle dans le Midwest américain. Le mauvais état des routes et le manque de fonds écourtent la course que Peden remporte. Malgré les embûches, il demeure que ce projet ambitieux démontre l'empressement des Nord-Américains à défier le leadership européen en cyclisme.

Les organisations cyclistes mettant l'accent sur l'aspect récréatif subissent un dur revers au cours des premières décennies du XXᵉ s., lorsqu'un grand nombre d'organisateurs se tournent vers l'automobile. Perry Doolittle, acharné au XIXᵉ s. à promouvoir la construction de meilleures routes pour les cyclistes, devient le leader du mouvement des conducteurs d'automobiles de l'Ontario. Dans plusieurs régions du pays, l'image prolétarienne de la bicyclette réduit le cyclisme à une activité réservée aux enfants ou aux pauvres. Malgré tout, des personnes se distinguent. En 1883, avec le cycliste américain Lyman Hotchkiss Bagg, on se rend compte de toutes les randonnées qu'il est possible de faire à bicyclette, et Canadians on Wheels est l'un des premiers groupes touristiques organisés au pays.

Vers 1890, 70 hôtels, des Maritimes au Manitoba, annoncent des tarifs spéciaux pour les cyclistes. En 1899, Karl Creelman de Truro, en Nouvelle-Écosse, quitte son foyer pour entreprendre un voyage de deux ans autour du monde. Il est le premier Canadien à réaliser un tel exploit. Pendant la Première Guerre mondiale, on encourage les jeunes hommes adeptes de la bicyclette à devenir membre du Canadian Corps Cyclists' Battalion. Plus de 1000 hommes le font. Leurs tâches vont de la livraison des messages, de la lecture des cartes aux activités de reconnaissance et au véritable combat. Pendant plus de 50 ans, ces cyclistes, combattants volontaires peuvent lire *The Cyclone* publié par le bataillon. Après la guerre, l'enthousiasme pour regrouper les cyclistes est en grande partie régional. Le Québec demeure un chef de file jusqu'après la Seconde Guerre mondiale.

En 1943, le Metropole Cycling Club de Montréal, sous le leadership de Roméo Martin, un vétéran comptant 75 000 miles (125 000 km) de randonnées, en organise de Dorval à Saint-Eustache-sur-le-Lac, et elles attirent plus de 300 cyclistes. Parmi les performances remarquables de l'époque, citons celle de Harold Peterson qui, dans les années 30, fait l'aller-retour Saskatchewan-Texas, une distance de 10 000 miles (16 667 km) commanditée par la compagnie Quaker Oats. Il y a aussi Harrison Randall, de Fredericton, dit le cycliste chanteur du Canada, qui parcourt l'Amérique du Nord sur une distance de 17 500 miles (29 167 km), durant la Seconde Guerre mondiale, et divertit en même temps les habitants de plus de 900 communautés pouvant lui fournir un piano.

Durant les premières années de l'après-guerre, le caractère adolescent de la bicyclette est renforcé par les grands manufacturiers, qui ne ménagent aucun effort pour plaire à la génération du BABY-BOOM. Ce n'est qu'à la fin des années 60 que l'intérêt grandissant pour l'environnement et pour la condition physique donnent à la bicyclette un rôle plus adulte. Dans les années 70, on estime que plus du quart des foyers canadiens possèdent au moins une bicyclette. Cependant, en l'absence de réglementation nationale en matière de permis, ces données relèvent de la conjecture.

L'engouement grandissant pour la bicyclette est aussi dû aux performances de Jocelyn Lovell qui, presque à lui seul, inspire les autres concurrents. Dans les années 70, grâce à lui, les organismes publics se font plus généreux dans leur soutien financier. Après la guerre, le sport survit grâce au soutien isolé des immigrants belges de Winnipeg et de Delhi en Ontario, des communautés italiennes et britanniques dans tout le pays et d'organisateurs locaux en Colombie-Britannique et au Québec.

Au milieu des années 70, de nouvelles courses suscitent un intérêt international, notamment le Gastown Classic à Vancouver en 1974, puis les Olympiques de Montréal en 1976. Un groupe d'hommes et de femmes composé de Karen Strong, Sylvia BURKA, Gord Singleton et Steve Bauer se joignent à Lovell. Aux Championnats du monde, en 1978, Strong et Burka se classent troisième et quatrième en poursuite individuelle chez les femmes. En 1982, Singleton est le premier et le seul Canadien à remporter un championnat du monde en *keirin* professionnel.

En 1984, Steve Bauer remporte l'argent olympique en course sur route et Curt Harnett fait de même aux essais du kilomètre contre la montre. La même année, Bauer se classe troisième de la course sur route au Championnat du monde professionnel. L'année suivante, il impressionne les observateurs européens en terminant dixième lors de sa première participation au Tour de France. En 1986, Alex Stieda est le premier Nord-Américain à enfiler le maillot jaune du Tour de France. Il le conserve cependant moins d'une journée.

Au cours des cent dernières années, plus de 400 entreprises canadiennes ont fabriqué des produits allant d'accessoires et de pièces pour bicyclettes jusqu'à des modèles complets. Le déclin de CCM dans les années 80 indique que la production de masse de bicyclettes, pivot de l'industrie, subit la contrainte des fluctuations économiques, des goûts changeants et de la concurrence.

En dépit du fait que l'on utilise de plus en plus la bicyclette pour le loisir, les Canadiens restent ambivalents quant à sa place sur la route. Cependant, l'intérêt que manifeste la classe professionnelle et les gens d'affaires canadiens pour les vélos conçus sur mesure (comme le Mariposa, fabriqué par Bicyclesport de Toronto) est de bon augure pour redorer le blason de la bicyclette et lui redonner un rôle aussi important que celui qu'elle avait à ses débuts, il y a 100 ans.

William Humber

Bidwell, Barnabas, avocat, enseignant et politicien (Monterey, Mass., 23 août 1763—Kingston, Haut-Canada, 27 juill. 1833), père de Marshall Spring Bidwell, avocat et politicien (Stockbridge, Mass., 16 fév. 1799—New York, 24 oct. 1872). Important politicien du Massachusetts, Barnabas Bidwell s'enfuit au Haut-Canada en 1810 lorsqu'il est accusé de faux et de malversation.

Il s'oppose activement à l'élite tory de Kingston pendant l'agitation autour de l'affaire Robert GOURLAY, avec lequel il participe à l'élaboration du *Statistical Account of Upper Canada*. Il est probablement l'auteur de l'étiquette «Family Compact», qui sert à désigner l'élite locale et que son fils appliquera aussi à l'administration provinciale.

En 1821, Bidwell est élu comme député de la circonscription de Lennox et Addington à l'Assemblée du Haut-Canada, mais il en est expulsé parce qu'il est un criminel et un étranger. Les tories soutiennent que les Américains arrivés avant 1812 doivent être naturalisés pour pouvoir jouir du droit de propriété et des droits politiques.

Marshall Spring Bidwell, qui arrive au Haut-Canada en 1811, tente de remplacer son père à l'Assemblée, mais il est déclaré inéligible en tant qu'étranger. Le jeune Bidwell devient leader réformiste, siège à l'assemblée comme député de 1824 à 1836 et sert comme orateur en 1828 et en 1834. Il préconise la sécularisation des RÉSERVES DU CLERGÉ, l'abolition de la primogéniture, la libéralisation des lois du mariage, l'abolition de l'emprisonnement pour dettes, et un plus grand contrôle des recettes par l'assemblée.

Il rejette le radicalisme de William Lyon Mackenzie et quitte la politique après sa défaite en 1836. Bien que Bidwell n'ait aucunement participé à la rébellion, le lieutenant-gouverneur sir Francis Bond HEAD lui conseille de quitter la province en décembre 1837 parce qu'il est «déloyal».

Dave Mills

Biéler, André Charles, peintre et professeur (Lausanne, Suisse, 8 oct. 1896—Kingston, Ont., 1ᵉʳ déc. 1989). Il immigre avec sa famille à Montréal en 1908. Durant la Première Guerre mondiale, il joint la Princess Patricia's Canadian Light Infantry. De 1920 à 1926, il part étudier avec son oncle, l'artiste Ernest Biéler, à l'Art Students League de Woodstock, dans l'état de New York, puis à Paris et en Suisse.

De 1927 à 1930, il vit à l'île d'Orléans, au Québec. Il y peint avec beaucoup de fraîcheur et de sensibilité la vie des habitants de la province. En 1930, il installe son atelier à Montréal, où il survit grâce à l'enseignement et à la réalisation d'œuvres d'art commerciales. Invité en 1936 à l'U. Queen, il y occupe un poste de professeur d'art jusqu'à sa retraite, en 1963.

Biélorusses (Bélarussiens) Ils constituent un peuple slave oriental. De 1922 à 1991, la Biélorussie est un État membre de l'URSS. Au XIIIᵉ siècle, les terres biélorusses font partie du grand-duché de Lituanie. Elles tombent sous la tutelle de la Pologne après l'Union de Lublin de 1569 et seront intégrées à l'Empire russe au cours des trois partages de la Pologne entre 1772 et 1795. En août 1991, la Biélorussie se déclare indépendante de l'Union Soviétique, même si elle demeure très proche de la Russie pendant le mandat de son premier président, Alyaksander Lukashenka (élu en juillet 1994). Le 2 avril 1996, les deux pays signent un accord pour la coordination de leur économie et de leur politique étrangère respectives. Aujourd'hui, la Biélorussie, qui porte désormais le nom de Bélarus, recouvre un territoire de 207 600 km² et compte une population de 10,3 millions d'habitants.

Les sources soviétiques font état d'un nombre important d'émigrants biélorusses à destination du Canada au début du XXᵉ siècle. La majorité d'entre eux sont des paysans officiellement considérés comme des Russes. Après la Première Guerre mondiale, la partie occidentale de la Biélorussie est temporairement soumise à l'autorité polonaise. On peut estimer que parmi les Polonais qui immigrent au Canada, il y a 3500 Biélorusses en 1927, 3800 en 1928, 5100 en 1929 et 4200 en 1930.

Parmi les premiers Biélorusses à immigrer au Canada après la Seconde Guerre mondiale, on compte des soldats du Deuxième Commandement polonais que des agriculteurs canadiens engagent comme «travailleurs agricoles». Sur les 2800 recrues, environ 2200 sont probablement des Biélorusses, comme le sont les quelque 800 autres qui arrivent au Canada en 1947. On estime que 60 p. 100 des immigrants polonais entre 1948 et 1956 sont des Biélorusses et le nombre probable d'immigrants biélorusses entre 1946 et 1971 s'élève à 48 000.

Les Biélorusses qui immigrent ici après la guerre sont d'âges différents et proviennent de divers milieux socioéconomiques, culturels et politiques. Ils sont toutefois nombreux à partager un sentiment de conscience nationale. Les Biélorusses ne figurent au recensement qu'en 1971. Le recensement de 1996 fait état de 4060 Canadiens d'origine biélorusse.

Établissement et vie économique Les Biélorusses qui arrivent au Canada avant la Première Guerre mondiale se fixent principalement dans les villes industrielles, particulièrement dans le nord de l'Ontario, où ils travaillent comme ouvriers. De nombreux immigrants de l'entre-deux-guerres s'établissent dans les Prairies. En 1927, un groupe défriche des terres en Saskatchewan; parents et enfants s'expriment dans un biélorusse très pur.

Les immigrants d'après-guerre (paysans, ouvriers, ouvriers spécialisés, techniciens et membres de professions libérales) jouissent d'un meilleur niveau de vie et sont d'une plus grande mobilité géographique. On trouve de nombreux Biélorusses dans les domaines de la médecine, du génie, de la radiotélévision et dans le milieu universitaire. Selon les estimations, c'est en Ontario que vivent la majorité des Biélorusses; viennent ensuite l'Alberta, la Colombie-Britannique, le Québec et le Manitoba.

Vie religieuse et culturelle La majorité des Biélorusses appartiennent à l'Église catholique romaine ou à l'Église orthodoxe grecque, mais certains adhèrent aux Églises unie, anglicane ou baptiste, entre autres.

Après la Seconde Guerre mondiale, les Biélorusses nationalistes créent différentes organisations, dont l'Alliance biélorussienne du Canada (1948) à Toronto, le Byelorussian National Committee (1950) à Winnipeg et l'Alliance des Biélorusses (1952) à Montréal, et publient divers bulletins mensuels.

En 1969, la partie communautaire du site de villégiature biélorusse du lac Manitouwabing, en Ontario, est inaugurée et sera connue sous le nom de «village biélorusse». La «Semaine biélorusse», lancée en 1974, est désormais une tradition torontoise.

Après la catastrophe survenue à la centrale nucléaire de Tchernobyl en 1986, environ 70 p. 100 des retombées radioactives dans l'ancienne Union Soviétique se retrouvent sur le territoire biélorusse. Par la suite, les organisations biélorusses du Canada participent très activement aux efforts d'assistance, surtout le «Comité des enfants de Tchernobyl», basé en Ontario, qui accueille régulièrement des enfants biélorusses pendant les vacances d'été.

David R. Marples

Biencourt, Charles de, baron de Saint-Just, colonisateur de l'ACADIE (Champagne, France, 1591 ou 1592—Acadie, 1623), fils aîné de Jean de BIENCOURT DE POUTRINCOURT. Il accompagne son père lors d'expéditions de colonisation en Acadie en 1606 et en 1610 et prend ensuite, au nom de son père, le commandement de PORT-ROYAL (Annapolis Royal, Nouvelle-Écosse). On lui remet le commandement de la colonie en 1614.

Jeune homme, Biencourt a la réputation de manquer de tact dans ses rapports avec les autres et ses violentes querelles avec les missionnaires jésuites nuisent sûrement à la colonie. Sa détermination est toutefois essentielle au maintien de la présence française en Acadie à la suite du raid désastreux des Anglais en 1613. Il lutte ensuite pendant 10 ans afin d'assurer le redressement de la colonie.

John G. Reid

Biencourt de Poutrincourt, Jean de, baron de Saint-Just, colonisateur de l'Acadie (Méry-sur-Seine, France 1557—*id.*, 1615). Jeune officier, il combat dans les guerres de religion avant d'entrer au service du roi Henry IV en 1593. Le roi concède la colonie de l'Acadie à Pierre Du Gua de MONTS en 1603 et, l'année suivante, ce dernier s'embarque pour la colonie, accompagné de Poutrincourt.

L'expédition connaît un certain succès, mais la colonie est abandonnée en 1607 après la révocation du monopole commercial. Poutrincourt, à qui une terre seigneuriale a été octroyée à PORT-ROYAL (Annapolis Royal, Nouvelle-Écosse), est déterminé à retourner en Acadie, ce qu'il fait en 1610 avec ses fils Charles et Jacques.

De retour en France en 1611 afin de réunir des fonds pour la colonie, il visite de nouveau Port-Royal pour la dernière fois en 1614 et découvre une colonie dévastée par les incursions britanniques. Un petit nombre de colons restent néanmoins en Acadie avec Charles, assurant la continuité de la présence française dans la région. Poutrincourt est tué lors de la reprise du conflit civil de 1615 en France.

John G. Reid

Bienville, Jean-Baptiste Le Moyne de, gouverneur de la Louisiane (bapt. à Montréal, 23 févr. 1680—Paris, France, 7 mars 1767). La famille canadienne des Le Moyne était la «marraine» de la Louisiane, une extension de la Nouvelle-France. Enseigne de vaisseau de deuxième classe sous le commandement de son frère d'IBERVILLE, parti à la recherche de l'embouchure du Mississippi de 1698 à 1699, Bienville reste au poste de Biloxi en tant que commandant en second et devient gouverneur par intérim en 1701. Pendant les 40 années qui suivent, il agit le plus souvent comme administrateur en chef de la Louisiane car les gouverneurs en titre sont absents ou inefficaces.

Il est officiellement commandant général de 1717 à 1725 et gouverneur royal de 1732 à 1743. Il fonde la Nouvelle-Orléans en 1718 et protège les frontières de la Louisiane grâce à un mélange de diplomatie, de prouesses militaires et d'habiles négociations avec ses alliés autochtones. Il réussit à maintenir une minuscule et fragile colonie française prise en étau entre les empires espagnol et anglais. Il se retire volontairement en France en 1743.

Peter N. Moogk

Bienville, Lac D'une superficie de 1248 km², d'une altitude de 427 m et d'une longueur maximale de 89 km, il est situé dans une région à population clairsemée du Nord québécois. Ce lac allongé, parsemé de nombreuses îles, est alimenté par les lacs La Forest, Louet, Brésolles, Ossant, Roz et De La Noue. Il se déverse à l'ouest, dans la baie d'Hudson, en passant par les 334 km de la Grande rivière de la Baleine. À la suite de l'assaut réussi de Fort Nelson par le sieur d'IBERVILLE dans la région de la baie en 1697, on nomme le lac en l'honneur de son plus jeune frère, Jean-Baptiste Le Moyne, sieur de Bienville.

David Evans

Big Bear (Mistahimaskwa) Chef CRI des plaines (Fort Carlton, Sask., 1825?—réserve de Poundmaker, 17 janv. 1888). Au début des années 1870, Big Bear est déjà le chef d'environ 65 familles amérindiennes. Il est préoccupé par la disparition du bison, le nombre sans cesse croissant de pionniers européens et les conditions impossibles des traités qui semblent vouer perpétuellement les siens à la pauvreté et à la destruction de leur mode de vie.

En 1876, Big Bear refuse de signer le traité n° 6 et maintient cette décision jusqu'au 8 décembre 1882, au moment où les bisons ont tous disparu et la famine sévit. Il veut obtenir une réserve près de Fort Pitt mais, constatant à quel point ses amis là-bas sont pauvres, il s'acharne à obtenir également d'autres concessions du gouvernement fédéral.

Dans le but d'unir les Cris du Nord, plusieurs réunions se tiennent à Battleford, la plus importante étant celle de 1884: 2000 autochtones se joignent à la danse de la soif de Big Bear à la réserve Poundmaker. L'événement donne presque lieu à de violents affrontements mais, grâce aux efforts de la Police montée du Nord-Ouest et de Big Bear, la paix est maintenue.

Devant le refus du gouvernement fédéral de négocier avec Big Bear, ce dernier perd l'appui de ses partisans les plus extrémistes. En 1885, ce sont ces derniers qui dominent et, dirigés par Little Bad Man (Ayimisis) et par Wandering Spirit (Kapapamahchakwew), ils assassinent neuf Blancs au lac Frog et brûlent Fort Pitt avant d'être vaincus au lac Loon.

Partisan de la paix, Big Bear se tient à l'écart de ces événements. Il se rend à Fort Carlton le 2 juillet 1885. Traduit en justice pour trahison et crime grave, il est reconnu coupable et condamné à trois ans d'emprisonnement au pénitencier de Stony Mountain. Brisé et malade, il ne purge que deux ans de sa peine et est libéré le 4 mars 1887. (*Voir aussi* RÉBELLION DU NORD-OUEST.)

Frits Pannekoek

Big M. Drug Mart, affaire Dans cette affaire, Big M. Drug Mart est accusé d'avoir vendu de la marchandise le dimanche, contrairement à la loi fédérale du dimanche. Le 24 avril 1985, la Cour suprême déclare que la *Loi sur le dimanche* respecte le partage des pouvoirs tracé par la Constitution canadienne (paragraphe 91 (27) de la *Loi constitutionnelle de 1867*), mais va à l'encontre de la liberté de religion garantie par l'alinéa 2a) de la CHARTE CANADIENNE DES DROITS ET LIBERTÉS. Cette loi étant invalide et inopérante vu l'article 52 de la *Loi constitutionnelle de 1982*. La *Loi sur le dimanche* poursuit un objectif religieux et non séculier. Elle vise un idéal de la religion chrétienne. Cette loi ne constitue pas une limite qui peut se justifier dans une société libre et démocratique sous l'article 1 de la Charte. De plus, elle ne respecte pas la promotion du patrimoine multiculturel des Canadiens prévu à l'article 27 de la Charte.

Gérald-A. Beaudoin

Bigelow, Wilfred, chirurgien (Brandon, Man., 18 juin 1913). La chirurgie cardiaque doit à Bigelow l'utilisation de l'hypothermie, qui ralentit le métabolisme des tissus et protège le cœur et le cerveau de tout dommage (*voir* BLESSURES DUES AU FROID). Il a commencé ce travail par de nombreux essais fastidieux, mais indispensables, sur des animaux et, en 1952, il est prêt à essayer la procédure chez l'être humain. À Toronto, le programme de recherche sur l'hypothermie est à la source d'une autre percée importante en chirurgie cardiaque: la mise au point du premier stimulateur cardiaque implantable.

Dans *Cold Hearts*, Bigelow relate ses recherches et parle aussi de son propre cheminement en tant que chirurgien-chercheur. Ce livre contribue de façon importante à l'histoire de la chirurgie cardiaque et vaut à son auteur la Médaille Jason A. Hannah de la Société Royale du Canada. Bigelow est professeur émérite de chirurgie à l'U. de Toronto. Il reçoit l'Ordre du Canada en 1981 et, en 1997, il est intronisé au Temple de La renommée médicale canadienne.

Donald J.C. Phillipson

Biggar, ville de la Sask.; pop. 2351 (rec. 1996), 2353 (rec. 1991), 2626 (rec. 1986); superf. 15,49 km²; const. en 1911. Située dans le centre ouest de la Saskatchewan, à 100 km à l'ouest de SASKATOON, la ville est fondée par le GRAND TRUNK PACIFIC RAILWAY (GTPR). Elle doit son nom à W.H. Biggar, un avocat-conseil de la GTPR. À ses débuts, l'essor économique de Biggar est lié à la décision de la GTPR d'y établir un point divisionnaire. Elle conserve son rôle de centre ferroviaire et sert de pivot à une région de production céréalière prospère.

La région compte deux industries secondaires importantes: la production du malt d'orge et la fabrication de réservoirs d'entreposage environnemental. Une serre de 2 ha spécialisée dans la micropropagation de plantes est en construction, afin de répondre aux besoins des pépiniéristes. Les visiteurs sont accueillis à l'entrée de la ville par un slogan bien connu de ses résidants: «New York is Big… but this is Biggar».

Don Herperger

Biggar, Henry Percival, historien, archiviste (Carrying Place, Ont., 9 août 1872—Worplesdon, Angl., 25 juill. 1938). Après des études à l'Upper Canada College, à l'U. de Toronto et à Oxford, il travaille aux Archives nationales du Canada et devient archiviste en chef du Canada en Europe de 1905 jusqu'à son décès.

Expert en histoire de la Nouvelle-France, il écrit *The Early Trading Companies of New France* (1901), et publie *The Precursors of Jacques Cartier* (1911) ainsi que *A Collection of Documents relating to Jacques Cartier and the Sieur de Roberval* (1930). Il traduit et publie *The Voyages of Jacques Cartier* (1924), et *The Works of Samuel de Champlain* (1922-1936) est publié sous sa direction.

David Evans

Bigorneau, aussi appelé littorine, est un escargot comestible de la zone intertidale appartenant au genre *Littorina*. Les littorines forment un groupe assez évolué de MOLLUSQUES de la classe des GASTÉROPODES et de la sous-classe des prosobranches. On en trouve six espèces dans les eaux côtières canadiennes. Le bigorneau anglais ou irlandais ou vignot (*Littorina littorea*) a été introduit en 1850 sur la côte Est depuis l'Europe de l'Ouest, où sa chair est très appréciée. La littorine jaune (*L. obtusata*) est une autre espèce de la côte atlantique que l'on trouve généralement associée aux algues des côtes rocheuses. La littorine quadrillée (*Littorina scutulata*) est une espèce dominante de la zone intertidale de la Colombie-Britannique, où elle vit parmi les BALANES du haut littoral. En Californie, où s'étend sa répartition vers le sud, cette espèce est en compétition avec la littorine érodée (*L. Planaxis*).

Les littorines occupent généralement la partie supérieure de la zone intertidale rocheuse, où elles broutent sur les algues à l'aide d'une radula, un organe en forme de ruban couvert de plusieurs centaines de dents minuscules. Cet organe d'alimentation sort d'une tête en forme de museau qui supporte une paire de tentacules portant chacun un œil simple. Les individus sont à sexes séparés et la fertilisation est interne. Certaines espèces libèrent des capsules d'œufs pélagiques, desquelles émergent les larves. D'autres couvent leurs œufs et donnent naissance à des larves ou à de petites littorines.

Peter V. Fankboner

Bigot, François, commissaire ordonnateur de l'Île Royale de 1739 à 1745, intendant de la Nouvelle-France de 1748 à 1760 (bapt. à Bordeaux, France, 30 janv. 1703—Neufchâtel, Suisse, 12 janv. 1778). On se souvient surtout de Bigot pour ses fraudes, d'une telle ampleur qu'elles ont mené à la CONQUÊTE de la Nouvelle-France par les Britanniques pendant la GUERRE DE SEPT ANS.

Après la prise de Louisbourg en 1745 par les Britanniques, Bigot est réaffecté au Canada en 1748, contre son gré, pour prendre la tête du gouvernement civil de la Nouvelle-France. Les commerçants ont tôt fait de se plaindre que seuls les amis de Bigot se voient accorder les contrats d'approvisionnement du gouvernement. Il est rappelé en France en 1754 pour répondre à ces accusations. Ses explications semblent satisfaisantes, puisqu'il est envoyé de nouveau au Canada en 1755.

Les dépenses du gouvernement pour le Canada pendant la guerre de Sept Ans passent d'un peu plus de 6 millions de livres en 1755 à plus de 30 millions en 1759. Le gouvernement français croit que Bigot et ses associés (*voir* GRANDE SOCIÉTÉ) ont volé une grande partie de cet argent. À la suite d'un des grands procès de Paris, connu sous le nom de l'«Affaire du Canada», Bigot est condamné à «rembourser» 1,5 million de livres à la Couronne de France en 1763. La confiscation de quelques-unes de ses propriétés permet de payer une partie de la somme. Exilé en Suisse, Bigot finit ses jours dans la disgrâce et une pauvreté relative.

Depuis, les historiens ne s'entendent pas sur la nature criminelle de ses agissements. Selon le plus récent consensus, son comportement était propre à son époque et les dépenses exorbitantes ont été générées par la guerre et le blocus britannique. En fait, Bigot était un administrateur extrêmement doué. Cependant, il présidait aussi des banquets et des bals somptueux qui scandalisaient le clergé du Canada, et sa passion pour le jeu était notoire.

Hugh A. Porteous

Bijouterie et de l'argenterie, industrie de la Se compose d'entreprises qui fabriquent des bijoux (de fantaisie, écussons, bracelets de montre, étuis à cigares et à cigarettes en métal précieux) et de l'argenterie (coutellerie et plats de service en argent massif ou plaqué, trophées), et de celles qui effectuent le deuxième affinage ou le laminage des métaux précieux et produisent des alliages.

Au Canada, l'industrie de la bijouterie a pris naissance au XVIIe s., avec des horlogers et des orfèvres d'origine britannique. Le Canada possède une tradition du travail de l'ARGENT, comme on peut le constater dans la collection Henry BIRKS d'argenterie canadienne ancienne, exposée au Musée royal de l'Ontario. François Ranvoyzé (1739-1819), reconnu comme le plus grand orfèvre canadien, met au point une technique de martelage qui donne à ses œuvres beauté et originalité.

Pendant la majeure partie du XIXe s., l'orfèvrerie canadienne est entre les mains de deux artisans de Montréal, Robert Hendery et John Leslie. D'abord maître et apprenti, puis associés, ils fabriquent de l'argenterie pour les détaillants de presque tous les grands centres. Ils dominent tellement l'industrie que probablement plus de la moitié de l'argenterie faite au Canada au cours de la dernière moitié du siècle porte leur poinçon.

Vers la fin du XIXe siècle, l'artisan se présente lui-même comme «horloger, bijoutier et orfèvre» et, une fois sa position sociale bien établie, devient un commerçant qui emploie horlogers et orfèvres. Ainsi, dès le début du siècle, le bijoutier a pignon sur rue comme intermédiaire entre le public et l'artisan. À cette époque, on trouve près de 2000 bijouteries au Canada. Nombre de bijoutiers font fonction d'opticiens ou travaillent en étroite collaboration avec ceux-ci, car les montures de lunettes sont alors en argent.

En 1906, le gouvernement intervient directement dans l'industrie, et adopte la *Loi sur le poinçonnage des métaux précieux* afin de contrôler la qualité des métaux précieux employés en bijouterie. En 1918, le gouvernement institue une taxe d'accise discriminatoire de 5 p. 100 sur la bijouterie. En 1986, cette taxe s'élève à 10 p. 100, en sus de la taxe de vente fédérale de 12 p. 100. En janvier 1982, l'industrie est l'une des premières du Canada à se convertir au système métrique.

Le ministère de l'Industrie et du Commerce (expansion économique régionale) favorise l'exportation de bijoux canadiens en finançant les missions commerciales des fabricants de bijoux à l'étranger. On sonde le marché aux États-Unis, au Japon et en Grande-Bretagne. En 1986, le Canada exporte plus de 10 millions de dollars en bijoux, y compris les bijoux de mode (de fantaisie). Plus récemment, l'orfèvrerie canadienne s'est acquise une renommée mondiale grâce aux prix reçus par les créateurs canadiens lors de compétitions internationales. Cette reconnaissance a suscité un regain d'intérêt chez les acheteurs étrangers. La feuille d'érable canadienne, un bijou de fantaisie en or créé par le gouvernement fédéral, se vend également bien sur les marchés internationaux.

On trouve aussi différents artisans autochtones qui confectionnent une gamme de bijoux (colliers, broches, bracelets) en matériaux divers (or, argent, cuivre, os). Bill REID, qui a commencé à faire des bijoux à Vancouver en 1951, est l'artiste le plus réputé de la côte Nord-Ouest. Sa production, comme celle des autres artisans autochtones, se caractérise par l'adaptation de l'iconographie et du style autochtones traditionnels aux nouveaux matériaux et aux nouvelles formes.

En 1983, l'industrie compte 2908 points de vente au détail avec un volume de vente annuel frôlant le milliard de dollars. En 1984, les 379 entreprises de fabrication emploient 4931 personnes et 57 p. 100 d'entre elles sont de petites firmes employant quatre personnes ou moins. Il n'est pas rare de voir une même famille pratiquer le métier d'une génération à l'autre. La majorité des bijoutiers et des orfèvres se trouvent en Ontario et au Québec, et quelques-uns en Colombie-Britannique, en Alberta et au Manitoba.

Un seul organisme, l'Association canadienne des bijoutiers, représente les intérêts des fabricants, grossistes et détaillants. Celle-ci a été créée en 1918 pour stimuler les ventes et représenter l'industrie auprès du gouvernement. L'association publie *Jewellery World* et *Jewellery World Plus* qui, avec d'autres associations régionales, tiennent les membres au courant des nouvelles nationales portant notamment sur les changements intervenus dans les domaines de l'assurance, de la taxe d'accise, de l'évaluation, de l'éthique, de la réglementation du poinçonnage des métaux précieux et de la conversion au système métrique. L'Institut canadien des bijoutiers, fondé en 1945, est la section pédagogique de l'association et offre ses cours à différents niveaux d'expertise, à commencer par un programme de formation de deux trimestres destiné aux bijoutiers détaillants et débouchant sur un diplôme et le titre de «bijoutier certifié». D'autres cours et programmes de formation sont offerts par la Corporation des bijoutiers du Québec, l'Association canadienne de gemmologie et divers collèges. Ces études accroissent le professionnalisme des bijoutiers canadiens. Trois publications spécialisées sont consacrées à cette industrie: *Bijou, Canadian Jeweller* et *Canadian Gemnologist*.

Dorothy A. Lenarcic

Bilinguisme C'est la faculté de parler ou d'écrire couramment deux langues. Au Canada, le terme a pris une connotation plus particulière: c'est la faculté de communiquer (ou le fait de communiquer) dans les deux langues officielles du Canada, l'anglais et le français. Il a pris une tournure formelle dans la POLITIQUE LINGUISTIQUE, quand le gouvernement a tenté de répondre à une question sociale difficile: jusqu'à quel point est-il possible de faire des compromis (légalement et en pratique) pour permettre aux deux communautés linguistiques officielles de préserver leur caractère culturel distinct, tout en poursuivant des objectifs communs? Pour les institutions gouvernementales, «le bilinguisme d'État» consiste à fonctionner dans les deux langues, sans que chacune ne soit obligée d'être bilingue.

Historiquement, le bilinguisme d'État a pris en considération les réalités de la colonisation et du développement du Canada. La fondation de la confédération canadienne reposait sur l'idée implicite que les communautés anglophones et francophones ne devraient pas seulement coexister, mais aussi se compléter. L'ACTE DE L'AMÉRIQUE DU NORD BRITANNIQUE de 1867 a fait de l'anglais et du français les langues législatives et juridiques des institutions du Québec et du Canada. Il a aussi prévu le droit à l'enseignement confessionnel, qui était alors étroitement associé aux traditions linguistiques et culturelles des anglophones (protestants) et des francophones (catholiques romains).

Le développement de la nature bilingue et biculturelle de la confédération canadienne n'a pas tardé à connaître des écueils, en partie parce que ses principes n'étaient pas appliqués de façon uniforme, en partie par simple intolérance linguistique. Bien que l'Acte de l'Amérique du Nord britannique et l'Acte du Manitoba (1870) aient accordé un statut officiel à la langue française au Québec et au Manitoba, les populations francophones importantes de l'Ontario et du Nouveau-Brunswick n'ont pas bénéficié d'une reconnaissance similaire. De plus, à la fin du XIXᵉ et au début du XXᵉ s., dans tout le Canada, une série de promulgations législatives ont restreint sérieusement l'éducation en français et pratiquement éliminé l'usage du français dans les législatures et les cours provinciales en dehors du Québec (voir CANADIENS FRANÇAIS DE L'OUEST.)

Bien que les conséquences de ces promulgations et d'autres mesures similaires restent, à juste titre, gravées dans la mémoire de nombreux Canadiens, le Canada a montré, depuis la Seconde Guerre mondiale, un regain d'intérêt pour le statut officiel de l'anglais et du français et pour la destinée des communautés linguistiques minoritaires de tout le pays. En même temps, les aménagements démographiques, et en particulier la tendance des francophones hors Québec à s'assimiler à la communauté anglophone, ont accru la polarisation entre les groupes linguistiques officiels. En retour, cela a attiré l'attention sur la relation qui existe entre la justice linguistique et l'unité nationale. De plus en plus, on considère que la promotion de la langue et de la culture française au Canada et la réaffirmation des droits de la langue et de la culture anglaise au Québec sont essentielles pour maintenir un degré raisonnable d'intégrité nationale.

Problèmes et exigences du bilinguisme La Commission royale d'enquête sur le BILINGUISME ET LE BICULTURALISME (1963-1969) a clairement exposé les problèmes et les exigences du bilinguisme dans les structures nationales. Les recommandations de la Commission partaient de l'idée que, du moment qu'elles étaient d'une certaine importance, on devrait garantir aux minorités françaises et anglaises de tout le Canada des services publics dans leur langue et leur fournir aussi souvent que possible les occasions de s'exprimer dans leur langue. La Commission a aussi vivement conseillé que le français devienne, avec l'anglais, l'une des langues normales du travail au sein de l'administration fédérale. Elle a recommandé que la correspondance et les documents gouvernementaux soient généralement disponibles dans les deux langues. La Commission a de plus insisté sur le fait qu'il y avait place, dans un état officiellement bilingue, pour d'autres formes de pluralismes linguistiques et culturels, de façon à ce que le bilinguisme et le MULTICULTURALISME puissent se compléter.

Le travail de la Commission a mené à l'adoption de la LOI SUR LES LANGUES OFFICIELLES (1969), conçue pour être la pierre angulaire du bilinguisme d'État canadien. La Loi, qui proclame l'«égalité de statut» de l'anglais et du français au Parlement et dans les services publics, s'applique à tous les ministères fédéraux, à tous les corps juridiques ou quasi juridiques, aux organismes administratifs et aux corporations de la Couronne jouissant du statut fédéral.

En plus de prescrire des réformes fédérales et de fonder le bureau du Commissaire aux langues officielles (maintenant le Commissariat aux langues officielles), de façon à assurer l'application de ces réformes, la Loi a entraîné des initiatives qui ont dépassé le cadre de l'administration fédérale. Avec l'aide et le soutien financier d'Ottawa, les gouvernements des provinces ainsi que certains secteurs parapublics et privés ont entrepris de réexaminer leurs politiques linguistiques, au moins pour les services qu'ils offraient. Ils ont fait des efforts pour parvenir à une politique de bilinguisme d'État. Une nouvelle

loi a été votée en 1988 (voir LOI SUR LES LANGUES OFFICIELLES (1988)).

Succès de la politique du bilinguisme Le succès de toute politique canadienne portant sur le bilinguisme est étroitement lié à la collaboration des provinces. Les pouvoirs des provinces en matière de justice, de services publics et d'éducation, ne peuvent être qu'indirectement influencés par les politiques fédérales. Pour achever le tableau, de nombreux services administratifs, judiciaires, sociaux et éducatifs, doivent être fournis par les autorités municipales et provinciales dans des régions où les groupes linguistiques minoritaires sont importants.

Le Nouveau-Brunswick a voté, en 1969, une Loi sur les langues officielles, octroyant un statut et des droits égaux aux Anglais et aux Français. Depuis le début des années 70, l'Ontario a intensifié l'usage du français dans ses cours de justice et a voté un projet de loi garantissant des services en français dans les régions de la province où vivent la majorité des Franco-Ontariens. Quant au Manitoba, par suite d'un règlement de la Cour suprême de 1979, il est en voie de traduire ses lois en français et de transformer ses cours de justice pour en faire des institutions bilingues. La question de savoir si le Manitoba suivrait à la lettre ses exigences constitutionnelles a été au cœur d'un chaud débat, tant dans la province qu'à l'extérieur de celle-ci. En 1985, la Cour suprême donnait trois ans à la province pour traduire ses lois.

Français, langue officielle du Québec En 1974, le Québec reconnaît le français comme sa seule langue officielle. Bien qu'un bon nombre de services gouvernementaux y soient disponibles en anglais (habituellement sur demande), cette province présente la singularité d'être bilingue sur le plan constitutionnel et dans les institutions fédérales, tout en ne reconnaissant officiellement que le français dans les institutions provinciales.

Soutenues, dans une certaine mesure, par le programme scolaire fédéral des langues officielles, toutes les provinces ont des programmes scolaires destinés aux minorités linguistiques. En outre, l'ENSEIGNEMENT DES LANGUES SECONDES a fait de grands progrès partout au Canada, manifestement grâce à l'expansion des programmes d'immersion en français dans les écoles primaires.

En avril 1982, entre en vigueur la CHARTE CANADIENNE DES DROITS ET LIBERTÉS, qui donne davantage de force aux principes constitutionnels déjà en place touchant l'usage des langues dans les cours fédérales et dans celles du Québec et du Manitoba. Elle affirme de nouveau que des services bilingues sont disponibles dans l'administration fédérale et confirme que le Nouveau-Brunswick est la seule province complètement bilingue. Elle innove également, en intégrant le droit à l'éducation dans une langue minoritaire au Canada, garantissant ainsi le droit des enfants nés de citoyens canadiens, s'ils se trouvent dans la situation d'une minorité linguistique officielle, de recevoir une éducation dans leur propre langue partout où leur nombre le permet. Cette garantie constitue la reconnaissance que l'éducation dans une langue minoritaire peut être la clé de la survie des communautés linguistiques dans leur milieu. Les principes de la loi du Nouveau-Brunswick établissant l'égalité de ses deux communautés linguistiques officielles ont été enchâssés dans la Charte en 1993.

Définition de la Charte La Charte définit ce qui était possible dans le domaine du bilinguisme d'État au moment de son entrée en vigueur, mais il est toujours possible de développer ses recommandations ou d'y ajouter des clauses. Dans ce domaine, le leadership des autorités fédérales et provinciales est essentiel pour parvenir au but qui est sous-jacent à la réforme linguistique au Canada, soit la possibilité pour tout individu, qu'il soit d'origine anglophone ou francophone, d'aller d'une province à l'autre sans avoir à renier ses droits linguistiques fondamentaux et son identité culturelle. (*Voir* RELATIONS FRAN

COPHONES-ANGLOPHONES; DUALITÉ CULTURELLE).

Billard Pratiqué sous diverses formes depuis plusieurs centaines d'années, ce jeu est populaire en Amérique du Nord depuis le début du XIXᵉ siècle. Au Canada, le *snooker* est le jeu le plus populaire, mais on pratique aussi le billard à blouses et d'autres variantes. Malgré les nombreuses variantes, l'équipement reste le même: table rectangulaire, billes et queue à procédé.

Le billard anglais se joue généralement par deux personnes qui frappent un ensemble de trois billes (une rouge et deux blanches). Le joueur marque des points en blousant sa bille de choc (blanche) après avoir frappé une autre bille, en blousant une autre bille en la frappant avec la bille de choc ou en frappant les deux autres billes avec sa bille de choc. Le Canadien Cyrille Dion est champion du monde en 1873 d'une variante sans blouse, où les points sont marqués seulement par carambolage.

Au *snooker*, on utilise 22 billes: 1 blanche (bille de choc), 15 billes rouges et 6 de couleur qui portent un numéro – jaune (2), verte (3), brune (4), bleue (5), rose (6) et noire (7). Le *snooker* oppose généralement deux joueurs. Le joueur doit frapper une bille rouge en premier et, s'il réussit à la blouser (1 point), il choisit alors une bille de couleur qui, si elle est blousée, est replacée sur la table. Il passe ensuite à une autre bille rouge. Lorsque toutes les billes rouges sont blousées, les billes de couleur doivent être jouées par ordre croissant de leur valeur. Le gagnant est celui qui a le plus de points lorsque toutes les billes sont empochées. Un match consiste en un certain nombre de parties. Le mot *snooker* fait référence à une position dans laquelle se trouve un joueur lorsque son coup est rendu impossible par l'interférence d'une autre bille.

Les performances de Georges CHÉNIER entre 1945 et 1965 ont élevé le statut du billard et du *snooker* au Canada. La séquence maximale possible de points au *snooker* est de 147. À Oshawa, en 1944, Vic Kireluk (1926-1981), alors âgé de 17 ans, est le premier et le plus jeune Canadien à réussir 147. Le premier Canadien à réussir 147 en compétition est Bernie Mikkelsen, en 1977. De son côté, Cliff THORBURN est celui qui compte le plus de parties parfaites (26) parmi les Canadiens. En 1983, en Angleterre, Thorburn réussit la première partie parfaite lors d'un championnat du monde. Deux Canadiennes ont établi des records: Natalie Stelmach est la première à atteindre les 100 points (109 en 1977) et Sue LeMaich compte le plus grand nombre de matches atteignant les 100 points (12), son meilleur étant de 128.

Le billard se pratique dans des clubs, dans des salles de billard ou à la maison. On compte environ 2500 salles de billard au Canada et plus de 250 000 joueurs réguliers. La mauvaise réputation des salles de billard est en train de disparaître, car ces centres, maintenant bien aménagés, sont des endroits respectables offrant un divertissement pour toute la famille.

Le mot «billard» inclut plus de 60 jeux pratiqués sur des tables en Amérique et s'applique parfois improprement au *snooker*. Les principaux jeux de billard sont le jeu de la huit, le jeu de la neuf et le continuel (14 points 1). Dans le jeu de la huit et le jeu de la neuf, le gagnant est celui qui réussit le premier à blouser les huit ou neuf billes. Dans le continuel (14 points 1), le gagnant est celui qui blouse le premier le nombre déterminé de billes. Les jeux de billard utilisent 15 billes numérotées de 1 à 15 et bille de choc blanche.

Dans les années 70, on commence à organiser le billard à l'échelle nationale. Les principaux organismes qui le régissent sont le Canadian Snooker Control Council (créé en 1975), la Canadian Billiards and Snooker Referees Association (1974), la Canadian Professional Snooker Association (1979) et la Women's Snooker Association of Canada (1979).

Graham Duncan

Billings, Elkanah, paléontologue (Gloucester, Haut-Canada, 5 mai 1820—Montréal, 14 juin 1876). L'analyse de Billings des fossiles appartenant à la COMMISSION GÉOLOGIQUE DU CANADA (CGC) a contribué en partie aux premiers succès de l'organisme. Il commence sa vie professionnelle comme avocat (1844-1852), puis se consacre exclusivement aux sciences naturelles. Il écrit pour le *Bytown (Ottawa) Citizen* et le *Canadian Naturalist and Geologist,* qu'il a fondé en 1856.

Ses articles publiés traitant des fossiles attirent l'attention de W.E. LOGAN, directeur de la CGC, qui le nomme au poste de paléontologue en 1856. L'étude des fossiles recueillis au cours de ses expéditions le tient occupé jusqu'à sa mort. Sa perception de la valeur stratigraphique des fossiles a aidé les équipes de la CGC envoyées sur le terrain à délimiter les formations. Elle a aussi fourni à Logan les renseignements dont il s'est servi comme fondement pour son concept du «grand chevauchement» (la première description publiée du concept de faille chevauchante), ce qui a contribué au succès de son ouvrage monumental *Geology of Canada* (1863). Parmi les écrits scientifiques de Billings, deux ouvrages retiennent particulièrement l'attention: *Figures and Descriptions of Canadian Organic Remains* (1858-1859) et *Palaeozoic Fossils* (1865-1874).

T.H. Clark

Billon, Pierre, romancier (Genève, Suisse, 15 juin 1937). Après des études en sciences de l'éducation à l'Université de Montréal (1965), il travaille dès 1970 au ministère des Communications à Ottawa. À la retraite, il habite Montréal et se consacre à l'écriture de scénarios de film et de romans. Il publie *L'ogre de barbarie* en 1972 et, dix ans plus tard, *L'enfant du cinquième Nord,* pour lequel il reçoit le Grand Prix de la science-fiction française en 1983. Cette «fiction scientifique», comme il l'appelle, connaît un grand succès et est traduite en plusieurs langues. Deux enfants se retrouvent à l'hôpital: Florence, atteinte du cancer, et Max, dont le mal est mystérieux et peut avoir des conséquences terribles pour l'humanité. Le mal guérira le mal: Florence est sauvée grâce à Max, mais celui-ci meurt dans un avion de l'armée en route pour l'Alaska. En 1983, paraît *Le livre de Seul.* En 1990, il publie *L'ultime alliance,* grand roman qui se passe dans les lieux mêmes de *La montagne magique* de Thomas Mann, un sanatorium devenu clinique de recherches sur l'intelligence humaine. Avec *Le bâillement du diable,* en 1998, il revient au suspense en racontant l'histoire de kidnappeurs intéressés à tourner des films exposant la souffrance humaine jusqu'à la mort. Dans tous ses livres, l'auteur soulève des questions morales, à travers des récits très enlevés.

Robert Charette

Binning, Bertram Charles, peintre (Medicine Hat, Alb., 10 févr. 1909—Vancouver, C.-B., 16 mars 1976). B.C. Binning, comme il le signe sur ses œuvres, est issu d'une famille d'architectes, mais, pendant son adolescence marquée par la maladie, il se tourne vers le dessin. En 1927, il s'inscrit à la Vancouver School of Decorative and Applied Arts (qui deviendra peu après la Vancouver School of Art), où il a pour professeur F.H. VARLEY.

Durant les années 30, Binning étudie à New York et à Londres où il a Mark Gertler, Amédée Ozenfant et Henry Moore comme professeurs. En 1934, il est embauché par la Vancouver School of Art et, en 1949, par l'école d'architecture de l'U. de la Colombie-Britannique. Peu après, il fonde le département des arts visuels, qu'il dirige pendant un quart de siècle.

Binning est d'abord reconnu mondialement comme dessinateur jusqu'à ce qu'il commence à faire de la peinture à l'huile, en 1948. Il considère le dessin comme «la forme d'expression où l'artiste se dévoile le plus». Ainsi, ses dessins, aux lignes disciplinées,

bien que joyeusement errantes, sont ses œuvres les plus importantes.

Ses premières toiles représentent des bateaux. Elles se caractérisent par leurs couleurs vives et par l'intégration de la planéité de la toile dans la structure du tableau. Son intérêt pour l'architecture l'amène à créer de grandes mosaïques murales pour des édifices publics. Plus tard, ses peintures consistent en des paysages marins stylisés puis, dans les années 60, en des formes purement abstraites qui, selon lui, tentent d'exprimer «la quiétude des grandes idées cosmiques».

La maladie assombrit les dernières années de sa vie et il peint très peu. La rétrospective de ses œuvres, qui a eu lieu à Vancouver en 1973, constitue sa dernière exposition. Il est l'un des premiers peintres modernistes de l'Ouest canadien et l'un des rares artistes canadiens classiques.

George Woodcock

Binns, Patrick George, premier ministre de l'Île-du-Prince-Édouard (Weyburn, Sask., 8 oct. 1948). Il fréquente d'abord les écoles de la Saskatchewan, puis étudie à l'U. de l'Alberta, où il obtient un baccalauréat ès arts en économie et en sciences politiques (1969), puis une maîtrise en développement communautaire (1971). Après l'obtention de son diplôme, il occupe brièvement un poste d'agent de développement dans la région du PETIT LAC DES ESCLAVES (dans le nord de l'Alberta). En 1972, il s'établit dans l'Île-du-Prince-Édouard comme fonctionnaire du conseil de développement rural. À ce titre, il coordonne la mise sur pied et l'administration du Centre de services régionaux, dans l'est de la province.

De 1978 à 1983, il est député provincial de la quatrième circonscription du comté de Kings ainsi que ministre des Affaires municipales, du Travail et de l'Environnement (1979) et ministre des Affaires communautaires (1980) sous le premier ministre John Angus MACLEAN, puis ministre des Pêches (1982-1983) et ministre de l'Industrie (1983) sous le premier ministre Walter LEA. Il se lance alors en politique fédérale, remportant le siège de l'est de Cardigan lors de la victoire écrasante des Conservateurs de Brian MULRONEY en 1984. Il est alors secrétaire parlementaire du ministre des Pêches et Océans.

Battu aux élections de 1988, il travaille ensuite à divers projets dans le secteur privé. Binns se lance dans l'agriculture dans le comté de Kings et devient président d'Island Bean ltée, entreprise spécialisée dans la transformation et la vente de fèves, de pois et de produits spéciaux. Il est également consultant principal chez Pat Binns & Associates, aidant de ses conseils des projets et des petites entreprises des secteurs de l'agriculture, de la pêche, du tourisme et de la fabrication.

Lors du congrès à la direction du Parti conservateur de l'Île-du-Prince-Édouard, tenu le 5 mai 1996, Pat Binns est élu chef du parti. Aux élections générales du 27 novembre 1996, il est élu député de la 5e circonscription (Murray River-Gaspereaux) et devient premier ministre, dirigeant une équipe de 18 conservateurs dans une assemblée comptant 27 parlementaires.

Conservateur fidèle à la tradition d'Angus MACLEAN, Binns est déterminé à préserver et à rehausser la vie communautaire rurale de la province insulaire. Il est résolu à garder ouvertes toutes les petites écoles rurales de la province. En plus de s'appuyer sur les industries primaires de l'agriculture et de la pêche, son gouvernement vise à soutenir les PETITES ENTREPRISES, ainsi que les nouvelles industries du savoir. Rejetant une récente demande d'emprunt faite par l'empire Irving en vue d'agrandir une usine de boîtes dans le secteur de Borden-Carleton, le gouvernement Binns continue de manifester sa préférence pour les petites entreprises.

David A. Milne

Biochimie Elle a pour but l'étude de la nature chimique des êtres vivants et des transformations chi-

miques qui s'y produisent. Les organismes vivants sont constitués de nombreux types de molécules (biomolécules) qui, une fois isolées et soumises à un examen, ne présentent aucune caractéristique particulière «de vie», mais qui ont un comportement chimique normal. Les propriétés de certaines de ces molécules, en particulier des plus grosses, sont complexes et abstraites, mais elles résultent de l'application des lois de la chimie et de la physique. La façon dont ces biomolécules sont assemblées à l'intérieur de la cellule et la manière dont elles se produisent déterminent les caractéristiques particulières des organismes vivants. La méthodologie utilisée en biochimie découle en grande partie de la PHYSIQUE, de la CHIMIE, de l'IMMUNOLOGIE et de la GÉNÉTIQUE.

Historique C'est au cours des dernières décennies du XIXe s. que la biochimie fait son apparition au Canada et dans le monde. À l'origine, c'est généralement dans le cadre des facultés de médecine que des chimistes enseignent la biochimie. Ainsi, R.F. Ruttan et William OSLER organisent un cours de chimie clinique et physiologique à l'U. McGill, en 1883. Le département de biochimie, fondé par Archibald B. MACALLUM à l'U. de Toronto, est le premier au Canada et le second dans l'Empire britannique. Maud L. Menten, qui a étudié avec Macallum, a travaillé, en association avec le biochimiste allemand Leonor Michaelis, à mieux comprendre la cinétique des réactions enzymatiques; l'équation fondamentale encore utilisée en cinétique enzymatique est connue sous le nom d'équation de Michaelis-Menten.

Recherches en milieu universitaire Au cours des trois premières décennies du XXe s., la recherche en biochimie se fait essentiellement dans les universités. Les universités suivantes offrent des cours de biochimie: l'U. du Manitoba, 1909 (département, 1923); l'U. de Montréal, 1911 (département, 1951); l'U. Queen, 1914 (département, 1937); l'U. de l'Alberta, 1915 (département, 1922); l'U. de la Saskatchewan, 1916 (département, 1946); l'U. de Western Ontario, 1921; l'U. de Dalhousie, 1924; l'U. de la Colombie-Britannique, 1927 (département, 1950); l'U. Laval, 1928 (département, 1940). La plupart des universités canadiennes offrent maintenant des cours de biochimie dans les facultés de médecine, de sciences et d'agriculture. De plus, un grand nombre de facultés d'agriculture offrent des programmes de biochimie végétale.

Au cours des années d'implantation de la biochimie en tant que discipline distincte, des chercheurs canadiens poursuivent d'excellents travaux de recherche dans tous les domaines de la biochimie, des protéines céréalières aux substances inhibitrices de réactions neurales, comme celles du cerveau. Les biochimistes médicaux ont largement contribué à l'étude des hormones (endocrinologie), des groupes sanguins, du métabolisme des éléments chimiques (zinc, soufre) et des protéines.

Le premier événement remarquable à survenir au Canada est la réussite de la première extraction d'INSULINE du tissu pancréatique, à des fins thérapeutiques pour le traitement du diabète. F.G. BANTING, C.H. BEST et J.J.R. MACLEOD participent à cette découverte, ce qui vaut à Banting et à Macleod un prix Nobel en 1923. La participation de J.B. COLLIP à la mise au point des procédés de purification qui permettent l'utilisation de l'insuline sur des humains est très importante; on lui attribue la découverte de la parathormone, à l'U. de l'Alberta.

Parmi les autres recherches qui ont des applications directes dans le domaine médical, il faut compter les premières études sur la toxémie et la nausée au cours de la grossesse, menées par V.J. HARDING (U. McGill et de Toronto), qui donnent lieu à l'application de la thérapie glucidique. D'autres recherches sont également effectuées dans divers domaines. Ainsi, E.W. McHenry (Connaught Laboratories, à l'U. de Toronto) entreprend des recherches sur la production d'extraits glandulaires, qui aboutissent à un processus de préparation d'extraits de foie actifs pour usage oral (utilisés plus tard en injections intra-musculaires) dans les cas d'anémie pernicieuse. De leur côté, J.S. Browne et Eleanor Venning (U. McGill) étudient les stéroïdes. Browne s'intéresse au métabolisme des protéines chez les victimes en état de choc.

Plus récemment, les recherches en milieu universitaire ont permis de réaliser des progrès importants en biochimie: élaboration de méthodes de mutagenè-se sous la direction de Michael SMITH (U. de la Colombie-Britannique), qui lui a permis de partager le prix Nobel de chimie en 1993; réalisation de recherches célèbres sur la structure et la fonction des protéines (U. de l'Alberta), faisant appel à des méthodes innovatrices en cristallographie et en résonance magnétique nucléaire des protéines; découverte, par J. Wang (U. du Manitoba, U. de Calgary), de la calmoduline, une importante protéine impliquée dans la régulation de fonctions cellulaires; découverte et délimitation du rôle des protéines fixatrices de calcium par D. MacLennan et ses collègues (U. de Toronto).

Recherches dans les instituts Au cours des années 80 en particulier, les recherches en biochimie se multiplient dans certains centres médicaux d'instituts associés à des hôpitaux. Notons, entre autres, l'Institut de recherches cliniques, l'Institut neurologique de Montréal et d'autres instituts en milieu hospitalier de Montréal; l'Institut de recherche du Hospital for Sick Children et, à Toronto, le Samuel Lunenfeld Institute et le Mount Sinai Hospital. Dans ces instituts, d'importants progrès sont réalisés en biochimie, comme les recherches sur la synthèse des hormones peptidiques (M. Chrétien), la découverte du gène de la mucoviscidose (L. Tsui) et la description des composants responsables de la transduction d'un signal cellulaire (T. Pawson).

Instituts de recherches fédéraux Dès la fin des années 30, les biochimistes des instituts de recherches fédéraux contribuent de façon substantielle au développement de la biochimie, et un grand nombre de leurs réalisations ont des applications immédiates. Le CONSEIL NATIONAL DE RECHERCHES DU CANADA est le point de départ de la recherche en biochimie avec la mise sur pied, en 1932, de laboratoires appropriés.

À l'origine, la recherche au CNRC revêt un aspect très pratique. Elle se consacre, p. ex., à la transformation et à la conservation des aliments, aux effets des hormones sur le blé et, plus tard, à la conservation des échantillons de sang humain. Puis, la recherche aborde des sujets plus diversifiés et on cesse de mettre l'accent sur les applications alimentaires. Plus récemment, elle englobe les processus biochimiques des micro-organismes (lipoprotéines et structure ribosomique). Le CNRC a établi son Institut de recherche en biotechnologie à Montréal.

Énergie atomique du Canada Limitée possède des centres de recherche biochimique sur les effets des radiations. Les laboratoires de Santé et Bien-être social Canada, disséminés dans tout le pays, permettent les analyses nécessaires à la mise en application de la *Loi sur les aliments et drogues*. La division de foresterie du ministère des Ressources naturelles et le ministère des Pêches et Océans du Canada ont tous deux des laboratoires de biochimie.

Agriculture Canada mène des recherches nombreuses et variées (contenu protéinique des céréales, méthodes d'amélioration de ce contenu, propriétés de cuisson qui en dépendent, métabolisme des toxines végétales, champignons pathogènes, acides gras des graines oléagineuses, synthèse des hormones chez les espèces animales et pathologie animale).

Recherches dans l'industrie Si, dans le passé, la recherche et le développement en biochimie ont longtemps été laissés pour compte dans l'industrie au Canada, plusieurs facteurs ont contribué à un regain

d'activité. Des modifications apportées à la *Loi sur les brevets concernant les médicaments* ont relancé la recherche sur la mise au point de produits pharmaceutiques dans des laboratoires comme ceux de Merck-Frosst, p. ex., lequel a investi beaucoup dans ses centres de recherche à Montréal. Les CONNAUGHT LABORATORIES LIMITED ont acquis une excellente réputation en recherche et développement, en matière d'hormones protéiques et de vaccins.

De nouvelles entreprises en biotechnologie s'établissent en grand nombre au Canada, à la suite, bien souvent, de retombées des recherches universitaires. Mentionnons, entre autres, QuadraLogics (Vancouver), BioMira (Edmonton) et Biochem Pharma (Montréal).

La biochimie offre d'importantes applications pratiques dans les industries des aliments et boissons. Un grand nombre de fabricants possèdent des laboratoires de contrôle de la qualité, alors que certains autres, comme Canada Packers et Labatt, ont des laboratoires de recherche.

Financement La recherche au Canada est en grande partie subventionnée par le gouvernement fédéral. C'est le CONSEIL DE RECHERCHES MÉDICALES DU CANADA qui est le principal coordonnateur des subventions accordées aux chercheurs et aux groupes de recherches.

Sociétés À l'exception de la SOCIÉTÉ ROYALE DU CANADA, c'est la Société canadienne de physiologie, fondée en 1934, qui fut la première association nationale à compter dans ses rangs une bonne proportion de biochimistes. La Société canadienne de biochimie (aujourd'hui la Société canadienne de biochimie et de biologie moléculaire) est une ramification de cette association. La Fédération canadienne des sociétés de biologie date de 1957. (*Voir aussi* BIOLOGIE.)

David B. Smith Et William Bridger

Biodiversité Variété des formes de vie (génétique, spécifique et divers niveaux de l'écosystème) sur la Terre ou en certains endroits de la Terre. La biodiversité comprend toutes les formes de vie: les PLANTES, les ANIMAUX et les micro-organismes. Les ressources biologiques et les avantages écologiques d'une région proviennent de ses richesses naturelles. Les ressources biologiques ne représentent toutefois qu'une petite partie de la biodiversité qui, elle, englobe tout.

Biodiversité du Canada Malgré sa position septentrionale, le Canada recèle une grande diversité biologique due à l'immensité de son territoire (quelque 10 millions de km² de milieux terrestres, et dulçaquicoles et 6,5 millions de km² de milieux marins), à la variété de ses habitats (*voir* RÉGIONS NATURELLES), à sa topographie et à ses climats. Ses ÉCOSYSTÈMES comprennent, entre autres, la canopée des couverts forestiers des forêts tempérées humides, les prairies, la toundra, les divers types de sols, les cours d'eau, les étangs à marée, les forêts de kelp, les glaces de mer d'une épaisseur de 2 m et les bouches hydrothermales des profondeurs océaniques.

Au Canada, 71 000 espèces différentes, sans compter les VIRUS, ont été décrites scientifiquement. Il reste encore 69 000 espèces qu'il faut nommer, classifier ou répertorier. Si on inclut les virus, le nombre d'espèces décrites double. Environ 51 p. 100 de ces espèces sont terrestres, 23 p. 100 dulçaquicoles et 25 p. 100 marines. Au niveau des embranchements taxonomiques, la répartition est la suivante: 66 p. 100 terrestres, 72 p. 100 dulçaquicoles et 84 p. 100 marins. Les branches mineures de l'arbre phylogénétique sont terrestres, tandis que les plus importantes sont marines. Probablement plusieurs milliers d'espèces sont en péril (vulnérables, en danger de disparition ou menacées), déjà disparues ou éteintes.

Bénéfices En 1990, la valeur des ressources biologiques, cette partie de la biodiversité que nous utilisons directement, est de 70 milliards de dollars, et

ce, sans compter la plus-value. Parmi ces ressources, on compte le bois, les produits agricoles, la pêche sportive, les bleuets, les champignons sauvages, le sirop d'érable, les antibiotiques, la bière, le pain et la pollinisation par les insectes (1 milliard de dollars). La biodiversité soutient une bonne partie de notre industrie touristique. Une foule de produits biotechnologiques et pharmaceutiques proviennent de ressources génétiques vivantes. P. ex., le taxol, utilisé contre le cancer, est extrait de l'IF occidental, jusqu'à maintenant considéré comme une mauvaise herbe par les forestiers.

Les bénéfices indirects qu'on retire des services écologiques sont tout aussi importants que les bénéfices directs qu'on retire des ressources biologiques. Les avantages écologiques comprennent l'assainissement de l'eau, la lutte contre les crues, la production d'oxygène, la pollinisation, l'aménagement d'habitats pour diverses espèces, la production de sols et le recyclage d'engrais pour les plantes. Il est difficile de mesurer la valeur des avantages écologiques dont nous bénéficions, mais ils sont essentiels aux services annexes, que ce soit à l'échelle locale ou planétaire, et à la survie humaine.

Menaces Plusieurs facteurs expliquent la disparition de la biodiversité, entre autres, la perte d'habitats (déforestation, exploitation agricole intensive des prairies), la surexploitation des ressources, la pollution (les PLUIES ACIDES, l'eutrophisation), l'introduction d'espèces étrangères (moule zébrée), l'urbanisation, la fragmentation des habitats (multiplication des routes) et le RÉCHAUFFEMENT PLANÉTAIRE.

Les facteurs fondamentaux de disparition de la biodiversité comprennent l'accroissement de la population mondiale, l'utilisation intensive et inadéquate des ressources, les pratiques industrielles, la cupidité ainsi que l'ignorance. De nouvelles approches écologiques dans les domaines de l'agriculture, de la foresterie, des pêches, de la fabrication de produits de consommation et également dans l'utilisation de ces produits par les consommateurs apportent des solutions pratiques et sans danger pour l'environnement.

Initiatives canadiennes Le Canada a joué un rôle de premier plan dans la mise sur pied de la Convention internationale sur la diversité biologique. Il a été le premier pays à signer cette convention et le premier pays développé à la ratifier. Cet accord international traite de conservation de la diversité biologique, de l'utilisation durable de ses composantes et du partage équitable des profits qu'on tire de ses ressources.

Les gouvernements fédéral et provinciaux, les organisations non gouvernementales et les corporations, ainsi que d'autres organismes, ont récemment mis sur pied la Stratégie canadienne de la biodiversité, un accord sur la façon d'atteindre les buts fixés dans la convention. Cette stratégie sera suivie de plans d'actions qui établiront des buts, fixeront des dates et nommeront des responsables. L'élaboration d'une nouvelle législation fédérale sur les espèces menacées et leurs habitats est en cours. La législation sur les aires fédérales et provinciales protégées permet de protéger des écosystèmes représentatifs des milieux terrestre, dulçaquicole et marin, ce dernier étant toutefois très peu représenté. Les organismes engagés dans la protection de l'environnement jouent un rôle très important car ils sont actifs dans les domaines comme la sensibilisation et l'éducation du public, la conservation, et l'utilisation durable des ressources écologiques.

Recherche Les musées d'histoire naturelle, les universités, les gouvernements et les organismes engagés dans la protection de l'environnement contribuent à l'acquisition des connaissances nécessaires sur la conservation de la biodiversité, l'utilisation intégrée des ressources, la mise au point de nouvelles technologies et l'éducation. Il est important de poursuivre les travaux de recherche, puisque seulement la moitié des espèces du Canada ont été décrites de façon scientifique et que nous ne connaissons les besoins écologiques que de quelques-unes d'entre elles.

La biodiversité est le patrimoine le plus précieux du Canada. (*Voir aussi* FÉDÉRATION CANADIENNE DE LA NATURE; COMITÉ SUR LE STATUT DES ESPÈCES MENACÉES DE DISPARITION AU CANADA; ANIMAUX EN VOIE DE DISPARITION; PLANTES EN VOIE DE DISPARITION; MOUVEMENTS ÉCOLOGISTES; PARCS NATIONAUX; PARCS PROVINCIAUX; et FONDS MONDIAL POUR LA NATURE Canada.)

Don E. McAllister

Bioéthique Le terme «bioéthique» est formé du mot grec *bios* qui désigne la vie et du mot «éthique» qui, traditionnellement, désigne l'étude systématique des comportements souhaitables. La bioéthique représente donc l'un des efforts de la société pour contrôler ces nouveaux pouvoirs d'une portée incroyable sur la vie humaine, pouvoirs issus des récentes innovations en MÉDECINE, en GÉNÉTIQUE, en BIOLOGIE MOLÉCULAIRE, en BIOLOGIE de la reproduction et dans d'autres domaines liés aux sciences de la vie.

Ces développements technologiques et leurs applications ont connu un essor considérable dans les sociétés pluralistes, lesquelles sont composées de plusieurs communautés partagent différentes moralités et philosophies de vie. Ces communautés soutiennent des opinions divergentes sur ce qui est bien et ce qui est mal et adoptent souvent des positions conflictuelles sur la façon d'appliquer ou non ces innovations biomédicales.

Les conflits peuvent surgir de positions opposées sur des croyances fondamentales et des présupposés sur la vie humaine (*ethos*), sur les valeurs dominantes ou fondamentales (moralité) ou sur les normes et les méthodes devant régir les conflits de valeur (éthique). Ces problèmes moraux et éthiques surgissent dans tous les domaines d'activité. Néanmoins, depuis 25 ans, ce sont ceux issus des progrès des sciences de la vie qui retiennent l'attention du public et mobilisent une réflexion sociale.

Les principaux problèmes éthiques portent sur la recherche avec des sujets humains, l'abstention ou le retrait des traitements de prolongation de vie chez les patients dans un état critique, l'euthanasie, l'AVORTEMENT, le diagnostic prénatal, le dépistage génétique, l'avortement sélectif, la stérilisation des personnes mentalement handicapées, le CONTRÔLE DES NAISSANCES, l'insémination artificielle, la fertilisation in vitro et les mères porteuses, la transplantation d'organes et l'implantation d'organes artificiels, les critères de la définition de la MORT, la façon de contrôler le comportement humain au moyen de méthodes psychochirurgicales, psychopharmacologiques et psychologiques, l'épidémie du VIH et le SIDA, le projet du génome humain et la thérapie génique (*voir* GÉNIE GÉNÉTIQUE), l'utilisation des technologies de l'information dans les systèmes de santé et, enfin, la juste répartition des ressources limitées.

À la fin des années 60 et jusqu'à la fin des années 70, un certain nombre de centres et d'instituts en éthique, de commissions de réforme du droit et de commissions de politiques publiques à travers le monde ont mis de l'avant des conditions propices à la recherche multidisciplinaire et à la résolution de ces problèmes. Grâce au leadership de l'Institute of Society, Ethics and the Life Sciences (Hastings-on-Hudson, État de New York, fondé en 1969), du Kennedy Institute of Ethics (U. Georgetown, Washington, D.C., 1971) et de la Society for the Study of Medical Ethics (Londres, Royaume-Uni, 1972), des centres de bioéthique ont vu le jour dans plusieurs pays.

Les principales organisations canadiennes qui ont contribué au développement de la bioéthique sont le Centre de bioéthique de l'Institut de recherches cli-

niques de Montréal (1976), le projet Protection de la vie de la Commission canadienne de la réforme du droit (Ottawa, 1976, maintenant dissoute), le Westminster Institute for Ethics and Human Values (London, Ontario, 1978), ainsi que les écoles de recherche et d'enseignement en bioéthique de l'U. Laval (1980), de l'U. de Montréal (1981), de l'U. du Québec à Rimouski (1984), de l'U. de Calgary (1984), de l'U. du Manitoba (1985), de l'U. McGill (1986), de l'U. de l'Alberta (1986), de l'U. de Toronto (1989) et de l'U. de la Colombie-Britannique (1993).

Nombre d'associations professionnelles, telles que l'ASSOCIATION MÉDICALE CANADIENNE, ont créé leurs propres comités de bioéthique. L'Association des hôpitaux canadiens a endossé le concept des comités d'éthique dans le but de faciliter la prise de décision éthique dans les hôpitaux et autres établissements de soins de santé. De plus, la Société canadienne de bioéthique a été créée en 1986 et le Fonds de recherche en santé du Québec (FRSQ) a formé le Réseau de recherche en éthique clinique en 1995.

Les instituts et les comités de bioéthique sont l'expression tangible d'une volonté collective d'introduire et de maintenir une réflexion systématique sur les incertitudes, dilemmes et conflits éthiques soulevés par les progrès biomédicaux et technologiques. Les innovations en génétique, en embryologie humaine, en médecine fœtale, en gériatrie, en gérontologie, en immunologie, en sciences neurologiques, en pharmacogénétique et l'utilisation des technologies de l'information dans les systèmes de santé créent de nouveaux défis pour ceux et celles qui travailleront en bioéthique durant les prochaines décennies.

L'objectif de la recherche et de la réflexion interdisciplinaire, internationale et interculturelle en bioéthique consiste à clarifier le contenu des politiques conçues pour harmoniser les droits et le bien-être de chaque individu avec le bien commun des générations actuelles et futures. (*Voir aussi* DÉONTOLOGIE MÉDICALE.)

David J. Roy

Biogéographie Science qui étudie les différents aspects de l'adaptation d'un organisme à son ENVIRONNEMENT, par l'observation systématique des origines, des migrations et des associations des êtres vivants. C'est donc une science de synthèse qui fait appel à d'autres disciplines relevant autant de la biologie que d'autres sciences: GÉOLOGIE, GÉOGRAPHIE PHYSIQUE, GÉOMORPHOLOGIE, CLIMATOLOGIE et MÉTÉOROLOGIE, d'une part, et BIOLOGIE, taxinomie, GÉNÉTIQUE et physiologie, d'autre part. On ne peut saisir les rapports biogéographiques que dans une perspective écologique, en tentant d'expliquer les échanges qui ont cours entre un organisme et son milieu.

L'écologie comporte trois volets: l'autécologie (relations entre les espèces individuelles ou les populations et leur milieu), la synécologie (composition des communautés constituées d'êtres vivants) et la dynécologie (processus de changement dans des communautés interreliées). Ainsi, à ses limites, la biogéographie étudie l'ÉVOLUTION des espèces, les variations de leur répartition et leur extinction. Les principaux facteurs d'évolution sont les contraintes climatiques et édaphiques (qui concernent le sol), l'adaptation génétique et l'intégration sociale.

Relations hiérarchiques entre les milieux En définitive, les phénomènes biogéographiques ne s'expliquent qu'en tant que résolutions de conflits entre l'hérédité et l'environnement. Le macroenvironnement doit posséder les ressources nécessaires au fonctionnement des organismes qui l'habitent. On doit donc considérer les êtres vivants comme évoluant dans une série de sous-ensembles écologiques hiérarchisés de taille croissante, qui renferment les forces favorables et néfastes qui les touchent. Dans un ordre croissant, on peut appeler ces sous-

ensembles niche, écotope, communauté, ÉCOSYSTÈME, paysage et bioclimat.

La définition de ces unités permet d'identifier les sources d'approvisionnement en ressources et les facteurs de contraintes. À l'échelon le plus réduit dans l'espace, la niche, l'organisme se trouve en présence de la totalité des impacts environnementaux qui le concernent. On peut généralement ramener ces impacts à des échelles plus grandes et les rattacher à des ordres de dépendance plus élevés. Ainsi, le bruant lapon, qui se reproduit en été, et la petite plante annuelle *Kœnigia islandica* occupent deux écotopes distincts d'une communauté de laîches dans l'île de Baffin, qui fait elle-même partie d'un écosystème de marais (bas-fond subissant des inondations périodiques) au sein d'un territoire par ailleurs varié et soumis aux rigueurs du bioclimat de l'extrême arctique.

Adaptation Pour trouver une explication satisfaisante au comportement des végétaux et des animaux et à l'adaptation d'une population à son habitat, il faut tenir compte de tous les échelons. La pertinence des questions touchant l'importance relative, p. ex., du climat, de l'acidité relative du sol, du soleil et de l'ombre, risque de disparaître si ces questions ne sont pas posées à l'intérieur d'un cadre permettant d'en évaluer les effets cumulatifs. Ainsi, l'analyse des influences climatiques est des plus utiles pour déterminer la répartition de nombreuses espèces. Par conséquent, les frontières climatiques actuelles et la connaissance des conditions climatiques antérieures peuvent nous renseigner sur le lieu d'origine des espèces et sur les migrations qui ont abouti à leur position actuelle.

Le principe qu'il faut garder à l'esprit est que chaque espèce de plante ou d'animal (y compris l'homme) a sa propre stratégie écologique qui lui permet de survivre plus ou moins bien dans son milieu. L'estimation de l'adéquation d'un organisme à son milieu relève de trois facteurs (les exigences, la tolérance et la qualité de survie) présentant chacun trois degrés de dépendance (forte, faible et variable). On peut obtenir une évaluation globale de cette adaptation au moyen de notes marginales.

Notons que deux espèces dont les exigences et la tolérance sont identiques n'ont pas nécessairement la même capacité de survie. Ainsi, là où l'érable à sucre et le hêtre poussent ensemble (p. ex. dans les FORÊTS de l'Est canadien), la dissémination des graines du premier s'avère plus régulière et plus abondante que celle de l'autre, et l'importance de la biomasse de l'érable dépasse habituellement celle du hêtre. Plusieurs oiseaux nicheurs partagent les marais à quenouilles avec les carouges à épaulettes, sans pour autant les égaler en nombre ou en stabilité. Les populations inuites en contact avec les Canadiens méridionaux accroissent rapidement leur qualité de survie en appliquant leurs aptitudes à l'apprentissage de techniques nouvelles et en adoptant peu à peu une économie fondée sur le stockage et le troc.

Influence de la géologie L'étude de toutes les espèces végétales et animales occupant une aire donnée (boisé, lac, région) révèle souvent la présence d'unités taxinomiques provenant de contrées diverses. Ainsi, l'évolution géologique très ancienne sépare parfois complètement des espèces très apparentées: le nord-est de l'Asie et l'est de l'Amérique du Nord ont des essences de feuillus très similaires (bouleau, érable, hêtre, noyer, tulipier); les plaines et les déserts de l'Amérique du Nord et de l'Amérique du Sud abritent aussi des espèces voisines; les forêts et les prairies de l'Argentine et de la Nouvelle-Zélande sont dominées par des essences fortement apparentées (*Nothofagus, Podocarpus*); les mammifères et les poissons du Nord de l'Europe et ceux du Canada présentent de nombreuses affinités (orignal, brochet).

L'épisode géologique qui a sans doute le plus visiblement marqué les paysages canadiens est la période des glaciations pléistocènes, soit environ le dernier million d'années (*voir* ÉPOQUE GLACIAIRE). Plusieurs séquences de végétation ont suivi le retrait du glacier (depuis il y a 18 000 ans jusqu'à nos jours).

La flore actuelle du Québec méridional comprend nombre d'espèces qui remontent au cénozoïque (il y a de 65 à 1,65 million d'années) et qui croissaient dans la forêt de feuillus de l'Est (ÉRABLE à sucre, HÊTRE, TRILLE blanc, sanguinaire, grenouille des bois, fauvette couronnée, CERF de Virginie, etc.). D'autres espèces sont étroitement liées à la forêt boréale transcontinentale (ou canadienne) de sapins et d'épinettes (ÉPINETTE blanche, cornouiller du Canada, linnée boréale, mousses hypnacées, TRUITE mouchetée, ORIGNAL, roselin pourpré [*voir* FRINGILLIDÉS], etc.). Certaines sont rattachées au centre ouest (FOUGÈRES rampantes, ORME de Thomas, brochet, gros-bec errant [*voir* GROS-BEC, DURBECS ET CARDINAUX], etc.). Les représentants de la plaine littorale de l'Atlantique sont plus rares (BOULEAU gris, cirier de Pennsylvanie, corbigeau à balai, etc.). Les espèces véritablement arctiques-alpines (SAXIFRAGE à feuilles opposées, DRYADE) ne sont généralement observables qu'à haute altitude.

Beaucoup d'organismes ont évidemment une grande répartition (TREMBLE, framboise, CORNEILLE), certains ont même une distribution quasi mondiale (fougère à l'aigle, roseau, QUENOUILLE, etc.). À cette liste, il faut ajouter les PLANTES NUISIBLES (pissenlit, chiendent, galinsoga) et les animaux nuisibles (ÉTOURNEAU, rat), qui sont parfaitement naturalisés, c.-à-d. capables d'accomplir leur cycle vital sans protection particulière.

Fluctuations régionales L'analyse d'associations semblables dans certaines régions du Canada et d'ailleurs révélerait un tableau composite reflétant les fluctuations passées. Les plantes du sud des Prairies appartiennent à plusieurs taxons témoins de conflits plus ou moins résolus. La prairie à hautes herbes (barbon de Gérard) et la prairie mixte (boutéloua, agropyron de Smith) et la prairie à herbes courtes (fétuque) se déplacent à plusieurs reprises vers le nord ou vers le sud et laissent des témoins. La présence d'îlots d'halophytes nord-américains (plantes qui poussent en sol salin, comme la salicorne [ou corail], l'arroche et la soude) et de plantes désertiques du Grand Bassin (saxifrage peltée), révèle également des périodes de sécheresse et de températures élevées.

On trouve ensemble, sur les hauts plateaux froids, des représentants de la FORÊT BORÉALE de l'Ouest (PIN de Murray, épinette de l'Alberta, herbe à clé de l'Ouest, épervière orangée [*voir* CASTILLÉJIE]) et celle de l'Est (linnée boréale, cornouiller du Canada, RAISIN D'OURS). Quelques espèces des forêts de feuillus de l'Est (orme d'Amérique, smilacine étoilée, osmorhize de Clayton) se trouvent aussi très loin à l'Ouest, le long des escarpements et des plaines d'inondation.

L'aire de répartition géographique des animaux et des végétaux donne donc des indices importants sur les mouvements passés des associations dont ils faisaient partie et sur des aires bioclimatiques entières qui se sont déplacées à l'échelle des continents. La biogéographie du Canada doit être envisagée comme un ensemble et non seulement comme des modèles de répartition typiques des principales espèces animales et végétales. Une telle perspective doit s'insérer dans le cadre plus vaste des unités mondiales.

Perspectives mondiales En se fondant sur deux variables plus ou moins indépendantes, la température et l'humidité, on identifie 20 classes de formations bioclimatiques: la forêt ombrophile tropicale, la forêt ombrophile tempérée, la forêt tropicale caducifoliée, la forêt tempérée caducifoliée, la forêt sempervirente aciculifoliée, la forêt sempervirente sclérophylle, le parc tropical, le parc tempéré, la savane tropicale, la savane tempérée et froide, la brousse épineuse, le fourré tropical, le fourré tempéré et froid, la toundra,

la prairie, la steppe, la pelouse, le désert chaud, le désert froid et la croûte. Ces classes sont très inégalement réparties sur la planète.

Une combinaison de chaleur et d'humidité extrêmes favorise le développement d'une forêt ombrophile tropicale, et une combinaison de grande chaleur et de sécheresse, celui d'un désert chaud. Un froid extrême (habituellement accompagné de sécheresse) ne laisse guère voir que la neige ou la roche nue, ou, au mieux, la croûte ou la toundra. L'ordre dans lequel une classe de formation en remplace une autre est prévisible et est fonction des tendances au réchauffement et au refroidissement, des fluctuations du taux d'humidité, ou des deux (*voir* CLIMAT et CLIMAT, CHANGEMENTS DE).

Depuis un million d'années, les régions du Canada libres de glace connaissent des oscillations périodiques de la forêt tempérée caducifoliée à la toundra, en passant successivement par la forêt sempervirente aciculifoliée, le parc tempéré, la savane tempérée et la pelouse, pour ensuite faire le mouvement inverse, selon la température; ou alors de la forêt sempervirente aciculifoliée à la steppe, en passant par la savane tempérée, le parc tempéré et la prairie, pour ensuite inverser le mouvement, selon le taux d'humidité; ou encore de la steppe au désert chaud, en passant par le fourré tempéré, puis en sens inverse, en fonction des deux facteurs.

Le Grand Nord connaît des conditions relativement stables: désert froid et croûte durant toute cette période. Ainsi, si l'on tient compte des forêts ombrophiles tempérées de la Colombie-Britannique, le Canada actuel abrite 12 des 20 grandes classes bioclimatiques.

Discipline en soi La biogéographie fait appel à des hypothèses de travail très larges, qu'on remet souvent en question. Elle fournit un arrière-plan essentiel à la géographie culturelle et à l'écologie humaine. Au début, les biogéographes se préoccupent surtout de l'influence du milieu naturel sur l'homme. Heureusement, ces dernières années, l'oscillation perpétuelle de l'anthropologie entre ses volets physique et culturel, ainsi que l'émergence de l'écologie humaine comme discipline de plus en plus autonome rendent les notions abordées brièvement ci-dessus plus utiles aux sciences humaines, à la planification écologique et à l'aménagement du territoire. L'activité humaine s'avère un facteur d'importance dans la répartition des espèces animales et végétales.

Au Canada, la régression historique de nombreuses espèces animales importantes est bien documentée: le WAPITI et le COUGAR habitaient autrefois dans l'Est, et le saumon se trouvait jusqu'au lac Ontario. Par contre, le cerf de Virginie a grandement étendu son aire, et le castor a plusieurs fois repris son domaine. Mais la disparition du GRAND PINGOUIN est définitive, et nombre d'espèces sont menacées. (*Voir aussi* ANIMAUX EN VOIE DE DISPARITION; PLANTES EN VOIE DE DISPARITION; et TECTONIQUE DES PLAQUES.)

Pierre Dansereau

Biographie de langue anglaise La biographie est un écrit qui a pour objet l'histoire d'une vie. La recherche d'une identité proprement canadienne, on l'atteste depuis longtemps, est une tâche longue et laborieuse et parfois effectuée avec un tel enthousiasme que la notoriété s'attache à cette recherche d'identité. Dans le meilleur des cas, cette recherche en devient une de compréhension, et savoir ce que nous sommes passe souvent par la connaissance de qui nous sommes. Aussi, les écrits biographiques au Canada, dans toutes ses formes, posent-ils cette question.

L'approche biographique a fait ses preuves comme un genre qui plaît à des lecteurs de goûts et d'expériences différents, peut-être parce qu'elle peut satisfaire ainsi une curiosité pour le passé et même faire la lumière sur le présent, par le biais de la vie de personnalités ayant vécu dans le monde réel et exi-

geant. À la question «Qui sont les Canadiens?», aucune réponse définitive n'a encore été trouvée, mais depuis environ un siècle, beaucoup ont essayé d'en trouver une.

Notices biographiques, panégyriques et comptes rendus biographiques Au XIXe s. commencent à paraître des notices biographiques, des panégyriques et des comptes rendus biographiques, toutes des formes de biographies courtes, de la longueur et du style de l'essai. Les notices biographiques, d'une relative exhaustivité, récits des faits dominants d'une vie où percent quelques efforts d'interprétation au-delà de la litanie des oraisons funèbres, demeurent d'importantes sources d'information. Les plus valables se trouvent souvent dans les pages des publications de sociétés ou des livres de l'année tels que les *Proceedings* de la Société royale du Canada.

Dans la deuxième moitié du XIXe s., des chroniques de l'envergure d'un livre paraissent, dont certaines apportent une information utile en plus des éloges sur son sujet ayant généralement cours dans ce genre de publication. On retrouve, p. ex., *Case and His Contemporaries* (5 volumes, 1867-1877), un écrit louangeur sur les prédicateurs méthodistes, *The First Bishop of Toronto* (1868), de Henry Scadding sur John Strachan, et *Thomas D'Arcy McGee* (1868), de Fennings Taylor.

Fin du XIXe siècle À la fin du XIXe s., époque pendant laquelle naît une forte curiosité à l'égard de l'identité canadienne, plusieurs ont travaillé à assembler des collections de courtes notices biographiques. Henry James Morgan est le premier de ces «anthologistes» considérés comme importants par *Sketches of Celebrated Canadians* (1862), ouvrage paru la même année qu'il entreprend la publication d'une œuvre à caractère biographique, soit *Canadian Parliamentary Companion*. Ses autres écrits comprennent *Types of Canadian Women* (1901) et l'important ouvrage intitulé *Canadian Men and Women of the Time* (1898; éd. rév. 1912). Ce livre, ne traitant que de personnes vivant au moment de sa publication, est l'ancêtre du «Who's Who» qui paraîtra au tournant du XXe s. *Canadian Men and Women* de Morgan est, en fait, incorporé à *The Canadian Who's Who*, publié pour la première fois en 1910.

Fennings Taylor, un autre pionnier des portraits biographiques courts, collaborera avec William Notman à la rédaction de *Portraits of British Americans* (trois volumes, 1865-1868). Pendant les années 1880 sont publiés les livres de J.C. DENT, *The Canadian Portrait Gallery* (quatre volumes, 1880-1881), et de G.M. Rose (dir.), *A Cyclopaedia of Canadian Biography* (deux volumes, 1886, 1888).

Des centaines d'autres anthologies seront publiées, parfois faisant partie d'ouvrages de plus grande envergure et offrant des renseignements d'ordre national, régional, local ou sur un sujet spécifique. *A Standard Dictionary of Canadian Biography* de sir Charles G.D. ROBERTS et A.L. Tunnell (1934-1938) est l'un de ceux-là. On continue, encore aujourd'hui, à réunir de ces brefs comptes rendus de la vie d'hommes et de femmes. Ils sont généralement utiles, mais ne sont pas à proprement parler des œuvres littéraires.

Depuis sa première édition en 1926, l'ouvrage de W. Stewart WALLACE, intitulé *A Dictionary of Canadian Biography*, occupe une place d'honneur parmi ce genre d'écrits, et grâce à sa portée et après plusieurs rééditions, il la conserve toujours. En 1963, on lui donne un nouveau titre, *Macmillan Dictionary of Canadian Biography*, soit quelques années avant la publication du premier volume en versions anglaise et en française intitulé DICTIONNAIRE BIOGRAPHIQUE DU CANADA/DICTIONARY OF CANADIAN BIOGRAPHY, en 1966. Ce vaste ouvrage d'érudition et de référence est d'une lecture facile. Il contribue tout spécialement à faire connaître un grand nombre de gens peu connus et peu susceptibles d'attirer l'attention des biographes.

Collections biographiques À leurs débuts, les collections biographiques sont aussi une autre façon de présenter ceux qui ont fait l'histoire du Canada. De 1903 à 1908 paraît, p. ex., «Makers of Canada» en 20 volumes publiés par des gens de lettre, soit Duncan Campbell Scott et Pelham Edgar. On consacre 13 des 32 volumes de la collection «Chronicles of Canada» (1914-1916) à des particuliers. Lorne PIERCE, ayant consacré beaucoup d'énergie à promouvoir la littérature canadienne, est, quant à lui, le maître d'œuvre de la collection intitulée «Makers of Canadian Literature» (12 volumes, 1923-1926).

Pendant les années 70, on assiste à la renaissance de ces collections avec le lancement de plusieurs d'entre elles, dont «Canadian Biographical Studies» (UTP), «Canadian Lives» (Oxford) et «Canadian Artists» de la Galerie nationale, qui sont toutes des publications basées sur des recherches universitaires. S'ajoutent encore «The Canadians» (Fitzhenry and Whiteside), ouvrage conçu spécialement pour les étudiants et réimprimé en livre de poche, et la collection «Goodread Biographies» de Lorimer. En 1971, la province de l'Ontario entreprend la publication d'une collection d'études historiques majeures comprenant la biographie de premiers ministres, dont cinq ont été publiées à ce jour.

Des biographies importantes commencent à paraître de façon sporadique vers le tournant du XXᵉ siècle. Il y a, p. ex., *Life and Times of the Honorable Joseph Howe* (1896) de G.E. Fenety, *Sir Wilfrid Laurier* (2 volumes, 1903; éd. rév. 1926) de J.S. Willison, *Sir Oliver Mowat* (2 volumes, 1905) de C.R.W. Biggar, *Roberts and the Influences of His Time* (1905) de James Cappon et *Count Frontenac* (1906) de W.D. LeSueur, toutes des œuvres d'auteurs reconnus et qui traitent de personnages importants.

Au cours des années 20, l'attention accordée au genre s'accroît rapidement avec la publication de *The Life and Times of Sir Alexander Tilloch Galt* (1920) d'O.D. Skelton, *Thomas Chandler Haliburton* (1924) de V.L.O. Chittick, *Lord Elgin* (1926) de William Kennedy, *Lord Durham* (1927) de Chester New, *Sir Charles Bagot* (1929) de G.P. de T. Glazebrook, *William Kirby* (1929) de Lorne Pierce, *Archibald Lampman* (1929) de Carl Y. Connor et *Bliss Carman* (1930) de James Cappon.

Des années 50 aux années 70 Les biographies qui paraissent à partir des années 50 jusqu'aux années 70 se révèlent trop nombreuses pour qu'on puisse les énumérer toutes. On peut mentionner que les personnalités associées au gouvernement du Canada retiennent fortement l'attention d'un ensemble toujours grandissant d'historiens canadiens qui disposent alors d'une documentation leur permettant de relire l'histoire et d'offrir des récits de vie complets qui dépassent la formule «la vie et l'œuvre de...» que privilégiaient les écrivains d'antan. L'œuvre représentant le plus justement cette époque est celle de Donald CREIGHTON, intitulée *John A. Macdonald* (2 volumes, 1952, 1955).

Beaucoup de politiciens importants n'ont pas encore fait l'objet d'une biographie, mais le domaine a tout de même vu naître des œuvres importantes qui continuent d'être considérées comme des «classiques», pour le Canada, et leur nombre s'accroît régulièrement. Ont paru, entre autres, *Egerton Ryerson* (2 volumes, 1937, 1947) de C.B. Sissons, *The Firebrand: William Lyon Mackenzie* (1956) de William Kilbourn, *A Prophet in Politics: J.S. Woodsworth* (1959) de Kenneth McNaught, *Frontenac* (1959) de W.J. Eccles, *Arthur Meighen* (trois volumes, 1960-1965) de Roger Graham, *Brown of «The Globe»* (2 volumes, 1959, 1963) de J.M.S. Careless, *Alexander Mackenzie* (1960) de Dale Thomson, *Louis Riel* (1963) de George F.G. Stanley, *Lord Selkirk of Red River* (1963) de John Morgan Grey, *N.W. Rowell* (1975) de Margaret Prang, *Louis «David» Riel* (1979) de Thomas Flanagan, *Robert Laird Borden* (2 volumes, 1975, 1980) de Robert Craig Brown, *Joseph Howe* (2 volumes, 1982, 1983)

de J. Murray Beck, *Byng of Vimy* (1983) de Jeffrey Williams et *Sir John Beverley Robinson* (1984) de Patrick Brode.

La vaste documentation sur William Lyon Mackenzie KING et les questions soulevées par la longévité de sa carrière ont donné lieu à un grand nombre d'études biographiques, du très populaire *The Incredible Canadian* (1952) de Bruce Hutchison, en passant par les trois volumes «officiels» de MacGregor Dawson et H. Blair Neatby (1958-1976), jusqu'à une étude psychobiographique de Joy Esberey parue en 1980, ainsi que *Willie: A Romance* (1983) et *Lily: A Rhapsody in Red* (1986), des fictions biographiques de Heather Robertson.

Les historiens universitaires publient plus rarement des biographies de nos jours, à l'exception des efforts faits dans tout le pays pour rédiger le *Dictionnaire biographique du Canada/Dictionary of Canadian Biography*. Les champs d'intérêt en histoire évoluent avec le temps, et de nouveaux domaines tels que l'histoire des entreprises, l'histoire du travail, les études sur la femme, les études sur les autochtones et les études ethniques ont souvent inspiré des portraits de groupes plutôt que des portraits individuels.

L'histoire des entreprises est l'un de ces «nouveaux» centres d'intérêt auquel un bon nombre de biographes ont prêté leur plume. Parmi les biographies parues dans cette veine historique, on peut citer, pour les années 1960, *J.E. Atkinson of the Star* (1963) de Ross Harkness et *John Northway* (1965) d'Alan Wilson. Ce sont des titres parmi les premiers de ce type qui compte aujourd'hui des études majeures telles que *A Canadian Millionaire: The Life and Business Times of Sir Joseph Flavelle* (1978) de Michael Bliss.

Bliss, en écrivant *Sir Frederick Banting* (1984), passe à une étude plus scientifique qui s'inspire de récentes études universitaires sur l'histoire de la science et de la technologie au Canada. La carrière médicale originale de Norman BETHUNE, p. ex., continue de susciter la curiosité depuis que Ted Allan et Sydney Gordon ont publié une première étude sur le personnage dans *The Scalpel and the Sword* (1952; éd. rév. 1971). Roderick Stewart reprend le même sujet en 1973 en publiant *Bethune*.

Depuis quelques années, ce sont les journalistes qui s'avèrent les plus prolifiques dans le domaine de la biographie. En 1963, Peter C. NEWMAN fait paraître *Renegade in Power: The Diefenbaker Years*, la première d'une série de biographies sur des chefs politiques, dont *Smallwood* (1968; éd. rév. 1972) et *The Northern Magus: Pierre Trudeau and the Canadians* (1980) de Richard GWYN et *Stanfield* (1973) de Geoffrey Stevens. Joseph SCHULL contribue à cette liste des biographies de choix avec *Laurier* (1965) et *Edward Blake* (deux volumes, 1975, 1976).

De tels travaux sont dans la lignée de la longue tradition des biographies populaires à laquelle ont contribué des auteurs d'horizons différents et écrivant sur des sujets aussi variés que James Fitzgibbon et Laura Secord, «Tiger» Dunlop et D'Arcy McGee, Josiah Henson, Pauline Johnson et L.M. Montgomery, Emily Murphy, Sara Jeannette Duncan, Ernest Thompson Seton, Gabriel Dumont, Gilbert Parker, J.S. Woodsworth et C.D. Howe.

À cet effet, l'U. de la Colombie-Britannique instaure, en 1951, un prix pour récompenser des contributions à la biographie populaire. La liste des gagnants illustre bien qu'on ne peut faire de distinction entre la biographie populaire et la biographie universitaire. Ainsi, le prix est aujourd'hui attribué à la biographie tout court, sans aucun qualificatif.

La biographie littéraire d'écrivains canadiens a été longue à se manifester à cause, sans doute, du retard à accorder une place à la littérature canadienne dans les universités. Des collections et des ouvrages consacrés à la littérature voient le jour au cours des années 60 et 70, dont «Canadian Writers/Écrivains canadiens» (1964, 1966) de Guy Syl-

vestre, Brandon Conron et Carl Klinck, *Our Nature – Our Voices* (1972) de Clara Thomas et *From There to Here* (1974) de Frank Davey. Des travaux de plus grande envergure sont également publiés, outre dans les collections déjà citées, dans celle intitulée «Twayne World Authors» (à partir de 1960), dans les volumes du *Dictionary of Literary Biography* (vol. 1, 1986) de W.H. New et dans la collection «Canadian Writers and Their Works» des éditions ECW Press, qui appuie l'analyse et la critique littéraires par des données biographiques.

Les biographies littéraires proprement dites ne sont pas encore très nombreuses. Quelques-unes sont à citer: *Charles Mair* (1965) de Norman Shrive, une étude sur Anna Jameson de Clara Thomas intitulée *Love and Work Enough* (1967) et plusieurs écrits sur Grey Owl de Lovat DICKSON.

La publication de biographies littéraires commence à s'accélérer avec la parution de FPG: *The European Years* (1973) de Douglas Spettigue, *Canadian Don Quixote* (1977) de David R. Beasley, racontant la vie de John Richardson, *Hugh MacLennan* (1981) et *Irving Layton* (1985) d'Elspeth Cameron, *Like One That Dreamed* (1982), un portrait d'A.M. Klein d'Usher Caplan, *William Arthur Deacon: A Canadian Literary Life* (1982) de Clara Thomas et John Lennox, le premier volume d'*E.J. Pratt* (1984) de David Pitt et *Sir Charles God Damn* (1986) de John Caldwell Adams sur G.D. Roberts. Citons aussi les deux volumes sur Vincent Massey (1981, 1986) de Claude BISSELL, qui ont fait encore plus de lumière sur le rôle d'une personnalité marquante dans le développement de la culture canadienne.

Les Canadiens ont également contribué à enrichir les travaux biographiques sur des écrivains étrangers, tels *H.G. Wells* (1969) et *Radclyffe Hall* (1975) de Lovat Dickson, *The Crystal Spirit* (1966) de George Woodcock sur George Orwell, *John Addington Symonds* (1964), *Havelock Ellis* (1980) et *Melanie Klein* (1986) de Phyllis Grosskurth et *Thomas Hardy* (1982) de Michael Millgate.

Les artistes souffrent aussi de ce retard à leur accorder une attention particulière et de ce même sort réservé à tout matériel biographique, subordonné à d'autres préoccupations. Cependant, des volumes uniques sont consacrés à quelques artistes dont *Robert Harris* (1971) de Moncrieff Williamson, *Emily Carr* (1979) de Maria Tippett et *Krieghoff* (1979) de J. Russell Harper.

À partir des années 60, toutefois, les bibliothèques et les archives acquièrent rapidement de la documentation sur des écrivains canadiens et d'autres personnalités marquantes du monde culturel, dont la plupart sont toujours vivants et actifs. Ainsi, les collections assemblées par les bibliothèques et les archives partout au Canada et la possibilité de les consulter par prêts entre bibliothèques, par microfilms et par microfiches ont sans contredit grandement contribué, surtout depuis la Seconde Guerre mondiale, à accroître le développement du genre dans tous les domaines qu'il explore. Grâce à ces ressources, la biographie n'en offre que plus de sérieux et de fiabilité dans ses récits de vie.

Il n'en demeure pas moins que la biographie fait partie de la littérature. Écrire une biographie est un défi qui exige une compréhension et un sens de l'analyse, celui du choix et de la narration des faits, du style et des images qui donneront vie et vérité au sujet. Pour cette raison, la biographie n'est jamais achevée, et, au fil des ans, de nouveaux éclairages sur la vie des personnes étudiées sont inévitables. Le jour n'est pas encore venu où la biographie, l'un des «grands récits d'histoire de l'humanité» selon Henry James, n'attirera plus les écrivains talentueux et les lecteurs curieux.

Francess G. Halpenny

Biographie de langue française La biographie est l'étude d'une vie. Elle se veut une mise en lumière d'une personnalité et l'analyse d'une œuvre individuelle en relation avec l'époque à laquelle elle se rattache. Au Canada français, la biographie a toujours joui de la faveur populaire. Pour un peuple d'instruction limitée et dont le niveau de vie était peu élevé jusqu'à tout récemment, ce genre littéraire a longtemps été, sous sa forme la plus élémentaire, le seul à trouver place dans les maigres bibliothèques privées et publiques.

Au sein de l'élite québécoise, et particulièrement chez les historiens, la biographie connaît des moments de faveur et de disgrâce. Son histoire va de pair avec celle des idéologies. En traçant le cours de son évolution, on peut donc retrouver les grands courants qui ont marqué la société canadienne-française depuis deux siècles. Avant de s'engager dans la voie du souci de la rigueur scientifique et de la fidélité aux événements, la biographie s'est prêtée à la démonstration des vertus et à la diffusion de messages idéologiques, dont la défense de la cause nationaliste.

Les premières biographies Les «vies édifiantes», vulgarisées ou nettement déformées, constituent la première production biographique au Canada français et tiennent une place importante dans l'histoire de la littérature québécoise. Jusqu'en 1880 environ, la biographie se rapproche davantage de l'hagiographie médiévale que de la biographie proprement dite. À partir de 1840, l'Église catholique québécoise entreprend l'ascension qui lui donnera la main haute sur la société pendant au moins un siècle. Elle cherche ainsi à consolider ses assises sur deux fronts.

D'abord, sur le plan intérieur, elle cherche à augmenter son pouvoir et à inculquer à la population un système de valeurs conforme à sa vision de la société. Sur le plan extérieur, elle tente de démontrer sa force et sa crédibilité auprès de Rome. Dans cette optique, la reconnaissance, officielle ou non, de la sainteté de certains personnages ne peut que renforcer sa position, d'où l'intérêt des clercs pour la biographie des fondateurs de l'Église canadienne.

Ce n'est sans doute pas un hasard si *La Vie de Mme d'Youville* (1852) d'Étienne Michel Faillon paraît au moment où la béatification de cette dernière est à l'étude à Rome. Cela se produit de nouveau lorsque Faillon publie les biographies de *Sœur Bourgeoys* (1853), de *Jeanne Mance* (1854) et de *Jeanne Le Ber* (1860).

Dans la plus pure tradition médiévale, les biographies de Faillon mettent en relief Dieu et son œuvre en Nouvelle-France beaucoup plus que le personnage historique lui-même et son rôle créateur. Faillon fait sienne la conception qu'a le clergé de l'histoire, à savoir que celle-ci doit rappeler le souvenir des «bons», de ceux qui se sont conformés aux valeurs sociales et chrétiennes, et qui peuvent servir de modèles.

Avec un peu plus de talent, Henri-Raymond CASGRAIN s'inscrit dans la même lignée que celle de Faillon, et son *Histoire de la Mère Marie de l'Incarnation* (1864) constitue l'un des plus grand succès de librairie au Canada français à la fin du XIXᵉ s. Quant à la *Vie de Mgr Laval* (1890), écrite par Auguste Gosselin, elle vise avant tout à défendre la cause de l'ULTRAMONTANISME en soulignant les droits acquis, réels ou supposés, de l'Église du Québec et en insistant sur l'importance de ses liens avec Rome. Elle nourrit une pensée déjà très conservatrice.

Même si une faible proportion de la population peut lire ces biographies, leur influence dépasse largement leurs lecteurs. Par le biais des sermons et de l'enseignement, elles finissent par atteindre la masse et favorisent le recrutement des prêtres et la création de nombreuses communautés religieuses. Les diverses biographies publiées au XIXᵉ s. sont donc un moyen d'exercer une emprise sur la société, qui rejoint le peuple par l'entremise de l'élite.

La fin du XIXᵉ siècle La fin du XIXᵉ s. et le début du XXᵉ s. voient apparaître et foisonner les premières biographies proprement dites. Désormais bien établie, l'Église du Québec, associée à l'élite bourgeoise, s'attache à préserver les assises économiques,

culturelles et sociales du Canada français. À cette fin, l'idéalisation d'un passé glorieux et d'un mode de vie exemplaire renforce l'idéologie de la survivance. Apparaissent alors les héros nationaux et les biographies de laïques, de politiciens, d'explorateurs et de militaires qui viennent enrichir une littérature qui déjà amplifiait le patrimoine historique. L'histoire canadienne-française se veut alors une suite de vies de héros, illustres ou obscurs, qui ont tous pratiqué les vertus de leurs ancêtres, jugés exceptionnels.

La première de ces biographies est celle écrite par Joseph-Edmond Roy, *Le Premier Colon de Lévis, Guillaume Couture* (1884). D'inspiration populiste, elle exalte la rude vie du défricheur et la pureté du monde rural. On y retrouve les deux thèmes que Michel BRUNET mettra en lumière 100 ans plus tard: l'agriculturisme et le messianisme. L'œuvre est aussi d'avant-garde en ce sens qu'au lieu de valoriser la soumission, elle laisse voir que les Canadiens français peuvent pallier les conséquences de la CONQUÊTE.

Il est intéressant de constater que la plupart des biographies de cette période traitent de personnages antérieurs à la Conquête. Jacques Cartier, Samuel de Champlain, le sieur de Maisonneuve, Louis Jolliet, Jean Talon, le marquis de Montcalm et François Lévis font tous l'objet d'une biographie. Dans chacune, on retrouve le triptyque particulier à la société québécoise de l'époque: la croix, la charrue et l'épée. Se rappeler un passé glorieux par l'intermédiaire de ces héros idéalisés est en quelque sorte une façon de dissimuler la situation réelle d'infériorité des Canadiens français, tout en justifiant la conservation des valeurs léguées par ces hommes illustres.

C'est aussi, d'une certaine façon, une réponse au RAPPORT DURHAM: à défaut d'avenir, les Canadiens français ont une histoire, un passé. D'ailleurs, la parution de ces biographies correspond très souvent à l'érection d'un monument à la mémoire de ces personnages, contribuant ainsi à ancrer cette conviction.

Trois grands auteurs
Parmi les auteurs de ces biographies, trois se détachent nettement tant par la quantité que par la qualité de leurs publications: Henri-Raymond Casgrain avec *Marie de l'Incarnation* (1864), Narcisse-Eutrope Dionne avec *Samuel Champlain* (1891-1906), et Thomas CHAPAIS avec *Jean Talon* (1904) et *Le Marquis de Montcalm* (1911). Tous trois sont des ultraconservateurs et des représentants de l'ancienne société rurale aristocratique et encadrée par le clergé. À une époque où s'amorcent des changements économiques et sociaux, leur exaltation du passé se veut aussi le refus de ces transformations.

Même si les biographies de cette période se tournent vers un passé religieux appuyé par une nostalgie du Régime français, quelques biographes orientent leurs analyses vers la politique, deuxième constituante de la pensée canadienne-française traditionnelle. Le mythe du leader inspire les biographies de Laurent-Olivier David sur *Les Patriotes de 1837-1838* (1884) et *Laurier et son temps* (1919), tout comme celles d'Alfred Duclos DeCelles sur *LaFontaine* (1907), *Cartier* (1913) et *Laurier* (1920).

Ces deux biographes endossent des idéologies opposées: David incarne la pensée libérale purifiée du tournant du siècle, tandis que DeCelles appartient au nationalisme conservateur et conciliant avec l'idée de la Confédération. Ils se rejoignent cependant dans leur admiration pour les politiciens solides. Ils en font de nouveaux héros, même si une quantité imposante d'archives permettent d'en tracer un portrait plus réaliste et moins idéalisé.

Après la Première Guerre mondiale
Après la Première Guerre mondiale, qui correspond à l'entrée du chanoine Lionel GROULX sur la scène historiographique, la biographie adopte un ton nouveau. Elle reste moralisatrice et romantique, et

elle tient peu compte des fondements historiques. P. ex., Groulx écrit lors d'une polémique sur Dollard des Ormeaux: «Je voue mon admiration et mon culte à ces 17 jeunes gens du Long-Sault, dont le souvenir retrouvé vers 1920 a véritablement exalté une génération et lui a fait une atmosphère de fierté française».

Ce qui change, c'est l'objet de ce genre littéraire et son orientation. Les héros ne sont plus seulement des hommes pieux et vaillants, soumis à Dieu et à l'autorité, mais des guerriers qui combattent et qui n'acceptent pas passivement le destin. Dollard des Ormeaux, Madeleine de Verchères, d'Iberville et La Vérendrye ne sont d'ailleurs que quelques exemples. Pour Groulx et ses disciples, il ne s'agit plus seulement d'assurer la survivance, mais bien de revendiquer et de reconquérir les droits et la fierté du peuple canadien-français, ébranlée par 150 ans de cohabitation avec le Conquérant.

Dans cet esprit, plusieurs historiens cherchent à faire valoir les ténors des luttes constitutionnelles du XIXᵉ s. Louis-Hippolyte LaFontaine, George-Étienne Cartier et Honoré Mercier font l'objet de plusieurs études. C'est ici que trouve place l'œuvre monumentale de Robert RUMILLY, laquelle comprend de nombreuses biographies, les plus importantes étant *Mercier* (1935), *Mgr Laflèche et son temps* (1936), *Henri Bourassa* (1953) et, en particulier, l'*Histoire de la Province de Québec*, à laquelle il donne un aspect biographique en attribuant à chaque volume, en guise de titre, le nom d'un personnage marquant de l'époque traitée. Cette série constitue en fait une galerie de personnages, grands ou communs, qui sont jugés à la vigueur de leur nationalisme et de leurs luttes pour les droits du Québec.

Fait symptomatique, au cours des années 20 à 50, on accorde une plus grande attention aux périodes autres que le Régime français, même si les biographies les plus remarquables portent encore sur celle-ci. C'est l'époque où Guy FRÉGAULT, disciple de Groulx et tenant de l'école néonationaliste, publie *Iberville le conquérant* (1944), *François Bigot* (1948) et *Vaudreuil* (1952). C'est donc là des biographies rigoureuses, qui font l'unanimité auprès de la critique et qui auraient pu consolider le genre si elles n'étaient arrivées au moment où les SCIENCES SOCIALES connaissaient une réorientation.

Après la Seconde Guerre mondiale
En effet, après la Seconde Guerre mondiale, la biographie connaît au Québec comme en France une période de disgrâce, surtout dans les milieux intellectuels. Les nouveaux courants historiographiques, en mettant l'accent sur l'économie et la sociologie, relèguent les personnages au second plan de l'histoire. De plus, l'approche quantitative inspirée de la sociologie américaine, qui présente comme irrationnel, voire ridicule, l'intérêt porté aux personnalités, influence profondément l'historiographie du Québec et éloigne les historiens du genre biographique. Cette vision négative de la biographie est renforcée par l'antiduplessisme et l'anticléricalisme qui assimilent, non sans raison d'ailleurs, la biographie traditionnelle au nationalisme conservateur et à la domination de l'Église catholique.

À la fin des années 1960
Cependant, à la fin des années 60, le genre biographique revient en force au Québec comme dans le monde occidental, mais sous une forme et avec un contenu différents. La biographie fait la preuve qu'elle peut être et qu'elle est devenue une contribution de première importance à la connaissance historique. Depuis lors, de nombreuses biographies, solides et sérieuses, apportent les connaissances et les analyses ponctuelles, essentielles et préalables à l'élaboration de toute synthèse de qualité. C'est une histoire scientifique, mais incarnée, beaucoup plus révélatrice que la froide monographie qui trop souvent simplifie questions et réponses.

Dans cette nouvelle biographie, on met en relief non plus seulement le personnage, mais aussi le groupe, la classe ou l'idéologie qu'il représente, de même que l'esprit du temps qu'il a contribué à bâtir. Ce personnage appartient à un monde économique, social et culturel tout autant que religieux et politique. La nouvelle biographie vient donc au secours de l'histoire globale.

Plusieurs noms sont ici dignes de mention. Il y a, entre autres, Pierre Savard avec *Jules-Paul Tardivel* (1967), Henri Masson avec *Joseph Masson* (1972), Robert Rumilly avec *Maurice Duplessis et son temps* (1973), Nive Voisine avec *Louis-François Laflèche* (1979), Brian Young avec *George-Étienne Cartier* (1982), Andrée Désilets avec *Hector-Louis Langevin* (1969) et *Louis-Rodrigue Masson* (1985), Réal Bélanger avec *Albert Sévigny* (1983), Jean-Paul de Lagrave avec *Fleury Mesplet* (1985), ainsi que les nombreux collaborateurs du DICTIONNAIRE BIOGRAPHIQUE DU CANADA/DICTIONARY OF CANADIAN BIOGRAPHY et du *Dictionnaire des Œuvres littéraires du Québec*.

Il est évident qu'après l'avoir délaissé pendant presque un quart de siècle, les historiens redécouvrent les attraits et la valeur réelle du genre biographique. Pour ce qui est du grand public, il n'a jamais été aussi friand de biographies, qu'elles soient scientifiques ou romancées. Le succès foudroyant qu'ont connu au Québec les séries télévisées sur D'Iberville, Riel et Duplessis démontre que la biographie peut répondre tant au goût du public qu'aux exigences de l'histoire.

Andrée Désilets

Biologie (du gr. *Bios* «vie» et *logos* «discours» ou «raisonnement») C'est la science de la vie qui comprend toutes les études relatives aux organismes vivants et est donc essentiellement interdisciplinaire. Tout usage du terme par des spécialistes avec un sens restrictif témoigne d'une étroitesse d'esprit et est impropre.

Les études biologiques d'organismes ou de groupes d'organismes s'effectuent à divers niveaux d'organisation: moléculaire, cellulaire, anatomique, physiologique, comportemental, écologique et évolutionniste. De grands progrès ont été réalisés, particulièrement en BIOCHIMIE et en microscopie électronique. Ces découvertes ont influencé la classification à tous les niveaux de la taxonomie au cours des 40 dernières années.

Bien des organismes classés ensemble en raison de leur forme ou de leur structure (morphologie de base) sont maintenant considérés comme appartenant à des classes différentes. Il est évident que l'utilisation de divisions comme les monères, les protistes, les CHAMPIGNONS, les VÉGÉTAUX ou les ANIMAUX pour classer les êtres vivants est préférable à la classification classique qui ne comprenait que les règnes végétal et animal. Les cinq règnes vivants sont répartis en deux grands super règnes: les procaryotes (cellules sans membrane nucléaire) et les eucaryotes (cellules dont le noyau est entouré d'une membrane). D'autres différences au niveau de la structure nucléaire contribuent à rendre la différenciation évidente et absolue.

Les procaryotes ne comprennent que le règne des monères, qui est constitué des bactéries, y compris les cyanobactéries (anciennement appelées ALGUES BLEUES). La limite inférieure des monères est mal définie parce que les virus, dont la structure n'est pas cellulaire, sont parfois inclus dans cette division. Certains virus sont si peu complexes qu'ils ne sont guère plus que des molécules autoreproductrices et on hésite à les considérer comme des êtres vivants véritables.

Le règne le moins complexe des eucaryotes est celui des protistes. Les organismes de ce groupe sont essentiellement unicellulaires et possèdent un noyau organisé, de même que des organites responsables de la photosynthèse, de la respiration cellulaire, du métabolisme, etc. Ce règne est plutôt disparate. Cependant, les protistes se reproduisent pratique-

ment toujours par une forme de division nucléaire mitotique. P. ex., le noyau se divise pour former deux nouveaux noyaux possédant chacun un nombre de chromosomes identique à celui de la cellule mère. Les cellules eucaryotes sont généralement beaucoup plus grandes que celles des procaryotes.

Selon leur évolution, les protistes proviendraient des monères, mais ce processus évolutif demeure mal compris. Une théorie récente suggère que les structures spécialisées des cellules eucaryotes (les organites) proviendraient de monères qui se seraient adaptées à la vie à l'intérieur d'une autre monère plus grosse. Cette théorie sur l'origine symbiotique est convaincante dans le cas des chloroplastes (organites photosynthétiques), entre autres pour certaines algues rouges dérivées des cyanobactéries, pour les algues vertes provenant d'un procaryote vert comme le prochloron et pour d'autres groupes d'algues provenant de procaryotes photosynthétiques disparus ou non connus.

Bien que cette théorie soit moins convaincante en ce qui concerne les autres organites, elle demeure plus plausible que certaines des autres théories proposées. Le passage des monères aux protistes s'est probablement produit plusieurs fois au cours de l'histoire de la vie. En fait, les protistes ne constituent pas un regroupement «naturel» (c.-à-d. un ensemble d'organismes provenant tous du même ancêtre). Ce règne sert en quelque sorte de fourretout dans lequel on place divers organismes ayant atteint un niveau d'évolution semblable.

Les trois règnes «supérieurs» (animaux, végétaux et champignons) proviennent de différents groupes de protistes. Il est difficile de définir la limite entre les protistes et ces règnes supérieurs. P. ex., bien que les moisissures gluantes (ou myxomycètes) ressemblent plus à des protozoaires qu'à des champignons, comme elles se reproduisent par spores et forment des fructifications comme les champignons, elles sont surtout étudiées par les spécialistes de ce groupe (les mycologues), et dans les HERBIERS, elles sont placés avec les champignons.

Un cas encore plus litigieux est celui des chytridiomycètes, des organismes aquatiques microscopiques. Certains théoriciens les classent dans les protistes, mais leur ressemblance avec les champignons en a fait un sujet d'étude réservé aux mycologues. De tels problèmes montrent que la classification est faite par l'homme et qu'elle n'est pas entièrement naturelle. Cependant, si on excepte leurs limites inférieures, les trois règnes supérieurs sont clairement distincts.

Les termes *taxonomie* et *systématique* sont devenus pratiquement synonymes, ce qui est un usage fautif. Le terme *taxonomie* (ou taxinomie), créé en 1813, englobe les bases, les principes et les règles de la classification et de la nomenclature (nomination), de même que la structure hiérarchique; il se rapporte à une méthodologie de support plutôt qu'à une discipline de recherche.

La systématique moderne (l'étude de l'organisation concrète, du regroupement et de la nomination des organismes) a vu le jour au XVIIIᵉ siècle avec le travail du botaniste suédois Carl von Linné (*Linnaeus*). Celui-ci a développé une nomenclature binominale qui attribue à chaque espèce un nom scientifique unique formé de deux mots latins (le premier mot est appelé le genre et le second l'espèce) et qui indique parfois les liens entre les espèces.

La systématisation n'a véritablement progressé que lorsque la GÉNÉTIQUE est réapparue et que la cytologie (l'étude de la cellule) s'est développée. Les botanistes, en particulier, se servent de plus en plus des données cytologiques pour regrouper les organismes. Grâce à Julian Huxley et à d'autres chercheurs, la nouvelle systématique s'est répandue aux environs de 1940 et on l'a rapidement renommée biosystématique. Celle-ci se définit comme l'étude scientifique de la diversité des organismes vivants et des relations entre les espèces. L'approche générale

de la systématique pour la plupart des espèces se sert de toutes les disciplines appropriées, mais le choix de la discipline dépend de l'organisme étudié. P. ex., la cytogénétique, qui étudie les chromosomes à l'intérieur des cellules, ne peut être utilisée de façon courante pour un grand nombre de champignons, puisque leurs chromosomes sont difficiles à observer.

Bien qu'on ait essayé de restreindre son champ d'étude, la systématique est reconnue pour son utilisation de toute discipline qui complète la morphologie et l'anatomie. Parmi ces disciplines, on trouve la cytologie, la génétique, la biochimie, l'écologie, la BIOGÉOGRAPHIE, la biologie de la reproduction, la parasitologie, l'éthologie (étude du comportement animal) et, grâce à l'apparition des ordinateurs, les analyses mathématiques des données. Les étudiants faisant des études supérieures en systématique végétale doivent maintenant compléter leur formation en morphologie par au moins une autre discipline, et une connaissance des méthodes d'analyse statistique et de programmation des systèmes informatiques est nécessaire à ce niveau. La systématique est donc au cœur de la biologie. Elle relie toutes les disciplines et explique l'ÉVOLUTION, même si la complexité de la biologie rend une unification complète difficile, sinon impossible.

La recherche biologique existe depuis longtemps au Canada, mais les chercheurs envoyaient leurs spécimens en Europe pour qu'ils y soient étudiés. En conséquence, la systématique s'est développée tardivement au Canada. Cependant, son développement s'est accéléré au début du XXᵉ s. À l'apparition de la systématique au Canada, les universités et les instituts de recherche canadiens étaient prêts à contribuer à cette discipline élargie. L'apport du Canada a été plus évident dans l'étude de certaines espèces particulières de fleurs, d'insectes et de champignons.

Disciplines Les disciplines désignant l'étude de chacun des cinq règnes (bactériologie, protistologie, mycologie, BOTANIQUE et ZOOLOGIE) sont trop vastes pour être considérées comme des disciplines individuelles, sauf en ce qui concerne leur introduction générale. Parmi les disciplines universitaires relatives à la biologie (les disciplines spécifiques à la médecine non comprises), on trouve: l'anatomie (l'étude des structures internes des organismes), la biochimie, la biogéographie, la biométrie, la cytologie, la cytogénétique, l'écologie, l'embryologie, l'ENTOMOLOGIE, l'éthologie, l'évolution, la biologie des pêches, la génétique, le GÉNIE GÉNÉTIQUE, l'histologie (l'étude des tissus cellulaires), la limnologie (la biologie aquatique, particulièrement en eau douce), la biologie marine, la microbiologie, la BIOLOGIE MOLÉCULAIRE, la morphologie (l'étude de la forme et de la structure des organismes), la PALÉONTOLOGIE (qui comprend la micropaléontologie et la PALYNOLOGIE), la PARASITOLOGIE, la pathologie (l'étude des maladies humaines, animales ou végétales), la physiologie, la taxonomie et la systématique, la toxicologie et la pharmacologie, ainsi que l'étude de l'ultrastructure cellulaire (l'étude de la structure détaillée des organites cellulaires).

Certaines disciplines (p. ex. l'écologie, la génétique, la microbiologie) comportent plusieurs subdivisons et certaines autres se chevauchent (p. ex. la biogéographie et l'écologie). Beaucoup de disciplines ne limitent pas leur application aux organismes d'un seul règne. Le nombre potentiel de champs d'étude est donc énorme. L'évolution est comprise dans l'énumération précédente bien qu'elle ne soit pas une discipline, mais plutôt une théorie qui concerne toutes les disciplines de la biologie.

Succès multidisciplinaires Presque tous les organismes sont influencés par des facteurs physiques variables, en particulier la lumière, la température, l'humidité, les précipitations, le vent, la texture du sol et ses nutriments, l'érosion et le feu. En écologie, non seulement on étudie les relations des organismes entre eux, mais aussi les relations des organismes avec les facteurs physiques de leur environnement. En conséquence, la majorité des problèmes biologiques comportent plus de variables qu'un problème de physique pourrait en comporter. Tous les atomes d'un élément chimique sont identiques, mais tous les organismes qui ont un mode de reproduction sexué sont différents. Bien souvent, un problème biologique ne peut être résolu que partiellement, mais un biologiste conscient des facteurs en cause peut généralement interpréter le phénomène étudié.

La croissance rapide et la complexité croissante de la biologie rendent la spécialisation nécessaire, même chez les débutants. Cependant, il est nécessaire de faire appel à plusieurs disciplines de la biologie et de la physique pour résoudre certains problèmes, et certains compromis doivent être faits. Au cours des études supérieures, le travail se fait principalement en équipe. Plusieurs exemples de contributions canadiennes en ce qui concerne le succès multidisciplinaires sont décrits ci-après.

Une équipe composée d'un botaniste-mycologue ayant des connaissances en aérodynamique et en météorologie et d'un mathématicien a percé à jour le mécanisme de déversement par la corolle propre à diverses plantes; ce mécanisme emploie l'eau qui tombe pour disperser les graines ou les spores. À leur surprise, ils ont découvert que la vitesse acquise d'une goutte de 4 à 4,5 mm de diamètre (comme celles qui tombent du feuillage) après une chute de moins de 1 m est supérieure à la vitesse terminale d'une goutte de pluie typique de 2 mm de diamètre. Cette découverte a expliqué pourquoi la saxifrage dorée (*Chrysosplenium*) fleurit dans les marécages arctiques, où le brouillard et la bruine ne permettent aux gouttes qui tombent des herbes basses et du foin plat qu'une chute d'à peine 0,5 m. Cela explique également pourquoi les champignons provenant des nids d'oiseaux croissent sous les arbustes nains dans le désert du Pérou où le brouillard est la seule précipitation.

Des notions en aérodynamique ont permis à un ornithologue amateur de prouver que l'archaeopteryx, un oiseau du jurassique aujourd'hui disparu, ne possédait pas un coup d'aile très puissant, mais planait par contre avec aisance. On a démontré que la forme et la fonction de ses ailes étaient semblables à celles du passereau de l'ère moderne. Les paléontologistes prétendaient que les ailes, qui n'étaient pas rattachées à de puissants muscles pectoraux, ne servaient qu'à chasser les insectes et les plumes, à réchauffer l'oiseau.

L'étude de divers parasites jette un éclairage nouveau sur les liens évolutifs entre les espèces végétales et nécessite de combiner la systématique végétale à la mycologie, l'entomologie ou la nématologie. Le champignon responsable de la rouille et le végétal hôte reflètent leur âge d'origine, car les compléments génétiques du parasite et de l'hôte sont plus susceptibles d'être compatibles lorsque ceux-ci sont aux premiers stades de leur évolution. Des années d'études combinant l'écologie et la biogéographie des parasites et des hôtes ont permis de fournir cette explication et, finalement, de mieux comprendre l'interaction parasite-hôte et de déterminer l'âge relatif de nombreux groupes de végétaux.

Le cycle régulier de population du LEMMING à collier est habituellement de quatre ans, mais il est irrégulier dans certaines parties de l'Arctique. Par le biais d'études microclimatologiques et écologiques, des zoologistes spécialisés dans la faune sauvage ont découvert que, la chute de neige étant faible et irrégulière à ces endroits, la température dans les terriers est trop basse pour permettre un cycle de reproduction normal.

Des études botaniques ont été effectuées dans l'Arctique, au début du printemps, lorsque la glace marine était encore intacte et que les amas de neige étaient lisses et compactés. Des recherches en aérodynamique ont montré que le vent peut porter les graines de la plupart des végétaux arctiques sur de longues distances tout au long de l'année, même si ces graines ne possèdent pas d'ailes ou de plumes. Elles ont donc tendance à s'accumuler dans les endroits propices à leur croissance, au pied des amas. La découverte de ce moyen de dispersion a permis d'expliquer la grande uniformité de la flore relativement jeune de l'Arctique.

Biologie appliquée La recherche en biologie peut se diviser en trois secteurs qui sont étroitement reliés: la recherche fondamentale, la recherche appliquée et la technologie. Un bon exemple serait la production du BLÉ. Le blé cultivé provient de l'hybridation d'espèces sauvages. Les améliorations dépendent de la justesse de la connaissance des particularités utiles des espèces sauvages. C'est le botaniste taxonomiste qui fournit cette information. Le généticien spécialiste des céréales met au point des techniques qui permettent le transfert des gènes appropriés dans les plants de blé. Le spécialiste de la reproduction décide de l'équilibre idéal pour que la nouvelle variété présente les caractéristiques souhaitées. Finalement, les spécialistes du développement augmentent les stocks afin d'être en mesure de répondre à la demande des agriculteurs.

Bien qu'une grande part de la recherche en agriculture soit appliquée, il est nécessaire de faire un retour à la recherche fondamentale pour résoudre certains problèmes, entre autres dans le cas de la protection des récoltes, de l'entreposage des aliments, de la pathologie végétale ou de la médecine vétérinaire. L'inefficacité des premières tentatives pour contrôler la rouille sur la tige du blé (*Puccinia graminis*) a conduit à la mise sur pied du Rust Research Laboratory, à Winnipeg. Les travaux de recherche fondamentale qu'on y a menés ont permis de mieux comprendre la génétique du blé, ainsi que la génétique et l'historique des agents pathogènes responsables des maladies affectant la plante. Des études systématiques de la rouille chez les végétaux indigènes ont permis de mieux connaître la biologie du champignon causant la rouille. Pour ce qui est des récoltes en général, un botaniste, un chimiste ou un mycologue est en mesure de fournir l'information nécessaire au généticien et au spécialiste de la reproduction; après des tests complets, la variété améliorée est commercialisée.

Il existe plusieurs autres exemples d'interactions fructueuses. Entre autres, la propagation d'abeilles coupeuses de feuilles qui contribuent à la fertilisation de la luzerne, une pratique provenant de la biologie de pollinisation; la croissance de l'industrie des antibiotiques grâce à des années d'essais en laboratoire et d'expérimentation; le domaine du génie génétique qui s'est développé grâce à des études de base en génétique microbienne et en biologie moléculaire. Les nouvelles techniques mises au point ont contribué tant à la recherche médicale qu'à l'industrie, comme dans le cas de l'identification et de la manipulation des gènes susceptibles de causer le cancer. Les domaines où on fait surtout de la recherche appliquée sont l'ÉLEVAGE DES ANIMAUX, l'étude des maladies animales, la CONSERVATION ET AMÉNAGEMENT DE LA FAUNE, l'entomologie économique, la recherche forestière, la reproduction végétale, l'étude des MALADIES DES PLANTES, la pédologie (l'étude et l'échantillonnage des sols).

Plusieurs domaines sont essentiellement commerciaux et ne font appel à la recherche fondamentale qu'en cas de problème. C'est le cas de l'apiculture, des brasseries et de l'industrie vinicole, des fromageries, de l'agriculture, de la pisciculture, de l'horticulture, de la fermentation industrielle et de la culture des champignons. D'autres domaines de la recherche appliquée servent de soutien à l'enseignement et à la recherche, p. ex. l'illustration et la fabrication de maquettes en biologie, le classement d'échantillons, la préparation commerciale d'échantillons, le travail technique en laboratoire, l'entretien et l'exploitation de parcs ou de jardins botaniques et zoologiques, ainsi que la taxidermie.

Organismes de recherche La majeure partie de la recherche en biologie au Canada s'effectue dans les départements de biologie des universités, dans les musées ou instituts provinciaux et fédéraux, ainsi que dans les laboratoires du ministère de l'Agriculture et de l'Agroalimentaire, de l'Office des recherches sur les pêcheries, du Service forestier, du CONSEIL NATIONAL DE RECHERCHES DU CANADA et du Service de la faune. Certaines recherches sont publiées dans des bulletins, comme celui du Musée canadien de la nature ou du Service de la faune, dans les monographies du ministère de l'Agriculture et de l'Agroalimentaire ou encore dans un grand éventail de revues scientifiques.

Certains articles paraissent dans des journaux étrangers ou multidisciplinaires. Les principales publications canadiennes (à l'exception des publications du domaine médical) sont: le *Canadian Entomologist*, le *Canadian Field Naturalist*, la *Revue canadienne de zootechnie*, le *Journal canadien de botanique*, le *Journal canadien de recherche forestière*, *Génome* (anciennement le *Journal canadien de génétique et de cytologie*), le *Journal canadien de microbiologie*, la *Revue canadienne de phytopathologie*, la *Revue canadienne de phytotechnie*, le *Journal canadien de zoologie* et *Le Naturaliste canadien*.

D.B.O. Savile

Biologie moléculaire Branche de la BIOCHIMIE, elle étudie la structure, la synthèse et la dégradation des macromolécules (les très grosses molécules) des cellules vivantes, ainsi que leur régulation métabolique (le contrôle de leur synthèse ou de leur dégradation dans la cellule) et leur expression (comment l'information GÉNÉTIQUE contrôle leur synthèse et leur structure). Les macromolécules comprennent les acides nucléiques, ADN (acide désoxyribonucléique) et ARN (acide ribonucléique), les protéines (y compris les enzymes), les glucides, les complexes formés de glucides et de protéines et les lipides (les cires et les gras produits par les cellules). Le terme a été utilisé pour la première fois par Oswald T. Avery vers la fin des années 40 et a été associé dès le début à l'étude de des acides nucléiques.

ADN À la suite de leur travail sur les BACTÉRIES, les chercheurs canadiens Oswald Avery et Colin M. MacLeod, et l'Américain Maclyn McCarty ont été les premiers à prouver que l'ADN constituait le matériel génétique de la cellule (1944). L'ADN a une structure en «double hélice». Cette structure a été décrite pour la première fois en 1953 par l'Américain J.D. Watson (prix Nobel, 1962), qui a été influencé par le travail d'Avery, et par le chercheur britannique Francis Crick. La double hélice est formée d'un «squelette» fait de deux chaînes antiparallèles de sucres et de phosphates réunies entre elles par des paires complémentaires de bases azotées.

La description de l'appariement des bases azotées par l'Américain Edwin Chargaff, ainsi que les recherches de la biophysicienne Rosalind Franklin sur la diffraction des rayons X ont contribué de façon importante à la découverte de Watson et de Crick. Peu avant la découverte de la structure de l'ADN par Crick et Watson, G. Wyatt, aujourd'hui à l'emploi de l'U. Queen, avait décrit la 5-méthylcytosine, une importante base azotée constituant l'ADN, et avait confirmé que les bases azotées, dans l'ADN, sont appariées deux à deux. Il avait aussi déterminé la composition en bases azotées de nombreux échantillons d'ADN.

Ce sont les biochimistes français Jacques Monod et François Jacob (PRIX NOBEL, 1965) qui ont émis l'hypothèse que l'ADN servait de matrice à la formation de l'ARN. On appelle transcription le mécanisme par lequel l'ARN est produit à partir de l'ADN et traduction, la production de protéines à partir de l'ARN. Après traduction, la protéine nouvellement produite peut, selon le type de cellule, subir de nombreuses transformations (p. ex. l'ajout de glucides ou de lipides), formant ainsi les protéines complexes caractéristiques de la structure de nombreuses cellules.

Virus Une grande partie de la recherche en biologie moléculaire porte sur les VIRUS, lesquels constituent la forme de vie la plus simple. Ils ne possèdent ni structure complexe, ni membrane cellulaire. Le chercheur canadien Felix d'Herelle a été parmi les premiers à faire des recherches fondamentales sur les virus. C'est lui qui a découvert les bactériophages (virus affectant les bactéries). Les virus sont composés d'ADN ou d'ARN associé à des protéines. Ils constituent donc de bons modèles pour l'étude de la réplication (la synthèse de l'ADN), de la transcription et de la traduction.

Les bactériophages ont été les premiers étudiés de façon approfondie. On comprend mieux la synthèse de l'ADN dans ces virus surtout grâce aux études faites par le biochimiste américain A. Kornberg (prix Nobel, 1959). Plus récemment, on a utilisé les virus eucaryotes (ceux qui s'attaquent aux cellules contenant un noyau véritable). On peut considérer le virus comme un microcosme des cellules et des tissus animaux. Les mécanismes contrôlant son activité biochimique sont semblables à ceux des cellules. Les virus dont le matériel génétique est composé d'ARN sont appelés rétrovirus. Certains rétrovirus sont considérés comme responsables du CANCER chez l'homme. Cependant, la plupart des virus qui attaquent les cellules eucaryotes sont des virus à ADN.

Génie génétique La biologie moléculaire s'est surtout développée à la suite de la mise en œuvre des techniques de l'ADN recombinant (GÉNIE GÉNÉTIQUE). Ces techniques ont été rendues possibles par la découverte et l'isolement, en 1970, des enzymes de restriction par le biochimiste américain Hamilton Smith (prix Nobel, 1978). Les enzymes de restriction permettent de couper la molécule d'ADN en des points bien précis (des séquences précises de bases). Des enzymes de liaison permettent de relier ensemble des fragments d'ADN.

C'est en 1977 qu'on a réussi pour la première fois à former de l'ADN recombinant, fait de segments d'ADN provenant d'un mammifère insérés dans de petites structures bactériennes appelées plasmides. Les plasmides sont de petites boucles d'ADN présentes dans certaines bactéries, mais qui ne font pas partie du chromosome de la bactérie. La seconde découverte d'importance est celle de l' «épissage des gènes». Dans les cellules eucaryotes, le brin d'ARN immédiatement produit à partir de l'ADN est plus grand que le brin d'ARN messager utilisé pour produire la protéine. En effet, les segments d'ARN produits qui ne sont pas nécessaires à la production de la protéine sont découpés et les segments restants sont liés ensemble.

Ces découvertes ont été suivies par le développement de méthodes puissantes, rapides et relativement faciles permettant de séquencer l'ADN (déterminer l'ordre des bases azotées formant la molécule). Différentes techniques ont été développées par le laboratoire de Walter Gilbert (Cambridge, Massachusetts) et par celui de Fred Sanger (Cambridge, Angleterre). Gilbert, Sanger et Paul Berg, un Californien qui a été le premier à pratiquer des expériences de clonage, ont reçu le prix Nobel en 1980. L'automatisation du séquençage de l'ADN, développée par Leroy Hood, a rendu possible le projet de génome humain, ainsi que d'autres mégaprojets de séquençage de bactéries, de champignons et d'un NÉMATODE.

Au début des années 60, le Canadien d'origine Julius Marmur et l'Américain Paul Doty ont décrit des expériences de séparation des brins d'ADN, de leur réappariement et de leur hybridation. Lorsqu'on chauffe de l'ADN, les forces qui maintiennent les paires de bases ensemble, et donc les deux brins antiparallèles, se brisent et les brins se séparent l'un de l'autre (processus appelé fusion de l'ADN). Si la solution d'ADN est refroidie lentement, les brins

s'associent de nouveau (réappariement) et le jumelage de bases est restauré, de même que la structure d'ADN à deux brins antiparallèles. Cette découverte a permis de développer deux techniques: la mutagenèse dirigée et l'amplification en chaîne par polymérase (ACP).

Gobind KHORANA a été le premier à synthétiser de l'ADN en éprouvette et a ainsi grandement contribué au développement de ces techniques. Si on ajoute à une solution d'ADN fusionné un fragment d'ADN de synthèse dont la séquence de bases est semblable, mais non identique, ce fragment peut s'apparier à l'ADN lors du refroidissement (hybridation). Une nouvelle molécule à deux brins est ainsi créée: un brin provient de l'ADN fusionné et l'autre de l'ADN de synthèse. La différence de bases introduite est considérée comme une mutation qui peut être reproduite en utilisant les enzymes de réplication de l'ADN.

Le Canadien Michael SMITH (prix Nobel, 1993) a développé la mutagenèse dirigée en parallèle avec son travail à l'U. de la Colombie-Britannique. Il a partagé son prix avec l'Américaine Kary Mullis qui a inventé la méthode ACP qui permet la multiplication en de nombreux exemplaires identiques (amplification) de n'importe quel segment d'ADN. La méthode combine les propriétés d'hybridation de l'ADN à la capacité de synthétiser de petits fragments d'ADN en éprouvette. Elle nécessite également l'utilisation d'enzymes thermiquement stables (des ADN polymérases actives, même à des températures aussi élevées que 95 °C) provenant de bactéries présentes dans les SOURCES chaudes et les cheminées de volcans sous-marins.

Deux petits fragments d'ADN synthétique pouvant s'hybrider aux séquences délimitant une région d'un chromosome que l'on désire étudier servent d'amorce (point de départ de la réplication) à la synthèse du nouveau brin d'ADN. On chauffe le mélange contenant l'ADN étudié, l'ADN polymérase et les amorces. Lorsque le mélange est refroidi, il y a alors hybridation entre les amorces et l'ADN fusionné. L'enzyme synthétise l'ADN désiré, un pour chaque brin, en commençant par les amorces. On fusionne ensuite l'ADN nouvellement synthétisé en augmentant la température rapidement, puis on refroidit immédiatement la solution. Puisque l'enzyme utilisée pour la synthèse est thermostable jusqu'à 95 °C, il est possible de répéter le processus à plusieurs reprises. Un appareil spécial, le cycleur thermique, est employé pour faire varier la température rapidement et pour chronométrer précisément la réaction de synthèse. Après 25 à 30 cycles, on obtient généralement une quantité suffisante d'ADN, assez pour effectuer une analyse séquentielle ou pour s'en servir dans d'autres études.

Évolution de la génétique classique et moléculaire La combinaison de toutes ces technologies a complètement transformé la génétique classique et moléculaire. La capacité d'identifier et de séquencer les gènes a permis d'expliquer, à un niveau moléculaire, certaines observations cliniques et de mieux comprendre plusieurs MALADIES HÉRÉDITAIRES. Un exemple est celui de l'identification du gène (et de ses formes mutées) responsable de la plupart des cas de fibrose kystique par les Canadiens Lap-Chee TSUI et Jack Riordan et l'Américaine Frances Collins. Des modifications de l'ADN au niveau de la séquence des bases provoquent des différences dans la séquence de l'ARN messager. Lorsque celui-ci est traduit en protéine, il produit la mauvaise protéine ou une protéine altérée, ce qui entraîne un dysfonction caractéristique des maladies héréditaires.

Beaucoup de concepts de génétique ont été remis en question. P. ex., on a prouvé l'existence de plusieurs clones d'un grand nombre de protéines. La combinaison de la mutagenèse dirigée et de l'ACP fournit un moyen très efficace de mettre en évidence les défauts génétiques, de développer des tests de

dépistage et, éventuellement, de réparer ces défauts. L'utilisation des enzymes de restriction, des techniques d'hybridation de l'ADN et de l'ACP a également permis l'identification des individus par leurs empreintes génétiques. Cette méthode, mise en œuvre pour la première fois par Alec Jeffries en Angleterre, s'applique aussi bien à des humains, à des animaux ou à des plantes.

La mutagenèse dirigée permet de transformer un acide aminé en protéine, en modifiant la séquence de l'ADN qui code pour cette protéine. Cela permet d'identifier le rôle spécifique de certains acides aminés dans une protéine (p. ex., les acides aminés du site actif d'une enzyme). Il est possible de comparer ensuite ces résultats à d'autres données comme celles obtenues par l'analyse de la structure de la protéine à l'aide de la cristallographie par rayons X. On peut alors réussir à déterminer la fonction de chacun des acides aminés de la protéine.

L'évolution constitue aujourd'hui une nouvelle branche de la biologie moléculaire, la théorie selon laquelle la vie sur la Terre se serait développée en utilisant l'ARN comme matériel génétique; l'ADN ne serait apparu que bien longtemps après. La crédibilité de cette théorie a été établie à la suite de la découverte de molécules d'ARN (ribozymes) qui agissent comme des enzymes pouvant découper les molécules d'ARN. Le Canadien d'origine Sidney ALTMAN et l'Américain Thomas Cech (prix Nobel, 1989) ont tous deux découvert l'autosegmentation de l'ARN et la fonction des ribozymes.

Apport du Canada Les Canadiens ont grandement contribué au développement de la biologie moléculaire. Gobind Khorana (prix Nobel, 1968), qui a été le premier à synthétiser chimiquement une molécule d'acide nucléique, a commencé ses recherches aux BC Fisheries Research Laboratories à Vancouver. Gordon Tener et Michael Smith ont été parmi les nombreux étudiants de Khorana. Tener a développé une colonne chromatographique pour séparer les acides nucléiques en fonction de leur taille, une invention qui a eu un impact considérable en biologie moléculaire. Smith, quant à lui, était membre de l'équipe de Sanger lors du premier séquençage de la molécule d'ADN d'un virus en 1977.

Différentes équipes entreprennent maintenant des recherches en biologie moléculaire dans les laboratoires des facultés de médecine et de sciences des principales universités canadiennes, dans les laboratoires des compagnies de BIOTECHNOLOGIE de la plupart des provinces et dans les nombreux laboratoires provinciaux et fédéraux. (*Voir aussi* CONSEIL NATIONAL DE RECHERCHES DU CANADA; RECHERCHE, ORGANISMES PROVINCIAUX DE.)

John H. Spencer

Biomasse, énergie de la Egalement appelée bioénergie, c'est l'ÉNERGIE qui est extraite des matières organiques non fossiles comme le bois, la paille, les huiles et les déchets végétaux des secteurs forestier, agricole et industriel. Tout comme l'énergie des combustibles fossiles, la bioénergie provient de l'ÉNERGIE SOLAIRE emmagasinée dans les plantes par la photosynthèse. La principale différence entre les deux formes d'énergie tient au fait que les combustibles fossiles ne sont transformables en énergie utilisable qu'après des milliers d'années, alors que l'énergie de la biomasse bien gérée est renouvelable et peut être utilisée de façon continue.

Après l'énergie solaire directe et l'hydroélectricité, la biomasse est l'une des sources d'énergie renouvelable les plus importantes (la combustion du bois et du fumier constitue près de 14 p. 100 des sources énergétiques mondiales) et, au Canada, son utilisation combine les technologies de l'énergie les plus anciennes et les plus récentes.

Au Canada, l'énergie de la biomasse représente 540 PJ (pétajoules) de la consommation d'énergie. Elle dépasse déjà l'énergie produite par le charbon (pour les applications de génération non électrique) et par l'énergie nucléaire. Elle représente 5 p. 100 de la consommation d'énergie secondaire du secteur résidentiel et 17 p. 100 de celle du secteur industriel, surtout dans les industries forestières. Si on inclut le bois d'œuvre et les pâtes et papiers, la foresterie absorbe 35 p. 100 de la consommation totale d'énergie au Canada; elle répond elle-même à la moitié de cette demande en exploitant ses propres déchets de biomasse. Les industries forestières augmentent de plus en plus leur consommation de déchets de bois, auparavant brûlés ou enterrés, surtout pour chauffer les chaudières des usines de pâtes et papiers et produire la chaleur industrielle et l'énergie nécessaires au séchage du bois.

Dans quelques provinces (Colombie-Britannique, Ontario, Québec, Île-du-Prince-Édouard et Nouveau-Brunswick), les industries forestières fournissent des résidus de bois, des copeaux et des granulats à des consommateurs industriels et résidentiels situés à proximité et à des générateurs utilisés pour des fins autres que la production d'électricité. Le bois est aussi le combustible principal utilisé pour le chauffage dans plus de 100 000 foyers canadiens. Dans plusieurs millions d'autres foyers, c'est un combustible de chauffage complémentaire, même s'il a surtout une fonction décorative. La plupart des évaluations officielles sous-estiment la consommation résidentielle de bois de chauffage parce qu'une grande partie est récoltée et utilisée localement et qu'elle ne figure pas dans les dossiers fiscaux ni dans les statistiques gouvernementales.

L'agriculture, les déchets de l'industrie alimentaire, les déchets industriels, les eaux usées et les déchets domestiques sont d'autres sources importantes de biomasse. Les projets de production d'énergie à partir des déchets comprennent la production de vapeur à des fins commerciales ou industrielles, et la production d'électricité dans de grands centres urbains canadiens.

La biomasse se présente sous forme solide, liquide ou gazeuse et peut servir à de nombreuses applications. À l'heure actuelle, l'énergie de la biomasse provient en très grande partie des solides (copeaux, sciure, granulats, charbon, ordures ménagères) et des liquides (lessives de cuisson) provenant de la cuisson du bois dans l'industrie papetière.

Le gaz d'enfouissement (méthane) produit par la digestion anaérobie des déchets municipaux solides dans les décharges est de plus en plus utilisé et fournit aujourd'hui 100 MW. La recherche se concentre sur la conversion de la biomasse en alcool qui pourrait servir de carburant pour remplacer l'essence et le carburant diesel. La production d'alcool à partir de cellulose est présentement effectuée en deux étapes: la transformation de la cellulose en sucres, puis la transformation des sucres en alcool par la fermentation. Grâce à de nouvelles souches de bactéries génétiquement modifiées, il est maintenant possible d'envisager la combinaison de ces deux transformations pour produire de l'alcool à partir de la cellulose en une seule étape.

Les autres formes liquides d'énergie de la biomasse comprennent le méthanol (alcool de bois), l'éthanol et les huiles végétales. La combinaison du méthanol ou de l'éthanol avec l'essence donne un produit appelé «alco-essence». Produit de la distillation du bois et des déchets forestiers, le méthanol peut être considéré comme un carburant de remplacement pour le transport et l'industrie, à des prix pouvant concurrencer ceux des combustibles qui proviennent du bitume et de la liquéfaction du charbon. L'éthanol est aussi un combustible valable, mais ses coûts de production sont plus élevés lorsque des ressources alimentaires comme le maïs et le blé sont utilisés. Par contre, lorsque l'éthanol est produit à partir de déchets alimentaires et agricoles, ses coûts de production peuvent concurrencer ceux du méthanol et de l'essence.

Le terme biogaz désigne la forme gazeuse de la biomasse contenant de l'énergie. Ce gaz à faible pouvoir calorifique contenant principalement du méthane provient de la digestion anaérobie (sans oxygène) de matières organiques comme les eaux usées ou le fumier.

Biomasse forestière Afin d'augmenter le rôle de la bioénergie dans l'utilisation des sources d'énergie primaire du Canada, un programme de développement en trois étapes de la biomasse forestière est préconisé. La première étape assurerait l'utilisation de tous les résidus de coupe et d'usinage du bois produits par l'industrie forestière. Ces matériaux servent de plus en plus de substituts aux combustibles fossiles. Les aspects économiques sont généralement favorables parce que les matériaux sont concentrés et que les frais de manutention et de transport font partie de l'exploitation du produit forestier principal dont ils proviennent. La deuxième étape prévoit l'utilisation des débris ligneux et des résidus qui sont actuellement inutilisés par l'exploitation forestière.

Les débris ligneux sont les composants de l'arbre qui sont abandonnés après le retrait des parties à valeur commerciale (bois de sciage, bois de pâte). Les résidus sont les arbres qui n'ont aucune valeur commerciale et ceux qui sont inutilisables parce qu'ils sont imparfaits, malades ou morts. De cette matière et pour ses propres besoins, l'industrie forestière pourrait produire sur place de l'électricité à partir de la vapeur. L'électricité excédentaire serait répartie sur le réseau. Enfin, la troisième étape serait d'envisager sérieusement l'établissement de plantations d'herbes et d'espèces hybrides à croissance rapide et propices à la production d'énergie.

L'énergie associée à la biomasse forestière pourrait être très profitable aux nouvelles industries, car toute la matière cellulosique abandonnée aujourd'hui (branches, écorce, troncs, souches, bois tordu, malade, infesté, endommagé par le feu ou mort) serait transformée en produits énergétiques à valeur ajoutée. L'utilisation de la biomasse forestière à des fins énergétiques offre également l'occasion de se débarrasser des peuplements de qualité inférieure et de les remplacer par des peuplements productifs constitués à partir d'espèces plus intéressantes. Selon les estimations, on trouve dans certaines régions (comme la Colombie-Britannique) assez de déchets forestiers pour produire des combustibles solides et liquides qui pourraient remplacer une bonne partie de la consommation actuelle de pétrole, une fois que les technologies de conversion énergétique se seront révélées rentables.

Dans d'autres régions du Canada, comme les Prairies et l'est du pays, il faudra établir des plantations énergétiques si on veut obtenir la biomasse nécessaire pour remplacer le pétrole de façon significative. Les terres agricoles peu productives, impropres à la culture et non agricoles (comme les marécages) serviraient à une culture forestière intensive avec des périodes de rotation de coupe de moins de 10 ans (*voir* SYLVICULTURE). Présentement, les espèces d'arbres mises à l'essai sont surtout des hybrides du peuplier, mais aussi le mélèze, le frêne vert, le saule, l'aulne et l'érable argenté. Grâce à la sélection des espèces, de la provenance et du phénotype, et grâce au clonage, il est possible d'augmenter considérablement le rendement, ainsi que la résistance aux maladies et au gel.

Biomasse agricole Elle comprend le fumier, les résidus cellulosiques des récoltes, les résidus des fruits et des légumes, et les eaux résiduaires de l'industrie alimentaire. Les variétés à haut rendement et à forte teneur en hydrates de carbone, dont le panic dressé, celles qui produisent des huiles végétales (colza et tournesol) et les plantes à hydrocarbures (asclépiade et herbe à gomme) sont des cultures à potentiel énergétique. Au Canada, le potentiel de la biomasse agricole est beaucoup plus limité que celui de la biomasse forestière. La plupart des résidus agricoles servent de fourrage ou de conditionneurs de sol et possèdent un potentiel énergétique beaucoup moins élevé que celui du bois (1 m^3 de bois fournit autant d'énergie que 5 à 10 m^3 de résidus agricoles compactés).

De plus, la biomasse agricole n'est habituellement disponible qu'une fois par année, alors que le bois peut être coupé pendant toute l'année. Le rendement annuel du territoire forestier est évalué à environ 20 fois celui du territoire agricole. Malgré tout, la biomasse agricole trouve sa place dans les exploitations agricoles ou locales. Le biogaz provenant du fumier peut chauffer les bâtiments; purifié et comprimé, il peut alimenter les machines agricoles. L'utilisation des déchets animaux ou de l'industrie alimentaire peut diminuer la pollution, minimiser le problème d'élimination des ordures et fournir de l'énergie. La combustion de la paille dans un four spécialement conçu peut servir à assécher le grain et à chauffer les bâtiments de ferme. L'utilisation de l'huile de colza dans les moteurs diesel des machines agricoles fait l'objet de continuelles améliorations.

Avenir Diverses agences ministérielles fédérales ainsi que des organismes de recherche provinciaux et fédéraux ont étudié des propositions sur le développement du potentiel énergétique de la biomasse. P. ex., le Programme de l'énergie forestière du gouvernement fédéral, ENFOR, a reçu de solides appuis, et le programme de conversion de la biomasse est géré par le ministère des Ressources naturelles.

Les principaux problèmes du développement de l'énergie de la biomasse tiennent aux coûts passablement élevés des nouvelles installations et à la nécessité de rendre l'industrie entièrement renouvelable. Une politique gouvernementale et une augmentation des prix des sources d'énergie traditionnelles pourraient résoudre le problème des coûts. Il ne faut cependant pas négliger les problèmes liés au reboisement, à l'utilisation des terres et de l'eau, à la qualité des sols, à l'érosion et à la pollution. La production d'énergie, ajoutée à celle du bois et du papier, peut mettre en danger le renouvellement des ressources forestières, déjà compromis par les pratiques passées de l'industrie. L'énergie de la biomasse doit être un produit cultivé et non extrait. Sinon, elle risque de joindre les rangs du charbon, du pétrole et du gaz naturel pour devenir une autre source d'énergie non renouvelable.

W.H. Cruickshank, J.E. Robert et C.R. Silversides

BIONESS (Bedford Institute of Oceanography Net and Environmental Sampling System) C'est un engin d'échantillonnage à filets multiples pour le ZOOPLANCTON et le micronecton (animaux pélagiques de 1 cm à 10 cm de longueur). Cet engin de conception nouvelle, équipé de 10 filets de 1 m^2 s'ouvrant dans un ordre séquentiel, permet de disposer les filets à l'horizontale plutôt qu'à la verticale, comme c'était le cas auparavant. Il est remorqué à partir d'un bateau, à une vitesse de 3 nœuds à 6 nœuds, par un câble conducteur qui reçoit et transmet les informations. L'engin est muni de sondes d'enregistrement de la température, de la conductivité, de la profondeur, de la lumière, du tangage, du roulis et des mouvements latéraux et de déclenchement de la fermeture des filets. Il est aussi équipé de débitmètres internes et externes, ainsi que d'un appareil photo 35 mm avec lampe stroboscopique électronique.

Ce système peut recueillir simultanément des échantillons biologiques et des données environnementales, tout en permettant de photographier les animaux qui se trouvent devant lui. Il fonctionne jusqu'à 2500 m de profondeur. Il pèse 782 kg et est plus facile à manier à partir d'une structure en forme de A ou d'une grue de grande dimension située à l'arrière du bateau. Le câble de remorquage et les points d'ancrage des poids de coulage peuvent être ajustés de telle sorte que l'armature demeure à la verticale pour tout remorquage effectué à une vitesse allant jusqu'à 4 nœuds. Le poids du BIONESS, combiné à celui des poids de coulage, aide à maintenir les variations de profondeur à plus ou moins 0,2 m, dans un océan où les vagues atteignent 1 m à 2 m de hauteur. Un rapport de 1:10 est observé entre la surface d'ouverture des filets et la surface totale de filtration des filets. Le vide de maille des filets est normalement de 243 micromètres. Les filets sont vert foncé et toutes les surfaces sont peintes en gris sombre afin que l'engin soit le moins visible possible. Les captures vont des copépodes de 0,3 mm de longueur au krill, aux calmars et aux poissons de 20 cm de longueur.

Le BIONESS présente de nombreux avantages, dont la maniabilité, un petit angle de remorquage à haute vitesse et une surface de traction réduite. Les premières données recueillies par cet engin d'échantillonnage ont aidé à mieux comprendre les relations écologiques existantes entre le micronecton (prédateurs), le zooplancton (proies) et l'environnement physique de ces populations. Ainsi, on a constaté qu'une forte concentration de zooplancton à 500 m de profondeur ne sera pas chassée au même moment par des poissons qui vivent à 700 m de profondeur, en raison des 200 m qui les séparent. Par les anciennes méthodes d'échantillonnage, on n'aurait pu arriver à pareille conclusion. Ce genre d'information permet d'expliquer l'abondance et la répartition des espèces de poissons pêchées commercialement.

D. Sameoto

Biotechnologie Le terme «biotechnologie» est défini en 1981 par le Comité d'étude du gouvernement fédéral sur la biotechnologie (comité Brossard) comme «l'utilisation des processus biologiques, qu'ils concernent microbes, végétaux, cellules animales ou leurs parties constituantes, en vue de produire des biens et des services». À certains égards, les techniques biotechnologiques représentent l'élaboration de certaines techniques industrielles bien connues (p. ex. la fermentation). Certains de ces procédés, utilisés à l'origine pour la production d'alcool de consommation, d'acides organiques, de solvants et d'autres produits (antibiotiques, acides aminés, vitamines, gommes, stéroïdes), connaissent maintenant un champ d'application beaucoup plus vaste grâce aux progrès spectaculaires réalisés récemment dans les domaines de la BIOLOGIE MOLÉCULAIRE et du GÉNIE GÉNÉTIQUE.

À l'échelle internationale, des programmes sont continuellement créés en vue de mettre au point des moyens d'appliquer la biotechnologie à divers domaines: production de carburant, récupération des matières premières, fertilisation des cultures et reproduction végétale, traitement des déchets et lutte contre la POLLUTION, découverte de produits sanitaires plus efficaces, de nouvelles ressources alimentaires et de nouveaux produits chimiques industriels, et lutte contre les insectes nuisibles. C'est pourquoi un certain nombre de pays (pays de la CEE, Japon, Israël) mettent sur pied des programmes à long terme, dans le domaine de la biotechnologie, financés par les gouvernements. Les États-Unis jouent un rôle de premier plan dans les sciences biomédicales. Les chercheurs canadiens font des progrès importants, et la participation de l'industrie aux activités commerciales qu'offrent ces techniques est en hausse.

Techniques

La biotechnologie est un domaine hautement interdisciplinaire. Elle tire son efficacité des techniques clés engendrées par les progrès conjoints de la BIOCHIMIE, de la CHIMIE, de l'INGÉNIERIE, de la GÉNÉTIQUE, des MATHÉMATIQUES, de la microbiologie et de la PHYSIQUE. Ces techniques comprennent génie génétique, méthodes de production d'enzymes industrielles, fusion cellulaire, culture des cellules végétales, processus biologiques et systémique.

Génie génétique Fondé sur la technique recombinatoire de l'acide désoxyribonucléique (ADN), il offre la possibilité de sélectionner des fragments d'ADN ou gènes (provenant de cellules choisies d'organismes, de végétaux, d'animaux ou de produits de synthèse chimique), de les réunir à d'autres fragments d'ADN et de les transférer dans une cellule de production réceptrice appropriée. Les microorganismes ainsi créés acquièrent de nouvelles propriétés génétiques qui les rendent capables de créer de nouveaux produits et d'utiliser ou de transformer de nouveaux substrats au cours de processus du type de celui de la fermentation.

Les champs d'application actuels et à venir englobent la production d'hormones (insuline, hormones de croissance), de régulateurs du système immunitaire (interleukine), de facteurs de croissance, de médicaments polypeptidiques, de vaccins et d'antibiotiques. Au Canada, les recherches dans ce domaine s'étendent maintenant à l'extérieur des universités et dans les laboratoires du gouvernement fédéral. Les chercheurs possèdent une vaste expérience, mais ils sont encore nettement trop peu nombreux. De plus, des mécanismes plus efficaces de transfert technologique vers l'industrie évoluent rapidement.

Enzymologie industrielle L'utilisation des enzymes par l'industrie et dans les applications sanitaires s'accroît. Au Japon, aux États-Unis et en Europe, on utilise couramment dans la production alimentaire des enzymes provenant de diverses sources naturelles, mais il n'existe aucune entreprise industrielle similaire au Canada. La production d'enzymes par la microbiologie et le génie génétique permet maintenant d'espérer la création de produits faits «sur mesure». L'immobilisation des enzymes est la partie importante de cette technologie, et l'utilisation de BACTÉRIES, de levures, de CHAMPIGNONS, de cellules végétales et animales permettra d'obtenir des systèmes multienzymatiques de plus en plus complexes. Cela comprend notamment l'utilisation d'enzymes en milieu organique.

Des produits nouveaux et déjà existants seront de plus en plus conçus à l'aide d'enzymes. Pour la mise à l'échelle et l'automatisation de tels procédés, il est essentiel d'assurer la mise au point de biocapteurs et l'optimisation du contrôle informatique de bioréacteurs et de l'équipement de traitement en aval connexe.

Fusion cellulaire La mise au point des techniques de fusion cellulaire ouvre la voie à de nouvelles perspectives en agriculture, en foresterie et dans le domaine des produits sanitaires. En agriculture et en foresterie, la fusion cellulaire permet de produire des végétaux hybrides à croissance rapide, capables de fixer l'azote et résistants aux pathologies, aux herbicides chimiques et aux conditions climatiques.

Au Canada, étant donné que l'agriculture et l'industrie forestière constituent des facteurs économiques de premier plan, l'application de ces techniques devrait y être prioritaire. D'autres techniques d'hybridation cellulaire aboutissent à la production d'anticorps monoclonaux (c.-à-d. dérivés d'une cellule unique), employés dans la production de réactifs plus spécifiques de diagnostic pour traiter des malades qui présentent des réactions auto-immunes, en immunothérapie du cancer et pour une purification industrielle plus efficace de divers produits.

Culture des cellules végétales Les végétaux ont toujours constitué une source abondante d'agents médicinaux, et le développement de techniques de culture des cellules végétales in vitro permet la production d'une grande variété de produits pharmaceutiques (*voir* PHARMACIE). Au laboratoire régional des Prairies du Conseil national de recherches du Canada (CNRC), à Saskatoon, on possède une expérience reconnue mondialement dans la culture des cellules végétales.

Procédés biologiques et génie des systèmes La manipulation des produits biologiques et microbiologiques et l'application de divers procédés ne peuvent être accomplies qu'au moyen de techniques et de méthodes très spéciales. Ces procédés biotechnologiques spécialisés et ces systèmes sont donc le point de mire d'une éventuelle commercialisation. La rareté actuelle de l'exploitation à grande échelle des biotechnologies au Canada a pour conséquence un manque évident d'expertise dans le domaine du génie biotechnologique et de ses procédés. Selon le comité d'étude, le développement d'une telle expertise est urgent et la formation des chercheurs représente une des principales activités de l'Institut de biotechnologie du CNRC à Montréal, et de l'Alberta Research Council à Edmonton.

Applications

Cinq grandes techniques biotechnologiques ont des applications particulièrement intéressantes pour les ressources industrielles canadiennes. Il s'agit de la fixation biologique de l'azote, de l'utilisation de la cellulose, du traitement et de l'utilisation des déchets, de la lixiviation des minéraux et du développement de nouvelles souches végétales et animales.

Fixation biologique de l'azote Elle a une importance croissante à cause de l'escalade du coût des engrais azotés. La reproduction végétale et les techniques du génie génétique devraient produire des végétaux (p. ex. des céréales) aptes à la symbiose avec les bactéries qui fixent l'azote. Les LÉGUMINEUSES constituent les seules plantes comestibles à posséder naturellement cette capacité.

Utilisation de la cellulose Les nombreuses ressources agricoles et forestières du Canada présentent d'importantes nouvelles possibilités d'utilisation de la cellulose (p. ex. pour L'ÉNERGIE DE LA BIOMASSE). Des traitements préparatoires de la cellulose combinés à des méthodes d'hydrolyse microbiologique ou enzymatique sont étudiés par l'industrie partout dans le monde. L'emploi de la cellulose pourrait présenter beaucoup d'intérêt pour le Canada, compte tenu de l'importance de son industrie forestière, qui rapporte annuellement près de 12 milliards de dollars à la balance commerciale. Il semble cependant que les réserves importantes de combustibles fossiles et les coûts relativement faibles de l'énergie qui en découle feront pendant un certain temps une sérieuse concurrence au développement commercial de la cellulose comme ressource énergétique.

Traitement et utilisation des déchets La détoxication des effluents et la transformation des déchets en produits utiles ont une importance croissante dans l'évolution de la société industrielle. Les procédés biologiques présentent des avantages certains, car ils s'adaptent à la composition des divers déchets et à leurs conditions de décomposition.

Lixiviation des minéraux On connaît depuis des siècles l'action microbiologique sur les sulfures minéraux et leur transformation en des formes plus solubles. Ces méthodes sont déjà adaptées à la récupération du cuivre et de l'uranium et seront finalement utilisées pour des métaux comme le nickel et le zinc (*voir* MÉTALLURGIE). L'avantage le plus évident des techniques biotechnologiques est leur faible besoin en énergie.

Reproduction végétale et animale Le génie génétique et les techniques de fusion cellulaire s'avéreront essentielles au développement économique du Canada, car ils offriront de nouvelles variétés de végétaux aptes à fixer l'azote atmosphérique et à présenter une plus grande résistance aux parasites, une maturation plus précoce, une plus grande valeur nutritive et une tolérance accrue aux variations climatiques. Pour le bétail, le développement génétique est aussi important afin d'améliorer la résistance aux maladies et d'accroître la fertilité et la productivité.

Autres usages Certains produits chimiques actuellement dérivés du pétrole ou du charbon seront fournis par des procédés biologiques. On compte parmi ces substances: produits cellulosiques, acides lactiques et autres acides organiques, polysaccharides microbiens, dérivés de la lignine, éthanol, acétone, butanol, huiles végétales pour les plastifiants, lubrifiants et caoutchoucs (*voir* CAOUTCHOUC, INDUSTRIE DU). De plus, il semble que les techniques biotechnologiques permettent une meilleure production de certains additifs alimentaires, de protéines, de parfums et de monomères pour des plastiques spéciaux (voir PLASTIQUES, INDUSTRIE DE LA TRANSFORMATION DES) et des substances connexes.

On prévoit que les végétaux et les cellules végétales seront éventuellement conçus en vue de produire surtout des produits chimiques complexes et uniques. Le coût de plus en plus élevé des insecticides dérivés des produits pétroliers et les effets négatifs d'un grand nombre de ces produits sur l'environnement hâteront la mise au point d'agents biologiques de régulation à vocation plus spécifique. On étudie de plus en plus l'utilisation des virus pathogènes des insectes.

D'autres pays fabriquent déjà des produits pharmaceutiques traditionnels et nouveaux à l'aide des biotechnologies. Toutefois, la recherche-développement dans l'industrie pharmaceutique canadienne n'est guère avancée, en grande partie à cause des dispositions de licence obligatoire prévues dans la *Loi canadienne des brevets*. Un projet de loi (C22) est élaboré afin de favoriser l'accroissement de la recherche-développement dans l'industrie canadienne au moyen d'une protection élargie de la propriété des découvertes pharmaceutiques.

Au Canada, compte tenu de la jeunesse relative de cette science, dont les effets économiques ne se sont pas encore fait sentir, le plan national de développement de la biotechnologie a pour objectif de créer un climat favorable à la mise sur pied et à la croissance de diverses industries. Un comité consultatif national de la biotechnologie, créé sous les auspices du ministère d'État pour la Science et la Technologie, a pour mandat principal de coordonner et de catalyser tous les efforts nationaux.

Ce comité est représentatif de tous les secteurs d'intérêt. Au cours de réunions ordinaires, les secteurs problématiques sont étudiés. Dans les secteurs clés, un certain nombre de réseaux d'information, publiant leurs propres bulletins d'information, sont en place et se révèlent très utiles pour les échanges de renseignements, ainsi que pour la promotion de la collaboration. Un inventaire des activités biotechnologiques est publié par le ministère de l'Industrie, des Sciences et de la Technologie.

L'essor de la biotechnologie au Canada, parallèle à celui des autres pays, est des plus passionnants. Les applications biomédicales, domaine probablement le plus avancé, ont déjà donné naissance à de nombreuses entreprises pharmaceutiques et à des organismes spécialisés dans les diagnostics. De plus, elles favorisent le rayonnement de la recherche universitaire et la prolifération d'instituts de production. Les secteurs problématiques sont identifiés et les établissements d'enseignement tentent de former plus de techniciens spécialisés en fermentation et de gestionnaires spécialisés en biotechnologie. Les provinces lancent une grande offensive, et certaines d'entre elles comptent des organismes de recherche qui jouent un rôle prépondérant.

À certains égards, la biotechnologie est la première bénéficiaire de la nouvelle politique fédérale relative à la haute technologie, ce qui semble parfaitement normal si l'on considère que 25 p. 100 des ventes mondiales dépendent de la biotechnologie, en l'an 2000.

Andrew J. Moriarity et John Barrington-Lee

Birchall, John Reginald, meurtrier (Accrington, Angl., 25 mai 1866-Woodstock, Ont., 14 nov. 1890). Escroc, joueur et vaurien, Birchall convainc deux jeunes Anglais, Douglas Pelly et Frederick C. Benwell, de s'associer avec lui pour acheter une ferme près de Woodstock, en Ontario. En vertu du programme «Farm Pupil» qu'ont exploité à outrance nombre de promoteurs immobiliers malhonnêtes, ils s'entendent pour verser à Birchall 500 livres chacun. Mais Birchall avait l'intention de tuer ses associés et de s'emparer de leur argent. Le 17 février 1890, il assassine Benwell à l'aide d'une arme à feu et jette son corps dans un marécage. Il essaie ensuite de se

défaire de Pelly, mais sa tentative échoue. Il est arrêté plus tard par John W. MURRAY, surnommé le «grand détective» du Canada, pour le meurtre de Benwell.

Parce qu'il est un gentilhomme anglais, fils d'un membre du clergé et qu'il a étudié à Oxford, son arrestation et son procès suscitent énormément d'intérêt au Canada, aux États-Unis et en Europe. Birchall est finalement exécuté par un bourreau à Woodstock au moyen d'un nœud coulant expérimental qui provoque une mort lente par étranglement. On a beaucoup critiqué ce genre d'exécution.

Edward Butts

Bird, Florence Bayard, née Rhein, pseudonyme Anne Francis, sénatrice, journaliste, communicatrice et auteure (Philadelphie, Penn., 15 janv. 1908). Arrivée au Canada en 1931, elle devient journaliste et communicatrice. De 1942 à 1966, elle est éditorialiste pour le réseau anglais de Radio-Canada tout en produisant des documentaires sur les droits des femmes et les affaires internationales.

En 1967, le premier ministre Lester Pearson la nomme présidente de la COMMISSION ROYALE D'ENQUÊTE SUR LA SITUATION DE LA FEMME AU CANADA. Soumis en 1970, le rapport de la Commission fait 167 recommandations visant à éliminer l'inégalité entre les sexes au Canada et donne naissance à de nombreux groupes de femmes travaillant à leur réalisation. Bird est faite compagnon de l'Ordre du Canada en 1971 et nommée sénatrice en 1978. Elle publie *Anne Francis: An Autobiography* (1974) et *Holiday in the Woods* (1976).

En 1983, Bird est nommée membre du Conseil consultatif sur la situation des réfugiés du gouvernement fédéral, auquel elle siège pendant deux ans. En 1985, elle reçoit le prix du Gouverneur général en commémoration de l'affaire «personne» pour son travail en faveur des femmes canadiennes. Elle a participé à un groupe de discussion dans le cadre de l'émission *Morningside* au réseau anglais de Radio-Canada.

Chaque année, l'U. Carleton organise un cycle de conférences dans le cadre de la *Florence Bird Lecture*. De plus, en 1996, le Centre international des droits de la personne et du développement démocratique à Montréal crée le prix annuel Florence Bird destiné à honorer les femmes qui, travaillant dans le domaine des communications, sensibilisent le public aux droits des femmes en tant que droits de la personne.

Cerise Morris

Birge, Cyrus Albert, industriel (Oakville, Ont., 7 nov. 1847—Hamilton, Ont., 14 déc. 1929). Commerçant puis comptable pour la Great Western Railway en début de carrière, Birge devient, en 1882, directeur de la société américaine Canada Screw Co. à Dundas, en Ontario. Cinq ans plus tard, il installe l'usine à Hamilton et, en 1898, rachète les parts des financiers américains. Dans l'intervalle, il s'allie à d'autres hommes d'affaires de Hamilton pour promouvoir l'entreprise locale.

En 1910, quand la Canada Screw Co. fusionne avec la nouvelle Steel Co. of Canada, Birge en devient vice-président. Entre-temps, il avait occupé des postes de direction pour des compagnies d'assurance et de fiducie et même pour la Banque Canadienne de Commerce. Il est aussi un des dirigeants de l'Association des manufacturiers canadiens et de l'Église méthodiste. Il accorde d'ailleurs son généreux soutien au Victoria College, qui relève de cette dernière.

Craig Heron

Birks, Henry, orfèvre, fondateur de Henry Birks et Fils ltée (Montréal, 30 nov. 1840—*id.*, 16 avril 1928). Il obtient un diplôme du Montreal High School en 1856 et passe l'hiver suivant à perfectionner son français. En avril 1857, il travaille chez Savage and Lyman, une grande maison d'horlogers et de joailliers. Le 1er mars 1879, il ouvre la première boutique Birks, rue Saint-Jacques, à Montréal. Six

ans plus tard, il déménage dans des locaux plus grands situés dans la même rue.

En 1893, puisque trois de ses fils travaillent avec lui, le nom de la société devient Henry Birks et Fils. L'année suivante, le magasin déménage dans un nouvel immeuble situé au coin des rues Sainte-Catherine et Union. L'immeuble Birks est encore au carré Phillips et loge le siège social de la société. Depuis sa fondation en 1879, cinq générations successives de la famille Birks ont travaillé dans cette entreprise.

K.O. MacLeod

Birney, Alfred Earle, poète (Calgary, 13 mai 1904). Déjà dans *David and Other Poems*, Birney manifeste un goût pour l'exploration des ressources du langage et fait preuve d'une curiosité où se manifeste son caractère passionné et enjoué. Il fait des études à l'U. de la Colombie-Britannique, à l'U. de Toronto, à Berkeley et à l'U. de London. Il s'intéresse surtout à l'étude du vieil anglais et du moyen anglais, ce qui l'amène à écrire un mémoire sur Chaucer. Tout au long de sa carrière, Birney est un poète expérimental, et il publie plus de 20 recueils de poésie à la forme, à l'expression et aux sujets très variés. Ses poèmes reflètent son désir constant de traduire ses connaissances encyclopédiques – qu'il s'agisse de réalités géographiques ou culturelles canadiennes, de la nature, de voyages ou d'amours éprouvés par le temps – dans un style merveilleusement habile et délié qu'il manie avec brio.

Birney a aussi à son actif une importante carrière de professeur en création littéraire et professeur de littérature, ainsi que de dramaturge, romancier et directeur littéraire. Il enseigne à plusieurs universités, notamment à l'U. de la Colombie-Britannique (1946-1965), où il fonde en 1963 le premier département de création littéraire canadien, dont il sera le président. Mais, c'est par sa contribution à la poésie moderne canadienne qu'il se distingue le plus.

Qu'il s'agisse de longs poèmes ou de poésie lyrique, visuelle, vocale ou évocatrice, qu'il s'exprime par écrit ou oralement, comme dans son récent recueil de poèmes enregistré avec l'ensemble de percussion NEXUS (1982), Birney se soucie beaucoup du sens qu'il donne aux mots et de l'éloquence de son discours.

Sa poésie lui vaut de remporter deux Prix du Gouverneur général (*David*, en 1942, et *Now Is Time*, en 1945). Il reçoit aussi le prix Stephen Leacock pour son roman *Turvey* et la médaille Lorne Pierce pour la littérature (1953). Parmi ses œuvres récentes, notons *Copernican Fix* (1985), *Words on Waves* (1985) et *Essays on Chaucerian Irony* (1985).

Neil Besner

Bishop, William Avery, surnommé «Billy», pilote de chasse (Owen Sound, Ont., 9 févr. 1894—Palm Beach, Floride, 10 sept. 1956). Il est le meilleur tireur de tous les as du Canada et de l'Empire britannique au cours de la Première Guerre mondiale, grâce à ses 72 victoires. Un collègue le décrit comme étant un «tireur fantastique mais un très mauvais pilote». Flamboyant et extraverti, il est le premier aviateur canadien à se mériter la CROIX DE VICTORIA, qui lui est remise le 2 juin 1917 à l'issue d'une attaque en solo, à l'aube, sur un terrain d'aviation allemand. Il remporte sa dernière victoire le 19 juin 1918 lorsqu'il a atteint cinq avions ennemis.

En août, Bishop est promu lieutenant-colonel et envoyé en Angleterre pour aider à mettre sur pied deux escadrons de l'Aviation canadienne, initiative qui échoue. Après la guerre, Bishop et W.G. BARKER exploitent une entreprise d'aviation commerciale. Par la suite, il se dirige vers le secteur de la promotion des ventes en Angleterre et au Canada. Au cours de la Seconde Guerre mondiale, il est, à titre honoraire, maréchal de l'air de l'Aviation royale canadienne.

En 1982, une production de l'Office national du film signée Paul Cowan, *The Kid Who Couldn't Miss*, met en doute la véracité de plusieurs des prétentions de Bishop, incluant son compte rendu, non corroboré, du raid qui lui a valu sa Croix de Victoria. Ce film provoque une commotion au Parlement et dans les médias. L'enquête d'un sous-comité du Sénat fait ressortir un certain nombre d'erreurs mineures de ce prétendu «documentaire» et confirme que des déclarations auraient été attribuées à tort et que les événements ne respectent pas l'ordre chronologique, et ce, à des fins de dramatisation. Cependant, les sénateurs sont incapables de démontrer que les prétentions de Bishop sont valides et, par conséquent, il est tout simplement recommandé que ce film porte l'étiquette de «documentaire dramatisé», ce que l'on fit.

Brereton Greenhous

Bison Les bisons sont des MAMMIFÈRES ongulés de la famille des bœufs (bovidés). Les mammalogistes reconnaissent deux espèces: le bison d'Europe (*Bison bonasus*) et le bison d'Amérique (*Bison bison*). Cette dernière espèce a été divisée en deux sous-espèces, *B. b. bison* (des plaines) et *B. b. athabascae* (des bois), mais un examen critique n'a pas permis de faire une distinction taxinomique entre les deux.

Description L'espèce nord-américaine a des cornes noires, courtes et recourbées, une barbe, une bosse, une queue courte et de longs poils rudes et laineux sur les épaules, les quatre pattes, la tête et le cou. Les mâles atteignent la taille adulte vers six ou huit ans, et les femelles vers quatre ans. Leur longévité est de plus de 20 ans.

À l'instar d'autres espèces d'ongulés telles que l'ORIGNAL, le WAPITI et le CERF, les bisons du Nord sont plus grands que ceux du Sud. En effet, la taille des ongulés et des LOUPS s'accroît en fonction de la latitude, et ce, jusqu'à 65° N. Au-delà de cette limite, elle diminue. La fourrure telle que décrite pour le *B. b. athabascae* semble être un artefact dû à la captivité dans le PARC NATIONAL ELK ISLAND. Ce phénomène est également observé chez le wapiti et l'orignal. Cela signifie que la forme et l'apparence du bison varient selon les conditions environnementales, et ces variations n'ont pas de signification taxinomique.

Dépeuplement Au début du XXᵉ s., le bison sauvage avait été pratiquement exterminé. Il restait quelque 23 individus dans le parc national Yellowstone, dans le nord-ouest des États-Unis, et entre 300 et 500 individus dans ce qui allait devenir le PARC NATIONAL WOOD BUFFALO. Ces bisons ainsi que 88 autres individus, principalement des veaux, capturés entre 1873 et 1889, sont les ancêtres des troupeaux actuels. Ainsi, les bisons nord-américains actuels descendent probablement de moins de 400 individus.

Ils ont d'abord été victimes de la politique militaire des États-Unis parce qu'ils permettaient la survie des populations autochtones hostiles qui s'avéraient difficiles à vaincre par des moyens conventionnels. L'extermination du cheptel des États-Unis a entraîné la fin du cheptel canadien. Le commerce des produits du bison a été florissant pendant près d'un demi-siècle. Lorsque le bison est devenu rare, on s'est tourné vers d'autres espèces.

Conservation Le gouvernement canadien a acheté le célèbre troupeau Pablo-Allard du Montana et a transféré les animaux dans le parc national Bison (qui n'existe plus) et dans le parc national Elk Island. Quand ils ont commencé à y être trop nombreux, le gouvernement les a fait transporter dans le parc national Wood Buffalo. Les bisons avaient alors déjà été infectés par des maladies liées au bétail. Cette décision fut contestée à l'époque et elle l'est encore aujourd'hui. Les tentatives récentes pour sauver la sous-espèce *B. b. athabascae* étaient louables, mais étaient fondées sur de mauvaises connaissances taxinomiques.

Importance biologique D'énormes troupeaux de bisons broutaient dans les PRAIRIES, et leurs mouvements quelque peu imprévisibles provoquaient des périodes d'abondance et de famines chez leurs pré-

dateurs. Il y avait une ségrégation entre les mâles et les femelles: les premiers se déplaçaient moins, se rassemblaient dans de bons sites d'alimentation et étaient plus en mesure de parer aux attaques de prédateurs. Les bisons servaient de nourriture aux loups, aux grizzlis et aux charognards, de même qu'aux autochtones des Plaines et aux Métis. Ils étaient aussi une source de nourriture pour les colons blancs du XIXᵉ s.

L'excellente viande des bisons, leurs peaux magnifiques, leur capacité à survivre aux rigueurs de l'hiver, et même à prendre du poids quand la nourriture est rare, ont incité les humains à les domestiquer et à les hybrider avec le bétail. Les mâles «cattalos» (hybrides) sont infertiles, mais les femelles se reproduisent très bien et vivent longtemps. Des expériences faites sur les cattalos ont échoué en raison de l'infertilité des mâles et de la demande de viande plus grasse sur le marché. Actuellement, la demande de viande maigre gagne en popularité et l'intérêt pour l'élevage du bison augmente.

Valerius Geist

Bison, chasse au Moyen par lequel les autochtones des Plaines et les MÉTIS récoltaient leur principale source de nourriture. Les chasseurs approchaient le troupeau de BISONS à pas furtifs, souvent camouflés sous des peaux de coyote ou beuglant comme des veaux, le repoussaient vers une falaise (saut de bison) ou un corral de construction solide, tuant ainsi de nombreuses bêtes à la fois. Les GENS-DU-SANG, les PEIGANS, les CRIS et les SARSIS semaient la panique en acheminant les bisons entre deux barrières (parfois fabriquées de billots entremêlés de broussaille) qui menaient au sommet d'une falaise. Si les bisons ne mouraient pas en s'écrasant au pied de la falaise, ils étaient immédiatement abattus. Les chasseurs parvenaient facilement à cerner un troupeau lorsque celui-ci s'enlisait dans la neige épaisse ou la boue d'un marécage.

Avec l'arrivée du cheval vers 1730, la charge et l'encerclement s'ajoutent aux méthodes de chasse. Les archéologues ont découvert de nombreux sauts de bison. Le plus ancien est peut-être le HEAD-SMASHED-IN BUFFALO JUMP, dans le sud-ouest de l'Alberta, déclaré SITE DU PATRIMOINE MONDIAL DE L'UNESCO. La chasse est à la base du mode de vie des autochtones des Plaines, leur fournissant les biens de première nécessité: ils mangent la viande, fabriquent des outils avec la babiche et les os, transforment les peaux en vêtements et en abris. La chasse et ses produits deviennent le fondement d'institutions sociales, politiques et culturelles complexes. De plus, elle est essentielle à la TRAITE DES FOURRURES. Les postes de ravitaillement le long des rivières Rouge, Assiniboine et Saskatchewan Nord s'approvisionnent en viande séchée et en PEMMICAN, ainsi qu'en viande de bison fraîche en saison. Après les années 1850, les peaux servent à la fabrication de courroies d'entraînement industrielles.

L'accroissement des populations indienne et métisse, les demandes des centres industriels et l'incompatibilité des troupeaux errants avec l'implantation agricole sont des motifs avancés pour expliquer l'extinction des bisons. L'utilisation du cheval a peut-être aussi été un facteur déterminant: les chasseurs à pied abattaient les bisons sans égard au sexe ou à l'âge, tandis que les chasseurs à cheval pouvaient poursuivre la génisse ou la taure qu'ils avaient choisie. Au début des années 1880, le bison des prairies est presque disparu; et seuls quelques bisons des bois ont survécu dans les forêts du Nord.

John E. Foster

Bissell, Claude Thomas, administrateur culturel et auteur (Meaford, Ont., 10 févr. 1916). Il fait ses études dans les écoles publiques de Toronto, à l'U. de Toronto (1936; maîtrise, 1937) et à celle de Cornell (doctorat, 1940). Il est recteur de l'U. Carleton (1956-1958), de l'U. de Toronto (1958-1971) et professeur au département d'anglais de l'U. de Toronto de 1973 à 1983.

Son mandat de recteur à Toronto est perturbé par une vague de contestation qui vise à obtenir une administration plus démocratique et se termine par l'adoption de règlements permettant une meilleure représentation de membres du personnel et d'étudiants. Bissell met l'accent sur le développement des études de deuxième et de troisième cycles et il est en grande partie responsable de la création, au sein de l'université, d'une importante bibliothèque consacrée à la recherche.

Il est président du Conseil des Arts du Canada de 1960 à 1962, et premier professeur invité de la chaire Mackenzie King d'études canadiennes à Harvard de 1967 à 1968. Il est l'auteur de *The Strength of the University* (1968), *Halfway up Parnassus* (1974), *The Humanities in the University* (1977) et d'une biographie en deux volumes sur Vincent Massey: *The Young Vincent Massey* (1981) et *The Imperial Canadian* (1986).

Bissett, Bill, poète, artiste, acteur, éditeur (Halifax, 23 nov. 1939). James Reaney surnomme Bissett *l'homme qui incarne une civilisation*, description fort appropriée pour cet explorateur multimédia de visions culturelles singulières. Son travail est puissamment teinté de révolte contre les pouvoirs établis et d'anarchisme, qui se traduit jusque dans un refus des règles d'orthographe et de grammaire. Malgré cela, son œuvre cherche à exprimer une spiritualité profonde.

Aujourd'hui, Bissett est reconnu dans le monde entier pour ses saisissants spectacles de poésie sonore. Écrivain prolifique, il a publié plus de 50 recueils de poésie. La lecture de deux d'entre eux, *Nobody Owns the Earth* (1971) et *Beyond Even Faithful Legends: Selected Poems* (1980), constitue la meilleure manière d'aborder les œuvres de sa première période.

On retrouve dans ses tableaux et ses dessins la même énergie primitive que dans ses poèmes. En 1989, une rétrospective de ses œuvres au Musée des beaux-arts de Vancouver connaît un franc succès. Depuis 1985, Bissett publie ses recueils chez Talonbooks. *Canada Gees Mate for Life, Seagull on Yonge Street, Animal Uproar, What We Have, Hard 2 beleev, Inkorrect Thots* reflètent son anarchisme romantique et visionnaire, tout en traitant de la mort d'amis et de l'inévitable vieillesse.

Douglas Barbour

Bissonnette, Anik, ballerine (Montréal, 9 février 1962). Petite et parfaitement proportionnée, Anik Bissonnette est la ballerine la plus connue du Québec. Pendant sa formation à l'École de danse Eddy Toussaint à Montréal, où elle entreprend ses études de ballet classique à l'âge de 12 ans, on remarque son sens exceptionnel de la musique, la pureté de ses mouvements et son équilibre extraordinaire. Elle se joint d'ailleurs au Ballet de Montréal Eddy Toussaint cinq ans plus tard, accompagnée de sa jumelle identique, Sophie.

Immédiatement associée à l'étoile du Ballet Eddy Toussaint, Louis ROBITAILLE, qu'elle épouse plus tard, elle commence à danser des rôles principaux. Les critiques font immédiatement l'éloge de sa sensibilité et de sa technique. Sa beauté calme, imperturbable, en fait une partenaire parfaite pour Louis Robitaille, chez qui le besoin d'association est viscéral. Le couple devient célèbre au Québec, surtout pour son interprétation des ballets dont le thème est populaire tels que *Rose Latulippe*.

Jusqu'à ce qu'elle se joigne aux GRANDS BALLETS CANADIENS en 1990, sa carrière est presque inséparable de celle de Louis Robitaille. C'est avec lui qu'elle entreprend une carrière d'artiste invitée autonome en 1986-1987, faisant des apparitions aux galas du Festival Spoleto à Charleston aux États-Unis, à Spoleto en Italie et à Melbourne en Australie. En 1998, toujours avec Louis Robitaille, elle danse *Giselle* avec le Ballet d'Odessa, en Ukraine. En 1989, elle a déjà dansé avec d'autres étoiles de réputation internationale. Cette année-là, elle est la partenaire de Laurent Hilaire de l'Opéra de Paris dans le *Lac des cygnes* et dans Roméo et Juliette avec les ballets du Capitol à Toulouse, en France. Elle retourne à Toulouse en 1992 pour danser avec une autre étoile de l'Opéra de Paris, Eric Vu An.

Depuis 1990, Anik Bissonnette a dansé régulièrement partout dans le monde avec le Gala des Étoiles. Avec les Grands Ballets Canadiens, elle recrée le rôle titre dans *La Chatte*, de George Balanchine, et elle brille dans des œuvres aussi diverses que *Casse-Noisette* (Fernand NAULT), *Allegro Brillante* et le *Concerto pour violon* de Stravinsky (Balanchine), *Urlicht* (William Forsythe) et *Stepping Stones* (Jiri Kylian).

Anik Bissonnette a reçu plusieurs prix, dont l'Ordre du Canada en 1995. La même année, elle était l'objet d'un livre d'Yvon Brochu portant sur quatre jeunes Québécois remarquables intitulé *En plein Cœur*.

Linde Howe-Beck

Bissonnette, Lise, journaliste et présidente de société d'État, (Rouyn, Qc, 1945), Lise Bissonnette étudie en pédagogie et en sciences de l'éducation à l'U. de Montréal. Elle poursuit par la suite des études doctorales en France à l'U. de Strasbourg et à l'École des hautes études de Paris où elle s'intéresse particulièrement aux systèmes d'enseignement supérieur. En 1970, elle participe à la création du premier bureau d'études institutionnelles de l'U. du Québec à Montréal et assume la coordination de la famille et des arts. En 1974, elle débute sa carrière en journalisme au quotidien LE DEVOIR. Elle occupe les postes de chroniqueur (éducation), correspondante parlementaire à Québec puis à Ottawa, éditorialiste et rédactrice en chef. Forcée de quitter *Le Devoir* en 1986 à la suite d'une mésentente avec la direction, elle devient journaliste indépendante et tient des chroniques dans divers journaux ou magazines, dont les quotidiens *The Globe and Mail*, *Le Soleil* et *L'actualité*.

En juin 1990, elle revient au *Devoir* comme directrice, devenant la première femme à diriger ce journal, dont elle se donnera pour but de redresser la situation financière. Elle restructure le journal au plan administratif et financier et opère une révision complète de la mise en marché du *Devoir*, de sa présentation et de son contenu, misant notamment sur la culture et une orientation clairement nationaliste qu'elle tient par contre à garder indépendante des acteurs politiques de la même tendance. Ses chroniques et éditoriaux attirent toujours beaucoup l'attention. Son éditorial monosyllabique – NON – de juillet 1992, en réponse à un accord constitutionnel préparatoire à celui de Charlottetown, fera date. Mais il fait figure d'exception dans une production journalistique marquée par des éditoriaux habituellement élaborés. Lors du référendum de 1995, elle prend position en faveur du Oui, faisant du Devoir le seul journal au Canada à appuyer le projet de souveraineté du Québec.

En août 1998, elle a été nommée première présidente et directrice générale de la Grande bibliothèque du Québec, institution qu'elle avait appelée de ses vœux dans ses chroniques et éditoriaux du Devoir.

Elle est l'auteur de deux recueils de chroniques, *La passion du présent* (1987) et *Toujours la passion du présent* (1999). Romancière, admiratrice de George Sand, elle a publié *Marie suivait l'été* (1992) où elle évoque son enfance abitibienne, *Choses crues* (1995) et *Quittes et doubles* (1997). Elle publiait en 1997 *Scènes de réciprocité*, un recueil de nouvelles. Son grand intérêt pour les arts visuels transpire de son œuvre de fiction.

Lise Bissonnette détient cinq doctorats honoris causa. Elle a reçu l'Ordre des francophones d'Amérique en 1993 et a été élue membre de l'Académie des lettres et des sciences humaines de la Société royale du Canada en 1994. Intronisée au Panthéon du journalisme canadien en 1996, elle était nommée

Officier de l'Ordre national du Québec en 1998, année où elle reçut aussi l'Ordre de la Pléiade. En 2000, la République française la faisait Officier de l'Ordre national de la Légion d'honneur.

Antoine Robitaille

Bissoondath, Neil Devindra, Neil Devindra, romancier, nouvelliste, essayiste (Arima, Trinité, 19 avril 1955). Il fréquente le St. Mary's College puis émigre au Canada en 1973, où il s'inscrit à l'U. York (B.A., 1977). Après avoir obtenu son diplôme, il enseigne l'anglais comme langue seconde et le français à Toronto. Il écrit ses premières nouvelles vers la fin des années 70 et fait des études à la Banff School of Fine Arts en 1983. Son oncle, l'auteur V.S. Naipaul, a été pour lui une grande source d'inspiration. Le premier livre de Bissoondath, une série de nouvelles intitulées *Digging Up the Mountains* (1985), soulève des questions d'aliénation culturelle, d'exil et de crises de la vie familiale, thèmes qu'il reprend d'ailleurs plus tard dans d'autres écrits. L'ouvrage remporte un vif succès commercial et est salué unanimement par les critiques, ce qui permet à Bissoondath de quitter l'enseignement et de se consacrer entièrement à l'écriture.

Il publie deux romans, *A Casual Brutality* (1988), dont l'action se déroule dans la république fictive de Casaquemada dans les Antilles, et *The Innocence of Age* (1993), un récit qui décrit les tensions entre les générations dans le contexte de plus en plus raciste de la ville de Toronto. Cependant, c'est par des nouvelles comme celles qu'on trouve dans son deuxième recueil, *On the Eve of Uncertain Tomorrows* (1990), qu'il se distingue le plus. *Selling Illusions: the Cult of Multiculturalism in Canada* (1994) a été l'œuvre la plus controversée et la plus vendue de Bissoondath. Dans cet ouvrage documentaire, il critique les politiques du Canada en matière de multiculturalisme qui, à son avis, font ressortir les différences plutôt que les ressemblances entre les divers groupes ethniques du pays.

Brian John Busby

Bitume C'est la forme la plus épaisse et la plus dense du PÉTROLE. Les deux plus grandes réserves connues de bitume (en Alberta et au Venezuela) contiennent chacune plus de pétrole que l'ensemble de toutes les réserves connues du golfe Persique. Le pétrole brut synthétique produit à partir du bitume représente environ 21 p. 100 de la production totale de pétrole du Canada. Cependant, si on le compare au pétrole classique (celui qui provient des sources traditionnelles et faciles d'accès), le pétrole brut synthétique coûte cher et sa production est compliquée.

Description Contrairement au pétrole brut classique, le bitume ne s'écoule pas librement, car il est plus dense que l'eau et plus épais que la mélasse. La plupart des hydrocarbures que l'on trouve dans le bitume sont plus lourds que le pentane et environ la moitié de ces hydrocarbures sont des molécules très lourdes dont le point d'ébullition est supérieur à 525 ºC. Les fractions pétrolières légères ont une teneur élevée en naphtènes, utilisés pour fabriquer de l'essence et des PRODUITS PÉTROCHIMIQUES, tandis que les fractions lourdes ont une proportion élevée d'asphaltènes, utilisés pour fabriquer l'asphalte. Le bitume contient aussi jusqu'à 5 p. 100 de soufre en poids et de petites quantités d'oxygène, de métaux lourds et d'autres impuretés.

La plupart des gisements contiennent des mélanges de bitume, de sable, d'eau, de petites quantités de métaux lourds et d'autres contaminants. À l'état naturel, le bitume ne convient qu'au revêtement des routes. Comparé au pétrole brut conventionnel, le bitume contient trop de carbone et pas assez d'hydrogène. Puisque la plupart des raffineries canadiennes n'acceptent que le pétrole brut synthétique comme charge d'alimentation, on utilise des procédés de raffinage spéciaux qui éliminent les impuretés et rétablissent l'équilibre entre le carbone et l'hydrogène. Avant de livrer le bitume aux raffineries qui acceptent le pétrole brut lourd, on doit

d'abord le diluer avec un condensat de gaz naturel ou une matière similaire pour qu'il puisse être pompé.

Réserves Les réserves de bitume se trouvent dans trois grands gisements de l'Alberta, dans des formations de sables bitumineux et de sédiment carbonaté: à Athabasca, à Cold Lake et à la rivière de la Paix. Le gisement de Wabiskaw-McMurray (historiquement connu comme le gisement d'Athabasca), qui contient 41 000 km³ de matériau, près de Fort McMurray, est le plus grand et le plus près de la surface du sol. Le lit de la RIVIÈRE ATHABASCA traverse en plusieurs endroits les sables bitumineux et les Amérindiens utilisaient le bitume goudronneux pour calfater leurs canots avant l'arrivée des Européens à la fin du XVIIIᵉ siècle.

Depuis la fin du XIXᵉ siècle, nombreux sont ceux qui ont tenté d'exploiter la richesse en pétrole des sables bitumineux. Au tout début de notre siècle, on a utilisé le bitume pour revêtir quelques rues d'Edmonton. Dans les années 30, l'International Bitumen Co. et l'Abasand Oils Ltd. produisent de l'asphalte à partir des sables d'Athabasca. Jusqu'à tout récemment, les gisements de bitume de l'Alberta étaient communément appelés «sables goudronneux», mais l'industrie et le gouvernement préfèrent maintenant employer le terme plus descriptif de «sables bitumineux».

Dans la partie nord-ouest du gisement de l'Athabasca, de nombreuses veines s'étendent à moins de 80 m sous la surface. Elles représentent environ 10 p. 100 des quelque 144 milliards de m³ de bitume du gisement. Selon les conditions économiques qui prévalaient en 1985, près de 5,3 milliards de m³ de bitume étaient considérés comme récupérables. Cette quantité correspond à 4,5 milliards de m³ de pétrole brut synthétique, suffisamment pour répondre pendant plus de 50 ans à la consommation canadienne de pétrole, selon le taux de consommation de 1987. C'est dans cette région que se trouvent les deux seules exploitations commerciales à ciel ouvert de sables bitumineux du monde. Pour séparer le bitume des sables bitumineux, les deux entreprises utilisent le procédé à l'eau chaude mis au point par Karl CLARK, de l'ALBERTA RESEARCH COUNCIL, et breveté en 1929.

En 1967, la Great Canadian Oil Sands Ltd., qui fait maintenant partie de Suncor Ltd., inaugure la première usine de traitement moderne et elle produit aujourd'hui plus de 9000 m³ par jour de pétrole brut synthétique de haute qualité. La production de Syncrude Ltd., qui a débuté en 1978, est passée de 20 500 m³ à 26 000 m³ par jour en 1988, après la mise en œuvre d'un plan d'amélioration de la capacité. Syncrude envisage un autre agrandissement, évalué à 4 milliards de dollars, qui permettra d'augmenter la production à 41 000 m³ par jour.

Un important marché pour le pétrole lourd s'est développé dans le nord-ouest des États-Unis dans les années 80 et cinq installations de récupération souterraine ont commencé à produire du bitume depuis 1984. Wolf Lake I, un projet réalisé conjointement par British Petroleum et Petro-Canada, produit 1300 m³ par jour. On a entrepris la réalisation de Wolf Lake II, une autre unité de 200 millions de dollars, en 1987. Ce projet a ensuite été vendu à Amoco Canada.

Esso Ressources a installé et mis en exploitation, en 1987, six unités à Cold Lake qui produisent 12 000 m³ par jour de bitume. On a entrepris la construction des unités 7 à 10, au coût de 375 millions de dollars, qui permettront de faire passer la production à 22 000 m³ par jour au début du XXIᵉ siècle. En raison de l'effondrement des prix du pétrole, la Murphy Oil Company Ltd. a interrompu l'exploitation du gisement Lindbergh en 1986. La production a repris à la fin de 1987 pour atteindre 400 m³ par jour. Koch produit 375 m³ par jour à Fort Kent. Ces quatre premiers projets commerciaux souterrains exploitent le gisement Cold Lake. Le cinquième projet, celui de Shell Oil, produit 1000 m³ par jour à partir du gisement de la rivière de la Paix.

Dans les années 70, Esso propose un important projet souterrain à Cold Lake. Ce projet a été suspendu en 1981 à cause des incertitudes dues à l'inflation, au taux d'intérêt et au prix mondial du pétrole (*voir* POLITIQUE ÉNERGÉTIQUE). En 1982, pour des RAISONS semblables, le consortium Alsands abandonne la planification d'un important projet d'exploitation à ciel ouvert près de FORT MCMURRAY. Les projets d'Esso et d'Alsands prévoient une production de 22 000 m³ par jour et des frais d'investissement de 12 milliards de dollars chacun. Ces projets, qui incluent des installations de traitement, démontrent que les aspects financiers de l'extraction en surface et de l'extraction souterraine sont presque les mêmes.

Exploitation des sables bitumineux À cause des contaminants contenus dans le bitume et de sa grande viscosité, le principal problème lié à son exploitation est de le remonter à la surface. Suncor et Syncrude utilisent toutes deux des techniques d'EXPLOITATION MINIÈRE à ciel ouvert pour extraire les sables bitumineux. Toutefois, seulement environ 10 p. 100 du bitume de l'Alberta peut être extrait par l'exploitation à ciel ouvert. Le reste ne peut être extrait que par des techniques de récupération souterraine.

Chez Suncor et Syncrude, l'épaisseur des veines contenant le bitume est de 30 m à 70 m et elles se trouvent à des profondeurs de 15 m à 35 m. Les morts-terrains se composent de différentes quantités de limon, d'argile et de schiste argileux du crétacé (les formations de Clearwater datent de 65 millions d'années à 140 millions d'années) recouvrant les sables bitumineux de Fort McMurray et de sables et de graviers du pléistocène (de 1,6 million d'années à 0,01 million d'années) déposés de façon non conforme sur les formations de Clearwater. Le MUSKEG, qui peut atteindre jusqu'à 5 m d'épaisseur, couvre environ 40 p. 100 du terrain. Les zones sans muskeg sont généralement recouvertes de broussailles.

Les régions à exploiter sont d'abord déboisées, puis asséchées. Le muskeg est arraché pendant l'hiver et stocké avant d'être recyclé. Suncor retire les morts-terrains avec des excavateurs à roue qui arrachent la matière et la chargent dans des camions. À peu près 80 p. 100 de cette matière est utilisée pour la construction de voies de transport et de digues à rejets. Syncrude utilise une partie des morts-terrains pour remplir les excavations de l'exploitation avec des pelles à benne traînante, et la plus grande partie est retirée par deux pelles hydrauliques de 15 m³, une flotte de chariots électriques de 170 tonnes et d'autres engins de terrassement. Suncor extrait les sables bitumineux avec trois gros excavateurs à roue installés sur des plates-formes de 20 m de haut.

Pour faciliter le forage et préserver les dents et les godets des machines, on dynamite le sable bitumineux avant l'excavation. On l'expédie ensuite à l'usine d'extraction par des wagons et des convoyeurs à courroie. Chez Syncrude, l'extraction est effectuée par quatre pelles à benne traînante de 61 m³, deux se dirigeant vers l'est et les deux autres vers l'ouest, sur deux surfaces d'une longueur de 4500 m. Le sable bitumineux est empilé en cordon derrière les pelles à benne traînante, puis chargé sur des convoyeurs par quatre engins de reprise à roue-pelle. Généralement, les sables bitumineux qui contiennent moins de 6 p. 100 (Syncrude) ou de 8 p. 100 (Suncor) de bitume ne sont pas rentables parce qu'ils ne sont pas rentables. Les coûts directs d'exploitation (sans compter les services) représentent de 25 p. 100 à 35 p. 100 des coûts directs (excluant les intérêts, les redevances et les impôts).

Récupération souterraine On estime que le gisement d'Athabasca contient environ 212 milliards de m³ de bitume recouverts d'une couche de mort-terrain, dont l'épaisseur varie de 0 m à 750 m. Ceux de Cold Lake et de la rivière de la Paix en contiennent

respectivement 35 milliards de m³ et 21 milliards de m³, à une profondeur variant de 300 m à 600 m. La capacité totale est donc de 268 milliards de m³. L'extraction à ciel ouvert est présentement limitée aux endroits où les morts-terrains ne dépassent pas 46 m de profondeur, mais il est possible qu'elle puisse un jour atteindre 80 m. Le résultat positif d'expériences effectuées sous terre, particulièrement par Esso Ressources à Cold Lake, indique qu'une partie importante du bitume qui se trouve à une profondeur supérieure à 300 m pourrait être récupérée.

Depuis 1964, Esso Ressources fait de façon continue l'essai des techniques souterraines à Cold Lake. La production des usines pilotes, qui atteignait un volume commercial au début des années 80, est passée à 3100 m³ par jour à la fin de 1987. Selon le procédé par injection de vapeur cyclique utilisé par Esso, on injecte de la vapeur à haute pression pendant un mois ou deux pour réchauffer le gisement, puis on cesse pendant au moins quatre mois. Le bitume remonte dans les puits d'injection, qui deviennent alors des puits de production exploités par pompage. La densité du bitume de Cold Lake est de 11° API (échelle de densité de l'American Petroleum Institute). Il est moins dense que le bitume d'Athabasca, ce qui facilite son extraction. La récupération initiale est d'environ 20 p. 100 des réserves en place, mais on s'attend à ce que l'efficacité de la récupération augmente lorsque la communication entre les puits sera établie.

Le gisement de la rivière de la Paix de Ressources Shell Canada Ltée est différent, parce qu'il contient une couche uniforme de sable bitumineux de 24 m d'épaisseur, sous laquelle on trouve une nappe d'eau de 3 m. La technique utilisée à l'usine pilote de Shell consiste à injecter de la vapeur dans la nappe d'eau et à répandre la chaleur et la pression dans les sables bitumineux par l'intermédiaire d'une série de puits qui vont de la nappe d'eau jusqu'à la surface. Après une période intensive d'injection de vapeur sous pression, on interrompt le processus et le bitume réchauffé coule dans les puits d'injection jusqu'à la nappe d'eau, où il est récupéré dans les puits de production.

Au lac Grégoire, Amoco Canada expérimente depuis plusieurs années le procédé COFCAW, selon lequel une injection d'air chauffé d'abord le gisement et une injection d'eau subséquente produit de la vapeur qui ramollit le bitume. On a mis fin à un très long essai en 1982, après l'échec de nombreuses tentatives pour établir la communication entre les puits.

Extraction souterraine avec des technologies minières Une autre forme de technologie doit être développée pour l'exploitation des importantes réserves d'Athabasca dont la profondeur varie entre 80 m et 300 m. La production souterraine avec des technologies minières (MAISP) est une technique prometteuse inspirée d'un procédé utilisé à Yarega, en Sibérie. Le procédé consiste à creuser d'abord des tunnels horizontaux sous le gisement, avant de forer verticalement des puits à drains en rang serré entre les tunnels et le gisement. On injecte ensuite de la vapeur à basse pression dans le gisement pour augmenter la température du pétrole lourd, diminuer sa viscosité et lui permettre de s'écouler dans les puits. Le Bureau de recherche et de technologie des sables bitumineux de l'Alberta (AOSTRA) et Chevron étudient présentement cette technique dans le cadre d'un projet pilote près du lac Mildred. On a creusé des tunnels de 3 m de diamètre à 223 m de profondeur dans le calcaire, sous le gisement McMurray, et foré six puits jusque dans le gisement. L'injection de vapeur a commencé en 1987 et la production a débuté quelques mois plus tard. En 1995, la production du projet est passée à 350 m³ par jour à l'aide du procédé de drainage par gravité, au moyen de la vapeur (SAGO) qui utilise des puits horizontaux jumelés. Neuf sociétés ont participé à ce projet géré par l'AOSTRA.

Extraction du bitume Les sables bitumineux exploités commercialement contiennent en moyenne de 10 p. 100 à 12 p. 100 de bitume, de 83 p. 100 à 85 p. 100 de matières minérales et de 4 p. 100 à 6 p. 100 d'eau. La plupart des matières minérales sont recouvertes d'une mince pellicule d'eau, ce qui rend possible l'extraction par le procédé à l'eau chaude. Les sables bitumineux sont placés dans d'énormes tambours rotatifs et mélangés avec de l'eau chaude et de la vapeur. Les particules de bitume se séparent des grains de sable et s'accrochent à de minuscules bulles d'air. La boue ainsi préparée est tamisée, puis déposée dans de gros contenants coniques de séparation, dans lesquels le bitume aéré est récolté sous forme de mousse contenant à peu près 65 p. 100 de pétrole, 25 p. 100 d'eau et 10 p. 100 de solides. Le gros sable se dépose au fond pour être ensuite pompé vers une décharge. Quelques très petites particules de bitume et de minéraux, appelées mixtes, demeurent dans une couche d'eau intermédiaire qui est retirée et pompée vers des cellules de flottation secondaires.

Généralement, ce procédé permet de récupérer entre 88 p. 100 et 95 p. 100 du bitume. Le gros sable qui provient des séparateurs primaires est utilisé dans la construction des digues qui forment les gros bassins à résidus nécessaires pour contenir l'effluent. Les particules fines se déposent lentement dans les bassins et l'eau décantée est réutilisée dans le processus d'extraction. Les particules fines ne retrouvent pas leur densité originale et chaque mètre cube de sable bitumineux extrait laisse ainsi 1,4 m³ de résidus. La récupération des contaminants contenus dans la mousse s'effectue par la dilution au naphta, qui est suivie de deux étapes de centrifugation. Syncrude a récemment installé des décanteurs sur plaque inclinée à la suite des centrifugeuses. Le procédé de traitement de la mousse permet une récupération de l'ordre de 98 p. 100. Les besoins en eau d'un projet important comme celui de Syncrude sont considérables et représentent environ 0,2 p. 100 du débit moyen de la rivière Athabasca (*voir* POLLUTION DE L'EAU).

Les incitations économiques et écologiques sont encore suffisantes pour encourager la recherche visant à améliorer la récupération, à réduire les exigences en chaleur et en eau et à diminuer ou même à éliminer les bassins à résidus. On a, par conséquent, étudié plusieurs autres solutions, y compris l'extraction par le chauffage, par l'injection de solvant ou de produits chimiques, par boulettage et par tamis oléophiles. Par contre, on devra prouver les avantages des technologies complètement nouvelles avant de les adopter, puisque le procédé à l'eau chaude, constamment amélioré depuis qu'il s'est révélé efficace à l'échelle commerciale, ne représente qu'à peu près 10 p. 100 du coût initial en capital d'un projet d'extraction des sables bitumineux.

Amélioration du bitume Suncor et Syncrude extraient le carbone des fractions lourdes du bitume par la cokéfaction. Ce procédé provoque le craquage thermique des fractions lourdes (à des températures variant de 468 °C à 498 °C) et produit des fractions plus légères (comme l'essence et les gaz combustibles) et du coke de pétrole, qui sert de combustible dans le procédé de cokéfaction ou qui est vendu. Le procédé de cokéfaction en lit fluidisé utilisé par Syncrude produit moins de coke et plus d'hydrocarbures liquides que le procédé de cokéfaction retardée utilisé par Suncor. Par contre, la cokéfaction en lit fluidisé est un procédé nécessitant de gros investissements, qui produit un distillat de qualité inférieure. Le projet abandonné de Cold Lake prévoyait utiliser la flexicokéfaction, une version modifiée de la cokéfaction en lit fluidisé qui comporte une étape de gazéification permettant de transformer le coke en un gaz combustible à faible puissance calorifique. Plutôt que d'être oxydé en dioxyde de soufre, le soufre contenu dans le coke est réduit en hydrogène sulfuré, une substance que la technologie classique peut plus facilement extraire et transformer en SOUFRE élémentaire.

L'hydrocraquage, un procédé qui ajoute de l'HYDROGÈNE au produit, permet d'augmenter la production des liquides, d'obtenir des distillats de meilleure qualité et de réduire les niveaux d'émission de dioxyde de soufre. Cependant, la technique de l'hydrocraquage souffre de la courte durée de vie du catalyseur due à la contamination par les organométalliques, de besoins considérables en énergie et du fait que l'hydrogène doit provenir du gaz naturel. Plus récemment, cette technologie est devenue plus attirante en raison du surplus continu de gaz naturel et de la baisse des prix, et elle a été incorporée dans le programme d'amélioration de la capacité de Syncrude.

Pour transformer les distillats primaires en pétrole brut synthétique, on utilise l'hydrotraitement, un procédé qui permet de retirer encore plus de soufre, d'azote et d'oxygène et d'améliorer les caractéristiques moléculaires des hydrocarbures. L'hydrotraitement exige des installations connexes coûteuses comme des usines de fabrication d'hydrogène, des installations de lavage de gaz sulfureux et des unités de récupération du soufre.

L'avenir de la production des sables bitumineux semble très prometteur. En effet, en juin 1996, le premier ministre du Canada, Jean Chrétien, et les présidents de 18 des plus importantes sociétés pétrolières du Canada ont signé une entente dont le but est d'encourager le développement des sables bitumineux. L'objectif de ce développement est d'augmenter la production actuelle de 400 000 barils par jour à 1,2 million de barils par jour. Une augmentation de cette envergure peut se traduire par des investissements de 25 milliards de dollars au Canada d'ici l'an 2020, la création de 44 000 emplois permanents répandus dans tout le pays et une injection de plus de 100 milliards de dollars dans le budget du Canada. Syncrude prévoit, pour elle seule, une croissance de 2 milliards de dollars d'ici 6 à 10 ans. Tout porte à croire que la production des sables bitumineux se poursuivra vigoureusement pendant le XXIe siècle.

G.R. Gray et R. Luhning

Biyiasas, Peter, grand maître des échecs (Athènes, Grèce, 19 nov. 1950). Arrivé au Canada pendant son enfance, il commence à jouer sérieusement à Vancouver vers la fin des années 60 et remporte le championnat de la Colombie-Britannique de 1968 à 1971. Il est joueur de réserve dans l'équipe étudiante canadienne qui gagne la médaille de bronze aux Jeux universitaires mondiaux de Mayagüez (Porto Rico), en 1971.

Biyiasas gagne le championnat fermé du Canada à Toronto (1972), puis à Calgary (1975). Il reçoit le titre de grand maître en 1978 grâce aux résultats obtenus dans trois tournois: l'olympiade de Haïfa (1976) et les tournois de Lone Pine et de New York (1978). Il est plusieurs fois membre de l'équipe olympique canadienne (1972, 1974, 1976 et 1978), puis il émigre aux États-Unis.

Lawrence Day

Bjarni Herjolfsson, marchand, commerçant (actif vers 986). Bjarni est vraisemblablement le premier Européen à avoir aperçu la côte Est de l'Amérique du Nord. Au cours de l'été 985 ou 986, il se dirige vers l'Islande, puis le Groenland pour aller y rejoindre son père. Des tempêtes le font dévier de sa course, et il aperçoit une terre qu'il décrira comme étant boisée et montagneuse. Poursuivant sa route vers le nord, il voit des collines et des montagnes partiellement couvertes de neige. Constatant que ces terres ne sont pas le Groenland qu'on lui avait décrit, il change de direction et finit par atteindre le domaine de son père.

Les chercheurs s'entendent généralement pour dire que Bjarni a vu Terre-Neuve, le Labrador et l'île de Baffin, quoique certains soutiennent qu'il a pu dévier vers le sud jusqu'au Maine. Quelques années plus tard, LEIFR EIRIKSSON achète le bateau de

Bjarni et redécouvre ces nouvelles terres qu'il nomme Helluland, Markland et Vinland.

John Parsons

Blackburn, Maurice, compositeur (Québec, 22 mai 1914—Montréal, 30 mars 1988). Après des études en musique au Québec et à l'étranger, dont la composition avec Claude CHAMPAGNE, il entre à l'OFFICE NATIONAL DU FILM (ONF) en 1942. Il y compose la musique de quelque 150 films de tout genre: documentaire, fiction, animation. Il se fait surtout connaître pour sa longue collaboration avec Norman MCLAREN qui a notamment recours à ses talents pour *La Poulette grise* (1947), *A Phantasy* (1952), *Blinkity Blank* (1955), *Le Merle* (1958), *Pas de deux* (1967) et *Narcissus* (1983). Ces films témoignent de l'extrême diversité stylistique de Blackburn, s'inspirant parfois du folklore, parfois de la musique contemporaine, mais toujours vive et colorée. Cette capacité d'adaptation séduit les réalisateurs avec qui il travaille. À partir des années 1970, on retrouve son nom au générique de quelques longs métrages, notamment *J.A Martin photographe* (Jean BEAUDIN, 1976), *Mourir à tue-tête* (Anne Claire Poirier, 1979) et *Cordélia* (Jean Beaudin, 1979). Plusieurs de ses compositions se retrouvent sur un disque édité par l'ONF en 1977. Il a touché une seule fois à la réalisation avec un film d'animation sur écran d'épingles, *Ciné-crime* (1969). En parallèle, il a créé des œuvres musicales de tout ordre (symphonies, opéras, concertos, piano seul) qui sont données régulièrement en concert. En 1983, le gouvernement du Québec lui remet le prix Albert-TESSIER.

Pierre Véronneau

Black Creek Pioneer Village Ce village de pionniers situé à North York (Ontario) dépeint la vie en milieu rural telle qu'elle se déroulait dans le HAUT-CANADA avant 1867. Le cœur du village comprend cinq bâtiments construits sur place par Daniel Stong, dont une cabane de trois pièces datant de 1816. Les autres bâtiments ont été transportés sur les lieux: une école, un moulin à broyer le grain, une église, une auberge, une boutique de forge et d'autres constructions. Le Dalziel Barn Museum, vaste grange cantilever, renferme une importante collection de jouets canadiens du XIXe siècle.

James Marsh

Black, Conrad Moffat, financier (Montréal, Qc, 25 août 1944). Fils de George Montegu Black fils, un homme d'affaires influent mais non conformiste de Winnipeg, Black obtient un B.A. de Carleton et un diplôme en droit de l'U. Laval. Pour sa maîtrise à l'U. McGill, il écrit une partie de la biographie de Maurice DUPLESSIS, publiée plus tard sous le titre de *Duplessis* (1977).

En 1969, avec quelques associés, il commence par acheter des petits journaux de langue anglaise et fonde la chaîne Sterling. En 1978, après la mort de Bud MCDOUGALD, Black, par des manœuvres corporatives et financières complexes, réussit à prendre la direction de la corporation ARGUS, une société de portefeuille qui contrôle, par le biais d'actions minoritaires, un grand nombre de sociétés canadiennes.

Il liquide progressivement les investissements traditionnels d'Argus, rachète les parts de la majorité de ses associés et repositionne sa société dans le domaine de la presse en achetant le *Daily Telegraph* de Londres (1985), l'un des journaux de qualité les plus importants au monde, à un moment où le climat des relations de travail s'améliore en Angleterre. Il achète aussi *Le Soleil* de Québec, *Le Droit* d'Ottawa, ainsi que plus de 40 plus petits journaux des États-Unis et, en juin 1987, le magazine SATURDAY NIGHT.

En 1992, Black organise la prise de contrôle de Southam et en devient coprésident avec Paul Desmarais de Power Corporation. Il s'est également fait connaître comme commentateur des questions politiques et économiques dans le *Globe and Mail*. Son livre autobiographique, *A Life in Progress* (1993), explique la motivation et la logique dont s'inspirent

ses actions publiques. Il est fait membre de l'Ordre du Canada en 1990.

Christopher G. Curtis

Black, Davidson, anatomiste et anthropologue (Toronto, Ont., 25 juill. 1884—Beijing [Pékin], Chine, 15 mars 1934). Professeur et directeur du département d'anatomie, codirecteur du Cenozoic Research Laboratory du Peking Union Medical College, Black identifie une nouvelle espèce d'homme ancien, le *Sinanthropus pekinensis*, à partir de fossiles trouvés à Chou-K'ou-Tien (Zhoukoudian), près de Pékin. Ses recherches sur l'«homme de Pékin» sont les fondements des connaissances actuelles sur l'*Homo erectus*, un ancêtre de la lignée évolutive de l'humain moderne.

Acclamé partout dans le monde pour ses recherches, Black publie de nombreux ouvrages sur des groupes plus récents d'ancêtres des humains en Chine ainsi que sur l'anatomie moderne et la neuroanatomie. Au Canada, il a été peu reconnu durant sa vie, mais a depuis été honoré par une plaque commémorative à l'U. de Toronto, son alma mater.

Jerome S. Cybulski

Black, George, avocat, politicien, commissaire du Territoire du Yukon et député (Woodstock, N.-B., 10 avril 1873—Vancouver, C.-B., 23 août 1965). Moins célèbre que sa femme Martha Louise BLACK, qu'il a épousée en 1904, Black est un politicien conservateur au franc parler et un loyal défenseur des intérêts du Yukon pendant près d'un demi-siècle. Après ses études à Richibucto et à Fredericton, il est admis au barreau du Nouveau-Brunswick en 1896. Il prend part à la ruée vers l'or du KLONDIKE en 1898 et passe deux ans à exploiter un gisement sur le ruisseau Livingston. À partir de 1900, il pratique le droit à Dawson et à Whitehorse.

Il s'active en politique et représente le Klondike au Conseil du Yukon, de 1905 à 1911, et tente sans succès d'être élu député du Yukon au Parlement en 1909. De 1912 à 1918, il est commissaire du Territoire du Yukon. En 1916, il participe à la mise sur pied de la Compagnie d'infanterie du Yukon dans laquelle il est capitaine. En 1918, il est blessé au combat en France.

Candidat défait aux élections de la Colombie-Britannique en 1920, il est élu député du Yukon à la Chambre des communes en 1921 et y est réélu jusqu'en 1935. Comme président de la Chambre sous le gouvernement de R.B. Bennett, il se fait connaître pour ses excentricités. Quand sa santé chancelante l'empêche de briguer les suffrages aux élections de 1935, son épouse se porte candidate à sa place et est élue. Il est réélu de nouveau en 1940 et en 1945. Plus tard, en 1953, il sort de sa retraite pour solliciter, sans succès, le siège du Yukon.

H. Guest

Black, Martha Louise, née Munger, naturaliste (Chicago, Illinois, 24 févr. 1866—Whitehorse, Yn., 1er nov. 1957). Derrière son allure distinguée se cache une femme extrêmement tenace. En 1898, elle quitte la vie mondaine de Chicago et participe à la RUÉE VERS L'OR DU KLONDIKE. Elle est fascinée par le Nord et y retourne en 1901 pour ouvrir une entreprise d'usinage afin de subvenir aux besoins de ses trois garçons issus d'un premier mariage. En 1904, elle épouse George BLACK et devient instantanément une Conservatrice canadienne loyale.

Quand son mari est nommé commissaire du Yukon (1912-1918), Martha occupe la fonction de première dame. Elle accompagne Black en Angleterre durant la Première Guerre mondiale. Elle y reçoit l'Ordre de l'Empire britannique pour son aide aux militaires du Yukon et devient membre de la Royal Geographical Society pour ses travaux sur la flore du Yukon. En 1935, comme George Black est incapable de défendre son siège aux Communes, Martha décide alors de se présenter. À l'âge de 70 ans, elle mène, souvent à pied, une campagne dans la vaste circonscription du Yukon et devient la deuxième femme élue au Parlement du Canada. Martha Black avait du style et de l'esprit. Les habitants du Nord appréciaient ces qualités et ont fait d'elle une légende.

Margaret Carter

Black, Samuel, commerçant de fourrures et explorateur (Pitsligo, Écosse, 3 mai 1780—Kamloops, New Caledonia [C.-B.], 8 févr. 1841). Il entre à la Compagnie XY, que la COMPAGNIE DU NORD-OUEST acquiert en 1804. Féroce opposant à la COMPAGNIE DE LA BAIE D'HUDSON, il fait partie des quelques membres de la Compagnie du Nord-Ouest écartés au moment de la fusion des deux compagnies, en 1821. Cependant, il est réembauché en 1823 comme commis et devient chef de poste en 1824. Cette année-là, il explore la rivière Finlay, consignant ses découvertes dans son journal. Posté à Kamloops en 1830, il devient, en 1837, agent principal de tous les postes du district de la rivière Thompson. Il n'a jamais su créer des relations harmonieuses avec les autochtones, et l'un d'entre eux finit par l'assassiner après une dispute.

Eric J. Holmgren

Black Theatre Workshop Compagnie de théâtre montréalaise fondée en 1971. Vers la fin des années 50 et le début des années 60, le Canada accueille de nombreux immigrants antillais (nombre d'entre eux sont des étudiants bénéficiant de bourses du Commonwealth leur donnant accès aux universités canadiennes). Les Antilles britanniques étant, à l'époque, généralement perçues comme des endroits pauvres et sans culture, la communauté antillaise de Montréal décide, en 1964, de fonder la Trinidad and Tobago Association (TTA) afin de revaloriser et promouvoir la culture antillaise. Cette association crée un comité dramatique qui organise des lectures spubliques de pièces d'auteurs antillais tels Earl Loveless, Errol John, et Derek Walcott (prix Nobel 1993). L'intérêt suscité par ces lectures ainsi que l'arrivée du metteur en scène Johnny Cayonne (qui avait travaillé auprès de Walcott) incite le comité à produire, entre 1966 et 1968, *Dance Bongo* d'Errol Hill, *The Sea at Dauphin* de Walcott, ainsi que deux «calypsoperas»: *Calypso in the Flesh* et *Fact and Fancy*. Même si ces productions sont bien reçues par le public et la critique, certains membres de la TTA — dont Jeff Henry, Cynthia Allen et Errol Fitahal — jugent les pièces choisies trop nostalgiques, voire folkloriques. En 1970, quoique toujours sous l'égide de la TTA, l'atelier de jeu dramatique de Cynthia Allen, le Black Workshop, crée *How Now Black Man* de Laurris Elliot, mis en scène par Jeff Henry au THÉÂTRE CENTAUR. L'année suivante, le Workshop se dissocie de la TTA pour enfin devenirle BLACK THEATRE WORKSHOP (BTW) dont le mandat consiste à produire et diffuser le travail des auteurs dramatiques et comédiens de la communauté noire de Montréal. Jeff Henry et Errol Fitahal en assument brièvement la direction artistique. Mais de 1971 à 1973, à la suite de difficultés financières, la troupe ne produit qu'un seul spectacle, *Dream on Monkey Mountain* de Walcott. En 1974, Clarence Bayne assume la direction du Workshop et obtient l'aide du CONSEIL DES ARTS DU CANADA (CAC). De 1974 à 1976, le Workshopprend son essor et produit des pièces d'auteurs connus tels Wole Soyenka, Yvonne Greer et Eric Roach, ainsi que des créations de David Edgecomb (*For Better For Worse* et *Sonuvabitch*) et Errol Fitahal (*Seashango*). En 1976, le CAC reconnaît le BTW comme troupe professionnelle, ce qui provoqua une crise au sein de l'organisme. En effet, le Workshop, se devant désormais d'engager des professionnels reconnus, ne peut plus autant faire appel aux artistes de sa propre communauté. Cherchant néanmoins à augmenter son auditoire, tout en préservant son mandat, le Workshop – dirigé par Terry Donald – puisa dans le répertoire du Negro Theatre Ensemble de New York. Les productions de pièces mieux connues du grand public, telles The Blacks

(1976) de Jean Genet ou *A Raisin in the Sun* (1979) de Lorraine Hansberry, soutiennent la création d'œuvres originales, comme *Strong Currents* (1976) de Edgecomb ou *A Li'lle Bito'Somet'in* (1978) de Laurris Elliot. Pendant les années 80 et 90, sous la direction de Don Jordan puis celle de Winston Sutton, le Workshop renoue avec un théâtre plus engagé qui reflète les aspirations de la communauté noire – *For Coloured Girls...* (1984) de Ntozake Shange, *God's Trombones* (1986) de James Weldon Johnson, *The Coloured Museum* (1988) de George Wolfe. Avec la pièce pour jeune public *Martin Luther Who?* (1983) de Clarence Bayne et Dwight Backie, la troupe commence à organiser des tournées scolaires. Ce volet «jeune public» va mener, en 1995, à la création collective CHILDREN OF KUSH ARISING, mise en scène par la chorégraphe et danseuse hip-hop Fleurette Fernando. Le BTW demeure toujours sans domicile fixe et connaît encore parfois des difficultés financières importantes, mais la troupe s'avère tenace. Depuis 1986, le Workshop organise un gala annuel célébrant les réalisations d'individus issus de la communauté noire de Montréal.

Stéphane Zarov

Black, William, pasteur méthodiste (Huddersfield, Angleterre, 10 nov. 1760—Halifax, 8 sept. 1834). Il s'établit avec sa famille en 1775 à Amherst, en Nouvelle-Écosse. Il devient méthodiste en 1779 et commence à prêcher, partout en Nouvelle-Écosse et au Nouveau-Brunswick actuels, le credo méthodiste: l'homme est pécheur et il doit être régénéré par la foi.

En 1784, après s'être adressé à des chefs méthodistes des États-Unis, Black reçoit d'eux des missionnaires pour l'aider. En 1789, Black est nommé évêque responsable des Maritimes et Terre-Neuve, poste qu'il occupe jusqu'à sa retraite en 1812. Il est considéré comme le fondateur du méthodisme dans les Maritimes. À sa mort, l'Église compte environ 6000 fidèles.

Dean Jobb

Blackwood, David Lloyd, graveur d'art et peintre (Wesleyville, T.-N., 7 nov. 1941). Même si Blackwood vit à Port Hope, en Ontario, son inspiration prend toujours sa source à Terre-Neuve et surtout à Wesleyville, dans la baie de Bonavista. Avec pour toile de fond cette région, il crée presque une épopée qui célèbre les 63 skippers et les 12 capitaines de la communauté. Blackwood considère qu'il perpétue la tradition de Terre-Neuve en racontant une histoire en images, tel un baladin.

Blackwood étudie la GRAVURE et il est aujourd'hui considéré comme l'un des graveurs les plus importants du Canada. Après l'obtention, en 1963, de son diplôme du Collège des beaux-arts de l'Ontario, à Toronto, il enseigne le dessin et la peinture à la Trinity College School, à Port Hope. De 1969 à 1975, il est artiste en résidence au Erindale College, à Mississauga, qui est rattaché à l'U. de Toronto et où une galerie porte aujourd'hui son nom. Il siège au conseil d'administration du Musée des beaux-arts de l'Ontario et à celui de l'Inuit Art Foundation, à Ottawa. En 1988, William Gough publie un livre sur son œuvre, intitulé *The Art of David Blackwood*. En 1992, il reçoit un doctorat honorifique en lettres de l'U. Memorial, ainsi qu'un doctorat honorifique en droit de l'U. de Calgary. En 1993, le gouvernement canadien lui décerne le prix du Mérite patrimonial de Parcs Canada.

Joan Murray

Bladen, Vincent Wheeler, économiste (Stoke-on-Trent, Angl., 14 août 1900—Toronto, 26 nov. 1981). En 1921, Bladen arrive à l'U. de Toronto en provenance de Balliol. Professeur, chercheur, chef de département et doyen, il est aussi conseiller du gouvernement. Ses articles sur la politique sont indirectement à la source de l'Accord canado-américain sur les produits de l'automobile (1965). Ses écrits trai-

tent de l'industrie automobile, du financement des universités, des affaires économiques canadiennes, de l'organisation industrielle et de la «littérature de l'économie politique», un sujet par lequel il a marqué des générations de diplômés.

En qualité de président du Département d'économie politique et, subséquemment, de doyen de la faculté des arts, il préside à l'expansion de l'U. de Toronto dans les années 50 et 60, accordant un intérêt particulier aux études régionales et aux recherches avancées avec le souci de privilégier l'autonomie canadienne. Doué d'un grand dynamisme, il fonde le *Canadian Journal of Economics and Political Science* et trouve le temps de s'intéresser à la cuisine, à l'équitation et au Ballet national du Canada.

Ian Drummond

Blades, Ann, auteure et illustratrice (Vancouver, 16 nov. 1947). Elle est une des illustratrices de livres pour enfants les plus connues de l'époque contemporaine. Blades a reçu le prix du CLA Book of the Year for Children pour *Mary of Mile 18* (1971), son premier livre. Se déroulant dans le nord de la Colombie-Britannique, l'histoire est basée sur la vie d'un enfant à qui elle a enseigné. *A Boy of Tache* (1973) dépeint aussi la vie dans le Nord. *The Cottage at Crescent Beach* (1997) et *Back to the Cabin* (1996) sont des histoires de vacances d'été inspirées des ses propres expériences et de celles de ses enfants.

Blades a obtenu le Prix du Conseil des arts du Canada dans la catégorie littérature pour enfants pour ses illustrations de *A Salmon for Simon* (1978), de Betty Waterton, dont l'histoire se passe dans un village de pêche autochtone. *By the Sea: An Alphabet Book* (1985) lui vaut le prix Elizabeth Meazik-Cleaver dans la catégorie illustrations. Ses œuvres les plus récentes, qui décrivent la Colombie-Britannique du XIXᵉ siècle, comprennent *Ida and the Wool Smugglers* (1987) et *A Ride for Martha* (1993; les deux textes sont de Sue Ann Alderson), ainsi que *A Dog Came Too* (1993; textes d'Ainslee Martin). Les illustrations à l'aquarelle de Blades, souvent qualifiées de primitives, ont été louangées pour leur représentation des paysages et leur évocation des émotions des jeunes enfants aux prises avec les problèmes de la vie quotidienne.

Jon C. Stott

Blainville, ville du Qc; pop. 34 047 (1999), 29 603 (rec. 1996), 26 430 (rec. 1993), 22 679 (rec. 1991); superf. 55,2 km²; const. en 1968; située à 25 km au nord de Montréal, au cœur des Basses-Laurentides, à quelques minutes en voiture de la rivière des Mille-Îles.

Historique En 1673, le gouverneur Frontenac, qui veut développer la jeune colonie de la Nouvelle-France, concède d'immenses terres à des administrateurs, des prêtres et des militaires haut gradés qui acquièrent le statut de seigneurs. La seigneurie des Mille-Îles est ainsi fondée au nord de la rivière du même nom. La paroisse de Sainte-Thérèse-De-Blainville s'inscrit dans le territoire des Mille-Îles et la ville de Blainville fait au départ partie de la paroisse de Sainte-Thérèse-De-Blainville.

La seigneurie de Blainville porte le nom de son troisième seigneur, Jean-Baptiste Céloron de Blainville, un militaire courageux mort au combat en 1756. En 1791, un litige au sujet des droits sur le moulin entraîne la division en deux du territoire de la seigneurie. Cette division forme la «Grande ligne», qui deviendra par la suite la route 117. La ville se développe le long de cet axe nord-sud.

Situation actuelle L'expansion industrielle de la région débute en 1939 avec l'implantation du Camp Bouchard, une usine de munitions. Cette usine emploie 6000 travailleurs, dont beaucoup sont des nouveaux venus. Le premier essor démographique survient à la fin de la guerre, lorsque beaucoup de travailleurs décident de rester dans la région. Le Camp Bouchard sert de base militaire de 1946 à

1969. En 1987 débute le deuxième essor démographique, grâce à l'arrivée de jeunes ménages en quête d'une maison à prix abordable et un cadre récréatif agréable près de la zone métropolitaine de Montréal. En 1999, elle obtient le titre de première ville au Canada au chapitre de la croissance démographique (selon Statistique Canada).

La ville de Blainville occupe une position enviable, ne se trouvant qu'à 43 km de l'aéroport de Dorval et à 13 km de l'aéroport de Mirabel. En outre, les meilleurs cavaliers du monde entier viennent concourir au Parc équestre de Blainville, le deuxième lieu de compétition équestre en importance dans l'Est du Canada.

Blair, Andrew George, avocat, politicien, premier ministre du Nouveau-Brunswick (Fredericton, N.-B., 7 mars 1844—*id.*, 25 janv. 1907). D'abord élu député provincial de la circonscription de York en 1878, il devient chef de l'opposition en 1879, premier ministre et procureur général en 1883, et transforme sa coalition en Parti libéral du Nouveau-Brunswick. Il officialise les campagnes électorales et les programmes de son parti. En 1892, il subit la défaite dans York sur la question de l'enseignement religieux, mais est réélu dans Queens.

Il démissionne en 1896 pour accéder au poste de ministre des Chemins de fer et des Canaux dans le cabinet LAURIER, et siège comme député de Queens-Sunbury en 1896 et de Saint John City en 1900. S'opposant au projet de Laurier pour la construction du Grand Trunk Pacific Railway, il démissionne en 1903. En 1904, il s'associe à une conspiration politique visant à renverser Laurier.

Della M.M. Stanley

Blaireau Le blaireau d'Amérique (*Taxidea taxus*) est le seul représentant nord-américain de la famille de la belette qui fouit la terre pour capturer ses proies.

Description Son corps est trapu et il a des pattes courtes très musclées, aux extrémités larges et garnies de griffes longues et robustes. Le mâle adulte peut peser jusqu'à 11,4 kg et mesurer 84 cm de long. La tête est petite, triangulaire et aplatie avec des oreilles et un museau proéminents. Le pelage du corps est long et dense, jaune argenté sur le dessus et plus pâle en dessous; les pattes sont noires; la tête est brune et porte des croissants blancs sur la partie antérieure. Une raie blanche étroite s'étend du museau jusqu'aux épaules.

Distribution et habitat Le blaireau vit dans les prairies, et les régions boisées du sud des provinces des PRAIRIES canadiennes et de la Colombie-Britannique, ainsi que dans les plaines et les régions semi-désertiques des États-Unis et du nord du Mexique. Il se nourrit principalement de rongeurs fouisseurs. Animal nocturne, il se repose le jour dans son vaste terrier. Le mâle vit habituellement seul et la femelle, avec les petits. Mâles et femelles hibernent.

Reproduction et développement L'accouplement a lieu en juillet en ou en août. L'implantation de l'embryon est différée, et ce dernier ne commence à se développer que quelques mois après l'accouplement. Les petits (de un à quatre) naissent en avril ou en mai. Ils se suffisent à eux-mêmes vers deux ou trois mois et atteignent leur maturité sexuelle très rapidement: les femelles se reproduisent déjà à cinq mois, tandis que les mâles ne se reproduisent généralement pas avant d'avoir atteint sept mois.

Relations avec les humains Une chasse excessive et des programmes de contrôle de prédateurs ont grandement réduit le nombre des blaireaux dans certaines régions du Canada. (*Voir aussi* ANIMAUX EN VOIE DE DISPARITION.)

Ian McTaggart-Cowan

Blais, Marie-Claire, auteure (Québec, 5 oct. 1939). L'une des meilleures écrivaines contemporaines du Québec, Blais grandit dans le quartier ouvrier de Limoilou, à Québec. Éduquée par des sœurs catholiques, elle est de plus en plus désillusionnée par l'école et en même temps elle y fait ses premières créations littéraires. Elle décide d'abandonner ses cours et de faire une année en formation commercia-

le. Elle occupe alors différents emplois pendant trois ans et déménage ensuite, en 1958, dans le Quartier Latin près de l'U. Laval, où elle assiste à des cours sur la littérature française et est prise sous l'aile des professeurs Jeanne Lapointe et du père Georges-Henri LÉVESQUE.

Son premier roman, *La Belle Bête,* publié en 1959, est salué par la critique, mais aussi critiqué pour son aspect amoral. Il est publié en France en 1960 et est traduit en anglais (*Mad Shadows*), en espagnol et en italien. Suit rapidement un deuxième roman, *Tête blanche* (1960; trad. 1961). La jeune romancière passe alors quelques mois maussades à Paris et écrit un roman poétique, *Le Jour est noir*. De retour à Montréal, Blais rencontre le critique américain Edmund Wilson et obtient deux bourses de la fondation Guggenheim, ce qui lui permet de s'installer en Nouvelle-Angleterre avec des amies, la peintre Mary Meigs et la journaliste Barbara Deming.

EMMANUEL (1965), probablement son meilleur roman, obtient le prix France-Canada et le prestigieux prix Médicis, élargissant ainsi son lectorat international grâce à une traduction en 13 langues. Plus de 2000 livres, thèses, articles, critiques et entrevues ont été rédigés sur ce roman, et les multiples interprétations qu'en a faites la critique littéraire sont une sorte d'hommage à la riche complexité du roman.

En 1972, Blais déménage en Bretagne avec Meigs et, après avoir passé quelques années en Europe, s'installe à Montréal, où elle continue d'écrire de manière prolixe (*Pierre*, 1986; *L'Ange de la solitude*, 1989; *L'Exilé*, nouvelles 1992; *Soifs*, 1995; *Tchador*, 1998). Elle a publié quelque 25 livres, éditions critiques, traductions, pièces de théâtre et scénarios pour la radio et la télévision, et plus récemment plusieurs pièces de théâtre, *Sommeil d'hiver* (1985) et *Fière* (1985); *L'île*, 1988. Entre autres honneurs, elle reçoit deux prix du Gouverneur général (*Les Manuscrits de Pauline Archange*, 1968; *Le Sourd dans la ville*, 1979) et le prix David en 1982. Elle est Membre de l'Ordre du Canada. Dans ses romans, ses pièces ou sa poésie, Blais décrit les affres de la réussite ou de l'échec, réels ou imaginaires, de l'humanité par un rachat de la souffrance humaine de façon matérielle, morale ou spirituelle.

Vincent Nadeau

Blaise, Clark, romancier et nouvelliste (Fargo, Dakota du Nord, 10 avril 1940). Diplômé de l'U. Denison (1961) et de l'U. de l'Iowa (1964), il s'installe à Montréal et, devenu citoyen canadien en 1966, enseigne dans les universités Sir George Williams (maintenant Concordia) à Montréal, et York à Toronto. En 1984, il enseigne au Skidmore College de New York, puis donne des cours en création littéraire dans plusieurs universités américaines, avant de revenir à Concordia.

Les œuvres de fiction de Blaise décrivent avec une grande sensibilité des situations diverses déterminées par l'aliénation, l'isolement et l'exil. Tout comme lui, ses personnages se retrouvent fréquemment parmi les cultures étrangères et se heurtent à des conflits culturels. Toujours aux aguets, ils observent leur environnement de façon méticuleuse et s'émerveillent de leurs découvertes. Peu importe que cet environnement soit bizarre, exotique ou simplement banal: le sens aigu de l'observation décrit avec beaucoup d'acuité le grand désarroi qu'ils vivent.

Son premier recueil de nouvelles, *A North American Education* (1973) est suivi de *Tribal Justice* (1974; trad. *La Justice tribale*, 1985). *Days and Nights in Calcutta*, journal autobiographique fascinant d'une année passée en Inde, écrit en collaboration avec son épouse, la romancière Bharati MUKHERJEE, paraît en 1977. On lui doit aussi des romans tels que *Lunar Attractions* (1979) and *Lusts* (1983).

Il décrit sa plus récente œuvre, *Resident Alien* (1986), comme une «autobiographie par le conte et par l'essai»; cette œuvre lui vaut des critiques élo-

gieuses. Son plus récent travail est composé de la nouvelle *Embassy*, d'un recueil de nouvelles intitulé *The Love God* et, écrit en collaboration avec Bharati Mukherjee, d'une œuvre décrivant l'écrasement d'un avion d'Air India en 1985, *The Sorrow and the Terror* (trad. *Le Chagrin et la terreur*, 1988).

Neil Besner

Blake, Edward, fils de William Hume BLAKE, avocat, politicien, premier ministre de l'Ontario (canton d'Adelaide, Haut-Canada, 13 oct. 1833—Toronto, 1er mars 1912). Dans son enfance, il connaît des problèmes de santé et reçoit, selon sa mère, «une sorte d'éducation décousue pendant des années. P. ex., le matin alors qu'il s'habille, son père lui donne des leçons de latin». Un tuteur et sa mère lui enseignent d'autres sujets. Il fréquente ensuite le Upper Canada College et l'U. de Toronto, obtient un baccalauréat ès arts en 1854 et une maîtrise ès arts en 1858. Il étudie le droit en même temps, est admis au barreau en 1856 et, par la suite, il réussit et s'enrichit comme avocat auprès de la Cour de chancellerie à Toronto. En 1858, il épouse Margaret Cronyn, fille du premier évêque anglican de Huron.

Blake, un libéral, est recruté pour faire de la politique active en 1867 par le redoutable George Brown, propriétaire du *Toronto Globe*, qui observe qu'«Edward Blake est prêt et sera un atout. Comme avocat il est admirable. Il possède un très bon jugement, est très industrieux et a beaucoup de cran. Il n'a rien d'un politicien, mais est très désireux d'apprendre et très perspicace». Il est député provincial de South Bruce de 1867 à 1872 et siège à la Chambre des communes de 1867 à 1891.

En 1868, il devient chef du Parti libéral de l'Ontario et, en 1871, il évince le premier ministre John Sandfield MACDONALD pour devenir le deuxième premier ministre de l'Ontario. Il quitte la politique provinciale en 1872, mais pendant sa brève période comme premier ministre, il établit la dynastie libérale qui dirige l'Ontario de 1871 à 1905. En 1873, il refuse la direction du Parti libéral fédéral, mais accepte de faire partie du premier gouvernement libéral du Canada sous Alexander MACKENZIE.

Ministre sans portefeuille (1873-1874), ministre de la Justice (1875-1877) et président du Conseil privé (1877-1878), il succède à Mackenzie comme chef du parti en 1880, mais perd les élections de 1882 et de 1887, démissionnant de son poste de chef en 1887 et quittant la politique canadienne en 1891. En 1892, il entre à la Chambre des communes britannique en tant que député nationaliste irlandais. Il prend sa retraite au Canada en 1906 et, pendant de nombreuses années, siège au conseil de l'U. de Toronto comme sénateur et chancelier (à partir de 1873).

Le seul chef libéral à ne pas devenir premier ministre, il n'a jamais atteint l'importance que lui confèrent ses compétences. Une partie de son insuccès est due à la malchance: en tant que chef du Parti libéral aux élections fédérales de 1882 et de 1887, il doit affronter John A. Macdonald alors au sommet de sa popularité. En même temps, il est l'auteur de certains de ses problèmes. Comme chef de parti, il est excessivement dominant dans les affaires du parti et les activités parlementaires. Il fait souvent de longs discours – pouvant durer jusqu'à six heures – qui laissent peu à dire à ses collègues et, par conséquent, les privent de la moindre occasion de faire preuve de leadership, d'acquérir de l'expérience ou de plaire à l'électorat.

Le haut commandement du Parti libéral s'en trouve quelque peu aliéné, un problème illustré par l'éminent député de premier plan, sir Richard CARTWRIGHT, qui note dans ses mémoires qu'à la Chambre des communes, Blake ne laisse habituellement «rien à dire à ses partisans». Cartwright décrit ce syndrome comme un problème qui est «presque devenu une maladie positive» et il décrit Blake davantage comme un homme doté de grandes «capacités générales», mais «intensément ambitieux», «excessivement caustique», «absurdement sensible à la critique» et qui «se comporte comme un enfant gâté».

John Charles Dent, peut-être le meilleur historien canadien du XIXᵉ siècle, suggère que Blake «a des manières aussi dépourvues de chaleur qu'un flocon de neige en décembre, et aussi dépourvues de magnétisme qu'une miche de pain sans levain». Edward Blake laisse néanmoins sa trace en encourageant le mouvement CANADA FIRST et le nationalisme des Canadiens anglais, et en recrutant Oliver MOWAT (son successeur comme premier ministre de l'Ontario) et Wilfrid LAURIER (son successeur comme chef du gouvernement fédéral), deux des politiciens canadiens les plus efficaces et les plus populaires sur le plan électoral.

Donald Swainson

Blake, Hector, dit Toe, joueur de hockey et entraîneur (Victoria Mines, N.-É., 21 août 1912—Montréal, 17 mai 1995). Il se joint aux CANADIENS DE MONTRÉAL en 1936 et remporte le TROPHÉE HART (joueur le plus utile) et le championnat des compteurs en 1938-1939. Plus tard, il est ailier gauche sur la «Punch Line» avec Maurice RICHARD et Elmer Lach. Il se casse la cheville en 1948 et prend sa retraite. Joueur efficace et persévérant, il a à son actif 235 buts en saison régulière et 62 points en 57 matchs éliminatoires. En partie Canadien français, il est entraîneur à Valleyfield (maintenant Salaberry-de-Valleyfield), au Québec, avant de devenir entraîneur des Canadiens en 1955.

Il a peut-être la chance de posséder l'équipe la plus talentueuse de l'histoire, mais c'est lui qui incite les joueurs à travailler en équipe, et ainsi, obtient des résultats sans précédent. Durant les 13 saisons où il est entraîneur, il obtient le plus de victoires dans toute l'histoire de la LNH. Durant cette période, les Canadiens terminent premiers à neuf reprises et ils remportent la COUPE STANLEY à 8 reprises, dont 5 fois de suite (1956-1960). Colérique et tumultueux, Blake est épuisé par son travail d'entraîneur. Il se retire en 1968 et est nommé vice-président de l'équipe. Blake est élu au Temple de la renommée du hockey en 1966 et est fait membre de l'Ordre du Canada en 1982. Il meurt à l'âge de 82 ans après avoir combattu pendant de nombreuses années la maladie d'Alzheimer.

James Marsh

Blake, Samuel Hume, avocat, juge, réformateur social, pamphlétaire (Toronto, 31 août 1835—Toronto, 23 juin 1914), fils de William Hume BLAKE, frère de Edward BLAKE, et gendre de l'évêque Benjamin CRONYN. S.H. Blake fait ses études au UPPER CANADA COLLEGE, puis travaille brièvement pour une entreprise commerciale de Toronto. En 1858, toutefois, il obtient son diplôme de l'UNIVERSITÉ DE TORONTO et est admis au barreau en 1860. Il fonde un cabinet avec son frère (aujourd'hui, Blake, Cassels & Graydon) mais, en 1872, il est nommé vice-chancelier de la Cour de chancellerie de l'Ontario. En 1881, il revient à sa pratique de droit corporatif et s'engage davantage dans des activités philanthropiques. Éminent anglican de tendance évangélique (Basse Église), Blake joue un rôle clé dans la fondation du Wycliffe College (1877), du Bishop Ridley College (1889) et du Havergal Ladies' College (1894), ainsi que dans la construction de l'église St. Paul (1913), rue Bloor (la plus grande église anglicane du Canada).

Blake s'élève contre la corruption politique, écrit plus de 50 opuscules religieux, donne généreusement de son temps et de son argent à de nombreuses organisations dans l'intention de corriger les problèmes sociaux de son époque. Il donne aussi son appui à l'U. de Toronto, en étant tour à tour conseiller juridique, conférencier en droit, membre du Sénat, administrateur et membre du conseil d'administration. Homme brillant, au caractère paradoxal, au cœur compatissant et à la langue acerbe, Blake est l'un des personnages les plus intéressants et controversés de sa génération.

John D. Blackwell

Blake, William Hume, avocat, politicien et juge (Kiltegan, Irl., 10 mars 1809—Toronto, 15 nov. 1870), père d'Edward BLAKE et de Samuel Hume BLAKE. Grandement oublié de nos jours, Blake, un avocat influent et un pionnier de l'ENSEIGNEMENT DU DROIT au King's College de Toronto, provoqua des réformes importantes dans le système judiciaire du Haut-Canada.

Issu d'une famille anglo-irlandaise noble et dévote, Blake fréquente le Trinity College à Dublin et immigre au Canada en 1832 avec sa famille et des amis. Après une brève tentative dans le domaine de l'exploitation agricole, Blake et son épouse, Catherine Hume, une femme remarquable, s'installent à Toronto où il entreprend des études en droit. Fougueux et ambitieux, Blake gravit rapidement les échelons de la réussite dans sa profession, en politique et sur la scène provinciale.

En 1848, il est élu à l'Assemblée législative et, à titre de solliciteur général pour le Canada-Ouest dans la deuxième administration tumultueuse de Robert BALDWIN et de L.-H. LAFONTAINE, il fait adopter des projets de loi depuis longtemps nécessaires pour réorganiser les anciennes cours provinciales. Il remplit habilement son rôle de premier chancelier de la nouvelle Cour de chancellerie de 1849 à 1862, année où il doit renoncer à son poste pour des raisons de santé. Il refait brièvement surface dans la vie publique en 1864.

John D. Blackwell

Blakeney, Allan Emrys, avocat, fonctionnaire, politicien, premier ministre de la Saskatchewan (Bridgewater, N.-É., 7 sept. 1925). Blakeney se lance en politique en tant que fonctionnaire expérimenté possédant la conviction profonde que l'État a un rôle important à jouer, tant au niveau économique que social. Il naît et grandit dans la Nouvelle-Écosse conservatrice et passe deux décennies dans le milieu politiquement innovateur de la Saskatchewan, avant d'en devenir le premier ministre.

Recruté par T.C. DOUGLAS en 1950, ce boursier Rhodes est l'un des fonctionnaires les plus précieux de la Co-operative Commonwealth Federation, d'abord à titre de conseiller juridique des sociétés de la Couronne en difficulté de la province, puis à titre de haut fonctionnaire au Conseil du Trésor. Ministre de l'Éducation, des Finances et de la Santé, sous Douglas et W.S. LLOYD, Blakeney est l'une des personnalités marquantes de l'opposition de 1964 à 1970. Il est élu chef du NOUVEAU PARTI DÉMOCRATIQUE en 1970 et mène son parti à une victoire décisive contre les libéraux de Ross THATCHER en 1971. Réélus en 1975 et en 1978, les néo-démocrates essuient de cuisantes défaites aux mains d'un Parti conservateur entièrement restructuré en 1982 et en 1986.

Les principales réalisations de Blakeney comprennent la mise sur pied d'une administration publique provinciale admirée dans tout le pays et la mise en œuvre d'une stratégie étatique de croissance économique qui promeut les sociétés de la Couronne dans les secteurs florissants du pétrole et de la potasse. Blakeney se taille une réputation comme l'un des défenseurs intelligents et influents d'un système fédéral décentralisé et néanmoins équitable, et comme l'architecte d'une économie plus diversifiée et plus forte de la Saskatchewan. Le Nouveau Parti démocratique de la Saskatchewan le reconfirme dans ses fonctions de chef du parti en juillet 1987, mais il démissionne un mois plus tard.

Il enseigne le droit constitutionnel à Osgoode Hall (1988-1990), puis à l'U. de la Saskatchewan (1990-1992). Il est aussi nommé à la Commission royale d'enquête sur les peuples autochtones en 1991. Blakeney est coauteur d'un ouvrage paru en 1994 et intitulé *Political Management in Canada*.

David Laycock

Blakiston, Thomas Wright, naturaliste, spécialiste du champ magnétique et explorateur (Lymington, Hampshire, Angl., 27 déc. 1832—San Diego, Calif.,

15 oct. 1891). En 1857, Blakiston se joint à l'expédition dirigée par John PALLISER. Assisté du botaniste Eugène Bourgeau, Blakiston fait des relevés horaires du champ magnétique terrestre à Fort Carlton, sur la rivière Saskatchewan Nord, pendant l'hiver 1857-1858. Il publie ses observations concernant une centaine d'espèces d'oiseaux qu'il a collectionnées, ainsi que 29 autres observées près de Carlton. Ses observations, jointes à celles du Dʳ John Richardson faites dans les années 1820, ont permis de bien connaître l'avifaune de Carlton avant la colonisation.

En 1858, Blakiston explore les cols dans les montagnes Rocheuses près du 49ᵉ parallèle, il donne le nom d'un célèbre naturaliste aux Lacs-Waterton et cartographie le col Kootenay. Un ruisseau et le mont le plus élevé du parc national des Lacs-Waterton portent son nom. Après l'exploration du cours supérieur du fleuve Chang Jiang en Chine, Blakiston s'établit, en 1862, au Japon, où il collectionne les oiseaux et identifie le premier le détroit de Tsugaru comme une importante frontière dans la répartition des animaux, la ligne de partage Blakiston.

C. Stuart Houston

Blanchard, Hiram, avocat, politicien, premier ministre de la Nouvelle-Écosse (West River, N.-É., 17 janv. 1820—Halifax, 17 déc. 1874). Blanchard commence sa carrière de juriste à Port Hood, avant de s'installer à Halifax après avoir été élu comme réformiste (libéral) dans la circonscription d'Inverness en 1859. Son soutien à l'endroit de la CONFÉDÉRATION lui vaut le poste de procureur général et de leader du gouvernement (il succède à sir Charles TUPPER) dans le nouveau Cabinet de juillet 1867. Le Parti réformiste est défait aux élections générales de septembre, mais Blanchard demeure chef de l'opposition de 1871 à 1874.

Lois Kernaghan

Blanchard, Raoul, géographe (Orléans, France, 1877—Paris, 1965). Grand initiateur de la géographie moderne au Québec, il a exercé une profonde influence sur les futurs fondateurs des départements de géographie des universités de Montréal et Québec.

Disciple de Vidal de La Blache, Blanchard est l'un des premiers géographes à préparer une thèse de géographie régionale, en 1905, selon les méthodes de l'École française de géographie. Pendant toute sa carrière, il restera fidèle à cette méthode de travail, faisant de lui un géographe «complet», aussi à l'aise en géographie physique qu'en géographie humaine. Sur le plan régional, ses 290 travaux couvrent des domaines aussi variés que la Flandre, le Moyen-Orient, l'Amérique du Nord, mais surtout les Alpes françaises, auxquelles il consacre une œuvre importante de 12 volumes, et le Québec.

Sa carrière universitaire s'est déroulée à Grenoble où il fut professeur, doyen et recteur. Professeur invité à Harvard de 1922 à 1936, c'est durant cette période, en 1929 précisément, qu'il commence à s'intéresser au Québec. Il y séjournera à une quinzaine de reprises jusqu'en 1960.

Ses *Études canadiennes,* qui réunissent 35 livres et articles, ont constitué une source incomparable pour l'étude du Québec. Des générations de géographes canadiens et européens se sont inspirées de ses travaux; des adeptes de la «Regional Science» considèrent même ses études sur le Québec comme une œuvre pionnière dans le genre. Son dernier livre, publié en 1964, un an avant sa mort, est également consacré au Québec. En reconnaissance de sa contribution, son nom a été attribué à l'un des principaux sommets des Laurentides, près de Québec.

Maurice Saint-Yves

Blanchet, François, médecin, politicien (St-Pierre-de-la-Rivière-du-Sud, Qc, 3 avril 1776—Québec, Qc, 24 juin 1830). Blanchet étudie à New York et à Québec. Il pratique la médecine à Québec et occupe divers postes: superintendant des hôpitaux pour la milice du Bas-Canada, médecin à l'Hôpital des Immigrés, officier de santé au port de Québec et membre du Bureau des médecins légistes. Il s'engage dans divers projets de santé publique et d'enseignement médical.

Il participe à la fondation de la première société médicale du Québec (alors le Bas-Canada) et de la première revue scientifique médicale du Canada. Il mène aussi une vie politique active et devient le porte-parole du PARTI CANADIEN à la Chambre d'assemblée, où il représente Hertford de 1809 à 1816, et de 1818 jusqu'à sa mort. Il se bat, entre autres, pour la démocratisation des structures administratives de la colonie et le développement de l'éducation. Avec P.S. BÉDARD, il fait partie des partisans du Parti canadien emprisonnés par le gouverneur CRAIG en 1810.

Jacques Bernier

Bland, John, professeur émérite d'architecture à l'U. McGill, architecte éminent, urbaniste, historien de l'architecture et auteur, de même que l'un des éducateurs les plus en vue du Canada (Lachine, Qc, 13 nov. 1911). Diplômé avec distinction de l'U. McGill en 1933, il étudie ensuite l'urbanisme à Londres, en Angleterre. Peu de temps après son retour au Canada, il est nommé secrétaire général de l'École d'architecture de l'U. McGill et directeur, deux ans plus tard, en 1941, poste qu'il occupe jusqu'en 1972.

Premier directeur d'origine canadienne de cette école, Bland joue un rôle important dans la relance de l'institution au cours des années cruciales qui ont précédé la Seconde Guerre mondiale, alors que le recrutement d'étudiants bat de l'aile. Il réorganise l'école conformément aux principes contemporains de l'enseignement du projet, instaure le premier programme de troisième cycle en architecture au Canada et l'élargit pour pouvoir répondre au nombre croissant de demandes d'admission au lendemain de la guerre. Au cours des ans, bon nombre de ses étudiants se sont fait une réputation internationale non seulement comme architectes mais aussi comme enseignants, chercheurs et écrivains. En 1953, il est nommé professeur titulaire de la chaire Macdonald d'architecture, poste qu'il occupe jusqu'à sa retraite.

De 1942 à 1954, Bland est membre du conseil de ce que l'on appelle alors l'Association des architectes de la Province de Québec, et en devient le président en 1953. Il est aussi membre du conseil de l'Institut royal d'architecture du Canada (IRAC) de 1950 à 1954. Il est élu au Collège des Fellows de l'IRAC en 1954 et à l'Académie royale des arts du Canada en 1967. Il est d'un apport inestimable au sein de plusieurs commissions créées dans le but de sauvegarder le patrimoine historique et culturel du Canada.

Dans la pratique privée, l'agence Rother, Bland, Trudeau remporte le premier prix du concours national pour la conception de l'hôtel de ville d'Ottawa (1957-1959) et met en œuvre plusieurs grands projets, dont les Habitations Jeanne-Mance à Montréal (1957-1958) et la nouvelle ville de Port-Cartier, au Québec (1958-1959). Au cours des années suivantes, en association avec Roy LeMoyne, Anthony Shine et, à divers moments, avec Gordon Edwards et Michel Lacroix, l'agence de Bland dessine des bâtiments de grande classe comme le Chancellor Day Hall, McGill, 1965; le Labyrinthe pour Expo 67; une bibliothèque pour l'U. de Windsor, 1970; et une salle de concert, la salle Pollack, pour l'U. McGill, en 1973.

Bland a écrit plusieurs livres sur l'habitation, l'urbanisme et l'histoire de l'architecture canadienne et il a participé à la rédaction de plusieurs plans d'aménagement de villes canadiennes longtemps avant l'avènement de règlements d'urbanisme. En 1987, il devient conservateur honoraire de la Collection d'architecture canadienne de l'U. McGill et il continue pendant quelques années à écrire et à donner des conférences sur l'architecture canadienne. Parmi les honneurs décernés à John Bland, on compte la Médaille du mérite de l'AAPQ (1970), une Médaille Massey pour l'hôtel de ville d'Ottawa, un doctorat honorifique en science de l'U. Carleton (1975) et la Médaille d'or de l'IRAC (1985).

Norbert Schoenauer

Bland, Salem Goldworth, pasteur de l'Église méthodiste (plus tard de l'Église unie) et écrivain (Lachute, Canada-Est, 25 août 1859—Toronto, 7 fév. 1950). Important propagandiste de la théologie libérale et du MOUVEMENT SOCIAL GOSPEL, Bland dirige successivement plusieurs paroisses dans la vallée du Saint-Laurent et la vallée de l'Outaouais, puis il enseigne au Wesley College, à Winnipeg, de 1903 à 1917. Le collège connaît une crise financière pendant la guerre, motif qui sera invoqué pour restructurer le personnel et congédier Bland: son renvoi devient alors une cause célèbre dans tout l'Ouest. Bland est conférencier au CHAUTAUQUA et chroniqueur du GRAIN GROWERS' GUIDE (1917-1919). Il revient au ministère pastoral à Toronto en 1919 et écrit une chronique régulière dans le journal réformiste *Toronto Star* sous le pseudonyme de «The Observer».

Adhérant constamment au courant réformiste de l'Église et jouissant d'une immense popularité auprès des jeunes, Bland prêche la tempérance, le respect du repos dominical et l'union des Églises tout en préconisant un socialisme modéré. Il prend souvent la parole dans l'Ouest. Très apprécié par le mouvement syndical et les associations de fermiers, il est parmi les premiers à réclamer la formation d'un tiers parti au Canada et prend part à la fondation de la CO-OPERATIVE COMMONWEALTH FEDERATION en Ontario dans les années 30. Il est membre fondateur et conseiller du Fellowship for a Christian Social Order en 1934, participe aux organisations du Front populaire au milieu des années 30 (on donne son nom à un foyer pour enfants d'Espagne) et est un fervent partisan de la cause des Alliés pendant la Seconde Guerre mondiale. Il est l'auteur de *The New Christianity* (1920) et de *James Henderson D.D.* (1926).

Richard Allen

Blatte Les blattes (coquerelles ou cafards) sont des insectes coureurs agiles, de forme aplatie et ovale appartenant à l'ordre des dictyoptères. Bien qu'elles vivent à l'extérieur dans les régions où elles sont indigènes, plusieurs espèces s'établissent dans les maisons où elles deviennent un fléau. Toutes les espèces sont omnivores et nocturnes, se dirigeant avec leurs longues antennes dans les cuisines, salles de bain, caves, restaurants et endroits chauds et humides où elles se nourrissent.

Distribution La plupart des 3500 espèces connues dans le monde sont tropicales ou subtropicales. Au Canada, on trouve seulement 10 espèces parmi lesquelles 7 ont été introduites par l'intermédiaire du commerce et de l'immigration. Trois ou quatre espèces de blattes sauvages (*Parcoblatta*) vivent en Ontario et dans l'ouest du Québec dans les feuilles mortes et dans les débris végétaux. Les espèces les plus répandues sont la blatte d'Amérique (*Periplaneta americana*) longue de 5 cm, la blatte orientale (*Blatta orientalis*) longue de 2 cm à 5 cm, la blatte à bandes brunes (*Supella longipalpa*) et la blatte germanique (*Blatella germanica*) pouvant atteindre jusqu'à 2 cm de longueur. Cette dernière est la plus commune en milieu urbain.

Reproduction et développement Après l'accouplement, la femelle produit de 20 à 50 œufs incubés dans une capsule solide (oothèque) qui est retenue partiellement dans les voies génitales. Chez certaines espèces, les œufs éclosent dans le tractus génital, les larves y sont nourries par des sécrétions de la mère qui donne par la suite naissance à des progénitures actives. Les larves croissent lentement et peuvent muer 13 fois pour atteindre leur maturité en 3 à 12 mois. Les adultes vivent plusieurs années.

Relations avec les humains Non seulement les blattes contaminent et pillent la nourriture, mais elles transportent aussi des BACTÉRIES responsables de maladies et sécrètent des substances nauséabondes.

Quelques espèces vivent en symbiose avec des protozoaires ou des bactéries vivant dans leur tube digestif, qui les aident à digérer le bois et autres matières végétales.

P.W. Riegert

Blé Nom commun des membres du genre *Triticum* de la famille des GRAMINÉES et des grains des CÉRÉALES produits par celles-ci. Le blé est la céréale la plus importante du monde: avec le riz et le maïs, il représente environ 73 p. 100 de la production céréalière mondiale. Le Canada est le sixième producteur en importance et un des plus grands exportateurs de blé au monde; sa production annuelle atteint en moyenne plus de 25 milliards de tonnes et il exporte environ 19 milliards de tonnes. Les formes cultivées sont d'abord le résultat de croisements naturels d'espèces sauvages, par la suite domestiqués et sélectionnés par les humains. Le blé, domestiqué en Asie du Sud-Ouest il y a plusieurs milliers d'années, se répand en Asie, en Afrique et en Europe. Il est introduit au Nouveau Monde à la fin du XVe siècle et au XVIe siècle. Les espèces (c.-à-d. les variétés) modernes les plus cultivées les plus importantes sont le blé tendre et le blé dur, qu'on appelle d'habitude les variétés *T. aestivum* et *T. turgidum var. durum* respectivement.

Historique Au Canada, le blé est probablement d'abord cultivé à PORT-ROYAL vers 1605 et les premières exportations ont lieu vers 1654. Bien que des employés de certains postes de la COMPAGNIE DE LA BAIE D'HUDSON font des expériences avec le blé et que les colons de la COLONIE DE LA RIVIÈRE ROUGE remportent quelques succès en 1815, les premières années de la culture de blé dans l'Ouest canadien sont précaires. On fait l'essai de nombreuses variétés européennes, dont les blés d'hiver, qui ne survivent pas aux hivers rigoureux canadiens, et les blés de printemps, qui mûrissent trop tard pour la courte saison de végétation.

La variété Red Fife, mise au point en Ontario, se répand en raison de son bon rendement et de ses excellentes qualités meunières et boulangères. Vers 1870, elle est déjà très répandue dans les Prairies, mais elle gèle les années de gel hâtif. Des recherches ultérieures ont révélé que le Red Fife est en réalité une variété originaire de Galicie en Europe centrale.

William SAUNDERS, le premier directeur des fermes expérimentales fédérales, s'intéresse à la sélection des plantes. En 1903, son fils, sir Charles SAUNDERS, reprend les travaux sur la sélection du blé et développe la variété Marquis (*voir* BLÉ MARQUIS) à partir d'un croisement effectué quelques années auparavant, entre le Hard Red Calcutta et le Red Fife. La parcelle de blé marquis augmente légèrement en 1904 (12 plantes), mais il faut plusieurs années pour se rendre compte avec certitude qu'il mûrit plus tôt que le Red Fife, qu'il donne un excellent rendement et qu'il possède de très grandes qualités meunières et boulangères. Sa distribution commence au printemps 1909, et il devient vite en vogue dans tout le Canada. À cette époque, la production de blé dans l'Ouest augmente rapidement: 2 millions de tonnes en 1904; 3,7 millions de tonnes en 1906; 7,7 millions de tonnes en 1913. Le Red Fife et le Marquis rendent le Canada célèbre pour son blé de force roux de printemps, de haute qualité. Plus tard, le Marquis devient la norme de qualité réglementaire pour cette catégorie de blé, et ce, jusqu'en 1987.

Protection La rouille de la tige (*Puccinia graminis tritici*) est une maladie fongique (*voir* CHAMPIGNON) propagée par des spores que le vent peut transporter à des milliers de kilomètres. Au Canada, les épidémies de 1916, de 1927 et 1935 causent des pertes d'environ 3,6, 3,3 et 3,2 millions de tonnes de grains respectivement. En 1925, on fonde à Winnipeg le laboratoire fédéral de recherche sur les rouilles pour faire des recherches sur la rouille de la tige et créer des variétés résistantes. La première variété à être mise au point, la variété Renown, est distribuée en 1936; elle est suivie de plusieurs autres variétés importantes (p. ex. Selkirk, Manitou et Neepawa). Cependant, la variété Thatcher, créée au Minnesota et autorisée au Canada en 1935, prédomine durant de nombreuses années. Une nouvelle souche physiologique de rouille de la tige (15B) se propage de façon épidémique de 1953 à 1955, causant des pertes d'au moins 8 millions de tonnes de grains. Depuis lors, la rouille de la tige a causé peu de pertes, contrairement à la rouille des feuilles (*P. recondita*), dont la virulence s'accroît rapidement. On trouve maintenant des variétés résistant à ces deux sortes de rouilles.

En Alberta et dans l'ouest de la Saskatchewan, ce n'est pas tant la rouille qui pose problème, mais la sécheresse et le cèphe du blé (*Cephus cinctus*). Le cèphe, qui sévit surtout dans la région qui va de Swift Current, en Saskatchewan, à Lethbridge, en Alberta, coupe les tiges de sorte que les épis tombent sur le sol et ne peuvent être récoltés. Mais on met au point des variétés résistantes à tiges pleines, telles que le Rescue (autorisé en 1946). Depuis, les STATIONS DE RECHERCHE EN AGRICULTURE de la région ont développé un grand nombre de variétés résistantes de meilleur rendement et de meilleure qualité. Elles se sont aussi efforcées de développer des variétés résistantes à la sécheresse.

Production La culture du blé est la culture arable la plus importante du Canada (plus de 13 millions d'hectares). Une seule catégorie de blé dur est semée, le blé ambré dur (de printemps), cependant, il existe plusieurs catégories de blé tendre, en fonction de la dureté et de la couleur des semences, et de la période des semis (automne ou printemps). Environ 18 p. 100 des 293 000 fermes canadiennes sont classées comme exploitations de blé. Le blé contribue pour environ 2,5 milliards de dollars (1 p. 100) au produit intérieur brut du Canada. Le blé tendre blanc d'hiver est cultivé sur une superficie d'environ 500 000 ha, principalement en Ontario. On en produit chaque année plus de 925 000 t, dont on exporte à peu près 60 p. 100. Sa teneur en protéines est habituellement de 9 à 10 p. 100, et c'est cette catégorie qu'on utilise pour les gâteaux, la farine à pâtisserie et les céréales du petit déjeuner. Sa farine, mélangée avec celle de blé dur, donne une farine tout usage.

La Saskatchewan produit environ 60 p. 100 du blé canadien. La production des PRAIRIES est d'environ le triple de la consommation intérieure; l'industrie est donc fortement exportatrice. De 1983 à 1987, la superficie moyenne consacrée au blé tendre est de 11,3 millions d'hectares; celle du blé dur, d'environ 1,8 million d'hectares. La teneur en protéines du blé des Prairies est habituellement de 12 à 15 p. 100. Le blé dur donne la semoule, utilisée dans la préparation des pâtes alimentaires, et le blé de force roux de printemps sert à la fabrication du pain. Le blé contient de la protéine du gluten, qui forme les minuscules cellules de gaz qui retiennent le gaz carbonique durant la fermentation, ce qui permet à la pâte de lever et de donner un pain léger. Les importateurs de blé canadien mélangent souvent celui-ci à des blés plus faibles avant de l'utiliser pour la boulangerie. Voilà pourquoi on s'efforce tant de préserver la force et les qualités de mélange du blé canadien. À cette fin, on contrôle la croissance des variétés et on applique un système de classement détaillé. (*Voir aussi* INSPECTION ET CLASSEMENT DES PRODUITS AGRO-ALIMENTAIRES.)

A.B. Campbell

Blé marquis Variété hybride de BLÉ qui a été mise au point par des céréalistes du ministère fédéral de l'Agriculture à la Ferme expérimentale centrale d'Ottawa. Quoique le croisement ait été fait sous la direction de Percy Saunders, c'est à Charles E. SAUNDERS, son frère, qu'est attribué le mérite d'avoir choisi, sélectionné, éprouvé et distribué la variété.

Selon les indications de Charles Saunders lui-même, il est impossible de fixer la date exacte de l'origine du blé marquis. Le premier croisement entre un blé indien précoce Hard Red Calcutta et le Red Fife effectué par Percy Saunders remonte probablement à 1892, à la ferme expérimentale d'Agassiz, au Manitoba. Toutefois, il demeure mélangé avec d'autres variétés jusqu'à sa découverte par Charles Saunders en 1903. En 1904, la variété est cultivée pure pour la première fois à Ottawa. En 1907, elle est envoyée pour la première fois dans les Prairies, où elle est éprouvée à fond. Elle fait l'objet d'une culture commerciale à compter de 1911.

La région se prêtant à la culture sans risque du blé se voit grandement élargie en raison du caractère hâtif du blé marquis. L'épi résiste au vent violent et donne une farine de haute qualité. À compter du début des années 20, la variété représente au moins 90 p. 100 du blé de printemps dans l'Ouest canadien et plus de 60 p. 100 du blé de printemps aux États-Unis.

Blessures dues au froid Les blessures décrites ci-dessous sont liées au refroidissement du corps ou d'une partie du corps. Le froid a pour principaux effets de réduire l'activité métabolique des tissus affectés, augmentant ainsi la viscosité des liquides, en particulier du sang, et de réduire l'efficacité du système nerveux. Lorsque le gel survient, des cristaux de glace se forment en premier dans les compartiments intracellulaires. Les premières réactions de l'organisme face au refroidissement sont de réduire la circulation sanguine aux extrémités et d'augmenter le métabolisme au moyen de frissons. Les blessures les plus courantes dues au froid sont l'hypothermie et les engelures du premier au troisième degré.

Hypothermie Elle peut se définir comme une chute de la température corporelle «au-dessous de la normale», qui est de 37,5 °C. Un début d'hypothermie et des frissons peuvent survenir lorsque la température du corps descend à 36 °C. Si elle chute encore, l'hypothermie varie de modérée à grave. Elle peut causer la perte de conscience lorsque la température interne descend à 30 °C, et une température corporelle de 24 °C peut être mortelle.

Les symptômes de l'hypothermie sont progressifs. Ils commencent par un léger frisson, la perte de la motricité fine, l'engourdissement, et se transforment en tremblements violents, perte de contrôle des grands muscles, amnésie, confusion et incohérence du langage, puis finalement en perte de conscience et rigidité musculaire. Au bout du compte, la mort est causée par une défaillance cardio-respiratoire. Pour détecter un début d'hypothermie, on peut essayer d'attacher ses lacets ou de toucher son petit doigt avec le pouce.

Pour traiter un début d'hypothermie, il importe de se mettre à l'abri du froid. Il faut ensuite boire une boisson chaude et sucrée et mettre des vêtements secs. Les secouristes doivent commencer par réchauffer le tronc de la personne. Un réchauffement rapide des extrémités peut provoquer une rechute de la température interne et la reprise du refroidissement des organes internes. Un sauveteur qui s'y connaît peut tenter de réchauffer le corps d'une personne atteinte d'hypothermie modérée à grave à l'aide de plusieurs serviettes humides et tièdes ou de bouillottes, enveloppées dans des serviettes, appliquées uniquement à l'aine, aux aisselles et dans le cou. L'hypothermie grave constitue une urgence médicale qui exige une hospitalisation immédiate!

L'hypothermie se produit le plus souvent lorsque le temps est humide et venteux et que la température est fraîche. Elle peut s'installer lentement durant une journée d'activité en plein air ou rapidement dans le cas d'une immersion dans l'eau froide. La progression lente de l'hypothermie durant les activités de plein air est fréquemment due à des vêtements inadéquats pour le temps, à une consommation insuffisante d'aliments énergétiques par rapport à l'activité exercée, ainsi qu'à la déshydratation. Pour prévenir l'hypothermie, il suffit donc d'apporter des vêtements protecteurs et adaptés aux pires conditions météorologiques escomptées, de consommer des aliments énergétiques pendant l'activité et de boire une quantité suffisante de liquides. Il est préférable de porter plusieurs couches de vêtements protecteurs et celle du dessus devrait être imperméable ou devrait protéger du vent. Il faut pouvoir ajouter ou enlever des couches de vêtements de façon à maintenir une température corporelle légèrement au-dessus de la normale. Il faut éviter de transpirer abondamment, puisque les vêtements trempés sont moins isolants. Pour les activités aquatiques, il peut être nécessaire de porter un vêtement isothermique entièrement ou partiellement étanche.

Gelure au premier degré Elle se définit comme un gel des seules couches tissulaires superficielles de la peau et n'affecte qu'une petite partie d'une joue, d'un lobe d'oreille, des doigts ou des orteils. Ce type d'engelure est réversible. La peau est blanche et caoutchouteuse, mais peut encore être compressible. La région affectée est engourdie. On peut la traiter en appliquant la région atteinte contre un endroit tiède de la peau ou en y soufflant de l'air tiède. P. ex., on peut placer sa main chaude sur la joue ou placer ses orteils gelés sur l'estomac chaud d'une autre personne. Il ne faut pas frotter ou masser les tissus gelés, car les cristaux de glace pourraient alors affecter les structures cellulaires voisines.

Engelure au deuxième et troisième degré Ce type d'engelure implique un gel plus profond des couches tissulaires de la peau, dans une région plus grande que dans le cas d'une engelure au premier degré. Une engelure au deuxième et troisième degré peut aller jusqu'au gel des tissus musculaires ou osseux sous-jacents. La peau est blanche et rigide. Lorsque la région est réchauffée, elle enfle et est décolorée, puis devient extrêmement douloureuse. Dans le cas de petits groupes en pleine nature, il peut être préférable de laisser le pied gelé (partie le plus souvent affectée) jusqu'à l'arrivée à l'hôpital. Il a été signalé dans bien des cas que les personnes affectées pouvaient continuer à marcher sur un pied gelé, mais que cela leur devenait impossible lorsque la région affectée est réchauffée. Il est très important de s'assurer que la personne n'est pas également victime d'hypothermie, auquel cas il deviendrait urgent de la traiter.

Sauf dans le cas de températures extrêmement froides, les personnes atteintes d'engelures souffrent également d'hypothermie à divers degrés. La prévention des engelures est donc semblable à celle de l'hypothermie. De plus, les groupes faisant des activités en plein air durant l'hiver devraient se jumeler deux par deux afin d'effectuer une vérification régulière pour prévenir les engelures sur les parties découvertes. Chaque personne doit s'auto-examiner afin de détecter le refroidissement de ses extrémités, l'humidité ou l'engourdissement. Lorsqu'une engelure ou un symptôme d'hypothermie est décelé, les groupes de plein air doivent cesser leur activité, traiter la région affectée ou le symptôme, de même qu'appliquer d'autres mesures préventives avant de continuer leur activité. Il peut s'agir simplement de réchauffer un lobe d'oreille gelé et de mettre un bandeau, mais cela peut aller jusqu'à trouver un abri, arrêter pour faire sécher ses chaussures et ses chaussettes, réchauffer ses orteils, prendre une boisson chaude et sucrée et mettre des vêtements plus chauds.

Mark Lund

Bleus (*Voir* PARTI BLEU)

Blewett, George John, philosophe (St. Thomas, Ont., 9 déc. 1873—baie Go Home, baie Georgienne, Ont., 15 août 1912). Premier philosophe de langue anglaise né au Canada, Blewett refuse des offres d'emploi aux États-Unis, préférant enseigner au Victoria College de Toronto (1906-1912).

Ses ouvrages, *The Study of Nature and The Vision of God* (1907) et *The Christian View of the World* (1912), sont le reflet de la culture canadienne naissante par l'accent mis sur le concept de communauté et sur celui de la nature comme force vitale qu'il faut protéger. Ses étudiants ont influencé les générations suivantes, et professeurs, membres du clergé et philosophes citent encore ses travaux.

Elizabeth A. Trott

Bley, Paul, pianiste de jazz (Montréal, 10 nov. 1932). Il entame sa carrière à Montréal alors qu'il est adolescent, avant de faire la navette pour aller étudier à la Julliard School of Music, à New York, de 1950 à 1953. Il fonde le Montreal Jazz Workshop et y joue comme pianiste principal en 1952 et en 1953. Il a ensuite son pied-à-terre aux États-Unis, où il travaille avec – ou pour – de célèbres musiciens, tels que Ornette Coleman, Charles Mingus, Jimmy Guiffre et Sonny Rollins, et il fait partie de l'avant-garde new-yorkaise du début des années 60. Simultanément, il passe du style be-bop de sa jeunesse à une forme d'improvisation libre, très personnelle et souvent introspective, davantage acclamée par la critique qu'appréciée du public, finalement. Il présente, dès 1964, le premier d'une succession de trios de prestige. Il joue plus tard en solo et, de 1965 à 1975, il est un des premiers à promouvoir l'usage du synthétiseur en improvisation.

En 1997, il a déjà enregistré pour n'importe quelle compagnie américaine, européennes et canadiennes plus de 75 albums sous son propre nom, dont *Introducing Paul Bley* (1953), *Touching* (1965-1966), *Open, To Love* (1972), *Be-bop* (1989), *Annette* (1992) et, au milieu des années 90, une série de collaborations sur disque compact sous l'étiquette Justin Time de Montréal avec les Canadiens Jane BUNNETT, Herbie Spanier, Geordie McDonald, Sonny GREENWICH et Kenny WHEELER.

Mark Miller

Blizzard Forte tempête de neige accompagnée de VENTS violents et d'une faible visibilité. Ces deux caractéristiques déterminent la gravité de la tempête, bien plus que la quantité de neige fraîche tombée et que la température, qui peut n'être que légèrement au-dessous du point de congélation.

Au Canada, selon le National Meteorological Service, la définition officielle d'un blizzard est une tempête de neige d'une durée d'au moins six heures accompagnée de vents d'une vitesse supérieure à 40 km/h, avec une visibilité réduite à moins de 1 km par de la poudrerie au niveau du sol ou plus en hauteur et un refroidissement éolien supérieur à 1600 W/m² (watts par mètre carré).

Un blizzard fait partie d'un système dépressionnaire de tempêtes créé lorsqu'une entrée d'air doux venant du sud est rapidement repoussée par un front froid soufflant du nord ou de l'ouest. Le système a tendance à se déplacer d'ouest en est à la grandeur du pays et peut durer jusqu'à une semaine.

Les blizzards peuvent se produire n'importe où au Canada, sauf dans le sud-ouest de la Colombie-Britannique; les provinces des Prairies et des Maritimes sont les régions les plus fréquemment et les plus gravement touchées. Les dégâts prévisibles des grands blizzards comprennent des autoroutes et des chemins de fer bloqués, des interruptions d'électricité, des automobilistes bloqués et la perte de bestiaux. (*Voir aussi* MÉTÉOROLOGIE *et* CLIMAT, RIGUEUR DU.)

J. Maybank

Bloc populaire canadien Mouvement politique fédéral et provincial du Québec créé en septembre 1942 en réaction à la modification de 1942 à la Loi sur la mobilisation des ressources nationales, et ayant pour effet de supprimer l'interdiction de la CONSCRIPTION pour le service militaire outre-mer. La Loi, qui viole les promesses faites spécifiquement au Québec en 1939, suit un plébiscite par lequel une majorité dans chaque province, à l'exception du Québec, vote pour libérer le gouvernement de son engagement à restreindre «les méthodes de recrutement des hommes pour le service militaire».

Inspiré par Henri BOURASSA et dirigé par le député fédéral Maxime Raymond, le Bloc prône,

dans son programme de base, l'indépendance et la neutralité du Canada, l'autonomie provinciale, l'égalité entre anglophones et francophones, une économie coopérative et des réformes sociales axées sur la famille, telles que l'assurance-maladie provinciale. En 1944, le Bloc compte cinq députés fédéraux.

Dirigé au provincial par André LAURENDEAU, le Bloc est un troisième parti distinct à la législature du Québec jusqu'aux élections provinciales de 1948, auxquelles il ne participe pas. À Ottawa, le Bloc soutient l'adhésion du Canada à l'ONU, considérant qu'il s'agit d'une véritable organisation mondiale; mais en mars 1949, ses deux derniers députés votent contre la participation à l'OTAN parce qu'» il s'agit d'une course aux armements».

À la dissolution du Parlement, le 30 avril 1949, le Bloc populaire canadien cesse d'exister. Parmi ses chefs de file, il y a René Hamel, qui devient plus tard ministre libéral provincial et juge; Roger Duhamel, qui devient Imprimeur de la reine à Ottawa; Jean Martineau, par la suite président du Conseil des arts du Canada; André LAURENDEAU, plus tard coprésident de la commission sur le BILINGUISME ET LE BICULTURALISME; et Jean DRAPEAU, qui sera maire de Montréal pendant de nombreuses années.

Gordon O. Rothney

Bloc québécois Parti politique fédéral fondé officiellement le 15 juin 1991, le Bloc québécois tire son origine d'un mouvement parlementaire comprenant des députés fédéraux du Québec qui ont quitté le Parti conservateur et le Parti libéral après l'échec de l'ACCORD DU LAC MEECH. Ce parti défend les intérêts, ainsi que l'autonomie et la souveraineté du Québec à la Chambre des communes. Au départ, le Bloc est dirigé par un ancien ministre conservateur fédéral, Lucien BOUCHARD, jusqu'à ce que celui-ci démissionne pour devenir chef du PARTI QUÉBÉCOIS et premier ministre du Québec en janvier 1996.

Le Bloc québécois subit son premier test en 1992 lors du référendum sur l'ACCORD DE CHARLOTTETOWN, et il contribue à la victoire du Non, qui obtient 57 p. 100 des voix au Québec. Aux élections fédérales de 1993, le Bloc obtient 49,3 p. 100 des voix au Québec et remporte 54 sièges, ce qui lui permet de former l'opposition officielle à la Chambre des communes. À ce titre, le Bloc québécois s'impose comme un acteur important à la Chambre, et il demeure populaire au Québec où, sur les questions d'ordre fédéral, il domine le paysage politique. Les députés du Bloc prennent position en faveur de l'autonomie et de la souveraineté du Québec et, de façon générale, se situent au centre-gauche de l'échiquier politique. P. ex., ils critiquent sévèrement les réformes de l'assurance-chômage qui rendent les prestations plus difficiles à obtenir et moins généreuses, alors même que le régime génère des surplus financiers importants.

Pendant les mois qui précèdent le référendum de 1995 sur la souveraineté du Québec, le parti joue un rôle vital en convainquant le Parti québécois de Jacques PARIZEAU de spécifier dans la question référendaire qu'une offre de partenariat serait présentée au reste du Canada. Lucien Bouchard est également une figure dominante de la campagne, qui se termine sur un résultat de 49,4 p. 100 de suffrages en faveur du Oui.

Lucien Bouchard quitte le Bloc québécois en janvier 1996 et Michel Gauthier lui succède au poste de chef; il est lui-même remplacé par Gilles DUCEPPE en mars 1997. Aux élections fédérales de 1997, le Bloc subit un recul, mais il obtient malgré tout 38 p. 100 des voix au Québec et remporte 44 des 75 sièges de la province. Les souverainistes maintiennent ainsi leur prédominance au Québec, mais avec moins de force. Pour eux, il s'agit en fait du premier résultat sous la barre des 40 p. 100 depuis l'échec, en juin 1990, de l'Accord du lac Meech. Sans refléter exactement les positions des électeurs quant à la question

de la souveraineté, le vote de 1997 n'en a pas moins souligné la fragilité de l'appui aux souverainistes.

Sans avoir, dorénavant, le statut d'opposition officielle à la Chambre des communes, qui appartient maintenant au Reform Party, le Bloc québécois occupe néanmoins, tout au long de ce mandat, une place importante sur la scène fédérale.

Depuis 1998, le Bloc a acquis une visibilité propre au cœur du débat souverainiste, tout particulièrement grâce à la mise en place de chantiers de réflexion sur la mondialisation, la citoyenneté, la démocratie notamment, ainsi que sur le PARTENARIAT avec le Canada dans l'éventualité d'une victoire souverainiste. De plus, par son travail de redéfinition de la nation québécoise, le Bloc est le premier parti politique souverainiste à remettre en cause la traditionnelle définition du Québec comme peuple fondateur.

Au début de l'année 2000, le débat autour de la loi fédérale sur la «clarté» (loi C-20) et différents scandales qui affectent le gouvernement libéral, notamment au ministère du Développement des ressources humaines, contribuent à une remontée du Bloc dans les sondages et suggèrent que le parti, à l'origine conçu pour être transitoire, occupe maintenant une place bien définie sur l'échiquier politique fédéral.

Alain Noël

Blodgett, Edward Dickinson, poète, critique littéraire et traducteur (Philadelphie, Pa., 26 févr. 1935; citoyen canadien). Auteur de sept volumes de poésie, Blodgett étudie au Amherst College (B.A., 1956), puis à l'U. du Minnesota (M.A., 1961) et à l'U. Rutgers (Ph. D., 1969). Il enseigne l'anglais et la littérature comparée à l'U. de l'Alberta depuis 1966.

Sa poésie se caractérise par un style dense, allusif et intertextuel. Mettant l'accent sur le langage et le classicisme auto-référentiel, ses premiers ouvrages, *Take away the names* (1975) et *Beast Gate* (1980), introduisent des thèmes qui se retrouvent dans ses autres recueils de poésie. «Comment puis-je préférer les paroles que j'inscris en vous?» demande-t-il dans *Arché/Elegies* (1983), une série de méditations qui s'interrogent sur le concept du Canada, un «pays sans testament». Dans *Musical Offering* (1986), il exprime ses réflexions sur le langage et l'histoire par le biais d'une longue analogie entre la poésie et la musique.

Tout au long de son œuvre, Blodgett tente de reproduire dans sa poésie une partie de la texture spatiale de la musique, avec ses motifs, ses rythmes et ses thèmes récurrents, en réintroduisant dans de nouveaux contextes des images et des mots déjà utilisés. Son dernier recueil, *Apostrophes: woman at a piano* (1996), a remporté le PRIX LITTÉRAIRE DU GOUVERNEUR GÉNÉRAL. Blodgett a aussi écrit *Configuration: Essays on the Canadian Literatures* (1982) et des études critiques sur D.G. JONES (1984) et Alice MUNRO (1988). *Da Capo* (1990) réunit des poèmes extraits de ses cinq premiers recueils.

Colin Boyd

Blomidon, cap Il est situé le long de la rive sud-est de la baie de FUNDY, à l'embouchure du BASSIN MINAS, où les marées sont parmi les plus hautes du monde. Un parc provincial juché sur le promontoire de grès rouge du cap abrite le légendaire GLOOSCAP, puissant chef MICMAC mi-homme, mi-dieu qui, selon la légende, a saupoudré des agates et des améthystes sur la région. Les minéralogistes amateurs modernes recherchent avidement ces pierres semi-précieuses. À l'ouest du cap s'étend un promontoire digitiforme baptisé le cap Split, qui divise le chenal Minas au nord de la baie Scots et qui contribue à la création d'intenses courants d'arrachement de marée près de la pointe. Les courants de marée puissants sont également responsables de l'érosion continue de la pointe de terre de Blomidon. Le nom est vraisemblablement une contraction de l'expression marine anglaise «blow me down».

P.C. Smith

Blondin-Andrews, Ethel, fonctionnaire, politicienne (Fort Norman [Tulita], T.N.-O., 25 mars 1951). Après avoir obtenu son diplôme de l'U. de l'Alberta (B. Éd., 1974), elle enseigne dans plusieurs localités des Territoires du Nord-Ouest de 1974 à 1981, avant de se joindre au ministère de l'Éducation des Territoires à Yellowknife, en tant que spécialiste des langues, de 1981 à 1984. C'est là qu'elle commence à participer à l'élaboration de politiques visant à préserver les langues et la culture autochtones des Territoires du Nord-Ouest.

De 1984 à 1986, elle est gestionnaire, puis directrice par intérim à la Commission de la fonction publique du Canada, et de 1986 à 1988, elle est sous-ministre adjointe, Culture et Communications, à Yellowknife. Aux élections générales de 1988, elle devient la première femme autochtone à se faire élire au Parlement canadien en l'emportant dans la circonscription de l'Arctique de l'Ouest pour les libéraux; elle devient alors critique de l'opposition pour les questions autochtones. Elle est réélue en 1993, lorsque les libéraux prennent le pouvoir, et, la même année, elle est nommée secrétaire d'État (Formation et Jeunesse).

Bloody Falls Nom donné aux rapides situés à environ 15 km de l'embouchure de la RIVIÈRE COPPERMINE, dans le centre de l'Arctique. Bloody Falls tire son nom du massacre d'INUITS perpétré à cet endroit par des CHIPEWYANS qui étaient dirigés par MATONABBEE et qui accompagnaient Samuel HEARNE lors de son exploration de la région en 1771. Plus tard, l'endroit a été un important camp de pêche d'été fréquenté par les INUITS DU CUIVRE et il a aussi servi d'étape sur la route vers l'intérieur, où les voyageurs se procurent du cuivre natif et du bois des forêts qui commencent à 20 km en amont.

On y a trouvé des traces d'occupation inuite datant environ des années 1500. L'endroit a aussi été occupé par des Paléo-Esquimaux vers 1300 av. J.-C. et par des chasseurs de caribou amérindiens de 500 av. J.-C. jusqu'au VIe siècle environ. Pendant plus de 3000 ans, ce site a probablement constitué une zone de tensions entre les premières nations et les groupes inuits.

Robert McGhee

Bloore, Ronald, peintre (Brampton, Ont., 29 mai 1925). Bloore étudie à l'U. de Toronto, où il obtient son B.A. en 1949, puis il poursuit ses études aux États-Unis et en Grande-Bretagne. Nommé directeur de la Norman Mackenzie Art Gallery de Regina en 1958, il y organise d'importantes expositions d'avant-garde et fait découvrir des expressionnistes abstraits américains à ses étudiants du School of Art du Regina College (qui deviendra plus tard l'U. de la Saskatchewan).

C'est en partie grâce à Bloore que Barnett Newman est invité à diriger, à l'été de 1959, l'EMMA LAKE ARTISTS' WORKSHOP, en Saskatchewan. Cet événement aura une profonde influence sur la scène artistique de Régina. En 1960, il organise l'exposition d'un groupe d'artistes dont il fait partie et qui sera connu plus tard sous le nom de REGINA FIVE. L'exposition effectue une tournée nationale et est présentée à la Galerie nationale du Canada en 1961. Les œuvres du groupe Regina Five, dont l'influence se fait encore sentir aujourd'hui, sont alors considérées comme la nouvelle forme d'expression picturale qui fait son apparition dans l'Ouest canadien.

Bloore réussit à atteindre une maîtrise et un contrôle remarquables dans sa peinture dès le début de sa carrière en se restreignant au domaine limité «des éléments à portée symbolique» et à une palette extrêmement réduite. Les jeux d'ombres et de lumières donnent vie aux surfaces granitées et en relief de ses tableaux. Bloore enseigne à l'U. York depuis 1966. Une importante exposition de ses peintures, dessins et autres œuvres a eu lieu en 1987.

Clara Hargittay

Blue Bombers de Winnipeg Équipe de football. À partir de 1911, la ville de Winnipeg est représentée aux matchs interprovinciaux par différentes équipes (les Tigers de Winnipeg participent à la COUPE GREY en 1925), mais le Winnipeg Rugby Football Club ne voit le jour qu'en 1930. Le club est baptisé Blue Bombers en 1935, année où il remporte la coupe Grey – une première pour une équipe de l'Ouest – en battant les Tigers de Hamilton 18-12. L'équipe, menée par le grand Melvin «Fritzie» Hanson, s'incline en finale en 1937 et en 1938, mais gagne en 1939 et en 1941. Dans la période d'après-guerre, elle remporte cinq championnats de l'Ouest sans toutefois obtenir la coupe Grey. En 1957, sous la direction de l'entraîneur Bud Grant, l'équipe amorce ses années de gloire. De 1957 à 1966 (10 saisons), Grant mène les Bombers aux finales de six coupes Grey. Ils remportent quatre victoires (1958, 1959, 1961 et 1962) et subissent deux défaites (1957 et 1965), chaque fois contre les TIGER-CATS DE HAMILTON. En 1987, les Bombers joignent les rangs de la division Est lorsque la concession de Montréal est dissoute. En 1988, les Lions de la Colombie-Britannique concèdent la victoire aux Bombers en finale de la coupe Grey; c'est la première fois que deux équipes de l'Ouest se disputent les honneurs de la grande finale. En 1990, les Bombers gagnent à nouveau la coupe après avoir infligé aux Eskimos d'Edmonton une défaite humiliante de 50-11 dans un des matchs les plus inégaux de l'ère moderne. En 1991, Winnipeg est, pour la première fois, l'hôte de la coupe Grey.

Derek Drager

Blue Jays de Toronto Première formation canadienne à être admise dans la Ligue américaine de baseball. La concession est accordée à Toronto en 1976 et, en 1977, les Blue Jays disputent leur premier match à l'Exhibition Stadium situé sur le boulevard Lakeshore à Toronto. Ils jouent leur première saison gagnante en 1983 et se révèlent l'une des meilleures formations de baseball au cours des années 80 et 90. Ils terminent au premier rang de la division de l'Est en 1985, 1989 et 1991, mais le championnat de la ligue leur échappe chaque fois.

En 1992, les Blue Jays gagnent leur premier championnat de la Ligue américaine de baseball contre les A's d'Oakland. Première équipe non américaine à remporter les séries mondiales, ils battent les Braves d'Atlanta en six matchs mémorables. À la onzième manche du sixième match, Dave Winfield fait compter le point gagnant et le receveur Pat Borders remporte le titre de joueur le plus utile à son équipe.

En 1993, en dépit de plusieurs changements parmi les joueurs, les Blue Jays s'offrent à nouveau le championnat de la Ligue américaine après avoir vaincu les White Sox de Chicago en six matchs. John Olerud est le premier joueur de l'équipe à remporter le championnat des frappeurs. Le lanceur Dave Stewart, qui, durant la saison morte, a été engagé à titre de joueur disponible, remporte deux matchs et est nommé joueur le plus utile à son équipe lors des séries.

L'équipe des Blue Jays est la première à répéter l'exploit des Yankees de New York qui ont gagné deux séries mondiales consécutives en 1977 et 1978 en battant les Phillies de Philadelphie en six matchs. À la neuvième manche du sixième match, Joe Carter frappe un spectaculaire coup de circuit qui permet à l'équipe d'enlever la victoire. C'est seulement la deuxième fois dans l'histoire qu'une série mondiale se termine sur un coup de circuit et la première fois qu'elle se termine au Canada. Paul Molitor, nouveau joueur acquis en 1993, remporte le titre de joueur le plus utile à son équipe. Au SkyDome depuis 1989, l'équipe des Blue Jays est une des concessions de baseball qui obtient le plus de succès. En 1990, avec un total de quatre millions de spectateurs, l'équipe établit un record d'assistance sans précédent.

William Humber

Blue Rodeo Nom d'un groupe rock formé en 1984 par deux copains de l'école secondaire, les auteurs-compositeurs Jim Cuddy et Greg Keelor. Après un échec avec les HiFi's, un groupe pop très énergique de New York, Cuddy et Keelor retournent à Toronto et recrutent le pianiste de jazz autodidacte Bobby Wiseman, le bassiste Bazil Donovan et le batteur Cleave Anderson. Le groupe joue d'abord dans des boîtes de la rue Queen, livrant un mélange mélodique de folk, de rock et de country, dont l'harmonie vocale rappelle celle des Beatles.

Leur premier disque, *Outskirts* (1987), contient notamment la complainte *Try*, interprétée par Cuddy, qui se hisse parmi les 10 premières places du palmarès. Les albums suivants, *Diamond Mine* (1988), *Casino* (1991), *Lost Together* (1992), *Five Days in July* (1993) et *Nowhere To Here* (1995) se sont vendus collectivement à plus d'un million et demi d'exemplaires dans le sillage de leurs tournées dans toute l'Amérique du Nord et l'Europe. Blue Rodeo est nommé Groupe canadien de l'année aux cérémonies des PRIX JUNO en 1989, en 1990 et en 1991. Après quelques changements de personnel, l'orchestre a pour membres Cuddy, Keelor, Donovan, le batteur Glenn Milchem, le claviériste James Gray et le multi-instrumentiste Kim Deschamps.

En 1996, le groupe s'accorde un répit pour permettre à ses membres de réaliser des projets individuels. Keelor s'avère le plus productif. Il est chef de production de l'album-bénévole *Pine Ridge: An Open Letter to Allan Rock*, qui exhorte le ministre canadien de la Justice à faire pression pour la libération de Leonard Peltier, un activiste autochtone américain en prison. L'album comprend notamment des chansons de Keelor, de Cuddy, de Wiseman, des Skydiggers et de Jane Siberry. Keelor enregistre aussi un album solo, *Gone* (1997), qui traite de questions très personnelles, comme son intérêt pour la spiritualité orientale et la découverte de sa mère biologique au Cap-Breton. Blue Rodeo se reforme en 1997 pour enregistrer l'album *Tremolo*.

Jeff Bateman

Bluefish, grottes Elles recèlent les vestiges archéologiques les plus anciens et les mieux conservés du Canada. Les grottes, au nombre de trois, sont situées dans une crête calcaire surplombant le cours supérieur de la rivière Bluefish au milieu du chaînon Keele, dans le nord du Yukon. On trouve dans le lœss accumulé par le vent, durant le pléistocène supérieur, des ossements de mammouth, de cheval, de bison, de caribou, de mouton, de saïga, d'ours, de lion et d'autres mammifères, ainsi que d'oiseaux et de poissons. Beaucoup des ossements des grands mammifères portent les traces de coups donnés par des outils de pierre, tandis que quelques os de mammouths ont des marques associées à une technique de taille par percussion.

Le lœss renferme aussi les restes lithiques d'une technique microlame ou du burin similaires à ceux qui ont été trouvés dans les sites paléoarctiques américains. Sur la base de ces découvertes et d'une série croissante de datations au radiocarbone associées, il est maintenant possible d'affirmer que les grottes de Bluefish ont été utilisées de façon sporadique par des groupes de chasseurs il y a plusieurs milliers d'années (entre 25 000 et 12 000). Enfin, la reconstitution paléoenvironnementale, fondée sur le pollen, les macrofossiles, les indices pédologiques, sédimentologiques et sur les restes de micromammifères, concorde avec les découvertes effectuées dans d'autres régions de la Béringie orientale pour la période de l'apogée du wisconsinien supérieur et les millénaires suivants. (*Voir aussi* ARCHÉOLOGIE; PRÉHISTOIRE.)

Jacques Cinq-Mars

Bluenose Le plus célèbre des navires canadiens, lancé à LUNENBURG en Nouvelle-Écosse, en 1921 et baptisé du sobriquet qu'a donné T.C. HALIBURTON aux natifs de la Nouvelle-Écosse. Le schooner est conçu par William J. Roue pour la pêche sur les

Grands Bancs et pour la course. Commandé par le capitaine Angus J. WALTERS contre les schooners américains les plus rapides, il gagne le trophée International Fisherman, emblème du championnat de navigation des flottes de pêche de l'Atlantique Nord, en 1921, en 1922 et en 1923. Il doit sa seule défaite au schooner *Gertrude L. Thebaud* de Boston, lors de la Lipton Cup en 1930, mais il bat le *Thebaud* et remporte le trophée Fisherman en 1931 et en 1938.

Le *Bluenose* détient aussi le record de la plus grosse prise de poissons rapportée à Lunenburg. Il connaît toutefois une triste fin: vendu en 1942 à une compagnie commerciale des Antilles, il fait naufrage au large d'Haïti en 1946. Le profil ciselé du *Bluenose* est reproduit sur les pièces de monnaie canadienne de 10 cents depuis 1937. Une réplique du navire, le *Bluenose II*, est construite aux mêmes chantiers maritimes de Lunenburg, Smith & Rhuland, et lancée en 1963 dans une atmosphère nostalgique qu'inspire la disparition de l'âge d'or de la navigation à voile.

James Marsh

Blumenfeld, Hans, planificateur urbain et régional, enseignant, auteur, expert-conseil (Osnabrück, Allemagne, 18 oct. 1892—Toronto, Ont., 30 janv. 1988). En poste à l'Institut de planification urbaine de Russie de 1930 à 1933, Blumenfeld quitte l'URSS en 1937 pour s'établir aux États-Unis, où il travaille principalement pour la Philadelphia Planning Commission. Il arrive au Canada en 1955 comme directeur adjoint du Metropolitan Toronto Planning Board et contribue à façonner Toronto et son arrière-pays.

En 1961, Blumenfeld devient expert-conseil privé et, en 1964, professeur à l'U. de Toronto. Il est l'auteur de nombreux articles et livres à succès, dont *The Modern Metropolis* (1967) et *Metropolis and Beyond* (1979). Sa plus importante contribution est sa vision de la «métropole» en tant que nouvel organisme urbain dont la taille et la structure uniques nécessitent diagnostic et traitement.

Reconnu comme une des figures dominantes de l'AMÉNAGEMENT URBAIN ET RÉGIONAL au XXᵉ siècle, il est membre de l'Institut canadien des urbanistes et lauréat du American Institute of Planners' Distinguished Service Award. Sa vie durant, il est engagé dans le mouvement pour la paix mondiale. Son autobiographie, *Life Begins at 65…*, est publiée en 1986.

Norman Pressman

Blyth Festival Tenu dans le sud-ouest de l'Ontario, il présente essentiellement des pièces canadiennes. Les pièces qui y sont jouées pour la première fois sont montées ensuite partout au Canada. Fondé en 1975 par le metteur en scène James Roy, la dramaturge Anne Chislett et le rédacteur en chef du journal local Keith Roulston, le festival produit des pièces d'abord destinées au public local, puis aux visiteurs. Il jouit d'un grand soutien de la part de la collectivité et a remis en état et agrandi le Memorial Hall, un édifice construit en 1919-1920, tombé en ruines.

Blyth n'a pas de traditions artistiques établies, mais c'est non loin de là, dans le village de Clinton, que le Théatre Passe Muraille a créé sa pièce *The Farm Show*, une création collective riche et originale. D'autres créations collectives locales (p. ex. *The Blyth Memorial History Show*) figurent depuis longtemps au répertoire de Blyth. Les personnes ayant participé au *Farm Show*, en particulier Janet Amos, directrice artistique du Blyth Festival de 1979 à 1984, ont grandement contribué au succès du festival.

Katherine Kaszas, directrice artistique de 1984 à 1991, mise sur les pièces populaires susceptibles de faire connaître le festival sur la scène internationale. Peter Smith lui succède en 1991 et traverse une récession pendant laquelle le public est de plus en plus restreint et le déficit monte en flèche. Janet Amos reprend ses fonctions en 1994 et tente de redonner au festival sa vitalité artistique et financière des années 70.

Certaines pièces jouées à Blyth abordent des sujets d'intérêt local (p. ex. *He Won't Come in from the Barn* de Ted John); d'autres sont des adaptations de récits rédigés par des écrivains de la région, tels que Harry BOYLE et Alice MUNRO. Toutefois, le Blyth Festival est surtout connu au Canada pour la pièce à suspense de Peter Colley *I'll Be Back for You Before Midnight*, le drame primé d'Anne Chislett *Quiet in the Land* et des comédies comme *Cake-Walk* de Colleen Curian.

Ross Stuart

Boas, Franz, anthropologue, ethnologue, folkloriste et linguiste (Minden, Westphalie, 9 juill. 1858—New York, 21 déc. 1942). En collaboration avec ses élèves, Boas définit l'orientation intellectuelle et professionnelle de l'anthropologie américaine. Il insiste sur la nécessité d'aborder l'étude de l'histoire des cultures à l'aide d'une méthode empirique. Son œuvre fait ressortir les facteurs historiques qui s'additionnent et se fondent pour donner à chaque société son caractère particulier.

Boas s'intéresse d'abord à la géographie historique, mais le travail de pionnier qu'il effectue chez les INUITS DE L'ÎLE DE BAFFIN (1883-1884) l'amène à conclure que les coutumes d'une population ne tiennent pas à la seule géographie et se développent souvent à l'encontre des contraintes environnementales. À partir de 1886, il concentre définitivement ses recherches sur les Indiens de la côte du Nord-Ouest. La richesse de leur art et de leur mythologie le convainc davantage de la nécessité de tenir compte des caractéristiques psychologiques au même titre que des données géographiques dans ses recherches. Ces caractéristiques se développent au fil des siècles en empruntant des traits à d'autres cultures, en les modifiant et en les intégrant à une nouvelle culture.

Ses nombreux étudiants constituent le legs le plus précieux de Boas. Le plus brillant d'entre eux, Edward SAPIR, sera le premier directeur de ce qui est aujourd'hui le MUSÉE CANADIEN DES CIVILISATIONS. Durant de nombreuses années, Boas domine l'anthropologie américaine et est le mentor de la plupart des premières femmes qui travaillent dans cette profession, parmi lesquelles Ruth Benedict et Margaret Mead. Il travaille efficacement et sans relâche afin d'arracher le public à sa croyance en la race et de lui faire adopter une conception scientifique de la culture qui servira de base pour expliquer les principales différences chez les groupes humains.

R.J. Preston

Bobak, Bronislaw Josephus, «Bruno», artiste, administrateur d'art (Wawelowska, Pologne, 28 déc. 1923). Bobak voue depuis toujours une dévotion aux formes humaines, aux paysages et aux natures mortes tout en conservant l'attitude propre à l'expressionnisme du début du XXᵉ siècle.

En 1944, lorsqu'il est nommé artiste de guerre officiel, Bobak est le plus jeune du groupe. Les œuvres qu'il produit durant la Seconde Guerre mondiale emploient une technique expressive et réaliste qui découle de sa formation avec Carl SCHAEFER. Après la guerre, il vit en Colombie-Britannique (de 1947 à 1959), où les qualités mystiques des paysages de l'intérieur de cette province le poussent à développer un style «surréaliste».

Après avoir effectué quelques visites en Europe (surtout en Norvège), il s'installe au Nouveau-Brunswick au début des années 60 et réagit avec enthousiasme à l'œuvre d'Edvard Munch et de Gustave Vigeland. Il admire aussi Oskar Kokoschka. Il en résulte une série d'huiles captivantes, dont *Wheel of Life* (1966), des dessins et des gravures sur bois représentant des formes humaines et des paysages.

Bobak a exposé un peu partout au Canada, aux États-Unis et en Europe. En 1962, il est nommé directeur du Art Centre de l'U. du Nouveau-Brunswick.

D.F. Andrus

Bobak, Molly Joan, née Lamb (Vancouver, 25 fév. 1922), fille d'Harold Mortimer Lamb et d'Alice Mary Price. Les activités de son père, collectionneur et apologiste du GROUPE DES SEPT, ainsi que la passion de sa mère pour le jardinage et sa sensibilité à la beauté de la nature prédestinent Molly Lamb à une carrière dans les arts visuels.

Étudiante insoumise, Molly Lamb fait la rencontre de son mentor à vie, Jack L. SHADBOLT, à la Vancouver School of Art (1938-1941). Shadbolt l'influence constamment tout au long de sa carrière, davantage par ses opinions que par son exemple.

Molly Lamb entre au SERVICE FÉMININ DE L'ARMÉE CANADIENNE en 1942 et son journal illustré, *Double Duty: Sketches and Diaries of Molly Lamb Bobak, Canadian War Artist*, est publié en 1992 par Dundurn Press. Grâce à l'intervention d'A.Y. JACKSON et d'Harry McCurry (directeur de la Galerie nationale du Canada), elle est nommée peintre de guerre canadienne officielle en 1945, devenant ainsi la seule femme à recevoir une telle distinction (*voir* ARTISTES DE GUERRE). C'est là qu'elle rencontre son mari, Bruno BOBAK, également artiste de guerre canadien.

À la fin de la guerre et après son mariage, Molly Bobak retourne à Vancouver où elle enseigne à la Vancouver School of Art et commence à travailler à la radio et à la télévision, pour lesquelles elle se révèle particulièrement douée.

Elle reçoit une bourse du Conseil des Arts du Canada afin d'étudier en Europe, spécialement en Norvège. Ses études outre-mer sont interrompues à l'automne de 1960, lorsque son mari est nommé artiste résident à l'U. du Nouveau-Brunswick (UNB). Ils s'installent alors à Fredericton. Molly Bobak continue d'animer des ateliers à l'UNB et dans tout le Canada et renoue avec la télévision en présentant en direct des leçons d'art.

L'ensemble de son œuvre se divise en deux catégories: des aquarelles représentant des fleurs remplies de clarté et d'élégance, avec leur dépouillement à l'orientale, et des peintures à l'huile expressionnistes célébrant les petits événements de la vie, en particulier les affinités entre êtres humains. Bien qu'exposée à d'innombrables influences, celle de son mari n'étant pas la moindre, sa conception organique des choses et son application gestuelle des pigments la rapprochent davantage de l'école néoromantique britannique et, par extension, du travail d'artistes écossaises telles que Joan Kathleen Harding Eardley (1921-1963) et Anne Redpath (1895-1965).

En 1993, la MacKenzie Art Gallery lui consacre une importante rétrospective itinérante. Elle a reçu un diplôme honorifique de l'UNB (1983), de l'U. Mount Allison (1984), de l'U. Saint Thomas (1994), et elle est membre de l'Académie royale des arts du Canada. Molly Bobak a aussi illustré des livres pour enfants, parmi lesquels *Tœs in My Nose*, de Sheree Finch.

Ian Gordon Lumsden

Bobsleigh Les premières utilisations connues du traîneau, ou du toboggan, remontent au XVIᵉ siècle. Les courses modernes commencent en Suisse au milieu du XIXᵉ siècle. Il se crée trois formes de sport de toboggan: le bobsleigh comprenant deux axes et deux paires de patins, dirigé à l'aide d'une roue, d'une corde ou d'un tendeur et manœuvré par des équipes de deux ou quatre bobeurs; la luge, dont le concurrent en position assise s'incline vers l'arrière du traîneau (monoplace ou biplace); et le skeleton, sur lequel le coureur se trouve couché à plat ventre.

La pratique de cette activité se développe de façon autonome dans l'est du Canada au sein des bandes autochtones, qui utilisent à l'occasion leur traîneau de transport pour s'amuser. Ce sport est perfectionné par des groupes tels que le Montreal Tobogganing Club, formé en 1881 et premier club du genre au Canada.

La plupart des traîneaux peuvent contenir jusqu'à 4 personnes, certains pouvant en accueillir 12. Le sport de luge est l'un des sports d'hiver les plus pratiqués au Canada au XIXe siècle. Le pain de sucre des chutes Montmorency, en banlieue de Québec, est un endroit très apprécié pour la pratique du traîneau récréatif. Après les années 1880, alors que le sport perd de sa popularité, les courses de traîne sauvage sont abandonnées. Les concurrents canadiens doivent aller s'entraîner en Europe ou à Lake Placid (dans l'État de New York) jusqu'en 1985, année où des pistes de bobsleigh et de luge, construites pour les Jeux olympiques d'hiver de 1988, sont ouvertes de façon permanente dans le Parc Olympique du Canada, à Calgary. De même, une piste construite à Salt Lake City (Utah) pour les Jeux olympiques d'hiver de 2002, est ouverte depuis 1997.

Bobsleigh Les courses de bobsleigh débutent en 1881. Aujourd'hui, 31 pays prennent part à ces courses. Il s'agit d'un sport très technique et exigeant sur le plan physique. Pour pousser le traîneau d'acier et de fibre de verre (le bob à deux places pèse 210 kg et celui à quatre places, 390 kg, et ce, sans équipage), qui est immobile au départ, requiert une force, une vitesse et une synchronisation exceptionnelles. L'habileté du pilote à négocier les16 virages que contient le parcours de 1500 m tout en empruntant la «voie la plus rapide» peut faire la différence entre gagner et perdre. La vitesse peut atteindre près de 150 km/h et l'équipage est soumis à une force gravitationnelle de 5 G. En 1957, l'Association canadienne de bobsleigh et luge amateur est créée et, en 1959, la première équipe canadienne fait son entrée dans la compétition internationale.

En 1962, une équipe de quatre hommes, dirigée par Lamont Gordon, gagne le Championnat de bobsleigh du Commonwealth. En 1957, les frères EMERY, Victor et John, forment la Laurentian Bobsledding Association et, en 1959, ils commencent à participer à des compétitions mondiales. En 1964, avec Douglas Anakin et Peter Kirby, ils ont acquis l'expérience nécessaire pour se mesurer aux meilleurs bobeurs au cours des Jeux olympiques d'Innsbruck, en Autriche. Bien qu'ils aient eu peu d'occasions de s'entraîner, ils réalisent un temps record à leur première course et remportent la médaille d'or.

L'équipe canadienne, toujours dirigée par Vic Emery, conserve son titre aux championnats du monde de 1965. Les bobeurs canadiens, avec à leur tête Greg Haydenluck et Chris Lori, recommencent à participer aux compétitions internationales à la fin des années 1980. Les deux pilotes (aujourd'hui retraités) remportent des courses de la Coupe du monde et se classent de façon constante dans les trois premiers, autant dans les compétitions à deux bobeurs qu'à quatre. En 1998, l'équipe de bobsleigh à deux, formée de Pierre Lueders, d'Edmonton, et de David MacEachern, de Charlottetown, remporte la médaille d'or aux Jeux olympiques d'hiver de Nagano (Japon) finissant avec le même temps au classement général que l'équipe italienne.

Luge Les compétitions de luge font leur apparition en 1879. Aujourd'hui, 33 pays participent à trois types d'épreuves: luge simple hommes, luge simple femmes et luge double hommes. L'athlète de luge doit rester en position couchée tout en manœuvrant la luge dans des virages en épingle à cheveux, le long d'un parcours de 1000 m (chez les hommes) ou de 750 m (chez les femmes) et ce, à des vitesses pouvant atteindre près de 135 km/h. Bien que Douglas Conner ait établi un record mondial dans la course Cresta à St-Moritz (Suisse), en 1954, ce n'est qu'en 1967 que la première équipe canadienne de luge est formée, lors des premiers championnats canadiens.

En 1968, une équipe de luge participe aux Jeux olympiques et Linda Crutchfield remporte le Championnat nord-américain de luge pour femmes. En 1976, le Canada se dote finalement d'installations modernes avec la construction d'une piste de luge de 213 m à Etobicoke (Ontario). En 1977, Carole Keyes et Bjorn Iverson remportent les Championnats de luge simple femmes et hommes. En 1978, Larry Arbuthnot gagne le championnat masculin. Miroslav Zajone, né en Tchécoslovaquie, mais courant pour le Canada, remporte le Championnat mondial de luge en 1983. Marie-Claude Doyon termine sixième au classement général de la Coupe du monde en 1986.

Luge sur piste naturelle Ce sport, également connu sous le nom de «Naturbahn», a récemment gagné en popularité au Canada. Quelque 3000 personnes le pratiquent et il existe huit pistes, y compris des installations de niveau international au Parc Olympique Canada, à Calgary. Les pistes, dont la longueur varie entre 50 et 1000 m, peuvent être aménagées sur toutes les pentes enneigées ou recouvertes de glace. De plus, elles ne comportent aucune courbe. Le participant est étendu sur le dos, les pieds en avant, et il dirige la luge en tirant sur une courroie. Dans les compétitions non officielles, la vitesse est d'au moins 30 km/h et elle peut atteindre 80 km/h. Calgary possède l'une des premières pistes combinées de bobsleigh et de luge au monde; elle est ouverte depuis mars 1985.

Barbara Schrodt

Bodega y Quadra, Juan Francisco de la, officier de marine, explorateur et administrateur (baptisé à Lima, Pérou, 3 juin 1743—Mexico, 26 mars 1794). En 1775, il réalise un voyage d'exploration difficile depuis San Blas, au Mexique, jusqu'à 58° 30' de latitude N. et au détroit Bucareli, en Alaska. En 1779, il commande la frégate *Favorita* lors de l'expédition d'Ignacio de Arteaga en Alaska. Après ses fonctions dans la marine, il est nommé, en 1789, commandant de la division navale de San Blas, qui dirige les activités espagnoles sur la CÔTE DU NORD-OUEST.

En 1792, il prend la direction du poste de Nootka et négocie la mise en vigueur de la convention de Nootka de 1790 avec le capitaine George VANCOUVER. Il se montre poli mais ferme dans sa défense de la souveraineté de l'Espagne. En 1793, il retourne au Mexique, où il meurt subitement. (*Voir aussi* NOOTKA, CONTROVERSE DU DÉTROIT DE.)

Christon I. Archer

Bœuf musqué (*Ovibos moschatus*) C'est un ARTIODACTYLE à toison et à cornes de la famille des bovidés. À l'état sauvage, on le trouve uniquement dans la TOUNDRA arctique canadienne (sur le continent et dans l'ARCHIPEL ARCTIQUE), en Alaska et au GROENLAND.

Description Le bœuf musqué est apparenté au MOUFLON D'AMÉRIQUE et à la CHÈVRE DE MONTAGNE. Il a une bosse sur les épaules, des pattes courtes, mesure environ 130 cm de hauteur et pèse de 180 à 270 kg. Au milieu de l'été, il perd son épaisse couche isolante de poils de bourre (kiviut) et il a alors un aspect loqueteux.

Hardes L'été, le bœuf musqué vit en petites hardes et, l'hiver, il forme de plus grands groupes (60 individus ou plus). Les hardes sont peu structurées, mais il existe une hiérarchie parmi les mâles, les femelles et les jeunes adultes. Les animaux, en constant déplacement, mangent et ruminent selon des cycles synchronisés qui les gardent regroupés.

Des mâles défient parfois le mâle dominant afin de diriger la harde. Les opposants échangent alors de profonds mugissements, exposent ensuite la large base de leurs cornes et frottent leurs glandes antéorbitales sur leurs pattes antérieures dans une parade rituelle. Ensuite, ils reculent, puis foncent vers l'avant, à plusieurs reprises, en chargeant tête première. Ces affrontements déterminent parfois le vainqueur.

Reproduction et croissance Une longue parade nuptiale commence à la fin de juillet, lorsque le mâle évalue l'état reproductif de la femelle. En août, les contacts se font plus nombreux et mènent à l'accouplement. La femelle donne naissance à un seul veau l'année suivante, entre avril et juin. Même s'il reste parfois au pis de sa mère tout au long de sa première année, le veau commence à se nourrir de PLANTES quelques semaines après sa naissance. Les veaux passent la plupart du temps à jouer ensemble et retournent à leur mère seulement pour téter, se déplacer ou lorsqu'il y a un danger.

Stratégies de survie Lorsqu'ils doivent affronter des LOUPS ou des humains, les bœufs musqués forment un rang serré, dans lequel les veaux s'insèrent, et font face aux attaquants. S'ils sont encerclés, ils forment un cercle compact et chargent parfois l'ennemi. S'ils sont harcelés, ils se sauvent dans une course affolée, laissant parfois derrière les traînards qui seront des proies plus faciles pour les loups.

Régime alimentaire Le bœuf musqué creuse des cratères dans la neige avec les sabots de ses pattes antérieures afin de trouver du fourrage. Les membres dominants déplacent les autres membres de la harde des cratères déjà creusés. Les animaux brisent la croûte de neige durcie par le vent en la frappant de leur menton. Lors de grosses tempêtes, le bœuf musqué reste couché pendant de longues périodes. Des conditions de neige inhabituelles peuvent conduire un grand nombre d'animaux à mourir de faim.

Relations avec les humains La chasse excessive par les explorateurs, les commerçants de fourrures et les baleiniers a entraîné un arrêt de la CHASSE entre 1917 et 1970. Le bœuf musqué a obtenu en 1927 une protection accrue par l'établissement du refuge faunique Thelon, dans les Territoires du Nord-Ouest. Dans certaines régions, il est permis d'en faire la chasse sportive et les INUITS ont le droit de le chasser. Les habitats du bœuf musqué sont perturbés par l'exploration et la mise en valeur des RESSOURCES naturelles. Il existe peu d'endroits au Canada où le bœuf musqué et son habitat sont entièrement protégés.

David R. Gray

Bois, articles de Les premiers artisans du Canada jouent à la fois le rôle de charpentiers, de menuisiers, de sculpteurs et de tourneurs. Ils fabriquent à domicile des petits articles de bois. Habituellement, chaque pièce provient d'un seul morceau de bois (bloc ou madrier brut ou ouvré) découpé, évidé ou tourné. Il est rare que l'on assemble des morceaux. Les articles sont toujours fonctionnels et utilitaires, de bonne forme, exécutés à l'aide de techniques simples et faciles à utiliser. Les ustensiles en bois, surtout ceux qui servent à la préparation, au service et à la conservation des aliments, sont considérés comme de la boissellerie, mais non les objets décoratifs (p. ex., figures sculptées, boiseries).

Aux premiers temps de la colonie, les articles de bois remplacent les articles ménagers en verre, en faïence, en grès, en porcelaine, en argent ou en étain normalement fabriqués en Europe, qui sont coûteux et souvent difficiles à obtenir. Avec du bois dur, on peut même fabriquer des fourches: les dents sont formées par deux entailles parallèles, puis recourbées à la vapeur. Le bois est recherché pour ses nombreuses qualités pratiques: il est durable, facile à travailler, recyclable et, surtout, il s'obtient toujours facilement. Fabriqués un à un, au cours des longues soirées qu'on connaissait à l'époque des pionniers, les objets gardent les mêmes formes utilitaires des centaines d'années durant. Ces formes familières imitent les modèles européens qui demeurent inchangés d'une génération à l'autre. On choisit alors avec grand soin le type de bois qui donnera à l'objet la forme, la couleur, le grain, la résistance ou l'aspect décoratif recherchés, ainsi d'ailleurs que la technique de travail du bois appropriée.

Les forêts canadiennes offrent une bonne variété de bois durs (p. ex. frêne, bouleau, cerisier, noyer, érable) et de bois tendres (p. ex. cèdre, tilleul d'Amérique, épinette, pin, peuplier). Le bois nouvellement abattu, découpé en madriers, est habituellement mis à sécher pendant un an au moins avant d'être utilisé.

Les bois durs servent à fabriquer des objets que l'on veut durables et d'un certain poids. Ainsi, le grain dur et dense de l'érable, qui peut être travaillé sur un tour à bois, est un excellent matériau pour fabriquer des louches, des fouets, des planches à pain, des moules à beurre, des cuillères, des pilons et des rouleaux à pâtisserie. On utilise aussi l'érable pour faire des maillets, car il résiste bien aux chocs répétés. Avec le frêne et l'hickory, des bois durs d'une exceptionnelle élasticité que l'on peut courber sans les briser, on fabrique, en les cintrant à la vapeur, des cerceaux, des boîtes et des couronnes de roues, et même des tire-bottes. L'élasticité du frêne se révèle très utile pour les manches de pilons, de maillets, de marteaux et de haches, car il peut absorber le choc de chaque coup. Réunies en petits fagots, les brindilles du bouleau et les rameaux lisses de l'hickory peuvent même servir de batteur à œufs.

Les bols sont fabriqués en ayant recours à diverses techniques et méthodes. Le bois est évidé à l'herminette ou au ciseau. Certains bols ont une poignée sculptée à même la pièce de bois. D'autres sont faits au tour, avec du bois bien séché. L'érable et le frêne sont souvent utilisés pour les bols tournés, mais on prise surtout les «broussins» (des excroissances anormales qu'on rencontre sur de nombreuses essences) pour la fabrication des bols sculptés ou tournés. Ces excroissances au fil serré, erratique et attrayant sont difficiles à travailler, mais elles se fendent rarement et leur étanchéité s'avère des plus utiles. La rareté des bols sculptés dans les broussins explique pourquoi ils ont survécu jusqu'à aujourd'hui et sont encore recherchés.

Les bois tendres servent à fabriquer des ustensiles peu utilisés. Le pin, qui est léger, inodore et insipide, sert souvent comme matériau pour les ustensiles de cuisine. Les moules à sucre d'érable, qui font leur apparition au Québec au XVIIIe siècle, sont parfois faits en pin, parce que ce bois est facile à sculpter. Une cuillère ou un fouet se taillent aisément dans un bois mou, et on peut les remplacer facilement.

Comme la vaisselle sert à des fins utilitaires plutôt que décoratives, les pièces ornementées sont rares, mais on choisit parfois un bois particulier en raison de son grain inhabituel et de son aspect décoratif. Les moules à beurre et les moules à sucre d'érable font exception, car le décor sculpté aide à identifier le produit, ce qui le rend plus attirant pour l'utilisateur. Les pains de beurre porteurs du motif de leur moule sont très recherchés.

Il est facile de reconnaître la touche de l'auteur sur de la vaisselle en bois. Ainsi, la diversité des rouleaux à pâtisserie prouve qu'il n'existe pas de style unique. Il en existe autant de variantes que de fabricants. Le rouleau à pâtisserie grossièrement équarri est parfois aussi fonctionnel que le rouleau tourné finement poncé. Chaque pièce se distingue par ses petits détails particuliers: un manche peut avoir une rainure sur le côté, ou les poignées présenter des formes diverses. Ces détails ont sans doute été ajoutés machinalement et rapidement avec le premier outil sous la main, juste avant que le rouleau à pâtisserie ne soit enlevé du tour.

Comme celui qui fabrique les pièces de vaisselle en est aussi l'utilisateur, cette identité transparaît dans les objets façonnés. L'artisan peut créer un objet selon ses besoins sans chercher à simplifier la technique ni à économiser sur le matériau. La beauté de la forme et l'amour du travail bien fait sont donc toujours inséparables de l'aspect utilitaire des objets. L'œuvre exprime la fierté de l'artisan et révèle la culture à laquelle il appartient. L'objet sera utilisé tant qu'il ne sera pas usé, puis on le remplacera par un autre. Les seuls articles de bois qui subsistent aujourd'hui sont donc parmi les plus récents et remontent à la fin du XIXe siècle. Leur rareté n'est pas uniquement attribuable au peu de respect qu'on leur portait. Le bois est un matériau fragile qui pourrit, se déforme, brûle facilement et s'use à force d'utilisation. L'avènement de l'industrialisation au XIXe siècle est aussi responsable de la disparition des objets en bois. Quand d'autres matériaux moins chers et plus durables sont si facilement accessibles, ce serait manquer de sens pratique que de fabriquer en bois des objets d'usage courant.

Carol Baum

Bois, histoire du commerce du Le bois est à la base du commerce canadien pendant la plus grande partie du XIXe siècle. Fondé sur la demande européenne, le commerce du bois contribue à l'essor économique de l'est du Canada en y favorisant les investissements et l'immigration. Il transforme aussi l'environnement beaucoup plus radicalement que ne l'ont fait les pêches et la traite des fourrures en encourageant le développement de villes et de villages, l'ouverture de routes et l'EXPLORATION. Ce commerce engendre parfois de l'instabilité, car les changements dans les CYCLES ÉCONOMIQUES font fluctuer la demande et les prix. Les conditions climatiques, les aléas du commerce et la méconnaissance des marchés amplifient ces difficultés.

Au XIXe siècle, le bois de commerce prend diverses formes. Les grands mâts destinés aux navires de la Marine royale sont coupés dans les plus beaux arbres des forêts mixtes qui couvrent les Maritimes et la vallée du Saint-Laurent et constituent le produit le plus rentable des forêts de l'Amérique du Nord britannique. On produit aussi bardeaux, douves, planchettes pour boîtes et, plus tard, des fuseaux destinés aux fabriques de textiles. Le bois de sciage et le bois équarri restent cependant les principaux débouchés. Dans les SCIERIES, on prépare le bois d'œuvre surtout sous forme de planches et de madriers, pièces de bois brut mesurant au moins 12 pieds de longueur sur 7 pouces de largeur et 2 pouces d'épaisseur (env. 366 cm x 18 cm x 6 cm). Le bois équarri, connu dans les Maritimes sous le nom de «ton timber» (bois à la tonne), consiste en des billes équarries à la hache. Elles sont expédiées en Angleterre où on procède souvent à un autre sciage. Le marché a des exigences strictes. On permet le taillage en biseau et en pointe légèrement effilée, mais ces normes varient selon les dimensions des billes et changent aussi avec le temps. À l'époque, le gaspillage est considérable, puisqu'on élimine de 25 p. 100 à 30 p. 100 de chaque arbre coupé.

Le commerce des mâts de navire, toujours limité à cause de sa spécialisation et de la haute qualité du bois exigé, se déplace de la vallée de la rivière Saint-Jean à la vallée du Saint-Laurent tôt au XIXe siècle, lorsque les entrepreneurs recherchent le chêne et le pin des forêts de feuillus au sud des Grands Lacs. L'industrie du bois équarri se développe rapidement pour répondre à la demande considérable de la Grande-Bretagne, alors en guerre contre Napoléon et en plein essor industriel. Le commerce transatlantique, stimulé par des impératifs économiques et stratégiques, est bientôt favorisé par le tarif préférentiel (*voir* BOIS, TAXES SUR LE) au moment où le blocus de Napoléon, en 1806, coupe la Grande-Bretagne de ses fournisseurs habituels, les pays du nord de l'Europe. Les prix vont alors grimper de 300 p. 100 en deux ans. Entre 1802 et 1805, il entre en moyenne en Grande-Bretagne 9000 chargements de bois, d'environ 1,5 m^3 chacun, en provenance des colonies. En 1807, le total atteint 27 000; deux ans plus tard, 90 000; en 1840 plus de 500 000; et en 1846, 750 000. Par la suite, les exportations vers la Grande-Bretagne fluctuent pendant 20 ans autour de 600 000 chargements par an, pour ensuite décliner jusqu'à la Première Guerre mondiale.

Les caractéristiques du commerce du bois sont beaucoup plus difficiles à résumer à cause de la diversité des marchés internationaux. À partir des années 1830, en même temps qu'augmentent les quantités de bois expédiées vers la Grande-Bretagne, le commerce avec les États-Unis s'intensifie, et des cargaisons mixtes de bois d'œuvre et de produits dérivés quittent les ports des Maritimes à destination des Antilles. Grâce au traité de RÉCIPROCITÉ avec les États-Unis et à la construction de chemins de fer et de canaux, l'importance du marché américain s'accroît. Entre 1864 et 1866, 400 millions de pieds de bois sont expédiés par Oswego (New York), et la valeur totale du bois exporté par la PROVINCE DU CANADA atteint presque 7 millions de dollars en 1866-1867. Cependant, jusque dans les années 1880, les expéditions vers la Grande-Bretagne restent supérieures à celles qui sont destinées aux États-Unis. En 1905, avec des exportations de quelque 18 millions de dollars, le commerce des produits forestiers avec les États-Unis représente plus de la moitié de la production canadienne.

Le PIN est l'espèce la plus recherchée par l'industrie, bien qu'on produise de petites quantités de bouleau, de chêne blanc, d'orme, de frêne, de tilleul d'Amérique et de noyer cendré équarris, qu'on abatte des cèdres et que la coupe d'épinettes et de pruches ait augmenté après le milieu du XIXe siècle. L'exploitation du pin couvre rapidement un vaste territoire. En 1810, seule la lisière des forêts de pins du Nouveau-Brunswick a été coupée, et le confluent des rivières Outaouais et Gatineau marque la limite intérieure de l'exploitation forestière en Amérique du Nord britannique. En 1835, c'est tout juste s'il reste un affluent des rivières Miramichi, Saint-Jean et Outaouais qui n'a pas été exploité. En 1850, les pins les plus accessibles de ce réseau de rivières ont été abattus, et beaucoup de petits ports et d'anses côtières cessent leurs activités. Avec l'arrivée du chemin de fer, le transport des billes ne dépend plus exclusivement des cours d'eau, ce qui permet aux régions éloignées des lacs Ontario et Érié de s'ouvrir au marché. Les exportations de la région de Peterborough quintuplent grâce à l'arrivée du chemin de fer en 1854. Entre 1851 et 1861, le comté de Simcoe, auparavant inconnu, prend une place prépondérante parmi les producteurs forestiers du Canada-Ouest. Les scieries se multiplient le long des voies ferroviaires qui sont construites en direction du nord du BOUCLIER canadien.

Le gouvernement tarde à exercer une surveillance efficace sur cette vaste entreprise de déboisement. Les mesures visant à réserver les meilleurs spécimens pour les navires de la Marine royale au XVIIIe siècle se révèlent insuffisantes. Après 1806, à mesure que la demande augmente, les réserves de la Couronne sont violées, et ceux qui sont chargés de les faire respecter profitent de la confusion administrative. En 1824 au Nouveau-Brunswick et en 1826 dans le Haut-Canada et le Bas-Canada, un système cohérent de réglementation est mis en place. Dans toutes les provinces de l'Amérique du Nord britannique, sauf en Nouvelle-Écosse, l'obtention d'un permis accorde un droit temporaire de coupe et oblige à retourner une part du revenu au gouvernement. Périodiquement, des modifications sont apportées pour tenter de limiter la coupe et l'entrée illégales qui empêchent les administrateurs d'optimiser ce revenu, mais les principes de propriété de la Couronne et de bail sont maintenus. Contrairement à la formule américaine, la loi actuelle qui régit la forêt canadienne (la Nouvelle-Écosse exclue) prend en considération la tradition, les intérêts personnels et les contraintes d'un environnement vaste et hostile, conservant ainsi une part de l'idée qu'on se faisait au XVIIIe siècle de la façon dont l'État devait veiller au bien commun.

À l'époque, la coupe du bois n'a lieu qu'en hiver et commence dès la première chute de neige. L'automne venu, les bûcherons préparent leur campement et dégagent un chemin pour traîner foin et provisions. Le chemin raboteux sert aussi à acheminer billes ou pièces de bois jusqu'aux cours d'eau. Le travail est dur et exige des hommes et des bêtes robustes. Normalement, on abat l'arbre avec différentes sortes de HACHES DE BÛCHERONS (jusqu'à ce que l'utilisation de la scie à tronçonner se répande dans les années 1870), et on le débite en gros morceaux à l'aide d'une scie à tronçonner. La bille est équarrie à la hache. On la «ligne» sur deux côtés pour délimiter la dimension du carré, on élimine les parties non désirées, dégrossit les côtés, puis on les adoucit avec la doloire. On tourne alors la bille à 90° pour effectuer la même opération sur les deux autres côtés. Avant de transporter les billes, on en effile les extrémités.

Les chemins de neige facilitent le transport des billes par les bœufs et, plus tard, par les chevaux jusqu'aux rivières. Au moment du dégel, la «drave» commence. Les draveurs, munis de tocs (crochets en fer), de grappins ou de TOURNE-BILLES, souvent immergés dans l'eau glacée, dirigent le flottage des billes, un travail dangereux. Aux endroits où la rivière s'élargit ou quand elle fait place à des rapides et à des chutes, on dispose des GLISSOIRES À BILLES ou on assemble celles-ci en TRAINS DE BOIS. Elles continuent leur descente jusqu'aux scieries ou jusqu'à l'embouchure des rivières (surtout à Québec, à Saint-Jean et à la rivière Miramichi), d'où elles sont expédiées à l'étranger. La production des scieries augmente avec l'utilisation de la vapeur au lieu de l'eau comme source d'énergie, prolongeant ainsi la saison d'activité, mais la coupe du bois se fait toujours en hiver. Grâce au chemin de fer, qui sert au transport du bois de la scierie jusqu'au marché, l'industrie forestière est devenue moins dépendante des rivières. Cependant, à la fin du XIXe siècle, les trains affectés au transport du bois n'ont encore qu'un faible effet sur l'industrie forestière dans l'est du Canada.

Avant 1825, l'exploitation de la forêt est l'affaire de petits entrepreneurs indépendants, des fermiers surtout, qui disposent d'un peu plus de temps libre en hiver. Le bois est facilement accessible, et il n'est pas nécessaire d'investir un gros capital. Cependant, vers 1850, comme l'abattage s'effectue dans des régions plus éloignées, le nettoyage des cours d'eau obstrués de cailloux entraîne des coûts supplémentaires. La Couronne resserre sa réglementation, le capital à investir augmente, et le déclin du commerce accentue la rivalité entre les exploitants qui cherchent à conserver leur part du marché. L'exploitation se diversifie, s'amplifie et intègre quelques étapes de la transformation, mais de petites entreprises continuent à fonctionner dans les zones de colonisation. En général, les entrepreneurs les mieux nantis et habiles en matière de gestion des affaires dominent le marché. Une fois leur permis obtenu, ils engagent des groupes de bûcherons, construisent de grandes scieries et gèrent leurs propres navires ou chemins de fer. P. ex., au cours des années 1840, Joseph CUNARD et trois succursales de l'importante compagnie écossaise Pollock, Gilmour and Co. ont presque le monopole du commerce dans le nord-est du Nouveau-Brunswick et sont également importantes dans la vallée du Saint-Laurent. William PRICE, le «père du Saguenay», emploie, dit-on, 1000 hommes dans les années 1830. Vers 1842, il possède des scieries à Chicoutimi et un remorqueur à vapeur pour y amener les bateaux en provenance du Saint-Laurent. Dans la région d'Ottawa, la firme J.R. BOOTH produit plus de 30 millions de pieds de planches de pin vers 1870. Pendant la décennie suivante, elle construit le chemin de fer Canada Atlantic afin d'acheminer tout le bois coupé de ses concessions de Parry Sound, sur la baie Géorgienne. Dans l'Ouest canadien, les promoteurs Mossom Boyd et D.D. Calvin connaissent aussi une réussite spectaculaire. Le commerce du bois qui avait commencé de façon artisanale a donc fait place à une industrie dominée par un nombre relativement restreint d'entreprises familiales et de sociétés bien pourvues en capitaux. Ainsi, l'instabilité chronique qu'ont connue les premiers exploitants a quelque peu diminué. Au XXe siècle, la production de pâte et papier augmente, ce qui nécessite des investissements élevés. Plusieurs entreprises fusionnent et des sociétés à capital-actions se constituent, préfigurant la forme d'entreprises qui ont aujourd'hui la main haute sur l'industrie forestière.

Les changements technologiques font partie intégrante de cette évolution. Après 1875, des formes d'exploitation anciennes cèdent devant la mécanisation, mais, en général, les innovations s'implantent plus rapidement dans les régions accidentées nouvellement ouvertes de la Colombie-Britannique que dans les forêts de l'est du Canada. Les chantiers de la côte ouest et les industries qui naissent dans les villes se font concurrence pour attirer la main-d'œuvre, ce qui se traduit par une amélioration des conditions de travail et de vie. Malgré ces changements et le déplacement de l'industrie vers l'Ouest à la faveur de l'ouverture du canal de Panama, et à cause de l'épuisement des forêts de l'Est, l'industrie forestière de l'est du pays gardera son caractère traditionnel et saisonnier jusque dans les années 1930.

En Colombie-Britannique, où les compagnons de James COOK avaient coupé du bois en 1778 dans l'île de Vancouver pour fabriquer les mâts de leurs navires, l'exploitation ne commence véritablement qu'au cours des années 1850. Les premiers exploitants utilisent les arbres énormes qui poussent près de la côte (surtout le DOUGLAS TAXIFOLIÉ et le cèdre de l'Ouest) et desservent les marchés disséminés autour du Pacifique, parfois aussi loin qu'en Afrique du Sud. Avec la construction du chemin de fer Canadien Pacifique dans les années 1880, à ce «commerce par bateaux» s'ajoute le commerce avec l'Est. Bientôt, le bois de la Colombie-Britannique est connu dans le monde entier. La coupe du bois y nécessite des techniques bien différentes de celles qu'on utilise dans l'Est: on doit y tripler le nombre de bœufs; comme les chemins de neige n'existent pas à cause du climat plus doux de la côte, les chemins sont faits de billes; deux bûcherons juchés sur un tremplin et munis d'une lourde hache à double tranchant coupent, plus haut que dans l'Est, le tronc des arbres énormes.

Les techniques manuelles perdurent jusqu'en 1912. Le cheval, qui a remplacé le bœuf vers 1890, demeure l'auxiliaire de l'homme jusque dans les années 1920. Une machine actionnée à la vapeur, apportée des États-Unis vers 1897, constitue l'une des innovations les plus importantes de l'époque, elle peut tracter des arbres de 150 m. D'autres innovations facilitent aussi le travail des bûcherons, dont un système qui permet de tirer ou de soulever la bille au-dessus des obstacles à l'aide d'une corde tendue très haut. En 1910, la production forestière de la Colombie-Britannique dépasse celle du Québec et, en 1917, celle de chacune des autres provinces. À la fin des années 20, elle équivaut à la moitié de la production annuelle du pays. Comme dans l'Est, chemins de fer et voies navigables apportent le bois jusqu'aux scieries et aux ports. Aujourd'hui, ce sont les camions qui sont surtout utilisés. Les produits de la forêt (*voir* FORESTERIE) occupent toujours une place prépondérante dans les exportations canadiennes. (*Voir aussi* ÉCONOMIE FORESTIÈRE.)

Graeme Wynn

Bois, industrie du Au Canada, l'industrie du bois se compose d'entreprises qui transforment les billes de bois (par des procédés mécaniques de sciage, de déroulage, de tranchage et de déchiquetage) en bois d'œuvre, en bois de placage, en contreplaqué, en panneaux de particules et en panneaux de grandes particules orientées (appelés auparavant panneaux de copeaux agglomérés) et qui produisent, comme sous-produits résiduels, les copeaux de bois, la sciure et la raboture. Le bois d'œuvre est quantitativement le produit fabriqué le plus important de cette industrie.

Plus de 60 000 personnes sont employées directement à la fabrication industrielle de bois d'œuvre, de contreplaqué, de placages et de panneaux de bois. En 1995, la valeur marchande des produits de base de l'industrie dépasse 12 milliards de dollars, dont 80 p. 100 proviennent des ventes de bois d'œuvre. Comme plus de 80 p. 100 de la production de bois d'œuvre mou est exportée, cette industrie influe grandement sur la BALANCE DES PAIEMENTS du Canada.

L'industrie primaire du bois consomme près de la moitié du bois rond coupé au Canada, et L'INDUSTRIE DES PÂTES ET PAPIERS utilise le reste. Plus de 95 p. 100 des billes entrant dans la fabrication du bois d'œuvre, du contreplaqué et des autres panneaux de bois sont en bois mou (surtout de CONIFÈRES) et le reste est en bois dur (ARBRES à feuilles caduques). Au Canada, les principales espèces de bois mou sont le DOUGLAS TAXIFOLIÉ, l'ÉPINETTE, le PIN, la PRUCHE et le THUYA de l'Ouest. Le BOULEAU et l'ÉRABLE sont les principales espèces en bois dur. Au-delà de 95 p. 100 des 60 millions de mètres cubes de bois d'œuvre produits annuellement au Canada se composent de bois mou (la Colombie-Britannique en produit 60 p. 100). Le contreplaqué fabriqué en bois mou est principalement produit en Colombie-Britannique (80 p. 100). Le bois d'œuvre et le contreplaqué en bois dur proviennent surtout de l'Ontario et du Québec.

Environ 20 p. 100 de la production canadienne de bois d'œuvre alimente le marché intérieur, et 80 à 85 p. 100 du bois exporté s'en va aux États-Unis. Au cours des années 80, les États-Unis imposent aux producteurs canadiens de bois d'œuvre certaines taxes afin de protéger leur marché, ce qui aboutit à la restriction des exportations de bois d'œuvre aux États-Unis. La Communauté économique européenne (CEE) et le Japon constituent aussi d'importants marchés, alors que l'Australie et l'Amérique latine en importent des quantités moindres.

Plus de 85 p. 100 du contreplaqué de bois mou est utilisé au Canada et la majeure partie des exportations de ce produit est destinée à la Grande-Bretagne et aux autres pays de la CEE. Les États-Unis en importent très peu, car leur industrie intérieure est elle-même très forte. Près de la moitié des panneaux de particules et de grandes particules orientées approvisionne le marché canadien, alors que la plus grande partie des exportations est dirigée vers les États-Unis.

De 1970 à 1995, le nombre de scieries passe d'environ 1800 à moins de 1000. Cette baisse est attribuable à la mise en service d'usines plus vastes utilisant des technologies plus avancées. Les appareils de transformation des petites billes à grand débit constituent l'innovation majeure de cette période.

Fabrication de bois d'œuvre et de contreplaqué Pour fabriquer du bois d'œuvre, on abat des arbres qu'on coupe en billes pour les transporter ensuite vers les scieries. Le déchargement à l'aide d'appareils mécaniques ou hydrauliques est la première étape de la transformation. Dans les scieries ordinaires, de grosses billes sont placées sur un chariot mobile et coupées à plusieurs reprises par une scie à ruban ou une scie circulaire. Les planches produites sont généralement retravaillées à l'aide de déligneuses, de scies à fendre et d'équarrisseuses.

Dans les scieries de transformation de petites billes, la première machine utilisée est l'équarrisseuse-découpeuse munie de scies, ou un ensemble de scies à rubans multiples ou circulaires, conçues pour couper à une cadence de plus de 100 m à la minute. Environ 75 p. 100 du bois d'œuvre produit au Canada est retravaillé dans des ateliers de rabotage, où on aplanit les surfaces inégales et taille les pièces. Plus de la moitié est séchée afin d'en retirer l'humidité. Les morceaux sont placés dans des séchoirs à bois pendant plusieurs jours à des températures parfois supérieures à 80 °C ou exposés à l'air pendant plusieurs mois.

Le contreplaqué est un panneau formé de minces feuilles de placage (appelées plis) collées de telle sorte que les fibres des plis adjacents sont perpendiculaires entre elles. Cet assemblage transversal rend le panneau solide et redistribue les propriétés naturelles de sa force directive. Le contreplaqué est un produit industriel.

Pour fabriquer le placage, il faut fixer une bille dans un tour et l'appliquer contre un couteau qui va dans le sens de l'axe de rotation. Le ruban continu de placage qui en résulte est coupé à la largeur désirée ou pour en éliminer les défauts. Après le séchage, les placages sont classés par groupes. Chaque ensemble forme un panneau de contreplaqué de diverses épaisseurs et dimensions. Ainsi préparés, les plis sont enduits d'une colle formant une protection imperméable après l'exposition aux températures élevées de la presse. Les panneaux grossiers de contreplaqué sont alors rognés et peuvent être poncés.

Afin de garantir une qualité uniforme, le bois d'œuvre et le contreplaqué sont classés par catégories selon des procédés de normalisation. La majeure partie du bois d'œuvre produit au Canada est utilisée pour la construction (*voir* CONSTRUCTION, INDUSTRIE DE LA), principalement celle des maisons. Il est classé dans la catégorie des bois spéciaux, selon la largeur et en fonction de l'usage qu'on en fera. Les autres catégories de bois, comme le bois net (sans nœuds) et le bois de menuiserie, servent à faire des moules, boiseries et lattes de plancher de qualité supérieure, ou de petites pièces sans nœuds pour la fabrication de portes et fenêtres.

Il existe trois catégories de contreplaqué de bois mou: poncé (pour la finition de qualité supérieure), non poncé (pour la construction), revêtu (pour des usages particuliers). Pour les travaux de construction et d'autres projets, le type de panneau généralement employé est le revêtement de catégorie non poncé. Près de la moitié du contreplaqué utilisé au Canada sert à la construction de maisons et de bâtiments agricoles, le tiers est utilisé dans les industries et le reste est destiné à une multitude d'autres usages.

Panneau de particules et de grandes particules orientées Le panneau de particules est fait de particules de bois assemblées sous presse par un liant. Ce produit étant fabriqué à partir de petits morceaux de bois, il est possible de donner au panneau certaines propriétés de densité, de dureté et d'élasticité. Ce genre de panneau est à base de sciure de bois, de raboture ou encore de bois dur spécialement réduit en éclats à cette fin.

Les divers morceaux de bois sont criblés et séparés selon leur taille et leur forme pour régulariser leur incorporation. Les particules sont alors séchées à la chaleur et par circulation d'air, puis mélangées par des agents thermodurcissables de liaison. Enfin, le mélange est agrégé en couches avant d'être pressé et chauffé.

Au Canada, le panneau de particules le plus courant est à trois lattes d'épaisseur. En préparant le matériau du centre et celui de la surface séparément, en mettant au centre les morceaux plus grossiers et en surface les particules plus fines, la planche peut être poncée pour obtenir une surface lisse, chaque couche gardant des propriétés particulières.

Les fibres de différentes longueurs sont distribuées au hasard, de sorte qu'il n'y a pas de tensions internes. Cette caractéristique permet d'obtenir un produit fini très solide. Les panneaux de particules servent surtout à fabriquer des panneaux et armatures de meubles et d'armoires, ainsi que des assises pour plancher. On les utilise aussi pour le revêtement des murs intérieurs et pour la construction des maisons mobiles.

Un panneau de grandes particules orientées est une planche industrielle formée de grandes plaques minces coupées dans du bois rond. Tout comme le panneau de particules, ce panneau est fabriqué à partir de pièces de bois qui peuvent être façonnées suivant la taille, l'épaisseur et le profilé, donnant la possibilité d'avoir les propriétés désirées. Les plaques sont enduites de résine phénolique imperméable et disposées en couches alternées pour former d'épaisses lattes, qu'on colle ensuite sous l'effet de la chaleur et de la pression. On obtient un panneau de construction très solide et imperméable, ce qui le rend idéal pour la plupart des utilisations en construction. On l'utilise, entre autres choses, comme revêtement de murs et de toits, comme sous-plancher et assise de planche, parement et soffites. Ces panneaux servent également dans la fabrication des

bâtiments agricoles, des cageots, des palettes de chargement, ainsi qu'à l'emballage industriel.

David Milton

Bois, lac des D'une superficie de 4350 km² (dont 3149 km² au Canada), il est situé à une altitude de 323 m. Il est alimenté par la rivière Rainy au sud et s'écoule vers le nord-ouest par la RIVIÈRE WINNIPEG. C'est un vestige de l'ancien lac glaciaire AGASSIZ. La rive sud, régulière, basse et sablonneuse, contraste avec la bordure de granit, les innombrables chenaux, les péninsules et les 14 632 îles de la rive nord. Dans la partie est du lac se trouve la péninsule Aulneau, qui porte le nom du jésuite Jean-Pierre Aulneau (1705-1736), tué avec Jean-Baptiste de LA VÉRENDRYE et 19 autres personnes, sur une île du lac par des guerriers sioux. En 1688, Jacques de Noyon, un explorateur français, atteint le lac. En 1732, La Vérendrye construit le fort Saint-Charles sur la rive nord.

La lac fait partie de la principale ROUTE DE LA TRAITE DES FOURRURES et les voyageurs se perdent fréquemment parmi ses îles. Les Cris, les Ojibwés et les Sioux ont occupé la région les premiers. On a d'ailleurs trouvé des peintures rupestres à plusieurs endroits. Environ 2000 autochtones vivent encore autour du lac dans de nombreuses réserves. La frontière entre le Canada et les États-Unis passe au nord-nord-ouest de l'embouchure de la rivière Rainy et traverse le lac en laissant une petite péninsule de territoire américain en haut du 49e parallèle.

Le lac pittoresque attire une industrie touristique florissante. Début août, des bateaux venus du Canada, d'Angleterre et des États-Unis participent aux régates sur le lac, les «Woods Regatta», une course de sept jours qui part de KENORA et fait le tour du lac. Les îles y sont boisées, mais le nom du lac vient en fait d'une erreur de traduction d'un mot indien qui signifie «lac à l'intérieur des collines».

James Marsh

Bois, taxes sur le D'abord imposés sur le bois au XVIIIe siècle pour générer des revenus, les droits de l'Angleterre sur le bois importé font partie intégrante du COMMERCE DU BOIS de l'Amérique du Nord britannique au XIXe siècle. Les droits augmentent entre 1803 et 1811, afin de renflouer les finances épuisées et en réponse au blocus continental de Napoléon, et l'Angleterre établit un marché protégé pour les producteurs coloniaux. Après la défaite de Napoléon en 1815, des partis intéressés au bois de la Baltique et le lobby croissant en faveur du libre-échange s'attaquent à la préférence coloniale. En 1820 et 1821, des commissions diminuent les écarts étranger-colonie, mais sans retirer l'avantage après fret accordé au bois colonial. Durant les années 1830, l'incertitude économique augmente l'instabilité du commerce colonial. Après le passage de l'Angleterre au libre-échange en 1842, la préférence pour le bois colonial diminue de moitié en deux ans. Après 1850, les importations de bois de l'Amérique du Nord britannique perdent du terrain au profit des envois de la Baltique mais, en dépit des sombres appréhensions des partis intéressés au bois colonial, ces changements n'éliminent pas le marché transatlantique. Dès 1860, le bois des pays étrangers et des colonies bénéficient des mêmes taux réduits. En 1866, l'Angleterre abolit les taxes sur les importations. La préférence a peut-être été essentielle à l'établissement du marché nord-américain, mais le fait de l'avoir maintenue à un niveau aussi élevé dans les années 1830 a probablement contribué à gonfler le prix du bois en Angleterre.

Graeme Wynn

Boisbriand, ville du Qc; pop. 27 851 (rec. 1999), 25 227 (rec. 1996); superf. 27,32 km²; const. en 1970. Située le long de la rivière des Mille-Îles, en face de Laval sur l'île Jésus, Boisbriand fait partie de la MRC Thérèse-de-Blainville.

D'abord désignée municipalité sous le nom de Sainte-Thérèse-Ouest en 1946, elle est rebaptisée en

1974 à la mémoire de Michel-Sidrac Dugué, sieur de Boisbriand (1638-1688), à qui fut concédée la seigneurie des Mille-Îles en 1683. Celui-ci appelle Boisbriand le fief qui lui est accordé sur la rive du lac des Deux-Montagnes en 1672, d'après le nom de l'une de ses propriétés familiales en France. Boisbriand est la seule ville du Québec à compter une usine de montage automobile de la General Motors.

Pierre-Louis Lapointe

Bois-Brûlé Terme du XIXe siècle désignant les autochtones de sang mêlé ou MÉTIS, notamment les descendants d'autochtones et de Canadiens français. L'expression fait référence à la peau brunâtre des Métis.

John Robert Colombo

Boissons gazeuses, industrie des Se compose d'entreprises qui fabriquent des boissons non alcoolisées, des eaux minérales gazéifiées ou des concentrés et des sirops pour la fabrication de boissons gazéifiées. Les eaux minérales naturelles pétillantes sont très appréciées depuis des milliers d'années. Dans l'Antiquité, les Grecs leur attribuent des vertus médicinales et s'y baignent régulièrement. Les Romains établissent des lieux de villégiature à proximité des sources thermales dans toute l'Europe. Au XVIe siècle, le village de Spa, en Belgique, acquiert une grande renommée à cause de sa source thermale, et vend son eau embouteillée aussi loin qu'à Londres, au début du XVIIe siècle.

On attribue à Joseph Priestley, le scientifique britannique qui a découvert l'oxygène, la mise au point de la première eau gazeuse ou pétillante produite artificiellement. En 1772, il invente une méthode qui permet d'«injecter» du gaz carbonique dans l'eau en le dissolvant sous pression, créant ainsi la formation de bulles persistantes. Cette technique mène à la création de l'industrie des boissons gazeuses. Dès le début du XIXe siècle, on commercialise l'eau gazeuse en France et en Amérique du Nord et, peu de temps après, on y ajoute des saveurs (généralement des concentrés de fruits) pour en améliorer le goût. Dans les années 1820, de petites entreprises de mise en bouteille de boissons gazeuses s'établissent au Canada et produisent des boissons gazeuses dans des bouteilles consignées, qui sont vendues comme toniques ou élixirs médicinaux. La majorité des boissons gazeuses sont encore gazéifiées, ce qui leur donne «un goût piquant» et stimule les papilles gustatives. De plus, comme l'odorat joue un rôle important dans le goût, l'odeur de saveurs qui s'échappent des vapeurs des bulles rehausse le goût.

La technique d'«injection» de gaz carbonique est encore utilisée de nos jours, mais l'eau est d'abord purifiée par un procédé dit de «polissage». Le gaz carbonique refroidi est alors injecté sous une pression de 275 à 550 kPa. Parmi les premières boissons embouteillées au Canada, on trouve la Birch Beer, le soda piquant au gingembre, le Sarsaparilla, le Sour Lemon, le None-Such Soda Water et le soda mousse. Les bouteilles des premières boissons gazéifiées sont fermées par des bouchons de liège maintenus fermement par des fils métalliques. Comme il faut les entreposer la tête vers le bas pour que le bouchon ne sèche pas et pour éviter les fuites de gaz, elles ont le fond cintré. Au milieu des années 1800, les boissons gazeuses se vendent au Canada en bouteilles à fond cintré de 8 onces (227,2 ml) pour environ 25 cents la douzaine, sauf le soda piquant au gingembre en fût de bois, qui est offert à la pression. On utilise les bouchons en liège jusque vers 1884, d'abord les Codd's Patented Globe Stoppers (25 sortes en tout) qui sont remplacés ensuite par les Hutcheson Spring Stoppers. Vers 1905, la capsule apparaît sur le marché et des versions améliorées sont encore largement utilisées, bien qu'on ait tendance à les remplacer graduellement par des capsules qui se vissent, surtout pour les grands contenants.

Depuis le milieu des années 60, le conditionnement des boissons gazeuses connaît d'autres innovations comme les canettes, les bouteilles en verre non consignées et les contenants en plastique rigide. Toutefois, on essaie d'accroître, souvent par le biais de lois provinciales, l'utilisation des contenants en verre consignés.

Durant les premières années de l'industrie, le nombre des usines de boissons gazeuses augmente régulièrement et la majorité d'entre elles desservent de petits marchés régionaux. En 1929, l'industrie compte 345 usines de production dont la valeur des expéditions atteint 12,3 millions de dollars. Dès 1960, le nombre d'usines passe à 502 et les ventes, à 172,7 millions de dollars. Par la suite s'amorce un regroupement qui est accéléré par une production plus efficace, ainsi que par des installations de distribution et de conditionnement plus perfectionnées. En 1973, 337 usines sont déjà en activité et la valeur des expéditions atteint 484 millions de dollars. En 1985, pour des ventes de près de 1,8 milliard de dollars, l'industrie a 187 usines en activité: 3 à Terre-Neuve, 1 à l'Île-du-Prince-Édouard, 7 en Nouvelle-Écosse, 8 au Nouveau-Brunswick, 66 au Québec, 58 en Ontario, 7 au Manitoba, 10 en Saskatchewan, 13 en Alberta et 14 en Colombie-Britannique. Le volume de production connaît aussi une augmentation considérable: en 1939, les embouteilleurs mettent en bouteille environ 162 millions de litres de boissons gazeuses; en 1967, la production passe à 758 millions de litres; et en 1986, on évalue les expéditions à plus de 2,1 milliards de litres.

L'industrie est réglementée par des organismes fédéraux et provinciaux dont les trois plus importants sont le ministère de la Consommation et des Affaires commerciales (responsable de la *Loi sur l'emballage et l'étiquetage des produits de consommation*), Santé et Bien-être social Canada (qui administre la *Loi sur les aliments et drogues*) et Environnement Canada (qui se concentre sur les questions environnementales). L'industrie est représentée par l'Association canadienne de boissons gazeuses à Toronto et par plusieurs associations provinciales.

L'arrivée des boissons gazeuses diététiques modifie le profil de l'industrie. Il y a plusieurs années, pour réagir à l'importance croissante accordée par les consommateurs à leur alimentation, l'industrie crée avec succès les premières boissons diététiques sans sucre qui contiennent du cyclamate, un édulcorant de synthèse, mais on s'inquiète des problèmes que cet additif peut causer. En fonction des données scientifiques existantes, Santé et Bien-être social Canada en bannit l'utilisation dans les aliments et les boissons commercialisés au Canada (*voir* ALIMENTS ET DES BOISSONS, INDUSTRIE DES). Cette décision a des répercussions importantes pour l'industrie, dont des coûts estimés à plus de 15 millions de dollars et un recul dans l'expansion des boissons diététiques. L'industrie se tourne alors vers la saccharine, mais elle aussi est finalement interdite. Maintenant, l'utilisation de l'aspartame, un nouvel additif sans sucre, est approuvée dans les boissons gazeuses diététiques. On ne pense pas revenir à la situation provoquée par l'utilisation du cyclamate et de la saccharine, car l'aspartame est composé d'acides aminés, qui sont des produits naturels. La mise au point des boissons diététiques sucrées à l'aspartame a un effet important sur l'industrie canadienne des boissons gazeuses. En 1977, juste avant l'interdiction de la saccharine, les boissons diététiques représentent environ 10 p. 100 du marché des boissons gazeuses. L'interdiction fait tomber à environ 2 p. 100 la part des boissons diététiques qui consistaient en des boissons partiellement sucrées avec de faibles quantités de sucre. En 1982, la première année complète où l'on utilise l'aspartame au Canada, les boissons diététiques représentent 15,2 p. 100 des ventes totales des boissons gazeuses, alors que le total des boissons gazeuses augmente de 8 p. 100. En 1987, le total des ventes de boissons gazeuses augmente de 5,3 p. 100 par rapport à celui de 1986, alors que les ventes de boissons diététiques

augmentent de 10,7 p. 100. Cela a suffi à favoriser une forte croissance de cette industrie.

Robert F. Barratt

Boky, Colette, née Giroux, soprano et professeure (Montréal, 4 juin 1935). Sur le conseil du chef d'orchestre Jean Deslauriers, elle commence à étudier le chant en 1953. Elle fait ses débuts au Canada, en 1961, dans *Les Noces de Figaro* de Mozart et en Europe, en 1964, dans *L'Apothicaire* de Haydn.

En 1962, elle remporte le Prix d'Europe et un deuxième prix, ainsi qu'une médaille au Concours international de Genève. Elle chante à l'opéra de Brême, au Festival de Salzbourg, au Festival de Munich et au Festival de Vienne. Son arrivée au Metropolitan Opera dans le rôle de la reine de la nuit de la *Flûte enchantée* (1967) constitue un des sommets de sa carrière.

Douée d'une grande sensibilité, d'une voix chaude et d'une parfaite aisance sur scène, Boky est une artiste très convoitée en Europe tout comme au Canada. Depuis le début des années 80, elle enseigne l'art vocal à l'U. du Québec à Montréal (UQAM). On lui a décerné le prix de musique Calixa-Lavallée (1971) et le prix Denise-Pelletier (1986).

Hélène Plouffe

Bolduc, La, née Marie ou Mary-Rose-Anne Travers, auteure-interprète, jouant de l'harmonica et violoneuse (Newport, Gaspésie, Qc, 4 juin 1894—Montréal, 20 févr. 1941). Elle a été la première «chansonnière» au Canada à chanter des chansons ayant pour thèmes les problèmes du quotidien et les difficultés de la vie ordinaire. Son influence est indéniable sur l'évolution de la chanson au Québec (*voir* CHANSONNIERS). Née dans une famille nombreuse, elle quitte la maison à 13 ans pour aller gagner sa vie à Montréal, où elle travaille comme domestique. En 1914, elle épouse un plombier, Édouard Bolduc, et commence à élever une famille nombreuse. Des soucis financiers l'amènent à se produire en public.

Le folkloriste Conrad Gauthier l'incite à composer et à interpréter ses chansons. Ses enregistrements sous étiquette Starr remportent un vif succès au Québec. Ses chansons reflètent son franc-parler et son humour, dans son style inimitable agrémenté de «turlutages» et d'effets comiques produits en claquant la langue contre le palais. Gaie, sympathique et dynamique, elle se laisse guider par un sens aiguisé de l'observation. Avec des chansons comme *La Cuisinière*, *La Servante*, *Le Commerçant des rues*, *L'Enfant volé*, *Les Cinq Jumelles*, *Les Colons canadiens*, *La Grocerie du coin*, *Les Agents d'assurance* et *Les Conducteurs de chars*, elle est devenue une légende au Québec et se vaut bien des imitateurs. Plusieurs artistes, comme Jean CARIGNAN et André GAGNON, n'ont pas manqué de lui rendre hommage dans leurs œuvres. En 1991, Montréal a donné son nom à un parc, puis en 1994, un timbre canadien a été émis en son honneur. Sa ville natale de Newport conserve une exposition permanente sur sa vie et son œuvre.

Claire Versailles

Bolt, Carol, née Johnson, dramaturge (Winnipeg, Man., 25 août 1941). Auteure dramatique à succès et prolifique, Bolt passe son enfance dans diverses villes minières du Canada et complète ses études à l'U. de la Colombie-Britannique (B.A., en 1961). Ses premières pièces sont toutes des œuvres collectives relevant du mouvement de théâtre alternatif du début des années 70. *Buffalo Jump* (1972), *Gabe* (1973) et *Pauline* (1973) traitent de questions sociales et réinterprètent des événements historiques dans une perspective politique, bien que Bolt mette l'accent sur une théâtralité énergique et romanesque, plutôt que sur la véracité historique. Les pièces présentent des changements de scènes rapides, des personnages colorés, qui se caractérisent par leur idéalisme. *Red Emma, Queen of the Anarchists* (1974), dont l'action se passe à New York dans les années 1890, est une pièce réalisée par la COMPAGNIE D'OPÉRA CANADIENNE (1996) qui célèbre

l'idéalisme fier de la féministe Emma Goldman. *One Night Stand* (1977), une aventure entre une jeune femme et un individu qu'elle a rencontré dans un bar, nous fait passer de la comédie de situation au suspense psychologique, évoquant les conséquences effrayantes des enjeux sociaux. L'adaptation de sa pièce pour le téléfilm d'Allen KING, réalisé pour la Société Radio-Canada (SRC), a remporté trois prix au Palmarès du film canadien, en 1978.

Ses autres œuvres comprennent *Shelter* (1975), une comédie sur l'incursion en politique d'une veuve de la Saskatchewan, *Escape Entertainment* (1981) et *Love or Money* (1981). En plus de ses pièces, elle écrit aussi des pièces de théâtre pour enfants, notamment *My Best Friend is Twelve Feet High* (1972), *Cyclone Jack* (1972), *Maurice* (1975) et *Finding Bumble* (1975). Ces pièces sont très inventives et combinent musique, mime et défilé. Elle est aussi l'auteure d'un livre destiné aux enseignants sur les techniques utilisées au théâtre, *Drama in the Classroom* (1986), et de scénarios pour la télévision, la radio et le cinéma. Elle est l'une des membres fondateurs de la PLAYWRIGHT'S UNION OF CANADA.

Colin Boyd

Bomarc, affaire des missiles À l'automne de 1958, le gouvernement conservateur du premier ministre Diefenbaker annonce une entente visant le déploiement par les États-Unis de deux escadrons de missiles antiaériens à statoréacteurs américains «Bomarc» en sol canadien. Cette décision controversée en matière de défense découle, comme bien d'autres, de l'accord NORAD de 1957 avec les États-Unis. Plusieurs soutiennent que ce missile sol-air, d'une portée de 640 km, peut avantageusement remplacer l'AVRO ARROW qui est mis au rancart.

Cinquante-six missiles sont déployés à North Bay, en Ontario, et à La Macaza, au Québec, sous la haute direction du commandant en chef du NORAD. Malheureusement, le gouvernement canadien ne précise pas clairement que le modèle dont il est question, le Bomarc-B, doit être équipé d'ogives nucléaires. Quand le public canadien l'apprend en 1960, il s'ensuit une controverse quant à savoir si le pays doit se doter d'armes nucléaires. En fin de compte, le gouvernement ne peut se résoudre à accepter que les missiles Bomarc soient dotés d'ogives nucléaires, ce qui contribue à envenimer les RELATIONS CANADO-AMÉRICAINES pendant cette période.

Avec la chute des conservateurs en 1963 et le retour des libéraux dirigés par le premier ministre Pearson, le gouvernement décide finalement d'accepter des armes nucléaires au sein des forces armées canadiennes. Les ogives nucléaires Bomarc sont livrées le 31 décembre 1963. Quoi qu'il en soit, cette décision est prise à contrecœur et, en 1969, le nouveau gouvernement libéral du premier ministre Trudeau annonce que le Canada retire à ses FORCES ARMÉES leur capacité nucléaire. Par conséquent, dès 1971, les missiles Bomarc sont graduellement retirés de l'arsenal de la défense.

Paul Buteux

Bombardier inc. Fabricant canadien dont le siège social est situé à Montréal. Bombardier ltée est fondée en 1942 par Joseph-Armand BOMBARDIER, l'inventeur de la MOTONEIGE. En 1975, l'entreprise achète une participation majoritaire dans MLW-Worthington Ltd. (fondée en 1902) et, après une consolidation financière en 1976, elle adopte son nom actuel en 1978. Bombardier met au point, fabrique et vend dans le monde entier des produits de transport et à usage récréatif, dont les motoneiges Ski-Doo. Sa participation touche également aux produits de transfert de chaleur, aux composantes aérospatiales et aux moteurs.

Bombardier exploite des usines au Québec, en Autriche, en Islande, en Belgique, en France, au Royaume-Uni, en Finlande, au Mexique et aux États-Unis. En janvier 1996, son chiffre de vente annuel atteint 7,1 milliards de dollars et ses actifs, 6,4 milliards. Elle compte alors plus de 44 000 employés. Son principal actionnaire, Les Entreprises de J. Armand Bombardier ltée, détient 63 p. 100 de la société. Plus de 80 p. 100 de ses recettes d'exploitation proviennent de ses marchés à l'extérieur du Canada.

Bombardier réussit en août 1986 à prendre le contrôle de CANADAIR LTÉE, le constructeur d'avions en difficulté, pour 120 millions de dollars. En avril 1990, Bombardier achète Lear Jet Corp., alors en faillite, puis, en mars 1992, la moitié de DE HAVILLAND. L'entreprise fusionne ces actifs, et le nouveau groupe aérospatial ainsi formé est l'un des plus importants concepteurs et fabricants mondiaux d'aéronefs-navettes et d'avions d'affaires privés. L'entreprise a connu un succès mondial grâce à ses avions d'affaires à réaction CL-65. Par ailleurs, elle a largement envahi le secteur de la fabrication de wagons sur rails et d'autobus, et obtient le contrat de fabrication des trains-navettes pour l'Euro Tunnel sous la Manche. En octobre 1996, l'entreprise dévoile son nouvel avion d'affaires à réaction Global Express.

En 1999, les opérations de Bombardier se scindent en trois groupes manufacturiers: *Bombardier Transport*, spécialisé dans le matériel ferroviaire, *Bombardier Produits récréatifs*, dont les plus connus sont les motoneiges et les motos marines; *Bombardier Aéronautique*, qui regroupe Canadair et De Havilland au Canada, Learjet aux États-Unis et Short Brothers en Irlande du Nord. Ce groupe a produit plus de 15 000 aéronefs. L'entreprise comprend aussi un groupe financier (*Bombardier Capital*) et *Bombardier international*, dont l'objectif est d'accélérer l'expansion des opérations dans les marchés géographiques non pleinement exploités par la firme. En 1999, les revenus consolidés de l'entreprise, qui employait 53 000 personnes à travers le monde, s'élevaient à 11,5 milliards $ CAN et ses revenus nets se chiffraient à 554 millions.

Deborah C. Sawyer

Bombardier, Joseph-Armand Inventeur de la motoneige (Valcourt, Qc, 16 avril 1907—Sherbrooke, Qc, 18 févr. 1964). Lorsqu'il est adolescent, Bombardier, comme beaucoup d'autres inventeurs, tente d'abord de créer un véhicule tout terrain fiable tant sur les terrains spongieux que sur la neige. La direction sur skis avec propulsion arrière à chenilles est l'invention qui fait de sa machine de 1937 une réussite. Dix ans plus tard, dans le cadre des recherches en temps de guerre, il crée un véhicule pour 12 passagers pour lequel il n'existe qu'un marché restreint, principalement militaire.

En 1959, la firme Bombardier lance le Ski-Doo, créant du même coup un nouveau type de véhicule, un nouveau sport et un nouveau marché. Le Ski-Doo se distingue par son format, plus près de celui de la motocyclette que de l'automobile ou du camion, et par son système de propulsion composé d'une chenille unique aussi large que le véhicule et installé à l'arrière de la direction sur skis. En dix ans, le Ski-Doo transforme la vie sociale des Inuits et des communautés arctiques, ce qui crée une demande d'essence, d'huile à moteur et de pièces de rechange. Au début des années 70, les fabricants de MOTONEIGES concurrents menacent d'écraser Bombardier, mais l'entreprise familiale tient le coup et prend de l'expansion.

Donald J.C. Phillipson

Bompas, William Carpenter, missionnaire et évêque anglican (Londres, Angleterre, 20 janv. 1834—Cariboo Crossing [Carcross], Yn. 9 juin 1906). Bompas quitte l'Angleterre en 1865 et passe les 40 années suivantes dans le Nord canadien, où il devient le premier évêque de l'Athabasca en 1874, le premier évêque de la vallée du Mackenzie en 1884 et le premier évêque de Selkirk (Yukon) en 1891. En réponse à ses appels, un détachement de la Police à cheval du Nord-Ouest est envoyé au Yukon en 1894. Il est également un auteur prolifique dont l'œuvre com-

prend *The Diocese of Mackenzie River* (1888), *Northern Lights on the Bible* (1892) et *The Symmetry of Scripture* (1896).

H. Guest

Bonar Law, lieu historique C'est un LIEU HISTORIQUE provincial situé près de Rexton, au Nouveau-Brunswick. Le très honorable ANDREW BONAR LAW a brièvement été premier ministre de la Grande-Bretagne en 1922-1923. Il a aussi été un important homme d'affaires britannique, mais on se souvient surtout de lui comme du seul premier ministre de la Grande-Bretagne né dans une colonie. La ferme familiale a été restaurée dans le style des années 1870 et offre aujourd'hui un exemple typique d'une ferme de l'époque victorienne du Nouveau-Brunswick. Des guides en costumes d'époque y accueillent les visiteurs. De plus, on y expose une collection d'instruments aratoires de l'époque. Ce lieu historique est ouvert de la fin juin à la mi-septembre.

Deborah Welch et Michael Payne

Bonaventure Porte-avions d'escadre léger acheté en 1952, il est mis en service le 17 janvier 1957 sous le nom de *NCSM Bonaventure*, du nom d'une île qui sert de sanctuaire aux oiseaux dans le golfe du Saint-Laurent. Équipé des véhicules les plus récents (chasseurs à réaction, hélicoptères et patrouilleurs à hélice de lutte anti-sous-marine), le *Bonaventure* sert à l'entraînement des pilotes, participe à des exercices navals et à la patrouille des côtes canadiennes. En 1964, il transporte un contingent canadien de MAINTIEN DE LA PAIX de l'ONU à Chypre.

Une controverse politique s'élève après une refonte majeure en 1966-1967, dont le coût prévu était de 8 millions de dollars, mais qui en coûtera entre 12,5 et 17 millions. Par mesure d'économie, le gouvernement vend le *Bonaventure* pour la ferraille en 1970, bien qu'il aurait pu servir encore 10 ans. Il ne sera pas remplacé. Tous les aéronefs marins à voilure fixe sont désormais basés sur la côte.

Roger Sarty

Bonaventure, île D'une superficie de 5 km², elle est située dans le golfe du Saint-Laurent, à 3 km au large de Percé, au Québec. Depuis des siècles, elle suscite la curiosité et l'émerveillement de ses explorateurs et visiteurs. Son attrait principal demeure sa population d'oiseaux migrateurs, les FOUS DE BASSAN (*Morus bassana*), que l'on dit être la plus grande colonie de cette espèce au monde. D'autres espèces habitent l'île, mais en plus petit nombre.

Historique Malgré sa petitesse, son climat favorable et ses abondantes populations de morues incitent les entrepreneurs français à venir y installer une exploitation de pêche saisonnière au début du XVIIe siècle. Simon Denys obtient une titre seigneurial en 1674. Son fils Pierre fait construire une chapelle qui est rasée par un incendie peu de temps après, en 1690.

Ses habitants sont reconnus pour avoir une imagination légendaire. Des Irlandais et des Anglo-Normands y arrivent à la fin du XVIIIe siècle. Des familles de marchands jersiais y développent l'industrie d'exportation de la morue. Peter Du Val (1767-1851), un marchand et un corsaire d'origine jersiaise, est une figure de proue de la mythologie de l'île. Mounteney William DU VAL et son épouse, Matilda, entreprennent des travaux de préservation au cours de la période où la population d'oiseaux diminue le plus.

La population de l'île plafonne à environ 200 habitants avant 1850. Le gouvernement du Québec procède à une expropriation complète de l'île en 1971 et ordonne le dépeuplement. Depuis, l'île a été désignée parc provincial et constitue, avec le ROCHER PERCÉ, un SANCTUAIRE D'OISEAUX migrateurs.

Aldo Brochet

Bonavista, ville de Terre-Neuve; pop. 4526 (rec. 1996), 4597 (rec. 1991), 4605 (rec. 1986); superf. 30,79 km²; const. en 1964; située à l'extrémité de la

péninsule de Bonavista, au nord-est de l'île. Son nom lui vient probablement de l'expression italienne *O Buon Vista,* qu'on attribue à Jean CABOT, qui aurait peut-être accosté au cap Bonavista au cours de son voyage vers le Nouveau Monde en 1497.

Historique La communauté, une des plus anciennes de l'Amérique du Nord, s'installe dans une plaine rocheuse à la fin du XVIe siècle, au sud-ouest du cap. Peuplée par des marchands de poisson de l'ouest de l'Angleterre, elle subit les attaques des Français à plusieurs reprises. Le cap devient le terminus du côté nord-est de la CÔTE FRANÇAISE. L'église anglicane, construite en 1726, aurait été la première école de Terre-Neuve. Dès sa fondation, Bonavista est l'un des principaux centres de pêche de la BAIE DE BONAVISTA et devient par la suite un important centre de pêche et de chasse au phoque du Labrador.

Au XXe siècle, Bonavista devient un important centre de transformation du poisson, mais les usines cessent leurs activités au moment de l'imposition du moratoire sur la morue du Nord au début des années 90, jusqu'à la levée de ce moratoire. Bonavista est le terminus de la route Cabot au nord. Elle demeure un centre régional de services sociaux et offre des services de transport et des services maritimes, quoique le port ait perdu de son importance avec le développement du transport terrestre.

Janet E.M. Pitt

Bonavista, baie de Vaste échancrure de la côte atlantique de Terre-Neuve, entre les caps Freels et Bonavista. D'une largeur d'environ 65 km, elle comprend un grand nombre d'îles densément boisées qui protègent la terre ferme des vents du nord-est et créent en pratique des centaines de kilomètres de mer intérieure. Une partie de cette région attrayante et historique a été réservée pour le PARC NATIONAL TERRA-NOVA.

Le littoral accidenté et extrêmement découpé de la baie compte plusieurs villages de pêcheurs, dont le plus grand est BONAVISTA. Le courant du Labrador, qui passe au large du cap Freels, contribue régulièrement à remplir la baie extérieure d'eau froide, dont la température est inférieure à -1° C, et y dépose occasionnellement un iceberg. Néanmoins, la baie intérieure, qui est à l'abri, se réchauffe suffisamment pour permettre la reproduction des homards et soutenir une importante pêche côtière à la morue. Les deux principales industries de la région, à part la pêche, sont l'exploitation forestière et le transport.

Au fil des ans, les eaux de la baie font l'objet d'études scientifiques sur les méthodes de pêche et la répartition de la morue relativement à la température. Le cap Bonavista est le point de départ d'une suite de sections hydrographiques (le «triangle de Bonavista») effectuées par la Patrouille internationale des glaces pour surveiller le courant du Labrador et aider à prévoir le mouvement des icebergs.

PP.C. Smith et R.J. Conover

Bonavista, cap D'une altitude de 15 à 30 m, il est l'extrémité rocheuse et dénudée de la péninsule de Bonavista, au nord de BONAVISTA, dans l'est de Terre-Neuve. L'endroit, qui fut jadis le point de débarquement (1497) de Jean CABOT (qui l'aurait baptisé), a constitué de 1713 à 1783 l'ultime port d'escale méridional de la CÔTE FRANÇAISE. L'un des premiers phares de Terre-Neuve, déclaré LIEU HISTORIQUE provincial en 1978, y fut construit en 1843 (*voir aussi* BONAVISTA, PHARE DU CAP). Le phare a, par la suite, été restauré et transformé en musée.

Robert D. Pitt

Bonavista, phare du cap Le CAP BONAVISTA, sur la côte est de Terre-Neuve, sépare la baie Trinity de la baie de Bonavista. En 1842, on décide d'y ériger un PHARE afin de guider les navigateurs à travers les eaux dangereuses qui baignent le cap. Le phare, en service pendant plus d'un siècle, cesse ses activités en 1962. Jeremiah White et, après lui, ses fils en ont été les gardiens de 1842 à 1895. Ce LIEU HIS-

TORIQUE provincial (1978) a été restauré de façon à lui redonner l'apparence qu'il avait dans les années 1870, au moment où les White en étaient les gardiens. Au centre d'interprétation, les visiteurs peuvent se familiariser avec l'histoire des phares et leur fonctionnement. Le site est ouvert au public de la mi-juin à la mi-octobre.

Deborah Welch et Michael Payne

Bond, sir Robert, politicien, premier ministre de Terre-Neuve de 1900 à 1909 (St. John's, 26 févr. 1857—Whitbourne, T.-N., 16 mars 1927). Ayant surtout fait ses études en Angleterre, Bond revient à Terre-Neuve vers 1874, fait son stage d'avocat avec sir William Whiteway, mais ne pratique jamais le droit. Il fait son entrée à l'Assemblée législative en 1882.

Nationaliste terre-neuvien, Bond appuie la construction d'un chemin de fer sur l'île, favorise les liens commerciaux avec les États-Unis et tente d'améliorer le statut de Terre-Neuve au sein de l'Empire britannique. Nommé secrétaire de la colonie au sein du Cabinet libéral de Whiteway en 1889, il essaie, en 1890, de négocier un traité de réciprocité avec les États-Unis, lequel provoqua un différend important avec le gouvernement du Canada. Lors de la crise financière de 1894-1895 qui sévit dans l'île, il ne réussit pas à s'entendre sur les conditions d'adhésion à la Confédération canadienne, mais il obtient tout de même un prêt de l'Angleterre qui sauve la colonie de la faillite.

Bond devient chef des libéraux en 1897 et premier ministre en 1900. Il se préoccupe surtout des affaires extérieures. Il tente à nouveau, mais sans succès, de négocier un traité de réciprocité. Déçu, il exerce des représailles qui sont à l'origine d'un long conflit sur les droits de pêche qui oppose Terre-Neuve aux États-Unis et à l'Angleterre. Les élections de 1908 se terminent par un vote *ex aequo* entre lui et sir Edward Morris du People's Party et ce dernier en sort vainqueur. Bond dirige l'Opposition jusqu'à ce qu'il se retire de la vie politique en 1914.

J.K. Hiller

Bondar, Roberta Lynn, astronaute, médecin, éducatrice (Sault Ste-Marie, Ont., 4 déc. 1945). Le vol de Bondar à bord de la navette spatiale américaine *Discovery*, du 22 au 30 janvier 1992, en fait la deuxième astronaute canadienne dans l'espace. Médecin de formation, elle étudie à l'U. de Guelph (B.Sc., 1968), à l'U. de Western Ontario (M.Sc., 1971) et à l'U. McMaster (M.D., 1977).

Au moment de la sélection pour le Programme spatial canadien en 1983, Bondar occupe les postes de professeur adjoint en neurologie et directrice de l'unité de la sclérose en plaques au McMaster Medical Centre d'Hamilton, où elle participe aux soins et à la recherche clinique. Son intérêt pour le système nerveux et le rôle de l'oreille interne dans l'équilibre, particulièrement en relation avec les fonctions de l'œil, sont tout de suite pertinemment reliés aux expériences prévues au plan de vol du premier voyage spatial canadien.

En février 1984, Bondar déménage à Ottawa pour participer au programme de formation du Conseil national de recherches. Au cours de la même année, elle se joint au corps enseignant de la faculté de médecine de l'U. d'Ottawa. Pendant sa mission d'une durée de huit jours, elle prend part à une série d'expériences visant à trouver les moyens de prolonger le séjour des astronautes dans l'espace.

Bondar fait le récit de ses expériences dans l'espace dans le livre *Touching the Earth*, publié en 1994. Aujourd'hui, elle continue ses recherches et elle enseigne en neurologie à la Ryerson Polytechnic University. Ses efforts sont récompensés lorsqu'elle est nommée Officier de l'Ordre du Canada.

Bond-Blaine, Accord Au cours des années 1880, des membres du gouvernement et du milieu des affaires de Terre-Neuve jugent qu'un accord de RÉCIPROCITÉ avec les États-Unis résoudrait les problèmes économiques croissants en fournissant de nouveaux débouchés pour la morue séchée. En 1890, Robert BOND, ministre du gouvernement colonial, négocie un accord avec le secrétaire d'État américain James Blaine, proposant une réduction tarifaire sur les importations en provenance de Terre-Neuve en retour de l'accès des pêcheurs américains aux approvisionnements d'appâts de la colonie. L'accord n'est pas ratifié par la Grande-Bretagne en raison des objections du Canada qui, craignant l'expansionnisme américain, considère que cet accord devrait inclure toute l'Amérique du Nord britannique. (*Voir aussi* APPÂTS, LOIS SUR LES («BAIT ACTS».)

Shannon Ryan

Boneham, Peter, chorégraphe, professeur de danse et directeur artistique (Rochester, NY, 7 nov. 1934). Boneham est très respecté, tant au Canada qu'à l'étranger, comme chorégraphe, professeur de danse et mentor de jeunes chorégraphes. Après avoir étudié le BALLET à l'Eastman School of Music, il acquiert une grande expérience en dansant avec des troupes de New York dont le American Ballet Theatre, le Metropolitan Opera Ballet et le William Dollar Concert Ballet Group, puis déménage à Montréal pour danser avec LES GRANDS BALLETS CANADIENS en 1964. Deux ans après, Boneham se joint au Groupe de la Place Royale, la première troupe professionnelle de danse moderne au Canada, fondée par Jeanne Renaud. En 1971, il devient directeur artistique de la troupe, qui déménage à Ottawa en 1977.

Jusqu'en 1988, Boneham continue de diriger le Groupe de la Place Royale où il exécute, en tournée et au CENTRE NATIONAL DES ARTS, ses propres chorégraphies, ainsi que celles d'autres chorégraphes canadiens tels Jean-Pierre PERREAULT, Michael Montanaro et Bill James. En 1988, la troupe change son mandat pour devenir un laboratoire de danse consacré à la découverte et au développement artistique de nouveaux chorégraphes et guidé par la vision particulière de Boneham. Son approche novatrice dans les ateliers offerts aux chorégraphes lui vaut la réputation d'être à l'origine de changements artistiques et on lui attribue une influence déterminante sur la danse au Canada. Le laboratoire chorégraphique, reconnu comme modèle pour la formation des chorégraphes, est adopté en Angleterre et partout au Canada.

Boneham reçoit le Prix Jean A. Chalmers pour la créativité en danse (1991) et le Dance Ontario Award (1992).

Grant Strate

Bonenfant, Claire, militante féministe (Saint-Jean, île d'Orléans, Qc, 1923—1996). Présidente du Conseil du statut de la femme de 1978 à 1984, elle réussit, par son dynamisme, à élargir les fronts du CSF. Sous sa direction, le Conseil réalise une grande quantité de projets: publications de nombreuses études sur la situation des femmes dont la série *Chiffres en mains,* dressant un portrait socio-économique des femmes au Québec; création de *La Gazette des femmes* en 1979, qui plus qu'un magazine, se révèle un véritable outil d'information pour les femmes et les féministes elles-mêmes. Au cours de son mandat, elle dote le CSF d'un bureau dans chacune des régions du Québec, permettant de pénétrer la réalité féminine spécifique aux régions et suscitant ainsi un dynamisme national sans précédent. En 1980, à son initiative, le CSF frappe fort: on crée les prix *Meritas* et *Demeritas* contre le sexisme en publicité. Ce sera une campagne marquante pour le féminisme à l'endroit des «fabriquants d'images». Pendant les quatre années de sa présidence, Claire Bonenfant a donc travaillé à intensifier les liens entre le CSF et les groupes de femmes partout au Québec. Estimée dans le mouvement féministe, elle donne de nombreuses conférences sur la condition des femmes et est aussi vice-présidente de la Fédération des femmes du Québec, au début des années 90.

Claire Bonenfant a également consacré une partie de sa carrière au domaine des arts. D'abord, libraire, elle passe ensuite, en 1976, au métier de réalisatrice avec le documentaire, *De femmes en filles.* De 1984 à 1989, elle est commissaire à la Régie du cinéma du Québec; en 1989, elle préside le Salon du livre de Québec et, tout au long de sa carrière, signe de nombreux articles dans plusieurs journaux et revues. Enfin, l'U. Laval crée une chaire d'études sur les femmes en son nom.

Stéphanie Lanthier

Bonet, Jordi, peintre, créateur de murales et sculpteur (Barcelone, Espagne, 7 mai 1932—Montréal, Qc, 25 déc. 1979). Bonet découvre très tôt la violence, sa ville natale ayant été sévèrement touchée durant la guerre civile d'Espagne. À sept ans, il tombe d'un arbre, se casse le bras droit et doit se faire amputer jusqu'à l'épaule, la gangrène ayant infecté son bras. L'art devient son refuge quand son père le présente à Goya, Gaudi, Picasso et Dali. Dès l'âge de 20 ans, il possède son propre atelier et expose avec des peintres catalans plus âgés que lui.

Bonet décide de visiter le Québec et, après être resté quelque temps à Trois-Rivières, il s'installe à Montréal en décembre 1954. Déjà un virtuose de la peinture et du dessin, il commence à faire de la céramique et rêve de faire des murales. Il en réalise une centaine au cours des années 60, certaines en céramique, d'autres en ciment, en aluminium ou en vitrail, de Halifax à Vancouver, et surtout aux États-Unis, de New York à San Francisco et de Chicago à Dallas. En 1969, il achète le manoir de Saint-Hilaire et commence à le restaurer, tout en terminant le triptyque monumental du Grand Théâtre de Québec.

La maladie met fin à sa carrière de créateur de murales en 1973. Il revient alors au dessin et surtout à la sculpture d'aluminium. Il rêve d'un art plus spirituel et plus sacré. Il s'éteint à l'âge de 47 ans, laissant derrière lui une quantité impressionnante d'œuvres remarquables.

Guy Robert

Bonheur d'occasion (1945) Premier roman de Gabrielle Roy, il révolutionna la littérature dès sa parution en ce qu'il attire pour la première fois l'attention du public sur la misère urbaine et sociale des Canadiens français, inadaptés au progrès industriel, et rompt avec la tradition rurale, idéaliste et nationaliste des ouvrages d'antan. Au talent réaliste avec lequel l'auteur décrit les scènes, s'ajoutent les odeurs, les bruits, la respiration du quartier de Saint-Henri, et le regard empli de lucidité et de compassion qu'elle porte sur le monde. Il annonce déjà les thèmes qui feront l'originalité et le succès de son œuvre future: la quête incessante du bonheur, la solitude, l'incommunicabilité, la fatalité du destin, la nostalgie du passé associé à la nature, les multiples contradictions déchirant l'âme humaine...

L'histoire se déroule dans un quartier pauvre de Montréal, Saint-Henri, à l'aube de la Seconde Guerre mondiale, s'organise autour de quatre intrigues. La première traite des aventures sentimentales d'une jeune serveuse, Florentine Lacasse. Hantée par le désir de s'arracher à sa misère et de connaître un autre destin, elle jette son dévolu sur un jeune ouvrier arriviste, Jean Lévesque, mais celui-ci l'abandonne rapidement avec le bébé qu'elle porte. Florentine se tourne alors vers un jeune fils de famille, à qui elle fait endosser la paternité de l'enfant, et quitte Saint-Henri pour Westmount, le quartier le plus opulent de Montréal, symbole de richesse et d'ascension sociale. La seconde intrigue met en scène les tribulations de la famille de Florentine, les Lacasse, dominée par l'émouvante et forte présence d'une mère de onze enfants, Rose-Anna, qui se bat avec l'énergie du désespoir pour empêcher l'éclatement de son clan. Parallèlement, l'on assiste à l'échec du père, Azarius, homme sympathique mais faible, velléitaire, incapable de conserver longtemps son emploi et de faire vivre décemment sa famille. Totalement découragé, il finit par s'enrôler dans l'armée en même temps que son fils aîné. Pendant ce temps, son benjamin, Daniel, meurt à l'hôpital, heureux d'avoir trouvé, dans le personnel de l'établissement, un substitut de famille et quelques dernières consolations matérielles. La troisième évolue autour des jeunes gens du quartier qui, las de battre le pavé à cause du chômage, s'engagent à leur tour pour le front. Enfin, la guerre, qui constitue la toile de fond de l'histoire, prend les dimensions d'un véritable personnage, offrant un ultime échappatoire au destin accablant des protagonistes.

Le roman connaît un succès foudroyant. Deux ans après sa parution, il est choisi par la *Literary Guild of New York* comme *Book of the Month*, reçoit le prix du Gouverneur général, le prix Fémina en France, et Gabrielle Roy entre à la Société royale du Canada. Il paraît en anglais sous le titre *The Tin Flute* et est traduit en 12 langues. La *Universal Pictures* en achète les droits pour 100 000 $ – une somme considérable pour l'époque – mais le film ne sera finalement tourné qu'en 1983, au Québec, par Claude Fournier (prod.: Marie-Josée Raymond). Toujours best-seller au Canada, étudié dans les écoles et les universités, *Bonheur d'occasion* n'est malheureusement plus connu de nos jours, à l'étranger, que d'un public restreint d'universitaires.

Michèle Lacombe

Bonisteel, Roy, journaliste de radio et de télévision (Ameliasburg, Ont., 29 mai 1930). Cadet d'une famille de 10 enfants, il amorce sa carrière à l'âge de 16 ans comme rédacteur-reporter. Passant à la radio, il gravit les échelons à la salle des nouvelles pour devenir directeur de la programmation à CKTB St. Catharines, poste qu'il abandonne en 1965 pour devenir réalisateur radiophonique pour l'ÉGLISE UNIE DU CANADA.

De 1967 à 1970, il est coordonnateur national de la radio pour les églises anglicane, catholique et unie. Il anime aussi la série télévisée du réseau anglais de Radio-Canada *Man Alive*, appréciée mondialement, à partir de sa création en 1967 jusqu'à 1989. La série a gagné plus de 50 prix internationaux, et Bonisteel s'est vu décerner le PRIX ACTRA à deux reprises pour l'excellence en radiodiffusion. L'intégrité et l'humanisme de la série et de son présentateur ont permis de réaliser des entrevues avec des gens remarquables comme mère Theresa, Jacabo Timmerman, l'évêque Desmond Tutu et l'Aga Khan.

Bonisteel a reçu six doctorats *honoris causa* et rédigé deux ouvrages à succès (*In Search of Man Alive* et *Man Alive*) au sujet de l'émission. Il a aussi écrit un livre sur sa jeunesse, *There was a Time*.

Rodney Booth

Bonnyville, ville de l'Alb.; pop. 5100 (rec. 1996), 5132 (rec. 1991), 5470 (rec. 1986); superf. 14,39 km²; const. en 1948. Située à 240 km au nord-est d'Edmonton, dans le district du lac Alberta et dans la basse prairie. La région est connue pour son commerce de la fourrure dès la fin du XVIIIᵉ siècle, mais les premiers habitants permanents, un groupe de pionniers canadiens-français, s'établissent seulement en 1907 dans ce hameau, alors connu sous le nom de St. Louis de Moose Lake, et y bâtissent quelques fermes. En 1908, la communauté est rebaptisée en l'honneur du premier prêtre colonisateur et grand voyageur, le révérend père F.S. Bonny.

En 1920, le village possède déjà un hôtel, une banque, un magasin général, une forge, un garage, des églises, des écoles, le téléphone, et l'électricité y est installée; toutefois, on ne peut s'y rendre que par diligence. À la suite de maintes tractations, les citoyens obtiennent finalement l'acheminement d'une ligne de chemin de fer du Canadien National en 1928. Pour la première fois, le chemin de fer permet aux habitants de Bonnyville d'expédier leurs produits en tout temps et d'établir des liens commerciaux avec l'extérieur. La ville est encore aujourd'hui un centre de services pour la région, dont l'économie est axée sur l'exploitation agricole mixte, l'industrie pétrolière et le tourisme.

Mark Rasmussen

Bons débarras, les (1980) Film de Francis MANKIE-WICZ d'après un scénario de Réjean DUCHARME;

directeur de la photographie Michel BRAULT. Manon (Charlotte Laurier), 13 ans, vit dans une maison isolée, non loin d'une petite ville de campagne québécoise, avec sa mère célibataire, Michelle (Marie Tifo), et le frère de sa mère, retardé mental, Guy (Germain Houde). Ils survivent en coupant du bois de chauffage qu'ils vendent à des habitants de la région. Manon est une enfant précoce et sensible. L'école ne l'intéresse pas et sa seule obsession est d'obtenir l'amour exclusif de sa mère. Guy vit dans son propre univers, attiré physiquement par la riche madame Viau-Vachon (Louise Marleau) à qui ils fournissent du bois. Michelle est entourée de personnes qui demandent son affection: Manon, Guy, son amant le policier Maurice (Roger Lebel) et Gaétan (Gilbert Sicotte), mécanicien et ami de Manon. Lorsque Michelle découvre qu'elle est enceinte de Maurice, elle tente de partager sa joie avec sa fille, mais la nouvelle produit l'effet contraire. Manon quitte la maison voulant prouver à tout prix qu'elle peut prendre soin de sa mère, peu importe les circonstances. Après son retour, elle pousse Guy au suicide, cache la nouvelle à sa mère et détruit la relation entre Maurice et sa mère, qu'elle isole du monde extérieur.

Cette légende gothique réalisée par Francis Mankiewicz, remplie de passion, de jalousie et d'un amour absolu et entier, est basée sur un scénario écrit par le romancier et dramaturge québécois, Réjean Ducharme. En 1980, le film gagne le prix Génie du meilleur film canadien attribué par l'Académie canadienne du cinéma et de la télévision, ainsi que sept autres prix Génie. La critique canadienne applaudit presque à l'unanimité la poésie baroque des dialogues, l'image austère et évocatrice, le dépouillement narratif ainsi que le talent des acteurs. Tout le monde a remarqué le brio avec lequel Mankiewicz a mêlé les principaux éléments du film afin de créer un sentiment de menace dû à l'omniprésence du mal, sentiment qui progresse peu à peu vers l'horreur. Le film devient très vite un classique du cinéma canadien et est reconnu comme l'un des meilleurs films canadiens.

Peter Morris

Boogaerts, Pierre, photographe (Bruxelles, Belgique, 30 octobre 1946). Il émigre au Canada en 1972, s'installe à Montréal l'année suivante et fait de longs séjours à New York. D'abord peintre, il commence à intégrer la photographie à son art en 1971. Son œuvre photographique, construite selon les méthodes de l'art conceptuel, s'attache à l'opposition entre nature (le biologique) et culture (le synthétique) et fait de l'appareil photo un instrument subjectif enregistrant la réalité. Parmi ses séries, on trouve *Références: plantation et jaune bananier* (1972-1975), *Synthétisation du ciel* (1973-1975), *New York NY* (livre d'artiste publié par les Éditions Parachute, Montréal, 1977) et *Série écran* (1976-1978), où le ciel bleu fait office d'«écran» de couleur abstrait à deux dimensions, apparaissant parmi des masses architecturales urbaines. *Coins de rues (Pyramides) – NY, 1978/79 – Street Corners (Pyramids)*, publié aussi sous forme de livre en collaboration avec le MUSÉE D'ART CONTEMPORAIN DE MONTRÉAL, est une vaste documentation comportant quelque 300 photographies (présentées séparément ou en montages) de coins de rue de Manhattan, obtenues par l'aplatissement du tissu urbain autour de la silhouette pyramidale obscure du sommet d'un édifice photographié à contre-jour.

Boogaerts a non seulement exposé ses œuvres à l'étranger, mais il a aussi signé plusieurs essais sur la photographie et la perception virtuelle. Son dernier cycle (1984-1990) se compose de diaporamas illustrant la «reconstitution» visuelle du sujet (plante ou paysage) au moyen de plusieurs vues partielles et de fragments photographiques. Ayant mis fin à sa carrière de photographe en 1990, Boogaerts a fait don de l'ensemble de son œuvre, de ses négatifs et des

documents s'y rattachant au Musée canadien de la photographie contemporaine (Ottawa).

Denis Lessard

Books in Canada Fondé en 1971, ce magazine de critique de livres est distribué par abonnement. Il se vend dans les librairies et les kiosques à journaux partout au Canada anglais et paraît neuf fois par an. Il est fondé par son premier rédacteur en chef Val Clery à la suite du rapport que ce dernier rédige sur la promotion des livres au Canada pour le compte du Book Publishers' Council.

Le magazine publie des comptes rendus critiques approfondis sur les livres actuels ainsi que des entrevues et des portraits d'auteurs, ainsi que des chroniques spéciales sur la publication d'un premier roman, sur les livres d'enfants et d'autres sujets. Il est publié par Bedford House Publishing Corp. avec un tirage de 12 000 exemplaires par numéro.

George Woodcock

Boot and Shoe Workers Union Fondée à Boston en 1895, la BSWU annexe la Boot and Shoe Workers International Union (fondée en 1889), un organisme militant qui mène la grève des cordonniers de Toronto en 1890. Sous l'autorité de John Tobin, natif de Guelph, elle est déterminée à résister à la mécanisation. Hamilton, Toronto et Montréal, le bastion de la chaussure, deviennent les centres d'activité du syndicat.

Vers 1914, le syndicat a déjà perdu son radicalisme original. Il compte alors 16 filiales canadiennes comprenant en tout 1752 membres, représentant à peine plus de 1 p. 100 des effectifs à l'échelle internationale. La BSWU restera un petit syndicat réactionnaire, survivant de peine et de misère. Elle s'accroche désespérément à ce qui reste d'un métier démodé et est remise en question par les syndicats catholiques du Québec au cours des années 20, puis par les syndicats industriels (*voir* SYNDICALISME INDUSTRIEL) dans les années 30.

Bryan D. Palmer

Booth, John Rudolphus, fabricant de bois d'œuvre, constructeur de chemins de fer (près de Waterloo, Bas-Canada, 5 avril 1827—Ottawa, Ont., 8 déc. 1925). En 1857, il achète une petite fabrique de bardeaux à Ottawa, qu'il développe progressivement jusqu'à détenir les concessions forestières les plus importantes du Canada; il devient ainsi le principal fabricant de bois d'œuvre sur les marchés américain et britannique. En 1904, il se lance dans l'industrie des pâtes et papiers et crée un vaste réseau de transport.

Booth, William Perley et George Noble font construire le chemin de fer Canadian Atlantic après avoir persuadé le premier ministre John A. MACDONALD de son importance pour le commerce du bois et de sa valeur pour le Parti conservateur. Booth ajoute alors le chemin de fer Ottawa, Arnprior et Parry Sound et une flotte de bateaux sur les Grands Lacs.

Il évite la politique, même s'il mène une campagne active contre les accords Taft-Fielding de RÉCIPROCITÉ de 1911. Il est le cofondateur de l'Association forestière du Dominion (Canada) et a financé de nombreuses œuvres de charité.

Richard Reid

Boothia, golfe de L'inlet Prince-Régent permet l'entrée dans le golfe de Boothia, dans le territoire de Nunavut. Le golfe est bordé à l'est par la côte nord-ouest de l'ÎLE DE BAFFIN, et à l'ouest par la PÉNINSULE DE BOOTHIA. En général, sa profondeur est de 275 m, mais elle va en décroissant vers le sud. Le golfe doit son nom à Felix Booth, un riche distillateur de Londres qui finance, en 1829, l'expédition de sir John ROSS, le premier à découvrir le golfe lors d'une tentative malheureuse pour trouver le PASSAGE DU NORD-OUEST. En effet, la péninsule de Boothia bloque tout passage plus loin vers l'ouest à partir du golfe.

Doug Finlayson

Boothia, péninsule de D'une superficie de 32 300 km², c'est la pointe la plus au nord du continent de l'Amérique du Nord. Elle avance vers le nord dans l'ARCHIPEL ARCTIQUE sur une distance d'environ 250 km et elle est séparée de l'ÎLE SOMERSET par le DÉTROIT DE BELLOT, large de 2 km seulement. Elle est reliée au continent par une langue de terre étroite presque coupée par deux anses profondes et une chaîne de grands lacs. L'ÎLE DE BAFFIN se trouve à l'est, en face du golfe de Boothia. L'ÎLE PRINCE-DE-GALLES est située au nord-ouest, face au détroit de Franklin. La péninsule, déserte et sans arbres, est formée d'une partie centrale de roche précambrienne entourée de basses-terres de calcaire horizontalement stratifié.

Découverte en 1829 par John ROSS, elle porte le nom de Felix Booth, un distillateur qui a financé l'expédition. Emprisonné par les glaces pendant trois hivers, Ross doit abandonner son navire, le *Victory*, et s'en retourner à pied. Son neveu, James C. Ross, confirme plus tard que Boothia est une péninsule, et il découvre le pôle nord magnétique près du cap Adélaïde; le pôle s'est depuis déplacé vers le nord.

Roald AMUNDSEN parcourt la côte ouest en traîneau en 1904, et H.A. LARSEN passe l'hiver à Pasley Bay, en 1940-1942, lors de son voyage fructueux par le PASSAGE DU NORD-OUEST, au cours duquel il fait le tour de la péninsule en traîneau. Il y a un poste et un terrain d'aviation à Spence Bay, sur l'isthme, de même qu'une mission à Thom Bay.

James Marsh

Borden, base de l'armée canadienne Située à 80 km au nord-ouest de Toronto. Elle porte le nom de sir Frederick BORDEN, ministre de la Milice sous le gouvernement Laurier, de 1896 à 1911. Le camp Borden, créé en 1916, occupe 60 km² de plaine sablonneuse qui sert de terrain d'entraînement pour les pilotes et les militaires au cours de la Première Guerre mondiale. Borden continue de jouer ce double rôle au cours des deux décennies suivantes, avec un corps de services de santé, des écoles d'infanterie et la première école de blindés créée dans les années 30. Au cours de la Seconde Guerre mondiale, plus de 185 000 militaires s'y entraînent.

Après 1945, il intensifie sa vocation éducative et s'urbanise avec la construction d'installations permanentes de logistique militaire et civile. Les forces armées unifiées donnent au camp son nom actuel. Occupant 85 km², il peut loger 8000 résidants, mais il en compte actuellement 3137. Ses 15 000 diplômés chaque année font de ce camp le plus important centre de formation pour les groupes professionnels militaires.

R.G. Haycock

Borden, sir Frederick William, sir Frederick William, médecin, marchand, politicien (Upper Canard, N.-É., 14 mai 1847—Canning, N.-É., 6 janv. 1917). Il réforme la milice canadienne à titre de ministre de la Milice et de la Défense de 1896 à 1911. Il représente le comté de King sous la bannière libérale de 1874 à 1911, sauf au cours des années 1882-1887. Commerçant dans l'industrie des transports, Borden accumule beaucoup d'actifs. Lorsqu'il est ministre de la Milice, le Canada envoie des troupes à la GUERRE DES BOERS et élargit, réorganise et réforme la milice de façon à constituer une armée de citoyens décentralisée et autonome en mesure de participer à la défense de l'Empire.

Carman Miller

Borden, Henry, homme d'affaires, fonctionnaire (Halifax, 25 sept. 1901—Toronto, 5 mai 1989). Il étudie à l'U. McGill, à Dalhousie et à Oxford, et devient un des avocats d'affaires les plus connus de Toronto. À la déclaration de la Seconde Guerre mondiale, il est engagé à la Commission des approvisionnements de guerre à Ottawa et, en 1942, il devient président de la Commission de contrôle des industries en temps de guerre. Borden et le ministre

des Approvisionnements et Services, C.D. HOWE, travaillent bien ensemble et deviennent amis.

En 1943, Borden retourne à la pratique du droit et devient responsable des collectes de fonds pour le Parti conservateur. De 1946 à 1963, il est président de la compagnie Brazilian Traction, Light and Power (Brascan); il est vice-président (de 1947 à 1964) et président (de 1964 à 1968) du conseil des gouverneurs de l'U. de Toronto. Il est coauteur du *Handbook of Canadian Company Law* (1931) et éditeur de deux livres, *Memoirs* (1938) et *Letters to Limbo* (1971), rédigés sous forme d'ébauche par son oncle, sir Robert BORDEN.

Robert Bothwell

Borden, île Située dans les Territoires du Nord-Ouest et d'une superficie de 2794 km², elle fait partie de l'archipel de la Reine-Élisabeth, dans le Grand Nord. Elle est découverte par Vilhjalmur STEFANSSON en 1916, au cours de l'EXPÉDITION ARCTIQUE CANADIENNE. Sa côte nord-ouest donne sur l'océan Arctique. Le littoral, en général bas, est découpé par plusieurs lits de cours d'eau et l'intérieur est accidenté. L'île, nommée en l'honneur de sir Robert BORDEN, premier ministre de 1911 à 1920, est inhabitée.

Daniel Francis

Borden, sir Robert Laird, avocat, politicien et premier ministre du Canada de 1911 à 1920 (Grand-Pré, N.-É., 26 juin 1854—Ottawa, 10 juin 1937). Borden pratique le droit à Halifax avant de devenir chef du Parti libéral-conservateur de 1901 à 1920. Il participe activement à la victoire des conservateurs à l'occasion de l'«élection sur la réciprocité» en 1911, pour devenir le huitième premier ministre du Canada. Pendant la Première Guerre mondiale, il joue un rôle important dans la création du statut de dominion et dans la transition de l'Empire britannique au Commonwealth des nations.

Borden est l'artisan de sa propre réussite. Après avoir reçu une brève éducation formelle, il enseigne pendant cinq ans dans des écoles privées en Nouvelle-Écosse et dans le New Jersey. En 1874, il retourne en Nouvelle-Écosse pour effectuer un stage de droit, et il est admis au barreau en 1878. En 1890, il dirige déjà un prestigieux cabinet d'avocats à Halifax. Élu au Parlement en 1896, il est choisi en 1901 pour succéder à sir Charles TUPPER à la tête du Parti libéral-conservateur. Pendant la décennie suivante, il travaille à la reconstruction du PARTI CONSERVATEUR et instaure une politique de réforme (plate-forme d'Halifax de 1907).

En 1911, il dirige l'opposition contre l'entente de réciprocité négociée par le gouvernement de sir Wilfried LAURIER avec les États-Unis. Grâce à une habile gestion politique, Borden forme une coalition composée de groupes opposés à Laurier: hommes d'affaires opposés à la RÉCIPROCITÉ, Canadiens français nationalistes en désaccord avec la *Loi sur la marine de guerre,* gouvernements provinciaux conservateurs et leur groupe parlementaire. Il réussit à forcer la tenue d'élections générales, qui se soldent par la défaite du Parti libéral de Laurier.

La direction de Borden, pendant la Première Guerre mondiale, a été remarquable. En ce qui concerne la politique intérieure, c'est à son gouvernement qu'on doit la LOI DES MESURES DE GUERRE (1914), les premières mesures d'imposition directe par le gouvernement d'Ottawa (l'impôt de guerre sur les bénéfices commerciaux en 1916 et l'impôt «temporaire» sur le revenu en 1917), la nationalisation du chemin de fer Canadien Nord dans le cadre de la création du Canadien National (CN) et, à la suite de l'effondrement du système de recrutement volontaire, la *Loi du service militaire* (1917). Le service militaire obligatoire est instauré en même temps que se crée un GOUVERNEMENT D'UNION, composé de conservateurs et de libéraux en faveur de la conscription, qui remporte les élections générales fortement contestées de 1917.

À l'étranger, le Corps expéditionnaire canadien, qui n'est qu'une division, devient le Corps d'armée canadien, commandé, à partir de 1917, par un Canadien, le lieutenant-général sir Arthur William CURRIE. D'après Borden, les victoires remportées par le Corps expéditionnaire canadien à Ypres, à la crête de Vimy, à Passchendaele et durant les 100 derniers jours constituent un gage de la maturité de l'esprit national canadien.

Principal auteur de la Résolution IX de la Conférence impériale de guerre en 1917, il soutient que le Canada et les autres membres du Commonwealth méritent d'être reconnus comme des «nations autonomes au sein d'un Commonwealth impérial». En tant que dirigeant de la délégation canadienne à la Conférence sur la paix à Paris en 1919, il est un des principaux responsables de la reconnaissance internationale de l'autonomie des dominions.

Borden termine son mandat de premier ministre en 1920. Au cours des dernières années de sa vie, c'est en tant qu'homme d'État d'envergure internationale et comme fervent partisan de la Société des Nations qu'il se fait connaître. Il poursuit une brillante carrière dans le monde des affaires et exerce les fonctions de chancelier de l'U. Queen, de 1924 à 1930.

Robert Craig Brown

Borduas, Paul-Émile, peintre (Saint-Hilaire, Qc, 1ᵉʳ nov. 1905—Paris, France, 22 févr. 1960). Chef de file du mouvement AUTOMATISTE et auteur principal du manifeste REFUS GLOBAL, Paul-Émile Borduas a une profonde influence sur le développement des arts au Québec. Il a la chance, dans sa jeunesse, de rencontrer Ozias LEDUC, qui habite le rang des Trente à Saint-Hilaire. Celui-ci lui fit faire son premier apprentissage de peintre en l'emmenant avec lui à Sherbrooke, à Halifax et à Montréal (baptistère de l'église Notre-Dame et église des Saints-Anges à Lachine) et en l'initiant à la décoration d'église. Ozias Leduc l'encourage à s'inscrire à l'École des beaux-arts de Montréal (1923-1927) et obtient de Mʠʳ Olivier Maurault, alors curé de Notre-Dame à Montréal, les crédits nécessaires pour l'envoyer ensuite étudier en France (1928-1930), aux Ateliers d'art sacré, dirigés par Maurice Denis et Georges Desvallières à Paris. Ce premier contact avec l'Europe est extrêmement important pour le jeune Borduas, lui faisant découvrir les peintres de l'école de Paris, de Pascin à Renoir. Cependant, contrairement à son confrère Alfred PELLAN, qui passera 14 ans à Paris, Borduas n'a pas alors de contact avec les surréalistes.

De retour au Canada, il ne peut se lancer dans la carrière de décorateur d'église, à l'instar de son maître «Monsieur Leduc» et pour laquelle il est parfaitement préparé, à cause de la crise économique. Il doit se rabattre sur l'enseignement du dessin dans les écoles primaires de la métropole. En 1937, il obtient un poste à l'École du meuble, poste tout de même plus à la hauteur de ses aspirations. Durant toute cette période, il peint peu et détruit beaucoup de tableaux. Sa peinture est encore figurative et trahit les influences de ses maîtres parisiens, de James W. MORRICE et finalement de Cézanne et de Rouault. La découverte du surréalisme et la lecture de «Château étoilé» d'André Breton, un texte qui va devenir le chapitre V de *L'Amour fou,* mais que Borduas lit dans la revue *Minotaure,* sont déterminantes pour la suite de son développement. Breton y cite le fameux conseil de Léonard de Vinci, enjoignant ses élèves à regarder longuement un vieux mur pour y voir apparaître dans ses craquelures et ses taches des formes que le peintre n'a qu'à copier par la suite. Cela donne l'idée à Borduas de considérer la feuille de papier ou la toile sur laquelle il veut peindre comme une sorte d'écran paranoïaque. En y traçant au hasard («automatiquement», sans idée préconçue) quelques traits, Borduas recrée le «vieux mur» de Léonard. Il n'a alors qu'à y découvrir des formes, les compléter, puis dans une seconde étape les détacher du fond par la couleur. L'automatisme pictural est né.

Le premier tableau automatiste de Borduas, s'il faut l'en croire, est *Abstraction verte* (1941). En 1942, il expose 45 «œuvres surréalistes», des gouaches, au Théâtre de l'Ermitage, à Montréal. Cette exposition remporte un franc succès. L'année suivante, il tente de transposer à l'huile les effets obtenus dans les gouaches, non sans introduire des changements importants. À la dichotomie dessin/couleur encore présente dans les gouaches, il oppose désormais celle du fond et des objets en suspension devant le fond, comme dans *Viol aux confins de la matière* (1943).

On peut dire qu'à partir de ce moment, le schéma principal de ses compositions est le paysage, entendu dans son sens le plus large, de manière à s'accommoder de visions intérieures, plus proches du rêve et de l'inconscient que de la réalité extérieure. Cette nouvelle production est présentée à la Dominion Gallery, à Montréal (1943), mais ne rencontre pas autant d'enthousiasme chez les collectionneurs que les gouaches. C'est aussi l'époque où son influence sur les jeunes, tant ses étudiants de l'École du meuble que ceux de l'École des beaux-arts ou du Collège Notre-Dame, va grandissant. C'est ainsi qu'il devient le chef de file du mouvement automatiste, exposant en 1946 et 1947 avec ses jeunes amis dans des endroits de fortune, successivement sur la rue Amherst, chez Madame Gauvreau, au 75, rue Sherbrooke Ouest, à Montréal et, finalement, à la petite Galerie du Luxembourg, à Paris. C'est dans le cadre de l'une de ces expositions qu'il présente son tableau *Sous le vent de l'île* (1947). On y voit un continent plutôt qu'une île, au-dessus duquel virevolte dans l'espace comme des fragments d'objets. Cette action culmine dans la publication, en 1948, du *Refus global*, un manifeste collectif mais dont les textes principaux sont rédigés par Borduas. La vieille idéologie de conservatisme (Notre maître le passé, Je me souviens…) y est dénoncée, et la nécessité d'une plus grande ouverture aux courants de la pensée universelle y est proclamée.

Ses attaques contre la religion catholique et le nationalisme de droite de Maurice Duplessis lui valent la perte de son emploi. Il tente de justifier son action dans un pamphlet autobiographique, *Projections libérantes* (1949) mais c'est peine perdue. Il ne reviendra jamais à l'enseignement. Il ne lui reste que sa peinture pour survivre. Les conditions difficiles provoquées par son renvoi de l'École du meuble l'amènent à se séparer de sa famille et à songer à l'exil. Il vend sa maison de Saint-Hilaire et se prépare à partir pour New York. On est cependant alors en plein maccarthysme, et on lui cause des difficultés à la frontière, parce qu'on le soupçonne de sympathie envers les communistes. Il a en effet donné une interview à Gilles HÉNAULT, pour la revue communiste *Combat*. Si certains de ses disciples, comme Jean-Paul MOUSSEAU, ont été attirés par le communisme, Borduas ne l'a jamais été. Il consacre d'ailleurs un paragraphe du manifeste, intitulé «Règlement final des comptes», à prendre ses distances avec le communisme.

Borduas vit à New York de 1953 à 1955, y rencontrant des conditions moins étouffantes qu'au Québec. Sa peinture connaît un épanouissement extraordinaire au contact de l'expressionnisme abstrait américain, dont il visite les expositions. Il y rencontre quelques expressionnistes abstraits, dont apparemment Franz Kline. *Les signes s'envolent* (1953), dont le titre est symbolique du sentiment qui l'anime, annonce la dissolution de l'objet dans sa peinture. Celle-ci devient de plus en plus matérielle, le peintre ne travaillant plus qu'à la spatule. Sa première exposition à New York se fait à la Galerie Gisèle Passedoit, mais c'est finalement Martha Jackson qui représente Borduas à New York. Pendant le même temps, son élève Jean-Paul RIOPELLE expose déjà à la Pierre Matisse Gallery, une galerie beau-

coup plus prestigieuse. Même si la critique américaine a conscience que Borduas a été le «professeur» de Riopelle et va jusqu'à saluer en lui «le Courbet du XXᵉ siècle», elle s'enthousiasme davantage pour la peinture de Riopelle, ce qui contribua grandement à les éloigner l'un de l'autre.

Espérant être mieux reconnu en France, Borduas part pour Paris en 1955. Toutefois, cet exil parisien lui est particulièrement pénible. Il n'y rencontre pas le succès espéré, n'obtenant sa première exposition solo à Paris qu'en 1959 à la Galerie Saint-Germain, donc quatre ans après son arrivée et un an avant sa mort. Sans beaucoup d'amis sauf Michel Camus, Marcelle FERRON et de rares visiteurs canadiens comme les collectionneurs Gisèle et Gérard Lortie, Borduas s'ennuie à Paris et sa santé décline. Ses derniers tableaux sont tout en contraste de noir et de blanc, avec parfois une autre couleur, comme dans *L'Étoile noire* (1957), probablement son chef-d'œuvre. Plus près de Piet Mondrian, de Pierre Soulages ou de Franz Kline à Paris, Borduas s'est détaché complètement du surréalisme, n'ayant gardé de l'automatisme que sa manière spontanée d'appliquer la peinture sur son support. Ses dernières toiles, calligraphiques pour ainsi dire, reflètent son projet (jamais réalisé) d'un nouvel exil, au Japon cette fois. Bien que sa production demeure recherchée par les collectionneurs canadiens (les marchands de tableaux Max Stern de la Dominion Gallery de Montréal et G. Blair Laing de la galerie torontoise du même nom le visitent et lui achètent des tableaux), Borduas n'arrive pas à percer le marché européen. De plus en plus seul, rêvant de revenir au pays, Borduas meurt à Paris en 1960, laissant derrière lui une œuvre considérable particulièrement bien représentée dans les musées canadiens (Musée des beaux arts du Canada à Ottawa, Musée des beaux-arts de l'Ontario, Vancouver Art Gallery, Musée d'art contemporain et Musée des beaux arts de Montréal).

François-Marc Gagnon

Bornstein, Eli, artiste et professeur (Milwaukee, Wisconsin, 28 déc. 1922). Après des études à l'U. du Wisconsin, il commence à enseigner à l'U. de la Saskatchewan en 1950, où il deviendra chef du département d'arts visuels en 1963. Dans ses premières œuvres, qui remontent aux années 50, il commence par produire de petits bas-reliefs blancs. Puis, il évolue lentement vers des œuvres plus grandes et plus complexes, aux surfaces qui se projettent plus loin dans l'espace et pour lesquelles il n'emploie que des couleurs primaires.

En 1954, Bornstein découvre les œuvres de Charles Biederman, une expérience qui vient confirmer son orientation artistique et ses principales influences: Claude Monet et Paul Cézanne, ainsi que le cubisme et le constructivisme. En 1957, durant un voyage en Europe, il rencontre Jean Gorin, Joost Baljeu, Anthony Hill, Kenneth et Mary Martin, Victor Pasmore et Georges Vantongerloo. De retour à Saskatoon, Bornstein décide d'explorer les rapports entre la forme, la couleur et la structure en créant des œuvres à trois dimensions.

Au cours des années 60, il commence à travailler avec un sol (ou géométral) coloré et une plus vaste palette de couleurs. En 1966, il produit ses premiers reliefs à plan double, puis travaille à des reliefs à plans multiples. Les œuvres structuralistes de Bornstein font appel à des éléments appartenant à la fois à la peinture et à la sculpture afin de faire évoluer et de pousser plus loin la tradition paysagiste. Citoyen canadien depuis 1972, Bornstein fonde et publie, en 1960, une revue internationale d'art, *The Structurist*.

George Moppett

Borsos, Phillip, réalisateur (Hobart, Tasmanie, 5 mai 1953—Vancouver, 1ᵉʳ févr. 1995). Borsos remporte beaucoup de succès comme producteur et réalisateur de courts métrages. Il s'assure une réputation internationale avec son premier long métrage, *The Grey Fox*, qui raconte l'histoire vraie du voleur de trains Bill Miner. En 1983, Borsos reçoit le prix de la

meilleure réalisation et *Grey Fox*, le prix du meilleur film lors du Palmarès du film canadien. Ce dernier est considéré comme l'un des films canadiens les plus réussis et a contribué à donner son envol à l'industrie du film au Canada.

Borsos s'intéresse très jeune au cinéma et acquiert une caméra 16 mm alors qu'il fréquente l'école secondaire à Maple Ridge, en Colombie-Britannique. Il étudie le cinéma à la Banff Centre School of Fine Arts et à la Vancouver School of Art. De plus, il fait un stage à l'Alpha Cine, un laboratoire de cinéma de Vancouver. En 1976, il fonde Mercury Pictures. Trois de ses premiers films, *Cooperage* (1976), *Spartree* (1977) et *Nails* (1980; v.f. *Clous*), remportent le prix du meilleur court métrage au Palmarès du film canadien. En outre, *Nails* est sélectionné pour un oscar.

Les films de Borsos plaisent par leur style visuel très particulier et leur réalisme poétique. Après avoir réalisé deux autres longs métrages, *The Mean Season* (1985) et *One Magic Christmas* (1985; v.f. *Un Noël prodigieux*), il travaille pendant une dizaine d'années à essayer de terminer *Bethune: The Making of a Hero* (1991; v.f. *Béthune ou la vie d'un héros*), ainsi qu'une adaptation de *The Cider House Rules*, de l'écrivain John Irving, qui n'a jamais été tournée. Le dernier film de Borsos, *Far From Home: The Adventures of Yellow Dog* (1994; v.f. *Loin de la maison: l'extraordinaire histoire d'Angus et son labrador*), a été tourné en grande partie dans sa ferme, à l'île Mayne, en Colombie-Britanique. Il succombe à la leucémie après avoir lutté pendant 10 mois.

James Defelice

Bosco, Monique, auteure (Vienne, Autriche 1927). Elle effectue ses études en France et émigre en 1948 au Canada, où elle obtient un doctorat pour une thèse intitulée *L'Isolement dans le roman canadien-français* (1953). Journaliste-reporter à Montréal (Service international de Radio-Canada, 1949-1952), Service de presse (1952-1959), recherchiste (Office national du Film, 1960-1962), chroniqueur (*La Presse*, 1961-1976; *Le Devoir*, 1962; *Maclean*, 1963-1969), elle commence à enseigner la littérature à l'U. de Montréal en 1962. Parallèlement, elle poursuit une œuvre de poète (*Jéricho*, 1971; *Miserere 77-90*, 1991; *Lamento 90-97*, 1997; *Confiteor*, 1998), de nouvelliste (*Boomerang*, 1987; *Clichés*, 1988; *Remémoration*, 1991; *Éphémères*, 1993) et de romancière (*Un amour maladroit*, 1961; *Les infusoires*, 1965; *La femme de Loth*, 1971; prix du Gouverneur général; *New Medea*, 1974).

Obsédée par les thèmes de la solitude et de l'incommunication, Monique Bosco met systématiquement en scène, dans des œuvres où prose et poésie se rejoignent, des «êtres divisés du monde» – selon l'expression de l'essayiste Paulette Collet –, souffrant d'un douloureux sentiment d'isolement, de rejet, de révolte ou de culpabilité. Toutefois, les personnages de ses romans de maturité expriment un espoir en une possible délivrance, un élan vers une virtuelle libération (*Charles Levy*, 1977; *Schabbat 70-77*, 1978; *Portrait de Zeus peint par Minerve*, 1982; *Sara Sage*, 1986; *Le jeu des sept familles*, 1995).

Ismène Toussaint

Bossy, Michael, joueur de hockey (Montréal, 22 janv. 1957). Vedette du National de Laval au niveau junior, il devient membre des Islanders de New York en 1977-1978 et marque 53 buts. Il devient ainsi le premier joueur-recrue de l'histoire à connaître une saison de 50 buts dans la Ligue Nationale de Hockey, ce qui lui vaut le trophée Calder. Preuve que le hasard n'y est pour rien, il marque 50 buts et plus au cours de chacune des huit saisons suivantes, dont celle de 1980-1981 au cours de laquelle il en réussit 50 lors des 50 premiers matchs, un record établi 26 ans plus tôt par Maurice RICHARD.

Ses talents de marqueur mènent les Islanders à la conquête de quatre coupes Stanley consécutives (1980-1983) et valent à Bossy le TROPHÉE CONN

SMYTHE en 1982. À sa retraite, il détenait le record de buts marqués en séries éliminatoires, soit 85 buts. Gentilhomme autant que marqueur prolifique, il remporte le trophée Lady Byng à trois reprises (en 1983, 1984 et 1986).

Au cours de sa dixième saison dans la LNH (1986-1987), Bossy est victime d'une blessure au dos qui gêne son jeu et l'oblige à écourter ses présences sur la glace. Il se retire au terme de cette saison, la seule au cours de laquelle il marque moins de 50 buts. Il est intronisé au Temple de la renommée du hockey en 1991.

Bostock, Hewitt, journaliste, député, sénateur (Walton Heath, Surrey, Angl., 31 mai 1864—Monte Creek, C.-B., 28 avril 1930). Diplômé du Trinity College de Cambridge, il est admis au barreau en 1888, mais part pour le Canada en 1893, où il devient exploitant de ranch et de culture fruitière à Monte Creek, en Colombie-Britannique.

Dans les années 1890, il met sur pied la Kootenay Lumber Co., qu'il vend plus tard. En 1894, il fonde *The Province*, hebdomadaire de Victoria qu'il déménage à Vancouver en 1898 pour en faire un quotidien. S'engageant en politique, il vend ses parts du journal.

En 1896, il est élu député fédéral de Yale-Cariboo, sous Laurier. En 1904, il est nommé au Sénat, où il devient chef des libéraux en 1914. En 1921 et 1922, il est ministre des Travaux publics au sein du gouvernement King, puis nommé président du Sénat en 1922.

Jean R. O'clery

Botanique Science descriptive et expérimentale qui a pour objet l'étude des PLANTES et des végétaux. La cueillette d'herbes médicinales est à l'origine de la botanique et, tout en faisant leurs recherches, les herboristes ont identifié de nombreuses plantes qui n'ont pas d'usage médical. Au Moyen Âge, les plantes reconnues pour leurs propriétés curatives étaient cultivées dans des jardins particuliers (*voir* JARDIN BOTANIQUE). Les médicaments dérivés de ces plantes constituaient des produits importants au-delà même du commerce local. De nos jours, la botanique étudie les végétaux sous tous les angles, de la biochimie des pigments jusqu'à la mesure de la production totale de plantes pour la planète.

Subdivisions L'étude des végétaux est organisée suivant trois méthodes, applicables également aux spécimens de zoologie.

La première méthode consiste à établir une hiérarchie du système végétal en suivant la progression des éléments d'après leur taille: molécules, organelles, cellules, tissus, organes, plantes, populations, colonies, écosystèmes, milieux, biomes et biosphère. Parmi ces niveaux d'organisation, on trouve les grosses molécules (molécules d'ADN ou de chlorophylle), les structures d'organelles (noyaux ou chloroplastes), les cellules, les structures des tissus constitués de plusieurs types de cellules et les plantes dans leur entité (que ce soit le minuscule plancton ou le majestueux sapin Douglas).

Dans cette hiérarchie, chaque système d'organisation comprend des éléments qui incluent des fonctions plus fondamentales et des éléments non vivants (p. ex. des espaces aérifères, des vacuoles d'huile ou un espace entre chaque plante). Cependant, chaque niveau est intégré individuellement et la compréhension de systèmes plus simples n'entraîne pas nécessairement la compréhension de systèmes plus complexes; on ne peut prévoir, p. ex., le comportement d'une plante sans son entité par la connaissance de ses cellules. Les attributs de la vie (la croissance, le métabolisme, la reproduction, le mouvement, l'acclimatation) sont représentés de façon tout aussi évidente à chaque niveau.

La deuxième méthode repose sur l'étude d'un groupe spécifique de plantes, soit les GRAMINÉES, les LICHENS, les MOUSSES, les FOUGÈRES, les ARBRES et les PLANTES NUISIBLES.

La troisième méthode consiste à étudier selon plusieurs perspectives l'un des aspects d'une plante appartenant à un système particulier dans la hiérarchie et à un groupe particulier de plantes. Dans chaque cas, la composition, la structure, la fonction, l'hérédité, l'adaptation au milieu, le développement, l'histoire, la classification et la distribution sont des sujets d'étude. Si l'on considère la plante entière, ces divisions sont appelées respectivement l'anatomie, la morphologie, la physiologie, la génétique, l'écologie, la genèse, l'évolution, la taxonomie et la géographie.

Au Canada, on s'est intéressé très tôt à l'identification, à la classification et à la distribution des plantes, mais il existe encore de vastes secteurs dont l'inventaire est incomplet. Dans ce pays, la glaciation a eu des conséquences importantes sur la distribution des populations de plantes et de la végétation (*voir* RÉGIONS DE VÉGÉTATION). Certains botanistes croient que les 10 000 années qui se sont écoulées depuis le recul de la dernière couche glaciaire constituent une période trop courte pour que certaines plantes aient pu recoloniser tous les habitats disponibles.

En dressant la carte de la migration des plantes qui ont réapparu et en établissant le mouvement des herbes étrangères vers des habitats ouverts ou perturbés, on obtient une perspective historique, tout comme l'analyse du pollen fossile (PALYNOLOGIE) qui permet de distinguer les types de végétation qui occupent différentes régions du Canada depuis la période glaciaire. L'étude de l'évolution des pigments, des cellules et des tissus dévoile d'autres aspects de la perspective historique. Le développement d'un seul organisme aux premiers stades (embryogenèse) a parfois lieu en quelques jours. En ce qui a trait à l'assemblage de végétaux, le développement (succession écologique) peut se produire sur plusieurs centaines d'années.

L'accent mis sur l'écologie, un phénomène plus récent, tente de déterminer l'influence exercée par le milieu sur les populations, les individus, les cellules et les organelles. On doit considérer non seulement les facteurs écologiques bien connus (la température, l'eau, l'énergie en tant que nourriture ou rayonnement, les minéraux, l'air, les animaux nuisibles et utiles), mais aussi les polluants chimiques (p. ex. PLUIE ACIDE) comme des facteurs environnementaux particuliers qui agissent ensemble sur le développement, la structure et le fonctionnement de l'organisation des plantes à différents stades.

On s'est intéressé tôt à la génétique des plantes, puisqu'on a fait la sélection des plantes de grande culture et des plantes ornementales en fonction de leur rendement, de leur saveur, de leur beauté, de leur parfum ou de leurs propriétés curatives. Cette partie de la génétique demeure une branche active de la recherche pour les scientifiques convaincus qu'il est possible, en créant des plantes de meilleur rendement, de parvenir à un équilibre entre le taux de la production alimentaire et celui de l'accroissement de la population. Les spécialistes du croisement des plantes sont les artisans de la «révolution verte». Un milieu favorable, dans lequel de l'eau et des substances minérales appropriées sont présentes, est aussi un facteur qui contribue à un meilleur rendement, alors que les méthodes de protection des cultures nous assurent de la survie des récoltes pour notre usage.

Grâce à l'étude de la génétique des plantes, on a pu réaliser avec succès des programmes de sélection des espèces végétales cultivées. Ainsi, la culture du maïs au Canada s'est étendue dans des régions où la saison est normalement trop courte pour une croissance normale, car les spécialistes peuvent maintenant mettre au point une variété spécifique de maïs pour une région particulière. Pour de nombreuses plantes, la multiplication et la propagation sont uniquement végétatives, ayant pour résultat un clonage intensif d'un matériel génétique très uniforme. P. ex.,

les variétés de pommes les plus connues sont produites par greffe ou écussonnage, et les pommes de terre proviennent rarement de graines.

Cependant, certains résultats de multiplication végétative sont moins appréciés. C'est le cas des immenses épis d'eau (potamots) qui croissent dans les voies navigables (p. ex. les canaux Rideau et Trent) et dans la vallée de l'Okanagan. Ces grandes populations nuisibles sont issues de fragments qui se détachent de la plante mère. Bien que la multiplication végétative soit courante chez les plantes, elle est par nature impossible chez les vertébrés, où chaque individu se développe à partir d'un œuf fécondé.

Toute notre terre dépend des plantes vertes qui emmagasinent de l'énergie par des liaisons chimiques et produisent de l'oxygène, ainsi que des plantes sans chlorophylle qui rendent disponibles les minéraux essentiels à la croissance. Les plantes sans chlorophylle (comme la plupart des êtres vivants) sont hétérotrophes et doivent trouver l'énergie nécessaire à la vie sous forme de composés chimiques. L'énergie dont les plantes vertes ont besoin est produite par photosynthèse. Cependant, en étudiant comment les plantes vertes utilisent l'énergie, on a démontré que plus de 50 p. 100 de toute l'énergie fixée par certaines d'entre elles «s'échappe» et est ainsi perdue. De ce fait, le processus doit être considéré comme inefficace jusqu'à ce qu'on découvre précisément la fonction de ces substances perdues.

La compréhension du développement de la structure des plantes favorise la connaissance des fonctions des cellules, des tissus, des plantes et des végétaux et assure ainsi une meilleure maîtrise de la croissance. Des techniques adaptées au microscope électronique, dans lequel les électrons passent à travers des coupes de tissus très fins ou rebondissent sur le matériel végétal observé, ont été mises au point pour permettre d'examiner la composition, la structure et le développement de la plante. On a découvert de nombreux détails de la structure au niveau des tissus et des cellules (jadis inconnus en raison de leurs dimensions minuscules) grâce à ces méthodes. On a mis au point de nouvelles techniques pour révéler davantage le raffinement de la vie dans les cellules. Au Canada, tous les laboratoires de recherche sur la structure des plantes utilisent des microscopes électroniques à transmission ou à balayage.

Applications Depuis les temps anciens, les médicaments naturels, les teintures, les parfums et les épices produits à partir des plantes sont importants. Bon nombre de ces produits sont maintenant remplacés par des produits de synthèse. Différents aspects de l'agriculture font appel à la botanique, soit la production de récoltes pour l'alimentation, l'horticulture, la régénération des pâturages, le jardinage, l'amélioration génétique des cultures, la FORESTERIE, la floriculture, l'ARCHITECTURE PAYSAGÈRE et la CONSERVATION ET L'AMÉNAGEMENT DE LA FAUNE. En outre, on doit étudier les plantes vénéneuses afin de réduire leurs effets nuisibles. De ce fait, la botanique contribue de différentes façons à la santé et au bien-être de la population.

Champs d'activité Les botanistes travaillent pour les gouvernements fédéral et provinciaux et sont aussi conseillers pour des entreprises. Ils enseignent dans les universités, les collèges et les écoles. Leur champ d'activité est théorique (recherche pure) ou pratique (résolution de problèmes d'ordre économique ou autre). Les botanistes travaillent souvent en collaboration avec les zoologistes, les météorologues, les pédologues, les océanographes et autres scientifiques.

Associations Les recherches entreprises par les botanistes sont variées et dépendent du niveau d'organisation de la plante, du type de matériel végétal et de l'intérêt de chacun. C'est pourquoi l'adhésion aux différentes associations reliées au domaine de la botanique au Canada ne satisfait pas complètement les intérêts des botanistes canadiens qui font aussi partie d'associations internationales. Si un botaniste étudie les lichens, il est plus susceptible de faire partie d'une association internationale dont les membres (p. ex. ceux d'Australie ou de Finlande) s'occupent essentiellement des lichens que de faire partie d'une association canadienne moins spécialisée. Le botaniste qui étudie la dynamique des populations d'algues a plus en commun avec les membres d'une association qui étudie la dynamique des populations animales et végétales qu'avec une association qui se consacre à la classification des algues.

Certaines associations canadiennes comptent des botanistes parmi leurs membres: l'Association botanique du Canada, la Société royale du Canada, la Société canadienne de physiologie végétale, la Société canadienne de phytopathologie, l'Association canadienne-française pour l'avancement des sciences, l'Institut agricole du Canada, l'Arctic Institute of North America, l'Association forestière canadienne, l'Institut forestier du Canada, la Société canadienne de biologie cellulaire, la Société canadienne de cytologie, la Société canadienne des microbiologistes, la Société de génétique du Canada, la Société canadienne de biochimie, l'Association des architectes paysagistes du Canada, la Fondation canadienne des plantes ornementales, Jeunes biologistes du Québec et les divers instituts provinciaux spécialisés en agriculture d'agrologie. Il existe 80 clubs de naturalistes, régionaux ou provinciaux.

Parmi les revues publiées dans le domaine de la botanique, on trouve: le *Journal canadien de botanique*, la *Revue canadienne de phytotechnie*, le *Journal canadien de microbiologie*, le *Journal canadien de génétique et de cytologie* (*Génome* depuis le 1er janvier 1987), la *Revue canadienne de phytopathologie*, le *Journal canadien de recherche forestière*, le *Naturaliste canadien*, le *Canadian Field-Naturalist* et l'*Ontario Field Biologist*. (*Voir aussi* ANIMAUX; BIOLOGIE; CHAMPIGNON.)

Hugh Dale

Botanique, histoire de la Bien avant que les établissements d'enseignement canadiens n'étudient officiellement les PLANTES, des explorateurs et des amateurs talentueux se livrent à l'étude de la botanique. Ce sont les récits d'explorateurs qui parlent d'abord de la végétation canadienne. Ensuite, on découvre les graines et les bulbes exportés en Europe pour la culture et, finalement, sont diffusés des collections et des spécimens d'HERBIERS.

Exploration

Les premières mentions de plantes canadiennes sont quelques noms vernaculaires trouvés dans les récits de sagas islandaises. On sait maintenant que les Norvégiens (*voir* EXPÉDITIONS VIKINGS) ont navigué jusqu'au nord de Terre-Neuve, du Labrador et de l'île de Baffin. Puis, dans les descriptions et les noms vernaculaires que l'on trouve dans les récits de voyages de Jacques CARTIER, il est possible de reconnaître entre 35 et 40 espèces de plantes de l'est du Canada. Cartier rapporte aussi des graines en Europe. Il introduit ainsi le PIN blanc (*Pinus strobus*) et le Thuya occidental (*Thuja occidentalis, voir* THUYA) dans les jardins européens. L'acquisition de connaissances dans ce domaine se fait ensuite lentement mais, en 1576, Clusius donne la première description formelle des plantes canadiennes suivantes: l'ASCLÉPIADE commune (*Asclepias syriaca*) et la SARRACÉNIE (*Limonio congener*, aujourd'hui connue sous le nom de *Sarracenia purpurea*).

En 1623, C. Bauhin dote 27 espèces canadiennes d'un nom scientifique. Il fonde son identification sur des spécimens cultivés, que l'on peut d'ailleurs trouver aujourd'hui dans l'herbier d'Uppsala, en Suède. On prétend qu'ils proviennent d'un apothicaire inconnu, mais il semble plutôt qu'ils soient rapportés par Louis HÉBERT qui vit à Paris pendant quelques années après son voyage en Acadie et qui est le premier Européen à avoir cultivé la terre dans la vallée du Saint-Laurent.

Jacques Cornuti, dans son *Canadensium Plantarum Historia* (1635), décrit, nomme et illustre une soixantaine de plantes canadiennes à partir de spécimens cultivés dans les jardins de V. Robin. Ces spécimens sont transportés par un navigateur français (probablement CHAMPLAIN, qui rapporte des plantes de son jardin lorsqu'il quitte Québec en 1629). D'autres plantes sont mentionnées, à l'occasion, dans les récits de Gabriel Sagard et d'autres voyageurs, ainsi que dans LES RELATIONS DES JÉSUITES. L'*Histoire véritable et naturelle* (…) *de la Nouvelle-France* (…) [1664], de Pierre BOUCHER, qui traite d'environ 50 plantes (principalement des plantes ligneuses), constitue une nouvelle source importante dans ce domaine. Ses travaux de botanique sont d'ailleurs étudiés par Jacques ROUSSEAU en 1964.

Herbiers

On commence à confectionner des herbiers en Europe vers 1570 mais, au Canada, on ne se sert de cet outil de recherche qu'un siècle et demi plus tard. Michel SARRAZIN, médecin attitré du roi en Nouvelle-France et correspondant de l'Académie française, entre en fonction à Québec en 1697. Il cueille les premiers spécimens de son HERBIER à Plaisance, dans le sud de Terre-Neuve. Chaque année, il envoie des spécimens accompagnés d'observations écrites à ses correspondants de l'Académie de Paris. À la réception de son premier envoi, en 1700, J.P. Tournefort décrit huit nouvelles espèces de plantes. Les envois suivants sont reçus par Sébastien Vaillant et Bernard de Jussieu.

On publie la description de quelque 16 nouvelles espèces entre 1700 et 1716, mais la majeure partie des travaux de botanique de Sarrazin ne sont pas publiés. On les connaît maintenant grâce à un manuscrit brouillon rédigé vers 1708 et dans lequel 225 espèces sont décrites. On ne publie une édition annotée de ce manuscrit qu'en 1977. Les spécimens de Sarrazin sont au Muséum national d'histoire naturelle de Paris.

Un contemporain de Sarrazin, W. Hay, chirurgien à bord des navires, cueille à Terre-Neuve en 1699 des spécimens qui sont aujourd'hui au British Museum de Londres. La même année, un autre chirurgien, Dièreville, vient en Acadie et ramasse quelque 25 spécimens; l'un d'entre eux est aujourd'hui connu sous le nom de Dièreville CHÈVREFEUILLE (*Diervilla lonicera*). Puis, les trois volumes de l'*Histoire et description générale de la Nouvelle-France* (1744) de P.F.X. de CHARLEVOIX contiennent quelques informations sur la flore, notamment un appendice botanique (fondé en grande partie sur les travaux de Cornuti), et une description de trois nouvelles espèces obtenues de Sarrazin.

Le médecin du roi qui succède à Sarrazin, J.F. GAULTIER, arrive en 1742. Une partie de ses découvertes en botanique sont publiées par D. Du Monceau, mais ses travaux sont surtout connus par les 400 pages de manuscrit qu'il laisse. Il accompagne Pehr KALM lors de son expédition de 1749 au Canada. C'est cette expédition qui procure à C. Linné la majeure partie des plantes canadiennes (environ 200 espèces) mentionnées dans son livre *Species Plantarum* (1753). En 1755, l'Hôtel-Dieu de Québec est ravagé par un incendie qui détruit aussi apparemment l'herbier de Sarrazin et de Gaultier. Cependant, on trouve des doubles de ces spécimens au Muséum national d'histoire naturelle de Paris.

André MICHAUX débarque en Amérique du Nord en 1785 essentiellement pour étudier les ARBRES et introduit en Europe diverses essences originaires du Canada. En 1792, il passe trois mois d'été à cueillir des plantes dans le Bas-Canada et se rend jusqu'au lac Mistassini, vers le nord. En 1796, il rapporte en France un herbier volumineux, une flore manuscrite (*voir* FLORE, PUBLICATIONS SUR LA) et une monographie sur les chênes. Sa flore décrit 1720 espèces, dont des centaines sont nou-

velles et dont environ 520 proviennent du Bas-Canada et de l'Illinois.

La flore de Michaux, publiée en 1803 après sa mort, semble avoir suscité peu d'intérêt au Canada mais, aux États-Unis, par contre, elle sert de modèle et provoque une grande effervescence intellectuelle. Comme elle traite de nombreuses espèces mais laisse de côté les espèces étrangères, elle est plus utile que les flores internationales en usage à l'époque. Moins de 11 ans plus tard, Frederick PURSH publie une flore de l'Amérique du Nord contenant plus de 3000 espèces. Il s'installe au Canada dans l'intention d'y préparer une flore canadienne, mais meurt à Montréal en 1820 avant d'avoir mené son projet à terme.

Entre 1821 et 1825, A.F. Holmes, fondateur et futur doyen de la faculté de médecine de l'U. McGill, cueille des plantes dans la région de Montréal. Son herbier est resté à l'université. L'herbier de A.M. Percival est le seul herbier au Canada qui est plus ancien que celui de Holmes. Il est aujourd'hui conservé au ministère de l'Agriculture et de l'Agroalimentaire, à Ottawa.

Dans le domaine de la botanique, William J. Hooker est un homme qui possède des connaissances encyclopédiques. Son herbier personnel (environ un million de plantes) est acquis par les Kew Gardens de Londres en 1867. Vers 1820, Hooker commence à s'intéresser à la flore canadienne et prend contact avec les amateurs locaux, dont A.M. Percival, Harriet et William Sheppard et lady Dalhousie. Cette dernière commence une collection en 1816 en Nouvelle-Écosse et la continue au Québec à partir de 1820. Avec la collaboration de la Compagnie de la baie d'Hudson, Hooker parvient à envoyer en Amérique du Nord un certain nombre de naturalistes, notamment John Goldie, T. DRUMMOND, D. DOUGLAS et J. RICHARDSON.

Avec tout le matériel qu'ils réunissent, Hooker écrit une flore en deux volumes en 1840. En raison de son prix élevé, elle n'est accessible qu'aux amateurs les mieux nantis. La flore de Léon PROVANCHER paraît en 1862 et le catalogue de John MACOUN entre 1883 et 1902. L'herbier de Macoun est le plus grand herbier du Canada à cette époque et il constitue actuellement la base de l'Herbier national, à Ottawa.

La première société de botanique du Canada est fondée à McGill en 1855, mais son existence est de courte durée. La Botanical Society of Canada est fondée à Kingston, en Ontario, en 1860, et en 1861, elle publie les *Annals of the Botanical Society of Canada*. Son existence est éphémère comme celle des deux sociétés fondées par la suite. Par contre, le Botanical Club of Canada de Halifax est actif de 1891 à 1910. On fonde le Field Botanists of Ontario dans les années 1890.

Listes de flore

Il est étonnant de constater que les figures dominantes de la botanique canadienne du XIXe et du début du XXe siècle sont principalement des botanistes américains (F. Pursh, T. Nuttall, J. Torrey, A. Gray, A. Wood, N.L. Britton, M.L. Fernald, P.A. Rydberg, L. Abrams, etc.). La contribution d'autres étrangers est également considérable: E. Meyer publie en Allemagne une flore du Labrador; un Suédois, E. Hultén, traite du Yukon dans sa flore de 10 volumes; les travaux de William J. Hooker ont déjà été mentionnés; N. Polunin, un citoyen britannique d'origine russe, écrit une flore de l'est de l'Arctique; enfin, le Finlandais I. Hustich dresse une liste des plantes du Labrador et fait une étude physiogéographique de cette région.

Les Canadiens ne sont toutefois pas complètement absents de la scène. George LAWSON est nommé professeur de chimie et d'histoire naturelle à l'U. Queen en 1858. Il s'intéresse principalement à la botanique et participe activement à la fondation de la Botanical Society of Canada avant de quitter Queen pour devenir professeur de chimie à l'U. de Dalhousie. H. Reeks dresse une liste de la flore de Terre-Neuve en 1873. En 1893, A.C. Waghorne entame la publication d'une liste de la flore du Labrador, de Terre-Neuve et de Saint-Pierre et Miquelon.

J.W. DAWSON, un éminent paléobotaniste, publie surtout dans *Proceedings and Transactions of the Royal Society of Canada*. A.W. Lindsay publie une liste des plantes de la Nouvelle-Écosse en 1875. Diverses listes et études portant sur les plantes vasculaires de la Nouvelle-Écosse sont aussi publiées, principalement par G.U. Hay et A.H. MacKay. Puis, un groupe d'amateurs étudie la flore du Nouveau-Brunswick. W.J. Fowler compile leurs observations et les publie en 1878 et en 1885. L'Île-du-Prince-Édouard est la dernière province de l'Atlantique dont on publie la liste des plantes (par F. Bain en 1890).

La plupart des provinces et des territoires ont maintenant leur propre flore: le sud de la Colombie-Britannique depuis 1915; le sud-ouest du Québec pour lequel on publie un précis en 1931, puis une flore plus élaborée en 1935; le Yukon, en 1941-1950; la Nouvelle-Écosse, en 1947 et en 1966-1969; le Manitoba, en 1957; l'Alberta, en 1959; l'Île-du-Prince-Édouard, en 1961; et les Territoires du Nord-Ouest, en 1957 et en 1979. On publie une flore des provinces des Prairies en cinq volumes entre 1967 et 1981. Il faut aussi noter deux ouvrages d'intérêt national: une *Énumération*, publiée en 1966-1967, qui présente la répartition des plantes par province et des bibliographies complètes et *The Flora of Canada* (1978-1979) de H.J. Scoggan du Musée national des sciences naturelles, publiée en quatre volumes, qui fournit des clés et des synonymes.

Ainsi, vers 1900, les botanistes canadiens se préoccupent surtout de faire des listes et des inventaires. Si l'on excepte les travaux de Dawson en paléobotanique, peu d'études portent sur autre chose que la floristique. C'est d'ailleurs à un autre paléobotaniste important du XIXe siècle, D.P. Penhallow, de McGill, que l'on doit des écrits sur l'histoire de la botanique, ainsi que des bibliographies.

Maturité

Au début du XXe siècle, de nombreux centres locaux d'activité fleurissent peu à peu dans chaque province, la plupart dans des universités, certains dans des musées et quelques-uns dans les laboratoires gouvernementaux. À la fin du XIXe siècle, dans les universités canadiennes, on commence à diviser les disciplines scientifiques générales (p. ex. histoire naturelle, sciences naturelles, sciences physiques) en domaines plus spécialisés. L'étude des plantes est d'abord donnée dans les départements de biologie, qui se scindent ensuite, dans certaines universités, en départements de botanique et de zoologie.

Le principal centre d'activité en mycologie (étude des CHAMPIGNONS) est Agriculture Canada (aujourd'hui le ministère de l'Agriculture et de l'Agroalimentaire), à Ottawa, dont le principal mycologue est D.B.O. SAVILE de 1957 à 1975. Pendant un certain temps, l'U. du Manitoba est également très active dans ce domaine. Sous la direction de A.H. Buller (nommé professeur de botanique en 1904) et de G.R. Bisby, on y effectue de nombreuses recherches et on y publie des inventaires fondamentaux sur les champignons du Manitoba et de la Saskatchewan. L'œuvre de Buller, *Research in Fungi* (sept volumes, 1909-1934), devient d'ailleurs un ouvrage de référence.

Un amateur remarquable, John Dearness, de London (Ontario), rassemble une collection de 50 000 spécimens, publie des articles sur la taxinomie et participe aux recherches du groupe de Winnipeg. Plus récemment, René Pomerleau publie un ouvrage monumental, la *Flore des champignons au Québec*.

La bryologie (étude des HÉPATIQUES et des MOUSSES) et la lichénologie (étude des LICHENS) attirent des professionnels et des amateurs. Parmi les

amateurs, Ernest LEPAGE, un éminent explorateur et botaniste qui a exploré le Labrador et l'Alaska, apporte des contributions intéressantes à ces deux sciences. Son herbier et sa bibliothèque sont maintenant à l'U. Laval.

La phycologie (étude des ALGUES) est un champ de recherche dans lequel on est actuellement très actif, autant dans les écosystèmes marins que dulçaquicoles. À partir de 1939, le frère Irénée-Marie contribue largement à l'étude des desmidées. On travaille également en cytotaxonomie à plusieurs endroits et notamment à Ottawa, où, peu après la Seconde Guerre mondiale, H.A. Senn a mis sur pied une équipe dynamique. L'équipe exceptionnelle formée par A. Love et D. Love travaille à Winnipeg, puis à Montréal, avant de déménager aux États-Unis en 1962. Dans ces domaines comme dans d'autres, les chercheurs sont dispersés dans l'ensemble du Canada, dans les départements de botanique ou de biologie des universités et dans les laboratoires gouvernementaux.

Botanistes amateurs

Les amateurs participent également à la botanique scientifique, particulièrement dans les domaines de la floristique, de la taxinomie et de l'écologie. Outre J. Dearness et E. Lepage, qui ont déjà été mentionnés, de nombreux amateurs sont dignes de mention: A.H. Brinkman, bryologiste qui travaille à Craigmyle (Alberta); H. Dupret, également bryologiste dans la région de Montréal; W.C. McCalla, professeur, photographe amateur et éminent collectionneur de plantes du sud de l'Ontario et de l'Alberta; le frère Rolland-Germain, un botaniste de terrain accompli et inséparable compagnon du FRÈRE MARIE-VICTORIN qui réalise de remarquables collections de plantes du Québec et de l'Ontario; N.B. Sanson, naturaliste dans le parc national Banff; et G.H. Turner, médecin retraité de Fort Saskatchewan, en Alberta. On pourrait encore nommer au moins 10 autres amateurs qui possèdent un herbier comptant plus de 10 000 spécimens.

De nombreux amateurs deviennent avec le temps des spécialistes reconnus, entre autres Macoun, A.E. PORSILD et Marie-Victorin. L'herbier de ce dernier (65 000 spécimens) fait maintenant partie de celui de l'Institut botanique de l'Université de Montréal qui, avec ses 730 000 spécimens, est le plus grand herbier après celui d'Ottawa. (*Voir aussi* JARDIN BOTANIQUE; CULTURES, RECHERCHE SUR LES; PLANTES, SÉLECTION DES.)

B. Boivin

Botterell, Edmund Harry, neurochirurgien, professeur de médecine (Vancouver, 28 févr. 1906). Diplômé de médecine à l'U. du Manitoba, Botterell se spécialise ensuite en neurochirurgie à l'U. de Toronto et dans la recherche à Yale. Au cours de la Seconde Guerre mondiale, Botterell est le principal neurochirurgien de l'excellent Hôpital canadien de neurologie à Basingstoke, en Angleterre. De retour à Toronto, il s'intéresse à la rééducation des anciens combattants paraplégiques dans les services de neurochirurgie au Christie Street Hospital dont il est le chef.

En 1952, il est nommé chef du service de neurochirurgie au Toronto General Hospital et il devient doyen de la faculté de neurochirurgie de l'U. de Toronto de 1953 à 1961. Entre 1962 et 1971, Botterell est doyen de la faculté de médecine de l'U. Queen, puis vice-doyen des sciences de la santé. Par son magnétisme et ses qualités de chef, il stimule à Kingston l'avancement sans précédent de l'enseignement, de la recherche et des soins aux patients. On lui confie le mandat d'étudier les questions de santé dans les pénitenciers. Son apport est reconnu: entre autres distinctions, il reçoit l'Ordre du Canada et est fait Officier de l'Ordre de l'Empire britannique.

A.A. Travill

Botulisme On rencontre le botulisme humain sous trois formes principales: le botulisme d'origine ali-

mentaire, le botulisme du nourrisson et le botulisme par blessure souillée.

Le botulisme d'origine alimentaire est causé par l'ingestion d'aliments contaminés par la neurotoxine botulinique préformée. Le micro-organisme pathogène, le *Clostridium botulinum*, est un bacille anaérobie en forme de bâtonnet qui produit des spores thermorésistants. Les spores abondent dans le sol, les sédiments marins et fluviaux et les intestins de nombreux animaux. Pour qu'une poussée de botulisme d'origine alimentaire se produise, les spores doivent contaminer la nourriture, se multiplier et produire des neurotoxines. Après l'ingestion de la nourriture contaminée, les neurotoxines sont absorbées par le système digestif. Les symptômes apparaissent habituellement de 12 à 36 heures après la consommation de la nourriture. Dans les cas extrêmes, les symptômes peuvent se manifester aussi rapidement que deux heures après l'ingestion ou aussi tardivement que 14 jours après la contamination. Les symptômes sont, entre autres, les suivants: nausées, vomissements, diarrhée, faiblesse généralisée et vertige, ptosis des paupières, dysphagie (difficulté à avaler), vision embrouillée, diplopie, constipation et sécheresse de la bouche. Les neurotoxines s'attaquent aux nerfs terminaux du système parasympatique. De façon plus précise, elles bloquent la libération de l'acétylchloline neurotransmettrice à la jonction neuromusculaire. L'asphyxie causée par la paralysie du diaphragme peut entraîner la mort. Le taux de mortalité de la maladie a baissé, passant de plus de 60 p. 100 à moins de 10 p. 100, grâce à l'utilisation de respirateurs mécaniques, ainsi qu'à une antitoxine que l'on administre rapidement dès qu'un cas de botulisme est soupçonné. (*Voir* INTOXICATION ALIMENTAIRE.)

Lutte contre le botulisme d'origine alimentaire

Elle se fait presque uniquement par la destruction thermique des spores ou par l'inhibition de la germination des spores et de la croissance bactérienne dans les aliments. Grâce à la mise au point et à l'application de mesures strictes, d'une mise en conserve des aliments en respectant des normes de température et de durée, l'industrie de la mise en conserve est maintenant en mesure d'éviter le botulisme. Les conserves maison, et surtout la mise en conserve d'aliments à faible acidité (maïs, poivrons, haricots verts, asperges, champignons, aubergines), peuvent être à l'origine de cas de botulisme, car le traitement durée-température n'est pas toujours suffisant pour détruire les spores botuliques. Il est donc recommandé d'utiliser pour les produits maison des autocuiseurs approuvés et de suivre à la lettre les directives, en ajoutant la quantité nécessaire de sel et de vinaigre. D'autres types d'aliments sont également liés à l'éclosion du botulisme. Les directives de réfrigération accompagnant certains aliments doivent être respectées pour éviter les risques d'intoxication par botulisme. La nourriture traditionnelle des autochtones du Canada, notamment la viande de baleine, de phoque et de morse et les œufs de saumon, peut aussi provoquer des cas de botulisme. La conservation de ces aliments, que ce soit par des méthodes de fermentation ou de séchage, peut favoriser la croissance du *C. botulinum*.

Botulisme par blessure Il survient lorsqu'une blessure est infectée par les spores du *Clostridium botulinum*. Ces spores se multiplient et sécrètent une neurotoxine dans la blessure. Ce type de botulisme, bien que rare, est de plus en plus associé aux drogues injectées par seringue.

Botulisme du nourrisson Il est causé par l'ingestion de spores viables qui germent, se multiplient et produisent des neurotoxines dans les intestins de nourrissons de moins de 1 an. Le premier cas de botulisme du nourrisson a été diagnostiqué en 1976. Ce type de botulisme est maintenant l'une des formes les plus courantes de la maladie aux États-Unis. Les suces ne devraient jamais être trempées dans le miel pour calmer un enfant agité ou souffrant de coliques. Par ailleurs, on recommande aux parents de ne pas offrir de miel aux enfants de moins de 1 an. Les spores, présentes dans l'air et dans le sol, peuvent contaminer le miel et survivre même dans le miel pasteurisé. Les enfants et les adultes en bonne santé n'en seront pas incommodés, alors que les nourrissons y sont particulièrement sensibles. Le système digestif du nourrisson n'étant pas encore capable de combattre le *C. botulinum*, les spores ingérés peuvent germer et produire des neurotoxines. Une autre catégorie, qui n'est pas encore classifiée, comprend des cas d'origine inconnue et des occurrences de botulisme qui ressemble à celui des nourrissons chez les adultes. Le botulisme chez les animaux s'attaque au bétail et aux oiseaux du monde entier et, à un moindre degré, aux autres animaux.

H. Jackson, John W. Austin et Karen L. Dodds

Bouchard et Morisset, pianistes-duettistes. Victor Bouchard (Ste-Claire-de-Dorchester, Qc, 11 avril 1926) étudie au conservatoire de musique de Québec et obtient le premier prix de piano en 1950. Renée Morisset (St-Damien-de-Bellechasse, Qc, 13 juin 1928) fait ses études avec Germaine Malépart au conservatoire de musique de Montréal et décroche le premier prix de piano en 1947. Suite à leur mariage en 1950, Bouchard et Morisset poursuivent leurs études à Paris avec Alfred Cortot et Antoine Reboulot (1950-1952). Le concert à Québec en octobre 1952 dans le *Concerto pour deux pianos* K365 de Mozart marque le début de leur carrière internationale en tant que pianistes-duettistes. Après le récital au Carnegie Hall de New York, ils effectuent plusieurs tournées aux États-Unis et au Canada. Ils contribuent, par le concert et de nombreux enregistrements, à la découverte d'un répertoire peu connu et créent plusieurs œuvres de compositeurs canadiens dont Clermont PÉPIN, Roger MATTON, Jacques HÉTU. Ils obtiennent le prix Calixa-Lavallée (1964) et sont nommés Membres de l'Ordre du Canada (1981) et élevés au rang d'Officiers (1985). Tous deux professeurs au CENTRE D'ARTS ORFORD, Victor Bouchard en assume aussi la direction (1955-1966) et est président national des JEUNESSES MUSICALES DU CANADA (1957-1959), directeur général du Conservatoire de musique de Québec (1967-1971), directeur et conseiller de la section musique du ministère des Affaires culturelles du Québec (1971-1980).

Bouchard, Linda, compositrice et chef d'orchestre (Val-d'Or, Qc, 21 mai 1957). Après avoir étudié à Montréal, elle travaille aux États-Unis avec David Gilbert et Arthur Weisberg (direction) et avec Henry Brant (composition) dont elle a reconnu l'importante influence sur sa formation. Aux États-Unis, elle gagne plusieurs concours et est compositrice résidente de nombreux festivals, poste qu'elle occupe plus tard dans l'Orchestre du CENTRE NATIONAL DES ARTS. Comme chef d'orchestre, elle se spécialise surtout en musique contemporaine. En 1987, elle fonde l'ensemble Abandon et, en 1988, elle devient chef d'orchestre principal de l'Orchestre symphonique Putnam à Carmel, dans l'État de New York.

La musique de Bouchard explore tous les aspects du timbre et se caractérise souvent par des explosions de percussion, ainsi que par diverses façons de placer les exécutants sur la scène de l'orchestre. Ses œuvres commandées comprennent *Five Grins*, *Forest*, *Minotaurus* et *Amuser le temps*. En 1990, l'ORCHESTRE MÉTROPOLITAIN enregistre sa pièce orchestrale *Élan*.

Claire Versailles

Bouchard, Lucien, avocat et politicien (Saint-Cœur-de-Marie, Qc, 22 déc. 1938). Issu d'une famille ouvrière, Lucien Bouchard étudie dans un collège classique de Jonquière et à la faculté de droit de l'U. Laval, où il rencontre le futur premier ministre Brian MULRONEY. Il devient membre du PARTI QUÉBÉCOIS (PQ) en 1971 et, en 1973, il milite ouvertement pour le candidat local de ce parti. Il pratique le droit à son compte avant d'attirer l'attention

du public en 1974-1975 grâce à son poste de membre de la Commission Cliche, laquelle est chargée d'enquêter sur la violence et la corruption dans l'industrie de la construction.

Deux ans plus tard, le PQ est au pouvoir et Bouchard devient négociateur en chef du gouvernement auprès des 300 000 fonctionnaires de la province. En 1980, il est président de la campagne du camp du «oui» (proindépendantiste) lors du RÉFÉRENDUM. On lui attribue généralement d'avoir influencé son ami Mulroney, qui, d'un fédéralisme centralisateur à la TRUDEAU, est passé à un fédéralisme décentralisateur.

En 1988, Mulroney nomme Bouchard ambassadeur du Canada en France et lui fait une place au sein du Cabinet fédéral à titre de secrétaire d'État puis, plus tard, en tant que ministre de l'Environnement (1988-1990). Cependant, Bouchard devient de plus en plus exaspéré par la résistance croissante opposée par certains fédéralistes à l'ACCORD DU LAC MEECH et à ce qu'il croit être la volonté de Mulroney de faire des compromis sur l'accord pour en faciliter l'adoption.

Formation du Bloc québécois

Le 21 mai 1990, Bouchard démissionne donc du Cabinet et du Parti conservateur. En quelques semaines, il réunit un groupe de députés du Québec partageant ses idées et forme le BLOC QUÉBÉCOIS. Dans l'atmosphère de trahison et de méfiance qui suit le rejet de l'Accord du lac Meech, il devient très populaire au Québec. Lors des élections de 1993, il gagne facilement la circonscription du Lac-Saint-Jean qu'il avait gagnée en tant que conservateur en 1988. Il conduit le Bloc à un résultat extraordinaire de 50 p. 100 des suffrages populaires au Québec, et les 54 sièges obtenus donnent au parti le statut d'Opposition officielle à Ottawa.

Référendum de 1995

Bouchard promet de placer les intérêts immédiats du Québec à l'avant-plan dans ce nouveau Parlement fédéral, laissant de côté les objectifs de souveraineté jusqu'aux élections provinciales et la tenue d'un éventuel référendum. Entre-temps, il lutte pour la création d'emplois et la reprise économique au Québec. La victoire du Parti québécois en 1994 laisse à nouveau planer la possibilité de la souveraineté et Bouchard entraîne le Bloc québécois contre la position du gouvernement fédéral sur la question référendaire. La campagne commence à battre sérieusement de l'aile quand Bouchard, encore porté par une étonnante vague de popularité, est appelé à prendre les commandes de la campagne aux côtés d'un Jacques PARIZEAU plus radical et moins populaire. Le 30 octobre 1995, les indépendantistes sont défaits par un vote très serré et déchirant. Parizeau démissionne le jour suivant et Bouchard doit choisir entre le poste de premier ministre à Québec ou de chef du Bloc québécois à Ottawa.

Nouvelles orientations

Bouchard opte finalement pour la responsabilité de premier ministre du gouvernement du Québec et, en janvier 1996, il abandonne son siège à la Chambre des communes. Élu sans opposition chef du PQ le 27 janvier 1996, il est assermenté premier ministre deux jours plus tard et entre à l'Assemblée nationale après s'être fait élire dans une élection partielle en février. Il donne la priorité à l'économie, reléguant pour le moment la question de l'indépendance au second plan. Ce renversement des priorités s'explique par des choix politiques et par le souci de donner un nouvel essor économique au Québec. Ses politiques permettent en effet d'atteindre le déficit zéro à la fin de l'année budgétaire 1999. Sa position s'affermit par rapport à la souveraineté suite aux pressions du PQ de telle sorte qu'au congrès annuel du PQ en 2000, où 91 p. cent des militants lui accordent leur confiance, il remet à l'ordre du jour la tenue d'un troisième

référendum sur la souveraineté du Québec. Il a publié *À visage découvert* en 1992.

James Marsh

Bouchard, Michel Marc, dramaturge et comédien (Saint-Cœur de Marie, Qc, 2 févr. 1958). Après avoir obtenu un diplôme en art dramatique à l'U. d'Ottawa, il travaille avec divers théâtres franco-ontariens comme dramaturge et comédien. En 1981, le Théâtre du Nouvel-Ontario, à Sudbury, monte sa première pièce, *Les Porteurs d'eau*. *La Contre-Nature de Chrysippe Tanguay, écologiste* suit en 1983. Cette dernière est très bien accueillie par la critique et met en scène un couple homosexuel confronté aux traditions rigides de la société alors qu'il tente d'adopter un enfant.

La pièce de Bouchard ayant obtenu le plus de succès à ce jour est *Les Feluettes* (1987), considérée aujourd'hui comme l'une des œuvres importantes du théâtre canadien moderne (elle a remporté le prix Dora Mavor Moore et le prix Chalmers pour la meilleure pièce de théâtre canadienne en 1991). Avec une structure extrêmement originale (on y trouve une pièce dans une pièce dans une pièce), *Les Feluettes* traitent, comme la plupart des œuvres de Bouchard, de l'homosexualité idéaliste, qui se heurte aux valeurs religieuses et morales étriquées du Québec des années 1912 et 1953. D'un point de vue métaphorique, cette pièce oppose le libéralisme contemporain en matière d'orientation sexuelle à la rigidité qui a précédé la RÉVOLUTION TRANQUILLE des années 60. La pièce est présentée avec succès au CENTRE NATIONAL DES ARTS d'Ottawa, à Montréal, à Toronto et dans d'autres villes canadiennes. Elle est aussi présentée en France, en Italie, en Hollande, au Mexique (où elle remporte le prix de la meilleure pièce) et en Uruguay et est traduite en plusieurs langues. Enfin, elle fait l'objet d'un film en anglais (1996).

Bouchard est l'auteur de quelque 25 pièces, dont la plupart ont été mises en scène par des troupes professionnelles. Parmi celles-ci, citons *La Poupée de Pélopia* (1984), *Les Muses orphelines* (1988), qui fait le tour du Québec pendant neuf semaines en 1995-1996, et l'allégorie politique *Le Voyage du Couronnement* (1995). En 1998, la critique réserve un accueil mitigé à sa pièce *Le Chemin des Passes-Dangereuses*. Deux ans plus tard, pour la première fois, il met lui-même en scène sa dernière création, *Sous le regard des mouches*.

Bouchard est directeur artistique du Trillium Theatre d'Ottawa de 1989 à 1991. Il est actuellement vice-président du prestigieux Théâtre d'Aujourd'hui (Montréal).

L.E. Doucette

Bouchard, Télesphore-Damien, journaliste, politicien (Saint-Hyacinthe, Qc, 20 déc. 1881—Montréal, 13 nov. 1962). Après plusieurs années de journalisme, il devient, à toutes fins utiles, maire permanent de Saint-Hyacinthe de 1917 à 1944 et, en même temps, perpétuel député libéral de 1912 à 1944. Il assume la présidence de l'Assemblée législative en 1930 et entre au gouvernement de Taschereau en 1935.

Il devient chef de l'opposition en 1936 et entre au gouvernement de Joseph-Adélard GODBOUT en 1939. En 1944, le premier ministre Mackenzie King le nomme au Sénat. Bouchard est surtout connu pour ses accusations, en 1944, selon lesquelles une société secrète canadienne-française, l'ORDRE DE JACQUES CARTIER, représente un danger pour la société canadienne.

Robert Bothwell

Boucher, Adélard-Joseph, éditeur, maître de chapelle, organiste, chef d'orchestre, professeur et numismate (Maskinongé, Bas-Canada, 28 juin 1835—Outremont, 16 nov. 1912). C'est grâce à ses efforts que les œuvres musicales de son époque sont publiées au Québec, surtout par la maison d'édition A.J. Boucher Co. qu'il fonde à Montréal et qui publie les œuvres de nombreux compositeurs canadiens ainsi que des pièces du répertoire international avant de fermer ses portes en 1975. En 1862, Boucher fonde la Société de numismatique de Montréal dont il sera le premier président.

Hélène Plouffe

Boucher, Frank, joueur de hockey (Ottawa, 7 oct. 1901—Kemptville, Ont., 12 déc. 1977). Il joue pour l'équipe de la Gendarmerie royale du Canada, à Ottawa et à Vancouver avant de joindre les Rangers de New York en 1926. Il évolue au centre dans le fameux trio constitué de Bun et Bill COOK. Reconnu pour son fair-play, il gagne le TROPHÉE LADY-BYNG 7 fois en 8 saisons. Finalement, on lui remet l'original du trophée et on en fabrique un autre.

James Marsh

Boucher, Gaétan, patineur de vitesse (Charlesbourg, Qc, 10 mai 1958). Boucher commence à pratiquer le PATINAGE DE VITESSE comme activité complémentaire au hockey. À l'âge de 14 ans, il remporte le premier d'une longue liste de championnats canadiens. Sa 6e position au 1000 mètres des Jeux olympiques d'hiver d'Innsbruck, en 1976, l'élève au rang des compétiteurs internationaux de haut niveau.

En 1977, il est le champion du monde de patinage de vitesse sur courte piste, exploit qu'il répète en 1980. Boucher s'est aussi souvent illustré sur la longue piste. En 1980, aux Jeux olympiques d'hiver de Lake Placid, il finit 2e au 1000 mètres, derrière l'Américain Eric Heiden, et remporte ainsi la médaille d'argent. Il est l'un des deux seuls médaillés du Canada de Lake Placid.

En 1984, Boucher, rétabli d'une fracture à une cheville subie l'année précédente, enregistre la meilleure performance jamais réalisée par un athlète canadien aux Jeux olympiques d'hiver. Il démontre qu'il est le grand maître de sa discipline en remportant l'or au 1000 et au 1500 mètres ainsi que le bronze au 500 mètres. Deux semaines plus tard, il est champion du monde du sprint. Ses performances lui ont valu plusieurs honneurs. Il a, entre autres, été nommé athlète de la décennie 80 au Québec et il est membre du Temple de la renommée des sports du Canada.

Derek Drager

Boucher, Pierre, interprète, militaire et seigneur (Mortagne, France, 1er août 1622—Boucherville, Qc, 19 avril 1717). Boucher vit en HURONIE de 1637 à 1641, où il aide les missionnaires, vit parmi les autochtones et apprend leurs dialectes. À partir de 1645, il habite à Trois-Rivières et s'illustre en tant que vaillant défenseur de l'endroit contre les invasions des IROQUOIS. Il devient capitaine de Trois-Rivières en 1649 et gouverneur, en 1654.

Dépêché en France en 1661 pour demander de l'aide, Boucher en revient avec des militaires et des provisions, et avec la détermination de faire de la NOUVELLE-FRANCE une colonie de la Couronne. Sous sa direction, la seigneurie de Boucherville devient l'une des plus prospères de la colonie. Ses mémoires constituent de précieux comptes rendus du commerce des fourrures, des autochtones et de sa brillante carrière.

James Marsh

Boucherville, ville du Qc; pop. 34 989 (rec. 1996), 33 796 (rec. 1991); superf. 72 km²; const. en 1667. S'étendant sur 7 km le long de la rive sud du Saint-Laurent que le pont-tunnel Louis-Hippolyte-LaFontaine relie à MONTRÉAL et située en Montérégie, Boucherville est l'une des plus vieilles municipalités du Québec.

Historique M. de Lauzon concède le fief des Îles Percées à Pierre Boucher en 1653. Pierre Boucher quitte son poste de gouverneur et se retire dans son domaine des Îles Percées en 1667 auquel il donne le nom de Boucherville. Il érige une palissade pour protéger la municipalité contre les attaques des Iroquois. En 1843, un grave incendie détruit presque tout le village.

En 1856, Boucherville est séparée en deux municipalités distinctes : le village et la paroisse. En 1956, les terres de la paroisse ayant leur façade sur le Saint-Laurent sont reliées au village et, l'année suivante, Boucherville est constituée en tant que ville. Le territoire qui appartient encore à la municipalité de la paroisse est annexé à la ville de Boucherville en 1963.

Situation actuelle Depuis sa constitution, la ville de Boucherville s'est considérablement développée. En 1960, elle compte 7000 habitants. Elle devient un centre économique de la Montérégie à mesure que le pont-tunnel et la route transcanadienne y stimulent l'établissement d'industries. La ville englobe maintenant quelque 1050 places d'affaires dont 600 dans le parc industriel. La Maison Louis-Hippolyte-LaFontaine, la résidence où Louis-Hippolyte LAFONTAINE, un politicien célèbre du milieu du XIXe siècle, aurait habité une partie de son enfance, est convertie en galerie d'art et en musée.

Adriana Bryenton et Linda Rivard

Boucherville, sir Charles-Eugène Boucher de, médecin, politicien, premier ministre du Québec de 1874 à 1878 et de 1891 à 1892 (Montréal, 4 mai 1822—10 sept. 1915). Député conservateur à l'Assemblée législative de la province du Canada, il est nommé au Conseil législatif du Québec en 1867. Il est premier ministre de la province de 1874 jusqu'en mars 1878, date où, dans un geste qualifié par les conservateurs de coup d'état, le lieutenant-gouverneur libéral, Luc Letellier de Saint-Just, le détrône pour le remplacer par le libéral Henri-Gustave JOLY DE LOTBINIÈRE.

L'administration de Boucherville organise rapidement une réforme électorale et, en 1875, abolit le ministère de l'Instruction publique, le remplaçant par un surintendant de l'Éducation. En 1891, une fois le gouvernement MERCIER sali par le SCANDALE DE LA BAIE DES CHALEURS, Boucherville redevient premier ministre, mais démissionne un an plus tard, cédant la place à L.O. TAILLON.

Daniel Latouche

Bouclier Le bouclier précambrien, qui constitue une vaste portion stable de la croûte terrestre, se présente comme un socle rocheux ancien qui s'est formé au cours des périodes archéenne et protérozoïque, lesquelles englobent l'ère précambrienne qui a pris fin il y a 544 millions d'années. Les roches du bouclier se sont formées au cours de plusieurs phases successives d'orogenèse. Les anciennes chaînes de montagnes précambriennes ont été érodées, laissant place à la plaine rocheuse vallonnée et de faible altitude qu'on rencontre aujourd'hui. Le bouclier canadien et le bouclier baltique en Scandinavie en sont les exemples les plus connus.

Bouclier canadien Il recouvre une surface d'environ 4,8 millions de kilomètres carrés. Il s'étend, du nord au sud, de l'ARCHIPEL ARCTIQUE aux États du Wisconsin et de New York, et d'est en ouest, du Labrador jusqu'à la portion occidentale des Territoires du Nord-Ouest. Des avancées glaciaires successives ont creusé sa surface et l'ont parsemée d'innombrables lacs, rivières, ruisseaux et étangs. Sur son pourtour se trouvent plusieurs des grands lacs et cours d'eau du Canada : les rives orientales du GRAND LAC DE L'OURS, du GRAND LAC DES ESCLAVES, du LAC ATHABASCA et du LAC WINNIPEG, les rives septentrionales du LAC DES BOIS, du LAC SUPÉRIEUR et du LAC HURON, ainsi que la rive nord du FLEUVE SAINT-LAURENT.

L'origine et l'âge du bouclier figuraient parmi les grands mystères de la GÉOLOGIE canadienne. Les roches canadiennes les plus anciennes (3,96 milliards d'années) ont été découvertes à l'est du Grand lac de l'Ours. Les limites méridionales du Bouclier ont été établies par Alexander Murray qui, en 1851 et en 1852, a exploré la région située au sud de Gananoque, Bytown (Ottawa), le fleuve Saint-Laurent et la rivière des Outaouais. Durant les années 1880, A.C. Lawson a effectué d'importants travaux sur la stratigraphie précambrienne, mais ce n'est que dans les années 1950 qu'on a élaboré une échelle de temps plus juste, quand des géologues comme C.H. Stockwell ont pu faire appel aux mesures sismiques et à celles de la gravité (*voir* ÉVOLUTION GÉOLOGIQUE). Stockwell a divisé le bouclier en trois vastes provinces (les provinces de Supérieur, de Churchill et de Grenville) et en 23 sous-provinces. Aujourd'hui, on s'entend pour dire que le bouclier regroupe cinq provinces : les provinces de l'Ours, de Churchill, du Labrador, du Sud et de Grenville (*voir* RÉGIONS GÉOLOGIQUES).

Le bouclier a eu un impact profond sur l'histoire, le peuplement et le développement économique du Canada. À l'époque préeuropéenne, c'était le royaume des chasseurs nomades algonquins qui ont mis au point le CANOT D'ÉCORCE afin de sillonner ses innombrables cours d'eau. Les COUREURS DES BOIS, les VOYAGEURS et les explorateurs ont eu recours à des embarcations du même type pour s'enfoncer à la découverte du continent.

Jusqu'au début des années 1900, l'économie coloniale a reposé sur l'abondance d'animaux à fourrure dans l'arrière-pays. La prépondérance de MONTRÉAL se faisait alors sentir jusque dans les régions sauvages éloignées grâce au réseau de la rivière des Outaouais et des voies navigables qui communiquent avec elle, s'étendant vers le nord-ouest, donnant ainsi le précédent qui ferait éventuellement valoir la souveraineté canadienne sur ces terres.

Obstacles à la colonisation La roche dénudée, les sols minces, le MUSKEG et les insectes du bouclier ont dressé des obstacles à la colonisation. C'est sur son périmètre que se dessine, abruptement, la limite des terres agricoles des provinces des Prairies et de l'est du Canada. Pour établir un lien ferroviaire avec l'Ouest, il a littéralement fallu dynamiter un chemin à travers le roc du bouclier, révélant ainsi ses trésors cachés : de l'or, de l'argent, du nickel, du cobalt, du zinc, du cuivre et du minerai de fer. Ses forêts de conifères et son potentiel hydroélectrique alimentent une importante INDUSTRIE DE PÂTES ET PAPIERS. De gigantesques aménagements hydroélectriques aux CHUTES CHURCHILL, au Labrador, à la BAIE JAMES, au Québec, à Kettle Rapids, au Manitoba, et ailleurs pourvoient aux besoins énergétiques du Sud urbain.

Ce territoire de roc et de forêts a laissé une marque profonde parmi les meilleures œuvres littéraires, artistiques et dramatiques canadiennes. Depuis des générations, la beauté sauvage et austère du bouclier canadien attire les propriétaires de chalet et les adeptes de plein air du Sud urbain, de même que les touristes du monde entier.

James Marsh

Bouddhisme Il s'agit de l'une des grandes religions du monde, qui englobe divers systèmes philosophiques et moraux. Le bouddhisme est fondé vers 500 av. J.-C. par un prince du clan des Shâkya, Siddhârtha Gautama, connu par la suite sous le nom de Gautama le Bouddha. Malgré le manque de concordance des récits sur sa vie, les traditions du Nord (sanskrites) et du Sud (palies) conviennent que Siddhârtha naît dans le jardin de Lumbini (dans le Népal actuel), reçoit l'Éveil à Bodh Gayâ (Inde), commence à enseigner à Bénarès (Varanasi) et entre dans le *nirvâna* (s'éteint) à Kusinagara (Kasia, Inde).

À l'âge de 29 ans, Siddhârtha renonce à sa vie princière pour chercher la vérité. Après six ans de vie ascétique, il devient le Bouddha (en sanskrit *bodhi*, «éveillé» ou «illuminé») et reconnaît alors le principe de la relativité (interdépendance de tous les phénomènes), selon lequel rien n'est éternel (*anitya*), tout finit par devenir insatisfaisant (*duhkha*), rien n'a de nature propre (*anâtman*), et enfin, lors de la disparition de l'attachement aux valeurs chiffrées et établies (*nirvâna*), la béatitude (*santi*) est obtenue. Ainsi, devenir un bouddha ne constitue pas une divinisation.

Le bouddha est celui qui reconnaît que rien, même son âme, n'a une essence éternelle. Désireux de partager ses lumières (*dharma*), Gautama Bouddha prononce son premier sermon sur la Voie du milieu et les quatre nobles vérités: le caractère insatisfaisant de la vie, l'origine de cette insatisfaction, sa cessation et le chemin vers cette cessation. Les cinq moines qui l'écoutent constituent la première communauté (*sangha*) bouddhiste de Gautama Bouddha, qui prêchera pendant 45 ans.

À sa mort, un schisme survient entre ses adeptes déterminés à imiter les exercices religieux qui ont mené Gautama à l'illumination et ceux qui s'intéressent à l'expérience de l'illumination elle-même. Graduellement, deux traditions distinctes se forment. Le système Theravāda, créé par les adeptes du premier groupe, tire sa philosophie et sa morale des textes palis recueillis par les bouddhistes du sud de l'Inde. Ce système se répand en Birmanie, au Sri Lanka, au Cambodge, en Thaïlande et dans d'autres pays de l'Asie du Sud-Est.

Le second système, ou tradition du Mahâyâna, fonde sa philosophie et sa morale sur les textes sanskrits du nord de l'Inde. Il se propage en Corée, au Viêtnam, au Japon et dans d'autres pays de l'est de l'Asie, en passant par la Chine et le Tibet. Tout en se propageant, chacune des traditions se modifie pour s'adapter à la langue, à la culture, aux coutumes et aux attitudes du nouveau pays. De plus, certains enseignements bouddhistes influencent plusieurs NOUVEAUX MOUVEMENTS RELIGIEUX ou s'y intègrent.

Bouddhisme au Canada

Les JAPONAIS introduisent probablement le bouddhisme au Canada vers la fin du XIXᵉ siècle. Parce qu'elle est associée à un groupe ethnique particulier, cette forme de bouddhisme ne s'intègre pas à la société canadienne. Plus récemment, le bouddhisme est réintroduit au Canada à la fois par des Asiatiques et des non-Asiatiques; sa doctrine tire ses origines de l'une ou l'autre des traditions Theravâda ou Mahâyâna (dont le Vajrayana).

Chez les nouveaux immigrants et leurs enfants, le bouddhisme se dote souvent d'une structure d'organisation qui n'a guère de portée religieuse, mais qui est créée pour satisfaire à toutes les exigences de constitution en corporation prévues par la loi sur les sociétés. L'adhésion est généralement ouverte à tous, quoique la plupart des sociétés bouddhistes exigent la fidélité à Bouddha, au *dharma* et à la *sangha*, selon l'interprétation donnée par chaque société à ces termes. Le Bouddha est considéré par certains comme un être céleste bienveillant et par d'autres comme un être terrestre.

Pour certains, le *dharma* est une loi; pour d'autres, c'est un guide. La *sangha* est pour les uns une communauté de moines ayant reçu l'ordination, et pour les autres une communauté composée de moines et de laïcs. Certaines sociétés exigent que les laïcs s'engagent par vœu à s'abstenir des trois actes physiques: enlever la vie, prendre ce qui n'a pas été donné et commettre des excès sexuels; des quatre actes de discours: mensonge, médisance, propos stupides et paroles acerbes; des trois actes mentaux: égoïsme, méchanceté et percevoir incorrectement la réalité. Avec l'augmentation des mariages interraciaux, les sociétés, composées principalement d'Asiatiques, ont dû adapter leurs usages afin de conserver les membres non asiatiques.

Chaque société est dirigée par un chef dont le titre change selon les groupes: *bhikksu*, *lama*, *sensei*, moine, directeur spirituel, *roshi*, conseiller spirituel, professeur, *oya*, ministre, *geshe*, *tulku*, maître ou révérend. Dans certains groupes, le chef a une fonction de travailleur social, de professeur de langues étrangères ou de conseiller familial, tout en s'efforçant de communiquer à sa communauté un certain contenu religieux. Ce sont généralement des groupes

vivant en vase clos, où le chef adhère fortement à la culture d'origine.

Dans d'autres groupes, surtout dans ceux dont les membres désirent consacrer leur vie à la méditation, le chef surveille et dirige leur croissance spirituelle. De tels membres sont alors très dépendants, se soumettent au pouvoir charismatique du chef et maintiennent des liens très étroits. Les groupes issus des sociétés-mères asiatiques utilisent des traductions anglaises de leurs textes sacrés dans l'espoir que les nouvelles générations de néo-Canadiens (d'origine japonaise, TIBÉTAINE, etc.) apprendront à apprécier leurs traditions religieuses et culturelles.

Bien que, pour les bouddhistes, le dimanche n'ait pas de signification religieuse, on le réserve quand même aux pratiques religieuses parce qu'il est difficile au Canada de participer aux célébrations religieuses pendant la semaine. Les jours de fêtes religieuses sont le jour de l'An, le jour du *nirvâna* ou du *parinirvâna* (18 février), le jour du *Wesak* (pleine lune d'avril-mai) ou le Hana-Matsuri (festival des fleurs, 8 avril), le jour du fondateur, le jour de l'association, le jour de la compassion (Bodhi), le jour de l'anniversaire spécial et la veille du jour de l'An.

Les bouddhistes célèbrent aussi certains événements particuliers de la vie: la naissance, l'imposition du nom, la confirmation ou l'ordination, le mariage et le décès. On attribue à ces événements une signification religieuse parce qu'ils se prêtent particulièrement bien à une réflexion sur le principe de la relativité ou de l'existence interdépendante de toutes choses. Les cérémonies associées aux techniques de méditation touchent notamment les activités quotidiennes, comme manger, se raser et se laver.

Le Mahavihara de Toronto (centre bouddhiste), fondé en 1978, est le premier temple Theravâda au Canada. Il maintient une tradition inaugurée au IIIᵉ siècle av. J.-C. au Mahavihara d'Anuradhapura (Sri Lanka). Le gouvernement du Sri Lanka, par l'entremise de son haut-commissariat à Ottawa, dispense des fonds destinés aux besoins fondamentaux des *bhikksus* résidents. L'adhésion est ouverte à tous. Il y a aussi le Buddha Vihara de Toronto et l'Ottawa Buddhist Association, qui sont originaires du Sri Lanka. À Vancouver, une société bouddhiste Theravâda, la Dhamma, a pour buts le développement personnel par une discipline morale, la méditation vipassana (connaissance) et l'étude méthodique de la philosophie *abhidharma* des textes bouddhistes telle qu'elle est exposée dans le canon des Écritures palies.

L'Ariya Theravada Society, fondée en 1981 à Calgary, s'est aussi établie à Vancouver. Fidèle à la tradition palie, ce groupe fait la promotion de l'enseignement et de la pratique bouddhistes par la méditation et les retraites. Ces deux dernières sociétés sont dirigées par des Occidentaux formés et ordonnés en Inde et en Thaïlande respectivement. La Thai Buddhist Association, à Weston (Ontario), et l'Anagarika Dhamma Society, à Halfmoon Bay (Colombie-Britannique), sont également des organisations bouddhiques Theravâda.

L'Ambedkar Mission, fondée en 1979 à Scarborough (Ontario), adhère à la philosophie religieuse et sociale du Dʳ Ambedkar, issu des rangs des intouchables, qui est devenu l'un des chefs bouddhistes les plus respectés en Inde. Cette association, qui a pour but de promouvoir la justice sociale, la paix et la compréhension, est ouverte à tous, bien que ses membres, au départ, soient surtout d'origine indienne.

C'est dans la seconde tradition, appelée Mahâyâna, qu'apparaît la doctrine du *bodhisattva*, selon laquelle le Bouddha historique n'est qu'une manifestation éphémère du Bouddha éternel et absolu. Les sociétés bouddhiques mahâyâna du Canada peuvent être classées selon le pays d'origine du groupe fondateur.

Avant que le Tibet ne devienne une région autonome de la République populaire de Chine, on y

trouvait quatre ordres principaux du bouddhisme tibétain: Gelugpa, Sakyapa, Nyingmapa et Kagyupa; le premier et le dernier sont les mieux représentés au Canada. La branche du Karma-Kagyupa, constituée au Canada sous le nom de Karma Kargyu Society, a été dirigée par Sa Sainteté Rangjung Rigpe Dorje, seizième gyalwa karmapa (1924-1981). L'ordre Gelugpa, qui ne possède aucune organisation nationale, est dirigé par Sa Sainteté Tenzin Gyatso, quatorzième dalaï-lama (né en 1934).

La Marpa Gompa Meditation Society, fondée en 1979 à Calgary, est l'un des centres qui étudient, pratiquent et propagent l'enseignement de l'ordre Kargyu du bouddhisme tibétain. Son chef officiel est Karma Tinley Rinpoche, fondateur du Mikyo Dorje Institute de Toronto et du centre de méditation Khampo Gangra Drubgyudling. Il y a d'autres centres Kargyu à St. Catharines, à Toronto, à Montréal et à Burnaby.

Au Gaden Choling de Toronto, fondé en 1980, les membres apprennent les exercices de méditation gelugpa, la langue tibétaine, la philosophie du Mâdhyamika; à l'occasion, ils prennent part à des retraites. Les enfants d'origine tibétaine apprennent les chants traditionnels, les danses, la musique et la langue du Tibet. Il y a des centres affiliés au Gaden Choling à Vancouver et à Nelson (Colombie-Britannique) ainsi qu'à Ottawa et à Thunder Bay (Ontario). Le Temple bouddhique tibétain (Chang Chub Cho Ling) de LONGUEUIL (Québec) est officiellement constitué en 1980 pour préserver la tradition gelugga.

La Victoria Buddhist Society, ou Shâkya Thubten Kunga Choling, perpétue la lignée shâkya. Le shâkya-lama Tashi Namgyal enseigne avec l'aide d'un interprète et dirige des classes régulières de méditation et de cérémonies de louange (pujâ). De nombreux centres de méditation sont organisés sous la direction de feu le vénérable Chogyam Trungpa (décédé en 1987). Ses centres, qu'on trouve dans tout le pays, se reconnaissent facilement grâce à leur nom «Dharmadhatu». Ils enseignent surtout les pratiques de méditation kagyupa, mais les membres peuvent aussi apprendre la tradition nyingmapa.

En Chine, au VIᵉ siècle, le zen devient une école bouddhique distincte lorsque Bouddha-dharma affirme que la vie bouddhique doit être centrée sur la méditation. En Amérique du Nord, le bouddhisme zen est habituellement associé à la culture japonaise. Cependant, la Zen Lotus Society (aussi appelée Zen Buddhist Temple), un «monastère laïc», est constituée en 1980 sous la direction de Samu Sunim (Sunim est un titre honorifique), un moine zen coréen qui arrive à Montréal en 1968 et qui s'installe à Toronto en 1970.

Kwangok Sunim, une religieuse coréenne immigrée au Canada en 1976, fonde le Bulgwang-Sa (Buddha Light Temple) à Toronto. Le Taegak-sa (Temple of Enlightenment) est fondé en 1979 par P'yongdumsim Posal et Inhwan Sunim. Le supérieur actuel du temple est Taeung Sunim. Les jours de célébration qu'on observe sont les suivants: le jour de l'illumination du Bouddha, le Nouvel An lunaire et le *kido* (chants scandés de textes sacrés qui durent une semaine), tous au mois de janvier; l'équinoxe du printemps; l'anniversaire du Bouddha; en septembre, le jour des ancêtres et l'équinoxe d'automne. Au printemps et en automne, des animaux captifs sont conduits dans la campagne et relâchés après une cérémonie spéciale afin de symboliser l'intention «de ne pas tuer mais d'aimer toutes les créatures vivantes». Il y a des centres zen dans tout le Canada.

Le zen soto est passé de la Chine au Japon au XIIIᵉ siècle. L'Edmonton Buddhist Meditation Group, constitué en juin 1979, maintient des liens spirituels étroits avec l'église zen soto du Japon. Un prieuré de l'Order of Buddhist Contemplatives, créé par et pour les adeptes occidentaux du zen soto, est une adaptation occidentale de la pratique du zen qui s'inspire de l'enseignement de Roshi Jiyu-Kennett, fondateur et directeur spirituel de l'abbaye Shasta, à Mount Shasta (Californie). Le Vancouver Soto Zen Meditation Group est également affilié à l'abbaye Shasta.

Les sociétés et groupes bouddhistes fondés par des Vietnamiens sont de plus en plus nombreux; il y en a à Brossard, à Montréal, à Toronto, à Vancouver, à Calgary et à Edmonton.

Le Universal Buddhist Temple, qui s'inspire surtout du bouddhisme de la Terre pure, est fondé à Vancouver en 1986; cette communauté entièrement chinoise pratique un bouddhisme qui évoque à la fois la Terre pure, le zen et le Yogacara en plus d'avoir de fortes tendances confucianistes et taoïstes. Entre autres intérêts, ce groupement étudie la méditation et la parapsychologie. Le centre de l'International Buddhist Society de Richmond (Colombie-Britannique), de style chinois traditionnel, est terminé en 1983.

Le temple bouddhique Tai Bay (Toronto) est officiellement ouvert en 1985; on y enseigne la méditation pendant la semaine. La construction du temple Cham Shin (Thornhill, Ontario) est terminée en 1979; c'est le temple principal et le siège social de la Buddhist Association of Canada.

La Reiyukai («association pour l'amitié spirituelle»), association progressiste et hautement organisée, est fondée au Japon par Kakutara Kubo (1892-1944). En 60 ans, cette association laïque a fondé des centres partout dans le monde. La Reiyukai encourage les membres à connaître et à développer leur dimension intérieure par le *senzo-kuyo* (soin désintéressé des aînés) et le *michibiki* (partage des expériences personnelles avec ceux qui ne connaissent pas l'enseignement Reiyukai). Le siège social de l'association au Canada est la Reiyukai Society of Canada, à Vancouver.

La Soka Kyoiku Gakkai («association éducative pour la création des valeurs»), rebaptisée Soka Gakkai en 1946, est créée dans le but de promouvoir la paix dans l'humanité en apportant aux personnes le bonheur et l'harmonie. Les membres de cet organisme laïc utilisent le *shakubuku* («briser et soumettre») pour propager la doctrine selon laquelle toute personne est déjà un bouddha. L'initiateur de cette méthode est Nichiren (1222-1282), fondateur de la secte bouddhiste japonaise Nichiren. L'association canadienne Nichiren Sho-shu est fondée à Toronto en 1961.

Pendant la Seconde Guerre mondiale, le déplacement des gens d'origine japonaise de la Colombie-Britannique et leur INTERNEMENT ont pratiquement éliminé le bouddhisme japonais du Canada. Des adeptes de cette religion habitent probablement la Colombie-Britannique dès 1889, date d'établissement du premier consulat japonais, mais la première assemblée historiquement connue de bouddhistes japonais au Canada n'a lieu qu'en 1904, à Vancouver: c'est une réunion de 14 bouddhistes qui demandent la venue d'un ministre du temple Honpa Honganji de Kyoto (Japon), temple-mère de la secte Jôdoshinshû. En 1905, le premier ministre du culte résident, le révérend Senju Sasaki, de la Vancouver Nihon Bukkyo-kai («association bouddhique japonaise»), commence à prêcher; la Nihon Bukkyo-kai est constituée en 1909 et compte environ 650 membres.

En 1926, le temple-mère de Kyoto a déjà envoyé 7 ministres du culte dans la région de Vancouver. En 1941, il y a 11 ministres pour les 16 temples de la Colombie-Britannique. De 1904 à 1932, l'administratif s'effectue depuis San Francisco mais, en 1932, l'association canadienne exige son indépendance; jusqu'à l'évacuation de 1942, les églises sont dirigées par un surintendant des ministres du culte. La levée de la *Loi sur les mesures de guerre*, en 1949, permet aux Japonais de circuler à nouveau librement au Canada; certains bouddhistes japonais retournent en Colombie-Britannique, et d'autres s'installent ailleurs.

Une conférence nationale de bouddhistes d'origine japonaise a lieu à Toronto en 1955; c'est de cette réunion que sont issus les Buddhist Churches of Canada (BCC). Les églises membres des BCC adhèrent à l'interprétation du Bouddha-dharma selon Shinran (1173-1262), fondateur du bouddhisme Jôdoshinshû, qui prône le principe de l'existence interdépendante de toutes choses comme base de salut individuel. Shinran voulait interpréter le *dharma* dans l'optique de sa propre existence: il conçut ainsi l'enseignement *Nembutsu* (récitation du *Namu Amida Butsu*), qu'il proposait à titre d'expression de la joie et de la gratitude éprouvées dans la prise de conscience de la nature relationnelle de l'existence humaine. À la conférence de fondation des BCC, l'érection d'un siège social national était une question importante, mais le projet ne s'est toujours pas réalisé.

En 1956, six ministres du culte sont responsables de 18 assemblées comprenant 3500 membres; en 1987, un évêque dirige 11 ministres responsables de 18 assemblées totalisant plus de 3000 membres actifs, dont la plupart résident dans les régions de Vancouver, de Toronto et du sud de l'Alberta. En 1975, les BCC adoptent l'anglais ainsi que la procédure parlementaire dans leurs assemblées, permettant ainsi aux délégués plus jeunes qui parlent moins bien le japonais de participer aux assemblées nationales.

Les autres organismes bouddhistes comprennent l'International Buddhist Foundation, fondée en 1982 dans le but d'encourager l'étude et la recherche sur le bouddhisme, et la Toronto Buddhist Federation, fondée en 1982 quelque temps après un rassemblement, à Toronto, de bouddhistes s'apprêtant à participer à une conférence sur la paix. L'adhésion à cette fédération, qui est limitée aux organismes de charité bouddhiques enregistrés, comprend des bouddhistes de plusieurs pays: la Birmanie, le Cambodge, le Canada, la Chine, l'Inde, le Japon, la Corée, le Laos, le Sri Lanka, la Thaïlande, le Tibet, les États-Unis et le Viêtnam. En 1991 (dernière année dont les chiffres sont connus), le bouddhisme compte environ 163 415 adeptes au Canada.

Leslie S. Kawamura

Boudreau, Walter, compositeur et saxophoniste (Montréal, 15 oct. 1947). À 19 ans, il forme son propre ensemble de jazz et, à 20 ans, il dirige divers groupes de jazz pendant l'Expo 67. En 1968, avec Raoul Duguay, il fonde le groupe de jazz-rock Infonie. Ce grand ensemble spécialiste des techniques mixtes donne des concerts de musique populaire, classique et d'avant-garde, et se transforme plusieurs fois avant de devenir le Quatuor de saxophones de Montréal en 1982.

En grande partie autodidacte à ses débuts, Boudreau étudie la composition et la théorie de façon intensive dans les années 70 avec Mauricio Kagel, Karlheinz Stockhausen, György Ligeti, Olivier Messiaen, Iannis Xenakis et Pierre Boulez.

En 1974, il gagne le Concours national de Radio-Canada pour les jeunes compositeurs avec *Variations* pour orchestre de chambre, tirée de l'une de plusieurs trames sonores de films antérieurs. Il a signé, à ce jour, plus d'une cinquantaine d'œuvres pour ensemble de chambre et pour orchestre. Parmi ses œuvres, citons l'*Odyssée du soleil* avec laquelle il gagne le prix Jules-Léger pour la musique nouvelle (1992), *Berliner Momente I, II, III* (1988-1994) et *Golgot(h)a* (1991) pour cuivres, percussion, orgue, chœur numérique et voix échantillonnée, une œuvre qui remporte le Grand Prix Paul-Gilson de la Communauté des radios publiques de langue française.

En 1988, il devient directeur artistique et chef d'orchestre de la SOCIÉTÉ DE MUSIQUE CONTEMPORAINE DU QUÉBEC, un poste qu'il occupe toujours. Il a été compositeur en résidence de l'ORCHESTRE SYMPHONIQUE DE TORONTO pendant trois saisons, de 1990 à 1993. En 1998, il recevait un prix Opus en tant que compositeur de

l'année. Ce prix est décerné par le Conseil québécois de la musique et doté d'une bourse du Conseil des arts et des lettres du Québec.

Ann Schau

Bouée C'est un objet flottant habituellement mouillé mais, à l'occasion, flottant librement ou relié à une ancre flottante. Les bouées sont utilisées comme balises pour délimiter un chenal, signaler la présence d'un haut-fond, etc. En océanographie, elles protègent ou indiquent la position des équipements ou servent de plate-forme à ces derniers.

La dimension des bouées instrumentées varie de 10 m de diamètre (coques en forme de disque, mouillées sur le fond marin et pesant plusieurs douzaines de tonnes) à 10 cm de diamètre (cylindres flottant librement et pesant quelques kilogrammes). Les grosses coques, dont le mât peut atteindre jusqu'à 10 m, sont utilisées en pleine mer dans les zones du plateau continental; les petites bouées en forme de disque, bateau, fuseau ou sphériques sont utilisées près du rivage ou sur les lacs.

Les capteurs situés sur les bouées enregistrent différents paramètres environnementaux, dont la température de l'air et de l'eau, le vent, les courants marins et le mouvement des vagues. Les données peuvent être enregistrées ou télémesurées et transmises à une station littorale, directement ou par satellite géostationnaire. Ces données servent de base à la recherche, aux prévisions météorologiques et aux mesures d'urgence. P. ex., le réseau de bouées des côtes est et ouest recueille les données relatives à l'état de la mer, afin de fournir de l'information sur le climat des vagues.

Le Canada a mis au point des bouées dérivantes qui utilisent les satellites polaires en orbite pour la détection et la diffusion de données. Ces bouées ont fait le tour de l'Antarctique, dérivé dans le Pacifique et suivi les courants de l'Atlantique Nord. Des bouées semblables détectent les déversements de pétrole, la glace maritime et les icebergs. Les bouées dérivantes côtières peuvent être repérées avec une balise à très haute fréquence.

J. A. Elliott

Bouey, Gerald Keith, banquier (Axford, Sask., 2 avril 1920). Il devient gouverneur de la BANQUE DU CANADA en février 1973 et pilote la POLITIQUE MONÉTAIRE du pays.

Cet homme paisible entre à la Banque du Canada en 1948, après avoir servi dans l'Aviation royale du Canada pendant la guerre et fait ses études à l'U. Queen. Il succède à Louis RASMINSKY comme gouverneur en 1973, donne une orientation monétariste à la politique de la Banque et s'efforce de maîtriser les taux d'intérêt au début des années 80.

Plusieurs désapprouvent ses directives de politiques, mais peu doutent de son intégrité et de sa détermination. Il est fait chevalier de l'Ordre du Canada en 1987, l'année où il se retire de la Banque du Canada. Depuis, il est le président du conseil du Régime de retraite des enseignantes et des enseignants de l'Ontario.

J.L. Granatstein

Bougainville, Louis-Antoine, comte de, militaire et navigateur (Paris, France, 12 nov. 1729—*id.*, 20 août 1811). Après avoir étudié le droit et les mathématiques, il publie un *Traité de calcul intégral* (1754-1756) et reçu membre de la Société royale de Londres. Il entre dans l'armée en 1750 et est envoyé à Québec en 1756 comme aide de camp de MONTCALM.

Bougainville participe aux campagnes de la GUERRE DE SEPT ANS, qui se termine par la bataille des PLAINES D'ABRAHAM. Bien qu'il n'ait pu fournir à temps les renforts qui auraient pu modifier l'issue de la bataille, certains considèrent Bougainville comme l'un des meilleurs officiers de Montcalm. En 1758, il rédige un document remarquable dans lequel il recommande des réformes pour libérer la Nouvelle-France des restrictions imposées par le MERCANTILISME.

En 1763, il entre dans la marine française et fonde aux îles Malouines une colonie composée principalement d'Acadiens (*voir* ACADIE) et dont l'existence sera de courte durée. Ses expéditions scientifiques de 1766 à 1769 sont relatées dans *Voyage autour du monde* (1771), et l'arbrisseau grimpant des tropiques, le bougainvillier, porte son nom. Dans la marine française, il prend part à la Révolution américaine. Bien que royaliste, il survit à la Révolution française et reçoit l'appui de Napoléon.

David Evans

Bougie, **Jacques**, administrateur (Montréal, 1947). Diplômé en droit de l'U. de Montréal et en administration des affaires de l'École des Hautes commerciales, Jacques Bougie entre au service d'Alcan en 1979 à titre de directeur de l'usine Beauharnois de la Société d'électrolyse et de chimie Alcan ltée. De 1981 à 1989, il a occupé divers postes à Winnipeg, Toronto et Montréal dans les domaines du développement des projets d'envergure, de la planification et de la direction générale, incluant la responsabilité pour l'ensemble des activités de transformation en aval en Amérique du Nord (sauf le laminage). En juillet 1989, il a été nommé président et chef de l'exploitation d'Alcan Aluminium ltée. Il assume ses fonctions actuelles depuis novembre 1993. Gestionnaire de classe internationale, il est l'artisan du projet de fusion entre Alcan, Pechiney et Algroup, mise en œuvre le 1er août 1999. Cette nouvelle société, l'APA, dont le siège social devrait être à Montréal, comptera 91 000 employés répartis dans 59 pays et engendrera des ventes annuelle de 22 milliards de dollars US. En compagnie de gens d'affaires canadiens animés par un esprit de mondialisation, il fait partie de la Commission dite «Trilatérale», qui réunit un groupe sélect de dirigeants nord-américains, européens et asiatiques afin d'intervenir auprès des gouvernements pour les amener à accepter des politiques favorables à l'intérêt de leurs membres. M. Bougie est Officier de l'Ordre du Canada.

Boulangerie L'industrie canadienne de la boulangerie regroupe des entreprises qui fabriquent du pain, des gâteaux, des pâtisseries et d'autres produits périssables de ce genre. La FABRICATION INDUSTRIELLE de produits à base de pâte remonte à l'Antiquité, mais c'est en Égypte qu'on trouve la première production connue de pâte à levain, après la découverte du processus de fermentation il y a environ 4000 ans. L'apparition du pain moderne ne date que d'un peu plus de 100 ans.

Au début de la colonisation du Canada, le pain est fabriqué à la maison. Au fur et à mesure que s'établissent des communautés, de petites boulangeries voient le jour pour répondre aux besoins des villages. Certaines de ces boulangeries prendront peu à peu de l'ampleur pour devenir les grandes boulangeries commerciales actuelles. On estime qu'en 1900 seulement 8 p. 100 des ménagères canadiennes achetaient leur pain. Au début des années 60, plus de 95 p. 100 d'entre elles achètent régulièrement leur pain et la majorité de leurs produits de boulangerie dans les boulangeries commerciales.

L'industrie canadienne de la boulangerie est réputée pour l'amélioration de ses produits. P. ex., durant la Seconde Guerre mondiale, le gouvernement se préoccupe du manque de fer dans le régime alimentaire d'une partie de la population, ce qui conduit à la décision d'enrichir le pain de fer. Le Canada est l'un des premiers pays à adopter cette norme. Puis en 1953, l'industrie canadienne met sur le marché le pain vitaminé, qui s'avère un aliment idéal pour fournir aux consommateurs les vitamines additionnelles nécessaires telles que la thiamine, la riboflavine et la niacine.

Depuis 40 ans, l'industrie de la boulangerie connaît des changements spectaculaires. La technologie moderne permet la mise en place d'activités de production de plus en plus importantes et avancées sur le plan technologique, ce qui entraîne un excès de capacité de production dans de nombreuses régions du pays. Par ailleurs, l'amélioration des réseaux routiers et ferroviaires accroît aussi la capacité de distribution. Enfin, de nouvelles méthodes et des matériaux efficaces pour l'emballage prolongent considérablement la durée de conservation de nombreux produits de boulangerie. Une entreprise moderne de boulangerie en gros peut donc facilement approvisionner des marchés situés dans un rayon de 800 km de son usine centrale. En conséquence, des usines régionales plus petites ont peu à peu fermé leurs portes.

À l'instar de nombreux autres secteurs de l'INDUSTRIE DES ALIMENTS ET DES BOISSONS, le secteur de la boulangerie doit se conformer à une masse de règlements fédéraux, provinciaux et municipaux (*voir* ALIMENTS, LÉGISLATION SUR LES). P. ex., Consommation et Affaires commerciales Canada fixe des lignes directrices relatives à l'emballage. De son côté, la Direction générale de la protection de la santé de Santé Canada s'occupe de l'aspect sanitaire des usines et d'autres aspects connexes.

À l'échelon national, l'industrie est représentée par le Conseil canadien de la boulangerie, situé à Toronto. Le nombre des entreprises de boulangerie commerciales n'a cessé de baisser: en 1939, on dénombre 3231 usines de produits de boulangerie, alors qu'en 1981, il n'en reste plus que 1431.

La publication des statistiques sur l'industrie de la boulangerie comporte périodiquement des modifications dans les définitions. Ainsi, les boulangeries qui fabriquent leurs propres produits pour les vendre elles-mêmes sont maintenant classées dans la catégorie des commerces de détail, ce qui a eu pour effet d'abaisser encore plus le nombre des «boulangeries»: en 1985, Statistique Canada n'en reconnaît plus que 485. De ce nombre, 5 sont situées à Terre-Neuve, 1 à l'Île-du-Prince-Édouard, 16 en Nouvelle-Écosse, 7 au Nouveau-Brunswick, 176 au Québec, 139 en Ontario, 20 au Manitoba, 16 en Saskatchewan, 38 en Alberta et 55 en Colombie-Britannique.

En 1973, avec 1690 usines en exploitation, la valeur de leurs expéditions atteint environ 598,4 millions de dollars. Le coût des matières et des fournitures nécessaires à la fabrication du pain et des produits de boulangerie s'élève à plus de 259 millions de dollars. Le combustible et l'électricité représentent une dépense de 11,9 millions de dollars. L'industrie emploie alors plus de 28 000 personnes. En 1985, les ventes passent à 1,46 milliard de dollars, les matières et les fournitures représentent une dépense de 610 millions de dollars, et le combustible et l'électricité coûtent 51,4 millions de dollars. La main-d'œuvre n'est plus que de 21 506 personnes.

Robert F. Barratt

Bouleau (*Betula*) Genre d'arbres et d'arbustes de la famille du bouleau (*Betulaceae*). On compte une cinquantaine d'espèces de bouleaux, répandues en Arctique et dans la zone tempérée de l'hémisphère Nord. Au Canada, 10 espèces sont indigènes: 6 arborescentes et 4 arbustives. Certaines d'entre elles, spécialement le bouleau blanc ou le bouleau à papier, sont largement répandues dans tout le pays. D'autres espèces se limitent à une région (bouleau jaune et bouleau gris dans l'Est; bouleau flexible en Ontario et en Alaska; et bouleau occidental dans l'Ouest et le Nord-Ouest). Les bouleaux se reconnaissent à leur écorce mince qui se détache en feuillets. Les feuilles, ovales ou triangulaires, se caractérisent par des nervures rectilignes et par leur contour bidenté. La plupart des espèces préfèrent les sols bien drainés et les stations ensoleillées. Le bouleau gris et le bouleau à papier forment souvent des peuplements purs dans les brûlis et les champs abandonnés. Près des habitations, on plante souvent le bouleau pleureur, une espèce européenne. Les amérindiens utilisaient l'écorce des bouleaux pour fabriquer des paniers, certains ustensiles de cuisine et leurs légendaires canots. Aujourd'hui, le bois du bouleau gris et du bouleau blanc est utilisé pour la pâte à papier, alors que celui du bouleau jaune est recherché pour les meubles de qualité, la parqueterie et le contre-plaqué.

Estelle Lacoursière

Bouliane, Denys, compositeur (Grand-Mère, Qc, 8 mai 1955). Après des études à l'U. Laval, il étudie en Allemagne, d'abord avec Mauricio Kagel, puis avec György Ligeti. Il remporte de nombreux prix de composition, dont le prix Jules-Léger de la nouvelle musique de chambre pour *À propos... et le baron perché?* (1985) et un prix décerné par la Radio allemande pour *Le Cactus rieur et la demoiselle qui souffrait d'une soif insatiable* (1989). Le Conseil canadien de la musique le nomme compositeur de l'année en 1983 et, en 1985, la ville de Cologne, en Allemagne, lui décerne le prestigieux prix Foërderpreis. De 1992 à 1995, Bouliane est compositeur résident pour l'ORCHESTRE SYMPHONIQUE DE QUÉBEC et, de 1995 à 1996, pour l'Orchestre philharmonique de Heidelberg. En 1995, il est nommé professeur de composition à l'U. McGill et agit en tant que directeur musical du McGill Contemporay Music Ensemble. Il est également directeur artistique de MusiNovembre, un festival international annuel organisé par la faculté de musique de McGill, de la SOCIÉTÉ DE MUSIQUE CONTEMPORAINE DU QUÉBEC, de CBC et de Radio-Canada. De 1998 à 1999, il est coordonnateur artistique de la participation musicale du Québec au festival Présences de Radio-France 1999. Ses œuvres ont été publiées dans plusieurs revues spécialisées.

La musique de Bouliane, qu'on a qualifiée de réalisme magique, démontre une originalité authentique et est inspirée de sources aussi diverses que le chant grégorien et le jazz. Ses œuvres sont régulièrement exécutées et diffusées en Amérique du Nord et en Europe.

Claire Versailles et Rachelle Taylor

Boulton, Henry John, avocat, politicien et juge (Kensington, Angl., 1790—Toronto, 18 juin 1870). Bien qu'il ait été fonctionnaire dans les années 1830, on se souvient surtout de Boulton pour les controverses qu'il soulève au Haut-Canada et à Terre-Neuve. Arrivé au Canada vers 1800, il étudie le droit à York (Toronto), de 1807 à 1811, et poursuit ses études en Angleterre jusqu'en 1816. De retour au Haut-Canada, il est accepté dans les cercles dirigeants du FAMILY COMPACT et nommé solliciteur général en 1818, puis procureur général en 1829.

Il est élu comme député indépendant de Niagara à l'Assemblée législative en 1830 et joue un rôle important dans l'expulsion de William Lyon MACKENZIE de l'Assemblée en 1831 et 1832. Lorsqu'il reçoit l'ordre de réintégrer Mackenzie en 1832, Boulton critique sévèrement le Colonial Office, qui le congédie aussitôt. L'année suivante, il est nommé juge en chef de Terre-Neuve, où il provoque de nouveau la controverse et est rappelé en 1838.

Boulton retourne à la pratique du droit à Toronto, est élu à l'assemblée en 1841 et, dès 1847, il gravite autour des réformistes LAFONTAINE et Robert BALDWIN. Individualiste forcené, il rompt avec les réformistes en 1850, puis quitte la vie politique en 1851 et la pratique du droit en 1861. Sa veuve, Eliza Jones de Brockville, épouse Goldwin SMITH.

Hereward et Elinor Senior

Bourassa, Henri, politicien, journaliste (Montréal, 1er sept. 1868—*id.*, 31 août 1952). Il est issu de l'une des familles les plus réputées de la province: son père était un peintre bien connu, et son grand-père, Louis-Joseph PAPINEAU, était un héros populaire de la RÉBELLION DE 1837. Bourassa entre très jeune en politique, étant élu maire de la ville de Montebello à l'âge de 22 ans. Six ans plus tard, en 1896, il entre en politique fédérale et y reste jusqu'en 1907. Il quitte son siège au Parlement pour devenir député provincial.

Bourassa est élu à l'Assemblée nationale en 1908, où il siège jusqu'en 1912. Entre-temps, en 1910, il fonde LE DEVOIR, l'un des grands et influents journaux canadiens, dont il est le rédacteur en chef jusqu'en 1932. En 1925, il est de nouveau élu dans son ancienne circonscription fédérale de Labelle et demeure député jusqu'à sa défaite en 1935.

Comme il est sensible aux enjeux fondamentaux chers depuis longtemps à la société canadienne-française, qu'il sait les articuler avec talent et qu'il a le courage de les aborder, Henri Bourassa inspire au Canada français la montée d'un mouvement nationaliste vigoureux qui repose sur trois thèmes principaux: les rapports entre le Canada et la Grande-Bretagne, la situation de la culture française par rapport à la culture anglaise et les valeurs qui devraient guider la vie économique.

La carrière de Bourassa coïncide avec une période où la plupart des Canadiens anglais insistent beaucoup sur le caractère britannique du pays (voir IMPÉRIALISME). Faut-il cependant en conclure que le Canada doive automatiquement entrer en guerre quand la Grande-Bretagne se trouve en état de guerre? C'est sur cette question que Bourassa, alors jeune député libéral prometteur, se fait connaître en octobre 1899, lorsqu'il quitte son siège aux Communes pour protester contre la décision du Cabinet libéral, prise sans consulter le Parlement, d'envoyer des troupes canadiennes combattre aux côtés des forces britanniques dans la GUERRE DES BOERS.

En 1900, il est de retour à la Chambre, ayant gagné l'élection partielle par acclamation. Il tente alors d'établir que le Parlement soit la seule autorité pouvant déclarer la guerre au nom du Canada. Sa motion est défaite, mais la question demeurera un enjeu fondamental de la politique canadienne durant les 40 années suivantes.

En 1910, Bourassa s'oppose au projet de loi fédéral sur la marine parce que, mis à part la création d'une marine canadienne, il confère au Cabinet le droit de remettre à l'Amirauté britannique le commandement de la marine sans la permission du Parlement. Aux élections fédérales de 1911, il réussit à organiser autour de cette question une campagne antilibérale qui s'avère suffisamment efficace pour priver Laurier d'une bonne part de son appui électoral au Québec.

Après avoir hésité, Bourassa en vient à s'opposer à la participation du Canada à la Première Guerre mondiale parce que le gouvernement conservateur de Robert BORDEN a annoncé l'entrée en guerre du Dominion sans consulter le Parlement. Il redoute qu'un tel geste ne renforce les revendications des impérialistes canadiens et britanniques, pour qui le Canada doit automatiquement participer à toutes les guerres britanniques.

En 1917, Bourassa devient célèbre parce que les deux grands partis se servent de lui à des fins politiques comme symbole d'un NATIONALISME CANADIEN-FRANÇAIS extrême. Le chef libéral Wilfrid LAURIER se refuse à appuyer la CONSCRIPTION, car il craint de livrer le Québec à Bourassa.

Plus tard au cours de sa campagne électorale victorieuse de 1917, le GOUVERNEMENT D'UNION de Borden prévient que, si les libéraux dirigés par Laurier sont élus, Bourassa en sera le véritable chef et qu'il retirera le Canada de la guerre. Il s'agit toutefois de la dernière fois que Bourassa exerce une telle influence sur la politique canadienne. Mackenzie King, qui succède à Laurier comme chef du Parti libéral en 1919, et qui dominera la scène entre les deux guerres, reprend l'idée de Bourassa selon laquelle seul le Parlement canadien peut déclarer la guerre. Quand la Grande-Bretagne entre en guerre contre l'Allemagne en 1939, le gouvernement fédéral, toujours dirigé par Mackenzie King, tarde sept jours avant d'engager la participation du Canada, réalisant ainsi le programme que Bourassa avait d'abord mis de l'avant au début du siècle.

Un autre aspect du programme nationaliste de Bourassa est son insistance sur l'obligation du Canada de reconnaître sa double nature anglaise et française. La culture française doit résister à l'assimilation et jouir de droits égaux à ceux de la culture anglaise partout au pays. En 1905, il devient publiquement associé à ce qui s'appellera dans les années 60 le biculturalisme, à la suite de la campagne infructueuse qu'il mène en faveur du droit des catholiques de contrôler leurs propres écoles dans les nouvelles provinces de la Saskatchewan et de l'Alberta. Il déclare que l'égalité des cultures est une condition absolue pour que les Canadiens français continuent d'accepter la Confédération.

Plus tard, après l'adoption en Ontario, en 1912, du règlement 17 qui limite sérieusement l'usage du français comme langue d'enseignement dans les écoles primaires, Bourassa prend position contre la mesure aussi bien devant des auditoires anglophones que francophones (voir ÉCOLES DE L'ONTARIO, QUESTION DES). Il met fin à sa campagne en septembre 1916, car le pape appelle à la modération dans la lutte pour les droits des Franco-Ontariens. Le règlement décrié ne sera toutefois abrogé qu'à la fin des années 20.

Au début des années 20, la conception qu'a Bourassa d'une nation canadienne, qu'il voit de nature anglo-française, est en butte aux attaques des nationalistes du Québec menés par l'abbé GROULX. En 1922, Groulx lance, de façon hésitante et théorique, l'idée d'un État laurentien distinct comme objectif désirable pour les Québécois d'expression française. Bourassa s'oppose avec véhémence à ce qui n'est qu'un vague idéal d'État distinct, et son prestige est tel qu'il réussit à lui enlever toute respectabilité.

Malgré la portée politique énorme de son programme nationaliste, Bourassa considère que son travail le plus important est d'aider son peuple à devenir le phare du catholicisme en Amérique du Nord. Sa plus grande ambition est d'empêcher l'américanisation du Canada et de refuser de placer l'accumulation des richesses au-dessus de la vénération de Dieu comme valeur dominante de la société canadienne. Bien qu'il accepte la propriété privée comme essentielle à la liberté de l'individu, il estime que le bien public doit prévaloir dans les affaires économiques.

L'arrivée de la grande entreprise le trouble. Il juge que les profits des grandes entreprises sont immoraux, mais qu'ils sont légitimes chez les petites entreprises comptant de 5 à 10 personnes environ. Il a toujours considéré que les petits hommes d'affaires forment la classe sociale qui, par instinct et par intérêt, est la mieux préparée pour préserver les valeurs catholiques. Il semble penser que la croissance des grandes entreprises n'est pas motivée par l'efficacité économique, mais bien par la cupidité. Il croit que l'acceptation des enseignements du catholicisme pourrait interrompre ou renverser cette tendance.

Il rêve de l'occasion de revenir à une société dans laquelle le secteur rural serait d'une importance capitale et l'économie reposerait sur la petite entreprise. Cette perspective explique en grande partie son incapacité d'élaborer un programme réaliste pour réglementer la puissante influence des grandes entreprises.

Joseph Levitt

Bourassa, Napoléon, architecte, écrivain, peintre et sculpteur (L'Acadie, Qc, 21 oct. 1827—Lachenaie, Qc, 27 août 1916). Épistolier raffiné, homme cultivé, Bourassa est l'un des meilleurs artistes canadiens du XIXᵉ siècle, comme en témoignent ses nombreux et superbes dessins, portraits, décorations murales, son architecture et ses écrits. Influencé par l'art mystique du peintre néoclassique français J.A.D. Ingres, il admire sans réserve les créations d'Hippolyte Flandrin. La grande peinture historique, dans la veine de Paul Delaroche, l'intéresse au point de mettre en chantier une immense peinture intitulée *Apothéose de Christophe Colomb*. Son œuvre la plus complexe demeure l'église Notre-Dame-de-Lourdes, à Montréal, bien que l'église de Montebello, le couvent dominicain à Saint-Hyacinthe et l'église Sainte-Anne à Fall River, au Massachusetts, soient également des édifices intéressants.

À la fin du XIXᵉ siècle, l'émigration de nombreux Canadiens français vers la Nouvelle-Angleterre pousse les pères dominicains à construire la grande église Sainte-Anne à Fall River. Réalisés en 1892 par Bourassa, les plans sont à l'origine d'un édifice de 277 pieds sur 122 pieds, aux tours de 160 pieds de haut, construit en marbre blanc du Vermont. Commencée le 14 juillet 1902, officiellement consacrée le 4 juillet 1906, l'église est construite en grande partie grâce aux dons des quelque 11 000 personnes originaires de la province de Québec, soit environ un cinquième de la population totale de Fall River.

Parmi les grands projets inachevés ou maintenant détruits, il faut mentionner la décoration de la chapelle de Nazareth, à Montréal, et celle de la cathédrale de Saint-Hyacinthe pour laquelle sont réalisés environ 20 grands dessins à l'aquarelle qui font partie de la collection d'environ 200 œuvres de Bourassa conservées au Musée du Québec. Œuvre inachevée, l'*Apothéose de Christophe Colomb* montre un grand nombre de personnages historiques et de politiciens canadiens de l'époque.

Comme professeur et chef d'atelier, il a formé Louis-Philippe HÉBERT, Olindo Gratton et Édouard Meloche. Son abondante correspondance et ses conférences méritent d'être publiées. Le 6 mars 1880, il devient vice-président de l'Académie des beaux-arts du Canada.

Raymond Vézina

Bourassa, Robert Politicien, premier ministre du Québec (Montréal, Qc, 14 juill. 1933—2 oct. 1996). Admis au barreau du Québec en 1957 et diplômé d'Oxford (1959), il est successivement (1960-1966) conseiller fiscal au ministère du Revenu national, professeur à l'U. d'Ottawa, à l'U. Laval et l'U. de Montréal et directeur de recherche pour la Commission Bélanger sur la politique fiscale. Il est élu député membre de l'Assemblée nationale de la circonscription de Mercier à l'élection provinciale de 1966 au Québec.

Bourassa est choisi en janvier 1970, malgré son jeune âge, pour succéder à Jean LESAGE comme chef du Parti libéral du Québec et devient premier ministre après la victoire libérale en avril 1970. En 1968, il fut l'un des principaux instigateurs de la décision du parti de rejeter les propositions constitutionnelles de René LÉVESQUE. Immédiatement après son élection comme premier ministre, il est confronté à la CRISE D'OCTOBRE et aux revendications du FRONT DE LIBÉRATION DU QUÉBEC. Bien que réélu en 1973 avec une majorité de 102 sièges sur 110, son deuxième mandat est marqué par un affaiblissement de la position du Québec à l'intérieur de la Confédération, causé en partie par son refus de signer l'accord constitutionnel conclu à Victoria en 1971. Dès 1976, son gouvernement est en crise, aux prises avec des accusations de scandales et de corruption. Le parti perd l'élection de 1976 aux mains du Parti Québécois et Bourassa lui-même est défait.

Après un long séjour à l'étranger, il retourne pour appuyer la campagne du Non au moment du RÉFÉRENDUM DU QUÉBEC de 1980. Il est réélu chef des libéraux à l'automne 1983, remplaçant Claude RYAN. Bien qu'il ne réussisse pas personnellement à obtenir un siège dans la circonscription de Bertrand à l'élection provinciale du 2 décembre 1985, il mène son parti à une victoire écrasante contre le Parti Québécois. Il est élu le 20 janvier dans la circonscription de Saint-Laurent. Comme premier ministre, il joue un rôle déterminant dans la négociation de l'ACCORD DU LAC MEECH et appuie fortement l'accord de LIBRE-ÉCHANGE avec les États-Unis promu par Brian Mulroney. Le consensus sur l'accord du lac Meech commence à s'effriter en 1988, et son échec ravive les sentiments séparatistes.

À l'élection provinciale de 1989, le Parti Québécois marque des gains importants dans l'appui populaire, mais minimes en termes de sièges. L'émergence du BLOC QUÉBÉCOIS au niveau fédéral donne aux indépendantistes un nouveau point de ralliement. En réaction, Bourassa refuse d'assister aux conférences des premiers ministres sur les questions constitutionnelles. Il promet de tenir au Québec un référendum sur la souveraineté si des propositions constitutionnelles acceptables ne sont pas offertes par le reste du Canada avant l'été 1992. Il retourne finalement à une réunion des premiers ministres au début d'août 1992. Sa décision d'accéder aux demandes de certains premiers ministres pour réformer le Sénat en échange d'une garantie pour le Québec d'obtenir une représentation de 25 p. 100 à la Chambre des communes permet le ralliement des premiers ministres au sujet de l'ACCORD DE CHARLOTTETOWN.

Néanmoins, l'Accord ne réussit pas à gagner d'appui au Québec durant le Référendum national de 1992, mais, en l'occurrence, le Québec n'est pas le seul à le rejeter. Au début de 1993, Bourassa suit un traitement radical pour un cancer de la peau. Le 14 septembre 1993, il annonce qu'il démissionnera après la tenue du congrès à la chefferie prévu pour la mi-janvier 1994.

Daniel Latouche

Bourdeau, Robert, photographe (Kingston, Ont., 14 nov. 1931). Autodidacte, Bourdeau étudie l'histoire de l'art pendant un an à l'U. Queen de Kingston, puis il fait des études en architecture à l'U. de Toronto. Employé comme technicien en architecture à la Société canadienne d'hypothèques et de logement à Ottawa jusqu'en 1985, il enseigne la photographie à l'U. d'Ottawa comme professeur adjoint, de 1979 à 1993, et dirige un atelier maître au Banff Centre for Continuing Education, ainsi que des ateliers ailleurs au Canada et aux États-Unis.

Influences Bourdeau commence à s'adonner sérieusement à la photographie en 1959, après avoir rencontré Minor White (Américain, 1908-1976), enseignant influent, auteur et fervent partisan de l'approche utilisant la photographie comme métaphore. Ses autres influences comprennent Paul Strand, le premier photographe moderniste, Cézanne et le peintre italien Morandi. Les sujets de Bourdeau vont du paysage traditionnel jusqu'à l'architecture et à la nature morte. Il se rend aussi jusqu'au Sri Lanka, au Mexique, au Costa Rica, en Angleterre, en Irlande, en France et aux États-Unis pour pratiquer son art. Le fait qu'il utilise des appareils grand format (jusqu'à 11 po X 14 po) et qu'il accorde une préférence aux tirages par contact le situe dans une tradition photographique qui met l'accent sur des techniques exigeantes et sur l'importance d'un travail attentif de visualisation avant d'exposer le négatif.

Une appréhension métaphysique Bourdeau tente de reproduire non seulement une apparence de la réalité, mais une expérience de cette réalité dans le cadre de laquelle le concret permet de saisir l'esprit du lieu. Il va au-delà de la surface afin de trouver la géométrie sous-jacente au chaos apparent de la nature, ce qui le mène vers une appréhension métaphysique du monde. Ses photographies constituent une initiation à un univers feutré de rêverie, où les formes de la nature servent d'excuse à une ambiance de contemplation tranquille. La lumière est l'élément clé qu'il utilise pour parvenir à ses fins. Il lui arrive de consacrer des heures, voire des jours, à l'étude de son sujet et il n'expose qu'un seul négatif, parfois pendant une heure ou plus, laissant littéralement la lumière transmettre sa présence à la surface du négatif.

Bourdeau est un technicien aguerri dans la transposition du contenu du négatif en image positive. Ne travaillant qu'en monochrome, il produit de magnifiques tirages animés d'une lumière intérieure.

On trouve les œuvres de Bourdeau dans les grandes collections au Canada et aux États-Unis, y compris dans celles du MUSÉE DES BEAUX-ARTS DU CANADA, du Musée canadien de la photographie contemporaine, de la Banque d'œuvres d'art du Conseil des arts du Canada, du CENTRE CANADIEN D'ARCHITECTURE, des ARCHIVES NATIONALES DU CANADA et de la Winnipeg Art Gallery.

James Borcoman

Bourdon, Rosario, né Joseph Charles, chef d'orchestre, violoncelliste, directeur de compagnie de disque (Longueuil, Qc, 6 mars 1885—New York, État de New York, 24 avril 1961). Bourdon effectue une tournée européenne en tant qu'enfant prodige et connaît un succès précoce comme violoncelliste d'orchestre et de récital au Canada et aux États-Unis.

En 1909, il entreprend une carrière polyvalente avec la Victor Talking Machine Co. Il enregistre avec plusieurs artistes renommés comme violoncelliste ou pianiste accompagnateur. En tant que directeur musical de Victor jusqu'en 1931, il dirige les orchestres de la maison et l'harmonie de Sousa, et devient aussi, en 1923, directeur musical du réseau radiophonique NBC.

Barclay McMillan

Bourgault, Pierre, journaliste, politicien et professeur (East Angus, Qc, 23 janv. 1934). Après une carrière à la radio et à la télévision comme présentateur et comédien, Bourgault joint les rangs du Rassemblement pour l'indépendance nationale (RIN). Il en devient président en 1964. Brillant orateur, il met tout en œuvre pour promouvoir et populariser l'idée de l'indépendance politique du Québec. Aux élections de 1966, le RIN recueille près de 6 p. 100 des votes puis accepte de se fusionner avec le PARTI QUÉBÉCOIS (PQ) en 1968. Membre de l'exécutif national du PQ pendant un certain temps, Bourgault se retire progressivement de la vie politique active. Professeur au département des communications de l'UQAM depuis 1976, il participe aux différents débats de société tant à la télévision que dans la presse écrite, notamment dans *Le Journal de Montréal* où il rédige une chronique, et a écrit plusieurs livres dont *Écrits polémiques* (1988), *Moi, je m'en souviens* (1989) et *Maintenant ou jamais* (1990). En 1997, le gouvernement du Québec lui décerne le prix Georges-Émile Lapalme pour sa contribution à la langue française.

Bourgeau, Eugène, collectionneur de plantes (Brizon, France, 20 avril 1813—Paris, France, févr. 1877). Il développe un intérêt pour les plantes très tôt et, tout jeune, il se fait remarquer par le directeur du jardin botanique de Lyon, où il apprend les rudiments de la botanique. Il rapporte des plantes des îles Canaries, de l'Espagne, de l'Afrique du Nord et de l'Algérie.

En 1857, il est chargé de l'herborisation lors de l'expédition d'exploration de l'Amérique du Nord britannique conduite par John PALLISER. Son enthousiasme et sa capacité à collaborer avec les autres lui valent les louanges de Palliser. Pendant l'expédition (1857-1860), Bourgeau recueille 1200 espèces provenant de l'Ouest canadien.

Eric J. Holmgren

Bourgeoys, Marguerite, fondatrice de la Congrégation Notre-Dame de Montréal (Troyes, France, 17 avril 1620—Montréal, Qc, 12 janv. 1700; canonisée le 31 oct. 1982). En 1640, Marguerite Bourgeoys se joint à une congrégation d'enseignantes non cloîtrées d'un couvent de Troyes, dirigé par la sœur du gouverneur de Maisonneuve, fondateur de VILLE-MARIE (Montréal). Elle fait route vers le Canada en 1653 et, en 1658, ouvre une école pour filles dans une étable à Montréal.

En plus de chaperonner les filles venues de France comme futures épouses des colons (FILLES DU ROI), elle recrute des Françaises et des Canadiennes pour enseigner, ouvre un pensionnat pour filles à Montréal, une école pour les filles autochtones dans la réserve des Sulpiciens de La Montagne, ainsi

qu'une école d'arts ménagers. Ses «sœurs» commencent à enseigner dans des paroisses rurales. Elle justifie leur refus d'être cloîtrées en faisant valoir que la Vierge Marie est demeurée laïque. Mᵍʳ de LAVAL leur interdit de prononcer leurs vœux, mais Mᵍʳ SAINT-VALLIER, son successeur, les invite à fonder une école à l'île d'Orléans. Elles ont bientôt une école d'arts ménagers et une école primaire à Québec.

Le 1ᵉʳ juillet 1698, les sœurs laïques prononcent leurs vœux et sont reconnues membres d'une communauté religieuse non cloîtrée. La même année, Marguerite Bourgeoys commence à écrire ses mémoires, dans lesquels elle déplore certains manquements à la règle d'austérité observée par sa congrégation. Elle consacre ses deux dernières années à la méditation et à la prière et, quand elle meurt, les colons la vénèrent déjà comme une sainte. Les sœurs de la Congrégation Notre-Dame comptent maintenant plusieurs milliers de religieuses et leurs œuvres se sont propagées aux États-Unis et au Japon. (*Voir aussi* SAINTS.)

Cornelius J. Jaenen

Bourget, Ignace, deuxième évêque catholique de Montréal (Lauzon, Qc, 30 oct. 1799—Sault-au-Récollet, Qc, 8 juin 1885). Bourget étudie la théologie et enseigne au Séminaire de Nicolet pendant trois ans avant d'être nommé, en 1821, secrétaire de Mᵍʳ Jean-Jacques Lartigue, qui l'ordonne l'année suivante. Travailleur énergique et infatigable au jugement sûr, Bourget gagne la confiance de son supérieur qui lui confie la construction du palais épiscopal et de la cathédrale Saint-Jacques. Les deux bâtiments sont achevés en 1825.

Lartigue recommande Bourget à Rome et, le 25 juillet 1837, le Vatican nomme ce dernier coadjuteur de l'évêque avec vocation successorale, laquelle entre en vigueur à la mort de Lartigue, le 19 avril 1840. Son vaste diocèse s'étend de la frontière américaine à la baie James et comprend les 22 000 catholiques de Montréal, 79 paroisses, 34 églises missionnaires et 4 missions autochtones, soit un total de 186 244 âmes.

Devant une tâche qui aurait découragé tout autre homme, le nouvel évêque affecte les sulpiciens à la formation de nouveaux prêtres et, afin de propager les «bons principes», fonde le journal *Les Mélanges religieux*. Son geste le plus important est de convaincre des ordres religieux français de quitter l'Europe pour venir aider à christianiser ses diocésains. De plus, il fonde des institutions religieuses indigènes destinées à seconder l'apostolat des communautés françaises.

Au cours des ans, grâce au leadership de Bourget, l'emprise du clergé sur la population montréalaise s'accroît. Les ordres religieux jouent un rôle de plus en plus important dans l'enseignement primaire et les collèges classiques qu'il dirige personnellement. Il confie aux communautés religieuses l'administration des hôpitaux et des œuvres de charité.

Les activités qu'inspire Bourget provoquent une vive réaction au sein de la classe moyenne inférieure, convertie aux principes libéraux de l'INSTITUT CANADIEN et du PARTI ROUGE démocratique, deux groupes idéologiques qui cherchent à s'assurer une influence dominante sur la société canadienne-française.

Bourget dirige les ultramontains, qui soutiennent que l'État doit être soumis à l'Église (*voir* ULTRAMONTANISME), tandis que leurs adversaires libéraux réclament la séparation de l'Église et de l'État et exigent que le clergé soit exclu de la politique. Une lutte de 30 ans, dont le point culminant est l'affaire GUIBORD, se solde par la victoire de Bourget, qui n'a pas cessé d'attaquer l'Institut canadien qui, en 1885, est pratiquement anéanti.

Nul autre évêque canadien de l'époque n'accorde autant d'attention aux directives du Vatican et ne défend avec autant de ferveur le culte papal. Le zèle de Bourget suscite l'embrigadement de 507

ZOUAVES qui, de 1868 à 1870, sont envoyés par le diocèse pour défendre l'État du Vatican. Cependant, malgré sa fidélité envers Rome, Bourget n'obtient pas toujours l'appui des ordres religieux. Il s'oppose aux sulpiciens dans la subdivision de la paroisse de Notre-Dame et les efforts qu'il déploie pour obtenir une université indépendante à Montréal représentent son échec le plus important.

Sous les pressions du Séminaire et de l'archevêque de Québec, Rome ne consent qu'à établir une «succursale» de l'U. Laval. Cette défaite ainsi que la controverse sur l'engagement politique des ultramontains amènent Bourget à démissionner comme évêque de Montréal en septembre 1876. En mauvaise santé, il célèbre son 60e anniversaire de sacerdoce le 9 novembre 1882, puis se retire de la vie publique.

Le monument érigé en l'honneur de Bourget dans le centre de la chapelle commémorative des évêques et archevêques de Montréal témoigne du rôle qu'il a joué dans l'histoire du diocèse. Ses opinions religieuses et politiques sont de plus en plus critiquées par l'historiographie contemporaine. Malgré ses défauts, toutefois, ses réalisations en font l'un des grands architectes de la société québécoise.

Philippe Sylvain

Bourinot, sir John George, écrivain, historien (Sydney, N.-É., 24 oct. 1837—Ottawa, 13 oct. 1902). Diplômé de l'U. Trinity de Toronto en 1857, Bourinot s'installe alors à Halifax, où il fonde l'*Herald* et en devient le rédacteur en chef. En 1868, il se joint à l'équipe du HANSARD à Ottawa. Il est nommé greffier adjoint de la Chambre des communes en 1873 et greffier en chef en 1880.

Bourinot est l'un des quelques intellectuels canadiens attirés vers Ottawa à la suite de la Confédération et s'emploie avec ardeur à définir le caractère du nouveau pays. Il devient un expert notable du gouvernement canadien et de son histoire, publie quelques ouvrages, notamment *How Canada is Governed* et *Parliamentary Procedure and Practice*. Il est un fondateur de la SOCIÉTÉ ROYALE DU CANADA, dont il est président en 1892.

C.J. Taylor

Bourinot, règles de procédure *Parliamentary Procedure and Practice, with an Introductory Account of the Origin and Growth of Parliamentary Institutions in the Dominion of Canada* est une œuvre de sir John George BOURINOT, greffier de la Chambre des communes du Canada. Elle est publiée en 1884 et est rééditée en 1892, en 1903 et en 1916. Premier recueil canadien portant sur la PROCÉDURE PARLEMENTAIRE, il fait encore autorité. L'ouvrage d'Arthur Beauchesne, publié plus tard, est un guide de consultation facile pour les députés. Bourinot écrit aussi, en 1894, *A Canadian Manual of Procedure at Public Meetings* (réédité en 1963 et en 1977).

Eugene A. Forsey

Bourne, Shae-Lynn, (Chatham, Ont., 24 janv. 1978) et **Kraatz, Victor,** (Berlin, All., 7 avr. 1971), patineurs. Partenaires en danse depuis 1991 et membres de l'équipe canadienne de patinage artistique depuis 1992, ils sont sans rivaux sérieux sur la scène canadienne. Après avoir remporté le titre junior en 1992, ils dominent ensuite l'épreuve chez les seniors durant toute la décennie 1990. Leur première grande compétition internationale remonte à 1993. Ils sont 14e aux championnats du monde. Par la suite, leur ascension sera fulgurante. Ils passent de la 6e place en 1994 à la 4e en 1995. En 1996, ils sont médaillés de bronze de ces championnats du monde, réussite qu'ils répètent en 1996, 1997 et 1999. En 1998, ils sont absents de cette compétition à cause de blessures. En 1997, ils obtiennent l'or à la finale de la série des Champions. Seulement deux autres duos canadiens ont été médaillés en danse à des championnats du monde. S'ajoutent à leur palmarès 5 victoires à la compétition Skate Canada. Ils ont participé 2 fois aux Jeux olympiques et obtenu une 10e place en 1994 à Lillehammer et une 4e place en 1998

à Nagano dans un concours qui a soulevé une vive controverse sur l'impartialité des juges.

Yvon Dore

Bourns, Arthur Newcombe, professeur de chimie et administrateur d'université (Petitcodiac, N.-B., 8 déc. 1919). Bourns fait ses études aux universités Acadia et McGill (doctorat en chimie), puis commence à enseigner à l'U. Acadia et à l'U. de Saskatoon. Il est ensuite professeur à l'U. McMaster pendant 35 ans. Professeur stimulant et chercheur de réputation internationale grâce à ses contributions à la chimie physique organique, il s'avère en outre un administrateur exceptionnel. Il devient successivement doyen des études supérieures, directeur de département, vice-président et président (1972-1980).

À une époque particulièrement difficile pour tout président d'université, il apporte à sa tâche de grandes qualités de chef: jugement sûr, impartialité, compréhension et attention particulière à l'égard des gens. Grâce à ces qualités, il est nommé membre d'un grand nombre d'organismes scientifiques et éducatifs. Il agit comme conseiller scientifique et pédagogique de gouvernements au Canada et à l'étranger (p. ex., depuis 1985, il est président du Groupe consultatif international – Canada, États-Unis, Angleterre – conseillant le gouvernement et les dirigeants d'université de la Chine sur le développement des universités chinoises).

L.H. Cragg

Bourque, Raymond Jean, joueur de hockey (Montréal, 28 déc. 1960). Défenseur vedette chez les juniors, Bourque joue pour Sorel et Verdun, dans la Ligue de Hockey Junior Majeur du Québec, avant d'être repêché, en 1979, par les Bruins de Boston de la Ligue nationale de hockey (LNH). Dès sa première saison avec les Bruins, en 1979-1980, il impressionne fortement et remporte même le TROPHÉE CALDER, décerné à la meilleure recrue de la ligue. Grâce à son excellent coup de patin, Bourque devient rapidement l'un des défenseurs les plus habiles de la ligue tant en défensive qu'en attaque.

Douze fois membre de la première équipe d'étoiles, il obtient à 5 reprises le trophée Norris remis au meilleur défenseur de la ligue (seul Bobby Orr peut se targuer d'avoir remporté ce trophée plus souvent).

Il détient de nombreux records de l'histoire des Bruins de Boston, équipe avec laquelle il connaît 9 saisons de 20 buts ou plus. À la fin de sa 21e saison avec les Bruins, son contrat est cédé à l'Avalanche du Colorado le 6 mars 2000. Moins de deux semaines plus tard, il devient le premier défenseur de l'histoire de la LNH à marquer 400 buts. Ses 1117 aides (à la fin de 1999-2000) le classent au 3e rang de l'histoire de la LNH. Et il a plus de 1500 points à sa fiche, ce qui en fait l'un des meilleurs joueurs de tous les temps.

Yvon Dore

Bourse de marchandises de Winnipeg (*voir* WINNIPEG COMMODITY EXCHANGE [WCE])

Bourses sacrées Elles se trouvent au cœur des rituels de la plupart des autochtones des Plaines. Il peut s'agir de quelques plumes enveloppées dans une peau ou d'une bourse en cuir brut contenant des amulettes de toutes sortes: peaux de bêtes, racines, pipes en pierre... Chaque objet a sa signification propre, et son propriétaire doit exécuter un chant spécial chaque fois qu'il l'expose à la lumière. La bourse elle-même est associée à un mythe sacré et à des chants particuliers. Toute bourse ne peut être vendue qu'en conformité avec des règles précises concernant l'héritage. Le transfert formel d'une bourse sacrée donne lieu à une cérémonie solennelle au cours de laquelle le nouveau propriétaire doit apprendre la signification de tous les objets qu'elle renferme, les détails des visions qui ont motivé leur choix et les chants qui établissent leur validité. Propriétaires et non-propriétaires organisent des festins

en l'honneur des bourses sacrées. (*Voir aussi* AUTOCHTONES, RELIGION DES.)

René R. Gadacz

Bousfield, Edward Lloyd, zoologiste des invertébrés (Penticton, C.-B., 19 juin 1926). Une autorité en matière de crustacés amphipodes et en biogéographie marine et membre de la SRC, Bousfield travaille d'abord comme zoologiste des invertébrés pour les Musées nationaux du Canada (Musée canadien de la nature) depuis 1950 et ensuite comme zoologiste en chef (1964-1974) et enfin comme maître de recherches depuis 1974. À sa retraite en 1986, il est nommé conservateur honoraire.

À la suite de ses études à l'U. de Toronto avec A.G. Huntsman et à Harvard (doctorat en 1954), il axe ses premières recherches sur l'écologie des bernacles. Depuis le début des années 50, il étudie la taxonomie et la distribution des invertébrés lors de ses expéditions à la grandeur du Canada, en Alaska, sur les côtes du sud des États-Unis, sur le Pacifique et dans l'EXPÉDITION HUDSON 70. Bousfield décrit des douzaines de nouvelles espèces et révise en profondeur la classification des amphipodes.

Ses travaux sur la taxonomie et la distribution des animaux marins du Canada permettent de faire avancer la connaissance de la faune du pays. Bousfield enseigne aussi, puisqu'il est professeur adjoint en biologie à l'U. de Carleton (1969-1984) et professeur invité dans le monde entier. En 1985, Bousfield reçoit le prix pour services insignes du gouvernement du Canada.

Eric L. Mills

Bouton d'or Nom commun de plusieurs plantes herbacées du genre *Ranunculus* (lat. pour «petite grenouille», allusion au fait que beaucoup d'espèces poussent en milieu humide), de la famille des renonculacées. On trouve environ 300 espèces dans les régions tempérées du Nord et de l'Arctique, et quelques espèces en zones alpines tropicales. Au Canada, on trouve 45 espèces, dont 7 sont originaires d'Eurasie.

Description Les boutons d'or ont des feuilles simples, alternes, entières ou dentelées, lobées, finement découpées ou composées (quelques espèces). Les espèces à feuilles lobées sont à l'origine d'un autre nom commun, la renoncule. Plusieurs sont aquatiques et portent des feuilles à découpures plus larges. Environ 40 espèces sont cultivées comme PLANTES ORNEMENTALES et 2 ou 3 d'entre elles ont des formes à double pétale. Les boutons d'or sont âcres au goût et peuvent même être toxiques. En général, les fleurs sont jaunes, mais elles sont parfois blanches et plus rarement rouges. Les pétales brillants ont une réserve à nectar ou une écaille à leur base.

Reproduction Les étamines et les pistils simples (carpelles) sont en grand nombre. Les pistils sont disposés en spirale un axe allongé ou réceptacle. Après la fécondation, les pistils deviennent des fruits durs (akènes). (*Voir aussi* PLANTES VÉNÉNEUSES.)

John M. Gillett

Boutroue d'Aubigny, Claude de, chevalier, INTENDANT de la Nouvelle-France de 1668 à 1670 (Paris, France, 1620—France, 1680). Juge parisien et membre de la noblesse de robe, Boutroue est intendant du Canada entre le premier et le second mandat de Jean TALON. On dit qu'il remplit bien ses fonctions et qu'il tente d'enrayer le commerce du brandy avec les autochtones. En dépit de ses querelles avec le gouverneur Rémy de COURCELLE, Boutroue continue de profiter de la protection de Colbert, ministre français responsable des colonies.

Allan Greer

Bovell, James, médecin, éducateur, pasteur (Barbade, 28 oct. 1817—Charlestown, Nevis, Antilles, 15 janv. 1880). Bovell étudie la médecine à Londres, à Édimbourg, à Glasgow et à Dublin. Diplômé du Royal College of Physicians à Londres en 1839, il s'installe en 1848 à Toronto, où il établit sa renommée comme médecin, éducateur, pilier de la High Church et secrétaire du synode.

En novembre 1850, avec Edward Hodder et d'autres médecins réputés, tous ardents pratiquants, Bovell offre à John STRACHAN, évêque de Toronto, le Upper Canada College of Medecine, récemment mis sur pied comme faculté de médecine du nouveau Trinity College. Bovell est doyen de l'école de médecine du Trinity College de 1851 à 1856, année où l'école est dissoute à la suite de disputes avec l'évêque Strachan et son conseil. Bovell enseigne ensuite la physiologie à la Toronto School of Medecine et, après 1864, au Upper Canada Veterinary College.

Bovell est cofondateur d'un journal professionnel, publie des articles médicaux et des ouvrages religieux, et dénonce l'alcoolisme et la malpropreté porteuse du choléra. Il pratique la microscopie à la Trinity College School avec le directeur William Arthur Johnson et William OSLER, préfet en chef en 1886, sur qui il exerce une profonde influence. De retour aux Antilles en 1871, il est ordonné pasteur la même année et œuvre dans plusieurs paroisses anglicanes avant d'être frappé d'incapacité à la suite d'un accident cérébrovasculaire.

C.E. Dolman

Bovins, élevage des Les colons français amènent les premiers bovins (famille des bovidés du genre *Bos*) au Canada. En 1677, il y en a 3107 en NOUVELLE-FRANCE, en 1698, 10 209, et au milieu du XVIIe siècle, 50 013. Le bétail est une source précieuse d'aliments (lait, fromage, beurre, viande) et sa peau sert au TRAVAIL DU CUIR. L'élevage de bovins se répand dans tout le pays avec la colonisation, et les ranchs (*voir* RANCH, HISTOIRE DU) connaissent un essor important dans les pâturages de l'Ouest canadien.

L'importance des bovins dans l'agriculture canadienne augmente de façon soutenue depuis la Seconde Guerre mondiale. En 1986, on estimait le cheptel des fermes canadiennes à 13,4 millions de bovins et de veaux, dont 5,3 millions de vaches et de génisses de boucherie. En 1985, on a abattu 3,6 millions de bovins.

La plupart des veaux et des jeunes bovins du Canada sont issus d'un mode d'élevage à trois phases: l'exploitation vaches-veaux qui produit des veaux sevrés, l'entreprise d'engraissement et l'entreprise de finition (habituellement dans des parcs d'engraissement). Deux de ces opérations (ou les trois) peuvent se faire dans une même ferme ou un même ranch. La triple combinaison, la plus fréquente lorsque le troupeau est petit, se trouve souvent dans une filiale d'une entreprise d'élevage mixte.

Exploitation vaches-veaux

Il s'agit d'une entreprise qui garde un troupeau reproducteur destiné à produire des veaux sevrés les plus lourds possible. La taille du troupeau varie fortement, de quelques vaches dans les petites fermes mixtes à des centaines dans les grands élevages. Les plus grandes exploitations (comportant en moyenne 38 vaches reproductrices) sont dans les quatre provinces de l'Ouest, où l'on trouve plus des deux tiers des troupeaux reproducteurs du Canada. Cependant, environ un sixième des stocks canadiens de veaux et de jeunes bœufs est constitué de veaux et de génisses surnuméraires en provenance de troupeaux laitiers (du Québec et de l'Ontario dans la plupart des cas).

L'importance accordée à la production de bœufs dans l'Ouest vient probablement du fait que l'exploitation vaches-veaux repose habituellement sur l'existence de pâturages bon marché, p. ex., des régions à faible végétation, sur des terres incultes (superficie nécessaire par vache: 12 ha) ou sur des pâturages très intensément cultivés et irrigués (0,5 ha par vache). Quelques-unes des plus grandes exploitations se trouvent dans des pâturages surtout naturels nécessitant au moins 8 ha par vache. Dans ces régions, le fourrage hivernal est acheté ou le plus souvent tiré de

prés naturels améliorés ou de terres arables intensivement cultivées.

Les femelles du troupeau sont habituellement des vaches et des génisses d'une seule race ou des femelles croisées susceptibles de produire diverses caractéristiques maternelles améliorées par la vigueur hybride, notamment le rendement laitier et les caractères de reproduction. Les mâles du troupeau sont des taureaux pur-sang, éprouvés, de races reconnues pour leurs caractéristiques de croissance après sevrage et la qualité des carcasses (*voir* ANIMAUX, ÉLEVAGE DES).

Shorthorn Originaire du nord-est de l'Angleterre et du sud de l'Écosse, cette race bovine est la première à être constituée et à être importée au Canada (1832). La croissance supérieure et la facilité d'engraissement de ces animaux (comparativement aux bovins non classés de l'époque) les rendent très vite populaires. Les pur-sang sont habituellement rouges, rouans, blancs ou rouges et blancs, mais les rouges sont les plus communs. Les vaches adultes pèsent plus de 600 kg et les taureaux adultes, plus de 900 kg. On a souvent utilisé dans les troupeaux de bêtes de race Shorthorn à production mixte ou laitière. Une espèce mutante Shorthorn sans cornes est devenue courante.

Hereford Originaire du comté du même nom, cette race comprend des animaux musclés et vigoureux. Réputée pour sa capacité de se nourrir dans des conditions difficiles, elle est rapidement devenue la principale race commerciale de l'ouest du Canada. Tête attrayante et poitrail d'un blanc dominant, ainsi que taches blanches sur une robe rouge sont devenus la marque de commerce («tête blanche» ou «chauve») de cette race parmi les producteurs de bovins. On a créé à partir de mutants une espèce sans cornes au Canada et aux États-Unis.

Aberdeen Angus Race écossaise de couleur noire unie, elle trouve constamment une place dans la production bovine. Remarquée pour sa facilité à vêler et la mise bas plus facile de veaux Angus, cette race possède aussi d'autres qualités appréciables dans les croisements (p. ex., maturité précoce, qualité du persillage de la viande). On a créé une lignée distincte à partir d'une mutation à incidence élevée qui donne une robe rouge.

D'autres races britanniques, la Galloway (sans cornes et à robe brun foncé, noire ou noire ceinturée de blanc), la Black Welsh, la Lincoln Red (d'origine Shorthorn), la South Devon, la Devon et la Luing, sont apparues au fil des ans, mais n'ont pas constitué une part importante de la production bovine canadienne.

Durant les trois dernières décennies, l'importance accordée à la croissance et la vigueur hybride obtenue par des croisements ont suscité un grand intérêt pour les races continentales («exotiques»), surtout depuis l'adoption de nouveaux règlements sur la mise en quarantaine facilitant l'importation.

Charolais Race d'animaux de grande taille à robe blanche ou blanc crème du centre-est de la France, elle a été l'une des premières importées. Sa vitesse de croissance et sa musculature exceptionnelles la rendent particulièrement intéressante pour le croisement. Le poids moyen des taureaux adultes dépasse 1000 kg et celui des vaches adultes, 700 kg. Une lignée sans cornes est en cours de développement.

Limousin Constituée de bestiaux jaune-brun, à cornes, à peu près de même taille que l'Hereford, elle a été la deuxième race européenne continentale à être importée au Canada. Elle est appréciée pour son excellent rapport viande maigre-gras et os, caractéristique qui se maintient dans les croisements.

Simmental Cette race à usage mixte (mais surtout pour la production laitière) est une des plus répandues en Europe. Les animaux de cette race d'origine suisse et connue sous divers noms dans toute l'Europe sont de grande taille, rouges et blancs. Ses caractéristiques appréciées pour l'élevage sont sa croissance rapide et sa production laitière.

Les autres races européennes continentales appréciées pour les croisements sont la Maine-Anjou, à robe rouge et blanche du nord-ouest de la France; la Blonde d'Aquitaine, du sud de la France; trois races blanches d'Italie: la Chianina, de vitesse de croissance et de taille adulte égales à celles de la Charolais, et deux races sœurs plus petites, la Romagnola et la Marchigiana; la Gelbvieh, race allemande de gros animaux rouges; et la Salers, race d'animaux plus petits et rouges du centre de la France.

Les pâturages d'été comprennent habituellement les caractéristiques suivantes: bonne distribution d'eau et de blocs salés enrichis d'oligo-éléments, rotation ou clôtures électriques mobiles. Les veaux, «identifiés» à la naissance, sont élevés avec les vaches. S'ils ont des cornes, on les enlève habituellement et on vaccine chaque animal contre les maladies communes (p. ex., le charbon symptomatique) au début de la saison de séjour dans les pâturages. Les veaux mâles sont généralement castrés. Si le parcours naturel est restreint ou si l'assurance d'un revenu supplémentaire le justifie, on donne du grain aux veaux.

La reproduction a lieu en été, de préférence durant une période de 6 semaines à 2 mois, par l'accouplement des vaches à des géniteurs éprouvés (environ un taureau par groupe de 30 vaches). Les génisses âgées d'environ 15 mois qui ont atteint environ 300 kg sont accouplées à des reproducteurs reconnus pour produire des veaux à mise bas facile. Un taux de fécondité élevé est extrêmement important, mais il dépasse rarement de 85 à 90 p. cent. Les veaux sont sevrés du début d'octobre à la mi-novembre, habituellement juste avant leur alimentation d'hiver.

À l'âge de 6 mois, le poids moyen des veaux de races britanniques et de leurs croisements est de 200 kg pour les mâles et de 185 kg pour les femelles. Les veaux plus précoces ou issus de croisements avec des races «exotiques» peuvent peser de 50 à 100 kg de plus. Les veaux et les génisses non nécessaires à la reproduction passent à un long engraissement, ainsi que les vaches stériles ou qui donnent naissance à des veaux malingres.

Dans la plupart des régions, l'hivernage nécessite l'affouragement, sauf si la température permet le maintien en pâturage ou l'utilisation de restes de récoltes commerciales. Dans certaines régions, p. ex. la zone du CHINOOK, les troupeaux adultes sont généralement gardés dans des pâturages spécialement réservés à cette fin. On ne les nourrit que si le climat est rigoureux et avant le vêlage. Le troupeau est habituellement divisé en trois ou quatre groupes de manière à ce que les jeunes génisses de remplacement, les génisses de l'année en gestation et les génisses de deux ans qui attendent leur premier veau puissent avoir une alimentation facilitant leur croissance.

Les taureaux des grands troupeaux sont habituellement nourris et traités séparément. Dans les troupeaux plus petits, on les laisse avec les vaches adultes et les vaches en gestation. La nourriture hivernale est habituellement composée du foin produit à la ferme ou d'ensilages de GRAMINÉES, de légumineuse ou de CÉRÉALES. Du grain et des concentrés de protéines peuvent améliorer les aliments de piètre qualité; des composés minéraux et des suppléments de vitamine A sont les principaux aliments achetés. Une vache moyenne consomme 2 p. 100 de son poids en aliments secs (p. ex., du foin) par jour; donc, l'hivernage d'une vache adulte nécessite deux tonnes d'aliments.

Entreprise d'engraissement

Normalement, l'entreprise d'engraissement est rattachée à l'exploitation vaches-veaux et à l'entreprise de finition; c'est essentiellement une période de croissance (de 6 à 12 mois) entre le sevrage et la finition pour l'abattage. Les animaux mangent du fourrage grossier ou fréquentent des pâturages pour accroître le plus vite possible la taille et la qualité de leur squelette et de leurs muscles. S'il s'agit d'une entreprise distincte, elle est hautement spéculative et est habituellement exploitée par des personnes qui disposent de grands pâturages mais non d'aliments d'hiver. Ces éleveurs achètent au printemps des bouvillons et des génisses qui ont hiverné et les vendent à la fin de l'été ou à l'automne à des éleveurs qui disposent de parcs d'engraissement.

Entreprise de finition

Le but de la finition, la dernière étape de la préparation des animaux pour l'abattage, est d'augmenter leur poids et leur qualité. Bien que quelques exploitants vaches-veaux font subir ce traitement à leur propres veaux après la période d'élevage, la finition se fait maintenant généralement dans des installations spécialement conçues à cet effet et contenant plusieurs centaines ou milliers d'animaux. Certains éleveurs ontariens, p. ex., avaient l'habitude d'utiliser leur parc d'engraissement pour accroître la valeur de leurs céréales et s'occuper durant l'hiver. Les grandes installations peuvent être équipées d'ateliers de préparation d'aliments et la plupart utilisent des camions mélangeurs-déchargeurs pour distribuer cette nourriture deux fois par jour dans de longues mangeoires.

Les profits viennent de deux sources: la marge bénéficiaire, c.-à-d. la différence entre le prix de vente et le prix d'achat (un bouvillon d'un poids initial de 300 kilogrammes acheté à 1,80 dollar le kilogramme et vendu à 2 dollars le kilogramme donne un profit de 60 dollars à raison d'une marge bénéficiaire de 0,20 dollar le kilogramme); et la marge d'engraissement, c.-à-d. la différence entre le coût d'un kilogramme gagné et le prix de vente de ce kilogramme. Par conséquent, s'il en coûte 1,90 dollar le kilogramme pour gagner 200 kilogrammes dans le parc d'engraissement et si le prix de vente du bouvillon parvenu à 500 kilogrammes est de 2 dollars le kilogramme, le profit de l'entreprise de finition est de 20 dollars à raison d'une marge d'engraissement de 0,10 dollar le kilogramme.

Lors des achats et des ventes, l'expérience et la chance peuvent jouer sur la marge bénéficiaire, mais la marge d'engraissement dépend à la fois de l'aptitude des bovins à assimiler la nourriture et du prix des aliments. Ce sont les veaux âgés de six à huit mois qui valorisent le mieux les aliments (7 à 8 unités de nourriture par unité de gain), mais ils sont les plus lents à gagner du poids (de 1 à 1,1 kilogramme par jour) et nécessitent la plus longue période d'engraissement. Les animaux de l'année sont ceux qui valorisent le moins bien les aliments (8 à 9 unités de nourriture par unité de gain), mais ils gagnent du poids plus rapidement (de 1,1 à 1,3 kilogramme par jour) et requièrent habituellement environ 140 jours en parc d'engraissement. En moyenne, les génisses gagnent du poids plus lentement et terminent la phase de finition à un poids moindre.

La clé de la finition réside dans des aliments hautement énergétiques (p. ex., l'ORGE, le MAÏS et, jusqu'à un certain point, le BLÉ et l'AVOINE) combinés avec des fourrages grossiers (maïs ensilé, foin, paille). Dans certaines régions, les rejets ou les sous-produits (p. ex., les drêches de brasserie et de distilleries, la pulpe et la mélasse de BETTERAVE, les résidus de meuneries et de conserveries) peuvent former la base d'aliments moins efficaces, mais rentables. On utilise habituellement les aliments de qualité inférieure dans la première partie de la période de finition. À mesure que l'animal gagne du poids, chaque nouvelle unité de gain nécessite plus d'aliments ou des aliments de meilleure qualité. Il faut des aliments plus énergétiques pour que le gain soit financièrement intéressant.

Dans la plupart des régions canadiennes, la finition des bovins avec seulement de l'herbe n'est pas économique, car elle donne rarement une viande de qualité supérieure en raison de la couleur jaune du gras de la plupart des races ou parce que la couche de gras est insuffisante chez les bovins de l'année ou les bovins plus jeunes. Un séjour dans un parc d'élevage durant les 60 derniers jours est très efficace et plus économique, en particulier pour les génisses de l'année.

Malgré les fluctuations capricieuses des prix et l'augmentation des frais, l'élevage de bovins se poursuit, car la plupart des consommateurs préfèrent la viande de bœuf. À long terme, les profits sont raisonnables. Cependant, comme les frais d'exploitation annuels sont élevés en raison des capitaux importants qu'exigent les fermes et les troupeaux, de nombreux exploitants agricoles ne peuvent résister des années à de faibles revenus et à des taux d'intérêt élevés.

E. Stringham

Bow, rivière Longue de 587 km, elle prend sa source au lac Bow dans lequel se jette l'eau glaciale provenant de la fonte du glacier Bow (champ de glace Wapta), dans les montagnes Waputik du PARC NATIONAL BANFF, en Alberta. La rivière coule vers le sud et l'est à partir des Rocheuses et passe par la zone urbaine de BANFF et par CALGARY pour rejoindre la RIVIÈRE OLDMAN et former deux affluents principaux de la RIVIÈRE SASKATCHEWAN Sud, en Alberta. Elle draine un bassin de 26 200 km², qui englobe des régions naturelles et des zones végétales très variées: champs de glace alpins, toundra, forêt dense de conifères, forêt-parc à trembles, prairie d'herbe courte semi-aride. Son nom vient vraisemblablement d'un mot cri se rapportant au bois de qualité que l'on trouve le long de ses rives et dont on fait des arcs.

Plusieurs barrages ont été construits sur ses tronçons central et inférieur pour le harnachement de l'énergie hydroélectrique (325 mW), la lutte contre les inondations et l'irrigation. Calgary, les districts d'irrigation de l'Est et de l'Ouest et Bow River Development sont les bénéficiaires importants de ces barrages.

Ian A. Campbell

Bowell, sir Mackenzie, premier ministre du Canada de 1894 à 1896 (Rickinghall, Angl., 27 déc. 1823—Belleville, Ont., 10 déc. 1917). Rédacteur en chef et propriétaire du *Belleville Intelligencer*, cet orangiste actif est d'abord élu député conservateur de North Hastings à la Chambre des communes en 1867, poste qu'il occupe jusqu'en 1892, année où il est nommé sénateur. Il prend finalement sa retraite en 1906.

Il détient plusieurs portefeuilles importants au Cabinet avant de devenir premier ministre en 1894 à la suite du décès de sir John THOMPSON. L'insatisfaction à l'égard de son leadership, notamment en ce qui a trait à des enjeux comme la QUESTION DES ÉCOLES DU MANITOBA, l'oblige à remettre sa démission le 27 avril 1896. Il est remplacé par sir Charles TUPPER qui mène les conservateurs à la défaite en 1896. Bien qu'il ne soit pas politiquement actif après sa démission, il dirige tout de même l'opposition au Sénat de 1896 à 1906.

J.M. Bumsted

Bowering, George, poète, romancier, rédacteur et critique (Penticton, C.-B., 1ᵉʳ déc. 1935). Reconnu comme l'un des plus importants écrivains de sa génération, Bowering n'a pourtant pas encore reçu, de la part de la critique, toute l'attention que mérite son œuvre abondante et variée (quoiqu'une première étude de ses écrits, *George Bowering: Bright Circles of Colour* [1992] de Eva-Marie Kroeller, ainsi qu'une édition spéciale de *Essays on Canadian Writing* aient marqué le début de ce travail nécessaire).

Après avoir servi dans l'ARC, il entre à l'U. de la Colombie-Britannique où, avec Frank Davey, David Dawson, James Reid, Fred WAH, entre autres, il étudie la nouvelle poétique de Creeley, de Duncan et d'Olson et fonde le bulletin de poésie *Tish*. Depuis lors, il élargit son champ de réflexion et sa poétique en étudiant divers écrivains européens (Samuel Beckett et Claude Simon, pour ne nommer que ceux-là). Il assume avec grâce et intelligence ses multiples et complexes influences et on ne saurait le reléguer au second plan. Il enseigne à Calgary, à Londres et à Montréal, avant de retourner à Vancouver comme professeur à l'U. Simon Fraser. Il fonde *Imago* (1964-1974) et collabore à *Open Letter*.

Auteur de plus de 40 livres, cet écrivain prolifique cherche, dans sa poésie à la fois lyrique et riche, à enfermer le changement continuel dans le rythme de ses structures libres et, dans ses romans, à bouleverser les conventions réalistes par une écriture délibérément inventive. Dans toute son œuvre, un sens du jeu plein d'esprit anime sa vision. Ses œuvres poétiques comprennent *Rocky Mountain Foot* (1969) et *The Gangs of Kosmos* (1969), qui lui valent son premier prix du Gouverneur général; *The Catch* (1976), *Selected Poems: Particular Accidents* (1980), *West Window* (1982), *Kerrisdale Elegies* (1984), *Delayed Mercy and Other Poems* (1987) et *Urban Snow* (1991).

Parmi ses romans les plus importants, mentionnons *A Short Sad Book* (1977), *Burning Water* (1980; trad. *En eaux troubles: Vancouver découvre la côte Ouest, l'amour, la mort,* 1982), un récit romancé des voyages d'exploration de George VANCOUVER, pour lequel il remporte son deuxième Prix du Gouverneur général, et *Caprice* (1987). Ses publications les plus récentes sont *Shoot!* (1994), un autre «métaroman historique» portant sur le clan McLean, et son premier recueil de nouvelles en 10 ans, *The Rain Barrel* (1994). Il publie aussi cinq recueils d'essais critiques: *A Way with Words* (1982), *The Mask in Place* (1983), *Craft Slices* (1985), *Errata* (1988) et *Imaginary Hand* (1988).

La meilleure introduction à son œuvre est l'essai de Robin Blaser publié dans *Particular Accidents*, un volume qui, parce qu'il englobe la plupart des œuvres précédentes, offre au lecteur un précieux aperçu de son évolution. *Burning Water* demeure son meilleur roman, en raison, notamment, de la façon dont il insiste sur l'intégrité des émotions de ses personnages, tout en s'assurant que nous les percevions comme des conceptions fictives. De même, son meilleur poème en prose est «Kerrisdale Elegies», un hommage à Rilke et une critique de ses *Élégies de Duino*. C'est l'un des longs poèmes sur lequel se penche Smaro Kamboureli dans *On the Edge of Genre* (1991).

Douglas Barbour

Bowman, William, dit Scotty, entraîneur de hockey (Montréal, 18 sept. 1933). La carrière de Bowman en tant que joueur de hockey junior prend fin en 1952. En 1954, il devient l'entraîneur des CANADIENS DE MONTRÉAL jusqu'en 1966, année où il joint les rangs des Blues de St. Louis à titre d'entraîneur, puis à titre de directeur général en 1967. En tant qu'entraîneur, il remporte du succès sur tous les plans, mais son plus grand exploit est de réussir à mener les Blues, formation peu favorite, aux finales de la Coupe Stanley à deux reprises, après avoir remporté le Championnat de la division de l'Ouest en 1969 et en 1970. En 1971, il redevient l'entraîneur de la redoutable équipe des Canadiens de Montréal et remporte la COUPE STANLEY à cinq reprises: en 1971, 1976, en 1977, en 1978 et en 1979. Puis, de 1979 à 1987, il est l'entraîneur et le directeur général des Sabres de Buffalo, mais il connaît moins de succès en tant que directeur général et est congédié lorsque les Sabres ratent les séries éliminatoires. Il sera l'entraîneur des Penguins de Pittsburg pendant deux saisons (1991-1993), décochant une coupe Stanley en 1992. En 1993, il devient l'entraîneur des Red Wings de Détroit et remporte sa septième coupe Stanley en 1996-1997 et sa huitième en 1997-1998. Les huit coupes Stanley qu'il gagne en tant qu'entraîneur égalisent la marque de Toe BLAKE. Il détient le record du nombre de victoires et du pourcentage de victoires le plus élevé obtenus par un entraîneur dans la LNH.

Bowmanville, ville de l'Ont.; située à 25 km à l'est de Toronto, sur la route 401. À l'origine, cette localité s'appelle Darlington Mills; on la nomme Bowman-ville dans les années 1820, en hommage à Charles Bowman, le principal propriétaire terrien. Elle est constituée en tant que village en 1852, puis en tant que ville en 1857. En janvier 1974, elle devient partie intégrante de la ville de Newcastle (maintenant CLARINGTON, pop. 49 479, rec. 1991) dans la nouvelle municipalité régionale de Durham.

Après avoir abrité diverses manufactures au XIXe siècle, elle sert désormais de cité-dortoir pour Toronto et Oshawa. Pendant la Seconde Guerre mondiale, un établissement correctionnel pour garçons y accueille des prisonniers de guerre allemands. Lorsqu'on leur passe les menottes pour venger la défaite infligée aux Canadiens à Dieppe, une émeute s'ensuit, qui est connue dans la région sous le nom de «bataille de Bowmanville».

Gerald Stortz

Bowring, Benjamin, orfèvre, horloger, marchand (Devonshire, Angl., 1778—Liverpool, Angl., juin 1846). Il visite Terre-Neuve pour la première fois en 1811. En 1815, il vend son magasin à Exeter et, comme un grand nombre de commerçants du Devonshire, il vient s'établir à St. John's où il ouvre un magasin.

Homme sage et prudent, il réussit à éviter la faillite, phénomène endémique à Terre-Neuve entre 1815 et 1840. À la fin des années 1820, il participe au commerce d'importation générale de la colonie et spécule sur la chasse au phoque. Dans les années 1830, lorsque ses fils atteignent leur majorité, Bowring déménage au nouveau siège social de l'entreprise à Liverpool.

En 1839, il abandonne toute participation active dans l'entreprise qui, gérée par ses fils, devient la «Bowring Brothers». Par leurs décisions, ses fils ont fait la fortune familiale, mais c'est Benjamin qui, par son déménagement à St. John's et sa gestion prudente et économe, a établi la base de leur réussite.

Keith Matthews

Bowser, William John, avocat, politicien, premier ministre de la Colombie-Britannique (Rexton, N.-B., 3 déc. 1867—Vancouver, C.-B., 25 oct. 1933). Diplômé de l'U. Dalhousie, il déménage à Vancouver en 1891 et exerce le droit. Élu député conservateur à l'Assemblée législative en 1903, il demeure député jusqu'à sa défaite en 1924.

Procureur général à partir de 1907, il succède à sir Richard MCBRIDE comme premier ministre, le 15 décembre 1915, et hérite d'un parti divisé et d'une administration impopulaire. Son gouvernement est complètement défait lors de l'élection provinciale de 1916. De 1916 à 1924, il est chef de l'opposition. En 1933, il met fin à sa retraite pour diriger un groupe indépendant non partisan, mais meurt durant la campagne électorale.

Patricia E. Roy

Boxe Combat opposant deux adversaires portant des gants rembourrés. Le combat se termine lorsqu'un des adversaires ne peut plus continuer ou une décision du juge détermine le gagnant à la suite d'un nombre fixé de rounds. Les coups, portés uniquement avec les poings, doivent être dirigés au-dessus de la ceinture seulement. Les Grecs sont les premiers à introduire la boxe aux JEUX OLYMPIQUES il y a environ 686 av. J.-C.

Au Canada, les premiers combats sont disputés à poings nus. Les gants font leur apparition vers le début du siècle dans le but de protéger les poings des boxeurs beaucoup plus que l'adversaire. Avant le début du XXe siècle, les combats de 40 rounds sont pratique courante. Il semble que ces combats se déroulaient conformément aux règles du marquis de Queensbury. Cependant, beaucoup pensent que la référence faite au «marquis» n'avait d'autre but que de donner une note de respectabilité au sport.

Au début, la boxe canadienne est régie par chaque province bien qu'un bon nombre l'interdisent. On a fréquemment prétendu que la police intervenait seulement lorsque les combats ne se déroulaient pas

selon les prévisions des promoteurs. Particulièrement dans les VILLES DE GARNISON comme Halifax, les militaires pouvaient présenter des combats mais, sauf en de rares exceptions comme au Gentlemen's Sparring Club d'Ottawa dans les années 1880, les combats organisés étaient considérés comme étant hors la loi. Dans les années 1890, la boxe canadienne commence à redorer son blason.

De nos jours, bien que controversée à cause de sa violence, la boxe attire des foules nombreuses dans beaucoup de villes canadiennes. La plupart des boxeurs viennent des quartiers défavorisés des grandes villes comme Vancouver, Toronto et Montréal ou sont originaires de régions plus pauvres comme les Maritimes.

Sam LANGFORD, né à Weymouth, en Nouvelle-Écosse, est souvent classé parmi les meilleurs poids lourds de tous les temps. Dans la catégorie des poids légers, il défait l'illustre boxeur américain Joe Gans. Malgré ses 71 kg, il boxe 15 rounds contre Jack Johnson (84 kg), mais ne remporte pas le titre. George Dixon, de Halifax, est considéré comme le meilleur poids coq de tous les temps. Il remporte le titre de cette catégorie à Londres en 1890 et gagne le Championnat poids plume l'année suivante. Tommy BURNS, de Hanover, en Ontario, et Jimmy MCLARNIN, de Vancouver, ont aussi été champions du monde.

Le poids lourd George CHUVALO, de Toronto, n'a jamais été champion du monde, mais il détient les titres du Canada et du Commonwealth. Au cours de sa carrière, il a affronté la plupart des plus grands poids lourds et n'a jamais été mis hors combat. Yvon Durelle, «le pêcheur boxeur» de Baie-Sainte-Anne, au Nouveau-Brunswick, affronte à deux reprises Archie Moore aux Championnats du monde des poids mi-lourds. Durelle envoie Moore au tapis quatre fois dans le premier combat mais perd après 11 rounds.

L'Association canadienne de boxe amateur régit 10 associations provinciales et une de chaque territoire. Même si la plupart des excellents boxeurs amateurs se tournent vers la boxe professionnelle, beaucoup conservent leur statut d'amateurs afin de participer aux Jeux olympiques ou aux Championnats du monde de boxe amateur.

Bert Schneider (1920), Lefty GWYNNE (1932) et Lennox Lewis (1988) ont gagné des médailles d'or olympiques. En 1981, Shawn O'Sullivan, de Toronto, est le premier Canadien à remporter le Championnat du monde de boxe amateur. Il remporte aussi la Coupe du monde dans la catégorie des mi-moyens. O'Sullivan et Willie De Wit, de Grande Prairie, en Alberta, décrochent l'argent aux Jeux olympiques de Los Angeles en 1984 pour ensuite devenir professionnels. Aux Jeux d'Atlanta (1996), David Defiagbon remporte l'argent dans la catégorie des poids lourds.

En 1987, Michael Olajide junior perd un combat et en même temps le Championnat de la World Boxing Association. Mathew HILTON, de Montréal, remporte le championnat des poids mi-lourds de l'International Boxing Association en octobre 1987 et devient le premier champion du monde canadien depuis Jackie Callura, de Hamilton, qui a remporté le titre en 1943. En 1987, Donny Lalonde devient le champion du World Boxing Council dans la catégorie des mi-lourds. Scott Olson, Lennox Lewis et Donovan Ruddock figurent parmi les meilleurs dans leur catégorie. La Fédération canadienne de boxe professionnelle régit les combats de championnats, tandis que des commissions locales régissent les autres combats professionnels.

J. «Sandy» Young

Au Québec, la boxe a toujours été un sport de combat populaire. Le stade du Parc olympique, à Montréal, a même été le théâtre d'un match de championnat mondial des mi-moyens, le 20 juin 1980. Roberto Duran a alors ravi la couronne à Sugar Ray Leonard. Sur la scène canadienne, les Dave Cas-

tilloux, Johnny Greco, Gaby Ferland et Armand Savoie ont été les têtes d'affiche de la boxe montréalaise dans les années 40 et 50 avant de céder la place aux Yvon Durelle, George Chuvalo, Robert Cléroux, Eddie Melo, Fernand Marcotte, Gaétan Hart et aux frères Hilton qui ont livré plusieurs de leurs meilleurs combats dans les arènes montréalaises. Lorsque les frères Hilton ont décidé de se battre aux États-Unis avec le promoteur Don King, en 1985, la boxe montréalaise a connu une période difficile. Depuis 1997, un nouvel organisme tente de ramener les amateurs de boxe dans les amphithéâtres montréalais. InterBox organise la plupart des galas présentés à Montréal. Cet organisme a été mis sur pied par des personnes depuis longtemps engagées dans ce monde. Il est constitué de deux entités: une qui dirige et entraîne les boxeurs et une autre responsable de l'organisation des combats pour ses protégés et pour les boxeurs de l'extérieur. Un personnel qualifié encadre les pugilistes aux niveaux technique, scientifique et médical afin qu'ils progressent jusqu'à leur maximum. Ces athlètes doivent posséder un excellent potentiel, l'un des objectifs d'Inter-Box étant de mener ses boxeurs aux plus hauts échelons internationaux. Parmi les protégés du groupe se trouvent Alex Hilton, Eric Lucas, Stéphane Ouellet, Fahti Missaoui et Hercules Kyvelos.

Tous les galas produits par cet organisme sont présentés au Canada, à la télé payante, en direct ou en différé, de même qu'aux États-Unis. Au Québec, la diffusion à la télévision en circuit fermé d'importants concours de boxe organisés partout dans le monde relève également de la responsabilité d'inter-Box. Mais ce dernier ne veut se limiter ni à la province francophone ni au Canada. Des ententes avec certains des plus importants promoteurs internationaux permettent à ses protégés d'obtenir une visibilité à la télévision internationale et de se faire connaître dans plusieurs pays du monde.

Yvon Dore

Boyd, anse Le site de l'anse Boyd, sur la rive est de la BAIE NOTRE DAME, à Terre-Neuve, a été occupé de façon irrégulière pendant environ 2000 ans. Dans les vestiges de maisons BÉOTHUKS semi-souterraines datant de la fin du XVIIe siècle ou du début du XVIIIe siècle, on a découvert, près d'artefacts provenant d'Europe, des outils en pierre qui ont établi un lien entre les Béothuks et leurs ancêtres préhistoriques. L'analyse zooarchéologique montre qu'ils occupent le site au moins à partir de la fin de l'hiver jusqu'à l'automne et que leur mode de subsistance inclut les ressources de la terre et de la mer.

Un certain nombre de rassades utilisées dans le troc laisse croire qu'ils auraient eu des contacts avec un autre groupe, probablement les INNUS (MONTAGNAIS-NASKAPIS). La plupart des autres objets provenant d'Europe semblent avoir été chapardés sur les lieux de pêche des Européens, désertés après chaque saison. La population européenne croissante a finalement forcé les Béothuks à s'éloigner des endroits tels que l'anse Boyd pour se replier vers l'intérieur où, privés de l'accès aux ressources de la côte, ils se sont éteints au début du XIXe siècle. (*Voir aussi* ARCHÉOLOGIE.)

Ralph T. Pastore

Boyd, Edwin Alonzo, cambrioleur de banque (Toronto, 2 avril 1914). Fils d'un policier de Toronto, Boyd passe sa jeunesse à vagabonder dans tout le pays et, pendant la Crise des années 30, il a des démêlés mineurs avec la justice. Pendant la Seconde Guerre mondiale, il fait partie de l'Armée canadienne et, ne trouvant pas de travail après la guerre, il se tourne alors vers les activités criminelles. Au début, il agit seul puis se joint à une bande. À la fin des années 40 et au début des années 50, Boyd commet plusieurs vols de banques audacieux, la plupart dans la région de Toronto. Ses cambriolages et deux évasions spectaculaires de la Don Jail le rendent célèbre.

Le 6 mars 1952, deux membres de la bande de Boyd, Steve Suchan et Leonard Jackson, assassinent

Edmund Tong, un détective du corps de police de Toronto. Les deux sont pendus pour ce meurtre. Boyd n'est pas impliqué dans cet homicide mais, le 16 octobre 1952, il est condamné à la prison à vie pour ses vols et ses évasions de prison. Finalement, libéré conditionnellement, il reprend sa vie sous une autre identité.

Edward Butts

Boyd, Liona, guitariste classique (Londres, Angl., 11 juill. 1950). Après avoir déménagé à Toronto avec ses parents en 1958, Boyd entreprend des études de plusieurs années avec Eli Kassner, puis étudie deux ans avec Alexandre Lagoya. Son premier album canadien, *The Guitar – Liona Boyd* (1974), se vend à plus de 30 000 exemplaires.

Boyd maîtrise avec une rare habileté les méthodes de doigté de Segovia et de Lagoya et est reconnue pour la clarté de ses interprétations à la guitare. Elle commence à écrire ses propres compositions en 1986 et compose la musique de la version cinématographique du roman *The Olden Days Coat* de Margaret Laurence. Sa brillante carrière durant laquelle elle enregistre chez CBS/Sony et A&M Records assure à sa musique pour guitare un vaste auditoire international. Plusieurs albums d'or et de platine ainsi que cinq prix Juno (depuis 1996), trois diplômes honorifiques et l'Ordre du Canada témoignent de ses talents de virtuose. Elle est cinq fois élue meilleure guitariste classique par les lecteurs de la revue *Guitar Player Magazine,* qui la nomment aussi à leur temple de la renommée. Elle vit maintenant à Beverly Hills, en Californie, même si elle est toujours canadienne.

Allan M. Gould

Boyd, Rob, skieur alpin (Vernon, C.-B., 15 févr. 1966). Skieur depuis l'âge de trois ans, il participe à ses premières compétitions à 11 ans et à des compétitions nationales (Coupe Fleishmann) et internationales (Nor-Am) dès l'âge de 14 ans. Au cours des années suivantes, il passe de gagnant au classement général de la Coupe Fleishmann (1984) à une prometteuse dixième place lors de sa première descente en Coupe du monde à Val di Gardena, en Italie (décembre 1985), et à une première place ex-aequo au classement de fin de saison de la descente Nor-Am. Sa réputation de descendeur casse-cou, même sur les pentes les plus traîtresses, grandit encore lorsque, parti de la 26e position, il remporte une victoire éclatante sur la piste exigeante et glacée de Val di Gardena, en décembre 1986.

À l'âge de 20 ans, Boyd devient le plus jeune gagnant, depuis plus de 10 ans, d'une compétition comptant pour la Coupe du monde et un membre clé de l'équipe des descendeurs canadiens, qui connaît un nouvel essor. Après une performance décevante lors des Jeux olympiques de 1988, où il termine 16e, il revient en force pour s'assurer d'une victoire durant la saison 1988-1989 de la Coupe du monde. Victime de nombreuses blessures qui l'empêchent souvent de s'entraîner, il ne peut se classer avec régularité parmi les meilleurs.

Murray Shaw

Boyd, William, pathologiste, éducateur, auteur (Portsoy, Écosse, 21 juin 1885—Toronto, 10 mars 1979). Boyd obtient son diplôme de médecine en 1908 à Édimbourg et publie son premier livre, *With a Field Ambulance at Ypres,* en 1916. Il est successivement professeur de pathologie aux universités du Manitoba (1915-1937), de Toronto (1937-1951) et de la Colombie-Britannique (1951-1954).

Son premier manuel de pathologie, *Surgical Pathology* (intitulé plus tard *Pathology for the Surgeon*), est publié en 1925. Ses autres manuels sont: *Pathology of Internal Disease* (1931; appelé plus tard *Pathology for the Physician*), *Textbook of Pathology* (1932) et *An Introduction to Medical Science* (1937). Ses œuvres sont appréciées par les étudiants du monde entier pour leur clarté, leur style châtié et l'enthousiasme contagieux qu'elles suscitent pour la matière. Traduites dans plusieurs

langues, elles sont publiées en d'innombrables éditions.

Orateur très recherché dans les réunions scientifiques et les événements sociaux, il sait captiver son auditoire par son humour et son éloquence. Il est nommé Compagnon de l'Ordre du Canada en 1968.

H.J. Barrie

Boyd's Cove Beothuk Interpretation Centre Les fouilles du site archéologique BÉOTHUK, à BOYD'S COVE, ont débuté dans les années 80. Le site, habité entre la fin du XVIIe et le début du XVIIIe siècle, est particulièrement intéressant parce qu'il illustre l'adaptation des Béothuks à la suite de leurs contacts avec les pêcheurs européens. Il est également l'un des plus récents LIEUX HISTORIQUES provinciaux (1995) de TERRE-NEUVE et comprend les restes de plusieurs fosses d'habitations des Béothuks et un sentier le long duquel on peut découvrir comment ils exploitaient les ressources de la région. Le centre d'interprétation, ouvert au public de la mi-juin à la mi-octobre, décrit la culture et le mode de vie des Béothuks.

Deborah Welch et Michael Payne

Boyer, Robert, peintre (Prince Albert, Sask., 1948). Il obtient en 1971 un B. Ed. de l'U. de la Saskatchewan, au campus de Regina, puis il enseigne les arts et le théâtre à Prince Albert de 1971 à 1973 avant de devenir agent des programmes communautaires à la Norman Mackenzie Art Gallery, à Regina, de 1973 à 1975. En 1978, il est nommé professeur adjoint et conseiller en art autochtone au Saskatchewan Indian Federated College, à l'UNIVERSITY OF REGINA. En 1980, à titre de professeur agrégé en histoire de l'art autochtone, il devient directeur du Département d'art autochtone du collège.

D'une forte présence formelle, l'art de Boyer reflète sa sensibilité aux tendances modernes de l'art occidental, comme l'expressionnisme abstrait et l'abstraction chromatique. Ces connaissances viennent renforcer une compréhension pénétrante de l'histoire et de la culture autochtones. Faisant appel aux formes géométriques que l'on trouve dans les broderies perlées et la peinture sur cuir traditionnelles des Indiens des Plaines (*voir* ART AUTOCHTONE), ce coloriste accompli crée des œuvres généralement symétriques composées de flèches, de triangles et de rectangles entrelacés. À ces œuvres non figuratives, Boyer rattache des titres énigmatiques, souvent ironiques, qui donnent à ses prises de position très intuitives et personnelles sur la vie autochtone une force idéologique, historique et politique.

Boyer débute par des œuvres à l'acrylique sur papier et sur toile. En 1984, après un séjour en Chine, il fait figure d'innovateur en produisant une série d'œuvres à l'huile sur tissu présentées à *Horses Fly Too,* une exposition organisée en 1984 par la Mackenzie Art Gallery. Parmi ses expositions solos, citons *Bob Boyer: A Blanket Statement,* organisée par le Musée d'anthropologie de l'UNIVERSITÉ DE LA COLOMBIE-BRITANNIQUE en 1988, et *Shades of Difference: The Art of Bob Boyer,* organisée par l'Edmonton Art Gallery en 1991. Boyer a participé à deux expositions importantes du MUSÉE CANADIEN DES CIVILISATIONS: *In the Shadow of the Sun,* en 1988, et *Indigena,* en 1992.

Norman Zepp

Boyle, David, forgeron, enseignant, archéologue, muséologue, historien (Greenock, Écosse, 1er mai 1842—Toronto, Ont., 14 févr. 1911). Bien qu'il soit forgeron apprenti à son arrivée au Canada, en 1856, Boyle acquiert une renommée internationale à titre d'archéologue canadien le plus réputé avant la Première Guerre mondiale. Motivé par l'éthique de l'artisan qui recherche toujours l'amélioration personnelle, il devient enseignant en région rurale en Ontario, en 1865, puis directeur d'école à Elora (1871-1881). Il est partisan des théories et méthodes radicales du pédagogue suisse Johann Pestalozzi, qui sont axées sur l'enfant.

Par la suite, Boyle devient conservateur-archéologue au Canadian Institute Museum (1884-1896) et au Ontario Provincial Museum (1896-1911). Il jettera les bases, en Ontario, de l'ARCHÉOLOGIE comme discipline systématique et scientifique. De 1887 à 1911, il publie ses rapports dans la série «Annual Archaeological Reports for Ontario», le premier périodique canadien principalement consacré à l'étude des activités archéologiques. Boyle est aussi un passionné d'histoire et de conservation et il a écrit un livre de poésie farfelue pour les enfants.

Gerald Killan

Boyle, Joseph Whiteside, surnommé «Klondike Joe», entrepreneur minier et aventurier (Toronto, Ont., 6 nov. 1867—Londres, Angl., 14 avril 1923). Adolescent, Boyle passe trois ans en mer comme homme de pont. Il s'établit à New York, où il lance une entreprise de transport de céréales fourragères, se marie, puis divorce. En 1897, il devient gérant du boxeur australien Frank Slavin, avec lequel il fait des tournées à Toronto, San Francisco et Victoria. À Juneau, en Alaska, Boyle et Slavin entendent parler de la RUÉE VERS L'OR DU KLONDIKE, et font partie du premier groupe de chercheurs d'or à traverser le COL WHITE.

C'est Boyle qui ouvre la piste du lac Bennet et du lac Tutshi. Slavin et lui revendiquent la concession d'un territoire aurifère de 13,3 km le long de la rivière Klondike, mais Boyle se rend compte immédiatement que seule une exploitation à grande échelle serait profitable. Il fait pression à Ottawa en vue d'obtenir une concession de dragage, qui lui est finalement accordée en 1900. Entre-temps, il installe une profitable scierie munie de docks et de quais. En 1904, il fonde la Canadian Klondyke Mining Co., dont l'énorme équipement de dragage fonctionne à plein rendement dès 1910, de même qu'une installation hydroélectrique (mai 1911). Il est mêlé à des procès, à des querelles territoriales et à la politique locale. En 1905, il dirige une équipe de hockey, les Klondike Wanderers, qui tente, en vain, de remporter la COUPE STANLEY.

Lorsque la Première Guerre mondiale éclate, Boyle forme sa propre unité de mitrailleuses et reçoit le titre de colonel honoraire. Il part pour l'Angleterre en 1916 et, après avoir exercé des pressions pour participer à l'action, est envoyé en Russie pour y organiser le système ferroviaire. Après la prise du pouvoir par les bolcheviks, il est nommé président de la Commission de l'alimentation de toutes les Russies, responsable de la collecte et de la distribution de la nourriture. Il voit se répandre à son sujet une réputation de protagoniste extraordinaire lorsqu'il réussit à dégager les 10 000 wagons qui encombraient les alentours de Moscou. On lui confie la tâche de rapporter en Roumanie les archives nationales et le papier-monnaie (probablement pas les joyaux de la couronne, comme on l'a prétendu). Pour y parvenir, il doit forcer un blocus russe. En tant qu'émissaire de confiance entre la Roumanie et les bolcheviks, il voit à assurer la signature d'un traité de paix.

Il réalise un autre exploit en assurant, cette fois, l'évasion de 54 prisonniers roumains tenus en otage à Sébastopol. Tout en fournissant des renseignements à l'Angleterre et à la France, il s'emploie sans relâche à soulager la misère du peuple roumain déchu. Après la guerre, il travaille à restructurer l'industrie pétrolière roumaine et dirige une brève mission d'aide canadienne. Ses efforts font de lui un héros national en Roumanie, où il devient le confident, l'ami et peut-être l'amant de la reine Marie, qui le décrit succinctement comme un homme «qui n'a peur de rien et qui, par sa force de volonté extraordinaire et son intrépidité, réussit à passer partout».

Boyle quitte la Roumanie au bout de deux années d'action qui l'épuisent au point d'entraîner sa mort. De la Russie, il reçoit l'ordre de Sainte-Anne et l'Ordre de Saint-Vladimir; de la France, la Croix de Guerre; de l'Angleterre, l'Ordre du service distingué; et de la Roumanie, la Couronne de la Roumanie, l'Étoile de la Roumanie et la Grande Croix. Sa carrière exceptionnelle en Europe de l'Est n'est pas reconnue au Canada. Comme bien d'autres hommes aux exploits remarquables, il est considéré avec suspicion à cause de son indépendance.

James Marsh

Boyle, Robert William, physicien (Carbonear, T.-N., 2 oct. 1883—Londres, 18 avril 1955). Premier élève ayant obtenu un doctorat en physique à l'U. McGill (1909), Boyle est célèbre pour son travail sur les propriétés des ultrasons et pour sa contribution au développement d'une méthode de détection par écho des sous-marins pendant la Première Guerre mondiale. Il commence ses recherches sur la radioactivité du RADIUM sous la direction de sir Ernest RUTHERFORD à l'U. McGill puis poursuit son travail à Manchester, en Angleterre, de 1909 à 1911.

En 1912, il devient directeur du département de physique de l'U. de l'Alberta et commence ses recherches sur les ultrasons. Pendant la Seconde Guerre mondiale, il supervise des recherches sur les radars au CONSEIL NATIONAL DE RECHERCHES. Il est élu à la Société royale du Canada en 1921 et reçoit la médaille Flavelle en 1940. Il dirige le département de physique du Conseil national de recherches entre 1929 et 1948.

Yves Gingras

BPC Abréviation de «biphényle polychloré», lequel regroupe plus de 200 substances différentes. Les BPC sont des liquides typiquement transparents et incolores, extrêmement stables et chimiquement inertes. Des centaines de millions de kilogrammes de BPC ont été produits en cinq décennies.

Utilisations Les BPC, aujourd'hui interdits en Amérique du Nord, constituaient d'excellents fluides pour les transformateurs électriques et les condensateurs, en raison de leur stabilité, de leur inertie et de leur point d'ébullition élevé. Leur ininflammabilité les rend très peu sujets aux risques d'incendie. Les BPC entraient également dans la fabrication d'innombrables produits. Ils servaient de base pour les encres d'imprimerie, d'agents ignifuges dans les huiles, de plastifiant dans les résines, d'huile de coupe dans les ateliers d'usinage, etc. Du fait de leur inertie, un grand pourcentage des BPC qui ont été dispersés dans l'atmosphère (provenant des journaux, p. ex.) s'y trouvent encore.

Préoccupations d'ordre environnemental La fabrication des BPC sur le continent américain a été interrompue en 1979, principalement à la suite d'un accident survenu au Japon, au cours duquel plus de 1000 personnes sont tombées malades après avoir ingéré de l'huile alimentaire contaminée. Bien qu'à l'époque on ait pointé du doigt les BPC, l'enquête menée depuis suggère une autre cause à cette intoxication.

L'être humain est en contact avec les BPC depuis déjà longtemps. Nous y avons tous été exposés jusqu'à un certain point. Par le passé, des milliers de travailleurs ont été quotidiennement exposés à ces substances, notamment dans l'industrie des transformateurs et des condensateurs, sans qu'on ait noté d'augmentation significative des cancers de tout type, ni du taux de mortalité en général. Néanmoins, les BPC sont devenus l'enjeu de luttes politiques, et on cherche activement à détruire les stocks existants (à l'usine d'incinération à haute température de Swan Hills, en Alberta, p. ex.).

W.E. Harris

Bracebridge, ville d'Ont.; pop. 13 223 (rec. 1996), 12 308 (rec. 1991), 9 811 (rec. 1986); superf. 632,09 km²; située à la municipalité de district de Muskoka, sur la rive nord de la rivière Muskoka. En 1860, J.S. Dennis amène son équipe d'hydrographes en canot à proximité des chutes. L'endroit est intéressant à cause du passage déjà en place (un pont de bois dégrossi a été construit près des chutes) et comme source d'énergie hydraulique.

Historique Les premiers habitants font partie d'un groupe de reconnaissance qui construit la route de Muskoka. D'abord appelée North Falls, la ville est rebaptisée en 1864 par W.D. LESUEUR, le secrétaire de la province, probablement en souvenir du roman de Washington Irving intitulé *Bracebridge Hall*, qui donne aussi son nom à Gravenhurst. Bracebridge est constituée en tant que village en 1875, puis en tant que ville en 1889, année où la population s'élève à 1600 habitants. On y trouve plusieurs industries, dont deux grandes tanneries (où l'on utilise le sapin du Canada pour tanner les peaux), une meunerie, une filature, une minoterie et une scierie, toutes alimentées par l'énergie hydraulique.

Dans les années 1865-1866, on y construit le premier bateau à vapeur, le Wenonah, et une diligence assure la liaison avec PARRY SOUND. En 1886, le chemin de fer fait son apparition. Le premier journal de Bracebridge se nomme le *Northern Advocate*; les journaux actuels sont le *Herald Gazette* (1872) et le *Bracebridge Examiner* (1975). La fusion de Bracebridge avec une partie de trois villes et l'annexion d'une partie de trois autres villes mènent à la formation de la municipalité régionale de la ville de Bracebridge.

Économie C'est à Bracebridge que se trouvent le palais de justice, la mairie et les édifices administratifs de la municipalité de district. On y trouve des manufactures de composantes électriques, de courroies de transmission industrielles, de ciment, de bois d'œuvre et de produits d'automobile. Bracebridge joue aussi un rôle dans l'industrie touristique de la région.

Le 1er octobre 1894, la ville acquiert un générateur d'électricité privé construit dans les chutes supérieures en 1892, et devient ainsi la première municipalité ontarienne à posséder et à exploiter une centrale hydro-électrique. En 1902, on ouvre une seconde usine au pied des chutes inférieures qui, avec deux autres usines en amont, continue d'alimenter la ville en électricité.

Brachiopodes Embranchement d'INVERTÉBRÉS marins bivalves. Les brachiopodes se fixent au fond par un pédoncule et se nourrissent de particules qu'ils attrapent dans les courants générés par leur couronne de tentacules ciliés (le lophophore). Les quelque 260 espèces actuelles sont les vestiges d'environ 30 000 formes FOSSILES qui vivaient à différents endroits du plateau continental, particulièrement pendant le paléozoïque (il y a 544 à 250 millions d'années). Ces organismes permettent aux géologues d'établir des séquences stratigraphiques utiles à la prospection pétrolière et à la détermination des lignes de rivage et des profondeurs d'anciennes mers. Le genre actuel *Lingula* diffère légèrement d'un fossile de plus de 510 millions d'années vivant au cambrien. On trouve des formes ressemblant aux brachiopodes au SITE DES SCHISTES DE BURGESS, en Colombie-Britannique. (*Voir aussi* GÉOLOGIE; PALÉONTOLOGIE.)

J.R. Nursall

Bracken, John, politicien, premier ministre du Manitoba (Ellisville, Ont. 22 juin 1883—Ottawa, 18 mars 1969). Diplômé du Collège d'agriculture de l'Ontario, il travaille pour les gouvernements fédéral et provincial dans l'Ouest jusqu'en 1910, année où il devient professeur d'agronomie à l'U. de la Saskatchewan. En 1920, il passe au Manitoba Agricultural College, se joint au mouvement progressiste et devient en 1922, à la demande des députés élus, le premier ministre de la province, soit le chef du gouvernement formé par les Fermiers unis du Manitoba.

Au cours des deux décennies suivantes, il dirige un gouvernement prudent, réussissant aussi bien que quiconque, compte tenu des contraintes financières de la province aux prises avec les problèmes de la Crise des années 30. En 1942, bien que Bracken se soit rapproché des libéraux, le Parti conservateur fait appel à lui pour devenir chef, tâche qu'il accepte à la condition que le parti ajoute le mot «progressiste» à son nom. L'attrait de Bracken reste limité, en partie en raison de son élocution hésitante et de sa décision peu judicieuse de demeurer à l'extérieur du Parlement pendant près de trois ans. En 1945, il mène le parti à la défaite et démissionne en 1948.

J.L. Granatstein

Bradford West Gwillimbury, ville de l'Ont.; pop. 20 213 (rec. 1996), 17 702 (rec. 1991), 13 198 (rec. 1986); superf. 197,26 km². Bradford West Gwillimbury est la fusion de l'ancienne ville de Bradford, de la majeure partie des terres de l'ancien canton de West Gwillimbury et de certaines terres du canton de Tecumseh. Elle est située à 72 km au nord du centre-ville de Toronto, à 20 km au sud de Barrie. Les premiers colons y arrivent vers la fin des années 1700 et dès 1815, 104 colons démoralisés de la COLONIE DE LA RIVIÈRE ROUGE viennent s'installer dans la région de Bradford. L'agriculture est la principale activité économique de la région, mais on y exploite aussi plusieurs scieries. La localité est incorporée en tant que village en 1857. Après l'incendie de 1871, elle est rapidement reconstruite et constitue le principal centre de la région. En 1873, elle compte 2000 habitants.

Au cours des XIXe et XXe siècles, sa croissance est lente, mais constante. On y cultive surtout le blé, sans oublier cependant l'apport intéressant de la coupe du foin dans la région du MARAIS HOLLAND destiné au rembourrage des matelas. En 1925, on signe des contrats de drainage et d'irrigation du marais Holland, ce qui dès lors donne lieu à une exploitation maraîchère intensive dans la région, d'où son surnom de «saladier de l'Ontario». Le traitement et l'emballage des produits se font à 90 p. cent à Bradford West Gwillimbury.

Deborah Welch et Michael Payne

Brady, Timothy Wesley John, «Tim», compositeur et guitariste (Montréal, 11 juill. 1956). Il étudie la guitare et la composition au New England Conservatory à Boston et commence sa carrière à Toronto en 1980, avant de revenir à Montréal en 1987. Ses premières activités dans le domaine du jazz et de la musique nouvelle le mènent dans les années 90 à pousser diverses explorations. Versé dans des styles allant du sérialisme au minimalisme, il se taille une réputation par son ardeur et ses initiatives en tant que compositeur et par l'imagination dont il fait preuve comme guitariste dans ses arrangements électroacoustiques. On retrouve parmi ses compositions les plus connues les pièces pour orchestre *Variants* (1982) et *Visions* (1982), *Chamber Concerto* (1985), le trio *...in the Wake...* (1985, 1988) et le cycle de chansons *Revolutionary Songs* (1994).

Il fait des tournées au Canada et des apparitions aux États-Unis comme soliste et avec son ensemble de chambre Bradyworks. Ses disques compacts (tous avec Justin Time) comprennent une exécution de *Visions* avec Kenny WHEELER (1985-1987), les disques du groupe Bradyworks, *Inventions* (1988-1991) et *Revolutionary Songs* (1995-1996), le solo *Imaginary Guitars* (1992), *Scenarios* (1993-1994) et *Strange Attractors* (1994-1996). En 1997, Brady organise un festival international, The Body Electric, consacré à l'avenir de la guitare électrique.

Mark Miller

Braithwaite, Max, auteur de romans, de nouvelles, de littérature jeunesse et humoriste (Nokomis, Sask., 7 déc. 1911—Brighton, Ont., 19 mars 1995). Né d'une famille de huit enfants, il grandit à Prince Albert et à Saskatoon, et reçoit sa formation à l'U. de la Saskatchewan. Il enseigne dans des écoles rurales et des écoles de perfectionnement de 1933 à 1940, pour ensuite entrer dans la marine où on l'envoie au Royal Canadian Volunteer Services à Toronto. Démobilisé en 1945, il demeure en Ontario et travaille comme rédacteur indépendant.

Au cours de ses 40 ans de carrière d'humoriste (l'un des meilleurs au Canada), il écrit des pièces de théâtre pour la radio et la télévision, des scénarios pour le théâtre et le cinéma, rédige des articles pour les grands magazines canadiens et publie plus de 25 livres. Il signe la première adaptation radiophonique de SUNSHINE SKETCHES OF A LITTLE TOWN, de Stephen LEACOCK, et inaugure le domaine de la radiodiffusion éducative avec sa série *Voices of the Wild*.

On retrouve, réunis dans *Max: The Best of Braithwaite* (1983), des exemples de son écriture enjouée. On le connaît surtout pour *Why Shoot the Teacher?* (1965), roman autobiographique qui raconte, avec humour et compassion, ses expériences d'enseignant débutant dans une école à classe unique de la Saskatchewan pendant la Crise des années 30.

Objet en 1977 d'un film primé qui porte le même titre, ce roman forme, avec *Never Sleep Three in a Bed* (1969) et *The Night We Stole the Mountie's Car* (1971), une trilogie, gagnante en 1972 du Leacock Memorial Medal for Humour. Dans *All the Way Home* (1986), il explore à nouveau la jeunesse dans les Prairies affligées par la misère et la désolation. Il reçoit des diplômes honorifiques de plusieurs institutions d'enseignement dont l'U. de Calgary.

Donna Coates

Brampton, cité de l'Ont.; pop. 268 251 (rec. 1996), 234 445 (rec. 1991), 188 498 (rec. 1986); superf. 265,04 km²; const. en 1974. Située à un carrefour, à 32 km au nord-ouest de Toronto, elle n'est qu'un hameau dans les années 1830. À l'origine, elle s'appelle Buffy's Corners, avant de prendre le nom d'une ville du Cumberland, en Angleterre, lorsqu'elle est constituée en tant que village en 1853. Le développement économique suit l'arrivée du GRAND TRUNK RAILWAY en 1858.

Chef-lieu du comté de Peel en 1867, elle est constituée en tant que ville en 1873, puis en tant que cité 100 ans plus tard, lors de la création de la municipalité régionale de Peel. L'horticulture y débute en 1860 et demeure importante aujourd'hui, au même titre que plusieurs industries manufacturières. Brampton est la ville natale et le lieu de résidence de William DAVIS, longtemps premier ministre de l'Ontario.

Brand, Dionne, poète, auteure de nouvelles, romancière, essayiste, cinéaste (Guayguayare, Trinité, 1953). Membre active des communautés noire et féministe, ses préoccupations touchent les problèmes sociaux et politiques des groupes marginalisés. Elle s'installe à Toronto en 1970 et étudie à l'U. de Toronto et à l'Institut d'études pédagogiques de l'Ontario. Elle écrit six ouvrages de poésie, dont *Primitive Offensive* (1982); *Chronicles of the Hostile Sun* (1984), qui traite de l'invasion américaine de la Grenade en 1983; et *No Language is Neutral* (1990), un recueil de poèmes en prose qui explore les conditions d'esclavage de ses ancêtres et son identité lesbienne.

Dans *Sans Souci and Other Stories* (1988), elle met en scène la vie des femmes antillaises dans leur pays d'origine et dans leurs nouveaux foyers au Canada. Elle met par écrit une histoire orale, *No Burden to Carry: Narratives of Black Working Women in Ontario 1920s-1950s* (1991), et cosigne *Rivers Have Sources, Trees Have Roots: Speaking of Racism* (1986). Elle est réalisatrice adjointe et scénariste de *Older, Stronger, Wiser* (1989), un portrait de femmes âgées noires au Canada. Elle coréalise le film *Sisters in the Struggle* (1991), un documentaire de l'ONF sur les activistes noires contemporaines au Canada.

Bread Out of Stone (1994), recueil d'essais sur la race, les sexes et le pouvoir dans la culture canadienne contemporaine, et *In Another Place, Not Here* (1996), roman qui se déroule à Toronto et dans les Antilles et qui examine la vie de deux femmes, sont ses ouvrages les plus récents.

Colin Boyd

Brandon, ville du Man.; pop. 39 175 (rec. 1996), 38 575 (rec 1991), 38 708 (rec. 1986); superf. 74,85 km²; const. en 1882. Deuxième ville en importance et centre de l'activité économique du sud-ouest de la province, située sur la RIVIÈRE ASSINIBOINE, à 200 km à l'ouest de WINNIPEG. Elle est administrée par un maire et 10 conseillers municipaux.

Historique De 1793 à 1832, trois postes de la Compagnie de la baie d'Hudson, tous appelés Brandon House en l'honneur du duc de Brandon, un ancêtre de lord SELKIRK, sont établis dans la région de Brandon. La colonisation permanente commence à la fin des années 1870 à Grand Valley, à 3 km à l'est, et à Brandon Hills. Des protestants de l'Ontario et des Maritimes comptent parmi les premiers arrivants, suivis d'immigrants britanniques et américains. En 1881, Brandon devient une localité de limite divisionnaire du Canadien Pacifique et, peu après, un centre de transport, de distribution, de services et de commerce pour l'arrière-pays avoisinant.

Dès le début, l'industrie joue également un rôle dans l'économie grâce à la production de biens manufacturés dans les années 1880 et 1890. Brandon est aussi un centre judiciaire et médical et possède dès la fin du XIXᵉ siècle un centre fédéral de recherche agricole, une prison provinciale, un hôpital pour handicapés mentaux, une école d'infirmières, une école industrielle pour les autochtones et un collège sous l'égide des baptistes, le Brandon College.

Après la Première Guerre mondiale, Brandon doit faire face à des crises financières. Durant la Seconde Guerre mondiale, des milliers de membres du personnel des forces armées s'entraînent dans la ville ou dans les écoles d'aviation voisines de Shilo et du Commonwealth. Après la guerre, la croissance économique et urbaine se poursuit de façon soutenue. Brandon College devient une université provinciale en 1967 (*voir* UNIVERSITÉ DE BRANDON), le collège communautaire Assiniboine est fondé et des fabricants de produits pétrochimiques ouvrent des usines. De plus, une bibliothèque régionale, un centre des arts et des musées voient le jour et des installations, comme le complexe aréna-centre des congrès Keystone, sont construites.

Économie L'agriculture, le commerce, les soins de santé et l'administration sont les piliers économiques de Brandon. On y trouve des industries manufacturières importantes dans le domaine de la pétrochimie, des produits métallurgiques, de la transformation des aliments, des produits pharmaceutiques, du matériel électrique et de l'équipement agricole. Des maisons d'édition et d'éducation, le Canadien Pacifique, le Canadien National et des agences gouvernementales contribuent également à son économie. Le commerce régional de Brandon s'étend jusqu'à PORTAGE LA PRAIRIE, à l'est de la Saskatchewan, à la frontière internationale et au nord de Dauphin.

Paysage urbain De Brandon, il est facile d'accéder à quelques-unes des aires de loisirs naturelles les plus attrayantes du Manitoba: la forêt et le parc provincial de Spruce Woods dans l'Est, le parc provincial Turtle Mountain dans le Sud, le PARC NATIONAL DU MONT-RIDING et Brandon Hills Wildlife Management Area, tous deux dans le Nord.

En 1979, Brandon reçoit les Jeux d'hiver du Canada et, en 1995, le championnat mondial de curling. En 1997, les Jeux d'été du Canada s'y déroulent également. La ville est aussi renommée pour ses foires agricoles présentées par la Provincial Exhibition du Manitoba, comme la Royal Manitoba Winter Fair, la Summer Fair et l'Ag Ex, la plus grosse foire et vente de bétail du Manitoba.

Brandon compte également un grand éventail d'organismes culturels, sociaux et sportifs dotés d'une gamme complète d'installations récréatives. L'école de musique de l'université est le centre des activités musicales et l'auditorium moderne présente des spectacles allant de la symphonie et de la danse au théâtre. Le Brandon Folk, Music and Arts Festival se tient chaque année au mois d'août.

D.M. Lyon

Brandtner, Fritz, peintre (Danzig [Gdansk, Pologne], Allemagne, 28 juill. 1896—Montréal, Qc, 7 nov. 1969). Brandtner apprend à peindre à Berlin et arrive à Winnipeg en 1928. Il travaille comme peintre-

décorateur jusqu'à ce que le directeur de la Winnipeg School of Art, L.L. FITZGERALD, l'encourage à exposer ses peintures expérimentales. On attribue l'introduction de l'expressionnisme allemand au Canada à Brandtner.

En 1934, Brandtner déménage à Montréal, où il trouve davantage de débouchés pour son approche «moderne» de la peinture. Il s'associe à John LYMAN et à la SOCIÉTÉ D'ART CONTEMPORAIN. Plus tard, il se joint au Canadian Group of Painters et enseigne les arts aux enfants avec Marian SCOTT.

Il utilise la peinture à l'huile, l'aquarelle et le linoléum pour exécuter ses œuvres, qui se distinguent par un sens aigu de la conception, par l'exubérance de leurs couleurs et par l'agressivité de leurs diagonales noires. Le linoléum a servi à la construction de panneaux installés à l'hôtel Queen Elizabeth et au Jasper Park Lodge. Des murales de Brandtner se trouvent à Saskatoon et à Boston.

Anne McDougall

Branscombe, Gena, compositrice et chef d'orchestre (Picton, Ont., 4 nov. 188—New York, état de New York, 26 juill. 1977). Au cours de sa longue et énergique vie, Branscombe compose de la musique pour piano, voix, orchestre et chorale, et se distingue plus particulièrement par sa musique pour voix de femmes. Son drame choral, *Pilgrims of Destiny*, est proclamé la meilleure œuvre composée par une femme, selon la League of American Pen Women en 1928.

Bien qu'elle vive aux États-Unis, plusieurs de ses compositions traitent de thèmes canadiens, comme la *Quebec Suite* pour orchestre et la pièce chorale *Our Canada from Sea to Sea*. En 1960, la Marine royale du Canada adopte son hymne *Arms that Have Sheltered Us*. En 1934, elle fonde la Branscombe Chorale of New York qu'elle dirige pendant 20 ans.

Barclay McMillan

Brant, Joseph, ou Thayendanegea, chef guerrier mohawk, loyaliste, homme d'État (Cayahoga, près d'Akron, Ohio, v. mars 1742 ou 1743—Burlington Bay, Haut-Canada, 24 nov. 1807), frère de Mary BRANT. Joseph Brant voit peu de la GUERRE DE SEPT ANS, bien qu'il participe avec sir William JOHNSON à l'expédition contre le fort Niagara en 1759. En 1761, Johnson l'envoie à la Moor's Indian and Charity School, à Lebanon, au Connecticut, où il demeure pendant deux ans. En 1765, il épouse une Oneida (qui meurt en 1771) et il s'installe à Canajoharie, dans la vallée Mohawk.

Durant près de 10 ans, il agit comme interprète pour Johnson et son successeur au British Indian Department, Guy Johnson. Il aide les missionnaires dans l'enseignement du christianisme aux autochtones et il contribue à la traduction de textes religieux en mohawk. Lors du déclenchement de la GUERRE D'INDÉPENDANCE AMÉRICAINE, Brant se rallie immédiatement au roi et, accompagné de Guy Johnson, visite l'Angleterre en 1775-1776.

À son retour, Brant fait toute la campagne avec un groupe d'autochtones loyalistes. On l'admire beaucoup comme militaire et, en 1780, il est nommé capitaine par les Britanniques, mais il se bat comme chef guerrier. De 1783 jusqu'au milieu des années 1790, Brant travaille à la formation d'une confédération unie d'Iroquois et d'autochtones de l'Ouest en vue de bloquer l'expansion américaine vers l'ouest. Des jalousies de clans parmi les nations autochtones, l'opposition des Américains et, finalement, la trahison des Britanniques sapent son rêve.

Vers 1779, Brant épouse Catharine, une Mohawk d'une famille très en vue. Après la guerre, en mai 1784, il conduit les LOYALISTES Mohawks et d'autres autochtones à une large bande de terre donnant sur la rivière Grand, en Ontario, qui leur est octroyée pour compenser leurs pertes pendant la guerre. Convaincu que les autochtones devraient apprendre l'agriculture des Blancs pour survivre et que la bande de terre est trop petite pour faire la chasse, Brant veut louer ou vendre des terrains aux Blancs, ce qui fournirait aussi des revenus. Survient alors une controverse compliquée avec le gouvernement sur le mode d'occupation du territoire des autochtones. En même temps, la grogne se fait entendre chez certains autochtones de la rivière Grand à propos de l'utilisation de l'argent. À la fin de sa vie, Brant vit paisiblement, à l'anglaise, dans sa magnifique maison située à Burlington Bay et il traduit des extraits de la Bible en mohawk.

Robert S. Allen

Brant, Mary, ou Konwatsi'tsiaiénni, ce qui signifie «quelqu'un lui prête une fleur», Mohawk (vers 1736—Kingston, 16 avril 1796). Mieux connue sous le nom de Molly Brant, Mary est l'une des plus importantes femmes de l'histoire autochtone d'Amérique du Nord. Chef dans la société matrilinéaire des Six-Nations, elle est très influente et jouit alors d'un statut bien plus important que celui de son célèbre jeune frère, Joseph BRANT. Les autochtones la consultent sur tous les sujets d'importance. Elle doit également son pouvoir à sa relation avec sir William JOHNSON, premier surintendant des Indiens de l'Amérique du Nord britannique, que les autochtones des Six-Nations honorent en tant que bon ami et conseiller.

À la fin de son adolescence, Molly devient la conjointe de Johnson. Séduisante et intelligente, cette femme s'occupe de son foyer avec beaucoup d'habileté et gère le domaine de Johnson dans la Mohawk Valley (état de New York) lors des fréquentes absences de son mari. Après le décès de celui-ci en 1774, Molly et son frère demeurent de fervents LOYALISTES. Molly rend d'immenses services à la Couronne en encourage les Six-Nations à conserver leur alliance avec l'Angleterre. À la fin de la guerre, elle s'installe à Cataraqui (aujourd'hui Kingston, en Ontario).

Donald B. Smith

Brantford, cité de l'Ont.; pop. 84 764 (rec. 1996), 81 997 (rec. 1991), 76 146 (rec. 1986); superf. 71,22 km²; const. en 1877; chef-lieu du comté de Brant; située au bord de la rivière Grand, à 104 km au sud-ouest de Toronto. À l'origine habitée par les NEUTRES, la région fait partie d'un vaste territoire que le gouvernement britannique accorde aux Six-Nations en 1784, en récompense de leur loyauté pendant la guerre d'Indépendance américaine et en compensation de la perte de leur territoire dans la vallée Mohawk (*voir* IROQUOIS). En 1827, la colonie reçoit le nom de Brant's Ford en hommage au chef mohawk Joseph BRANT.

Les Indiens réservent un bon accueil à ceux qui veulent s'installer sur leur sol, mais cèdent leurs droits à la ville en 1830. L'arrivée du chemin de fer donne un essor à une région agricole déjà riche; le secteur manufacturier est en plein essor. La première église protestante de l'Ontario, St. Paul's, Her Majesty's Chapel of the Mohawks, est construite en 1785 avec un octroi de George III; le fils de Brant est inhumé dans le cimetière attenant.

C'est chez lui, près de Brantford, qu'Alexander Graham BELL travaille à l'invention du téléphone et qu'il fait son premier appel interurbain en août 1876, vers Paris, en Ontario, à 11 km de là. La propriété de Bell (1858) a été restaurée tout comme la maison Henderson, le premier bureau de la compagnie de téléphone au Canada. Le centre culturel Woodland retrace l'histoire et la culture des Six-Nations.

Daniel Francis

Bras d'Or, lac D'une superficie de 1099 km², le lac Bras d'Or est un bras de l'océan Atlantique qui occupe le centre de l'ÎLE DU CAP-BRETON, la divisant presque en deux. Au nord, il est relié à l'océan par une passe étroite du côté ouest de l'île Boularderie. Au sud, il est séparé de l'océan par une mince bande de terre traversée par un canal interocéanique à ST PETER'S. Le lac, d'une longueur de 90-95 km, est entouré de hautes collines.

Historique Les premiers habitants sont des MIC-MACS. En 1650, les Français construisent un poste de traite à St. Peter's. Vers la fin du XVIIIᵉ siècle, les LOYALISTES s'établissent le long des côtes, suivis d'immigrants écossais. Le lac est réputé depuis longtemps pour la pêche et, de nos jours, il est très populaire pour les loisirs aquatiques. BADDECK, sur la rive nord, fut à une certaine époque un centre de construction navale. «Bras d'Or» viendrait du terme «labrador», utilisé par les explorateurs portugais pour désigner une grande partie de la Nouvelle-Écosse.

Daniel Francis

Bras spatial canadien (Canadarm) On appelle ainsi le télémanipulateur de navette spatiale qui est la contribution du Canada au programme américain de navette spatiale. C'est un manipulateur téléguidé fixé à la navette et utilisé dans l'espace pour déployer, récupérer et réparer des satellites, positionner des astronautes, entretenir du matériel et déplacer le fret. Le bras spatial est long de 15 m, fonctionne comme un bras humain et possède six articulations: deux à son épaule (lacet, pas), une à son coude (pas) et trois à son poignet (pas, lacet, roulis). Son effecteur extrême à nœuds coulants (sa main) est cylindrique; trois collets saisissant un montant ou un préhenseur-connecteur sur le SATELLITE à récupérer.

Le bras mécanique, monté dans la soute à fret, est la partie la plus visible, mais le système possède aussi un poste de commande pour les ASTRONAUTES à l'intérieur de la navette, qui comprend des contrôleurs des mains, un tableau d'affichage et de commande ainsi qu'un module d'interface pour le traitement des signaux. Cet ensemble facilite la commande du bras spatial dans un environnement «bras de chemise» à l'intérieur de la cabine de la navette. Une caméra de télévision (ou œil) située sur le poignet et une deuxième caméra optionnelle au coude font partie du système de télévision en circuit fermé de la navette, qui fournit des informations visuelles quand un astronaute fait fonctionner le télémanipulateur. Un des cinq ORDINATEURS de la navette est le «cerveau» du bras.

Des programmes informatiques perfectionnés automatisent des mouvements ou permettent à l'astronaute de faire fonctionner le bras suivant plusieurs modes de commande allant du contrôle complet de l'extrémité (l'astronaute «pilotant» alors la main) au mouvement individuel d'une articulation à la fois. Le bras possède aussi un mode de secours auxiliaire qu'on peut utiliser pour terminer les missions si le système de commande principal tombe en panne.

Le bras spatial peut manœuvrer dans l'espace des charges utiles de près de 30 000 kg à des vitesses (variables en fonction de la masse de la charge) allant jusqu'à 60 cm/s. Il peut placer de telles charges dans n'importe quelle position, avec une précision d'environ 5 cm. Chaque articulation est actionnée par un moteur à courant continu sans balai, commuté de façon optique et alimenté par un servo-amplificateur de puissance spécialement conçu. Pour obtenir les couples élevés nécessaires au niveau des articulations à partir des petits moteurs rapides qui y sont installés, on accouple ces derniers à une boîte de vitesse à rapport élevé équipée d'un système planétaire épicycloïdal. Les rapports de réduction vont de 1842:1 à 739:1 suivant les articulations.

Les exigences rigoureuses en matière de rigidité et de résistance ainsi que les contraintes de volume imposées par la navette justifient l'utilisation des matériaux les plus récents développés pour l'INDUSTRIE AÉROSPATIALE (p. ex. le TITANE, l'acier inoxydable, le graphite époxyde à très haut module). La conception thermique et la lubrification sont particulièrement soignées en raison de l'environnement hostile. Le bras est entièrement recouvert d'un isolant multicouche, consistant en des couches alternées de kapton plaqué or, de canevas Dacron et d'une couche extérieure de revêtement bêta (fibre de verre). Dans des conditions de froids extrêmes, des radiateurs électriques commandés par des thermostats protègent les dispositifs électroniques vitaux.

Le bras spatial est conçu de façon à avoir une durée de vie minimale de 10 ans et à effectuer jusqu'à 100 missions. Il pèse moins de 450 kg et ne peut se supporter lui-même en gravité normale; il a donc fallu mettre au point un simulateur complexe (SIMFAC) permettant de vérifier son fonctionnement dans l'espace, avant son premier vol, et de faciliter l'entraînement des astronautes. Sur Terre, on ne peut tester le bras assemblé que dans un plan à la fois, en utilisant un berceau sur coussin d'air évoluant sur une surface plate spécialement conçue à cet effet.

Le programme de développement du bras spatial, d'un montant de 110 millions de dollars, doit sa mise en œuvre en grande partie grâce à l'industrie canadienne, sous la gouverne du CONSEIL NATIONAL DE RECHERCHES DU CANADA. L'équipe industrielle, dirigée par SPAR AÉROSPATIALE LIMITÉE, comprend CAE Électronique ltée et DSMA Atcon Ltd. Les retombées industrielles, orientées vers l'exportation, obtenues jusqu'à présent comprennent la vente et l'entretien de quatre systèmes Canadarm à la NASA (un des cinq systèmes construits a été donné), la vente de composants robotiques au Japon et à l'Europe, la vente de simulateurs et le développement de systèmes robotiques pour l'industrie nucléaire. Le bras spatial permet au Canada de se bâtir un potentiel industriel en HAUTE TECHNOLOGIE que sont les systèmes de télémanipulation perfectionnés et la ROBOTIQUE.

Le bras s'envole pour la première fois en novembre 1981 lors du deuxième lancement de la navette spatiale. Il fonctionne bien, au-delà même des objectifs de ses concepteurs. Il est déclaré opérationnel un an plus tard, après la réussite de trois vols d'essai. Depuis son premier vol, le bras spatial est devenu un symbole important des prouesses technologiques canadiennes. Le bras spatial a participé à 47 des 80 vols de la navette entre 1981 et 1997. Ses missions les plus connues sont la récupération, la réparation et le déploiement de plusieurs satellites (dont deux missions pour le télescope spatial Hubble), l'arrimage de la navette spatiale à la station spatiale russe Mir et la destruction de morceaux de glace qui bloquaient un conduit d'évacuation des déchets de la navette. Le bras spatial et le système d'entretien mobile, également développé par le Canada, seront essentiels pour construire la station spatiale internationale.

Karl Doetsch et Garry Lindberg

Brascan Ltd., anciennement Brazilian Traction Light and Power Co. Ltd., est une grande entreprise d'exploitation de ressources naturelles qui possède des intérêts considérables dans les produits de consommation et des avoirs importants dans les services financiers des économies canadienne, américaine et brésilienne. En 1899, William MACKENZIE et d'autres prennent le contrôle d'un vieux tramway tiré par des mules à Sao Paulo et en font la Sao Paulo Tramway, Light and Power. En 1904, les mêmes promoteurs établissent la Rio de Janeiro Tramway, Light and Power Co. En 1912, les deux compagnies deviennent la propriété de la nouvelle Brazilian Traction, Light and Power Co., une société de portefeuille que les Brésiliens appellent «la Lumière».

Un important membre de la direction de la société est Alexander MACKENZIE (aucun lien de parenté avec William), qui consacre toute sa carrière à l'entreprise brésilienne. Il fournit au sud-est industriel du Brésil des services d'énergie électrique, de tramways, de téléphone et de gaz jusqu'à la fin de 1978, au moment où les actifs sont vendus au gouvernement brésilien. À l'origine, l'entreprise appartient surtout à des intérêts européens et américains. En 1954, 51 p. 100 sont passés à des intérêts canadiens. En 1975, ce sont 54 p. 100.

Au Canada, le premier investissement d'importance de Brascan concerne John Labatt ltée. L'entreprise se départit de ses avoirs dans Labatt en 1993.

En 1995, Brascan détient une participation de 44 p. 100 dans NORANDA INC. et de 48 p. 100 dans la Corporation financière Trilon, qui contrôle le London Insurance Group Inc. et les courtiers en immobilier Royal LePage Ltée. Depuis son siège social de Toronto, Brascan brasse des actifs de 4,4 milliards de dollars (1994). Avec un produit annuel de ventes de 6,1 milliards de dollars, Brascan se classe parmi les plus importantes sociétés canadiennes et est aujourd'hui une entreprise canadienne à part entière.

Duncan McDowall

Brassard, André, metteur en scène (Montréal, 27 août 1946). Passionné de théâtre depuis l'adolescence, André Brassard fait une première mise en scène chez les Saltimbanques, puis fonde le Mouvement contemporain en 1965 avec Michel TREMBLAY. Il effectue une entrée fracassante dans le milieu professionnel de Montréal en dirigeant Les Belles-Sœurs de Michel TREMBLAY. La pièce en joual est créée le 28 août 1968, au THÉÂTRE DU RIDEAU VERT. Le tandem va ensuite collaborer pendant trois décennies, puisque Brassard portera à la scène toutes les créations de Tremblay et tournera ses scénarios de film (entre autres, *Françoise Durocher, waitress* en 1972 et *Il était une fois dans l'Est* en 1974). Toujours en 1968, il fonde, avec Rodrig Mathieu (Les Saltimbanques) et Jean-Pierre Saulnier (Les Apprentis-Sorciers), le Centre de Théâtre d'Aujourd'hui. L'année suivante, le 3 juin, il inaugure la scène du CENTRE NATIONAL DES ARTS, à Ottawa, avec une adaptation par Tremblay de *Lyssistrata* d'Aristophane. Mais sa carrière de metteur en scène ne se limite pas à signer les mises en scène de Tremblay. Brassard a signé deux cents mises en scène, telles *Les Troyennes* d'Euripide, *Les Bonnes* de Jean Genet, *La Mouette* d'Anton Tchekhov, *Andromaque* de Racine, *La Nuit des rois* de Shakespeare, *Les Sorcières de Salem* d'Arthur Miller. Il a été le premier metteur en scène d'œuvres québécoises importantes: *Les Feluettes* de Michel-Marc BOUCHARD, *Quatre à quatre* de Michel GARNEAU, *Double jeu* de Françoise LORANGER. Il a aussi traduit une pièce de Brad FRASER, *Des restes humains non identifiés et la véritable nature de l'amour*. Par sa pratique et sa maîtrise du métier, il demeure en fait un des accoucheurs de la culture québécoise contemporaine. Il a notamment contribué à débarrasser la scène québécoise de ses manies faussement bourgeoises, le plus souvent empruntées à d'anciennes traditions françaises. Parallèlement à sa carrière scénique, il dirige de grandes institutions théâtrales, le Théâtre français du Centre national des arts de 1983 à 1989, et la section française de l'École nationale de théâtre du Canada depuis 1991.

Stéphane Baillargeon

Brassard, François, compositeur, ethnomusicologue, organiste, critique, professeur et pianiste (Saint-Jérôme [Métabetchouan], Qc, 6 oct. 1908—Québec, 26 avril 1976). Il étudie la musique avec Claude CHAMPAGNE et Léo-Pol MORIN. Entre 1930 et 1970, il lui arrive de tenir les orgues pour l'église Saint-Dominique à Jonquière.

Auteur de nombreux essais ainsi que d'analyses et d'harmonisations de chansons folkloriques canadiennes-françaises, Brassard entretient des liens étroits avec les Archives de folklore de l'U. Laval. En 1946, il est nommé au comité des publications des Archives et, en 1971, se joint à leur centre de recherche. Il écrit aussi des articles sous les noms de plume de Braz Arpiani et de Thibaut de Champagne. En 1974, on lui décerne la médaille du Conseil canadien de la musique. (*Voir aussi* FOLKLORE.)

Hélène Plouffe

Brassard, Jean-Luc, skieur acrobatique (Valleyfield, Qc, 24 août 1972). Dès l'âge de 8 ans, Brassard dévale à ski un petit mont situé près de chez lui. Il se lasse rapidement du ski traditionnel et découvre la compétition de ski sur bosses dont il maîtrise rapidement la technique. Il entre dans l'équipe nationale en 1990 et remporte sa 1ère Coupe du monde à 18 ans.

Il fait dès lors partie des athlètes à surveiller à chaque étape de la Coupe du monde. Il remporte dix épreuves avant d'être médaillé d'or aux championnats du monde de 1993, exploit qu'il répète en 1997. Il décroche aussi la Coupe du monde des bosses en 1993, 1996 et 1997. Après une saison 1993-1994 assez modeste, il se reprend aux Jeux olympiques de 1994, à Lillehammer. Sa prestation spectaculaire lui permet de mettre en échec le champion en titre et d'obtenir la médaille d'or.

Yvon Dore

Brasserie Ce sont les premiers colons et commerçants arrivés au Canada qui ont donné naissance à l'industrie brassicole. Au début, la bière se fabriquait de façon artisanale, mais en 1668, l'intendant Jean TALON choisit Québec pour la construction de la première brasserie commerciale canadienne. Cette initiative comportait trois objectifs: offrir une boisson moins forte que l'alcool importé de France, réduire les dépenses reliées à l'importation et tirer profit de l'abondance de céréales sur les terres du Nouveau Monde.

À ses débuts, l'industrie brassicole se résume à de petites brasseries indépendantes disséminées çà et là dans tout le pays. Grâce à l'avènement des systèmes de distribution modernes, des progrès technologiques en matière de contrôle de la qualité et à la hausse des coûts, la production se centralise, et la plupart des brasseries locales disparaissent. Au cours des années 80, des brasseries de petite envergure, communément appelées microbrasseries, voient le jour au Canada et desservent les marchés locaux et régionaux.

Aujourd'hui, deux compagnies nationales se partagent le secteur brassicole du Canada, soit la brasserie JOHN LABATT LTÉE (8 usines) et LES COMPAGNIES MOLSON LIMITÉE (8 usines). Il existe également six brasseries régionales: Big Rock Brewery (Alberta), Lakeport Brewing Corporation (Ontario), Moosehead Breweries Limited (Nouveau-Brunswick), Pacific Western Brewing Company (Colombie-Britannique) et Sleeman Brewing and Malting Company Limited (Ontario et Colombie-Britannique). De plus, quarante microbrasseries sont réparties dans tout le Canada, à l'exception du Nouveau-Brunswick, de la Nouvelle-Écosse, de l'Île-du-Prince-Édouard, du Yukon et des Territoires du Nord-Ouest.

En un peu plus de dix ans, l'industrie brassicole canadienne subit une véritable transformation. On assiste, p. ex., à l'émergence de brasseries libres-services, à la fois brasseries et pubs, qui détiennent un permis de vente d'alcool, mais strictement à des fins de consommation sur place. Ces établissements connaissent un regain de popularité déclenché par la tendance à la consommation de ales véritables en Europe. Les brasseries libres-services existent depuis 1983 au Canada.

Types de bières Le mot «bière» est un générique qui englobe les lagers et les ales. Parmi la vaste gamme de bières offertes aux consommateurs, un peu plus de la moitié des Canadiens (56 p. 100) préfèrent les lagers, des bières de fermentation basse, tandis que 34 p. 100 préfèrent les ales, des bières de fermentation haute.

Ce qui les différencie, c'est que les lagers sont plus légères au goût et sont fabriquées à partir d'un type de levure qui descend au fond de la cuve de fermentation. Quant aux ales, elles contiennent plus de houblon, et le type de levure qui les compose remonte à la surface de la cuve. Les stouts (des bières plus brunes, plus sucrées, très houblonnées, brassées avec du malt torréfié) et les porters (moins denses que les stouts) occupent moins de 1 p. 100 du marché.

Les bières légères, qui contiennent jusqu'à 4 p. 100 d'alcool par volume, ont été introduites au Canada à la fin des années 70. Quant aux bières canadiennes ordinaires, elles en contiennent 5 p. 100 par volume. Au cours des dernières années, les grandes brasseries comme les petites ont diversifié leurs

gammes de produits pour satisfaire davantage les goûts des consommateurs. De nouveaux processus et des technologies avant-gardistes ont donné naissance à de nouveaux types de bières: extra légère, dry, extra dry, dry légère, forte, extra forte, ice, maltée, boissons rafraîchissantes, bières et boissons rafraîchissantes non pasteurisées et sans alcool.

Réglementation et taxes L'industrie brassicole est l'une des industries canadiennes les plus réglementées. Les brasseries doivent obtenir des licences des gouvernements provinciaux et fédéral. En général, elles assurent le plein contrôle de leur système de distribution, de la vente au détail, de l'étiquetage, de la publicité, des techniques de commercialisation, de l'importation et de l'établissement des coûts. Elles décident également du nombre et du type de bières qui seront mises sur le marché. Toutefois, elles doivent tenir compte des lois fédérales en matière d'ingrédients, d'emballage, d'étiquetage et de publicité radiophonique et télévisée.

Le prix de la bière est en grande partie déterminé par les taxes. En moyenne, pour la consommation domestique de bière, 53 p. 100 du coût correspondent aux taxes fédérales et provinciales. À cet égard, le Canada partage avec la Norvège la première place sur la liste des 23 principaux pays industrialisés. Les taxes canadiennes sont environ 3 fois plus élevées que les taxes américaines, qui s'élèvent à 18 p. 100 seulement.

Répercussions économiques En 1994, la production, la distribution et la vente de bière représentent 11,5 milliards de dollars du produit intérieur brut (PIB) du Canada, c.-à-d. 1,5 p. 100, ce qui illustre bien les répercussions de la consommation de bière sur l'économie. Les bières canadiennes étant particulièrement appréciées par les Américains, le volume des exportations vers les États-Unis s'élève à 15,7 p. 100 de la production en 1995. Toujours en 1995, plus de 98 p. 100 de la bière consommée au Canada est produite par des brasseries canadiennes conventionnelles ou des microbrasseries réparties en 62 usines, en activité dans toutes les provinces à l'exception de l'Île-du-Prince-Édouard, du Yukon et des Territoires du Nord-Ouest.

Chaque année, l'industrie brassicole dépense un montant substantiel pour l'achat de matériel et de fournitures domestiques (724 millions de dollars en 1994). Ainsi, l'ORGE maltée coûte plus de 128 millions de dollars; les bouteilles et les canettes achetées au Canada coûtent respectivement plus de 93 millions de dollars et de 110 millions de dollars; les cartons et les étiquettes, plus de 151 millions de dollars. Quant aux salaires, aux commissions et aux avantages sociaux des employés, les déboursés s'élèvent à plus de 763 millions de dollars en 1994. Toutefois, ces dépenses ne représentent qu'une mince part de la masse salariale totale si l'on tient compte du pourcentage total d'emplois liés au brassage et à la commercialisation.

Quelque 13 700 emplois sont directement liés au secteur de l'industrie brassicole, tandis que 68 600 emplois le sont à la distribution et à la vente. De plus, 87 200 emplois sont indirectement liés à la production, à la distribution et à la vente. En résumé, le nombre total d'emplois s'élève à 169 500, ce qui représente 1,2 p. 100 de la main-d'œuvre du Canada en 1994.

Toujours en 1994, si l'on inclut les revenus de tous les paliers de gouvernement, les profits générés par le brassage et la commercialisation de la bière s'élèvent à près de 4,9 milliards de dollars. Quelque 3,2 milliards de dollars proviennent de la taxe de vente et du droit d'accise au palier fédéral ainsi que des taxes de vente et des profits des régies des alcools des provinces. La différence provient de taxes que les différents paliers de gouvernement exigent de la part des employés et des compagnies.

En 1995, la consommation de bière canadienne représente plus de 19 millions d'hectolitres, soit 66,5 litres par personne. Au cours des 5 dernières années, les ventes n'ont pratiquement connu aucune augmentation et sont demeurées stables depuis le record de 20,7 millions d'hectolitres enregistré en 1987.

L'industrie du brassage et l'environnement En ce qui a trait à la vente au détail, non seulement les commerçants vendent-ils le produit, mais ils gèrent les retours de bouteilles. Plus de 78 p. 100 de toutes les bières vendues pour la consommation domestique proviennent de bouteilles retournées et recyclées, et 97 p. 100 de ces bouteilles reviennent à l'industrie pour être nettoyées et remplies. Une bouteille peut être réutilisée de 15 à 20 fois, ce qui diminue énormément le gaspillage. Une fois qu'elle ne peut plus être réutilisée, elle est concassée et envoyée aux fabricants de verre, qui en produisent de nouvelles.

Les canettes d'aluminium, qui représentent 15 p. 100 des ventes totales, sont également recyclées, tout comme les cartons. La bière pression est vendue en barils qui ont une durée de vie de 15 à 20 ans avant d'être concassés et recyclés eux aussi. Même les enveloppes des céréales utilisées dans le processus de brassage sont recyclées comme provende.

Comportement responsable L'industrie brassicole canadienne a été l'une des premières au monde à se préoccuper de la responsabilité, et encore aujourd'hui, elle finance de nombreux programmes visant à promouvoir la modération dans la consommation d'alcool. Au cours de la dernière décennie, elle a investi plus de 95 millions de dollars pour mettre les consommateurs en garde contre l'abus d'alcool, développer des programmes éducatifs visant à freiner les comportements à risque et encourager la recherche sociale, béhavioriste et biomédicale sur la consommation d'alcool.

Philip MacNeill

Brasseur, Isabelle, (Kingsbury, Qc, 28 juill. 1970) et **Eisler, Lloyd,** (Seaforth, Ont., 28 avril 1963), patineurs. Ils sont partenaires depuis janvier 1987. En huit ans d'association dans les rangs amateurs, ils ont amassé 28 médailles. Ils sont, entre autres, 5 fois détenteurs du titre canadien des couples. Ils sont médaillés d'argent des Championnats du monde de 1990 et de 1991, et médaillés de bronze en 1992. En 1993, c'est la consécration. Ils deviennent les premiers Canadiens depuis Barbara Underhill et Paul Martini (1984) à remporter le Championnat du monde. En 1994, ils font leurs adieux au patinage artistique amateur en recevant la médaille d'argent des Championnats du monde.

Lors de la première de leurs 3 participations olympiques, ils sont 8e à Calgary en 1988; en 1992, à Albertville, ils obtiennent la médaille de bronze tout comme à Lillehammer, en 1994, dans l'un des concours les plus relevés de toute l'histoire des Jeux olympiques.

Ils deviennent professionnels après les JO de 1994 et s'associent à plusieurs tournées de champions au Canada et aux États-Unis. Ils sont membres du Temple de la renommée du sport canadien depuis 1996.

Yvon Dore

Brault, Cédia, mezzo-soprano (Sainte-Martine, Qc, 4 janv. 1894—Montréal, 27 juin 1972). Elle étudie les techniques vocales avec Céline Marier et Salvator Issaurel et l'harmonie avec Rodolphe MATHIEU. Elle fait ses débuts en 1918 dans le rôle de Carmen avec le ténor Victor Desautels, qu'elle épouse en 1920. Ce rôle sera aussi son dernier en 1939.

Elle se produit dans la première de *Jean le Précurseur* de Guillaume COUTURE. Une des premières à interpréter des pièces de Ravel, Casella et Milhaud au Canada, elle donne aussi les premières représentations canadiennes de *Chants de sacrifice* de Léo-Pol MORIN et de *Proses lyriques* de Debussy. En 1928, lors d'une visite à Montréal, Ravel fait l'éloge de son interprétation de ses *Chansons madécasses*.

Hélène Plouffe

Brault, Jacques, écrivain (Montréal, 29 mars 1933). Brault est l'un des poètes les plus importants du Qué-

bec contemporain. Il étudie au Collège Sainte-Marie (Montréal), à l'U. de Montréal et à la Sorbonne (Paris) avant de devenir professeur à l'U. de Montréal en 1960. Il écrit pour différentes revues, notamment *Liberté*, et est critique littéraire et réalisateur de la programmation littéraire à la radio de Radio-Canada.

Né dans une famille pauvre, Brault décrit, dans son œuvre, son attachement aux réalités de la vie et sa quête d'une certaine sagesse. Son recueil, *Mémoire* (1965 et 1968, Prix de poésie du Québec, 1965, et prix France-Canada, 1968), qui comprend «Suite fraternelle», le consacre poète de la vie urbaine contemporaine et d'un pays à construire.

Ses œuvres poétiques deviennent plus philosophiques, avec *La Poésie ce matin* (1971), *Poèmes des quatre côtés* (1975), *L'En dessous l'admirable* (1975), *Trois fois passera* (1981), *Moments fragiles* (1984), *Lac noir* (1990), *Il n'y a plus de chemin* (1991), *Au petit matin* (1993), *Au bras des ombres* (1997). Dramaturge (*Trois partitions*, 1972, comprenant *Quand nous serons heureux*, prix du Gouverneur général, 1970), essayiste (*Alain Grandbois*, 1968; *Chemin faisant*, 1975; *La Poussière du chemin*, 1989) et romancier (*Agonie*, 1984, prix du Gouverneur général; trad. 1987, *Deathwatch*), il reçoit le prix Duvernay (1978) et le prix Athanase-David (1986) pour l'ensemble de son œuvre.

Michel Lemaire

Brault, Michel, réalisateur, cameraman et producteur (Montréal, Qc, 25 juin 1928). Brault est un spécialiste mondialement reconnu de la prise de vue légère (caméra portée à l'épaule). Attiré dès l'adolescence par la caméra, il devient photographe professionnel et participe au mouvement des ciné-clubs. Au début des années 50, il tourne avec Jacques Giraldeau la série «Les Petites Médisances». En 1956, il entre à l'OFFICE NATIONAL DU FILM à titre de cameraman et collabore à quelques films de la fameuse série «Candid Eye», produite par l'équipe anglaise. Il se dirige très tôt vers la réalisation et est l'une des chevilles du cinéma direct que l'équipe française développe. Remarqué par la qualité de son travail, il va en Europe tourner avec des réalisateurs du cinéma-vérité. De retour, sa carrière se poursuit sous le double signe de la réalisation et de la direction de la photographie. À ce titre, il travaille à des films importants de cinéastes québécois (Claude JUTRA, Anne Claire POIRIER, Francis MANKIEWICZ).

Comme réalisateur, il se distingue en collaborant avec Pierre PERRAULT à trois longs métrages, dont le classique *Pour la suite du monde* (1963). Toutefois, la mise en scène l'attire aussi et il y fait preuve d'une rare capacité d'intégrer la souplesse du direct avec la richesse émotive de la fiction. Après un premier essai avec *La Fleur de l'âge: Geneviève* (1965), il tourne, toujours avec Geneviève BUJOLD, *Entre la mer et l'eau douce* (1967) et surtout *Les Ordres* (1974), reconstitution-réflexion sur la CRISE D'OCTOBRE 1970. Cette œuvre lui vaut un grand prix au festival international de Cannes. De 1976 à 1980, il coréalise avec André Gladu les 27 films de la série «Le Son des Français d'Amérique», et avec d'autres réalisateurs, les 22 courts métrages de la série «La Belle Ouvrage» (1977-1980). Dans les 10 années qui suivent, il réalise surtout des films pour la télévision dont *Les Noces de papier* (1989), *Shabbat Shalom!* (1992) et *Mon amie Max* (1994), le premier et troisième encore avec Bujold. Ces trois films explorent la question de l'immigration et des relations interpersonnelles dans la société québécoise ou traitent du sentiment d'être un étranger loin de son pays d'origine. Depuis *Les Ordres*, Brault veut aborder à nouveau un sujet politique ancré dans l'histoire du Québec. Après plusieurs années de démarches, il peut enfin réaliser *Quand je serai parti... vous vivrez encore* (1999), un drame historique consacré à la RÉBELLION DE 1837 et à l'histoire des Patriotes jusqu'à la pendaison de 12 d'entre eux, en 1838.

Malgré son importance et sa renommée, Brault n'hésite pas à réaliser des courts métrages comme *Diogène*, le sketch *La Dernière Partie*, du long métrage *Montréal vu par...* (1991), ou à tourner en vidéo (*Tu m'aimes-tu?*, 1991), non plus qu'il ne cesse d'être le chef opérateur de nombreux documentaires et fictions. Michel Brault a été et demeure une source d'inspiration pour plusieurs générations de cinéastes. Il fonde sa propre maison de production, Nanouk Film, et ses enfants, Sylvain et Anouk, poursuivent également une carrière en cinéma. En 1986, il obtient du gouvernement du Québec le prix Albert-Tessier et, en 1996, un prix du Gouverneur général du Canada.

Pierre Véronneau

Breadalbane Bateau à trois mâts qui gît sous les glaces du PASSAGE DU NORD-OUEST depuis son naufrage en 1853. C'est l'épave en bois sous-marine la mieux conservée et la plus septentrionale au monde. Construit en Écosse en 1843, ce voilier de commerce naviguait entre les grands ports d'Europe, transportant à son bord du vin, de la laine et du blé.

Au printemps de 1853, le *Breadalbane* est affecté au service de la marine royale et envoyé dans l'Arctique pour y acheminer les provisions nécessaires à l'expédition de sir Edward BELCHER, qui est à la recherche des bateaux et des hommes de l'expédition Franklin depuis 1852 (*voir* FRANKLIN, À LA RECHERCHE DE). Belcher conduit la dernière et la plus importante expédition de la marine royale.

Le *Breadalbane*, un bateau d'environ 40 m de longueur, gréé en carré et somptueusement construit, ressemble à ces centaines de voiliers qui sillonnent les océans à l'époque de la reine Victoria. Cependant, ce voilier n'est pas conçu pour l'Arctique. Malgré la robustesse de sa coque de bois et son équipage expérimenté, il reste prisonnier des glaces polaires.

Le 21 août 1853, peu après minuit, une lame de glace transperce son étrave par tribord. Les 21 membres de l'équipage s'empressent de se réfugier du côté opposé. Le *Breadalbane* sombre en 15 minutes. Les membres de l'équipage sont recueillis par le *Phœnix*, le petit frère du *Breadalbane*, qui a échappé au naufrage. Pendant 127 ans, le *Breadalbane* demeurera enfoui sous une nappe de glace qui broie tout sur son passage, reposant fermement sur sa quille, son beaupré cassé pointé vers l'Angleterre, sa terre d'origine.

Les recherches de Stuart Hodgson et de Maurice Haycock, historiens de la marine arctique, incitent Joseph B. MACINNIS à organiser une expédition, en août 1978, afin de retrouver le bateau. Il dispose de comptes rendus de témoins oculaires conservés dans les archives du Scott Polar Research Institute de Cambridge, en Angleterre. Après trois années de recherche, le navire est repéré au sud de l'île de Beechey, en 1980. Il apparaît le 13 août, tel un vaisseau fantôme, sur l'écran du sonar à balayage latéral, la coque intacte et deux de ses mâts encore bien en place.

En 1981, l'équipe retourne dans l'Arctique pour effectuer des recherches plus poussées, avec l'appui de la Garde côtière canadienne, de la National Geographic Society et d'autres organisations. Un submersible téléguidé est descendu dans les redoutables eaux glaciales. À 100 mètres de profondeur, des images couleurs sont prises au moyen d'appareils photo et de caméras vidéo. On y aperçoit la proue, les mâts, le gouvernail et l'ancre. Le revêtement de cuivre vert qui protège la coque est comme neuf. Dans une petite cabine accrochée à son rouf se trouvent le compas et une lampe de signalisation. À proximité, on peut voir l'énorme gouvernail en bois qui a guidé le navire dans les eaux tumultueuses de l'Atlantique Nord.

Comme pour tout artefact historique, l'étude du *Breadalbane* va exiger beaucoup de temps, d'autant plus que sa situation dans l'Arctique est problématique. Il gît sous un amas de glace dont on ne peut prévoir le comportement. Des experts en géologie marine et en morphologie des glaces océaniques, sous la direction de Steve Blasco, un chercheur émérite de l'INSTITUT OCÉANOGRAPHIQUE DE BEDFORD, étudiant la formation de glace à cette hauteur, ainsi que les effets de l'affouillement des glaces sur les sédiments qui se sont formés autour du navire. Ces études présentent un intérêt indéniable pour tous ceux qui travaillent dans les eaux du Nord, y compris les sociétés pétrolières.

Le *Breadalbane* repose à une profondeur bien supérieure à celle que les archéologues sous-marins peuvent atteindre. Pour percer ses secrets, de nouvelles techniques de PLONGÉE et de photographie s'appliquant spécifiquement à l'Arctique sont présentement à l'étude. Le submersible Sea-Otter, un sous-marin lance-plongeur, et le WASP, une combinaison de plongée offrant une protection physiologique, font partie de ces technologies, mises à l'essai par Can-Dive Services de Vancouver.

Le *Breadalbane* est une épave unique en son genre, merveilleusement bien préservée par les eaux arctiques. Pour les scientifiques, ce navire immergé constitue un point de référence, une occasion exceptionnelle de parfaire nos connaissances sur la biologie et la géologie de l'Arctique et sur la mer de glace qui flotte au-dessus de ses mâts. Historiquement, il est la mémoire d'un autre temps. Une partie de sa cargaison, les instruments de travail et les effets personnels des membres de l'équipage se trouvent encore à son bord. Plonger vers cette épave pour y étudier ses vestiges, c'est faire une incursion dans le passé d'un pays et dans notre avenir.

Joseph B. MacInnis

Breau, Lenny, guitariste de jazz (Auburn, Maine, 5 août 1941—Los Angeles, Calif., 12 août 1984). Enfant, il déménage à Winnipeg avec ses parents, le chanteur de musique country Hal (Lone Pine) Breau et Betty Cody. À Toronto, dès 1962, il se distingue par sa virtuosité juvénile, son éclectisme et ses innovations techniques, mais des problèmes personnels, dont une longue dépendance à la drogue, entravent sa carrière.

Ses premiers enregistrements – *Guitar Sounds* en 1968 et *The Velvet Touch* en 1969 – en font une légende à l'extérieur du Canada. Il retourne vivre aux États-Unis en 1975 et s'installe finalement à Los Angeles. Il poursuit sa carrière et acquiert de l'influence avec d'autres enregistrements dans des environnements de jazz et de country. Sa discographie comprend 10 albums produits au cours de sa vie, dont *The Velvet Touch – Lenny Breau Live!* (1969) et le solo à la guitare *Five O'Clock Bells* (1977-1980). Deux enregistrements de 1983, réalisés dans des boîtes de nuit avec le bassiste Dave Young, sont relancés après sa mort en format disque compact, sous le titre *Live at Bourbon St.*, par son ancien élève Randy Bachman (de BTO), en 1995. La compagnie Guitarchives de Bachman produit par la suite deux nouveaux disques compacts de Breau, *Cabin Fever* et *Chance Meeting*. En 1997, il est élu au temple de la renommée de la musique canadienne.

Mark Miller

Brébeuf, Jean de, missionnaire jésuite, auteur des *Relations des Jésuites*, 1635-1636 (Condé-sur-Vire, France, 25 mars 1593—martyrisé à Saint-Ignace, en HURONIE, 16 mars 1649; canonisé le 29 juin 1930). Brébeuf arrive au Canada en 1625 comme missionnaire auprès des nomades MONTAGNAIS. Envoyé chez les HURONS près de la baie Georgienne en 1626, il apprend leur langue et y prêche jusqu'en 1629, quand Québec tombe aux mains des frères KIRKE et que les Jésuites sont forcés de rentrer en France. Il y revient en 1633 et se retrouve chez les Hurons en 1634, où il dirige la mission pendant quatre ans (*voir* SAINTE-MARIE-DES-HURONS).

Linguiste accompli, Brébeuf dirige l'élaboration d'une grammaire et d'un dictionnaire de la langue huronne. En 1640, à la suite d'une épidémie de variole dévastatrice, les Hurons attaquent Brébeuf et ses compagnons et endommagent leur mission. En 1640-1641, Brébeuf ouvre une mission chez les NEUTRES, mais ceux-ci le considèrent comme un sorcier.

En 1644, il retourne en Huronie et y demeure jusqu'au 16 mars 1649, alors qu'il est capturé par les IROQUOIS qui envahissent la mission Saint-Louis, emmené à Saint-Ignace et brutalement tué. Après sa mort, Paul Ragueneau découvre 39 écrits fragmentaires dans lesquels Brébeuf décrit ses visions, ses extases et ses rêves prophétiques. Sa dépouille est ensevelie dans le Tombeau des Martyrs, près de Midland, en Ontario.

Cornelius J. Jaenen

Brebner, John Bartlet, historien (Toronto, 19 mai 1895—New York, État de New York, 9 nov. 1957). Après avoir fait ses études à l'U. de Toronto, à Oxford et à l'U. Columbia, Brebner enseigne à l'U. de Toronto de 1921 à 1925 et à l'U. Columbia durant le reste de sa carrière universitaire. Il y deviendra un historien et un professeur réputé. Il est aussi très actif dans le cadre de la dotation Carnegie pour la paix internationale.

Les plus importants ouvrages de Brebner sont *New England's Outpost* (1927), *The Neutral Yankees of Nova Scotia* (1937), *The North Atlantic Triangle* (1945) et, en collaboration avec M.L. Hansen, *The Mingling of the Canadian and American People* (1940). Son explication de l'expulsion des Acadiens en 1755 et de la neutralité de la Nouvelle-Écosse pendant la Guerre d'Indépendance américaine est toujours considérée comme l'interprétation «classique» en la matière.

G.A. Rawlyk

Breeze, Claude Herbert, peintre (Nelson, C.-B., 9 oct. 1938). En 1954-1955, Breeze étudie la peinture avec Ernest LINDNER à Saskatoon, puis à Regina avec Kenneth LOCHHEAD et Arthur McKay comme professeurs. En 1958, après avoir obtenu son diplôme, il passe un an à la Vancouver School of Art. Considéré comme l'un des grands artistes de la côte Ouest, Breeze est le premier au Canada à dépeindre la violence présentée par les médias, surtout par la télévision.

À bien des points de vue, ses œuvres du début des années 60, en particulier sa série *Lovers in a Landscape* dont la clarté du détail et la sécheresse sont exemplaires, annoncent l'arrivée des jeunes peintres figuratifs contemporains. Breeze réalise une série de lithographies dans lesquelles il traite de sa passion pour l'aïkido, un art martial japonais. En avril 1985, la Bau-Xi Gallery de Toronto présente une grande exposition de ses œuvres. Depuis 1976, il enseigne à l'U. York de Toronto.

Joan Murray

Bregman, Sidney et George Frederick Hamann Sidney Bregman (Varsovie, Pologne) et George Frederick Hamann (Toronto, 14 juin 1928), architectes. Le cabinet, fondé à Toronto en 1953, est en activité en Amérique du Nord, où il conçoit et construit surtout des établissements de santé (Mount Sinai Hospital, à Toronto, et l'Hôpital général d'Ottawa), ainsi que des bâtiments commerciaux et de vente au détail.

Seul ou en coentreprise, le cabinet a conçu plus de 2,8 millions de mètres carrés de locaux à bureaux, dont la plupart sont situés au centre-ville de Toronto: le Toronto Dominion Centre, avec John B. PARKIN Associates et Mies van der Rohe; le EATON CENTRE, avec ZEIDLER Partnership; le Harbour Square; la tour Simpson; et la First Canadian Place, qui compte 72 étages.

Grant Wanzel et Karen Kallweit

Bren, scandale du fusil Avant que n'éclate la Seconde Guerre mondiale, le gouvernement britannique veut s'assurer de sources nouvelles et sûres pour la fabrication d'armes. Le gouvernement canadien hésite d'abord à collaborer, craignant une réaction isolationniste, notamment au Québec. En 1938, cependant, le ministre et le sous-ministre de la Défense nationale recommandent les services de John Inglis, manufacturier d'appareils électroménagers, et les gouvernements britannique et canadien lui octroient un contrat de fabrication de mitrailleuses légères Bren.

Soupçonné d'irrégularité, le gouvernement nomme une commission royale d'enquête. Même si elle ne trouve aucune preuve de corruption, elle recommande qu'à l'avenir on sollicite l'avis du milieu des affaires civil. Le rapport a contribué à l'introduction du contrôle civil de la production de guerre pendant la Seconde Guerre mondiale (*voir* MUNITIONS ET DES APPROVISIONNEMENTS, MINISTÈRE DES). La production de mitrailleuses Bren connaît un vif succès; on en fabrique 200 000 au Canada.

Robert Bothwell

Brett, George Sidney, philosophe (Briton Ferry, pays de Galles, 5 août 1879—Toronto, 27 oct. 1944). Après avoir étudié à Oxford et enseigné en Inde, Brett passe de l'enseignement du grec et du latin (1908) au Trinity College et au University College de l'U. de Toronto, au Département de philosophie, dont il est directeur de 1927 à 1944. Son ouvrage en trois volumes *A History of Psychology* (1912-1921) évalue les théories sur la philosophie de l'esprit. Il y décrit la psychologie comme l'étude des données immédiates de la vie intérieure, la différencie des autres sciences et résiste à la nouvelle approche expérimentale.

The Government of Man (1913) retrace les étapes politiques des sociétés. La liberté y est décrite comme prenant sa source dans la relation entre la vie intérieure de l'homme et les ordres sociaux en évolution. L'engagement de Brett envers les modes de perception de l'histoire fait de lui, aux yeux de certains, le fondateur de l'école torontoise de l'histoire des idées.

À Toronto, Brett met des cours sur pied et s'occupe des nominations pendant de nombreuses années. Membre de la Société royale du Canada, il fonde le *Canadian Journal of Religious Thought*, il est rédacteur en chef du *Journal of General Psychology*, de l'*International Journal of Ethics* et le premier rédacteur en chef du *University of Toronto Quarterly*.

Elizabeth A. Trott

Brevet Le système des brevets récompense les inventeurs qui communiquent leur invention au public. La récompense est la création d'une période de monopole au cours de laquelle l'inventeur a le droit exclusif d'exploiter l'invention. À la fin de cette période, l'invention perd son exclusivité et tombe dans le domaine public.

Pour obtenir le brevet, l'inventeur doit se soumettre à un processus rigoureux de présentation d'une demande et satisfaire à certains critères définis. Les exigences sont énoncées dans la *Loi sur les brevets*, dont la dernière modification exhaustive remonte à 1987.

L'inventeur doit démontrer que l'invention est inventive et nouvelle, c.-à-d. qu'au moment du dépôt de la demande, l'invention ne pouvait être anticipée ou n'était pas divulguée par toute autre demande précédant la date de dépôt (article 27). En outre, l'invention doit présenter un avantage qui est commercialement utile en ce qu'il constitue un perfectionnement de la technologie qui n'est pas évident ou banal (article 1).

La demande de brevet La demande comporte plusieurs parties: la description de l'invention en mots et les dessins accompagnant cette description, ainsi que les revendications (lesquelles définiront éventuellement les droits exclusifs conférés à l'inventeur). Pour que la demande soit acceptée, elle doit démontrer la «bonne idée» à l'origine de laquelle l'invention a été conçue, mise à l'essai, puis transformée en un procédé concret constituant un perfectionnement important de la réalisation en question.

Après avoir été reçue par le bureau des brevets, la demande est examinée afin de s'assurer qu'elle répond aux critères de nouveauté, d'utilité et d'inventivité. L'examen rigoureux est effectué par des examinateurs experts dans leurs domaines. Les catégories générales d'invention prévues par la loi sont la réalisation, le procédé, la machine, la fabrication ou la composition de matières. Chacune comporte plusieurs sous-catégories d'expertise.

Comme on peut s'y attendre, il existe plusieurs distinctions subtiles sur des notions comme le «perfectionnement», l'«étape inventive» et l'«utilité» et elles présentent toutes de nombreuses variations.

La durée d'un brevet est de 20 ans à compter de la date de dépôt de la demande.

Traitement expéditif Les modifications apportées en 1987 à la *Loi sur les brevets* refondent le système canadien des brevets. L'inventeur est la personne qui est la première à déposer une demande nouvelle (sans délai de grâce). La procédure de demande est révisée en profondeur pour rendre le processus plus expéditif de manière à ce qu'il soit plus conforme aux obligations du Canada dans le cadre du Traité de coopération en matière de brevets.

Un très bon exemple de la nécessité de trouver un bon équilibre entre les droits privés et le bien public réside dans les dispositions spéciales ayant trait aux médicaments brevetés. Elles visent à assurer que les brevets ne sont pas utilisés pour priver le public de substances médicamenteuses nécessaires et que le marché est suffisamment approvisionné. Le Conseil des examens des prix des médicaments brevetés peut modifier les prix qu'il juge excessifs.

La question de la brevetabilité des formes de vie suscite actuellement une vive controverse. Les difficultés soulevées ont trait non seulement à l'identification et à la conservation des matières en question, mais également au dilemme philosophique que présente la portée éventuelle d'un monopole sur des formes de vie. On trouve la même controverse à l'échelle internationale, où les règles vont de l'interdiction pure et simple de tels brevets à une distinction entre les formes de vie inférieures et les formes de vie supérieures.

Peter Lown

Brewster, Harlan Carey, politicien, premier ministre de la Colombie-Britannique (Harvey, N.-B., 10 nov. 1870—Calgary, 1ᵉʳ mars 1918). Il fait ses études au Nouveau-Brunswick et à Boston, au Massachusetts, et devient imprimeur et navigateur de haute mer. Il s'installe en Colombie-Britannique vers 1893 et occupe successivement divers postes, dont celui de commissaire de bord, de comptable et de directeur d'une conserverie de saumon, avant d'acquérir la Clayoquot Sound Cannery, en 1907. En 1909, il est élu député libéral de la circonscription d'Alberni à l'Assemblée législative.

Chef de l'Opposition, il affronte le premier ministre Richard MCBRIDE dans Victoria en 1912, mais est défait comme tous les autres candidats libéraux. Il revient à l'Assemblée législative en 1916, à la faveur d'une élection partielle dans une circonscription de Vancouver et, réélu aux élections générales, il devient premier ministre, fonction qu'il occupe jusqu'à sa mort. Quoique de courte durée, son gouvernement s'est distingué par l'adoption de mesures réformistes sur le DROIT DE VOTE DE LA FEMME et la PROHIBITION, et par sa volonté de mettre un terme à la corruption politique, notamment celle entourant la société Pacific Great Eastern Railway.

Patricia E. Roy

Bricklin Le promoteur américain Malcolm Bricklin voulait construire sa propre voiture sport de conception américaine. Attiré par des garanties d'emprunt de 2 880 000 $ plus 500 000 $ pour 51 p. 100 des actions, il ouvre une usine de fabrication de carrosseries en fibre de verre à Saint-Jean et à Minto, au Nouveau-Brunswick. La production est retardée en raison des problèmes techniques des «portes papillon» et de la mauvaise qualité des carrosseries.

L'endettement de l'entreprise envers le gouvernement provincial grimpe à 23 millions de dollars et le gouvernement refuse de lui avancer d'autres fonds à moins que le secteur privé ne fournisse 50 p. 100 du financement. Le secteur privé refuse et la compagnie est mise sous séquestre.

En 1974 et 1975, on fabrique 2857 voitures. Elles sont toutes livrées aux États-Unis parce que Bricklin ne peut pas adhérer à l'ACCORD CANADO-AMÉRICAIN SUR LES PRODUITS DE L'INDUSTRIE AUTOMOBILE. Les moteurs AMC et Ford, ainsi que les autres pièces, sont importés en franchise des États-Unis à la condition que chaque Bricklin y soit vendue.

R. Perry Zavitz

Bridge Jeu de cartes qui se joue à quatre (deux contre deux). Issu du whist, il existe le whist-bridge, le bridge aux enchères et enfin le bridge contrat. En 1926, Harold S. Vanderbilt propose de modifier les règles du jeu en introduisant un élément de risque dans les enchères de chaque main: la paire déclarante ne peut obtenir le boni d'une manche ou d'un chelem que si elle a gagé le nombre de levées voulu, alors qu'au bridge aux enchères, on obtenait automatiquement le boni dès que l'on avait fait le nombre de levées du contrat. Ce nouveau jeu très compétitif favorise les joueurs qui font preuve de jugement, de concentration et d'endurance, qualités toujours nécessaires dans les sports de compétition.

Depuis de nombreuses années, l'American Contract Bridge League (ACBL) fait la promotion du bridge de tournoi en Amérique du Nord en sanctionnant des tournois. En 1958, l'ACBL s'est associée à la Ligue européenne et à la Ligue australienne de bridge pour former la Ligue mondiale du bridge (LMB), dont la principale fonction est d'organiser et de parrainer des tournois internationaux. Des Canadiens comme Eric Murray et Sami Kehela, de Toronto, ont joué dans des équipes de l'ACBL.

Lorsque les olympiades mondiales de bridge sont instituées dans les années 60, l'heure est venue de fonder une organisation afin de choisir les représentants canadiens, et Murray s'associe à Douglas Cannell, de Winnipeg, à Henry Smilie, de Vancouver, à Aaron Goodman, de Montréal, et à d'autres pour créer la Fédération canadienne de bridge en 1966-1967. Cet organisme a pour fonction de représenter les intérêts des 18 000 Canadiens qui jouent à un moment ou à un autre dans des tournois.

Depuis 1968, le Canada participe à toutes les activités de la LMB auxquelles ses joueurs sont admissibles. Avec Charles Coon comme partenaire en 1962 et Sami Kehela en 1966, en 1967 et en 1974, Éric Murray a fait partie d'équipes d'Amérique du Nord qui se sont classées deuxièmes, laissant chaque fois la victoire au puissant Blue Team italien. Aux olympiades par paires, Eric Kokish et Peter Nagy, de Montréal, ont obtenu le deuxième rang en 1978 dans les Paires ouvertes. Dianna Gordon et George Mittelman, de Toronto, ont été les gagnants parmi les Paires mixtes en 1982.

Alvin Baragar

Bridgewater, ville de la N.-É.; pop. 7351 (rec. 1996), 7248 (rec. 1991), 6617 (rec. 1986); superf. 13,35 km²; const. en 1899; située au point de départ de la navigation sur la rivière La Hève, à 16 km de son embouchure. Pierre du Gua de MONTS explore la région en 1604 et, de 1632 à 1654, une petite colonie française est installée à l'embouchure de la rivière. La colonisation par les Britanniques favorise l'installation de protestants de langue française et allemande tout près de LUNENBURG en 1753. La véritable fondation de cette collectivité remonte à 1874 lorsqu'on effectue un relevé des lots. Comme c'est le principal endroit de franchissement de la rivière La Hève, on l'appelle Bridgewater.

Une société pluraliste prend peu à peu forme et s'accroît en fonction de la demande de bois d'œuvre de la région. À la fin du XIXᵉ siècle, quelque 350 hommes travaillent à la scierie Davison, l'une des plus importantes au Canada. L'expédition par voie d'eau et la gare centrale sont importantes dès 1890 et pendant une bonne partie du XXᵉ siècle.

Situation actuelle L'industrie du bois de sciage et de pâte est toujours importante, mais une usine de pneus Michelin, construite en 1969-1970 grâce à une subvention du ministère de l'Industrie, des Sciences et de la Technologie, est maintenant le pilier de l'économie. La prestation de services régionaux contribue à l'économie locale. Bridgewater est l'hôte d'une foire agricole annuelle et un journal hebdomadaire y est publié. Le 12 janvier 1899, un incendie désastreux détruit le centre-ville. Le développement commercial a remplacé la plupart du patrimoine architectural, mais l'architecture domestique qui reste est d'inspiration victorienne et de la Nouvelle-Angleterre.

L.D. McCann

Brier Nom abrégé du Macdonald Brier Tankard, est l'un des trophées les plus prestigieux du sport canadien. Ce trophée est décerné au gagnant du championnat canadien de CURLING masculin, qui voit le jour en 1927 et est alors commandité par la W.D. Macdonald Co. Cet événement annuel donnera au curling un essor significatif. Une équipe représentant chaque province ainsi qu'une équipe supplémentaire du nord de l'Ontario prennent part au championnat. En 1975, une équipe formée de curleurs des Territoires du Nord-Ouest et du Yukon vient s'ajouter, ce qui porte à 12 le nombre des équipes.

Chaque province (ou territoire) organise des séries éliminatoires provinciales et régionales pour déterminer le gagnant provincial. Le gagnant du Brier représente le Canada au Championnat du monde de curling (Scotch Cup entre 1959 et 1968, puis le Silver Broom). En 1949, Ken Watson (Manitoba) devient le premier curleur à gagner trois fois le Brier. Matt Baldwin (Alberta) remporte également le titre à trois reprises, en 1954, en 1957 et en 1958, avant qu'Ernie RICHARDSON ne s'en empare quatre fois en cinq ans, entre 1959 et 1963. Ron Northcott (Alberta) remporte le Brier à trois reprises, soit en 1966, en 1968 et en 1969.

Les provinces de l'Ouest dominent largement leurs adversaires en remportant 46 des 65 des premiers championnats canadiens (jusqu'en 1992), le Manitoba en gagnant à lui seul 23. Quand Labatt devient le nouveau commanditaire, en 1980, l'organisation du tournoi subit des modifications pour inclure les demi-finales et des finales après un tournoi à la ronde.

Gerald Redmond

Bright, John Dee, joueur de football et enseignant (Fort Wayne, Indiana, 11 juin 1931—Edmonton, 14 déc. 1983). Il obtient son diplôme de la Drake University (Des Moines, Iowa), où il est le meneur pour les gains au sol parmi tous les joueurs des collèges des États-Unis, puis il joint les STAMPEDERS DE CALGARY en 1952. Durant la saison de 1954, il joint les ESKIMOS D'EDMONTON. Excellent secondeur de ligne et puissant centre-arrière chez les Eskimos, il gagne le trophée Schenley décerné au meilleur joueur canadien en 1959. Il est le premier Noir à obtenir une telle reconnaissance au football au Canada.

Il est déclaré joueur étoile de la Conférence de l'ouest 7 fois, joueur étoile de la Ligue canadienne de football à 4 reprises, et il participe 4 fois à un match de la Coupe Grey. Il se retire au sommet de sa gloire en 1965, après avoir cumulé 10 909 verges de gain au sol en 1969 et 71 touchés. Il est enseignant scolaire à Edmonton jusqu'à sa mort.

Frank Cosentino

Brind'Amour, Yvette, comédienne et directrice de théâtre (Montréal, 1918—*id.*, 1992). Danseuse de formation, elle se rend à Paris après la Seconde Guerre mondiale pour y suivre des cours de théâtre chez René Simon et Charles Dullin. En 1948, au moment où le milieu théâtral québécois commence à s'organiser professionnellement, elle fonde, avec son amie Mercédès Palomino, le THÉÂTRE DU RIDEAU VERT qu'elle dirigera jusqu'à sa mort. La salle se donne pour vocation la production de boulevard français et de comédies dramatiques.

Dès la première saison, Yvette Brind'Amour met en scène *Les Innocentes* de Lilian Hellman. Le Rideau vert devient vite un centre important de diffusion du théâtre montréalais où l'on retrouve des interprètes de grand talent comme Denise PELLETIER, Gérard Poirier, Françoise FAUCHER, Monique Miller et Geneviève BUJOLD. Yvette Brind'Amour elle-même défend plus de 200 rôles pendant sa carrière, notamment dans des pièces de Giraudoux, Pirandello, Guitry, Musset, Anouilh, Marivaux, Tchekhov, Cocteau, et Montherland. Pouvant être d'une très grande justesse, elle affecte souvent une certaine distance, empreinte de pudeur et de retenue. Sous sa direction artistique, le Théâtre du Rideau-Vert crée la première pièce de Félix LECLERC *Sonnez les matines*, *La Sagouine* d'Antonine MAILLET, *L'Exécution* de Marie-Claire BLAIS et surtout *Les Belles-sœurs* de Michel TREMBLAY (1968), pièce charnière de la dramaturgie québécoise contemporaine.

Stéphane Baillargeon

Brintnell, Wilfred Leigh, pilote, homme d'affaires (Belleville, Ont., 27 août 1895—Edmonton, Alb., 22 janv. 1971). Au terme de son service de pilote instructeur pendant la Première Guerre mondiale, Brintnell travaille pour les compagnies Ontario Provincial Air Service (1924-1927) et Western Canada Airways (1927-1931), puis il fonde Mackenzie Air Service, sa propre compagnie, à Edmonton. Celle-ci assure avec succès le transport régulier et non régulier à destination des Territoires du Nord-Ouest de 1932 à 1940. Mais, en 1940, la compagnie est vendue au Canadien Pacifique qui l'amalgamera par la suite à CP Airlines.

Brintnell s'occupe alors d'une autre compagnie, Aircraft Repair, qui, pendant la Seconde Guerre mondiale, révise ou répare 856 avions et 2672 moteurs pour l'Aviation royale du Canada (ARC) et la United States Air Force (USAF). En 1945, Aircraft Repair devient Northwest Industries Ltd., laquelle, de 1945 à 1949, construit sous licence 13 avions Bellanca Senior Skyrocket à Edmonton, avant de mettre fin à cette expérience de fabrication non rentable et de se spécialiser dans la révision et la réparation.

Stanley Gordon

Brisebois, Ephrem A., militaire, membre de la police à cheval, secrétaire des registres fonciers (South Durham, Qc, 7 mars 1850—Minnedosa, Man., 13 févr. 1890). Il se joint peu de temps à l'armée de l'Union pendant la Guerre de sécession, puis, de 1868 à 1870, aux ZOUAVES pontificaux canadiens à Rome. En 1873, Brisebois est nommé officier de la Police à cheval du Nord-Ouest (P.C.N.-O.) nouvellement formée. Deux ans plus tard, il part avec la troupe de la P.C.N.-O. qu'il dirige pour établir un poste au confluent des rivières Bow et Elbow.

Brisebois s'entête à désigner le poste comme étant «Fort Brisebois», bien que ses supérieurs lui aient attribué le nom de «Fort Calgary». Déjà considéré inapte à diriger ses troupes, son incessante insubordination mène à sa démission de la P.C.N.-O. en août 1876. Fervent catholique, instruit et partisan actif du Parti conservateur, Brisebois est secrétaire des registres fonciers à Minnedosa de 1880 à 1889. Pendant la RÉBELLION DU NORD-OUEST, il se joint à la 65ᵉ infanterie du Mont-Royal.

S.W. Horrall

Brise-glace Le Canada a des brise-glace en service depuis plus de 100 ans. En fait, entre 1876 et 1899, on construit trois petits TRAVERSIERS brise-glace pour respecter l'une des promesses de la Confédération qui garantissait un service de traversier tout au long de l'année entre l'Île-du-Prince-Édouard et le continent. Au tournant du siècle, les premiers véritables brise-glace du Canada, le *Champlain* et le *Montcalm*, sont construits pour briser les murs de glace et les embâcles qui causent alors des inonda-

tions tous les ans dans les passages les plus étroits du FLEUVE SAINT-LAURENT.

Durant les années 20, les brise-glace sont utilisés pour la première fois dans l'Arctique canadien afin d'approvisionner en biens et services les autochtones et les communautés isolées durant la courte saison estivale. Le Canada s'en sert également pour matérialiser ses revendications de souveraineté sur le PASSAGE DU NORD-OUEST et l'ARCHIPEL ARCTIQUE. Dans les années 30, le port de Churchill est ouvert pour l'expédition de céréales, puis, en 1957, le gouvernement entreprend l'approvisionnement annuel du réseau des postes d'alerte avancée (DEW) dans l'Arctique.

Le Canada exploite 21 des quelque 110 brise-glace qu'on retrouve dans le monde: 19 appartiennent à la GARDE CÔTIÈRE CANADIENNE (GCC), qui relève de Transport Canada, et 2, à des sociétés privées. Une des principales fonctions d'un brise-glace est de briser, séparer ou de faire dévier la glace. Il est utilisé sur les eaux prises par les glaces. Les brise-glace de la GCC ont été conçus et construits en fonction de besoins particuliers au Canada: pour faciliter le transport sur les lacs, en mer et aux embouchures des rivières; pour garder ouverts les canaux composant la VOIE MARITIME DU SAINT-LAURENT; et pour favoriser l'approvisionnement par le gouvernement et les activités de développement économique de l'Arctique. Les brise-glace de la GCC sont ainsi classés: lourds (2 navires), moyens (6) et légers (11). Le brise-glace le plus puissant au Canada, le *Louis S. St-Laurent* jaugeant 13 500 t de port en lourd (PL), est plus petit que les quatre brise-glace nucléaires russes de 13 300 PL de classe Rossiya en service. Le *Canmar Kigoriak* (7200 PL), qui appartient à la Canadian Marine Drilling Ltd. et qui est pratiquement inactif aujourd'hui, était utilisé pour escorter dans l'Arctique d'autres unités de marine actives telles que des plates-formes de forage. C'était un navire fondamentalement expérimental, prototype d'un futur brise-glace-citerne gigantesque de 200 000 PL.

Comme les autres pays qui possèdent des brise-glace (Argentine, Finlande, Suède, Japon, Allemagne, États-Unis et Russie), le Canada exploite d'autres types de bâtiments conçus pour naviguer dans les glaces. Ces unités de marine résistantes aux glaces vont du navire de charge expérimental, tel que le M.V. *Arctic*, au caisson mobile des grandes sociétés privées qui font du forage pétrolier dans la mer de Beaufort.

En général, les brise-glace lourds de la GCC naviguent dans les eaux du Sud en hiver et dans l'Arctique en été. Bien que le *Louis S. St-Laurent* ait déjà navigué dans la baie d'Hudson en décembre, aucun brise-glace en service au Canada n'est en mesure de pénétrer dans les eaux de l'Arctique durant l'hiver rigoureux qui dure de novembre à mai.

La classification actuelle par numéros arctiques fait partie des *Canadian Arctic Shipping Pollution Prevention Regulations*, institués en 1970. P. ex., un brise-glace Arctique 4, catégorie à laquelle appartient le *Canmar Kigoriak*, peut traverser une couche de glace de 0,91 m (3 pi) d'épaisseur à une vitesse de 3 nœuds en «mode continu». Ce terme désigne le mouvement régulier du brise-glace qui navigue sans être bloqué par la glace. Un brise-glace Arctique 7 peut maintenir une vitesse de 3 nœuds à travers 7 pi d'épaisseur de glace. Il existe quatre classifications arctiques canadiennes (CAC) pour les brise-glace et tous les autres types de bateaux résistants aux glaces. Un navire CAC 1 est conçu pour une exploitation continue dans une glace de plusieurs années, alors qu'un CAC 4 navigue normalement dans une glace d'un an. L'expérience de l'équipage d'un brise-glace est un élément clé pour la navigation dans les glaces.

En juillet et en août 1994, les brise-glace GCC *Louis S. St-Laurent* et le *Polar Sea* de la garde côtière américaine transportent dans le bassin arctique et au PÔLE NORD la première expédition scientifique

conjointe canado-américaine. L'équipe se compose de 60 scientifiques canadiens et américains qui mènent, dans près de 30 domaines, des recherches visant à mieux comprendre l'Arctique en ce temps de changement global. Celles-ci comprennent, entre autres, les caractéristiques de circulation de l'océan et de la couche de glace ainsi que le rayonnement atmosphérique et l'effet de serre. Contrairement au projet initial de l'expédition, les deux bateaux atteignent le pôle Nord le 22 août, étant ainsi les premiers bâtiments de surface nord-américains à effectuer ce trajet jusque-là non exploré à partir de l'extrémité ouest de l'océan Arctique.

Les besoins à venir du Canada en brise-glace d'avant-garde ne sont pas aussi importants que ceux de la Russie. La composition de la flotte canadienne de brise-glace est fonction du volume de la demande de ses services en eau gelée. P. ex., le transport de pétrole et de gaz par voie maritime à partir de l'Arctique nécessiterait une augmentation importante de cette flotte au Canada.

John D. Harbron

British Block, «medicine wheel» et campement de ronds de tipis de Le «medicine wheel» et le campement de ronds de tipis de British Block sont situés en pleine prairie dans le sud-est de l'Alberta. Le «medicine wheel» consiste en un cairn de pierres, au centre, de 10 m de diamètre et de 2 m de haut, entouré d'un cercle de pierres de 24 m de diamètre. Entre le cairn central et le cercle se trouve une figure humaine dont les contours sont tracés par des pierres. Tout près se trouvent de nombreux cercles de pierres, plus petits, ou «ronds de tipis», utilisés par les autochtones pour maintenir en place les bords de leurs habitations.

Le cairn de pierres, au centre, et l'anneau de pierres tout autour constituent le plus imposant exemple connu d'un certain type de structures de pierres rarement trouvé dans les plaines du Nord et compris dans la grande catégorie des MEDICINE WHEELS. Ce type de «medicine wheels» présente une grande variété de caractéristiques archéologiques dont celui de British Block n'est qu'une illustration. La structure et la taille du «medicine wheel» de British Block semblent témoigner d'activités rituelles tenues par des groupes sociaux relativement nombreux. Quoique la fonction cérémonielle particulière de structures comme celle de British Block soit inconnue, des fouilles à cet endroit ont révélé que sa construction a débuté il y a de 4000 ans à 5000 ans, et que l'utilisation et l'élargissement de ces structures se sont poursuivis de façon intermittente jusqu'au début de la période historique.

Au moins 51 cercles de pierres de la taille de ronds de tipis sont associés au «medicine wheel» de British Block. Dix-neuf d'entre eux sont nettement disposés en un campement circulaire ayant une ouverture vers le nord. On estime que ce campement circulaire pouvait abriter en tout 190 personnes. Des fouilles menées dans ce campement indiquent qu'il a probablement été construit par les habitants d'un complexe archéologique qui existait dans la région il y a de 3500 ans à 4200 ans. L'utilisation à certaines occasions d'un campement circulaire comme celui découvert sur le site de British Block est un trait caractéristique chez tous les groupes historiques d'Amérindiens des Plaines. Le campement circulaire de ronds de tipis de British Block est la preuve la plus ancienne de son utilisation.

John H. Brumley

British Columbia Provincial Police Elle est issue des forces policières mises sur pied en 1858 dans les colonies de l'île de Vancouver et de la Colombie-Britannique pour maintenir l'ordre public à la suite de l'arrivée massive de chercheurs d'or et de colons. Après l'union des colonies en 1866, les deux forces fusionnent sous la direction d'un commissaire de police. Le corps prend le nom de Provincial Police après l'entrée de la Colombie-Britannique dans la Confédération, en 1871. Les membres sont des civils ne portant pas d'uniforme, qui maintiennent l'ordre sur le territoire non organisé de la province. En 1923, le corps est réorganisé à l'image de la Gendarmerie royale du Canada (GRC).

La province est divisée en commandements divisionnaires, on adopte une hiérarchie semi-militaire ainsi qu'un uniforme, semblable à celui de la GRC, mais de couleur kaki avec des ornements verts. Dans les années 30, le corps de police commence à desservir des municipalités en vertu de contrats avec les autorités locales. Le 15 août 1950, la British Columbia Provincial Police, comprenant 492 hommes, est absorbée par la GRC.

S.W. Horrall

British Columbia Railway Chemin de fer constitué en société en 1912 sous le nom de Pacific Great Eastern Railway pour la construction d'une ligne ferroviaire allant de Vancouver Nord à Prince George, où elle devait être raccordée au GRAND TRUNK PACIFIC RAILWAY. Société privée à l'origine, la compagnie est bientôt confrontée à des difficultés financières et, en 1918, après n'avoir construit que 283 km de voie ferrée depuis le port côtier de Squamish jusqu'à Quesnel, point de départ du transport fluvial intérieur, la Pacific Great Eastern est étatisée par le gouvernement de la Colombie-Britannique.

Le restant de la voie, de Vancouver Nord à Squamish et de Quesnel à Prince George, n'est achevé qu'en 1956. On construit par la suite deux importants prolongements au nord et plusieurs embranchements. Dans la région de la rivière de la Paix, dans le Nord-Est, on prolonge une ligne jusqu'à Fort Nelson en 1971. On abandonne le projet d'un prolongement nord-ouest jusqu'à Dease Lake.

On électrifie des portions importantes de la ligne pour accélérer le transport du charbon. Le chemin de fer de la British Columbia Railway dessert les industries primaires du nord de la province grâce aux 2300 km de voie ferrée dont la construction a coûté plus d'un milliard de dollars de fonds publics.

T.D. Regehr

British Columbia Research Council Au départ, société à but non lucratif constituée en 1944 pour offrir des installations pour la recherche technologique et le développement industriel en Colombie-Britannique. Le BC Research (BCR), une aile technique du Conseil, comprenait des laboratoires pour les domaines de la science, de l'ingénierie et de la technique. Son mandat était de donner aux petites entreprises de la Colombie-Britannique les moyens d'améliorer leur position concurrentielle sur les marchés canadiens et mondiaux. Le BCR s'est efforcé d'équilibrer ses travaux contractuels de courte durée pour les industries primaires et ses études «fondamentales» plus longues, souvent en coopération avec des chercheurs universitaires et financées par des subventions provinciales et fédérales.

Le BCR était réputé sur le plan international pour son expertise en matière de systèmes à deux combustibles (diesel-gaz naturel comprimé), en technologies de l'industrie de transformation des aliments et des produits de la pêche, en aquaculture, en gestion des déchets et manutention de produits en vrac, en santé et hygiène du travail, en analyses chimiques organiques et inorganiques et en technologies de traitement de produits chimiques spéciaux.

En 1993, le BCR devient BC Research Inc. (BCRI), une société privée comportant trois divisions de recherches: Sciences et génie de l'environnement, Biotechnologie et Ingénierie des systèmes de pointe. Le BCRI loue parfois ses services de recherches et s'associe parfois avec ses clients.

Martin K. McNicholl

Britnell, George Edwin, spécialiste en économie politique et professeur (Londres, Angl., 9 juin 1903—Saskatoon, 14 oct. 1961). Chef du département des sciences économiques et politiques de l'U. de la Saskatchewan de 1938 jusqu'à son décès, Britnell fut aussi administrateur de l'université, conseiller auprès du gouvernement, membre d'une commission royale

d'enquête et délégué canadien à trois conférences économiques internationales. Pendant 16 ans, il fut conseiller spécial en transport pour le gouvernement de la Saskatchewan et, avec V.C. FOWKE, il a obtenu le maintien de la CONVENTION DU NID-DE-CORBEAU sur les tarifs des céréales.

Tout en suivant une carrière distinguée dans l'édition universitaire, il fut président de l'Association canadienne des sciences politiques (1956-1957), président du Conseil canadien de recherches en sciences sociales (1956-1958) et représentant à l'Association internationale des sciences économiques. Élu membre de la Société royale du Canada en 1950, il fut le premier à occuper la chaire Harold Innis de l'U. de Toronto à titre de professeur invité de recherche en économie politique en 1954.

Paul Phillips

Brittain, Donald, cinéaste (Ottawa, Ont., 10 juin 1928—Montréal, Qc, 21 juil. 1989). Après plusieurs années au *Ottawa Journal*, Brittain entre à l'OFFICE NATIONAL DU FILM en 1955. Il en est bientôt l'un des documentaristes les plus respectés. En 1962, il produit une série de 13 épisodes, *Canada at War* (le Canada en guerre). Deux ans plus tard, en collaboration avec John Kemeny, il réalise *Bethune*, biographie du docteur Norman BETHUNE, premier d'une série de films dans lesquels il dépeint des personnages controversés. Dans un style vivant, humoristique, original et souvent incisif, il trace le portrait de Leonard COHEN, de Lord THOMSON of Fleet, de Ferguson JENKINS, de Malcolm LOWRY et des QUINTUPLÉES DIONNE. C'est son film *Volcano: An Inquiry into the Life and Death of Malcolm Lowry* (1976) qui établit sa réputation internationale.

Peut-être à cause de sa formation journalistique, Brittain préfère les sujets délicats, d'une portée actuelle. Dans *The Champions* (1978), il décrit la carrière politique de Pierre TRUDEAU et de René LÉVESQUE. Il égratigne la faune bureaucratique avec *Paperland: The Bureaucrat Observed*, tourné en 1979 et choisi film de l'année lors de la remise des Canadian Film Awards. En 1974, il réalise son premier long métrage, *Dreamland*, portant sur l'histoire du cinéma canadien de 1895 à 1939, et assure la rédaction du commentaire de *Has Anybody Here Seen Canada* (1978), qui prolonge cette même histoire jusqu'en 1953. Après sa série sur l'histoire de la sécurité nationale au Canada, *On Guard for Thee* (1981), il évoquera la carrière d'un syndicaliste anticommuniste controversé dans *Canada's Sweetheart: the Saga of Hal C. Banks* (1985), profitant de l'occasion pour dénoncer l'interventionnisme effronté des Américains au Canada. Il est presque paradoxal que ce grand documentariste ait terminé sa carrière par une docufiction sur Mackenzie KING, *The King Chronicle* (1988). Il possédait une personnalité contradictoire et attachante. Sa carrière fut jalonnée de nombreux prix et il a été nommé Compagnon de l'Ordre du Canada un mois avant sa mort. La qualité et la variété de sa production placent Brittain au rang des grands documentaristes canadiens-anglais.

Pierre Véronneau

Broadbent, John Edward, théoricien politique et député (Oshawa, Ont., 21 mars 1936). Issu d'une famille de travailleurs de l'industrie automobile dans une ville patronale, Broadbent fait ses études à l'U. de Toronto (Ph.D. en 1966) ainsi qu'à la London School of Economics puis se joint au département de sciences politiques de l'U. York en 1965. En 1968, c'est par une très faible majorité qu'il est élu député du NOUVEAU PARTI DÉMOCRATIQUE (NPD) à la Chambre des communes dans la circonscription d'Oshawa-Whitby.

Au cours de ses premières années comme député, Broadbent est associé à l'aile gauche du parti. En 1971, il perd sa première course à la chefferie du parti mais, en 1974, il devient un candidat sérieux lorsque David LEWIS, le chef du parti, perd son siège et que Broadbent devient largement majoritaire dans sa circonscription. Ce n'est pas sans hésitation

qu'il se présente à nouveau pour être finalement élu en juillet 1975. En tant que chef, il met l'accent sur les questions économiques et aide le parti à se relever de sa désastreuse défaite de 1974.

Broadbent est élu vice-président de l'Internationale socialiste en 1978. En 1980-1981, il affronte un soulèvement de son caucus (centré en Saskatchewan) en réaction à son appui au rapatriement de la Constitution canadienne. À l'issue de son congrès de 1981, le parti adhère à sa position, mais un certain mécontentement persiste et, lors du congrès de 1983, les délégués des Prairies font circuler un manifeste critiquant implicitement le leadership de leur chef.

Bien que l'appui au NPD semble en déclin avant les élections de 1984, Broadbent mène une brillante campagne en mettant l'accent sur la réforme fiscale, la diminution des taux d'intérêt et l'égalité pour les femmes. Le NPD réussit à aller chercher 30 sièges (seulement 10 de moins que les Libéraux) dont 13 sièges en Ontario. Après cette élection, la popularité de Broadbent dans les sondages est de beaucoup supérieure à celle du chef libéral John Turner et du premier ministre Brian Mulroney.

Broadbent connaît beaucoup moins de succès lors de la campagne de 1988, laissant aux Libéraux l'initiative de l'opposition à l'accord de libre-échange des Conservateurs. Bien que le NPD ait obtenu 43 sièges, Broadbent démissionne et Audrey McLaughlin lui succède à la tête du parti en décembre 1989. En janvier 1990, Broadbent est nommé président du Centre international des droits de la personne et du développement démocratique, un poste qu'il occupera durant six ans.

Garth Stevenson

Brochet Les brochets appartiennent à la famille des ésocidés, qui inclut cinq espèces de poissons prédateurs d'eau douce à rayons mous, à museau allongé, à dents pointues, à corps cylindrique et à queue fourchue. Leurs nageoires dorsale, anale et caudale sont très rapprochées. La famille des ésocidés fait partie de l'ordre des ésociformes et de la classe des actinoptérygiens.

Les anglophones donnent aux trois plus petits membres de la famille (le brochet d'Amérique, le brochet vermiculé et le brochet maillé) le nom vernaculaire de «pickerel», qui est un diminutif de «pike». Dans certaines régions du Canada, les anglophones attribuent incorrectement le terme «pickerel» au DORÉ JAUNE.

Description Le grand brochet et le maskinongé ont un corps ovale, une grande tête aplatie (parfois concave chez le second), un museau en forme de bec de canard et de grosses dents. Le grand brochet se distingue par des rangées horizontales de motifs en forme de fèves, des taches jaunes sur fond vert ou brun, quatre à six pores de chaque côté de la face ventrale de sa mâchoire inférieure et par des écailles recouvrant ses joues et la moitié de ses opercules. Le maskinongé est le plus grand représentant de la famille. Il se caractérise par des marques sombres sur fond pâle, six à dix pores de chaque côté de la face ventrale de sa mâchoire inférieure et par l'absence d'écailles sur la portion inférieure de ses joues et de ses opercules. Bien que des maskinongés de plus de 1,8 m et de 45 kg aient autrefois été observés, la plupart des spécimens actuels sont beaucoup plus petits (70 cm à 120 cm, de 3 kg à 16 kg).

Répartition et habitat Le grand brochet (*Esox lucius*) a une distribution circumpolaire, le brochet d'Amur (*E. reicherti*) est indigène de la Sibérie et de la Chine, et le maskinongé (*E. masquinongy*), le brochet d'Amérique (*E. americanus*) ainsi que le brochet maillé (*E. niger*) se rencontrent exclusivement en Amérique du Nord. Ces deux derniers vivent à l'état naturel seulement dans l'est de l'Amérique du Nord. Le grand brochet se rencontre partout au Canada excepté dans les Maritimes, en Gaspésie, dans la plupart des régions arctiques côtières et en Colombie-Britannique (on le trouve dans le nord-est de cette province). Il vit dans les lacs chauds ou frais, dans les cours d'eau et les étangs, habituellement où il y a de la végétation aquatique. Le maskinongé affectionne les eaux fraîches et propres où il y a de la végétation. Au Canada, on le rencontre depuis le Québec jusque dans l'est du Manitoba.

Le brochet d'Amérique (*E. americanus*) se divise en deux sous-espèces: le brochet d'Amérique à proprement parler (*E. a. americanus*), qui peut atteindre 35 cm de longueur, et le brochet vermiculé (*E. a. vermiculatus*), légèrement plus petit. Au Canada, on peut rencontrer ces sous-espèces ainsi que le brochet maillé, un autre brochet de petite taille, dans certaines régions du sud de la Nouvelle-Écosse jusqu'en Ontario, dans de petites étendues d'eau chaude telles que des étangs, des petits ruisseaux et des baies de lacs.

Régime alimentaire Les brochets chassent à l'affût. Ils se cachent, puis se jettent sur leur victime en la capturant de côté et repartent ensuite se cacher afin de la retourner et l'ingérer tête première. Les adultes se nourrissent presque exclusivement d'autres espèces de poissons.

Reproduction Le grand brochet se reproduit au printemps (avril ou mai). L'adulte se déplace généralement vers des sites de frai sous la glace. Il ne construit pas de nid et ne donne aucun soin parental. Il atteint sa maturité sexuelle entre l'âge de deux ans et quatre ans. Certains individus ont plus de 24 ans, mesurent de 1 m à 1,5 m et pèsent de 14 kg à 20 kg. En Amérique du Nord, le plus gros individu pêché à la ligne, en 1940, mesurait 133,3 cm et pesait 20,92 kg. Au Canada, le plus gros individu a été pêché en Saskatchewan en 1954 et pesait 19,39 kg.

Importance pour les pêches Le maskinongé est l'un des poissons les plus recherchés au Canada par les pêcheurs sportifs, que ce soit pour ses acrobaties aériennes, sa combativité ou parce que l'on espère battre le record de 32 kg.

Le grand brochet est sujet aux lymphosarcomes cancéreux et à la maladie appelée l'ulcère rouge. Les brochets sont parasités par le ver jaune dans la chair et par des trématodes dont les larves (métacercaires) enkystés prennent l'apparence de points noirs sur la peau (blackspot). Ces parasites n'affectent pas les humains et sont tués par une cuisson adéquate du poisson. À certains endroits, les brochets sont porteurs de cestodes qui peuvent être transmis aux humains. Le grand brochet est pêché commercialement et sportivement. En poids, il occupe le second rang des prises annuelles de poissons en Saskatchewan. Au Canada, en 1993, les prises commerciales totales ont été de 2150 tonnes et ont rapporté 1,5 million de dollars aux pêcheurs. Le brochet maillé, qui peut atteindre 50 cm de longueur et peser 1,4 kg, représente un certain intérêt pour les pêcheurs sportifs.

E.J. Crossman

Brochu, André, auteur, critique littéraire (Saint-Eustache, Qc, 1942). Il découvre très tôt sa vocation littéraire. Professeur de lettres françaises à l'U. de Montréal dès 1963, il est un des premiers à enseigner la littérature «québécoise» et fonde la revue culturelle et politique *Parti Pris* (1963), puis le Mouvement pour l'unilinguisme français au Québec (1968). En retraite depuis 1997, il se consacre exclusivement à l'écriture.

Poète (*Étranges Domaines*, 1957; *Privilèges de l'ombre*, 1961; *Particulièrement la vie change*, 1990; *L'inconcevable*, 1998), romancier (*Adéodat 1*, 1973; *Adèle intime*, 1996; *Les épervières*, 1996; *Le maître rêveur*, 1997), nouvelliste (*La croix du Nord*, 1991; *L'esprit ailleurs*, 1992; *Fièvres blanches*, 1994), biographe (*Saint-Denys Garneau, le poète en sursis*, 1999), essayiste (*Hugo: Amour, crime, révolution*, 1974; *L'évasion tragique*, 1985; *Le singulier pluriel*, 1992; *Tableau du poème. La poésie québécoise des années 80*, 1994; *Roman & énumération: de Flaubert à Pérec*, 1996; *Une étude de Bonheur d'occasion de Gabrielle Roy*, 1998), André Brochu est surtout connu pour son œuvre de critique littéraire où il

a renouvelé, voire révolutionné, l'étude des textes en fondant son analyse, non plus sur la vie de l'auteur ou leur contexte social, mais sur la relation que les thèmes établissent entre eux (*La littérature par elle-même*, 1962; *L'instance critique, 1961-1973*, 1974; *La littérature et le reste*, 1980; *La visée critique*, 1988). Pionnier de l'enseignement des Lettres québécoises, cet homme secret et réservé, d'une profonde sensibilité, est considéré comme un des plus importants représentants de la nouvelle critique et de la nouvelle conscience littéraire du pays.

Ismène Toussaint

Brock, sir Isaac, commandant militaire et administrateur du Haut-Canada (St. Peter Port, Guernsey, 6 oct. 1769—Queenston Heights, Haut-Canada, 13 oct. 1812). Brock arrive au Canada en 1802, avec son régiment, le 49ᵉ régiment d'infanterie. Il est promu major-général en 1811 et, en l'absence de Francis GORE, il est nommé administrateur provisoire du HAUT-CANADA. Au début de la GUERRE DE 1812, ses courageuses initiatives comme la prise de Michilimackinac et les attaques qu'il dirige contre AMHERSTBURG et Detroit, font accroître la confiance de la milice. Il est mortellement atteint par un tireur d'élite alors qu'il mène ses troupes au combat contre une batterie américaine lors de la BATAILLE DE QUEENSTON HEIGHTS.

La mémoire de Brock, héros tombé au combat et sauveur du Haut-Canada, demeure extraordinairement présente dans l'histoire de l'Ontario. Sa dépouille, inhumée à Fort George, est déplacée en 1824 au sommet de Queenston Heights sous un imposant monument détruit en 1840. On le remplace en 1853 par un majestueux monument qui, aujourd'hui, surplombe le champ de bataille.

Robert S. Allen

Brockhouse, Bertram Neville, physicien (Lethbridge, Alb., 15 juill. 1918). Brockhouse est l'un des premiers à utiliser des neutrons thermiques pour étudier les aspects structuraux, dynamiques et magnétiques du comportement des systèmes de matière condensée à l'échelle de l'atome. Après ses études à l'U. de la Colombie-Britannique et à l'U. de Toronto, il travaille aux Laboratoires nucléaires de Chalk River de 1950 à 1962, puis comme professeur titulaire de physique à l'U. McMaster.

À Chalk River, il met au point un équipement thermique sophistiqué et des méthodes expérimentales pour la diffusion des neutrons. Il invente en particulier le spectromètre à cristal trois axes, que les laboratoires de recherche du monde entier travaillant sur la diffusion de neutrons utilisent maintenant pour étudier en détail les processus d'excitation dans une large gamme de matériaux. Il ouvre la voie dans plusieurs domaines d'expérimentation, dont la mesure des modes vibratoires atomiques dans les métaux, les semiconducteurs et les isolants, ainsi que des spectres de fréquences d'un éventail de liquides et de spectres d'excitation magnétique («ondes de spin») de divers composés magnétiques. Il exerce une grande influence dans le domaine de la recherche sur la matière condensée.

Les recherches qu'il lance conduisent à d'autres progrès scientifiques, dont plusieurs des auteurs remportent un prix Nobel. Brockhouse obtient lui-même le prix Nobel de physique en 1994, quelque 35 ans après le début de ses travaux innovateurs. Il devient professeur émérite de l'U. McMaster en 1984.

J.R.D. Copley

Brockinton Site archéologique situé sur les rives de la RIVIÈRE SOURIS, dans le sud-ouest du Manitoba. Les recherches ont révélé que l'endroit a connu trois occupations particulières: d'abord comme enclos de dépeçage du bison vers l'an 800, puis une occupation par des autochtones apparentés à la culture Duck Bay, datant de l'an 1200, et les premières preuves mises au jour de la culture Williams, datant de l'an 1600.

L'occupation par des membres du groupe de la culture Duck Bay atteste de l'adaptation des autoch-

tones des régions boisées à la chasse saisonnière au bison. L'occupation par des autochtones de la culture Williams révèle qu'une bande des Plaines tirait sa subsistance du bison. Elle se caractérise par ses poteries remarquablement décorées, qui comprennent de petits bols dont certains ont un bord incurvé, décorés de motifs cordés (deux brins), et ponctués en certains endroits à l'aide de tubes creux, comme des calamus ou encore de petits os de rongeurs ou d'oiseaux.

E. Leigh Syms

Brockington, Leonard Walter, premier président de la SOCIÉTÉ RADIO-CANADA (Cardiff, pays de Galles, 6 avril 1888—Toronto, 15 sept. 1966). Il émigre à Edmonton en 1912 et s'installe peu après à Calgary. Admis au barreau en 1919, il demeure l'avocat de la Ville de Calgary pendant plus de 20 ans. Ses intérêts pour les arts le mènent à occuper le poste de président de la Société Radio-Canada (SRC) de 1936 à 1939, une fonction non rémunérée. Il supervise la construction d'un réseau de transmetteurs régionaux à haute tension et l'augmentation sensible de la réalisation d'émissions.

Brockington institue pour la SRC les principes d'une diffusion non partisane et non commanditée. Il pense mieux servir la liberté de parole en allouant gratuitement du temps d'antenne à des porte-parole compétents appartenant à divers courants de pensée sur des questions controversées plutôt qu'en le vendant à des individus ou à des entreprises commerciales. Arbitre de talent, il est appelé à arbitrer notamment les conflits entre le gouvernement des États-Unis et ses employés à l'ONU, entre la Toronto Transportation Commission et ses employés, et entre le Syndicat des gens de mer et les armateurs.

Brockington devient l'adjoint spécial du premier ministre Mackenzie King de 1939 à 1942 et est conseiller sur les affaires du Commonwealth auprès du ministère britannique des Renseignements de 1942 à 1943, fonction qui lui vaut le titre de Compagnon de l'Ordre de St-Michel et St-Georges. Il est président des cinémas Odéon, membre du premier Conseil des arts du Canada et recteur de l'U. Queen.

Robert E. Babe

Brockville, cité de l'Ont.; pop. 21 752 (rec. 1996), 21 582 (rec. 1991), 20 880 (rec. 1986); superf. 20,25 km²; const. en 1962; située au bord du FLEUVE SAINT-LAURENT, à 80 km à l'est de Kingston. Jadis un important lieu de transbordement, Brockville est encore aujourd'hui un centre régional du CN et sa situation comme «porte d'entrée» des MILLE-ÎLES en fait un grand centre touristique.

Historique Cette colonie LOYALISTE, fondée en 1784 par William Buell ainsi que par Daniel et Charles Jones, s'appelle d'abord Elizabethtown. Elle change de nom en 1812, en l'honneur du lieutenant-gouverneur sir Isaac BROCK. Tout près, l'île Blockhouse sert de lieu de quarantaine lors d'une épidémie de choléra (1832). L'arrivée du chemin de fer accélère sa croissance et, de 1854 à 1860, on y construit le premier tunnel de chemin de fer canadien sous la ville, qui rend possible l'accès aux rives du fleuve à quelque 500 m au nord de celle-ci. À une certaine époque, on y exploite des fonderies et des ateliers d'usinage, mais ces entreprises cèdent la place à des manufactures d'appareils électriques et électroniques, ainsi qu'à des usines de produits pharmaceutiques et chimiques.

Situation actuelle Beaucoup de vieilles demeures subsistent encore aujourd'hui; l'imposant palais de justice tout en pierre (1842-1844), conçu par John G. HOWARD, est l'un des plus anciens édifices publics en Ontario. C'est à Brockville que le journaliste R. Ogle Gowan fonde en 1830 la Grande Loge de l'Amérique du Nord britannique (*voir* ORANGE, ORDRE D'). Un quotidien, le *Recorder and Times*, y paraît depuis 1821, ce qui en fait le plus ancien journal ontarien encore en activité. Un campus du Collège Saint-Laurent d'arts appliqués et de technologie se trouve à Brockville.

K.L. Morrison

Brocoli (*Brassica oleracea*, var. *italica*) LÉGUME annuel ou bisannuel de la famille des crucifères. C'est une espèce originaire de la région méditerranéenne. En Europe, le terme brocoli désigne un chou-fleur résistant au froid qui passe l'hiver en terre. Le brocoli d'Amérique du Nord est souvent désigé en Italie sous le nom de *calabrese*.

On cultive le brocoli pour ses inflorescences compactes et pour les tiges qui les supportent. Celles-ci se consomment lorsque les fleurs bourgeonnent. La culture du brocoli gagne en importance au Canada. Les provinces Maritimes et la Colombie-Britannique présentent des conditions qui conviennent bien à ce légume qui survit mal lorsque les températures sont excessivement élevées.

Les variétés traditionnelles sont récoltées de juillet à septembre; les variétés européennes et japonaises, sélectionnées en Colombie-Britannique, offrent une saison de récolte plus étendue, soit de juin jusqu'à la première grosse gelée. Le brocoli est cultivé pour le marché des légumes frais et de la transformation. En 1986, la récolte destinée au marché de la transformation était estimée à 1,7 million de dollars.

A.R. Maurer

Broda, Walter, dit Turk, joueur de hockey (Brandon, Man. 15 mai 1914—Toronto 17 oct. 1972). Excellent gardien de but chez les MAPLES LEAFS DE TORONTO de 1936 à 1952, il remporte le TROPHÉE VÉZINA en 1941 et en 1948, et il le partage avec Al Rollins en 1951. Il est à son meilleur lorsqu'il joue sous pression, n'accordant qu'une moyenne de 2,09 buts par partie en 101 matchs éliminatoires. Il blanchit l'adversaire à 61 reprises en saison régulière et à 13 reprises en séries éliminatoires.

James Marsh

Brodeur, Louis-Philippe, avocat, politicien (Belœil, Qc, 21 août 1862—Québec, Qc, 1er janv. 1924). Fils de Toussaint Brodeur, un rebelle de 1837, il reçoit son éducation au Collège de Saint-Hyacinthe et à l'U. Laval, puis il est admis au barreau en 1884. Il fait son entrée à la Chambre des communes en 1891 à titre de député fédéral de Rouville, avant d'y servir comme président de 1901 à 1904 et d'être nommé ministre du Revenu public en 1904, sous Wilfrid Laurier.

Avocat voué à la cause de l'autonomie canadienne, son portefeuille le plus important est celui de la Marine et des Pêcheries (1906-1911). En tant que ministre, il fait adopter une loi créant la Marine royale canadienne. Il siège à la Cour suprême du Canada de 1911 jusqu'au moment où il devient lieutenant-gouverneur du Québec en 1923.

Marc Milner

Broley, Charles Lavelle, banquier, ornithologue (Gorrie, Ont., 7 décembre 1879—Delta, Ont., 4 mai 1959). Banquier à Winnipeg, il se passionne pour l'ornithologie et la protection de l'environnement. En 1939, il prend sa retraite et passe ses hivers en Floride et ses étés en Ontario.

En Floride, il commence une étude sur la répartition des rapaces: dans ses 8 premières années d'études, il répertorie 814 pygargues à tête blanche et, en tout, plus de 1200. D'après les recaptures, les pygargues se dispersent vers le nord après la nidification qui se fait avant la migration vers le sud. L'étude de Broley est la première à démontrer ce phénomène avec un grand nombre d'individus. Le déclin du nombre d'éclosions au cours de son étude provoque la première alerte scientifique du danger causé par les insecticides.

Broley reçoit une carte de membre à vie de la Natural History Society of Manitoba en reconnaissance de son travail. Il encourage l'artiste de la nature Terence SHORTT au début de sa carrière. Broley devait faire partie d'un comité spécial sur la protection des pygargues à tête blanche quand il meurt en combattant un feu de broussailles.

Martin K. McNicholl

Bronfman, famille Descendants d'un immigrant russe planteur de tabac du nom d'Ekiel Bronfman, les membres de la famille Bronfman possèdent et gèrent un énorme empire financier bâti à partir des profits du commerce familial des spiritueux. Jusqu'à tout récemment, le membre le plus connu de la famille était Samuel Bronfman (Soroki, Bessarabie ou pendant le voyage de Russie, 27 fév. 1889—Montréal, Qc, 10 juil. 1971).

En 1924, Sam fonde la compagnie Distillers Corporation Ltd. à Montréal, qui fusionne avec la société Joseph E. Seagram and Sons de Waterloo (Ontario) en 1928; il fait progressivement de cette nouvelle société la distillerie la plus importante au monde. Il joue un rôle de premier plan au sein de la communauté d'affaires juive au Canada et préside le Congrès juif canadien de 1939 à 1962.

Peu après son arrivée en 1889, la famille Bronfman quitte la propriété familiale située près de Wapella, en Saskatchewan, pour Brandon, où Ekiel lance un commerce de livraison de bois de chauffage avec ses fils, Abe (Russie, 15 mars 1882—Safety Harbor, Flor., 16 mars 1968), Harry (Russie, 15 mars 1886—Montréal, Qc, 12 nov. 1963) et Sam. En 1903, la famille emprunte de l'argent pour acheter l'Anglo-American Hotel à Emerson, au Manitoba.

L'hôtellerie est en plein boom en raison de la construction du chemin de fer et, au milieu de la Première Guerre mondiale, la famille gère avec profit trois hôtels à Winnipeg. À l'avènement de la PROHIBITION au Canada, les Bronfman se tournent vers le commerce interprovincial d'alcool embouteillé, achetant des stocks de spiritueux qu'ils vendent avec un profit substantiel.

Durant les dernières années de la prohibition aux États-Unis (de 1920 à 1933), Sam Bronfman, qui est la force dirigeante de Seagrams, développe un important commerce d'exportation vers ce pays. Quand la prohibition prend fin en 1933, Seagrams possède des stocks importants de spiritueux soigneusement fabriqués et de grand âge qui se vendent en bouteille aux consommateurs par l'intermédiaire d'un réseau de distribution issu d'une méthode de marketing mise au point par Sam.

La réussite aux États-Unis procure d'énormes profits à la compagnie et l'amène à s'étendre dans le monde. *Seven Crown et Seagram's VO* deviennent les marques de whisky les plus vendues dans le monde. Sous la direction de Sam, la société investit dans des vignobles et des distilleries et, en 1965, elle réalise, avec ses ventes dans 119 pays, un chiffre d'affaire dépassant le milliard de dollars.

En 1987, la COMPAGNIE SEAGRAM LTÉE, ainsi que d'importants investissements financiers et immobiliers, appartiennent aux descendants de Sam. Edgar Miles Bronfman (Montréal, Qc, 20 juin 1929), le fils aîné de Sam, est président du conseil et directeur général de la société. Il dirige les activités américaines à New York et est président du Congrès juif mondial. Le deuxième fils de Sam, Charles Rosner Bronfman (Montréal, Qc, 27 juin 1931), est coprésident du conseil et dirige les activités canadiennes de Seagram.

Nationaliste canadien, Charles est propriétaire jusqu'en 1991 du club de baseball montréalais Les Expos et, en 1986, il crée la fondation CRB pour promouvoir des études sur les questions juives et canadiennes. La fille de Sam, Phyllis LAMBERT (Montréal, Qc, 24 janv. 1927), fonde le Centre canadien d'architecture et construit en 1987 un musée à Montréal pour en accueillir l'importante collection.

Edward (Montréal, Qc, 1er nov. 1927) et Peter (Montréal, Qc, 2 oct. 1929), les fils d'Allan Bronfman (Brandon, Man., 21 déc. 1895—Montréal, QC, 26 mars 1980) sont par ailleurs des financiers à leur compte. Sam exclut la famille de son frère Allan de Seagram. Toutefois, Edward et Peter construisent avec leur compagnie Edper Investments, leur propre empire financier que beaucoup considèrent comme rival de celui des héritiers de Sam. P. ex., en 1987,

Edper dirige indirectement la plus importante société forestière et la plus grande société de fiducie au Canada et en 1992 représente 10 p. 100 des valeurs de la bourse de Toronto. Les frères se départissent de leurs intérêts dans Edper en 1995, et Edward devient président de Maured Ltd et l'un des directeurs de Ranger Oil Ltd et de Astral Communications Inc.

Edgar Miles Bronfman Jr. (New York, 16 mai 1955) passe un certain temps à Hollywood comme lecteur de scénarios et producteur avant de joindre Seagram en 1982. Il devient président en 1989 et remplace son père Edgar M. Sr à la tête de la compagnie. C'est principalement sous l'influence d'Edgar M. Jr. que Seagram étend son expansion au domaine de l'industrie du spectacle: achat de 15 p. 100 des parts de Time Warner Inc et en 1995 vend ses 12 milliards d'intérêts dans E.I. Du Pont de Nemours et co-achète 80 p. 100 de MCA Inc (renommé Universal Studios). En 1997, Seagram achète 50 p. 100 des parts de USA Networks qu'elle ne contrôlait pas encore, et en 1998 fait l'acquisition de Polygram NV pour 10,6 milliards. Le 20 juin 2000, Edgar M. Bronfman Jr. annonce la vente de Seagram à l'entreprise française Vivendi.

Christopher G. Curtis

Brooke, Frances, née Moore, romancière, dramaturge, essayiste (baptisée à Claypole, Angl., 24 janv. 1724—Sleaford, Angl., 23 janv. 1789). À Londres, Frances Moore fréquente les cercles littéraires et dramatiques. Elle publie une revue hebdomadaire, *The Old Maid* (nov. 1755 à juil. 1756) et une tragédie, *Virginia*, en 1756. Elle se tourne vers la fiction et, en 1760, traduit un roman sentimental. Trois ans plus tard, elle publie son propre roman du genre, *The History of Lady Julia Mandeville*. Cette année-là, elle s'embarque pour Québec où son époux, le révérend John Brooke, occupe le poste de chapelain militaire.

À Québec, elle écrit un ouvrage qui peut être considéré comme le premier roman canadien, *The History of Emily Montague* (1769), dont elle enrichit la trame en décrivant les paysages et le climat, le cours des événements et les habitants de la nouvelle colonie. De retour en Angleterre en 1768, elle poursuit sa carrière littéraire, traduisant deux ouvrages français et rédigeant plusieurs romans. À partir de 1773, en compagnie de la tragédienne Mary Ann Yates, elle dirige l'Opera House et connaît enfin le succès sur la scène théâtrale avec sa tragédie *The Siege of Sinope* (1781) et deux opéras comiques, *Rosina* (1783) et *Marian* (1788).

Lorraine McMullen

Brooker, Bertram Richard, artiste, romancier, poète, journaliste et directeur de publicité (Croydon, Angl., 31 mars 1888—Toronto, 21 mars 1955). En 1905, il immigre à Portage la Prairie, au Manitoba, et travaille au Grand Trunk Pacific Railway. Ensuite, il devient propriétaire et gérant d'une salle de cinéma à Neepawa, au Manitoba, puis il travaille pour des journaux du Manitoba et de la Saskatchewan. En 1921, Brooker déménage à Toronto, où il occupe le poste de directeur de publicité.

En tant qu'artiste, il travaille à la peinture à l'huile, à l'aquarelle, au crayon, et à l'encre. Il utilise également l'impression. Il donne dans l'abstrait autant que dans le réalisme et il est le premier artiste canadien à exposer, en 1927, des œuvres abstraites. *Sounds Assembling* (1928) et *Alleluiah* (1929) sont parmi ses premières peintures importantes.

En tant que romancier, Brooker remporte le premier prix du Gouverneur général pour son roman *Think of the Earth* (1936). C'est lui qui lance *The Yearbook of the Arts in Canada 1928-1929*, dont il dirige la publication. Cet ouvrage sera suivi d'un deuxième volume en 1936. Il est un des membres actifs de la vie culturelle torontoise, il s'adonne à la fois à la peinture, à la prose et à la poésie, et publie régulièrement des critiques de littérature et d'art contemporain.

Patricia E. Bovey

Brooker, Todd, skieur alpin (Paris, Ont., 24 nov. 1959). Il commence à skier à l'âge de 4 ans. À 12 ans, il participe à des compétitions partout en Ontario et au Québec. Skieur très dynamique, il remporte des victoires spectaculaires, mais en même temps, subit des blessures dévastatrices. En 1979, lors de sa première année comme membre de l'équipe élite, il se blesse au genou et est incapable de participer aux compétitions pendant plus d'un an.

En 1982-1983, il remporte deux Coupes du monde de ski alpin et termine la saison en étant premier au classement de la Fédération internationale de ski pour la descente. Jusqu'en 1986, il reste l'un des meilleurs skieurs de compétition, raflant une victoire au Japon (1985) et se classant huit autres fois parmi les dix premiers. En 1987, il doit se retirer de la compétition en raison d'une grave blessure au genou subie à Kitzbuehel, lieu de sa première victoire à la Coupe du monde.

Murray Shaw

Brooks, ville de l'Alb.; pop. 10 093 (rec. 1996), 9 433 (rec. 1991), 9 464 (rec. 1986); superf. 15,81 km²; const. en 1911; située à 185 km au sud-est de Calgary, sur la route transcanadienne.

En 1883, la compagnie ferroviaire Canadien Pacifique (CP) construit une voie de garage. En 1907, lorsqu'on établit le tracé du village, on n'y dénombre que neuf habitants, dont l'ingénieur divisionnaire N.E. Brooks, de qui la ville tient son nom. Le CP élève en 1914 une digue sur la RIVIÈRE BOW, à Bassano, à 46 km au nord-ouest, et un aqueduc (maintenant un LIEU HISTORIQUE national), vrai chef-d'œuvre d'ingénierie pour l'époque. L'irrigation d'une grande partie des terres environnantes favorise la colonisation et sert encore maintenant de fondement du développement économique.

Aujourd'hui, un réseau de canalisations irrigue plus de 109 000 ha de terres agricoles fertiles, arrosées au moyen d'un siphon installé sous la voie ferrée du CP. C'est dans cette ville que l'on trouve la station provinciale de recherches horticoles et sur les cultures spéciales. À proximité, on a aménagé le parc provincial de Kinbrook Island, autour du lac Newell, le plus grand lac artificiel de l'Alberta, qui sert aussi à l'irrigation, et, à 40 km au nord-est, le DINOSAUR PROVINCIAL PARK de Tillebroo, qui détient une des collections de fossiles les plus importantes au monde.

Eric J. Holmgren

Brooks, Allan Cyril, naturaliste, artiste, militaire (Etawah, Inde, 15 févr. 1869—Comox, C.-B., 3 janv. 1946). Issu d'une famille importante de naturalistes, il reçoit les premières bases de son éducation en Angleterre. Sa famille déménage à Milton, en Ontario, en 1881, puis à Chilliwack, en Colombie-Britannique, en 1887. Brooks passe presque tout le reste de sa vie dans la vallée de l'Okanagan et sur l'île de Vancouver.

Son plus grand héritage repose sur ses dessins et ses peintures d'oiseaux, dont certains remontent à sa cinquième année. Il illustre les livres de TAVERNER sur les oiseaux du Canada ainsi que plusieurs travaux populaires et ornithologiques américains. Chasseur et collectionneur passionné, il prépare minutieusement la peau des oiseaux de la manière enseignée par Thomas McILWRAITH et prépare lui-même ses têtes de gros gibiers, dont beaucoup sont vendues à des musées. On dénombre environ 130 publications scientifiques rédigées par lui sur des sujets axés principalement sur la faune et la taxinomie.

Il voyage beaucoup, particulièrement en Amérique du Nord, et est reconnu pour son enthousiasme sans borne. Au cours de la Première Guerre mondiale, il monte rapidement en grade et obtient le titre de major ainsi qu'une médaille militaire (Distinguished Service Order). Il reçoit une médaille d'or du Musée national du Canada pour ses peintures et une carte de membre de l'Empire pour la British Ornithologists' Union pour sa recherche.

Martin K. McNicholl

Brooks, aqueduc Situé à environ 8 km au sud-est de BROOKS, en Alberta, est considéré par plusieurs comme l'une des plus grandes réussites de l'ingénierie au Canada. Cet ouvrage a été déclaré à la fois LIEU HISTORIQUE national et provincial. Dans le cadre du programme de soutien du gouvernement canadien pour la construction de chemins de fer, le CANADIEN PACIFIQUE acquiert 1,2 million d'hectares de terres entre Calgary et Brooks. La majorité de ces terres sont arides et de faible valeur agricole. C'est pourquoi le CP met sur pied un important programme d'irrigation et de colonisation du territoire que l'on connaît aujourd'hui sous le nom de Eastern Irrigation District. En 1914, une fois la construction du barrage Bassano de la RIVIÈRE BOW terminée, le CP commence à acheminer l'eau aux fermes avoisinantes grâce à un réseau complexe de canaux et d'aqueducs. La même année, les ingénieurs du CP achèvent la construction d'un immense aqueduc qui traverse une vallée large de 3,2 km. Le siphon qui acheminait l'eau sous la ligne principale du CP est l'une des caractéristiques intéressantes de cet aqueduc. Des visites guidées et des programmes d'animation sont offerts au public de la mi-mai au début de septembre.

Deborah Welch et Michael Payne

Brooks, Lela Alene, patineuse de vitesse (Toronto, 7 févr. 1908). Ce sont les encouragements de ses parents, également patineurs de vitesse, une forte motivation personnelle et un caractère acharné qui ont permis à Brooks de réussir. Sans les conseils d'entraîneurs, elle apprend à exécuter des départs rapides et possède l'endurance physique lui permettant de rester en tête. Entre 1921 et 1935, elle remporte tous les titres de patinage de vitesse qu'une femme peut gagner, du niveau provincial au niveau mondial, et établit des nouveaux records dans la plupart de ces niveaux. En 1936, elle est choisie pour faire partie de l'équipe olympique, mais y renonce car elle préfère se marier et prendre sa retraite de la compétition.

Bob Ferguson

Brooks, Marilyn, designer de mode (Binghamton, N.Y., 13 nov. 1932). Elle grandit et fait ses études à Détroit, Michigan. Elle commence à dessiner et à coudre ses propres vêtements à l'âge de 8 ans. Au début des années 60, elle vient travailler au Canada pour John Northway and Sons à titre de responsable des étalages.

En février 1963, elle ouvre sa première boutique à Toronto, l'Unicorn. Elle est une des premières designers de mode canadiennes à vendre ses créations et à diriger une entreprise intégrée verticalement. Grâce à son expérience de la vente au détail et à sa passion pour la création, elle transforme sa marque en une société multinationale. Brooks, qui tour à tour abandonne et reprend la vente au cours des 30 dernières années, possède aujourd'hui des boutiques à Toronto et à San Francisco, et sa collection est vendue par des détaillants partout au Canada et aux États-Unis.

Elle a reçu de nombreux prix pour son apport à l'industrie canadienne de la mode, dont le Judy Award for Merchandising Excellence (1966 et 1986). Elle est présidente fondatrice du Toronto Ontario Designers. La journée du 4 février 1988 a été désignée «Journée Marilyn Brooks» à Toronto (pour souligner ses 25 ans dans l'industrie canadienne de la mode).

Alexia Economou, DesignLink

Brooman Point, village de Site archéologique situé au bout d'une longue péninsule sur la côte est de l'ÎLE BATHURST, en Extrême-Arctique. Bien que l'endroit recèle les traces d'une occupation paléoesquimaude entre 2000 av. J.-C. et le début de notre ère, le plus important peuplement préhistorique s'est produit entre 900 et 1200.

Des fouilles archéologiques ont mis au jour un village paléoesquimau de la fin du DORSET dont les vestiges ont presque totalement été ensevelis par des occupants de culture inuite du début du THULÉ, qui ont construit un village par-dessus le site dorsétien et dont les remblais des murs des maisons renferment de nombreux artefacts dorsétiens qui ont ainsi été conservés dans le pergélisol. Ces artefacts comprennent une des plus grandes collections de sculptures de type Dorset en bois, en ivoire et en andouiller (*voir* ART INUIT).

Le village thuléen a probablement été habité vers l'an 1200 et est constitué de 20 maisons d'hiver, dont seulement quatre ou cinq sont occupées à une certaine époque. Des os d'au moins 20 baleines boréales, utilisés dans la construction des maisons, indiquent que les Thuléens de l'endroit exploitent efficacement un environnement beaucoup plus riche que celui qu'on y trouve de nos jours. (*Voir aussi* ARCHÉOLOGIE; PRÉHISTOIRE.)

Robert McGhee

Brossard, ville du Qc; pop. 65 927 (rec. 1996), 64 793 (rec. 1991); superf. 44,98 km²; const. en 1978. Elle est située sur la rive sud du fleuve Saint-Laurent, à proximité du pont Champlain qui la relie à MONTRÉAL. Brossard est bornée au nord par le fleuve Saint-Laurent et par les villes de SAINT-LAMBERT, GREENFIELD PARK, Saint-Hubert, LA PRAIRIE et Carignan.

Brossard est le résultat de la fusion des municipalités de Notre-Dame-du-Sacré-Cœur et de Notre-Dame-de-Laprairie-de-la-Madeleine avec la ville de Brossard, qui, 20 ans plus tôt (1958), avait été créée par la fusion de La-Nativité-de-Laprairie et de La Prairie. Son nom lui vient d'une des familles des fondateurs les plus représentatifs de la région, dont l'un des membres, Georges-Henri Brossard, était maire à l'époque.

Brossard est une banlieue typique de la rive sud de Montréal. Sa croissance rapide après la Seconde Guerre mondiale s'est accrue après l'ouverture du pont Champlain (1961) et la mise en place d'un système de transport public (1971). Sa population est passée de 2500, en 1958, à près de 70 000, en 1996. L'une des caractéristiques démographiques les plus frappantes de Brossard est que sa population est originaire de 169 pays différents et qu'on y parle au moins 67 langues. Les Chinois d'origine, p. ex., représentent plus de 10 p. 100 de la population totale (rec. 1996), les Canadiens français d'origine, 33 p. 100, et les Britanniques d'origine, moins de 15 p. 100.

Comme la plupart des banlieues, son économie repose sur les secteurs des services et de la vente au détail. Son parc industriel accueille un mélange d'industries légères et moyennes. Les pistes cyclables qui longent le Saint-Laurent sont populaires, tout comme la Galerie d'art du Centre socioculturel et le plus avant-gardiste des cinémas IMAX 3D du Canada.

Pierre-Louis Lapointe

Brossard, Jacques, fonctionnaire et écrivain (Montréal, 24 avril 1933). Il détient un B.A. (1952) du Collège Sainte-Marie, une licence en lettres (1955) de l'U. de Montréal et un diplôme en sciences sociales (1957) d'Oxford. Admis au Barreau en 1956, il se joint au service diplomatique en 1957.

Il est tour à tour nommé à la section des affaires économiques du plan Colombo, de l'Alliance atlantique, vice-consul et chargé d'affaires à Bogota (Colombie), et consul à Port-au-Prince (Haïti). Il est ensuite nommé directeur des Affaires latino-américaines et chef de cabinet du ministre aux Affaires étrangères.

Il quitte la fonction publique en 1964 pour se consacrer à la direction du Centre de recherche en droit public de l'U. de Montréal. Mettant à profit ses connaissances dans les questions constitutionnelles, il devient, en 1969, conseiller au ministère des Relations intergouvernementales à Québec.

Il a publié *L'Immigration – les droits et les pouvoirs du Québec* (1967); *La Cour suprême et la Constitution* (1968), qui a obtenu le prix du Québec en 1969; *Le Territoire québécois* (1970), écrit en collaboration; et *L'Accession à la souveraineté et le cas du Québec* (1976).

Il s'immisce dans le domaine de la littérature avec un recueil de nouvelles, *Le Métamorfaux* (1974), qui attire l'attention de la critique, et un roman, *Le Sang du souvenir* (1976). Il a aussi écrit pour plusieurs périodiques. Il gagne le prix Duvernay en 1976 pour l'ensemble de son œuvre et reçoit la médaille de la ville de Paris en 1977.

Aurélien Boivin

Brossard, Nicole, écrivaine et éditrice (Montréal, 27 nov. 1943). Brossard est une figure de proue de ce que l'on a tendance à appeler la poésie formaliste au Québec. Elle est également une importante théoricienne et elle est très active dans la promotion du féminisme littéraire et culturel. En 1965, elle fonde LA BARRE DU JOUR, un magazine littéraire qui se rebelle contre la poésie d'inspiration nationaliste.

Dans ses recueils tels que *Le Centre blanc* (1970) et *Suite logique* (1970), sa poésie est abstraite et «antilyrique». Cette poésie influencera les jeunes poètes de la revue *Les Herbes rouges*. Brossard écrit également des romans.

Sa carrière prend une dimension féministe avec *Mécanique jongleuse* suivi de *Masculin grammaticale* (1974) pour lequel elle remporte le prix du Gouverneur général (catégorie poésie). Elle fonde alors le journal féministe *Les Têtes de pioche* (1976-1979) ainsi que la revue *La Nouvelle Barre du jour* (1977). Elle prend part à de nombreuses conférences au Canada et à l'étranger sur les œuvres littéraires des femmes ou sur la littérature québécoise.

Bien qu'elle soit membre actif de l'Union des écrivains québécois et qu'elle s'investisse dans la publication, elle écrit de nombreux textes poétiques depuis 1980, dont *Double impression* (prix du Gouverneur général en 1984), *Langues obscures* (1992), *Vertige de l'avant-scène* (1997), *Au présent des veines* (1999) et a écrit quelques romans dans lesquels elle expérimente de nouvelles formes de fiction (*French Kiss: étreinte exploration,* 1980; *Un désert mauve,* 1987; *Baroque d'aube,* 1995). Incapable de séparer l'art de la vie, Nicole Brossard ne cesse de s'interroger sur l'acte poétique et la liberté artistique et d'explorer, à travers son œuvre, le lien qui unit l'espace mental, le corps et la réalité.

Pierre Nepveu

Brother Twelve, (ou encore Brother XII), né Edward Arthur Wilson (Birmingham, Angl., 25 juill. 1878—Neuchâtel, Suisse, 7 nov. 1934?). Mystique et ancien capitaine de bateau, Brother Twelve fonde, en 1927, The Aquarian Foundation, une société occulte et une communauté utopiste, près de Nanaimo, en Colombie-Britannique. À son apogée, cette société compte plus de 2000 membres, dont beaucoup sont des gens riches et éminents. La première colonie est démantelée à la suite d'une série d'éclatantes affaires judiciaires, au cours desquelles Brother Twelve est accusé d'avoir détourné les fonds de la fondation, prêché l'amour libre et prétendu être la réincarnation du dieu égyptien Osiris.

Brother Twelve fonde un nouvel établissement ou «cité de refuge» à proximité, sur les îles Valdes et DeCourcy, où ses disciples et lui croient qu'ils survivront à l'apocalypse toute proche. Les conditions de vie se dégradent progressivement dans la colonie, car Brother Twelve et sa maîtresse sadique, appelée «Madame Z», réduisent leurs adeptes en esclavage et leur imposent les misères et les privations les plus horribles. Ils tentent également de tuer leurs ennemis, notamment de hauts fonctionnaires, en recourant à la magie noire.

Les disciples finissent par se révolter et poursuivent leur chef en justice pour récupérer leur argent. Ils ont gain de cause, mais Brother Twelve saccage la colonie pour se venger et s'enfuit avec une grande quantité d'or. Sa mort en Suisse n'a pas été confirmée.

Personnalité complexe, à la fois mystique et charlatan, Brother Twelve est l'un des chefs de sectes les plus célèbres au Canada; on ne sait toujours pas dans quelle mesure il était sincère au début et si ses pouvoirs étaient réels. Il prétendait être le douzième maître d'une fraternité occulte qui était censée guider l'évolution de la race humaine; de là vient son nom de «Brother Twelve».

John Oliphant

Brott, Alexander, chef d'orchestre, compositeur, violoniste et enseignant (Montréal, 14 mars 1915). Ses succès précoces comme violoniste lui valent, en 1939, un poste d'enseignant à l'U. McGill. Il y fonde l'Orchestre de chambre de McGill (1945), qu'il dirigera jusqu'en 1996. Son fils Boris se joint à lui comme directeur adjoint en 1988. Premier violon de 1945 à 1958 et, à divers moments de 1948 à 1961, chef adjoint de l'ORCHESTRE SYMPHONIQUE DE MONTRÉAL, il est aussi directeur artistique de la Kingston Symphony (1965-1981) et chef d'orchestre invité de la plupart des grands orchestres canadiens.

Brott se fait le promoteur des œuvres de compositeurs canadiens lors de ses nombreuses tournées à l'étranger comme chef d'orchestre. En tant que compositeur, Brott produit un éventail considérable d'œuvres musicales pour divers instruments et voix. Artisan doué d'une maîtrise sûre de la forme, il utilise le contrepoint comme première technique de construction. La bonne humeur, l'esprit élégant et la satire caractérisent une bonne partie de sa musique.

Barclay McMillan

Brott, Boris, chef d'orchestre et violoniste (Montréal, 14 mars 1944), fils d'Alexander BROTT. Après des débuts comme violoniste à l'âge de 5 ans, des études précoces de direction d'orchestre et des exécutions primées lors de prestigieux concours de direction d'orchestre, Brott est nommé chef d'orchestre adjoint de l'ORCHESTRE SYMPHONIQUE DE TORONTO (1963-1965), puis chef d'orchestre de la Northern Sinfonia, à Newcastle-upon-Tyne, en Angleterre (1964-1968).

Brott est directeur artistique et chef d'orchestre de l'Orchestre philharmonique de Hamilton de 1969 à 1992, chef d'orchestre du Welsh Orchestra de la BBC de 1972 à 1979, de la Symphony Nova Scotia de 1982 à 1985 et de l'Ontario Place Pops depuis 1983. Il fait ses débuts au Carnegie Hall comme chef de l'Orchestre des Amériques en 1987, année où il est nommé Officier de l'Ordre du Canada. En 1989, il devient directeur adjoint de l'Orchestre de chambre de McGill.

En 1992, Brott est nommé directeur artistique de la Ventura County Symphony en Californie. La même année, il commence à diriger des séminaires de motivation sur le travail en harmonie pour de grandes sociétés, tout en conduisant quelque 120 concerts par année en Israël, en Europe et en Amérique du Nord. Brott est reconnu pour son sens de la musique, pour son flair artistique et pour ses idées novatrices en programmation, grâce auxquelles il réussit à constituer des auditoires, particulièrement dans le domaine de la musique contemporaine.

Barclay McMillan

Brouillard Constitué de particules atmosphériques (habituellement de minuscules gouttelettes d'eau ou cristaux de GLACE) en nombre suffisant pour réduire la visibilité. Pour des raisons pratiques, au Canada, le phénomène qui réduit la visibilité de 1000 à 9600 m est arbitrairement nommé brume; si la visibilité descend en-dessous de 1000 m, le phénomène est appelé brouillard. Dans le cas de la brume sèche, la réduction de la visibilité est due à une concentration suffisante de particules atmosphériques sèches, telles que de la poussière, du sel marin, des huiles végétales naturelles d'origine forestière ou de la fumée provenant d'un feu de forêt. Près des centres industriels ou sous leur vent, les produits de combustion, tels que les fumées, la suie, l'acide sulfurique et le dioxyde d'azote peuvent se combiner au brouillard et l'acidifier (*voir* PLUIES ACIDES). Les grandes villes canadiennes les plus touchées par le brouillard sont Saint John's (T.-N., 126 jours par an en moyenne), Halifax (N.-É., 74 jours) et Vancouver (C.-B., 62 jours). Penticton (C.-B.) est celle qui en reçoit le moins par année: 4 jours par an en moyenne. Argentia (T.-N.) détient le record du lieu le plus touché par le brouillard au Canada avec une moyenne annuelle de 206 jours.

Le brouillard de rayonnement se produit le plus souvent lorsque la température d'une masse d'air humide chute au-dessous de son point de rosée, c.-à-d. la température critique à laquelle l'air ne peut plus retenir toute son eau sous forme de vapeur. Un brouillard dense se crée si les gouttelettes d'eau ou les cristaux de glace formés par condensation sont piégés et concentrés à l'intérieur d'une couche de faible hauteur près du sol par une inversion de température (une augmentation de la température avec l'altitude au lieu de l'habituelle diminution). Ces conditions météorologiques spécifiques sont très fréquentes. Dans les régions côtières du Canada, p. ex., les eaux froides des océans Pacifique et Atlantique refroidissent les masses d'air chaud et humide en mouvement au-dessus d'elles, en particulier au printemps et au début de l'été, créant ainsi d'énormes bancs de brouillard persistant (appelé brouillard d'advection). À l'intérieur des terres, le brouillard est habituellement causé par le refroidissement des basses couches de l'atmosphère faisant suite au rayonnement de la chaleur vers l'espace durant les nuits sans nuage. Au petit matin (surtout en automne), des bancs de brouillard dense se forment et persistent jusqu'à leur dissipation par la chaleur du soleil. Des images obtenues à l'aide des satellites météorologiques montrent que l'assèchement de l'air se fait du contour du banc de brouillard vers l'intérieur. Les fronts chauds des systèmes météorologiques s'accompagnent également de brouillard lorsque l'air froid sous la surface frontale devient saturé à cause de la pluie tombant de l'air plus chaud immédiatement au-dessus. Habituellement, ce brouillard persiste jusqu'à ce qu'il soit chassé par un air plus sec.

Des brouillards givrants (surtout des types «frontaux» et «de rayonnement») se forment parfois lorsqu'il y a des gouttelettes d'eau liquide à une température légèrement inférieure au point de congélation. Ces gouttelettes, dites en surfusion, gèlent en de magnifiques franges de givre sur les fils, les arbres et d'autres objets. Au cœur des hivers arctiques canadiens, l'air est tellement froid qu'il ne peut retenir que très peu de vapeur d'eau. Si la température baisse encore, cette petite quantité de vapeur d'eau se condense en un brouillard de cristaux de glace minuscules et étincelants plutôt qu'en gouttelettes d'eau. Toute humidité ajoutée à une telle atmosphère (par les gaz d'échappement d'un véhicule, p. ex.) provoque l'apparition immédiate d'un brouillard de cristaux de glace. La fumée de mer arctique, un autre type de brouillard hivernal, se forme quand l'air réchauffé et humidifié au contact de l'océan s'élève par convection, ce qui provoque aussitôt une condensation.

Michael J. Newark

Brown, Arthur Roy, pilote de chasse (Carleton Place, Ont., 23 déc. 1893—Stouffville, Ont., 9 mars 1944). Commandant de l'escadron 209, on lui attribue souvent le mérite d'avoir abattu Manfred Freiherr von Richthofen, le célèbre «Baron Rouge», le 21 avril 1918. Cependant, il est aussi probable que von Richthofen ait été tué par les tirs antiaériens terrestres des mitrailleurs australiens. On attribue 11 victoires à Brown. Il survit à un grave accident d'avion en juillet 1918 et quitte les Forces aériennes royales (RAF) un an plus tard. Par la suite, il participe à de nombreuses entreprises qui touchent le domaine de l'aviation.

Brereton Greenhous

Brown, Daniel Price Erichsen, peintre et graveur d'art (Forestville, Ont., 21 août 1939). Les fréquentes excursions qu'il fait durant son enfance avec A.Y. JACKSON et Will OGILVIE pour peindre en plein air près de la baie Georgienne font naître son intérêt pour l'art, intérêt qu'il nourrit quand, étudiant à l'étranger, il visite les collections d'art célèbres d'Europe durant ses vacances annuelles. En 1958, Lawren P. HARRIS l'incite à rentrer au Canada pour étudier à l'U. Mount Allison avec Alex COLVILLE. En 1961, son diplôme obtenu, Brown revient s'installer en Ontario pour peindre à plein temps.

Le vaste éventail de ses sujets semble provenir de la connaissance terre-à-terre qu'il a du milieu rural et qu'il rapporte avec une précision presque photographique. Cependant, un examen plus approfondi révèle qu'il crée des compositions soigneusement maîtrisées à des fins plus générales: juxtapositions cachées, liens et comparaisons d'une intense lucidité philosophique et analyse de la société dans la tradition des grands maîtres de la période classique et de la Renaissance, qu'il admire tant.

Parmi ses œuvres importantes, on trouve des représentations de fermiers et de citadins qui dialoguent au cours d'une vente aux enchères (*The Auction*, 1975); de l'artiste nu, effrayé par un squelette suspendu dans le cabinet d'un médecin (*Nude and Skeleton*, 1978); d'une majorette posant trop fièrement devant un drapeau du Canada déployé (*The Twirler*, 1979); d'un vieil orangiste qui défile devant une église catholique colossale (*Orangemen's Parade*, 1984). (*Voir* ORDRE D'ORANGE.)

Il ne peint qu'à la tempéra à l'œuf et imprime tous ses pochoirs de sérigraphie à la main, ne créant qu'une composition à la fois et ne produisant au total que trois ou quatre œuvres par année. En 1985, on lui consacre une rétrospective intitulée «D.P. Brown; Twenty Years», qui est présentée dans six villes.

Bob Hunka

Brown, Edward Killoran, professeur, critique (Toronto, 15 août 1905—Chicago, Illinois, 24 avr. 1951). Après des études à l'U. de Toronto et à l'U. de Paris, E.K. Brown enseigne à l'U. de Toronto, à l'U. du Manitoba, à Cornell et à l'U. de Chicago. Parmi ses principaux apports dans le domaine de la critique canadienne, mentionnons son éminente étude *On Canadian Pœtry* (1943, éd. rév. 1944), son recensement annuel de la poésie canadienne dans le bulletin trimestriel UNIVERSITY OF TORONTO QUARTERLY de 1936 à 1950 et sa publication des poèmes de Duncan Campbell SCOTT.

Brown, qui maîtrise le français aussi bien que l'anglais, est le premier critique canadien moderne à établir un contexte pour l'analyse de la POÉSIE canadienne des XIXe et XXe siècles en identifiant les plus grands poètes du Canada (Archibald LAMPMAN, D.C. Scott et E.J. PRATT), en retraçant leurs influences et en soulignant la valeur de leurs vers.

Neil Besner

Brown, Ernest, photographe (Newcastle upon Tyne, 8 sept. 1877—Edmonton, 3 janv. 1951). Il arrive à Edmonton en 1904 et rend compte de la croissance rapide de la ville durant les années de prospérité entre 1904 et 1914. Ses affaires s'effondrent en 1914 et, en 1920, il est obligé de vider les lieux. Amer, il ne réussit pas à se faire élire comme travailliste indépendant aux élections provinciales de 1921.

Après avoir aidé son ancienne adjointe Gladys Reeves à lancer son commerce de photographie, il travaille pendant huit ans comme photographe à Vegreville. Il y catalogue sa collection et y rédige un ouvrage d'histoire, *The Birth of the West*. Il retourne à Edmonton en 1929 et exploite le Pioneer Days Museum de 1933 à 1939, y exposant ses artefacts et ses photographies. En 1947, la province achète ses artefacts et sa collection de 50 000 négatifs (maintenant conservés aux Archives provinciales de l'Alberta).

Eric J. Holmgren

Brown, George, journaliste et politicien (Alloa, Écosse, 29 nov. 1818—Toronto, Ont., 9 mai 1880). Élevé à Édimbourg, il émigre à New York avec son père en 1837. Ils déménagent ensuite à Toronto en 1843 où il fonde un journal, *The Banner*, à l'intention des presbytériens du Haut-Canada. L'année suivante, Brown lance le *Globe* pour appuyer le mouvement réformiste qui réclame un GOUVERNEMENT RESPONSABLE. Il participe à la victoire des réformistes en 1848 et son journal devient un outil puissant dans le Haut-Canada. Les nouvelles questions en litige entre l'Église et l'État, notamment la volonté des catholiques d'obtenir des écoles séparées subventionnées par l'État, le mènent à l'Assemblée législative comme député de Kent en 1851.

Dans ce qui s'appelle alors la PROVINCE DU CANADA, les déclarations de Brown contre les liens entre l'Église et l'État lui attirent aussi bien la faveur des habitants anglo-protestants du Haut-Canada que l'animosité de la majorité française et catholique du Bas-Canada. En 1853, il commence à revendiquer la représentation parlementaire proportionnelle à la population, qui donnerait au Haut-Canada, qui compte alors plus d'habitants, une majorité de sièges au Parlement. Miné par les dissensions internes, le régime réformiste s'effondre en 1854. Le Parti libéral-conservateur prend le pouvoir, et Brown s'emploie à reconstruire le Parti réformiste.

Il gagne l'appui des radicaux CLEAR GRITS très populaires dans les régions rurales du Haut-Canada, auxquels il avait reproché leur démocratie radicale à l'américaine. En janvier 1857, le Parti réformiste du Haut-Canada, nouvellement réorganisé, adopte sa politique sur la représentation proportionnelle («Rep by pop»), et celle préconisant l'annexion du Nord-Ouest afin d'étendre la zone de traite des fourrures au-delà des Grands Lacs. Fort de sa position de premier plan à Toronto, de l'influence du *Globe* et du poids des membres de l'aile agraire des Grits, le Parti réformiste remporte une victoire écrasante aux élections du Haut-Canada à la fin de 1857. En août 1858, Brown forme même un gouvernement avec A.A. DORION, chef des Libéraux du Bas-Canada, mais l'équilibre de la coalition est trop précaire et ce gouvernement ne dure pas.

Lors du congrès réformiste de 1859, à Toronto, le chef du Haut-Canada gagne les membres du parti à l'idée d'une fédération entre les deux Canadas comme remède à leur division. Mais le parlement rejette la proposition et Brown, malade et temporairement défait, se retire pour récupérer en 1861. Deux ans plus tard, il revient comme représentant de South Oxford, après une visite en Grande-Bretagne, où il épouse Anne Nelson, fille d'un important éditeur d'Édimbourg.

Rétabli et profondément heureux, Brown adopte ensuite une approche moins radicale en vue de réformer l'Union. En 1864, il préside un comité parlementaire (composé de représentants de tous les partis) chargé d'étudier la question. Le 14 juin, le comité se prononce en faveur du «principe fédéral» afin de triompher du sectarisme qui paralyse la scène politique. Le même jour, un dernier ministère conservateur s'écroule sous le poids de l'inefficacité et Brown propose de soutenir un nouveau gouvernement prêt à effectuer des changements constitutionnels. Se joignent alors à lui ses principaux adversaires conservateurs, John A. MACDONALD, A.T. GALT et G.-É. CARTIER, afin de former une coalition qui cherchera à réunir en une seule confédération toutes les provinces britanniques ou, au moins, les deux Canadas.

Grâce à cette puissante coalition, fruit des efforts de Brown, le mouvement en faveur de la CONFÉDÉRATION reprend de l'ampleur. Brown joue un rôle de premier plan à la CONFÉRENCE DE CHARLOTTETOWN et à la CONFÉRENCE DE QUÉBEC qui forment les assises de la Confédération. Il est le premier à présenter ce projet au gouvernement britannique en décembre 1864 et il le défend fougueusement lors des débats sur la Confédération à l'Assemblée canadienne en 1865. Toutefois, en décembre 1865, il démissionne du cabinet de coalition à la suite de dissensions internes.

Brown continue néanmoins d'appuyer la Confédération et se présente aux premières élections fédérales à l'automne de 1867, où il est défait. Satisfait d'avoir atteint ses principaux objectifs, il quitte le Parlement, se retire dans son bureau du *Globe* et profite d'une chaleureuse vie familiale avec sa femme et ses trois enfants. Dans son domaine de Bow Park, près de Brantford, il crée une importante ferme d'élevage de bovins.

En tant qu'homme d'État d'expérience et propriétaire d'un journal à grand tirage, Brown demeure influent dans les cercles libéraux et continue de participer activement aux affaires politiques de l'Ontario. Il est sénateur à partir de 1874. Il est proche d'Alexander MACKENZIE, son ancien lieutenant en chef et premier ministre de 1873 à 1878. Brown meurt en 1880 à la suite d'un tragique accident. Un employé congédié du *Globe*, George Bennett (que Brown n'a encore jamais rencontré), s'introduit dans le bureau de Brown et l'atteint d'une balle à la suite d'une brève altercation. La blessure à sa jambe, apparemment mineure, s'infecte et s'avère fatale. (*Voir aussi* PÈRES DE LA CONFÉDÉRATION.)

J.M.S. Careless

Brown, James Sutherland, surnommé «Buster», militaire (Simcoe, Ont., 28 juin 1881—Victoria, 13 avril 1951). Brown entre dans la milice en 1896 et après avoir été transféré dans le Royal Canadian Regiment en 1906, il est affecté outre-mer à différents postes dans l'état-major au cours de la Première Guerre mondiale. De souche loyaliste, cet homme au franc-parler se méfie profondément des États-Unis et se fait le grand promoteur du patrimoine britannique au Canada.

Dans les années 20, en tant que directeur des opérations et des services de renseignements militaires, Brown ébauche le plan de défense n° 1, le plan d'urgence canadien de défense dans l'éventualité d'une guerre entre l'Empire britannique et les États-Unis. Ce plan est abandonné en 1931 par le chef d'état-major général A.G.L. MCNAUGHTON, qui savait que les Américains gagneraient inévitablement une telle guerre.

Brown est commandant du district militaire n° 11 en Colombie-Britannique de 1929 à 1933 puis prend sa retraite à la suite d'une dispute avec McNaughton au sujet de l'administration des camps de travail pour les chômeurs, gérés par le ministère de la Défense nationale. Il s'installe à Victoria, où il se présente en vain comme candidat conservateur et où il mène une campagne contre le socialisme et les autres «-ismes» qu'il considère néfastes pour la société.

Stephen Harris et Norman Hillmer

Brown, John George, surnommé «Kootenay», officier de l'armée, prospecteur, policier, vendeur de whisky, chasseur de bisons et de loups, messager, guide, éclaireur, principal artisan de la création du PARC NATIONAL DES LACS-WATERTON (Ennistymon, Irlande, 10 oct. 1839—Lacs-Waterton, Alb., 18 juil. 1916). Grâce à la détermination de sa grand-mère, Brown se voit accorder gratuitement la charge de porte-étendard du 8e Régiment en 1857. Il sert en Inde de 1858 à 1859 et vend sa charge en 1861. Il part en 1862 pour les champs aurifères de Cariboo, en Colombie-Britannique, mais ses recherches restent vaines. Pendant une courte période, il est trappeur, puis policier au poste de douane de Wild Horse. En 1865, il traverse les montagnes Rocheuses jusqu'aux lacs Waterton (Kootenay). C'est d'ailleurs de cet endroit qu'il trouve enchanteur que provient son surnom.

Poursuivant sa route dans la prairie vers Fort Garry, Brown est blessé par des Pieds-Noirs en maraude, puis fait le commerce du whisky dans la région de Portage. Il travaille ensuite pendant quelques temps pour une compagnie privée qui livre le courrier pour l'armée américaine dans les territoires du Dakota et du Montana. Il demeure au service de l'armée en tant que messager civil. Même après avoir frôlé la mort alors qu'il est fait prisonnier par SITTING BULL en 1868, il poursuit son travail de messager jusqu'en 1874. Il se joint ensuite au peuple de sa femme (il a épousé une Métis en 1869) et chasse le bison et le loup.

En 1877, à Fort Benton, au Montana, Brown se querelle avec le célèbre chasseur Louis Ell, et le tue. Après avoir été acquitté par un jury territorial, il s'installe aux lacs Waterton où il fait du commerce et se fait connaître comme guide et transporteur. Au cours de la RÉBELLION DU NORD-OUEST, en 1885, il devient chef-éclaireur des Rocky Mountain Rangers.

Brown perçoit très tôt le besoin de protéger la région de Waterton et défend énergiquement cette cause. Il devient agent des pêches après l'établissement de la Kootenay Forest Reserve en 1895, puis est nommé garde forestier en 1910. En 1914, il voit son désir de promouvoir la CONSERVATION de l'environnement se réaliser lorsque la réserve, agrandie, devient attenante au Glacier National Park des États-Unis le long de la frontière internationale et est appelée parc national des Lacs-Waterton.

William Rodney

Brown, William, journaliste et imprimeur (Nunton, Écosse, 1737—Québec, 22 mars 1789). Avec Thomas Gilmore, il publie la première édition de *Quebec Gazette/La Gazette de Québec*, le 21 juin 1764. Ce journal est le premier périodique de la PROVINCE DE QUÉBEC et naît de l'idée d'informer le public de façon impartiale. Toutefois, après 1768, la mention des événements révolutionnaires des treize colonies est censurée par le gouverneur Guy CARLETON et la publication du journal, suspendue pendant l'invasion américaine de 1775 à 1776. La publication une fois rétablie, Brown qualifie le journal de «gazette la plus anodine des dominions britanniques». Brown et Gilmore publient également les premiers livres au Québec, dont un catéchisme, des ouvrages juridiques et *Abram's Plains* (1789), recueil de poèmes de Thomas Cary.

James Marsh

Browne, George, architecte (Belfast, Irl., 5 nov. 1811—Montréal, 19 nov. 1885). On lui doit certains des plus beaux bâtiments du XIXᵉ siècle au Canada. Dans les années 1830, il conçoit des maisons à Québec et à Montréal. En 1841, grâce à l'union du Haut et du Bas-Canada et à l'établissement de Kingston comme nouvelle capitale, Browne, architecte du gouvernement, effectue de nombreux travaux, dont des bâtiments privés, commerciaux et publics. La plupart sont en pierre calcaire locale et l'architecte y fait preuve d'une grande maîtrise des masses et des matériaux. Leur style, qu'on pourrait qualifier de «monumental et néoclassique», exprime bien le caractère triomphant d'une société à peine sortie de l'époque des pionniers.

Le plus bel exemple en est l'hôtel de ville de Kingston (1843). Toutefois, la succursale de la Banque de Montréal (1844) de Kingston, qui pourrait constituer la plus ancienne succursale bancaire de grande envergure au Canada, est encore en place aujourd'hui, sous le nom de Frontenac Apartments. Browne déménage à Montréal lorsque celle-ci devient la capitale en 1844, et bâtit la magnifique Banque Molson (1864-1866), de style *Second Empire*, qui abrite maintenant des bureaux de la Banque de Montréal.

J. Douglas Stewart

Browne, George fils, architecte (Montréal, Canada-Est, 1852 ou 1853—South Nyack, N.Y., 12 mars 1919). Après avoir étudié avec son père, un éminent architecte de Montréal, Browne voyage en Europe et s'inscrit à la South Kensington School of Art, à Londres. Il est de retour à Montréal en 1877. En 1879, il se rend au Manitoba pour tenter sa chance en tant que propriétaire terrien près de Holland. Peu après, toutefois, il revient à la pratique de l'architecture, à Winnipeg.

Le Massey Block (1885), qu'il dessine à Winnipeg pour le fabricant d'outils du même nom, lance un type de bâtiments commerciaux unique au Manitoba, caractérisé par le recours à des matériaux locaux (briques de couleur sable et calcaire de Tyndall) et à un style néoclassique primitif. En 1895, il conçoit aussi (avec S.F. Peters) le collège Wesley (U. de Winnipeg) qui est, encore aujourd'hui, le plus beau bâtiment de style *Richardsonian romanesque* de Winnipeg. Sa dernière œuvre admirable a été la Strathcona Block (érigé en 1901 et démoli en 1974), un autre édifice d'avant-garde qui a abrité des appartements de prestige durant des années. Browne s'est installé à New York en 1910.

W. P. Thompson

Browne, Rachel, née Ray Minkoff, pionnière de la danse moderne (Philadelphie, Penn., 16 nov. 1934). Malgré sa formation de ballerine classique, Rachel Browne devient l'une des figures les plus importantes de la danse moderne canadienne. Après avoir dansé avec le Royal Winnipeg Ballet pendant quatre ans, elle quitte la danse afin d'élever sa famille. Lorsqu'elle se rend compte que la danse lui manque, elle se lance dans la chorégraphie. Ses premières œuvres, parmi lesquelles le spectacle à saveur folklorique *Odetta's Songs and Dances* (1964), sont conçues dans un style et un esprit modernes.

Browne fonde la Winnipeg's Contemporary Dancers, tenue aujourd'hui pour la compagnie de danse contemporaine la plus ancienne du Canada, mais elle ne considère pas sa troupe comme «la troupe de Rachel Browne». Au contraire, son répertoire comporte des chorégraphies créées par de nombreux chorégraphes dans des styles très variés. Pendant les années 60 et 70, elle se produit en tournée un peu partout dans les petites villes canadiennes, permettant ainsi l'émergence d'un public féru de danse moderne.

En 1983, un comité désireux d'ouvrir la compagnie à de nouvelles influences demande à Browne de remettre sa démission en tant que directrice artistique de la Contemporary Dancers. Browne ne tarde pas à réorienter son énergie vers la chorégraphie et crée de nombreuses œuvres impressionnantes et humanistes à l'attention de danseuses. À l'instar de la femme rebelle de son œuvre pour danseuse en solo, *Old Times Now* (1987), Browne continue de créer des chorégraphies et danse encore à l'occasion.

Jacqui Good

Browning, Kurt, patineur artistique (Rocky Mountain House, Alb., 18 juin 1966). Il démontre d'abord une remarquable habileté au saut, se classant huitième lors des Jeux olympiques d'hiver de Calgary en 1988. Plus tard au printemps, il épate le monde entier lors des championnats internationaux en réussissant, en compétition, le premier quadruple saut.

Héritier manifeste de Brian ORSER au titre de champion canadien, Browning commence alors à peaufiner l'aspect artistique du patinage en vue des Jeux olympiques de 1992. Il devient rapidement un patineur plus agile, faisant preuve d'une grande confiance et de maîtrise technique. Sa progression rapide lui vaut de remporter le championnat canadien et le championnat mondial en 1989, un an seulement après s'être classé quatorzième à Calgary. En 1990 et 1991, il conserve ces deux titres, une performance qui lui vaut le LIONEL CONACHER Award à titre d'athlète masculin exceptionnel du Canada. Il est le premier patineur artistique à recevoir cet honneur.

Une blessure au dos vient ralentir son entraînement en vue des Jeux olympiques d'Albertville, en France, en 1992. Il décide alors de participer à la compétition malgré sa blessure, mais il doit se contenter d'une sixième place. Un mois plus tard cependant, aux championnats mondiaux, il est suffisamment rétabli et remporte la médaille d'argent. Ensuite, il s'installe à Toronto, embauche un nouvel entraîneur et rafle à nouveau le championnat mondial en 1993.

Browning fait encore une fois face à la déception aux Jeux de Lillehammer en 1994. Sa piètre performance aux épreuves obligatoires le laisse en cinquième place, loin derrière les meilleurs. Après les Jeux olympiques, il passe chez les professionnels. Malgré ses revers aux Jeux olympiques, Browning demeure l'un des meilleurs patineurs au monde, ayant remporté quatre médailles d'or.

Brownlee, John Edward, avocat, politicien, cadre et premier ministre de l'Alberta de 1925 à 1934 (Port Ryerse, Ont., 27 août 1883—Calgary, 15 juill. 1961). Il est un des premiers ministres de l'Alberta les plus efficaces et, pendant cinq décennies, une voix importante au sein du milieu agricole de l'Ouest. Fils d'un commerçant d'une petite ville et fervent enseignant méthodiste, il déménage à Calgary en 1909 pour poursuivre une carrière dans l'Ouest en pleine effervescence. Il devient l'avocat des FERMIERS UNIS DE L'ALBERTA, un regroupement nouvellement créé, et joue un rôle important dans la fusionnement de la United Grain Growers en 1917.

Lorsque les Fermiers unis de l'Alberta remportent les élections provinciales de 1921, il devient procureur général et participe à l'organisation de l'ALBERTA WHEAT POOL. À l'issue d'une révolte de coulisse civile, il devient premier ministre en novembre 1925. Sa réalisation la plus importante est la négociation du transfert à l'Alberta du contrôle de ses ressources naturelles, une entente qu'il rédige et signe le 14 décembre 1929.

Durant la Crise des années 30, les Albertains deviennent mécontents de ses restrictions financières, de ses programmes d'aide prudents et de son conservatisme politique. Brownlee dénonce vigoureusement la montée du CRÉDIT SOCIAL, mais n'est appuyé par personne. Il est également discrédité par les accusations de scandale personnel orchestrées par ses opposants politiques, et se voit obligé de démissionner comme premier ministre en juillet 1934. Sa carrière politique et celle des Fermiers unis de l'Alberta connaissent une fin désastreuse aux élections d'août 1935. En 1948, il se joint à nouveau à la United Grain Growers à titre de président et de directeur général, modernisant la structure financière de l'entreprise et rationalisant son système d'élévateurs. Il ferme en effet les installations plus petites et inefficaces et se concentre sur les points de livraison les plus importants.

Franklin L. Foster

Bruant Nom commun donné à plusieurs espèces d'oiseaux appartenant à la famille des embérizidés, qui est représentée par environ 35 espèces au Canada. (*Voir* MOINEAU DOMESTIQUE.)

Description Les oiseaux de cette famille sont de petite ou de moyenne taille, leur longueur variant de 11 cm chez le bruant de le conte (*Ammodramus leconteii*) à 22 cm chez le tohi à flancs roux (*Pipilo erythrophthalmus*).

Ils ont généralement un plumage terne et des marques caractéristiques sur la tête. Les tohis ont cependant un plumage très coloré, tandis que les juncos ainsi que certaines espèces de bruants possèdent un plumage caractérisé par un motif distinctif. Chez la plupart des espèces, le mâle et la femelle sont semblables, autant par leur plumage que par leur taille. D'ailleurs, il est pratiquement impossible de distinguer le mâle et la femelle du bruant chanteur (*Melospiza melodia*), une espèce répandue au Canada, en se fiant uniquement sur des caractéristiques du plumage.

Chant Seul le mâle chante habituellement, si bien que, lorsqu'on entend le chant d'un bruant, il s'agit fort probablement d'un mâle. Les chants diffèrent considérablement d'une espèce à l'autre. Le bruant à joues marron (*Chondestes grammacus*), qui affectionne les champs arides parsemés de buissons et d'arbres, a un chant long et mélodieux, agrémenté de trilles. Le bruant à gorge blanche (*Zonotrichia albicollis*), qui niche dans les forêts de conifères et les forêts mixtes, émet un chant d'une sonorité pure dont une version, traduite par l'onomatopée «Où es-tu, Frédéric, Frédéric?», lui a valu le surnom de «Frédéric». Le bruant sauterelle (*A. savannarum*), qui habite les champs de foin et d'herbes de l'extrême sud du Canada, émet un son discordant de moulinet qui rappelle le son d'un insecte. Le bruant de Henslow (*A. henslowii*), que l'on rencontre dans les champs de foin et de mauvaises herbes du sud de l'Ontario, émet simplement une sorte de «tse-selique» qui rappelle un hoquet.

Régime alimentaire Les bruants s'alimentent surtout au sol. Leur régime alimentaire est principalement constitué de graines, bien qu'ils consomment aussi des insectes durant la saison estivale. Chez la majorité des espèces, les adultes nourrissent les jeunes avec des insectes.

Migration Pratiquement toutes les espèces de la famille peuvent être considérées comme étant migratrices dans une certaine mesure. Le bruant hudsonien (*Spizella arborea*) niche dans les broussailles de saules des régions subarctiques et hiverne dans le sud du Canada et le nord des États-Unis. Le bruant des plaines (*S. pallida*), qui habite les prairies buissonnantes, hiverne au Mexique. Une sous-espèce du bruant des prés autrefois considérée comme une espèce distincte sous le nom de bruant d'Ipswich, (*Passerculus sandwichensis princeps*), se reproduit uniquement dans l'ÎLE DE SABLE et hiverne sur la côte atlantique. Le bruant des prés (*Passerculus sandwichensis*) est pour sa part très répandu dans l'ensemble du Canada.

Richard W. Knapton

Bruce, Charles Tory, poète, romancier (Port Shoreham, N.-É., 11 mai 1906—Toronto, 19 déc. 1971). Diplômé de l'U. Mount Allison en 1927, Bruce travaille durant huit mois comme journaliste au *Halifax Chronicle*, avant d'entrer au service de la Presse canadienne. Au cours des 35 années suivantes, il sera l'un des journalistes les plus respectés au pays, agissant à titre de directeur de la Presse canadienne de 1945 jusqu'à sa retraite en 1963. Son ouvrage *News and the Southams*, qui retrace l'histoire de l'entreprise de presse Southam, paraît en 1968.

Durant sa dernière année d'université, Bruce publie à ses frais son premier recueil de poèmes, *Wild Apples*. Toutefois, ce sont des maisons d'édition qui publient ensuite *Tomorrow's Tide* (1932), *Personal Note* (1941), *Grey Ship Moving* (1945), *The Flowing Summer* (1947) et *The Mulgrave Road* (1951). Ce dernier recueil lui vaut le prix du Gouverneur général et un large auditoire. Ses meilleurs vers, qui évoquent sa région natale de la baie de Chedabucto où il a également passé son enfance, reposent sur des images simples et concrètes rehaussées par un ton original. Ses vers reflètent son postulat selon lequel, en poésie, la lueur de la vérité jaillit de l'expérience vécue.

Son unique roman, *The Channel Shore*, paraît en 1954; les personnages convaincants et le cadre mémorable du récit font ressortir le thème essentiel du temps en continuum, cher à l'auteur. Son recueil de nouvelles interreliées, *The Township of Time* (1959), retrace l'évolution de diverses familles fictives durant 160 années de colonisation le long du «Channel Shore». Il illustre sa croyance bien ancrée dans une continuité, dans une filiation avec les générations passées et dans un sentiment d'appartenance avec les générations à venir.

J.A. Wainwright

Bruce, Herbert Alexander, chirurgien, officier militaire, politicien (Blackstock, Ont., 28 sept. 1868—Toronto, 23 juin 1963). Fondateur du Wellesley Hospital de Toronto (1911), il est nommé inspecteur général spécial du Service de santé de l'armée canadienne outre-mer par sir Sam HUGHES en 1916.

Son rapport sur le Service de santé de l'armée canadienne recommande une réorganisation complète, y compris l'isolement des blessés canadiens dans des installations canadiennes. Par la suite, plusieurs de ses idées se concrétisent, mais le gouvernement désavoue Bruce et son rapport. Il publie ses griefs, en 1919, dans *Politics and the Canadian Army Medical Corps*.

À titre de lieutenant-gouverneur de l'Ontario, de 1932 à 1937, il lutte pour conserver l'intégrité de son poste contre le premier ministre libéral, Mitchell HEPBURN, élu sur une promesse de réduction des dépenses publiques. En tant que député conservateur, de 1940 à 1946, Bruce défend vigoureusement la CONSCRIPTION en temps de guerre. Dans le style vivant de ses mémoires, *Varied Operations* (1958), il fait le tour de sa carrière médicale, militaire et politique.

O.A. Cooke

Bruce, péninsule D'une longueur de 100 km, d'une largeur de 38 km à la base, part d'OWEN SOUND et s'avance vers le nord-ouest jusqu'à Tobermory, formant ainsi la BAIE GEORGIENNE et le lac HURON, en Ontario. Composée de strates de l'ESCARPEMENT DU NIAGARA, la péninsule est légèrement inclinée à partir des falaises de la baie Georgienne jusqu'aux plaines de sable et d'argile des rives du lac Huron.

Owen Sound et Colpoys Bay forment, dans la baie Georgienne, des ports qui ressemblent à des fjords. Le cap Croker, qui s'avance sur 10 km dans la baie, est une réserve ojibway. La baie de Hope, située tout près, est célèbre pour ses falaises de roche calcaire escarpées et ses plages sablonneuses. Lions Head doit son nom à une formation rocheuse irrégulière de 51 m de haut. Le SENTIER BRUCE longe la région sauvage échancrée du côté de la baie Georgienne de la péninsule.

Surnommée le «rassemblement nord-américain des plantes», la péninsule Bruce est un paradis pour les botanistes; elle abrite des espèces d'arbres du Nord, de transition et du Sud, environ 49 espèces d'orchidées et 30 espèces de fougères.

Préservation La pointe nord-ouest et le côté de la baie Georgienne de la péninsule ont été protégés par le PARC MARIN NATIONAL FATHOM FIVE, le PARC NATIONAL DE LA PÉNINSULE BRUCE, quatre parcs provinciaux et sept autres zones protégées. L'escarpement du Niagara, qui longe la péninsule, a été choisi comme réserve de la biosphère des Nations Unies.

Raymond N. Lowes

Bruce, piste de Sentier continu de 740 km sur l'ESCARPEMENT DU NIAGARA, reliant Queenston, près de NIAGARA FALLS, au village de Tobermory dans la PÉNINSULE BRUCE, en Ontario. La piste longe le versant de l'escarpement en passant par les régions fruitières du Niagara et la ville de HAMILTON, à travers la vallée de Dundas, se dirigeant vers le nord à travers les collines Caledon jusqu'aux Blue Mountains. Elle se prolonge ensuite vers le nord-ouest, traverse la vallée de la rivière Beaver, rejoint OWEN SOUND et avance vers Tobermory, tout cela en perdant rarement de vue la BAIE GEORGIENNE du lac Huron.

Historique L'idée d'un sentier d'interprétation de la nature traversant l'Ontario et menant à «la Bruce», un paradis pour les naturalistes, est proposée par Raymond Lowes, un métallurgiste de Stelco, en 1960. À partir de cette idée, on fonde la Bruce Trail Association (dont des membres bénévoles défrichent la piste). Devenue une association dévouée qui s'occupe de la gestion de la piste, elle veille à ce que ses membres maintiennent la propreté des lieux, adoptent une conduite appropriée à la randonnée pédestre, apprécient la nature et respectent les propriétés privées. Des propriétaires soucieux de l'intérêt public permettent que la piste traverse leurs terrains.

Préservation Des milliers de visiteurs ont profité de cette occasion unique d'explorer l'Ontario à pied, ce qui confère à la piste une grande importance touristique pour le Canada et encourage le gouvernement ontarien à protéger l'escarpement du Niagara.

Raymond N. Lowes

Bruhn, Erik Belton Evers, danseur de ballet, chorégraphe et directeur artistique (Copenhague, Danemark, 3 oct. 1928—Toronto, 1er avril 1986). Après la Seconde Guerre mondiale, il danse pour la compagnie du Ballet royal du Danemark et déménage en Angleterre pour se joindre au Metropolitan Ballet. C'est là qu'il danse avec Celia FRANCA, qui l'invite au Canada peu après la fondation du BALLET NATIONAL DU CANADA. En tant que danseur, Bruhn s'acquiert rapidement la réputation d'être un des plus grands «danseurs» de son temps, excellant non seulement dans les classiques, mais aussi dans des rôles dramatiques (p. ex., Jean dans *Mademoiselle Julie* de Birgit Cullberg) au sein de nombreuses compagnies de ballet du monde entier. Ses liens les plus étroits ont été avec l'American Ballet Theatre, le BALLET NATIONAL DU CANADA et le ballet royal suédois. Bruhn reçoit plusieurs prix, entre autres le prix Nijinsky en 1963 et le Diplôme d'honneur de la Conférence canadienne des arts, en 1974.

Après avoir monté *La Sylphide* pour le Ballet National du Canada en 1964, Bruhn demeure associé à la troupe (et à l'ÉCOLE NATIONALE DE BALLET) en qualité d'artiste invité, de chorégraphe, de professeur, de producteur en résidence et, à partir de 1983, de directeur artistique. C'est à ce titre qu'il commande de nombreuses œuvres nouvelles, non seulement à des chorégraphes de ballet connus (comme Glen Tetley), mais aussi à des artistes canadiens œuvrant dans le domaine de la danse moderne (Robert DESROSIERS, David EARLE, Danny GROSSMAN). Les œuvres de Bruhn lui-même, comme sa version psychologique controversée du *Lac des Cygnes* et sa version bouillonnante de *Coppélia* fondée sur la tradition danoise, deviennent des piliers du répertoire. Son style classique impeccable, son intelligence impressionnante et son enseignement perspicace influencent de nombreux danseurs canadiens.

Sa succession fonde le Concours international de ballet Erik Bruhn, qui s'adresse aux jeunes danseurs présentés par le Ballet National du Canada, l'American Ballet Theatre, le Ballet Royal ainsi que le Ballet royal du Danemark, en témoignage de reconnaissance aux compagnies qu'il a le plus admirées.

Penelope Reed Doob

Bruit Désigne des sons indésirables ou désagréables, particulièrement ceux qui sont inattendus ou irréguliers. La conviction que le bruit nuit au bien-être des êtres sensibles remonte aux origines de l'histoire. Selon la version babylonienne du déluge telle que recueillie sous Hammourabi (environ 2000 ans av. J.-C.), le phénomène aurait été la manifestation de la colère qu'aurait provoquée chez les dieux le bruit produit par les hommes. Le prêtre égyptien Ipu-ner déplore: «Le bruit se répand dans le pays, laissant derrière lui une traînée de tristesse». Dans ses directives d'éthique aux médecins, Hippocrate (400 av. J.-C.) déclare: «Il faut garder le malade du bruit». Il est possible de dégager quelles étaient les sources de bruit à cette époque en parcourant l'histoire de Sybaris, une colonie grecque installée dans le sud de l'Italie (environ 600 ans av. J.-C.), où les métiers bruyants comme ceux de forgeron ou de tailleur de pierres étaient interdits dans l'enceinte de la cité. Il appert que les bruits de choc constituaient la principale nuisance pour les Sybarites.

Ce n'était pas le cas dans la Rome impériale, où la circulation routière constituait la principale source de bruit. Dans cette cité fortifiée d'un million d'habitants, l'engorgement des routes était tel que le transport de marchandises dans les rues n'était autorisé que la nuit. Le mouvement continuel des roues à jante métallique sur la chaussée pavée de pierres produisait un vacarme dont se plaignait Marcus Martial (80 ap. J.-C.): «La nuit, tout Rome passe juste à côté de mon lit».

En Angleterre, sous Henri VIII, le moyen de maintenir «la paix, l'ordre, le repos et la tranquillité des citoyens» consiste encore essentiellement à interdire certaines activités bruyantes au moins la nuit (de 21 h à 4 h). Pour les charrettes sillonnant quotidiennement les rues de Londres, les jantes métalliques sont interdites sous peine d'une amende de six shillings.

Avant le XXᵉ siècle, l'un des facteurs qui rend difficile la lutte contre le bruit est l'absence d'appareils de mesure. En effet, l'oreille n'est pas un instrument de mesure fiable, d'autant moins qu'elle est capable de s'habituer aux bruits de fond réguliers ou fréquents. Les amplificateurs électroniques résolvent le problème en permettant la fabrication de sonomètres pratiques et raisonnablement standardisés grâce auxquels on peut établir des corrélations entre l'exposition à des niveaux sonores et des effets quantifiables chez l'être humain. On connaît depuis longtemps la «surdité des chaudronniers», une PERTE D'AUDITION résultant de l'exposition prolongée au bruit intense, mais ce n'est qu'au milieu du XXᵉ siècle qu'on démontre une relation générale entre l'exposition au bruit et la perte de l'audition. Les réactions subjectives (l'irritation, p. ex.) cèdent le pas à des méthodes de mesure toujours améliorées. Ainsi, les sonomètres sont calibrés en décibels (dB) et sont munis de réseaux pondérateurs qui exercent une discrimination contre certaines fréquences. P. ex., les réseaux de pondération A, les plus utilisés pour mesurer les effets chez l'être humain, accordent moins d'importance aux basses fréquences parce qu'elles produiraient moins d'inconfort et moins de perte auditive, entre autres.

On distingue trois écarts de niveaux sonores selon leurs effets sur les individus. Zéro décibel correspond au seuil approximatif d'audibilité. Entre 0 et 40 dB, on considère généralement que les sons sont doux, et ils ne dérangent que s'ils comportent des éléments de forte tonalité. Ceux qui se situent entre 40 et 80 dB peuvent incommoder, selon leur nature et les conditions dans lesquelles ils se produisent. P. ex., le niveau sonore moyen d'une conversation à une distance de 30 cm correspond à environ 60 dB. Pourtant, un orchestre peut jouer pendant de longues périodes à 80 dB et bien au-dessus pour de courtes périodes, mais nous payons pour aller l'écouter. Les bruits néfastes se produisent généralement à l'extérieur, en milieu urbain ou suburbain, et font l'objet de règlements. Parmi les sources les plus importantes, citons la circulation automobile, omniprésente, le trafic des camions et des transports en commun (routier et ferroviaire), davantage réglementé, et le trafic aérien, généralement plus localisé, mais dont les effets néfastes peuvent se faire sentir loin de toute civilisation. Une bonne part des bruits incommodants peuvent provenir des climatiseurs, des tondeuses à gazon, des souffleuses à neige, etc. Ces bruits sont irritants en ce sens qu'ils peuvent surprendre ou distraire, qu'ils nuisent à l'audibilité d'une conversation ou perturbent le repos et le sommeil. Les limites fixées par les règlements pour les niveaux sonores du bruit ambiant peuvent varier de 40 dB pendant la nuit, dans les zones de banlieues strictement résidentielles, jusqu'à 75 dB le jour, dans les zones industrielles.

La distance peut s'avérer une mesure très efficace pour contrer les effets du bruit ambiant: dans une atmosphère uniforme, l'intensité d'un bruit provenant d'une source donnée diminue de six décibels chaque fois que double la distance séparant l'auditeur de cette source. P. ex., la plupart des automobiles produisent, à 60 km/h, un niveau sonore de 65 dB à une distance de 15 mètres, de 59 dB à 30 mètres et de 53 dB à 60 mètres. Malheureusement, il arrive souvent qu'on ne puisse pas agir sur la distance. Celle-ci constitue malgré tout le principal moyen de réduire le bruit du trafic aérien dans les zones résidentielles. Par ailleurs, les bâtiments, les massifs rocheux et les forêts agissent comme des barrières sonores, efficaces surtout sur de courtes distances. L'architecture intérieure peut influer sur le niveau sonore en milieu fermé: une absorption maximale par les murs, un double fenestrage avec ventilation forcée et des matériaux phono-absorbants aident à réduire le bruit. Des niveaux de 80 à 120 dB sont inusités dans notre environnement, mais fréquents dans certaines industries et à proximité des aéroports.

Le bruit peut causer des dommages physiologiques, particulièrement à l'oreille interne. La durée de l'exposition est fondamentale à cet égard. Le gouvernement canadien (comme la plupart des gouvernements occidentaux) établit à 90 dB le niveau sonore maximum auquel peuvent être constamment exposés sans protection des ouvriers durant une journée. Beaucoup de pays fixent cette limite à 85 dB. À des niveaux sonores plus élevés, la durée de l'exposition permise diminue. Généralement, on interdit l'exposition sans protection à des niveaux supérieurs à 115 dB. Les bruits de plus de 120 dB sont rares, excepté à proximité de sources puissantes comme les moteurs des avions à réaction ou des fusées. On peut sentir les vibrations sonores à 120 dB; à 130 dB, elles produisent des douleurs à l'oreille. À 160 dB ou plus, les matériaux phono-absorbants combustibles peuvent prendre feu sous l'action de la chaleur produite par la transformation de l'énergie sonore.

Pour masquer certains bruits de basse fréquence aux caractéristiques irritantes, on fait souvent appel à des bruits qui ont une distribution uniforme de l'énergie sonore sur l'échelle des fréquences audibles. Ces bruits qui camouflent les autres sont nommés «bruits blancs». On y a recours aussi pour atténuer les bruits de voix de basse intensité dans les milieux de travail afin d'éviter les distractions et d'assurer l'intimité. Les bruits blancs ne sont vraiment efficaces que lorsque les sons irritants à couvrir ne dépassent pas 40 dB. Les êtres humains ne sont pas les seuls à souffrir du bruit. P. ex., des bruits de 40 à 80 dB peuvent compromettre le succès de la nidification chez des espèces d'oiseaux sauvages. Même des sons habituellement acceptables peuvent constituer des sources de stress débilitant. Ainsi, des oiseaux peuvent abandonner leur territoire de nidification si on leur fait entendre de nombreuses fois des enregistrements de chants territoriaux. Dans ce cas, ce n'est pas le bruit comme tel qui fait fuir la bête, mais bien l'interprétation qu'il en fait.

Comparativement à d'autres pays, le Canada possède peu de dispositions légales concernant la réduction du bruit, et la législation canadienne en matière de lutte contre le bruit vise essentiellement les particuliers. Les lois existantes réglementant les divers types de pollution par le bruit relèvent de différents paliers de gouvernement. Les municipalités réglementent, p. ex., les bruits provenant de la circulation automobile et de l'industrie. La ville d'Ottawa a été la première à adopter (en 1970) un règlement quantifiant le bruit. La pollution sonore causée par le trafic aérien est régie par la Division des services aériens du ministère fédéral des Transports. Trois aéroports canadiens disposent d'une politique de réduction du bruit au décollage et à l'atterrissage: l'Aéroport international de Montréal, l'Aéroport international Lester B. Pearson, de Toronto, et l'Aéroport international de Winnipeg. Rien n'est prévu pour les petits avions ou les hélicoptères. Les aéroports de Montréal et de Toronto limitent le trafic nocturne (de minuit à 7 h). Les commissions d'INDEMNISATION DES ACCIDENTS DU TRAVAIL sont habilitées à enquêter sur le bruit industriel.

Le CONSEIL NATIONAL DE RECHERCHES DU CANADA mène de nombreuses recherches visant à réduire le bruit à la source. P. ex., il est possible de réduire le bruit des rouleaux coucheurs (dans les usines de papier) en mettant en place sur ces rouleaux des patrons de perforation en quinconce (au lieu d'uniformes), qui rendent l'opération d'assèchement du papier plus silencieuse. Les tentatives de blocage du son après son émission ont conduit à la mise au point de protecteurs auditifs à coussinets liquides, utilisés dans les aéroports partout dans le monde.

On accorde beaucoup d'attention à la réduction du bruit dans la collectivité au moyen de l'aménagement urbain, de la conception des routes ainsi que des mesures législatives, tout comme au mode de transmission du son dans les conditions complexes qui prévalent dans le monde actuel. Les effets de différents niveaux sonores sur les caractéristiques du sommeil font l'objet de recherches depuis une quinzaine d'années. L'Institute for Aerospace Studies de l'U. de Toronto participe à une étude sur les bruits AÉRODYNAMIQUES dans les couches limites et les avions à réaction. À l'U. McMaster, les recherches dans ce domaine portent principalement sur la réaction de la population au bruit du trafic.

G.J. Thiessen

Brûlé, Étienne, explorateur, interprète (probablement Champigny-sur-Marne, France, v. 1592—Huronie, v. juin 1633). Brûlé est le premier Français à cohabiter avec les autochtones. Selon les écrits de Champlain, Brûlé est envoyé chez les ALGONQUINS, vraisemblablement en 1610, en échange d'un jeune Algonquin. Il devient un interprète et un intermédiaire compétent.

Voyageant avec son peuple adoptif, Brûlé est sans doute le premier Européen à voir les lacs Ontario, Huron et Supérieur. Lors d'une mission chez les Susquehannahs, il s'aventure jusqu'à la baie de Chesapeake. Il est capturé par les Iroquois qui, après l'avoir torturé selon leur rituel, le libèrent, probablement parce qu'il promet de promouvoir une alliance avec les Français.

De 1621 à 1622, il voyage vers le nord et signale la présence de rapides à Sault Sainte-Marie. Brûlé ne laisse malheureusement aucun récit de sa carrière et les rapports des missionnaires trahissent leur mépris envers son mode de vie. Véritable COUREUR DE BOIS, Brûlé a l'esprit aventurier et indépendant.

En 1629, il passe du côté des frères KIRKE lorsqu'ils attaquent Québec. Accusé de trahison par CHAMPLAIN, il retourne en Huronie. Contrairement à de macabres conjectures voulant qu'il ait été torturé et mangé, Brûlé est probablement assassiné pour des raisons politiques à cause de ses ententes avec les Sénécas ou avec une autre tribu hostile aux Hurons.

James Marsh

Brume sèche arctique Anciennement l'un des lieux les plus purs et les plus propres de la Terre, l'Arctique a été ternie et voilée par une nappe sale de smog roux. Phénomène totalement inattendu et unique sur Terre, cette brume arrive dans l'Arctique chaque automne et chaque hiver depuis les années 50.

Sa découverte est ancienne, mais la connaissance de sa composition et des circonstances de son apparition est récente. D'après une série de mesures de chimie atmosphérique effectuées dans les années 70, d'abord à Barrow, en Alaska, puis à Mould Bay, dans les Territoires du Nord-Ouest, son origine n'est pas naturelle, mais plutôt humaine. Des carottes de glace extraites de la neige compactée depuis des siècles sur l'île d'Ellesmere révèlent que, durant la première moitié de ce siècle, l'acidité de la glace et les émissions de soufre étaient approximativement constantes et d'environ la moitié des niveaux actuels. Depuis 1956, la POLLUTION DE L'AIR a augmenté de 75 p. 100 dans l'Arctique, une tendance qui suit de près le doublement des émissions d'acides de dioxyde de soufre pour l'ensemble de la planète.

Composition Cette brume sèche contient principalement des composés de soufre et d'azote (sous forme de gaz ou de fines particules liquides ou solides appelées aérosols) et de substances d'origine naturelle comme le sel marin, les cendres de feux irréprimés et la poussière du sol transportée par le vent. Plus longtemps les composés de soufre et d'azote restent dans l'atmosphère, plus ils risquent de se transformer en acides semblables à ceux mis en jeu dans les PLUIES ACIDES. Cette brume sèche arctique contient aussi un ensemble complexe de contaminants atmosphériques toxiques (p. ex. des herbicides et des pesticides, tels que le lindane et le D.D.T.), des métaux lourds (p. ex. du plomb, du mercure et du vanadium) et des composés organiques industriels (p. ex. des solvants, des DIOXINES et des PCB).

Étendue La brume sèche couvre pratiquement toute la zone au nord du 60° de latitude. Les concentrations ont tendance à atteindre leur maximum au sommet de la couche d'inversion (de 400 à 800 m au-dessus du sol) et au-delà. Les niveaux de pollution dans l'Arctique sont aussi généralement de 10 à 20 fois supérieurs à ceux mesurés au-dessus de l'Antarctique et 10 fois supérieurs à ceux enregistrés au-dessus des zones non industrielles de l'Amérique du Nord.

Fluctuations saisonnières L'Extrême-Arctique est de 20 à 40 fois plus pollué en hiver qu'en été. De février à mai, le nombre de particules en suspension dans l'air devient suffisant pour que l'ensemble devienne visible sous la forme de brume sèche. Durant l'été, cette brume de pollution disparaît. Ce phénomène résulte de la combinaison d'au moins trois mécanismes: les inversions hivernales forment des barrières invisibles qui retiennent la pollution accumulée; les grands systèmes météorologiques qui régissent l'entrée et la sortie des polluants à la frontière de l'Arctique sont très vigoureux en hiver et sont habituellement associés à un flux d'entrée vers le nord; finalement, en hiver, l'air circule au-dessus d'une surface qui ressemble fort à un désert de glace et il y a donc peu de pluie ou de neige pour faire se déposer les polluants.

Sources Ce n'est qu'à partir de 1980 que l'on a pu, grâce à des méthodes utilisant des traceurs chimiques, remonter aux sources des polluants. Diverses industries émettent dans l'atmosphère des mélanges différents de produits chimiques polluants. P. ex., les teneurs en plomb des émissions de la combustion de mazout, de charbon et de bois et des raffineries de métal en Europe orientale, en Europe occidentale et en Amérique du Nord sont différentes. Une «empreinte chimique», pour ainsi dire, permet de remonter jusqu'à la région d'origine de la brume sèche arctique, sinon jusqu'à chaque usine.

Un modèle de transport prenant en compte la chimie atmosphérique a permis de démontrer que l'Amérique du Nord contribue de façon relativement modeste (moins de 4 p. 100) à la mixture atmosphérique qui pénètre l'Arctique. Les deux tiers des polluants contenus dans la brume sèche s'avèrent provenir de sources «au vent», situées dans les pays hautement industrialisés de l'Europe de l'Est, le reste venant de l'Europe de l'Ouest.

Effets sur l'environnement On connaît peu de chose sur les effets de la brume sèche arctique sur l'environnement, mais l'effet le plus évident est la diminution de la visibilité. La modification du bilan énergétique et, très probablement, celle du CLIMAT comptent parmi les effets les plus significatifs. Les particules noires et fuligineuses dans l'atmosphère, sur la neige et sur la glace absorbent une plus grande fraction de l'énergie en provenance du soleil. La brume sèche contribue donc à un réchauffement. La couverture de neige et de glace diminuant, la réflectivité s'en trouve amoindrie et le réchauffement général s'accélère.

Tendances actuelles De 1979 à 1995, Environnement Canada a surveillé périodiquement la composition chimique et physique de l'atmosphère à ALERT, dans les Territoires du Nord-Ouest. Des mesures récentes montrent que la tendance de la brume sèche arctique à augmenter, qui avait commencé à s'accélérer pendant les années 50, a cessé. Aussi, même si la concentration de sulfate est resté presque constante, celle de quelques contaminants organiques toxiques et de quelques métaux lourds a fortement chuté. Celle du plomb, p. ex., a diminué de 55 p. 100

depuis 1980. Ces déclins résultent en partie des actions visant au contrôle des émissions toxiques et de l'élimination du plomb dans l'essence par les pays qui bordent l'Arctique et par leurs industries. (*Voir aussi* CLIMAT, CHANGEMENT DE.)

David Phillips

Brundage, John Herbert, alias John Herbert, écrivain et metteur en scène (Toronto, 13 oct. 1926). De 1955 à 1960, il étudie à la New Play Society School for Drama et à l'École nationale de ballet de Toronto. Par la suite, il fonde et dirige, toujours à Toronto, trois théâtres parallèles d'avant-garde, notamment le théâtre le Garret (1965-1970).

Sous le pseudonyme de John Herbert, Brundage écrit, en 1963, la pièce qui fait sa renommée, *Fortune and Men's Eyes* (trad. *Aux yeux des hommes*, 1971). Il s'agit d'un drame autobiographique dont l'action se déroule en prison. La première a lieu dans un théâtre situé près de Broadway, en 1967. La pièce connaît ensuite un succès international encore inégalé par aucune œuvre dramatique canadienne.

En 1968, au Festival d'art dramatique du Canada (*voir* FESTIVAL NATIONAL D'ART DRAMATIQUE), *Fortune and Men's Eyes* remporte le prix Massey, que Brundage refuse, et le prix Chalmers pour les pièces de théâtre canadiennes en 1975. Les pièces qu'il écrit par la suite connaissent peu de succès, mais *Fortune and Men's Eyes* demeure l'une des rares véritables œuvres classiques du théâtre canadien.

Jerry Wasserman

Brunet, Caroline, kayakiste (Québec, Qc, 20 mars 1969). Elle s'intéresse au kayak dès l'âge de 11 ans et démontre rapidement des qualités exceptionnelles qui la mèneront au sommet mondial de sa discipline. Dès 1988, alors qu'elle n'a que 19 ans, elle est membre de l'équipe canadienne de canoë-kayak. Elle avoue que son premier entraîneur, Denis Barré, a largement influencé le déroulement de sa carrière.

Sur la scène nationale, elle obtient le premier de ses nombreux titres nationaux en K-1500 mètres en 1988, un mois avant sa première participation olympique, à Séoul. Aux championnats du monde, sa première médaille remonte à 1993, le bronze en K-1500 mètres, épreuve qui lui vaudra de nombreux succès. Un palmarès fort éloquent à ces championnats du monde depuis 1993: 8 médailles d'or, 4 d'argent et 3 de bronze, ce qui en fait la chef de file incontesté de l'histoire du kayak au Canada. Sur la scène olympique, ses efforts sont aussi largement récompensés en 1996 à Atlanta après ses places d'honneur de 1992 à Barcelone. Lors de sa 3ᵉ participation aux Jeux Olympiques, elle accède à la 2ᵉ marche du podium en K-1500 mètres. C'est la seule médaille canadienne à Atlanta en canoë-kayak, la première depuis 1984 et l'aboutissement heureux d'un entraînement rigoureux de 5 heures par jour et de 11 mois par an.

Yvon Dore

Brunet, Louis-Ovide, prêtre, enseignant, botaniste (Québec, 10 mars 1826—2 oct. 1876). Il travaille d'abord comme curé pendant 10 ans, puis le séminaire de Québec, son *alma mater*, lui offre un poste de professeur de sciences. En 1862, il succède à Thomas Sterry HUNT comme professeur d'histoire naturelle à l'U. Laval.

Ses nombreuses sorties botaniques sur le terrain au Québec et en Ontario, ainsi que les deux années qu'il passe en Europe à visiter les herbiers et à suivre des cours donnés par des experts au Musée national d'histoire naturelle à Paris, lui procurent une formation de base en botanique. Il la parachève en nouant des liens étroits avec les botanistes canadiens et américains. Il publie son premier ouvrage original en 1865.

À partir de 1870, il est considéré comme un expert en botanique et on s'attend à ce qu'il entreprenne une étude de la flore canadienne. Fortement encouragé dans cette entreprise par le grand savant américain Asa Gray, il rassemble un vaste ensemble de notes qui ne sont malheureusement jamais

publiées, sa carrière prometteuse étant écourtée par la maladie.

Raymond Duchesne

Brunet, Michel, historien (Montréal, 24 juill.1917— *id.* 4 sept. 1985). Diplômé de l'UNIVERSITÉ DE MONTRÉAL et de l'Université Clark de Worcester (Mass.), où il obtient un Ph.D. en histoire en 1949, c'est à l'âge de trente-deux ans que le professeur Brunet débute sa carrière universitaire à l'Institut puis au département d'histoire de l'Université de Montréal. Dès son entrée en fonction, il se voit confier la chaire d'histoire des États-Unis dont il sera le seul titulaire pendant plus d'une décennie. Il ne tarde pas à s'engager résolument dans la défense et la promotion de l'École d'interprétation historique néonationaliste qui caractérise l'enseignement de l'histoire des « deux Canadas » – le Canada anglais et le Canada français – à l'Université de Montréal (*voir* Maurice SÉGUIN). Le titre même de son premier ouvrage – *Canadians et Canadiens. Études sur l'histoire et la pensée des deux Canadas* (1954) – illustre bien cette approche interprétative. Appelé à diriger le département d'histoire en remplacement de Guy FRÉGAULT, il contribue grandement à son développement et à son rayonnement pendant les huit ans de son directorat (1959-1967).

Profondément convaincu que la connaissance historique constitue une voie royale d'approche pour la compréhension des problèmes contemporains, cet universitaire engagé assigne à l'historien un rôle d'éclaireur dans la société. « Si j'étudie l'histoire, aime-t-il proclamer, ce n'est pas pour m'ensevelir dans le passé mais pour mieux saisir le présent et prévoir l'avenir. » Il témoigne d'une grande préoccupation intellectuelle pour le destin de la société québécoise qui se prépare alors à connaître une révolution tranquille.

L'insigne contribution intellectuelle de l'historien Michel Brunet lui vaut de nombreux prix et honneurs. Pour le plus beau des fleurons de sa production historique, intitulé *Les Canadiens après la Conquête, 1759-1775* (1969), il obtient, en 1970, le prix littéraire du Gouverneur général et le prix France-Québec. En 1983, il est nommé professeur émérite de l'Université de Montréal et reçoit le prestigieux prix Léon-Gérin en guise de couronnement de son œuvre scientifique.

Pierre Tousignant

Brutinel, Raymond, brigadier-général, CB, CMG, DSO, géologue, journaliste, militaire et entrepreneur, pionnier dans le domaine de la guerre mécanisée (Alet, Aude, France, 6 mars 1872—Couloume-Mondebat, Gares, France, 21 sept. 1964). Après avoir immigré dans l'Ouest du Canada en 1904, il se distingue en arpentant le tracé du GRAND TRUNK RAILWAY et en devenant rédacteur en chef du *Courrier de l'Ouest* (Edmonton), le premier journal de langue française à l'ouest de Winnipeg.

En 1914, il met sur pied une unité motorisée d'automitrailleuses sur le front occidental; après quatre années d'expansion, cette unité s'est transformée en brigade d'automitrailleuses qui contribue à stopper la grande offensive allemande de mars 1918. D'octobre 1916 à mars 1918, Brutinel sert comme officier du corps canadien d'automitrailleuses et, outre ses décorations, il est mentionné sept fois dans les dépêches. Il est l'un des premiers à prôner la mobilité et la concentration des forces de feu, créant le concept de mitraillage indirect.

En 1920, il retourne vivre en Europe, travaillant comme représentant des ventes pour la compagnie Creusot dans les Balkans; toutefois, il conserve de nombreux liens avec le Canada. Le major général Georges VANIER, ambassadeur du Canada en France, souligne l'aide appréciable fournie par Brutinel lors de l'évacuation du personnel de l'ambassade à Paris en juin 1940. En 1961, il devient membre du Club du cinquantenaire de l'Institut canadien des mines et de la métallurgie.

Brereton Greenhous

Bryce, Peter Henderson, médecin (Mount Pleasant, Canada-Ouest, 17 août 1853—En mer, 15 janv. 1932). Il est le premier à occuper le poste de secrétaire de l'Ontario Board of Health (1882-1904). Au cours de cette période, il se joint au ministère de l'Immigration et en devient le médecin en chef. Homme résolu, Bryce mène campagne en faveur d'une réforme de la santé et concentre ses efforts sur la tuberculose. Au grand embarras du gouvernement, il condamne les pensionnats autochtones, qu'il considère comme lieux de prédilection de la maladie. Après sa retraite en 1921, il se met à l'étude de la littérature canadienne. Peu après avoir terminé un manuscrit sur la vie de sir Oliver MOWAT, il meurt pendant un voyage en mer vers les Antilles.

Janice Dickin McGinnis

Bryce, Robert Broughton, fonctionnaire (Toronto, 27 févr. 1910). Ingénieur diplômé de l'U. de Toronto, Bryce étudie l'économie à Cambridge (où il aura J.M. Keynes comme professeur) et à Harvard. Il entre au ministère des Finances du gouvernement fédéral en 1938 et, au cours des dix années suivantes, ses talents contribuent de façon remarquable au statut important de ce ministère à Ottawa et à la concentration du pouvoir à l'intérieur de celui-ci. Il est nommé greffier du Conseil privé et secrétaire du Cabinet en 1954.

Bryce occupe ces fonctions tout au long du mandat de Diefenbaker et il est remarquable pour son habileté à gagner la confiance et la collaboration d'un premier ministre au caractère souvent difficile. En 1963, il devient sous-ministre des Finances et, en 1971, il est nommé directeur exécutif canadien du FONDS MONÉTAIRE INTERNATIONAL. Son dernier poste important est celui de président de la COMMISSION ROYALE D'ENQUÊTE SUR LES GROUPEMENTS DE SOCIÉTÉS. Il est l'auteur de *Maturing in Hard Times: Canada's Department of Finance through the Great Depression* (1986).

Robert Bothwell

Brymner, William, peintre et professeur (Greenock, Écosse, 14 déc. 1855—Wallasey, Angl., 18 juin 1925). Le père de Brymner est le premier archiviste du Dominion. William est surtout connu en tant que premier grand professeur d'art au Canada. Son respect de la formation scolaire et son style délicat et très personnel, combinés à sa sensibilité au talent des autres, ont marqué bon nombre d'hommes et de femmes qui ont étudié avec lui à Montréal au début du XXᵉ siècle. Après avoir terminé ses études à Richmond (Québec), il part étudier l'architecture à Paris. C'est là-bas qu'il décidera de peindre.

En 1886, Brymner est nommé directeur des cours d'art à la Société des Arts de Montréal. Cette même année, il devient membre titulaire de l'Académie royale des arts du Canada. Ses portraits et ses scènes d'intérieurs sont très représentatifs. Il réalise aussi des aquarelles sur soie et des murales, qu'on peut admirer dans l'ancienne Porteous house, à l'Île d'Orléans. Il fait des esquisses de paysages avec J.W. MORRICE et Maurice CULLEN. Son *Early Morning in September* (1899) illustre la finesse d'une palette aux couleurs sensuelles et éclatantes, et l'on trouve dans la scène pastorale la tranquillité propre aux tableaux européens.

Anne McDougall

BTO Le groupe rock Bachman-Turner Overdrive est formé de Robin Bachman, Randy Bachman, Blair Thornton et Fred Turner. Le groupe connaît un succès international au milieu des années 70. Le troisième album de BTO, *Not Fragile*, comprend la chanson *You Ain't Seen Nuthin' Yet*, vendue à un million d'exemplaires. En 1977, au départ de Robin Bachman, le groupe a déjà vendu 20 millions d'albums dans le monde. BTO poursuit ses tournées et ses enregistrements, et fait partie, jusqu'en 1979, des groupes rock canadiens les plus populaires. Les membres se sont réunis en 1984 pour une tournée canadienne.

John Geiger

Buccin Nom commun d'escargots marins carnivores appartenant à la famille des buccinidés, des muricidés ou des purpuridés. Ces MOLLUSQUES évolués, qui font partie de la classe des GASTÉROPODES et de la sous-classe des prosobranches, possèdent une coquille en forme de fuseau fortement spiralée et pourvue d'un canal siphonal. Un siphon sensoriel sort de ce dernier. Les buccins s'en servent pour détecter et suivre les proies. Plusieurs espèces de la famille des muricidés sont nuisibles aux huîtres et, pour cette raison, on a beaucoup étudié leur biologie et les méthodes de lutte contre elles. Le perceur de l'Atlantique (*Urosalpinx cinerea*) et l'*Ocenebra japonica* ont causé énormément de dommages aux parcs d'huîtres de la côte Est et de la côte Ouest, respectivement. Ces prédateurs d'huîtres utilisent un organe perceur situé dans leur pied pour percer la coquille de leur proie. Cet organe sécrète un enzyme qui dissout la matière organique de la coquille qui finit par se briser. Ce processus est comparable à l'effondrement d'un mur de brique auquel on enlèverait son mortier. Le proboscis porte un petit organe d'alimentation denté, la radula, qui est inséré par le trou percé pour manger la chair de la victime. Les buccins sont à sexes séparés et, après la reproduction, ils pondent des capsules d'œufs fermées. À l'intérieur des capsules, on observe du cannibalisme, ce qui favorise l'émergence des individus les plus vigoureux.

Peter V. Fankboner

Buchan, John, 1ᵉʳ baron Tweedsmuir, auteur et gouverneur général du Canada de 1935 à 1940 (Perth, Écosse, 26 août 1875—Montréal, 11 févr. 1940). Pendant ses études à Oxford, il publie six ouvrages de fiction, de poésie et d'histoire. Il est brièvement administrateur en Afrique du Sud, journaliste politique et fiscaliste, puis conseiller littéraire principal (plus tard directeur) de la maison d'édition Thomas Nelson and Son de 1906 à 1929. Ce travail et les ouvrages qu'il rédigera à un rythme prodigieux toute sa vie, dont des biographies historiques comme *Lord Minto* (1924) ainsi que des romans à suspense comme *The Thirty-Nine Steps* (1915), lui permettent d'exprimer sa créativité et de vivre à l'aise.

Il est perpétuellement déchiré entre son désir de vivre paisiblement et son ambition d'accomplir de grandes choses. En dépit d'une grave maladie, il se rend en France pendant la Première Guerre mondiale à titre d'agent du renseignement. Député populaire de 1927 à 1935, il manque cependant d'ardeur partisane pour obtenir un poste au Cabinet. Au Canada, Buchan a tout le loisir d'explorer son côté contemplatif. Il aime la diversité, la beauté et l'aventure que représente ce grand pays. Pendant ses tournées fréquentes, dont un premier voyage en Arctique par un gouverneur général, il essaie de transmettre un sentiment d'appartenance collectif et de possibilités illimitées.

Horrifié par la Première Guerre mondiale, il collabore aux initiatives de paix du président américain Roosevelt et du premier ministre Mackenzie KING à la fin des années 30. Admirant King davantage comme politicien que comme homme, il établit néanmoins avec lui des liens étroits. King remarque les faiblesses du gouverneur général (sa suffisance et son amour des titres), mais il apprécie profondément le réel soutien de Buchan, sa droiture à toute épreuve et sa neutralité. L'autobiographie de Buchan, *Memory Hold-the-Door* (1940), est achevée juste avant sa mort. Il a créé les PRIX LITTÉRAIRES DU GOUVERNEUR GÉNÉRAL en 1937.

Norman Hillmer

Buchanan, Donald William, (Lethbridge, Alb., 9 avr. 1908—Ottawa, 28 févr. 1966). Fils du sénateur W.A. Buchanan, rédacteur en chef du *Lethbridge Herald*, il obtient un diplôme en histoire moderne à l'U. de Toronto ainsi qu'une bourse d'Oxford. Une maladie grave diminue son ouïe, ce qui renforce son intérêt pour la communication visuelle. Dans les années 30, il est l'un des fondateurs du *Ottawa Times*, hebdo-

madaire satirique et provocateur, qui remet en cause les normes culturelles et politiques acceptées.

Il joue un rôle primordial dans la fondation de l'OFFICE NATIONAL DU FILM, en persuadant W.L.M. King d'inviter John GRIERSON au Canada. Il fonde la National Film Society en 1935 (aujourd'hui l'Institut canadien du film), est directeur des débats et des affaires publiques pour la Commission canadienne de radiodiffusion (aujourd'hui la Société Radio-Canada) de 1937 à 1940. En 1940, il se joint à l'ONF comme directeur des projets spéciaux, où il crée le plus important réseau de distribution hors salles parmi les nations alliées.

Il est nommé directeur de la division des photos et des dessins, à l'ONF; membre de la COMMISSION D'INFORMATION EN TEMPS DE GUERRE (aujourd'hui le Service d'information canadien); et rédacteur en 1942 du *Canadian Art Magazine*. Il se joint au personnel de la Galerie nationale (1947) et fonde l'Industrial Design Council où sa «passion pour le perfectionnement de la qualité de la vie l'amène à rapprocher deux intervenants jusque-là étrangers l'un à l'autre, le créateur canadien et le constructeur canadien».

En 1960, il quitte son poste de directeur adjoint de la Galerie nationale et se consacre à la photographie, présentant des expositions réussies au Canada et à l'étranger. Ses photographies font preuve d'un humour subtil et d'un puissant sens dramatique. Il trouve la mort dans un accident de voiture alors qu'il prépare l'exposition internationale d'art pour l'Expo 67. Réservé et d'un tempérament réfléchi, on le considère comme l'une des personnalités canadiennes les plus marquantes de son époque. Sa collection personnelle d'objets d'art a fait l'objet d'une exposition à la galerie d'art de Lethbridge, en Alberta (où il est né).

Judith Crawley

Buchanan, John MacLennan, avocat, politicien, premier ministre de la Nouvelle-Écosse (Sydney, N.-É., 22 avril 1931). Élu à l'Assemblée législative de la Nouvelle-Écosse en 1967 et nommé au Cabinet en 1969, Buchanan devient chef du Parti conservateur de la province en 1971. Il perd l'élection de 1974, mais remporte la victoire en 1978. Il consolide sa majorité en 1981 et balaye la province en 1984.

À titre de premier ministre, il entreprend de revitaliser la société d'État Sysco, une entreprise métallurgique, de freiner les coûts de l'énergie dans la province, d'intensifier la production de charbon en ouvrant de nouvelles mines et d'exploiter les ressources minérales au large de la côte. Il tente aussi de faire promouvoir un projet de transmission par câbles submergés de l'électricité produite par la houille vers la Nouvelle-Angleterre. Le gouvernement qu'il dirige favorise aussi un projet pilote d'énergie marémotrice en amont du bassin de l'Annapolis, première étape en vue d'exploiter l'énergie des marées de la Baie de Fundy. Il reçoit un doctorat honorifique de l'U. St. Francis Xavier en 1986.

Son gouvernement est reporté au pouvoir en 1988, mais après 10 ans d'exercice il porte des traces d'essoufflement. La dette publique élevée et la révélation de scandales financiers ont raison de la confiance des gens. Buchanan accepte un siège au Sénat en 1990 et démissionne comme premier ministre.

J. Murray Beck

Buck, Timothy, machiniste, syndicaliste et chef communiste (Beccles, Angl., 6 janv. 1891—Cuernavaca, Mexique, 11 mars 1973). Comme de nombreux travailleurs britanniques qualifiés, Buck émigre au Canada en 1910, en quête d'une vie meilleure. Il ne tarde pas à se plonger dans la vie politique radicale de la classe ouvrière de Toronto. Plus tard, il prétendra être l'un des membres fondateurs du PARTI COMMUNISTE DU CANADA, groupe organisé lors d'une réunion secrète tenue en 1921 dans une étable près de Guelph; il deviendra vite l'un des principaux architectes de la politique de syndicalisation ouvrière du parti.

Après bien des luttes contre un dirigeant du parti qui souscrit à la critique que fait Trotski de l'évolution du mouvement communiste international en 1928, et les prétendus partisans de Nikolai Bukharin en 1929, Buck devient secrétaire général du parti, poste qu'il occupera pendant 32 ans. Il publie de nombreux articles, dépliants et ouvrages. Puis, de 1932 à 1934, il se retrouve en prison et, pendant la Seconde Guerre mondiale, son parti étant banni, il passe trois ans dans la clandestinité. En 1971, l'URSS lui décerne l'Ordre de la grande révolution d'octobre.

Craig Heron

Bucke, Richard Maurice, psychiatre, écrivain (Methwold, Angl., 18 mars 1837—London, Ont., 19 fév. 1902). Arrivé au Haut-Canada un an après sa naissance, Bucke grandit à la ferme familiale, près de Hamilton. Après une jeunesse aventureuse dans l'Ouest des États-Unis, il obtient son diplôme de médecine de l'U. McGill en 1862, étudie à l'étranger pendant deux ans, puis commence à pratiquer la médecine à Sarnia, dans l'Ouest du Canada.

Bucke est nommé surintendant de l'asile d'aliénés de Hamilton en 1876, puis de l'asile de London en 1877. Il est également fondateur de l'école de médecine de l'U. Western Ontario. Ses théories sur les causes et le traitement des maladies mentales et la méthode de «contrainte morale» qu'il préconise à l'égard des aliénés suscitent un grand intérêt.

Bucke entretient une volumineuse correspondance avec Walt Whitman, dont il devient le biographe officiel, puis l'un de ses exécuteurs testamentaires littéraires. La poésie de Whitman fortifie sa conviction selon laquelle l'expérience mystique, naguère réservée à quelques-uns, est accessible à la multitude. C'est ce qui l'amène à publier *Cosmic Consciousness* (1901; trad. *La conscience cosmique: une étude de l'évolution de la conscience humaine,* 1989), ouvrage populaire qui touche beaucoup de lecteurs et où il tente de démontrer que l'humanité est à la veille d'une révolution mentale. Ses documents personnels se trouvent à la bibliothèque de l'U. Western Ontario.

John Robert Colombo

Buckingham, ville du Qc; pop. 11 678 (rec. 1996), 10 548 (rec. 1991); superf. 14,59 km²; const. en 1979 après une brève fusion (1975-1980) avec les localités voisines de Notre-Dame-de-la-Salette, L'Ange-Gardien, Angers et Masson. Buckingham est située à 40 km à l'est de HULL, est traversée par la rivière du Lièvre, et entourée par les basses Laurentides.

D'abord constituée en tant que village en 1855 puis en tant que ville en 1890, elle prend le nom du canton où elle est située. Ce nom est un rappel historique du rôle joué par George Nugent Temple Grenville, 1er marquis de Buckingham (1753-1813), dans la vie politique britannique du XIXᵉ s. Le bois d'œuvre et les mines de mica et de feldspath sont les premières industries de Buckingham.

Aujourd'hui, le secteur forestier domine toujours. James MacLaren Industries, à Masson-Angers, a été un employeur de longue date. Récemment, cette compagnie cédait son entité à Énergie MacLaren et à Papier Masson ltée. Deux producteurs de produits chimiques assurent une certaine diversification. Buckingham est aussi le centre de services régional du district de la Lièvre inférieure. Bien que la langue maternelle de la population soit en majorité le français (à plus de 85 p. 100), près de 50 p. 100 de ses habitants sont bilingues.

La ville offre un style de vie particulier. Ses habitants peuvent tirer profit des avantages de la région urbaine d'Ottawa-Hull, mais aussi de l'ambiance de petite ville si caractéristique de Buckinham. Celle-ci s'enorgueillit du Centre culturel Bernard Lonergan et d'un riche patrimoine architectural, notamment l'église catholique Saint-Grégoire-de-Nazianze, l'église anglicane St. Stephen et l'église presbyté-

rienne St. Andrews, ainsi que la remarquable maison MacLaren-Kenny (1890).

Pierre-Louis Lapointe et Suzanne Théorêt

Buckler, Ernest, romancier (Dalhousie West, N.-É., 19 juill. 1908—Bridgetown, N.-É., 4 mars 1984). Sa sensibilité à l'égard du paysage et des gens de sa terre d'origine, la vallée d'Annapolis, est remarquable et sa force réside surtout dans son style lyrique et métaphysique. Après des études à l'U. Dalhousie et à l'U. de Toronto, Buckler exerce la profession d'actuaire à Toronto pendant cinq ans, jusqu'à ce que des problèmes de santé le contraignent à retourner en Nouvelle-Écosse.

Il commence sa carrière d'écrivain en publiant des nouvelles et des essais dans *Esquire* et *Saturday Night.* Sa plus grande réussite demeure toutefois son roman *The Mountain and the Valley* (1952), qui raconte l'histoire d'un garçon doué et ambitieux dont l'attachement profond à la vie rurale de la Nouvelle-Écosse finit par étouffer la créativité. *The Cruelest Month* (1963) explore les passions malheureuses d'un groupe d'intellectuels.

Buckler décrit sa jeunesse dans *Ox Bells and Fireflies* (1968), des «mémoires fictifs» (selon l'expression de Buckler). *Nova Scotia: Window on the Sea* (1973) associe fiction et descriptions lyriques pour accompagner les photographies de Han Weber. *The Rebellion of Young David and Other Stories* (1975) consiste en un recueil d'histoires rédigées dans les années 40 et 50. En 1978, il remporte le Leacock Award for Humour avec *Whirligig* (1977), un ouvrage léger où se côtoient poésie et prose.

Thomas E. Tausky

Buckley, Kenneth Arthur Haig, économiste et professeur (Aberdeen, Sask., 16 juill. 1918—Saskatoon, 30 mai 1970). Après avoir terminé ses études à l'U. de Toronto et à la London School of Economics, Buckley retourne au département de sciences économiques et politiques de l'U. de la Saskatchewan en 1945. Il est l'un des pionniers canadiens de l'histoire quantitative de l'économie. Sa première œuvre importante, *Capital Formation in Canada, 1896-1930* (1955), est une étude sur l'impact de l'économie du blé sur la croissance économique canadienne; cette étude a influencé toute une génération d'historiens de l'économie.

Ses œuvres subséquentes abordent une grande variété de sujets, allant d'une critique de la THÉORIE DES PRINCIPALES RESSOURCES à des estimations historiques sur la migration intérieure. Les étudiants le connaissent très bien grâce à son texte *Economics for Canadians* (1960), qu'il a écrit avec Helen Buckley, et pour l'imposant *Canadian Historical Statistics* (1965), écrit en collaboration avec M.C. Urquhart.

Paul Phillips

Buffle (*Voir* BISON)

Bugnet, Georges, Charles-Jules, pseudonyme Henri Doutremont, rédacteur, écrivain, botaniste (Chalon-sur-Saône, France, 23 févr. 1879—St. Albert, Alb., 11 janv. 1981). De parents modestes, il souffre très tôt de l'atmosphère oppressante qui règne dans sa famille et qu'on retrouvera, transposée, dans certains de ses écrits. Il effectue ses études à Mâcon et reçoit une éducation chrétienne qui l'oriente vers la prêtrise. Mais il quitte bientôt le séminaire pour fréquenter la Faculté des lettres de Dijon et la Sorbonne. Là, il s'engage dans l'Action catholique de la jeunesse française (ACJF), qui milite contre la laïcisation des écoles, puis se lance dans le journalisme au sein du mensuel *La Croix.* En 1904, il est nommé rédacteur en chef de *La Croix de Haute-Savoie,* à Annecy, se marie avec une jeune fille de la petite bourgeoisie – dont il aura neuf enfants – puis décide de partir pour le Canada.

En 1905, il acquiert une concession à Rich Valley (Alb.) et se fait successivement défricheur, agriculteur, horticulteur et créateur de roses. Le cadre qui l'entoure lui inspira son chef-d'œuvre, *La forêt* (1935), l'histoire d'un couple de colons inadapté à

ses nouvelles conditions de vie et dont le bois envahit insidieusement l'univers mental, jusqu'à devenir le personnage central du roman. Parallèlement à ses travaux agricoles, Georges Bugnet œuvre au sein des commissions scolaires et de l'Association canadienne-française de l'Alberta, devient rédacteur en chef de l'hebdomadaire *L'Union,* multiplie romans (*Le lys de sang,* 1923; *Nipsya,* 1924; *Siraf,* 1934), contes (*Le pin du Maskeg,* 1924; *Le conte du bouleau, du mélèze et du pic rouge,* 1932), poèmes (*Voix de la solitude,* 1938; *Poèmes,* 1978), pièces de théâtre (*La défaite,* 1934), articles, courts essais (*Albertaines,* 1990) et carnets intimes (*Journal 1954-1971,* 1984).

À 68 ans, il abandonne la littérature pour ne plus se consacrer qu'au journalisme dans l'hebdomadaire *La Survivance,* activité qui correspond davantage à son rythme de vie et à son style de pensée. En 1954, il vend sa terre et se retire sur un petit domaine, à Legal (Alb.), puis dans une maison de retraite. À la mort de sa femme (1970), il intègre la maison de repos de St. Albert, où il s'éteint paisiblement à l'âge de 102 ans. Chevalier de l'Ordre des Palmes académiques (1970), il avait également reçu un doctorat *honoris causa* de l'U. de l'Alberta (1978) et plusieurs récompenses importantes.

Chacune des œuvres de Bugnet apparaît comme un véritable hymne à la nature. Cinquante ans de vie en plein air avaient contribué à développer, chez lui, une relation personnelle et mystique à son environnement, qui se traduit par une écriture dense, puisée à même la sève végétale et imprégnée de poésie réaliste. Homme humble et doux, fortement enraciné dans sa terre de l'Ouest, personne ne fut plus que lui à l'écoute des «grandes voix» de la Création, dont il célèbre la grandeur, la puissance et la majesté face à la petitesse et à la fragilité des êtres humains. Mais à l'opposé des Romantiques, soucieux d'«accorder les paysages de la terre et du ciel au paysage de (leurs) rêves» (abbé Jean Papen: *Georges Bugnet, homme de lettres canadien,* des Plaines, 1985), lui s'efforce de capter l'essence même de leur mystère et de leur étrangeté. Comme un ultime hommage à sa vie et à son œuvre, une rose porte aujourd'hui le nom de «Georges Bugnet».

Ismène Toussaint

Buhay, Rebecca, surnommée «Becky», pasionaria et éducatrice (Londres, Angl., 11 févr. 1896—Toronto, 16 déc. 1953). Buhay immigre au Canada en 1912 et joue un rôle actif dans les causes socialistes de Montréal durant la Première Guerre mondiale. Après ses études à la Rand School of Social Sciences à New York, une institution d'idéologie radicale, elle devient organisatrice pour les syndicats du vêtement à Montréal. Elle adhère au Parti Communiste du Canada, vraisemblablement en 1921.

Durant les années 20 et 30, elle effectue des visites et donne des conférences, elle enseigne dans des écoles du parti dans l'ouest et dans le centre du Canada. En Alberta, au début des années 20, elle participe à l'organisation des LIGUES OUVRIÈRES FÉMININES, qui réunissaient les femmes des mineurs en grève. Elle joue avec son amie Annie BULLER un rôle actif dans la lutte pour le droit de parole à Toronto de 1929 à 1931. Elle succède à Florence Custance comme secrétaire de la Canadian Labor Defence League et comme directrice de la section féminine en 1929. Elle écrit et parle du rôle des femmes dans la lutte pour le socialisme et dirige une délégation des femmes en visite en URSS au début des années 30.

Au cours de la Seconde Guerre mondiale, Buhay travaille à libérer des communistes internés. Après la guerre, elle reprend son travail d'éducation pour le parti. Elle était vénérée par ses collègues pour son habileté à communiquer des idées radicales, pour sa loyauté et pour son dévouement au mouvement communiste.

Joan Sangster

Buhr, Glenn Arthur, compositeur (Winnipeg, 18 déc. 1954). Ayant obtenu ses diplômes d'études musicales à l'U. du Manitoba (1979), à l'U. de la Colombie-Britannique (1981) et à l'U. du Michigan (1984), Buhr commence à enseigner à l'U. Wilfrid Laurier en 1984. Il fait également un séjour comme premier compositeur résident auprès de l'ORCHESTRE SYMPHONIQUE DE WINNIPEG, où il se signale par la composition de plusieurs œuvres nouvelles, l'inauguration d'un festival annuel de musique contemporaine couronné de succès et un concours de compositeurs. L'orchestre fera l'enregistrement d'un disque compact de quatre œuvres de Buhr en 1992. Celui-ci compose une musique à programme influencée par une grande diversité de styles musicaux, allant du jazz à la musique classique de l'Inde.

Robin Elliott

Buies, Arthur, journaliste, chroniqueur, essayiste (Montréal, Qc, 24 janv. 1840—Québec, 29 janv. 1901). Fils d'un banquier écossais et d'une mère qu'il ne connut pas, le jeune Arthur fut élevé par ses grands-tantes, seigneuresses de Rimouski, pensionnaire dans des collèges classiques, externe au lycée Saint-Louis de Paris. Après avoir combattu en Sicile dans l'armée de Garibaldi, il revient au pays en 1862 avec une liberté d'esprit exceptionnelle. Sans faire de politique partisane, il fut le libéral le plus radical de la seconde génération de l'Institut canadien. Ses *Lettres sur le Canada* (1864, 1867) s'élèvent avec ironie contre la paresse intellectuelle, les préjugés, la mainmise du clergé sur l'éducation et la jeunesse. Après un nouveau séjour à Paris, il fonde en 1868 *la Lanterne canadienne*, puis d'autres journaux anticléricaux, nationalistes, démocratiques, condamnés par l'épiscopat. Sans se tarir, sa veine polémique, pamphlétaire, se détend dans des *Chroniques* nuancées sur les paysages, les rues, les mœurs, les idées à la mode, la langue (mal) parlée et écrite. Après sa rencontre avec Antoine LABELLE en 1879, Buies se fit explorateur, géographe et descripteur des régions du Québec récemment ouvertes à la colonisation. Une édition critique de ses *Chroniques* a été faite par Francis Parmentier (2 vol., PUM, 1986, 1991), qui a aussi publié la *Correspondance* de Buies (1993) et travaille à une nouvelle biographie.

Laurent Mailhot

Buissonneau, Paul, acteur, metteur en scène et auteur (Paris, 1926). Après quatre années avec les Compagnons de la chanson (1946-1950), il quitte le groupe et s'installe à Montréal. Il y prendra une part active au développement du théâtre amateur et professionnel par sa double activité de fonctionnaire municipal (1952-1984) et de directeur artistique du Théâtre de Quat'Sous (1965-1984).

Alors que Buissonneau se morfond comme vendeur de disques, Claude Robillard, surintendant général des parcs de la ville de Montréal, l'invite à mettre sur pied la Roulotte. Cette scène ambulante qui circule dans les parcs de la ville, l'été, initiera au théâtre, gratuitement, des générations d'enfants et servira d'école à un grand nombre de jeunes dont Yvon DESCHAMPS, Claude LÉVEILLÉE, Jean-Louis Millette, Jean Perreault et François Barbeau. Comme moniteur à la ville, Buissonneau rassemble et anime une troupe d'amateurs, le Théâtre de Quat'Sous (1955). Avec elle, il connaîtra ses premiers succès de metteur en scène au Festival national d'art dramatique proposant des pièces où son imagination et sa fantaisie font merveille: *Orion le tueur* de Jean-Pierre Grenier et Maurice Fombeure (1956) et *La tour Eiffel qui tue* de Guillaume Hanoteau (1957). Pour élargir les services de la ville aux amateurs, il crée un Atelier (1958) et inaugure, au Centre dramatique (1955), des cours d'initiation au mime et à l'expression corporelle (1959), techniques qu'il a lui-même pratiquées à Paris avec des disciples de Chancerel. En 1981, il participe à l'implantation des Maisons de la culture.

Au début des années 60, il affranchit sa troupe désormais professionnelle et la loge rue des Pins ouest dans une ancienne synagogue transformée en un joli théâtre de 160 places, inauguré en 1965 et dont il assume la direction artistique. Après quelques années d'une programmation française contemporaine, fantaisiste et légère, le directeur artistique du Quat'Sous ouvre sa scène au théâtre québécois, alors en pleine effervescence chez la jeune génération. Après l'*Osstidcho* (1968), les créations collectives s'y succèdent. Les spectateurs y découvrent avec ferveur, dans des mises en scène d'André BRASSARD, plusieurs pièces de Michel TREMBLAY, dont *À toi pour toujours, ta Marie-Lou*. Michel GARNEAU, Marc Drouin, Normand CHAURETTE, René-Daniel DUBOIS, alors à leurs débuts, y sont accueillis de même que nombre de jeunes troupes, dont Omnibus et le Théâtre Ubu.

Parmi les mises en scènes les plus remarquées de Buissonneau, il faut signaler *Faut jeter la vieille* de Dario Fo, adaptation de Paul Buissonneau et Jean-Louis ROUX (TNM, 1969), *La crique* de Guy Foissy (Théâtre de Quat'Sous, 1978), *L'oiseau Vert* de Gozzi (TNM, 1998) et *Les Chaises* de Ionesco (Rideau-Vert, 2000).

Paul Buissonneau signe aussi des mises en scène d'opéra à la télévision de Radio-Canada. L'une d'elles, *Le Barbier de Séville*, opéra de Rossini, (réalisation: Pierre Morin) lui vaut, en 1965, un Emmy Award de New York. Pour les enfants, il a créé et interprété, pendant près de 20 ans, le merveilleux personnage de Picolo de *La Boîte à surprises* (1954).

En 1984, il abandonne la direction artistique du Quat'Sous de même que son poste de fonctionnaire à la ville. Il reçoit, en 1976, le prix Victor Morin pour sa contribution au théâtre et en 1998, le prix du Gouverneur général. En 1991, il publie *Les comptes de ma mémoire*.

Madeleine Greffard

Bujold, Geneviève, comédienne (Montréal, 1ᵉʳ juill. 1942). Après quelques rôles où elle incarne l'adolescente québécoise typique, de 1961 à 1965, Bujold est choisie par Alain Resnais pour *La Guerre est finie* (1965) et, dès lors, sa carrière prend une tournure nettement internationale: en France, *Le Roi de cœur* (Philippe de Broca, 1966), *Rue du Bac* (1991); en Angleterre, *Anne of the Thousand Days* (1969); et surtout aux États-Unis. Après *Earthquake* (1974) et *Murder by Decree* (1978), elle va tourner plusieurs films sous la direction d'Alan Rudolph (*Choose Me*, 1984, *Trouble in Mind*, 1985, et *The Moderns*, 1988). Elle joue des rôles importants mais inégaux dans *Monsignor* (1981), *Tightrope* (1984), *Red Earth*, *White Earth* (1989, TV), *An Ambush of Ghosts* (1993), *The Adventures of Pinocchio* (1996), *The House of Yes* (1997), *You Can Thank Me Later* (1998), *Eye of the Beholder* (1999) et *The Bookfair Murders* (2000, TV). Si ces films démontrent la régularité de son travail, ils ne sont pas toujours l'occasion pour la comédienne de performances exceptionnelles dans des œuvres d'envergure.

Sa carrière canadienne, avec une éclipse de presque 15 ans en son milieu, est autant francophone qu'anglophone. La star tient son premier rôle important dans *Entre la mer et l'eau douce* (1967), de Michel BRAULT, et est la vedette de *Kamouraska* (1973), de Claude JUTRA. Elle marque surtout de sa personnalité et de sa présence exceptionnelles cinq films de Paul ALMOND: *Isabel* (1968), *Act of the Heart* (1970), *Journey* (1972), *Final Assignment* (1980) et *The Dance Goes On* (1991). Elle apparaît dans quelques autres films canadiens, dont *Oh, What a Night* (Eric Till, 1992) et trois films de Michel Brault: *Les Noces de papier* (1989), *Mon amie Max* (1994), et, dans la partie fiction de la production télévisuelle, *L'Emprise* (1989). Il faut surtout signaler une performance extraordinaire dans le chef-d'œuvre de David CRONENBERG, *Dead Ringers* (1988),

dans lequel elle interprète un personnage à la personnalité complexe, tourmentée, mais attachante. Elle y fait la preuve de son immense talent et hérite d'un des plus grands rôles de sa carrière. En 1998, elle retrouve Cronenberg quand tous les deux interprètent un rôle secondaire dans le film délirant de Don McKellar, *Last Night*, un des meilleurs films canadiens de cette année-là. Elle réussit à merveille dans des rôles où son apparence de femme fragile contraste avec des passions et des pulsions profondes. Elle est sans contredit la plus grande actrice québécoise sur la scène internationale.

Pierre Véronneau

Bulau, Horst, sauteur à ski (Ottawa, 14 août 1962). Il a débuté son entraînement au Camp Fortune et il chausse les skis à l'âge de deux ans. À cinq ans, il participe à des épreuves de ski alpin. Inscrit pour la première fois aux compétitions de sauts à ski à Thunder Bay, en Ontario, en 1975, il remporte la victoire haut la main, faisant preuve d'un remarquable potentiel et d'une puissante détente lors de l'envol. En 1979, il devient champion mondial junior du saut à ski, le premier titre nordique international jamais attribué à un Canadien.

Ensuite, Bulau remporte 13 fois la Coupe du monde en quatre ans, et il se classe deuxième ou troisième au monde durant trois de ces années. Bien qu'il soit reconnu en Europe bien avant de l'être au Canada, ses succès suscitent l'intérêt du public envers ce sport. Cet athlète participe encore aux compétitions internationales, mais il n'a pas répété ses exploits des premières années.

Murray Shaw

Bull, Gerald Vincent, scientifique (North Bay, Ont., 9 mars 1928—Bruxelles, Belgique, 22 mars 1990). Orphelin à 3 ans, Bull fait montre très tôt d'un esprit scientifique brillant et termine un doctorat en aérodynamique à l'âge de 23 ans. De 1950 à 1964, il travaille pour le Conseil de recherches pour la défense (CRD) à Valcartier, près de Québec, et se spécialise dans la mise au point de canons permettant de lancer des groupes d'instruments dans la haute atmosphère et au-delà, car dans les premières années de la technologie spatiale, les fusées sont peu fiables et trop coûteuses à mettre au point pour la plupart des pays.

En 1964, le projet de recherche de Bull sur la haute altitude, projet intitulé HARP, est transféré du CRD à l'U. McGill. Bull installe à la Barbade un canon géant de 16 po de diamètre (407 mm), constitué de pièces d'artillerie fabriquées aux États-Unis et fixées bout à bout, et il ouvre des ateliers de production près d'Atwater, au Québec. En 1971, lorsque les subventions des gouvernements canadien et américain sont supprimées, il met sur pied une entreprise de recherche spatiale (Space Research Corp.) pour poursuivre son projet HARP. Il finance son entreprise en offrant des services scientifiques aux pays incapables de soutenir financièrement des programmes spatiaux nationaux et en vendant divers produits provenant de ses ateliers spéciaux, jusqu'à des obus d'artillerie de 155 mm. À cette époque, il avait déjà conçu une forme d'obus à canon nettement supérieur aux modèles traditionnels.

En 1980, Bull est reconnu coupable par les tribunaux américains d'avoir vendu des munitions à l'Afrique du Sud et d'avoir ainsi violé l'embargo américain sur les armements. Il est condamné à six mois de prison. Son entreprise est déclarée en faillite et ses biens sont liquidés. Après sa libération en 1981, il s'installe en Europe où il relance son entreprise à titre de société d'experts-conseils. Au moment de son décès, il travaille à une artillerie à longue portée qui permettrait à l'Iraq de lancer des missiles sur Israël. Il est abattu à son appartement.

Donald J.C. Phillipson

Buller, Annie, Guralnick de son nom marital, militante, organisatrice syndicale (Ukraine, 9 déc. 1895—Toronto, 19 janv.1973). Ses parents d'origine juive immigrent à Montréal lorsqu'elle est enfant. Durant la Première Guerre mondiale, elle prend une part active au mouvement des jeunesses socialistes. Elle fonde le Montreal Labour College avec Becky BUHAY et Bella GAULD après avoir étudié le marxisme à la Rand School of Social Sciences à New York. En 1922, elle joint les rangs du PARTI COMMUNISTE DU CANADA et se consacre entièrement à l'organisation et aux publications du parti.

Elle se rend au Cap-Breton au début des années 20 pour y fonder un syndicat de mineurs. Au commencement des années 30, elle retourne à Toronto, où naît son fils Jim, et met sur pied l'Industrial Needle Trades Workers Union, d'orientation communiste. En 1931, tandis qu'elle siège au conseil d'administration du syndicat, elle mène les couturières de Toronto à la grève générale. La même année, elle donne son appui aux mineurs de charbon à Estevan, en Saskatchewan. Buller est emprisonnée à la suite d'une émeute au cours de laquelle trois grévistes périssent aux mains de la Gendarmerie royale du Canada (*voir* GRÈVE DES MINEURS DE CHARBON D'ESTEVAN, 1931). En 1939, administratrice du journal communiste *The Western Clarion*, elle est de nouveau arrêtée et détenue jusqu'en 1942.

Après la guerre, elle se voue à l'organisation et à la gestion de publications du parti telles que le *Tribune* et le *National Affairs*. Elle participe également à la campagne de la National Women's Commission et de la Housewive's Association visant à faire baisser les prix. À partir de la fin des années 50, elle cesse de travailler à plein temps, mais n'en demeure pas moins active sur la scène politique jusqu'à sa mort.

Joan Sangster

Bunge, Mario, (Buenos Aires, 1919). Après une formation de physicien (doctorat en sciences physicomathématiques, Universidad Nacional de La Plata, 1952), Mario Bunge s'oriente vers la philosophie qu'il enseigne à l'U. de Buenos Aires de 1957 à 1963. Poussé à l'émigration par la situation politique de son pays d'origine, notamment à cause de ses idées socialisantes, Mario Bunge s'établit d'abord en Europe, puis finalement à Montréal où il rejoint en 1966 le département de philosophie de l'UNIVERSITÉ McGILL, qu'il n'a pas quitté depuis. Sa carrière de chercheur revêt rapidement une ampleur internationale et le conduit à d'innombrables activités d'éditeur, conférencier, professeur invité, membre de sociétés savantes, récipiendaire de distinctions honorifiques, etc.

Auteur de plus de 80 livres (y compris de nombreuses traductions dans plusieurs langues) et d'environ 500 articles, principalement en anglais et en espagnol, cofondateur avec le logicien Hugues LEBLANC de la Society for Exact Philosophy, Mario Bunge s'est imposé comme épistémologue, accomplissant la synthèse du rationalisme et de l'empirisme (Scientific Research, 1967, nouvelle version: *Philosophy of Science*, 1999), mais aussi comme philosophe généraliste, créateur d'un système complet, grâce à son monumental *Treatise on Basic Philosophy* en 8 volumes (1974-89), dans lequel il défend une conception matérialiste et humaniste. Dans le style incisif qui lui est propre, son *Dictionary of Philosophy* (1999) traduit bien cette pensée. Partisan d'une philosophie exacte «tendant à une expression axiomatique et formalisée des concepts et des théories», il n'en a pas moins soutenu des positions originales en matière de penséemorale ou politique. Activement présent sur la scène culturelle montréalaise, Mario Bunge a p. ex. été l'un des premiers piliers de l'Association des Sceptiques du Québec, vouée à l'examen critique du paranormal et à la dénonciation des pseudo-sciences. Ce grand esprit universel, membre de la SOCIÉTÉ ROYALE DU CANADA (1992), est mondialement reconnu.

L.-M. Vacher

Bungee (ou bungi) Dialecte de l'anglais, parlé autrefois dans la vallée de la rivière Rouge au nord de Winnipeg, au Manitoba. Ce dialecte remonte à des familles installées au début du XIX⁰ siècle après avoir quitté les postes de traite de la Compagnie de la baie d'Hudson, comprenant un mélange de cris, d'orcadiens, d'écossais, et de saulteaux/français.

Bien que l'on trouve encore des variétés de ce dialecte dans les communautés éparpillées dans les zones boisées situées à l'ouest de la baie d'Hudson, le «Bungee» proprement dit, associé au dialecte et à ceux qui le parlent, se limite à la zone de la rivière Rouge. Le terme «bungee» lui-même est probablement d'origine ojibwé, du mot *panki* signifiant «un peu» ou «une partie de quelque chose». Dans la structure de phrases et la structure phonétique du bungee, on retrouve des éléments du cri, p. ex., l'usage interchangeable du «s» et du «sh». Le vocabulaire comprend des mots et des expressions provenant du cri, de l'écossais, du gaélique et du français. L'influence de l'écossais est encore plus apparente dans l'accent et dans la consonance du langage usuel bungee. Certaines de ces caractéristiques persistent dans le dialecte toujours en usage chez certains des habitants plus âgés.

Eleanor M. Blain

Bunnett, Maryjane, «Jane», musicienne de jazz (Toronto, 22 oct. 1955). Elle étudie d'abord au niveau de faire carrière comme pianiste classique, puis, à 20 ans, elle se tourne vers le jazz, la flûte et le saxophone soprano. En 1983, elle commence à diriger un orchestre à Toronto avec son mari, le trompettiste Larry Cramer. Les membres de cet orchestre sont souvent des musiciens américains renommés (comme le pianiste Don Pullen et le saxophoniste Dewey Redman), qui par leur présence assurent une réputation internationale à Bunnett en 1990. Son travail de saxophoniste-soprano est acclamé par la critique. Elle mène une carrière itinérante, voyageant souvent à Cuba et vivant à Paris de 1992 à 1995, où elle étudie avec le saxophoniste américain expatrié Steve Lacy. Parmi ses huit disques compacts déjà lancés en 1998, *New York Duets* (avec Pullen) et *The Water is Wide* témoignent de son intérêt pour le jazz contemporain, tandis que *Spirits of Havana* (qui reçoit un prix Juno en 1993) et *Chamalongo* révèlent ses affinités pour la musique cubaine.

Mark Miller

Bunyan, Paul, bûcheron géant mythique. La légende, telle que racontée dans les ouvrages de E. Shepard, *Paul Bunyan* (1924), et de J.D. Robins, *Logging with Paul Bunyan* (1957), attribue la création des Grands Lacs, des Rocheuses et des marées de la baie de Fundy à Bunyan et à Babe, son bœuf bleu. D'origine possiblement canadienne, la mythologie du géant Bunyan est tout d'abord publiée sous forme de chroniques par le *Detroit News Tribune* (1910). Serait à l'origine du mythe les traditions populaires canadiennes-françaises de Ti-Jean ou Jean Bonhomme, ou encore le folklore des forêts du Nouveau-Brunswick et du Maine, où les exploits légendaires du héros GLOOSCAP sont bien connus.

James Marsh

Burbidge, George Wheelock, avocat, juriste, auteur (Cornwallis, N.-É., 6 févr. 1847—Ottawa, 18 févr. 1908). Travailleur acharné et dévoué, Burbidge est un homme complexe qui incarne l'esprit légaliste du XIX⁰ siècle. Il est désireux de se montrer juste et est partisan d'une stricte application de la loi, mais intransigeant et élitiste. Au poste de sous-ministre de la Justice de 1882 à 1887, il bloque en 1884 le projet de loi visant à interdire aux Chinois nés au Canada d'hériter ou d'acheter des terres. L'année suivante, il est le principal stratège du gouvernement fédéral au cours du procès de Louis RIEL.

Burbidge est parvenu à une synthèse du droit pénal canadien dans son *Digest of the Criminal Law of Canada* en un volume. Celui-ci est supplanté uniquement par le code criminel de 1892, qu'il a lui-même rédigé en compagnie de Robert SEDGEWICK. Élevé à la magistrature en 1887 à titre de premier juge de la cour de l'Échiquier, il organise ce tribunal et élabore une grande partie des procédures qui y sont toujours en vigueur de nos jours.

D.H. Brown

Bureau de recherche et de technologie des sables bitumineux de l'Alberta SOCIÉTÉ DE LA COURONNE albertaine financée par le FONDS DU PATRIMOINE DE L'ALBERTA, elle a été fondée en 1975 pour promouvoir la mise au point et l'utilisation des nouvelles technologies pour les sables bitumineux et la production de pétrole lourd en s'efforçant de diminuer le prix, de récupérer davantage et de rendre l'exploitation respectueuse de l'environnement. Une plus grande récupération du pétrole brut classique est ajoutée au mandat du bureau en 1979. Le bureau rend des comptes au ministre de l'Énergie.

Les projets sont choisis par un conseil nommé par le gouvernement et constitué d'au plus neuf membres expérimentés en gestion de développement et de technologie du PÉTROLE. Le bureau fonctionne principalement grâce à des projets dont l'industrie partage les coûts. N'importe quel utilisateur peut disposer de la technologie résultante à une valeur marchande juste. Le bureau soutient aussi la recherche dans les universités canadiennes et dans les institutions de recherche, subventionne les inventeurs, finance l'exploitation d'un système de renseignements techniques et encourage la coopération internationale dans le développement en matière de sables pétrolifères.

Le bureau fournit de l'aide financière aux étudiants sous la forme de bourses d'études ou de recherches. Il prévoit dépenser plus de 600 millions de dollars durant l'existence du programme (l'industrie dépensera environ la même somme). Ces dépenses en font l'un des plus grands organismes spécialisés de recherche et développement au Canada. Son siège social et son centre de renseignements se trouvent à Edmonton, mais le bureau est également présent à Calgary.

E.J. Wiggins

Bureau du Directeur général des élections Dirigé par le Directeur général des élections, Élections Canada est l'organisme politiquement indépendant chargé de la tenue des ÉLECTIONS et des RÉFÉRENDUMS fédéraux. Le poste a été créé en 1920 par la *Loi des élections fédérales*, surtout dans le but de mettre fin au favoritisme politique dans l'organisation des élections fédérales. Le Directeur général des élections est nommé sur résolution de la CHAMBRE DES COMMUNES. Une fois nommé, il rend directement des comptes à la Chambre des communes. Par conséquent, il est totalement indépendant du gouvernement et des partis politiques. Il exerce ses fonctions tant qu'il n'a pas pris sa retraite ou démissionné. Sa révocation doit être motivée. Elle est alors décrétée par le GOUVERNEUR GÉNÉRAL à la suite d'une adresse commune de la Chambre des communes et du SÉNAT.

À l'origine, le Directeur général des élections était uniquement chargé de l'organisation des élections générales et partielles. Aux termes de la *Loi électorale du Canada* et d'autres lois qui régissent maintenant les questions électorales fédérales, le mandat du bureau a été élargi pour inclure l'organisation de référendums et d'autres aspects importants du système démocratique canadien: garantie d'accès au système pour toutes les personnes ayant droit de vote, grâce à des installations matérielles appropriées et à des programmes d'éducation publique et d'information; redécoupage périodique des circonscriptions par des commissions indépendantes pour assurer une représentation conforme aux exigences de la loi; enregistrement des partis politiques; surveillance des dépenses électorales des candidats et des partis

politiques (*voir* LOI SUR LES DÉPENSES D'É-
LECTION); examen et divulgation des rapports
financiers et remboursement des dépenses électorales conformément aux formules établies dans cette
loi; exécution des lois électorales. (*Voir aussi*
DROIT DE VOTE; SYSTÈMES ÉLECTORAUX.)

Norman Hillmer

Bureau, André, gestionnaire en communications
(Trois-Rivières, Qc, 10 oct. 1935). Directeur du
CONSEIL DE LA RADIODIFFUSION ET DES
TÉLÉCOMMUNICATIONS CANADIENNES
(CRTC), Bureau reçoit une formation en droit à l'U.
Laval et l'U. de droit comparé de Paris. Il se lance
dans la pratique privée du droit à Montréal de 1960 à
1968 et entre ensuite au journal *La Presse*, à Mont-
réal, comme vice-président exécutif, et ce, jusqu'en
1972, année où il retourne à la pratique du droit.

En 1976, Bureau devient président de Télémédia
Communications et, en 1982, il est nommé président
des Communications par satellite canadien Inc. Ces
postes le préparent à faire son entrée, en 1983, dans
le domaine de la réglementation fédérale. Au
moment où il devient président du CRTC, il réussit à
effectuer une heureuse transition entre les gouvernements libéral et progressiste-conservateur.

La tâche de Bureau au CRTC est doublement difficile en raison de l'explosion technologique qui
marque la dernière moitié des années 80. Vraiment
personne n'a prévu le développement du câble et des
communications informatiques. Bureau s'est révélé
bon guide pour les industries durant cette difficile
période d'adaptation. Il termine son mandat au
CRTC en 1989 et devient président-directeur général
d'Astral Communications. Il poursuit son travail
dans le domaine de la réglementation par des consultations auprès de divers organismes, notamment
auprès du Comité consultatif (fédéral) sur l'autoroute de l'information (*voir* INFOROUTE), ainsi que
par sa nomination au sein de certains de ceux-ci.

J.L. Granatstein

Bureaucratie et organisation formelle Le terme
bureaucratie est traditionnellement associé à l'administration publique et à ses divers organismes. Il
n'est introduit qu'au milieu du XVIIIᵉ siècle par
l'économiste Vincent de Gournay. Sur le plan termi-
nologique, le mot est construit sur la liaison du terme
«bure» ou «bureau», qui jusqu'au XVIᵉ siècle désignait tout tapis recouvrant un meuble (coffre ou
table) servant à écrire, et du suffixe «cratie» qui
signifie autorité de gouvernement. Bureaucratie
signifie donc littéralement gouvernement par les
bureaux. La bureaucratie joue un rôle fondamental
dans le fonctionnement des grandes entreprises privées, des partis politiques, des syndicats, des Églises
et de toute organisation moderne de grande taille.

Son association avec la routine, la paperasserie, la
longueur des procédures, sa difficulté à tenir compte
des cas spécifiques, la centralisation excessive du
pouvoir, la rigidité de sa hiérarchie, le maintien
d'emplois superflus, son coût monétaire ont conféré
à ce mot un sens péjoratif. Techniquement, cependant, dans les sciences sociales, le terme fait référence au développement des organisations formelles,
tout particulièrement au stade de la société industrielle. Aujourd'hui, au stade de ce que l'on nomme
souvent la société du savoir et de l'information,
l'ubiquité des ordinateurs et des systèmes de télécommunication sophistiqués, reliés par des réseaux à
l'échelle mondiale, et un nouveau contexte concurrentiel, où innovation et capacité d'adaptation
rapides sont devenus les mots d'ordre, ont engendré
un mouvement d'assouplissement des organisations,
qui peut être considéré comme une forme partielle de
débureaucratisation.

Organisation sociale La bureaucratie est d'abord
une forme d'organisation sociale. Le dénominateur
commun de la bureaucratisation se trouve dans la
recherche d'un modèle rationnel d'administration et

de domination sociale, dans le contexte d'un accroissement considérable de la taille des organisations et
de la complexité des problèmes de gestion. Ainsi,
dans la plupart des organisations de masse traditionnelles, les objectifs sont réalisés au moyen d'une
division très poussée du travail, et le moindre détail
est administré. Il en résulte un morcellement et une
diversification des tâches qui, à leur tour, entraînent
une spécialisation des fonctions, qu'elles soient
d'exécution, de direction ou d'expertise.

Cette multiplicité des fonctions implique évidemment que soit mise en place une structure de coordination et que soient établies des règles, des dispositions administratives et des normes définissant les
attributions de chaque poste et leur relation avec les
autres. Cette spécialisation fonctionnelle accroît elle-
même la nécessité d'une administration et d'un
contrôle centralisé, donc de l'établissement d'une
hiérarchie intégrant chaque fonction dans un système
de commandement.

L'autorité déléguée à l'intérieur de sphères spécifiques de compétence se trouve subordonnée à une
autorité finale qui définit les politiques d'ensemble
de l'organisation et contrôle, au niveau central, les
résultats, qu'ils soient matériels ou symboliques.
Cette autorité finale, en revanche, est de nature plus
politique qu'administrative, non seulement dans l'É-
tat, mais aussi dans les autres grandes organisations,
et n'est donc pas purement bureaucratique. Il en
résulte, aux échelons les plus élevés, des relations
très spécifiques entre les administrateurs et les détenteurs de l'autorité finale. Ces relations mettent en
lumière le pouvoir des technocrates ou, à tout le
moins, l'absence de ligne de partage claire entre la
haute administration et le niveau politique représenté, dans l'État, par les ministres et, dans l'entreprise,
par le président et le conseil d'administration.

Globalement, la bureaucratie est organisée selon
un principe pyramidal qui se reflète dans la structure
parfois très complexe de cet outil spécifique aux
organisations modernes, l'organigramme. Sa forme
détaillée en branches multiples indique notamment
que dans les bureaucraties, l'accent est mis sur les
canaux de communication verticaux beaucoup plus
que sur les communications horizontales entre individus de même rang. De la même façon, les communications indirectes sont la règle, puisqu'il faut toujours passer par le supérieur pour transmettre des
informations aux niveaux les plus élevés de la hiérarchie. Cette réduction des contacts interpersonnels,
présentée comme un élément d'efficacité, est aussi
fréquemment la source de blocages dans les communications et de ce qu'on appelle le «red tape» (les
chinoiseries administratives). Des études ont mis en
évidence de nombreux dysfonctionnements dans les
systèmes bureaucratiques, en particulier leur manque
de dynamisme résultant de leurs conduites ritualistes. Les problèmes et les conflits tendent à être
résolus par l'imposition de nouveaux contrôles et de
nouvelles règles qui tendent, en dernier ressort, à
renforcer la bureaucratisation. Les bureaucraties tendent aussi à s'autodévelopper, à canaliser les énergies vers l'entretien de leur propre existence plutôt
que vers l'objectif central de l'organisation.

Théorie La théorie moderne de la bureaucratie,
largement inspirée des travaux initiaux du sociologue allemand Max Weber (1864-1920), décrit celle-ci comme une codification formelle de l'idée d'organisation rationnelle et comme un élément majeur
du processus de rationalisation capitaliste. Pour la
grande entreprise, comme pour l'administration
publique, l'atteinte des buts fixés est réalisée au
moyen de techniques rationnelles, systématiques et
standardisées éliminant les effets des rapports interpersonnels. L'organisation bureaucratique exprime
alors l'idée que l'efficacité maximale peut être
atteinte grâce à une logique de prévision et de calcul
monétaire.

On peut toutefois se demander si la rationalité
technique exprimée abruptement en termes de fins et
de moyens est adaptée à tous les types d'organisations. Bien qu'elle semble, malgré des dysfonctions
fréquemment mises en évidence par les praticiens et
les chercheurs, s'appliquer plus aisément aux entreprises, cette même rationalité s'applique aussi avec
une relative efficacité à des activités étatiques routinières, telles que l'administration interne des ministères ou le versement équitable des allocations de
chômage ou de vieillesse. Par contre, elle perd de son
efficacité et devient parfois nuisible lorsque l'on
cherche à l'appliquer à des activités du secteur public
qui ne peuvent être réduites à la pure répétition ou au
pur contrôle. Les soins dispensés par les infirmières
dans les hôpitaux ou la formation donnée aux élèves
par des professeurs dans une école secondaire ne
sont pas des marchandises ayant une valeur d'échange. Ces fonctions et les tâches qu'elles impliquent
ont une dimension humaine difficilement réductible
à des calculs, aussi complexes soient-ils. C'est pourquoi il est impossible, même si on le tente aujour-
d'hui de multiples façons, d'administrer bureaucrati-
quement, sans distorsions, écoles, hôpitaux,
logements sociaux ou centres de services communautaires. Ces institutions, où les services ne peuvent
être déterminés strictement sur la base d'un calcul
rationnel abstrait, dépendent d'une demande sociale
et de choix politiques.

Les politiques sociales et d'éducation mises en
place au Canada dans les années 60 n'accordaient
pas, il est vrai, une attention suffisante au coût des
services qui étaient implantés, tandis que les implications à long terme d'un accès universel et gratuit à
ces services n'avaient pas été prévues. Il est cependant vite apparu qu'il était très difficile de limiter la
demande des citoyens. Les administrations fédérale
et provinciales ont alors consacré d'énormes efforts
à tenter de rationaliser les modalités de prestation des
services sociaux, de santé, et d'enseignement. Le
rapport avantages-coûts est devenu le principal
moyen d'évaluation de la validité des décisions et du
fonctionnement quotidien des institutions, accentuant ainsi leur bureaucratisation. Les conséquences
ont été lourdes pour ceux qui avaient la charge d'assurer ces services. Il en est résulté une pression pro-
ductiviste, imposant des normes de rendement et la
mise en place de systèmes de contrôle formels et
tatillons n'ayant souvent rien à voir avec les soins
donnés au malade ou à l'amélioration qualitative des
systèmes d'enseignement.

Les bureaucrates Si la bureaucratie est un mode
d'organisation sociale, il faut souligner aussi que la
bureaucratie ne peut exister sans les bureaucrates
eux-mêmes. Leur recrutement dans les organisations
formelles est généralement réalisé selon des règles
reconnues, en particulier, dans la FONCTION
PUBLIQUE, par des systèmes de concours.

Alors que les postes impliquant les tâches les plus
routinières sont occupés par du personnel relativement peu qualifié, les postes de haute direction, d'encadrement et de professionnels sont occupés par des
individus qui ont généralement un diplôme universitaire. Un système de titres, hiérarchiquement organisés en correspondance avec l'organigramme de l'organisation, est utilisé pour définir le statut et la
rémunération des individus et pour planifier leur
«cheminement de carrière» probable.

Au delà de la structure organisationnelle, c'est
aussi d'un groupe social qu'il s'agit. Cependant, tout
le personnel de ces grandes organisations ne peut,
bien entendu, être recouvert par le vocable de
bureaucrates, puisque nombre de fonctions, comme
des postes ouvriers dans une usine ou des postes de
médecins dans un hôpital, n'ont pas de caractère
intrinsèquement bureaucratique, même si leur travail
peut s'inscrire dans un cadre organisationnel très
rationalisé. De ce point de vue, la bureaucratie, com-

me groupe social, se trouve composée des individus attachés à la réalisation des fonctions administratives prises dans leur sens le plus large, ce qui peut aller des employés de bureau traditionnels affectés aux tâches subalternes généralement routinières, mais dont la forme et le contenu du travail s'est, depuis le milieu des années 80, transformé très rapidement avec l'informatisation, jusqu'aux sous-ministres de la fonction publique, ces «mandarins» que redoutent les nouveaux ministres. En fait, le cœur des bureaucraties est constitué par les dirigeants et les cadres, car c'est à ce niveau que se constitue, se consolide et s'étend ce milieu de pouvoir.

Arnaud Sales

Bureautique Terme général qui désigne un vaste éventail d'utilisations de l'informatique, des outils de communication et du traitement de l'information dans l'industrie. Bien qu'on considère qu'elle en est encore à ses balbutiements, il est évident que la technologie actuelle est beaucoup plus perfectionnée que celle du milieu des années 70. L'automatisation se développe continuellement et son marché s'accroît de jour en jour, les investissements annuels se mesurant en milliards de dollars. On estime à quelque 85 milliards le nombre de pages de documents d'affaires produits au Canada en 1981 et à 140 milliards en 1985, ce qui témoigne de l'importance de ce marché potentiel.

Les technologies nouvelles prennent naissance dans les années 60. Trois courants clairement identifiables apparaissent. Le premier est l'utilisation de l'informatique dans l'élaboration des systèmes automatisés de paie et de gestion des stocks. L'utilisation de l'informatique se limite d'ailleurs au traitement de données numériques dont se servent les programmeurs du secteur informatique d'une entreprise, lesquels gardent jalousement leurs ordinateurs et le pouvoir que leur confèrent leurs connaissances de l'informatique. Quoi qu'il en soit, l'utilisation de l'ordinateur s'accroît dans le traitement d'énormes banques de données.

Une seconde vague porte sur l'utilisation du traitement de texte. Au milieu des années 70, la société IBM introduit le MCST, le *Magnetic Card Selectric Typewriter*. Ce dispositif se présente sous la forme d'une boîte pleine de matériel électronique. L'opérateur insère une carte dotée d'un revêtement spécial, de la taille et de la forme d'une carte perforée IBM standard, dans une fente placée sur le dessus de la boîte et dactylographie un texte à l'aide d'un clavier incorporé. En fait, la carte sert de mémoire sur laquelle le texte est enregistré selon un code en points magnétiques. Une fois le texte enregistré, il peut être revu et corrigé grâce au clavier incorporé. Comparé aux systèmes modernes de traitement de texte, ce système est plutôt primitif, mais il est plus perfectionné que tout autre à cette époque.

Pendant que ces deux premiers courants font évoluer le traitement de l'information au bureau, une troisième vague apparaît qui s'intéresse au transfert de l'information d'un endroit à un autre et qu'on appelle la TECHNOLOGIE DES COMMUNICATIONS. Dans ce domaine, une kyrielle de techniques sont mises au point, allant du télex et d'autres services semblables à ceux qui emploient des lignes de TÉLÉPHONE spécialement aménagées et à d'autres faisant appel à des liaisons satellites sophistiquées (*voir* SATELLITE, COMMUNICATION PAR). Aujourd'hui, la bureautique emploie différents types de câbles coaxiaux, de lignes à fibres optiques, de téléphones cellulaires et de liaisons radio à commutation par paquets et téléphoniques.

Utilisée dans une même entreprise, cette nouvelle technologie permet une amélioration qui touche davantage la vitesse avec laquelle le travail s'effectue que le travail lui-même. La bureautique des années 80 prend une nouvelle direction: l'intégration de divers «postes de travail» auparavant distincts les uns des autres en une unité efficace. Un bureau automatisé muni des instruments les plus sophistiqués sur le marché aujourd'hui bénéficierait sûrement des avantages suivants: des capacités de traitements de textes comprenant un dispositif de correction et d'accès, par le biais d'un réseau local ou celui de lignes téléphoniques, à de l'information mémorisée dans d'autres fichiers, ainsi que la possibilité de communiquer avec d'autres postes du réseau ou des postes d'autres réseaux; des systèmes de messagerie électronique, permettant de transmettre toute combinaison de texte, de graphiques et de voix à d'autres postes du réseau ou, par le biais de passerelles, à des postes d'autres réseaux; des systèmes de gestion des activités, y compris la gestion de l'emploi du temps, la planification et la régulation des programmes ainsi qu'à l'accès à un agenda électronique; des systèmes de gestion de données, allant des simples systèmes de mémorisation et de recherche de données, où l'utilisateur fait le gros du travail, jusqu'aux systèmes les plus sophistiqués en langage naturel (ces derniers sont d'une aide précieuse pour ceux qui ont affaire à des volumes importants d'informations fréquemment modifiés); des systèmes d'aide à la décision, les plus sophistiqués des logiciels de la bureautique, qui permettent à l'usager de faire des analyses complexes à partir de grandes bases de données de telle façon que la vitesse et la qualité des prises de décision augmentent.

La plupart de ces possibilités tirent leur origine de deux ou trois technologies originales. C'est justement cette intégration des possibilités autrefois séparées et distinctes qui donne à la technologie nouvelle toute sa puissance et qui détermine les bases sur lesquelles de nouvelles applications seront mises au point dans un avenir rapproché.

À mesure qu'on progresse vers la dernière décennie du siècle, d'importants développements surviennent dans plusieurs domaines. La puissance des ordinateurs qui constitue le moteur de la technologie ne cesse de s'accroître. À la fin des années 90, on aura créé des puces constituées de milliards de composantes. Certains des micro-ordinateurs d'aujourd'hui possèdent plus de puissance dans le traitement de données que les plus rapides des gros ordinateurs de 1975. Parmi les innovations qui font leur entrée sur le marché au cours des années 90, on compte des progiciels d'édition électronique qui incorporent le texte et les graphiques de façon cohérente.

Incidence de la bureautique L'ordinateur a transformé nos lieux de travail tout comme l'automobile avait transformé nos villes. Ceux qui travaillent à l'application des systèmes de bureautique espèrent que la technologie améliorera la productivité de leurs entreprises et la qualité de leurs produits. Pour certains, le pouvoir d'exploitation et de coordination de données informatiques est proportionnel à la capacité d'un système d'ordinateur d'emmagasiner de l'information. Cela rend possible la croissance des entreprises qui, plus imposantes et plus complexes, peuvent réagir plus rapidement et de façon plus appropriée à un milieu économique et politique des plus dynamiques. D'autres considèrent que les nouvelles technologies pourraient raffermir plus encore la puissance des sociétés internationales établies au Canada et ainsi contribuer à l'érosion de l'autonomie canadienne, supplanter plusieurs personnes dont les emplois deviendraient automatisés et, enfin, ôter le caractère de spécialisation des emplois de ceux qui devront apprendre à travailler avec de nouvelles machines capables de décider plutôt que de travailler à partir de technologies dépassées ou moins avancées.

Devant les nouvelles technologies et les conséquences qu'elles auront sur la sécurité d'emploi et sur la vie privée, les craintes se multiplient (*voir* INFORMATIQUE ET SOCIÉTÉ). On s'inquiète que l'ÉCONOMIE canadienne puisse en souffrir si les entreprises ne prennent pas le pas et ne s'adaptent pas aux technologies nouvelles. De nombreuses études ont cherché à savoir si les nouvelles technologies susciteront ou non une réduction générale du nombre d'emplois ou, au contraire, apporteront une phénoménale amélioration de la qualité de la vie active. Une grande partie de cette recherche est imparfaite. Elle néglige les objectifs et les intentions de ceux qui prennent les décisions quant au quoi et au comment de cette automatisation. Il est cependant juste d'affirmer que les technologies auront dans les décennies à venir une incidence considérable sur l'existence active de millions de Canadiens. (*Voir aussi* SOCIÉTÉ D'INFORMATION.)

William Richards

Burgess, site des schistes de Le site des schistes de Burgess, situé dans le PARC NATIONAL YOHO, en Colombie-Britannique, illustre les débuts de la vie à l'aide de roches fossilifères. En 1909, Charles Doolittle Walcott, parti à la recherche de fossiles, tombe accidentellement, et littéralement, sur un bloc de schiste contenant les empreintes d'organismes à corps mou. La plupart des restes fossilisés proviennent de l'empreinte conservée de structures dures (coquilles ou squelettes). Ce site est unique parce qu'il contient des fossiles d'INVERTÉBRÉS.

On y a découvert environ 140 espèces d'invertébrés marins: des éponges, des vers marins et des «monstres marins» minuscules tels que l'*Opabinia* à 5 yeux et l'*Hallucigenia*, avec ses 7 paires d'épines très pointues et ses 7 tentacules. Bon nombre de ces espèces sont rares et ne ressemblent à rien de connu jusqu'à maintenant dans les sites de fossiles. Le site de Burgess est inscrit sur la liste des SITES DU PATRIMOINE MONDIAL DES NATIONS UNIES. (*Voir aussi* ANIMAUX FOSSILES.)

Lillian Stewart

Burgoyne, John, général (Londres, Angl., 1722—*id.*, 3 août 1792). Brillant officier de cavalerie et personnage public éminent, Burgoyne arrive à Québec en 1776 avec des renforts importants et mène cette année-là des campagnes fructueuses. À l'été 1777, il dirige une troupe de 9000 militaires vers le sud, le long de l'axe formé par le lac Champlain et le fleuve Hudson, dans le but de séparer la Nouvelle-Angleterre des autres colonies rebelles. Après une série de batailles coûteuses, il est contraint de capituler à Saratoga, dans l'État de New York, le 17 octobre 1777. Cette défaite contribua peut-être à la victoire ultime des Américains.

Stuart R.J. Sutherland

Burka, Petra, patineuse artistique (Amsterdam, Pays-Bas, 17 nov. 1946). En 1962, lors des Championnats canadiens de patinage artistique, Burka, alors âgée de 15 ans, est la première femme à exécuter le triple Salchow en compétition. En 1964, elle remporte les championnats canadiens et termine troisième aux Olympiques ainsi qu'aux championnats du monde.

En 1965, Burka remporte les championnats canadiens, nord-américains et mondiaux. Cette même année, elle reçoit le TROPHÉE LOU MARSH, qui récompense l'athlète par excellence de l'année au Canada. En 1966, après une deuxième position au championnats mondiaux, elle passe chez les professionnels et, jusqu'en 1969, elle fait partie d'une troupe qui donne des spectacles sur glace.

Barbara Schrodt

Burka, Sylvia, patineuse de vitesse et cycliste (Winnipeg, 4 mai 1954). À force de travail acharné et de détermination, elle surmonte un handicap visuel et devient une athlète de réputation internationale dans ces deux sports. Malgré la perte accidentelle d'un œil dans son enfance, Burka devient championne junior canadienne de PATINAGE DE VITESSE à l'âge de 15 ans. Quatre ans plus tard, en 1973, elle remporte le championnat junior mondial.

Aux Jeux olympiques d'hiver de 1976, son meilleur résultat la classe quatrième à l'épreuve du

1500 m. Elle se ressaisit cependant et, deux semaines plus tard, rafle le championnat mondial. En 1977, elle remporte le titre de championne mondiale de sprint sur courte distance. Son palmarès comprend également deux records mondiaux.

Burka participe, de plus, aux compétitions internationales de cyclisme et se classe quatrième dans la poursuite individuelle aux championnats mondiaux de 1977. Elle établit aussi un record mondial lors d'un entraînement en 1982. Après s'être retirée de la compétition sportive, Burka devient associée et agente des finances de Cancore Building Services.

J. Thomas West

Burke, Horwood and White L'agence d'architectes torontoise Burke, Horwood and White est fondée en 1894 par Edmund Burke (Toronto, 31 oct. 1850—*id.*, 2 janv. 1919) et J.C.B. Horwood (Quidi Vidi, T.-N., 19 mars 1864—Toronto, 1938). Burke est associé dans l'agence Langley and Burke de 1873 à 1892, puis pratique seul de 1892 à 1894. Horwood fait son apprentissage chez Langley and Burke avant d'aller travailler à New York durant plusieurs années. Murray White (Woodstock, 5 août 1869—Toronto, 3 nov. 1935), aussi apprenti chez Langley and Burke, travaille à Chicago de 1892 à 1907, mais ne se joint à l'agence Burke et Horwood qu'en 1909.

La reconstruction du magasin Robert Simpson, à Toronto, est la première commande importante de Burke and Horwood. Burke a dessiné les plans du premier magasin en 1894, mais celui-ci est détruit par un incendie quelques semaines à peine après son inauguration. Horwood a fait l'apprentissage des méthodes de construction de pointe à New York, et Simpson confie, en 1895-1896, à l'agence récemment fondée la conception d'un nouveau magasin résistant au feu. La façade du magasin, dessinée selon une grille, présente cet aspect propre au style de Chicago, avec seulement quelques ornements simples au rez-de-chaussée et à la corniche. Le premier et le deuxième magasins sont vraisemblablement les premiers bâtiments à mur rideau à être conçus au Canada.

Burke, Horwood and White est l'une des agences les plus prospères du Canada durant les décennies de suractivité précédant la Première Guerre mondiale. L'agence réalise de nombreuses commandes d'églises dans tout le pays. Parmi les clients institutionnels, on compte le YMCA et l'U. Mount Allison, au Nouveau-Brunswick. Le bureau produit aussi de nombreuses maisons cossues pour de riches clients en Ontario et dans les Maritimes.

Burke, Horwood et White sont renommés pour leurs édifices commerciaux, et ils seront les architectes attitrés de la Compagnie de la baie d'Hudson. Ils construisent des grands magasins classiques à Calgary, à Vancouver et à Victoria, entre 1912 et 1926. Burke est également de conseil en matière d'urbanisme à Toronto, et se prononce ainsi sur l'aspect architectural du viaduc de la rue Bloor.

Bien que l'agence conçoive des bâtiments dans des styles historiques variés, elle utilise aussi des matériaux et des méthodes de construction modernes, tels que la terre cuite vernissée, le fer et les structures en béton armé. À cette époque, les édifices sont de plus en plus grands et complexes, et leur conception requiert des connaissances plus poussées. Burke se tient toujours à la fine pointe de la recherche en technologie, en programmation et en conception et partage ses connaissances avec ses collègues sous forme de conférences et de publications. Selon son biographe, Burke «est l'artisan de la transformation de l'architecte, qui passe du statut d'artisan spécialisé à celui de consultant professionnel».

Bien sûr, Burke et Horwood sont tous deux actifs au sein d'associations professionnelles d'architecture. Burke est ainsi à quatre reprises président de l'Ontario Association of Architects, et il est vice-président fondateur de l'Institut royal d'architecture du Canada.

L'agence est rebaptisée Horwood and White en 1919, après la mort de Burke, et œuvre sous ce nom jusqu'en 1969. Après le décès des deux derniers associés, l'agence est dirigée par le fils de Horwood, Eric C. Horwood (1900-1984). En 1979, Eric Horwood fait don aux Archives publiques de l'Ontario de dessins d'architecture réalisés sur une période de plus d'un siècle par Burke, Horwood and White, de même que par beaucoup des agences précédentes, comme Langley and Burke.

David Monteyne

Burlington, cité de l'Ont.; pop. 136 976 (rec. 1996), 129 575 (rec. 1991), 116 675 (rec. 1986); superf. 177,40 km². Située à l'extrémité du lac ONTARIO, à 50 km à l'ouest de Toronto, elle est constituée en tant que village en 1873, englobant les premières colonies de Port Nelson et de Wellington Square, puis en tant que ville en 1914. Elle devient une cité en 1974. Le premier colonisateur de Burlington, et le plus remarquable, est le loyaliste mohawk Joseph BRANT, qui reçoit une terre de 3450 acres (presque 1400 ha) dans la baie de Burlington en 1798.

Au XIXe siècle, l'économie locale repose sur le commerce par voie d'eau, en particulier le transbordement du blé, du bois d'œuvre et de mœllons qui transitent par Port Nelson, Wellington Square et Port Flamboro (nommé plus tard Aldershot, qui fait maintenant partie de Burlington). L'arrivée du chemin de fer en 1854 stimule le commerce. Toutefois, la diminution des réserves de bois d'œuvre et la voie de contournement qu'empruntent les gros paquebots vers les ports de HAMILTON et de Toronto au détriment des quais locaux font stagner l'économie. Entre les années 1890 et la Première Guerre mondiale, l'agriculture régionale change et la culture maraîchère et fruitière transforme Burlington en «cité-jardin» du sud de l'Ontario.

Elle est maintenant devenue la zone résidentielle des grandes villes voisines à la suite de la construction de l'AUTOROUTE QUEEN ELIZABETH en 1939 et du pont Burlington Skyway en 1958. Depuis la Seconde Guerre mondiale, l'économie de Burlington repose de plus en plus sur l'industrie manufacturière du secteur secondaire et les services. En 1958, Burlington, la ville de Nelson et la région d'Aldershot du East Flamborough fusionnent pour former la municipalité de Burlington. Elle abrite les fameux Jardins botaniques royaux connus mondialement.

David Gagan

Burnaby, ville de la C.-B.; pop. 179 209 (rec. 1996), 158 858 (rec. 1991), 145 161 (rec. 1986); superf. 88,45 km²; const. en 1992. Elle est contiguë à VANCOUVER à l'ouest, à COQUITLAM à l'est et à NEW WESTMINSTER au sud-est. Son nom lui vient de Robert Burnaby, homme d'affaires et législateur dans les années 1860. On y trouve le mont Burnaby (365 mètres), le lac Burnaby, le fleuve Fraser et le bras de mer Burrard. Un maire et huit conseillers se trouvent à la tête de l'administration municipale, et Burnaby fait partie du District régional du Grand Vancouver.

Développement District rural peu peuplé à l'origine (400 personnes en 1900), Burnaby est devenue une ville-dortoir pour les travailleurs de Vancouver et de New Westminster. Le développement industriel et la construction d'importants points de vente en gros et au détail ont suivi, et l'urbanisation s'est poursuivie au cours des dernières années.

Économie Le lotissement de Burnaby est presque complet. Il y a peu de terrains vacants et la ville se concentre surtout sur des projets de diversification et de construction sur terrain intercalaire. Après Vancouver, la ville se classe deuxième dans la région pour sa diversification industrielle, l'emploi et sa production. On compte parmi ses industries la sidérurgie, la fabrication de camions et de matériel de télécommunication, le bois d'œuvre et le bardeau, la pêche commerciale et la transformation du poisson. Le développement résidentiel et industriel a presque entièrement fait disparaître l'agriculture. La ville est desservie par cinq gares d'aérotrains, dont la principale se trouve à Metrotown, au centre-ville.

Activités culturelles Au nombre des établissements d'enseignement de Burnaby, on trouve l'UNIVERSITÉ SIMON FRASER et le BC Institute of Technology. Les points d'attraction sont le Burnaby Heritage Village (reconstitution d'une communauté typique des années 1890 à 1925), la mosquée Ismaili, le Barnet Marine Park, le Shadbolt Centre for the Arts et la Burnaby Art Gallery. Le Burnaby Lake Regional Park, qui compte quelque 200 espèces d'oiseaux, est apprécié des ornithologues amateurs. Le Burnaby 8-Rinks Ice Sports Centre est la patinoire intérieure la plus grande au monde, et c'est là qu'ont lieu les séances d'entraînement des CANUCKS DE VANCOUVER.

Alan F.J. Artibise

Burns, Eedson Louis Millard, militaire, diplomate, auteur (Westmount, Qc, 17 juin 1897—Manotick, Ont, 13 sept. 1985). Après avoir complété sa formation au Collège militaire royal (CMR) en 1915, Burns combat sur le front Ouest dans le Corps royal du Génie canadien de 1916 à 1918. Entre les deux guerres, il étudie à l'école de génie militaire de Chatham en Angleterre et au collège d'état-major à Quetta aux Indes, alors une colonie britannique, et il remplit les fonctions d'instructeur au CMR. De 1931 à 1936, il dirige la section géographique de l'état-major général, où il contribue dans une large mesure à l'essor de la cartographie militaire au Canada. En 1939, il se trouve à l'Imperial Defence College de Londres, avec le grade de lieutenant-colonel.

Après avoir occupé divers postes d'officier en Angleterre et au Canada, il commande la 4e brigade blindée canadienne et la 2e division d'infanterie canadienne en Angleterre, puis la 5e division blindée canadienne et le 1er corps canadien en Italie. Il mène ses troupes pendant les opérations dans la vallée de Liri (mai 1944) qui aboutissent à la prise de Rome, ainsi que dans l'attaque couronnée de succès contre la ligne Gothique (août et sept. 1944). Il possède une intelligence remarquable doublée d'un sens subtil de la plaisanterie, qu'il dissimule sous des airs sévères. Toutefois, il ne réussit pas à gagner la confiance de ses subordonnés, et il est relevé de ses fonctions en novembre 1944 à la suite d'un ultimatum du genre «c'est lui ou nous!».

Burns prend sa retraite de l'armée en juin 1947 et amorce une seconde carrière dans la fonction publique. Employé au ministère des Affaires extérieures, il est prêté aux Nations Unies et promu chef de la force d'urgence de l'ONU au Moyen-Orient, fonction qu'il occupe de 1954 à 1959 (*voir* MAINTIEN DE LA PAIX). De 1960 à 1969, il agit à titre de conseiller principal auprès du gouvernement canadien lors des conférences sur le DÉSARMEMENT. Il est professeur d'études stratégiques à l'U. Carleton de 1972 à 1975. Ses ouvrages comprennent *Manpower and the Canadian Army, 1939-1945* (1956), *General Mud: Memoirs of Two World Wars* (1970), *Between Arab and Israeli* (1962), *Megamurder* (1966) et *A Seat at the Peace Table: The Struggle for Disarmament* (1972).

Brereton Greenhous

Burns, Patrick, exploitant d'abattoir et de ranch (Oshawa, Canada-Ouest, 6 juill. 1856—Calgary, Alb., 24 févr. 1937). Garçon de ferme peu instruit, Burns se joint aux premiers fermiers de l'Ontario qui partent s'établir au Manitoba après l'insurrection de Riel. En 1878, il marche 250 km de Winnipeg jusqu'au lot de colonisation qu'il a choisi, près de Minnedosa.

Afin d'amasser un fond de roulement, il commence à transporter des marchandises à partir de Winnipeg et à conduire le bétail de fermiers voisins jusqu'au marché de Winnipeg. En 1885, il ne s'occupe que du commerce de bétail et, en 1886, il obtient son premier contrat d'approvisionnement en viande de bœuf d'une équipe d'ouvriers des chemins de fer. La croissance de son commerce est liée au développement rapide des chemins de fer et il étend ses activités avec dynamisme: élevage, transformation et commerce de viande au détail.

Au moment de la Première Guerre mondiale, Burns est devenu l'un des hommes d'affaires les plus prospères du Canada. En 1928, il vend son entreprise de transformation de la viande pour 15 millions de dollars, mais garde ses grands ranchs. Nommé sénateur en 1931, il est reconnu comme faisant partie des «Big Four», les quatre grands magnats du bétail de l'Ouest qui ont créé le STAMPEDE DE CALGARY.

David H. Breen

Burns, Tommy, né Noah Brusso, boxeur (Hanover, Ont., 17 juin 1881—Vancouver, 10 mai 1955). D'abord poids mi-moyen en 1900, Burns devient, six ans plus tard, le seul Canadien à remporter le titre de champion mondial des poids lourds, en battant Marvin Hart. Reconnu comme un boxeur tenace à la frappe solide, ce Canadien français de 1,70 m et de 79,4 kg défend son titre 10 fois en 33 mois avant d'être défait par Jack Johnson, à Sydney, en Australie, le 25 décembre 1908.

Il réussit à vaincre des champions poids lourds d'Angleterre et d'Australie. Il met knock-out le champion irlandais Jem Roche en 1 min 28 s, le plus court combat jamais vu pour le titre. Les 30 000 $ qu'il reçoit pour son combat contre Johnson marquent le début des «gros» cachets pour les boxeurs.

A.J. «Sandy» Young

Burt, George, dirigeant syndical (Toronto, Ont., 17 août 1903—Windsor, Ont., 6 sept. 1988). Burt devient compagnon plombier, mais durant la crise de 1929, il s'établit à Oshawa, où il travaille pour la société General Motors. Il devient le premier trésorier de la section locale 222 du syndicat des TRAVAILLEURS UNIS DE L'AUTOMOBILE (TUA) juste avant que n'éclate la célèbre GRÈVE D'OSHAWA en 1937. En 1939, il est élu directeur de la section canadienne des TUA, l'emportant sur C.H. MILLARD.

Burt a aussi été vice-président du CONGRÈS CANADIEN DU TRAVAIL, vice-président général du CONGRÈS DU TRAVAIL DU CANADA et président, de 1951 à 1953, de la Fédération du travail de l'Ontario. Il a dirigé la section canadienne des TUA depuis ses premiers jours dans le militantisme jusqu'en 1968, alors que l'organisation est le deuxième syndicat en importance au Canada et le plus engagé socialement.

Burt se mêle de politique ouvrière et gagne, à des périodes différentes, l'appui des communistes et celui de la CO-OPERATIVE COMMONWEALTH FEDERATION envers son syndicat. Il a été membre du comité fondateur du NOUVEAU PARTI DÉMOCRATIQUE.

Laurel Sefton MacDowell

Burton, Eli Franklin, physicien (Green River, Ont., 14 fév. 1879—Toronto, 6 juill. 1948). Il fait ses études à l'U. de Toronto et à Cambridge, et passe toute sa carrière à l'U. de Toronto, succédant en 1932 à J.C. McLennan à la tête du département de physique. Il est membre conseiller au sein du CONSEIL NATIONAL DE RECHERCHES de 1937 à 1946 et siège au conseil d'administration de Research Enterprises Ltd., l'usine secrète où l'on produit des radars pendant la guerre. Son exploit le plus remarquable est la construction du premier microscope électronique en Amérique du Nord, réalisée à Toronto, à la fin des années 30, avec Cecil Hall, James Hillier et A.F. Prebus. Hillier et Prebus poursuivent leurs carrières scientifiques aux États-Unis, où la compagnie RCA Ltd. fabrique le microscope électronique.

Donald J.C. Phillipson

Burwash, Nathanael, pasteur méthodiste, chancelier d'université (Saint-André, Qc, 25 juill. 1839—Toronto, 30 mars 1918). Ce théologien modéré forme toute une génération de pasteurs méthodistes et d'étudiants de premier cycle universitaire dans la poursuite de travaux de recherche éclairés en théologie et dans les humanités. Il grandit à Baltimore, au Canada-Ouest, fréquente le Victoria College, où il obtient son diplôme en 1859, et est ordonné en 1864.

En 1866, Burwash commence à enseigner les sciences au Victoria College. En 1871, il est promu professeur et en 1873, doyen de la nouvelle Faculté de théologie. Il devient chancelier de l'université en 1887 et en supervise le déménagement de Cobourg à Toronto. En 1913, il prend sa retraite, mais continue d'enseigner la théologie jusqu'à sa mort.

Même s'il n'est pas un universitaire original, ses écrits et ses conférences sont la norme pour des générations de pasteurs et de laïcs méthodistes. Engagé envers la méthode scientifique et la liberté universitaire, il joue un rôle de conciliateur dans le débat sur l'ÉVOLUTION et l'EXÉGÈSE BIBLIQUE. Il est d'ailleurs très respecté dans les milieux intellectuel et religieux canadiens. Il appuie activement l'œcuménisme. Burwash a publié des ouvrages dont *Wesley's Doctrinal Standards* (1881), *A Manual of Christian Theology on the Inductive Method* (1900) et *The History of Victoria College* (1927).

Neil Semple

Buses, busards et éperviers Noms communs donnés à plusieurs espèces d'OISEAUX DE PROIE diurnes appartenant à la famille des accipitridés, qui regroupent des oiseaux partageant des caractéristiques physiques communes. Ainsi, bien que plus petits que les AIGLES, les buses et les éperviers ont eux aussi de grands yeux, une vue perçante, un bec crochu et des serres acérées et recourbées. Les accipitridés, une famille dans laquelle on retrouve aussi les aigles et les URUBUS de l'Ancien Monde, comptent plus de 288 espèces réparties dans le monde entier. Chez toutes les espèces, les femelles sont sensiblement plus grandes que les mâles. Dix espèces de buses et d'éperviers nichent au Canada.

Buses Grands oiseaux qu'on observe souvent, au printemps et à l'automne, planant au-dessus des espaces découverts ou perchés sur des arbres morts ou des poteaux de téléphone. L'espèce la plus commune dans le sud du Canada est la buse à queue rousse (*Buteo jamaicensis*). Les six espèces de buses canadiennes construisent leurs propres nids, la plupart du temps dans un arbre ou sur une falaise. La buse rouilleuse (*B. regalis*) et la buse pattue (*B. lagopus*) nichent plutôt au sol, la première dans les prairies sans arbres et la deuxième dans la toundra arctique. Les buses se nourrissent surtout de rongeurs, et on les considère utiles aux humains.

Éperviers Au Canada, l'épervier brun (*Accipiter striatus*), l'épervier de Cooper (*A. cooperii*) et l'autour des palombes (*A. gentilis*) vivent en milieux forestiers. Ils se nourrissent de diverses proies et nichent généralement près de celles-ci en forêts mixtes ou décidues. L'épervier brun et l'épervier de Cooper chassent presque exclusivement des petits oiseaux, tandis que l'autour des palombes se nourrit surtout de lièvres, d'écureuils et de gélinottes. Ces oiseaux discrets sont des chasseurs hardis qui défendent leur nid contre tout intrus.

Busards Le busard Saint-Martin (*Circus cyaneus*) niche partout au Canada. On observe son vol lent dans les milieux ouverts, surtout au-dessus des marais et des prés, pendant qu'il chasse les souris et les petits oiseaux.

Migration Les espèces qui nichent au Canada hivernent habituellement dans le Sud en hiver, la plupart migrant vers le centre et le sud des États-Unis. La buse de Swainson (*B. swainsoni*) et la petite buse

(*B. platypterus*) hivernent pour leur part en Amérique du Sud.

R.W. Fyfe

Bush, John Hamilton, «Jack,» peintre (Toronto, 20 mars 1909 —*id.*, 24 janvier 1977). Reconnu dans le monde entier comme le peintre abstrait canadien le plus important des années 1960 et 1970, Bush s'est acquis, au niveau local, une réputation de radical en se joignant au GROUPE DES ONZE, dans les années 50. Il reçoit sa formation à Montréal et à Toronto (1926-1928). Pendant la plus grande partie de sa vie, il connaît beaucoup de succès comme artiste publicitaire, travail dont il dit qu'il lui laisse une grande liberté pour sa propre création. Ses premiers tableaux, des petits paysages et des scènes urbaines, s'inspirent de la technique du GROUPE DES SEPT. Cependant, vers la fin des années 30, il adopte un style figuratif personnel qui lui ouvre les portes des sociétés canadiennes de peintres.

Il est membre et administrateur de la Société canadienne de peintres en aquarelle, de l'Ontario Society of Artists, de l'Académie royale des arts du Canada et du Canadian Group of Painters (1940-1964). À la fin des années 40, mécontent de son travail, il produit une série de portraits expressionnistes stylisés sur des thèmes d'ordre religieux et émotionnel. À la même époque, il commence à s'intéresser à l'expressionnisme abstrait américain.

Sa peinture est entièrement abstraite, mais reste expressionniste et gestuelle au début des années 50 et, avec d'autres artistes du même courant de pensée comme William RONALD, Harold TOWN, Oscar CAHÉN, Alexandra Luke et Jock MACDONALD, Bush s'oppose aux normes picturales qui dominent Toronto. En 1953, il expose au magasin Simpsons avec six de ses collègues, dans *Abstracts at Home*. De 1954 à 1960, les mêmes peintres exposent, en ajoutant certaines œuvres, sous le nom collectif du Groupe des Onze. Ils organisent, entre autres, une exposition au Riverside Museum de New York en 1956.

En 1957, le groupe reçoit la visite du critique d'art américain Clément Greenberg, ce qui confirme l'intérêt de Bush pour la production de tableaux plus légers et plus simples. Il restera ami avec Greenberg toute sa vie. Malgré ce soutien, Bush n'a exploré que certaines possibilités de cette technique pendant plusieurs années. Sa première exposition solo à New York (1962), présente les dessins de la série *Thrust* où apparaissent des thèmes qui le préoccuperont le reste de sa vie: couleurs légères et lumineuses, formes excentriques et compositions exubérantes – preuves de son admiration profonde pour Matisse.

Dans *Flags* et *Sashes* (1962-1963), probablement ses séries les plus connues, il simplifie encore la structure, pour donner davantage d'autonomie aux couleurs. Ses tableaux de la fin des années 60 et du courant des années 70 reposent de plus en plus sur son sens remarquable des couleurs, qui atteint son point culminant dans sa dernière série *musical titles*. Le peintre y orchestre avec maestria une multitude de touches de couleurs. En même temps, il étudie comment rendre des variations subtiles dans la surface du tableau, avec ses compositions à l'éponge ou au rouleau des années 70.

À partir du milieu des années 60, Bush voyage souvent en Europe et aux États-Unis et se lie d'amitié avec de nombreux artistes de réputation internationale qui partagent les mêmes idées. Bien que réagissant rapidement à ce qui l'entoure, il demeure profondément individualiste. Après 1965, il expose avec les peintres qu'il a connus lors de ses voyages dans la nouvelle galerie David Mirvish à Toronto. Comme pour indiquer son nouveau statut non officiel, non provincial, en 1964, il démissionne de toutes les sociétés dont il est membre.

Malgré sa gloire internationale croissante, Bush s'intéresse aux jeunes artistes et est toujours prêt à les rencontrer. Ses encouragements et son travail ont influencé de nombreux peintres et sculpteurs canadiens de la génération actuelle. Il représente le Canada à la Biennale de Saõ Paulo en 1967 et ses œuvres sont présentes dans de nombreuses expositions internationales prestigieuses. En 1972, son exposition solo inaugure les nouvelles galeries contemporaines du Boston Museum. Le Musée des beaux-arts de l'Ontario organise, en 1976, une rétrospective qui fait le tour du Canada. Parmi les prix et récompenses que reçoit Bush, citons une bourse de la fondation John Simon Guggenheim et sa nomination à l'Ordre Du Canada.

Karen Wilkin

Bushnell, Ernest Leslie, dirigeant pionnier à la radio et à la télévision (près de Lindsay, Ont., 19 nov. 1900—Ottawa, 30 avril 1987). Il acquiert une formation comme chanteur au Conservatoire de Toronto, mais il entreprend une carrière d'annonceur, puis de directeur de station. Il dirige CFRB et CKCN à Toronto de 1929 à 1933, puis monte la première agence de publicité radiophonique au Canada. Au service du réseau anglais de Radio-Canada de 1945 à 1958, il devient directeur général adjoint en 1953 et prend sa retraite alors qu'il est vice-président.

Président par intérim en l'absence de Joseph-Alphonse OUIMET, pour cause de maladie, c'est lui qui doit s'occuper de la grève des réalisateurs de Montréal en 1958. Ayant maille à partir avec un comité parlementaire à la suite de pressions politiques ayant entraîné le retrait, puis le rétablissement de *Preview Commentary*, on le force à prendre sa retraite. En 1960 à Ottawa, il fonde, avec Stuart Griffiths, CJOH-TV, deuxième station du réseau CTV. En 1983, il est président honoraire de Bushnell Communications Ltd.

Bussières, Pascale, comédienne (Montréal, 27 juin 1968). Elle n'a aucune expérience du métier d'acteur quand Micheline LANCTÔT la recrute pour interpréter une adolescente suicidaire dans *Sonatine* (1983). C'est la télévision qui lui confère un statut de vedette grâce au rôle-titre du téléroman *Blanche*. Dans les années 1990, elle devient une vedette recherchée bien qu'elle participe principalement à des films d'auteur; elle excelle dans des rôles où jeunesse, beauté et tourments se conjuguent. Maîtresse passionnée d'un homme marié dans *La Vie fantôme* (Jacques LEDUC, 1992), femme troublée par l'apparition d'une sœur inconnue dans *Deux actrices* (M. Lanctôt, 1993), mannequin qui remet en cause son travail et sa vie amoureuse dans *Un 32 août sur terre* (Denis Villeneuve, 1998), c'est cependant la trilogie de Charles Binamé (*Eldorado*, 1995, *Le Cœur au poing*, 1998, *La Beauté de Pandore*, 2000) qui la range dans des rôles de femme paumée et dangereuse. Elle interprète aussi des rôles à l'opposé du personnage qu'elle incarne normalement. Ainsi Jean BEAUDIN la dépeint en femme impitoyable et vengeresse dans *Souvenirs intimes* (1998), tandis que Léa POOL la montre en épouse soumise dans *Emporte-moi* (1999). Elle est une des rares comédiennes de sa génération à tourner également en anglais, notamment avec Patricia ROZEMA (*When Night is Falling*, 1995), Guy Maddin (*Twilight of the Ice Nymphs*, 1997) et Attila Bertalan (*Between the Moon and Montevideo*, 1999). Elle amorce aussi une carrière internationale française et anglaise. Photogénique, dotée d'un visage anguleux à la fois dur et sensuel, excellant à rendre les tourments du cœur et de l'âme, Pacale Bussières est une actrice moderne dont les personnages correspondent bien à un certain regard porté sur sa génération.

Pierre Véronneau

Butchart, Robert Pim, industriel (Owen Sound, Canada-Ouest, 30 mars 1856—Victoria, 27 oct. 1943). Après des études à Owen Sound, il travaille à la quincaillerie de son père. En 1888, il fonde la compagnie Owen Sound Portland Cement. Il démé-

nage en Colombie-Britannique en 1904 et fonde à Tod Inlet près de Victoria la première cimenterie de Portland en Colombie-Britannique. Il acquiert progressivement des intérêts dans plusieurs cimenteries au Canada, notamment à Calgary, à Montréal ainsi qu'aux États-Unis. Durant la Première Guerre mondiale, il dirige la division de la Construction navale de la COMMISSION IMPÉRIALE DES MUNITIONS en Colombie-Britannique. En 1884, il épouse la Torontoise Jennie Foster Kennedy. Celle-ci transforme les carrières abandonnées près de sa maison pour en faire les Butchart Gardens, devenus une attraction touristique renommée.

Patricia E. Roy

Butler, Edith, chanteuse et chansonnière (Paquetville, N.-B., 27 juill. 1942). Par ses chansons fougueuses et sa chaleur expressive, elle contribue à faire connaître la culture acadienne. Elle étudie l'ethnographie à l'Université Laval (1966-1969). Depuis 1973, elle compose sa propre musique, qui passe du pur folklore à un folklore mêlé d'un rock-and-roll plein d'entrain. Elle chante à l'Exposition internationale d'Osaka, au Japon, en 1970, fait une tournée européenne et participe à de nombreux festivals. Elle est cofondatrice des Éditions de l'Acadie, de l'ACALF (Aide à la création artistique et littéraire de la femme) et de la SPPS (Société de production et de programmation de spectacles).

Butler gagne le prix de l'Académie Charles-Cros à Paris (1983) pour son album *De Paquetville à Paris*. Elle est nommée membre de l'Ordre du Mérite de la culture française par le Sénat canadien (1971), officier de l'Ordre du Canada (1975) et chevalière de l'Ordre de la Pléiade (1978). L'U. de Moncton lui décerne un doctorat honorifique en 1985. En 1996, elle a déjà une vingtaine d'albums de musique acadienne à son actif.

Hélène Plouffe

Butler, sir William Francis, officier militaire et écrivain (Ballyslateen, Suirville, Irl., 31 oct. 1838—Bansha Castle, Irl., 7 juin 1910). Officier des renseignements lors de l'EXPÉDITION DE LA RIVIÈRE ROUGE de 1870, Butler précède l'arrivée de l'armée dans la colonie et voyage ensuite par canot et par BARGE D'YORK jusqu'à Fort Frances, où il rencontre sir Garnet WOLSELEY. Mandaté pour faire un rapport sur les conditions existant dans la région de la rivière Saskatchewan, il parcourt 6000 km pour se rendre à Fort Carlton et à Rocky Mountain House, voyage qu'il raconte dans *The Great Lone Land* (1872). Il effectue un autre voyage, depuis Fort Garry jusqu'à Fort St. John, traversant les Rocheuses et descendant le fleuve Fraser vers le Pacifique. Ce périple lui inspirera son œuvre *The Wild North Land* (1873).

O.A. Cooke

Butter Pot, parc provincial Situé sur la PRESQU'ÎLE AVALON, le parc provincial Butter Pot (créé en 1958, 2833 ha) se trouve à 36 km au sud-ouest de St. John's, Terre-Neuve, le long de la Transcanadienne.

Histoire naturelle Le terrain et la végétation vont des forêts aux tourbières en passant par les prés et les étangs. Les glaciers ont joué un rôle marquant dans le modelage du paysage du parc. Des blocs erratiques sont restés sur les lieux un peu partout et on peut facilement les apercevoir le long des sentiers. Le principal type de végétation est celui de la FORÊT BORÉALE, où prédominent l'épinette noire et le sapin baumier. Les secteurs stériles abondants possèdent un sol peu profond, en général passablement acide. Ce sol favorise la croissance de plantes comme le kalmia à feuilles étroites, le thé du Labrador, le rhododendron du Canada (*Rhododendron canadense*) et le bleuet. On a répertorié plus de 200 espèces d'oiseaux dans le parc. Les mammifères comme l'orignal, le castor, le tamia, l'écureuil roux et le lièvre d'Amérique sont courants.

Installations Destination estivale populaire, le parc est doté d'emplacements de camping, d'aires de pique-nique, d'aires de baignade, de sentiers de randonnée et de terrains de jeux. Des interprètes animent des programmes d'interprétation de la nature pendant l'été et l'automne. On assure l'entretien de pistes de ski de fond pendant les mois d'hiver.

Button, sir Thomas, marin, explorateur (pays de Galles—probablement à Worleton, Angl., 1634). En 1612, il est choisi pour commander une expédition chargée de découvrir ce qui est arrivé à Henry HUDSON, même si les instructions écrites lui donnant le mandat de rechercher le PASSAGE DU NORD-OUEST n'en font pas mention. Avec le *Resolution* et le DISCOVERY, il traverse le détroit d'Hudson et la baie d'Hudson jusqu'à un endroit qu'il appelle «Hopes Checkt». Il passe l'hiver à l'embouchure d'une rivière qu'il nomme en l'honneur de Robert Nelson, capitaine du *Resolution*, qui, avec d'autres, est mort à cet endroit. Au printemps, il explore la côte ouest de la baie et découvre l'île Mansel, qu'il nomme en l'honneur d'un ami. Déçu de ne pouvoir trouver un débouché à partir de la baie, il rentre au pays. Pendant des années, la baie d'Hudson est appelée baie Button. Ayant exercé ses fonctions avec compétence et courage pendant toute sa carrière, Button est fait «Amiral de la côte d'Irlande».

James Marsh

By, John, lieutenant-colonel, Royal Engineers (Lambeth, Angl., baptisé le 10 août 1779 —Frant, Angl., 1ᵉʳ fév. 1836). By est l'un des premiers grands ingénieurs au Canada. De 1826 à 1832, il construit le CANAL RIDEAU qui s'étend sur 200 km de long, à partir de Bytown (nommée ainsi en son honneur, actuellement Ottawa) jusqu'à Kingston, ce qui nécessite la construction de près de 50 barrages et de 47 écluses en maçonnerie. Bien qu'il n'ait pas eu à son service les engins modernes de construction, il a malgré tout complété le projet en cinq étés. Il est issu d'une famille de bateliers de la Tamise. En 1797, il est admis à la Royal Military Academy, à Woolwich. En 1799, il est nommé officier et sert pendant deux ans à Plymouth avant d'être envoyé au Canada en 1802, où il travaille à la construction des premières petites écluses du fleuve Saint-Laurent et des FORTIFICATIONS de Québec.

À la fin de 1810, il retourne en Angleterre et entre brièvement au service de Wellington durant la guerre d'Espagne. Au début de 1812, il est nommé officier-ingénieur pour les Royal Gunpowder Mills. Comme on a moins besoin de munitions après la victoire de Waterloo, il est démis de ses fonctions, mais en 1826, on le rappelle pour construire le canal Rideau. En 1832, à son retour en Angleterre, malgré ses extraordinaires réalisations, il est critiqué par le Conseil du Trésor pour avoir engagé des prétendues dépenses sans autorisation. Brisé, il meurt trois ans plus tard.

R.F. Legget

Bye-boat Nom donné historiquement aux petits bateaux ouverts, pouvant transporter de cinq à dix personnes, dont on se servait pour la pêche côtière à Terre-Neuve. À partir du milieu des années 1600 jusqu'au début des années 1800, les propriétaires ou les gardiens de bye-boats jouent un rôle important dans l'industrie de la pêche à la morue à Terre-Neuve. Ils font généralement concurrence aux entreprises de pêche plus importantes, mais il arrive qu'un marchand fournisse l'équipement au pêcheur et lui achète ensuite ses prises. Tous les étés, le gardien du bye-boat, accompagné des pêcheurs à son service, se rend à sa cabane de pêche à Terre-Neuve comme passager sur un bateau de pêche. Le gardien et son équipage pêchent durant tout l'été à bord d'un ou deux bye-boats qui demeurent sur place. À l'automne, ils vendent ordinairement leurs prises traitées à un navire de pêche avant de retourner en Angleterre. On engage parfois quelques hommes pour rester à Terre-Neuve pendant l'hiver afin de surveiller les bateaux et la cabane de pêche. (*Voir aussi* PÊCHE, HISTOIRE DE LA.)

Robert D. Pitt

Bylot, île D'une superficie de 11 067 km², elle se niche dans la pointe nord-est de l'ÎLE DE BAFFIN, à l'entrée du DÉTROIT DE LANCASTER. Son littoral sud fait face à l'inlet Pond et au détroit d'Éclipse; à l'ouest, l'île est séparée de l'île de Baffin par l'étroit inlet Navy Board. Le littoral escarpé et accidenté, les glaciers et l'intérieur élevé et montagneux n'ont pas incité au peuplement. Les Inuits de l'île de Baffin s'y sont rendus de façon saisonnière, et un poste de traite a été exploité à Button Point dans l'extrémité sud-est de l'île pendant plusieurs années après 1910, mais on n'y trouve aujourd'hui aucun établissement. À l'est, l'île fait face à une partie de la BAIE DE BAFFIN, qui a été très fréquentée par les baleinières européennes au XIXᵉ siècle et au début du XXᵉ siècle. Le capitaine J.E. BERNIER l'a officiellement revendiquée comme partie du Canada en 1906. L'île a hérité son nom de Robert BYLOT, et elle constitue aujourd'hui une réserve ornithologique pour les grandes oies blanches, les guillemots de Brünnich et d'autres oiseaux de mer.

Daniel Francis

Bylot, Robert (actif vers 1610-1616), marin anglais, second de Henry HUDSON lors de l'infortuné voyage de 1611. Il est déchu de son rang juste avant l'abandon d'Hudson dans la baie James et se joint aux mutins. Il obtiendra son pardon, probablement parce qu'il réussit à ramener le navire à bon port. En 1612-1613, il se rend avec sir Thomas BUTTON à la baie d'Hudson. En 1615 et en 1616, il fait, sous les ordres du pilote William BAFFIN, deux voyages à bord du DISCOVERY vers l'Arctique de l'est. Le premier voyage permet aux deux hommes de prouver que le détroit d'Hudson n'est pas le PASSAGE DU NORD-OUEST. Au cours du second voyage, ils découvrent les détroits de Smith, de Jones et de Lancaster et atteignent une latitude de 70º 45', un record qui tiendra pendant 236 ans. Bylot était un pilote remarquable dans les glaces et un marin compétent.

Kenneth S. Coates

Byng de Vimy, Julian Hedworth George, vicomte, gouverneur général du Canada de 1921 à 1926 (Wrotham Park, Angl., 11 sept. 1862—Thorpe-le-Soken, Angl., 6 juin 1935). Aristocrate britannique et officier de cavalerie, il est nommé en mai 1916 commandant du Corps canadien qu'il dirige durant l'attaque de la CRÊTE DE VIMY en avril 1917. Il est promu commandant de la 3ᵉ armée britannique. En 1921, on consulte officiellement le gouvernement canadien pour la première fois sur le choix du gouverneur général, poste auquel Byng est un candidat important. Mais le premier ministre Arthur MEIGHEN préfère plutôt un civil. Il est finalement choisi, car il est libre et disposé à assumer le poste. En avril 1926, le premier ministre Mackenzie KING déclare que Byng est le candidat idéal. En juin, toutefois, Byng rejette la demande de King de dissoudre le Parlement, ce qui précipite l'AFFAIRE KING-BYNG. Même s'il a agi honnêtement et correctement (selon la plupart des spécialistes constitutionnels), son départ du Canada n'en est pas moins assombri. Comme dernière fonction importante, il agit à titre de commissaire principal de la London Metropolitan Police de 1928 à 1931. Son épouse Evelyn a écrit un ouvrage émouvant sur le Canada: *Up the Stream of Time* (1945). En 1925, elle fait don du TROPHÉE LADY-BYNG décerné annuellement par la Ligue nationale de hockey au joueur s'étant le plus distingué par son esprit sportif et son excellence.

O.A. Cooke et Norman Hillmer

Cabinet Le bureau politique qui formule les politiques et priorités du gouvernement en place, appelé Cabinet, a été décrit comme le trait d'union ou l'agent de liaison qui relie le pouvoir législatif et le pouvoir exécutif de l'État. Les attributions du Cabinet sont la présentation et l'adoption des projets de loi émanant du gouvernement, l'exécution et l'administration des politiques gouvernementales et les finances du gouvernement. Malgré ses pouvoirs considérables, auxquels certains observateurs font référence comme la «dictature du Cabinet», cette institution gouvernementale, dont la puissance est indéniable, n'a aucun fondement constitutionnel ou législatif précis.

Au Canada, le Cabinet exerce officiellement les fonctions du CONSEIL PRIVÉ, dont il tire son pouvoir légal de conseiller la COURONNE et d'agir en son nom. Sa capacité politique à gouverner dépend de sa capacité à obtenir et à conserver un appui majoritaire à la CHAMBRE DES COMMUNES. Le gouverneur en conseil est le GOUVERNEUR GÉNÉRAL, qui agit sur l'avis du Conseil privé (c.-à-d., en pratique, du Cabinet) par voie de DÉCRET en conseil ayant force de loi. Les Cabinets provinciaux portent le nom officiel de Conseils exécutifs et fonctionnent selon le modèle fédéral, à l'exception de certains pouvoirs de nomination.

Formé et dirigé par le PREMIER MINISTRE DU CANADA, le Cabinet comprend des parlementaires que le premier ministre invite à diriger les grands ministères. Du fait de l'accroissement des activités du gouvernement, la taille du Cabinet a augmenté. De 12 ministres à l'origine, il atteint un maximum de 40 ministres en septembre 1987 (Cabinet du premier ministre Brian MULRONEY). Depuis, la tendance aux compressions a amené une certaine diminution (le Cabinet du premier ministre Jean CHRÉTIEN comptait 25 ministres en janvier 1996). Pour le premier ministre, composer un Cabinet au Canada relève de l'art, si ce n'est du génie. Il doit tenter d'en faire un reflet de la diversité régionale, linguistique et ethnique du pays. Lorsque le parti victorieux n'obtient pas de député dans certaines régions, le premier ministre fait souvent appel à des membres du Sénat pour remplir son Cabinet.

Au Canada, l'usage voulant que tous les ministres soient membres du Cabinet a rendu celui-ci trop important pour fonctionner de façon commode. C'est pourquoi un secrétariat et un système complexe de comités ont été mis sur pied. Le travail de secrétariat du Cabinet plénier et de ses comités est principalement assuré par le BUREAU DU CONSEIL PRIVÉ. Le CONSEIL DU TRÉSOR est le seul comité du Cabinet qui soit formé par le Parlement. (Fait curieux, de hauts fonctionnaires non élus participent aux comités du Cabinet au Canada. Cependant, ils ne sont pas admis aux réunions du Cabinet proprement dit.)

Ces dernières années, diverses tentatives ont été faites pour résoudre le problème de fonctionnement d'un Cabinet trop gros. Le premier ministre TRUDEAU s'est appuyé sur un certain nombre de comités de coordination, dirigés par un comité des politiques et des priorités qu'il présidait, tandis que ses successeurs conservateurs ont préféré un «Cabinet principal», qui exerçait les mêmes fonctions d'établissement des priorités et des limites de dépenses du gouvernement. Le Cabinet du premier ministre Chrétien est beaucoup plus petit. Toutefois, conformément au modèle britannique, un certain nombre de ministres de second rang, appelés secrétaires d'État, viennent s'ajouter maintenant aux membres du Cabinet pour compléter le Conseil des ministres.

Tous les membres du Cabinet sont liés à vie au serment de discrétion du Conseil privé, serment qui assure la confidentialité des délibérations et protège l'organisation du Cabinet. Les opinions qu'exprime publiquement un ministre sont celles du Cabinet. Les ministres ne peuvent exprimer publiquement leur désaccord qu'après leur démission du Cabinet, sans toutefois révéler le contenu des discussions ou des documents ministériels. La LOI SUR LES SECRETS OFFICIELS, qui défend à tout Canadien, en particulier aux fonctionnaires, aux critiques de l'opposition et aux journalistes, de posséder, de distribuer ou de divulguer de l'information jugée préjudiciable à l'État, est également invoquée pour protéger les membres du Cabinet qui, dans une situation embarrassante, choisissent de se décrire comme des conseillers privés de la Couronne plutôt que comme des ministres responsables devant la Chambre des communes.

On justifie le secret qui entoure les travaux du Cabinet en invoquant la nécessité de maintenir la solidarité ministérielle, sans laquelle le Cabinet pourrait perdre son autorité sur le corps législatif, donc son droit de gouverner. Le Cabinet compte aussi sur son emprise sur le parti pour rester maître du corps législatif. Le gouvernement parlementaire est un gouvernement de parti et les premiers ministres ont des pouvoirs législatifs (nomination des ministres, des secrétaires parlementaires et des présidents des comités législatifs) qui leur permettent de récompenser qui ils veulent, ce qui leur assure la loyauté du parti. De fait, l'emprise que le Cabinet exerce sur le corps législatif au moyen de la discipline de parti a provoqué des récriminations contre ses pouvoirs.

Si le corps législatif semble perdre son pouvoir traditionnel de renverser le gouvernement, et donc le Cabinet, par un vote de censure, c'est surtout parce que le Cabinet a le pouvoir, grâce à la majorité parlementaire de son parti, d'empêcher de tels votes ou, au moins, d'en refuser les implications ou conséquences. Cette diminution de la capacité du corps législatif à obliger le pouvoir exécutif à rendre des comptes a affaibli l'efficacité disciplinaire de la doctrine de la responsabilité collective des ministres devant le corps législatif, doctrine sur laquelle repose le concept de GOUVERNEMENT RESPONSABLE.

Le déséquilibre entre le corps législatif et le Cabinet est accentué par le fait que le Cabinet dans son ensemble ou les ministres individuellement utilisent de plus en plus le pouvoir discrétionnaire que leur a conféré le corps législatif de légiférer par décrets en conseil ou par arrêtés ministériels. Cette évolution, ajoutée au rôle traditionnel du Cabinet de présenter et de faire adopter le budget (voir PROCESSUS BUDGÉTAIRE) ainsi que de préparer et de déposer tous les principaux projets de loi, contribue à renforcer la croyance selon laquelle le Parlement serait en déclin. De nombreuses réformes ont été proposées pour accroître la capacité du corps législatif à examiner en profondeur les activités projetées par le Cabinet.

L'infrastructure bureaucratique dont les ministres sont censés répondre devant la Chambre des communes est tellement énorme que le Cabinet ne croit plus à la doctrine de la responsabilité ministérielle, qu'il juge déraisonnable. En conséquence, au problème de la dictature du Cabinet s'ajoute un problème encore plus grand, celui de la domination du Cabinet et du corps législatif par des fonctionnaires non élus.

Toute réforme visant à obliger le Cabinet à rendre des comptes devra s'attaquer également à ce problème connexe.

En plus des réformes des comités (voir COMITÉS PARLEMENTAIRES) de la Chambre des communes, qui amélioreront peut-être la capacité de surveillance de la Chambre, des mesures récentes sur l'accès à l'information (voir INFORMATION, LIBERTÉ DE L') modifieront peut-être le déséquilibre existant entre le Cabinet et le corps législatif. Afin de mieux protéger les droits du citoyen, compromis par l'exercice de pouvoirs exécutifs discrétionnaires, la plupart des provinces ont opté pour la création d'un bureau de l'OMBUDSMAN ou d'un commissaire parlementaire. S'il est peu probable que quelque solution que ce soit puisse maintenant arrêter le courant qui favorise si fortement le pouvoir exécutif, le principe d'un gouvernement par Cabinet responsable ne pourra survivre au Canada sans la prise de telles mesures.

J.E. Hodgetts

Cable, Howard (Reid), chef d'orchestre, arrangeur et compositeur (Toronto, 15 déc. 1920). Cable étudie au Toronto Conservatory of Music, aujourd'hui le Royal Conservatory of Music, avec, entre autres, sir Ernest MACMILLAN, Adair Mazzoleni et Healey WILLAN. Il obtient son diplôme en 1939 et poursuit ses études de composition avec John WEINZWEIG. Il débute à la radio comme scénariste en 1936, à la station CFRB de Toronto, et, en 1941, il remplace Percy Faith à la radio de la SRC. Ses fonctions comprennent aussi la composition de musique pour des dramatiques à la radio. Il est également arrangeur et chef d'orchestre pour des émissions de radio de la SRC, telles que *Music by Cable*, *Canadian Cavalcade*, *Jolly Miller Time* et *The Canadian General Electric Hour*. Dans les années 50, l'émission *Cable Concert Band Series* est diffusée aux États-Unis sur les réseaux de radio Mutual et ABC. À la télévision, il est directeur musical et arrangeur pour *Showtime*, une émission de variétés populaire (1954-1959).

Cable est l'un des musiciens les plus polyvalents du Canada. Tout en travaillant à la radio et à la télévision, il connaît une carrière de chef d'orchestre, d'arrangeur et de compositeur pour la scène, ainsi que pour des instrumentistes, des chœurs et des chanteurs.

Dans les années 60, il travaille à New York comme chef d'orchestre de studio et, sur Broadway, il fait des arrangements pour Richard Rogers et Meredith Willson. Il est aussi chef d'orchestre pour Robert GOULET, Victor Borge, Danny Kaye, Bob Hope, Marlene Dietrich, Peggy Lee, Tony Bennett et Ella Fitzgerald. Il est chef de production des spectacles présentés sur le site d'Expo 67 à Montréal, chef du département de théâtre musical au BANFF CENTRE (1975-1986) et directeur musical de l'hôtel Royal York à Toronto (1974-1986).

Dans les années 80, Cable donne de l'ampleur à sa carrière en se produisant souvent comme chef invité de divers orchestres symphoniques au Canada, notamment à Vancouver, à Edmonton, à Winnipeg, à Kitchener-Waterloo, à Halifax et ailleurs au pays. Reconnu comme arrangeur, il est choisi par la CANADIAN BRASS, les Elmer Iseler Singers, la TORONTO MENDELSSOHN CHOIR, le Toronto Children's Chorus et l'Empire Brass.

Ses compositions incluent de la musique de scène pour la radio et la télévision de la SRC, de la musique de film pour l'Office national du film (1946-1956) et de nombreuses œuvres originales pour grand orchestre, petit orchestre, chœur et ensemble de cuivres. Il s'inspire souvent de la musique folklorique canadienne, notamment dans *Newfoundland Rhapsody* (1956, Chappell), dans *Sing, Sea to Sea* (1979, Thompson, enregistré par le Toronto Children's Chorus sous étiquette Centrediscs), et dans *Ontario Pictures* (1991, Northdale). Sa comédie musicale *Mary, Queen of Scotts*, sur un livret de Christopher Gore, est montée au Festival de

Charlottetown en 1971 et 1972. Il écrit un oratorio pour enfants, *Your Work with Love Surrounds You* (livret de Peggy Feltmate, 1973, Boston Music).

Cable est membre de la Société canadienne des auteurs, compositeurs et éditeurs de musique (SOCAN), dont il a été le président, et est compositeur agréé du CENTRE DE MUSIQUE CANADIENNE. Il vit à Toronto avec Gwyneth Jones, son épouse depuis 10 ans.

Rick MacMillan

Câblodistribution La télévision par câble, qui est un mode de transmission de l'information à partir de la maison et vers la maison, a révolutionné plusieurs aspects des COMMUNICATIONS canadiennes. Bien qu'elle existe depuis 1952 au Canada et qu'elle soit techniquement simple, la télévision par câble contribue à transformer la diffusion et la production d'émissions au Canada au cours des années 90. Elle a également des implications de grande portée sur d'autres aspects des communications.

Les débuts

Pendant la première décennie de son existence, la télévision par câble n'est qu'un ajout secondaire au système de télédiffusion sans fil. Le câble est d'abord un phénomène rural concentré dans les petites communautés qui ne disposent pas d'un service local de télévision. Au début, les systèmes CATV (télévision par antenne collective) se composent d'une «extrémité principale» ou d'une antenne réseau placée au sommet d'une colline ou d'un édifice élevé, qui capte les signaux éloignés provenant généralement des États-Unis, et d'un réseau de câbles coaxiaux qui transmettent ces signaux aux foyers. Des amplificateurs renforcent périodiquement les signaux en cours de route. Même dans le milieu des années 60, cette industrie reste marginale. En 1964, 215 000 ménages (4 p. 100 des ménages canadiens) sont abonnés à la télévision par câble.

L'industrie connaît une croissance rapide entre 1965 et 1975 environ. Soixante pour cent des ménages canadiens sont alors abonnés au câble, et des réseaux sont établis dans tous les grands centres. Deux facteurs peuvent expliquer la popularité initiale du câble dans les agglomérations urbaines: la prolifération d'édifices élevés qui gênent la réception sans fil et l'utilisation d'hyperfréquences pour importer des signaux américains éloignés.

En 1994, 7,8 millions de ménages sont abonnés au câble, soit 78,4 p. 100 des foyers auxquels le câble est accessible et 75,4 p. 100 de tous les ménages canadiens. Alors que 507 sociétés commerciales sont enregistrées par Statistique Canada cette année-là, trois sociétés à plusieurs réseaux (ROGERS COMMUNICATIONS INC., Vidéotron et Shaw) totalisent plus de 59 p. 100 des abonnements au câble (*voir* MÉDIAS, PROPRIÉTÉ DES). En 1994, l'industrie de la câblodistribution affiche des revenus de 2,3 milliards de dollars, en hausse de 8,3 p. 100 par rapport à 1993. En 1994, l'industrie verse 52,7 millions de dollars en droits d'auteur.

Développements récents

Depuis le milieu des années 70, les compagnies de câblodistribution cherchent de nouvelles manières d'augmenter leurs revenus. Les réseaux les plus importants offrent 50 chaînes ou plus au lieu de 12, avec l'objectif de proposer des services de programmation additionnels, tels que la TÉLÉVISION PAYANTE et des chaînes spécialisées, moyennant un coût supplémentaire. On introduit aussi la capacité bidirectionnelle (interactive) pour faciliter les services autres que la diffusion d'émissions, tels que l'alerte médicale, l'avertisseur d'effraction, le relevé de compteurs et, éventuellement, la banque électronique, toujours moyennant des frais additionnels. Finalement, les réseaux jusqu'alors isolés sont connectés par satellite. De cette façon, la télévision par câble peut se transformer en un réseau national de données de TÉLÉCOMMUNICATIONS.

Ces développements se sont produits dans la controverse et les affrontements. Un des obstacles importants aux premiers développements du câble est l'ensemble des restrictions que lui imposait l'industrie de la téléphonie. L'industrie de la câblodistribution a toujours été dépendante des compagnies de téléphone pour l'accès aux poteaux, aux tuyaux, les servitudes et droits de passage. Sans l'accès à ces aménagements, peu de réseaux de câblodistribution auraient été bâtis. Toutefois, l'accès n'était permis qu'à des conditions extrêmement restrictives conçues pour limiter les offres de service et neutraliser la menace de concurrence potentielle du câble. Dans les territoires de Bell Canada (*voir* ENTREPRISES BELL CANADA INC.) en Ontario et au Québec, ces restrictions ne disparaissent qu'en 1977 par une décision du CONSEIL DE LA RADIODIFFUSION ET DES TELECOMMUNICATIONS CANADIENNES (décision CRTC 77-6), qui ordonne qu'on permette aux compagnies de câblodistribution de posséder leur propre câble, que les frais d'accès imposés par Bell soient raisonnables et qu'aucune restriction sur les services ne soit imposée (*voir* TÉLÉPHONE).

Un deuxième obstacle important qui ralentissait la progression de la câblodistribution au cours des années précédentes est une réglementation politique conçue pour protéger les revenus des télédiffuseurs sans fil. Jusqu'à la fin des années 70, le CRTC est très préoccupé d'empêcher le câble de fragmenter la clientèle des diffuseurs et de réduire ainsi les revenus de la PUBLICITÉ au détriment des buts culturels fixés aux diffuseurs canadiens. Toutefois, au début des années 80, on adopte une nouvelle position concernant la câblodistribution. En 1982, le CRTC accorde des permis à plusieurs services de télévision payante par satellite et diffusée par câble, et, en 1984, il accorde de la même façon des permis à plusieurs chaînes spécialisées (vidéoclips, sports, nouvelles, etc.). En effet, 30 chaînes payantes et spécialisées obtiennent des permis au cours de cette décennie.

La télévision par câble est également au centre de continuels conflits de compétences fédérales et provinciales, surtout dans les années 70. C'est particulièrement le cas du gouvernement du Québec qui revendique à ce moment-là l'autorité d'accorder des permis à toutes les compagnies de câblodistribution de la province. Par conséquent, les compagnies doivent demander des permis au fédéral et au provincial pendant un certain temps.

Les gouvernements des Prairies revendiquent aussi la compétence provinciale, considérant le câble comme un moyen de télécommunication analogue à celui des compagnies de téléphone de propriété provinciale et même comme un concurrent potentiel de ces compagnies. Toutefois, la Cour suprême confirme en 1977 la compétence exclusive de l'État fédéral en matière de câblodistribution.

Possibilités d'avenir

Il est évident que la télévision par câble transforme la radiodiffusion canadienne. Avant le câble, le nombre d'entités autorisées à diffuser des émissions de radio et de télévision dans n'importe quelle localité était limité par la rareté des bandes de diffusion et par la nécessité technique de répartir géographiquement les fréquences radio. Toutefois, la télévision par câble, en utilisant des câbles à la place de la transmission aérienne, augmente sérieusement le nombre de services de programmation en concurrence. Alors que le gouvernement avait comme politique traditionnelle d'utiliser la radiodiffusion à des fins de promotion de l'unité nationale et de sauvegarde de la culture canadienne, ces objectifs, toujours évasifs, deviennent même plus problématiques alors que les forces croissantes du marché réduisent la capacité de l'État de légiférer dans ce domaine ou de gérer son fonctionnement (*voir* RADIODIFFU-

SION ET TÉLÉDIFFUSION, RADIO ET TÉLÉVISION).

En raison de l'abondance des chaînes offertes sur le câble et parce que la réception par satellite couvre une vaste zone, une réorientation se dessine dans la diffusion de la programmation. Au lieu de cibler géographiquement des publics spécifiques, les programmeurs et les annonceurs publicitaires ciblent de plus en plus précisément certaines clientèles types identifiables (p. ex., les jeunes, les aînés, les femmes, les Noirs, les professionnels, les fans de musique country). La télévision par câble, combinée avec les satellites, réduit alors l'utilisation de la télévision comme instrument de la souveraineté culturelle et politique du Canada.

La télévision par câble est aussi un facteur révolutionnaire dans les télécommunications canadiennes. Jusqu'ici, les réseaux de câblodistribution et de téléphonie étaient distincts autant sur le plan technologique que pour les services offerts. Bien que les deux industries transmettent par fil la communication dans les foyers sur une base de monopole, le câble était unidirectionnel pendant nombre d'années, alors que les réseaux téléphoniques étaient bidirectionnels. De plus, les téléphones possédaient la pleine capacité de commutation et offraient des services de porte en porte, alors que le câble n'avait pas de commutateur et n'offrait donc de service que d'un point central vers les foyers. Par ailleurs, les compagnies de téléphone étaient interconnectées par hyperfréquences à la grandeur du pays, alors que les réseaux de câblodistribution étaient des entités locales et isolées. Finalement, les téléphones étaient optimisés à leur point d'aboutissement pour une seule voie téléphonique, alors que les réseaux de câblodistribution faisaient appel à des largeurs de bande atteignant plusieurs centaines de milliers de voies téléphoniques (50 chaînes de télévision).

Toutefois, de nos jours, les réseaux de téléphone et de câblodistribution convergent techniquement: par conséquent, leurs services se chevaucheront de plus en plus aussi. Les compagnies de téléphone et de câblodistribution ont introduit la fibre optique (largeur de bande de 10 KHz), qui donne une capacité énorme aux deux réseaux. Les réseaux modernes de câblodistribution sont bidirectionnels et certains expérimentent des services et des techniques substituables. En fait, les réseaux de câblodistribution planifient pour un proche avenir leur pénétration dans le marché local et substituable de la transmission de la voix, en concurrence avec les compagnies téléphoniques, de la même manière que celles-ci prévoient entrer dans le domaine traditionnel des services de télévision par câble. Les réseaux de câblodistribution sont maintenant interconnectés sur le plan national, un autre progrès qui fait ressortir leur convergence technologique.

Vu que le câble transforme la radiodiffusion et converge avec les télécommunications, il provoque aussi la convergence de la radiodiffusion avec les télécommunications. De cette façon, le câble met les politiques sous forte pression puisque les lois, les objectifs et les règlements dans ces zones jusqu'ici séparées sont traditionnellement différents. La politique de radiodiffusion insistait traditionnellement d'abord sur les messages et leurs impacts culturels, relayant au deuxième rang les questions techniques et économiques comme les tarifs, les profits, les taux de dépréciation et les techniques innovatrices pour relayer les messages. Les permis de diffusion étaient répartis en fonction de la contribution prévue aux objectifs culturels, politiques et sociaux canadiens. Par contraste, en télécommunications, les règlements portaient presque exclusivement sur les facteurs économiques en essayant de garantir un accès juste et raisonnable aux expéditeurs et aux receveurs de messages, et ignoraient largement la nature des messages ou leur impact culturel.

Il est évident que la convergence de la radiodiffusion et des télécommunications compromet sérieusement le maintien de telles politiques dichotomiques. Des questions fondamentales de politique sont ainsi mises en jeu. Le câble devrait-il être encore régi par des intérêts de radiodiffusion traditionnels, par la délivrance de permis aux auteurs de messages en fonction de leur contribution à la culture? Devrait-on traiter le câble comme un réseau de communications courant, avec des règles de tarification et de profit pour garantir l'égalité d'accès de tous les expéditeurs et de tous les receveurs de messages? Les compagnies de câblodistribution devraient-elles continuer à payer des droits d'auteur aux radiodiffuseurs ou des frais de rediffusion pour les signaux éloignés? Les concepteurs des émissions devraient-ils payer des droits d'accès aux compagnies de câblodistribution pour la diffusion par l'intermédiaire de leurs installations de câblodistribution? Les compagnies de câblodistribution devraient-elles avoir la permission de sélectionner n'importe quelle programmation ou de s'intégrer verticalement dans la production d'émissions (comme les télédiffuseurs l'ont déjà fait et comme on le fait de plus en plus avec la télévision par câble)? Les compagnie de câblodistribution devraient-elles être écartées de l'exercice de tout contrôle, quels que soient les messages qu'elles diffusent (le principe du réseau de communications commun)? Ce sont là certaines des questions difficiles auxquelles font face les décideurs dans les années 90. (COMMUNICATIONS, TECHNOLOGIE DES.)

Robert E. Babe

Cabot, détroit de Appelé détroit de Cabot, le passage situé entre la partie sud-ouest de Terre-Neuve et de l'ÎLE DU CAP-BRETON tient son nom de l'explorateur Jean CABOT. Le détroit atteint 110 km de largeur entre Cape Ray, à Terre-Neuve, et Cape North, en Nouvelle-Écosse. Il s'agit de la principale route océanique menant au GOLFE DU SAINT-LAURENT et même à la presque totalité de l'Est du Canada. Il revêt d'ailleurs une importance stratégique dans l'histoire militaire et commerciale du pays. Bien que des amas de glace en provenance du golfe l'encombrent parfois, après 1898, les bateaux à vapeur relient la voie ferrée terre-neuvienne au système ferroviaire canadien à partir des ports de CHANNEL-PORT AUX BASQUES et de SYDNEY (plus tard North Sydney). Les traversiers de Marine Atlantique S.C.C. font désormais la navette entre les deux provinces et transportent annuellement plus de 300 000 personnes sur le détroit. Un câble télégraphique sous-marin est installé dans le détroit de Cabot en 1856, pour, ultérieurement, joindre l'Amérique du Nord à l'Europe grâce au câble transatlantique (1866).

Robert D. Pitt

Cabot, John, navigateur anglo-italien, explorateur (peut-être à Gênes, Italie, 1449-1450—probablement près de la côte de Terre-Neuve, 1498-1499). Ses voyages de découverte à partir de Bristol, en Angleterre, (1497-1498) sont les premiers débarquements enregistrés sur le continent nord-américain depuis les expéditions vikings. Il conçoit l'idée que l'on peut atteindre l'Asie en naviguant vers l'ouest dans l'océan l'Atlantique. En 1496, Henry VII l'autorise, lui et ses trois fils, à découvrir, à leurs propres frais, les terres inconnues qui se trouvent à l'ouest. Il quitte Bristol le 2 mai 1497 en compagnie de 18 hommes.

Le 24 juin 1497, il débarque quelque part sur la côte nord-américaine – le véritable lieu de débarquement est probablement soit CAP BONAVISTA, à Terre-Neuve, soit l'ÎLE DU CAP-BRETON. Il revendique les terres au nom de l'Angleterre et retourne à Bristol où il arrive en août. Au début de l'année 1498, Henry VII autorise une seconde expédition composée de cinq navires et de 300 hommes. Après un débarquement au Groenland, Cabot navigue vers le sud, probablement aussi loin que la baie Chesapeake, mais ne réussit pas à trouver les terres fertiles auxquelles il s'attendait. Comme les

approvisionnements commencent à baisser, il retourne en Angleterre.

Il semblerait que Cabot ait succombé durant ce voyage, bien qu'au moins un de ses navires ait pu retourner à Bristol. La plupart des historiens soutiennent qu'il est mort près de la côte terre-neuvienne. Puisque sa découverte d'un nouveau continent est un fait qui s'est vite répandu en Europe, il a fait ce qu'on appelle «la découverte intellectuelle de l'Amérique». Ses voyages sont les bases sur lesquelles reposeront les revendications de l'Angleterre sur les terres de l'Amérique du Nord et mèneront à l'ouverture des eaux poissonneuses du nord-ouest de l'Atlantique.

John Parsons

Cactus Les cactus sont des PLANTES succulentes de la famille des cactacées, qui se compose de près de 1600 espèces regroupées en 104 genres. Ils présentent une diversité exceptionnelle au niveau de la forme, des épines, du port, de la taille et de la couleur des fleurs. Ils composent le groupe de plantes grasses le plus apprécié des amateurs de plantes.

Description Ces plantes se distinguent des autres plantes par un caractère anatomique particulier, l'aréole, une structure feutrée ayant l'aspect d'un coussin dont émergent les poils, les épines, les branches et les fleurs. Il existe des cactus de formes diverses, allant des sphères minuscules de quelques millimètres de diamètre (p. ex., le *Copiapoa laui* du Chili) à des arbres énormes, mesurant plus de 20 m et pesant plus de 25 t (p. ex., le *Pachycereus weberi* du sud du Mexique). Les formes de la tige sont variées: sphérique, cylindrique, rampante, aplatie, de structure matelassée ou feuilletée (p. ex. le cactus de noël et le *Schlumbergera truncata*).

Les épines du cactus sont des feuilles modifiées, et la majorité des espèces en possèdent. La diversité des épines du cactus est réellement étonnante: elles peuvent être soyeuses comme des cheveux, en forme de dents de peigne, larges et en forme de crochet, ou longues et à pointes effilées (atteignant 15 cm de long). Les épines ont bien d'autres fonctions que celle de tenir à distance les animaux affamés ou assoiffés. Elles jouent notamment le rôle de points de condensation de l'humidité de l'air, font de l'ombrage à la plante en la protégeant surtout du rayonnement ultraviolet, forment un site protégé autour de la base pour l'enracinement des jeunes plants et fonctionnent comme un écran thermique.

Évolution Il n'existe aucun cactus fossile primitif connu (les fragments les plus anciens remontent à seulement 22 000 ans). Ainsi, toutes les hypothèses sur leur évolution doivent être déduites à partir de l'étude de l'anatomie, de la distribution, de la chimie et de la génétique des espèces vivantes. Il est généralement admis que les cactus descendent d'un ancêtre commun qui ressemble un peu à des espèces de cactus contemporains appartenant au genre *Pereskia*, dont la majorité sont de petits arbustes très ramifiés ou des arbres à troncs ligneux non succulents et à grandes feuilles minces, caduques et résistantes à la sécheresse.

La transition vers les cactus contemporains a entraîné une diminution de la taille des feuilles, une augmentation du tissu qui emmagasine de l'eau dans les tiges, le transfert du site de la photosynthèse et des stomates (minuscules pores à la surface des feuilles ou des tiges) des feuilles vers les tiges succulentes. Le rapport entre la surface et le volume des tiges chez les cactus est faible, réduisant ainsi la perte d'eau. De nombreuses autres caractéristiques du cactus permettent de réduire la perte d'eau. P. ex., les tissus des tiges comportent souvent de grandes quantités de mucilage qui emmagasine l'eau, les tiges sont recouvertes par une couche cireuse épaisse présentant un aspect vernis et les stomates sont enfoncés.

Photosynthèse En plus des changements de forme et d'anatomie qui leur permettent de s'adapter à la sécheresse, la majorité des cactus ont un processus

de photosynthèse différent de celui des autres plantes. La plupart des plantes à feuilles (y compris les *Pereskias* qui portent des feuilles) ouvrent leurs stomates durant le jour pour absorber le gaz carbonique et libérer de l'oxygène. Les cactus ouvrent leurs stomates pendant la nuit, quand il fait plus frais et que le taux de perte d'eau est moindre. Le gaz carbonique nécessaire à la fabrication des sucres est accumulé dans les acides organiques de la plante pendant la nuit et transformé en sucre à la lumière du jour. Ce type de photosynthèse s'appelle le métabolisme acide des crassulacées (CAM).

Adaptation à la température Comme leurs stomates sont fermés durant le jour, les cactus ne peuvent utiliser le phénomène d'évaporation pour se rafraîchir. La charge thermique étant donc un problème important, les formes particulières, les épines et les couleurs qu'on trouve chez les cactus jouent un rôle dans la réflexion de la lumière ou le rayonnement de la chaleur dégagée de la plante pour diminuer la charge thermique qui pourrait provoquer des températures létales. En fait, quelques espèces font de la croissance souterraine afin de diminuer la perte d'eau et prévenir la surchauffe.

La majorité des espèces de cactus ne supportent pas le gel, mais un petit nombre (peut-être de 10 à 20 p. 100) se trouvent dans des régions qui connaissent des températures en dessous du point de congélation, normalement dans des conditions de faible humidité. Ces espèces possèdent différents seuils de tolérance au gel, mais on ne comprend pas encore complètement comment cela se produit.

La perte d'eau par les tiges avant le début de l'exposition au gel est apparemment universelle parmi les espèces qui supportent le gel, et il se produit aussi des changements au niveau de la physiologie cellulaire. P. ex., les taux d'acide abscisique et de concentration de sucre augmentent pendant l'acclimatation à de basses températures, mais leur rôle exact dans le processus n'est pas encore clair.

Fleurs Tous les cactus fleurissent, certains plus tôt dans leur développement que d'autres. Certaines espèces atteignent leur taille de floraison deux ans après les semis, alors que d'autres, surtout les grandes espèces arbustives, peuvent demander des décennies pour atteindre leur taille de floraison. On trouve des fleurs de cactus de différentes formes, couleurs et tailles. Chaque sorte de fleur attire divers pollinisateurs tels que des chauves-souris, des papillons de nuit, des ABEILLES, des COLÉOPTÈRES et des oiseaux-mouches. Il n'existe pas d'espèces toxiques, bien que plusieurs contiennent des agents chimiques désagréables qui, pense-t-on, diminuent la prédation par les animaux, les insectes et peut-être les microbes.

Distribution et habitat L'aire de distribution de la famille des cactus se trouve essentiellement dans le Nouveau Monde, allant des basses terres de la rivière de la Paix, dans le nord de la Colombie-Britannique (*Opuntia fragilis*) à la Patagonie, dans le sud de l'Argentine et du Chili (*Maihuenia poeppigii*). Les seuls cactus qu'on trouve naturellement en dehors des Amériques sont trois sous-espèces de *Rhipsalis baccifera* qui poussent dans certaines régions d'Afrique, dans des îles au large de la côte sud-est de l'Afrique et au Sri Lanka.

Les cactus se sont adaptés à de nombreux habitats différents, à divers degrés de sécheresse, de chaleur et de froid. Certaines espèces ont adopté un mode d'existence arboricole, comme les espèces d'*Epiphyllum* vivant comme épiphytes sur les arbres des forêts tropicales, pendant que d'autres survivent surtout grâce au brouillard marin comme source d'eau (beaucoup de cactus du désert d'Atacama, au Chili, p. ex.).

Au Canada, quatre espèces de cactus sont indigènes: l'*Escobaria vivipara*, l'*Opuntia fragilis*, l'*O. polyacantha* et l'*O. humifosa*. Toutes ces espèces croissent à la limite septentrionale de leur aire de distribution.

L'*Escobaria vivipara*, la mamillaire vivipare, est de petite taille, mesure de 2 à 5 cm de long et atteint parfois 8 cm de diamètre. À l'origine un cactus globuleux ou cylindrique, il se développe avec l'âge en grands monticules de 30 à 60 cm de diamètre composés de 20 tiges ou plus. Les plantes sont densément couvertes de couronnes de 14 à 24 épines qui atteignent 1,9 cm de long. Les fleurs apparaissent en juin, sont de couleur rose pourpre foncé et ont près de 4 cm de diamètre. On les trouve dans les prairies du sud de l'Alberta et de la Saskatchewan, et dans le sud-ouest du Manitoba.

Toutes les espèces d'*Opuntia* comportent deux types d'épines: de fines épines persistantes, acérées et de petits aiguillons barbelés, décidus. Les fleurs sont jaunes, ont de 4 à 5 cm de diamètre et apparaissent en mai et en juin.

L'*Opuntia fragilis* ou raquette fragile est l'une des espèces de cactus les plus nordiques, poussant jusqu'à une latitude de 56º N. près de Fort St. John, en Colombie-Britannique. Cette plante basse forme des tapis qui atteignent 1 m de largeur, est composée de segments de tiges soudées dont la forme varie (sphérique, ovoïde, cylindrique ou distinctement aplatie). Les segments ont une longueur variable de 2 à 5 cm et une largeur de 1 à 5 cm, se séparent facilement et sont généralement armés de solides épines barbelées qui atteignent 4 cm de long. Toutefois, il existe aussi des formes sans épines.

La raquette fragile est largement distribuée au Canada, de la Colombie-Britannique vers l'est jusqu'au PARC PROVINCIAL WHITESHELL, au Manitoba, et jusqu'à quelques endroits dans le nord-ouest de l'Ontario. On la trouve aussi à un endroit situé dans l'est de l'Ontario, à Mellon Creek, à 150 km au sud-ouest d'Ottawa. À l'intérieur de la Colombie-Britannique, l'aire de distribution normale couvre les vallées de la Similkameen, de l'Okanagan et de la rivière Nicola, s'étendant vers le sud jusqu'à Lytton et au nord jusqu'à Kamloops, Clinton et aux BASSES-TERRES DE LA RIVIÈRE DE LA PAIX. Cette espèce se trouve aussi sur plusieurs îles du détroit de Georgia et dans quelques localités du sud de l'île de Vancouver.

L'*Opuntia polyacantha*, ou raquette à plusieurs aiguilles, possède plus de joints de forme matelassée vert bleuté, plus grands (de 5 à 10 cm de long, de 4 à 10 cm de largeur, de 1 cm d'épaisseur) que l'*Opuntia fragilis*. Les épines sont de longueur variable, atteignant jusqu'à 5,5 cm de long. Parfois, il y en a moins et elles sont plus courtes sur les parties plus basses. Les fleurs sont jaune luisant et mesurent de 4,5 à 8 cm de diamètre. Cette espèce est commune dans le sud de l'Alberta et de la Saskatchewan. On a aussi observé une petite population atypique (qui peut constituer un hybride) dans la région avoisinante d'Ashcroft, en Colombie-Britannique.

L'*Opuntia humifosa* est une plante basse à port étalé qui atteint 1 m de diamètre et se compose de grands joints vert foncé, arrondis ou largement aplatis en forme d'ellipse (de 5 à 12 cm de long, de 4 à 7,5 cm de large, de 1 cm d'épaisseur) avec quelques épines en aiguille de 2 à 3 cm de long. Les fleurs jaune luisant, de 4 à 6 cm de diamètre, peu nombreuses, apparaissent au bord des coussinets matures en juin.

Cette espèce se limite à quatre endroits dans le sud de l'Ontario (entres autres AU PARC NATIONAL DE LA POINTE-PELÉE). En Ontario, toutes les populations se trouvent dans des lieux où le climat est adouci par les Grands Lacs (dans un rayon de 25 km du lac Érié). Cette espèce croît en association avec les landes arides ou les savanes de GENÉVRIERS sur les dunes de sable ou les bordures de plages soulevées.

Un rapport de 1984 fait par le COMITÉ SUR LE STATUT DES ESPÈCES MENACÉES DE DISPARITION AU CANADA (CSEMDC) note que des processus naturels ou non menacent cette espèce de disparition et recommande une gestion active et des efforts de protection pour qu'elle puisse survivre au Canada. En 1985, le CSEMDC déclare officiellement que le cactus est une PLANTE EN VOIE DE DISPARITION.

Michael W. Hawkes

Cadet, Joseph-Michel, boucher, fournisseur de l'armée (Québec, 24 déc. 1719—Paris, France, 31 janv. 1781). Descendant de bouchers, Cadet travaille d'abord pour son oncle, un boucher de Québec. Il devient ensuite le pourvoyeur en viande de la Couronne en 1745. Deux guerres et l'accroissement des garnisons lui permettent d'élargir son commerce. En 1749, on lui attribue le monopole de la vente au détail de bœuf à Québec et, en 1756, il devient fournisseur de l'armée au Canada. Cadet doit son succès à son sens aigu des affaires et à sa capacité de prendre des risques. L'expansion de son commerce lui permet d'acheter et d'affréter des navires afin d'approvisionner la colonie jusqu'en 1759.

En 1760, il se rend en France où lui et d'autres personnes sont arrêtés et accusés d'avoir détourné des fonds du gouvernement. Après avoir payé la somme de près de quatre millions de livres en guise de «restitution», il devient un gentilhomme campagnard en France. Selon certains, il a été l'un des plus grands profiteurs sous l'intendant François BIGOT, tandis que d'autres croient qu'il a été l'un des boucs émissaires qui ont expié la perte de la Nouvelle-France.

Peter N. Moogk

Cadets En temps de guerre ou de menace de guerre, l'intérêt public s'enthousiasme pour la formation militaire de la jeunesse canadienne; toutefois, en temps de paix, cet enthousiasme s'évanouit. Depuis plus d'un siècle, ce sont les FORCES ARMÉES qui préparent les jeunes hommes (et, depuis peu, les jeunes femmes) aux carrières militaires professionnelles, principalement par l'entremise des COLLÈGES MILITAIRES. Ce sont surtout les Organisations des cadets du Canada qui dispensent la formation, moins poussée et moins spécialisée, aux jeunes de niveau secondaire.

En vertu de la *Loi sur la défense nationale*, le ministère de la Défense nationale, en coopération avec la LIGUE NAVALE, la Ligue des Cadets de l'Armée et la Ligue des cadets de l'air, dirige et soutient un mouvement destiné aux jeunes des deux sexes, âgés de 12 à 19 ans. En 1987, on comptait 59 700 cadets, répartis dans 1084 corps à travers le Canada. La formation est dispensée au quartier général du corps au cours de l'année scolaire et dans plus de 30 camps d'été soutenus financièrement par le ministère de la Défense nationale. Tous les étés, environ 22 600 cadets suivent le programme d'instruction des cadets et, chaque année, 200 d'entre eux participent à des programmes d'échange avec la Grande-Bretagne, les États-Unis et divers autres pays européens.

N.F. Dreisziger et Peter Phelan

Cadieux, Geneviève, artiste (Montréal, 17 juil. 1955). Son œuvre consiste essentiellement en photographies de grandes dimensions, en sculptures et montages. Cadieux s'intéresse au corps comme lieu de contact entre les domaines privé et public. Les membres de sa famille lui servent souvent de modèles dans ses œuvres photographiques. Perception, identité, empathie et souffrance humaine sont quelques-unes des questions existentielles qu'elle aborde sous le mode abstrait aussi bien que figuratif.

Cadieux représente le Canada lors de trois importantes biennales internationales: Venise (1990), où elle crée pour le Pavillon canadien une installation riche et originale; Sydney (1988, 1990); et Sao Paulo (1987). Depuis 1985, elle est invitée à participer à des expositions collectives majeures et ses œuvres font l'objet de nombreuses expositions solo au Canada et à l'étranger. Ses expositions les plus importantes ont lieu au Musée départemental d'art contemporain de Rochechouart, en France, au Musée van Hedendaagse Kunst, à Anvers (Belgique), au MUSÉE D'ART CONTEMPORAIN DE MON-TRÉAL, à la Tate Gallery, à Londres, et au Pittsburgh Center for the Arts. Boursière du programme DAAD à Berlin, en 1993, elle est professeure invitée à l'École nationale supérieure des beaux-arts à Paris (1994) et à l'École nationale des beaux-arts à Grenoble (1996).

Chantal Pontbriand

Cadieux, Jean, légendaire VOYAGEUR canadien-français du XVIIIᵉ siècle qui habitait dans la région de la rivière des Outaouais. Au cours d'une attaque par les Indiens, il fait monter les siens dans un canot pour qu'ils puissent échapper au danger en empruntant les rapides. Il reste dans sa cabane pour retarder la poursuite des Indiens. D'après la légende, la Sainte Vierge aurait guidé le canot à travers les rapides, lesquels étaient généralement impraticables. Cadieux est poursuivi dans la forêt et, se sentant faiblir, creuse sa propre tombe au-dessus de laquelle il érige une croix. Il compose, en l'écrivant sur un bout d'écorce de bouleau avec son propre sang, une complainte inspirée de sa mauvaise fortune. Retrouvée par ceux partis à la recherche de l'infortuné Cadieux, cette composition est devenue une chanson traditionnelle canadienne-française.

Nancy Schmitz

Cadieux, Marcel, diplomate (Montréal, 17 juin 1915—Pompano Beach, Fla., 19 mars 1981). Avocat de droit international tenace et astucieux et anticommuniste implacable, Cadieux fait carrière au ministère des Affaires extérieures de 1941 à 1979. Sous-secrétaire d'État de 1964 à 1970, il s'avère un administrateur efficace et un fédéraliste intransigeant, préconisant un ministère et une politique étrangère qui reflètent les origines biculturelles du Canada. Il est d'abord nommé ambassadeur à Washington de 1970 à 1975. Il dirige ensuite la mission canadienne auprès de la Communauté économique européenne (CEE) de 1975 à 1977 et est négociateur en chef dans les conflits canado-américains des pêches et des frontières entre 1977 et 1979. En 1963, il publie *The Canadian Diplomat*, un élégant abécédaire de la diplomatie.

Anne Hillmer

Cadillac, Antoine Laumet, dit de Lamothe, commerçant de fourrures, officier militaire, fondateur de Détroit (Les Laumets, France, 5 mars 1658—Castelsarrasin, France, 15 oct. 1730). Cadillac parvient à occulter ses origines obscures, se donnant le noble titre de Lamothe-Cadillac, ce qui lui vaut d'acquérir la richesse et d'atteindre des postes de commandement. En Acadie, vers 1683-1691, il sert sur un navire corsaire, il fait aussi du commerce et se querelle avec le gouverneur. Établi à Québec en 1691, il est alors nommé officier dans les TROUPES DE LA MARINE.

Protégé du comte de FRONTENAC, il commande de 1693 à 1697 le fort de Michilimackinac, où il s'adonne avec succès au commerce des fourrures. L'Ouest étant fermé au commerce à cause de la surabondance des fourrures, Cadillac fonde un établissement à Détroit dans le but d'empêcher l'expansion anglaise et de contrôler le commerce avec les tribus de l'Ouest. Il y demeure de 1701 à 1710, mais on lui retire son commandement devant l'évidence qu'il cherche à se bâtir un empire personnel.

Il essaie à nouveau de s'enrichir au poste de gouverneur de la Louisiane entre 1710 et 1717, et se met rapidement à dos les hauts responsables, dont BIENVILLE. Il quitte la colonie en 1718 et termine sa vie comme gouverneur de Castelsarrasin. Passant pour un individu «retors», menteur et avide, il était cependant éloquent et enjôleur, doté de beaucoup de charme et d'une énergie certaine.

Mary McDougall Maude

Cadmium Le cadmium (Cd) est un métal blanc argenté mou et ductile, qui fond à 320,9 ºC et que l'on trouve dans la croûte terrestre, à raison de 0,1 à 0,5 partie par million. Généralement, on trouve le MINÉRAL le plus commun provenant du cadmium, le greenockite (CdS), dans les minerais zincifères. Il est extrait comme sous-produit durant le traitement. Entre 10 et 15 p. 100 de la production mondiale de cadmium se fait à partir de matériaux recyclés. Le cadmium est surtout utilisé pour la fabrication de piles rechargeables en nickel-cadmium et argent-cadmium et pour le recouvrement protecteur d'autres métaux (p. ex., électrodéposition des produits du fer et de l'acier [*voir* SIDÉRURGIE], pour leur conférer une apparence plus attrayante et les protéger de la rouille). Le deuxième domaine d'application du cadmium est la fabrication de pigments jaunes et rouges.

En 1995, le Canada a produit environ 2360 t de cadmium raffiné, dont la valeur représente plus de 9,8 millions de dollars américains. Le Canada est le deuxième producteur mondial de cadmium, derrière le Japon. Les quatre usines canadiennes de ZINC produisent du cadmium. Près de 90 p. 100 de la production canadienne est destinée à l'exportation, en grande partie vers les États-Unis et le Japon.

M.J. Gauvin et J. Keating

Cahén, Oscar, peintre et illustrateur (Copenhague, Danemark, 8 fév. 1916—Oakville, Ont., 26 nov. 1956). Formé en Europe, il enseigne à Prague avant d'échapper à l'occupation nazie en 1938. En tant que citoyen allemand, il est considéré comme un sujet d'un pays ennemi et emprisonné en Angleterre en 1939 avant d'être envoyé au Canada en 1940, où il est interné à Sherbrooke, au Québec. Ses contacts avec des artistes canadiens permettent sa libération en 1942, et il travaille à Montréal avant de déménager à Toronto en 1944. Cahén se taille une réputation enviable comme illustrateur en travaillant pour des magazines tels que *Maclean's, Chatelaine* et *New Liberty*. À la fin des années 40, il rencontre Walter Yarwood, Harold TOWN et d'autres artistes qui font partie de l'avant-garde artistique à Toronto. Les œuvres de Cahén sont présentées à l'exposition *Abstracts at Home* qui a lieu en 1953, chez Simpons, à Toronto. Un peu plus tard au cours de la même année, quelques artistes fondent le GROUPE DES ONZE et Cahén en devient membre. À la fin des années 40, Cahén peint des tableaux sombres et expressionnistes, traitant souvent de sujets religieux, mais, dès le début des années 50, il réalise des abstractions aux couleurs brillantes. Avec ses collègues du Groupe des Onze, il impose une nouvelle forme de peinture à Toronto.

David Burnett

Cain, Larry, canoéiste (Toronto, 9 janv. 1963). Il se classe premier dans la course en canot une place (C1) sur 1000 m (temps 4: 35, 1) et second sur 500 m (2: 01,7) aux championnats panaméricains en 1980. En 1981, il est le premier canoéiste canadien à remporter, en 46 ans, une victoire internationale ou olympique, et à mériter deux médailles d'or aux championnats juniors internationaux. Jusqu'en 1984, il participe à de nombreuses épreuves de canoéisme. Cette année-là, il se classe premier en C-1 sur 1000 m et sur 500 m aux régates internationales de Nottinghamshire. Aux Jeux olympiques de Los Angeles en 1984, il remporte en C-1 une médaille d'or sur 500 m, (1: 57,01) et une d'argent sur 1000 m, (4: 08,67).

Aux Jeux de Séoul en 1988, une médaille lui échappe de justesse quand il se classe quatrième en C-1 sur 1000 m. Aux championnats mondiaux en 1989, il remporte une médaille d'argent dans cette épreuve. En 1991, il se concentre en canot deux places (C-2) avec son partenaire, David Frost. Il se classe pour la finale du 500 m et du 1000 m aux Jeux olympiques de 1992, mais il ne remporte aucune médaille. Cain est Officier de l'Ordre du Canada.

James Marsh

Caiserman-Roth, Ghitta, peintre (Montréal, 2 mars 1923). Elle est un exemple des créateurs qui ont caractérisé un siècle d'activité artistique à Montréal. Caiserman-Roth étudie à New York, ce qui l'amène à concevoir des œuvres où dominent une préoccupation sociale évidente et un style expressionniste (*Backyard*, 1948). Au début des années 50, elle com-mence à peindre des scènes domestiques et des scènes reconstituées en studio, des autoportraits et des portraits de son enfant et de modèles anonymes, qu'elle traite avec une intensité troublante sous une apparence tranquille. Au fil des ans, certains thèmes et certaines images se répètent: l'Arlequin, les «Wallendas Volants», la confusion délibérée de l'espace intérieur et extérieur, la figure humaine qui a laissé sa marque sur des vêtements abandonnés, des chaises de jardin, des draps (*Bedscape with Shadow*, 1978). En 1984, elle présente sa première exposition à New York, à la galerie Dyansen. Elle contribue à fonder la Montreal Artists' School, et enseigne à l'U. Sir George Williams ainsi qu'au centre Saidye Bronfman.

D.F. Andrus

Caisse de dépôt et placement du Québec Née le 15 juillet 1965 pour servir de gestionnaire des fonds déposés par la Régie des rentes du Québec, créée un mois plus tôt. Depuis, le nombre de déposants de la Caisse n'a cessé d'augmenter et dépasse la vingtaine. Ce sont surtout des caisses de retraite et des régimes d'assurances des secteurs public et parapublic.

La Caisse a pour mandat légal de faire fructifier l'avoir de ses déposants. Elle s'est aussi toujours efforcée de le faire en favorisant le développement économique du Québec. Elle parvient généralement à remplir ce double objectif avec succès, car ses rendements se comparent avantageusement à son pendant d'origine, le Régime de pension du Canada, et souvent aux autres portefeuilles institutionnels du pays ainsi qu'aux indices habituels de référence.

Les premiers placements de la Caisse ont surtout constitué en l'achat d'obligations du Québec et d'Hydro-Québec, dont celles qui ont servi largement à financer le développement hydroélectrique de Churchill Falls dans le Labrador. Depuis 1997, la loi constitutive de la Caisse lui permet d'investir la majorité de son actif sous gestion en actions. Elle est maintenant l'investisseur institutionnel le plus important du Canada, le principal détenteur d'actions inscrites à la Bourse de Toronto et le premier portefeuille immobilier au pays. La Caisse s'est dotée de plusieurs filiales spécialisées en placements négociés dans des entreprises à capital ouvert ou fermé afin de maximiser son rendement: dans les secteurs des communications, des nouvelles technologies, de la petite et de la grande entreprise et dans l'immobilier. Le 31 décembre 1999, 35 ans après sa naissance, la valeur de son actif total sous gestion dépassait les 105 milliards de dollars. À cause de sa taille, la Caisse doit de plus en plus se tourner vers l'étranger. Elle a ouvert des bureaux en Europe, en Asie et en Amérique latine dans le but de dénicher les meilleures occasions d'investissements. La Caisse a désormais pour objectif de faire de Montréal un centre financier de classe mondiale et de doubler son actif d'ici 2005. Elle démarche désormais de par le monde pour décrocher des mandats de gestion qu'elle confie à son équipe compétente de quelque 400 personnes. Prudence et audace sont les deux vertus dont elle fait sa devise.

Rudy Le Cours

Caisse de prêt municipal (Municipal Loan Fund) Établie le 10 novembre 1852 dans le Canada-Ouest, elle est en grande partie l'œuvre de Francis HINCKS, copremier ministre de la Province du Canada, dont le gouvernement a pour politique globale le développement des chemins de fer. Hincks permet aux municipalités d'emprunter sur le crédit de la province afin d'investir dans des travaux publics importants. La caisse elle-même doit être créée à partir des remboursements prévus des municipalités au gouvernement provincial. Vers 1855, encouragées par les promoteurs qui prédisent que le développement ferroviaire générera les fonds nécessaires pour rembourser les emprunts, 47 communautés du Canada-Ouest, certaines étant de simples villages, empruntent plus de 7 millions de dollars, dont environ 80 p. 100 doivent servir à la construction de chemins de fer locaux et de lignes secondaires.

Comme seules quelques sociétés ferroviaires s'avèrent rentables, des lois adoptées à la fin de 1854 mettent fin à de nouveaux emprunts. Elles permettent de récupérer, à même leur part des revenus tirés des RÉSERVES DU CLERGÉ sécularisées, certaines des sommes dues au gouvernement provincial par les municipalités défaillantes. Ces lois donnent également accès aux municipalités du Canada-Est à une «caisse» d'égale valeur, à laquelle on a emprunté seulement 1,8 million de dollars au moment où le programme prend fin en 1859. Les taux de remboursement, qui n'ont jamais été très élevés, chutent pendant la dépression de 1857-1858 et, en 1862, les intérêts en souffrance ajoutent 3 millions de dollars au déficit global. Par la suite, l'histoire de cette caisse se confond avec celle de la DETTE PUBLIQUE du Canada.

Douglas McCalla

Caisse populaire La première caisse populaire est officiellement créée en 1900 à Lévis, au Québec, en tant que coopérative d'épargne et de crédit à capital variable et à responsabilité limitée. Son fondateur, Alphonse DESJARDINS, est un ancien journaliste francophone devenu sténographe français à la Chambre des communes, à Ottawa. Il établit son entreprise sur le modèle des coopératives de crédit européennes. Il encourage les gens des classes populaires à économiser pour l'avenir et leur accorde le crédit nécessaire à l'amélioration de leur situation économique. Il espère voir la caisse contribuer à l'émancipation économique des Canadiens français. La caisse populaire de Lévis ouvre ses portes le 23 janvier 1901, au domicile même de Desjardins. Douze personnes versent un total de 26,40 $ comme premier acompte sur leurs parts sociales. Le premier dépôt d'épargne, un maigre 5 cents, est effectué le 7 février.

En 1906, le montant des dépôts frôle les 40 000 dollars. La même année, Desjardins et ses amis convainquent l'Assemblée législative du Québec, au moyen d'un intense lobbying, de voter la Loi des syndicats coopératifs (voir COOPÉRATIVES DE CRÉDIT). Grâce à l'appui enthousiaste du clergé catholique, Desjardins réussit à mettre sur pied plusieurs autres caisses populaires. Au moment de son décès, en 1920, on en compte environ 140 en activité au Québec, 23 en Ontario et 9 aux États-Unis.

Aujourd'hui, ce qui est devenu le Mouvement Desjardins comprend plus de 1100 caisses affiliées à 10 fédérations régionales et à une fédération de caisses d'économie rattachée au Mouvement depuis 1979. Ces différentes fédérations sont regroupées au sein de la Confédération des caisses populaires et d'économie Desjardins du Québec, dont font aussi partie, à titre de membres auxiliaires, les fédérations de caisses populaires de l'Ontario et du Manitoba, depuis 1989, et celle de l'Acadie, depuis 1990.

À la suite de décisions prises en 1999, les fédérations de caisses québécoises et la Confédération sont engagées dans un processus de fusion qui conduira à la mise en place, en 2001, d'une fédération unique. Afin de consolider leur position dans un marché où la concurrence est de plus en plus vive, plusieurs caisses Desjardins sont également engagées dans un processus de fusion avec une ou des caisses de leur localité ou de leur région.

Au fil des ans, les caisses populaires ont créé ou acquis nombre de filiales financières œuvrant dans les secteurs de l'assurance, de la fiducie, de l'investissement industriel et commercial ainsi que dans la gestion de fonds, le courtage de valeurs et les services bancaires. Ses 37 080 employés font aujourd'hui du Mouvement Desjardins le principal employeur privé au Québec. Son actif global se chiffre, en 1999, à plus de 73 milliards de dollars et le nombre de membres des caisses populaires et d'économie dépasse les 5 millions.

Yves Roby

Calcaire ROCHE SÉDIMENTAIRE composée en grande partie ou entièrement de carbonate de calcium (CaCO₃). Les roches carbonatées sont importantes dans l'INDUSTRIE DE LA CONSTRUCTION comme pierre de construction et granulat, et en tant que première composante du ciment Portland (*voir* CIMENTERIES) et de la chaux. Le calcaire est aussi utilisé dans la fabrication du verre et de bon nombre de produits chimiques, comme matières de charge, abrasifs ou amendements pour le sol. La chaux vive est formée par un procédé de calcination, qui consiste à chauffer le calcaire à une température qui provoque la dissociation des carbonates (402-898 °C), et à maintenir celle-ci assez longtemps pour libérer le dioxyde de carbone. Bien qu'on utilise généralement le mot «chaux» en parlant du calcaire pulvérisé et des formes de calcaire calciné, le terme désigne plus précisément la chaux vive et ses produits, la chaux hydratée et la chaux éteinte.

La chaux éteinte est une chaux vive mélangée avec de l'eau; la chaux hydratée, de la chaux éteinte séchée et parfois broyée à nouveau. Le calcaire est utilisé principalement pour ses propriétés chimiques dans les industries de l'acier, des pâtes et papiers et des mines comme flux (pour fluidifier les métaux en fusion), liqueur de lessivage et agent neutralisant respectivement. Le traitement de l'eau et des eaux usées de même que la désulfuration des gaz de combustion des fonderies et des émissions produites par les centrales thermiques ont pris de l'importance dernièrement. Par contre, l'utilisation du calcaire dans les matériaux de construction (mortier, briques de sable et de chaux, etc.) a connu une forte baisse au cours des dernières années.

Des usines de calcaire sont établies près des centres industriels du Canada où il existe des réserves de calcaire de bonne qualité et où les principaux consommateurs sont situés. L'Ontario et le Québec produisent plus de 70 p. 100 de la chaux canadienne. La chaux, un produit à haut volume et peu coûteux, est rarement expédiée sur de longues distances, car la matière première nécessaire à sa fabrication est très répandue. La calcination est effectuée dans différents types de fours, comme les fours verticaux ou rotatifs classiques ou les fours récemment mis au point. Parmi ceux-ci, le four à sole rotatif, le four à grille roulante, le four à grillage fluidifiant et le four vibratoire incliné. En raison du coût élevé de l'énergie, les fours sont munis de préchauffeurs pour les nouvelles usines, et les normes environnementales exigent l'installation d'équipement de dépoussiérage. La production de calcaire a été évaluée à 593 millions de dollars en 1994.

G.O. Vagt et D.H. Stonehouse

Calder, affaire L'affaire Calder (1973) a examiné la question de l'existence du «titre aborigène» revendiqué sur des terres historiquement occupées par les autochtones nishgas du nord-ouest de la Colombie-Britannique. La Cour suprême du Canada a reconnu majoritairement l'existence du titre aborigène en common law, mais a été partagée, trois à trois, quant à la validité de ce titre, la moitié des juges déclarant que le titre n'avait jamais été éteint par voie législative ou par traité. Le juge Pigeon a fait pencher la balance contre les Nishgas sur un point de procédure: l'autorisation de poursuivre le gouvernement de la Colombie-Britannique n'avait pas été obtenue du procureur général. Le chef CALDER a perdu sa cause, mais la question du titre aborigène n'était pas réglée pour autant. Cette décision a amené le gouvernement fédéral à envisager la négociation des REVENDICATIONS TERRITORIALES des autochtones.

David A. Cruickshank

Calder, Frank Arthur, politicien et homme d'affaires (Nass Harbour, C.-B., 3 août 1915). Calder, d'origine NISHGA, est le premier Amérindien membre d'un corps législatif canadien (1949) et le deuxième législateur autochtone après Louis RIEL. Il est diplômé de l'Anglican Theological College de l'U. de Colombie-Britannique en 1946 et travaille à l'occasion comme pointeur dans une usine de transforma-

tion du poisson, comme syndicaliste, comme machiniste et comme entrepreneur. Il siège à l'Assemblée législative de la Colombie-Britannique durant 26 ans, d'abord dans les rangs de la COOPERATIVE COMMONWEALTH FEDERATION (devenue le NOUVEAU PARTI DÉMOCRATIQUE), puis avec le CRÉDIT SOCIAL après 1975. En 1972, il est le premier Autochtone à devenir ministre du Cabinet au Canada mais, dès 1973, il est démis de ses fonctions dans la controverse. Calder est président de la North American Indian Brotherhood en 1944, organisateur de la Native Brotherhood of British Columbia et fondateur du Nishga Tribal Council, aujourd'hui la nation Nishga (président de 1955 à 1974). Ses opinions sur le développement économique des Amérindiens, son opposition au système des réserves et l'appui partiel qu'il donne au Livre blanc de 1969 (*voir* AUTOCHTONES, POLITIQUES GOUVERNEMENTALES CONCERNANT LES) le mettent en conflit avec d'autres membres du mouvement autochtone. Il se fait surtout connaître grâce à l'AFFAIRE CALDER, en 1973, alors qu'une décision de la Cour suprême sur les REVENDICATIONS TERRITORIALES des Nishgas fait jurisprudence. (*Voir aussi* DROITS ANCESTRAUX.)

Bennett McCardle

Caledon, ville de l'Ont.; pop. 39 893 (rec. 1996), 34 965 (rec. 1991), 26 451 (rec. 1986); superf. 686,16 km²; située à 15 km au nord-ouest de la région métropolitaine de Toronto. Créée en 1974 par la fusion des municipalités de Caledon et d'Albion, dans la région de Chinguacousy, et les villages de Bolton et de Caledon Est, Caledon s'appelle d'abord Tarbox Corners, du nom d'une famille loyaliste, et ensuite, Munsie's Corners, du nom d'un des premiers maîtres de poste. En 1913, elle devient un VILLAGE PARTIELLEMENT AUTONOME, puis un village en 1957. Elle doit son nom actuel à James Bolton, un des premiers colons. Cette région est connue pour la beauté de ses panoramas entourant les rivières Credit et Humber.

K.L. Morrison

Calendrier Le Canada utilise le calendrier grégorien conformément au *British Act for Regulating the Commencement of the Year, and for Correcting the Calendar Now in Use* de 1750, qui fait passer le calendrier officiel anglais de la forme julienne à la forme grégorienne en 1752. La Loi déclare que l'année 1752 commencera le 1er janvier (et non le 25 mars, comme c'était le cas en Angleterre depuis le début du XIVe siècle) suivant le 31 décembre 1751 et que le jour suivant le 2 septembre 1752 sera appelé le 14 septembre 1752. Au Canada, les deux années les plus courtes sont donc 1751, qui comprend seulement 281 jours, et 1752, qui en comprend 354. Avant cela, la NOUVELLE-FRANCE semble avoir généralement suivi le calendrier grégorien, conformément à l'édit d'Henri III proclamé en 1582. Le passage au calendrier grégorien, en 1582 et en 1752, n'interrompt pas l'ordre des jours de la semaine.

Premier jour du printemps Le calendrier julien et les calendriers grégoriens tentent de se rapprocher de l'année tropique de 365,2422 jours, en gardant les dates des saisons déjà établies et le premier jour du printemps, déterminé par observation astronomique, demeurant voisin du 21 mars. L'astronome Clavius, un contemporain du pape Grégoire XIII (d'où le nom de calendrier grégorien), est le premier à justifier scientifiquement le calendrier grégorien qui permet de garder la date du printemps fixe à moins d'un jour en 2000 ans. Des effets inconnus à l'époque de Clavius, tels que le raccourcissement de l'année et l'allongement des jours provenant du frottement dû à l'effet de marées et la variation aléatoire de la longueur du jour, nécessiteront une autre réforme du calendrier dans le troisième millénaire si l'on veut que les dates des saisons restent fixes.

Année bissextile Le calendrier grégorien omet l'année bissextile (ainsi nommée parce que, dans le calendrier julien, le sixième jour avant les calendes

de Mars était doublé tous les 4 ans: bis sextus) dans chaque année divisible par 100, à moins qu'elle ne soit aussi divisible par 400. Ainsi, l'an 2000 est une année bissextile, mais les années 1800, 1900 et 2100 n'en sont pas. Un pays qui passerait du calendrier julien, au calcul différent, au calendrier grégorien devrait enlever 10 jours s'il le fait au XVIe ou au XVIIe siècle, 11 jours au XVIIIe siècle, 12 jours au XIXe siècle et 13 jours au XXe ou au XXIe siècle. Cette règle comporte une exception: quand l'Alaska est cédé par la Russie aux États-Unis, en 1867, son calendrier ne change que de 11 jours puisqu'il se retrouve aussi de l'autre côté de la ligne de changement de date.

En raison, en partie, de l'acceptation universelle du calendrier grégorien, les notations A.D. (Anno Domini) et av. J.-C. (avant Jésus-Christ) commencent à céder la place à la notation E.C. (ère commune ou ère chrétienne) et av. E.C. (avant l'ère commune). L'année précédant l'an 1 E.C. (ou A.D.) est l'an 1 av. E.C. (av. J.-C.). Il n'y a pas d'année 0 dans le calendrier grégorien. Les astronomes utilisent parfois les années négatives pour simplifier leurs calculs d'intervalles; ainsi, 2 av. E.C. correspond à -1 et 1 av. E.C., à leur année 0. L'absence d'une année 0 dans le calendrier grégorien entraîne le fait que le XXe siècle de l'ère commune se terminera le 31 décembre 2000 et que le XXIe siècle commencera le 1er janvier 2001.

Pâques Au Canada, la date légale de Pâques, contrairement à celle de la plupart des autres jours fériés, est encore déterminée à l'aide de tables plutôt compliquées. Selon la méthode tabulaire définie par la Loi britannique de 1750, p.ex., Pâques est le premier dimanche après la première pleine lune «ecclésiastique», qui a lieu le 21 mars ou après. Cette pleine lune est déterminée par des tables de cycle lunaire plutôt que par l'observation directe de la Lune elle-même. Les Églises du monde entier ont été à plusieurs reprises sur le point de s'accorder pour célébrer Pâques le deuxième week-end d'avril. Les législateurs canadiens changeraient probablement la loi si les Églises s'entendaient sur ce point.

Robert Douglas

Calgary Deuxième ville en importance de l'ALBERTA, sur la RIVIÈRE BOW dans le sud de la province à environ 220 km au nord de la frontière américaine, là où les plaines de l'Ouest rencontrent les contreforts des Rocheuses. Grâce à sa position stratégique à proximité des principaux axes ferroviaires, routiers et aériens, Calgary est un important centre de transports. C'est également le centre financier de l'Ouest canadien et le centre administratif de l'industrie canadienne du pétrole et du gaz naturel. Avec sa vue saisissante sur les montagnes Rocheuses en arrière-plan et son histoire étroitement liée aux ranchs et à l'exploitation pétrolière, Calgary se révèle l'une des villes les plus typiques de l'Amérique du Nord.

Peuplement Les premiers vestiges d'une présence humaine dans cette région datent de quelque 12 000 ans. Il s'agit de pointes de lance trouvées dans des champs labourés, à l'est de la ville. Cette période coïncide avec la fin de la dernière ÉPOQUE GLACIAIRE, quand les glaciers du Bouclier canadien se sont retirés de la vallée de la rivière Bow. Les chasseurs nomades qui s'y succèdent au cours des 10 000 années subséquentes comprennent au moins trois cultures dominantes. La dernière, qui remonte à quelque 2000 ans, est celle des PIEDS-NOIRS, qui venaient des régions boisées de l'Est.

Plus tard, les SARSIS arrivent en provenance du Nord dans les années 1700, puis les Stoneys en provenance du Manitoba (*voir* STONEYS-NAKO-DAS). On trouve des vestiges archéologiques de ces peuples préhistoriques principalement sur les lieux de campement et aux endroits où l'on tuait le BISON. Les traces de feux de camp, les fosses d'entreposage et les cercles à la base des tipis remontent à plus de 4000 ans. Certains sites révèlent la pratique de coutumes religieuses comme dans le cas des

«Medicine Wheels» (des groupes de pierres disposées en cercle), des cairns et des effigies. Des caractères pictographiques apparaissent également sur les rochers du mont Big Rock, près d'OKOTOKS, au sud de Calgary.

La traite des fourrures attire les premiers Européens vers l'Ouest à la fin du XVIIIe siècle. David THOMPSON, alors à l'emploi de la Compagnie du Nord-Ouest, passe l'hiver près de Calgary en 1787, et Peter FIDLER, de la même compagnie, contourne la région en 1792. À la fin des années 1860, les chasseurs de bison en provenance des États-Unis viennent de plus en plus nombreux, suivis de trafiquants de whisky, qui montent un réseau de postes fortifiés dans le sud de l'Alberta où ils vendent de l'alcool frelaté aux autochtones en échange de peaux de bison. L'un de ces postes était situé dans la région de Calgary, près de l'actuel réservoir Glenmore.

Les activités de ces trafiquants de whisky sont en partie à l'origine de la création en 1873 de la POLICE À CHEVAL DU NORD-OUEST par le gouvernement fédéral. En 1875, les trafiquants établissent un autre poste au confluent des rivières Bow et Elbow. L'année suivante, ce poste est baptisé FORT CALGARY, un nom d'origine gaélique qui signifie «ferme de la baie».

Le fort est relié au chemin de fer en 1883, et le Canadien Pacifique (CP) choisit un endroit à l'ouest de la rivière Elbow et au sud de la rivière Bow comme emplacement de la ville de Calgary. Première localité de l'actuelle province de l'Alberta à se constituer en ville en 1884, Calgary reçoit le statut de cité en 1893.

Croissance La croissance économique de Calgary est étroitement liée au développement de l'élevage du bétail et à la position centrale de la ville comme principal centre des transports en Alberta. Avant 1906, l'élevage du bétail en plein air y domine, et l'influence de Calgary se fait sentir sur les plans commercial, industriel et social. Le premier millionnaire de la ville, Pat BURNS, met sur pied la plus importante entreprise intégrée dans le secteur des viandes au pays. L'élevage du bétail, plus spécialement après le terrible hiver de 1906-1907, se révèle un facteur instable dans la croissance de Calgary, même si les promoteurs la présentent constamment comme une ville où l'élevage est florissant.

L'ouverture du sud de l'Alberta à l'agriculture commerciale au début des années 1900 favorise un développement rapide de Calgary, dont la population s'accroît de plus de 1000 p. 100 de 1901 à 1911. Le réseau de voies ferrées qui s'étend dans toutes les directions renforce le rôle de Calgary en tant que principal centre de distribution dans le centre-sud et le sud de l'Alberta. Après 1912, le développement de Calgary, comme celui des régions rurales de l'Alberta connaît un ralentissement, qui se confirme au terme de la vague d'immigration et avec le déclenchement de la Première Guerre mondiale.

Un troisième élément exerce un impact décisif sur la croissance économique de Calgary, à savoir l'industrie pétrolière et celle du gaz naturel. Après la première découverte en 1914 d'un gisement à Turner Valley, à quelques kilomètres au sud-ouest de Calgary, des entrepreneurs locaux, tels que W.S. Herron, A.W. Dingman et R.A. Brown soutiennent sans relâche que Calgary est vouée à devenir un important centre d'exploitation pétrolière. La première raffinerie de pétrole de l'Alberta y est inaugurée en 1923. D'autres découvertes importantes à Turner Valley en 1924 et 1936 consacrent la vocation de Calgary comme chef de file de l'industrie canadienne du pétrole et du gaz naturel. Lorsqu'un puits de pétrole entre en opération à LEDUC en 1947, donnant finalement le coup d'envoi à l'exploitation des vastes gisements pétroliers de l'Ouest canadien, la ville de Calgary est prête à en récolter les fruits.

Il s'ensuit une croissance phénoménale qui fait passer la ville de simple version urbaine du Sud albertain à une métropole de statut international. Cet-

te transformation s'explique par son économie diversifiée et la croissance de sa population de plus en plus cosmopolite. Un autre aspect du développement de Calgary est le maintien d'une rivalité intense et de longue date avec EDMONTON. Ainsi, les deux cités albertaines se livrent une lutte sans merci sur tous les plans et donnent lieu à l'une des rivalités urbaines les plus reconnaissables au Canada.

Paysage urbain La vallée de la rivière Bow constitue la principale caractéristique topographique de la ville. Deux cours d'eau plus modestes, la rivière Elbow et le ruisseau Nose, traversent la ville pour se jeter dans la rivière Bow, ce qui donne une configuration de vallées et de promontoires. Les voies ferrées marquent également l'aménagement spatial du développement urbain. Le principal secteur des affaires est coincé entre la rivière Bow et la voie principale du CP.

L'expansion domiciliaire a tendance à suivre les vallées, d'abord le long de la rivière Elbow et, plus récemment, le long de la rivière Bow vers le nord-ouest et le sud-est. L'U. de Calgary, l'aéroport international au nord, le réservoir Glenmore, la réserve indienne sarsie et le parc provincial Fish Creek au sud sont d'autres éléments d'impact sur son développement urbain. Le secteur manufacturier est situé à l'est, dans la banlieue ferroviaire d'Ogden, et dans des secteurs zonés le long des voies ferrées.

En 1911 débute la planification urbaine officielle, avec l'arrivée de Thomas Mawson, un urbaniste d'origine britannique, à qui l'on confie la tâche d'élaborer un plan global. Les propositions extravagantes qu'il soumet en 1914 ne seront jamais mises en application. En 1934, la Ville adopte un règlement de zonage, puis elle se dote d'une division de l'aménagement urbain en 1950. En 1963, elle met en œuvre un premier plan général d'aménagement pour encadrer sa croissance future, lequel sera révisé en 1970 et en 1973. Le *Planning Act* de l'Alberta, promulgué en 1977, enjoint à la Ville de Calgary de pratiquer une approche plus régionale de la planification.

Population La proportion d'Anglo-Saxons au sein de la population de Calgary baisse à un rythme constant par rapport à l'ensemble. De 56 p. 100 en 1970, elle est passée à 26 p. 100 (répondants ayant indiqué un seul choix de réponse) en 1991. La même année, 81 p. 100 de la population déclarent l'anglais comme langue maternelle, soit 4 p. 100 de moins qu'en 1986.

Calgary connaît une croissance démographique soutenue depuis la Seconde Guerre mondiale, exception faite de 1983 et de 1984, où l'on enregistre une légère baisse en raison de l'effondrement du prix du pétrole. Depuis 1983, le solde migratoire ne dépasse l'accroissement naturel qu'à deux occasions, soit en 1990 et en 1996. Bien que relativement jeune, la population de la cité vieillit. L'âge moyen est de 33,3 ans en 1996, soit 5,7 années de plus qu'en 1976.

Économie et main-d'œuvre L'économie de Calgary est historiquement associée au commerce et au marché de la distribution. L'émergence récente de la cité à titre de centre mondial de l'énergie et de la finance se reflète dans son classement au deuxième rang au Canada pour le nombre de sièges sociaux qui s'y trouvent, soit 92 en 1995, y compris ceux de NOVA CORPORATION OF ALBERTA, TRANS-CANADA PIPELINES LIMITED, PETRO-CANADA et Suncor Inc. La population active se dirige donc principalement vers les secteurs professionnel, commercial et de la gestion.

Traditionnellement, les «cols bleus» travaillent surtout dans les secteurs de la construction, des chemins de fer et, plus récemment, dans la distribution de produits pétroliers. La production manufacturière s'est diversifiée, passant des produits destinés aux industries agricole, pétrolière et du gaz naturel, aux produits alimentaires, vestimentaires, ainsi qu'à la fabrication de meubles, à la production de films et aux secteurs de la technologie de pointe. Entre 1981

et 1995, la production annuelle des secteurs à forte concentration technologique a quadruplé pour atteindre les cinq milliards de dollars. En 1995, les touristes ont dépensé 1,17 milliard de dollars et ont généré plus de 27 000 emplois à temps plein dans la cité.

Le revenu disponible par habitant et le taux d'activité de la population active à Calgary sont parmi les plus élevés dans l'ensemble des grandes villes canadiennes. Le taux de scolarisation postsecondaire y est également le plus élevé au Canada, se situant à 58 p. 100 en 1995. Pourtant, bien qu'au milieu des années 90 Calgary se signale comme la ville canadienne la plus prospère et ayant la plus forte croissance, son économie demeure largement tributaire d'une seule industrie à risque élevé. Dans ces circonstances, elle a subi les contrecoups des récessions dans l'industrie du pétrole au milieu et à la fin des années 80 ainsi qu'au début des années 90.

Transports Calgary a des gares de triage de classe internationale à Alyth et d'importantes installations de réparation à Ogden. Le chemin de fer Canadien National (CN) offre un service intermodal et un service de conteneurs à Sarcee. L'aéroport de Calgary est l'un des plus vastes et des plus achalandés au Canada. La ville dispose d'un système de transport municipal assuré par des autobus, auquel s'ajoute un système de trains légers sur rail (TLR).

Gouvernement et politique Le gouvernement municipal s'exerce d'abord en vertu de pouvoirs accordés par les Territoires du Nord-Ouest, puis, à compter de 1905, par le gouvernement de l'Alberta. Plus récemment, depuis 1968, son administration est régie par le *Municipal Government Act*. Avant 1909, la conduite des affaires communautaires relève presque entièrement du conseil. Depuis, c'est le système d'un conseil et d'un bureau de commissaires qui fonctionne sous une forme ou une autre. Le maire et les conseillers, qui représentent les différents quartiers de la ville, remplissent un mandat de trois ans. Le bureau des commissaires comprend le maire et quatre membres nommés.

Les concessions municipales sont réformées afin d'abolir le vote plural (1913) et les restrictions à la propriété (1915). On introduit, en 1916, un mode de scrutin préférentiel qui demeurera en vigueur jusqu'en 1958. Depuis l'établissement d'une régie des services publics en 1916, le gouvernement provincial exerce avec autorité une supervision de plus en plus serrée sur le gouvernement municipal de Calgary.

Vie culturelle Les installations culturelles et récréatives reflètent la récente croissance de Calgary. Sur le plan des établissements d'enseignement, la ville de Calgary compte l'UNIVERSITÉ DE CALGARY, le Mount Royal Community College, le Southern Alberta Institute of Technology, l'Alberta Vocational College et l'Alberta College of Art.

Parmi les principaux établissements culturels, mentionnons le GLENBOW MUSEUM, le Fort Calgary Interpretative Centre, l'Alberta Science Centre et l'Heritage Park. Le Calgary Centre for Performing Arts abrite l'Orchestre philharmonique de Calgary et trois compagnies de théâtre professionnelles: l'Alberta Theatre Projects, le Theatre Calgary et le One Yellow Rabbit. Ce centre comprend le Jack Singer Concert Hall, qui compte 1800 sièges. Calgary a également une compagnie d'opéra professionnelle, la Calgary Opera Association. Le Calgary Chinese Cultural Centre, inspiré du Temple du ciel de Beijing en Chine, est situé dans le quartier chinois.

La plus forte concentration de salles de spectacle et d'exposition se trouve dans le parc Stampede, hôte du STAMPEDE DE CALGARY, un événement de renommée mondiale. Tout près, le stade olympique Saddledome, construit à l'occasion des JEUX OLYMPIQUES d'hiver de 1988, est le domicile des FLAMES DE CALGARY de la Ligue nationale de hockey. Les autres organisations sportives professionnelles de Calgary incluent les STAMPEDERS DE CALGARY de la Ligue canadienne de football, et les Cannons de Calgary, une équipe de baseball de niveau triple A.

Le Parc olympique Canada possède un tremplin pour sauts à skis de classe internationale ainsi qu'une piste de luge et une de bobsleigh. L'anneau olympique intérieur de 400 m, sur le campus de l'U. de Calgary, est l'un des meilleurs endroits du monde pour le patinage de vitesse. Spruce Meadows est un centre équestre de courses à obstacles de renommée internationale.

Calgary est fière de son JARDIN ZOOLOGIQUE, le deuxième en importance du Canada, qui comprend un parc préhistorique. La ville compte également deux grands parcs urbains, le parc provincial Fish Creek (1153 ha) et le Nose Hill Park (1128 ha). Une autre attraction touristique est les Devonian Gardens, un jardin intérieur de sept hectares au cœur du centre-ville.

Le cadre de vie à Calgary est agrémenté d'autres attraits en accord avec son caractère de cité hivernale. Elle possède un réseau de voies piétonnières intérieures, l'Alternative Level Pedestrian System (Plus 15), qui donne accès à la plupart des édifices du centre-ville. Plus de 12 km de voies piétonnières et de passerelles facilitent les déplacements des piétons toute l'année. La cité est également entourée de près de 350 km de sentiers pédestres, de pistes de ski de randonnée et de pistes cyclables qui rehaussent la sensation des «grands espaces» et procurent à la population des activités récréatives de qualité, quel que soit son lieu de résidence.

Max L. Foran

Calgary Centre for the Performing Arts Le Calgary Centre for the Performing Arts comprend deux bâtiments historiques, soit l'édifice Burns et le Calgary Public Building, ainsi que l'emplacement de l'ancien Empress Theatre. Le Centre doit son existence à la sagacité et aux efforts persistants d'un comité de bénévoles dirigé par la docteure Martha Cohen. Conçu par un cabinet d'architectes de Calgary, Raines Finlayson Barret and Partners, ce complexe de 80 millions de dollars ouvre ses portes en 1985. Il comporte une grande salle de concert et quatre théâtres. Les trois plus grandes salles ont été nommées en l'honneur de Calgariens exceptionnels ayant fait des dons au Centre. La Jack Singer Concert Hall, qui est le domicile de l'ORCHESTRE PHILHARMONIQUE DE CALGARY, est considérée avec ses 1800 sièges comme l'une des meilleures salles en Amérique du Nord sur le plan acoustique. Elle abrite le magnifique orgue Carthy à 6008 tuyaux, fabriqué par les frères Casavant (*voir* CASAVANT FRÈRES LTÉE), et légué au Centre par la Carthy Foundation of Calgary à la mémoire de Mme Margaret Mannix. On l'entend en concert pour la première fois en 1987 et il entraîne la tenue du premier Calgary International Organ Festival, en 1990. On joue régulièrement de cet orgue dans les concerts et les récitals.

Le Max Bell Theatre, ainsi nommé pour rendre hommage au mécénat de la Max Bell Foundation, est doté de 750 sièges, d'un arc traditionnel d'avant-scène et d'une avancée de scène amovible. Il loge le Theatre Calgary. Le Martha Cohen Theatre, du nom de la présidente fondatrice du Centre, est une salle de 450 sièges qui se veut intime. Elle a été conçue en collaboration avec sa compagnie résidente, l'Alberta Theatre Projects.

Depuis l'inauguration du Centre, on a terminé la construction de deux théâtres plus petits. L'emplacement de l'Empress Theatre est devenu l'Engineered Air Theatre, doté de 185 sièges, que l'on met à la disposition de la communauté, tandis que la salle modulaire de 180 sièges, le Big Secret Theatre, loge la One Yellow Rabbit Company. La vente de billets au Centre génère 68 p. 100 du budget annuel d'exploitation de 4,3 millions de dollars, tandis que l'administration municipale et le gouvernement provincial y contribuent respectivement pour 20 p. 100 et 12 p.

100. En août 1996, Colin Jackson remplace Douglas Laughlan comme directeur exécutif du Centre.

Irfona Larkin

Calgary Herald Ce journal est publié pour la première fois par Andrew Armour et Thomas Braden, le 31 août 1883, sous le nom de *Calgary Herald, Mining and Ranche Advocate and General Advertiser*. Il débute comme hebdomadaire de 4 pages, imprimé sur une presse manuelle dans une tente montée au confluent des rivières Bow et Elbow, non loin de son installation actuelle. La propriété et la direction de la rédaction changent souvent au cours des premières années, jusqu'à ce que SOUTHAM en fasse l'acquisition en 1908.

Quotidien depuis 1885, il est publié 7 jours par semaine depuis l'automne 1983. C'est un journal de l'après-midi jusqu'en avril 1985 et du matin depuis lors. Le tirage payant, en 1994, est de 178 448 le vendredi, de 134 553 du lundi au jeudi et le samedi, et de 118 693 le dimanche. Les activités d'exploitation déménagent en 1981 dans une nouvelle usine au coût de 70 millions de dollars. Dès ses débuts, le *Calgary Herald* est un défenseur de l'une des premières industries, l'élevage de bestiaux. Cet appui s'est élargi depuis à la défense des intérêts pétroliers et gaziers de la région. Il est souvent en désaccord avec les opinions exprimées dans d'autres parties du pays, et même avec l'autre grand journal albertain, l'EDMONTON JOURNAL. Il remporte des prix nationaux pour ses nouvelles, sa photographie et sa production.

Callaghan, Morley, Edward, romancier, nouvelliste et animateur de radio et de télévision (Toronto, 22 fév. 1903–*id.*, 25 août 1990). Après des études à l'U. de Toronto et à l'école de droit Osgoode Hall, Callaghan publie ses premières nouvelles dans *Paris in This Quarter* (1926) et *Transition* (1927). Son premier roman, *Strange Fugitive*, paraît en 1928. Ezra Pound lui achète deux nouvelles pour un numéro de la revue Exile, et dès 1929, Callaghan publie régulièrement dans *Atlantic Monthly*, *Harper's Bazaar*, *Scribner's* et *The New Yorker*, tout en travaillant comme journaliste à Toronto et à Montréal.

Ses deux romans suivants, *It's Never Over* (1930) et *A Broken Journey* (1932), mettent en évidence sa perception de deux mondes apparemment inconciliables, celui de la jungle matérialiste où l'individu tente de se retrouver et le royaume spirituel de la confiance et de la foi. Dans SUCH IS MY BELOVED (1934; trad. *Telle est ma bien-aimée*, 1974), on fait face sans ambiguïté à ce même problème. Le protagoniste, le père Dowling, gagne la confiance de deux prostituées, mais est mis à l'écart par tout son entourage, y compris son évêque. Avec *They Shall Inherit the Earth* (1935), on progresse dans la résolution de ce conflit fondamental. Les personnages centraux, un homme et une femme, arrivent à réconcilier amour spirituel et amour physique. Dans un autre roman tout à fait remarquable, *More Joy in Heaven* (1937), un pilleur de banques repenti est accueilli par la communauté comme un fils prodigue, mais paie de sa vie quand il essaie de prévenir un vol de banque. De 1937 à 1950, Callaghan garde le silence, sauf pour *Luke Baldwin's Vow* (1948; trad. *La Promesse de Luke Baldwin*, 1980), une histoire pour enfants, et *The Varsity Story* (1948), un volume sur l'U. de Toronto. Puis, en 1951, il publie un roman qui constitue probablement son chef-d'œuvre: *The Loved and the Lost*. Il revient de façon intense, dans le cadre de Montréal, sur le thème du conflit entre éternité et univers matériel, univers sacré et espace profane. Après la richesse et la complexité de ce roman, Callaghan publie un recueil de nouvelles, *Morley Callaghan's Stories* (1959), puis le roman *The Many-Coloured Coat* (1960), où l'on décèle dans un environnement montréalais des échos du récit biblique de Joseph et de ses frères. Dans *A Passion in Rome* (1961; trad. *Cette belle faim de vivre*, 1976), des amants trouvent au sein du monde profane une solution au conflit entre monde physique et

espace spirituel, à l'occasion de l'élection et de l'accession au trône pontifical d'un nouveau pape. Dans tous ces romans, Callaghan revient sur sa recherche constante d'une signification spirituelle au monde temporel.

S'il publie relativement peu dans les années 50, il n'est pas oisif pour autant. En effet, il s'affirme dans les médias électroniques comme une personnalité aimée du public. En 1960, le critique américain Edmund Wilson affirme qu'il est victime d'une «négligence injustifiée» et le compare à Tchekhov et à Tourgueniev. Cette déclaration est incontestablement la cause de réimpressions multiples des œuvres de Callaghan, qui a déjà été publié en France, en Allemagne, en Italie, au Japon, en Suède et en Chine, où son intérêt pour les «petites gens» séduit les lecteurs. *That Summer in Paris* (1963; trad. *Cet été-là à Paris*, 1976), rédigé à partir de ses souvenirs de 1929, est un des ouvrages les plus remarquables du genre dans la littérature canadienne. En 1975, Callaghan publie *A Fine and Private Place* (trad. *Clair obscur*, 1983), roman dans lequel l'écrivain est à la fois l'idole et la victime d'une nouvelle génération. Enfin, dans *A Time for Judas* (1983), Callaghan aborde le problème majeur de la dichotomie entre sainteté et faiblesse humaine. Judas est peut-être le symbole le plus réussi de ce conflit entre le temporel et le spirituel qui parcourt toute son œuvre. À ses yeux, Judas se sentait terriblement isolé. «La mort, affirme Callaghan, est mystérieuse, mais on est capable d'orienter sa vie dans le sens que l'on choisit. C'est cela qui constitue notre vérité.»

Serait-ce à cause de ses préoccupations métaphysiques à l'égard du temps et de l'éternité? Toujours est-il que l'entreprise littéraire de Callaghan n'a pas obtenu auprès des Canadiens l'accueil qu'elle méritait, alors que, dans le monde littéraire, elle est devenu un véritable classique. Couronné de prix et de récompenses diverses, honoré à divers titres, Callaghan a reçu le prix du Gouverneur général pour *The Loved and the Lost* en 1951 ainsi que le prix de la Banque Royale et l'Ordre du Canada.

Hugo McPherson

Callbeck, Catherine, femme d'affaires, politicienne, première ministre de l'Île-du-Prince-Édouard (Central Bedeque, Î.-P.-É., 25 juil. 1939). Bachelière en commerce et en sciences de l'éducation (Mount Allison et Dalhousie), Callbeck enseigne brièvement l'administration des affaires au niveau secondaire avant d'occuper un poste de direction dans l'entreprise familiale de commerce de détail à l'Île-du-Prince-Édouard. En 1974, elle se présente comme libérale dans une circonscription provinciale et remporte ses élections. Elle occupe simultanément les postes de ministre de la Santé et des Services sociaux, et ministre déléguée aux Affaires des personnes handicapées jusqu'en 1978, année où elle démissionne de ses différentes fonctions et retourne au milieu des affaires. Elle accepte aussi un poste de direction au sein de l'Institut de recherche en politiques publiques (organisme canadien).

Elle revient en politique en 1988, sur la scène fédérale cette fois, en tant que députée libérale de la circonscription de Malpeque (Île-du-Prince-Édouard). À la suite de la démission de Joe Ghiz, premier ministre de l'Île-du-Prince-Édouard, elle annonce son intention de lui succéder. Elle est élue à la tête du Parti libéral de cette province en janvier 1993, devenant ainsi première ministre de l'Île-du-Prince-Édouard et la deuxième femme à assumer cette fonction au Canada. Elle convoque des élections générales dès sa nomination et le Parti libéral est reporté au pouvoir avec une forte majorité. En août 1996, les sondages défavorables au gouvernement qu'elle dirige l'amènent à démissionner. Elle revendique les réalisations suivantes: budget équilibré, réforme de l'éducation et réforme du système électoral.

Callière, Louis-Hector de, gouverneur général de la Nouvelle-France de 1699 à 1703 (Thorigny-sur-Vire,

France, 12 nov. 1648—Québec, 26 mai 1703). Issu de la noblesse normande et aidé de son frère qui est secrétaire privé de Louis XIV, il impressionne ses supérieurs par ses habiletés à commander à Montréal de 1684 à 1698. Il est nommé gouverneur par intérim du Canada après la mort de FRONTENAC en novembre 1698. Sa nomination est confirmée au printemps de 1699. En 1701, il négocie un traité de paix entre les Iroquois et quelques tribus de l'Ouest alliées aux Français. Quoique rigide et autoritaire, il s'attire le respect pour ses qualités de chef durant les guerres contre les Anglais et les Iroquois.

Allan Greer

Calligraphie Avant l'avènement du caractère, livres et documents sont écrits à la main, et de nombreuses et diverses écritures sont perfectionnées au cours des siècles. L'apparition du caractère entraîne le déclin des techniques d'écriture à la plume à large pointe jusqu'à leur réémergence attribuable à Edward Johnston, membre du British Craft Movement. Par la suite, l'art redécouvert fait son apparition au Canada grâce à Grace Melvin, venue de Glasgow pour ouvrir un département de design à la Vancouver School of Art en 1927, et à Esme Davis, un disciple de Johnston, qui immigre à Victoria après la Seconde Guerre mondiale pour y enseigner le design et la calligraphie.

Le regain d'intérêt aux États-Unis et en Grande-Bretagne pour la calligraphie, un passe-temps d'amateurs enthousiastes, permet l'essor de cet art au milieu des années 70. Les étudiants apprennent non seulement les écritures italique, *bookhand*, onciale et gothique (*voir* ÉCRITURE ET CALLIGRAPHIE GOTHIQUES) à l'aide d'échantillons historiques, mais également une nouvelle approche axée sur le design qui transforme le mot écrit en œuvre d'art.

Les calligraphes issus de ce regain d'intérêt, qui travaillent par amour et par nécessité, se sont unis pour former des cercles ou associations afin d'offrir de l'aide et de l'enseignement à leurs membres. Ces derniers peuvent s'inscrire aux cours donnés par des artistes régionaux et par des calligraphes d'Angleterre, d'Allemagne de l'Ouest et des États-Unis. La plupart des associations canadiennes présentent les travaux de leurs membres au cours d'une exposition annuelle. Les associations de calligraphes sont situées à Montréal, à Ottawa, à Toronto, à Winnipeg, à Regina, à Calgary, à Vancouver et à Victoria, et dans de petits centres de l'Ontario, de l'Alberta et de la Colombie-Britannique. Les toutes premières, celles de Victoria, de Vancouver et de Toronto, ont été fondées en 1976. L'association de Calgary est la plus imposante en raison de ses 400 membres actifs.

Gail Stevens

Callihoo, John, politicien et grand défenseur des droits autochtones (réserve amérindienne de Michel, Alb., 1882—St. Albert, Alb., 11 août 1957). Autodidacte d'origine iroquoise et crie, Callihoo se lance dans le transport de marchandises puis devient fermier. Toutefois, ses capacités de meneur en font bientôt un point de ralliement en ce qui concerne les causes autochtones. Au début des années 30, il aide des Amérindiens non inscrits de sa parenté à former une association des Métis et à faire des pressions, et ce, avec succès, auprès du gouvernement de l'Alberta pour faire adopter la *Metis Betterment Act*. En 1937, il devient président de la League of Alberta Indians et les fonctionnaires du ministère des Affaires indiennes avec lesquels il est souvent en conflit le surnomment bientôt «l'Avocat». En 1939, il réorganise son regroupement pour en faire l'Indian Association of Alberta, organisation qui connaîtra un franc succès et s'étendra dans toute la province. Alors qu'il est président, il est délégué à Ottawa pour participer à la réalisation des modifications de la LOI SUR LES INDIENS et de la législation provinciale touchant les Autochtones. Même s'il se retire en 1947, son association poursuit son travail et devient l'un des mouvements politiques autochtones les plus efficaces au Canada.

Hugh A. Dempsey

Callwood, June, journaliste, défenseure des droits civils (Chatham, Ont., 2 juin 1924). Elle est rédactrice de magazines en vue dans les années 50 et surtout associée à *Maclean's*. Elle devient, au cours des années 60, militante et embrasse diverses causes sociales comme celles des jeunes sans-abri et des toxicomanes. Elle lutte par la suite contre la censure et, en 1983, siège au conseil d'Amnistie internationale au Canada. Elle continue de collaborer au *Globe and Mail* et à d'autres publications et, en plus d'être rédactrice anonyme d'autobiographies de célébrités américaines, elle publie plusieurs ouvrages dont *The Law is Not for Women* (1976), *Portrait of Canada* (1981), *Emotions* (1986), *Twelve Weeks in Spring* (1986; trad. *Un Dernier Printemps*, 1988) et *Trial Without End* (1995). Ce dernier livre raconte l'histoire de Charles Ssenyonga, cet individu qui a transmis le virus du SIDA à ses maîtresses les unes après les autres. En 1986, elle devient Officier de l'Ordre du Canada. Elle est mariée au rédacteur sportif Trent Frayne.

Calmar Les calmars ou encornets sont des représentants de l'ordre des teuthoïdés, des MOLLUSQUES de la classe des céphalopodes. Toutefois, seul un spécialiste pourrait distinguer un calmar lent d'une SEICHE rapide (ordre des sépioïdes). Généralement, le terme calmar désigne des espèces hydrodynamiques et rapides qui se déplacent grâce à un puissant système de propulsion par réaction (ou par jet). Les calmars sont les seuls INVERTÉBRÉS qui font compétition aux poissons pélagiques (poisson de haute mer). Certaines espèces sont même capables de voler brièvement grâce à la puissance de leur mode de propulsion. On trouve 30 espèces de teuthoïdés dans les eaux canadiennes, parmi lesquelles on compte le *Gonatus fabricii*, qui se rencontre sur les côtes des trois océans, et le calmar géant, *Architeuthis dux*. Le premier pourrait être pêché commercialement. La plus importante pêche est celle de l'*Illex illecebrosus*. Ces calmars migrent sur des centaines de kilomètres vers les eaux chaudes pour frayer et meurent après avoir atteint un poids de 500 g en 9 à 12 mois. Ils forment des bancs qui ont une certaine cohésion sociale et ils communiquent en variant leur couleurs. Les Japonais pêchent l'*Ommastrephes bartramii* du Pacifique à l'aide de filets maillants qui peuvent avoir 45 km de longueur. Cette espèce pourrait être pêchée sur la côte de la Colombie-Britannique.

R.K. O'dor

Calotte glaciaire Masse gigantesque de GLACE formée de neige compactée et recristallisée, qui s'écoule dans plusieurs directions et recouvre entièrement ou presque le terrain sous-jacent. Lorsque la masse de glace est contrainte par un substratum rocheux à s'écouler dans une seule direction, habituellement dans une vallée, on l'appelle GLACIER. Toutefois, cette distinction n'est pas toujours évidente. Ainsi, une calotte glaciaire entourée de montagnes en font drainée par un ensemble de glaciers de vallée.

Les calottes glaciaires et les glaciers se forment lorsque la quantité de neige accumulée pendant l'hiver est supérieure à la quantité de neige fondant en été. La neige accumulée lors de précipitations successives se transforme peu à peu en glace, laquelle se déplace sous l'effet de la gravité en transportant la neige qui la recouvre. À basse altitude, toute la neige de l'hiver précédent et une partie de la glace fondent et, dans certains cas, il arrive que le glacier libère des ICEBERGS dans la mer ou dans un lac. Le volume de la masse glaciaire ne change pas beaucoup d'année en année, parce que la glace provenant de la zone d'accumulation compense de manière approximative la perte à basse altitude.

Si les précipitations de neige augmentent ou si les étés se refroidissent, la fonte ralentit, la glace épaissit et, après quelques années, le front de la masse glaciaire se met à avancer. Inversement, une baisse des chutes de neige ou une hausse des températures en été entraîne à long terme le recul du glacier. Il est dif-

ficile de déterminer si un glacier avance ou recule, parce que le temps de réaction de chaque masse glaciaire est fonction de ses dimensions et de la vitesse à laquelle il se déplace.

Les chaînes de montagnes de l'Ouest canadien renferment un grand nombre de calottes glaciaires dont la plus connue est le CHAMP DE GLACE COLUMBIA, une importante attraction touristique le long de la route Banff-Jasper. D'une superficie de plus de 300 km², ce champ de glace est drainé par plusieurs glaciers de vallée, dont l'Athabasca. Son altitude en surface varie de 2600 à 3500 m, une importante variation qui s'explique par les pics et les vallées du relief rocheux sous-jacent. En général, l'épaisseur moyenne du champ de glace ne dépasse pas 100 à 150 m, quoique l'épaisseur de certaines parties de ses glaciers émissaires soit plus que le double. La vitesse d'écoulement d'un glacier varie annuellement de quelques mètres au centre et d'environ 100 m dans le glacier Athabasca. Chaque été, la glace de la partie inférieure du glacier fond sur environ 4 m. Cette perte n'est plus compensée par la progression actuelle du champ de glace, de sorte que le glacier se retire de la position qu'il occupait il y a environ 100 ans, au terme d'une longue période où le CLIMAT était beaucoup plus froid qu'aujourd'hui.

Les plus importantes calottes glaciaires du Canada se trouvent dans l'ÎLE D'ELLESMERE, qui en compte trois d'une superficie de plus de 20 000 km², et dans les îles d'AXEL HEIBERG, de DEVON et de BAFFIN. La glace de certaines de ces calottes atteint jusqu'à 1 km d'épaisseur. Étant donné que les précipitations de neige et la fonte sont beaucoup plus faibles dans l'Arctique que dans l'Ouest canadien, les calottes glaciaires de l'Arctique sont moins dynamiques. Bien qu'on ait fait peu de relevés des distances parcourues, la vitesse de leur progression n'est probablement que de quelques dizaines de mètres par année.

Les plus importantes calottes glaciaires du monde recouvrent l'Antarctique et le Groenland et elles portent généralement le nom d'inlandsis. Celui de l'Antarctique s'étend sur une superficie de plus de 12 millions km² et a une épaisseur maximale de 4,5 km. S'il fondait, le niveau de tous les océans s'élèverait de 75 m. La superficie de l'inlandsis du Groenland est de 1,7 million km² et son épaisseur, de 3,2 km environ. Les glaciers de l'ouest du Groenland génèrent des icebergs qui menacent la navigation et les plates-formes de forage dans l'Atlantique Nord.

Les échantillons prélevés par carottage dans la partie centrale d'une calotte glaciaire fournissent un registre continu des chutes de neige antérieures. On peut parfois distinguer les couches de neige annuelles. Quand cela n'est pas possible, on peut dater la glace par d'autres moyens. L'analyse chimique des carottes prélevées au Groenland, dans l'Antarctique et dans l'Arctique canadien apporte des précisions sur les climats d'autrefois, particulièrement sur les températures, et permet dans certains cas de remonter jusqu'à 100 000 ans. On a aussi découvert d'autres matériaux en petites quantités, des cendres volcaniques, des poussières apportées par le vent, du pollen et, dans les couches de neige plus récentes, on a trouvé des acides et des retombées radioactives des essais nucléaires.

W.S.B. Paterson

Calumet Terme provenant du français normand et désignant une pipe ou un tuyau de pipe dans les premiers registres historiques d'Amérique du Nord, c'est un élément puissant du rituel magique associé aux BOURSES SACRÉES des Indiens des Plaines et un objet de symbolisme religieux. Le calumet est aussi au centre de la solidarité et du pouvoir des bandes. Présente dans de nombreux groupes d'Indiens des forêts de l'Est, cette pipe sert à faire brûler du TABAC, en offrande au Tout-Puissant. Associé au tonnerre et représentant l'honneur et le caractère sacré de toute vie, le calumet est utilisé pour sceller des alliances, provoquer la pluie tant attendue et consacrer marchés et traités (*voir* AUTOCHTONES: RELIGION). Fumer le calumet de paix en récitant une prière demeure la façon traditionnelle de marquer le commencement de pourparlers entre les groupes ou les nations et pour sceller les amitiés.

À l'exception du nord et du nord-ouest de l'Amérique du Nord, où le tabac et l'habitude de fumer ont été introduits par les commerçants européens, le fait de fumer la pipe est au centre de la pensée et du comportement religieux de la plupart des Autochtones d'Amérique du Nord. La cérémonie du calumet, commune chez les Autochtones des Plaines, consiste à offrir le calumet aux quatre points cardinaux, qui représentent les éléments de la vie spirituelle autochtone. On a des calumets pour le commerce et les échanges, et on les fume tant pour marquer la paix que la guerre.

Le mot renvoie habituellement à la pipe au complet (fourneau et tuyau) et non au tuyau seulement. Les tuyaux sont souvent longs, faits de bois léger, peints de différentes couleurs et ornés de piquants de porc-épic, de perles, de fourrure et de plumes. Les fourneaux sont taillés dans de la pierre ou de la catlinite, une argile rouge, gravés de dessins géométriques, enjolivés d'incrustations d'os ou de pierre ou tout simplement polis.

René R. Gadacz

Calvert, George, 1ᵉʳ baron Baltimore, colonisateur anglais (Kipling, Angl., 1579/1580—Londres, Angl., 15 avril 1632). En 1621, il établit une colonie à Ferryland sur la presqu'île Avalon, à Terre-Neuve, qui devient en 1623, par charte royale, la province d'Avalon. Calvert visite la colonie personnellement en 1627 et y passe l'hiver avec sa famille l'année suivante. Il est forcé de défendre sa colonie contre les attaques de corsaires français et rencontre aussi des difficultés quand les Puritains s'opposent aux prêtres catholiques avec colons qu'il a amenés à Terre-Neuve. En 1629, Calvert part à la recherche d'une concession de terrains sous un ciel plus clément. Calvert obtient, grâce à son fils Cecil, une concession qui deviendra la colonie de Maryland.

John Parsons

Calvinisme Système théologique chrétien et protestant formulé par le réformateur religieux Jean Cauvin, dit Calvin (1509-1564), le calvinisme devient plus rigoureux et sa vision se rétrécit sous l'influence de ses successeurs. On considère qu'il a une grande influence au Canada. Calvin fait des études de droit, mais il publie en 1536, deux ans après avoir quitté l'Église catholique, un bref manuel d'instruction religieuse, *Institution de la religion chrétienne*. Par la suite, il enrichit plusieurs fois cette œuvre, qui devient finalement un important traité de théologie adopté par la plupart des Églises réformées et qui influence également la théologie LUTHÉRIENNE et anglicane (*voir* ANGLICANISME).

En tant que système théologique, le calvinisme présente une vision globale de la manière de bien ordonner la vie humaine sur les plans personnel, social, ecclésial et politique conformément à la volonté souveraine de Dieu. Parmi les éléments importants du calvinisme se trouvent: l'autorité de l'Écriture, qui suffit à l'homme pour connaître Dieu et ses devoirs envers Dieu et envers son prochain; l'autorité égale de l'Ancien et du Nouveau Testament, dont l'interprétation véridique est certifiée par le témoignage intérieur de l'Esprit Saint; les doctrines de Dieu à la fois un et trin, créateur et soutien de toutes choses, du Christ médiateur qui expie les péchés de manière à satisfaire la justice divine et de la justification par la foi d'une éthique visant à transformer tous les aspects de la vie.

Plus tard, le calvinisme réfléchit particulièrement sur la doctrine de Calvin quant à l'élection et sur la prédestination et sur les signes permettant d'identifier les élus. Pour Calvin lui-même, toutefois, la prédestination est surtout la doctrine de la certitude finale apportée par la foi. La double prédestination signifie que Dieu a déjà choisi ceux qui seront sauvés et ceux qui seront damnés. Dans le monde présent, toutefois, les gens sont en communion grâce à des organisations comme l'Église et l'État, qui sont distinctes mais associées. L'autorité de l'Église ainsi que celle de l'État viennent de Dieu, mais, en raison de la supériorité ultime de l'Église, un mauvais gouvernement peut être destitué par la société agissant collectivement (et non sur l'initiative d'une personne) si tous les autres moyens de l'amender échouent.

Les cinq principes du calvinisme, formulés par le synode de Dordrecht (1618-1619), se résument par cette formule lapidaire: dépravation totale, élection irrévocable, rédemption particulière, grâce irrésistible et persévérance finale des saints. L'arminianisme, système théologique prêché par le théologien réformé hollandais Jacobus Arminius (1560-1609), rejette la doctrine calviniste tardive de la double prédestination en affirmant que la souveraineté divine est conciliable avec le libre arbitre de l'homme. Cette croyance est généralement acceptée par l'Église anglicane et par le méthodisme et a une forte influence sur l'évolution ultérieure de la théologie réformée.

Citoyen français, Calvin est invité à «réformer» la ville indépendante de Genève. Ses projets d'inspiration puritaine visant à améliorer la morale et la vie religieuse sont réalisés avec l'appui du conseil municipal, mais Calvin renforce aussi le pouvoir de contrôle de la population sur la politique municipale et crée un système d'assistance sociale pour les pauvres, les malades et les handicapés. Ailleurs, on accuse le calvinisme de constituer une révolution contre le gouvernement et contre la religion, et ses adeptes sont persécutés jusqu'à ce que leur champ d'action se limite à la Suisse, aux Pays-Bas, à la France, à la Hongrie, à la Grande-Bretagne et à quelques États allemands. Le calvinisme est introduit au Canada par des HUGUENOTS français, puis, plus tard, il s'étend chez les colons venus d'Écosse, d'Irlande, de Hollande et de la Nouvelle-Angleterre. Vers la fin de l'ère victorienne, l'Église presbytérienne (*voir* ÉGLISES PRESBYTÉRIENNES ET RÉFORMÉES) est la plus grande confession protestante du Canada. Les BAPTISTES viennent au deuxième rang parmi les Églises calvinistes.

En tant que théologie publique, le calvinisme a vraiment une immense influence sur l'évolution religieuse, sociale et politique, surtout en Europe et en Amérique du Nord. Avant la Première Guerre mondiale, il inspire le programme du MOUVEMENT SOCIAL GOSPEL, qui aspire à des améliorations sociales, morales et politiques conformes à la religion. Plus récemment, le calvinisme favorise l'appui canadien aux progrès humanitaires et démocratiques des pays en voie de développement. Ce qu'on appelle l'«éthique protestante du travail» est attribué, plus ou moins à tort, au calvinisme, de même que les attitudes puritaines du Canada vis-à-vis de la morale sexuelle, du respect du dimanche, du MOUVEMENT POUR LA TEMPÉRANCE et de l'individualisme, auxquels la plupart des confessions chrétiennes souscrivent pendant l'ère victorienne. Le regain d'intérêt pour le calvinisme en Europe à la fin du XIXᵉ siècle, illustré par des penseurs «néo-orthodoxes» comme Karl Barth, influence la pensée théologique canadienne à partir des années 30. Le Canada est aussi touché par le courant néerlandais de ce réveil lorsque des calvinistes néerlandais, immigrés après la guerre, cherchent à fonder des écoles confessionnelles et des syndicats chrétiens.

John S. Moir

Cambridge, cité de l'Ont.; pop. 101 429 (rec. 1996), 92 772 (rec. 1991), 79 920 (rec. 1986); superf. 115,64 km²; située à 55 km au nord-ouest de Hamilton, près de KITCHENER-WATERLOO. Créée le 1ᵉʳ janvier 1973 par la fusion de Galt, Preston et Hespeler. Avant 1830, Preston s'appelle Cambridge Mills, d'après la ville de Cambridge, en Angleterre. Diverses usines constituent la base de son économie. On y trouve le campus du Conesta College of Applied Arts and Technology. La Can-Amera, une manifestation sportive annuelle, se tient alternativement à Cambridge et à Saginaw, au Michigan, et attire quelque 2000 athlètes amateurs.

Daniel Francis

Cambriolage Le terme «cambriolage» ne désigne plus une infraction dans le Code criminel, bien que les activités qui étaient ainsi désignées demeurent des crimes. Le cambriolage et les activités connexes étaient reconnues comme des infractions tout au cours de la formation de la COMMON LAW anglaise. Plusieurs règles de la common law ont été inscrites dans les lois antérieures et postérieures à la Confédération, puis incorporées au Code criminel de 1892. Jusqu'à quelques années après la Confédération, certaines infractions de cambriolage étaient punissables de mort.

Le Code criminel prévoit aujourd'hui plusieurs infractions d'«introduction par infraction» et infractions connexes. Il définit les termes «effraction», «introduction» et «endroit», et prévoit certaines règles de preuve pour la poursuite du cambriolage.

L'article 348 du Code criminel établit les principales interdictions modernes contre le cambriolage. Il prévoit qu'une personne peut être coupable d'un acte criminel dans l'une des trois situations suivantes: a) introduction en un endroit par effraction avec l'intention d'y commettre un acte criminel, b) introduction en un endroit par effraction et perpétration d'un acte criminel dans cet endroit, c) sortie d'un endroit par effraction soit après y avoir commis un acte criminel, soit après s'y être introduit avec l'intention d'y commettre un acte criminel. Le coupable est passible de l'emprisonnement à perpétuité si l'infraction est commise relativement à une maison d'habitation, autrement, la peine maximale est de 14 ans d'emprisonnement.

Le Code criminel établit des infractions pour des activités liées au cambriolage. Ainsi est coupable d'un acte criminel et passible d'un emprisonnement maximal de 10 ans quiconque, sans excuse légitime, s'introduit ou se trouve dans une maison d'habitation avec l'intention d'y commettre un acte criminel. D'autres infractions ont trait à la possession d'outils de cambriolage, au port d'un déguisement dans l'intention de commettre un acte criminel et à la vente, à l'achat ou à la possession non autorisée d'un passe-partout d'automobile (y compris des crochets). (*Voir aussi* VOL QUALIFIÉ.)

Wayne Renke

Cameron, Alexander Thomas, biochimiste (Londres, Angl., 1882—Winnipeg, 25 sept. 1947). Après avoir fait ses études de chimie à l'U. d'Édimbourg, en Écosse, Cameron devient maître de conférence en physiologie à l'U. du Manitoba, où il enseigne jusqu'à sa mort (sauf durant la Seconde Guerre mondiale où il sert en France). Quand la biochimie est séparée de la physiologie en 1923, il devient directeur du nouveau département. Son travail sur la distribution de l'iode dans les plantes et les animaux l'amène à contribuer au domaine en plein essor de l'endocrinologie, particulièrement la biochimie des glandes thyroïde et parathyroïde. En lui décernant un doctorat ès sciences en 1925, l'U. d'Édimbourg reconnaît sa contribution à la biochimie de l'iode. Il est l'auteur d'un manuel de biochimie, jadis très utilisé, et d'autres livres. Son intérêt pour l'océanographie, né de ses recherches sur l'iode, l'amène à présider le Conseil de recherches sur les pêcheries du Canada (1934-1947).

David B. Smith

Cameron, Donald William, politicien, premier ministre de la Nouvelle-Écosse (Egerton, N.-É., 20 mai 1946). Cameron obtient son diplôme de l'U. McGill et se lance dans l'exploitation d'une ferme laitière dans le comté de Pictou. D'abord élu à l'Assemblée législative de la Nouvelle-Écosse sous la bannière du Parti conservateur en 1974, et réélu sans arrêt depuis, il est nommé ministre des Pêches et des Loisirs en octobre 1978 et démissionne du Cabinet en juin 1980. En avril 1988, il réintègre le Cabinet à titre de ministre de l'Industrie, du Commerce et de la Technologie et, en septembre 1988, il est nommé ministre responsable de la *Nova Scotia Research Foundation Corporation Act* et du Advisory Council on Applied Science and Technology.

Le 9 février 1991, Cameron devient premier ministre de la Nouvelle-Écosse quand le Parti conservateur le choisit pour remplacer John Buchanan à la tête du parti. Il fait campagne en promettant de mettre fin au favoritisme, de gouverner de façon plus transparente et de réduire le déficit. Le premier budget de son gouvernement impose le gel des salaires des fonctionnaires provinciaux pour une période de deux ans et élimine 300 emplois de la fonction publique, tout en imposant des frais de scolarité dans les collèges communautaires et en augmentant le prix des médicaments pour les personnes âgées. En août 1991, le Nouveau Parti démocratique s'empare de la circonscription de John Buchanan, le gouvernement de Cameron perd sa majorité à l'Assemblée législative et, ce qui est plus rare, se trouve à égalité avec l'opposition. (Le vote du président de l'Assemblée tranche en cas d'égalité.)

Cameron ménage son gouvernement pendant le reste de son mandat et concentre ses efforts sur la réduction du déficit. Même s'il réussit à mettre fin aux scandales de favoritisme qui avaient miné le gouvernement de John Buchanan, les conservateurs de John Cameron sont défaits par les libéraux de John Savage le 25 mai 1993. Le soir même, Cameron annonce qu'il se retire de la vie politique.

Cameron, William Maxwell, physicien et océanographe (Battleford, Sask., 24 juil. 1914). Formé à l'U. de la Colombie-Britannique, Cameron est biologiste au Conseil de recherches sur les pêcheries de la Station biologique du Pacifique de 1938 à 1941, puis il passe comme prévisionniste au Service météorologique du quartier général du Commandement aérien de l'ouest à Vancouver. En 1944, il se joint à la Marine royale du Canada (MRC) et participe à la recherche sur la guerre anti-sous-marine. Après la Seconde Guerre mondiale, il étudie sous la direction du Dr H.U. Sverdrup à la Scripps Institution of Oceanography de l'U. de Californie. En 1949, il se joint au Conseil de recherche pour la défense du Canada et joue un rôle important dans la fondation de l'Institute of Oceanography (maintenant le Département d'océanographie) à l'U. de la Colombie-Britannique.

Cameron effectue de grandes recherches et de vastes levés hydrographiques dans l'Arctique en tant que scientifique en chef des expéditions conjointes canado-américaines dans la mer de Beaufort, de 1949 à 1954. Il passe ensuite, en 1960, au ministère des Mines et des Relevés Techniques (qui deviendra le ministère de l'Énergie, des Mines et des Ressources) et est à la tête de la Direction des sciences de la mer de 1962 à 1971, date à laquelle il prend sa retraite. L'initiative prise par Cameron de fonder l'INSTITUT OCÉANOGRAPHIQUE DE BEDFORD ainsi que ses études théoriques sur la circulation dans les estuaires et sur la modélisation des océans ont une importance à l'échelle mondiale.

Neil J. Campbell

Camionnage, industrie du L'industrie du camionnage est constituée de particuliers et d'entreprises qui possèdent et exploitent des camions pour le transport des marchandises. L'industrie est formée principalement de trois secteurs: transport contractuel, transport privé et transport public. Un transporteur contractuel transporte les marchandises pour un seul expéditeur ou un nombre restreint d'expéditeurs en vertu d'accords contractuels définissant les tarifs et autres modalités. Un transporteur privé utilise son propre véhicule pour transporter ses propres marchandises, p.ex. des matières premières vers des usines de transformation ou des produits finis vers les marchés. On estime que le transport privé a au moins autant d'importance en volume que le transport public.

L'industrie du transport public (ou voituriers publics) est constituée de particuliers et de firmes qui possèdent et exploitent des camions pour le transport routier de marchandises de toute nature. Ainsi, contrairement aux transporteurs contractuels ou privés, le transporteur public dessert tous les expéditeurs. Il offre des services de livraison complets, de porte à porte, et est soumis à l'obligation légale de fournir ces services à un tarif publié même au plus petit hameau d'Amérique du Nord.

Historique L'effort de guerre canadien donne un élan important au camionnage. La demande énorme en matières premières, produits finis, navires, avions et véhicules impose un fardeau considérable à l'ensemble du réseau de transport canadien. Une pénurie importante de main-d'œuvre se fait sentir dans l'industrie du camionnage et le gouvernement fédéral la déclare, à la demande des transporteurs, essentielle à l'effort de guerre. C'est une reconnaissance de la souplesse et de l'efficacité de ce moyen de transport commercial. Le développement et l'amélioration du réseau routier après la guerre permettent à l'industrie du camionnage de devenir un élément vital du réseau de TRANSPORT canadien.

Réglementation et gestion Les gouvernements provinciaux déterminent la majeure partie des conditions d'exploitation et de la réglementation commerciale touchant les transporteurs intraprovinciaux, c.-à-d. l'obtention des permis de conduire, les taxes sur le carburant, la masse des véhicules, leurs dimensions, le code de la route, l'inspection des véhicules, l'arrimage des chargements et l'équipement de sécurité approuvé. Le droit du gouvernement fédéral de réglementer le camionnage date d'une décision du Conseil privé en 1954, stipulant que ce droit s'étend à tout trajet franchissant les frontières provinciales ou internationales. En l'absence d'un mécanisme fédéral de réglementation, cette compétence est toutefois confiée de nouveau aux provinces. La seule obligation est que chaque province applique les mêmes lois au transport interprovincial qu'au transport intraprovincial. Ce mandat très large engendre une grande disparité entre les réglementations commerciales des provinces. Lorsque des entreprises ou des particuliers franchissent une frontière provinciale ou internationale en faisant du camionnage pour compte d'autrui, certains règlements fédéraux ont préséance sur les lois provinciales. Le gouvernement fédéral établit également les normes de sécurité.

L'industrie du transport public offre des services dans 52 zones métropolitaines du Canada possédant des populations de 50 000 personnes ou plus ainsi que dans 4250 centres moins populeux. Tous ces points, ainsi que les villes américaines de plus de 47 000 habitants, sont accessibles aux expéditeurs soit par un service direct offert par le transporteur, soit par relais jusqu'à la destination finale. L'expéditeur, ou consignateur, acquitte le total des frais d'expédition et le transporteur qui les perçoit les répartit entre les transporteurs participants. Le bénéfice d'exploitation annuel du secteur public de l'industrie est approximativement de 9,99 milliards de dollars en 1992.

Les cinq marchandises les plus communément transportées par les transporteurs pour compte d'autrui au Canada sont le sable, le gravier et la pierre brute, les copeaux de bois à pâte, les billes et billots de bois, le bois d'œuvre et le mazout, qui constituent presque 30 p. 100 du volume total. Quoique la distance moyenne parcourue par camion pour un voyage interurbain soit d'à peu près 482 km, le recours à des camions pour transporter des denrées périssables sur de plus longues distances s'intensifie. Certains transporteurs spécialisés dans les longs déplacements disent dans leur publicité qu'un chargement quittant Toronto arrivera à Vancouver moins de 70 heures plus tard.

Les 7987 transporteurs pour compte d'autrui qui réalisent en 1992 des revenus bruts de plus de 25 000 dollars exploitent 174 337 véhicules commerciaux. Ces véhicules parcourent plus de 4,7 milliards de km et consomment 2,2 milliards de litres de carburant, dont 92 p. 100 sont du carburant diesel. L'augmentation rapide et constante du prix du carburant depuis 1973, accompagnée d'une hausse aussi considérable des taxes sur ce dernier, porte les dépenses à ce chapitre à un niveau jamais encore égalé. À l'heure actuelle, une moyenne de 10 p. 100 du revenu brut des transporteurs est dépensée en carburant; les transporteurs pour compte d'autrui dépensent, en 1992, plus de 962,8 millions de dollars en carburant diesel et en essence. En réaction à cette situation, les fabricants de camion offrent dorénavant des véhicules à consommation réduite, et les fabricants de pièces proposent maintenant des dispositifs réduisant la résistance à l'air, des pneus radiaux, des lubrifiants synthétiques et des ventilateurs modulés. Les programmes de formation des conducteurs axés sur l'économie d'énergie sont également importants. L'industrie du camionnage est un employeur de taille. En 1985, les transporteurs pour compte d'autrui versent à leurs 93 010 employés près de 2,65 milliards de dollars.

Bien que les autorités provinciales en matière de transport soient responsables de leurs propres routes, les décisions touchant l'application de règlements particuliers ne se prennent souvent qu'après consultation avec les responsables de la réglementation des autres provinces. Un bureau permanent, le Conseil canadien des administrateurs en transport motorisé (CCATM), s'en charge. Le CCATM ne se limite pas au camionnage, mais accomplit un travail énorme pour rationaliser la réglementation dans ce domaine, notamment en ce qui a trait aux exigences touchant les conducteurs, à l'assurance des cargaisons, à l'inspection des véhicules, au transport de marchandises dangereuses et aux permis de conduire. Le plus grand succès du CCATM réside probablement dans l'adoption d'un régime d'immatriculation des catégories de véhicules au prorata, selon lequel les transporteurs versent à chaque autorité une part proportionnelle à la distance du trajet parcouru sur le territoire de cette autorité. Malgré l'existence de différences non négligeables entre les provinces quant au nombre maximum d'essieux et à la limite de masse brute, un véhicule à cinq essieux, le plus utilisé dans l'industrie, peut légalement circuler sur toutes les routes prévues à cet effet au Canada avec une masse brute de 36 400 kg.

On évalue la part du camionnage à 70 p. 100 de tous les biens manufacturés circulant entre les États-Unis et le Canada. Les transporteurs canadiens qui voyagent d'un pays à l'autre doivent, entre autres exigences, demander une autorisation des États-Unis et se plier à la réglementation des douanes américaines et canadiennes.

Camp, Dalton Kingsley, écrivain et politicien (Woodstock, N.-B., 11 sept. 1920). Après des études à l'U. du Nouveau-Brunswick, à l'U. Columbia et à la London School of Economics, Camp s'engage d'abord en politique étudiante en tant que Libéral. Désillusionné, il se tourne vers les Conservateurs et participe à l'organisation de la campagne électorale de Robert STANFIELD, qui deviendra premier ministre de la Nouvelle-Écosse en 1956. Il est président national du Parti conservateur de 1964 à 1969. À ce titre, il contribue au remplacement de John DIEFENBAKER à la tête du parti. Il connaît beaucoup de succès personnel au sein du parti, mais il n'en va pas de même aux élections générales, où il subit deux échecs consécutifs: le premier en 1965 et le second en 1968. Par la suite, il sert de conseiller aux dirigeants conservateurs durant les campagnes électorales, dont celle de 1984.

En 1986, Camp retourne à la vie publique et à la controverse en devenant consultant auprès du gouvernement Mulroney. Il se fait connaître dans le domaine de la publicité et en tant qu'écrivain et chroniqueur. Il rédige notamment ses mémoires, *Gentlemen, Players and Politicians* (1970), un livre à la fois bien écrit et instructif. Il est nommé Officier de l'Ordre du Canada en 1994.

Robert Bothwell

Camp X École de formation spéciale dirigée par les Britanniques près de Whitby, en Ontario, durant la Seconde Guerre mondiale, le Camp X est devenu légendaire. En effet, *A Man Called Intrepid* (1977), le récit populaire des activités en temps de guerre de sir William STEPHENSON, directeur de la British Security Co-Ordination (BSC), basée à New York, contient plusieurs révélations extraordinaires au sujet des activités de l'école, la plus remarquable étant que les agents secrets tchèques qui assassinèrent le général S.S. Reinhard Heydrich en 1942 y furent formés.

La plupart des révélations sont fausses. Le camp, portant le titre officiel de STS (Special Training School) 103, servait d'école de formation préliminaire au Special Operations Executive (SOE) britannique pour ses recrues d'Amérique du Nord et du Sud, et constituait un endroit pratique où enseigner l'espionnage aux Américains durant la période de neutralité des États-Unis. Ni les agents qui assassinèrent Heydrich, ni les autres recrues d'Europe n'y furent formés.

La plupart des diplômés du camp furent des Canadiens et des Américains dont bon nombre provenaient du OSS (Office of Strategic Services) américain. Le SOE fournit le personnel de formation, la BSC s'occupa des questions administratives et financières, et les autorités militaires canadiennes assurèrent les services auxiliaires. On trouvait aussi au même endroit une opération secondaire du nom de Hydra, entièrement contrôlée par la BSC; il s'agissait d'une station radio qui traitait les communications transatlantiques ultrasecrètes des renseignements britanniques. L'école ouvrit le 9 décembre 1941 et ferma deux ans plus tard. (*Voir aussi* RENSEIGNEMENTS ET ESPIONNAGE.)

David Stafford

Campagne électorale Effort concerté pour mettre en candidature et procéder à l'ÉLECTION des personnes désirant occuper un poste au gouvernement. Dans un régime de démocratie parlementaire, les campagnes électorales sont la voie principale par laquelle les partis (*voir* SYSTÈME DE PARTI) et les candidats font connaître leurs opinions et par laquelle les électeurs sont informés des positions d'un parti ou d'un candidat. Le Canada compte des campagnes électorales aux niveaux fédéral, provincial et municipal (*voir* ÉLECTIONS LOCALES). Les pratiques des campagnes électorales fédérales sont réglementées par la *Loi électorale du Canada* (*voir* LOI SUR LES DÉPENSES D'ÉLECTION; SYSTÈMES ÉLECTORAUX). Aux niveaux provincial et municipal, les pratiques des campagnes sont réglementées par des lois provinciales similaires.

La conduite des campagnes électorales au Canada a évolué graduellement au cours de près de deux siècles de pratique ainsi que par la transposition des usages britanniques (et, jusqu'à un certain point, américains) aux besoins d'une fédération parlementaire possédant deux langues officielles, un climat rigoureux et une population relativement réduite dispersée à l'échelle d'un demi-continent. Les développements technologiques, comme la télévision ou les transports aériens, et les changements socio-économiques ont considérablement modifié les us et coutumes des campagnes au cours des dernières années. Les campagnes fédérales et provinciales se ressemblent beaucoup. Les campagnes municipales ne mettent habituellement pas de partis en jeu, mais ressemblent par bien des aspects aux campagnes fédérales et provinciales.

Premières campagnes électorales Parce que les institutions démocratiques ont été implantées dans les colonies britanniques de l'Amérique du Nord, soit le Bas-Canada, le Haut-Canada, la Nouvelle-Écosse et le Nouveau-Brunswick, avant la fin du XVIIIe siècle, le Canada possède une longue histoire en matière de campagnes électorales. Les premières campagnes se sont déroulées avant même que des partis politiques organisés soient formés et étaient donc principalement constituées d'efforts individuels dans les circonscriptions. Jusqu'à ce qu'un GOUVERNEMENT RESPONSABLE soit institué au milieu du XIXe siècle, le gouverneur de chaque colonie, représentant de la couronne, intervenait fréquemment dans les campagnes électorales pour obtenir l'élection de députés qui collaboreraient avec lui et qui lui permettraient d'obtenir les fonds nécessaires à son gouvernement.

Une fois le gouvernement responsable institué, les chefs du gouvernement officiel et de l'opposition siégeaient à l'assemblée législative et tentaient de coordonner les campagnes de leurs partisans pour en faire élire le plus grand nombre possible. Avec l'avènement de la Confédération en 1867, les campagnes se sont étendues à un vaste territoire géographique, mais les campagnes électorales de 1867, 1872 et 1874 ont été menées de façon très décentralisée, en se conformant aux lois et aux traditions déjà en vigueur, avant la Confédération, dans les différentes provinces.

La différence la plus frappante entre ces premières campagnes et celles d'aujourd'hui est que le vote ne se déroulait pas pendant une seule journée. En effet, il s'étalait sur plusieurs semaines, certaines circonscriptions votant à des dates différentes. Cela permettait au gouvernement de planifier le vote de façon à ce que ses comtés les plus sûrs votent tôt afin de créer un effet d'entraînement qui convaincrait les électeurs des circonscriptions moins sûres d'emboîter le pas et d'élire les candidats du gouvernement. Les circonscription réputées être les bastions de l'opposition votaient les dernières pour ne pas décourager les partisans du gouvernement. Les chefs de parti et autres personnalités étaient souvent candidats dans plus d'une circonscription afin de s'assurer un siège.

À l'intérieur de chaque circonscription, le vote pouvait s'étaler sur deux jours. Il se faisait à main levée plutôt que par bulletin secret, et l'intimidation et les pots-de-vin constituaient donc un aspect courant et plus ou moins toléré de ces campagnes. Le petit nombre d'électeurs facilitait une approche plus personnelle qu'il n'est plus possible aujourd'hui. Des politiciens chevronnés comme sir John A. MACDONALD connaissaient la plupart de leurs partisans par leur nom. À l'élection de 1867, une moyenne de moins de 1500 votes par circonscription est enregistrée.

La campagne électorale de 1878 est, par certains côtés, la première campagne moderne. Pratiquement tous les candidats sont rattachés à l'un des deux partis inscrits, LIBÉRAL ou CONSERVATEUR. Les partis se distinguent clairement sur des enjeux politiques qui ont été longuement débattus pendant la campagne, et la victoire des conservateurs peut être interprétée comme le mandat de mettre en œuvre son programme sur la protection tarifaire et sur l'achèvement rapide du chemin de fer transcontinental. Pratiquement toutes les circonscriptions ont voté le même jour, et pour la première fois à bulletin secret. Ce fut également la première élection où les candidats devaient nommer un agent officiel et faire rapport de leurs dépenses électorales. Les modes de fonctionnement les plus importants, que les campagnes ultérieures ont retenu, sont mis en place en 1878.

Stratégies, enjeux et chefs Les campagnes électorales modernes sont des opérations soigneusement planifiées et coordonnées qui demandent une longue préparation et un contrôle centralisé. Le chef d'un parti politique nomme un comité de campagne dont le président lui fait directement rapport. Des personnes choisies sont responsables des différents aspects de la campagne, soit le financement, la publicité, la logistique des déplacements, les relations avec les médias et la mesure de l'OPINION PUBLIQUE. Au Parti libéral, il est d'usage de mener une campagne pratiquement séparée pour le Québec, avec sa propre organisation autonome qui fait directement rapport au chef national. Jusqu'au milieu des années 1980, les campagnes au Québec du Parti conservateur et du NOUVEAU PARTI DÉMOCRATIQUE n'étaient qu'une partie des opérations nationales. Cela a changé pour les Conservateurs à l'élection fédérale de 1984 parce que le parti y a obtenu une vaste majorité.

La planification est plus facile pour le parti qui gouverne puisque c'est normalement le PREMIER MINISTRE FÉDÉRAL qui décide de la date des élections. Cette dernière sera choisie de manière à maximiser l'impact de la campagne du parti au pouvoir et tiendra donc compte des conditions économiques, de la popularité du gouvernement et de l'état de son programme législatif au PARLEMENT. Cet important avantage s'envole toutefois lorsque la tenue de l'élection est provoquée par un vote de confiance perdu à la CHAMBRE DES COMMUNES (p. ex., en 1926, 1963 et 1980). Puisqu'une élection doit avoir lieu tous les cinq ans au moins, un premier ministre peut aussi perdre cet avantage en laissant le Parlement se rendre au bout de son mandat, comme en 1896 et en 1935.

Les stratégies des campagnes électorales doivent tenir compte du fait que les Canadiens manifestent leur appui aux partis politiques à divers degrés. Chaque parti cherche à mobiliser ses propres partisans, à s'assurer les votes des sympathisants et à convaincre autant d'indécis que possible. Les partis au pouvoir vantent leurs réalisations et annoncent des initiatives visant à gagner les indécis. Les partis d'opposition attaquent les réalisations du gouvernement et promettent de faire mieux.

Les enjeux des campagnes électorales naissent des confrontations entre le gouvernement et l'opposition. On ne rencontre cependant pas d'enjeux bien définis dans chaque campagne. En partie pour cette raison, et en partie parce que les partis canadiens ne se distinguent pas franchement par leur idéologie, les campagnes se concentrent sur les traits de caractère et sur les capacités présumées des chefs de parti. Les stratégies des campagnes sont bâties de façon à familiariser l'électorat avec les chefs et à le convaincre de leur donner son appui. Elles peuvent ou non comprendre des attaques ouvertes envers les chefs des autres partis.

Parmi les campagnes électorales générales qui semblent avoir été dominées par des enjeux particuliers figurent celles de 1878 (*voir* POLITIQUE NATIONALE), de 1891 (RÉCIPROCITÉ commerciale avec les États-Unis), de 1896 (QUESTION DES ÉCOLES DU MANITOBA), de 1911 (encore la réciprocité), de 1917 (CONSCRIPTION), de 1926 (pouvoirs constitutionnels du gouverneur général, *voir* KING-BYNG, AFFAIRE), de 1957 (imposition de la CLÔTURE par le gouvernement pour mettre fin au DÉBAT SUR LE PIPELINE), de 1963 (armes nucléaires), de 1974 (CONTRÔLE DES SALAIRES ET DES PRIX) et de 1988 (LIBRE-ÉCHANGE avec les États-Unis). La plupart de ces questions ont été soulevées et martelées par l'opposition plutôt que par le gouvernement, et la majorité de ces campagnes ont vu la défaite du parti au pouvoir. La campagne de 1988, au cours de laquelle le gouvernement a demandé et reçu le mandat de mettre en œuvre le libre-échange, fut une exception. Dans la plupart des élections où l'opposition ne réussit pas à imposer un enjeu dominant, le parti au pouvoir est réélu. Le parti au pouvoir préfère faire valoir ses compétences et ses réalisations plutôt que de mettre de l'avant un enjeu particulier.

Pratiquement toutes les campagnes mettent l'accent sur la personnalité du chef, un phénomène quelquefois déploré par ceux qui préfèrent une approche plus rationnelle et plus intellectuelle de la politique. Ce n'est pas un phénomène nouveau, comme ces vieux slogans le prouvent: «Le vieil homme, le vieux drapeau, le vieux parti» (dernière campagne de Macdonald en 1891), «Laissons Laurier finir le travail» (1908), «King ou le chaos» (1935) et «C'est le temps d'un gouvernement Diefenbaker» (1957). Dans tous ces cas, le leader mentionné a gagné.

Au cours des premières campagnes, l'influence qu'avaient les chefs et leur «image» sur les électeurs ne pouvait s'exercer directement sur l'électorat, et ils devaient compter sur l'éloquence des candidats locaux et sur les quotidiens qui les appuyaient. Grâce aux communications et aux transports modernes, les chefs de parti sont maintenant mieux connus des électeurs. Macdonald et ses adversaires libéraux, Alexander MACKENZIE et Edward BLAKE, ne faisaient campagne que dans le sud de l'Ontario.

Sir Wilfrid LAURIER est, en 1917, le premier chef de parti à visiter les provinces de l'Ouest pendant une campagne. W. L. Mackenzie KING ne visite pas le Québec, bastion de son parti, pendant sa campagne victorieuse de 1921. On s'attend aujourd'hui à ce que les chefs des partis nationaux fassent campagne dans chaque province, et la préparation de l'itinéraire du chef pendant les deux mois que dure la campagne constitue l'une des activités principales du comité de direction de la campagne. Jusqu'à DIEFENBAKER compris, les chefs de parti ont utilisé le train pour leurs déplacements. Aujourd'hui, ils affrètent spécialement des avions. À chaque arrêt de leur tournée, les chefs promettent de nouvelles initiatives d'intérêt local.

Médias, publicité et sondages Les communications électroniques ont permis aux électeurs d'entendre et de voir les chefs de parti sans quitter leur foyer. La radiodiffusion nationale des discours des chefs de parti est réalisée pour la première fois pendant la campagne de 1930, et la télévision est mise à contribution pendant la campagne de 1957. Dans les deux cas, un chef de l'opposition particulièrement habile à exploiter le nouveau média s'est assuré la victoire.

La télévision a pour effet de retenir les électeurs chez eux le soir et a rendu impossible, sinon inutile, de les amener à assister aux grands rassemblements politiques. Les chefs de parti s'adressent encore à des foules dans les stades et les auditoriums des grandes villes, mais ces événements sont aujourd'hui surtout suivis par les journalistes, les équipes de télévision et les militants travaillant à la campagne locale du parti. Les militants sont souvent emmenés aux rassemblements par des autobus affrétés pour s'assurer qu'aucun siège vide ne sera vu par l'électorat observant l'événement à la télévision.

La publicité électorale est devenue un élément essentiel de toute campagne. On a commencé à utiliser les techniques publicitaires modernes dans les campagnes électorales avant la Seconde Guerre mondiale. Des agences de publicité aident aujourd'hui à façonner les stratégies de campagne des partis et des experts en publicité comme Dalton CAMP ou Keith DAVEY sont des conseillers très écoutés par les politiciens canadiens. Slogans, tracts, affiches, macarons et autres articles de promotion, annonces dans les quotidiens, enregistrements et vidéos proposés aux médias électroniques tendent tous à créer l'«image» voulue du parti, de ses dirigeants et de ses orientations. Dans les campagnes récentes, près de la moitié du budget publicitaire est consacrée à la télévision.

Les campagnes modernes ont également été modifiées par la mise au point des techniques de mesure de l'opinion publique. La mesure des performances des partis par des organismes de recherche indépendants est publiée régulièrement dans les quotidiens et peut affecter le déroulement des élections en créant, pendant la campagne, un effet d'entraînement similaire à ce qui était observé lors des votes non simultanés d'avant 1878. Les partis eux-mêmes emploient des sondeurs (dont les résultats ne sont normalement pas publiés) pour identifier leurs forces et leurs faiblesses et pour évaluer les réactions des électeurs face aux chefs, aux candidats, aux enjeux, aux politiques et aux événements.

Campagnes dans les circonscriptions La télévision, le transport aérien et les techniques modernes de mesure et de manipulation de l'opinion publique ont tous contribué à accroître l'importance d'une organisation centralisée dans une campagne nationale ou provinciale. Une bonne campagne locale au niveau de la circonscription, menée de concert avec la campagne nationale, reste néanmoins nécessaire pour s'assurer la victoire.

Les campagnes locales sont principalement sous la responsabilité du candidat, de son agent officiel et de son président de campagne. Elles visent surtout à faire connaître le candidat à un grand nombre d'électeurs, à identifier les électeurs susceptibles d'appuyer le candidat et à s'assurer que ces électeurs aillent voter. Le candidat atteint son premier objectif principalement au moyen du porte-à-porte, quoique les visites d'usines et de mines soient également de mise dans les circonscriptions où des industries emploient un grand nombre d'électeurs. Les associations communautaires des quartiers de la classe moyenne organisent souvent des débats entre les candidats locaux, mais l'opinion généralement répandue est que seuls ceux qui ont déjà fait leur choix y assistent.

Identifier les sympathisants était facile au temps des collectivités rurales et des petites villes stables du Canada de Macdonald et de Laurier. Dans les quartiers mixtes à population mobile des métropoles modernes, seule une armée de démarcheurs visitant chaque maison au moins une fois pendant la campagne peut y arriver. Le jour de l'élection, les mêmes personnes vérifient régulièrement si les sympathisants vont voter, et peuvent offrir de les transporter jusqu'au bureau de vote pour les y inciter.

Les campagnes locales, qui, de façon générale, sont aujourd'hui honnêtes et justes, ne l'ont pas toujours été. Dans les régions rurales, il était autrefois habituel de suborner les électeurs avec un repas, de l'alcool ou de l'argent. Dans les plus grandes villes, et particulièrement à Montréal avant la RÉVOLUTION TRANQUILLE, la fraude électorale sévissait par l'usurpation de l'identité d'autres électeurs, l'inscription de noms fictifs sur la liste électorale, le vol de boîtes de scrutin ou l'intimidation des militants de l'autre parti par la menace ou la violence. Une réglementation plus stricte des campagnes et l'avènement d'un électorat mieux nanti et plus éduqué ont causé à toutes fins utiles la disparition de ces fraudes. La manipulation de l'électorat par la publicité et la fréquence avec laquelle les promesses électorales restent sans lendemain soulèvent toutefois encore des questions sur la qualité du processus démocratique.

Garth Stevenson

Campagnol Nom commun donné à plusieurs espèces de RONGEURS de la famille des muridés, que l'on rencontre seulement dans l'hémisphère Nord. Leur taille varie de 15 à 20 g, chez les campagnols à dos roux (genre *Clethrionomys*), à 200 g, chez le campagnol de Richardson (*Microtus richardsoni*). Leur corps est trapu, leurs pattes et leur queue sont courtes, et leurs oreilles émergent à peine de leur assez longue fourrure.

Répartition et habitat Le genre *Microtus*, qui comprend environ 55 espèces, est le plus répandu et le plus varié. Parmi les 12 espèces de ce genre au Canada, on compte le campagnol sylvestre, le campagnol des prairies, le campagnol chanteur, le campagnol montagnard, le campagnol de Townsend, le campagnol nordique, le campagnol longicaude, le campagnol des rochers, le campagnol à joues jaunes et le campagnol d'Oregon. Le campagnol des champs (*M. pennsylvanicus*) se rencontre partout au Canada, dans les prairies, dans les FORÊTS et dans la TOUNDRA du bas Arctique. Les espèces de campagnols à dos roux, abondantes en forêt, se trouvent aussi dans les prairies et dans la toundra à l'ouest de la baie d'Hudson. Le phénacomys (*Phenacomys intermedius*), qui habite la FORÊT BORÉALE, est rare. Le campagnol des armoises (*Lagurus curtatus*) vit uniquement dans les prairies sèches du sud-ouest de la Saskatchewan et du sud-est de l'Alberta.

Reproduction et développement Plusieurs espèces de campagnols font des sentiers très visibles et construisent des nids herbeux au-dessus du sol. Ils demeurent actifs sous la neige et s'y reproduisent parfois. Les femelles de plusieurs espèces deviennent fertiles tout de suite après la mise bas et ont des portées à intervalles rapprochés. Elles donnent parfois naissance à deux ou trois portées l'été même de leur naissance. Les campagnols survivent rarement à plus d'un hiver. Chez plusieurs espèces, les populations varient selon des cycles d'abondance et de rareté, qui culminent tous les trois ou quatre ans.

Relations avec les humains Les campagnols peuvent causer des pertes importantes aux cultures de foin et de CÉRÉALES, en plus d'endommager les arbres fruitiers et les arbustes ornementaux.

W.A. Fuller

Campagnolo, Iona, née Hardy, personnalité de la radio et politicienne (île Galiano, C.-B., 18 oct. 1932). Elle grandit à Prince Rupert, en Colombie-Britannique, où elle travaille dans la communication radiophonique de 1965 à 1974. Présidente du conseil scolaire de Prince Rupert entre 1966 et 1972, elle est ensuite élue conseillère municipale au même endroit en 1972. Elle est députée libérale de Skeena de 1974 à 1979 et ministre d'État (Condition physique et Sport amateur) de 1976 à 1979. En novembre 1982, Campagnolo est élue présidente du Parti libéral du Canada et devient la première femme à occuper ce poste. Au cours de l'élection fédérale de 1984, elle brigue en vain un siège à Vancouver. Elle guide le parti lors de son premier changement de direction en 16 ans et présente sa démission le 27 novembre 1986 comme présidente du Parti libéral.

Harriet Gorham

Campanule Nom commun de plusieurs PLANTES aux fleurs en forme de cloche, de la famille des campanulacées et des boraginacées. La campanule commune, du genre *Campanula* (lat. pour «cloche»), est vivace et herbacée, possède une sève laiteuse et est indigène des régions tempérées du Nord et de l'Arctique. Plus de 230 espèces sont répandues dans le monde; neuf espèces sont indigènes du Canada, cinq autres espèces cultivées se sont implantées. La plus connue des espèces canadiennes (*C. rotundifolia*), qu'on trouve du territoire du Yukon jusqu'aux provinces atlantiques (c'est un cultivar à l'Île-du-Prince-Édouard), est la campanule à feuilles rondes ou clochettes.

Les campanules poussent dans la toundra rocailleuse, les crevasses de rocher, au bord des routes, dans les prairies et les bois, en basse altitude comme en zone alpine. Elles fleurissent de juin à août et leurs pétales sont en forme de cloche. Les cloches sont bleues ou pourpres, parfois blanches. L'élément mature femelle (le pistil) ressemble à un battant de cloche.

La POLLINISATION par les insectes est normale mais, si ce n'est pas fait, le pistil mature se plie vers l'arrière et se féconde avec le pollen à la base de la cloche. Le fruit développe des pores sur le côté qui s'ouvrent pour libérer plusieurs graines. Le mertensia, parfois aussi appelé campanule, appartient au genre *Mertensia*, de la famille des bourraches.

Campbell, Alan Newton, professeur de chimie (Halifax, Angl., 29 oct. 1899). Après avoir obtenu un doctorat au King's College, à Londres, Campbell devient professeur adjoint de chimie à l'U. du Manitoba, en 1930. À l'époque, le département privilégie surtout l'enseignement, mais Campbell s'intéresse à la recherche. Il y fonde donc une école de recherche, puis devient directeur du département en 1945. Dans les années 50, il siège au Conseil national de recherches pendant six ans. En 1965, il laisse la direction, mais continue d'enseigner jusqu'en 1969 lorsqu'il est nommé professeur émérite. Il reçoit un doctorat ès sciences de l'U. du Manitoba en mai 1981. Pendant toute sa vie, il poursuit des recherches sur la conductance des solutions électrolytiques et sur les propriétés thermodynamiques des solutions.

Ses élèves, dont plusieurs sont aujourd'hui d'éminents chimistes, se souviennent aussi de lui pour son amour de la littérature, de la musique et des études classiques.

E.M. Kartzmark

Campbell, sir Alexander, avocat, politicien (Hedon, Angl., 9 mars 1822—Toronto, 24 mai 1892). À l'âge de 17 ans, il devient le deuxième stagiaire en droit de John A. MACDONALD. Il est admis au barreau en 1843. Au début, il pratique le droit comme associé de Macdonald.

Il connaît le succès comme avocat et homme d'affaires. En 1858, il est élu au conseil législatif pour représenter la circonscription de Cataraqui; il y demeure jusqu'en 1867, lorsqu'il est appelé au Sénat. Il occupe une succession de postes ministériels: commissaire des terres de la Couronne (1864-1867), maître des postes (1867-1873, 1879-1880, 1880-1881, 1885-1887), ministre de l'Intérieur (1873), receveur général (1878-1879), ministre de la Milice (1880) et ministre de la Justice (1881-1885).

Il est chef de l'opposition au Sénat de 1873 à 1878. À titre de membre de la GRANDE COALITION (1864-1867), il assiste à la Conférence de Québec et, par le fait même, devient un PÈRE DE LA CONFÉDÉRATION. Des années 1860 aux années 1880, il est chef de l'aile ontarienne du Parti conservateur fédéral. En 1887, il quitte le Sénat pour devenir lieutenant-gouverneur de l'Ontario. Il est fait chevalier en 1879.

Donald Swainson

Campbell, Alexander Bradshaw, avocat, politicien, premier ministre de l'Île-du-Prince-Édouard de 1966 à 1978 (Summerside, Î.-P.-É., 1er déc. 1933). Il devient premier ministre en 1966, à l'âge de 33 ans, ce qui en fait l'un des plus jeunes hommes à occuper ce poste au Canada. En 1969, il signe avec Ottawa une entente portant sur un plan d'ensemble de développement axé surtout sur le développement des fermes à grande échelle, l'aide au tourisme et à la centralisation scolaire, la réduction du nombre de ports admissibles à l'aide gouvernementale et, enfin, l'adoption de mesures incitatives pour attirer les investissements manufacturiers dans le secteur secondaire. Après 10 ans d'importantes dépenses, devant les résultats décevants au chapitre du développement durable et la montée des critiques, Campbell change de cap: il délaisse le discours réformiste et préconise une SOCIÉTÉ DE CONSERVATION, qui mettrait l'accent sur la conservation des ressources, la protection de l'environnement et l'établissement d'une société saine dont la viabilité à long terme serait assurée. Son administration impose aussi des restrictions sur le droit de propriété des non-résidents. En 1978, il est nommé à la Cour suprême de l'Île-du-Prince-Édouard.

David A. Milne

Campbell, sir Archibald, militaire, administrateur colonial (12 mars 1769—Angl., 6 oct. 1843). Après s'être distingué dans l'armée britannique en Inde, au Portugal et en Birmanie, il devient lieutenant-gouverneur du Nouveau-Brunswick en 1831. Distant et autoritaire, il est vite en désaccord avec le groupe des réformistes de l'Assemblée. Bien que critiqué pour sa mollesse envers l'impopulaire commissaire des terres de la Couronne, Thomas Baillie, il le nomme tout de même à la tête du Conseil exécutif en 1833. Sommé de céder les revenus de la Couronne à l'Assemblée législative en échange d'une liste civile modérée et de rendre son Conseil exécutif plus acceptable à l'Assemblée, il refuse et est rappelé en 1837. Seuls ceux qu'il a cherché à protéger regrettent son départ.

P.A. Buckner

Campbell, Avril Kim, avocate, politicienne (Port Alberni, C.-B., 10 mars 1947). Diplômée en sciences politiques de l'U. de Colombie-Britannique, elle poursuit des études de troisième cycle à la London School of Economics. Elle enseigne les sciences politiques à l'U. de la Colombie-Britannique (1975-

1978) et au Vancouver Community College (1978-1981) avant de faire un stage en droit et d'exercer la profession d'avocate. Sa carrière politique débute par deux mandats au sein de la commission scolaire de Vancouver (1981-1984). En 1985-1986, elle occupe le poste de directrice générale dans le bureau du premier ministre de la Colombie-Britannique, Bill Bennett. En juillet 1986, sa tentative pour accéder à la direction du parti du Crédit social provincial se solde par un échec, mais elle réussit, en octobre 1986, à se faire élire à l'Assemblée législative. Très efficace en tant que députée d'arrière-banc, elle perd cependant vite ses illusions quant à la ligne d'action adoptée par le premier ministre Bill Vander Zalm.

En 1988, elle conteste la position de celui-ci sur l'avortement, rompant ainsi tout lien avec le Parti créditiste. Campbell est d'abord élue à la Chambre des communes en novembre 1988 comme conservatrice. En 1989, elle exerce les fonctions de ministre d'État responsable des Affaires indiennes et du Nord. Puis, en tant que ministre de la Justice et procureure générale de 1990 à 1992, elle propose des projets de loi de réforme relatifs à bon nombre de questions, y compris l'avortement. Elle siège aussi au très influent comité du Cabinet chargé des priorités et de la planification, et est ministre principal de la Colombie-Britannique. En janvier 1993, le premier ministre Brian Mulroney la mute à la Défense nationale un mois avant d'annoncer sa propre démission. Considérée comme une candidate de choix pour la direction du Parti conservateur, Campbell entre dans la course. Malgré la présence de Jean Charest, un rival de taille, elle emporte la victoire au second tour de scrutin. Le 25 juin 1993, elle entre officiellement en fonction et devient la première femme dans l'histoire du Canada à occuper le poste de premier ministre.

Campbell connaît une vague de popularité pendant les premiers mois de son mandat, mais la réputation de son parti commence à vaciller dès le début de la campagne électorale de 1993. La coalition Mulroney des conservateurs de l'Ouest et du Québec s'est désintégrée devant les progrès réalisés par le Parti réformiste dans l'Ouest et par le Bloc québécois au Québec. Les succès mitigés de Campbell pendant la campagne, son intérêt pour la dette plus que pour la création d'emplois, ses déclarations maladroites, son refus de discuter des programmes sociaux et son incapacité à se distancer du très impopulaire Brian Mulroney, dont le gouvernement n'avait pas tenu ses promesses au sujet de la création d'emplois, du renouvellement du fédéralisme et de la réduction de la dette publique, finissent par conduire le parti de la défaite au désastre. Le Parti conservateur essuie alors le plus grand échec de toute l'histoire du Canada. Il est complètement balayé de la scène politique, même dans la bastion traditionnel conservateur de l'Alberta. Seuls deux conservateurs sont élus dans tout le Canada, notamment le principal rival de Campbell à la direction du Parti, Jean Charest. Campbell perd même son siège de Vancouver-Centre au profit du candidat libéral. Son mandat de premier ministre aura été l'un des plus courts, après ceux de sir Charles Tupper et John Turner.

En août 1996, le premier ministre Chrétien nomme Campbell consule générale à Los Angeles. Elle occupe le poste de professeure à la Harvard University Kennedy School of Government à Irvine, en Californie.

Campbell, Clarence, administrateur sportif (Fleming, Sask., 7 sept. 1905—Montréal, 23 juin 1984). Président de la LIGUE NATIONALE DE HOCKEY (LNH) de 1946 à 1977, Campbell occupe ce poste plus longtemps que quiconque dans le monde du sport. Diplômé de l'U. de l'Alberta, il étudie ensuite à Oxford à titre de boursier Rhodes (1925-1926). Avocat, il devient major dans l'armée en 1944, commande la 4e Division blindée canadienne et est cité à l'ordre du jour.

La suspension qu'il inflige à la vedette du hockey Maurice «Rocket» RICHARD en mars 1955, qui

déclenchera une émeute à Montréal, est peut-être le geste le plus critiqué qu'il pose en tant que président de la LNH, mais c'est aussi à lui que l'on doit le premier match des étoiles (1947), la société de caisse de retraite de la LNH (1948) et le Temple de la renommée du hockey à Toronto (1960). C'est également lui qui a donné à la Ligue l'envergure qu'on lui connaît aujourd'hui. Après sa retraite, Campbell est trouvé coupable de complot et de trafic d'influence dans le dossier «Sky Shops Affair». Cependant, il n'écope que d'une sentence «symbolique» d'une journée de prison et d'une amende de 25 000 $ (payée par la LNH).

Gerald Redmond

Campbell, sir Colin, militaire, administrateur colonial, lieutenant-gouverneur de la Nouvelle-Écosse de 1834 à 1840 (Écosse, 1776—Londres, Angl., 13 juin 1847). Descendant d'une famille des Highlands animée par une forte tradition militaire, il s'enfuit de chez lui à 16 ans et s'enrôle comme aspirant de marine. Il devient ensuite soldat et participe, avec son bon ami le duc de Wellington, à la guerre en Espagne et à la bataille de Waterloo et s'élève au rang de lieutenant-gouverneur. En 1834, il devient lieutenant-gouverneur de la Nouvelle-Écosse. Il entre en conflit avec l'Assemblée quant à la gestion des revenus de la Couronne et se heurte aux principaux réformistes tels que Joseph HOWE. En 1839, le gouvernement porte plainte à Londres qui envoie Charles Poulett Thomson (baron de SYDENHAM), alors gouverneur général de l'Amérique du Nord britannique, pour enquêter. Thomson recommande à Campbell de nommer un plus grand nombre de réformistes, tant au conseil législatif qu'au conseil exécutif. Campbell refuse et il est remplacé en septembre 1840 par lord Falkland, qui se montre plus conciliant. Sir Campbell est ensuite gouverneur du Ceylan (aujourd'hui le Sri Lanka), de 1841 à 1847. Plusieurs personnes, de même que de nombreux réformistes, admiraient sir Campbell pour son intégrité, mais il était trop conservateur pour gouverner efficacement la Nouvelle-Écosse des années 1830.

P.A. Buckner

Campbell, Douglas Lloyd, politicien, premier ministre du Manitoba de 1948 à 1958 (Portage la Prairie, Man., 27 mai 1895). D.L. Campbell est élu député à l'Assemblée législative du Manitoba pour la première fois en 1922 dans la circonscription de Lakeside à titre de représentant des Fermiers unis du Manitoba, et il représente ce comté pendant 47 ans. En 1936, il est nommé ministre de l'Agriculture au sein du gouvernement «libéral-progressiste» de John BRACKEN et, en novembre 1948, il remplace Stuart GARSON, lui-même successeur de Bracken, à titre de premier ministre. Il est reporté au pouvoir en 1949 et en 1953, grâce à une alliance avec les conservateurs en 1950. Cependant, il est défait par les conservateurs de Duff ROBLIN en 1958.

Si l'on excepte l'électrification des campagnes et la création de la première commission électorale indépendante au Canada, il dirige la province avec prudence et économie. Gildas Molgat lui succède en 1961 à la direction du parti. Il se retire en 1969, tout en continuant à fustiger l'État bureaucratique, le bilinguisme et les déficits. Sa carrière politique illustre l'évolution du mouvement de protestation des agriculteurs des années 20, en un mouvement néo-conservateur qui se répand dans les provinces de l'Ouest au cours des années 70.

Thomas Peterson

Campbell, Maria, auteure (Park Valley, Sask., avril 1940). Dans ses trois livres pour enfants, l'auteure métisse Maria Campbell tente d'immortaliser pour les enfants métis des éléments de leur patrimoine. *People of the Buffalo* (1975) et *Riel's People* (1978) peignent un tableau de la vie traditionnelle dans les Prairies, autant dans ses aspects matériels que spirituels. Dans *Little Badger and the Fire Spirit* (1977), une fillette en visite chez ses grands-parents se voit raconter la légende d'un jeune garçon aveugle qui entreprend un voyage périlleux en quête de feu pour son peuple. L'autobiographie de Campbell, *Half-breed*, raconte sa vie, depuis son enfance heureuse en Saskatchewan rurale, en passant par l'époque où, jeune adulte à Vancouver, elle se livre à la drogue et à la prostitution, jusqu'à son retour dans les Prairies, où elle entreprend sa carrière d'écrivain et participe aux activités de nombreuses associations autochtones. En 1979, Campbell est nommée écrivaine résidente à l'U. de l'Alberta.

Jon C. Stott

Campbell, Norman Kenneth, compositeur, producteur de télévision et réalisateur (Los Angeles, Calif., 4 fév. 1924). Après avoir obtenu un diplôme à l'U. de la Colombie-Britannique, Campbell envisage de faire une carrière de météorologue. Tout en suivant un stage de météorologue à l'île de Sable, en Nouvelle-Écosse, il compose plusieurs chansons qui lui attirent l'attention du réseau anglais de la Société Radio-Canada (SRC). Il devient producteur musical pour la radio à Vancouver et déménage à Toronto en 1952 afin de travailler à la télévision.

Campbell présente pendant longtemps les ballets classiques télévisés et, en 1956, il produit, au réseau anglais de la SRC, le *Lac des cygnes*, premier ballet télédiffusé dans sa totalité. Par la suite, il remporte des Emmys avec *Cendrillon* et *La Belle au bois dormant*. Il compose la musique et collabore avec Donald HARRON à l'écriture des paroles de la version musicale d'ANNE, LA MAISON AUX PIGNONS VERTS de L.M. Montgomery, présentée à l'ouverture du Festival de Charlottetown en 1965. La pièce remporte un grand succès en tournée en Angleterre.

En 1972, Campbell compose la musique du drame musical inspiré de la vie d'Emily CARR, *The Wonder of it All*, et son épouse, Elaine, en rédige les paroles. Il produit par ailleurs des opérettes et des opéras de Gilbert and Sullivan pour la télévision. Parmi les opéras importants qu'il produit, citons *Hansel et Gretel* (1970) de Humperdinck, avec Maureen FORRESTER, et *La Rondine* (1972) de Puccini, avec Teresa STRATAS. En 1978, le Conseil canadien de la musique honore *Music East, Music West*, son reportage sur la tournée historique de l'Orchestre symphonique de Toronto en Chine. En 1986, il remporte un prix Gémeaux pour sa version télévisée (réalisée pour le réseau anglais de la SRC) de l'opérette *Pirates of Penzance* (1985), présentée au Festival de Stratford. La même année, il produit et réalise, pour le réseau anglais de la SRC, Onegin et le *Dialogue of the Carmelites*, interprétées par la Compagnie d'opéra canadienne.

James Defelice

Campbell River, municipalité de district de la C.-B.; pop. 28 851 (rec. 1996), 25 259 (rec. 1991), 17 872 (rec. 1986); superf. 129,49 km²; const. en 1964. Elle remplace l'ancien village de Campbell River, constitué en 1947. Elle est située sur la côte est de l'île de Vancouver, à mi-chemin environ entre Victoria et Cape Scott, à l'extrémité nord du détroit de Georgia.

Histoire Au début des années 1790, le capitaine George VANCOUVER de la Marine royale effectue des missions hydrographiques dans les eaux de la région, alors habitée par les KWAKIUTL du Sud. Au cours d'une autre mission dans la région en 1860, le capitaine Richards donne à la rivière le nom du docteur Samuel Campbell, chirurgien à bord de son bâtiment hydrographique, le HMS *Plumper*. La localité prend ce nom en 1907 lors de l'ouverture du bureau de poste.

Dès 1900, la région est habitée par des colons européens dont l'activité principale est l'exploitation forestière. L'estuaire de Campbell River leur sert d'aire de flottage. En 1948, un projet hydroélectrique à Elk Falls amène la prospérité quatre ans plus tard lorsque Crown Zellerbach (maintenant Fletcher Challenge) construit une usine de pâtes et papiers.

Situation actuelle L'industrie reliée à l'exploitation forestière est toujours le pivot de l'économie locale et de l'emploi, en même temps que la pêche commerciale et le tourisme. L'emplacement stratégique de Campbell River en fait aussi un centre de services de plus en plus important pour la région nord de l'île de Vancouver. Campbell River est renommée pour son saumon royal qu'on pêche dans les eaux de la passe Discovery, non loin de là. Le tourisme augmente considérablement au cours des ans en raison des nombreux lacs propices à la pêche qu'on trouve dans la région et des nombreuses activités récréatives qu'on peut y pratiquer.

Alan F.J. Artibise

Campbell, Thane Alexander, premier ministre, juge en chef de l'Île-du-Prince-Édouard (Summerside, Î.-P.-É., 7 juil. 1895—Ottawa, 28 sept. 1978). Boursier de la Fondation Rhodes, Campbell devient procureur général de l'Î.-P.-É. en 1930 avant d'être élu à l'Assemblée législative en 1931, mais son parti perd le pouvoir. Lorsque les libéraux reprennent le pouvoir en 1935, il est de nouveau nommé procureur général. Premier ministre à partir du 14 janvier 1936, il reste en fonction jusqu'au moment où il devient juge en chef, le 11 mai 1943. Il occupe ce poste jusqu'en 1970 et est ensuite nommé commissaire en chef de la Commission des réclamations étrangères. Compagnon de l'Ordre du Canada, il s'intéresse activement aux questions entourant le patrimoine.

Peter E. Rider

Campbellton, ville du N.-B.; pop. 8404 (rec. 1996), 8699 (rec. 1991), 9073 (rec. 1986); superf. 17,30 km² const. en 1958; chef-lieu administratif du comté de Restigouche; située à la frontière du Québec, près de l'embouchure de la RIVIÈRE RESTIGOUCHE. La population se compose moitié-moitié d'anglophones et de francophones (49,7 p. 100 / 49,4 p. 100, au rec. de 1986). Aux XVIᵉ et XVIIᵉ siècles, des missions françaises, ainsi que des postes écossais de pêche et de commerce du bois s'y installent. En 1757, des Acadiens dépossédés de leurs terres (voir ACADIE) s'y établissent à leur tour. Toutefois, la plupart d'entre eux quittent les lieux après la défaite française lors de la bataille navale de la Restigouche en 1760. Baptisée successivement Pointe-des-Sauvages, Pointe-Rochelle et Martin's Point (en l'honneur du capitaine Martin, fondateur d'un chantier naval), la localité reçoit son nom actuel (en l'honneur du lieutenant-gouverneur sir Archibald Campbell) à la suite d'un afflux d'Écossais, vers 1825. Les premières industries y sont la pêche, la construction navale et le trappage.

L'industrie du bois passe au premier rang à la fin du XIXᵉ siècle et conserve sa suprématie jusqu'à la construction d'une usine de pâtes et papiers à Atholville, en 1928. Le mont Sugarloaf, d'une altitude de 300 m, domine le paysage et est transformé en parc provincial doté de pentes de ski. La rivière Restigouche est réputée pour la pêche sportive au SAUMON DE L'ATLANTIQUE et un festival du saumon se tient à Campbellton tous les étés. Aujourd'hui, le tourisme représente le principal secteur d'activité. La galerie Restigouche est un centre national d'exposition géré par les Musées nationaux et on y trouve la banque d'œuvres d'art du Nouveau-Brunswick.

Burton Glendenning

Campeau, Michel, photographe (Montréal, 16 mars 1948). Il est membre fondateur du Groupe d'action photographique (GAP) en 1971, collectif de photographes montréalais désireux de fixer sur pellicule les quartiers ouvriers et qui présente ses expositions à des groupes sociaux plutôt que dans le réseau des galeries établies. Sa participation au GAP comprend la réalisation de *Disraeli: une expérience humaine en photographie* (1972-1974), document social dépeignant la vie d'une collectivité rurale des Cantons de l'Est.

Entre 1975 et 1980, Campeau se consacre à une action sociale et politique plus directe. Réévaluant ses images, il commence alors à intégrer la subjectivité et les préoccupations de forme à la maquette destinée à un livre, *Love Test* (1980), maquette inspirée de son œuvre photographique antérieure. Ce projet non publié mène à *Week-end au Paradis Terrestre!* (1972-1981), ouvrage dans lequel le document social est aussi porteur de conscience critique et de ce que Campeau a appelé le «réalisme subjectif». Plus récemment, son œuvre s'est centrée sur l'autobiographie, les rapports familiaux et une réflexion sur la photographie comme mode d'expression, ainsi qu'en témoignent les expositions et publications *Les tremblements du cœur* (Centre VU, Québec, 1988) et *Éclipses et labyrinthes* (1988-1991; *Séquences*, Chicoutimi, 1993). En 1994, Campeau reçoit le prix de photographie de la ville de Higashikawa (Japon). Une rétrospective de son œuvre a été présentée au Musée canadien de la photographie contemporaine, à Ottawa, en décembre 1996.

Denis Lessard

Campeau, Robert, entrepreneur immobilier (Sudbury, Ont., 3 août 1923). En 1949, Campeau fait ses débuts dans la construction résidentielle à Ottawa. En 1953, il incorpore une société commerciale, Campeau Construction Co. Ltd., qui absorbe en 1969 un certain nombre de filiales. Campeau Corp. est l'une des plus grandes sociétés immobilières du Canada; depuis 1978, elle est active aux États-Unis. En 1985, Campeau Corp. est impliquée dans le développement de projets, au Canada et aux États-Unis, qui représentent des engagements dépassant le milliard de dollars. L'année suivante, sa prise de contrôle réussie de 5 milliards de dollars sur Allied Stores Corp. est la plus importante à l'étranger dans l'histoire canadienne.

En 1988, le tourbillon de prises de contrôle se poursuit avec l'achat de Federated Department Stores Inc. pour 7 milliards de dollars; cette prise de contrôle est la plus importante de l'histoire en dehors du secteur pétrolier. Malheureusement, les dettes reliées à cette acquisition étranglent Campeau Corp. qui, en janvier 1990, déclare une des faillites les plus importantes de l'histoire du Canada. Membre fondateur du bureau des gouverneurs de l'U. Laurentienne, Campeau a été président du comité de financement de l'Hôpital des enfants de l'est de l'Ontario et membre du conseil consultatif de la Guaranty Trust of Canada.

Jorge Niosi

Camping Le camping peut être défini comme une façon de vivre dans un abri temporaire ou mobile en plein air. L'abri peut consister en un appentis, une tente ou une caravane. Le camping constitue un mode de vie pour les autochtones du Canada à l'époque des premiers contacts avec les Européens, alors qu'il s'avère souvent une nécessité pour les pionniers, les explorateurs, les prospecteurs, les arpenteurs et les trappeurs.

Les premiers campeurs récréatifs se déplacent en canot, à cheval ou à pied, et leur mobilité est réduite par le poids et le volume de leur équipement. Les tentes en toile militaire, les poêles en tôle, les lits de camp pliants et les sacs de couchage en peau de mouton incitent les campeurs à s'installer non loin de leur lieu de CHASSE ou de PÊCHE SPORTIVE. Dans les années 1890, le YMCA, suivi dans les décennies suivantes par des scouts, des guides, des organismes religieux, des syndicats ouvriers et des gouvernements locaux, commence à financer des camps destinés à améliorer le bien-être et le comportement des jeunes. Bien que les premiers camps de ce genre possèdent des installations permanentes pour les repas et les activités, les campeurs doivent en général dormir sous la tente. Des sports aquatiques au CANOTAGE en passant par la RANDONNÉE PÉDESTRE, une variété d'activités figurent au programme, mais le but visé est le développement de l'autonomie et des connaissances pratiques des jeunes. De son côté, à partir des années 1890, le Canadien Pacifique fait la promotion du camping et de l'escalade dans les Rocheuses. Au début du XXᵉ siècle, les livres de voyage d'Ernest Thompson SETON sur la nature et la vie sauvage captivent de nombreux lecteurs, tandis que le GROUPE DES SEPT contribue à éveiller l'intérêt des Canadiens pour le canot camping.

Dans les années 20 et 30, l'utilisation croissante de l'AUTOMOBILE et l'extension du réseau routier popularisent de nouvelles formes de camping. Des maisons spécialisées dans la vente de matériel de plein air ouvrent leurs portes et une variété de roulottes et de tentes apparaissent sur le marché. Parmi les fabricants canadiens d'équipement de camping, on compte Peterborough Canœ Co. (Ontario) et Chestnut Canoes (Nouveau-Brunswick), qui offrent des canots en bois et en toile; Jones Leisure Products Ltd de Vancouver, fabricant du porte-paquetage Trapper Nelson; Woods Canada Ltd de Toronto, connu pour ses tentes et ses sacs de couchage; et Coleman, qu'on associe aux poêles à gaz et aux lanternes. Constatant que les voyageurs campent le long des routes, les municipalités décident de mettre gratuitement à leur disposition des terrains de camping. Le but recherché est d'attirer les touristes et de faire respecter les normes sanitaires. Les terrains de camping privés commencent aussi à faire leur apparition. Ils offrent pour un certain prix des installations qu'on ne cesse d'améliorer, comme des petits chalets, des branchements électriques et des raccordements au réseau d'égouts pour les véhicules motorisés, ainsi que des activités de loisirs. Après la Seconde Guerre mondiale, alors que les Canadiens ont davantage de temps et d'argent à investir dans les loisirs et que des surplus énormes d'équipement militaire envahissent le marché (tentes, sacs à dos, sacs de couchage), on assiste à une prolifération d'installations de plein air. Les gouvernements cèdent des terres désignées, situées dans des PARCS NATIONAUX et PROVINCIAUX, pour qu'on puisse y aménager des campings. En 1960, une entente fédérale provinciale est conclue afin de créer des terrains de camping tous les 160 km le long de la ROUTE TRANSCANADIENNE. Ils offrent moins de commodités que les terrains privés, mais leurs prix sont plus bas et, comme ils ne tardent pas à gagner la faveur populaire, la durée des séjours doit être limitée afin de permettre au plus grand nombre de campeurs d'y avoir accès.

Dans les années 60, le nombre d'excursionnistes connaît une véritable explosion en Amérique du Nord. Le développement d'équipement durable et léger, à base de nylon et de polyester, les aliments déshydratés et une population préoccupée par sa santé physique et désireuse de renouer avec la nature favorisent cette situation. Le camping devient une affaire de gros sous et plusieurs nouvelles entreprises canadiennes (p. ex., Taiga Works-Wilderness Equipment Ltd, Far West, Canadian Mountaineering Equipment Ltd) voient le jour pour répondre à la demande. En 1985, Statistique Canada estime que 26 p. 100 des foyers canadiens possèdent de l'équipement de camping. Notamment, 1,7 million de personnes ont des tentes; 371 000, des tentes-remorques; et 224 000, des autocaravanes. Le Canada compte à la même époque 2966 terrains de camping pour tentes et caravanes.

En 1987, l'Association des camps du Canada estime qu'il y a environ 1500 centres de vacances pour adolescents au Canada, dont la plupart sont gérés par des organismes sans but lucratif. Les camps pour groupes particuliers, comme les handicapés ou les enfants souffrant de problèmes de santé particuliers, sont de plus en plus répandus. Dans le sud de l'Ontario et la région de Montréal, ainsi que dans certains coins de l'Alberta et des basses terres du centre de la Colombie-Britannique, on trouve des camps privés, souvent mis sur pied par des enseignants pendant leurs vacances estivales. Les enseignants continuent d'exercer leur rôle d'éducateur dans ces camps qui peuvent concentrer leurs activités sur le canot, la randonnée pédestre ou toute autre activité développant des habiletés de plein air.

Ironiquement, l'augmentation notable du nombre de campeurs et de randonneurs a des conséquences graves sur les fragiles écosystèmes des parcs naturels. Les sentiers de portage, trop souvent empruntés, sont devenus des fossés érodés et les aires de camping sont dépouillées de leur végétation par les nombreux campeurs à la recherche de bois pour le feu. Aussi, un grand nombre de parcs nationaux et provinciaux imposent-ils désormais des restrictions d'admission. Les campeurs doivent obtenir un permis et respecter une multitude de règles qui touchent le lieu où ils s'installent et les types d'emballages d'aliments qu'ils peuvent apporter.

James Marsh

Campobello, île L'île Campobello est contiguë à la frontière américaine dans la BAIE DE PASSAMAQUODDY, près de la côte sud du Nouveau-Brunswick. Après avoir fait l'objet de conflits, la souveraineté de cette île accidentée et pittoresque passe au Nouveau-Brunswick en vertu d'une convention signée en 1817. Les premiers colons y sont amenés après 1770 par le capitaine William Owen, dont la famille sera propriétaire de la majeure partie de l'île pendant un siècle. Le nom de l'île est à la fois une allusion à lord William Campbell, gouverneur de la Nouvelle-Écosse de 1766 à 1773, et une description de l'endroit. La pêche y constitue la principale activité, mais l'île est surtout renommée pour avoir été le lieu de la résidence d'été du président américain Franklin Delano Roosevelt.

Daniel Francis

Camps de secours pour les chômeurs En octobre 1932, à la fin de la troisième année de la CRISE DES ANNÉES 30 et sur la recommandation du major-général A.G.L. MCNAUGHTON, chef d'état-major général, le premier ministre BENNETT approuve la création d'un réseau national de camps pour loger les hommes canadiens célibataires, chômeurs et sans-abri, et leur fournir du travail. Les camps, dotés d'employés civils, sont placés sous la responsabilité du ministère de la DÉFENSE NATIONALE, en consultation avec le ministère du Travail. Les occupants s'y inscrivent volontairement par l'entremise du Service de placement du Canada et sont libres de les quitter en tout temps. En échange d'un lit dans un dortoir, de trois repas par jour, de vêtements de travail, de soins médicaux et de 20 cents par jour, les «Royal Twenty Centers» travaillent 44 heures par semaine au débroussaillement, à la construction de routes, au reboisement et à la construction d'édifices publics. Les critiques prétendent que le gouvernement fédéral a établi des camps au lieu d'un programme raisonnable de travail et de rémunération. Le ressentiment est à son comble en avril 1935, lorsque 1500 hommes des camps de la Colombie-Britannique font la grève et, au bout de deux mois d'agitation à Vancouver, entreprennent l'infructueuse MARCHE SUR OTTAWA. Au moment de la fermeture des camps en juin 1936, 170 248 hommes, qui ont reçu 10 201 103 jours-hommes de secours, y ont séjourné. (*Voir aussi* HISTOIRE SOCIALE et TRAVAILLEURS, HISTOIRE DES.)

Victor Howard

Camrose, ville de l'Alb.; pop. 13 728 (rec. 1996), 13 420 (rec. 1991), 12 968 (rec. 1986); superf. 26,10 km² const. en 1955; située à 97 km au sud-est d'Edmonton, au cœur d'une zone agricole mixte prospère. Camrose est un centre de distribution réunissant des services médicaux et gouvernementaux ainsi que des usines. François Adam, un Belge envoyé à la mission Duhamel en 1886, fonde la ville en 1905. La localité s'appelle au départ Sparling et prend par la suite le nom de Camrose, d'après une ville du Pays de Galles. Cependant ce nom pourrait aussi faire allusion aux roses sauvages poussant le long du ruisseau Stoney qui traverse la ville.

Parmi les colons qui s'y installent au début du XXᵉ siècle, on note surtout des Scandinaves, dont l'influence se fait toujours sentir au Augustana University College, qui a le statut d'université, au Garder Bible College et au Camrose Lutheran Bible College. Un des premiers clubs de ski au Canada y voit le jour en 1911. La ville, desservie par les chemins de fer du Canadien National et du Canadien Pacifique, compte deux hebdomadaires, le *Camrose Canadian* et le *The Camrose Booster*, de même qu'une importante station radiophonique spécialisée dans la musique country et western.

Eric J. Holmgren

Camsell, Charles, ingénieur des mines (Fort Liard, T.N.-O., 8 fév. 1876—Ottawa, 19 déc. 1958). Fils d'un agent de la Compagnie de la baie d'Hudson, Camsell est nommé géologue à la Commission géologique en 1904, devient géologue d'exploration en chef en 1914 et sous-ministre des Mines en 1920, poste qu'il occupe jusqu'à sa retraite en 1946. Auteur de nombreux articles sur la géologie, Camsell se distingue probablement davantage en tant qu'organisateur: il dirige les activités de son département en canot comme en avion, il lance la recherche en laboratoire pour appuyer l'exploration sur le terrain, il élargit le mandat de son département à la publication et au Musée national (dont l'anthropologie des autochtones et ses collections de fossiles, notamment de dinosaures) et il conserve son vieil esprit de corps durant les temps difficiles de la Crise des années 30.

Camsell devient Membre de la Société royale du Canada, puis membre du CONSEIL NATIONAL DE RECHERCHES DU CANADA (1921-1936) et s'occupe en 1944 avec C.J. MACKENZIE de la restructuration d'après-guerre des sciences à l'échelon gouvernemental. Le Charles Camsell General Hospital d'Edmonton est nommé en son honneur.

Donald J.C. Phillipson

Canada Le nom Canada vient du mot huron-iroquois *kanata*, signifiant «village» ou «agglomération». Le 13 août 1535, comme Jacques CARTIER approche de l'île d'Anticosti, deux jeunes Indiens qu'il ramène de France l'informent que la route vers le Canada («chemin de Canada») se trouve au sud de l'île. Ce qu'ils nomment Canada, c'est le village de Stadacona, qui deviendra plus tard la ville de QUÉBEC. Cartier utilise ce mot dans le même sens, mais parle aussi de la «province du Canada» pour désigner le territoire dominé par le chef de Stadacona, DONNACONA. Le nom s'étend vite à une région beaucoup plus vaste. La mappemonde dite Harleyenne (vers 1547), est la première à indiquer les découvertes faites par Cartier lors de son deuxième voyage et nomme ainsi la région située au nord du golfe et du fleuve Saint-Laurent. Vers 1550, les cartes désignent aussi de ce nom des régions au sud du fleuve.

Cartier parle du Saint-Laurent comme de la «rivière de Canada», une appellation en usage jusqu'à la fin du siècle. Toutefois, le 10 août 1535, il donne le nom de Saint-Laurent à une baie au nord de l'île d'Anticosti et ce nom sert aussi éventuellement à qualifier le golfe ainsi que le fleuve. En 1603, lors de son premier voyage au Canada, CHAMPLAIN parle de la rivière du Canada, mais en 1613, il donne au golfe le nom de Saint-Laurent. Le nom de Canada est utilisé de façon générale, même dans la correspondance officielle, comme synonyme de NOUVELLE-FRANCE, c.-à-d. toutes les terres appartenant à la France. Mais il est clair dès le départ, comme le père Pierre Biard l'indique dans les *Relations des Jésuites* de 1616, que «le Canada [...] n'est pas à proprement parler toute l'étendue de terre qu'on nomme maintenant Nouvelle-France, mais seulement cette partie qui couvre les côtes du grand fleuve Canada et du golfe du Saint-Laurent». En 1664, François Du Creux, dans un ouvrage intitulé *Historia Canadensis*, établit la même distinction.

Au fur et à mesure que les explorateurs français et les commerçants de fourrures avancent vers l'ouest et le sud, le territoire qu'on appelle le Canada s'agrandit, mais on ne semble jamais en définir officiellement les limites. En mars 1762, après la CONQUÊTE, le général Thomas GAGE informe le général Jeffery AMHERST que les frontières entre le Canada et la Louisiane n'ont jamais été clairement définies. Il ne peut signaler «ce qui est généralement accepté [...]» comme étant les frontières du

Mandat	Premier ministre	Parti		Mandat	Premier ministre	Parti
Juil. 1, 1867-Nov. 5, 1873	Sir John A. MACDONALD	Conservateur		Sept. 25, 1926-Août 7, 1930	William Lyon MACKENZIE KING	Libéral
Nov. 7, 1873-Oct. 8, 1878	Alexander MACKENZIE	Libéral		Août 7, 1930-Oct. 23, 1935	Richard BEDFORD BENNETT	Conservateur
Oct. 17, 1878-Juin 6, 1891	Sir John A. MACDONALD	Conservateur		Oct. 23, 1935-Nov. 15, 1948	William Lyon MACKENZIE KING	Libéral
Juin 16, 1891-Nov. 24, 1892	Sir John J.C. ABBOTT	Conservateur		Nov. 15, 1948-Juin 21, 1957	Louis Stephen ST. LAURENT	Libéral
Déc. 5, 1892-Déc. 12, 1894	Sir John S. D. THOMPSON	Conservateur		Juin 21, 1957-Avr. 22, 1963	John G. DIEFENBAKER	Conservateur
Déc. 21, 1894-Avr. 27, 1896	Sir Mackenzie BOWELL	Conservateur		Avr. 22, 1963-Avr. 20, 1968	Lester B. PEARSON	Libéral
Mai 1, 1896-Juil. 8, 1896	Sir Charles TUPPER	Conservateur		Avr. 20, 1968-Juin 4, 1979	Pierre Elliott TRUDEAU	Libéral
Juil. 11, 1896-Oct. 6, 1911	Sir Wilfrid LAURIER	Libéral		Juin 4, 1979-Mars 3, 1980	Charles Joseph CLARK	Conservateur
Oct. 10, 1911-Oct. 12, 1917	Sir Robert L. BORDEN	Conservateur		Mars 3, 1980-Juin 30, 1984	Pierre Elliott TRUDEAU	Libéral
Oct. 12, 1917-Juil. 10, 1920	Sir Robert L. BORDEN	Conservateur		Juin 30, 1984-Sept. 17, 1984	John Napier TURNER	Libéral
Juil. 10, 1920-Déc. 29, 1921	Arthur MEIGHEN	Conservateur		Sept. 17, 1984-Juin 25, 1993	Brian MULRONEY	Conservateur
Déc. 29, 1921-Juin 28, 1926	William Lyon MACKENZIE KING	Libéral		Juin 25, 1993-Nov. 4, 1993	Kim CAMPBELL	Conservatrice
Juin 29, 1926-Sept. 25, 1926	Arthur MEIGHEN	Conservateur		Nov. 4, 1993-	Jean CHRÉTIEN	Libéral

(Left label, vertical): PREMIERS MINISTRES DU CANADA
(Right label, vertical): PREMIERS MINISTRES DU CANADA

Canada, et je vous donne mon opinion personnelle». Selon lui, les Français considèrent que le Canada s'étend «non seulement jusqu'aux [Grands] Lacs, qui en font indiscutablement partie, mais il couvre aussi toute la route du Mississippi à partir de sa source jusqu'à son confluent avec l'Illinois». C'est peut être une des raisons pour lesquelles la Grande-Bretagne abandonne temporairement ce nom pour appeler la colonie Province de Québec.

Le Canada prend forme en 1791 avec l'ACTE CONSTITUTIONNEL (ou Acte du Canada), qui sépare le Québec, alors considérablement plus vaste, en deux provinces, le HAUT-CANADA et le BAS-CANADA. En 1841, on unit les deux provinces pour former la PROVINCE DU CANADA. En 1867, l'ACTE DE L'AMÉRIQUE DU NORD BRITANNIQUE relie la province du Canada (divisée en deux, soit l'Ontario et le Québec), à la Nouvelle-Écosse et au Nouveau-Brunswick pour créer «un seul dominion appelé Canada». Le nouveau territoire est relativement petit, mais il s'agrandit rapidement. En 1870, l'achat de la TERRE DE RUPERT repousse les frontières jusqu'aux montagnes Rocheuses et à l'océan Arctique. Avec l'ajout de la Colombie-Britannique en 1871, le pays s'étend d'un océan à l'autre. En 1873, l'Île-du-Prince-Édouard se joint au Canada et la Grande-Bretagne cède les îles de l'Arctique en 1880. Ceci aboutit à peu près aux frontières actuelles du Canada, sauf pour ce qui est du Labrador et de Terre-Neuve, qui se joignent à la fédération en 1949. Le grand historien américain Samuel Eliot Morison, dans un commentaire célèbre, fait remarquer que «jamais, depuis les temps de l'Empire romain, deux noms de localité se sont étendus au point de couvrir un territoire de l'ampleur du Canada et du Saint-Laurent». (Voir aussi EXPLORATION; ÉVOLUTION TERRITORIALE.)

W. Kaye Lamb

Canada Committee Comité parlementaire britannique créé le 2 mai 1828 dans le but de régler les conflits politiques qui paralysent le gouvernement représentatif du Bas-Canada et qui causent des difficultés dans le Haut-Canada. Le comité entend les témoignages de plusieurs Canadiens éminents et recommande, entre autres, que l'Assemblée contrôle les revenus publics en retour d'une liste civile permanente, que le Conseil législatif (Chambre haute) ait une plus grande indépendance et qu'il représente l'ensemble de la population, et que les RÉSERVES DU CLERGÉ dans le Haut-Canada soient vendues et

que les revenus bénéficient à toutes les confessions protestantes. Le rapport contribue considérablement à la cause réformiste, car les recommandations reflètent les exigences des réformistes des deux Canada. Néanmoins, malgré les tentatives de faire adopter bon nombre des recommandations, les tensions politiques persistent et finissent par provoquer les RÉBELLIONS DE 1837.

Curtis Fahey

Canada Company Création de John GALT, fondée vers la fin de 1824 et constituée en 1825 comme COMPAGNIE DE COLONISATION et de développement foncier dans le Haut-Canada. En 1826, la compagnie achète du gouvernement environ 2,5 millions d'acres (1 million ha) pour la somme de 295 000 $. Environ la moitié du territoire est située dans le Huron Tract (ouest de l'Ontario) et le reste est formé de réserves de la Couronne dispersées dans le Haut-Canada. Les paiements, répartis sur 16 ans, sont versés directement à l'organe exécutif du gouvernement du Haut-Canada. Les réformistes à l'assemblée élue en sont vivement contrariés, car ils allèguent que la compagnie n'a pas tenu ses promesses d'amélioration de sa structure et traite les immigrants de façon autoritaire.

Après l'ACTE D'UNION (1841), les liens entre la compagnie et l'élite conservatrice s'affaiblissent et, grâce à l'instauration d'un système de location, la compagnie fonctionne plus efficacement et moins visiblement; on pense que la colonisation aurait probablement progressé tout aussi rapidement en son absence. La compagnie met fin à ses activités dans les années 1850, après la vente de ses derniers territoires.

Peter A. Baskerville

Canada Corn Act La Canada Corn Act, adoptée en 1843 par le Parlement britannique et visant toutes les céréales, permet l'entrée du blé canadien sur le marché britannique moyennant un droit symbolique et celle de la farine fabriquée au Canada, selon un tarif proportionnel. La disposition sur la farine constitue une victoire pour ceux qui cherchent à faire du Saint-Laurent une voie de transit pour le blé américain. En éliminant les barrières d'exportation au blé canadien imposées lorsque le prix est à la baisse en Grande-Bretagne, la loi encourage l'expansion de la surface en blé et la capacité de mouture du Haut-Canada. La loi est cependant de courte durée, car la Grande-Bretagne s'oriente vers le libre-échange et abroge les LOIS SUR LES CÉRÉALES en 1846.

Douglas McCalla

Canada et Australie Le Canada et l'Australie sont de grands pays, hautement industrialisés et urbanisés, mais peu peuplés, dont le niveau de vie est lié à l'exportation de produits provenant des ressources naturelles. Les deux pays accèdent au statut de dominion autonome au sein de l'Empire britannique (le Canada en 1867, l'Australie en 1901) en tant que fédérations d'anciennes colonies britanniques et leurs structures parlementaires de gouvernement fédéral sont comparables. Leur économie repose sur une immigration importante et les deux pays éprouvent une menace à leur culture à la suite de la pénétration de leur économie par des investisseurs étrangers. Leurs inquiétudes à l'endroit de ces derniers sont néanmoins subordonnées au maintien d'alliances militaires avec des pays qui sont aussi leurs partenaires commerciaux.

En 1941, le premier ministre Robert Menzies est le premier chef d'État australien à visiter le Canada. Plus tard, la visite de Pierre Trudeau en Australie, en 1970, qui marque un précédent semblable, permet une meilleure reconnaissance publique d'intérêts mutuels et de préoccupations communes et l'accroissement des contacts entre les deux pays, particulièrement en matière de commerce et de technologie. Au début de 1984, l'ancien gouverneur général Edward SCHREYER devient haut commissaire du Canada en Australie.

Les premières relations entre les colonies sont sporadiques et le plus souvent accidentelles. Le mouvement se fait surtout du Canada vers l'Australie, avec Londres, en Angleterre, comme base commune. James COOK, grâce à l'expérience de la navigation qu'il acquiert dans le golfe Saint-Laurent durant la GUERRE DE SEPT ANS, est nommé commandant du *HMS Endeavour*, à bord duquel il réalisera le levé de la côte est de l'Australie, en 1770.

En 1788, la première colonie de Sydney Cove comprend des officiers ayant acquis de l'expérience en Amérique du Nord, surtout à Halifax. Quatre des six premiers gouverneurs de la Nouvelle-Galles du Sud (John Hunter, Philip King, Lachlan Macquarie et sir Thomas Brisbane) servent en Amérique du Nord britannique. Un cinquième, William Bligh, accompagne Cook jusque sur la CÔTE DU NORD-OUEST lors de son troisième voyage. Plus tard, les gouverneurs australiens sir George Gipps, sir Charles Fitz-Roy et sir William Denison connaissent aussi l'Amérique du Nord. La colonie de Sydney est le seul lien de George VANCOUVER avec les autorités britanniques de 1791 à 1794, lorsqu'il négocie avec les Espagnols dans le DÉTROIT DE NOOTKA et fait le levé de la Côte du Nord-Ouest.

Au Canada et en Australie, l'expansion vers l'ouest est en grande partie le fait de compagnies se consacrant à l'exploitation de la capacité du pays à produire des articles de première nécessité: l'Australian Agricultural Co et la Van Diemen's Land Co vendent de la laine, tandis que la COMPAGNIE DU NORD-OUEST et la COMPAGNIE DE LA BAIE D'HUDSON cherchent des fourrures. La colonisation est menée en partie par des COMPAGNIES DE COLONISATION comme la South Australia Co et la West Australian Co et, au Canada, par la British American Land Company et la CANADA COMPANY. Des toponymes semblables (*voir* TOPONYMIE) témoignent de l'héritage commun des colons britanniques et indiquent de proches liens ancestraux ou la perception par les colons de ressemblances entre les paysages du nouveau pays et ceux de l'ancien.

Après les RÉBELLIONS DE 1837 au Canada, un certain nombre de rebelles sont envoyés en exil. Sur l'ordre de George Arthur, lieutenant-gouverneur du Haut-Canada et, précédemment, de Van Diemen's Land (Tasmanie), 91 partisans de William Lyon MACKENZIE sont déportés vers Van Diemen's Land. À Hobart, un monument commémore leur pardon et leur retour. Cinquante-huit partisans de Louis-Joseph PAPINEAU sont transportés en Nouvelle-Galles du Sud où, à Sydney, les toponymes France Bay, Exile Bay et Canada Bay témoignent de leur séjour avant que le pardon leur soit accordé.

Au nombre des Nord-Américains en vue qui ont déménagé en Australie, citons Henry Samuel Chapman et Francis Forbes. Chapman, qui fonde en 1833 le premier quotidien au Canada, le *Daily Advertiser* de Montréal, appuie les demandes d'un conseil législatif élu comme premier pas vers la GOUVERNEMENT RESPONSABLE. Par la suite, en tant que membre du conseil législatif de Victoria, il contribue à l'évolution vers un gouvernement responsable en Australie (un gain constitutionnel dû à des précédents canadiens). Forbes, juge en chef de Terre-Neuve de 1816 à 1823, devient le premier juge en chef de la Nouvelle-Galles du Sud, où il sert de 1823 à 1837.

Au cours des années 1850, les mines d'or dans ce qui est aujourd'hui l'Australie sont exploitées par des Nord-Américains, notamment des villageois de Barrington, en Nouvelle-Écosse, et de Carbonear, à Terre-Neuve. Les Canadiens Alexander Robertson, John Wagner et William Bradley contribuent à l'expansion et à la réorganisation de la compagnie de services de diligence Cobb & Co, qui révolutionne le transport intérieur de l'Australie. D'autres construisent des cales de construction et apportent en Tasmanie le savoir-faire des Maritimes dans l'industrie du bois d'œuvre. Les Highlanders du Cap-Breton suivent le révérend Norman MCLEOD à Victoria avant de déménager en Nouvelle-Zélande.

Sir William PARRY et sir John FRANKLIN sont des Britanniques dont l'apport à l'Amérique du Nord britannique et à l'Australie est important: tous deux ont exploré ce qui est aujourd'hui l'Arctique canadien. Parry sera commissaire de l'Australian Agricultural Co de 1830 à 1834, et Franklin, lieutenant-gouverneur de Van Diemen's Land de 1836 à 1843.

Dans la période qui relie la Confédération canadienne et la Seconde Guerre mondiale, et surtout après la fédération de l'Australie en 1901, les contacts se multiplient entre les gouvernements des deux pays au sujet de l'éducation, de la santé, des transports, des communications, des restrictions sur l'immigration et de l'agriculture. Bien que ces pays rivalisent pour attirer des immigrants de la Grande-Bretagne, des colons d'Australie migrent dans l'Ouest canadien, et vice versa. Des montées de nationalisme se manifestent dans les deux pays, s'exprimant p.ex. dans l'art du GROUPE DES SEPT du Canada et de l'École Heidelberg d'Australie, un

groupe de peintres de Melbourne de la fin du XIXe et du début du XXe siècle.

Un mouvement de professionnels s'amorce entre les deux pays. Alfred SELWYN, directeur du Bureau d'études géologiques de Victoria, devient en 1869 directeur de la COMMISSION GÉOLOGIQUE DU CANADA, et Thomas Griffith TAYLOR, premier professeur de géographie de l'U. de Sydney, devient professeur de géographie à l'U. de Toronto, en 1935.

Des liens internationaux plus étroits s'établissent durant la Seconde Guerre mondiale, alors que 9600 aviateurs australiens sont formés au Canada dans le cadre du PROGRAMME D'ENTRAÎNEMENT AÉRIEN DU COMMONWEALTH. Après la guerre, lorsque la promesse de ressources minérales et les préoccupations de défense motivent les deux gouvernements nationaux à cartographier leurs immenses territoires, des liens se développent entre les professionnels des services géodésiques et de cartographie topographique. Bien que les priorités GÉOPOLITIQUES influencent leurs politiques extérieures de différentes façons, les deux pays acquièrent dans les années 80 des avions de chasse américains F-18 et participent avec les États-Unis à la construction et à l'exploitation de Starlab, lancé sur une navette spatiale en 1989.

Les connaissances et l'expérience en matière de haute technologie, de communication par satellite, d'agriculture, de transport, de droits fonciers et d'exploitation des ressources augmentent les contacts mutuels. Au début des années 80, plus de 25 compagnies pétrolières canadiennes établissent des entreprises conjointes en Australie-Occidentale, créant ainsi un lien économique qui, bien que modifié maintenant, se poursuit jusqu'à la fin des années 80. Du côté de la concurrence dans l'exportation de ressources, on compte un projet, amorcé en Colombie-Britannique en 1983, d'exporter au Japon 94 millions de tonnes de charbon à coke au cours d'une période de 15 ans.

Le premier agent du Canada est affecté en Nouvelle-Galles du Sud en 1894. Dès 1909, la compagnie Massey-Harris vendait des machines agricoles aux cultivateurs de l'ouest de l'Australie. En 1929, l'Australie nomme un délégué commercial à Toronto, renforçant ainsi une association qui continue de progresser depuis. Des missions commerciales de la Nouvelle-Écosse, du Québec, de l'Ontario et de l'Alberta sont conçues spécialement pour renforcer les relations dans les domaines du commerce et de la technologie avec l'Australie. Les échanges commerciaux canado-australiens s'élèvent à plus d'un milliard de dollars par année, et se font dans le cadre de l'Accord général sur les tarifs douaniers et le commerce (GATT) et d'un accord commercial bilatéral de 1960 (révisé en 1973).

Depuis les années 60, un échange de fonctionnaires a cours régulièrement au niveau fédéral, particulièrement dans les domaines de l'immigration, de la cartographie et de la formation du personnel. Les salaires plus élevés et le statut d'immigrant admis attirent les Australiens vers le Canada dans les années 60. Depuis lors, des échanges d'étudiants des cycles supérieurs et d'enseignants se poursuivent continuellement. Dans les années 70, les systèmes canadiens de services médicaux et de santé servent de prototypes à la Medibank de l'Australie. La représentation diplomatique du Canada en Australie (haut-commissariat à Canberra, la capitale, consulats à Sydney, à Melbourne et à Perth) est égale à celle qu'il maintient en Allemagne de l'Ouest et est la deuxième en importance après la représentation canadienne aux États-Unis.

Le Canada-Australia Literary Award, inauguré en 1976, symbolise l'intérêt considérable pour la littérature de chaque pays. En journalisme, le Canadian Award (créé en 1975) est décerné au mérite pour un reportage traitant du domaine des affaires internationales ayant trait à la région du Pacifique. L'élaboration d'études comparatives, en voie depuis 1945,

s'achève en 1981 avec le Canada-Australia Colloquium: Public Policies in Two Federal Countries; avec la création d'une bourse canadienne de séjour à l'U. Macquarie; et avec la fondation de l'Australian Association for Canadian Studies. Cette dernière (maintenant l'Association for Canadian Studies in Australia and New Zealand) a tenu des conférences sur, entre autres thèmes, la théorie et la pratique en études comparatives, et le régionalisme et l'identité nationale. La revue *Australian-Canadian Studies* (fondée en 1983) est publiée annuellement par les facultés de travail social de l'U. Trobe, de Melbourne, et de l'U. de Regina.

Bien que les gouvernements nationaux travaillent en coopération depuis de nombreuses années et que les échanges au niveau universitaire sont de plus en plus courants, il existe relativement peu d'occasions pour les citoyens ordinaires d'un pays d'en apprendre au sujet de l'autre. Il est à espérer que la situation s'améliorera au fur et à mesure que le Canada et l'Australie multiplieront leurs contacts mutuels.

John Atchison

Canada et Grande-Bretagne (*voir* MINISTÈRE DES COLONIES)

Canada et les États-Unis, le «Les Américains sont nos meilleurs amis, que nous le voulions ou non». Cette incongruité, lancée à la Chambre des communes par Robert Thompson, chef du Parti Crédit Social au début des années 1960, capte l'essence même de la difficile relation du Canada avec son voisin le plus proche. Les Canadiens ont toujours compris instinctivement les paradoxes de cette relation. Lorsque les LOYALISTES de l'Empire-Uni viennent s'installer dans les rudes colonies britanniques au nord de la frontière afin d'échapper à la vengeance des vainqueurs de la Guerre d'Indépendance américaine, ils apportent avec eux une aversion immuable pour les excès (à leurs yeux) de la démocratie, voire de la populocratie, qui les ont dépossédés.

Toutefois, dans leur bagage intellectuel, les Loyalistes apportent en même temps une foule d'attitudes et d'idéaux américains. Ils s'opposent, p.ex., à la religion d'État et préconisent l'enseignement public. Dans les pourparlers sur la Confédération, leurs héritiers politiques réussissent à conclure un marché assurant la présence d'un Sénat dont les membres nommés freineraient les excès démocratiques des membres élus de la Chambre des communes. *L'Acte de l'Amérique du Nord britannique* (1867) comprend aussi un concept de FÉDÉRALISME qui, quoique différent du modèle adopté dans la Constitution américaine, lui ressemble sous certains aspects.

Les idées, les attitudes, les modèles et les échecs américains façonnent la nature même du Canada, tout comme d'ailleurs un mélange de peur et de recherche de profit. Le traité de RÉCIPROCITÉ de 1854 est exigé par des commerçants qui craignent de perdre les marchés du Royaume-Uni qu'on leur a jusqu'alors assurés. Beaucoup sont d'avis que la réciprocité a créé un boom économique en permettant aux Nord-Américains britanniques d'accéder au grand marché des États-Unis.

Cependant, tandis que la terrible guerre de Sécession ébranle la république, de 1861 à 1865, et augmente la tension entre les gouvernements britannique et américain, le glas sonne pour le traité de 1854. Le ressentiment mutuel entre les gouvernements est tel, en effet, que de nombreux Canadiens craignent que les Nordistes, dont la victoire est imminente, ne tentent de réunir leur peuple en organisant une invasion du Canada. Les incursions et les complots des FENIANS ajoutent foi aux rumeurs.

Ces facteurs ont pour effet de pousser davantage les provinces britanniques à s'unir dans le dominion du Canada. Peut-être leur serait-il ainsi plus facile de se défendre (malgré le caractère tout à fait illusoire de cette idée) et l'économie des colonies profiterait-elle de ce marché élargi. Les États-Unis, en d'autres mots, pressent ce mariage, tout comme les pressions américaines précipiteront, en 1870, l'absorption hâtive du Manitoba.

Si le Canada existe dorénavant en tant que pays colonial nord-américain distinct, la force d'attraction des États-Unis ne se dissipe pas pour autant. La réciprocité demeure un but à atteindre, et le premier ministre conservateur, sir John A. MACDONALD, la souhaite avec autant d'ardeur que le libéral Alexander MACKENZIE. La dernière grande campagne électorale de Macdonald en 1891, où il a remporté la victoire avec le slogan «Je suis né sujet britannique et sujet britannique je mourrai», est parfaite pour les manuels d'histoire et la légende.

On oublie presque, cependant, que Macdonald, instigateur de la POLITIQUE NATIONALE de tarif protecteur élevé qui a généré singulièrement peu de bénéfices économiques depuis sa mise en vigueur en 1879, a cherché, juste avant l'élection, à conclure un accord commercial avec les Américains et que ce n'est qu'après avoir essuyé une nouvelle rebuffade que le Vieux Chef a rallumé le flambeau de la discorde et fait campagne contre les rapaces Yankees.

Vingt ans plus tard, en 1911, le premier ministre sir Wilfrid LAURIER conclut avec les États-Unis une entente de réciprocité sur les produits naturels, mais le pays, qui a atteint un niveau d'industrialisation inespéré en 1891, rejette le grand chef libéral québécois en même temps que la réciprocité et opte pour Robert BORDEN, qui fait campagne avec le slogan «Ni troc ni commerce avec les Yankees».

Le côté ironique de l'histoire est qu'à peine six ans plus tard, les nécessités de la PREMIÈRE GUERRE MONDIALE forcent le premier ministre Borden à chercher au sud une aide économique du gouvernement du président Woodrow Wilson. Et quel est son argument le plus persuasif? Que le Canada est le meilleur ami des États-Unis. Comble de l'ironie: l'argument est convaincant et les États-Unis offrent au Canada une aide financière qu'ils hésitent beaucoup à donner à leurs autres alliés.

Il est clair que les États-Unis croient aussi que le Canada est leur meilleur ami. La grande majorité des Américains connaissent peu de chose au sujet des Canadiens en dehors de ce que leurs livres racontent sur la chasse et la pêche et, plus tard, de ce que leurs films montrent des exploits de galants agents de la Gendarmerie secourant de blondes damoiselles. Mais c'est sans importance, puisque les Canadiens, bien qu'encore soumis à la Couronne d'Angleterre, sont très semblables aux Américains.

Le Canada n'est-il pas l'endroit le plus sûr pour les investissements américains? Les grandes sociétés américaines en sont certes convaincues, car pendant et après la Première Guerre mondiale, elles remplacent rapidement et sans effort le Royaume-Uni comme source principale d'INVESTISSEMENTS ÉTRANGERS au Canada. Le consommateur canadien, bien qu'un peu moins riche, n'est-il pas exactement semblable au consommateur américain? C'est là encore ce que les entreprises croient, assurées qu'elles sont de trouver la même loyauté aux marques de savon et à pâte à mâcher chez le résident de Moose Jaw comme chez celui de Peoria.

Les Canadiens ne regardent-ils pas les mêmes films et ne lisent-ils pas les mêmes revues que les Américains? C'était certes l'avis des propriétaires du *Saturday Evening Post* et des studios de la Metro-Goldwyn-Mayer. Il est vrai que le Canada et les Canadiens ressemblent beaucoup aux États-Unis et aux Américains, et l'on peut pardonner aux Américains de ne pas saisir les nuances subtiles qui différencient les deux pays. La plupart des Canadiens, après tout, distinguent à peine entre les deux pays, et c'est par dizaines de milliers qu'ils immigrent chaque décennie aux États-Unis, à la recherche de meilleures perspectives d'avenir pour eux-mêmes et pour leurs enfants.

De meilleures perspectives d'avenir. Voilà qui résume la principale force d'attraction des États-Unis. Il y a sans doute de la discrimination envers les Noirs, les Juifs et les «étrangers» (quoique les Canadiens ne passent jamais pour des étrangers, sauf les «Canucks» francophones dans les États de la Nouvelle-Angleterre), mais les Américains sont aussi prêts à accepter que l'individu puisse réussir grâce à ses talents et à un travail acharné. Ces mêmes possibilités semblent parfois absentes au Canada, où le vieux cercle du «family compact» a le quasi-monopole de l'économie et du statut social, et où seuls les citoyens d'origine britannique peuvent prétendre au prestige et au pouvoir.

L'ordre est le grand bien canadien. Il signifie non seulement le respect de la loi, mais le maintien du *statu quo*. Si une telle attitude a ses vertus (après tout, les Canadiens français n'ont pas été assimilés en tant que collectivité, contrairement aux millions d'immigrants absorbés dans le grand *melting pot*, dans le Sud), il est indéniable que la plus grande part du gâteau et des honneurs est réservée à un tout petit nombre.

Pire encore, il en coûte plus cher d'être Canadien. En raison des tarifs élevés protégeant les fabricants du Canada, le coût de la vie y est toujours plus élevé qu'aux États-Unis. Dans le dominion, le salaire et les indemnités d'un travailleur sont moindres, les biens essentiels coûtent cher et les produits de luxe sont moins nombreux.

Conséquences inévitables de la géographie: le climat est plus hostile, la terre moins fertile et la saison de croissance plus courte. Il y a un prix à payer pour être et demeurer Canadien, et on le paie pour de multiples raisons: pour certains, c'est l'inertie, pour d'autres, c'est la loyauté à la Couronne et à l'Empire, tandis que pour bon nombre, c'est parce que le Canada échappe aux excès des États-Unis et de l'américanisme.

Cet aspect devient particulièrement évident après l'accès des États-Unis au statut de superpuissance mondiale pendant et après la Seconde Guerre mondiale. L'idéalisme américain (qui se manifeste, p.ex., dans l'instauration de la *Loi du prêt-bail*, qui donne aux alliés les munitions et les provisions nécessaires pour gagner la Seconde Guerre mondiale, et du Plan Marshall, qui aide grandement à reconstruire l'Europe après la guerre) semble faire place à un complexe militaro-industriel qui, pour des raisons géopolitiques, mène des guerres ingagnables.

La GUERRE DU VIÊT-NAM en est l'exemple classique, une guerre dont les effets sur le régime politique américain sont si affreux que des milliers de réfractaires et de déserteurs cherchent et trouvent refuge au Canada, de même que des milliers d'hommes et de femmes ordinaires en quête d'un mode de vie plus sain. Pour la première fois, le flux d'immigration du Sud au Nord est supérieur à celui du Canada vers les États-Unis. La petitesse du Canada et ce que beaucoup d'Américains perçoivent comme de la naïveté deviennent des vertus devant l'égarement apparent des États-Unis.

Cependant, beaucoup de ces immigrants américains de la fin des années 1960 comprennent mal leur nouveau pays. Cette incompréhension se révèle de façon frappante lorsque le gouvernement Trudeau applique la *Loi sur les mesures de guerre*, en octobre 1970 (*voir* CRISE D'OCTOBRE). Ces nouveaux arrivants ne comprennent pas pourquoi Trudeau reçoit l'appui d'une majorité écrasante au Canada anglais pour la suspension des libertés civiles, et l'envoi des forces armées dans les rues de Montréal et d'Ottawa. Aux États-Unis, disent-ils, la population aurait envahi les rues pour protester tandis qu'au Canada les seules manifestations sont en faveur du gouvernement.

La guerre du Viêt-nam crée des possibilités d'affaires au Canada, et c'est là le côté sombre de la nouvelle prospérité canadienne qui marque les années 1960 et la période qui suit. L'Accord sur le partage de la production de défense (APPD), négocié par le gouvernement Diefenbaker en 1958, crée un quasi-accord de libre-échange du matériel militaire. On cherche alors à réduire le déséquilibre commercial du Canada, causé par ses achats de produits de défense américains. Bombes et pansements, viseurs de canon et grenades, fabriqués au Canada, sont utilisés dans la zone de guerre.

Pour certains Canadiens, l'intégration économique avec les États-Unis, symbolisée par l'APPD empêche le Canada de poursuivre l'application d'une politique étrangère indépendante. L'intégration économique semble indéniable. Depuis la signature de l'ACCORD GÉNÉRAL SUR LES TARIFS DOUANIERS ET LE COMMERCE en 1947, et les conférences internationales ultérieures, les tarifs entre le Canada et les États-Unis connaissent une baisse spectaculaire. Les investissements américains au Canada, qui ne représentent que 23 p. 100 du total en 1914, atteignent 60 p. 100 en 1939, 70 p. 100 en 1945, 76 p. 100 en 1955, 81 p. 100 en 1967 et 82 p. 100 en 1982. En 1986, ils étaient tombés à 50 p. 100. Des secteurs entiers de l'ÉCONOMIE canadienne appartiennent aux Américains et sont dirigés depuis les États-Unis, et les Canadiens semblaient en voie de perdre la maîtrise de leur destinée.

Cette situation entraîne la réapparition du NATIONALISME, plus fort dans le centre du Canada que dans l'Est ou l'Ouest, la création d'organisations comme le COMITÉ POUR L'INDÉPENDANCE DU CANADA, et les tentatives de figures politiques telles que le ministre libéral des Finances Walter GORDON (1963-1965) de contrôler l'investissement étranger. Ce nouveau nationalisme donne lieu, en 1973, à la création par le gouvernement Trudeau de l'AGENCE D'EXAMEN DE L'INVESTISSEMENT ÉTRANGER (AEIE). Même si elle ressemble à un colosse aux pieds d'argile, cette mesure provoque la colère des investisseurs et du gouvernement américains, et sa dissolution sous le gouvernement Mulroney suscite peu de protestations.

Entre-temps, le gouvernement progressiste-conservateur de Brian Mulroney s'emploie à négocier un accord de LIBRE-ÉCHANGE avec les États-Unis, en 1985. Comme on l'a souligné, les tarifs entre les deux pays sont généralement bas, mais les barrières non tarifaires (comme celles qui favorisent le prix des vins produits au pays au détriment des vins californiens) sont courantes. De plus, les deux pays recourent à des subventions pour protéger les secteurs faibles de leur économie et sont divisés sur plusieurs autres questions. Selon des sondages menés de 1985 à 1987, le libre-échange jouit d'un appui important, quoique divisé, mais il ne fait aucun doute que certains secteurs en souffrent.

Signé en octobre 1987, l'accord continue de soulever des questions. Les fragiles industries culturelles canadiennes survivraient-elles à l'ouverture des frontières? Les secteurs agricoles tels les cultures fruitières de l'Ontario et de la Colombie-Britannique subsisteraient-ils? Combien d'emplois industriels perdrait-on? Les réponses sont incertaines, mais quand elles deviendront évidentes, l'appui du public pourra augmenter ou décliner. La seule certitude est que le libre-échange supprime la frontière psychologique ayant aidé les Canadiens à demeurer convaincus qu'ils sont différents de leurs cousins du Sud (*voir* POLITIQUE CULTURELLLE).

Le mouvement de capitaux vers le Nord compromet gravement la souveraineté économique du Canada. Le désir du gouvernement et du peuple canadiens de suivre l'exemple américain dans le monde menace aussi sa souveraineté politique. Le Viêt-nam est l'exception qui confirme la règle. Si le Canada n'y a pas envoyé de troupes, c'est uniquement parce que le pays avait un représentant au sein de la Commission internationale de contrôle et de surveillance mise sur pied par les Accords de Genève de 1954. En tant que membre de l'OTAN et de NORAD, le Canada a rempli son devoir, parfois à contrecœur, mais en bon allié quand même.

Quand le gouvernement Diefenbaker tarde à mettre le contingent canadien de NORAD sur un pied d'alerte, comme durant la CRISE DES MIS-SILES CUBAINS, en octobre 1962, le ministre de la Défense nationale et les autorités militaires finissent tout de même par agir. L'année suivante, l'intervention américaine contribue à renverser le gouvernement conservateur divisé de Diefenbaker. Étant donné sa position géographique, le Canada n'a pas d'autre choix que de faire sa part dans la défense de l'Amérique du Nord et du centre des États-Unis. À l'étranger, la constellation de forces semble exiger que nous portions notre (petite) part du fardeau.

Pourtant, la SOUVERAINETÉ du Canada sur le territoire est sauve. Mais l'est-elle vraiment? Les États-Unis n'ont jamais reconnu la souveraineté du Canada sur les voies navigables et les archipels de l'Arctique et, durant la Seconde Guerre mondiale, les opérations militaires américaines dans le Nord, entreprises avec le plein consentement d'Ottawa, se sont multipliées à un point tel que le gouvernement fédéral y a entièrement payé le coût de chaque installation, afin de s'assurer que les Américains quittent la région après 1945 (*voir* ARCTIQUE, SOUVERAINETÉ DANS L').

La guerre froide, toutefois, ramène les militaires américains dans l'Arctique, où des incidents vexants ont lieu, comme lorsque des parlementaires canadiens doivent obtenir la permission du Pentagone avant de pouvoir visiter les stations radar du réseau DEW. La construction de sous-marins nucléaires américains et soviétiques pouvant naviguer sous les glaces arctiques remet également en question la souveraineté canadienne dans le Nord, tout comme l'a fait, en 1968 et en 1985, l'insistance des Américains à envoyer un pétrolier géant et un navire de la Garde côtière des États-Unis dans le passage du Nord-Ouest sans le consentement du Canada.

Même s'il avait la volonté d'agir contre ceux qui violent le territoire canadien impunément, le Canada n'a pas la capacité militaire de faire quoi que ce soit dans l'Arctique. Hormis quelques vols de surveillance et la présence de forces militaires symboliques dans des endroits éparpillés, l'occupation canadienne du Nord se limite surtout à celle des faibles populations d'Inuits et de Dénés et des foreurs de pétrole.

Meilleurs amis ou non, les États-Unis se comportent parfois comme le tyran du quartier. Les Canadiens retirent beaucoup d'avantages de la proximité des États-Unis, mais ils doivent aussi en payer le prix. Ce prix demeure négociable, mais le Canada doit constamment protéger sa souveraineté économique, culturelle et politique, sous peine de la perdre. Cela, les Loyalistes le savaient, tout comme les pères de la Confédération. Espérons que les Canadiens et leurs gouvernements de la fin du XXe siècle le sauront aussi.

J.L. Granatstein

Canada-Est (*Voir* PROVINCE DU CANADA)

Canada First, mouvement nationaliste fondé en 1868 par les Ontariens George DENISON, Henry Morgan, Charles Mair et William FOSTER, et par Robert Grant Haliburton, un Néo-Écossais vivant à Ottawa. Inspiré par Thomas D'Arcy MCGEE, assassiné peu de temps auparavant, et jugeant que la CONFÉDÉRATION est une opération politique conclue parmi les élites, le mouvement Canada First cherche à promouvoir un sentiment d'idéal national et à poser les fondations intellectuelles de la nationalité canadienne.

Durant la Rébellion de la rivière Rouge en 1869-1870, le groupe contribue à susciter le mécontentement contre les Métis, les Catholiques et les Français qui balaie l'Ontario à la suite de l'exécution de Thomas SCOTT. Le mouvement fait aussi campagne pour l'immigration exclusivement britannique, envisageant une race anglo-saxonne et protestante du «Nord» qui harnacherait l'important potentiel économique du pays. En 1871, le groupe adopte une expression moins incendiaire de son nationalisme: la relation du Canada avec la Grande-Bretagne.

Les membres de Canada First veulent l'indépendance du Canada dans ses relations avec les États-Unis et la Grande-Bretagne mais, après la signature du Traité de WASHINGTON en 1871 entre la Grande-Bretagne et les Américains, le mouvement accorde une plus grande importance à l'autonomie du Canada, bien que son but soit une forme de fédération impériale avec la Grande-Bretagne plutôt que la séparation.

Entre 1872 et 1874, les fondateurs, dont le cercle s'est agrandi pour englober les «Douze Apôtres», s'éloignent géographiquement les uns des autres. La direction du mouvement passe à un groupe de Toronto dont l'intérêt premier est le lancement d'un nouveau parti politique fondé en 1874, la Canadian National Association. Son journal hebdomadaire, *The Nation*, a un tirage respectable, et la rumeur court qu'Edward BLAKE, un Libéral bien en vue, songe à diriger le parti.

Mais l'action politique va à l'encontre des intentions initiales de Canada First, dont la popularité se limite à l'Ontario; en fait, l'appel à la réforme revêt des accents nettement anti-catholiques. Les nouveaux dirigeants sont divisés, et Blake décide en fin de compte de se joindre au gouvernement libéral du premier ministre Mackenzie. L'organisation politique s'effondre rapidement et Canada First se retrouve sans fondement institutionnel.

Les historiens ont dit de Canada First qu'il était l'avant-coureur des changements politiques du XXe siècle: les contestations par des tierces parties et l'indépendance complète du Canada par rapport à la Grande-Bretagne. Mais ses objectifs initiaux étaient autres. Ses véritables héritiers furent les impérialistes qui vinrent plus tard, réclamant l'affermissement de l'Empire britannique comme moyen de protéger et faire progresser les valeurs et institutions anglo-saxonnes «supérieures», et comme véhicule de la définition et de l'affirmation de l'esprit national canadien. Son rejet implicite de la nationalité canadienne-française a mené à la division et au conflit au lieu de favoriser un objectif commun d'unité.

B.L. Vigod

Canada Safeway Ltd. Détaillant en alimentation dont le siège social est à Winnipeg. Fondée en 1929 sous le nom de Safeway Stores Ltd., l'entreprise adopte son nom actuel en 1947. En 1995, elle exploite, directement ou par le biais de ses filiales, 244 magasins d'alimentation au détail de l'Ontario à la Colombie-Britannique. Elle exploite également au Canada des entrepôts de gros en alimentation, des boulangeries, des conserveries et des usines de transformation de produits alimentaires. En janvier 1995, ses recettes d'exploitation se chiffrent à 4,79 milliards de dollars (se classant ainsi au 44e rang au Canada) et ses actifs, à 1,2 milliard (au 127e rang). Elle appartient à part entière à Kohlberg, Kravis, Roberts de New York.

Deborah C. Sawyer

Canada Steamship Lines inc. La plus grande compagnie de navigation au Canada et le plus important service de transport maritime sur les Grands Lacs. Constituée en 1913, cette compagnie résulte de la fusion de plusieurs compagnies de transport maritime, y compris la Richelieu and Ontario Navigation Company, fondée en 1843. En 1915, après avoir agrandi sa flotte sur les Grands Lacs, elle ajoute 16 navires de haute mer pour le trafic des marchandises sur l'Atlantique. En 1925, toutefois, la compagnie cesse son commerce océanique et concentre ses efforts sur sa flotte des Grands Lacs qui compte 115 vaisseaux, dont 23 navires.

La voie maritime du Saint-Laurent, ouverte en 1959, relie les cinq Grands Lacs et le fleuve Saint-Laurent à l'océan Atlantique. On peut alors remplacer la flotte de vaisseaux existante par des navires beaucoup plus gros. Au milieu des années 60, l'époque des bateaux à vapeur pour le transport des passagers prend fin et Canada Steamship Lines se consacre au seul transport des marchandises en géné-

ral et des cargaisons en vrac, principalement du grain, du charbon, du minerai, du sel, du gypse et de la potasse.

En 1981, Paul MARTIN fils, président de la compagnie, s'associe à la Federal Commerce and Navigation Ltd. pour acquérir le Groupe CSL Inc., la compagnie mère de Canada Steamship Lines; chaque partie détient 50 p. 100 des actions. Depuis, CSL a non seulement modernisé considérablement sa flotte des Grands Lacs, mais elle est aussi entrée dans le commerce côtier et océanique; la compagnie dessert actuellement l'Europe, les Caraïbes et la côte Est des États-Unis. On croit qu'elle annoncera sous peu son expansion vers l'Amérique du Sud et l'Asie. Cette demande au niveau international survient à la suite de la commercialisation par CSL de sa technologie d'avant-garde utilisée dans la manutention des cargaisons en vrac transportées par voie d'eau. La compagnie est le chef de file mondial en matière de conception et d'utilisation de navires de cargaison autodéchargeants. Trente-quatre cargos hors mer, dont certains peuvent prendre la mer, forment l'ensemble de la flotte de Canada Steamship Lines.

Canada Trust Le plus grand établissement financier de prêt et de fiducie au Canada, selon le total des actifs en 1996. C'est une filiale en propriété exclusive des Services financiers CT inc., dont 98 p. 100 des actions ordinaires appartiennent à Imasco Limitée. La loi sur les sociétés de fiducie et de prêt exige que 35 p. 100 des parts soient détenues par le public, condition à laquelle a satisfait Canada Trust en émettant des actions privilégiées avec droit de vote.

La société fonctionne comme entité intégrée à une autre filiale en propriété exclusive des Services financiers CT inc., Les Hypothèques Trustco Canada. La société d'origine a été fondée en 1855 en Ontario dans le but d'attirer les dépôts d'épargne pour financer les prêts hypothécaires. Les services de fiducie sont venus plus tard. Plus récemment, le Canada Trust est devenu un chef de file dans l'élaboration et la prestation d'une vaste gamme de services aux entreprises et aux particuliers, dont l'encaissement de dépôts, les prêts, les FONDS COMMUNS DE PLACEMENT, la planification financière, la gestion de placements, le courtage, l'ASSURANCE, la gestion de caisses de retraite (*voir* PENSIONS) et la garde de titres. (*Voir aussi* ACTIVITÉ BANCAIRE; ACTIONS ET OBLIGATIONS; SOCIÉTÉ DE FIDUCIE.)

En 1996, Canada Trust déclare des actifs de 45,3 milliards de dollars et un bénéfice net de 196 millions de dollars, en plus de détenir 246 milliards de dollars d'actifs sous gestion. La société compte 421 succursales au Canada et 920 guichets automatiques. En 1997, Canada Trust déclare des actifs de 46,2 milliards de dollars et un bénéfice net de 281 millions de dollars, en plus de détenir 72 milliards de dollars d'actifs sous gestion. La société compte 422 succursales au Canada et 927 guichets automatiques.

Alix Granger

Canadair Challenger Avion pour cadres d'entreprise, mis au point et construit au Canada. Des essais exhaustifs aboutissent à une conception avant-gardiste des ailes, à un fuselage large et à des moteurs silencieux et à grand rendement. Il transporte jusqu'à 19 passagers à une vitesse de croisière normale de 819 km/h. Il vole pour la première fois en novembre 1978, mais l'écrasement d'un prototype et les ennuis financiers de Canadair retardent sa certification. La série 600 originale est remplacée par la 601 en 1983 et la 601-3A, en 1987. Dès 1987, 147 Challenger sont en service en Amérique du Nord, en Europe, au Moyen-Orient, en Extrême-Orient, en Afrique et en Australie.

Canadair CL-215 Avion amphibie unique en son genre, conçu pour combattre les feux de forêt en les bombardant d'eau et de retardateurs chimiques. Il peut ramasser une charge de plus de 5000 litres d'eau en 10 secondes en volant en rase-mottes au-dessus d'un plan d'eau, pour ensuite la déverser sur un feu en moins d'une seconde. Il vole pour la première fois en octobre 1967. À la fin de 1986, 91 appareils ont été livrés. Les principaux clients sont le gouvernement fédéral (17 avions), le Québec (17), l'Espagne (19), la France (15) et la Grèce (15).

Canadair CL-28 Argus Avion de patrouille maritime à grand rayon d'action, fabriqué au Canada. La conception de cet appareil s'inspire d'un avion de ligne britannique, le Bristol Britannia. Cet appareil, qui peut transporter un équipage opérationnel de 15 personnes, est muni de radars et d'armes anti-sous-marines sophistiqués. D'un rayon d'action de plus de 8100 km, il est surtout utilisé à partir des bases de Greenwood (N.-É.) et Summerside (Î.-P.-É.). L'Argus effectue son premier vol en mars 1957; des deux versions conçues, on construit 46 avions. Il est ensuite remplacé par le Lockheed Aurora, fabriqué aux États-Unis.

Canadair ltée Fabricant d'avionnerie dont les origines remontent à la division des aéronefs de Canadian Vickers Ltd., fondée en 1923 et achetée par des Canadiens en 1927. Pendant la Seconde Guerre mondiale, elle produit le Canso, un hydravion de longue portée utilisé pour les patrouilles maritimes. Le gouvernement canadien réorganise l'entreprise en 1944 sous le nom de Canadair, qui est vendue en 1946 à la compagnie américaine Electric Boat Co. Electric Boat crée General Dynamics Corp. en 1952, dont Canadair devient une filiale. En 1976, Canadair devient une SOCIÉTÉ DE LA COURONNE et elle est vendue à BOMBARDIER INC., en décembre 1986.

Canadair a produit plus de 4000 avions, surtout militaires, y compris des versions d'avions de chasse de conception américaine dont le Sabre (de 1949 à 1958), le Starfighter (de 1961 à 1986) et le Freedom Fighter. Canadair a aussi produit deux avions d'entraînement pour l'Aviation royale du Canada, soit le T-33 Silver Star (de 1952 à 1958) et le Tutor (de 1960 à 1966), ainsi que le CANADAIR CL-28 ARGUS, un avion de patrouille maritime. Membre du groupe aérospatial de Bombardier, Canadair produit aujourd'hui deux versions de l'avion d'affaires à réaction CANADAIR CHALLENGER, les avions-citernes CANADAIR CL-215 et CL-415, un avion de transport régional à réaction de 50 passagers et deux systèmes téléguidés de surveillance. Elle est également associée à l'avion-navette à réaction Global Express. Canadair exploite trois usines de production situées à Saint-Laurent, au Québec, et aux aéroports de Dorval et de Mirabel, près de Montréal.

James Marsh

Canadian Association of College and University Libraries Fondée en 1963, la Canadian Association of College and University Libraries (CACUL) est une section de la Canadian Library Association (CLA). À ce titre, elle n'est pas une entité distincte, mais elle a le pouvoir d'agir au nom de la CLA dans des domaines tels que le statut universitaire, qui intéressent et préoccupent les bibliothécaires et les bibliothèques dans les établissements canadiens d'enseignement supérieur. Son assemblée annuelle sert de tribune pour discuter de diverses questions et permet aux membres de parfaire leurs connaissances. Une série d'ateliers organisés dans le cadre de l'assemblée annuelle offre un programme de formation plus structuré.

Les publications représentent une autre activité importante de l'association. Le *CACUL Newsletter*, publié de 1963 à 1975, était un journal savant réputé dans le domaine de la bibliothéconomie collégiale et universitaire. Aujourd'hui, le compte rendu des activités de la CACUL paraît régulièrement dans le *Feliciter* (le journal de la CLA), et les travaux des ateliers sont parfois publiés sous forme de monographies. La CACUL compte parmi ses membres des particuliers et des organismes, et aucune compétence n'est exigée pour devenir membre. Son principal objectif vise à mettre en place des normes élevées en matière de bibliothéconomie et de

les promouvoir auprès des établissements d'enseignement postsecondaire. La section des collèges communautaires et techniques, une subdivision de l'association, travaille à mettre au point des normes et à produire un répertoire.

Samuel Rothstein

Canadian Authors Association Fondée en 1921 pour lutter contre les modifications proposées à la LOI SUR LE DROIT D'AUTEUR, la Canadian Authors Association est la première organisation littéraire nationale au Canada. Elle regroupe les deux langues officielles jusqu'à la création, en 1938, de la Société des écrivains canadiens. Non seulement l'association lutte-t-elle pour que les écrivains exercent un contrôle sur les droits d'auteur, mais, à ses débuts, elle travaille aussi à promouvoir la littérature canadienne en instaurant la semaine du livre canadien (1921-1957). Dans les années 30, elle encourage la création de l'Association of Canadian Bookmen (1935-1939), la fondation du *Canadian Poetry Magazine* (1936-1968) et le lancement des PRIX LITTÉRAIRES DU GOUVERNEUR GÉNÉRAL (1937), qu'elle administre jusqu'en 1959. En 1946, l'association rédige un contrat d'édition type et obtient des privilèges particuliers en matière d'impôt sur le revenu pour les écrivains canadiens. L'année suivante, elle accepte d'administrer le tout nouveau prix de l'humour LEACOCK. En 1975, l'association instaure un nouveau système de prix littéraires, qui comportent tous, pour la première fois, une récompense en argent d'un montant de 1000 $. Ces prix s'élèvent aujourd'hui à 5000 $. Elle administre aussi les prix Vicky Metcalf, créés en 1963 par une bibliothécaire de Toronto qui leur a donné son nom. Il existe aujourd'hui trois prix distincts: un prix en argent de 10 000 $ pour l'ensemble d'une œuvre, qu'il s'agisse de fiction, d'essais, de poésie ou de livres d'images; un prix en argent de 3000 $ pour une nouvelle publiée dans un périodique ou une anthologie de langue anglaise; et un prix en argent de 1000 $ pour l'éditeur de la nouvelle gagnante si elle a été publiée dans une anthologie ou un périodique canadiens. La publication officielle de l'association, *Canadian Author* (lancée en 1921), continue d'être le porte-parole de la plus importante organisation littéraire au Canada.

John Lennox

Canadian Brass Fondé en 1970 sous le nom de Canadian Brass Ensemble, le quintette Canadian Brass comprend les trompettistes Stuart Laughton et William Phillips, le corniste Graeme Page, le tromboniste Eugene Watts et le tubiste Charles Daellenbach. En 1971, le groupe prend le nom de Canadian Brass. Ronald Romm succède alors à Laughton et, l'année suivante, Fred Mills, à Phillips. L'ensemble demeure le même jusqu'en 1983, année où Martin Hackleman remplace Page. En 1986, Hackleman part et est remplacé par David Ohanian et, en 1996, Fred Mills cède sa place à Jens Lindemann.

Les membres du groupe, qui sont à l'origine musiciens de l'Orchestre philharmonique de Hamilton, deviennent artistes résidents du BANFF CENTRE. Leur première tournée européenne avec les Festival Singers en 1972, subventionnée par le gouvernement canadien, les lance bientôt dans une carrière internationale des plus brillantes qui les mène, notamment, aux festivals de Paris et d'Édimbourg, au Centre Kennedy, ainsi que dans des tournées en Chine, en Angleterre, en Europe, au Japon, en Australie, en Indonésie, à Hong Kong et en ex-URSS. Ils font aussi plusieurs apparitions dans des émissions de radio et de télévision à l'étranger. En plus d'être des musiciens exceptionnels, les membres du quintette sont réputés pour leur bonne humeur sur scène.

Le Canadian Brass a joué avec les grands orchestres symphoniques du Canada et a déterré plusieurs œuvres peu connues de grands compositeurs. L'ensemble a commandé et exécuté en première de nombreuses œuvres de compositeurs canadiens. La longue liste de ses disques témoigne nettement de

l'envergure de son répertoire, de sa polyvalence et de son habileté. Le Canadian Brass utilise un ensemble d'instruments plaqués or que lui a fabriqué Renold Schilke. En 1996, les membres offrent au Bata Shoe Museum de Toronto les cinq paires d'espadrilles blanches qui font leur marque de commerce.

Mabel H. Laine

Canadian Business, fondé en 1927, est le premier magazine mensuel d'affaires d'intérêt général au Canada. Il appartient à la Chambre de commerce de Montréal et est publié à cet endroit, dès sa conception jusqu'en 1978, où il est acheté par Michael de Pencier, Alexander Ross et Roy MacLaren qui le déménagent à Toronto. Plus tard, MacLaren devient membre des cabinets fédéraux de Trudeau, de Turner et de Chrétien.

Maclean Hunter acquiert en 1990 une participation majoritaire au sein de CB Media Ltd., éditeur du magazine. Le tirage moyen est de 84 634 en 1994. *Canadian Business* couvre toute la gamme des intérêts commerciaux, mais s'adresse plutôt aux cadres et aux petites entreprises qu'aux investisseurs. Il est connu pour ses portraits de dirigeants d'entreprise. L'éditeur est Paul Jones et le rédacteur en chef, Arthur Johnson.

D. McGillivray

Canadian Business Review, The Fondée en 1974, c'est une revue trimestrielle publiée par le Conference Board du Canada depuis son siège social à Ottawa. Avec un tirage d'environ 8000 exemplaires, elle joue le même rôle au Canada que le pendant américain du Conference Board, *Across the Board*, joue aux États-Unis. Alison Taylor en est l'éditrice, appuyée d'un comité consultatif incluant James R. Nininger, président du Conference Board du Canada, et Jim Frank, son économiste en chef.

La revue présente des débats contradictoires sur des questions économiques, mais sa principale caractéristique est la publication d'une étude trimestrielle des prévisions économiques des grandes banques canadiennes et des maisons d'investissement. La moyenne de ces prévisions, publiées dans la revue, forme habituellement l'opinion consensuelle sur ce que sera l'avenir économique du Canada au cours de la prochaine année environ. Elle n'accepte aucune publicité et est principalement financée par les 700 membres et plus du Conference Board du Canada, parmi lesquels figurent des grandes sociétés, des ministères gouvernementaux et des syndicats.

D. McGillivray

Canadian Children's Dance Theatre (CCDT) Fondé à Toronto en 1980 par Deborah Lundmark et Michael de Coninck Smith, il a pour mandat de promouvoir l'interprétation de jeunes danseurs et danseuses dans des créations originales. Les 16 membres du CCDT, choisis lors d'une audition annuelle, ont de 10 à 18 ans. Le CCDT a aussi un programme d'apprentissage pour les plus jeunes danseurs qui désirent faire partie de la compagnie. Les danseurs s'entraînent régulièrement selon la technique de Limon et étudient aussi le ballet et l'art dramatique dans une école associée au CCDT. Des ateliers de chorégraphie destinés aux danseurs de la compagnie encouragent leurs aptitudes créatives.

Le Canadian Children's Dance Theatre est l'une des compagnies qui commandent le plus grand nombre de chorégraphies modernes au Canada. Parmi les chorégraphes qui créent des œuvres pour la compagnie figurent David EARLE, Kim Franks, Carol ANDERSON, Holly Small, Rachel BROWNE, Murray Darroch, Danny GROSSMAN, Maxine Heppner, Coralee McLaren, Andrea Smith, Gerald Trentham et la directrice artistique Deborah Lundmark. Susan Cash, Peggy BAKER et Charles Moulton montent des reconstitutions.

Les spectacles de la compagnie sont souvent accompagnés de musiques originales et de représentations musicales en direct. Les productions présentent un grand choix d'œuvres parmi lesquelles *Little Black Boy* de Grossman (1991), qui a fait partie du projet collectif *Songs of Innocence and of Experience*; les étranges et spirituelles *Attack of the Small Ones* (1987) et *Reginal Godden's Dream* (1994) de Small; la dynamique *Echoing Green* de Lundmark (1988); *Le Charme de L'Impossible* de Baker (remontée en 1992), qui communique une énergie cinétique pure; enfin, *Nowell Sing We* (1988), *London* (1991) et *Sephardic Songs* (1993), des œuvres d'Anderson pleines d'énergie et d'émotion.

Malgré le jeune âge des interprètes, les spectacles du CCDT offrent des interprétations de très haute qualité, qui plaisent aussi bien aux adultes qu'aux jeunes. La compagnie se produit chaque année à Toronto et fait des tournées au Québec et dans les provinces de l'Ouest. Elle a célébré son 10ᵉ anniversaire avec une tournée de trois semaines en Chine. Ses représentations se font dans des endroits aussi variés que la scène du Roy Thomson Hall de Toronto et le pont d'un cuirassé à Qing Tao, en Chine.

Carol Anderson

Canadian Fiction Magazine (CFM) C'est la première revue littéraire trimestrielle du Canada qui se consacre à la nouvelle. Elle joue un rôle important dans la promotion de l'excellence en ce qui concerne la nouvelle canadienne. Lancé en 1971 par des étudiants de l'U. de la Colombie-Britannique, cette REVUE LITTÉRAIRE est devenue une revue indépendante d'envergure nationale. Elle publie en anglais les œuvres d'écrivains débutants et établis, et publie aussi régulièrement des traductions d'œuvres de fiction rédigées en français et en d'autres langues. Au-delà de 1000 nouvelles ont été publiées dans ses pages.

Cette revue consacre des numéros complets à des auteurs tels que Robert HARLOW, Jane RULE, Mavis GALLANT, Leon ROOKE Keath Fraser et Michel TREMBLAY. D'autres numéros présentent des entretiens avec des écrivains, une série sur «l'avenir du roman», qui encourage le débat sur l'esthétique du roman contemporain, et des dossiers de présentation de portraits littéraires. Plusieurs anthologies de contes et d'entretiens parues dans le CFM sont publiées en format livre, dont: *Magic Realism, Illusion: Fables, Fantasies, and Metafictions*; *Metavisions*; *Moving off the Map*; *A Decade of Quebec Fiction*; *Invisible Fictions*; *45 Below*; *Canadian Writers At Work*; ainsi que *Shœs and Shit: Stories for Pedestrians*. CFM publie aussi la première anthologie de romans contemporains d'auteurs autochtones. Elle déménage à Toronto en 1978 et est publiée par Quarry Press à Kingston depuis 1993.

Geoffrey Hancock

Canadian Forum Fondé en 1920, *Canadian Forum* est le plus ancien périodique politique canadien publié sans interruption. Créé à l'U. de Toronto, il est le rejeton d'une toute petite revue, *The Rebel*. Le premier comité de rédaction veut en faire, comme son nom l'indique, une tribune d'idées politiques et culturelles. Dès le début, le *Forum* est, de son propre aveu, nationaliste et progressiste en plus d'être généralement de gauche sur les questions politiques et culturelles. Dans les années 90, il s'avoue nationaliste, très féministe et partisan des travailleurs et de l'État providence.

Canadian Forum a toujours accordé beaucoup d'espace à la poésie, aux romans et aux meilleures œuvres des artistes canadiens; il appuie les peintres du GROUPE DES SEPT. C'est dans ce périodique que certains des plus grands écrivains du Canada commencent à publier et continuent toujours à le faire; parmi eux, A.J.M. SMITH, Irving LAYTON, Dorothy LIVESAY, Earle BIRNEY et Margaret ATWOOD. Sur le plan politique, le *Forum* ouvre ses pages à l'esprit mordant et à la prose cinglante de Frank UNDERHILL durant les années 30 et 40, à Abe Rotstein et Mel Watkins, les nationalistes économiques les plus influents des années 60, et à des intellectuels engagés et bien connus tels que Frank SCOTT, Eugene FORSEY et Ramsay Cook.

Durant la plus grande partie de son existence, *Canadian Forum* appartient à une coopérative mais, pendant un certain temps dans les années 20 et 30, il est géré par la maison d'édition J.M. Dent and Sons, par des Libéraux, par Graham SPRY et par la LEAGUE FOR SOCIAL RECONSTRUCTION. Le propriétaire actuel est la maison d'édition James Lorimer and Co. Toutefois, quel qu'en soit le propriétaire, ses rédacteurs, dont Northrop FRYE, Milton Wilson, Rotstein et Michael Cross et, actuellement, Duncan Cameron, sont toujours remarquablement indépendants. (*Voir aussi* JOURNALISME et MAGAZINES.)

J.L. Granatstein

Canadian Geographic C'est la revue bimestrielle de la Société géographique royale du Canada, fondée en 1929 sous l'impulsion du géologue Charles CAMSELL et de l'explorateur Joseph B. TYRRELL, qui en est le premier président honoraire. Cette société veut produire une revue «de nature populaire visant à diffuser dans le grand public de l'information sur la géographie du Dominion».

Elle est publiée pour la première fois en 1930. Elle continue de traiter toutes les dimensions de la GÉOGRAPHIE (historique, humaine, physique et économique) dans une perspective très large. L'adhésion à la société est accompagnée d'un abonnement à la revue (tirage payant de 243 000, en 1995). Dirigée d'abord par Lawrence J. Burpee, *Canadian Geographic* sert de véhicule aux idées et aux écrits de vulgarisation rédigés par des Canadiens très en vue comme Marius BARBEAU, Frederick BANTING, E. Cora HIND et Alf E. PORSILD. Depuis 1995, elle est publiée pour le compte de la société par Canadian Geographic Enterprises, une entreprise commune de la Société et de Key Publishers.

Depuis 1959, la Société remet annuellement la Médaille Massey en reconnaissance «d'une réalisation personnelle remarquable dans l'exploration, le développement ou la description de la géographie du Canada». La médaille d'or, décernée périodiquement depuis 1972, reconnaît «une réalisation particulière ou un événement, de portée nationale ou internationale, dans le domaine de la géographie». La société basée à Ottawa offre également des subventions pour la recherche sur le terrain en géographie, appuie l'enseignement de la géographie dans tout le pays et commandite des expéditions d'exploration du Canada.

Duncan McDowall

Canadian Government Railways Nom porté par l'ensemble des chemins de fer appartenant à l'État fédéral des années 1880 jusqu'en 1918, lorsque leur administration fusionne avec celle du CANADIAN NORTHERN RAILWAY, nationalisé depuis peu. L'année suivante, le gouvernement constitue le CANADIEN NATIONAL (CN) en personne morale pour administrer les deux sociétés. Les Canadian Government Railways, dont l'administration est confiée au CN en 1923, existent encore aujourd'hui en tant que composantes du CN et sont formés de quatre compagnies constituantes: Chemin de fer Intercolonial, Chemin de fer National Transcontinental, Chemin de fer de l'Île-du-Prince-Édouard et Chemin de fer de la baie d'Hudson.

En 1867, pour respecter son engagement envers les signataires de la Confédération, le gouvernement canadien constitue l'INTERCOLONIAL RAILWAY qui relie les Maritimes à l'Ontario et au Québec et s'approprie les chemins de fer provinciaux de la Nouvelle-Écosse et du Nouveau-Brunswick. En 1879, l'Intercolonial achète la ligne du GRAND TRUNK RAILWAY qui mène de Rivière-du-Loup à Pointe-Lévis, en face de Québec. En 1873, lorsque l'Île-du-Prince-Édouard se joint au Canada, une des conditions de l'union est que le gouvernement fédéral assume la charge du coûteux réseau ferroviaire de l'île, dont l'administration demeure cependant indépendante de celle de l'Intercolonial. Les appellations Intercolonial Railway et Prince Edward Island Rail-

way font progressivement place à celle de Canadian Government Railways.

Au tournant du siècle, le gouvernement construit un nouveau chemin de fer transcontinental en collaboration avec le Grand Trunk Railway. Une filiale de ce dernier, le GRAND TRUNK PACIFIC, construit la partie ouest tandis que le gouvernement réalise celle de Moncton à Winnipeg sous le nom de Chemin de fer National Transcontinental, dont il assume la gestion jusqu'en 1915. Le dernier groupe des Canadian Government Railways est le HUDSON BAY RAILWAY, reliant Le Pas à Churchill, au Manitoba. Cette ligne avait été réclamée par les fermiers de l'Ouest qui voulaient une autre voie pour exporter leurs céréales depuis l'Ouest canadien. Toutefois, la perspective d'un trafic plutôt faible sur cette ligne empêche qu'elle soit privée. Le gouvernement canadien achève donc les travaux en 1929.

C. Andreae

Canadian Historical Review (CHR) Fondée à Toronto en 1920 et publiée par les University of Toronto Press, cette revue est le prolongement d'une publication antérieure de Toronto, lancée en 1896. Pendant de nombreuses années, la CHR est dirigée par le département d'histoire de l'U. de Toronto. Un bon nombre d'historiens canadiens éminents, dont George WRONG, George Brown, G.P. de T. Glazebrook, Donald CREIGHTON, John Saywell, Ramsay COOK et Craig Brown, agissent à tour de rôle comme rédacteur en chef. Au milieu des années 70, on fait appel à des rédacteurs en chef partout au pays, dont J.L. Granatstein, John English, J.R. Miller et H.V. Nelles. Leur travail est appuyé par un comité consultatif représentant à la fois les régions et les spécialités.

La tâche de la CHR est de publier des articles sur l'histoire et les événements canadiens, ainsi que des comptes rendus critiques d'ouvrages historiques importants sur des sujets non canadiens. Au cours des années, elle se fait plus historique et moins contemporaine, et se concentre exclusivement sur l'histoire canadienne et ses critiques. Depuis les années 70, d'autres périodiques canadiens dans le domaine de l'histoire rivalisent avec la CHR pour des articles, mais celle-ci demeure la plus importante publication du Canada dans ce domaine. En 1996, elle a un tirage moyen par numéro de quelque 2500 exemplaires.

Robert Bothwell

Canadian Library Association (autrefois l'Association canadienne des bibliothèques) Organisme bénévole à but non lucratif fondé par Elizabeth Homer Morton et établi à Hamilton en 1946 dans le but d'élaborer des normes de qualité en matière de bibliothéconomie et de services de bibliothèque et d'information. Freda Waldon en est la première présidente. En mars 1987, la Canadian Library Association regroupe quelque 4300 membres, dont 3500 particuliers et 800 organismes. Elle comporte 5 divisions qui représentent les intérêts divers des bibliothèques publiques, spécialisées, scolaires, collégiales et universitaires, ainsi que des administrateurs de bibliothèques. En 1968, elle devient une association unilingue, laissant à l'Association pour l'avancement des sciences et des techniques de la documentation (ASTED) le soin de représenter les bibliothécaires francophones. Toute personne qui s'intéresse aux bibliothèques peut devenir membre de l'association, laquelle est dirigée par un conseil élu. La Canadian Library Association publie des monographies et des magazines relatifs aux bibliothèques et organise chaque année un colloque et un salon professionnel. Elle est le porte-parole des bibliothécaires à l'échelle nationale et informe les gouvernements et les institutions officielles de leurs préoccupations. (*Voir aussi* BIBLIOTHÈQUES; BIBLIOTHÉCONOMIE.)

Canadian Literature (fondée en 1959) Première revue trimestrielle entièrement consacrée à des entretiens sur des écrits canadiens. Publiée par l'U. de la

Colombie-Britannique, elle est dirigée par George WOODCOCK de 1959 à 1977, et depuis, par W.H. New. Elle a pour politique éditoriale de favoriser diverses démarches critiques, de publier des articles de poètes et de romanciers sur leur art et sur des œuvres de leurs collègues. Au cours des dernières années, on y publie régulièrement des poèmes. Cette revue publie les articles de nombreux critiques canadiens ainsi que ceux d'écrivains aussi différents que Hugh MACLENNAN, Margaret ATWOOD, Irving LAYTON, Timothy FINDLEY, Dorothy LIVESAY, F.R. SCOTT, A.J.M. SMITH, P.K. PAGE et Audrey THOMAS. Avec un tirage d'environ 2000 exemplaires (1994), elle demeure la publication la plus influente au Canada dans le domaine des arts littéraires.

Canadian Northern Railway Société ferroviaire constituée en 1899 à la suite de la fusion de deux petites lignes secondaires du Manitoba. Développé au cours des 20 années suivantes par ses principaux promoteurs, William MACKENZIE et Donald MANN, le réseau de la Canadian Northern Railway devient transcontinental avec 16 093 km de voies. Les promoteurs dépendent largement des concessions de terres et de la vente d'obligations de leur compagnie garanties par le gouvernement. Ils bâtissent un réseau solide dans les Prairies, mais font face à la vigoureuse concurrence de leurs rivales transcontinentales, le CANADIEN PACIFIQUE, le GRAND TRUNK RAILWAY et le GRAND TRUNK PACIFIC RAILWAY. Aussi entreprennent-ils un vaste programme d'expansion. Le dernier crampon est enfoncé en janvier 1915 et, en octobre de la même année, un train d'excursion transporte des parlementaires et des journalistes à Vancouver et à Victoria. Cependant, cette expansion s'avère écrasante et, durant la Première Guerre mondiale, de lourdes obligations financières forcent les promoteurs à recourir à une aide gouvernementale, qui leur est accordée. En retour, le fédéral exige en fin de compte toutes les actions de la compagnie. Mackenzie et Mann sont forcés de quitter l'entreprise, qui devient ensuite l'une des principales composantes de ce qui allait bientôt devenir la société d'État CANADIEN NATIONAL. La Canadian Nothern Railway conserve son image de marque jusqu'en 1956, mais perd son statut de société indépendante lors de sa nationalisation en 1918.

T.D. Regehr

Canadian Stage Company Troisième plus grande compagnie de théâtre au Canada (après le FESTIVAL DE STRATFORD et le SHAW FESTIVAL), la Canadian Stage Company est née en 1988 de la fusion du CentreStage de Bill Glassco et du Toronto Free Theatre de Guy Sprung. Établie à Toronto, elle exploite quatre scènes: le Bluma Appel Theatre (875 places), au St. Lawrence Centre; le Theatre Downstairs (240 places) et le Theatre Upstairs (150 places), situé au 26, rue Berkeley (qui abritait autrefois le Toronto Free Theatre); et le théâtre de plein air de High Park où des pièces sont présentées gratuitement l'été.

Le CentreStage était la troupe permanente du St. Lawrence Centre, créée en 1970 comme une filiale de la Toronto Arts Foundation. Dirigée par Leon Major de 1970 à 1980, la troupe change son nom pour Toronto Arts Productions en 1973. Edward Gilbert prend la relève en 1980 et la compagnie devient le CentreStage quand le St. Lawrence Centre rouvre ses portes après des rénovations.

Le Toronto Free Theatre est fondé en 1971 avec Tom HENDRY comme directeur général, Martin Kinch comme directeur artistique et John Palmer comme directeur littéraire. Il a pour objectif d'offrir un accès gratuit et de se livrer à des expériences avec la forme et le contenu des œuvres théâtrales. La politique d'entrée libre disparaît en 1973, quoique Sprung, nommé directeur artistique en 1982, réintroduise le concept en 1983 avec la série *Dream in High Park*.

Le principal objectif de la fusion est de créer un théâtre national, basé à Toronto, qui mettrait l'accent sur des œuvres canadiennes. Glassco et Sprung se partagent la direction artistique et produisent les saisons à tour de rôle. La compagnie se donne pour mandat de définir, de soutenir, de promouvoir et de commercialiser les œuvres de dramaturges canadiens. Ainsi, la saison inaugurale de Glassco (1988-1989) présente 16 pièces, dont 7 canadiennes. Parmi quatre nouvelles pièces au programme figurent des pièces à grand déploiement de David FRENCH et de Joanna Glass.

L'année suivante, Sprung présente six pièces canadiennes, dont de nouvelles œuvres de John Krizanc, de Sally Clark et de Paul Quarrington. Aucune de ces deux saisons ne remporte un succès critique ou financier, et le déficit accumulé de la compagnie monte en flèche.

Glassco démissionne en mars 1990, mais revient en juin pour une courte période, le conseil d'administration de la compagnie ayant congédié Sprung et la directrice générale Lynn Osmond après avoir approuvé le programme de Sprung pour la saison 1990-1991, lequel comporte uniquement des pièces canadiennes. Glassco choisit Bob Baker pour reprendre en main les affaires de la compagnie et ce dernier supprime cinq pièces annoncées au programme.

Parmi les productions qui retiennent l'attention pendant le mandat de Baker, citons la reprise par Glassco de *Of The Fields, Lately* (1991) de David French, *Death And The Maiden* (1994) d'Ariel Dorfman, *Poor Super Man* (1995) de Brad Fraser et de *Angels in America* (1996), une pièce en deux parties de Tony Kushner.

Grâce à une campagne de financement active et à une programmation plus limitée et plus commerciale, Baker et le directeur général Martin Bragg, en poste depuis 1992, suppriment le déficit de trois millions tout en maintenant une programmation active. En 1995, la compagnie est une des premières à recevoir le prix du lieutenant-gouverneur pour les arts pour son succès dans la recherche de fonds privés.

La Canadian Stage Company a trouvé son créneau en mettant surtout l'accent sur les pièces à succès du répertoire international. Depuis 1991, elle enregistre chaque année des surplus et peut compter sur la vente de 20 000 abonnements. La compagnie semble cependant avoir abandonné en cours de route le mandat qu'elle s'était elle-même donné de défendre les pièces canadiennes à grand déploiement.

Robert Crew

Canadian Women's Press Club Fondé en juin 1904 dans un wagon de luxe du Canadien Pacifique par 13 journalistes canadiennes revenant d'un reportage sur l'exposition universelle de St. Louis. La première présidente du club, Kathleen «Kit» Blake Coleman du *Toronto Mail and Empire*, est l'une des premières correspondantes féminines à couvrir la guerre hispano-américaine. Parmi les premières membres du club, on trouve Nellie MCCLUNG, Emily MURPHY et Helen MACGILL. Ces dernières militent avec succès pour l'émancipation des femmes, font carrière en droit et en politique et se servent du JOURNALISME pour promouvoir des réformes sociales visant l'acquisition de garanties juridiques pour les femmes et les enfants.

Le club comprend des romancières, des nouvellistes, des rédactrices de journaux et de périodiques, des journalistes, des dramaturges, des poètes, des historiennes et des pigistes de l'imprimerie, de la radio, de la télévision et du cinéma. En juin 1971, les membres votent en faveur d'un nouveau nom: le Club Média du Canada. Cette décision permet à toute personne qualifiée et active dans le milieu des médias d'adhérer au club. Le Club Média est une société indépendante nationale dont le siège social se trouve à Ottawa.

Donna James

Canadien Pacifique, Chemin de fer du Le lancement dans un délai de 2 ans des travaux pour la construction d'un chemin de fer transcontinental et leur achèvement dans un délai de 10 ans sont la condition de l'entrée de la Colombie-Britannique dans la Confédération, en 1871 (*voir* CHEMINS DE FER, HISTOIRE DES). Il s'ensuit une forte compétition pour l'obtention du contrat, fort lucratif, de sa construction. La révélation des méthodes utilisées à cet effet par sir Hugh ALLAN entraîne la défaite du gouvernement de sir John A. MACDONALD en 1873 (*voir* SCANDALE DU PACIFIQUE).

Macdonald revient au pouvoir en 1878 en faisant de l'achèvement du chemin de fer un point de sa politique nationale, et le contrat finit par être accordé à un groupe d'intérêts, dirigé par Donald A. SMITH, J.J. Hill et George STEPHEN. L'incorporation du Canadien Pacifique (CP) a lieu le 16 février 1881. Les difficultés de sa construction et les délais très courts imposés garantissent à la compagnie des provisions généreuses, dont 25 millions de dollars comptant, 25 millions d'acres (environ 10 millions d'hectares) de terrain le long de la voie ferrée, 37 millions de dollars en couverture des coûts d'arpentage, un monopole de 20 ans sur le transport vers les États-Unis, etc.

Ces provisions font à l'époque l'objet de vives dénonciations de la part d'intérêts concurrents et restent litigieuses lors du développement des PRAIRIES DE L'OUEST. Néanmoins, l'expansion américaine vers l'Ouest amène Macdonald et ses conservateurs à faire de l'achèvement du chemin de fer un impératif national.

Sous la direction de W.C. VAN HORNE, la construction dans les plaines progresse à pas de géant. Sandford FLEMING recommande de faire passer la voie ferrée par le col de la TÊTE JAUNE, mais on décide à la fin de 1881 d'emprunter un tracé passant plus au sud à travers le col KICKING HORSE. Les difficultés rencontrées durant la construction à travers les rochers et les tourbières du BOUCLIER CANADIEN équivalent presque aux prouesses d'INGÉNIERIE exigées par la construction à travers les montagnes de la Colombie-Britannique. Les énormes difficultés de recrutement d'une main-d'œuvre adéquate sont à l'origine de l'immigration controversée de milliers de Chinois.

Au plus fort des travaux, dans la section reliant Yale au lac de Kamloops, plus des deux tiers des quelque 9000 travailleurs sont chinois. La ligne qui longe la côte du Pacifique s'achève le 7 novembre 1885 avec la pose du «dernier crampon» à CRAIGELLACHIE, dans le col d'EAGLE, en Colombie-Britannique. La section reliant Callander à Port-Arthur (Thunder Bay), en Ontario, sert au transport de troupes vers l'ouest lors de la RÉBELLION DU NORD-OUEST avant même son achèvement. Le premier train direct de passagers quitte Montréal le 28 juin 1886 et atteint Port Moody, en Colombie-Britannique, le 4 juillet.

Durant les travaux de construction, le CP s'implique dans la vente et la colonisation de terres (1881), l'acquisition de la Dominion Express Co. (1882) et la transmission de messages commerciaux par TÉLÉGRAPHE (1882). Il fournit ses propres wagons-lits et wagons-restaurants et construit des hôtels de tourisme (p. ex., à Lake Louise, en Alberta) et des restaurants le long de la voie ferrée dans les montagnes de l'Ouest. Cette entrée dans l'industrie touristique lui sera profitable pour le développement ultérieur à l'étranger de ses hôtels, de ses paquebots et de ses lignes aériennes (*voir* HÔTELS, TOURISME).

Une fois la construction achevée, le CP doit relever l'énorme défi que représente l'expansion de ses activités pour assurer sa rentabilité. Malgré le peuplement rapide le long des voies ferrées, pendant de nombreuses années, la densité démographique de l'Ouest canadien ne suffit pas à rentabiliser la compagnie, qui s'emploie activement à promouvoir le commerce sur la côte du Pacifique. Dans les jours qui suivent l'arrivée du premier train sur la côte, des navires affrétés par le CP accostent dans les ports avec des chargements de thé, de soie et de curiosités en provenance du Japon. En 1891, la compagnie a déjà passé un contrat avec le gouvernement britannique pour le transport du courrier impérial de Hong Kong vers la Grande-Bretagne, via le Canada, entraînant l'achat de trois navires de haute mer transportant passagers et fret et annonçant la flotte actuelle.

En 1900, la chaîne d'hôtels de montagne s'étend jusque dans les principales villes du pays avec en tête l'Hôtel Vancouver (1887), le château Frontenac, à Québec (1893), et la Place Viger, à Montréal (1898). D'autres services sont créés à la même époque. En 1889, le CP construit une voie ferrée qui, au départ de Montréal, traverse le Maine jusqu'à Saint-Jean, lui donnant ainsi un accès direct à un port ouvert en toutes saisons sur l'Atlantique. Le CP cherche à s'approprier le trafic des États de l'Ouest américain en construisant une ligne vers le Dakota du Nord (1893) et en prenant le contrôle (jusqu'à aujourd'hui) de ce qui est maintenant la Soo Line Railroad Co., aux États-Unis. Il étend son réseau de voies secondaires pour attirer le trafic vers la ligne principale est-ouest. Des colonies s'établissent rapidement le long des lignes secondaires construites vers le sud du Manitoba, entre Regina et Prince Albert (1890) et de Calgary vers le nord jusqu'à Strathcona, aujourd'hui Edmonton (1891).

L'expansion dans la région minière de Kootenay, dans le sud de la Colombie-Britannique, implique l'obtention d'une charte ferroviaire qui inclut une fonderie à Trail, en Colombie-Britannique. C'est le point de départ de l'engagement du CP dans les secteurs des MINES et de la MÉTALLURGIE avec la création, sous son contrôle, de ce qui est maintenant la Cominco Ltd. (1906). La compagnie améliore sa flotte du Pacifique et acquiert, en 1903, la Beaver Line qui desservira l'Atlantique Nord. En 1914-1915, après avoir acheté la Allan Line, une compagnie très ancienne, elle fonde les Canadian Pacific Ocean Services (devenus en 1921 la Canadian Pacific Steamships Ltd.). L'étendue même de son expansion, principalement orchestrée par son président T.G. SHAUGHNESSY (1899-1918), nécessite d'énormes ressources, mais le maintien de la POLITIQUE NATIONALE avec ses tarifs substantiels lui garantit pour longtemps des prix élevés dans l'Ouest.

Les attaques dont ces prix sont l'objet en 1896 contribuent au renversement des conservateurs. Les libéraux réduisent les prix en signant en 1897 l'ACCORD DU PAS-DU-NID-CORBEAU et suppriment certains points controversés en signant en 1900 la *Loi sur les céréales du Manitoba*. Finalement, le CANADIAN NORTHERN RAILWAY obtient une charte pour mettre en valeur les immenses plaines du Nord, laissées en friche par le CP. Entre 1899 et 1913, le CP fait passer son réseau ferroviaire d'environ 11 200 à 17 600 km. Plus de la moitié des nouvelles voies se trouvent dans les provinces des Prairies parce que le CP veut installer des lignes secondaires dans les zones qui en ont besoin et rester compétitif, avec le développement des réseaux ferroviaires transcontinentaux du Canadian Northern Railway et du Grand Trunk Pacific Railway.

La consolidation et l'expansion des années 20 et la Crise des années 30 représentent des défis d'importance, tout comme l'apparition d'un nouveau concurrent, le CANADIEN NATIONAL (CN), créé par l'État canadien entre 1917 et 1923. Le CN vient renflouer le Grand Trunk Pacific, le Canadian Northern, l'Intercolonial et les Chemins de fer du gouvernement canadien, qui sont au bord de la faillite, et entre en concurrence avec le CP dans les secteurs de l'hôtellerie, des télégraphes, des lignes maritimes ainsi que des services ferroviaires. Malgré cette concurrence massive et appuyée par le gouvernement, le CP survit. Pendant la Seconde Guerre mondiale, il fournit non seulement des transports, mais

produit aussi des armes et du matériel dans ses principaux ateliers. Sa flotte marchande est alors réquisitionnée pour le transport militaire et il perdra 12 navires.

Les Lignes aériennes du Canadien Pacifique (devenues ensuite CP Air) font leur apparition en 1942 des suites de l'achat par Grant MCCONACHIE de la Yukon Southern Air Transport et d'autres compagnies aériennes. Après 1947, sous l'impulsion de McConachie, CP Air devient un transporteur international qui dessert l'Extrême-Orient, l'Australasie, une bonne partie de l'Amérique du Sud et plusieurs pays d'Europe (*voir* AVIATION). En 1987, Pacific Western rachète CP Air pour former Canadian Airlines International.

Jusqu'à la fin des années 50, les différents intérêts du CP dans d'autres secteurs sont perçus comme secondaires par rapport à ses activités ferroviaires. Mais, à partir des années 60, la direction de la compagnie se lance dans une politique de diversification en assurant la rentabilité de chacune de ses exploitations. Dès lors, des activités qui relevaient traditionnellement de certains départements de l'organigramme du CP deviennent des compagnies autonomes. C'est notamment le cas de Marathon Realty Co. Ltd. (1963), qui reprend la gestion du parc immobilier à l'exception des bâtiments directement liés au transport ferroviaire; de CP Hotels Ltd. (1965) et de CP Oil & Gas Ltd., maintenant Pancanadian Petroleum Ltd. (1958).

À la même époque, les intérêts extérieurs au secteur des transports sont regroupés dans un holding qui porte le nom de Canadian Pacific Enterprises Ltd., fondé en 1962, tandis que la compagnie mère conserve les secteurs des transports ferroviaires, aériens, maritimes et routiers. En 1968, un nouveau programme d'identification des compagnies attribue les noms de CP Rail, CP Ships, CP Transport et CP Air aux différents modes de transports. En 1971, la compagnie veut souligner le renouveau et l'élargissement de ses activités en remplaçant son nom originel par celui de Canadien Pacifique ltée. En 1967, son département des communications fusionne avec celui du CN pour former une nouvelle compagnie conjointe, du nom de CNCP Télécommunications Ltée. En 1986, avec un revenu brut de 15 milliards de dollars, les Entreprises Canadien Pacifique ltée se classent au deuxième rang parmi les compagnies canadiennes. Des actifs de 17,7 milliards placent la compagnie au quatrième rang, et elle compte 93 800 salariés. Ses actions, dont 30 p. 100 appartiennent à des intérêts étrangers, sont toutefois largement réparties.

Emer Lavallée

Canadiens de Montréal L'une des cinq équipes originales de la Ligue nationale de hockey (LNH) fondée en 1917. Auparavant, l'équipe montréalaise a joué dans la National Hockey Association (NHA) qui a accordé une concession à J. Ambrose O'Brien en 1909. L'équipe joue son premier match le 5 janvier 1910. En 1911, l'équipe est nommée officiellement Le Club athlétique canadien; elle ne comprend que des joueurs francophones jusqu'à la saison 1912-1913. Les Newsy Lalonde, Jack Laviolette et le gardien de but, Georges Vézina, aident les Canadiens à remporter leur première coupe Stanley lors de la saison 1915-1916.

Dès ses débuts, l'équipe est réputée pour son sens du jeu, sa vitesse et sa force d'attaque. En plus de Joe Malone et Aurèle Joliat, l'équipe compte dans ses rangs Howie Morenz, le joueur le plus spectaculaire des années 20 et 30. Les Canadiens remportent la coupe Stanley lors des saisons 1923-1924, 1929-1930 et 1930-1931. Il faut ensuite attendre les saisons 1943-1944 et 1945-1946 pour les voir conquérir d'autres Coupe Stanley avec l'arrivée de l'explosif Maurice Richard, du gardien de but Bill Durnan, de Toe Blake et de Elmer Lach. Une 7e Coupe Stanley est remportée en 1952-1953.

A partir de 1955-1956, jusqu'à la saison 1959-1960, l'équipe connaît un succès inégalé dans l'histoire du hockey professionnel: cinq conquêtes de suite de la Coupe Stanley. Elle en ajoute quatre autres en cinq ans de 1964-1965 à 1968-1969. Elle l'emporte aussi lors des saisons 1970-1971 et 1972-1973, puis quatre autres fois d'affilée de 1975-1976 à 1978-1979. Un étonnant record de 15 victoires en Coupe Stanley en 24 ans au cours desquelles l'équipe est 17 fois championne de sa division.

Les joueurs vedettes de cette époque – Jacques Plante, Doug Harvey, Jean Béliveau, Bernard Geoffrion, Henri Richard, Ken Dryden, Larry Robinson, Jacques Lemaire, Guy Lapointe, Serge SAVARD et Guy Lafleur – amassent un nombre impressionnant de trophées individuels: trophée Vézina (14 fois), trophée James Norris (9 fois), trophée Art Ross (8 fois) et trophée Hart (6 fois).

En 1985-1986, les Canadiens remportent la coupe Stanley pour la 23e fois, établissant alors un nouveau record en matière de championnats de sport professionnel. Ils en ajoutent une 24e en 1992-1993.

En 1924, les Canadiens déménagent au Forum de Montréal (modernisé en 1968 au coût de 10 millions de dollars). Aujourd'hui propriété de la Brasserie Molson du Canada ltée, l'équipe a un nouvel amphithéâtre depuis 1996: le Centre Molson. Les Canadiens ont toujours été un symbole de fierté et d'excellence aux yeux du public québécois même, de 1979 à 1995, lorsqu'ils partageaient la vedette avec les Nordiques de Québec.

James Marsh

Canadiens français de l'Ouest Arrivant de Montréal, les Français viennent dans le Nord-Ouest à la recherche de fourrures et d'une route par voie de terre conduisant à la MER DE L'OUEST, qui devait mener à un raccourci vers la Chine (*voir* COUREURS DE BOIS). En 1682, alors qu'il travaille pour la COMPAGNIE DE LA BAIE D'HUDSON (CBH), dont le siège social est à Londres, en Angleterre, Pierre RADISSON explore 300 km à l'intérieur des terres à partir de la baie.

Bien que les Français se soient établis dans l'Ouest (dans le secteur supérieur des Grands Lacs) vers 1690, ce n'est qu'à partir de 1730 qu'ils créent des postes de traite des fourrures plus loin vers l'Ouest, dans le bassin de Winnipeg, grâce aux efforts conjugués de Pierre de LA VÉRENDRYE et de ses fils. Après la CONQUÊTE (1760), les négociants français de l'Ouest travaillent pour la COMPAGNIE DU NORD-OUEST (CNO) et pour la CBH, contribuant ainsi à l'expansion de la TRAITE DES FOURRURES jusqu'aux rives de l'Arctique et du Pacifique. La première femme blanche à vivre dans l'Ouest est Marie-Anne LAGEMODIÈRE, l'épouse d'un négociant en fourrures.

Naissance de la nation métisse Dès les premiers contacts avec la population autochtone, plusieurs négociants français épousent des femmes autochtones, créant ainsi un groupe distinct de «sang-mêlé» ou MÉTIS. Les Métis combattent aux côtés de la CNO contre la CBH au cours de la bataille de Seven Oaks, en juin 1816, à la rivière Rouge. Le chant que Pierre Falcon compose pour célébrer cette victoire affermit leur sentiment d'avoir une identité commune. La nation métisse est née.

Deux ans plus tard, les pères Joseph Norbert PROVENCHER et Sévère Joseph Nicolas Dumoulin atteignent la COLONIE DE LA RIVIÈRE ROUGE. En 1844, le diocèse de la rivière Rouge devient le vicariat apostolique du Nord-Ouest, sous l'autorité du père Provencher (nommé évêque plus tard). L'arrivée des SŒURS GRISES, dans les années 1840, conforte la foi chrétienne et la culture française des Métis.

Économie des débuts et peuplement Au milieu du siècle, les Métis de la rivière Rouge ont déjà développé une économie basée sur la chasse au bison, l'agriculture à petite échelle et le travail saisonnier pour la CBH. Plusieurs Métis vont aussi plus loin vers l'ouest, à la recherche de bisons. Ils s'établissent aux fourches de la rivière Saskatchewan, dans la région des collines du Cyprès de la Saskatchewan, à Lac Sainte-Anne et, plus tard, à Saint-Albert, près de Fort Edmonton. En 1845, l'évêque Provencher a déjà persuadé les Oblats de France d'envoyer des missionnaires. L'un des premiers à arriver est Alexandre TACHÉ, et il recrute plus tard le père GRANDIN. Grandin, avec l'appui du père Albert LACOMBE, contribue à l'établissement de l'Église catholique dans la région qui est l'Alberta d'aujourd'hui. Vers les années 1850, les Oblats ont également commencé à pénétrer en Colombie-Britannique, fondant des missions le long de la côte sud, ainsi que dans les vallées de l'Okanagan et du Fraser.

Quand le Canada fait l'acquisition du Nord-Ouest, le chef de la rivière Rouge, Louis RIEL, dirige un mouvement de résistance qui exige un droit de parole dans les conditions d'union. Le Manitoba, découpé dans la Terre de Rupert et les Territoires du Nord-Ouest, entre dans la CONFÉDÉRATION à l'instar du Québec. Il est créé en tant que province bilingue et biculturelle, dotée d'un double système scolaire et d'une législature bicamérale. De plus, à la Terre de Rupert et dans les Territoires du Nord-Ouest, la législation du Dominion établit officiellement, en 1875 et 1877, la dualité dans le système scolaire ainsi que le bilinguisme, tout comme au Québec (*voir* ACTE DU MANITOBA). En l'espace d'une décennie, ces mesures sont contestées, à mesure que l'afflux important d'immigrants de langue anglaise modifie la composition ethnique de l'Ouest. Une rébellion armée, conduite par Riel, est écrasée à BATOCHE en 1885, et Riel est pendu pour trahison en novembre de la même année (*voir* RÉBELLION DU NORD-OUEST). L'exécution de Riel divise encore le nouveau Dominion en fonction des critères ethniques et religieux.

En 1890, le corps législatif du Manitoba vote une loi abolissant officiellement le bilinguisme et privant les écoles catholiques de fonds publics (*voir* ÉCOLES DU MANITOBA). Le compromis Laurier-Greenway de 1897 permet l'enseignement limité de la foi catholique romaine, ainsi que l'enseignement du français dans certaines conditions. En 1916, le gouvernement du Manitoba rend l'enseignement en anglais obligatoire, annonçant la fin des écoles françaises jusque dans les années 70.

En 1892, les Territoires du Nord-Ouest ont déjà aboli la dualité dans le système scolaire, mais on y permet l'existence d'écoles catholiques sous certaines conditions particulières. La législature territoriale pense en avoir terminé avec l'usage du français dans les débats. Les mesures qui touchent l'éducation et la langue sont reportées et sont assujetties au contrôle des législatures dans les deux provinces nouvellement créées, l'Alberta et la Saskatchewan, en 1905. On laisse désormais entendre aux Canadiens français du Québec, qui considéraient l'Ouest comme une part de leur héritage, que les provinces bilingues et biculturelles de l'Ouest à l'image du Québec ne seront pas tolérées.

Le retour de l'enseignement du français À la suite des recommandations de la Commission royale sur le bilinguisme et le biculturalisme en juillet 1970, le Manitoba permet l'enseignement du français dans les écoles publiques. En 1979 (affaire Forest) et de nouveau en 1985, la COUR SUPRÊME DU CANADA déclare, dans l'affaire du père Mercure, que la Saskatchewan et l'Alberta sont bilingues, mais que les droits des francophones peuvent être abolis par les procédures législatives normales. En l'espace de quelques semaines, les deux provinces votent des lois qui font de l'anglais leur seule langue officielle. Depuis que la colonie de la Couronne de la Colombie-Britannique est entrée dans la Confédération en tant que province unilingue, en 1871, les francophones sont dépourvus de droits linguistiques. Il faudra la LOI CONSTITUTIONNELLE DE 1982 pour permettre les études en français sous la direction distincte de la minorité française. Ces mêmes droits sont aussi appliqués partout dans les autres provinces de l'Ouest, après avoir été entérinés par la Cour suprême lors de l'affaire Mahé, en 1990. Les échanges en français et en anglais avec le gouvernement fédéral sont garantis dans l'Ouest, comme ailleurs au pays, par la LOI SUR LES LANGUES OFFICIELLES (1969) et par la Loi constitutionnelle de 1982.

Au fil des années, les provinces de l'Ouest attirent une grande variété d'immigrants de langue française. Certains viennent du Québec, bien que dans les dernières décennies du XIXᵉ siècle le Québec ait dissuadé ses habitants d'aller dans l'Ouest, trop de personnes quittant la province pour trouver de l'emploi en Nouvelle-Angleterre. Cependant, les missionnaires canadiens-français encouragent les peuples de langue française à s'établir dans l'Ouest, particulièrement entre 1880 et 1912. Plusieurs colons viennent de France, tandis que d'autres viennent du Québec, de la Nouvelle-Angleterre et de la Belgique (bien que la Première Guerre mondiale ait mis un terme à l'émigration belge et française). La plupart s'établissent dans les provinces des Prairies. Après 1926, un autre groupe de colons de langue française s'établit dans les basses-terres de la rivière de la Paix. La vague de prospérité liée au pétrole, qui s'amorce en Alberta en 1947, et le développement de l'industrie des pâtes et papiers en Colombie-Britannique attirent vers l'Ouest les derniers migrants du Québec. D'après le recensement de 1991, environ 230 000 personnes d'origine française vivent dans les quatre provinces de l'Ouest, quelque 163 000 d'entre elles désignant le français comme leur langue maternelle.

Contributions Les Canadiens français apportent leur contribution aux structures économiques et politiques de l'ouest du Canada depuis toujours. Ils siègent au Conseil des Territoires du Nord-Ouest et dans les corps législatifs des provinces de l'Ouest. Ils s'engagent activement dans la direction d'écoles et sur les scènes politique municipale, provinciale et fédérale, siégeant aux deux Chambres du Parlement. Des hommes tels que Joseph Cauchon, Joseph Bernier, Joseph Dubuc, et, plus récemment, Gildas Molgat du Manitoba, Prosper Edmond Lessard, Wilfrid Gariépy, Joseph-Henri Picard, Jean-Léon Côté, Aristide Blais et Lucien Maynard, de l'Alberta, s'engagent en politique. Les Canadiens français prennent aussi part à la vie publique en Saskatchewan et en Colombie-Britannique. Le Québec établit des institutions bancaires dans l'Ouest. La Banque canadienne nationale (ou Banque d'Hochelaga, son premier nom) aide à financer les nouveaux arrivants de tous les groupes ethniques. Des hôpitaux, des collèges et des couvents sont fondés et financés par les institutions religieuses du Québec. Des compagnies d'assurance telles que La Sauvegarde et La Familiale, en Saskatchewan, proposent leurs services aux Canadiens français de l'Ouest.

Les Canadiens français professionnels participent au développement de l'Ouest en tant que médecins, avocats, juges, ingénieurs, architectes et enseignants. On compte parmi les Canadiens de langue française de l'Ouest des écrivains éminents dans les domaines du journalisme, de l'histoire, de la musique et de la littérature (Gabrielle ROY, Donatien Frémont, Daniel Lavoie, Georges BUGNET). Le Centre d'études franco-canadiennes de l'Ouest, à Saint-Boniface, garde vivante la tradition littéraire des Canadiens français de l'Ouest. De plus, les Canadiens français de toutes les provinces de l'Ouest fondent leurs propres associations pour promouvoir le fait français, en plus d'autres organismes comme Le CERCLE MOLIÈRE de Saint-Boniface, la plus ancienne troupe de théâtre française permanente dans l'Ouest.

Roger Motut

Les Franco-Colombiens Il importe de marquer la différence entre les francophones des Prairies (Manitoba, Saskatchewan et Alberta) et ceux de la Colombie-Britannique. Elle réside essentiellement en ceci que, isolés des autres francophones par les ROCHEUSES, les Franco-Colombiens, environ 60 000, s'organisent de façon indépendante et ce depuis toujours. La Colombie-Britannique était en effet constituée en colonie, avait son gouvernement propre bien avant son entrée dans la Confédération en 1871, alors que les provinces des Prairies ont été créées par le gouvernement central. De plus, la situation économique de ces régions est fort dissemblable, n'étant pas basée sur les mêmes richesses. Enfin, en Colombie-Britannique, l'arrivée massive d'immigrés asiatiques, en particulier de Hong Kong, a donné une place importante à la langue chinoise aux dépens du français.

L'indice de continuité linguistique est en moyenne de 0,35 dans l'Ouest, soit l'un des plus bas au pays. Toutefois, les communautés s'organisent et il est possible d'observer un renouveau de dynamisme: en mars 1999 a été créé un Secrétariat albertain des affaires francophones; les Fransaskois travaillent à la rédaction d'un projet éducatif qui doit permettre «l'accès à l'école en français langue première, l'intégration culturelle fransaskoise, le recrutement et la liaison scolaire»; la population franco-manitobaine s'est dotée, avec l'appui du gouvernement fédéral, d'un plan global de développement qui doit, à moyen et long terme, favoriser la promotion de la culture et la conservation des ressources patrimoniales, la diffusion de produits francophones, le développement communautaire et garantir l'accès à une éducation en langue française de qualité; enfin, la Chambre de commerce franco-colombienne s'applique à mettre sur pied un projet de corridor touristique francophone recensant les différents sites touristiques et centres de services (hébergement, restauration, commerces, etc.) où il est possible d'être servi en français. Ce projet devrait non seulement favoriser le tourisme en provenance de pays et régions francophones, mais encore valoriser les entreprises francophones et participer à rompre l'isolement de la communauté franco-colombienne.

Anne-Marie Busque

Canal de Panama Canal interocéanique qui relie l'Atlantique au Pacifique. Il est administré par les États-Unis et en service depuis 1914. Il a servi à la Marine royale canadienne ainsi qu'aux navires marchands à destination du Canada. Les premiers ministres Robert Borden et Arthur Meighen ont exigé avec succès la stricte application des obligations stipulées dans le traité américano-britannique garantissant un barème de tarifs uniforme pour tous les navires utilisant le canal. Toute alternative, ont-ils soutenu, profiterait aux ports du nord des États-Unis au détriment des ports canadiens.

Dans les années 1920, un différend a éclaté lorsque le canal de Panama a offert des prix inférieurs à ceux des chemins de fer canadiens pour les expéditions depuis l'est du Canada vers l'Alberta et la Colombie-Britannique. Les pressions exercées par les intérêts des chemins de fer canadiens ont persuadé le premier ministre Mackenzie King d'imposer des tarifs sur les marchandises réintroduites au Canada par le canal de Panama. Le canal s'est également avéré très utile durant la crise du pétrole de 1973-1975 pour les livraisons du pétrole de l'Alberta vers Montréal et les provinces atlantiques.

Graeme S. Mount

Canard OISEAU AQUATIQUE à pattes courtes, à pieds palmés et aux ailes étroites et pointues. Quelques espèces insulaires sont incapables de voler, mais la plupart sont de bons voiliers et sont migratrices (*voir* MIGRATION). Une sous-espèce de l'eider à duvet (*Somateria mollissima*), qui niche dans la baie d'Hudson et la baie James, est presque sédentaire puisqu'elle hiverne dans la baie d'Hudson. Le canard, tout comme l'oie et le cygne, appartient à la famille des anatidés, qui compte 158 espèces vivantes et quelques-unes éteintes récemment. On rencontre des canards partout dans le monde.

Les 29 espèces qui nichent au Canada appartiennent à 4 tribus regroupées au sein de la sous-famille des anatinés. Huit autres espèces appartenant à cette sous-famille ont aussi été observées au Canada ainsi que deux espèces de dendrocygnes (considérés parfois comme appartenant à une autre famille). L'eider du Labrador (*Camptorhynchus labradorius*) a disparu. Il a été observé pour la dernière fois en 1878. Le canard mandarin (*Aix galericulata*), issu de souches domestiques, nicherait maintenant à l'état sauvage sur les côtes de la Colombie-Britannique, mais aucune couvée n'a encore été observée.

Description À l'exception des harles dont le bec long et tubulaire a un rebord fortement dentelé, toutes les espèces ont un bec large et plat, garni de lamelles. Le canard souchet (*Anas clypeata*) possède un bec spatulé. Chez les mâles, le plumage nuptial est différent de celui des femelles et, après la nidification, chez plusieurs espèces, le mâle revêt un plumage «éclipse» au moment de la mue. Le plumage des mâles est souvent très coloré, notamment chez le canard branchu (*Aix sponsa*). Chez les canards, les rémiges primaires, aussi appelées plumes de vol, muent simultanément, ce qui empêche donc l'oiseau de voler durant cette période.

Chez les canards barboteurs, les pattes sont situées au centre du corps, ce qui facilite l'envol et la marche. Chez les canards plongeurs, les pattes sont situées loin à l'arrière, ce qui est propice à la plongée, mais rend la marche difficile et oblige l'oiseau à courir sur l'eau au moment de l'envol, qui est pratiquement vertical chez les canards barboteurs.

Nidification La plupart des canards sont grégaires. Ils s'alimentent en bandes et se regroupent aussi au moment de la mue ainsi que dans les aires d'hivernage. Chez plusieurs espèces, les mâles sont territoriaux au début de la période de nidification, mais la formation des couples est temporaire, puisque ce sont les femelles qui assument entièrement l'incubation et qui s'occupent des canetons après l'éclosion. Chez le garrot d'Islande (*Bucephala islandica*) et parfois chez le garrot à œil d'or (*B. clangula*), la femelle est aussi territoriale.

Chez la plupart des espèces, le nid est construit au sol avec des herbes. Souvent caché sous des buissons, il est habituellement situé à proximité de l'eau. Le canard branchu, le garrot à œil d'or, le petit garrot (*B. albeola*) et le harle couronné (*Lophodytes cucullatus*) nichent dans des cavités dans les arbres. Le grand harle et le harle huppé nichent parfois dans des amoncellements de roches ou d'autres cavités semblables au sol. Le canard colvert (*Anas platyrhynchos*) niche quelquefois dans les arbres ou dans certains bâtiments. Plusieurs espèces qui nichent dans les marais construisent des nids au-dessus de l'eau, bien amarrés à la végétation environnante. L'hétéronette à tête noire (*Heteronetta atricapilla*), qui niche en Amérique du Sud, pond ses œufs dans les nids d'autres espèces. Ce parasitisme est fréquent, quoique moins répandu chez le fuligule à tête rouge (*Aythya americana*). On l'observe aussi parfois chez l'érismature rousse (*Oxyura jamaicensis*).

Chez les espèces qui nichent au Canada, on compte habituellement de 4 à 16 œufs par couvée. Les canetons quittent le nid à peine quelques heures après l'éclosion et ils sont alors capables de nager. Ils s'alimentent eux-mêmes, en compagnie de la femelle, qui les couve et les protège.

Répartition et habitat Au Canada, les canards nichent dans divers types de milieux aquatiques, que ce soit des marais, des étangs disséminés dans la toundra, des cours d'eau en montagnes ou de grands lacs. Les canards barboteurs abondent dans les Prairies; les canards marins s'aventurent très loin dans l'Arctique. Le canard noir (*Anas rubripes*), qui nichait autrefois dans l'est de l'Ontario, est maintenant surtout concentré dans les Maritimes et au Québec. La majorité des autres espèces se rencontrent partout au Canada ou sont concentrées dans l'Ouest pour certaines.

Chez le garrot d'Islande et l'arlequin plongeur (*Histrionicus histrionicus*), on trouve des populations distinctes aux deux extrémités du Canada. La population d'arlequins plongeurs de l'est du Canada a été décimée par la chasse, et le Comité sur le statut des espèces menacées de disparition au Canada estime que l'espèce est en danger de disparition. La sarcelle cannelle (*Anas cyanoptera*), qui niche principalement dans le sud-est de la Colombie-Britannique et le sud-ouest de l'Alberta, est l'espèce canadienne qui a la répartition la plus restreinte. Le canard chipeau (*Anas strepera*), qu'on trouvait autrefois surtout dans l'Ouest, a étendu son aire vers l'est.

En hiver, la plupart des espèces se rassemblent le long des côtes et dans la région des Grands Lacs, ou migrent vers le Sud. Les RÉSERVOIRS à température contrôlée permettent à un nombre croissant de canards d'hiverner au Canada, même dans les Prairies. Deux espèces eurasiennes, le canard siffleur (*Anas penelope*) et le fuligule morillon (*Aythya fuligula*), hivernent de plus en plus fréquemment sur les côtes de la Colombie-Britannique et sont aussi plus souvent observées dans les régions intérieures et dans l'Est.

Régime alimentaire La majorité des canards se nourrissent de végétaux et d'invertébrés. Plusieurs espèces de barboteurs s'alimentent parfois de céréales dans les champs. Les harles s'alimentent essentiellement de poissons.

Relations avec les humains L'élevage, pour leur chair, du canard colvert et du canard musqué (*Cairina moschata*) est fort répandu. En Islande, l'eider à duvet est semi-domestiqué afin de récolter son duvet. Les canards sont des oiseaux convoités pour la CHASSE. (*Voir aussi* GIBIER À PLUMES; ANIMAUX EN VOIE DE DISPARITION.)

Martin K. McNicholl

Canards Illimités Canada Organisme privé à but non lucratif qui se consacre à la conservation des habitats marécageux des OISEAUX AQUATIQUES de l'Amérique du Nord, dont environ 70 p. 100 naissent dans les provinces de la Prairie canadienne. Cet organisme est fondé en 1937, la même année que la fondation de Ducks Unlimited Inc. aux États-Unis, afin de recueillir de l'argent auprès des chasseurs du gibier d'eau pour développer les marécages. Depuis son premier projet en 1938, le marais Big Grass, à 120 km au nord-ouest de Winnipeg, Canards Illimités Canada a dépensé environ 600 millions pour améliorer et protéger quelque 7 millions d'hectares d'habitats marécageux critiques et développer plus de 10 000 projets dans tout le Canada.

Le déclin des populations de gibier d'eau vivant dans les marécages dans les premières décennies du XXe siècle se transforme en crise durant la sécheresse qui frappe la Prairie durant les années 30. Ces dernières années, le développement agricole, industriel et urbain sans cesse croissant a détruit plus de 80 p. 100 des marécages originaux dans certaines régions du Canada. Canards Illimités Canada tente d'atteindre son but (la conservation) par l'éducation, la recherche scientifique et des programmes d'amélioration physique de l'habitat du gibier d'eau. Il participe aussi à des programmes d'information technique et d'incitation financière auprès des agriculteurs qui veulent aménager leurs terres pour les animaux sauvages. Pour accomplir son œuvre, Canards Illimités Canada compte sur les 140 000 Canadiennes et Canadiens qui lui fournissent 20 p. 100 de son budget d'exploitation annuel. (*Voir aussi* MARAIS, MARÉCAGE ET TOURBIÈRE.)

Canaux et voies navigables intérieures Le Canada n'a pas son pareil avec ses 800 000 km^2 d'eau douce. Ses lacs, qui forment la majeure partie de sa large surface, sont reliés entre eux par un réseau hydrographique. Le fleuve Mackenzie, par son réseau drainant une surface de 1 870 000 km^2 d'eau douce, occupe le septième rang mondial. Traversant la moitié du continent, la voie maritime du Saint-Laurent et des Grands Lacs est encore plus connue. Par les voies navigables canadiennes, on peut se rendre en canot des eaux de marée, près de Québec, aux confins du Nord-Ouest, sur la côte arctique, et même jusqu'à la côte du Pacifique, par-delà les montagnes.

Ces deux fabuleux parcours sont d'abord empruntés un peu avant la fin du XVIIIe siècle par Alexander MACKENZIE, qui atteint alors l'embouchure du fleuve qui porte aujourd'hui son nom (1789). Il est le premier Européen à traverser le continent nord-américain (jusqu'à Bella Coola) en 1793. Il figure parmi les presque légendaires explorateurs et marchands de fourrures de son temps. Formant la Compagnie du Nord-Ouest, ces hommes et leurs guides et interprètes autochtones ou métis sont les pionniers de l'exploration des principales voies d'eau de l'ouest et du centre-ouest du pays.

Ils doivent contourner d'importants obstacles, dont les rapides de la rivière St. Marys, là où elle se sépare du lac Supérieur. C'est en ce lieu que la Compagnie du Nord-Ouest construit l'une des premières écluses au Canada (1819), à vrai dire très petite, tout comme les écluses des rapides de Soulanges, sur le Saint-Laurent, de taille encore moindre. Ces travaux sont entrepris en 1779 par le corps des Royal Engineers sous la direction du gouverneur Haldimand. D'une profondeur de moins de 0,5 m au-dessus du seuil, ces écluses primitives inaugurent le réputé réseau des canaux canadiens, dont certains sont encore en usage sous leur forme initiale, tandis que d'autres ont été agrandis ou réaménagés (*voir* TRAITE DES FOURRURES, ROUTES DE LA).

Le canal de Lachine, qui contourne les rapides du Saint-Laurent, en amont de Montréal, est le premier véritable canal, construit de 1821 à 1825. Cette initiative de commerçants montréalais engloutit d'importants fonds publics. Les autres canaux de cette époque sont ceux de l'Outaouais, au nombre de trois (1819-1834), et le CANAL RIDEAU (1826-1832), construits pour former, à l'intention des militaires, une voie navigable supplémentaire entre Montréal et Kingston après la guerre de 1812. Pour cette raison, le gouvernement en finance la construction, même si leur utilisation est plus commerciale que militaire.

Les canaux de l'Outaouais servent jusqu'en 1961, date à laquelle ils sont submergés au profit d'un barrage hydroélectrique d'Hydro-Québec. La navigation y est encore possible grâce à une nouvelle écluse adjacente à la centrale hydroélectrique de Carillon. On utilise encore régulièrement le canal Rideau, pratiquement inchangé depuis 150 ans. Les rapides de la rivière Richelieu, en amont de Saint-Jean (Québec), sont contournés par le canal Chambly (1833-1843). L'écluse de Saint-Ours, près de Sorel, permet aux navires d'accéder au lac Champlain par le Saint-Laurent, donc au canal Champlain (États-Unis) et à la rivière Hudson. Par contre, les écluses étroites du canal Chambly (7,1 m de largeur seulement) continuent de provoquer des embouteillages sur cette voie internationale de navigation.

D'ambitieux projets de canaux sont réalisés dans les provinces maritimes. Le canal Shubenacadie reliant Halifax à la baie de Fundy, mis en chantier en 1826, n'est terminé qu'en 1861 et ne connaît qu'une faible affluence durant à peine dix ans. Le petit canal St. Peter's, reliant le lac Bras d'Or à l'océan, est construit de 1854 à 1869. Élargi par la suite, on l'utilise encore. Le projet le plus ambitieux, déjà envisagé en 1686, étudié à plusieurs reprises mais non encore réalisé, est celui d'un canal traversant l'isthme de Chignecton. Un important chemin de fer maritime est mis en chantier en 1882 comme solution de rechange, mais on abandonne ce dernier projet en 1891.

Ces premiers canaux, ainsi que le réseau du CANAL TRENT, qui suit les anciennes routes indiennes à travers les lacs Kawartha, ont pour but de faciliter la progression des petits bateaux à vapeur. Le canal Chambly et le canal Grenville (un des canaux de l'Outaouais) sont les seuls à ressembler aux canaux européens. Comme ceux-ci, ils sont dotés de sentiers pour le halage des péniches par des chevaux.

Pendant la seconde moitié du XIXᵉ siècle, la population canadienne se déplace et, faute de routes carrossables, le transport par bateaux à vapeur s'étend aux rivières et aux lacs. Pendant longtemps, sir John A. Macdonald a sa cabine réservée sur l'un des bateaux à vapeur qui fait le service quotidien entre Ottawa et Montréal. Certains de ces trajets seront encore exploités pendant un bon nombre d'années au XXᵉ siècle. Le trajet Montréal-Québec-Saguenay, p.ex., existe jusqu'en 1965. Sur le fleuve Mackenzie, ce service est encore offert, mais les bateaux sont munis de moteurs diesel.

La plus importante réussite dans l'aménagement des voies navigables canadiennes est la canalisation du Saint-Laurent, aujourd'hui devenue la VOIE MARITIME DU SAINT-LAURENT. Ses débuts remontent à la construction du canal de Lachine (1825), suivie de près par la réalisation du premier CANAL WELLAND en 1829. Quarante petites écluses en bois servent à élever les navires de 100 m du lac Ontario au lac Érié. Elles leur permettent ainsi de franchir l'escarpement abrupt du Niagara. Construit grâce à l'entreprise privée, le canal Welland sera ensuite exploité par le gouvernement, tout comme le canal de Lachine.

En fait, les deniers publics financent toutes les améliorations apportées aux voies navigables canadiennes, et le gouvernement assure leur fonctionnement. En 1845, le canal Welland est refait en maçonnerie et avec des écluses plus importantes. C'est l'une des premières grandes réalisations de la Commission des travaux publics (nouvellement créée) du Canada-Uni. La Commission procède aussi à l'aménagement de plusieurs canaux de petite taille servant à contourner les rapides du Saint-Laurent entre les lacs Saint-Louis et Ontario. Il s'agit des canaux de Beauharnois (plus tard appelé Soulanges), de Cornwall et de Williamsburg. Ce groupe de canaux n'est achevé et utilisé de façon régulière qu'au milieu du XIXᵉ siècle. De 1834 à 1850, les canaux de l'Outaouais et le canal Rideau, ainsi que les rivières qu'ils desservent, forment la voie maritime.

Après la Confédération de 1867, le transport intérieur devient une des priorités du nouveau gouvernement. Les années 1870 et 1880 voient la reconstruction et le réaménagement des canaux. Ainsi, les écluses du canal Grenville, troisième des canaux de l'Outaouais, sont enfin reconstruites et ne causent plus d'embouteillages. Le nouveau canal Carillon remplace le précédent de même que le canal à écluse simple appelé chute à Blondeau. Toutes les écluses des canaux de Lachine et du Saint-Laurent sont alors reconstruites selon des dimensions normalisées, soit 84 m de longueur et 14 m de largeur pour une profondeur de 4,2 m (14 pi) au-dessus du seuil. Le troisième canal Welland, nettement amélioré par rapport au second, est terminé en 1887. Pour desservir le nouveau réseau fluvial du Saint-Laurent, on établit graduellement une flotte d'environ 200 vapeurs de marchandises massifs et inélégants, mais efficaces. Cette flotte, connue sous le nom de «quatorze pieds», est utilisée sans relâche pendant 75 ans.

Après 1909, le Saint-Laurent est sous la juridiction de LA COMMISSION MIXTE INTERNATIONALE, un tribunal canado-américain. Les discussions sur l'éventuel agrandissement d'un réseau de canalisation reprennent de plus belle. En empruntant l'Outaouais, on pourrait diminuer de 483 km la navigation vers les Grands Lacs. Cependant, les élections générales de 1911 mettent un terme aux espoirs de voir un canal maritime dans la baie Georgienne.

La construction du quatrième canal Welland débute en 1913 comme solution de rechange à une voie sur le Saint-Laurent. Ce canal de renommée mondiale même s'il n'a que huit écluses, est une entreprise entièrement canadienne officiellement inaugurée en 1932. Ses écluses, de 260 m de longueur sur 24 m de largeur, ont favorisé le développe-ment d'une flotte de bateaux dits «des Grands Lacs» assurant le transport en vrac. Plus tard, ces mêmes écluses serviront à déterminer la taille des écluses de la voie maritime du Saint-Laurent lors de sa construction (1954-1959) (*voir* CARGOS DES GRANDS LACS).

Aujourd'hui, la voie maritime du Saint-Laurent, incluant le quatrième canal de Welland, constitue l'un des plus grands canaux maritimes du monde. Elle permet les entrées et les sorties des navires affrétés à l'intérieur comme à l'extérieur du continent nord-américain. Les grandes lignes de transport de passagers d'antan ont pratiquement disparu, cédant la place aux omniprésents bateaux de plaisance, surtout dans les canaux les moins importants. Si l'on s'écarte des principales voies navigables, on découvre avec plaisir les lacs et les rivières du Canada, l'un de ses attraits les plus remarquables. Ces cours d'eau, toujours aussi fréquentés, donnent tout son sens à la devise du «Dominion» du Canada: «D'un océan à l'autre et du fleuve jusqu'aux confins de la terre.»

R.F. Legget

Cancer Terme regroupant plus d'une centaine de maladies caractérisées par une croissance anormale des cellules. C'est la seconde cause en importance de décès au Canada et la deuxième cause de décès après les accidents chez les enfants de moins de 15 ans. À moins que les méthodes actuelles de prévention, de dépistage et de traitement ne s'améliorent, un bébé nord-américain sur trois finira par avoir une forme quelconque de cancer au cours de sa vie. Les hommes sont légèrement plus touchés que les femmes. Un homme sur quatre et une femme sur cinq mourront du cancer, et le tiers d'entre eux sera âgé de moins de 65 ans.

Certains types de cancers (p. ex., le cancer du poumon) sont plus fréquents depuis les années 40; d'autres (comme le cancer du sein chez les femmes) conservent la même incidence; alors que d'autres encore (cancers de l'estomac, de la vessie et du rectum entre autres) sont en régression. Le cancer du poumon a le plus haut taux de mortalité chez les patients atteints de cancer. Du fait du TABAGISME, son incidence a considérablement augmenté chez les jeunes femmes, et il est maintenant plus fréquent que le cancer du sein. Le cancer de l'intestin et du rectum constitue la deuxième cause des décès attribuables au cancer. Le cancer du sein est en troisième position, mais il demeure la première cause de décès chez la femme. En termes de taux de mortalité, les autres formes de cancer se classent de la façon suivante: cancer de la prostate, de l'utérus, des voies urinaires, de la bouche et du pancréas, suivis de la leucémie et des cancers des ovaires et de la peau. Ce dernier est en fait le plus fréquent, mais sous ses formes courantes, il se traite facilement et n'est généralement pas mortel.

Causes de cancer

Le corps humain est constitué de milliards de cellules de différents types qui, normalement, se reproduisent à un rythme suffisant pour compenser la perte cellulaire physiologique. Si elles se multiplient à un rythme incontrôlé, il se développe une tumeur (aussi appelée néoplasme). Il existe deux grands types de tumeurs: les tumeurs bénignes et les tumeurs malignes. Les tumeurs bénignes sont celles où les cellules se multiplient, mais demeurent groupées. Les tissus avoisinants forment souvent un tissu fibreux, appelé «capsule», qui les sépare de la tumeur. Les tumeurs bénignes se traitent avec succès par la chirurgie. Les tumeurs malignes peuvent être localement envahissantes, c.-à-d. que les cellules se répandent dans les tissus avoisinants en étendant leurs tentacules explorateurs. Ces tumeurs potentiellement graves se situent souvent au niveau de la peau et peuvent être traitées efficacement par la radiation ou la chirurgie.

Les tumeurs malignes peuvent aussi être métastatiques. Ce sont les tumeurs les plus dévastatrices, car elles envahissent l'organisme en se disséminant par voie sanguine ou par d'autres liquides organiques. Les «semences» ainsi disséminées, appelées métastases, créent de nouvelles tumeurs. On croyait autrefois que la dissémination de la tumeur ne se faisait qu'à partir d'une certaine taille et que, si on l'éliminait avant qu'elle n'atteigne cette taille, le patient pouvait guérir. Malheureusement, on sait aujourd'hui que les tumeurs métastatiques surviennent bien avant d'être détectées.

La cause fondamentale de cette transformation maligne est encore inconnue, mais la récente découverte des oncogènes (gènes du cancer) représente une étape importante dans la compréhension du cancer. Ces gènes très répandus font partie du patrimoine génétique normal lorsqu'ils sont inactifs. Leur structure a été soigneusement préservée au cours de l'évolution, ce qui démontre leur importante fonction auxiliaire dans la croissance des cellules normales. Ces gènes peuvent être activés et transformés soit par des virus spécifiques, soit par des mutations mineures pouvant être induites par une radiation ou une exposition à certains produits chimiques. Ils peuvent également être activés par duplication ou en étant fixés à différents chromosomes. Il semblerait qu'il faille que plusieurs circonstances d'ordre génétique (au moins deux) soient réunies pour qu'il y ait une mutation (*voir* GÉNÉTIQUE; VIRUS). Les oncogènes semblent contenir le code pour un grand nombre de petites molécules appelées facteurs de croissance, ce qui stimule une croissance anormale. On peut donc considérer le cancer comme une anomalie de croissance et de développement cellulaires.

Même si on ne peut encore expliquer au niveau moléculaire la cause du cancer chez l'humain, des études épidémiologiques ont montré la pertinence clinique des risques liés à l'environnement, aux habitudes sociales et aux facteurs génétiques. La lente évolution du cancer permet difficilement d'analyser avec précision le rôle de ces facteurs. Toutefois, on peut maintenant dire qu'environ 80 p. 100 des cancers humains sont liés d'une façon ou d'une autre à ces facteurs environnementaux et peuvent être prévenus. Deux tiers des cancers peuvent être évités en s'abstenant de fumer et en modifiant ses habitudes alimentaires. On a associé à l'apparition du cancer des centaines de produits chimiques, notamment des agents de conservation ou des additifs ajoutés aux denrées alimentaires, de même que divers médicaments et la radiation. On estime qu'environ 40 p. 100 des cancers sont liés directement ou indirectement à l'usage de la cigarette. Chez de nombreuses espèces animales (mammifères, poulets, poissons et grenouilles), le cancer est provoqué par des virus, mais, chez l'humain, ce type de cancer ne représente que 5 p. 100 des cas.

Manifestations cliniques du cancer

Le dépistage et le diagnostic précoces sont importants pour guérir ou prolonger la vie des patients, surtout dans le cas des cancers les plus courants. Le test de Papanicolaou a diminué l'incidence et la mortalité du cancer envahissant du col de l'utérus. L'Institut national du cancer du Canada et le Conseil de recherches médicales financent la recherche sur le cancer au Canada. L'Institut, en collaboration avec différentes agences canadiennes, étudie présentement l'efficacité des programmes de prévention du cancer du sein par l'auto-examen et la mammographie. Chaque année, plus de 90 p. 100 des nouveaux cas de cancer du sein sont détectés par les patientes elles-mêmes.

La liste «Seven Steps to Health» (La Santé en sept étapes) est offerte au public par la Société canadienne du cancer pour les encourager à adopter un mode de vie sain. Elle encourage également le public à consulter un médecin pour une détection précoce des cancers de la peau, du sein, du larynx, du poumon ainsi que des voies génito-urinaires et gastro-intestinales. Les symptômes peuvent être un changement dans les habitudes d'élimination intestinale ou urinaire, une plaie qui ne guérit pas, des pertes ou des saignements inhabituels, un épaississement ou une masse dans le sein ou sur une autre partie du corps, une mauvaise digestion ou des difficultés à avaler, un changement évident de l'aspect d'une verrue ou d'un grain de beauté, une toux ou un enrouement persistants. Étant donné que le cancer s'attaque à n'importe quel tissu ou partie du corps, ses manifestations cliniques varient considérablement et il est même souvent asymptomatique pendant une longue période avant d'être détecté. L'examen des tissus ou des cellules par un pathologiste demeure la principale méthode de diagnostic.

Principes thérapeutiques Dans le traitement du cancer, on présume que toute cellule maligne doit être détruite, excisée ou neutralisée. On ne sait cependant pas si, pour qu'un traitement soit efficace, il faut éliminer toutes les cellules cancéreuses ou s'il suffit de réduire leur nombre à un niveau où les défenses naturelles du patient peuvent parvenir à les maîtriser. On connaît à ce jour cinq types de traitements: la chirurgie, la radiothérapie, l'hormonothérapie, la chimiothérapie et l'immunothérapie. Le cancer n'étant pas une maladie unique, mais plutôt un grand nombre de maladies différentes, on doit parfois combiner les traitements. Ces combinaisons varient considérablement selon le type de tumeur.

Les tumeurs solides et localisées sont traitées par chirurgie et radiothérapie. Le cancer métastatique demande un traitement général comme la chimiothérapie (utilisation de médicaments anticancéreux), soit dès le départ, soit comme traitement adjuvant. Dans les cas de tumeurs malignes se propageant par le sang, la chimiothérapie représente souvent le traitement initial. La chimiothérapie réduit habituellement de façon spectaculaire la dimension de la tumeur.

Plus de 30 médicaments, employés seuls ou en combinaison, servent au traitement chimique du cancer. Leur action sur la cellule cancéreuse varie. Bien qu'ils s'attaquent de façon élective aux cellules tumorales, ils affectent parfois les tissus sains à reproduction rapide, ce qui provoque des effets secondaires comme la diminution des globules sanguins dans l'appareil circulatoire, la chute des cheveux et des troubles intestinaux.

Les tumeurs du sein, de la prostate et de la muqueuse utérine peuvent réagir à l'hormonothérapie. Certains types d'hormones (p. ex., les œstrogènes) ont la propriété de se fixer à des récepteurs spécifiques des cellules tumorales. Les cancers du sein et de la prostate peuvent être soignés par l'ablation des sources hormonales qui stimulent ou permettent la croissance tumorale. Ils peuvent aussi être traités par l'administration d'œstrogènes, d'androgènes, de progestérone, de glucocorticoïdes ou d'autres peptides hypophysaires susceptibles d'inhiber cette croissance tumorale. L'immunothérapie, qui est utilisée comme traitement adjuvant à la chirurgie, à la chimiothérapie ou à la radiothérapie, ne réussit à maîtriser qu'un nombre restreint de types de cellules et est encore au stade expérimental.

On s'intéresse présentement beaucoup à l'utilisation de produits biochimiques comme les interférons ou les interleukines pour traiter le cancer. Ce sont des substances sécrétées par des cellules du système immunitaire et qui ont été mises à la disposition des chercheurs grâce aux récentes découvertes en génie génétique. On peut les utiliser seuls ou en combinaison avec des cellules immunitaires du patient (LAK ou lymphocytes tueurs activés) activées en laboratoire et administrées de nouveau.

On étudie également les anticorps monoclonaux, aussi produits par les cellules immunitaires, afin de les utiliser pour diagnostiquer, visualiser et traiter le cancer. L'excision chirurgicale demeure encore le principal traitement, particulièrement dans le cas où le cancer peut être diagnostiqué au tout début et totalement éliminé. Le chirurgien est limité par la localisation et l'étendue de la tumeur plutôt que par son type.

Des radiations ionisantes de divers types et sources énergétiques sont aussi utilisées pour détruire des groupes localisés de cellules cancéreuses. Tout comme la chirurgie, on obtient de meilleurs résultats avec des tumeurs relativement petites décelées avant leur dissémination dans les tissus avoisinants ou dans l'organisme au complet. La tolérance des tissus normaux avoisinants détermine la quantité de radiation à administrer. Même si les mécanismes précis de ce traitement restent encore à identifier, on sait que la radiation détruit les cellules en entravant leur mécanisme génétique par l'ionisation des molécules d'eau. On utilise des unités d'irradiation au cobalt et, plus récemment, on a utilisé des accélérateurs linéaires d'électrons informatisés. Des recherches sont présentement menées sur les neutrons et les particules atomiques. On emploie aussi certains médicaments pour sensibiliser les tissus cancéreux aux radiations. Les patients sont généralement informés des avantages et des risques liés à ce type de traitement.

Services d'aide aux cancéreux

Au cours de la dernière décennie, des établissements offrant un service d'aide aux cancéreux se sont transformés en centres complets pour les cancéreux. On y trouve la technologie de pointe nécessaire au diagnostic et au traitement du cancer, des services d'éducation et de consultation pour la population environnante ainsi que des programmes de recherches appliquée et fondamentale. Dans certaines provinces, entre autres la Colombie-Britannique, l'Alberta, la Saskatchewan, le Manitoba, l'Ontario et les provinces maritimes, les services d'aide aux cancéreux sont centralisés et, dans bien des provinces, les patients atteints de cancer doivent déclarer leur maladie.

Les cancéreux sont surtout traités comme patient externes, souvent même lorsqu'ils sont en phase terminale. Il est important que les patients atteints du cancer soient bien dirigés dès le début afin que leur cas soit analysé par des spécialistes de plusieurs disciplines. Bien souvent, la seule chance de guérison est la première tentative de traitement. De nombreux services d'aide aux cancéreux et à leur famille existent également partout au Canada grâce à la Société canadienne du cancer et à d'autres groupes communautaires.

Aspects psychosociaux du cancer

On a beaucoup écrit sur les aspects psychosociaux de la phase terminale du cancer, mais les patients qui survivent au cancer doivent aussi faire face à des ajustements psychologiques pour accepter le diagnostic de cette maladie chronique et potentiellement mortelle. Même aujourd'hui, vivre avec le cancer signifie souvent être aux prises avec l'isolement social: peur de la souffrance, handicap physique, mutilation, fonctions corporelles déficientes, perte de l'attirance sexuelle et de l'estime de soi. On croit généralement qu'une fois le diagnostic établi, le patient est sans défense face aux assauts de la maladie. Cette fausse conception entretient le sentiment de fatalité et de désespoir lié au terme «cancer». Les chercheurs mettent actuellement au point une théorie biologique sur la résistance au cancer des cellules hôtes et identifient des mécanismes similaires à ceux qui permettent à l'organisme de résister aux infections. Il semble que certains facteurs tels que l'âge, le sexe, l'immunité, les hormones, la nutrition, ainsi que des facteurs psychologiques et probablement d'autres facteurs encore non identifiés, aient une influence sur la résistance au cancer et puissent aider à prévoir l'issue favorable ou défavorable, la réponse au traitement et, parfois, les longues périodes de rémission ou même les régressions spontanées de la maladie.

L. Martin Jerry

Candiac, ville du Qc; pop. 12 500 (1999), 11 805 (rec. 1996), 11 765 (rec. 1991), 9450 (rec. 1986); superf. 16,54 km²; const. en 1957. Elle se nomme elle-même «une fleur en rive» à cause de la volonté de ses citoyens de préserver l'environnement.

Historique La Société Développement-Candiac, un groupe d'investisseurs canadiens et européens qui porte maintenant le nom de Développement urbain Candiac, possédait autrefois des fermes en friche d'une valeur totalisant 4,5 millions de dollars dans les paroisses de Saint-Constant, Delson et Saint-Philippe, et dans la ville de La Prairie. Le gouvernement québécois accepte d'y créer, en 1957, la ville de Candiac, où vivent 320 habitants.

Le nom Candiac est choisi en l'honneur de Louis-Joseph de Saint-Véran, marquis de MONTCALM, né en 1712 au château de Candiac, en France. Il meurt à Québec, en 1759, au cours de la bataille des plaines d'Abraham.

Situation actuelle La ville de Candiac se développe sans tarder. En 1958, la compagnie Iroquois Glass, devenue la Consumers Glass, est déjà installée dans le premier parc industriel, le parc industriel Montcalm. Celui-ci étant occupé à pleine capacité, on aménage alors un nouveau quartier industriel destiné à l'industrie légère, le parc industriel Champlain.

En 1960, des citoyens de deux villes voisines obtiennent leur annexion. Le territoire de Candiac grimpe alors de 2500 à 4800 acres. En 1969, la population de Candiac compte déjà 4800 habitants et elle double entre 1972 et 1992, passant de 5500 à 11 064 habitants.

Il y a de nombreux espaces verts à Candiac. Le parc la Promenade, d'une superficie de un million de pieds carrés, offre une vue inégalée sur le fleuve Saint-Laurent et Montréal. La Maison Melançon, un bâtiment historique situé dans le parc, est appelé à devenir un centre culturel où l'on présentera des ateliers, des expositions et des concerts.

Danielle Leggett

CANDU (*Voir* CENTRALES NUCLÉAIRES)

Candy, John, acteur (Toronto, Ont., 31 oct. 1950—Durango, Mexique, 11 mars 1994). Acteur de cinéma talentueux, Candy fait ses débuts sur scène, ainsi que dans des films publicitaires et des films canadiens à petit budget, à Toronto. En 1972, il déménage à Chicago où il est membre de la compagnie d'improvisation Second City. Peu après, il revient au Canada pour devenir membre permanent de la compagnie Second City de Toronto. Il est ensuite l'un des personnages principaux de l'émission de télévision SCTV, tirée du spectacle de Second City. Il y crée et y incarne régulièrement des personnages comme Johnny LaRue, le docteur Tongue et, avec son partenaire Eugene Levy, l'un des frères Schmenge avec leurs accordéons.

Bientôt suivent des rôles dans des films majeurs, où un Candy bien en chair joue souvent des rôles de pauvre type sympathique ou de raté au cœur d'or, comme dans *Splash* (1984, v.f. *Splash*). Il interprète des seconds rôles dans *Spaceballs* (1987; v.f. *La Folle histoire de l'espace*), *Planes, Trains and Automobiles* (1987; v.f. *Voyage tous risques*) et *Home Alone* (1990; v.f. *Maman, j'ai raté l'avion*). Sa popularité croissante lui vaut des premiers rôles dans *Uncle Buck* (1989; v.f. *L'Oncle Buck*), *Only the Lonely* (1991; v.f. *Ma blonde, ma mère et moi*) et *Cool Runnings* (1993; v.f. *Les Apprentis champions*). Bien que résidant à Los Angeles, Candy reste profondément attaché au Canada. En 1991, il fait l'acquisition de l'équipe de football des Argonauts de Toronto, avec comme partenaires Wayne GRETZKY et Bruce McNall. En 1992, Candy refuse d'animer la soirée de la remise des prix Génie parce que la Société Radio-Canada s'est permis des plaisanteries douteuses sur sa corpulence pour faire la publicité de l'émission. Il meurt d'une crise cardiaque durant le tournage d'un film au Mexique, en 1994.

David Rosen

Caniapiscau, rivière (*Voir* KOKSOAK, RIVIÈRE)

Canmore, ville de l'Alb.; pop. 8354 (rec. 1996), 5681 (rec. 1991), 4182 (rec. 1986); superf. 67,08 km². En 1883, cette localité, baptisée du nom du roi écossais Malcolm Canmore, devient la première localité de limite divisionnaire du Canadien Pacifique à l'ouest de Calgary. Le chemin de fer et les charbonnages, dont l'exploitation commence en 1886, étaient autrefois les principaux piliers de l'économie locale. Vers 1891, la situation est florissante. Toutefois, les mines ferment temporairement à cause de l'agitation ouvrière des années 1920, puis souffrent de la crise économique des années 30; il en sera de même à la fin des années 60 et au début des années 70.

Le pasteur Charles GORDON (alias Ralph Connor) fait construire la première église presbytérienne de Canmore (devenue lieu historique provincial). Les mines de Canmore cessent leurs activités en 1979. Aujourd'hui, la ville est un centre de loisir et de tourisme en croissance constante. Dans le cadre des Jeux olympiques de Calgary de 1988, le gouvernement albertain y a fait construire des installations de sports d'hiver ultramodernes, le Canmore Nordic Centre.

Frits Pannekoek

Canneberge (*voir* BAIES DE CULTURE; BAIES SAUVAGES)

Canniff, William, médecin, historien amateur (Thurlow, Haut-Canada, 20 juin 1830—Belleville, Ont., 18 oct. 1910). Médecin estimé, professeur de médecine, défenseur de la santé publique, ce nationaliste canadien est surtout connu pour ses ouvrages *History of the Settlement of Upper Canada* (1869) et *The Medical Profession in Upper Canada* (1894).

Après des études au Canada, aux États-Unis, en Grande-Bretagne et en Europe, il exerce la chirurgie à Toronto et à Belleville, enseigne la pathologie et la chirurgie au Victoria College Medical School et publie le tout premier manuel canadien de pathologie (1866). Il est membre fondateur de l'Association médicale canadienne (AMC) en 1867 et de l'Association médicale de l'Ontario en 1880. Président de l'AMC (1880), il devient aussi le premier médecin hygiéniste permanent de Toronto (1883-1890). Canniff exprime sa ferveur nationaliste canadienne par son appartenance au mouvement CANADA FIRST dans les années 1870 et par ses écrits historiques.

Heather MacDougall

Cannington Manor Fondé en 1882 lorsqu'un Anglais, le capitaine Edward Michell Pierce, revendique cinq cantons situés à 65 km au sud de Whitewood, dans les Territoires du Nord-Ouest (aujourd'hui dans le sud-est de la Saskatchewan). C'est le point le plus rapproché de la ligne de chemin de fer du Canadien Pacifique (CP). Cannington tient son nom d'une ville d'Angleterre. Le terme «manoir» y est ajouté plus tard pour éviter la confusion avec une ville de l'Ontario. Ne connaissant pas grand-chose à l'agriculture, Pierce fonde néanmoins un collège agricole pour les fils d'Anglais fortunés. Les «pups» (chiots), comme on surnomme ces derniers, refusent de se mêler aux colons canadiens. Trois d'entre eux bâtissent une résidence de 26 pièces, avec salle de bal, salle de billard et quartiers réservés aux domestiques. L'écurie est lambrissée de bois d'acajou et au-dessus de chaque stalle, une plaque de cuivre est gravée au nom du cheval de course qui l'occupe.

En 1890, le Manoir Cannington comprend déjà une église anglicane, un moulin à farine, un hôtel, une forge, un atelier de menuiserie, un atelier de carrosserie et un magasin général. Toutefois, les riches Anglais ne prennent pas l'agriculture au sérieux. Ils préfèrent jouer au tennis, au cricket et au rugby. Au temps de la moisson, ils consacrent une semaine à la chasse ou au polo. Leur incapacité de s'adapter à la vie au Canada entraîne rapidement la faillite des entreprises et des fermes. Vers 1901-1902, quand une

nouvelle ligne du CP contourne le village, les commerçants déménagent et le Manoir Cannington disparaît graduellement. Le site est maintenant un parc historique provincial, où on a reconstruit quelques bâtiments d'autrefois.

Jane McCracken

Canol, pipeline (ou oléoduc) Conduit de 10 cm de diamètre et de 1000 km de longueur construit entre 1942 et 1944. Il relie Norman Wells, dans les Territoires du Nord-Ouest, à une raffinerie de Whitehorse, Yukon. Il doit le jour aux Forces armées américaines, qui poussent un gouvernement canadien tiède à assurer un approvisionnement en produits pétroliers pour l'effort de défense du Nord-Ouest. On prévoit que la raffinerie produira 3000 barils par jour, mais l'oléoduc se révèle vite un fiasco, coûtant 5 fois les 24 millions de dollars du devis initial et souffrant de défauts techniques considérables. Ses déficiences, exposées par un comité du Sénat des États-Unis présidé par Harry Truman, embarrassent l'armée américaine. Quand on finit par abandonner l'oléoduc en mars 1945, après 13 mois d'opération, il laisse dans le paysage du Nord-Ouest canadien la trace d'un dépotoir, véritable «monument funéraire à la stupidité militaire».

Kenneth S. Coates

Canola Nom employé couramment pour l'huile, le tourteau et les graines des variétés de colza développées au Canada, possédant des qualités nutritionnelles élevées. Les plantes de canola sont des variétés de navettes (*Brassica campestris*) et de colza (*B. napus*) de la famille des crucifères. Les NAVETS (*B. campestris* var. *rapa* ou, plus précisément, *B. campestris rapifera*) en sont de très proches parents, d'où le nom anglais «rape» (du latin *Rapum*, «navet»). Le RUTABAGA (*B. napobrassica*), le CHOU et le chou-fleur (*B. oleracea*) sont également étroitement apparentés. Le *B. campestris* est originaire des avant-monts de l'Himalaya; le *B. napus* vient probablement de la région méditerranéenne, de croisements naturels entre les plantes *B. campestris* et *B. oleracea*.

Le colza est une importante source d'huile comestible en Asie depuis près de 4000 ans. Il est cultivé pour la première fois au Canada durant la Seconde Guerre mondiale afin d'en obtenir un lubrifiant de première qualité pour les moteurs marins. Après la guerre, les programmes canadiens d'hybridation de plantes, combinés aux changements dans les techniques de transformation, ont mené à une réduction de l'acide érucique (dont la consommation élevée est associée à des lésions cardiaques chez les animaux de laboratoire) et des glucosinolates (qui causent l'hypertrophie de la thyroïde et une faible conversion alimentaire chez le bétail). Par conséquent, le Canola est devenu une des principales bases de l'huile de cuisson, de la margarine, de la sauce à salade et du shortening au Canada et en Europe. Le tourteau obtenu après l'extraction de l'huile est un aliment à haute teneur en protéines utilisé pour l'alimentation animale.

Comme pour la plupart des travaux scientifiques, l'évolution du Canola est le fruit d'expériences menées en étroite collaboration. Les premières mises en garde concernant les risques liés à l'acide érucique sont émises par K. Carrol et J. Beare-Rogers. On changera donc la composition en acide gras de l'huile. Baldur STEFANSSON et R.K. DOWNEY identifient conjointement les premiers colzas (*Brassica napus*) à faible teneur en acide érucique. Downey sélectionne la première navette (*B. campestris*) à faible teneur en acide érucique et crée les premiers cultivars à faible teneur en acide érucique chez les deux espèces (l'oro et la span). J. Krzymanski, un boursier de recherches postdoctorales de Pologne, et Downey découvrent les premiers *B. napus* à faible teneur en glucosinolate. Stefansson produit le premier cultivar à faible teneur en glucosinolate, le Tower, tandis que Downey et ses collègues produisent les premiers *B. campestris* à faible teneur en glu-

cosinolate et la première variété de qualité Canola de cette espèce, la Candle. J.M. Bell et D.R. Clandinin ont mené une bonne partie des études sur l'alimentation des animaux pour établir la supériorité nutritionnelle du tourteau de Canola. B.M. Craig, C. Youngs et R.L. Wetter mettent au point les techniques analytiques qui permettent la reproduction de la qualité Canola et, de leur côté, J.K.G. Kramer et F. Saurer établissent la supériorité nutritionnelle du Canola à faible teneur en acide érucique. Stefansson et Downey reçoivent tous deux le prix de la Banque royale en reconnaissance de leur contribution au développement du Canola.

Le Canola est cultivé sur 2,6 millions ha dans les Prairies. La variété hivernale, populaire en Europe, est cultivée en quantité limitée en Ontario. Environ la moitié de la production canadienne est transformée au pays, et le reste est exporté pour les graines. Les méthodes utilisées pour l'ensemencement et la récolte sont semblables à celles employées pour les CÉRÉALES de printemps. Les variétés de Canola *B. napus* parviennent à maturité en même temps que le blé et atteignent entre 1 et 1,5 m de hauteur. Bien que le *B. campestris* atteigne la maturité de 10 à 14 jours plus tôt que le *B. napus*, on le cultive moins parce que son potentiel de rendement est plus faible. Les fleurs comptent 4 pétales jaune vif et, après la fertilisation par le vent ou les insectes, chacune produit une gousse contenant de 15 à 40 petites graines rondes (de 1,5 à 2 mm de diamètre) disposées en 2 rangées. Les graines matures contiennent de 40 à 44 p. 100 d'huile et sont recouvertes d'une fine enveloppe noire, brune ou jaune.

R.K. Downey et B.R. Stefansson

Canot d'écorce Principal moyen de transport par voie d'eau pour les Indiens et les VOYAGEURS. Léger et maniable, il s'adapte très bien à la navigation estivale sur le réseau de ruisseaux, d'étangs, de lacs et de rapides du BOUCLIER canadien. Le canot est indispensable aux Amérindiens nomades du Nord, tels les Montagnais-Naskapis, tout comme aux trappeurs qui font la traite des fourrures. L'écorce de bouleau est le matériau par excellence puisqu'elle est lisse, dure, légère, résistante et imperméable. On trouve du BOULEAU presque partout au Canada, mais pas toujours en quantité suffisante ou de la taille qui convient (il faut de 8 à 12 arbres pour faire un canot). C'est pourquoi dans certaines régions, notamment celle du Subarctique Ouest, on utilise plutôt l'écorce d'épinette.

Les techniques requises pour construire les canots se transmettent de génération en génération entre maîtres constructeurs. Les jointures du canot sont cousues avec des racines de pin que les Amérindiennes déterrent, fendent et font bouillir. La structure est habituellement faite de cèdre trempé dans l'eau et plié pour prendre la forme d'un canot. La résine de pin ou d'épinette, appliquée à l'aide d'un bâton chaud, rend les coutures imperméables. À mesure que la TRAITE DES FOURRURES prend de l'importance, les Amérindiens n'arrivent plus à répondre à la demande de canots, de sorte que les Français installent vers 1750 une usine de canots à Trois-Rivières.

Le célèbre «canot du maître», essentiel à la traite des fourrures, mesure 12 m de long et peut porter de 6 à 12 personnes en plus d'une charge de 2300 kg lorsqu'il circule sur la route fluviale entre Montréal et le lac Supérieur. Le «canot du nord», plus petit que le précédent, transporte une équipe de 5 ou 6 hommes et une cargaison de 1360 kg sur les lacs, les rivières et les ruisseaux moins importants du Nord-Ouest. Les canots sont propulsés, à l'aide de pagaies étroites, à un rythme rapide et régulier de 45 coups à la minute en moyenne.

L'«avant» (homme de proue) utilise une plus grosse pagaie pour manœuvrer dans les rapides, alors que le «gouvernail» (homme de poupe) se tient à l'arrière. Un canot peut couvrir une distance de 7 à 9 km à l'heure. Un canot rapide spécial, transportant beaucoup de personnes et peu de marchandises, peut parcourir jusqu'à 140 km en une journée de 18 heures. La plupart des terres intérieures du Canada sont initialement explorées en canot d'écorce, lequel restera le moyen de transport principal à l'intérieur du pays jusqu'aux environs de 1820, avant qu'il ne soit graduellement remplacé par le bateau. (*Voir aussi* YORK, BARGE D'.)

James Marsh

Canotage Activité aquatique qui se pratique au moyen d'une petite embarcation aux extrémités effilées, mue par un ou plusieurs pagayeurs installés de manière à faire face à la direction que prend l'embarcation. Il existe deux sortes de canoës: le canoë ouvert (dit «canadien»), propulsé par une pagaie simple et désigné en compétition par la lettre C; le canoë fermé ou ponté, mu par une pagaie double et appelé kayak, désigné par la lettre K. Les canoës actuels présentent une variété de formes et de matériaux adaptés aux différentes conditions aquatiques et aux types d'utilisation (récréative ou de compétition). Le canoë ouvert, le plus répandu, est utilisé pour les loisirs, la chasse et la pêche. D'une longueur de près de 5 m, il est fait de bois, de toile, d'aluminium, de fibre de verre ou de plastique.

Les formes de canotage de compétition les plus connues sont les suivantes: le sprint sur 500, 1 000 et 10 000 m (seule discipline de canotage aux Jeux olympiques) dans des canoës propulsés par un nombre variable de pagayeurs; la course en eau vive de descente ou de slalom, en canoës à un ou à deux pagayeurs; et le marathon, course de fond qui se pratique sur les lacs et les rivières et nécessite des portages.

Le canotage que l'on connaît aujourd'hui est le produit de deux influences distinctes. La première se rattache à une tradition née chez les Autochtones et qu'ont poursuivi les premiers explorateurs, marchands de fourrure, bûcherons et colons. Le canotage en canoë ouvert ou en kayak, propre à l'Amérique du Nord, était pratiqué par les Amérindiens et les Inuits, lesquels ont conçu une variété impressionnante d'embarcations, dont chacune était adaptée aux matériaux locaux, à l'environnement physique et aux coutumes du groupe. Ils fabriquent des embarcations recouvertes de peaux (KAYAK) ou d'écorce (CANOT), surtout d'écorce de bouleau, et des pirogues mesurant jusqu'à 15 m de longueur.

Les explorateurs européens, en commençant par Jacques CARTIER, adoptent volontiers les canots d'écorce légers et maniables au lieu des chaloupes à rames encombrantes de leurs navires. Les premiers explorateurs et marchands de fourrure se rendent aux confins du pays grâce à ces embarcations. Le canot d'écorce est à l'origine d'une voie de ravitaillement s'étendant sur 6000 km, de Montréal jusqu'à l'océan Pacifique et au fleuve Mackenzie, voie qu'on empruntera pour accéder aux frontières septentrionales les plus reculées jusqu'à la fin du XIXᵉ siècle. Les premiers colons établis le long des cours d'eau navigables du centre du Canada utilisent les canots d'écorce pour leurs déplacements locaux, la chasse et la pêche. À l'aide d'outils en métal, ils fabriquent aussi des pirogues taillées avec précision dans une seule pièce de bois et, ultérieurement, des canoës de planche, toujours inspirés des embarcations autochtones.

Le canoë traditionnel «canadien» (5 m de longueur, 81 cm de largeur, 30 cm de profondeur), fait de planches de cèdre et d'une membrure en orme, est conçu à la fin des années 1850 aux abords de la rivière Otonabee, près de Peterborough (Ontario). Plus durable que le canot d'écorce, il répond parfaitement aux besoins des villégiateurs, des chasseurs et des pêcheurs. Au cours des trois dernières décennies du XIXᵉ siècle, le canoë de la région de Peterborough est exporté mondialement.

Le canotage actuel a aussi été influencé par certaines pratiques instaurées à l'époque de l'Amérique du Nord britannique. Le personnel militaire britan-nique alors basé au pays parraine souvent des compétitions d'aviron ou de voile. Ce sont toutefois les courses de canoës autochtones, intégrées aux régates au début du XIXᵉ siècle, qui soulèvent le plus d'enthousiasme chez les spectateurs. Des clubs nautiques généraux apparaissent dans des villes comme Kingston, Halifax, Montréal, Peterborough et Toronto. Au cours des années 1870, des courses de canoës pour gentilshommes vont alors s'ajouter aux épreuves de nautisme.

En 1880, la création de l'American Canœ Assocation (ACA) au lac George (New York) et la tenue de sa première régate provoquent partout en Amérique du Nord un accroissement de la pratique du canotage organisé. À l'occasion de la première compétition de l'ACA en 1880, le Canadien T.H. Wallace, de Rice Lake (Ontario), gagne deux courses dans son canoë canadien du lac Rice.

En décembre 1880, on fonde le Toronto Canœ Club en réponse à la formation de l'ACA. Des clubs de canotage font alors leur apparition partout au pays. En 1887, les clubs canadiens se regroupent pour former la division Nord de l'ACA. En 1900, une association nationale est fondée à Brockville (Ontario) et, au mois d'août de la même année, on y tient le premier championnat canadien. Depuis, ce championnat a eu lieu tous les ans, excepté durant les deux guerres mondiales.

En 1924, aux Olympiques de Paris, les équipes canadiennes et américaines de canoéistes s'affrontent dans une course de démonstration. La même année, une organisation internationale, l'IRK, est créée. Depuis 1936, année où le canotage devient un sport olympique, les pagayeurs canadiens connaissent un certain succès, surtout dans les épreuves de canoë ouvert. En 1936, Francis AMYOT remporte une médaille d'or au 1000 m individuel. En 1984, à Los Angeles, Larry CAIN gagne une médaille d'or et une d'argent au canoé C-1; aux Jeux du Commonwealth, en 1986, il obtient l'or au 500 et au 1 000 m C-1. En 1996, aux Olympiques d'Atlanta, Caroline Brunet remporte la médaille d'or au 500 m individuel.

Après la Seconde Guerre mondiale, l'arrivée d'Européens au Canada contribue à populariser le canotage en eau vive. En 1964, une organisation nationale, l'Association canadienne de canot-kayak d'eau vive, voit le jour. En 1967, le premier championnat national de slalom et de descente en eau vive a lieu aux gorges d'Elora (Ontario). Après 1945, les courses professionnelles de canoës sur longue distance gagnent en popularité dans l'Ouest canadien, dans le Nord de l'Ontario de même qu'au Québec. Toutefois, ce n'est qu'en avril 1980 qu'est fondée, à Ottawa, une organisation pour coordonner ce type d'épreuve: la Canadian Marathon Canœ Racing Association (CMRA). En 1981, la CMRA tient son premier championnat à Ottawa.

Créée en mai 1972, l'Association canadienne du canotage récréatif s'emploie à organiser des programmes non compétitifs pour améliorer la technique de maniement de la pagaie, la formation et la sécurité en canotage récréatif.

C. Fred Johnston

Canso, détroit de Avec 27 km de longueur, 3 km de largeur et 60 m de profondeur, c'est un chenal étroit et profond qui sépare la partie continentale de la Nouvelle-Écosse de l'ÎLE DU CAP-BRETON. Cette voie d'eau permettait autrefois la libre communication entre les eaux de la baie Saint-Georges dans le golfe du Saint-Laurent et celles de l'océan Atlantique. Au début des années 50, on construisit toutefois la chaussée de Canso pour permettre la circulation ferroviaire et routière entre le continent et l'île. Le parachèvement de la chaussée en 1955 contribua à rendre libres de glaces à longueur d'année les ports de Mulgrave et de Port Hawkesbury, les principales villes situées le long du détroit, et à faire de la région un centre de bois à pâte important. La fermeture du détroit a cependant eu aussi pour effet d'empêcher les larves de homard provenant du frai du golfe de se déplacer jusqu'à la côte Atlantique, ce qui est considéré comme étant l'une des principales causes du déclin précipité de la pêche au homard le long de la côte sud-est de l'Atlantique depuis la fin des années 50.

P.C. Smith

Cantiques (*voir* HYMNES)

Canton Division territoriale fondamentale aux fins de l'arpentage, le canton apparaît au Canada vers la fin du XVIIIᵉ siècle. Des cantons de superficies diverses sont délimités en Nouvelle-Écosse et au Nouveau-Brunswick, mais ils sont remplacés en pratique par la structure de COMTÉ. Dans de vastes régions du Québec et de l'Ontario, les cantons sont généralement arrangés en damier. Le canton moyen a environ 16 km de côté et est divisé en lots et en concessions. L'unité de base d'un canton québécois est une terre agricole de 105 acres (42 ha). En Ontario, la superficie des terres varie entre 10 acres (4 ha) et 200 acres (81 ha).

Au Québec, le canton municipal est le premier palier d'administration. Chacun des CANTONS DE L'EST (maintenant appelés Estrie) constitue le réseau principal de l'ADMINISTRATION LOCALE de l'une des 14 municipalités régionales de comté (MRC) de la région de Sherbrooke, au Québec.

En Ontario, le canton est également le premier palier de gouvernement. Des groupes de cantons s'associent aux villes et aux villages pour former un comté. La population des cantons municipaux de l'Ontario varie grandement: le canton de Worthington, dans le district de Rainy River, compte moins de 200 habitants, alors que le canton de Kingston, dans le comté de Frontenac, en compte 40 000. En Ontario comme au Québec, des centaines de cantons portent un nom, mais sont inhabités et n'ont pas d'organisation municipale.

Dans l'Ouest canadien, le canton est un territoire carré de 10 km de côté. Chaque canton se divise en 36 sections. L'unité de base est le quart de section, dont la superficie est de 160 acres (64 ha). Les cantons sont numérotés à partir du 49ᵉ parallèle en allant vers le Nord. Un exemple de description complète de terrain serait: le quart de section 15 nord-ouest, canton 5, rang 6, à l'Ouest du troisième méridien. Les cantons des provinces de l'Ouest n'ont pas de structures municipales ni administratives.

Alan Rayburn

Cantons de l'Est, région de collines appalachiennes située dans le centre-sud du Québec. Elle s'étend de GRANBY au LAC MÉGANTIC, et de DRUMMONDVILLE à la frontière canado-américaine. C'est à partir de la fin du XVIIᵉ s. que la région devient le territoire de chasse et pêche des ABÉNAQUIS. Si l'on excepte un poste de traite aux Grandes-Fourches (site de l'actuelle ville de SHERBROOKE), elle n'est pas colonisée durant le régime français (1534-1760). Peu après la fin de la Guerre d'Indépendance américaine (traité de Paris, 1783), un grand nombre de LOYALISTES vient d'abord s'établir dans la région de la baie Missisquoi, au nord du lac Champlain. En 1791, le gouverneur britannique décide de leur concéder des cantons (100 mi²). On en découpe ainsi 95, dont le premier, Dunham, est concédé en 1796. La région prend le nom de comté (électoral) du Buckinghamshire en 1792. Apparaît alors l'appellation «Eastern Townships of Lower Canada», par opposition à «Western Townships of Upper Canada», qui sera contractée en «Eastern Townships» vers 1806. Cette expression est traduite en «Townships de l'Est» vers 1833, puis en «Cantons de l'Est» en 1858. La région administrative au cœur de cette région prend le nom officiel d'Estrie en 1981. Ce nom est cependant controversé.

Les premiers colons sont de langue anglaise (1783-1840) et sont des Américains, des Anglais et des Irlandais. Dès 1840, la colonisation francophone prend l'allure d'un raz-de-marée, de sorte qu'entre 1871 et 1881, les francophones y deviennent majoritaires. Les anglophones comptent maintenant pour moins de 10 p. 100 de la population.

Pourvue d'un excellent réseau routier depuis les années 1820, la région connaît un essor considérable avec la construction du chemin de fer du GRAND TRUNK RAILWAY OF CANADA, qui relie Montréal et Portland en 1853. Les réseaux routiers, dont les autoroutes 10 et 55, et ferroviaire favorisent l'exploitation et la transformation des ressources naturelles dont le bois, les sapins de Noël, l'amiante, le granit, le cuivre et le calcaire. Elle est la première région minière du Canada dès le milieu du XIXᵉ s. avec l'ouverture de nombreuses mines de cuivre et de métaux associés. L'énergie hydraulique des nombreuses chutes de la RIVIÈRE SAINT-FRANCOIS et de ses affluents y attire scieries et moulins à farine, mais aussi, dès 1855, usines de textile, fonderies et industries de pâtes et papiers. Au XXᵉ s., des industries lourdes s'installent à Sherbrooke, qui devient peu à peu la «Reine des Cantons de l'Est». L'industrie de la motoneige prend son essor à Valcourt grâce à son créateur J.-Armand BOMBARDIER, et la production d'AMIANTE à THETFORD MINES et à ASBESTOS représente environ le quart de la production mondiale.

La microélectronique s'y implante grâce à la recherche universitaire et la venue d'industries de pointe dans ce domaine. On y compte deux universités, l'U. de Sherbrooke (francophone) et l'U. Bishop (anglophone, à LENNOXVILLE), témoins des deux cultures qui s'y côtoient. Une curiosité du sud de la région: de nombreuses granges rondes rappellent la croyance selon laquelle le diable se cache dans les coins des granges, et le désir de s'en préserver. On y retrouve de grands parcs, plusieurs dizaines de musées, de centres d'interprétation de la nature, de festivals, de bases de plein air, et la zone de MAGOG-Orford est un important centre touristique international quatre-saisons. Enfin, elle est la première région viticole du Québec avec le développement de cette industrie agrotouristique depuis 1985, surtout autour de Dunham.

Jean-Marie Dubois et Pierre Mailhot

Canucks de Vancouver L'équipe de HOCKEY des Canucks de Vancouver a fait partie de la Ligue de hockey de l'Ouest à partir de 1946. Le 22 mai 1970, pour six millions de dollars, les Canucks se joignent à la LIGUE NATIONALE DE HOCKEY. Ils disputent leur premier match à domicile le 9 octobre 1970 au Pacific Coliseum, stade de 15 564 sièges qui n'a que 3 ans. Dirigés par l'entraîneur Hal Laycœ et le directeur général Bud Poile, ils accumulent 56 points et se classent 6ᵉ parmi les 7 équipes de la section de l'Est. En 1974, l'équipe, propriété de Medicor Corporation de Minneapolis, passe aux mains d'un groupe d'hommes d'affaires de Vancouver menés par Frank Griffiths. Les Canucks affichent des résultats remarquables au cours de la saison 1974-1975, leur première saison victorieuse. Ils accumulent alors 86 points et terminent en tête de la section Smythe. Peu après, la performance de l'équipe laisse à désirer. En 1982, ils parviennent à la finale de la COUPE STANLEY, mais perdent en quatre matchs consécutifs contre les Islanders de New York. En 1988, avec le nouveau directeur général Pat Quinn, les Canucks entreprennent un programme de restructuration. Les résultats se font sentir en 1991-1992, meilleure saison dans toute l'histoire de l'équipe. Ils terminent en tête de la section Smythe et en 4ᵉ position de la ligue au classement final.

Derek Drager

Canyon City Le LIEU HISTORIQUE territorial de Canyon City est situé sur les bords de la rivière Yukon, à environ 6 km de WHITEHORSE, au Yukon. Aujourd'hui, seuls des vestiges archéologiques subsistent de cette ville qui, de 1897 à 1900, constituait l'un des plus importants centres de transport au Yukon. En effet, la plupart des marchandises et des passagers se rendant aux champs aurifères du KLONDIKE ou en revenant, passaient à cette époque par le terminus du Canyon and Whitehorse Rapids Tramway, à Canyon City. Le tramway a été construit afin d'éviter les rapides de White Horse et le canyon Miles sur la rivière Yukon. L'achèvement du WHITE PASS AND YUKON RAILWAY à Whitehorse a mis fin aux brefs jours de gloire de Canyon City. Le gouvernement territorial du Yukon finance les fouilles archéologiques de Canyon City. Pendant l'été, les jours de semaine, le public peut visiter le site archéologique et voir le programme de reconstruction en cours.

Deborah Welch et Michael Payne

Canyon Ouimet, parc provincial du Situé sur la rive nord du lac Supérieur, à 65 km au nord-est de Thunder Bay, en Ontario, le parc provincial du canyon Ouimet, d'une superficie de 777 ha, est établi en 1972 afin de protéger une gorge spectaculaire aux parois escarpées, taillée dans la roche volcanique.

Histoire naturelle La roche volcanique présente une nette configuration de joints verticaux donnant l'apparence de colonnes à la face rocheuse du canyon Ouimet. Depuis des millions d'années, d'immenses blocs de roche se détachent des parois, élargissant l'ouverture entre les colonnes et couvrant le fond du canyon de blocs fracassés.

Du côté ouest, deux belvédères surplombent une falaise abrupte qui s'élève à 100 m au-dessus du canyon jonché de rocs. De l'autre côté de la gorge, large de 150 m, de vastes colonnes de roche volcanique s'élancent vers le ciel et forment une immense paroi rocheuse. Au nord, le canyon se rétrécit et serpente entre les collines. Au sud, il débouche sur une large vallée et sur une vue panoramique du lac Supérieur.

Le climat au fond du canyon est très différent de celui des régions environnantes. De courtes périodes d'ensoleillement, un épais tapis de mousse ainsi qu'une masse d'air froid et stagnant expliquent la présence permanente de glace sous les énormes blocs de pierre. Ce climat froid favorise une végétation de type arctique et subarctique (p. ex., le *Woodsia alpina*). Les autres communautés végétales du parc sont typiques de la FORÊT BORÉALE.

Installations et services Le but des réserves naturelles est de protéger des éléments naturels exceptionnels à des fins éducatives et scientifiques. En plus des belvédères, le parc offre des sentiers de randonnée et des installations d'interprétation qui permettent aux visiteurs de mieux comprendre l'environnement particulier du canyon. En raison de l'extrême fragilité des plantes, l'accès au fond du canyon est restreint.

Nancy Rahtz

Caouette, Joseph-David-Réal, politicien et chef du Parti Crédit social (Amos, Abitibi, Qc, 26 sept. 1917—Ottawa, 16 déc. 1976). Sortant de l'anonymat à l'issue des élections générales de 1962, Réal Caouette devient une figure politique importante sur la scène nationale en tant que chef du CRÉDIT SOCIAL du Québec. Caouette se rallie à ce mouvement en 1939. Il est élu à la Chambre des communes lors des élections partielles de 1946, et ce, à titre de membre de l'Union des électeurs.

Incapable par la suite de se faire réélire tant à l'Assemblée législative du Québec qu'à la Chambre des communes, le Ralliement des CRÉDITISTES est fusionné avec le Parti Crédit social du Canada en 1961 et Caouette se présente comme candidat à la chefferie. Défait par Robert THOMPSON, il est nommé son adjoint et chef du parti au Québec. Aux élections générales de 1962, qui se soldent par un gouvernement conservateur minoritaire, 26 des 30 députés du Crédit social élus sont des partisans de Caouette.

Au Québec, c'est surtout dans les circonscriptions des régions rurales et des petites villes que Caouette et le Crédit social reçoivent des appuis. Remarquable orateur, capable de soulever son auditoire, que ce soit en personne ou à son émission télévisée de 15 minutes, Caouette devient une personnalité importante de la scène politique québécoise. Il est un fédéraliste convaincu, bien que plusieurs de ses idées sur l'économie, basées sur les positions plus orthodoxes du Crédit social, soient radicalement opposées au pouvoir des grandes organisations, surtout les banques.

En septembre 1963, Caouette rompt avec Thompson et devient le chef de son propre Ralliement des créditistes, suivi par 12 de ses députés du Québec. La popularité de son parti se maintient aux élections subséquentes. En 1971, il refait l'unité de son parti au Québec et en devient le chef national. Il conserve ce poste jusqu'à ce que la maladie l'oblige, en 1976, à céder sa place à André Fortin.

William Christian

Caoutchouc, industrie du Elle est composée d'entreprises qui produisent principalement des pneus en caoutchouc, des tubes, des tuyaux, des courroies, des rondelles et des joints d'étanchéité, des coupe-froid, des bandes, etc. Les quelque 100 petits et gros fabricants de caoutchouc au Canada se partagent un chiffre d'affaires annuel de plus de 2,5 milliards de dollars. L'industrie emploie directement 20 000 personnes, et des dizaines de milliers d'emplois supplémentaires sont offerts par les fournisseurs et les vendeurs de produits de caoutchouc, ainsi que par les secteurs des services et du TRANSPORT. En 1986, cette industrie possède des investissements de près de 1,6 milliard de dollars en usines et équipements.

Christophe Colomb est le premier Européen à faire état de l'utilisation du caoutchouc. En 1492, alors qu'il explore Haïti, il remarque des garçons indigènes jouant avec une balle qui rebondit. Après des recherches, il découvre qu'elle est faite d'une sève laiteuse blanche (latex) provenant d'un certain type d'arbre. Exposée à l'air, la sève fonce et durcit, puis peut rebondir.

Aucun effort véritable n'est entrepris pour une utilisation commerciale du caoutchouc jusque dans les années 1760, lorsque des expérimentateurs français découvrent qu'il peut être dissous par la térébenthine et l'éther. Soixante-dix ans plus tard en Écosse, Charles Macintosh commence à imperméabiliser des vêtements. À peu près à la même période, le chimiste anglais Joseph Priestley découvre que cette substance peut effacer les marques de crayon par frottement (*rub* en anglais), d'où le nom anglais de *rubber*. Thomas Hancock, un fabricant anglais de diligences, s'aperçoit que le caoutchouc peut être broyé et pressé en un bloc souple et pliable. En 1839, l'inventeur américain Charles Goodyear met au point la vulcanisation, procédé par lequel le composé de caoutchouc, utilisé avec du soufre, est durci à haute température.

Bien qu'on ait découvert différents arbres produisant du caoutchouc à l'état naturel en Amérique centrale et du Sud, la meilleure source est l'arbre à caoutchouc du Brésil, l'*hévéa brasiliensis*. En 1876, de jeunes plants sont exportés en fraude du Brésil et rapportés en Angleterre. Par la suite, des plantations sont créées en Malaisie et dans d'autres pays d'Asie du Sud-Est, ce qui permet d'exercer une surveillance sur la qualité de l'approvisionnement en caoutchouc naturel brut.

Au Canada, la production de pneus commence en 1895, même si la première production canadienne d'articles en caoutchouc débute probablement en 1854 chez Dominion Rubber, qui deviendra plus tard Uniroyal Ltd. À la fin des années 80, l'industrie canadienne du pneu est menacée par la chute des marges de profit et la concurrence étrangère. En 1987-1988, deux usines exploitées par Goodyear Canada Inc., à Toronto, et Firestone Canada Inc., à Hamilton, sont obligées de fermer. Les porte-parole de l'industrie prévoient d'autres fermetures si l'accord bilatéral de LIBRE-ÉCHANGE avec les États-Unis élimine l'avantage tarifaire de 10,2 p. 100 des producteurs canadiens. Cinq entreprises de fabrication, toutes multinationales, exploitent actuellement 9 usines au Canada et emploient environ 12 000 personnes. En 1985, la moyenne journalière de production d'une usine est de 13 500 pneus de camion et d'automobile. En 1986, le nombre de pneus vendus s'élève à 22 millions, malgré la baisse des ventes entraînée par l'apparition de pneus de plus longue durée. En 1986, l'industrie exporte pour 418 millions de dollars en pneus d'automobile dans de nombreux pays et importe pour 142 millions de dollars.

Pendant la Seconde Guerre mondiale, l'occupation japonaise des pays d'Asie producteurs de caoutchouc naturel crée une situation critique. En étroite collaboration avec le gouvernement fédéral, l'industrie du caoutchouc met de l'avant un programme accéléré de production de caoutchouc synthétique. Ce programme aboutit à la formation de la SOCIÉTÉ POLYMER (aujourd'hui Polysar Ltée), à Sarnia, en Ontario, un des principaux fabricants de caoutchouc brut synthétique au monde. De nos jours, environ deux tiers du caoutchouc utilisé dans l'industrie canadienne est synthétique.

Bien que le caoutchouc serve principalement à la fabrication de pneus d'automobile, il a de nombreux autres usages. Rien que dans l'industrie automobile, il trouve beaucoup d'autres utilisations: une voiture moyenne comporte plus de 200 pièces en caoutchouc (p. ex. les balais d'essuie-glaces, les supports du moteur, les joints d'étanchéité des fenêtres, les courroies de ventilateur, les tuyaux de radiateur, les pédales, etc.). L'industrie du caoutchouc fabrique de nombreux autres produits pour les secteurs de l'agriculture, de la CHAUSSURE, du TEXTILE et de l'INDUSTRIE DE LA CONSTRUCTION. Elle cherche à mettre au point des produits économiseurs d'énergie tel le pneu radial, qui dure plus longtemps et réduit la consommation d'essence de près de 10 p. 100 par rapport au pneu classique. Une grande partie de l'industrie est représentée par l'Association canadienne de l'industrie du caoutchouc.

April J. MacDougall

Cap aux meules, île du D'une superficie de 50 km², cette île du Québec fait partie de l'archipel des ÎLES DE LA MADELEINE, au centre du GOLFE DU SAINT-LAURENT. Elle tire son nom de la colline de grès qui, probablement dès 1815, fournissait la pierre servant à fabriquer les meules des moulins à farine. Des francophones descendants d'Acadiens l'habitent, mais il y a aussi une petite population d'anglophones sur deux îles voisines, l'Île de la Grande-Entrée et, surtout, l'Île d'Entrée. Sa configuration est ronde et d'aspect montueux, avec sa butte du Vent (altitude de 165 m) entourée d'une plaine légèrement ondulée, autrefois agricole, et s'étendant jusqu'à la mer. La moitié des Madelinots se retrouvent dans les trois municipalités de cette île: Cap-aux-Meules (pop. 1661; rec. 1996), Fatima (pop. 2966; rec. 1996) et L'Étang-du-Nord (pop. 3087; rec. 1996). Témoins de l'activité industrielle et commerciale de l'île, on y trouve des usines de poissons, des ports de pêche et un port terminus du traversier faisant la liaison quotidienne avec Souris, sur l'Île-du-Prince-Édouard. Son industrie touristique est prospère depuis quelques décennies, profitant d'un splendide panorama offert, entre autres, par la butte du Vent, de côtes échancrées à falaises et à monolithes d'érosion de grès rouge ou gris, ainsi que de dunes de sable à perte de vue. La municipalité de Cap-aux-Meules est le centre administratif et des affaires de l'archipel qui constitue la MRC des Îles-de-la-Madeleine (pop. 13 802; rec. 1996).

Jean-Marie Dubois et Pierre Mailhot

Cap des Rosiers, anse du Nommée ainsi à cause de la grande quantité de rosiers qu'on y trouve. Ce promontoire escarpé et couvert d'arbustes se situe à l'extrémité est de la péninsule de GASPÉ. Une ligne tirée de la rive nord jusqu'au cap des Rosiers démarque, selon la PROCLAMATION ROYALE DE 1763, l'endroit où finit le FLEUVE SAINT-LAURENT et où commence le GOLFE DU SAINT-LAURENT. L'anse possède le phare le plus élevé de la région gaspésienne (33 m, terminé en 1858) et elle

touche le côté est du PARC NATIONAL FORILLON (créé en 1970). Point de contact stratégique pour les navires marchands accédant au fleuve Saint-Laurent, le cap est nommé par Samuel de CHAMPLAIN et apparaît sur sa carte de 1632. C'est ici, en 1759, que les Français aperçoivent pour la première fois la flotte britannique envoyée pour s'emparer de la ville de Québec.

David Evans

Capacité pénale Deux groupes principaux de personnes ne peuvent être pénalement responsables: les très jeunes enfants et les personnes atteintes de troubles mentaux.

Selon l'article 13 du Code criminel, nul ne peut être déclaré coupable d'une infraction à l'égard d'une omission de sa part ou d'un acte survenu lorsqu'il était âgé de moins de 12 ans. Cette disposition remplace la règle de common law d'après laquelle les enfants de moins de 7 ans n'avaient pas la capacité de former une intention criminelle, mais les enfants âgés de 7 à 14 ans pouvaient être reconnus pénalement responsables.

Prépondérance des probabilités L'article 16 du Code criminel stipule que la responsabilité criminelle d'une personne n'est pas engagée à l'égard d'une omission de sa part ou d'un acte survenu alors qu'elle était atteinte de troubles mentaux qui la rendaient incapable a) soit de juger de la nature et de la qualité de l'acte ou de l'omission, b) soit de savoir que l'omission ou l'acte était mauvais. On présume que les individus sont sains d'esprit. La preuve qu'une personne est atteinte de troubles mentaux doit être établie selon la prépondérance des probabilités. Il incombe à la partie qui prétend que l'accusé est ou était atteint de troubles mentaux d'en faire la preuve. Cette partie sera généralement l'accusé, bien que la poursuite puisse en faire la preuve si l'accusé soulève la question de l'aliénation mentale au cours du procès ou après qu'il a été reconnu coupable, mais avant l'inscription du verdict. La répartition du fardeau de la preuve a été jugée conforme à la CHARTE.

L'incapacité doit être causée par des «troubles mentaux», lesquels, selon la définition qu'en donne le Code criminel, sont une «maladie mentale». En common law, la «maladie mentale» comprend toute maladie, tout trouble ou état anormal qui affecte la raison humaine et son fonctionnement, à l'exclusion des états volontairement provoqués par des substances intoxicantes (à moins que l'intoxication passée n'ait endommagé le cerveau) ou des états mentaux transitoires comme l'hystérie ou la commotion cérébrale. Les maladies mentales peuvent naître d'un dysfonctionnement cérébral organique, de processus psychologiques ou d'états physiologiques. Pour déterminer si un état en particulier est une maladie mentale, la preuve psychiatrique est pertinente, mais non concluante.

La maladie mentale doit causer l'une ou l'autre incapacité. Celle de juger de la nature et de la qualité d'un acte ou d'une omission a trait à l'incapacité de juger de la nature et des conséquences physiques de l'acte ou de l'omission. P. ex., la question de savoir si le fait d'arrêter la respiration entraînera la mort. Elle ne vise pas la capacité d'avoir des réactions émotives à l'acte ou à l'omission.

L'incapacité de savoir que l'acte ou l'omission était mauvais correspond à l'incapacité de savoir qu'en général les actes ou les omissions, ou l'acte ou l'omission en particulier, étaient moralement mauvais ou contraires aux normes morales de la société. L'accusé n'est pas atteint de troubles mentaux du simple fait qu'il n'adhère pas aux normes morales de la société lors qu'il est en mesure de connaître ces normes.

L'accusé reconnu avoir été atteint de troubles mentaux au moment de la commission de l'infraction ne peut ni être acquitté ni être déclaré coupable. Le verdict sera plutôt celui de «non-responsabilité criminelle pour cause de troubles mentaux». Ce verdict

étant rendu, le tribunal pourra tenir une audition en vue de déterminer la décision à rendre, sinon l'audition sera (généralement) tenue dans les 45 jours devant une commission d'examen constituée sous le régime du Code criminel. Une commission d'examen est établie pour chaque province; elle se compose d'un minimum de cinq membres nommés par les pouvoirs provinciaux. L'accusé jouit de certaines garanties d'application régulière de la loi lors de l'audition devant la commission d'examen. Le tribunal ou la commission d'examen rend la décision la moins sévère et la moins limitative parmi celles qui suivent, compte tenu de la nécessité de protéger le public contre les personnes dangereuses, de l'état mental de l'accusé et de ses besoins, notamment de la nécessité de sa réinsertion sociale: a) la libération inconditionnelle, si le tribunal ou la commission est d'avis que l'accusé ne représente pas un risque important pour la sécurité du public; b) la libération, sous réserve des conditions jugées indiquées; ou c) la détention sous garde dans un hôpital, sous réserve des conditions jugées indiquées. Les décisions rendues sont susceptibles d'appel et, à l'exception des décisions portant libération inconditionnelle, elles sont révisées au moins chaque année.

Il y a lieu de distinguer les troubles mentaux dont l'accusé est atteint au moment de la perpétration de l'infraction de ceux qui l'affectent au moment du procès. On peut prouver, selon la prépondérance des probabilités, que l'accusé est inapte à subir son procès en raison de troubles mentaux et à assumer sa défense, ou à donner des instructions à un avocat à cet effet; plus particulièrement, il peut être incapable de comprendre la nature et l'objet des poursuites, ainsi que leurs conséquences, ou de communiquer avec son avocat. Dès lors, l'accusé est «inapte à subir son procès» au sens du Code criminel. L'accusé qui est déclaré inapte à subir son procès ne peut être jugé; il doit plutôt se présenter devant une commission de révision qui rendra la décision qui convient. Règle générale, s'il devient par la suite apte à subir son procès et qu'il y a toujours lieu pour lui de répondre à l'accusation, il pourra alors subir son procès.

Le Code criminel ne comporte pas de dispositions concernant l'inaptitude à subir son procès dès lors qu'elle n'est pas causée par des troubles mentaux. Certains tribunaux ont suspendu les procédures contre l'accusé déclaré inapte à subir son procès lorsque l'inaptitude n'était pas causée par des troubles mentaux, déclarant que la tenue d'un procès dans les circonstances serait contraire aux principes de justice fondamentale.

Wayne Renke

Cap-Breton (municipalité), municipalité régionale de N.-É.; pop. 114 733 (rec. 1996); superf. 2 459,76 km². Elle est située à l'extrémité est de l'ÎLE DU CAP-BRETON. Depuis août 1995, la cité de SYDNEY, les villes de DOMINION, GLACE BAY, Louisbourg, New Waterford, North Sydney, Sydney Mines, la municipalité du comté de Cap-Breton ainsi que leurs conseils et commissions ont cessé d'exister en tant qu'entités autonomes et ont fusionné pour former la nouvelle municipalité régionale. Aux prises avec une économie traditionnellement basée sur le charbon, l'acier et la pêche, cette municipalité régionale tente de trouver de nouvelles avenues de développement.

La fusion permet de régler des carences provoquées par le déclin démographique régulier de la région (dont la population de 1996 est inférieure à celle de 1951) et par le type de peuplement disséminé qui, historiquement, s'établissait près des carreaux de mines de charbon. Le passage à un gouvernement unitaire est destiné à mettre fin au dédoublement des services (hôpitaux, police, pompiers) et à limiter les impôts. Un conseil unique élu, basé à Sydney, comprend un maire et 20 conseillers. Cette nouvelle structure administrative est conçue pour garantir aux anciennes collectivités indépendantes une voix au chapitre en ce qui concerne les activités de planification et peut-être pour rendre les dirigeants plus responsables de leurs actes.

On trouve de nombreux points d'intérêt dans les limites de la municipalité, notamment la forteresse de LOUISBOURG, le Miner's Museum de Glace Bay et le lieu historique national Marconi, qui est l'emplacement de la première station de radiotélégraphie transatlantique, en 1902 (voir TÉLÉGRAPHE). Parmi plusieurs musées et bâtiments intéressants d'un point de vue architectural, on compte les maisons Cossit et Jost (1787) et, à Glace Bay, le Savoy Theatre (1927), rénové récemment. Le port en eau profonde de Sydney accueille des paquebots de croisière durant la saison touristique.

Peter S. McInnis

Cap-Breton, île du D'une superficie de 10 311 km², ce territoire de forme irrégulière au relief accidenté d'environ 175 km de longueur sur 135 km à son point le plus large, est situé en Nouvelle-Écosse, à l'extrémité orientale du golfe du SAINT-LAURENT. Sa masse de terre s'élève graduellement du sud au nord pour culminer dans les hautes terres massives du cap septentrional, dont l'altitude est la plus élevée dans la région de l'Atlantique. Un lac salée (le lac BRAS D'OR) forme le centre de l'île; il a constitué le seul point d'accès important vers l'intérieur de l'île aux fins de colonisation. Divisée politiquement en quatre circonscriptions, Cape Breton, Inverness, Richmond et Victoria, l'île est séparée de la terre ferme de la Nouvelle-Écosse par l'étroit détroit de CANSO (elle est reliée par une chaussée de 2 km depuis 1955), et de la province voisine de Terre-Neuve par le DÉTROIT DE CABOT, de 110 km de largeur. Son nom vient vraisemblablement du cap Breton basque situé près de Bayonne, en France.

Sa population de 166 116 habitants (rec. 1986) représente le cinquième de la population totale de la Nouvelle-Écosse; plus de 70 p. 100 de celle-ci habite la circonscription industrialisée de Cape Breton, qui accuse une baisse régulière de population depuis la Seconde Guerre mondiale. La principale ville est SYDNEY, un grand centre industriel, commercial et administratif entouré de plusieurs villes minières en déclin qui extraient du charbon, dont la plus importante est GLACE BAY. Plus récemment, un regain d'urbanisation s'est fait sentir dans la partie sud-est de l'île, où une industrie substantielle de raffinage du pétrole et des pâtes et papiers a émergé à Port Hawkesbury, tirant profit de l'important port créé par la construction de la chaussée reliant l'île au continent.

Histoire L'île était probablement connue des pêcheurs BASQUES dès le XVe siècle; Jean CABOT (1497) et Jacques CARTIER (1534) la repèrent et relèvent sa présence. Revendiquée par les Français comme faisant partie de l'Acadie, elle demeure peu développée et peu colonisée, mis à part le rôle mineur qu'elle joue comme poste avancé de traite des fourrures et de pêche. En 1713, lorsque le traité d'UTRECHT cède la majeure partie de l'Acadie à la Grande-Bretagne, les Français conservent le Cap-Breton, qu'ils rebaptisent l'île Royale. Peu après, ils entreprennent la construction de la forteresse de LOUISBOURG dans un petit port situé le long de la côte sud-est. À l'époque, elle est la forteresse de style européen la plus imposante en Amérique du Nord. Lorsque Louisbourg et le reste de la Nouvelle-France tombent aux mains des Britanniques au cours de la GUERRE DE SEPT ANS, la forteresse est détruite. Le traité de PARIS, en 1763, cède aux Britanniques l'île et les autres possessions de la France dans la région.

Le Cap-Breton est annexé à la colonie de la Nouvelle-Écosse en 1763, mais il demeure peu développé jusqu'en 1784, lorsqu'il devient une colonie séparée, à titre de l'un des territoires distincts créés à l'intention des réfugiés LOYALISTES. Les Loyalistes, qui font de Sydney la capitale de leur nouvelle colonie, sont vite submergés par les vagues successives d'immigrants écossais. Ils occupent la

majorité des terres arables accessibles le long du littoral et autour du lac Bras d'Or. Ils constituent, avec quelques centaines d'Acadiens retournés sur les lieux, le gros de la population largement rurale de l'île, qui subsiste principalement grâce à l'agriculture et à la pêche côtière. En 1820, l'île est réunie au territoire de la Nouvelle-Écosse après une quarantaine d'années d'autonomie agitée.

Économie L'émergence d'une industrie de l'extraction du charbon vitale et florissante à partir des années 1830 transforme complètement l'économie de l'île. Les mines voisines du port de Sydney attirent la population excédentaire des régions rurales déjà surpeuplées et oriente l'île vers l'industrialisation qui vient de commencer dans la circonscription de Cape Breton. Bien que la région constitue la zone de croissance la plus dynamique jusqu'à la Première Guerre mondiale, son essor est éphémère. Une fois que les mines de charbon sont épuisées et que l'aciérie devient désuète, les capitalistes du centre du Canada venus profiter des progrès industriels abandonnent la région pour des pâturages plus verdoyants, laissant le secteur industriel survivre à l'aide d'une succession de subventions inadéquates des gouvernements fédéral et provincial. Il s'ensuit le déclin de l'industrie, une agitation ouvrière et une émigration massive.

Aujourd'hui, l'île récupère quelque peu. De nouveaux filons houillers sont en exploitation, et l'industrie s'est un peu redressée de son effondrement d'après la Seconde Guerre mondiale. Des industries de taille plus modeste ont pris racine dans une certaine mesure; la renaissance de la pêche et l'expansion de l'industrie des pâtes et papiers se sont conjuguées aux raffineries de pétrole et à la promesse de ressources pétrolières en mer pour laisser entrevoir un avenir meilleur. Malgré le taux de chômage constamment élevé (15,1 p. 100 en juillet 1987), les investissements au Cap-Breton ont doublé entre 1980 et 1986 (pour atteindre plus de 95 millions de dollars).

Établissements Le Cap-Breton s'enorgueillit d'un patrimoine écossais qui s'exprime de façon dynamique par l'entremise des arts d'interprétation et par une volonté de conservation de l'artisanat traditionnel. De plus, la région compte plusieurs maisons d'enseignement et établissements culturels importants: le collège universitaire du Cap-Breton à Sydney, le Miners' Memorial Museum à Glace Bay, le musée Alexander Graham Bell à BADDECK et la forteresse de Louisbourg (une magnifique reconstruction du site du XVIIIe siècle). Le PARC NATIONAL DES HAUTES-TERRES-DU-CAP-BRETON protège la beauté farouche du cap septentrional de l'île, autour duquel serpente la pittoresque piste Cabot.

D.A. Muise

Cap-de-la-Madeleine, ville du Qc; pop. 33 438 (rec. 1996), 33 716 (rec. 1991); superf. 17,3 km²; const. en 1923; située sur la rive nord du FLEUVE SAINT-LAURENT, au confluent de la rivière SAINT-MAURICE, en face de TROIS-RIVIÈRES. Le «Cap» est à l'origine une seigneurie (1636), puis une mission Jésuite (1640). Dès 1900, on y compte 300 familles qui vivent de l'agriculture et de l'exploitation forestière. L'arrivée de l'électricité, d'un chemin de fer et l'aménagement d'un quai préparent la voie à un essor industriel, lequel débute en 1909 avec l'implantation de la Grès Falls Co., suivie, en 1912, par la Wayagamack Pulp and Paper Co. (intégrée depuis à la société Consolidated Corp.).

L'industrialisation favorise l'expansion résidentielle. Une deuxième phase de développement commence en 1938 avec l'ouverture de l'International Foils Ltd. (Reynolds), toujours en activité. Malgré l'arrivée de Lupel Amiante, une filiale du groupe Cascades, le secteur industriel régresse depuis les années 70 et le Cap devient de plus en plus une banlieue résidentielle de Trois-Rivières. Le sanctuaire de Notre-Dame du Cap, érigé en 1714, est un lieu de

PÈLERINAGE d'envergure nationale. La construction de la basilique octogonale, célèbre pour ses vitraux, date de 1974.

Claudine Pierre-Deschenes

Cape Dorset, bourgade des T.N.-O.; pop. 1118 (rec. 1996), 961 (rec. 1991), 872 (rec. 1986); superf. 20,97 km²; située dans l'île Dorset, au sud-ouest de l'ÎLE DE BAFFIN, à 1891 km à vol d'oiseau au nord-est de YELLOWKNIFE. La toundra vallonnée qui l'entoure fait partie de la chaîne des monts Kingnait. Cape Dorset est la porte d'entrée du refuge d'oiseaux de Dewey Soper, aire de nidification des oies bleues située au nord-est de la localité. Bien que l'économie traditionnelle repose sur la chasse, pricipalement celle du phoque, beaucoup d'Inuits (qui y sont majoritaires) sont des artistes. On y trouve le célèbre atelier de GRAVURE de Dorset.

Annelies Pool

Capilano Review (1972) Revue littéraire et artistique fondée au Capilano College à Vancouver Nord, comme pendant au programme de création littéraire. À l'origine trimestrielle, elle paraît trois fois l'an depuis 1989. Elle publie de la poésie, des nouvelles, des photographies, des critiques et des pièces de théâtre. Elle s'est en quelque sorte spécialisée dans les interviews d'écrivains et explore les points de contact qui peuvent exister entre les diverses formes d'art offerts par les mouvements expérimentaux comme la poésie concrète et visuelle. La plupart des collaborateurs sont des écrivains canadiens de la côte Ouest, mais elle publie de nombreuses traductions d'œuvres d'écrivains expérimentaux étrangers. Toutefois, elle s'intéresse surtout aux œuvres encore inédites.

George Woodcock

Capitales Centres désignés du pouvoir politique officiel et des autorités administratives de leurs territoires respectifs. Elles sont aussi très souvent le foyer principal du pouvoir économique – et donc du véritable pouvoir politique – représenté surtout par les sièges sociaux d'entreprises et divers organismes non gouvernementaux. Elles attirent, de ce fait, une partie importante des intellectuels et des créateurs du pays. En somme, les capitales sont généralement le siège des élites dirigeantes qui détiennent un pouvoir décisionnel. En exerçant une emprise sur les réseaux de transport et de communication, les élites des capitales ont assuré la domination de leur ville sur les territoires qui en dépendent politiquement.

Les capitales agissent également comme symboles de l'identité et de la légitimité politiques. Les édifices publics (de même que les sièges sociaux) sont habituellement conçus de façon à impressionner la population par la dignité du pouvoir et la majesté de la loi, suscitant ainsi un sentiment d'identification personnelle et de confiance. La plupart des édifices législatifs et des palais de justice empruntent à des styles architecturaux de grands royaumes, républiques ou empires du passé, de manière à démontrer que l'autorité qu'ils représentent s'inscrit dans une grande tradition historique, et donc qu'elle est digne de respect. Le «Capitole» de la République romaine est l'un de ces archétypes, le «Parlement» médiéval du peuple en est un autre. Un troisième archétype s'inspire des styles plus éclectiques de l'époque des empires français de Napoléon I et de Napoléon III.

Deux évolutions différentes Les capitales du Canada peuvent être classées en deux groupes, selon que le territoire qu'elles administrent politiquement a été défini de manière à refléter et à favoriser les intérêts politiques et commerciaux d'une colonie déjà établie, ou selon que le territoire était déjà défini avant que l'emplacement de la capitale ne soit choisi. Les villes du premier groupe ont été mieux en mesure de dominer dans leurs territoires respectifs, car elles profitaient déjà de voies de communication. Celles du deuxième groupe ont eu à rivaliser avec une autre ville sur le même territoire ou ailleurs pour établir leur prééminence.

Le premier groupe comprend les villes de ST JOHN'S, d'HALIFAX, de CHARLOTTETOWN, de QUÉBEC, de TORONTO, de WINNIPEG et de VICTORIA. Toutes ont été fondées à des endroits stratégiques en tant qu'avant-postes de l'empire européen et, à l'exception de Winnipeg, on les a choisies en fonction des besoins de la navigation à voile. Les villes de St. John's (fondée en 1583), Halifax (1749) et Victoria (1843) constituent des refuges portuaires pour les grands bateaux de la Marine royale et du commerce océanique. La ville de Québec (1608) bénéficie d'un emplacement facilement défendable, à l'endroit le plus avancé où les grands voiliers du XVIIe siècle peuvent remonter le Saint-Laurent en toute sécurité. La ville de Toronto (fondée sous le nom d'York en 1793) est choisie en grande partie parce qu'elle offre un mouillage protégé dans la mer intérieure que forme le lac Ontario.

Comme elles sont situées à la porte de régions qui regorgent de ressources exploitables (terres agricoles, forêts, zones minières ou lieux de pêches), ces capitales deviennent rapidement des centres commerciaux. Même Winnipeg (fondée en 1812) est une porte d'entrée (celle des grandes Plaines), bien que ses «côtes» soient définies par la topographie (le BOUCLIER) et la frontière des États-Unis le long du 49e parallèle. Charlottetown, la plus petite capitale provinciale, est, depuis 1769, le point d'accès principal de ce petit territoire insulaire. Quant à DAWSON, la capitale du territoire du Yukon de 1898 à 1951, elle appartient aussi à ce groupe, parce qu'elle est établie sur les rives du fleuve Yukon, porte d'entrée du pays de la ruée vers l'or (voir RUÉE VERS L'OR DU KLONDIKE). Cette ville, qui compte 30 000 habitants en 1900, verra sa population diminuer aussi rapidement qu'elle a augmenté.

Dès le départ, les villes du premier groupe sont dominantes dans leurs territoires officiels respectifs et, hormis Québec et Victoria, elles le sont toujours. La rivale de Québec pour le véritable pouvoir est MONTRÉAL, qui, bien qu'elle ait été fondée en 1642 comme avant-poste d'amont, reste dépendante sur le plan économique jusqu'après la GUERRE D'INDÉPENDANCE AMÉRICAINE. Le développement et le pouvoir financier de la ville ne prennent vraiment leur élan qu'après l'arrivée du bateau à vapeur. Au XIXe siècle, les canaux et le chemin de fer permettent aux entrepreneurs de tirer pleinement profit de ces voies d'accès plus rapides au cœur de l'Amérique du Nord. Un phénomène semblable se produit à VANCOUVER, qui voit le jour en 1886 comme terminus du Canadien Pacifique. Elle devient la porte d'entrée du commerce par chemin de fer dans le bassin du Pacifique, une fonction que ne peut remplir la ville de Victoria située dans une île.

Le deuxième groupe de capitales comprend FREDERICTON, REGINA, EDMONTON, YELLOWKNIFE, WHITEHORSE et, bien sûr, OTTAWA. Exception faite de Whitehorse, chacune de ces villes a dû lutter avec une rivale pour obtenir un pouvoir réel (dans le cas d'Ottawa, avec au moins deux rivales). Depuis leur création, la plupart de ces villes ont eu à jouer un rôle politique.

La ville de Fredericton (fondée en 1784) est construite bien en amont de la rivière Saint-Jean dans la nouvelle colonie du Nouveau-Brunswick, à la fois pour des raisons de défense et pour favoriser le peuplement du centre de la province. Comme la rivière Saint-Jean n'est pas accessible aux navires de haute mer, la porte d'entrée du Nouveau-Brunswick reste le port de SAINT-JEAN (1785), la plus grande ville de la province. Le déclin du transport maritime au profit du transport routier a permis à Moncton (constituée en 1855) de croître rapidement au cours des dernières décennies.

Les capitales de la Saskatchewan et de l'Alberta sont choisies en 1905 parmi de nombreuses candidates qui désirent avoir l'honneur (et les privilèges) d'accueillir les gouvernements des deux nouvelles provinces. Encore aujourd'hui, la ville de Regina

(fondée en 1882), capitale des anciens Territoires du Nord-Ouest (de 1883 à 1905), sur la ligne ferroviaire transcontinentale, partage le pouvoir réel avec SASKATOON (1882), qui est à l'origine un port fluvial mais est demeurée sans lien transcontinental pendant plus de 20 ans. La ville d'Edmonton (fondée en 1796 comme poste de traite et constituée en 1892) rivalise avec la ville de CALGARY (fondée en 1875 comme fort de police et constituée en 1884). Ces quatre villes des Prairies sont implantées le long d'un corridor transcontinental très actif. La ville de Yellowknife (1789), choisie en 1967, est la capitale la plus récente, mais le chef-lieu des activités économiques du Nord-Ouest demeure Edmonton. La ville de Whitehorse (1898) est le point de convergence des voies de communication du Yukon, grâce à un lien routier avec Skagway (Alaska), sur la côte, et grâce à la ROUTE DE L'ALASKA, construite pendant la Seconde Guerre mondiale pour relier les Prairies au centre de l'Alaska. Whitehorse devient le centre administratif du Territoire du Yukon en 1951. Il s'agit du seul transfert de capitale depuis la Confédération.

Ottawa Le moment du choix de la ville d'Ottawa la place dans le deuxième groupe. Nommée capitale de la Confédération canadienne en 1867, Ottawa n'assume pleinement son rôle de capitale politique qu'après une longue lutte pour devenir le siège du gouvernement de la PROVINCE DU CANADA (la partie méridionale de l'Ontario et du Québec). Cette province unie est proclamée en 1841, mais en raison de disputes politiques entre les partisans de Toronto, de Kingston, de Montréal, de Québec et enfin d'Ottawa (à l'époque, Bytown), les quatre premières villes se partagent les fonctions de capitale pendant plus de 20 ans. Finalement, comme la décision sans appel revient au monarque régnant et à ses conseillers, la reine Victoria opte, en 1858, pour la ville d'Ottawa nouvellement constituée. Il faudra attendre encore 6 ans avant que les ÉDIFICES DU PARLEMENT soient prêts à être occupés.

Par la suite, la CONFÉDÉRATION est instaurée et on lance le projet de réunir en une seule entité politique les côtes atlantique et pacifique de l'Amérique du Nord britannique. À l'époque, la ville d'Ottawa est considérée comme plus facilement défendable que Toronto ou Montréal (la question de la sécurité est importante à cause de la GUERRE DE SÉCESSION). Devenue prospère grâce au commerce du bois d'œuvre, la ville est également d'accès facile pour les deux grandes communautés culturelles de l'époque, et elle est bien située dans la vallée de l'Outaouais, sur la route des territoires de l'Ouest. Toutefois, elle se trouve un peu trop près de Montréal et des voies de communication transatlantiques, ce qui l'empêche d'acquérir à l'échelle nationale un pouvoir qui soit à la mesure du pouvoir constitutionnel officiel qu'elle détient. Montréal et Toronto vont continuer à se partager le pouvoir national réel, même si les villes de l'Alberta et de la Colombie-Britannique peuvent désormais prétendre à en exercer quelques parcelles. Entre 1951 et 1991, le pourcentage de la population canadienne vivant à Ottawa est passé de 2 p. 100 à seulement 3,4 p. 100. Ces chiffres ne permettent pas de représenter de manière adéquate la part de pouvoir politique qu'Ottawa détient, mais ils nous donnent néanmoins une idée de son pouvoir réel.

Le rôle symbolique d'Ottawa, cependant, transparaît dans presque tous les bulletins de nouvelles télévisés du réseau national. Les austères pierres grises des édifices néogothiques sur la colline du Parlement dégagent un sentiment de permanence et de gravité éternelle. Quant à l'imposante tour centrale, un monument à la mémoire des Canadiens qui ont péri lors de la Première Guerre mondiale et dont les sacrifices ont permis de consolider l'identité nationale, elle rappelle et confirme l'engagement du Canada à maintenir «paix, ordre et saine gestion publique». (*Voir aussi* ÉDIFICES GOUVERNEMENTAUX.)

C.F.J. Whebell

Capitulation de Montréal, 1760 Au cours de l'été 1760, la GUERRE DE SEPT ANS tire à sa fin. Les forces britanniques remontent le fleuve Saint-Laurent à partir de Québec, descendent du lac Ontario et avancent sur le Richelieu en repoussant les Français et leurs alliés autochtones vers l'île de Montréal. En août, les SEPT NATIONS du Canada, les alliés amérindiens de la France, pactisent avec les Britanniques à OSWEGATCHIE. Les miliciens canadiens commencent à rentrer à la maison, car James MURRAY fait brûler les fermes de ceux qui continuent à se battre. Le gouverneur VAUDREUIL convoque un conseil de guerre le 6 septembre, et les officiers supérieurs lui recommandent de négocier les conditions de la reddition avec le général Jeffrey AMHERST, dont les forces combinées sont maintenant en vue de la ville non fortifiée.

Les conditions qu'accepte le gouverneur Vaudreuil sont beaucoup plus sévères que celles imposées l'année précédente à la capitulation de Québec. Elles sous-entendent la reddition de la colonie de la Nouvelle-France. Les trois premiers articles refusent à l'armée française les honneurs habituels de la guerre. Les colons ont l'option de retourner en France si la colonie demeure propriété britannique après la signature d'un traité de paix définitif. Le droit privé de propriété et le droit civil selon la Coutume de Paris sont garantis, de même que la liberté de pratiquer le catholicisme. L'article 40 garantit aux alliés autochtones de la France le droit à leurs biens et aux missionnaires. Les historiens seront toujours reconnaissants à Vaudreuil d'avoir aussi demandé la protection des archives de l'administration française.

En plus de transférer le contrôle du Canada à un régime militaire britannique, les conditions de la capitulation de Montréal ont d'autres répercussions sur le droit international. Lord Mansfield déclare en 1774 que les dispositions de la capitulation ont force de traité international à moins d'être nommément abrogées.

Cornelius J. Jaenen

Caplan, Gerald Lewis, administrateur politique et historien (Toronto, 1938). Après des études à l'U. de Toronto et à l'U. de Londres en histoire, Caplan rédige un des meilleurs ouvrages publiés sur le parti de la Fédération du commonwealth coopératif, *The Dilemma of Canadian Socialism* (1973), une étude issue de son amitié avec Stephen LEWIS qui remonte à leurs études universitaires. Il enseigne l'histoire à l'Institut d'études pédagogiques de l'Ontario de 1967 à 1977, travaille comme proche conseiller de Lewis sur les questions de politique ontarienne et, de 1977 à 1979, devient directeur du Service universitaire canadien outre-mer (CUSO) au Nigéria. Il revient au Canada et travaille pour la Health Advocacy Unit de Toronto puis devient directeur national du Nouveau Parti démocratique en 1982 et directeur de campagne en 1984.

En 1985, le gouvernement Mulroney nomme Caplan coprésident du Groupe de travail sur la politique de la radiodiffusion, lequel dépose l'année suivante un rapport contenant une série de recommandations fortement nationalistes. Défenseur de la qualité de l'enseignement depuis des années, Caplan est choisi en 1993 pour coprésider la Commission royale sur l'éducation en Ontario.

J.L. Granatstein

Capricieuse, La Premier navire de guerre français à se rendre au Canada après la CONQUÊTE, *La Capricieuse* reçoit un accueil tumultueux à Québec le 14 juillet 1855. Le commandant Paul-Henry de Belvèze poursuit sa route vers Montréal, Toronto et Ottawa en navire à vapeur et en train, et quitte Québec pour la France le 25 août. Sa mission est de faire rapport sur les perspectives commerciales avec le Canada, rendues possibles par la proclamation de libre-échange de la Grande-Bretagne et par l'alliance anglo-française de 1854. Il en résulte l'établissement d'un consulat français à Québec en 1859, puis le développement d'un modeste commerce à la faveur de concessions réciproques de courte durée en matière de tarifs. Toutefois, on se souviendra surtout de la visite comme étant la sanction officielle du rapprochement culturel franco-canadien qui prenait de l'ampleur depuis les années 1830.

Dale Miquelon

Cap-Rouge, ville du Qc; pop. 14 163 (rec. 1996), 14 105 (rec. 1991); superf. 6,39 km²; const. en 1983. Elle est située sur la rive nord du fleuve Saint-Laurent, à l'embouchure de la rivière Cap-Rouge, à 16 km au sud-ouest de QUÉBEC.

Elle voit tout d'abord le jour comme municipalité, en 1872. Son nom lui vient du schiste argileux de couleur rouge dont sont composées les falaises avoisinantes et du cap qui surplombe le Saint-Laurent. Le centre de l'ancien village est colonisé la première fois par Jacques CARTIER et Jean-François de la Rocque de Roberval, de 1541 à 1543. Cap-Rouge revit en tant que colonie au milieu du XVIIᵉ s., lorsque la région est concédée à Jean Juchereau comme seigneurie. Au tout début du XIXᵉ s., l'embouchure de la rivière Cap-Rouge, tout comme les anses de Sillery et de Québec, devient un centre important de l'industrie du bois d'équarrissage et de pratiques commerciales avec la Grande-Bretagne.

Cap-Rouge est avant tout une banlieue résidentielle de Québec. L'abbé Léon PROVANCHER est l'un des personnages clés de son histoire. Le centre d'interprétation, la Maison-Léon-Provancher, évoque son séjour à Cap-Rouge de 1872 à 1892. Au-dessus de la ville, se dresse le «tracel», pont (55 m de haut et 1000 m de long) sur chevalets construit entre 1906 et 1912 par le Canadien National. Il est aujourd'hui considéré comme un monument en hommage aux ingénieurs des chemins de fer du début du XXᵉ s.

Pierre-Louis Lapointe et France Saillant

Caraquet, ville du N.-B.; pop. 4653 (rec. 1996), 4556 (rec. 1991), 4493 (rec. 1986); superf. 67 km²; const. en 1961; située à 68 km au nord-est de Bathurst. La localité s'étire le long de la baie de Caraquet, une section rocheuse de la côte sud de la BAIE DES CHALEURS, qui offre une vue splendide sur la mer et sur la GASPÉSIE. Les premiers colons français s'y installent vers 1750, attirés par les nombreux fonds de pêche. Des réfugiés acadiens (*voir* ACADIE), des pêcheurs québécois et des commerçants anglophones les imitent par la suite. De 1837 à 1939, la compagnie de pêche Robin, établie à Jersey, détient les rênes de l'économie. L'industrie locale repose toujours sur le port aux installations modernes, la pêche et la construction navale, malgré les subsides du gouvernement destinés à attirer d'autres industries.

Centre religieux et culturel de l'Acadie, le village de Caraquet est la scène d'émeutes en 1875 quand le gouvernement menace de couper les subsides accordés à l'école du couvent. La convention acadienne de 1905 se tient au collège Sacré-Cœur, installé à cet endroit de 1899 à 1915. Le siège social de la Fédération acadienne des caisses populaires et le Musée acadien se trouvent aussi à Caraquet, tandis que le village historique acadien est situé non loin de là. Les meilleurs compositeurs et musiciens acadiens se produisent au Festival acadien. Caraquet abrite l'une des deux troupes de théâtre professionnelles et francophones du Nouveau-Brunswick, le Théâtre Populaire d'Acadie.

Sheila Andrew

Carbone 14, une compagnie de théâtre basée à Montréal, produit un théâtre de style physique, formaliste, imagé et avant-gardiste. Depuis ses débuts, il enflamme le public et influence l'art de représentation au Québec.

Fondé par Gilles Maheu sur les cendres des Enfants du paradis, le groupe de théâtre de rue centré sur le mime qu'il a formé en 1975, Carbone 14 reflète l'imagination fébrile et éclectique de son directeur et son intérêt pour une forme d'expression où l'action prévaut sur le texte et l'improvisation sur l'interprétation. Le théâtre de Maheu est un théâtre d'émotion et de présence physique, dans lequel le mouvement, l'environnement et les circonstances jouent un plus grand rôle que le texte.

Débutant en 1981 avec *Pain blanc*, Carbone 14 produit 17 œuvres très différentes pendant ses deux premières décennies, cependant toutes s'interrogent sur la société contemporaine. *Pain blanc* parodie la société de consommation, *Marat-Sade* (1984) médite sur la révolution, *Le Rail* (1984) dénonce la brutalité, *Le Titanic* (1985) est une allégorie des destinées collectives tragiques, *Hamlet-Machine* (1987) considère l'effondrement de l'idéologie, *Le Dortoir* (1988) porte un regard doux et cependant violent sur l'enfance et sur la mémoire et *Le Café des aveugles* (1992) décrit la vie pendant le nouveau millénaire. Les dernières œuvres de Maheu comprennent une trilogie de poèmes visuels oniriques créés par séquences de 1994 à 1997: *La Forêt, Les Âmes mortes* et *L'Hiver/Winterland*. Ces poèmes visuels ont pour thèmes le fossé des générations, l'abus des drogues et le voyage au pays du Nord glacé de l'esprit et de la passion, et sont des métaphores d'une quête incessante de la destinée humaine, où les visions d'une beauté exquise côtoient les ténèbres de la réalité crue et de la désillusion.

Maheu est reconnu pour avoir défini le style dramatique de la construction d'images qui distingue le théâtre québécois du théâtre qui se fait ailleurs au Canada. Formé à la fois par le mime Étienne Decroux, à Paris, par le metteur en scène Eugenio Barba, au Danemark, ainsi que par le professeur de chant John Devers, à New York, Maheu est un visionnaire qui, à partir de l'intégration de l'esthétique européenne, a redéfini le théâtre québécois.

Carbone 14 repose sur un noyau d'artistes fidèles, mais engage des artistes de diverses disciplines, afin de combler les besoins de chaque pièce, comme la plupart des compagnies de danse de Montréal. On fait fréquemment appel à des danseurs expérimentés pour des pièces comme *Le Dortoir*, qui exigent une présence physique exceptionnelle, acrobatique. D'autres œuvres, comme *Peau chair et os* (1991) utilisent des artistes dont la voix est travaillée. Carbone 14 se spécialise dans les décors de rêve somptueusement mis en scène, dans lesquels les gens traversent un temps non linéaire. N'étant pas chorégraphe, Maheu utilise instinctivement le corps pour sa propre intensité dramatique, et non comme le moyen de parvenir à ses fins comme dans une chorégraphie. C'est ce qui a attiré vers Carbone 14 certains des danseurs les plus remarquables de Montréal, comme le danseur de ballet Louis ROBITAILLE.

Parce que la compagnie n'a pas de système de répertoire établi, elle est libre de prolonger et de réduire les séries de ses représentations. À Montréal, il n'est pas rare qu'un spectacle inaugural soit prolongé pendant des semaines. Comme les compagnies de danse locales, mais contrairement à la plupart des compagnies de théâtre, Carbone 14 a l'habitude de faire des tournées internationales. *Le Dortoir*, son spectacle le plus populaire, a effectué des tournées en Amérique du Nord et en Amérique du Sud, en Europe et en Australie pendant quatre ans, de 1988 à 1991, après des tournées avec *Le Rail* et *Hamlet-Machine* en Australie, en Hollande, en Amérique du Sud et à Chicago en 1988.

Maheu, sa compagnie et ses collaborateurs ont reçu beaucoup de prix, dont un prix de l'Association québécoise des critiques de théâtre pour la saison 1989-1990, pour sa démarche expérimentale qui influence le théâtre des années 1980, le prix spécial du CENTRE NATIONAL DES ARTS présenté au PRIX DU GOUVERNEUR GÉNÉRAL POUR LES ARTS DE LA SCÈNE à Ottawa en 1992 et, la même année, un hommage de CINARS (Conférence internationale des arts de la scène/ International Performing Arts Conference) pour son succès international remarquable. En 1995, le Conseil des Arts de la Communauté Urbaine de Montréal décerne à la compagnie son grand prix pour 20 ans de production

théâtrale, pour ses contributions extraordinaires à la vie théâtrale de Montréal et pour sa renommée internationale. L'adaptation pour la télévision du *Dortoir*, à elle seule, a gagné plusieurs prix, y compris un Emmy pour le Best Performing Arts Program, à New York. *Le Dortoir* a aussi reçu les plus grands honneurs pour sa musique et ses images en 1992, lors du Festival international des programmes audiovisuels à Cannes, en France.

Linde Howe-Beck

Carbonear, ville de T.-N.; pop. 5168 (rec. 1996), 5259 (rec. 1991), 5337 (rec. 1986); superf. 11,81 km²; const. en 1948; située sur la côte ouest de la BAIE DE LA CONCEPTION. Plusieurs origines peuvent être attribuées au nom de cette localité: Carbonear serait un dérivé du mot espagnol *Carbonera* (marchand de charbon), du patronyme d'une famille française *Carbonnier* ou du lieu-dit *La Carbonnière*. Dès le début du XVIIᵉ siècle, on y pratique la pêche en raison de la proximité d'une zone de pêche très riche. En 1631, Nicholas Guy, membre de la colonie de CUPIDS, s'installe à Carbonear où il pêche et cultive la terre. À la fin du XVIIᵉ siècle, des pêcheurs de l'ouest de l'Angleterre et des habitants des îles Anglo-Normandes s'y établissent.

Durant les années 1680, on procède à la fortification de l'île Carbonear, située non loin de là. C'est le seul poste de Terre-Neuve qui parvient à repousser les assauts français en 1696 et 1697, alors que la ville de Carbonear est rasée. La ville tombe de nouveau sous le contrôle des Français en 1704 et 1705. Elle sera la cible de plusieurs attaques de la part de corsaires français et américains jusqu'au début du XIXᵉ siècle.

Avec l'essor de la chasse au phoque et de la pêche à la morue au Labrador, Carbonear devient un important centre commercial au XIXᵉ siècle. Dans la première moitié du XIXᵉ siècle, de violentes émeutes politiques ont lieu et aboutissent, en 1840, à la dissolution du parlement terre-neuvien et à la suspension de la Constitution. Au XXᵉ siècle, l'économie de Carbonear se diversifie. La ville est aujourd'hui un centre régional de services regroupant les transports, les services gouvernementaux et les usines de traitement du poisson.

Janet E.M. Pitt et Robert D. Pitt

Carcajou (*Gulo gulo*) Aussi appelé glouton, c'est le plus grand représentant de la famille des mustélidés (*voir* BELETTE). Il est très fort et ressemble à un petit ours. Le mâle adulte pèse environ 14 kg et la femelle, 9 kg. Son pelage est généralement brun foncé et sa tête ainsi que sa queue sont légèrement plus pâles que le reste du corps. Il porte habituellement deux rayures chamois qui partent du cou, parcourent les flancs et se rejoignent vers la queue.

Répartition et habitat Le carcajou est rare au Canada. Il a disparu du sud-est du pays et des Prairies, est devenu rare dans l'Est et est peu abondant dans l'Ouest et dans les régions nordiques. Il est réputé pour parcourir de grandes distances (jusqu'à 112 km en 24 heures). En Alaska, on a observé des mâles et des femelles qui couvraient un territoire de plus de 770 km² et de 355 km² respectivement.

Reproduction et développement Cette espèce est solitaire, sauf pendant la période de reproduction et pendant l'élevage des petits. L'accouplement a lieu de mai à juillet. L'implantation de l'embryon est différée, et les petits, au nombre de 2 à 5, naissent en février ou en mars.

Régime alimentaire La force, la férocité ainsi que l'habileté de cette espèce à piller les lignes de piégeage et les chalets sont devenues légendaires. Ses dents et ses mâchoires puissantes sont aptes à broyer de la viande gelée. Le carcajou est plutôt charognard que chasseur. L'hiver, il se nourrit principalement de charognes et l'été, de fruits et de végétaux. L'habitat idéal de cette espèce est un endroit peu peuplé où les populations d'ongulés abondent.

Relations avec les humains La fourrure de carcajou est surtout utilisée pour garnir les capuchons de manteaux parce que ses jarres ne retiennent pas le givre et demeurent ainsi secs. Au Canada, la Colombie-Britannique fournit annuellement environ un tiers des fourrures de carcajou (entre 300 et 500). L'exploitation par les humains est le facteur externe qui influence le plus la taille de la population et la distribution de cette espèce.

Stephen Herrero

Cardew, Peter, architecte (Guilford, Angl., 8 juin 1939). Cardew étudie au Kingston Polytechnic (1958-1964) près de Londres et y obtient un diplôme d'architecture en 1964. Il travaille à Stuttgart, en Allemagne, de 1961 à 1962, puis quelque temps en Angleterre avant d'émigrer au Canada, en 1966. Cardew doit peut-être à ces premières influences son intérêt pour le rationalisme structural propre au modernisme.

En 1967, il se joint à Rhone Iredale, dont il devient l'associé en 1974. Durant cette période, la compagnie travaille surtout à des projets consistant en de grands édifices à bureaux, ce qui permet à Cardew de réunir dans des designs homogènes des caractéristiques structurales propres et une enveloppe de bâtiments raffinée.

En 1980, Cardew fonde son propre cabinet, Peter Cardew Architects, pour lequel il conçoit une suite de bâtiments modestes. Tout en s'inspirant des matériaux et de la technologie modernes pour les formes et les volumes de son travail, il compte sur les détails simples de l'architecture régionale pour en améliorer l'accessibilité. Dans ses travaux récents, Cardew fait preuve d'une remarquable habileté à intégrer le bâtiment à son site par le biais du design. Entre autres exemples, citons le bâtiment Lignum, un immeuble à bureaux conçu pour une petite scierie; une boutique d'arts industriels pour l'école Lach Klan de la bande autochtone Kitkala (à Dolphin Island, dans le nord-ouest de la Colombie-Britannique, 1988); enfin, l'école Stone Band pour le peuple Chilcotin (Région Chilcotin, au centre-nord de la Colombie-Britannique, 1991).

Dans les années 1990, l'œuvre de Cardew est reconnue au niveau international. En 1992, en collaboration avec une compagnie britannique, il réalise le *New Bridge Square*, un complexe polyvalent à Wiltshire, en Angleterre. Pour le bâtiment de la Morris and Helen Belkin Gallery, (U. de la Colombie-Britannique, à Vancouver, 1990-1996), Cardew reçoit la Progressive Architect Awards Citation, en 1991.

La Morris and Helen Belkin Gallery résume l'approche que Cardew développe depuis trente ans en matière de design: des matériaux ordinaires, une forme sculpturale moderne et un intérieur qui est un modèle de flexibilité spatiale. Les travaux de Cardew se distinguent des bâtiments post-modernes de la même époque par sa recherche permanente de nouvelles formes et de ne nouvelles utilisations de l'espace en recourant à de nouvelles technologies.

En 1984, Cardew est élu membre de l'Académie royale des arts du Canada. Son cabinet reçoit quatre Canadian Architect Award of Excellence pour des projets institutionnels et résidentiels réalisés au cours des dix dernières années (1988, l'école Lach Klan, Boutique d'arts industriels; 1990, Stone Band School; 1992, Morris and Helen Belkin Gallery; 1996, Odlum Drive Live Work Studios). En 1996, la Galerie George C. Scott présente une rétrospective de son œuvre, intitulée *Ordinary Buildings*, au Emily Carr College of Art and Design.

Sherry Mckay

Cardinal Avec son plumage rouge éclatant, il est difficile de ne pas remarquer ce représentant coloré de la famille des cardinalidés.

Description Le cardinal (*Cardinalis cardinalis*) mâle a un plumage rouge éclatant. Le bec également rouge est entourée d'une zone noire sur la face. La huppe teintée de rouge de la femelle est plus petite que celle du mâle. La femelle au plumage brunâtre arbore un peu de rouge sur les ailes et la queue et

possède un bec également rougeâtre. Le chant puissant, clair et sifflé du cardinal en fait un des oiseaux les plus connus du sud de l'Ontario. Lorsqu'il s'énerve, le cardinal soulève sa huppe et lève sa queue.

Répartition et habitat Il affectionne les fourrés, les buissons et l'orée des bois. Au Canada, on le trouve principalement dans le sud de l'Ontario et au Québec, où il est observé une toute première fois à la fin du XIXᵉ siècle. Depuis quelques années, l'augmentation du nombre de mangeoires et les changements dans les habitats du sud du pays (apparition de boisés urbains et terres en friches en milieu agricole) favorisent son expansion. Des couples nichent même au Manitoba et en Nouvelle-Écosse.

Cardinal, Douglas Joseph, architecte (Red Deer, Alb., 7 mars 1934). Cardinal est l'aîné d'une famille de huit enfants. Son père, à demi pied-noir, était garde forestier pour le gouvernement provincial et sa mère, infirmière. Après avoir fréquenté la St. Joseph's Convent School et l'école secondaire de Red Deer, il s'inscrit à l'école d'architecture de l'U. de la Colombie-Britannique en 1953. Il est toutefois forcé d'abandonner au cours de sa deuxième année parce ses œuvres sont estimées trop radicales et que sa formation est jugée non appropriée. Après avoir travaillé et voyagé au Mexique, il s'inscrit à l'U. du Texas en 1956 et obtient son diplôme avec distinction en 1963. Il retourne alors à Red Deer comme apprenti chez Bissell and Holman.

La première commande donnée à Cardinal fut la maison Guloien de forme ronde située à Sylvan Lake, suivie de l'église St. Mary de Red Deer (1965-1968), considérée comme un chef-d'œuvre de l'architecture canadienne. La forme complexe de l'église St. Mary a obligé l'architecte à recourir à l'ordinateur pour les calculs de structure. Il a aussi été le premier architecte de l'Ouest canadien à utiliser le dessin électronique. Au début des années 70, Cardinal étudie les religions autochtones et s'engage dans de nombreux débats touchant les Indiens et les Métis.

Dans les années 70, Cardinal signe une production variée et novatrice et doit sa renommée à la conception d'édifices arrondis en brique. Le Grande Prairie Regional College de Grande Prairie, en Alberta (1972), et l'Alberta Government Services Centre de Ponoka, en Alberta (1977), en sont deux exemples. Pour l'Edmonton Space and Science Centre (1983), toujours aux formes arrondies, l'architecte choisit d'autres matériaux et la réaction des utilisateurs est très différente. L'extérieur, décoré abondamment de crépi blanc et de montants métalliques verticaux et en porte-à-faux, suggère la forme d'un navire. D'apparence théâtrale et extravagante, l'espace y est néanmoins fonctionnel et utilisé au maximum.

En 1983, il obtient la commande pour la conception du Musée canadien des civilisations d'Hull, au Québec. Terminé en 1989 au coût de 93 millions de dollars, le musée surplombe la rivière des Outaouais. La pierre dont il est construit, en provenance de la carrière de Tyndall, au Manitoba, est remplie de fossiles minuscules. Le musée est doté d'un hall immense où sont disposés des totems et des reconstitutions grandeur nature d'éléments empruntés à l'histoire du Canada. En 1993, Cardinal est choisi comme concepteur principal du nouveau National Museum of the American Indian qui fera partie du Smithsonian Institute de Washington D.C. En 1995, il termine la construction de la Kanai Middle School située dans la Blood Indian Reserve en Alberta et, en 1996, un complexe d'hôtel et de casino pour la nation indienne Oneida de New York. Métis prospère dans un secteur professionnel, Cardinal constitue un rare exemple d'une alliance de la sensibilité autochtone et de la technologie occidentale.

Cardinal, Harold, chef autochtone et écrivain (High Prairie, Alb., 27 janv. 1945). Membre de la réserve de Sucker Creek, Cardinal devient en 1968 le plus jeune président élu de l'Indian Association of Alber-

ta. Au cours de ses neuf mandats de 1968 à 1977, il met sur pied de nombreux programmes destinés à l'affirmation de la culture, de la religion et des traditions autochtones. Il participe à l'ébauche du «Livre rouge» de 1970 intitulé *Citizens Plus* en plus de signer deux déclarations très critiques à l'endroit de la politique canadienne relative aux Indiens: *The Unjust Society* (1969) et *The Rebirth of Canada's Indians* (1977). Après avoir quitté la politique autochtone provinciale, il devient le premier Autochtone nommé directeur général régional des Affaires indiennes en Alberta, poste qui lui permet d'entreprendre plusieurs réformes innovatrices. Au terme d'un mandat de sept mois baigné de controverse, il laisse la fonction publique et travaille par la suite comme consultant auprès des bandes autochtones du Nord de l'Alberta. Il est élu chef de la bande indienne de Sucker Creek en 1982-1983 et effectue un bref retour à la politique autochtone nationale en 1983 lors de sa nomination comme chef adjoint de la région des Prairies au sein de l'ASSEMBLÉE DES PREMIÈRES NATIONS.

Ian A.L. Getty

Cardiopathie Dans les pays industrialisés, il y a davantage de gens qui meurent de troubles cardio-vasculaires que de toute autre cause. Au cours des 30 dernières années, des recherches approfondies sur le domaine cardio-vasculaire ont mené à des techniques aussi révolutionnaires que le cathétérisme cardiaque, le cœur-poumon artificiel, les valvules artificielles, les stimulateurs cardiaques, l'échocardiographie (visualisation du cœur par ultrasons) et les techniques de diagnostic nucléaire. On a également amélioré les traitements médicamenteux des maladies cardiaques avec la découverte de nouvelles substances capables de régulariser la force des contractions du cœur. Parmi ces médicaments, on trouve des substances inotropes, des bêta bloquants (qui réduisent le travail du muscle cardiaque) et des antagonistes du calcium.

Maladie coronarienne Il s'agit de la cardiopathie la plus commune et la première cause de décès en Amérique du Nord. Elle découle presque toujours de l'athérosclérose, nom clinique donné au durcissement des artères coronaires. L'athérosclérose est caractérisée par une accumulation de dépôts lipidiques et la formation de tissus fibreux sur la paroi des artères, qui rétrécissent et réduisent l'apport de sang et d'oxygène au muscle cardiaque. Bien que l'athérosclérose apparaisse très tôt dans la vie du fait d'une alimentation riche en gras animal, de l'usage du tabac et d'une vie sédentaire, les symptômes apparaissent généralement vers 40 ou 50 ans. La maladie provoque une mort subite chez environ 50 p. 100 des patients, qui sont atteints de coronaropathie sans même le savoir.

L'âge moyen des personnes qui meurent de coronaropathie est de 52 ans. Chez l'autre moitié des patients, la maladie engendre des crises d'angine de poitrine, caractérisées par des douleurs constrictives au centre du thorax. La chirurgie coronarienne connaît une popularité sans précédent du fait du faible taux de mortalité opératoire (entre 1 et 3 p. 100) et au soulagement de la douleur obtenu dans presque 90 p. 100 des cas. Il se pratique près de 200 000 opérations de ce genre chaque année en Amérique du Nord.

Lésions des valvules cardiaques Il existe aussi une autre forme de cardiopathie, liée aux valvules cardiaques. Ces dernières peuvent être endommagées par une fièvre rhumatismale, des infections bactériennes ou d'autres maladies. Une valvule abîmée ne peut se fermer ou s'ouvrir complètement, ce qui perturbe la circulation unidirectionnelle et régularisée du sang, nécessaire au bon fonctionnement du corps. La chirurgie peut parfois réparer la valvule, mais, dans certains cas, elle est si détériorée qu'elle doit être remplacée par une valvule artificielle (prothèse). L'apparition des valvules artificielles, il y a 25 ans, a entièrement modifié les perspectives d'avenir pour les gens souffrant de cardiopathie valvulaire. En dépit du mauvais fonctionnement occasionnel, de la formation de caillots et de l'infection qui peuvent se produire avec les prothèses, un pourcentage élevé de patients peuvent désormais mener une vie normale.

Dispositif de soutien artificiel Le cœur est une pompe constituée d'un muscle spécial, dont les contractions sont déclenchées et synchronisées par des impulsions électriques produites par son propre stimulateur. Lorsque ce dernier faiblit, on peut utiliser un stimulateur artificiel, composé de piles et de minuteurs, afin de produire des impulsions électriques qui sont ensuite transmises au cœur par des fils minuscules. Ce stimulateur, alimenté par pile, est généralement implanté sous la peau et relié au cœur afin de régler le taux de contractions et leur rythme. De nos jours, ces appareils sont très petits et durables.

Anomalies congénitales Un bébé sur cent naît avec un appareil cardio-vasculaire anormal. En général, ces malformations congénitales comprennent des valvules mal formées, des orifices dans les parois (cloisons) qui séparent les deux côtés du cœur et des anomalies des vaisseaux sanguins afférents et efférents. Il existe deux grandes catégories de malformations: les cardiopathies congénitales qui engendrent une cyanose (bébés «bleus») et les cardiopathies congénitales non cyanotiques (ne provoquant pas de changement de coloration chez le bébé). La plupart des anomalies cardiaques congénitales peuvent être corrigées par chirurgie dans la tendre enfance. Les risques opératoires sont relativement faibles (environ 5 p. 100) et les résultats à long terme sont généralement excellents.

On a assisté, au cours des 30 dernières années, à de remarquables réalisations dans les domaines de la médecine et de la chirurgie cardio-vasculaires. Certaines sont l'œuvre de Canadiens. Les Drs W.G. BIGELOW, de Toronto, et J.C. Callaghan, d'Edmonton, sont les premiers à avoir fait des recherches sur l'hypothermie complète du corps (refroidissement du corps durant une opération pour en diminuer les besoins en oxygène) et ont jeté les bases pour les stimulateurs cardiaques modernes. Dr Callaghan est également le premier à avoir utilisé avec succès le cœur-poumon artificiel pour les opérations à cœur ouvert au Canada, en 1956. Il est aussi le premier à avoir implanté une valvule artificielle et corrigé la tétralogie de Fallot. Le Dr W. Mustard, du Hospital for Sick Children de Toronto, a été le précurseur de nouvelles techniques en chirurgie cardio-vasculaire pédiatrique. L'«opération de Mustard» pour la transposition des gros vaisseaux chez les enfants est maintenant reconnue dans le monde entier. Le Dr A.M. Vineberg, de Montréal, a étudié la revascularisation du myocarde pendant de nombreuses années et a mis au point une technique d'implantation très utilisée avant l'introduction des pontages aorto-coronariens. Sa technique est encore utilisée quelquefois.

J.C. Callaghan

Cardston, ville de l'Alb.; pop. 3417 (rec. 1996), 3480 (rec. 1991), 3497 (rec. 1986); superf. 6,67 km²; const. en 1901; située à 75 km au sud-ouest de Lethbridge. Son nom vient de Charles Ora Card (1839-1906), gendre de Brigham Young. Afin d'échapper aux lois américaines qui interdisent la polygamie, Card y amène en 1887 les 10 premières familles mormones en provenance de l'Utah. Les colons mormons et leur congrégation se consacrent à des activités économiques et agricoles. Dès 1888, ils fondent des coopératives à caractère religieux composées, entre autres, d'un magasin, d'une scierie, d'une fromagerie et d'un moulin à farine. En 1898, la congrégation construit les premiers ouvrages d'irrigation sur la rivière St. Mary. La construction de l'unique temple mormon au Canada débute en 1913 et se termine en 1923.

La ville de Cardston est aujourd'hui un centre agricole et d'élevage important. Elle possède la collection d'attelages Remington et d'autres ressources historiques provinciales, parmi lesquelles le Cobblestone Manor, le Courthouse Museum et la Card Log House. (*Voir aussi* ÉGLISE MORMONE.)

Frits Pannekoek

Careless, James Maurice Stockford, historien (Toronto, 17 fév. 1919). Diplômé de l'U. de Toronto (1940) et d'Harvard (1950), Careless entame sa carrière d'enseignant à l'U. de Toronto comme chargé de cours en histoire en 1945. Directeur du département d'histoire pendant huit ans, il est nommé professeur en 1972. Le cadre d'analyse qu'il élabore pour étudier l'essor des villes canadiennes englobe les idées de la THÈSE DES FRONTIÈRES et de la THÉORIE DES PRINCIPALES RESSOURCES. Il est peut-être mieux connu pour avoir élaboré la THÈSE METROPOLITAN-HINTERLAND. Il reçoit plusieurs récompenses pour son travail d'historien: la médaille Tyrrell (1962) ainsi que le prix du Gouverneur général à deux reprises, l'une pour *Canada: A Story of Challenge* (1953) et l'autre pour *Brown of The Globe* (1963). Membre du conseil de diverses sociétés historiques, il est le mentor de toute une génération de spécialistes de l'histoire urbaine. Il est élu membre de la SOCIÉTÉ ROYALE DU CANADA en 1962 et nommé professeur distingué de l'U. de Toronto en 1977. Il est fait Officier de l'Ordre du Canada en 1981 et reçoit un doctorat honorifique de l'U. de Calgary en 1986.

Margaret E. McCallum

Carex Plante graminoïde de la famille des cyperacées répandue dans les régions tempérées et froides. Son nom générique, carex, vient probablement de *keiro* (mot grec signifiant «couper») et fait référence aux feuilles à bords tranchants. Dans le monde, ce complexe taxinomique regroupe quelque 2000 espèces. Au Canada, on en trouve environ 270, sans compter les sous-espèces et plusieurs hybrides. Le carex se distingue des GRAMINÉES par sa tige triangulaire robuste et ses feuilles disposées sur trois rangs plutôt que sur deux rangs. À l'intérieur de l'épi, on retrouve une seule fleur minuscule à l'aisselle de chacune des écailles. Les fleurs mâles ont habituellement trois étamines tandis que les fleurs femelles (enveloppées dans une bractée appelée périgyne) ont deux ou trois stigmates. La graine, entourée d'un périgyne persistant, peut être lenticulaire ou encore triangulaire.

Les inflorescences et les graines mûres sont nécessaires pour identifier avec précision les espèces et les sous-espèces. La position des épis mâles et femelles sur la tige constitue aussi une caractéristique importante. Dans les climats plus doux, le *C. pendula*, cultivé comme PLANTE ORNEMENTALE (habituellement près de l'eau), est hautement prisé pour l'effet que font sa longueur (pouvant atteindre 1,5 m) et ses long épis affaissés. On cultive aussi le *C. morrowii var expallida*, dont les feuilles sont rayées de blanc.

Le carex plantain (*C. plantaginea*), plus rustique, pousse à l'état sauvage dans les forêts de feuillus, du Nouveau-Brunswick au Manitoba (et au sud), et se singularise par ses larges feuilles persistantes et ses gaines pourpres. Le carex, bien que d'une valeur horticole plutôt restreinte, est parfois planté pour la lutte contre l'érosion. Dans l'Égypte antique, on cultivait le *Cyperus papyrus* pour en tirer ce qui a constitué la première sorte de papier. Aujourd'hui, le carex est d'une utilité manifeste dans son habitat naturel, bordant des marécages et autres endroits humides, et servant d'abri et de nourriture aux oiseaux aquatiques.

Roger Vick

Cargos des Grands Lacs (ou laquiers) Ce sont des navires dont la conception est particulière aux GRANDS LACS de l'Amérique du Nord. La silhouette aplatie et longue de ces navires laisse deviner leur fonction: déplacer du fret en vrac le long de la VOIE MARITIME DU SAINT-LAURENT et à travers les Grands Lacs sur une distance totale de près de 4000 km. Le *John B. Aird*, laquier moderne typique construit par la Collingwood Shipyards et lancé en 1983 dans la baie Georgienne, mesure 219 m de long et possède une capacité de 30 700 tonnes de port en lourd. Comme un nombre croissant de laquiers de sa taille qui sont dotés de grues et de convoyeurs à courroie, le *John B. Aird* est un navire à auto-déchargement.

Les navires de cette taille peuvent transporter un million de boisseaux de blé (27 000 tonnes) en un seul voyage. Le blé et les autres grains fourragers représentent 40 p. 100 du fret transporté par les laquiers canadiens, suivis par le charbon, le minerai de fer et la pierre calcaire. La période de navigation des laquiers est de neuf mois, car, de la fin de décembre au début de mars, la voie maritime est fermée et la glace recouvre une bonne partie des Grands Lacs.

Des 162 laquiers canadiens et américains en activité en 1994 (il y en avait 247 en 1984), 106 appartiennent à des armateurs membres de l'Association des armateurs canadiens d'Ottawa, qui portait avant 1988 le nom de Dominion Marine Association (DMA), fondée en 1903, et le reste, à des membres de la Lake Carriers' Association, fondée en 1892 à Cleveland, en Ohio.

Le nombre de tonneaux de jauge brute des navires rattachés à l'Association des armateurs canadiens passe de 1 957 000 tonneaux en 1984 à 1 637 000 tonneaux en 1993. Cette baisse est attribuable à la fois à la chute de la demande de matières premières, comme le minerai de fer pour les aciéries canadiennes des Grands Lacs, durement touchées par la récession, et à l'augmentation du transport du grain par rail. Ce dernier facteur a pour effet de réduire le volume annuel total de grains transportés par les navires rattachés à l'Association des armateurs canadiens, qui passe de 18,6 millions de tonneaux en 1984 à 9,6 millions de tonneaux en 1993.

En réaction à l'utilisation réduite de leurs navires, les membres de l'Association des armateurs canadiens créent en 1994 deux cœntreprises pour gérer les activités de leurs laquiers. Ces deux firmes sont la Seaway Self Unloaders de ST. CATHARINES, qui compte 17 cargos à auto-déchargement, propriété de l'Algoma Central Corp. et de Upper Lakes Shipping Ltd., et la Seaway Bulk Carriers, qui exploite 11 cargos de la Canada Steamship Lines Inc. et 19 autres appartenant à de petits armateurs de l'Association.

Le laquier canadien moderne est le produit de plus de 100 ans d'évolution et d'adaptation de la conception de navires pour les Grands Lacs (*voir* CONSTRUCTION NAVALE ET RÉPARATION DE NAVIRES). Parmi les anciens modèles, tous construits pour le fret en vrac, figurent des voiliers comme la barque-goélette, ainsi que des navires à pont en dos de tortue et des navires de canal issus de l'ère de la propulsion mécanique.

Combinaison de deux types tout à fait différents de navire, la barque-goélette comportait deux mâts. Le mât de misaine était gréé en carré pour permettre les manœuvres aux abords des quais et dans les passages étroits, et le mât arrière était gréé de voiles auriques pour la vitesse. À l'exception de leurs grandes cheminées et de la forme bizarre de leur pont, les «dos de tortue» à chaudière alimentée au charbon, bas sur l'eau et larges, ressemblaient aux sous-marins nucléaires actuels.

Les «dos de tortue» étaient aussi appelés «pig boats» parce que leur étrave se terminait par un groin d'acier au-dessus de la ligne de flottaison. Les navires de canal plus récents ont bâtis pour loger et circuler dans les écluses étroites du CANAL WELLAND reliant les lacs Érié et Ontario en passant près de St. Catharines et dans le réseau de canaux entre le lac Ontario et MONTRÉAL, qui se termine par le canal Lachine. Le navire de canal avait le tiers de la longueur du *John B. Aird*. Les navires de canal sont remplacés en 1959 dans les écluses plus larges et plus longues de la Voie maritime du Saint-Laurent par les *upper lakers*, que leur taille obligeait à se cantonner auparavant à la région supérieure des Grands Lacs en amont du Niagara. Ces écluses peuvent recevoir des navires jusqu'à 222,5 m de longueur et 23,2 m de largeur.

Certains de ces gros laquiers, quoique conçus principalement pour les lacs intérieurs, sont construits autant pour le cabotage que pour le transport hauturier et sont appelés transporteurs océaniques. Il ne s'agit pas tout à fait d'une nouveauté puisque certains transporteurs avaient déjà été réquisitionnés pour servir dans l'Atlantique Nord pendant la Seconde Guerre mondiale. Certains ont même été coulés par les SOUS-MARINS ALLEMANDS.

Les Grands Lacs sont le tombeau de centaines de navires, la plupart naufragés pendant l'ère des voiliers, entre 1750 et 1870, dans des tempêtes, des incendies et des collisions. Même les laquiers modernes peuvent être avariés, malgré leur taille, par les tempêtes et les glaces. Le tragique naufrage, le 10 novembre 1975, de l'*Edmund Fitzgerald*, laquier américain de transport de minerai de fer de 222 m de longueur, est immortalisé par une chanson de Gordon LIGHTFOOT. Après avoir affronté des vagues de 7,5 m de hauteur et des vents records de 125 km/h sur le lac Supérieur, ce navire a sombré soudainement, entraînant vers le fond son équipage de 28 hommes et son capitaine pourtant expérimenté.

John D. Harbron

Cariboo, chaîne Montagnes constituant l'extrémité nord de la CHAÎNE COLUMBIA. Le FLEUVE FRASER en contourne la partie septentrionale en formant un grand arc. La RIVIÈRE THOMPSON Nord sépare la chaîne Cariboo de la CHAÎNE SELKIRK, située au sud-est. La chaîne Cariboo est dominée par le mont Sir Wilfrid Laurier, dont le sommet atteint 3520 m. On y compte quatre parcs provinciaux interreliés, Wells Gray, Bowron, chaîne Cariboo et rivière Cariboo. La région est renommée pour ses excursions en canot et la pratique du ski héliporté. On y découvre de l'or pendant la RUÉE VERS L'OR DE CARIBOO. La région la plus productive, dont l'or provenait d'intrusions de quartz, était située dans la partie nord-est de la chaîne de montagnes. BARKERVILLE est une ville minière restaurée.

Gail Kudelik

Cariboo, route Longue de 650 km, la route Cariboo longe le CANYON DU FLEUVE FRASER, entre Yale et Barkerville en Colombie-Britannique. À partir de 1862, les chariots l'empruntent pour atteindre les champs aurifères de la région de Cariboo, située dans le centre-sud de la province. En 1860, l'importance des gisements d'or dans la région convainc le gouverneur James DOUGLAS de la nécessité de créer un réseau de communications. Une route vers l'intérieur allégerait le fardeau des mineurs, obligés d'acheter leur approvisionnement à prix d'or, et ferait du fleuve Fraser la grande voie commerciale de la Colombie-Britannique.

On fait venir d'Angleterre un contingent d'ingénieurs royaux. Ils arpentent le terrain depuis Yale, principal poste de navigation sur le Fraser, le long de terrains extrêmement dangereux jusqu'au centre administratif de la région de Cariboo. Les ingénieurs de l'armée entreprennent les travaux et terminent les deux tronçons les plus difficiles, soit 10 km entre Yale et Boston Bar, et 15 km depuis Cook's Ferry, le long de la rivière Thompson. Le sol rocheux de la plus grande partie de la route doit être dynamité. Le reste de la construction est confié à des entrepreneurs privés, et elle est inaugurée en 1864. Le tracé de la ROUTE TRANSCANADIENNE suit en grande partie le tracé de cette ancienne route le long du canyon du Fraser.

C.J. Taylor

Cariboo, ruée vers l'or de C'est la RUÉE VERS L'OR la plus célèbre de la Colombie-Britannique. En 1860, des prospecteurs ayant participé à la RUÉE VERS L'OR DU FLEUVE FRASER découvrent de l'or natif sur la rivière Horsefly, dans la région isolée

et éloignée de la chaîne Cariboo. Elle dure jusqu'en 1863, quand la publicité mondiale entourant la découverte de riches gisements près du sous-sol rocheux de BARKERVILLE en 1862 attire un assortiment hétéroclite de mineurs, de chercheurs d'or et d'aventuriers dans l'ancien territoire de traite des fourrures des CHILCOTINS et des PORTEURS. Les découvertes les plus prometteuses d'or natif ont lieu aux ruisseaux Lightning, Lowhee et Williams; ce dernier s'avère le plus riche et devient, dès lors, le centre des activités minières du district. C'est à cet endroit, à 125 km au sud-est de Prince George, dans un lit de ruisseau étroit au creux d'un canyon isolé, qu'est établi un trio de villes servant à des fins d'approvisionnement, de service et d'administration: Richfield, Camerontown et, la seule qui a survécu aux jours de gloire de l'exploitation minière, Barkerville.

Les placers profonds et les riches dépôts à flanc de colline de Barkerville sont exploités de 1864 aux années 1930. L'exploitation nécessitait l'emploi d'une technologie coûteuse et complexe, notamment des lances géantes qui abattaient à l'aide de jets d'eau les riches dépôts des flancs de colline dans des sluices, et le développement d'une communauté minière plus stable. La production des placers aurifères de la région Cariboo s'est chiffrée à quelque 50 millions de dollars, ce qui représente environ la moitié de la production totale de la Colombie-Britannique depuis 1858.

Dianne Newell

Caribou Symbole du Nord canadien représenté sur la pièce de 25 cents, appartient à la famille des cervidés (*voir* CERF). Tous les troupeaux de caribous de la Scandinavie, de la Russie, de l'Alaska et du Canada sont de l'espèce *Rangifer tarandus*. Au Canada, la sous-espèce *R. t. pearyi*, appelée caribou de Peary, vit dans l'ARCHIPEL ARCTIQUE. La sous-espèce *R. t. Groenlandicus*, appelée caribou de la toundra, se rencontre, en été, au nord de la LIMITE FORESTIÈRE dans les Territoires du Nord-Ouest et migre en hiver vers le sud, dans le nord de la Saskatchewan et du Manitoba. La sous-espèce *R. t. caribou*, appelée caribou des bois, habite les montagnes et les forêts depuis la Colombie-Britannique jusqu'à Terre-Neuve.

Description Les mâles ainsi que les femelles du caribou de la toundra ont des bois palmés. Les femelles du caribou des bois n'ont pas toutes un panache. Les mâles se servent de leurs bois pour se battre pendant la saison de reproduction, en octobre, et les perdent au début de l'hiver. Les femelles les perdent vers la période de mise bas, à la fin de mai ou au début de juin. Elles donnent naissance à un seul jeune qui pèse entre 5 et 9 kg et qui est capable de suivre sa mère à peine une heure après sa naissance. Les mâles adultes pèsent entre 125 et 275 kg, et les femelles entre 91 et 136 kg.

Régime alimentaire Les caribous habitent la forêt et la toundra et se nourrissent surtout de LICHEN au sol. Contrairement aux autres espèces de Cervidés, ils peuvent digérer les lichens grâce à l'enzyme lichenase de leur tube digestif. Ils mangent aussi des champignons, des feuilles et des plantes, dont des GRAMINÉES et des CAREX. Auparavant, les biologistes croyaient que les caribous avaient besoin de lichen et que la destruction de celui-ci par le feu avait causé le déclin des populations. On sait maintenant que le feu est un élément naturel des ÉCOSYSTÈMES nordiques, et que les caribous s'adaptent à la disparition des habitats riches en lichen.

Population Avant la colonisation, quelque trois à cinq millions de caribous vivaient en Amérique du Nord. Aujourd'hui ils sont environ un million. L'espèce est éteinte au Nouveau-Brunswick, en Nouvelle-Écosse et dans de grandes parties de l'Ontario et de la Colombie-Britannique. Sur les îles arctiques, le nombre de caribous de Peary a diminué à un niveau tel, au cours des années 70 et 80, qu'ils étaient menacés d'extinction. Entre 1988 et 1994, leur nombre a

augmenté, mais des conditions météorologiques automnales et hivernales inhabituelles ont fait que le troupeau de l'ÎLE BATHURST a eu de la difficulté à trouver de la nourriture et que sa population a diminué.

Dans le Sud, le caribou des bois est affecté par le ver des méninges, un parasite transmis par le cerf de Virginie. Les LOUPS représentent la menace la plus constante, mais les rassemblements des troupeaux ainsi que les migrations ont minimisé les effets de la prédation. Ils tuent néanmoins, souvent assez de jeunes et d'adultes pour empêcher l'augmentation des effectifs. Si la CHASSE s'ajoute à ces facteurs, les populations diminuent généralement.

Même de nos jours, les autochtones prélèvent des milliers de caribous. Ils attendent, chaque année, la longue file de caribous en migration qui empruntent les mêmes sentiers depuis des millénaires. En octobre 1984, quelque 10 000 caribous se sont noyés en essayant de traverser la rivière Caniapiscau en crue.

A.T. Bergerud

Caricature politique L'art de la caricature politique tel que nous le connaissons aujourd'hui remonte aux années 1870, quand John W. Bengough (1851-1923) commence à publier *Grip*, un magazine satirique. Bengough y cloue au pilori le premier ministre du Canada, John A. MACDONALD. Depuis, tous les premiers ministres ont dû vivre avec leur caricature. Sir Wilfred LAURIER a été croqué par Henri JULIEN (1852-1908), Mackenzie KING par Arch Dale (1932-1962), John DIEFENBAKER par Duncan MACPHERSON (1924-1993), Pierre TRUDEAU par Jean-Pierre Girerd (né en 1931), et Brian MULRONEY par Aislin (Terry MOSHER, né en 1942).

Il s'agit d'un art éphémère. Chaque jour, les artistes créent une caricature pour commenter l'actualité. Le lendemain de sa parution, elle n'a la pertinence que du journal de la veille. Il ne s'agit pas de bandes dessinées racontant une histoire pour faire rire, ni d'illustrations créées par des graphistes. Les caricatures dépassent souvent les limites du simple commentaire éditorial, leur but étant de ridiculiser le sujet dont il est question.

Les premières caricatures à être reconnues au Canada sont celles du brigadier-général George TOWNSHEND, qui accompagne le général James WOLFE à Québec en 1759. Townshend fait des dessins pour nuire à la réputation de son commandant. Ce n'est qu'avec l'arrivée de *Punch* au Canada, dans les années 1840, que les caricatures politiques commencent à être publiées de façon régulière. *Punch* donne naissance à de nouvelles revues telles que *Grinchuckle, Canadian Illustrated News,* et *L'Opinion Publique,* dont les illustrations imitent le travail du britannique John Leech (1817-1864), premier caricaturiste au sens contemporain du mot.

Lorsque Bengough crée *Grip,* en 1873, il est influencé par le caricaturiste le plus populaire aux États-Unis, l'Allemand Thomas Nast (1840-1902). Lorsque le *Montreal Star* embauche Henri Julien en 1888 pour «dessiner les actualités», il devient le premier journal à avoir son propre caricaturiste politique. Julien est aussi le premier dans son domaine à pouvoir exposer à la Galerie nationale du Canada (aujourd'hui le MUSÉE DES BEAUX-ARTS DU CANADA). Une des rues de Montréal porte son nom.

Le développement des techniques de photogravure en demi-teinte mène à un déclin de la caricature pendant la première partie du XXe siècle. C'est David Low (1891-1963) qui la fait renaître pendant la Seconde Guerre mondiale, avec ses satires de Hitler et de Churchill dans *The London Evening Standard.* À peu près à la même époque, *The Halifax Chronicle Herald* embauche le caricaturiste Bob Chambers (1905-1996). John Collins (né en 1917) commence à travailler à *The Gazette,* à Montréal. Toutefois, pendant de nombreuses années, les caricatures dans les journaux canadiens ne sont que de pâles imitations de celles de Low, quand elles ne se laissent pas influencer par les artistes américains syndiqués Herbert Block («Herblock», né en 1909), du *Washington Post,* et Bill Mauldin (né en 1921), du *Chicago Sun Times.*

Un style proprement canadien émerge après la Seconde Guerre mondiale. Robert LAPALME (1908-1997) du *Devoir,* Duncan Macpherson du *Toronto Star,* Leonard Norris (1913-1997) du *Vancouver Sun,* et Ed McNally (1916-1971) du *Montreal Star* en sont les figures de proue. Les caricatures de ces derniers se démarquent des clichés habituels. Leurs dessins sont plus vifs et souvent plus féroces que ceux des Américains, qui sont peut-être plus allégoriques. Les caricaturistes canadiens commencent à s'exprimer d'une manière plus indépendante que leurs homologues américains. Ils se séparent de la section des arts et créent une entité politique autonome. Il n'est pas rare aujourd'hui de voir, dans des journaux canadiens, une caricature politique qui contredise l'opinion exprimée par l'éditorialiste.

En 1949, les caricatures sont devenues tellement convaincantes que le National Newspaper Awards décide d'honorer ceux qui «expriment clairement une idée, dessinent bien, et défendent les intérêts du public d'une manière remarquable». Le premier récipiendaire du prix est Jack Boothe (1910-1973) du *Globe and Mail.* À l'époque, il est le caricaturiste politique le mieux payé au Canada. Duncan Mac-Pherson est celui qui reçoit le plus grand nombre de prix (six). Parmi les autres gagnants figurent certains des caricaturistes les plus réputés: le doyen Merle Tingley (né en 1921), dont la marque de commerce, un ver du nom de Luke qui fume la pipe, existe depuis plus de 50 ans; Yardley Jones (né en 1930), Roy Peterson (né en 1936), Andy Donato (né en 1937), et Vance Rodewalt (né en 1946). L'art de la caricature monte encore d'un cran en 1963, lorsque Robert LaPalme organise à Montréal le premier Salon international de la caricature.

Les caricaturistes politiques de premier ordre sont assez rares. Au total, il n'y a jamais guère plus d'une vingtaine de caricaturistes employés à travers le pays. La nouvelle génération d'artistes de renom comprend, entre autres, Serge Chapleau (né en 1945) de *La Presse,* Dale Cummings (né en 1948) du *Winnipeg Free Press,* Susan Dewar (né en 1949) du *Ottawa Sun,* Guy Badeaux (né en 1949) du *Droit,* Brian Bable (né en 1949) du *Globe and Mail,* John Larter (né en 1950) du *Calgary Sun,* et Bruce MacKinnon (né en 1961) du *Halifax Herald.*

Quelle que soit la férocité des dessins, la plupart des politiciens considèrent la caricature comme une marque d'honneur. Il n'est pas rare qu'une personne dénonce publiquement une caricature, puis tente de faire l'acquisition de l'original en privé. (*Voir aussi* DESSIN HUMORISTIQUE ET BANDE DESSINÉE.)

Gagnants du Prix national de journalisme en caricature politique éditoriale:

1949 Jack Boothe du *Globe and Mail*
1950 James G. Reidford du *Montreal Star*
1951 Leonard Norris du *Vancouver Sun*
1952 Robert LaPalme du *Devoir*
1953 Robert W. Chambers du *Halifax Chronicle Herald*
1954 John Collins de la *Gazette de Montréal*
1955 Merle Tingley du *London Press*
1956 James G. Reidford du *Globe and Mail*
1957 James G. Reidford du *Globe and Mail*
1958 Raoul Hunter du *Soleil*
1959 Duncan Macpherson du *Toronto Star*
1960 Duncan Macpherson du *Toronto Star*
1961 Ed McNally du *Montreal Star*
1962 Duncan Macpherson du *Toronto Star*
1963 Jan Kamlenski du *Winnipeg Tribune*
1964 Ed McNally du *Montreal Star*
1965 Duncan Macpherson du *Toronto Star*
1966 Robert Chambers du *Halifax Chronicle Herald*
1967 Raoul Hunter du *Soleil*
1968 Roy Peterson du *Vancouver Sun*
1969 Ed Uluschak du *Edmonton Journal*
1970 Duncan Macpherson du *Toronto Star*
1971 Yardley Jones du *Toronto Sun*
1972 Duncan Macpherson du *Toronto Star*
1973 John Collins de la *Gazette de Montréal*
1974 Blaine Hamilton du *Spectator*
1975 Roy Peterson du *Vancouver Sun*
1976 Andy Donata du *Toronto Sun*
1977 Terry Mosher de la *Gazette de Montréal*
1978 Terry Mosher de la *Gazette de Montréal*
1979 Ed Uluschak du *Edmonton Journal*
1980 Victor Roschov du *Toronto Star*
1981 Tom Innes du *Calgary Herald*
1982 Blaine Hamilton du *Spectator*
1983 Dale Cummings du *Winnipeg Free Press*
1984 Roy Peterson du *Vancouver Sun*
1985 Ed Franklin du *Globe and Mail*
1986 Brian Gable du *Regina Leader Post*
1987 Raffi Anderian du *Ottawa Citizen*
1988 Vance Rodêwalt du *Calgary Herald*
1989 Cameron Cardow du *Regina Leader Post*
1990 Roy Peterson du *Vancouver Sun*
1991 Guy Badeaux du *Droit*
1992 Bruce MacKinnon du *Halifax Herald*
1993 Bruce MacKinnon du *Halifax Herald*
1994 Roy Peterson du *Vancouver Sun*
1995 Brian Gable du *Globe and Mail*
1996 Roy Peterson du *Vancouver Sun*
Alan Hustak

Carignan, Jean, surnommé «Ti-Jean», violoneux (Lévis, Qc, 7 déc. 1916—Montréal, 16 fév. 1988). Principal interprète canadien-français de la musique de violoneux de tradition celtique, Carignan joue du violon depuis l'âge de 4 ans. Il joue d'abord aux coins de rue et, plus tard, avec divers orchestres de danse dans la région de Montréal. En 1956, il décide de ne jouer qu'en concert ou dans le cadre de festivals folkloriques en Amérique du Nord et en Europe. En 1976, il exécute en première un concerto écrit pour lui par André GAGNON et, en 1979, il partage la vedette avec Yehudi Menuhin dans la série télévisée *The Music of Man.* On lui décerne le Prix de musique Calixa-Lavallée en 1976. Carignan fait preuve d'une véritable passion pour la musique et d'une rare maîtrise technique. En 1973, 400 violoneux d'Amérique du Nord se rassemblent à Montréal pour lui rendre l'hommage le plus mémorable de sa carrière. Il est fait Membre de l'ORDRE DU CANADA en 1974.

Richard Green

Carignan-Salières, régiment de Fort de quelque 1100 hommes, il est envoyé par la France en juin 1665 pour freiner les attaques dévastatrices des établissements canadiens par les IROQUOIS. Dès novembre, une série de forts est déjà construite le long du RICHELIEU, bloquant cette voie d'invasion importante. Lorsque les négociations de paix s'avèrent vaines, une expédition téméraire est organisée au cœur de l'hiver: environ 600 hommes du régiment et 70 Canadiens envahissent le canton mohawk en février 1666. Quelques-uns de ces soldats tombent dans une embuscade; il n'y a aucune perte du côté ennemi. Un autre groupe de 60 Français périssent durant leur repli vers le Canada. En septembre, le régiment envahit de nouveau le pays mohawk et y trouve les villages désertés; il les incendie ainsi que les champs de maïs avoisinants. En juillet 1667, les Iroquois parviennent enfin à un accord. Le régiment est rappelé en France en 1668, mais environ 400 officiers et hommes choisissent de rester pour s'installer sur des seigneuries le long du Richelieu, ce qui renforce grandement les défenses, le génie et l'économie de la colonie.

W.J. Eccles

Cariou, Len, comédien (Winnipeg, Man., 30 sept. 1939). Cariou grandit et étudie à Winnipeg, où il fait ses débuts au théâtre en 1959. Il se joint au FESTIVAL DE STATFORD en 1961. Doté d'une voix claire et profonde, il interprète aussi bien des rôles chantés que des premiers rôles shakespeariens traditionnels.

Cariou quitte Stratford en 1965, joue dans des pièces d'avant-garde à New York et interprète divers rôles à la télévision. Il fait ses débuts à Broadway en 1970 dans *Applause.* La grande puissance de sa voix ainsi que ses dons de comédien en font l'une des plus grandes vedettes de Broadway pendant plus de dix ans. Il s'attire des critiques dithyrambiques pour ses rôles dans *Nightwatch, A Little Night Music* (v.f. *Petite musique de nuit*), *Cold Storage* et *Sweeney Todd.* En 1979, son interprétation du rôle-titre dans *Sweeney Todd* lui vaut un Tony Award. Il joue aussi au cinéma, dans l'adaptation de *A Little Night Music* où il reprend son rôle, dans *The Four Seasons* et *Lady in White.* Depuis les années 80, Cariou se produit dans le monde entier au théâtre, au cinéma et à la télévision.

Carle, Gilles, réalisateur, scénariste (Maniwaki, Qc, 31 juil. 1929). Carle est sans doute le réalisateur québécois le plus connu au monde avec Denys ARCAND. Durant les années 50, il poursuit une carrière d'artiste graphique tout en écrivant des textes de critique littéraire, cinématographique et de télévision pour les journaux. En 1961, il se joint à l'équipe française de l'OFFICE NATIONAL DU FILM (ONF), où, après sept documentaires, il réalise un premier long métrage de fiction, *La Vie heureuse de Léopold Z.* (1965). L'ONF refusant tous ses autres projets, Carle devient indépendant. Pour vivre, il touche à tout: courts métrages, séries et variétés pour la télévision, commerciaux. En 1967, il réussit à tourner le premier d'une série de plusieurs longs métrages: *Le Viol d'une jeune fille douce* (1968), qui le fera connaître en France. *Les Mâles* (1970) et surtout *La Vraie Nature de Bernadette* (1972), connaîtront le succès presque partout. En 1974, *La Mort d'un bûcheron* marquera le début d'une association de 10 ans avec sa muse et actrice, Carole LAURE.

Cinéaste au talent sûr, Carle sait mêler érotisme, romantisme et fantaisie. Avec *La Tête de Normande St-Onge* (1975), on découvre une fois de plus son originalité et sa fraîcheur. Malgré ses succès et sa réputation, Carle connaît quelques difficultés, mais ne craint pas de produire *L'Ange et la femme* (1977), un film personnel à petit budget et à contre-courant du cinéma commercial de l'époque. Touchant à la comédie musicale avec *Fantastica* (1980), il n'obtient pas le succès escompté. Mais, l'année suivante, la superproduction *Les Plouffe,* adaptée du feuilleton télévisé de Roger LEMELIN, diffusée massivement en salle et à la télé, et accueillie avec satisfaction par le public rétablit Carle dans son statut de réalisateur-vedette. Il en dirigera, en 1984, la suite télévisée, *Le Crime d'Ovide Plouffe.* Après une brève incursion du côté du documentaire-fiction sur le jeu d'échecs, *Jouer sa vie* (1982), il récidive dans la superproduction avec un autre classique littéraire québécois, *Maria Chapdelaine* (1983), de Louis HÉMON. C'est à cette époque qu'il trouve une nouvelle muse en la personne de Chloé Sainte-Marie, qui tient la vedette d'une fiction tirée de l'un de ses scénarios, *La Guêpe* (1986). Ce suspense, mal reçu par le public et la critique, est le plus grand échec de sa carrière. Il attend cinq ans avant de tourner un téléfilm médiocre coproduit avec la France et la Suisse, *Miss Moscou* (1991), puis un nouveau long métrage de fiction plus ambitieux, *La Postière* (1992). Après deux téléfilms (coproductions françaises) de la série «Aventures du Grand Nord», *L'Honneur des grandes neiges* et *Le Sang du chasseur* (1994), ce dernier film étant une adaptation de James Oliver Curwood, il réalise, toujours avec Sainte-Marie, *Pudding chômeur* (1996), une comédie burlesque et cynique qui tourne en dérision la quête du bonheur et de la foi, et démontre que Carle a toujours énormément de plaisir à filmer.

Au cours des années 80 et 90, Carle mène en parallèle une carrière de documentariste, qui n'hésite pas à insérer des séquences mises en scène dans ses réalisations. En 1985, il tourne deux longs métrages, *Cinéma cinéma*, sur l'histoire de la production française à l'ONF, et *Ô Picasso*, à l'occasion d'une exposition consacrée au célèbre peintre. Puis, en 1988, il réalise un film sur la ville de Québec, *Vive Québec!*. Après un rappel historique et humoristique de la présence de Satan dans la culture américaine (*Le Diable d'Amérique*, 1990), il réalise une dynamique série de 13 émissions d'une heure sur l'histoire du Québec, *Épopée en Amérique: Une histoire populaire du Québec* (1996-1997). Enfin, en 1998, il réalise une quasi-première dans le monde du cinéma, une *autobiofilmographie* intitulée *Moi, j'me fais mon cinéma*. En utilisant ses films comme du matériel d'archives, il raconte sa vie, commente son œuvre et retrace le processus de la création cinématographique. Cinéaste prolifique, plein d'humour, au métier sûr, Carle constitue l'une des valeurs éprouvées du cinéma de fiction au Canada. En 1985-1986, d'importantes rétrospectives de sa carrière sont présentées à New York, Madrid et Paris et confirment sa notoriété. En 1998, la CINÉMATHÈQUE QUÉBÉCOISE présente un hommage exceptionnel à cette figure de proue du cinéma québécois, l'intégrale de son œuvre, cinquante films et vidéos réalisés depuis 1961. Carle remporte plus de 25 prix Génies et Canadian Film Awards, ce qui en fait le cinéaste canadien le plus récompensé. Son film, *ONF 50 ans* (1989), célébrant le cinquantième anniversaire de l'ONF, remporte la Palme d'or du meilleur court métrage à Cannes. En 1990, il reçoit le prix Albert-TESSIER, la plus haute récompense accordée par le gouvernement du Québec à un artisan du milieu du cinéma.

Pierre Véronneau

Carleton, parc provincial du mont Créé en 1970, il a une superficie de 174,27 km². Plus grand PARC PROVINCIAL du Nouveau-Brunswick, il est caractérisé par ses forêts et sa faune abondante.

Histoire naturelle Situé dans les hautes-terres du centre-nord de la province, le parc est dominé par le mont Carleton, point culminant des provinces maritimes (820 m). Il fait partie de la chaîne des Appalaches, qui s'étend de l'est des États-Unis au Québec, en passant par le Nouveau-Brunswick. Dans le parc, on trouve aussi le cours supérieur des rivières Tobique et Népisiguit, partie d'un itinéraire de canotage traditionnel.

Les montagnes, formées de roche volcanique vieille de 400 millions d'années, étaient recouvertes de glaciers pendant la dernière période glaciaire. Puis, ces derniers se sont retirés il y a quelque 10 000 ans. Certaines espèces de plantes rares, tels le bouleau glanduleux et le carex de Bigelow, sont antérieures aux glaciers.

Le parc comporte quatre types de forêts: la forêt d'érables à sucre, de hêtres et de bouleaux jaunes; la forêt de sapins, de bouleaux blancs, d'épinettes et d'érables rouges; la forêt d'épinettes noires; et la forêt de pins rouges. La moitié de la forêt est relativement peu touchée par l'homme; la partie restante s'est régénérée après deux incendies au début des années 1900.

Le parc abrite plus de 150 espèces d'oiseaux, dont l'aigle royal et la sous-espèce rare des grives à joues grises. On y trouve aussi des mammifères tels le cerf de Virginie, l'orignal, le castor, la loutre, l'ours noir, le renard roux, le lynx roux, le lynx du Canada, le pékan et la martre.

Évolution humaine Dans un ancien campement de chasseurs nomades, des archéologues ont découvert des artefacts vieux de 2500 ans. Au cours du XVIe siècle, explorateurs, missionnaires et commerçants de fourrures passent par la région, alors habitée par les MALÉCITES. Vers le milieu des années 1800, l'industrie forestière s'intensifie, puis les naturalistes et les géologues examinent la région. Les premiers visiteurs sont suivis par des travailleurs forestiers, des prospecteurs, des pourvoyeurs et de riches sportifs. En 1883, on lance la proposition de créer un parc au mont Carleton, mais ce n'est qu'en 1970 qu'il devient réalité.

Installations et services La tour d'incendie désaffectée, située au sommet du mont Carleton, offre une vue splendide du parc. Avec ses 60 km de sentiers de randonnée, le parc est un paradis sauvage pour campeurs, naturalistes, canoteurs, fondeurs et photographes.

John S. Marsh

Carleton Place, ville de l'Ont.; pop. 8450 (rec. 1996), 7432 (rec. 1991), 6541 (rec. 1986); superf. 7,3 km²; const. en 1890; située en bordure de la rivière Mississippi, à 45 km au sud-ouest d'OTTAWA. Carleton Place est fondée en 1819 par William Morphy et ses fils. Le nom est une déformation de Carlton Place, une place célèbre de Glasgow, en Écosse. Autrefois, des scieries et des usines, en particulier de textiles, s'alimentaient en énergie aux chutes des environs. Aujourd'hui, l'économie repose sur l'électronique et le tourisme. Dans le Memorial Park, une plaque commémorative rend hommage à A. Roy BROWN, as de l'aviation pendant la Première Guerre mondiale et natif de Carleton.

K.L. Morrison

Carleton, Guy, 1er baron Dorchester, officier de l'armée, deux fois gouverneur du Québec, 1768-1778 et 1785-1795, commandant britannique en chef à New York, 1782-1783 (Strabane, Irlande, 3 sept. 1724—près de Maidenhead, Angl., 10 nov. 1808). Colonel au moment de la conquête de Québec en 1759, il est nommé lieutenant-gouverneur du Québec le 7 avril 1766. Il arrive dans la province le 23 septembre 1766 et succède à James MURRAY en tant que gouverneur en avril 1768. Il recommande l'adoption de l'ACTE DE QUÉBEC en 1774 et l'administre de façon à appuyer l'Église catholique romaine et à conserver le code civil français. Il surestime néanmoins l'importance des seigneurs et est déçu de la passivité canadienne durant la GUERRE D'INDÉPENDANCE AMÉRICAINE. Il repousse l'invasion américaine de 1775-1776, mais est critiqué pour sa lenteur à poursuivre les envahisseurs en retraite. Il démissionne après s'être querellé avec ses conseillers, en particulier avec le juge en chef Peter Livius, et quitte ses fonctions en juillet 1778.

De 1782 à 1783, il est commandant en chef à New York, qu'il refuse d'évacuer avant que les réfugiés LOYALISTES ne soient envoyés en lieu sûr. Il préconise leur accueil à Québec et en Nouvelle-Écosse. Influencé par William SMITH, il propose sans succès pendant qu'il est en Angleterre un seul gouverneur général pour l'Amérique du Nord britannique. Il est promu à nouveau gouverneur du Québec le 12 septembre 1791, mais n'arrive pas au Bas-Canada avant le 24 septembre 1793. Impatient d'encourager le commerce avec l'Ouest américain, il interprète l'interdiction impériale sur les importations américaines comme si elle ne visait que les ports de mer.

Il s'oppose à la division de la province de Québec en deux parties, le Haut et le Bas-Canada, ainsi qu'aux deux assemblées élues prévues par l'ACTE CONSTITUTIONNEL de 1791, mais il recommande le maintien de Montréal dans la basse province. Prévoyant une guerre avec les États-Unis juste avant la signature du TRAITÉ DE JAY, en 1794, il fait un discours incendiaire devant les autochtones et ordonne la réoccupation du fort Miami (Maumee, Ohio). Réprimandé discrètement, il insiste pour qu'on accepte sa démission le 4 septembre 1794, ce qui lui est accordé en juillet 1795. Il quitte la province le 9 juillet 1796.

S.R. Mealing

Carleton, Thomas, officier britannique, lieutenant-gouverneur du Nouveau-Brunswick (Irlande, v. 1735—Ramsgate, Angl., 2 fév. 1817), frère de Guy CARLETON, baron Dorchester. Après son service militaire en Europe et en Amérique, Carleton est nommé premier lieutenant-gouverneur de la nouvel-le colonie du Nouveau-Brunswick le 28 juillet 1784. Il occupe ce poste jusqu'à sa mort en 1817, bien qu'il réside en Angleterre à partir de 1803. Vu ses ascendances anglo-irlandaises et ses antécédents militaires, il sympathise avec les aspirations de l'élite LOYALISTE. De ce fait, durant ses premières décennies d'existence, le destin du Nouveau-Brunswick est dicté par Carleton et les chefs loyalistes, les décisions quant aux investissements, aux nominations, aux affaires religieuses, aux structures politiques, à l'éducation et même à l'économie étant fondées sur cette alliance.

Carleton espère au début que son affectation au Nouveau-Brunswick lui vaudra par la suite un commandement militaire de plus haut niveau. Frustré dans ses ambitions, déçu par le développement laborieux de la colonie et lassé des manœuvres d'un parti qui revendique de plus en plus de pouvoirs pour l'Assemblée depuis 1795, Carleton se désintéresse de sa tâche. Il prend congé en 1803, congé qui se révèle définitif. Après 1807, il est peu probable que Carleton ait joué un rôle quelconque dans les affaires du Nouveau-Brunswick, et rien n'indique qu'il ait eu l'intention de revenir s'établir à nouveau dans la province.

Au cours de son existence, Carleton a essuyé de nombreuses critiques, et les observateurs contemporains ne l'ont pas ménagé, mais il mérite de figurer parmi les fondateurs du Nouveau-Brunswick.

William G. Godfrey

Carlin, Robert Hugh, syndicaliste (Buckingham, Qc, 10 fév. 1901—Kirkland Lake, Ont., 1991). En 1916, il devient mineur à Cobalt (Ontario) et se joint à la section locale du syndicat des mineurs, qui fait partie de la Western Federation of Miners (WFM). Après la Première Guerre mondiale, il a une brève rencontre avec des organisateurs itinérants du ONE BIG UNION, participe à la grève de 1919 à Cobalt et à Kirkland Lake, et adhère au successeur du WFM, l'International Union of Mine Mill and Smelter Workers (Mine Mill). Membre fondateur de la section locale 240 à Kirkland Lake, il est congédié par l'entreprise à cause de ses activités syndicales en 1940, mais le syndicat Mine Mill l'engage comme organisateur. En 1941, il devient un des chefs de la fameuse grève des mineurs d'or de Kirkland Lake visant la reconnaissance syndicale. Cette grève, qui est un échec, influence tout de même la loi sur la NÉGOCIATION COLLECTIVE qui sera adoptée au Canada en 1944. En 1942, Carlin est élu au conseil international du syndicat pour représenter le district canadien. Vers la fin des années 40, grâce à son acharnement, il obtient l'accréditation syndicale dans les mines du nord de l'Ontario.

Partisan de l'action politique syndicale, Carlin est élu député provincial de la CO-OPERATIVE COMMONWEALTH FEDERATION (CCF) en 1943 et en 1945. Il est défait en 1948 après un désaccord avec son parti qui le considérait comme procommuniste. À titre de membre de l'exécutif du CONGRÈS DU TRAVAIL CANADA, il est aussi membre du comité d'action politique du congrès. Celui-ci est à cette époque déchiré par des débats intenses sur l'orientation politique future du mouvement ouvrier, où s'affrontent en particulier les partisans du CCF et ceux du Parti progressiste ouvrier, qui est le nouveau nom que se donne le parti communiste. En 1962, après la victoire du syndicat des Métallos sur le Mine Mill lors d'une lutte en matière de compétence qui en fait le nouvel agent de négociation à Inco, Carlin poursuit ses activités syndicales comme représentant de ce dernier jusqu'à sa retraite dans les années 70. Il fut un dirigeant syndical dynamique, optimiste et dévoué.

Laurel Sefton MacDowell

Carling, sir John, brasseur, politicien (London, Haut-Canada, 23 janv. 1828—London, Ont., 6 nov. 1911). Son père, Thomas C. Carling, un ouvrier agricole méthodiste, émigre du Yorkshire en 1818. À 21 ans, John se joint à l'entreprise de brassage et de maltage établie par son père en 1843, près de Victoria Barracks, à London. Il hérite de l'entreprise en 1849 et y demeure en tant que président, mais laisse son frère William s'occuper de l'administration pour tenter sa chance en politique. Il est député conservateur de London au Parlement de la province du Canada (1857-1867) et au Parlement de l'Ontario (1867-1873).

Après la Confédération, Carling siège à la Chambre des communes (1867-1874, 1878-1891 et 1892-1895). Il occupe plusieurs postes ministériels, notamment comme ministre des Postes (1882-1885), sous John A. Macdonald, et ministre de l'Agriculture (1885-1892). En 1893, il est nommé Chevalier commandeur de l'Ordre de Saint-Michel et de Saint-Georges. Il siège au Sénat de 1891 à 1892 et de 1896 à sa mort. L'incorporation de la Carling Brewing and Malting Co., en 1883, aide à financer sa carrière politique.

Albert Tucker

Carman, Albert, pasteur méthodiste et enseignant (Iroquois, Haut-Canada, 27 juin 1833—Toronto, 3 nov. 1917). Administrateur compétent et bon prédicateur, Carman est profondément attaché à la piété ardente et personnelle du méthodisme traditionnel. Bien qu'il soit professeur de mathématiques et administrateur scolaire pendant une vingtaine d'années avant de devenir membre du clergé, il s'oppose aux tenants de la «critique supérieure» ou étude scientifique de la Bible en les accusant de saper la foi chrétienne. Il est évêque de l'Église méthodiste épiscopale avant que toutes les Églises méthodistes canadiennes ne s'unissent en 1884. Son affabilité ne l'empêche pas d'exercer son autorité personnelle avec sérieux. Après l'union, il est surintendant général jusqu'à sa retraite et encourage de fructueuses missions auprès des colons des Prairies. Ses dernières années à ce poste sont marquées par des conflits spectaculaires avec des méthodistes plus libéraux. Il prend sa retraite en 1915.

Tom Faulkner

Carman, Bliss, poète, rédacteur, journaliste (Fredericton, 15 avril 1861—New Canaan, Conn., 8 juin 1929). De descendance LOYALISTE de la Nouvelle-Angleterre puritaine, il fréquente l'U. du Nouveau-Brunswick et les universités d'Édimbourg et de Harvard. En 1890, il se joint à l'équipe de rédaction du *New York Independent* et fait connaître les poètes canadiens à ses lecteurs. Il collabore ensuite au *Cosmopolitan*, à l'*Atlantic Monthly*, au *Chap Book* et à d'autres revues littéraires. *Low Tide on Grand Pré* (1893) et les trois recueils de poèmes intitulés «Vagabondia» (1894-1900) lui valent une reconnaissance internationale. *The Pipes of Pan* (5 vol., 1902-1905) regroupe quelques-unes de ses œuvres les mieux connues. Ses recueils *Poems* (2 vol., 1904) et *Sappho* (1905) réunissent presque tous ses meilleurs poèmes.

Carman travaille en journalisme à titre de chroniqueur affilié, et nombre de ses textes ont été réimprimés en trois volumes, notamment dans *The Kinship of Nature* (1903). Avec Mary Perry King, il collabore à la rédaction de *The Making of Personality* (1908) et déménage la même année à New Canaan. C'est aussi avec elle qu'il écrit *Daughters of Dawn* (1913) et *Earth Deities and Other Masques* (1914). Souffrant de tuberculose, il passe plusieurs mois dans des sanatoriums en 1919 et en 1920. Rétabli, il entreprend des tournées de lectures et de conférences au Canada et aux États-Unis, ce qui lui vaut un regain de popularité. En 1928, il reçoit la médaille Lorne Pierce de la Société royale du Canada. Ses œuvres en prose, bien qu'elles reflètent des intérêts diversifiés, sont assez quelconques. Épistolier acharné, il développe toutefois un style épistolaire vivant et, dans ses meilleures lettres, il réussit à composer quelques poèmes admirablement écrits, dont la qualité ne peut être remise en question.

H.P. Gundy

Carmichael, Franklin, peintre, designer industriel, professeur (Orillia, Ont., 4 mai 1890—Toronto, 24 oct. 1945). Membre fondateur du GROUPE DES SEPT, Carmichael suit sa première formation en 1911 chez Grip Ltd., une entreprise d'art commercial de Toronto. Il y rencontre plusieurs des artistes qui formeront le groupe. En 1913-1914, il étudie à Anvers, puis il travaille comme designer à Toronto, tout en réalisant des aquarelles et des huiles de paysages du nord de l'Ontario. Des peintures comme *Jackfish Village* (1926) présentent des compositions aux structures élégantes et un charme lyrique d'une plus grande douceur de sentiments que plusieurs des œuvres réalisées par le Groupe des Sept. Carmichael est membre fondateur (1925) et président (1932-1934) de la Société canadienne de peintres en aquarelle et membre fondateur (1933) du Canadian Group of Painters. Il enseigne au Collège des beaux-arts de l'Ontario de 1932 à 1945.

Dorothy Farr

Carmichael, Harry John, industriel (New Haven, Conn., 29 sept. 1891—Toronto, Ont., 28 oct. 1979). Né aux États-Unis de parents canadiens, Carmichael déménage au Canada et devient, en 1929, président et directeur général de McKinnon Industries à St. Catharines, en Ontario. En 1936, il est vice-président et directeur général de General Motors du Canada à Oshawa. Durant la Seconde Guerre mondiale, ses connaissances des techniques de production en série sont d'une valeur inestimable pour l'effort de guerre économique du Canada; il n'y a donc pas de surprise lorsqu'il est nommé à la tête de la production de guerre de C.D. HOWE. En 1944 et 1945, Carmichael se tourne vers la reconversion de l'industrie afin de répondre aux besoins du pays en temps de paix. À la fin de 1945, il quitte Ottawa. Plus tard, il siège à la Commission industrielle de la défense (1948-1951) et est directeur de plusieurs entreprises, dont ARGUS CORPORATION LTD.

Robert Bothwell

Carmichael, James William, constructeur et propriétaire de navires, marchand, politicien (New Glasgow, N.-É., 16 déc. 1819—*id.*, 1er mai 1903). Fils de James Carmichael, fondateur de New Glasgow, Carmichael en devient le plus important marchand et constructeur-propriétaire de navires. Il encourage la transition vers l'industrie de la fabrication et, en 1882, investit dans la première industrie sidérurgique canadienne: la Nova Scotia Steel. Député libéral fédéral de 1867 à 1871 et de 1874 à 1878, il s'oppose vivement à la Confédération et est partisan du libre-échange, ce qui lui vaut des défaites électorales en 1872, 1878, 1882 et 1896. Nommé sénateur en 1899, il démissionne en 1903.

L.D. McCann

Carnarvon, Henry Howard Molyneux Herbert, 4e comte de, politicien (Londres, Angl., 24 juin 1831—*id.*, 28 juin 1890). En tant que secrétaire d'État des colonies de 1866 à 1867, il supervise la rédaction de l'ACTE DE L'AMÉRIQUE DU NORD BRITANNIQUE et réussit à le présenter au Parlement britannique. Conservateur et impérialiste, Carnarvon croit que la CONFÉDÉRATION canadienne consolidera l'intégrité politique de l'Empire. En tant que président de la Royal Commission on the Defence of British Possessions and Commerce Abroad, de 1879 à 1882, il joue un rôle décisif dans la réforme de la politique sur la défense britannique et insiste pour que le Canada accroisse sa participation dans la matière.

Roger Sarty

Carney, Patricia, économiste, journaliste, politicienne (Shanghai, Chine, 26 mai 1935). Elle arrive au Canada avec ses parents en 1939. Tout en travaillant comme journaliste, elle poursuit ses études en économie à l'U. de la Colombie-Britannique et obtient son diplôme en 1960. Elle connaît le succès comme chroniqueuse des affaires, principalement au *Sun* de Vancouver et au *Vancouver Province*. En 1970, elle fonde sa propre firme de consultation sur les affaires du Nord canadien et prépare des études sur des sujets comme les pipelines, les communications par satellite et les relations de travail. De retour à Vancouver, après avoir été à Yellowknife, elle est candidate pour le Parti progressiste-conservateur dans Vancouver-Centre aux élections fédérales de 1979 et perd par une faible marge. Élue l'année suivante, au sein de l'Opposition, elle agit comme critique en matière d'énergie.

Réélue en 1984, elle deviendra ministre de l'Énergie, des Mines et des Ressources, avec comme responsabilité première de négocier une nouvelle entente sur l'énergie avec les provinces de l'Ouest. Lors du remaniement ministériel de juin 1986, elle devient ministre du Commerce international. Elle sera très impliquée dans le LITIGE SUR LE BOIS D'ŒUVRE et les négociations sur le LIBRE-ÉCHANGE avec les États-Unis. Elle quitte la vie publique avant les élections de 1988 et reprend sa carrière dans le journalisme comme rédactrice en chef du *Pacific Press*. Elle est nommée au Sénat en 1990.

Patricia Roy

Carnivores Ordre de MAMMIFÈRES qui se nourrissent de chair. Cet ordre inclut des familles d'animaux terrestres et aquatiques. Les familles terrestres sont les canidés (CHIEN, LOUP, chacal, RENARD), les ursidés (OURS, panda géant), les procyonidés (RATON LAVEUR, petit panda), les mustélidés (belette, MOUFFETTE, BLAIREAU, LOUTRE, MARTRE, PÉKAN, CARCAJOU), les viverridés (civette), les herpestidés (mangouste), les hyénidés (hyène, protèle) et les félidés (CHAT).

Les familles de carnivores marins sont les otariidés (Pinnipèdes avec pavillons d'oreilles; *voir* PHOQUE), les phocidés (Pinnipèdes sans pavillon d'oreilles) et les odobénidés (MORSE). Au Canada, on trouve 8 familles représentées par 25 genres et 38 espèces.

Régime alimentaire Seuls les félidés et les carnivores marins mangent presque exclusivement de la viande. Certains membres de chacune des autres familles se nourrissent d'autres aliments. Plusieurs espèces sont en partie herbivores, et quelques-unes sont devenues complètement herbivores. Les carnivores descendent d'INSECTIVORES primitifs du paléocène (il y a 65 millions d'années à 56,5 millions d'années). La grande variété des carnivores montre à quel point ils sont bien adaptés aux proies disponibles sur terre et en mer.

Les carnivores solitaires capturent habituellement des proies de plus petite taille qu'eux (p. ex., le renard mange des souris). Les espèces qui chassent en groupe prennent des proies de même taille ou de plus grande taille qu'eux (p. ex., le loup mange des CARIBOUS). Quelques espèces (p. ex., l'ours et le raton laveur) sont omnivores et mangent des PLANTES et des ANIMAUX. D'autres (p. ex., certaines mangouste) mangent surtout des INSECTES. Le panda géant se nourrit exclusivement de pousses de bambou, et l'ours polaire mange principalement des phoques.

Caractéristiques Les outils du carnivore sont ses dents et ses pattes. Les formes adaptées à la course ont des griffes non rétractiles (p. ex., le chien et le guépard), les formes adaptées au saut ou à la traque ont des griffes rétractiles (p. ex., la majorité des races de chats). La survie des carnivores dépend de grosses incisives puissantes, de canines proéminentes et de dents jugales broyeuses ou coupeuses. Des dents brisées peuvent entraîner la mort autant qu'une patte cassée. Les carnivores terrestres femelles utilisent aussi leurs grosses canines pour protéger les petits sans défense.

Reproduction Les femelles des espèces terrestres donnent naissance à une nombreuse portée dans une tanière ou un antre et rejoignent leur groupe social quand les jeunes peuvent marcher. Le phoque met bas de son unique petit sur terre ou sur la glace.

Quelques espèces forment un harem dominé par un mâle reproducteur.

Chasse Les carnivores doivent déjouer leur proie et sont donc très intelligents. Plusieurs espèces font une chasse coopérative, vivent en groupes sociaux, suivent un chef et partagent des ressources afin d'assurer leur survie.

Non-carnivores Les animaux carnivores ne font pas tous partie de l'ordre des carnivores. En effet, plusieurs espèces animales se nourrissent d'animaux. Parmi les VERTÉBRÉS carnivores, on compte la BALEINE, le chat marsupial, le LÉZARD, le crocodile, la SALAMANDRE, la GRENOUILLE et plusieurs espèces de poissons.

C.S. Churcher

Caron, Alain, compositeur, bassiste et arrangeur (Saint-Éloi, Qc, 5 mai 1955). Il fait partie, de 1976 à 1990, du groupe jazz-fusion Uzeb et est reconnu comme le virtuose de son instrument. Après un album (1992) avec Michel DONATO, autre virtuose de la contrebasse, Alain Caron effectue une tournée (1993) en Europe, en Corée, en Chine et au Québec avec Didier Lockwood et Jean-Marie Ecay. À son retour, il forme son propre groupe, Le Band, avec lequel il enregistre ses compositions et effectue une tournée canadienne et européenne en 1994 et à nouveau européenne, l'année suivante. Un «Hommage à Alain Caron», au FESTIVAL INTERNATIONAL DE JAZZ DE MONTRÉAL de 1996, lui offre l'occasion de jouer avec quelques amis, dont le trompettiste Tiger Okoshi et le pianiste James Gelfand. Outre ses tournées, Caron donne des séminaires et des sessions d'enseignement, notamment en Californie, et il est le porte-parole de plusieurs compagnies d'instruments de musique.

Robert Thérien

Caron, sir Joseph-Philippe-René-Adolphe, politicien (Québec, 24 déc. 1843—Montréal, 20 avr. 1908). Après avoir étudié au séminaire et suivi une formation d'avocat, Caron, du genre bon vivant, est député conservateur de 1873 à 1900, ministre de la Milice et de la Défense entre 1880 et 1892, et ministre des Postes de 1892 à 1896. En 1883, il supervise l'expansion de la petite force permanente canadienne, mais pour lui, les intérêts partisans priment sur les réformes militaires réclamées par le gouvernement britannique. Ce champion du favoritisme est un ministre plutôt faible, mais il se montre d'une efficacité surprenante en mobilisant les troupes pour combattre la rébellion du Nord-Ouest. Subséquemment, Caron appuie John A. MACDONALD dans sa détermination d'infliger à Louis RIEL une peine exemplaire. Caron n'est pas appelé à faire partie du cabinet formé en 1896 par sir Charles TUPPER.

Norman Hillmer

Caron, Louis, journaliste et écrivain (Sorel, Qc, 21 juil. 1942). Il abandonne ses études classiques et exerce plusieurs métiers avant de devenir journaliste, de 1960 à 1976, à la Société Radio-Canada, au *Nouvelliste* de Trois-Rivières, puis agent d'information et cadre au gouvernement du Québec. Par la suite, il se consacre entièrement à l'écriture. Après ses premières œuvres, *L'Illusionniste* et *Le Guetteur* (1978), paraissent quatre romans, *L'Emmitouflé* (1977), prix Hermès et prix France-Canada, *Le Bonhomme Sept-heures*, les deux premiers volumes des *Fils de la Liberté*, *Le Canard de bois* (1981), prix France-Québec, produit en feuilleton télévisé, et *La Corne de brume* (1982).

De manière générale, le romancier emprunte ses sujets à l'histoire, mais sans véritablement écrire ce qu'il est convenu d'appeler des romans historiques: la conscription de 1917 (*L'Emmitouflé*), le tremblement de terre de 1955 à Nicolet (*Le Bonhomme Sept-heures*), les rébellions de 1837-1838 (*Le Canard de bois, La Corne de brume*), l'odyssée du découvreur du Canada (*Le Vrai voyage de Jacques Cartier*, 1984). La qualité première de Caron est d'abord d'être un conteur au style coloré et vif (*Les Chemins*

du Nord, 1995). En 1986, il a été le coscénariste, avec le journaliste Réjean Tremblay, de la télésérie *Lance et compte.*

Gilles Dorion

Carotte (*Daucus carota*) Plante de climat frais de la famille des ombellifères, elle est cultivée au Canada comme culture racine. La carotte est bisannuelle, mais elle est cultivée comme une plante annuelle. Originaire de l'Asie centrale, elle est utilisée comme herbe médicinale par les Afghans, bien avant d'être introduite en Europe à l'époque médiévale. Cette plante a été améliorée grâce à la sélection et à l'hybridation: celles qui sont destinées à l'industrie ont des racines coniques, larges et épaisses, tandis que celles qui sont destinées au marché du frais ont des racines plutôt cylindriques et allongées. La racine est un réservoir pour les sucres produits par les feuilles. Les fanes et les feuilles, parties par lesquelles la carotte est extraite du sol lors de la récolte mécanisée, doivent être protégées des maladies.

Les carottes nécessitent de 70 à 100 jours pour produire une récolte de 30 t/ha environ pour le marché du frais et de 60 t/ha pour l'industrie de transformation. Les principaux insectes nuisibles sont le charançon et la mouche, et les maladies communes, les brûlures alternarienne et cercosporéenne. La carotte est une source d'acide ascorbique. On la mange crue ou cuite ou encore sous forme de jus. Elle est cultivée dans toutes les provinces du Canada: plus de 7000 ha (dont plus de 3000 au Québec seulement) sont consacrés à la production commerciale.

Pierre Sauriol

Carouge Ce terme désigne différentes espèces appartenant à une famille d'OISEAUX du Nouveau Monde, les ictéridés, dans laquelle on trouve la STURNELLE des prés, l'ORIOLE, les vachers et les quiscales. On désigne d'ailleurs parfois les vachers et les quiscales simplement sous le nom de «carouges». Le quiscale bronzé (*Quiscalus quiscula*), un oiseau noir à la tête d'un bleu-vert iridescent, et le vacher à tête brune (*Molothrus ater*), dont le mâle a le plumage noir et la tête brune et la femelle est entièrement grise, sont souvent vus en grandes bandes dans lesquelles on trouve aussi le carouge à épaulettes et l'ÉTOURNEAU. Le vacher est un oiseau parasite puisqu'il ne construit pas de nid, mais dépose plutôt ses œufs dans celui d'autres espèces, qui élèvent ensuite les jeunes vachers après l'éclosion.

Description Les ictéridés sont des passereaux de taille moyenne, qui atteignent environ 20 cm de longueur, dont le bec est effilé. Même si leur couleur dominante est le noir, plusieurs espèces arborent des marques distinctives rouges ou jaune vif. Chez certaines espèces, notamment le carouge à épaulettes et le carouge à tête jaune, le plumage varie selon les sexes, les mâles étant plus colorés que les femelles.

Répartition Le carouge à épaulettes (*Agelaius phœniceus*) est le carouge le plus commun au Canada. Il est probablement aussi l'oiseau le plus répandu en Amérique du Nord et son nombre n'a cessé d'augmenter au cours des dernières décennies. Parmi les autres espèces de carouges du Canada, on compte le carouge à tête jaune (*Xanthocephalus xanthocephalus*), le quiscale rouilleux (*Euphagus cyanocephalus*) et le quiscale de Brewer (*E. carolinus*).

Nidification On note différents comportements chez les ictéridés au moment de la reproduction. Le carouge à épaulettes et le carouge à tête jaune nichent en colonies dans les marais ou se reproduisent dans des nids disséminés en milieu plus sec. Un mâle a souvent un harem comptant de trois à huit femelles qui nichent dans son territoire. Le quiscale rouilleux est monogame et niche en couple isolé en bordure des marais, dans les forêts de conifères ou dans les tourbières. Le quiscale de Brewer niche en couple isolé ou en petits groupes, formant ainsi des petites colonies mobiles. La femelle couve de trois à cinq œufs et nourrit les oisillons alors qu'ils sont au

nid. Le mâle peut aider les jeunes à se nourrir après leur départ du nid.

Régime alimentaire Au début du printemps et à la fin de l'été, les oiseaux se rassemblent pour la nuit dans des dortoirs regroupant parfois des dizaines de milliers d'oiseaux. Le jour, ils se nourrissent dans les champs avoisinants, causant ainsi des pertes économiques aux agriculteurs. Cependant, ils mangent aussi les insectes nuisibles et les graines de mauvaises herbes, ce qui compense pour les dommages causés.

R.J. Robertson

Carpmael, Charles, météorologue (Streatham Hall, Angl., 19 sept. 1846—Angl., 21 oct. 1894). Il a dirigé la mise sur pied et l'expansion des services canadiens d'avis de tempête et de prévisions météorologiques durant plus de 10 ans. Diplômé de Cambridge, il vient au Canada en 1872 comme directeur-adjoint du service météorologique national et succède comme directeur à G.T. KINGSTON en 1880. Directeur jusqu'en 1894, Carpmael étend les activités du service à l'astronomie et devient responsable d'un service de signaux horaires pour le Canada en 1883. Il fut membre fondateur de la Société royale du Canada (SRC) et membre du bureau du Royal Canadian Institute.

Morley Thomas

Carr, Emily, peintre et écrivaine (Victoria, 13 déc. 1871—*id.*, 2 mars 1945). Ses parents anglais s'étaient installés à Victoria, où son père a été un homme d'affaires prospère. Emily, d'une nature indépendante, grandit avec son frère et ses quatre sœurs aînées dans une famille rangée, empreinte du climat social et intellectuel étroit de cette petite ville insulaire. Devenue orpheline dans son adolescence, elle part en 1891 étudier les arts au California School of Design de San Francisco, y poursuivant ainsi un intérêt dans lequel Victoria offrait peu de débouchés intéressants. À son retour à Victoria, deux ans plus tard, elle ouvre un atelier et commence à donner des cours d'art aux enfants. Son voyage d'étude en Angleterre en 1899 ne l'avance guère dans son art et une longue maladie y prolonge son séjour jusqu'en 1904. En revanche, son voyage en France en 1910 s'avère plus déterminant, car elle en revient, à l'automne 1911, avec un style postimpressionniste vigoureux et coloré, qui marque la fin de son ton anachronique de ses aquarelles anglaises. De retour en Colombie-Britannique, elle poursuit son projet, entrepris en 1908, de visiter des régions autochtones, souvent dans des endroits isolés, et d'y peindre les villages, les maisons et les totems en voie de disparition. Dès 1913, elle a produit une quantité impressionnante de peintures sur le thème amérindien mais, incapable de vivre des revenus de son art, elle fait construire un petit immeuble résidentiel à Victoria qu'elle s'emploie à administrer pendant 15 déprimantes années.

La période où son œuvre acquiert la maturité et l'originalité qui ont fait sa réputation commence lorsque Carr, à l'âge de 57 ans, est stimulée par un voyage dans l'Est du Canada, à l'occasion d'une exposition nationale à laquelle elle participe, et où elle rencontre Lawren HARRIS ainsi que d'autres membres du GROUPE DES SEPT. Leurs œuvres, leur amitié et leurs encouragements raniment son ambition et apportent à son œuvre une nouvelle orientation. À partir de 1928, à force de critiques positives, d'expositions autres que régionales et de quelques ventes, elle commence à se sentir moins négligée et moins isolée du milieu artistique. Mais elle ne connaît de son vivant qu'un très modeste succès matériel. Après 1932, les sujets autochtones font place aux thèmes de la nature, et ses peintures deviennent moins organisées et expriment plus librement les grands rythmes des forêts, des plages et des ciels de l'Ouest canadien.

En 1937, une grave crise cardiaque annonce le début d'une santé défaillante, et elle commence à consacrer plus de temps à l'écriture, une activité qu'elle a commencée durant les années 20. En 1941, elle publie KLEE WYCK qui lui vaut la Médaille du Gouverneur général. *The Book of Small* paraît en 1942, sa dernière année de production importante, et *The House of All Sorts* est publié en 1944. *Growing Pains*, *The Heart of a Peacock*, *Pause*, et *Hundreds and Thousands*, ses journaux, ont été publiés après sa mort.

Doris Shadbolt

Carrey, James, «Jim», acteur (Newmarket, Ont., 17 janv. 1962). Carrey est le plus spectaculaire des acteurs comiques canadiens qui sont allés à Hollywood et y ont réussi. Il a su marquer de sa griffe le film comique américain des années 90. La manière presque effrayante d'aborder un rôle, l'incroyable élasticité d'un visage qui semble en caoutchouc et son appétit illimité pour l'excès dépassent de loin ses prédécesseurs. Il incarne des personnages qui ne connaissent que les extrêmes, oscillant frénétiquement entre l'orgueil le plus absolu et l'avilissement le plus total, la mégalomanie la plus sadique et l'abjection la plus masochiste.

On le compare à Jerry Lewis pour sa volonté, voire son ardeur, à se mettre dans des situations embarrassantes et à y mettre les autres afin de faire plonger l'amour-propre du personnage dans une crise maniaco-dépressive qui prend l'allure d'une hyperactivité hilarante. Le comique des situations est amplifié par le fait que les crises infantiles quasiment incontrôlées des personnages incarnés par Carrey sont jouées par un acteur grand et musclé, au physique de héros. Le spectateur peut facilement oublier cet aspect de Carey tant ce dernier recherche le grotesque. Ses dons pour les contorsions et les grimaces (ce qui en fait un acteur très contemporain) l'ont amené à jouer dans des films d'action usant d'effets spéciaux et de mises en scène fantastiques. Sa tendance naturelle à l'excès peut être mise en valeur par l'animation, les acrobaties et d'autres effets spéciaux, *The Mask* (v.f. *Le Masque*, 1994) en est le meilleur exemple.

Carey décroche de l'école secondaire pour aider sa famille qui connaît des difficultés financières. Encore adolescent, il transforme sa fascination d'enfant pour la scène en réalité en devenant humoriste au Yuk Yuk de Toronto. En 1981, à l'âge de 19 ans, il s'installe à Los Angeles, où il travaille comme artiste comique au Comedy Store, dans des séries télévisées (*The Duck Factory*, 1984), et joue de petits rôles dans des films. En 1994, sa carrière décolle avec trois premiers rôles dans des films à succès: *The Mask*, *Dumb and Dumber* (v.f. *La cloche et l'idiot*), et *Ace Ventura: Pet Detective* (v.f. *Ace Ventura mène l'enquête*). L'année suivante, on le retrouve dans *Batman Forever* (v.f. *Batman à jamais*) et *Ace Ventura: When Nature Calls* (v.f. *Ace Ventura: l'appel de la nature*). Son ascension est si brutale et si remarquable qu'en l'espace d'un mois, en 1995, il fait la couverture de *Newsweek* et de *Rolling Stone*. En 1996, il touche la somme faramineuse de 20 millions de dollars pour interpréter le rôle principal dans *The Cable Guy* (v.f. *Le Gars du câble*), qui malheureusement ne connaît pas le succès attendu et que la critique juge trop noir pour être drôle. En 1997, il poursuit sur sa lancée avec *Liar, Liar* (v.f. *Menteur, Menteur*) et, en 1998, avec *The Truman Show* (v.f. *Le Show Truman*) ne cessant de s'affirmer comme une des plus grandes stars de Hollywood.

William Beard

Carrier, Roch, auteur (Beauce, Qc, 1937). Il obtient en 1964 un prix de littérature du Québec avec *Jolis deuils* (1964), une série de contes fantastiques qui est adaptée pour le Théâtre sans fil, et gagne le Grand Prix du XVIIᵉ festival international de marionnettes de Zagreb. Son roman LA GUERRE, YES SIR! (1968) établit sa réputation au Québec et à l'étranger. *Floralie où es-tu?* (1969) et *Il est par là, le soleil* (1970) reprennent quelques-uns des personnages de *La guerre* et approfondissent des thèmes similaires: la guerre, la répression sexuelle, l'exploitation des petits, la méfiance des Canadiens français pour les

Anglais, l'emprise de la religion sur les Canadiens français, l'incommunicabilité entre les deux ethnies. Cette trilogie intitulée «Chronique de l'âge sombre» apparaît comme une recherche du sens à la vie et à la mort, quête constante dans l'écriture du romancier. Il complète celle-ci par *Le jardin des délices* (1975), *Il n'y a plus de pays sans grand-père* (1977), *Les enfants du bonhomme dans la lune* (1979), *Un chameau en Jordanie*, récit (1988), *L'homme dans le placard* (1991), *Une chaise* (1999).

Il écrit également des contes et des nouvelles pour les enfants (*Prières pour un enfant très très sage*, 1988; *La fleur et autres personnages*, 1985; *Enfants de la planète*, 1989; *Petit homme tornade*, 1996) et les adolescents (*Le canot dans les nuages*, 1991; *Prières d'un adolescent très très sage*, 1996), dont plusieurs sont devenus des classiques (*La dame qui avait des chaînes aux chevilles*, 1981). Auteur de scénarios pour le théâtre – l'inoubliable *Céleste bicyclette*, interprétée par Albert Millaire, 1980 – il a également donné une immense fresque, *De l'amour dans la ferraille* (1984). Tous ces ouvrages portent un témoignage éloquent de l'imagination fertile de leur auteur et d'un désir de raffiner ses techniques, de développer ses thèmes et d'approfondir son regard sur la réalité. Infatigable globe-trotter, il s'est mis en scène dans *L'ours et le kangourou* (1986), où il n'a jamais autant révélé de lui-même. Directeur de la Bibliothèque nationale du Canada, Il est responsable, depuis 1988, de la plus importante collection de livres de poche du pays: «Québec 10/10» (éd. Stanké).

Carrières, exploitation des L'extraction commerciale de pierre naturelle est une industrie importante dans la majorité des provinces. En 1994, la valeur totale de la pierre extraite des carrières atteint presque 626 millions de dollars, soit une production totale de plus de 109 millions de tonnes. La pierre est extraite d'une vaste excavation ou d'un puits à ciel ouvert par la technique la mieux adaptée au gisement: coupe, creusage ou dynamitage. La pierre extraite des carrières est manipulée au moyen de l'équipement mécanique approprié comme des draglines, des chargeurs, des convoyeurs, des chariots élévateurs à fourches et des camions. Les entreprises qui possèdent et exploitent les carrières sont souvent liées à l'INDUSTRIE DE LA CONSTRUCTION.

Au Canada, les principaux types de pierres extraites sont le CALCAIRE, le granit, le grès et le marbre. Le calcaire représente 79 p. 100 du volume total de la production et 71 p. 100 de sa valeur. Le granit représente approximativement 15 p. 100 de son volume annuel total et 20 p. 100 de sa valeur. En comparaison, la production de marbre et de grès reste relativement faible. Les carrières de calcaire sont largement réparties au Canada, et l'économie commande que celles situées près des grands marchés deviennent les plus grands producteurs. Plus de la moitié du volume annuel provient de l'Ontario, plus d'un tiers du Québec et le reste principalement de Colombie-Britannique et du Manitoba.

Près des deux tiers du volume total de la pierre extraite sont concassés et utilisés dans l'industrie de la construction comme agrégats de béton et d'asphalte, comme matériau d'infrastructure dans la construction de route, comme blocaille et support de remblai, comme ballast de voie ferrée, comme granulés à toiture et comme gravillons dans le stuc et la mosaïque. D'autres industries consomment environ 36 p. 100 de la production annuelle des carrières. L'INDUSTRIE CHIMIQUE utilise le calcaire concassé pour neutraliser les acides, pour extraire l'oxyde d'aluminium de la bauxite, pour fabriquer du bicarbonate de soude, du carbure de calcium, du nitrate de calcium et du gaz carbonique, ainsi que dans la fabrication de produits pharmaceutiques (*voir* INDUSTRIE PHARMACEUTIQUE), de colorants, de rayonne, de papier, de sucre et de VERRE, et dans le TRAITEMENT DE L'EAU.

En MÉTALLURGIE, on emploie le calcaire comme fondant pour nettoyer les impuretés du métal en fusion. Le calcaire pulvérisé est employé couramment comme matière de charge et allonge pour le CIMENT et comme agent de blanchiment de la CÉRAMIQUE, du PLASTIQUE, des revêtements de sol, des insecticides, du papier, de la pâte de bois, de la peinture et d'autres produits. Il est également utilisé pour la fabrication d'engrais et d'autres applications en agriculture. Près de 3 p. 100 de toute la pierre extraite des carrières canadiennes sert de pierre de taille ou pierre ornementale dans la construction. Les granits du Québec et les calcaires de l'Ontario, du Québec et du Manitoba sont les pierres les plus recherchées. La plus réputée parmi ces dernières est probablement la pierre de Tyndall au Manitoba, un beau calcaire dolomitique marbré, extrait près de Winnipeg.

En 1995, la valeur des pierres exportées par le Canada dépasse 145 millions de dollars et le total de ses importations représente environ 144 millions de dollars. L'industrie de l'extraction de pierre dépend directement de l'industrie de la construction et en subit les contrecoups. De plus, des contrôles plus sévères en matière d'environnement pourraient limiter ou même fermer de nombreuses carrières, particulièrement à proximité des grands centres urbains, dont la population attache beaucoup d'importance aux facteurs poussière et bruit et pourrait exiger la récupération de carrières autrefois exploitées.

I.B. Bickell

Carse, Margaret Ruth Pringle, danseuse, chorégraphe, professeure et administratrice (Edmonton, Alb., 7 déc. 1916). Carse est une pionnière de la danse professionnelle dans l'Ouest canadien. En fondant l'ALBERTA BALLET COMPANY et l'école qui lui est associée, elle crée une structure organisationnelle qui favorise la danse dans sa région. Enfant, Carse étudie la danse écossaise. Par la suite, elle étudie le ballet et fait partie du Boris VOLKOFF'S Canadian Ballet de Toronto et du Ballet national du Canada avant de danser avec le corps de ballet du Radio City Music Hall de New York. En 1954, une blessure l'oblige à cesser de danser et elle se reconvertit dans l'enseignement avec Gweneth LLOYD.

Elle retourne à Edmonton où elle enseigne et réalise la chorégraphie de comédies musicales et d'opéras présentés dans la région. Elle met aussi sur pied une petite troupe amateur, Dance Interlude, rebaptisée Edmonton Ballet en 1960, puis Alberta Ballet Company en 1971. La même année (1971), Carse fonde l'Alberta Ballet School. En 1974, elle démissionne de son poste de directrice artistique de l'Alberta Ballet, mais reste directrice de l'Alberta Ballet School jusqu'en 1983. Aujourd'hui, elle est administratrice de l'Alberta Ballet School d'Edmonton.

La bibliothèque de l'école porte son nom, Ruth Carse Library, et détient ses papiers personnels et ses documents portant sur l'histoire du ballet en Alberta. Carse a été la chorégraphe de plus de 50 œuvres dans des domaines très variés: télévision, opéra, comédie musicale et ballet. Elle a reçu bon nombre de titres honorifiques et de récompenses parmi lesquels l'Ordre du Canada (1992) et le prix Danse au Canada (1989).

Michael Crabb

Carte de crédit Carte autorisant son titulaire à faire des achats à crédit. Les cartes de crédit sont émises par les établissements financiers et d'autres entreprises non financières comme les grands magasins, les compagnies d'essence. À la différence des cartes émises par les institutions financières, les cartes émises par une entreprise non financière sont acceptées uniquement par cette dernière. En général, la facturation est mensuelle et un délai de grâce sans intérêt d'environ 30 jours est accordé si le solde dû est réglé en entier à la date d'échéance fixée. On peut faire des retraits d'argent comptant avec des cartes émises par les établissements financiers et certaines autres cartes, moyennant des frais d'intérêt imputés à partir de la date du retrait. Les banques et les compagnies émettrices de cartes de crédit facturent aux entreprises un certain pourcentage de la facture comme frais d'administration et facturent parfois des droits fixes annuels aux titulaires de cartes.

Il existe trois cartes principales émises par les établissements financiers: MasterCard, Visa et American Express. En 1996, 30,2 millions de cartes MasterCard et Visa émises par 17 établissements financiers au Canada étaient en circulation, en plus des cartes American Express et des cartes émises par des entreprises non financières. Les soldes impayés de ces cartes représentent 14 p. 100 du crédit à la consommation et 4 p. 100 du total du crédit des ménages. Certaines cartes de crédit sont affiliées à d'autres entreprises pour en tirer des avantages réciproques, ce qui profite autant au titulaire de la carte qu'aux œuvres de bienfaisance à qui on fait des dons.

Il est à prévoir que le nombre de cartes de crédit et leur utilisation connaîtront de profonds changements à mesure que les consommateurs se serviront de plus en plus de leurs cartes de débit et de leurs cartes à puce. Les cartes de débit déduisent immédiatement le montant de l'achat du compte de dépôt du consommateur, qui ne bénéficie ainsi d'aucun crédit. Les cartes à puce sont des cartes qui équivalent à du comptant. Le titulaire approvisionne la carte d'une certaine valeur au comptant en débitant son compte de dépôt. Le montant de l'achat est déduit de la carte au point de vente. Ces cartes relativement nouvelles ne sont pas encore très répandues.

Henri-Paul Rousseau

Carter, sir Frederick Bowker Terrington, politicien, juge et premier ministre de Terre-Neuve de 1865 à 1878 (St. John's, T.-N., 12 fév. 1819—*id.*, 1er mars 1900). Né au sein de l'une des familles les plus distinguées de Terre-Neuve, il étudie à St-John's et à Londres, en Angleterre. Il est admis au barreau de Terre-Neuve en 1842 et élu à l'Assemblée législative en tant que conservateur en 1855. L'un des conseillers les plus précieux du chef du parti Hugh HOYLES, il devient président de l'Assemblée lorsque les conservateurs remportent les élections en 1861. Représentant de Terre-Neuve à la Conférence de Québec en 1864, il revient chez lui en tant que fédéraliste convaincu. Il devient premier ministre lorsque Hoyles prend sa retraite en 1865. Son gouvernement est le premier à comprendre protestants et catholiques, ce qui diminue considérablement les tensions sectaires qui affligent alors Terre-Neuve. En 1869, le gouvernement Carter fait campagne promettant l'entrée de Terre-Neuve dans la CONFÉDÉRATION canadienne, mais essuie une cuisante défaite. Bien qu'il devienne de nouveau premier ministre en 1874, Carter ne soulève plus la question controversée de la Confédération. Il prend sa retraite en 1878, alors qu'il est toujours premier ministre, et est nommé à la Cour suprême de Terre-Neuve. Il est ensuite nommé juge en chef en 1880.

Geoff Budden

Carter, Wilfred Arthur Charles, «Wilf», chanteur, compositeur (Port Hilford, N.-É., 18 déc. 1904). Dans les années 20, il quitte les Maritimes pour finir par s'établir en Alberta, où il devient cow-boy et artiste à temps partiel. En 1930, il fait ses débuts à la radio de Calgary. Quelques années plus tard, à Montréal, il enregistre pour RCA Victor *My Swiss Moonlight Lullaby* et *The Capture of Albert Johnson*, qui deviennent des succès. Sa célébrité grandit grâce à d'autres enregistrements et à des émissions de radio pour Radio-Canada, CBS et NBC aux États-Unis, où il est connu sous un nom de scène, Montana Slim. En 1940, il est grièvement blessé dans un accident de voiture et, même s'il peut encore enregistrer, il ne remonte sur scène qu'en 1949.

Les tournées de Carter sont très prisées au Canada au cours des années 50. En 1961, Carter publie son autobiographie intitulée *The Yodelling Cowboy, Montana Slim from Nova Scotia by Wilf Carter Himself*. Dans les années 80, il continue à se produire en spectacle, à composer des chansons et à endisquer pour RCA. En 1983, la maison de disques lance un album-souvenir de deux disques pour souligner les 50 ans de vie artistique de celui qu'on considère comme l'un des pères de la MUSIQUE COUNTRY ET WESTERN au Canada. Bon nombre de ses enregistrements sont offerts en disque compact. Il est admis au Juno Hall of Fame en 1985, au Canadian Music Hall of Honour en 1984 et au Canadian Country Music Hall of Fame en 1989. En 1991, il fait une tournée d'adieu dans tout le Canada.

Richard Green

Cartier, Jacques, navigateur (Saint-Malo, France, entre le 7 juin et le 23 déc. 1491—*id.*, 1er sept. 1557). Il dirige trois voyages d'exploration dans la région du Saint-Laurent en 1534, 1535-1536 et 1541-1542. On lui attribue habituellement la découverte du Canada, désignant par là la mince région du Québec à laquelle il donne le nom de Canada durant son expédition de 1535. Il est le premier explorateur du golfe du Saint-Laurent et certainement le premier à tracer la cartographie du FLEUVE SAINT-LAURENT, dont la découverte, en 1535, a permis à la France d'occuper l'arrière-pays de l'Amérique du Nord. D'après les notes des carnets de voyage qu'on lui attribue, il semble que la carrière de Cartier ait commencé avec des expéditions au Brésil. Il a probablement accompagné Giovanni da VERRAZZANO en Amérique en 1524 et en 1528, et est certainement venu à Terre-Neuve avant 1534, puisque la destination déclarée de son premier voyage officiel est la «baie des Châteaux» (détroit de Belle-Isle), et qu'il s'y est rendu directement comme si l'endroit lui était familier.

Mandaté par François Ier pour chercher de l'or dans le Nouveau Monde et trouver un passage vers l'Asie, Cartier quitte Saint-Malo le 20 avril 1534 avec 2 navires et 61 hommes. Il atteint la côte de Terre-Neuve 20 jours plus tard. En quête d'une voie pour traverser le continent, il explore des régions déjà connues, attribuant ainsi librement des noms à la côte nord du golfe SAINT-LAURENT. Il navigue le long de la côte ouest de Terre-Neuve et atteint le détroit de Cabot. Le 26 juin, il atteint les îles de la Madeleine et le 29 juin, découvre l'Île-du-Prince-Édouard. Toujours en quête d'un passage, il entre dans la baie des Chaleurs et dans la baie de Gaspésie, où il établit des liens avec un groupe d'Iroquois qui y font la chasse aux phoques. Le 24 juillet, il érige une croix aux armoiries de la France. La signification est claire pour le chef Iroquois DONNACONA, qui élève des protestations, puis finit par céder et permet à Cartier de quitter la région avec deux de ses fils. Cartier fait voile en direction nord, vers l'île d'Anticosti (ratant ainsi l'estuaire du fleuve), puis vers Terre-Neuve. Enfin, le 15 août, il s'en retourne et arrive à Saint-Malo le 5 septembre 1534.

L'expédition de 1535, plus importante, comprend trois navires, la *Grande Hermine*, la *Petite Hermine* et l'*Émerillon*, et un équipage de 110 hommes. Cartier quitte Saint-Malo le 19 mai 1535 et atteint le Golfe après une pénible traversée de 50 jours. Le 13 août, dirigé par ses 2 guides indiens, il entre dans le fleuve appelé Rivière du Canada, rebaptisé Saint-Laurent au début des années 1600. Il remonte le fleuve jusqu'à STADACONA [Québec], qu'il atteint le 7 septembre.

À l'encontre des souhaits de Donnacona, Cartier part le 19 septembre explorer le fleuve plus en amont, et atteint HOCHELAGA [Montréal] le 2 octobre. De retour à Stadacona, il réalise que ses rapports avec les autochtones sont tendus. Les effets d'un hiver rigoureux sont tragiquement aggravés par le SCORBUT, qui fait 25 victimes parmi les Français. Le 6 mai 1536, il retourne en France après avoir capturé quelques Iroquois, dont Donnacona. Il arrive le 16 juillet. Les récits de Cartier, appuyés par Donnacona, font état d'un «Royaume du Saguenay» riche en or, ce qui mènera à un troisième voyage.

Cartier se prépare, mais le 15 janvier 1541, c'est Jean-François de la Rocque, sieur de ROBERVAL, et non Cartier qui reçoit l'ordre de prendre la tête de l'expédition pour coloniser le Saint-Laurent. Cartier prend la mer, le 23 mai, avec cinq navires et un équipage de près de 1500 hommes. Il arrive de nouveau à Stadacona le 23 août 1541, annonce la mort de Donnacona, et se dirige vers la partie ouest du Cap Diamant [Cap-Rouge]. Il fait un autre voyage à Hochelaga et se trouve une fois de plus en mauvais termes avec les habitants de Stadacona, qui gardent les Français en état de siège constant. Convaincu d'avoir trouvé des diamants et de l'or dans les rochers, Cartier s'installe en juin 1542. Il rencontre Roberval dans le port de St. John's, à Terre-Neuve. Ce dernier lui ordonne de retourner à Stadacona, mais Cartier disparaît à la faveur de la nuit et met le cap sur la France. L'or se révèle n'être que de la pyrite de fer, et les diamants, du quartz sans valeur. On ignore s'il fut réprimandé, mais plus aucune autre expédition à long terme ne lui fut confiée. Il se retire dans son domaine seigneurial à Limoilou et meurt à l'âge de 66 ans. Cartier mérite de figurer parmi les grands explorateurs du XVIe siècle. Il a découvert l'un des plus grands fleuves au monde, un fleuve qui sera appelé à devenir l'axe du pouvoir français en Amérique du Nord.

Marcel Trudel

Cartier, sir George-Étienne, avocat, promoteur de chemins de fer, politicien et premier ministre de la Province du Canada (Saint-Antoine, Bas-Canada, 6 sept. 1814—Londres, Angl., 20 mai 1873). Issu d'une riche famille de meuniers et d'exportateurs de grains, vraisemblablement un descendant de Jacques CARTIER, il est un des PÈRES DE LA CONFÉDÉRATION et domine la scène politique québécoise pendant toute une génération. Diplômé du Collège sulpicien de Montréal et admis au barreau en 1835, Cartier se joint aux radicaux FILS DE LA LIBERTÉ. Il compose l'hymne patriotique «Ô Canada, mon pays, mes amours», qui sert peut-être de modèle pour l'hymne national actuel et, en 1843, devient secrétaire de la SOCIÉTÉ SAINT-JEAN-BAPTISTE, nouvellement réorganisée.

En 1837, à Saint-Denis, Cartier se bat bravement aux côtés de Wolfred Nelson et des autres rebelles qui vainquent les vétérans de Waterloo du colonel Charles Gore. Échappé de justesse, il s'exile au Vermont et demande la permission de revenir exercer le droit à Montréal en 1838. Spécialisé dans la promotion foncière et ferroviaire, Cartier est actif en politique et devient le bras droit et le directeur de campagne de Louis-Hippolyte LAFONTAINE. Une fois le gouvernement responsable en place, il accepte de se présenter comme libéral réformiste dans Verchères en 1848. Il déménage à Montréal Est en 1861 après la coalition avec les conservateurs du Haut-Canada et, en tant que chef des Bleus, il est copremier ministre avec John A. MACDONALD au parlement de l'Union de 1857 à 1858, et de 1858 à 1862. C'est à cette époque qu'il lance le mouvement qui mène à la CONFÉDÉRATION.

Cartier s'intéresse de près au développement du GRAND TRUNK RAILWAY, qu'il représente en tant qu'avocat. Après son élection, et en dépit de l'aide gouvernementale apportée à la ligne de chemin de fer dont il s'occupe, il préside le comité du Parlement chargé des chemins de fer. Cartier est le principal défenseur du projet du CP et son objectif est de faire de Montréal le terminus d'un vaste réseau commercial continental. En 1872, des promoteurs de chemins de fer rivaux participent financièrement à sa défaite à Montréal, où il est battu par Louis-Amable Jetté, de l'éphémère Parti national. En avril 1873, ils orchestrent la publication des télégrammes portant sur le financement des élections, geste qui donne lieu à ce qu'on appellera le SCANDALE DU PACIFIQUE. Cartier, qui dans ses messages avait promis à sir Hugh ALLAN le contrat de construction du chemin de fer, est déjà atteint mortellement de la maladie de Bright. Il se rend à Londres pour se faire soigner et meurt peu de temps après. Le projet du CP est mis en veilleuse pendant presque dix ans.

Cartier, entre autres réalisations, s'est assuré qu'Ottawa soit choisie pour devenir la capitale nationale et a su rallier les Canadiens français à la cause de la Confédération en démontrant qu'elle rendait possible le rétablissement de l'ancienne province du Québec. Il a aussi négocié à Londres le transfert au Dominion de la TERRE DE RUPERT, qui appartenait à la Compagnie de la baie d'Hudson. En tant que premier ministre intérimaire pendant la maladie de Macdonald, et après des rencontres avec des membres des délégations provinciales, il joue un rôle de premier plan dans la rédaction des actes du Manitoba et de la Colombie-Britannique. Il a vraisemblablement rencontré RIEL, qui l'idolâtrait et, une fois l'Acte du Manitoba adopté, a envoyé plusieurs de ses hommes, soigneusement choisis, afin d'administrer la nouvelle province. Ancien rebelle à la Couronne, ce grand patriote est devenu le premier ministre canadien de la milice et de la défense.

Alastair Sweeny

Cartographie, histoire de la La cartographie est l'art, la science et la technique qui consiste à établir des cartes, des plans, des tracés et des globes représentant la Terre ou tout autre corps céleste à diverses échelles. Depuis des millénaires, les documents cartographiques sont un moyen de communication pour différentes cultures. La carte la plus ancienne, exécutée en 2300 av. J.-C. sur une tablette d'argile a été découverte au Moyen-Orient. Des siècles av. J.-C., des philosophes et des mathématiciens grecs comme Pythagore et Aristote avancent le concept que la Terre est sphérique. Ératosthène (v. 276-196 av. J.-C.) calcule assez précisément la circonférence de la Terre.

Au IIe s., Ptolémée compile et systématise les connaissances géographiques de l'époque et favorise l'étude scientifique de la géographie. Ainsi, il propose d'établir les cartes à l'échelle, une pratique peu courante à l'époque, d'ajouter aux cartes du monde par une série de cartes régionales à une échelle appropriée et d'y inclure des coordonnées.

Les travaux de Ptolémée restent méconnus jusqu'au début du XVe s. Au cours de la Renaissance, un intérêt avide pour l'Antiquité fait connaître ses travaux. Ses écrits, traduits du grec byzantin, sont copiés à la main et publiés. Dans l'édition de 1507-1508 de *Geographia*, on trouve une carte représentant une partie de l'est du Canada. Au siècle suivant, ses atlas deviennent un important instrument de diffusion des connaissances géographiques du Canada.

Au cours des siècles subséquents, la carte du Canada se précise grâce à l'amélioration des techniques cartographiques et à l'EXPLORATION du littoral et de l'intérieur. Le développement des instruments et des techniques modifie la nature des données recueillies et des cartes.

Au XVIe s., les cartes sont approximatives et conjecturales. Celles du régime français se précisent dans les régions mieux connues. Après 1800, l'utilisation répandue du sextant et des nouvelles techniques astronomiques qui déterminent la longitude, p. ex., en utilisant le chronomètre marin, comble les plus importantes lacunes. Au XXe s., les techniques cartographiques se perfectionnent davantage au Canada.

Edward H. Dahl

La cartographie chez les autochtones

La cartographie est un art largement répandu chez les autochtones du Canada, même si l'histoire reste silencieuse à cet égard. Les cartes nautiques sont les plus répandues: les cueilleurs et les chasseurs doivent s'y fier lorsqu'ils parcourent les immensités sauvages. Les cartes servent à faciliter le commerce et la guerre sur de longues distances. Les cartes militaires sont surtout utilisées par les Indiens des Prai-

ries qui se déplacent à cheval. Leurs expéditions guerrières les mènent parfois en territoires inconnus.

Les cartes nautiques des autochtones sont généralement tracées sur le sol ou sur la neige. Les cartes sont mémorisées et appuyées de descriptions orales. Contrairement aux cartes utilisées par les Européens, elles sont éphémères et obligent le voyageur à se fier entièrement à sa mémoire, ce que les autochtones apprennent à faire dès l'enfance.

Si la carte est tracée sur une peau ou sur l'écorce, l'espace n'est pas absolument tout utilisé. On ne détaille qu'au besoin. Sur la plupart des cartes, les lacs, les rivières et le littoral sont représentés avec exactitude. À cet égard, les formes diffèrent peu des cartes modernes. L'échelle par contre est souvent établie en fonction de la durée du voyage et varie selon les facteurs modifiant le temps de voyage. L'échelle est modifiée pour exagérer ou préciser certaines particularités importantes de la navigation.

Bien que les Européens trouvent ces cartes simplistes et souvent confuses, elles conviennent parfaitement au premier objectif de la plupart des cartographes autochtones: faire ressortir les points de repère et indiquer certains éléments tels que les rapides et les portages afin de faciliter les voyages.

Les autochtones utilisent aussi les cartes comme moyen de communication et comme répertoire de la vie culturelle et des traditions. Ainsi, SHAWNANDITHIT établit une série de cartes pour illustrer l'histoire de sa bande, les BÉOTUKS, pendant les années qui précédent son extinction. Les cartes relatent également les événements historiques comme les batailles. Les OJIBWÉS dressent des cartes pour y inscrire leurs migrations et les événements sacrés de leur histoire.

Associées aux pictogrammes (*voir* PICTOGRAMMES ET PÉTROGLYPHES), les cartes sont utilisées pour la communication ordinaire, surtout sous forme d'avis sur les directions et les voyages, et servent de missives que l'on pourrait appeler «lettres-cartes». Grâce à ces moyens, les autochtones se transmettent des renseignements géographiques essentiels qui facilitent plus tard la tâche des explorateurs, des commerçants et des missionnaires, de l'Atlantique au Pacifique et jusqu'à l'Arctique.

D.W. Moodie

La cartographie et les premiers explorateurs

Au XVIe s., la plupart des cartes se rapportant au Canada sont manuscrites, souvent sans date et anonymes, dressées par des cartographes européens plutôt que par des explorateurs. Puisque les cartographes travaillent avec une documentation limitée, les cartes sont parfois un curieux mélange de données anciennes et récentes tirées de sources non identifiées. L'étude des premières cartes du Canada fait donc face à des incertitudes.

Jusqu'en 1974, on pense que la carte connue sous le nom de «carte du Vinland», acquise par l'Université Yale environ 10 ans auparavant et représentant la côte nord-est de l'Amérique du Nord, est la plus ancienne représentation cartographique du Canada. Aujourd'hui, on croit que cette carte est un faux.

Les plus anciennes cartes du Canada datent de 1502 à 1506. La côte de Terre-Neuve y est représentée comme une île dans l'Atlantique Nord. Les terres entre le Groenland et les Antilles sont inconnues des Européens. Les anciens tracés les mieux exécutés sont ceux des cartes «Cantino», «Canerio», «King-Hamy» (bibliothèque Huntington, San Marino, Californie), «Oliveriana» (Pesaro, Italie) et «Kunstmann II».

La plus ancienne est probablement la carte «Cantino» (v. 1502) qui semble avoir été réalisée lors des voyages de Gaspar CORTE-REAL (1500-1501). Apparemment, il ne reste aucune carte du voyage de Jean CABOT (1497).

Certains érudits voient dans la carte La Cosa (1500) une mauvaise copie de la carte de Cabot.

D'autres font remarquer qu'elle contient des renseignements recueillis à partir de 1508. De toutes façons, l'identité des données géographiques de cette carte, de l'Est du Canada selon certains, ne fait pas l'unanimité.

Les premières cartes imprimées qui représente des parties du Nouveau Monde, comme celles de Contarini (1506) et de Ruysch (1507-1508), montrent la côte est de Terre-Neuve et le Groenland comme le prolongement de l'Asie. À l'époque, on supposait que le Groenland et Terre-Neuve étaient reliés (Corte-Real) et faisaient partie de l'Asie (Cabot).

En 1507, une carte exécutée par Waldseemüller sépare pour la première fois le Nouveau Monde de l'Asie, concept qui se répand la décennie suivante.

Dans les années 1520, les côtes est et sud de Terre-Neuve ainsi que la côte est de la Nouvelle-Écosse sont mieux connues. Les cartes de cette époque représentent les détails géographiques avec plus de précision que celles des 20 années précédentes. Des cartes plus élaborées, «Miller I» (v. 1516-1522), Pedro Reinel (1516-1520) et «Weimar» (1527), attribuée à Diogo Ribeiro, laissent supposer l'existence de passages au sud et au nord de Terre-Neuve. En effet, plus tard, les détroits de Cabot et de Belle-Isle sont explorés par Jacques CARTIER.

Quelques-uns des détails de ces cartes semblent être basés sur les explorations de Joao Alvares FAGUNDES (v. 1519-1526). Les premières cartes représentant toute la côte, de la Floride à Terre-Neuve, se fondent sur les explorations d'Esteban Gomez (1525) et de Giovanni da VERRAZZANO (1524).

Gomez fait allusion à une ouverture à l'endroit de la baie de Fundy, mais toutes les cartes de l'époque représentent une côte ininterrompue. Des cartes ultérieures, comme celles de Santa Cruz (1542), de Lopo Homem (1554) et de Diogo Homem (l558), dressées à partir de données recueillies dans les années 1520, révèlent que Gomez croyait que la Nouvelle-Écosse était une île. Certains Portugais, pour leur part, connaissent plus ou moins sa véritable configuration.

Après les explorations de Cartier (1534-1542), toutes les cartes du Canada font l'objet d'une révision. Aucune des cartes de Cartier ne subsiste. Les cartes qu'on croit ressembler le plus aux originales sont la carte de John Rotz (1542), une représentation des résultats du premier voyage de Cartier (1534), la carte de Desceliers (1546) et la carte du monde de Harlenne (v. 1547). Les deux dernières représentent les explorations de Cartier jusqu'en 1536. L'apport exceptionnel de ces cartes est l'ajout du Saint-Laurent et de son golfe à l'Amérique du Nord.

Un deuxième groupe de cartes, d'après des cartes françaises et portugaises, représente le Saint-Laurent, Terre-Neuve et la Nouvelle-Écosse de façon plus réaliste. Le meilleur exemple est celle de Vallard (1547). Bien que peu de cartes datant de cette époque soient considérées, il y en a quand même une qui ait de l'importance. Il s'agit de la célèbre carte du monde de Gérard Mercator (1569) où il utilise le système de projection qui porte son nom.

La cartographie de l'Arctique date du premier voyage de Martin FROBISHER (1576), bien que la pointe sud du Groenland soit représentée sur les cartes depuis 1502. La carte que dresse Frobisher de la baie qui porte son nom au sud-est de l'île de Baffin existe encore. Mais comme ses explorations ne sont pas effectuées en tenant compte du reste de l'Amérique du Nord, les cartographes ne savaient pas où situer sa carte.

Sur les cartes de George Best (1578) et de Michael Lok (1582), la baie de Frobisher apparaît comme un PASSAGE DU NORD-OUEST traversant l'Amérique du Nord. Par la suite, se rapportant aux cartes plus précises résultant des voyages de John DAVIS (1585-1587), les cartographes déplacent le «détroit» de Frobisher à la pointe sud du Groenland, où il reste pendant presque tout le XVIIe siècle. Seuls quelques cartographes essaient d'établir un lien entre les découvertes du nord et celles du Saint-

Laurent et de la côte est. La tentative la plus fructueuse reste probablement la carte du monde dressée par Edward Wright imprimée en 1599.

C.E. Heidenreich

La cartographie jusqu'en 1763

La cartographie scientifique débute en 1603, avec Samuel de CHAMPLAIN. En 1613, il publie à partir de ses explorations et de celles d'Henry HUDSON, la première carte moderne de l'Est du Canada. En 1616, il a déjà exploré et dressé la carte de régions allant aussi loin vers l'ouest que la baie Georgienne. Pour les autres régions, il utilise les cartes des autochtones et leurs récits. Ses observations sont réalisées grâce à la boussole, à des mesures de la latitude et à l'estimation des distances. Outre ses 6 cartes à petite échelle, celle de 1632 étant la plus complète, Champlain dresse 23 cartes à grande échelle et des plans illustrés de lieux situés entre Cape Cod et Montréal.

De la mort de Champlain en 1635 jusqu'aux années 1670, de tous les explorateurs, ce sont les missionnaires JÉSUITES qui fournissent le plus de renseignements géographiques aux cartographes européens. En 1649, ils ont déjà exploré l'Est des Grands Lacs. Les cartes imprimées du père Sanson (1650, 1656) et des pères Bressani (1657) et Du Creux (1660) ont résisté au temps. C'est sur ces cartes qu'on reconnaît pour la première fois les Grands Lacs.

Des levés cartographiques effectués par les jésuites Allouez et Dablon (1672) mènent à la première carte réaliste du lac Supérieur et du nord du lac Michigan. Le père MARQUETTE et Louis JOLLIET (1673) tracent pour la première fois le cours du Mississippi. Le père Raffeix et d'autres réalisent une série de cartes du pays iroquois situé au nord de l'État de New York.

Une des rares cartes de l'époque à n'être pas exécutée par les jésuites est celle du sulpicien Galinée qui s'illustre par des détails d'un voyage entrepris avec François DOLLIER (1670) de Montréal à Sault Sainte-Marie, en passant par les Grands Lacs inférieurs. Les méthodes d'observations nécessaires à l'élaboration de toutes ces cartes sont les mêmes que celles utilisées par Champlain. En 1632, les jésuites commencent à observer puis à chronométrer les éclipses de lune pour déterminer les longitudes à l'ouest de Paris et de Rome.

De 1670 à la fin du siècle, la cartographie du Canada est surtout associée à Jolliet et à Jean-Baptiste-Louis FRANQUELIN, le dessinateur le plus doué. Hydrographe du roi à Québec de 1686 à 1697 et de 1701 à 1703, il enseigne l'hydrographie et tient à jour les cartes de la NOUVELLE-FRANCE.

Les cartes manuscrites d'explorateurs comme LA SALLE, Jolliet et d'ingénieurs topographes militaires sont compilées, expédiées en France et mises à la disposition des cartographes professionnels. Les cartographes en chef de la cour de France comme Vincenzo Coronelli et Guillaume Delisle établissent en partie leurs cartes sur les données fournies par Franquelin.

Les cartes de Coronelli (1688-1689) et de Delisle (1703) résument le mieux la cartographie au Canada à la fin du XVIIᵉ siècle. La carte de Delisle est la première à comporter une grille moderne des longitudes, établie d'après les observations d'une éclipse de lune effectuée à Québec en 1685 par Jean Deshayes.

Au cours du XVIIᵉ siècle, la cartographie à grande échelle se limite évidemment à la vallée du Saint-Laurent. Les premiers plans cadastraux, qui indiquent les limites des propriétés, l'emplacement des bâtiments, etc., sont ceux de Jean Bourdon (1641) qui dresse également un plan de Québec (1660). La carte du Saint-Laurent est dressée par Jolliet et Franquelin (1685), puis améliorée par Jean Deshayes (1685-1686).

Les levés de Deshayes (1702) donnent naissance à une carte du fleuve qui sert de référence, mais d'autres plus précises sont effectuées plus tard par Testu de la Richardière (1730-1741), Gabriel Pellegrin (1734-1755) et d'autres cartographes. La production de plans cadastraux se poursuit au XVIIIᵉ siècle. L'un des plans les plus remarquables est celui de Jean-Baptiste Decouagne (1709). Les cartes et les plans sont tous produits par des arpenteurs et des ingénieurs militaires compétents qui utilisent les instruments et les méthodes d'arpentage les plus récents.

Au XVIIIᵉ siècle, les relations de plus en plus tendues entre la France et l'Angleterre accroissent l'activité des ingénieurs militaires français. L'ingénieur Gaspard-Joseph CHAUSSEGROS DE LÉRY et son fils, qui porte le même nom, relèvent avec assez d'exactitude le tracé des Grands Lacs inférieurs. Ils dressent aussi des cartes de Québec et des plus importantes fortifications, de LOUISBOURG jusqu'à Détroit.

Sur la côte est, un des premiers levés hydrographiques précis est effectué par Joseph Bernard de Chabert (1750-1751). En 1750, il construit à Louisbourg le premier observatoire du Canada, destiné aux observations astronomiques et au calcul des longitudes.

Tandis que les ingénieurs et les arpenteurs qualifiés dressent des cartes des postes stratégiques et des agglomérations de la Nouvelle-France, des amateurs dressent des cartes de l'intérieur sans autres instruments que la boussole. Les premières cartes de la région à l'ouest du lac Supérieur sont issues des résultats des expéditions de LA VÉRENDRYE après 1731. La carte du Nord du Québec est exécutée par un jésuite, le père Laure. Ces cartes représentent un réseau reconnaissable de lacs et de rivières.

Au XVIIIᵉ siècle, peu de cartes sont imprimées jusqu'à ce que Jacques-Nicolas Bellin devienne ingénieur en chef et géographe du dépôt des cartes, plans et journaux du MINISTÈRE DE LA MARINE française. En 1744, il publie 28 cartes dans l'*Histoire et le Journal* du père F.-X. CHARLEVOIX. Ce sont les premières cartes imprimées du Canada, dressées à partir de données récentes, depuis celles de Delisle réalisées 40 ans plus tôt.

Au cours des années suivantes, Bellin met régulièrement ses cartes à jour. Jean-Baptiste Bourguignon D'Anville, un autre grand cartographe, a, comme Bellin, accès aux documents originaux. Il produit une série d'excellentes cartes entre 1746 et 1755. Ces deux cartographes publient des brochures où ils expliquent la provenance de l'information et la fiabilité de leurs cartes.

Avant 1763, les premières cartes anglaises du Canada se limitent à l'Arctique et à la côte de la baie d'Hudson. La carte de la rive est de la baie et du détroit dressée par Hudson en 1612 est rapidement remplacée par celles de Thomas JAMES (1633) et de Luke FOX qui représentent toute la baie. John Thornton dresse une carte plus exacte pour la COMPAGNIE DE LA BAIE D'HUDSON (CBH) (1685).

La CBH ne fait plus faire de cartes jusqu'à ce qu'Arthur Dobbs critique l'insuccès des explorations de la compagnie. À partir de 1741, les expéditions de Christopher MIDDLETON (1743), John Wigate (1746) et Henry Ellis (1748) qui se rendent jusqu'à Repulse Bay, au nord, fournissent une excellente série de cartes.

En 1756, la GUERRE DE SEPT ANS interrompt l'activité cartographique en Nouvelle-France. La «Carte de l'Amérique septentrionale» (1755), de Bellin, est la dernière carte française de l'Amérique du Nord. Elle renferme les données les plus récentes sur le Canada avant la défaite des Français. Le Canada avait été cartographié assez grossièrement mais de façon reconnaissable, environ jusqu'à 102° O., au Manitoba actuel et le long de la côte ouest de la baie d'Hudson jusqu'au cercle polaire.

C.E. Heidenreich

Les cartes des explorateurs après 1763

Bien que la chute de Québec date de 1760, le TRAITÉ DE PARIS (1763) n'est signé qu'en février 1763. Pendant la trêve, l'armée anglaise du général James MURRAY effectue les premiers levés détaillés, d'un point en amont de Montréal jusqu'en aval de Québec. La «carte de Murray», dont on tire au moins 5 copies manuscrites, est dressée à l'échelle de 2000 pi au pouce (610 m à 2,54 cm ou 1:24 000) et comporte de nombreux renseignements d'ordre militaire comme la population des villages et l'emplacement des maisons, des églises et des moulins. Deux originaux de cette carte font partie de la Collection nationale des cartes à Ottawa.

Le vaste empire colonial de l'Angleterre en Amérique du Nord s'étend alors de l'Arctique au golfe du Mexique. D'immenses régions sont inconnues des Européens. Les cartes représentent une côte incomplète et un arrière-pays sommaire. Pour mettre en valeur ces ressources et développer le commerce, il faut de bonnes cartes des ports, des régions côtières et de l'intérieur.

Trois excellents topographes, Samuel HOLLAND et Joseph DESBARRES, officiers de l'armée, et James COOK, commandant d'un navire de la flotte britannique, servent l'armée britannique au Canada.

On leur confie le travail. Cook est chargé de la cartographie de l'île de Terre-Neuve et de la côte du Labrador; Holland, nommé topographe en chef du district nord de l'Amérique du Nord (toutes les possessions britanniques au nord du Potomac), la cartographie du golfe du Saint-Laurent (comprenant l'Île-du-Prince-Édouard, l'île du Cap-Breton et la côte de la Nouvelle-Angleterre); Desbarres est chargé de celle de la Nouvelle-Écosse qui, à l'époque, inclut l'actuel Nouveau-Brunswick.

Ils réalisent un grand nombre de cartes. La qualité des cartes de Cook lui assure une excellente réputation. L'ouvrage principal de Desbarres est *The Atlantic Neptune*, atlas maritime de la côte est de l'Amérique du Nord contenant des cartes à diverses échelles, des vues côtières, des tables des marées et des instructions nautiques. On lui permet de publier l'ouvrage sous son nom, bien que Holland et Cook y aient participé.

Quant à Holland, il publie surtout des cartes terrestres, en mettant évidemment à profit les levés exécutés par ses collègues. «Carte générale des colonies britanniques de l'Amérique du Nord» (60 mi au pouce; 96,6 km au 2,54 cm ou 1:3 801 500) de Holland est l'une des plus importantes de l'époque.

Entre-temps, des arpenteurs mesurent les propriétés pour établir des fermes. Ce travail prend de l'importance avec l'arrivée des LOYALISTES, en 1783. La colonisation de la Nouvelle-Écosse souffre de l'absence d'un mode d'attribution des terres. En revanche, dans la PROVINCE DE QUÉBEC 1763-1791 (qui comprend une grande partie du sud de l'Ontario actuel), l'installation des loyalistes se fait avec une efficacité militaire.

Le gouverneur général Frederick HALDIMAND et Holland conçoivent un système de townships (cantons) et de lots, permettant à chaque colon d'obtenir un lot mesuré, arpenté à peu de frais et borné. Il faut donc pour une carte de chaque canton représentant les lots et les principaux reliefs.

Au XIXᵉ siècle, apparaît un nouveau type de levés cartographiques égalant en importance les levés exécutés dans les cantons. C'est le levé hydrographique des Grands Lacs. Commencé par l'amirauté britannique, il est poursuivi par les hydrographes canadiens après 1884. Le travail commence en 1815 sous le commandement du capitaine William F. OWEN et est confié l'année suivante au lieutenant Henry BAYFIELD.

Durant les 40 années qui suivent, Bayfield supervise les travaux touchant les Grands Lacs, le Saint-Laurent et les côtes de la Nouvelle-Écosse. On lui doit des cartes d'excellente qualité.

Pendant tout le XIXᵉ siècle et au début du XXᵉ siècle, on produit des centaines de cartes de l'Est du Canada mais ce sont des compilations et des versions des données fournies par les cartes des cantons et par les cartes hydrographiques. S'il faut représenter un territoire plus vaste encore, des esquisses des géologues, des forestiers et des marchands de fourrures sont consultées.

Ces cartes dressées à la main ne remplacent pas les cartes topographiques, mais ce sont les seules cartes à moyenne et grande échelles que le Canada a les moyens de se procurer.

Les «cartes de comté» et les «atlas de comté» sont très populaires. Ils ne sont pas officiels, car les données sont fournies sans frais aux éditeurs privés qui ajoutent des renseignements d'ordre général. Ils indiquent les routes et les pistes ouvertes par les colons, de même que les magasins, les moulins, les quais, les églises et les maisons. L'échelle varie de 40 à 128 chaînes au pouce (804,67-2574,95 m aux 2,54 cm ou 1:31 680 à 1:101 376), selon la superficie du comté. Pour stimuler la vente, l'éditeur inscrit le nom du propriétaire sur chaque lot.

Les services gouvernementaux compilent également des cartes. Quand Holland meurt en 1801, Joseph Bouchette est nommé arpenteur général par intérim du Bas-Canada et arpenteur général en 1804. Il réalise deux cartes remarquables du Québec, l'une en 1815 à 2,66 mi au pouce (4,28 km aux 2,54 cm ou 1:168 530) et sa version révisée en 1831 à 2,8 mi au pouce (4,5 km aux 2,54 cm ou 1:177 400). La carte de la Nouvelle-Écosse dressée par William MacKay, à 6 mi au pouce (9,66 km aux 2,54 cm ou 1:380 150) et publiée en 1834 est un bel exemple de cartographie à moyenne échelle.

L'armée britannique produit des cartes militaires utiles aux marches d'entraînement et des plans de reconnaissance à plus grande échelle à partir des levés des cantons. Des détails comme la résistance des ponts et les possibilités de cantonnement des villages sont ajoutés. La «Carte de la province du Canada», à 6 milles au pouce (1:380 150) du colonel John Oldfield (1843) et la «Carte des principales voies de communications de l'ouest du Canada» (2 mi au pouce; 1:126 720), réalisée sous la direction du major George Baron de Rottenburg (1850), en sont de bons exemples.

Au cours des années 1850, Bayfield apporte une autre importante contribution : il entame, dans un certain nombre de villes de l'est du Canada, des observations de longitudes par télégraphe. Grâce aux lignes des compagnies commerciales de télégraphie, il échange des signaux horaires (voir HEURE) et peut déterminer avec précision le lieu géographique d'un observatoire ou d'un édifice public dans chacune des villes. Cette information est ensuite utilisée pour corriger les cartes des régions voisines.

Les régions intérieures de l'Ouest En 1760, peu de cartes représentent les régions à l'ouest des Grands Lacs. Des explorateurs de la Compagnie de la baie d'Hudson (CBH), Henry KELSEY, Anthony HENDAY et Samuel HEARNE sont envoyés en reconnaissance. La Vérendrye n'a pu explorer qu'une partie de l'immense territoire. Comme aucun ne peut faire d'observations astronomiques, ils dressent à main levée des cartes approximatives ou ne font que des descriptions de routes.

En 1778, la CBH engage Philip TURNOR, un topographe de terrain compétent. Il dresse la carte des voies fluviales qui traversent les vastes domaines de la compagnie et apprend à de jeunes topographes, comme David THOMPSON et Peter FIDLER, les techniques astronomiques pour déterminer les coordonnées d'un lieu et localiser les pistes en faisant figurer des détails entre ces points.

La CBH et la COMPAGNIE DU NORD-OUEST qui a aussi ses topographes se font concurrence. Peu après 1778, l'un d'eux, Peter POND, découvre une route praticable en canot, qui va des rivières des prairies de l'Ouest à l'Athabasca et au Mackenzie en

passant par la LIGNE DE CRÊTE (voir PORTAGE LA LOCHE [PORTAGE METHYE]). Sa carte (1785) aide des explorateurs comme Alexander MACKENZIE et John FRANKLIN à atteindre le centre de l'Arctique.

Les éditeurs de cartes de Londres font bon usage des renseignements provenant des territoires de traite. En étudiant leurs cartes, on voit se dessiner le Canada. La «Carte montrant toutes les nouvelles découvertes dans les régions intérieures de l'Amérique du Nord», publiée par Aaron Arrowsmith en 1795 et 19 fois mise à jour jusqu'après 1850, est remarquable.

En 1857, deux expéditions scientifiques, l'une canadienne, l'autre britannique, parcourent les Prairies. Le groupe anglais dirigé par le capitaine John PALLISER passe trois ans dans l'Ouest. Le groupe canadien, dirigé par Simon DAWSON et Henry HIND, s'attache au territoire qui sépare le lac Supérieur et la rivière Rouge. Les deux expéditions recueillent des données topographiques et géographiques qui figurent plus tard sur les cartes et dans les rapports. Elles sont d'une grande importance dans les négociations qui précèdent l'achat de la TERRE DE RUPERT.

La côte ouest En 1774, le capitaine Juan PÉREZ HERNÁNDEZ et ses hommes, à bord du navire espagnol *Santiago*, sont les premiers Européens à apercevoir la CÔTE DU NORD-OUEST. Pérez y est envoyé pour sauvegarder la souveraineté espagnole menacée par les expéditions russes de Bering et de Chirikov le long des côtes de l'Alaska en 1741. Il remonte au nord jusqu'à la passe de Dixon (54° N.), mais ne rapporte ni carte ni rapport détaillé.

L'année suivante, l'hydrographe espagnol Juan Francisco de la BODEGA Y QUADRA dresse la première carte représentant une partie de la côte ouest du Canada (voir EXPLORATIONS ESPAGNOLES). En 1778, James Cook tente de trouver un chenal qui communique avec l'océan Arctique parmi ceux que Samuel Hearne aperçoit sept ans auparavant à l'embouchure du fleuve Coppermine, mais il ne trouve aucun passage.

La possession de la côte ouest est contestée pendant de nombreuses années. Au moment où des négociations diplomatiques sont entreprises en Europe pendant la CONTROVERSE DU DÉTROIT DE NOOTKA, l'Espagne et l'Angleterre sont autorisées à dresser les cartes de la côte pour appuyer leurs revendications.

Les cartes britanniques sont dressées par le capitaine George VANCOUVER en 1791-1792. Les hydrographes espagnols travaillent sous la direction de Dionisio Alcalá-Galiano et Cayetano Valdés. Il n'existe aucune animosité entre les deux groupes qui, à plusieurs reprises, échangent des données.

En 1793, Alexander Mackenzie, explorateur pour le compte de la Compagnie du Nord-Ouest, parti du lac Athabasca, atteint l'embouchure du fleuve Bella Coola, sur le Pacifique. Au cours des 50 années qui suivent, des traiteurs de fourrures comme Thompson, Simon FRASER, Samuel BLACK et John McLeod parcourent le territoire accidenté du centre de la Colombie-Britannique, qu'ils font mieux connaître grâce à leurs cartes topographiques très valables.

L'arpentage du territoire commence avec l'arrivée de Joseph Pemberton, arpenteur de la CBH, à Victoria, en 1851. En 1858, il termine une carte de Victoria. On trouve de l'or dans le fleuve Fraser et, avant la fin de l'année, commence une véritable ruée vers l'or (voir RUÉE VERS L'OR DU FLEUVE FRASER). Un groupe du détachement des Royal Engineers, composé de 20 arpenteurs, entreprend diverses tâches, dont l'arpentage des lots urbains et la cartographie du relief.

À l'époque de la Confédération, une grande partie des terres du nord de la Colombie-Britannique est encore inconnue. La côte est cartographiée, on connaît plusieurs itinéraires de montagne menant aux

Prairies, de petites portions de territoire, au sud, sont relevées par des géomètres militaires.

L'Arctique Deux expéditions par voie de terre sont à signaler. En 1771, Hearne atteint l'embouchure du Coppermine à 67° N. En 1789, Mackenzie descend le fleuve qui porte aujourd'hui son nom jusqu'à l'océan Arctique, à environ 68° N. Les navigateurs anglais cherchent toujours le passage du Nord-Ouest. La fascination qu'il exerce sur eux se termine par la malheureuse expédition de FRANKLIN de 1845.

Au cours des tentatives pour retrouver Franklin et ses hommes, les chercheurs entreprennent de nouvelles explorations qui permettent de dresser des cartes indiquant le tracé de la côte continentale du Canada, ainsi que la position et la côte des îles au sud des détroits de Melville et de Lancaster. Les cartes de l'amirauté, dressées à partir des données ainsi recueillies, fournissent les renseignements géographiques les plus sûrs jusqu'à la fin de la Seconde Guerre mondiale. Certaines cartes aéronautiques du Nord du Canada utilisées pendant la guerre n'indiquent guère plus que ces renseignements.

L.M. Sebert

Les levés officiels

Les levés hydrographiques L'Acte de l'Amérique du Nord britannique confie au gouvernement fédéral la responsabilité d'assurer la sécurité des navigateurs dans les eaux canadiennes. Cela comprend la mise en place et l'entretien des aides à la navigation comme les PHARES et les BOUÉES. Les premières cartes des eaux canadiennes, dressées en 1883, représentent la BAIE GEORGIENNE. Jusqu'alors, le Canada utilise les cartes de l'amirauté pour la navigation le long des côtes atlantique et pacifique, ainsi que les cartes de Bayfield pour les Grands Lacs.

À la fin du XIXᵉ s., la navigation dans la baie Georgienne joue un rôle important dans le développement du pays. Ses ports desservent des régions agricoles et des industries minières et forestières, et nombre d'entre eux créent les industries nécessaires à l'expansion vers l'ouest des chemins de fer ou à la colonisation des Prairies. La navigation dans la baie Georgienne présente peu d'intérêt pour les États-Unis ou la Grande-Bretagne, ce qui pousse le ministère de la Marine et des Pêches à créer le service des levés de la baie Georgienne.

En 1891, une équipe relevant de ce service est envoyée à Vancouver pour faire le levé de Burrard Inlet, le premier que le Canada entreprend en eau salée. En 1904, le ministère de la Marine et des Pêches entreprend le levé officiel des eaux littorales du Canada. La division des levés hydrographiques est créée. Le service des levés des Grands Lacs est fusionné avec un service des travaux publics ayant réalisé des levés portuaires ainsi qu'un service des chemins de fer et canaux qui a travaillé sur le Saint-Laurent et l'Outaouais. En 1928, cette division est nommée Service hydrographique du Canada (voir HYDROGRAPHIE).

Le littoral du Canada est le plus long du monde. Il favorise le commerce et la mise en valeur des ressources. En 1981, le remorquage d'une usine de concentration du minerai, longue de 138 m et installée sur un chaland, à partir de Sorel, sur le Saint-Laurent, à la Petite île Cornwallis, dans l'Arctique central, aurait été impossible sans cartes précises. Le superpétrolier américain Manhattan, accompagné du BRISE-GLACE canadien John-A.-Macdonald, franchit le passage du Nord-Ouest en 1969, ce qui illustre les responsabilités importantes du Service hydrographique du Canada.

Les levés cadastraux «Cadastre» est un terme technique utilisé en Europe qui désigne l'enregistrement d'une propriété dans un territoire municipal donné, une ville ou un comté. Le «levé cadastral» est le mesurage, le jalonnement et la description des parcelles de terre afin de les inscrire correctement dans le registre des terres publiques, ou encore, le jalonnement sur le sol des parcelles de terre conformément aux données du cadastre.

Dans ce cas, il s'agit d'un premier levé ou d'un arpentage de retracé si les limites sont imprécises. Au Canada, la propriété foncière et les questions d'ordre fiscal touchant les terres relèvent des provinces. Elles déterminent les règles et la marche à suivre quant aux levés effectués sur leur territoire et veillent à la délivrance des brevets des géomètres. Au Yukon, dans les Territoires du Nord-Ouest et dans les territoires fédéraux au sein des provinces, comme les RÉSERVES INDIENNES et les PARCS NATIONAUX, cela relève du gouvernement fédéral.

La description qui indique les dimensions, la forme et l'emplacement de la parcelle de terre représente l'élément essentiel de tout plan cadastral. La désignation écrite peut être présentée seule ou accompagnée d'un plan, elle peut aussi être présentée sous forme de plan enregistré. La description technique décrit successivement les limites de la parcelle et en précise la direction et la longueur. Elle décrit aussi les bornes ou les particularités naturelles qui les fixent.

Le plan enregistré est utilisé pour la subdivision d'une parcelle afin de délimiter un certain nombre de lots. Ce genre de plan indique les dimensions, l'orientation des limites, la superficie et les bornes de chaque lot, chacun devant être numéroté ou identifié. On peut alors l'identifier dans un acte ou tout autre document grâce au numéro du plan et de la parcelle, et au nom du bureau où le plan est enregistré.

En de nombreux endroits, au Canada, la subdivision initiale des terres de la Couronne est effectuée en cantons afin de favoriser une colonisation méthodique. De dimensions variées (cantons de forme irrégulière au Québec, cantons en concessions en Ontario), ils sont conçus pour concéder des lots de ferme rectangulaires à l'intérieur d'une communauté rurale définie.

L'arpentage d'un canton vise à subdiviser les terres: le plan est enregistré et les lots numérotés. La description d'un lot entier à des fins légales est complète lorsque le nom du canton et l'emplacement que le lot y occupe sont connus.

S'il ne s'agit que d'une partie du lot, on a recours à une description technique ou toute autre méthode, p. ex.: moitié nord du lot 24, concession II, dans le canton de North Burgess. Les villes s'étendent jusqu'aux régions rurales. Il est donc courant de trouver dans un canton un lot agricole subdivisé en un certain nombre de lots urbains.

Les cartes des villes Toutes les villes disposent de cartes pour l'évaluation des taxes, l'aménagement des services publics et des rues. La plupart des grandes villes ont un service d'arpentage. Les villes moins importantes disposent des services d'un ingénieur municipal. Ils sont chargés de la mise à jour des rapports d'arpentage et de la conservation des cartes. La cartographie est confiée, par contrats, à des entreprises canadiennes chargées d'effectuer des levés aériens.

L'échelle des cartes des villes varie de 1:500 pour les plans du réseau d'égouts à 1:50 000 pour les cartes touristiques très détaillées. Les grandes villes ont une structure tridimensionnelle. Les cartes des services publics doivent donc indiquer les constructions de surface, au-dessus des égouts, eux-mêmes aménagés au-dessus des canalisations d'électricité, du métro, des tunnels d'entretien, etc. Les cartes des villes doivent être à jour. Plusieurs imprévus au niveau du réseau public ont retardé sérieusement les travaux municipaux essentiels. Cependant, la plupart des grandes villes du Canada peuvent se féliciter d'avoir des cartes et des registres de relevés complets.

Le tracé des limites Dans les «provinces à cantons», les CANTONS forment la base des comtés et des municipalités rurales ou régionales. Le district, appelé «district territorial» en Colombie-Britannique, est l'équivalent d'un comté dans une région

sauvage peu peuplée, et les cantons qui sont relevés à l'intérieur de ses FRONTIÈRES n'en forment qu'une petite partie. Comme les COMTÉS et les municipalités rurales se composent de cantons, on relève leurs limites en même temps que celles des cantons qui les délimitent.

Les limites des districts sont rarement relevées, sauf si elles coïncident avec les frontières d'une province ou d'un comté. Les frontières des provinces et des territoires, sauf entre le Québec et le Labrador et entre le Yukon et les Territoires du Nord-Ouest, ont toutes été arpentées. La frontière entre le Canada et les États-Unis a été tracée et bornée, et ses bornes font l'objet d'une surveillance constante de la part de la COMMISSION DE LA FRONTIÈRE INTERNATIONALE, laquelle représente les deux pays.

L.M. Sebert

La modernisation

En raison de l'étendue du Canada, les cartes ont toujours joué un rôle important dans la planification et la réalisation des projets de développement. La colonisation des PRAIRIES OCCIDENTALES (1872-1930) résulte d'une bonne organisation, de la surveillance policière et de la délimitation de chaque lot avant l'arrivée des colons.

Les arpenteurs du ministère de l'Intérieur bornent des cantons de forme carrée de 6 mi (9,7 km) de côté. Ils bornent ensuite les côtés de chacune des 36 sections intérieures. Ils relèvent aussi la position des principaux éléments topographiques comme les rivières, les ruisseaux, les pistes et les marécages. À l'aide des notes, les dessinateurs, à Ottawa, dressent les cartes de la première série à grande échelle représentant les Prairies à l'échelle de 3 mi au pouce (4,83 km aux 2,54 cm ou 1:190 080).

La cartographie en série permet d'obtenir des cartes détaillées à moyenne ou à grande échelle tout en conservant leur format maniable. On détermine au préalable le format d'une feuille de façon à pouvoir réunir plusieurs feuilles et à constituer ainsi une carte comprenant p. ex.: un bassin hydrographique, une zone forestière protégée, un comté et même une province.

Théoriquement, toute la surface d'un pays devrait d'abord être représentée sur une carte topographique à grande échelle, y compris les constructions artificielles, le relief naturel, les réseaux hydrographiques et les forêts. Au début, faute de ressources, les cartes simples du Canada étaient dressées à l'aide des notes prises sur le terrain par des arpenteurs dont la principale tâche était de borner des lots agricoles.

La première série de cartes à l'échelle de 3 mi au pouce paraît en 1892. En tout, 134 feuilles, représentant environ 1,4 million de km², sont publiées. Chacune représente 8 cantons orientés nord-sud et de 13 à 15 cantons, selon la latitude, orientés est-ouest. De 1920 à 1946, 51 de ces cartes de base sont converties en véritables cartes topographiques par l'adjonction de courbes de niveau et d'autres détails. La série est remplacée en 1956 par les cartes au 1:250 000, tracées d'abord au 1:253 430 ou 4 mi au pouce, du Système national de référence cartographique (SNRC).

Les levés rectilignes effectués dans les Prairies sont inapplicables dans les Rocheuses. En 1886, les arpenteurs atteignent les Rocheuses. Ils mettent alors au point un système fondé sur les photographies panoramiques prises du sommet des montagnes. Ainsi, une importante petite série de cartes des montagnes, qui se révèle utile, est réalisée. Cependant, la technique fondée sur la photographie est plus utile encore: on l'adapte à la cartographie par photographies aériennes obliques dès le début, après 1925.

Le succès de ces cartes incite le ministère de l'Intérieur à dresser des cartes analogues à échelle moyenne pour l'Est du Canada. Le géographe principal du ministère recueille les données d'arpentage et les inscrit sur des cartes normalisées.

Les cartes sont publiées en 2 échelles (1:250 000 et 1:500 000) sous le nom de série du géographe

principal. La première de la série paraît en 1904. En 1948, à l'arrêt des travaux, 33 feuilles au 1:250 000 et 25 au 1:500 000 sont publiées. Pendant des années, ce sont les cartes les plus détaillées qu'on puisse obtenir des régions habitées de l'Est du Canada.

Les cartes de la série aux 3 milles et celles du géographe principal n'indiquent pas les courbes de niveau. Étant donné que celles-ci sont essentielles aux militaires, le ministère de la Milice et de la Défense prépare, en 1904, sa propre série de cartes topographiques. Elles sont établies à 1 mi au pouce (1,6 mi aux 2,54 cm ou 1:63 360). Ces cartes s'appuient sur le modèle des cartes d'état-major britanniques et sont adaptées au paysage canadien. Elles se révèlent si utiles que le Canada les adopte finalement à l'échelle 1:50 000.

Depuis sa création en 1842, le travail de la COMMISSION GÉOLOGIQUE DU CANADA est retardé par l'absence de cartes de base fiables où inscrire les résultats des études sur le terrain. Bien souvent, les géologues doivent dresser leurs propres cartes topographiques, ce qui ne fait pas partie de leur tâche. On crée donc, en 1908, la division topographique au sein de la CGC. Son mandat est de produire des cartes topographiques pouvant servir de base à la fois aux cartes géologiques et aux cartes générales.

En 1920, le ministère de l'Intérieur, après l'armée et les géologues, produit à son tour des cartes topographiques. De hauts fonctionnaires appartenant aux 3 organismes unissent leurs efforts et créent, en 1922, un seul système topographique. En 1927, après des études et des essais, ils mettent sur pied le Système national de référence cartographique (SNRC), qui utilise des échelles de 1, 2, 4, 8 et 16 mi au pouce (1,6; 3,2; 6,4; 12,9 et 25,7 km aux 2,54 cm). Les cartes topographiques répondent ainsi à tous les besoins: échelle allant de 1 mi au pouce pour l'armée et la géologie, et jusqu'à 8 et 16 mi au pouce pour l'aéronautique.

En 1950 et 1956, les échelles de base sont converties à leurs équivalents métriques: 1:50 000, 1:125 000, 1:250 000, 1:500 000 et 1:1 000 000. En 1952, une échelle plus grande (1:25 000) est ajoutée au système à des fins militaires et urbaines. La plus petite échelle (1:1 000 000) forme une grille de base couvrant l'ensemble du pays. Cette grille se subdivise en 4, puis en 4, et ainsi de suite jusqu'à ce qu'on atteigne la limite des feuilles à la plus grande échelle (1:25 000). La numérotation de chaque feuille indique son échelle et sa position dans la grille.

Aujourd'hui, il ne subsiste plus que 2 des échelles du SNRC: 1:50 000 et 1:250 000. Au fil des années, les 2 plus petites échelles (1:500 000 et 1:1 000 000) sont utilisées presque exclusivement pour les cartes aéronautiques. Cependant, au cours des années 60, avec la venue des jets-long courrier, les pilotes les trouvent trop petites et difficiles d'utilisation dans les postes de pilotage. Durant les années 70, on redessine les 2 échelles et on les imprime des 2 côtés des feuilles grand format ainsi, le nombre de feuilles des 2 séries est divisé par 4.

Plus tard, on abandonne la série 1:125 000 puisqu'elle est facilement remplaçable par la série 1:50 000, plus grande, ou 1:250 000, plus petite. De plus, sa mise à jour est coûteuse puisque les cartes comportent 5 couleurs et représentent des régions urbaines et rurales dont la topographie change rapidement. Au cours de la même décennie, plusieurs provinces mettent en œuvre leur propre programme de cartographie à grande échelle. En 1978 les travaux à l'échelle fédérale 1:25 000 cessent. On consacre désormais les ressources accordées autrefois aux séries abandonnées à la mise à jour des 2 séries actuelles.

La série 1:250 000, complétée en 1971, compte 914 feuilles. À la fin de 1995, la série 1:50 000 couvre toutes les provinces, le Yukon et la région continentale des Territoires du Nord-Ouest. La représentation complète du Canada à cette échelle exige environ 12 922 feuilles. Il reste à terminer les feuilles représentant les régions des îles de l'Arctique pour lesquelles les levés, les photographies et la photogrammétrie sont déjà effectués. N'importe laquelle de ces feuilles peut être produite dès qu'elle est justifiée sur le plan économique.

Les Canadiens disposent d'un vaste éventail de cartes thématiques: géologie, foresterie, oléoducs, transport d'énergie, tourisme, etc. Les organismes fédéraux en produisent un bon nombre. Les provinces, dont relève la mise en valeur des ressources naturelles, en produisent également.

L.M. Sebert

La cartographie depuis la Seconde Guerre mondiale

La Seconde Guerre mondiale marque un tournant dans la cartographie au Canada. Avant la guerre, les topographes utilisent des planchettes topographiques et esquissent de petites portions de terrain qu'on réunit ensuite pour former une carte. La méthode est lente, peu précise et inutilisable en forêt. On utilise des photographies aériennes, mais, dans tout le pays, il n'existe qu'un seul instrument pouvant tracer des cartes à partir de photographies.

La photogrammétrie Pendant la guerre, le personnel des services militaires de cartographie se familiarise avec l'équipement européen de photogrammétrie et forme par la suite un noyau de techniciens spécialisés capables de moderniser les organismes canadiens de cartographie. L'introduction de la photogrammétrie (cartes tirées de photographies aériennes) ne représente qu'une des innovations technologiques qui transforment la cartographie au Canada.

Dans les régions éloignées, de vastes territoires sont relevés en une seule opération. Ainsi, le SRNC cartographie un bloc de 100 km d'orientation nord-sud et de 300 km d'orientation est-ouest sur 32 feuilles (4 rangées de 8). La photographie aérienne est prise après avoir déterminé l'échelle, la direction de la ligne de vol (normalement est-ouest), le recouvrement longitudinal des photos (normalement 60 p. 100) et leur recouvrement latéral (normalement 30 p. 100). Il faut environ 850 photos.

Le recouvrement permet d'obtenir des «points de liaison» (points au sol choisis dans les régions de chevauchement) nécessaires à «l'assemblage» des photos du bloc. Les points de liaison, indiqués par des trous minuscules percés dans la pellicule, sont repérés avec précision à l'aide d'un système de coordonnées de quadrillage fourni avec chaque photo. Chaque point de liaison se trouve sur trois photos ou plus, ce qui permet de réunir les grilles de chaque photo pour former un ensemble couvrant l'ensemble du bloc photogrammétrique. Cette étape est réalisée par ordinateur.

Les techniques photogrammétriques réduisent le nombre des levés sur le terrain, mais certains points doivent encore être placés à des endroits stratégiques dans le bloc photogrammétrique. Ce sont les «points de repère», qui déterminent l'échelle, l'orientation et la position des lignes et des symboles sur la carte. On en distingue deux types: les points de repère horizontaux (latitude et longitude précises) et les points de repère verticaux (élévation précise).

Les points de repère horizontaux sont placés autour du bloc photogrammétrique et en déterminent la position. Rappelons que toute carte couvrant une région importante doit être tracée conformément aux règles mathématiques qu'impose le système de projection choisi.

Au Canada, on utilise généralement la projection transversale universelle de Mercator (MTU): la latitude et la longitude de tous les points de repère horizontaux sont converties en coordonnées équivalentes sur la grille de projection MTU. L'échelle et l'orientation de la grille du bloc photogrammétrique sont alors ajustées pour correspondre à la grille de Mer-

cator, ce qui confère de nouvelles valeurs aux points de liaison. Les points de repère verticaux sont disposés sur les lignes espacées sur le bloc et perpendiculaires aux lignes de vol. On peut alors calculer l'altitude de points de liaison par rapport au niveau de la mer.

La portion commune à deux photos consécutives forme un rectangle qui a la largeur d'une demi-photo et la longueur d'une photo. Il y a un point de liaison dans chaque coin de ce rectangle. Le rectangle est un «modèle photogrammétrique», car, lorsqu'étudié au stéréoscope, il apparaît en trois dimensions. Il constitue l'unité cartographique d'un bloc photogrammétrique.

Les modèles sont placés, un par un, dans des appareils photogrammétriques de traçage, réglés en fonction de la valeur des points de liaison. Les détails de la carte sont ensuite tracés à partir du modèle par un opérateur qui déplace un repère optique, visible dans l'oculaire de l'instrument, le long des routes et des cours d'eau, autour des lacs, etc., du modèle. À mesure que le repère se déplace, une pointe traceuse enregistre tous ses déplacements sur une table à dessin faisant partie de l'appareil. C'est ainsi qu'on trace les lignes de la carte.

Au cours des 10 dernières années, des améliorations importantes ont été apportées à ces traceurs. Le traceur traditionnel permet à l'opérateur de voir le terrain en trois dimensions en regardant d'un œil dans l'oculaire de l'appareil l'une des trois photos aériennes en chevauchement, puis de l'autre œil, l'autre photo. Les systèmes modernes (postes de photogrammétrie numérique, ou PPN), créent l'effet tridimensionnel de façon électronique.

L'opérateur regarde l'écran à travers des lunettes qui reçoivent un signal électronique de l'écran. Ce signal agit comme un obturateur qui alterne rapidement l'image de la lentille droite à la lentille gauche des lunettes. L'image perçue à l'écran ressemble à une photographie aérienne ordinaire, mais il s'agit en effet de deux images chevauchantes qui se succèdent à une rapidité telle que l'image obtenue semble unique. Les lunettes dont la vitesse d'alternance est la même que celle de l'image à l'écran donnent une image tridimensionnelle brillante qui est en réalité le produit de deux photos aériennes confondues.

Pour marquer une élévation ou dessiner une courbe, on déplace l'index mobile (un point lumineux) sur l'écran et on le «baisse» au sol. Le détail de la carte est tracé selon la technique habituelle. La grille de pixels des photographies sert à identifier les coordonnées de l'index mobile qui sont enregistrées avec une grande précision sur disque magnétique. La lecture de ces données et du codage couleur est effectué par une machine à dessiner informatisée qui fonctionne 24 heures par jour.

Bien entendu, plusieurs anciens appareils de restitution photogrammétrique demeurent en usage, mais aujourd'hui, on les remplace surtout par des PPN. Le nouveau système électronique aux multiples avantages permet de tracer et d'ajuster des lignes originales, de réviser des cartes pour représenter les modifications naturelles ou artificielles du terrain, puis de les rééditer, tout cela avec beaucoup de facilité.

Le sytème de positionnement Doppler par satellite Chacune des étapes de l'établissement des cartes nécessite des instruments particuliers qui, pour la plupart, sont mis au point depuis les années 70. Les progrès les plus spectaculaires sont réalisés dans le domaine de la télémétrie par satellite. En 1957, le Sputnik lancé par les Russes annonce l'ère spatiale. Moins de 15 ans plus tard, la marine américaine met au point un système de navigation capable de capter le signal radio des satellites en mouvement. Ces signaux permettent de calculer avec une nette précision la latitude et la longitude d'un navire.

Cette méthode d'observation consiste à enregistrer des signaux radio à partir de satellites voyageant dans le ciel à environ 1000 km de la Terre. On prend alors connaissance du décalage Doppler (le change-

ment apparent de fréquence du signal radio du satellite lorsqu'il passe dans le ciel). La vitesse de déplacement de fréquence varie en fonction de la distance entre le navire et le satellite. Puisque la position du satellite est connue en tout temps grâce aux stations de repérage indépendantes situées en des endroits connus de la planète, il est possible de calculer à 10 m près la position d'un navire. Cette donnée, beaucoup trop précise pour les besoins de la navigation, facilite grandement le contrôle horizontal de la carte à l'échelle 1:50 000 qui est alors en voie d'être réalisée dans le Nord du Canada.

On peut relever d'autres points entre les stations Doppler grâce à un système de repérage par inertie (SRI), formé de détecteurs sensibles qui enregistrent avec une précision remarquable tout déplacement de l'appareil. Cet appareil, installé dans une voiture ou dans un hélicoptère, permet, à partir d'une position connue (une station Doppler ou ancienne station de triangulation), de mesurer le déplacement du véhicule sur une route donnée et de fournir les coordonnées exactes des points d'arrêt. Des points connus sont utilisés pour confirmer l'exactitude des lectures faites en cours de route. Le système par inertie permet de positionner très efficacement le contrôle périphérique d'un bloc photogrammétrique, il est précis à 1 m près.

Le système de positionnement global (GPS) Le système Doppler, bien qu'il soit très utile, est utilisé moins de 20 ans. Il est remplacé par un autre système américain par satellite, le système de positionnement global. Celui-ci compte 24 satellites placés en orbites quasi circulaires à environ 20 000 km de la Terre.

Un petit récepteur portatif situé au sol capte les signaux des trois ou quatre satellites situés en tout temps au-dessus de l'horizon. À tout moment, le récepteur peut calculer la distance les séparant de chacun des satellites. Un dispositif électronique enregistre la durée du signal du satellite au récepteur. Le récepteur muni d'un ordinateur calcule la position du satellite. Comme le système Doppler, le GPS permet de connaître en tout temps et de manière précise la position des satellites par repérage indépendant et ainsi d'obtenir la latitude et la longitude du récepteur.

Lorsque l'observation dure une heure et qu'un autre récepteur du GPS enregistre les données en un endroit connu dans la région (disons à moins de 50 km), le système est précis au centimètre près. La lecture simultanée (à une position connue et à la position qu'on cherche à obtenir) s'avère nécessaire pour éliminer les petites variables des calculs de haute précision. Un récepteur unique, utilisé sans récepteur d'appui, est précis de 1 à 3 m près et permet d'enregistrer les observations en se déplaçant, p. ex., pour suivre continuellement un navire hydrographique.

Bien sûr, la venue de ce précieux système facilite énormément les levés canadiens pour les positions horizontales. Le GPS effectue presque tout le positionnement horizontal pour la cartographie, et la triangulation a pratiquement disparu.

Le positionnement vertical Le positionnement vertical, qui doit toujours être connu pour assurer la précision des élévations et des courbes de niveau sur les cartes, n'est pas touché par les systèmes satellites comme l'est le positionnement horizontal. Traditionnellement, le positionnement vertical s'effectue au moyen de lignes de niveau. Cette méthode s'avère excellente dans les régions habitées (on effectue habituellement les levés topographiques le long des routes ou des chemins de fer), mais le travail est lent et coûteux dans les régions isolées.

Peu de temps après la Seconde Guerre mondiale, le Profilographe aéroporté (PA), inventé au Canada, permet de dresser les courbes des cartes à petite et à moyenne échelle du Nord du Canada. (Durant la Seconde Guerre mondiale, on publie des cartes aéronautiques du Nord du Canada sans courbes de niveau. Ces cartes sont alors nécessaires pour effectuer des vols de ravitaillement vers la Grande-Bretagne et l'URSS. Cependant, il n'existe aucun moyen de fournir des données sur les élévations.) De nos jours, il serait impensable de publier une carte aérienne sans données sur les élévations. Le PA a solutionné ce problème qui date du temps de la guerre.

L'appareil, un RADAR, mesure et enregistre la distance verticale entre l'avion et le sol, en tenant compte de son élévation. Le parcours de l'avion du PA est enregistré par un appareil photographique 35 mm dirigé vers le bas, et le relief terrestre est tracé de manière continue sur une bande de papier. C'est ainsi qu'on obtient les élévations nécessaires pour tracer les courbes de niveau sur les cartes aériennes du nord du Canada. De nombreux pays ont utilisé le PA, mais aujourd'hui il est supplanté par des méthodes plus précises.

Le système de capteur intelligent sert aussi à déterminer les élévations puisqu'il en enregistre les variations sur une ligne de levé. Ce moyen de tracer les élévations à l'intérieur d'un bloc photogrammétrique s'avère très économique. Le système de capteur intelligent calcule l'altitude avec une précision de 0,5 à 1 m, tandis que le PA offre une précision d'environ 5 m.

On commence à utiliser les levés par satellites pour déterminer les élévations, mais cette méthode pose problème dans certaines parties du Canada. Comme on l'a déjà expliqué, le récepteur du GPS mesure la distance verticale à partir de satellites en mouvement et établit sa position horizontale par trilatération. Les mêmes lectures peuvent aussi déterminer l'altitude de l'antenne du récepteur, mais les satellites mesurent jusqu'au sphéroïde de la Terre plutôt que jusqu'au niveau de la mer.

Le sphéroïde est une surface mathématique unie qui correspond de très près à la véritable forme de la Terre. Mais les élévations sur les cartes représentent la hauteur au-dessus du niveau de la mer, et il y a habituellement un petit écart vertical entre le niveau de la mer et le sphéroïde. (Le niveau de la mer n'est pas vraiment au niveau. Il est constitué de petites collines et vallées causées par de légères mais tout de même perceptibles variations latérales dans le champ de gravité.)

Pour obtenir l'élévation depuis le niveau de la mer à partir d'observations satellites, il faut connaître la distance entre le niveau de la mer et le sphéroïde. Dans les régions habitées du Canada, cette mesure est assez bien connue, mais dans le nord, la marge d'erreur peut atteindre 3 m. Les géodésistes tentent de résoudre ce problème en effectuant des centaines de mesures de gravité. Entre-temps, les élévations déterminées par satellites dans plusieurs régions canadiennes continuent de présenter une marge d'erreur possible de 3 m. (*Voir aussi* SYSTÈME D'INFORMATION GÉOGRAPHIQUE.)

L.M. Sebert

Cartographie par ordinateur Un des changements fondamentaux apportés dans le domaine de la CARTOGRAPHIE au cours du XXᵉ siècle est l'introduction et l'utilisation des ordinateurs et des machines informatisées (surtout des dispositifs graphiques et de dessin). Il existe plusieurs façons d'encoder les images graphiques sous forme numérique, notamment la géométrie cartésienne, et les ordinateurs sont des outils efficaces pour encoder, stocker, analyser et visualiser des images graphiques.

Collecte de données Des données numériques représentent des images cartographiques ou des phénomènes géographiques peuvent être recueillies à partir de photos aériennes, d'images transmises par satellite ou encore du calquage des documents cartographiques existants. Il existe de nombreuses façons de recueillir de telles données. Un convertisseur cartographique, qui ressemble à une table à dessin avec un pointeur attaché à un fil électronique, mesure les coordonnées relatives à la position de ce pointeur et

les enregistre dans un ordinateur. La position des points peut être enregistrée à des fréquences suffisamment rapides pour détecter toutes les nuances d'un mouvement de la main. A.R. Boyle, de l'U. de la Saskatchewan, s'avère le premier titulaire de brevet pour un convertisseur cartographique.

Il existe aussi des appareils qui numérisent automatiquement les documents pour en faire des données qui sont ensuite transformées en une grille à trame à haute résolution. Ces données nécessitent des programmes informatiques complexes afin d'être converties en formes utilisables pour la cartographie.

Traitement des données L'ordinateur peut traiter les cartes stockées en procédant à des calculs algébriques entre l'enregistrement et le traçage. Cela offre de nombreuses possibilités. Notamment, on peut grouper des données qui proviennent de cartes contiguës ou superposées, ou des données provenant de plusieurs cartes différentes. Les opérations arithmétiques nécessaires pour changer l'échelle ou transformer la carte par diverses projections cartographiques sont également faciles à faire. Les cartes sous forme de données numériques peuvent être transmises par lignes de télécommunication. À partir des données, il est possible de produire en un temps record des cartes à échelles différentes et d'une grande qualité graphique, incluant des symboles dessinés avec beaucoup de précision.

Manipulation des données Le principal problème avec les données des cartes numériques est de trouver et de corriger les erreurs. Il est possible de remédier à cette difficulté en affichant et en manipulant l'information sur un écran. En pointant l'image graphique, on peut déplacer, étirer, écraser, modifier ou effacer les éléments identifiés. Les données numériques à partir desquelles l'image est produite sont modifiées à mesure que l'opérateur manipule l'image à l'écran. Les systèmes conçus à cet effet sont souvent appelés «systèmes interactifs de cartographie».

D'autres types de manipulation de données sont possibles, p. ex. le mappage des caractéristiques en trois dimensions des cartes topographiques. La surface peut être enregistrée numériquement et on peut produire différents types de symboles, notamment l'estompage, la vue perspective ou la vue de contour, à partir de l'enregistrement des données. Une autre application importante est celle de la superposition de l'information pour une même région à partir de cartes traitant de sujets différents. On peut ainsi comparer une carte qui traite des possibilités du sol avec une carte traitant de l'utilisation du sol, ce qui permet de classer les régions qui concordent et qui ne concordent pas dans un tableau pratique. Les systèmes conçus pour de tels calculs sont appelés SYSTÈMES D'INFORMATION GÉOGRAPHIQUES. La cartographie informatisée rend aussi possible le mappage de données statistiques, socio-économiques et démographiques (p. ex., les données de recensement). De telles cartes étaient extrêmement rares autrefois, car on considérait que le fastidieux travail à la main nécessaire à la production d'une seule carte n'en valait pas la peine.

Héritage La cartographie assistée par ordinateur transforme complètement le domaine du dessin cartographique. Dans la cartographie traditionnelle, le dessinateur devait déterminer le choix et la position finale de chaque élément de la carte avant même de dessiner le premier élément. Depuis l'avènement de la cartographie assistée par ordinateur, tout peut être changé et les règles du dessin ne sont plus aussi si rigoureuses. De même, la carte n'est plus seulement une feuille blanche imprimée, elle a plus de profondeur et contient souvent beaucoup d'information (graphique, textuelle, etc.) que l'on peut récupérer en cliquant sur les icônes d'information.

Programmes canadiens Les gouvernements fédéral et provinciaux financent plusieurs programmes de cartographie assistée par ordinateur. Le Canada est l'un des chefs de file dans ce domaine grâce au pro-

jet de l'atlas électronique (*voir* ATLAS NATIONAL DU CANADA), à la cartographie hydrographique, aux systèmes de cartographie statistiques et aux nombreuses activités de recherche entreprises par les organismes gouvernementaux et les universités.

Thomas K. Poiker et David H. Douglas

Cartwright, Richard, homme d'affaires, fonctionnaire, juge, officier de la milice et auteur (Albany, N.Y., 2 févr. 1759—Montréal, 27 juill. 1815). LOYALISTE convaincu, il est expulsé de New York en octobre 1777. Après avoir servi jusqu'en 1780 en tant que secrétaire pour les Rangers de John Butler, installés à Niagara, il devient marchand d'approvisionnement. En 1785, Cartwright s'installe dans la région de Kingston où il devient bientôt un chef de file en matière de commerce, de droit, de politique et de religion. En raison de son influence sur John STRACHAN, il est un maillon important dans la chaîne idéologique qui relie la pensée loyaliste américaine des années 1770 aux opinions politiques des tories du Haut-Canada pendant la période qui suit la guerre de 1812. Bien que Cartwright, au début des années 1790, s'oppose vigoureusement à plusieurs des politiques anglophiles du lieutenant-gouverneur SIMCOE, il devient en 1800 un ardent défenseur du statu quo conservateur du Haut-Canada.

George A. Rawlyk

Cartwright, George, militaire, chroniqueur et entrepreneur (Marnham, Angl., 12 fév. 1739 ou 1740—Mansfield, Angl., 19 mai 1819). Enrôlé dans l'armée britannique à l'âge de 16 ans, Cartwright sert aux Indes, en Irlande, à Minorque et en Allemagne et, en 1769, il obtient un traitement de demi-solde. Terre-Neuve ayant suscité son intérêt au cours d'un voyage antérieur, il entreprend de commercer au Labrador, organisant des postes côtiers entre Cape Charles et Hamilton Inlet de 1770 à 1786. Très curieux et s'intéressant à une foule de domaines, Cartwright étudie avec perspicacité la vie des autochtones et l'histoire naturelle de la région. Il décrit de façon originale ses expériences et ses observations dans *Journal of Transactions and Events, During a Residence of Nearly Sixteen Years on the Coast of Labrador*, publié en trois volumes en 1792. Son volumineux journal raconte les opérations et SoftQuad Publishing Software les événements se déroulant durant son séjour de près de 16 ans sur la côte du Labrador.

G.M. Story

Cartwright, sir Richard John, politicien (Kingston, Haut-Canada, 4 déc. 1835—*id.*, 24 sept. 1912), petit-fils de Richard CARTWRIGHT. Descendant d'une famille riche, puissante, conservatrice et LOYALISTE, il fréquente le Trinity College, à Dublin, de 1851 à 1856, mais n'en est pas diplômé. À l'aide de l'argent de la famille, il devient un homme d'affaires et un investisseur qui s'intéresse à la finance, au transport, à l'immobilier ainsi qu'aux industries minières et manufacturières. Cartwright représente diverses circonscriptions ontariennes au Parlement entre 1863 et 1904 et est nommé au Sénat dont il fait partie jusqu'à sa mort. Conservateur au début de sa carrière politique, il rompt toutefois ses liens avec sir John A. Macdonald en 1869 et siège en tant qu'indépendant jusqu'en 1873, quand il se joint au Parti libéral. Puissant chef libéral, il est ministre des Finances de 1873 à 1878 et ministre du Commerce de 1896 à 1911. De 1887 jusque après l'élection générale de 1891, il est le véritable chef de l'aile ontarienne du Parti libéral et prend la tête de la faction du parti qui souhaite le libre-échange avec les États-Unis. Il est fait chevalier en 1879.

Donald Swainson

Carver, Brent, acteur (Cranbrook, C.-B., 17 nov. 1951). Acteur canadien parmi les plus polyvalents, Carver joue dans des pièces classiques au FESTIVAL DE STRATFORD (1980-1987), ainsi que dans des COMÉDIES MUSICALES, des spectacles de cabaret et des films acclamés par la critique (*voir*

CINÉMA). Associé à Robin PHILLIPS, qui le dirige au Festival de Stratford et au Theatre London (1983-1984), il travaille aussi en étroite collaboration avec John NEVILLE au CITADEL THEATRE d'Edmonton dans des pièces de Shakespeare telles *Twelfth Night* (v.f. *La Nuit des rois*) et *Romeo and Juliet* (v.f. *Roméo et Juliette*).

Reconnu pour la grande sincérité avec laquelle il interprète ses personnages et son charisme exceptionnel, il remporte 10 prix au cours de sa carrière. Carver débute en 1972, année où, après avoir passé trois années à l'U. de la Colombie-Britannique, il abandonne ses études pour se joindre à la tournée d'été du théâtre pour enfants de la VANCOUVER PLAYHOUSE THEATRE COMPANY, sous la direction de Don Shipley. La même année, il joue pour la première fois dans une pièce pour adulte, *Jacques Brel is Alive and Well and Living in Paris*, avec le Vancouver Arts Club.

Carver travaille partout au Canada, aux États-Unis et au Royaume-Uni, mais c'est au Festival de Stratford qu'il se fait connaître. Son interprétation du pirate King dans l'opérette *The Pirate of Penzance* de Gilbert et Sullivan (1985) et de Hamlet dans la pièce de Shakespeare (1986) met en évidence sa grande capacité d'adaptation. Il consolide sa popularité auprès du public des petits théâtres en jouant dans *Unidentified Human Remains* et *The True Nature of Love* de Brad FRASER, des rôles qui lui valent le Dora Mavor MOORE Award du meilleur acteur (1989-1990). Il interprète aussi Ariel aux côtés d'Anthony Hopkins dans *La Tempête* (*The Tempest*) de Shakespeare (1979), à Los Angeles; Horst dans *Bent* de Martin Sherman (1981), rôle pour lequel il remporte son premier Dora, et le Dr Frankenfurter dans *The Rocky Horror Picture Show* (1976).

Au cinéma, Carver joue, entre autres, le rôle de Rafe dans *One Night Stand* (1978; v.f. *Pour une nuit*) de Carol BOLT, qui lui vaut un Etrog Award; celui de Robert Ross dans l'adaptation par Robin Phillips du roman *The Wars* de Timothy FINDLEY (1983) et l'adaptation par Gail Harvey de la pièce *Feluettes, ou la répétition d'un drame romantique* (*Lilies*) de Michel Marc BOUCHARD (1995).

À la télévision, il joue un patient atteint du SIDA dans *Street Legal* (1995), qui lui vaut un Prix Gémeau, ainsi que les premiers rôles des miniséries *Love and Hate* (1988) et *Love and Larceny* (1984).

En 1996, Carver remporte un succès considérable avec son spectacle *Brent Carver in Concert* qu'il présente entre autres au ROYAL ALEXANDRA THEATRE de Toronto et au Ford Centre For the Performing Arts de Vancouver. Il est aussi danseur-vedette dans un hommage d'une heure rendu à la danseuse et chorégraphe canadienne Margie GILLIS par le réseau anglais de la Société Radio-Canada. Enfin, il est chaleureusement acclamé pour son rôle de Donnie, le voleur psychotique dans *High Life* de Lee MacDougall, une nouvelle pièce canadienne qui prend la direction de Broadway au courant de la même année.

En 1993, son interprétation de Molina dans la comédie musicale *Kiss of the Spider Woman* lui vaut le molière du meilleur premier rôle et une mise en nomination pour un Oliver Award du meilleur acteur dans une comédie musicale (1992-1993). Carver reçoit aussi le Toronto Arts Award dans la catégorie des arts de la scène (1996); deux autres Doras comme meilleur acteur (1996, 1992); un Prix Gémeau du meilleur acteur dans un rôle dramatique ou dans une minisérie (1996); le Sterling Award du meilleur acteur (1994) et le New York Drama Desk Award du meilleur acteur (1992-1993).

Mira Friedlander

Carver, Humphrey Stephen Mumford, architecte, planificateur communautaire, philosophe urbain, auteur (Birmingham, Angl., 29 nov. 1902—Ottawa, 19 oct. 1995). Formé en Angleterre, Carver se fait connaître peu après son arrivée au Canada, en 1930, comme fervent partisan d'une politique sur le loge-ment social. Il effectue de l'aménagement paysager avec Carl Borgstrum (1931-1937), enseigne à l'école d'architecture (1938-1941) puis au Département de service social (1946-1948) de l'U. de Toronto. Il est à l'origine du projet de logement social de Regent Park North. Il est actif au sein de la LEAGUE FOR SOCIAL RECONSTRUCTION en établissant, dans les années 30, les grandes lignes d'une politique sociale de mise en œuvre d'un programme national de logement.

Carver organise la Conférence sur le logement de 1939, qui allait faire date, et se trouve au cœur de pratiquement tous les changements institutionnels en planification communautaire et domiciliaire au Canada après 1940. Il préside le Comité de recherches de la Société canadienne d'hypothèques et de logement (SCHL) de 1948 à 1955 et le Groupe consultatif de la SCHL de 1955 à 1967.

Dans son ouvrage *Cities in the Suburbs* (1962), Carver se fait le promoteur de l'intégration de la planification des banlieues à un ensemble de communautés sociales. Durant son mandat à titre de président du Groupe consultatif de la SCHL, la recherche et les programmes du Canada relatifs aux politiques de logement, à l'architecture domiciliaire et à la planification communautaire acquièrent une renommée mondiale grâce à leur aspect innovateur et à leurs normes de développement progressif.

William Perks

Casavant Frères ltée Entreprise canadienne de facture d'orgues la plus importante et la plus renommée. Elle a été fondée à Saint-Hyacinthe (Québec) en 1879 par les frères Joseph-Claver (1855-1933) et Samuel-Marie (1859-1929) Casavant, qui ont suivi les traces de leur père Joseph Casavant (1807-1874), premier facteur d'orgue d'importance né au Canada. Joseph Casavant a construit près de 20 orgues, dont deux gigantesques pour des cathédrales de l'Ontario (Ottawa et Kingston). Malheureusement, aucun instrument portant sa signature ne subsiste.

Fils Les fils Casavant apprennent leur métier auprès d'Eusèbe Brodeur et de Louis Mitchell, après que leur père a pris sa retraite en 1866. En 1878, Claver se perfectionne en France, puis les deux frères parcourent l'Europe, examinant les orgues et les ateliers. L'année suivante marque leur retour au Canada et la fondation de ce qui deviendra la plus importante entreprise de facture d'orgues au pays, au même endroit que leur père avait installé son modeste atelier 30 ans auparavant, et où les orgues Casavant sont toujours fabriqués.

Les fils Casavant installent leur premier instrument à Montréal, à la chapelle Notre-Dame-de-Lourdes (1880). En collaboration avec l'inventeur Saluste Duval, ils réalisent des progrès importants dans l'utilisation et la fiabilité de l'électricité dans la facture d'orgues. En 1891, ils terminent à la CATHÉDRALE NOTRE-DAME de Montréal un grand orgue de 82 jeux dans lequel ils installent un système de transmission électropneumatique pour l'action des jeux ainsi qu'un système de combinaisons ajustables. L'année suivante, dans l'orgue de la basilique d'Ottawa, ils utilisent avec succès le système électropneumatique, à la fois pour l'action des touches et celle des jeux, une première dans l'histoire de la facture d'orgues. L'instrument de l'église St. Patrick de Montréal (1895) est entièrement électropneumatique.

Orgues Casavant Dès le départ, les orgues Casavant sont très bien considérés au Canada et à l'étranger, et en 1930, plus de 1350 instruments ont été installés. Cette année-là, les fondateurs remportent le grand prix à une exposition internationale qui a lieu à Anvers, en Belgique. Bien que les orgues Casavant se vendent surtout au Canada et aux États-Unis, on en trouve bientôt en Europe et en Amérique du Sud, et aussi loin qu'en Afrique et au Japon. Plusieurs organistes célèbres ont exprimé leur appréciation à l'égard des instruments Casavant: Alexandre Guil-mant, Louis Vierne, Charles-Marie Widor, Joseph Bonnet et Marcel Dupré, pour n'en nommer que quelques-uns.

À la conquête du marché nord-américain Pendant la Crise des années 30, la firme connaît quelques difficultés, qui se résorbent après la Seconde Guerre mondiale, puis atteint un point culminant dans les années 50 avec l'arrivée de l'ingénieur métallurgiste Charles Perrault. En 1961, ce dernier contribue à restaurer la facture d'orgues à traction mécanique. En 1996, la firme avait livré plus de 3750 instruments (dont 350 à traction mécanique et continuait à dominer le marché nord-américain, sans négliger ses exportations partout dans le monde. Claver a été le premier président de 1879 à 1933. La relève a été assurée par le fils de Samuel, Aristide, de 1933 à 1938, par Fred N. Oliver (gendre de Samuel) de 1939 à 1959, par Jules Laframboise de 1959 à 1961, par Charles Perrault de 1961 à 1971 et de 1972 à 1974, par Lawrence I. Phelps de 1971 à 1972, par Paul Falcon de 1974 à 1976 et par Bertin Nadeau de 1976 à 1980, à qui a succédé Pierre Dionne en 1980. En 1959, on a nommé une rue à Montréal en hommage à Joseph Casavant, et il y a, tout près, la place Casavant, ainsi baptisée en 1963. À l'occasion de son centenaire en 1979, Casavant Frères a reçu une mention spéciale du Conseil canadien de la musique. Casavant Frères construit, encore aujourd'hui, de grands orgues de renommée internationale pour les églises, les salles de concert, les communautés religieuses et les établissements d'enseignement. L'orgue monumental (129 jeux et 10615 tuyaux) de la Broadway Baptist Church à Forth Wort au Texas, pour lequel la publication The Americain Organist a fait une excellente critique, compte parmi les dernières commandes.

Claire Versailles

Cascades, chaîne des En Colombie-Britannique, extrémité nord des grandes chaînes de montagnes volcaniques qui s'étendent jusqu'en Californie, de 180 à 260 km à l'est de l'océan Pacifique. Il n'y a pas de volcan en activité en Colombie-Britannique comme le mont St. Helens de la chaîne américaine des Cascades, entre autres. Le sommet le plus élevé est le mont Lakeview (2628 m) dans le parc provincial Cathedral. Les Cascades, en Colombie-Britannique, offrent une grande diversité, passant de la forêt côtière humide du chaînon Skagit accidenté à la végétation intérieure plus sèche du chaînon Okanagan et de la crête à l'est du Fraser et au sud de Lytton. À l'est, elles se fondent dans le plateau de la rivière Thompson, une région minière importante.

Importance économique Des carrières de granit sont en exploitation dans la région de Hope. La route 3 franchit la chaîne au col Allison (alt. 1352 m), entre Hope et Princeton; la ROUTE COQUIHALLA, entre Hope et Merritt, emprunte le col Coquihalla (alt. 1244 m). On trouve des aires populaires de loisirs de plein air au lac Cultus, près de Chilliwack, dans la vallée Skagit et au parc provincial Manning.

Peter Grant

Casgrain, Henri-Raymond, historien, critique littéraire (Rivière-Ouelle, Bas-Canada, 16 déc. 183— Québec, 12 janv. 1904). Casgrain est ordonné prêtre en 1856. Après avoir enseigné au collège Sainte-Anne-de-la-Pocatière, où il a fait ses études, il est nommé vicaire à BEAUPORT, puis à Notre-Dame de Québec. Figure marquante du mouvement littéraire de 1860 à Québec, il fonde deux revues littéraires, *Les Soirées canadiennes* (1861-1865) et *Le Foyer canadien* (1863-1866), et écrit *Légendes canadiennes* (1861). Casgrain se spécialise dans les biographies.

Malgré une santé fragile et une vue faiblissante, il publie les biographies de MARIE DE L'INCARNATION (1864), François-Xavier GARNEAU (1866), Philippe-Joseph AUBERT DE GASPÉ (1871), Francis Parkman (1872) and Antoine GÉRIN-LAJOIE (1886), en plus de nombreuses études historiques. Si ses connaissances sont parfois remises en question, tout comme son manque de scrupule en matière de droits d'auteur, son style dynamique et exubérant assure sa renommée. Membre fondateur de la Société royale du Canada (1882), il en devient président en 1889 et l'U. Laval lui décerne un doctorat honorifique. Manon Brunet, de l'U. du Québec à Trois-Rivières, prépare actuellement la publication de sa correspondance volumineuse.

David M. Hayne

Casgrain, Thérèse, née Forget, réformatrice (Montréal, 10 juil. 1896—*id.*, 2 nov. 1981). On se souviendra de cette grande réformatrice canadienne du XXᵉ siècle surtout pour son rôle de premier plan dans la campagne en faveur du droit de vote des femmes au Québec avant la Seconde Guerre mondiale. Issue d'une famille bien nantie, elle épouse Pierre-François Casgrain, avocat et politicien d'allégeance libérale, dont elle a quatre enfants. Membre fondatrice du comité provincial pour l'émancipation des femmes en 1921, elle milite sans relâche pour les droits des femmes au Québec. Durant les années 30, elle anime la populaire émission *Fémina* à Radio-Canada. Durant la Seconde Guerre mondiale, elle est l'une des deux présidentes du Comité féminin de surveillance de la COMMISSION DES PRIX ET DU COMMERCE EN TEMPS DE GUERRE.

En 1946, elle se joint à la CO-OPERATIVE COMMONWEALTH FEDERATION et en sera la dirigeante provinciale de 1951 à 1957. Son travail au sein de ce parti politique renforce les liens socialistes internationaux. Au Québec, elle prend part à la mobilisation contre le premier ministre DUPLESSIS. En 1961, elle fonde la section québécoise de LA VOIX DES FEMMES pour protester contre la menace nucléaire. Elle participe à la fondation de la Ligue des droits de l'homme en 1960 et à celle de la Fédération des femmes du Québec en 1966. En 1970, elle est nommée sénateur. Dans son autobiographie intitulée *Une femme chez les hommes* (1971), elle se décrit comme une humaniste.

Jennifer Stoddart

Cashin, Peter J., politicien, homme d'affaires, militaire (Cape Broyle, T.-N., 8 mars 1890—St John's, 21 mai 1977). Il s'engage dans le Régiment de Terre-Neuve en 1915 et sert outre-mer. En mars 1918, il est promu major en chef de la British Machine Gun Corp. Après la guerre, il entre au service de l'entreprise familiale. En 1923, il est élu pour la première fois à titre de député progressiste libéral travailliste. Rejoignant le camp des libéraux en 1925, il est réélu en 1928 et occupe le poste de ministre des Finances de 1928 à 1932. Un opposant tenace de la COMMISSION DE GOUVERNEMENT, il est l'un des trois délégués élus de St. John's Ouest lors du vote de la Convention nationale en 1946. Il s'élèvera par la suite comme un vigoureux opposant à la Confédération et comme chef des partisans du gouvernement responsable lors de la convention.

Après l'entrée de Terre-Neuve dans la Confédération en 1949, Cashin se présente à l'élection provinciale et est élu à titre d'indépendant. Il est recruté par la suite par le Parti progressiste-conservateur et occupe le poste de chef de l'opposition conservatrice jusqu'en 1953, année où il se retire de la vie politique active. Il est directeur de la protection civile de Terre-Neuve de 1954 jusqu'à sa retraite au milieu des années 60.

John Parsons

Cashin, Richard, avocat, politicien, dirigeant syndical (St. John's, 5 janv. 1937). Il est le petit-fils de sir Michael Cashin, parfois surnommé le «roi des brigands» en raison de ses opérations de sauvetage sur la côte Sud. Ce dernier a été ministre à plusieurs reprises et premier ministre de Terre-Neuve. Richard Cashin est aussi le neveu de Peter J.CASHIN. Il est lui-même élu député libéral dans St. John's Ouest en 1962, en 1963 et en 1965.

Après sa défaite de 1968, il pratique le droit et obtient un règlement de grande portée pour les pêcheurs de la baie de Plaisance qui poursuivaient la

société Electric Reduction Co. pour avoir tué le poisson avec des émissions phosphoriques. En 1970, il se joint au père Desmond McGrath, un ancien compagnon d'études à l'Université Saint Francis Xavier, pour organiser le syndicat des pêcheurs. À la suite de victoires remarquables contre les entreprises piscicoles de Burgeo en 1972 et lors de la grève des chalutiers de 1975, le syndicat devient une organisation à part entière. De loin le syndicat le plus important de la province, le Newfoundland Fishermen, Food and Allied Workers' Union (NFFAWU) s'avère une force politique majeure.

Au milieu des années 70, Cashin appuie les candidats du NPD, mais se joint au groupe de travail sur l'unité nationale et au conseil d'administration de Pétro-Canada en 1977. Cependant, dans les années 80, il incite le NFFAWU à accorder son plein appui au NPD, dont il assume lui-même la vice-présidence. Le syndicat joue aussi un rôle très actif au sein de la Coalition pour l'Égalité, vaste coalition réunissant des groupes ouvriers et autres groupes progressistes. Au printemps de 1987, il désaffilie le syndicat de l'Union internationale des travailleurs et travailleuses unis de l'alimentation et du commerce pour le diriger vers le nouveau syndicat des Travailleurs et travailleuses canadien(ne)s de l'automobile.

Gregory S. Kealey

Caslake (1998), affaire Dans cette affaire, la Cour suprême du Canada déclare, à la majorité, qu'une fouille effectuée à des fins d'inventaire, conformément à une politique de la police (GRC), mais sans mandat de perquisition ni permission, constitue une fouille abusive.

Caslake est accusé de possession de stupéfiants. Plusieurs heures après son arrestation, un policier de la GRC procède à une fouille de son véhicule à des fins d'inventaire et découvre une somme d'argent et de la cocaïne. Caslake est déclaré coupable de possession de drogue en vue d'en faire le trafic. Il se dit victime d'une fouille abusive. La Couronne plaide qu'il s'agit d'une fouille accessoire à l'arrestation.

Le juge Bastarache, qui rallie les juges L'Heureux-Dubé et Gonthier, estime que la fouille était accessoire à l'arrestation et, donc, qu'elle n'était pas abusive. Toutefois, le juge en chef Lamer, appuyé par trois de ses collègues, formant ainsi la majorité, estime que la fouille n'était pas accessoire. Bien que la fouille soit abusive, les éléments de preuve recueillis ne sont pas écartés, les policiers ayant agi de bonne foi, la fouille n'étant pas non plus envahissante parce que la preuve n'a pas été obtenue en mobilisant l'accusé contre lui-même.

Peter Grant

Cassiar, monts S'étendent, à partir du Yukon, sur 440 km au sud-est, jusqu'au confluent des rivières Finlay et Fox, dans le centre-nord de la Colombie-Britannique. On pense que leur nom vient d'un mot nahanni, *kaska* ou *kasha*, signifiant «ruisseau» ou «petite rivière». Le chaînon Stikine, avec une crête centrale de granit, culmine à 2667 m. Les pics inférieurs à 2000 m ont été rabotés par les glaciers. Ils ont un relief émoussé et une toundra étendue, en raison du climat boréal intense de la région.

Importance économique La rivière Dease a attiré des chercheurs d'or dans les années 1870 et l'exploration minérale continue, mais les montagnes demeurent une région éloignée de la Colombie-Britannique. Une mine d'AMIANTE a été exploitée de 1952 à 1992, soutenant la seule communauté de la région, la ville patronale de Cassiar, maintenant dépeuplée. En 1972, on a ouvert une route praticable par tous les temps qui traverse les montagnes.

Peter Grant

Casson, Alfred Joseph, peintre (Toronto, 17 mai 1898—*id.*, 20 fév. 1992). Après avoir étudié à Hamilton (1913-1915) et à Toronto (1915-1917), A.J. Casson obtient son premier véritable emploi comme apprenti avec Franklin CARMICHAEL dans une entreprise d'art commercial de Toronto en 1919. Ce dernier exerce une influence considérable sur

Casson. Il l'emmène faire du dessin en camping et lui présente des membres du GROUPE DES SEPT, comme Lawren HARRIS et J.E.H. MACDONALD. Avec Carmichael et F.H. Brigden, Casson ravive et défend le médium de l'aquarelle.

En 1926, il est invité à se joindre au groupe pour remplacer Franz JOHNSTON qui ne participe qu'à la première exposition du groupe, en 1920. Il achète sa première voiture et commence à explorer les villages autour de Toronto. Les petites villes de l'Ontario, et en particulier des endroits comme Elora et Alton, deviendront ses sujets préférés. Le style de Casson reflète toujours les enseignements de Harris: simplifier et éliminer tout ce qui n'est pas essentiel. Cette qualité de son œuvre atteint son apogée dans *Country Store* (1945), qui marque ce qu'on appelle sa période d'abstraction.

Pendant de nombreuses années, Casson travaille comme designer en chef chez Simpson Matthews, une entreprise spécialisée en sérigraphie. Il contribue de façon remarquable à l'histoire du graphisme au Canada.

Membre éminent de la communauté artistique du pays, Casson est président de l'ACADÉMIE ROYALE DES ARTS DU CANADA (1948-1952), président de la Ontario Society of Artists (1941-1944), et membre de plusieurs conseils d'administration, dont celui de la Art Gallery of Toronto (aujourd'hui le MUSÉE DES BEAUX-ARTS DE L'ONTARIO), de 1955 à 1959. On se souvient de lui comme d'un homme modeste, qui soutient les artistes et les œuvres de charité, et qui se montre généreux dans l'aide qu'il apporte aux étudiants et aux professionnels.

Joan Murray

Castilléjie Plante herbacée du genre *Castilleja* de la famille de la scrofulaire (scrophulariacées). La plupart des espèces sont vivaces. Le nom commun de cette plante, castilléjie écarlate (*Castilleja coccinea*), s'applique à plusieurs espèces. On en trouve environ 200 espèces dans le monde, la plupart dans l'ouest de l'Amérique du Nord. Le Canada en compte 23; l'une d'entre elles est annuelle. Au Canada, on trouve la castilléjie le plus souvent dans le sud de la Colombie-Britannique et de l'Alberta jusqu'en Ontario, mais en nombre décroissant au fur et à mesure qu'on avance vers l'est. Une certaine espèce de castilléjie existe du Yukon et du District du Mackenzie jusqu'aux provinces de l'Atlantique (sauf en Nouvelle-Écosse et à l'Île-du-Prince-Édouard). La castilléjie pousse en terrains humides ou secs, dans les basses prairies ou en prairies alpines, généralement en terrains dégagés, mais on la trouve aussi dans les taillis ou les boisés. Les tiges groupées se dressent à partir d'une base courbée. De petites fleurs tubulaires, habituellement verdâtres, forment un épi au bout de la tige, chacune est dissimulée par une bractée florale qui l'enroule. Les bractées de couleurs brillantes, rouge, orange, jaune, pourpre, ou blanc verdâtre, forment le pinceau terminal. Les fleurs et les bractées apparaissent de juin à août. Les fruits sont des capsules cylindriques contenant plusieurs graines. Peu d'espèces ont été bien définies en botanique et la plupart ne peuvent être identifiées en raison de leur hybridation. La castilléjie parasite parfois les racines d'autres plantes. On ne la trouve qu'à l'état sauvage, car elle ne peut être transplantée.

Castlegar, ville de la C.-B.; pop. 7027 (rec. 1996), 6579 (rec. 1991), 6385 (rec. 1986); superf. 16,16 km²; const. (avec Kinnaird) en 1974; située sur la rive ouest du FLEUVE COLUMBIA au confluent de la rivière Kootenay, à mi-chemin entre Calgary et Vancouver et à environ 35 km au nord de la frontière américaine. La bande des lacs des SALISH de l'intérieur contrôle ce lieu de pêche et de transport vital jusqu'au milieu du XVIIIᵉ siècle.

En 1865, pendant la construction de la ROUTE DEWDNEY, Edgar DEWDNEY acquiert les droits sur l'emplacement. Une route relie Castelgar à Nelson (43 km au nord-est) en 1889; le premier chemin de fer suit en 1892. En 1908, les DOUKHOBORS prennent possession de terres dans la région et prospèrent jusqu'à l'assassinat, en 1924, de leur chef spirituel, Peter VERIGIN, «l'élu de Dieu».

Depuis les années 40, la ville de Castlegar sert de centre de services pour les employés de la société Cominco et les ouvriers travaillant à la construction de barrages sur la rivière Kootenay, le fleuve Columbia et le canyon Revelstoke. Elle sert aussi de centre d'hébergement pour les employés d'usine. Parmi les employeurs importants figurent la Celgar Pulp Co., la Pope and Talbot Ltd. (scierie) et le Collège Selkirk, qui dispense divers cours universitaires et une formation technologique. Avec ses excellentes infrastructures de transport, la ville est un centre de commerce doté d'une importante structure de services.

William A. Sloan

Castonguay, Claude, homme d'affaires et sénateur (Québec, 8 mai 1929). Après des études à l'U. Laval (1948-1950) et à l'U. du Manitoba (1950-1951), il enseigne à l'U. Laval de 1950 à 1957, tout en travaillant comme actuaire pour plusieurs compagnies d'assurances du Québec. En 1962, il fonde sa propre maison d'experts-conseils. Au cours des années 60, il acquiert de l'influence dans le milieu politique, d'abord comme actuaire du groupe chargé de mettre sur pied le régime de pension du Québec (1960-1963) puis, de 1966 à 1970, comme président de la commission royale du Québec qui propose d'instituer un régime provincial d'assurance-maladie.

Élu à l'Assemblée nationale en 1970, Castonguay applique ses propres propositions en tant que ministre de la Santé, ministre de la Famille et du Bien-être social (1970-1971) et ministre des Affaires sociales (1971-1973). Les Québécois continuent d'honorer ses réalisations en appelant leurs cartes d'assurance-maladie des «castonguettes». Généralement considéré comme le ministre le plus puissant du Cabinet de Robert Bourassa, il refuse néanmoins d'être candidat à la direction du parti et quitte la politique en 1973.

En 1976, il se joint à la Corporation du Groupe La Laurentienne en tant que président de L'Impériale, Compagnie d'Assurance-Vie, nouvellement acquise. Sous sa vigoureuse gouverne en tant que chef de la direction de 1982 à 1989, le Groupe La Laurentienne devient l'un des plus importants conglomérats financiers du Canada et ses activités s'étendent aux États-Unis, aux Antilles et en Europe. Ses relations politiques contribuent largement à la croissance de La Laurentienne, car c'est Castonguay qui réussit à convaincre Jacques Parizeau, alors ministre des Finances du Québec, de déréglementer les institutions financières en 1983-1984.

Il est fait compagnon de l'Ordre du Canada en 1974 et est nommé sénateur en 1990. En 1991, à la suite de l'échec de l'ACCORD DU LAC MEECH, le premier ministre Brian Mulroney le nomme coprésident du Comité mixte spécial sur le renouvellement du Canada, le Comité Dobie-Castonguay. Alléguant des problèmes de santé, il démissionne cependant peu après le début des audiences du comité et quitte le Sénat en décembre 1992.

Castor (*Castor canadensis*) C'est le plus gros des mammifères RONGEURS du Canada (15 kg à 35 kg). Il a occupé une place plus importante dans l'histoire et l'exploration du Canada que tout autre espèce animale ou végétale.

Description Son corps est trapu et son pelage foncé, de couleur brun roux, est constitué d'un duvet dense et soyeux recouvert de longs jarres rudes. Son petit rapport surface-masse et son épaisse fourrure isolante sont des adaptations qui lui permettent une vie semi-aquatique où l'eau est souvent à une température frôlant le point de congélation.

Sa queue noire écailleuse est aplatie horizontalement et a une forme de pagaie. Ses larges pattes arrières palmées font office de puissantes pagaies natatoires. Ses petits yeux sont munis de membranes nictitantes qui peuvent recouvrir l'œil quand il est

sous l'eau. De plus, les narines et les oreilles possèdent des valves qui peuvent être fermées quand l'animal est submergé. Finalement, des structures spéciales derrière la bouche empêchent l'eau d'entrer dans les poumons et permettent au castor de ronger et de transporter des branches sous l'eau.

Autres espèces À la fin du pléistocène (il y a 10 000 ans), le Canada abritait aussi le castor géant (*Castoroides ohiœnsis*) qui ressemblait au castor actuel, mais qui était de la taille d'un ours et avait des incisives inférieures qui pouvaient atteindre 25 cm de longueur. Le castor géant, comme plusieurs autres espèces de grands herbivores tels que le mammouth et le paresseux marcheur, s'est éteint à cette époque pour des raisons obscures. Il existe une autre espèce de castor: le castor d'Europe (*C. fiber*).

Répartition et habitat Le castor a toujours habité exclusivement l'hémisphère Nord. Des introductions comme celle réalisée en 1946 sur la Terre de Feu, à la pointe de l'Amérique du Sud, lui ont permis d'habiter les deux hémisphères.

Le castor habite les régions forestières du Canada jusqu'à la LIMITE FORESTIÈRE, mais on le rencontre rarement dans les prairies. Il affectionne les cours d'eau lents où il construit des barrages avec des branches, des rondins, des débris et de la vase. C'est un des seuls mammifères, mis à part l'être humain, qui peut modifier intentionnellement son propre environnement. Il creuse souvent des canaux pour faire flotter le bois qui lui sert à la construction des barrages. Ces derniers maintiennent une réserve d'eau qui protègent ses huttes, lesquelles sont construites avec le même type de matériaux que ceux utilisés pour la construction des barrages. Les huttes ont des entrées sous la surface de l'eau et des voies d'accès conduisant aux chambres situées au-dessus du niveau d'eau.

Les barrages procurent également un accès plus facile à la nourriture favorite du castor: les feuilles, les bourgeons, les ramilles, l'écorce des arbres feuillus et, plus rarement, des conifères. Il se nourrit aussi de la végétation herbacée des étangs.

La hutte est ancrée dans la vase et est constituée d'un enchevêtrement complexe de branches et de tiges d'arbres. La vase et l'herbe sont cimentées sur les murs extérieurs. Lorsque la température hivernale descend sous zéro, il se forme un périmètre de glace autour de la hutte que les prédateurs ne peuvent pratiquement pas franchir. Si la température extérieure descend à -40 °C, les animaux réussissent à maintenir la température dans la hutte aux environs de 8 °C à 12 °C.

Comportement Le castor est un très bon nageur et il peut rester sous l'eau pendant 15 minutes. Lorsqu'il perçoit un danger, il frappe la surface de l'eau avec sa queue afin d'avertir les autres de se réfugier sous l'eau. Il est essentiellement nocturne et surtout actif du crépuscule à l'aube. Il n'hiberne pas, mais il quitte régulièrement sa hutte pendant l'hiver pour aller chercher de la nourriture dans une réserve submergée et ancrée à proximité de la hutte.

Il semble très jaloux de son territoire et démontre de l'agressivité envers les intrus. Pour établir les limites de son territoire, il construit des monticules de vases odoriférantes à des endroits stratégiques et sur lesquels il applique régulièrement du castoréum, une substance sécrétée par des glandes en forme de poires situées dans la région anale des individus des deux sexes.

Reproduction Le castor est monogame et forme des couples pour la vie. Chaque colonie est normalement constituée de deux parents, de rejetons nés l'année précédente et des petits de l'année. Juste avant la mise bas, les jeunes de deux ans sont forcés de quitter la colonie familiale. Le castor se reproduit en janvier et en février, a une gestation de trois mois et a une portée de deux à quatre petits.

Importance biologique Sans les barrages de castors, une bonne partie de l'eau des nombreux petits ruisseaux du Canada coulerait sans s'arrêter dans le

paysage. En créant des réserves d'eau et en jetant des arbres par terre, non seulement le castor s'approvisionne-t-il en bois pour sa hutte et en branches pour sa nourriture, mais il crée aussi des ouvertures dans les forêts denses, ce qui offre un habitat propice à une grande variété de plantes et d'animaux. C'est pourquoi on le considère comme la clé de voûte des ÉCOSYSTÈMES aquatiques des forêts tempérées et boréales (*voir* FORÊT BORÉALE).

Les graminées, les cypéracées (*voir* CAREX) et les fleurs sauvages abondent autour des étangs. Les insectes aquatiques et terrestres prolifèrent et constituent de la nourriture pour des oiseaux chanteurs tels que le BRUANT chanteur, l'HIRONDELLE bicolore et le JASEUR d'Amérique. Les harles et d'autres espèces de CANARDS ainsi que le MARTIN-PÊCHEUR d'Amérique se nourrissent dans les eaux peu profondes. Les arbres abattus par le castor procurent des sites de nidification pour des oiseaux qui nichent dans des cavités. Les crapauds, les GRENOUILLES et les tritons se reproduisent et prolifèrent dans les étangs et constituent de la nourriture pour les HÉRONS et le RATON LAVEUR.

Le milieu aquatique attire le VISON, l'ORIGNAL, le RAT MUSQUÉ et la LOUTRE. Les étangs de castors abandonnés se referment et se transforment en prés herbeux propices aux CERFS, aux CAMPAGNOLS et à d'autres espèces d'herbivores. Les travaux du castor contribuent donc à augmenter la BIODIVERSITÉ des régions forestières du Canada.

La fourrure du castor était autrefois considérée comme la plus précieuse des fourrures, plus particulièrement à l'époque où les chapeaux de feutre confectionnés avec le duvet de castor étaient un symbole de prestige. La poursuite du castor depuis les Maritimes jusque dans la vallée du Mackenzie a permis l'exploration de vastes régions qui forment actuellement le Canada. On estime qu'à l'époque où la TRAITE DES FOURRURES a commencé, il y avait dix millions de castors dans ce qui est aujourd'hui le Canada. Lorsque la mode a changé au milieu des années 1800, cette espèce était presque éteinte.

Aujourd'hui, le castor est redevenu abondant partout au Canada. Par le rôle qu'il a joué dans le développement et dans l'histoire du pays, le castor est devenu, à bon droit, un des EMBLÈMES nationaux du Canada. Il est sur les armoiries des provinces de l'Alberta et de la Saskatchewan (*voir* EMBLÈMES PROVINCIAUX ET TERRITORIAUX) et a été immortalisé dans 1000 noms de lieux (*voir* TOPONYMIE) d'un bout à l'autre du pays.

R. Boonstra

Castor de montagne (*Aplodontia rufa*) C'est la plus primitive des espèces vivantes de l'ordre des RONGEURS. Contrairement au CASTOR véritable, il n'a pas de proches parents vivants. Il ressemble à un RAT MUSQUÉ sans queue, est lourd et trapu, a de petites oreilles, de petits yeux, des pattes antérieures équipées de longues griffes fortes et recourbées dont il se sert pour creuser et possède une épaisse fourrure courte de couleur gris-brun. Le mâle adulte pèse en moyenne 850 g et la femelle, 775 g. Le castor de montagne se reproduit une fois par année, en février ou en mars. La période de gestation dure de 28 à 30 jours, et la portée compte 2 ou 3 petits.

Répartition et habitat Le castor de montagne vit dans les forêts humides de conifères de la CHAÎNE DES CASCADES, du sud-ouest de la Colombie-Britannique jusqu'au centre de la Californie. Il creuse un réseau de terriers dans un sol humide et poreux près d'un ruisseau. Les tunnels ont de 10 à 25 cm de diamètre et sont situés de 25 à 150 cm sous la surface du sol. Ses réseaux de terriers sont parfois très rapprochés et semblent former une colonie, mais cette espèce est de nature solitaire.

Régime alimentaire Le castor de montagne n'hiberne pas. Pendant l'hiver, il mange des aiguilles de conifères, des feuilles, des ramilles tendres et de l'écorce, et il grimpe souvent jusqu'à 2,5 m dans les arbustes et les arbres afin d'en couper les flèches et les branches. L'été, il préfère les fougères, les feuilles et diverses PLANTES herbacées. Il cause parfois des dommages importants aux jeunes conifères, aux arbustes et aux potagers.

R. Boonstra

Castor, peaux de Elles se divisent en deux catégories principales dans la TRAITE DES FOURRURES: le castor gras et le castor sec. Les pelleteries de castor gras sont traitées et portées par les autochtones avant d'être vendues. Les surfaces intérieures des peaux sont grattées et frottées avec de la moelle animale; les pelleteries sont ensuite cousues en robes. Les peaux portées depuis plusieurs mois perdent leurs longs poils de protection dont les racines se détachent par frottement; les peaux deviennent alors grasses et souples.

Le dessous de la fourrure ou duvet de castor, formé de poils barbelés qui donnent un feutre luxueux et durable, est de première importance pour l'industrie chapelière en Europe, jusqu'à ce que les chapeaux de soie deviennent à la mode dans les années 1830. Le duvet se détache facilement des peaux, ce qui donne un cuir solide.

Les pelleteries de castor sec sont séchées au soleil immédiatement après l'écorchage. Rendues en Europe, elles demandent un procédé de peignage particulier pour enlever les poils de protection. Les Algonquins, qui font du troc dans la vallée du Saint-Laurent, fournissent la plupart des pelleteries de ce genre.

À la fin des années 1600, la Compagnie de la baie d'Hudson commence, avec succès, à s'approvisionner de peaux de castor des CRIS du Nord, provoquant ainsi de fortes rivalités entre les Anglais et les Français pour obtenir ces fourrures en demande. Les rapports entre les autochtones et les Blancs sont parfois tendus, car les négociants cherchent à ajuster leurs stocks de peaux et de pelleteries de castor sec aux demandes fluctuantes du marché européen.

Jennifer S.H. Brown

Castors Groupe de conservateurs dissidents ultramontains (*voir* ULTRAMONTANISME) formé en 1882. Les castors s'opposent aux premiers ministres conservateurs québécois J.A. CHAPLEAU et J.A. MOUSSEAU, qu'ils accusent de les avoir évincés du pouvoir en s'alliant aux libéraux modérés. Le groupe rejette l'administration laxiste du gouvernement, sa collaboration avec des hommes d'affaires sans scrupules et sa préférence pour Québec au lieu de Montréal, surtout dans les questions relatives aux universités. C'est François-Xavier-Anselme Trudel qui dote le groupe de ce nom en signant son pamphlet intitulé *Le Pays, le parti et le grand homme* (1882) du pseudonyme «Castor». Le groupe manque de structure et reste donc un mouvement marginal jusqu'à sa disparition à la fin du XIXᵉ siècle.

Nive Voisine

Castors (groupe autochtone) Les Castors sont des autochtones de langue athapascane de la région de la RIVIÈRE DE LA PAIX, en Colombie-Britannique et en Alberta. Ce sont les premiers explorateurs qui les ont appelés Castors en s'inspirant du nom d'un groupe de la région, les Tsa-dunnes. Eux-mêmes s'appellent Dunneza («vrai peuple») en Colombie-Britannique ou Dénés dháa en Alberta. En 1996, on compte environ 2250 Castors inscrits au Canada. Avant l'arrivée des Européens, on estime à plus de 1000 le nombre de Castors établis sur un territoire d'environ 194 250 km².

Leurs voisins, à l'ouest et au nord, sont les SÉKANIS et les ESCLAVES, de langue athapascane et, à l'est, les CRIS du groupe algonquin, qui occupent la partie est de leur territoire au cours de cette période. Dans les années 1790, des postes de traite des fourrures sont établis le long de la rivière de la Paix et les missionnaires catholiques convertissent de nombreux Castors après 1850.

Premier régime social et économique Les Castors sont des chasseurs qui vivent à l'origine en petites bandes nomades de 25 à 30 personnes. Ils se réunissent en plus grand nombre le long de la rivière de la Paix pour célébrer les fêtes de l'été. Ils chantent, dansent et jouent au jeu de la main, compétition de devinettes où s'affrontent des équipes d'hommes. L'essentiel de la nourriture provient de la chasse au gros gibier: le bison dans la prairie près de la rivière, l'orignal dans les marécages et les forêts, le caribou près des montagnes, et, enfin, l'ours. Avant de pouvoir se procurer des armes à feu auprès des commerçants de fourrures, ils chassent souvent en groupe en encerclant les animaux. Ces chasses communautaires sont dirigées par des chefs religieux, sorte de prophètes appelés «devins».

Les jeunes Castors doivent se rendre dans la forêt en quête d'une vision pour acquérir le pouvoir surnaturel des animaux. L'avènement du fusil rend le chasseur solitaire plus efficace et entraîne un déclin dans les populations de gibier, plus particulièrement chez le bison qui a déjà disparu de la région en 1900. Les devins tentent d'aider leur peuple à comprendre et à prévoir les changements apportés par les Blancs. Même si la plupart des Castors ont déjà été catholiques et si certains adhèrent aujourd'hui à la religion anglicane, bon nombre d'entre eux n'ont pas pour autant abandonné leurs croyances traditionnelles.

Traités Les Castors ont signé leur adhésion au Traité nᵒ 8 en 1899, 1900 et 1910, lequel leur donne officiellement le droit de vivre de la chasse et du piégeage (*voir* TRAITÉS INDIENS). Ils vivent aujourd'hui dans les RÉSERVES INDIENNES en Colombie-Britannique et en Alberta. Une grande partie de leur territoire traditionnel sert maintenant à l'agriculture et à l'exploitation pétrolière, mais il leur est toujours possible de pratiquer la chasse et le piégeage dans la partie nord du territoire. Ces activités constituent des sources importantes de nourriture et de revenus, et elles contribuent à préserver leur identité. (*Voir aussi* AUTOCHTONES: LA RÉGION SUBARCTIQUE et plusieurs articles généraux sous AUTOCHTONES.)

Robin Ridington

Cathcart, Charles Murray, 2ᵉ comte de, général, gouverneur général de l'Amérique du Nord britannique (Walton-on-the-Naze, Angl., 21 déc. 1783 – St. Leonard's-on-sea, Angl., 16 juil. 1859). Officier d'état-major de Wellington pendant les guerres napoléoniennes, Cathcart est également un scientifique amateur assez renommé. En 1841, il découvre la greenockite minérale, un sulfate de cadmium. Commandant des forces britanniques en Amérique du Nord du 15 juin 1845 au 13 mai 1847, il exerce également les responsabilités d'administrateur de la province du Canada du 26 novembre 1845 au 24 avril 1846 et de gouverneur général du 24 avril 1846 au 30 janvier 1847. Il est donc amené à exercer brièvement les plus hauts pouvoirs exécutifs civils et militaires à cause du litige de la délimitation de la frontière de l'Oregon qui plonge les relations anglo-américaines dans une grave crise. Inexpérimenté en politique, il s'avère néanmoins efficace comme gouverneur intérimaire. (*Voir* La signature du TRAITÉ DE L'OREGON).

Owen Cooke et Norman Hillmer

Catherwood, Ethel, athlète de piste et pelouse (comté d'Haldimand, Ont., 1909). Elle est la seule femme canadienne à avoir remporté une médaille d'or individuelle en athlétisme aux Jeux olympiques. Dans sa ville d'origine, Saskatoon, elle se fait remarquer comme sauteuse en hauteur en 1926, en égalant le record canadien lors d'une compétition locale. Plus tard, au cours de la même année, elle bat le record mondial avec un saut de 1,58 m. À Toronto, ses partisans la surnomment «le lis de Saskatoon», et le philanthrope Teddy Oke la prend sous son aile. Aux championnats canadiens d'Halifax en 1928, elle établit un nouveau record en franchissant 1,6 m. Lors de la dernière journée des Jeux olympiques d'Amsterdam en 1928, elle franchit 1,59 m au «saut en hauteur avec élan» chez les femmes, ce qui lui vaut la médaille d'or. Après avoir été accueillie en héroïne à son retour au pays, elle refuse des offres pour le cinéma et se dirige plutôt vers des études commerciales et l'étude du piano. Plus tard, elle se mariera, déménagera en Californie et ne fera plus de compétition sportive

Ted Barris

Catholicisme Le mot grec *katholikos*, «général» ou «universel», désigne le plus souvent la partie du CHRISTIANISME qui est en communion avec le pape et l'Église de Rome, même si le mouvement œcuménique moderne considère que tous les chrétiens participent au catholicisme de l'Église, qui émane de la souveraineté et du règne universel du Christ. (Dans plusieurs Églises protestantes, la profession de foi comporte le mot «catholique», qui qualifie alors l'ensemble de l'Église chrétienne.)

Ce n'est pas un terme d'origine biblique. À notre connaissance, saint Ignace d'Antioche (mort vers 110) est le premier à employer le terme d'«Église catholique». Saint Vincent de Lérins (Vᵉ siècle) définit plus tard la foi catholique comme «ce qui a été cru partout, toujours et par tous». D'après la doctrine de l'Église, Dieu, le Créateur, est le Père de tous, et Dieu le Fils (le Christ) possède un royaume universel qui est l'Église. Les premières Églises chrétiennes, fondées dans une grande variété de langues, de cultures et de peuples, se considèrent comme formant l'unique sainte Église catholique du Christ.

Sacrements de l'Église catholique romaine L'Église catholique romaine reconnaît sept rites religieux appelés sacrements: le baptême, administré en général aux bébés; la confirmation; l'eucharistie (communion), acte principal de l'office public appelé messe, sacrement réservé aux baptisés; la confession ou sacrement du pardon, qui exige le regret du pénitent et l'absolution du prêtre; l'ordination (admission à l'un des trois ordres ecclésiastiques); le mariage; et l'onction des malades, qui n'est normalement administrée qu'en cas de maladie grave ou de mort imminente. L'Église est gouvernée par une hiérarchie d'évêques, de prêtres et de diacres sous l'autorité du pape, qui est l'évêque de Rome. Selon la doctrine de la succession apostolique, l'autorité spirituelle conférée par le Christ à ses apôtres s'est transmise par une succession ininterrompue au pape, aux évêques et aux prêtres actuels, qui sont investis de cette autorité à des degrés divers. Les membres du clergé doivent être des hommes. L'Église a de nombreuses COMMUNAUTÉS RELIGIEUSES CHRÉTIENNES d'hommes ou de femmes qui, comme les prêtres et les évêques de rite occidental, font vœu de chasteté.

Depuis les débuts du christianisme, la fête de Pâques, qui commémore la résurrection du Christ, est la plus importante fête du calendrier liturgique. Au fil des siècles, d'autres fêtes saisonnières et thématiques se sont ajoutées. En plus de Pâques, le catholicisme moderne fait de Noël (célébration de la nativité de Jésus) et de l'Épiphanie (célébration des premières manifestations de la divinité du Christ) les principales célébrations de l'année (*voir* FÊTES RELIGIEUSES).

Au Canada, peu de catholiques appartiennent aux Églises de rite oriental. En 1991, on a recensé 128 390 catholiques ukrainiens (le rite oriental qui compte le plus de fidèles au Canada). L'Église occidentale, ou catholique romaine, est beaucoup plus nombreuse. Près de la moitié de la population canadienne s'est déclarée catholique romaine en 1991 (il faut cependant se méfier des données du recensement: le fait de déclarer son appartenance à l'Église ne signifie pas nécessairement qu'on soit pratiquant). L'accroissement de la proportion des catholiques romains, qui était de 38,7 p. 100 en 1921, est attribuable en grande partie à une immigration massive. Au Canada, on compte plus de 12,3 millions de catholiques romains, répartis inégalement dans l'ensemble du pays: 47,5 p. 100 d'entre eux vivent au Québec, 28,7 p. 100 en Ontario, 15,7 p. 100 dans l'Ouest et 8 p. 100 dans les provinces de l'Atlantique.

Débuts de l'Église catholique romaine

Le catholicisme romain arrive dans ce qui est aujourd'hui le Canada avec les premiers explorateurs, mais il tarde à s'implanter. Que Jacques CARTIER ait été vraiment accompagné ou non par des aumôniers en 1535, c'est Samuel de CHAMPLAIN, avec sa propagande en faveur de la colonisation, qui persuade l'Église de France de fonder une mission dans la vallée du Saint-Laurent. Les circonstances de l'époque sont propices à l'esprit missionnaire qui préside à la fondation d'une Église catholique canadienne: intérêt de la papauté et des ordres religieux pour le Nouveau Monde; fin des guerres de religion en France; réformes effectuées après le concile de Trente, qui régénèrent l'Église française; enthousiasme de personnes dévotes pour les missions étrangères. Avec l'appui de nobles bienfaiteurs et du clergé français, des récollets s'établissent au Québec en 1615, suivis par les jésuites en 1625. Les missionnaires retournent en France pendant l'occupation anglaise de 1629 à 1632, mais ils reviennent en force (bien que, par ordre du cardinal de Richelieu, seuls les jésuites soient autorisés à reprendre leur travail).

La jeune Église canadienne se voue presque uniquement à l'évangélisation des peuples autochtones. Sans toutefois négliger les colons qui se font plus nombreux en NOUVELLE-FRANCE, les jésuites, puis les sulpiciens, vivent surtout chez les autochtones. Les récits de leurs travaux, publiés dans les RELATIONS DES JÉSUITES, les aident à attirer l'intérêt des catholiques français. De généreuses donations permettent de financer le Collège des Jésuites (1635), la réserve de SILLERY (1637), le Couvent et l'École des URSULINES (1639) dirigées par MARIE DE L'INCARNATION, l'HÔTEL-DIEU (1639) et VILLE-MARIE (1642), où sont fondés des établissements semblables à ceux de Québec. L'Église est le soutien de la colonie et constitue même une force politique dominante, le supérieur des jésuites ayant souvent plus de poids que le gouverneur.

En 1650, la situation change totalement. De 1648 à 1650, les Iroquois détruisent la HURONIE ainsi que la mission la plus prometteuse des jésuites, SAINTE-MARIE-DES-HURONS. Par la suite, les jésuites œuvrent chez les autochtones dans des missions éparses, mais ils doivent de plus en plus s'occuper de la population française qui ne cesse d'augmenter. L'Église reçoit son premier prélat en 1659. François de LAVAL n'est alors que vicaire apostolique (évêque à titre provisoire lorsqu'il n'y a pas de hiérarchie), mais son pouvoir est suffisant pour lui permettre de coordonner la fondation des institutions nécessaires, comme le SÉMINAIRE DE QUÉBEC. La Nouvelle-France ayant été réorganisée en 1663 en tant que colonie royale, l'Église doit accepter l'intervention de l'État dans les questions d'intérêt commun (p. ex., la fondation de paroisses) et même dans les questions purement religieuses (p. ex., les règles des communautés religieuses). En revanche, elle peut compter sur l'appui de l'État, et en particulier sur son appui financier. L'harmonie est parfois difficile à maintenir.

Peu à peu, une chrétienté originale prend forme. Elle est homogène, car les protestants ne sont admis dans la colonie que pour de brèves visites (voir HUGUENOTS). La plupart des gens sont pratiquants et obéissent à un catholicisme austère qui porte surtout l'empreinte de Mgr de SAINT-VALLIER (voir JANSÉNISME). La paroisse est au cœur de la vie religieuse. Ses finances sont administrées par les marguilliers, seuls dignitaires élus de la Nouvelle-France, sur qui le curé exerce généralement son influence. En 1760, le Canada compte environ 100 paroisses. La plupart d'entre elles sont dirigées par des prêtres séculiers (au nombre de 84), dont les quatre cinquièmes sont nés au Canada. À ces prêtres s'ajoutent 30 sulpiciens, 25 jésuites et 24 récollets, ainsi que 200 religieuses appartenant à 6 communautés, qui se chargent de l'éducation et des œuvres de charité. Ces communautés d'hommes et de femmes peuvent dispenser leurs services gratuitement parce que le roi leur a accordé des terres et un soutien financier. Cet équilibre, qui caractérise les relations entre l'Église et l'État de 1660 à 1760, est constamment susceptible d'être rompu par toute modification des forces qui le composent.

L'Église sous le régime britannique

Après la CONQUÊTE de 1759-1760, l'Église catholique du Québec, déjà affaiblie par la guerre, doit aussi composer avec les nouveaux maîtres britanniques et protestants. On s'attend à ce que les nouveaux pouvoirs favorisent l'Église anglicane (voir ANGLICANISME) et tentent de convertir leurs nouveaux sujets catholiques. Pourtant, la liberté de pratiquer le catholicisme est garantie dans les dispositions de capitulation, et les catholiques jouissent d'une liberté de plus en plus grande. Néanmoins, les Britanniques interviennent dans la nomination des évêques, et parfois des prêtres, et exigent que le clergé communique aux paroissiens certains documents gouvernementaux. L'ACTE DE QUÉBEC de 1774 garantit encore davantage la liberté de pratique du catholicisme et facilite l'accès des catholiques à des charges publiques. Pour protéger ces nouvelles libertés, les évêques prêchent l'obéissance (dans une mesure variable), poussent la population à résister aux envahisseurs américains en 1775 et chantent des hymnes d'action de grâces en l'honneur des victoires britanniques contre les Français pendant la GUERRE D'INDÉPENDANCE AMÉRICAINE.

Pour ce qui est des autres régions du Canada, l'Église française fonde des missions dans les Maritimes au début du XVIIe siècle et à Terre-Neuve au milieu du XVIIe siècle, mais des catholiques non francophones s'établissent également dans ces régions. À la fin du XVIIe siècle, des catholiques irlandais commencent à arriver à Terre-Neuve, qui relève de l'autorité de Québec jusqu'en 1713, année où la France cède Terre-Neuve à la Grande-Bretagne par le TRAITÉ D'UTRECHT. C'est ensuite le vicaire apostolique de Londres qui exerce le pouvoir ecclésiastique sur l'île. En 1796, Terre-Neuve devient un diocèse distinct dont l'évêque est J.L. O'Donnell.

Croissance de l'Église

À la fin du XVIIIe siècle, un nombre important de catholiques écossais s'établissent à l'Île-du-Prince-Édouard et en Nouvelle-Écosse. Toutefois, pour diverses raisons personnelles, politiques et ecclésiastiques, l'Église de ces provinces et des autres régions peuplées du Canada, sauf Terre-Neuve, continue de relever de l'évêque de Québec jusqu'en 1817, année où la Nouvelle-Écosse est érigée en vicariat apostolique distinct, sous l'autorité de l'évêque Edmund Burke. Par la suite, de nouveaux vicariats et de nouveaux diocèses apparaissent à mesure que les régions sont colonisées. La croissance de l'Église au Canada anglais est alimentée surtout par l'arrivée massive d'immigrants irlandais au XIXe siècle.

Entre-temps, dans le BAS-CANADA (le Québec), à l'aube du XIXe siècle, un grand nombre de catholiques, surtout dans la classe professionnelle montante, se détachent de leur Église. Les prêtres ne peuvent plus diriger la population comme auparavant, et les gens ont tendance à négliger la pratique religieuse. Les autorités de l'Église repoussent les tentatives de domination laïque, se font reconnaître officiellement par l'évêque, encouragent l'éducation (notamment les vocations religieuses) et raniment la foi catholique. Cependant, les 323 prêtres qui constituent le clergé au Québec ne peuvent pas répondre aux besoins des 500 000 Québécois et ne peuvent plus compter sur le soutien des communautés religieuses masculines (il ne reste plus que les sulpiciens) ni féminines qui sont en difficulté. Le Parti PATRIOTE, fondé en 1826 et massivement appuyé par la population, propose un programme libéral qui alarme le clergé et entreprend une propagande de style protestant, surtout dans la région de Montréal. L'évêque de Québec, en butte à ces attaques, obtient la nomination d'un auxiliaire à Montréal, Mgr Jean-Jacques Lartigue, qui devient évêque de Montréal en 1836. Celui-ci condamne les RÉBELLIONS DE 1837, mais en prenant ainsi parti pour le gouvernement, il s'attire temporairement la désaffection de la population.

Tout comme l'ensemble de la société, l'Église est durement secouée par les contrecoups de l'insurrection. Cependant, elle est la première à se rétablir. Sous l'impulsion dynamique du nouvel évêque de Montréal, Mgr Ignace BOURGET (introniser en 1840), le clergé acquiert un pouvoir grandissant. Bourget entreprend de «christianiser» et de «régénérer» la société en appliquant les idées de son prédécesseur et en tirant profit des sermons populistes d'un prélat français, Mgr Charles de Forbin-Janson (voir ÉVANGÉLISME ET ÉVANGÉLISTES). Bourget exploite à fond la presse religieuse, dirigée avec ardeur et habileté par des laïcs, dirige les campagnes de financement dans la ville et effectue des voyages en Europe pour demander de l'aide. Il travaille pour le progrès de la population, alignant son Église sur celle de Rome en matière de liturgie, d'études théologiques et de pratiques pieuses. Il appuie les campagnes de moralité publique (p. ex., les campagnes pour la TEMPÉRANCE et la lutte contre les «mauvais» écrits menée par l'Œuvre des bons livres et les cabinets de lecture paroissiaux), dirige un programme d'assistance sociale pour les pauvres, les malades, les orphelins et les handicapés, et prêche l'entraide sociale. L'exemple de Montréal est suivi partout au Québec, mais souvent à un degré moindre.

Pendant la même période, grâce à une forte augmentation des vocations religieuses, les paroisses deviennent plus nombreuses et mieux servies. Le nombre de diocèses (10 en 1900) augmente avec la croissance démographique. Les prêtres, devenus plus nombreux, s'engagent souvent dans des activités laïques et semblent tout diriger au Québec. De temps à autre, les paroisses font appel à des spécialistes (jésuites, oblats, rédemptoristes, dominicains ou franciscains) pour prêcher des missions de renouveau spirituel. La réponse des laïcs semble satisfaisante; la plupart sont devenus pratiquants, et on peut même dire qu'une élite fervente s'est constituée.

Tant au Canada français qu'au Canada anglais, l'Église suit la tendance du catholicisme mondial, dont les autorités ont une attitude de plus en plus défensive face à une société occidentale née de la Révolution française et de la Guerre d'Indépendance américaine. Au début du XIXe siècle, la violence sectaire s'amplifie, comme le montrent à plusieurs occasions les bagarres entre Irlandais catholiques et Irlandais protestants du Haut-Canada (voir ORDRE D'ORANGE) et les combats provoqués par ce qu'on a appelé les guerres des Shiners dans les années 1840. Les hommes d'Église catholiques considèrent l'agitation sociale engendrée par l'industrialisation et l'urbanisation comme l'œuvre du diable, de la Révolution française, de la franc-maçonnerie, du socialisme et du capitalisme sauvage, et ils exhortent les fidèles à revenir à un ordre social chrétien stable comme celui qui prévalait au Moyen Âge.

Église catholique et écoles

Un domaine social dans lequel l'Église a toujours été active est l'éducation. Partout au Canada, le clergé catholique prend l'initiative dans ce domaine, au début du XIXe siècle, en fondant de petites écoles locales dont les enseignants ont pour principale préoccupation l'éducation morale de leurs élèves. Toutefois, vers le milieu du siècle, l'État commence à dispenser une éducation, s'engageant ainsi dans un domaine d'activité sociale qui a appartenu à l'Église pendant des siècles. La première loi scolaire (1841) de la PROVINCE DU CANADA vise la mise sur pied d'un système scolaire chrétien mais non confessionnel. Toutefois, pour s'adapter à la réalité politique, le Canada-Est (le Québec) élabore bientôt deux systèmes scolaires confessionnels (un catholique et un protestant), tandis que le Canada-Ouest (l'Ontario) permet la création d'un système scolaire divisé et soutenu par l'État, comprenant une section non confessionnelle (publique) et une section confessionnelle (ÉCOLES SÉPARÉES). Les écoles confessionnelles ne tardent pas à être essentiellement catholiques. Pendant les décennies suivantes, plusieurs autres provinces établissent leur système scolaire sur le modèle de celui du Québec ou de celui de l'Ontario. En conséquence, même si l'État prend en charge l'instruction de la population canadienne, les écoles confessionnelles et catholiques obtiennent une reconnaissance légale.

Pendant la seconde moitié du XIXᵉ siècle, la hiérarchie catholique canadienne est déterminée à renforcer le statut de ses écoles catholiques, alors que les promoteurs de l'école publique estiment que seules leurs écoles «publiques» devraient être soutenues par l'État. Ainsi s'expliquent les longues et acerbes controverses auxquelles donnent lieu la QUESTION DES ÉCOLES DU NOUVEAU-BRUNSWICK en 1871, la QUESTION DES ÉCOLES DU MANITOBA dans les années 1890 et la QUESTION DES ÉCOLES DU NORD-OUEST au tournant du siècle. La QUESTION DES ÉCOLES DE L'ONTARIO (1912-1927) n'est pas seulement une querelle entre protestants anglophones et catholiques francophones, mais découle également d'une lutte de pouvoir entre les éléments canadiens-français et ceux d'origine irlandaise au sein du clergé catholique.

D'autres régions du Canada connaissent des querelles semblables entre groupes ethniques qui se disputent les pouvoirs ecclésiastiques, mais certains membres du clergé, pendant ce temps, prennent conscience des avantages de la diversité et apprennent à se respecter et à s'aimer entre eux. Pendant cette période, l'Église fonde de nombreux établissements confessionnels d'enseignement supérieur, telle est l'origine de plusieurs UNIVERSITÉS canadiennes, telles que l'UNIVERSITÉ D'OTTAWA et l'University of St. Michael's College à Toronto. L'administration de la plupart d'entre elles sera graduellement laïcisée par la suite.

À mesure que l'influence de l'Église sur la société s'accroît, surtout au Canada français, certains membres du clergé se laissent tenter par la politique. Partisan des principes ultramontains (voir ULTRAMONTANISME) et craignant les réformes suggérées par le Parti libéral, le clergé du Québec taxe de libéralisme catholique les tenants de ce parti et les dénonce pendant les périodes électorales. En 1871, des laïcs appuyés par Bourget et par Mᵍʳ Louis-François LAFLÈCHE publient un manifeste électoral, le Programme catholique, qui pourrait assujettir le Parti conservateur provincial aux autorités religieuses. La réaction énergique de l'archevêque Elzéar-Alexandre TASCHEREAU, de deux évêques, Charles Larocque et Jean Langevin, et de certains politiciens fait échouer le projet et rend public le désaccord entre les ultramontains modérés et les ultramontains intransigeants, qu'on appelle alors les «programmistes».

En 1875, les deux groupes s'unissent pour dénoncer vigoureusement le libéralisme catholique. En 1876, les résultats des élections dans deux circonscriptions provinciales sont annulés pour motif d'«abus d'influence» de la part du clergé. La tension monte entre l'Église et l'État. Le Vatican est consulté et envoie un délégué apostolique, Mᵍʳ George Conroy, pour rétablir l'harmonie entre les prélats et les forcer à déclarer que leur condamnation du libéralisme catholique ne s'adresse pas au Parti libéral.

Dès lors, les interventions du clergé en politique se font plus discrètes.

Pendant la seconde moitié du XIXᵉ siècle, le catholicisme québécois se découvre une vocation missionnaire encore très vivante de nos jours. Des religieuses, des prêtres et des frères commencent par fonder des missions au Canada anglais (notamment dans ce qui deviendra les provinces des Prairies et les Territoires du Nord-Ouest) et aux États-Unis, puis ailleurs dans le monde (voir MISSIONS ET MISSIONNAIRES). Fortement appuyé au début par des missionnaires oblats venus de France, le clergé canadien et surtout québécois fonde des missions, des hôpitaux et des écoles dans les Prairies, en Colombie-Britannique et dans le Nord. L'Église s'occupe également de questions sociales plus vastes. Divers sociologues du XIXᵉ siècle reconnaissent que l'industrialisation et l'urbanisation croissantes créent de nouvelles formes de société ayant de nouveaux besoins. Vers la fin du siècle, les protestants lancent donc le MOUVEMENT SOCIAL GOSPEL pour résoudre la nouvelle «question sociale». Au tournant du XXᵉ siècle, le catholicisme québécois se préoccupe aussi des problèmes sociaux. Conscient des problèmes créés par la nouvelle technologie et la migration vers les villes et stimulé par l'encyclique Rerum Novarum (1891) du pape Léon XIII, le clergé élabore une DOCTRINE SOCIALE pour guider la nouvelle société. Au Québec, cette œuvre est surtout menée par les jésuites au moyen de l'École sociale populaire. Leur Programme de restauration sociale (fondé en 1933) constitue la principale source d'inspiration des mouvements politiques de l'ACTION LIBÉRALE NATIONALE, du BLOC POPULAIRE CANADIEN et, dans une moindre mesure, de l'UNION NATIONALE qui appuient et dirigent les syndicats catholiques, fondés de 1907 à 1920, les caisses populaires, les coopératives et des ligues de toute sorte, qui ont toutes le catholicisme comme caractéristique principale.

Par ailleurs, l'Église du Québec continue aussi de diriger l'éducation. Toutes ces activités laïques ne laissent plus qu'environ 45 p. 100 du clergé pour s'occuper du ministère paroissial. Ce déséquilibre ne pose guère de problèmes, car le clergé de la province continue d'augmenter en nombre: 2091 prêtres en 1890, 3263 en 1920, 5000 en 1940, soit un rapport de 567, 578 et 539 paroissiens par prêtre respectivement, et ce, sans compter les communautés religieuses. Les fidèles sont guidés par leurs prêtres, et leur pratique religieuse est surtout centrée sur les missions paroissiales, les pèlerinages et les conférences provinciales, régionales et locales. L'ACTION CATHOLIQUE contribue à former de «nouveaux» catholiques, dont les méthodes dérangent les traditionalistes et entrent parfois en conflit avec celles du clergé.

En menant ses activités sociopolitiques, le catholicisme canadien enseigne une doctrine et une morale strictes, et son engagement politique et social ne laisse pas de place aux compromis. La CRISE DES ANNÉES 30 donne aux catholiques une nouvelle occasion de prouver leur volonté de s'occuper des grands problèmes sociaux. La période difficile qui donne naissance à la CO-OPERATIVE COMMONWEALTH FEDERATION (CCF) marque également, chez les catholiques, les débuts du MOUVEMENT D'ANTIGONISH. De nombreux évêques catholiques condamnent le CCF parce qu'il est socialiste. Fidèle à sa tradition, l'Église, dans l'ensemble, est conservatrice, favorise le statu quo et se méfie des changements. Toutefois, la Seconde Guerre mondiale rend les catholiques canadiens de plus en plus conscients du monde extérieur et amène beaucoup d'entre eux à juger l'Église trop suffisante et trop complaisante.

Pendant un siècle (1850-1950), le catholicisme est très centralisé et très discipliné, la plupart des catholiques canadiens étant habituellement pratiquants et intégrant à leurs pratiques un nombre croissant de dévotions qui se manifestent dans un décor de piété intense et pittoresque. L'attachement à la papauté s'intensifie après 1850, atteignant son point culminant en 1870 lors de la définition du dogme de l'infaillibilité pontificale, et les papes qui se succèdent encouragent des dévotions spéciales, notamment au Sacré-Cœur de Jésus, à la Vierge Marie et à saint Joseph. L'Église catholique s'appuie sur des coutumes séculaires en favorisant diverses formes de piété comme le rosaire, le port du scapulaire, l'adoration du Saint-Sacrement et les quarante heures. Les pèlerinages deviennent populaires, tant vers les sanctuaires de l'Europe et de la Terre Sainte que vers ceux du Canada. La plupart des familles canadiennes ornent leur maison d'un crucifix. On plante des croix de chemin et on construit des sanctuaires dans les régions à prédominance catholique. Cette piété fervente ne s'affaiblit qu'après 1960.

Le catholicisme canadien se présente comme une Église triomphante à l'issue de la Seconde Guerre mondiale, comme l'indiquent le faste et l'éclat entourant le Congrès marial d'Ottawa, en 1947, et les cérémonies d'intronisation de l'archevêque Paul-Émile LÉGER à Montréal, en 1950. Toutefois, les régimes conservateurs du pape Pie XII et du président américain Eisenhower se terminent à la fin des années 50, et le nouvel esprit libéral qui souffle sur le monde occidental commence à se faire sentir dans l'Église du Canada anglais.

Au Québec, les changements sont plus spectaculaires et plus perturbateurs que dans le reste du Canada. La Seconde Guerre mondiale et l'après-guerre sont marqués par de profondes transformations dans tout le Québec. Les valeurs traditionnelles, même religieuses, sont contestées par des gens qui souhaitent un élargissement des valeurs missionnaires et communautaires, un rôle accru des laïcs dans l'Église et un meilleur accueil des valeurs positives du monde moderne. Certains éléments, comme la Faculté des sciences sociales de l'U. Laval et la Commission sacerdotale d'études sociales, effectuent une nouvelle lecture de la doctrine sociale de l'Église et proposent des solutions modernes aux problèmes sociaux. Ils sont au premier rang de ceux qui s'opposent au gouvernement Duplessis pendant la GRÈVE DE L'AMIANTE, en 1949, et inspirent, en 1950, une lettre pastorale collective qui exprime une nouvelle sympathie pour le mouvement ouvrier et les femmes.

Jusqu'en 1959, le catholicisme québécois n'en continue pas moins de se présenter comme une institution triomphaliste et conservatrice. Alors, la RÉVOLUTION TRANQUILLE des années 60 force l'Église à reconnaître certaines de ses faiblesses. En quelques années à peine, un vent de changement amène la laïcisation des structures sociales (le bien-être, la santé et l'éducation passent du pouvoir de l'Église à celui de l'État) et des institutions (notamment, les syndicats catholiques rejettent leur étiquette confessionnelle pour devenir la CONFÉDÉRATION DES SYNDICATS NATIONAUX), tandis que les associations, les amicales, les universités et l'État adoptent une position de neutralité religieuse. En même temps, une grande partie de la population délaisse les offices religieux du dimanche et s'écarte de la morale traditionnelle, surtout en matière sexuelle, beaucoup de membres du clergé et des ordres religieux quittent la vie consacrée, et le nombre de vocations religieuses diminue très fortement. La hiérarchie et l'ensemble du clergé semblent dépassés et gardent un silence prudent.

Le renouveau du catholicisme après 1960 se manifeste également par une nouvelle ouverture de l'Église aux autres chrétiens et aux autres religions. Les catholiques, les anglicans, les luthériens ainsi que d'autres protestants collaborent à certaines activités missionnaires, à des efforts de justice sociale et à des initiatives pastorales locales et régionales.

Église de Vatican II

En 1959, le pape Jean XXIII annonce la convocation d'un concile œcuménique, et la catholicité du monde entier commence à chercher de nouvelles formes d'expression et de témoignage. Lors du deuxième concile du Vatican (1962-1965), le catholicisme international entre dans un tourbillon de changements et de défis visant à revivifier tous les domaines qui intéressent les chrétiens, de la théologie à l'action politique, de la spiritualité à l'administration et de l'œcuménisme aux règles de morale. Un certain nombre de Canadiens (comme le cardinal Léger, le théologien Bernard LONERGAN ainsi que Jean VANIER, connu pour ses œuvres caritatives) s'affirment comme des promoteurs de l'aggiornamento (mouvement de modernisation) dans divers domaines d'activité.

L'Église canadienne ne peut plus, comme naguère, compter sur la coutume et les contraintes sociales pour attirer les gens aux offices religieux ou pour influencer les décisions des gouvernements. Ce phénomène est particulièrement sensible au Québec, où la Révolution tranquille coïncide avec le renouveau international de l'Église. L'éclatement de ces cadres sociaux plonge de nombreux catholiques canadiens dans une confusion plus ou moins générale pendant au moins une dizaine d'années. Ceux qui allaient à la messe tous les dimanches par crainte des punitions encourues par le péché apprennent qu'ils doivent apprendre à assumer personnellement la responsabilité de leur présence aux offices. Ceux qui considéraient le prêtre comme un «autre Christ» découvrent qu'il est également humain. Ceux pour qui le péché de la chair était «le seul péché» comprennent l'importance de l'amour de Dieu et du prochain. Les hommes d'Église apprennent à déléguer une part de leur autorité, et les catholiques sont appelés à prendre des responsabilités.

Le renouveau catholique est également visible dans l'adoucissement de l'enseignement sur le mariage. Avant 1960, une personne catholique devait obtenir une permission spéciale pour épouser une personne non catholique, laquelle devait consentir par écrit à ce que ses enfants soient élevés dans la foi catholique. Après Vatican II, l'Église reconnaît la primauté de la conscience et le fait que beaucoup de non-catholiques ont une authentique foi chrétienne. En conséquence, les règles disciplinaires deviennent moins rigoureuses, car de nombreux pasteurs catholiques reconnaissent désormais que les enfants nés de mariages mixtes ont avantage à être élevés dans l'Église du parent le plus engagé dans sa foi chrétienne. Le mouvement œcuménique est renforcé du même coup.

De fait, Vatican II et les documents pontificaux de l'après-concile constituent une étape marquante de l'histoire de l'Église catholique. De nouveaux avant-postes sont établis auprès d'un monde postmoderne dont les relations avec l'Église chrétienne se dégradaient depuis le XVIIᵉ siècle. La crainte du monde, qui est si répandue dans l'ancienne spiritualité, se transforme en une franche ouverture à l'humanité contemporaine. On insiste davantage sur l'Église comme peuple de Dieu et moins sur le pouvoir de la hiérarchie; le laïcat progresse (quoique, au début des années 80, les Canadiennes exercent des pressions afin d'être admises dans la hiérarchie par l'ordination sacerdotale); les protestants, que l'Église catholique traitait comme des hérétiques, sont promus au rang de «frères séparés»; les pays en voie de développement sont considérés comme un sujet de grande préoccupation pour l'Église; le socialisme, naguère rejeté avec horreur, devient une idéologie acceptable dans certaines circonstances; et la manière de traiter les minorités linguistiques, culturelles et politiques est considérée comme un moyen fiable de juger de la qualité des gouvernements.

Les pratiques du culte changent également après Vatican II, et les changements découlent en grande partie de l'attention renouvelée qu'on accorde au peuple comme élément principal de l'Église. Bien que l'eucharistie demeure le centre de la messe, la réception de la communion n'est plus aussi indisso-

ciable de la confession individuelle qu'avant. Les prêtres célèbrent maintenant la messe face au peuple, et le latin du rite tridentin a fait place aux langues vernaculaires. La prédication et l'interprétation des Écritures ont connu un renouveau, et les laïcs de l'assemblée participent plus activement aux divers aspects des célébrations liturgiques. Le chant en assemblée et les cantiques populaires sont également remis à l'honneur. Cependant, certaines pratiques de dévotion populaire (p. ex., les bénédictions et les chemins de croix) ont à peu près disparu (voir aussi RENOUVEAU CHARISMATIQUE.)

À partir de Vatican II, l'Église catholique canadienne réévalue son attitude envers les autres groupes linguistiques et culturels. À leurs débuts en Ontario et au Canada anglais, p. ex., diverses Églises catholiques ont été dirigées surtout par des Français ou des Canadiens-français (les Maritimes n'ont eu aucun évêque francophone avant 1912). À mesure qu'une hiérarchie anglophone (surtout irlandaise) se forme dans ces régions, la polarisation ethnolinguistique se cristallise au sein de la hiérarchie en même temps que dans le Canada en général, si bien que l'Église catholique du Canada, qui prétend être unie, est en réalité divisée entre francophones et anglophones. Pendant que le Vatican presse l'Église canadienne de pratiquer le bilinguisme, les évêques du Canada se livrent à leur propre forme de guerre ethnoculturelle.

Le nouvel esprit qui prévaut après 1960 amène les autorités de l'Église catholique canadienne à réévaluer leurs attitudes. Lors du centenaire de la confédération (1967) ainsi qu'à plusieurs occasions, allant de l'adoption de la Charte de la langue française au Québec (1977) au débat constitutionnel du Canada en 1982, les évêques du Canada, du Québec et de l'Ontario publient une série de déclarations sur la question des droits linguistiques des minorités et sur le statut du français et de l'anglais au Canada. Pour la première fois depuis un siècle, les chefs de l'Église catholique du Canada abordent de façon constructive une question qui les avait divisés. Avant la Confédération, l'Église pratique le bilinguisme, ce qui l'a beaucoup aidée à évangéliser une grande partie du Canada. Elle revient maintenant à cette politique. En raison du nombre de ses paroisses et de leur répartition géographique, l'Église peut contribuer immensément à la compréhension entre francophones et anglophones au Canada.

Les perturbations des années 60 et des années 70 et leurs répercussions catastrophiques sur l'institution ecclésiastique laissent néanmoins en place un noyau solide: un nombre important de pratiquants, un réseau de paroisses à peu près intact, un réseau de communautés religieuses masculines et féminines qui ont redéfini leurs objectifs, des écoles confessionnelles et quelques collèges privés, un nouveau plan d'action paroissial et une plus grande participation des laïcs aux activités religieuses. L'épiscopat participe plus souvent à l'ACTION SOCIALE ŒCUMÉNIQUE, prenant position sur des questions telles que le CONTRÔLE DES NAISSANCES et l'AVORTEMENT (1977, 1981) ou encore la crise économique (1982). Toutefois, c'est peut-être du côté de la religion populaire que la continuité et les espoirs sont les plus visibles, en raison notamment d'un nouvel intérêt pour les Écritures, de la popularité constante des pèlerinages et de l'essor de la religion charismatique, de la prolifération des petits groupes de vie spirituelle et de la présence catholique croissante sur Internet.

L'Église catholique en évolution rapide vit une expérience mémorable en septembre 1984: la visite au Canada du pape Jean-Paul II. Le pape pèlerin, qui a été vu par plus de gens que tous les autres papes réunis, est le premier pape régnant à fouler le sol canadien. Il visite de nombreuses régions, prêchant un évangile de paix, de réconciliation et de foi disciplinée. Pour tenir une promesse faite aux gens de Fort Simpson (Territoire du Nord-Ouest), endroit où

son avion n'a pas pu atterrir à cause du brouillard, il s'y rend en septembre 1987.

Dans les années 90, l'Église catholique renouvelée fait face à ses défis les plus épineux. La diminution de l'assistance aux offices du dimanche, les grands courants de contestation des enseignements moraux catholiques, la pénurie de nouvelles vocations au sacerdoce et à la vie religieuse ainsi que l'influence de plus en plus faible de l'Église dans la vie publique amènent de nombreux fidèles à remettre sérieusement leur foi en question. Ces fidèles remarquent la croissance désordonnée et simultanée des NOUVEAUX MOUVEMENTS RELIGIEUX, de la pensée du Nouvel Âge, des valeurs profanes et des nouveaux fondamentalismes, mouvements qui contestent ou rejettent fréquemment le monde ordonné du catholicisme traditionnel. Pourtant, certains sont conscients que la société catholique triomphante dans laquelle ils ont grandi n'était qu'une étape dans les deux millénaires de l'histoire chrétienne.

Nive Voisine et Robert Choquette

Églises catholiques de rite oriental

Une fraction importante, quoique restreinte, de la population chrétienne du Canada adhère aux Églises catholiques orientales, dont les traditions théologiques, canoniques et spirituelles remontent à la culture chrétienne antique de l'est de la Méditerranée. Les Églises catholiques orientales n'apparaissent en tant qu'entités distinctes qu'après la rupture de l'unité chrétienne consécutive à plusieurs siècles de mésententes, dont les points culminants sont le pillage de Constantinople par les croisés (1204) et la fondation d'un patriarcat latin dans cette ville avec l'appui tacite du pape Innocent III. À l'exception de l'Église catholique maronite et de l'Église catholique italo-albanaise, qui affirment avoir toujours été en communion avec l'évêque de Rome, et de l'Église catholique bulgare byzantine, qui a spontanément désiré s'unir à Rome, toutes les Églises catholiques orientales sont issues des efforts des missionnaires occidentaux pour ramener les chrétiens de l'Orient sous l'autorité immédiate de la papauté.

Pendant toute leur histoire, les catholiques orientaux ont lutté pour défendre leurs traditions contre les efforts constants de latinisation, ou d'absorption par l'Église latine (c.-à-d. occidentale ou romaine). Les effets néfastes de la latinisation se sont fait sentir surtout dans la liturgie et dans la disparition des formes traditionnelles du monachisme oriental, qui ont été délogées par des ordres religieux de style occidental. Pour les chrétiens orientaux du Canada (et des États-Unis), l'interdiction faite aux prêtres mariés d'exercer le ministère paroissial, interdiction qui remonte au XIXᵉ siècle, est peut-être l'aspect le plus pénible de la latinisation. Les catholiques orientaux sont également en butte à la méfiance et à l'hostilité des Églises orthodoxes orientales. Les termes d'«uniates» et d'«uniatisme», couramment utilisés à la suite de ces tensions historiques pour référer aux Églises orientales qui acceptent les dogmes du catholicisme, sont d'ailleurs souvent considérés comme méprisants.

Bien qu'elles soient unies à Rome, les Églises catholiques orientales demeurent distinctes entre elles, particulièrement quant à la liturgie et aux pratiques de dévotion. Les catholiques orientaux célèbrent leur foi selon l'une des cinq liturgies suivantes: copte, antiochienne, chaldéenne, arménienne ou byzantine. Les circonstances historiques, et surtout la persécution et l'élimination des chrétiens orientaux par l'Empire ottoman, l'Empire russe et l'ancienne Union soviétique, ont créé un lien indissoluble entre religion et appartenance ethnique. Ce lien les a aidés à survivre, mais il constitue maintenant un obstacle à leur développement hors de leur ancienne patrie. Conformément à la conception théologique de l'Église qui prévalait lors de leur fondation, les Églises catholiques orientales ont souvent été traitées comme une simple variante du rite de la grande Église catholique romaine. Le deuxième concile du Vatican et des déclarations papales ultérieures ont corrigé cette conception, de sorte qu'elles sont aujourd'hui considérées comme des Églises sœurs de l'Église romaine.

En 1990, le pape Jean-Paul II promulgue le code canonique des Églises orientales. Selon ce document, les Églises catholiques orientales peuvent se classer en quatre catégories

1) patriarcales;
2) archiépiscopales majeures;
3) métropolitaines;
4) diverses.

Un patriarche est élu par le synode des évêques d'une Église donnée. Après son élection et son intronisation, il demande au pape de reconnaître qu'il est en communion avec lui. Un archevêque principal est élu de la même manière qu'un patriarche, mais, avant qu'il soit intronisé, son élection doit être confirmée par le pape. Celui-ci nomme les métropolites après avoir consulté une liste de candidats présentée par les évêques de l'Église concernée.

L'existence officielle de l'Église catholique maronite remonte à 1182, lorsque les Maronites rencontrent les croisés latins à Antioche. La plupart des catholiques maronites vivent encore au Liban. Au Canada, Mgr Georges Abi-Saber dirige environ 80 000 fidèles répartis sur les neuf paroisses du diocèse de Saint-Maron de Montréal. L'Église catholique italo-albanaise, qui existe depuis le XVe siècle, compte deux diocèses dans le sud de l'Italie et le monastère de Santa Maria di Grottaferrata, au sud de Rome.

À la suite du concile de Florence (1439), des groupes de chrétiens arméniens, coptes et syriens concluent une union de courte durée avec l'Église catholique romaine. Ces Églises sont rétablies au XVIIIe siècle: l'Église arménienne catholique en 1742, l'Église copte catholique en 1741 et l'Église syriaque catholique en 1782. Un petit exarchat apostolique de catholiques arméniens, qui compte huit paroisses au Canada et aux États-Unis, est gouverné par Mgr Mikail Nerses Setian, de New York. Les catholiques coptes ont une paroisse à Montréal. L'Église catholique syriaque, dont les fidèles vivent surtout au Liban, en Syrie et en Iraq, n'est pas établie officiellement au Canada actuellement. Les autres Églises catholiques orientales sont celles des catholiques chaldéens (1553), syro-malabars (1599), éthiopiens (1626), melkites (1744), ukrainiens (1595-1596), ruthènes (1646), roumains (1700), catholiques byzantins de Krizevci, dans l'ancienne Yougoslavie (1777), bulgares (1861), syro-malankars (1930), hongrois (1912), grecs (1911) et slovaques (1968).

Les Églises catholiques melkite, slovaque et ukrainienne comptent un nombre important de fidèles au Canada. Le siège de l'éparchie grecque melkite du Canada (éparchie de Saint-Sauveur de Montréal), dirigée par Mgr Michel Hakim, se trouve à Outremont, au Québec. Cette Église compte environ 50 000 fidèles regroupés en six paroisses. Les catholiques slovaques, au nombre d'environ 30 000, ont été dotés de leur propre diocèse en 1980 lorsque le pape Jean-Paul II a créé l'éparchie des saints Cyrille et Méthode, à Toronto, dirigée par Mgr Michael Rusnak. Cette Église est rattachée directement au Saint-Siège.

L'Église catholique ukrainienne, qui compte environ 193 000 fidèles groupés en 348 paroisses, est l'Église catholique orientale la plus considérable du Canada. Introduite par des immigrants ukrainiens à la fin du XIXe siècle, elle a obtenu son premier évêque en 1912 lorsque le pape Pie X a nommé Nicétas Budka à l'épiscopat. L'Église est une province métropolitaine comprenant cinq diocèses ou éparchies: le siège métropolitain de Winnipeg et les éparchies d'Edmonton, de Toronto, de Saskatoon et de New Westminster. Le métropolitain ou archevêque actuel est Mgr Michael Bzdel, de Winnipeg.

Environ 280 prêtres et diacres ainsi qu'environ 150 religieuses travaillent au ministère pastoral. Un certain nombre d'ordres religieux contribuent de façon importante à la vie spirituelle des catholiques ukrainiens: ce sont l'Ordre de Saint-Basile le Grand (ou Prêtres Basiliens), les rédemptoristes, les studites, les Basiliennes, les Sœurs Missionnaires de la Charité chrétienne, les Sœurs Servantes de Marie-Immaculée et les Sœurs de Saint-Joseph. À Dundalk, en Ontario, le monastère des religieuses studites de la Sainte-Protection pratiquent une forme de vie religieuse qui se rapproche davantage des traditions orientales.

La formation théologique du clergé et des laïcs est dispensée par l'Église elle-même au Holy Spirit Seminary d'Ottawa, au Newman Theological College d'Edmonton et au St. Michael's College de Toronto. Le Metropolitan Andriy Sheptyts'kyi Institute, récemment fondé à Ottawa, offre des programmes d'études spécialisées en histoire de l'Église et en théologie orientales. Une revue savante, Logos, assure aux catholiques ukrainiens et aux autres catholiques orientaux une présence notable dans le monde universitaire.

T. Allan Smith

Catostomidés Poissons d'eau douce, étroitement apparentés aux MÉNÉS. Cette famille compte environ 68 espèces. La plupart des espèces vivent en Amérique du Nord, mais la répartition d'une des espèces s'étend jusque dans l'est de la Sibérie, et une autre espèce se retrouve en Chine. Le Canada abrite 18 espèces appartenant à 7 genres, mais on n'en trouve aucune à Terre-Neuve ni dans l'île de Vancouver. Le meunier rouge et le meunier noir ont la plus grande répartition, et on les trouve dans les lacs et les cours d'eau des Maritimes jusqu'en Colombie-Britannique. Le meunier rouge se rencontre même dans le Nord, près de la côte arctique. Cette famille inclut également la couette (un poisson semblable à la carpe) et les catostomes proprement dits (qui ont parfois des nageoires rougeâtres).

Description Peu de poissons de cette famille atteignent plus de 40 cm de longueur. La plupart ont une bouche ventrale (située sur la partie inférieure du corps) pourvue de grandes lèvres couvertes de papilles (petites protubérances en forme de mamelons). La plupart se nourrissent principalement de petits organismes benthiques qu'ils aspirent (ce qui a valu à certains le nom de «suceurs»).

Reproduction Le frai a habituellement lieu au printemps ou au début de l'été. Les mâles reproducteurs ont parfois des tubercules nuptiaux (petites excroissances blanches et cornées) sur certaines parties du corps et certaines nageoires. Les catostomidés sont habituellement de couleur terne, mais le meunier rouge a parfois une bande rouge éclatante sur les côtés pendant le frai.

Importance biologique Les catostomidés, généralement considérés au Canada comme une nourriture de mauvaise qualité, font rarement l'objet de pêche commerciale ou sportive, même s'ils sont abondants et faciles à capturer. Ils ont de nombreuses arêtes, mais on les mange à l'occasion et on les donne à manger aux chiens. Ils constituent une ressource alimentaire importante pour d'autres espèces de poissons. Ils font parfois compétition aux salmonidés, mais l'étendue de cette compétition est encore peu connue et probablement bien exagérée.

Joseph S. Nelson

Caven, William, pasteur presbytérien, pédagogue (Kirkcolm, Écosse, 26 déc. 1830—Toronto, 1er déc. 1904). Il immigre au Canada en 1847, étudie ensuite au United Presbyterian Seminary de London, au Canada-Ouest, et entame son ministère en 1852. En 1865, il obtient la chaire de théologie exégétique du Knox College de Toronto, dont il est nommé recteur en 1873. Sous sa gouverne, l'établissement s'affilie à l'U. de Toronto et il en demeurera le recteur jusqu'à son décès.

En 1875, en qualité de président de l'Assemblée générale de l'Église presbytérienne du Canada, il fait partie de l'équipe de négociateurs qui amène l'Église Free Church and Kirk à se joindre à l'Église Presbytérienne au Canada. Par la suite, il défend vigoureusement l'idée d'une unification interconfessionnelle des Églises protestantes, en partie pour contrer la menace apparente des catholiques romains. Il faut interpréter son œcuménisme de la fin des années 1880 et des années 1890 à la lumière de sa grande opposition à l'ACTE RELATIF AU RÈGLEMENT DE LA QUESTION DES BIENS DES JÉSUITES de 1888 et aux écoles confessionnelles établies au Manitoba dans les années 1890.

A.B. McKillop

Caverne Une caverne est une cavité naturelle couverte, creusée dans la roche, accessible par la surface et assez large pour permettre à un humain d'y entrer. On retrouve des cavernes dans tous les types de roches et dans toutes les régions géographiques. L'étude scientifique des cavernes se nomme la spéléologie. L'exploration des cavernes peut aussi constituer un loisir.

Origine Les anciennes conduites de lave constituent une importante catégorie mineure de cavernes qui résulte de l'éjection de lave en fusion d'un magma en cours de solidification. Les grottes marines sont généralement formées par l'érosion due aux vagues. La plupart des cavernes, dont les plus grandes, les plus longues et les plus profondes, sont créées par des eaux souterraines qui dissolvent la roche soluble, particulièrement le calcaire. Les grottes de calcaire se forment le long des plans de faiblesse naturelle de la roche (stratification ou diaclases). Avec le temps, les eaux souterraines peuvent agrandir le diamètre des fissures, de quelques micromètres jusqu'à des mètres ou des dizaines de mètres. La beauté naturelle des cavernes est grandement rehaussée par leurs dépôts secondaires de minéraux, principalement les stalactites, les stalagmites et les coulées stalagmitiques de calcaire, un précipité de calcaire dissous.

Formes Les réseaux de cavernes sont formés de galeries et de puits reliés les uns aux autres, qui drainent les eaux du RELIEF KARSTIQUE jusqu'aux SOURCES situées à la limite de la couche de calcaire. La coupe transversale d'une caverne présente trois formes principales: les galeries phréatiques (à peu près circulaires, dissoutes par le passage de l'eau sous pression qui remplit toutes les ouvertures), les galeries vadoses (des passages couverts taillés par les ruisseaux coulant par gravité dans les anfractuosités) et les formes d'effondrement (des parties de parois ou de plafond qui se sont effondrées). Un grand nombre de cavernes ont des chambres individuelles beaucoup plus grandes que n'importe laquelle ayant été construite par des humains.

Cavernes les plus longues Avec ses 500 km de galeries communicantes, la Mammoth Cava-Flint Ridge System du Kentucky, aux États-Unis, est la plus longue caverne connue. D'autres cavernes en Suisse, aux États-Unis et en Ukraine ont plus de 100 km de longueur. La plus longue caverne du Canada, la Castleguard Cave, située dans le parc national Banff, a 23 km de galeries s'étendant loin en dessous du CHAMP DE GLACE COLUMBIA.

Cavernes les plus profondes Plusieurs cavernes des Alpes, du Caucase, des Pyrénées et du Mexique ont été explorées jusqu'à des profondeurs de 1500 m. La plus profonde du Canada, l'Arctomys Cave, dans les Rocheuses, a 560 m de profondeur.

Formes de vie Les cavernes retiennent les sédiments, la flore et la faune, et préservent ainsi des informations historiques sur le patrimoine naturel. La plupart de nos connaissances sur l'évolution culturelle humaine d'il y a plus de 10 000 ans proviennent d'abris rupestres (*voir* PRÉHISTOIRE). Plusieurs espèces d'insectes, de poissons, d'oiseaux et de mammifères vivent dans des cavernes. Chez certaines espèces, la vie dans l'obscurité totale a entraîné la disparition des yeux et de la pigmentation.

D.C. Ford

Cayugas Les Cayugas, à l'époque de leur premier contact avec les Européens, occupaient plusieurs villages près du lac portant leur nom dans l'État de New York. En tant que membres de la Confédération des IROQUOIS, ils sont représentés par 10 chefs au conseil de la confédération. Au cours du XVII siècle, leurs pertes de population dues aux maladies et aux guerres sont compensées par l'adoption massive de prisonniers et de réfugiés. La guerre contre les Susquehannahs, au sud, pousse un certain nombre d'entre eux à s'établir pendant quelque temps sur la rive nord du lac Ontario, dans les années 1660. Ils participent à la Guerre d'Indépendance américaine en tant qu'alliés des Britanniques. En 1779, une armée américaine sous la direction du général John Sullivan incendie leurs villages.

Après la guerre, presque la moitié des Cayugas choisissent de s'établir au Canada. En 1996, le nombre de Cayugas des SIX-NATIONS dépasse 5100 personnes, mais moins de 300 parlent encore leur langue maternelle. Le cayuga demeure la langue d'usage au cours des rituels de la LA RELIGION DE HANDSOME LAKE traditionnelle dans la réserve. (*Voir aussi* AUTOCHTONES: LES FORÊTS DE L'EST et les articles généraux sous AUTOCHTONES.)

Thomas S. Abler

Cécité et amblyopie Au Canada, comme dans plusieurs autres pays, la cécité est définie de façon à y inclure les personnes qui ont une certaine capacité visuelle. L'expression 6/60 (20/100) signifie que les personnes considérées comme aveugles doivent s'approcher à 6 mètres (20 pi) d'un objet pour le voir, alors que les personnes ayant une vue normale (vision de 6/6, 20/20) peuvent voir le même objet à une distance de 60 m. Ceux qui possèdent 10 p. 100 ou moins d'une vision normale sont donc considérés aveugles. Cette définition de la cécité fournit un modèle pratique pour les organismes de services sociaux et les institutions médicales, gouvernementales et d'enseignement.

Au Canada, le plus important organisme visant à soutenir les aveugles est l'Institut national canadien pour les aveugles (INCA) qui possède 9 divisions géographiques et plus de 60 bureaux régionaux. La bibliothèque de l'INCA pour les aveugles dessert également toutes les régions du Canada. Cet institut a été fondé pour «améliorer la condition des personnes aveugles et des handicapés visuels, pour prévenir la cécité et promouvoir des services qui pourraient augmenter leur vision». Il gère une variété de programmes sociaux, de réadaptation, de prévention et d'information publique.

D'autres organismes offrent des services aux aveugles et aux handicapés visuels, dont le Conseil canadien des aveugles (un organisme de défense des droits des aveugles) et l'Association montréalaise pour les aveugles qui possède une école élémentaire. Des écoles similaires existent à Brantford (W. Ross Macdonald School), à LONGUEUIL (Ecole Jacques Ouellette) et à Halifax (Sir Frederick Fraser School).

Les personnes qui estiment que le mot aveugle possède des connotations psychologiques et sociales qui ne s'appliquent pas à leur cas parce qu'elles ont conservé une certaine capacité visuelle préfèrent les termes handicap visuel ou amblyopie. Plusieurs groupes d'aveugles et d'amblyopes dont la Blind Organization of Ontario with Self-Help Tactics (BOOST) et le Regroupement de l'association des amblyopes et des aveugles du Québec ont joué un rôle important dans la conception de la cécité et des handicaps visuels.

Les statistiques concernant le nombre d'aveugles et d'amblyopes au Canada sont conservées dans un registre de l'INCA, où les personnes s'inscrivent volontairement. Selon ce registre, il existe plus de 80 000 aveugles et amblyopes au Canada (1994). Les responsables de l'INCA estiment qu'environ 90 p. 100 de ces personnes possèdent une certaine capacité visuelle.

Causes de la cécité

Il y a, au Canada, à peu près quatre causes majeures de cécité et d'amblyopie: dégénérescence maculaire, rétinopathie diabétique, glaucome et cataractes. Les autres cas sont causés par diverses maladies, des prédispositions génétiques ou des accidents.

Dégénérescence maculaire La macula est un point situé près du centre de la rétine. Cette zone est responsable de la perception des couleurs. Si la macula se détériore, le centre du champ visuel se trouble et la capacité de lire se perd. La dégénérescence maculaire semble faire partie du processus normal du vieillissement.

Rétinopathie diabétique La rétine comporte des cellules nerveuses sensibles à la lumière et des fibres qui transmettent les images au cerveau. Elle est irriguée par un réseau de vaisseaux sanguins. Chez certains diabétiques, ces fins vaisseaux deviennent plus fragiles et se mettent à saigner, entraînant la perte de la vue (*voir* DIABÈTES SUCRÉS).

Glaucome Cette maladie de l'œil est associée à une pression anormale dans l'œil qui cause la dégénérescence de la papille optique et des anomalies du champ visuel.

Cataractes Une cataracte est une opacification du cristallin. Le rôle du cristallin est de focaliser sur la rétine les rayons lumineux qui entrent dans l'œil. Quand le cristallin devient opaque, ces rayons ne peuvent plus pénétrer dans l'œil et le sujet perd la vue. Le seul traitement est l'ablation chirurgicale du cristallin (*voir* OPHTALMOLOGIE).

Plusieurs techniques chirurgicales ont été élaborées pour venir en aide aux amblyopes. Les enfants souffrant de cataractes congénitales sont opérés avant l'âge d'un an et munis de lentilles cornéennes. Le laser est utilisé dans certains cas de rétinopathie diabétique, de glaucome et de dégénérescence maculaire. Plusieurs personnes ayant une vision partielle ont recours à diverses techniques ou à des appareils correcteurs.

La cécité ou l'amblyopie n'empêchent pas une personne de vivre pleinement. Bon nombre d'aveugles poursuivent des carrières, fréquentent des écoles et des universités, et participent à des activités récréatives. Par ailleurs, d'autres aveugles et amblyopes canadiens n'ont pas été aussi avantagés, et ont besoin de services sociaux et de services de réadaptation intensifs. Leur attitude devant leur handicap détermine dans une large mesure le genre de vie qu'ils mènent.

Cedar Dunes, parc provincial Les courants et les marées sont également à l'origine de la construction du phare en 1875. Celui-ci visait à avertir les navires des bancs de sable qui se déplaçaient constamment près de la pointe. On croit que le général James WOLFE a perdu l'un de ses navires dans ce secteur pendant qu'il se dirigeait vers Québec. Le phare, employé comme symbole de la province à de nombreuses occasions, continue à être en service aujourd'hui et il représente l'un des principaux attributs du parc.

Histoire naturelle Le parc tire son nom des autres attributs qui lui sont propres: les thuyas et les dunes de sable. Le thuya de l'Est, rare dans la province, ne pousse que dans le sol sableux et mouilleux de ce secteur. Les dunes ne se trouvent pas sur le rivage comme on pourrait s'y attendre, mais à l'intérieur des terres, derrière le phare, et elles sont envahies par une végétation abondante. Des cordons dunaires et des secteurs mouilleux entre les dunes soutiennent quelques espèces de plantes rares, telles le faux SCEAU-DE-SALOMON (*Smilacina stellata*). Le pluvier siffleur, qui figure sur la liste des ANIMAUX EN VOIE DE DISPARITION, niche le long de la plage.

Installations Les premiers colons écossais appelaient «sentiers de fées» les sentiers naturels entre les dunes parce qu'ils croyaient que les fées veillaient à les maintenir en place. Ces sentiers sont maintenant utilisés comme sentiers de nature, et il vaut la peine de les parcourir pour explorer les plantes et les espèces d'oiseaux présents chaque saison. Un petit terrain de camping a été aménagé à l'ombre du phare, près de la plage. Le phare abrite un musée, une salle à manger saisonnière et la seule auberge sise à l'intérieur d'un phare au Canada.

Doug Murray

Cèdres, réservoir du lac des D'une superficie de 1353 km², d'une longueur de 62,5 km et d'une altitude de 253 m, il est situé dans le centre-ouest du Manitoba, au nord du lac WINNIPEGOSIS. Une grande partie de l'eau du lac vient de l'immense bassin de drainage de la RIVIÈRE SASKATCHEWAN. De 1961 à 1964, la construction d'un barrage en terre et de 25,6 km de digues a élevé le niveau du lac de 3,65 m, créant ainsi le lac-réservoir du lac des Cèdres qui assure un débit annuel moyen de 688 m³/s à la centrale hydroélectrique associée de Grand Rapids.

R.A. McGinn

CEGEP (*voir* COLLÈGE D'ENSEIGNEMENT GÉNÉRAL ET PROFESSIONNEL)

Céleri (*Apium graveolens var. dulce*), plante biennale de la famille des ombellifères, largement cultivée comme plante annuelle à cause de la valeur nutritive de ses pétioles. Le céleri-rave ou céleriac (*A. graveolens var. rapaceum*) est cultivé à moindre échelle pour sa racine épaisse comestible. Le céleri, originaire du bassin méditerranéen, a été d'abord cultivé pour ses vertus médicinales et, en Italie, probablement comme condiment, au XVIe siècle. Le céleri a un système radiculaire très développé, une couronne courte et charnue (tige modifiée) et une rosette de feuilles. Le céleri doit son goût et son odeur caractéristiques aux huiles volatiles contenues dans la tige, les feuilles et les graines. Le céleri est riche en vitamine C.

Plante de climat froid, le céleri est semé au printemps et transplanté après environ 60 jours. La maturité est atteinte en 90 jours. Le céleri doit être fertilisé et irrigué pour produire approximativement 90 t/ha. On fait de plus en plus appel à la récolte mécanique: le céleri est récolté, préparé, mesuré, refroidi dans l'eau glacée, puis mis en caisse. Les principales maladies sont la rouille du pétiole causée par Septoria et le cœur noir. Au Canada, plus de 800 ha sont consacrés à la production de céleri, principalement au Québec et en Ontario. En 1991, la production canadienne approchait les 12,6 millions de dollars et les importations (presque entièrement des États-Unis) étaient estimées à 34,7 millions de dollars.

Pierre Sauriol

Censure Exercice d'un contrôle préalable par le gouvernement sur ce qui peut être imprimé, publié, représenté ou diffusé. Peu après l'invention de la presse typographique, la COURONNE d'Angleterre adopta diverses formes de censure. Le droit d'impression était assujetti à l'obtention d'un permis spécial et ce contrôle était renforcé par des infractions relatives à la presse et régi par la loi de 1662 intitulée Licensing Act. En 1695, lorsque la Chambre des communes refusa de renouveler cette loi (non pas tant par souci de la liberté d'expression que pour toute une série de raisons liées aux restrictions commerciales, aux fouilles et perquisitions des domiciles, etc.), la censure préalable de la presse prit fin, sauf en temps de guerre. Depuis lors, la liberté de la presse consiste «à n'imposer aucune contrainte préalable à la publication et ne consiste pas en une immunité contre la sanction après publication d'informations emportant infraction à la loi».

Premières tentatives Toutefois, la censure peut être pratiquée de façon clandestine. L'une des premières tentatives de bâillonner la publication a été le recours délibéré à la fiscalité pour brider la diffusion. Le droit du timbre introduit en Angleterre en 1712 (et qui a duré jusqu'en 1855) obligeait les journaux à acheter et à apposer des timbres, de sorte qu'en augmentant le prix des timbres le prix des journaux pouvait être augmenté au-delà du pouvoir d'achat de tous, à l'exception des lecteurs fortunés. La censure peut aussi prendre la forme du harcèlement et de l'intimidation. À l'époque du maccarthysme aux États-Unis, la Cour suprême des États-Unis, dans l'arrêt US c. Rumely, a fait la mise en garde suivante: «Par le harcèlement effectué au moyen d'audiences, d'enquêtes, de rapports et d'assignations à témoigner, le gouvernement maintient une épée de Damoclès sur la liberté d'expression et sur la presse».

D'autres formes de censure sont aussi utilisées comme des pressions de la part des annonceurs et des décisions des journaux eux-mêmes, particulièrement dans les cas où il n'y a ni concurrence ni d'autres sources d'information. Au Canada, la concentration de la propriété des organes de presse a amené la Commission royale sur les quotidiens (1980) à faire cette mise en garde: le problème crucial touchant la liberté de la presse au Canada «réside dans une concentration abusive de la propriété au sein de l'industrie du quotidien au Canada. [...] Le pouvoir, et un pouvoir qui n'a aucun compte à rendre, est concentré dans trop peu de mains».

Selon le Code criminel du Canada, commet une infraction quiconque se sert de la poste aux fins de transmettre «quelque chose d'obscène, d'indécent, d'immoral ou d'injurieux et grossier» *(voir* OBSCÉNITÉ), alors que la Loi sur les postes prévoit l'interruption du service dans ce cas. Par ailleurs, le tarif des douanes interdit d'importer de la littérature «de nature à fomenter la trahison ou la sédition, ou ayant un caractère immoral ou obscène». Dans l'affaire Little Sisters Book and Art Emporium (1996), la Cour suprême de la Colombie-Britannique a conclu que l'application du tarif des douanes par les fonctionnaires des douanes était «insatisfaisante et viciée», se traduisant par la saisie arbitraire et irrégulière de documents pour homosexuels et lesbiennes à la frontière canadienne. Les documents qui font la promotion de la haine contre des groupes déterminés peuvent aussi être saisis à la frontière, alors que la Loi canadienne sur les droits de la personne autorise le dépôt d'une ordonnance de ne pas autoriser l'utilisation du téléphone pour communiquer des messages haineux.

Censure cinématographique Les plus célèbres tentatives de censure faites par les provinces sont les diverses lois provinciales sur la CENSURE CINÉMATOGRAPHIQUE. Dans l'affaire Nova Scotia Board of Censors c. McNeil, la Cour suprême du Canada a statué qu'une loi provinciale créant une commission de surveillance du cinéma disposant du pouvoir d'interdire la projection de films était de compétence provinciale en dépit de la compétence fédérale en matière criminelle pour déterminer ce qui a un caractère «obscène». En revanche, dans l'affaire Ontario Film and Video Appreciation Society (1984), la Cour d'appel de l'Ontario a statué que l'article premier de la Charte canadienne, qui exige que les limites aux droits et libertés que garantit la Charte doivent être «prescrites par la loi», exige que les pouvoirs de censure soient expressément prescrits.

D'autres tentatives de censure faites par les provinces ont connu beaucoup moins de succès. En Alberta, suivant la loi de 1937 intitulée Press Act to Ensure the Publication of Accurate News and Information, les journaux pouvaient être contraints de dévoiler leurs sources d'information et d'imprimer des déclarations du gouvernement pour rectifier des articles déjà publiés. De l'avis de trois des six juges de la Cour suprême qui avaient entendu la cause, le projet de loi constituait une violation de la liberté de la presse et du droit de discussion publique, qui ne pouvaient être aliénés que par le Parlement en vertu de son pouvoir en matière de DROIT CRIMINEL. Dans l'affaire Switzman c. Elbling (l'affaire de la LOI DU CADENAS), qui portait sur une loi adoptée par le Québec en 1937 intitulée «Loi protégeant la province contre la propagande communiste», laquelle rendait illégale l'utilisation d'une maison pour propager le communisme, la Cour suprême a déclaré que, puisqu'il s'agissait d'une loi ayant trait au droit criminel, elle relevait donc de la compétence fédérale.

Diverses formes de censure Pour les personnes ou les groupes qui n'ont pas les moyens d'imprimer des journaux ou de publier des annonces, ou qui pourraient ne pas avoir l'occasion de le faire, la surveillance de la distribution de feuillets ou de tracts ou même d'affiches constitue une forme de censure. Cette forme de censure est pratiquée sous le couvert d'arrêtés municipaux réglementant l'utilisation des rues, des trottoirs et des parcs. Ces arrêtés assujettissent habituellement la distribution de pamphlets à l'approbation préalable de la police ou de fonctionnaires municipaux *(voir* SAUMUR C. LA VILLE DE QUÉBEC).

Dans l'affaire Procureur général du Canada c. Dupond, la Cour suprême du Canada a statué qu'une ordonnance municipale interdisant «la tenue de toute assemblée, tout défilé et tout attroupement dans le domaine public de la Ville de Montréal pour une période de 30 jours» était valide, parce qu'elle visait «une matière de nature purement locale». Les municipalités doivent elles aussi se conformer aux exigences de la Charte canadienne. Dans l'affaire Ramsden c. Peterborough (1995), la Cour suprême du Canada a statué qu'un règlement municipal qui interdisait la pose d'affiches sur des poteaux électriques constituait une limite déraisonnable à la liberté d'expression. La Cour a reconnu que la pose d'affiches constitue un mécanisme traditionnellement utilisé par les particuliers et les groupes démunis qui n'ont pas les ressources financières pour avoir accès aux formes plus normales de communication médiatique telles que la presse et la radio. Elle a étendu l'exigence qui prescrit aux gouvernements de ne pas limiter arbitrairement l'accès aux propriétés publiques à des fins d'expression pour englober les aéroports appartenant au gouvernement fédéral.

La censure pratiquée sous le régime de la LOI SUR LES SECRETS OFFICIELS (1970) couvre essentiellement deux activités distinctes, même si elles sont plutôt semblables: l'espionnage et la communication illicite de renseignements du gouvernement, ou les fuites (article 4.3). Selon cette disposition, «si une personne reçoit [...] un renseignement, sachant ou ayant des motifs raisonnables de croire, au moment où elle le reçoit, que [...] le renseignement lui est communiqué contrairement à la présente loi, cette personne commet une infraction à la présente loi, à moins qu'elle ne prouve que la communication à elle faite [...]' du renseignement était contraire à son désir».

Au Canada, depuis la Seconde Guerre mondiale, cet article n'a été invoqué que deux fois pour engager des poursuites. Cependant, un récent exemple au Royaume-Uni illustre comment la censure peut être utilisée sous le régime de la Loi sur les secrets officiels. En 1987, la Chambre des lords a maintenu l'interdiction de l'ouvrage *Spycatcher* de Peter Wright pour le motif que l'auteur avait violé son serment sous le régime de cette loi en tentant de publier ce livre qui racontait ses activités dans les services secrets britanniques appelés MI5 (Attorney-General c. Guardian Newspapers Ltd.).

Walter S. Tarnopolsky et David Schneiderman

Censure cinématographique La censure cinématographique au Canada est presque aussi vieille que la projection de films. Précisons d'emblée que plusieurs instances peuvent intervenir sur le sujet. Notamment, les douanes peuvent bloquer l'importation de films érotiques au pays; les villes, interdire sur leur territoire les films qu'elles jugent indécents; les procureurs provinciaux, porter plainte au criminel; et les églises, bannir les représentations litigieuses de leurs institutions ou des territoires où elles exercent leur influence. Une forme de CENSURE ou d'autocensure provient des maisons de production elles-mêmes, particulièrement des organismes gouvernementaux. À cet égard, l'OFFICE NATIONAL DU FILM (ONF) se fait souvent prendre à partie, notamment en 1972, quand le commissaire interdit la présentation de plusieurs films québécois pour des raisons politiques (ils affichent leurs couleurs marxistes ou séparatistes).

La plupart des provinces canadiennes exercent une forme de censure. En effet, au Canada, la censure a ceci de particulier qu'elle relève de la juridiction provinciale. À l'exception de l'Île-du-Prince-Édouard et de Terre-Neuve, chaque province gère son bureau de censure, de surveillance ou de classification. Entre 1911 (pour l'Ontario) et 1913, cinq provinces se dotent pour la première fois d'une loi sur la censure et d'un bureau pour l'appliquer. Au Québec, où on la considère comme une extension des droits et devoirs familiaux, on sévit pour préserver les enfants du cinéma corrupteur. Dans les provinces de l'Ouest, on agit pour des motifs semblables, mais on y ajoute des considérations d'antiaméricanisme. Pendant près de 50 ans, les bureaux de censure contrôlent impunément les destinées du cinéma au Canada. Les motifs invoqués pour interdire un film ou exiger qu'on y coupe certains passages (images ou dialogues) sont des plus divers et varient d'une province à l'autre. Plutôt que de risquer l'interdiction, plusieurs distributeurs vont se doter d'un personnel d'évaluation morale préalable.

Dans les années qui suivent la Seconde Guerre mondiale, on justifie l'application de la censure en invoquant, partout au Canada, les mêmes motifs d'insulte à la morale ou à l'intérêt public. Le Québec jouit de la pire réputation, car, se définissant comme province catholique, on y interdit tout ce qui va à l'encontre de la morale et de l'enseignement religieux. Cet obscurantisme est cependant de plus en plus critiqué, et un certain vent de libéralisme et d'ouverture souffle au Canada. Contre toute attente, c'est le Québec puritain qui prend les devants avec sa RÉVOLUTION TRANQUILLE. Après la tenue d'une commission d'enquête présidée par un religieux, on y instaure, en 1963, une politique de classification plutôt que de coupure. En 1967, le Bureau de censure devient le Bureau de surveillance du cinéma et vise non seulement les films, mais aussi les affiches et le matériel publicitaire. L'année suivante, le Manitoba substitue lui aussi une classification à la censure. Si un peu partout le libéralisme triomphe, l'Ontario reste, jusqu'en 1988, le château fort du conservatisme et du puritanisme. En 1976, la Cour supérieure de la Nouvelle-Écosse statue que la censure ne relève pas des provinces.

Devant ce jugement qui met en péril leurs pouvoirs, six provinces vont en appel et obtiennent gain de cause. Sûres de leur droit, les provinces peuvent continuer d'imposer aux Canadiens dix poids et dix mesures en matière de censure cinématographique. Toutefois, la nudité, la violence et même la pornographie vont devenir acceptables pour un public adulte. La menace d'un retour à la répression existe cependant toujours, comme le démontre le dépôt d'un projet de loi fédéral en 1987, qui menace les acquis antérieurs. Dorénavant, seules les scènes à connotations pédophiles ou la violence sexuelle faite aux femmes suscitent des interdictions. Dans les années 90, les bureaux de surveillance étendent leur juridiction aux vidéocassettes disponibles en magasin. La censure doit s'adapter aux nouveaux modes de diffusion *(1981)*.

Pierre Véronneau

100 Mile House, village de la C.-B.; pop. 1850 (rec. 1996), 1866 (rec. 1991), 1849 (rc 1986); superf. 53,48 km^2; situé au centre-sud de la Colombie-Britannique, au bord de la route 97, à 458 km au nord-est de Vancouver. Située d'abord dans le territoire de Shuswap, cette localité se développe en 1862 à titre de halte routière sur la ROUTE CARIBOO au cours de la RUÉE VERS L'OR DE CARIBOO. Cette halte doit son nom à son emplacement. Elle est en effet située à 100 miles du mile 0, à Lillooet. L'élevage du bétail, qui débute au cours de la même période, demeure encore aujourd'hui une industrie importante de la région.

En 1912, le marquis d'Exeter, en Grande-Bretagne, achète un grand ranch aux alentours de 100 Mile House. Son fils, lord Martin Cecil, s'installe sur ce ranch en 1932 et construit le 100 Mile Lodge en remplacement de l'ancienne résidence. Le village dessert aujourd'hui une vaste région avec l'élevage du bétail, l'industrie du bois d'œuvre, l'exploitation minière et le tourisme comme base de l'économie.

John Stewart

Centaur Theatre Company La Centaur Foundation for the Performing Arts crée, en 1969, la Centaur Theatre Company, la plus grande compagnie théâtrale de langue anglaise, avec Herbert C. Auerbach comme président fondateur. Maurice Podbrey, un comédien d'Afrique du Sud, directeur et ancien professeur de l'École nationale de théâtre, est le premier directeur artistique de la compagnie. Il occupe ce poste jusqu'à sa retraite en 1997, date à laquelle Gordon McCall lui succède.

Le Centaur débute avec un budget de 120 000 $. Il loue un auditorium de 220 places dans l'ancien édifice de la Bourse, au 453 rue Saint-François-Xavier, dans le Vieux-Montréal. En 1974, la compagnie achète ce bâtiment historique et le rénove au coût de 1,3 million de dollars suivant les plans de l'architecte Victor PRUS. L'année suivante, le complexe théâtral de l'ancienne Bourse inaugure deux salles de spectacles: le théâtre original, rebaptisé Centaur 1 (C1), et une nouvelle salle appelée Centaur 2 (C2). La scène ouverte du C1, de 6,7 m de profondeur sur 8 m de largeur, n'a pas de rideau et comporte une mezzanine de la largeur de la scène. La salle inclinée du C1 compte 250 places. Le C2, la plus grande salle, est un théâtre traditionnel avec une scène encadrée d'environ 440 places. La scène fait 20,7 m de largeur sur 7 m de profondeur et le cadre de scène est large de 8 m et haut de 6,4 m.

Entre 1996 et 1999, le complexe du théâtre Centaur fait l'objet de plusieurs rénovations importantes au coût de 2,1 millions de dollars. Conçues par l'architecte montréalais Éric Gauthier, ces rénovations améliorent considérablement le confort du complexe en offrant un accès facile et en prévoyant de la place pour deux galeries d'art. L'esthétique du foyer, de l'aire d'accueil et du bar est aussi améliorée ainsi que l'éclairage, l'acoustique et les sièges des deux salles. La mezzanine du C1 est maintenant modulaire et amovible, ce qui augmente les possibilités pour la scénographie et réduit les contraintes pour les compagnies invitées.

En présentant, dès l'année de sa fondation, la première canadienne de *The Prime of Miss Brodie* de Jay Presson Allen, la Centaur Theatre Company devient la plus importante compagnie de théâtre anglophone de Montréal. Le Centaur conserve ce statut en offrant un programme régional de productions de dramaturges et d'artistes montréalais, canadiens et étrangers. Il monte en moyenne une pièce classique par année, mais peu d'œuvres de Shakespeare en raison des coûts de production. Pour sa production d'*Antoine et Cléopâtre* en 1996, la première pièce de Shakespeare qu'elle monte en 20 ans, la compagnie emploie des étudiants des départements de théâtre des universités et des écoles de théâtre de Montréal.

La programmation du Centaur est principalement contemporaine et internationale avec des auteurs tels qu'Edward Albee, Brian Friel, David Mamet, Tom Stoppard et Paula Vogel. L'une des plus grandes réalisations de Podbrey en tant que directeur artistique est de faire connaître au public canadien le dramaturge sud-africain Athol Fugard, en présentant *People Are Living There* (1975), *Sizwe Banzi Is Dead* (1976), *The Island* (1978), *A Lesson From Aloes* (1980) et *The Road To Mecca* (1988).

Bien que la promotion d'œuvres canadiennes ne fasse pas partie de son mandat, le Centaur encourage des dramaturges canadiens en présentant leurs créations. La découverte par Podbrey de David FENNARIO et son engagement envers ce dramaturge font partie des plus importantes contributions de la compagnie au théâtre canadien. Plusieurs pièces de Fennario y sont montées en premières mondiales, dont *On The Job* (1975), *Nothing To Lose* (1976), *Toronto* (1978), *Moving* (1983), *The Death of René Lévesque* (1990) et *Balconville* (1979 et 1992), présentée en tournées canadienne et européenne. Parmi les autres pièces canadiennes présentées en première au Centaur, figurent *Les Canadiens* (1977) de Rick SALUTIN (première mondiale) et, de Vittorio Rossi, *The Chain* (1988), *Scarpone* (1990), *The Last Adam* (1993) et *Love and Other Games* (1995).

Le plus grand défi du Centaur, depuis sa création, consiste à refléter la réalité changeante de la communauté montréalaise et à tenir compte de la diversité culturelle du public de cette ville. Bien que la compagnie ait connu du succès avec des versions anglaises de pièces françaises telles que *Encore une fois, si vous le permettez* (*For the Pleasure of Seeing Her Again*) de Michel TREMBLAY (1998), on lui reproche ouvertement d'en présenter trop peu et de ne pas participer suffisamment à la culture francophone. Cette réalité est à l'image du public du Centaur qui demeure principalement anglophone. Le fait qu'en mars 1996 Lucien BOUCHARD ait choisi le Centaur pour prononcer son premier discours postréférendaire destiné à la communauté anglophone, illustre la position de la compagnie sur la scène politique et culturelle du Québec.

Sous la direction artistique de McCall, le théâtre réoriente son mandat artistique en tentant de mieux assumer ses responsabilités envers les artistes et le public montréalais. C'est ainsi que la compagnie ajoute à son mandat la production d'œuvres de dramaturges montréalais et canadiens, dont *Having* (1999) de la résidente Kit Brennan et *Very Heaven* (1999) de la dramaturge montréalaise Ann Lambert.

En 1997, le Centaur lance plusieurs programmes locaux de liaison visant à favoriser la formation d'artistes et à attirer un public plus nombreux, notamment des programmes destinés à célébrer de nouveaux talents ou à présenter des lectures-spectacles multiculturelles. S'il est trop tôt pour prédire le succès à long terme du nouveau mandat de la compagnie, il reste que les ventes de places, bien qu'inférieures à celles des années 70 et 80, sont, avec quelque 6400 abonnements vendus, de 10 p. 100 supérieures en 1998 à celles de la saison précédente.

Christopher Tracy

Centenaire En 1967, le Canada célèbre avec enthousiasme le 100e anniversaire de la CONFÉDÉRATION de 1867. Les festivités débutent à minuit, le 31 décembre 1966, sur la colline du Parlement. Lester PEARSON, premier ministre du Canada, Judy LAMARSH, secrétaire d'État (ministre responsable du Centenaire), John DIEFENBAKER, chef de l'opposition, et des milliers de citoyens prennent part à la cérémonie. Le clou de la soirée sera le moment où on allume la flamme du Centenaire.

Un comité d'affaires, sous la présidence de C.M. DRURY, réussit à convaincre Diefenbaker, alors premier ministre, de l'importance de souligner le 100e anniversaire de façon mémorable. L'un des publicistes les plus connus au Canada, John FISHER, surnommé «Monsieur Canada», est nommé commissaire du Centenaire. Fisher, dont le mandat sera maintenu sous Pearson, bénéficie de l'aide et de la compétence de Georges E. Gauthier, puis de Gilles Bergeron (tous deux commissaires associés).

Les manifestations de l'année sont regroupées en deux catégories: manifestations architecturales et manifestations actives. Soucieux de laisser un souvenir tangible, les gouvernements fédéral et provinciaux financent une grande variété de projets de construction. Chaque province acquiert un édifice commémoratif. Le gouvernement fédéral et les gouvernements provinciaux versent des sommes équivalentes à celles que les municipalités affectent aux bâtiments du Centenaire. De telles largesses stimulent la construction de bibliothèques, de musées, de théâtres et de centres sportifs. Le symbole le plus somptueux de cette période est le CENTRE NATIONAL DES ARTS à Ottawa, un monument de béton entièrement financé par le gouvernement fédéral.

Plus de 10 millions de personnes visitent le train et les caravanes du Centenaire, qui illustrent en détail l'histoire du Canada et l'apport de nombreuses cultures différentes. Des collectivités publient leur histoire, et des sites historiques sont restaurés. Les arts de la scène connaissent une année fabuleuse, car Festival Canada commande des pièces de théâtre, des comédies musicales, des opéras et des ballets.

Sur une note plus légère, on assiste également à des courses en baignoire, à des défilés et à des fêtes en costumes d'époque. Une ville construit même une piste d'atterrissage pour soucoupes volantes. Au cours de l'année, il devient évident que la manifestation la plus spectaculaire du pays, EXPO 67, est une réussite nationale et internationale. L'année du Centenaire prend fin comme elle a commencé, sur la colline du Parlement. À la demande de la population, la flamme du Centenaire, qui doit s'éteindre, restera allumée. Elle devient le symbole d'une année qui non seulement est importante en soi, mais qui marque l'émergence d'une nation adulte et pleine d'assurance.

Robert Bothwell

Centipèdes De la classe des chilipodes, ce sont des arthropodes terrestres de forme allongée et aplatie. La tête porte des antennes et le corps comprend de 18 à 180 segments et une plaque terminale. Chez l'adulte, presque tous les segments du corps, sauf le dernier, ont une paire de pattes, pour un total de 15 (chez la plupart des espèces canadiennes) à 179 paires. La première paire est modifiée pour former de gros crochets vénéneux et la dernière paire l'est à un degré moindre pour des fonctions liées à la reproduction. Les autres sont des pattes locomotrices.

Distribution On connaît environ 2500 espèces de centipèdes dans le monde, la plupart sous les tropiques. Au Canada et en Alaska, on en trouve environ 70 espèces. Une douzaine d'entre elles, qu'on rencontre surtout dans l'Est, ont été introduites d'Europe. Certaines espèces tropicales sont de grande taille, l'une d'entre elles atteignant presque 30 cm de longueur. Les plus grandes espèces canadiennes atteignent rarement 8 cm, et la majorité des espèces les plus connues ont moins de 2,5 cm de longueur. Les centipèdes sont principalement nocturnes, vivant sous les roches, l'écorce, la litière végétale ou dans le sol. Une ou deux espèces vivent dans les crevasses et sous les algues de la zone intertidale marine.

Régime alimentaire Presque toutes les espèces se nourrissent de petits animaux, notamment des insectes, qu'ils capturent avec leurs crochets vénéneux. Certaines espèces de grande taille peuvent infliger une «morsure» vénéneuse aux humains qui les manipulent avec insouciance, mais les centipèdes ne sont dangereux qu'envers leurs proies.

Relations avec les humains Au Canada, seul le scutigère (*Scutigera coleoptrata*), une espèce introduite, peut infliger une blessure douloureuse, mais non dangereuse, aux humains. Le scolopendre des jardins (*Scutigerella immaculata*), espèce aussi introduite, est parfois un fléau en horticulture surtout dans le sud de l'Ontario. Cette espèce n'est cependant pas un vrai centipède, car elle appartient à une petite classe d'arthropodes apparentés non carnivores, les symphyla, qui comprend seulement de deux à trois espèces au Canada.

D.K. McEwan Kevan

Centrale de l'enseignement du Québec, La C'est en 1946 que voit le jour la Corporation des instituteurs et institutrices catholiques (CIC), dont Laure GAUDREAULT est cofondatrice et qui prend le nom de Corporation des enseignants du Québec en 1967, pour être finalement transformée en Centrale de l'enseignement du Québec (CEQ) en 1972.

Ces seuls changements de nom sont révélateurs du cheminement idéologique de cette organisation syndicale. Après sa création à la suite d'une loi votée par le gouvernement du Québec et durant une vingtaine d'années, la CIC se développe en quelque sorte à l'écart du mouvement syndical organisé. L'arbitrage obligatoire lui ayant été imposé, cette situation se transforme à la suite de l'adoption du Code du travail en 1964 et de la reconnaissance du droit de grève dans le secteur public en 1965.

La véritable prise de conscience de leur condition de travailleuses et de travailleurs survient à la fin de 1966. En novembre, un mouvement de grève est lancé. En janvier 1967, plus de 15 000 membres sont en grève et le gouvernement du Québec, dirigé par le premier ministre Daniel JOHNSON, impose le retour au travail par une loi spéciale particulièrement dure, la loi 25, adopté le 20 février. Une manifestation intersyndicale CSN-FTQ-CEQ, à laquelle se joint l'Union générale des étudiants du Québec, regroupe 10 000 personnes devant l'Assemblée nationale du Québec. Il s'agit du premier d'une série d'affrontements entre l'État-employeur et les organisations syndicales regroupant ses employés.

Dans les années 70, l'action et le discours de la CEQ se radicalisent alors qu'elle publie, coup sur coup, *L'école au service de la classe dominante (*1972) et *École et lutte de classes au Québec* (1974), deux textes qui font date dans l'histoire de cette centrale. Cette évolution d'une forme de corporatisme à un syndicalisme davantage radical a rapproché les trois principales organisations syndicales québécoises qui, en 1971, forment le Front commun pour négocier, ensemble pour une première fois, les conditions de travail de leurs membres (*voir* GRÈVES DU FRONT COMMUN). La CSN, la FTQ et la CEQ ont uni leurs forces à plusieurs reprises depuis cette première de 1972, pour opposer un front uni au gouvernement et aux associations patronales dans les secteurs public et parapublic.

Dans les années 1980, la CEQ a tenté d'élargir sa représentation du côté des réseaux de la santé et dans le secteur des loisirs. Mais en l'an 2000, l'immense majorité de ses quelque 130 000 membres se retrouve dans le secteur de l'enseignement primaire et secondaire. Lors de leur Congrès général en juin 2000, les membres de la CEQ ont décidé de changer le nom de leur centrale pour Centrale des syndicats québécois.

Michel Rioux

Centrales nucléaires Elles produisent de l'électricité au moyen de l'ÉNERGIE NUCLÉAIRE. Comme dans les centrales thermiques *(voir* ÉLECTRICITÉ, PRODUCTION D'), la chaleur sert à évaporer de l'eau. La vapeur produite entraîne une turbine et fait tourner une génératrice qui produit de l'électricité. Dans une centrale thermique classique, la chaleur provient de la combustion de charbon ou d'autres combustibles. Dans le réacteur d'une centrale nucléaire, c'est la fission de combustible nucléaire qui fournit la chaleur. Il existe de nombreuses façons d'appliquer les principes de base de la fission à la conception de réacteurs opérationnels. Au Canada, on utilise une conception particulière, le réacteur canadien à deutérium-uranium (CANDU). D'autres pays font appel à des conceptions différentes. La production d'énergie nucléaire nécessite également un certain nombre de centrales d'appoint. Tous les réacteurs de puissance actuels utilisent l'URANIUM comme combustible. L'uranium est relativement abondant, car on le trouve dans la plupart des roches et des sols ainsi que dans les océans. Actuellement, l'extraction du minerai présente un intérêt économique si sa teneur en uranium est d'au moins 0,1 p. 100 en poids. Après extraction et broyage, l'uranium se présente sous la forme d'une poudre jaune (concentré d'uranium). À la suite d'un traitement chimique plus poussé, il devient noir (dioxyde d'uranium).

Réacteurs CANDU On fabrique les pastilles de combustible des réacteurs CANDU en comprimant le dioxyde d'uranium puis en le faisant cuire à haute température pour produire des cylindres de céramique durs et insolubles mesurant environ 14 mm de diamètre sur 20 mm de longueur. On produit les éléments combustibles en introduisant des pastilles empilées sur une épaisseur de 500 mm dans un tube métallique en alliage de zirconium (zircaloy), dont on scelle les extrémités par des soudures. Dans les réacteurs CANDU actuels, 37 éléments sont assemblés au moyen d'autres soudures pour former une grappe de combustible, dans laquelle les éléments individuels sont maintenus écartés les uns des autres. Cette grappe de combustible est la première composante de base du réacteur. L'uranium constitue une source énergétique très concentrée. Une grappe de combustible de 500 mm de longueur, de 100 mm de diamètre et pesant 22 kg pourrait être transportée dans un sac de voyage. Quand elle est placée dans un réacteur CANDU, elle peut produire autant d'ÉNERGIE que la combustion d'environ 400 t de charbon ou de 2000 barils de pétrole.

Dans le réacteur, 12 grappes sont placées bout à bout dans un tube à travers lequel on pompe de l'eau (le caloporteur) qui absorbe la chaleur dégagée. Comme l'eau atteint près de 300 °C, il se développe une pression d'environ 100 atmosphères. Ces tubes sont donc appelés «tubes de force ». Chaque tube de force renfermant le combustible et le caloporteur, et muni de raccords d'extrémité pour l'entrée et la sortie du caloporteur, constitue un canal de combustible, l'échelon suivant dans les composants de base du réacteur CANDU. Le cœur du réacteur comprend plusieurs centaines de canaux de combustible disposés en un réseau maillé selon des calculs précis et passant horizontalement dans une cuve, ou calandre, contenant de l'eau lourde comme modérateur. L'eau lourde est un composé d'hydrogène et d'oxygène, contenant une proportion plus élevée de deutérium, l'isotope lourd d'hydrogène, que l'eau naturelle. La présence de l'eau lourde et la disposition particulière des canaux sont deux paramètres essentiels à l'entretien de la fission dans l'uranium. Cette combinaison contribue à la sécurité du réacteur: si le réacteur était endommagé sérieusement, un de ces paramètres, ou les deux, serait probablement affecté et le processus de fission s'arrêterait automatiquement. C'est là un exemple de dispositif à sûreté intégrée.

À partir des canaux de combustible, le caloporteur est transféré par un tuyau jusqu'aux générateurs de vapeur où la chaleur du combustible est utilisée pour faire bouillir de l'eau dans un circuit secondaire. La vapeur produite entraîne la turbine et fait tourner le générateur qui produit l'électricité. Le caloporteur, qui s'est refroidi, retourne alors au réacteur par le circuit primaire fermé.

Quand il faut remplacer une grappe de combustible (après environ un an et demi d'utilisation dans le réacteur), un appareil de chargement du combustible commandé à distance est maintenu, au moyen de pinces, à chaque extrémité de son canal de combustible. Le combustible neuf est chargé par une extrémité et le combustible épuisé est déposé dans l'appareil à l'autre extrémité. La grappe de combustible épuisé, dont l'apparence est très semblable à une neuve, retient tous ses déchets scellés à l'intérieur. Les grappes usagées sont stockées dans un réservoir rempli d'eau, semblable à une piscine très profonde, situé dans un bâtiment adjacent au réacteur. L'eau refroidit les grappes et absorbe les radiations qu'elles émettent. La possibilité de réapprovisionnement en marche confère à la conception du CANDU un avantage unique sur les autres réacteurs actuellement sur le marché et contribue à élever de façon exceptionnelle son facteur de capacité, c.-à-d. l'électricité produite au cours d'un intervalle de temps, exprimée en pourcentage de la quantité théoriquement possible.

Pour réguler le niveau de puissance du réacteur, on retire ou on enfonce des barres de commande dans le cœur du réacteur. Ces barres sont contenues dans des tubes qui entrent par le dessus de la calandre et passent entre les canaux de combustible. Le système de commande d'un réacteur est utilisé un peu comme l'accélérateur qui contrôle la vitesse d'une automobile. Cependant, contrairement à une pédale d'accélération, les barres de commande d'un réacteur peuvent également stopper le système, c.-à-d. mettre fin à la réaction nucléaire en chaîne. En plus des barres de commande, il y a deux systèmes indépendants, chacun pouvant stopper rapidement le réacteur. Ces systèmes peuvent se comparer à deux systèmes de freinage indépendants dans une voiture, sauf que les circuits d'arrêt du réacteur, contrairement aux freins, ne sont ni nécessaires ni utilisés au cours des opérations normales. Ils ne sont mis en marche qu'en cas de défaillance d'un autre système. Le premier type de système est composé de barres semblables aux barres de commande, qu'on peut cependant introduire plus rapidement dans le cœur du réacteur. L'autre type est composé de tubes perforés horizontaux placés dans la calandre, à travers lesquels on peut injecter un liquide dans le modérateur à eau lourde. Les barres de commande et les circuits d'arrêt du réacteur fonctionnent tous les deux en introduisant dans le réacteur des matériaux (p. ex., du cadmium ou du gadolinium) qui absorbent un grand nombre de neutrons. L'addition d'absorbants modère, puis stoppe la réaction de fission nucléaire en chaîne. Leur retrait permet à la réaction de se remettre en marche.

Le combustible dans un réacteur en opération (et même quand on l'en retire) est hautement radioactif, c.-à-d. qu'il émet des radiations gamma semblables aux rayons X. Pour protéger les opérateurs, le cœur du réacteur est entouré d'un épais blindage, habituellement de béton armé, d'environ un mètre d'épaisseur. Pour protéger la population contre les émissions radioactives qui pourraient survenir dans le cas d'un accident, tout le réacteur et son circuit de refroidissement primaire sont placés dans une enceinte de confinement scellée, qui est en fait une structure de béton massif. Aucune habitation n'est permise dans un rayon d'environ 1 km, de sorte que toute libération de matières radioactives serait diluée et dispersée avant d'atteindre la population.

Autres réacteurs commerciaux Les réacteurs CANDU sont modérés et refroidis à l'eau lourde. Le modérateur et le caloporteur sont placés dans des circuits séparés. Un autre type général de réacteurs de puissance, appelés réacteurs à eau légère, utilise de l'eau ordinaire, ou eau «légère» à la fois comme modérateur et comme caloporteur, sans aucune séparation. Le combustible est entièrement immergé dans de l'eau sous pression, contenue dans un seul grand appareil. Comme l'eau légère ne constitue pas un assez bon modérateur pour maintenir une réaction de fission nucléaire en chaîne dans l'uranium naturel, le combustible d'uranium pour les réacteurs à eau légère doit être artificiellement enrichi en uranium 235. Les réacteurs à eau légère, d'abord mis au point aux États-Unis, se subdivisent en deux sous-groupes: le réacteur à eau sous pression et le réacteur à eau bouillante. Dans le premier, l'eau de refroidissement dans l'appareil sous pression est maintenue à une pression suffisamment élevée pour en empêcher l'ébullition. Ainsi, tout comme dans le système CANDU, la vapeur servant à actionner les turbines est produite dans un circuit secondaire, la chaleur étant transférée du circuit primaire au circuit secondaire par des générateurs de vapeur. Dans le réacteur à eau bouillante, le caloporteur est sous une pression plus faible, de sorte que l'ébullition se produit. Après séparation de l'eau entraînée, la vapeur passe directement à la turbine. Ce procédé possède l'avantage d'éliminer les coûts et les chutes de température associés au générateur de vapeur, mais la présence de réfrigérant radioactif dans la turbine en rend l'entretien plus difficile.

Une autre version de réacteurs de puissance, mise au point à l'origine au Royaume-Uni et en France, utilise le graphite comme modérateur et un gaz comme caloporteur, d'où son nom de réacteur à graphite-gaz. Les premiers modèles de ce type utilisaient comme combustible de l'uranium métallique enfermé dans des gaines à base d'alliage de magnésium et, comme caloporteur, du dioxyde de carbone. La version britannique du réacteur est appelée Magnox Reactor, d'après l'alliage particulier de magnésium employé comme matériau de gainage. Comme modérateur, le graphite a des propriétés qui le placent entre l'eau légère et l'eau lourde: il permet l'utilisation d'uranium naturel non enrichi. Ce type de réacteur n'est plus compétitif. Au Royaume-Uni, des réacteurs perfectionnés, refroidis au gaz, ont pris sa place. En alimentant ces réacteurs, qui utilisent le graphite et le dioxyde de carbone, avec du dioxyde d'uranium dans des gaines en acier inoxydable, on peut amener le caloporteur à des températures plus élevées. Ce système donne un rendement thermique plus élevé, c.-à-d. qu'on obtient davantage d'électricité à partir de la même quantité de chaleur. L'exploitation des réacteurs perfectionnés refroidis au gaz est encore trop récente pour permettre de les comparer aux réacteurs refroidis à l'eau déjà en opération.

Plusieurs pays effectuent des recherches sur un réacteur à haute température refroidi au gaz, qui permettra d'atteindre des températures encore plus élevées. Dans ce cas, le dioxyde de carbone utilisé comme caloporteur est remplacé par de l'hélium, un gaz non corrosif, et le combustible est composé d'innombrables particules minuscules de carbure d'uranium individuellement enrobées de graphite et dispersées dans un bloc ou une boule de graphite. Techniquement, ce concept est attrayant, mais, en l'absence de réacteurs de ce type sur le marché, leur éventuelle rentabilité demeure hypothétique.

L'URSS a mis au point deux types de réacteurs utilisés comme centrales électriques: le VVER (réacteur eau-eau à cuve sous pression) et le RBMK (réacteur bouillant eau-graphite à canaux). Le VVER ressemble beaucoup à la conception américaine du réacteur à eau sous pression. Le RBMK est par contre d'une conception unique. Il possède des centaines de canaux à combustible généralement semblables à ceux du CANDU, mais qui baignent dans un modérateur de graphite chaud plutôt que dans l'eau lourde.

Recyclage du combustible Tous les réacteurs nucléaires de puissance actuels ne consomment qu'environ 1 p. 100 de l'uranium qui les alimente. Tant que l'uranium est relativement abondant et à bas prix, le procédé utilisé actuellement, soit le cycle de combustion monopasse, même s'il nécessite le stockage du combustible épuisé et retiré, demeure le plus simple et le plus économique. Utilisées de cette façon, les ressources mondiales connues d'uranium économiquement récupérable possèdent un contenu énergétique comparable aux ressources mondiales récupérables de pétrole classique. Quand les plus riches gisements d'uranium auront été exploités et qu'il faudra puiser dans des gisements plus pauvres, il deviendra rentable de recycler le combustible épuisé pour en tirer un potentiel énergétique accru. Le recyclage consistera alors à dissoudre le combustible épuisé, à en extraire les déchets véritables (environ 1 p. 100 du poids total du combustible) et de refaire des pastilles de combustible avec le résidu. Le recyclage du combustible constitue une composante essentielle de tout projet visant à accroître le rendement énergétique de nos ressources en combustible nucléaire.

L'application la plus connue pour le recyclage du combustible est le réacteur surgénérateur rapide à métal liquide, une conception révolutionnaire qui n'est pas encore disponible sur le marché. «Métal liquide» fait référence au caloporteur, habituellement un alliage fondu de sodium et de potassium. «Rapide» a trait à la vitesse des neutrons dans le cœur du réacteur. Comme les réacteurs rapides ne contiennent pas de modérateur, les neutrons ne sont pas ralentis beaucoup par rapport à leur vitesse au moment de leur création dans le processus de fission. «Surgénérateur» signifie un réacteur dans lequel le matériel fertile produit davantage de substance fissile que la fission n'en consomme. On dit souvent, et à tort, que ce type de réacteur produit plus de combustible qu'il n'en consomme. En fait, la caractéristique essentielle de ce type de réacteur est qu'il consomme beaucoup moins de combustible nucléaire (normalement de l'uranium) que les réacteurs courants. Ainsi, le coût de l'électricité produite acquiert une grande indépendance par rapport au coût de l'uranium.

Le retraitement du combustible permettrait d'exploiter au maximum les ressources mondiales de combustible nucléaire pour deux raisons. L'exploitation de gisements plus pauvres deviendrait possible, et on pourrait récupérer beaucoup plus d'uranium de façon économique, puisque les SERVICES PUBLICS D'ÉLECTRICITÉ pourraient se permettre de payer des prix plus élevés pour l'uranium. Une proportion accrue de l'uranium extrait serait consommée et convertie en énergie. En considérant ces deux facteurs, il en découle que l'énergie par fission nucléaire, accompagnée du recyclage du combustible, devient une source d'énergie presque inépuisable. Au Canada, il est possible d'appliquer le principe qui consiste à dissocier en grande partie les coûts de l'électricité des coûts du combustible au système des réacteurs CANDU actuellement sur le marché, en pratiquant le recyclage et en remplaçant l'uranium par du thorium (un autre combustible nucléaire naturel) comme combustible. Ainsi, le Canada pourrait être assuré du même approvisionnement illimité d'énergie sans avoir à introduire un nouveau type de réacteur.

J.A.L. Robertson

Centre canadien d'architecture Situé à Montréal, c'est un musée et un centre d'études consacrés à l'architecture. Il abrite l'une des plus importantes collections mondiales de dessins, de livres, de photographies et d'archives sur l'architecture réunis par Phyllis LAMBERT, architecte et directrice-fondatrice du centre. Les plans de l'édifice, construit entre 1985 et 1989, sont de Peter ROSE, en collaboration avec Lambert (architecte conseil) et Erol Argun (architecte associé). Le CCA se constitue de la maison Shaughnessy, une résidence construite en 1874 que Lambert a sauvée de la démolition, et de jardins aménagés récemment. L'objectif était de remettre en valeur un ancien quartier résidentiel, autrefois d'une élégance raffinée, défiguré par les autoroutes et les gratte-ciel environnants.

L'édifice de calcaire austère intègre des éléments modernes et postmodernes et symbolise les intérêts chers à Lambert depuis longtemps: le classicisme moderne de son premier mentor, Mies van der Rohe, les vieilles pierres grises de l'architecture de Montréal et ses anciens lotissements, la restauration du tissu urbain. Le nouvel édifice en forme de E comporte en son centre la maison Shaughnessy. Deux ailes rejoignent le manoir victorien restauré; l'aile ouest abrite un amphithéâtre et l'aile est, un atrium où sont installés des bureaux et des centres de recherches. Les extrémités arrondies des ailes rappellent les doubles fenêtres en saillie du manoir, tout comme la fondation bossagée, le classique des détails, et l'équilibre de la composition du CCA. Les corniches en aluminium appartiennent à la modernité et sont des variantes des corniches de pierre du vieux manoir. Elles projettent des ombres changeantes sur les murs de maçonnerie. L'entrée principale se situe sur la longue façade nord qui constitue le centre de l'édifice. Elle s'ouvre sur un grand escalier qui mène aux salles publiques situées au premier étage, lesquelles se composent de salles d'exposition, d'une librairie et d'une bibliothèque. Le rez-de-chaussée abrite les bureaux du service de conservation. Au sous-sol, deux étages sont réservés aux voûtes. Les matériaux de construction, notamment le calcaire du Trenton du Québec, l'érable canadien et l'aluminium d'Alcan, proviennent des environs et ont été traités avec soin. Des puits de lumière permettent à la lumière naturelle d'éclairer l'intérieur de l'édifice.

Susan Wagg

Centre canadien de radiodiffusion Il loge la SOCIÉTÉ RADIO-CANADA (SRC) à Toronto. Situé sur la rue Front Ouest dans le centre-ville, ce centre, occupé depuis 1993, est le résultat d'un processus de planification et de conception échelonné sur 12 ans et d'une période de construction de 4 ans. L'édifice regroupe tous les services locaux et nationaux de langue anglaise ainsi que les services locaux et régionaux de langue française de radiodiffusion et de télédiffusion.

À la suite de son appel d'offres, la SRC choisit la Corporation Cadillac Fairview Limitée pour développer le site de 9,3 acres, propriété de la SRC, et bâtir le centre, dont la SRC est maintenant locataire à long terme. L'immeuble de la direction générale de l'Indemnisation des accidents du travail, conçu conjointement par les architectes Carlos Ott et Neils Owens Roland et Roy, est terminé en 1994.

Le coût total de la construction du centre s'élève à 381 millions de dollars. Le concept du design, élaboré par Barton, Myers Associés, comprend un bâtiment de 10 étages, d'une superficie de 0,52 million de mètres carrés (en moyenne), avec des studios de télévision sur le toit et 2 niveaux souterrains. L'aménagement de l'immeuble est le fruit d'une collaboration entre le cabinet Bregman et Hamann/Scott Associates Architects, John Burgee Architects inc. et Philip Johnson, conseiller en aménagement.

Le design du bâtiment est digne d'intérêt pour sa référence à l'architecture déconstructiviste. En plan et en élévation, la grille orthogonale du bâtiment est interrompue par des éléments asymétriques. Ces éléments apparaissent en élévation comme des pans de mur rideau, qui interrompent le cadre blanc et les meneaux rouges de la façade du bâtiment. Une gaine d'ascenseur vert vif, qui fait angle avec la grille, domine l'atrium intérieur. Les références stylistiques à la déconstruction marquent l'intérêt pour ce mouvement de l'architecte Philipp Johnson, à l'époque de la conception architecturale du bâtiment.

Le centre de radiodiffusion comprend 3 grands studios de radio, dont le studio Glen GOULD, 3 studios de radiodiffusion et 19 studios d'émissions radiophoniques pour le réseau. Pour la télévision, trois grands studios de production de divertissement, deux studios consacrés aux postes locaux, un studio pour les nouvelles et deux studios de production générale.

Les équipements de radio et de télévision du centre utilisent les nouvelles techniques numériques qui permettront d'intégrer les futures techniques numériques, plus avancées, et d'assurer la mise à jour de l'équipement. L'atrium intérieur, l'espace public le plus important du bâtiment, est le point d'attraction du centre et a été baptisé Atrium Barbara FRUM, en souvenir de l'apport de cette communicatrice distinguée, décédée en 1992.

George Kapelos

Centre canadien des eaux intérieures L'un des centres de recherches sur l'EAU les plus importants au monde, le Centre canadien des eaux intérieures (CCEI) fournit à Environnement Canada et au ministère des Pêches et des Océans des installations servant à la recherche et au développement en matière d'environnement ainsi qu'à la surveillance, à la gestion des RESSOURCES et à la cartographie marine. Créé par le gouvernement fédéral en 1967, le CCEI occupe un important site riverain à Burlington, en Ontario, juste à l'intérieur du port de Hamilton. Le

CCEI loge l'Institut national de recherche sur les eaux (INRE) d'Environnement Canada, y compris le Laboratoire national des essais environnementaux (LNEE), le Bureau du réseau de surveillance et d'évaluation de l'écosystème et les bureaux de la région de l'Ontario de la Direction de la conservation de l'environnement.

Pour ce qui est du ministère des Pêches et des Océans, le CCEI loge l'Institut Bayfield, y compris le Laboratoire des Grands Lacs pour les pêches et les sciences aquatiques, ainsi que les bureaux-chefs de la Région du Centre et de l'Arctique du Service hydrographique du Canada, l'un des 3 centres canadiens de cartographie marine. Le Centre Technique des eaux usées, une installation appartenant à l'État et exploitée par le secteur privé, partage le site du CCEI et fournit des méthodes et des techniques visant à prévenir la dégradation de l'environnement.

Depuis 1974, le CCEI est le Centre de collaboration pour la qualité des eaux de surface et souterraines de l'Organisation mondiale de la santé, et compile les données d'un réseau mondial de stations de surveillance de la qualité des eaux, faisant partie du Système mondial de surveillance continue de l'environnement des Nations Unies. Les scientifiques du CCEI jouent un rôle de premier plan en apportant les connaissances nécessaires à la gestion des GRANDS LACS.

Le Centre dirige, en outre, un programme intégré de recherche et développement en sciences aquatiques, en partenariat avec les agences de gestion des eaux et les milieux des sciences aquatiques du Canada et du monde entier. Ces recherches créent des connaissances et perfectionnent les expertises nécessaires à la solution des problèmes de la qualité des eaux, solutions importantes pour l'utilisation durable de cette ressource et pour la préservation des ÉCOSYSTÈMES d'eau douce, conformément aux priorités nationales. (*Voir aussi* POLLUTION DE L'EAU.)

Eric McGuinness et Janet Cooley

Centre canadien du film En 1988, Norman JEWISON fonde le Centre canadien des hautes études cinématographiques, qui prendra le nom de Centre canadien du film en 1992. Sa volonté de créer une industrie cinématographique nationale a fortement marqué l'organisme. Le centre s'inspire du programme de formation de l'American Film Institute et a pour mandat de dispenser des cours supérieurs de réalisation, de production et de scénarisation à de jeunes cinéastes canadiens talentueux. Les étudiants demeurent sur place, où ils étudient pendant une période variant de quatre à neuf mois. Ils ont l'occasion de travailler avec des cinéastes invités et des professionnels de l'industrie.

Depuis la création du centre, plus de 70 courts métrages ont été produits et ont remporté plus de 40 prix importants à des festivals. Parmi les jeunes cinéastes talentueux qui ont suivi son programme, citons John Greyson, David Wellington, Clement Virgo, Stephen Williams, Christina Jennings et Holly Dale. Tous ont continué à réaliser des longs métrages, assurant ainsi la légitimité du Centre canadien du film.

Le producteur canadien Peter O'Brian, directeur exécutif du Centre de 1988 à 1992, lui acquiert une solide réputation. Son successeur, Wayne Clarkson, en poste depuis 1992, étend les activités du centre à de nombreux domaines. Dès sa première année de mandat, il instaure le Feature Film Project, qui permet à des étudiants soigneusement sélectionnés de continuer à tourner un long métrage à faible budget au Centre. Parmi les longs métrages produits dans le cadre de ce projet figurent *Rude* (1995), de Clement Virgo; *Blood and Donut* (1995), de Holly Dale; *House* (1995), de Laurie Lynd; *Shæ maker* (1996), de Colleen Murphy; et *Cube* (1997), de Vincenzo Natali. Le Centre administre par ailleurs un programme pour les dramatiques télévisées, un programme de formation professionnelle en scénarisation, ainsi que

MediaLinx et Habitat, un centre de formation en nouveaux médias.

Piers Handling

Centre commercial Regroupement d'établissements de détail et de services construits et administrés comme une unité, qui comprend un ou plusieurs locataires principaux et qui est muni d'un parc de stationnement. Les deux prototypes américains sont le Market Square (1916) de Lake Forest, en Illinois, et le Country Club Plaza (1922) de Kansas City, au Missouri. Les centres commerciaux situés à quelque distance des centres urbains établis se sont rapidement développés après la Seconde Guerre mondiale en réponse à la croissance des banlieues. L'urbaniste Eugenio Giacomo Faludi favorise le concept en 1949 dans un article influent destiné aux architectes canadiens.

Le premier centre commercial du Canada est le Norgate Shopping Centre (M.M. Kalman, 1949) situé à Ville Saint-Laurent, au Québec. Ce centre commercial possède un plan en «L», ceinturant un grand parc de stationnement d'où l'on peut accéder aux magasins. Il est suivi par son jumeau, le Dorval Shopping Centre (Eliasoph and Bercowitz en collaboration avec M.M. Kalman, 1950), à Dorval, au Québec, et le Park Royal Shopping Centre (C.B.K. Van Norman and J.C. Page, 1950), à West Vancouver, en Colombie-Britannique. Le Sunnybrook Plaza (1951) et le York Mills (1952), tous deux près de Toronto, sont aussi des centres commerciaux de la première heure. Tous sont des édifices sans ornement, destinés à la vente de marchandises avec, comme piliers, les supermarchés et des grands magasins.

Dans la deuxième étape de conception, les entrées se détournent des voitures et s'orientent vers un passage piétonnier intérieur, paysager et abrité, comme le Don Mills Convenience Centre (John B. Parkin and Asssociates, 1955), à Don Mills, en Ontario, et les centres commerciaux Rockland (Ian Martin et Victor Prus, 1958), à Ville Mont-Royal, au Québec.

Les passages piétonniers sont par la suite entièrement clos pour créer un espace à atmosphère contrôlée. Le premier du genre est le Southdale Centre (Victor Gruen, 1954-1956), à Edina, au Minnesota, modelé en partie sur les galeries marchandes européennes, comme la Galleria Vittoria Emanuele de Milan. Un des premiers exemples de ce type est le Yorkdale Shopping Centre (John B. Parkin and Associates, 1960-1964), à North York, le plus vaste à ce jour au Canada (119 000 m² avec 2 grands magasins, un supermarché et 90 boutiques). Il est aussi un centre régional situé à l'intersection de deux autoroutes. Les multiples étages de boutiques augmentent la densité et réduisent les distances à parcourir à pied, comme au Bayshore Shopping Centre (Petroff and Jerulaski, 1973; agrandi de deux à trois étages, 1986-1987), à Nepean, en Ontario. Les centres commerciaux plus anciens sont continuellement modernisés et rebaptisés pour concurrencer les plus récents.

Le «centre commercial» clos est devenu un centre d'activités sociales: il abrite souvent des équipements récréatifs. L'énorme WEST EDMONTON MALL (Maurice Sunderland Architecture Inc., 1981-1986, 483 000 m²), avec plus de 800 boutiques et établissements de services, et 7 parcs d'amusement et de récréation, est d'ailleurs le plus grand du monde. Son nom vient de *pall-mall*, qui représente à la fois un jeu et le pré sur lequel il se joue.

Les centres commerciaux régionaux et suburbains ont nui aux zones commerçantes des centres-villes. La Nouvelle-Écosse, l'Île-du-Prince-Édouard et le Nouveau-Brunswick ont déposé une loi de réglementation à cet effet à la fin des années 70. Le Canada, plus que les États-Unis, maintient ses engagements envers ses villes, d'où la migration des centres commerciaux des banlieues vers les centres urbains. Wellington Square (John Graham and Co., 1958-1960), à London, en Ontario, est reconnu comme le

premier centre commercial en Amérique du Nord à s'être établi au centre-ville.

On crée des galeries marchandes sous des complexes de tours à bureaux, comme la PLACE VILLE-MARIE (I.M. Pei en collaboration avec Affleck, Desbarats, Dimakopoulos, Lebensold, Michaud et Sise, 1958-1966), à Montréal, et le Pacific Centre (Victor Gruen and Associates en collaboration avec McCarter, Nairne, and Partners, 1969-1976), à Vancouver. On en crée aussi dans des tours, comme le Scotia Square (Allward and Gouinlock, 1969), à Halifax, ou comme des aménagements de surface, tels que la Midtown Plaza (Gordon R. Arnott and Associates, 1969-1970), à Saskatoon.

Le EATON CENTRE (Zeidler Partnership et Bregman and Hamann, 1976-1979), à Toronto, est un modèle d'intégration dans l'infrastructure d'une ville et de revitalisation de quartiers pauvres.

Une tendance récente est la réhabilitation de groupes de vieux édifices en centres commerciaux tels que le Market Square (Arcop Associates en collaboration avec Mott, Myles and Chatwin, 1980-1983), à Saint-Jean, au Nouveau-Brunswick. Une autre tendance est la reconstitution urbaine avec des façades d'édifices séparés créant une impression de rue. Ainsi, le Sundial Square (Cornerstone Architects, 1985), à Tsawwassen, en Colombie-Britannique, revient presque aux sources du Market Square de Lake Forest de 1916.

La plupart des points de vente dans les centres commerciaux sont des grands magasins, des supermarchés, des chaînes et des franchises bien connus des grands promoteurs nationaux qui construisent les centres et gèrent le «mélange de locataires». Quelques promoteurs possèdent d'immenses sociétés propriétaires de centres commerciaux. L'un d'eux est Trizec Corp. (propriété d'Olympia & York Developments Ltd. et d'Edper Investments), qui, à la fin des années 80, détenait 50 grands centres commerciaux et une participation dans deux grandes entreprises américaines. Il y a aussi Oxford Development Groups Ltd., qui possède environ 100 centres commerciaux au Canada.

Harold Kalman

Centre de conservation de la nature Mont-Saint-Hilaire Administré par l'U. MCGILL, il comprend le mont Saint-Hilaire (l'une des 10 collines montérégiennes, située à 35 km à l'est de Montréal), qui s'élève à 411 m au-dessus de la rivière Richelieu et s'étend sur 11 km². La montagne a été formée il y a environ 100 millions d'années par l'intrusion de roches ignées dans les couches sédimentaires, qui ont été supprimées depuis par les processus d'érosion, dont la glaciation. Les nombreux sommets de la montagne entourent le lac Hertel (36 ha), qui est drainé par un petit ruisseau. Les variations d'altitude et de climat favorisent la croissance d'une végétation où dominent les peuplements de pins, de chênes, d'érables, de hêtres et de bouleaux. Parmi les espèces animales, on retrouve 41 espèces de mammifères (dont la mouffette, le renard, le raton laveur, le porc-épic, le rat musqué, l'écureuil, le cerf) ainsi que 178 espèces d'oiseaux (dont le grand pic, la paruline, le faucon, la bernache du Canada).

Les Iroquois vivaient des ressources de la montagne jusqu'à ce que les pionniers français commencent à en exploiter le bois et l'énergie hydraulique vers 1700. Après 1844, la famille Campbell y exploite un centre touristique jusqu'en 1913, année où le brigadier A.H. Gault s'en porte acquéreur. Il protège les qualités naturelles de son domaine, qu'il lègue à l'U. McGill en 1958. Depuis ce temps, le mont Saint-Hilaire est consacré à la protection de l'environnement, à la recherche scientifique, à l'éducation et aux loisirs. En 1960, il devient une RÉSERVE D'OISEAUX migrateurs et, en 1978, il est reconnu par l'UNESCO comme première réserve de la biosphère du Canada. La zone ouest, où se trouve un centre de la nature de 6 km² qui donne accès à 24 km de sentiers, reste ouverte au public toute l'année.

John S. Marsh

Centre de musique canadienne (CMC) Fondé en 1959, c'est un organisme de services artistiques qui appuie des centaines de compositeurs du pays. Ces derniers deviennent membres agréés du CMC après avoir été sélectionnés par un comité de leurs pairs. Le siège national et la bibliothèque du centre se trouvent à Toronto. Les bureaux régionaux sont situés à Vancouver, à Calgary, à Toronto et à Montréal. Il existe aussi un mini-centre à Sackville, au Nouveau-Brunswick. La collecte, la distribution gratuite et la promotion des partitions des membres agréés du CMC visent à encourager l'étude, l'exécution et l'appréciation de ces œuvres musicales. Le centre offre à la population et aux groupes de musique, tant au Canada qu'à l'étranger, de l'information sur les membres agréés, des publications sur les 14 000 œuvres contenues dans ses bibliothèques et des reproductions bon marché de pièces musicales. Centredisques, la maison de disques du CMC, produit et distribue des disques de qualité des compositions des membres agréés, lesquelles sont interprétées par des artistes de concert canadiens. Le Service de distribution du CMC s'occupe de vendre ces disques et d'autres enregistrements de musique canadienne spécialisée.

Le CMC reçoit des subventions d'organismes fédéraux, provinciaux et municipaux, ainsi que d'associations veillant aux droits des artistes, de fondations et d'entreprises, sans compter les dons provenant des membres qui ne sont pas du métier.

John A. Miller

Centre de recherche en civilisation canadienne-française (CRCCF) Fondé le 2 octobre 1958 à l'U. d'Ottawa par quatre professeurs de littérature française: Bernard Julien, o.m.i; Jean Ménard; Réjean Robidoux; et Paul Wyczynski, qui en fut le directeur pendant 15 ans. L'objectif premier était de développer l'enseignement des lettres canadiennes-françaises au niveau universitaire (*voir* LITTÉRATURE DE LANGUE FRANÇAISE), secteur négligé à l'époque. Avec le temps, l'orientation du Centre a évolué. Ainsi, en 1963, il a intégré d'autres disciplines, dont l'histoire et les beaux-arts, et, en 1977, le CRCCF devient une unité de recherche pluridisciplinaire.

Les sept membres de son bureau de direction représentent diverses disciplines des sciences humaines et sociales ainsi que la communauté francophone. Dès ses débuts, le Centre a encouragé la recherche sur le Canada français, surtout sur le Québec et l'Ontario, mais aussi sur les autres communautés francophones minoritaires en Amérique du Nord. Il contribue à la recherche par l'acquisition et la conservation d'archives et d'ouvrages de référence spécialisés, la publication d'ouvrages et l'organisation de colloques, de conférences et d'expositions. Le Centre encourage aussi les projets de recherche au moyen de modestes subventions et offre un appui administratif à des projets d'envergure qui sont financés par des organismes extérieurs, dont le *Dictionnaire de l'Amérique française*, *FrancoSources* (une bibliographie et un répertoire, disponibles électroniquement, sur les communautés minoritaires francophones), *Les manuels scolaires franco-ontariens*, *Les textes poétiques du Canada français*. De plus, il dirige trois collections et collabore à la parution de la revue annuelle pluridisciplinaire *Francophonies d'Amérique*.

Le secteur des archives rend accessibles aux chercheurs et au public plus de 1,6 km linéaire de documents (textuels, photographiques, audio et vidéo, etc.), ainsi que 3300 brochures, 5500 ouvrages de référence et 250 titres de périodiques. Le Centre entretient des rapports suivis avec de nombreux organismes d'ici et d'ailleurs. En 1997-1998, il a accueilli 1500 chercheurs.

Yolande Grise

Centre de recherche industrielle du Québec Deux projets de loi destinés à fonder une agence consultative scientifique québécoise sont abandonnés en 1966 quand le Québec change de gouvernement. Le Centre de recherche industrielle du Québec (CRIQ) est finalement fondé, en 1969, en tant que SOCIÉTÉ DE LA COURONNE. Avant la fin des travaux d'aménagement des laboratoires de Sainte-Foy, en 1975, on louait des installations à Québec, à Sherbrooke et à Dorval. La même année, on fonde une division spécialisée en micro-électronique à Montréal et les fonctions du CRIQ sont réexaminées afin de renforcer son rôle consultatif auprès des petites entreprises. Un nouveau laboratoire est ouvert à Montréal' en 1985. Depuis, ce dernier stimule le développement par la recherche et les conseils techniques et scientifiques. En 1979, le gouvernement élargit le rôle du Centre en lui permettant de conseiller les entreprises sur les exigences des licences ainsi que sur l'obtention de brevets d'invention et en l'autorisant même à collaborer avec elles pour faire breveter des inventions.

La communauté scientifique critique très tôt l'aide du CRIQ aux entreprises, tandis que certains économistes blâment la préférence du CRIQ pour les petites entreprises. Le Centre est dirigé par un président-directeur général et un conseil de seize administrateurs qui sont responsables de divers niveaux à différents niveaux. Le CRIQ compte plus de 400 employés. Le plus souvent, il conseille gratuitement les petites entreprises, mais plus de 60 p. 100 de ses revenus proviennent de contrats et du partage de brevets avec l'industrie. Il est surtout connu pour ses innovations en conception de MEUBLES et dans l'industrie de l'alimentation. En collaboration avec des universités québécoises et des cégeps, on y poursuit des recherches en ROBOTIQUE (p. ex., en conception et en FABRICATION assistées par ordinateur), en micro-électronique, sur la BIOMASSE, en BIOTECHNOLOGIE et sur les PLASTIQUES.

Martin K. McNicholl

Centre de recherches pour le développement international (CRDI) Société d'État établie en 1970 par le Parlement pour soutenir la recherche visant à adapter la science et la technologie aux besoins particuliers des pays en développement. Lester B. PEARSON en est le premier président. Ayant son siège social à Ottawa, le CRDI possède six bureaux régionaux répartis dans le monde. Il appuie la recherche et l'établissement des capacités de recherche locales dans cinq principaux domaines: la biodiversité; les systèmes alimentaires en situation difficile; la technologie, la société et l'environnement; l'intégration des politiques économiques et sociales; ainsi que l'information et la communication. Au nombre de ses activités premières, le CRDI s'occupe de promouvoir les réseaux de recherche internationaux afin de développer les connaissances et les applications permettant de trouver rapidement des solutions locales aux problèmes de développement. Il est un des premiers à lancer un projet d'envergure destiné à aider les collectivités africaines à «dépasser» les procédés de développement standard en reliant leurs institutions et leurs organismes aux nouvelles technologies de communication et d'information.

Pour atteindre ses objectifs, le CRDI joue un rôle de catalyseur et de courtier en vue de former des partenariats avec des agences internationales et le secteur privé. Près de 18 p. 100 des programmes du centre sont menés conjointement par des organisations canadiennes et de pays en développement. Financé principalement par le gouvernement fédéral, le CRDI présente un rapport annuel au Parlement par l'entremise du ministre des Affaires étrangères. Il est dirigé par un Conseil des gouverneurs international, dont la majorité des membres sont Canadiens; en 1997, la présidence en était assumée par l'honorable Flora MACDONALD.

Gregory Wirick

Centre des sciences de l'Ontario Il est situé dans la vallée Don, à Toronto. L'initiative de sa fondation vient du gouvernement de l'Ontario, qui lance le projet dans le cadre du CENTENAIRE canadien. Ouvert en 1969, le Centre est subventionné par les deux ordres de gouvernement, tant fédéral que provincial. La construction en a coûté environ 23 millions de dollars et on a dépensé encore 7 millions de dollars pour le développement des premières expositions. Les 200 employés à temps plein ont monté, avec l'aide d'étudiants, plus de 850 expositions, dont 650 sont des expériences interactives représentant 15 disciplines différentes.

Le Centre reçoit en moyenne 1,3 million de visiteurs par année, en plus des 250 000 personnes qui visitent «La Caravane de la science», une exposition ambulante. Chaque semestre, son école de jour offre à un groupe de 25 élèves, tous groupes en science, la possibilité de suivre des cours menant à des crédits. Le Centre publie un petit journal trimestriel, *Newscience*, qui est distribué gratuitement aux visiteurs et posté aux abonnés. La Grande-Bretagne, les États-Unis, la France, la Chine, le Japon, la Malaisie et l'Australie ont acheté et loué des expositions du centre. Pour répondre à de telles demandes, le Centre a autorisé l'industrie privée à fabriquer des copies de ses articles d'exposition, et à les vendre à des musées et à d'autres MUSÉES DE LA SCIENCE, non seulement au Canada, mais dans le monde entier. En 1987, le Centre devient un organisme du ministère de la Culture et des Communications, d'où provient le budget de fonctionnement annuel qui se chiffre à 12 millions de dollars environ.

J. Tuzo Wilson

Centre national des arts D'après la *Loi sur le Centre national des arts*, adoptée le 15 juillet 1966, son conseil d'administration a pour mandat de développer les arts de la scène dans la région de la capitale nationale et d'assister le CONSEIL DES ARTS DU CANADA dans le développement des arts de la scène ailleurs au Canada. Construit pour marquer le centenaire de la Confédération canadienne et conçu par l'architecte montréalais Fred LEBENSOLD, le Centre national des arts (CNA) consiste en un élégant complexe composé de trois hexagones, situé sur la rive du CANAL RIDEAU, dans le centre-ville d'OTTAWA. Il comprend une salle d'opéra de 2326 places, un théâtre de 969 places et un studio de 350 places. De 1981 à 1996, il exploite aussi l'Atelier, un théâtre de poche satellite de 84 places situé non loin.

Réputation Depuis son ouverture officielle présidée par le premier ministre Pierre Trudeau le 31 mai 1969, le CNA a répondu à bon nombre des attentes qui ont été à l'origine de sa création. Sous la direction de Mario BERNARDI, l'orchestre du CNA acquiert une réputation internationale. Jusqu'en 1984, le centre organise un festival d'été dans le cadre duquel il présente un opéra de haut niveau. Dès le début, il crée deux compagnies de théâtre, l'une francophone, l'autre anglophone. Au cours des deux premières années de son existence, il accueille, durant les mois d'hiver, la Stratford Festival Company (*voir* FESTIVAL DE STRATFORD) comme troupe résidente. Il organise des galas, accueille des chorales, des festivals, des films, des pièces de théâtre et des spectacles de danse en provenance de tout le Canada et de l'étranger. De 1978 à 1981, ses propres productions théâtrales font régulièrement des tournées, mais il doit les interrompre faute d'appui financier suffisant du gouvernement.

Le CNA a cependant été l'objet de controverses suscitées, en partie, par des débats sur son mandat et son financement. À la fin des années 80 et durant les années 90, il cherche à diminuer le nombre de ses propres productions, en favorisant des coproductions avec d'autres troupes de théâtre ainsi que des superproductions musicales comme *Les Misérables* et *Phantom of the Opera* (v.f. *Le Fantôme de l'opéra*) pour financer ses autres activités.

Plusieurs directeurs généraux se sont succédé à la tête du CNA: G. Hamilton Southam (1967-1977), Donald MacSween (1977-1987), Yvon Desrochers (1988-1994) et Joan Pennefather (1994-1995).

Depuis la démission de cette dernière, en 1995, le centre n'a pas de directeur général attitré, bien que la présidente du conseil d'administration, Jean Thérèse Riley, en assume en grande partie la direction.

Talents De grands talents dirigent les réalisations artistiques du centre. Les principaux chefs de son célèbre orchestre ont été: Mario Bernardi (1968-1982); Franco Mannino (1982-1987); Gabriel Chmura (1987-1991) et Trevor Pinnock (nommé en 1991). Franz-Paul Decker est nommé principal chef invité en 1991.

Au cours des ans, le volet théâtral du centre connaît plusieurs restructurations et changements de direction. Jean Roberts, directrice du théâtre (1971-1977), est remplacée par Jean GASCON (1977-1984). Jean Herbiet (1975-1982), André Brassard (1982-89) et Robert LEPAGE (1989-93) ont occupé le poste de directeur artistique du théâtre francophone. Jean Roberts (1975-1977) et John Wood (1977-1984) ont assumé successivement la direction artistique du théâtre anglophone et, en 1996, Brian MACDONALD a été nommé conseiller artistique principal du CNA.

La crise et la réorganisation que traverse le CNA dans les années 90 sont en grande partie attribuables aux compressions budgétaires du gouvernement. En 1995, le gouvernement fédéral réduit les subventions au CNA de 29 p. 100 sur une période de trois ans. Celles-ci passent donc de 21,6 millions en 1995-1996 à 14, 7 millions en 1998-1999.

Le CNA ne retrouvera peut-être jamais la gloire dont il a joui à ses débuts. Il demeure néanmoins le plus important centre d'arts bilingue au pays ainsi qu'une précieuse vitrine des arts de la scène au Canada. Au cours de ses 25 premières années d'exploitation, plus de 16 millions de spectateurs ont assisté à 22 000 spectacles de musique, de théâtre ou de danse.

James Noonan

Centres d'amitié Ce sont des organismes autochtones non gouvernementaux qui, bien que financés principalement par le Patrimoine canadien, gèrent leurs opérations de façon autonome. Souvent implantées en zones urbaines, ces associations bénévoles parrainent diverses activités: événements culturels, danses, sports, loisirs, initiation au travail, services éducatifs et coopératives économiques. Par-delà leurs fonctions formelles, ces centres, du fait qu'ils sont petits et intimes, fournissent un environnement social où les autochtones se sentent psychologiquement à l'aise, d'où leur nom de Centres d'amitié. Les individus s'aident mutuellement à faire face aux problèmes et à l'anxiété de la discrimination raciale, de la pauvreté et de l'aliénation vécue en milieu urbain.

René R. Gadacz

Céramique Elle est fabriquée avec de l'ARGILE (ou avec tout autre composé minéral non métallique) et mise en forme par cuisson. Les principales variétés de céramique sont la porcelaine, généralement translucide; la poterie de grès; et la poterie de terre cuite, opaques. Toutes ces variétés peuvent être glacées ou non. Les céramiques non glacées sont dites biscuitées. Elles demeurent poreuses, car seule la glaçure imperméabilise. Pour les potiers, par opposition à l'industrie de la céramique, le terme «biscuit» fait référence à la première cuisson à basse température (normalement d'environ 900 à 1000 ºC), qui permet la glaçure de l'objet. La deuxième cuisson, ou glaçure, se fait à une température beaucoup plus élevée pour produire la poterie de grès ou la porcelaine. En ce qui concerne la céramique industrielle, on peut biscuiter la porcelaine ou la faïence à une température plus élevée que celle de la cuisson de glaçure afin de la rendre plus solide.

Céramique canadienne Au Canada, les Européens produisent la poterie de terre cuite utilitaire à partir des années 1750 (et les autochtones depuis bien plus longtemps). La poterie utilitaire est la forme la plus répandue de contenant puisque, étant produite sur place, elle est bon marché et peut être rem-

placée facilement. Le verre soufflé, les métaux soudés ou moulés et les barils sont considérablement plus coûteux et sont moins utilisés.

Terre cuite Produite à partir d'argiles rouges locales, elle sert à fabriquer différents types de récipients. La production de la terre cuite exige une argile brute naturelle, diluée et filtrée pour en extirper tout corps étranger, puis séchée afin d'obtenir une consistance plus malléable. Pour assurer l'uniformité entre les pièces, on pèse souvent l'argile avant de la tourner. Après avoir tourné une pièce, le potier la fait sécher à l'air libre afin de permettre l'évaporation d'un maximum d'eau (lors du séchage des pièces, les potiers doivent tenir compte des conditions atmosphériques). Les pièces séchées sont cuites dans un four à bois. Cette étape nécessite une grande attention, car une fournée peut représenter un mois de production.

La cuisson se fait à l'aide de plusieurs foyers alimentés avec du bois sec et situés autour du four. Elle dure souvent deux à trois jours, après quoi le four est refroidi graduellement, car la poterie peut craquer sous l'effet d'un refroidissement trop rapide. La poterie est ensuite glacée par trempage dans la glaçure. En ce qui concerne l'intérieur de la poterie, la glaçure est versée puis épandue et le surplus jeté. La glaçure (généralement un mélange d'oxyde de plomb et de silice dilué dans l'eau) est séchée, puis les pièces sont cuites de nouveau au four pour la faire fondre.

Poterie de grès Elle est fabriquée pour la première fois au Canada en 1849, avec des argiles importées d'Amboy, au New Jersey. Sur le plan de la forme et de la technique, la poterie de grès canadienne est identique à celle produite aux États-Unis à la même époque. D'ailleurs, plusieurs des premiers potiers canadiens viennent des poteries américaines. L'argile du New Jersey, coûteuse en raison des frais de transport, est cuite à une température d'environ 1200 ºC. Au Canada, l'argile américaine est souvent mélangée avec de la terre d'argile locale, ce qui permet d'abaisser sa température de cuisson.

La poterie de grès, cuite à des températures beaucoup plus élevées que la terre cuite, est vitrifiée, c.-à-d. qu'elle est imperméabilisée avant d'être glacée. La glaçure se fait en jetant des sels dans le four quand la température est la plus élevée. Les sels (chlorure de sodium) se gazéifient, le sodium se combine avec la silice, formant un glacis de silicate de sodium (une variété de verre). Généralement, le chlore se mélange à la vapeur d'eau en suspension dans l'air pour donner de l'acide chlorhydrique, mais lorsque le taux d'humidité est très bas, il peut arriver qu'il s'échappe sous forme de gaz mortel. En raison de sa structure vitrifiée, la céramique glacée est moins fragile que la poterie de terre cuite rouge. Les liens chimiques entre le silicate de sodium et le grès permettent à la glaçure de la céramique d'être insoluble et imperméable aux acides et aux alcalis.

Ce n'est qu'à la fin du XIXe siècle que des dépôts de grès sont découverts au Canada, près de la rivière Shubenacadie, en Nouvelle-Écosse. La poterie Enfield utilise le grès pour sa production. Les gisements qui alimentent la Medalta Pottery de Medicine Hat, en Alberta, et la poterie d'Abbotsford, en Colombie-Britannique, sont parmi les plus importants au Canada.

La production de poterie de grès a recours à une technique plus sophistiquée que pour la terre cuite. Les récipients de céramique sont identifiés par estampille, avec des caractères d'imprimeur, au nom de l'artisan ou de la marque de commerce. La poterie est séchée et souvent décorée, avant la cuisson, de motifs bleus à l'oxyde de cobalt appelé bleu de cobalt par les potiers. Le COBALT est l'oxyde de glaçure utilisé pour la décoration, lui seul pouvant supporter les températures de cuisson tout en conservant le même bleu uniforme. Les motifs varient de la simple esquisse florale peinte sur la surface du réci-

pient aux scènes élaborées incisées ou incrustées dans la glaçure.

L'imperméabilité et la durabilité de la poterie de grès la rendent plus populaire que la terre cuite, glacée au plomb et moins chère, pour la préparation et la conservation des aliments, et plus spécialement pour la salaison et le marinage. Cependant, à la fin du XIXe siècle, la préparation des aliments passe graduellement de la maison à l'industrie. La réfrigération, la mise en conserve et le traitement des produits laitiers nuisent au marché de la poterie utilitaire, nécessaire au traitement domestique des denrées. Dans les années 1880, le VERRE, peu coûteux grâce à la production de masse, offre l'avantage de contenants transparents et réduit encore le marché de la poterie. À la fin des années 1880, le nombre de poteries en activité au Canada a diminué. En raison des changements de plus en plus rapides dans le domaine de la préparation alimentaire et du marketing, la plupart des poteries ferment boutique entre 1890 et 1910.

Les fouilles archéologiques entreprises pour trouver des poteries anciennes ont démontré que les accidents de cuisson étaient fréquents, de grandes quantités de poterie gâchée ont été mises au rebut. Avant le XXe siècle, les potiers connaissent peu les composantes de leurs argiles et ne possèdent que des moyens rudimentaires pour contrôler la température des fours. Dans les petites poteries locales, on estime à 50 p. 100 le pourcentage des pertes. Avant le XXe siècle, la poterie de céramique canadienne recouvre quatre formes, selon les régions.

La poterie du Québec Elle est la plus ancienne et est produite du milieu du XVIIe siècle au début du XXe siècle. Malgré l'établissement au Québec de la première poterie dès 1655, la Nouvelle-France continue d'importer de la terre cuite de France jusqu'en 1760. Les importations consistent principalement en bols, cruches et brocs, avec une glaçure verte d'oxyde de cuivre. Les potiers québécois copient les modèles, mais non les couleurs des produits français. Leurs poteries ont généralement un glacis transparent à l'oxyde de plomb, superposé parfois à une couche brune qui recouvre entièrement la pièce. La poterie québécoise n'est pas décorée au XVIIIe siècle. Au XIXe siècle, on imite les poteries américaines, décorées d'éclaboussures brunes.

La poterie des Maritimes Sa conception (surtout en Nouvelle-Écosse et dans l'Île-du-Prince-Édouard) dérive principalement du Nord de l'Angleterre et de l'Écosse. On n'y produit pas de terre cuite avant le début du XIXe siècle et, à de rares exceptions près, ces régions offrent peu de variété. La terre cuite des Maritimes se fabrique à partir d'argiles denses, riches en fer, trouvées sur place, qui, une fois cuites, deviennent rouge foncé. La couche intérieure des récipients et les rares décorations sont faites d'argile blanche très fine des Îles de la Madeleine. Les pièces les plus courantes sont des cruches et de larges bols de couleur rouge foncé à l'extérieur, glacés de blanc à l'intérieur et recouverts d'un glacis transparent à l'oxyde de plomb.

La poterie du Haut-Canada Elle montre des influences ethniques variées, la plus importante étant celle des ALLEMANDS de Pennsylvanie immigrés dans la région. La poterie allemande d'Ontario se caractérise par une grande variété de formes, des superpositions d'argiles de différentes couleurs et des glaçures tirées de différents oxydes métalliques (oxydes de cuivre, de fer, de manganèse et de plomb). Couleurs, motifs et variations de la glaçure sont infinis, tout comme la forme des récipients. La plupart des potiers produisent les pièces et les récipients de base, mais ils fabriquent aussi des articles en engobe coulée, des figurines, des statuettes, des jouets, des cadeaux et des pièces commémoratives. La première poterie de la région est fondée en 1794. Contrairement au Québec et aux Maritimes, les poteries prolifèrent à cause de l'isolement et des difficultés à obtenir les poteries britanniques.

La poterie nord-américaine ordinaire Vaisselle à engobe coulée, jarres pour la mise en conserve sous vide et pièces «rustiques» à la mode des années 1880 apparaissent et deviennent très populaires après la disparition des traditions régionales, vers 1870. L'influence de la publicité et l'apparition des catalogues de vente par correspondance rendent vite désuètes les traditions régionales, non seulement en poterie, mais aussi dans les arts décoratifs en général. L'ère de l'artisanat cède la place à l'ère de la machine et de l'industrie.

Les premières poteries des régions situées à l'Ouest de l'Ontario sont peu connues, l'usage domestique de la terre cuite travaillée à la main est déjà sur le déclin au moment de l'établissement des Européens dans cette région. Une poterie est fondée à Winnipeg dans les années 1880. Des preuves fournies par l'ARCHÉOLOGIE industrielle indiquent qu'elle ne fabriquait que des articles utilitaires. Plus tard, la Medalta Pottery s'établit à Medicine Hat et produit de la céramique à partir d'argile locale, découverte vers 1910.

D.B. Webster et Barbara H. Tipton

Céramique britannique Après la CONQUÊTE britannique de 1760, les articles en céramique les plus utilisés au Canada viennent de Grande-Bretagne. Trois facteurs en sont responsables: il semble normal à la Grande-Bretagne de considérer ses colonies comme des marchés pour les produits britanniques; l'industrie britannique de la poterie est en pleine croissance; les potiers britanniques savent promouvoir leurs produits. À l'époque où le Canada tombe sous le contrôle de l'Angleterre, les potiers britanniques s'apprêtent à viser le marché mondial.

Vers le milieu du XIXᵉ siècle, quand les lois concernant le commerce et le code maritime sont modifiées afin de faciliter l'entrée de marchandises étrangères, la variété de produits britanniques en céramique est si importante et leur position si bien ancrée que les Canadiens continuent de les acheter en grandes quantités. Au début, des capitaines des navires sont recrutés pour présenter des échantillons à d'éventuels acheteurs et des agents canadiens sont engagés. Certains potiers se rendent au Canada afin d'évaluer le marché, d'autres ouvrent des entrepôts dans des villes comme Québec et Toronto. En 1836, William Taylor Copeland, un important potier du Staffordshire, devient le fournisseur d'articles en céramique pour tous les comptoirs et magasins de la COMPAGNIE DE LA BAIE D'HUDSON situés dans le Nord-Ouest.

Terre cuite Bien qu'avec les années, l'on importe toutes les poteries de terre cuite (des pots à marinades aux objets décoratifs), certains types de poterie britannique prédominent sur le marché canadien. Le premier de ces articles populaires est la vaisselle en terre cuite à glaçure plombifère du XVIIIᵉ siècle. On l'appelle faïence fine, ou «pâte de la reine», après que Josiah Wedgwood a obtenu l'appui de la Reine Charlotte pour cet article, dans les années 1760. La faïence fine, de couleur ivoire aux tons variés, est utilisée dans les fermes canadiennes-françaises, dans les maisons des commerçants en ville et dans les résidences des représentants du gouvernement.

Au début du XIXᵉ siècle, la faïence fine, généralement décorée à la main sur la glaçure, est remplacée par des articles d'apparence plus blanche, décorés au moyen d'un procédé semi-mécanique appelé gravure imprimée sous glaçure. Cette technique consiste à transférer, sur du papier puis sur la poterie, des motifs gravés sur cuivre. Cela permet l'impression d'une variété infinie de motifs (dont des scènes canadiennes) sur la vaisselle à un prix relativement peu élevé. Le glacis recouvrant la décoration la protège et lui donne de l'éclat. Déclarée vaisselle à la mode en 1811 par un importateur d'Halifax, la poterie à gravure imprimée sous glaçure devient la vaisselle la plus utilisée au Canada.

Les poteries britanniques prennent une place encore plus grande sur le marché canadien, en 1913,

quand leur fabrication est modifiée. Charles James Mason, un potier de Staffordshire, fait breveter une poterie robuste cuite à haute température appelée faïence fine dure. De nombreux potiers britanniques imitent le produit de Mason et le mettent sur le marché sous différents noms (grès fin et autres), et ils l'offrent avec des motifs peints, imprimés ou sans motifs. Sa durabilité et le prix peu élevé des articles non décorés garantissent les ventes dans un pays de colons comme le Canada.

La porcelaine Plus coûteuse, elle n'a jamais été importée en quantité aussi importante que la poterie. En 1793, p. ex., la porcelaine de Worcester est offerte à Saint-Jean, au Nouveau-Brunswick, en échange de fourrures quand il n'y a pas d'argent disponible. Les porcelaines anglaises du XVIIIᵉ siècle peuvent poser des problèmes lors de la cuisson. L'invention, vers la fin du siècle, de ce qu'on appelle aujourd'hui la porcelaine anglaise phosphatique (un mélange de terre à porcelaine, de kaolin et d'une forte proportion de poudre d'os calcinés) diminue les pertes lors de la cuisson et assure des ventes plus importantes de porcelaine britannique au Canada. À l'époque victorienne, pratiquement tous les fabricants de porcelaine britannique ont adopté une formule phosphatique.

L'époque victorienne apporte aussi un goût sans précédent pour ce qu'un importateur de Toronto appelle «des articles destinés à remplir l'espace et à réjouir l'œil». Parmi les ornements en céramique en provenance des poteries britanniques populaires dans les foyers canadiens, ceux fabriqués en parian ont le plus de succès. Il s'agit d'une porcelaine inventée à Staffordshire, dans les années 1840, et portant le nom de l'île grecque Paros. Son but avoué est d'imiter le marbre. Des bustes, notamment ceux de sir John A. MACDONALD et d'Edward HANLAN (le rameur de Toronto devenu champion en 1880), sont fabriqués en parian.

Le Canada n'a jamais développé une industrie de la poterie susceptible de menacer l'importation d'articles de vaisselle ou d'objets décoratifs. Quand les potiers canadiens commencent à produire (pour la cuisine ou la conservation) de plus en plus d'articles en terre cuite ou en grès foncés, très utilisés pendant la deuxième moitié du XIXᵉ siècle, les importations de ces produits diminuent. Cependant, la population canadienne augmente rapidement et la demande de poterie plus fine augmente proportionnellement. Les potiers britanniques continuent à avoir un marché pour certains de leurs produits dans tous les foyers canadiens.

Elizabeth Collard

Céramique contemporaine Selon une étude effectuée en 1975, de 10 000 à 12 000 personnes vivaient des métiers d'art au Canada, et près de 4 millions de personnes avaient assisté à une foire ou à une exposition d'artisanat. Le recensement canadien de 1991 compte 16 800 artisans à temps plein. On estime que la poterie représente près du tiers des activités artisanales.

Des statistiques fiables sur la portée économique de la céramique sont difficiles à obtenir. Comme pour tout métier d'art, la céramique engendre la création d'emplois là où il n'y en aurait pas autrement. Cette activité nécessite des capitaux relativement faibles, utilise les matériaux locaux et attire le tourisme. En plus des revenus découlant des ventes, la céramique joue un rôle mineur mais réel dans l'économie locale et provinciale.

Avant 1950, les céramistes canadiens apprennent souvent leur métier à l'étranger et ramènent avec eux les styles en vogue. Ainsi, leurs œuvres reflètent les tendances des arts décoratifs de l'époque. Un manque d'intérêt pour la compétition artistique au Canada pousse plusieurs potiers à se tourner vers la Ceramic National Exhibition de Syracuse (New York), où ils se font régulièrement remarquer. Parmi les exposants, citons Kjeld et Erica Deichmann, du Nouveau-Brunswick; l'Ontarien Bailey Leslie; et Konrad et Krystyna Sadowska, du Collège des

beaux-arts de l'Ontario. Aucun style proprement canadien n'émerge durant cette période, même si d'excellentes pièces sont créées. Après les années 50, la production se diversifie et se développe. Les céramistes ajoutent une influence orientale à celles des Américains et des Européens. Ces trois influences se remarquent dans la plupart des œuvres canadiennes récentes.

Les travaux et les écrits du potier britannique Bernard Leach (*A Potter's Book*, 1940) jouent un rôle important dans la divulgation d'informations techniques et enseignent le respect de la discipline et de l'expérience combinées à la spontanéité et à un rigoureux sens pratique. Leach mélange les traditions orientales et la tradition anglaise. Le Canadien John Reeve, collègue de travail de Leach, laisse sa marque lors de brefs mais influents séjours sur la côte Est et la côte Ouest canadienne ainsi que dans les ateliers qu'il anime partout au Canada. L'exemple de Leach et de ses adeptes contraste avec le mouvement antitraditionnaliste américain inspiré principalement des écoles des beaux-arts et qui explore les possibilités abstraites du matériel et des formes conventionnelles.

À partir des années 60, la controverse fait rage entre sculpteurs (non fonctionnalistes) et potiers (fonctionnalistes). De nombreux professeurs de céramique émigrent des États-Unis au Canada pendant cette période. L'acceptation de l'usage de l'argile à des fins purement artistiques conduit à la prolifération des techniques de cuisson à basse température, p. ex. le raku, une poterie de forme libre venue du Japon, et à l'utilisation de décorations sur glaçure et de lustres métalliques. Des Canadiens comme Wayne Ngan et Walter Dexter sont les principaux représentants du raku.

Au début des années 70, le funk est la forme la plus controversée de l'utilisation non fonctionnelle de l'argile et contribue à l'adoption de diverses technologies à des fins artistiques. Les œuvres du céramiste américain David Gilhooly, qui travaille à l'U. de la Saskatchewan puis à l'U. York, en sont les meilleurs exemples. Des représentants des deux écoles (fonctionnelle et non fonctionnelle) explorent des matériaux et des procédés nouveaux: glaçures à basse température (plomb, lustre sur glaçure, majolique), cuissons à très haute température (salage, cuisson au bois) et, surtout, contrôle de la cuisson à basse température. Ruth Gowdy McKinley a travaillé sur l'équilibre délicat entre la maîtrise et l'accident.

Dans les années 70, les tendances canadiennes commençaient à émerger, mais se limitaient à interpréter, timidement, les tendances internationales de l'époque. Des Canadiens français comme Maurice Savoie, Enid Le Gros et Joe FAFARD gardent contact avec leur héritage culturel. Louise Doucet-Saito et Satashi Saito produisent des œuvres aux influences européennes, précolombiennes et orientales. De nombreux Canadiens comme Jack Sures, Les Manning, John Chalke et Robin Hopper (premier lauréat du prix d'excellence Bronfman) évoluent vers un style d'inspiration nordique, caractérisé par la fraîcheur, une conception de qualité, une richesse occasionnelle du détail, mais dominé par la sévérité.

Au cours des années 80, toute rusticité disparaît et l'on insiste davantage sur les motifs. D'où la popularité des «récipients», des objets personnels tels que des vases, des théières, des corbeilles, etc., dont la forme appelle une fonction, mais dont la fragilité, la taille, une fermeture ou une perforation intentionnelle en interdit l'utilisation. À la même époque, la taille des sculptures en céramique passe d'objets «de table» à un format beaucoup plus important, et les sculpteurs intègrent d'autres matériaux, comme le plomb, à leurs œuvres. Un intérêt pour les beaux-arts conduit certains céramistes à créer des installations dans lesquelles ils intègrent des objets en argile, parfois même simplement de l'argile, à d'autres objets et matériaux, en ajoutant du son, de la vidéo et du texte afin de donner un sens, de produire une impression ou un sentiment à l'intérieur d'un espace.

Depuis 1955, de nombreux organismes sont créés, souvent avec l'aide de subventions gouvernementales, afin d'offrir aux artistes un pouvoir collectif et des services. Dans de nombreuses provinces, il existe des organisations parallèles, affiliées à d'autres organismes ou chapeautées par des organismes provinciaux ou territoriaux, eux-mêmes affiliés au Conseil canadien des métiers d'art. Parmi les associations de potiers, l'Ontario Potters Association (fondée en 1948) est la plus importante. En 1975, un organisme national appelé Ceramic Masters est créé et adopte peu après le nom de Céramistes Canada. Il décline peu à peu dans les années 80. Auparavant, la Canadian Guild of Potters avait tenté un regroupement national.

Il n'existe pas de tradition autochtone en ce qui a trait aux poteries en argile, à la porcelaine à feu et aux articles cérémoniels, et les récipients étaient fabriqués par d'autres moyens. Les autochtones participent très peu à la production contemporaine. La poterie de Rankin Inlet, exploitée de 1965 à 1976, et celle de Gleichen, en Alberta, sont des cas importants, mais isolés.

Des écoles et des organismes offrent des ateliers d'un ou de plusieurs jours, qui permettent aux étudiants de découvrir de nouvelles méthodes et jouent un rôle très important dans l'évolution de la céramique au Canada. Ces ateliers permettent aussi de voir les grands céramistes du monde à l'œuvre. Une formation systématique en céramique fait partie intégrante du développement des métiers d'art, car un système d'APPRENTISSAGE n'a jamais existé. Pendant les années 80 et 90, plusieurs programmes universitaires en céramique, auparavant en pleine croissance, subissent des réductions ou sont supprimés, ce qui oblige les étudiants à se rendre à l'étranger. Paradoxalement, les cours de céramique des centres communautaires et artistiques affichent toujours complets.

Les périodiques (exception faite de *Tactile*, qui cesse de paraître en août 1976) sont peu nombreux, d'origine étrangère ou diffusés uniquement à l'échelle provinciale. *Fusion*, publié par l'Ontario Clay and Glass Association et *Contact*, publié depuis 1975 par l'Alberta Potters' Association, sont ceux qui existent depuis le plus longtemps. Les expositions dans des musées ou des galeries sont rares. Cependant, le Canadian Crafts Museum, situé au centre-ville de Vancouver, commence à présenter des œuvres artisanales au début des années 90 et la Galerie canadienne de la céramique et du verre ouvre ses portes à Waterloo, en Ontario, pendant l'été 1993, afin de faire connaître la céramique et la verrerie sur la scène nationale.

Christopher D. Tyler et Barbara H. Tipton

Cercle arctique Parallèle correspondant à 66 ° 32' de latitude N. De même, le cercle polaire est le parallèle correspondant à 66 ° 32' de latitude S. Entre ces deux cercles, le soleil se lève et se couche quotidiennement. À minuit, au nord du cercle arctique, le soleil, en plein été, reste à l'horizon, alors qu'en hiver il ne s'y lève jamais. Étant donné que les rayons de la lumière sont courbés par l'atmosphère de la Terre, on voit le soleil, même s'il est légèrement au-dessous de l'horizon. Ainsi, au milieu de l'hiver, on peut voir le soleil à des endroits situés légèrement au nord du cercle polaire arctique.

Plus on monte vers le nord, plus le nombre de jours pendant lesquels le soleil reste au-dessus (ou au-dessous) de l'horizon augmente. Au pôle, le soleil ne se couche pas pendant six mois et ne se lève pas pendant les six autres. Ceci s'explique par l'inclinaison de l'axe de rotation de la Terre par rapport au plan de son orbite autour du soleil.

Pendant l'hiver boréal, l'hémisphère nord étant incliné à l'opposé du soleil, la courbure de la Terre engendre une zone d'obscurité permanente, centrée au pôle Nord, qui commence à se former à l'équinoxe d'automne (22 septembre), atteint son apogée au milieu de l'hiver, puis diminue et disparaît à l'équinoxe du printemps (21 mars). Pendant le reste de l'année, l'hémisphère nord est incliné vers le soleil et une zone de clarté enveloppe le pôle en permanence. Comme l'inclinaison de l'axe de la Terre est d'environ 23 ° 5', les cercles polaires arctique et antarctique ont une latitude d'à peu près 66 ° 5'.

Le cercle arctique n'est pas une frontière climatique: au nord, les arbres poussent dans le delta du Mackenzie alors qu'au Nouveau-Québec, la LIMITE FORESTIÈRE est à 1000 km plus au sud. INUVIK, dans les Territoires du Nord-Ouest, est la seule communauté canadienne de taille moyenne sise au nord du cercle arctique.

W.S.B. Paterson

Cercle Molière, Le Il est fondé en 1925 par un groupe d'amateurs passionnés et désireux d'offrir des activités culturelles à la petite communauté francophone de Saint-Boniface, quartier situé à l'est de la rivière Rouge, à Winnipeg, au Manitoba. C'est la plus vieille troupe théâtrale à présenter une programmation ininterrompue au Canada. Les principaux membres fondateurs du Cercle Molière sont Louis-Philippe Gagnon, le premier président (1925-1927); André Castelein de la Lande, le directeur dramatique (1925-1927); et Raymond Bernier, le secrétaire trésorier. La première pièce montée par le Cercle Molière, *Le Monde où l'on s'ennuie* d'Edmond Pailleron, est présentée le 25 avril 1925 au théâtre Dominion. Très tôt, les membres de ce groupe théâtral savent définir leurs objectifs que Raymond Bernier résume ainsi dans *Le Cercle Molière* (1975): «Dès les débuts, ses activités devaient manifester un amour de la culture et de l'esprit français, une fierté de bon aloi animée par le souci constant de la beauté artistique et du travail bien fait, qualités innées au génie ancestral [...]. Par le truchement du théâtre, le Cercle Molière désirait également établir un rapprochement entre les Canadiens de langue française et ceux de langue anglaise et ainsi façonner des liens, sinon d'amitié, au moins de compréhension. Ce souci d'éducation devait atteindre également tous les membres du Cercle Molière [...]. Enfin, mentionnons la création dès le début d'un comité d'honneur composé de six membres, trois de langue française et trois de langue anglaise. [...] Ces membres distingués ont considérablement contribué à créer dans notre milieu, un meilleur climat d'entente entre les personnes des deux cultures». Le Cercle Molière réunit des francophones de diverses origines (Belgique, Suisse, France, Canada, etc.) et, malgré une situation financière souvent précaire, la troupe s'épanouit grâce au soutien des amis du théâtre. Les répétitions se font ici et là, dans des maisons de particuliers, dans des salles de classe ou des locaux prêtés. Vers la fin des années 50, le Cercle Molière s'installe enfin de façon plus permanente au sous-sol de la Cathédrale de Saint-Boniface, locaux généreusement mis à sa disposition par Mgr Léo Blais. En 1967, le Cercle Molière déménage au Centre culturel de Saint-Boniface, situé à l'Académie Saint-Joseph, puis, en 1974, au nouveau Centre culturel de Saint-Boniface, où il a encore ses bureaux aujourd'hui. Les pièces du Cercle Molière sont jouées au Walker Theater, au Pantages Playhouse, au Civic Auditorium, ainsi qu'aux auditoriums de l'École Provencher, du Collège de Saint-Boniface et de l'Académie Saint-Joseph, à la Salle Pauline-Boutal du Centre culturel de Saint-Boniface et, plus récemment, au théâtre de la Chapelle. Il est important de mentionner que la Salle Pauline-Boutal a été inaugurée en 1975 et que ce théâtre est nommé en hommage à Pauline Boutal, directrice artistique du Cercle Molière de 1941 à 1967, comédienne et metteur en scène de 1928 à 1964. La réputation de la troupe a toujours été distinguée. De 1934 à 1974, les membres participent régulièrement au Festival national d'art dramatique (1933-1974) et reçoivent plu-

sieurs prix. Signalons notamment les distinctions suivantes:
- 1934, *Blanchette* d'Eugène Brieux (meilleure pièce française, à Ottawa);
- 1936, *Les Sœurs Guédonnec* de Jean-Jacques Bernard (meilleure pièce française, à Ottawa, et meilleure actrice française: Pauline Boutal). L'écrivaine Gabrielle Roy ainsi qu'Élisa Houde interprétaient les rôles des deux sœurs dans cette pièce;
- 1937, *Le voyage à Biarritz* de Jean Farment (meilleur acteur français: Joseph Plante);
- 1938, *Le chant du berceau* de C. et M. Martinez-Sierra (meilleure pièce française, à Winnipeg, ainsi que meilleure actrice et meilleure actrice française: Pauline Boutal);
- 1948, *La Donation* de Gabriel D'Hervilliez (meilleurs acteurs français, mention honorable: Léo Rémillard et Louis Souchon);
- 1950, *L'avare* de Molière (meilleure pièce française, à Calgary);
- 1956, *Les fourberies de Scapin* de Molière (meilleur acteur de soutien: Robert Trudel et meilleure pièce en français, à Sherbrooke);
- 1969, *Du Vent dans les branches de sassafras* de René de Obaldia (meilleure actrice: Jeannette Arcand, et Jean-Louis Hébert, premier récipiendaire d'une bourse de la province de Québec pour une année d'études à l'École supérieure d'Art dramatique de Strasbourg, en France);
- 1971, *Montserrat* de Emmanuel Roblès;
- 1974, *Les Vilains* de Ruzzante et André Gille.

La tradition des tournées théâtrales remonte aux années 1929 et 1930 lorsque le directeur Arthur Boutal et la troupe voyagent dans une trentaine de centres partout au Manitoba français avec la pièce *L'Arlésienne* d'Alphonse Daudet. En 1959, le Cercle Molière est la première troupe amateure à recevoir une subvention du Conseil des Arts du Canada lui permettant d'entreprendre une tournée à l'extérieur de la province. La troupe voyage jusqu'en Colombie-Britannique en passant par la Saskatchewan et l'Alberta. D'autres tournées l'amènent dans l'est du pays aussi, la dernière, avec la pièce *Les Vilains*, a lieu à Terre-Neuve en 1974. Grâce à l'appui du Conseil des arts du Canada, du Conseil des arts du Manitoba et du Secrétariat d'État, le Cercle Molière continue à promouvoir le théâtre en français avec des tournées dans l'Ouest canadien organisées pour le grand public. Toutefois, la troupe commence également à présenter, en tournée, des pièces pour enfants, la première étant *L'Ampoule magique* de Woody Allen, en 1995. Au fil des ans, le Cercle Molière et ses membres méritent plusieurs honneurs. Le gouvernement français reconnaît la valeur des services que le Cercle Molière rend à la diffusion de la culture française et, par l'intermédiaire de son ambassade au Canada, décerne les bourses et distinctions suivantes: les Palmes académiques à Arthur et Pauline Boutal (1939); la médaille de la Reconnaissance à Pauline Boutal; la médaille du Ministère des affaires étrangères à Jean-J. Trudel, Christiane LeGoff et Suzanne Tremblay. De son côté, le Conseil des Arts du Canada offre aussi des bourses d'études, au Canada ou à l'étranger, aux membres de la troupe. Il décerne également le Canadian Drama Award à Arthur et Pauline Boutal (1950), à Mme Elisa Houde (1949), à Christiane LeGoff (1963) et à Gilles Guyot (1966) ainsi que les prix de Mérite de la culture française au Canada et de l'Ordre du Canada à Pauline Boutal. Les directeurs artistiques du Cercle Molière, chacun avec sa vision et ses rêves, influencent beaucoup l'évolution de la troupe. Parmi ces derniers, trois sont particulièrement importants vu la durée de leur mandat: Arthur Boutal, directeur artistique de 1926 à 1940; Pauline Boutal, directrice artistique de 1941 à 1968; et Roland Mahé, directeur artistique depuis 1968. En 1985, le Cercle Molière crée le Théâtre du Grand Cercle qui a comme objectif de valoriser et de faire apprécier le théâtre auprès des jeunes. Le Cercle Molière est également l'un des membres fondateurs du Festival de Théâtre Jeunesse de l'Ouest (1970) qui promeut et organise un festival où les jeunes francophones de l'Ouest canadien sont invités à présenter des pièces en français. Finalement, le Cercle Molière collabore avec plusieurs autres troupes, telles celle du Prairie Theater Exchange, et reçoit également d'autres troupes en tournées, comme le Théâtre de l'Escaouette. Malgré les réductions des subventions qu'ont connues ces dernières années plusieurs organismes artistiques et culturels, le Cercle Molière continue à maintenir la qualité et la variété de ses présentations et a même récemment voulu élargir son répertoire en incluant des pièces écrites par des auteurs franco-canadiens de l'Ouest.

Céréales Elles font partie de la famille des graminées dont on consomme les grains riches en amidon (féculents). Les céréales produites à grande échelle au Canada sont le BLÉ, l'ORGE, l'AVOINE, le SEIGLE et le MAÏS. On trouve également, à plus petite échelle, la TRITICALE (hybride entre le blé et le seigle) et le MILLET en culture. Les froides et courtes saisons de croissance empêchent la production commerciale de riz et de sorgho-grain.

Les céréales peuvent être réparties en deux groupes: les céréales de printemps, qui arrivent à maturation en une saison, et les céréales d'automne, qui nécessitent une période d'hivernage. Parmi les céréales d'automne, le seigle d'hiver est le plus résistant au froid, suivi de la triticale d'hiver et du blé d'hiver, et ensuite de l'orge d'hiver. L'avoine d'hiver est la moins résistante. Il n'existe pas de variété hivernale de millet ou de maïs. Les céréales de printemps se cultivent dans toutes les provinces, sauf à Terre-Neuve.

En 1991, près de 98 p. 100 des 14,5 millions d'hectares de blé, 90 p. 100 des 4,5 millions d'hectares d'orge et 77 p. 100 des 8,9 millions d'hectares d'avoine produits au Canada, l'ont été dans les Prairies. La Saskatchewan vient en tête pour le blé de printemps, l'Alberta pour l'orge et l'avoine. L'Ontario et le Québec produisent également d'importantes quantités d'avoine.

En 1991, on a mis en culture, principalement en Ontario, 264 100 ha de céréales mélangées (habituellement l'avoine et l'orge sont cultivées ensemble). La production de seigle de printemps est négligeable. Du million d'hectares de maïs-grain produit, environ 70 p. 100 est cultivé dans le sud de l'Ontario et sur de plus petites superficies au Québec et au Manitoba. Le seigle d'hiver peut pousser dans différentes régions du Canada, mais 66 p. 100 des 165 900 ha cultivés le sont en Saskatchewan et en Alberta. La production importante de blé de printemps se limite au sud de l'Ontario et de l'Alberta. La triticale d'hiver et l'orge d'hiver se cultivent sur de petites superficies dans le sud de l'Ontario, mais l'avoine d'hiver n'arrive pas à supporter l'hiver canadien.

Le blé, l'avoine, l'orge, le seigle et la triticale sont considérés comme des cultures de saison fraîche. Leurs variétés printanières sont habituellement semées entre la mi-avril et la mi-mai et elles arrivent à maturité après 80 à 100 jours dans les conditions climatiques canadiennes. Les variétés hivernales, semées en septembre, passent l'hiver à l'état de semis et arrivent à maturité en juillet. Les autres céréales sont des cultures de saison chaude. Le maïs est planté au cours des trois premières semaines de mai et nécessite une saison complète de croissance pour sa maturation. Le millet est planté en mai ou en juin et arrive à maturité en 90 jours environ. Le seigle, le maïs et le sorgho sont des espèces à pollinisation croisée, les autres céréales se reproduisent par autopollinisation.

Le maïs Le maïs-grain est normalement planté en rangées espacées de 70 à 90 cm, à raison de 50 000 à 60 000 plants par hectare. Le maïs d'ensilage est plus productif à des densités légèrement plus élevées. Le maïs-grain est moissonné (à l'aide de cueilleuses-dépanouilleuses ou de ramasseuses-égreneuses) quand le taux d'humidité du grain atteint entre 25 et

30 p. 100. Les tiges sont laissées dans le champ et labourées avec le sol. Le maïs-grain en épi peut être entreposé à l'extérieur dans des cages grillagées, ce qui permet la circulation de l'air et un séchage naturel à faible coût.

Le maïs égrené peut être séché artificiellement jusqu'à ce qu'il atteigne un taux d'humidité de 15 p. 100 pour ensuite être entreposé dans des contenants ouverts. Il peut aussi être entreposé avec un taux élevé d'humidité dans des contenants étanches ou dans des bacs ouverts après avoir été traité avec un acide organique destiné à prévenir sa détérioration. Le rendement en grain du maïs varie de 5 à 10 t/ha selon la durée de la saison de croissance, la température, l'humidité disponible et la fertilité du sol. Les rendements relatifs à l'ensilage de la plante entière varient de 10 à plus de 20 t de matière sèche par hectare.

Les céréales à petits grains et le millet sont plantés en rangées espacées de 15 à 20 cm, à des densités variant de 60 à 120 kg de semence par hectare. Les céréales à petits grains sont normalement récoltées à l'aide de moissonneuses-batteuses, qu'elles aient ou non été taillées et andainées. Le taux d'humidité au moment de la récolte est habituellement inférieur à 15 p. 100, ce qui permet d'entreposer le grain sans séchage artificiel. La paille qui reste peut être laissée dans le champ et incorporée au sol. On peut aussi la ramasser et l'utiliser comme fourrage ou litière pour le bétail. Les rendements en grain des variétés printanières de céréales à petits grains varient de moins de 2 t/ha dans les conditions sèches des Prairies à plus de 4 t/ha dans les conditions idéales de croissance que l'on retrouve dans l'Est du Canada. Là où elles survivent à l'hiver, les céréales d'automne donnent des rendements supérieurs de 15 à 20 p. 100 à ceux des variétés printanières. Les rendements en paille varient de 2 à 4 t/ha.

Utilisation On utilise les céréales en fonction de leur composition chimique et de la qualité du grain. Plus de 70 p. 100 du blé de printemps va à la fabrication de farine de boulangerie. La plus grande partie du blé est exportée à cette fin. Des quantités moindres de blé dur de printemps entrent dans la fabrication des pâtes alimentaires. Le blé d'hiver est largement utilisé dans la pâtisserie. Tous les types de blé sont, dans une certaine mesure, utilisés pour nourrir les animaux.

Environ 8 p. 100 de l'orge produite au Canada est transformée par l'industrie du maltage et l'INDUSTRIE DE LA BRASSERIE domestiques et étrangères. La majeure partie de ce qui reste sert à nourrir le bétail. L'avoine est cultivée d'abord pour nourrir le bétail mais de petites quantités sont utilisées pour fabriquer de la farine d'avoine et d'autres produits alimentaires. Le seigle et le maïs sont aussi destinés au bétail, bien qu'une partie soit utilisée par l'INDUSTRIE DE LA DISTILLATION.

De petites quantités de maïs sont transformées en amidon, en huile, en sirop et autres produits. Le grain de triticale est utilisé principalement comme nourriture pour animaux, mais de petites quantités sont transformées en farine. Le millet à grain est utilisé en Amérique du Nord pour nourrir le bétail et dans l'industrie de la nourriture pour oiseaux. Dans certains cas, on utilise la plante entière (sans les racines). P. ex., l'avoine (la plante entière) récoltée bien avant que le grain soit mûr, peut être utilisée comme foin ou ensilage (nourriture conservée par l'action acidifiante des bactéries). La plante entière de maïs se conserve aussi sous forme d'ensilage.

La valeur totale annuelle des céréales produites au Canada est d'environ quatre milliards de dollars, soit environ 0,6 p. 100 du produit intérieur brut (*voir* ALIMENTS ET DES BREUVAGES, INDUSTRIE DES).

Harold R. Klinck

Céréales, lois sur les Afin de protéger l'agriculture britannique contre la concurrence étrangère, le Parlement britannique impose, par voie législative, de 1794 à 1846, des taxes sur l'importation des

CÉRÉALES en Angleterre. Dans les années 1820 cependant, en raison de demandes accrues de nourriture, l'Angleterre révise ces mesures en accordant aux importations impériales des taux préférentiels par rapport à ceux des autres pays, ce qui favorise le marché des céréales des pays de l'Empire. Les taux préférentiels compensent les coûts liés au transport outre-atlantique des céréales de l'Amérique du Nord britannique et créent un important marché colonial d'exportation céréalière. Par contre, les variations des droits tarifaires pour s'adapter aux récoltes et aux prix britanniques nuisent au commerce. De façon générale cependant, il augmente régulièrement, surtout après l'adoption du CANADA CORN ACT en 1843. En 1846, l'Angleterre abroge ses lois sur les céréales en vue de faciliter le libre-échange. Le commerce céréalier canadien encaisse un dur coup à la suite de la perte des taux préférentiels. Il réussit cependant une remontée pendant les prospères années 1850. De plus, la fin des contrôles économiques mène également à la levée des contrôles politiques et à la reconnaissance par l'Angleterre du GOUVERNEMENT RESPONSABLE en Amérique de Nord britannique.

Cerf C'est un cervidé; il fait partie d'une famille de ruminants ongulés à panache (ou bois), de l'ordre des ARTIODACTYLES qui comprend environ 40 espèces dans le monde, dont 5 se trouvent au Canada: le cerf de Virginie, le cerf mulet, le CARIBOU, l'ORIGNAL, et le WAPITI. Ils ont de gros cerveaux et une grande capacité d'adaptation.

Bois Les mâles de toutes les espèces canadiennes et la plupart des caribous femelles ont des bois. Ces derniers sont constitués de tissus osseux. Ils croissent rapidement (quatre mois chez l'orignal) et tombent chaque année. Un velours (peau duveteuse contenant une grande quantité de nerfs et de vaisseaux sanguins) recouvre et nourrit les bois en croissance. L'automne, lorsque ceux-ci ont atteint leur taille maximale, le velours meurt et l'animal le frotte pour s'en débarrasser. Le mâle est alors prêt pour l'accouplement. Les bois servent d'armes contre les mâles rivaux et les prédateurs, et sont aussi utilisés pour intimider les autres mâles et attirer les femelles. La taille, la symétrie et la complexité des bois varient avec l'âge, l'état de santé et le régime alimentaire.

Évolution Les cervidés tirent leur origine de petits herbivores tropicaux sans bois dont la lente évolution a duré 30 millions d'années. La vie dans les milieux ouverts et les climats plus rigoureux a entraîné des changements dans les dimensions du corps, dans la taille et la complexité des bois ainsi que dans la couleur et l'ornementation de la fourrure. Cette évolution a produit des espèces géantes dans les habitats subarctiques, subalpins et glaciaires, p. ex., le daim des tourbières (Ancien Monde), aujourd'hui éteint, et l'orignal (Nouveau Monde), deux espèces pouvant peser plus de 600 kg. Les bois d'un orignal mâle d'Alaska peuvent peser 30 kg et mesurer 2 m de largeur, et ceux du daim des tourbières pesaient plus de 38 kg et mesuraient plus de 3 m.

Répartition et habitat Les deux cervidés les plus communs au Canada, le cerf de Virginie et le cerf mulet, sont des espèces étroitement apparentées du genre *Odocoileus*. Les deux espèces ont plusieurs sous-espèces, dont les races insulaires naines. Une espèce eurasienne, le daim (*Cervus dama*), a été introduite avec succès sur l'île James, en Colombie-Britannique. Des fossiles de cerf de Virginie (*Odocoileus virginianus*) datent d'avant l'âge glaciaire, mais le cerf mulet (*O. hemionus*) a une origine plus récente. La sous-espèce la plus primitive du cerf mulet, *O. h. columbianus*, appelée cerf à queue noire, vit le long de la côte du Pacifique, depuis l'Alaska jusqu'en Californie.

Le cerf mulet, une espèce typique des montagnes et des collines de l'ouest de l'Amérique du Nord, se rencontre parfois aussi loin vers l'est qu'au Manitoba. Le cerf de Virginie se répartit dans le sud du

Canada et vers le nord jusqu'à la rivière de la Paix, en Alberta. Si elles sont protégées, ces deux espèces vivent près des endroits habités par les humains. De nature discrète, le cerf de Virginie peut se débrouiller sans beaucoup de protection.

Stratégies de survie Le cerf mulet et le cerf de Virginie sont adaptés pour se nourrir de végétation tendre. Ils ont des stratégies différentes pour semer les prédateurs: le premier saute par-dessus les obstacles afin de ralentir son poursuivant alors que le deuxième se cache ou, sur des terrains sans obstacle, se sauve à toute vitesse. Les deux espèces sont grégaires en milieu ouvert et plutôt solitaires dans des forêts denses. Les femelles ont parfois un comportement territorial quand elles élèvent leur petit. Les cerfs mulet se rassemblent parfois dans des territoires de groupes.

Reproduction et développement Sous les latitudes nordiques, l'accouplement a lieu de la fin novembre au début décembre, et les faons naissent en juin. Les mâles ont une femelle à la fois et ne laissent pas leurs rivaux connaître leurs déplacements. Les deux espèces se livrent à de longues cérémonies d'affrontements, mais se battent rarement.

Relations avec les humains Le renne est domestiqué, et les bois couverts de velours sont utilisés à des fins pharmaceutiques. Les cervidés ont été largement introduits comme gibier et comme animaux de parcs. Ils se développent généralement bien dans des habitats adéquats et si on les protège contre une CHASSE excessive. L'orignal s'est largement répandu en Eurasie et en Amérique du Nord. Le cerf de Virginie et le cerf mulet se sont grandement dispersés en Amérique et vivent discrètement dans les villes où il y a beaucoup d'espaces verts et de parcs qui offrent nourriture et abri.

Au Canada, le caribou a une valeur économique et culturelle pour les autochtones, et l'orignal et le cerf de Virginie fournissent de la viande à de nombreuses familles. Le cerf de Virginie est actuellement le gros gibier le plus convoité en Amérique du Nord.

Valerius Geist

Cerise Nom commun à certains membres (genre *prunus*) de la famille des ROSES (rosacées). Les fruits, petits, pulpeux et à noyau unique sont appelés drupes. Deux espèces, le cerisier de France (*P. avium*) et le cerisier commun (*P. cesarus*), sont cultivées pour leurs fruits. La cerise de Mahaleb (*P. mahaleb*) est utilisée comme porte-greffe. Le cerisier de France est originaire d'Europe et d'Asie occidentale; le cerisier commun vient d'Asie Mineure. Le cerisier est de grande taille et possède une écorce rouge-brun, de grandes feuilles coniques, des fleurs blanches et des fruits noirs, rouges ou jaunes, ronds ou en forme de cœur.

Le cerisier de France est cultivé dans le sud de la Colombie-Britannique et de l'Ontario où les risques associés à sa culture sont faibles. L'arbre et ses fruits sont sensibles aux gels d'hiver, les fleurs aux gels de printemps, tandis que le fruit risque de se fendiller et de pourrir sous la pluie. L'arbre est de très grande taille et difficile à manipuler. Jusqu'à tout récemment, les cultivars ne pouvaient être fécondés que par le pollen d'une autre plante. Dernièrement, on a réussi à cultiver des variétés qui peuvent s'autoféconder (p. ex., Stella) et des mutants nains (p. ex. Compact Lambert, Compact Stella). Les principales variétés du cerisier de France sont le Lambert, le Bing, le Van et le Hedelfingen; du côté du cerisier commun, on compte le Montmorency.

Au Canada, les plantations de cerisiers couvrent 2200 ha au total. La cerise est un fruit savoureux et riche en minéraux, en acides organiques, en riboflavine et en niacine. Les cerises de France se consomment surtout à l'état frais alors qu'on transforme les cerises communes en conserves. En 1991, la production canadienne de cerises de France atteignait les 4382 t pour une valeur à la ferme de 5,4 millions de dollars; celle des cerises communes était alors de 3742 t évaluées à 5,8 millions de dollars.

K.O. Lapins

CESAR, expédition polaire L'expédition canadienne d'étude de la dorsale Alpha (CESAR) de 1983 compte parmi les expéditions scientifiques les plus importantes jamais entreprises au Canada. La dorsale Alpha est une chaîne de montagnes submergée, dont la découverte remonte à 1963 et qui traverse l'Arctique depuis l'ÎLE D'ELLESMERE jusqu'au plateau continental de la Sibérie. S'élevant à 2,7 km au-dessus du plancher océanique et d'une largeur de 200 à 450 km, elle est la plus occidentale des trois chaînes de montagnes qui divisent le bassin Arctique. Les deux autres sont formées par la dorsale Nansen-Gakkel et la dorsale Lomonosov. Quarante chercheurs prennent part à l'expédition, de mars à mai. Le gouvernement fédéral assume le coût de l'opération, soit 1,7 million de dollars, dont les activités sont menées sous la direction de Hans Weber, de la Direction de la physique du globe à RESSOURCES NATURELLES CANADA. Un avion des Forces armées canadiennes assure le transport de 300 000 kg d'équipement, qui comprend le matériel nécessaire à l'installation d'une cuisine et d'un bâtiment pour les employés, les tentes dortoirs, les bâtiments préfabriqués en contre-plaqué devant servir de bureaux et de laboratoires, du matériel scientifique, de la nourriture, etc.

L'expédition multidisciplinaire a pour principal objectif de procéder à l'étude géologique de la dorsale Alpha. Les chercheurs apportent et installent donc sur la glace polaire un véritable arsenal d'instruments géotechniques servant à recueillir des données sismiques, gravimétriques et bathymétriques. Des observations relatives à l'origine de la dorsale sont également faites. La réponse à cette question revêt une grande importance puisqu'elle servira à déterminer si le Canada possède ou non un droit sur la ressource (*voir* CONTRÔLE DES RESSOURCES) dans la région. Il est primordial d'établir s'il s'agit vraiment d'une dorsale océanique résultant d'un soulèvement de nature volcanique, prolongation du plateau continental d'Amérique du Nord, ou s'il s'agit plutôt d'un fragment qui pourrait provenir de la partie du plateau située du côté de la Russie. En vertu du DROIT DE LA MER, les pays possèdent des droits exclusifs sur les ressources que recèlent leurs plateaux continentaux. S'il est confirmé que la dorsale constitue l'extension du plateau de l'île d'Ellesmere, le Canada pourrait revendiquer une partie de la dorsale jusqu'à une distance de 322 km de part et d'autre. L'enjeu est capital, car les plateaux continentaux situés dans l'Arctique canadien offrent d'excellentes perspectives d'exploration pétrolière (*voir* PÉTROLE, EXPLORATION ET PRODUCTION DE), comme le démontrent les sondages effectués dans la mer de Beaufort. Trancher définitivement la question de l'origine de la dorsale Alpha exigera des chercheurs beaucoup d'études, d'analyses de données et de discussions.

À l'instar de l'expérience portant sur la dorsale Lomonosov en 1979 (LOREX, «Lomonosov Ridge Experiment»), CESAR prend fin lorsque la glace sur laquelle est construit le camp se met à fondre. À l'automne 1984, on installe une station plus permanente sur une île de glace formée par un ICEBERG qui s'est détaché de la plate-forme de glace Ward Hunt au large de l'île d'Ellesmere en 1982. Depuis, des données géologiques et géophysiques y sont recueillies pendant sa dérivation dans les eaux canadiennes.

Luc Chartrand

Cétacés Ordre de MAMMIFÈRES regroupant les BALEINES, les DAUPHINS ET LES MARSOUINS. Il en existe quelque 80 espèces réparties partout dans le monde. Grâce à une anatomie et à une physiologie très spécialisées, ils peuvent vivre dans l'eau et respirer de l'air.

Description Les modifications anatomiques des cétacés actuels incluent une nuque courte à vertèbres habituellement soudées; un corps fusiforme; des poils généralement absents ou isolés sur la mâchoire, le menton ou le rostre (partie du crâne devant les yeux); une nageoire caudale ou queue horizontale supportée par des cartilages; des membres postérieurs absents ou réduits à de petits os enfouis dans les muscles du flanc; et des membres antérieurs aplatis en nageoires dont les doigts osseux sont enfermés dans un tégument commun.

La plupart des espèces actuelles possèdent une nageoire dorsale et une couche de graisse, située directement sous leur épiderme, qui sert d'isolant thermique et de réserve de lipides (gras). Leur crâne est «télescopé», c.-à-d. que les os du rostre s'étendent sur et sous la cavité cérébrale. Sauf chez le cachalot macrocéphale (*Physeter catodon*), les narines sont situées sur la partie supérieure arrière du crâne et permettent une respiration rapide et efficace à la surface de l'eau.

Les organes génitaux, les glandes mammaires et les organes excréteurs sont situés à l'intérieur du corps et contribuent ainsi à l'hydrodynamisme des cétacés. Ces animaux ne possèdent pas d'oreille externe, et une ouverture de la taille d'un trou d'aiguille conduit à leur canal auditif réduit. Néanmoins, leur ouïe est bien développée, et le son joue un rôle clé dans la communication, la navigation et la détection des objets.

On divise les cétacés en trois sous-ordres: les archéocètes, les mysticètes et les odontocètes.

Archéocètes Ils sont aujourd'hui éteints. Comparativement aux mysticètes et aux odontocètes, ils étaient primitifs: les os de leur crâne n'étaient pas télescopés, leurs dents de lait tombaient et étaient remplacées par des dents permanentes, et ils avaient des membres postérieurs réduits, probablement externes. Ces animaux à l'aspect de serpent mesuraient jusqu'à 20 m de longueur, et leur dentition bien garnie en faisait de redoutables prédateurs. Leurs descendants sont les mysticètes (baleines à fanons) et les odontocètes (baleines à dents).

Mysticètes Il existe actuellement 3 familles de mysticètes qui incluent 6 genres et au moins 10 espèces. Au Canada, on compte trois familles représentées par cinq genres et huit espèces. Les mysticètes ont deux narines charnues (évents), tandis que les odontocètes n'en ont qu'une seule. Les structures permettant l'alimentation ont aussi évolué différemment chez ces deux groupes. Les mysticètes perdent leurs dents vestigiales avant la naissance, et elles sont remplacées par des fanons. Ceux-ci sont des lames cornées (peau modifiée) constituées de nombreux tubules fibreux. Ils sont enracinés dans le palais et suspendus en rangées de chaque côté de la mâchoire supérieure. Leur face interne est frangée, et ces fibres entrelacées forment un tamis très efficace pour retenir les petits poissons et le ZOOPLANCTON.

Odontocètes Il existe quelque 70 espèces d'odontocètes appartenant à 31 genres et à 7 familles. Au Canada, on rencontre environ 25 espèces appartenant à 19 genres et à 5 familles. La majorité des odontocètes possèdent des dents fonctionnelles et indifférenciées. La nourriture, qui n'est pas mastiquée, passe dans l'œsophage, puis dans un estomac spécialisé à plusieurs compartiments où se fait la digestion. Le rein se divise en plusieurs petits lobules (300 à 3000 par côté).

Les cétacés excrètent une urine semblable à celle des autres mammifères, mais il semble que les dauphins peuvent produire, pendant de courtes périodes, une urine dont la concentration en sels est exceptionnellement élevée.

Reproduction et développement La plupart des espèces de cétacés se reproduisent de façon saisonnière, mais le point culminant de la saison de reproduction varie selon l'écologie d'une espèce ou d'une population. La majorité des mysticètes migrent annuellement des sites d'alimentation, où ils passent l'été, aux sites de reproduction et de mise bas, où ils passent l'hiver. Certaines populations d'odontocètes sont plutôt sédentaires. La plupart des espèces ont une gestation d'un peu moins d'un an. Chez le cachalot macrocéphale, la gestation dure 16 mois et chez certaines autres espèces d'odontocètes, elle dure plus d'un an. Les femelles amènent rarement plus d'un fœtus à terme. En effet, en raison de leurs besoins énergétiques, il leur est difficile d'élever plus d'un baleineau au cours d'une même saison.

Les petits naissent généralement queue première et sont déjà bien développés. La naissance et l'allaitement ont lieu sous l'eau. Les mysticètes allaitent leur petit pendant 7 à 10 mois ou plus, tandis que certaines espèces d'odontocètes allaitent pendant 18 mois ou plus. Conséquemment, l'intervalle entre les naissances est d'au moins deux ans, à l'exception de quelques petites espèces.

Nage et plongée La vitesse maximum de nage est d'au moins 30 km/h chez quelques espèces de marsouins et de 37 km/h ou plus chez les grands rorquals (p. ex., le rorqual boréal). Les aptitudes de plongée varient beaucoup d'une espèce à l'autre. Le cachalot macrocéphale et certaines espèces de baleines à bec restent souvent submergés pendant plus d'une heure. Des cachalots macrocéphales se sont pris dans des câbles sous-marins à des profondeurs d'au moins 1100 m, et il semble qu'ils puissent plonger encore plus profondément. Les baleines à fanons ne plongent généralement pas plus de 20 à 30 minutes, mais la baleine boréale (*Balaena mysticetus*), adaptée à la vie dans les glaces, effectue des plongées dépassant 30 minutes. Les dauphins et les marsouins font normalement surface toutes les cinq à sept minutes ou plus fréquemment.

Structure sociale Outre les humains, les seuls prédateurs des cétacés sont les grands REQUINS et les épaulards (*Orcinus orca*). Ce dernier est réputé pour s'attaquer à presque toutes les espèces de mammifères marins, y compris le rorqual bleu (*Balaenoptera musculus*), le plus grand des cétacés. Les groupes d'épaulards (unités familiales élargies) ont une cohésion sociale durable qui facilite la chasse en groupe. Les odontocètes sont grégaires, et on croit que plusieurs espèces possèdent une structure sociale complexe. Il semble que la plupart des espèces de mysticètes soient plus ou moins grégaires, même si leurs communications vocales sur de longues distances leur permettent peut-être d'effectuer des activités d'une façon mieux coordonnée qu'une simple observation ne nous le révèle.

Vocalisations Les connaissances actuelles démontrent que seuls les odontocètes font de l'écholocation. Le cachalot macrocéphale et l'épaulard ainsi que quelques espèces de dauphins sont capables d'étourdir et de paralyser les poissons et les CALMARS avec de puissantes ondes sonores. Les deux principaux types de sons émis par les cétacés consistent en des meuglements, des cris, des sifflements et des grognements graves, qu'ils utilisent probablement pour communiquer, et des cliquetis de forte intensité, dont les fréquences peuvent atteindre 200 kHz (environ 13 fois plus élevé que la fréquence maximale perceptible par l'oreille humaine), qui leur permettent de distinguer les objets et de naviguer.

Sens Des expériences ont permis de démontrer l'excellente vision des petits odontocètes. Cependant, plusieurs espèces de dauphins de rivière (platanistidés) ont des yeux réduits. P. ex., le dauphin du Gange (*Platanista gangetica*) et le dauphin de l'Indus (*P. minor*) sont presque aveugles. Les cétacés ont des papilles gustatives bien développées, mais leurs organes chémorécepteurs sont atrophiés (organes de Jacobson chez les mysticètes) ou absents (odontocètes).

Évolution et phylogénie Les différences anatomiques nombreuses et importantes entre les deux sous-ordres sont parfois considérées comme des indices démontrant que leurs ancêtres terrestres étaient différents. Cependant, les FOSSILES d'archéocètes, qui sont de mieux en mieux connus, montrent que ce groupe était suffisamment diversifié

pour avoir donné naissance aux squalodontes (odontocètes primitifs) et aux agorophiides (mysticètes primitifs). (*Voir aussi* BALEINE, CHASSE À LA.)
E.D. Mitchell et R. Reeves

Chabots Famille de poissons qui compte plus de 300 espèces et qui est l'un des groupes dominants de la faune de l'océan Pacifique Nord, où il semble qu'elle ait évolué. On rencontre aussi des chabots dans les océans Arctique et Atlantique Nord, et quelques espèces se sont disséminées dans le Pacifique Sud-Ouest et dans les eaux des continents sud-américain et sud-africain. On rencontre des formes d'eau douce dans les climats tempérés et arctiques de l'Amérique du Nord, de l'Europe et de l'Asie. On rencontre les espèces marines depuis la zone intertidale jusqu'à des profondeurs de plusieurs centaines de mètres, mais la plupart vivent en eau assez peu profonde (100 m ou moins). Les formes d'eau douce vivent généralement en eau peu profonde. La plupart des espèces vivent au fond mais quelques-unes occupent des habitats pélagiques ou semi-pélagiques. Les eaux canadiennes abritent approximativement 63 espèces que l'on trouve principalement sur la côte ouest. Quelques-unes habitent les cours d'eau et les lacs d'un bout à l'autre du pays.

Description Les chabots et les familles apparentées (p. ex., les poissons-pierres et les SCORPÉNIDÉS) se distinguent par un os qui s'étend du dessous de l'œil jusqu'à l'os de la joue. À cause de cette structure osseuse souvent munie d'épines, on lui donne le nom de «Diable ou Scorpion». Les chabots sont généralement petits (5 à 20 cm) quoique certaines espèces atteignent presque 100 cm de longueur.

Ils n'ont habituellement pas d'écailles, mais quelques groupes sont pourvus d'une bande étroite d'écailles le long de la partie supérieure du dos. D'autres sont munis de sorte de plaques sur le corps ou ont des zones de peau couvertes de cirres ce qui leur donne une apparence velue. Les épines et autres types d'armures sur la tête et le corps leur donnent une allure spectaculaire.

Les chabots vivent en solitaire ou en petits groupes bien que l'on ait observé au moins une espèce qui forme des bancs. Quelques formes des milieux intertidaux ont des territoires restreints et reviennent toujours à la même mare.

Reproduction Chez les chabots, la reproduction se fait de différentes façons. La majorité des espèces ont une fertilisation externe et pondent une masse d'œufs sous ou entre les roches. D'autres espèces ont une fertilisation interne et certains mettent au monde des jeunes totalement formés et libres de l'œuf.

Importance biologique Bien qu'ils constituent une importante source de nourriture pour d'autres espèces de poissons, les chabots ne sont généralement pas mangés par les humains.
Norman J. Wilimovsky

Chaîne d'alliance C'était un système complexe d'alliances entre la Ligue des IROQUOIS et les colonies anglo-américaines qui remonte au début du XVIIᵉ siècle, probablement entre New York et les MOHAWKS. On donna aux premières ententes entre les colonies et les Iroquois le nom imagé de chaîne parce qu'elles liaient les parties. La fragilité de beaucoup de ces ententes faisait en sorte qu'il fallait conclure des alliances plus formelles, ou passer de la chaîne de fer, qui avait tendance à rouiller, à la chaîne d'argent. Ces ententes ou traités devaient être renouvelés périodiquement et comporter une aide substantielle à la Ligue des Iroquois, ce que les autochtones, dans leur langage imagé, qualifiaient de polissage de la chaîne d'argent. D'autres colonies, comme le Massachusetts, le Connecticut, le Rhode Island et le Maryland, se sont jointes à la chaîne, comme ce fut le cas pour les Tuscaroras du côté des Iroquois. New York et les Mohawks demeuraient à la base du système.

Dissolution et restauration En juin 1753, les Mohawks annoncent officiellement qu'en raison de

l'usurpation des terres de la Ligue par les colonies, la chaîne d'alliance est brisée et que les cinq autres nations en seraient informées. L'année suivante, les chefs des colonies anglo-américaines rencontrent à Albany les délégués des Iroquois dans le but de restaurer la chaîne au moment où les Français du Canada établissent leur position dans la vallée de l'Ohio. La cérémonie iroquoise des condoléances accompagnée des cadeaux appropriés pour les demandes présentées et les promesses faites (respectée pendant longtemps en Nouvelle-France) est adoptée comme partie intégrante du processus de négociation. La chaîne est restaurée et, lorsque la GUERRE DE SEPT ANS éclate l'année suivante, les Iroquois demeurent neutres.

«En préserver la solidité et l'éclat» Les Sept feux, ou SEPT NATIONS du Canada, abandonnent leur collaboration avec les Français et concluent la chaîne d'alliance, en toute neutralité, en août 1760 à Oswegatchie, après une rencontre avec le général Jeffrey AMHERST et le surintendant des Indiens, William JOHNSON. En octobre et en novembre 1768, une conférence a lieu à Fort Stanwix afin de déterminer les limites des territoires de chasse réservés par la PROCLAMATION ROYALE DE 1763. Un délégué iroquois remercie les officiers britanniques d'avoir poli la chaîne alors qu'elle était devenue terne et il affirme «de notre part, nous renouvelons et renforçons maintenant la chaîne d'alliance à laquelle nous obéirons tant que vous veillerez à en préserver la solidité et l'éclat ».

Sa solidité est mise à l'épreuve au moment de la Révolution américaine, lorsque quatre des six nations iroquoises se battent aux côtés des Britanniques. La chaîne d'alliance fait désormais référence aux liens unissant la Couronne britannique, les Iroquois loyalistes et les Sept Nations du Canada. Ces nations utilisent encore la métaphore de la chaîne d'alliance de temps à autre pour rappeler la relation qu'ils ont établie avec la Couronne.
Cornelius J. Jaenen

Chaîne de montagnes Succession linéaire de crêtes et de sommets montagneux entourée de terres basses ou nettement séparée d'autres chaînes de montagnes par des vallées intermédiaires. Les montagnes formant une chaîne appartiennent généralement à une même structure géologique ou à une même formation de roche. Un ensemble de sommets apparentés disposés en cercle plutôt que de façon linéaire s'appelle un massif. Un ensemble de chaînes de montagnes, de massifs et d'autres reliefs de même origine constitue un système de montagnes, et plusieurs systèmes forment une cordillère. La cordillère traversant l'ouest de l'Amérique du Nord, du Mexique à l'Alaska, comprend environ 20 systèmes de montagnes, composés chacun de nombreuses chaînes.

Les principaux systèmes de montagnes du globe longent la bordure des plaques de l'écorce, là où des mouvements tectoniques concentrés ont engendré un soulèvement, une déformation ainsi qu'une activité magmatique (*voir* GÉOLOGIE et TECTONIQUE DES PLAQUES). Les chaînes de montagnes doivent leur apparition soit au volcanisme, soit, le plus souvent, à l'action de l'érosion différentielle d'un terrain déjà soulevé. Un soulèvement rapide, accompagné d'une érosion lente, engendre la formation d'un plateau. Si l'érosion se fait au même rythme que le soulèvement, les cours d'eau et les GLACIERS attaquent les roches plus tendres, creusant les vallées, les roches plus dures formant les montagnes.

Les longues chaînes étroites des ROCHEUSES de l'Ouest du Canada révèlent une structure de strates sédimentaires résistantes, plissées et faillées. Les chaînes et les massifs plus volumineux de la chaîne côtière de la Colombie-Britannique, d'une nature granitique plus uniformément résistante à l'érosion, ont été entaillés par l'eau et les glaciers. Le degré de rudesse du terrain et la puissance du relief d'une chaîne de montagnes indiquent son âge. Ainsi, les monts St. Elias, dans le sud-ouest du Yukon, qui se soulèvent encore assez rapidement, sont très escarpés et comptent parmi les sommets les plus élevés du Canada.

Les Rocheuses, relativement moins escarpées, cessent graduellement de se soulever depuis environ 70 millions d'années après une ère de déformation. Le relief peu marqué des anciennes Appalaches, dans l'est du Canada, résulte de 150 millions d'années d'érosion depuis le dernier soulèvement et la dernière déformation dans l'est du Canada. Les chaînes de montagnes sous-marines, qui s'élèvent des fonds marins le long des dorsales, comme la dorsale médio-atlantique et la dorsale du Pacifique Est, sont d'origine volcanique. Sur la Lune et sur des planètes comme Mercure et Mars, où l'atmosphère est presque inexistante, des chaînes de montagnes circulaires ou en forme de croissants entourant des cratères formés par la chute de météorites existent depuis des centaines de millions d'années sans subir d'érosion. (*Voir aussi* RÉGIONS GÉOLOGIQUES et VOLCAN.)

J.G. Souther

Chaleurs, baie des Elle s'étend entre la péninsule gaspésienne, au Québec, et le nord du Nouveau-Brunswick, et est la baie la plus large du golfe du Saint-Laurent. Elle est divisée en deux bassins: le bassin de l'est ou extérieur, dont la profondeur varie de 70 à 90 m, et le bassin de l'ouest ou intérieur, dont la profondeur ne dépasse généralement pas 50 m. La RIVIÈRE RESTIGOUCHE, qui entre dans l'extrémité ouest de la baie, forme un estuaire d'environ 160 km de long. Anciennement, le bassin de l'ouest et la fosse Chaleur vers l'est faisaient partie du chenal Restigouche, et constituaient, avant la période glaciaire, le réseau hydrographique de la région environnante.

Près de l'entrée de la baie, de l'eau de surface froide et fraîche provenant du courant de la Gaspésie entre sur le côté nord, tandis que le flot de la rive Sud est dirigé vers l'extérieur du golfe, créant ainsi un mouvement circulatoire de surface antihoraire. L'eau du courant de la Gaspésie est riche en éléments nutritifs et favorise un niveau élevé et soutenu de la production de matières premières pendant les mois d'été. La baie est un lieu de pêche renommé pour le saumon. On y pêche aussi des pétoncles et des grosses palourdes. Comme le nom donné à la baie par Jacques CARTIER le suggère, le climat de la baie est particulièrement chaud comparé à celui des environs du golfe. Grâce à ce fait, la baie devient un endroit de villégiature privilégié l'été. Jacques Cartier a découvert la baie en juillet 1534 et a fait la traite des fourrures avec les autochtones, probablement des MICMACS. Dalhousie, à l'entrée de l'estuaire de la Restigouche, est un port important pour le nord du Nouveau-Brunswick.

P.C. Smith

Chaleurs, scandale de la Baie des En 1890-1891, alors que seulement 100 des 320 km du chemin de fer de la baie des Chaleurs sont construits, de sérieuses questions sont soulevées sur les rapports entre les entrepreneurs et les gouvernements qui leur ont accordé des subventions. La compagnie de chemin de fer a reçu des subventions à la fois du gouvernement fédéral et du gouvernement libéral du Québec. Le 4 août 1891, les Conservateurs déclenchent une enquête sénatoriale. On en conclut que le gouvernement du Québec a reçu des pots-de-vin à même ses propres subventions, l'argent ayant probablement servi à défrayer des dépenses électorales. Le gouvernement provincial crée une commission d'enquête parlementaire et le gouvernement d'Honoré MERCIER est destitué le 16 décembre 1891.

P.B. Waite

Chalk River, village de l'Ont.; pop. 974 (rec. 1996), 874 (rec. 1991), 923 (rec. 1986); superf. 2,22 km²; const. en 1954; situé le long de la rivière Chalk, un affluent de la rivière des Outaouais, à 210 km au nord-ouest d'Ottawa. On ignore l'origine de ce nom, qui pourrait désigner la couleur de la rivière ou la pratique consistant à carboniser des peupliers et des aulnes coupés sur place afin de marquer les billots pendant l'âge d'or de l'industrie du bois, au XIXᵉ siècle. Avant la Seconde Guerre mondiale, Chalk River n'est qu'un petit hameau perdu dans la forêt. En 1944, on décide d'y construire un réacteur à l'eau lourde (le premier réacteur construit à l'extérieur des États-Unis) pour transformer l'uranium en plutonium. Par la suite, les laboratoires nucléaires de Chalk River se développent afin de former un complexe regroupant cinq réacteurs nucléaires qui appartiennent à Énergie atomique du Canada Limitée, une société d'État. La plupart des employés habitent tout près, à Deep River.

Daniel Francis

Chalk River, laboratoires nucléaires de (*voir* ÉNERGIE NUCLÉAIRE, CENTRES DE RECHERCHE EN)

Chalmers, Floyd Sherman, éditeur et mécène des arts (Chicago, Illinois, 14 sept. 1898—Toronto, 26 avril 1993). Amené au Canada par son père canadien, Chalmers grandit à Orillia, en Ontario, et à Toronto. Il commence sa carrière à l'âge de 17 ans comme reporter au *Toronto News*. Après avoir servi outre-mer pendant la Première Guerre mondiale, il entre au *Financial Post* et en devient rédacteur en chef à 27 ans. Il est président de MACLEAN HUNTER de 1952 à 1964 puis président du conseil d'administration jusqu'en 1969. La famille Chalmers acquiert finalement 22 p. 100 des actions de Maclean Hunter et se donne ainsi les moyens de soutenir les arts au Canada.

Chalmers et sa femme Jean commencent par protéger et soutenir les arts dans les années 30. Leur contribution permet la création de la Compagnie d'opéra canadienne. Chalmers recueille des fonds pour construire le Stratford Theatre. En 1964, il met sur pied la Floyd S. Chalmers Foundation pour aider les jeunes artistes et soutenir des projets innovateurs. Il commandite aussi d'importantes compositions, dont l'opéra *Louis Riel* de Harry SOMERS, que Chalmers offre pour le centenaire du Canada. Il donne 400 $ pour créer et soutenir l'édition de l'ENCYCLOPÉDIE DE LA MUSIQUE AU CANADA. Il est aussi d'une aide considérable pour le Toronto Conservatory of Music, le Ballet national, l'orchestre symphonique de Toronto, le Centre Saint-Laurent et des douzaines d'autres organismes. Il crée aussi des prix pour de jeunes artistes et musiciens prometteurs en plus d'attribuer des bourses à des écrivains, des metteurs en scène et des acteurs. En 1984, grâce à un legs de un million de dollars, Chalmers et sa femme fondent la chaire Jean A. Chalmers en musique canadienne et l'Institute for Canadian Music à la faculté de musique de l'U. de Toronto. Le premier directeur de l'institut et professeur de musique canadienne titulaire de la chaire Jean A. Chalmers est John BECKWITH, compositeur et professeur. En 1989, Chalmers fait un autre don de 10 millions de dollars à 16 institutions d'enseignement et d'arts. En 1983, il termine son autobiographie, *Both Sides of the Street*.

Nommé compagnon de l'Ordre du Canada en 1985, Chalmers est aussi récipiendaire du Diplôme d'honneur et de diplômes honorifiques. Il est chancelier de l'U. York de 1968 à 1973.

Chaman Homme ou femme, c'est un expert en mysticisme ou en religion qui, dans les sociétés indiennes et inuites, se soumet à des expériences initiatiques au cours desquelles l'état de conscience est altéré (transes ou possession). Les initiés ont souvent rapporté des expériences de mort, suivie d'une renaissance et d'une guérison complète. On croit que le chaman, une fois guéri, apporte la santé et la prospérité en tant que guide investi de pouvoirs et technicien religieux, au cours de drames magiques, prophétiques et mythiques. Certains chamans sont dits habités par des esprits malins. Le terme «sorcier» parfois utilisé pour désigner le «chaman» comporte une connotation péjorative.

Derek G. Smith

Chamberland, Paul, poète (Longueuil, Qc, 16 mai 1939). Chamberland est l'un des poètes québécois les plus iconoclastes des années 60 et l'un des essayistes les plus novateurs des années 70. Ses premiers recueils de poésie, *Genèses* (1962), *Le Pays* (1963, en coll.), *Terre Québec* (1964), *L'Afficheur hurle* (1965) et *L'Inavouable* (1968) sont l'écho d'un «besoin sauvage de libération». Après 1968, il rejette la politique «unidimensionnelle», et en tant que prophète et mystique il annonce l'arrivée du «Royaume» et nomme les «Agents du futur»: les Hommenfandieux et Essaimour. Certains de ses livres sont écrits sous forme de manifestes, comme *Éclats de la pierre noire d'où rejaillit ma vie* (1972) et *Demain les dieux naîtront* (1974). Il est écrivain-animateur à la «Fabrike d'ékriture» et collabore aux revues *Mainmise* et *Hobo-Québec*.

Les livres de Chamberland publiés dans les années 80 poursuivent cette exploration du «délire résolument lucide» de ses œuvres précédentes: *Terre souveraine* (1980), *Le Courage de la poésie* (1981), *L'Enfant doré* (1981) et *Émergence de l'adultenfant* (1981), *Aléatoire instantané et Midsummer 82* (1983), *Le Multiple événement terrestre: Géogrammes I, 1979-1985* (1991), *L'Assaut contre les vivants, Géogrammes II, 1986-1991* (1994), *Dans la proximité des choses* (1996), *Le Froid coupant du dehors, 1992-1996* (1997). Signalons que *Un Parti pris anthropologique* (1983) est un recueil de l'œuvre de Chamberland publié dans la revue *Parti Pris*. Enfin, il est l'auteur de plusieurs essais: *Le Recommencement du monde* (1983), *L'Inceste et le génocide, Ouverture pour un livre de morale* (1985), *Un livre de morale, Essais sur le nihilisme contemporain* (1989).

Richard Giguère

Chambers, Jack, peintre (London, Ont., 25 mars 1931—*id.*, 13 avril 1978). Après des études dans une école technique de sa ville natale, Chambers passe les années 1953 à 1961 en Europe, où il voyage et étudie à la San Fernando Academia de Bellas Artes de Madrid. Il revient à London en 1961. Les tableaux que Chambers réalise au cours des années 60 contiennent des images rêveuses et allient son expérience personnelle immédiate et ses souvenirs.

En 1969, année où ses médecins diagnostiquent une leucémie, il publie un essai, *Perceptual Realism*, qui s'appuie sur de nombreuses sources théologiques et philosophiques, en particulier sur l'œuvre du phénoménologue existentialiste français Maurice Merleau-Ponty. À partir de ce moment s'opère un changement frappant dans son art. Le caractère visionnaire de son œuvre des années 60 fait place à une représentation intense et précise de la réalité. Tout au long de sa vie artistique, Chambers s'inspire de sujets qui lui sont très importants: sa famille, son foyer, la ville de London et les paysages alentour. Il exprime une forme de régionalisme qui ne s'appuie pas sur une notion restrictive à la fois emprunte de nostalgie et de sentimentalisme, mais sur une célébration de la réalité de vivre et de travailler dans un endroit particulier. Il travaille aussi comme cinéaste et produit huit films entre 1964 et 1970.

En 1967, à la suite d'une dispute avec la Galerie nationale du Canada à propos des droits de reproduction, il fonde la Canadian Artists' Representation (CAR). Cet organisme a pour objectif d'établir des barèmes en ce qui concerne les droits de reproduction et les prix de location des œuvres pour les présenter dans des expositions publiques. Sous sa présidence (1967-1975), le CAR devient une organisation nationale et ouvre des bureaux partout au Canada.

David Burnett

Chambly, ville du Qc; pop. 19 716 (rec. 1996), 15 893 (rec. 1991); superf. 25,06 km²; const. en 1951; située au sud-est de MONTRÉAL, dans la région de la Rive-Sud. La localité se déploie autour du bassin de Chambly, un élargissement de la RIVIÈRE RICHELIEU. Le FORT CHAMBLY, érigé à proximité en 1665, fait partie des nombreux avant-postes ayant

servi à défendre la colonie française contre les IRO-
QUOIS, et plus tard, contre les raids américains.
Chambly est le nom de l'officier qui a occupé la première seigneurie à cet endroit. Pendant la période de
1806 à 1911, l'économie de Chambly repose surtout
sur l'industrie textile et la production de farine de
millet. Le canal Chambly, terminé en 1843, demeure
jusqu'en 1901 une voie de navigation importante
vers la région du LAC CHAMPLAIN et les États-
Unis. De nos jours, les usines de chaussures et de
vêtements, les conserveries saisonnières ainsi que la
microbrasserie Unibroue y sont les principaux
employeurs. Parmi les entreprises en développement
ou en expansion, on dénote des usines de fabrication
de métal et des entreprises d'équipements pharmaceutiques et électroniques. Le tourisme à Chambly
est en plein essor avec la revitalisation des vieux
quartiers en plus du développement des activités
aquatiques récréatives.

Paula Kestelman et Nicole Matton

Chambre de commerce Organisme à but non lucratif
regroupant des gens d'affaires et des sociétés. Elle a
été créée pour promouvoir le développement économique et représenter collectivement les intérêts de
ses membres auprès des gouvernements sur les questions de politiques gouvernementales. Les chambres
de commerce, ou bureaux de commerce, comme on
les nomme parfois, travaillent aux trois ordres de
gouvernements, soit municipal, provincial et fédéral.
La Chambre de Commerce du Canada (fondée en
1929) est membre de la Chambre de commerce internationale (CCI).

La première chambre de commerce d'Amérique
du Nord est fondée en 1750 à Halifax. De nos jours,
il existe des chambres de commerce locales ou des
bureaux de commerce dans près de 600 communautés au Canada, composées d'environ 170 000
membres, particuliers et sociétés. Le Board of Trade
of Metropolitan Toronto, qui compte près de 16 000
membres, est le plus important d'Amérique du Nord.

La principale raison d'être des chambres locales
ou des bureaux locaux est de promouvoir le développement industriel ou d'autres activités économiques
comme le tourisme ou le développement des ressources, bien que les chambres plus importantes
mènent aussi des études salariales et économiques
pour leurs membres. Au Canada, les sept chambres
de commerce provinciales datent du début de ce
siècle. Celles du Nouveau-Brunswick, de la Nouvelle-Écosse, de l'Île-du-Prince-Édouard, et de Terre-
Neuve sont regroupées en un seul organisme, la
Chambre de commerce des provinces de l'Atlantique. Il y a aussi des associations regroupées de
façon moins structurée au Yukon et dans les Territoires du Nord-Ouest.

Le siège social de la Chambre du Canada était à
Montréal jusqu'à son transfert à Ottawa en 1982. La
Chambre a un président à temps plein et un président
élu, emploie près de 50 personnes à temps plein et
possède des bureaux à Toronto, à Montréal et à Ottawa. En plus des associations de secteur et des
chambres locales, elle compte parmi ses membres
environ 90 associations corporatives. Tous les présidents des chambres provinciales siègent au conseil
d'administration de la Chambre de Commerce du
Canada.

David Crane

Chambre des communes C'est la chambre basse du
PARLEMENT. Elle est composée du président
(autrefois choisi par le parti au pouvoir, aujourd'hui
élu par scrutin secret par l'ensemble de la Chambre),
du premier ministre et de son Cabinet (bien que les
ministres du Cabinet, y compris le premier ministre,
puissent aussi être nommés parmi les membres du
Sénat ou même ne pas détenir de siège dans ni l'une
ni l'autre des chambres au moment de leur nomination), des députés du parti au pouvoir, des députés
des partis d'opposition et du cabinet fantôme de l'opposition, y compris les députés d'arrière-ban et les
simples députés (députés qui ne font pas partie du

Cabinet et qui ne sont pas, du côté de l'opposition,
des critiques du parti). Il peut aussi y avoir à l'occasion quelques indépendants.

Les 295 membres de la Chambre des communes
(qui sont des députés et dont le nombre passera à 301
aux prochaines élections générales) sont élus à l'occasion d'ÉLECTIONS générales ou d'élections partielles dans des circonscriptions uninominales. En
vertu de la LOI CONSTITUTIONNELLE de 1867,
ce sont la reine, le GOUVERNEUR GÉNÉRAL, les
ministres de la reine et d'autres fonctionnaires, et
non la Chambre des communes, qui gouvernent le
Canada. La Chambre, souvent appelée à tort le Parlement, est importante sur le plan constitutionnel, car
toute nouvelle loi doit y être présentée sous forme de
projet de loi avant d'être adoptée, de même que sur
le plan politique car, contrairement au SÉNAT, il
s'agit d'un organe indépendant et élu. Les ministres
sont redevables devant la Chambre, et non devant le
Sénat.

Les projets de loi n'ayant pas d'incidence financière peuvent être présentés indifféremment au Sénat
ou à la Chambre des communes, mais, en vertu de la
Loi constitutionnelle de 1867, ceux qui concernent
l'imposition ou comportent l'affectation de crédits
doivent être adoptés par la Chambre avant d'être présentés au Sénat. Bien que les simples députés puissent déposer des projets de loi d'imposition, en vertu
de l'article 54 de la loi, seule la COURONNE peut
prendre des initiatives en matière de dépenses (crédits). Si la Chambre pouvait décider de son propre
chef de voter des crédits à de nouvelles fins ou d'accroître les sommes demandées par la Couronne, elle
serait en bonne voie de devenir le gouvernement.

Comme l'existence du gouvernement dépend de
l'appui et de la collaboration que lui accorde la
Chambre, celle-ci joue un rôle constitutionnel et
politique important. D'abord, elle a comme fonction
de maintenir le gouvernement durant une période raisonnable. En effet, il deviendrait vite anarchique de
renverser gouvernement sur gouvernement surtout
quand aucun parti n'obtient de majorité absolue,
comme cela s'est produit lors de six des neufs élections tenues entre 1957 et 1979. Ensuite, sur le plan
politique, la Chambre doit veiller à ce que le gouvernement conserve la confiance de la population et,
pour ce faire, elle a le pouvoir d'exiger que les
ministres rendent compte de leur conduite et des projets de loi et politiques qui relèvent de leur portefeuille.

Certaines questions sont posées par écrit et inscrites au Feuilleton pour recevoir une réponse écrite,
mais, durant la période quotidienne des questions
orales d'une durée de 45 minutes, les ministres peuvent être interrogés directement (*voir* PROCÉDURE
PARLEMENTAIRE). En général, ce sont les principaux porte-parole et quelques députés choisis d'arrière-ban du côté de l'opposition qui posent les questions. S'ils sont insatisfaits des réponses reçues, ils
peuvent indiquer qu'ils saisiront la Chambre de la
question plus tard à l'ajournement.

Le terme «responsable» s'entend à la fois de
l'obligation de rendre compte et d'avoir une conduite raisonnable, consciencieuse ou justifiable. L'obligation de rendre compte fait en sorte que les
ministres agissent de façon raisonnable, consciencieuse ou justifiable. La Chambre peut renverser un
mauvais gouvernement en refusant de lui voter des
crédits, mais, si le système fonctionne bien, une telle
situation ne devrait que très rarement se produire.
Des élections ont été déclenchées à la suite du renversement de gouvernements minoritaires à la
Chambre en 1963, 1974 et 1979. Ces dernières
années, la controverse entourant la responsabilité
ministérielle et l'intensification du pouvoir de l'exécutif (parfois qualifié de «dictature du Cabinet») a
suscité de nombreux débats sur le rôle et la fonction
de la Chambre et sur la mesure dans laquelle les
ministres devraient être tenus responsables des
actions des fonctionnaires de leur ministère.

Les gouvernements des démocraties occidentales
ont radicalement changé depuis le XIXᵉ siècle et, au
Canada, le Parlement joue de plus en plus le rôle de
vérificateur ou chien de garde du gouvernement exécutif, examinant ses projets de loi, ses politiques et sa
conduite. Les comités de la Chambre sont particulièrement utiles à de telles fins (*voir* COMITÉS PAR-
LEMENTAIRES). La difficulté fondamentale
consiste à trouver comment améliorer l'efficacité de
la Chambre en tant que vérificateur et critique, sans
pour autant abandonner l'idée de la responsabilité
gouvernementale à l'égard des politiques.

Dans un sens, la Chambre s'inscrit dans un processus d'élection permanente. Aussi, le rôle des
médias pour ce qui est de diffuser les débats parlementaires et de susciter l'opinion publique est-il très
important. D'ailleurs, c'est l'insatisfaction à l'égard
des médias d'information qui est en partie à l'origine
de la décision de la Chambre de publier ses débats
sous la forme du HANSARD et de les télédiffuser.

La Chambre est divisée entre les ministres et leurs
partisans et ceux et celles qui s'opposent au gouvernement. Depuis 1921, il y a toujours au moins un
tiers parti en jeu, parfois deux ou plus. Pour être
reconnu à titre de parti officiel à la Chambre, un parti doit détenir un minimum de 12 sièges. Grâce à cette
reconnaissance, les députés des tiers partis peuvent siéger à des comités, recevoir du soutien en
matière de recherche et être désignés plus souvent
par le Président pour prendre la parole durant la
période des questions. Depuis 1974, l'allégeance des
candidats, s'il y a lieu, est inscrite sur les bulletins de
vote. Les candidats indépendants remportent rarement l'élection. Il arrive, quoique rarement, que des
députés quittent leur parti en signe de protestation
pour siéger à la Chambre à titre d'indépendants.

Il est accordé à l'opposition jusqu'à concurrence
de 25 jours durant trois périodes d'octroi des crédits
pour déterminer le sujet du débat. Il s'agit de
périodes pendant lesquelles le gouvernement cherche
à faire adopter des projets de loi de crédits (*voir*
PROCESSUS BUDGÉTAIRE). L'opposition peut
aussi proposer l'ajournement de la Chambre pour
discuter d'un sujet urgent et inattendu. Le PRÉSI-
DENT peut reporter ces motions jusqu'en soirée. Le
débat sur le DISCOURS DU TRÔNE et le débat sur
le budget sont des débats généraux.

À l'ouverture de chaque législature, le gouverneur
général confirme les privilèges de la Chambre des
communes. À Westminster, on avait constaté que,
pour que la Chambre participe efficacement aux
législatures, elle devait avoir certains privilèges, certaines exemptions de la loi ordinaire qui étaient et
sont des droits particuliers, non pas des députés, mais
de la Chambre. Pendant longtemps, le principal privilège à Westminster a été qu'un député ne pouvait
être emprisonné pour dettes. À la Chambre du Canada, le principal privilège est la liberté de parole de
ses députés (sans s'exposer à des poursuites devant
les tribunaux) durant les délibérations de la Chambre
et de ses comités. Cette immunité parlementaire ne
signifie pas que les députés peuvent dire n'importe
quoi. Le privilège appartient à la Chambre, qui doit
exercer une surveillance sur ses députés et protéger
les citoyens ordinaires contre la diffamation.

La Chambre peut interdire la publication de ses
débats et elle régit la prise de photographies et de
notes dans les tribunes. Le contenu de documents
parlementaires, comme le *Hansard*, est privilégié.
Aussi la décision de diffuser les travaux a-t-elle créé
des difficultés. P. ex., l'immunité judiciaire s'étend-
t-elle aux diffuseurs qui se servent de la bande officielle? Dans ce cas, la protection des citoyens ordinaires contre la diffamation s'en trouve-t-elle
restreinte?

Un député peut être accusé d'avoir outragé la
Chambre (expression qui englobe la violation de privilèges de la Chambre et le manque de respect envers
son honneur et sa dignité) et de l'avoir induite en
erreur, non seulement par ses déclarations au sujet de

sa propre conduite, mais aussi peut-être par ses réponses aux questions. Ainsi, en 1982, le PRÉSIDENT a été saisi d'une plainte de violation de privilège contre le ministre de la Justice. Un membre du public peut être accusé d'outrage pour avoir publié une attaque contre le président, pour avoir accusé un député en dehors du processus judiciaire ou pour avoir fait un compte rendu fallacieux ou moqueur des travaux de la Chambre ou d'un comité. Lorsqu'une question de privilège ou d'outrage est soulevée à la Chambre, le président doit d'abord décider si elle est fondée; si tel est le cas, la question est renvoyée pour examen devant le Comité permanent des privilèges et élections, lequel a le pouvoir de convoquer des témoins, de demander des documents et d'entendre des témoignages sous serment.

La Chambre peut réprimander ou censurer les contrevenants et a le pouvoir de les emprisonner pour le reste de la session. Les véritables questions de privilège et d'outrage sont graves mais très rares. Cependant, bien des députés invoquent une question de privilège, qui a préséance sur la plupart des autres travaux, pour obtenir la parole afin de simplement formuler leurs plaintes ou apporter des corrections.

Toutes les interventions faites en Chambre s'adressent officiellement au Président, bien que des échanges directs se produisent souvent dans le feu de l'action. Les simples députés sont nommés d'après leur circonscription (p. ex., madame la députée de Charlevoix) et les ministres, d'après leur fonction (p. ex., l'honorable ministre des Finances). Les expressions «le premier ministre» et «le chef de l'opposition» sont acceptables. La Chambre interdit aux députés de tenir des propos non parlementaires, qui suscitent la rancœur et déshonorent la Chambre. Parmi les expressions jugées non parlementaires ces dernières années, mentionnons «pauvre animal», «ignorant solennel», «il manque de cran», «menteur», «nazi» et «salaud».

Le président de la Chambre en est le premier fonctionnaire. Son élection est le premier point à l'ordre du jour de la première séance parlementaire après une élection. Le président, bien qu'il soit généralement un député du gouvernement, ne relève pas du gouvernement mais de la Chambre. C'est lui qui préside les débats: il décide qui a la parole, il applique les règlements, il rend des décisions, il met les questions aux voix et il gère l'administration de la Chambre et de son personnel permanent. On a tenté à plusieurs reprises d'en faire un poste permanent, comme à Westminster, mais sans succès jusqu'à présent. Le vice-président, élu par la Chambre, maîtrise généralement la langue officielle qui n'est pas celle du président. Il occupe le fauteuil du président en l'absence de ce dernier, et il préside les comités pléniers.

Le greffier, ou secrétaire de la Chambre, a le rang de sous-ministre. La personne qui occupe ce poste n'est pas un député, mais est nommée par le gouverneur en conseil. Le greffier de la Chambre et les autres greffiers au Bureau sont des experts de la procédure parlementaire et fournissent au président conseils et renseignements. Le greffier est aussi le chef de cabinet du président pour ce qui est de la dotation en personnel et du service de la Chambre, et il relève du président pour tous les documents et débats (*Hansard*). Il reçoit toutefois l'aide de fonctionnaires experts.

Lors de la tenue des premières législatures à Westminster, le roi envoyait un sergent d'armes royal, portant la masse royale, assister aux séances de la Chambre des communes pour montrer que la Chambre était sous la protection du roi et qu'aucune menace ou importunité ne serait tolérée. Le sergent d'armes, qui est nommé par la Couronne, occupe un fauteuil spécial dans l'allée centrale, juste à l'intérieur de la barre. Il mène le cortège à l'entrée du président, ou se rend à la Chambre du Sénat pour les discours du Trône, les sanctions royales et les prorogations. À l'entrée du cortège du président, qui

représente la Chambre, la masse (symbole de l'autorité de la Chambre dont est investi le président), portée par le sergent d'armes, est à ses côtés.

Habituellement, la Chambre des communes siège dans l'aile ouest de l'édifice du Centre du Parlement. À Ottawa, contrairement à Westminster, chaque député a une place assignée à la Chambre et doit être présent pour prendre la parole et voter (mais pas en comité plénier de la Chambre). Cinq rangées de sièges occupent les deux côtés les plus longs de la pièce. Ces deux blocs de sièges se font face et sont séparés par une large allée centrale. Le fauteuil de la présidence se trouve à l'extrémité nord de l'allée centrale. Un tel arrangement, qui diffère considérablement de celui qu'on retrouve à Paris ou à Washington, viendrait de l'époque où la Chambre anglaise tenait séance à la chapelle St. Stephen et convient bien à la nature contradictoire de notre régime de gouvernement responsable.

Les portes principales se trouvent à l'extrémité sud de l'allée centrale. C'est sur ces portes que frappe le gentilhomme huissier de la Verge noire lorsqu'il vient convoquer les députés à la Chambre du Sénat. On remarque une barre de laiton télescopique, la barre de la Chambre, au bas de l'allée centrale, à l'intérieur des portes principales, qui peut être déployée en travers de l'allée. À l'origine, cette barre servait à Westminster à empêcher les étrangers de se mêler aux députés et parfois même de voter. À l'occasion, des étrangers peuvent être appelés à comparaître à la barre de la Chambre pour être interrogés ou blâmés.

Les ministres et les secrétaires parlementaires sont les seuls membres du gouvernement à la Chambre. Ils reçoivent un traitement de la Couronne en plus de leur indemnité de député. Le gouvernement et ses députés d'arrière-ban sont assis à la droite du président et font face à l'est. Le chef de l'un des partis d'opposition (en général le parti le plus important) assume le rôle officiel de chef de l'opposition. Outre son indemnité de député, il reçoit un traitement et bénéficie de divers autres avantages, notamment d'une résidence, STORNOWAY. Le chef de l'Opposition attribue généralement des portefeuilles (finances, affaires extérieures, transports, etc.) à des membres de son équipe (le Cabinet fantôme), mais cela ne signifie pas que les affectations auraient été les mêmes s'il était devenu premier ministre.

Le premier ministre occupe le 13e pupitre de la première rangée du côté ouest de la Chambre. Le chef de l'opposition lui fait face. Les autres ministres sont regroupés autour du premier ministre, tandis que le chef de l'opposition s'entoure de ses principaux députés. Les anciens ministres, qui conservent à vie le titre d' «honorable» comme membres du Conseil privé, s'assoient dans les premières rangées, à l'extrémité nord ou sud. Le chef de chaque parti, par l'intermédiaire du WHIP DU PARTI, décide de l'attribution des sièges, toujours selon la classe (l'année de la première élection), puis par ordre alphabétique à l'intérieur d'une même classe. Après chaque élection, les survivants de la Chambre précédente se rapprochent de l'allée centrale. La Chambre est tout juste assez grande pour accueillir 301 députés. Les tiers partis et les partis mineurs de même que les indépendants sont assis derrière les membres de l'opposition officielle.

À la fin de la plupart des séances, le président ajourne la Chambre (à 18 heures du lundi au vendredi) conformément au Règlement de la Chambre. En général, une séance ne dépasse pas une journée, mais il peut arriver qu'elle soit prolongée au-delà de minuit, s'il y a un débat d'urgence en cours. La séance du 4 mai 1982 s'est poursuivie jusqu'à environ 19 heures le jour suivant. En 1913, avant l'établissement d'une heure fixe pour l'ajournement, deux séances se sont prolongées durant une semaine entière. Un nouveau record a été établi en 1982, lorsque la

sonnerie d'appel a retenti sans interruption du 2 au 17 mars.

Le calendrier parlementaire fixe la période de l'année durant laquelle la Chambre siège. L'ouverture d'une session a lieu lorsque le gouverneur général convoque le Parlement, et la prorogation par le gouverneur général y met fin. Récemment, des législatures minoritaires n'ont duré qu'une ou deux sessions. Entre 1867 et 1938, les sessions annuelles ne duraient que quelques mois. Aujourd'hui, elles durent normalement une année entière, entrecoupées de trois ajournements prolongés. La prorogation sert surtout à vider le Feuilleton. Toutes les affaires non terminées à la fin de la session (les questions auxquelles il n'a pas été répondu et les ordres ayant trait à des projets de loi ou des motions) expirent au Feuilleton. La Chambre décide de ses propres ajournements, mais la Couronne détermine et la longueur d'une session et la vie d'une législature.

John B. Stewart

Champagne, Claude, compositeur et professeur (Montréal, 27 mai 1891—*id.*, 21 déc. 1965). Il étudie le piano et la théorie avec Orpha Deveaux et Romain-Octave Pelletier, puis le violon avec Albert Chamberland. Albert Laliberté, convaincu du talent de compositeur de Champagne, l'encourage à aller étudier à Paris (1921-1928), où Hercule et Omphale et la Suite Canadienne sont créées. De retour au Canada, il se consacre à l'enseignement, à la composition et à l'administration. Directeur de l'enseignement musical pour la Commission des écoles catholiques de Montréal (1934-1942), il est aussi l'auteur de cinq ouvrages sur le solfège à l'intention des enseignants des écoles primaires et enseigne à l'U. McGill de 1932 à 1941. En 1942, on fonde le Conservatoire de musique du Québec à Montréal pour donner suite aux recommandations d'un de ses rapports. On l'en nommera le directeur adjoint. Un nombre impressionnant de compositeurs bénéficieront de son enseignement, dont François BRASSARD, Serge GARANT, Pierre MERCURE, François MOREL, Clermont PÉPIN, Gilles TREMBLAY et Jean VALLERAND. De 1949 à 1965, il est rédacteur en chef à la Société canadienne des auteurs, compositeurs et éditeurs de musique, où il est responsable de la publication des œuvres canadiennes.

En 1963, le Conseil des arts du Canada lui décerne sa médaille, et, en 1964, on lui rend hommage en proclamant cette année-là «L'année Claude Champagne», événement souligné par un film de l'ONF et une production de la SRC. Le lyrisme français et les thèmes folkloriques québécois sont des éléments importants de ses compositions.

Hélène Plouffe

Champignon Nom commun donné aux espèces appartenant au règne des mycètes (ou mycophytes). Certains auteurs l'emploient pour désigner uniquement les mycètes charnus, comestibles ou vénéneux, formés d'un chapeau et d'un pied. Les champignons partagent certaines caractéristiques avec les PLANTES et les ANIMAUX, mais la plupart des biologistes les considèrent comme un groupe indépendant. On croit que les plantes, les animaux et les mycètes ont un ancêtre commun, probablement un organisme eucaryote simple (cellule à noyau distinct) très différent de ses descendants modernes. Des données récentes indiquent que les mycètes sont plus étroitement apparentés aux animaux qu'aux plantes. En effet, tout comme les animaux, les mycètes n'ont pas de chlorophylle et ne peuvent faire de la photosynthèse.

Structure Les mycètes sont constitués de cellules indépendantes uniques ou sont multicellulaires. La structure fondamentale d'un mycète multicellulaire est l'hyphe (tissu tubulaire), habituellement subdivisé par des cloisons. Un hyphe non cloisonné est appelé hyphe cénocytique. Bien que ce dernier soit une cellule allongée simple, il contient toutefois plusieurs noyaux et fonctionne plutôt comme une structure multicellulaire.

Classification Bien que les mycologues aient identifié seulement environ 60 000 espèces de mycètes, on estime qu'il en existe probablement près d'un million et demi. Certains mycologues considèrent que cette estimation est faible, mais si on l'accepte, cela signifie que 94 p. 100 de tous les mycètes restent à nommer. La destruction à grande échelle d'habitats naturels empêchera peut-être la découverte de la plupart d'entre eux.

De récents progrès en BIOLOGIE MOLÉCULAIRE ont provoqué un regain d'intérêt envers la classification des mycètes. Quoique ces travaux ne soient pas encore achevés, on accepte généralement que ce règne se divise en trois groupes principaux: les chytridiomycètes, les zygomycètes et les dicaryomycètes.

Les chytridiomycètes sont essentiellement aquatiques ou semi-aquatiques et passent habituellement par des stades nageurs au cours de leur cycle biologique. Les zygomycètes ne sont pas mobiles, ils sont principalement terrestres et ont un cycle biologique relativement simple et sans stade diploïde ou dicaryote prolongé. Les dicaryomycètes ne sont pas mobiles, ils sont surtout terrestres et ont généralement des stades diploïdes (chromosomes pairs) ou dicaryotes (chromosomes à noyau pair) prolongés. La grande majorité des mycètes appartiennent aux groupes des ascomycètes ou des basidiomycètes, des subdivisions des dicaryomycètes.

Habitat Les mycètes poussent dans presque tous les types d'environnement, depuis les tropiques jusqu'en Arctique, dans le sol, l'eau douce, l'eau salée et en association avec plusieurs autres organismes. Presque toutes les plantes et presque tous les animaux sont parasités par au moins une espèce de mycètes. Les espèces qui parasitent la peau ou les poumons des humains sont peu nombreuses, mais sont difficiles à éradiquer. Les mycètes ont des besoins nutritifs ainsi que des modes de reproduction et de dispersion très spécialisés. Chaque espèce se distingue par une ou plusieurs de ces caractéristiques, ce qui la rend parfaitement apte à vivre dans des environnements très particuliers. La grande diversité de ce règne s'explique par le grand nombre d'autres organismes (morts et vivants), par les différences d'humidité, de température et par d'autres facteurs.

Dispersion Les mycètes ont de multiples modes de dispersion. On croit généralement que la majorité se dispersent grâce aux courants d'air, mais lors de travaux de recherche effectués sur la dissémination aérienne des spores à l'aide de pièges à spores, on a capturé un nombre limité d'espèces. Les insectes, les mites et autres arthropodes jouent probablement un rôle plus important qu'on le croit dans la dispersion des mycètes. Parmi les autres modes de dispersion, on compte les courants d'eau et les éclaboussures, le passage dans le tube digestif d'invertébrés et de vertébrés ainsi que la mobilité de certaines espèces de champignons.

Nutrition La nutrition des mycètes varie grandement, mais peut être divisée en deux composantes: le carbone (ou énergie) et les minéraux. La métabolisation du carbone n'est pas tellement différente de celle des animaux et comprend habituellement l'oxydation d'hexoses (sucres à six carbones) tels que le glucose. Cela se produit le plus souvent de façon aérobique par le processus normal de la respiration, mais peut aussi se faire de façon anaérobique (c.-à-d. par fermentation).

La nutrition minérale des mycètes est comparable à celle des plantes, dans laquelle tous les minéraux nécessaires (azote, phosphore, soufre, fer et autres) peuvent être assimilés en formes inorganiques simples. D'un autre côté, la plupart des mycètes peuvent également assimiler des minéraux assemblés en molécules organiques.

Une des caractéristiques les plus distinctives des mycètes est leur aptitude à digérer des sources complexes d'éléments nutritifs à l'extérieur de leurs cellules et d'en absorber ensuite les produits. Ce processus est réalisé par des enzymes extracellulaires spécialisées pour la digestion d'une ou de quelques substances spécifiques. Ces enzymes sont produites par les mycètes pour digérer la cellulose, la fécule, la pectine, le bois, les poils, la peau et de nombreuses autres substances. Chaque mycète produit un ensemble particulier de ces enzymes mais aucun ne les produit toutes.

Plusieurs mycètes sont saprophytes (croissent sur de la matière organique morte), mais un grand nombre sont parasites et obtiennent leurs éléments nutritifs d'autres organismes vivants.

Associations Les mycètes ont de nombreuses et souvent de très importantes associations de mutualisme, de symbiose et de parasitisme.

Leurs formes de mutualisme sont nombreuses et répandues. Parmi ces associations, la mieux connue est celle qui existe entre les LICHENS et les MYCORHIZES. Les lichens proviennent de la symbiose entre un mycète et une algue. Le «double organisme» qui en résulte est capable de vivre dans des milieux trop hostiles pour que l'algue ou le mycète puisse y croître individuellement. Les mycorhizes résultent du mutualisme entre un mycète (qui assimile les minéraux) et les racines d'une plante (une source de sucre).

Les mycètes parasites sont nombreux et vivent sur les organismes de la majorité des principaux groupes. Les plus importants pour les humains sont ceux qui causent les MALADIES DES PLANTES. Parmi ces maladies, on compte la rouille de la tige du BLÉ (*Puccinia graminis*), qui a attaqué les cultures canadiennes au cours de la première moitié du XXᵉ siècle; d'autres types de rouilles des céréales (*Puccinia*), qui causent régulièrement des dommages; la rouille vésiculeuse du pin blanc (*Cronartium ribicola*), qui a presque éliminé le pin blanc dans l'est du pays; le charbon des céréales (*Tilletia, Ustilago*); la brûlure de la pomme de terre (*Phytophthora infestans*); le mildiou du tournesol (*Plasmopara halstedii*); le mildiou de l'oignon (*Peronospora destructor*); la brûlure du CHÂTAIGNIER (*Cryphonectria parasitica*), qui a pratiquement détruit le châtaignier d'Amérique et la tavelure de la pomme de terre (*Venturia inaequalis*), qui cause souvent de lourdes pertes. De plus, les mycètes provoquent parfois la production de dangereuses toxines dans les grains moisis.

Même si plusieurs maladies fongiques causent des pertes aux industries agricoles et forestières, on doit reconnaître que la majorité des plantes sauvages a des parasites fongiques et est cependant capable de se développer et de se reproduire sans en être trop affectée. De récents travaux de recherche ont montré que les tissus sains de plusieurs plantes abritaient de nombreux mycètes, parfois plus d'une centaine sur une seule espèce. Ces mycètes n'affectent visiblement pas la plante et peuvent même être bénéfiques.

De lourdes pertes ne peuvent survenir que lorsqu'on cultive une seule espèce de plante, souvent génétiquement uniforme, sur de vastes étendues. Dans les prairies naturelles, plusieurs espèces de GRAMINÉES croissent habituellement en peuplements mélangés. Cette diversité protège la communauté végétale contre de brusques changements, et les rouilles, bien qu'elles soient présentes, causent alors peu de dommages.

Importance biologique La pourriture des arbres vivants, bien qu'elle ne soit pas une forme de parasitisme à strictement parler, joue un rôle important dans les FORÊTS naturelles. Elle se produit souvent dans la partie morte (duramen ou bois de cœur) des arbres forestiers et peut les affaiblir à un point tel qu'ils tombent. Elle se produit principalement chez les arbres très âgés ou renversés par le vent; le mycète accélère alors le recyclage du bois et de l'écorce en éléments nutritifs utilisables.

Dans les forêts aménagées, la pourriture peut être très coûteuse, et on coupe les arbres alors qu'ils sont assez jeunes afin de réduire les pertes. Cette pratique peut avoir des effets indésirables puisque les débris de coupe peuvent stimuler la croissance des mycètes responsables de la pourriture, et les arbres sur pied peuvent être endommagés et devenir des sites propices aux infections. Lorsqu'il s'agit d'espèces de mycètes adaptées à toutes les espèces d'arbres et à différents climats, le problème est alors complexe.

La décomposition des végétaux morts dans les prairies, la litière forestière et dans d'autres biomes est aussi importante que la pourriture des arbres même si elle est moins spectaculaire. Dans chaque habitat, on trouve une séquence élaborée de mycètes, de BACTÉRIES et de minuscules animaux qui transforment complètement les tissus en éléments nutritifs pour les plantes. Les mycètes ont une fonction particulièrement importante dans les climats rigoureux (p. ex., les déserts arctiques) où l'activité bactérienne est réduite.

Relations avec les humains Les mycètes les mieux connus des citadins sont couramment appelés, de façon inexacte, MOISISSURES. Ce sont des espèces de diverses couleurs poussant dans les milieux humides sur les fruits, le pain, le fromage, le cuir et d'autres substances organiques, et appartenant à plusieurs groupes.

Ces mycètes ne sont pas simplement nuisibles, mais plusieurs produisent des mycotoxines dangereuses qui menacent la santé de quiconque les mange. Les mycotoxines peuvent se répandre dans la nourriture et il est important de jeter les substances contaminées plutôt que d'enlever simplement la moisissure. Les études portant sur ces organismes constituent une part importante des travaux de recherche effectués dans les laboratoires gouvernementaux et universitaires du Canada et dans plusieurs autres pays.

Les moisissures peuvent également contaminer l'air intérieur, soit par leurs spores ou en produisant des substances toxiques. De récentes études ont montré des liens entre la contamination par des moisissures intérieures et de graves problèmes de santé des occupants. On croit actuellement que les maisons qui abritent des moisissures représentent un aussi grand danger pour la santé des enfants que la fumée de cigarettes des parents.

Même si les maladies des plantes et la contamination par les moisissures sont des problèmes graves, les mycètes ne devraient pas être considérés comme des organismes infâmes. Plusieurs sont utiles et indispensables, notamment les LEVURES, des mycètes unicellulaires appartenant au groupe des dicaryomycètes. La fermentation des levures permet la fabrication du pain et de l'alcool.

Certains mycètes produisent des antibiotiques comme la pénicilline, une des plus grandes réussites du XXᵉ siècle, produite par une espèce du groupe des ascomycètes (*Penicillium*). Partout dans le monde, on effectue des travaux de recherche pour mettre au point de nouveaux produits à base de mycètes qui pourraient être utilisés de façon sécuritaire pour combattre les maladies, les INSECTES NUISIBLES, les PLANTES NUISIBLES et les autres menaces à notre confort et notre sécurité.

Les CHAMPIGNONS comestibles appartiennent au groupe des basidiomycètes. La culture de champignons comestibles est une activité importante au Canada. En Ontario, les champignons sont considérés comme un des plus importants légumes de culture. (*Voir aussi* BIOLOGIE; CULTURES, RECHERCHE SUR LES.)

D.B.O. Savile et D. Malloch

Champignon, culture du L'*Agaricus bisporus* (aussi appelé *A. brunnescens*) est un champignon cultivé sur une grande échelle au Canada. Les variétés les plus courantes ont un chapeau blanc, alors que les moins répandues sont de couleur crème ou brune. De petites quantités d'*A. bitorquis* (autre espèce blanche) sont également cultivées. L'*Agaricus*, d'abord cultivé en France au XVIIe siècle, arrive au Québec en 1877 grâce à E. Cauchois.

L'*Agaricus* tire habituellement ses nutriments d'un compost à base de crottin de cheval et de paille et d'additifs riches en azote (p. ex., le fumier de volaille, la drêche et le nitrate d'ammonium). On ajoute du gypse au mélange pour en améliorer la texture. On débute le compostage en arrosant le mélange de crottin de cheval disposé en longs andains (de 2 à 2, 4 m de haut et de 1, 8 à 2, 2 m de large) sur une plate-forme de béton à l'extérieur. Les tas sont retournés mécaniquement à quatre reprises en deux semaines. On peut les arroser à chaque retournement ou moins souvent, selon la saison. La température à l'intérieur des tas atteint de 70 à 75 °C sous l'effet des bactéries et des champignons qui décomposent la matière animale et végétale et transforment des composés azotés inorganiques en composés organiques, composés qui fournissent les nutriments nécessaires aux champignons.

Des caissons (1, 2 m x 1, 8 m) ou de longues étagères, disposés en étages dans les caves à champignons sombres, sont remplis d'une couche (20 cm) de compost refroidi. Au cours du processus de «cuisson» qui suit, l'activité microbienne constante monte la température à environ 45 °C et, après un à trois jours, on envoie de la vapeur à l'intérieur des caves pendant plusieurs heures pour favoriser la pasteurisation (à environ 60 °C), éliminant ainsi tous les parasites. Ensuite, la température du compost baisse à environ 50 °C au cours d'une période de 5 à 12 jours. Pendant cette «période de traitement», les micro-organismes produisent plus de nutriments. La température du compost descend ensuite à environ 25 °C.

Du blanc de champignon est introduit dans le compost et étalé sur la surface. Celui-ci est préparé dans des conditions stériles, en faisant pousser le mycélium, l'appareil végétatif du champignon, dans des grains de céréales. Le mycélium pénètre le compost en deux semaines environ. Ce dernier est ensuite couvert (gobeté) d'une couche de 2 à 3 cm de terreau loameux ou d'une couche plus épaisse de sphaigne ou de tourbe mélangée à de la terre (la tourbe acide est neutralisée par de la chaux hydratée ou de la pierre à chaux). La couche de gobetage est arrosée et le mycelium y croît. Les couches sont refroidies à environ 20 °C par ventilation, ce qui favorise la formation de jeunes champignons en quatre jours environ. On récolte les champignons lorsque les chapeaux ont entre 2 et 8 cm. De nouveaux champignons («pousses» ou «percées») apparaissent à un intervalle de 7 à 11 jours. On peut tirer jusqu'à sept récoltes d'une même couche de compost. Les normes de propreté sont strictes, et des PESTICIDES sont utilisés parce que l'*Agaricus* est sensible aux virus, aux bactéries, aux CHAMPIGNONS microscopiques, aux nématodes et aux larves de mouches des champignons.

Le champignon est le légume le plus rentable du Canada. En 1986, la production canadienne d'*Agaricus* a été de 51 429 t (136, 3 millions de dollars) et 36 242 t de ces champignons ont été vendus frais (le reste ayant surtout été mis en boîte). L'Ontario produit près de la moitié des champignons canadiens, la Colombie-Britannique, 27 p. 100, alors que le Québec, l'Alberta, les Maritimes et le Manitoba se partagent le reste. En 1985, la consommation de champignons par habitant était de 1, 48 kg. À plus petite échelle, deux champignons comestibles sont cultivés sur du bois: le *Lentinus edodes*, connu sous le nom japonais de Shiitake, que l'on trouve en Ontario et en Colombie-Britannique, et la pleurote, *Pleurotus ostreatus*, cultivé en Ontario et, du moins de façon expérimentale, au Québec.

Hans E. Gruen

Champignons et vesses-de-loup Fructifications sporifères, charnues, produites par plusieurs CHAMPIGNONS à basides (Basidiomycètes) et quelques champignons à asques (Ascomycètes). Parmi ces champignons, on retrouve les saprophytes (vivant aux dépens de matières organiques et provoquant leur décomposition), les symbiotes (vivant en symbiose avec les racines des arbres), les parasites des plantes, les carnivores (empoisonnant et digérant des vers microscopiques), ainsi que les espèces croissant dans le sol, là où le mycélium (masse filamenteuse formant l'appareil végétatif des champignons) croît indéfiniment. Les sporophores sont produits lorsque les conditions sont favorables.

Croissance Les cercles de fructification (p. ex., les ronds de sorcières) indiquent l'emplacement du mycélium souterrain. Ces cercles s'agrandissent chaque année et on peut évaluer leur âge d'après leur diamètre. Certains cercles ont plus de 500 ans. Il existe plus de 3000 espèces de champignons au Canada, dont un grand nombre croissent également sur d'autres continents.

Identification Les mycologues (biologistes qui étudient les champignons) classent les champignons sans distinguer les comestibles des vénéneux. Les espèces d'une même famille peuvent donc se ressembler beaucoup et il n'est pas facile de reconnaître celles qui sont comestibles. Les caractéristiques d'identification sont macroscopiques ou microscopiques. Pour les spécialistes, les caractéristiques microscopiques sont plus importantes, notamment, la forme des cellules sporifères, la taille et autres caractéristiques des spores et la structure microscopique des fructifications. Les caractéristiques macroscopiques comprennent la forme et la couleur de la fructification, la présence ou l'absence d'une collerette (anneau) ou d'un sac (volve), la forme de la couche sporifère (hyménium) et la couleur de la sporée.

Anneau et volve Au stade de l'œuf, le chapeau et le pied du champignon sont unis par une membrane (voile) qui se déchire pendant la croissance en vue de la dispersion des spores. Au cours de la croissance de l'ange de la mort (commun dans l'Est du Canada), les vestiges de deux voiles membraneux demeurent, l'un formant un anneau autour du pied et l'autre, une volve à la base du pied. L'amanite tue-mouches ou la fausse oronge a un chapeau d'un rouge éclatant parsemé de verrues (provenant aussi des restes du voile) et un anneau; sa volve consiste en des bourrelets floconneux superposés de manière irrégulière autour de la base protubérante du pied. Les champignons possèdent parfois un anneau ou une volve, et un grand nombre n'ont ni l'un ni l'autre.

Dispersion des spores Les champignons à lamelles, comme ceux qu'on trouve sur le marché, ou encore les amanites, produisent des cellules sporifères sur la surface des structures appelées lamelles. Certains champignons, comme les bolets, sont munis de pores (tubes) plutôt que de lamelles. L'hyménium des hydnes sinués se trouve sur les aiguillons; celui des clavaires crêtées recouvre la surface des ramifications. Chez les morilles et le morillon, lequel est parfois vénéneux, les spores se forment dans des sacs, appelés asques, sur la surface extérieure du chapeau. Pour toutes ces espèces, les spores restent à l'air libre, alors que celles des vesses-de-loup sont contenues dans l'appareil fructifère. Parvenue à maturité, la vesse-de-loup gemmée se dessèche, une pore se forme sur le dessus et l'appareil fructifère agit comme un soufflet lorsqu'il est heurté (par les gouttes d'eau, p. ex.).

Couleur de la sporée Les amas de spores qui forment la sporée sont blancs chez les amanites et les marasmes des oréades, brun chocolat chez les champignons commerciaux; jaunâtres, rosâtres, brun rouille ou noirs chez d'autres espèces.

Champignons vénéneux Plusieurs toxines causent des empoisonnements aux champignons. Les amanites et certaines galérines et lépiotes produisent des amatoxines et des phallotoxines thermostables, provoquant des symptômes qui ne se manifestent que de 4 à 48 heures après l'ingestion. Les orellanines, fabriquées par certaines espèces de cortinaires, peuvent aussi entraîner la mort, et les symptômes n'apparaissent parfois que deux semaines plus tard. Le morillon produit une puissante toxine (monométhylhydrazine) qui disparaît lorsque le champignon est bien cuit. La muscarine, présente en petite quantité dans l'amanite tue-mouches et abondante dans certaines espèces d'inocybes et de clitocybes, peut être mortelle; un traitement approprié neutralise le poison. De nombreuses autres espèces de champignons sont toxiques, mais provoquent des troubles moins graves, comme la diarrhée. Certains champignons, comme les psilocybes, contiennent de la psilocybine, une substance hallucinogène interdite légalement.

Récolte L'exploitation commerciale des champignons sauvages est de plus en plus répandue au Canada et forme la base d'une industrie artisanale de plusieurs millions de dollars. On exporte une espèce d'armillaire (le matsutake nord-américain) et les chanterelles. (*Voir aussi* CHAMPIGNON, CULTURE DU.)

R.J. Bandoni

Champigny, Jean Bochart de, chevalier et INTENDANT de la Nouvelle France de 1686 à 1702 (né après 1645—Hâvre-de-Grâce, France, déc. 1720). Intendant compétent et consciencieux, Champigny s'efforce de maintenir un état de préparation militaire durant les 13 années de guerre contre les peuples iroquois et les Britanniques. Il participe aux négociations du traité avec les Iroquois, signé à Montréal en 1701. Champigny encourage la culture du lin et du chanvre, ainsi que l'exploitation de la pêche et des forêts. Il met en place des réformes concernant aussi bien l'approvisionnement militaire que le domaine social, telles que la création d'un système de secours aux pauvres. Après son retour en France, en 1702, il agit souvent comme conseiller auprès du ministre chargé des affaires canadiennes.

Jeannette Larouche

Champlain and Saint Laurence Railroad Société constituée en 1832, elle est la première voie ferrée canadienne et relie LA PRAIRIE, en bordure du Saint-Laurent, et SAINT-JEAN-SUR-RICHELIEU. En fait, elle sert de portage pour traverser la partie la plus difficile de la route entre Montréal et New York qui se poursuivait en bateau à vapeur par le lac Champlain et la rivière Hudson. Financée par le brasseur montréalais John MOLSON, la construction débute en 1835. La voie consiste en tronçons de pin équarris de 14 cm de largeur joints par des éclisses de fer boulonnées. Des bandes métalliques sont ensuite chevillées sur la surface des traverses.

Le chemin de fer est inauguré le 21 juillet 1836 et débute ses activités régulières le 25 juillet. La *Dorchester*, une locomotive à bois fabriquée à Newcastle-le-upon-Tyne, en Angleterre, peut atteindre une vitesse de 48 km/h. La voie ferrée est rallongée jusqu'à Rouses Point, à New York, en 1851 et jusqu'à Saint-Lambert, au Québec, en 1852. En 1857, elle fusionne avec le Montréal and New York Railroad (autrefois MONTREAL AND LACHINE RAILROAD) sous le nom de Montreal and Champlain Railroad Company. Elle est cédée en 1864 au GRAND TRUNK RAILWAY qui l'achète en 1872. (*Voir aussi* LOCOMOTIVES ET MATÉRIEL ROULANT; CHEMIN DE FER, HISTOIRE DU.)

James Marsh

Champlain, lac Il possède une superficie de 1269 km² et seulement la pointe de son extrémité nord s'étend au Canada. Avec la RIVIÈRE RICHELIEU, qui draine l'eau du lac vers le Saint-Laurent au nord, le lac Champlain constituait une voie d'invasion parfaite pour traverser les Adirondack et les Green Mountains qui, sans cela, isolent les BASSES-TERRES DU SAINT-LAURENT. Le lac, qui est long (201 km) et étroit (entre 0,8 et 23 km de largeur), est parsemé de nombreuses îles.

La voie du lac a été empruntée par les armées des tribus autochtones rebelles. Samuel de CHAMPLAIN le découvre en 1609 et lui donne son nom, quand il accompagne un groupe de Montagnais pour combattre les Iroquois. À l'époque de la Nouvelle-France, de petites colonies s'installent dans la région, mais les FORTIFICATIONS françaises sont établies au fort Saint-Frédéric (plus tard Crown Point) en 1725-1726 et au fort Carillon (plus tard le fort Ticonderoga) en 1755. Les Britanniques perdent quelque 2000 hommes dans une bataille mal préparée à Carillon (1758), mais MONTCALM évacue les forts et les Britanniques poussent vers le nord au Canada (voir GUERRE DE SEPT ANS). La même voie d'invasion est empruntée par les Américains pendant la GUERRE D'INDÉPENDANCE AMÉRICAINE et dans une contre-attaque britannique vers le sud. Pendant la GUERRE DE 1812, une offensive des Britanniques contre les Américains est arrêtée quand la flotte britannique est détruite à PLATTSBURG, dans l'État de New York.

En période de paix, le lac servait au transport. En hiver, quand il est gelé, il favorise les déplacements rapides en traîneaux. Les bateaux à vapeur y naviguent jusqu'en 1810. Le premier chemin de fer du Canada, le CHAMPLAIN AND SAINT LAWRENCE RAILROAD, est construit en 1836 pour relier Montréal au lac, qui est à son tour relié au fleuve Hudson, ce qui établit une liaison avec New York.

James Marsh

Champlain, mer Nappe d'eau saumâtre qui occupait les terres basses entre Québec et Cornwall, Ontario et remontait la vallée de l'Outaouais au cours de la période tardiglaciaire (voir GLACIATION). Le nom a été utilisé pour la première fois par le géologue américain C.H. Hitchcock en 1906. La crue relative du niveau de la mer il y a environ 12 800 ans avait été provoquée tant par l'affaissement des terres sous le poids des glaces de l'ère glaciaire que par l'élévation du niveau de l'eau causée par la fonte progressive du glacier.

La mer Champlain était initialement froide, mais des études de sa faune invertébrée révèlent que sa température s'est élevée. Sa profondeur maximale au centre du bassin a dû atteindre environ 200 m. La mer est demeurée en place quelque 2000 ans; puis, il y a environ 9800 ans, l'eau est devenue trop douce pour abriter des organismes marins. Les sédiments les plus abondants déposés par la mer, les argiles à Leda, sont essentiellement de la «farine» glaciaire incorporée à des glaces de glacier. Leur structure minéralogique correspond principalement à la composition des roches précambriennes desquelles elles proviennent, c.-à-d. qu'elles renferment du quartz, des amphiboles et des pyroxènes (voir RÉGIONS GÉOLOGIQUES). De nombreux glissements de terrains et coulées de terre sont survenus dans les argiles, causant parfois des pertes de vie et des dégâts matériels considérables. Lorsque les argiles sont perturbées, elles deviennent fluides; par conséquent, des glissements de terrain se produisent lorsqu'une berge est sapée par l'érosion ou surchargée du poids d'un nouveau bâtiment ou lorsque les argiles sont soumises à des perturbations qui détruisent leur structure interne.

La région de la mer Champlain est graduellement devenue un environnement d'érosion. Lorsque ses argiles marines sont adéquatement drainées, elles représentent les meilleures terres agricoles du Québec.

Pierre Lasalle

Champlain, Samuel de, cartographe, explorateur, gouverneur de la Nouvelle-France (Brouage, France, v. 1570—Québec, 25 déc. 1635). On le surnomme le «père de la Nouvelle-France» pour le rôle important qu'il a joué dans la région du fleuve Saint-Laurent. Il n'existe aucun portrait authentique de Champlain et on connaît très peu de choses au sujet de ses antécédents familiaux ou de sa jeunesse. Il est possible qu'il ait été baptisé protestant, mais à partir de 1603, il est catholique. Il s'est probablement rendu aux Antilles vers 1600. Bien que le récit des voyages contenu dans *Brefs Discours* lui soit attribué, il n'en fait jamais mention lui-même.

Lorsqu'il entame sa carrière au Canada en 1603, au cours d'un voyage où il remonte le Saint-Laurent en compagnie de François Gravé Du Pont, il n'a toujours pas de poste officiel. Il publie un récit de ce voyage, qui constitue la première description détaillée du Saint-Laurent depuis les explorations de Jacques CARTIER. À cette époque, les Algonquins avaient cette région des Iroquois, mais rien dans ce récit ne laisse entendre qu'un projet de colonisation ait existé à un quelconque endroit de la vallée.

En 1604, Champlain se rend en Acadie en compagnie du sieur de MONTS, qui projette d'y établir une colonie française. Il ne détient aucun poste de commande ni dans les colonies acadiennes à Sainte-Croix ni à PORT-ROYAL (Annapolis Royal, Nouvelle-Écosse). En qualité de cartographe, il est chargé d'explorer la côte en vue de trouver un emplacement de colonisation idéal. Par deux fois, en 1605 et en 1606, il explore le littoral de ce qui est aujourd'hui la Nouvelle-Angleterre, et se rend aussi loin au sud que Cape Cod. Encore une fois, les dirigeants de l'Acadie ne choisissent aucun emplacement. Finalement, choisissant le Saint-Laurent à défaut de l'Acadie, de Monts envoie Champlain, en 1608, fonder une colonie à QUÉBEC, où le commerce des fourrures avec les peuples autochtones des terres intérieures pourra plus facilement être contrôlé.

Champlain s'y établit et développe un vaste réseau de commerce en forgeant des alliances avec les Montagnais du Saint-Laurent, les nations établies le long de la rivière des Outaouais et les Hurons des Grands Lacs. Ce réseau l'oblige à venir à la rescousse de ses alliés, traditionnellement en guerre contre les Iroquois, dont les territoires s'étendent au sud du lac Ontario. C'est ainsi qu'il participe à des campagnes militaires, l'une en 1609 sur le lac Champlain et l'autre en 1615 dans le territoire Iroquois. Il passe l'hiver 1615-1616 en HURONIE. Lors d'un voyage dans les terres intérieures en 1613, il perd son astrolabe, mais cela ne l'empêche pas de produire des relevés de terrain et de dresser des cartes avec exactitude. L'astrolabe est retrouvé en 1867 et c'est seulement récemment qu'il a été acquis par les Archives nationales du musée à New York.

Malgré l'opposition des diverses sociétés de commerçants qui font appel à ses services et qui trouvent bien plus rentable de ne s'occuper que du commerce des fourrures, Champlain se promet de faire de Québec le centre d'une colonie puissante. Dans un rapport de 1618, il décrit le potentiel commercial, industriel et agricole. Son rêve semble vouloir se réaliser en 1627, lorsque la COMPAGNIE DES CENTS-ASSOCIÉS est fondée. Mais une fois la guerre déclarée, Québec est conquise par les frères KIRKE et occupée par les Anglais de 1629 à 1632.

Nommé gouverneur par le cardinal Richelieu, Champlain retourne en 1633 à Québec, où il peut voir les débuts prometteurs de la colonie qu'il avait planifiée. Paralysé à l'automne de 1635, il meurt en décembre. Il se peut que sa dépouille, ensevelie sous la chapelle Champlain jouxtant l'église Notre-Dame-de-la-Recouvrance, repose aujourd'hui sous l'église Notre-Dame-de-Québec, quoiqu'elle n'ait pas été identifiée. En 1610, il avait épousé une jeune femme protestante, Hélène Boullé, qui n'avait pas encore atteint ses 12 ans, mais qui lui avait apporté une dot substantielle. Ce mariage s'avère décevant pour Champlain. Sa jeune femme l'abandonne, puis revient avec réticence mais ne reste pas avec lui au Canada, sauf entre 1620 et 1624.

Champlain a laissé quantité d'écrits, qui racontent essentiellement ses périples. Les éditions les plus importantes de son travail sont celles préparées par C.H. Laverdière (1870) ainsi que l'édition bilingue de H.P. BIGGAR (*The Works of Samuel de Champlain*, 1922-1936). Les œuvres de Champlain constituent le seul compte rendu de la colonie laurentienne au premier quart du XVIIe siècle. En tant que géographe et «artiste» (comme l'affirme un document d'époque), il illustre ses récits de nombreuses cartes, dont la plus importante et la dernière est celle de 1632. Elle inclut une liste de noms d'endroits que l'on ne trouve pas sur la carte. De plus, elle est accompagnée d'explications non publiées, et détaille tout ce qu'on connaissait de l'Amérique du Nord à l'époque.

Marcel Trudel

Champlain Society Fondée à Toronto en 1905, son mandat consiste à publier des manuscrits et de nouvelles éditions d'ouvrages rares portant sur l'histoire du Canada. Le nombre de membres, d'abord limité à 250, dépasse aujourd'hui le millier. Les premières publications, notamment la version française et la traduction anglaise en six volumes des écrits de Champlain, traitent surtout de la Nouvelle-France. La société s'intéresse bientôt au commerce de la fourrure et publie la première collection en 12 volumes préparée par la HUDSON'S BAY RECORD SOCIETY. Parmi les parutions plus récentes figurent des ouvrages sur des sujets plus actuels, dont certains de nature politique. À la demande et aux frais du gouvernement de l'Ontario, la société parraine la collection Ontario, consacrée à l'histoire de la province. La société a publié plus de 80 volumes, dont 60 dans sa collection principale. En 1980, elle publie un compte rendu de sa propre histoire pour souligner son 75e anniversaire.

W. Kaye Lamb

Chan, Ka Nin, compositeur, professeur (Hong Kong, 3 déc. 1949, citoyen canadien depuis 1971). Chan s'établit à Vancouver avec sa famille en 1965 et étudie la composition à l'U. de Colombie-Britannique avec Jean COULTHARD, tout en poursuivant ses études en génie électrique. Diplômé en 1976, il étudie la composition avec Bernhard Heiden à l'U. d'Indiana, où il obtient une maîtrise (1978) et un doctorat en musique (1983). Il suit les Internationale Ferienkurse für Neue Musik à Darmstadt, en Allemagne, en 1982 et, la même année, il commence à enseigner la théorie musicale et la composition à la faculté de musique de l'U. de Toronto.

Les œuvres de Chan, colorées et souvent marquées par la culture orientale, ont fait l'objet de commandes ou ont été exécutées par bon nombre des principaux orchestres, orchestres de chambre et solistes du Canada, y compris l'Orchestre du Centre national des arts d'Ottawa, l'Orchestre de la SRC à Vancouver, l'Orchestre philharmonique de Calgary, le Manitoba Chamber Orchestra, l'Orchestre symphonique de la Nouvelle-Écosse, le groupe Thirteen Strings, la SOCIÉTÉ DE MUSIQUE CONTEMPORAINE DU QUÉBEC, la New Music Concerts, l'Esprit Orchestra, le pianiste Antonin KUB LEK, l'altiste Rivka Golani, l'Ensemble Contemporain de Montréal, le hautboïste Lawrence Cherney, la soprano Rosemarie Landry et le Tapestry Music Theatre (pour un opéra en cours d'élaboration, 1996). Des commandes ont été subventionnées par la SRC, le Conseil des arts du Canada, le Conseil des arts de l'Ontario, le ministère du Multiculturalisme et de la Citoyenneté de l'Ontario ainsi que le Toronto Arts Council. Ses œuvres ont été publiées par Editio Musica de Budapest, Needham Publishing et Hinshaw Music. Ses enregistrements ont paru sous les étiquettes Centrediscs, CBC et Summit.

Ses œuvres sont de nature très individualiste, marquées par des textures exotiques et par l'utilisation fréquente d'instruments non occidentaux, appartenant particulièrement à la famille des percussions. Certaines œuvres portent des titres poétiques et inspirants comme *To God of All Nations, The Land Beautiful, Treasure Pasture Leisure Pleasure, The Everlasting Voices* et *Ecstasy*. Plusieurs de ces œuvres lui ont mérité des prix, notamment ceux de la Vancouver New Music Society (1976), du Concours des jeunes compositeurs PROCAN (1979), du Concours international de composition Béla Bartók, en Hongrie (1982), de la Société internationale de cor (1982), de la James Madison University Flute

Choir (1988), du Concours international de Barlow (1991), du Concours de composition pour quatuor de saxophones à Amherst (1992), et un prix Juno du Canada (1993). En 1996, il obtient le prix de composition musicale Jean A. Chalmers, de 10 000 $, pour sa pièce pour orchestre de chambre *I Think That I Shall Never See...*, commandée par la SRC pour l'Ensemble Amici.

Chan est membre de la LIGUE CANADIENNE DE COMPOSITEURS, compositeur agréé du CENTRE DE MUSIQUE CANADIENNE et membre de la SOCAN.

Rick MacMillan

Chandler, Edward Barron, juge, politicien, lieutenant-gouverneur du Nouveau-Brunswick de 1878 à 1880 (Amherst, N.-É., 22 août 1800—Fredericton, 6 fév. 1880). Issu d'une famille LOYALISTE bien en vue, il est admis au Barreau du Nouveau-Brunswick en 1823 et nommé juge successoral et greffier de la paix du comté de Westmorland. Il est élu en 1827 à l'Assemblée du Nouveau-Brunswick, où il est considéré comme un porte-parole du peuple et un réformiste prudent qui s'oppose au principe du GOUVERNEMENT RESPONSABLE. Il est nommé au Conseil législatif en 1836, devient membre du Conseil exécutif en 1843, puis chef du gouvernement en 1848, poste qu'il occupe jusqu'à ce qu'il soit défait en Chambre en 1854. Il préconise l'expansion des chemins de fer et la réciprocité commerciale avec les États-Unis. Il participe aux conférences sur l'union de l'Amérique du Nord britannique et appuie constamment la CONFÉDÉRATION en dépit de ses objections au modèle de gouvernement centralisé de John A. Macdonald. Il refuse d'être nommé au Sénat canadien, mais accepte, en 1878, le poste de lieutenant-gouverneur du Nouveau-Brunswick, poste qu'il occupe jusqu'à sa mort.

J.M. Bumsted

Chang, Simon, designer de mode (Canton, Chine, 3 août, années 50). Il a grandi à Vancouver, en Colombie-Britannique. Il est diplômé de l'Emily Carr Institute of Art and Design, et s'est spécialisé en graphisme et en photographie.

Au début des années 70, il déménage à Montréal où il commence sa carrière comme conseiller de mode pour le grand magasin la Baie. Peu de temps après, il crée des collections de prêt-à-porter pour les marques Clothes to You et International Typhoon. Il est cofondateur de cette dernière compagnie. Créateur chez Brodkin, il rencontre Phyllis Levine avec qui il fonde, en 1983, Simon Chang Concepts Inc.

Les couleurs vives et l'accent mis sur les détails caractérisent le style Simon Chang. Outre sa collection de vêtements, de nombreux produits portent sa marque: parfums pour homme et femme, accessoires, montres, cravates et chemises pour homme, uniformes pour les hôpitaux, les restaurants et les salons de beauté.

En 1996, il signe un accord avec Rebel Jeans et lance une collection complète de vêtements en denim pour femme. La même année, la collection Simon Chang est distribuée à Taiwan et à Singapour, ainsi qu'au Canada.

En 1987, il crée la Simon Chang and Phyllis Levine Foundation avec son ancienne associée (aujourd'hui à la retraite). Soutenue par Simon Chang Concepts Inc., cette organisation caritative aide financièrement les institutions canadiennes d'enseignement et de secours médical et les organismes de services sociaux et d'enseignement.

Alexia Economou

Channel-Port aux Basques, ville de T.-N.; pop. 5243 (rec. 1996), 5644 (rec. 1991), 5901 (rec. 1986); superf. 37,83 km²; const. en 1945; située sur la côte sud-ouest de l'île. Channel-Port aux Basques est à la fois le principal port d'entrée dans l'est de la province et le terminus oriental du traversier du Canadien National qui fait la navette vers North Sydney (N.-É.) et relie la route transcanadienne. La ville moderne regroupe les anciennes localités de Channel, Port aux Basques, Grand Bay East, Grand Bay West et Mouse Island. Port aux Basques tire son nom des baleinières BASQUES qui, au XVIᵉ siècle, longeaient la pointe sud-ouest de Terre-Neuve en se rendant au Labrador.

Jusque dans les années 1890, moment où Port aux Basques devient un centre ferroviaire, la région comprend surtout des villages de pêcheurs fondés par les Français, puis par des habitants des îles Anglo-Normandes et des Anglais. La localité se développe et devient un centre commercial, surtout pendant les années 1890, quand Port aux Basques est choisi comme terminus du chemin de fer transinsulaire de Terre-Neuve. En 1893, un service de navires à vapeur relie le chemin de fer au réseau ferroviaire continental. Jusqu'aux années 50, plusieurs usines de transformation du poisson s'y établissent et une grande entreprise reste en activité jusque dans les années 80. Depuis sa constitution, la municipalité de Channel-Port aux Basques est le centre administratif de la région de Burgeo-La Poile.

Janet E.M. Pitt

Chansonniers Ce sont des auteurs-interprètes du Québec, qui se manifestent après la Seconde Guerre mondiale, surtout dans les années 60. Ils expriment par leurs chansons un idéal social commun, dans un style plein de simplicité, appelant une ambiance intime favorable à l'expression poétique. Parmi les précurseurs de ce mouvement figure La BOLDUC, souvent considérée comme la première chansonnière du Québec, mais Félix LECLERC et Raymond LÉVESQUE en sont les véritables fondateurs. Leclerc a ouvert la voie à une vogue populaire, celle du chanteur solitaire s'accompagnant lui-même, à la guitare le plus souvent.

En 1959, Jacques Blanchet, Clémence Desrochers, Jean-Pierre FERLAND, Claude LÉVEILLÉE, Raymond Lévesque et d'autres forment un groupe de chansonniers appelés Les Bozos, suscitant l'émergence du chansonnier comme force dominante dans la musique québécoise des années 60, avec des noms comme Hervé Brousseau, Pierre Calvé, Georges Dor, Claude Gauthier, Jacqueline Lemay, Pierre Létourneau, Monique Miville-Deschênes et Gilles VIGNEAULT, en plus de ceux déjà cités. Parallèlement à ce mouvement surgissent un peu partout au Québec des «boîtes à chansons», salles intimes où se produisent les chansonniers.

Les chansonniers deviennent les porte-parole d'une jeune génération avide d'un sentiment communautaire et de libération à l'aube de la Révolution tranquille du Québec et de son vaste mouvement d'émancipation économique et culturelle. Les chansonniers jouent un rôle de premier plan dans l'évolution sociale et assument graduellement un sens collectif: celui d'illustrer en chansons l'état d'esprit des Québécois à l'égard de leur pays natal.

Vers la fin de la décennie, il devient clair que le public réclame davantage que les «boîtes à chansons» et les vieux refrains répétés sur tous les tons. S'ouvrent alors de grandes salles de concert, et les exigences de l'industrie du disque influencent la deuxième génération de chansonniers. C'est ainsi qu'une nouvelle race d'auteurs-interprètes émerge durant les années 70, avec Robert CHARLEBOIS en tête de file. Il est le premier à utiliser la guitare électrique et à chanter avec un groupe. Claude Dubois, Jacques Michel et bien d'autres vont lui emboîter le pas. Par la suite, bien que demeurant fermement ancrée dans la culture québécoise, la chanson du Québec se montre ouverte aux influences les plus diverses et s'internationalise.

Claire Versailles

Chansons, composition de La chanson peut se définir comme l'expression vocale et musicale de mots et d'émotions. Elle est fragmentaire ou prolongée et peut prendre diverses formes, depuis l'énoncé simple et sans recherche jusqu'aux lignes mélodiques et aux structures harmoniques très complexes. Ce qui détermine son caractère, c'est la situation qui fait naître la musique, le texte traité (ou le sentiment exprimé) et les ressources vocales et instrumentales utilisées. La chanson est habituellement perçue comme un texte mis en musique, et c'est souvent la nature et le message des paroles qui déterminent la classification des types de chansons. C'est ainsi qu'on distingue les catégories bien connues de la chanson folklorique, religieuse, patriotique, enfantine et la mélodie. La musique peut procurer une plus grande portée au sens des paroles, et la combinaison du ton et du texte peut en rehausser le contenu émotif. La présence de gens aux multiples origines nationales et culturelles contribue à l'évolution de la chanson canadienne. De plus, la technologie met maintenant la musique du monde entier à la portée de tous. Les influences artistiques ne se limitent plus aux traditions intrinsèques des pays ou aux influences auxquelles exposent les voyages de quelques privilégiés ou à l'émigration. Elles sont aussi variées que le permettent les tournées internationales, la radiotélévision et l'enregistrement sonore.

Musique traditionnelle Les chansons des peuples autochtones, transmises par tradition orale et souvent associées à la danse, sont bien vivantes avant et pendant la venue d'immigrants d'Europe de l'Ouest. Au cours du XXᵉ siècle, la musique autochtone fait l'objet d'études approfondies, et les compositeurs de tradition occidentale s'en inspirent. Les premiers colons canadiens-français apportent avec eux leur style et leurs mélodies, fondés sur la tradition orale, puis sur des formes plus élaborées et souvent associées à leurs tâches, comme les chansons rythmées des rameurs. La tradition folklorique anglo-canadienne est tout aussi vigoureuse. On a recueilli et conservé un corpus de ces deux courants de musique, qui ont inspiré de nouvelles œuvres. Tous les groupes nationaux présents au Canada, quelle que soit leur taille, ont apporté leur propre tradition folklorique.

Chansons de marins Tout comme celles que scandent en ramant les voyageurs et les traiteurs de pelleteries, les chansons ponctuent les tâches des marins, servant non seulement à relever le moral, mais aussi à cadencer les travaux. La plupart des chansons de marins qui font partie du patrimoine canadien ou qui ont été adoptées viennent de la côte Est, principalement de la Nouvelle-Écosse et de Terre-Neuve, et quelques-unes sont issues de la région des Grands Lacs. W. Roy Mackenzie, le premier à colliger les chansons anglo-canadiennes, a recueilli des chansons de travail auprès de vieux marins néo-écossais, entre autres *Santy Anna*, *Sally Brown* et *We're Homeward Bound*. D'autres chansons de marins décrivent des activités, des événements et des superstitions. Ainsi, les paroles de ballades comme *The Ferryland Sealer* et *The Greenland Disaster* racontent des expéditions et des voyages de pêche et de chasse au phoque. Même les chansons de danse témoignent de la dépendance des habitants des Maritimes envers la mer, comme dans *I 'se the B'y That Builds the Boat* et *The Feller from Fortune.*

Les travaux sur terre inspirent également des chansons, comme celles composées dans les camps de bûcherons du Nouveau-Brunswick et de l'Ontario, dans les régions agricoles des Maritimes jusqu'aux Prairies et, dans une moindre mesure, dans les régions minières des deux côtes et de l'Ontario (*Cobalt Song*, *The Scarborough Settler's Lament*). Bien qu'on retrouve parfois les mêmes mélodies dans différentes régions, voire dans divers corps de métiers, les textes présentent souvent une couleur locale. C'est ainsi que l'air de *The Lumbercamp Song*, d'après une chansonnette anglaise, se rencontre à la fois chez les pêcheurs et les bûcherons de la côte Est, accompagnant des paroles différentes. Des chansons comme *Canaday-I-O* et *The Rock Island Line* racontent les épreuves des travailleurs. De nombreuses ballades décrivent la mort en forêt ou sur les rivières (*Peter Amberley*, *The Haggertys and Young Mulvanny*).

Chansons de cow-boys Dans l'Ouest, les pionniers et les cow-boys ont emprunté des chansons américaines. Les cow-boys, engagés aux États-Unis par les éleveurs canadiens, ont apporté des chansons populaires comme *The Streets of Laredo* et *Bury Me Not on the Lone Prairie*. *Dakota Land* et d'autres parodies du vieil hymne *Beulah Land* sont réécrites au Canada et intitulées *Prairie Land*, *Alberta Land* et *Saskatchewan*. On pourrait facilement classer ce genre de matériel comme simpliste et sans importance; pourtant, leurs paroles jettent un éclairage sur l'histoire du Canada. La nature et l'utilisation d'une mélodie peuvent en dire long sur les goûts, la transmission des idées artistiques et les mouvements de populations à l'intérieur du pays et hors de ses frontières.

Chansons politiques On peut associer aux chansons de travail les chansons politiques et ouvrières. Le corpus de ces chansons est mince, certaines d'entre elles sont de nature adaptable selon les airs existants et la plupart ont trait à des événements spécifiques. Les chansons politiques ou ouvrières subissent parfois le même sort que bon nombre de caricatures politiques astucieuses: elles perdent leur pertinence particulière, même si leur principe peut être repris à une autre époque. Il aurait pu en être de même pour les chansons de marins après la mise au rancart des voiliers, mais elles sont demeurées populaires notamment par nostalgie et par romantisme et parce qu'elles constituent un corpus plus important. Certaines chansons politiques se sont conservées sous leur forme originale, soit de pièces satiriques écrites au Québec au XVIIIe siècle (*Chanson sur les élections*), soit de chansons motivées par les crises et les élections au cours du XIXe siècle. Au XXe siècle, les guerres mondiales et d'autres événements et préoccupations, telles les conditions de travail dans les mines et en forêt (*Hard, Hard Times, The Loggers' Plight*) et les aspirations des Acadiens et des Québécois, ont donné naissance à des chansons contestataires.

La distinction entre chanson politique et chanson patriotique dépend souvent du point de vue et des émotions d'un groupe donné. Néanmoins, le Canada compte une longue liste de chansons exprimant un sentiment national. Ces œuvres doivent souvent leur naissance et leur popularité à un événement particulier (comme la Confédération) ou à une idée telle que la préservation de l'existence et de l'esprit d'une région, de la culture et de la langue. Ainsi, au Québec, on trouve *Canada, terre d'espérance, Ô Canada! beau pays, ma patrie*, de même que *À la claire fontaine* et *Vive la Canadienne*; au Nouveau-Brunswick et en Nouvelle-Écosse, *Un Acadien errant*; et, au Canada anglais, des œuvres comme *The Maple Leaf for Ever*, *Canada for Ever* et *O Canada, Dear Canada*, de Calixa LAVALLÉE, dont le texte original, *Ô Canada, terre de nos aïeux*, de Basile Routhier, est l'hymne national du pays.

Chansons d'enfants Les chansons d'enfants aussi sont transmises de génération en génération et, comme les chansons de travail, souvent associées à des activités particulières comme le jeu du pont (*Trois fois passera*), les rondes (*The Farmer in the Dell*) ou le saut à la corde (*On Yonder Mountain Stands a Lady*). Les enfants apprécient les chansons de camp et de feu de camp, tout comme certains adultes chez qui elles sont populaires, p. ex., les rondes comme *Row, Row, Row Your Boat* et les parodies comme *Found a Peanut* (chantée sur l'air de *Clementine*). Ici encore, de telles pièces sont universelles, et l'on peut en entendre plusieurs en Nouvelle-Écosse aussi bien qu'en Colombie-Britannique. Certaines sont d'origine étrangère ou sont antérieures à notre histoire (*Three Blind Mice* a été imprimée par Thomas Ravenscroft dans Deuteromelia en 1609). Parmi les compositeurs canadiens, Lionel Daunais a écrit au moins 30 chansons, pièces populaires et chansons enfantines.

Le répertoire des chansons canadiennes est très riche, même si la plupart d'entre elles sont relativement peu connues en dehors des cercles de dilettantes et des amateurs de concerts et de récitals. Les chansons du Québec possèdent une histoire intéressante. Elles reflètent le mélange d'influences culturelles importées et, plus récemment, de la chanson folklorique et des tendances modernes dans la musique populaire appuyée par les progrès des appareils audio-électroniques. La musique populaire canadienne-anglaise suit depuis peu la même voie, mais elle se soucie moins de stimuler et de préserver un patrimoine culturel et linguistique. Les œuvres d'Ernest Whyte, de Clarence Lucas et de W.O. Forsyth sont restées injustement dans l'ombre jusqu'au milieu des années 80, tout comme celles d'Achille Fortier et de Calixa Lavallée.

Parmi les compositeurs du milieu du XXe siècle qui ont contribué à la chanson canadienne figurent Violet ARCHER, Michael BAKER, John BECKWITH Jean Coulthard, Lionel Daunais, Kelsey Jones, Ernest MACMILLAN, Oskar MORAWETZ, Jean PAPINEAU-COUTURE, Barbara PENTLAND, Clermont PÉPIN, André Prévost, Leo Smith, Healey WILLAN et Charles Wilson.

Il est intéressant de noter à quel point les compositeurs canadiens se sont adonnés à la musique vocale au fil des ans (*voir* MUSIQUE CHORALE). La production reflète souvent les grandes tendances de la musique sérieuse quant à la technique et au style, mais elle porte aussi la marque de la personnalité et des goûts individuels. Les compositeurs puisent souvent leur inspiration dans les textes d'écrivains canadiens, tendance qui est appelée à se maintenir étant donné l'essor que connaissent ces deux formes d'expression artistique. En outre, de nombreux compositeurs canadiens (MacMillan et Willan, p. ex.) ont écrit de remarquables arrangements tout à fait particuliers de chansons existantes, dont certaines sont originaires d'autres contrées. Tout comme les œuvres originales, ces arrangements font partie intégrante de la musique canadienne.

Au Canada, le problème des compositeurs de chansons sérieuses n'est pas le manque de sujets mais la difficulté à se faire entendre du public. Il y a encore trop peu de récitals, et si la radio, surtout la radio d'État, offre de nombreuses possibilités aux compositeurs, la télévision n'utilise pas assez la richesse du matériel disponible. La radio et la télévision soutiennent toutes deux la chanson populaire, et même si les exigences relatives au contenu canadien procurent une certaine assurance, il faut faire davantage. Lorsqu'on évalue les chansons et les compositions, il ne suffit pas de porter attention à la mélodie et à l'harmonie: les paroles nous racontent aussi notre vie et notre pays. Tout art doit aussi être considéré dans un contexte plus large, en tenant compte des styles et des tendances qui prévalent dans les autres formes d'expression artistique, des mouvements sociaux et politiques, des conditions économiques, de la géographie, du climat et d'autres facteurs, tant nationaux qu'internationaux. (*Voir aussi* MUSIQUE, HISTOIRE DE LA; MUSIQUE FOLKLORIQUE CANADIENNE-ANGLAISE; MUSIQUE FOLKLORIQUE CANADIENNE-FRANÇAISE; MUSIQUE POPULAIRE; CHANT.)

Bryan N.S. Gooch

Chant, Clarence Augustus, professeur d'astrophysique (Hagerman's Corners, Ont., 31 mai 1865; Observatory House, Richmond Hill, Ont., 18 nov. 1956). Chant est souvent appelé le «père de l'astronomie canadienne», car il a formé un très grand nombre de jeunes astronomes. Après des études à l'U. de Toronto et à Harvard, il enseigne à l'U. de Toronto de 1891 jusqu'à sa retraite en 1935. Il est connu pour ses tout premiers travaux sur les photographies aux rayons X, mais surtout pour sa contribution à l'évolution de l'ASTRONOMIE canadienne. Il met sur pied le département d'astronomie de l'U. de Toronto et la Société royale d'astronomie du Canada (fondée en 1890); il fait de cette dernière l'une des plus importantes au monde. De 1907 à 1956, il est le rédacteur en chef du *Journal* (périodique mensuel ou bimensuel) et de son *Observer's Handbook* (publié annuellement) pour lesquels il écrit nombre de leurs articles.

Chant participe à cinq expéditions pour l'observation d'éclipses solaires totales, dont la plus importante est celle qu'il dirige en Australie en 1922 afin de vérifier la théorie d'Einstein sur la déflexion de la lumière stellaire par des corps massifs. Grâce à ses efforts, son rêve de voir un grand observatoire près de Toronto devient réalité en 1933 lorsque l'épouse de David Dunlap offre à l'U. de Toronto un observatoire doté d'un télescope de 1,88 m (74 po), lequel est toujours le plus grand télescope optique au Canada. Il est le coauteur de deux manuels dont l'usage est très répandu. Son ouvrage *Our Wonderful Universe* (1928, nouv. éd. 1940; trad. *Notre univers merveilleux*, 1951) connaît un immense succès et est traduit en cinq langues. Dans *Astronomy in the University of Toronto* (1954), il décrit les premiers balbutiements de l'astronomie au Canada. En septembre 1987, on nomme l'astéroïde n° 3314 en son honneur.

Helen S. Hogg

Chant, Donald Alfred, scientifique, éducateur, défenseur de l'environnement et homme d'affaires (Toronto, 30 sept. 1928). Ses premières recherches universitaires à l'U. de la Colombie-Britannique et à l'U. de Londres le propulsent à l'avant-garde de la recherche sur les pesticides naturels au Canada, aux États-Unis et en Angleterre. Professeur de zoologie à l'U. de Toronto depuis 1967, ses travaux scientifiques sont respectés et il est l'un des rares universitaires qui décide de sensibiliser le public aux questions environnementales (pesticides, pollution, protection de la faune et écosystèmes arctiques) dans les années 70. Il est bien accueilli par les médias en raison de son éminence, de son éloquence et de son franc-parler.

En 1980, après avoir occupé les postes de vice-recteur et de doyen à l'U. de Toronto pendant cinq ans, et après avoir fondé le Centre de toxicologie que se partagent Guelph et Toronto, Chant est nommé président du conseil et président de la Société ontarienne de gestion des déchets. Son mandat est de résoudre un des problèmes complexes auxquels il a sensibilisé le public: le traitement des déchets toxiques industriels. Il demeure professeur de zoologie à l'U. de Toronto, où il dirige un programme de recherches sur l'utilisation de prédateurs dans la lutte contre les insectes. En 1988, les efforts de Chant sont récompensés par sa nomination en tant qu'Officier de l'Ordre du Canada.

Tony Barrett

Chapais, Jean-Charles, homme d'affaires et politicien (Rivière-Ouelle, Qc, 2 déc. 1811—Ottawa, 17 juil. 1885). Marchand et négociant prospère de Saint-Denis de Kamouraska, Chapais est député de Kamouraska à l'Assemblée législative de la Province du Canada de 1851 à 1867. En 1867, il est élu représentant provincial et fédéral de Kamouraska, mais il perd ses deux sièges en raison d'irrégularités électorales. Il se présente dans la circonscription de Champlain où il est élu par acclamation. Ministre fédéral de l'Agriculture sous le gouvernement conservateur (1867-1869), il est nommé au Sénat en janvier 1868, puis devient receveur général (1869-1873). Il est un des PÈRES DE LA CONFÉDÉRATION et l'un des politiciens qui ont monopolisé le pouvoir à Québec et à Ottawa après la création du Canada.

Andrée Désilets

Chapais, sir Thomas, journaliste, politicien, avocat et historien (Saint-Denis, comté de Kamouraska, 23 mars 1858—*id.*, 15 juill. 1946). Il est le fils de Jean-Charles CHAPAIS et le gendre de Hector LANGEVIN, personnalités en vue du PARTI CONSERVATEUR et tous deux PÈRES DE LA CONFÉ-

DÉRATION. Rédacteur en chef du *Courrier du Canada* (1884-1901), cet admirateur de Louis Veuillot y exprime son catholicisme ultramontain, son traditionalisme et son patriotisme. Ses *Mélanges de polémique et d'études religieuses, politiques et littéraires* (1905) réunissent ses meilleurs textes. Membre du Conseil législatif du Québec (1892), ministre dans les cabinets de sir Louis-Olivier TAILLON, Edmund James FLYNN et Maurice DUPLESSIS, sénateur (1919), il eut une longue carrière politique, qui toutefois n'a pas l'importance de son œuvre d'historien. Probité, souci de l'exactitude, sérénité sont les qualités qu'il cultive de préférence, dans des études solidement documentées. «Rendre aux faits leur proportion, aux époques leur physionomie, aux personnes leur figure, et cela dans une tranquille lumière qui ne laisse aucune place à la fiction, à l'incertitude ou à la fraude», tel lui apparaît le rôle de «la saine critique historique». Son interprétation providentialiste de la CONQUÊTE, son appréciation généralement favorable de la politique impériale à l'égard du Canada français, sa sévérité envers les PATRIOTES de 1837-1838, son admiration pour les institutions britanniques et son acceptation du titre de chevalier (1935) l'ont fait taxer injustement d'antinationalisme. Son *Jean Talon* (1904) et son *Marquis de Montcalm* (1911) le classent parmi les grands historiens québécois, aux côtés de François-Xavier GARNEAU et de Lionel GROULX. Son *Cours d'histoire du Canada, 1760-1867*, dispensé à l'UNIVERSITÉ LAVAL, large fresque d'histoire politique, parfois un peu étroitement parlementaire, paraît en huit tomes de 1919 à 1934. Elle rend encore de nos jours de précieux services aux chercheurs. Orateur apprécié en son temps, il laisse aussi trois volumes de *Discours et conférences* (1897, 1913, 1935). Son discours de 1912 sur « La langue, gardienne de la foi, des traditions, de la nationalité », reflet fidèle de son idéologie, illustre parfaitement sa manière, dont la solennité un peu trop grande enveloppe une émotion sincère et des convictions ardentes.

Pierre Trépanier

Chapleau, sir Joseph-Adolphe, avocat, journaliste, homme d'affaires, politicien et premier ministre du Québec de 1879 à 1882 (Ste-Thérèse-de-Blainville, Bas-Canada, 7 nov. 1840—Montréal, 13 juin 1898). Il est admis au barreau en 1861 et enseigne le droit criminel à l'U. Laval, à Montréal, de 1878 à 1885. Chapleau est l'un des propriétaires du *Colonisateur* (1862-1863) et de *La Presse* (1889). Il est aussi directeur des compagnies de chemin de fer des Laurentides, du Pontiac et du Pacifique. Il est élu à l'Assemblée législative du Québec en 1867, est réélu en 1871, puis devient procureur général de 1873 à 1874 et secrétaire provincial, de 1876 à 1878. Il dirige alors le Parti conservateur et devient premier ministre en 1879.

Il délaisse la politique provinciale en 1882 et se consacre à la politique fédérale lorsqu'il gagne les élections partielles à Terrebonne. Il est secrétaire d'État jusqu'en 1892, puis devient ministre des Douanes. En novembre 1892, il est nommé lieutenant-gouverneur du Québec. Il prend sa retraite le 1er février 1898.

Andrée Désilets

Chapman, John Herbert, physicien, spatiologue, administrateur, maître d'œuvre du Programme spatial canadien (London, Ont., 28 août 1921—Vancouver, 28 sept. 1979). À Ottawa, Chapman participe au Centre de recherches en télécommunications pour la défense de 1949 à 1968 à titre de scientifique, directeur puis adjoint du directeur général. Par la suite, il devient sous-ministre adjoint à la recherche de 1968 à 1974 puis sous-ministre adjoint au programme spatial de 1974 à 1979 au ministère des Communications.

De 1958 à 1971, Chapman joue un rôle important dans le lancement et la direction du programme de satellites scientifiques Alouette-ISIS en orbite autour de la Terre, qui connaît un succès spectaculaire. Avec le lancement d'Alouette I en septembre 1962, le Canada devient le troisième pays à concevoir et à construire un satellite de la Terre. En 1966, Chapman est nommé directeur d'un groupe d'étude gouvernemental créé afin d'examiner les programmes canadiens de l'espace et de la haute atmosphère. Le rapport présenté par le groupe est une contribution majeure aux politiques et aux programmes spatiaux canadiens et mène à la réorientation du Programme spatial canadien, passant des satellites scientifiques aux satellites à vocation utilitaire. La formation de Télésat en 1969 et le lancement de son premier satellite (Anik A-1) en novembre 1972 fait du Canada le premier pays à posséder un réseau de communication national de satellites géostationnaires. De plus, Chapman est le grand responsable du programme canadien de coopération avec la NASA et l'Agence spatiale européenne pour concevoir, construire et faire la démonstration du satellite de télécommunications Hermès. Lancé en 1976, Hermès est un précurseur des satellites de télédiffusion directe à domicile. Chapman est un ardent défenseur de l'industrie spatiale canadienne et de l'utilisation de la technologie spatiale pour servir la population canadienne.

C.A. Franklin

Chaput-Rolland, Solange, écrivaine, éditrice et personnalité de la radio (Montréal, 14 mai 1919). Québécoise fédéraliste, Chaput-Rolland est reconnue au Canada anglais pour son livre *Dear Enemies* (1963; trad. *Chers ennemis*, 1963), et une série de lettres échangées avec la coauteure Gwethalyn Graham sur les relations entre francophones et anglophones. Elle écrit également *Mon pays, Québec ou Canada* (1966), *Québec année zéro* (1968) et *Face to Face* (1972) avec Gertrude Laing.

Chaput-Rolland participe au groupe d'étude fédéral sur l'UNITÉ CANADIENNE. Lors d'une élection partielle en 1979, elle remporte un siège pour les libéraux à l'Assemblée nationale du Québec, mais le perd en 1981 lorsque le Parti québécois prend le pouvoir. Elle est nommée au Sénat en 1988 et prend sa retraite de la Chambre haute en 1994 à l'âge de 75 ans.

Margaret E. McCallum

Charbon ROCHE SÉDIMENTAIRE combustible qui se forme à partir de restes de flore. Il constitue la plus grande source d'énergie fossile du monde. On en trouve surtout dans l'hémisphère Nord. Le charbon n'est pas une substance uniforme: il comprend un grand nombre de minéraux ayant des caractéristiques différentes en raison de la nature de leur source végétale, de l'historique de leur envasement ainsi que de l'action du temps et des forces géologiques (dont la température et la pression) qui ont participé à sa formation.

On divise le charbon en quatre rangs ou classes que l'on subdivise selon leur teneur en carbone fixe et en matières volatiles, et aussi selon leur pouvoir calorifique. La classe anthracite, celle ayant le plus haut pouvoir calorifique, est mélangée avec des charbons bitumineux pour faire du coke pour l'industrie du fer et de l'acier, et sert aussi dans l'industrie chimique. Outre son usage dans la fabrication de l'acier, le charbon bitumineux sert aussi de charbon thermique pour la PRODUCTION D'ÉLECTRICITÉ. En plus d'alimenter l'industrie en combustible et en vapeur thermique, le charbon subbitumineux peut servir dans la GAZÉIFICATION DU CHARBON et dans la LIQUÉFACTION DU CHARBON.

Le charbon de moindre qualité, le lignite, possède les mêmes usages que le charbon subbitumineux. Le seul gisement d'anthracite canadien connu se situe dans le Nord-Ouest de la Colombie-Britannique. On trouve du charbon bitumineux, en Nouvelle-Écosse, au Nouveau-Brunswick, en Alberta et en Colombie-Britannique; du charbon subbitumineux, en Alberta; et du lignite, en Saskatchewan et en Colombie-Britannique. Imprévisible comme toujours, Dame Nature n'a pas réparti commodément le charbon à la grandeur du pays. En Nouvelle-Écosse, il se trouve en majeure partie sous le fond de mer; dans l'Ouest, qui possède environ 97 p. 100 du charbon de tout le pays, il est presque entièrement situé à des centaines de kilomètres des côtes du Pacifique et du Centre du Canada.

Ressources Le Canada possède presque 4 p. 100 des ressources mondiales en charbon; seuls l'ancienne Union soviétique, les États-Unis, la République populaire de Chine et l'Australie en possèdent davantage. Le Canada comprend au moins 80 milliards de tonnes de charbon exploitable à l'aide de la technologie actuelle et environ 8 milliards de tonnes de charbon commercialement exploitable dans le contexte actuel. Ces réserves peuvent entretenir le niveau de production actuel pendant cent ans.

Histoire du charbon au Canada Le Canada exploite le charbon depuis 1639, date à laquelle on ouvre une petite mine à Grand Lake (Nouveau-Brunswick). En 1720, les soldats français commencent à exploiter du charbon à Cow Bay (Cap-Breton, Nouvelle-Écosse) pour alimenter la forteresse de LOUISBOURG. Plus tard, le Cap-Breton alimente Boston en charbon, ainsi que d'autres ports américains et même la milice de Halifax. En 1870, vingt et un charbonnages sont exploités au Cap-Breton. Ces marchés disparaissent au début du XXe siècle.

L'EXPLOITATION DU CHARBON à des fins commerciales au Nouveau-Brunswick commence en 1825 et, à l'exception de quelques exportations au début, la majeure partie de la production de charbon de la province est utilisée localement. Dans l'Ouest canadien, le charbon est exploité pour la première fois sur l'île de Vancouver au milieu du XIXe siècle. La construction du chemin de fer transcontinental, qui traverse l'Alberta et la Colombie-Britannique, permet d'exploiter des mines de charbon sur les berges de la rivière Oldman près de Lethbridge, à Banff, à Drumheller et à Edmonton.

En 1867, la production annuelle totale de charbon atteint les trois millions de tonnes: plus de deux millions de tonnes viennent de la Nouvelle-Écosse; la majeure partie du reste, de l'Ouest du pays; et une petite quantité, du Nouveau-Brunswick. En 1911, l'Ouest a pris les devants: malgré les graves baisses des années 50 et 60, il produit maintenant plus de 95 p. 100 de tout le charbon du pays. En 1947, l'année où commence la production commerciale du PÉTROLE ET DU GAZ NATUREL près de Leduc (Alberta), le charbon fournit la moitié des besoins en ÉNERGIE du Canada; à elle seule, la mine de Drumheller produit alors deux millions de tonnes de charbon et emploie 2000 hommes. La conversion rapide des marchés traditionnels du charbon au pétrole et au gaz fait presque disparaître l'exploitation minière du charbon.

À partir d'environ 1950, les produits pétroliers et le gaz naturel remplacent presque tout le charbon employé pour le chauffage domestique et fournissent presque toute l'énergie utilisée dans l'industrie et le transport.

L'exploitation minière du charbon entre dans une période d'expansion à la fin des années 60: les producteurs canadiens signent des contrats à longue échéance afin de livrer au Japon plusieurs millions de tonnes de charbon métallurgique par année. Cela mène à la réouverture de certaines mines fermées et à la création de nouvelles mines en Alberta et en Colombie-Britannique. À peu près au même moment, l'Alberta et la Saskatchewan commencent à produire de l'électricité en puisant dans leurs importantes réserves de charbon.

Durant les années 70, l'attention se porte sur le charbon comme source d'énergie de rechange en raison de l'augmentation sans précédent du prix international du pétrole brut et des arrêts dans l'alimentation. Au milieu des années 70, l'industrie de l'acier est en croissance, et les principaux producteurs d'acier, tels que le Japon, cherchent à diversifier davantage leurs sources d'approvisionnement. L'industrie charbonnière canadienne croît donc encore plus dans les années 70 et au début des années 80. On ouvre alors de nouvelles mines et on aménage de nouvelles installations ferroviaires et portuaires efficaces.

Industrie moderne Le charbon satisfait environ un huitième des besoins énergétiques primaires du Canada, principalement sous la forme de combustible pour produire de l'électricité. L'industrie canadienne de l'acier compte sur le charbon pour fabriquer presque chaque tonne d'acier. La consommation canadienne de charbon grimpe fortement à la fin des années 80 et est demeurée presque constante depuis. Maintenant, le charbon comble environ 12 p. 100 des besoins énergétiques canadiens. Étant donné que le Canada produit plus de charbon qu'il en utilise, que la demande mondiale en charbon croît sans cesse et que l'industrie canadienne est concurrentielle à l'échelle internationale, il exporte près de la moitié de sa production.

Le charbon est l'un des principaux minéraux d'exportation du Canada: les exportations s'élèvent à environ deux milliards de dollars, ce qui place le pays au quatrième rang mondial des exportateurs de charbon après l'Australie, les États-Unis et l'Afrique du Sud. Bien que le Canada exporte du charbon métallurgique et du charbon thermique, le charbon métallurgique de qualité supérieure constitue la plus grande part de ses exportations. Cependant, on considère que c'est le charbon thermique qui possède le plus de potentiel de croissance en matière d'exportations. En 1995, 20 pays importent du charbon canadien.

Ces développements amènent de grands changements dans l'industrie charbonnière canadienne. Dans les années 30, plus de 400 petits producteurs exploitent le charbon; aujourd'hui, il n'y a plus que huit gros producteurs et quelques petits producteurs au Canada.

Les principales mines de charbon au Canada sont les suivantes:

Nouvelle-Écosse Phalen and Prince Collieries, Cape Breton Development Corp.

Nouveau-Brunswick Zone de fosse de Minto/Chipman, NB Coal Ltd.

Saskatchewan Bienfait Mine, Boundary Dam Mine et Shand Mine, Luscar Ltd.; Costello Mine et Poplar River Mine, Manalta Coal Ltd.; Utility Mine, Saskatchewan Power Corp., exploitée par une filiale de Manalta.

Alberta Alberta Coal Valley Mine, Luscar Ltd.; Genesee Operations, Edmonton Power et Fording Coal Ltd.; Gregg River Mine, Manalta Coal Ltd. et des sociétés japonaises; Highvale Mine, TransAlta Utilities, exploitée par Manalta; Luscar Mine, Luscar Ltd. et Consolidation Coal Co. of Canada; Montgomery Mine, Manalta Coal Ltd.; Obed Mine, Luscar Ltd.; Paintearth Mine, Luscar Ltd.; Sheerness Mine, Luscar Ltd.; Smoky River Mine, Smoky River Coal Ltd.; Vesta Mine, Alberta Power Ltd., exploitée par Manalta; Whitewood Mine, TransAlta Utilities Corp., exploitée par Fording Coal Ltd.

Colombie-Britannique British Columbia Bullmoose Mine, Teck Corp et autres; Coal Mountain, Fording Coal Ltd.; Elkview Mine, Teck Corp.; Fording River Mine, Fording Coal Ltd.; Greenhills Mine, Fording Coal Ltd. et Pohang Steel Canada Ltd.; Line Creek Mine, Manalta; Quinsam Mine, Hillsborough Resources Ltd. et Marubeni Coal Canada Ltd.; Quintette Mine, Teck Corp. et autres.

En 1995, les exportations de charbon comptent pour quelque 34 millions de tonnes; les importations, pour 9,3 millions de tonnes; environ 74,9 millions de tonnes sont produites et environ 52,8 millions de tonnes sont consommées à l'intérieur du Canada. L'anomalie apparente que constitue le fait d'importer une si grande quantité de charbon tout en étant un important producteur s'explique par le fait que la majeure partie de notre charbon se trouve à environ 2300 km du cœur industriel du Centre du Canada. Il

est plus avantageux pour les aciéries ontariennes et pour Ontario Hydro d'importer la majeure partie du charbon dont elles ont besoin des mines américaines voisines.

Les deux principales voies ferrées qui transportent le charbon de l'Ouest jusqu'à la côte du Pacifique transportent aussi de la potasse, du soufre, des céréales, des produits pétrochimiques et des produits forestiers. D'énormes investissements de capitaux permettent d'augmenter la capacité des voies ferrées et donc de satisfaire la demande prévue outre-mer pour ces produits.

Répercussions environnementales La production et la consommation de charbon peut créer certains problèmes environnementaux. Au Canada, la protection de l'environnement est une question qui se pose à toutes les étapes de la production du charbon. Les évaluations environnementales font partie intégrante des processus d'approbation par les provinces des nouvelles opérations minières. L'enlèvement de la végétation, le déplacement de la couverture, la construction de routes, l'abattage par explosifs et la remise en valeur des anciennes mines, sont des activités liées à l'exploitation minière qui sont effectuées de manière à minimiser leurs effets négatifs sur l'ENVIRONNEMENT. Plusieurs sociétés houillères canadiennes sont réputées pour leurs programmes environnementaux efficaces dans la gestion de leurs mines.

Au Canada, l'exploitation houillère n'affecte, à un instant donné, que des zones relativement restreintes dans l'Ouest. Tous les ans, l'exploitation minière perturbe 182 ha dans les régions montagneuses de la Colombie-Britannique, 174 ha en Alberta et 130 ha dans les plaines de la Saskatchewan. La technologie actuelle permet d'extraire le charbon, de le transporter et de l'utiliser dans la plupart des régions de la planète conformément aux normes sévères en matière de santé, de sécurité et de protection environnementale sans augmentation prohibitive du prix.

Les émissions atmosphériques du charbon lors de son utilisation sont préoccupantes (*voir* POLLUTION DE L'AIR). Au Canada, le charbon est responsable d'environ 20 p. 100 des émissions de dioxyde de soufre (SO^2), de 15 p. 100 des émissions d'oxyde d'azote (NOx) et de 20 p. 100 des émissions de dioxyde de carbone (CO_2). Le charbon émet aussi des métaux lourds. En 1994, les centrales électriques au charbon de l'Est du Canada (Nova Scotia Power Corporation, Énergie Nouveau-Brunswick et Hydro-Ontario) restent en dessous de leur limite respective en ce qui concerne l'émission de SO_2. Elles en émettent alors 329 kt (kilotonnes), la limite légale totale étant de 443 kt. Toutefois, dans plusieurs régions sensibles aux acides de l'Est du Canada, malgré la mise en œuvre de programmes de contrôle des émissions de SO_2 au Canada et aux États-Unis, le dépôt de sulfate continue d'acidifier les lacs. Un groupe constitué de parties intéressées et présidé par Environnement Canada élabore actuellement une stratégie nationale visant à faire face aux émissions de substances acidifiantes au-delà de l'an 2000. Un autre groupe de travail présidé lui aussi par Environnement Canada a été fondé pour trouver des solutions aux émissions de NOx par les chaudières au charbon des centrales électriques construites après l'an 2000.

L'Association charbonnière canadienne et l'Association canadienne de l'électricité ont toutes deux accepté de participer au programme Défi-Climat de Ressources naturelles Canada par lequel les organismes qui y adhèrent s'engagent à réduire volontairement leurs émissions de CO_2 et autres gaz à effet de serre en augmentant leur rendement énergétique.

En ce qui concerne les métaux lourds, Environnement Canada a enclenché, en 1995, un processus visant à préparer des recommandations pour la gestion des composés organiques et métalliques déclarés

toxiques par la *Loi canadienne sur la protection de l'environnement.*

La consommation de charbon a aussi des effets environnementaux positifs. Les centrales électriques alimentées au charbon produisent de grands volumes de cendres et de déchets. La majeure partie des cendres est constituée de cendres volantes qui ressemblent à de la poudre; le reste, de cendres grossières résiduelles. L'utilisation croissante de cendres volantes dans les cimenteries diminue les frais d'enfouissement pour les centrales et réduit les émissions de dioxyde de carbone, de particules, de composés organiques et de dioxyde de soufre des cimenteries. Ces installations de désulfuration du gaz de combustion produisent de grands volumes de gypse comme sous-produits. La vente de ce matériau aux fabricants de plaques de plâtre croît toujours, ce qui, encore une fois, réduit les frais d'enfouissement pour les centrales.

Organisation de l'industrie Depuis le début du XXᵉ siècle, le caractère et l'organisation de l'industrie houillère canadienne reflètent les pressions qu'exercent les travailleurs ainsi que les circonstances extérieures. À l'automne 1906, les travailleurs des mines de charbon thermique du Sud de l'Alberta et de l'Est de la Colombie-Britannique fondent la Western Coal Operators' Association pour obtenir une convention collective de travail et une entente salariale pour leur région. Les employés des mines de charbon de cette région appartiennent au district 18 des United Mine Workers of America (UMWA). Durant la Première Guerre mondiale, un directeur des opérations relatives à la houille est nommé pour s'occuper des relations de travail et de l'ajustement des prix en l'absence de convention collective. Ainsi, pratiquement toutes les plus grandes sociétés œuvrant en Alberta et dans l'est de la Colombie-Britannique se joignent à la Western Coal Operators' Association. Le directeur demeure en fonction jusqu'au 18 mai 1920. Ce jour-là, l'association devient la Western Canada Coal Operators' Association puis signe une convention collective avec le district 18 des UMWA.

En 1925, les UMWA deviennent inefficaces dans l'Ouest du Canada au moment où on met sur pied des syndicats ouvriers rivaux et différents syndicats purement locaux instaurés pour traiter directement avec des employeurs précis. Cette érosion du pouvoir collectif des ouvriers cause la diminution des effectifs de la Western Canada Coal Operators' Association et, en novembre 1925, les membres restants décident de dissoudre l'association.

En 1937, les UMWA ont encore une fois réussi à rallier la plupart des employés des mines de charbon thermique; les employeurs sont ainsi de nouveau contraints à envisager une convention pour tout le district. On met donc sur pied la Western Canada Bituminous Coal Operators Association, qui comprend presque tous les employés des mines de charbon thermique.

Durant la Seconde Guerre mondiale, toutes les personnes concernées se concentrent pour produire le plus de charbon possible. À la fin de la guerre en 1945, presque tous les employés des mines de charbon thermique de l'Alberta et de l'est de la Colombie-Britannique sont membres de l'association. Le 27 septembre 1952, la Domestic Coal Operators Association et la Western Canada Bituminous Coal Operators Association se regroupent pour fonder la Coal Operators' Association of Western Canada et lui accordent le pouvoir de traiter de toutes les questions qui touchent l'ensemble de l'industrie. Ils lui accordent aussi le pouvoir exclusif de conclure des accords locaux et généraux avec le personnel, de régler les disputes non couvertes par les accords et de réagir aux législations, tant fédérales que provinciales, qui pourraient toucher les effectifs.

En avril 1971, l'association devient l'Association charbonnière canadienne et délaisse toute question relative aux conventions collectives, aux ententes salariales et à l'administration de l'assistance sociale et des fonds de retraite. Le 24 décembre 1973, le gouvernement fédéral envoie à la nouvelle association des lettres patentes stipulant les objectifs appropriés à un organisme national représentant l'industrie houillère: défendre les points de vue de l'industrie aux niveaux international, national et provincial.

Aujourd'hui, les effectifs de l'association comprennent presque tous les producteurs importants de charbon du Canada, les centrales alimentées au charbon, les chemins de fer qui transportent le charbon et les nombreuses entreprises qui fournissent des biens ou des services à l'industrie houillère.

Garnet T. Page et Lisa Shapiro

Charbon, déméthanisation du Procédé d'extraction du méthane contenu dans les gisements houillers. Le but principal de ce captage, mis au point en 1943, est d'éliminer le risque que le méthane présente pour la sécurité des mineurs; le méthane est cependant le principal composant du gaz naturel et peut se substituer à lui. Le méthane est produit lors de la houillification, le processus qui transforme graduellement la végétation FOSSILE au stade de charbon de rang bas vers le stade de charbon de rang élevé. Au cours de la houillification, une tonne de charbon peut produire jusqu'à 1400 m^3 de méthane, mais le charbon n'en retient qu'environ 2 p. 100. Le plus grand contenu en méthane enregistré au Canada est de 21 m^3/t, à Canmore, en Alberta.

Une méthode relativement récente de déméthanisation du charbon ne requiert pas la présence d'une mine. On peut utiliser cette technique pour améliorer la sécurité dans les mines (en retirant la majeure partie du méthane avant d'exploiter le charbon), mais aussi pour recueillir le méthane et s'en servir comme combustible. Pour atteindre ce dernier, on fore habituellement un trou à partir de la surface du sol ou plusieurs trous à partir d'un puits. Pour amorcer la désorption du méthane, il faut changer les conditions dans lesquelles il est adsorbé sur le charbon, de manière qu'il ne puisse plus en retenir autant. On y parvient habituellement en retirant l'eau, ce qui réduit la pression hydrostatique sur le charbon. La perméabilité du charbon étant d'habitude faible, on l'augmente de diverses façons telles que la fracturation de la couche (une technique empruntée à l'industrie pétrolière). Une pression suffisante est produite dans le système pour amener le méthane au trou de forage, où il est recueilli. Comme il n'est pas nécessaire d'appliquer une succion au trou de forage, aucun air ne contamine le méthane. Contrairement au gaz produit dans un système de captage du méthane dans une mine, le gaz produit par un système de déméthanisation du charbon vierge contient généralement au moins 95 p. 100 de méthane. Ce gaz, de valeur thermique semblable à celle du gaz naturel (37 MJ/m^3), peut être mélangé avec celui-ci ou être utilisé directement dans toutes les applications du gaz naturel, à l'exception de quelques procédés chimiques. Les recherches indiquent que les techniques sont suffisamment perfectionnées pour que l'on puisse lancer un projet commercial avec succès.

A. Kahil

Charbon, exploitation du La majeure partie du CHARBON canadien se trouve à plus de 300 m sous la terre, mais plus de 90 p. 100 du charbon exploité aujourd'hui provient de mines à ciel ouvert. L'exploitation se fait à ciel ouvert lorsque les couches affleurent en surface, que ce soit dans une zone assez plate, pour les couches faiblement inclinées, ou dans les montagnes ou leurs contreforts, pour les couches épaisses. Plus l'abattage d'une mine à ciel ouvert gagne en profondeur, plus il faut retirer de débris et de roches glaciaires (couverture) pour exposer le charbon. Le volume de couverture qu'il faut retirer pour extraire une tonne de charbon, le rapport d'exploitation à ciel ouvert, est un facteur important du calcul de la profondeur à laquelle l'exploitation cesse d'être rentable. Cette profondeur dépend aussi de paramètres techniques qui reflètent les conditions géologiques locales et les limites de l'équipement.

Exploitation à ciel ouvert En règle générale, dans les zones propices à l'exploitation à ciel ouvert, les lits de roches au-dessus du gisement houiller n'ont pas subi de mouvements tectoniques (c.-à-d. qu'ils ne sont ni plissés ni faillés) et sont relativement tendres; la quantité à abattre à l'explosif est donc minime, le cas échéant, avant que la pelle à benne traînante finisse de déblayer la couverture. Les matériaux provenant de la couverture sont entassés en terril dans un filon épuisé. L'exploitation à ciel ouvert est largement utilisée dans les plaines de l'Alberta et de la Saskatchewan et au Nouveau-Brunswick pour alimenter en charbon les centrales électriques et les autres installations industrielles proches (les mangeurs de charbon).

Le charbon exposé par la pelle à benne traînante est extrait par des pelles à chenilles électriques, montées sur rail ou des chargeurs frontaux diesel à pneus, puis transféré dans des camions à fond ouvrant qui le transportent à sa destination ou dans des véhicules sur rails pour transport ultérieur. Dans les mines à fosses, il faut normalement forer les roches de la couverture et les abattre à l'explosif avant de les enlever avec des pelles excavatrices mécaniques ou des chargeuses-pelleteuses et de les charger dans les camions qui les emmèneront aux décharges ou aux fosses épuisées. Les fosses sont toujours abattues en une série de pans, mais une couche de charbon plissée ou déplacée par une faille limite fortement les opérations.

Dans les montagnes Rocheuses et leurs contreforts, le charbon est extrait des bassins charbonniers d'East Kootenay et de Peace River à l'aide d'un équipement fortement semblable à celui qui est utilisé dans les mines à ciel ouvert des Plaines. Le charbon et la couverture abattue à l'explosif sont transportés par des camions à déversement arrière. Le charbon brut est transporté dans les ateliers qui le traitent et le préparent pour l'exportation comme charbon métallurgique ou charbon «gras» pour les centrales thermiques. La préparation du charbon comprend son nettoyage, c.-à-d. l'enlèvement des matières rocheuses inorganiques pour respecter les spécifications commerciales. Celui-ci est normalement effectué par des procédés reposant sur la différence de densité entre le charbon et les roches. Les matières rocheuses sont mises au rebut et le charbon nettoyé est séché, puis chargé dans des trains de transport. Ces trains sont ordinairement composés d'environ 100 wagons découverts pouvant transporter chacun environ 100 t de charbon.

Méthodes d'exploitation souterraine On utilise ces méthodes lorsque les limites de l'exploitation à ciel ouvert sont atteintes ou lorsque le charbon est enfoui trop profondément pour être extrait par un abattage à ciel ouvert. Des puits verticaux ou des galeries inclinées (aussi appelées «fendues» ou «chassantes») sont aménagés dans la couche de houille ou les lits de roches contigus. La méthode d'exploitation du gisement et le choix de la technique d'exploitation de rechange dépendent de l'«enveloppe» géologique qui contient le charbon et aussi de considérations détaillées sur les coûts de l'exploitation, la durée de vie de la mine, le coût et la souplesse de fonctionnement. Il n'y a que 4 mines souterraines de charbon au Canada. Deux de celles-ci sont situées dans l'île du Cap-Breton, en Nouvelle-Écosse.

Le bassin de l'île du Cap-Breton s'étend sous l'océan Atlantique jusqu'à une profondeur de près de 1000 m. Seul le charbon le plus superficiel en est partiellement extrait. Des piliers de charbon laissés à des intervalles prédéterminés soutiennent les couches sous-jacentes et évitent les risques de fracture résultant de l'abattage et pouvant atteindre le plancher océanique. À une certaine profondeur d'exploitation, on utilise la méthode longue-taille, dans laquelle on coupe des panneaux progressivement, jusqu'à 2 km à partir des revers de cuesta. Chaque panneau peut produire plus d'un million de tonnes de charbon. La déhouilleuse, une abatteuse à tambour longue-taille, prend une tranche large d'au plus un mètre dans le front de taille et un transporteur à chaîne transporte le charbon découpé le long du front de taille jusqu'à un transporteur à bande dans la galerie principale (desserte) de la mine.

Des soutènements avec bouclier et des soutènements de galeries actionnés hydrauliquement protègent les mineurs contre les chutes du toit de couche. Des trous forés dans le toit et le fond de mine sont raccordés à des conduites d'évacuation du méthane, aussi appelé grisou, qui, sinon, pourrait exploser. Pendant sa taille ou son transport, le charbon est automatiquement aspergé d'eau vaporisée pour éliminer les risques de coup de poussière et protéger les mineurs contre la pneumoconiose (maladie des poumons noirs). Cette grave maladie, qui peut résulter de l'inhalation de poussière fine, qui était le fléau des mines, est maintenant pratiquement jugulée.

Redémarrage de l'industrie Dans l'Ouest du pays, des conditions économiques défavorables entraînent l'abandon des plus anciennes mines souterraines dans les années 50 et au début des années 60, mais un vigoureux redémarrage de l'industrie charbonnière au début des années 70 entraîne de nombreux nouveaux développements, principalement dans les mines à ciel ouvert. Aujourd'hui, l'Ouest exploite deux mines de charbon souterraines et 25 mines à ciel ouvert importantes. La couche de charbon des montagnes Rocheuses a jusqu'à 20 m d'épaisseur et, en de nombreux endroits, sa pente atteint jusqu'à 60 °. Dans ces circonstances, on doit avoir recours à un large éventail de méthodes d'exploitation, parfois spécialement adaptées à des conditions locales.

Une mine (maintenant fermée), celle de la région du COL CROWSNEST, dans le sud-est de la Colombie-Britannique, a inauguré l'abattage hydraulique au Canada. Les couches épaisses et inclinées étaient taillées par un jet d'eau à haute pression (jet de contrôle) et le charbon concassé, après un broyage additionnel au front de taille, était transporté hors de la mine dans des kermets métalliques dans lesquels il était en suspension dans de l'eau. L'eau s'écoulait le long de la montagne ou était refoulée du bas de la montagne vers l'atelier, qui récupérait le charbon et recyclait l'eau épurée pour le jet de contrôle. Le toit au-dessus de la partie épuisée de la couche de charbon (appelée la zone de remblayage) pouvait s'effondrer.

Dans les mines près de Smoky River, en Alberta, l'épaisseur des couches de charbon varie de 2,5 à 7 m, et on utilise des déhouilleuses à chenille montées sur rails (mineurs continus) pour une exploitation par chambres et piliers. Dans ce système, la couche de charbon et les roches environnantes sont abattues en piliers d'environ 35 m sur 25 m qui sont enlevés et le toit peut s'effondrer dans la zone de remblayage lorsque l'exploitation s'éloigne de la frontière extérieure de l'abattage. Durant le développement, les chambres sont consolidées contre un effondrement prématuré par l'insertion de boulons d'ancrage à expansion. Le mineur continu abat le charbon et le charge dans des chariots va-et-vient électriques et à pneus qui le livrent au système transporteur à bande qui l'achemine à la surface. Cette procédure offre la souplesse qu'exige l'exploitation en terrain montagneux et de contreforts détériorés, mais elle est moins productive que l'exploitation par tailles rabattantes dans laquelle les panneaux sont conduits jusqu'à la frontière éloignée et le charbon est raclé vers l'entrée.

N. Berkowitz, N. Duncan Et B. Stewart

Charbon, gazéification du Procédé permettant de transformer le CHARBON en gaz combustible riche en hydrogène et en monoxyde de carbone. Le procédé est mis au point vers 1780 et largement commercialisé au début du XXe siècle. Avant la vaste disponibilité du gaz naturel des années 40, de nombreuses villes nord-américaines et européennes utilisaient le gaz de houille comme gaz de chauffage et gaz d'éclairage. On l'appelait gaz bleu, gaz pauvre de gazogène, gaz à l'air, gaz à l'eau, gaz de ville ou gaz combustible. En utilisant souvent les mêmes conduites principales à basse pression pour la distribution, le gaz naturel remplace le gaz combustible dans la plupart des utilisations vers les années 50, en raison de son plus grand pouvoir calorifique et de l'absence de contaminants.

Mais, dernièrement, la gazéification du charbon a connu un nouvel essor comme moyen de remplacer des ressources pétrolières tel le gaz naturel ou de leur ajouter un supplément. Dans de nombreuses parties du monde, dont le Canada, les ressources en charbon sont si grandes que le gaz combustible pourrait devenir un combustible de rechange viable si les réserves de gaz naturel s'appauvrissaient. Le gaz combustible est souvent un sous-produit de l'extraction du charbon obtenu par DÉMÉTHANISATION DU CHARBON.

Ces dernières années, la gazéification a attiré l'attention à titre de partie d'une technologie de gazéification intégrée à cycle combiné. Au cours de cette dernière, les produits du réacteur de gazéification sont purifiés, afin d'éliminer les composés et les particules acides, avant d'alimenter les chaudières actionnant les turbines génératrices d'électricité. Les gaz de combustion éliminés étant alors pratiquement exempts de composés et de particules acides, la gazéification intégrée à cycle combiné est considérée comme la technologie d'avant-garde pour combattre les PLUIES ACIDES.

Applications canadiennes L'Alberta s'est intéressée à cette technologie. La TransAlta Utilities Corporation et l'Alberta Office of Coal Research and Technology (AOCRT) ont évalué le procédé Kellog, Rust et Westinghouse (KRW) de gazéification du charbon de Highvale pour produire de l'électricité. De leur côté, la Saskatchewan Power Corporation et l'Association charbonnière canadienne ont mené une étude de faisabilité pour produire de l'électricité avec du lignite de Shand. Mais l'abondance et le prix du gaz naturel, ainsi que la demande moindre d'électricité, ont mené à l'ajournement des décisions importantes.

La technologie de gazéification intégrée à cycle combiné intéresse aussi la Nova Scotia Power Corporation et la Commission d'Énergie électrique du Nouveau-Brunswick. Selon des études de faisabilité effectuées sous les auspices de l'Association canadienne de l'électricité, une intégration plus poussée des appareils et des systèmes augmentera encore le rendement global. La décision de construire une centrale commerciale a été ajournée.

Recherche et développement La plupart des activités de recherche et développement en gazéification du charbon ont été effectuées sous les auspices du Canadian Coal Gasification R&D Consortium, composé entre autres de TransAlta Utilities, d'Alberta Power Limited, d'Edmonton Power, de Saskatchewan Power Corporation, d'Hydro-Ontario et de Nova Scotia Power Corporation. Le consortium a été fondé à l'instigation de l'AOCRT et du Centre canadien de la technologie des minéraux et de l'énergie (CANMET) qui sont aussi des membres. Parmi les autres membres, on retrouve l'Alberta Research Council (ARC), la Société de développement du Cap-Breton et le Département des ressources naturelles de la Nouvelle-Écosse. Les projets comprennent la modélisation des réacteurs de gazéification, la simulation et l'optimisation des performances des centrales de gazéification intégrée à cycle combiné et le développement de matériaux pour les réacteurs de gazéification réfractaires et les refroidisseurs de gaz de synthèse. Ces projets sont exécutés par l'ARC à Devon, en Alberta, et par CANMET, à Ottawa.

R.W. Gregory et E. Furimsky

Charbon, liquéfaction du Procédé qui transforme le CHARBON à l'état solide en combustibles liquides, habituellement pour remplacer les produits pétroliers. Elle est développée au début du XXᵉ siècle, mais le bas prix relatif et la grande abondance du pétrole brut et du gaz naturel ont retardé son exploitation. Seuls quelques pays, dont l'Allemagne durant la Seconde Guerre mondiale et l'Afrique du Sud depuis les années 60, ont liquéfié du charbon à grande échelle. Les crises du pétrole des années 70 et la diminution continuelle des sources traditionnelles d'approvisionnement en pétrole rendent cependant plus intéressante la production de produits de remplacement du pétrole à partir du charbon.

Méthode directe On peut liquéfier le charbon soit par voie directe, soit par voie indirecte. La liquéfaction directe a été mise au point pour une utilisation commerciale en Allemagne grâce aux recherches du pionnier en la matière, Friedrich Bergius. Sept usines de liquéfaction directe fonctionnaient en Allemagne juste avant la Seconde Guerre mondiale. Cinq autres usines ont été construites durant la guerre. Elles produisaient annuellement plus de trois millions de tonnes d'huile et fournissaient environ 90 p. 100 de l'essence d'aviation mis à la disposition de l'effort de guerre allemand.

La plupart des procédés directs actuels de liquéfaction du charbon sont des modifications ou des prolongements du concept original de Bergius. Le charbon est broyé avant d'être incorporé à un solvant de recyclage dérivé du charbon pour former une pâte charbon-huile. Cette pâte, qui contient entre 30 et 50 p. 100 de charbon, est ensuite chauffée jusqu'à environ 450 °C dans une atmosphère d'hydrogène à une pression comprise entre 13 900 et 20 900 kPa pendant environ une heure.

On utilise divers catalyseurs pour améliorer le taux de conversion en produits liquides. Une tonne de charbon donne environ une demi-tonne de produits liquides. Des procédés ont été mis au point pour divers types de charbon, des lignites de rang bas aux charbons bitumineux à haute teneur en matières volatiles. Les charbons de rang plus élevé sont moins réactifs et les anthracites sont essentiellement non réactifs.

La structure moléculaire des liquides produits ressemble à celle des composés aromatiques. Il faut les raffiner pour obtenir des combustibles spécifiques, tels que l'essence et le mazout.

Méthode indirecte Les procédés de liquéfaction indirecte ont été mis au point en Allemagne au même moment que les procédés directs. Au début des années 20, Franz Fischer et Hans Tropsch font breveter un procédé de production d'un mélange d'alcools, d'aldéhydes, d'acides gras et d'hydrocarbures, appelé synthol, à partir d'un gaz synthétique d'hydrogène et de monoxyde de carbone.

Le procédé Fischer-Tropsch (F-T) est à la base de la liquéfaction indirecte du charbon. Ce procédé est indirect, car la structure du charbon est complètement dégradée en gaz synthétique par gazéification avec de la vapeur et de l'oxygène. On fait ensuite réagir le gaz synthétique sur un catalyseur F-T approprié, pour former des hydrocarbures liquides, surtout des paraffines, de grand poids moléculaire.

Cette méthode est utilisée pour produire du carburant à moteur pendant la Seconde Guerre mondiale et l'Afrique du Sud l'utilise pour produire des carburants à moteur et des charges d'alimentation pétrochimiques depuis les années 60. La méthode indirecte donne un grand nombre de sous-produits et a un rendement thermique global moindre.

Recherche La recherche canadienne sur la liquéfaction du charbon a été effectuée par l'ALBERTA RESEARCH COUNCIL, à Devon, en Alberta, et au Centre canadien de la technologie des minéraux et de l'énergie (CANMET), à Ottawa, la division scientifique et technologique de Ressources naturelles Canada. En raison de la proximité de grandes réserves de charbon et de sable bitumineux (*voir*

BITUME) en Alberta, le traitement ou le cotraitement de ces ressources pourrait être une solution de rechange viable au Canada.

Les deux centres de recherche ont montré que le cotraitement, une combinaison de la liquéfaction directe du charbon et du raffinage de l'huile lourde, est moins cher que la liquéfaction directe. Si les prix du pétrole dépassent un certain niveau, le cotraitement peut s'avérer moins cher que le raffinage de l'huile lourde et ses produits seront peut-être commercialisables.

James F. Kelly

Charbonneau, Robert, journaliste et écrivain (Montréal, 3 fév. 1911—Saint-Jovite, 26 juin 1967). Sous son impulsion, la littérature canadienne-française et particulièrement le roman ont subi une véritable mutation. Il est considéré comme le chef de file de la génération des années 40 et de celle de l'après-guerre grâce à son œuvre (en particulier ses romans, un essai littéraire et aussi ses nombreux articles) et à l'exercice de ses fonctions de directeur littéraire (La RELÈVE, puis de *La Nouvelle Relève* [1934-1948]; Éditions de l'Arbre [1940-1948]), de membre fondateur de l'Académie canadienne française et de président de la Société des écrivains canadiens (1966-1967). La littérature québécoise lui doit d'avoir rompu avec les conventions littéraires et les personnages idéalisés et typés ainsi qu'avec la littérature française.

Chez Charbonneau, l'esprit créateur va de pair avec l'esprit critique, et l'originalité de son talent est reconnue de son vivant. Il gagne le prix Athanase-David en 1942, le prix Duvernay en 1946 et la médaille Chauveau de la Société royale du Canada en 1965. Il a publié des essais, *Connaissance du personnage* (1944) et *La France et nous* (1947); des romans, *Ils posséderont la terre* (1941), *Fontile* (1945), *Les Désirs et les jours* (1948), *Aucune créature* (1961), *Chronique de l'âge amer* (1967); et un recueil de poésie, *Petits poèmes retrouvés* (1945).

Madeleine Ducrocq-Poirier

Charbonneau, Yvon, enseignant et président de la Centrale de l'enseignement du Québec (CEQ) de 1970 à 1978 et de 1984 à 1988 (Mont-Laurier, Qc, 11 juil. 1940). Après des études à l'U. de Montréal, il enseigne le français de même que les sciences humaines et sociales au Québec et en Tunisie.

Son élection à la tête de la CEQ, en 1970, marque l'abandon de toute référence au corporatisme par la centrale et l'adoption d'un discours très critique à l'égard du système capitaliste. Ouvrant ses rangs aux travailleurs non enseignants de l'éducation, la centrale se radicalise pendant la décennie et fait front commun à partir de 1972 avec les autres syndicats du secteur public et parapublic lors des rondes de négociations avec le gouvernement québécois.

Les GRÈVES DU FRONT COMMUN de 1972 mènent à l'emprisonnement d'Yvon Charbonneau, de Louis LABERGE, président de la Fédération des travailleurs du Québec (FTQ), et de Marcel PEPIN, président de la CONFÉDÉRATION DES SYNDICATS NATIONAUX (CSN), pour avoir donné l'ordre à leurs membres de défier une injonction interdisant la grève. Défait à la présidence en 1978, Charbonneau continue de travailler pour la centrale comme conseiller et, par la suite, comme directeur des communications. Revenu à la présidence en 1982, il mène ses troupes lors de la dure négociation avec le gouvernement se terminant en 1983 par l'adoption de la loi 111, qui force le retour au travail sous peine de congédiements collectifs discrétionnaires. Réélu en 1984 et en 1986, il quitte le syndicalisme en 1986. Opérant un virage pour le moins surprenant, il devient candidat du Parti libéral aux élections provinciales de 1994 dans la circonscription de Mercier et remporte la victoire. Encore tout aussi étonnant, il décide en 1997 de se lancer en polique fédérale comme candidat du Parti libéral du Canada. Il est élu dans la circonscription d'Anjou—Rivière-des-Prairies.

Jacques Rouillard

Charbonnel, Armand-François-Marie de, évêque catholique de Toronto (près de Monistrol-sur-Loire, France, 1er déc. 1802—Crest, France, 29 mars 1891). Issu de la noblesse, Charbonnel est ordonné prêtre sulpicien. Il arrive en Amérique du Nord en 1839 et exerce son ministère à Montréal jusqu'en 1847. Il est consacré évêque à Toronto en 1850. En sa fonction d'évêque, il fait pression auprès des Famine Irish laity et des personnages politiques pour obtenir des écoles séparées pour les catholiques. Il fait venir les Basiliens, les Frères des Écoles chrétiennes et les Sœurs de Saint-Joseph à Toronto pour travailler dans les domaines de l'éducation et du travail social. Il fonde le St. Michael's College, la House of Providence, un refuge pour malades, personnes âgées et orphelins, et crée la Société canadienne Saint-Vincent de Paul, la Toronto Savings Bank et d'autres associations de bienfaisance.

Il utilise son héritage paternel pour rembourser la dette du diocèse, dont celle de la cathédrale St. Michael. En 1856, il réussit à faire diviser l'important diocèse de Toronto en 3 sièges (Toronto, Hamilton et London). Menant une vie exemplaire de mendiant parmi les Irlandais pauvres, il quitte son évêché en 1860 pour entrer chez les capucins en France. Plus tard, il devient archevêque de Sozopolis.

Murray William Nicolson

Chardon Plante herbacée épineuse, à fleurs blanches ou pourpres, appartient aux carduacées, famille des composées ou astéracées. Il existe 800 espèces réparties dans le monde. Au Canada, on en trouve 46, dont 15 espèces indigènes. Les espèces indigènes (PLANTES NUISIBLES secondaires) sont surtout des «véritables» chardons ou des chardons à aigrette du genre *Cirsium*. Les autres sont des herbes non épineuses, alpines ou arctiques, du genre *Saussurea*. Les espèces naturalisées sont surtout des mauvaises herbes communes. La petite bardane (*Arctium minus*) possède des fruits (bogues) qui s'accrochent aux vêtements ou à la peau. Un irritant chimique dans les bogues peut causer une éruption similaire à celle provoquée par l'herbe à puce. Le chardon des champs (*Cirsium arvense*) n'est pas indigène, mais se trouve dans les régions agricoles de toutes les provinces. D'apparences variées, il se propage dans les pâturages et les prairies par fragments de rhizomes (ou «tige souterraine»). Le chardon vulgaire (*C. vulgare*), mauvaise herbe commune du Québec, de l'Ontario et du sud de la Colombie-Britannique, est bisannuelle et se propage par graines uniquement. Plusieurs espèces de centaurée sont considérées comme des mauvaises herbes envahissantes à l'intérieur de la Colombie-Britannique. La centaurée diffuse (*Centaurea diffusa*) et la centaurée maculée (*C. maculosa*) font l'objet de mesures importantes dans la lutte biologique contre les mauvaises herbes.

Paul B. Cavers

Charest, Jean J., politicien (Sherbrooke, Qc, 24 juin 1958). Il obtient ses diplômes de premier et de deuxième cycles en droit à l'U. de Sherbrooke. Il est élu pour la première fois député de la circonscription de Sherbrooke en 1984, puis est presque aussitôt nommé vice-président adjoint de la Chambre des communes, poste qu'il occupe de novembre 1984 à juin 1986. Le premier ministre Brian MULRONEY le nomme alors ministre d'État à la Jeunesse, faisant de lui le plus jeune politicien à avoir siégé au Cabinet fédéral. Mulroney lui confie la responsabilité de la condition physique et du sport amateur en mars 1988 et le désigne leader adjoint du gouvernement à la Chambre des communes le 30 janvier 1989. Pendant qu'il se trouve en Nouvelle-Zélande lors des Jeux du Commonwealth en janvier 1990, il démissionne du Cabinet pour être intervenu dans une cause juridique et avoir malencontreusement communiqué avec un juge dans une affaire concernant l'Association canadienne d'athlétisme.

Charest demeure l'un des favoris du Premier Ministre Mulroney qui, en 1990, le nomme président d'un comité spécial chargé d'étudier une résolution devant accompagner l'Accord du Lac Meech. Le rapport Charest, avec ses amendements à l'entente de Meech, sert de prétexte à Lucien BOUCHARD pour quitter le Cabinet Mulroney. Bien que Charest et Bouchard aient été proches jusqu'à ce jour, ils se sont rarement parlé depuis.

Charest revient au Cabinet en tant que ministre de l'Environnement le 21 avril 1991 et dirige la délégation canadienne au Sommet de la Terre, qui a lieu au Brésil. Il siège aussi au Comité du Cabinet chargé des priorités et de la planification, et à celui chargé de l'unité canadienne et des négociations constitutionnelles.

Charest est dans la course à la direction du Parti progressiste-conservateur fédéral en 1993 et finit bon deuxième derrière Kim Campbell lors du congrès d'investiture de juin à Ottawa. Il est vice-premier ministre et ministre de l'Industrie, des Sciences et de la Technologie pendant le court règne du gouvernement Campbell. Il est alors l'un des deux seuls conservateurs élus au Parlement au terme de la désastreuse campagne perdue par Campbell en 1993.

Charest devient chef intérimaire du Parti le 14 décembre 1993, puis chef officiel en 1995 (le premier Canadien français à la tête des conservateurs). Il passe les deux années suivantes à reconstruire le Parti, menant une campagne de souscription et ralliant un consensus autour d'une nouvelle plate-forme qui repose largement sur des thèmes économiques conservateurs. Lors des élections de 1997, Charest, plus mince et en pleine forme, est le chef de parti qui fait meilleure figure lors du débat des chefs, tant en anglais qu'en français, qu'il remporte haut la main. Les conservateurs de Charest obtiennent 18 p. 100 du vote du pays et 20 sièges en tout. Le Parti réformiste, qui obtient une même part du vote concentrée dans l'Ouest, détient trois fois plus de sièges.

Charest joue un rôle important, voire décisif lors du référendum de 1995 au Québec. Sa popularité dans la province grandit par la suite et les sondages effectués au cours de l'été de 1997 le placent même devant le premier ministre Lucien Bouchard. Quand Daniel Johnson quitte la direction du Parti libéral du Québec au début de 1998, Charest est pressenti pour lui succéder. Il démissionne de son poste de chef conservateur le 3 avril et devient chef du Parti libéral du Québec le 30 avril. Il est élu député de Sherbrooke aux élections générales du 30 novembre 1998.

Norman Hillmer

Charlebois, Robert, auteur, compositeur, interprète (Montréal, 25 juin 1945). Chansonnier traditionnel au début des années 60, Robert Charlebois voit ses conceptions musicales bouleversées par la contre-culture américaine. Avec Louise Forestier, Yvon Deschamps et Mouffe, il monte, en mai 1968, *L'Osstidcho*, qui révolutionne les normes établies du spectacle. Mariant la chanson poétique à la musique rock, sa chanson *Lindberg* reçoit le prix Félix-Leclerc au Festival du Disque de 1969 et trône au sommet des palmarès radiophoniques. Après un premier passage, qui tourne à l'esclandre, en 1969 à l'Olympia de Paris, il y triomphe en septembre 1972, amorçant une carrière européenne de plus de 25 ans qui en fait une des plus grandes vedettes de la francophonie. Esprit éclectique, il aborde volontiers de nouveaux genres musicaux, s'entourant de paroliers exceptionnels, dont Claude Péloquin, Réjean Ducharme, Luc Plamondon et Marcel Sabourin. En août 1974, il se produit sur les plaines d'Abraham à Québec avec Félix Leclerc et Gilles Vigneault, réunissant trois grands chansonniers dans un spectacle mémorable. Accaparé pendant plusieurs années par ses succès en Europe, Robert Charlebois effectue un retour en force au Canada en 1983, remportant trois Félix, dont ceux de la chanson de l'année (1983) pour *J't'aime comme un fou* et du spectacle de l'année (1984). Avec son cousin Jean Charlebois, il écrit l'opéra-

rock *Cartier* (1992) et les chansons de l'album *Immensément* qui remporte un Victoire (catégorie musique du monde) à Paris, en 1993.

En plus de celles déjà citées, les chansons *Ordinaire, Les ailes d'un ange, Conception, Je reviendrai à Montréal* et *J'veux d'l'amour*, sont parmi les plus connues de son immense répertoire.

Robert Charlebois a reçu un Félix témoignage en 1993, le Prix du gouverneur général pour les arts de la scène en 1994 et un prix de l'Académie française pour l'ensemble de son œuvre en 1996.

Charlesbourg, ville du Qc; pop. 70 942 (rec. 1996), 70 792 (rec. 1991); superf. 67,53 km²; const. en 1976, à la suite de la fusion des villes d'Orsainville, de Notre-Dame-des-Laurentides et de Charlesbourg (1945) et de la municipalité de Charlesbourg-Est (1928). Charlesbourg est située au nord-est de QUÉBEC et à l'ouest de BEAUPORT. Cette banlieue résidentielle de Québec est le quatrième centre urbain en importance de la communauté urbaine de Québec. Tout comme Beauport, sa population a augmenté de plus de 20 000 habitants au cours des 25 dernières années.

Le peuplement de Charlesbourg remonte aux années 1626, lorsque les Jésuites prennent possession de la seigneurie appelée Notre-Dame-des-Anges. Afin de peupler davantage le fond de la seigneurie, les Jésuites inventent une forme cadastrale de peuplement particulière et implantent dès 1665 plusieurs colons dans le Trait-Carré. Au Trait-Carré, le village avait pour caractéristique des parcelles de terre en triangle isocèle, irradiant vers l'extérieur à partir d'une place centrale, au milieu de laquelle se trouvait l'église. Les terrains alloués à chaque censitaire s'étendaient en éventail à partir de la place centrale. Ainsi les fermes étaient toutes situées près du centre. De cette façon, il était facile de s'entraider et de participer à des activités et à des réjouissances communautaires, tout en étant en position pour défendre le village en cas d'attaque. Le nom de Charlesbourg fait référence à Saint-Charles-Borromée, patron de la paroisse. Le Vieux-Charlesbourg est reconnu lieu historique provincial en 1965 pour cette caractéristique géographique et architecturale très particulière et unique en Amérique du Nord. Charlesbourg est riche en patrimoine architectural, notamment son église, construite entre 1827 et 1833, le moulin à broyer le grain des Jésuites (1740), ainsi qu'une vingtaine de maisons datant d'avant 1830 et une quarantaine d'édifices typiques de la deuxième moitié du XIXe s.

Charlesworth, Hector Willoughby, rédacteur en chef, critique, auteur de mémoires (Hamilton, 28 sept. 1872—Toronto, 30 déc. 1945). Ce journaliste torontois, doublé d'un critique d'art, s'intéresse particulièrement à la musique et au théâtre. Rédacteur en chef de la revue *Saturday Night* de 1926 à 1932, il change ensuite de cap, devenant le premier président de la Commission canadienne de radiodiffusion, ancêtre de la Société Radio-Canada. Son autobiographie en trois volumes est remplie d'anecdotes savoureuses sur la littérature, la politique, le journalisme et le théâtre. Les gens qui ne connaissent que superficiellement l'œuvre de ce journaliste honnête et prolifique se rappellent surtout de son attaque virulente contre le GROUPE DES SEPT et de sa ressemblance frappante avec le roi Édouard VII.

Doug Fetherling

Charlevoix, Pierre-François-Xavier de, jésuite, historien (Saint-Quentin, France, 24 ou 29 oct. 1682—La Flèche, France, 1er fév. 1761). Auteur de la première histoire complète de la NOUVELLE-FRANCE, Charlevoix enseigne au COLLÈGE DES JÉSUITES à Québec (1705-1709). En 1720, il est de nouveau en Nouvelle-France, où il est chargé de faire rapport sur les limites de l'Acadie et l'existence de la «mer de l'Ouest». En 1721 et 1722, il explore en canot le bassin des Grands Lacs et descend le Mississippi jusqu'à La Nouvelle-Orléans, avant de rentrer en France. Bien que ses deux années et demie en Amérique du Nord soient marquées par la frustration et la maladie, ses notes détaillées et ses observations scientifiques servent de base à un récit de voyage, qu'il publie en 1744 dans le cadre de son œuvre en trois volumes HISTOIRE ET DESCRIPTION GÉNÉRALE DE LA NOUVELLE-FRANCE. Il publie également une biographie de MARIE DE L'INCARNATION (1724), une histoire du christianisme au Japon (1715, nouv. éd. 1736), une histoire de Saint-Domingue (1730-1731) et une histoire du Paraguay (1756). Remarquablement précises et bien documentées pour l'époque, les œuvres élégamment écrites de Charlevoix deviennent des articles nécrologiques érudits du régime français en Amérique du Nord et de l'empire des Jésuites au Japon et au Paraguay.

David M. Hayne

Charlottetown Capitale de la province de l'ÎLE-DU-PRINCE-ÉDOUARD, chef-lieu du comté de Queens et la principale municipalité de la plus petite province du Canada. Elle est située dans un vaste port s'ouvrant sur le DÉTROIT DE NORTHUMBERLAND. Trois rivières s'y rejoignent, la ville étant sise sur une pointe peu élevée entre les rivières Hillsborough (East) et North (Yorke), juste à l'opposé de l'embouchure du havre. Des développements suburbains s'étendent aussi de l'autre côté de la Hillsborough vers Stratford, de même qu'entre les rivières North et West (Eliot) à Cornwall. En plus de ses fonctions administratives, Charlottetown dessert un arrière-pays agricole étendu et se trouve au centre des communications insulaires. Son climat favorable et ses plages toutes proches en font aussi un lieu touristique très fréquenté.

Historique et évolution Bien que la ville soit constituée seulement en 1855, la colonisation de la région remonte à 1720 lors de l'arrivée d'une expédition envoyée par le comte de Saint-Pierre, qui s'établit à l'ouest de l'entrée du havre, au site nommé Port-La-Joie. En 1730, après que le gouvernement français se soit assuré de son autorité immédiate sur l'Île-Saint-Jean (ancien nom de l'île), Port-La-Joie est retenu comme centre administratif, même si d'autres lieux possèdent un potentiel commercial supérieur. Les Britanniques confirment cette décision lorsqu'ils se rendent maîtres de la région après la capitulation de LOUISBOURG en 1758.

Port-La-Joie, qui n'a jamais eu une population bien supérieure à 100 habitants, est rebaptisé FORT AMHERST et ses défenses sont renforcées. En 1768, toutefois, le topographe en chef adjoint de la Nouvelle-Écosse, Charles Morris, conçoit un nouveau site urbain de l'autre côté du havre. Ce village est nommé Charlottetown en l'honneur de Charlotte, épouse du roi George III. Pourtant éloigné des lieux de pêches lucratifs, l'emplacement offre d'excellentes voies de pénétration grâce aux rivières et il se trouve à proximité de la Nouvelle-Écosse et de la route de Halifax.

À l'origine, le plan de la ville prévoit de larges rues formant un quadrillage dont l'axe principal s'oriente vers le nord à partir de la rivière Hillsborough. Il y a aussi un terrain communal pour un éventuel agrandissement et une terre de la Couronne pour pâturages et jardinage. Des emplacements sont choisis pour la halle, l'église, le palais de justice et la prison, mais il faudra un certain temps avant que ces installations ne soient prêtes. Quoi qu'il en soit, les travaux pour garantir la défense sont entrepris, puis renforcés après le pillage du village par des corsaires américains en 1775. Le statut de la ville est rehaussé par une décision du gouvernement britannique en 1769: l'île, rebaptisée Île-du-Prince-Édouard en 1799, est séparée de la Nouvelle-Écosse et le petit hameau devient capitale de la nouvelle colonie.

Le premier gouverneur, Walter PATTERSON, entreprend l'établissement des services administratifs essentiels, mais surtout le traçage de routes vers les régions éloignées de la colonie. Comme les régions agricoles progressent, Charlottetown devient une ville de commerce, un centre d'administration et de communications. Ces fonctions demeurent les éléments essentiels de son économie.

Population Au cours du XIXe siècle, la population de Charlottetown représente une moyenne approximative de 9 p. 100 de la population totale de l'île et s'accroît dans la même proportion que cette dernière. La plupart des colons viennent d'Angleterre, d'Écosse ou d'Irlande, avec en plus quelques ACADIENS et un petit nombre de ressortissants d'autres ethnies. Toutefois en 1848, plus de la moitié de la population est native de l'île. En 1873, lors de l'entrée de l'Île-du-Prince-Édouard dans la Confédération, Charlottetown est la 11e ville en importance au Canada.

Au XXe siècle, la population de Charlottetown et de ses environs augmente régulièrement, plus rapidement que celle de l'île au total, mais ne réussit pas à garder le rythme de la croissance urbaine du reste du Canada. La population de la ville diminue de 3,1 p. 100 de 1976 à 1991, mais au cours de la même période, la population de sa région métropolitaine augmente de 38,5 p. 100. En avril 1995, la ville multiplie sa superficie par un peu plus de six. La population double grâce à la fusion avec six villes de la banlieue (West Royalty, East Royalty, Sherwood, Parkdale, Hillsborough Park et Winsloe) ainsi que l'annexion des propriétés du Queen Elizabeth Hospital.

Début de l'ère industrielle La construction navale, les compagnies de navigation et les petites manufactures (tanneries, brasseries, industries de la chaussure) diversifient quelque peu l'économie. La prospérité est pourtant suffisamment restreinte pour garantir la parcimonie dans les dépenses de services à la communauté. Une vigoureuse opposition aux taxes se manifeste. Certaines améliorations (p. ex., la lutte contre les incendies et les maladies) ne seront donc entreprises qu'après les désastres, comme dans le cas du grand incendie de 1866 ou de l'épidémie de VARIOLE de 1887. Néanmoins, à la fin du XIXe siècle, Charlottetown dispose de services modernes: eau, égouts, éclairage électrique des rues, hôpitaux et écoles convenables. Sa vie culturelle est diversifiée.

Les communications (traversier, chemin de fer, téléphone, télégraphe) lui permettent d'étendre son influence sur de plus grandes distances à l'intérieur de l'île, même si des difficultés de communication avec les centres de commerce continentaux en soulignent l'isolement relatif.

Économie Au cours des dernières décennies, la ville accroît ses voies de communication dans toute la province. Elle améliore les autoroutes qui la desservent à partir de toutes les régions de l'île, et l'éloignement des autres villes canadiennes est atténué par un aéroport moderne et l'amélioration des services de traversier, auxquels s'ajoute depuis 1997 un lien permanent avec la terre ferme grâce au Pont de la Confédération, qui franchit le détroit de Northumberland entre l'île du Prince-Édouard et le Nouveau-Brunswick. Charlottetown possède deux des trois quotidiens de l'île, le *Guardian* et l'*Evening Patriot*, ainsi que deux des trois stations de radio privée de la province.

Beaucoup d'industries du XIXe siècle, dont la construction navale, ont disparu. À leur place des industries de transformation du poisson et des fruits de mer, des produits de la viande et des produits laitiers se sont établies. On fabrique aussi des articles en tricot, des vêtements, du matériel agricole et de navigation, des produits en métal et des matériaux de construction. Par le port, des produits agricoles sont exportés et des produits pétroliers importés.

Toutes ces activités jouent certes un rôle significatif dans l'économie locale, mais le tourisme y prend une place de plus en plus importante. D'abord encouragée par la construction d'un important hôtel d'une compagnie de chemin de fer en 1931, l'industrie touristique a pris de l'expansion grâce à la construction de motels au cours des années 50 et 60, et plus récemment par la construction de nouveaux hôtels. Un centre des congrès rehausse l'attrait touristique de la ville.

En 1964, le Centre des arts de la Confédération, vaste complexe composé de salles de spectacle, d'un musée et d'une bibliothèque est inauguré pour commémorer le centenaire de la CONFÉRENCE DE CHARLOTTETOWN de 1864, événement qui confère à la ville le titre de «Berceau de la Confédération», mais que les citoyens de la région ignorent pour une bonne part. Ce centre abrite le FESTIVAL D'ÉTÉ DE CHARLOTTETOWN, spectacle de son et lumière qui remporte un vif succès. Le gouvernement provincial a institué une Commission de la Capitale pour promouvoir la ville en tant que «Berceau de la Confédération» et pour promouvoir le développement économique local.

Paysage urbain Charlottetown est aujourd'hui une ville de contrastes. Une atmosphère de ville-marché coexiste avec les aménagements culturels, d'importants bureaux administratifs et deux établissements d'enseignement supérieur: le Holland College et l'U. DE L'ÎLE-DU-PRINCE-ÉDOUARD. De vastes banlieues aux centres commerciaux modernes contrastent avec le «Vieux Charlottetown», le cœur du centre-ville bien conservé. La stagnation relative de l'économie des années 50 et 60 a préservé les bâtiments anciens des dommages de la négligence et de la rénovation urbaine. La ville conserve son riche héritage de vieilles résidences aristocratiques telles que Beaconsfield House qui abrite maintenant le musée de l'Île-du-Prince-Édouard et la Fondation du patrimoine. Elle possède aussi des rues historiques datant du XIXe siècle comme Victoria Row et Great George Street. Parmi les bâtiments publics importants, on retrouve l'hôtel de ville de style victorien, la Province House, bâtiment de style néo-classique où loge l'Assemblée législative et la Government House conçu dans un style georgien.

Les églises offrent plusieurs exemples remarquables de styles d'architecture particuliers, dont les plus frappants sont ceux de la basilique de St. Dunstan qui possède des tours en flèche et de l'exquise All Souls Chapel, richement ornée des peintures de Robert HARRIS. Le Sir Louis Henry Davies Law Courts Building voisine un réaménagement du quartier du port qui comporte des logements, des boutiques et des bureaux. Le terrain industriel adjacent a été transformé récemment par l'ouverture d'un stationnement, le Water Street Parkway, et par la création d'une zone commerciale sur Peake's Wharf et d'un vaste parc à Confederation Landing. Des précautions sont prises pour garantir que ce nouvel aménagement respecte le patrimoine architectural de la ville tout en aidant à maintenir un noyau urbain vivant.

Peter E. Rider

Charney, Melvin, artiste et architecte (Montréal, 1935). Il étudie à l'École d'art du Musée des beaux-arts de Montréal, à l'école d'architecture de l'U. McGill de 1952 à 1958 (B.A. en architecture) et à l'école d'art et d'architecture de l'U. Yale en 1959 (M.A. en architecture). De 1961 à 1964, Charney travaille à Paris et à New York. Il retourne à Montréal en 1964, où il s'établit comme architecte. Il est alors engagé comme professeur au département d'architecture de l'UNIVERSITÉ DE MONTRÉAL, où il supervise le programme d'études supérieures de 1966 à 1970.

Une trajectoire non conventionnelle Le premier projet de Charney a été celui d'une école construite à Lac Beauport, au Québec, en 1964. La proposition de pavillon canadien qu'il présente au concours en 1970, en vue de l'Exposition internationale d'Osaka, lui a valu, même si elle n'a pas été retenue, de nombreux éloges. Toutefois, ce projet audacieux, fait d'un assemblage de grues et d'échafaudages, marque le début d'une carrière qui se démarque de la pratique architecturale traditionnelle. En 1972, il organise, au MUSÉE DES BEAUX-ARTS DE MONTRÉAL, l'exposition «Montréal plus ou moins», dans laquelle il analyse l'impact du développement sur la qualité de la vie urbaine. Sa participation en tant que concepteur et organisateur du controversé «Corridart», au cours duquel des artistes de Montréal avaient créé des installations sur une artère principale de la ville durant les Jeux olympiques de 1976, lui vaut un conflit ouvert avec l'administration Drapeau (*voir* DRAPEAU, Jean). Dans son installation, Charney prévoit l'érection d'une façade temporaire à l'une des principales intersections de la ville, cherchant ainsi à remplir la brèche ouverte dans le tissu urbain par la démolition aveugle de bâtiments historiques au cours de cette période. Son œuvre, faite elle aussi de matériaux éphémères, est détruite par ordre de l'administration municipale des fonctionnaires municipaux en colère, engendrant ainsi un scandale international et une série de poursuites judiciaires acerbes.

Dès le début des années 80, la critique de l'aliénation urbaine propre au travail de Charney s'intensifie alors qu'il commence à explorer le «modernisme» du totalitarisme. Il entreprend alors une série d'œuvres représentant les chemins de fer, les camps de la mort et les fours crématoires du Troisième Reich, l'infrastructure de l'Holocauste. Dans ces dessins et dans ces installations, l'industrialisation du génocide devient une métaphore extrême pour l'aliénation de la société moderne.

Entre 1978 et 1989, dans une série d'installations *in situ* dans des villes canadiennes, américaines et européennes, Charney poursuit sa critique de la décontextualisation de la ville moderne par l'entremise de constructions temporaires évoquant des récits urbains cachés. Dernièrement, en alternant avec ses installations éphémères, Charney a conçu, en fonction d'espaces publics permanents, plusieurs monuments: le Monument canadien pour les droits de la personne, à Ottawa, et le jardin du Centre canadien d'architecture et la place Berri, maintenant connue sous le nom de place Émilie-Gamelin, à Montréal.

Renommée internationale Sa renommée en tant qu'enseignant et théoricien de l'architecture est universelle. En tant qu'artiste, il a vu ses œuvres présentées à des événements artistiques contemporains d'envergure internationale, comme la Biennale de Venise et la Documenta à Kassel, ainsi qu'à des expositions, seul ou en groupe, dans des musées partout dans le monde. (*Voir aussi* ARCHITECTURE, COURANTS ARTISTIQUES CONTEMPORAINS et ART DES LIEUX PUBLICS.)

Bruce Russell

Charny, ville du Qc; pop. 10 768 (2000), 10 661 (rec. 1996), 10 239 (rec. 1991); superf. 8,8 km²; const. en 1965; située à seulement 12 km de QUÉBEC, sur la rive Sud du fleuve Saint-Laurent et en face de SAINTE-FOY, à la sortie du pont de Québec et du pont Pierre-Laporte. Charny est délimitée à l'ouest par la RIVIÈRE CHAUDIÈRE.

Historique L'essor de Charny est lié au chemin de fer. Vers la fin du XIXe s., le Grand Trunk Railway et l'Intercolonial Railway passent à l'ouest de La Hêtrière, sur une parcelle de la seigneurie de Lauzon. Cette région, connue sous le nom de Chaudière Junction ou West Junction, attire plusieurs familles cherchant de l'emploi dans l'industrie du chemin de fer.

En 1903, la concession de La Hêtrière se sépare de SAINT-JEAN-CHRYSOSTOME et forme la paroisse de Notre-Dame-du-Perpétuel-Secours de Charny, avec une population de 445 hab. En 1965, la paroisse devient la ville de Charny et compte 4564 habitants. Son nom vient de Charles de Lauzon, sieur de Charny, fils de Jean de Lauzon qui fut gouverneur de la Nouvelle-France.

Situation actuelle Depuis 1965, la population de Charny a plus que doublé, mais l'activité industrielle y est réduite comme il s'agit avant tout d'un centre commercial et résidentiel. Le parc des Chutes-de-la-Chaudière se trouve sur la rivière Chaudière. Les eaux de la rivière semblent bouillir en tombant du haut des chutes de 35 m dans un large bassin en forme de chaudière d'où s'élève la vapeur.

Adriana Brynenton et Louise Lachance

Charpentier, Alfred, dirigeant syndical (Montréal, 25 nov. 1888—*id.*, 13 nov. 1982). Il est maçon de 1905 à 1915 et devient président du Syndicat international des briqueteurs en 1911. En 1916, il se tourne vers le mouvement syndical catholique, implanté graduellement par des membres du clergé sous la gouverne des pères Joseph-Papin Archambault et Maxime Fortin durant et après la Première Guerre mondiale. L'expérience syndicale de Charpentier l'amène à définir le rôle principal des syndicats catholiques: la défense des intérêts professionnels des travailleurs. Des milliers d'ouvriers canadiens-français membres de syndicats nationaux finissent par se regrouper en syndicats catholiques. En 1921, 80 syndicats catholiques, dont la constitution est en grande partie rédigée par Charpentier, créent ensemble la Confédération des travailleurs catholiques du Canada (CTCC). Charpentier en est le président de 1935 à 1946.

Défenseur inlassable de la pensée sociale catholique, il lutte pour la modernisation des lois archaïques du travail au Québec et pour la création d'un Conseil supérieur du travail et d'un tribunal destiné à la résolution des conflits de travail. Il se retire en 1946, écrit abondamment sur les questions liées au travail et publie ses mémoires dans *Cinquante ans d'action ouvrière* (1971).

M.D. Behiels

Charpentier, Gabriel, compositeur, poète et conseiller artistique (Richmond, Qc, 13 sept. 1925). Il étudie le piano avec, entre autres, Jean PAPINEAU-COUTURE avant d'apprendre le chant grégorien chez les bénédictins de Saint-Benoît-du-Lac. Il poursuit ses études à Paris (1947-1953), sous l'égide, surtout, de Norbert Dufour et Nadia Boulanger. Fasciné par le théâtre, auquel la majeure partie de ses compositions est destinée, Charpentier se rend compte que la musique écrite pour le théâtre doit faire partie intégrante de la pièce. Lors de l'inauguration du Centre national des arts à Ottawa (1969), on fait appel à un de ses opéras, *Orphée I*. Il compte parmi les membres du comité artistique du Centre de perfectionnement et de recherche des interprètes du spectacle, à Bruxelles, et fait partie du conseil administratif de la Comus Music Theatre Foundation of Canada, à Toronto. De 1979 à 1981, il est aussi directeur artistique de la Pro Musica Society.

Hélène Plouffe

Charrette de la rivière Rouge Entièrement faite de bois assemblé par des lanières de cuir, probablement selon des méthodes traditionnelles française et écossaise, elle est facile à réparer et idéalement adaptée aux conditions des Prairies. Ses deux hautes roues profondément concaves en font une voiture stable pouvant être tirée dans la boue et les marécages. La friction du bois et du cuir produit un grincement aigu qui s'entend à des kilomètres à la ronde. La charrette, en bois flottable, peut traverser des cours d'eau et est assez robuste pour transporter des charges de 450 kg. Elle est tirée par un poney ou un bœuf qu'on attelle à deux limons attachés à l'essieu. Les MÉTIS l'ont d'abord utilisée pour rapporter les bisons abattus à la chasse et, plus tard, pour les travaux de la ferme. Des caravanes de charrettes font, dès les années 1850, le trajet de 885 km entre Fort Garry et St. Paul, au Minnesota. Dans les années 1860, quelque 600 charrettes effectuent deux voyages aller-retour par année, chacune transportant une cargaison de 270 kg à 360 kg. La plus longue route empruntée par les charrettes est le chemin de Carlton qui relie FORT GARRY à FORT ELLICE et à FORT CARLTON en bordure de la rivière Saskatchewan, avant d'atteindre Fort Edmonton. Pendant longtemps et jusque dans les années 1860, environ 300 charrettes font un voyage par saison à partir de la COLONIE DE LA RIVIÈRE ROUGE, transportant marchandises et fourrures. La charrette cède progressivement la place au bateau à vapeur et, finalement, au train.

James Marsh

Charron, François, poète, essayiste et peintre (Longueuil, 22 février 1952). C'est l'un des poètes les plus importants de sa génération et son œuvre est l'une des plus riches des années 1970-2000. Il a publié plus de 30 titres depuis son premier ouvrage, *18 assauts* (1972), et a reçu de nombreux prix littéraires, dont le prix Canada-Belgique en 1982 pour l'ensemble de son œuvre.

Tout en complétant des études à l'U. du Québec à Montréal, où il obtient un baccalauréat en 1974 et une maîtrise en 1979, François Charron enseigne quelques années (1973-1977) au cégep Montmorency, puis se consacre tout à fait à l'écriture et la peinture. Chef de file du mouvement de la «nouvelle écriture», associé à la revue *Les herbes rouges,* François Charron entre en littérature en s'opposant à la poésie traditionnelle qu'il parodie et déconstruit, et se livre à des expérimentations poétiques qui l'amènent à rejeter toute forme de tabou, social et esthétique. Au cours de cette période, durant laquelle l'auteur exprime ses positions marxistes, paraîtront des œuvres comme *Littérature/obscénités* (1973), *Projet d'écriture pour l'été 76* (1973), *Persister et se maintenir dans les vertiges de la terre qui demeurent sans fin* (1974), *Interventions politiques* (1994), *Pirouette par hasard poésie* (1975), *Enthousiasme* (1976), *Feu* (1978). La poésie est un combat contre tout, y compris elle-même, une invective, une irrévérence emportée et mordante.

Blessures en 1978, recueil pour lequel il reçoit en 1979 le premier prix Émile-Nelligan, marque une coupure certaine dans l'œuvre de François Charron, qui ne cesse de se confirmer par la suite: l'écriture délaisse l'oralité, le ton devient souvent très lyrique, l'intériorité complexe du poète met une sourdine à ses préoccupations politiques. Empruntant parfois à une forme exacerbée d'écriture surréaliste, comme dans *Blessures,* faisant valoir un questionnement métaphysique comme dans *Mystère* (1981), ou dépouillant le vers libre en le ramenant à quelques mots comme dans *Toute parole m'éblouira* (1982), la poésie de François Charron livre de manière diversifiée, contradictoire même, mais toujours généreuse, l'expérience d'un sujet aux prises avec le monde et avec lui-même (*François,* 1984; *Le monde comme obstacle,* 1988; *L'intraduisible amour,* 1992).

François Charron a aussi écrit sur la peinture qu'il pratique (*D'où viennent les tableaux?,* 1983). Dans *La passion d'autonomie,* essai paru en 1982, il propose une poétique libérée de toute forme d'appartenance idéologique, en particulier de l'idéologie nationaliste, au profit d'une subjectivité qui se remet sans cesse en question.

François Rochon

Charte canadienne des droits et libertés Seule Charte des droits enchâssée dans la Constitution canadienne, la *Charte canadienne des droits et libertés* entre en vigueur le 17 avril 1982. Selon l'article 52 de la *Loi constitutionnelle de 1982,* toute loi ou règle de droit qui est incompatible avec les dispositions de la Constitution devient inopérante. Dans la cause Skapinker (mai 1984), la Cour suprême du Canada déclare unanimement que la Charte est «une partie de la constitution d'un pays, [...] qu'elle appartient au fond même du droit canadien, [...] qu'elle est la loi suprême du Canada». Elle déclare aussi que «la Charte a été conçue et adoptée pour guider et servir longtemps la société canadienne. «Selon elle, la *Loi constitutionnelle de 1982* apporte une nouvelle dimension, un nouveau critère d'équilibre entre les individus et la société et leurs droits respectifs, une dimension qui, comme l'équilibre de la Constitution, devra être interprétée et appliquée par la Cour.

La *Charte canadienne des droits et libertés* tient une place importante dans le débat sur le RAPATRIEMENT DE LA CONSTITUTION. La majorité des provinces, sans s'y opposer, n'en voient pas l'urgence et veulent surtout accroître certains de leurs pouvoirs. En novembre 1981, le premier ministre P.E. Trudeau accepte la formule d'amendement

Alberta-Vancouver endossée par huit provinces, et les provinces acceptent la Charte, non sans exiger l'exercice à volonté d'une clause dérogatoire (la clause «nonobstant» de l'article 33) pour certains de ses chapitres: les libertés fondamentales, les garanties juridiques et les droits à l'égalité. Les provinces et le Parlement peuvent, en invoquant cette clause dérogatoire, adopter une loi qui aura effet indépendamment d'une disposition donnée de l'article 2 et des articles 7 à 15 de la Charte. Ce compromis donne naissance à la *Loi sur le Canada de 1982* et à la *Loi constitutionnelle de 1982* (*voir* DROIT CONSTITUTIONNEL; PARTAGE DES POUVOIRS).

La Charte occupe une place importante à l'intérieur de la Constitution. Les tribunaux qui, dans le passé, statuaient sur le partage des compétences et déclaraient *ultra vires* les lois qui violaient ce partage, pourront maintenant statuer en plus sur la compatibilité des lois provinciales et fédérales avec la Charte.

L'enchâssement d'une charte des droits dans une constitution fait généralement s'affronter deux philosophies. Les tenants de l'enchâssement veulent s'assurer que les tribunaux auront le dernier mot en matière de libertés. Ceux qui s'y opposent soutiennent que ce rôle appartient aux assemblées législatives. Depuis la Seconde Guerre mondiale, la tendance générale en matière de constitution est de favoriser l'enchâssement d'une charte.

Le but d'une telle charte est de protéger le citoyen, de l'État, et les minorités, des majorités parlementaires. La *Charte canadienne des droits et libertés* couvre plusieurs domaines: libertés fondamentales, droits démocratiques, liberté de circulation et d'établissement, garanties juridiques, droits à l'égalité et droits linguistiques. L'égalité des droits pour les deux sexes y est aussi protégée par un article particulier. La Charte respecte en outre les droits et libertés des autochtones.

La Charte canadienne d'aujourd'hui diffère dans sa teneur de la version originale d'octobre 1980. Le comité mixte spécial formé par les deux Chambres entend une multitude de personnes et de groupes de pression. Des 1208 suggestions et 104 témoignages reçus résulte la version d'avril 1981 adoptée sous forme de résolution par les deux Chambres. Ces versions font l'objet de contestations judiciaires. La décision sur le rapatriement de la Constitution rendue en septembre 1981 par la Cour suprême du Canada rend nécessaire la convocation d'une conférence constitutionnelle qui se tient au début de novembre 1981. Une entente intervient entre le gouvernement fédéral et neuf provinces le 5 novembre 1981. Des amendements sont apportés par la suite: l'article 25 (droits des autochtones) est amendé, les articles 28 (égalité des sexes) et 59 (droits linguistiques au Québec) sont ajoutés après la conférence constitutionnelle et avant que la résolution ne soit finalement adoptée par les deux Chambres et acheminée au Royaume-Uni en vue du rapatriement de la Constitution.

Le Québec a contesté sans succès devant la Cour suprême la constitutionnalité de l'accord du 5 novembre 1981 auquel il n'a pas donné son assentiment. Par la suite, il a invoqué de façon globale l'article 33 de la Charte aux fins de soustraire ses lois passées et présentes à l'empire des articles 2 et 7 à 15 de la Charte. Le gouvernement Bourassa, porté au pouvoir le 2 décembre 1985, a choisi de ne pas recourir à l'usage global de cette clause dérogatoire et de s'en remettre à un usage sélectif.

La Cour suprême a rendu un premier arrêt sur la Charte en 1984, dans l'affaire Skapinker. En l'espace de 15 ans, la Cour suprême du Canada a rendu plus de 360 arrêts sur la *Charte canadienne des droits et libertés*. L'ancien juge en chef Brian Dickson disait de l'avènement de cette Charte que c'était le plus grand événement depuis l'adoption du fédé-

ralisme en 1867. Il parlait aussi de la construction d'une grande cathédrale de la jurisprudence. La Cour suprême n'a pas failli à la tâche. Pareil travail force l'admiration.

Parmi les nombreux arrêts au Canada, citons entre autres ceux de l'AFFAIRE CONCERNANT LA LOI 101 (*Charte de la langue française*); l'AFFAIRE BARTLE (droit à l'assistance d'un avocat); la B.C Motor Vehicle Act (procédure et substance); l'AFFAIRE BIG M. DRUG MART (liberté de religion); l'AFFAIRE CASLAKE (fouilles, perquisitions et saisies); l'AFFAIRE COOK (application de la Charte); l'AFFAIRE COOPER (tribunal compétent); l'AFFAIRE FINTA (crimes de guerre); l'affaire Ford (liberté d'expression et loi 101); l'AFFAIRE GÉNÉREUX (indépendance judiciaire); l'AFFAIRE GODBOUT (droit à la vie privée); l'AFFAIRE HÉBERT (droit de garder le silence); l'AFFAIRE HUNTER (fouilles, perquisitions et saisies abusives); l'AFFAIRE KEEGSTRA (liberté d'expression et propagande haineuse); l'AFFAIRE KINDLER (peine de mort); l'AFFAIRE MAHÉ (droit à l'instruction dans la langue de la minorité); l'AFFAIRE DES MISSILES DE CROISIÈRE (l'exécutif est lié par la Charte); l'AFFAIRE DE LA NOVA SCOTIA PHARMACEUTICAL SOCIETY (théorie de l'imprécision); l'AFFAIRE OAKES (critères d'interprétation de l'article 1 de la Charte); la PEI Reference (indépendance judiciaire); l'AFFAIRE RJR-MACDONALD (tabac et droit criminel); l'AFFAIRE RODRIGUEZ (aide au suicide); l'AFFAIRE SCHREIBER (application de la Charte); l'AFFAIRE SINGH (droit à une audition pour les réfugiés et justice fondamentale); l'AFFAIRE STINCHCOMBE (divulgation de la preuve); l'AFFAIRE STILLMAN (administration de la justice, exclusion de la preuve et tests d'ADN); l'AFFAIRE SWAIN (droit criminel); l'AFFAIRE TRAN (droit à l'assistance d'un interprète); l'AFFAIRE VALENTE (indépendance judiciaire); l'AFFAIRE VRIEND (droits à l'égalité); l'AFFAIRE ZUNDEL (liberté d'expression et propagande haineuse).

Plusieurs arrêts constituent des arrêts-clefs.

Gérald-A. Beaudoin

Charte de la langue française. *voir* **Loi 101**

Charte des droits et libertés de la personne du Québec Le Québec est la seule province à s'être dotée, en 1975, d'une Charte des droits et libertés qui ne soit pas qu'une simple loi antidiscriminatoire mais une véritable loi fondamentale largement inspirée de documents internationaux (Déclaration universelle des droits de l'Homme, Pacte relatif aux droits civils et politiques, Pacte relatif aux droits économiques, sociaux et culturels).

Plusieurs éminents professeurs ont participé à l'ébauche et à la rédaction d'un avant projet de loi (Jacques-Yvan Morin, Paul Crépeau, Frank Scott). La Ligue des droits de l'Homme (aujourd'hui la Ligue des droits et libertés) rédigea un vaste projet de Charte, en assura une diffusion très large dans les journaux en 1973 et organisa plusieurs sessions de discussion publique. Après de longs débats en Commission parlementaire, portant principalement sur la question de la primauté de cette Charte sur l'ensemble des lois québécoises, celle-ci fut adoptée à l'unanimité par l'ASSEMBLÉE NATIONALE qui procéda, ce même jour, à la nomination des membres de la Commission des droits de la personne.

La Charte québécoise est une loi fondamentale ayant présence sur les autres lois et jouissant, selon la Cour suprême, d'un statut quasi constitutionnel. L'article 52 prévoit qu'aucune disposition législative, même postérieure à la Charte, ne peut déroger aux articles 1 à 38, à moins que cette loi n'énonce expressément que cette disposition s'applique malgré la Charte.

Cette disposition appelle deux remarques. Premièrement, tout comme c'est le cas dans la Charte canadienne, il y a une possibilité de recourir à une

clause dérogatoire et celle-ci n'est soumise à aucune condition de fond. Deuxièmement, seuls les articles 1 à 38 ont présence sur les autres lois, soit les libertés et les droits fondamentaux (1 à 8), le secret professionnel (9), le droit à l'égalité (10 à 20), les droits politiques (21, 22), les droits judiciaires (23 à 38). Les droits économiques et sociaux (art. 39 à 48) sont donc exclus de cette règle de prédominance, de même que le droit au recours d'une victime de la violation d'un droit conféré par la Charte (art. 49). En plus de cette clause dérogatoire, on retrouve à l'article 9.1 une clause limitative qui permet certaines restrictions aux libertés et droits fondamentaux, à condition qu'elles soient prévues par la loi et qu'elles respectent les valeurs démocratiques, l'ordre public et le bien-être général des citoyens du Québec.

La Charte «vise toutes les matières qui sont de la compétence législative du Québec» (art. 55) et elle lie la Couronne (art. 54). Elle s'applique donc tant aux activités législative et exécutive qu'aux rapports de droit privé dans la province.

L'article 10 de la Charte garantit à toute personne le droit à la reconnaissance et à l'exercice, en pleine égalité, des droits et libertés, sans distinction, exclusion ou préférence, fondée sur un motif de discrimination énuméré. La liste des motifs prohibés comprend des motifs traditionnels, tels l'origine ethnique, le sexe ou la religion, et d'autres motifs plus modernes comme la condition sociale, les convictions politiques, la grossesse. Il faut souligner aussi que le Québec est la première région d'Amérique du Nord à avoir interdit, dès 1978, la discrimination fondée sur l'orientation sexuelle. Toute discrimination est ainsi interdite dans les actes juridiques, dans le domaine de l'emploi, du logement, de l'accès aux lieux et services publics.

La Commission des droits de la personne et des droits de la jeunesse (la Commission des droits de la personne fut en effet fusionnée, en 1995, à la Commission des droits de la jeunesse) a pour principaux mandats la promotion, l'éducation et la sensibilisation aux droits fondamentaux, la recherche, le devoir de recommandation au gouvernement sur la validité de ses lois de même que l'approbation et l'élaboration de programmes d'accès à l'égalité. Elle doit aussi faire enquête sur les plaintes de discrimination qui lui sont adressées par les citoyens. Dans les cas où, après enquête, la Commission estime que la plainte est bien fondée et que les personnes mises en cause ne donnent pas suite à sa recommandation, elle, et elle seule, peut saisir le Tribunal des droits de la personne du Québec.

Ce tribunal a été créé, en 1991, pour répondre à diverses préoccupations de groupes intéressés qui voyaient là un recours plus accessible, plus rapide, plus simple et moins coûteux qu'un recours civil. Les membres de ce tribunal, sensibilisés aux questions de discrimination et d'exploitation, sont mieux préparés à statuer sur des plaintes de ce type que les juges de droit commun. L'analyse de la jurisprudence du Tribunal des droits de la personne permet en effet de conclure que la création, au Québec, d'un tribunal spécialisé en matière de discrimination a permis de remédier à plusieurs lacunes et d'élaborer un corpus jurisprudentiel plus consistant et évolutif.

Les droits économiques et sociaux de la Charte, dont le droit à l'instruction gratuite, le droit à la protection pour les enfants, le droit à l'information, le droit au maintien et à l'essor de la vie culturelle des minorités ethniques, le droit à des mesures sociales assurant un niveau de vie décent, le droit à des conditions de travail justes et raisonnables, le droit à la protection contre l'exploitation pour les personnes âgées et handicapées, sont donc exclus de la règle de prépondérance dont jouissent les autres droits de la Charte (art. 52). Ils ne peuvent recevoir application qu'après l'établissement par l'État d'un mécanisme de mise en œuvre. Comme c'est le cas sur la scène internationale, ces droits ne sont pas justiciables en soi et le gouvernement doit en assurer «progressivement» l'application. S'appuyant sur les principes d'indivisibilité et d'interdépendance des droits, plusieurs groupes, dont la Ligue des droits et libertés, réclament aujourd'hui un amendement pour que ces droits soient sur un pied d'égalité avec les autres droits fondamentaux.

Le Tribunal des droits de la personne a toutefois décidé que ces droits, s'ils ne sont pas prépondérants en soi, pouvaient le devenir quand ils interagissaient avec le droit à l'égalité (article 10). Dans une affaire d'intégration scolaire d'un enfant handicapé, le Tribunal a, en effet, statué que, si la Charte permet que l'exercice du droit à l'instruction publique soit affecté de diverses restrictions législatives, telles l'imposition de frais de scolarité, elle interdit cependant des restrictions fondées sur un des motifs de discrimination de l'article 10, tel le handicap.

Lucie Lemonde

Chartrand, Michel, syndicaliste (Outremont, Qc. 20 déc. 1913). Rapidement engagé dans les mouvements d'ACTION CATHOLIQUE après avoir passé deux années comme moine trappiste, son action politique s'affirme au moment de la crise de la CONSCRIPTION, alors qu'il mène, avec Jean DRAPEAU et André LAURENDEAU, la lutte contre l'enrôlement obligatoire. Il se présente comme candidat du Bloc populaire. On le retrouve engagé dans la grève de l'amiante en 1949, où il côtoie les Gérard PELLETIER, Pierre Elliott TRUDEAU, Jean MARCHAND, Jean-Paul Geoffroy et Gérard PICARD. Plusieurs de ces derniers avaient aussi milité dans les mouvements d'action catholique durant les années 1930 et 1940. Il épouse Simone MONET en 1941.

Durant les années 1950, Michel Chartrand est souvent appelé à la rescousse par les syndicats de la Confédération des travailleurs catholiques du Canada, aux prises avec les lois anti-ouvrières de Maurice DUPLESSIS. Son action syndicale est toujours menée de pair avec son action politique. C'est ainsi qu'il est candidat du CCF dans le comté ouvrier de Jonquière aux élections de 1957. Militant du NOUVEAU PARTI DÉMOCRATIQUE, il s'en dissocie rapidement, rejetant la ligne de ce parti sur la question de l'indépendance du Québec.

Il revient à l'action syndicale au Syndicat de la construction de Montréal (CSN), ce qui lui ouvre les portes de la présidence du Conseil central de Montréal en 1969. Il occupera cette fonction jusqu'en 1978. Il se fait remarquer, entre autres, en menant la lutte pour l'unilinguisme français au Québec et en amenant le Conseil central à appuyer le Parti québécois aux élections de 1970.

Michel Chartrand n'a jamais cessé de défendre la santé et la sécurité au travail des travailleurs, agissant comme procureur syndical dans plusieurs cas d'accidents du travail. Il est parmi les fondateurs du FATA, le Front d'action pour les travailleurs accidentés. En dépit de deux tentatives, en 1976 et en 1982, il ne réussit pas à se faire élire au Comité exécutif de la CSN.

Michel Chartrand est l'un des porte-parole les plus connus du mouvement qui lutte pour l'établissement d'un «revenu de citoyenneté», revenu qui garantirait à tous les citoyens sans exception une allocation de base versée par l'État.

Michel Rioux

Chasse Elle consiste à poursuivre des animaux sauvages pour les tuer. Les gens chassent pour différentes raisons: la subsistance, le commerce, la CONSERVATION ET L'AMÉNAGEMENT DE LA FAUNE, la protection de la propriété, l'exercice, le loisir et le prestige. Le gibier que l'on chasse pour la subsistance fournit ce qu'il faut pour manger, s'abriter, se chauffer (huile des mammifères marins), se vêtir ou assurer la survie culturelle d'une collectivité. Il y a tout lieu de croire que les premiers humains chassaient les animaux et que les armes comptaient parmi leurs premiers outils. On a découvert des chasseurs de subsistance ou leurs traces sur tous les continents, excepté dans l'Antarctique ainsi que dans les

zones climatiques tropicale et polaire. La variété des techniques et des modes de chasse semble illimitée. Parmi les armes utilisées, on retrouve des pièges, des hameçons, des nœuds coulants, des filets, des fosses, des assommoirs, des boomerangs, des gourdins, des couteaux, des lances, des javelots, des sarbacanes, des arcs et des flèches, des harpons ainsi que des armes à feu. Les chiens ou les chevaux, ou les deux à la fois, sont aussi utilisés pour pister la proie ou pour la poursuivre. Par ailleurs, il est fort probable que les chasseurs du pléistocène (époque glaciaire) ont exterminé certaines espèces, peut-être même plusieurs.

Au Canada, la chasse à des fins alimentaires est possible en tout temps pour les autochtones appartenant à des groupes qui ont obtenu ce droit après avoir cédé des terres par traité ainsi que pour les autochtones appartenant à d'autres groupes en vertu d'un titre aborigène reconnu. Des porte-parole d'associations autochtones revendiquent des droits sur tout le gibier au Canada (*voir* INDIENS, LOI SUR LES; REVENDICATIONS TERRITORIALES). Les autres chasseurs doivent respecter des règlements ou des restrictions de chasse.

Chasse commerciale La chasse commerciale a probablement commencé lorsque le commerce s'est développé, d'abord entre les communautés de chasseurs de subsistance, qui obtenaient ainsi un surplus de denrées. Par la suite, la chasse a fourni un moyen de commercer sur une plus grande échelle. En plus de l'ivoire des morses et des éléphants, les plumes, les peaux, les fourrures et la viande comptent parmi les produits commerciaux de la chasse. En outre, certaines parties des animaux comme les os, les bois et les vésicules biliaires sont utilisées en pharmacologie médicinale partout en Asie. Le commerce de ce genre de produits existe depuis des millénaires. L'exploitation excessive constitue un problème récurrent et elle est devenue chronique au cours des 200 dernières années, avec l'émergence d'une société d'abondance dont les demandes ne peuvent être satisfaites que par des techniques de chasse, des moyens de transport et des méthodes de commerce efficaces. La population des espèces offrant les produits les plus précieux, comme la LOUTRE DE MER, connaît une nette régression. À présent, plusieurs espèces sont menacées par le braconnage et la chasse commerciale, en particulier les baleines, les tortues de mer, les rhinocéros et les éléphants ainsi que l'ours noir au Canada. La chasse commerciale pour le duvet et les plumes a décliné au XXᵉ siècle à cause de l'imposition de stricts contrôles d'importation en Europe et en Amérique du Nord. En général, le nombre d'animaux à fourrure se maintient malgré la chasse. Il y a cependant des exceptions, dont la loutre de mer.

Commerce de la fourrure La TRAITE DES FOURRURES, bien que soumise aux tendances de la mode, demeure viable. Son avenir dépend peut-être de questions philosophiques plutôt que des ressources elles-mêmes. P. ex., l'Europe a mis un embargo sur les fourrures canadiennes à cause du type de piège employé par les chasseurs canadiens, soit le piège à ressort. Dans bon nombre de pays, la viande de gibier est écoulée sur le marché, faisant ainsi concurrence à la viande produite localement, et les profits des ventes reviennent aux propriétaires des terres, aux collectivités ou aux associations de chasseurs afin de pallier les coûts de gestion. L'élimination de troupeaux de prédateurs et la réduction des populations de ravageurs sont des exemples de chasse axée sur la gestion ou la protection de ressources économiquement importantes.

La chasse au trophée est un type de chasse récréative qui exige du temps, de l'argent et des efforts. Elle est compétitive par définition, le but du chasseur de trophée étant de capturer un gros spécimen. Les conditions pour obtenir un trophée de chasse nord-américain au moyen d'une arme à feu sont détaillées de façon explicite par le Boone and Crockett Club,

qui nomme des juges compétents, se prononce sur des conflits, établit des standards et surtout décide si un spécimen a été capturé de façon «loyale». Un système similaire administré par le Pore and Young Club a été mis en place pour classer les proies capturées au tir à l'arc.

De nos jours, la chasse est la plupart du temps récréative et elle est motivée autant par la récompense tangible qu'intangible du succès. En vertu du droit commun, les animaux sauvages sont de propriété publique jusqu'à ce qu'ils soient tués, sérieusement blessés ou capturés, mais s'ils se trouvent sur un terrain privé, le contrôle de la chasse relève du propriétaire des lieux. En vertu de lois et de règlements administratifs, les autorités compétentes établissent des règles gouvernent les chasseurs. Des restrictions quant à l'âge du chasseur, des exigences particulières pour l'obtention du permis, des délimitations de zones et de saisons de chasse ainsi que des limites de prises peuvent faire partie des règles. Ces règles, conçues pour préserver les populations d'animaux chassés, permettent de répartir les possibilités de capture entre les chasseurs et de réduire les risques d'accidents. Elles sont appliquées par des gardes-chasses des provinces et par des agents, dont des membres de la GRC, chargés de faire respecter la convention fédérale sur les oiseaux migrateurs. Par ailleurs, elles sont constamment révisées par des clubs locaux faisant partie d'associations provinciales de pêche et de chasse, lesquelles sont en général affiliées à la FÉDÉRATION CANADIENNE DE LA FAUNE. Ces règles tendent à être de plus en plus restrictives avec le temps, en raison de l'expansion de l'habitat humain et de l'accroissement de la population.

Chiffres en baisse Pour faire respecter les règles, la collaboration et la vigilance des chasseurs et de la population en général s'avèrent indispensables. D'ailleurs, dans plusieurs provinces, des récompenses sont offertes à ceux qui dénoncent les infractions, notamment en Alberta, où on a mis sur pied un programme appelé «Report-a-Poacher» (Dénoncez les braconniers). Le nombre de chasseurs et les sommes dépensées pour la chasse ont diminué au Canada. Les données sont recueillies de façon sporadique, mais selon une enquête effectuée en 1991, le Canada compterait environ 1,5 million de chasseurs. Au milieu des années 80, près d'un demi-million de permis de chasse aux oiseaux migrateurs sont délivrés annuellement. En 1991, le SERVICE CANADIEN DE LA FAUNE rapporte en avoir accordé moins de 400 000 et en 1994, moins de 260 000. En 1991, moins de 16 p. 100 des Canadiens interrogés pratiquent la chasse, comparativement à plus de 75 p. 100 qui s'adonnent à d'autres activités faunistiques, comme l'observation des oiseaux. En 1991, les dépenses personnelles pour la chasse récréative s'élèvent à près de 1,2 milliard de dollars, soit 767 dollars par chasseur.

La chasse récréative peut être pratiquée partout au Canada, excepté dans les réserves, comme les parcs nationaux et les RÉSERVES FAUNIQUES. Toutes les ressources de gibier sont gérées par le gouvernement provincial, mis à part les oiseaux migrateurs, qui sont gérés par le SERVICE CANADIEN DE LA FAUNE avec la coopération des provinces. Au cours des dernières années, on a remarqué une diminution des populations de gibiers d'eau (*voir* OISEAUX AQUATIQUES) qui se reproduisent dans les régions agricoles. Par ailleurs, les efforts faits pour la conservation des marais, bien qu'appuyés par les gouvernements et l'organisme privé CANARDS ILLIMITÉS CANADA, ne doivent pas diminuer. Les oies qui nichent dans l'Arctique, notamment la bernache du Canada et l'oie des neiges, ont prospéré comparativement aux espèces qui nichent dans le Sud et ce, même si elles sont soumises aux aléas climatiques de leur aire de reproduction. À mesure qu'augmentent les populations humaines et les demandes pour des espèces dont la chasse est limitée, une coopération internationale doit s'instaurer afin d'assurer un partage équitable de ces ressources.

Paysages magnifiques Le Canada offre des possibilités de chasse uniques qui attirent des chasseurs du monde entier. Aux camps de chasse à l'oie de la baie James, le spectacle de nuées d'oies qui remplissent l'air de leurs cris, dispersées par le tir des fusils d'habiles guides autochtones, n'a rien de comparable. L'appel à l'orignal par une journée de septembre peut être une expérience inoubliable lorsque cet animal aux bois impressionnants surgit avec fracas devant soi. Des paysages magnifiques attendent le chasseur qui prend part à une expédition à cheval dans les vallées montagneuses à la recherche du mouflon d'Amérique ou du mouflon de Dall. Pour ceux qui n'ont pas froid aux yeux, chasser le grizzli ou l'ours polaire au printemps constitue une expérience mémorable. Toutefois, la chasse récréative n'a pas l'approbation de tous les Canadiens. Certains s'y objectent pour des raisons d'éthique, tandis que des autochtones s'opposent à la chasse pratiquée par des Canadiens non autochtones, parce qu'elle viole les droits qui leur ont été conférés par traité.

Au Canada, il existe un grand nombre d'espèces de gibier à plumes sédentaires, depuis les lagopèdes des rochers et des saules de la toundra arctique jusqu'aux gélinottes à queue fine des prairies à herbe courte. Le nombre de ces oiseaux varie d'année en année, tout comme celui des perdrix grises et des faisans de chasse, espèces introduites. La présence de certaines espèces obéit à des cycles, comme c'est le cas chez la gélinotte huppée des forêts mixtes et des arbustaies. Un rapport peut être établi entre ces cycles et ceux des populations de lièvres d'Amérique et de leurs prédateurs.

Dans les régions habitées du Canada, le cerf de Virginie constitue l'espèce de gros gibier la plus répandue. Auparavant, il était confiné aux provinces de l'Est, mais aujourd'hui on peut le retrouver jusque dans la vallée de l'Okanagan, en Colombie-Britannique. Le cerf-mulet de l'Ouest est répandu dans les vallées fluviales et les terrains accidentés. Sur la côte de la Colombie-Britannique, son parent, le cerf à queue noire, le remplace. Le wapiti ou élan peuplait autrefois une grande partie des provinces de l'Ouest ainsi que des régions de l'Ontario et du Québec. À présent, on retrouve des populations vigoureuses dans le centre du Manitoba, les cordillères de l'Ouest et les collines Cyprès. L'orignal, grâce à ses longues pattes, bien adapté aux conditions enneigées et propres aux forêts boréales et subalpines, est bien réparti d'un océan à l'autre et il abonde aujourd'hui à Terre-Neuve, où il a été introduit en 1904.

Le caribou des forêts est aussi fréquent dans la forêt boréale, mais il a besoin d'un environnement propice. Malheureusement, dans l'Ouest, son habitat naturel recule à mesure que l'industrie forestière prend de l'expansion, comme ce fut le cas dans les provinces de l'Est, il y a plusieurs années. Le caribou de la toundra migre de façon saisonnière entre la toundra, où la femelle met bas au début de juin, et les forêts de conifères du Nord, où il passe les mois les plus enneigés de l'hiver. Il est chassé par les autochtones et les résidants des territoires du Nord uniquement. La harde de caribous de la rivière George est chassée à la fois par les résidants et les non-résidants. L'antilope d'Amérique des Prairies du Sud, la chèvre de montagne, le mouflon d'Amérique, le mouflon de Stone et le mouflon de Dall des cordillères pacifiques, de même que le bœuf musqué de l'Arctique sont d'un intérêt plus local. Parmi les autres espèces qu'on peut chasser, on retrouve l'ours noir, l'ours polaire, le grizzli, le loup gris et le puma.

En 1987, environ 2,5 millions de canards et 625 000 oies ont été capturés au Canada, et près de 363 000 castors, chassés pour leur viande et leur peau. Parmi les ongulés capturés, 248 688 étaient des cerfs de Virginie, 63 141 des orignaux, 53 266 des caribous des forêts, 25 559 des cerfs-mulets, 7 535 des wapitis et près de 2 000 étaient des mouflons et des chèvres de montagne (1 000 chacun).Quelque 21 359 ours ont été capturés, parmi lesquels 20 343 étaient des ours noirs et le reste des ours polaires et des grizzlis. Plus que pour tout autre animal, les populations de gélinottes et de lièvres d'Amérique varient énormément d'une année à l'autre. De plus, les prises des chasseurs ne sont pas déclarées dans toutes les provinces.

A.H. MacPherson

Chasse-Galerie Variante canadienne-française de la légende qui interprète les bruits aériens étranges en les attribuant à un chasseur condamné à chasser pour l'éternité. Dans cette variante de la chasse-galerie, une ou plusieurs personnes peuvent, à l'aide du diable, voyager en canot dans les airs à une très grande vitesse. Elles doivent s'assurer de ne pas avoir en leur possession un objet béni ni de prononcer le nom de Dieu, de peur que le canot ne s'écrase. Le terme serait dérivé de «chasse» et du nom du sieur de Gallery, un chasseur condamné.

Nancy Schmitz

Chasseurs, loges des La plus importante des sociétés secrètes voulant libérer les provinces canadiennes de la servitude britannique est fondée au début de 1838 par des rebelles canadiens réfugiés dans le nord des États-Unis à la suite des RÉBELLIONS DE 1837. Le mouvement, qui devient rapidement américain, est soutenu par des groupes très divers des États frontaliers américains et compte entre 40 000 et 60 000 membres. Abandonnant leurs plans d'envahir le Haut-Canada le 4 juillet 1838, les Chasseurs patriotes tentent en vain plusieurs incursions au cours des mois qui suivent. Les rebelles essuient des défaites cuisantes à Napierville, à Lacolle, à Odelltown, dans le Bas-Canada, ainsi qu'à Prescott (lors de la bataille du MOULIN À VENT) et à Windsor, dans le Haut-Canada. Ils se lancent alors dans une série de provocations à la frontière qui ont pour but de pousser la Grande-Bretagne et les États-Unis à la guerre. Ils brûlent notamment le bateau à vapeur Sir Robert Peel dans les Mille-Îles et font sauter le monument Brock à Queenstown, dans le Haut-Canada. Le 25 septembre 1841, le président américain Tyler les somme de se disperser et les Chasseurs ne sont bientôt plus qu'un souvenir.

Curtis Fahey

Chat Petit animal agile, intelligent et à la fourrure douce, il est un mammifère de l'ordre des CARNIVORES et de la famille des Félidés. Au Canada, il y a environ 4,8 millions de chats domestiques, soit, en moyenne, 2,4 chats par maisonnée possédant des chats (à peine plus qu'un foyer sur deux).

Domestication L'origine du chat domestiqué est un vrai mystère. Les scientifiques émettent l'hypothèse que l'ancêtre de l'ours, de la belette, du renard, du coyote, du raton laveur, du chien et du chat est le petit *Arboreal miacis*, un animal disparu depuis fort longtemps après avoir vécu sur la Terre il y a de cela 40 ou 50 millions d'années. Dix millions d'années plus tard, le *Dinictis*, un autre animal très agile et qui s'apparente un peu plus au chat que l'on connaît aujourd'hui, fait son apparition.

À peu près tous s'entendent pour dire que les chats de maison descendent du chat sauvage africain, le *Felis catus lybica,* qui se croisera ensuite avec le chat sauvage d'Europe, le *F. c. silvestris.* Les premières traces de chats domestiqués remontent à l'Égypte ancienne, vers 2500 av. J.-C. Les Égyptiens vouent un immense respect au chat: ils le vénèrent et prennent soin qu'il ne se blesse pas.

Les navires de commerce phéniciens auraient fait connaître les premiers chats domestiqués aux Européens vers 900 av. J.-C., et ce sont les Romains qui auraient introduit le chat en Angleterre. Ce n'est qu'à l'arrivée des colons européens et de leurs chats domestiques que les chats sont devenus des petits animaux de compagnie en Amérique du Nord.

Physiologie La structure féline est celle d'un mammifère et correspond, à bien des égards, à la physiologie et à l'anatomie humaines. Le squelette du chat est constitué d'environ 244 os (c'est près de 40 os de plus que le squelette d'un humain adulte). Plus de 500 muscles squelettiques sont rattachés au squelette extrêmement flexible du chat, ce qui lui confère son agilité et ses mouvements gracieux. Ce mécanisme superbe est conçu pour être en mesure de fournir d'énormes poussées de puissance. Cependant, le chat a très peu d'endurance.

Contrairement à bien des animaux qui bougent la patte avant gauche en même temps que la patte arrière droite, le chat marche ou court en bougeant simultanément les pattes arrière et avant d'un côté, suivies de celles de l'autre côté. Le chat marche ou court sur la pointe des orteils et le talon relevé. Son mouvement est silencieux en raison des coussinets épais situés en dessous des pattes.

Les principales armes défensives du chat sont ses griffes (habituellement cinq à l'avant et quatre à l'arrière). Il peut les rentrer et les sortir grâce aux tendons fléchisseurs. Recourbées et très acérées, les griffes sont bien adaptées à la préhension de proies. Les 30 dents du chat (16 sur la mâchoire supérieure et 14 sur la mâchoire inférieure) sont les plus spécialisées parmi les carnivores. Les chats ne peuvent pas mâcher, leur nourriture est tranchée et déchirée et non écrasée et broyée. La dentition de cet animal est aussi prévue pour saisir et retenir.

La peau du chat se régénère rapidement et combat remarquablement vite l'infection causée par une blessure. Le chat est sujet à des mues durant toute l'année, mais il perd son poil de façon plus prononcée lors des changements de saison.

Sens Les yeux des chats s'adaptent rapidement (la capacité d'ajuster le foyer en fonction de la distance) et voient bien dans l'obscurité quasi complète ou dans la vive lumière du jour. L'ouïe du chat est hypersensible, et il peut entendre des ultrasons à un degré plus élevé que l'humain peut percevoir, c.-à-d. des fréquences de plus de 65 kHz.

Le toucher du chat est comparable à celui d'un insecte. Chaque poil est sensible, ce qui comprend les sourcils, les moustaches, les poils autour des joues et les touffes des oreilles. Il en est de même pour le bout du museau et les coussinets des pattes. Le goût et l'odorat sont étroitement reliés. Les chats choisissent et trouvent leur nourriture en fonction de l'odeur. La langue du chat, qui remplit diverses fonctions reliées à sa toilette et à son alimentation, est l'organe principal du goût.

Races La Canadian Cat Association (CCA) reconnaît 45 races. Celles-ci ont évolué petit à petit, soit de façon naturelle, soit par des croisements sélectifs intentionnels. Il y a deux types de chats: le très populaire chat de maison, résultat d'un croisement aléatoire entre différentes races, et le chat pure race, qui appartient à une race spécifique et dont les caractéristiques sont conservées de génération en génération sans qu'il y ait eu croisement avec une autre race. En général, les chats pure race sont divisés en deux catégories: ceux à poils longs et ceux à poils courts.

Les couleurs et les motifs de la fourrure des chats sont très variés. La fourrure peut être d'une couleur unie ou de plusieurs couleurs avec des rayures, comme c'est le cas du chat tigré, du chat écaille de tortue et du calicot. La fourrure peut aussi être ombragée comme celle du siamois, du birman, du balinais et de l'himalayen.

Associations L'engouement pour les chats au Canada a crû progressivement. Le tout premier concours, lequel dure alors deux jours et compte un juge en fonction, a lieu à Toronto en 1906. La plupart des chats pure race sont importés d'Angleterre. Durant la Seconde Guerre mondiale, les concours et l'élevage diminuent beaucoup. Après la guerre, l'intérêt revient, et on fonde la CCA en 1960.

Aujourd'hui, dans la majorité des grandes villes, il existe des clubs qui organisent au moins un concours par année. Le Canadian National Cat Club (CNCC), l'un des plus anciens clubs, avait l'habitude de parrainer les expositions félines de l'EXPOSI-

TION NATIONALE CANADIENNE (ENC). En 1968, le CNCC disparaît, et le parrainage de l'ENC incombe au Royal Canadian Cat Club, une filiale de la CCA.

Plusieurs clubs au Canada sont affiliés à d'autres associations, comme l'International Cat Association, le Cat Fanciers' Association (CFA), l'American Cat Fanciers Association (ACFA) et l'American Cat Association (ACA). Le Manitoba Cat Club de Winnipeg, le club le plus important et le plus actif au Canada, compte près de 150 membres. Fondé en 1962, il est affilié à l'ACFA.

John M. Bodner

Châtaignier (*Castanea*), genre d'arbres de la famille du HÊTRE (*Fagaceae*). Des dix espèces connues de Châtaigniers, une seule est indigène au Canada, le Châtaignier d'Amérique, et son aire de distribution est limitée au nord du lac Érié. Malheureusement, cette espèce est elle-même en voie de disparition à cause des ravages causés par la rouille, ou brûlure du Châtaignier, une maladie qui a fait son apparition vers 1900. Les quelques individus qui survivent aux attaques de cette maladie dépassent à peine 10 m de hauteur, alors qu'auparavant les Châtaigniers atteignaient plus de 30 m de hauteur et un mètre de diamètre. Les feuilles alternes sont lancéolées et grossièrement dentées. Les nervures rectilignes se prolongent au-delà du limbe et forment une soie courte. Les châtaigniers poussent ordinairement dans les sols sableux ou graveleux et bien drainés. Le bois, léger et résistant à la carie, servait auparavant à faire des piquets et des poteaux. Les fruits comestibles, connus sous le nom de châtaignes, faisaient l'objet d'un commerce intéressant.

Estelle Lacoursière

Château, clique Surnom donné à un petit groupe de dirigeants, en général des membres de la communauté marchande anglophone, y compris John MOLSON et James MCGILL, qui a dominé les conseils exécutif et législatif ainsi que les postes de juges et de hauts fonctionnaires du BAS-CANADA jusqu'aux années 1830. Nommés par le gouverneur, les membres des conseils lui faisaient des recommandations sur les affaires locales, contribuaient à l'élaboration des politiques gouvernementales et contrôlaient les recettes, le mécénat et les concessions de terre. L'expression fait allusion au château Saint-Louis, la résidence du gouverneur et l'emplacement des bureaux du gouvernement.

La clique s'employa énergiquement à la construction de canaux, à l'établissement d'institutions bancaires et à l'abolition du SYSTÈME SEIGNEURIAL et du DROIT CIVIL français. En 1810, l'influence des marchands sur le gouvernement se limite aux conseils nommés. En effet, les autorités impériales ont tendance à céder les terres à la majorité d'expression française; de plus, les marchands anglophones sont évincés de l'assemblée élue par les professionnels canadiens-français. Avant 1810, les conseils nommés ont résisté aux tentatives de Pierre BÉDARD d'instituer la responsabilité ministérielle. Dans les années 1820, ils s'opposent aux efforts de l'assemblée visant à prendre le contrôle des recettes publiques et poursuivent leurs efforts d'assimilation des Canadiens français. En 1822, la clique appuie le projet de réunir le Haut et le Bas-Canada. Enfin, dans les années 1830, elle bloque les résolutions de Louis-Joseph PAPINEAU, qui exige un GOUVERNEMENT RESPONSABLE sous la forme d'un conseil législatif élu. En 1834, les tensions ethniques de même que les tensions entre les classes ont à ce point polarisé la politique que seuls neuf membres anglophones de l'assemblée appuient les conseils nommés; par la suite, l'influence de la clique du Château ne cessera de décliner.

David Mills

Châtelaine Le magazine *Châtelaine*, fondé en octobre 1960 et publié à Montréal par Maclean Hunter ltée, fait maintenant partie de l'empire médiatique de Rogers Communications. Avec un tirage de 193 127 exemplaires en 1994, c'est un des plus importants magazines féminins de langue française au monde. *Châtelaine* est lancée par le premier directeur général, Lloyd Hodgkinson, et son tirage initial de 111 905 exemplaires augmente rapidement. Quatre rédactrices en chef ont dirigé la revue depuis sa création, soit Fernande Saint-Martin (1960-1973), Francine Montpetit (1973-1984), Martine Demange (1984-1989) et Micheline Lachance de 1989 à aujourd'hui. Le président de *Châtelaine* est Jean Paré.

Ce magazine joue un rôle important au Québec depuis plus de trente ans. Seule publication en son genre au moment de sa parution, à une époque où la télévision, bien qu'encore balbutiante, fait disparaître presque tous les magazines francophones, *Châtelaine* décide de se donner comme mission d'informer les femmes québécoises des importants changements qui surviennent dans la société ainsi que dans leurs rôles familial et personnel. Dès les premiers numéros, il s'attaque à des sujets aussi controversés que la contraception, le droit des femmes à l'égalité, le divorce, la garde des enfants et le rôle des femmes dans la politique. Ce périodique offre aussi aux lectrices des romans signés des meilleurs écrivains du pays, tels que Gabrielle ROY, Anne HÉBERT et Yves THÉRIAULT. Au fil des ans, des chroniques de mode, de cuisine et de consommation s'y ajoutent.

Chatham (Ontario), Chatham, ville de l'Ont.; pop. 43 409 (rec. 1996), const. en 1895. Chatham est une ville jusqu'à ce qu'elle fusionne avec 23 autres municipalités pour former la nouvelle municipalité de Chatham-Kent le 1er janvier 1998. Parmi ces 23 municipalités, citons Chatham-Kent (pop. 109 350) et les anciennes villes de WALLACEBURG (pop. 11 772, rec. 1996), Blenheim (pop. 4 873), Tilbury (pop. 4 448), Ridgetown (pop. 3 454) et Dresden (pop. 2 589). Le nom de la nouvelle municipalité vient du nom de l'ancienne ville et de l'ancien comté de Kent.

Fondée en 1794, Chatham est l'une des plus anciennes localités de l'ouest de l'Ontario. Située en bordure de la rivière Thames, elle est conçue à l'origine comme campement militaire par John Graves SIMCOE, lieutenant-gouverneur du HAUT-CANADA. Toutefois, l'établissement militaire ne progresse guère et la colonisation retarde jusque dans les années 1830. Son nom lui est donné par Simcoe en souvenir de Chatham, en Angleterre. Avant la GUERRE DE SÉCESSION, Chatham était un centre d'activités antiesclavagistes et l'un des terminus du Nord du CHEMIN DE FER CLANDESTIN, qui faisait entrer des esclaves fugitifs au Canada. Des descendants de milliers de ces anciens esclaves font partie intégrante de la population locale.

Chatham s'est développée en tant que centre de commercialisation pour la riche région des environs. L'économie locale repose à présent sur une industrie légère diversifiée, sur l'assemblage de poids lourds et sur l'agriculture. On y trouve aussi le campus du St. Clair College of Applied Arts and Technology.

Daniel Francis

Chatman, Stephen George, compositeur, professeur (Faribault, Minnesota, 28 fév. 1950). Chatman étudie avec Ross Lee Finney, Leslie Bassett, William Bolcom et Eugene Kurtz. Il obtient un baccalauréat en musique (1972) au Oberlin Conservatory et une maîtrise en musique (1973) ainsi qu'un D.M.A. (1977) à l'U. du Michigan. Une bourse Fulbright-Hays lui permet d'étudier auprès de Karlheinz Stockhausen à la Hochschule für Musik de Cologne, en Allemagne, en 1974. Il est trois fois lauréat du BMI Student Composer Award (1974-1976) et reçoit aussi des récompenses du National Institute of Arts and Letters des États-Unis (prix Charles Ives, 1975), du National Endowment for the Arts (1977), du Martha Baird Rockefeller Fund (1978) et de l'American Symphony Orchestra League (1986).

Chatman s'établit à Vancouver en 1976 pour enseigner la composition à l'U. de la Colombie-Britannique, où il est promu en 1982 au rang de professeur titulaire. Il compose de nombreuses œuvres sur commande, principalement pour le Conseil des arts du Canada et la Société Radio-Canada (SRC) de même que pour les orchestres symphoniques de Toronto, d'Edmonton et de Vancouver, l'orchestre de la SRC à Vancouver, la SOCIÉTÉ DE MUSIQUE CONTEMPORAINE DU QUÉBEC, la Vancouver New Music, la pianiste Jane Coop, la contralto Maureen FORRESTER, la Vancouver Chamber Choir, les Vancouver Cantata Singers et le Canadian Children's Opera Chorus. Ses œuvres sont également exécutées par les orchestres de St. Louis, de San Francisco, de Detroit, de Winnipeg, de Calgary, de Sydney (Australie) et de Dallas, de la BBC et de la radio berlinoise ainsi que par le flûtiste Robert AITKEN, le PURCELL STRING QUARTET et le guitariste Leo Brouwer.

Les œuvres de Chatman ont été publiées par E.B. Marks, Presser, Boosey & Hawkes, E.C. Schirmer, Dorn, Frederick Harris, Jaymar et Berandol; elles ont été enregistrées sous les étiquettes Centrediscs, CRI et Opus One.

La musique de Chatman est directe et très convaincante. Ses influences vont de Ravel à Béla Bartók et à Charles Ives. Ses œuvres chorales plutôt conservatrices ont connu beaucoup de succès, particulièrement sous la baguette du chef d'orchestre de la Vancouver Chamber Choir, Jon Washburn (qui a enregistré un disque compact complet de Chatman sous l'étiquette Centrediscs du Centre de musique canadienne). Le compositeur tire son inspiration de la pittoresque côte ouest du Canada, entre autres, comme en témoignent des œuvres telles que *Due North*, *Grouse Mountain Lullaby*, *Five British Columbia Folk Songs* et *Mountain Sojourn*.

Chatman est compositeur accrédité du CENTRE DE MUSIQUE CANADIENNE, membre de l'American Society of University Composers et de la Société canadienne des auteurs, compositeurs et éditeurs de musique.

Rick MacMillan

Chauchetière, Claude, missionnaire jésuite, peintre (Saint-Porchaire-de-Poitiers, France, 7 sept. 1645—Québec, 17 avril 1709). Si quelques jésuites eurent recours aux images pour évangéliser les Amérindiens, Chauchetière, arrivé au Canada en 1677, est peut-être celui qui nous a le mieux renseignés sur son activité de peintre et de missionnaire.

Non seulement sa narration annuelle de la Mission du Sault depuis sa fondation jusqu'à l'an 1686 raconte son activité de missionnaire à la mission iroquoise de Saint-François-Xavier au Sault-Saint-Louis (Kanawaké, Québec), mais elle nous en fournit également les illustrations.

On lui attribue aussi le portrait de Katéri TEKAKWITHA qui se trouve dans l'église de Kanawaké, mais il s'agit probablement d'une copie postérieure à son tableau, la chapelle qui y est représentée ne pouvant être celle qu'il avait connue.

Francois-Marc Gagnon

Chaudière, rivière Cette rivière a une longueur de 193 km et un bassin de 6690 km². Située en Beauce, dans le sud du Québec, elle est nommée d'après les eaux «en ébullition» de ses chutes, rappelant celles d'une chaudière surchauffée, ou bien à cause de la présence de nombreuses marmites d'érosion dans les grès au pied des chutes. Les ABÉNAQUIS l'appelaient «Papawikotekw», ou «rivière de la chaudière en étain». Depuis le LAC MÉGANTIC, au pied des montagnes frontalières, elle coule vers le nord-est en franchissant les rapides du plateau appalachien. Elle atteint les basses terres du Saint-Laurent, en aval de Sainte-Marie, et se jette dans le fleuve Saint-Laurent, presque en face de QUÉBEC, après avoir formé, à 3 km de son embouchure, des chutes de 35 m. Son cours est très sinueux et son lit très rocailleux. La rivière est reconnue pour ses inondations, et la région qu'elle traverse, pour le dynamisme en affaires de ses riverains, les Beaucerons. D'une région strictement agricole jusqu'au début du XXᵉ s., les industries du bois, du cuir et du textile deviennent la principale production vers 1950. Depuis, se sont ajoutées les industries de l'alimentation, du meuble, du vêtement, des métaux et de l'imprimerie. Dès 1640, la Chaudière est la route utilisée par les Abénaquis pour se rendre de la ville de Québec au Maine. Lors de la Guerre d'Indépendance américaine en 1775, les troupes du colonel Benedict ARNOLD, en provenance de Boston, empruntent la rivière pour venir attaquer Québec. Les principales villes sur son parcours sont Saint-Georges (pop. 20 057; rec. 1996) et Sainte-Marie (pop. 10 966; rec. 1996).

Jean-Marie Dubois et Pierre Mailhot

Chaurette, Normand, dramaturge (Montréal, 9 juil. 1954). Sa première pièce, *Rêve d'une nuit d'hôpital* (théâtre radiophonique, reprise plus tard à la scène) obtient le prix Paul-Gilson en 1976, alors qu'il termine ses études de lettres à l'U. de Montréal. Pendant quelques années, il travaille chez l'éditeur Leméac, tout en poursuivant ses travaux d'écriture, auxquels il se consacre exclusivement depuis 1990.

Avec Michel Marc BOUCHARD, René-Daniel DUBOIS et Jean-Pierre RONFARD, il a fait réaliser au théâtre québécois ce qu'on a nommé le «grand virage de 1980», année où sa première pièce est créée à la scène et publiée. On trouve déjà dans ce *Rêve d'une nuit d'hôpital*, inspiré par l'enfance et l'internement en hôpital psychiatrique du poète NELLIGAN, les caractéristiques de cette nouvelle dramaturgie qui abandonne l'usage d'une langue populaire et l'inscription dans la réalité socio-culturelle propres à la décennie précédente: une écriture littéraire faisant du créateur lui-même, mis en abîme, le cœur de la fiction dramatique. *Fêtes d'automne* et, surtout, *Provincetown Playhouse, juillet 1919, j'avais 19 ans* (1982) poursuivront dans la même voie. Cette dernière, très poétique et d'une grande complexité, peut être considérée comme l'une des plus grandes œuvres de tout le répertoire québécois: se déroulant sur le lieu de naissance du théâtre américain moderne et racontant une histoire tragique de meurtre et de folie, elle s'enracine profondément dans la tradition théâtrale, celle d'O'Neill, mais aussi d'Ibsen et de Racine.

Les œuvres suivantes, toutes traversées par une riche intertextualité et un sens de la transgression, qui repoussent toujours plus loin les frontières entre réalité et fiction théâtrale, composent une fresque très diversifiée. Celle-ci promène le spectateur tantôt dans une villégiature québécoise fréquentée par de riches Américains (*La Société de Métis*, 1983), tantôt dans un lointain et fictif Cambodge (*Fragments d'une lettre d'adieu lus par des géologues*, 1986), en Italie avec Verdi, pour y évoquer l'Égypte de l'opéra *Aïda: Je vous écris du Caire* (1996). À partir de 1990, il retraduit *Hedda Gabler* d'Ibsen et plusieurs pièces de Shakespeare, une expérience d'où il a tiré une pièce parfaitement originale qui se veut une réécriture (du point de vue des femmes) de *Richard III: Les Reines* (1991). *Le Passage de l'Indiana* (1996), *Stabat mater* (1997), *Petit navire* (1999), *Stabat mater II* (1999) et *Le Petit Köchel* (2000) sont, à ce jour, les dernières œuvres de ce dramaturge prolifique.

Les textes de Chaurette, presque toujours considérés comme «injouables», ont pourtant connu un remarquable succès aussi bien au Québec qu'à l'étranger. *La Société de Métis* a été beaucoup jouée en Italie, *Les Reines* ont eu l'honneur d'être la première pièce canadienne jouée à la Comédie française, *Le Passage de l'Indiana* et *Le Petit Köchel* ont été créés au festival d'Avignon.

Jean Cléo Godin

Chaussé, Joseph-Alcide, architecte, auteur (Saint-Sulpice, Qc, 7 janv. 1868—Montréal, 7 oct. 1944). Après avoir travaillé à son compte à Montréal, il est nommé inspecteur des bâtiments pour la ville de 1900 à 1918. Il rédige à l'usage de la ville de Montréal et de la province de Québec des articles sur la prévention des incendies ainsi que des manuels portant sur les lois de la construction. Il est le principal promoteur de l'Institut royal d'architecture du Canada et remplit les fonctions de secrétaire honoraire depuis les débuts, en 1907, jusqu'en 1942. Pendant toute sa carrière, il cherche à améliorer les normes architecturales. Son ouvrage le plus célèbre demeure la conception du théâtre Empress, rue Sherbrooke Ouest, dont le style égyptien lui est venu de l'émerveillement suscité par la découverte de la tombe de Toutânkhamon en 1922.

Robert Lemire

Chaussegros de Léry, Gaspard-Joseph, officier d'infanterie de l'armée française (Toulon, France, 3 octobre 1682—Québec, 23 mars 1756). Chaussegros de Léry est ingénieur du roi en Nouvelle-France à partir de 1716. Il est attaché au ministère de la Marine lorsqu'il est envoyé en Nouvelle-France pour lever les plans des fortifications existantes et faire des recommandations sur les travaux à entreprendre pour assurer la défense de la colonie. Il a été initié au génie militaire par son père, ingénieur militaire, et a suivi l'armée française dans diverses campagnes pour se familiariser avec l'art des fortifications. Même s'il ne possède pas une formation académique, Chaussegros de Léry tente néanmoins, deux ans avant son départ pour la colonie, de faire publier un «Traité de fortification divisé en huit livres», privilège que la Cour lui refuse toute sa vie. Le manuscrit est aujourd'hui conservé aux Archives nationales du Canada à Ottawa.

Dès son arrivée à Québec, Chaussegros de Léry lève des plans, fait préparer d'imposants plans-reliefs décrivant l'état des fortifications à Québec et à Montréal et les expédie à Paris en 1720 et 1721. L'ingénieur se plaît à Québec où, le 13 octobre 1717, il épouse Marie-Renée Legardeur, qui lui donne dix enfants. Sa première mission terminée, il obtient une nomination permanente dans la colonie au poste d'ingénieur en chef.

La contribution de Gaspard-Joseph Chaussegros de Léry au développement de la Nouvelle-France est considérable. En premier lieu, il se consacre à fortifier les villes de la colonie, principalement Québec et Montréal, dont il dresse les projets d'enceinte. C'est lui qui, dès 1716, imagine la CITADELLE DE QUÉBEC, que les Britanniques érigent plus tard, entre 1825 et 1830. Même si elle est retravaillée après la Conquête, la fortification de Québec reste l'œuvre majeur de cet ingénieur du roi de France. Cependant, la majeure partie des monuments de sa carrière dans le génie sont des œuvres sur papier, car plusieurs de ses réalisations n'ont pas survécu au temps ou ont été sévèrement altérées. Quelques objets exemplaires demeurent néanmoins, telles la caserne du FORT NIAGARA (État de New York, 1726) et les Nouvelles Casernes du parc de l'Artillerie à Québec (1749, en cours de restauration).

L'œuvre sur papier a cependant conservé son actualité, les cartes de la ville de Québec et de Montréal qu'il a dressées sont encore aujourd'hui considérées comme les premiers plans directeurs de ces deux villes. Ainsi, à Québec, toute la portion ouest de la haute ville *intra-muros* et l'ensemble du secteur du Vieux-Port ont été lotis selon les plans de Chaussegros de Léry, notamment son plan de 1752.

La contribution la plus durable de Chaussegros de Léry tient cependant à son sens de l'adaptation. Nul n'a mieux compris que les conditions socio-économiques et climatiques de la Nouvelle-France empêcheraient toujours qu'on y transpose les techniques de construction et l'esthétique architecturale du classicisme monumental régalien de la métropole. Au fil des ans, l'ingénieur propose donc des matériaux et des techniques de substitution. Il recherche et préconise l'usage de matériaux locaux, crée des projets plus «adaptés», c.-à-d. plus réalistes à construire, érige des prototypes au contact desquels les hommes de métier ont l'occasion de se former en acquérant de nouveaux savoir-faire, en harmonie avec le milieu de la Nouvelle-France. En inspirant habilement les règlements et ordonnances des intendants de la colonie, il réussit à inscrire les conventions et les usages utilisés dans l'Ancien Régime (obligation de cohabiter dans les maisons bourgeoises, interdiction aux non-nobles d'utiliser les ordres d'architecture, etc.). La maison urbaine qu'il crée entre 1725 et 1745, est à la fois le modèle achevé d'une quête rationnelle de la forme essentielle qu'exige le contexte physique (notamment la lutte contre les incendies) ainsi que le monument qui sauvegarde la cohérence de la société hiérarchisée et conventionnelle constituée en France métropolitaine. Tout cela vaut à Gaspard-Joseph Chaussegros de Léry la notoriété: il reçoit la croix de Saint-Louis en 1741 et a droit à des funérailles militaires à la cathédrale Notre-Dame de Québec, dont il a été l'architecte. Aujourd'hui, l'histoire de l'architecture le reconnaît comme le père de la première véritable «architecture canadienne».

Luc Noppen

Chaussure, industrie de la L'industrie de la chaussure est le secteur de l'industrie manufacturière du Canada (*voir* FABRICATION INDUSTRIELLE) qui fabrique des chaussures pour tous les besoins: chaussures spécialisées pour l'industrie, chaussures pratiques, chaussures adaptées au climat rigoureux, pantoufles, chaussures de ville, mules et espadrilles de sport pour hommes, femmes et enfants.

Historique L'industrie de la chaussure est l'une des plus anciennes du Canada. On ignore le nom de la première personne à avoir confectionné une paire de chaussures au Canada, mais on sait que François Byssot de Pointe-Lévy, au Québec, a construit la première tannerie en 1668. Byssot est soutenu par Jean TALON, qui lui avance la somme de 3268 livres pigée à même le trésor royal. La Compagnie des Indes occidentales ajoute 1500 livres.

Le premier recensement canadien (1666) dénombre 20 fabricants de chaussures pour une population de 3215 habitants. En plus de combler les besoins de la colonie, l'industrie doit aussi équiper un régiment de soldats. Comme tous les cordonniers du monde, ceux du Canada utilisent une alène, un couteau recourbé, une aiguille et une forme de bois. Ils installent leur échoppe chez eux et emploient de quatre à cinq personnes.

Vers le milieu du XIXᵉ siècle, l'introduction de la machine révolutionne la fabrication de la chaussure. On adapte la machine à coudre pour coudre les éléments de la chaussure. D'autres appareils sont mis au point pour couper, coller, clouer et vulcaniser les différentes parties de la chaussure.

Finalement, l'artisanat se transforme en industrie sophistiquée et très mécanisée. Le recensement de 1871 relève 4191 manufactures de chaussures au Canada. La majorité sont de petites échoppes qui font aussi la réparation. Avec l'arrivée d'un équipement mécanisé, bon nombre de ces petits fabricants sont forcés de fermer leurs portes en raison du coût élevé de la machinerie et de la construction d'usines.

L'industrie moderne La consolidation a marqué l'industrie moderne. En 1950, les 292 usines de chaussure du Canada produisent 33,9 millions de paires de chaussures, évaluées à 111 millions de dollars. L'industrie emploie 20 785 travailleurs. En 1985, on dénombre 169 usines qui emploient 14 164 personnes et produisent 43 millions de paires de chaussures pour une valeur de 870 millions de dollars. L'industrie se concentre à Montréal, à Québec, à Toronto et dans la région de Kitchener-Cambridge, en Ontario. Environ 90 p. 100 des entreprises appartiennent à des Canadiens.

Parmi les plus connues d'entre elles, on retrouve Bastien Brothers Inc. de St-Émile, au Québec, fabricant de bottes d'hiver pour le marché nord-américain; Santana Inc. de Sherbrooke, fabricant de bottes d'hiver et de chaussures de ville pour femmes; Greb Industries, fabricant des patins Bauer; Hush Puppies et Kodiak, fabricants de bottes de travail et de randonnée; Kaufman Footwear de Kitchener, fabricant de chaussures imperméables, de bottes de sécurité et des chaussures d'hiver Sorel; Susan Shoe Industries Ltd., d'Hamilton, fabricant des chaussures de ville Cougar; et Tender Tootsies Ltd., l'un des plus prospères et des plus importants fabricants canadiens de chaussures pour femmes en matériel synthétique et à prix abordable. Bata Ltd. de Don Mills, en Ontario, est le siège social de la Bata Shoe Organization, la plus grande entreprise de fabrication et de commercialisation de chaussures au monde avec ses 192 entreprises réparties dans 61 pays.

En 1968, la fabrication de la chaussure connaît sa meilleure année avec 52,9 millions de paires. Ce chiffre chute à 43 millions en 1986, principalement à cause de l'afflux sur le marché canadien de chaussures importées de pays à revenus modiques. Le salaire moyen là-bas équivaut à un dixième de celui d'un travailleur canadien de la chaussure. Jusqu'au début des années 60, les importations ne comptent pas vraiment sur le marché canadien, mais de 6,8 millions de paires qu'elles étaient en 1972, elles grimpent à 75 millions en 1986, soit 63 p. 100 du marché canadien de la chaussure cette année-là. Les importations de l'Asie dominent dans les gammes bon marché et celles de l'Europe dans la chaussure de luxe.

La détérioration de la part canadienne du marché national pousse les fabricants de chaussures à solliciter la protection du gouvernement fédéral contre l'envahissement des importations. Selon eux, leur part actuelle du marché, soit moins de 50 p. 100, menace non seulement leur survie, mais aussi celle des industries connexes (p. ex., l'industrie du cuir) sans compter celle de nombreux fournisseurs. En réponse aux demandes des fabricants de chaussures, le gouvernement adopte des mesures de protection contre les importations en 1977 en imposant des quotas sur toutes les chaussures entrant au Canada. Ces quotas restent en vigueur jusqu'au décembre 1988.

Durant cette période de répit, l'industrie continue à introduire des techniques électroniques et d'automation et entreprend des programmes de restructuration pour faire face à la concurrence étrangère. L'industrie canadienne développe aussi des marchés d'exportation et accroît sa spécialisation dans la chaussure d'hiver, qui lui vaut déjà une réputation d'excellence.

Bien que les salaires aient plus que doublé au cours de la dernière décennie, ils demeurent inférieurs à ceux des autres industries manufacturières. Pour chaque dollar perçu des ventes de chaussures par les fabricants, la moitié paie les matériaux et un quart, la main-d'œuvre. Le solde (25 p. 100) couvre les frais d'administration et les profits. (*Voir* aussi APPRENTISSAGE; Thomas J. BATA; CUIR, TRAVAIL DU.)

Frances Kelley

Chautauqua Institution ambulante fondée à Chautauqua Lake, dans l'État de New York, dont les origines canadiennes s'inspirent des sociétés de tempérance méthodistes avec comme but d'éduquer, d'animer et de divertir les gens dans l'ensemble de l'Amérique du Nord. En 1917, John M. Erickson importe cette idée des États-Unis pour l'appliquer en Alberta. Il fonde alors Dominion Chautauquas (Canadian Chautauquas après 1926), une entreprise établie à Calgary qu'il dirige avec succès jusqu'en 1935 avec le concours de son épouse, Nola. Ils mettent ainsi sur pied au Canada un ensemble de circuits où planter leur chapiteau, de la côte du Pacifique jusqu'en Ontario avec des pointes au Québec, en remontant vers les limites septentrionales de la colonisation dans les Prairies.

Les programmes, étalés sur quatre à six jours, comprennent des récitals, des conférences, des pièces de théâtre ainsi que des spectacles de magie ou de marionnettes. Les artistes donnent chaque jour une représentation différente, puis se rendent dans la

ville suivante le long du circuit. Le déplacement sécuritaire des travailleurs, artistes, chapiteaux et du matériel le long des itinéraires requiert une organisation soignée et un personnel nombreux. Au total, une cinquantaine de jeunes hommes s'emploient à monter les chapiteaux, tandis qu'environ 80 jeunes femmes aident à la mise sur pied des comités locaux et s'occupent des activités. Cette main-d'œuvre est essentiellement composée d'étudiants universitaires, qui acquièrent ainsi un sens de l'initiative, une confiance et des compétences qui favoriseront leur réussite dans la vie.

Les spectacles des Chautauquas représentent un bon divertissement familial, et le public les apprécie. Pour beaucoup de spectateurs, c'est la seule possibilité d'assister à des événements culturels. Les représentations élargissent les horizons, colorant et embellissant la vie de bien des gens. Ces tournées prennent fin en raison de l'évolution des goûts populaires, de la multiplication des salles de cinéma et de l'essor de la radio, et parce que la situation économique s'est améliorée après la Crise.

Sheilagh S. Jameson

Chauveau, Pierre-Joseph-Olivier, avocat, éducateur, politicien, premier ministre du Québec de 1867 à 1873 (Charlesbourg, Bas-Canada, 30 mai 1820—Québec, 4 avril 1890). Élu à l'Assemblée de la province du Canada en 1844, il occupe par la suite plusieurs postes ministériels. Il démissionne de l'Assemblée en 1855 pour devenir surintendant de l'Instruction publique, poste qu'il occupe jusqu'en 1867. C'est au cours de son mandat que le Conseil de l'Instruction publique formé de 15 membres est mis sur pied pour superviser le système scolaire. Les conservateurs John A. MACDONALD et Georges-Étienne CARTIER le choisissent pour devenir le premier premier ministre du Québec, en remplacement de J.É. Cauchon en 1867. Chauveau siège à l'Assemblée législative et à la Chambre fédérale. Peu marquant comme premier ministre, on le convainc de démissionner en 1873 pour siéger au Sénat. L'année suivante, cependant, il tente sans succès de se faire réélire à la Chambre des communes. En 1878, il commence à enseigner à la faculté de droit de l'U. Laval à Montréal et en devient le doyen de 1884 à 1890. Homme de lettres, Chauveau est sollicité comme conférencier, écrit abondamment sur l'éducation ainsi que d'autres sujets et est l'auteur d'un roman, *Charles Guérin, roman de mœurs canadiennes* (1853, publié en feuilleton en 1846-1847).

Daniel Latouche

Chauve-souris MAMMIFÈRE nocturne de l'ordre des CHIROPTÈRES. C'est le seul mammifère capable de voler. Deux familles sont représentées au Canada: celle des vespertilionidés, qui inclut les chauves-souris à face lisse, et celle des molossidés, qui comprend les chauves-souris à queue libre. La masse corporelle des 19 espèces canadiennes varie de 5 g, chez la chauve-souris pygmée (*Myotis leibii*), à 35 g, chez le grand molosse (*Tadarida macrotis*).

Écholocation Bien que toutes les espèces de chauves-souris puissent voir, la majorité volent et chassent en utilisant leur système d'écholocation ou sonar biologique. La petite chauve-souris brune (*M. lucifugus*) émet entre 50 et 500 signaux par seconde afin de détecter des insectes plus petits que des moustiques à des distances de 1 ou 2 mètres. Puisque la différence entre le signal émis et son écho contient des informations sur la cible, la chauve-souris doit écouter chaque signal qu'elle émet. Même si l'écholocation se fait surtout avec des hautes fréquences (ou ultrasons), certaines espèces utilisent des basses fréquences (moins de 20 kHz) audibles à l'oreille humaine.

Au Canada, l'oreillard maculé émet des sons que l'on peut entendre, mais les autres espèces utilisent des ultrasons. La majorité des espèces produisent ces sons d'orientation dans leur larynx. Les sons les plus intenses ont probablement une plus grande portée (jusqu'à 15 m) que ceux de moindre intensité. Plu-

sieurs espèces de papillons perçoivent les ultrasons et sont ainsi alertées de la présence des chauves-souris.

Reproduction et développement Les chauves-souris produisent chaque année une portée d'un à deux petits (rarement trois ou quatre). La majorité des espèces canadiennes s'accouplent à l'automne, et les femelles emmagasinent le sperme pour l'hiver. L'ovulation et la fertilisation ont lieu quand les femelles sortent de l'hibernation au printemps, et les jeunes naissent 50 à 70 jours plus tard. Le poids des nouveau-nés équivaut à environ 25 p. 100 de celui de leur mère. Ils grandissent très rapidement en se nourrissant du lait maternel jusqu'à ce qu'ils soient assez grands pour voler et pour chasser des insectes. Les jeunes de la petite chauve-souris brune sont capables de voler à l'âge de trois semaines. Les chauves-souris peuvent vivre longtemps: une petite chauve-souris brune baguée en Ontario et retrouvée en 1977 était âgée de plus de 30 ans.

Répartition et habitat L'hiver, les chauves-souris hibernent ou migrent dans des régions chaudes. Des programmes de baguage ont montré que certaines espèces canadiennes migrent sur plusieurs centaines de kilomètres vers des refuges d'été. L'été les chauves-souris canadiennes vivent en colonies dans les arbres, les falaises ou les bâtiments. En hiver, la plupart choisissent des cavernes ou des mines désaffectées comme sites d'hibernation. Seule la grande chauve-souris brune (*Eptesicus fuscus*) hiberne régulièrement dans des bâtiments. Au Canada, on rencontre les chauves-souris depuis la frontière des États-Unis jusqu'à la LIMITE FORESTIÈRE, mais une chauve-souris rousse (*Lasiurus borealis*) errante a été observée dans l'île de Southampton dans l'Arctique.

Régime alimentaire L'été, les chauves-souris canadiennes consomment quotidiennement jusqu'à 50 p. 100 de leur masse corporelle en insectes. Parmi les nombreuses espèces tropicales, certaines se nourrissent de fruits, de nectar et de pollen, et d'autres, qui sont carnivores, mangent des poissons, des oiseaux, des grenouilles, des souris et même d'autres chauves-souris. Les espèces les plus infâmes sont les vampires. Parmi ces buveurs de sang, trois espèces vivent en Amérique centrale et en Amérique du Sud. Elles utilisent leurs incisives très coupantes pour percer leurs proies, et un anticoagulant dans leur salive empêche le sang de coaguler. On ne rencontre pas de chauves-souris vampires au Canada.

M.B. Fenton

Chee Chee, Benjamin, artiste (Kenneth Thomas Benjamin, Temagami, Ont. 26 mars 1944—Ottawa, 14 mars 1977). Après une jeunesse instable, Chee Chee, d'ascendance OJIBWÉE, déménage à Montréal en 1965; on l'encourage alors à cultiver son goût du dessin. Sa première exposition, tenue après son installation à Ottawa en 1973, se compose de toiles abstraites aux motifs géométriques en formes de blocs. En 1976, son style avait pris une tournure radicalement différente, avec des représentations linéaires sobres d'oiseaux et d'animaux aux traits nets et élégants, caractérisées par un vif sens de l'humour et un mouvement intense. Contrairement à d'autres artistes autochtones, Chee Chee nie tout contenu symbolique: selon lui, il s'agit plutôt de «créatures du présent» dont les formes traduisent ses conceptions esthétiques. Au faîte de sa gloire, après une rechute dans l'alcoolisme, il se suicide en prison à Ottawa.

Ruth B. Phillips

Chef de l'opposition Le chef du parti qui se classe au deuxième rang pour le nombre de sièges à la CHAMBRE DES COMMUNES est habituellement le chef de l'opposition. Si ce chef, ordinairement élu à un CONGRÈS À LA DIRECTION nationale, ne détient pas de siège, le LEADER PARLEMENTAIRE du parti le remplace temporairement à ce poste.

Le poste de chef de l'opposition est consacré par une loi en 1905 et comporte les mêmes modalités de traitement et d'allocations que le poste de ministre (*voir* CABINET). Le chef de l'opposition est un parlementaire qui espère devenir PREMIER MINISTRE et il est le principal critique des programmes et politiques du gouvernement. Il dirige son parti au PARLEMENT et nomme les principaux membres de son caucus au sein d'un «cabinet fantôme» chargé de surveiller le travail des ministres. Le premier ministre le consulte généralement avant de nommer le PRÉSIDENT DE LA CHAMBRE DES COMMUNES et parfois aussi avant de nommer le GOUVERNEUR GÉNÉRAL.

Si le gouvernement est défait à la Chambre des communes, le chef de l'opposition peut être appelé à former un gouvernement si le premier ministre décide de démissionner plutôt que de demander la dissolution de la Chambre. Dans les assemblées législatives provinciales, le chef de l'opposition a des fonctions semblables. La résidence officielle de STORNOWAY est attribuée au chef de l'opposition fédéral.

John Saywell

Chefs d'orchestre et chefs de chœur Le fait, pour un musicien, de diriger un groupe de chanteurs ou d'instrumentistes sans chanter ni jouer d'un instrument lui-même est essentiellement une création du début du XIXe siècle. Le fait d'en faire une carrière à plein temps est le produit des dernières décennies du même siècle. On peut donc supposer que, lors des concerts donnés à Québec dans les années 1790, c'était le premier violon principal ou le claveciniste qui donnait le signal de départ, et que les centaines de chefs de chœur et de chefs d'orchestre du Canada victorien gagnaient leur vie en enseignant la musique, en jouant de l'orgue à l'église, ou en dirigeant un magasin de musique, à moins que leur gagne-pain n'ait été totalement étranger au monde musical.

Les musiciens au talent exceptionnel peuvent gagner du prestige, ainsi qu'un maigre gagne-pain, comme organisateurs et chefs d'orchestre des sociétés philharmoniques qui se spécialisent dans la production d'oratorios et de cantates. Guillaume COUTURE, à Montréal, et l'Anglais Frederick Herbert Torrington, à Toronto, en sont des exemples à la fin du XIXe siècle. Les conditions ne permettent pas de fonder et de financer des orchestres permanents ou des compagnies d'OPÉRA, mais, au tournant du siècle, les chœurs et les orchestres (ou harmonies) abondent. Augustus Stephen VOGT, fondateur (1894) du Toronto Mendelssohn Choir, et Joseph Vézina, organisateur de nombreux orchestres et premier chef d'orchestre de la Société symphonique de Québec (1903, aujourd'hui appelée Orchestre symphonique de Québec), le plus ancien orchestre du Canada, se distinguent de leurs pairs.

Au début du XXe siècle, dans la plupart des grandes villes, les orchestres semi-professionnels ou professionnels deviennent les principaux ensembles musicaux. Les premiers fondateurs d'orchestres sont en général des musiciens d'orchestre ou des organistes d'église immigrants qui ont l'occasion de devenir chefs d'orchestre au Canada. Joseph-Jean Goulet et Douglas Clarke à Montréal, Donald Heins à Ottawa, et Luigi von Kunits à Toronto en sont des exemples. Les chefs de chœur de premier plan sont aussi, pour la plupart, des immigrants, parmi lesquels Herbert Austin Fricker, qui succède à Vogt; Hugh BANCROFT, actif à Winnipeg et à Vancouver; et Frederic Lord, qui fonde le Canadian Choir à Brantford, en Ontario.

Au même moment, les chefs canadiens font leur marque aux États-Unis: Bruce Carey et Gena BRANSCOMBE comme chefs de chœur, et Wilfrid PELLETIER au Metropolitan Opera de New York. Répétiteur pendant de nombreuses années au Metropolitan, Pelletier y devient l'un des chefs d'orchestre attitrés en 1922 et se spécialise dans le répertoire français. À partir du milieu des années 30, il joue aussi un rôle important dans l'organisation et la direction d'orchestres à Montréal et à Québec. Pelletier est aussi un pionnier dans la conception de concerts pour la jeunesse.

Pelletier est né en 1896 et sir Ernest MACMILLAN, en 1893. Bien qu'ils soient des contemporains et les plus célèbres chefs que le Canada a produit jusqu'à maintenant, ils ont emprunté des voies bien différentes pour arriver à la direction d'orchestre. MacMillan a été organiste et professeur de musique et n'a qu'une expérience limitée de la direction lorsque, en 1931, à la suite du décès de von Kunits, il est nommé chef de l'Orchestre symphonique de Toronto en raison de la force de son sens musical. Pendant 25 ans, il mène l'Orchestre à ses premiers succès. Il excelle dans la musique de Bach, mais présente aussi un répertoire très varié. MacMillan, pour sa part, est un chef d'orchestre invité partout au Canada et parfois à l'étranger. En 1942, il prend aussi la direction du Toronto Mendelssohn Choir.

Au milieu du XXe siècle, les chefs d'orchestre immigrants et canadiens enrichissent la scène des concerts et les critères d'interprétation qu'ils établissent sont très relevés. Les Européens ont de l'expérience dans le répertoire symphonique et les grands opéras, tandis que les Canadiens deviennent souvent experts dans le nouveau domaine de la direction en studio, un dérivé des technologies en développement dans les domaines de la radiodiffusion et du cinéma. Le chef d'orchestre de studio dirige rarement pour impressionner un public; il se préoccupe plutôt du micro et du chronomètre. La portée stylistique de la programmation diffusée sur les ondes est illimitée et va de la musique de concert aux intermèdes et à la musique d'ambiance. Les chefs d'orchestre qu'on entend le plus souvent dans les émissions de la Société Radio-Canada, notamment John AVISON, Jean-Marie BEAUDET, J.-J. Gagnier (mieux connu comme chef d'harmonie), Roland Leduc ou Geoffrey WADDINGTON, développent en effet une grande faculté d'adaptation et beaucoup de polyvalence. Il en va de même des chefs d'orchestre de studio Rosario BOURDON et Percy FAITH, qui enregistrent principalement pour Victor et Columbia.

Deux chefs d'orchestre de musique légère, Guy LOMBARDO aux États-Unis et Robert FARNON en Angleterre, atteignent aussi la célébrité. Les diverses contributions des immigrants vont du développement d'orchestres, dans le cas d'Allard de Ridder avec la Vancouver Symphony Society, à la création d'opéras, dans le cas de Nicholas Goldschmidt et d'Ernesto Barbini, en passant par la spécialisation dans un domaine particulier de la littérature musicale. Ainsi, Ettore Mazzoleni présente de nombreuses œuvres anglaises, Boyd Neel cultive la musique baroque et Heinz Unger fait découvrir Bruckner et Mahler.

Les musiciens nés à l'étranger ont toujours occupé presque tous les postes principaux au sein des orchestres symphoniques, et il continue d'en être ainsi. Cette politique est parfois critiquée. Les orchestres de niveau international méritent des chefs de premier ordre, et la formation des musiciens étrangers de même que la tradition ancienne dont ils sont issus les avantagent souvent. D'un autre côté, certains ne manifestent que peu d'engagement véritable envers la vie musicale au Canada en général et envers les compositeurs canadiens en particulier. Il ne fait cependant aucun doute que les orchestres canadiens doivent leur excellence pour une bonne part à des hommes comme Zubin Mehta et Charles Dutoit (Montréal), Seiji Ozawa, Karel Ancerl et Andrew Davis (Toronto), Kazuyoshi Akiyama (Vancouver), Piero Gamba et Bramwell Tovey (Winnipeg), Heinz Unger (Toronto) et Franz-Paul Decker (Montréal, Calgary), pour n'en citer que quelques-uns.

Dans le domaine choral, les chefs qui sont nés au Canada ou y ont été formés occupent la plupart des postes importants. Charles Goulet est le fondateur (1928) et directeur du chœur montréalais les Disciples de Massenet; le chœur de voix de femmes de Leslie BELL se taille une réputation dans tout le pays; et les Festival Singers d'Elmer Iseler, plus récemment remplacés par les Elmer Iseler Singers, reçoivent des éloges nationales. Elmer ISELER fait aussi grandir la réputation du Toronto Mendelssohn Choir, qu'il dirige depuis 1964. Brian Law, Georges Little, Chantal Masson, Wayne Riddell et Jon WASHBURN sont aussi de remarquables chefs de chœur.

Le fait que le Canada a produit de nombreux chanteurs, pianistes et instrumentistes à cordes, mais seulement un petit nombre de chefs d'orchestre de réputation mondiale peut être lié aux insuffisances du système de formation ainsi qu'au manque d'ouvertures dans le domaine de la direction musicale. Les chefs canadiens les plus âgés – parmi ceux qui sont toujours vivants – sont souvent, par leur formation, des instrumentistes à cordes: Alexander BROTT, directeur du McGill Chamber Orchestra (à la retraite); Eugene Kash, chef d'orchestre du Ottawa Philharmonic Orchestra dans les années 50; Ethel Stark, fondatrice du défunt Montreal Women's Symphony Orchestra; et Victor FELDBRILL, chef de l'Orchestre symphonique de Winnipeg pendant de nombreuses années et du Hamilton Philharmonic Orchestra jusqu'à sa dissolution, en 1995. Le grand mérite de Feldbrill est de se porter inlassablement à la défense des nouvelles œuvres canadiennes.

La plupart des chefs d'orchestre nés depuis environ 1930 semblent avoir une formation de pianiste. Mario BERNARDI, dont l'expérience comme chef d'orchestre commence avec la Compagnie d'opéra canadienne et le mène ensuite à la Compagnie d'opéra Sadler's Wells à Londres, est engagé en 1969 comme chef du nouvel Orchestre du Centre national des Arts, puis occupe des emplois à Calgary et à Vancouver. La carrière de Boris BROTT est aussi de grande envergure. Il est chef d'orchestre régulier de Regina à Halifax, en passant par Newcastle, en Angleterre, mais son association la plus étroite se fait avec l'Hamilton Philharmonic Orchestra (1969-1990).

Pierre HÉTU est associé à l'Orchestre symphonique d'Edmonton (OSE) pendant de nombreuses années. Uri Mayer est aussi avec l'OSE de 1981 à 1995. François Bernier, dans les années 60, et Simon Streatfeild, dans les années 80, dirigent tous deux l'Orchestre symphonique de Québec. Peter McCoppin est avec l'Orchestre symphonique de Victoria depuis 1989. Raffi Armenian, qui s'installe au Canada après des études à Vienne, est maintenant avec l'Orchestre du Conservatoire de Montréal après avoir été actif à Stratford et à Kitchener. Armenian a été finaliste au Concours international des jeunes chefs d'orchestre de Besançon (France), tout comme Pierre Hétu et, en 1986, Gilles Auger. Le Heinz Unger Award, décerné chaque année, figure au nombre des bourses accordées aux jeunes chefs d'orchestre du Canada. D'autres jeunes chefs d'orchestre dignes de mention sont Jean Lamon, directeur musical de l'orchestre TAFELMUSIK de Toronto; Yuli Turovsky, chef de l'orchestre à cordes I Musici de Montréal; et Georg Tintner, un Autrichien qui a dirigé le Symphony Nova Scotia de 1987 à 1994 et l'Orchestre national des jeunes à de nombreuses reprises depuis 1971.

Helmut Kallmann

«Chemin de fer» clandestin Réseau informel de maisons et de gens sûrs qui aidaient les esclaves en fuite à passer des États américains esclavagistes aux États libres ou au Canada. Source de nombreux mythes, le nombre de fugitifs qui sont passés et de Blancs qui les ont aidés grâce au «chemin de fer» clandestin n'est pas aussi considérable que ce que l'on pense généralement. Bien que la plupart des esclaves en fuite soient restés dans les États libres du nord des États-Unis, on estime que 30 000 d'entre eux se seraient rendus au Canada. En activité de 1840 à 1860 environ, le «chemin de fer» a été le plus efficace après l'adoption de la *Fugitive Slave Act* américaine en 1850, qui accordait aux chasseurs d'esclaves le pouvoir de poursuivre les fugitifs en territoire libre. La loi a donné lieu à des tentatives d'enlèvement d'esclaves au Canada afin de les retourner à leurs propriétaires. (*Voir* aussi ESCLAVAGE.)

Robin W. Winks

Chemin de fer contemporain Dans les quatre décennies qui suivent la Seconde Guerre mondiale, les deux plus grandes compagnies de chemin de fer du Canada deviennent d'importants conglomérats comptant parmi les plus grandes sociétés commerciales du pays. En 1985, le Canadien Pacifique (CP) tire de ses activités ferroviaires 22 p. 100 de ses recettes, qui s'établissent à 15 milliards de dollars au total (mais représentent 79 p. 100 de ses revenus nets). L'actif ferroviaire net du CP est de 3,5 milliards de dollars sur un total de 12,8 milliards. En 1986, le Canadien National (CN) enregistre des recettes de 4,7 milliards de dollars, dont 89 p. 100 proviennent de ses activités ferroviaires. La moitié du demi-milliard d'actifs du CN est liée au chemin de fer. On peut attribuer au CP et au CN réunis 82 p. 100 du commerce ferroviaire canadien, le reste étant réparti entre 30 transporteurs régionaux ou locaux. Le CP et le CN possèdent tous deux de surcroît des filiales américaines, d'importantes entreprises de camionnage et beaucoup d'autres investissements.

De façon générale, le réseau ferroviaire reste, dans les années 80, très semblable à ce qu'il était dans les années 40, quoique bon nombre de chemins de fer indépendants aient été absorbés par les réseaux du CP et du CN. En 1985, sa longueur totale atteint 95 670 km au lieu de 90 221 km, en 1945. Plusieurs milliers de kilomètres de lignes secondaires à faible densité de trafic sont mis hors service, mais on construit également beaucoup de nouvelles lignes, particulièrement dans le nord du Québec, en Alberta et en Colombie-Britannique.

Plusieurs voies de desserte sont construites au cours des années 50 et 60. La Pacific Great Eastern (devenue le BRITISH COLUMBIA RAILWAY) mène sur plusieurs décennies un programme de développement pour desservir les régions minières et forestières du nord de la Colombie-Britannique. Le CN construit le Chemin de fer du grand lac des Esclaves pour donner accès aux régions minières et forestières du nord de l'Alberta et des Territoires du Nord-Ouest. Le CHEMIN DE FER QUEBEC, NORTH SHORE AND LABRADOR est achevé en 1954 pour transporter à Sept-Îles le minerai de fer extrait de la région de Knob Lake, près de la frontière entre le Québec et le Labrador. De petits réseaux ferroviaires se constituent au milieu des années 80 pour exploiter des tronçons délaissés par les réseaux du CN et du CP.

Transport des voyageurs L'importance accrue de l'AUTOMOBILE et de l'avion (*voir* AVIATION) amènent dans l'après-guerre une diminution de la proportion des voyageurs qui utilisent le train. En 1945, les chemins de fer transportent 55,4 millions de voyageurs (migrants journaliers compris), ce qui représente 20 p. 100 de leurs recettes. Dix ans plus tard, ces chiffres tombent à 27,2 millions et à moins de 10 p. 100 des recettes malgré les investissements consentis par les deux grandes compagnies pour le renouvellement de leur parc voyageurs. Le nombre de passagers transportés est de 23 millions en 1985. Cette diminution, conjuguée à l'inflation, cause des pertes sur presque tous les parcours de trains pour voyageurs.

Ce déclin est l'un des problèmes examinés par la Commission MacPherson, en 1959-1961. Faisant remarquer les avantages de l'automobile et de l'avion, la Commission d'enquête recommande d'abandonner les trains de voyageurs déficitaires et de subventionner les services pendant la période de transition. Cette recommandation est mise en œuvre dans le cadre de la *Loi nationale de 1967 sur les transports*, qui prévoit que le gouvernement fédéral subventionnera 80 p. 100 des pertes encourues par les services voyageurs conservés dans l'intérêt public. Malgré ces dispositions, beaucoup de trains de voyageurs seront éliminés dans les années 60 et 70 et le nombre de gares desservies diminue progressivement à mesure que les trains se transforment en express ou en semi-express. Les compagnies de chemin de fer, et tout particulièrement le CN, font différentes tentatives durant cette période pour améliorer le service voyageurs, comme les tarifs réduits Bleu-blanc-rouge des années 60, mais sans succès notable. Malgré une certaine relance du trafic voyageurs, les subventions doivent être augmentées.

En 1977, une nouvelle étape est franchie avec la création de VIA RAIL CANADA INC., à une époque où les subventions annuelles au transport des passagers dépassent 200 millions de dollars. Cette société d'État assume la responsabilité de presque tous les trains de voyageurs en vertu d'un contrat avec le gouvernement fédéral. VIA Rail ne possède que les trains et n'emploie qu'une partie des effectifs. Il se procure les autres services au prix coûtant auprès des compagnies de chemin de fer. VIA Rail met en place un service amélioré et un nouveau matériel roulant, comme le train LRC (léger, rapide, confortable).

En 1986, on compte plus de 5,7 millions de voyageurs, mais il en coûte pourtant 12,7 millions de dollars au gouvernement. Malgré l'augmentation du trafic, le nombre de villes desservies diminue, en 1981, avec l'abandon de 20 p. 100 des lignes de VIA Rail. Un certain nombre de ces parcours seront rétablis au début de 1985. La plus grande partie des services ferroviaires voyageurs sont fournis dans le corridor Québec-Windsor, à forte densité de population. Le service transcontinental est assuré par deux voyages quotidiens entre Montréal et les Maritimes, un train quotidien reliant Montréal, Toronto, Calgary et Vancouver, et un train reliant Winnipeg, Edmonton et Vancouver. Quelques services régionaux sont également fournis. Au milieu des années 80, VIA Rail entame une phase de modernisation en construisant ses propres installations d'entretien à Halifax, à Montréal, à Toronto, à Winnipeg et à Vancouver.

À la fin de 1987, presque tous les préposés à l'exploitation et à l'entretien et presque toutes les équipes de train du CN et du CP sont mutés à VIA Rail. La même année, VIA prend aussi livraison de la première de ses 50 nouvelles locomotives de 3000 HP et annonce un plan de modernisation de 190 de ses voitures à long parcours, vieilles de 30 ans. En 1967, GO Transit, organisme gouvernemental de l'Ontario, commence à faire rouler des trains de banlieue dans la région de Toronto en utilisant les voies du CN et du CP. Une expérience analogue débute à Montréal en 1984.

Transport des marchandises Le fret (particulièrement les marchandises en vrac) devient le service ferroviaire le plus important. Exprimé en tonnes-kilomètres, le fret passe de 92,5 milliards en 1945 à 239,1 milliards en 1986. Les principales marchandises qui expliquent cette augmentation sont le minerai de fer (qui emprunte deux nouveaux chemins de fer, soit le Chemin de fer Quebec North Shore and Labrador et le Québec Cartier, dans le Nord du Québec), le charbon, le soufre et la potasse (dans l'Ouest du Canada). Les autres marchandises dont le volume de fret est important sont les céréales, les produits forestiers, les produits chimiques, le pétrole, les automobiles et les pièces d'automobile. Elles représentent ensemble plus de 75 p. 100 de toutes les expéditions canadiennes. Le transport de biens manufacturés de valeur n'augmente pas aussi rapidement que celui du vrac, mais, contrairement à la croyance populaire, les chemins de fer n'ont pas perdu tout ce marché au profit du camionnage (*voir* CAMIONNAGE, INDUSTRIE DU). L'apparition du service intermodal (les conteneurs et les conteneurs rail-route) entraîne une recrudescence du transport des produits manufacturés par chemin de fer du début des années 70 au milieu des années 80. Les chemins de fer se sont retirés du marché des «petits colis», le laissant à leurs filiales spécialisées dans le camionnage ou les messageries. Beaucoup d'expéditions par voie ferrée se font dans des rames de plusieurs wagons à chargement complet, dont beaucoup sont des trains-blocs. Les gares de manutention de la plupart des petites villes sont fermées et les embranchements à faible densité de trafic abandonnés. Un certain nombre de lignes secondaires déficitaires sont conservées dans l'intérêt public, le gouvernement fédéral en absorbant les pertes. Les versements à ce chapitre atteignent 176 millions de dollars en 1985, la majeure partie des pertes étant attribuable aux embranchements réservés au transport des grains. Dans les régions encore desservies par le chemin de fer, les commandes sont passées auprès d'un centre de manutention régional plutôt qu'auprès d'un agent local.

Des changements importants apparaissent dans la réglementation de la circulation des marchandises. À la suite des recommandations faites en 1961 par la Commission MacPherson, les tarifs de transport des marchandises par voie ferrée sont déréglementés aux termes de la *Loi nationale de 1967 sur les transports*. Plutôt que de demander à l'OFFICE NATIONAL DES TRANSPORTS la permission de modifier les tarifs, les chemins de fer sont libres de fixer les tarifs selon la concurrence, leur seule obligation étant de donner un préavis de 30 jours. Les autres transporteurs sont protégés contre une tarification abusive des chemins de fer par l'établissement d'un tarif minimum fixé en fonction du prix de revient. L'article n 23 de la Loi prévoit de plus le rejet de tout tarif «qui n'est pas dans l'intérêt public». Le régime de réglementation de 1967 est le résultat d'une longue période de récriminations déclenchées par le cycle de l'inflation d'après guerre, les augmentations de salaires dans l'industrie ferroviaire et les hausses des tarifs du fret. À la fin des années 50, ce cycle fait des tarifs du transport des marchandises un véritable enjeu politique, qui atteint son point culminant lorsque le gouvernement fédéral impose une réduction des tarifs et le versement d'une subvention générale à l'été de 1959.

Après la déréglementation, les tarifs du fret n'augmentent pas beaucoup jusqu'à la période d'inflation et la crise du pétrole du milieu des années 70. Même à ce moment, les augmentations ne suivent pas l'augmentation du coût de la vie. Si l'on excepte le tarif céréalier du Nid-de-Corbeau et la brève poussée d'activité qui marque le début de la période inflationniste des années 70, le tarif du transport des marchandises par voie ferrée n'est plus le sujet de controverse qu'il a déjà été (*voir* CONVENTION DU NID-DE-CORBEAU).

En 1985, le nouveau gouvernement conservateur annonce des modifications majeures à la réglementation ferroviaire dans son livre blanc *Aller sans entraves*. Ces changements se concrétisent dans la *Loi de 1987 sur les transports nationaux,* qui remplace la Commission canadienne des transports par l'OFFICE NATIONAL DES TRANSPORTS, transférant également certains pouvoirs de la Commission à d'autres organismes. Dans l'ensemble, la nouvelle loi insiste davantage sur la concurrence au sein de l'industrie et reconnaît expressément le rôle des transports dans le développement économique régional. L'une des dispositions les plus controversées de la nouvelle réglementation est le prix de ligne concurrentiel, qui a pour effet de réduire les tarifs du fret pour plusieurs expéditeurs et, par conséquent, de réduire d'autant les revenus des chemins de fer.

Modernisation Depuis la Seconde Guerre mondiale, les chemins de fer connaissent une ère de modernisation et d'évolution technologique. Le premier pas le plus spectaculaire vers la modernisation est le passage de la vapeur à l'énergie électrique diesel. À cette époque, il y a bien une voie électrifiée à Montréal, mais, en 1945, les 4400 locomotives fonctionnent presque toutes à la vapeur, bon nombre utilisant tout de même des chaudières à mazout plutôt qu'au charbon. La conversion au diesel-électrique débute à la fin des années 40. En 1950, 91 p. 100 des trains du Canada sont mus par des locomotives à vapeur. En 1960, ce pourcentage n'est plus que de 1,4.

La locomotive diesel est moins coûteuse à utiliser tout en étant plus puissante et plus souple. Dans les années 80, le gros du parc de locomotives est constitué d'engins de 3000 HP, qui peuvent parcourir de 800 à 1000 km sans ravitaillement. De plus longs convois entraînés par plusieurs locomotives peuvent être formés. La présence de chauffeurs de chaudières n'est plus nécessaire, et l'obligation de changer de locomotive ou de la ravitailler tous les 150 ou 200 km ne tient plus. Ces deux nouveautés affectent la main-d'œuvre, dans les années 50, et causent le déclin de beaucoup de petites villes qui étaient des points de ravitaillement. Le convoi de marchandises typique des années 80 peut compter plus de 100 wagons tirés par 3 ou 4 locomotives ainsi qu'un personnel roulant de 4 personnes, et il ne fait pas d'arrêt entre les principaux centres.

Des changements apparaissent aussi dans les wagons de marchandises. Le wagon couvert de 40 pieds capable de transporter de 40 à 50 tonnes, qui a longtemps été la norme dans l'industrie, est remplacé par des wagons plus grands et des wagons spécialisés. Dans les années 80, le vrac est chargé pour une bonne part dans des wagons de 100 tonnes (91 tonnes métriques). Les chemins de fer possèdent un nombre croissant de trains-blocs spécialisés, qui sont transportés directement de l'expéditeur à son destinataire sans manipulation intermédiaire. Entre 1945 et 1980, ces innovations permettent aux compagnies de chemin de fer d'accroître le volume de fret transporté tout en réduisant de 32 p. 100 le nombre d'employés nécessaires et en limitant l'augmentation des tarifs du fret à un niveau bien inférieur à celui de l'inflation.

Depuis 1940, d'autres nouveautés technologiques moins visibles sont aussi adoptées par les chemins de fer: le recours à une commande centralisée de la circulation, les radios et les micro-ondes pour le contrôle des trains, la métallurgie moderne et les rails sans soudure, la pose de rails par machines automatisées, l'identification automatique des wagons et l'utilisation des ordinateurs dans tous les domaines de l'industrie.

Charles Schwier

Chemin de fer Intercolonial La construction d'un chemin de fer reliant les colonies des Maritimes et la Province du Canada est prévue dès les années 1840. On fait des études et on envoie des délégations en Angleterre pour solliciter un soutien financier. On ouvre en 1858 une ligne entre Halifax et Truro, en Nouvelle-Écosse, et de Saint-Jean à Shediac, au Nouveau-Brunswick, en 1860. En 1865, Sandford FLEMING présente un rapport qui recommande un itinéraire le long de la baie des Chaleurs, à travers la vallée de la Matapédia et le long du Saint-Laurent, parce que c'est loin de la frontière américaine et que ce parcours traverse une région riche en bois. En 1867, on fait de l'achèvement du chemin de fer une condition de la CONFÉDÉRATION, et la construction commence peu après. Fleming est engagé comme ingénieur en chef et est impliqué dans plusieurs vives controverses avec les représentants officiels.

La première section entre Truro et Amherst, en Nouvelle-Écosse, est ouverte le 9 novembre 1872, et celle entre Rivière-du-Loup et Sainte-Flavie [aujourd'hui Mont-Joli] au Québec, en août 1874. On termine la jonction entre Campbellton et Moncton au Nouveau-Brunswick en 1875 et la discontinuité entre Campbellton et Sainte-Flavie est comblée en 1876. Fleming déclare le chemin de fer (d'environ 1100 km de long) ouvert à la circulation le 1er juillet 1876. La construction du chemin de fer n'exige pas d'exploits techniques spectaculaires, mais elle relève quand

même de nombreux défis de taille et répond aussi à des normes élevées. Sur l'insistance de Fleming, tous les PONTS sauf trois sont construits en fer.

En 1879, le chemin de fer Intercolonial acquiert du GRAND TRUNK RAILWAY (GTR) la ligne de Rivière-du-Loup à la pointe Lévis, à Québec. Dix ans plus tard, il obtient les droits de circulation à Montréal du GTR. En 1891, il ajoute le Cape Breton Railway, fournissant le service de traversier dans le détroit de Canso. Construit pour satisfaire à une condition de la Confédération, l'Intercolonial n'a jamais été un succès commercial. Néanmoins, il a fourni de l'emploi, favorisé le développement de villes et de villages le long de son réseau et acheté du charbon des Maritimes. Jusqu'en 1918, il est géré par le gouvernement fédéral et relève de la compétence du ministre des Chemins de fer et Canaux. On maintient des tarifs marchandises peu élevés dans le but de promouvoir le commerce, et le gouvernement comble les déficits. En 1919, l'Intercolonial est intégré aux CHEMINS DE FER NATIONAUX DU CANADA.

James Marsh

Chemin de fer National Transcontinental Chemin de fer construit par le gouvernement depuis Winnipeg, via Sioux Lookout, Kapuskasing, Cochrane et Québec, jusqu'à Moncton. En octobre 1903, le gouvernement de Wilfrid Laurier s'engage lui-même à construire un troisième chemin de fer transcontinental, malgré l'existence du CANADIEN PACIFIQUE et du CANADIAN NORTHERN RAILWAY. Le but du chemin de fer était de donner à l'Ouest canadien une liaison ferroviaire directe vers les ports canadiens de l'Atlantique, ainsi que d'ouvrir et de développer les frontières au nord de l'Ontario et du Québec. Le gouvernement arrive à une entente avec le GRAND TRUNK RAILWAY, par laquelle sa filiale à part entière, la Grand Trunk Pacific Railway Company (GTPR), construirait la section Ouest (de Winnipeg au Pacifique) alors que le gouvernement lui-même construirait la section Est (de Winnipeg à Moncton) avant d'en confier l'exploitation au GTPR.

La construction, qui est gérée par quatre commissaires engagés par le gouvernement, dépasse de beaucoup les coûts prévus, mais on franchit la dernière étape le 17 novembre 1913 en complétant la section Est, mis à part le PONT DE QUÉBEC. Le chemin de fer National Transcontinental ne sera jamais constitué en société et, à cause de ses problèmes financiers, le GTPR ne peut le racheter comme convenu. Il demeure donc jusqu'en 1918 sous la direction du gouvernement, qui en confie ensuite l'exploitation au Canadian Northern Railway récemment nationalisé. En 1923, il est intégré aux Chemins de fer nationaux du Canada.

T. D. Regehr

Chemin de fer Quebec North Shore and Labrador Il relie Labrador City, Wabush et Schefferville au port de SEPT-ÎLES. Le contrat pour les 573 km de voie principale est accordé en septembre 1950 et les travaux, exécutés dans des conditions difficiles à cause du type de terrain et de la rudesse du climat, prennent fin en février 1954. On transporte du minerai de fer de Labrador City et de Wabush toute l'année. Au cours d'une année normale, la voie est soumise au transport de quelque 14,5 milliards de tonnes par kilomètre, ce qui représente tout un défi pour l'entretien, sans compter celui de quelque 2500 ponceaux et de sept ponts. La construction du chemin de fer a nécessité l'un des transports par avion les plus importants de l'histoire de l'aviation civile.

James Marsh

Cheminée de fée Les cheminées de fée sont des roches, des chandelles, des colonnes ou des piliers sculptés par l'érosion en des formes souvent fantastiques. L'équivalent anglais «hoodoo rock», utilisé uniquement dans l'ouest de l'Amérique du Nord, vient probablement du vaudou, un culte originaire de l'Afrique de l'Ouest selon lequel des pouvoirs

magiques s'associent à des formes naturelles. Les cheminées de fée évoquent en effet des images d'événements étranges.

Les cheminées de fée peuvent être de quelques centimètres à plusieurs mètres de hauteur. Elles résultent de l'action combinée des érosions éolienne, pluviale et hydrique et de divers processus d'altération physique et chimique qui leur donnent des formes différentes.

Elles sont généralement formées de roches ou de strates litées horizontalement, dans lesquelles des matériaux relativement tendres s'intercalent à d'autres matériaux plus résistants (p. ex., une alternance de couches de shale et de couches de grès). La météorisation et l'érosion différentielles déblaient les couches tendres plus rapidement que les couches dures. Les cheminées de fée sont souvent coiffées d'une couche résistante (la roche couverture) qui en protège les parties inférieures. Si cette roche couverture disparaît, la base de la cheminée est rapidement détruite.

On trouve de beaux exemples de cheminées de fée dans les BADLANDS de l'Alberta près de Drumheller, dans le PARC PROVINCIAL DINOSAUR et dans le PARC PROVINCIAL WRITING-ON-STONE sur la RIVIÈRE MILK, ainsi que dans les matériaux stratifiés fluvio-glaciaires sur le FLEUVE COLUMBIA, près de Cranbrook, en Colombie-Britannique, et dans les sédiments de lacs glaciaires près de Penticton, dans la VALLÉE DE L'OKANAGAN, en Colombie-Britannique.

Ian A. Campbell

Chemins de fer nationaux du Canada Société constituée le 6 juin 1919, il s'agit du plus vaste réseau ferroviaire d'Amérique du Nord, comprenant plus de 50 000 km de voies ferrées au Canada et aux États-Unis. Aujourd'hui appelée le Canadien National (CN), cette SOCIÉTÉ DE LA COURONNE a élargi ses opérations dans les années 20 et détient maintenant des intérêts dans le transport maritime, l'hôtellerie, les TÉLÉCOMMUNICATIONS et dans les industries d'exploitation des ressources. Toutefois, le noyau du CN demeure toujours son réseau ferroviaire (maintenant appelé CN Rail), créé par la fusion de cinq compagnies ferroviaires en difficultés financières au cours des années 1917-1923: le GRAND TRUNK et sa filiale, le GRAND TRUNK PACIFIC, l'INTERCOLONIAL, le CANADIAN NORTHERN et le NATIONAL TRANSCONTINENTAL.

Le Grand Trunk est lui-même né de la fusion de plusieurs petites lignes de chemins de fer: le CHAMPLAIN AND SAINT LAWRENCE RAILROAD (1836), qui comptait 23,2 km de voies reliant Montréal et le port de New York par le réseau maritime du lac Champlain; le GREAT WESTERN RAILWAY, qui reliait Niagara, Hamilton et Toronto à Windsor et Sarnia; et le ST. LAWRENCE AND ATLANTIC RAILROAD, qui permettait à Montréal d'avoir accès au port toutes saisons de Portland dans l'État du Maine. Le Grand Trunk devient ainsi le plus long chemin de fer du centre du Canada, mais ses actionnaires anglais n'acceptent pas d'assumer la construction en sol canadien d'une ligne reliant Québec à Halifax, ni même d'étendre le réseau vers l'ouest sur les 1600 km du bouclier laurentien. Ces défis ne sont relevés qu'après la Confédération par l'Intercolonial, propriété gouvernementale, pour la section Québec-Halifax, et par le CANADIEN PACIFIQUE (CP), largement subventionné.

Même si au cours des années 1890 le CP traverse le Canada d'un océan à l'autre, les questions de monopole ferroviaire dans l'Ouest et de politiques partisanes, au niveau fédéral suscitent de nouveaux projets transcontinentaux. En 1895, le Canadian Northern, fondé par William MACKENZIE et Donald MANN, construit de petites lignes au Manitoba. En 1903, le gouvernement libéral de sir Wilfrid LAURIER autorise le Grand Trunk Pacific à construire une ligne vers l'ouest, de Winnipeg à Prince Rupert. Il autorise aussi le National Transcontinental à faire même vers l'est, de Winnipeg à Moncton. La construction de toutes ces lignes est financée par d'importants emprunts et, la Première Guerre mondiale ayant amené les banques anglaises à réorienter leurs fonds, les dettes de ces compagnies ferroviaires doivent être absorbées par leur nationalisation.

Au début des années 20, après avoir procédé à l'acquisition de l'ensemble de ce réseau, le gouvernement nomme sir Henry Thornton premier président du CN. Malgré une dette de 1,3 milliard de dollars, des recettes brutes qui couvrent à peine les dépenses d'exploitation et un gouvernement qui a une tendance à l'ingérence, Thornton réalise peu à peu des profits annuels et s'assure un appui remarquable de la part des 99 000 employés du CN. Il favorise le service aux localités en appuyant la construction de lignes secondaires et en créant des wagons-écoles et des unités de la Croix-Rouge pour desservir les enfants et les malades des régions éloignées des centres urbains. Entre 1923 et 1932, il permet l'utilisation des installations du CN pour développer un réseau de stations de radio, ce qui inaugure la diffusion d'émissions comme la *Soirée du hockey* et mène à la création de la SOCIÉTÉ RADIO-CANADA (*voir* RADIODIFFUSION ET TÉLÉDIFFUSION). Malheureusement, le favoritisme politique provoque la démission de Thornton en 1932.

La crise économique des années 30 réduit le trafic ferroviaire et entraîne des réductions de salaires et des licenciements. Au même moment, le transport aérien et routier empiète sur le transport ferroviaire. Cependant, en 1937, alors que C.D. HOWE est ministre des Transports, le CN met sur pied les LIGNES AÉRIENNES TRANS-CANADA (aujourd'hui AIR CANADA) et, en 1938, le gouvernement fédéral réduit de plus d'un milliard de dollars la dette du CN. Cela permet au CN d'acheter, avant la Seconde Guerre mondiale, une grande quantité de locomotives à vapeur de fabrication canadienne, surtout de type Northern 4-8-4, dont il assure la finition et l'entretien dans ses immenses ateliers de Pointe-Saint-Charles, à Montréal. Ces locomotives transporteront des millions de tonnes de marchandises et des milliers de soldats durant la guerre.

Au cours des années 50 et 60, l'organisation du CN, sous la présidence dynamique de Donald GORDON, se modernise et un processus de rationalisation réduit le nombre de ses filiales de 80 à 30. L'une d'entre elles, CN Marine, assure tous les services de traversier dans les provinces atlantiques. C'est aussi sous l'administration Gordon qu'on remplace les locomotives à vapeur par des locomotives diesel, qu'on adopte la signalisation électronique et que le CN acquiert l'hôtel Reine-Elizabeth (1958) et un nouveau siège social à Montréal.

À la fin des années 70, la fusion des systèmes de télécommunications du CN et du CP est chose faite, et la construction de la TOUR DU CN à Toronto est terminée. La Société immobilière du CN réaménage ses propriétés dans plusieurs centres-villes, dont le Toronto Convention Centre Complex. En 1981, la Société d'exploration du CN est créée pour développer les droits miniers de l'entreprise dans l'Ouest canadien. Dans le domaine du transport routier, le CN fusionne toutes ses filiales de camionnage en une seule, CNX/CN Trucking, dont les remorques sont transportées sur de longues distances par des wagons ferroutiers. Au début de 1988, le CN annonce qu'il projette de vendre ses nombreux hôtels.

Le CN doit faire face à deux problèmes en tant que grande société de la Couronne dont les profits, en 1985, s'élèvent à 75 millions de dollars. Financièrement, l'entreprise dépendait, jusqu'à tout récemment, des subventions gouvernementales accordées pour compenser pour les tarifs réglementaires qui lui étaient imposés dans le transport des céréales des Prairies (*voir* CONVENTION DU NID-DE-CORBEAU). Politiquement, son statut de société d'État fait souvent en sorte que la nomination de ses cadres supérieurs est influencée au moins autant par des critères de favoritisme politique que par un souci de non-intervention. En 1997, le CN se départit d'une bonne partie de ses voies ferrées et de son personnel et recouvre sa rentabilité. En février 1998, il acquiert la société ferroviaire américaine Illinois Central Corp. pour 2,4 milliards de dollars, ce qui fait du CN la cinquième plus grande compagnie ferroviaire en Amérique du Nord. (*Voir* aussi CHEMIN DE FER, HISTOIRE DU.)

Albert Tucker

Chemins de fer, rails et cours de triage de Une voie ferrée est composée de cinq parties principales (le rail, les traverses, les organes de fixation, les ballasts et le soubassement) sur lesquelles roulent les trains. Les rails sont des tronçons en acier laminé, boulonnés ou soudés les uns aux autres pour former la surface de roulement des trains. La traverse, normalement en bois ou en béton, constitue l'élément transversal de la structure de la voie ferrée auquel le rail est rattaché. Elle fournit l'écartement adéquat et transmet les charges au ballast. Pour les traverses de bois, les organes de fixation sont des crampons fixés dans la traverse grâce à des trous percés dans une plaque de métal sur laquelle repose le rail. La tête des crampons retient le rail à sa base. Si les traverses sont en béton, le rail repose sur un coussinet de polymère et peut être fixé par différents systèmes brevetés de serrage. Le ballast se compose de pierres concassées étendues sur le soubassement pour maintenir le rail en place. Le soubassement, fait en général de terre de bonne qualité, assure la répartition du poids des rails pour garantir une base stable.

L'aiguillage est un dispositif qui permet aux trains de changer de voie. Le réseau ferroviaire peut être divisé en deux parties: les lignes et les cours de triage. La ligne est la surface de roulement de la voie ferrée. Une cour de triage est un ensemble de voies qui permet de former les trains, trier et garer les wagons, entretenir le matériel roulant et effectuer d'autres activités. Aux terminus importants, on utilise de grands faisceaux de triage pour faciliter le tri des wagons de marchandises. Souvent, une butte de gravité se trouve à une extrémité du faisceau pour permettre aux wagons de rouler sous leur propre poids jusqu'aux voies appropriées afin de former des trains.

L'objectif au moment de la conception d'une voie ferrée est de choisir l'itinéraire qui offrira la combinaison la plus économique de coûts de construction et de dépenses d'exploitation. Il existe deux contraintes à un rendement efficace: les courbes et les déclivités. Les courbes limitent la vitesse et entraînent des coûts d'entretien élevés pour les voies et le matériel roulant. Les déclivités exigent des locomotives plus puissantes et entraînent une augmentation de la consommation de carburant et de l'utilisation des freins. Les itinéraires à voie unique sont aussi un important facteur de limitation du rendement à cause des retards encourus si les trains devant se rencontrer n'arrivent pas au lieu de croisement à l'heure prévue.

La circulation ferroviaire est régie par un système de signalisation. Dans la majorité des systèmes, l'élément de base est le canton, un tronçon de voie dont l'entrée est régie par des indicateurs à signaux, en général lumineux. Dans le cantonnement automatique à signaux lumineux, les signaux sont activés par la présence d'un train dans le canton ou par la position des aiguilles (l'aiguillage). Ce système permet de prévenir les collisions, mais il ne fournit pas le moyen d'autoriser les mouvements des trains, une limitation sérieuse dans le cas d'un chemin de fer à voie unique ou même à deux voies où des trains roulent à différentes vitesses. On peut surmonter ce problème par une commande centralisée de la circulation (CCC), au moyen de laquelle un répartiteur assigné à un panneau de contrôle peut activer l'aiguillage mécanique sur une certaine section de la voie et ainsi diriger les trains, qu'il s'agisse d'un croisement ou d'un dépassement. Le répartiteur peut aussi surveiller les dispositifs installés sur les rails pour détecter la surchauffe des coussinets de roues, la résistance de l'équipement, les bris de roue et la répartition de la charge. La commande d'itinéraire assistée par ordinateur peut être utilisée sur les lignes encombrées. La signalisation en cabine est une innovation qu'on retrouve dans certains pays. Grâce à des circuits de voies codés, le conducteur du train peut visualiser continuellement les signaux retransmis dans le poste de conduite. Cette signalisation comprend aussi le système de contrôle automatique de la marche des trains qui permet de diminuer automatiquement la vitesse de la locomotive ou de l'immobiliser si le conducteur ne répond pas. Le contrôle automatique de la marche des trains inclut en plus une unité de contrôle à bord qui calcule par ordinateur la distance de freinage des trains et surveille la vitesse des trains afin de maintenir une distance sécuritaire entre eux.

Jeffery Young

Chêne Le chêne (*Quercus*) est un genre d'arbres ou d'arbustes de la famille du hêtre (*Fagaceae*). Des 500 à 600 espèces estimées dans le monde, une soixantaine se trouve aux États-Unis. Le Canada, pour sa part, ne compte que 11 espèces indigènes répandues principalement dans l'Est, à l'exception du chêne à gros fruit qui se rencontre jusqu'à l'ouest du Manitoba et du chêne de Garry, présent seulement en Colombie-Britannique. Pour faciliter leur identification, les botanistes ont partagé ces espèces en deux groupes: les chênes rouges (rouge, noir, des marais, ellipsoïdal et de Shumard), caractérisés par des feuilles à lobes profonds terminés par une pointe aiguë, et les chênes blancs (blanc, à gros fruits, bicolore, jaune, nain, de Garry), qui possèdent des feuilles aux lobes arrondis ou bordés de grosses dents. Les chênes sont de beaux arbres, au tronc plutôt court, à la cime large, aux feuilles alternes, simples et généralement lobées. Les glands qu'ils produisent en grande quantité sont un élément important dans la diète de plusieurs animaux sauvages.

Les chênes poussent généralement dans les régions où les précipitations sont modérées. À l'exception du chêne bicolore qui préfère les basses terres humides, les chênes affectionnent les flancs de collines où ils trouvent des conditions d'éclairage optimum et des sols bien drainés. Dur et fort, le bois de chêne est recherché en ébénisterie et en parqueterie. Parce qu'il est imperméable et flexible, le bois des chênes blancs sert à faire les fûts dans lesquels on conserve le whisky. Reconnu pour sa force et sa longévité, le chêne a été choisi comme symbole par plusieurs peuples et il est souvent cité dans la littérature. Le nom générique signifie «arbre par excellence».

Estelle Lacoursière

Chen, Ying, romancière (Shanghai, Chine, 1961-). Diplômée en langue et lettres françaises de l'U. de Shanghai, Ying Chen se destine initialement au métier de traductrice: en plus du français, elle maîtrise l'anglais, le japonais, le russe, le mandarin et le dialecte de sa ville natale. Elle s'installe à Montréal en 1989 afin de poursuivre une maîtrise en création littéraire à l'U. McGill (1991). Son premier roman, intitulé *La Mémoire de l'eau*, paraît chez Lemeac en 1992. Écrit sur un ton intimiste, il rend compte, au travers de quatre générations de femmes, de la réalité de la Chine contemporaine, notamment d'un point de vue politique. Paraissent ensuite *Les Lettres chinoises* (Lemeac, 1993), roman épistolaire constitué essentiellement des échanges de deux amants chinois, dont l'un a émigré au Québec. Au-delà d'une réflexion sur le déracinement, le choc des cultures et l'épuisement inévitable de l'amour, ces *Lettres chinoises* offrent un regard neuf et sensible sur le mode de vie québécois, pris au milieu de ses considérations en matière de liberté, tant politique que sexuelle. Le troisième roman de Ying Chen, *L'Ingratitude* (Lemeac, 1995) est en lice pour le Fémina 1995 et obtient le Prix Québec-Paris 1996, le Prix des Lectrices de la revue *Elle Québec* 1996 et le Prix des Libraires du Québec. La destinée de l'héroïne est emblématique du statut inférieur de la femme en Chine: en âge de se marier, celle-ci opte pour une rébellion violente en sanctionnant l'autoritarisme de sa mère au prix de sa propre vie. *Immobile* est le dernier roman de Ying Chen (Boréal, 1998): au travers de ce récit profondément ancré dans l'élément temporel, l'auteur nous livre sa notion de néant. Déchirée entre son vécu contemporain et les réminiscences d'une vie antérieure, l'héroïne sent la réalité lui échapper. Le récit est construit sur un mode féerique ou plutôt horrifique, mais le style éthéré le rend cependant plus hermétique que les précédents. L'auteure définit *Immobile* (Prix Alfred Desrochers 1999) comme «une sorte de banalisation du monde moderne et de l'esthétique moderne.» Ying Chen apparaît comme l'une des romancières de la génération montante, dont l'une des particularités est d'offrir une interprétation minutieuse de la société et de l'individu, qui sont véritablement disséqués de l'intérieur.

Delphine Le Roux

Cheng, Angela, pianiste (Hong Kong, 9 sept. 1959). Elle s'établit à Edmonton avec sa famille à l'âge de huit ans et étudie le piano au Alberta College ainsi qu'à l'U. de l'Alberta. Elle étudie par la suite avec Sascha Gorodnitzki au Julliard School et à l'U. de l'Indiana avec Menahem Pressler (1982-1988). Après avoir remporté le Concours national des jeunes interprètes de la SRC (1987), elle devient la première Canadienne à remporter le premier prix au prestigieux Concours international de musique de Montréal (1988). Ses interprétations de *Variations et Thème* d'André Prévost et du *Concerto No 1* de Brahms avec l'Orchestre symphonique de Montréal sont enregistrées à cette occasion. Elle mérite également la médaille d'or au Concours international Arthur Rubinstein ainsi que le premier prix au Concours international Mae M. Whitaker et au Concours international de piano de l'U. du Maryland.

Cheng reçoit un accueil enthousiaste partout en Amérique du Nord et à l'étranger pour sa technique remarquable, sa magnifique tonalité et son sens musical pénétrant en tant que soliste dans un orchestre, récitaliste et chambriste. Elle s'est produite en tant que soliste avec divers orchestres à Boston, à Montréal, à Toronto, à Houston, à St. Louis, à Indianapolis, en Utah, à Edmonton, à Victoria, à Calgary, à Vancouver, en Louisiane, à Winnipeg et à Québec, ainsi qu'au Centre national des arts (Ottawa). Elle s'est aussi produite avec l'Orchestre philharmonique d'Israël. Elle a également présenté des récitals à New York, à Londres, à Salzbourg, à Toronto, à Los Angeles, à Washington, à Pittsburgh, à Vancouver, à Montréal et à St. Louis.

En 1987, Angela Cheng obtient le Career Development Grant, un prix convoité décerné par l'Office des tournées du CONSEIL DES ARTS du Canada. Elle remporte la médaille d'excellence pour son interprétation exceptionnelle de Mozart lors du Mozarteum de Salzbourg en 1991. Son premier enregistrement de deux concertos de Mozart avec Mario Bernardi et l'orchestre de la SRC à Vancouver lui vaut des critiques très favorables. Elle enregistre par la suite d'autres disques compacts, dont le *Concerto en la mineur* de Clara Schumann avec JoAnn Falleta et le Women's Philharmonic, de même que certaines œuvres choisies de Clara et Robert Schumann produites par la SRC en janvier 1995. En 1997, elle enregistre un concerto espagnol sur disque compact avec l'Orchestre philharmonique de Calgary sous la direction de Hans Graf.

Angela Cheng vit à Boulder, au Colorado, où elle et son mari font partie du personnel enseignant de l'U. du Colorado.

Chénier, Georges, joueur de snooker (Hull, Qc, 1907—Toronto, 16 nov. 1970). Pendant toute une génération, Chénier est le joueur de snooker canadien le plus éminent. Il est couronné champion nord-américain de 1947 à 1970, même après avoir été victime, en 1966, d'accidents cérébro-vasculaires, qui minent son endurance et entraînent une paralysie partielle. Il compte parmi les principaux aspirants au championnat du monde. En 1950, il détient brièvement le record mondial avec un bris de 144 points. Également joueur de billard remarquable, Chénier est le premier à atteindre la marque de 150 au championnat du monde de 1963. (*Voir* BILLARD.)

Graham Duncan

Chénier, Jean-Olivier, médecin et PATRIOTE (Lachine au Montréal, 9 déc. 1806—St-Eustache, Bas-Canada, 14 déc. 1837). Admis à la pratique de la médecine en 1828, Chénier ouvre un bureau dans le village de Saint-Benoît (Mirabel) et, rapidement, avec les chefs patriotes de la région de Deux-Montagnes, il s'engage dans la politique. Il déménage son bureau à Saint-Eustache en 1836. Il participe activement aux assemblées populaires de 1836 et de 1837 qui en appellent au boycottage des produits britanniques et qui proposent, à l'automne de 1837, de remplacer les juges de paix et les officiers de la milice nommés par le gouvernement par des juges et des officiers élus par la population. Chénier est le principal organisateur du camp de Saint-Eustache, lors de la résistance armée des «Patriotes du Nord». Il est tué au combat lorsque, sous le commandement de John COLBORNE, l'armée régulière et des volontaires viennent à bout des positions fortifiées défendues par Chénier et ses hommes, à ST-EUSTACHE. (*Voir* aussi RÉBELLIONS DE 1837.)

Jean-Paul Bernard

Chesapeake Durant les GUERRES NAPOLÉONIENNES, la Grande-Bretagne exige le droit de fouiller les navires neutres en haute mer à la recherche de déserteurs de la Royal Navy. Le 22 juin 1807, le *HMS Leopard* s'empare de quatre marins de la frégate américaine *Chesapeake*. Les Britanniques libèrent les deux marins américains et présentent leurs excuses au gouvernement américain, mais continuent de réclamer le droit d'inspection. La population américaine est outrée, et l'incident alimente la tension qui aboutit à la GUERRE DE 1812. La Grande-Bretagne remporte une victoire symbolique pendant la guerre lorsque le *HMS Shannon* capture le *Chesapeake* au large des côtes de Boston le 1er juin 1813 et le remorque triomphalement dans le port d'Halifax.

Carl A. Christie

Chesapeake, affaire du Le 7 décembre 1863, durant la GUERRE CIVILE AMÉRICAINE, 16 Confédérés s'emparent, au large de Cape Cod, du *Chesapeake,* un bateau à vapeur côtier américain, et le détournent vers Saint-Jean (Nouveau-Brunswick). Une fois ravitaillé, le *Chesapeake* se rend dans les eaux de la Nouvelle-Écosse, où les résidents locaux collaborent avec les pirates. Un navire de guerre américain saisit le bateau dans les eaux britanniques, capturant du même coup deux Néo-Écossais. Le *USS Dacotah* remorque le bateau à vapeur saisi jusqu'au port de Halifax, où un des Néo-Écossais profite de la mêlée pour s'enfuir. Le vice-consul américain accuse alors les Haligoniens d'infraction au TRAITÉ ASHBURTON-WEBSTER. L'incident, qui s'avéra en fin de compte sans conséquence, illustre de façon éclatante l'hostilité que les habitants des Maritimes éprouvaient envers les États du Nord.

Robin W. Winks

Chesterfield Inlet (T. N.-O.) Hameau du Nunavut; pop. 337 (rec. 1996), 316 (rec. 1991), 294 (rec. 1986); superf. 44,50 km²; const. en 1980. Situé dans une baie sur la rive sud de l'INLET CHESTERFIELD, du côté ouest de la baie d'Hudson, à 101 km au nord-est de RANKIN INLET, ce hameau fera partie de ce qui deviendra, en 1999, le territoire du NUNAVUT. Son nom traditionnel, «Igluligaarjuk», signifie «endroit où il y a peu de maisons».

Autrefois, Chesterfield Inlet était un lieu où les chasseurs de phoque INUITS se rencontraient, à la fin du printemps et au début de l'été, pour y pratiquer une chasse annuelle. Les Européens s'intéressent à la région à la suite du voyage d'exploration de William Moor et de Francis Smith, en 1746-1747. Ce voyage porte Arthur Dobbs à croire que Chesterfield Inlet pourrait être l'emplacement du PASSAGE DU NORD-OUEST. Toutefois, en 1762, l'établissement de la carte de toute la région vient anéantir cet espoir. La même année, un sloop de la Compagnie de la baie d'Hudson atteint le lac Baker, à l'amont de l'anse, mais n'y établit un poste qu'en 1912. Avant cette date, le commerce avec les Inuits de l'endroit se faisait au moyen de sloops et de goélettes qui longeaient la côte.

Après 1912, Chesterfield Inlet devient un important centre religieux, médical et éducationnel de la région. La population s'accroît quand plusieurs groupes d'INUITS DE NETSILIK du bassin de Foxe viennent s'y installer pour se joindre à celui des Karnilmuits, premiers habitants de la région.

L'économie du hameau repose encore sur les activités traditionnelles de chasse, de piégeage et de sculpture. La pêche commerciale et le tourisme, dans une certaine mesure, font aussi partie de ses activités économiques.

Deborah Welch et Michael Payne

Chesterfield, inlet L'inlet Chesterfield est un bras étroit, semblable à un fjord, sur la côte nord-ouest de la BAIE D'HUDSON, qui s'étire sur 160 km à l'intérieur vers la RIVIÈRE THELON. Il marque une division physiographique le long de la baie; il sépare une étroite plaine côtière rocheuse adossée à un plateau vallonné au nord et, plus loin vers le sud, une vaste région de faible relief au drainage peu développé. Son climat est réputé pour être venteux, car l'inlet se trouve aligné avec la route des vents dominants du nord-ouest qui sont extrêmement forts en hiver (vitesse moyenne de 8,7 m/s avec des pointes de 36 m/s) et qui soufflent constamment pendant 20 p. 100 du temps en moyenne. La région est découverte en 1761-1762 par le capitaine Christopher, un officier de la Compagnie de la baie d'Hudson. L'inlet tire son nom du comte de Chesterfield.

Doug Finlayson

Cheval (*Equus caballus*), MAMMIFÈRE herbivore ongulé, c.-à-d. pourvu d'onglons ou sabots qui en font un coureur remarquable. Ses allures naturelles regroupent la marche, le trot, le petit galop et le galop. Animal sociable et passablement intelligent, le cheval constitue pour l'être humain une aide précieuse et un bon compagnon. D'ailleurs, le cheval partage avec le chien le titre de meilleur ami de l'homme. En plus d'être un ami, le cheval a, pendant des centaines d'années, été le plus fidèle serviteur de l'humanité; sa force musculaire et sa résistance lui permettent d'accomplir de gros travaux d'AGRICULTURE et, grâce à son endurance, les pionniers ont pu transporter de lourdes charges sur de longues distances.

La mécanisation a forcé le cheval vers de nouveaux rôles dans le sport et les activités récréatives. Dans certaines parties du globe, la viande de cheval fait partie du régime alimentaire, mais les Canadiens n'ont jamais démontré un grand intérêt à manger leur meilleur ami animal. On a créé plusieurs races selon les différents emplois qu'on a fait des chevaux. Elles diffèrent surtout par la taille, qui varie de 10 à 12 mains pour le poney Shetland, à 17 mains chez certaines grandes races. Une main, unité utilisée pour mesurer la hauteur au garrot, vaut environ 10 cm. Plus de 25 races reconnues ont été introduites et élevées au Canada.

Histoire du cheval en Amérique du Nord Le cheval est un pionnier sur ce continent et mérite d'être traité avec respect. Exception faite du dindon, il est le seul animal domestique dont la famille zoologique est née sur le continent américain. Ainsi, une grande partie de l'histoire des équidés, vieille de 40 millions d'années, est écrite de façon indélébile dans le roc. En effet, même si des FOSSILES témoignent de l'existence de chevaux ailleurs dans le monde, nulle part trouve-t-on des preuves d'une présence paléontologique aussi longue et ininterrompue que sur ce continent où l'on peut retracer, pas à pas, l'histoire de l'évolution du cheval à partir du petit et primitif *Eohippus* (de la taille d'un terrier à poil dur) aux chevaux dont la taille et l'apparence ressemblent à celles des chevaux modernes.

L'*Eohippus* avait quatre orteils sur chaque membre antérieur et trois sur chaque membre postérieur. Ce petit animal, sans défense véritable, vivait dans les marais. Même si des doutes subsistent au sujet de son alimentation, la forme de ses pieds, la petitesse relative de son estomac (encore évidente chez le cheval d'aujourd'hui) et la présence de canines chez le mâle laissent supposer que le petit *Eohippus* n'était pas un végétarien strict.

On pense que les chevaux ont vécu en très grand nombre sur le continent américain, au moins jusqu'à leur disparition après quelque fléau. Ils y vivaient encore lorsque les premiers hommes sont arrivés (*voir* PRÉHISTOIRE). Les premiers Nord-Américains festoyaient en mangeant leur viande. Leurs brasiers, où les os de chevaux se mêlaient aux pointes de flèches et à la cendre, découverts sur les emplacements de leurs feux de camp le prouvent. À cette époque, des chevaux ont émigré en Asie en passant par la bande de terre qui permit aux premiers humains de s'installer sur ce continent. Ainsi, ils ont échappé à l'extinction et se sont répandus dans toute l'Asie.

Première domestication Il semble que les Chinois soient les premiers à avoir domestiqué le cheval. Les chevaux domestiqués ont ensuite atteint la Méditerranée et le Nord de l'Afrique où les races se sont améliorées. Certains de ces animaux, amenés en Europe par des peuples envahisseurs, ont été laissés derrière eux et ont rehaussé la qualité des chevaux d'Espagne et de France. Lors de son deuxième voyage vers l'Ouest, en 1493, Christophe Colomb a sans doute amené des chevaux espagnols aux Antilles. Quoi qu'il en soit, Hernando Cortez, conquistador espagnol, débarque 16 ou 17 chevaux sur le continent nord-américain en 1519. Ainsi, après une longue absence, les chevaux américains sont de retour sur leur terre natale.

Chevaux des colons Les Amérindiens adoptent d'emblée le cheval qui passe d'une tribu à l'autre, généralement parce qu'ils sont volés. Selon les documents d'Arthur Silver Morton, les autochtones de la vallée de Bow River possèdent des chevaux en 1730 et, avant longtemps, toutes les tribus de l'Ouest en possèdent. Les colons de Selkirk qui arrivent à la RIVIÈRE ROUGE en 1812 ont un urgent besoin de bêtes et ils se réjouissent à l'idée d'obtenir des chevaux des Amérindiens.

Dans l'Est, les premiers chevaux sont ramenés de France pour les colons installés le long du Saint-Laurent. En 1665, Louis XIV décide d'envoyer 21 juments et 2 étalons des écuries royales. Ces chevaux ainsi que d'autres envoyés plus tard constituent la lignée de chevaux noirs robustes, reconnus plus tard comme la race canadienne-française ou race canadienne, chevaux encore prisés par de nombreux fermiers québécois.

Un animal fort et puissant est essentiel aux colons établis dans le Haut-Canada et, plus tard, au Manitoba et dans les Territoires. Au début, certains utilisent le bœuf parce qu'il est plus facile à obtenir et qu'il peut «vivre de la terre», mais, en bout de ligne, tous veulent des chevaux ou, s'ils en ont déjà, ils en veulent de meilleurs. Or, l'amélioration de la race dépend de l'importation de reproducteurs de race approuvée. Le premier étalon de race pure à venir dans l'Ouest est Fireaway, un trotteur Norfolk importé d'Angleterre par la Compagnie de la Baie d'Hudson pour les colons de Rivière Rouge. Il connaît un succès sans précédent.

«Bataille des races» Par la suite, la demande d'étalons de race lourde se fait plus pressante. Les colons britanniques veulent des races de leur pays natal (Clydesdale, Shire, Suffolk) tandis que les colons européens et américains préfèrent le Percheron et le Belge. Les fermes canadiennes deviennent la scène d'une véritable «bataille des races». Au début, le Clydesdale écossais, élégant avec ses marques blanches et son allure active, est le plus populaire (reflétant ainsi la prédominance des colons britanniques) mais, avec le temps, le Percheron de France et le Belge, tous deux de taille plus imposante, emportent la faveur.

En 1921, époque où presque tous les fermiers canadiens possèdent des chevaux, la population chevaline se chiffre à 3,5 millions. On compte un million de chevaux en Saskatchewan, principalement des Clydesdale, des Percherons et des Belges. La rivalité entre les races devient si forte qu'à l'église les partisans des Clydesdale ne s'assoient pas du même côté que les partisans des Percherons et des Belges.

Mais, pendant que le débat des races persiste, la mécanisation et l'introduction des tracteurs à vapeur dans les fermes de l'Ouest remettent en question la suprématie des chevaux de trait. Ces lourds tracteurs sont excellents pour certains travaux, mais ils sont lents et peu maniables pour le travail au champ. En 1908, lors de la tenue du premier concours de véhicules agricoles à l'Exposition industrielle de Winnipeg, les tracteurs à essence sont les plus populaires.

Les petits tracteurs à essence ou à kérosène seront des objets recherchés durant la Première Guerre mondiale alors qu'on demande aux fermiers d'augmenter la production, mais qu'on les prive en même temps de travailleurs. Le déclin du cheval est ainsi amorcé.

Déclin du cheval Un événement qui a marqué l'année 1918 est l'achat par le gouvernement fédéral de 1 000 tracteurs deux socs Ford et leur revente aux fermiers à prix coûtant (environ 800 $ avec livraison). Bien que ces tracteurs légers à quatre cylindres et à grande vitesse signalent des temps nouveaux pour les agriculteurs, l'élevage de chevaux, en contrepartie, est à la baisse.

Ainsi, en 1944, les fermiers et les propriétaires de ranch disposent de milliers de chevaux qu'ils ne peuvent vendre mais qu'ils doivent nourrir. En mars, lors d'une réunion tenue à Val Marie (Saskatchewan), la Western Horse Marketing Cooperative est fondée. Son mandat est double: assurer aux propriétaires de chevaux un profit de la vente de leurs animaux et leur permettre de garder les pâturages pour les bovins et les moutons.

En octobre 1945, les propriétaires de chevaux ont les yeux fixés sur l'Europe d'après-guerre qui représente alors un marché intéressant. Des abattoirs et des usines de transformation sont établis à Swift Current (Saskatchewan) et à Edmonton et, en 1952, on enregistre la vente de près de 250 000 chevaux et des recettes d'environ 19 millions de dollars dont la majeure partie vient de la viande en conserve expédiée en Europe. En 1986, les exportations de viande de cheval totalisent plus de 17 000 tonnes dont la valeur atteint 41,1 millions. Les principaux acheteurs sont la France et le Japon. En général, on abat les chevaux qui sont vieux ou infirmes; on n'élève pas de chevaux de boucherie.

Prépondérance des chevaux légers Les chevaux de trait ont presque disparu des fermes canadiennes; la terminologie d'usage est oubliée et on ne parle plus de courroies, d'attelles, de martingales, ni de bat-culs. Tout n'est cependant pas perdu: avec la venue de la civilisation dite des loisirs, les Canadiens développent un intérêt pour les chevaux plus légers.

La montée des races légères est tout aussi spectaculaire que le déclin des races lourdes. Chaque type et chaque race de chevaux légers a son utilité. Certains, comme ceux utilisés par les cow-boys, sont tellement utiles et irremplaçables que leur popularité ne se dément jamais. La recherche de chevaux convenant à de nouveaux sports ou activités récréatives attire l'attention du public sur des races peu connues.

Deux races anciennes, le cheval arabe et le cheval pur-sang, ont joué un grand rôle dans l'amélioration ou la création d'autres races dont le Hackney, le French Coach et le German Coach de la catégorie des chevaux de trait; le Standardbred américain et le Morgan, considérés comme roadsters ou trotteurs; le cheval de selle américain, le Tennessee walking horse et le Quaterhorse sont tous d'origine américaine; et, finalement les races dont la popularité est récente, soit le Palomino, l'Appaloosa, le Pinto et le cheval louvet qui ont tous une robe de couleur particulière. Diverses races de poneys ont aussi été enregistrées: Shetland, Welsh, Dartmoor, Exmoor, Fell, Highland, Iceland et New Forest.

Les courses de chevaux sont considérées comme «le sport des rois» (*voir* COURSES DE PUR-SANG), et plusieurs monarques anglais en sont des fervents. Charles II va jusqu'à importer 40 juments barbes, arabes et turques qui seront à l'origine de la race pur-sang. Toutes les grandes villes possèdent leur piste de course et leur programme saisonnier. Les chevaux de course sont principalement les Pursang (courses de plat) et le Standardbred (COURSES ATTELÉES avec sulkys).

Le Standardbred, élevé dans les États de l'Est américain, est le roadster américain original, un trotteur pouvant être entraîné à l'amble. Le trot est une allure diagonale où les bipèdes diagonaux se lèvent et se posent tour à tour. L'amble est une allure dans laquelle les deux membres du même côté se lèvent et se posent simultanément; cette allure est naturelle chez certains chevaux, d'autres doivent y être entraînés. Les bons trotteurs et les bons ambleurs peuvent courir un mille sous la barre des deux minutes.

Concours hippiques Les concours hippiques, nombreux et populaires, se conforment aux règles élaborées par l'Association canadienne de spectacles épiques. Au fil des années, les chevaux canadiens ont établi des records, entre autres, les sauteurs Confidence (dans l'Est) et Barra Lad (dans l'Ouest). Confidence, propriété de sir Clifford SIFTON, établit un record mondial en sautant 254,11 cm lors d'un concours à Ottawa; Barra Lad, né à Essondale (Colombie-Britannique) et monté par Peter Welsh de Calgary, fait un saut prodigieux de 247,65 cm devant 6 000 spectateurs réunis à New Westminster en 1925. C'est un nouveau record mondial mais il se teinte d'une fin tragique: le célèbre cheval meurt le soir même.

Les concours hippiques atteignent leur plus haut niveau de compétition et d'éclat au Royal Agricultural Winter Fair de Toronto qui se déroule depuis 1922. Dans l'Ouest, les excellentes installations de Spruce Meadows sont de renommée internationale. Parmi les autres concours hippiques, citons les RODÉOS, dont le plus important est celui du STAMPEDE DE CALGARY et les randonnées à cheval en montagne organisées pour la première fois par John Murray Gibbon après son arrivée au Canada en 1913. Le dressage tente de démontrer l'art d'éduquer le cheval et d'en présenter le produit final sur piste. Les concours de chevaux de retranchement plairont à ceux qui aiment le Quarter horse et les épreuves mettant en jeu le bétail. (*Voir* aussi CHEVAUX DE L'ÎLE DE SABLE.)

Grant MacEwan

Chevaliers du Travail La principale organisation réformiste et ouvrière de la fin du XIXe siècle mise sur pied en 1869 à Philadelphie par les tailleurs. Prenant lentement de l'ampleur dans les années 1870, l'organisation secrète insiste sur la coopération et l'éducation de ses membres. Les Chevaliers du Travail croient fermement à l'association de tous les travailleurs sans égard à leurs qualifications, à leur sexe ou à leur race. Leur principale réussite est de rassembler des hommes et des femmes de divers métiers, ce qui leur permet de s'étendre jusque dans les petites villes et les villages. Faisant son entrée en Ontario probablement en 1875, et certainement à Hamilton en 1881, l'ordre organise quelque 450 assemblées locales partout au Canada. Particulièrement forts en Ontario, au Québec et en Colombie-Britannique, les Chevaliers du Travail jouissent aussi d'un certain succès en Nouvelle-Écosse et au Manitoba. Ils établissent également des sections au Nouveau-Brunswick et dans l'Alberta actuelle.

En Ontario et au Québec, les dirigeants des Chevaliers du Travail jouent un rôle clé dans la fondation du CONGRÈS DES MÉTIERS ET DU TRAVAIL DU CANADA (CMTC), dominent les campagnes politiques ouvrières indépendantes des années 1880 et 1890, et font énormément de pressions politiques au Parlement. L'influence des Chevaliers atteint son apogée en Ontario et dans l'Ouest en 1886, mais c'est dans les années 1890 que leurs réalisations à Ottawa et au Québec sont les plus retentissantes. Leur expulsion du CMTC en 1902 à Berlin (Kitchener) en raison de leur double appartenance syndicale, stimule l'essor de syndicats proprement québécois.

Les principaux bastions des Chevaliers du Travail se trouvent à Toronto, Hamilton, Montréal, Québec, Ottawa, St. Catharines, St. Thomas, London, Kingston, Winnipeg et Victoria. Des chevaliers canadiens comme A.W. WRIGHT, Thomas Phillips THOMPSON et D.J. O'DONOGHUE fournissent des apports considérables aux États-Unis également. La contribution essentielle des Chevaliers à la classe ouvrière canadienne consiste à lui avoir démontré la nécessité de s'unir pour trouver des solutions de rechange sociales à la croissance d'une société capitaliste monopolistique.

G.S. Kealey

Chevaux de l'île de Sable Ces CHEVAUX SAUVAGES, qui tirent leur nom de l'île où ils habitent, sont aujourd'hui les seuls MAMMIFÈRES terrestres de l'ÎLE DE SABLE, à part quelques humains. Ils présentent une grande variété de tailles, de conformations et de couleurs, et ressemblent beaucoup au barbe espagnol, un petit cheval robuste originaire d'Afrique du Nord, et au cheval acadien, communément utilisé entre le XVIIᵉ et le XIXᵉ siècle comme cheval de trait dans les provinces de l'Atlantique. L'étalon pèse de 270 à 360 kg et mesure environ 14 mains (140 cm) au garrot (à l'épaule). La jument est légèrement plus petite et pèse en moyenne 40 kg de moins que le mâle.

Bandes familiales La population de l'île de Sable comprend entre 40 et 50 bandes familiales. La structure de bande est variable, mais consiste généralement en un étalon dominant, une ou plusieurs femelles et leurs petits et occasionnellement un ou deux mâles matures subordonnés. Les bandes comptent de 4 à 8 individus, en moyenne, et parfois de 10 à 12. Les mâles qui ne font pas partie de bandes familiales forment des groupes de «célibataires» peu structurés ou, surtout s'ils sont âgés, vivent en solitaire. Les poulains naissent habituellement entre la fin d'avril et août.

Population Des relevés aériens et terrestres montrent que, depuis les années 60, la population fluctue entre 175 et 450 individus. La mortalité survient surtout à la fin de l'hiver et au début du printemps, et elle est fortement corrélée à des conditions climatiques particulières. Des hivers exceptionnellement froids et humides causent une augmentation de la mortalité, particulièrement chez les individus très jeunes ou très âgés, quoique la relation entre le taux de mortalité et l'âge soit variable. Pendant les hivers doux, le taux de mortalité peut être de 5 p. 100 ou moins.

Historique La croyance populaire veut que les ancêtres des chevaux de l'île de Sable aient été des survivants d'un naufrage. Cependant, tout semble indiquer que les chevaux actuels sont les descendants de chevaux acadiens transportés dans l'île, au milieu du XVIIIᵉ siècle, en même temps que des bovins, des porcs et des moutons, par un marchand bostonnais qui a tenté en vain d'y établir une ferme. Des stations de sauvetage, établies sur l'île en 1801 afin de secourir les naufragés, utilisent les chevaux pour le transport et pour le trait. Ces stations subsistent jusqu'au milieu des années 1900, époque où l'on s'efforce d'améliorer la race des chevaux sauvages en introduisant de nouveaux géniteurs. Périodiquement, on rassemble les chevaux excédentaires et on les envoie sur le continent pour la vente.

Depuis 1962, les chevaux de l'île de Sable sont protégés de toute intrusion humaine par une loi fédérale. À cet égard, ils constituent une population unique dans l'Est de l'Amérique du Nord. Bien que l'on rencontre également des chevaux sauvages dans l'île française de Miquelon, au sud de Terre-Neuve, dans le Bird Shoal et le Shackleford Bank, au large de la Caroline du Nord, aux États-Unis, et dans l'île Chincoteague, en Virginie, les chevaux de l'île de Sable présentent un intérêt particulier pour l'étude de l'histoire, de la biologie et du comportement des Équidés de même que pour la conservation des ressources génétiques et d'une race à faibles effectifs. Tous les travaux de recherche en cours sur les chevaux de l'île de Sable utilisent des techniques non invasives.

Z. Lucas

Chevaux sauvages La paléontologie montre que les CHEVAUX proviennent d'Amérique du Nord, mais qu'ils se sont éteints sur ce continent et y ont été absents pendant plusieurs millénaires jusqu'à ce que des explorateurs espagnols les réintroduisent au XVIᵉ siècle. On considère généralement que les chevaux acquis par les autochtones nord-américains, plus particulièrement ceux des Plaines, furent à l'origine de la propagation des chevaux partout dans l'Ouest du continent. Les Français apportèrent des chevaux quand ils vinrent coloniser l'est du Canada au milieu des années 1600. On croit que les CHEVAUX DE L'ÎLE DE SABLE, les seuls chevaux sauvages (ou plus exactement des chevaux féraux, c.-à-d. des animaux domestiques retournés à l'état sauvage) à l'est de l'Alberta, sont les descendants des chevaux d'une colonie agricole infructueuse.

Les autochtones de l'Alberta et de la Colombie-Britannique possédaient des chevaux au milieu des années 1700, et certains de ces animaux formèrent probablement le noyau de la première harde de chevaux sauvages dans l'ouest du Canada. David THOMPSON, un des premiers explorateurs à avoir traversé les montagnes Rocheuses, vit des chevaux sauvages près de la source du FLEUVE COLUMBIA en 1807 et conclut qu'il s'agissait d'animaux échappés des hardes appartenant aux autochtones. Ultérieurement, des colonies établirent des ranchs, firent de l'exploitation minière et des coupes forestières en Alberta et en Colombie-Britannique. Toutes perdirent des chevaux ou les libérèrent, et contribuèrent ainsi à augmenter le nombre de chevaux sauvages.

Hardes actuelles On rencontre – ou on a rencontré récemment – des hardes de chevaux sauvages dans plusieurs régions de l'ouest et du nord de l'Alberta, de l'intérieur et du nord de la Colombie-Britannique et du sud du Yukon. Ils se sont échappés des hardes appartenant aux autochtones, aux pourvoyeurs et aux exploitants de ranchs de régions éloignées. Bien que l'origine et l'appartenance d'un grand nombre de ces animaux puissent être attribuées à des résidants, les populations de chevaux sauvages existent dans certaines régions depuis plusieurs générations. En particulier, certaines sont établies depuis longtemps sur les versants est des montagnes Rocheuses en Alberta et dans la région des chaînes Cariboo-Chilcotin de l'intérieur de la Colombie-Britannique. Bien que leurs populations fassent l'objet d'une limitation afin d'assurer la gestion des grands pâturages, les évaluations actuelles montrent que ces deux régions sont encore habitées par des populations de chevaux sauvages qui comptent plusieurs centaines d'individus. L'impact du broutage dans les prairies naturelles de certaines régions a soulevé des inquiétudes et a été à l'origine du déménagement controversé d'une harde sur la BFC Suffield en 1994.

Écologie Dans l'ouest du Canada, les chevaux sauvages vivent essentiellement dans les milieux boisés, plus particulièrement dans les forêts de pins de Murray parsemées de prairies arides où ils se nourrissent d'une variété de graminées et de carex tout au long de l'année. La majorité des hardes sont formées de cinq individus à dix individus, mais certaines sont de plus petite ou de plus grande taille. Les chevaux ne sont pas territoriaux, et les territoires de plusieurs hardes empiètent parfois l'un sur l'autre. Même si de bonnes conditions favorisent l'augmentation des populations, les nombreuses mortalités dues aux famines et aux prédateurs, comme les couguars et les loups, auxquels les chevaux sont plus vulnérables lors d'hivers rigoureux, sont probablement des facteurs limitatifs.

Richard E. Salter

Chèvre de montagne (*Oreamnos americanus*), MAMMIFÈRE ongulé artiodactyle de la famille des bovidés. Elle a évolué à partir des chèvres-antilopes d'Asie primitives au cours des ÉPOQUES GLACIAIRES. La chèvre de montagne n'est pas une chèvre véritable, mais elle appartient à une tribu ancêtre des moutons et des chèvres. Parmi les membres de sa tribu, elle est l'espèce la plus grande et la plus résistante au froid. Elle se répartit largement dans les MONTAGNES de l'Ouest canadien. Adaptée à la vie sur les falaises abruptes, où les aspérités sont souvent recouvertes de neige ou de GLACE, c'est une grimpeuse lente et méthodique qui compense l'étroitesse de son habitat par un régime alimentaire varié.

Description Le mâle peut peser plus de 125 kg et la femelle, environ 15 p. 100 de moins. Les individus des deux sexes ont des cornes courtes, recourbées et en forme de poignard, qui peuvent infliger de sérieuses blessures lors des rares mais violents combats. Le mâle est protégé par une peau exceptionnellement épaisse qui, pendant la saison de reproduction, enfle sur l'arrière-train pour atteindre une épaisseur allant parfois jusqu'à plus de 2 cm. Les chèvres ont un crâne mince et fragile et ne chargent pas tête première. Le mâle adulte évite les combats autant que possible et mise plutôt sur les parades de dominance élaborées. Habituellement, il s'éloigne des femelles agressives.

Une femelle adulte qui a des petits domine toutes les autres chèvres, y compris les plus grands mâles. Lors des hivers rigoureux, elle expulse les autres chèvres des habitats de choix. Si l'hiver est doux, les chèvres sont grégaires. Le mâle est dominant seulement au plus fort de la saison de reproduction. Après, il quitte le territoire de la femelle ou en est expulsé. La femelle donne naissance à un (rarement deux) chevreau en juin et le défend avec le plus grand soin.

Importance biologique La chèvre de montagne est sensible aux perturbations et parfois victime d'une chasse abusive. Parmi ses prédateurs, on compte l'AIGLE royal, le COUGUAR et, rarement, l'OURS.

Valerius Geist

Chèvrefeuille Nom commun des plantes, en général des arbustes des bois, du genre *Lonicera* de la famille des Caprifoliacées. Les chèvres aiment beaucoup le feuillage du chèvrefeuille, d'où l'origine du nom, [du latin *caprifolium*, «feuille de chèvre»]. On trouve plus de 150 espèces de chèvrefeuille dans l'hémisphère nord et neuf sont indigènes au Canada. Leur aire de distribution couvre tout le pays, de la région subarctique à la partie sud du Canada. Les fleurs en paires et groupées en verticilles de six sont remarquables dans certaines espèces couramment cultivées, comme chez le chèvrefeuille japonais (*L. japonica*), le chèvrefeuille des bois (*L. periclymenum*), le chèvrefeuille de Virginie (*L. sempervirens*) et le chèvrefeuille de Tartarie (*L. tatarica*).

Au Canada, parmi les espèces connues, on trouve le chèvrefeuille du Canada (*L. canadensis*), le chèvrefeuille dioïque (*L. dioica*) et le chèvrefeuille à feuilles oblongues (*L. oblongifolia*), tous à fruits rouges; le chèvrefeuille involucré (*L. involucrata*) et le chèvrefeuille velu (*L. villosa*) qui ont des fruits noirs. Toutes ces espèces sont à fleurs jaunes. Sept espèces, comme le chèvrefeuille des jardins (*L. caprifolium*), le chèvrefeuille des bois (*L. periclymenum*) et le chèvrefeuille de Tartarie (*L. tatarica*), se sont naturalisées au Canada, à partir des espèces cultivées dans les jardins. Le chèvrefeuille des bois et son voisin, le chèvrefeuille dioïque, se retrouvent seulement dans les régions du Canada aux climats les plus doux. Le chèvrefeuille de Tartarie est très résistant au gel et constitue une PLANTE ORNEMENTALE de choix.

Les fruits sont purgatifs et âcres à en provoquer la nausée. Les Amérindiens utilisaient les fruits et l'écorce de la racine pour traiter les problèmes de digestion et la gonorrhée, et l'employaient comme tonique.

Roger Vick

Chèvres, élevage des La chèvre (*Capra hircus*), qui fait partie de la famille des bovidés, est un mammifère ruminant à cornes arquées vers l'arrière, à queue courte, habituellement au poil raide. Elle est apparentée au mouton (*voir* MOUTON, ÉLEVAGE DU) mais est de gabarit plus délicat. Les chèvres ont été domestiquées dès 7000 av. J.-C. et ont fourni aux humains de la nourriture (lait, fromage, beurre), du cuir et de la laine. Ce sont probablement les premiers colons qui les ont introduites en Nouvelle-France, en même temps que les moutons. Les chèvres sont élevées dans chacune des provinces excepté Terre-Neuve, mais on en trouve surtout en Ontario (quelque 45 p. 100 des chèvres enregistrées en 1986), au Québec (18 p. 100) et en Colombie-Britannique (16 p. 100).

L'élevage peut servir à quatre types de productions: la production industrielle du lait (le lait est vendu à des usines de traitement pour la fabrication du fromage); la production du fromage (vendu directement par le producteur); la production de viande (la viande est un sous-produit pour les producteurs de lait, mais certains éleveurs se spécialisent dans la viande de boucherie); et la production de la laine de mohair. Il existe trois catégories de chèvres: chèvres non enregistrées (qualité) dont le pedigree est soit inconnu ou non enregistré, ou dont les parents sont non enregistrés; chèvres enregistrées (canadiennes) dont le pedigree de la mère est inconnu ou non enregistré, mais dont celui du père est enregistré; chèvres enregistrées dont le pedigree peut remonter aux premières chèvres importées au Canada. On compte cinq races laitières importantes au Canada: l'Alpine (1 842 parmi les 48 343 chèvres enregistrées au Canada au 31 décembre 1986); la Nubienne ou Anglo-Nubienne (948), la Saanen (441), la Toggenburg (409) et la Mancha (54). La chèvre angora et la chèvre du Cachemire sont élevées avant tout pour leur laine. Pour ce qui est de l'élevage, chaque animal est identifié, et on consigne dans un registre la date de naissance, l'espèce, le sexe, le numéro d'identification, la date du sevrage de la chevrette, la vaccination, les traitements antiparasites et les rapports de contrôle laitier.

La chevrette atteint l'âge adulte à trois mois mais elle n'est pas en mesure de se reproduire avant d'avoir de sept à neuf mois. Elle met bas une fois l'an. L'insémination permet à un grand nombre de femelles d'être fécondées avec le sperme d'un mâle ayant un potentiel génétique supérieur. La période de gestation moyenne est de cinq mois (153 jours). La chevrette possède deux glandes mammaires. Le régime alimentaire, la période de lactation, le nombre de lactations, la santé et le mode d'exploitation du troupeau sont les facteurs principaux qui influent sur la production laitière. L'amélioration génétique de ces animaux est essentielle. La sélection implique qu'on élimine les bêtes imparfaites pour ne retenir que celles qui sont bien formées (corps, sabots, bassin, membres, mamelles). Un tableau servant à classifier

les caractères physiques des chèvres a été élaboré par la Société canadienne des chèvres, à Fergus (Ontario). La sélection génétique tient aussi compte des caractéristiques de reproduction (habitudes alimentaires, fertilité, fécondité) et de production laitière, tant sur le plan de la quantité que sur celui de la qualité. Quantitativement, la production augmente de 200 kg entre la première et la troisième lactation. Ce niveau se maintient entre la troisième et la septième lactation pour ensuite diminuer. Les aspects qualitatifs concernent les taux de protéines et de matières grasses qu'on trouve dans le lait.

Les chèvres sont nourries deux fois par jour. Le fourrage correspond à 72 p. 100 de la ration quotidienne d'aliments secs. Les chèvres sont très sélectives et affectionnent le jeune feuillage et les pousses. Elles préfèrent les grains de céréales aplatis ou les concentrés sous forme de comprimés plutôt que les graines finement moulues. Comme les autres ruminants, elles peuvent digérer des aliments riches en cellulose pour ensuite utiliser les acides gras volatils pour satisfaire leurs besoins métaboliques. La Société canadienne des chèvres, fondée en 1917, est l'organisme d'enregistrement.

Jean-Paul Lemay

Chiasson, Herménégilde, poète, dramaturge et peintre (Saint-Simon, Nouveau Brunswick, 1946-). Il obtient tout d'abord un baccalauréat à l'U. de Moncton (1967). À partir de 1969, il étudie les Beaux-Arts à l'U. de Mount Allison (Sackville) et publie plusieurs poèmes, entre autres dans *Liberté*. Il devient ensuite recherchiste et journaliste à Radio-Canada (1971-1973) mais décide en 1975 de suivre des cours d'arts plastiques à la Sorbonne. De retour à Moncton, il présente plusieurs pièces de théâtre: *Becquer bobo, L'Amer à boire*, (1976), et *Au plus fort la poche* (1977). C'est grâce à la publication de ses premiers recueils, *Mourir à Scoudouc*,(1974) et *Rapport sur l'état de mes illusions* (1977) que Chiasson s'impose comme l'un des poètes majeurs de l'Acadie actuelle; il s'est entre temps établi à Robichaud. Ces deux œuvres, malgré quelques faiblesses, incarnent le nouveau mythe acadien qui rejoint la morosité ambiante. Plus tard, l'écriture de Chiasson prend une tournure radicale, il délaisse les complaintes acadiennes pour une poésie urbaine, où se confondent détresse, solitude et modernité. Son recueil intitulé *Vous* (1991) en est une illustration frappante. Il combine des poèmes offrant une réflexion sur la fausseté du rire avec des graphismes abstraits en noir et blanc. De plus, son écriture est marquée par un intérêt croissant pour le cinéma: *Existences* (1991) est un livre de contes qui se rapproche davantage d'une synopsis que de la poésie folklorique de ses débuts. Chiasson s'investit d'ailleurs à plusieurs reprises dans les réalisations cinématographiques telles que *Les Années noires* (1994), qui évoque la déportation acadienne de 1755, ou encore *Épopée* (1996), qui survole les traditions musicales de l'Acadie. *Miniatures*, (1995) est un essai autobiographique composé de soixante textes poétiques inspirés par des objets qui sont autant de souvenirs évocateurs. C'est sans doute au travers de cette œuvre que l'on pénètre le mieux le territoire intime de l'auteur. On peut dire d'Herménégilde Chiasson qu'il incarne une identité ambivalente, à mi-chemin entre francophonie et américanité.

Delphine Le Roux.

Chibougamau, ville du Qc; pop. 8664 (rec. 1996), 8855 (rec. 1991); superf. 754,08 km²; const. en 1952; située dans la région du Nord-du-Québec, à 60 km au sud du lac MISTASSINI et à 240 km au nord-ouest du LAC SAINT-JEAN. Elle forme, avec la petite ville de Chapais, une enclave minière (*voir* MINES) qui chevauche les régions de l'Abitibi et du Lac-Saint-Jean. On y découvre de riches gisements de CUIVRE dans la première décennie du XXᵉ s., mais l'isolement de cette région en empêche l'exploitation. Après une première tentative dans les années 30,

l'extraction ne démarre vraiment qu'en 1949, soit trois ans avant la fondation de la ville.

Économie Chibougamau possède des gisements d'OR, d'ARGENT et de ZINC aussi bien que de cuivre. L'industrie forestière (abattage et sciage) et le commerce occupent aussi une place importante. La ville profite de sa situation nordique en organisant chaque année le festival des «Folies frettes» et un rallye de MOTONEIGES.

Marc St-Hilaire

Chic-Choc, monts (*voir* GASPÉSIE)

Chicklisets Tribu de NOOTKA occupant le territoire le plus au nord sur la côte ouest de l'île de Vancouver, en Colombie-Britannique. Leur territoire traditionnel comprend les rives sud et est de la péninsule Brooks, la baie Checleset, et les inlets Nasparti, Ououkinsh et Malksope. Leurs villages tribaux étaient Acous et Upsowis. Au XXᵉ siècle, les mariages entre Chicklisets et Kyuquots se sont multipliés si bien que, dès 1950, la plupart des Chicklisets s'étaient établis dans des villages kyuquots. Bien que les bandes de Chicklisets et de Kyuquots aient fusionné (pop. 416, en 1996), les Chicklisets conservent leur identité propre.

John Dewhirst

Chicoutimi, ville du Qc; pop. 63 061 (rec. 1996), 62 670 (rec. 1991); const. en tant que ville en 1976; située au confluent des rivières Chicoutimi et SAGUENAY, entre JONQUIÈRE et LA BAIE, à 211 km au nord de Québec. En montagnais, Chicoutimi signifie «la fin des eaux profondes», une allusion au fait que les marées se rendent jusqu'à cet endroit.

Peuplement Au XVIIᵉ s., Chicoutimi est une importante halte sur la route qu'empruntent les chasseurs autochtones pour aller vendre leurs peaux à TADOUSSAC. En 1676, les autorités de la Nouvelle-France y construisent un poste de traite. Peter McLeod fils, le fondateur de la ville actuelle, construit des scieries le long des rivières du Moulin et Chicoutimi (1842-1843), William PRICE les rachète en 1852 et les exploitera jusqu'au début du XXᵉ s.

Croissance Terminus fluvial et ferroviaire (1893), le commerce de gros et de détail se développe très tôt. En 1898, la Compagnie de Pulpe de Chicoutimi ouvre sa première usine de pâte à papier, qui grandit rapidement jusqu'à ce que la crise de l'industrie des pâtes et papiers (années 1920) et l'effondrement de l'économie (1929) la forcent à fermer ses portes. La Seconde Guerre mondiale ramène la prospérité et un grand nombre de chômeurs trouvent du travail dans l'aluminerie d'Arvida (maintenant Jonquière). Le secteur tertiaire connaît une forte croissance et fait de Chicoutimi un centre de services de premier ordre. La ville est la métropole et la capitale régionale du Saguenay–Lac-Saint-Jean, le chef-lieu de la MRC de Fjord-du-Saguenay et le siège de l'évêché de Chicoutimi ainsi que du district judiciaire du même nom. Elle compte un important hôpital (1884) et une université (voir UNIVERSITÉ DU QUÉBEC à Chicoutimi, 1969).

Paysage urbain La ville s'étend sur les deux rives de la rivière Saguenay. Deux de ses affluents, les rivières Chicoutimi et du Moulin, baignent la ville. En juillet 1996, ces deux rivières causent de graves inondations dans la ville, mais elle n'en est pas la seule victime puisque l'ensemble de la région du Saguenay–Lac-Saint-Jean subit ce que l'on considère comme les pires inondations de l'histoire du Canada.

Vie culturelle La ville abrite de nombreux organismes culturels. Parmi eux figurent la Société historique du Saguenay (1934), l'une des plus importantes sociétés d'histoire privées d'Amérique du Nord, et le Musée du Saguenay–Lac-Saint-Jean (1959). De plus, la Corporation de la pulperie de Chicoutimi a restauré les vestiges des usines de pâte à papier, en faisant un fleuron du patrimoine industriel canadien.

Chaque année, en février, Chicoutimi est l'hôtesse du Carnaval-Souvenir, qui fait revivre l'époque d'il y a 100 ans. Enfin, la ville est le point de départ de croisières sur le majestueux fjord du Saguenay.

Marc St-Hilaire

Chien (*Canis familiaris*), MAMMIFÈRE carnivore considéré comme le premier animal à avoir été domestiqué. Il y a 10 000 à 20 000 ans se produisent plusieurs domestications distinctes du chien à différents endroits. Son principal ancêtre est le LOUP. Le chacal ferait aussi partie de son ascendance. Certaines populations canines nord-américaines descendraient du COYOTE, un animal sauvage qui peut se croiser avec les chiens et engendrer une descendance fertile. Malgré les croyances populaires tenaces, l'hybridation du renard et du chien n'est pas possible. Le renard ne peut donc être l'ancêtre d'aucune race de chien.

Le chien partage l'existence des autochtones partout au Canada pendant des siècles avant l'arrivée des Européens et remplit certaines fonctions: transport, traction, chasse, vêtements et parfois alimentation humaine. Chez les Inuits, il sert encore à tirer les traîneaux et à transporter des charges à dos. Il est aussi utilisé pour la CHASSE AU PHOQUE et offre une protection contre les ours polaires.

Avant de recourir aux chevaux au début des années 1700, les Indiens canadiens des Plaines utilisaient le chien comme moyen de transport (travois à chien). Les espèces qu'ils utilisaient ont maintenant disparu. Sur la côte ouest, les Salish élèvent un petit chien au poil laineux utilisé pour le tissage. Celui-ci disparaît vers 1860. Le chien joue aussi un rôle important dans la religion. P. ex., le «White Dog Festival» que célèbrent certaines tribus de l'Est, exige le sacrifice de chiens d'une race particulière.

Partout où l'homme s'est installé, le chien a toujours été un animal domestique important. Au cours des siècles, il apparaît des centaines de races différentes, certaines créées par l'isolement régional, d'autres par des sélections volontaires de l'homme. De nombreux clubs canins recensent des centaines de races, dont certaines se trouvent dans le monde entier, notamment le caniche, le berger allemand, le setter irlandais.

Le Club canin canadien (CKC), qui tient les dossiers d'enregistrement des chiens canadiens de race pure, reconnaît officiellement 143 races. Il existe plusieurs autres races, mais celles-ci ne sont pas enregistrées. Les races reconnues sont divisées en plusieurs catégories en fonction du but de leur élevage: chiens de chasse, chiens d'utilité, terriers, chiens miniatures, chiens de compagnie et chiens de garde. Il existe une catégorie «divers» pour les races en instance d'homologation complète.

Races canadiennes

Cinq des races reconnues par le CKC peuvent être considérées comme purement canadiennes: le chien ours des Tahltans, le chien esquimau, le retriever de Nouvelle-Écosse, le retriever du Labrador et le retriever de Terre-Neuve. Les deux derniers possèdent des noms canadiens, mais doivent leur développement en grande partie aux éleveurs de Grande-Bretagne et d'Europe.

Chien ours des Tahltans Petit chien élevé par la bande indienne de Tahltan du nord-ouest de la Colombie-Britannique, appartenant probablement à la famille des loulous, avec une tête semblable à celle du renard et des oreilles de chauve-souris dressées. Sa queue particulière, de taille moyenne, est normalement droite et très fournie au bout. Blanc avec des taches noires pour la plupart, il sert à la chasse à l'ours et au lynx. Le CKC reconnaît la race en 1940, mais seuls neuf chiens ont été répertoriés et ceux-ci sont morts depuis longtemps. On n'en trouve plus dans la région de Tahltan et les éleveurs cherchent encore des survivants, sans grand espoir de succès.

Chien esquimau L'arrivée des MOTONEIGES dans les régions polaires a rapidement réduit le besoin en chiens de traîneau. Il est vite devenu évident que les chiens esquimaux, élevés par le peuple de culture Thulé depuis 1100 à 2000 ans, étaient menacés d'extinction. La race est reconnue par le CKC, mais la population enregistrée n'a pas subsisté. Créée pour rétablir la race, l'Eskimo Dog Research Foundation a réussi à trouver quelques exemplaires dans les campements inuits éloignés dans la péninsule de Booth, sur la presqu'île Melville et sur l'île de Baffin. Transportés à Yellowknife pour former la souche d'une colonie de reproduction, ces chiens sont désormais répertoriés par le CKC sous le nouveau nom de «chien esquimau canadien». Beaucoup ont regagné les territoires inuits. En termes de vitesse et de vigueur, ils se situent entre les huskies sibériens et les malamutes d'Alaska. Chiens de traîneau et d'attelage, ils sont utiles à la chasse.

Retriever de Nouvelle-Écosse Race de chien aux effectifs peu importants, que les Canadiens connaissent bien, mais qui est presque inconnue dans d'autres pays. Le retriever de Nouvelle-Écosse est dressé à jouer sur le rivage pour attirer les canards, afin que ces derniers viennent nager à portée de fusil. Le chien va ensuite chercher les oiseaux dans l'eau. Vers la fin du XIXᵉ siècle, une race ayant les mêmes caractéristiques est créée dans le comté de Yarmouth (Nouvelle-Écosse) par le croisement de différentes races. D'une couleur et de mœurs semblables à celles du renard, sa taille et sa conformation se situent entre celles de l'épagneul et du retriever.

Retriever de Terre-Neuve Ce chien pourrait descendre des chiens élevés par les autochtones, ou des chiens apportés par les aventuriers vikings environ 1000 apr. J.-C. Il y a probablement eu un croisement par la suite avec les chiens apportés dans l'île par les flottes de pêche basques et portugaises. Des visiteurs britanniques, attirés par ce grand chien noir, en rapportent quelques exemplaires en Angleterre où ils deviennent très prisés. Ce chien lourd à poils longs a une réputation d'excellent nageur et d'animal de compagnie protecteur de la famille. Dans son célèbre tableau intitulé *A Distinguished Member of the Humane Society,* sir Edwin Landseer dépeint une variété noire et blanche qui porte depuis lors son nom.

Retriever du Labrador Ce chien, probablement issu de la même souche que le Terre-Neuve, est devenu une race distincte grâce à la noblesse anglaise, qui l'a choisi pour sa taille inférieure, son ossature plus fine et son poil ras. Croisé ensuite avec d'autres chiens de chasse, il est l'un des meilleurs chiens d'arrêt au monde et sert aussi de chien-guide. Le retriever du Labrador est généralement noir, mais d'autres couleurs (jaune, chocolat et crème) sont aussi appréciées.

Au Canada, la majorité des chiens sont des animaux de compagnie. De nombreux chiens de race pure sont une source d'agrément et de travail pour les personnes prenant part aux concours canins régis par le CKC: expositions de conformation, concours d'obéissance, épreuves pratiques pour chiens de chasse, tests de pistage et, les nouveaux sports-spectacles, course à l'appât et course d'agilité. Pour chasser le GIBIER À PLUMES sédentaire, les OISEAUX AQUATIQUES et les petits mammifères, les chasseurs sportifs utilisent différentes races croisées de chiens spécialement dressés à cet effet. P. ex., dans l'Ouest canadien, le lévrier anglais et le chien-loup servent à la chasse au coyote et au loup.

De nombreuses races de chiens sont au service de l'homme. Les chiens de traîneau sont très utiles dans l'Arctique, les bergers écossais ne cèdent en rien leur supériorité de chien-berger et, à titre expérimental, la race Komondor sert actuellement dans l'Ouest canadien pour garder les troupeaux. Les bergers australiens, autrefois appelés «Queenland heelers», retiennent de plus en plus la faveur des éleveurs canadiens pour conduire le bétail. Le berger allemand, le doberman-pinscher et le bouvier des Flandres sont couramment utilisés pour les opérations policières et militaires, de même que comme chiens de garde. Le dressage de chien de protection (schutzhund), axé sur des séances d'entraînement intensives (obéissance, pistage et défense) est en plein essor au Canada.

Les chiens-guides, dressés pour guider les aveugles, sont les plus remarquables. Issus pour la plupart d'écoles de dressage de l'Ontario et d'Edmonton, ils permettent aux non-voyants de mener une vie normale. Plusieurs races sont utilisées à cette fin, notamment le berger allemand, le retriever du Labrador, le boxer et le berger écossais.

R.D. Crawford

Chien de prairie Animal diurne étroitement apparenté au Spermophile (*voir* ÉCUREUIL). De nature très grégaire, il vit dans des colonies ou des «villes». Il produit une grande variété de sons, dont un jappement qui lui vaut son nom générique latin *Cynomys* (chien-rat) et son nom commun. Même si les excavations qu'il creuse sont bénéfiques pour le SOL, on lui mène une lutte sans relâche, car il entre en compétition avec le bétail pour la consommation de PLANTES vertes. Son aire de répartition a ainsi considérablement diminué. Des quatre espèces connues, seule celle appelée (*Cynomys ludovicianus*) se rencontre au Canada (près de Val-Marie, en Saskatchewan).

Description Les chiens de prairie sont brun-rose en dessus, blanchâtres en dessous, ont des oreilles courtes et une queue courte à bout noir. Les adultes pèsent entre 1 et 1,5 kg. Ils restent à proximité des hauts monticules dénudés qui bordent l'entrée de leur terrier et les utilisent comme points d'observation.

Ils donnent naissance à une portée de quatre ou cinq petits au printemps, dans une chambre de nidification située à quatre ou cinq mètres sous la surface du sol. Si l'hiver est très rigoureux, ils utilisent des chambres profondes. Dans le sud de leur aire de distribution, ils n'hibernent pas. On ne sait toutefois pas s'ils s'hibernent au Canada. Quand la nourriture se fait rare, ils puisent dans les réserves de graisse accumulées à l'automne.

J. Mary Taylor

Chien d'or, Le est un bas-relief en pierre orné d'un chien rongeant un os et comprenant l'inscription suivante: «Je suis un chien qui ronge lo (l'os) / En le rongeant je prend mon repos / Un tems viendra qui nest pas venu / Que je morderay qui maura mordu». Cette stèle est intégrée à une maison construite par Timothée Roussel à Québec en 1688. C'est peut-être Roussel ou Nicholas Philibert qui l'a installé. Philibert achète la maison en 1734 et il est possible qu'il ait eu recours à l'image sur la pierre pour protester contre les manœuvres frauduleuses de l'intendant François BIGOT. En 1871, la maison est rasée pour céder la place à un bureau de poste. La stèle est alors placée dans le portique du nouvel édifice. Les nombreuses légendes liées au Chien d'or sont axées sur la vengeance et se terminent tragiquement. Une version de cette légende est à l'origine de l'œuvre LE CHIEN D'OR: LÉGENDE CANADIENNE de William KIRBY, qui fut librement traduite par le poète PAMPHILE LEMAY et réunie en volumes en 1884.

Chignectou, baie de Bras nord-est de la baie de FUNDY. Ce nom provient du mot autochtone *sigunikt,* qui signifierait «tissu pour les pieds», peut-être d'après une légende MICMAC. La région qui se trouve actuellement autour de SACKVILLE, au Nouveau-Brunswick, est d'abord colonisée par les Acadiens en 1671 (*voir* ACADIE) et par les méthodistes du Yorkshire, environ 100 ans plus tard. La rivière Petitcodiac se jette dans la fourche nord-ouest de la baie. Un canal qui traverse l'étroit isthme de Chignectou (27 km), entre la baie et le détroit de Northumberland, est prévu dès 1686. Dans les années 1890, Henry Ketchum, un ingénieur de Fredericton, construit une partie de la voie ferrée prévue pour traverser l'isthme. En 1958, l'intérêt pour le canal est ravivé par une étude de faisabilité. Le

PARC NATIONAL FUNDY est situé sur la côte nord (Nouveau-Brunswick) de la baie. (*Voir* aussi TANTRAMAR, MARAIS.)

Chilcotins Les Chilcotins, dont la langue est l'athapascan ou le déné, sont au nombre de 2753 (en 1996) et ils habitent la région située entre le fleuve Fraser et la chaîne Côtière, dans le centre-ouest de la Colombie-Britannique. Leur territoire comprend l'essentiel du bassin de la rivière Chilcotin et les eaux d'amont des rivières Homathko, Kliniklini et Dean qui coulent vers l'ouest en passant par la chaîne côtière.

Premier système socio-économique Leur culture traditionnelle est la même que celle des Athapascans du Nord. Ils ont vécu en bandes autonomes pendant presque tout le XIXe siècle. Nomades pendant la majeure partie de l'année, les familles chassaient, pêchaient et faisaient la cueillette de racines et de baies. Ils avaient parmi eux des leaders, dont certains étaient très sévères, mais leur communauté était fondamentalement égalitaire et, de plus, les individus et les familles tenaient à leur autonomie. À la fin de l'été, lors de la migration du saumon, la plupart des familles se rassemblaient le long des rivières pour pêcher. Au milieu de l'hiver, ils déménageaient dans des lieux abrités, habituellement près de lacs se prêtant à la pêche sur glace, où ils vivaient dans des abris à toit en appentis ou dans des maisons à demi enterrées.

Simon FRASER fut le premier Européen à rencontrer des Chilcotins, en 1808, dans le territoire des Shuswaps, le long de la rive ouest du fleuve Fraser. En 1827, la COMPAGNIE DE LA BAIE D'HUDSON établit un poste éloigné sur leur territoire et y affecta des employés par intervalles jusqu'en 1844. Les Chilcotins n'appréciaient guère la présence de ces étrangers sur leur territoire et le poste connut peu de succès. S'ils eurent peu de contacts avec les chercheurs d'or le long du fleuve Fraser en 1859-1860, une épidémie de VARIOLE, toutefois, décima peu après leur population.

En 1861, on traça une piste pour convois de bêtes de somme traversant le territoire des Chilcotins depuis la vallée Bella Coola jusqu'aux centres d'exploitation de mines d'or vers l'est, et on commença à construire un chemin de roulage vers l'intérieur à partir du passage Blue. Luttant contre ces intrusions, un petit groupe de Chilcotins tuèrent plusieurs travailleurs de ce chantier au cours du «soulèvement chilcotin» de 1864, et cinq Chilcotins furent finalement jugés et exécutés.

Puis les colons commencèrent bientôt à établir des fermes et des ranchs à l'ouest du Fraser. En 1882, le père Morice entreprit son œuvre de missionnaire auprès des Chilcotins qu'il encouragea à s'établir dans un village permanent. Entre 1887 et 1904, on créa des RÉSERVES INDIENNES pour diverses bandes. Entre-temps, les Chilcotins s'étaient lancés dans l'élevage et l'agriculture à petite échelle, tout en poursuivant leurs activités de subsistance traditionnelles.

Activités contemporaines Pendant presque tout le XXe siècle, en plus de subvenir à leurs besoins par leurs activités traditionnelles, ils s'intègrent à l'économie locale canadienne en travaillant comme employés de ranch, comme guides et comme trappeurs. En raison de l'exploitation forestière et de la diminution des ressources naturelles dont les Chilcotins ont toujours fait usage, il leur devient de plus en plus difficile de conserver leur mode de vie traditionnel. Ils ont malgré tout conservé un sens vigoureux de leur identité politique et sociale et ils continuent de lutter pour le maintien de leurs droits ancestraux et de négocier leur autonomie gouvernementale, en tant que Nation tsilhqot'n. (*Voir aussi* AUTOCHTONES: LA RÉGION SUBARCTIQUE et les articles généraux sous AUTOCHTONES.)

Robert B. Lane

Chilkat, couverture La couverture chilkat, associée aux Chilkats (tribu tlingit nordique), faisait l'objet de

commerce le long de la côte du Nord-Ouest. La couverture était fabriquée de laine de chèvre de montagne tissée sur une trame de fil d'écorce de cèdre. Les hommes chassaient la chèvre, construisaient le cadre sur lequel le tissage se faisait et peignaient le modèle devant servir aux femmes qui procédaient au tissage. Le dessin représente souvent un animal (par. ex. un ours), remanié et modifié selon des principes complexes. Ces couvertures représentent le point marquant en matière de tissage dans l'ART AUTOCHTONE DE LA CÔTE DU NORD-OUEST et sont presque toujours noires, blanches, jaunes et bleues.

René R. Gadacz

Chilkoot, col D'une altitude de 1067 m, il est situé à la frontière de la Colombie-Britannique et de l'Alaska. Il était utilisé par les Indiens Chilkat, une tribu de TLINGITS, des tisserands experts qui ont commercé avec les Nahanis le long du fleuve Yukon vers le nord et, plus tard, avec le personnel de la Compagnie de la baie d'Hudson. En 1883, sans prévenir le Canada, le gouvernement américain envoie une expédition au Yukon, qui passe par le col Chilkoot, pour étudier le terrain et la situation des Amérindiens. En 1887, irrité par cette action, le gouvernement canadien envoie William Ogilvie par le Chilkoot pour établir le 141e méridien au fleuve Yukon. Pendant la RUÉE VERS L'OR DU KLONDIKE, de 20 000 à 30 000 personnes traversent le col (1897-1898). La police montée des Territoires du Nord-Ouest établit un poste à cet endroit pour freiner l'anarchie, percevoir un droit et s'assurer que chacun a suffisamment de provisions pour un an. En 1897-1898, on construit plusieurs tramways pour se rendre à Crater Lake, mais les wagons et les voies tombent en désuétude après la construction du chemin de fer sur le COL WHITE terminée en 1900. Dans les années 60, on réaménage un sentier pédestre sur le Chilkoot, le «Trail of 98», et on construit des refuges; c'est une entreprise commune du gouvernement du Yukon et du US National Park Service.

Glen Boles

Chilkoot, piste On l'appelle aussi la piste de la Ruée vers l'or du Klondike, est une des pistes de longue distance les plus accidentées et les plus exigeantes au Canada. Elle mesure environ 53 km, à partir de Dyea, dans l'enclave de l'Alaska, passant par la chaîne côtière et se rendant jusqu'à Bennett, en Colombie-Britannique. La piste date de la RUÉE VERS L'OR DU KLONDIKE de 1897-1898, quand environ 30 000 chercheurs d'or et commerçants se frayent un chemin dans cette piste tortueuse, défiant une nature hostile, des altitudes élevées et des changements de climat extrêmes.

Maintenant, la piste un peu améliorée et remise en état par les services des parcs des gouvernements canadien et américain offre des terrains de camping et d'autres aménagements. Elle constitue toutefois toujours une difficile randonnée de quatre ou cinq jours pour les quelque 2000 personnes qui se lancent annuellement dans l'aventure.

Bart F. Deeg

Chilliwack (C.-B.) Chilliwack, municipalité de district de la C.-B.; pop. 60 186 (rec. 1996), 49 531 (rec. 1991), 41 337 (rec. 1986); superf. 262,5 km2; const. en 1980. Elle est située à 100 km à l'est de VANCOUVER, sur la rive sud du FLEUVE FRASER. Le nom vient de la langue halkomelem et signifie «aussi loin que vous pouvez vous rendre», en référence à un endroit sur la rivière Chilliwack, en amont du fleuve Fraser, au-delà duquel on ne peut se rendre en raison des conditions difficiles de la rivière. Le district est géré par un maire et six conseillers élus pour trois ans.

À l'arrivée des Européens, on estime la population locale à près de 30 000 habitants. Dans les années 1860, il y a peu de fermes dans la région. Le canton de Chilliwack est constitué en 1873 et est le troisième plus ancien en Colombie-Britannique. En 1881, on assiste à la fondation d'un grand lotisse-

ment appelé Centreville. En 1908, il est constitué en ville et renommé Chilliwack.

Économie L'agriculture est la principale ressource. La majorité du lait et des produits laitiers consommés dans la vallée du bas Fraser proviennent d'ici. L'industrie manufacturière est axée sur les produits ou intrants de la ferme, et, dans la moitié est du district, sur l'exploitation forestière à grande échelle. Un grand nombre de militaires et de civils travaillent à la base des forces armées canadiennes de Vedder Crossing (à 10 km au sud) jusqu'à sa fermeture graduelle dans les années 90. Chilliwack se tourne maintenant vers d'autres secteurs d'emploi et de développement économique.

L'industrie touristique, particulièrement dans la région du lac Cultus dans le sud et des Minter Gardens dans l'est, est aussi un apport à l'économie locale. Bien que Chilliwack soit trop éloignée de Vancouver pour y faire la navette matin et soir, les terrains à prix abordables ont grandement favorisé la construction résidentielle.

Alan F.J. Artibise

Chimère Les chimères, parfois nommées rats de mer, sont des poissons marins à l'apparence singulière de la sous-classe des holocéphales, de la classe de chondrichtyens et ainsi apparentés aux REQUINS et aux RAIES. Il existe environ 25 espèces (la plupart de la famille des Chiméridés) qu'on trouve dans les eaux profondes ou fraîches de la plupart des mers. Au Canada, trois espèces, appartenant à trois genres (*Hydrolagus, Harriotta* et *Rhinochimaera*), se rencontrent dans les eaux de l'Atlantique et une espèce (chimère d'Amérique, *Hydrolagus colliei*) se trouve dans les eaux du Pacifique.

Description Les chimères sont des poissons sans écaille et allongés d'une longueur allant de 0,5 m à 2 m. La bouche ventrale est surmontée d'un museau protubérant qui est parfois en forme de lance. Devant la nageoire dorsale, il y a une forte épine munie d'une glande à poison à sa base. Les nageoires pectorales sont grandes et ressemblent à des ailes. En plus d'avoir des ptérigopodes pelviens, les mâles ont un organe en forme de ptérigopode sur le devant de la tête. Toutes les espèces pondent leurs œufs dans une capsule allongée en forme de corne.

Régime alimentaire Les chimères se nourrissent de MOLLUSQUES et de CRUSTACÉS de fond. Ils les écrasent avec leur dents broyeuses puissantes. Ils n'ont aucune valeur commerciale.

W.B. Scott

Chimie Science qui étudie principalement la structure et les propriétés de la matière et les transformations de celle-ci. De nos jours, c'est l'une des sciences les plus complexes du point de vue théorique et méthodologique, et ses débuts remontent à l'alchimie du Moyen Âge. Comme elle étudie la matière au niveau fondamental, elle a des liens avec les sciences physiques (*voir* PHYSIQUE), les sciences de la vie (*voir* BIOCHIMIE; MÉDECINE) et les sciences de la terre (*voir* GÉOLOGIE; GÉOCHIMIE). En plus d'expliquer des phénomènes naturels, les études de chimie servent à fabriquer un grand nombre de produits essentiels à la vie quotidienne, qu'il s'agisse d'aliments, de médicaments, de chaleur ou d'électricité, en passant par les substances employées en arts visuels. Les ingénieurs chimistes se spécialisent dans l'application des connaissances théoriques à l'industrie.

Histoire et formation au Canada

La chimie est enseignée pour la première fois (1720) au SÉMINAIRE DE QUÉBEC (en 1852, institution qui parrainera l'U. Laval). Le premier Canadien à rédiger un manuel de chimie est J.-B. Meilleur, dont le *Cours abrégé de leçons de chymie* est publié à Montréal en 1833. En 1825, King's University à Windsor, en Ontario, reconnaît la chimie comme discipline universitaire et l'inclut dans son programme d'enseignement. Dès 1900, toutes les universités de l'est du Canada ont un département de chimie et offrent des baccalauréats spécialisés en sciences. Elles ont établi des sections: chimie physique, chimie organique (étude des composés du carbone) et chimie minérale. Toutefois, le taux d'obtention de diplômes en chimie n'est pas élevé.

À la fin de la Première Guerre mondiale, un intérêt pour la recherche se manifeste, et les universités des quatre provinces de l'Ouest ouvrent à leur tour des départements de chimie. Après la Seconde Guerre mondiale, les installations d'enseignement prennent de l'expansion et cela se poursuit jusqu'au début des années 70. Au cours des années qui suivent, les programmes du baccalauréat spécialisé en chimie deviennent plus flexibles; ils s'ouvrent sur un plus grand nombre d'activités interdisciplinaires et les techniques instrumentales jouent un rôle beaucoup plus important dans l'apprentissage en laboratoire. À partir de la fin des années 70 et du début des années 80, le développement des départements de chimie fait une pause en raison des restrictions budgétaires, et le nombre d'étudiants inscrits aux études supérieures demeure constant. Certaines écoles et facultés fusionnent matériel et personnel avec ceux des institutions voisines pour établir des instituts de recherche en chimie.

L'élève apprend d'abord la chimie à l'école secondaire. Pour devenir chimiste, il doit étudier à l'université. Le cours universitaire comprend de l'enseignement magistral et des expériences en laboratoire. Après trois ou quatre ans, l'étudiant obtient un baccalauréat. Le diplômé poursuit alors des études supérieures ou travaille, p. ex., dans les domaines suivants: contrôle de la qualité et régulation de procédés, analyse, planification et surveillance en matière d'environnement, représentation technique, étude de marché, rédaction technique, gestion. Les détenteurs d'une maîtrise ou d'un doctorat peuvent se consacrer à la recherche et à l'enseignement dans des institutions d'enseignement postsecondaire ou dans des instituts de recherche ou trouver un emploi dans l'industrie chimique ou des secteurs connexes. À l'université, on enseigne les disciplines connexes comme la biochimie et le GÉNIE CHIMIQUE, et dans les collèges d'enseignement postsecondaire, la technologie chimique.

Les principes de chimie servent, à certaines occasions, dans la plupart des industries parce qu'on doit y faire l'analyse chimique des matières premières et des produits finis. Parmi les principaux employeurs, on trouve les industries suivantes: chimie, pâtes et papiers, métallurgie, aliments et boissons, caoutchouc, matières plastiques, pharmacie, pétrole, enduits protecteurs, textiles, explosifs et énergie nucléaire. Pendant la Première Guerre mondiale, l'ancienne entreprise Shawinigan Chemicals Ltd. fut la première au Canada à faire de la recherche en chimie industrielle. Ses chimistes mirent au point un procédé commercial pour fabriquer de l'acétone nécessaire à la production des explosifs. De nos jours, la plupart des entreprises dynamiques ont un secteur RECHERCHE ET DÉVELOPPEMENT SCIENTIFIQUES. Les gouvernements fédéral et provinciaux, et quelques gouvernements municipaux, emploient des chimistes dans leurs laboratoires de contrôle et leurs instituts de recherche.

Le CONSEIL NATIONAL DE RECHERCHES DU CANADA (CNRC), organisme du gouvernement fédéral, est fondé en 1916. Les divisions des services de laboratoire voient le jour en 1928. L'un des scientifiques du CNRC, Gerhard HERZBERG, reçoit le prix Nobel de chimie en 1971 pour ses travaux en SPECTROSCOPIE. En 1986, John C. POLANYI, du département de chimie de l'U. de Toronto, est un des récipiendaires du prix Nobel de chimie pour ses travaux sur la chimiluminescence infrarouge. Les sept conseils de recherche provinciaux ont des programmes importants en chimie; le premier d'entre eux fut l'ALBERTA RESEARCH COUNCIL (1921). Les universités canadiennes sont les principaux endroits où l'on pratique la recherche fondamentale en chimie.

Les premiers travaux dignes de mention furent réalisés par le physicien Ernest RUTHERFORD et par le chimiste Frederick Soddy à l'U. McGill au début du siècle. Ils proposèrent la théorie générale de la désintégration atomique, ce qui valut à Rutherford le prix Nobel de chimie en 1908.

Applications de la chimie

Les principes de chimie trouvent des applications chaque jour dans de nombreux domaines. En fait, notre organisme lui-même est un assemblage de petites usines chimiques qui fabriquent d'innombrables produits, depuis les acides de la digestion jusqu'aux produits chimiques organiques peu connus comme la noradrénaline dans le cerveau. Les mêmes principes sont utilisés pour extraire les produits chimiques de leur milieu naturel (de la terre ou de l'air) et pour les transformer afin d'améliorer notre qualité de vie. On exploite des mines et des carrières pour en retirer des produits chimiques inorganiques (sel et potasse) et des MINÉRAUX inorganiques (calcaire et gypse) ainsi que des minerais de métaux non ferreux. Le sol renferme aussi des composés organiques (qui contiennent du carbone) comme le pétrole et le gaz naturel. D'autres produits chimiques inorganiques sont extraits de l'air, comme l'azote, l'oxygène, l'argon et le néon. Certains produits proviennent des industries chimiques ou sont des sous-produits des fonderies et des raffineries de pétrole.

Chimie et les autres disciplines La chimie est étroitement associée aux autres disciplines de science et de génie. Dans les années 60, les scientifiques de Merck Frosst Ltd., à Montréal, entreprennent des recherches sur de nouveaux médicaments pour combattre l'hypertension artérielle. Une équipe de chimistes, s'appuyant sur des travaux de leurs collègues en biologie et en pharmacologie, effectuent la synthèse de nouveaux produits organiques pour trouver des molécules candidates et, vers la fin des années 60, mettent au point une nouvelle substance appelée maléate de timolol, un médicament qui semblait des plus prometteurs.

Des études de génie chimique permettent de mettre au point un procédé de production commerciale, et le médicament est évalué au cours d'un programme de recherche et de développement pharmacologique.

À la fin des années 70, le maléate de timolol satisfait au processus d'évaluation de l'organisme fédéral de réglementation pharmaceutique et mérite une réputation de traitement efficace dans plusieurs domaines de la médecine. Sa mise au point et sa production ont nécessité la collaboration de chimistes, de biologistes, de toxicologues, de pharmacologues, d'ingénieurs chimistes, de médecins et de pharmaciens.

Produits chimiques inorganiques En général, les gens ne sont pas tellement au courant de l'importance des produits chimiques inorganiques pour les industries canadiennes. Tous savent qu'on utilise le sel ordinaire pour l'assaisonnement des aliments. Cependant, peu savent que le sel est la matière première dans la production du chlore, de la soude caustique et du chlorate de sodium. De plus, ces substances sont essentielles à la fabrication de divers produits: pâte de bois, matières plastiques, médicaments, désinfectants, pesticides, agents de blanchiment, céramique, cosmétiques, verre, rayonne, détergents et aluminium. Il y a environ 130 ans, le Canada était le plus grand exportateur de composés de potassium, extraits par lixiviation des cendres de bois et utilisés dans la fabrication du savon. Il est encore un grand exportateur de composés de potassium sous forme de potasse (utilisée dans les engrais) provenant d'importants gisements en Saskatchewan. Le calcaire est aussi une matière première importante. Chauffé dans des fours, il se transforme en chaux; celle-ci sert de fondant pour la fusion du minerai de fer et des minerais non ferreux, et pour la fabrication de la lessive de cuisson pour la pâte de bois.

Jusqu'à l'implantation de l'industrie pétrochimique au Canada au cours de la Seconde Guerre mondiale, le calcaire inorganique constitue la base de l'industrie chimique organique, dont les activités se déroulent principalement à Shawinigan, au Québec. On fait réagir du calcaire et du coke dérivé du charbon afin de produire du carbure de calcium et, par la suite, de l'acétylène, à partir duquel on fabrique un grand nombre de composés organiques, de résines synthétiques et de matières plastiques. L'acétylène sert aussi en soudure. Le cyanamide est le produit de départ pour la fabrication des résines mélamine-formaldéhyde utilisées dans l'industrie des plastiques pour faire de la vaisselle. On abandonne le procédé à base de cyanamide dans les années 50. Une fois calcinée, la roche de gypse perd son eau et peut servir à la fabrication de panneaux de revêtement en placoplâtre ou, sous forme de poudre, à faire des moules qui servent en médecine ou dans les arts. Le gypse ralentit également le temps de durcissement du ciment Portland, lui-même fait de calcaire chauffé avec de l'argile dans de grands fours rotatifs. L'ammoniac, autre substance inorganique utile, provient d'une combinaison d'azote et d'hydrogène. L'ammoniac et ses dérivés servent d'engrais et permettent également de fabriquer divers produits: médicaments, cosmétiques, détergents, colorants et pesticides.

Les industries métallurgiques sont aussi des sources importantes de produits chimiques inorganiques divers qui proviennent des opérations de fusion. Ainsi, depuis les années 20, le soufre et l'acide sulfurique sont récupérés des fumées qui s'échappent de la fusion des minerais. Le soufre et l'acide sulfurique se rencontrent dans la fabrication d'un grand nombre de produits et servent à de nombreux procédés chimiques, depuis les engrais et les détergents jusqu'au raffinage des métaux non ferreux et du pétrole. De grandes quantités d'azote et d'oxygène gazeux sont utilisées pour la soudure, la congélation des aliments et la médecine. Les gaz rares (l'argon et le néon) servent dans les enseignes lumineuses et en soudure quand des atmosphères inertes sont nécessaires. Le gaz naturel acide de l'Alberta est aujourd'hui la principale source de soufre. La récupération du soufre provenant des fumées de fonderies et du gaz naturel acide réduit la gravité des PLUIES ACIDES au Canada.

Produits chimiques organiques Les produits chimiques organiques sont fabriqués à partir du pétrole brut et du gaz naturel et, en plus petites quantités, de graisses animales et d'huiles végétales. Ce sont des éléments importants de nombreux biens de consommation. Les gisements de pétrole brut canadiens ont permis d'implanter une industrie pétrochimique dont les produits sont nombreux: alcools, antigel, résines plastiques, solvants, caoutchouc synthétique, fibres textiles synthétiques, et noir de carbone. Le gaz naturel sert à produire des substances chimiques comme l'alcool méthylique et le soufre élémentaire. Avant la fabrication des produits pétrochimiques, seule la SIDÉRURGIE canadienne fournissait benzène, toluène et autres produits chimiques à base de charbon. La GAZÉIFICATION et la liquéfaction du CHARBON pourraient devenir des sources de substances organiques quand les réserves de pétrole ne seront plus aussi abondantes.

Produits chimiques fins et spécialités chimiques Ces produits diffèrent des produits chimiques «lourds» vendus en très grandes quantités et utilisés dans divers procédés industriels. Les spécialités chimiques incluent aérosols, détergents, produits chimiques de traitement des eaux, produits ignifuges, ingrédients et colorants alimentaires, agents antiparasitaires, produits chimiques sanitaires, cires et encaustiques. Les produits chimiques fins (comprenant les médicaments) sont des produits à usages particuliers fabriqués d'abord dans les pharmacies locales dès la fin du XIXᵉ siècle. Ainsi, en 1847, quatre mois seulement après l'utilisation, pour la première fois, du chloroforme en obstétrique, un pharmacien-chimiste entreprenant de Pictou, en Nouvelle-Écosse, fabrique ce produit.

Pendant la Première Guerre mondiale, on commence à fabriquer de grandes quantités de produits chimiques fins, comme de l'acide acétylsalicylique (aspirine). La production de produits médicamenteux n'a cessé de croître depuis ce temps pour inclure toute une gamme de produits comme les vitamines, les hormones et les antibiotiques. Parmi les autres produits chimiques fins fabriqués au Canada, on note: la vanilline artificielle comme agent de saveur; l'acide citrique pour les aliments et les boissons gazeuses; les sels d'argent et d'iode pour l'industrie de la photographie; l'acide stéarique et les stéarates de métaux pour les peintures, les lubrifiants, les produits hydrofuges et les matières plastiques; les désinfectants pour la fabrication des détergents et l'entretien ménager; les produits chimiques à base d'argent pour la galvanoplastie; les sels de cobalt pour l'accélération du séchage des peintures; l'iodure de potassium ajouté au sel de table comme mesure préventive contre la goitre. Il est intéressant de noter qu'au Canada la vanilline est un dérivé de l'industrie des pâtes et papiers et qu'un autre sous-produit, la lignine, entre dans la composition des boues de forage pour l'exploration pétrolière.

Contrairement à l'industrie de produits chimiques qui fabrique des substances, l'industrie chimique de transformation utilise ces substances pour fabriquer ses produits. Les principaux exemples d'industries «utilisatrices» de produits chimiques comprennent: les pâtes et papiers (emploi de soufre, d'acides, d'alcalis, d'agents de blanchiment, d'amidon, de colles, de colorants et de pigments); les pneus et articles de caoutchouc (emploi de caoutchouc synthétique, de noir de carbone, de matières de charge, d'antioxydants, de lubrifiants, d'antiozonants et de détergents); la plasturgie (emploi de résines synthétiques, de noir de carbone, de matières de charge et de colorants); les textiles (emploi de fibres synthétiques, de savons, de détergents et de teintures). D'autres domaines, comme l'agriculture et l'alimentation, utilisent des produits chimiques tels que: engrais, herbicides, fongicides, insecticides et autres produits pour la protection des récoltes; dioxyde de soufre pour la fabrication de l'amidon.

Sociétés et revues

Les premières sociétés de chimie sont formées en 1902: la McGill Chemical Society à Montréal et la division canadienne de la Society of Chemical Industry (Royaume-Uni) à Toronto. Plus de cent personnes assistent à la première conférence nationale qui a lieu à Ottawa en 1918, à la suite de laquelle on fonde la première société nationale, le Canadian Institute of Chemistry (1921). Cet institut fusionne avec d'autres groupes en 1945 pour former une nouvelle société scientifique nationale, l'Institut de chimie du Canada (ICC). En 1993, l'ICC regroupe 4500 chimistes, 1550 ingénieurs chimistes et 500 technologues chimistes. L'ICC chapeaute trois sociétés constitutives, la Société canadienne du génie chimique (fondée en 1966), la Société canadienne de technologie chimique (1973) et la Société canadienne de chimie (1985).

En Ontario, au Québec et en Alberta, trois sociétés distinctes représentent les intérêts généraux (non scientifiques) que portent les chimistes à des questions provinciales. Les chimistes canadiens ont également à leur disposition un certain nombre de périodiques. Le Canadian Journal of Research est fondé en 1929 par le CNRC pour publier toute recherche originale, peu importe le domaine scientifique. Par la suite, il est remplacé par plusieurs périodiques destinés à des disciplines différentes, comme le *Journal canadien de chimie*, la *Revue canadienne de biochimie et biologie cellulaire* (aujourd'hui *Biochimie et*

biologie cellulaire) et le *Canadian Journal of Technology*. Ce dernier est cédé à l'ICC (puis à la SCGC) en 1956; on lui donne alors le nom de *Canadian Journal of Chemical Engineering*. L'ICC publie aussi une revue pour les informations générales dans le domaine de la chimie, *Chemistry in Canada* (1949), qui porte le nom de *L'Actualité chimique canadienne* depuis 1984.

Donald W. Emmerson

Chimique et de produits chimiques, industrie La FABRICATION INDUSTRIELLE de produits chimiques implique, à l'échelle commerciale, la transformation d'une substance en une autre par réaction chimique. La matière première est une substance naturelle ou un produit chimique relativement pur, utilisé comme «intermédiaire» lors d'améliorations ultérieures.

Les hydrocarbures (composés contenant du carbone) séparés du gaz naturel ou du PÉTROLE sont les matières premières les plus utilisées pour la fabrication de produits pétrochimiques (*voir* INDUSTRIE PÉTROCHIMIQUE), qui vont des gaz relativement simples (éthylène) aux composés solides plus complexes (polyéthylène). D'autres produits chimiques «organiques» sont aussi constitués d'hydrogène et de carbone et dérivent parfois du CHARBON, du sucre ou d'autres substances non pétrolières semblables.

Avec des milliers de composés organiques coexistent les produits chimiques inorganiques (produits obtenus habituellement par le traitement de nombreux MINÉRAUX non pétroliers (SEL, CALCAIRE, POTASSE et minerais métallurgiques) ou des gaz atmosphériques. Ces classifications, qui ont évolué avec le temps, ne sont guère précises. Ainsi, la production d'engrais inorganiques azotés, qui renferment de l'azote atmosphérique en combinaison chimique, nécessite généralement de l'hydrogène provenant de la combustion de gaz naturel.

Historique de l'industrie chimique canadienne

Au tournant du siècle, la fabrication de produits chimiques par électrolyse est considérée comme une merveille des temps modernes. Le Canada, qui possède, selon les estimations, 40 p. 100 du potentiel hydroélectrique mondial (*voir* HYDROÉLECTRICITÉ), est reconnu comme producteur chimique de grande envergure. Thomas WILLSON, né à Princeton, en Ontario, construit le premier four électrique pour fabriquer du carbure de calcium à partir de coke et de chaux, et implante, en 1896, une usine à Merritton, à proximité de l'énergie hydraulique de la Niagara. Il participe à la création de la Shawinigan Carbide Inc. sur les berges de la rivière Saint-Maurice, au Québec, qui commence à produire en 1904.

À la même époque, deux chimistes allemands découvrent que l'azote extrait de l'atmosphère peut être associé au carbure de calcium en chaudière pour produire du cyanamide calcique. La capacité de «fixer» l'azote de l'atmosphère dans une substance solide signifie, pour le secteur de l'agriculture (*voir* AGRICULTURE ET ALIMENTATION) dans le monde, la fin d'une grande dépendance à l'égard des gisements chiliens de nitrate de sodium comme sources d'engrais azotés. Le détenteur nord-américain des droits d'utilisation du brevet décide d'exploiter cette nouvelle technique dans une usine installée du côté canadien de Niagara Falls.

En 1907, le domaine de l'électrochimie, qui avait donné naissance à deux multinationales (Union Carbide et American Cyanamid Company), prenait une grande importance au sein de la jeune industrie chimique du Canada. Le long de la rivière des Outaouais, un autre four donnait au pays une source locale de phosphore élémentaire. William T. Gibbs utilise comme matière première des gisements de phosphate, aujourd'hui épuisés, le long de la rivière du Lièvre, au Québec. En 1902, il doit vendre son usine de Buckingham à la société britannique qui a breveté ce procédé, car les tribunaux jugent que Gibbs viole ce brevet.

Après 1914, l'intérêt que porte le public à la fabrication de produits chimiques s'accroît rapidement. Mais le Canada est soudainement privé de ses principales sources de potasse, de cyanure, de colorants et de certains produits pharmaceutiques (*voir* INDUSTRIE PHARMACEUTIQUE). Les nécessités de la guerre suscitent un effort concerté dans le but de commercialiser des composés organiques faits à partir d'acétylène, un gaz inflammable produit à l'aide de carbure de calcium.

Dans des installations distinctes, la Shawinigan Water & Power se charge de fabriquer les produits chimiques intermédiaires principaux (acétaldéhyde, acide acétique et acétone) à partir d'acétylène. Pour quelques générations, Shawinigan est le plus important centre de fabrication de produits chimiques au Canada. On y produit résines de vinyle, plastifiants et substances organiques intermédiaires. À proximité des chutes, d'autres sociétés chimiques fabriquent du peroxyde d'hydrogène, de la pellicule de cellulose, des solvants chlorés, du chlore et de la soude caustique.

La Seconde Guerre mondiale accélère le passage de l'électricité au PÉTROLE ET AU GAZ NATUREL comme sources de produits chimiques. De 1939 à 1945, les usines de Shawinigan jouent un rôle important dans la mise sur pied d'une industrie des munitions. Toutefois, c'est l'époque du traitement des produits dérivés du pétrole et d'autres hydrocarbures. Avec l'aide financière du gouvernement, des usines d'ammoniac s'implantent à Calgary, en Alberta, à Trail, en Colombie-Britannique, et à Niagara Falls, en Ontario, ce qui permet de fabriquer de l'acide nitrique et du nitrate d'ammoniac, un explosif efficace.

D'autres usines voient le jour pendant la guerre. La plus ambitieuse est construite sur la rive ouest de la rivière St. Clair, en Ontario. L'occupation japonaise des plantations de caoutchouc (*voir* CAOUTCHOUC, INDUSTRIE DU) en Extrême-Orient amène le gouvernement canadien à mettre en commun les ressources de quatre fabricants de pneus, d'un producteur de styrène du Michigan et d'un raffineur de pétrole de Sarnia. Polymer Corp, une société d'État (connue aujourd'hui sous le nom de Polysar), devient fournisseur de plusieurs genres de caoutchouc synthétique.

Après la fin des hostilités, l'avenir de l'industrie chimique est dicté par le fait que Sarnia compte un grand nombre d'usines pétrochimiques. La découverte de pétrole à LEDUC, en Alberta, et le parachèvement d'un PIPELINE entre l'Alberta et Sarnia confirment le rôle de «vallée chimique» que jouera la région de la rivière St. Clair pendant les 25 années qui suivront. Une activité pétrochimique comparable prend son essor près de Montréal, où six raffineries de pétrole, situées dans l'est de l'île, procurent une grande quantité de sous-produits gazeux d'hydrocarbures et de naphte peu coûteux.

La Shawinigan Water & Power déplace progressivement sa production de composés organiques de la région de la rivière Saint-Maurice vers la vallée du Saint-Laurent, en particulier à Varennes, sur la rive sud, alors que d'autres industries, situées à Montréal, investissent dans la fabrication de thermoplastiques (polyéthylène et polypropylène).

Selon les normes mondiales, les installations de Montréal et de Sarnia sont modestes, et le Canada ne peut encore soutenir une concurrence efficace sur les marchés d'exportation. Les États américains du golfe du Mexique réussissent à dominer le marché international des produits pétrochimiques (y compris les principaux thermoplastiques et fibres synthétiques), car les producteurs de l'endroit ont accès à du gaz naturel peu coûteux.

À la fin des années 70, la hausse vertigineuse du prix mondial du pétrole et l'accroissement des réserves connues de gaz naturel dans l'Ouest canadien avaient modifié le modèle économique de la fabrication pétrochimique. Plusieurs réductions de tarifs négociées en vertu de l'ACCORD GÉNÉRAL SUR LES TARIFS DOUANIERS ET LE COMMERCE (GATT) changent donc aussi les structures du marché.

Ces événements incitent les grands producteurs de produits chimiques à manifester une nette préférence pour les investissements basés sur les surplus de gaz naturel ou de produits connexes par rapport aux besoins réels en combustibles du Canada. Depuis la construction des usines d'ammoniaque, pendant la guerre, l'Alberta est devenue l'hôte de plusieurs installations pétrochimiques. Deux complexes construits dans la région d'Edmonton, dans les années 50, sont les précurseurs de la migration vers l'Ouest, bien que la construction de plusieurs pipelines vers le centre du Canada ait augmenté la rentabilité des aménagements de l'Ontario. Cependant, on prévoit que la plupart des usines d'envergure internationale seront construites en Alberta et que l'aspect de plus en plus important de l'industrie chimique canadienne sera le transport efficace de grandes quantités de résines synthétiques, de composés organiques intermédiaires et d'engrais aux États-Unis et dans les régions côtières.

À partir de 1976, les manufacturiers de produits chimiques augmentent rapidement leurs immobilisations. Dans la première partie de cette décennie, ils investissent moins de 200 millions de dollars par an dans les usines et l'équipement. Au début des années 80, les producteurs pétrochimiques avaient investi à eux seuls près de 1,2 milliard de dollars par an. Pendant cette période, on construit deux grandes usines de fabrication d'engrais à base d'ammoniaque.

Bon nombre de projets sont conçus au moment où le prix mondial du pétrole grimpe et alors que la POLITIQUE ÉNERGÉTIQUE particulière au Canada crée un climat favorable à l'investissement. En 1981, le début de la récession et la chute du prix du pétrole entraînent l'ajournement de plusieurs projets.

L'industrie chimique contemporaine

La fabrication canadienne de produits chimiques est une industrie traditionnellement segmentée en 11 catégories, dont les deux plus importantes fabriquent des produits chimiques (de nature inorganique et organique) ou des matières plastiques. Les deux réunies représentent presque la moitié des expéditions de toute l'industrie. Les produits chimiques agricoles, pharmaceutiques, les revêtements, les produits de nettoyage, de toilette et une myriade de semi-produits spécialisés représentent le reste. En 1996, la valeur de la production totale atteint 28,7 milliards de dollars, soit 7,4 p. 100 de l'ensemble du secteur manufacturier du pays.

Emplacement des usines Quelques sociétés chimiques fabriquent une vaste gamme de produits et réalisent un chiffre d'affaires de plus de un milliard de dollars chacune, mais on compte également des dizaines de sociétés plus petites. Près de 400 usines produisent au moins un produit chimique courant. La plupart sont situées au centre du Canada, à cause de la proximité des grandes villes, mais toutes les provinces, sauf l'Île-du-Prince-Édouard, en comptent au moins une. Certaines sont associées à d'autres activités de traitement (p. ex., à Darmouth, en Nouvelle-Écosse, une raffinerie de pétrole sépare depuis bon nombre d'années deux oléfines des ingrédients de l'essence automobile pour les exporter comme produits chimiques).

L'Alberta devient sans conteste un endroit plus intéressant pour les nouveaux investissements en raison de l'assurance que les matières premières seront disponibles, et probablement à faible prix, pendant la durée de vie d'une nouvelle entreprise. De plus, la province a l'avantage de posséder deux grands ensembles d'usines: l'un dans le comté de Lacombe, rattaché à l'Alberta Ethane Gathering System, et l'autre à Fort Saskatchewan, qui possède encore plus de raccords à d'importants pipelines, ainsi qu'une excellente capacité d'entreposage.

Propriété Les produits chimiques courants ne peuvent être produits au Canada avec succès qu'en profitant d'économies d'échelle. Cette tendance mondiale, qui favorise la production à des niveaux minima plus élevés, augmente l'influence des grandes multinationales dotées de ressources technologiques et financières considérables et d'expertise dans la mise en marché mondiale (*voir* INVESTISSEMENT ÉTRANGER).

Plusieurs sociétés importantes de propriété canadienne pénètrent cependant le secteur de la chimie à cause de leur présence dans des domaines connexes. Cominco, NORANDA Inc. et Sherritt Gordon Mines ajoutent la fabrication d'engrais à leurs activités. NOVA Corporation investit dans le secteur pétrochimique, concurremment à l'exploitation du gaz naturel et des liquides dérivés. Polysar, fondée pendant la Seconde Guerre mondiale en vue de fabriquer quelques produits pétrochimiques importants, évolue presque logiquement vers un statut de fournisseur international de caoutchouc synthétique avant d'être achetée par Bayer Corp.

À la fin des années 70, un grand nombre d'organismes gouvernementaux affectent des sommes à la fabrication de produits chimiques. La Société générale de financement fonde Ethylec Inc. afin de faire partie du consortium Pétromont, qui exploite deux usines pétrochimiques dans la région de Montréal. En Saskatchewan, la Potash Corporation fait l'acquisition de plusieurs mines de potasse et, une fois privatisée, investit plus dans la fabrication d'engrais. PETRO-CANADA vend maintenant des produits chimiques aromatiques (benzène, toluène, xylène) à la suite de l'acquisition des parts de Petrofina à Montréal.

Technologie L'industrie chimique n'est pas fondée sur une technologie particulière. On compte presque autant de procédés que d'entreprises. Le même produit est souvent synthétisé selon des méthodes différentes de GÉNIE CHIMIQUE. La plupart des procédés sont mis au point à l'étranger. Pourtant, les producteurs canadiens de produits chimiques consacrent toujours un important pourcentage de leurs produits bruts à la RECHERCHE ET AU DÉVELOPPEMENT INDUSTRIELS.

Un sondage mené par l'Association canadienne des fabricants de produits chimiques auprès de ses membres confirme que les sociétés chimiques affectent en moyenne 1 p. 100 de leur chiffre d'affaires à la recherche-développement (100 millions de dollars par an). Selon Statistique Canada, le total des dépenses passe de 75,8 millions, en 1983, à 97 millions de dollars, en 1995, alors qu'en pourcentage des revenus des entreprises il tombe de 1,25 à 1,09 p. 100.

Main-d'œuvre En 1995, 27 287 personnes travaillent dans l'industrie chimique. Ce chiffre est en baisse par rapport au chiffre record de 1989-1990, en raison de la récession du début des années 90. Le secteur pétrochimique emploie 15 166 personnes, tandis que le secteur des produits chimiques inorganiques en compte 10 410 et le secteur des produits chimiques spécialisés et organiques, 4138. La CHIMIE et le génie sont des disciplines courantes dans l'industrie chimique, et les niveaux de scolarité y sont élevés. En 1985 p. ex., dans le secteur pétrochimique, 2669 employés (18,5 p. 100), détiennent un diplôme universitaire.

Les travailleurs canadiens de l'industrie chimique font partie de plusieurs syndicats. Le Syndicat canadien des communications, de l'énergie et du papier (SCEP), qui compte des membres dans la plupart des grandes usines pétrochimiques du pays, est véritablement le plus important.

Consommation d'énergie L'industrie chimique représente 23 p. 100 du total de l'énergie consommée par les industries de fabrication du Canada. Elle est une grande consommatrice d'énergie, mais pas plus que certaines autres industries comme celles des pâtes et papiers, de la métallurgie ou de la sidérurgie.

En raison du Programme d'économie d'énergie dans l'industrie canadienne (PEEIC), l'industrie chimique doit s'efforcer d'utiliser l'énergie plus efficacement, ne serait-ce que pour être plus concurrentielle sur les marchés mondiaux. En 1990, elle avait réduit de quelque 35 p. 100 par îlot de production sa consommation d'énergie par rapport à 1972, année de référence. Un rapport plus récent indique que les émissions de dioxyde de carbone en pourcentage des ventes de l'industrie en dollars constants ont diminué de 10 p. 100 de 1992 à 1995.

Commerce international Au Canada, depuis 1988, la fabrication de produits chimiques est fortement touchée par de nouvelles ententes commerciales internationales. Même les secteurs de cette industrie liés surtout au marché intérieur sont restructurés afin de tenir compte du mouvement relativement libre des biens entre les pays. Néanmoins, une grande partie de la croissance dans le secteur de la fabrication a lieu dans les centres de production axés sur la fourniture de biens et services marchands à une clientèle mondiale. En 1996, la valeur des exportations atteint 12,6 milliards de dollars, soit plus de trois fois plus qu'en 1986. L'entrée du Canada dans l'Accord de libre-échange entre le Canada et les États-Unis (ALÉ), puis dans l'Accord de libre-échange nord-américain (ALENA), entraîne une augmentation du pourcentage des expéditions (76,9 p. 100 du total) vers les États-Unis.

Les importations de produits chimiques suivent le rythme des exportations. De 1990 à 1996, leur valeur augmente de 118 p. 100 pour atteindre un total de 18,4 milliards de dollars. En réalité, toute cette augmentation peut être attribuée à une plus grande intégration des économies canadienne et américaine. Le flot habituel des marchandises de l'est vers l'ouest est modifié pour faire place à un flot plus important du sud vers le nord, alors que les fabricants réorganisent leur mise en marché.

Le processus de restructuration est particulièrement évident dans les produits fabriqués destinés au consommateur. D'une part, les importations de produits de nettoyage, de toilette et autres, triplent en valeur pendant cette période de six ans. D'autre part, les exportations de produits pharmaceutiques fabriqués au Canada approchent les 900 millions de dollars en 1996, alors qu'en 1991 elles atteignent 250 millions. Pour la même période, l'augmentation des exportations d'enduits organiques est de 350 p. 100.

Réglementation gouvernementale Pendant de nombreuses années, la fabrication de produits chimiques n'est orchestrée par aucune politique gouvernementale cohérente. Elle bénéficie d'à peu près la même protection tarifaire que d'autres secteurs manufacturiers, et Petrosar reçoit une aide fédérale indirecte quand la CORPORATION DE DÉVELOPPEMENT DU CANADA, société d'État, en devient l'un des mandants. Ottawa accepte le principe de trois centres pétrochimiques au pays (Montréal, Sarnia et l'Alberta).

Le programme énergétique national (1980) détermine le sort de ces centres en fixant des régimes de prix différents pour le pétrole et le gaz naturel. Pendant de nombreuses années, un droit de douane de 10 à 20 p. 100 s'applique aux produits chimiques fabriqués hors du Canada, mais les négociations du GATT réduisent cette protection. De toute manière, les industries exportatrices et l'agriculture canadiennes jouissent d'importations en franchise de droits grâce au remboursement des droits de douane à l'utilisateur final et à d'autres exemptions en vertu de la politique douanière générale adoptée par les gouvernements fédéraux successifs.

Impact environnemental Les produits chimiques étant souvent toxiques et ayant des caractéristiques dangereuses, ils doivent être manipulés avec précaution pendant la fabrication et le transport (*voir* DÉCHETS DANGEREUX). Ainsi, des dispositifs antipollution sont introduits dans les usines et les problèmes de santé et de sécurité reçoivent beaucoup d'attention (voir MALADIES PROFESSION-NELLES).

Des effets négatifs sur l'environnement et sur la santé de communautés précises font l'objet d'études: ainsi, du MERCURE provenant de certaines usines de chlore et d'alcalins ayant été déversé dans des cours d'eau, on démontre, dans les années 70, que ce métal lourd se dissout et pénètre dans la chaîne alimentaire. Depuis, les électrolyseurs au mercure ne sont plus utilisés ou sont munis de dispositifs de nettoyage spéciaux ou encore remplacés par des cellules électrolytiques utilisant une technologie différente.

Dans d'autres cas, la production de produits chimiques qu'on croit dangereux pour l'environnement est touchée. Mentionnons l'exemple des fluorocarbones utilisés comme agent de réfrigération ou d'expansion et de gaz propulseurs dans les aérosols, dont la production est arrêtée au Canada après la découverte scientifique selon laquelle ils s'élèvent jusqu'à la stratosphère et détruisent la couche d'ozone qui protège la Terre des radiations solaires ultraviolettes. On utilise maintenant d'autres gaz propulseurs.

Associations Les intérêts commerciaux de l'industrie chimique sont la plupart du temps représentés par l'Association canadienne des fabricants de produits chimiques, organisme fondé en 1962 et basé à Ottawa. Bon nombre d'employés des sociétés chimiques sont des ingénieurs chimistes professionnels ou des chimistes qui font habituellement partie de la Société canadienne du génie chimique ou de l'Institut de chimie du Canada.

Charles Law

Chiniquy, Charles-Paschal-Télesphore, prêtre catholique, puis ministre du culte presbytérien (Kamouraska, Bas-Canada, 30 juil. 1809—Montréal, 16 janv. 1899). Il sillonne le Bas-Canada de 1839 à 1851 en prêchant la tempérance, et il obtient une telle renommée qu'on le surnomme «le père Matthew du Bas-Canada». Il est toutefois si arrogant et si indiscipliné que Mgr Ignace BOURGET lui demande en 1851 de quitter le diocèse. Il s'établit dans la paroisse Sainte-Anne-de-Kankakee, en Illinois, où il est excommunié en 1856 par l'évêque de Chicago pour une grave infraction à la discipline ecclésiastique. Il entreprend une nouvelle carrière aux États-Unis, fondant d'abord l'Église chrétienne catholique avant de devenir ministre presbytérien.

À la suite de conflits avec le consistoire de Chicago, il demande en 1863 à être admis au synode de l'Église presbytérienne du Canada avec ses fidèles de Sainte-Anne, et sa demande est acceptée. Les évêques du Québec, que ses dons d'orateur et ses attaques incessantes et débridées contre l'Église catholique inquiètent, lui font une guerre sans merci. Pour les mêmes raisons, les protestants l'accueillent avec enthousiasme. Au cours de son ministère, il sillonne les États-Unis et visite l'Europe, l'Australie et la Nouvelle-Zélande. Un siècle après sa mort, sa carrière fait encore l'objet de vives controverses.

Yves Roby

Chinois Les premiers immigrants chinois à s'installer au Canada sont 50 artisans qui accompagnent le capitaine John MEARES, afin de favoriser l'expansion du commerce des peaux de loutres de mer entre Canton et la baie Nootka. Ils ont pour tâche de construire un poste de traite en 1788. Après l'expulsion de Meares par les Espagnols qui tentent d'établir un monopole sur la côte Ouest, beaucoup de Chinois s'installent dans la région et certains épousent des femmes autochtones. En 1858, des immigrants chinois, en provenance de San Francisco, arrivent au Canada comme prospecteurs d'or dans la vallée du Fraser.

La première communauté chinoise du Canada est fondée à BARKERVILLE en Colombie-Britannique. En 1860, on estime à près de 7000 personnes la population chinoise établie sur l'île de Vancouver et en Colombie-Britannique. Cette première collectivité est composée de jeunes paysans venus du sud de la Chine. Dans les années 1870 et 1880, d'autres jeunes

paysans participent, dans d'effroyables conditions, à la construction du chemin de fer du CANADIEN PACIFIQUE. Les collectivités chinoises essaiment ensuite ailleurs au Canada. Entre le 14 mai 1880 et le 29 juillet 1885, 15 000 travailleurs d'origine chinoise construisent le tronçon du chemin de fer en Colombie-Britannique et permettent ainsi à la compagnie du Canadien Pacifique d'économiser de trois à cinq millions de dollars. Grâce au transport ferroviaire transcanadien, les communautés chinoises se développent dans tout le pays. En 1996, 921 585 descendants de Chinois vivent au Canada, y compris une grande proportion d'immigrants de Hong Kong soit 97 681. Entre 1988 et 1993, 166 487 immigrants de Hong Kong s'installent au Canada. La majorité de ces néo-Canadiens est accueillie par l'Ontario (50,57 p. 100) et la Colombie-Britannique (26,71 p. 100).

Origines

La pauvreté des campagnes et les crises politiques chinoises provoquent l'émigration des Chinois. Ils viennent en majorité des quatre districts (sze-yap) ou comtés du delta de la rivière des Perles dans la province de Guangdong, entre Canton et Hong Kong. Il était courant de voir les paysans de cette région aller chercher du travail outre-mer, d'envoyer de l'argent à la parenté restée en Chine et finalement retourner au pays si possible.

Migration Les principales périodes d'immigration chinoise, de 1858 à 1923 et depuis 1947, correspondent aux fluctuations de la POLITIQUE D'IMMIGRATION canadienne. À partir de 1885, les immigrants chinois doivent verser une taxe d'entrée ou taxe individuelle avant d'être admis au Canada. En 1900, en réaction à l'agitation qui règne en Colombie-Britannique, le gouvernement libéral resserre les conditions d'immigration pour les Asiatiques en augmentant la taxe individuelle à 100 dollars. Cette décision provoque dérision et colère chez les politiciens de la province qui souhaitent une taxe de 500 dollars. En 1902, le gouvernement nomme alors la Commission royale sur l'immigration chinoise et japonaise. Celle-ci conclut que les Asiatiques ne sont «pas dignes de la citoyenneté entière... sont nuisibles à une collectivité libre et dangereux pour l'État».

Lors de la session de 1903, le Parlement adopte une loi qui fixe la taxe individuelle à 500 dollars. Pendant le premier exercice financier, le nombre de Chinois qui s'acquittent de cette taxe passe de 4719 à huit. Cependant, l'immigration chinoise reprend peu après. Le 1er juillet 1923, «Jour d'humiliation» pour les Sino-Canadiens, la *Loi de l'immigration chinoise* est remplacée par une loi qui réussit pratiquement à suspendre l'immigration chinoise. En 1947, cette loi discriminatoire est abrogée, mais ce n'est qu'en 1967 que les restrictions imposées à l'immigration chinoise sont entièrement supprimées. En 1947, les Canadiens d'origines chinoise et indienne acquièrent le droit de vote au niveau provincial et fédéral.

Avant 1947, les Chinois immigrent grâce à des arrangements conclus avec des entrepreneurs ou de façon individuelle et volontaire. Comme la taxe individuelle, trop élevée, ne permet pas la venue d'épouse ou de parents âgés, les hommes viennent donc seuls et vivent en célibataires au Canada. En 1931, des 46 519 Chinois on ne compte que 3648 femmes. À la fin des années 20, on estime qu'il n'y a que cinq Chinoises mariées à Calgary et six à Edmonton. À partir de 1947, les immigrants sont généralement accompagnés de leurs familles. Depuis 1950, la majorité des immigrants vient de Hong Kong et les autres d'Asie du Sud-Est, d'Afrique du Sud, des Antilles ou du Pérou. Ils parlent souvent couramment l'anglais, sont instruits, possèdent des ressources financières et des compétences professionnelles. Malgré certaines tensions entre récents et anciens immigrants, les liens entre les groupes chinois demeurent solides.

Mode de peuplement Depuis 1900, les Sino-Canadiens s'établissent dans les régions urbaines et sont maintenant concentrés dans les grandes villes. Contrairement au stéréotype qui décrit les quartiers chinois comme des «ghettos surpeuplés, sordides et délabrés», ces communautés constituées aux XIXe et XXe siècles accordent une place importante à la famille et aux affaires. Les communautés chinoises sont le cœur et l'âme du Canada chinois et deviennent un bastion pour les protéger du climat raciste et hostile qui les entoure.

À Vancouver, jusque vers 1930, des clauses restrictives empêchent les Chinois d'acquérir des propriétés hors du quartier chinois. Jusque dans les années 1880, les Chinois vivent presque tous en Colombie-Britannique et la moitié d'entre eux y habitent encore vers 1940. Cependant, des communautés chinoises se développent rapidement dans d'autres centres urbains comme Toronto, 70 p. 100 des Sino-Canadiens vivent aujourd'hui à Toronto et à Vancouver. D'autres Chinois, seuls ou en petits groupes, ont opté pour les villes des Prairies, de la Colombie-Britannique, de l'Ontario et des provinces Atlantiques.

Vie économique À leur arrivée en Colombie-Britannique, les Chinois occupent divers emplois. Certains sont glaneurs dans les champs aurifères et exploitent des concessions abandonnées. D'autres sont manœuvres, cuisiniers, blanchisseurs, routiers, marchands ou offrent leurs services aux mineurs. Beaucoup travaillent comme domestiques dans les villes et les villages. Entre 1880 et 1885, les ouvriers d'origine chinoise travaillent surtout à la construction du chemin de fer. Pendant 40 ans, les Chinois participent aux débuts difficiles d'une économie industrielle. Certains, qualifiés ou semi-qualifiés, travaillent dans les scieries et les conserveries de Colombie-Britannique, d'autres deviennent maraîchers, épiciers, colporteurs, commerçants ou restaurateurs.

Les manœuvres chinois travaillent souvent à contrat. Selon le système de «billet de crédit», des prêteurs chinois d'Amérique du Nord ou de Chine paient les frais de voyage d'un émigrant qui leur reste lié jusqu'au remboursement de sa dette, même si ces contrats n'ont aucune valeur légale au Canada. L'autre forme de contrat de travail couvre des groupes de travail. Au début du XXe siècle, les patrons de conserveries chinois sont presque toujours embauchés à contrat. Ils recrutent des équipes de travail et ils assument les risques financiers d'une baisse de production. À partir de 1880, cet usage s'étend à la construction des chemins de fer. À travail égal, un Chinois reçoit seulement la moitié du salaire d'un travailleur blanc. Mal payée, la main-d'œuvre chinoise de l'industrie connaît une forte mobilité et doit se soumettre à une discipline rigoureuse.

Les premiers Chinois de profession libérale ont tendance à servir principalement leur collectivité et, en Colombie-Britannique, ils ont été longtemps exclus de nombreuses professions, entre autres dans le domaine du droit, de la pharmacie et de la comptabilité. Il faut attendre les années 40 pour voir des avocats sino-canadiens reçus au barreau. Depuis lors, l'annulation des lois discriminatoires et l'évolution de l'immigration leur ont permis d'exercer en plus grand nombre les professions libérales, et ce, auprès d'une clientèle mixte. Néanmoins, dans les années 80, les Chinois occupent toujours principalement des emplois dans le secteur des services. Toutefois, dans les années 90, les Sino-Canadiens exercent diverses professions: journaliste de télévision, musicien de jazz, danseur classique, romancier, officier de police et politicien. On les retrouve aussi dans les professions classiques d'enseignant, de scientifique et d'entrepreneur.

Le principal investisseur au Canada est Li Ka-shing, qui a acheté la Husky Oil and Gas en Alberta, en 1987, et les terres d'Expo 86 pour la création de la Pacific Place à Vancouver en 1988. Ses deux fils,

Victor et Richard, sont citoyens canadiens. L'arrivée massive d'investissements de Hong Kong a revigoré l'économie tout en instaurant dans le secteur entrepreneurial du pays un système particulier de valeurs et d'éthique commerciales reposant sur le paradigme classique du confucianisme des relations interpersonnelles.

Vie sociale et collectivité Les collectivités sino-canadiennes ont conservé leurs traditions et leur culture: système de parenté fondé sur les origines ancestrales, pagode ou temple, théâtre chinois. Elles ont, par contre, acquis certaines caractéristiques nord-américaines. P. ex., la collectivité génère sa propre élite formée de commerçants et de marchands et ses propres associations «bénévoles» inspirées des modèles chinois offrant des services d'aide sociale individuels et communautaires, et favorisant contacts sociaux et activités politiques. Quand les paysans chinois ont dû s'habituer à la vie urbaine canadienne, ces associations les ont aidés à s'adapter à une nouvelle culture et à faire face aux préjugés et à la discrimination liés à la race. (*Voir* PRÉJUGÉS ET DISCRIMINATION.)

Au temps des immigrants «célibataires» où le nombre d'hommes dépasse largement celui des femmes, ces associations offrent des services aux hommes, généralement regroupés en fang-k'ou (maisonnées bien structurées de «célibataires» chinois qu'on trouve encore dans les ruelles de Vancouver, de Victoria, de Toronto et de Montréal). Certains principes (territoire, dialecte, nom) constituent les critères d'admission de ces associations. Les personnes âgées célibataires ou trop pauvres pour retourner en Chine vivent leur retraite dans les centres d'accueil des associations.

Le nombre de ces organisations diminue quand les Chinois émigrent avec leur famille. Certaines associations ouvertes à tous, comme le Kuomintang (KMT) et les francs-maçons, associations politiques fraternelles, s'intéressent à la politique en Chine et dans les quartiers chinois du Canada, ainsi qu'aux questions communautaires. Les groupes sino-canadiens les plus importants ont à la tête de leurs organisations des associations de bienfaisance qui règlent les problèmes internes et se font porte-parole auprès du monde extérieur. Toutefois, aucune de ces organisations n'atteint une envergure nationale. Plus récemment apparaissent des organisations typiquement canadiennes comme les Lions, l'ordre des Élans et la Légion royale canadienne.

Les premières collectivités chinoises sont isolées de la civilisation blanche pour plusieurs raisons. En général, les Chinois sont considérés comme installés temporairement au Canada afin d'assurer une sécurité financière à leurs parents restés en Chine. En fait, la législation et les attitudes racistes à cette époque empêchent beaucoup de Chinois de considérer le Canada comme leur pays. Cette mentalité est d'ailleurs renforcée par la législation canadienne qui rend difficile l'immigration des familles chinoises et les empêche de participer à la vie professionnelle, sociale ou politique dans la société dominante.

La société blanche de Colombie-Britannique considère les Chinois comme absolument inassimilables et certains aspects leur mode de vie renforcent encore un stéréotype racial selon lequel ils représentent une menace pour la société blanche. Cette dernière craint les maladies comme la lèpre et le choléra et voit d'un très mauvais œil le surpeuplement du quartier chinois, l'introduction et le trafic de l'opium et la passion des Chinois pour le jeu. Tout contribue donc à entretenir une conviction quasi universelle exprimée par un sénateur au nom des résidents blancs de la Colombie-Britannique: «Les Chinois ne sont pas de notre race et ne peuvent pas s'intégrer.»

Dans les années 90, la société chinoise du Canada s'est transformée tout en conservant certaines valeurs traditionnelles. En effet, la majorité des jeunes travailleurs chinois réservent encore une partie de leurs revenus pour subvenir aux besoins de leurs parents, et beaucoup de grands-parents vivent avec leurs enfants.

Les journaux sont pour eux un important mode d'expression communautaire. Bien que certains journaux chinois soient publiés depuis longtemps à Vancouver et à Toronto, les éditions américaines des journaux chinois comme le World Journal Daily, le Sing Tao Jih Pao et le Ming Pao Daily News sont maintenant florissantes. En 1994, chaque journal vendait plus de 30 000 exemplaires quotidiennement. Grâce à leur volume, allant jusqu'à 104 pages, ces journaux attirent beaucoup de publicitaires de la communauté chinoise canadienne ainsi que du grand public. La télévision chinoise a aussi pris de l'expansion dans les principaux centres et propose des comédies de situation en cantonais et en mandarin, des informations et des films à l'horaire chaque jour.

Religion et vie culturelle Au Canada, la pratique de la religion traditionnelle chinoise, soit le culte des ancêtres, se fait principalement en privé, mais perd de l'importance: la proportion de chrétiens d'origine chinoise est passée de 10 p. 100 à 60 p. 100 entre 1921 et 1961. Leurs églises chrétiennes, dont l'ÉGLISE UNIE, sont des centres d'activités familiales et normalement le centre d'activités féminines à caractère social. Au Nouvel An chinois, principale fête chinoise célébrée fin janvier ou début février, les quartiers chinois multiplient feux d'artifice, danses du dragon ou du lion. On compte d'autres commémorations importantes, y compris «éclat et clarté», fête printanière où l'on balaie les tombes des ancêtres, et la «mi-automne», où l'on observe la lune de fin d'été.

Au milieu des années 80, la culture de la communauté sino-canadienne commence à se développer, non pas comme le reflet de celle de la Chine, de Hong Kong ou de Taïwan, mais dans le respect des propres pratiques des Chinois du Canada. Parmi les principaux écrivains qui influencent l'évolution d'une tradition littéraire indigène, on retrouve Sky Lee, Evelyn Lau, Wayson Choy, Larissa Lai, Denise Chong, Paul Yee et Jim Wong-Chu. Des cinéastes comme Mina Shum, Tony Chan, Richard Fung, Paul Wong, Keith Lock et Brenda Joy Lew sont au premier plan d'une nouvelle tradition cinématographique conditionnée et inspirée par l'expérience des Chinois au Canada.

Éducation Les écoles chinoises remontent aux années 1890. Dans les années 30, point culminant de leur histoire, on en compte 26 au Canada. Elles prennent une signification particulière lorsque dans les écoles de la Colombie-Britannique, on cherche à tenir à l'écart les enfants chinois. Ces écoles ont cependant eu comme fonction principale de dispenser des cours supplémentaires de langue, d'histoire et de culture chinoises. La loi n'a jamais empêché les Chinois de fréquenter l'université, même si on leur refusait l'accès aux professions libérales, après l'obtention de leur diplôme. Dans les années 50, l'importance de la vie familiale, et dans les années 60, l'affluence grandissante et le caractère professionnel des communautés chinoises, amènent de plus en plus de Chinois à entreprendre des études supérieures. Au cours des années 90, l'éducation continue à jouer un rôle majeur dans les familles sino-canadiennes. On connaît maintenant un afflux vers beaucoup de professions dans le domaine de la médecine, de la pharmacie, du droit et de l'enseignement supérieur.

Politique Jusqu'en 1950, dans ce domaine, les Chinois dépendent de leurs chefs et d'autres intermédiaires qui entretiennent des relations amicales avec les politiciens canadiens, pour intervenir en leur nom sur les questions communautaires. Depuis, ils prennent part activement à la vie politique du pays, préférant s'allier au Parti libéral, probablement parce qu'il s'est fait l'artisan du relâchement des lois sur l'immigration. En 1957, Douglas Jung devient le premier député sino-canadien et on voit des maires ou des conseillers municipaux d'origine chinoise se faire élire à divers endroits.

L'événement déclencheur qui a politisé les Chinois au Canada est l'émission W5, diffusée le 30 septembre 1979. Au cours de cette émission infamante et controversée, CTV diffuse un passage intitulé «Campus Giveaway» où se trouve une allégation affirmant que les étudiants étrangers prennent la place des Canadiens de souche dans des programmes universitaires axés sur des carrières dans le domaine de la pharmacie, de l'ingénierie et de la médecine p. ex.. Dans le reportage, les étrangers étaient représentés par des Chinois. Le message sous-entendu de W5 est que tous les étudiants d'origine chinoise sont des étrangers et que les contribuables canadiens subventionnent des étudiants chinois qui ne pourraient jamais devenir vraiment canadiens, alors que presque toutes les personnes citées avaient déjà la citoyenneté canadienne. Seize comités anti-W5, de Victoria ou d'Halifax mobilisent la population chinoise et obtiennent de vagues excuses de la part de CTV. Depuis lors, des sections du Conseil national des canadiens chinois ont été créées afin de protéger les droits humains et civils des Chinois au Canada. Dans les années 90, beaucoup de Sino-Canadiens accèdent à des postes politiques dont le plus renommé sur la scène nationale, le ministre libéral Raymond Chan.

Maintien du groupe Dans les grandes communautés sino-canadiennes, des membres des professions libérales organisent des échanges culturels avec la Chine, Hong Kong et Taïwan pour favoriser le maintien de la culture chinoise et promouvoir une juste représentation des Sino-Canadiens dans les médias et d'autres domaines. Des groupes de chanteurs d'opéra cantonais se sont établis au Canada et les arts martiaux y sont florissants. La culture chinoise moderne, en particulier celle de Hong Kong, influence grandement la société sino-canadienne.

Avant 1947, la langue d'origine était vitale, car à cette époque les jeunes Sino-Canadiens ne peuvent trouver un emploi que dans le quartier chinois, ce qui exige une connaissance de la langue. De nos jours, l'usage du chinois écrit diminue et les langues parlées vont des dialectes locaux particuliers au cantonais de Hong Kong.

Les Chinois croient que, après avoir achevé le chemin de fer du Canadien Pacifique de peine et de misère, ils ont été abandonnés par leurs employeurs, qu'ils ont été les seuls immigrants à verser une taxe individuelle et à se voir interdire le droit d'immigrer. Le fait qu'ils aient participé à la Seconde Guerre mondiale sous le drapeau canadien contribue à modifier l'attitude des Blancs chez qui persistent pourtant certaines traces de chauvinisme, exacerbées par la récession économique et une immigration plus forte.

L'afflux des investisseurs de Hong Kong a alimenté des sentiments anti-chinois, surtout en Colombie-Britannique. Malgré ces attitudes regrettables, les Sino-Canadiens continuent à évoluer vers une communauté canadienne distincte, fortifiée par un esprit entrepreneurial dynamique, une priorité donnée à l'éducation comme outil de carrière conduisant à la mobilité, un développement de la littérature et des traditions culturelles, de fortes valeurs familiales et un attachement à des valeurs canadiennes importantes comme l'égalité, la liberté et la démocratie.

E.B. Wickberg

Chinook VENT d'ouest chaud et sec qui souffle par rafales. Il descend des pentes est des montagnes Rocheuses et balaie l'ouest des Prairies. Son nom, d'origine autochtone, signifie «celui qui mange la neige». Il appartient à la famille de vents que l'on retrouve partout dans le monde, tels que le foehn en Europe, le zonda en Argentine et le berg en Afrique du Sud, et qui soufflent le long de chaînes de montagnes plus ou moins perpendiculaires au vent dominant.

Au Canada, on le retrouve presque exclusivement au sud et au centre de l'Alberta. Il souffle en toute saison, mais de manière plus distincte et le plus souvent en hiver. Le réchauffement qu'il provoque et qui n'est pas de saison tranche alors avec le temps hivernal froid qui sévit normalement. Dans le sud-ouest et le nord-est de l'Alberta, il souffle respectivement un jour d'hiver sur trois et un jour d'hiver sur cinq. L'anomalie de température diurne maximale causée par le chinook est alors respectivement de 13 °C dans le Nord-Ouest et de 25 °C dans le Sud-Ouest. L'augmentation de température à l'arrivée du chinook est brusque et rapide: on a déjà observé une augmentation de 27 °C en deux minutes.

Le chinook tire principalement sa chaleur de deux sources distinctes. D'une part, le remplacement de l'air arctique (la température moyenne à la hauteur de Calgary est de -24°C) par de l'air maritime (-2 °C) provoque une augmentation de la température au sol. D'autre part, si le courant descendant survient après une perte d'humidité par précipitation sur le côté de la montagne exposé au vent, la chaleur qui avait transformé l'eau en vapeur (la chaleur latente) est restituée à l'air et le réchauffe. La descente le long des flancs au vent de la montagne contribue à réchauffer davantage le vent et à réduire son humidité relative à 25 p. 100 ou moins. Le vent souffle de 16 à 60 km/h avec des rafales allant jusqu'à 100 km/h.

Le chinook fait fondre la neige, assèche et érode le sol, et dessèche la végétation. La plupart des gens aiment le chinook, car il contraste avec les basses températures hivernales caractéristiques de la région. Toutefois, une minorité importante de gens se plaint de ses désagréments qui vont du mal de tête et des maux d'oreilles à la dépression et à la tentative de suicide.

L.C. Nkemdirim

Chinook, jargon Langue commerciale utilisée sur la côte ouest à partir des années 1830 jusqu'au début du XXe siècle. Cette *lingua franca,* parfois appelée à tort «chinook» (les autochtones chinook de la région du bas Columbia avaient leur propre langue), servait aux communications entre les autochtones et les traiteurs, administrateurs et colons. Elle tirerait son origine d'une langue commerciale plus ancienne utilisant des mots issus de la langue des groupes autochtones commerçants les plus entreprenants tels les Nootkas. Elle est probablement née de la traite des pelleteries à l'époque suivant les premiers contacts entre Européens et Amérindiens.

Vocabulaire restreint Comme les autres pidgins, le jargon chinook possède une grammaire rudimentaire et un petit vocabulaire de quelque 700 mots dérivés du chinook (environ 30 p. 100), du nootka (20 p. 100), de l'anglais (20 p. 100), du français (20 p. 100), d'autres langues autochtones (8 p. 100) et de néologismes (2 p. 100). On estime que plus de 100 000 personnes le parlaient en 1900, depuis le centre de la Colombie-Britannique jusque dans le nord de la Californie, et qu'il était couramment utilisé dans les témoignages devant les tribunaux, dans la publicité des journaux, dans les activités des missionnaires auprès des autochtones et dans la conversation de tous les jours.

Un périodique en jargon chinook, *The Kamloops Wawa,* publié de 1891 à 1904, est écrit en majeure partie dans une sténographie spéciale. Bien qu'implanté dans la vie des autochtones de la côte ouest dès le tournant du siècle (alors devenu la langue première d'un nombre croissant d'enfants), le jargon chinook est supplanté par l'anglais et n'est plus utilisé que dans quelques chansons de la RELIGION DES SHAKERS autochtones et dans certaines expressions argotiques des anciens en Colombie-Britannique, *comme salt chuck* («océan, eau salée»), *skookum* («fort»), *tillikums* («amis»), *high muckamucks* («les puissants et les riches»; littéralement, «ceux qui ont beaucoup à manger»), *in the sticks* («dans le bois, arbres»), *cheechako* («nouveau venu»), *potlatch* («cérémonie de distribution de biens»; littéralement, «donner») et *klahowya* («salutations»). Diverses plantes et animaux marins ont des noms dérivés du jargon chinook: *tyee* («chef»), *chum*

(«peint»), *chinook salmon* («saumon quinnat»), *gooeyduck* («panope du Pacifique»), *camas* («quamassie») et *salal* («gaultherie Shallon»).

Des mots de ce jargon ont aussi servi de toponymes partout en Colombie-Britannique (ainsi que dans les États de Washington et de l'Oregon), comme Siwash Rock (du français «sauvage», dans le sens d'«Indien»), un toponyme utilisé en dépit du sens péjoratif actuel du mot *siwash*). Parmi les autres toponymes dérivés du jargon chinook, on compte le lac Cultus («sans valeur») de même que les lacs Canim («canot»), Nanitch («voir»), Kikwillie («profond»), Eena («castor»), Siam («grizzly»), Mesachie («mauvais») et Wahpeeto («pomme de terre»).

La populaire émission du réseau anglais de la Société Radio-Canada, *Klahanie* («plein air»), la Kumtux («apprendre») School de Vancouver et le Tamahnous («esprit») Theatre doivent leurs noms au jargon chinook, tout comme la mascotte des célébrations du centenaire de Vancouver nommée Tillicum. Il existe plusieurs dictionnaires de jargon chinook, dont ceux de George Gibbs, de Frederick Long et de George Shaw.

J.V. Powell

Chipewyans «Chipewyan» est un terme dérivé du cri qui signifie «peaux en pointe», mais, entre eux, les Chipewyans se nomment DÉNÉS («peuple»), et leurs communautés régionales portent des noms plus spécifiques. Leur langue fait partie de la famille linguistique athapascane du Nord-Est, famille étroitement liée aux familles avoisinantes des PLATS-CÔTÉS-DE-CHIEN et des ESCLAVES. Le nom «Chipewyan» a finalement servi à désigner un grand nombre de peuples dénés occupant la lisière septentrionale de la forêt boréale et la toundra adjacente, depuis la rivière Seal jusqu'au Grand lac des Esclaves. Certains Chipewyans sont aussi appelés «Mangeurs de caribou» et «Mountainees» (à ne pas confondre avec les Montagnais de l'est du Canada).

Le nom «Chipewyan» s'applique parfois aussi aux COUTEAUX-JAUNES, un peuple déné voisin qui parlait une langue quasi identique et dont le territoire comprenait une partie de la rivière Coppermine. Au XIXe siècle, le territoire chipewyan englobe le nord du Manitoba, de la Saskatchewan et de l'Alberta ainsi que le Sud des Territoires du Nord-Ouest. En 1749, la population du groupe s'élève à quelque 4 000 âmes. Toutefois, elle est peu après décimée par des épidémies causées par les Européens: une première grande épidémie de variole en 1781-1782 suivie d'autres épidémies jusqu'à la fin de la première moitié du XXe siècle. La population s'est reformée, et, en 1996, les bandes chipewyanes comptaient plus de 15 200 personnes.

Organisation socio-territoriale À l'origine, l'organisation socio-territoriale des Chipewyans repose sur la chasse des troupeaux migrateurs de caribou de la toundra. Les groupes de chasse se composent de deux ou plusieurs familles apparentées se joignant à d'autres groupes similaires et formant de grandes bandes locales et régionales qui se réunissent ou se dispersent avec les troupeaux. L'autorité limitée et non coercitive des chefs repose sur leur talent, leur sagesse et leur générosité. Leurs visions oniriques leur accordent également des pouvoirs spirituels.

Selon la tradition chipewyan, Thanadelthur, appelée aussi la «Femme esclave», guide le premier employé de la COMPAGNIE DE LA BAIE D'HUDSON (CBH) en territoire chipewyan et met ses compatriotes en contact avec les Européens. Le succès de cette rencontre amène la CBH à construire le fort Prince de Wales, ou Churchill, en 1717 pour y faire la traite des fourrures avec les Chipewyans. Ce commerce empire les relations entre ces derniers et leurs voisins CRIS, au sud, qu'ils appellent ena («ennemis»). Entre 1716 et 1760, la bonne entente commence à s'installer entre Chipewyans et Cris mais, en certains endroits, l'hostilité dure beaucoup plus longtemps. À la fin du XVIIIe siècle, la traite des fourrures nuit également à leurs relations avec leurs voi-

sins INUITS au nord, qu'ils appellent hotel ena («les ennemis de la plaine»).

À la fin du XVIIIe et au début du XIXe siècle, la traite des fourrures s'étend vers l'ouest depuis la baie d'Hudson jusqu'au Grand lac des Esclaves. Les Couteaux-jaunes profitent de leur position stratégique et, au début du XIXe siècle, ils occupent brièvement la région de la rivière Yellowknife, d'où ils chassent les Plats-Côtés-de-Chien jusqu'à ce que ceux-ci ripostent en 1823. Des Chipewyans se mettent à chasser et à piéger jusqu'au cœur de la forêt boréale, où les animaux à fourrure sont plus nombreux, et étendent ainsi leur territoire vers le sud. Certains commencent même à occuper la lisière septentrionale de la forêt, où ils chassent le bison. D'autres se tiennent à l'écart du commerce, bien que certains consentent à faire le commerce de provisions de nourriture. À la fin du XIXe siècle, la plupart des bandes chipewyanes vivent déjà dans les régions qu'ils occupent aujourd'hui.

Vie au XXe siècle En 1876, tous les Chipewyans (et les Couteaux-jaunes) établissent des relations officielles avec le gouvernement canadien en entamant le processus de traités. Ils subissent pendant un siècle les politiques fédérales visant à transformer leur culture afin qu'elle adhère à des principes européens. Au XXe siècle, leur mode de vie est particulièrement menacé par une exploitation de leurs terres basée sur la concurrence, exploitation qui est appuyée par des politiques fédérales et provinciales encourageant le développement de l'industrie primaire dans le Nord. Conséquemment, il leur devient de plus en difficile de vivre de leurs activités traditionnelles. Après la Seconde Guerre mondiale, à cette situation s'ajoutent les politiques du gouvernement visant à encourager les peuples autochtones à quitter les régions sauvages pour se réinstaller en permanence dans des communautés administrées, où la plupart vivent aujourd'hui. En général, les Chipewyans considèrent que ces changements leur ont fait du tort plutôt que de les aider. Aujourd'hui, ils explorent de nouvelles voies en vue de reprendre le contrôle de leurs communautés et de leurs terres traditionnelles. Plusieurs bandes chipewyanes ont entrepris de négocier des revendications territoriales avec le gouvernement fédéral et cherchent à protéger leur culture et leur langue ainsi qu'à rétablir leurs relations traditionnelles avec la terre. (*Voir aussi* AUTOCHTONES: LA RÉGION SUBARCTIQUE et des articles généraux sous la rubrique AUTOCHTONES.)

Patricia A. McCormack et James G.E. Smith

Chipman, Ward, avocat, fonctionnaire, politicien (Marblehead, Mass., 30 juil. 1754—Fredericton, 9 fév. 1824). Diplômé du Harvard College en 1770, il vient en aide aux forces LOYALISTES durant la Guerre d'Indépendance américaine et contribue à créer l'agitation qui mène à la création du Nouveau-Brunswick en 1784. Il devient le solliciteur général de la colonie, rédige la charte de la Ville de Saint-Jean et, en tant que commis de la Couronne, agit à titre de procureur de la Couronne dans la plupart des dossiers criminels pendant près de 25 ans. Son cabinet d'avocats est la Mecque des étudiants. Les arguments dont il se sert dans son plaidoyer en faveur d'un esclave noir en 1800 contribuent à la disparition progressive de l'esclavage légal au Nouveau-Brunswick. Député de 1785 à 1795, il est nommé au conseil en 1806 et devient juge de la Cour suprême en 1809. En tant que représentant de la Couronne britannique dans le cadre de deux commissions chargées de tracer les frontières délimitant le Maine et le Nouveau-Brunswick, il réussit à faire conserver au Nouveau-Brunswick la majeure partie des territoires en litige. Avant son décès, il administre brièvement le gouvernement de la colonie. Il est sans contredit le plus important des pères fondateurs du Nouveau-Brunswick.

P.A. Buckner

Chipman, Ward, fils, politicien, juge (Saint-Jean, N.-B., 10 juil. 1787—*id.*, 26 nov. 1852). Fils de Ward CHIPMAN, formé à Harvard et à Londres, il reprend l'important cabinet d'avocats de son père et travaille à ses côtés dans le cadre de la commission qui échoue dans sa tentative d'établir la frontière nord-est du Nouveau-Brunswick, de 1817 à 1821. Il est député de Saint-Jean en 1820 et devient solliciteur général en 1823. Il est président de l'Assemblée en 1824. En 1825, il est nommé juge et membre du Conseil. Entre 1828 et 1830, il collabore à la préparation de la représentation britannique en vue de l'arbitrage au sujet des frontières et joue un rôle décisif en convainquant le gouvernement britannique du bien-fondé de la demande du Nouveau-Brunswick. En 1834, il est nommé juge en chef du Nouveau-Brunswick et président du Conseil.

Conservateur dans ses opinions politiques et religieuses, il forme un grand nombre d'avocats, rédige des modifications au Code criminel en 1831, préside une enquête spéciale sur l'administration de la justice en 1832 et supervise la préparation du premier recueil des lois du Nouveau-Brunswick, imposant ainsi ses opinions conservatrices au système juridique de la province.

P.A. Buckner

Chiriaeff, Ludmilla (née Otzup), danseuse, chorégraphe, professeure et directrice (Riga, Lettonie, 10 janv. 1924—Montréal, 22 sept. 1996). Considérée par le grand public comme la marraine du BALLET au Québec, Chiriaeff exerce en tant que directrice et éducatrice une influence déterminante sur l'évolution de la danse au Canada. La compagnie qu'elle fonde à Montréal, LES GRANDS BALLETS CANADIENS, devient non seulement la troupe de danse classique la plus innovatrice au Canada, mais, par son choix délibéré d'encourager des talents nationaux, s'affiche comme l'exemple par excellence de ce que les artistes canadiens peuvent réaliser dans le domaine de la danse. Ses premières créations pour la télévision permettent au ballet de se faire une place à la télévision. En même temps, le dynamisme, la vision et l'inspiration dont fait preuve Chiriaeff comme professeure de danse permettent non seulement de développer au Québec plusieurs générations successives de danseurs ayant une solide formation technique, mais aussi d'engendrer pour l'art même de la danse un nouveau respect dans la province.

Elle grandit à Berlin où elle est formée par plusieurs professeurs célèbres. Selon elle, c'est à cette époque que Michel Fokine, un ami de sa famille, l'encourage dans son amour pour la danse. Jeune élève des Ballets russes du colonel de Basil, elle danse entre autres dans *La Boutique Fantasque* de Léonide Massine ainsi que dans *L'Oiseau de feu* et *Le Coq d'Or* de Michel Fokine. Sous le nom de Ludmilla Otzup-Gorny ou Ludmilla Gorny, elle danse à l'opéra Nollendorf de Berlin, devient soliste à l'opéra de Berlin au début de la Seconde Guerre mondiale. En 1941, soupçonnée à tort d'être juive, elle est enfermée dans un camp de concentration.

Après la guerre, elle déménage en Suisse, où elle travaille comme danseuse, chorégraphe et actrice. Elle fait la chorégraphie de son premier film long métrage, *Danse Solitaire,* dans lequel elle danse. Elle fonde à Genève sa première école et sa première compagnie de ballet, les Ballets des Arts.

Quelques semaines après son immigré au Canada en 1952, elle ouvre une école et commence à réaliser des chorégraphies pour le tout nouveau service de télévision de la SOCIÉTÉ RADIO-CANADA, pour lequel elle crée le ballet *Cendrillon.* Devant le succès de ce ballet, on lui offre une demi-heure d'antenne tous les mois pour laquelle elle crée des programmes tels que *L'Heure du Concert/The Concert Hour,* émission bilingue diffusée partout au Canada.

Les Ballets Chiriaeff, fondés en 1955 pour répondre à des demandes de la télévision, deviennent Les Grand Ballets canadiens en 1958. Visant à renforcer par le ballet la conscience de l'identité québé-

coise en puisant dans le folklore, ils ne tardent pas à devenir une institution culturelle canadienne importante bien que les autorités religieuses du Québec considèrent que le ballet est immoral. Durant leurs premières années, ils font de nombreuses tournées au Canada et aux États-Unis, avant de se rendre en Europe.

En 1970, surtout grâce au ballet-rock *Tommy,* dont la chorégraphie est réalisée par Fernand NAULT, codirecteur artistique, la compagnie de Chiriaeff devient si populaire dans sa province qu'elle crée Les Compagnons de la Danse pour satisfaire à la demande des petites communautés.

La formation de danseurs et de professeurs de danse est un aspect important de la carrière de Chiriaeff. En 1958, elle fonde l'Académie des Grands Ballets canadiens, et en 1966, l'École supérieure de danse du Québec. Elle se retire de la direction artistique des Grands Ballets Canadiens en 1974 et se consacre à développer ses écoles, offrant des cours de ballet intensifs à tous les niveaux du système d'éducation, en particulier à l'école secondaire Pierre Laporte à Montréal (1975), au CEGEP du Vieux Montréal (1979) et à l'école Laurier pour les enfants du niveau primaire (1986).

Chiriaeff crée plus de 300 ballets pour la télévision et la scène. Certains témoignent d'un talent manifeste pour la danse de rôles. Toutes ses œuvres, programmées et mises en scène avec soin, comprennent souvent des œuvres d'artistes visuels et de musiciens de la région, illustrent son engagement pour la cause du ballet au Québec. Ses œuvres chorégraphiques comprennent les films de Norman MCLAREN, *Pas de Deux* (1966), *Kaléidoscope* (1954-1955, musique de Pierre MERCURE), *Les Clowns* (1955, musique de Jean Francaix), *L'Oiseau Phœnix* (1956, musique de Clermont PÉPIN), Les Noces (1956, musique d'Igor Stravinsky), deux versions de *Cendrillon* (1952-1953 et 1962) et enfin, *Artère* (1976, musique de Gabriel CHARPENTIER).

Plusieurs documentaires de télévision portent sur Chiriaeff, entre autres: *Profil* (CBC, 1975); *Propos et Confidences* (Radio-Canada, 1976-1977); *Achievers* (CFCF, 1988); et *La Vie n'arrête jamais* (Radio-Québec, 1991).

Elle reçoit de nombreux honneurs, est nommée membre de l'Ordre du Canada (1972), puis compagnon de l'Ordre (1984), grand officier de l'Ordre national du Québec (1985), reçoit le prix international Nijinsky (1992) et le prix du Gouverneur général pour les arts de la scène (1993).

Linde Howe-Beck

Chiropratique (du grec *kheir,* «mains», et *praktikos,* «exercer»). Méthode thérapeutique consistant à effectuer diverses manipulations de la colonne vertébrale. C'est D.D. Palmer, né en 1845 à Port Perry (Ontario), qui le premier élabore une théorie de la chiropratique. Guérisseur charismatique pratiquant dans l'Iowa, il découvre accidentellement la chiropratique le jour où, après avoir réduit une bosse au cou de son concierge affligé de surdité complète, ce dernier recouvre l'ouïe instantanément. Palmer se met à chercher dans la colonne vertébrale le moyen de résoudre d'autres problèmes de santé et commence à enseigner ses théories et ses méthodes. Son fils, B.J. Palmer, poursuit ses recherches et la mise au point de ce nouvel art de guérir. C'est également lui qui fonde le Collège Palmer de chiropratique et le fait connaître.

Les chiropraticiens n'emploient ni médicaments, ni chirurgie. Leur traitement repose sur l'hypothèse que la bonne santé exige un système nerveux, c.-à-d. le cerveau et la moelle épinière, en bon état. Ils pensent qu'aucune partie du corps n'échappe à la domination du système nerveux et qu'un dysfonctionnement vertébral biomécanique (mauvais fonctionnement des articulations en un ou plusieurs endroits de la colonne vertébrale) peut entraîner la détérioration de l'état physique général, même dans des régions du corps apparemment sans lien avec la

colonne vertébrale. La pression d'une vertèbre, si faible soit-elle, peut interrompre la transmission normale de l'influx nerveux et empêcher cette partie du corps de répondre adéquatement. L'ajustement vertébral par application d'une force précise à une partie déterminée de la colonne vertébrale devrait corriger certains malaises en favorisant une transmission normale de l'influx nerveux et le retour des facultés normales. Tout en rejetant cette théorie, les médecins reconnaissent que les traitements par ajustement cérébrospinal soulagent certains patients.

Le Canadian Memorial Chiropractic College de Toronto offre un programme d'études de quatre ans, dont les préalables sont une formation universitaire de deux ans dans un domaine scientifique et des connaissances en chimie et en physique.

M.L. White

Chiroptères Ordre des MAMMIFÈRES qui comprend toutes les CHAUVES-SOURIS. Il compte environ 853 espèces vivantes. Dans la classe des mammifères, seul l'ordre des RONGEURS contient plus d'espèces. La répartition des chauves-souris couvre toutes les régions du monde, sauf la toundra arctique, les régions polaires et quelques îles océaniques. On retrouve la plus grande diversité d'espèces dans les régions tropicales, et cette diversité diminue vers les pôles.

Description Les chauves-souris sont les seuls mammifères capables de réellement voler, et leurs adaptations anatomiques les plus remarquables sont liées à cette aptitude. Les ailes sont composées d'un bras, d'un avant-bras, d'un poignet et de cinq doigts. Cependant, les os de la main et des doigts sont très allongés, ce qui offre un support à l'aile et permet sa manipulation. Contrairement aux ailes des OISEAUX (dont l'épaisseur en coupe transversale diminue du bord avant au bord arrière, où elles peuvent avoir l'épaisseur d'une plume) les ailes des chauves-souris sont constituées d'une double couche d'épiderme au niveau du bord avant, suivie d'une série d'os tubulaires et finalement d'une double couche d'épiderme de forme plate. Cela permet aux chauves-souris de voler plus lentement et de manœuvrer plus facilement que la plupart des espèces d'oiseaux.

Les membres postérieurs des chauves-souris sont aussi très modifiés. Ils sont situés considérablement à l'arrière comparativement à ceux des autres espèces de mammifères. Les genoux sont ainsi tournés vers l'arrière et la plante des pieds vers l'avant. Cela permet aux chauves-souris d'atterrir sur une saillie puis de suspendre la tête en bas dans leur position de repos typique.

Chez la plupart des espèces, la membrane alaire s'étend du corps et des membres inférieurs vers le bras et le cinquième doigt, des membres inférieurs vers la queue et entre les doigts. Quelques espèces n'ont pas de queue, et d'autres ont une queue qui n'est pas munie de membrane caudale (uropatagium).

Taxonomie Il existe deux sous-ordres très différents de chauves-souris. Celui des mégachiroptères comprend une seule famille de chauves-souris frugivores de l'Ancien Monde. Ces espèces se nourrissent exclusivement de fruits, de nectar ou de pollen. Les roussettes, les plus grosses chauves-souris au monde, qui ont une envergure d'ailes de 1,2 mètre, appartiennent à ce groupe. Le sous-ordre des microchiroptères compte 17 familles.

Les Mégachiroptères ont une griffe sur chaque pouce et sur le doigt adjacent. Les microchiroptères, quant à eux, ont uniquement une griffe sur chaque pouce.

Navigation Les mégachiroptères semblent dépendre davantage de leur vision et de leur odorat et ne pas utiliser leur système d'écholocation. Par contre, presque toutes les espèces de microchiroptères naviguent dans l'obscurité en utilisant la réflexion des sons pour se diriger. La bouche, avec son grand espace entre les deux premières incisives de la mâchoire supérieure, a quasiment la forme d'une trompette ou d'un mégaphone, ce qui permet au son d'être dirigé avec un minimum de contraintes. Les os hyoïdes sont bien développés et s'étendent du larynx, ou organe vocal, à la bulle tympanique, lieu de la réception du son. Lorsqu'un son est produit, ce système permet sa transmission par les os jusqu'aux oreilles. Le reste du son est transmis par la bouche. Un son réfléchi par un objet et reçu par l'oreille externe prend plus de temps à se déplacer qu'un signal transmis par les os hyoïdes.

D'une certaine manière, les chauves-souris peuvent déterminer à la fois la distance et l'orientation de l'objet qui réfléchit le son. La forme de l'oreille externe, ou pavillon, varie considérablement d'une espèce à l'autre, mais elle est généralement grande. Sur la base antérieure de chaque oreille, on retrouve une excroissance mince et charnue, le tragus, qui ressemble à une deuxième oreille.

Régime alimentaire Les microchiroptères ont un régime alimentaire beaucoup plus varié que les mégachiroptères: la plupart des microchiroptères se nourrissent d'INSECTES, mais certaines se nourrissent de SCORPIONS et d'ARAIGNÉES. D'autres se nourrissent de POISSONS, de petits REPTILES, de rongeurs, d'oiseaux et même d'autres chauves-souris. Quelques-unes de ces espèces se nourrissent de pollen ou de fruits. Trois espèces de chauves-souris vampires dont la distribution s'étend du Mexique septentrional à l'Argentine septentrionale sont les seuls mammifères qui se nourrissent exclusivement de sang.

Hibernation Les chauves-souris qui vivent dans les régions tempérées pendant l'été hibernent ou migrent pour contrer le manque de nourriture pendant l'hiver. L'hibernation se fait habituellement dans les grottes où la température est de quelques degrés au-dessus de zéro. Pendant le jour, elles s'abritent dans des crevasses de rocher, sous l'écorce détachée ou dans le feuillage des arbres, dans les grottes, les mines ou les bâtiments. Dans certaines grottes comme les Carlsbad Caverns au Nouveau-Mexique, on a déjà observé jusqu'à deux millions de chauves-souris.

Population Le taux de reproduction des chauves-souris est remarquablement bas. Chez la plupart des espèces, les femelles donnent naissance à un seul petit par année, et les plus grosses portées observées comptent quatre petits par année. Dans plusieurs régions d'Amérique du Nord, les populations ont énormément diminué. Les principales causes de ce déclin sont probablement les insecticides, qui empoisonnent les chauves-souris et leurs proies, et la destruction de certaines colonies pour lutter contre la rage.

Donald Pattie

Chisholm, George Brock, psychiatre, administrateur médical (Oakville, Ont., 18 mai 1896— Victoria, 2 fév. 1971). Chisholm s'engage comme soldat lors de la Première Guerre mondiale. Il est nommé officier sur le champ de bataille; blessé, il est décoré deux fois. Après la guerre, il parvient aux grades supérieurs de l'armée. Il obtient son diplôme de médecine à l'U. de Toronto en 1924 et après quelques années de médecine générale, il étudie la psychiatrie aux États-Unis et en Angleterre, puis exerce à Toronto de 1934 à 1940. Au cours de la Seconde Guerre mondiale, il est chef du personnel, puis directeur général des services médicaux dans l'armée canadienne. À la fin de la guerre, nommé sous-ministre de la Santé au fédéral, il participe à plusieurs commissions de santé nationales et internationales de santé. En 1948, il est nommé premier directeur général de l'Organisation mondiale de la santé et conserve ce poste jusqu'en 1953.

Il reçoit honneurs et récompenses, mais il est fort critiqué pour ses attaques contre les superstitions, les mythes et les méthodes d'endoctrinement des enfants. Ses attaques contre la transmission aux enfants de la croyance au père Noël génèrent maints commentaires dans tout le pays. Néanmoins, il reste tolérant, sage, réaliste et persuasif par sa logique. Il est un des premiers à souligner les dangers de la pollution, de la surpopulation et de la course aux armements nucléaires. Il publie des brochures sur le moral dans l'armée et des livres sur la survie mondiale; son dernier ouvrage, publié en 1958, porte le titre prophétique *Can People Learn to Learn?* (Les gens peuvent-ils apprendre à apprendre?).

J.D.M. Griffin

Chitty, Dennis Hubert, zoologiste (Bristol, Angl., 18 sept. 1912). Après ses études à l'U. de Toronto et à Oxford, il étudie les populations de rongeurs comme documentaliste au Bureau of Animal Population, à Oxford, de 1935 à 1961. Ses recherches innovatrices sur la fluctuation des populations de petits rongeurs et de lièvres d'Amérique culminent par l'hypothèse Chitty de régulation de la population selon laquelle la croissance d'une population donnée est contrôlée par les interactions comportementales qui permettent la sélection génétique des animaux agressifs. Chitty devient ensuite professeur à l'U. de Colombie-Britannique en 1961, où il enseigne l'écologie, ainsi que l'histoire et la philosophie de la biologie. Il est élu à la Société royale du Canada en 1969 et se retire de ses activités professorales en 1978 afin de se consacrer à la recherche en écologie sur les populations de rongeurs.

Charles J. Krebs

Choléra Maladie intestinale infectieuse aiguë causée par l'ingestion d'eau contaminée par la bactérie *Vibrio cholerae*. La maladie est introduite pour la première fois au Canada en 1832, par des immigrants en provenance de la Grande-Bretagne. Des épidémies surviennent en 1832, 1834, 1849, 1851, 1852 et 1854. On rapporte également quelques cas à Halifax en 1881. Au Canada, au moins 20 000 personnes sont mortes lors de ces épidémies. On redoutait alors le choléra, car c'est une maladie mortelle dont personne ne connaît le mode de propagation ou le traitement. Le taux de mortalité des cas non traités est très élevé. En 1832, on ouvre un poste de quarantaine à Grosse-Île, près de Québec. Tous les navires doivent y arrêter afin d'être inspectés.

Durant les épidémies, certaines villes tentent de se mettre en quarantaine afin de se protéger de la maladie. Lorsque la quarantaine s'avère incapable d'arrêter la maladie, des mesures de santé publique sont prises par les villes ainsi que les gouvernements provincial et colonial. La réaction face au choléra encourage les gouvernements à agir afin de protéger la santé des Canadiens et de s'occuper des malades. Les mesures ne sont pas toutes populaires et, dans certaines régions, des émeutes éclatent au cours desquelles la foule brûle les hôpitaux établis pour traiter les malades atteints de choléra. Dans les années 1830, la colère au sujet du choléra contribue à la campagne contre le gouvernement dans le Bas-Canada. La maladie effraie moins la population à mesure que les gens se familiarisent avec elle au cours des épidémies subséquentes. Une meilleure compréhension de la manière dont la maladie se propage permet une prévention plus efficace. (*Voir* aussi ÉPIDÉMIE.)

Geoffrey Bilson

Chômage Les chômeurs sont les personnes qui veulent et peuvent travailler, mais qui se retrouvent sans travail à un moment donné. On pourrait aussi dire qu'il s'agit de personnes sans emploi, disponibles à l'emploi et en quête d'un emploi, ou de personnes qui attendent de reprendre leur emploi ou d'en commencer un nouveau sous peu. Pour ses besoins, Statistique Canada définit le chômeur de façon précise. Elle entend par chômeur toute personne qui n'est pas sur le MARCHÉ DU TRAVAIL durant la semaine de référence de l'enquête (mais qui a pu faire des travaux ménagers ou autres), qui est disponible pour le travail et qui a activement cherché un emploi durant les 4 dernières semaines, qui a fait l'objet d'une mise à pied temporaire de 26 semaines ou moins et qui devrait être rappelée par son employeur ou qui attendait de commencer un nouvel emploi dans les quatre prochaines semaines.

Il importe donc de faire la distinction entre les chômeurs, le très grand nombre de personnes occupées soit à leur compte, soit pour celui d'un employeur et celles qui, contrairement aux personnes occupées et aux chômeurs, ne font pas partie de la population active. Les personnes occupées tiennent un emploi, bien que certaines puissent en être temporairement absentes à cause, entre autres, de la maladie, d'une grève ou du mauvais temps. Celles qui ne font pas partie de la population active, comme les maîtresses de maison, les étudiants ou les personnes à la retraite, ne veulent pas ou ne peuvent pas participer au marché du travail.

Mesure Les statistiques officielles du Canada sur le chômage et les autres catégories susmentionnées proviennent de l'Enquête sur la population active, menée mensuellement par Statistique Canada auprès d'un échantillon représentatif de 56 000 ménages dans les 10 provinces (excluant les territoires, les réserves indiennes, les forces armées et les pensionnats d'institutions).

Certains résultats agrégatifs découlant de ce sondage sont présentés dans le tableau annexe. Celui-ci montre que, en moyenne, le chômage augmente depuis le milieu des années 60, tant en chiffres absolus qu'en pourcentage de la population active (taux de chômage). Depuis 1975, le taux de chômage n'a jamais descendu sous les 7 p. 100, bien qu'au lendemain de la Seconde Guerre mondiale il se situait constamment sous cette barre. En effet, des taux annuels variant entre 3 et 5 p. 100 sont fréquents avant 1958 ainsi que de 1964 à 1969. De 1958 à 1963 et au début des années 70, des taux de 5 à 7 p. 100 prévalent.

Pour la majeure partie de la période suivant 1975, l'emploi affiche aussi une certaine croissance, mais la population active croît encore plus rapidement, entraînant une hausse du nombre et de la proportion des chômeurs. En août 1981, l'emploi fléchit, tout comme l'activité de la main-d'œuvre et la proportion de la population d'âge actif (soit les personnes âgées de 15 ans ou plus) qui a un emploi. Le taux de chômage augmente de façon constante durant toute cette période pour atteindre, après désaisonnalisation, 12,9 p. 100 en décembre 1982 (*voir* ci-dessous). Il s'agirait du taux de chômage le plus élevé depuis les années 30. Beaucoup d'autres pays connaissent une tendance semblable. Au Canada, le taux de chômage tombe à 11,1 p. 100 en décembre 1983, à 10,8 p. 100 en décembre 1984, à 9,3 p. 100 en décembre 1986 et à 7,9 p. 100 en décembre 1987 (soit 8,1 p. 100 après désaisonnalisation).

Composition Les moyennes annuelles susmentionnées touchant l'ensemble de la population active camouflent de grandes variations selon les années entre les régions et entre différents groupes. Il est normal qu'une certaine variation annuelle ou saisonnalité existe en raison de l'entrée périodique de membres de certains groupes au sein de la population active, comme les étudiants durant les vacances, et de la structure saisonnière évidente de certaines branches d'activité, comme l'agriculture, la foresterie, la pêche, la construction et le tourisme. Combinés, ces facteurs entraînent des fluctuations saisonnières régulières des niveaux d'emploi et de chômage. Pour l'ensemble du Canada, le chômage se situe habituellement au taux annuel moyen en mai, puis diminue graduellement de près de 10 p. 100 en octobre pour ensuite augmenter d'environ 30 p. 100 en mars. Les tendances saisonnières diffèrent largement entre certaines régions et certains groupes. Les nombres et les taux sont souvent désaisonnalisés pour éliminer ces fluctuations normales et brosser un tableau exact d'autres changements survenant d'un mois à l'autre.

Les régions et les groupes démographiques (âge-sexe) se distinguent aussi par leur niveau typique (taux) de chômage. Traditionnellement, le Québec et les provinces atlantiques accusent des taux supérieurs à ceux de l'Ontario et des Prairies. Cependant, depuis la récession de 1981-1982, bien que cette tendance générale se maintienne, il existe des différences sensibles entre les provinces en ce qui concerne la reprise. De façon générale, les taux de chômage chutent considérablement en Ontario, au Québec et au Manitoba et bougent peu dans le reste du pays. Les femmes de plus de 25 ans connaissent aussi un taux de chômage plus élevé que celui des hommes du même groupe d'âge. Quant au taux de chômage élevé chez les jeunes, il ne date pas d'hier.

Les écarts absolus, mais probablement pas les différences en pourcentage, se sont accrus dernièrement. Le taux de chômage chez les femmes était vraisemblablement inférieur à celui des hommes dans les années 50 et 60, mais il s'amplifie dans les années 70, tandis qu'augmente graduellement le nombre de femmes se joignant à la population active. (Il est difficile de faire une comparaison précise des données détaillées avant et après 1975, à cause de révisions appréciables de la méthodologie de l'enquête et des définitions connexes.) La hausse du taux de chômage global enregistrée dans les années 70 pourrait être attribuable, en partie, à la croissance soutenue du nombre de jeunes et de femmes se joignant à la population active.

Il existe des différences semblables en matière de chômage entre les groupes selon, entre autres, la profession, la branche d'activité, l'état civil et familial ou la scolarité. De plus, il est possible de diviser encore ces catégories (ainsi que les groupements d'âge et les régions géographiques) et d'en combiner deux ou plus en diverses catégories mixtes.

Certaines de ces données sont publiées régulièrement. On peut aussi classer les chômeurs par durée de chômage jusqu'à la semaine du sondage, selon la raison de leur perte d'emploi, leur recherche d'un emploi, le type de travail recherché et le genre d'activité précédant immédiatement leur recherche d'un emploi. Si la durée moyenne de chômage est brève, les chômeurs de longue durée, relativement peu nombreux, comptent pour une part substantielle et probablement croissante du chômage.

Causes du chômage Même si, dans certains cas, le chômage est évidemment attribuable à une foule de causes, il est possible de raffiner la classification de l'ensemble du phénomène selon la cause et le remède possible. La hausse générale du chômage en 1981-1982 et au cours de périodes antérieures similaires est un exemple du chômage cyclique résultant du fléchissement général de la production et de l'activité économique. On peut y remédier en prenant des mesures visant à stimuler l'ÉCONOMIE et, par conséquent, en accroître la performance. Par contre, de telles politiques sont inévitablement influencées par d'autres circonstances concomitantes (*voir* POLITIQUE BUDGÉTAIRE; POLITIQUE MONÉTAIRE). Ainsi, au Canada et ailleurs, le fait que les autorités compétentes s'inquiètent de l'INFLATION explique presque assurément leur hésitation à avoir recours aux politiques semblables pour mettre fin à la récession de 1981-1982. Il est vrai aussi, cependant, que les économistes ont perdu leur optimisme quant à la facilité avec laquelle il est possible de stimuler l'économie et au prix à payer relativement à d'autres objectifs.

Le chômage saisonnier, évoqué précédemment, est l'une des composantes du chômage frictionnel, imputable au fonctionnement normal de l'économie. D'autres éléments sont tributaires du besoin des travailleurs de chercher parfois un meilleur emploi même quand les débouchés sont nombreux. Par conséquent, même si l'économie fonctionne à plein rendement, il y a toujours un niveau positif de chômage frictionnel malgré l'existence de postes vacants. Il en sera ainsi tant que, entre autres, la composition de l'activité économique fluctuera, que des entreprises seront lancées ou fermeront leurs portes

et que des gens changeront d'emplois, se joindront à la population active, la quitteront ou déménageront. Les chômeurs ne forment pas un ensemble constant d'individus, mais plutôt un groupe en changement perpétuel, dont beaucoup ne sont sans emploi que brièvement.

Il semblerait que le niveau «normal» ou moyen de chômage frictionnel ait augmenté dans les années 60 et 70, non seulement en raison des changements démographiques déjà mentionnés et dont il est question ci-dessous, mais aussi en raison des changements en matière de législation sociale et, vraisemblablement, d'autres facteurs. P. ex., un certain nombre d'analystes avancent que les hausses importantes des prestations d'ASSURANCE-CHÔMAGE effectuées en 1971 auraient suscité une augmentation du chômage en rendant l'inactivité et la recherche d'un emploi moins coûteuses, ce qui aurait encouragé les chômeurs à prolonger leur recherche d'emploi de manière moins intense, et les travailleurs à accepter facilement de changer d'emploi ou de prendre du travail saisonnier ou irrégulier. Aujourd'hui, ces tendances peuvent s'être inversées en raison des modifications apportées récemment au régime.

Certains font aussi remarquer que la hausse du salaire minimum réduit les chances des travailleurs relativement non qualifiés et non productifs de se trouver du travail et de la formation en cours d'emploi. Ce facteur rend les choses particulièrement ardues pour les débutants, surtout les jeunes. De toute façon, ceux-ci éprouvent de la difficulté à trouver de l'emploi, étant donné qu'un nombre exceptionnellement élevé d'entre eux (résultat d'une explosion démographique) ont cessé leurs études pour se joindre à la main-d'œuvre dans les années 60 et au début des années 70, exerçant ainsi une certaine pression sur la capacité de l'économie d'accueillir des travailleurs nouveaux et sans expérience. Leur taux de chômage est toujours plus élevé que la moyenne (il n'est donc pas surprenant de constater que les premières recherches d'emploi nécessitent beaucoup d'efforts), mais il connaît une hausse relativement sensible durant cette période. Depuis, l'entrée de nouveaux travailleurs diminue.

Certains observateurs, dont Martin Feldstein, attribuent cette situation à la combinaison de deux facteurs: la plupart des systèmes scolaires nord-américains préparent mal les jeunes au monde du travail, et la formation en cours d'emploi se fait rare, en partie à cause du salaire minimum élevé. Par conséquent, la majorité des emplois qui s'offrent aux jeunes sans formation particulière sont monotones et sans avenir, ce qui donne lieu à l'instabilité d'emploi et au chômage fréquent.

Divers moyens pourraient contribuer à réduire le chômage frictionnel, dont la prestation de services de renseignements sur le marché du travail et de services d'emploi, ce qui faciliterait la transition de l'école au marché du travail, p. ex. en subventionnant la formation en cours d'emploi, la révision des politiques sociales et de l'éducation et l'élimination des obstacles à l'entrée dans certaines professions.

Le dernier type de chômage est le chômage structurel. Vraisemblablement de longue durée, il est tributaire de la structure même de l'économie. Il est le fruit d'un écart entre l'offre et la demande en ce qui a trait aux compétences, aux endroits et aux autres caractéristiques de l'emploi. Le chômage structurel est aussi attribuable aux changements technologiques, aux changements de la demande de produits ou au déclin d'une industrie régionale, comme celle du textile dans les CANTONS DE L'EST, au Québec, ou celle du pétrole dans l'Ouest, au milieu des années 80. On peut en venir à bout au moyen, entre autres, de la formation ou du recyclage professionnel, de l'attribution de subventions de mobilité aux travailleurs et aux industries, de la création d'emplois dans le secteur public ou d'emplois subventionnés.

Tout en réduisant le chômage, il est possible d'en alléger le fardeau grâce à l'assurance, à l'aide sociale, à d'autres types de paiements de transfert ou à des programmes de travail partagé. Certains avancent que, comme le chômage est principalement frictionnel, sauf en temps de récession, et que le chômage prolongé ou répétitif est surtout le propre du second titulaire de revenus de la famille, ce fardeau ne devrait pas être énorme de toute façon. Cependant, il s'agit là d'une interprétation contestée.

Choquette, Gilbert, écrivain (Montréal, 1929). Il fait ses études classiques et s'oriente ensuite vers le droit qu'il étudie à l'U. McGill et à l'U. de Paris où il obtient un doctorat en droit en 1950. Il quitte ensuite la carrière juridique et entre à l'Office national du film. Il y travaille quelques années comme rédacteur, traducteur, réalisateur et producteur. Il voyage beaucoup et s'oriente vers les lettres. En 1968, tout en poursuivant des études à l'Université de Montréal, il s'engage dans l'enseignement du français au cégep de Saint-Laurent où il enseigne jusqu'en 1977. Il quitte alors l'enseignement et se consacre à l'écriture.

Gilbert Choquette est membre de l'Académie canadienne-française. Il a publié deux recueils de poèmes et une quinzaine de romans dont le tout dernier, *Le Cavalier polonais,* est paru en l'an 2000. Gilles Marcotte a écrit que Gilbert Choquette «est le plus romantique de nos écrivains». C'est un romancier qui met en scène des personnages épris d'absolu et souvent brisés par la vie. Dès *L'Interrogation* (1962), *La Défaillance* (1969), les problèmes du sens de la vie, de l'aventure spirituelle sont posés avec une rare acuité. Ces grandes interrogations reviennent dans les œuvres suivantes, *Le Secret d'Axel* (1986), *La Mort au verger* (1975). Dans *L'Amour en vain* (1994), *Azaël ou l'Ange exterminateur* (1998), la crise spirituelle est située dans le contexte de la modernité ou de la postmodernité.

Gilbert Choquette ne tente pas de faire du nouveau roman. Il suit sa voie personnelle avec une indépendance exemplaire. Il pratique un art parfaitement adapté à toute la complexité de l'âme, de la passion et de la mystique. Le lecteur moderne, trop souvent pressé, le suit peut-être un peu difficilement, mais quelle œuvre valable lit-elle sans un minimum d'efforts de la part du lecteur?

Paul-Émile Roy

Choquette, Robert, poète, romancier et dramaturge (Manchester, N.H., 22 avril 1905—Montréal, 22 janv. 1991). La famille de Robert Choquette s'établit à Montréal en 1914, où il fera ses études classiques au Collège Saint-Laurent (1917-1921) et au Collège Loyola (1921-1926). À l'âge de 20 ans, Robert Choquette publie son premier recueil de poèmes intitulé *À travers les vents,* pour lequel il gagne le prix David en 1926. Son premier roman, intitulé *La Pension Leblanc,* paraît en 1927. Après avoir travaillé quelques mois pour le journal *Montreal Gazette,* Choquette devient, en 1928, directeur littéraire de *La Revue moderne.* Deux ans plus tard, il occupe le poste de secrétaire-bibliothécaire à l'École des beaux-arts de Montréal. La publication de *Metropolitan Museum,* en 1931, lui vaut l'approbation de la critique.

La même année, le poète débute sa carrière de romancier, scénariste et producteur radiophonique qui se poursuivra pendant plus de 30 ans. Ses plus importants succès, soit *Le Curé de village* (1935-1938), *La Pension Velder* (1938-1942) et *Métropole* (1943-1956), rangent Choquette parmi les auteurs pour la radio les plus prolifiques du Québec. Plusieurs de ses œuvres pour la télévision (*Quatuor, La Pension Velder* et quelques pièces) sont diffusées sur la chaîne française de Radio-Canada de 1955 à 1975.

Robert Choquette n'en continue pas moins d'écrire de la poésie. *Poésies nouvelles* (1933), *Suite marine* (1953) et *Œuvres poétiques* (1956) lui obtiennent, en 1961, le titre de «prince des poètes» de la part de la Société des poètes canadiens-français. En 1963,

Choquette devient commissaire associé de la Commission du centenaire canadien. L'année suivante, il est nommé consul général du Canada à Bordeaux, puis, en 1968, ambassadeur du Canada en Argentine. Membre de plusieurs sociétés littéraires, y compris de l'Académie canadienne-française dès sa fondation, Robert Choquette remporte également plusieurs prix pour son œuvre poétique et romanesque, dont trois prix David (1926, 1932 et 1956), le prix de poésie de l'Académie canadienne-française (1954), le prix Duvernay (1954), le prix Edgar Poe (1956) et le prix international des Amitiés françaises (1962).

Kenneth Landry

Chotem, Neil, pianiste, compositeur, chef d'orchestre et enseignant (Saskatoon, 9 sept. 1920). La Seconde Guerre mondiale ayant interrompu le début de sa carrière prometteuse de pianiste, Chotem se forge une nouvelle carrière à Montréal en tant qu'interprète, chef d'orchestre et compositeur. Au cours de ses apparitions comme soliste et chef d'orchestre invité dans des salles de concert et des studios d'enregistrement, il appuie souvent les compositeurs canadiens, notamment à l'émission de la Société Radio-Canada, *Music from Montreal* (1955-1960). Bon nombre de ses propres compositions sont des trames sonores pour la radio et la télévision. Sa musique, conservatrice, mais éclectique, explore les styles populaires et contemporains aussi bien que le jazz. Depuis les années 60, il travaille avec plusieurs interprètes canadiens, dont Maureen FORRESTER et Renée CLAUDE. Certaines de ses œuvres les plus acclamées ont été enregistrées avec le groupe de musique populaire HARMONIUM (L'Heptade). Il a enseigné l'orchestration, l'arrangement et la direction d'orchestre à l'U. McGill et à l'U. de Montréal.

Ann Schau

Chou de Bruxelles (*Brassica oleracea*, var. *gemmifera*). Légume bisannuel de la famille des Crucifères. Il est originaire d'Europe occidentale. La plante développe de petites pousses (ou têtes) à l'aisselle de ses feuilles, tout au long de sa tige, au lieu de former une seule grosse tête. Le chou de Bruxelles, en tant que culture tardive, atteint sa maturité en automne ou au début de l'hiver. Certains cultivars sont plus tolérants au froid que d'autres et peuvent passer l'hiver en terre dans certaines régions tempérées. La culture convient bien aux provinces maritimes et à la région côtière de la Colombie-Britannique; elle exige des quantités élevées de fertilisants et une humidité du sol adéquate pendant toute la saison.

La plupart des variétés cultivées au Canada sont des hybrides de première génération développés au Japon ou en Hollande. On cultive le chou de Bruxelles pour le marché des légumes frais, ainsi que pour celui de la transformation. Bien qu'une partie de la production destinée au marché des légumes frais soit encore récoltée à la main, la mécanisation se développe rapidement. En 1986, on évalue à 2,6 millions de dollars la production canadienne destinée aux marchés de la transformation, dont la majeure partie provient de la Colombie-Britannique; les importations de cette même année, qui sont évaluées à 4886 t, ont une valeur estimée de 3,8 millions de dollars.

A.R. Maurer

Chou frisé (*Brassica oleracea*, var. *acephala*), de la même famille (Crucifères) que le CHOU POTAGER, le chou-fleur, etc. Originaire de la Méditerranée, le chou frisé est maintenant commun aux régions tempérées du nord de l'hémisphère oriental. Les cultivars au feuillage frisé et au centre coloré, particulièrement attrayants, servent de plantes ornementales. Le chou frisé résiste bien au froid, mais pas à la chaleur; c'est pourquoi il convient mieux comme culture de printemps ou d'automne. Le chou frisé atteint de 35 à 45 cm de hauteur sur 65 à 75 cm de largeur. Les cultivars à vocation commerciale sont plus sobres que les cultivars destinés au secteur ornemental et atteignent de 75 à 90 cm de hauteur. Le chou frisé arrive à maturité en 55 à 65 jours. Il est

vulnérable aux pucerons, à la piéride du chou, à la chenille arpenteuse, à la mouche du chou, à la fonte des semis et à la jambe noire. Le chou frisé ne produit ni tête, ni fleur comestible; on l'utilise de préférence comme une herbe potagère. Il est riche en vitamine A, B1, et C. On le cultive beaucoup dans les potagers canadiens, mais la production commerciale est limitée.

V.W. Nuttall

Chou potager (*Brassica oleracea*, variété capitée). LÉGUME bisannuel de la famille des Crucifères que l'on cultive cependant comme une plante annuelle. Les autres membres de la famille (BROCOLI, chou-fleur, CHOU DE BRUXELLES, etc.) dérivent du chou sauvage, originaire de l'Europe méridionale et occidentale. Le chou, l'espèce la plus cultivée de cette famille, est populaire en raison de sa capacité d'adaptation, de sa résistance élevée aux températures froides (le jeune chou de printemps peut tolérer des températures aussi froides que -10 ºC) et de sa facilité de culture.

En climat tempéré, le grand choix de variétés permet de cultiver le chou toute l'année. Au Canada, cependant, le chou d'été se consomme immédiatement après la récolte; le chou tardif, récolté à l'automne, peut se conserver pendant plusieurs mois. Selon la variété, les têtes de chou peuvent être rondes, plates ou coniques; blanches ou vertes; avec des feuilles lisses ou frisées (chou de Savoie).

On peut cultiver le chou à partir de la semence (maturation dans 90 à 120 jours) ou à partir de plants de semis (maturation dans 60 à 90 jours). Bien que constitué de 90 p. 100 d'eau, le chou est une excellente source de minéraux et de vitamines A, B1, B2 et C. En 1991, la production canadienne de chou était estimée à 111 745 t, les principales régions de production étant le Québec et l'Ontario.

Roger Rushdy

Chouinard, Marie, danseuse, chorégraphe et administratrice (Québec, 14 mai 1955). Figure de proue de l'avant-garde, elle commence sa carrière comme artiste multidisciplinaire avec une série de courts sketches comme *Danse pour un homme habillé de noir et qui porte un revolver* (1979). À ses débuts, sa réputation se nourrit de sensationnalisme. Elle flirte avec le scandale dans des œuvres, comme *Danseuse-performeuse cherche amoureux ou amoureuse pour la nuit du 1er juin* (1981), au cours de laquelle elle se vend aux enchères, *Petite danse sans nom* (1980), dont une scène, où elle urine, lui vaut d'être bannie du Musée des beaux-arts de l'Ontario ou encore *Marie Chien Noir* (1982) qui comporte une scène de masturbation.

Chouinard est une iconoclaste fascinée par les rituels. Pour elle, la danse est un art sacré, où le corps s'installe comme un matériau extraordinaire doté d'une force spirituelle qu'il faut célébrer. Un grand nombre de ses œuvres impliquent une maîtrise musculaire particulière, p. ex. pour émettre des sons gutturaux évoquant des bêtes de la mythologie dans *Drive in the Dragon and S.T.A.B. (Space, Time and Beyond)*, en 1986, et *L'Après-midi d'un faune* (1987). En tant que danseuse en solo, Chouinard figure parmi les meilleurs artistes expérimentaux au monde.

En 1991, elle fonde La Compagnie Marie Chouinard et crée *Les trous du ciel*, œuvre dans laquelle un clan d'êtres mi-humains, mi-animaux exécute des «chants de gorges». Suit *Le Sacre du printemps* (1993), la première œuvre de Chouinard créée à partir d'une partition musicale de Stravinski. Ces deux œuvres sont présentées en France, en Belgique, en Hollande, aux États-Unis et dans tout le Canada. *Le Sacre* fait ses débuts avec un orchestre complet à Taipei (Taiwan) en 1994. Il est aussi exécuté avec l'orchestre du CENTRE NATIONAL DES ARTS (Ottawa), en 1996.

L'Amande et le Diamant, troisième œuvre réalisée pour sa compagnie, des duos homme/femme, une nouveauté dans les créations de Chouinard qui,

jusque-là, comportaient seulement des scènes en solo ou des mouvements d'ensemble. Cette pièce pour 10 danseurs, est montée sur un collage d'effets sonores réalisés par l'artiste, ainsi que sur une suite d'extraits d'œuvres musicales du compositeur Luciano Berio.

Marie Chouinard a remporté un certain nombre de distinctions, dont le prix Jacqueline-Lemieux (1986), le prix Jean A. Chalmers pour la chorégraphie (1987) et le Paper Boat Award (1994, Glasgow, Royaume-Uni). En 1981, elle a été la première récipiendaire du studio du Québec à New York, mis à la disposition des artistes par le gouvernement du Québec. Marie Chouinard a également voyagé et séjourné en Asie et en Europe (Berlin). À plusieurs reprises, elle a participé à des films et des émissions de télévision, notamment à travers la présentation d'un extrait de sa pièce *Les Trous du ciel* (1992), d'un solo à la RTBF en Belgique (1990), ainsi que d'une performance, aux côtés de Laurie Anderson, Robert Wilson, Trisha Brown, Simone Forti et Marina Abramovic, diffusée sur le réseau ORF en Autriche.

Linde Howe-Beck

Avec une énergie étonnante, et un point de vue toujours personnel, Marie Chouinard connaît ensuite une véritable explosion dans sa carrière. Au cours de l'hiver 1998, elle relève, avec brio, le défi de présenter à Montréal, et en alternance pendant près d'un mois, ses trois œuvres de groupe: *Les Trous du ciel*, *Le Sacre du printemps* et *L'Amande et le Diamant*. Puis elle met sur pied une rétrospective, *Les Solos 1978-1998*, un spectacle unique dans l'histoire de la danse au Québec, réunissant dans une même soirée, certaines des pièces les plus significatives des douze années de sa carrière soliste — dont *Quelques façons d'avancer tranquillement vers toi* (1980) et *Earthquake in the Heartchakra* (1985) — de même que deux nouvelles œuvres solos: *Étude poignante* (1998) et *Humanitas* (1998). Au printemps 1999, afin de répondre aux demandes pour ce spectacle, qui affluent des quatre coins du monde, Marie Chouinard met en place, au sein de sa compagnie, une seconde équipe de danseurs.

Ce spectacle au succès planétaire est suivi par la création successive de deux nouvelles œuvres: *Des feux dans la nuit* (1999), un solo tout en force et en demi-tons, spécialement créé pour le danseur Elijah Brown, de même que *Les 24 Préludes de Chopin* (1999), une œuvre pour neuf danseurs, tendre, espiègle, et surtout pleine d'humour, chorégraphiée sur la musique du célèbre compositeur polonais. Enfin, Marie Chouinard entame le nouveau millénaire avec *Le Cri du monde* (2000), une pièce chargée et incroyablement folle, aussi spirituelle qu'animale, qui témoigne de l'indéniable maturité artistique de cette chorégraphe unique et inclassable.

Andrée Martin

Chou-rave Au Canada, le chou-rave (*Brassica oleracea*, var. *gonguloïdes*) est un important légume de jardin qui appartient à la famille des Crucifères. Les jeunes plants et les feuilles ressemblent à ceux de la plupart des crucifères, tels le BROCOLI et le chou-fleur. La plante atteint de 25 à 40 cm de hauteur. La partie comestible est constituée du renflement d'une petite section de la tige située au-dessus du sol. La tige possède des caractéristiques physiques variables. Elle peut passer d'une forme ronde à celle d'un globe aplati et sa couleur externe varie du blanc verdâtre au mauve rougeâtre.

Le chou-rave est résistant au froid comme le CHOU. Il arrive à maturité en 45 à 60 jours et peut être semé directement, bien que la plantation en serre ou en couche chaude accélère sa maturité. Les insectes et les maladies du chou-fleur comprennent: les pucerons, les vers du chou, la fonte des semis et la jambe noire. Le chou-fleur constitue une bonne source de potassium. C'est un légume commun aux potagers canadiens, mais sa production commerciale est limitée au marché des grandes villes.

V.W. Nuttall

Chown, Alice Amelia, féministe, suffragette, pacifiste, socialiste et écrivaine (Kingston, Canada-Ouest, 3 fév. 1866—Toronto, 2 mars 1949). Elle fait ses études à l'U. Queen. En 1912, elle est un des membres fondateurs de la Toronto Equal Franchise League. Son journal, *The Stairway* (1921), présente, entre autres, son opinion sur de nombreuses réformes: les mouvements d'œuvres sociales et de coopération, le syndicalisme, le droit de vote des femmes, la réforme de l'habillement et la liberté sexuelle. Elle écrit sur des sujets tels que le droit des femmes à une éducation supérieure, l'éducation à l'économie domestique, l'amélioration urbaine, la fraternité universelle et la paix dans le monde. Bien qu'elle dénonce plus tard l'Église et, particulièrement, l'attitude de son cousin Samuel Dwight CHOWN durant la guerre, sa foi inébranlable dans le pacifisme provient de ses antécédents méthodistes.

En 1930, elle fonde la Women's League of Nations Association, qui offre des programmes innovateurs de sensibilisation à la paix tels que des sketchs dramatiques populaires qu'elle a rédigés. Sa vie durant, elle tente de changer les institutions et les coutumes qui, selon elle, répriment la bonté innée des personnes (particulièrement celle des femmes).

Diana Chown

Chown, Samuel Dwight, ministre du culte méthodiste (Kingston, Canada-Ouest, 11 avril 1853—Toronto, 30 janv. 1933). Ordonné en 1879, Chown exerce son ministère dans plusieurs églises, puis est nommé en 1902 au poste de secrétaire du nouveau Department of Temperance and Moral Reform, au sein duquel il lutte pour des réformes sociales et politiques. En 1910, il est élu surintendant général de l'Église méthodiste, dont il préside la fusion avec l'ÉGLISE UNIE DU CANADA en 1925. Ses expériences en tant qu'aumônier pendant la Première Guerre mondiale l'amènent à condamner la guerre et à appuyer activement la Société des Nations. Considéré comme l'homme d'Église le plus important au Canada, il continue de travailler pour la paix mondiale et le progrès social après avoir pris sa retraite en 1926. Le mont Chown, en Colombie-Britannique, est ainsi nommé en hommage à sa contribution au développement social du Canada.

Neil Semple

Chrétien, Joseph Jacques Jean, politicien (Shawinigan, Qc, 11 janvier 1934). Jean Chrétien fait ses études à l'U. Laval et pratique le droit de 1958 à 1963, année où il est élu à la Chambre des communes comme député libéral. Il fait partie du Cabinet du premier ministre PEARSON en tant que ministre d'État, puis à titre de ministre du Revenu. En 1968, il soutient la candidature de Mitchell SHARP à la direction du parti. Sous le mandat du premier ministre TRUDEAU, il assume les responsabilités de plusieurs ministères: Affaires indiennes, Conseil du Trésor, Industrie et Commerce, Finances (il est le premier Canadien français à en être responsable), Justice, Énergie, Mines et Ressources. Orateur expressif et convaincant, il a la faveur populaire aussi bien au Québec qu'à l'extérieur. En tant que ministre de la Justice, de 1980 à 1982, il rallie les forces fédéralistes à l'occasion du RÉFÉRENDUM DU QUÉBEC en mai 1980 et participe ensuite à l'élaboration et à la mise en œuvre de la stratégie du gouvernement fédéral pour le rapatriement de la CONSTITUTION et l'adoption d'une charte des droits et libertés.

S'exprimant dans une langue imagée et populaire, en français comme en anglais, il sait toucher son auditoire. Pendant la campagne pour la direction du Parti libéral en 1984, il démontre clairement ses dons d'orateur, sa faculté de s'identifier aux gens et ses qualités d'organisateur politique. Il termine néanmoins deuxième, derrière John TURNER. Chrétien conserve son siège après l'élection suivante, mais il s'impatiente dans l'Opposition. Lorsque le congrès confirme Turner à la direction du parti en 1986,

Chrétien démissionne de son poste à la Chambre des communes et renoue avec la pratique du droit.

En 1990, après une seconde défaite face aux conservateurs, John Turner quitte la direction du Parti libéral. Cette fois, Chrétien lui succède. Il revient à la Chambre des communes en 1990, comme député de la circonscription de Beauséjour (N.-B.).

Chrétien hérite d'un parti désorganisé et au bord de la faillite. Son soutien pour l'ACCORD DE CHARLOTTETOWN des conservateurs lui retire l'appui des nationalistes de sa province natale, mais son parti est suffisamment préparé pour l'élection d'octobre 1993. Chrétien mène une campagne quasi irréprochable en ciblant la question de la création d'emplois. Il publie aussi un livre sur son programme politique qui répond efficacement aux critiques selon lesquelles il engagerait des dépenses extravagantes, à l'instar des gouvernements libéraux précédents. Chrétien regagne ainsi son ancienne circonscription de Saint-Maurice et réussit à rafler 20 sièges au Québec, malgré l'assaut du Bloc québécois.

Partout ailleurs au Canada, les libéraux triomphent. Ils gagnent 178 sièges (en attendant le nouveau dépouillement) et sont nettement majoritaires. Après une brève transition à la suite de l'élection du 25 octobre, Chrétien devient le vingtième premier ministre du Canada. Avec la complète désintégration du Parti conservateur, passé de 154 à deux sièges, et l'effondrement du NPD, le Parti libéral de Chrétien devient le seul parti national à la Chambre des communes pour faire face aux groupes régionaux représentés par le Parti réformiste et le Bloc québécois. Son autobiographie *Dans la fosse aux lions* (1985; nouv. éd. augm. 1994) a connu un immense succès.

Le gouvernement Chrétien reçoit un lourd héritage; en même temps, il est favorisé par l'époque à laquelle il est au pouvoir. En 1993, le Canada connaît un régime d'imposition élevé, un forte dette nationale ainsi qu'un déficit annuel alarmant. En tant que priorités de son gouvernement, Chrétien fait le choix difficile de couper ou de limiter les programmes fédéraux, incluant les transferts aux provinces, et d'éliminer le déficit. Heureusement, les conditions économiques sont bonnes et des revenus sont enregistrés créant, en 1998, les premiers surplus budgétaires au Canada depuis 25 ans. Cette politique, et le ministre des finances Paul Martin responsable de la mise en œuvre du programme économique, remportera une forte approbation auprès de la population. Les libéraux maintiennent l'impopulaire taxe sur les produits et services que Chrétien avait déjà promis d'abolir.

Chrétien connaît moins de chance en ce qui a trait à l'éternelle question de la séparation du Québec. Lors du référendum d'octobre 1995, les forces fédéralistes remportent la victoire avec une très faible majorité et le rôle de Chrétien durant la campagne référendaire est sévèrement critiqué. Il est clair que la popularité du Premier ministre dans sa propre province, sans être inexistante, s'avère très limitée.

En politique étrangère, les libéraux mettent prioritairement l'accent sur la diplomatie économique et Chrétien conduit plusieurs missions hautement publicisées de «l'Équipe Canada» dans différents pays et régions. En termes de popularité médiatique, ces missions obtiennent un incontestable succès. Leurs effets à long terme sont peut-être moins bien définis. Dans le domaine des relations canado-américaines, Chrétien entretient des relations cordiales mais sans éclats avec le président américain Bill Clinton.

En 1997, Chrétien déclenche des élections fédérales prévues pour le 2 juin. Les partis d'opposition sont alors fragmentés et peu impressionnants, et ont des revendications d'intérêt plutôt régional. Chrétien remporte l'élection avec une modeste mais suffisante majorité de 155 sièges sur 301. Durant son second mandat, le gouvernement Chrétien continue de connaître une certaine prospérité, en dépit de troubles économiques en Asie et de l'apathie de

l'économie européenne. Sa politique étrangère change de cap avec son nouveau ministre Lloyd AXWORTHY et s'oriente vers les questions de droits de la personne, ce qui entraîne, comme conséquence logique, la participation du Canada avec l'OTAN à la guerre du Kosovo en 1999.

Robert Bothwell

Chrétien, Michel, médecin, chercheur et professeur (Shawinigan, Qc, 26 mars 1936), frère de Jean CHRÉTIEN. Après des études à Montréal, Boston et Berkeley, il se consacre à la recherche et ses travaux en neuroendocrinologie lui valent une renommée internationale. En 1967, il est le premier à suggérer que la synthèse des hormones hypophysaires s'effectue à partir de précurseurs plus importants. Par la suite, il concentre ses efforts à prouver le bien-fondé de cette hypothèse. Ses travaux lui valent plusieurs distinctions, dont un doctorat honorifique de l'U. de Liège (Belgique). La carrière de Chrétien se déroule à l'Institut de recherches cliniques de Montréal, dont il est directeur scientifique depuis 1984. Membre de nombreuses sociétés scientifiques, il est un ardent défenseur de l'intensification de la recherche fondamentale en médecine au Canada. Depuis 1998, il dirige l'Institut Loeb.

Philippe Crine

Chrétien, Raymond A.J., fonctionnaire et diplomate (Shawinigan, Qc, 20 mai 1942). Après avoir obtenu son diplôme en droit de l'U. Laval et été admis au Barreau du Québec en 1966, Chrétien entre à la Division des affaires juridiques du ministère des Affaires extérieures. Il effectue plusieurs missions pour le ministère aux Nations Unies, à Beyrouth et à Paris avant d'être nommé ambassadeur au Zaïre en 1978, poste qu'il occupe jusqu'en 1981. Il revient à Ottawa et devient inspecteur général aux Affaires extérieures en 1983. En 1985, il est nommé ambassadeur au Mexique. En 1988, il revient à Ottawa comme sous-secrétaire d'État associé aux Affaires extérieures. En 1991, il est nommé ambassadeur en Belgique et au Luxembourg. En 1993, il est nommé ambassadeur aux États-Unis par son oncle, le premier ministre Jean CHRÉTIEN. En juin 2000, le gouvernement annonce sa mutation comme ambassadeur en France.

Chrétiens, assemblées de Elles constituent une discrète association universelle de chrétiens qui observent l'orthodoxie primitive amenée des îles Britanniques au Canada vers 1904. Dans certaines régions, on les appelle les «deux par deux». Le nom de Cooneyites (groupe irlandais dissident fondé en 1928) leur est attribué à tort. Ils échappent aux typologies religieuses courantes.

L'association compte environ 230 ministres à temps complet au Canada, lesquels s'engagent tous à vivre dans la pauvreté apostolique et le célibat pour se consacrer au travail pastoral et à l'évangélisation générale. Environ 50 Canadiens sont missionnaires à l'étranger, notamment en Orient et en Amérique du Sud. La communauté ne possède pas de biens, ne soutient ni temples ni sanctuaires ni séminaires, ne publie ni documentation ni confession de foi et ne fait ni campagne ni publicité sensationnelle. Le culte, célébré dans des maisons consacrées, privilégie la pratique hebdomadaire de l'eucharistie, que président les anciens (presbytres) nommés par le ministère apostolique.

Tous les membres participent aux prières et au ministère de la Parole. En plus de l'étude privée de la Bible et des missions publiques, le groupe tient de grandes assemblées spéciales et 30 rassemblements régionaux annuels. Les recueils d'hymnes, en anglais et en français, contiennent un certain nombre d'hymnes traditionnels. Le baptême se fait par immersion. Le type d'organisation est surtout épiscopal. L'observation de «la doctrine et de la fraternité des apôtres» est maintenue à l'échelle mondiale, et ce, dans le respect des différences culturelles.

Cornelius J. Jaenen

Christ Church, cathédrale Érigée à Fredericton entre 1845 et 1853 d'après les plans néogothiques des architectes Frank Wills et William Butterfield, et en collaboration avec John Medley, premier évêque anglican de Fredericton. En forme de croix, doté d'un clocher central, d'un porche à trois côtés et d'un immense vitrail du côté ouest, cet édifice canadien est le premier à suivre de près l'idéal de la Société ecclésiologique, mouvement réformiste de l'Église anglicane, qui souhaite un retour à l'architecture du Moyen Âge. L'originalité de la cathédrale est due à sa nef et à ses bas-côtés menant au chœur. Chaque partie, dotée d'un toit distinct, est identifiable de l'extérieur.

Nathalie Clerk

Christadelphians Fondé en 1844 par John Thomas à Richmond (Virginie, États-Unis), le mouvement protestant des christadelphians est issu de celui de A. Campbell (qui est associé à l'ÉGLISE CHRÉTIENNE [DISCIPLES DU CHRIST] à l'origine), mais ses adeptes ne croient ni à la Trinité, ni à l'immortalité de l'âme, ni à un démon personnel. L'organisation est de type congrégationaliste, mais le mouvement compte diverses fraternités qui ont entre elles certaines divergences doctrinales. Certains soutiennent que tous ceux qui ont la vraie connaissance des desseins de Dieu ressusciteront, soit pour la vie éternelle, soit pour la condamnation (ou l'anéantissement). Selon d'autres, seuls ceux qui seront justifiés à l'heure de leur mort ressusciteront. Les christadelphians ont de petites *ecclèsias* (assemblées) un peu partout au Canada. Ils se concentrent sur l'étude de la Bible et célèbrent régulièrement la communion le dimanche. D'après le dernier recensement fédéral, on compte 3375 christadelphians au Canada en 1991.

M. James Penton

Christianisme Le christianisme est une des grandes religions du monde et est pratiqué par environ 80 p. 100 des Canadiens. Ses fidèles croient que la vie, la mort et la résurrection de Jésus au Ier siècle, comme l'expliquent la Bible et la tradition chrétienne, leur sont essentielles pour se comprendre eux-mêmes et pour savoir comment ils doivent vivre. En tant que Messie ou Christ (du grec *christos*, «oint» ou «choisi par Dieu»), Jésus devait ramener la création de Dieu à l'état auquel celui-ci l'avait souhaité et, plus particulièrement, rétablir l'ordre parmi le peuple juif élu par Dieu pour ainsi le sauver de l'égarement funeste auquel le vouait une attitude de péché.

Parmi les premiers disciples de Jésus se trouvent quelques pêcheurs, une femme riche, un percepteur d'impôts et un étudiant rabbin, groupe hétéroclite de fervents qui scandalisent leurs compatriotes juifs et laissent perplexes leurs voisins grecs. Jésus, affirment ces disciples, a accompli sa mission rédemptrice en se laissant condamner à mort comme un criminel politique puis en ressuscitant d'entre les morts, démontrant ainsi sa nature à la fois divine et humaine. Ils invitent chacun, et non seulement les Juifs, à se joindre à eux pour devenir membres de l'Église (du grec *ekklèsia*, «assemblée»).

Influence temporelle et spirituelle Peu à peu, le christianisme se mêle à l'histoire de nombreuses nations, surtout européennes, et vit sa propre histoire marquée par les fluctuations de son influence sur les mondes temporel et spirituel ainsi que par de graves schismes internes. Aujourd'hui, le christianisme se divise en plusieurs confessions, toutes bien représentées au Canada: le CATHOLICISME (12,3 millions de fidèles selon le rec. de 1991), la tradition ORTHODOXE orientale (387 000 fidèles) et le protestantisme (9,8 millions de fidèles). Toutes suivent un calendrier semblable pour leur année liturgique, et Noël et Pâques sont les principales fêtes qu'ils célèbrent.

La plupart des confessions célèbrent des sacrements (actes religieux considérés comme les signes sensibles de la grâce spirituelle); la majorité des protestants ne reconnaissent comme sacrements que le baptême et l'eucharistie (communion), tandis que les Églises catholique et orthodoxe y ajoutent la confir-

mation (ou consécration), la pénitence, l'extrême-onction, les ordres (le sacerdoce) et le mariage.

La RELIGION répond aux questions fondamentales mais demande aussi l'engagement de tout l'être. Quels chrétiens canadiens sont véritablement religieux? Certes, nombre d'entre eux le sont avec sincérité mais, si les opinions religieuses sont certainement très diverses dans le Canada moderne, le pluralisme n'est pas une valeur généralement pratiquée, même au sein de la communauté chrétienne.

Tous les chrétiens se réfèrent à la Bible, mais l'Évangile inspire leur vie de manières diverses. Les chrétiens du Canada sont loin de reconnaître unanimement la valeur et la rectitude de tous ces modes de vie. Tous ne s'engagent pas non plus avec la même ardeur.

Jusqu'au milieu du XXe siècle, le discours officiel et les lois fondamentales tiennent pour acquis que le Canada est un pays chrétien mais, sur la scène publique, on s'écarte nettement du langage chrétien depuis les années 50: le Canada se définit maintenant plus généralement comme un pays qui reconnaît «la suprématie de Dieu», selon les termes de la CONSTITUTION. Les bouddhistes et d'autres groupes non théistes s'irritent même de cette déclaration modérée. Ce vague théisme pourrait toutefois disparaître complètement d'ici la fin du XXe siècle.

Histoire du christianisme au Canada

En 1642, des catholiques français inspirés par le grand renouveau religieux de leur pays au XVIIe siècle fondent la mission nommée Ville-Marie (aujourd'hui Montréal) en l'honneur de la mère de Jésus. L'île où se trouve la mission est appelée Montréal, en hommage au lieu d'origine (situé en Italie) d'un cardinal qui contribue au financement des explorations de Cartier en 1535. On affirmera plus tard que le nom est dérivé de «Mont Réal», montagne du roi, en l'honneur du roi de France.

Même si on ne doit pas idéaliser ces débuts, il est certain que les valeurs religieuses comptent parmi les motivations de bon nombre des premiers colons de la NOUVELLE FRANCE. MARIE DE L'INCARNATION, religieuse URSULINE qui renforce la ville de Québec sur le plan civil et spirituel (1639-1672), se considère davantage la fondatrice d'une «Nouvelle Église» que d'une «Nouvelle France». Plus tard au XVIIe siècle, dans les faits, la colonie passe aux mains du roi, officiellement appelé «Sa Majesté très chrétienne», mais son gouvernement adopte une attitude plus laïque au quotidien.

Au XVIIIe siècle, les gouvernements français et anglais s'inspirent tout naturellement de la tradition européenne selon laquelle la stabilité politique repose en partie sur l'allégeance du peuple à une Église soigneusement établie comme organe du gouvernement royal. Bien avant que le pape ne porte ce titre, les monarques européens sont surnommés les «vicaires du Christ», et maints administrateurs de la colonie estiment que leur fonction a un caractère religieux. Par contre, il s'avère difficile d'instituer au Canada une «Église établie».

D'abord, les Églises établies elles-mêmes, l'Église catholique puis l'Église anglicane (*voir* ANGLICANISME), n'ont pas les ressources financières et humaines nécessaires pour réaliser l'unité d'une société faite de pionniers éparpillés. Ensuite, le programme des évêques catholiques et anglicans diffère souvent de celui des politiciens. De plus, le peuple cherche souvent des chefs religieux, tel Henry ALLINE, initiateur d'un mouvement de réveil mystique, qui refuse de se mêler de politique. Enfin, le peuple tire de son expérience personnelle des réponses et des convictions religieuses sans lien direct avec les pratiques préconisées par les chefs des Églises: citons la «messe blanche» des Acadiens, célébrée sans prêtre, les curieux rites païens de guérison des colons des Highlands écossais, les pratiques familiales de dévotion et les contes surnaturels des paysans canadiens-français.

Finalement, le regroupement du Canada sous la Couronne britannique, en vertu du traité de Paris (1763), crée une entité politique comprenant des confessions chrétiennes fort diverses. À la population catholique déjà établie du Bas-Canada (aujourd'hui le Québec) s'ajoutent des immigrants anglophones de toutes sortes: divers dissidents protestants venus d'Angleterre, d'Europe du Nord et des États-Unis; catholiques et protestants d'Irlande; catholiques et PRESBYTÉRIENS d'Écosse. Souvent, des ecclésiastiques formés dans le pays d'origine accompagnent ces immigrants et, tout comme les prêtres du Bas-Canada, luttent pour garder leurs ouailles et maintenir chez elles la fidélité à leurs traditions propres.

Au début du XIXe siècle, dans le Bas-Canada, dans les Maritimes et dans le Haut-Canada (aujourd'hui l'Ontario), des mouvements indépendants de réveil religieux renforcent grandement l'influence des Églises qui s'opposent aux faibles efforts des pouvoirs anglicans en place pour s'assurer au Canada d'une hégémonie comme celle qu'ils ont en Grande-Bretagne.

Au milieu du XIXe siècle, un «christianisme public» prend forme. Les universités, chacune fondée par une Église distincte afin de former un clergé local, sont financées publiquement et commencent à admettre des étudiants de toutes origines religieuses tout en conservant leurs propres tendances confessionnelles. Dès lors, on voit s'établir des réseaux d'écoles publiques qui s'engagent officiellement à former des «citoyens chrétiens»; hors du Québec, ces réseaux sont en fait protestants, et les catholiques anglophones doivent lutter presque sans aide gouvernementale pour soutenir leurs écoles privées (*voir* ÉCOLES SÉPARÉES).

À partir de ce moment, apparaissent des discours officiels s'inspirant souvent de la Bible (le Canada, p. ex., est appelé «Dominion», terme emprunté au psaume 72:8) et les lois sur la moralité individuelle sont conformes aux normes chrétiennes reconnues. Le calendrier civil prévoit l'observance des fêtes chrétiennes, Noël et Pâques surtout, et la tradition du repos du dimanche est respectée.

Au Québec, la majorité catholique et la minorité protestante trouvent peu à peu un modus vivendi commun, peut-être parce que le poids démographique des catholiques est atténué par la puissance économique des protestants. Ailleurs, les grandes confessions protestantes (anglicans, MÉTHODISTES, presbytériens, BAPTISTES et CONGRÉGATIONALISTES) arrivent à s'entendre entre elles, mais elles ont d'âpres querelles avec la minorité catholique.

Le rêve de Georges Étienne CARTIER, qui imaginait un Canada où s'étend d'un océan à l'autre des provinces dont le rapport entre catholiques et protestants est équilibré, sur le modèle du Haut et du Bas-Canada, sombre en raison de la migration vers l'Ouest des protestants ontariens et des tristes résultats des rébellions de RIEL. La société canadienne-française adopte un nationalisme défensif (*voir* NATIONALISME CANADIEN-FRANÇAIS) qui se replie sur lui-même pour consolider une patrie catholique en laissant le reste du Canada à ses idées plutôt protestantes.

Au milieu du XIXe siècle, les dirigeants catholiques et protestants commencent à comprendre qu'ils sont aux prises avec un ennemi commun: les grandes villes attirent de plus en plus de Canadiens. L'organisation paroissiale et communautaire des petites villes a du mal à s'enraciner dans les villes modernes anonymes et aux mœurs cosmopolites, où domicile et lieu de travail sont éloignés, où les tâches se spécialisent et où l'économie est complexe.

Pour contrer cette évolution, toutes les Églises commencent à mettre l'accent sur l'importance de se doter d'un clergé professionnel possédant une formation solide et mettent sur pied des programmes spéciaux pour les enfants: au Québec, le clergé remplace graduellement les enseignants laïcs dans les écoles; le mouvement des ÉCOLES DU DIMANCHE s'implante dans le reste du pays. L'assemblée locale (ou paroisse) demeure l'unité d'organisation fondamentale, mais les journaux religieux et les organisations laïques formées pour divers groupes professionnels ou pour divers groupes d'âge franchissent les limites paroissiales.

Ainsi, le YMCA, p. ex., dépasse les limites traditionnelles des Églises protestantes; de même, la SOCIÉTÉ SAINT-JEAN-BAPTISTE, celles des diocèses catholiques. Les églises deviennent des édifices imposants, permanents et coûteux, surtout financés par les fidèles aisés. La classe ouvrière canadienne finit par être considérée comme l'objet de l'activité missionnaire, laquelle est parfois dirigée par des missions établies dans les centres-villes.

Au début du XXᵉ siècle, les valeurs chrétiennes traditionnelles étant menacées par l'urbanisation, les dirigeants protestants et catholiques s'allient pour appuyer la *Loi du dimanche* adoptée en 1906 et promulguée en 1907 (*voir* ALLIANCE DU JOUR DU SEIGNEUR). En milieu rural, l'usage consacre l'observation du dimanche en tant que «jour du Seigneur», mais, dans les villes, on doit recourir à une loi pour la faire respecter.

Nombre des plus profondes modifications apportées à la loi pour permettre plus de loisirs et de travail le dimanche sont apportées pendant les deux guerres mondiales; on les justifie en disant qu'elles sont nécessaires à la réussite de l'effort de guerre visant à «défendre la civilisation chrétienne». Parfois, la lutte contre les effets de l'urbanisation se fait encore plus défensive.

P. ex., l'Église catholique incite ses fidèles à se tenir à l'écart des villes protestantes et de la Nouvelle-Angleterre, où le protestantisme est très répandu, pour coloniser les régions reculées du Nord du Québec et les transformer en une civilisation rurale et catholique. Ce «mouvement de colonisation» obtient plus de succès dans des romans comme *Jean Rivard* et *Maria Chapdelaine* que dans la réalité.

Toutefois, ces réactions de défense ont souvent des résultats positifs et inespérés, tels les efforts des nombreuses organisations chrétiennes de tempérance, catholiques ou protestantes, qui réussissent à imposer la PROHIBITION dans tout le pays lors de la Première Guerre mondiale. Après la guerre, la loi s'affaiblit, mais, entre-temps, les protestantes de la WOMEN'S CHRISTIAN TEMPERANCE UNION constituent le noyau d'un mouvement qui finit par procurer aux femmes le droit de vote en 1918 (*voir* FEMME, DROIT DE VOTE DE LA).

Il arrive souvent que des protestants commencent par militer pour le MOUVEMENT POUR LA TEMPÉRANCE puis s'intéressent ensuite à des questions d'ordre plus général et adhèrent finalement au MOUVEMENT SOCIAL GOSPEL, une pépinière de militants sociaux protestants dont certains continuent d'adhérer fermement aux structures des Églises (comme Nellie MCCLUNG et le romancier C.W. GORDON), tandis que d'autres, comme J.S. WOODSWORTH et T.C. DOUGLAS, se sentent moins limités par l'orientation gauchiste de la CO-OPERATIVE COMMONWEALTH FEDERATION (CCF).

Plus que leurs homologues protestants, les militants des mouvements sociaux catholiques sont plus portés à adhérer à des structures affiliées à l'Église comme les organisations de l'ACTION CATHOLIQUE et le MOUVEMENT ANTIGONISH.

Au milieu du XXᵉ siècle, le clergé québécois est si abondant que près de la moitié des prêtres catholiques œuvrent à plein temps à l'extérieur de la paroisse traditionnelle: enseignement, aide aux syndicats ouvriers catholiques (*voir* CONFÉDÉRATION DES SYNDICATS NATIONAUX), gestion des services sociaux, etc. Les laïcs catholiques, malgré leur grand respect pour le clergé, n'en sont pas

les pantins, comme le croient beaucoup de protestants.

Le succès des plaisanteries et chansons anticléricales de même que l'apparition très spontanée de dévotions populaires, comme le PÈLERINAGE au sanctuaire du frère André, montrent l'indépendance des catholiques vis-à-vis de leur hiérarchie. Une élite laïque constituée dans les cercles politiques et journalistiques compte dans ses rangs Henri BOURASSA, Maurice DUPLESSIS et André LAURENDEAU, catholiques qui ne méritent guère le sobriquet de «marionnettes du clergé».

Les communautés chrétiennes du début du XXᵉ siècle subissent de nombreuses tensions. Chez les protestants anglophones, des différends sur la valeur historique de la Bible et la participation de l'Église à l'action sociale créent de nouvelles divisions confessionnelles (c'est le cas des schismes baptistes des années 20 et des scissions étudiantes qui aboutissent vers 1930 au Mouvement étudiant chrétien et au Inter-Varsity Christian Fellowship) et incitent parfois les gens à adopter des solutions qui étouffent les conflits sans les résoudre. Chez les catholiques, l'unanimité n'est ébranlée qu'à de rares et brèves, mais spectaculaires occasions, comme lors de la mise au ban de Jean-Charles HARVEY).

Chez les protestants, les tensions sont masquées par une série de mouvements d'unification qui débutent au milieu du XIXᵉ siècle et culminent en 1925 avec la fondation de l'ÉGLISE UNIE DU CANADA. L'appel de Jésus à l'unité (p. ex., Jean 17:21), les avantages pratiques obtenus en regroupant les ressources peu abondantes d'un vaste pays et la tradition canadienne voulant que les Églises jouent un rôle public, ont fait de cette tendance à l'unification un trait caractéristique de l'histoire de l'Église canadienne.

Il est remarquable que, bien que la population canadienne soit composée d'immigrants issus d'une grande diversité de pays d'origine et de racines culturelles, presque les deux tiers de ses habitants disent appartenir à trois Églises seulement: l'Église catholique, l'Église unie et l'Église anglicane. Pourtant, l'arrivée de nombreuses communautés culturelles et d'idées venues d'ailleurs favorise la diversité. Les Ukrainiens, Roumains et autres ethnies apportent diverses traditions orthodoxes; les immigrants MENNONITES et d'autres groupes de tradition ANABAPTISTE, ainsi que les LUTHÉRIENS, viennent surtout d'Europe; les MORMONS viennent des États-Unis.

Les TÉMOINS DE JÉHOVAH et les ADVENTISTES DU SEPTIÈME JOUR sont solidement établis, et les ÉGLISES DE L'ILLUMINATION, telles que l'ARMÉE DU SALUT, ont une longue tradition dans notre pays. Les mouvements transconfessionnels sont également actifs: au début du XXᵉ siècle, les MOUVEMENTS PENTECÔTISTES franchissent les barrières des confessions protestantes et, plus récemment, le RENOUVEAU CHARISMATIQUE attire à la fois catholiques et protestants. L'ÉGLISE DU CHRIST (DISCIPLES DU CHRIST), tout en étant considérée comme une confession, vise l'unité de tous les chrétiens au-delà des confessions.

À la suite de la Seconde Guerre mondiale, les dirigeants religieux sont convaincus de la force des Églises: de nombreux fidèles assistent aux offices hebdomadaires et on consacre maintenant à l'édification de la paix les ressources auparavant affectées à la guerre. Toutefois, dans les années 60, la fréquentation des églises et les vocations cléricales connaissent une forte diminution partout, mais surtout au Québec.

Dans les années 70, on constate que les églises ÉVANGÉLIQUES ET FONDAMENTALISTES, groupes conservateurs ne constituant qu'une faible partie de la population, attirent autant de fidèles le dimanche que toutes les grandes Églises protestantes réunies. Ce fait s'explique peut-être par la nature de la société moderne où, en général, la vie religieuse

est affaire personnelle, tandis que la vie publique est laïcisée.

La sécularisation Séculariser consiste à considérer les choses comme appartenant au monde et non à Dieu, et de juger de leur valeur d'après leur utilité pour l'activité humaine. P. ex., la *Loi sur le dimanche* est jugée valable parce qu'elle assure aux travailleurs un repos hebdomadaire qui augmente leur productivité et non parce qu'elle rend gloire à Dieu; de même, l'instruction religieuse est utile parce qu'elle forme des citoyens respectables et non parce qu'elle fait croître chez la personne l'amour de Dieu.

En défendant le christianisme public, les chrétiens adoptent souvent des valeurs purement laïques. La presque totalité des auteurs canadiens contemporains qui traitent du sentiment de la grandeur et de l'étonnement qui ont inspiré la vie humaine méprise les Églises modernes: c'est peut-être un indice du fait que peu de Canadiens s'attendent à faire l'expérience du «sacré» au sein des Églises.

Les gens en sont venus à ne se considérer vrais et authentiques que dans la vie privée. Dans les autres situations, ils adoptent les attitudes imposées par le milieu; la même personne peut se comporter tout à fait différemment à l'école, au travail, à un rassemblement politique ou au centre sportif. Ce n'est que dans l'intimité du foyer que l'individu croit que transparaît sa véritable personnalité; la vie religieuse moderne est ainsi confinée à ce secteur de la vie.

Cette limitation de la religion à la vie privée aide à comprendre pourquoi, dans la vie publique canadienne, la religion s'est progressivement laïcisée ou a simplement disparu, pourquoi la fréquentation de l'église semble être perçue comme de moins en moins importante et pourquoi les pratiques religieuses privées comme l'écoute des émissions télévisées des évangélistes et la lecture de revues et de livres religieux sont plus populaires que jamais dans la vie canadienne.

Les quelques questions d'intérêt public jugées comme intéressant nettement la religion sont celles qui touchent de près à la vie privée du foyer et de la famille: l'AVORTEMENT, la consommation d'alcool, l'OBSCÉNITÉ, le MARIAGE ET LE DIVORCE, l'éducation sexuelle, etc. Les citoyens qui déclarent être «chrétiens» au recensement désirent en général un mariage et des funérailles à l'église, mais sentent rarement la nécessité de participer activement à la vie de l'institution et à ses traditions de prise de responsabilités publiques.

Aspects changeants Pourtant, bien que ses aspects changent constamment, le christianisme demeure. La Bible demeure le système de référence de tous les chrétiens même si les divergences d'interprétation sont fréquentes et profondes. Le christianisme international continue d'influencer la vie canadienne: quand les chefs du Conseil œcuménique des églises et le pape visitent le Canada, la population suit leurs faits et gestes par l'intermédiaire de médias laïcs; la plupart des émissions religieuses canadiennes proviennent des États-Unis; et les futurs membres du clergé vont souvent étudier la théologie à l'étranger.

En même temps, des érudits canadiens comme Northrop FRYE, Bernard LONERGAN et Wilfred Cantwell Smith sont des habitués des milieux chrétiens du monde entier.

La paroisse ou l'assemblée locale demeure l'unité fondamentale de l'organisation chrétienne du Canada actuel, mais les divergences de vues sont souvent aussi marquées au sein des assemblées que d'une confession à l'autre.

Les chrétiens plus libéraux, souvent soutenus par le travail des dirigeants de leur confession respective et surtout par ceux qui travaillent dans les bureaux centraux, ont tendance à considérer les chrétiens conservateurs comme trop individualistes, tandis que ces derniers tendent à considérer les chrétiens libéraux comme trop laïcisés. Au centre, se trouve la vaste et stabilisante majorité des fidèles, même si celle-ci participe moins activement à la vie des institutions religieuses.

Les Églises du Canada collaborent par l'entremise de plusieurs coalitions pancanadiennes vouées à l'ACTION SOCIALE ŒCUMÉNIQUE, mais les membres des assemblées locales se sentent souvent étrangers à ces groupements aux positions assez progressistes. En outre, des réunions publiques de prière rassemblent souvent les chrétiens lors de croisades prêchées dans les villes par des ÉVANGÉLISTES itinérants ou lors de cérémonies dirigées par le clergé local à des occasions spéciales comme le Vendredi saint ou le jour du Souvenir.

Au cours de ces assemblées interconfessionnelles, on célèbre rarement l'eucharistie (communion ou Cène, rituel de la fraction du pain et du vin en souvenir de la crucifixion de Jésus), car les usages respectifs à chaque confession à l'égard de ce rite central et presque universel sont liés de très près à l'identité confessionnelle. Toutefois, de nos jours, les chrétiens canadiens reçoivent beaucoup plus volontiers que leurs ancêtres l'eucharistie d'une autre confession lorsque les liens de l'amitié ou du mariage les amènent dans une assemblée de cette confession, et bien peu d'ecclésiastiques s'avisent de la leur refuser.

Bien plus, ces chrétiens sont beaucoup plus portés à voir d'un œil favorable les doctrines et pratiques auxquelles adhèrent d'autres Canadiens, telles que le JUDAÏSME, l'ISLAM, l'HINDOUISME, le BOUDDHISME, le SIKHISME ou la BAHA'ISME et peut-être même des NOUVEAUX MOUVEMENTS RELIGIEUX.

Caractère privé de la vie religieuse Dans la mesure où ils ont accepté la laïcisation de la vie publique et le caractère toujours plus privé de la vie religieuse, les chrétiens du Canada ont trouvé un arrangement viable à la nature particulière de la société moderne. Pourtant, cette attitude est inconciliable avec une tradition qui demande «Que ton règne vienne» dans sa prière préférée et qui trouve évident que ce royaume ne soit pas seulement privé. Elle est également inconciliable avec la nature même de toute religion, celle-ci aspirant à tout réunir en un système orienté vers un sens ultime en plus d'exiger que tout soit sacré et non seulement utile.

Par conséquent, il semble probable que le christianisme demeurera en tant qu'élément utile limité à la vie privée de nombreux Canadiens, mais qu'il sera parfois appelé à s'ouvrir au sens du sacré et à participer aux affaires publiques. (*Voir* aussi ÉCOLES BIBLIQUES; CONSEIL CANADIEN DES ÉGLISES; EVANGELICAL FELLOWSHIP OF CANADA; COMMUNAUTÉS RELIGIEUSES CHRÉTIENNES; SOCIÉTÉ BIBLIQUE CANADIENNE; CALVINISME; MILLÉNARISME; PACIFISME.)

Tom Faulkner

Christie, Loring Cheney, avocat et diplomate (Amherst, N.-É., 21 janv. 1885—New York, 8 avril 1941). Diplômé de l'U. Acadia et d'Harvard, Christie pratique le droit à New York, puis travaille au Department of Justice des États-Unis comme solliciteur général intérimaire. En 1913, il devient le premier conseiller juridique du ministère canadien des Affaires extérieures et est conseiller en politique étrangère des premiers ministres Borden et Meighen. Il participe à l'élaboration de la résolution IX de la Conférence impériale de guerre de 1917, qui fonde un rapport d'égalité entre le Royaume-Uni et les dominions, et il représente le Canada à la Conférence de paix de 1919. N'ayant pas la confiance du premier ministre Mackenzie King, Christie quitte le gouvernement en 1923 et se joint à une institution financière de Londres. À son retour au Canada, il travaille à Hydro Ontario et à la Beauharnois Light, Heat and Power Company, puis il entre aux Affaires extérieures en 1935. Isolationniste durant les années 30, Christie résiste aux efforts visant à entraîner le Canada dans une guerre européenne. En 1939, il devient ministre plénipotentiaire du Canada aux États-Unis.

Robert Bothwell

Christie, William Mellis, fabricant de biscuits (Huntley, Aberdeenshire, Écosse, 5 janv. 1829—Toronto, 14 juin 1900). Christie fait son apprentissage de boulanger-pâtissier en Écosse puis immigre au Canada à l'âge de 19 ans. En 1848, il débute comme aide boulanger-pâtissier à Toronto et, en 1853, devient copropriétaire d'une boulangerie-pâtisserie de la ville. Il acquiert une certaine renommée avec ses biscuits après avoir gagné un prix local en 1858. En 1868, il s'associe avec Alexander Brown dans la production mécanisée des biscuits qu'ils expédient dans tout le pays. Christie, Brown and Co. croît rapidement et, en 1879, Christie rachète les parts de son associé tout en conservant le nom de la société. En 1899, celle-ci se constitue en société par actions, dont Christie détient toutes les actions d'une valeur de 500 000 $. En plus de consacrer beaucoup de temps à son usine de Toronto, il est un voyageur invétéré: il visite une grande partie de l'Europe, de la Grande-Bretagne et de l'Amérique du Nord au cours des dernières années de sa vie. Il meurt dans son manoir de Toronto après une courte bataille contre le cancer. Dans les années 20, la famille vend l'entreprise à une société américaine qui continue à vendre les biscuits sous le nom de Christie.

Dean Beeby

Chrome (Cr), métal dur, cassant et blanc argenté (point de fusion 1875 °C) très connu pour son utilisation comme garniture décorative sur les appareils électroménagers et les automobiles. Toutefois, il sert surtout à fabriquer de l'ACIER inoxydable, qui contient en moyenne 20 p. 100 de chrome. Dans sa forme minérale habituelle (chromite), le chrome a des propriétés thermorésistantes qui trouvent des applications dans divers types de fourneaux. Le chrome forme aisément différents composés chimiques qui ont une vaste gamme d'applications, comme les pigments et les agents tannants. La chromite, le seul minerai de chrome d'importance économique, n'est plus produite au Canada depuis 1949, époque où de petits dépôts à forte teneur étaient exploités dans les Cantons de l'Est, au Québec. Toutefois, une nouvelle évaluation de ces gisements est en cours et pourrait amener la reprise des activités en 1996. De grands dépôts de chromite à faible teneur situés dans le centre du Canada pourraient aussi être exploités dans l'avenir. Actuellement, la majorité de la production mondiale de chromite provient de l'Afrique du Sud, du Kazakhstan, de la Turquie et de l'Inde.

Don Law-West Et Louis Perron

Chroniques et critiques artistiques La critique d'art et les écrits sur l'art remontent en grande partie aux années 50. Il faut distinguer la critique, qui porte un jugement qualitatif sur les œuvres, et la philosophie de l'art, qui cherche à interpréter les œuvres en tentant de découvrir la nature, la signification et la symbolique de l'art en général. Cependant, il y a réciprocité entre critique d'art et philosophie de l'art: toute évaluation de la qualité comprend toujours une interprétation explicite ou implicite de la signification de l'œuvre, tandis que chaque interprétation implique qu'un jugement qualitatif a été formulé antérieurement.

La critique d'art peut s'arrêter à plusieurs aspects des arts visuels tels qu'un jugement sur la qualité des collections publiques ou privées, sur l'architecture, les arts décoratifs, l'aide accordée aux artistes, le marché de l'art, la conservation et l'organisation d'expositions. Une bonne partie de la critique d'art au Canada privilégie surtout l'aspect documentaire. L'augmentation importante du nombre d'artistes, de musées, de galeries commerciales et de mécènes depuis la Seconde Guerre mondiale témoigne d'un développement du jugement artistique. La critique écrite augmente au même rythme.

Les premières chroniques et critiques artistiques sont d'abord publiées sous forme de courts articles dans des journaux quotidiens et des hebdomadaires ou dans des revues d'intérêt général. *L'Abeille canadienne*, périodique bimensuel montréalais publié brièvement en 1818-1819, le *Halifax Monthly Magazine* de 1830 et l'*Upper Canadian Literary Magazine* de 1833 comptent parmi les premiers. Plus tard, *La Revue canadienne, The Week, Foyer domestique* et le *Canadian Home Journal* consacrent régulièrement des rubriques à l'art. En général, celles-ci traitent des expositions en cours, abordant les œuvres d'art dans une langue d'une élégance recherchée, plus soucieuse des idéaux victoriens que des qualités picturales. Vers la fin du XIX᷎ siècle, on commence à publier des études plus élaborées, comme le chapitre de Sherwood dans *Canada: An Encyclopaedia of the Country*, de Hopkins. C'est seulement dans les années 20 cependant qu'on publie des livres consacrés exclusivement à l'art, dont ceux de Georges Bellerive et de Newton MacTavish. Malgré cet intérêt, ni les auteurs ni les critiques ne peuvent vivre uniquement de leurs écrits sur l'art.

Au début du XX᷎ siècle, ce facteur économique continue de déterminer le type d'auteurs qui publient. Parmi eux, on compte de nombreux artistes, quelques conservateurs de musées et un petit nombre de critiques professionnels. Des praticiens comme Arthur LISMER, Lawren S. HARRIS, C.W. JEFFERYS et John LYMAN rédigent des articles importants. Eric Brown, directeur de ce qu'on appelait alors la Galerie nationale du Canada (aujourd'hui le Musée des beaux-arts du Canada), ajoute l'écriture à ses nombreuses fonctions. Ce sera aussi le cas de Donald W. Buchanan, un des rédacteurs en chef de *Canadian Art*, qui travaillera plus tard à la Galerie nationale. Robert Ayre perpétue la tradition de l'auteur occasionnel; tout en travaillant au service des relations publiques du Canadien National, il écrit pour le *Montreal Standard* et ensuite pour le *Montreal Star*. Il y a bien eu quelques critiques d'art professionnels. Hector Charlesworth, qui compte parmi les premiers critiques éminents, écrit sur de nombreux sujets, y compris les arts. Après la Première Guerre mondiale, Jean Chauvin écrit des textes pénétrants dans la presse d'expression française, tout comme Pearl McCarthy dans les années 50 et au début des années 60, dans le *Globe and Mail* de Toronto. Des journalistes comme Newton MacTavish et F.B. Housser écrivent quelques-uns des premiers livres sur la peinture canadienne. On n'accorde guère d'importance à la critique objective, rationnelle, à l'exception notable de Ayre et de McCarthy, qui rédigent régulièrement des chroniques.

L'expansion des musées (*voir* PEINTURE) entraîne des changements, les premiers étant évidents dans les années 50. Ces institutions voient alors une augmentation importante de leur nombre, de leur personnel et de leur programmation. On s'intéresse de plus en plus aux fresques historiques, particulièrement sous forme de livres, grâce à l'influence de conservateurs passionnés de recherche comme R.H. Hubbard, Gérard Morisset et J. Russell HARPER. Leurs ouvrages sur l'histoire de l'art canadien se caractérisent par un large recours aux documents d'origine. Ils révolutionnent le domaine et en font un objet d'étude sérieux. En moins de 10 ans, d'autres enquêtes et études spécialisées paraissent, comme *Looking at Architecture in Canada* d'Alan Gowan, *Premiers peintres de la Nouvelle-France* de F.-M. Gagnon et *Les Meubles anciens du Canada français*, de Jean Palardy.

Les thèmes abordés se multiplient et incluent un plus grand nombre d'études exhaustives sur l'art des peuples autochtones du Canada. Marius BARBEAU et Diamond JENNESS font œuvre de pionnier avec leurs travaux sur les autochtones du Canada, que des universitaires comme Wilson Duff développeront. James HOUSTON innove en faisant la promotion de l'art inuit, jusque-là sérieusement négligé, et George Swinton en fait ensuite un sujet d'analyse. Après 1960, l'art contemporain commence à avoir ses défenseurs, trop nombreux pour qu'on en donne ici la liste. L'approche de ce nouveau mouvement a tendance à être formaliste et parfois marxiste. Ces études ne sont cependant qu'un début, puisque bon nombre de domaines demeurent inexplorés. On manque d'études sur la sculpture canadienne, l'architecture des Maritimes, les mécènes, les marchands, les critiques et la plus grande partie des arts décoratifs.

Au milieu des années 70, l'activité des musées connaît un deuxième élan, en raison d'une injection de fonds fédéraux. Elle attire un public plus vaste et stimule les écrits sur l'art. Les galeries d'art, quant à elles, se font de plus en plus nombreuses et spécialisées. Les amateurs peuvent visiter des musées, des galeries commerciales ainsi que des centres dirigés par des artistes, autant de lieux où se tiennent des expositions et où sont parfois publiés des catalogues. Ces nouvelles manifestations suscitent à leur tour la publication de critiques et d'articles dans les journaux, les périodiques d'intérêt général et les revues d'art spécialisées. Dans la presse à grand tirage, l'espace réservé aux arts visuels est relativement limité et les articles sont plutôt descriptifs. Les musées publient davantage de bulletins, plus influents et plus variés. *ArtsAtlantic* (1977) introduit le concept de mécénat coopératif et la revue reçoit l'appui de 11 galeries et musées des Maritimes. *Vanguard,* publié par la Vancouver Art Gallery, paraît d'abord sous forme de tabloïd en 1972. Il devient un magazine en 1979, et son influence s'étend alors sur la scène nationale. La publication de *Vanguard* cesse en 1989.

Le nombre grandissant d'expositions se reflète dans la multiplication des revues d'art spécialisées qui, à partir de la Seconde Guerre mondiale, agrandissent considérablement le champ de l'art. *Canadian Art,* créée en 1943 et rebaptisée *Artscanada* en 1967, et *Vie des arts,* créée en 1956, se consacrent toutes deux à des questions d'art contemporain. En 1983, des problèmes financiers entraînent la disparition d'*Artscanada* et d'*Artmagazine* (fondée en 1969). Toutefois, l'année suivante, deux nouveaux périodiques, *C Magazine* et *Canadian Art,* commencent à paraître. Ce n'est qu'avec Le *Bulletin* de la Galerie Nationale et la création, en 1974, de *RACAR* et du *Journal of Canadian Art History,* qu'on commencera à porter une attention soutenue aux enjeux historiques. De nombreuses revues sont récemment apparues, rédigées et publiées par des artistes. Plusieurs d'entre elles proviennent de centres d'artistes autogérés, comme *Only Paper Today* de la galerie A Space de Toronto, *Centrefold,* de la galerie Parachute Centre de Calgary, et *Virus,* publié par la galerie Véhicule de Montréal. D'autres doivent leur existence à des groupes d'artistes comme *File,* publié par General Idea. Certaines revues sont plus spécialisées; c'est le cas de *Parachute,* qui se consacre à la critique contemporaine, ou d'*Espace,* qui porte une réflexion sur les divers enjeux de la sculpture actuelle. D'autres publications sont plus commerciales, possédant un créneau particulier, comme *Video Guide, Canadian Architect* et *Photo Canada* s'adressent à un lectorat restreint.

L'augmentation considérable du nombre d'écrits sur l'art fait émerger de nouveaux types d'auteurs. L'artiste demeure un intervenant important, agissant comme commentateur et comme critique, mais le critique d'art professionnel, même s'il fait souvent ce travail à temps partiel, prend de l'importance. En outre, une nouvelle génération de spécialistes, d'historiens d'art de formation universitaire, constitue un apport important.

À mesure que les catalogues se font plus nombreux, ils deviennent aussi plus complexes et plus variés. Les introductions passent progressivement de la simple information biographique à des analyses plus en profondeur auxquelles s'ajoutent un plus

grand nombre de reproductions. Les approches sont aussi variées que les sujets abordés. Au moyen de nombreuses illustrations et d'un texte percutant, Alvin Balkind confère une portée didactique à son catalogue grand public, *17 Canadian Artists: A Protean View*. Travaillant sur un sujet plus circonscrit, soit les estampes de David MILNE, Rosemarie Tovell initie efficacement le lecteur à l'évolution de cet aspect important de l'œuvre de Milne (1980), tandis que les auteurs de *Joyce* WIELAND (1987) embrassent, avec largeur de vue, l'ensemble des créations de l'artiste.

Les catalogues d'exposition, libérés de certaines des pressions financières qui pèsent sur les publications plus commerciales, peuvent maintenant faire preuve de plus d'audace dans la présentation, établissant un lien esthétique avec les œuvres analysées. Parmi les exemples récents remarquables, on trouve le *Book Sculptures* (1993) de Micah Lexier, NICKLE ARTS MUSEUM de l'Oakville Galleries et *A Garden of Delights: 25 Years of Prints by Noboru Sawai* (1994). *The Flat Side of the Landscape: The Emma Lake Artists' Workshops* (1989), de la Mendel Art Gallery, et *Land Spirit Power* (1992), du Musée des Beaux-Arts du Canada, favorisant tous deux une approche plus documentée et plus analytique qu'auparavant. Chacun inclut des essais d'au moins trois auteurs qui étudient en profondeur différentes facettes du même sujet. Malheureusement, dans ce très vaste domaine que constituent les écrits sur l'art, la distribution demeure un grave problème; quelques institutions muséales tentent l'expérience de la coédition de catalogues comme ouvrages commerciaux avec des éditeurs connus.

Dans ces livres, les tendances restent les mêmes, et les biographies ont toujours la faveur populaire. Elles s'appuient sur des recherches solides, comme c'est le cas de l'impressionnant *Borduas*, de F.-M. Gagnon. On trouve une autre approche biographique dans *A Paintbrush in My Hand: Daphne Odjig* (1992), de R.M. Vanderburgh et M.E. Southcott. Une proportion considérable de livres publiés l'est en grand format, ce qui se prête bien aux nombreuses et grandes illustrations en couleur et permet d'inclure des textes simples, généralement courts et peu nombreux. Pendant un certain temps, cette tendance résulte en la publication de tirages limités, des volumes de collection se vendant des milliers de dollars pièce et traitant d'artistes connus comme Christopher PRATT et KENOJUAK.

L'intérêt pour la philosophie de l'art, que l'on trouve dans les catalogues récents, s'est aussi étendu aux livres. Des auteurs comme Philip Monk avec *Struggles with the Image,* Mark A. Cheetham avec *Remembering Postmodernism,* Adele Freedman avec *Sight Lines: Looking at Architecture and Design in Canada* et Linda Hutcheon avec *Splitting Images,* font intervenir souvent des références postmodernes. Les auteurs proviennent du même milieu que ceux qui rédigent la plupart des catalogues et des articles; ce sont beaucoup plus fréquemment des universitaires.

En même temps qu'un plus grand nombre de chroniques et de critiques artistiques au Canada, on constate un nouveau professionnalisme et une plus grande variété d'approches. Cela tient en partie à la plus grande attention que les universités et les musées accordent à l'histoire de l'art canadien. La norme d'autrefois – des documents sans jugement critique, écrits à la première personne et axés sur la biographie – s'élargit peu à peu, faisant place aux catalogues et aux articles de revue analytiques ou critiques. Il n'y a pas une philosophie de l'art qui l'emporte sur les autres au Canada, et certains adoptent des concepts venus d'ailleurs, comme l'approche formaliste du critique américain Clement Greenberg. On note un intérêt croissant pour l'étude de la nature politicoculturelle de l'art et du caractère global de l'univers de l'artiste contemporain. Les auteurs reconnaissent ces valeurs individuelles et culturelles

dans des œuvres particulières et ils sont également plus conscients des théories postmodernes actuelles. Dans l'ensemble, les écrits canadiens sur l'art sont de plus en plus analytiques, de plus en plus critiques, cherchant à la fois de nouvelles grilles d'interprétation et de meilleures méthodes d'évaluation.

Ann Davis

Chrysler Canada ltée La compagnie Chrysler Canada Ltée est un important constructeur et distributeur de véhicules automobiles et de camions au Canada. Son siège social se trouve à WINDSOR, en Ontario. En 1925, la Chrysler Corporation of Canada est constituée en société, succédant à la Maxwell-Chalmers Motor Company of Canada. En 1929, la société implante une usine de montage d'automobiles à l'extérieur de Windsor, usine qui constitue le noyau de l'actuel complexe du centre Chrysler. La même année, elle absorbe Dodge Brothers (Canada), un constructeur d'automobiles, et Graham Brothers (Canada), un constructeur de camions. Depuis les années 50, elle connaît une expansion importante avec la création de dépôts de pièces et de bureaux de secteur régional, ainsi que par l'achat de fournisseurs pour garantir ses sources d'approvisionnement.

Le nom actuel de la société date de 1963. En 1987, Chrysler acquiert American Motors Corp., le constructeur des automobiles de marque Jeep et Eagle. Chrysler Canada fabrique des automobiles de marque Plymouth, Dodge, Chrysler et Eagle, des camions de marque Dodge et des véhicules utilitaires de marque Jeep, et les distribue par l'intermédiaire de 500 concessionnaires au Canada. En 1995, la Société déclare un chiffre d'affaires net de 13,6 milliards de dollars et un actif de 4,9 milliards de dollars, et elle emploie plus de 14 000 personnes. Elle appartient en totalité à la compagnie Chrysler de Detroit. (*Voir* AUTOMOBILE, INDUSTRIE DE L'.)

Deborah C. Sawyer

CHUM Limited La compagnie CHUM Limited, dont l'actionnaire majoritaire est Allan Waters et dont le siège social se trouve à Toronto, est l'une des sociétés de portefeuille de radiodiffusion et de télédiffusion les plus importantes au Canada. Elle exploite 20 stations de radio AM et FM situées à Vancouver, en Colombie-Britannique; à Winnipeg, au Manitoba; à Peterborough, à Toronto, à Kitchener, à Windsor et à Ottawa, en Ontario; à Montréal, au Québec; et à Halifax, en Nouvelle-Écosse. Dans le domaine de la télévision, elle exploite, entre autres, CJCH-TV à Halifax, CKCW-TV à Moncton et à Charlottetown, CKLT-TV à Saint-Jean et à Fredericton, CJCB-TV à Sydney, en Nouvelle-Écosse, CKVR-TV à Barrie, en Ontario, et CITY-TV à Toronto, la deuxième station de télévision indépendante en importance au Canada.

CHUM possède d'autres entreprises, dont le réseau MuchMusic, le service de télévision spécialisé Bravo offert dans tout le pays, ainsi que le réseau Atlantic Satellite dans les provinces de l'Atlantique. Elle est aussi active dans le commerce de la musique d'ambiance en arrière-plan par l'entremise du réseau CHUM Satellite Business Music qui dessert l'Ontario et de Q Music qui dessert Vancouver. En outre, elle possède 50 p. 100 des parts de MusiquePlus Inc. à Montréal et elle produit des messages publicitaires. En 1994, l'actif de CHUM atteint 199 millions de dollars et ses revenus s'élèvent à 199 millions de dollars.

Peter S. Anderson

Churchill, district d'administration locale du Man.; pop. 1089 (rec. 1996), 1143 (rec. 1991), 1217 (rec. 1986); superf. 50,93 km²; situé à l'embouchure de la RIVIÈRE CHURCHILL, sur la rive sud-ouest de la BAIE D'HUDSON. Bien que l'endroit ait été découvert par l'explorateur danois Jens MUNK en 1619, ce n'est qu'en 1689 qu'il est «colonisé», lorsque la Compagnie de la baie d'Hudson tente d'établir un poste à quelques kilomètres en amont. Le fleuve tient son nom de lord Churchill (devenu premier duc de Marlborough). Le poste est établi de façon permanente près de la côte en 1717. Il est remplacé par le

FORT PRINCE-DE-GALLES, sur la rive ouest de l'estuaire. Ce dernier demeure le centre de la TRAITE DES FOURRURES de la région jusqu'à sa destruction par les Français en 1782. La Compagnie de la baie d'Hudson reconstruit Fort Churchill, qui continue ses activités comme poste de traite des fourrures.

Une fois la construction du terminal de la HUDSON BAY RAILWAY et des installations portuaires achevées en 1931, la ville actuelle se développe sur la rive est. La Seconde Guerre mondiale fait de Churchill une ville prospère avec la mise sur pied d'un centre d'approvisionnement du Nord et d'une base militaire. Après la guerre, on y maintient une station de recherche et un site de lancement de missiles jusqu'au milieu des années 80. La population du district est à la baisse après avoir atteint un sommet d'environ 6000 habitants dans les années 70. Le trajet en bateau vers l'Europe à partir de Churchill est plus court d'environ 1600 km qu'à partir de Montréal. Toutefois, la brièveté de sa période de navigation, qui n'est que de trois mois, et ses eaux peu profondes empêchent son essor comme port océanique.

H. John Selwood

Churchill, chutes Le FLEUVE CHURCHILL possède une dénivellation de quelque 66 m avant de tomber à pic en une chute de 75 m et baisse encore de 158 m le long du canyon Bowdoin. Les MONTAGNAIS-NASKAPIS croyaient que regarder les chutes impressionnantes amenait la mort. John McLean est le premier Blanc à voir les chutes en 1839, mais elles sont presque oubliées jusqu'à ce qu'Albert Peter LOW entreprenne une expédition scientifique dans la région, en 1894. On a pris conscience de l'importance du potentiel hydroélectrique des chutes, mais on ne l'exploite pas avant l'achèvement du CHEMIN DE FER QUEBEC NORTH SHORE AND LABRADOR, en 1954, et avant qu'HYDRO-QUÉBEC ne développe la technologie de transmission de l'énergie électrique sur de longues distances. Des négociations complexes entre les gouvernements de Terre-Neuve et du Québec (les deux provinces par lesquelles on devait acheminer l'électricité) durent jusqu'en 1969. Le contrat prévoyait la vente de 5,2 millions de kW par année à Hydro-Québec, pendant 40 ans, à un prix inférieur à trois dixièmes de cent le kWh. Hydro-Québec a la possibilité de renouveler pour une autre période de 25 ans à seulement deux dixièmes de cent le kWh.

Le projet a été entrepris par une filiale de la British Newfoundland Corp. Ltd. (Brinco) et était à ce moment-là le plus grand projet de GÉNIE CIVIL jamais entrepris en Amérique du Nord. Quatre-vingts digues stratégiquement placées retiennent les grandes quantités d'eau du plateau du Labrador dans le réservoir Smallwood. On a construit une immense centrale souterraine, la plus grande au monde jusqu'au PROJET DE LA BAIE JAMES. Le projet, étalé sur neuf ans (de 1966 à 1974), a occupé plus de 30 000 personnes et coûté 950 millions de dollars. Les premières unités ont commencé la transmission en décembre 1971; la onzième et dernière unité est entrée en service en 1974.

En raison de l'augmentation sérieuse des coûts d'ÉNERGIE dans les années 80, Hydro-Québec a fait de gros profits sur la revente de l'électricité des chutes Churchill; les termes du contrat ont été une source d'animosité entre les gouvernements de Terre-Neuve et du Québec. En 1984, la Cour suprême du Canada a décidé que la proposition faite par Terre-Neuve de détourner l'eau des chutes était illégale.

James Marsh

Churchill, fleuve (Labrador) Le fleuve Churchill, d'une longueur de 856 km (jusqu'à la source de la rivière Ashuanipi), est situé au Labrador. Issu du lac Ashuanipi, le fleuve dévale les CHUTES CHURCHILL, hautes de 75 m, s'élargit pour former le lac Winokapau, coule vers l'est à travers une gorge glaciaire profonde, dépasse HAPPY VALLEY-GOOSE BAY, puis se jette dans le lac Melville, dans le pas-

sage Hamilton et enfin dans l'Atlantique, près de Rigolet (pop. 317). Le plus long cours d'eau du Labrador, il a un BASSIN HYDROGRAPHIQUE de 79 800 km² et un débit moyen de 1 620 m³/s. Les eaux du fleuve, retenues par l'aménagement hydroélectrique des chutes Churchill, forment l'immense réservoir Smallwood. En amont, une usine hydroélectrique située à la sortie des lacs Menihek fournit en électricité l'ancienne ville de SCHEFFERVILLE (Québec) vouée à l'exploitation du minerai de fer. Grâce à son débit puissant et à sa dénivellation importante à partir du plateau du Labrador, ce cours d'eau a probablement plus de potentiel hydroélectrique que tout autre en Amérique du Nord. Fort Smith (maintenant North West River), un des premiers postes de la Compagnie de la baie d'Hudson, est situé à son embouchure. En 1839, John MCLEAN est le premier à atteindre le fleuve par l'intérieur. D'abord nommé Hamilton, d'après sir Charles Hamilton, gouverneur de Terre-Neuve en 1821, il est rebaptisé en l'honneur de sir Winston Churchill par le premier ministre Joseph SMALLWOOD, en 1965. Ce changement prête quelque peu à confusion parce qu'il y a déjà une RIVIÈRE CHURCHILL au Manitoba et en Saskatchewan.

James Marsh

Churchill, Gordon Minto, avocat, enseignant, politicien (Coldwater, Ont., 8 nov. 1898—Vancouver, 3 août 1985). L'un des confidents les plus intimes de John DIEFENBAKER dans son Cabinet, Churchill est un homme bien informé et un parlementaire respecté qui devient leader conservateur à la Chambre à l'époque de Diefenbaker. Un ancien combattant des deux guerres mondiales, il est d'abord élu à la Chambre des communes en 1951. En 1956, il organise et mène une campagne de soutien auprès du caucus en vue de l'élection de Diefenbaker à la direction du parti. Il est son conseiller politique durant l'élection de 1957. Il est nommé ministre du Commerce en 1957; à ce titre, il dirige plusieurs délégations commerciales du Commonwealth. Il passe au ministère des Anciens combattants en 1960. Après les démissions au sein du Cabinet en février 1963, il devient ministre de la Défense jusqu'aux élections et rallie les partisans loyaux de Diefenbaker dans le caucus jusqu'en 1968.

Patricia Williams

Churchill, rivière Longue de 1609 km, sort du lac La Loche, dans le nord-ouest de la Saskatchewan, elle coule vers le sud-est, l'est et le nord-est à travers les basses-terres du nord de la Saskatchewan et du Manitoba, puis se jette dans la baie d'Hudson à CHURCHILL, au Manitoba. Rapides, chutes, étroites cascades, longues sections d'eaux calmes se trouvent sur son cours ainsi qu'une série de lacs reliés les uns aux autres, trait typique des rivières du BOUCLIER canadien. Les plus grands d'entre eux sont le LAC SOUTHERN INDIAN (2248 km²), le lac Peter Pond (777 km²), le lac Churchill (559 km²) et le lac Île-à-la-Crosse (391 km²), où la rivière reçoit son principal affluent, la rivière Beaver (491 km). Les Cris et les Chipewyans empruntaient la rivière Churchill, et Jens MUNK y a passé l'hiver à son embouchure (1619-1620). La Compagnie de la baie d'Hudson (CBH) y a construit un poste tout près en 1717, nommé Churchill River, Churchill puis Churchill Factory jusqu'en 1719, quand il a été rebaptisé FORT PRINCE-DE-GALLES. Samuel HEARNE a déménagé le poste de traite quelque 10 km en amont et l'a baptisé Churchill Factory et Prince of Wales Factory. Son nom, qui lui vient de John Churchill, premier duc de Marlborough et gouverneur de la CBH (1685-1691), a aussi désigné, dès 1686, la rivière appelée jusqu'alors Missinipi, «grande rivière». Joseph FROBISHER, de la Compagnie du Nord-Ouest, a tissé des liens commerciaux entre la rivière et la route de Montréal en passant par les rivières Saskatchewan et Sturgeon-Weir et Frog Portage. On a aménagé des centrales hydroélectriques à Island Falls et aux chutes Granville. À l'extrémité

nord du lac Southern Indian, un chenal de dérivation artificiel dirige de 75 p. 100 à 85 p. 100 du débit de la rivière vers le fleuve Nelson. Ce dernier projet a été achevé en 1976 au prix de nombreuses querelles politiques. La réduction du débit de la rivière Churchill a eu, entre autres effets, un impact environnemental considérable sur le gibier d'eau et les peuplements de poissons.

James Marsh

Chute d'eau Les chutes d'eau se forment aux endroits où le lit d'un cours d'eau est coupé par une pente verticale ou presque. La chute devient cascade quand l'eau suit une série de petits paliers, des rapides se forment quand le cours d'eau agité suit une forte pente, mais reste dans son lit et une cataracte est une chute à grand débit d'eau. On peut classer les chutes selon leur origine.

Chutes créées par un accident géologique Ces chutes sont le résultat d'une rupture naturelle dans le profil du cours d'eau résultant d'une faille géologique, d'une glaciation, du soulèvement de plateaux, des sources débouchant des parois de canyons ou de tremblements de terre. Les chutes Twin Falls, près du glacier Yoho, en Colombie-Britannique, et les CHUTES NIAGARA, en Ontario, en sont des exemples.

Chutes créées par l'érosion Les chutes au bord d'un plateau et celles à barres verticales sont caractéristiques de chutes créées par l'érosion. Elles se forment par érosion différentielle, c.-à-d. quand des roches résistantes à l'érosion rencontrent ou avoisinent des roches tendres. Dans le cas des chutes au bord d'un plateau, une couche de roche dure repose sur une couche de roche tendre: l'eau s'écoulant érode de la roche tendre sous-jacente, minant ainsi la roche dure qui, finalement, se casse et tombe au pied de la chute ou juste en aval. Au fil du temps, une chute de ce type peut se transformer en une longue cascade. La chute Alexandra Falls, sur la rivière Hay, dans les Territoires du Nord-Ouest, en est un exemple.

Si une couche de roche magmatique très dure s'élève verticalement au travers d'une grande épaisseur de roche tendre, dans le lit d'un cours d'eau, la force érosive du courant n'attaquera pas vraiment la roche magmatique, mais usera la roche tendre, surtout dans la partie en aval de la roche magmatique. Une chute à barre verticale se forme alors face à la couche de roche dure. La chute Little Falls, sur la rivière Pigeon, au sud de Thunder Bay, en Ontario, en est un exemple.

Chutes en zone de marée Des chutes en zone de marée sont des chutes réversibles, créées par le flux et le reflux des marées océaniques. Quand une plate-forme rocheuse traverse le goulet du cours d'eau à l'endroit où celui-ci se jette dans l'océan, il se forme une chute d'eau à MARÉE basse, car le niveau d'eau de la rivière derrière la plate-forme rocheuse est alors plus élevé que celui de la mer. Lorsque le niveau de la mer monte avec la marée et dépasse le niveau de la rivière en amont de la plate-forme rocheuse, l'eau de mer force le passage, contre le courant du cours d'eau, à travers le goulet. Les rapides et les tourbillons formés donnent l'impression que les chutes sont finalement en sens contraire.

Un exemple notoire de ce type se produit sur la RIVIÈRE SAINT-JEAN à Saint-Jean, au Nouveau-Brunswick, où les très hautes marées de la baie de FUNDY créent l'effet de mouvement inverse. Au Canada, d'autres chutes réversibles, situées dans les Territoires du Nord-Ouest, se trouvent dans la baie de Wager, au lac Ford, et à Barrier Inlet, dans le détroit d'Hudson.

Durée Sur le plan géologique, toutes les chutes d'eau sont temporaires, car elles se détruisent par leur propre force d'érosion. Cette érosion peut se remarquer sur la durée d'une vie humaine pour certaines chutes, comme les Horseshoe Falls, du côté canadien de la RIVIÈRE NIAGARA. La crête de cette chute d'eau a reculé approximativement de 335 m, soit à peu près d'un mètre par an, par rapport à sa position enregistrée la première fois par Louis HENNEPIN en 1768. À partir de ses débuts, avec le retrait de la dernière couche glaciaire, il y a environ 10 000 ans, la rivière Niagara a érodé un chenal d'environ 12 km de long, créant les gorges spectaculaires du Niagara. Le long du lit de la rivière Niagara, en aval des chutes, il existe une trace de marmite de géant, creusée durant la période où la position de crête était stable.

Lorsqu'une chute d'eau se mine elle-même et que de grands blocs de rocher tombent de l'escarpement (falaise), les matériaux ont tendance à s'accumuler en bas de la chute, transformant graduellement la chute en rapides. Les chutes du côté américain sur la rivière Niagara illustrent parfaitement ce processus. L'érosion relativement rapide est causée surtout par les effets des grands volumes d'eau qui tombent d'un haut plateau. Au contraire, il existe certaines chutes très hautes où l'érosion est beaucoup plus lente à cause du débit d'eau restreint et de la dispersion de l'eau en bruine pendant sa descente. Les chutes les plus anciennes, qui remontent probablement à des millions d'années, ont été créées par l'eau descendant des hauts plateaux. La chute d'eau la plus haute au monde (chute directe de 807 m de haut), le Salto del Angel, au Venezuela, en est un exemple.

Hauteur Il existe diverses interprétations au sujet de ce qui détermine la hauteur d'une chute. La majorité des chutes d'eau commencent par une série de rapides, puis l'eau passe sur la crête et tombe verticalement ou presque, terminant sa chute comme une cascade courant sur des débris accumulés. Les hauteurs mentionnées dans le tableau sont les mesures de la chute verticale ou presque prises à partir de la crête jusqu'à la surface des débris. La chute d'eau la plus haute du Canada et la 16e en hauteur au monde est la chute Della (440 m), qui tombe du lac Della en Colombie-Britannique.

Importance Les cours d'eau constituaient les voies de transport des premiers explorateurs du Canada, et les chutes représentaient des obstacles à contourner, généralement par des chemins de portage. Les villes ont souvent été fondées près d'une grande chute sur un cours d'eau navigable et marquaient le début ou la fin d'un portage. Par la suite, on a construit des canaux, comme le CANAL WELLAND pour contourner les chutes Niagara. Les chutes servent de barrières naturelles qui préviennent la migration de toute vie aquatique indésirable vers les parties supérieures du bassin de drainage. P. ex., avant la construction du canal Welland, les lamproies ne pouvaient se déplacer en amont du lac Ontario.

Les chutes d'eau sont aussi des lieux pour les installations hydroélectriques. Au Canada, on en a aménagé beaucoup à des fins de production. Nombre de Canadiens et de visiteurs étrangers visitent ces attractions naturelles spectaculaires, attirés par la puissance impressionnante de l'eau qui tombe et les cadres grandioses.

P.I. Campbell et I.A. Reid

Chuvalo, George, boxeur (Toronto, 12 sept. 1937). Il devient, en 1955, champion canadien dans la catégorie poids lourd amateur. En 1956, à l'âge de 19 ans, il devient professionnel en remportant le championnat poids lourd contre James J. Parker. Parmi les plus connus de ses adversaires vaincus se trouve Yvon Durelle. En 1960, Chuvalo subit la défaite aux mains de Bob Cléroux. Par la suite, il le reprend à nouveau son titre, puis s'incline encore une fois devant Cléroux. En 1968, il reprend son titre en remportant la victoire contre Jean-Claude Roy. Cette fois, durant 11 années, il conserve son titre de champion jusqu'à sa défaite en 1979.

Partout dans le monde, on se souvient de Chuvalo parce qu'il a su se maintenir parmi les meilleurs boxeurs du monde, et qu'aucun d'entre eux n'a jamais réussi à le mettre au plancher. On compte parmi ses adversaires George Foreman, Ernie Terrell, Floyd Patterson, Joe Frazier et Muhammad Ali. En fin de carrière, Chuvalo a cumulé un record de 79-15-2. Soixante-dix de ses soixante-dix-neuf victoires sont par knock-out. Après plusieurs années ses succès sont enfin reconnus en 1990 lorsqu'il est intronisé en au Temple de la renommée du sport du Canada.

A.J. «Sandy» Young

Cimenteries L'industrie du ciment est formée d'usines qui produisent des ciments hydrauliques, c.-à-d. des ciments qui prennent sous l'action de l'eau et durcissent comme de la pierre. Le principal ciment hydraulique est le ciment Portland, un mélange artificiel de granulat minéral, finement moulu et de couleur généralement grise. Le ciment en lui-même sert peu, mais mélangé à de l'eau et du SABLE, du gravier, de la pierre concassée ou autres agrégats, il forme le béton, un matériau dur comme la pierre, le plus utilisé de matériaux de la CONSTRUCTION au Canada et dans le monde. Le béton sert à paver les routes, les trottoirs et les pistes d'aéroport, mais il s'emploie aussi dans la construction de presque tous les genres d'immeubles, de ponts, de barrages, de quais, de ports, de structures d'irrigation, de canalisations d'eau, de systèmes d'égouts, de silos d'entreposage, sans oublier une multitude d'autres projets de construction majeurs et mineurs, incluant ceux de bricolage.

Joseph Aspdin, un maçon anglais, est généralement reconnu comme l'inventeur du ciment portland. En 1824, il obtient un brevet pour son produit, qu'il nomme ciment portland, car le béton prend la couleur du calcaire extrait des carrières de l'île de Portland. Ce nom est utilisé partout au monde, et nombre de fabricants y ajoutent leur propre nom de marque ou de commerce. Le ciment était d'abord importé d'Angleterre dans des barils de bois. La production canadienne de ciment commence à Hull, Québec, en 1889. Peu après, on bâtit des usines à Napanee et à Shallow Lake, en Ontario, et sur l'Île de Montréal. En 1893, la première usine des provinces de l'Ouest est construite à Vancouver.

Les matériaux utilisés dans la FABRICATION du ciment portland doivent contenir un ratio adéquat de calcaire, de silice-alumine et de composants ferreux. Au cours de la fabrication, de fréquentes analyses garantissent un produit uniforme de haute qualité. Les matériaux bruts sont pulvérisés et mélangés dans les proportions désirées. Ensuite, la préparation est versée dans l'extrémité supérieure d'un four rotatif, qui la grille ou chauffe à des températures de 1400 à 1650 ºC et la transforme en clinker de ciment portland. Le clinker est ensuite refroidi et pulvérisé. Au cours de cette opération, on ajoute une petite quantité de GYPSE pour régulariser la réaction chimique initiale du ciment. Ce produit pulvérisé fini est le ciment portland, prêt à servir à fabriquer du béton.

On fabrique différents types de ciment portland au Canada pour répondre aux différentes exigences d'ordre chimique et physique. L'Association canadienne de normalisation définit cinq types de ciments Portland utilisés à des fins particulières: ordinaire, à moyenne et à haute résistance initiale, à basse chaleur d'hydratation et à résistance aux sulfates. Le ciment Portland ordinaire est le plus courant; on trouve toujours du ciment Portland à haute résistance initiale et à résistance aux sulfates. En raison de la faible demande, d'autres ciments particuliers (maçonnerie, puits de pétrole, expansible, ensemble réglementé), comme les ciments Portland à moyenne et à basse chaleur d'hydratation, ne sont pas toujours disponibles chez les fabricants.

En 1996, neuf cimenteries canadiennes exploitaient 20 usines. Cinq d'entre elles sont des filiales de sociétés étrangères et produisent 83 p. 100 du clinker canadien en 1995. Le plus ancien four à ciment a été construit dans les années 50, mais la majorité des fours ne datent que d'une quinzaine d'années. Les 20 usines produisent 15,4 millions tonnes de clinker et 17 millions de tonnes de poudre finie. L'Ontario et le Québec réunis produisent la plus grande partie de ce volume, soit plus de 60 p. 100. Avec une production qui représente presque un tiers de la capacité nationale, Lafarge Canada inc. est la plus importante cimenterie au Canada. Elle est suivie des Ciments St-Laurent inc. et de St Mary's Cement Co. dont la production combinée représente 37 p. 100 du volume canadien total.

Les usines canadiennes de ciment ont tendance à être plus modernes et plus grosses que les autres installations nord-américaines. Un peu plus de la moitié du volume canadien est cuit au charbon; les initiatives d'économie d'énergie devraient accroître cette proportion et favoriser l'utilisation d'autres produits combustibles. Les fabricants canadiens de ciment combinent maintenant le procédé à sec et le procédé humide, ce qui contribue à réduire de 24 p. 100 la consommation d'énergie de 1974 à 1994. L'industrie canadienne est fortement régionalisée, avec la majorité des usines situées en zones très peuplées. Les coûts d'énergie et de transport élevés en déterminent en effet la localisation et la viabilité économique.

Au cours de la dernière décennie, la consommation de ciment au Canada (expéditions des producteurs, plus les importations et moins les exportations) a varié entre 6,5 et 7,5 millions de tonnes. À ce niveau, on estime la valeur de la production à 700 millions de dollars. La demande principale vient de l'Ontario puis, de façon relativement égale, du Québec, des provinces des Prairies et de la Colombie-Britannique. La consommation totale du ciment Portland dans le monde était de 1,37 milliards de tonnes en 1994. On estime que la Chine est le plus grand consommateur avec ses 400 millions de tonnes; viennent ensuite le Japon et les États-Unis avec respectivement 90 et 80 millions de tonnes. Le Canada vient loin derrière les dix plus grands producteurs de ciment Portland au monde.

Certaines entreprises privées effectuent des recherches sur la production de ciment. Cependant, les expériences sur l'utilisation et l'application du ciment et du béton se font surtout grâce à l'Association canadienne du ciment Portland. L'objectif de cet organisme à but non lucratif est d'améliorer et de multiplier les utilisations du ciment et du béton par la recherche scientifique et les travaux de génie sur le terrain. L'association est active partout au Canada et elle offre des renseignements détaillés sur l'utilisation, la conception et la construction du béton.

R.A. Serne

Cimetières Du grec *koimeterion* ou du latin *coemeterium*, signifiant «lieu où l'on dort», lieux définis et généralement consacrés où les défunts sont ensevelis. Cet usage rappelle la croyance des chrétiens en la résurrection, qui efface nombre des connotations terrifiantes auparavant attachées à la mort et à l'ensevelissement, dont la pratique, cependant, n'est pas uniquement chrétienne.

Au Canada, les gens de toutes confessions placent généralement leurs morts dans un cimetière, que ce soit dans une tombe, un mausolée ou une urne conservée dans un édifice spécial. Certains préfèrent disséminer les cendres de leurs défunts ou les entreposer ailleurs, comme dans le columbarium d'une église.

But et emplacement des cimetières Le cimetière est le lieu conventionnel où l'on retrouve tant les défunts que les symboles commémoratifs (généralement des pierres tombales). Il tient également un rôle psychologique important auprès des parents et amis qui vont se recueillir sur les tombes. Le cimetière est généralement situé au sommet d'une colline ou sur un terrain en pente, d'une part pour favoriser l'écoulement des eaux, mais d'autre part, parce que le concept des collines comme lieux propices aux activités spirituelles est profondément ancré dans la tradition judéo-chrétienne.

Les opérations relatives aux cimetières relèvent de la juridiction provinciale. Les cimetières appartiennent à des sociétés privées, à des sociétés de fiducie à but non lucratif, à des églises, à des synagogues ou à des municipalités. Le prix des lots varie de 200 dollars à plus de 10 000 dollars, avec une moyenne de 600 dollars à 1600 dollars. Une partie de ce montant couvre l'entretien perpétuel du lot. La valeur du terrain occupé par les cimetières en zone urbaine est extrêmement élevée et peut même être supérieure à la valeur des terrains situés aux carrefours des principaux quartiers d'affaires. Dans certains cimetières urbains, des espaces verts sont réservés à la pratique de loisirs tels que l'observation des oiseaux.

Catégories de cimetières Sur le plan historique, il en existe plusieurs. D'abord, les cimetières indifférenciés, comme les tombes des premiers explorateurs et des voyageurs le long des cours d'eau. Ces sépultures sont souvent invisibles de nos jours, parce que les croix de bois ont pourri ou que l'eau a fait tomber les pierres empilées qui en marquaient l'emplacement. Quelques-unes subsistent toujours, cependant, comme celles que l'on voit en Ontario, au bord de la rivière Madawaska.

Ensuite, il y a également les petits lots familiaux, maintenant pour la plupart abandonnés, qui marquaient le paysage rural et contenaient de cinq à 20 tombes. Les fermiers d'autrefois, qui ne pouvaient pas toujours se rendre au cimetière du village, devaient enterrer les membres de leur famille dans la ferme. Au départ des enfants ou quand les fermes étaient vendues, ces terrains étaient abandonnés et envahis par la végétation.

En troisième lieu, on retrouve certains centres d'activité ruraux (églises et petits villages) qui entretenaient des cimetières pour la population environnante. Tout comme les petites chapelles ou écoles de rang, plusieurs de ces cimetières sont maintenant rarement utilisés ou totalement abandonnés.

Enfin, de nos jours, la plupart des sépultures s'effectuent dans des cimetières urbains desservant la population des grands centres. Ces cimetières possèdent parfois de modestes origines; d'autres sont tout à fait nouveaux. Certains sont de taille réduite, d'autres immenses, entourés de quartiers en expansion ou déployés à la périphérie des villes.

Conception des cimetières La forme rectangulaire des anciens cimetières reflète le sens de l'ordre que l'on retrouve également dans les plans d'ensemble des villes et des villages. Dans la plupart des cimetières dessinés après les années 20, sentiers et allées sont tracés en arcs de cercle, tout comme dans les nouveaux quartiers résidentiels. Ces récentes innovations reflètent la transition des «cimetières» ou «lieux de sépultures» vers les «jardins» et les «parcs commémoratifs» agréablement aménagés. Ce changement découle peut-être d'une attitude plus profane et d'un besoin d'atténuer la notion de finalité qui accompagne la mort.

Le mot «jardin» revêt d'ailleurs une signification particulière pour les chrétiens. D'après l'Ancien Testament, l'homme a été chassé du jardin d'Éden et ne peut y retourner par sa propre volonté. Selon le Nouveau Testament, Jésus a été trahi et enseveli dans un jardin, de sorte que l'homme accède, par son obéissance à la mort, au Paradis qu'il a perdu par la désobéissance et le péché.

Si ce symbolisme religieux est important pour de nombreux chrétiens, ces cimetières-jardins sont, pour la plupart des Canadiens, simplement des lieux de sépulture esthétiques et agréables à l'œil. Les nouveaux cimetières, et même quelques-uns plus anciens, recèlent des «jardins du souvenir» où se dressent mausolées et columbariums. De nos jours, les charniers ne sont pratiquement plus utilisés, les ouvriers chargés de l'excavation – les fossoyeurs d'antan – utilisent de plus en plus de moyens mécaniques pour creuser le sol gelé.

Les mausolées à étages, dont certains renferment les restes de 65 000 personnes comme il en existe au Japon, en Italie et aux États-Unis, ne seront probablement jamais construits au Canada à cause de la tradition et, surtout, des exigences que cela suppose sur le plan des investissements.

Aujourd'hui, les gens se font inhumer dans différents cimetières, qu'ils soient catholiques, juifs, protestants de diverses dénominations, interconfessionnels ou sans dénomination, selon la nature des croyances de chacun. Par le passé, les races et les ethnies minoritaires ou «mal vues» n'avaient pas accès au cimetière de la communauté. L'attribution des lots reflète également l'organisation sociale: les notables sont groupés dans les lots les plus coûteux, les autres étant relégués dans les coins réservés aux classes sociales modestes ou aux minorités ethniques.

Pierres tombales Les pierres tombales, généralement placées sur les tombes, indiquent au minimum le nom, la date de naissance et la date de décès. Ces repères servent un peu de livre d'histoire, mais permettent aussi à une famille de faire partager son épreuve au grand jour. Dans certains cas, le monument renseigne plus sur la fortune et le rang social des survivants que sur la vie des disparus. En effet, certains monuments des grands cimetières urbains sont fort imposants. D'autres Canadiens évitent les monuments raffinés et certains, dont les DOUKHOBORS, n'érigent aucun monument à la gloire de leurs défunts.

Le style des pierres tombales a évolué. Au XVIIIe siècle, les pierres tombales sont d'une simplicité austère. Puis la grandeur et la magnificence de l'époque victorienne (des années 1880 au début des années 1900) cèdent le pas à un style sobre et moderne. Les stèles adoptent toutes sortes de formes: dalle, obélisque (symbole d'éternité), croix celtique, volute, bloc ou chaire. Avec le temps, la hauteur des monuments diminue progressivement. Certains cimetières n'autorisent plus maintenant que les dalles, au ras du sol, pour contribuer à créer l'atmosphère d'un parc.

Les pierres ou stèles peuvent être gravées de symboles: bible ouverte, symbolisant le Verbe par qui l'homme accède au salut et à la vérité; urne, symbolisant la mort du corps d'où l'âme s'élève vers le ciel; colombe, image de l'Esprit saint, de la paix, de la fidélité et du dévouement chrétiens; étoile de David, symbole de la foi juive; fleurs, symbolisant la beauté et la brièveté de la vie; grappes de raisins, représentation du Christ, «vigne véritable»; portraits sculptés ou photographies encastrées dans la pierre; symboles de confréries. Jadis, des épitaphes figuraient souvent sur les pierres, mais aujourd'hui il est rare d'y voir plus que les simples mots «in memoriam».

Cimetières comme outils de recherche Les cimetières facilitent les recherches généalogiques. On y découvre des faits ou des indices sur les types de peuplement et sur l'histoire des communautés avoisinantes: l'origine ethnique, les liens entre la maladie et la mort, l'attitude devant la mort (d'après l'épitaphe), la position sociale (d'après l'emplacement de la tombe et le style du monument) et le style des pierres tombales, reflet de l'évolution culturelle. (*Voir* aussi MORT; PRATIQUES FUNÉRAIRES; PIERRES TOMBALES.)

David B. Knight

Cincle La famille des cinclidés compte cinq espèces de passereaux aquatiques au corps trapu. Le cincle d'Amérique (*Cinclus mexicanus*) vit le long des cours d'eau en montagnes, depuis l'Alaska jusqu'au Panama. Au Canada, il s'aventure plutôt rarement hors des régions montagneuses. Il a été observé quelquefois en Saskatchewan.

Description Les cincles ressemblent aux troglodytes. Ils sont trapus, de couleur uniforme, et ils ont les ailes et la queue courtes ainsi que le bec mince et droit. Ce sont de bons nageurs et de bons plongeurs. Les oiseaux des deux sexes chantent pendant toute l'année. Du haut de leurs longues pattes, ils bougent le corps de haut en bas. Quand ils plongent à la recherche d'insectes aquatiques et parfois de poissons, ils battent de leurs paupières blanches en entrant ou en sortant de l'eau. Le cincle d'Amérique est gris noir. En hiver, cet oiseau territorial descend le long des cours d'eau si ceux-ci gèlent là où il se trouve, ou ne lui conviennent plus. Ces déplacements sont souvent temporaires.

Nidification Les cincles sont généralement monogames, mais ils peuvent être polygames à l'occasion. La femelle incube seule les œufs, au nombre de quatre à cinq, mais les deux parents s'occupent des petits après qu'ils ont quitté le nid. Leur nid est bombé et fait de mousse. Il est construit au-dessus de l'eau, souvent derrière des chutes ou sur un pont, et à l'occasion dans un nichoir ou dans un nid d'hirondelle. En Europe, des études révèlent que la densité des nids et le succès de la nidification diminuent lorsque l'acidité des cours d'eau augmente, ce qui démontre que les cincles sont de bons indicateurs de PLUIES ACIDES.

Martin K. McNicholl

Cinéma d'animation Le cinéma d'animation canadien est reconnu à l'échelle internationale. Établie au cours des 40 dernières années, cette réputation repose en grande partie sur les travaux de Norman MCLAREN et de l'OFFICE NATIONAL DU FILM (ONF).

Parmi les pionniers du cinéma d'animation canadien, citons Walter Swaffield, Harold Peberdy et Bert Cob. Cependant, les premiers films d'animation, réalisés avant 1920, sont aujourd'hui introuvables. Dans les années 20, un peintre et dessinateur torontois, Bryant Fryer, entreprend la création d'une série de 12 dessins animés, intitulée *Shadow Laughs*. Il n'en termine que deux en 1927. Six ans plus tard, il s'attaque à une nouvelle série, *Shadowettes*, et réalise trois films dans lesquels il utilise la technique du silhouettage, connue en Allemagne grâce à Lotte Reiniger. Peu de temps après, il est contraint d'abandonner ses activités et se tourne vers la production commerciale.

Ces premières tentatives sont irrégulières et n'ont aucun lien les unes avec les autres. En 1939, la création de l'ONF permet la mise en place des conditions nécessaires à une production suivie, indépendante des contraintes commerciales. Peu de temps après sa nomination à la tête de l'ONF, John GRIERSON demande à son ancien collaborateur et ami, l'Écossais Norman McLaren, de venir le rejoindre au Canada. McLaren est nommé responsable de la nouvelle section d'animation, dont le mandat consiste à produire de courts messages de propagande pour l'effort de guerre. McLaren s'applique à cette tâche avec une imagination débordante. Il recrute de jeunes talents un peu partout au Canada et jette les bases sur lesquelles reposera le succès du cinéma d'animation canadien. Avec des moyens très limités, des cinéastes animateurs comme George Dunning, Grant Munro et René Jodoin réalisent des films pleins de charme et de vitalité.

Après la Seconde Guerre mondiale, McLaren s'intéresse à des projets plus personnels et laisse à la postérité des œuvres remarquables. *Hen Hop* (1942) et *Begone Dull Care* (1949; v.f. *Caprice en couleur*) en sont deux excellents exemples. Ses innovations techniques, notamment le procédé qui consiste à dessiner directement sur la pellicule et qui élimine le besoin d'une caméra, sont révolutionnaires. La pixillation, quant à elle, permet l'animation de véritables acteurs et atteste de l'ingéniosité exceptionnelle de McLaren. Il utilise ce procédé dans *Neighbours* (1952; v.f. *Voisins*) et dans *A Chairy Tale* (1957; v.f. *Il était une chaise*). *Neighbours* lui vaudra un Oscar. Avec ses films pleins de fougue et d'originalité, McLaren éblouit des millions de spectateurs dans le monde entier. Dans les années 60, il se passionne pour la danse et explore un nouveau terrain avec le merveilleux *Pas de deux* (1967), poème visuel en noir et blanc dans lequel il utilise l'exposition multiple.

La percée du cinéma d'animation canadien Au cours des années 50, alors que McLaren se concentre sur son œuvre, une nouvelle génération d'animateurs développe ses propres techniques. *The Romance of Transportation in Canada* (1952; v.f. *Sports et*

Transports), de Colin Low, est un signe avant-coureur de la naissance d'un cinéma d'animation canadien. À cette époque, Robert Verrall, Wolf Koenig et Sidney Goldsmith se joignent à l'équipe d'animation de l'ONF qu'ils marquent de leur originalité. L'installation de l'ONF à Montréal (1956) stimule les animateurs francophones Bernard Longpré, Yvon Mallette, Pierre Moretti et Pierre HÉBERT. On retrouve autant de styles que d'animateurs. Certains s'intéressent à l'informatique, d'autres utilisent le charbon, l'aquarelle, la photographie ou l'épinglage.

Vers la fin des années 60, les productions francophone et anglophone se distinguent l'une de l'autre, mais la qualité demeure constante et la diversité domine. Don Arioli utilise son esprit caustique pour amuser. Peter Foldès se sert de l'animation par ordinateur pour critiquer la société de consommation dans *La Faim* (1973). Co HOEDEMAN crée des êtres fantastiques avec du sable dans *The Sand Castle* (1977; v.f. *Le château de sable*). Caroline Leaf applique aquarelle et encre sur de la vitre dans *The Street* (1976). Ishu Patel fait évoluer des milliers de perles dans *Bead Game* (1977; v.f. *Histoire de perles*). Laurent Coderre procède à un minutieux travail de découpage dans *Zikkaron* (1971). Bernard Longpré et André Leduc reviennent à la pixillation avec *Monsieur Pointu* (1975).

Au cours des années 70, l'ONF met l'accent sur la production régionale, ce qui permet à de nouveaux talents de se faire connaître à Vancouver, à Winnipeg et à Halifax. La production de Winnipeg retient surtout l'attention avec les films humoristiques de Richard Condie (*Getting Started*, 1979; v.f. *Faut se grouiller*; *The Big Snit*, 1987; v.f. *Le P'tit chaos*) et de Cordell Barker (*The Cat Came Back*, 1989; v.f. *Le chat colla...*), qui ont été très bien accueillis par le public. Les films d'animation de l'Office remportent de nombreux prix dans le monde entier, dont quatre Oscars pour *Neighbours*, *The Sand Castle*, *Special Delivery* (1977; v.f. *Livraison spéciale*) et *Every Child* (1979; v.f. *Chaque enfant*).

En 1968, la Société Radio-Canada fonde un studio d'animation. Dirigé par Hubert Tison, ce studio se spécialise d'abord dans les titres, les génériques et les indicatifs musicaux, mais il ne tarde pas à se tailler une excellente réputation dans le domaine du film scénarisé. En effet, grâce au remarquable talent de Frédéric BACK, les productions de la Société Radio-Canada remportent des prix à divers festivals, dont deux Oscars pour *Crac!* (1981) et *L'Homme qui plantait des arbres* (1987). En plus des films de Back, le studio de Radio-Canada réalise des œuvres de Graeme Ross (*The Hare and the Tortoise/Le Lièvre et la tortue*, 1978) et de Paul Driessen (*Jeu de coudes*, 1979). D'importantes compressions budgétaires contraignent la SRC à abandonner la production de films d'animation au début des années 90.

Les films du secteur privé L'industrie privée produit elle aussi des œuvres fascinantes. Peu après sa création, Crawley Films met sur pied son studio d'animation, et *The Loon's Necklace* (1948), œuvre primée qui relate une vieille légende amérindienne, continue d'être diffusé régulièrement. Dans les années 60, Crawley commence à réaliser des films d'animation pour la télévision américaine, parmi lesquels *The Tales of the Wizard of Oz* (1962) et *Return to Oz* (1963), deux films remarquables.

Dans les années 50, Jim McKay et George Dunning quittent l'ONF et fondent Graphic Associates. Après le départ de Dunning en 1955, Graphic Associates devient Film Design Ltd., dont les activités se poursuivent aujourd'hui. La même année, Al Guest constitue sa propre compagnie, qui sera pendant plusieurs années la troisième plus grande compagnie au monde dans le domaine de l'animation. Guest dirige maintenant la Rainbow Animation. Sur la côte ouest, l'autodidacte Al Sens a ouvert son propre studio, où il travaille toujours. Une de ses plus belles réalisations, *The See Hear Talk Think Dream and Act Film* (1965) conjugue animation et action réelle. Gerald

Potterton, un autre ancien animateur de l'ONF, crée, en 1968 à Montréal, sa propre compagnie et réalise divers films dignes de mention, tel le long métrage *Tiki Tiki* (1970-1971), avant de cesser ses activités vers 1975. En 1975, Marv Newland fonde International Rocketship, une entreprise très dynamique de Vancouver qui réalise des films de commande et des films indépendants. Parmi les réussites de ce studio figurent *Anijam* (1984) et *Pink Komkommer* (1991). En 1969, Newland réalise à Los Angeles le film culte *Bambi meets Godzilla*.

Potterton réapparaît et réalise le dessin animé le plus coûteux au Canada, *Heavy Metal* (1981; v.f. *Métal hurlant*), un grand succès public auquel plusieurs animateurs et différentes maisons de productions ont participé. Parmi les animateurs indépendants figure aussi John Straiton, un directeur de publicité qui fait des films d'animation pendant ses temps libres. Son *Portrait of Lydia* (1964) recourt à une suite d'images et de symboles sexuels, et *Eurynome* (1970) est une merveille technique réalisée à partir de pâte à modeler. Les films de Straiton ont remporté de nombreux prix.

Depuis le milieu des années 70, de nouveaux talents sont sortis des collèges spécialisés en animation. Barry Greenwald, un Torontois de 21 ans, obtient son diplôme avec son film de fin d'études, *Metamorphosis*, en 1975. Contre toute attente, cette comédie originale remporte la Palme d'or du court métrage au Festival du film de Cannes l'année suivante. La plus originale est sans conteste Wendy Tilby, formée au Emily Carr College, en Colombie-Britannique. Son film de fin d'études, *Tables of Content* (1986), est reçu avec enthousiasme. D'autres cinéastes sortent du Sheridan College, en Ontario, et de l'U. Concordia, au Québec.

Enfin, on ne peut passer sous silence l'abondante production canadienne destinée aux séries télévisées. De nombreux studios, dont Cinar et Cinégroupe, à Montréal, et Nelvana, à Toronto, se spécialisent dans ce genre.

Le cinéma d'animation canadien, unique et novateur, continue de s'attirer la faveur des critiques et du public du monde entier. Il est intéressant de noter que les premiers films d'animation canadiens, dont *Le Village enchanté* réalisé en 1955 par Marcel et Réal Racicot, ont toujours la faveur du public.

Piers Handling et Marcel Jean

Cinéma documentaire Au Canada, le cinéma documentaire est presque synonyme d'OFFICE NATIONAL DU FILM (ONF), mais le cinéma documentaire existe avant l'ONF. Au début du XXᵉ siècle, des compagnies comme la Canadien Pacifique et Massey-Harris utilisent le cinéma à des fins promotionnelles. Le gouvernement canadien produit des films pendant la Première Guerre mondiale, ce qui l'amène à mettre en place son propre organisme. Cela aboutit, en 1923, à la création du Bureau de cinématographie du gouvernement canadien, qui sera pendant quelque temps le chef de file mondial des actualités filmées. Sa réalisation la plus remarquable reste *Lest We Forget* (1935), un documentaire sur l'effort de guerre canadien de la Première Guerre mondiale réalisé à partir de films d'actualités, de dessins et de reconstitutions. Une autre réussite, *The Royal Visit* (1939), fixe sur pellicule la visite royale de 1939.

Dans les années 30, Associated Screen News, une compagnie privée de Montréal, produit de nombreux films et séries destinés aux cinémas, dont *Canadian Cameo*. C'est au sein de cette compagnie que Gordon Sparling, l'auteur de *Rhapsody in Two Languages* (1934), un classique d'avant-guerre, poursuit sa carrière. Au Québec, quelques prêtres, dont Maurice PROULX et Albert Tessier, chantent le pays et les vertus catholiques tout en laissant à la postérité des documents témoignant d'une époque révolue.

L'Office national du film

Avec John GRIERSON, à qui l'on doit la création de l'ONF en 1939, le documentaire prend son essor.

La guerre rend nécessaire un cinéma de propagande, et des séries comme *Canada Carries On* (v.f. *En avant Canada*) et *The World in Action* rejoignent des millions de spectateurs. Grierson tourne aussi des films sur les minorités ethniques, les Indiens, les problèmes sociaux et l'art canadien. La fin du conflit, en 1945, marque le début d'une nouvelle orientation à l'ONF. Au début des années 50, un groupe de jeunes cinéastes de l'ONF rattachés au studio B réalisent une série de documentaires sur la réalité canadienne. *Corral* (1954; v.f. *Corral*), *City of Gold* (1957; v.f. *Capitale de l'or*) et *Lonely Boy* (1961; v.f. *Paul Anka*) jettent un regard sensible et posé sur le passé et le présent. La série *The Candid Eye*, conçue pour la télévision, aborde des thèmes à caractère social avec *The Days Before Christmas* (1958; v.f. *Bientôt Noël*) et *The Back-Breaking Leaf* (1959; v.f. *La feuille qui brise les reins*). De 1952 à 1958, le studio B produit des émissions pour la télévision, puis, en 1958, Radio-Canada prend les choses en mains.

Le cinéma de langue française En 1956, l'ONF quitte Ottawa pour s'installer à Montréal: un tournant décisif pour la production francophone. La section française traite de thèmes sociaux et réalise des films engagés et contestataires. Au cinéma direct, la caméra 16 mm, légère et portative, et un équipement d'enregistrement sur bande magnétique permettent au réalisateur de laisser les événements donner au film sa forme finale. On doit à ce procédé certains classiques québécois comme *Les Raquetteurs* (1958) et *La Lutte* (1961). Le long métrage *Pour la suite du monde* (1963) immortalise le mode de vie en voie de disparition des insulaires du Saint-Laurent. Ses réalisateurs, Pierre PERRAULT et Michel BRAULT réaliseront d'autres documentaires exceptionnels. À la fin des années 60, la production francophone de l'ONF se tourne de plus en plus vers le militantisme politique. Le film de Denys ARCAND sur l'industrie du coton, *On est au coton* (1970), est interdit. Arcand poursuit dans la même voie et examine divers aspects de la politique au Québec dans *Duplessis et après...* (1972).

Le cinéma de langue anglaise Les cinéastes anglophones ne produisent pas de films ouvertement politiques et s'intéressent davantage aux personnalités. Donald BRITTAIN poursuit une carrière exceptionnelle pendant 30 ans. Il se fait remarquer avec *Memorandum* (1965; v.f. *Pour mémoire*) et réalise de nombreux films remarquables par leur élégance, dans lesquels il utilise souvent des documents d'archives. Par la suite, il mélange archives et séquences dramatisées, notamment dans *Canada's Sweetheart: The Saga of Hal C. Brooks* (1985).

Beaucoup d'autres cinéastes, parmi lesquels Don OWEN, Robin Spry et Tony Ianzelo, tournent d'excellents films dans des genres très variés. On assiste aussi à des réalisations plus personnelles et plus investigatrices avec Derek May et Michael Rubbo. May réalise de magnifiques documentaires artistiques. Dans son film sur son mariage avec une actrice québécoise, *Mother Tongue* (1979), il fait ressortir les dilemmes qui opposent les deux cultures (anglaise et française) à une époque de conflit, alors que le Québec s'interroge sur son avenir par le biais d'un référendum. Rubbo va à l'étranger et tourne des films en Indonésie, à Cuba, en Australie et en France. Son film sur le Viêt-nam, *Sad Song of Yellow Skin* (1971; v.f. *Le jaune en péril*), remporte le prestigieux prix Robert Flaherty.

L'ONF se renouvelle dans les années 70 avec son programme «Construire demain», dont la fonction sociale et politique est reconnue. Ce programme permet de produire quelques-uns des meilleurs documentaires canadiens et ouvre la voie à la création du studio des femmes (studio D) à l'ONF (1974). Le studio D réalise de nombreuses œuvres de qualité sur divers sujets, tous abordés d'un point de vue féminin. La réalisation la plus controversée reste son film sur la pornographie *Not a Love Story* (1981; v.f. *C'est surtout pas de l'amour* de Bonnie Sherr Klein. Terre Nash remporte un Oscar pour *If You Love This Planet* (1982; v.f. *Si cette planète vous tient à cœur*). Gail Singer se fait connaître avec plusieurs bons films, dont deux de ses meilleures réalisations *Abortion: Stories from North and South* (1984; v.f. *L'avortement – Histoire secrète*) et *Wisecracks* (1991, une production indépendante). Les cinéastes québécoises ont laissé leur marque à l'ONF. Anne Claire POIRIER tourne de longs métrages documentaires, et son film sur le viol, *Mourir à tue-tête* (1979), reçoit beaucoup d'éloges, tout comme son film sur la mort de sa fille *Tu a crié Let Me Go* (1997). Le studio D ferme ses portes en 1996.

La tradition des documentaires à contenu social continue d'avoir ses défenseurs à l'ONF. *Democracy on Trial: The Morgentaler Affair* (1984; v.f. *La justice en procès: l'affaire Morgentaler*) et *Justice Denied* (1989) de Paul Cowan abordent les questions de l'avortement et de la justice. *Final Offer* (1985; v.f. *La dernière offre*) de Sturla Gunnarsson est un fascinant documentaire sur les travailleurs de l'automobile en grève. Alanis OBOMSAWIN, cinéaste autochtone, figure parmi les plus remarquables créatrices de l'ONF. Son déchirant *Richard Cardinal: Cry from the Diary of a Métis Child* (1986; v.f. *Richard Cardinal: le cri d'un enfant métis*) établit sa réputation, tandis que *Kanehsatake: 270 Years of Resistance* (1993; v.f. *Kanesatake: 270 ans de résistance*) plonge un regard fascinant sur l'épreuve de force qui oppose les Mohawks à la Sûreté du Québec et à l'Armée canadienne, sur une question de droits territoriaux.

Les indépendants

Dans le secteur privé, Allan KING acquiert une réputation internationale avec ses films de cinéma-vérité: *Wanendale* (1967) et *A Married Couple* (1969). Il fonde sa propre compagnie de production de documentaires avant de se lancer dans la réalisation de films de fiction. Il revient au documentaire pour tourner *Who's in Charge* (1983), un film provocateur. F. R. «Budge» CRAWLEY, un cinéaste d'Ottawa, dont la compagnie existe depuis 1938, voit sa longue et brillante carrière couronnée par un Oscar pour *The Man Who Skied Down Everest* (1975; v.f. *Miura, le skieur de l'Everest*). Il a déjà à son actif *The Loon's Necklace* (1948; v.f. *Le collier magique*). Harry Rasky devient célèbre en traçant le portrait de personnages connus, comme Marc Chagall, Will et Ariel Durant, Leonard COHEN, Arthur Miller et Anne Frank.

La contribution des femmes à l'industrie privée donne lieu à des films remarquables. Diane Létourneau se penche sur le rôle des religieuses dans la société québécoise dans *Les Servantes du bon Dieu* (1979), tandis que Luce Guilbeault examine les femmes à la maison dans *D'abord ménagères* (1978). Janis Cole et de Holly Dale, productrice et metteuse en scène, travaillent ensemble à Toronto et ont tourné des documentaires marquants: *P4W – Prison for Women* (1981) et *Calling the Shots* (1988).

Ailleurs au Canada, d'autres cinéastes se font aussi connaître: sur la côte ouest, Phillip BORSOS, avec *Nails* (1979; v.f. *Clous*); dans les Prairies, Tom Radford, avec *China Mission* (1980) et Anne WHEELER, avec *War Story* (1982); à Winnipeg, Michael Scott, *For Gentlemen Only* (1976) et Bob Lower, *Something Hidden* (1981); enfin, à Halifax, Kent Martin, *Empty Harbours, Empty Dreams* (1979, v.f. *Des ports déserts, des rêves enfuis*). À la fin des années 70, le Québec mobilise de nouveau son talent pour le documentaire et réalise des films sur la musique québécoise (série *Le Son des Français d'Amérique*, 1973-1977), les autochtones (série *Carcajou et le péril blanc*, 1973-1976), son patrimoine (série *La Belle Ouvrage*, 1977-1980), les défavorisés (série *Les Exclus*, 1978) et la vie quotidienne (série *Chronique de la vie quotidienne*, 1973-1978).

Même si la télévision commence à affecter la façon de faire les documentaires, les cinéastes canadiens continuent de produire d'excellents documentaires. Ron Mann tourne quatre longs métrages documentaires remarquables: *Imagine the Sound* (1981) et *Poetry in Motion* (1982) explorent l'univers du jazz et de la poésie, tandis que *Comic Book Confidential* (1988) et *Twist* (1992) traitent de la culture populaire. Brigitte Berman tourne deux films sur les grands artistes américains de jazz et de blues: le trompettiste Bix Beiderbecke dans *Bix: ain't anybody play like him yet* (1981) et *Artie Shaw: Time Is All You've Got* (1985), un film sur le célèbre clarinettiste américain, qui lui vaut l'Oscar du meilleur film documentaire. John Walker produit *Strand* (1989), un excellent documentaire sur le grand photographe américain Paul Strand.

Les œuvres les plus intéressantes ces dix dernières années proviennent de documentaristes indépendants, alors que les compressions draconiennes du gouvernement limitent de plus en plus le rôle joué par l'ONF. La production est aussi diversifiée que le sont les cinéastes. Sur la côte Ouest, Nettie Wild réalise deux documentaires politiques: *A Rustling of Leaves* (1990), qui traite de la guérilla aux Philippines, et *Blockage* (1993), un film sur l'exploitation du bois en Colombie-Britannique. Simcha Jacobovici se penche sur son héritage juif dans *Falasha: Exile of the Black Jews* (1983), *Deadly Currents* (1991; v.f. *Courants meurtriers*) et *Hollywoodism* (1997).

Peter Wintonick et Mark Achbar prennent pour sujet le spécialiste des médias Noam Chomsky dans *Manufacturing Consent* (1992; v.f. *Fabrication du consentement*). Aerlyn Weissman et Lynne Fernie jettent un regard attendri sur l'histoire de l'homosexualité féminine dans *Forbidden Love* (1992), Katherine Gilday examine les troubles alimentaires dans *The Famine Within* (1990), tandis que Janis Lundman et Adrienne Mitchell s'intéressent aux adolescents dans *Talk 16* (1991). Peter METTLER est autant à l'aise pour produire des œuvres de fiction et des documentaires. Dans son film *Tectonic Plates* (1992; v.f. *Les plaques tectoniques*), il ne se contente pas de transcrire la pièce de Robert LEPAGE, et *Vision of Light* (1994) saisit le phénomène fuyant des aurores boréales. Rhombus Media s'est taillé sa place en produisant d'excellents documentaires sur l'art et la musique. Son film le plus connu, *Thirty-two Short Films About Glen Gould* (1993), consiste en un portrait romancé du grand pianiste.

Récemment, plusieurs cinéastes canadiens ont utilisé la reconstitution romancée dans leurs documentaires. Cette façon de faire était très courante dans les années 50, mais dans les années 60, le cinéma-vérité amène plusieurs cinéastes à tenter de représenter la réalité avec le plus de précision possible. Dans les années 70, les cinéastes optent pour le mélange des deux formules. Donald Brittain, avec beaucoup de succès, explore de plus en plus cette avenue vers la fin de sa carrière. Son film *Volcano: An Enquiry into the Life and Death of Malcolm Lowry* (1976; v.f. *Le volcan*) en est un bel exemple. Richard Boutet allie le documentaire et le spectacle de cabaret dans une description lucide du Québec pendant la Première Guerre mondiale dans *La guerre oubliée* (1988).

Le documentaire jouit d'une importance exceptionnelle dans l'art canadien et, plus particulièrement, au cinéma. En effet, le courant réaliste domine même notre cinéma de fiction. Il y a sans doute plusieurs causes à cet état de fait. La méfiance à l'égard de l'imaginaire et de l'irrationnel provient peut-être d'une philosophie utilitaire à la base de notre organisation sociale et culturelle. Certains avancent que le genre du documentaire est né d'un besoin d'apprivoiser les grands espaces sauvages et inaccessibles qui nous entourent. Grierson, dont l'influence sur le cinéma documentaire au Canada a été déterminante, prône une orientation essentiellement éducative et informative. Il cherche ainsi à réduire le fossé entre les individus en montrant le mode de vie de leurs voisins. Cette conception pragmatique a trouvé son expression naturelle dans le cinéma factuel ou documentaire.

Piers Handling

Cinéma, enseignement du Pendant les quelque 40 années qui suivent l'invention du cinéma, les Canadiens ne manifestent que peu d'intérêt pour une formation adéquate de cinéastes ou pour la reconnaissance du cinéma comme moyen d'expression. Pour ce qui est de la formation des cinéastes, l'expérience canadienne d'alors n'a rien d'exceptionnelle. Avant les années 60, la plupart d'entre eux acquièrent les rudiments de leur métier comme apprentis. Par ailleurs, deux facteurs surtout semblent s'opposer à la reconnaissance du cinéma comme moyen d'expression artistique au Canada. Il y a d'abord l'aspect documentaire des premières productions cinématographiques canadiennes. Les Canadiens associent leur cinéma à l'éducation, à la propagande et à la publicité. En second lieu, les films de fiction hollywoodiens qu'ils voient en général ne prétendent aucunement à l'expression artistique.

Les débuts de l'enseignement du cinéma au Canada coïncident avec la création tardive du mouvement des ciné-clubs. Alors que les premiers ciné-clubs voient le jour à Paris en 1924 et à Londres l'année suivante, il faudra attendre en 1935 pour que Donald BUCHANAN rassemble des amateurs de cinéma en nombre suffisant pour créer la National Film Society of Canada (NFS). L'organisme s'inspire dans sa conception du British Film Institute, et se donne pour mission de créer une véritable culture cinématographique. En une année, l'organisme crée des succursales à Ottawa, à Toronto, à Montréal et à Vancouver. Buchanan parvient à faire modifier les règlements douaniers de manière à permettre l'importation de films d'art non destinés aux salles de cinéma. Vers la fin de la décennie, il avait fondé cinq autres ciné-clubs, dont le premier en milieu universitaire, soit à l'U. de la Colombie-Britannique. De plus, la NFS publie un bulletin d'informations ainsi qu'une édition canadienne de la revue du British Film Institute, *Sight and Sound*.

La SECONDE GUERRE MONDIALE oblige les ciné-clubs à cesser leurs activités. Mais la guerre entraîne par ailleurs la création, par John GRIERSON, de l'OFFICE NATIONAL DU FILM (ONF). Pendant la guerre, l'ONF accroît considérablement la présence du cinéma au Canada et offre d'innombrables projections de ses œuvres dans les salles de cinéma et ailleurs. Il suscite pour la première fois un intérêt à l'égard du cinéma canadien. Il offre aussi une formation à une génération de Canadiens appelés à devenir, dans les décennies d'après-guerre, les principaux cinéastes au pays.

À la fin de la guerre, lorsque les ciné-clubs reprennent leurs activités, le mouvement jouit de ce qui pourrait maintenant être considéré comme son âge d'or. La National Film Society, rebaptisée Institut canadien du film dans les années 50, devient le centre d'un nombre grandissant de ciné-clubs partout au Canada. L'organisme subit bientôt le contrecoup de son propre succès: en 1954, les groupes s'en détachent pour former la Fédération canadienne des ciné-clubs. Animés par Dorothy Burritt, les ciné-clubs membres de la Fédération présentent d'ambitieuses rétrospectives souvent accompagnées de notes de programme détaillées et savantes.

Au milieu des années 60, la Fédération collabore par ailleurs avec les Archives canadiennes du film (créé par l'Institut canadien du film en 1964) afin d'acquérir des copies des classiques du cinéma mondial. Une entente entre l'Institut et le Museum of Modern Art (MoMA), conclue en 1970, permet de projeter au Canada une importante sélection de titres de la collection du MoMA, tandis que la bibliothèque consacrée au cinéma de l'Institut abrite la plus grande collection de photos de films, de livres et de périodiques sur le cinéma au pays. Dès le milieu des années 60, l'Institut publie une série de monographies de film en mettant l'accent sur le cinéma canadien. En 1988, l'Institut partage sa collection de films avec le Conservatoire d'art cinématographique de Montréal et fonde ainsi la Cinémathèque Canada. Parmi les autres centres de cinéma qui doivent leurs origines au mouvement des ciné-clubs figurent la Pacific Cinematheque et l'Ontario Film Institute (qui, depuis 1990, sous l'appellation Cinematheque Ontario, relève du Festival international du film de Toronto).

Le mouvement des ciné-clubs joue aussi un rôle de premier plan dans l'organisation des FESTIVALS DU FILM canadiens. Gerald PRATLEY, pendant longtemps critique de cinéma au réseau anglais de la Société Radio-Canada et cofondateur des ciné-clubs A.G.E. et de Toronto, fonde le Stratford film festival en 1957. Stan Fox et Eric Gee, du ciné-club de Vancouver, collaborent l'année suivante à l'inauguration du festival de cette ville. En 1960, Guy L. Côté, cofondateur de la Fédération canadienne des ciné-clubs, joue un rôle de premier plan dans la création du Festival international du film de Montréal. L'Institut canadien du film (ICF), organise aussi l'Ottawa International Animation Festival et organise toujours cette manifestation deux fois par an.

C'est à des membres de ciné-clubs et au personnel de l'Institut que l'on doit les premiers cours postsecondaires de cinéma au pays. Gerald Pratley donne un cours à l'U. Queen dès 1956. Stan Fox enseigne à l'U. de la Colombie-Britannique en 1960. *The Art of Film,* stage d'études concentrées d'une semaine, est offert par le département de l'enseignement postsecondaire de l'U. McMaster en 1963, et un cours semblable est offert par l'U. Carleton l'année suivante par Peter Morris de l'ICF, avec l'aide de la Fédération canadienne des ciné-clubs.

Le «mcluhanisme» du milieu des années 60, le succès d'EXPO 67 et la naissance d'une industrie du long métrage subventionnée par le gouvernement – tout cela pendant que l'enseignement postsecondaire prend rapidement de l'ampleur – font augmenter considérablement la demande de cours de cinéma dans les universités et les collèges. Peter Harcourt, critique canadien travaillant au British Film Institute, est engagé par l'U. Queen en 1967 pour y donner le premier cours régulier de cinéma. En 1968, le théoricien français du cinéma Jean Mitry inaugure un programme de cinéma à l'U. de Montréal. John Grierson, après avoir quitté l'Office national du film, enseigne à McGill de 1969 à 1971. En 1969, le réalisateur James Beveridge est embauché par l'U. York pour y diriger le département de cinéma.

Vers le milieu des années 70, la plupart des universités canadiennes offraient des cours de cinéma. Cette rapide croissance aboutit en 1976 à la mise sur pied de l'Association canadienne des études cinématographiques, qui, en 1990, commence à publier sa propre revue spécialisée, *The Canadian Journal of Film Studies.* En 1984, une société savante francophone voit le jour, l'Association québécoise des études cinématographiques.

Un certain nombre d'universités canadiennes offrent par ailleurs des programmes de production cinématographique. Les plus importants se trouvent aux universités York, Concordia, de Regina, de la Colombie-Britannique, à la Ryerson Polytechnic University et à l'U. du Québec à Montréal.

Les collèges, les cégeps et les écoles d'art, comme l'Emily Carr Institute of Art and Design, le BANFF CENTRE et l'ONTARIO COLLEGE OF ART AND DESIGN, offrent aussi la formation en production de films. À ce chapitre, le programme de formation en animation inauguré en 1969 par le SHERIDAN COLLEGE (Oakville, Ontario) retient particulièrement l'attention. Les stages d'été du Sheridan College continuent d'attirer les plus grands cinéastes du cinéma d'animation du monde. Un cours de formation en animation numérique tout aussi exigeant a formé de nombreux diplômés à l'industrie d'effets spéciaux à Hollywood et a reçu des

subventions substantielles du secteur privé et du gouvernement provincial.

L'essor de la formation cinématographique a permis d'entrevoir la création au Canada d'une école nationale de cinéma, qui serait le pendant des meilleures écoles européennes ou, au Canada, de l'École nationale de théâtre. En 1982, le Comité d'étude de politique culturelle fédérale a recommandé que l'Office national du film abandonne son rôle de producteur et devienne en fait cette école. La recommandation n'a jamais pris force de loi, mais l'ONF a joué un rôle de premier plan dans la création de l'Institut national des arts de l'écran (Edmonton) et continue d'offrir son aide aux jeunes cinéastes par l'intermédiaire de ses bureaux régionaux.

Les cinéastes canadiens ont également pu acquérir une formation auprès d'organismes indépendants comme le Canadian Screen Training Centre à Ottawa, le Directing, Acting and Writing for Camera Workshop à Toronto, la Vancouver Film School et le Praxis Centre for Screenwriters à Vancouver. La plus ambitieuse de ces écoles privées est le CENTRE CANADIEN DU FILM, fondé par le réalisateur Norman JEWISON en 1988. La mission de ce centre établi à Toronto est d'offrir une formation supérieure aux producteurs, aux scénaristes et aux réalisateurs canadiens qui ont déjà acquis une certaine expérience. Pendant leur scolarité, les étudiants ont ainsi tourné plus de 70 courts métrages et cinq longs métrages.

De nos jours, les cinéastes formés au Canada sont reconnus non seulement au sein de l'industrie croissante du cinéma et de la télévision au pays, mais aussi en occupant des postes clés à l'étranger. Ainsi, la première génération d'étudiants en cinéma formée au Canada prépare l'avenir du cinéma dans des établissements postsecondaires, dans les écoles et à l'intérieur de ce qui est maintenant une culture cinématographique parvenue à sa pleine maturité.

Seth Feldman

Au Québec On ne peut parler réellement d'une prise en compte de la nécessité d'un enseignement du cinéma au Québec qu'à partir des années 40. Les deux principales institutions impliquées dans ce processus sont l'OFFICE NATIONAL DU FILM et le clergé. À l'ONF échoit la partie formation du mandat. L'organisme restera pendant longtemps la principale pépinière de cinéastes et de techniciens au Québec, et ce de façon encore plus marquée après son déménagement à Montréal, en 1956. C'est l'ensemble d'une génération qui fait ses classes à l'école du cinéma documentaire (le cinéma direct) et de l'animation (dans le lignée de Norman MC LAREN). L'ONF organise également des ateliers d'artistes et par le biais de projections ambulantes contribue à l'éducation de la population.

Mais le clergé, bien que réticent au départ, prend rapidement conscience de l'importance de l'éducation cinématographique. Sous son impulsion (l'encyclique *Vigilanti Cura* en 1936) naissent de nombreux ciné-clubs sur le modèle des *films societies.* Animés par des ecclésiastiques progressistes (citons Léo Bonneville ou André Ruzkowski), ils forment toute une population de cinéphiles. En 1949, la JEC (Jeunesse étudiante catholique) fédère les ciné-clubs étudiants et crée la revue *Découpage.* En 1953, c'est au tour du Centre catholique du cinéma de mettre sur pied la revue *Ciné-orientation* et la commission des ciné-clubs d'où émane la revue *Séquence* en 1955, d'abord simple bulletin de liaison.

La RÉVOLUTION TRANQUILLE vient profondément modifier la donne. Le Festival international du film de Montréal (FIFM) est créé, en 1960, en rupture avec un cadre religieux jugé trop moraliste. La revue *Objectif* s'inscrit dans la même mouvance, ainsi que *Connaissance du cinéma,* une corporation privée sans but lucratif fondée par un groupe présidé par Guy L. Côté. Cette dernière prend le nom de Cinémathèque canadienne, en 1964, puis de CINÉMATHÈQUE QUÉBÉCOISE, en 1971, et travaille à

favoriser l'accès à un large public d'une collection de films significatifs.

Mais c'est le rapport Parent – Rapport de la commission royale d'enquête sur l'enseignement – qui, en 1963, précipite l'institutionnalisation de l'enseignement du cinéma au Québec, bientôt inscrit dans les cursus scolaires.

Les premiers cours officiels sont donnés en 1966-67 dans les COLLÈGES CLASSIQUES puis dans les CÉGEPS. En 1967-68, c'est au tour des universités d'emboîter le pas. L'U. Sir George Williams (ancêtre de l'U. Concordia) et l'U. de Montréal mettent progressivement sur pied des programmes en cinéma, suivies bientôt par l'ensemble des universités québécoises. À noter que chacune d'entre elles mise sur une spécificité: l'U. de Montréal oriente sa formation vers les études cinématographiques; l'U. du Québec à Montréal intègre le cinéma comme option à un baccalauréat en communication et crée un certificat en scénarisation; l'U. Concordia favorise la formation professionnelle. Dans cette dernière, le département de cinéma devient, en 1998, la Mel Oppenheim School of Cinema.

Dans ce contexte, la création d'une véritable école de formation professionnelle axée sur la pratique, et non plus l'étude du cinéma, est vivement souhaitée. En 1982, le Rapport de la commission d'étude sur le cinéma et l'audiovisuel vient relayer ce désir. Les stages techniques fleurissent tels que ceux organisés par Parlimage. Les centres d'artistes (Vidéographe), les coopératives (Mainfilm) mettent sur pied des ateliers professionnels ou encore d'initiation au cinéma comme dans le cas de l'Association des cinémas parallèles (héritière du réseau des ciné-clubs). Mais c'est seulement en 1996 que l'Institut national de l'image et du son (INIS) voit le jour. Celui-ci propose une formation en scénarisation, en réalisation ou encore en production, en immersion dans les milieux professionnels télévisuels et cinématographiques, et vient dès lors combler ce vide.

Philippe Gajan

Cinéma, expatriés canadiens (*Voir* EXPATRIÉS CANADIENS DE L'INDUSTRIE DU SPECTACLE)

Cinéma expérimental Bien que certains des films canadiens les plus réussis et les plus appréciés à l'étranger soient des films expérimentaux, ce n'est que depuis les années 60 que le cinéma d'avant-garde existe au Canada. En France, en Allemagne et en ex-URSS, les débuts du cinéma expérimental remontent aux années 20. Même si les difficultés politiques et économiques mettent un terme au cinéma d'avant-garde en Europe, durant les années 30, le cinéma expérimental reste bien vivant en France et aux États-Unis et prend son véritable essor après la Seconde Guerre mondiale.

Le Britannique Norman MCLAREN, que John GRIERSON fait entrer à l'OFFICE NATIONAL DU FILM en 1941, joue un rôle fondamental: il est le premier cinéaste au Canada dont l'œuvre puisse être considérée comme expérimentale. McLaren réalise de nombreux courts métrages expérimentaux d'animation dans lesquels il aborde des thèmes populaires et qui sont restés célèbres. Parmi ceux-ci figurent *Fiddle-de-dee* (1947), *Begone Dull Care* (1949; v.f. *Caprice en couleurs*) et *Blinkity Blank* (1954). Ces films inaugurent la forte tradition des films d'animation canadiens, sans toutefois avoir un effet durable sur la production d'avant-garde. Dans les années 60, l'un des assistants de McLaren, Arthur Lipsett, expérimente la technique de collage. À partir de chutes de documentaires de l'ONF, il crée de nouvelles combinaisons, qui donnent des films souvent satiriques comme *Very Nice, Very Nice* (1961) et *Fluxes* (1967).

Vers la même époque, un photographe belge du nom de Guy Borremans entre à l'ONF comme directeur de la photographie et tourne un film expérimental dans l'esprit du cinéma surréaliste, *La femme-image* (1960), mais cette initiative n'aura pas de suite au Québec. Dans les années 60, des cinéastes québécois innovateurs s'inspirent de la nouvelle vague parisienne et s'emploient à concevoir de nouvelles formes de films narratifs. Le seul expérimentateur québécois de l'époque est Vincent Grenier, qui, dans les années 70, tourne aux États-Unis des films comme *Window Chimes* (1974) et *Interieur, Interior (to AK)* (1978). Ces films permettent de voir l'évolution du «film structural» lancé par Michael SNOW et d'autres cinéastes à la fin des années 60.

L'apparition tardive du cinéma expérimental au Canada après la Seconde Guerre mondiale pourrait s'expliquer par le fait que le cinéma d'avant-garde subit à cette époque l'influence des «peintres gestuels» américains et s'inspire, surtout aux États-Unis, de l'esthétique propre au modernisme. Traditionnellement, les artistes canadiens se consacrent à l'art figuratif et au document, non seulement dans les films documentaires, mais aussi dans la peinture, la poésie et le roman, où ils décrivent paysages et vie sociale. Quelques films expérimentaux sont tournés, parmi lesquels *The Hyacinth Child Bedroom Story* (1966) de Burton Rubenstein, *Buffalo Airport Visions* (1967) de Peter Rowe et *The Palace of Pleasure* (1966) de John Hofsess ainsi que l'œuvre de Lipsett, mais ces œuvres cinématographiques ne donneront pas naissance à un mouvement d'avant-garde. Ce n'est qu'à la fin des années 60, avec le postmodernisme qui accorde plus d'importance à la représentation et à la photographie, que le cinéma canadien d'avant-garde prendra son essor. Les personnages marquants de ce mouvement sont des peintres: Michael Snow, Joyce WIELAND et Jack CHAMBERS.

Chambers commence à réaliser des films qui traitent de thèmes et problèmes propres à la région de London, en Ontario. Ses premiers films naissent de ses réflexions sur la photographie et sur ses célèbres tableaux. Ses films *Circle* (1968-1969) et *Hart of London* (1970) sont le produit de montages complexes et de l'utilisation de chutes de documentaires. Son intérêt pour les caractéristiques photographiques du cinéma le conduit à faire des expériences qui influenceront l'avant-garde canadienne.

Snow et Wieland tournent leurs premiers films importants à New York. Les films de Snow *New York Eye and Ear Control* (1964), *Wavelength* (1967), *(Back and Forth)* (1969) et (à son retour au Canada) *La Région centrale* (1971) sont à l'origine d'une transformation du cinéma expérimental au niveau international. Ils travaillent à concilier les exigences de la représentation photographique et les intérêts matériels et formels de la tradition moderniste. Les films de Wieland, notamment *Reason over Passion* (1969, v.f. *La Raison avant la passion*), *Pierre Vallières* (1972) et *Rat Life and Diet in North America* (1973), auront un impact important sur le cinéma féminin et contribueront à mettre en rapport l'expérimentation cinématographique et le nationalisme canadien.

Même s'il a 10 ans de moins que Snow et Wieland, David RIMMER, qui travaille en Colombie-Britannique, ne tarde pas à se faire reconnaître comme un artiste important avec *Surfacing on the Thames* (1970), *Variations on a Cellophane Wrapper* (1970), *Watching for the Queen* (1973) et un cycle de films paysagistes réunissant *Migration* (1969), *Canadian Pacifique I* et *Canadian Pacifique II* (1974), *Narrows Inlet* (1980) et *Local Knowledge* (1992).

Dans les premiers films canadiens d'avant-garde, trois formes, toutes basées sur les caractéristiques de l'image photographique, se révèlent très importantes et connaissent une grande diffusion. Le film paysagiste est la première de ces formes avec des films tels que *La Région centrale* de Snow, *La Raison avant la passion* de Wieland et le cycle paysagiste de Rimmer. Aucune de ces œuvres ne se limite à représenter le paysage tel qu'il est. Toutes explorent la capacité de l'image photographique à représenter la relation qu'entretient la nature avec la conscience. *Atmosphe-*

re (1979) et *Seeing in the Rain* (1982) de Chris Gallagher, *On Land Over Water (Six Stories)* (1984) de Richard Kerr et d'autres films témoignent de l'importance de cette forme. *Last Days of Contrition* (1988) de Kerr et *Undivided Attention* (1987) de Gallagher seront les derniers.

Vient ensuite le film-journal, qui témoigne de la vie quotidienne du cinéaste. *Circle* de Chamber est un des premiers films importants de ce genre. Les cinéastes s'étudient et étudient comment utiliser l'image pour rendre la vie quotidienne et la manière dont la retranscription photographique transforme la matière naturelle en art. *Hearts in Harmony* (1978) de Judy Steed, *Home for Christmas* (1978) de Rick Hancox, *The Art of Worldly Wisdom* (1980) de Bruce ELDER, *Autobiographical Juvenalia* (1983) de Richard Raxlen et *Notes in origin* (1987) d'Ellie Epp en sont des exemples.

Dans les années 80, de jeunes cinéastes s'intéressent de plus en plus au film-journal, parmi lesquels Phil Hoffman, dont le cycle de films autobiographiques et de portraits de famille commence avec *The Road Ended at the Beach* (1983). *Was* (1989) de Mike Hoolboom, *Transitions* (1982) et *A Trilogy* (1985) de Barbara Sternberg, *Waving* (1987) et *You Take Care Now* (1989) d'Anne Marie Flemming, *Glimpses of My Mother in the Garden* (1991) de Gail Mentlik et *Self-Portrait Taking Stock* (1992) de Gary Popovich témoignent de la popularité et de la vitalité que ce genre conservera pendant plus de vingt ans.

Le troisième courant repose sur la manipulation technique de l'image photographique. Les cinéastes passent des structures simples basées sur la photographie de la fin des années 60 (structures utilisées par Snow et Wieland qui transformeront radicalement le cinéma d'avant-garde) à des manipulations techniques plus audacieuses de l'image, souvent par le biais du tirage optique.

Cellophane Wrapper de Rimmer annonce cette tendance, et ses films *Bricolage* (1984) et *As Seen on TV* (1986) sont parmi les plus appréciés du genre. Le film d'Elder, *1857 (Fool's Gold)* (1981), utilise le tirage optique et ouvre la voie à son impressionnant cycle de films en plusieurs parties *The Book of All the Dead* (terminé en 1992), qui comprend plusieurs sections où l'image est contrôlée par ordinateur et traitée au moyen du tirage optique. *Bridge at Electric Storm* (1973), *Amerika* (terminé en 1982) et *Visual Essays* (terminé en 1984) d'Al RAZUTIS sont d'autres films ambitieux à grand spectacle, présentés en plusieurs parties et s'appuyant sur les procédés de manipulation de l'image des années 80. Le cycle *Book* d'Elder est considéré, à juste titre, comme le film le plus ambitieux et le plus audacieux.

Au cours des années 90, plusieurs cinéastes, jeunes ou confirmés, orientent les techniques de manipulation de l'image dans de nouvelles directions. Carl Brown collabore à *To Lavoisier, Who Died in the Terror* (1991) de Snow, un film marquant. Brown réalise une série de films dans lesquels il utilise des procédés chimiques pour transformer la pellicule, parmi lesquels *Re: Entry* (1990). On trouve d'autres exemples chez Wrik Mead, qui dans *Warm* (1992), allie l'impression expérimentale au psychodrame, et Garine Torossian, qui de la même façon, renouvelle le journal de famille avec *Girl from Moush* (1993).

Au cours des années 80, des facteurs économiques et politiques jouent un rôle de plus en plus important dans le cinéma d'avant-garde. Chambers, Snow et Wieland tournent leurs premiers films sans subvention et sans soutien privé. Toutefois, avec l'essor du cinéma expérimental au Canada, le CONSEIL DES ARTS DU CANADA et les conseils des arts provinciaux et municipaux doivent soutenir ce secteur. Ce qu'ils font en accordant une aide modeste mais constante et en constituant des jurys constitués de pairs. Puis, sous l'effet de l'augmentation en flèche des coûts de production cinématogra-

phique et des compressions budgétaires, l'aide aux cinéastes est graduellement réduite. La maturité, la recherche artistique, le sérieux des thèmes et le raffinement technique dont font preuve les cinéastes canadiens à partir des années 70 ont été reconnus dans plusieurs pays, dont la France, l'Allemagne, le Japon, les États-Unis (ainsi qu'en témoigne l'exposition d'art canadien *O Kanada!* présentée en Allemagne).

Bart Testa

Au Québec, l'essentiel de la production expérimentale québécoise des années 60 et 70 est liée à l'ONF, plus particulièrement à ses deux studios d'animation. On peut citer les abstractions géométriques de René JODOIN comme *Notes sur un triangle* en 1966 et les œuvres abstraites de Pierre HÉBERT, qui utilisent les effets de la persistance rétinienne comme *Op hop Hop op* (1966), *Opus 3* (1967) et *Autour de la perception* (1968), mais aussi les films collages d'Arthur Lipsett qui associent des chutes sonores à des photographies fixes (*Very Nice Very Nice* en 1961, *21-87* en 1962).

De là, la difficulté d'embrasser le cinéma expérimental québécois qui ne dispose d'aucune structure propre (l'expérimental ne fait pas vraiment partie du mandat de l'office) pour l'accueillir ou le diffuser, au contraire de ce qui se passe avec le Winnipeg film group, p. ex. C'est pourquoi, plutôt que de parler d'Écoles, voire de courants de films expérimentaux, il est plus juste de citer des tendances et des filiations.

Les films-collages, où différentes techniques cohabitent, forment globalement la première de ces tendances et s'inscrivent à la suite de Norman MCLAREN. Outre à Lipsett, le film-collage doit ses lettres de noblesse à Charles Gagnon, peintre et photographe, qui réalise *Le huitième jour* en 1967 (ce dernier réalisera par la suite deux autres courts métrages expérimentaux, le très zen *Le Son de l'espace*, 1968 et le structurel *Pierre Mercure*, 1970). Cette tendance est la plus importante et on peut y associer une partie de l'œuvre de Veronika Soul, de Michèle Cournoyer ou, plus récemment, les films de Michel DeGagné (comme *Sales images*, 1988 ou *Objets perdus*, 1990, coréalisés avec Michel Gélinas). Ces réalisations ont la particularité de se doubler d'un discours social. C'est le cas de nombre de films de Fernand Bélanger, p. ex., *L'initiation* (1967) et *L'Émotion dissonante* (1984), qui traitent du phénomène de la drogue. Ce recours à la parole, au discours, est constitutif d'une grande partie du cinéma québécois francophone; on n'a qu'à penser à l'ensemble de l'œuvre de Gilles GROULX qui, bien que n'étant pas considéré comme cinéaste expérimental dans le sens strict du terme, a poussé très loin les expériences sur la structure des films pour amener un propos très critique sur la société.

Plus formelles, les associations images et musique, tendance qu'il est difficile de ne pas associer encore à McLaren, ont donné plusieurs œuvres importantes. Citons *Amana* de Gilles Fortin ou *Quick Shadows* (1971) de Bill Wees (le plus proche après Vincent Grenier du cinéma minimal américain des années 70). Jean-Claude Labrecque réalise *L'Essai à la mille* (1970) sur la musique de Pierre Henry, Serge Denko rend hommage à Jean Mitry dans *Rythmes et mouvements* (1985) et, dans *Beluga Crash Blues* (1997), Dominic Gagnon filme un parc d'attraction sur du Olivier Messaien.

La troisième tendance est proche du surréalisme et du dadaïsme. Une partie du travail de Joyce Borenstein ou de Lois Siegel peut y être associée. Citons encore des œuvres plus isolées comme *La Femme* image (1960) de Guy Borremans, *T-Bone steak chez les mangeuses d'hommes* (1968) de Hughes Tremblay et Gilles Marchand ou *Zeuzère de Zégouzie* (1970) de Jean-Guy Noël.

À partir des années 80, c'est l'accès à la vidéo et aux nouvelles technologies qui domine (*voir* ART VIDÉOGRAPHIQUE). Le cinéma expérimental s'intéresse alors à son essence, c.-à-d. à sa matérialité, en manipulant directement la pellicule – François Miron ou Louise Bourque travaillent le tirage optique – ou en proposant des œuvres de cinéma élargi – avec *Face à la caméra*, Michel Lamothe met en rapport cinéma et photographie. D'autres, au contraire, explorent les possibilités de l'ordinateur comme Jeanine Manzi Comeau dans *Métaforme* (1983).

Enfin, mentionnons le film-journal intime, film essai qui utilise souvent des d'images d'archives et de films de familles, auquel s'apparentent les documentaires de facture plus poétique. *Au rythme de mon cœur* (1983) de Jean-Pierre LEFEBVRE, *Reconstruction* (1995) de Laurence Green ou *Mothers of Me* (1999) d'Alexandra Grimanis sont des exemples de cette tendance plus récente.

Dès 1982, la coopérative de production Mainfilm, fondée par des diplômés de l'UNIVERSITÉ CONCORDIA, tente de porter le flambeau du cinéma expérimental, en se mettant aux service des cinéastes indépendants et en organisant une biennale, *Les 5 jours du cinéma indépendant canadien*, de 1988 à 1995. Les œuvres de cinéastes qui travaillent au Québec tels que Richard Raxlen, Velcrow Ripper, Raphael Bendahan, Jean-Claude Bustros ou encore Mark Nugent y ont été présentées.

Philippe Gajan

Cinéma francophone hors Québec La nécessité d'infrastructures techniques et les moyens exigés par le cinéma limitent toujours l'implantation de centres de production dans les régions moins bien pourvues en ces domaines. Jusqu'aux années 70, les tournages qui ont lieu hors Québec en français découlent de l'activité de rayonnement régional de l'OFFICE NATIONAL DU FILM. Jusqu'en 1956, le siège social de l'ONF est à OTTAWA et des francophones y travaillent. Les films qui se tournent en français hors Québec sont essentiellement le fait de Québécois. Rares sont les francophones de l'ONF issus d'autres provinces que le Québec (Léonard Forest est acadien). En 1964, l'ONF déménage son siège social à Montréal mais cela n'incite pas les dirigeants de la section de la production française à s'implanter en ONTARIO, en ACADIE ou dans l'Ouest.

En 1972, le gouvernement fédéral annonce une nouvelle politique cinématographique qui suggère la régionalisation des activités de l'ONF et le partage de sa production commanditée. La Production française crée donc, en 1974, trois centres de production hors Québec: à MONCTON, TORONTO et WINNIPEG. Les premières productions sont plutôt culturelles dans l'Ouest et sociopolitiques dans l'Est. Le but de l'ONF est de répondre à l'un des objectifs du gouvernement qui consiste à encourager les réalisations reflétant le paysage socioculturel et francophone du Canada. Cette production hors Québec engendre des conflits avec les cinéastes québécois mais l'ONF ne peut remettre en cause la volonté politique gouvernementale.

L'Acadie s'avère la région la plus productive, à l'image de l'effervescence culturelle qui marque le réveil acadien des années 1960-70. Entre 1975 et 2000, on y tourne quelque 70 films, essentiellement des courts et des moyens métrages. Un réalisateur se démarque par le nombre de ses productions: Herménégilde CHIASSON. Cependant il faut dire que le cinéma acadien est surtout un cinéma de femmes, les réalisatrices (Bettie Arseneault, Renée Blanchar, Claudette Lajoie, Monique LeBlanc, Ginette Pellerin) y occupant une place majeure, probablement la plus importante au Canada en termes relatifs: près de 50%. Il s'agit dans l'ensemble d'un cinéma qui, plutôt que de se préoccuper de l'aspect formel, met l'accent sur la perspective communicationnelle. En plus d'*acadianité*, ce cinéma parle souvent de culture, d'histoire et de question nationale, s'interroge sur la présence de l'église catholique et dit l'importance de la mer et l'attachement qu'on y porte. La présence de l'ONF et les besoins de la télévision ont favorisé la création de petites maisons de production, comme Les Productions du Phare-Est. Elles avaient été précédées par de rares coopératives, dont Cinémarévie (Edmunston). On a assisté aussi à quelques tentatives de production de films de fiction, dont *Le Violon d'Arthur* (Jean-Pierre Gariépy, 1991) et *Le Secret de Jérôme* (Phil Comeau, 1994) mais l'expérience ne se révèle pas concluante. La création de Film Nouveau-Brunswick, en 1996, devait aider le développement d'une cinématographie néo-brunswickoise, mais, là encore, les fruits tardent à mûrir. Il ne reste finalement que l'ONF comme véritable moteur cinématographique dans les Maritimes.

L'Ontario emprunte une voie analogue mais peu de réalisateurs poursuivent leur travail sur plusieurs films. Mentionnons Jacques Ménard, Claude Grenier, Yves Bisaillon et Claudette Jaiko. On retrouve d'ailleurs au générique des films de nombreux noms de cinéastes québécois. Le studio Ontario privilégie les séries en coproduction: «Transit 30/50» (1987, 13 c.m., copr. Les Productions du sept avril) qui raconte une tranche de la vie de personnes âgées de 30 à 50 ans; «À la recherche de l'homme invisible» (1991, 12 c.m., copr. Aquila Productions) qui démontre une volonté de cerner et d'affirmer l'identité locale; «L'Urgence de se dire» (1993, copr. Aquila) qui témoigne de la vitalité des artistes francophones ontariens. Depuis la création du studio, la personnalité culturelle franco-ontarienne fait partie des thèmes privilégiés. On n'a qu'à se rappeler le long métrage *Cano, notes sur une expérience collective* (J. Ménard, 1979). Ces films veulent prouver que les Franco-Ontariens ont raison de se battre pour survivre et vivre dans leur langue. Tout comme en Acadie, les réalisations de la fin des années 90 veulent rompre avec le *localisme* pour déborder sur des sujets contemporains et d'intérêt général.

La démarche est fort semblable dans les réalisations du studio Ouest bien que l'étendue géographique visée soit plus large. C'est grâce à celui-ci que la franco-albertaine Sylvie Van Brabant fait ses premières armes (*C'est l'nom d'la game*, 1977) avant de déménager au Québec afin de poursuivre sa carrière. C'est évidemment l'endurance manitobaine qu'on devra en premier lieu, en faisant même appel à Gabrielle ROY qu'on adapte dans *Le Vieillard et l'enfant* (Claude Grenier, 1985). Mais toutes les implantations francophones de SASKATCHEWAN, d'ALBERTA ou de COLOMBIE-BRITANNIQUE sont mises en valeur par les cinéastes, notamment dans la série «Franc-Ouest» (1989-1990, 6 c.m.).

Grâce à l'intervention de l'ONF, la culture, l'histoire et la réalité francophones hors Québec trouvent une place à l'écran qui n'existait pas avant la régionalisation. L'absence quasi totale de productions indépendantes montre, en revanche, que sans cette politique volontariste, l'expression cinématographique du fait francophone serait un vain souhait. Les films produits en région circulent rarement hors de leur milieu d'origine, le réseau national de RADIO-CANADA ne les programmant presque jamais à son horaire régulier. Malgré tout, et bien qu'elle ne prouve pas, sauf en Acadie, qu'un cinéaste puisse vraiment faire carrière dans ce secteur, la centaine de films issue de la régionalisation constitue un matériau riche pour connaître la vitalité des communautés francophones hors Québec.

Pierre Véronneau

Cinéma, histoire du C'est à l'automne 1897 que sont tournés les premiers films canadiens, soit un an après la première projection cinématographique publique au Canada ayant elle-même eu lieu le 27 juin 1896, à Montréal. Le réalisateur de ces films, un fermier manitobain nommé James Freer, y décrit la vie quotidienne dans les Prairies. En 1898-1899, le Canadien Pacifique (CP) en organise la présentation dans tout le Royaume-Uni afin de promouvoir l'immigration. Ils rapportent un tel succès que le gouvernement fédéral subventionne une seconde tournée effectuée par Freer en 1902, et que le CP finance directement la production de films encourageant l'immigration. Le CP charge une compagnie britannique de mettre sur pied une équipe de cinéastes, la Bioscope Company of Canada, pour produire *Living Canada*, une série de 35 films décrivant la vie canadienne et un film de fiction de 15 minutes (le premier au Canada) intitulé *Hiawatha, the Messiah of the Ojibway* (1903). En 1910, le CP confie à la Edison Company la production de 13 films de fiction décrivant la vie des colons de l'Ouest. Ces films de propagande sont représentatifs de la production cinématographique canadienne jusqu'en 1912: financés par des Canadiens, mais réalisés par des étrangers ayant comme objectif de promouvoir le pays ou les produits canadiens à l'étranger. Les quelques Canadiens (tels Ernest OUIMET de Montréal, Henry Winter de Terre-Neuve et James Scott de Toronto) qui produisent des films de leur propre initiative se limitent à l'actualité ou aux voyages. Pendant ce temps, les maisons de production américaines commencent à utiliser les paysages canadiens dans leurs films de fiction décrivant d'infâmes bûcherons canadiens-français, des Métis, des chercheurs d'or et de nobles représentants de la Gendarmerie royale.

Après 1912, plusieurs villes canadiennes voient l'éclosion de compagnies qui produisent aussi bien des films de fiction que des documentaires. À Halifax, la Canadian Bioscope Company produit le premier long métrage canadien, *Évangéline* (1913), d'après le poème de Longfellow sur la déportation des Acadiens. C'est un succès, tant sur le plan financier que du point de vue de la critique. Cette compagnie tourne d'autres films qui obtiennent moins de succès avant de fermer ses portes en 1915. La British American Film Company de Montréal, une des nombreuses compagnies éphémères montréalaises, produit *Dollard des Ormeaux* (*The Battle of the Long Sault,* 1913). À Toronto, la Conness Till Film Company tourne plusieurs comédies et films d'aventure (1914-1915) et à Windsor, la All Red Feature Company produit *The War Pigeon* (1914), drame portant sur la guerre de 1812.

La montée du nationalisme canadien pendant la Première Guerre mondiale favorise la production canadienne et donc l'ensemble de l'industrie. À cette époque, les premières actualités sont largement diffusées, la chaîne canadienne Allen Theatres et ses compagnies de distribution prennent de l'expansion, et les gouvernements ontarien (1917) et fédéral (1923) mettent sur pied leur office du film. Parmi les chefs de file de cette période de grande croissance figurent des producteurs comme George Brownridge, principal promoteur de studios à Trenton (Ontario) et producteur de trois longs métrages dont *The Great Shadow* (1919), Ernest Ouimet, producteur, distributeur et propriétaire de salles, qui ouvre la première salle de cinéma luxueuse au monde, à Montréal (1907), Blaine Irish, directeur de Filmcraft Industries, producteur du long métrage *Satan's Paradise* (1922) et de deux séries de courts métrages commerciaux, Ben Norrish, premier directeur du Canadian Government Motion Picture Bureau, qui dirigera plus tard l'Associated Screen News, Charles et Len Roos, producteurs, réalisateurs et cadreurs de plusieurs films dont le long métrage *Self Defence* (1916), et finalement, A.D. Kean, dit Cowboy, cadreur et producteur à partir de 1912.

Le producteur le plus connu demeure Ernest SHIPMAN, dont la réputation de pionnier est déjà établie aux États-Unis lorsqu'il revient au Canada en 1919, avec sa femme Nell Shipman, auteure et actrice, pour tourner *L'instinct qui veille* (*Back to God's Country*), à Calgary. Ce film d'aventure à saveur romantique décrit la victoire d'une vaillante héroïne sur l'infamie et est distribué partout dans le monde, rapportant à ses commanditaires de Calgary des bénéfices de 300 p. 100. Au cours des trois années qui suivent, Shipman fonde plusieurs compagnies dans plusieurs villes canadiennes et produit six autres longs métrages réalisés d'après des romans canadiens. Contrairement à l'usage de l'époque, il ne filme pas en studio, mais en décors naturels. Ces films – *God's Crucible* (1920), *Cameron of the Royal Mounted* (1921), *The Man From Glengarry* (1922) et *The Rapids* (1922) – ne rapportent pas autant que le premier, mais connaissent un certain succès. Seul son dernier film, *Blue Water* (1923), tourné au Nouveau-Brunswick, est un échec total. Presque oublié, Shipman quitte le Canada et meurt en 1931.

Le départ de Shipman marque la fin d'une courte période d'activité cinématographique qui avait débuté pendant la Première Guerre mondiale. On ne tourne que deux longs métrages en 1923 (contre neuf en 1922) et même la production de courts métrages accuse un net recul. Par contre, les films hollywoodiens dont l'intrigue se déroule au Canada se multiplient. À cette époque, les recettes des distributeurs canadiens commencent à faire partie intégrante du marché intérieur américain, et Hollywood prend la tête des compagnies de distribution et d'exploitation des salles. La chaîne Allen Theatres (1923), achetée par la Famous Players Canadian Corporation, donne à cette dernière la mainmise sur le marché canadien de la distribution. Hollywood menace également les industries cinématographiques européennes des années 20, mais la majorité des gouvernements européens réagissent rapidement en contrôlant l'origine des compagnies de production et de distribution, ou en stimulant la production nationale, ce que ne fait pas le Canada. La production canadienne des années 20 se limite à quelques productions pour les actualités américaines et à quelques courts métrages ou documentaires subventionnés, produits par les offices du film gouvernementaux et par des compagnies privées.

La production reprend quelque peu en 1927. En effet, des investisseurs privés rassemblent 500 000 dollars pour la production de *Carry on Sergeant!*, film qui raconte la participation des Canadiens à la Première Guerre mondiale, écrit et réalisé par Bruce Bairnsfather, auteur et dessinateur britannique. Malgré un bon accueil de la critique, ce film ne reste à l'affiche que quelques semaines. Au cours des années 30, hormis le travail de l'Associated Screen News et la production gouvernementale (qui reçoit sa part de restrictions budgétaires pendant la Crise), l'industrie cinématographique canadienne devient à toutes fins utiles une succursale hollywoodienne. La production de longs métrages se limite à quelques films produits pour satisfaire les quotas d'une loi britannique, selon laquelle doit être projeté dans les salles de Grande-Bretagne un certain nombre de films britanniques ou du Commonwealth.

Des compagnies à «quotas», considérées comme canadiennes aux yeux de la loi mais financées par Hollywood, s'établissent à Calgary, à Montréal et à Toronto. La plus active reste la Central Films de Victoria (C.-B.) dont la production totalise 12 films de 1935 à 1937. Dans plusieurs de ces films d'aventures à petit budget, l'action ne se déroule même pas au Canada, et aucun d'entre eux ne peut être considéré comme canadien, au sens culturel du terme. Cette production s'interrompt en 1938, lorsque les Britanniques excluent de leur protection la production du Commonwealth, en partie à cause de la manière dont le Canada permet à Hollywood de contourner la loi.

De cette période il ne ressort qu'un seul film, *The Viking*, un long métrage dépeignant la vie périlleuse des chasseurs de phoques de Terre-Neuve réalisé en 1930-1931 par l'Américain Varick Frissell et qui en fait n'est pas une production canadienne. C'est un bon exemple de ce que deviendra le cinéma canadien: une production mi-documentaire, mi-fictive, qui met en relief les plus subtils détails des décors naturels qui explore les relations entre les gens et leur environnement. Ces particularités du cinéma canadien vont longtemps caractériser la production canadienne.

Toutefois, en 1930, cette tendance n'a pas vraiment de continuité. L'industrie commerciale a disparu, l'Ontario Motion Picture Bureau ferme ses portes, et même l'office du film fédéral interrompt ses activités. Seuls quelques particuliers (entre autres, Bill Oliver en Alberta et Albert Tessier au Québec) et l'Associated Screen News (fondée en 1920 et active jusqu'en 1958) exercent encore quelque activité créatrice. Bien que cette dernière compagnie montréalaise tire ses principaux revenus des films d'actualités et de subventions, elle produit deux séries de courts métrages largement diffusées: *Kinograms* dans les années 20 et *Canadian Cameo* de 1932 à 1953. Ces films très inventifs en réalisation sont produits sous la direction de Gordon Sparling et généralement réalisés par lui, représentent pratiquement à eux seuls le cinéma canadien de l'époque, tant au pays qu'à l'étranger. Cette situation particulière se modifie à la fin des années 30, quand naissent de nouvelles sociétés de production cinématographiques, qu'apparaissent les cinémas Odeon en concurrence avec Famous Players et qu'est déposé le rapport de John GRIERSON, en 1938, rapport qui aboutit à la création de l'Office national du film (ONF).

Peter Morris

Cinéma au Canada anglais

L'histoire du cinéma canadien-anglais est une suite de réussites sporadiques, accomplies dans l'isolement et sur un chemin semé d'embûches. À cause des restrictions de capitaux, d'un petit marché et d'un milieu hostile, ce cinéma connaît d'extrêmes difficultés de production et de distribution. Son histoire est également marquée par la lutte contre le monopole d'Hollywood et par la nécessité de conquérir un public qui ignore son existence. On comprend les raisons de sa faible production quand on sait que ses principaux débouchés, quant à la distribution, sont entre les mains d'étrangers. Sans accès au marché, aucune industrie ne peut se développer.

La Seconde Guerre mondiale amène des changements, dont la création de l'ONF, qui entreprend la formation des cinéastes canadiens. L'ONF est, en quelque sorte, une école du cinéma et il est normal qu'avec le temps son équipe consacre ses efforts à la production de longs métrages de fiction, vu la complexité et la grande popularité de ce type de cinéma. Certains signes permettent de voir qu'après la guerre, le cinéma canadien suit cette tendance, mais les quelques projets de longs métrages de fiction qu'on tentait de réaliser ont été avortés pendant 20 ans, à cause de la brutale intervention d'Hollywood veillant à ses intérêts.

Le problème est de taille et met en cause la suprématie d'Hollywood sur le Canada. Après la guerre, le Canada, comme de nombreux autres pays, reste financièrement le débiteur des États-Unis. En 1947, le gouvernement restreint en conséquence l'importation d'un grand nombre de biens. Il est aussi question des recettes cinématographiques, et la rumeur court qu'un régime de quotas obligerait Hollywood à réinvestir au Canada une partie de ses bénéfices recueillis au pays. Ce régime ne voit jamais le jour. On signe plutôt un projet de coopération, en vertu duquel les profits tirés du Canada reviennent aux géants du cinéma américain en échange de quoi ceux-ci s'engagent à stimuler le tourisme au Canada en y faisant allusion dans leurs films. La pression nationaliste exercée en faveur des Canadiens est un échec, et on laisse ainsi passer l'occasion d'accumuler des capitaux en taxant l'argent américain. L'ONF, qui fait des pressions en ce sens, voit elle aussi ses espoirs déçus. Cette situation permet de comprendre pourquoi la production cinématographique canadienne est presque inexistante jusqu'au milieu des années 60.

Un seul long métrage canadien-anglais est tourné hors du Québec au cours des années 40: *Bush Pilot*

(1946), imitation du *Captains of the Clouds* (1942) d'Hollywood. Six longs métrages anglophones voient le jour pendant les années 50. Tyrone GUTHRIE, un des fondateurs du théâtre shakespearien de Stratford (Ontario) réalise une version de *Œdipe roi* de Sophocle (*Œdipus Rex*, 1956). Un jeune Canadien, Sidney FURIE, réalise deux films hautement prometteurs ayant pour objet la révolte des jeunes contre la société. *A Dangerous Age* (1957) et *A Cool Sound from Hell* (1959) attirent l'attention de la critique internationale et plus particulièrement britannique. Cependant, devant l'indifférence que les Canadiens montrent envers ses films, Furie émigre en Grande-Bretagne en 1960 et ne tourne plus d'autres films au Canada. C'est là un exemple typique de l'exode du talent canadien à cette époque.

Les années 60 débutent par la production de films insipides et banals, un de ces films utilise le procédé en trois dimensions à la mode à cette époque (*The Mask*, 1961). Mais un vent d'optimisme souffle et les choses vont bientôt changer. Un cinéaste et réalisateur d'Ottawa, F.R. CRAWLEY, dit Budge, consacre son énergie intarissable à la production de longs métrages et réalise *Amanita Pestilens* (1963) ainsi que le récit d'un vaillant immigrant, *The Luck of Ginger Coffey* (1964).

Au début des années 60, l'ONF, qui se limite surtout aux documentaires, produit tout de même deux longs métrages à l'image d'une nouvelle ère. *Un autre pays* (*Drylanders*, 1963), qui s'intéresse à l'histoire, et *Départ sans adieux* (*Nobody Waved Good-bye*, 1964) réalisé par Don OWEN, qui s'attarde aux problèmes de deux adolescents torontois.

La quantité de films réalisés augmente et la qualité également. Les recherches esthétiques du cinéma français de la «nouvelle vague» débouchent sur un art plus «personnel», et la caméra légère et mobile en 16 mm, moins onéreuse, rend plus abordable une activité jusque-là réservée à quelques privilégiés. Au Canada déferlent alors les longs métrages à petit budget, qui sont surtout produits en milieu universitaire. Le premier de ces films, tourné par Larry KENT, étudiant à l'U. de la Colombie-Britannique, soulève les plus vives controverses. Avec ses scènes d'érotisme, *The Bitter Ash* (1963) attire l'intérêt public du jour au lendemain. Il tourne ensuite deux autres longs métrages sur la côte Ouest, puis s'établit dans l'Est.

Nombre d'autres étudiants produisent des longs métrages, certains n'étant que des réalisateurs d'un jour, d'autres s'intégrant ensuite à l'industrie. Parmi ces films à budget réduit, citons *Winter Kept Us Warm* (1965), *Slow Run* (1968), *The Columbus of Sex* (1969), *The Plastic Mile* (1968) et *Great Coups of History* (1968). David CRONENBERG, auteur de deux films expérimentaux et futuristes, alors qu'il est étudiant et avant qu'il ne s'engage dans une production plus commerciale, est une des figures importantes du cinéma de cette époque.

Les nouveaux cinéastes des années 60, tant francophones qu'anglophones, sollicitent l'aide du gouvernement pour soutenir cette industrie naissante. En 1967, le gouvernement fédéral s'y engage en créant la Société de développement de l'industrie cinématographique canadienne, maintenant TÉLÉFILM CANADA, et lui alloue un budget de 10 millions de dollars. Le mandat de la SDICC se limite à la production et exclut la distribution et l'exploitation.

Au début, la SDICC subventionne des projets de cinéastes peu expérimentés, dont les réalisations se soldent souvent par des échecs commerciaux et artistiques. Quelques imitations du modèle américain n'obtiennent pas plus de succès. Par contre, deux films ouvrent de nouveaux horizons. En 1968, sans l'aide de la SDICC, Paul ALMOND tourne *Isabel*, dont l'histoire se déroule en Gaspésie et met en vedette Geneviève BUJOLD. En 1970, le Torontois Don SHEBIB marque un tournant avec *En roulant ma boule* (Goin' Down the Road), un succès commercial et artistique qui attire les foules partout au pays. Ces deux films très ancrés dans la réalité canadienne tant géographique qu'humaine nous illustrent des personnages décrits avec une grande sensibilité dans la plus pure tradition canadienne. Dans leur lignée suivent *Paperback Hero* (1973), *The Hard Part Begins* (1973), *Wedding in White* (1972), *The Only Thing You Know* (1971), *Montreal Main* (1973) et *The Rowdyman* (1971). Le premier long métrage tourné par une femme, *Madeleine Is...* (1971), est produit sur la côte Ouest pendant cette période fébrile.

La plupart de ces films sont réalisés avec un petit budget, et aucun d'entre eux n'obtient un grand succès commercial. Des pressions sont exercées auprès de la SDICC pour qu'elle mette en valeur les créations qu'elle subventionne, soit en réglementant le marché cinématographique pour favoriser la diffusion sur nos écrans des films canadiens, soit en joignant talents américains et canadiens. À cet égard, le gouvernement canadien négocie, en 1973, un accord avec les deux grands réseaux américains propriétaires de salles. Cette tentative se solde par un échec, et le gouvernement refuse de s'engager plus à fond. De plus en plus, on a recours aux vedettes et aux réalisateurs étrangers, dont certains participent à la production des films en tant que coproducteurs.

Toutefois, le gouvernement fédéral adopte des mesures importantes pour encourager le financement de la production nationale, notamment des abris fiscaux et un programme de déduction pour amortissement, ce qui se traduit par un accroissement des investissements. Ce changement de politique entraîne une concurrence bénéfique, tant dans l'industrie que chez les organismes gouvernementaux responsables du cinéma. On accorde dorénavant la priorité au cinéma commercial à grand budget, laissant de côté le cinéma dit culturel à petit budget, et on remanie la direction de la SDICC, en 1978, pour qu'elle reflète cette nouvelle orientation. Le cinéma n'est plus un art, mais une industrie, la priorité étant donnée aux producteurs plutôt qu'aux réalisateurs.

D'abord, le recours au talent étranger demeure plutôt rare et permet la réalisation de deux films de qualité, qui connaissent un grand succès: *L'apprentissage de Duddy Kravitz* (*The Apprenticeship of Duddy Kravitz*, 1974) et *Les Mensonges que mon père me contait* (*Lies My Father Told Me*, 1975). Malheureusement, force est de constater que ces films sont l'exception et non la règle. L'enfilade de coproductions internationales et de films faisant appel aux vedettes internationales dans des productions bêtement commerciales, caractéristiques de la fin des années 70, aboutit à un fiasco financier presque total.

Si la plupart des films de la période commerciale des années 70 souffrent d'une crise d'identité, quelques-uns font exception à la règle. *Pitié pour le prof* (*Why Shoot The Teacher*, 1976) et *Mais qui a vu le vent?* (*Who Has Seen the Wind*, 1977), deux adaptations de romans canadiens, connaissent un certain succès sans toutefois renier leurs origines. Avec des films d'épouvante, *Rage* (*Rabid*, 1977), *La Clinique de la terreur* (*The Brood*, 1979) et *Scanners* (1980), David Cronenberg gagne ses lettres de noblesse au pays et à l'étranger. Un certain essoufflement élimine les opportunistes attirés par l'argent et laisse le champ libre aux réalisateurs dont les motivations sont moins commerciales. En 1983, la SDICC change de nom et devient Téléfilm Canada, ce qui affiche mieux sa nouvelle orientation. Les projets sont en majorité destinés à une diffusion télévisuelle plutôt qu'à une distribution en salle, et il semble difficile d'éliminer les cinéastes qui tiennent absolument à produire des longs métrages pour les salles. Partout au pays, des coopératives régionales apparaissent et forment de jeunes cinéastes qui défendent un cinéma d'auteur. Naît alors une nouvelle génération de cinéastes et de producteurs talentueux.

The Grey Fox (1982) de Phillip BORSOS redonne confiance à l'industrie et donne aux Canadiens

l'impression qu'ils peuvent produire des œuvres de grande qualité. A posteriori, on peut dire qu'il s'agit d'un film clé, d'un rayon de lumière éclairant les sombres années de productions bénéficiant des abris fiscaux. D'autres suivent rapidement son exemple. Une nouvelle génération de cinéastes profite des nouvelles politiques gouvernementales et des budgets qui leur permettent de tourner une première œuvre.

D'autres politiques permettent d'aider la production et la distribution des films canadiens, un secteur toujours perçu comme le talon d'Achille de l'industrie cinématographique. En 1987, la Société de développement de l'industrie cinématographique ontarienne (OFDC) est fondée. Cette société gouvernementale est un modèle pour les autres provinces, qui suivent son exemple. Cette confiance retrouvée conduit à un renouveau du cinéma, le plus souvent dans la réalisation de productions indépendantes à petit budget provenant des quatre coins du pays. C'est en soi une étape importante, puisque avant cela, à quelques exceptions près, la production se limitait aux métropoles que sont Montréal et Toronto. De nos jours, les films proviennent de toutes les régions.

La Colombie-Britannique est le troisième centre de production cinématographique en importance au Canada. En 1985, Sandy Wilson tourne une charmante histoire sur le passage à l'âge adulte dans les années 50, *My American Cousin*, suivie de *American Boyfriends*, en 1989. Ses productions, qui poursuivent le chemin tracé par le *Grey Fox* de Borso, contribuent grandement à faire revivre le cinéma de Vancouver. Patricia Gruben, cinéaste expérimentale d'une grande originalité, réalise trois productions caractéristiques: *Low Visibility* (1984), *Deep Sleep* (1990) et *Ley Lines* (1993). D'autres femmes cinéastes importantes se font connaître par leur vision singulière. Le délicieux *Double Happiness* (1994) de Mina Shum raconte le dilemme d'une adolescente sino-canadienne qui tente d'échapper aux traditions de sa famille étouffante. De son côté, Lynne Stopkewich, jeune cinéaste talentueuse, adapte avec succès une nouvelle de Barbara Gowdy dans sa première production, *Kissed* (1996; v.f. *Extase*), qui raconte l'histoire d'une jeune femme nécrophile. John Pozer produit un premier film original, l'étrange *The Grocer's Wife* (1991), suivi de *The Michelle Apartments* (1995). Bruno Pacheco, un autre cinéaste de la Colombie-Britannique, connaît plus ou moins de succès avec *Traveller* (1989), un premier film joliment réalisé.

Les Prairies sont aussi le théâtre d'un certain nombre de films très personnels. Anne WHEELER est l'une des plus importantes cinéastes; elle débute avec un drame familial poignant, *Loyalties* (1986), et poursuit avec l'histoire candide d'une jeune chanteuse qui se déroule pendant la Seconde Guerre mondiale, *Bye Bye Blues* (1989). La réalisation la plus originale est celle produite par des anciens du Winnipeg Film Group qui, après avoir touché au court métrage, se sont mis à produire des longs métrages. John Paizs ouvre la voie avec un film fou, *Crime Wave* (1985), mais c'est Guy MADDIN qui se taille une réputation internationale. Son style très personnel allie les conventions du cinéma muet, l'ironie et un goût postmoderne pour l'incongruité. *Tales of Gimli Hospital* (1988), *Archangel* (1990), l'excellent CAREFUL (1992) et *Twilight of the Ice Nymphs* (1997) constituent une œuvre remarquablement cohérente, qui fait de Maddin l'enfant chéri du film-culte.

Sur la côte est, c'est Bill MacGillivray qui possède la vision la plus singulière. Il s'inspire de ses origines néo-écossaises et ses œuvres sont le reflet de son intégrité et de son intelligence. Son premier film, d'une durée d'une heure, *Aerial View* (1979), est le précurseur d'œuvres plus ambitieuses comme *Stations* (1983), *Life Classes* (1987), *Vacant Lot* (1989) et *Understanding Bliss* (1990). Mike Jones, de Terre-

Neuve, s'inspire d'une tradition humoristique locale dans *The Adventures of Faustus Bidgood* (1986) et *Secret Nation* (1992). L'autre cinéaste reconnu dans la région est Paul Donovan, dont la carrière est couronnée de succès par ses films commerciaux.

Toutefois, c'est à Toronto que se trouve le plus grand nombre de cinéastes canadien-anglais, parmi lesquels il faut citer David Cronenberg et Atom Egoyan. Cronenberg est à la fois le mentor et l'exemple. Il démontre qu'un cinéaste canadien peut, tout en demeurant au Canada, produire des films personnels et s'imposer sur la scène internationale. En tant qu'auteur profondément original, il a su explorer de film en film son univers personnel fait d'angoisses et de peurs. La carrière de Cronenberg – des films expérimentaux de ses débuts dans les années 60 avec *Stereo* (1968), *Crimes of the Future* (1969), en passant par une période plus commerciale de films de science-fiction et d'horreur avec *Shivers* (1975), *Rabid* (1976), *The Brood* (1979), *Scanners* (1980), VIDÉODROME (1981), jusqu'aux adaptations cinématographiques de romans célèbres tels que *The Dead Zone* (1983), *The Fly* (1987; v.f. *La mouche*), *Naked Lunch* (1991; v.f. *Le festin nu*), *M. Butterfly* (1993), *Crash* (1996) et le remarquable *Dead Ringers* (1988; v.f. *Alter ego*), un chef-d'œuvre qui constitue une vision du monde remarquablement cohérente – crainte du pouvoir destructeur de l'esprit, paranoïa grandissante face au progrès scientifique, peur de la sexualité et questionnement sur l'identité masculine et féminine.

Le second cinéaste d'importance est Atom Egoyan. Il est profondément influencé par Cronenberg. Son parcours est aussi singulier. Contrairement à Cronenberg, Egoyan n'a jamais travaillé à Hollywood, choisissant plutôt de travailler avec des collaborateurs réguliers sur des films à petit budget. Il s'impose lentement, de son premier film, le précoce *Next of Kin* (1984), en passant par *Family Viewing* (1987), *Speaking Parts* (1989), *The Adjuster* (1991) et *Exotica* (1994), jusqu'à *The Sweet Hereafter* (1997; v.f. *De beaux lendemains*), acclamé par la critique et récipiendaire de nombreux prix. Le monde d'Egoyan a beaucoup en commun avec celui de Cronenberg. Les deux s'interrogent sur le pouvoir de la technologie, une obsession typiquement canadienne et grandement influencée par McLuhan. L'univers d'Egoyan est faite d'incertitudes et composé de familles dysfonctionnelles et de personnages aux prises avec un passé trouble.

À Toronto au milieu des années 80, en même temps que Egoyan émergent d'autres cinéastes. Patricia ROZEMA connaît un premier grand succès avec LE CHANT DES SIRÈNES (1987), acclamé par la critique, et suivi de *White Room* (1990) et *When Night is Falling* (1995; v.f. *Quand tombe la nuit*). Bruce Macdonald tire parti de son intérêt pour le rock & roll pour réaliser *Roadkill* (1989), *Highway 61* (1991) et *Hard Core Logo* (1996), films exubérants ainsi que *Dance Me Outside* (1994), film plus mélancolique au rythme lent. Peter METTLER, cinéaste doué, passe avec beaucoup d'aisance du film de fiction au documentaire, et réalise, alors qu'il est étudiant, un film étonnamment élaboré *Scissere* (1982), puis un autre film plus ambitieux mais imparfait *The Top of His Head* (1989). Jeremy Podeswa tourne *Eclipse* (1994), un bon départ, tandis que Darryl Wasyk nous trace un portrait poignant du monde de la drogue dans *H* (1990).

Pendant les années 90, apparaissent des films qui sont le reflet de la diversité ethnique du pays. Srinivas Krishna s'inspire de ses racines indiennes dans le carnavalesque *Masala* (1991), suivi de *Lulu* (1996), dont le personnage central est un réfugié vietnamien. Deepa Mehta, aussi d'origine indienne, fouille dans son passé avec *Sam and Me* (1990) et *Fire* (1996), ce dernier se déroulant entièrement en Inde. Les cinéastes noirs commencent à décrire leur réalité: Clement Virgo réalise *Rude* (1995), un film réalisé avec maîtrise, et poursuit avec *The Planet of Junior Brown* (1997), tandis que Steven Williams tourne *Soul Survivor* (1995). Avec Mina Shum, Keith Lock, un cinéaste d'origine chinoise, réalise son premier film de fiction, *Small Pleasure* (1993), après avoir réalisé plusieurs courts métrages.

Au milieu des années 90, le CENTRE CANADIEN DU FILM (CCF) fondé par Norman JEWISON en 1986 sous le nom de Canadian Centre for Advanced Film Studies, commence à produire une grande quantité de films. Virgo et Williams sont des diplômés de ce programme et un certain nombre de cinéastes accomplis commencent à se faire connaître. David Wellington réalise deux films très raffinés, *I Love a Man in Uniform* (1993) et une adaptation admirablement réalisée d'une production de Stratford de *Long Day's Journey Into Night* de Eugene O'Neill, tandis que Laurie Lynd, Holly Dale et Vincent Natali produisent des films sous les auspices du projet de longs métrages du CCF.

Dans les années 90, en même temps que le cinéma ethnique fait une percée, un cinéma ouvertement homosexuel apparaît. Un des diplômés du CCF, qui débute sa carrière en production vidéo, se fait rapidement connaître par son talent et une grande originalité. John Greyson, réalisateur d'un des courts métrages les plus étonnants jamais produits au pays, *The Making of Monsters* (1991), est suivi par des œuvres très novatrices, dont *Zero Patience* (1993) et *Lilies* (1996; v.f. *Les feluettes*). Le cinéaste indépendant Bruce LaBruce réalise aussi quelques films remarqués qui décrivent le monde homosexuel: *No Skin off My Ass* (1990), *Super 81/2* (1994) et *Hustler White* (1996).

Récemment, des compressions budgétaires ont été imposées à tous les ordres de gouvernement. Téléfilm Canada fonctionne avec un budget réduit, de nombreuses sociétés provinciales d'aide à la création se sont dispersées ou ont vu leur budget diminuer, et les activités des commissions d'étude sur les arts, plus particulièrement celles du Conseil des arts du Canada, ont été grandement réduites. Les cinéastes reconnus comme Egoyan et Cronenberg continueront à faire des films, mais il reste à vérifier si la nouvelle génération de cinéastes réussira à s'imposer. Ils doivent maintenant demander une aide financière à des organismes non gouvernementaux. Le Canada est un pays qui manque d'argent pour soutenir de manière efficace une industrie cinématographique et ne possède pas d'entreprises privées prêtes à prendre le risque associé à la production de longs métrages. Quelques rares compagnies de production prospères diversifient leurs activités, produisant pour la télévision et le cinéma, et possèdent leurs propres réseaux de distribution pour leurs propres films. La production est majoritairement indépendante, puisque les producteurs travaillent de projet en projet. Les récentes discussions sur le commerce international menacent d'éliminer complètement les subventions gouvernementales pour la production canadienne. Il reste à voir si le Canada saura résister à la pression de son voisin du sud.

Piers Handling
(Pour le Québec, voir **Cinéma Québécois**)

Cinéma, industrie du Depuis ses débuts, le cinéma possède deux caractéristiques fondamentales. D'une part, c'est une forme d'expression culturelle et artistique exceptionnelle, un jeu magique de lumière et de son projetés sur un écran. D'autre part, c'est l'un des meilleurs exemples de l'application des pratiques industrielles à la production et à la distribution de biens culturels. La plupart du temps, le cinéma est une activité qui implique de grosses sommes d'argent ainsi qu'une division complexe des tâches nécessaires pour la production de films et pour leur diffusion auprès du public. Cela est particulièrement vrai dans le cas des longs métrages, ces histoires fictives et dramatiques qui durent 90 minutes ou davantage.

Bien qu'il soit tout à fait approprié de parler d'une industrie cinématographique américaine dès la Première Guerre mondiale, avec Hollywood pour élément moteur, il est plus difficile de parler d'une véritable industrie cinématographique canadienne. Il y a une brève vague de production de longs métrages au Canada anglais durant la Première Guerre mondiale et un «mini boom» dans la production de longs métrages québécois au lendemain de la Seconde Guerre mondiale. Alors qu'Hollywood s'établit comme la capitale du cinéma, au Canada la production de longs métrages est tout au plus sporadique. À la fin des années 20, Allan Dwan, originaire de Toronto et qui réalisera plus de 200 films à Hollywood de 1920 à 1950, fait remarquer que le Canada a un avenir dans le cinéma, mais seulement «s'il diminue les droits d'importation et d'exportation afin de permettre aux Américains de profiter des paysages canadiens». Lewis Selznick, l'un des premiers producteurs d'Hollywood, conclut: «Si les scénarios canadiens méritent d'être filmés, des compagnies américaines iront les filmer au Canada».

Dans les faits, entre 1910 et la fin des années 50, Hollywood produit plus de 500 films comportant un thème canadien, soit environ 10 fois le nombre de longs métrages réalisés par les Canadiens eux-mêmes. Dans la plupart des cas, les compagnies de production hollywoodiennes ne daignent pas quitter leurs quartiers californiens. Durant cette période, presque tous les films projetés dans les salles de cinéma canadiennes proviennent de l'étranger (certains de Grande-Bretagne, certains de France et la plupart du temps, plus de 90 p. 100 des films visionnés par les Canadiens, des États-Unis). À cet égard, les choses n'ont guère changé. Dans les années 90, le pourcentage de temps de projection consacré aux films étrangers au Canada est d'environ 97 p. 100. Peu importe l'année, le nombre de films étrangers diffusés au Canada est 10 fois supérieur au nombre de films canadiens.

Jusqu'aux années 60, la production cinématographique canadienne se fait principalement sous les auspices d'organismes gouvernementaux. Fondé en 1939 et entièrement subventionné par le gouvernement fédéral, L'OFFICE NATIONAL DU FILM (ONF) devient le principal centre de production de documentaires, de films d'animation, de courts métrages et de films expérimentaux. L'ONF descend en droite ligne du Bureau de cinématographie du gouvernement canadien, fondé en 1918, pour produire des films destinés à encourager l'immigration, les investissements étrangers ainsi que, dans une moindre mesure, le tourisme. En d'autres mots, le Bureau de cinématographie produit des films de promotion destinés à vendre le Canada à l'étranger. Ni le Bureau de cinématographie ni l'ONF ne sont vraiment intéressés à produire des longs métrages de fiction sur le Canada. Bien que les productions de l'ONF remportent de nombreux prix sur la scène internationale, y compris plusieurs Oscars, elles ne parviennent à résoudre le problème posé par la domination des films étrangers au Canada.

Alors que l'ONF respecte son mandat qui consiste à «interpréter le Canada pour les Canadiens et pour le monde», certains particuliers et certaines entreprises prospèrent dans le secteur privé de l'industrie cinématographique. Fondée en 1920, grâce au soutien du Canadian Pacific Railway (aujourd'hui le Canadien Pacifique Limitée), l'Associate Screen News produit chaque semaine des films d'actualité distribués dans les cinémas canadiens, des films de promotion et des films d'instruction pour l'industrie, ainsi qu'une série de courts métrages fort populaire intitulée *Canadian Cameo*. Plus importants encore sont les Canadiens qui travaillent dans le secteur de la diffusion. La propriété de salles de cinéma est probablement le secteur le plus lucratif de l'industrie cinématographique canadienne, et des Canadiens tels que N.L. Nathanson et Nat (Nathan) Taylor acquièrent une petite fortune en mettant sur pied une chaî-

ne de salles de cinéma. En 1947, les deux plus importantes chaînes, soit Famous Players Theatres, fondée en 1920, et Odeon Theatres (devenue Cineplex-Odéon), fondée en 1941, contrôlaient presque 50 p. 100 des recettes brutes perçues aux guichets des cinémas canadiens. Depuis, elles continuent de dominer le secteur commercial de l'industrie canadienne. En 1992, les deux chaînes représentaient environ les deux tiers des recettes brutes perçues aux guichets des cinémas.

Au début des années 60, une alliance indépendante de cinéastes canadiens (travaillant surtout à l'ONF), de fonctionnaires du gouvernement (de l'ONF et du Secrétariat d'État) et d'hommes d'affaires du secteur privé établit le bien-fondé d'une industrie cinématographique canadienne. Cet élan provient en partie du succès obtenu auprès de la critique par les rares films réalisés par des cinéastes de l'ONF, souvent en défiant la direction de l'Office. Cela dénote aussi un changement d'attitude face au rôle des longs métrages en tant que forme d'expression culturelle et la reconnaissance d'une nouvelle tendance au sein de l'industrie cinématographique elle-même. Les fonctionnaires du gouvernement reconnaissent la valeur potentielle des longs métrages comme instrument d'expression d'une identité nationale au moment même où la montée du séparatisme québécois fait ressortir cette problématique.

Nat Taylor figure parmi les Canadiens importants dans le monde du cinéma et soutient que la dynamique globale de l'industrie cinématographique est en train de changer et qu'il y a davantage de place pour les films indépendants qui ne sont pas financés par un studio d'Hollywood. Taylor possède les Twentieth Century Theatres (une chaîne de cinémas de moyenne importance) et les International Film Studios (le plus grand studio de cinéma privé au Canada) et écrit régulièrement une chronique dans le *Canadian Film Weekly*. Fin analyste des tendances dans l'industrie cinématographique, lorsqu'il prend part au débat sur l'industrie cinématographique canadienne, Taylor adopte un ton résolument commercial. Il prétend que les studios hollywoodiens sont plus désireux que jamais d'obtenir des productions indépendantes pour leurs maisons de distribution. Selon lui, les producteurs canadiens ont un avantage culturel important sur leurs homologues européens parce qu'ils peuvent produire des films «pratiquement impossibles à distinguer» des films américains. Bien qu'il soit convaincu que les producteurs canadiens peuvent réussir sur le marché du cinéma, Taylor ne se gêne pas pour demander l'aide du gouvernement. Comme il l'explique: «Nous aurons une industrie cinématographique canadienne de qualité et prospère, si le gouvernement se décide à nous tendre une main secourable».

Cette «main secourable» se présente sous la forme de la Société de développement de l'industrie cinématographique canadienne (SDICC), aujourd'hui TÉLÉFILM CANADA. Fondée en 1967, la SDICC se dote d'un budget de 10 millions de dollars (soit environ le coût de 3 films hollywoodiens de l'époque) et a pour mandat de fournir des subventions et des prêts aux cinéastes canadiens de longs métrages du secteur privé. Durant les dix premières années de son existence, la SDICC finance de nombreux films acclamés par la critique, mais peu de Canadiens les verront. Le problème n'est pas le manque d'intérêt des Canadiens pour les films sur leur propre mode de vie, mais que peu de ces films bénéficient d'une bonne diffusion dans les salles de cinéma. Bien que la SDICC fasse de son mieux pour aider la production, elle est impuissante à agir dans les secteurs de la distribution et de la diffusion qui jouent un rôle crucial en décidant en bout de ligne du succès commercial d'un film.

La distribution fait le lien entre la production et la diffusion. Les sociétés de distribution sont responsables de la commercialisation et de la vente des films. En raison des coûts élevés entraînés par la réalisation d'un film, un réseau de distribution important est essentiel à son succès commercial. Dans les années 20, l'une des premières innovations des majors d'Hollywood consiste à confier la production et la distribution à une seule compagnie. Les majors commencent alors à s'aligner sur les chaînes de salles de cinéma afin de garantir un débouché à leur production. Dans certains cas, ils vont jusqu'à acheter des chaînes de salles de cinéma pour un prix forfaitaire. Hollywood étend ce modèle d'intégration verticale à l'étranger. P. ex., en 1930, Famous Players devient une filiale de Paramount Pictures et passe avec Odéon (qui devient, en 1945, une filiale appartenant en propriété exclusive à la Rank Organization, la plus importante compagnie cinématographique à intégration verticale britannique) une entente qui ressemble à une entente de cartel et qui garantit aux films américains un certain nombre d'écrans. Il faut dire que cette entente profite aussi aux diffuseurs canadiens, car les films hollywoodiens sont populaires auprès du public et la commercialisation se fait essentiellement par le biais des sociétés de distribution.

Cette entente entraîne deux conséquences importantes pour l'industrie cinématographique. D'une part, les films canadiens indépendants sont pour ainsi dire évincés des salles de cinéma canadiennes. D'autre part, la plus grande partie des recettes perçues aux guichets vont à des sociétés de distribution étrangères. Les distributeurs étrangers, en particulier les majors hollywoodiens empochent régulièrement près de 80 p. 100 des recettes de location du marché canadien. Cet argent, qui pourrait rester au Canada et servir à financer la production de films canadiens, disparaît chez nos voisins du Sud.

Le gouvernement canadien tente de faire face à ce dilemme de deux façons. En 1973 et de nouveau en 1975, il négocie un quota volontaire avec les deux plus importantes chaînes de salles de cinéma canadiennes afin de garantir un temps d'affiche aux films canadiens. Le quota est fixé à quatre semaines de films canadiens par salle par année. Au mieux, on respectera ce quota sans trop d'enthousiasme et on cessera discrètement de le respecter quelques années plus tard. À la même époque, des tentatives de négociation répétées ont lieu avec les distributeurs américains. En 1987, après avoir échoué à de nombreuses négociations, le gouvernement fédéral annonce qu'il va instaurer une loi afin de limiter l'influence des majors en restreignant leurs activités de distribution aux films qu'ils ont produits eux-mêmes ou pour lesquels ils détiennent les droits mondiaux. Cela signifie que certains films indépendants américains et étrangers, distribués aujourd'hui par les majors, auraient été confiés à des compagnies canadiennes. La loi ne dépassera jamais l'étape du feuilleton et disparaîtra, victime des fortes pressions politiques exercées par les studios d'Hollywood et par le président américain durant les négociations finales de l'Accord de libre-échange entre le Canada et les États-Unis.

À la fin des années 70, la SDICC essaie de trouver une solution au problème de distribution et de diffusion en cessant d'assurer le financement par actions des films canadiens à petit et à moyen budgets et en assurant le financement provisoire des projets conçus dans le but de profiter d'abris fiscaux lucratifs. Mesuré en termes d'emploi et de dépenses, ce qui sera connu sous le nom de «boom de l'abri fiscal» connaît du succès. En 1979, 66 longs métrages sont produits au Canada avec un budget moyen de 2,5 millions de dollars. Toutefois, de nombreux films produits durant cette période ne seront jamais distribués. Parmi ceux qui ont été distribués, beaucoup sont des efforts dérivés, à peu près impossibles à distinguer des films américains, comme dirait Nat Taylor (les meilleurs exemples en sont *Meatballs* (v.f. *Arrête de ramer, t'es sur le sable*, 1979) et *Running*). Le boom de l'abri fiscal cesse brutalement en 1980.

Malgré les succès critiques remportés par un petit nombre de films canadiens produits durant cette période, l'industrie repose toujours sur des bases précaires. Elle dépend encore presque entièrement du financement du secteur public et est incapable d'obtenir facilement un temps d'affiche dans les salles de cinéma canadiennes.

En 1983, un changement d'orientation capital à la SDICC apporte une lueur d'espoir. Jusque là, la SDICC ne pouvait financer que des longs métrages destinés au marché commercial. En 1983, le gouvernement fédéral crée le Fonds de développement de la production d'émissions canadiennes, doté d'un budget initial de 245 millions de dollars pour une période de cinq ans. Comme le dit son nom, le Fonds vise la production télévisuelle plutôt que la production de longs métrages. Afin de refléter ces changements de priorités, la SDICC se rebaptise Téléfilm Canada en 1984. Le Fonds remporte un énorme succès et atteint ses objectifs. P. ex., en 1990, il aide à financer des productions pour un total de près de 800 millions de dollars, soit plus de 2275 heures de programmation originale, dont plus de 1000 heures de programmation dramatique présentée durant les heures de grande écoute.

Deux importants changements ont eu lieu depuis la mise en place du Fonds de développement de la production d'émissions canadiennes. Peu après 1990, un petit nombre de compagnies de production stables voient le jour et forment un noyau dans l'industrie, en partie grâce au Fonds. Des sociétés telles qu'Alliance Communications, Atlantis Communications, Nelvana Ltd. et Cinar sont aujourd'hui d'importantes compagnies de production privées pour la PROGRAMMATION TÉLÉVISUELLE et la production de longs métrages. Plus remarquable encore, toutes ces compagnies ont réussi dans l'exportation et s'intègrent peu à peu au marché mondial du cinéma et des productions vidéo. P. ex., Nelvana est l'un des chefs de file mondiaux en ce qui a trait à la production de films d'animation et de films pris sur le vif destinés aux enfants. En 1993, 92 p. 100 de ses revenus proviennent de l'étranger, dont 62 p.100 des États-Unis.

Parallèlement à l'apparition des compagnies de production, le Canada devient un important lieu de production d'émissions de télévision et de longs métrages américains. Les compagnies américaines viennent au Canada afin de profiter de la faiblesse du dollar et d'employer des équipes de tournage canadiennes, aujourd'hui rompues à leur métier. P. ex., la Colombie-Britannique, où est tournée la série télévisée *The X-Files*, est le lieu de tournage le plus populaire. En 1995, au moins la moitié des 400 millions de dollars dépensés pour la production cinématographique et télévisuelle dans cette province sont dépensés par des compagnies américaines. L'Association canadienne de production de films et télévision estime que dans une industrie qui est évaluée à 2 milliards de dollars, 700 millions de dollars proviennent directement de sources étrangères et surtout des États-Unis. Désormais, ce sont ses liens avec les marchés étrangers qui orientent l'industrie cinématographique canadienne, qu'il s'agisse des productions américaines tournées au Canada ou des quelques compagnies canadiennes qui perçoivent la plus grande part de leurs revenus sur des marchés non canadiens.

Alors que l'on peut désormais parler d'une industrie canadienne de production de films et de vidéos, la production canadienne de longs métrages demeure le parent pauvre et dépend des fonds publics. Depuis la fin des années 80, ces fonds proviennent de plus en plus des gouvernements provinciaux. Des cinéastes tels qu'Atom EGOYAN, Bruce MacDonald et Patricia ROZEMA doivent en partie leur succès à la Société de développement de l'industrie cinématographique ontarienne, fondée en 1987. Malgré tout, les liens entre les cinéastes de longs métrages canadiens et le public canadien sont encore

pour le moins ténus. En 1997, *The Sweet Hereafter* (v.f. *De beaux lendemains*) d'Egoyan est encensé par la critique du monde entier. Toutefois, le soir où le film d'Egoyan remporte huit prix Génie, seul le public présent dans la salle peut partager ce moment de gloire, car la cérémonie de remise des prix Génie pour le cinéma n'est pas diffusée sur les chaînes de télévision canadiennes.

Claude JUTRA, dont le film MON ONCLE ANTOINE est un classique du cinéma canadien, a dit un jour: «C'est affreux de ne pas pouvoir faire les films qu'on a envie de faire, mais ça l'est plus encore de les faire sans pouvoir les diffuser». Pour tout cinéaste canadien pour qui le cinéma est plus qu'une histoire d'argent, les paroles de Jutra résonnent encore comme une prophétie.

Ted Magder

Cinéma, production et postproduction au Québec L'existence de syndicats et d'associations professionnelles de type industriel (pour les producteurs, les techniciens) démontre l'importance de cette dimension de l'activité cinématographique. Le cinéma, celui de fiction surtout, est une industrie qui impose des contraintes au plan de la production et de la postproduction. Même si, au Québec, les tournages ont souvent lieu en extérieurs réels, le réalisateur préfère souvent avoir recours au studio. Dans les années 30, l'Associated Screen News (ASN), qui dispose à Montréal de laboratoires et de services techniques, se dote d'un plateau pour répondre à ses besoins documentaires. De nouveaux studios sont construits dans les années 40 à Montréal (Renaissance) et Saint-Hyacinthe (Québec-Productions). Ils tombent en désuétude au début de la télévision. Lors de son déménagement à Montréal en 1956, l'OFFICE NATIONAL DU FILM aménage aussi des plateaux de tournage qui sont, depuis les années 90, loués à l'industrie privée. ASN, l'ONF et de plus petites compagnies mettent également sur pied des laboratoires pour développer la pellicule. Plusieurs sont forcés de fermer à partir des années 80 lorsque l'enregistrement sur support magnétique supplante l'enregistrement sur film. Les besoins combinés de la télévision et du cinéma poussent des entrepreneurs (Mel Hoppenheim, Harold GREENBERG) à créer ou à acquérir des compagnies qui œuvrent dans les domaines techniques et à doter finalement Montréal d'installations qui font d'elle une véritable cité du cinéma. Ces installations peuvent comprendre, outre les plateaux de tournage, des services de location de matériel et des studios de montage, d'enregistrement sonore, de mixage et de doublage. Ce sont ces activités que recouvre le mot postproduction. Il en existe au Québec depuis les années 50 et la grande majorité est localisée à Montréal. Ces maisons indépendantes servent autant les besoins du cinéma que ceux de la télévision mais il arrive que des stations de télévision, comme Télé-Métropole, possèdent leurs propres services de production et de postproduction. L'informatisation de plusieurs opérations de postproduction (montage, mixage, effets spéciaux) et l'apparition de technologies numériques ont transformé la nature des maisons de postproduction et des équipements qu'on y utilise. Dans le domaine des effets spéciaux et de l'animation notamment, le Québec a développé une expertise, grâce au travail de Softimage, créé par Daniel LANGLOIS, et d'autres compagnies analogues. La qualité des installations techniques québécoises et des professionnels du cinéma et de la télévision favorise la venue de tournages étrangers et la ville de Montréal possède un Bureau du cinéma pour faciliter cette activité. L'industrie du film génère donc une énorme activité économique et le Québec se place, à ce niveau, immédiatement après Toronto qu'il devançait pourtant, il y a 25 ans.

Pierre Véronneau

Cinéma québécois À l'époque du muet, la production cinématographique québécoise ne brille pas par son abondance. Deux noms cependant ressortent: L. E.

OUIMET et J.-Arthur Homier. Mais les conditions ne sont pas favorables à une activité réelle. Lors de la fondation de l'OFFICE NATIONAL DU FILM par le gouvernement canadien, en 1939, le cinéma québécois se distingue par les œuvres de quelques amateurs éclairés, des prêtres pour la plupart, comme Maurice PROULX et Albert TESSIER. Outre leurs qualités cinématographiques indéniables, ces œuvres constituent, aujourd'hui, une documentation ethnographique de grande valeur. Le Service de cinéphotographie, fondé en 1942 par le gouvernement du Québec, représente pour les premiers cinéastes un débouché naturel. Son mandat est de répondre à certains besoins de propagande et d'éducation, mais il ne dispose pas du matériel nécessaire: son personnel doit uniquement travailler en 16 mm. L'ONF n'est pas touché par ces contraintes, mais, dans les premières années de sa fondation à Ottawa, il compte une majorité d'anglophones. Des versions doublées en langue française sont faites pour la distribution au Québec, et on s'intéresse généralement peu à la production en français. Dans ces circonstances, le travail effectué par Vincent Paquette, Jean Palardy et leurs collaborateurs est héroïque.

Après la Seconde Guerre mondiale, Roger Blais, Raymond Garceau et Bernard Devlin se joignent à eux et donnent ainsi naissance à une équipe francophone, qui encourage l'émergence du cinéma québécois à l'ONF. Au départ, les films des Canadiens français ne se distinguent pas de la production anglophone et sont souvent réalisés en anglais. Cette équipe connaît ses premières réussites avec «Les Reportages», une série de 118 films dont la réalisation débute en septembre 1941 et qui offre, toutes les deux semaines, des actualités filmées en français.

La production québécoise de longs métrages se révèle, toutes proportions gardées, fructueuse. La guerre a provoqué une pénurie de films en français et favorisé l'arrivée au Québec de cinéastes de France. Le long métrage naît en 1944 avec *Le Père Chopin*, de Fédor Ozep. Ce film contribue à créer une industrie nouvelle, intégrée verticalement (de la production à l'exploitation), entretenant des contacts internationaux et obtenant l'appui (financier et idéologique) du clergé. D'autres Québécois, impatients de produire des films, espèrent rentrer dans leurs frais sur le marché local et obtenir la distribution de leurs films à l'étranger. En 1947, Québec-Productions (QP) présente *La Forteresse* en versions anglaise et française. Ce suspense n'obtient pas le succès escompté. À cette époque, l'industrie américaine du cinéma est en difficulté et QP doit revoir ses objectifs et se contenter de marchés locaux. En conséquence, la société mise sur des sujets populaires tirés de romans radiophoniques pour ses trois films suivants (1949-1950). De son côté, la société Renaissance veut produire du cinéma catholique et présente finalement un premier film en 1949.

Ces deux sociétés tentent en vain de se sortir du marché intérieur en organisant des coproductions avec des compagnies françaises et doivent se rabattre sur des thèmes québécois. Leur succès relatif encourage tout de même plusieurs autres petites sociétés à produire sept longs métrages, dont deux en anglais, pour la plupart adaptés de pièces de théâtre. Paradoxalement, deux d'entre eux deviennent les plus célèbres productions de l'époque: *La Petite Aurore l'enfant martyre* (1951), de Jean-Yves Bigras, histoire d'une fillette torturée à mort par sa belle-mère, et *Tit-Coq* (1953), de Gratien GÉLINAS, histoire d'un orphelin illégitime, parti outre-mer pour se battre dans les forces canadiennes, dont la fiancée épouse un autre homme. En 1954, après 19 films, tout s'effondre. La TÉLÉVISION sonne le glas d'une industrie qu'une certaine médiocrité a rendu vulnérable. Aujourd'hui, ce n'est pas la qualité de ces films qui importe, mais plutôt leur valeur en tant que documents sociaux. Dans les années 40 et 50, le Québec passe d'une société traditionnelle et agricole à une société urbaine. Les films d'alors semblent défendre l'ordre social traditionnel, en particulier le rôle du clergé, mais, en y regardant de plus près, on s'aperçoit que c'est en fait le contraire. Malgré les aspects négatifs de la société québécoise qu'ils présentent, leurs personnages et leurs thèmes montrent une communauté en transition, où les valeurs catholiques traditionnelles sont remises en question.

Pendant les 10 années suivantes, la production privée de films est à peu près inexistante, même si quelques cinéastes semi-professionnels travaillent pour le gouvernement du Québec. Ainsi, le seul refuge du cinéma québécois reste l'ONF. Plusieurs cinéastes doués, comme Louis Portugais, Michel BRAULT, Gilles GROULX et Claude JUTRA s'y retrouvent pendant les années 1950 et peuvent enfin mettre leur talent à profit. Cette explosion cinématographique à l'ONF découle de trois événements. Tout d'abord, le déménagement de l'institution à Montréal (1956) permet désormais aux cinéastes de vivre et de travailler au Québec. Ensuite, en 1957, la presse et le public sont sensibilisés à la situation des cinéastes francophones, qui ne jouissent pas des mêmes avantages que leurs collègues anglophones. La mise au jour de ces faits entraîne une séparation financière et administrative des productions francophones et anglophones, et, en bout de ligne, la création de l'équipe française. Enfin, la télévision engendre une importante activité de production pour réaliser les 52 films de la série «Passe-Partout» (1955-1956); les 26 épisodes de la télésérie «Panoramique» (1957-1959), qui constituent un événement marquant dans l'histoire du cinéma de fiction québécois, car ils sont à l'origine de plusieurs longs métrages; et l'émission *Temps présent*, débouché de plusieurs films à la fin des années 50 et au début des années 60. De plus, les cinéastes repoussent les limites de la technologie. Ils tentent d'améliorer leur équipement afin d'enregistrer plus librement des images et des sons. En 1958, Brault et Groulx réalisent *Les Raquetteurs* qui, sur le plan stylistique, constitue une étape importante de la création du direct et qui, socialement, illustre l'affirmation d'une prise de conscience nationale par les cinéastes.

De profonds changements sociaux marquent cette époque. Duplessis meurt en 1959, les libéraux prennent le pouvoir en 1960 et la RÉVOLUTION TRANQUILLE commence. Les Canadiens français deviennent des Québécois, et le cinéma tente de refléter ce changement. Le développement du cinéma québécois s'accélère alors, tant au sein que hors de l'ONF. Des cinéastes comme Brault, Pierre PERRAULT, Jutra, Pierre Patry et Fernand Dansereau sont impatients d'explorer de nouvelles pistes. En 1963, une nouvelle ère commence avec deux films qui explorent deux voies cinématographiques: *Pour la suite du monde*, de Brault et Perrault dans la catégorie documentaire, *À tout prendre*, de Jutra dans le domaine de la fiction. Le premier, par sa technique novatrice et l'importance accordée à la parole, marque une étape cruciale de l'histoire du cinéma direct. Le second témoigne du nationalisme québécois en éveil. Puis sont tournés, coup sur coup, d'autres longs métrages marquants: *Le Chat dans le sac*, de Groulx (1964), l'un des meilleurs films tournés jusque là sur la jeunesse petite-bourgeoise; *Le Révolutionnaire*, de J.P. LEFEBVRE (1965), une fable et un commentaire social sur les premiers événements reliés au mouvement révolutionnaire du FLQ; *La Vie heureuse de Léopold Z*, de G. CARLE (1965), une comédie tendre et populaire qui confirme le désir de tourner de la fiction à l'ONF. Une compagnie privée, Coopératio, tente de faire redémarrer l'industrie du cinéma. Son directeur, Pierre Patry, transfuge de l'ONF, réalise *Trouble-fête* en 1964 et produit trois autres films en un peu plus d'un an. De nouveaux cinéastes (comme Arthur LAMOTHE, Denys ARCAND, Anne Claire POIRIER, Jacques GODBOUT, Bernard Gosselin, Richard Lavoie, Georges Dufaux, Clément Perron, Jean-Claude Labrecque) s'affirment. Tous les arts sont alors en effervescence et le cinéma évolue pour répondre aux besoins des cinéastes. Toutes les voies sont explorées: le cinéma direct dans toutes ses variantes, le film d'auteur (fiction ou documentaire dramatisé) et même le cinéma d'animation.

À cette époque, Perrault domine le cinéma direct avec sa saga sur les habitants de l'île aux Coudres. Avec ses caméramans Brault et Gosselin, il souhaite non seulement observer et immortaliser l'éveil de la nation québécoise, mais aussi y jouer un rôle. Le cinéma direct ne se limite cependant pas aux sujets nationalistes. Certains producteurs se servent de cette technique cinématographique pour présenter des films d'intervention sociale. Plusieurs tentatives ont lieu au sein de l'ONF grâce au programme Société nouvelle, qui fait ses débuts en 1968 avec *St-Jérôme*, de F. Dansereau, et se prolonge pendant plus de 10 ans. D'autres cinéastes de l'ONF portent attention aux travailleurs, tel D. Arcand, dont l'exceptionnel *On est au coton* (1970) est victime d'une censure politique pendant sept ans. Certains réalisateurs (y compris Dansereau et Lamothe) quittent l'ONF pour travailler dans le privé. *Le Mépris n'aura qu'un temps*, de Lamothe (1970) constitue une analyse économique, sociale et politique pertinente. Entre les méthodes de Perrault et les films d'intervention socio-politique, naissent plusieurs formes de direct qui n'ont en commun que les techniques et les méthodes utilisées. Ce cinéma prend peu à peu la première place. À la fin des années 60 et au début des années 70, Labrecque fait sa marque avec notamment *La Visite du général De Gaulle au Québec* (1967) et *La Nuit de la poésie* (1970).

Cependant, au début des années 70, le mouvement s'essouffle, en partie parce que certains de ses adeptes se sentent attirés par la fiction. Brault réalise son premier long métrage en solo, *Entre la mer et l'eau douce*, en 1967; le film porte les marques de sa longue expérience de caméraman-réalisateur. En 1974, avec *Les Ordres*, il met une fois de plus sa maîtrise du documentaire au service de la fiction et, avec sa reconstitution du Québec sous la loi des MESURES DE GUERRE en 1970, établit une synthèse parfaite de la souplesse, de l'improvisation et de l'importance du détail propres au cinéma direct avec la progression dramatique du cinéma de fiction. Groulx emprunte une voie tout à fait opposée, à la fois sur le plan du style et du contenu, en soumettant ses opinions personnelles engagées au débat et à la critique. Trois longs métrages, où le travail de montage occupe une grande place, illustrent cette volonté: *Où êtes-vous donc?* (1968), *Entre tu et vous* (1969) et le documentaire *24 heures ou plus* (1972). La fiction s'éloigne du direct et gagne de nouveaux adeptes pour une autre raison.

En 1967, le gouvernement crée la SDICC (*voir* TÉLÉFILM CANADA) et, avec elle, une source de financement additionnelle. L'année suivante, Denis HÉROUX présente *Valérie*, premier film érotique québécois et grand succès en salle. Ces deux facteurs ouvrent le chemin à la production commerciale et expliquent l'euphorie des années 70. Le Québec connaît alors diverses vagues: les films érotiques (*Deux femmes en or* qui triomphe en 1970), les comédies et les films à suspense. Mais cette explosion de films commerciaux prend bientôt fin, principalement à cause du contrôle étranger de la distribution et des salles. Certains films commerciaux combinent toutefois qualité et rentabilité, ceux de G. Carle en particulier. Véritable conteur, celui-ci sait introduire dans ses films – ce qui les rend plus attrayants que ceux de la plupart de ses collègues – humour, sexualité, idéologie et coloration sociale, tout en ayant recours à des vedettes et en faisant preuve d'un art consommé de la mise en scène. C'est avec *La Vraie Nature de Bernadette* (1972) qu'il acquiert une renommée internationale.

D'autres cinéastes connaissent également le succès avec des réalisations de qualité. Les plus connus restent D. Arcand, dont les films *Réjeanne Padovani*

(1972) et *Gina* (1974) illustrent les particularités de la société avec une maîtrise artistique parfaite, ou encore Claude Jutra, applaudi pour son *Mon oncle Antoine* (1971), l'un des plus grands films québécois. Malheureusement, *Kamouraska* (1973), drame historique adapté du roman d'Anne HÉBERT et coproduction coûteuse, ne connaît pas le succès et handicape la carrière du cinéaste. De nombreux autres réalisateurs de l'ONF (M. Carrière, C. Perron, J. Godbout, R. Garceau) tournent des films que l'on distingue difficilement des productions privées malgré leurs velléités d'être des œuvres de qualité. L'œuvre limite de cette catégorie demeure le film historique tendre et simple de Jean BEAUDIN, *J.-A. Martin, photographe* (1976), lauréat au festival de Cannes. J. P. Lefebvre reste le prolifique maître de l'expression personnelle et de l'indépendance avec à son actif plusieurs longs métrages importants. En vingt ans, son œuvre a évolué autour de deux manières fondamentales: la première, concrète, sociale, réflexive et critique, la deuxième abstraite, symbolique et intimiste, dont *Jusqu'au cœur* (1968) et *Les Dernières Fiançailles* (1973) sont de bons exemples. Dans la même mouvance artistique et de la même génération, on retrouve Jacques LEDUC, qui se concentre sur les moments simples de la vie quotidienne et les états d'esprit. Ses films, marginaux mais de grande qualité, appartiennent à la fois au direct et à la fiction (*On est loin du soleil*, 1970; *Chronique de la vie quotidienne*, 1974-1978).

Un groupe de femmes cinéastes de l'ONF (Anne Claire Poirier, Mireille DANSEREAU, etc.) réalise «En tant que femmes»(1973-1974), série de films, dont certains s'apparentent au cinéma direct et d'autres à la fiction, qui traite du point de vue des femmes sur des questions spécifiques ou communes aux deux sexes: mariage, maternité, etc. À cette époque, les femmes s'affirment de plus en plus. Déjà en 1968, Poirier avait réalisé le premier long métrage tourné par une femme, *De mère en fille*, suivi, en 1972, de la première production privée tournée par une femme, *La vie rêvée*, de M. Dansereau. Les séries de l'ONF encouragent cette production féminine. Dansereau compte maintenant plusieurs films à son actif, tout comme Poirier dont le célèbre *Mourir à tue-tête* (1979) qui traite des conséquences sociales, psychologiques et politiques du viol. Des cinéastes comme Louise Carré, Paule Baillargeon, Micheline LANCTÔT et Léa POOL explorent la fiction empruntant des pistes nouvelles et inattendues. Le cinéma direct féminin se tourne vers des thèmes inexplorés (comme le sexisme, les travaux domestiques, le couple, la violence, le racisme) grâce aux films de Luce GUILBEAULT, Hélène Girard, Diane Létourneau, Tahani Rached, etc. Ce travail est beaucoup plus important que son volume ne l'indique et constitue un signe d'éveil, de renouveau et de dynamisme.

Dans les années 70, de jeunes réalisateurs, qui s'intéressent à des problèmes individuels et même marginaux plutôt qu'à des problèmes sociaux, insufflent un dynamisme nouveau au cinéma québécois. Certains excellent dans les films pour enfants (André MELANÇON), d'autres passent sans problèmes de la fiction au direct (Jean Chabot, Roger Frappier). Un autre groupe reste plus traditionnel, s'appuyant sur le récit; l'un de ses meilleurs représentants est Francis MANKIEWICZ (*Les Bons Débarras*, 1980). Trois cinéastes jouent la carte de l'insolite et de la satire: Marc-André FORCIER, Jean-Guy Noël (*Ti-cul Tougas*, 1976) et Pierre Harel (*Vie d'ange*, 1979). Ces derniers ont en commun le fait que plusieurs de leurs films sont produits ou coproduits par l'Association coopérative de productions audiovisuelles (ACPAV). Ces réalisateurs insufflent au cinéma québécois la vitalité et la créativité dont il a besoin, surtout en matière de fiction, genre que de grandes sociétés ont presque étouffé en le monopolisant. Il y a pourtant quelques exceptions dont *Les Plouffe*,

étonnant film de G. Carle, qui allie vérité historique et justesse des sentiments.

Au tournant de la décennie, le direct occupe une fois de plus le haut du pavé, principalement grâce au travail des maîtres du genre: Perrault avec ses deux cycles sur l'Abitibi et les MONTAGNAIS-NASKA-PIS (notamment *Le Pays de la terre sans arbres ou le Mouchouânipi*, 1980); Gosselin, Brault, André Gladu et quelques autres dont les films allient ethnologie, culture populaire et nationalisme; Michel Moreau avec ses films pédagogiques qui visent une prise de conscience; les trois séries politiques et sociales de Lamothe sur la vie et la culture amérindiennes (*Carcajou...* et le *péril blanc*, 1973-1976, *Innu asi*, 1979-1980 et *Mémoire battante*, 1983); Labrecque, l'homme des grandes entreprises (*Les Jeux de la XXIᵉ Olympiade*, 1977) et des évocations historico-culturelles; et Georges DUFAUX, réalisateur et caméraman sensible et humain qui traite de tous les sujets, de la vieillesse à l'éducation en passant par la Chine.

Au début des années 80, le cinéma québécois connaît une nouvelle crise. Le nombre de productions issues du privé diminue et l'ONF fait même face à des compressions budgétaires. Les cinéastes qui fondaient de grands espoirs sur la Loi sur le cinéma (1975) sont déçus. Le plan quinquennal de l'INSTITUT QUÉBÉCOIS DU CINÉMA réduit également leurs possibilités. La SDICC et la Société générale du cinéma (SGC) favorisent un cinéma commercial et rentable basée sur un accès aux marchés internationaux, et cet objectif n'est pas toujours compatible avec la vision des cinéastes. Et encore est-ce sans parler de la vidéo qui fait concurrence au film. Il devient plus difficile de réaliser des documentaires dont les intérêts commerciaux de diffusion se heurtent aux ambitions artistiques et politiques des cinéastes. Certains d'entre eux vont explorer de nouvelles tendances: mélanger fiction et documentaire (Rached, Moreau, Dufaux, Paul Tana, Richard Boutet), glisser vers l'autobiographie (Leduc, Lefebvre, Chabot, Marilu Mallet, Sylvie Groulx); opter pour l'expérimentation (Fernand Bélanger), donner dans l'essai (Perrault). D'autres, comme Labrecque, Gosselin, Godbout, Gladu, Lauzon, Michel Régnier, Serge Giguère, Marcel Simard, Diane Beaudry, Diane Létourneau et Jean-Daniel Lafond (pour n'en nommer que quelques-uns) vont avoir recours à une approche plus classique, sinon plus journalistique pour traiter de sujets sociaux ou culturels. Le cinéma québécois de fiction doit tenir compte du nombre réduit de productions, de la hausse des coûts de production, du chômage des réalisateurs, techniciens et comédiens. Les longs métrages sont souvent le fruit de coproductions entre plusieurs compagnies (p.ex. ONF, privé, SDICC, télévision). La crise du cinéma n'en est pas une de créativité ou de qualité, mais de production.

Au début des années 80, le cinéma québécois connaît un creux, que d'aucuns identifient à la déprime postréférendaire, mais une nouvelle vitalité se manifeste dans la deuxième moitié de la décennie. Le succès inouï, ici et à l'étranger, du *Déclin de l'empire américain* (Arcand, 1986), un des films les plus importants du cinéma québécois, marque cette renaissance. L'arrivée de nouveaux cinéastes insuffle un important dynamisme à la production. Parmi eux, se distinguent Léa POOL (*Anne Trister*, 1986), Yves SIMONEAU (*Pouvoir intime*, 1986, *Dans le ventre du dragon*, 1989), qui poursuit sa carrière en anglais au Canada et aux États-Unis, Jean-Claude Lauzon (*Un zoo la nuit*, 1987, *Léolo*, 1992), Jean Beaudry et François Bouvier (*Jacques et novembre*, 1984, *Les Matins infidèles*, 1989), Pierre FALARDEAU (*Elvis Gratton*, 1985, *Octobre*, 1994), Charles Binamé (*Eldorado*, 1995, *Le Cœur au poing*, 1998, *La Beauté de Pandore*, 2000). Stimulés par le succès d'Arcand (*Jésus de Montréal*, 1989), des cinéastes plus âgés atteignent une nouvelle maturité; pensons à Leduc (*Trois pommes à*

côté du sommeil, 1988, *La Vie fantôme*, 1992), Forcier (*Kalamazoo*, 1988, *Une histoire inventée*, 1990, *Le Vent du Wyoming*, 1994) ou Chabot (*Notre-Dame des chevaux*, 1997). En revanche, cette période entraîne de nombreux changements; plusieurs réalisateurs se retrouvent sur la touche, doivent compter sur la télévision et poursuivent leur carrière avec difficulté (Lefebvre, Noël, etc.) ou changent d'orientation (Frappier qui devient le plus important producteurs des années 80). Heureusement, le cinéma pour enfants, triomphe grâce à la série des «Contes pour tous», produite par Rock Demers qui appelle à la réalisation Beaudry, Melançon, Jean-Claude Lord ou Michael Rubbo.

Le cinéma d'animation se taille toujours une place de choix et remporte de nombreux prix internationaux grâce au travail exceptionnel d'«anciens» comme Frédéric BACK (*Crac*, 1981, *L'Homme qui plantait des arbres*, 1987, *Le Fleuve aux grandes eaux*, 1993), Pierre HÉBERT (qui réalise son premier long métrage, *La Plante humaine*, en 1997), J. HOEDEMAN (*Mascarade*, 1984, *La Boîte*, 1989), ou de plus jeunes: Jacques Drouin, maître chatoyant de l'écran d'épingles, Suzanne Gervais, dont le dessin plonge dans le paysage intérieur de ses personnages, et Francine Desbiens aux thèmes touchants et évocateurs.

Les femmes maintiennent une production originale et essentielle. Poirier vise droit au cœur avec *Tu as crié LET ME GO*, 1997. La génération qui la suit ne cède pas sa place. Dansereau adapte Marie-Claire Blais (*Le Sourd dans la ville*, 1992) et Baillargeon, Monique Proulx (*Le Sexe des étoiles*, 1993). La comédienne Micheline Lanctôt étonne avec *Sonatine* (1983) et *Deux actrices* (1993). Les années 90 voient l'apparition de toute une nouvelle génération qui s'essaie au documentaire (Catherine Fol, *Au-delà du 6 décembre*, 1991; Helen Doyle, *Le Rêve de voler*, 1986, et *J't'aime gros, gros, gros*, 1993; et Sophie Bissonnette, *Des lumières dans la grande noirceur*, 1991). Cependant cette nouvelle génération s'intéresse encore plus à la fiction (Marquise Lepage, *Marie s'en va-t-en ville*, 1987; Michka Saäl, *L'Arbre qui dort rêve à ses racines*, 1992, et *La Position de l'escargot*, 1998; Manon Briand, *2 secondes*, 1998; et Jeanne Crépeau, *Revoir Julie*, 1998).

La place des femmes dans la société, les préjugés, l'immigration, l'orientation sexuelle constituent quelques-uns des thèmes que les femmes cinéastes abordent. Côté masculin, une nouvelle génération, qui combine innovation formelle, souci plastique et propos personnels, émerge également. Parmi les noms qui se détachent, il faut mentionner le caméraman et opérateur André Turpin (*Zigrail*, 1995), le collectif *Cosmos*, 1996), François GIRARD (*Thirthy-two Short Films About Glenn Gould*, 1993, *The Red Violin*, 1998), le vidéaste et cinéaste Robert MORIN (*Requiem pour un beau sans cœur*, 1993, *Windigo*, 1994, *Quiconque meurt, meurt à douleur*, 1998), Michel Langlois (*Cap Tourmente*, 1993). Même le célèbre dramaturge Robert LEPAGE ajoute le cinéma à sa palette créatrice en réalisant des films où théâtralité et réalisme se confrontent (*Le Confessionnal*, 1995, *Le Polygraphe*, 1996, *Nô*, 1998).

Le cinéma commercial des années 80 et 90 broute à tous les râteliers. Des francophones tournent en anglais dans l'espoir de percer le marché international. La télévision s'impose, sinon comme partenaire, du moins comme débouché nécessaire. Pas surprenant que le nombre de téléfilms s'accroisse ou que des longs métrages donnent lieu à des séries (*Les Plouffe*, Carle, 1980; *Bonheur d'occasion*, Fournier, 1982; *Le Matou*, Beaudin, 1985). D'ailleurs, on ne compte plus les réalisateurs de cinéma qui dirigent des téléromans. Le film de genre reprend du poil de la bête: policier, fantastique, science-fiction et comédie. Plusieurs jeunes cinéastes semblent à l'aise avec cet état de choses (Roger Cantin, Claude Gagnon, Michel Poulette, Gabriel Pelletier, Christian Duguay). De grands succès sont au rendez-vous:

Cruising Bar (Robert Ménard, 1989), *Ding et Dong, le film* (Alain Chartrand, 1990), *La Florida* (Georges Mihalka, 1993) *Les Boys* I et II (Louis Saïa, 1997 et 1999), *C'est à ton tour Laura Cadieux* I et II (Denise FILIATRAULT, 1998 et 1999).

Les années 90 ont connu de grands bouleversements. L'ONF change sa manière de produire des films et plusieurs cinéastes prennent leur retraite. Téléfilm consacre une part importante de ses budgets aux productions pour la télévision. La SODEC mise beaucoup sur l'industrie et cherche la distribution à l'étranger. Le documentaire n'a pratiquement pour débouché que la télévision où le documentaire d'auteur n'est toutefois pas toujours le bienvenu. Le cinéma d'animation d'auteur ne survit guère hors de l'ONF. Les cinéastes indépendants luttent pour survivre dans un univers où leur production trouve de moins en moins sa place; plusieurs, d'ailleurs, se tournent vers la vidéo pour préserver leur liberté. En ce début de millénaire, l'industrie du cinéma vit bien au Québec mais le cinéma québécois doit redéfinir ses buts et ses perspectives.

Pierre Véronneau

Cinémathèque québécoise Appelée, à l'origine, Cinémathèque canadienne, elle a été fondée sur l'initiative du réalisateur Guy L. Côté et par un groupe de cinéastes et de cinéphiles dans le but de conserver les films et le matériel afférent (affiches, photos, appareils, etc.) et de les rendre accessibles au public. On établit donc des archives du film, on présente des projections dans diverses salles de Montréal, et la nouvelle institution est bientôt membre de la Fédération internationale des archives du film (FIAF). En 1967, à l'occasion d'EXPO 67 et du centenaire du Canada, on organise deux manifestations qui vont définir les champs d'excellence de l'organisme: une rétrospective du cinéma canadien et une autre sur le cinéma d'animation.

En 1971, la Cinémathèque prend le nom de Cinémathèque québécoise et choisit de mettre l'accent sur le cinéma québécois. Il faut rappeler que les ARCHIVES NATIONALES DU CANADA, seul autre membre canadien de la FIAF, ont comme mandat la préservation de la production gouvernementale et du patrimoine audiovisuel canadien. Cependant, la *Loi sur le cinéma* promulguée par Québec, en 1975, ne confère pas à la Cinémathèque le mandat ni les moyens d'agir en tant qu'organisme d'archivage du film québécois. Sous la gouverne de Robert DAUDELIN, son directeur depuis 1971, la Cinémathèque réagit de telle sorte qu'en 1978 la loi est amendée. La Cinémathèque se voit alors dotée d'un mandat et de moyens élargis, dont un premier entrepôt de conservation. Dans les années 80, on rassemble dans un même lieu ses services administratifs et archivistiques, ce qui consolide son statut institutionnel, puis on développe ses entrepôts. Dans les années 90, pour faire face à la croissance rapide des collections de films et des articles afférents au film, on agrandit ses installations. En 1997, la Cinémathèque occupe de nouveaux bâtiments, où des salles de projection de film et de télévision/vidéo, une médiathèque moderne et des salles d'exposition permettent d'accroître les services au public. Dorénavant, la Cinémathèque est bien un véritable musée de l'image en mouvement.

La Cinémathèque conserve des films et des collections afférentes de tous les pays et de toutes les époques. Cependant les cinémas québécois et d'animation sont au cœur de sa spécificité. Ses collections comprennent quelque 40 000 films et enregistrements magnétoscopiques, 28 000 affiches, 565 000 photos et 13 500 scénarios, sans compter les archives documentaires, les appareils, les costumes et les bandes sonores. Sa bibliothèque sur le cinéma et la télévision est l'une des plus importantes au monde avec quelque 45 000 volumes (surtout en français et en anglais), plus de 130 000 dossiers classés par films ou par sujets et des abonnements à 450 périodiques. La Cinémathèque québécoise est l'une des institutions culturelles essentielles du Canada.

Cineplex Odeon Corporation est une compagnie intégrée qui exploite des salles de cinéma au Canada et aux États-Unis. Elle possède aussi une division de distribution, un studio de production ainsi que le plus grand laboratoire cinématographique et établissement de postproduction au Canada. Garth H. DRABINSKY en est le président et le directeur général. La compagnie ouvre son premier complexe multi-écrans au EATON CENTRE de Toronto. Grâce à l'acquisition de plusieurs chaînes de salles de cinéma, dont Canadian Odeon (1984), Plitt Theatres Inc. (1985), Septum Theatres (1986) et RKO Century Warner (1986), c'est aujourd'hui l'un des plus gros distributeurs de films en Amérique du Nord. Elle compte plus de 1500 écrans dans quelque 500 établissements et plus de 12 500 employés.

La croissance de l'entreprise a débuté en 1983 quand, sous les pressions du ministère fédéral des Communications, les distributeurs américains permettent à Cineplex Odeon d'accéder aux longs métrages en première distribution. En 1986, la compagnie MCA Inc., installée aux États-Unis, acquiert 50 p. 100 des actions ordinaires de Cineplex Odeon, mais, selon la réglementation canadienne, les actionnaires de MCA ont un droit de vote limité.

Cineplex Odeon Films (anciennement Pan-Canadian Film Distributors) est une filiale en propriété exclusive. C'est le plus important distributeur indépendant de films au Canada. Elle est aussi propriétaire de Toronto International Studios, le plus grand studio au Canada. En 1986, elle acquiert The Film House Groups Inc., qui regroupe le plus gros laboratoire cinématographique et le plus grand établissement de postproduction au Canada. La même année, les revenus de Cineplex s'élèvent à plus de 500 millions de dollars, tandis que son actif approche les 900 millions.

Cinq-Mars, Lionel, phytopathologiste et systématicien des plantes vasculaires (Saint-Cœur-de-Marie, Qc, 12 juin 1919—Québec, 6 août 1973). Formé en phytopathologie, mais intéressé par la taxonomie des plantes vasculaires, Cinq-Mars est à l'origine des études en floristique à l'U. Laval; il en encourage d'ailleurs le développement continu. Au début de sa carrière comme phytopathologiste, il étudie les maladies des pommes. En 1962, il est nommé professeur de botanique à l'U. Laval, poste qu'il occupe jusqu'à sa mort. Il devient conservateur de l'Herbier Louis-Marie, à l'U. Laval, en 1968 et augmente la collection de plus de 10 000 spécimens. Ses sujets de recherche particuliers sont l'amélanchier et la violette, surtout au Québec. Cinq-Mars a écrit plus de 70 articles sur la phytopathologie, la distribution et la systématique des plantes vasculaires, l'ornithologie et l'histoire naturelle. Il a aussi fondé et édité deux publications consacrées à la systématique des plantes, *Ludoviciana* et *Provanchera*. Une espèce d'amélanchier porte aussi son nom, l'*A. Quinti-Martii*. Comme il est membre fondateur et un des premiers directeurs de l'Association botanique du Canada, on a donné son nom à une récompense, le prix Cinq-Mars, remise à un étudiant présentant une communication de valeur exceptionnelle au congrès annuel de l'association.

J.R. Stein

Cinquième emploi (Montréal, 1975; *Fifth Business*, New York et Toronto, 1970; Londres, 1971) est un roman de Robertson DAVIES. Le premier roman de la trilogie «Deptford» s'ouvre sur une scène où Percy Stanton lance une boule de neige à Dunstable Ramsay, mais atteint Mary Dempster, enceinte, ce qui cause la naissance prématurée de Paul. Les destins de ces personnages s'entrecroisent tout le reste de leur vie. Lorsque Dunstable est gravement blessé pendant la Première Guerre mondiale, il associe l'apparition d'un saint à Mary Dempster. Plus tard, il revient au Canada, devient historien et hagiographe (un écrivain qui se consacre à la biographie des saints) et raconte l'histoire de sa découverte de lui-même due à ses rencontres avec une série de personnages hors du commun. En découvrant qu'il est «cinquième emploi» (c.-à-d. que tout en n'ayant qu'un second rôle, il est essentiel au développement du drame), Ramsay approfondit sa compréhension des relations mystérieuses entre le mythe et l'histoire, l'esprit et la chair, la fiction, les faits et la foi. Ce roman a été publié en anglais, en français et également en polonais.

Neil Besner

Cipriani, André Joseph, biophysicien, grand amateur de sport, bon vivant (Port-of-Spain, Trin., 2 avril 1908—Deep River, Ont., 23 fév. 1956). Formé en physique et en médecine à l'U. McGill, il commence sa remarquable carrière en faisant de la recherche en neurophysiologie, sur la circulation sanguine cérébrale et sur le mal de l'accélération et des mouvements à l'U. McGill et à l'Institut neurologique de Montréal. Après des recherches de médecine en biophysique dans le Corps de santé royal canadien, il se joint aux Laboratoires nucléaires de Chalk River (LNCR) où il passe en revue les isotopes avec W.V. Mayneord avant de choisir le cobalt 60 comme le plus prometteur pour traiter le CANCER. Des études supplémentaires fournissent une base solide pour les dosages futurs de la cobaltothérapie.

Cipriani lance la production de cobalt 60 pour les premiers appareils de thérapie au COBALT utilisés par H.E. JOHNS et d'autres. Les traitements commencent au Canada à l'automne 1951. Sa brillante direction dans l'établissement de normes de protection contre les risques d'irradiation et dans le fonctionnement sécuritaire des réacteurs aux LNCR conduit à un succès exceptionnel dans ces deux domaines.

Joan Melvin

Circonscriptions électorales de la Saskatchewan (1991), renvoi sur les Il s'agit d'une importante décision de la Cour suprême sur le droit de vote depuis l'avènement de la Charte.

La Cour suprême se démarque nettement de la jurisprudence américaine dans ce renvoi. La Cour, à la majorité, rejette le principe «une personne, un vote» établi par la Cour suprême des États-Unis pour lui substituer le principe de la «représentation effective».

Dans cette affaire, une commission est établie afin de réviser les limites des circonscriptions électorales. La loi établissant la commission impose deux conditions: 1) un quota strict pour les comtés urbains et ruraux; 2) la concordance des comtés avec les délimitations municipales existantes. Le résultat de cette révision a pour conséquence de créer des écarts de représentation allant de 15 à 25 p. 100. La Cour suprême, à la majorité, est d'avis que ces écarts ne portent pas atteinte à l'article 3 de la Charte.

Selon la juge McLachlin, l'objet du droit de vote garanti à l'article 3 de la *Charte canadienne des droits et libertés* n'est pas l'égalité du pouvoir électoral en soi, mais le droit à une «représentation effective». Elle déclare: «Notre démocratie est une démocratie représentative. Chaque citoyen a le droit d'être représenté au sein du gouvernement.»

Le juge Cory est dissident. La législature provinciale n'a pas à se prononcer sur le processus et à imposer des conditions à la commission. Selon lui, l'imposition de ces conditions porte atteinte à l'article 3 de la Charte.

Cirque du Soleil Ce cirque moderne, qui s'est approprié une forme de spectacle datant d'avant le Moyen Âge, ne cesse de se réinventer. Ses numéros sont inspirés de l'art du cirque et de celui de la rue et mettent en scène des costumes loufoques, des éclairages magiques et une musique originale. Sa particularité est de créer un monde spirituel mystérieux qui, en mettant au défi les lois physiques de notre monde, projette les spectateurs dans le monde libre et intense de l'imagination.

Le Cirque du Soleil est formé au début des années 80 par une bande d'amuseurs publics. À cette époque, comme le Québec n'a pas de tradition de cirque, cette troupe composée de cracheurs de feu, de jongleurs et de toutes sortes d'amuseurs publics décide de se réunir et de créer le «Club des talons hauts», les talons hauts désignant les échasses sur lesquelles les membres de la troupe ont l'habitude de se déplacer. La troupe organise alors un festival, «La Fête foraine de Baie-Saint-Paul», lieu de rencontre permettant aux artistes d'échanger leurs idées et leur art. C'est ainsi qu'on assiste à la naissance du Cirque du Soleil, un établissement conforme aux règles d'une certaine «rectitude politique», aux termes de laquelle on bannit les animaux des spectacles.

En 1984, le premier spectacle est d'abord présenté à Gaspé, puis à divers endroits dans toute la province. L'année suivante, le spectacle entame une tournée ontarienne couronnée de succès. Bientôt, le reste du Canada et les États-Unis sont frappés par les performances originales, les démonstrations d'habiletés physiques, le monde imaginaire et le style burlesque du Cirque du Soleil. Dans les années 90, ce cirque connaît un succès international.

En 1999, le Cirque du Soleil a présenté 7 spectacles différents dans les villes importantes de l'ensemble du continent américain, en Asie et en Afrique. Même si le siège social de l'entreprise, construit par l'architecte Dan HANGANU, se trouve toujours à Montréal, le Cirque du Soleil compte également des bureaux à Amsterdam, à Singapour, à Orlando (Floride) et à Las Vegas (Nevada). En 1999 le cirque a produit son premier film, *Alegria*, basé sur le spectacle du même nom.

Grâce au développement d'un produit et d'un marketing bien pensés, le Cirque du Soleil est devenu l'une des entreprises culturelles les plus importantes en Amérique du Nord dont la programmation est déjà prévue pour les premières années du présent millénaire avec des spectacles comme *Dralion*, «O» ou *Quidam*.

Virginia Gillese

Cisco (*voir* CORÉGONES.)

Citadel Theatre Fondé en 1965 par Joseph H. SHOCTOR et trois partenaires, le Citadel Theatre est le premier théâtre professionnel d'Edmonton et le plus grand théâtre professionnel régional au Canada. À titre de directeur de production et de président du Conseil des gouverneurs, Shoctor continue de jouer un rôle important au Citadel.

Le théâtre porte le nom de l'ancien édifice de l'Armée du Salut qu'il a acheté et rénové pour la somme de 250 000 dollars. La première pièce qu'il présente le 10 novembre 1965 est *Who's Afraid of Virginia Woolf?* (v.f. *Qui a peur de Virginia Woolf?*) d'Edward Albee.

Le premier bâtiment de 277 places est remplacé par un imposant complexe évalué à quelque 40 millions de dollars. Le nouveau Citadel, dont la construction se fait en trois étapes entre 1974 et 1989, abrite cinq salles de spectacle: le Shoctor Theatre, un proscenium de 685 places; le Maclab, un théâtre à avant-scène prolongée de 685 places; le Rice, un studio théâtre de 250 places; le Zeidler Hall, un auditorium de 240 places où l'on présente surtout des films; et le Tucker, un amphithéâtre de 150 places. On y trouve aussi le magnifique Lee Pavilion, un vaste parc couvert comprenant une cascade.

Le programme du Citadel est typique des théâtres régionaux: un mélange de classiques et de gros succès étrangers ainsi que des œuvres canadiennes qui répondent à la «norme».

Les deux premiers directeurs artistiques du Citadel sont John Hulbert (1965-1966) et Robert Glenn (1966-1968). C'est toutefois Sean Mulcahey (1968-1973) qui réussit le premier à attirer le public local. John NEVILLE prend la relève (1973-1978) et fait connaître le Citadel sur la scène nationale. En 1975, Neville met en place un programme intitulé «Citadel

Too» dans le cadre duquel sont présentées des pièces destinées à un public plus jeune et plus audacieux.

En 1978, le choix de Peter Coe, un Anglais d'Angleterre, pour remplacer Neville soulève une controverse. Tous s'en mêlent, y compris le théâtre canadien et les nationalistes du milieu culturel, l'Immigration, le Syndicat des artistes de la scène et la Guild of Canadian Playwrights. Coe reste directeur jusqu'en 1980 et est à l'origine d'une période qui se poursuit jusqu'au milieu des années 80 et pendant laquelle le Citadel a des visées plus internationales. La compagnie essaie de mettre en scène des pièces susceptibles d'être exportées à New York ou à Londres. Parmi les productions qui ont effectivement été présentées à l'étranger, *A Life*, créée pendant la saison 1980-1981, est mise en nomination pour quatre Molières après avoir été présentée à Broadway. Toutefois, on se souvient davantage des échecs retentissants comme *Duddy* (pendant la saison 1983-1984). Cette première coproduction entre un théâtre régional et un théâtre commercial coûte environ un million de dollars et le projet d'une tournée nationale est abandonné.

Coe démissionne et le Citadel fonctionne sans directeur artistique de 1980 à 1984, ce qui ne s'était jamais vu auparavant dans un théâtre régional. La situation se reproduit de 1987 à 1991, lorsque Shoctor dirige des équipes de gestion qui mettent au point le répertoire de la saison et embauchent des metteurs en scène pour chacune des pièces. Entre les deux, la période de 1984 à 1987, sous la direction de Gordon McDougall, est médiocre au point de vue artistique.

Vers le milieu des années 90, sous la direction de Robin Phillips (directeur général de 1991 à 1995), le Citadel retrouve sa réputation nationale. En 1996, il est le premier théâtre régional à collaborer à une mise en scène avec le Festival de Stratford, soit la farce de Feydeau intitulée *A Fitting Confusion*.

Le directeur résident Duncan McIntosh, nommé en 1995, décide de n'offrir qu'une seule série d'abonnements pour les deux grandes scènes, ce qui représente une réduction importante par rapport aux saisons précédentes, où l'on a offert en même temps jusqu'à trois séries d'abonnements: une série de représentations sur la scène principale du Shoctor (1976-1995), une série de pièces à moins grande échelle et plus risquées au Rice (1976-1995), et une série à l'intention des familles au Maclab (1986-1995). En 1996, le Rice accueille une série de nouvelles œuvres canadiennes subventionnées par l'Edmonton Community Foundation.

Le Citadel a mis sur pied divers programmes remarquables parmi lesquels la Citadel Theatre School, fondée en 1966 et qui existe toujours; une troupe itinérante à vocation éducative nommée la Citadel on Wheels/Wings (1968-1985), qui a joué 55 pièces de théâtre (dont 65 p. 100 sont canadiennes) en Alberta et dans les Territoires du Nord-Ouest (ce qui fait du Citadel le premier théâtre à se déplacer au nord du cercle polaire arctique); l'International Children's Festival (1982-1994); et le Teen Festival of the Arts (1988-1994).

Don Perkins

Cité libre Magazine d'idées fondé en 1950, il regroupe à l'origine des intellectuels québécois qui s'opposent à Maurice DUPLESSIS. Inspiré par le personnalisme d'Emmanuel Mounier, le comité de rédaction, dont Gérard PELLETIER et Pierre Elliott TRUDEAU font partie, met en avant l'existence d'un homme universel à défendre contre le totalitarisme. Humaniste, progressiste et non doctrinaire (René LÉVESQUE, Pierre VADEBONCŒUR et Pierre VALLIÈRES y côtoient Maurice Blain, Jean Le Moyne et Gilles Marcotte), *Cité libre* témoigne à sa façon de l'inquiétude de la société québécoise durant l'époque dite de la «grande noirceur».

Laïque et anticléricale, la publication approfondit les questions religieuses. À la médiocrité intellectuelle et à l'intolérance, elle oppose un rationalisme inspiré des grands penseurs libéraux. Sur les ques-

tions socio-économiques, elle pose des jugements parfois audacieux, sans remettre toutefois en question les structures établies; elle propose plutôt des changements graduels. Fédéraliste et antinationaliste, *Cité libre* considère la politique dans une perspective éthique et encourage l'éducation à la démocratie et la lutte contre la corruption.

La quête de nouvelles valeurs et la recherche d'une identité sont plus apparentes dans la première série de ses publications (1950-1959) que dans la deuxième (1960-1966); entre les deux s'est amorcée la RÉVOLUTION TRANQUILLE. À compter de juillet-août 1991, sous la direction d'Anne-Marie Bourdouxhe, la Coopérative d'information *Cité libre* fait paraître une troisième série et organise des rencontres régulières avec ses lecteurs, avant de lancer une édition anglaise en 1998. Son objectif est clair: défendre le «sens critique» contre l'«unanimisme nationaliste». D'une série à l'autre, la primauté des droits individuels sur les droits collectifs donne son unité à la revue. *Cité libre* suspend de nouveau sa publication à l'été 2000, après dix ans d'activités. (*Voir aussi* PÉRIODIQUES LITTÉRAIRES DE LANGUE FRANÇAISE.)

Benoît Melançon

Citoyenneté La *Loi sur la citoyenneté,* qui régit actuellement la nationalité canadienne, entre en vigueur le 15 février 1977. Elle définit le «citoyen» comme étant «un citoyen canadien» et prévoit que tout citoyen, qu'il soit né ou non au Canada, jouit des droits, pouvoirs et avantages conférés aux citoyens et qu'il est assujetti aux mêmes devoirs, obligations et responsabilités prévues dans les diverses lois provinciales et fédérales et dans la LOI CONSTITUTIONNELLE DE 1867. Au niveau fédéral comme dans toutes les provinces, les citoyens qui sont majeurs jouissent de droits politiques garantis, dont le droit de vote et celui de se porter candidat à une élection.

Avant 1947 Avant 1947, les lois de naturalisation conféraient le statut de sujet britannique aux immigrants naturalisés au Canada tout comme aux personnes nées au Canada. La *Loi sur la citoyenneté canadienne*, la première loi concernant la nationalité au Canada à définir son propre peuple canadien, est entrée en vigueur le 1er janvier 1947. Entre autres, elle conférait aux femmes mariées la pleine autorité sur leur nationalité. Depuis 1947, les femmes ne perdent ni n'acquièrent la nationalité canadienne du fait seulement du mariage. Auparavant, la nationalité de la femme mariée au Canada était, selon les lois en vigueur, liée pour l'essentiel à celle de son mari.

Loi sur la citoyenneté de 1976 La *Loi sur la citoyenneté* de 1976 consacre l'égalité des femmes en matière de citoyenneté tout en éliminant du même coup les dernières différences entre les divers groupes de personnes cherchant à devenir citoyens canadiens. Sous réserve d'exceptions mineures (p. ex., les enfants de diplomates), a qualité de citoyen canadien au moment de sa naissance toute personne née au Canada.

Les personnes nées à l'étranger à compter du 15 février 1977 sont automatiquement citoyens canadiens si elles sont nées d'un père ou d'une mère ayant qualité de citoyen canadien au moment de leur naissance. Toutefois, les enfants de la deuxième génération et des générations suivantes nés à l'étranger à compter de cette date sont tenus, avant d'atteindre l'âge de 28 ans, de faire une demande de conservation de la citoyenneté et de se faire immatriculer comme citoyens et, ou bien de résider au Canada depuis un an à la date de la demande, ou bien de démontrer qu'elles ont conservé avec le Canada des liens manifestes. Les enfants mineurs d'un citoyen sont également admissibles à la citoyenneté, à condition qu'une demande de citoyenneté soit présentée en leur nom et qu'ils soient admis au Canada à titre de résident permanent par les autorités de l'immigration. Les adultes admis au Canada à titre de résident permanent peuvent être admissibles à la citoyenneté après au moins trois ans de résidence au Canada dès lors qu'ils respectent certaines conditions. Le ministre chargé des questions de citoyenneté (actuellement le ministre de la Citoyenneté et de l'Immigration) a le pouvoir discrétionnaire d'exempter de certaines conditions d'admissibilité à la citoyenneté et le gouverneur en conseil a le pouvoir discrétionnaire d'ordonner à celui-ci d'attribuer la citoyenneté à toute personne qu'il désigne afin de remédier à une situation particulière et inhabituelle de détresse ou de récompenser des services exceptionnels rendus au Canada. Ce pouvoir, rarement utilisé, pourrait toutefois s'avérer important dans un monde sensibilisé aux besoins humains.

Article 4 de la Loi sur l'immigration, 1976 Selon l'article 4 de la *Loi sur l'immigration, 1976,* les citoyens canadiens ont le droit absolu d'entrer et de demeurer au Canada. Ce droit appartient également aux autochtones sous le régime de la *Loi sur les Indiens,* qu'ils soient ou non des citoyens. Les résidents permanents et les RÉFUGIÉS au sens de la Convention à qui certains droits sont conférés au Canada sont également assujettis à certaines restrictions. Seuls les citoyens canadiens peuvent obtenir le passeport canadien bien qu'un document de voyage puisse être délivré aux résidents permanents. De nombreuses corporations professionnelles canadiennes, p. ex., les barreaux et les ordres et collèges des médecins, exigent que leurs membres soient des citoyens canadiens.

À l'heure actuelle, une demande d'attribution, de conservation, de répudiation de la citoyenneté ou de réintégration dans la citoyenneté (à l'exception de l'attribution de la citoyenneté au nom d'un mineur) est d'abord examinée par un juge de la citoyenneté. Le ministre et la personne concernée ont le droit d'interjeter appel de la décision du juge à la Section de première instance de la Cour fédérale. Le gouverneur en conseil peut refuser une demande d'attribution de la citoyenneté, une demande de réintégration dans la citoyenneté ou une demande de répudiation de la citoyenneté, les motifs susceptibles d'être invoqués étant très limités. L'attribution de la citoyenneté tout comme la répudiation de la citoyenneté peuvent être annulées par le gouverneur en conseil si elles ont été obtenues par fraude, fausse déclaration ou dissimulation intentionnelle de faits essentiels. La personne qui a été admise au Canada à titre de résident permanent sur la base de fausses déclarations est réputée avoir acquis la citoyenneté canadienne également sur la base de fausses déclarations. L'annulation est prononcée par le gouverneur en conseil sur rapport présenté par le ministre. Ce rapport ne peut être fait qu'après que la personne a été avisée de son droit de faire renvoyer l'affaire devant la Section de première instance de la Cour fédérale.

La question de l'annulation de la citoyenneté a acquis une certaine notoriété au cours des dernières années en raison de la controverse entourant l'attribution de la citoyenneté à des présumés criminels de guerre nazis. On peut douter de la constitutionnalité de l'annulation, car cette possibilité crée une distinction entre les citoyens naturalisés et les citoyens nés au Canada, situation qui pourrait être incompatible avec l'article 15 de la *Charte canadienne des droits et libertés.*

Les citoyens qui résident au Canada ne peuvent répudier leur citoyenneté, sauf sur permission du ministre. Ceux qui ont cessé d'être citoyens peuvent être réintégrés dans la citoyenneté canadienne après avoir été admis au Canada à titre de résident permanent et avoir résidé au Canada pendant au moins l'année précédant immédiatement la date de la demande. Les citoyens canadiens peuvent être citoyens de plusieurs pays en même temps, à condition que l'autre ou les autres pays concernés reconnaissent également la notion de double ou de pluralité de nationalité. Les citoyens d'autres pays du Commonwealth et de l'Irlande sont reconnus comme citoyens du Commonwealth au Canada, statut qui est considéré comme symbolique.

Le Parlement étudie actuellement (1996) une nouvelle *Loi sur la citoyenneté.* Celle-ci tentera de rationaliser la procédure d'acquisition de la citoyenneté. Les propositions énoncées dans la nouvelle loi comprennent l'élimination du poste de juge de la citoyenneté, la modification du serment de citoyenneté et l'adjonction d'une définition plus détaillée de résidence. Les cérémonies d'attribution de la citoyenneté auront lieu dans des lieux communautaires et seront présidées par des Canadiens importants (c.-à-d. les titulaires de l'Ordre du Canada). Le système actuel d'entrevues avec les juges de la citoyenneté sera remplacé par des épreuves écrites.

Non-citoyens Au Canada, les non-citoyens ne jouissent pas de droits politiques, mais, d'une façon générale, ils possèdent tous les droits juridiques et sont assujettis à la loi comme le sont tous les citoyens. Les résidents permanents ont le droit de travailler au Canada, alors que les visiteurs n'ont pas ce droit. (*Voir également* IMMIGRATION.)

Julius H. Grey et John Gill

Citrouille Appellation courante pour la COURGE aux gros fruits orangés. En Amérique du Nord, ce terme renvoie surtout aux fruits de la famille du *Cucurbita pepo,* qui sont cueillis après que l'écorce a durci, mais avant la première gelée. En Europe, on trouve plusieurs variétés de courges, dont le potiron (*C. maxima*). La citrouille n'a qu'une faible valeur économique au Canada et aux États-Unis, car elle est surtout utilisée pour faire des tartes et fabriquer des lanternes à l'époque de l'Halloween.

Roger Bédard

City Beautiful, mouvement Le mouvement City Beautiful, actif au Canada de 1893 à 1930, favorise la promotion planifiée d'une beauté urbaine au moyen de l'harmonie architecturale, de l'uniformité de la conception et de la variété visuelle. Le mouvement canadien s'inspire beaucoup des activités et des écrits américains. Les projets vont de la création de splendides centres municipaux, comme le Wascana Centre à Regina, à la mise en place de réseaux de parcs et de promenades (Ottawa; *voir* COMMISSION DE LA CAPITALE NATIONALE).

Des groupes de citoyens que la cause intéresse et qui s'affairent au sein de sociétés horticoles, d'associations pour l'amélioration municipale nouvellement formées et même de chambres de commerce s'occupent de l'aspect amateur du mouvement. Ces petits groupes parviennent souvent mieux que les professionnels à apporter des changements par l'installation de boîtes à fleurs sur la rue principale, la plantation d'arbres le long des rues, l'aménagement paysager des immeubles publics, l'embellissement des terrains d'écoles, la mise en œuvre de campagnes de nettoyage de quartiers et la création de parcs.

Le déclin de la conjoncture économique, l'avènement de la Première Guerre mondiale et les problèmes urbains qui s'ensuivent, comme la nécessité de fournir des logements abordables, mettent un frein aux projets d'envergure, mais n'empêchent pas les petits groupes de poursuivre leur œuvre pendant un certain temps. L'héritage du mouvement aura été de faire persister dans l'esprit des gens certains idéaux, soit l'importance des parcs municipaux, des rues bordées d'arbres, des pelouses bien entretenues et des plantations publiques.

Edwinna Von Baeyer

Clair, Frank, entraîneur de football (Hamilton, Ohio, 12 mai 1917). Sa performance à titre d'entraîneur demeure inégalée dans l'histoire du FOOTBALL canadien. Dix-sept fois en dix-neuf saisons, ses équipes participent aux séries de fin de saison. Elles se rendent 12 fois aux finales de conférence, participent six fois à la COUPE GREY et remportent cinq fois la victoire. De 1950 à 1954, Clair est entraîneur avec les ARGONAUTS DE TORONTO. L'équipe remporte la Coupe Grey au cours de la première saison, puis deux ans après.

En 1956, Clair devient entraîneur des ROUGH RIDERS D'OTTAWA. Il occupe cette fonction pendant 14 ans et remporte la Coupe Grey en 1960 et au cours de ses deux dernières saisons, soit en 1968 et en 1969. En 1970, il devient le directeur général des Rough Riders d'Ottawa, poste qu'il conserve jusqu'en 1978. En 1982, il devient dépisteur en chef des Argos. Ses 174 victoires sont les plus nombreuses de tous les entraîneurs en chef de la Ligue canadienne de football (LCF). À deux reprises, Clair se voit décerner le trophée Annis-Stukus à titre d'entraîneur de l'année de la LCF (1966 et 1969). Il est intronisé au TEMPLE DE LA RENOMMÉE DU FOOTBALL CANADIEN en 1981. Le parc Lansdowne d'Ottawa a été renommé Stade Frank-Clair en son honneur.

Peter Wons

Claire, lac D'une superficie de 1437 km², d'une altitude de 213 m et d'une longueur de 63 km, il est situé dans le nord-est de l'Alberta, dans la partie sud-est du PARC NATIONAL WOOD BUFFALO. Prolongement isolé vers l'ouest du lac ATHABASCA, le lac Claire est le plus grand lac entièrement en Alberta. Il se trouve aussi à l'ouest de Fort Chipewyan (établi en 1788). Alimenté par les rivières PEACE, Birch et McIvor, il se déverse vers l'est dans le lac Mamawi, puis dans le lac Athabasca. En 1792, Alexander MACKENZIE le baptise lac Clear Water et David THOMPSON (carte de 1814) en souligne à son tour la limpidité. Il était à l'origine un des lacs les plus profonds du delta de l'Athabasca, mais a été remblayé par le limon au fil des ans. Toutefois, la pêche de la laquaiche y est encore rentable.

David Evans

Clam Nom commun donné à plusieurs espèces de MOLLUSQUES de la classe des bivalves (deux valves articulées), plus particulièrement à ceux qui ont une valeur économique et que l'on retrouve enfouis dans les plages ou au fond de l'eau. Au Canada, on pêche de nombreuses espèces comestibles de clams. Sur la côte ouest, la palourde jaune ou le saxidomus lisse (*Saxidomus giganteus*) et la palourde du Pacifique ou le protothaca du Pacifique (*Protothaca staminea*) sont les espèces les plus recherchées, mais la palourde japonaise ou le tape japonais (*Tapes philippinarum*), introduit accidentellement, est aussi pêchée. Ces dernières années, on a mis sur pied une importante pêche de panopea du Pacifique (*Panope abrupta; P. generosa*). C'est le plus grand des clams du Pacifique Nord. Il peut atteindre 5 kg et vivre 150 ans. Sur la côte Est, les espèces d'importance commerciale sont la mye commune ou mye comestible (*Mya arenaria*) et la cyprine d'Islande (*Arctica islandica*) aussi appelée quahog nordique.

Frank R. Bernard

Clan Terme qui sert à désigner les groupes sociaux dont la lignée des membres remonte à des ancêtres communs, hommes ou femmes. Chez les autochtones du Canada, ce terme désigne surtout les groupes de filiation unilinéaire, ce qui veut dire qu'un individu appartient au clan de l'un ou l'autre parent. Parmi les sociétés matrilinéaires, c.-à-d. celles dont la lignée descend d'une femme, citons les IROQUOIS, les HAIDAS et les TSIMSHIANS. Les clans, qui portent des noms d'oiseaux, de poissons ou de cerfs, jouent un rôle important dans la réglementation des mariages (interdisant généralement l'union de membres d'un même clan). Certains droits, privilèges et biens sont aussi liés aux clans, lesquels forment des groupes cérémoniels qui transcendent les limites géographiques et même linguistiques.

René R. Gadacz

Clancy, Francis Michael, dit le «King», joueur de hockey (Ottawa, 25 fév. 1903–Toronto, 10 nov. 1986). Il devient membre de l'équipe des SÉNATEURS D'OTTAWA en 1921, où il fait valoir ses qualités de chef et est l'un des favoris de la population locale. En 1930-1931, il est vendu aux MAPLE LEAFS DE TORONTO pour la somme sans précédent de 35 000 $ et contre deux joueurs. Bien qu'il soit léger, c'est grâce à sa vitesse et à son audace qu'il gagne la cote des partisans. Son jeu robuste inspire le club des Leafs, qui connaît du succès dans les années 30. Il est arbitre à la Ligue nationale de hockey, entraîneur des Maple Leafs de 1953 à 1956 et, plus tard, vice-président du Maple Leaf Gardens. Son esprit et ses anecdotes animées font de lui un commentateur sportif populaire.

James Marsh

Clarenville-Shoal Harbour, ville de T.-N.; pop. 5335 (rec. 1996), 3071 (Clarenville, rec. 1991), 1402 (Shoal Harbour, rec. 1991); superf. 139,98 km²; const. en 1994; située sur une longue langue de terre pittoresque, en face de l'île Random, sur la rive ouest de la BAIE DE LA TRINITÉ. La municipalité de Clarenville découle de la fusion (v. 1890) de cinq petites localités fondées au milieu du siècle dernier et œuvrant dans le domaine de l'industrie forestière et du sciage du bois. Baptisée Clarenceville en l'honneur du duc de Clarence, son nom devient Clarenville vers 1901. Située à l'entrée de la péninsule de Bonavista, sur le trajet de la première ligne de la Newfoundland Railway et sur la ligne secondaire de Bonavista (après 1911), la ville devient rapidement le centre ferroviaire et la plaque tournante du transport de la région. Aujourd'hui, la route Cabot à destination de Bonavista rejoint la route transcanadienne à Clarenville-Shoal Harbour. La construction navale, les usines d'asphalte et de créosote, ainsi que l'agriculture et le tourisme ont joué un rôle important dans son économie. La ville actuelle est avant tout un centre de services pour la région environnante.

Robert D. Pitt

Clarington, ville de l'Ont.; pop. 60 615 (rec. 1996), 49 479 (rec. 1991), 34 073 (rec. 1986); superf. 607,79 km²; située sur la rive Nord du lac Ontario, à 80 km à l'est de Toronto, dans la municipalité régionale de Durham. Constituée en tant que ville de Newcastle en 1974, elle englobe le village de Newcastle, la ville de Bowmanville, les cantons de Clarke et de Darlington, et le village partiellement autonome d'Orono. Le nom de Newcastle, donné par le bureau de poste en 1845, porte à confusion, étant donné qu'il existe plus à l'est un lotissement urbain du même nom. La ville prend le nom de Clarington en 1994.

Au départ, la municipalité est surclassée par sa voisine, Bond Head, mais en 1849 Daniel MASSEY acquiert l'entreprise de son partenaire, F.R. Vaughan, et déménage sa fonderie à Newcastle. L'entreprise devient plus tard l'une des plus importantes usines de machines agricoles du monde. En 1851, Bond Head et Newcastle fusionnent sous le nom de Newcastle; l'autre Newcastle devient Port of Brighton. Au XIXᵉ siècle, Newcastle constitue un important port pour les passagers et le fret circulant sur les eaux intérieures; cependant, la concurrence des transports ferroviaires et les tarifs américains mettent fin à cette situation. En 1868, Newcastle se dote d'une écloserie de poisson, l'une des premières au monde.

La première colonie s'installe de manière définitive à Darlington en 1794. Beaucoup de familles des États-Unis y sont attirées par les terres que leur accorde en prime le Lieutenant-gouverneur John Graves SIMCOE.

Au XXᵉ siècle, Clarington est un centre touristique et une ville-dortoir pour de nombreux résidants travaillant à Oshawa ou dans l'est de Toronto. Outre les membres de la famille Massey, Clarington est la ville d'origine d'autres personnalités, tel que Joseph Atkinson, devenu propriétaire du *Toronto Star* et fondateur de l'Atkinson Charitable Foundation.

Gerald Stortz

Clark, Andrew Hill, géographe historien (Fairford, Man., 29 avril 1911—Madison, Wis., 21 mai 1975). Fils d'un médecin missionnaire baptiste, Clark fait ses études à l'U. McMaster et à l'U. de Toronto, où il étudie avec le géographe Griffith TAYLOR et l'historien économiste Harold INNIS. En 1938, il déménage à Berkeley pour travailler avec le spécialiste en géographie culturelle Carl Sauer. Sa thèse de doctorat, une étude de la colonisation de la Nouvelle-Zélande par les humains, les végétaux et les animaux, annonce son intérêt constant à l'égard de la migration des Européens vers des latitudes tempérées à l'étranger. Professeur de géographie à l'U. du Wisconsin de 1951 jusqu'à sa mort, Clark dirige un stimulant programme de deuxième cycle. Il rédige de nombreux livres et articles et devient l'un des géographes les plus réputés et les plus influents de son époque. Il a axé ses recherches sur les débuts de la colonisation au Canada, et plus précisément dans les Maritimes, terre de ses ancêtres. Il a, avec l'aide d'anciens étudiants et d'amis éparpillés dans les universités canadiennes, institué le champ de la géographie historique au Canada.

Ses principaux ouvrages sont *The Invasion of New Zealand by People, Plants, and Animals: The South Island* (1949), *Three Centuries and the Island: A Historical Geography of Settlement and Agriculture in Prince Edward Island, Canada* (1959), et *Acadia: The Geography of Early Nova Scotia to 1760* (1968).

Cole Harris

Clark, Charles Joseph, dit «Joe», politicien, premier ministre du Canada de 1979 à 1980 (High River, Alb., 5 juin 1939). Fils d'un rédacteur en chef de journal, il obtient un baccalauréat ès arts de l'U. de l'Alberta (suivi d'une maîtrise en sciences politiques) et est président du mouvement progressiste-conservateur national des étudiants. Il travaille comme responsable de l'organisation du Parti progressiste-conservateur de l'Alberta et, à la fin des années 1960, il fait partie de l'équipe de Davie FULTON et de Robert STANFIELD à Ottawa. En 1972, il est élu député fédéral de Rocky Mountain (Alb.). Il représente Yellowhead, dans la même province, depuis 1979. Il épouse Maureen McTeer en 1973.

Au congrès du Parti conservateur de 1976, marqué par les dissensions, Clark gagne de façon inattendue, après avoir bénéficié d'un consensus essentiellement «progressiste». En mai 1979, les Canadiens élisent un gouvernement conservateur minoritaire et Clark devient le seizième premier ministre, le plus jeune dans l'histoire du Canada et le premier natif des provinces de l'Ouest à occuper ce poste. Il pense pouvoir gagner l'approbation de la population en gouvernant comme s'il avait un gouvernement majoritaire, mais il ne réussit pas à obtenir l'appui des autres partis, en particulier celui du Nouveau parti démocratique (NPD), sur plusieurs points de son programme, notamment en ce qui a trait à la privatisation de PETRO-CANADA, au crédit d'impôt sur les emprunts hypothécaires et au budget d'austérité. Son gouvernement est renversé en décembre de la même année, à la suite d'un vote de défiance de la Chambre contre le budget de John CROSBIE.

Après les élections de février 1980, les libéraux de Pierre Elliott TRUDEAU sont de nouveau portés au pouvoir. En tant que chef de l'Opposition de 1980 à 1983, Clark retarde le plan constitutionnel de Trudeau en 1981 pour qu'on en examine la constitutionnalité et qu'un compromis fédéral-provincial soit atteint. Même si Clark reçoit à deux reprises le soutien de ses pairs dans des réunions à l'échelle nationale, et bien que son parti reste en tête des sondages Gallup jusqu'en janvier 1983, une minorité non négligeable de conservateurs le considère toujours trop «progressiste» et met en doute ses capacités de meneur. Clark décide de trancher la question à l'occasion du congrès tenu en juin 1983, mais il perd au quatrième tour du scrutin au profit de Brian MULRONEY.

Par la suite, Clark tente de régler les divergences qui existent au sein du Parti conservateur et il joue un rôle important dans l'élaboration des positions adoptées par le parti relativement au contrôle des armements à l'échelle internationale. Son statut d'ancien et de jeune premier ministre bilingue, qui a gagné le respect de nombre de Canadiens, lui confère une place unique au sein du parti et lui vaut d'être nommé secrétaire d'État aux Affaires extérieures au sein du gouvernement Mulroney. Beaucoup le considèrent comme l'un des meilleurs secrétaires d'État dans l'histoire de ce ministère.

En avril 1991, Mulroney nomme Clark ministre responsable des Affaires constitutionnelles et lui donne la redoutable tâche de trouver un accord avec la province de Québec après l'échec de l'ACCORD DU LAC MEECH. En juillet 1992, Clark et neuf premiers ministres provinciaux annoncent qu'ils sont parvenus à une entente comprenant un Sénat triple E. Cette proposition ne satisfait ni le caucus québécois ni le premier ministre, et est accueillie avec encore moins d'enthousiasme par Robert Bourassa. Les premiers ministres se réunissent donc à nouveau à la mi-août. De la conférence naît un autre projet, l'ACCORD DE CHARLOTTETOWN. Mais à l'issue d'un référendum, celui-ci est rejeté par six provinces et un territoire.

Évoquant son épuisement après le long débat constitutionnel, Clark annonce, en février 1993, qu'il ne se présentera pas aux prochaines élections.

Insatisfait par sa vie en dehors de la politique, il tire avantage du passage de Jean Charest, chef conservateur fédéral, à la tête des libéraux du Québec, au printemps 1998 et, au congrès à la chefferie du 14 novembre 1998, Clark redevient une fois de plus le leader des conservateurs. Il trouve alors un parti ayant une dette de 10 millions de dollars et figurant au cinquième rang. Il n'appuie pas l'idée du mouvement de l'Alternative Unie de créer une alliance des partis de droite. Le 11 sept. 2000, il est élu député de Kings-Hants (N.-É.).

Richard Clippingdale

Clark, Clifford, fonctionnaire (Martintown, Ont., 18 avril 1889—Chicago, 27 déc. 1952). Il fréquente l'U. Queen et Harvard avant de retourner à Queen comme chargé de cours en 1915, où il participe à la mise sur pied de cours en opérations bancaires et en commerce. En 1923, il s'associe à la maison de placement américaine S.W. Strauss comme conseiller économique. La crise de 1929 met cependant fin à cette carrière et il retourne à Queen.

En 1932, le premier ministre R.B. BENNETT fait de lui un conseiller dans le cadre de la Conférence économique impériale; par la suite, il lui offre le poste de sous-ministre au ministère des Finances. Il contribue à faire des Finances un ministère gouvernemental puissant en encourageant les jeunes économistes brillants à entrer dans la fonction publique et en suivant leurs conseils. Bien que prudent au début, il commence à voir un rôle plus grand pour l'État dans la planification économique. L'homme qui s'était opposé au gel des salaires à la fin de la Première Guerre mondiale favorise sa mise en œuvre lors de la Seconde Guerre mondiale.

Comme sous-ministre, Clark appuie les dirigeants de la BANQUE DU CANADA ainsi qu'une série de mesures d'aide hypothécaire. Pendant la Seconde Guerre mondiale, il préside le Comité consultatif sur l'économie et réussit à convaincre le premier ministre Mackenzie KING d'adopter, entre autres mesures, le projet de loi sur les allocations familiales de 1944. Ses idées et son influence en font un rouage important dans l'élaboration d'un rôle plus actif du gouvernement dans la planification économique.

D. R. Owram

Clark, Glen David, politicien et premier ministre de la Colombie-Britannique (Nanaimo, Colombie-Britannique, 22 nov. 1957). Il étudie les sciences politiques à l'U. Simon Fraser et à l'U. de la Colombie-Britannique, puis travaille comme organisateur syndical dans la région sud-ouest de la province avant de se lancer en politique. Encore dans la vingtaine, il se présente pour la première fois aux élections provinciales de 1986 et est élu député néo-démocrate de Vancouver. Jeune et ambitieux, il est une source d'irritation constante pour le gouvernement créditiste.

Réélu dans la victoire écrasante du Nouveau Parti démocratique (NPD) en 1991, le premier ministre Mike HARCOURT le récompense en le nommant à la fois ministre des Finances et des Relations avec les corporations et leader parlementaire. Il est responsable de la plupart des tentatives fructueuses du gouvernement néo-démocrate d'assainir le budget de la province. En 1993, il est muté au ministère de l'Emploi et des Investissements. Il sort intact du scandale qui force Harcourt à démissionner. Au congrès à la chefferie du parti, le 18 février 1996, il est élu au premier tour.

Grâce à sa démarche vigoureuse devant un nouveau scandale autour, cette fois, des pratiques douteuses de la haute direction de Hydro BC, Clark commence à remonter l'écart de 20 points dans les sondages entre les partis et le NPD. Il mène une campagne vigoureuse et combative qui lui vaut une faible majorité aux élections du 28 mai 1996, où le NPD de la Colombie-Britannique remporte pour la première fois deux victoires consécutives. Il démissionne en août 1999.

Clark, Greg, journaliste, militaire, amateur de plein air, humoriste (Toronto, 25 sept. 1892—*id.*, 3 fév. 1977). Durant la Première Guerre mondiale, il combat outremer dans les rangs du 4e bataillon canadien de fusiliers à cheval, se méritant la Croix militaire comme lieutenant d'infanterie à la crête de Vimy, etc. Il redevient journaliste au *Toronto Star*, où, durant les 30 années subséquentes, il couvrira les principaux événements d'actualité, dont le grand incendie de Haileybury en 1922, le procès du kidnappeur du bébé des Lindbergh, etc. Il entreprend d'écrire des récits humoristiques pour l'hebdomadaire associé à ce journal, le *Toronto Star Weekly*. Ses récits les plus populaires relatent ses mésaventures comiques avec son compagnon de chasse et de pêche, le caricaturiste Jimmie Frise.

Au cours de la Seconde Guerre mondiale, Clark retourne outremer comme correspondant de guerre au Royaume-Uni, en Sicile, en Italie et en France. Pour ses hauts faits, il est nommé officier de l'Ordre de l'empire britannique et se voit décerner la médaille de service de l'Ordre du Canada.

En 1947, Clark et Frise passent au *Montreal Standard*, qui deviendra le *Weekend Magazine*. Après le décès de Frise, c'est Duncan MACPHERSON qui illustre les textes de Clark. Clark manifeste son goût de vivre dans ses 19 ouvrages, dont un lui vaut le prix d'humour Leacock.

Jock Carroll

Clark, Howard Charles, chimiste et administrateur d'université (Auckland, Nouvelle-Zélande, 4 sept. 1929). Après avoir étudié à l'U. d'Auckland et à Cambridge, il arrive en Colombie-Britannique en 1957. Il s'y fait bientôt connaître pour son travail original sur la chimie des composés organo-métalliques, la chimie de coordination et la chimie du fluor. À partir de 1965, il poursuit ses recherches en tant que professeur de chimie inorganique à l'U. de Western Ontario et reçoit le prix Noranda de l'Institut de chimie du Canada, un doctorat ès sciences de Cambridge et une bourse de recherche de la Société royale du Canada. Il dirige le département de chimie de l'U. de Western Ontario de 1967 à 1976 et passe ensuite à l'U. de Guelph à titre de vice-président aux études et de professeur de chimie. En 1986, il est nommé président de l'U. Dalhousie, à Halifax.

Christopher Willis

Clark, Karl Adolf, chimiste (Georgetown, Ont., 20 oct. 1888—Saanichton, C.-B., 8 déc. 1966). Un pionnier du procédé d'extraction à l'eau chaude permettant de séparer l'huile des sables bitumineux, Clark commence à s'intéresser au goudron lors de son premier emploi après avoir quitté l'université, comme chef de la Division des matériaux routiers du ministère fédéral des Mines (1916-1920). Il entre ensuite à l'ALBERTA RESEARCH COUNCIL (ARC), fondé en 1919 par H.M. Tory et J.L. Côté dans le but d'appliquer la science aux ressources locales. Au cours de ses premières années, l'ARC est rattaché à l'U. de l'Alberta, où Clark travaille jusqu'à sa retraite (1954). Les premières usines d'exploitation de sables bitumineux, construites dans les années 1920, ne sont pas rentables. Le procédé de Clark est implanté dans la première usine prospère, la Great Canadian Oil Sands (devenue plus tard Suncor Ltd.), ouverte en 1967 à Fort McMurray, en Alberta, et dans la future usine Syncrude. (*Voir aussi* BITUME.)

Donald J.C. Phillipson

Clark, Paraskeva, née Plistik, peintre (Saint-Pétersbourg, Russie, 28 oct. 1898—Toronto, 10 août 1986). Clark apporte une saveur piquante et de l'éclat au cercle des peintres de Toronto au cours des années 1930 et 1940. Les traces de cubisme dans ses peintures découlent de ce qu'elle a appris dans les ateliers soviétiques libres (1917-1921) et contrastent avec le style dominant du GROUPE DES SEPT. Elle se sent plus d'affinités avec les peintres de Montréal. Après la mort de son premier mari (1923), Clark quitte la Russie pour aller à Paris, accompagnée de son bébé garçon. Elle y rencontre le Canadien Philip Clark, qu'elle épouse et avec qui elle déménage à Toronto en 1931. Elle continue de peindre, manifestant des préoccupations gauchistes dans des peintures comme *Petrouchka* (1937). Elle développe une forme plus et un flair individualiste, peignant des scènes canadiennes, puis des études florales, des natures mortes et des autoportraits. Elle est le sujet d'un film de l'Office national du film, *Portrait of the Artist as an Old Lady* (1982).

Anne McDougall

Clark, Samuel Delbert, sociologue (Lloydminster, Alb., 24 fév. 1910). Formé en histoire et en sociologie à l'U. de la Saskatchewan, à la London School of Economics, à l'U. McGill et à l'U. de Toronto, il se joint au Département d'économie politique de l'U. de Toronto en 1938. Il se fait connaître par ses études dans lesquelles il décrit le développement social au Canada comme un processus de désorganisation et de réorganisation découlant d'une série de champs d'action économiques. La bourse d'études qu'on lui accorde lui donne droit à l'approbation à une époque où les professeurs canadiens sont encore sceptiques quant à la nouvelle discipline qu'est la SOCIOLOGIE. Sous la direction de Clark, des universitaires canadiens produisent une série de 10 monographies sur le mouvement du CRÉDIT SOCIAL.

Au cours des années 1960, il commence à s'intéresser aux conséquences contemporaines des changements économiques, notamment à la vie de banlieue et à la pauvreté urbaine. Comptent parmi ses publications les suivantes: *The Canadian Manufacturers' Association* (1939), *The Social Development of Canada* (1942), *Church and Sect in Canada* (1948), *Movements of Political Protest in Canada* (1959), *The Developing Canadian Community* (1962, 2e éd. 1968), *The Suburban Society* (1966), *Canadian Society in Historical Perspective* (1976) et *The New Urban Poor* (1978). Ancien président de la Société royale du Canada, il est nommé professeur émérite à l'U. de Toronto en 1976.

P.J. Giffen

Clark, Terri, (née Terri Lynn Sauson, Montréal, 4 août 1968). Elle est originaire de Montréal, où ses grands-parents, Ray et Bett Gauthier, étaient des étoiles du monde de la musique *country* canadienne. Son appréciation du *country* s'accroît au cours de son adolescence à Medicine Hat, en Alberta. À l'âge de 18 ans, elle décide de poursuivre son rêve et déménage à Nashville. Elle perfectionne son talent de chanteuse en chantant pour des pourboires au *Tootsie's Orchid Lounge*. Pendant sept ans, elle réussit tant bien que mal en occupant de petits emplois et en chantant, jusqu'à ce qu'elle signe un contrat avec Mercury Records. En 1995, son premier album, *Terri Clark*, devient platine au Canada et aux États-Unis, et le premier extrait de l'album, *Better Things To Do*, est un grand succès. La chanson et l'album lui permettent de remporter des prix de la Canadian Country Music Association en 1996. Clark reçoit également le prix Vista de la chanteuse country canadienne la plus prometteuse. Aux États-Unis, The Nashville Network/Music City News Awards lui décerne le titre d'«étoile montante» à la suite d'un vote populaire. Clark est aussi nommée nouvelle artiste *country* de l'année par la revue *Billboard* en 1995.

Clark lance son deuxième album, *Just The Same*, en novembre 1996, sur lequel elle reprend *Poor, Poor Pitiful Me*, une des chansons numéro un des années 1970, interprétée par Linda Ronstadt. Cette chanson porte les ventes du disque à 80 000 exemplaires au cours des quatre premiers mois suivant son lancement au Canada. Clark est nommée meilleure nouvelle artiste solo au gala des PRIX JUNO de 1997. Plus tard au cours de la même année, elle remporte le prix du public lors des Canadian Country Music Awards, où elle se voit aussi décerner les prix de chanteuse de l'année, ainsi que d'album de l'année pour *Just The Same*.

Steve McLean

Clark, Wayne, designer de mode (Drumheller, Alb., 13 nov. 1949). Clark est reconnu pour ses robes de soirée spectaculaires et ses vêtements de sport bien coupés et de grande qualité. Il grandit à Calgary et fréquente l'Alberta College of Art pendant trois ans, avant de réaliser son rêve et de devenir créateur de mode. En 1973, peu après avoir obtenu son diplôme du programme de mode du Sheridan College (Oakville, Ontario), il reçoit une bourse d'études de l'industrie canadienne de la mode, attribuée par le ministère de l'Industrie et du Commerce.

Il fait un apprentissage de 18 mois chez Hardy Amies à Londres, en Angleterre, et est assistant designer pour les costumes du film *The Romantic Englishwoman*. En 1977, à son retour à Toronto, il crée des vêtements pour le fabricant Aline Marelle. Neuf ans plus tard, il lance sa propre collection. Après avoir établi sa compagnie (1989), Clark assume la responsabilité complète de sa marque qui est vendue au Canada et aux États-Unis.

Alexia Economou, DesignLink

Clarke, Austin Chesterfield, romancier (St. James, Barbade, 26 juil. 1934). Clarke arrive au Canada en 1955 pour étudier, puis il travaille comme journaliste à Toronto. Après avoir connu le succès avec ses nouvelles publiées dans *The Survivors of the Crossing* (1964), il enseigne dans un certain nombre d'universités au Canada et aux États-Unis, où il est aussi écrivain en résidence. En 1974, il occupe le poste d'attaché culturel à l'ambassade de la Barbade à Washington et, en 1975, il est pendant un an le directeur général du réseau de télévision Caribbean Broadcasting Corporation. Au Canada, Clarke prend position contre le racisme dans un article de la revue *Maclean's* publié en 1963, «A Black Man Talks About Race Prejudice in White Canada», ainsi que dans un ouvrage intitulé *Public Enemies: Police Violence and Black Youth* (1992).

Même si Clarke a publié six autres recueils de nouvelles, il est surtout connu pour sa trilogie romanesque sur la vie des immigrants antillais à Toronto, *The Meeting Point* (1967), *Storm of Fortune* (1973) et *The Bigger Light* (1975). Par leurs descriptions aigres-douces de l'adaptation douloureuse de personnages antillais pittoresques dans un Canada froid, ces romans dénoncent vertement différentes formes de racisme présentes à Toronto. L'intrigue de deux autres romans, *The Prime Minister* (1977) et *Proud Empires* (1986), se situe dans les Caraïbes, tandis que son autobiographie partielle, *Growing Up Stupid Under the Union Jack*, a paru en 1980.

Terrence Craig

Clarke, Charles Kirk, psychiatre, éducateur (Elora, Canada-Ouest, 16 fév. 1857—Toronto, 20 janv. 1924). Il mène de front sa carrière en PSYCHIATRIE, commencée en 1874, comme assistant clinique du Dr Joseph WORKMAN au Provincial

Lunatic Asylum de Toronto, et ses études de médecine à l'U. de Toronto qu'il complète en 1879. Il est sous-directeur de l'asile d'Hamilton de 1880 à 1881, de l'asile de Rockwood à Kingston, de 1881 à 1885, puis directeur de ce dernier jusqu'en 1905. Cette même année, il est muté à l'asile de Toronto d'où il démissionne, en 1911, pour accepter la direction du Toronto General Hospital. Parallèlement, il est professeur de psychiatrie et doyen de la Faculté de médecine de l'U. de Toronto. En 1918, il fonde avec le Dr C.M. HINCKS le Comité national canadien de l'hygiène mentale, plus tard l'Association canadienne pour la santé mentale, et en devient le premier directeur médical. L'Institut psychiatrique Clarke de Toronto porte son nom.

Thomas E. Brown

Clarke, George Elliott, poète et anthologiste (Windsor Plains, N.-É., 12 févr. 1960). Clarke grandit à Halifax et fait ses études aux universités de Waterloo, Dalhousie et Queen. Il enseigne la littérature afro-américaine à l'U. Duke, à Durham (Caroline du Nord). Sa poésie raconte l'histoire et la culture des Noirs de la Nouvelle-Écosse et en confronte l'aspect historique et personnel. Son premier livre, *Saltwater Spirituals and Deeper Blues* (1983), témoigne de son intérêt pour la conscience historique des Noirs et se termine par une série de poèmes écrits par son personnage, Richard Preston, un immigrant loyaliste noir.

Whylah Falls (1990) associe voix multiples et formes génériques pour tracer le portrait d'une communauté. Le poète protagoniste du livre, Xavier Zachary, essaie de trouver un discours authentique capable de faire concorder son éducation blanche et son patrimoine noir. Clarke a aussi dirigé une anthologie de la littérature néo-écossaise noire ou «africadienne», *Fire on the Water* (2 vol., 1991-1992), qui présente une grande variété d'œuvres allant de 1785 à aujourd'hui. Son dernier recueil de poèmes s'intitule *Lush Dreams, Blue Exile* (1994).

Colin Boyd

Clarke, Henry Joseph, avocat, politicien et premier ministre du Manitoba de 1872 à 1874 (Donegal, Irl., 7 juill. 1833—près de Medicine Hat, Alb., dans un train, 13 sept. 1889). Admis au barreau en 1855, Clarke pratique le droit à Montréal et passe plusieurs années en Californie et au El Salvador. Bilingue et catholique romain, il se rend au Manitoba en novembre 1870 pour prêter main-forte au lieutenant gouverneur Adams G. ARCHIBALD pour mettre sur pied un gouvernement provincial. Élu député le 30 déc. 1870, il devient le premier procureur général du Manitoba, poste qu'il occupe du 3 janv. 1871 au 4 juill. 1874, et contribue à instaurer l'appareil judiciaire manitobain. Il retourne ensuite en Californie où il divorce et se remarie, avant de revenir à Winnipeg en 1877 pour reprendre la pratique du droit. Il défend 25 des partisans de Louis Riel après la RÉBELLION DU NORD-OUEST de 1885. Figure controversée, il se fait beaucoup d'ennemis, mais l'assistance qu'il accorde aux Métis est tout à son honneur.

Lovell C. Clark

Clarke, James Paton, compositeur, chef d'orchestre, organiste et enseignant (Édimbourg?, 1807 ou 1808—Yorkville [Toronto], Ont., 27 août 1877). Personnalité professionnelle marquante dans l'évolution musicale de Toronto à ses débuts, Clarke, en tant que premier chef d'orchestre de la Toronto Philharmonic Society, présente dans cette ville les premières interprétations de plusieurs symphonies de Mozart et de Beethoven (1847-1848). Il enseigne le chant, le piano et la guitare et est organiste à la cathédrale anglicane St. James en 1848. Clarke compose des chansons, dont *Lays of the Maple Leaf* ou *Songs of Canada* (1853), en plus d'écrire et de publier de la musique religieuse. Le King's College de Toronto lui décerne un baccalauréat en musique (le premier au Canada) en 1846.

Barclay McMillan

Clarkson, Adrienne, Louise Gouverneur général du Canada (Hong Kong, 1939). Réfugiée au Canada avec sa famille durant la guerre, en 1942, Mme Clarkson a étudié à Ottawa avant de poursuivre ses études à l'U. de Toronto, où elle a obtenu un baccalauréat avec spécialisation et une maîtrise en littérature anglaise. Bilingue, elle a également effectué des travaux de recherche à la Sorbonne. Personnalité influente de la vie culturelle au Canada, elle a mené une carrière exceptionnelle dans le domaine de la radiodiffusion, du journalisme, des arts et du service public. Première à occuper le poste de Déléguée générale de l'Ontario à Paris, elle a été responsable, de 1982 à 1987, de la promotion commerciale et culturelle de la province en France, en Italie et en Espagne. Elle a été présidente et éditrice de McClelland & Stewart de 1987 à 1988. De 1965 à 1982, Mme Clarkson a préparé, produit et animé plusieurs émissions importantes à la télévision de Radio-Canada, notamment Take Thirty, Adrienne At Large et the Fifth Estate. Journaliste et auteur, elle a publié de nombreux articles dans les principaux journaux et magazines canadiens, et écrit deux romans. En 1988, elle est revenue à la télévision de Radio-Canada où, pendant 10 ans, elle a été productrice déléguée, animatrice et scénariste. Elle a également produit et réalisé plusieurs films. Son travail à la télévision lui a valu des douzaines de prix au Canada et aux États-Unis.

Jusqu'à sa nomination comme Gouverneur général, en octobre 1999, Mme Clarkson était présidente du conseil d'administration du Musée canadien des civilisations à Hull, ainsi que présidente du conseil de direction d'IMZ, une association audiovisuelle internationale de diffuseurs d'émissions musicales, culturelles et de danse dont le siège social se trouve à Vienne. Elle a également été conseillère profane du Barreau du Haut-Canada et présidente d'honneur de nombreux organismes artistiques et caritatifs.

Lauréate de nombreux prix au Canada et à l'étranger, elle est devenue officier de l'Ordre du Canada en 1992 et détient des doctorats honorifiques de cinq universités canadiennes. Elle a aussi reçu trois distinctions universitaires honoraires.

Mme Clarkson est l'épouse de l'écrivain John Ralston Saul.

Classe ouvrière, histoire de la (*Voir* TRAVAILLEURS, HISTOIRE DES)

Classes sociales Cette notion fait référence aux inégalités sociales. Des chercheurs, qui abordent la question selon deux théories sociologiques différentes, relèvent deux types distincts d'inégalités. L'une de ces théories découle des travaux de Karl Marx, et l'autre, de ceux de Max Weber, qui remet en question la pensée marxiste. Les sociologues canadienne et américaine préfèrent l'approche de Weber entre les années 40 et les années 60, mais aujourd'hui, celle de Marx gagne du terrain.

Selon la pensée marxiste, les classes sociales, qui se définissent en fonction de la propriété des moyens de production et de la force de travail (*voir* ÉCONOMIE RADICALE), existent dans toutes les sociétés capitalistes. Les moyens de production comprennent les machines, les immeubles, les terrains et le matériel nécessaires à la production de biens et de services. Quant à la force de travail (l'aptitude physique et mentale d'une personne à travailler), elle est achetée et vendue, en échange d'un traitement (salaire), par les détenteurs des moyens de production ou par leurs agents.

Les marxistes reconnaissent trois classes principales: la petite bourgeoisie, dont les membres possèdent des entreprises (moyens de production), travaillent à leur compte et n'ont pas d'employés; le prolétariat ou la classe ouvrière, dont les membres ne détiennent aucun moyen de production et échangent leur force de travail contre un salaire; et la bourgeoisie ou la classe capitaliste, regroupant les détenteurs des moyens de production, qui achètent la force de travail, vivent bien et s'enrichissent grâce à la plus-

value provenant du travail des ouvriers. (La théorie de la plus-value part du principe voulant qu'une partie de la valeur des biens et des services produits est déterminée par la force de travail investie dans la production.) La plus-value correspond à la différence entre la valeur totale des marchandises lorsqu'elles sont échangées sur le marché et la valeur de la force de travail et des moyens de production. Le taux de plus-value est la plus-value divisée par la masse salariale. Il s'agit du taux dont se servent les chercheurs marxistes comme indicateur du degré d'exploitation des classes, soit celui de la valeur que la bourgeoisie tire de la force de travail de la classe ouvrière.

Dans l'analyse marxiste, les distinctions entre les classes sociales ne tiennent pas compte du genre de travail ni du revenu. P. ex., un plombier pourrait être membre de la classe ouvrière, s'il vend sa force de travail et ne possède pas sa propre entreprise; il pourrait aussi être un petit capitaliste ou un petit-bourgeois s'il possède un commerce et achète la force de travail de plusieurs plombiers. De même, les membres de différentes classes sociales peuvent avoir des revenus semblables ou qui se chevauchent. Le propriétaire d'un petit bureau d'ingénieurs comptant quelques employés peut avoir un salaire annuel inférieur à celui d'un salarié, comme un ingénieur prospère travaillant pour une grande entreprise. Cependant, en règle générale, les capitalistes détiennent plus de pouvoir que les ouvriers pour déterminer la répartition des richesses, étant donné qu'ils possèdent et contrôlent les moyens de production et que la classe ouvrière manque d'organisations, syndicales ou politiques, pour se défendre. Les marxistes croient que les conflits d'intérêts (conflits salariaux et opposition des capitalistes à la formation de syndicats) qui existent entre les capitalistes et les travailleurs sont inhérents au capitalisme. Les premiers essaient de maintenir les salaires au minimum et la productivité au maximum afin de maximiser leur part de la distribution des richesses. Quant aux seconds, ils tentent d'accroître leur part de richesse en revendiquant des hausses de salaires et ils cherchent à améliorer leurs conditions de travail.

Les non-marxistes affirment que les classes sociales peuvent se définir selon les inégalités de revenu, d'instruction, de pouvoir et de prestige professionnel, mais ils étudient souvent ces formes d'inégalités sociales sans tenir compte de la définition marxiste de classe sociale. Ils identifient p.ex., diverses classes sociales selon le facteur d'inégalité sociale faisant l'objet d'une étude donnée. Ils classent et ordonnent les groupes selon leurs critères établis (revenu, instruction, pouvoir, prestige professionnel), faisant abstraction du fait qu'une même personne peut se retrouver dans plusieurs catégories à la fois, selon le paramètre social utilisé. P. ex., il est très facile de faire la distinction entre les gens des classes aisée, moyenne et défavorisée selon les revenus et les richesses. Par contre, au sein même de la classe moyenne, les travailleurs – cols blancs et cols bleus – peuvent se voir attribuer des degrés de prestige très différents compte tenu du poste qu'ils occupent. De même, bien que l'emploi du col blanc apporte habituellement plus de prestige et de revenus que celui du col bleu, ce n'est pas toujours le cas. Et il en va ainsi pour les différences en matière d'instruction. Les titulaires d'un diplôme d'études secondaires ont plus souvent un emploi de col blanc et un salaire plus élevé que les moins instruits. Pourtant, certains cols bleus spécialisés, comme les électriciens, gagnent d'aussi bons salaires sans avoir une formation de niveau secondaire. Enfin, mentionnons qu'il est difficile de discerner les degrés respectifs de pouvoir rattaché à différents emplois, revenus et niveaux d'instruction.

Les non-marxistes mettent l'accent sur la répartition des compétences rares, p. ex. le nombre et le milieu social des personnes qui obtiennent une formation universitaire ou un emploi prestigieux, tandis que les marxistes insistent sur les activités et l'interaction sociales des classes, comme l'identité des acheteurs et des vendeurs de la force de travail ou le degré d'exploitation d'une classe par une autre. Les premiers cherchent à comprendre les modèles d'inégalités sociales, alors que les seconds étudient comment les interrelations entre les classes expliquent l'évolution sociale. En raison de l'importance qu'elle accorde au changement, la recherche marxiste comporte habituellement une dimension historique.

Au Canada, les chercheurs d'orientation marxiste se penchent sur le développement et les conséquences de l'ÉCONOMIE de filiales, le processus de désindustrialisation, les investissements massifs de multinationales étrangères et de sociétés canadiennes dans le tiers-monde et l'exploitation au Canada des matières premières de base destinées à l'exportation, ce qui crée une certaine dépendance envers les marchés étrangers qui échappent au pouvoir des capitalistes et des travailleurs canadiens. D'autres études de la sorte montrent que dans les pays industrialisés, il existe depuis longtemps une tendance à la hausse du taux de plus-value, et que les propriétaires d'industries variées font front commun pour essayer de maintenir des salaires peu élevés. Elles révèlent aussi que la petite bourgeoisie canadienne ne constitue plus qu'une partie infime de la population active (12 p. 100 en 1951, comparativement à 6 p. 100 en 1986), que la classe ouvrière est demeurée assez stable au cours des dernières années (environ 86 p. 100 en 1951 et 90 p. 100 en 1986) et que la classe capitaliste a à peine augmenté (passant de 2 p. 100 en 1951 à 3 p. 100 en 1986). Il semble aussi que cette dernière se soit transformée en une classe d'investisseurs, c.-à-d. de détenteurs d'actions sans guère de pouvoir de gestion. Durant la même période, la grande catégorie des cadres supérieurs a vu le jour.

De leur côté, les chercheurs non marxistes découvrent que, selon le paramètre de la profession, le Canada possède une importante classe moyenne de cols blancs en plein essor (25 p. 100 des travailleurs en 1921 contre 55 p. 100 en 1986), un groupe de cols bleus moins important, mais plutôt stable (31 p. 100 en 1921 et 40 p. 100 en 1986) et un nombre décroissant de travailleurs dans le secteur primaire (pêches, forêts et mines) et agricole (le nombre d'agriculteurs a chuté de 33 p. 100 en 1921 à 4 p. 100 en 1986). En matière d'instruction, la classe moyenne formée des personnes détenant une certaine éducation secondaire est la plus importante (48 p. 100 des hommes et 51 p. 100 des femmes en 1986). Par ailleurs, la proportion des personnes avec une certaine formation postsecondaire s'élève en 1986 à 21 p. 100 chez les hommes et à 22 p. 100 chez les femmes. Les études de la répartition des revenus révèlent que, dans l'échelle des salariés, le quintile supérieur (20 p. 100) reçoit quelque 40 p. 100 de tous les revenus gagnés, tandis que le quintile inférieur ne reçoit qu'environ 4 p. 100 du revenu total (*voir* RÉPARTITION DES REVENUS). D'autres études indiquent que le niveau de revenu, d'instruction et de prestige professionnel atteint est lié à la classe sociale des parents ainsi qu'à la région et à l'origine ethnique. De plus, une recherche menée auprès de personnes qui jouissent d'un bon emploi, d'un bon salaire et d'une bonne instruction permet de tirer les conclusions suivantes: elles ont une plus grande espérance de vie et une meilleure santé, elles ont davantage recours aux services médicaux, elles sont membres d'un plus grand nombre de clubs et d'organisations, elles votent régulièrement et ont peu d'enfants. Une étude faite par Wigle et Mao à partir de données recueillies dans 21 centres métropolitains du Canada conclut que les hommes vivant dans les secteurs les plus nantis des villes ont une espérance de vie à la naissance de 6,2 ans supérieure à celles des hommes venant des zones moins nanties. Les statistiques signalent toutefois une différence moins grande chez les femmes, soit de seulement 2,9 ans. Pour ce qui est des facteurs liés aux rapports entre le revenu et l'espérance de vie, ils font encore l'objet de débats.

Il se pourrait qu'une synthèse des approches marxiste et non marxiste en matière de classe sociale finisse par voir le jour, étant donné que les chercheurs, des deux côtés, commencent à se pencher sur les types d'inégalités mis en évidence par l'autre camp. Cet exercice devrait, on l'espère, entraîner la création de nouveaux termes pour désigner les catégories proposées selon l'une ou l'autre approche. Classe sociale, ou classe, est l'appellation de plus en plus réservée aux types de distinctions décrites par Marx, tandis que celle de statut socioéconomique s'appliquera vraisemblablement aux différences attribuables au revenu et au prestige professionnel.

James E. Curtis

Classification des sols Consiste à grouper en catégories les sols aux caractéristiques semblables. Les sols n'étant pas des entités discrètes, leur unité de mesure n'est pas évidente. Cette unité est le pedon, un corps tridimensionnel par définition, ordinairement de 1 m de côté et de 1 à 2 m de profondeur. Une section verticale d'un pedon présente des couches plus ou moins horizontales (horizons) résultant de la pédogenèse. La classification facilite l'organisation et la communication de l'information sur les sols, ainsi que la compréhension des relations entre les sols et les facteurs environnementaux.

La superficie du sol canadien (en excluant les eaux intérieures) est d'environ 9 180 000 km² dont quelque 1 375 000 km² (15 p. 100) de sol rocheux. Le reste est classé conformément au système canadien de classification des sols, qui groupe les sols en ensembles de classes à 5 niveaux, ou catégories, du plus général au plus spécifique: ordre, grand groupe, sous-groupe, famille et série. Il existe 10 ordres et plusieurs milliers de séries. Ce système permet donc de considérer les sols à différents niveaux de spécificité. Les classes de sol sont définies aussi précisément que possible pour permettre l'uniformité de la classification. Les limites entre les classes sont arbitraires, car le continuum du sol naturel a peu de divisions nettes. Les différences entre les sols résultent de l'interaction de nombreux facteurs: le CLIMAT, les organismes, les matières apparentées, le relief et le temps. Le système de classification des sols change à mesure que les connaissances progressent grâce à la cartographie et à la recherche au Canada et ailleurs. Tous les systèmes nationaux de classification des sols déboucheront éventuellement sur un système international.

L'ordre Les 10 classes de cette catégorie reposent sur les propriétés du pedon, reflétant les principaux facteurs environnementaux (surtout les facteurs climatiques) et les processus de pédogenèse dominants.

Le grand groupe Les 31 classes du grand groupe proviennent de la subdivision des classes de l'ordre selon les propriétés des sols qui reflètent les différences des processus de pédogenèse (p. ex., sortes et quantités de matières organiques à la surface des horizons des sols).

Le sous-groupe Les 220 classes du sous-groupe sont issues de la subdivision des classes de grand groupe selon les sortes d'horizons présents dans le pedon et selon leur arrangement.

Les classes de famille Les classes de famille découlent de la subdivision des classes de sous-groupe selon des caractéristiques des matières apparentées (p. ex., proportions de SABLE et d'ARGILE) et les régimes de température et d'humidité des sols.

Les classes de série Les classes de série proviennent de la subdivision des classes de famille en fonction des propriétés détaillées du pedon (p. ex., épaisseur et structure des horizons).

Les ordres et les grands groupes

Les ordres sont exposés selon la séquence respectée dans la classification d'un pedon.

L'ordre cryosolique Ces sols ont du PERGÉLISOL (matière gelée en permanence) à moins de 1 mètre de la surface (2 m si le sol est fortement cryoperturbé, c.-à-d. dérangé par l'action du gel). Comme le pergélisol est une barrière pour les racines et l'eau, le mollisol (matières qui dégèlent selon la saison) qui se trouve au-dessus peut devenir une substance semifluide saturée au printemps. Habituellement, la couche de pergélisol proche de la surface contient beaucoup de GLACE. La fonte de la glace et des matières gelées, à la suite des perturbations de la végétation de surface (forêt boréale ou TOUNDRA), peut causer des affaissements de sol et détruire des routes, des pipelines et des bâtiments. Les sols cryosoliques occupent environ 3 672 000 km² (40 p. 100) de la superficie du sol canadien et dominent dans une grande partie du Yukon et des Territoires du Nord-Ouest. Ils se rencontrent dans toutes les régions nordiques du pays, sauf dans les provinces atlantiques (hormis le Labrador).

L'ordre et ses 3 grands groupes ont été définis en 1973, grâce à des relevés de sols et de terrains dans la vallée du Mackenzie qui ont fait mieux connaître les propriétés, la genèse et l'importance de ces sols. Les cryosols turbiques ont une surface modelée (monticules de glace, réseaux de pierre, etc.) et des horizons mélangés ou d'autres caractéristiques relatives à la cryoperturbation (*voir* RELIEFS PÉRIGLACIAIRES). Les traces de cryoperturbation sont très peu marquées dans les cryosols statiques, associés à des matières sableuses ou mêlées de gravier. Les cryosols organiques sont surtout composés de matières organiques (p. ex., la TOURBE). Puisque les matières organiques agissent comme un isolant, on trouve des cryosols organiques bien au sud de la frontière du pergélisol continu.

L'ordre organique Ces sols sont surtout composés de matières organiques dans le demi-mètre supérieur (plus de 30 p. 100 de la masse) et n'ont pas de pergélisol près de la surface. Ce sont les principaux sols des tourbières (MARÉCAGES, marais tourbeux, plaines marécageuses, etc.). La plupart des sols organiques proviennent de l'accumulation de matières végétales d'espèces qui poussent bien dans des zones habituellement saturées d'eau. Certains sols organiques sont composés en grande partie de matières végétales déposées dans des lacs; d'autres, principalement de débris de feuilles de forêts sur des pentes rocheuses dans des zones où il pleut beaucoup. Les sols organiques couvrent près de 374 000 km² (4,1 p. 100) de la superficie du sol canadien. Le Manitoba, l'Ontario et le Nord de l'Alberta en possèdent de grandes superficies; les autres provinces et les territoires, moins.

Les sols organiques se divisent en 4 grands groupes. Les fibrisols, communs au Canada, comprennent surtout des matières organiques relativement non décomposées avec des fragments végétaux visibles; les fibres résistantes en forment plus de 40 p. 100 du volume. La plupart des sols dérivés des marais de sphaigne sont des fibrisols. Les mésisols sont beaucoup plus décomposés et contiennent moins de matières fibreuses que les fibrisols (de 10 à 40 p. 100 en volume). Les humisols consistent surtout en des matières organiques humifiées et peuvent contenir jusqu'à 10 p. 100 de fibres en volume. Les folisols sont formés en majeure partie d'épais dépôts de débris forestiers sur de la roche affleurée, sur de la roche fracturée ou sur de la matière meuble. On en trouve ordinairement dans les zones montagneuses humides de la côte de la Colombie-Britannique.

L'ordre vertisolique Ces sols riches en argile se rétractent sous l'effet de l'assèchement et gonflent fortement par hydratation. La dislocation physique causée par l'alternance de contraction et de gonflement entraîne le débitage en écailles (paillettes) des argiles du sous-sol et empêche la formation d'horizons sous la surface, ou les brise et les mélange. Lorsque le sol gonfle sous l'effet de l'hydratation, les anciennes matières superficielles se mélangent avec le sous-sol. Les sols vertisoliques se développent surtout dans les matières argileuses des zones semi-arides et subhumides des Plaines intérieures de la Saskatchewan, du Manitoba et de l'Alberta, et occupent moins de 1 p. 100 de la superficie du sol du Canada.

L'ordre et ses 2 grands groupes ont été introduits dans le système canadien dans les années 90 après des études approfondies des pedons des Grandes Plaines. Le grand groupe vertisol a un horizon A pâle difficilement distinguable. Le grand groupe vertisol humide a un horizon A foncé enrichi de matières organiques et est facilement distinguable des matières de sol sous-jacentes.

L'ordre podzolique Ces sols acides ont un horizon B contenant des substances amorphes composées de matières organiques humifiées associées à l'ALUMINIUM et au FER. Ils se développent le plus souvent dans des matières sableuses des zones à climat froid et humide, sous une végétation forestière ou arbustive. En s'écoulant dans un matériel relativement poreux, l'eau lessive des éléments basiques (p. ex., le calcium) et engendre une situation acide. Les substances organiques solubles formées par la décomposition de débris forestiers attaquent les minéraux du sol dans les horizons superficiels, et une grande partie du fer et de l'aluminium libérés se combine avec ces matières organiques. Lorsque la proportion d'aluminium et de fer dans les matières organiques atteint un seuil critique, le complexe organique devient insoluble et se dépose dans l'horizon B. L'aluminium et le fer dissous peuvent aussi s'écouler en des formes inorganiques et se déposer sous forme de complexes aluminium-silicium et d'oxydes de fer. Un horizon Ae (gris pâle, fortement lessivé) recouvre ordinairement l'horizon podzolique B.

Les sols podzoliques occupent environ 1 429 000 km² (15,6 p. 100) de la superficie du sol canadien et dominent dans de vastes zones des régions humides appalachiennes et du Bouclier canadien, ainsi que dans la région côtière humide de la Colombie-Britannique.

Ces sols sont divisés en 3 grands groupes selon la sorte d'horizon B podzolique. Les podzols humiques ont un horizon B foncé avec un peu de fer; on les trouve surtout dans les zones de forte humidité, sous un climat humide et ils sont beaucoup moins fréquents que les autres sols podzoliques. Les podzols ferro-humiques ont un horizon B brun rougeâtre foncé ou noir contenant au moins 5 p. 100 de carbone organique et d'importantes quantités (souvent au moins 2 p. 100) d'aluminium et de fer dans des complexes organiques; ils se rencontrent ordinairement dans les parties plus humides de la zone des sols podzoliques, p.ex., sur la côte de la Colombie-Britannique et dans certaines parties de Terre-Neuve et du Sud du Québec. Les podzols humo-ferriques, les plus fréquents des sols podzoliques au Canada, ont un horizon B brun rougeâtre contenant moins de 5 p. 100 de carbone organique associé à des complexes d'aluminium et de fer.

L'ordre gleysolique Ces sols sont périodiquement ou de façon permanente gorgés d'eau et appauvris en oxygène. On les trouve ordinairement dans les légères dépressions et les zones plates à climat subhumide ou humide, en association avec d'autres classes de sols sur les pentes et les collines. La fonte de la neige ou de fortes pluies peuvent inonder les dépressions. Si cela se produit quand la température du sol est supérieure à environ 5 °C, l'activité microbienne provoque une déplétion en oxygène en quelques jours; les composants oxydés du sol (p. ex., le nitrate, l'oxyde ferrique) s'en trouvent réduits. La déplétion en oxyde ferrique fait virer au gris la couleur brunâtre commune à de nombreux sols. À mesure que le sol s'assèche et que l'oxygène revient, le fer réduit peut être oxydé localement en de brillants points jaune-brun (tachetures). On reconnaît donc habituellement les sols gleysoliques par leur drainage médiocre et leur couleur gris terne, parfois ponctuée de tachetures brunes. Les sols gleysoliques

occupent environ 117 000 km² (1,3 p. 100) de la superficie du sol canadien.

Il existe 3 grands groupes de sols gleysoliques. Les gleysols humiques ont un horizon A foncé enrichi de matières organiques. Les gleysols n'ont pas d'horizon de ce type. Les gleysols luviques ont un horizon (Ae) lessivé surmontant un horizon B dans lequel l'argile s'est accumulée; leur horizon superficiel peut être foncé.

L'ordre solonetzique Ces sols ont des horizons B qui sont très durs quand ils sont secs et qui se gonflent en une masse compacte gluante quand ils sont humides. Ils se développent habituellement dans des matières salines apparentées dans les régions semi-arides ou subhumides. Les propriétés des horizons B dépendent des ions de sodium qui provoquent la dispersion de l'argile et son gonflement par hydratation, fermant ainsi les grands pores et empêchant l'eau de s'écouler. Les sols solonetziques couvrent presque 73 000 km² (0,7 p. 100) de la superficie du sol canadien; on les trouve surtout dans le Sud de l'Alberta en raison de ses grandes zones de substances salines apparentées et de son climat semi-aride.

Les 4 grands groupes des sols solonetziques sont classés selon les propriétés reflétant le degré de lessivage. Le solonetz a un horizon A foncé enrichi de matières organiques couvrant le sol solonetzique B, qui réside habituellement à une profondeur d'au plus 20 cm; l'horizon Ae (gris, lessivé) est très mince ou absent. Le solonetz solodisé a un horizon Ae distinct compris entre le foncé A et le solonetzique B. Le solod a un horizon AB ou BA de transition formé par la dégradation de la partie supérieure de l'horizon B solonetzique. Les sols vertisoliques solonetziques ont des caractères se rapprochant de ceux de l'ordre vertisolique en plus de certains des caractères du solonetzique énumérés précédemment. La séquence du développement des sols solonetziques vient ordinairement des matières salines apparentées au solonetz, au solonetz solodisé et au solod. Les sels et les ions de sodium se déplacent vers le bas à mesure que le lessivage progresse. Si celui-ci se poursuit assez longtemps et que les sels sont complètement enlevés, le solonetzique B peut se désintégrer complètement. Un sol de ce type sera alors classé dans un autre ordre. La resalinisation inverse le processus lié au lessivage.

L'ordre chernozémique Ces sols ont un horizon A foncé à cause de l'addition de matières organiques venant habituellement de la décomposition des racines de l'herbe. L'horizon A est de neutre à légèrement acide et est bien approvisionné en bases telles que le calcium. Normalement, l'horizon C contient du carbonate de calcium (chaux); il peut contenir des sels plus solubles tels que le GYPSE. La température moyenne annuelle des sols chernozémiques peut dépasser 0 °C dans les régions à climat semi-aride ou subhumide. Ces sols occupent plus de 4 p. 100 de la superficie du sol canadien; ils forment la classe importante des sols dans le sud des Prairies intérieures, où l'herbe est la végétation indigène dominante.

Les 4 grands groupes des sols chernozémiques se distinguent d'après la couleur de l'horizon, associée à la sécheresse relative du sol. Les sols bruns ont des horizons A brunâtres et se rencontrent dans la zone la plus sèche de la région chernozémique. Les sols brun foncé ont un horizon A plus foncé que les sols bruns, reflétant des précipitations un peu plus fortes et une plus haute teneur en matières organiques. Les sols noirs, associés à des climats subhumides et à la végétation indigène d'herbes longues, ont un horizon A noir habituellement plus épais que celui des sols bruns et brun foncé. Les sols gris foncé font la transition entre les sols chernozémiques des zones herbeuses et les sols plus fortement lessivés des régions forestières.

L'ordre luvisolique Ces sols ont des horizons éluviaux dont l'argile a été lessivée après la fonte de la neige ou de fortes pluies et des horizons illuviaux où

de l'argile s'est déposée; ces horizons sont désignés par Ae et Bt, respectivement. Dans les matières salines ou calcaires, le déplacement de l'argile est précédé d'un lessivage des sels et des carbonates. On trouve typiquement des sols luvisoliques dans les zones forestières, de climat subhumide à humide, où les matières apparentées contiennent un volume important d'argile. Les sols luvisoliques représentent environ 809 000 km² (8,88 p. 100) de la superficie du sol canadien. On trouve de grandes zones de sols huvisoliques du centre au nord des Plaines intérieures, et des zones plus restreintes dans toutes les régions au sud de la zone du pergélisol.

Les 2 grands groupes des sols luvisoliques se distinguent principalement en fonction de la température du sol. Les luvisols gris-brun ont un horizon A à matières organiques mélangées avec des matières minérales (ordinairement par des vers de terre), un horizon éluvial (Ae) et un horizon illuvial (Bt); leur température annuelle moyenne de sol est d'au moins 8 °C. On trouve surtout des luvisols gris-brun dans la partie sud de la plaine des Grands Lacs et du Saint-Laurent. Les luvisols gris ont des horizons éluviaux et illuviaux et peuvent avoir un horizon Ah si la température annuelle moyenne du sol est inférieure à 8 °C. De vastes zones de luvisols gris de la région de la forêt boréale des Plaines intérieures ont d'épais horizons éluviaux gris pâle sous-tendant les débris forestiers et d'épais horizons Bt avec de l'argile couvrant la surface des agrégats.

L'ordre brunisolique Cet ordre comprend tous les sols qui ont développé des horizons B mais qui ne répondent pas aux critères d'aucun des ordres décrits ci-dessus. De nombreux sols brunisoliques ont des horizons B brunâtres sans beaucoup de traces d'accumulation d'argile, comme dans les sols luvisoliques, ni de matières amorphes, comme dans les sols podzoliques. Avec le temps et des conditions environnementales stables, certains sols brunisoliques développeront des sols luvisoliques; d'autres, des sols podzoliques. Couvrant presque 790 000 km² (8,6 p. 100) de la superficie du sol canadien, les sols brunisoliques sont associés à d'autres sols dans toutes les régions au sud de la zone du pergélisol.

On distingue 4 grands groupes en fonction de l'enrichissement en matières organiques de l'horizon A et de l'acidité. Les brunisols mélaniques ont un horizon Ah d'au moins 10 cm d'épaisseur et un pH supérieur à 5,5; on les trouve ordinairement dans le sud de l'Ontario et du Québec. Les brunisols eutriques ont les mêmes propriétés basiques que les brunisols mélaniques, mais l'épaisseur de l'horizon Ah, s'il y en a un, est inférieure à 10 cm. Les brunisols sombriques ont un horizon Ah épais d'au moins 10 cm, sont acides et leur pH est inférieur à 5,5. Les brunisols dystriques sont acides et n'ont pas d'horizon Ah de 10 cm d'épaisseur.

L'ordre régosolique Ces sols sont trop faiblement développés pour entrer dans les limites de tout autre ordre. L'absence ou le faible développement des horizons génétiques peut provenir d'un manque de temps pour se développer ou de l'instabilité des matières. Les propriétés des sols régosoliques sont essentiellement celles des matières apparentées. On définit 2 grands groupes. Les régosols comprennent principalement des horizons C. Les régosols humiques ont un horizon Ah d'au moins 10 cm d'épaisseur. Les sols régosoliques représentent environ 73 000 km² (0,8 p. 100) de la superficie du sol canadien.

Les sous-groupes, les familles et les séries

Les sous-groupes sont déterminés par la séquence des horizons dans le pedon. De nombreux sous-groupes se rapprochent d'autres ordres de sol. P. ex., le grand groupe des luvisols gris comprend 12 sous-groupes; le luvisol gris orthique est le représentant type des luvisols gris, et d'autres sous-groupes sont des formes de transition vers l'ordre chernozémique (luvisol gris foncé), l'ordre podzolique (luvisol gris podzolique), l'ordre gleysolique (luvisol gris argileux), les ordres solonetzique et gleysolique (luvisol gris solonetzique argileux), etc.

Les familles sont basées sur les propriétés des matières apparentées et le climat du sol. P. ex., le sous-groupe des luvisols gris orthiques comprend les sols d'une vaste gamme de textures (du terreau sableux graveleux à l'argile), de minéralogies différentes et de régimes thermique et aquatique différents. La désignation des familles de sol est beaucoup plus spécifique; p. ex., luvisol gris orthique, argileux, mélangé (minéralogie), froid, subhumide. Les séries regroupent un vaste ensemble de propriétés (p. ex., épaisseur et couleur d'horizon, teneur en gravier, structure) qui entrent dans une gamme étroite.

Ainsi, p. ex., la série breton possède toutes les propriétés basiques de l'ordre luvisolique, du grand groupe des luvisols gris, du sous-groupe des luvisols gris orthiques et de la famille fine, argileuse, mélangée, subhumide froide de ce sous-groupe, ainsi que les propriétés spécifiques à la série. Un nom de série implique une foule de renseignements spécifiques sur les propriétés du sol, ce qui peut donner lieu à maintes interprétations quant aux possibilités d'utilisation des sols.

J.A. Mckeague et H.B. Stonehouse

Claude, Renée, nom de scène de Renée Bélanger, chanteuse (Montréal, 3 juill. 1939). En début de carrière, elle chante surtout des chansons françaises, mais elle se fait bientôt connaître par ses interprétations de chansons d'auteurs québécois comme Jean-Pierre FERLAND, Stéphane Venne, Clémence Desrochers et Luc PLAMONDON. En 1960, elle fait sa première apparition à la télévision de RADIO-CANADA. En 1968, elle remporte le prix de la meilleure interprète au Gala des artistes de Montréal. Deux ans plus tard, elle chante avec l'ORCHESTRE SYMPHONIQUE DE MONTRÉAL à la PLACE DES ARTS. Elle se produit également aux États-Unis, en France, en Belgique, en Pologne, en URSS, au Japon, en Grèce et au Venezuela. Ses plus grands succès comprennent *C'est notre fête aujourd'hui*, *Le Tour de la terre*, *C'est le début d'un temps nouveau* et *Ce soir je fais l'amour avec toi*. Elle entreprend une carrière parallèle comme comédienne dans les années 90. En 1996, son interprétation de Léo Ferré sur son disque *On a marché sur l'Amour* lui vaut le grand prix de l'académie Charles-Cros.

Hélène Plouffe

Claxton, Brian Brooke, avocat et politicien (Montréal, 23 août 1898—Ottawa, 13 juin 1960). Après des études au Lower Canada College et à l'U. McGill, il est admis au Barreau en 1921, commençant à pratiquer le droit la même année. Durant la Première Guerre mondiale, il sert outremer dans les rangs de la 10e batterie de siège. Il milite activement dans de nombreuses organisations, notamment les Cercles canadiens, la Canadian Radio League, la Société des Nations ainsi que l'Institut canadien des affaires internationales, et il enseigne le droit des assurances à McGill. En 1940, Claxton est élu député libéral de la circonscription de Saint-Laurent/Saint-Georges, et obtient peu après le poste de secrétaire parlementaire du premier ministre King.

En tant que ministre de la Santé et du Bien-être social, il instaure le régime d'allocations familiales, et, au poste de ministre de la Défense, il préside à la reconstruction des forces armées canadiennes pendant et après la guerre de Corée. Il contribue également aux négociations en vue de l'adhésion de Terre-Neuve à la Confédération en 1949. En 1954, il quitte la politique pour occuper le poste de directeur général de la compagnie d'assurance Metropolitan Life puis, en 1957, il est nommé premier président du Conseil des arts du Canada, ce qui témoigne du rôle majeur qu'il a joué dans l'accroissement de l'appui accordé par le gouvernement aux arts.

David J. Bercuson

Clayoquot, détroit de Bras de mer spectaculaire et varié de l'océan Pacifique, large de près 100 km, situé sur la côte ouest de l'ÎLE DE VANCOUVER (superf. approx.: maritime, 78,4 km²; terrestre, y compris les plans d'eau douce, 271,6 km²). Le détroit de Clayoquot («clah quat») englobe les îles panoramiques et les bassins hydrographiques intérieurs du nord-ouest de la pointe Quisitis jusqu'à la pointe Escalante. La population se concentre à Tofino (pop. 1103, rec. 1991), un centre touristique et de pêche laissé à l'état sauvage, au bout de la route 4. La plupart des communautés des premières nations ne sont accessibles que par avion ou par bateau.

Description La plaine côtière d'Estevan, qui comprend les péninsules Esowista et Hesquiat ainsi que les îles exposées au vent et situées entre les deux, possède une origine géologique distincte de celle de l'île de Vancouver. À la fin de la dernière glaciation, l'étroite bande côtière a été recouverte de dépôts sédimentaires profonds. Le ressac marin a créé de magnifiques plages surmontées de caps rocheux, en particulier à Long Beach, dans la réserve de parc national Pacific Rim. Des tourbières et des forêts broussailleuses s'étendent dans la plaine.

Les montagnes de l'île de Vancouver s'élèvent abruptement près de la côte; le relief est très spectaculaire, surtout le long des fjords. Sur les pentes escarpées prédominent la pruche, le thuya et le SAPIN argenté du Pacifique; la pruche subalpine et le CYPRÈS jaune poussent en altitude. La toundra alpine commence à peine à 10 km de l'extrémité de l'anse Herbert.

Le brouillard et les chutes de pluie abondantes qui persistent tout au long de l'année sont des traits caractéristiques de cette côte. Les précipitations annuelles atteignent en moyenne 3295 mm à l'aéroport de Tofino. Le record canadien de 489 mm de pluie en 24 heures a été enregistré en 1967 à la mine Brynnor, près du lac Kennedy.

La quantité de pluie a un effet direct sur la taille des arbres. Des pruches occidentales, des thuyas géants ainsi que des épinettes de Sitka atteignant des dimensions record poussent dans l'ÎLE MEARES, près du lac Kennedy, et à d'autres endroits. De plus, la région du détroit possède l'une des plus anciennes et des plus grandes forêts humides à climat tempéré sur la côte du Pacifique.

Histoire Les nations Nuu-Chaf-Nulth (NOOTKA) occupent la région du détroit pendant au moins 2000 ans. La plus importante est la nation Tla-o-qui-aht (CLAYOQUOT), qui donne son nom au détroit. Les premiers Européens connus à pénétrer dans le détroit sont ceux qui accompagnent le marchand de loutres de mer James Hanna, en 1787. Les attaques dirigées contre les bateaux visiteurs, notamment contre le TONQUIN (1811), ne facilitent en rien les contacts avec les habitants de la région pendant des décennies. Le révérend Augustin Brabant fonde une mission catholique à Hesquiat, en 1875. Des colons norvégiens, chinois, anglais et japonais s'installent dans la région de Tofino au début des années 1890. De petits bateaux à vapeur assurent les premières liaisons avec Victoria. Après la Seconde Guerre mondiale, des routes construites pour l'exploitation forestière depuis la vallée d'Alberni atteignent la région en 1972.

La pêche au saumon reste l'une des plus importantes activités de pêche dans le détroit de Clayoquot. On trouve beaucoup de conserveries de saumons flottantes dans le détroit jusqu'à la fin de la Seconde Guerre mondiale. Les pêcheurs commerciaux partagent désormais les eaux avec l'AQUACULTURE, les pêcheurs de crustacés et les amateurs de PÊCHE SPORTIVE.

Toutes les forêts de la région ont été concédées en 1955 à deux compagnies forestières et près du quart des arbres de la région du détroit ont été abattus depuis. Les entrepreneurs forestiers ont déplacé leurs camps vers le nord du détroit; le village d'Ucluelet est le centre forestier du côté sud. Les rondins sont transportés par camion ou par flottage vers les moulins de PORT ALBERNI et ailleurs.

Les conflits du détroit de Clayoquot La région est largement reconnue pour la controverse suscitée par le déboisement des forêts qui a commencé dans les années 70. En 1993, après plusieurs études, le gouvernement de la Colombie-Britannique délimite une zone de déboisement équivalant à 62 p. 100 des terres domaniales du détroit de Clayoquot, dont 17 p. 100 sont réservées à un déboisement circonspect. Les régions protégées totalisent 33 p. 100 du territoire, mais seulement 14 p. 100 des régions protégées sont d'anciennes forêts, notamment la vallée de Megin River, d'une superficie de 21 km² (en plus du PARC PROVINCIAL STRATHCONA).

Ces décisions soulèvent un tollé général sans précédent à propos de l'utilisation de la forêt. Pendant cinq mois, des manifestants pacifiques bloquent l'accès à l'unique pont reliant un site de déboisement près du lac Kennedy. La compagnie forestière MAC-MILLAN BLOEDEL LTD. obtient une injonction de la cour interdisant les barrages, et la Gendarmerie royale du Canada inculpe les contrevenants de délit criminel sur l'ordre du gouvernement. Des milliers de personnes joignent les rangs des manifestants. Plus de 859 personnes sont arrêtées, jugées et déclarées coupables par la Cour suprême de la Colombie-Britannique pour l'acte de désobéissance civile le plus important de l'histoire canadienne.

À la fin de 1993, les premières nations et le gouvernement de la Colombie-Britannique signent une entente provisoire prévoyant que les plans de déboisement de la région du détroit soient soumis aux autochtones jusqu'à ce que le problème des revendications territoriales de la nation Nuu-Chah-Nulth soit réglé.

Un comité scientifique mis sur pied pour étudier les solutions de rechange à la coupe à blanc et pour établir les «meilleures méthodes de déboisement du monde» recommande la fin de la coupe à blanc à grande échelle. Les conclusions du comité sont mises en œuvre au milieu d'un débat continuel au sujet du rythme et des méthodes de déboisement à adopter dans le détroit de Clayoquot. (*Voir aussi* HESQUIAHT.)

Peter Grant

Clayoquots (Tla-o-qui-aht) Maintenant nommés «Première Nation Tla-o-qui-aht», ils sont un groupe NOOTKA de la côte ouest de l'île de Vancouver, en Colombie-Britannique. Avant l'arrivée des Européens, les Clayoquots, à l'origine une petite bande vivant près du lac Kennedy, s'allient aux groupes voisins et conquièrent les Esowistahts et d'autres groupes dont les territoires comprennent l'inlet Tofino, la majeure partie de l'île Meares et la péninsule Esowista. Le chef conquérant devient plus tard le fameux Wickananish qui contrôlera le commerce de la loutre de mer dans le détroit de Clayoquot à la fin du XVIIIe siècle.

En 1811, les Clayoquots capturent le TONQUIN, un navire marchand de la Pacific Fur Co. Cet incident met fin au commerce maritime des fourrures dans le détroit de Clayoquot. Ils sont renommés pour leurs excellents canots, qu'ils échangeaient avec les autres peuples autochtones. Les principaux villages clayoquots étaient Opitsat, Echachist et Okeamin. Aujourd'hui, la bande habite les villages d'Opitsat et d'Esowista. En 1996, on comptait 675 Clayoquots au Canada.

John Dewhirst

Clayton-Thomas, David, chanteur populaire et auteur de chansons (Surrey, Angleterre, 13 sept. 1941). Élevé à Toronto, ce chanteur à la fois énergique et sensible dirige plusieurs petits orchestres locaux (Fabulous Shays, The Bossmen, David Clayton-Thomas Combine) avant de déménager à New York où il devient guitariste de John Lee Hooker et se joint à l'ensemble de jazz-rock Blood, Sweat and Tears en 1968.

Clayton-Thomas est à la tête de Blood, Sweat and Tears durant les brillantes années où le groupe remporte des prix Grammy (1968-1972), y revient en 1974 et en assume la direction en 1976. Il chante des succès du groupe, tels que *Spinning Wheel*, *Lucretia MacEvil*, *You Make Me So Very Happy*. Les succès au palmarès s'estompent au milieu des années 1970, mais il enregistre comme soliste et continue de diriger les diverses incarnations de Blood, Sweat and Tears lors de tournées. Il est admis au Canadian Music Hall of Fame en mars 1996.

Jeff Bateman

Clear Grits Ce sont des réformistes du Haut-Canada qui deviennent mécontents du conservatisme du gouvernement BALDWIN-LAFONTAINE après 1849. Le groupe est composé d'anciens radicaux tels que Peter Perry, qui tente de ressusciter le républicanisme agraire de la période précédant la rébellion, et de jeunes entrepreneurs tels que William McDougall, de la région de Toronto, qui prône des institutions élues, le suffrage universel pour les hommes, le libre-échange avec les États-Unis, la sécularisation des RÉSERVES DU CLERGÉ, et la représentation selon la population pour surmonter ce qui est perçu comme une domination canadienne-française. Les *Clear Grits* s'attirent aussi l'appui des régions rurales à l'ouest de Toronto.

Après que le gouvernement Hincks-Morin (1851-1854) accueille les anciens radicaux, les jeunes Libéraux suivent George BROWN, qui remplace leur républicanisme par un libéralisme britannique. Ces Libéraux, qui préconisent la REPRÉSENTATION PROPORTIONNELLE (*Rep by pop*) et l'annexion du Nord-Ouest, deviendront au milieu des années 1850 le parti dominant dans l'Ouest canadien et formeront le fondement du PARTI LIBÉRAL après la Confédération.

David Mills

Clearwater, rivière Longue de 280 km, elle prend sa source dans les lacs Patterson, Forest et Lloyd dans le nord-ouest de la Saskatchewan, coule en direction sud-est jusqu'au lac Careen et bifurque brusquement vers l'ouest pour se jeter dans la RIVIÈRE ATHABASCA à Fort McMurray, en Alberta. Elle a découpé des gorges et des chutes spectaculaires dans le grès et la pierre calcaire. Orignaux, chevreuils, ours, loups, lynx, oies, renards et castors habitent la forêt encore sauvage qu'elle traverse. Seule rivière coulant vers l'ouest entre Winnipeg et les Rocheuses, elle était une bretelle importante de la ROUTE DE LA TRAITE DES FOURRURES, reliée à la RIVIÈRE CHURCHILL par le biais du portage Methye. La rivière n'est «claire» qu'en comparaison aux autres cours d'eau de la région.

James Marsh

Cleaver, Elizabeth Ann, née Mrazik, illustrateur et auteure (Montréal, 19 nov. 1939—*id.*, 27 juill. 1985). Cleaver, qui fait ses études d'art dans diverses écoles de Montréal et notamment à l'U. Concordia (maîtrise en beaux-arts, 1980), acquiert une reconnaissance internationale et est élue à l'Académie royale des arts du Canada (1974). S'intéressant surtout aux mythes et aux légendes sur les métamorphoses, elle crée un monde symbolique à l'aide de collages personnels et stylisés. Elle rassemble des images aux couleurs vives, soigneusement recherchées et tirées de monotypes (sur papier texturé) déchirées et découpées, des gravures sur linoléum et des matières naturelles ou fabriquées, telles que des feuilles et de la dentelle.

Elle remporte des prix importants pour *The Wind Has Wings: Poems from Canada* (1968); *The Miraculous Hind: A Hungarian Legend* (1973; trad. *La biche miraculeuse: une légende hongroise*, 1973); *The Loon's Necklace* (1977), une légende indienne; et *Petrouchka* (1980), une adaptation du ballet de Stravinsky. Son étude des silhouettes pour ombres chinoises en Europe, en Iran et en Turquie, en 1971, puis son travail avec des enfants à Baker Lake, dans les Territoires du Nord-Ouest, en 1972, l'amènent à créer *The Enchanted Caribou* (1985), une légende inuite illustrée au moyen de silhouettes pour ombres chinoises.

Raymond E. Jones

Clercs de Saint-Viateur Le père Louis-Marie Querbes fonde en 1831 à Vourles, près de Lyon, en France, la congrégation religieuse des Clercs de Saint-Viateur pour instruire les garçons et aider au ministère paroissial. À la demande de l'évêque de Montréal, Mgr Ignace BOURGET, la congrégation vient s'établir en 1847 à L'Industrie (Canada-Est; aujourd'hui Joliette), puis se répand au Canada et aux États-Unis. La congrégation est reconnue pour sa contribution inestimable à l'éducation des personnes ayant des besoins spéciaux (les non-voyants, les malentendants, les muets) et pour ses méthodes pédagogiques modernes, qui ont suscité de vives controverses parmi les ordres religieux enseignants. En 2000, les Clercs de Saint-Viateur comptent au Canada 154 prêtres, 213 frères et 82 associés.

Michel Thériault

Clergue, Francis Hector, financier et promoteur industriel (Brewer, Maine, 28 mai 1856—Montréal, 19 sept. 1939). Né de parents huguenots, Clergue étudie le droit au Maine State College. Après une brève carrière en droit, il se lance dans le domaine de la promotion industrielle, créant des entreprises de tourisme, de chemin de fer, de services publics et de construction navale dans le Maine, en Alabama et en Perse; l'ouverture de celles-ci se caractérisent par une promotion flamboyante et une piètre exécution. L'aspect central des plans de Clergue est le principe de corrélation: le regroupement d'industries reliées autour d'une source d'énergie commune. Au début des années 1890, il applique ce principe à la ville léthargique de SAULT SAINTE-MARIE.

Généreusement soutenu par les politiciens provinciaux et locaux désireux de développer le «nouvel Ontario» ainsi que par des financiers de Philadelphie, Clergue construit à Sault-Sainte-Marie un complexe de mines, de foresterie, de chemin de fer, d'acier et de compagnies d'énergie qui, à son apogée, emploie 7000 personnes. En 1903, l'«empire» fait faillite en raison de manœuvres financières douteuses et d'une gestion incompétente.

Clergue est renvoyé de la Lake Superior Corp. réorganisée et se tourne vers une série de projets d'affaires destinés à la faillite au Canada, aux États-Unis, en Russie et en Extrême-Orient. Des éléments de son empire ont survécu, dont les plus connus sont l'Algoma Central Railway, ACIERS ALGOMA INC. et Great Lakes Power.

Duncan McDowall

Clermont, Yves Wilfred, anatomiste (Montréal, 14 août 1926). Clermont fait son éducation en français (cours classique) mais obtient son doctorat de l'École de médecine de McGill. Moins de trois ans après son entrée au département d'anatomie, il est professeur adjoint en histologie puis professeur titulaire et directeur du département de 1975 à 1985. Remarquable professeur d'histologie, c'est pourtant en tant que spécialiste des organes génitaux mâles qu'il est reconnu. Au fil des ans, il met en lumière la structure complexe des testicules humains. Son habileté à utiliser le microscope classique et le microscope électronique lui permettra de décrire la séquence complète de la maturation des spermatozoïdes.

Ces dernières années, Clermont se consacre à l'analyse de l'appareil de Golgi, importante organite cellulaire présente dans les gamètes mâles et dans plusieurs autres systèmes. Les articles qu'il publie sur la morphologie de l'appareil de Golgi sont probablement les meilleurs traitant de ce sujet. En 1986, il reçoit le prix J.C.B. Brant de l'Association canadienne des anatomistes.

Charles P. Leblond

Cliche, Robert, juge (Saint-Joseph-de-Beauce, Qc, 12 avril 1921—Québec, 15 sept. 1978). Robert Cliche fait son cours classique (rhétorique) au Petit Séminaire de Québec et étudie la philosophie au Collège de Lévis (B.A.). Après avoir obtenu son diplôme en droit à l'U. Laval (1941-1944), il est admis au barreau. Il entre au Régiment royal des Fusiliers marins en 1944 comme marin et en sort officier en 1946. Il exerce d'abord en pratique générale, enseigne à l'U. Laval (1962-1965) et est ensuite nommé assistant du juge en chef à la cour provinciale (1972). Avec la collaboration de son épouse, Madeleine Ferron, il publie Quand le peuple fait la loi (1972) et Les Beaucerons, ces insoumis (1974). Il est élu président adjoint du Nouveau Parti démocratique en 1963 et, l'année suivante, devient chef de l'aile provinciale.

Malgré son magnétisme et ses exceptionnelles qualités d'orateur, il est défait en 1965 et en 1968, puis retourne à la pratique privée. En 1974, il devient président d'une commission provinciale d'enquête qui étudie les libertés des syndicats. Outre ses fonctions de président et d'administrateur au sein d'un grand nombre d'associations culturelles et sociales, il mène avec passion son énorme charge de droit et ses exigeantes responsabilités politiques. Il est décoré à titre posthume de l'Ordre de la Pléiade (1978), une distinction internationale de la francophonie. La Fondation Robert-Cliche se consacre à la conservation du patrimoine beauceron.

Marthe Legault

Clifford, Betsy, skieuse alpine (Old Chelsea, Qc, 15 oct. 1953). Pratiquement élevée sur les pentes de ski du Camp Fortune (dont son père est le propriétaire), elle commence à skier à l'âge de cinq ans. À 12 ans, elle est championne junior du Canada et, à 13 ans, championne senior des épreuves de slalom (1967). Elle devient la plus jeune championne du monde en remportant l'épreuve du slalom géant de Val Gardena en 1970, mais elle est surtout fière de sa médaille d'argent aux épreuves de descente du championnat mondial de 1974.

Murray Shaw

Climat On définit souvent le climat comme étant une moyenne du TEMPS qu'il fait, c.-à-d. des conditions atmosphériques journalières. Pour les scientifiques, le climat est le résultat des échanges de chaleur et d'humidité à la surface de la Terre. Le terme sera ici utilisé pour décrire les conditions de températures et d'humidité de la couche d'air près de la surface de la Terre, c.-à-d. où nous vivons.

Le Canada est un pays très vaste qui présente différents climats. Il s'étend sur 4500 km, de 42° de latitude Nord (à l'île Pelée sur le lac Érié) à 83° de latitude Nord (à l'extrémité de l'île Ellesmere). Par conséquent, la durée du jour varie beaucoup entre le Sud et le Nord: en décembre, le sud du Canada reçoit huit heures d'ensoleillement tandis que son extrémité nord n'en reçoit aucune. La latitude est aussi responsable de la circulation d'air venant généralement de l'Ouest.

Le sud du pays est souvent la scène d'un affrontement entre l'air froid des régions arctiques et l'air chaud et humide arrivant du Sud. Il en résulte une circulation dominante d'est en ouest. La latitude n'est pas le seul facteur géographique qui influence le climat. La position à l'intérieur du continent et principalement l'éloignement par rapport aux OCÉANS jouent aussi un rôle important. Ainsi, des endroits se trouvant à peu près à la même latitude, comme Victoria et Winnipeg, ont des climats très différents: le climat de Victoria est influencé par les courants chauds du Pacifique tandis que celui de Winnipeg ne l'est pas.

Température Elle traduit le degré de chaleur ou de froid. Les températures de l'air sont relevées dans certaines régions du Sud du Canada depuis plus de 100 ans. Par contre, on les mesure depuis beaucoup moins longtemps dans les régions de l'Arctique. Les statistiques climatiques représentent généralement des moyennes établies sur 30 ans. Les plus récentes étant celles des années 1951 à 1980. En hiver, le Nord reçoit peu de rayonnement solaire et l'écart de température entre le Nord et le Sud est très grand.

La température moyenne maximale, au mois de janvier à Alert, à l'extrémité nord de l'île Ellesmere, est de -28,1 °C tandis que celle de Windsor en Ontario est de -0,7 °C, soit une différence de 27,4 °C. En été, le Nord canadien bénéficie de longues journées et la différence de température entre le Nord et le Sud est alors moindre: en juillet les températures maximales sont de 6,8 °C à Alert et de 27,8 °C à Windsor.

Les températures mensuelles de l'air donnent une idée de la chaleur ou du froid prévalant à un endroit à un moment précis de l'année. À partir de ces données, on peut tracer des cartes des températures mensuelles pour le Canada. Il est aussi souhaitable de disposer d'une carte unique donnant la quantité totale de chaleur reçue à un endroit donné.

Les climatologues expriment cette grandeur à l'aide d'un indice d'évapotranspiration potentielle calculé à partir des températures mensuelles supérieures à 0 °C. L'évapotranspiration potentielle représente la quantité d'eau maximum qui pourrait être libérée, par évaporation ou transpiration, d'une surface recouverte de végétaux. Cette quantité est donc un indice de chaleur exprimé en termes de profondeur de l'eau à la surface de la terre.

Les îles arctiques les plus septentrionales ont une évapotranspiration inférieure à 200 mm: elles reçoivent très peu de chaleur. Les régions les plus chaudes du Sud de l'Ontario, du Québec et de la Colombie-Britannique en reçoivent trois fois plus. Le Canada n'est manifestement pas un pays chaud puisque l'évapotranspiration annuelle dans les régions tropicales dépasse 1500 mm.

Le froid qui prévaut à un endroit donné est digne d'intérêt compte tenu du prix exorbitant de l'énergie et du fait que les basses températures influencent le coût du chauffage. La mesure du froid peut se faire à l'aide du «degré-jour de chauffe». On ajoute un degré-jour de chauffe pour chaque degré de température quotidienne moyenne se trouvant en dessous de 18 °C, température à laquelle les chaudières domestiques doivent être mises en marche. Au sud de l'Ontario on mesure 4000 degrés-jours par an tandis qu'on en mesure 12 000 dans les îles arctiques septentrionales.

Humidité Le paramètre climatique le plus important après la température englobe toutes les précipitations, c.-à-d. l'eau qui tombe au sol sous forme de PLUIE, de neige, de GRÊLE, etc. En raison de l'étendue du Canada, différents endroits y reçoivent des quantités très différentes de précipitations. L'air chaud pouvant retenir beaucoup plus d'humidité que l'air froid, les régions du sud enregistrent plus de précipitations que les régions nordiques. Les régions de la côte ouest connaissent d'autre part les précipitations les plus abondantes, car les VENTS soufflent habituellement d'ouest en est. D'autres facteurs viennent compliquer les choses: l'orientation nord-sud des chaînes de montagnes situées à l'ouest complique sérieusement le régime de précipitations dans cette région tandis que les Grands Lacs influent sur les précipitations enregistrées dans les régions situées au centre du Canada.

Habituellement, la moyenne des précipitations annuelles est relevée dans les régions habitées. C'est pourquoi la carte des précipitations est plus précise pour les régions méridionales du Canada. Les lignes isohyètes (ligne joignant, sur une carte, les points où la hauteur de précipitation, recueillie au cours d'une période donnée, est la même) sont extrapolées dans les régions montagneuses et les valeurs indiquées sont celles prévalant dans les vallées. Le total des précipitations en altitude est en effet mal connu. Les précipitations annuelles varient de 100 mm dans l'Arctique à plus de 1500 mm en Colombie-Britannique, sur les flancs des montagnes exposées au vent. Les régions situées à l'est des Grands Lacs reçoivent des précipitations anormalement fortes en raison de l'augmentation des chutes de neige en hiver.

Régions climatiques
Définir les régions climatiques d'un pays n'est pas chose facile. Habituellement, les climatologues examinent les différents paramètres climatiques, comme la température et les précipitations, et formulent leur conclusion en utilisant la végétation comme index. Les climats passent graduellement d'un type à l'autre à l'intérieur d'une même région géographique. Il y a cinq régions climatiques principales dans les endroits peuplés situés dans le Sud du Canada: la côte est, les Grands Lacs, les Prairies, la Cordillère et la côte ouest.

La vaste région inhabitée du Nord regroupe plusieurs régions climatiques différentes mais pour le moment nous nous contenterons de la diviser en régions arctique et subarctique. Les régions décrites ci-dessous illustrent les régions climatiques déjà mentionnées, à l'exception de la région de la Cordillère.

La région de la Cordillère, ou des Rocheuses, présente de nombreux climats. Le climat des vallées du sud de la Colombie-Britannique est le plus sec du Canada, tandis qu'en altitude, surtout au Yukon, on trouve des calottes glaciaires permanentes. Aucun endroit ne peut être représentatif de la province dans laquelle il est situé.

Les différents climats résultent de la relation entre l'évapotranspiration potentielle mensuelle et les précipitations. En comparant l'évapotranspiration, ou le besoin en eau, aux précipitations mensuelles, on peut tracer les graphiques du bilan hydrique. Dans les régions habitées, le besoin en eau est habituellement nul durant les mois d'hiver et augmente pour atteindre une valeur moyenne de 130 mm en juillet.

Seules les régions de la côte du Pacifique ont des températures assez élevées pour avoir besoin d'eau pendant toute l'année. Les précipitations mensuelles varient grandement d'un bout à l'autre du Canada et ne coïncident nulle part avec l'évapotranspiration mensuelle. La plupart des endroits sont trop humides en hiver, lorsque l'évapotranspiration est nulle, et trop secs en été, lorsque les besoins en eau sont au maximum.

Côte Est Les climats de la côte est sont illustrés par Halifax, en Nouvelle-Écosse. Les précipitations y sont assez uniformes au cours de l'année et ce n'est qu'en juillet que les besoins en eau dépassent les disponibilités. La végétation n'en souffre pas immédiatement puisque le sol emmagasine une réserve d'humidité (*voir* EAU SOUTERRAINE). Pour la plupart des sols, la réserve avoisine 100 mm.

À Halifax, cette réserve ne s'épuise aucun car les précipitations dépassent les besoins et renflouent les réserves d'humidité jusqu'à leur maximum. Donc, pour Halifax, la quantité réelle de perte d'eau est presque équivalente à sa perte potentielle. Lorsque l'humidité du sol a atteint son maximum, il y a ruissellement à la surface et en sous-sol. À Halifax, le ruissellement annuel total est de 773 mm.

Grands Lacs Windsor représente bien le climat du Sud de l'Ontario. Les précipitations y sont relativement uniformes toute l'année (quoique moins qu'à Halifax), mais l'évapotranspiration estivale y est plus élevée que sur la côte est, ce qui reflète les températures plus élevées à l'intérieur du pays pendant l'été.

Au mois de mai, l'évapotranspiration dépasse les précipitations. À la mi-juillet, lors d'une année typique, les réserves d'humidité du sol s'épuisent. À partir de ce moment, la végétation dépend uniquement des précipitations et ce, jusqu'à ce que ces dernières soient suffisantes pour refaire les réserves du sol. À Windsor, les précipitations estivales sont insuffisantes et le déficit annuel moyen en eau atteint 86 mm.

Prairies Edmonton est représentatif du climat des Prairies. Les précipitations annuelles de 447 mm y sont insuffisantes pour compenser une évapotranspiration moyenne de 555 mm et, au cours de l'été, un déficit moyen de 120 mm est chose courante. Au cours d'une année moyenne, le sol ne retourne pas toujours à son humidité maximale en raison des faibles précipitations hivernales et le surplus en eau n'atteint en moyenne que 7 mm dans les Prairies (*voir* SÉCHERESSE).

Subarctique et arctique À Inuvik, au nord du cercle arctique, les précipitations et l'évapotranspiration mensuelles ressemblent à celles mesurées dans les Prairies, mais la saison de croissance y est plus courte. Par conséquent, il y a un peu de ruissellement et un déficit de 100 mm. Alert, dans l'extrême arctique, a un climat arctique plus rigoureux, une saison de croissance qui ne dure qu'un mois et de faibles précipitations. Cette région connaît aussi un déficit en eau mais enregistre un ruissellement annuel de 76 mm.

Côte Ouest Les climats de la côte ouest se caractérisent par un régime de précipitations maximum en hiver et minimum en été. Victoria représente bien ce type de climats. Les températures mensuelles moyennes y sont habituellement supérieures à 0 °C et le besoin en eau est constant. Au cours d'un hiver moyen, il tombe 130 mm d'eau de pluie par mois et l'évapotranspiration n'est que de 14 mm. Il y a donc beaucoup de ruissellement en hiver. En été, lorsque le besoin en eau est grand, les précipitations sont faibles, d'où un grand déficit en eau pendant cette saison.

Les cartes de profils hydriques montrent la distribution du déficit d'humidité et du ruissellement au Canada. Les lignes montrant un déficit annuel moyen en eau indiquent les régions où les précipitations sont inférieures aux besoins de la végétation et où l'humidité pose un problème. Il arrive souvent qu'on constate un déficit en été dans le sud de l'Ontario mais les côtes est et ouest du Canada en sont généralement exemptes.

Au Canada, la quasi totalité des précipitations retourne dans l'atmosphère sous forme de vapeur d'eau (évapotranspiration). L'eau qui ne s'évapore pas alimente les RIVIÈRES et les lacs et finit dans l'océan. Les courbes indiquant le ruissellement annuel moyen sont presque opposées à celles des déficits moyens en eau. Il n'y a pas de ruissellement au centre du Canada ou seulement très peu. Par contre, le ruissellement est important dans les régions de l'Est et de l'Ouest où l'on a donc implanté les plus importantes installations hydroélectriques.

Ces descriptions des types de climat que l'on trouve au Canada se rattachent à des conditions moyennes. Cependant, le climat est très changeant. Les précipitations sont toujours plus ou mois élevées que la moyenne. Le climat met donc en jeu plus de paramètres que n'invoquent les conditions météorologiques moyennes. On pourrait ainsi dresser une série de cartes pour illustrer les prévisions météorologiques. (*Voir aussi* CLIMAT, CHANGEMENT DE; CLIMAT, RIGUEUR DU; CLIMATOLOGIE; GLACE; MÉTÉOROLOGIE; CLIMAT, INCIDENCE DU DÉVELOPPEMENT URBAIN SUR LE PRÉVISIONS MÉTÉOROLOGIQUES.)

Marie Sanderson

Climat et société Au fil de millions d'années, différents climats ont sculpté le relief terrestre. On leur doit la distribution des dépôts de matière organique, la formation des glaciers, l'eau des rivières et le contenu des sols. De plus, les CHANGEMENTS DE CLIMAT et la variabilité du climat touchent presque tous les aspects de notre société. D'abord et avant tout, le climat fournit l'essentiel à la vie: la chaleur, l'humidité et la lumière.

L'influence du climat se fait sentir sur notre façon de nous vêtir, sur ce que nous mangeons, sur notre état d'âme et notre comportement. Les coûts de chauffage ou de climatisation subissent aussi son influence, sans parler de nos projets de vacances. Ses effets sur la loi de l'offre et de la demande peuvent causer l'inflation, des crises financières ou l'instabilité sociale et cela, à l'échelle globale. De plus, le climat est essentiel à la production forestière et agricole, au succès de l'industrie de la pêche et à la gestion des ressources en eau.

En concentrant l'agriculture, la pêche et les ressources forestières dans des zones géographiques spécifiques, le climat a influencé les migrations humaines et la colonisation. La SÉCHERESSE et les inondations (*voir* INONDATIONS, CONTRÔLE DES) sont des phénomènes climatiques qui peuvent détruire la vie et y nuire, endommager les propriétés et isoler des populations entières.

L'INFORMATION SUR LE CLIMAT a une valeur économique énorme en ce qui à trait à l'agriculture, aux loisirs, à l'énergie et au transport. Elle peut fournir des réponses à des questions comme: Quelle part du budget devrait être consacrée à l'enlèvement de la neige? Le VENT souffle-t-il suffisamment souvent pour justifier l'installation d'un générateur éolien? Quels climats conviennent le mieux aux personnes asthmatiques ou arthritiques? Peut-on cultiver des pêches à Kapuskasing ou des choux à Whitehorse? Les précipitations de neige sont-elles suffisantes pour assurer la rentabilité d'une station de ski? Quelles seront les répercussions du réchauffement de la planète sur l'élévation du niveau de la mer à l'Île-du-Prince-Édouard et sur la vie traditionnelle des Amérindiens de l'Arctique?

Agriculture, foresterie et pêche

L'humanité subit l'influence du climat surtout en ce qui regarde l'agriculture. Au Canada, les cultures économiquement rentables sont celles des arbres fruitiers dans la vallée de l'Okanagan, du blé et des fèves oléagineuses dans les Prairies, du maïs et du raisin dans le Sud de l'Ontario et du Québec, des pommes de terre et des céréales dans les Maritimes. Seules les récoltes tropicales et équatoriales ne peuvent être cultivées à des fins commerciales. C'est pourquoi, pour réussir, un fermier doit réduire au minimum les risques inhérents au climat soit en évitant le danger dès le départ, soit en se protégeant si les conditions néfastes surviennent.

Toutes les zones agricoles canadiennes sont exposées à la sécheresse, au gel, à la destruction par l'hiver, aux vents, aux précipitations abondantes, à la GRÊLE, aux inondations, aux infestations d'insectes et aux maladies liées au climat.

Les renseignements climatologiques jouent un rôle important dans l'évaluation des terres où le climat peut être propice à des CULTURES spéciales. P. ex., dans l'Ouest canadien, le COLZA représente une industrie de plusieurs millions de dollars. Les journées chaudes et ensoleillées et les nuits fraîches des Prairies conviennent parfaitement à la production intensive de cette graine. Par contre, dans les zones situées au sud de Minneapolis (Minnesota), le pourcentage d'huile que renferme la graine diminue et, conséquemment, sa culture n'est plus rentable.

Le climat et les conditions météorologiques influencent un grand nombre d'activités agricoles: l'ensemencement, l'irrigation, la pulvérisation, la culture, la récolte et la planification du travail. Les activités qui suivent la récolte (c.-à-d. l'entreposage et le transport des récoltes), ainsi que la croissance du bétail sont également sensibles à la MÉTÉOROLOGIE. L'unité thermique de croissance (degré-jour) et l'indice d'assèchement sont des données climatiques simples largement utilisées pour assurer une meilleure gestion de nombreuses exploitations agricoles. Des modèles plus complexes de rendement de culture sont aussi utilisés par les fermiers, les agronomes et les économistes qui font partie de diverses coopératives agricoles ou organismes comme la COMMISSION CANADIENNE DU BLÉ. Ces modèles permettent de prévoir les conditions de croissance et d'élaborer des stratégies de mise en marché. Un progrès récent est celui de la cueillette de renseignements en rapport avec le climat à l'étranger afin de tirer parti du marché mondial et profiter des occasions de mise en marché.

Le climat constitue aussi un facteur très déterminant de la production forestière. Les experts-forestiers sont friands des données climatiques récentes et de toute information pouvant les aider à contourner les risques associés à la sécheresse, à l'excès d'eau, au feu, au gel, au déracinement par le vent et à la pollution atmosphérique. L'observation constante des conditions climatiques propices aux incendies est cruciale pour la maîtrise et la prévention des INCENDIES DE FORÊT. On surveille ainsi l'humidité et l'état du sol, la couverture morte, la vitesse et la direction du vent, l'humidité ambiante et les ORAGES.

Les aménagistes forestiers sont avides de renseignements climatiques à long terme, tant historiques que calculés, parce que la météorologie aura des répercussions sur chacun des stades de croissance de l'arbre, de la plantation à la récolte. La météorologie influence aussi les méthodes de gestion forestière: préparation du site, régénération, coupe d'éclaircie et fertilisation. La régénération d'une forêt prend des décennies et, afin d'assurer des réserves d'arbres pour l'avenir, il est important de choisir les variétés les mieux adaptées au climat local. Il n'y a pas meilleur exemple que celui de la FORESTERIE pour illustrer le besoin d'information sur les changements climatiques et les variations du climat. Après tout, le climat qui prévaudra lorsque les arbres atteindront leur maturité sera différent de celui qui prévalait au moment où ils ont été plantés.

Ressources en eau

Alors que les précipitations fournissent toute l'EAU douce de la Terre, l'évaporation constitue la principale source d'humidité de l'atmosphère. Au Canada, il n'y a pas de grandes zones où l'évaporation annuelle dépasse de beaucoup les précipitations. Ainsi, on n'y trouve pas de DÉSERTS permanents. Il n'y a pas non plus de vastes zones où les précipitations dépassent l'évaporation et provoquent des inondations. De tous les pays du monde, le Canada est celui qui possède la plus grande réserve d'eau douce utilisable. Toutefois, la demande en eau est tellement grande que les responsables de l'approvisionnement en eau se préoccupent des variations climatiques.

Les climatologues travaillent de concert avec les hydrologistes pour gérer efficacement les ressources en eau du Canada. Dans les Prairies, les fermiers et les fonctionnaires municipaux s'informent régulièrement de l'accumulation de neige. Les premiers sont inquiets à propos de la quantité d'eau disponible pour l'IRRIGATION alors que les autres s'inquiètent des inondations.

Au début de juin 1995, dans le sud de l'Alberta, plus d'une dizaine de rivières sont sorties de leur lit à la suite de précipitations record qui, combinées à la fonte des neiges, ont donné naissance à une crue record pour ce siècle. À Medicine Hat, les inondations ont forcé 4000 personnes à quitter leur foyer et ont probablement contribué au BOTULISME qui a tué plus de 30 000 canards. De plus, les cultivateurs et les éleveurs de bétail ont observé un retard de la saison propice, probablement en raison des inondations.

Dans la région des Grands Lacs, des ingénieurs évaluent, sur une base quotidienne, le bilan hydrique du bassin afin de prédire les changements de niveau et réguler l'écoulement. Dans l'Est du Canada, où l'exportation de l'HYDROÉLECTRICITÉ représente une industrie majeure, les installations électriques sont tributaires des précipitations hivernales pour remplir leurs réservoirs. Dans les régions humides possédant un écoulement fluvial fiable, les ingénieurs élaborent des méthodes permettant de détourner les surplus vers les régions en manque d'eau. Le climat constitue le principal facteur déterminant les ressources potentielles en eau d'une région. Afin de satisfaire la demande en eau et éviter les dangers d'inondation ou de sécheresse, il faut non seulement connaître la topographie de la région, mais aussi avoir accès à des données fiables sur le climat et les prévisions météorologiques.

Consommation énergétique

Le Canada consomme plus d'énergie par habitant que toute autre nation, soit 9 t de pétrole par année. Son étendue et la rigueur de son climat sont en grande partie la cause de cette soif d'énergie. À peu près un tiers de l'énergie consommée au Canada sert à combattre le froid, la GLACE et la neige l'hiver, la chaleur et l'humidité l'été. Les hivers rigoureux des années 1970 et 1980 combinés à l'incertitude quant à l'approvisionnement en pétrole à l'étranger ont mis en lumière la vulnérabilité du Canada par rapport aux changements et la variabilité du climat.

Des froids plus rigoureux ou des accumulations de neige plus importantes seraient très coûteux pour l'économie canadienne. Par contre, un réchauffement de 2 à 3 °C en hiver diminuerait les besoins en chauffage de 15 p. 100, soit l'équivalent de 45 millions de barils de pétrole, une économie annuelle de 1,5 milliard de dollars. L'exploitation des réserves d'énergie de façon sécuritaire et économique exige des données climatiques fiables quel que soit l'emplacement de ces réserves: au large de l'Arctique, au sommet d'une montagne ou dans les sables bitumineux.

De plus, le champ d'application lié au climat n'est pas restreint à la recherche dans le domaine de l'énergie ou au développement des ressources énergétiques: les lignes électriques sont sensibles au givrage, à la foudre et aux TORNADES; la construction et le fonctionnement des pipelines dans le PERGÉLISOL dépendent des variations de température et de l'humidité du sol.

Un autre aspect du problème est de savoir dans quelle mesure les besoins en énergie du Canada peuvent être satisfaits à partir de sources renouvelables. Ainsi, le chauffage solaire passif pourrait réduire les coûts énergétiques. L'énergie éolienne, non polluante et inépuisable, très populaire à une certaine époque, pourrait faire un retour et satisfaire une grande partie des besoins énergétiques de petites communautés éloignées. Parce qu'elle permet la conservation d'énergie, l'information climatique est utilisée dans la planification et le choix des emplacements, la conception des équipements et l'exploitation des installations.

Construction

Dans la plupart des pays, le secteur de la CONSTRUCTION constitue l'industrie la plus importante. Pour des raisons de sécurité et d'économie, une structure ou une installation doit être capable de résister aux forces météorologiques et aux contraintes de chargement pendant toute sa durée de vie. L'usure doit se faire régulièrement, quelles que soient les conditions météorologiques. Une trop grande planification coûte cher et fait perdre du temps. Trop peu de planification peut être dangereux et nuire au confort. Les architectes et les entrepreneurs font souvent l'erreur de prendre une structure qui convient à un climat particulier et de la placer dans un climat tout à fait différent. P.ex., les maisons de style californien à Edmonton. L'information climatologique est utilisée pour déterminer l'orientation d'un immeuble de façon à réduire la perte énergétique et l'amoncellement de neige. Elle est aussi utilisée pour la conception des édifices afin de créer un climat intérieur agréable, sain, économique et sans danger.

De tels renseignements peuvent aussi servir à choisir des matériaux économiques, sans danger, qui résistent aux vents violents, aux fortes pluies ou aux fréquents écarts de température entre gel et dégel. Les propriétaires de maison peuvent s'assurer d'un plus grand confort et réduire les coûts énergétiques en étudiant les solutions suivantes: planter des arbres qui protégeront contre les vents d'hiver ou éviteront à la neige de s'accumuler sur les entrées; choisir des rideaux qui isolent contre la chaleur de l'été; choisir le côté de la maison où devrait être installée une grande fenêtre permettant de laisser entrer les rayons du soleil en hiver.

Transports

Le transport maritime, terrestre ou aérien est influencé par les variations du climat et ses manifestations extrêmes. La planification des itinéraires et des horaires ainsi que le transport et l'entreposage des marchandises dépendent de la justesse des renseignements climatologiques. Dans les zones maritimes, la GLACE MARINE, la visibilité réduite et les tempêtes sont des problèmes qui influent sur la conception et l'exploitation des navires et des installations portuaires. Afin d'éviter qu'un accident se reproduise, le plan de la structure doit tenir compte des données spécifiques aux tempêtes comme celle qui a, p. ex., fait couler la plate-forme de forage OCÉAN RANGER au large de Terre-Neuve le 15 février 1982 et où 84 hommes ont péri noyés.

Le gel et le dégel, les précipitations et la couverture de neige sont des éléments importants des transports routier, ferroviaire ou par pipelines. Au Canada, les coûts annuels liés à l'enlèvement de la neige pourraient dépasser 1 milliard de dollars. Les coûts indirects sont encore plus élevés: 1 cm de neige augmente la consommation en carburant des véhicules d'environ 50 p. 100 et entraîne un retard moyen de 30 minutes pour ceux qui doivent se rendre à leur travail. Les spécialistes du transport aérien ont toujours pris en considération les vents, la hauteur du plafond, la visibilité et la turbulence que ce soit pour le choix de l'emplacement d'un aéroport, le contrôle des décollages et des atterrissages ou la navigation aérienne proprement dite.

Autres secteurs

Dans le domaine des systèmes de communication, il existe de nombreux exemples au sujet des économies substantielles réalisées par l'utilisation rationnelle des données climatiques. En 1969, une section de la ligne de transport d'électricité Québec-Labrador a dû être remplacée au coût de 30 millions de dollars. Lors de sa conception, les ingénieurs n'ont pas tenu compte du stress engendré par le givrage et par la poussée du vent qui en a résulté. Le design de la TOUR DU CN à Toronto a dû être modifié lorsque les climatologues ont prévu que des glaçons tomberaient des antennes.

L'un des domaines les plus intéressants et les plus stimulants de la CLIMATOLOGIE moderne traite des effets du climat sur la santé humaine. Les problèmes de santé liés au climat incluent le rhume, l'hypothermie, le rhume des foins, l'asthme, les gelures et les migraines. Encore plus communes sont les maladies plus discrètes déclenchées ou intensifiées par le climat: la fatigue, la douleur, les troubles affectifs saisonniers et l'insomnie. Toutes finissent par diminuer la vigilance, la faculté d'apprentissage, la performance et la productivité.

L'effet des facteurs climatiques se fait aussi sentir dans le domaine des loisirs. La rentabilité des lieux de villégiature dépend des conditions climatiques prévues dans la région. P. ex., le ski alpin est particulièrement dépendant des chutes de neige. S'il ne neige pas, les gens ne vont pas skier même si les canons à neige sont en action. L'absence de neige entre Noël et le Nouvel An est synonyme de désastre pour les exploitants des stations de ski.

L'information climatologique est aussi utilisée pour le choix du site, la conception des pistes, des équipements et des installations. On s'en sert pour évaluer les sites se prêtant le mieux à la compétition sportive et pour établir l'horaire des jeux ou des compétitions.

Un large éventail de services industriels, commerciaux ou financiers peuvent bénéficier des renseignements climatologiques et de la connaissance du climat. P. ex., les climatologues peuvent aider les compagnies d'assurances à déterminer le risque associé aux dangers naturels, notamment le vent, la grêle et les inondations. Ces renseignements servent ensuite à établir les primes et à régler les sinistres. Un climat «sain» est un facteur de plus en plus important pour les industriels lors du choix de l'emplacement d'une usine ou d'autres installations. Des décisions importantes basées sur les renseignements climatologiques sont prises par les entreprises et les industries qui se servent de ces données pour la livraison, le stockage, la production et la commercialisation des matières premières. Sans parler des courtiers en valeurs et des courtiers en marchandises qui utilisent ces informations pour leurs achats et leurs ventes. (*Voir aussi* CLIMAT, RIGUEUR DU.)

David Phillips

Climat, changement de Le climat désigne les conditions générales du TEMPS et ce que l'on prévoit à cet égard. On peut envisager cette notion comme une condition locale ou l'appliquer à de plus vastes régions ou à la planète entière. Depuis quelques années, le concept ne s'applique plus seulement au comportement atmosphérique, mais aussi aux OCÉANS, aux étendues d'eau douce, aux GLACIERS, aux organismes vivants et aux SOLS. Ensemble, ces éléments forment le système climatique. On évalue habituellement le climat en mesurant la température de l'air et de la mer, les précipitations (PLUIE et neige), la vitesse du vent, le taux d'humidité et l'ennuagement. Au cours du dernier siècle, on a pu, à partir de ces mesures, dresser des tableaux assez précis qui permettent d'exprimer le climat en termes de valeurs moyennes et de variabilité, généralement sur des périodes de 30 ans.

Variations climatiques Les données météorologiques indiquent que des changements sont survenus récemment. Les modifications à long terme peuvent être décelées par des études sur la composition géologique et chimique de la Terre. Ces études montrent que l'eau à l'état liquide est présente depuis les origines de la planète, ce qui signifie que la température moyenne de l'air près de la surface terrestre s'est toujours maintenue au-dessus de 0 °C. En réalité, elle dépassait habituellement la température moyenne actuelle, qui est de 15 °C. Au cours des 30 derniers millions d'années, il s'est produit un refroidissement de l'air et des mers qui a conduit à des périodes glaciaires répétées dans les 2 derniers millions d'années. La plus récente période glaciaire a culminé vers 18 000 ans av. J.-C., lorsque des nappes de glace ont recouvert l'Amérique du Nord jusqu'aux vallées de l'Ohio et du Missouri et aux plateaux de Washington. Toutefois, les régions du Yukon, des Territoires du Nord-Ouest et de l'Alaska ont échappé à la GLACIATION.

À partir de 10 000 ans av. J.-C., le climat canadien semble être revenu à des conditions semblables à celles que l'on connaît aujourd'hui. Les glaciers ont fondu peu à peu, se retirant du Labrador-Ungava et du Keewatin il y a quelque 4000 ans. Les forêts et les prairies ont de nouveau colonisé le pays, entraînant avec elles la faune et les populations humaines (*voir* BIOGÉOGRAPHIE). Plus clémentes que maintenant jusque vers 2000 av. J.-C., les températures ont ensuite légèrement baissé.

Réchauffement Il est maintenant clair que la surface du globe se réchauffe depuis le XIXᵉ siècle. On estime que sa température moyenne annuelle s'est élevée de 0,3 °C à 0,6 °C au cours des 90 dernières années. Au Canada, les relevés effectués par 132 stations météorologiques étroitement surveillées et réparties dans tout le pays indiquent une hausse plus importante, soit 1,1 °C depuis 100 ans. Les précipitations, plus difficiles à mesurer surtout à cause de la neige et de son contenu aqueux, semblent avoir augmenté à l'échelle nationale d'environ 10 p. 100 entre 1955 et 1980 et se sont maintenues à ce niveau par la suite. Depuis une vingtaine d'années, les mesures par SATELLITE ont recueilli de nombreuses données nouvelles, mais celles-ci ne sont pas encore totalement interprétées en termes climatologiques. Nous disposons aussi de mesures des différents gaz à l'état de traces dont on croit qu'ils ont une influence sur le climat terrestre, notamment le dioxyde de carbone, le méthane, l'oxyde nitreux, l'OZONE et divers polluants, tous des gaz à effet de serre (*voir* POLLUTION DE L'AIR). Ces mesures montrent une augmentation de leur concentration dans toutes les régions de la planète.

Le RÉCHAUFFEMENT PLANÉTAIRE, plus accentué au Canada qu'ailleurs, signifie-t-il une véritable modification du climat? L'atmosphère se transforme constamment, tant du point de vue de ses caractéristiques que sur le plan de son comportement, mais ces transformations sont habituellement perçues comme des fluctuations par rapport à une moyenne invariable. Elles sont des composantes du climat au même titre que les moyennes. Nous devons nous demander si le réchauffement au cours du dernier siècle constitue un phénomène plus durable, c.-à-d. un véritable changement du climat, étant donné que les changements atmosphériques s'accompagnent d'une augmentation des concentrations des gaz dits «à effet de serre». Ceux-ci ralentissent le flux de l'énergie solaire qui retourne dans l'espace, tendant ainsi à réchauffer la croûte terrestre.

Modèles de prévision Pour répondre à ces questions, plusieurs centres répartis dans le monde, dont le Service de l'environnement atmosphérique du Canada, recourent à des modèles mathématiques de l'atmosphère du globe pour étudier son comportement en réaction à une accumulation des gaz à effet de serre. Selon les modèles, si la concentration de ces gaz continue de s'accroître au rythme prévu, les températures au cours du prochain siècle augmenteront de 1 °C à 3,5 °C, et le niveau des mers montera d'environ un demi-mètre (en raison de la fonte des GLACES). Le Groupe intergouvernemental d'experts sur l'évolution du climat analyse ces résultats, et la plupart des pays (y compris le Canada) ont signé la Convention cadre sur le changement climatique, s'engageant ainsi à prendre des mesures pour contrôler le réchauffement.

Étude des climats du passé L'étude des climats du passé confirme le réchauffement actuel. De nombreux éléments renferment une foule d'informations précieuses à cet égard, comme les anneaux annuels de croissance des arbres, la teneur en pollen des tourbières et des sédiments lacustres (*voir* PALYNOLOGIE), la nature des sédiments marins en eau profonde, la composition isotopique du calcite et de l'aragonite formés dans les grottes et, surtout, la géochimie des principaux champs de glace (*voir* CALOTTE GLACIAIRE) et le mélange de leur eau avec celle des fonds marins. Ces mines de renseignements ont permis de reconstituer la succession des changements climatiques depuis l'holocène et le pléistocène, y compris l'alternance d'ÉPOQUES GLACIAIRES et de périodes plus douces, comme celle que nous connaissons actuellement (*voir* ÉVOLUTION GÉOLOGIQUE).

Grâce à la géochimie et à la lithologie des roches plus anciennes, qui remontent jusqu'à l'ère protérozoïque des premiers jours de la planète, il a été possible de brosser un tableau de l'évolution de l'atmosphère, des océans et des continents. Outre la datation des données physiques, nous avons appris comment la vie s'est transformée plus ou moins en harmonie avec les fluctuations du climat. La plupart des données sur les climats du passé ont été recueillies au cours des 20 dernières années, les plus captivantes de l'histoire des sciences de la Terre.

Comparées aux changements passés, les modifications actuellement en cours restent néanmoins impressionnantes. Il serait prématuré d'affirmer que le réchauffement de la planète est appelé à durer et résulte principalement de l'activité humaine. Cependant, on peut conclure à juste titre que l'étude des changements climatiques est essentielle au bien-être de notre espèce et de tous les autres organismes vivants et que le Canada est en mesure de contribuer de façon importante à la compréhension des phénomènes planétaires.

Notre patrimoine naturel Dans tous les cas, nous devons tenir compte de l'effet du réchauffement sur nos ressources naturelles et notre économie. Les changements annoncés ne semblent guère porter à conséquence, mais les forêts, les prairies, les terres humides et la toundra de notre patrimoine naturel sont sensibles aux moindres variations des températures et des précipitations, tout autant que notre consommation d'énergie et nos aménagements maritimes. C'est pourquoi, dans notre propre intérêt, nous n'avons d'autre choix que de comprendre les phénomènes actuels et de prendre toutes les mesures imaginables pour contrer leurs effets négatifs.

F. Kenneth Hare

Climat, incidence du développement urbain sur le

Le climat est l'un des meilleurs exemples des modifications involontaires de l'atmosphère par les humains (*voir* CLIMATOLOGIE). La construction de chaque immeuble, route et parc de stationnement crée un nouveau microclimat local. Conjugués à la POLLUTION DE L'AIR créée par les activités humaines, ces changements ont un effet local d'un habitat sur son CLIMAT. Au Canada, de tels effets sont observés dans des villages de seulement un millier d'habitants, dans des zones métropolitaines et dans toutes les régions climatiques.

L'urbanisation modifie tant la surface terrestre que l'air. Les bâtiments transforment la disposition géométrique de la surface terrestre, créant ainsi un système rigide et brutal de pâtés de maisons et de rues encaissées, surtout dans le centre des villes. Ce système influe sur l'écoulement de l'air au-dessus des villes et entraîne la formation de poches qui retiennent l'énergie rayonnée vers l'intérieur ou l'extérieur. Les matériaux de construction modifient le taux de rétention ou de perte de la chaleur ou de l'eau de la surface terrestre. L'ignition de combustibles et d'autres activités libèrent de la chaleur, de la vapeur d'eau et des polluants qui changent la composition de l'air. Les polluants peuvent aussi avoir des répercussions sur les transferts radiatifs et sur la croissance des gouttelettes formant les nuages.

Par sa présence, la ville a un impact sur tous les éléments climatiques (ensoleillement, température, humidité, vent, etc.). Cet impact se remarque annuellement ou sur une période de plusieurs années à mesure que la ville grossit, mais on le discerne habituellement mieux les jours de beau temps (ciel clair et vent léger). À Montréal, p. ex., la pollution diminue la quantité d'énergie solaire d'environ 9 p. 100 annuellement, mais, certains jours, la diminution peut grimper jusqu'à 25 p. 100. Parce qu'il est plus chaud que la campagne environnante, on retrouve souvent un «îlot thermique» dans le centre d'une ville. Dans la plupart des grandes villes canadiennes, l'effet d'îlot thermique annuel est de 1 à 2 °C, mais il est parfois beaucoup plus élevé. Durant les soirées estivales calmes et claires, il est de 5 à 6 °C à Brandon, de 6 à 7 °C à Saint-Hyacinthe, de 9 à 10 °C à Hamilton, de 10 à 11 °C à Vancouver et de 11 à 12 °C à Winnipeg, Edmonton et Montréal. Ces dernières données sont parmi les plus élevées au monde. Même durant les nuits arctiques, des villes comme Inuvik ont un îlot thermique.

L'humidité relative est presque toujours plus faible en ville (en raison de la chaleur), mais la quantité réelle de vapeur d'eau est souvent plus grande, surtout la nuit et en hiver. En hiver, dans de grandes villes des Prairies, telles qu'Edmonton, la combustion du gaz naturel visant à chauffer les immeubles et les maisons libère de la vapeur d'eau et augmente l'humidité et la possibilité de formation de BROUILLARD glacé lorsque la température descend en dessous de -30 °C. Des localités à latitude élevée, telles qu'Inuvik, peuvent aussi subir ce brouillard déplaisant.

Les vents des villes sont généralement moins forts, sauf autour des grands immeubles où l'accélé-ration éolienne (*jetting*) peut poser problème. Les villes donnent aussi naissance à leur propre circulation éolienne. On connaît peu de chose sur les effets des villes canadiennes sur les précipitations. Des recherches effectuées à l'étranger laissent croire que les villes font augmenter les précipitations estivales, alors qu'en hiver l'îlot thermique fait peut-être fondre une partie des chutes de neige avant qu'elles ne soient enregistrées comme telles.

T.R. Oke

Climat, information sur le
Le système climatique comprend les TERRES, les OCÉANS, l'atmosphère, la biosphère (VÉGÉTATION, RÉGIONS DE) et la cryosphère (GLACE et NEIGE). Il faut disposer de renseignements sur toutes ces composantes pour décrire et comprendre le CLIMAT de la Terre. Pour décrire les conditions au-dessus des terres, la plupart des pays, dont le Canada, exploitent des réseaux d'observation climatologique qui mesurent certaines grandeurs, telles que la température, l'humidité, les précipitations, le VENT et l'ensoleillement. L'observation régulière de l'atmosphère à l'aide de radiosondes, d'aéronefs et de SATELLITES ARTIFICIELS contribue aux PRÉVISIONS MÉTÉOROLOGIQUES et les données recueillies servent aussi à étudier le climat. Bien que les observations des océans et de la GLACE MARINE ne soient pas effectuées régulièrement, les données recueillies lors de projets de recherche précis peuvent fournir des renseignements climatiques. Des bateaux et des satellites fournissent régulièrement certaines données caractéristiques de la couche atmosphérique juste au-dessus de la surface. Les données sur les types de végétation et sur l'utilisation du sol forment l'essentiel des renseignements sur la biosphère.

Un large éventail de personnes utilisent les renseignements climatiques. Les architectes doivent être sûrs que leurs structures résisteront aux plus forts vents et seront habitables lorsque la température atteindra ses *extremums*. S'ils le peuvent, les transporteurs aériens planifient leurs routes pour profiter des vents dominants dans la haute atmosphère. Les agriculteurs doivent savoir si les précipitations et les températures leur permettront d'effectuer certaines CULTURES. Les renseignements climatiques sont aussi nécessaires aux climatologistes et aux autres chercheurs qui s'efforcent de comprendre le comportement du système climatique.

Les renseignements climatiques On obtient des renseignements climatiques en analysant l'énorme quantité de données relevées durant une période assez longue par divers réseaux d'observation. Les méthodes actuelles de stockage et de traitement de données au moyen d'ordinateurs facilitent grandement cette tâche. Les types de renseignements climatiques les plus familiers, les normales établies sur une période de 30 ans, renseignent principalement sur les conditions près de la surface au-dessus des terres. La plupart des pays produisent ce type de données. Ces normales s'obtiennent en analysant les données des 30 dernières années afin de décrire les conditions moyennes et extrêmes sur cette période. On recalcule ces normales tous les 10 ans en ne considérant que les données des 30 années précédentes.

D'autres types de renseignements climatiques, tels que la distribution planétaire des vents et de la température dans toute l'atmosphère, les conditions de la glace marine et la POLLUTION, s'obtiennent facilement. La plupart des pays diffusent les renseignements dans des périodiques. De nombreux services météorologiques nationaux peuvent aussi fournir des renseignements climatiques plus détaillés sous forme numérique. Des rapports de recherche et des revues scientifiques contiennent aussi des renseignements climatiques spécialisés. Un nombre croissant de renseignements climatiques de base et des archives nationales de données climatiques sont disponibles sur INTERNET.

Débuts des enregistrements On ne dispose de renseignements climatiques fiables que depuis la mise au point des instruments de mesures météorologiques. La mise au point du thermomètre et du baromètre marque ainsi les débuts de l'enregistrement instrumental, mais seuls quelques centres de la planète conservent ces enregistrements. La mesure régulière des conditions près de la surface au-dessus des grandes étendues de la planète ne commence qu'au XIXe siècle. L'échantillonnage régulier de la haute atmosphère au-dessus de grandes aires géographiques ne débute qu'après la Seconde Guerre mondiale. Malgré l'utilisation d'appareils, on ne dispose que de peu de données pour certaines grandes étendues de la planète, en particulier pour les océans du Sud. Les satellites sont utilisés pour obtenir des données fiables, captées à distance, sur les régions non observées directement, car ils sont capables de couvrir l'ensemble du globe (*voir* TÉLÉDÉTECTION).

Les renseignements sur les conditions climatiques de la période précédant l'invention de l'enregistrement instrumental sont très peu nombreux. Les données par procuration de sources, telles que les cernes des arbres, et les calottes de glace et de sédiments permettent de reconstituer les climats passés.

Le besoin de renseignements sur les climats futurs croît lui aussi. Le CHANGEMENT DE CLIMAT peut résulter non seulement d'événements naturels, tels que l'éruption des VOLCANS et les INCENDIES DE FORÊT, mais aussi de la variabilité inhérente et chaotique du système climatique lui-même. Il peut aussi résulter d'actions humaines, telles que l'augmentation de l'effet de serre due à la combustion de combustibles fossiles. Des chercheurs s'efforcent de comprendre le changement climatique dans l'espoir de prédire les climats futurs et de les décrire de manière à minimiser ses effets nuisibles sur les activités humaines. (*Voir aussi* CLIMAT ET SOCIÉTÉ; CLIMATOLOGIE; OBSERVATIONS CLIMATOLOGIQUES; et CLIMAT, RIGUEUR DU.)

Steven Lambert

Climat, rigueur du
Environnement Canada a conçu l'indice de rigueur du climat pour évaluer le CLIMAT d'un secteur en fonction du confort et du bien-être de la population. L'indice est mesuré sur une échelle de 1 à 100, la note 1 représentant le climat le moins rigoureux et 100, l'autre extrême.

L'indice de rigueur du climat quantifie les aspects défavorables du climat canadien en pondérant 17 agresseurs environnementaux (*voir* TEMPS) mesurés pour toute l'année et généralement considérés comme extrêmes ou rigoureux. Parmi les agresseurs environnementaux, on trouve les conditions extrêmes de chaleur ou de froid, d'humidité ou de sécheresse et de vent; la piètre qualité de l'air; la lumière du jour ou l'obscurité prolongées; les précipitations prolongées ou intenses, le BROUILLARD, la visibilité réduite; la foudre et les phénomènes météorologiques violents comme les ORAGES, la poudrerie et les précipitations verglaçantes.

L'indice de rigueur du climat tient compte de quatre facteurs importants qui sont les plus étroitement liés au stress environnemental: l'inconfort de l'hiver et de l'été, l'effet psychologique, le degré d'exposition d'un endroit aux risques naturels et les contraintes qui s'exercent sur la mobilité extérieure. En raison de son importance dans notre vie quotidienne, le confort est considéré comme le principal facteur qui influe sur l'indice de rigueur du climat, car il détermine comment nous nous habillons, comment nous nous sentons, si nous allons nous déplacer et par quel moyen, et si nous travaillons et nous divertissons efficacement. L'état psychologique et les risques naturels sont des facteurs complémentaires mais jugés de moindre importance que le confort, parce qu'ils sont généralement associés à des phénomènes moins fréquents ou plus éphémères. Et, bien que les conditions météorologiques limitent les déplacements, surtout en hiver, les contraintes sur la mobilité s'avèrent un facteur moins important que les trois autres à titre d'élément perturbateur intervenant toute l'année.

Facteur d'inconfort L'hiver au Canada est la période la plus éprouvante de l'année. Selon Statistique Canada, 108 personnes en moyenne meurent de froid chaque année, tandis qu'on attribue 17 décès à tous les autres phénomènes naturels comme la foudre, les tempêtes, les INONDATIONS, les vagues de chaleur, les TREMBLEMENTS DE TERRE et les raz de marée. Au Canada, les écarts de températures sont les plus marqués en hiver tandis qu'ils sont peu importants et été au sud du cercle polaire arctique.

Trois éléments servent à définir l'inconfort de l'hiver. Ces sous-facteurs sont le degré de froideur (REFROIDISSEMENT ÉOLIEN) ainsi que la durée et la rigueur de l'hiver. Le refroidissement éolien est un indice reconnu lié à la perte de chaleur et aux lésions occasionnées par le froid chez les humains et qui reflète l'effet combiné d'une basse température et de VENTS forts. La durée de l'hiver équivaut au nombre de mois où les températures moyennes quotidiennes sont inférieures à 0 °C, tandis que la rigueur de l'hiver est déterminée par la température moyenne quotidienne du mois le plus froid.

Quatre facteurs servent à définir l'inconfort de l'été: la durée de la saison (c.-à-d. le nombre de mois où les températures moyennes quotidiennes sont de 10 °C ou plus), le degré de chaleur de l'été (c.-à-d. la température maximale quotidienne moyenne du mois le plus chaud), l'indice humidex et l'humidité.

L'humidex est un indice accepté de l'inconfort de l'été. Le pourcentage moyen de jours ayant une valeur d'humidex de 30 °C pendant une heure ou plus au cœur de l'été sert d'indicateur de chaleur. Certaines personnes souffrent d'inconfort à une valeur d'humidex de 30 °C (en bas de cette valeur, presque tout le monde est à l'aise). On peut définir l'humidité à l'aide de la différence psychrométrique moyenne en juillet, c.-à-d. la différence entre la température du thermomètre sec et celle du thermomètre mouillé d'un psychromètre. Plus la différence est petite, plus le temps est «étouffant» ou humide.

Effet psychologique On blâme le temps qu'il fait pour une foule de malaises d'ordre psychologique. Les symptômes comprennent la fatigue, la dépression, l'irritabilité, la perte de sommeil, le manque de concentration, les maux de tête, la nervosité générale, la tendance à oublier, la photophobie et les douleurs thoraciques et articulaires. On attribue souvent aux conditions climatiques la cause de périodes de névrose de solitude ou de monotonie générale éprouvées par les travailleurs en isolement.

Les principaux éléments climatiques qui ont un effet psychologique sur les gens et qui peuvent être analysés à partir de données météorologiques de base sont la longueur du jour en hiver, le nombre annuel d'heures d'ensoleillement, le nombre annuel de jours de précipitations mesurables et la fréquence des heures de brouillard.

Les longues périodes d'obscurité caractéristiques des hivers sous de hautes latitudes sont reconnues pour être particulièrement nuisibles, agissant défavorablement sur l'humeur, les attitudes et le comportement. La plupart des personnes ont vécu dans l'Arctique pour une longue période indique spontanément que l'obscurité totale durant 24 heures par jour est particulièrement débilitante. Certaines suggèrent même que l'inverse en été, les jours de 24 heures de clarté continue, est épuisant par moments.

L'ensoleillement a des répercussions physiologiques et psychologiques importantes. Un temps clair et ensoleillé, spécialement s'il survient à la fin d'un long épisode de ciel couvert, peut s'avérer mentalement stimulant. De fréquents jours de pluie ou de brouillard peuvent démoraliser. C'est surtout vrai pour les résidants du Nord, qui se sentent découragés s'il se produit souvent des précipitations lors des plus chaudes journées de l'année, car ils doivent endurer

un long hiver avant de jouir de quelques jours de temps estival chaud.

Risques naturels Les éléments du climat peuvent, seuls ou ensemble, causer des blessures et provoquer la mort sur une grande étendue, et occasionner des dommages aux biens et à l'environnement. Les inondations et les BLIZZARDS en sont des exemples évidents et peuvent perturber sérieusement des localités entières. Un refroidissement éolien important en hiver et une chaleur et une humidité excessives en été constituent également un danger.

L'exposition générale d'une localité aux risques naturels peut se mesurer d'après les chutes de neige moyennes en hiver et la fréquence de trois autres éléments: les vents forts, les orages et la poudrerie. Ces phénomènes peuvent provoquer toute une gamme d'épreuves personnelles, comprenant la mort, des blessures, des activités sociales et des rendez-vous d'affaires manqués, des retards dans les services et d'autres privations. Les orages en particulier sont de bons indicateurs de phénomènes météorologiques violents, produisant, p. ex., de la GRÊLE, des bourrasques et des TORNADES. La poudrerie et les rafales de neige créent des conditions de déplacement extérieur dangereuses, plaçant les voyageurs dans des situations périlleuses et précaires. En fait, toute activité extérieure devient extrêmement hasardeuse si des conditions de visibilité presque nulle dans les rafales de neige s'accompagnent d'un refroidissement éolien important. Dans de telles conditions, il est arrivé que des fermiers se perdent et meurent de froid en tentant de se rendre de la grange à la maison.

Mobilité extérieure Le mauvais temps nous empêche de voyager, de nous déplacer pour aller au travail, à l'école et faire les courses. On a déterminé trois sous-facteurs limitant les déplacements extérieurs et l'accessibilité: l'accumulation de neige totale, la visibilité réduite et les précipitations verglaçantes. Au Canada, il faut tenir compte des chutes de neige pour évaluer la possibilité de se déplacer à l'extérieur, à pied ou en véhicule. Les précipitations verglaçantes limitent toute forme de transport, tant la marche que l'avion. De plus, elles désorganisent complètement les communications lorsqu'elles provoquent le bris des fils téléphoniques et électriques.

Indice de rigueur du climat Calculé pour 146 emplacements d'aéroports au Canada, il équivaut au total pondéré des points attribués à 17 éléments météorologiques présentant des valeurs extrêmes, de leur intensité et de leur durée. P. ex., une station où les hivers sont longs (températures quotidiennes moyennes inférieures à 0 °C durant 10 mois ou plus) obtient tous les points pour la longueur de l'hiver, tandis qu'une autre où ce critère ne s'applique à aucun mois se voit attribuer 0 point ce sous-facteur. La somme des 17 sous-facteurs pour chacun des 4 facteurs principaux, pondérée selon l'importance de chacun des facteurs, donne le degré de rigueur du climat pour cette station. L'indice de rigueur du climat est composé de telle façon que les valeurs s'approchant de 100 indiquent la rigueur la plus élevée.

Au Canada, la majeure partie septentrionale des îles de la Reine-Élisabeth, à l'exception de quelques lieux abrités, ont la rigueur la plus élevée, les quatre facteurs présentant des valeurs élevées. Le reste de l'archipel Arctique, les côtes de la mer de Beaufort, le District de Keewatin, le nord du Manitoba, la côte ontarienne de la baie d'Hudson, la péninsule d'Ungava et les rivages du détroit d'Hudson au Québec et au nord du Labrador ne sont que légèrement moins rigoureux.

Les valeurs quant à la rigueur du climat sont beaucoup plus basses dans le reste du Canada. Victoria (13) et Penticton (16) sont parmi les endroits habités au Canada qui jouissent des climats les plus agréables. Les climats de Medicine Hat (29) et de Lethbridge (33) sont relativement doux.

Le tableau présente les valeurs de l'indice de rigueur du climat pour certaines grandes villes cana-

diennes. Il démontre ce que les résidants de Victoria ont toujours su: qu'ils jouissent du meilleur climat au pays. St. John's (56) remporte la palme de la ville au climat le plus rude. L'honneur d'avoir le pire climat du Canada échoit à un endroit qui n'existe plus, la station météorologique d'Isachsen, dans les Territoires du Nord-Ouest (*voir* STATIONS MÉTÉOROLOGIQUES DE L'EXTRÊME-ARCTIQUE), dont l'indice de rigueur s'élevait à 99. Isachsen a été fermée en 1978. (*Voir aussi* CLIMAT ET SOCIÉTÉ.)

David Phillips

Climatologie C'est l'étude du CLIMAT, c.-à-d. des conditions moyennes et extrêmes du TEMPS, sur une longue période de temps. On peut aussi la définir comme l'étude des échanges énergétiques dans le système Terre-atmosphère. En raison de la multitude d'éléments en interaction sur la Terre (p. ex., énergie solaire, OCÉANS, GLACIERS, RÉGIONS DE VÉGÉTATION, composition atmosphérique), la climatologie moderne est une science multidisciplinaire. La complexité du climat de la Terre est presque certainement due à la coexistence des trois phases de l'EAU (vapeur, liquide et GLACE) et à la manière dont elles interagissent avec le rayonnement. Les deux principales branches de cette science sont la climatologie physique, qui cherche à comprendre les principes des échanges de masse et d'énergie entre la Terre et son atmosphère, et la climatologie dynamique, qui examine les facteurs influant sur le climat.

L'étude de la climatologie moderne se fait essentiellement dans une perspective planétaire. Les principaux outils qu'utilisent les climatologues sont les modèles informatiques de l'atmosphère, des océans et des terres émergées, et les données provenant d'observations par satellites (*voir* SATELLITE ARTIFICIEL). Les autres branches comprennent la climatologie descriptive, la climatologie synoptique, qui analyse les OBSERVATIONS MÉTÉOROLOGIQUES prises simultanément à différents endroits, et la climatologie appliquée, qui rend les renseignements climatiques (*voir* CLIMAT, INFORMATION SUR LE) accessibles aux ingénieurs, planificateurs, vacanciers, etc. Les climatologues s'intéressent également à la possibilité que l'activité humaine influe, délibérément ou non, sur le climat.

Climatologie physique

La climatologie physique examine les processus, l'amplitude et les directions des échanges d'énergie et de masse dans l'atmosphère, à la surface de la Terre et en son sous-sol, et en effectue une modélisation numérique. Ces processus servent à déterminer toutes les échelles de climat, qu'elles soient régionales ou globales, diurnes ou millénaires.

La variabilité dans l'absorption du rayonnement solaire par le système Terre-atmosphère constitue le moteur du climat. Annuellement, le système absorbe environ 70 p. 100 du rayonnement solaire et émet une quantité équivalente de rayons infrarouges dans l'espace. Ce quasi-équilibre subit des modifications mineures mais cumulatives causées, entre autres, par des changements dans les émissions solaires, la géométrie orbitale de la Terre ou la composition atmosphérique de celle-ci. Il en résulte parfois des réactions en chaîne (principe de la rétroaction) qui provoquent des changements climatiques. Les effets des variations sur la géométrie orbitale sont négligeables à court terme, mais, à l'échelle de temps géologique, elles produisent des changements dans les cycles d'irradiation qui seraient à l'origine des ÉPOQUES GLACIAIRES. Par ailleurs, la combustion des réserves énergétiques fossiles modifie la capacité de l'atmosphère à émettre et à transmettre le rayonnement thermique (amplification de l'effet de serre) et pourrait provoquer des changements climatiques accélérés au cours du XXIe siècle.

En ce moment, la portion du système terrestre qui se situe autour de l'équateur entre les deux parallèles à 40° de latitude constitue une source d'énergie, puisque dans cette région les gains d'énergie rayonnée dépassent les pertes; par contre, les deux portions de la terre comprises entre ces latitudes et les pôles émettent plus de rayonnement qu'elles n'en absorbent. Les VENTS et les COURANTS MARINS transportent l'énergie vers les pôles pour rectifier ce déséquilibre méridien, diminuant ainsi les écarts de température entre les tropiques et les pôles. De plus, la surface de la planète a un surplus annuel d'énergie radiante, tandis que l'atmosphère a un déficit énergétique. Ce déséquilibre est en grande partie causé par l'effet d'isolation thermique de la vapeur d'eau dans l'atmosphère, le gaz à effet de serre le plus abondant et le plus important de la planète. Le transport de chaleur par convection de la surface de la Terre vers l'atmosphère empêche le réchauffement excessif du sol ainsi que le refroidissement de l'atmosphère. De même, à l'échelle planétaire, les NUAGES refroidissent l'ensemble grâce à leurs propriétés réfléchissantes du rayonnement solaire qui l'emportent sur leurs propriétés d'isolants thermiques.

Bilan énergétique Un bilan énergétique peut être formulé pour toute surface ou tout volume du système Terre-atmosphère. La composante rayonnée de ce bilan dépend avant tout des radiations solaires reçues, qui à leur tour sont régies par les saisons, la nébulosité et l'albédo de surface. La modélisation des nuages et des transferts radiatifs pour des atmosphères ennuagées dans les modèles de climat numériques compte parmi les domaines de recherche les plus difficiles et les plus importants en climatologie. Au Canada, pendant l'hiver, le faible rayonnement solaire, la nébulosité fréquente et l'albédo élevé de la neige produisent partout un bilan radiatif négatif. Au milieu de l'été, le bilan radiatif devient partout positif, parce que le rayonnement solaire est plus fort, qu'il y a moins de nuages et que la neige est absente presque partout. Le bilan du milieu de l'été est remarquablement constant entre la frontière des États-Unis et l'Arctique. Dans le Nord, de longues périodes de clarté compensent la faiblesse du soleil, proche de l'horizon.

Les amplitudes des variations saisonnières et géographiques des autres composantes du bilan énergétique sont peu connues, bien que les transferts de chaleur latente et de chaleur sensible soient les principales composantes. La chaleur sensible est l'énergie des molécules en mouvement, qui se mesure par la température. La chaleur latente est l'énergie nécessaire pour effectuer les changements de phase, comme le passage de la glace à l'état liquide, puis de l'état liquide à la vapeur lors de l'évaporation de l'eau. Au printemps et au début de l'été, dans presque tout le Canada, la fonte de la neige et de la glace consomme une quantité importante d'énergie. Le transfert d'énergie latente domine (de 80 à 90 p. 100 du bilan radiatif) sur les plans d'eau, les terres humides et les surfaces boisées ou cultivées. Dans les endroits plus secs, ou lorsque les terres humides s'assèchent, le transfert de chaleur sensible prend plus d'importance. Les modifications de la surface peuvent modifier radicalement l'amplitude relative des composantes d'un bilan énergétique. Ainsi, dans de nombreuses villes, le remplacement de la végétation par le béton et les briques diminue le transfert d'énergie latente et augmente le transfert de chaleur sensible. L'exploitation des terres a aussi ses effets: p. ex., dans les régions sèches, l'IRRIGATION produit des oasis humides et fraîches résultant d'une augmentation du transfert de la chaleur latente et d'une diminution du réchauffement par convection.

Données satellites Au cours de la dernière décennie, l'utilisation de données satellites en climatologie a donné des résultats concrets. Il est non seulement possible de faire des relevés du bilan énergétique de la haute atmosphère, mais on peut aussi connaître de nombreuses autres propriétés du système, comme les températures atmosphériques et superficielles, la nébulosité totale et le contenu en eau des nuages, ainsi que les conditions à la surface, comme l'humidité,

l'abondance de la végétation et l'albédo. Comme la zone de couverture d'un satellite peut varier de quelques dizaines de mètres carré à des continents entiers, les valeurs obtenues sont devenues essentielles pour juger de la capacité des modèles numériques à représenter le climat. De même, les données obtenues par satellite seront sans doute déterminantes pour évaluer les changements environnementaux et climatiques.

Howard Barker

Climatologie dynamique

La climatologie dynamique est l'étude du climat en tant que branche de la physique. Le système climatique est un système régi par des lois physiques relativement bien connues (dynamique des fluides, thermodynamique, transfert radiatif, etc.). Il est constitué de cinq composants principaux: l'atmosphère, l'hydrosphère (c.-à-d. les océans et les lacs), les terres émergées, la cryosphère (glace marine, CALOTTES GLACIAIRES permanentes, neige) et la biosphère. Les interrelations dans le système planétaire sont nombreuses et complexes, et l'étude de la climatologie dynamique exige la connaissance de nombreuses sciences ainsi que des données provenant de tous les coins du globe.

Quelques aspects importants du système climatique peuvent être évalués à partir de systèmes théoriques plus simples. Une Terre sans mouvement de rotation, ni topographie, ni océans jouirait d'un climat très différent de celui que nous observons. Dans cette atmosphère statique, le climat ne varierait pas selon la longitude mais uniquement selon la latitude; p. ex., les températures seraient élevées aux latitudes équatoriales, et basses aux latitudes polaires. La structure des températures qui en résulterait, tant à la surface qu'aux différents niveaux de l'atmosphère et à différentes latitudes, pourrait être calculée en utilisant les équations de la thermodynamique et des transferts radiatifs. Par contre, si l'atmosphère se déplaçait autour de cette Terre statique, l'air chaud des régions équatoriales s'élèverait et se dirigerait vers les pôles, se refroidirait, redescendrait et reviendrait vers l'équateur, engendrant une circulation de Hadley. L'écart de température entre les pôles et l'équateur, qui fournit la force motrice des mouvements, y serait réduit à cause du courant.

Si la planète se mettait alors à tourner, la nature du courant (donc le climat) serait extrêmement différente. Il n'y aurait plus une simple circulation de Hadley, mais plutôt un courant d'ouest en est aux latitudes moyennes et un courant d'est en ouest aux latitudes plus basses. De grandes ondulations et des tourbillons se superposeraient à ce courant général. Sans les océans, la froideur hivernale et la chaleur estivale seraient extrêmes et les périodes les plus froides et les plus chaudes de l'année se retrouveraient aux solstices. Si l'humidité était introduite dans le système, sous forme d'océans et de vapeur d'eau dans l'air, le climat, encore là, changerait radicalement; un des changements serait l'apparition d'importantes asymétries climatiques d'est en ouest. Les océans ont un effet majeur sur le climat puisqu'ils emmagasinent et transportent la chaleur. La topographie, la glace et la neige, entre autres, ajoutent à la complexité du système.

Modèles climatiques

Ce système global tridimensionnel complexe est étudié au moyen de l'observation et de la «modélisation climatique». Les approches observationnelles ou diagnostiques reposent sur l'accumulation et l'étude de millions d'observations de l'atmosphère et des océans, non seulement en surface mais aussi en hauteur et en profondeur. Ces études tentent de saisir le fonctionnement du système physique et d'en découvrir les mécanismes dominants. Elles cherchent aussi à interpréter les variations climatiques antérieures, à détecter et à comprendre les variations du climat actuel.

Les modèles du système climatique de la Terre (aussi appelés modèles de circulation générale ou MCG) sont de plus en plus utilisés pour étudier le climat et son évolution passée et future. Les MCG sont des modèles mathématiques basés sur des lois de la physique qui tentent de déduire le climat et ses variations à partir des «principes de base» traduits par les équations principales. Ces équations mathématiques sont calculées par approximation sur une grille de points répartis sur le globe et à de nombreux niveaux dans l'atmosphère et dans les océans. Les processus physiques, comme la convection, les transferts radiatifs à ondes courtes et longues, la formation et la dissipation des nuages, les précipitations et l'évaporation, ainsi que la formation et la fonte de la glace, sont calculés pour chaque section du quadrillage. De nouvelles valeurs simulées de température, de vent, de précipitation, de couverture neigeuse, de salinité des océans, d'épaisseur de GLACE MARINE et de toutes les autres variables qui définissent l'état de l'atmosphère, des terres et des océans dans le modèle sont calculées pour des temps espacés de 30 minutes. Une moyenne sur plusieurs années et d'autres statistiques de ces variables en évolution permettent ainsi une simulation du climat.

Changement climatique Les MCG sont utilisés pour étudier le fonctionnement normal du système climatique, mais leur autre utilisation principale est la simulation des changements climatiques (*voir* CLIMAT, CHANGEMENT DE). Ils montrent p. ex. que l'augmentation des gaz à effet de serre dans l'atmosphère peut provoquer un RÉCHAUFFEMENT PLANÉTAIRE. Le MCG «traduit» le changement de la composition atmosphérique en estimations portant sur l'amplitude, la répartition tridimensionnelle et le moment d'un changement climatique potentiel. Les effets des aérosols atmosphériques, de l'activité volcanique, de la variabilité de l'activité solaire et d'autres changements dans le «forçage climatique» sont aussi examinés, de même que les changements dans le forçage effectués à des époques antérieures et leurs conséquences en paléoclimatologie.

Le système climatique a subi de profonds changements au cours des époques géologiques, puis des fluctuations réelles mais moins extrêmes à l'échelle du temps historique. Ces changements sont provoqués par des phénomènes naturels (variabilité naturelle, VOLCANS, changements solaires, entre autres) et des facteurs anthropiques (augmentation des gaz à effet de serre, aérosols, déforestation, notamment). Des simulations récentes sur l'évolution du climat à partir de la période préindustrielle jusque dans les années futures, de 1850 environ jusqu'à 2050 et au-delà, basées sur les effets projetés du forçage des gaz de serre (réchauffement) et des aérosols (refroidissement) sont conformes aux observations enregistrées et indiquent la possibilité d'une amplification du réchauffement dans un proche avenir.

Le système climatique est global et doit être étudié dans une telle perspective. À cette fin, l'Organisation météorologique mondiale (OMM) a mis sur pied un programme mondial de recherche sur le climat. L'OMM et le Programme des Nations unies pour l'environnement ont mis à contribution la communauté scientifique internationale au sein du Groupe intergouvernemental d'experts sur l'évolution du climat. Celui-ci a récemment effectué une évaluation scientifique des changements climatiques rassemblant les connaissances actuelles sur le système climatique et les changements qu'on y prévoit. Au Canada, la recherche en climatologie dynamique et sur la modélisation et l'analyse climatologiques relève de la Direction de la recherche sur le climat et l'atmosphère du Service de l'environnement atmosphérique. D'autres laboratoires gouvernementaux et des universités y participent également.

George J. Boer

Effets des activités humaines sur le climat

Les activités humaines peuvent modifier localement certains aspects du climat. Certains changements sont volontaires, comme l'utilisation d'arbres ou de haies comme brise-vent pour empêcher les poches de gelée ou réduire l'amoncellement de neige. D'autres sont accidentels, comme le réchauffement des quartiers centraux des villes en expansion ou l'augmentation des précipitations en aval des villes causée par la libération accrue de chaleur et de polluants provoquant la condensation (*voir* POLLUTION DE L'AIR; CLIMAT, INCIDENCE DU DÉVELOPPEMENT URBAIN SUR LE).

Les données semblent s'accumuler en faveur de la thèse voulant que les activités humaines affectent le climat sur une grande échelle. L'évaluation scientifique récente par le Groupe intergouvernemental d'experts sur l'évolution du climat précise que: «Le réchauffement planétaire observé au cours des 100 dernières années est plus important que nos meilleures estimations de l'amplitude de la variabilité naturelle du climat au cours des 600 dernières années au moins. Qui plus est, les données climatiques historiques révèlent des changements pouvant être interprétés comme une réaction du climat face aux forçages par les gaz à effet de serre et les aérosols sulfatés. Les données en questions proviennent des profils géographiques, saisonniers et verticaux des changements de température. Considérés dans leur ensemble, les résultats indiquent une influence humaine décelable sur le climat planétaire». L'un de ces gaz à effets de serre, le dioxyde de carbone (CO_2), est produit par la combustion du CHARBON, du pétrole et du gaz pour chauffer les maisons, faire fonctionner les machines et produire de l'ÉLECTRICITÉ. De 1880 à 1994, la concentration de CO_2 dans l'atmosphère a augmenté d'à peu près 25 p. 100, et plus de la moitié de cette augmentation s'est produite au cours des 25 dernières années. Même si la proportion de CO_2 s'élève à moins de 1 p. 100 du volume total de l'atmosphère, sa présence suffit à perturber le flux de chaleur émanant de la Terre. Les modèles numériques climatiques suggèrent que si le volume de CO_2 dans l'atmosphère doublait par rapport à celui de la période préindustrielle, la température moyenne de l'air de surface s'élèverait de 2 à 3 ºC environ. Un changement de cet ordre serait sans précédent historique et serait accompagné de changements climatiques régionaux beaucoup plus marqués. La concentration atmosphérique des gaz de serre autres que le CO_2 (comme les chlorofluorocarbures et le méthane) est aussi en hausse. Si les tendances actuelles se maintiennent, on prévoit que l'effet de réchauffement total de ces gaz sera comparable à celui du CO_2. Par contre, les aérosols provenant de la combustion de l'énergie fossile et de l'ÉNERGIE DE LA BIOMASSE et qui s'accumulent dans les basses couches de l'atmosphère produisent un effet de refroidissement.

La possibilité de modifier délibérément le climat à grande échelle est fascinante, mais un simple examen de la question montre que l'énergie mise en jeu dans le système climatique est tellement considérable qu'une intervention directe serait impossible. Ainsi, l'énergie captée lors d'un ORAGE d'une heure pourrait alimenter les besoins du Canada en énergie électrique pour toute une journée. L'énergie convertie en une journée par un seul système de basse pression est 10 000 fois plus grande que celle d'un orage. Il est donc improbable qu'une action directe pourrait modifier nos climats même si l'on connaissait des méthodes pour y arriver. L'une de ces méthodes pourrait consister à influencer le climat en plaçant des nuages de poussières résistantes dans la haute atmosphère: il est en effet prouvé que les volcans affectent le climat en projetant de grandes quantités d'aérosols sulfatés à de hautes altitudes. On ne connaît pas les effets que pourraient avoir une modification intentionnelle de ce genre sur le climat de la surface terrestre. La compréhension actuelle du système climatique laisse toutefois planer de nombreuses incertitudes quant à l'amplitude du changement involontaire du climat dû à l'augmentation de l'effet de serre; des interventions intentionnelles seraient vraiment risquées. (*Voir aussi* MÉTÉOROLOGIE.)

P.E. Merilees

Clockmaker; or The Sayings and Doings of Sam Slick of Slickville, The C'est d'abord sous forme de feuilletons publiés dans un journal que paraît *The Clockmaker; or The Sayings and Doings of Sam Slick of Slickville* de Thomas Chandler HALIBURTON. L'argot yankee familier et coloré de Sam Slick, qui colporte aussi bien ses horloges que ses jugements sur «la nature de l'homme» amuse et séduit les lecteurs haligoniens pour la première fois en 1835 dans le journal de Joseph HOWE, *The Novascotian*. Ces feuilletons sont rassemblés et publiés à Halifax, en 1836; à Londres et à Philadelphie, en 1837 (première série); à Halifax, à Londres et à Philadelphie, en 1838 (deuxième série); et en 1840 (troisième série). En 1923, les trois séries sont réunies en un seul volume sous la direction de Ray Palmer Baker, à Toronto.

Haliburton réussit, par l'humour et les expressions d'argot yankee de Sam Slick, à trouver le ton juste pour dresser un portrait amusé, voire ironique, de la société néo-écossaise de l'époque, de la vie politique de la Nouvelle-Écosse, ainsi que des relations de cette dernière avec les États-Unis et la Grande-Bretagne. Avant le succès que connaîtra Charles Dickens, Haliburton est l'auteur satirique de langue anglaise le plus populaire et le maître incontesté de ce genre. *The Clockmaker* a été traduit en allemand en 1840-1842. D'innombrables éditions confirment la place de Haliburton comme l'un des pionniers de l'humour nord-américain.

Neil Besner

Clôture Procédure permettant au gouvernement de mettre fin à un débat à la CHAMBRE DES COMMUNES et de passer au vote. Ce recours contre l'OBSTRUCTION SYSTÉMATIQUE s'applique au moyen de deux décisions distinctes de la Chambre: le vote sur le recours à la clôture et un ou plusieurs votes sur les affaires qu'il s'agit de terminer. La clôture prend deux jours. Si l'avis verbal requis est donné le lundi, la motion de clôture est proposée et mise aux voix (sans débat) le mardi après les affaires courantes. Si elle est adoptée, le reste de la séance est consacré aux affaires qui font l'objet de la clôture et le vote sur ces affaires est enregistré à la fin de la séance. Quand la clôture est appliquée, la Chambre siège tard et la mise aux voix a lieu peu après 1 heure.

Le recours à la clôture est très controversé: l'opposition crie à la dictature, tandis que le gouvernement crie à l'obstruction systématique. Inscrite au *Règlement de la Chambre des communes* en 1913, la règle est invoquée 18 fois avant 1982, dont quatre fois pendant le DÉBAT SUR LE PIPELINE en 1956. La clôture est invoquée en 1964 pour passer au vote afin d'adopter le rapport du comité sur le drapeau, puis pour ajouter au *Règlement de la Chambre des communes* trois nouveaux articles (115, 116 et 117) prévoyant la limitation des débats à chaque étape de l'adoption d'un projet de loi à la Chambre (*voir* ATTRIBUTION D'UNE PÉRIODE DE TEMPS). Elle est invoquée en 1987 à propos du débat sur la PEINE CAPITALE et en 1995 pour limiter le débat sur la *Loi sur la révision des limites des circonscriptions électorales*, projet de loi libéral qui est finalement bloqué par le Sénat à majorité conservatrice.

John B. Stewart

Clovis La culture Clovis, ou Llano (CULTURE PALÉOINDIENNE), était largement répandue dans une grande partie de l'Amérique du Nord préhistorique, même si elle a été d'une durée relativement courte (de 9500 à 9000 av. J.-C.). On trouve d'importants sites archéologiques au sud d'une ligne s'étendant de l'Arizona jusqu'en Nouvelle-Écosse, dont les plus célèbres sont Lehner et Naco en Arizona, Blackwater Draw et Clovis au Nouveau-Mexique, et DEBERT en Nouvelle-Écosse. Cette culture se caractérise par une pointe de projectile lancéolée ou un couteau à cannelures ou rainures, appelés «Clovis Fluted» par les archéologues. Les cannelures étaient produites en enlevant de longs éclats des surfaces plates sur toute la longueur de l'instrument. L'ensemble complexe d'outils de pierre comprenait une variété de lames, de burins, de grattoirs, de couteaux et de forets.

Ces chasseurs de gros gibier s'attaquaient aux mammouths, aux mastodontes, aux chameaux et aux chevaux qui étaient indigènes en Amérique du Nord à cette époque. Après le recul des glaciers du Wisconsin, ces animaux ont disparu, accélérant la fin de cette époque de la PRÉHISTOIRE de l'Amérique du Nord.

René R. Gadacz

CLSC (*voir* SANTÉ PUBLIQUE AU QUÉBEC)

Clubs de garçons et filles du Canada Fondés en 1900, à Saint-Jean (Nouveau-Brunswick), les Clubs de garçons et filles du Canada constituent un organisme national axé sur les services aux jeunes. Leur objectif consiste à travailler avec les familles et d'autres adultes afin d'offrir aux jeunes des possibilités d'acquérir les compétences, les connaissances et les valeurs dont ils ont besoin pour s'épanouir.

L'organisme offre ses services à plus de 100 000 jeunes par l'entremise d'un réseau national composé de 89 clubs locaux et de 63 unités de programmes additionnels. De concert avec les parents, les collectivités et plus de 11 000 bénévoles, un personnel professionnel qualifié offre des programmes positifs et efficaces dans 37 domaines différents, dont l'alphabétisation, les aptitudes à la vie quotidienne, les sports et les loisirs, le maintien à l'école, la prévention et le traitement de la toxicomanie, les besoins spéciaux et le soutien à la famille. Les Clubs de garçons et filles du Canada croient dans le potentiel de chaque enfant et se consacrent à offrir aux jeunes l'occasion de se valoriser, d'avoir un sentiment d'appartenance, d'être entendus, d'être acceptés et d'éprouver une profonde estime de soi.

L'organisme est financé par des entreprises, des fondations, des particuliers et par le gouvernement fédéral. Thomas H. Savage, Commandeur de l'Ordre de l'Empire britannique, est président du conseil consultatif des Clubs de garçons et filles du Canada, et Ramon HNATYSHYN, gouverneur général, en est le président d'honneur.

Clubs du livre Au Canada, le premier club du livre remonte à 1928, quand LA COMPAGNIE T. EATON offre à ses clients «un service de suggestions de lectures». Chaque mois, un comité d'experts fait une sélection de titres à paraître prochainement. Ces livres sont vendus aux membres à 2 $ l'exemplaire en moyenne. Bien que le Eaton Book Club ait déjà compté jusqu'à 5000 membres, il n'a duré que quatre ans.

En 1959, Peter et Carol Martin lancent le Readers Club of Canada. C'est le seul club du livre à offrir une sélection exclusivement canadienne. En 1978, en raison de difficultés financières, le club est vendu à New Leaf, la société de portefeuille propriétaire de la revue SATURDAY NIGHT. Pendant trois ans, le président de la compagnie, Ed Cowan, tente en vain d'accroître le nombre de membres de 6000 à 20 000, et ce, malgré d'importants investissements dans la promotion. Le nouveau propriétaire du *Saturday Night*, Norman Webster, dissout le club.

La division du club du livre de Doubleday Canada commence en 1944 par recruter des membres pour ses clubs, dont Literary Guild et Doubleday Book Club. Le club, qui comprend 250 000 membres partout au Canada (1987), offre 14 fois par année une grande sélection de livres à des rabais de 10 à 60 p. 100 du prix régulier. Un comité de rédaction international choisit en moyenne 125 ouvrages canadiens par année.

Le Club «Le Livre du mois», dont le siège social est à New York, dessert les Canadiens depuis sa fondation, en 1926. Il publie une édition canadienne de son catalogue et offre à ses membres canadiens, au nombre de 100 000 en 1987, environ 100 titres canadiens à même ses 14 envois annuels.

Une autre compagnie américaine, Scholastic TAB Publications Ltd., exploite des clubs du livre pour les enfants du préscolaire, du primaire et du secondaire. La division du marketing fait des envois à l'école aussi bien qu'à domicile. Environ 15 p. 100 des ouvrages suggérés sont canadiens.

Susan Walker

Clubs Kin du Canada, Les Autrefois Association de clubs Kinsmen, ils forment un organisme canadien unique qui regroupe de jeunes entreprises et des professionnels âgés de 19 à 45 ans dans le but d'offrir des services communautaires, d'organiser des activités sociales et de contribuer à la croissance personnelle. Avec plus de 13 000 membres, l'Association des clubs Kinsmen et Kinettes est le plus important organisme communautaire canadien. Il existe plus de 500 clubs Kinsmen et près de 400 clubs Kinettes.

Le 20 février 1920, Harold (Hal) A. Rogers (1899-1994), un vétéran de la Première Guerre mondiale, fonde l'Association à Hamilton. Pendant la Seconde Guerre mondiale, sous la direction de Rogers, les Kinsmen recueillent plus de 3 millions de dollars qui servent à envoyer 57 millions de litres de lait aux enfants britanniques. Chaque année, les clubs Kin amassent plus de 20 millions de dollars qu'ils investissent dans des projets communautaires et dans la recherche médicale. Leur don de plus de 1 million de dollars qu'il font à la recherche consacrée à la découverte d'un traitement pour la fibrose kystique, une maladie infantile, fait des clubs Kin les plus importants donateurs du monde dans ce domaine.

Les clubs Kin ont organisé avec succès, en 1992, la tournée Notre fierté nationale, durant laquelle plus de trois millions d'enfants canadiens ont signé la bordure de plus de 600 drapeaux canadiens fabriqués spécialement pour l'occasion, ainsi qu'une campagne patriotique annuelle appelée Haut Le Drapeau!, qui se déroule le samedi précédant la fin de semaine de la Fête de la Reine.

Les bureaux de l'administration centrale se trouvent à Cambridge, en Ontario.

Clubs 4-H Ils font partie d'un mouvement qui a commencé aux États-Unis au tournant du siècle. Le premier cercle semblable au Canada voit le jour en 1913 à Roland, au Manitoba, et le concept se répand rapidement dans les régions agricoles du pays. Au fur et à mesure que le mouvement prend de l'ampleur au Canada, de nombreux offices nationaux (p. ex., les compagnies de chemin de fer et le ministère de l'Agriculture au fédéral) s'impliquent auprès de ce mouvement en subventionnant, entre autres, des compétitions de niveau national liées au Royal Winter Fair de Toronto. En 1930, le besoin de former un organisme national pour trouver des commanditaires et coordonner les activités qui se tiennent au pays se fait sentir et, en janvier 1931, le Conseil canadien des clubs de garçons et de filles est formé. Au Canada, l'appellation «clubs de garçons et de filles» est utilisée jusqu'en 1952, où l'on adopte le nom «Clubs 4-H», déjà utilisé aux États-Unis et dans beaucoup d'autres pays. Le Conseil des 4-H du Canada, à l'aide de ressources provenant du secteur privé et du gouvernement, organise des forums de discussion et d'échange de renseignements, ainsi que de nombreux programmes nationaux destinés aux membres des Clubs 4-H et à leurs dirigeants.

Le but des premiers clubs de garçons et de filles est de donner aux jeunes du milieu rural l'occasion d'apprendre les rudiments de l'agriculture et de la tenue de maison. Aujourd'hui, le programme des Clubs 4-H met l'accent sur tous les aspects de la croissance mentale, émotive, sociale et physique de ses membres. La devise «4-H, gardiens des ressources naturelles» est à la base de toutes les activités des Clubs 4-H. Les membres doivent élaborer et mettre sur pied des projets aussi variés que l'élevage d'un veau, la conception d'une robe ou l'apprentissage de la photographie. En aidant les membres à percevoir de façon positive le fait d'apprendre, les Clubs 4-H leur permettent d'augmenter leur bagage de connaissances et de développer de précieuses habiletés. Le service des relations agricoles (*voir* ENSEIGNEMENT AGRICOLE) a toujours offert un certain encadrement tout en encourageant la gestion des clubs par les membres. Les responsables bénévoles sont essentiels à l'existence des Clubs 4-H. Près de 13 000 bénévoles guident les 48 000 membres, âgés de 9 à 19 ans, qui récitent souvent l'engagement des 4-H: «Honneur dans les actes, honnêteté dans les moyens, habileté dans le travail, humanité dans la conduite».

Helgi H. Austman

Cluny, site archéologique de Situé sur la rive nord de la RIVIÈRE BOW, dans le centre Sud de l'Alberta, il est constitué d'une tranchée semi-circulaire de 1 m de profondeur et de 2 m à 2,5 m de largeur, flanquée d'une terrasse naturelle d'un côté, qui entoure une superficie de 129 m de longueur sur 90 m de largeur. De 5 m à 8 m à l'intérieur, et parallèle à la tranchée, se dressait une palissade de perches. Entre la tranchée et la palissade se trouvait une série de 10 fosses espacées, plus ou moins ovales et mesurant de 5 m à 6,5 m de diamètre et de 75 cm à 1 m de profondeur.

La tranchée, la palissade et les structures semi-souterrainnes auraient servi à fortifier l'espace intérieur pour un petit groupe d'autochtones qui vivaient probablement dans des TIPIS de peaux. Le site semble avoir été construit et habité vers les années 1740 par un groupe d'autochtones qui possédaient apparemment quelques articles de facture européenne et des chevaux. Les gens de Cluny fabriquaient et utilisaient aussi un style particulier de poteries. Les preuves de la présence de chevaux à Cluny sont les plus anciennes dans cette région des Plaines.

La tranchée, la palissade et les fosses donnent au site une apparence semblable à certains égards aux villages d'habitations creusées dans la terre découverts le long de la rivière Missouri, dans les actuels Dakotas du Nord et du Sud. En raison de ces similitudes, on a d'abord cru que le site de Cluny avait été construit et occupé quelque temps par des Amérindiens ancêtres des Crows et des Hidatsas. Ces autochtones auraient probablement quitté leur territoire ancestral sur les berges de la rivière Missouri afin d'échapper aux ravages d'une épidémie de variole. Ils seraient restés peu de temps dans le sud de l'Alberta avant de disparaître ou de retourner dans leur territoire ancestral.

Des fouilles plus récentes ont révélé un certain nombre de sites archéologiques dans tout le sud de l'Alberta et de la Saskatchewan et le nord du Montana, qui se caractérisent par des poteries très semblables, sinon identiques, à celles trouvées à Cluny, et qui semblent indiquer la présence des mêmes peuples ou de peuples étroitement apparentés. Cette découverte permet de supposer que Cluny et les autres sites où l'on trouve le même type de céramiques reflètent non pas un incident isolé, mais bien une plus grande expansion d'un groupe de peuples autochtones dans ces régions. On a avancé que ces peuples seraient les ancêtres des ASSINIBOINES de la période historique.

Cluny est le seul site contenant ces poteries typiques où l'on a découvert une telle structure de tranchée, de palissade et de fosses. La similarité entre les caractéristiques de Cluny et celles des villages d'habitations semi-souterraines des Dakotas est peut-être plus superficielle que réelle. Il est possible qu'à Cluny ces structures étaient destinées en grande partie à retenir les chevaux, récemment introduits et probablement très précieux, et à les protéger contre le vol par les groupes voisins. (*Voir aussi* ARCHÉOLOGIE.)

John H. Brumley

Clutesi, George Charles, artiste, auteur et folkloriste (Port Alberni, C.-B., 1905—Victoria, 27 févr. 1988).

Clutesi est membre d'une famille de chefs nootkas de Sheshaht, dans l'île de Vancouver. Au lendemain de la Seconde Guerre mondiale, ses publications et ses activités publiques sont parmi les premières à faire connaître la culture autochtone telle qu'interprétée par les autochtones eux-mêmes. Pêcheur et batteur de pieux durant 21 ans, Clutesi se fracture la colonne vertébrale dans les années 40. Pendant sa convalescence, il commence à écrire, à reproduire et à enseigner les histoires, les chansons et l'art de son peuple. À sa mort, Emily CARR lui lègue son matériel d'artiste. Les ouvrages de Clutesi, d'un style conventionnel, sont néanmoins riches en détails techniques et en personnages captivants. Il a peint l'une des murales du pavillon des Indiens du Canada pour Expo 67 et est l'auteur de *Son of Raven, Son of Deer: Fables of the Tse-shaht People* (1967) et de *Potlatch* (1969).

Bennett McCardle

Clyne, John Valentine, avocat, juge et homme d'affaires (Vancouver, 14 févr. 1902—*id.*, 22 août 1989). Après avoir obtenu son diplôme à l'U. de la Colombie-Britannique et après avoir effectué son stage d'avocat à Vancouver et à Londres, en Angleterre, Clyne est reçu au Barreau de la Colombie-Britannique en 1927. Il se spécialise en droit maritime et est nommé en 1947 président de la nouvelle Commission maritime canadienne. En 1950, il retourne en Colombie-Britannique en qualité de juge de la Cour suprême, mais démissionne en 1957 pour devenir président-directeur général de MACMILLAN BLOEDEL LTÉE, le plus grand producteur de bois d'œuvre du Canada. À sa retraite en 1973, il demeure actif dans la vie publique: il occupe les postes de chancelier de l'U. de la Colombie-Britannique, de président du Comité consultatif fédéral de télécommunications et de la souveraineté canadienne, ainsi que de commentateur des questions constitutionnelles. En 1987, *Jack of All Trades: The Memoirs of J.V. Clyne* paraît.

Patricia E. Roy

Cnidaires Ils forment un embranchement d'INVERTÉBRÉS multicellulaires à symétrie radiale (p. ex. les hydres, les MÉDUSES, les anémones de mer et les CORAUX) dont l'origine remonte à la fin du Précambrien (il y a 630 à 570 millions d'années). Autrefois, les cnidaires et les cténophores faisaient partie de l'embranchement des cœlentérés, mais on les considère aujourd'hui comme des embranchements distincts, et cœlentérés est utilisé comme synonyme de cnidaires (du grec *knide* «ortie»).

Les cnidaires se caractérisent par leurs cellules urticantes (cnidoblastes). On en connaît environ 9700 espèces qui sont réparties dans tous les océans. Relativement peu d'espèces ont colonisé l'eau douce. Les cnidaires présentent deux formes typiques, le polype et la méduse, qui sont adaptées à différents modes de vie. Les polypes sont attachés à un substrat (sessiles) et les méduses flottent librement (planctoniques).

La bouche, s'ouvrant au-dessus chez les polypes et au-dessous chez les méduses, est reliée à une cavité gastrique centrale (cœlentère). Le revêtement de cette cavité (gastroderme) contient des cellules qui sécrètent des enzymes digestives et d'autres cellules qui absorbent les éléments nutritifs solubles. L'autre couche de tissu (épiderme), qui recouvre la surface extérieure de l'animal, concentre la majorité des cellules urticantes. Elles sont particulièrement abondantes sur les surfaces servant à capturer de la nourriture (p. ex. les tentacules).

Chaque cnidoblaste abrite un némastocyste en forme de capsule contenant un filament creux enroulé. Ce fil est dévaginé lorsque le cnidoblaste est déchargé par un afflux d'eau qui fait augmenter la pression à l'intérieur de la capsule. Le némastocyste ne sert qu'une fois et doit ensuite être remplacé. Il semble que le contact avec la proie associé à des substances chimiques spécifiques (probablement des acides aminés) que celle-ci libère sont le stimulus déclencheur du némastocyste.

Il existe plusieurs types de némastocystes. Un type armé d'épines est capable de pénétrer dans la proie et de lui injecter des toxines paralysantes. Un autre type non toxique est collant et enlace la proie, l'empêchant ainsi de s'échapper. D'autres permettent l'ancrage aux surfaces et la défense contre les prédateurs.

L'épiderme contient aussi des cellules musculaires et nerveuses et des cellules ciliées (pourvues d'appendices en forme de poil). Les cnidaires sont probablement les premiers animaux à avoir développé un véritable système nerveux. Les anémones et les coraux perçoivent les stimulis grâce à des cellules sensorielles réparties à la surface de l'épiderme. Plusieurs espèces de méduses possèdent des organes sensoriels assez complexes (yeux simples ou ocelles, organes d'équilibre ou statocystes).

Entre les couches de tissus, il y a un feuillet de matière non cellulaire, la mésoglée, dont l'épaisseur et la consistance varient d'une espèce à l'autre. Chez les méduses, la mésoglée est épaisse, aqueuse et ressemble à de la gélatine. Chez les polypes, elle est mince et élastique en raison de sa haute teneur en protéines fibreuses.

Le succès des cnidaires, si l'on considère la diversité et la distribution des espèces, peut probablement être attribué à leur efficacité en tant que carnivores. Ils ont généralement une grande surface corporelle en contact avec l'eau et couverte de nématocystes; lorsque des animaux minuscules touchent cette surface, ils sont paralysés et capturés. Parmi les proies habituelles des cnidaires, on compte des crustacés comme les copépodes et les crevettes, ainsi que des vers et larves divers. Quelques espèces d'hydres, d'anémones et de méduses se nourrissent de matière en décomposition qu'elles retiennent grâce à des cils et du mucus.

Plusieurs espèces d'hydres, d'anémones, de coraux et de méduses vivant en eau peu profonde et recevant beaucoup de lumière abritent des ALGUES symbiotiques dans leurs cellules gastriques. Les algues font de la photosynthèse à l'intérieur de la cellule hôte et produisent ainsi de la nourriture pour cette dernière. En échange, la cellule hôte procure un milieu stable et un accès facile aux éléments nutritifs et au gaz carbonique.

Chez les hydres d'eau douce, ces algues sont appelées zoochlorelles; chez les espèces marines, zooxanthelles. Plusieurs espèces de cnidaires ont un cycle biologique complexe au cours duquel leur forme alterne entre celles de polype et de méduse. Les anémones et les coraux n'ont pas de stade de méduse. Les trois classes qui forment l'embranchement des cnidaires sont les suivantes:

Hydrozoaires Cette classe comprend les hydres et leurs méduses (hydroméduses). On rencontre environ 12 espèces d'eau douce du genre *Hydra* dans les lacs et les cours d'eau canadiens. Les *Hydra* ont la particularité de ne pas passer par le stade de méduse. Les hydres sont abondantes sur les côtes canadiennes: on en a identifié quelque 240 espèces sous forme d'hydres et 84 espèces d'hydroméduses. Bien que certaines hydres ne forment pas de méduses, il existe probablement de nombreuses espèces de méduses qui n'ont pas encore été décrites dans les eaux canadiennes. Cela n'est pas surprenant puisque certaines ont seulement 4 mm de diamètre et la plus grande, environ 12 cm.

La plupart des hydres forment une colonie arborescente par bourgeonnement asexué d'individus qui collectent de la nourriture. Avec la croissance de la colonie, certains bourgeons se transforment en méduses qui sont libérées. Quelques hydrozoaires planctoniques, comme les genres *Velella*, *Nanomia* et *Physalia*, sont coloniales, et produisent jusqu'à sept types d'individus formant un ensemble coopératif. Un groupe d'hydrozoaires coralliens, les hydrocoralliaires, sont communs dans toutes les mers tropicales et subtropicales. Dans les eaux canadiennes, on rencontre quelques espèces qui forment des incrustations roses sur les roches en eau profonde.

Anthozoaires Cette classe inclut les anémones de mer, les coraux et les plumes de mer. Les premières sont généralement solitaires et, parmi les cnidaires, ce sont les plus grands polypes. En effet, certaines espèces, comme *Tealia columbiana* de la côte ouest de la Colombie-Britannique, peuvent atteindre un mètre de diamètre au niveau du disque oral. La majorité des anémones ont besoin d'une surface dure pour s'attacher. Quelques espèces s'enfouissent dans la vase et le sable et laissent dépasser leurs tentacules. Plusieurs espèces préfèrent s'attacher à des coquilles d'escargots occupées par des bernard-l'ermite (crabes).

Les anthozoaires libèrent les œufs et le sperme par leur bouche, et la fertilisation est habituellement externe. La larve ciliée (planula) s'établit au fond, s'y fixe et se transforme en un petit polype. Quelques espèces d'anémones couvent leurs jeunes. Tout comme les espèces tropicales, plusieurs des 65 espèces d'anémones canadiennes sont brillamment colorées, entre autres l'anémone plumeuse *Metridium senile* (blanche), *Anthopleura xanthogrammica* (verte) et *Tealia lofotensis* (rose).

Les seuls vrais coraux des eaux canadiennes sont des coraux solitaires (p. ex. *Balanophyllia*), des. Plusieurs espèces de gorgonacés arborescents se rencontrent dans les eaux profondes. Les plumes de mer qui ont une forme de plume, sont communs sur toutes les côtes canadiennes partout où il y a du sable dans lequel ils peuvent enfouir leurs ancres charnues. Au-dessus de l'ancre, un pédoncule supporte plusieurs polypes rétractables disposés sur des bras latéraux.

Scyphozoaires Cette classe comprend les vraies méduses, qui sont beaucoup plus grandes que les méduses hydrozoaires. On les trouve dans tous les océans, particulièrement près des côtes. On rencontre communément 14 espèces au large des côtes canadiennes, y compris le remarquable *Cyanea capillata* de couleur ou orangé qui peut atteindre 1,5 m de diamètre. Les polypes scyphozoaires sont petits et difficiles à trouver. Normalement, une forme larvaire temporaire *(ephyra)* bourgeonne du polype par des divisions répétées, et le polype finit par ressembler à une pile d'assiettes.

Chez quelques espèces, la méduse se développe directement du polype, mais certaines espèces océaniques (p. ex., les espèces du genre *Periphylla*) n'ont pas de polype. Le stade de méduse est sexué et produit des œufs ou du sperme. La planula (larve) qui résulte de la fertilisation s'attache à une surface dure, et se développe en polype. Les stauroméduses s'attachent parfois de façon permanente aux algues marines par des pédicelles.

A.N. Spencer

Coady, Moses Michael, dit M.M., prêtre et enseignant (North East Margaree, N.-É., 3 janv. 1882—Antigonish, N.-É., 28 juill. 1959). Premier directeur du département de l'extension de l'enseignement de l'U. St. Francis Xavier, Coady élabore un programme d'ENSEIGNEMENT AUX ADULTES qui comporte un volet d'entraide économique pour les Maritimes frappées par la dépression. Ce modèle est adopté avant sa mort par de nombreux pays en voie de développement. Coady organise la Nova Scotia Teachers' Union et les Pêcheurs-unis des Maritimes. En tant que directeur du service d'extension, il fonde le MOUVEMENT D'ANTIGONISH. Son livre intitulé *Masters of Their Own Destiny* (1939; trad. *Maîtres de leur propre destin*, 1941) qui relate l'histoire du mouvement est encore en vente et est traduit en sept langues. Un volume de ses discours, *The Man From Margaree*, est publié en 1971. Coady reçoit de nombreuses distinctions, dont trois doctorats honorifiques (Boston, Ottawa, Ohio). Le Coady International Institute est fondé en 1959 pour poursuivre son œuvre dans les pays en voie de développement.

Douglas F. Campbell

Coaker, sir William Ford, dirigeant syndical, politicien (St. John's, 19 oct. 1871—Boston, 26 oct. 1938). Coaker commence à organiser le Fishermen's Protective Union (FPU) en 1908 et 1909. En raison de l'hostilité manifestée par l'Église catholique, l'action du syndicat se limite à la côte nord-est de Terre-Neuve, région surtout protestante. Le syndicat compte néanmoins 20 000 membres en 1914.

Dès le début, Coaker est convaincu que les importantes réformes économiques, sociales et politiques nécessaires pour rendre justice aux travailleurs ne peuvent être accomplies que si le syndicat joue un rôle politique. Le FPU fait bonne figure aux élections de 1913 et, en 1917, il fait partie du gouvernement national. En 1919, Coaker devient membre du Cabinet de sir Richard SQUIRES et tente, mais en vain, d'imposer ordre et réglementation dans une industrie de la pêche désorganisée par la déflation d'après-guerre et marquée depuis longtemps par l'inefficacité, surtout en matière de commercialisation.

J.K. Hiller

Coal River Springs, parc territorial Devenu un PARC territorial et une réserve écologique en 1990. Le parc est situé à environ 65 km à l'est de Watson Lake, au Yukon, près de la frontière du Yukon et de la Colombie-Britannique.

Les sources ont créé une série de magnifiques terrasses de calcaire qui contiennent des piscines d'eau bleue et froide, contrairement à la plupart des sources thermales au Canada qui sont habituellement chaudes. Les murs des terrasses sont composés de tuf, un précipité de calcaire dissout, et croissent au rythme de 2 à 3 cm par année. Avec le temps, ces murs forment des dômes et de nouvelles piscines se superposent aux anciens bassins. Les sources ont contribué à créer un environnement distinctif dans cette région qui s'enrichit de la sorte d'une grande variété de plantes et d'une abondante population animale. On trouve dans le parc des loups, des ours noirs et des grizzlis, ainsi que des orignaux, des castors et autres mammifères.

En raison de la fragilité de l'écosystème de la région, l'accès au parc est limité. On peut s'y rendre par hélicoptère à partir de Watson Lake ou avec des canotiers qui se servent de canots d'eau vive ou de canots pneumatiques et qui sont prêts à entreprendre un voyage d'une semaine sur la rivière Coal.

Deborah Welch et Michael Payne

Coaldale, ville de l'Alb.; pop. 5731 (rec. 1996), 5310 (rec. 1991), 4796 (rec. 1986); superf. 7,06 km²; const. en 1952. Peu après la construction de la ligne ferroviaire du Canadien Pacifique traversant le sud de l'Alberta au milieu des années 1890, cette compagnie donne le nom de Coaldale à sa première voie d'évitement, située à 15 km à l'est de LETHBRIDGE. Ce nom découle de Coaldale Home, la résidence d'Elliot T. Galt, un personnage éminent possédant des intérêts dans les premières mines de charbon, dans l'industrie ferroviaire et dans les propriétés foncières de Lethbridge.

Toutefois, c'est la culture irriguée de la prairie semi-aride, plutôt que l'exploitation du charbon, qui devient la principale activité économique de la région de Coaldale. Au début du XXᵉ siècle, une entreprise d'irrigation appartenant à Galt y achemine de l'eau, avec la perspective d'abondantes récoltes de céréales pour les éventuels colons. Parmi les premiers agriculteurs, plusieurs viennent des États-Unis, mais, après la Première Guerre mondiale, un plan de réinstallation des vétérans permet à d'anciens soldats de plusieurs pays de s'établir sur les terres à blé. Arrivent ensuite des MENNONITES à partir du milieu des années 1920, des CANADIENS D'ORIGINE JAPONAISE chassés de la Colombie-Britannique durant la Seconde Guerre mondiale, puis des HOLLANDAIS dans les années 1960. Coaldale est un centre de services pour les cultivateurs des alentours et une banlieue-dortoir pour les gens qui travaillent à Lethbridge.

Mark Rasmussen

Cobalt (Co) Métal dur, ferromagnétique, d'un blanc grisâtre, qui fond à 1495 ºC et qui ressemble beaucoup au FER et au NICKEL. Bon nombre des minerais cuprifères du Zaïre et de la Zambie contiennent de faibles concentrations de cobalt, mais sa récupération en tant que sous-produit a fait de ces minerais la première source de cobalt au monde depuis plus de 50 ans. De petites quantités de cobalt sont aussi récupérées des minerais de sulfure de cobalt et de nickel. Ceux-ci sont la principale source de nickel au monde et on les exploite de manière intensive au Canada. Le cobalt est présent dans des gisements d'oxyde de nickel de nombreux pays, dont la Nouvelle-Calédonie, le Zaïre, le Canada et les États-Unis. Au Maroc et dans quelques autres pays, les gisements à teneur élevée en arséniure de nickel et de cobalt fournissent une quantité appréciable de cobalt. De 1905 à 1925, le Canada a été le principal producteur de cobalt grâce à l'exploitation des minerais d'arséniure de la ville de COBALT, en Ontario. L'extraction du cobalt a pris fin dans la région en 1971, mais elle a repris en 1995 en tant que production primaire. Les nodules de manganèse du fond océanique offrent une excellente source de cobalt (*voir* EXPLOITATION MINIÈRE EN MER).

Les qualités décoratives des composés du cobalt, qui donnent une teinte bleutée au verre et à la céramique, sont connues depuis 4000 ans. Toutefois, ce n'est qu'au XXᵉ siècle que l'on a reconnu et commencé à exploiter les remarquables propriétés chimiques, biologiques et physiques du cobalt; on s'en sert, entre autres, pour fabriquer des aimants permanents et des superalliages réfractaires. Le cobalt est essentiel à l'alimentation du bétail et l'ajout de ses composés à la nourriture et aux pâturages est chose courante lorsqu'il y a carence. Le cobalt 60, un important radio-isotope produit dans un réacteur nucléaire en irradiant du cobalt métallique avec des neutrons, sert de traceur dans certains procédés chimiques, biologiques ou physiques. On l'utilise aussi comme source de rayons gamma dans le traitement du cancer. En 1995, le Canada a produit 3005 t de cobalt affiné.

R.S. Young et Louis Perron

Cobourg, ville de l'Ont.; pop. 16 027 (rec. 1996), 15 079 (rec. 1991), 13 197 (rec. 1986); superf. 15,89 km²; const. en 1837; située sur la rive nord du lac Ontario, à 112 km à l'est de Toronto. En 1798, Eluid Nickerson, Joseph Ash et Asa Burnham fondent à cet endroit un établissement LOYALISTE, appelé à l'origine Amherst, puis renommé Cobourg en 1819, à la suite du mariage de la princesse Charlotte avec le prince Léopold de Saxe-Cobourg.

Vers 1817-1818, d'autres colons viennent s'établir, dont beaucoup d'officiers à demi-solde et des négociants retraités de la Compagnie du Nord-Ouest. Dans les années 1830, la ville de Cobourg, qui bénéficie d'un bon havre et d'une population nombreuse aux alentours, est déjà un important centre régional. Elle connaît un nouvel essor en 1842, lorsque le Victoria College, fondé en 1835 par la Wesleyan Conference, obtient le droit de décerner des diplômes. Ce collège demeure à Cobourg jusqu'en 1892. Entre temps, les dirigeants municipaux engagent un éminent architecte, Kivas Tully, pour dessiner les plans d'un hôtel de ville magnifiquement orné. Le Victoria Hall, terminé en 1860, est l'un des plus beaux édifices du milieu de l'époque victorienne qui subsistent en Ontario; l'une de ses salles d'audience est une réplique du Old Bailey à Londres.

Dans les années 1850, les citoyens financent aussi la construction du chemin de fer de la Cobourg and Peterborough Railway, un projet ambitieux visant à «accaparer» les ressources de l'arrière-pays. Ce projet est toutefois voué à l'échec, en partie à cause d'un pont précaire enjambant le lac Rice, ce qui mène la ville au bord de la faillite dans les années 1860. Toutefois, autour des années 1870, de prospères barons de l'acier de Pittsburgh commencent à s'intéresser à cette voie de communication et aux mines de fer

Marmora, qu'ils achètent par la suite. Jusqu'au krach boursier de 1929, de riches Américains se font construire des villas d'été somptueuses dans la région, de sorte que Cobourg devient l'un des lieux de séjour estival les plus cotés du continent. À partir de 1870, la population n'augmente guère et c'est seulement après la Seconde Guerre mondiale qu'on assiste à une croissance réelle. De nos jours, on trouve une cinquantaine d'entreprises industrielles dans cette ville, qui est aussi un lieu touristique.

J. Petryshyn

Cobourg and Peterborough Railway Société constituée en 1834, la Cobourg Rail Road Co. est l'une des deux plus anciennes compagnies de chemin de fer à obtenir une charte au Canada. Elle doit construire une voie ferrée de COBOURG à Peterborough, plus au nord, en passant par le lac Rice. Le projet est mis de côté jusqu'en 1846, alors qu'il est repris sous le nom de *Cobourg and Rice Lake Plank Road and Ferry Co.* Samuel Gore construit, pour se rendre au lac, sa route en planches longue de 17 km, mais celle-ci résiste à peine aux deux hivers suivants.

Le Cobourg and Peterborough Railway, constitué en 1852, subit le même mauvais sort. Sa construction débute en 1853, mais une épidémie de choléra décime les immigrants allemands qui y travaillent par contrat pour 1 $ par jour. Le pont de Rice Lake (ses quelque 5 km en font alors le plus long en Amérique du Nord) est presque terminé à la fin de 1853. Il est fait d'un long tablier posé sur des piliers, avec 33 travées en acier de 24 m chacune et une section basculante de 36 m au-dessus de la passe navigable. Le pont ne peut résister à l'usure et à la pression des glaces, de sorte qu'il faut effectuer des réparations importantes chaque printemps. En 1860, on ne permet pas au prince de Galles, alors en visite, de traverser le pont de peur que celui-ci ne s'écroule.

L'hiver suivant, le pont s'effondre emportant avec lui l'espoir que caressait Cobourg de devenir un port prospère. Ses habitants ont dépensé plus de 1 million de dollars pour leur voie ferrée de 48 km. Elle fusionne avec l'usine sidérurgique Marmora en 1866. La section allant de Peterborough au lac Rice est rachetée plus tard par le GRAND TRUNK RAILWAY.

James Marsh

Coburn, Frederick Simpson, peintre et illustrateur (Upper Melbourne, Qc, 18 mars 1871—*id.*, 25 mai 1960). Coburn est surtout connu pour ses tableaux représentant des scènes hivernales dans lesquelles des chevaux et des traîneaux sortent d'une forêt et émergent dans une clairière, exécutés, pour la plupart, après 1916 dans les Cantons de l'Est (Québec). Vers 1890, Coburn part en Europe où il réside jusqu'en 1916. Il y mène une carrière lucrative d'illustrateur, sa réputation ayant été solidement assise en 1897 avec le succès remporté par la publication illustrée de *The Habitant*, du poète canadien W. H. Drummond. Coburn illustre quatre autres recueils de poésie de Drummond, ainsi que des œuvres littéraires d'auteurs connus comme Louis-Honoré Fréchette, Washington Irving, Charles Dickens, Edgar Allan Poe, Alfred Lord Tennyson et Robert Browning. Ses dernières huiles et gravures baignent dans une atmosphère lumineuse d'hiver canadien, ce qui contraste avec la lourde palette sombre de ses illustrations où transparaît une influence européenne.

Elizabeth H. Kennell

Cochenille INSECTE suceur de sève de l'ordre des hémiptères, du sous-ordre des homoptères et de la superfamille des coccoïdes. La morphologie des cochenilles et leur mode de vie sont particuliers et diversifiés. Les femelles indistinctement segmentées n'ont ni ailes ni pattes, leurs yeux et leurs antennes sont atrophiés, et elles sont parfois recouvertes de cire floconneuse ou durcie formant alors une coque protectrice. Les mâles adultes, éphémères, sont minuscules et n'ont pas de pièces buccales. Les larves mobiles du premier stade assurent la disper-

sion. La plupart des espèces mesurent entre 0,5 et 2,0 mm de longueur, mais une espèce atteignant 25 mm est connue.

Relations avec les humains Plusieurs espèces affectent sérieusement les plantes. Parmi celles qui sont les plus nuisibles du Canada, on compte la cochenille virgule du pommier, la cochenille des aiguilles du pin et la cochenille de San José. Pour lutter contre ces insectes, on utilise des insectes prédateurs ou parasitoïdes, des insecticides et des fumigants. La cochenille floconneuse de l'érable, que l'on rencontre partout aux États-Unis et au Canada, a été introduite d'Europe.

Certaines cochenilles sont bénéfiques, p. ex. celle qui produit la laque dont provient le vernis à la gomme-laque; celles dont on extrait certains pigments; celle qui produit la cire indienne aux vertus médicinales; et celle qui produit la cire de Chine utilisée autrefois pour fabriquer des chandelles.

A.M. Harper

Cochrane, ville de l'Alb.; pop. 7424 (rec. 1996), 5267 (rec. 1991), 4190 (rec. 1986); superf. 16,09 km²; const. en 1971; située à 35 km au nord-ouest de Calgary, en bordure de la RIVIÈRE BOW. Son nom lui vient du sénateur M. H. COCHRANE, qui établit, en 1881, le ranch Cochrane, désigné LIEU HISTORIQUE provincial en 1977. Cette localité avait pour fonction d'expédier le bétail par le chemin de fer du Canadien Pacifique. Elle demeure aujourd'hui un centre de services pour l'agriculture et l'élevage. Banlieue-dortoir de Calgary, elle est récemment devenue un lieu touristique régional qui met l'accent sur le patrimoine de l'Ouest et l'élevage. On y publie un hebdomadaire, le *Cochrane This Week*.

Eric J. Holmgren

Cochrane, ville de l'Ont; pop. 4443 (rec. 1996), 4585 (rec. 1991), 4662 (rec. 1986); superf. 6,83 km²; const. en 1910; située à 375 km au nord-ouest de North Bay. Cette municipalité est créée en 1908 au point d'intersection du chemin de fer Temiskaming and Northern Ontario (ONTARIO NORTHLAND) et du CHEMIN DE FER NATIONAL TRANSCONTINENTAL. Son nom lui vient de l'honorable Francis Cochrane, alors ministre ontarien des Terres, des Forêts et des Mines. Au cours de ses huit premières années d'existence, la ville se détruit trois fois par des incendies. Elle se développe lentement grâce à la construction ferroviaire et à des ateliers de réparation. Dans les premiers temps, elle attire aussi quelques fermiers, des bûcherons et des marchands.

Plus récemment, Cochrane est devenue un centre touristique important d'où part le *Polar Bear Express*, un train de randonnée du Nord de l'Ontario qui amène les voyageurs à Moosonee, dans la baie James. La compagnie Cochrane Enterprises Ltd., une usine de contre-plaqué et de menuiserie, est le principal employeur permanent. La ville de Cochrane est le chef-lieu judiciaire du district de Cochrane.

Matt Bray

Cochrane, Charles Norris, historien et philosophe (Omenee, Ont., 21 août 1889—Toronto, 23 nov. 1945). Après des études à l'U. de Toronto (B.A., 1911) et au Corpus Christi College à Oxford, Cochrane est nommé à la faculté d'histoire ancienne de l'U. de Toronto en 1919. Historien classique de profession mais penseur profondément tragique par inclination, il consacre sa vie à la méditation intellectuelle sur l'échec de la raison à assurer une base permanente et soutenue à la civilisation. Il est hanté par l'idée que, faute d'un principe d'intégration créatrice, la civilisation occidentale est vouée à osciller entre l'idéalisme (la croyance instinctive) et le naturalisme (les restes du scepticisme). Dans son principal ouvrage, *Christianity and Classical Culture* (1940), il étudie l'émergence de la métaphysique chrétienne des ruines de la civilisation (romaine). Il y soutient qu'Augustin a exposé une philosophie cohérente de la civilisation en surmontant l'immense lacune de l'expérience classique, à savoir l'absence d'un principe d'intégration créatrice. Au nombre de ses publications, figure également *Thucydides and the Science of History* (1929). Penseur méconnu, surtout par ses concitoyens canadiens, Cochrane doit être considéré comme l'un des principaux représentants de la philosophie de la civilisation au XXe siècle.

Arthur Kroker

Cochrane, Matthew Henry, éleveur de bétail et homme d'affaires (Compton, Bas-Canada, 11 nov. 1823-*id.*,12 août 1903). Issu d'une famille d'immigrants irlandais, le jeune Cochrane se rend à Boston et prospère dans le domaine du cuir et de la chaussure, entreprise qu'il continue en rentrant à Montréal après son retour au Canada en 1864. Bien que sa réussite lui vaille un poste de sénateur en 1872, la reproduction de bétail demeure sa grande passion: dans les années 1870, son troupeau de Shorthorn, garanti par un pédigrée, s'est acquis une renommée internationale. Il est le principal instigateur de la politique fédérale sur les pâturages, qui a permis le développement de l'industrie d'exportation du bétail dans l'Ouest (*voir* POLITIQUE SUR LES TERRES FÉDÉRALES). En 1881, l'arrivée du grand troupeau Cochrane en provenance du Montana, dans la concession des vastes pâturages du sénateur à l'ouest de Calgary marque le début de l'ère des sociétés d'élevage dans l'Ouest canadien.

David H. Breen

Cochrane, ranch En 1881, le sénateur Matthew COCHRANE prend à bail de vastes étendues de terre le long de la RIVIÈRE BOW, près de la ville actuelle de COCHRANE, en Alberta. Au sommet de sa prospérité, le ranch Cochrane totalise quelque 144 000 ha de terres. En 1881 et 1882, la compagnie achète des milliers de têtes de bétail dans le Montana et les ramène sur ses terres louées, faisant de Cochrane le premier grand éleveur de bétail de l'Ouest du Canada. Un grand nombre de bêtes meurent pendant les deux premiers hivers d'exploitation, mais le ranch devient, avec le temps, l'une des nombreuses grandes exploitations d'élevage de bétail prospères au pied des Rocheuses.

Le LIEU HISTORIQUE du ranch Cochrane offre au public des visites guidées et divers programmes d'animation de la mi-mai au début de septembre. On peut également visiter à longueur d'année le Western Heritage Centre, un musée spécialisé dans l'histoire des ranchs et des cow-boys.

Deborah Welch et Michael Payne

Cochrane, Tom, auteur-compositeur-interprète (Lynn Lake, Man., 14 mai 1953). Après des débuts difficiles comme soliste (l'album *Hang On To Your Resistance*, 1974) et comme compositeur de trames sonores (*My Pleasure Is My Business*, 1976), il se joint, en 1977, à Red Rider, un groupe de musique rock du sud de l'Ontario. De 1980 à 1989, le groupe lance sept albums de plus en plus populaires et connaît un succès radiophonique aux États-Unis avec l'album *Neruda* (1993, inspiré en partie par le poète chilien Pablo Neruda), alors que des chansons telles que *Human Race, Boy Inside The Man* et *Big League* sont des tubes au Canada.

En 1989, il quitte l'orchestre Red Rider après l'enregistrement en direct de *Symphony Sessions* avec l'ORCHESTRE SYMPHONIQUE D'EDMONTON. En 1992, le disque *Mad Mad World* lui vaut une importante reconnaissance internationale, surtout grâce à la pièce lyrique *Life Is A Highway*, qui figure au palmarès international des 10 meilleures chansons. Plus de deux millions d'exemplaires de l'album sont vendus, ce qui vaut à Cochrane d'obtenir une nomination pour le prix Grammy américain et de remporter plusieurs PRIX JUNO en 1992. *Ragged Ass Road* (1995) remporte moins de succès, mais consolide sa réputation de chansonnier intelligent et scrutateur, et encore capable de créer des succès radiophoniques de musique rock tels que *I Wish You Well* et *Wildest Dreams*. En 1997, le guitariste Bill Bell et le batteur Gregor Beresford se joi-

gnent à lui pour *Songs of a Circling Spirit*, un enregistrement sur instruments acoustiques de ses chansons les plus connues.

Jeff Bateman

Cockburn, Bruce, auteur-compositeur-interprète (Ottawa, 27 mai 1945). Après avoir joué dans des orchestres rock d'Ottawa (The Children, Esquires, Three's A Crowd), il devient chanteur de folklore au style humaniste et poétique, combinant des éléments du jazz, du rock et du reggae. Parmi ses disques, on retrouve *Sunwheel Dance* (1972), *In the Falling Dark* (1976), *Dancing in the Dragon's Jaws* (1979), *Stealing Fire* (1984) et la collection d'enregistrements simples *Waiting for a Miracle* (1987). Il écrit des chansons en français et en anglais. Il signe entre autres pièces *Goin' to the Country, Musical Friends*, son grand succès américain de 1980 *Wondering Where the Lions Are, The Trouble with Normal* et *Lovers in a Dangerous Time*.

Un activisme grandissant pousse ce chansonnier à écrire et à interpréter des chansons à sonorité rock et à tendance polémique, dont *If I Had a Rocket Launcher* (1984) que lui inspire sa visite dans un camp de réfugiés en Amérique centrale au nom d'Oxfam. En 1986, il donne deux concerts de charité qui rapportent 35 000 $ pour aider les Haïdas dans leur lutte de revendications territoriales. Il travaille aussi avec les organismes Unitarian Services Committee, Les Ami(e)s de la Terre et Vision mondiale Canada. Dans *If a Tree Falls* (1989), il réclame la fin de la destruction des forêts ombrophiles à travers le monde.

Ses tournées de concerts et ses lancements réguliers d'albums aux États-Unis, en Australie et en Europe lui assurent une solide réputation internationale durant toute sa carrière. Après avoir produit 19 albums sous l'étiquette canadienne True North Records, il signe un contrat mondial avec Columbia Records de New York en 1991. Il enregistre par la suite *Nothing But a Burning Light, Christmas* et *Dart to the Heart*. Son 23e album et son premier sous étiquette Rykodisc, *The Charity of Night*, met en vedette des numéros d'invités de Bonnie Raitt, d'Ani DiFranco, de Maria Muldauer et du vibraphoniste de jazz Gary Burton. L'album comprend *The Mines of Mozambique*, qui fait état des conséquences mortelles des mines antipersonnel. Après avoir abordé la question des mines terrestres dans des dizaines d'entrevues, Cockburn et son ami chanteur et auteur-compositeur Jackson Browne font les manchettes avec un concert de financement à Ottawa, le 3 décembre 1997, marquant la signature d'un traité des Nations Unies interdisant l'usage de ces mines.

Jeff Bateman

Cockburn, James Pattison, militaire et peintre topographique (Woolwich, Angl., 1778 ou 1779—*id.*, 1847). Il apprend la peinture avec Paul Sandby au Royal Military College et devient bientôt un artiste amateur respecté, membre de la Norwich Society of Artists. À partir de 1807, il illustre de nombreux récits de voyages sur des destinations européennes. Il séjourne deux fois à Québec en tant qu'officier de la Royal Artillery, de 1822 à 1823, et de 1826 à 1832, en tant que commandant. Ses peintures ont une valeur documentaire inestimable car elles illustrent avec précision l'architecture de la ville de Québec à l'époque. En 1831, avec l'aide d'un jeune graveur local, James Smillie, Cockburn publie son propre récit de voyages, *Quebec and Its Environs*. Deux ans plus tard, à Londres, il réalise une série d'aquatintes de la ville de Québec et de Niagara Falls. (*Voir aussi* PEINTRES TOPOGRAPHES.)

Rosemarie L. Tovell

CODCO En 1973, la troupe CODCO monte, à Toronto, la première version de *Cod On A Stick, Another Fun Food Show*, grâce à une mise de fonds initiale de 300 dollars provenant de Paul THOMPSON et du THÉÂTRE PASSE MURAILLE. Cet étonnant début torontois, pour une troupe appelée à devenir typiquement terre-neuvienne, laisse prévoir l'orientation que prendra son œuvre et quel sera son mandat. *Cod On*

A Stick consiste en une série de sketches humoristiques traitant de la vie contemporaine à Terre-Neuve. Il apparaît tout de suite que, si CODCO raille avec brio la culture terre-neuvienne, elle tourne aussi en dérision la facture tantôt sérieuse et souvent naïve de la CRÉATION COLLECTIVE torontoise, que ses commanditaires ontariens affectionnent particulièrement. Pour CODCO, rien n'est sacré. Plus le sujet est tabou, plus l'attaque est prompte et virulente.

Après ses débuts en Ontario, CODCO retourne à Terre-Neuve où elle passe une saison à St. John's avant de faire une tournée dans la province. Dès la création de *Sickness, Death and Beyond the Grave*, en 1974, l'équipe de CODCO se compose d'Andy Jones, de Cathy Jones, de Bob Joy, de Greg Malone, de Diane Olsen, de Tommy Sexton et de Mary WALSH. Sa composition restera la même jusqu'en 1976. (Paul Smatez ne participe qu'à la première création de *Cod on a Stick*, à Toronto).

CODCO, dont les membres sont tous des Terre-Neuviens qui ont quitté à un moment ou à un autre leur province afin de poursuivre une carrière artistique individuelle, trouve son inspiration dans son expérience terre-neuvienne. Toutefois, si l'on en juge d'après ses nombreuses tournées nationales et internationales, le mélange unique de satire brutale et d'humour fantaisiste présenté par CODCO s'adresse à un public universel. Sa technique théâtrale, assez fidèle à la formule du sketch, change et évolue au fil des productions et des tournées. Cette évolution peut être rattachée à un processus collectif. Au début, le groupe, ou parfois une ou deux personnes, crée les textes qui sont présentés ensuite à la troupe, laquelle les retravaille et rédige la version définitive. Les tournées canadiennes et américaines, souvent constituées de spectacles mixtes comportant des textes anciens et des textes nouveaux, fournissent l'occasion de peaufiner les textes connus tout en explorant de nouveaux scénarios.

Le travail de CODCO avec des musiciens comme Figgy Duff et sa participation à divers projets télévisés viennent compléter cette forme de travail en atelier. La musique, toujours présente dans ses créations, occupe une place encore plus importante dans *Das Capital: Or What Do You Want To See The Harbour For Anyway?* (1975) et ses créations ultérieures. Des séquences filmées, intégrées à la représentation, deviennent aussi un élément important de ses œuvres, comme en témoigne la pièce *Would You Like To Smell My... Pocket Crumbs*, montée la même année.

La réputation de CODCO et ses succès ultérieurs tiennent à deux phénomènes étroitement liés. Le contenu de ses œuvres, souvent irrévérencieux et toujours mordant, traite toujours de questions sociales. Qu'il s'agisse de la cécité, de la violence faite aux enfants ou de la grossesse chez les adolescentes, la troupe s'empare des stéréotypes pour en faire une caricature d'une précision saisissante. La force de ses sketches alliée au talent remarquable, voire déchirant, de ses comédiens est incomparable. Les personnages d' «Andy», de «Cathy» et de «Tommy», pour ne citer qu'eux, deviennent de plus en plus raffinés et complexes au fur et à mesure que les techniques dramatiques évoluent et gagnent en profondeur. Les textes et les interprètes de CODCO sont donc indissociables.

À la suite de la présentation de *The Tale Ends*, en 1976, les membres de CODCO poursuivent des carrières individuelles jusqu'en 1985, année où, à l'exception de Diane Olsen et de Bob Joy, ils se réunissent pour présenter un spectacle-bénéfice. Après une tournée nationale, Salter Street Films engage la troupe pour une série d'émissions télévisées, une collaboration qui durera jusqu'en 1992. Durant cette période, CODCO reste fidèle à ses anciennes pratiques théâtrales. Tout en tenant compte de son nouveau contexte de travail, la troupe crée des œuvres sur le modèle du sketch humoristique. De temps à autre, réapparaissent des sketches ayant servi au théâtre, mais les membres de la troupe présentent de plus en plus de nouvelles créations afin de satisfaire aux exigences de la télévision et des téléspectateurs. Malgré cette adaptation, l'essentiel de ce qui a fait le succès de CODCO au théâtre se retrouve dans ses productions télévisées. Une fois de plus, les textes d'une ironie mordante, alliés au talent humoristique des comédiens, donnent de l'actualité un point de vue dont l'irrévérence n'a pas son pareil.

Toutefois, cette création collective finit par ébranler sérieusement les participants. En 1991, Andy Jones abandonne la série télévisée à la suite de différends sur des questions artistiques et, en 1992, les autres membres se dissocient. Depuis la mort prématurée de Tommy Sexton, en 1993, les anciens membres du groupe mènent des carrières individuelles au théâtre, à la télévision et au cinéma. Les manuscrits de CODCO sont conservés au Centre for Newfoundland Studies Archives, à l'U. Memorial.

Denyse Lynde

Code civil Le *Code civil* est un texte législatif fondamental qui comprend un recueil complet du DROIT privé d'un pays. C'est un texte que l'on trouve généralement dans les systèmes juridiques dont la tradition remonte au droit romain. Au Canada, seul le Québec est doté d'un code civil. Contrairement à un code administratif, à un code criminel ou à un code de procédure civile, un code civil ne porte que sur des matières de droit privé, p. ex., les attributs juridiques de la personne humaine (nom, domicile, âge de la majorité), les éléments clés de la relation entre particuliers (mariage, filiation, autorité parentale, obligations alimentaires) et les relations patrimoniales (propriété, possession, accession, prescription) et les institutions juridiques principales dans le cadre desquelles ces relations peuvent ou doivent exister (successions, donations, testaments, contrats, délits, ventes, baux, mandats, sociétés de personnes, hypothèques). Un code civil énonce des notions cadres, les principes transcendants, les règles directrices et les idéaux qui animent une tradition juridique dans un style et un vocabulaire non techniques. Il joue un rôle symbolique central dans une société et, pour cette raison, il est souvent décrit comme une «constitution sociale». Dans les systèmes de droit codifié, les lois ordinaires portant sur les matières de droit privé doivent être évitées. De plus, par contraste avec les systèmes de droit non codifié, la jurisprudence n'est pas considérée comme source de droit.

Aujourd'hui, le Québec a deux codes civils: le *Code civil du Québec* de 1993 et le *Code civil du Bas-Canada* de 1866, lequel demeure en vigueur sous réserve de la compétence fédérale conférée par la *Loi constitutionnelle de 1867*, notamment en ce qui concerne le mariage, l'intérêt et l'insolvabilité. Le code de 1866 était le fruit d'une commission de codification établie en 1857 dont le mandat était de grouper, en version bilingue, toutes les règles du droit civil du Canada-Est. Sur le plan doctrinal, les commissaires se sont inspirés très abondamment des travaux de l'éminent juriste français Pothier et, dans une moindre mesure, des divers commentaires du *Code Napoléon* et à l'occasion du *Code civil* de la Louisiane. Le Code a tiré la majeure partie de ses règles de la Coutume de Paris, introduite en Nouvelle-France en 1663.

Il contient également des règles tirées de plusieurs ordonnances royales françaises et des édits et des décisions du Conseil souverain de la Nouvelle-France avant 1763. Divers principes de common law, introduits soit par l'ACTE DE QUÉBEC de 1774, soit par les lois du Bas-Canada ou de la province du Canada adoptées entre 1791 et 1866 ont également été intégrés dans la codification. Sur le plan de la forme, les commissaires ont adopté le modèle du Code Napoléon de 1804, dont les trois livres étaient intitulés: Des personnes, Des biens, de la propriété et de ses différentes modifications et De l'acquisition et de l'exercice des droits de propriété. À ces livres a été ajouté un quatrième livre, portant celui-là sur le droit commercial. Malgré ses sources éclectiques, les thèmes dominant du *Code civil* reflétaient étroitement les valeurs du Québec du XIXe s.: l'autoritarisme moral, l'individualisme philosophique et le libéralisme économique.

Depuis 1866, la société québécoise s'est considérablement transformée. Néanmoins, jusqu'à très récemment, le Code de 1866 est demeuré largement le même pour des raisons liées à son statut symbolique: il a été réifié comme réflexion de la culture catholique et francophone faisant contrepoids à la réglementation gouvernementale en matière de droit du travail, d'indemnisation des accidents du travail, de protection du consommateur et de droit de la famille et comme rempart contre les intrusions de la COMMON LAW anglaise. En conséquence, le Code de 1866 en est venu à perdre de plus en plus rapidement la plus grande partie de ses vertus en tant que codification. Pour combler le fossé croissant entre le droit énoncé par le Code et la réalité sociale, beaucoup de mesures législatives étrangères au Code ont été adoptées. L'interprétation judiciaire a souvent écarté des dispositions du Code comme énoncés définitifs des règles de droit. La langue, le fonds et les présomptions du Code sont devenus désuets.

En 1955, le législateur québécois a établi l'office de révision du Code civil chargé de la mise à jour de Code. Après avoir achevé de façon fragmentaire certaines des réformes les plus urgentes, l'Office a entrepris, en 1966, une révision générale du Code. En 1978, il a publié un Projet de Code civil accompagné de commentaires proposant des modifications fondamentales tant de forme que de fond au *Code civil* de 1866. En 1980 était promulgué un premier remplacement du *Code civil du Québec*, qui se limitait seulement à certaines réformes du droit de la famille. En 1987, l'Assemblée nationale a adopté une nouvelle loi sur les personnes, les biens, les successions, les fiducies et l'administration des biens des tiers, mais cette loi n'a jamais été proclamée en vigueur. Au cours des années 80, plusieurs autres projets de réforme ont été présentés à l'Assemblée nationale en vue de modifier à la fois le *Code civil* de 1866 et celui de 1980, notamment sur les questions ayant trait à la succession et aux biens matrimoniaux, respectivement.

À la fin de la décennie, il a été décidé d'établir un *Code civil du Québec* entièrement nouveau, qui entrerait complètement en vigueur dès la fin de sa préparation. Ce nouveau Code a été édicté en décembre 1991 et proclamé en vigueur le 1er janvier 1994. Il entendait remplacer le *Code civil du Bas-Canada* et le *Code civil du Québec* initial. Plusieurs questions régies par l'ancien Code ayant été cédées à la compétence fédérale après 1867, la portée précise du remplacement demeure incertaine.

D'importantes modifications ont été apportées au *Code civil du Québec*. Les 4 livres du *Code civil du Bas-Canada* ont été réorganisés en 10 nouveaux livres: Des personnes, De la famille, Des successions, Des biens, Des obligations, Des priorités et des hypothèques, De la preuve, De la prescription, De la publicité des droits et Du droit privé international. Le Code est passé de 2615 à 3168 articles. D'importantes réformes de fond ont été apportées au droit de la famille afin de promouvoir l'égalité économique entre les époux (le patrimoine familial, la prestation compensatoire et les obligations alimentaires post-mortem); au droit des biens, afin d'améliorer les modes d'exploitation de la richesse (la régularisation de la copropriété indivise et l'élaboration d'un régime patrimonial par appropriation assimilable aux fiducies); au droit des sûretés, afin de faciliter les opérations commerciales (des dispositions relatives aux hypothèques mobilières, aux hypothèques grevant les universalités patrimoniales et autres créances). Un certain nombre de domaines jusque-là régis par des mesures législatives étrangères au Code ont été réintégrés au Code, le style et le vocabulaire du texte du Code ont été modernisés.

Dans l'ensemble, le *Code civil du Québec*, si on le compare à son prédécesseur, épouse une orientation générale plus pédagogique (il comporte de nombreuses définitions d'une utilité marginale) et beaucoup plus individualiste (il met l'accent sur la personne humaine comme titulaire de droits et sur le contrat comme institution principale de l'ordonnancement social). Reste à voir si le produit de cette nouvelle codification supportera l'épreuve du temps comme l'a fait avant lui le *Code civil du Bas-Canada* de 1866.

Roderick A. MacDonald

Code criminel Loi fédérale édictée par le Parlement en vertu du paragraphe 91(27) de la LOI CONSTITUTIONNELLE DE 1867, qui confère au gouvernement fédéral la compétence exclusive de légiférer en matière criminelle au Canada. Le *Code criminel* contient la plupart des infractions criminelles qui ont été établies par le Parlement. D'autres infractions criminelles (p. ex., les infractions relatives aux stupéfiants) ont été incluses dans d'autres lois fédérales. Le *Code* non seulement définit les comportements qui constituent des infractions criminelles, mais il établit également le genre et le degré des sanctions qui peuvent être imposées lorsqu'une personne est déclarée coupable d'une infraction et la procédure à suivre dans le cadre du processus pénal (*voir* PROCÉDURE CRIMINELLE).

Inspiré d'un projet de codification du DROIT CRIMINEL anglais (qui n'a jamais été adopté en Angleterre), le *Code criminel* a été promulgué en 1892. Il n'a jamais été révisé en profondeur, bien qu'il ait été refondu en 1906, en 1927 et en 1953. La refonte de 1953 visait à réorganiser et à clarifier le *Code* tout en en corrigeant des incohérences intrinsèques. Plus particulièrement, cette refonte a aboli toutes les infractions de COMMON LAW (c.-à-d. les infractions définies par la jurisprudence par opposition aux infractions d'origine législative), tout en conservant les défenses, les justifications et les dispenses découlant de la common law.

Le *Code* est modifié presque chaque année pour tenir compte de l'évolution technologique, sociale et économique de la société (p. ex., en créant de nouvelles infractions comme le vol de services de télécommunications, l'usage frauduleux des cartes de crédit et le détournement d'avion, et en apportant des modifications aux infractions existantes, telles celles apportées récemment en matière d'agression sexuelle et de conduite avec facultés affaiblies).

La première partie du *Code* énonce les principes généraux; puis viennent plusieurs parties (chacune comportant plusieurs articles) qui précisent les infractions classifiées en différentes catégories: infractions contre la personne, infractions contre les droits de propriété, infractions contre l'application de la loi et l'administration de la justice, infractions d'ordre sexuel, infractions relatives à la monnaie et complots. Le reste du *Code* porte sur la procédure et la détermination de la peine. On évalue à 40 p. 100 les dispositions du *Code criminel* qui portent sur la procédure criminelle et à 60 p. 100 celles qui portent sur la définition des infractions, la codification de certains des moyens de défense opposables aux accusations criminelles, et enfin les différentes peines que peuvent imposer les juges.

Toutefois, le *Code* a été sévèrement critiqué. On lui reproche de ne pas refléter les attitudes de la majorité des Canadiens. Même si la Commission de réforme du droit du Canada a été abolie en 1993, le Parlement a adopté un projet de loi qui a été proclamé en septembre 1996. Il modifie en profondeur les dispositions du *Code* relatives à la détermination de la peine.

Historiquement, le droit criminel a postulé que le crime cause un tort à la collectivité dans son ensemble plutôt qu'à la victime individuelle. En conséquence, les victimes individuelles de crime se sont souvent senties exclues du système de justice criminelle. Les nouvelles mesures modifient les dispositions du *Code criminel* relatives à la détermination de la peine: les tribunaux ont désormais l'obligation, lorsqu'ils déterminent la peine à imposer à un contrevenant, de tenir compte des déclarations écrites des victimes qui décrivent le préjudice qu'elles ont subi en raison de la perte encourue. Les tribunaux jouissent donc d'un pouvoir discrétionnaire plus étendu pour ordonner la restitution ou le dédommagement par le délinquant au profit de la victime d'un crime, et ces ordonnances seront exécutées par voie civile.

Les remaniements apportés au *Code* permettent également aux tribunaux de jouer un rôle plus actif dans la réadaptation des délinquants. Les mesures de rechange à l'incarcération pourront être plus facilement appliquées. P. ex., les nouvelles dispositions sur les «condamnations avec sursis» permettent au juge qui inflige une peine d'emprisonnement d'autoriser le délinquant déclaré coupable à purger sa peine au sein de la collectivité. Cette ordonnance est assortie de conditions qui permettent de surveiller le délinquant dans la collectivité, ce qui augmente ses chances de réadaptation. Le contrevenant qui ne respecte pas les conditions imposées pourra être forcé de purger le reste de sa peine en prison. Les nouvelles dispositions comportent également des «mesures de rechange» applicables aux délinquants adultes: elles leur permettent de se soustraire à la poursuite criminelle et d'être admis directement aux programmes de réadaptation ou de service communautaire.

Les nouvelles dispositions relatives à la détermination de la peine sont conçues pour répondre à une préoccupation grandissante de la société, selon qui les intérêts des victimes de crime devraient être davantage pris en considération dans la détermination de la peine. On reconnaît également que l'incarcération devrait constituer une mesure de dernier ressort, justifiable uniquement lorsque l'intérêt public l'exige ou comme moyen permettant de dénoncer les infractions graves.

A. Pringle

Codes et règlements de la construction D'après la loi canadienne, la réglementation concernant la construction relève des provinces et elle est consignée dans divers actes, lois, codes et règlements souvent administrés à l'échelon municipal. La législation provinciale habilite les organismes gouvernementaux ou les ministères à réglementer différents aspects du bâtiment, selon les objectifs de la loi ou de l'acte en question. Une telle législation permet d'établir des règlements détaillés en vue d'atteindre les objectifs de la loi et elle peut aussi renvoyer à d'autres documents. Ainsi les lois sur la protection de la sécurité et de la santé des occupants de bâtiments puisent habituellement des exigences supplémentaires dans les codes du bâtiment.

Les codes du bâtiment s'appliquent généralement aux nouvelles constructions et mettent surtout l'accent sur la sécurité-incendie, la solidité structurale et la santé des occupants des bâtiments. Les derniers codes traitent aussi de l'accessibilité pour les handicapés et de l'économie d'énergie.

La législation sur le zonage et la planification joue un rôle important dans la réglementation des bâtiments: elle limite le type, les dimensions, l'espacement, la marge de recul et l'usage des bâtiments, et contrôle l'utilisation générale du sol dans une localité. Elle a pour but de maintenir certaines caractéristiques locales et d'assurer un développement ordonné de la localité.

En plus des codes du bâtiment, il existe diverses lois qui s'appliquent à des bâtiments particuliers ou à des services spécifiques à l'intérieur de bâtiments. Ainsi, les lois sur les permis d'alcool, les hôtels, les cinémas et les usines peuvent toucher la construction ou l'utilisation de certains types de bâtiments. Les règlements édictés par ces lois peuvent être équiva-

lents ou même s'opposer à des dispositions des codes du bâtiment, quoique, habituellement, ces derniers soient invoqués dans la mesure du possible. Les codes de plomberie, d'électricité, des ascenseurs et des chaudières et appareils à pression sont des exemples de normes (*voir* OFFICE DES NORMES GÉNÉRALES DU CANADA) visant des services particuliers dans des bâtiments et peuvent être appliqués séparément ou combinés dans une seule loi.

Les règlements sur la prévention des incendies ou les codes de prévention des incendies s'occupent de la sécurité permanente des bâtiments existants. Ils réglementent les dispositions de l'entretien pour assurer la sécurité-incendie, contrôler la manipulation et le stockage du matériel inflammable dans les bâtiments, contrôler l'ameublement (si c'est approprié) et ils réglementent aussi les risques reliés à certains procédés industriels. Les services de la construction administrent généralement les codes du bâtiment. Les services des incendies prennent la relève où s'arrêtent les codes du bâtiment et s'occupent des règlements sur la prévention des incendies et des codes de prévention des incendies.

Histoire Bien que la réglementation sur la construction relève maintenant des compétences provinciales, les gouvernements ont délégué dans le passé cette responsabilité aux municipalités, d'où la diversification des règlements de la construction. Comme les ressources des municipalités varient grandement, la qualité et l'efficacité des règlements sur la construction varient elles aussi. Avant la Seconde Guerre mondiale, il n'y avait pas de règlements de la construction dans de nombreux secteurs.

Pour uniformiser les règlements, un ensemble modèle de prescriptions, le Code national du bâtiment du Canada, est publié en 1941 sous les auspices du CONSEIL NATIONAL DE RECHERCHES (CNRC). En 1987, neuf éditions avaient été publiées. Dès le commencement, le Code national du bâtiment contribue fortement à uniformiser les prescriptions des codes du bâtiment même s'il n'a aucun statut juridique à moins qu'une autorité législative ne l'adopte. Lors de la publication de l'édition de 1970, on estime que de 75 à 85 p. 100 des bâtiments construits au Canada respectent le Code national du bâtiment ou une adaptation de celui-ci.

Les autorités provinciales commencent à s'intéresser davantage aux règlements de la construction et à retirer aux municipalités la responsabilité d'améliorer les prescriptions des codes. Des codes provinciaux obligatoires apparaissent. En 1987, la Colombie-Britannique, l'Alberta, le Manitoba, l'Ontario, le Québec et la Nouvelle-Écosse avaient déjà adopté des codes provinciaux basés sur le Code national du bâtiment. La Saskatchewan et le Nouveau-Brunswick n'avaient pas encore de code provincial, mais leur législation obligeait les municipalités qui adoptaient un code du bâtiment à utiliser le Code national du bâtiment. Les plus grandes municipalités des provinces dépourvues de code provincial utilisaient en général le Code national du bâtiment. Les autorités locales peuvent amender ou réviser les prescriptions du Code national du bâtiment pour satisfaire aux conditions locales.

L'historique de la mise en application du Code national de prévention des incendies est plus bref. Publié la première fois en 1963 par le CNRC (5e édition en 1985), il est moins rapidement accepté, en général, que le Code national du bâtiment et son acceptation provinciale est assez récente. La Colombie-Britannique, l'Alberta et le Manitoba l'ont adopté ou s'en sont inspirés pour rédiger leurs mesures de prévention des incendies. La législation de plusieurs autres provinces s'y réfère et de nombreuses municipalités l'ont adopté.

Élaboration Les comités associés responsables de la production du Code national du bâtiment et du Code national de prévention des incendies sont désignés par le CNRC. Des comités techniques produisent ces documents sous leur direction et avec l'aide

du CNRC. Le comité associé du Code national du bâtiment produit aussi le Code canadien de la plomberie, le Code canadien de construction des bâtiments agricoles et les Mesures d'économie d'énergie dans les nouveaux bâtiments. Tous ces documents servent de modèle de législation à adopter pour les autorités législatives.

Des organismes rédacteurs de normes énoncent des normes sur différents aspects de la construction, auxquelles on réfère dans les codes du bâtiment et dans d'autres règlements. Le Code national du bâtiment, p. ex., fait référence à 192 de ces normes, dont celles sur les matériaux de construction, la conception, l'installation, l'équipement et les essais. Les lois provinciales se réfèrent aussi à ces normes ou font reposer leurs règlements sur elles. P. ex., le Code canadien de l'électricité, produit par l'Association canadienne de normalisation, sert de base pour les installations électriques dans chaque province.

D'autres organismes rédigent des normes, dont, entre autres, l'Office des normes générales du Canada, les Underwriters Laboratories du Canada et l'Association Canadienne du Gaz. À l'exception de l'Office des normes générales du Canada qui est rattaché au ministère des Approvisionnements et Services, tous sont des organismes privés. Avec les codes du bâtiment, les normes édictées par ces organismes jouent un rôle important dans la réglementation de la construction de bâtiments au Canada. (*Voir* ARCHITECTURE; CONSTRUCTION, HISTOIRE DE L'INDUSTRIE DE LA; LOGEMENT.)

A.T. Hansen

Cody, Henry John, membre du clergé et éducateur (Embro, Ont., 6 déc. 1868—Toronto, 27 avril 1951). Il étudie à l'U. de Toronto et est ordonné prêtre de l'Église d'Angleterre en 1894. Il exerce son ministère à l'église St. Paul à Toronto pendant 40 ans, dont les 25 dernières comme pasteur. Nommé chanoine de la cathédrale de St. Alban en 1903 et archidiacre du diocèse de York en 1909, il refuse à maintes reprises de diriger l'évêché de plusieurs diocèses canadiens. Pendant la Première Guerre mondiale, Cody appuie ouvertement le gouvernement du premier ministre BORDEN à Ottawa et celui de HEARST à Toronto, tout en préconisant l'impérialisme et un plus grand effort de guerre. En 1918, il adhère au gouvernement conservateur de Hearst à titre de ministre de l'Éducation et démissionne comme député provincial lors de la défaite du parti en 1919. Cody est bien décidé à se servir des écoles pour bâtir une société d'après-guerre fondée sur la tradition du protestantisme, du conservatisme politique et de la supériorité raciale des Anglo-Saxons. Pendant son mandat, il renforce les exigences en matière d'assiduité et met en valeur le mouvement des cadets et le patriotisme dans les écoles.

Cody a été longtemps associé à l'U. de Toronto. Il est nommé à la Commission royale provinciale sur l'université en 1905 et est président de la Commission sur les finances de l'université en 1922. En 1917, il est nommé au Conseil des gouverneurs, qu'il préside de 1923 à 1932. Il est recteur de l'université de 1932 à 1944 et chancelier de 1944 à 1947.

Robert M. Stamp

Cœur, greffe du (*Voir* TRANSPLANTATION)

Cohen, Jacob Laurence, avocat (Manchester, Angl., 1898—Toronto, 24 mai 1950). Immigrant au Canada avec sa famille en 1908, Cohen subvient aux besoins de sa mère et des six enfants après la mort de son père en 1911. Il suit des cours du soir, travaille comme stagiaire en droit et, en 1918, obtient son diplôme en droit. Associé au CONGRÈS DES TRAVAILLEURS UNIS DU CANADA et à la LIGUE POUR L'UNITÉ OUVRIÈRE dans les années 1920 et 1930, il se spécialise en droit du travail et des libertés civiles et devient l'avocat en droit du travail le plus influent au pays. Il est conseiller juridique du syndicat pendant la GRÈVE D'OSHAWA en 1937 et à l'occasion d'importants conflits de travail pendant la Seconde Guerre mondiale. Il siège à de nombreuses commissions de conciliation et, en tant que membre du Conseil national du travail en temps de guerre, appuie le droit des travailleurs à la syndicalisation et à la négociation collective. En 1937, on lui confère le titre de conseiller du roi. Radié du barreau en 1947 pour s'être livré à des voies de fait sur la personne de sa secrétaire et avoir causé des lésions corporelles, il y est réadmis en 1950.

Laurel Sefton Macdowell

Cohen, Leonard, poète, romancier et auteur-compositeur (Montréal, Qc, 21 sept. 1934). Cohen est l'un des écrivains canadiens les plus influents et les plus populaires des années 1960, et ses chansons font de lui une vedette de réputation internationale. Issu d'une famille aisée de WESTMOUNT, Montréal imprègne l'ensemble de son œuvre, malgré de longs séjours en Grèce et en Californie. Il est associé à une communauté bouddhiste zen de Los Angeles. Après des études à l'U. McGill et à l'U. Columbia, il se consacre à temps plein à l'écriture et à ses autres activités artistiques, en particulier à la chanson. Son premier recueil de poésie, *Let us Compare Mythologies*, paraît en 1956.

Sa première période de création intense dure de 1960 à 1965, avec des temps forts marqués par des recueils de poésie: *The Spice-Box of Earth* (1961) et *Flowers for Hitler* (1964; trad. *Poèmes et chansons*, 1976), et des œuvres de fiction, *The Favourite Game* (1963; trad. *The Favourite Game*, 1971) et *Beautiful Losers* (1966; *Les perdants magnifiques*, 1972). En 1968, son premier 33 tours, *The Songs of Leonard Cohen*, lance sa carrière musicale. Ses *Selected Poems* lui valent le Prix du Gouverneur-général la même année, mais il le refuse. Au cours des années 70, son œuvre littéraire est sporadique et souvent hésitante. *The Energy of Slaves* (1972; trad. *L'énergie des esclaves*, 1974) consiste en «anti-poèmes», qui expriment son refus d'endosser la stature d'un poète et la place qu'il s'est acquise à ce titre, tandis que *Death of a Lady's Man* (1978; trad. *Mort d'un séducteur*, 1980) comporte à la fois des poèmes originaux complétés par des commentaires, souvent amers et ironiques. *Book of Mercy* (1984; trad. *Le livre de la miséricorde*, 1985) réaffirme la richesse de sa langue, et ramène dans l'œuvre un ton quasi religieux imprégné de vénération et de respect.

Les disques des chansons de Cohen sont toujours d'une très haute qualité, surtout *New Skin for the Old Ceremony* (1974) and *Recent Songs* (1979). Il revient sur le devant de la scène vers le milieu des années 80, avec une série d'albums importants: *Various Positions* (1985), *I'm Your Man* (1988), et *The Future* (1992). Il effectue en 1988 et en 1993 des tournées importantes en Europe et en Amérique du Nord. Le fait que d'autres artistes choisissent de reprendre ses chansons relance l'intérêt du public pour son œuvre, en particulier *Famous Blue Raincoat* de Jennifer Warnes (1986) et l'album-hommage *I'm Your Fan* (1991).

Un recueil important d'œuvres de Leonard Cohen, *Stranger Music: Selected Poems and Songs* (trad. *Musique d'ailleurs*, 1994) paraît en 1993. La même année, Cohen reçoit le Prix du Gouverneur-général pour les Arts de la Scène, tandis qu'un premier colloque universitaire, à Red Deer, en Alberta, lui est consacré exclusivement. En 1994, *Take This Waltz: A Celebration of Leonard Cohen*, un recueil d'essais publié en son honneur, souligne son 60e anniversaire. L'œuvre de Cohen a été abondamment traduite et lui a valu une popularité incontestable, en particulier en France, en Allemagne, en Scandinavie et aux Pays-Bas.

Bien que le public voie souvent en Cohen un poète de l'amour romantique, auteur des paroles exquises de *The Spice-Box of Earth*, sa vision du monde peut aussi être sombre et désespérée. En tant que Juif, Cohen a toujours été intensément conscient de la réalité de l'Holocauste, et les images du génocide nazi, toujours en filigrane, marquent profondément son œuvre. La poésie, la religion, le sexe, la mort, la beauté et le pouvoir s'entremêlent dans cette œuvre, à laquelle une langue sensuelle donne une dimension intense que vient renforcer un sens de l'humour noir, sauvage et souvent choquant. Cohen célèbre la destruction du soi et le refus du pouvoir.

La dureté de cette vision sans concessions atteint son point culminant dans *Beautiful Losers*, ce roman hors de l'ordinaire, à la fois historique, surréaliste, religieux et obscène, comique et mystique. *Beautiful Losers* reste le plus radical – et le plus beau – roman expérimental publié au Canada. Ses chansons tendent à être plus douces, moins absolues dans leur vision. Même dans les prédictions apocalyptiques d'une chanson comme *The Future*, le pessimisme de Cohen est tempéré par le plaisir évident qu'il prend à faire de la musique. Si *Beautiful Losers* est le chef-d'œuvre de Cohen, la déclaration la plus claire qu'il ait jamais faite pour mieux définir la vision dominante de son œuvre est celle du dernier vers de sa chanson *The Window*, dans *Recent Songs*:

«Oh béni soit le bégaiement continu
Du verbe qui s'est fait chair.»

Seul Leonard Cohen pouvait concevoir un procédé par lequel le Verbe s'est fait chair comme un bégaiement – et lui seul pouvait bénir une telle intuition.

Stephen Scobie

Cohen, Matt, romancier et nouvelliste (Kingston, Ont., 30 déc. 1942). Élevé et éduqué à Ottawa, Cohen obtient un baccalauréat ès arts (1964) et une maîtrise ès arts en théorie politique (1965) à l'U. de Toronto. Il est l'auteur de plus de 20 ouvrages de fiction. Ses premiers livres, *Korsoniloff* (1969) et *Johnny Crackle Sings* (1971), sont de courts romans expérimentaux traitant de l'aliénation et des déchirements intérieurs de leurs personnages excentriques.

Bien qu'ils soient parfois de qualité inégale, ses ouvrages présentent des thèmes que l'on retrouve de façon récurrente dans l'ensemble de son œuvre: le sentiment inconfortable de vivre malheureux, partagé entre deux mondes, et l'interpénétration constante du passé et du présent. Son premier roman, *The Disinherited* (1974), situé sur une ferme dans la localité fictive de Salem, dans le sud-est de l'Ontario, est une puissante saga familiale. Il met en scène le conflit qui oppose l'ancienne génération, fermement enracinée dans la réalité mythique de la terre, à la nouvelle génération, volontairement exilée, mais déshéritée et sans racines. Suivent trois autres romans dont l'action se déroule à Salem et dans les fermes délabrées d'une campagne ontarienne jadis prospère: *The Colours of War* (1977), *The Sweet Second Summer of Kitty Malone* (1979) et *Flowers of Darkness* (1981), roman qui prend des proportions gothiques alors que le désir humain est transformé en péché puritain. *Wooden Hunters* (1975) a pour cadre une île qui n'est pas nommée, située au large de la côte de la Colombie-Britannique. Divers personnages ayant oublié ou renoncé à leur passé se rencontrent dans un cadre naturel magnifique qui présente un contraste saisissant avec des épisodes de violence humaine.

Dans *The Spanish Doctor* (1984; trad. *Le médecin de Tolèdes*, 1986), roman historique dont l'action se déroule dans l'Europe du XVe siècle, un médecin novateur s'expose à des dangers, tant par sa quête de vérité scientifique que par ses origines juives. La relation entre la science et la religion est aussi un thème central de *Nadine* (1986; trad. *Nadine*, 1990). Parmi ses derniers ouvrages figurent *Emotional Arithmetic* (1990), Freud: *The Paris Notebooks* (1991; trad, *Freud à Paris*, 1990), *The Bookseller* (1993) et *Last Seen* (1996). Il publie aussi plusieurs recueils de nouvelles, deux volumes de poésie, *Peach Melba* (1974) et *In Seach of Leonardo* (1986), ainsi que deux livres pour jeunes adultes, *Too Bad Galahad* (1972) et *The Leaves of Louise* (1978).

Colin Boyd

Cohen, Maxwell, avocat, universitaire, juriste et haut fonctionnaire (Winnipeg, 17 mars 1910). Après avoir occupé le poste de major dans l'Armée canadienne, Cohen commence à enseigner à la Faculté de droit de l'U. McGill en 1946 et il en devient doyen par la suite. Il élabore alors le «programme national» qui, à cette époque, innove en alliant l'enseignement du droit civil et de la *common law*. Il joue aussi un rôle prépondérant dans la réforme de l'administration des universités au Canada et fait œuvre de pionnier dans la création d'instituts spécialisés d'études de droit. Sur le plan national, Cohen préside cinq commissions royales d'enquête, dont le Comité spécial de la propagande haineuse, et agit à titre de conseiller constitutionnel pour le gouvernement du Nouveau-Brunswick. Sur la scène internationale, il représente le Canada aux Nations Unies et est le président canadien de la Commission mixte internationale, Canada-États-Unis. Il occupe aussi les fonctions de juge *ad hoc* à la Cour internationale de Justice de La Haye et de chercheur associé à l'U. d'Ottawa.

William Kaplan

Cohen, Morris (Moishe) Abraham, surnommé «Two Gun», ami de la Chine ET SOLDAT DE FORTUNE (Londres, Angl., 3 août 1889—Salford, Angl., 11 sept. 1970). Jeune homme indiscipliné, Cohen est envoyé au Canada sur une ferme de la Saskatchewan, où il apprend à manier les chevaux, les revolvers et les cartes. En 1912, il déménage à Edmonton et, grâce à ses talents de joueur et de promoteur immobilier, y amasse une petite fortune, non sans avoir de fréquents démêlés avec la justice. Cohen change sa manière de vivre après sa rencontre avec le docteur Sun Yat-Sen, père de la révolution chinoise. Membre de la Chinese National League, il en est le secrétaire de langue anglaise en Alberta. Il représente les intérêts chinois à tous les paliers gouvernementaux, s'efforçant entre autres de combattre la montée du préjugé anti-asiatique. Invité en Chine en 1922 à titre de garde du corps de Sun Yat-Sen, il est surnommé «Two Gun», à cause de son habitude de porter plus d'un revolver.

Après la mort de Sun Yat-Sen, en 1925, on lui octroie une pension et le rang de général. Il reste attaché à la politique chinoise pendant les 20 années suivantes, notamment à Canton où il s'occupe de transactions bancaires et de commerce d'armes avec les pays occidentaux. Incarcéré par les Japonais à Hong Kong en 1941, il est ensuite rapatrié au Canada. À la suite de la victoire communiste de 1949, Cohen, *persona grata* à la fois à Beijing et à Taipei, tente en vain de réconcilier les deux partis. Homme d'une grande humanité et très charmant, il correspond presque, dans la vie réelle, au personnage légendaire qu'on a fait de lui.

Brian L. Evans

Cohen, Samuel Nathan, critique de théâtre, annonceur de radio et de télévision (Sydney, N.-É., 16 avril 1923—Toronto, 26 mars 1971). Le seul critique «national» de théâtre au Canada dans les années 1960, parcourant le pays pour le compte du *Toronto Star*, et le seul analyste sérieux des pièces de théâtre présentées au Canada de 1946 à 1971, Cohen établit la norme pour le théâtre canadien pendant son premier quart de siècle de véritable épanouissement, soit après la Seconde Guerre mondiale.

Il entre à l'U. Mount Allison à l'âge de 16 ans. Son érudition et l'orientation éditoriale radicale qu'il donne au journal de l'université rendent les autorités furieuses tout en les fascinant. Après avoir étudié le droit pendant une courte période à l'U. de Toronto, il retourne dans les Maritimes où il dirigera pendant deux ans le journal du syndicat minier *Glace Bay Gazette*. Au milieu des années 1940, il collabore à des journaux communistes à Toronto, se met à écrire des critiques de pièces de théâtre et attire l'attention de Mavor MOORE, qui le recommande comme critique de théâtre attitré pour la radio anglaise de Radio-Canada.

Il prend ses distances par rapport à la critique canadienne d'alors, caractérisée par le débordement d'éloges et le manque d'esprit critique, et instaure une distinction entre théâtre amateur et théâtre professionnel. Massacrant pièces de théâtre, dramaturges et comédiens, tout en encourageant les nouveaux talents et théâtres d'amateurs à l'avenir prometteur, il met les Canadiens en fureur. Il rédige par ailleurs des textes pour la radio anglaise de Radio-Canada et anime la première tribune libre à succès de la télévision, *Fighting Words*. La mort prématurée, à l'âge de 47 ans, de ce personnage pittoresque et controversé, à la fois aimé et détesté pour sa grande intégrité, porte un dur coup au théâtre canadien qui entamait à peine son adolescence. L'effervescence du théâtre parallèle et la prolifération de ses dramaturges au Canada dans les années 1970 sont grandement imputables à la perspicacité de sa critique et aux normes qu'il a établies. Depuis les années 1970, le Nathan Cohen Award récompense l'excellence de l'écriture dramatique destinée aux enfants.

Allan M. Gould

Colas, Réjane L., née Laberge (Montréal, 23 oct. 1923), épouse Émile Colas en 1958. Après des études à Villa Maria et au Collège Marguerite-Bourgeois (baccalauréat ès arts), elle obtient un baccalauréat en droit à l'U. de Montréal. Membre du Barreau du Québec (de 1952 à 1969) et de l'Association du Barreau canadien, elle fait partie du cabinet d'avocats Geoffrion et Prud'homme (de 1957 à 1969), avant d'être nommée juge à la Cour supérieure. Elle est nommée conseillère de la Reine en 1968. Entre autres responsabilités, elle a été trésorière (de 1978 à 1982) et présidente (de 1982 à 1984) du Comité général des juges de la Cour supérieure du Québec, présidente du Comité sur le droit de la famille de la section du Québec de l'Association du Barreau canadien (de 1967 à 1968), présidente fondatrice de la Fédération des femmes du Québec (de 1966 à 1967) et membre active de la Fondation Thérèse-Casgrain. En 1994, elle a été nommée arbitre siégeant aux comités de l'ALENA chargés d'arbitrer les différends commerciaux.

Marthe Legault

Colborne, sir John, 1ᵉʳ baron Seaton, militaire et administrateur des colonies (Lyndhurst, Angl., 16 févr. 1778—Torquay, Angl., 17 avril 1863). Il entre dans l'armée britannique en 1794 et se distingue à Waterloo (1815). De 1821 à 1828, il est lieutenant-gouverneur de Guernesey et, le 3 novembre 1828, assume la fonction de lieutenant-gouverneur du Haut-Canada.

Il encourage vigoureusement les travaux publics et l'immigration et voit la population de la colonie augmenter de 50 p. 100 entre 1830 et 1833. Pourtant, en manifestant beaucoup de favoritisme à l'égard des nouveaux immigrants de la Grande-Bretagne et en réaffectant les fonds publics de façon impopulaire, il contribue à la révolte qui mènera à la victoire réformiste à l'élection de 1834 et, en bout de ligne, à la RÉBELLION DE 1837 dans le Haut-Canada.

Au début de 1836, il est rappelé comme lieutenant-gouverneur, mais on l'assigne au commandement des forces britanniques dans les deux Canadas. Il mène personnellement ses troupes pour mater l'insurrection de 1837 dans le Bas-Canada. Il devient brièvement gouverneur général à partir de novembre 1838 jusqu'à ce qu'il soit relevé de ses fonctions à la mi-décembre 1839. Il écrase très durement la deuxième rébellion qui éclate dans le Bas-Canada en novembre 1838. En octobre 1839, il retourne en Grande-Bretagne où il est promu à la Chambre des lords et se prononce contre la loi unissant le Haut et le Bas-Canada. Il devient lord haut-commissaire des îles Ioniennes de 1843 à 1849 et commandant de l'armée en Irlande de 1855 à 1860.

Phillip A. Buckner

Cold Lake, ville de l'Alb.; pop. 4089 (rec. 1996), 3878 (rec. 1991); const. en 1996; située au bord du lac du même nom, à 290 km au nord-est d'EDMONTON. Les CRIS appellent le lac *Kinosoo*, d'après une légende crie. Les colons européens donnent au lac

son nom actuel à cause de ses eaux froides et profondes. La colonisation débute en 1910 et s'accentue avec la construction, en 1928, d'un embranchement ferroviaire du Canadien Pacifique.

Après la Seconde Guerre mondiale, l'armée canadienne y crée une base servant de champ d'essai et de site d'entraînement pour les pilotes de chasse. Celle-ci y emploie plus du tiers de la main-d'œuvre locale. La base comprend également une unité de pistage des satellites relevant de NORAD. Cold Lake est aussi un centre de prospection pétrolière et, en 1985, la société Esso Resources Canada Ltd. commence à extraire du pétrole lourd dans les environs. Cette entreprise emploie actuellement 300 personnes. La région attire aussi beaucoup de pêcheurs et de touristes grâce au parc provincial voisin de Meadow Lake, en Saskatchewan.

En 1996, la municipalité de Cold Lake, la ville voisine de Grand Centre (pop. 4176 en 1996) et les quartiers résidentiels de la base fusionnent pour former la nouvelle ville de Cold Lake.

Eric J. Holmgren

Coldstream, municipalité de district de la C.-B.; pop. 8975 (rec. 1996), 7999 (rec. 1991), 6872 (rec. 1986); superf. 72,11 km²; const. en 1906; sise dans la vallée de Coldstream Creek, à environ 2 km au sud-est de VERNON. En 1863, le capitaine Charles F. Houghton, le premier colon, acquiert un titre de propriété grâce à une subvention militaire. Son ranch Coldstream, qui emprunte son nom aux sources froides qui surgissent de son sous-sol, est cédé à Forbes G. et Charles A. Vernon, puis, en 1891, le comte d'ABERDEEN (gouverneur général de 1893 à 1898) achète la propriété. Ce dernier fait planter des arbres fruitiers et du houblon sur une grande surface; vers 1908, les vergers du domaine couvrent 800 acres.

Pour favoriser la colonisation, Aberdeen subdivise une part de la propriété, qu'il revend par petits lots. Toutefois, la Coldstream Ranch Ltd compte encore 3106 hectares avec 800 hectares de cultures, dont 40 hectares de vergers. L'agriculture n'est cependant plus la principale activité économique à Coldstream. Même si la plupart des résidants travaillent dans la ville voisine de Vernon, les scieries et l'usine Consumers Glass Co., qui emploie 500 travailleurs et qui constitue la principale entreprise du nord de la vallée de l'OKANAGAN, offrent des emplois aux gens de la région.

Duane Thomson

Coldwell, major James William, dit «M.J.», enseignant et politicien (Seaton, Angl., 2 déc. 1888—Ottawa, 25 août 1974). L'un des fondateurs de la CO-OPERATIVE COMMONWEALTH FEDERATION (CCF), il succède à J.S. WOODSWORTH à titre de chef national de la CCF de 1942 à 1960. Il arrive au Canada en 1910 pour exercer son métier d'enseignant; il séjourne brièvement en Alberta, puis déménage à Regina. Il attire d'abord l'attention sur la scène nationale comme chef de regroupements d'enseignants de 1924 à 1934. Conseiller municipal populaire à Regina, il établit des liens étroits avec les travaillistes socialistes et les regroupements agricoles. Pendant la crise des années 1930, il est le candidat tout désigné pour diriger le nouveau parti travailliste agricole de la Saskatchewan en 1932 (qui sera intégré à la CCF) et il mène une campagne ardue au cours de l'élection générale de la Saskatchewan en 1934. Il attire des foules nombreuses, mais le parti ne réussit à faire élire que cinq députés à l'Assemblée législative contre 47 libéraux. Lui-même défait, il passe à la scène nationale.

En tant que député fédéral de Rosetown-Biggar (Saskatchewan) de 1935 à 1958, il fait sa marque dès le début comme orateur brillant à la Chambre des communes. Il est en désaccord avec Woodsworth (un pacifiste) sur la question de la guerre de 1939. Il appuie, comme la majorité des membres de la CCF, la participation du Canada à la Seconde Guerre mondiale. Son appui à la sécurité collective se renforce, et il fait partie de la délégation canadienne partici-

pant à la fondation des Nations Unies en 1945. Il dirige la CCF au sommet de sa popularité au milieu des années 1940 et lors de son lent déclin pendant les années 1950, menant le parti dans cinq élections générales. Il semble modérer ses idées lorsque l'essentiel du programme de bien-être social de la CCF est mis en œuvre par d'autres gouvernements, mais il demeure convaincu de la nécessité d'un parti socialiste démocratique. Il est nommé au Conseil privé du Canada en 1964 et fait Compagnon de l'Ordre du Canada en 1967.

Carl Wenaas

Cole, Holly, chanteuse de jazz (Halifax, 25 nov. 1963), fille de Leon Cole, vedette de la radio de la Société Radio-Canada, et de Carolyn Cole, administratrice d'activités artistiques. Élevée à Fredericton, elle prend part à des compétitions de sports équestres durant son adolescence avant de découvrir la musique de jazz vocale en entendant Sarah Vaughan. Elle déménage à Toronto en 1982, où elle forme cinq ans plus tard le Holly Cole Trio avec le pianiste Aaron Davis et le joueur de contrebasse à cordes David Piltch.

Après s'être gagné un auditoire attiré par le contralto enroué de Cole et l'élégance cool du groupe, le trio enregistre le mini-album *Christmas Blues* en 1989 et un premier disque longue durée, *Girl Talk*, en 1990. Ce dernier, produit par Peter Moore (COWBOY JUNKIES), mène à un contrat d'enregistrement international avec la compagnie Blue Note Records en mai 1991 et est le premier de quatre albums certifiés or (50 000 exemplaires vendus) au Canada. Suivent ensuite les enregistrements *Blame It On My Youth* (1991), *Don't Smoke In Bed* (1993) et *Temptation* (1995), album de chansons écrites par Tom Waits. Si Cole est l'une des artistes de jazz dont les enregistrements sont les plus vendus au Canada, elle a su aussi toucher une corde sensible au Japon, où *Calling You* est au nombre des 10 premiers succès japonais en 1992 et où *Blame It On My Youth* reçoit le prestigieux Grand Prix du disque d'or. *It Happened One Night* (1996), album enregistré en direct au Théâtre Saint-Denis à Montréal en juin 1995, comprend des chansons de Cole Porter et de Stephen Sondheim, notamment. *Feast* (1996) est un album de duos pour audiophiles de Piltch et de Davis, deux membres du trio.

S'étant adonnée un peu à la musique populaire dans le passé, Cole plonge complètement dans le genre en 1997 avec *Dark Dear Heart*, produit par Larry Klein, le partenaire musical de Joni MITCHELL. L'album comprend une version du succès des Beatles *I've Just Seen A Face*, ainsi que des chansons écrites par Sheryl Crow, Mary Margaret O'Hara et Patty Larkin.

Jeff Bateman

Coleman, D'Alton Corey, cadre ferroviaire (Carleton Place, Ont., 9 juill. 1879—Montréal, Qc, 17 oct. 1956). Coleman est secrétaire particulier pour le sénateur George Cox en 1897, puis rédacteur pour l'*Intelligencer* et, en 1899, il est engagé par le Canadien Pacifique (CP). Il gravit rapidement les échelons et, avant même d'avoir atteint 40 ans, il est responsable des voies ferrées du CP situées dans l'Ouest. Il dirige un projet majeur d'expansion au cours duquel on ajoute 3520 km de rails aux embranchements de voies ferrées. En 1934, Coleman devient vice-président de la compagnie et il prend, peu à peu, les fonctions du président en raison de l'aggravation de l'état de santé de sir Edward BEATTY, alors à ce poste. Coleman est nommé président en 1942 et directeur-général en 1943. Dès lors, la compagnie s'occupe non seulement de chemins de fer mais aussi de la production pour la guerre, du transport et de la circulation aérienne. Les Lignes aériennes Canadien Pacifique Limitée sont mises sur pied sous la direction de Coleman. Il prend sa retraite en 1947.

Robert Bothwell

Coleman, James, journaliste (Winnipeg, 30 oct. 1911). Il amorce sa carrière en 1931 au *Winnipeg Tribune*. Après un bref séjour à l'*Edmonton Tribune* et à l'*Edmonton Bulletin*, il s'installe à Toronto pour collaborer au *Globe and Mail*. Lorsque sa chronique est inscrite à une agence de presse en 1950, il devient le chroniqueur sportif le plus lu au Canada. Au cours de sa carrière, il collabore aussi à la Presse canadienne et à la Southam Press, avant de prendre sa retraite en 1983. Son autobiographie, *Hoofprints on My Heart* (1971), traduit son engouement pour la course équestre. Dans *Hockey is Our Game* (1987), il rend compte de 50 ans d'observation passionnée du hockey. De 1952 à 1962, il est directeur publicitaire de l'Ontario Jockey Club. À la retraite, il occupe le même poste pendant trois ans au Calgary's Stampede Park. Parmi les hommages qui lui sont rendus, il est fait Membre de l'Ordre du Canada, du Canadian News Hall of Fame, du Canadian Horse Racing Hall of Fame et du Temple de la renommée des sports du Canada.

J. Thomas West

Coleman, Kathleen, née Blake, chroniqueuse (près de Galway, Irlande, 1864—Hamilton, Ont., 1915). «Kit of the Mail» est la première femme journaliste à diriger son propre cahier dans un journal canadien. De 1880 à 1890, elle est responsable d'une page de sept colonnes intitulée *Woman's Kingdom* du *Toronto Mail*. Sa franchise lui attire de nombreux lecteurs fidèles, dont le premier ministre Wilfrid LAURIER. Coleman aborde tous les sujets qui l'intéressent, incluant le commentaire politique, la critique théâtrale, la mode et la cuisine.

«Advice to the Lovelorn» devient l'une de ses chroniques les plus populaires. Mariée par ses parents à un Irlandais plus âgé alors qu'elle avait 16 ans, Coleman a développé une attitude cynique à l'égard de l'amour. Veuve à 20 ans, elle immigre au Canada en 1884 et travaille comme secrétaire. À la mort de son deuxième époux, elle se lance dans le journalisme pour subvenir aux besoins de ses enfants et travaille au *Mail* jusqu'en 1911. Le nom de Coleman lui vient de son troisième mari, Theobald Coleman.

En allant couvrir la guerre hispano-américaine à Cuba en 1898, Coleman devient la première correspondante de guerre au monde. À partir de 1911, sa chronique «Kit's Column» est publiée dans des dizaines de journaux américains.

Coléoptères (du grec, ailes en étui) Il s'agit d'un ordre d'INSECTES qui est en fait le plus grand ordre d'organismes vivants. Ils vivent dans une grande variété d'habitats terrestres et aquatiques et exploitent un ensemble diversifié de ressources alimentaires. De trois millions à dix millions d'espèces d'insectes habitent la planète, dont 30 p. 100 à 40 p. 100 sont des coléoptères. Au Canada, on en a déjà rapporté 6750 espèces, et l'on estime à 2400 le nombre d'espèces encore non répertoriées. Parmi les 143 familles reconnues de coléoptères, 112 sont connues au Canada, représentant les 4 sous-ordres d'espèces modernes: les archostémates, les myxophages, les adéphages et les polyphages.

Les coléoptères familiers incluent les scarabés (symbole sacré de l'Égypte ancienne), les charançons, les cicindèles, les carabes, les méloés, les hannetons et les chrysomèles. Les coléoptères sont bien représentés parmi les FOSSILES, les plus anciens remontant au permien supérieur (il y a 256 millions d'années à 250 millions d'années). Des représentants des quatre sous-ordres actuels ont été trouvés dans des dépôts du trias inférieur (il y a 250 millions d'années à 244 millions d'années). Il est difficile de définir précisément un groupe aussi diversifié, mais la plupart des coléoptères partagent les caractéristiques suivantes.

Reproduction et développement Ils subissent une métamorphose complète, c.-à-d. caractérisée par la succession d'un œuf, d'une larve, d'une nymphe ou pupe et d'un adulte, aux traits distinctifs.

Morphologie Les larves et les adultes ont généralement des pièces buccales broyeuses. Les adultes ont deux paires d'ailes. Les ailes antérieures durcies et cornées (élytres) se juxtaposent parfaitement en suivant une ligne droite sur l'animal au repos et recouvrent les ailes postérieures membraneuses fonctionnelles. Chez certaines espèces, les ailes membraneuses sont réduites ou absentes. Le corps de l'adulte est généralement dur; les antennes variant de très courtes à très longues comptent normalement 11 segments ou moins. Le premier segment du thorax est articulé librement, et sa plaque dorsale élargie ressemble à un bouclier. Leur taille varie entre 0,25 mm et plus de 10 cm.

La plupart des espèces canadiennes sont brunes ou noires, mais une très grande gamme de couleurs et de motifs sont possibles. Leurs couleurs peuvent résulter de l'interaction de la lumière avec la microstructure superficielle de la cuticule (revêtement cireux), ce qui produit des verts et des bleus métalliques, ou de la présence de pigments dans la cuticule, ce qui donne des oranges, des rouges, des jaunes et autres couleurs.

Répartition Le nombre d'espèces de coléoptères diminue considérablement avec la latitude: seulement 300 à 400 espèces habitent l'Arctique canadien. Au Canada, cet ordre d'insectes n'est vraisemblablement pas le plus diversifié, mais ses représentants occupent des habitats extrêmement variés et se rencontrent partout, sauf dans les îles arctiques les plus nordiques du Canada.

Régime alimentaire Étant donné que leur mobilité est souvent limitée, l'habitat des espèces est souvent défini par la présence de leur ressource alimentaire. Les espèces de plusieurs familles sont principalement phytophages, c.-à-d. qu'elles se nourrissent de matière végétale. Plusieurs sont prédatrices, se nourrissant d'Invertébrés. D'autres sont parasites ou parasitoïdes, certaines parasitant des Vertébrés. Plusieurs espèces se nourrissent de charognes, d'excréments ou de pollen. Les larves et les adultes de certaines espèce utilisent la même ressource, mais dans certains cas, les larves ont des habitudes remarquablement différentes des adultes qui utilisent une autre ressource ou ne se nourrissent pas.

Relations avec les humains Les coléoptères ont une très grande importance économique, puisqu'ils incluent plusieurs des espèces d'insectes les plus nuisibles (*voir* INSECTES NUISIBLES) que l'on connaisse. Plusieurs espèces ravagent les produits domestiques ou entreposés (p. ex., l'anthrène des tapis, diverses espèces de ténébrions et la calandre des grains). Les espèces phytophages ravagent les plantes cultivées, et il en existe qui s'attaquent pratiquement à toutes les CULTURES. Les perceurs de bois s'attaquent à presque toutes les espèces d'ARBRES et d'arbustes (p. ex., les scolytes, le bupreste du pommier et la saperde du peuplier).

D'autres espèces sont des vecteurs de maladie: la maladie hollandaise de l'orme est causée par un champignon transmis par le scolyte de l'orme. Les coléoptères s'attaquent rarement directement aux humains et aux animaux domestiques. Dans de rares cas cependant, des animaux domestiques comme les chevaux peuvent mourir après avoir ingéré du foin contenant des méloés, dont plusieurs espèces contiennent une toxine qui provoque des plaies au contact avec la peau.

Certaines espèces sont bénéfiques. Plusieurs coléoptères prédateurs se nourrissent d'insectes nuisibles, p. ex. les coccinelles dont certaines ont été introduites comme agents de lutte biologique contre les PUCERONS et les COCHENILLES qui s'attaquent aux cultures. Des familles telles que les carabidés et les staphylinidés contiennent des centaines d'espèces qui se nourrissent d'insectes nuisibles et qui limitent ainsi leurs populations.

Certaines espèces que l'on considère grandement bénéfiques à un stade de leur vie peuvent être nuisibles à un autre stade (p. ex., les larves de certaines espèces de méloés se nourrissent d'œufs de sauterelles (*voir* CRIQUET), mais les adultes phytophages ravagent les LÉGUMINEUSES et d'autres plantes). D'autres espèces de coléoptères ont une importance considérable comme pollinisateurs ou aident à la décomposition d'organismes morts ou de déchets organiques.

Beverly Campbell et J.M. Campbell

Colibri Nom commun qui désigne la famille des *Trochilidae* qui compte 341 espèces, toutes du Nouveau Monde. C'est une des familles d'oiseaux les plus diversifiée comprenant l'oiseau reconnu comme étant le plus petit de tous, le colibri héloïse (*Atthis heloisa*) qui pèse 2 g. Ce groupe d'oiseaux comprend des individus présentant une variété étonnante de grandeurs, de formes, de couleurs et de plumages, en particulier chez les mâles. En vol, l'extrême rapidité du battement de leurs ailes émet un bourdonnement (d'où le nom vernaculaire d'oiseau-mouche ou *hummingbird* en anglais). Ils sont les seuls oiseaux à pouvoir planer et à voler de reculons. Ils puisent leur énergie dans le nectar des fleurs. Les petits insectes leur fournissent les protéines nécessaires à leur croissance. Le métabolisme du colibri est très rapide. Se nourrissant du nectar d'environ 1000 fleurs par jour, il dépense quotidiennement presque la moitié de son poids en sucre. Pendant la nuit et durant les périodes de mauvais temps, certaines espèces tombent dans un état semi-conscient afin de préserver leur énergie. Quatre espèces nichent au Canada. Le colibri à gorge rubis (*Archilochus colubris*) est la seule espèce existant à l'est du Canada. Le colibri à gorge noire, le colibri calliope et le colibri roux (*A. alexandri, Stellula calliope, Selasphorus rufus,* respectivement) nichent uniquement dans l'ouest du Canada, les deux premiers qu'à de rares endroits en régions montagneuses. Les espèces canadiennes nichent dans les arbres, pondant deux œufs blancs. On peut attirer les colibris dans nos jardins en y faisant pousser des fleurs à larges corolles ou en disposant des flacons d'eau sucrée aux alentours. On peut même les inciter à se percher sur un doigt humain pendant qu'il se nourrissent à un abreuvoir.

Jean-Luc Desgranges

Colicos, John, acteur (Toronto, 10 déc. 1928). Colicos interprète des rôles classiques et contemporains sur toutes les grandes scènes d'Angleterre, des États-Unis et du Canada. C'est au Montreal Repertory Theatre qu'il joue son premier rôle en tant qu'acteur professionnel. En 1951, il remporte le prix du meilleur comédien au FESTIVAL NATIONAL D'ART DRAMATIQUE (aujourd'hui Théâtre Canada). Il fait partie de la Old Vic Company en Angleterre, puis, en 1956, il entreprend une carrière à New York. Il y interprète le rôle d'Edmund dans *King Lear* (v.f. *Le Roi Lear*) d'Orson Welles au City Center Theatre, et joue dans *The Devils*, au Broadway Theatre. En 1957, il se joint au American Shakespeare Festival de Stratford, au Connecticut. Il y reste deux saisons pendant lesquelles il interprète les rôles de Laertes dans *Hamlet*, de Leontes dans *A Winter's Tale* (v.f. *Un Conte d'hiver*), de Lysander dans *A Midsummer Night's Dream* (v.f. *Le Songe d'une nuit d'été*), et de Gratiano dans *The Merchant of Venice* (v.f. *Le Marchand de Venise*). De 1961 à 1964, Colicos joue les rôles-titres de *King Lear*, de *Timon of Athens* (v.f. *Timon d'Athènes*) et de *Cyrano de Bergerac* au FESTIVAL DE STRATFORD.

Il se distingue par l'intensité et la puissance de son interprétation dans les rôles de Musgrave dans *Sergeant Musgrave's Dance*, une pièce de John Arden, et de Winston Churchill dans *Soldiers*, une pièce de Rolf Hochhuth. De plus, il joue dans de nombreuses dramatiques télévisées et de nombreux films. Les rôles de Lord Beaverbrook au réseau anglais de Radio-Canada (1976) et de Thomas Cromwell dans le film *Anne of a Thousand Days* (1971; v.f. *Anne des Mille jours*) lui valent les louanges de la critique. Il joue aussi dans *Drum*

(1976), *The Changeling* (1980; v.f. *L'Enfant du diable*), *The Postman Always Rings Twice* (1981; v.f. *Le Facteur sonne toujours deux fois*) et *Nowhere to Hide* (1987; v.f. *Pris au piège*).

James Defelice

Colin Nom commun donné à un groupe d'oiseaux du Nouveau Monde appartenant à la famille des odontophoridés, une famille indigène à l'Amérique. Les colins sont sédentaires et certains sont adaptés aux habitats désertiques, ce qui leur permet de survivre indéfiniment sans eau à condition qu'ils aient des plantes grasses à manger. On retrouve aussi, dans l'Ancien Monde, un groupe de gallinacés appartenant à la famille des phasianidés qu'on désigne également sous le nom de *Quail* en anglais, mais plutôt sous le nom de caille en français. On nomme ainsi les oiseaux du genre *Coturnix*, dont la caille des blés (*Coturnix coturnix*, qui ressemble à une poule et qui effectue des migrations saisonnières en se déplaçant en bandes importantes. Elle a longtemps constitué une source de nourriture importante pour les humains, entre autres pour les Israélites vivant dans la nature.

Répartition Au Canada, on rencontre trois espèces de colins. Le colin de Californie (*Callipepla californica*) et le colin des montagnes (*Oreortyx pictus*) vivent dans les régions plus douces du sud de la Colombie-Britannique. La plus connue des espèces, le colin de Virginie (*Colinus virginianus*), habite le sud de l'Ontario où il est indigène. Au Canada, il est classé dans la catégorie des oiseaux en danger de disparition. Aux États-Unis, il s'agit du GIBIER À PLUME le plus convoité par les chasseurs. Des tentatives d'introduction du colin de Virginie dans plusieurs régions du Canada méridional ont été tentées sans succès. Contrairement aux deux autres espèces, il n'a pas de huppe sur le dessus de la tête. (*Voir aussi* ANIMAUX EN VOIE DE DISPARITION.)

S.D. MacDonald

Collaborateur bénévole Ce terme désignait, pendant la Seconde Guerre mondiale, les cadres d'entreprises privées travaillant bénévolement dans la fonction publique fédérale, à Ottawa, notamment pour le ministère des MUNITIONS ET DES APPROVISIONNEMENTS et pour la COMMISSION DES PRIX ET DU COMMERCE EN TEMPS DE GUERRE. Leur employeur versait leur salaire et le gouvernement fédéral couvrait leurs frais de séjour.

J.L. Granatstein

Collection McMichael d'art canadien Unique galerie publique à se consacrer exclusivement à l'art canadien. Elle comprend plus de 5000 œuvres, dont plus de 70 p. 100 proviennent de dons de collectionneurs privés. On y trouve entre autres des peintures de Tom THOMSON, et des membres du GROUPE DES SEPT et de leurs contemporains. Des œuvres d'ancêtres indiens, inuits et métis y sont aussi représentées (*voir* ART AUTOCHTONE), de même que celles d'artistes modernes et contemporains ayant contribué au patrimoine artistique canadien.

La collection McMichael offre aux visiteurs une occasion unique d'apprécier des peintures de paysages canadiens dans un environnement semblable à celui où elles ont été créées. En effet, la galerie se trouve au milieu d'une terre protégée de 100 acres, étalée à l'intérieur d'un complexe de petites galeries et de halls d'exposition intimes, construits en pierre des champs et en rondins taillés à la main. Les grandes fenêtres, allant du plancher au plafond et installées à des endroits stratégiques le long du parcours, permettent aux visiteurs qui se promènent d'une galerie à l'autre de ne pas perdre de vue les forêts denses de la vallée de la rivière Humber.

Le musée d'art doit son originalité à ses fondateurs, Robert et Signe McMichael, qui ont voulu se construire une retraite afin d'être entourés des beautés de la nature, tant à l'intérieur de leur maison qu'à l'extérieur. En 1951, les McMichael achètent 10 acres de terre appartenant au village de Kleinburg, en Ontario, et y construisent une jolie maison de style

pionnier qu'ils appellent *Tapawingo* (mot indien signifiant «endroit de joie»).

L'expansion de la collection L'amour qu'éprouvent les McMichael pour l'environnement dans lequel ils vivent les mènent à s'intéresser aux peintures de Tom Thomson et des membres du Groupe des Sept. En 1955, ils achètent leur première peinture, un tableau de Lawren HARRIS intitulé *Montreal River*, pour la somme de 250 $.

Leur collection se développe par la suite, de sorte que quelques années plus tard, ils possèdent des œuvres de Tom Thomson, de Arthur LISMER, de J.E.H. MACDONALD, de Frederick VARLEY, de Franklin CARMICHAEL, de A.Y. JACKSON, de A.J. CASSON, de Lionel LeMoine FITZGERALD, d'Edwin HOLGATE, d'Emily CARR, de David MILNE ainsi que de nombreuses autres œuvres d'artistes indiens et inuits du Canada.

Les McMichael connaissent personnellement six des dix artistes du Groupe des Sept pendant son existence de 1920 à 1932. A.J. Casson, Frederick Varley, Arthur Lismer et Edwin Holgate visitent le village de Kleingurg (A.J. Casson et son épouse remplacent souvent les McMichael lorsqu'ils sont absents de la ville). A.Y. Jackson vit pendant six ans avec les McMichael et possède le titre d'artiste en résidence à la galerie.

October Gold Plusieurs des acquisitions de la galerie proviennent de dons des artistes ou de leurs héritiers. En 1957, les McMichael achètent le célèbre *White Pine* de A.J. Casson. En 1971, la sœur de Tom Thomson leur vend un petit tableau de celui-ci, intitulé *Wildflowers*. En 1963, la veuve de Franklin Carmichael leur vend une grande toile de son mari, intitulée *October Gold*.

Mount Lefroy, l'une des peintures importantes représentant des paysages de montagnes de l'artiste Lawren Harris, est d'abord prêtée aux McMichael. Ces derniers l'achètent ensuite grâce aux fonds d'un héritage légué par la veuve de l'artiste. La cabane de Tom Thomson, une toute petite maison en bois dans laquelle l'artiste passait ses hivers au Rosedale Ravine de Toronto, est achetée par les McMichael en 1962. On la retrouve aujourd'hui sur le site de la galerie d'art.

Au fur et à mesure que se développe leur collection, les McMichael ajoutent des bâtiments en pierre des champs et en rondins sur le terrain, de sorte que la surface d'exposition finit par couvrir 10 000 pi². Pendant plusieurs années, ils ouvrent régulièrement leur maison et leurs salles d'exposition au public les fins de semaine. Voyant la foule augmenter de plus en plus, ils cherchent un moyen de rendre la galerie accessible de façon permanente. En 1965, à la suite de longues négociations avec le gouvernement ontarien, ils donnent leur propriété, leur maison et les 177 peintures au gouvernement de l'Ontario qui, en retour, s'engage à assurer l'entretien des bâtiments et du terrain et à conserver pour toujours l'esprit de leur collection.

Une importante institution culturelle Depuis, le gouvernement fédéral, de même que certaines entreprises et certains citoyens, se sont joints aux McMichael et à la province de l'Ontario pour assurer le développement de cette importante institution consacrée à l'appréciation des œuvres d'artistes canadiens. La collection de peintures du Groupe des Sept et d'œuvres d'art indien et inuit que les McMichael ont donnée à l'Ontario s'est développée et représente aujourd'hui l'une des plus importantes au pays. Les bâtiments originaux en pierre des champs et en rondins ont subi plusieurs agrandissements, de sorte qu'ils couvrent maintenant une superficie de 80 000 pi², comprenant 14 galeries, un restaurant et une boutique de cadeaux. L'allure et l'ambiance ont été conservées, de même que les murs en rondins et en bois de grange, les foyers en pierre des champs et les immenses fenêtres offrant une vue sur les paysages qui ont inspiré les peintures exposées à l'intérieur des galeries.

Une vitalité et un charme soutenus Aujourd'hui, les activités d'acquisition et d'exposition continuent de se centrer sur les réalisations du Groupe des Sept et de leurs contemporains, et sur celles des artistes indiens, inuits et métis. Toutefois, au cours des dernières années, pour entretenir sa vitalité et maintenir l'intérêt d'un nombre sans cesse croissant de visiteurs, la galerie a élargi l'éventail de ses acquisitions et de ses expositions temporaires en ajoutant à l'occasion à son horaire des expositions d'envergure nationale et parfois internationale. Elle présente souvent lors d'expositions annuelles spéciales des œuvres contemporaines de peintres, de sculpteurs, de photographes, d'artistes du folklore, et des productions vidéo ou cinématographiques. Plusieurs de ces expositions font le tour du pays ou partent à l'étranger.

De plus, comme complément à ses expositions permanentes et temporaires, la galerie présente un éventail d'activités culturelles et artistiques. Ces activités comprennent entre autres des cours d'art pour enfants et pour adultes, des conférences, des visites guidées, des films, des lectures de contes, une programmation pour les jours de fête, une série de concerts de musique classique et populaire, et un programme d'artistes en résidence.

La collection McMichael, dont le mandat consiste à développer «un musée prééminent voué à l'exploration de l'expression artistique en évolution au Canada», offre aux visiteurs une occasion unique de découvrir l'insaisissable identité nationale telle que perçue par les générations actuelles et passées d'artistes visuels canadiens.

Collectivisme Ensemble d'idéologies et de mouvements politiques, sociaux et religieux qui soutiennent que l'homme est un être coopératif de nature et non compétitif. Dans l'histoire canadienne, le collectivisme emprunte plusieurs formes. La colonisation force les habitants à travailler ensemble lors des corvées de construction de bâtiments et de routes et les oblige à unir leurs forces pour surmonter l'adversité. Les années de colonisation sont donc marquées par l'aide mutuelle autant que par l'individualisme. Sur le plan intellectuel, le collectivisme a de nombreuses et diverses racines. Les Canadiens français, les LOYALISTES et de nombreux immigrants du XIXe siècle rejettent la philosophie libérale et individualiste du XVIIIe siècle très en vogue aux États-Unis.

Alors que les maux sociaux découlant de l'industrialisation et de l'urbanisation se répandent à la fin du XIXe siècle, bon nombre de Canadiens voient la source du problème dans un excès d'individualisme. Les premiers mouvements ouvriers, les associations de fermiers telles que la Grange et les Patrons of Industry, les groupes qui préconisent la réforme des Églises (*voir* MOUVEMENT SOCIAL GOSPEL) et même les groupes professionnels préconisent la protection collective contre les changements de l'époque.

En politique, les idées collectivistes sont vigoureusement défendues par une succession de partis socialistes depuis la fin du XIXe siècle. Au XXe siècle, le NOUVEAU PARTI DÉMOCRATIQUE (successeur de la CO-OPERATIVE COMMONWEALTH FEDERATION) et le PARTI COMMUNISTE sont les principaux adeptes du collectivisme. Les institutions les plus idéalistes du MOUVEMENT COOPÉRATIF préconisent une restructuration économique de la société fondée sur le collectivisme.

Plusieurs groupes religieux et d'immigrants, tels que les MENNONITES, les HUTTÉRITES et les DOUKHOBORS, fondent leurs communautés sur des principes collectivistes. Des groupes d'Anglais, d'Écossais et de Finlandais établissent également des communautés collectivistes, surtout dans les Prairies et sur la côte ouest. Au cours des années 1960, des centaines de jeunes fondent des communes. Bien que rarement perçu comme une force importante dans l'histoire du Canada, le collectivisme – instinctif ou délibérément structuré – a été communément avancé comme une réponse et un remède aux problèmes contemporains.

Ian MacPherson

Collège classique Il est unique au Canada francophone. Il a préparé pendant des siècles l'élite sociale et intellectuelle du Québec aux études supérieures. Le premier collège classique, le COLLÈGE DES JÉSUITES, est fondé en Nouvelle-France en 1635 par les missionnaires jésuites. Bien que le collège n'ait pas survécu à la conquête britannique de 1760, son héritage est resté. À la fin du XIXᵉ siècle, il y a 19 collèges classiques au Canada français, tous réservés aux garçons. Le premier collège classique pour les filles est fondé en 1908. En 1966-1967, il y a un nombre record de 98 collèges classiques au Québec. À peine quelques années plus tard, une grande réforme du système d'éducation fait disparaître la quasi-totalité de ces écoles privées dans lesquelles il faut payer des frais d'inscription. Les collèges classiques perdent ainsi leur identité au profit de nouvelles institutions, les CEGEPS.

Jusqu'à leur disparition, les collèges classiques demeurent, pour les étudiants canadiens-français, la seule porte d'entrée aux études universitaires. La plupart des collèges offrent un programme de huit ans, divisé en deux étapes de quatre années chacune: d'abord une formation secondaire et ensuite une formation collégiale équivalente au baccalauréat ès arts offert dans les universités francophones. À la fin de ses études, l'étudiant reçoit un B.A. qui lui permet de s'inscrire à l'université.

Puisque la direction et le personnel enseignant des collèges sont des membres du clergé catholique, le programme s'inspire beaucoup de religion et de littérature. À l'instar des premiers collèges de tradition jésuite, les étudiants y apprennent le latin, le grec, les auteurs anciens, les langues modernes, la philosophie, les mathématiques et la religion. On considère que ces disciplines favorisent le développement intellectuel et spirituel de l'étudiant.

Roger Magnuson

Collège communautaire Ce type d'établissement scolaire public de niveau postsecondaire offre un grand choix de programmes aux diplômés du secondaire et aux adultes qui souhaitent parfaire leurs études ou leur formation professionnelle. L'offre de programmes dans les collèges varie selon le système provincial. Elle peut comprendre certains programmes de baccalauréat dans des domaines théoriques ou appliqués, des cours techniques ou professionnels visant l'obtention de diplômes ou de certificats, la formation professionnelle et l'apprentissage, des cours de perfectionnement et de rattrapage pour adultes, des cours de langue anglaise et de nombreux cours de formation continue pour adultes non porteurs de crédits ou unités.

Diversité Si l'organisation, la gestion et les programmes des collèges peuvent varier selon la province ou le territoire, tous les systèmes partagent certains objectifs: facilité d'accès, ouverture aux besoins d'éducation et de formation des populations locales, capacité à s'adapter aux besoins changeants des étudiants, engagement ferme à offrir un enseignement de qualité, frais de scolarité inférieurs à ceux des universités et importance des services de soutien aux étudiants. On s'y inscrit pour des raisons diverses. Ceux qui souhaitent continuer leurs études à l'université peuvent y obtenir des crédits (unités) équivalant à deux années avant leur passage à l'institution supérieure. D'autres cherchent à acquérir une compétence menant à l'emploi. Enfin, de nombreux étudiants choisissent le collège pour améliorer leurs compétences générales, se recycler en vue d'une nouvelle profession ou d'un nouveau métier, ou simplement enrichir leur vie au moyen de l'éducation.

Les collèges communautaires offrent des possibilités d'études à temps partiel, dont des cours de fin de semaine et du soir adaptés aux contraintes du travail et du mode de vie des étudiants. Si la majorité des collèges sont établis dans des centres urbains,

nombre d'entre eux ont créé des campus satellites dans des locaux moins formels, comme les sous-sols d'églises ou les centres communautaires.

Programmes Depuis toujours, les collèges de la Colombie-Britannique et de l'Alberta offrent des programmes scolaires menant à l'université. En outre, depuis 1993, certains collèges de ces provinces sont autorisés à offrir des programmes d'études classiques ou appliquées donnant droit à un diplôme. Les collèges de la Saskatchewan sont très près de la collectivité et offrent de nombreux programmes de formation continue dans des domaines liés aux loisirs et à la culture.

Les collèges du Manitoba, de l'Ontario, du Nouveau-Brunswick, de l'Île-du-Prince-Édouard, de la Nouvelle-Écosse, du Yukon et des Territoires du Nord-Ouest privilégient la formation professionnelle et le perfectionnement des adultes. Ils sont nombreux à accorder une attention particulière aux besoins des chômeurs, des minorités ethniques et des autochtones. Les collèges de Terre-Neuve offrent un vaste choix de programmes dont certains mènent aux études universitaires.

Au Québec, les collèges d'enseignement général et professionnel (CEGEP) ont été créés pour servir d'instruments de changement sociopolitique à la suite de la Révolution tranquille. Le cégep y est un passage obligatoire entre les études secondaires et universitaires. Les étudiants s'inscrivent au collège après 11 ans de scolarité. Ils choisissent entre la préparation aux études universitaires et l'enseignement technique visant l'emploi.

Nombre de collèges Il existe environ 140 établissements publics au Canada qui répondent aux critères des collèges communautaires, mais leur nombre évolue au gré des fusions entre établissements et de la création de nouveaux établissements. On en compte environ 45 au Québec, 25 en Ontario, 15 en Colombie-Britannique, 10 en Alberta, 6 en Saskatchewan et 1 à l'Île-du-Prince-Édouard. Officiellement, il n'en existe qu'un seul au Nouveau-Brunswick et en Nouvelle-Écosse (mais dans le premier cas on dénombre 9 campus importants et dans l'autre, 18), 6 à Terre-Neuve, un au Yukon et 2 dans les Territoires du Nord-Ouest.

Association nationale En 1970, les professeurs de collège et les gouvernements partout au Canada ont créé l'Association des collèges communautaires du Canada (ACCC). Cette organisation, dont le siège est à Ottawa, s'est dotée d'un bureau international important qui gère les services d'enseignement collégial dans de nombreux pays. Y participent des représentants des conseils d'administration, du personnel administratif et pédagogique et des étudiants.

Financement Selon Statistique Canada, les dépenses relatives aux collèges communautaires et aux instituts universitaires de technologie étaient de près de quatre milliards de dollars en 1992, ces chiffres étant d'ailleurs les plus récents. Le budget de ces institutions comprend des subventions fédérales et provinciales ainsi que les frais de scolarité. Les étudiants à temps plein du Québec ne payent cependant pas de frais de scolarité.

Inscriptions En 1993, sur environ 350 000 étudiants inscrits à temps plein au collégial et plus de 200 000 étudiants à temps partiel, on comptait 25 000 étudiants étrangers. En 1991, les collèges ont décerné plus de 800 000 diplômes. Tous statuts confondus, les étudiantes étaient majoritaires. Toujours en 1991, on comptait environ 25 000 enseignants à temps plein et 200 000 enseignants à temps partiel, dont plus d'un tiers de femmes. Le personnel de soutien et le personnel administratif se chiffrait à environ 10 000; plus de 1500 citoyens siégeaient aux conseils d'administration et 8000 représentants du monde des affaires et de l'industrie, aux comités consultatifs.

Administration Les collèges communautaires du Canada sont l'œuvre des gouvernements provinciaux et territoriaux qui en ont la responsabilité ultime. Si,

d'après la constitution, le gouvernement fédéral n'a pas de pouvoirs directs en matière d'éducation, depuis 1960, une série de lois fédérales lui permet d'offrir un soutien financier à la formation professionnelle et au perfectionnement au niveau collégial. Ces dernières années, avec l'introduction de la Planification de l'emploi, le gouvernement fédéral a alloué des sommes importantes au secteur privé, partenaire des collèges dans le cadre de la formation professionnelle.

Dans toutes les provinces, sauf le Nouveau-Brunswick et la Nouvelle-Écosse, les collèges sont administrés par un conseil nommé par le gouvernement. Parfois, le personnel pédagogique et de soutien et les étudiants sont représentés au sein du conseil. Dans une seule province, la Colombie-Britannique, la participation des enseignants est prévue par la loi, dans le cadre d'un conseil d'enseignement, structure qui se rapproche du conseil d'université. Ailleurs, le personnel enseignant joue un rôle consultatif.

Conclusion Au cours de la deuxième moitié des années 90, les collèges canadiens sont confrontés à de nombreux défis: réduction du soutien financier des gouvernements fédéral et provinciaux; exigences accrues sur le plan de la responsabilité par l'évaluation des résultats; pressions liées à l'évolution des attentes des étudiants et du secteur privé, qui exigent des programmes d'études plus pertinents; concurrence des établissements de formation privés; besoin de compétences accrues liées à l'information découlant de la mondialisation de l'économie.

John D. Dennison

Collège d'enseignement général et professionnel (CEGEP) Les premiers collèges communautaires québécois de formation générale et professionnelle, connus en français et en anglais par l'acronyme CEGEP, ouvrent leurs portes en 1967. Le projet de loi 21, qui crée ces institutions, enjoint aussi l'État de mettre sur pied la commission de l'enseignement collégial au sein du Conseil Supérieur de l'Éducation. Le mandat de cette commission est de fournir au ministre de l'Éducation des avis sur l'enseignement collégial.

Quelques années plus tôt, en 1962, la Commission royale d'enquête sur l'enseignement dans la province de Québec (commission Parent) avait proposé la mise sur pied d'un ordre d'enseignement nouveau et original, au-delà du secondaire, d'une durée de deux ou trois ans et complet en lui-même, clairement distinct tant de l'enseignement secondaire que de l'enseignement universitaire. Il était prévu que le programme collégial de deux ans préparerait aux études universitaires, et que les programmes de trois ans seraient professionnels et terminaux, menant au marché du travail dans des secteurs d'emplois de techniciens supérieurs. Les cégeps, du moins l'espérait-on au départ, devaient contribuer à hausser le niveau de scolarité de la population et répondre à une forte demande de scolarité. Ils devaient aussi améliorer la qualité de la formation professionnelle des techniciens en intégrant celle-ci dans une institution d'enseignement pluridisciplinaire et polyvalente. Enfin, ils devaient rapatrier de l'université toute formation considérée comme non universitaire, permettant ainsi à cette dernière de se consacrer à des formations plus spécialisées et au développement de la recherche.

La réforme scolaire des années 60 était guidée par les principes de démocratisation et d'égalité des chances, de pluralisme des humanismes et d'adaptation aux réalités et défis d'une société urbaine et industrielle avancée. Les cégeps, institutions d'enseignement publiques et gratuites, et au même titre les écoles secondaires polyvalentes, étaient considérés comme des pièces maîtresses de cette réforme.

Le nombre de cégeps a augmenté rapidement, passant de 5, en 1967, à 49 en 1999. Parmi les institutions dispensant une forme ou l'autre d'enseignement collégial, on recensait 49 cégeps publics (dont 7 anglophones) et 50 institutions privées (subventionnées). En 1997-1998, 230 892 étudiants à temps plein et à temps partiel, aux origines sociales assez diversifiées, jeunes et adultes, étaient inscrits dans le réseau collégial (MEQ, 1999). Au sein de cette population étudiante, 12 445 fréquentaient une institution privée, soit 12% (MEQ, 1999). L'accessibilité aux études collégiales est relativement grande; en 1997-1998, 58% poursuivaient des études dans une filière d'enseignement ordinaire et collégial. Cependant, la même année, seulement 39% d'une cohorte en sortait avec un diplôme (MEQ, 1999). Les réseaux francophone et anglophone employaient 9877 enseignants dont 8052 permanents pour les seuls cégeps francophones (MEQ, 1999). En 1998-1999, les cégeps tiraient 82% de leur budget de fonctionnement de subventions gouvernementales, leurs dépenses de fonctionnement atteignant la même année, 1244 milliards (MEQ, 2000). Chaque collège comprend à son sommet un conseil d'administration où siègent des enseignants, des parents, des étudiants, des représentants du gouvernement et de la communauté locale et régionale, ainsi que des administrateurs de l'établissement. La présence de représentants de la communauté locale et régionale est significative: elle illustre la mission des cégeps dans le développement économique régional, ses relations avec les conseils économiques régionaux et sa contribution au maillage avec les industries et les PME, dont l'importance a été et est toujours très grande, pour le maintien et la croissance de l'emploi au Québec, en dehors des grands centres urbains de Montréal et de Québec.

Les cégeps offrent six programmes préuniversitaires: sciences de la santé, sciences pures, sciences appliquées, sciences humaines, sciences administratives, arts et lettres. Le réseau offre aussi environ 140 programmes de formation professionnelle regroupés en cinq grandes catégories: techniques biologiques, techniques physiques, techniques humaines, techniques administratives et techniques artistiques. Un programme comprend normalement des cours obligatoires (langue et littérature, philosophie et éducation physique), des cours de concentration (centrés sur un thème) dans un programme préuniversitaire ou de spécialisation dans un programme professionnel et des cours complémentaires. Les étudiants qui terminent et réussissent leurs études reçoivent du ministère de l'Éducation, sur recommandation de l'établissement qu'ils ont fréquenté, un diplôme d'études collégiales (DEC).

Au cours des années 60 et 70, les institutions d'enseignement postsecondaire, au Québec, comme ailleurs dans le monde, connaissent une période tumultueuse, marquée par une forte contestation de l'autorité et de l'enseignement magistral. Ce climat contestataire ainsi que le radicalisme sociopolitique du syndicalisme enseignant engendrent un certain malaise au sein de la population québécoise à l'endroit de l'enseignement collégial.

Le développement et la croissance des cégeps s'accompagnent d'un débat en quelque sorte permanent sur leur mission et leur spécificité, leur structure de pouvoir et l'organisation des études. Ce questionnement mené, pour l'essentiel, de l'extérieur des collèges, de leurs instances et hors la présence des acteurs concernés, nourrit le Rapport Roquet sur le régime pédagogique collégial (1970), le Rapport Nadeau sur les besoins des étudiants (1975), le Livre blanc sur l'enseignement collégial du ministère de l'Éducation (1980), ainsi que la Réforme Robillard (1993). Le Rapport Roquet recommande des changements dans l'Organisation des études afin que tout étudiant soit tenu de suivre et réussir des cours de mathématiques, de sciences naturelles, de sciences humaines (philosophie, littérature, langues maternelle et seconde), de technologie et d'éducation physique. De son côté, dans le livre blanc de 1980, le gouvernement affirme son intention de rendre obligatoires des cours d'histoire et d'économie du Québec, ainsi que la plupart des matières indiquées dans le Rapport Roquet. Cependant, il faut attendre les années 90 et les changements dans les programmes initiés par la ministre Robillard pour voir le cursus de l'enseignement collégial quelque peu modifié.

En 1979, le gouvernement crée le Conseil des Collèges. Au cours des années 90, pour des raisons budgétaires, ce Conseil, tout comme son pendant universitaire, est aboli et remplacé par une Commission de l'évaluation des collèges, dont le mandat est de soutenir les institutions dans leur démarche d'évaluation institutionnelle.

Au cours des années 90, les cégeps connaissent des changements importants: une clientèle plus diversifiée, notamment au sein du réseau collégial francophone et montréalais, associée aux effets de la loi 101 et à une immigration aux visages multiples; la réforme Robillard modifiant l'éventail des cours obligatoires, resserrant les exigences de réussite pour les étudiants, ainsi que le développement d'une approche dite par programme et une refonte du contenu des études axée sur l'approche par compétences, notamment dans les secteurs techniques; une forte concurrence entre les institutions, exacerbée par la publication de palmarès des collèges dans les médias parallèlement à une certaine stagnation démographique et des coupures budgétaires importantes; l'introduction des nouvelles technologies de communication et le renouvellement du corps professoral. Des préoccupations récentes à propos de la rationalisation du réseau ont été aussi à l'avant-scène, notamment en ce qui concerne les options professionnelles offertes, une meilleure articulation tant avec l'ordre secondaire qu'avec l'université, l'évaluation institutionnelle, une meilleure qualité de la formation dispensée, un plus fort taux de réussite (moins d'abandons, plus de persévérance) et une meilleure prise en compte des besoins des adultes. L'avenir des cégeps est lié à la qualité de la réponse que ceux-ci sauront donner à ces multiples et difficiles défis.

A bien des égards, l'avenir des cégeps sera fort probablement marqué par la (re)négociation de leur autonomie, par rapport au ministère de l'éducation prompt, ces dernières années, à prendre des mesures de centralisation de l'organisation des études et de normalisation de l'enseignement, par rapport à la commission d'évaluation, agent d'une forme d'obligation de résultats, et dans le secteur technique, par rapport aux entreprises et aux agents économiques, soucieux d'obtenir des collèges des formations initiales et continues en lien direct avec les impératifs de l'économie du savoir. Sans oublier les rapports avec les universités, tentées de soumettre les programmes préuniversitaires à leurs besoins et leur logique, quitte à intégrer ceux-ci dans un premier cycle universitaire remanié et recentré sur une formation plus large, plus fondamentale ou plus libérale. L'autonomie institutionnelle est toujours relative et d'une certaine manière, le fruit d'un ensemble de rapports sociaux ou de rapports de force. Dans le cas des collèges, elle est inextricablement liée à leur mission institutionnelle, à leur spécificité dans le réseau d'institutions d'enseignement, ainsi qu'à leur capacité d'action collective.

Les cégeps ont rempli au cours des trois dernières décennies un rôle capital dans la démocratisation de l'éducation au Québec (notamment pour les filles), en offrant, sur tout le territoire, une formation postsecondaire non universitaire. Ils ont contribué à la régionalisation des services éducatifs et à l'enracinement régional des formations techniques. Enfin, ils ont été des acteurs importants du développement économique régional et de l'animation culturelle, notamment en dehors des grands centres urbains, et ont permis à un nombre important d'adultes de parfaire leur formation générale ou professionnelle.

Claude Lessard

Collège des Jésuites Durant la contre-réforme, les Jésuites créent des collèges à la grandeur de l'Europe, avant tout pour y attirer la jeunesse chrétienne. À leur arrivée au Canada en 1625, ils reçoivent un don du marquis de Gamaches pour fonder un collège à Québec. Ils ouvrent les portes du collège en 1635 et, 30 ans plus tard, un premier cycle d'études y est en place. En 1668, l'évêque de Québec, Mgr de LAVAL, fonde le SÉMINAIRE DE QUÉBEC pour former de futurs prêtres destinés à son diocèse et envoie ces derniers étudier au Collège des Jésuites, situé tout près. Le Collège de Québec enseigne la théologie et les sciences, de même que les études classiques. En 1708, tout comme c'était déjà le cas dans plusieurs villes côtières de France, les Jésuites ouvrent une école d'hydrographie à Québec, où ils enseignent les mathématiques, l'astronomie et la physique, en vue de préparer les jeunes Canadiens à devenir des navigateurs et des géomètres.

On estime qu'environ 1700 étudiants étudient au Collège de Québec, dont plus de la moitié vient du Petit Séminaire. Ces élèves sont surtout originaires de la région de Québec plutôt que de Montréal. Louis JOLLIET est un des plus célèbres parmi les anciens du collège. Les professeurs viennent tous de la France. Des scolastiques, étudiants en théologie et âgés d'une vingtaine d'années, viennent pendant deux ou trois ans enseigner des cours de grammaire, puis rentrent en France. Les prêtres, eux, viennent quand ils sont dans la trentaine et passent au moins un quart de siècle en Nouvelle-France. Leur rôle alterne entre celui de professeur et celui de missionnaire auprès des autochtones. Certains se consacrent entièrement à l'enseignement. Parmi ces professeurs, le collège compte le père Pierre-François-Xavier de CHARLEVOIX, ancien maître de Voltaire, qui publie à Paris en 1744 *Histoire et description générale de la Nouvelle-France*.

Sur le plan architectural, le collège ressemble à ceux qui sont construits en France après 1640, avec quatre ailes à angle droit formant une cour intérieure. Au début du XVIIIe siècle, on ajoute une chapelle extérieure. En 1759, le collège sert de caserne à l'armée britannique, puis il est détruit pour laisser la place à l'actuel hôtel de ville.

Claude Galarneau

Collège dominicain de philosophie et de théologie Il est fondé à Ottawa en 1909 par l'ordre des Frères prêcheurs du Canada qui le reconnaît comme son *Studium generale*. En mars 1967, la province de l'Ontario lui accorde une charte d'université civile, qui confère à son Conseil académique le droit de décerner des diplômes universitaires en théologie et en philosophie. Il compte 3 départements: études pastorales (à Montréal), philosophie et théologie (tous deux à Ottawa).

G.D. Mailhiot

Collège du Pacifique Lester B. Pearson Situé à Victoria, en Colombie-Britannique, ce collège a été créé en 1974. Il porte le nom de l'ancien premier ministre Lester B. PEARSON qui avait été très impressionné par le projet du United World College dont l'objectif était d'établir un réseau d'écoles et de collèges internationaux partout dans le monde. Cinq autres collèges, situés respectivement au pays de Galles, en Italie, aux États-Unis, à Singapour et au Swaziland, font partie de ce réseau. Les étudiants vivent sur le campus et suivent le programme de baccalauréat international. L'accent est mis sur le service communautaire, car on croit que la compréhension entre les peuples ne se crée pas seulement dans les salles de classe. Les quelque 200 étudiants représentant plus de 60 nations sont triés sur le volet par un comité de sélection dans leur pays d'origine. Chaque année, les frais de scolarité sont entièrement couverts grâce à la générosité des entreprises, des fondations, des bienfaiteurs et des gouvernements.

Kate Mansell

Collège Loyola (*Voir* UNIVERSITÉ CONCORDIA)

Collège militaire royal du Canada (avant 1995: «Royal Military College» ou RMC) Fondé à Kingston en Ontario en 1874. Depuis les années 1970, le RMC offre une formation dans les deux langues. Au moment de son ouverture le 1er juin 1876, le collège, qui compte un personnel formé d'officiers britanniques et d'un civil canadien, accueille 18 cadets. En 1878, la reine Victoria lui accorde le privilège d'utiliser la mention «royal». Le 2 juillet 1880, les élèves de la première promotion obtiennent leurs diplômes. Avant la Première Guerre mondiale, la plupart des anciens cadets choisissent d'exercer des professions civiles surtout en génie. Chaque année, quatre diplômés reçoivent un brevet d'officier pour poursuivre une carrière dans l'armée britannique. Après 1919, le RMC peut compter sur un personnel canadien et le major-général sir Archibald Macdonnell sera le premier Canadien à y occuper le poste de commandant. On exige alors des diplômés qu'ils accomplissent une période de service militaire au sein des forces régulières ou pour la Milice canadienne. On reconnaissait que le cours de génie offert par le RMC permettait d'acquérir les compétences requises pour la pratique de la profession. Certaines universités canadiennes, de même que les barreaux provinciaux, admettaient des diplômés du RMC pour une dernière année d'études avant de leur décerner un diplôme. Durant la Seconde Guerre mondiale, de nombreux anciens cadets détenaient un grade élevé. En 1942, le RMC ferme ses portes mais le ouvre à nouveau en 1948 et constitue l'un des trois collèges militaires canadiens (CMC). À partir de 1954, le Programme de formation des officiers de la Force régulière (PFOR) exige de la part de tous les diplômés des CMC qu'ils obtiennent un brevet d'officier des forces régulières mais, en 1961, on instaure à nouveau un programme court d'intégration à la Réserve. À partir de 1959, le RMC décerne des diplômes et on augmente les cours de niveau supérieur en 1964. Les femmes commencent à y être admises comme étudiantes en 1979. De nos jours, sur le plan administratif, le CMR (sigle français depuis 1995) constitue un maillon de la chaîne des COLLÈGES MILITAIRES ET D'ÉTAT-MAJOR au Canada et il relève du MINISTÈRE DE LA DÉFENSE NATIONALE.

Richard A. Preston

Collège Sheridan Fondé en 1967, il est l'un des 25 collèges créés par le ministère de l'Éducation et de la Formation de l'Ontario. Depuis sa création il y a 28 ans et jusqu'en 1996, le collège a formé 45 000 diplômés dont le taux de placement est de 90 p. 100. Le collège offre actuellement une formation théorique et pratique à 11 000 étudiants à temps plein et à 60 000 étudiants à temps partiel.

Sheridan, réputé pour le dynamisme de sa programmation offerte aux communautés nationales et internationales, offre une formation en animation, en animation par ordinateur, en infographie, en artisanat et design, et en gestion des accidents du sport. Les 171 programmes du collège sont répartis entre 10 écoles: Accès, Arts et design, Administration, Communication et technologie du design, Services communautaires, Formation continue et à temps partiel, Services éducatifs, Entrepreneuriat, Technologie de l'environnement et de la fabrication, et Gestion de l'information.

La mission du collège est de répondre aux besoins divers et croissants en formation dans les domaines de l'éducation, du développement économique et de la formation de la main-d'œuvre.

Mark Mulloy

Collège universitaire C'est un nouveau type d'institution publique d'enseignement postsecondaire au Canada. Comme son nom l'indique, il combine les valeurs traditionnelles et culturelles qu'on trouve à la fois à l'UNIVERSITÉ et au COLLÈGE COMMUNAUTAIRE. Les collèges universitaires doivent ainsi relever un défi, soit celui de se définir une identité qui les distingue à la fois des universités et des collèges.

Origines Le premier collège universitaire a été créé au cours des années 1980 sur l'île du Cap-Breton, en Nouvelle-Écosse, à la suite de la fusion de l'Eastern Nova Scotia Institute of Technology et du Xavier Junior College. Ce dernier était auparavant affilié à l'U. St. Francis Xavier. La nouvelle institution, appelée University College of Cape Breton, devient ainsi une institution publique de formation universitaire, tout en conservant plusieurs des programmes de formation technique de l'ancien institut de technologie.

En 1988, le gouvernement de la Colombie-Britannique permet à cinq collèges communautaires d'offrir des programmes de baccalauréat afin de rendre la formation universitaire plus accessible. Ces cinq institutions, Fraser Valley, Okanagan, Cariboo, Malaspina et Kwantlen, deviennent ainsi des collèges universitaires. Ils offrent d'abord leurs programmes sous l'égide de l'une ou de plusieurs des trois universités de la province, mais obtiennent leur autonomie en 1995.

Une situation semblable se produit en Alberta en 1995, quand le gouvernement annonce que quelques collèges communautaires et institutions de technologie peuvent désormais offrir un certain nombre de programmes appliqués. Bien que ces institutions fonctionnent comme des collèges universitaires, elles n'en prennent pas officiellement le nom.

Programmes Les cinq collèges universitaires de la Colombie-Britannique offrent un vaste éventail de cours et de programmes qui vont de la formation de base des adultes à la récupération scolaire, en passant par les métiers et les programmes techniques, ainsi que la formation universitaire de premier cycle dans des domaines traditionnels ou en sciences appliquées.

Le University College of Cape Breton offre pour sa part un nombre plus restreint de programmes, principalement en commerce et en technologie, ainsi que certains programmes universitaires.

Gestion Les collèges universitaires de la Colombie-Britannique sont gérés par un conseil composé de professeurs, de membres du personnel de soutien et de représentants des étudiants. Un conseil académique composé en majorité de professeurs permet à ces derniers de participer activement au processus de décision. En effet, la structure administrative des collèges universitaires est semblable à celle des universités. Les collèges sont dotés de deux conseils et d'un recteur qui joue le rôle de directeur général siégeant aux deux conseils, mais qui n'a pas droit de vote.

Financement Les collèges universitaires sont financés surtout par le biais de subventions provinciales, de frais de scolarité et de contrats de services. Contrairement aux universités de la Colombie-Britannique, qui reçoivent des subventions en bloc, les collèges universitaires reçoivent une subvention par programme, selon le nombre d'étudiants inscrits. Le University College of Cape Breton est subventionné de la même manière que les universités de la Nouvelle-Écosse.

Conclusion Dans leur quête d'une identité qui les distingue à la fois des universités et des collèges, les collèges universitaires ont plusieurs défis à relever. Ils doivent entre autres définir le rôle des professeurs dans l'enseignement et la recherche, déterminer l'aspect que doivent prendre les programmes de métiers, faire reconnaître la pleine valeur de leurs diplômes et maintenir une cohérence dans la structure de leurs programmes. Ces institutions innovatrices ont été créées afin d'offrir de nouveaux programmes de sciences appliquées à une clientèle étudiante changeante et pour faire face à un environnement économique en pleine évolution.

John D. Dennison

Collèges militaires et d'état-major Les collèges militaires du Canada instruisent et forment des officiers et des élèves-officiers en vue d'une carrière dans les FORCES ARMÉES. Le COLLÈGE MILITAIRE ROYAL DU CANADA (CMRC), ouvre ses portes le 1er juin 1876 à Kingston, en Ontario. Autorisée par la LOI DU SERVICE NAVAL en 1910, l'École navale royale du Canada ouvre ses portes en 1911 à Halifax, en Nouvelle-Écosse. À la suite de l'EXPLOSION DE HALIFAX de 1917, elle est déplacée au CMRC et, en 1918, elle s'installe sur le site de l'ancien chantier naval britannique à Esquimalt, en Colombie-Britannique. Elle ferme ses portes en juin 1922 et, pendant 20 ans, les élèves-officiers sont formés au Royal Naval College à Dartmouth, en Angleterre. Du fait de l'intensification des activités en temps de guerre, le nouveau Collège royal de la Marine du Canada, Royal Roads, ouvre ses portes près d'Esquimalt en 1942. En 1947, il accepte des élèves-officiers de l'armée de l'air puis, en 1948, tout comme le CMR, il devient un établissement ouvert aux trois services des forces armées. En 1952, le Collège militaire royal (CMR) est fondé à Saint-Jean, au Québec, principalement pour desservir une clientèle d'élèves-officiers francophones. Le CMR de Saint-Jean et le Royal Roads ont fermé leurs portes en 1995. Par contre, le CMR de Kingston donne des cours en français et décerne des diplômes universitaires depuis 1959. Depuis 1978, les femmes sont admises aux programmes d'études supérieures du CMR de Kingston et, depuis septembre 1980, des élèves-officiers féminins sont enrôlés dans le Programme de formation des officiers de la Force régulière.

Après l'obtention de son brevet, un officier peut être appelé à poursuivre sa formation et son perfectionnement professionnel par des cours aux écoles ou collèges d'état-major. L'École d'état-major des Forces canadiennes, à Toronto, ouvre ses portes en 1960 sous le nom de Collège d'état-major de l'ARC (affiliée au Air Force College) et donne aux officiers subalternes une formation de base sur les procédures d'état-major aux niveaux de l'administration et de la planification. Le Collège de commandement et d'état-major des forces terrestres canadiennes, à Kingston, fondé au cours de la Seconde Guerre mondiale sous l'enseigne de Collège d'état-major de l'armée canadienne, offre un cours axé sur la tactique dans le commandement opérationnel et les services de l'état-major. Le Collège d'état-major des Forces canadiennes, à Toronto, ouvre ses portes en 1943 sous le nom de Collège d'état-major de l'ARC et prépare les officiers de l'armée de terre, de la marine et de l'aviation à des postes de commandement ou d'état-major au grade de lieutenant-colonel. Le Collège de la Défense nationale, fondé à Kingston en 1947, a offert, jusqu'en 1995, la possibilité aux officiers supérieurs et aux fonctionnaires d'étudier les vastes enjeux liés à la politique nationale et aux affaires internationales. Il est fermé depuis. Ses fonctions ont été reprises par des séminaires de travail de plusieurs semaines, pour les amiraux et généraux, qui se déroulent habituellement à Kingston.

Stephen Harris

Collier, Ronald William, compositeur (Coleman, Alb., 3 juill. 1930). Après son importante contribution en tant que compositeur et trompettiste au mouvement «Troisième courant canadien» lancé par son professeur, Gordon Delamont, à Toronto dans les années 50, il compose pour la radio, la télévision et le cinéma. Ses principales œuvres sont: *The City* (1960), *Hear Me Talkin' To Ya* (1964), *Carneval* (1969) et *Humber Suite* (1973). Ses compositions musicales intitulées *Aurora Borealis* et *Silent Night, Lonely Night* sont enregistrées en 1967, sous sa direction, par Duke Ellington et un orchestre de Toronto. Par la suite, Collier et Ellington écrivent en collaboration, notamment *The River* (1970), pièce enregistrée par Ellington avec l'Orchestre symphonique de Détroit. Collier enseigne au Humber Collège de Toronto de 1974 à 1994 et, durant ce temps, compose et fait des arrangements musicaux à l'intention de groupes instrumentaux et du groupe Boss Brass de Rob MCCONNELL.

Mark Miller

Collin, William Edwin, critique littéraire (Oakenshaw, Angl., 9 mai 1893—London, Ont., 21 déc. 1984). Colin doit sa réputation de critique important à son étude moderniste de neuf poètes canadiens, *The White Savannahs* (1936, réédité en 1975). Il applique à la poésie canadienne les idées d'écrivains tels que T.S. Eliot, sir James Frazer et des symbolistes français. Grand styliste, il rédige aussi une étude de Paul-Jean Toulet, ainsi que de nombreux articles et critiques. De 1941 à 1956, Collin rédige la critique annuelle de la littérature canadienne-française pour la publication du *University of Toronto Quarterly*.

Tracy Ware

Collingwood, ville de l'Ont.; pop. 15 596 (rec. 1996), 14 382 (rec. 1991), 12 172 (rec. 1986); superf. 33,6 km²; const. en 1858; située dans la baie Nottawasaga, à l'extrémité sud de la BAIE GEORGIENNE, à 55 km au nord-ouest de BARRIE. C'est à cet endroit que les HURONS tentent de repousser l'invasion des IROQUOIS en 1649-1650. Les premiers Européens s'y établissent en 1835. Le nom évoque l'amiral Collingwood, second de l'amiral Nelson lors de la bataille de Trafalgar. L'Ontario, Simcoe and Huron Railway qui appartiendra plus tard au Canadien National, est construit en 1855. On trouve à Collingwood plusieurs cavernes pittoresques formées de roche CALCAIRE, ainsi qu'un excellent port arpenté par Sandford FLEMING. Jusqu'en 1986, date à laquelle les chantiers navals ferment, Collingwood est le haut lieu de la construction navale dans la région des Grands Lacs. On y fabrique également des pièces d'auto et des meubles. Cette localité est devenue une station de ski populaire et est renommée pour sa poterie Blue Mountain faite d'argile rouge locale et dont la fabrication est lancée après la Seconde Guerre mondiale par Jozo Weider, un réfugié tchèque.

Daniel Francis

Collins, Enos, marchand, corsaire, banquier (Liverpool, N.-É., 5 sept. 1774—Halifax, N.-É., 18 nov. 1871). Enos est d'abord mousse sur un des bateaux de pêche de son père et, avant même d'atteindre l'âge de 19 ans, il devient capitaine d'un navire commercial. Il se rend aux Antilles à bord de navires corsaires et, en 1811, achète le *Liverpool Packet*, un navire corsaire célèbre qui s'est vraisemblablement emparé de biens d'une valeur de 1 million de dollars durant la GUERRE DE 1812 (*voir* GUERRE DE COURSE). Il envoie des bateaux chargés de provisions pour l'armée de Wellington durant la guerre d'Espagne et fait un très bon profit lors de la vente de ces cargaisons. À Halifax, Collins achète des bateaux et des marchandises aux enchères et les met dans un entrepôt de pierre sur les quais; une extrémité de cet entrepôt devient la Halifax Banking Company, banque privée surnommée la «Collin's Bank». Ces bâtiments font maintenant partie des propriétés historiques de la province. Homme d'affaires d'une grande acuité, Collins passait pour «l'homme le plus riche de l'Amérique du Nord britannique».

Phyllis R. Blakeley

Collins, Ralph Edgar, diplomate (Kunming, Chine, 23 nov. 1914—1er janv. 1992). Haut fonctionnaire du ministère des Affaires extérieures (1940-1979) réputé pour sa remarquable capacité à trouver les mots justes en toute occasion, Collins devient ambassadeur en Afrique du Sud, puis sous-secrétaire d'État adjoint. Il est reconnu comme spécialiste de la Chine, où il sert durant la Seconde Guerre mondiale, et est deux fois directeur de la division ministérielle de l'Extrême-Orient aux Affaires extérieures. Collins est le premier ambassadeur du Canada en Chine populaire, poste qu'il occupe de 1971 à 1972.

Anne Hillmer

Collip, James Bertram (Bert), biochimiste, formateur, codécouvreur de l'INSULINE (Belleville, Ont., 20 nov. 1892—London, Ont., 19 juin 1965). Collip obtient un doctorat en biochimie à l'U. de Toronto en 1916 et s'engage dans une longue et très fructueuse carrière à titre de chercheur en médecine. À l'automne 1921, Collip est en congé sabbatique de l'U. de l'Alberta et travaille avec J.J.R. MACLEOD à Toronto. À la demande de Frederick BANTING, Macleod lui suggère de se joindre à l'équipe qui travaille sur la sécrétion interne du pancréas. L'experti-

se de Collip en tant que biochimiste se révèle capitale dans cette recherche, surtout lorsqu'il découvre, en janvier 1922, la façon de produire un extrait pancréatique antidiabétique non toxique. Collip produit la première insuline pouvant être utilisée sur l'homme. Toutefois, de sérieuses disputes avec Banting, ajoutées aux difficultés de produire l'insuline en laboratoire, l'obligent à retourner en Alberta à la fin de son année sabbatique. Il est, avec C.H. BEST et Banting, l'un des premiers détenteurs de brevet pour l'insuline et, en 1923, Macleod lui remet 25 p. 100 de la somme attachée au prix Nobel décerné à Banting et à Macleod.

Collip se lance dans la recherche en endocrinologie et devient l'un des premiers à isoler l'hormone parathyroïde. En 1928, il succède à A.B. MACALLUM comme professeur de biochimie à McGill, où, pendant la décennie suivante, lui et ses étudiants mènent la recherche en endocrinologie, s'attaquant à l'isolation et à l'étude des hormones ovariennes et gonadotropes. Figure dominante de la recherche médicale au Canada pendant la guerre, Collip est doyen de la faculté de médecine à l'U. Western de 1947 à 1961. Homme d'action sans cesse en mouvement, Collip se révèle être le meilleur scientifique de l'équipe travaillant sur l'insuline et celui qui, par la suite, effectue la contribution la plus significative à la recherche médicale. Il ne recherche pas les honneurs et ne parle que rarement de la découverte de l'insuline. Dans les années 30, il se lie d'amitié avec Banting.

Michael Bliss

Collishaw, Raymond, pilote de chasse (Nanaimo, C.-B., 22 nov. 1893—West Vancouver, 29 sept. 1976). Il remporte 60 victoires pendant la Première Guerre mondiale, ce qui le place au deuxième rang du palmarès des as canadiens. Il reste dans la Royal Air Force après la guerre, dirigeant des escadrons britanniques qui combattent les «rouges» en 1919 dans le Sud de la Russie et en Perse. Au début de la Seconde Guerre mondiale, il commande les forces de la RAF en Égypte mais, excellent meneur d'hommes, il est inapte au travail de bureau. Il est relevé de ses fonctions en 1941, fait brièvement partie de l'état-major du Fighter Command d'Angleterre et prend sa retraite en 1943, détenant le grade de vice-maréchal de l'air.

Brereton Greenhous

Colombie-Britannique Province la plus à l'ouest du Canada, la Colombie-Britannique possède un territoire montagneux dont la population est surtout concentrée dans la région du Sud-Ouest. Terre de diversité, les contrastes abondent même à l'intérieur de zones limitées. Constitués de montagnes aux neiges éternelles qui s'élèvent au-dessus de FJORDS étroits ou de bras de mer, les paysages de la côte contrastent avec les larges plateaux boisés de l'intérieur et les plaines du Nord-Est. Une bonne partie de la population habite autour du détroit de Georgia dans le Sud-Ouest et dans les vallées orientées nord-sud de la partie méridionale de la province.

Avec un territoire de 947 800 km², la Colombie-Britannique est, après le Québec et l'Ontario, la troisième plus grande province du pays. En 1991, avec ses 3 282 065 habitants, elle était la province la plus peuplée après l'Ontario et le Québec. Le nom de la province, créée officiellement en 1858, rappelle le caractère très «britannique» des premiers groupes de colons européens, au temps de la reine Victoria. Étroitement lié au Nord-Ouest des États-Unis, ce coin de pays en constitue le prolongement géographique.

Sol et ressources

Régions La Colombie-Britannique comprend deux grandes régions appelées communément la «côte» et «l'intérieur», toutes deux également fort contrastées. Dominé par la région métropolitaine de Vancouver, avec 50 p. 100 de la population de la province, le Sud en est véritablement le centre commer-

cial, industriel et culturel. Une région un peu plus vaste, que l'on appelle parfois la région du détroit de Georgia, comprend la ville de Victoria et la côte sud-est de l'ÎLE DE VANCOUVER. Soixante-dix pour cent de la population de la province y réside.

À l'intérieur des terres, surplombées par des chaînes de montagnes parallèles, les habitations se sont établies dans de minces bandes du nord au sud, notamment au cœur des vallées de l'Okanagan et de Kootenay. Certaines zones de peuplement excentriques se retrouvent à l'intérieur (Kamloops, Prince George) ou sur la côte nord (Prince Rupert, Kitimat) ainsi qu'à Dawson Creek et à Fort St. John dans les BASSES-TERRES DE LA RIVIÈRE DE LA PAIX, chacune de ces villes étant le centre d'une sous-région distincte dont l'économie dépend plus des marchés extérieurs que des marchés locaux.

Une bonne partie de l'évolution de l'activité économique de la province, fondée sur les ressources naturelles, démontre un souci constant d'intégrer les activités économiques de toutes ces régions isolées au sein d'une économie provinciale plus globale. La moitié nord de la Colombie-Britannique est pratiquement inhabitée (au-delà de Prince Rupert) et coupée de l'océan Pacifique par le prolongement méridional de l'Alaska. Les basses-terres de la rivière de la Paix dans le Nord-Est sont un prolongement des plaines intérieures et ont davantage de points en commun avec l'Alberta, leur voisine, qu'avec le reste de la province.

Relief, géologie et hydrographie Le système montagneux de la cordillère qui se déploie à l'ouest de l'Amérique du Nord couvre la presque totalité de la Colombie-Britannique, à l'exception de la région nord-est de la rivière de la Paix. Les ROCHEUSES s'élèvent abruptement de 1000 à 1500 m au-dessus des contreforts de l'Alberta et quelques-unes de leurs cimes, recouvertes de neige et de glace en permanence, culminent à plus de 3000 m au-dessus du niveau de la mer. Le plus haut sommet des Rocheuses canadiennes, le MONT ROBSON (à l'ouest de Jasper en Alberta), atteint 3954 m.

Au sud des Rocheuses, produits de l'ère paléozoïque, les pics de roches sédimentaires aux arêtes déchiquetées se distinguent des montagnes du Nord, moins élevées, arrondies, datant du protérozoïque. Les Rocheuses finissent au sud de la RIVIÈRE LIARD, dans la partie nord-est. Elles ne s'étendent pas jusqu'au Yukon ou en Alaska, contrairement à ce qu'on peut voir sur des cartes ou atlas publiés à l'étranger.

La limite occidentale des Rocheuses est l'étroit SILLON DES ROCHEUSES, la plus longue vallée d'Amérique du Nord, qui s'étend sur plus de 1400 km sur toute la longueur de la Colombie-Britannique, du Montana jusqu'au Yukon. Plusieurs fleuves et rivières prennent leur source dans cette vallée: Kootenay, COLUMBIA, FRASER, Parsnip, Finlay, Kechika et Liard. Ces cours d'eau sont séparés les uns des autres par des lignes de partage des eaux de faible amplitude.

Deux autres systèmes montagneux sont situés à l'ouest du sillon des Rocheuses: les monts Columbia (*voir* COLUMBIA, CHAÎNE) au sud et les monts Cassiar-Omineca au nord. Les monts Columbia renferment trois chaînes parallèles aux arêtes pointues situées dans un axe nord-sud (Purcell, Selkirk et Monashee) qui atteignent 2000 à 3000 m. Elles sont séparées par de longues vallées étroites occupées par le lac Kootenay et le fleuve Columbia. Les montagnes sont composées surtout de roches sédimentaires et intrusives fortement minéralisées datant du crétacé, du trias et du jurassique. Les monts Cariboo (*voir* CARIBOO, CHAÎNE), situés au nord-ouest de la RIVIÈRE THOMPSON, sont constitués de roches sédimentaires du protérozoïque, moins minéralisées cependant.

Les hautes-terres du plateau intérieur, larges et ondulées, recouvrent le centre de la province. Cette région mérite l'appellation de cuvette, puisqu'elle est entourée de hautes montagnes. La roche y est surtout constituée de lave datant du crétacé et du tertiaire. La minéralisation y est très faible, excepté dans les rebords du plateau. Le fleuve Fraser a creusé profondément le soubassement de la partie sud et donné naissance au spectaculaire CANYON DU FLEUVE FRASER. Plus au nord, le plateau Stikine est une région de hautes-terres faites surtout de roches constituées de lave jurassique. On y décèle aussi une activité volcanique récente. La rivière Stikine y prend sa source. Les plateaux de l'intérieur et de la rivière Stikine s'élèvent en moyenne à 1000 m au-dessus du niveau de la mer.

La partie occidentale de la cordillère comprend la CHAÎNE CÔTIÈRE, proche du littoral, et la chaîne insulaire, plus au large. L'extrémité nord des monts Cascade, dans l'État de Washington, s'arrête au fleuve Fraser. Les pics neigeux de la chaîne côtière s'étendent vers le nord jusqu'au Yukon en suivant le prolongement méridional de l'Alaska. Ces montagnes offrent de magnifiques panoramas et on trouve, dans la partie sud, des cimes atteignant 3000 m. Le plus haut sommet situé entièrement en Colombie-Britannique, le mont Waddington, culmine à 4016 m. De nombreux fjords, sinueux et profonds, pénètrent le massif montagneux le long des côtes. On distingue surtout des roches d'intrusion granitiques du crétacé et du tertiaire et des volcans récents. La partie inférieure de la chaîne côtière (1500 à 2000 m), près de la rivière Skeena, ne peut stopper la pénétration des masses d'air venant du Pacifique, mais ces montagnes gagnent en altitude au nord.

Le MONT FAIRWEATHER (4663 m), le plus haut sommet de la province, chevauche la frontière de l'Alaska et fait partie des monts St. Elias situés un peu au nord-ouest de la chaîne côtière. Seuls trois cours d'eau importants, le Fraser, la Skeena et la Stikine, traversent la barrière de la chaîne côtière. Les vallées du Fraser et de la Skeena constituent d'importants goulets topographiques sur lesquels reposent les seules routes terrestres reliant la côte à l'intérieur.

La chaîne insulaire est le prolongement nordique, en partie submergé, des monts Olympic et des chaînes côtières de l'État de Washington et fournit l'assise terrestre de l'île de Vancouver et des îles de la Reine-Charlotte. Sur l'île de Vancouver, le sommet le plus important est le GOLDEN HINDE (2200 m).

Au cours de l'ÉPOQUE GLACIAIRE, la Colombie-Britannique tout entière fut recouverte d'un épais manteau de glace. Certaines parties du littoral, peut-être aussi quelques vallées de l'intérieur, se libérèrent des glaces au cours d'une période qui remonte de 12 000 à 15 000 ans avant nous. Depuis ce temps, les basses-terres de la côte s'élèvent par rapport au niveau de la mer. Le reste de la province se libéra de la glace il y a 7000 à 13 000 ans. Les effets des glaciations alpine et continentale se voient un peu partout: fjords et cirques dans les montagnes, moraines de fond sur le plateau intérieur, terrasses et replats le long des rivières de l'intérieur.

Sols et végétation On estime généralement que 3 p. 100 seulement du territoire de la Colombie-Britannique est propice à l'agriculture. Comme dans toute région montagneuse, seules les étroites plaines inondables, les terrasses et les deltas des rivières coulant dans les vallées possèdent des sols alluviaux permettant la culture. Sur les pentes à inclinaison moyenne, les dépôts glaciaires produisent une surface suffisamment riche pour permettre la croissance des arbres.

Les conifères de la côte de Colombie-Britannique sont les arbres les plus imposants de tout le Canada. Sous un climat doux et humide, Douglas taxifoliés, cèdres rouges de l'Ouest (thuyas), sapins baumier, pruches de l'Ouest (tsugas), épinettes de Sitka croissent abondamment. La FORESTERIE est l'industrie la plus importante des industries primaires de la province. Les espèces précitées ainsi que le pin de Murray (cyprès), le pin ponderosa et le tremble poussent sur les pentes à inclinaison moyenne des plateaux et des massifs intérieurs. À cause des facteurs d'altitude et d'exposition, la limite forestière en montagne s'étend jusqu'à 2000 m d'altitude au sud et à 1000 m

au nord. Par opposition, l'étendue de la prairie témoigne d'un climat plus sec à l'est des chaînes côtières et dans les vallées profondément encaissées des rivières qui traversent le tiers méridional de la province.

Climat Il existe une grande diversité de conditions climatiques, même à l'intérieur de petites régions. Le contraste le plus frappant se manifeste entre la côte et l'intérieur, mais on note aussi des variations entre les vallées et les hautes-terres, entre le Nord et le Sud. En hiver, des masses d'air chaud provenant du Pacifique donnent des températures modérées sur la côte, mais, en été, les eaux froides y maintiennent la fraîcheur. Le relief de la chaîne côtière empêche ces facteurs d'adoucissement de se propager jusqu'à l'intérieur. La moyenne de janvier, la plus douce du Canada, se situe autour de 0 °C à la plupart des stations météorologiques de la côte, tandis que la moyenne de juillet est d'environ 15 °C dans le nord de la province et de 18 °C dans la région abritée du détroit de Georgia.

Par ailleurs, en hiver, l'intérieur reçoit des masses d'air froid provenant du Yukon ou de l'Alaska, phénomène observable surtout au nord. La moyenne de janvier varie de -10 °C à -15 °C dans la partie centrale et atteint -20 °C ou pire dans les plaines du Nord-Est. À l'intérieur, les vallées méridionales se réchauffent considérablement au cours de l'été. La moyenne en juillet peut dépasser 20 °C. Les stations situées plus au nord, à une altitude élevée, au centre du plateau intérieur, ont relevé des températures de 15 °C au cœur de l'été.

Les masses d'air du Pacifique provoquent d'importantes précipitations sur la côte, surtout l'automne et l'hiver. Du côté oriental des montagnes, les vallées intérieures sont peu arrosées. Le versant occidental des sommets de l'île de Vancouver reçoit annuellement des précipitations de 2500 mm, les basses-terres de la côte de 700 à 1000 mm, du moins dans la zone la plus à l'est. Sur le versant occidental des montagnes de la côte, on enregistre annuellement de 1000 à 3000 mm, surtout de la neige. La vallée de

Mandat	Premier ministre	Parti
1871-72	John Foster MCCREIGHT	
1872-74	Amor DE COSMOS	
1874-76	George Anthony WALKEM	
1876-78	Andrew Charles ELLIOTT	
1878-82	George Anthony WALKEM	
1882-83	Robert BEAVEN	
1883-87	William SMITHE	
1887-89	A.E.B. DAVIE	Conserv.
1889-92	John ROBSON	Libéral
1892-95	Theodore DAVIE	
1895-98	John Herbert TURNER	
1898-1900	Charles Augustus SEMLIN	Conserv.
1900	Joseph MARTIN	Libéral
1900-02	James DUNSMUIR	
1902-03	Edward Gawler PRIOR	Conserv.
1903-15	Richard MCBRIDE	Conserv.

PREMIERS MINISTRES DE LA COLOMBIE-BRITANNIQUE

Mandat	Premier ministre	Parti
1915-16	William John BOWSER	Conserv.
1916-18	Harlan Carey BREWSTER	Libéral
1918-27	John OLIVER	Libéral
1927-28	John Duncan MACLEAN	Libéral
1928-33	Simon Fraser TOLMIE	Conserv.
1933-41	Thomas Dufferin Pattullo	Libéral
1941-47	John HART	Coalition
1947-52	Byron Ingemar JOHNSON	Coalition
1952-72	W.A.C. BENNETT	Crédit social
1972-75	David BARRETT	NPD
1975-86	William R. BENNETT	Crédit social
1986-91	William VANDER ZALM	Crédit social
1991	Rita JOHNSTON	Crédit social
1991-96	Michael HARCOURT	NPD
1996-99	Glen David CLARK	NPD
1999-	Ujjal DOSANJH	NPD

PREMIERS MINISTRES DE LA COLOMBIE-BRITANNIQUE

l'OKANAGAN cependant ne reçoit que 250 mm de précipitations annuelles.

La côte bénéficie de la plus longue période sans gelées de tout le pays, une moyenne de 200 jours. Quant au centre du plateau intérieur, il n'est libre de gel que de 75 à 100 jours. Bref, l'hiver doux et humide, l'été frais et sec, éléments qui ont fait la réputation de la Colombie-Britannique, sont l'apanage du Sud-Ouest seulement. Le reste de la province est soumis à des températures très semblables à celles des plaines de l'Alberta et de la Saskatchewan.

Ressources naturelles La forêt recouvre 64 p. 100 du territoire et bénéficie de facteurs de croissance très favorables, surtout pour les conifères. Avec seulement 19,5 p. 100 de la surface boisée du pays, la Colombie-Britannique fournit 24 p. 100 du bois marchand au Canada.

Comme la plupart des régions montagneuses, la province abonde en ressources minérales. Une gamme très vaste de métaux ont été découverts tout au long de la cordillère: plomb, zinc, or, argent, molybdène, cuivre et fer. Les basses-terres de la rivière de la Paix (nord-est des Rocheuses) possèdent une structure géologique particulière composée d'une masse sédimentaire jeune, source de pétrole, de gaz naturel et de charbon.

Des précipitations abondantes, des montagnes à déclivité prononcée et des bassins hydrographiques très étendus réunissent les conditions idéales pour la production d'énergie hydroélectrique et, de fait, la Colombie-Britannique possède le plus grand potentiel de production hydroélectrique parmi les provinces. Quelques-unes des rivières importantes toutefois n'ont pas encore été exploitées puisque leur aménagement aurait porté atteinte à l'habitat du SAUMON DU PACIFIQUE. Ce dernier se reproduit dans les eaux en amont des rivières intérieures et côtières qui se jettent dans l'océan. Le milieu physique de la province est en soi une ressource d'une grande richesse qui profite à la fois aux habitants de la province et aux visiteurs venus des quatre coins du monde.

Protection de l'environnement L'équilibre entre le développement économique et la défense du milieu naturel est une source de tensions dans une province dont les revenus proviennent en majeure partie de ressources réputées renouvelables. Beaucoup de ces ressources semblaient inépuisables, mais en 1930, p. ex., la forêt côtière était en voie d'épuisement rapide. L'industrie du saumon elle-même a été menacée par une pêche trop intensive et par la destruction, à divers endroits, de l'habitat dans les rivières et dans la mer. D'autre part, des terres arables, et la province en possède bien peu, ont servi à construire des routes, des ensembles résidentiels et des usines. Certains allèguent même que ce genre d'utilisation des terres est plus avantageux que l'agriculture.

Les premiers gouvernements provinciaux se préoccupaient surtout d'un développement rapide de l'activité économique locale en vue de créer de l'emploi, mais, depuis la Seconde Guerre mondiale, des lois ont été adoptées pour protéger l'environnement et les ressources naturelles. Le succès du programme de REFORESTATION a parfois été remis en question, l'industrie et certains citoyens ne le voient pas du même œil, mais la forêt est gérée selon le principe du «rendement soutenu».

La pêche n'est permise que dans des secteurs précis et pendant des périodes limitées. Des aménagements hydroélectriques ont été retardés indéfiniment afin de protéger les aires de reproduction du saumon. Un moratoire sur le zonage agricole a été appliqué en 1973 et la *British Columbia Ecological Reserves Act* (1971) a créé un certain nombre de réserves d'écosystèmes représentatifs.

Population

Établissement Quelque temps après la dernière glaciation, les AUTOCHTONES s'établirent le long des côtes et dans les vallées de la Colombie-Britannique. La datation au carbone 14 a révélé que certains emplacements furent occupés il y a 6000 à 8000 ans. Les premiers habitants de la côte du Nord-Ouest vivaient dans un milieu où abondaient les crustacés, le saumon et même les baleines. Les peuplades de la côte établirent leurs campements en aval des principales rivières à saumon. Semi-sédentaires, ces peuples élaborèrent une culture raffinée dont témoignent les TOTEMS et la coutume du POTLATCH (*voir* TAGISH; TSIMSHIANS; HAIDAS; Wakashan; TLINGITS; KWAKIUTL; NOOTKA (NUU-CHAH-NULTH) et AUTOCHTONES: LA CÔTE DU NORD-OUEST). Les habitants de l'intérieur (PORTEURS, SALISH DU CONTINENT et KOOTENAYS) étaient surtout des nomades vivant de la chasse.

Le premier poste européen permanent est établi au début du XIXe siècle pour faciliter la TRAITE DES FOURRURES. L'activité redouble dans la région avec la découverte de l'or en aval et au milieu du fleuve Fraser. Cette ruée favorise la mise en place d'un système d'approvisionnement et de transport, du fleuve jusqu'à la chaîne Cariboo. Des centres miniers sont aménagés en permanence dès les années 1880 dans les vallées du Sud-Est. Ces localités consolident leur implantation grâce à l'exploitation forestière et aux petites fermes, tout en bénéficiant de moyens de transport ferroviaires, routiers et maritimes. Cependant, les établissements de la côte du Sud-Ouest ont un caractère plus commercial et urbain.

Entre 1860 et 1890, VICTORIA, la capitale, est le centre le plus important de l'administration, du commerce et de l'approvisionnement de la côte et de l'intérieur pour la mise en valeur des ressources. Située dans l'anse Burrard, au nord de l'embouchure du Fraser, VANCOUVER est désignée en 1886 comme terminus occidental du Canadien Pacifique. Elle supplante alors Victoria comme premier port de la côte et ouvre les marchés internationaux aux produits de la Colombie-Britannique.

Malgré l'accroissement démographique, la disparité entre les établissements de la côte et ceux de l'intérieur a persisté jusqu'à nos jours. La population urbaine domine depuis le début et, en 1994, elle représentait 81 p. 100 des habitants dont quelque 80 p. 100 résidaient dans le Sud-Ouest.

Le reste de la population est dispersé dans la partie méridionale de la province selon des axes linéaires, dans les vallées s'étendant du nord au sud ou dans des centres fondés sur l'exploitation des ressources naturelles et établis le long des grandes artères de communication. La majorité des agriculteurs se sont établis dans la vallée de l'Okanagan ou le long de l'autoroute qui relie Kamloops à Prince George. Ces agglomérations, réparties sur un axe linéaire, sont séparées entre elles par les massifs montagneux inhabités. La présence humaine est extrêmement réduite au nord de Prince George et de Prince Rupert, à l'exception d'un noyau urbain et agricole le long de la rivière la Paix, dans le Nord-Est.

Centres urbains La région métropolitaine de Vancouver est la plus importante agglomération de la province et se classe au troisième rang des villes canadiennes. Victoria est le seul autre centre urbain de la Colombie-Britannique dont la population dépasse les 150 000 âmes. Ces deux villes, et plusieurs municipalités avoisinantes, possèdent la majeure partie des entreprises de transformation et de fabrication de biens de consommation. Elles bénéficient des meilleurs services et équipements de transport et de transit routier, ferroviaire, maritime et aérien. Elles comprennent aussi la majorité des sièges sociaux des grandes entreprises financières et commerciales, et la plupart des équipements culturels, y compris les salles de spectacle. Ces villes, ainsi que les activités qu'elles génèrent, sont soutenues par le grand nombre d'agriculteurs de la province qui sont installés dans la vallée du Fraser ou sur la côte est de l'île de Vancouver.

D'autres villes assurent une transformation primaire des ressources locales et agissent comme centres de services et d'approvisionnement pour les sous-régions un peu partout dans la province. Ces agglomérations, dont la population se chiffrait entre 60 000 et 110 000 en 1991, sont PRINCE GEORGE, KAMLOOPS. KELOWNA et NANAIMO. Matsqui et CHILLIWACK, qui sont des municipalités de district, font aussi partie de cette catégorie. Parmi les villes plus modestes dont la population se situe entre 10 000 et 50 000 habitants, on peut mentionner CRANBROOK, TRAIL-CASTLEGAR, PENTICTON, VERNON, DAWSON CREEK, PRINCE RUPERT, PORT ALBERNI et FORT ST. JOHN.

Main-d'œuvre Le pourcentage de la main-d'œuvre active était de l'ordre de 65,7 p. 100 et le taux de chômage s'élevait à 9 p. 100 en 1995. Ces chiffres se comparent à la moyenne nationale de cette année-là. Les fonctionnaires (6 p. 100), les employés des secteurs des services financiers (6 p. 100), du secteur commercial (18 p. 100), des services (39 p. 100) et de la fabrication (11 p. 100) représentent environ 80 p. 100 de la main-d'œuvre tandis que les salariés du secteur primaire ne représentent que 3,8 p. 100 de la main-d'œuvre. Ils comprennent les catégories suivantes: travailleurs forestiers (à l'exclusion des employés des scieries et des usines de pâtes et papiers), pêcheurs (sauf le personnel des usines de transformation), mineurs (à l'exception des ouvriers des usines de transformation du minerai) et agriculteurs.

En pleine période de croissance économique et démographique, comme ce fut le cas depuis 1950, on trouve naturellement dans l'industrie de la construction un nombre de travailleurs presque aussi élevé (7,2 p. 100) que dans les secteurs du transport et des communications (8 p. 100). Une partie importante de la main-d'œuvre est affectée au transport des personnes et des biens à l'intérieur des grandes villes ainsi qu'à l'acheminement des ressources naturelles semi-transformées aux ports de la province, au centre du pays ou aux États-Unis.

À bien des égards, le milieu du travail de la Colombie-Britannique se distingue de celui du reste du pays et les conflits de travail ont parfois été différents de ceux du reste du Canada. Le pourcentage des travailleurs syndiqués y est plus élevé que dans les autres provinces et les grèves, fréquentes, y durent plus longtemps.

Plusieurs raisons ont été invoquées pour expliquer ce phénomène. On a avancé que la Colombie-Britannique n'est ni plus ni moins qu'un prolongement du nord-ouest des États-Unis, région où le taux de syndicalisation est le plus élevé dans ce pays, et que les travailleurs de la province subissent l'influence de leurs voisins américains mieux rémunérés; que la concentration dans la seule ville de Vancouver de la majeure partie de l'activité économique conduit à une plus grande centralisation du pouvoir syndical et du pouvoir de marchandage. Enfin, d'autres estiment que le développement rapide et désordonné de l'économie de la province a été une source d'aigreur dans les conflits, notamment dans l'industrie forestière et la construction, secteurs déjà plus vulnérables aux fluctuations saisonnières et cycliques.

Langues, groupes ethniques et religions Au début du XXe siècle, plus de 75 p. 100 des habitants étaient d'origine britannique et presque toute la population était de langue maternelle anglaise. Au milieu du XIXe siècle, le seul groupe non britannique parmi les nouveaux arrivants était celui des CHINOIS, que l'on employait dans les mines des monts Cariboo.

Au début des années 1880, de nombreux autres Chinois furent transplantés en Colombie-Britannique pour travailler à la construction du chemin de fer du Canadien Pacifique. Par la suite, plusieurs d'entre eux se sont établis à Vancouver, où ils forment la plus importante communauté chinoise du Canada. Victoria possède également, mais en plus petit, son quartier chinois. La majorité des Chinois travaille dans le commerce et les services.

Entre 1900 et 1940, des CANADIENS D'ORIGINE JAPONAISE se sont établis eux aussi dans le Sud-Ouest. Ils constituaient un groupe important dans les secteurs de la pêche, des cultures dans la vallée du Fraser et du petit commerce à Vancouver.

Quant à la population autochtone, le recensement de 1991 en dénombrait 74 400, dont plusieurs étaient des Indiens sans statut. En 1995, la province comptait 99 720 Amérindiens inscrits. La majorité des Indiens enregistrés vivent dans des réserves disséminées à travers la province.

De leur côté, les DOUKHOBORS constituent le seul groupe ethnique dont les représentants ne se soient pas installés dans le sud-ouest de la province. Ce groupe religieux émigra des Prairies et pendant les années 20, s'installa au centre-sud de la Colombie-Britannique pour y exploiter des petites fermes communautaires dans les vallées de Kootenay, de Slocan, de Columbia et de Kettle.

Comme dans le reste du pays, le pourcentage des canadiens d'origine britannique a décliné rapidement depuis 1950. Après 1970, l'afflux d'un grand nombre d'ASIATIQUES DU SUD-EST et de l'Est et d'ASIATIQUES DU SUD a touché tout particulièrement la Colombie-Britannique. Certains d'entre eux étaient des RÉFUGIÉS, tandis que d'autres cherchaient à améliorer leur sort en travaillant dans les secteurs des services ou en se lançant en affaires.

Ces changements démographiques façonnent un nouveau paysage urbain, surtout à Vancouver, et se reflètent dans la variété des restaurants existants et l'existence de quartiers «ethniques»: «Chinatown», «Little Italy», «Greek Village», etc. Dans les années 70, l'anglais, comme langue seconde, était une matière importante à l'école élémentaire. Cependant, les francophones y sont pour leur part très peu nombreux.

Les données concernant l'origine ethnique prêtent parfois à confusion puisque la majorité de la population est née dans la province. La plupart de ses habitants sont donc au moins de la deuxième ou de la troisième génération. Outre les immigrants possédant une culture et des traits physiques bien caractéristiques, un plus grand nombre de gens viennent des autres provinces.

Entre 1986 et 1991, la Colombie-Britannique a accueilli le plus grand nombre d'immigrants de «l'intérieur», soit 132 000 personnes qui venaient d'autres parties du Canada. La «nouveauté» de la Colombie-Britannique et sa croissance démographique rapide contrastent avec la situation prévalant dans les provinces de l'Atlantique et au Québec, où la majorité des gens sont nés dans l'est du Canada.

L'histoire de la province a d'abord été marquée par le RACISME, citons notamment les émeutes anti-asiatiques de 1907 et l'affaire du KOMAGATA MARU, en 1914. Les politiciens de tous les partis agitèrent le spectre d'une Colombie-Britannique qui ne serait plus une «province blanche» et alimentèrent fortement des craintes grandissantes dans la population. Les populations chinoise et japonaise représentaient moins de 40 000 personnes en 1921, mais leur concentration dans les basses-terres du Fraser et dans le sud de l'île de Vancouver et le choix restreint d'emplois qui leur étaient offerts en faisaient des cibles faciles.

Devant se contenter de salaires de misère, relégués aux emplois les plus ingrats, les asiatiques étaient perçus par les syndicats et les agriculteurs comme des compétiteurs malhonnêtes. La campagne menée par l'Asiatic Exclusion League (1921), et quelques autres initiatives du même genre, ont finalement abouti à la *Loi de l'immigration chinoise* de 1923, qui interdisait l'immigration chinoise.

Les Japonais, quant à eux, furent expulsés en grand nombre de leurs villages de pêche pendant la Seconde Guerre mondiale et confinés dans des camps d'INTERNEMENT, triste épisode de leur histoire en terre canadienne. La discrimination politique à l'égard des «non-blancs» en Colombie-Britannique a pris fin en 1947 par des proclamations d'émancipation à l'égard des Chinois et des Hindous, puis ce fut le tour des Japonais en 1949.

Étant donné que la majorité des habitants de la province sont d'origine britannique et parlent anglais, comme c'est le cas dans la plupart des régions du Canada, ils sont aussi majoritairement chrétiens (*voir* CHRISTIANISME), répartis surtout au sein des Églises unies (*voir* ÉGLISE UNIE DU CANADA), anglicane (*voir* ANGLICANISME) et catholique romaine (*voir* ÉGLISE CATHOLIQUE ROMAINE). La diversité des autres cultures et l'utilisation de langues secondes trouvent un écho dans l'importance relative d'autres religions telles que le BOUDDHISME, le SIKHISME et l'ISLAM.

Économie

L'exploitation des ressources naturelles a été la base de l'activité économique de la Colombie-Britannique moderne. Les autochtones comptaient sur la population animale, autant terrestre que marine, pour s'alimenter, se vêtir ou comme monnaie d'échange pour le troc. En commerçant avec les Amérindiens, les Européens désiraient surtout obtenir des peaux de loutres ou d'animaux à fourrure. Les premiers colons s'intéressaient avant tout aux ressources minérales, dont l'or du centre et du sud-est de la province. Du charbon était également extrait dans l'île de Vancouver, près de Nanaimo et de Cumberland. Dès les années 1880, on abattit les superbes conifères géants de la côte, pour la construction des autres établissements du Pacifique. Mis en conserve dans les nombreuses fabriques établies à l'embouchure des rivières, le saumon était expédié dans le monde entier.

Au cours du XIXe siècle, les ressources de la Colombie-Britannique ont fourni un grand nombre de produits destinés aux marchés anglo-américains, est-asiatiques et européens. En général, ces ressources ne subissaient, sur place, qu'une transformation primaire avant d'être expédiées.

Au XXe siècle, l'augmentation rapide de la population et sa concentration autour des ports du Sud-Ouest permirent la fabrication de biens de consommation qui fut stimulée par le coût très élevé du transport des marchandises venant de l'Est du Canada et des États-Unis et l'abondance de l'énergie hydroélectrique peu coûteuse. L'exploitation agricole s'étendit dans les basses-terres et le cours inférieur du Fraser. La gestion et l'activité financière reliée à l'exploitation des ressources naturelles continuait à s'exercer dans les grandes villes de la côte, Vancouver notamment, perpétuant ainsi la démarcation entre, d'un côté le nord du littoral et l'intérieur, où se cantonne l'industrie primaire, de l'autre les villes du Sud-Ouest où se font les affaires et la transformation de ces ressources.

Forêts L'exploitation de la forêt a été la grande composante de l'économie de la province au cours du XXe siècle. Les produits forestiers occupent le premier rang dans l'industrie primaire. La province produit près de 60 p. 100 de tout le bois de sciage canadien, la majeure partie étant du contreplaqué, et 30 p. 100 de la pâte chimique. En 1994, on y a abattu 78 millions de mètres carrés de bois. En 1995, les expéditions de produits forestiers se chiffraient à 186 millions de dollars et ceux-ci représentaient la moitié des produits manufacturés de la province.

La coupe du bois à des fins commerciales a commencé vers 1840 sur l'île de Vancouver et s'est étendue jusque dans le Fraser inférieur après la RUÉE VERS L'OR DU FLEUVE FRASER de 1858. Des scieries sont établies dans le Sud-Ouest au cours de la seconde moitié du XIXe siècle afin de répondre à la demande de bois de construction des établissements locaux en plein essor et d'établissements rapprochés du Pacifique. Des SCIERIES temporaires étaient établies autour des villages miniers dispersés à l'intérieur des terres. Installées le long des deux principales lignes ferroviaires, certaines de ces scieries exportaient facilement leur bois jusqu'aux villes des Prairies qui, à l'aube du XXe siècle, étaient en pleine expansion.

Après la Première Guerre mondiale, la production de bois de sciage augmente à un rythme accéléré sur le littoral, car l'ouverture, toute récente, du CANAL DE PANAMA procure aux scieries de la côte ouest un accès plus facile aux marchés européen et est-américain. La majorité des entrepreneurs forestiers décident de reloger leurs camps plus au nord sur la côte et de transporter les billes par voie d'eau jusqu'aux grandes scieries du détroit de Georgia. Hormis quelques exceptions dont Prince Rupert, ce mode de fonctionnement, la coupe du bois sur la côte nord, puis la transformation et l'expédition à partir de la côte méridionale, s'est perpétué.

Dès le début du XXe siècle, quelques usines de pâtes et papiers fonctionnent près du détroit de Georgia, mais ces usines ne bénéficient pas d'un marché important pour la vente du papier journal et d'autres catégories de papier, contrairement aux usines de pâtes et papiers de l'Est du Canada qui alimentaient les marchés de l'Est des États-Unis. À l'opposé des usines de l'Est, celles de la Colombie-Britannique s'intègrent au fonctionnement des scieries et obtiennent leurs fibres brutes à partir des résidus (copeaux, sciure de bois) produits par les scieries avoisinantes.

L'industrie des pâtes et papiers reste concentrée sur la côte jusqu'au milieu des années 60, quand des usines commencent à fonctionner à plusieurs endroits de l'intérieur de la province. Cette expansion vers le centre participait d'un mouvement général de l'industrie forestière, dû à l'ouverture de nouveaux marchés étrangers, à l'amélioration des réseaux routier et ferroviaire et à l'obtention de nouvelles concessions, de nouveaux droits de coupe dans des zones forestières de l'intérieur peu exploitées jusque-là. De plus, on craignait l'épuisement éventuel des forêts côtières.

Au cours des années 70, la région de l'intérieur a produit la moitié de la valeur des richesses forestières de la province. Les petites scieries de la côte ont été fermées au début du XXe siècle et celles de l'intérieur, après 1950. Elles ont été remplacées par des scieries de grande taille construites au cœur même des zones d'exploitation, parfois même accompagnées d'usines de pâtes et papiers ou d'usines à papier.

Même si le transport par voie d'eau, à l'aide de chalands à billes basculeurs, demeure prépondérant quand il s'agit d'acheminer les billes aux scieries du littoral, le flottage est rarement utilisé à l'intérieur, contrairement à ce qui s'est produit dans l'Est du Canada, sur des rivières comme la Miramichi ou la rivière des Outaouais. Dans les régions de l'intérieur, les billes, comme les produits finis, sont transportés par camion ou par train: villes et villages vivant de l'industrie forestière sont donc situés le long des routes principales et des voies ferrées.

En 1986 et 1987, l'Assemblée législative de la Colombie-Britannique a adopté trois nouvelles lois relatives aux responsabilités du ministère des Forêts (gestion, protection et conservation des ressources forestières). En période de récession, la pression exercée sur cette industrie a augmenté à mesure que les exigences se précisaient au chapitre de la sauvegarde des forêts à des fins récréatives, de la protection de la faune, de ceintures ou de «cloisons» vertes et de la préservation des ressources pour les générations futures. La province a réussi à bien gérer la ressource et, depuis 1986, année après année, à reboiser des superficies plus vastes que les zones de coupe. Au milieu des années 80, l'industrie, après avoir augmenté substantiellement sa pénétration du marché américain, dut affronter les pressions des producteurs de bois américain qui prétendaient que les producteurs de la province se livraient à une concurrence déloyale (*voir* LITIGE SUR LE BOIS D'ŒUVRE). Ce différend a nécessité de longues et difficiles négociations et entraîné une baisse importante des exportations de bois aux États-Unis (*voir aussi* FORÊTS et ÉCONOMIE FORESTIÈRE).

À la fin des années 80, l'industrie était de plus en plus critiquée pour ses pratiques de foresterie et ses coupes dans des forêts peuplées d'arbres centenaires. Les écologistes ont remporté quelques victoires (vallée de Carmanah et Clayquot Sound) après avoir mené des campagnes de sensibilisation à l'échelle nationale et internationale. Grâce à la *Forest Reserve Act* promulguée par le gouvernement de la province en 1994, celui-ci tente de prévenir de futurs affrontements en délimitant des territoires forestiers exploitables à des fins commerciales.

Mines L'extraction et le traitement des minerais mobilisent environ 3 p. 100 de la main-d'œuvre (1995), mais constituent quelque 20 p. 100 de la valeur de la production des principales industries de la Colombie-Britannique. Charbon, gaz naturel et cuivre représentent à eux seuls les deux tiers de la valeur des extractions minérales, qui s'élevait à 4,5 milliards de dollars en 1995, les autres étant par ordre d'importance: le pétrole, l'or, le molybdène et le zinc (1995). La Colombie-Britannique est le plus grand producteur de cuivre au Canada et la mine Endako, la plus grande mine de molybdène au monde.

Dès 1858, les mines ont joué un rôle important avec la RUÉE VERS L'OR DU FLEUVE FRASER et, ultérieurement, avec la découverte de la région de Cariboo. Entre 1890 et 1910, la région de Kootenay (sud-est) devint l'un des principaux secteurs miniers du Canada. Les très grandes installations industrielles de Trail, constituées d'une fonderie et d'une raffinerie, reçoivent le minerai de la Colombie-Britannique, du Yukon et des Territoires du Nord-Ouest.

Le premier gisement de charbon à être exploité dans la province (au milieu du XIXe siècle) se trouvait aux environs de Nanaimo, dans l'île de Vancouver. Un énorme filon houiller, situé dans la région du bassin de Fernie et du col Crowsnest approvisionnait la fonderie de Trail et les locomotives jusqu'à la conversion de ces dernières au diesel. Pour usage thermique ou métallurgique, le charbon du Sud-Est est exporté dans divers pays, surtout au Japon. Les formations sédimentaires du Nord-Est, plus jeunes, apparentées à celles des plaines du centre de l'Alberta, renferment charbon, pétrole et gaz naturel. Ces deux derniers produits sont acheminés par oléoducs jusqu'aux marchés urbains du sud-ouest de la province et du nord-ouest des États-Unis.

Au cours du XXe siècle, ouvertures et fermetures se sont succédé dans les mines de métaux du centre-sud, de Grand Forks jusqu'à Princeton. Au début des années 80, le fait saillant de l'actualité minière a été la mise en exploitation de mines de cuivre à ciel ouvert au sud-ouest de Kamloops. D'autres mines de métaux ont été exploitées de façon intermittente sur le plateau Intérieur, entre les lacs Williams et Babine (nord-ouest).

Depuis plus d'un siècle, des mines ont été exploitées de façon intermittente sur le littoral de la province. Des mines de métaux ont été exploitées puis fermées à proximité de Stewart, au nord-est de Prince Rupert, et dans plusieurs régions de l'île de Vancouver. Extraits sur la côte, le fer et le cuivre, pour ne nommer que ces deux métaux, sont exportés au Japon. La presque totalité de la production de la Colombie-Britannique étant expédiée à l'extérieur, le destin de l'industrie minière de la province se décide véritablement à l'extérieur de la province.

Pêche En 1994, la production du secteur des pêches de la province se chiffrait à 685 millions de dollars et l'industrie employait 25 000 personnes. L'importance de la pêche commerciale et sportive sur les nombreux grands lacs de l'intérieur est minime comparativement aux PÊCHES pratiquées à l'embouchure des rivières, le long du littoral et en haute mer. Un programme dynamique d'aquaculture a permis d'améliorer les prises dans les cours d'eau de l'intérieur et de produire des truites en quantité suffisante pour être mises en marché.

Le secteur le plus prospère est celui du saumon du Pacifique (cinq espèces différentes). Son cycle, période de frai dans les rivières, migration en mer et retour dans ses frayères, dure de deux à cinq ans. À mesure que les bancs de poissons se rapprochent de l'embouchure des rivières, des pêcheurs les cueillent à l'aide de bateaux modernes de fort tonnage. On trouve du saumon dans la plupart des rivières côtières, mais les plus grosses prises sont faites aux embouchures du fleuve Fraser et de la rivière Skeena. Cette méthode de pêche a considérablement réduit les stocks de poissons et constitue une menace pour l'ensemble du secteur des pêches.

En raison de la nature périssable du saumon, les conserveries étaient, au début du XXe siècle, disséminées le long de la côte, à proximité des zones de pêche. Confrontées à l'utilisation graduelle de bateaux de plus en plus modernes, à plus grand rayon d'action et dotés de systèmes de réfrigération, la majorité des petites conserveries ont dû fermer dans la région du centre du littoral. L'industrie de transformation du poisson, constituée d'une poignée de grandes usines, est aujourd'hui centralisée près de Prince Rupert et de Vancouver.

Parmi les autres poissons pêchés le long de la côte ou au large, on peut mentionner les suivants: le HARENG (dont les œufs constituent un sous-produit intéressant), le flétan, des poissons de fond comme la MORUE et la sole ainsi qu'une grande variété de crustacés, surtout les huîtres qui sont cultivées à divers endroits le long du littoral. La production de crustacés augmente constamment et se chiffre maintenant à 100 millions de dollars. Avec ses baies et ses nombreux fjords, la côte offre aux bateaux de pêche havres et rades naturels. Par contre, le littoral de la province ne possède pas de hauts-fonds étendus, excellent habitat pour le poisson, comme on en retrouve dans la zone du plateau continental des régions côtières de l'Est du Canada.

Agriculture La Colombie-Britannique se situe à l'avant-dernier rang des provinces canadiennes, relativement au pourcentage du territoire réservé aux cultures (la dernière étant Terre-Neuve), mais elle produit 5 p. 100 des denrées agricoles du Canada. La production agricole se chiffrait à 1,56 milliard de dollars en 1994 et les cultures les plus rentables étaient les légumes et le tabac. La culture du ginseng a aussi pris de l'importance et se chiffrait à 2,6 millions de dollars en 1995.

L'agriculture de la province est née au milieu du XIXe siècle pour répondre aux besoins des postes de traite. Vancouver et Victoria gagnant en importance, le développement agricole de la vallée du Fraser et de l'île de Vancouver en fut stimulé. Dans les années 1890, des plantations de légumes et de fruits sont effectuées dans l'Okanagan tandis que l'élevage du bœuf commence dans la région de Cariboo.

La plus importante région pour la superficie cultivée, celle de rivière de la Paix, produit environ 90 p. 100 des céréales récoltées en Colombie-Britannique. Bénéficiant de la plus longue saison sans gel au Canada, les petites exploitations des basses-terres du Fraser produisent lait, viande, légumes, petits fruits et pratiquent aussi des cultures plus spécialisées (bleuets, canneberges, bulbes à fleurs). Dans le centre-sud de la province, région plus sèche, seule l'agriculture irriguée prospère.

Les terrasses étroites mises en place sur les hauteurs de la vallée d'Okanagan en font l'une des trois grandes régions fruitières du pays et une des deux zones productrices de raisin. De petite taille, les fermes pratiquent des cultures intensives: pomme, pêche, poire, cerise, prune, raisin et abricot. L'élevage de bovins de boucherie se fait un peu partout dans la prairie au sud du plateau Intérieur. Toutefois, on ne produit pas même assez de viande pour suffire aux besoins du marché de Vancouver.

En dépit de la rareté des bonnes terres agricoles, l'expansion urbaine a dévoré chaque année, entre 1966 et 1971, plus de 6 000 ha de bonne terre cultivable. Environ 20 p. 100 des bonnes terres du Fraser inférieur et 30 p. 100 des terres de la vallée de l'Okanagan avaient déjà changé de vocation lorsque la *Land Commission Act*, promulguée en 1973 et créant une commission de protection du territoire agricole, a décrété un moratoire sur l'utilisation des terres agricoles à d'autres fins, malgré la grande demande de terrains destinés à la construction résidentielle et industrielle, ainsi qu'à des usages «récréatifs» (fermes d'agrément et maisons de campagne).

Énergie La Colombie-Britannique produit de l'énergie en excédent: électricité, charbon, pétrole et gaz naturel. Les bassins houillers situés à l'est de l'île de Vancouver, de petite taille mais très accessibles, ont été épuisés dès le début du XXe siècle, de même que ceux du sud-ouest du plateau intérieur, mais ceux du sud des Rocheuses ont été ouverts à l'exploitation au début du XXe siècle afin d'alimenter les fonderies de Kootenay.

Des innovations technologiques appliquées au début des années 60 dans les exploitations à ciel ouvert, le transport par train et l'infrastructure portuaire ont permis l'extraction de grandes quantités de charbon, pour usage thermique et métallurgique, dans le Sud-Est et leur expédition jusqu'au Japon.

De plus, toujours pour l'exportation, d'autres mines de charbon ont été ouvertes dans les Rocheuses et les contreforts du nord-est, à partir des années 80. En raison de l'éloignement des ports, le réseau ferroviaire a dû être modernisé pour transporter ces énormes quantités de charbon destiné aux marchés internationaux.

Un relief accidenté et contrasté, des précipitations généreuses, des pentes fortes provoquent un abondant écoulement saisonnier en de nombreuses rivières et font de la Colombie-Britannique un important producteur d'énergie hydroélectrique (la province génère une production annuelle variant de 50 000 à 75 000 gigawatts-heure). Quelque 70 000 km de lignes de transmission sont nécessaires à la livraison de cette électricité. Cette forme d'énergie a commencé à être exploitée à la fin du XIXe siècle lorsque l'on aménagea les petites rivières du sud-ouest pour alimenter Victoria et Vancouver. Avant 1940, la plus importante centrale du sud-ouest barrait la rivière Bridge, à l'est de la chaîne côtière. L'hydroélectricité provenant du sud-ouest a suffi amplement, jusqu'aux années 60, aux besoins des industries et des zones résidentielles de la région du détroit de Georgia.

Au tournant du XXe siècle, quelques rivières du sud-est, dont la Kootenay, ont été aménagées afin d'alimenter villes et mines environnantes, et l'énergie produite a suffi amplement jusqu'aux années 60. Par suite de la conclusion d'un accord international, un barrage a été construit à la fin des années 60 sur le fleuve Columbia (à Mica Creek, dans le «Big Bend» au nord de Revelstoke) afin de régulariser le débit des eaux et de permettre aux centrales américaines d'être plus efficaces (*voir* TRAITÉ DU FLEUVE COLUMBIA). Au cours des années 70, des turbines y ont été installées afin d'alimenter Vancouver.

Dans le Nord-Ouest, une centrale était mise en marche en 1954 pour produire de l'électricité, à tarifs réduits, destinée à une importante aluminerie de Kitimat. Pour réaliser ce projet, les eaux de l'amont de la RIVIÈRE NECHAKO, frayère tributaire du FLEUVE FRASER, ont été endiguées et détournées par un canal souterrain sous la chaîne Côtière jusqu'à une grande centrale souterraine située le long du littoral à Kemano. Ces installations ont réduit les activités de frai du saumon dans cette rivière.

Le Nord-Est a été la dernière région à être dotée de centrales hydroélectriques. Grâce aux innovations réalisées dans le domaine de la transmission de l'énergie sur de longues distances, on a pu construire un barrage sur la rivière de la Paix, à l'endroit même où elle s'écoule des Rocheuses, et transporter cette électricité 1000 km plus loin et répondre aux besoins grandissants du Vancouver métropolitain. La mise en valeur de la rivière de la Paix fait de ce complexe le troisième producteur hydroélectrique au Canada et il peut produire plus de 2730 mégawatts. En plein cœur de la province, le fleuve Fraser représente le plus grand potentiel hydroélectrique de la Colombie-Britannique, mais la technologie n'a pas encore réussi à permettre la cohabitation du barrage et du poisson (*voir* BC HYDRO).

Transport Le transport routier a été canalisé dans les vallées étroites creusées par les cours d'eau qui entaillent la moitié sud de la province. Les deux voies ferrées transcontinentales passent par les vallées du Fraser et de la Skeena, traversent le massif montagneux et atteignent la côte. Seulement quatre cols des Rocheuses ont été empruntés par les chemins de fer et plus tard par les routes, afin de pénétrer en Colombie-Britannique par l'est. Du Sud au Nord, ces cols stratégiques sont les suivants: CROWSNEST, KICKING HORSE, YELLOWHEAD et PINE.

La seule compagnie ferroviaire assurant un service dans l'axe sud-nord, la BRITISH COLUMBIA RAILWAY (anciennement Pacific Great Eastern), est la propriété du gouvernement provincial. Dans les années 50, le service ferroviaire a été étendu de Vancouver jusqu'à la région de la rivière de la Paix dans le Nord-Est en passant par Prince George. Les travaux de prolongement du réseau jusqu'à un territoire peu habité au nord-ouest de Prince George ont été stoppés au cours des années 70. Le chemin de fer Southern British Columbia Railway, qui existait avant la construction du British Columbia Railway, a appartenu à la société BC Hydro jusqu'en 1988. Il assure un service de fret entre Chilliwack et New Westminster, et jusqu'à Annacis Island sur le Fraser.

Il a fallu attendre les années 50 pour que l'intérieur de la Colombie-Britannique soit doté d'un réseau interconnecté d'autoroutes. Les travaux de construction de la première route traversant toute la province, la ROUTE TRANSCANADIENNE, ont été complétés en 1962. La construction de l'AUTOROUTE COQUIHALLA, terminée en 1990, a été entreprise pour alléger la circulation sur les routes empruntées par les poids lourds et pour stimuler le tourisme régional. La plupart des routes sillonnent le fond des vallées, où se trouvent les agglomérations et leurs habitants, et suivent généralement un axe nord-sud, tandis que les liaisons est-ouest sont moins nombreuses.

Le gouvernement de Victoria est le maître d'œuvre de la construction et de l'entretien de tous les chemins publics dans les territoires non constitués et de toutes les routes à grande circulation dans les régions constituées. Plusieurs parties de la Colombie-Britannique possèdent peu, quelquefois pas du tout, de voies routières.

Il n'existe aucune liaison terrestre entre Powell River et Prince Rupert en raison des coûts extrêmement élevés que demanderait la construction de routes serpentant les innombrables fjords. Il y a d'ailleurs peu d'établissements permanents dans ce secteur. Dans le Nord-Ouest, il n'y a qu'une seule route reliant Prince Rupert (et Stewart) à Cassiar, et la ROUTE DE L'ALASKA. Cette dernière est la seule route du nord-est de la Colombie-Britannique.

La côte est desservie par un service complet de traversiers qui transportent marchandises, véhicules et passagers d'une rive à l'autre du détroit de Georgia. Remorqueurs, chalands et péniches transportent marchandises et passagers le long du détroit situé entre l'île de Vancouver et le continent ainsi que vers le nord jusqu'à Prince Rupert, aux îles de la Reine-Charlotte et le long du littoral méridional de l'Alaska. Au début du XXᵉ siècle, des bateaux à faible tirant d'eau faisaient la navette durant l'été sur les lacs longs et étroits de la région centrale et du Sud-Est, mais ils ont disparu graduellement avec la construction d'autoroutes utilisables en toute saison.

Les principales villes possèdent un aéroport, et tous les modes de transport, aérien, ferroviaire, terrestre ou maritime, ne font que renforcer la domination exercée par la région métropolitaine de Vancouver et la région densément peuplée du sud-ouest de la province.

Tourisme et loisirs La Colombie-Britannique est connue à travers le monde pour la diversité et l'étendue de ses activités de plein air: pêche sportive, camping, randonnées pédestres, croisières, voyages en automobile, ski et chasse. En 1994, le tourisme comptait pour 4,3 p. 100 du produit intérieur brut (PIB) et procurait des emplois directs à 105 000 personnes et des emplois indirects à 185 000 personnes.

La plupart des touristes y viennent en voiture, surtout par Revelstoke, Kamloops, le canyon du Fraser ou, au sud, par Salmon Arm, dans l'Okanagan. Vu l'absence d'un réseau routier digne de ce nom dans le Nord, celui-ci attire peu de visiteurs. La majeure partie de ceux-ci viennent des Prairies. Les trois quarts des Canadiens qui visitent la Colombie-Britannique viennent de l'Alberta, auxquels s'ajoutent un nombre assez important de touristes des États de Washington, de l'Oregon et de la Californie (3,7 millions de visiteurs en 1994).

Le panorama grandiose qu'offrent les montagnes et nombre d'autres attraits naturels sont plus faciles d'accès dans les parcs fédéraux et provinciaux. Les parcs nationaux sont surtout dans la région montagneuse de l'est de la province: YOHO, KOOTENAY, GLACIER et MONT-REVELSTOKE. Le PARC NATIONAL PACIFIC RIM, dans la partie ouest de l'île de Vancouver, possède la plus longue plage de sable de la province.

En juillet 1987, une entente a été conclue pour constituer la RÉSERVE DE PARC NATIONAL GWAII HAANAS dans les îles de Reine-Charlotte. Cette forêt pluvieuse, unique en son genre, est l'un des refuges les plus diversifiés d'Amérique du Nord au chapitre de la flore et de la faune, en plus d'être la terre ancestrale des Haida, dont les sites ancestraux et les totems ont une grande importance pour les archéologues (*voir* ANTHONY, ÎLE).

La Colombie-Britannique est dotée de plus de 440 parcs provinciaux et zones récréatives étalés sur plus de 7,6 millions d'hectares. Ils sont classés en quatre catégories: zones récréatives; parcs de catégorie «A» qui sont, pour la plupart, des terrains de camping et de pique-nique; parcs de grande taille de catégorie «B», tels que GARIBALDI, STRATHCONA (premier parc provincial de Colombie-Britannique créé en 1911) et Tweedsmuir; et enfin, les parcs de catégorie «C» qui sont de petites aires récréatives locales. On trouve aussi 131 réserves écologiques partout dans la province.

Gouvernement et politique

La Colombie-Britannique est gouvernée par une Assemblée législative de 75 députés représentant autant de circonscriptions électorales et élus au scrutin uninominal. Avant 1991, plusieurs circonscriptions étaient représentées par deux personnes, étant donné le nombre disproportionné d'électeurs vivant dans les zones urbaines entourant Vancouver. Les circonscriptions électorales sont redéfinies après chaque recensement majeur afin d'assurer une représentation proportionnelle.

Le lieutenant-gouverneur de la province, nommé par le Gouverneur général du Canada sur recommandation du premier ministre de la province, est le chef du gouvernement mais à titre honorifique seulement. Le pouvoir exécutif appartient au premier ministre de la province, chef du parti ayant remporté le plus grand nombre de sièges aux élections qui ont lieu, au moins, tous les cinq ans.

Un cabinet, dont les membres sont choisis parmi les députés du parti au pouvoir, est constitué par le premier ministre. Les services gouvernementaux sont assurés par la fonction publique, sous l'autorité des sous-ministres, et le siège du gouvernement est situé à Victoria. Le Sénat fédéral compte 6 représentants de la Colombie-Britannique et la Chambre des Communes, 32 députés de la Colombie-Britannique.

Le plus haut tribunal de la Colombie-Britannique est la Cour d'appel présidée par un juge en chef et elle compte 10 juges puînés La Cour suprême se situe sous la Cour d'appel dans la hiérarchie judiciaire et un juge la préside, assisté de 26 autres juges puînés. On trouve également sept cours de comté (le mot «comté» ne sert pas ici à désigner une entité administrative).

Magistrats et juges de paix sont habilités à présider les cours provinciales dans les causes relevant des droits familial et juvénile. Tous les juges provinciaux sont nommés par le gouverneur général en conseil (l'État, en fait). Le procureur général, la plus haute autorité judiciaire dans la province, peut agir dans tout litige dans lequel la province est partie. Le ministère est responsable de l'administration de la justice, de la police et des services juridiques offerts à la population. (*Voir aussi* PREMIERS MINISTRES DE LA COLOMBIE-BRITANNIQUE: TABLE; LIEUTENANTS-GOUVERNEURS DE LA COLOMBIE-BRITANNIQUE).

Gouvernements locaux La majorité des habitants de la Colombie-Britannique vivent dans des communautés possédant un gouvernement local, mais la majeure partie du territoire est soustraite à toute autorité locale. Les terres et ressources des zones non constituées sont administrées par les ministères provinciaux concernés.

Moins de 1 p. 100 du territoire est constitué en villes, municipalités, villages, municipalités de districts, ainsi qu'en 29 districts régionaux abritant diverses structures de gouvernement local. Ces zones constituées comprennent environ 80 p. 100 de la population. Les électeurs de chaque municipalité élisent un maire et les membres du conseil. Dans les 99 p. 100 du territoire non constitué, aucun gouvernement local n'existe, à l'exception des 29 districts régionaux.

Chacun d'eux est doté d'un conseil composé de membres élus et désignés localement ainsi que de représentants gouvernementaux. Les districts régionaux sont créés par un décret du cabinet, afin de contribuer au financement mixte de certains services tels que l'eau, les égouts, les parcs régionaux et le transport relatif à un certain nombre de municipalités concernées. Ces districts effectuent une certaine planification, mais la réalisation des plans est confiée aux municipalités. Contrairement à certaines autres provinces, la Colombie-Britannique ne possède pas d'entités administratives tels que des cantons ou des comtés.

Finances publiques La majeure partie des revenus du gouvernement de Victoria proviennent des impôts prélevés sur les biens immobiliers ainsi que des taxes de vente et des impôts sur le revenu des citoyens et des entreprises. Des taxes s'appliquent aux terres qui ne relèvent pas des municipalités, à l'essence, aux boissons alcoolisées et au tabac, sans oublier une taxe de vente provinciale d'application générale. L'obtention de permis et de licences du gouvernement entraîne habituellement des frais, dont les redevances concernant la coupe du bois sur les terres domaniales et l'utilisation d'autres ressources naturelles. La province reçoit une part de l'impôt perçu par le gouvernement fédéral, dans le cadre de diverses ententes de partage fiscal.

La plus grande part des dépenses est réservée à l'éducation, à la santé et aux services sociaux. Ces derniers comprennent le financement des hôpitaux, de l'assurance-maladie, de l'aide sociale et d'autres mesures d'aide. Une tranche des dépenses est constituée des salaires des employés de la fonction publique qui assurent l'administration gouvernementale et fournissent les services publics. Le gouvernement assure aussi le service des traversiers, nécessaires plus que partout ailleurs au pays, en plus d'être responsable des routes et des ponts.

Santé Les services de santé sont dispensés par l'entremise de conseils régionaux des services de santé qui sont des organismes semi-autonomes relevant du ministère de la Santé. Le gouvernement provincial a la responsabilité du personnel travaillant dans les districts. Tous les résidants permanents de la province peuvent recevoir des soins hospitaliers et médicaux, conformément aux dispositions de la *Hospital Insurance Act* (une loi sur l'assurance-hospitalisation), qui sont défrayés, en partie, par les cotisations payées par tous les résidants de la province. De plus, le ministère de la Santé est responsable de programmes de soins de longue durée, des soins psychiatriques et d'un service d'ambulances (subventionné).

Vie politique Les formations provinciales d'origine fédérale, libérale ou conservatrice, apparaissent à partir de 1903, lors de l'élection de Richard MCBRIDE, premier chef du parti conservateur provincial, à la direction de la province. Le premier gouvernement libéral est élu en 1916 sous la direction de H.C. BREWSTER et les conservateurs reprennent le pouvoir en 1928, dirigés par Simon TOLMIE.

Plusieurs leaders syndicaux venus de Grande-Bretagne mettent à contribution leur expérience d'organisateurs et remportent des victoires assez rapidement par l'adoption de lois destinées à améliorer le sort des travailleurs et à instaurer des services sociaux. Des tiers partis sont actifs sur la scène politique et le parti travailliste (Labour Party) fait élire des députés en 1920, en 1924, en 1928 et en 1933.

Des formations socialistes et progressistes apparaissent avec les difficultés économiques de la CRISE DES ANNÉES 30 et les conservateurs sont balayés en 1933 finissant derrière la CO-OPERATIVE COMMONWEALTH FEDERATION (CCF) qui obtient 7 sièges et 31 p. 100 des votes. Un nouveau gouvernement libéral s'installe au pouvoir pour les huit prochaines années sous la gouverne de T.D. PATTULLO. Les premiers ministres John HART (1941-1947) et Byron I. JOHNSON (1947-1952), tous deux libéraux, dirigeront des GOUVERNEMENTS DE COALITION.

En 1952, une faction dissidente du Parti conservateur, le CRÉDIT SOCIAL, dirigée par W.A.C. BENNETT, fait son entrée sur la scène provinciale. Une formation politique du même nom existait déjà en Alberta. Après avoir obtenu un gouvernement minoritaire cette même année, le Parti créditiste gouverne la Colombie-Britannique sans interruption durant 20 ans. La province connaît alors une ère de croissance et de mise en valeur de ses ressources sans précédent. L'intérieur de la province en particulier bénéficie de la construction de nouvelles routes qui assurent de meilleures communications internes et avec la région du Sud-Ouest. On assiste également au prolongement nordique du chemin de fer (British Columbia Railway) jusque dans la région de la rivière de la Paix.

Le NOUVEAU PARTI DÉMOCRATIQUE (NPD, anciennement CCF) forme l'opposition officielle au cours des années 60, à la suite de la disparition quasi complète des libéraux et des conservateurs. Le NPD prend le pouvoir en 1972 sous la direction de David BARRETT. Les voix se répartissent presque également entre les deux partis, le Crédit social se faisant l'avocat de la libre entreprise et d'un rôle limité de l'État, tandis que le NPD préconise un socialisme modéré et l'intervention de l'État dans les affaires économiques et sociales.

Les créditistes reprennent le pouvoir en 1975, dirigés par William BENNETT, fils de W.A.C. Bennett, et ils seront réélus en 1979, en 1983 et en 1986, cette fois sous la gouverne de William VANDER ZALM. Rita JOHNSTON, devient la première femme à occuper le poste de premier ministre du Canada, lorsqu'elle remplace Vander Zalm, à titre de leader d'un Crédit social miné par les scandales en 1991. Son parti sera cependant battu lors des élections de la même année par le NPD dirigé par Michael HARCOURT, ancien maire de Vancouver. Cette élection transforme le Crédit social en parti marginal et inaugure le retour des libéraux comme véritable force politique provinciale. Ils forment alors l'opposition officielle pour la première fois depuis 40 ans. En 1996, les néo-démocrates sont réélus pour un second mandat consécutif sous la gouverne de Glen CLARK. Il démissionne, sous la pression, en août 1999. Le 20 février 2000, Ujjal Dosanjh est élu chef du NPD et devient ainsi de facto premier ministre et premier indo-canadien à occuper un tel poste.

Éducation

Les premières écoles élémentaires ouvrent leurs portes à Victoria en 1852, quelques années seulement après la construction d'un fort par la Compagnie de la baie d'Hudson (CBH). À partir de 1858, l'administration coloniale maintient ces écoles. En 1872, le *Public School Act* (une loi de l'instruction publique) crée un système scolaire gratuit et les premières écoles secondaires voient le jour par la suite à Victoria (1876) et à Vancouver (1890).

Le réseau scolaire public va du jardin d'enfants à la douzième année et l'instruction est offerte gratuitement à tous les enfants en âge de fréquenter l'école, soit de 5 à 19 ans. Des conseils scolaires, composés de citoyens élus, administrent les écoles, dont la majeure partie du financement est assurée par le gouvernement provincial. L'école est obligatoire pour les enfants âgés de 6 à 16 ans. Au cours de l'année scolaire 1993-1994, plus de 622 000 enfants et adolescents fréquentaient environ 2000 écoles primaires et secondaires, dont le coût se chiffrait à près de 4 milliards de dollars.

Les enfants vivant dans les régions isolées ou qui ne peuvent fréquenter l'école peuvent étudier par le biais du TÉLÉENSEIGNEMENT ou de cours par correspondance offerts par le ministère de l'Éducation. Des cours semblables sont aussi offerts aux adultes qui veulent terminer leur cours secondaire. Le contenu des cours et des programmes relève de l'autorité du ministère de l'Éducation et ceux-ci se ressemblent d'un bout à l'autre de la province. Cette uniformité permet aux étudiants de changer de district scolaire sans difficultés. Cependant, cette structure permet aussi aux écoles et aux titulaires des différentes classes d'adapter le contenu des programmes aux besoins locaux.

Il y a quelque 350 écoles privées exigeant des frais de scolarité en Colombie-Britannique et la plupart d'entre elles, dont 75 écoles catholiques, sont des institutions confessionnelles. Il existe aussi une douzaine d'écoles privées calquées sur le modèle britannique et l'on retrouve d'autres écoles indépendantes se réclamant de différentes confessions religieuses (Protestants, Juifs, Musulmans, Sikhs), de la méthode Montessori, du groupe Waldorf ainsi que des écoles privées laïques. Les écoles dont les professeurs répondent aux exigences des brevets d'enseignement de la province et qui se conforment aux critères relatifs aux programmes d'enseignement provinciaux ont droit à un financement limité. Environ 8 p. 100 de la population d'âge scolaire de la Colombie-Britannique est inscrite dans des écoles privées.

Les parents peuvent aussi enseigner à leurs enfants à la maison. L'expression «enseignement à domicile» signifie qu'un programme d'enseignement doit être dispensé et supervisé par les parents. Les élèves doivent quand même être inscrits auprès d'une école publique, privée ou dans le cadre d'une institution offrant des cours par correspondance. D'autre part, le BC College of Teachers a la responsabilité d'attribuer les brevets d'enseignement aux enseignants de la province et de vérifier les compétences de ceux venus d'ailleurs.

Enseignement postsecondaire Le réseau public d'enseignement postsecondaire de la province est structuré pour faire face aux exigences sans cesse croissantes en matière d'enseignement supérieur et de formation avancée découlant des changements profonds des fondements économiques de la province au cours des dernières années. La Colombie-Britannique possède quatre catégories d'institutions d'enseignement postsecondaire: les universités de recherche, les collèges universitaires, les collèges et les instituts. La province abrite quatre universités de recherche traditionnelles.

La première institution de haut savoir a été l'UNIVERSITÉ DE LA COLOMBIE-BRITANNIQUE située dans une péninsule adjacente à la pointe ouest de Vancouver. Le Victoria College, affilié à l'U. de la Colombie-Britannique, offrait l'enseignement des deux premières années d'université aux résidents de Victoria jusqu'à ce que l'institution obtienne le statut d'université en 1963 (*voir* UNIVERSITÉ DE VICTORIA). En 1965, on crée à Burnaby une nouvelle université, SIMON FRASER, afin de répondre aux besoins de la population grandissante de la région de Vancouver. La plus récente, l'U. de Northern British Columbia, a accueilli ses premiers étudiants en septembre 1994. Il s'agit de la seule université à avoir vu le jour au Canada en 25 ans. Ces universités offrent toutes des programmes d'enseignement complets en plus de décerner des diplômes professionnels.

L'OPEN LEARNING AGENCY offre des cours par correspondance et comprend les volets suivants: Open University, Open College et Knowledge Network, un réseau de télécommunications qui utilise la télévision par satellite et les réseaux conventionnels pour offrir des cours sur vidéo, des cours conçus pour ou à l'aide de l'informatique ainsi qu'une programmation interactive en direct.

La province compte 12 COLLÈGES COMMUNAUTAIRES qui tentent de répondre aux besoins particuliers des régions qu'ils desservent. Ce sont des institutions qui peuvent offrir des cours dans plusieurs domaines et dont les programmes peuvent comprendre aussi bien des cours d'alphabétisation et de rattrapage scolaire que des cours de formation professionnelle. En plus d'offrir une formation technique ou professionnelle, ils offrent aussi des programmes de transition vers l'université d'une durée de un à deux ans.

Il existe quatre collèges universitaires qui offrent le même éventail de cours que les collèges communautaires, tout en offrant des programmes universitaires complets. On compte aussi trois instituts spécialisés: un institut de technologie, un institut de formation juridique, un institut des arts et du design. Pour la période 1993-1994, la province a dépensé plus de 1,8 milliard de dollars en matière d'enseignement postsecondaire et plus de 6,8 milliards de dollars dans l'enseignement en général, notamment l'enseignement postsecondaire, l'enseignement primaire et secondaire ainsi que les écoles de métiers.

Vie culturelle

La culture de la Colombie-Britannique porte encore l'empreinte des différents peuples qui l'ont colonisée. L'influence britannique est prépondérante au cours du XIXᵉ siècle en raison du nombre important de colons et d'entrepreneurs passés directement de l'Angleterre aux colonies et à la nouvelle province.

Au XXᵉ siècle, le portrait culturel se diversifie avec l'apport des nouveaux arrivants venus de l'Est du pays. Quoique de sang britannique, ils en sont à la deuxième ou à la troisième génération en sol canadien. L'influence de l'Est du Canada se fait sentir davantage à partir de 1950 quand l'immigration intérieure vient grossir la population, apportant avec elle des institutions et des traits culturels propres au reste du Canada. Quelques-uns des meilleurs écrivains du pays tels que Phyllis WEBB et George BOWERING, vivent dans la province.

Le mélange des cultures se distingue de deux manières par rapport à la situation qui prévaut ailleurs au Canada. En premier lieu, les immigrants asiatiques (Inde, Pakistan, Malaisie, Philippines, Hong Kong, Japon, Chine) ont leurs caractéristiques et contribuent à donner à la côte ouest un visage particulier, d'abord sous la forme de turbans, de saris, etc., dont le port a toutefois tendance à se limiter à quelques célébrations religieuses ou événements culturels. Ainsi, le «Chinatown» continue de donner au paysage urbain du centre de Vancouver une coloration particulière.

Les autochtones, deuxième grande famille culturelle, se distinguent par la richesse de leur culture (voir AUTOCHTONES DE LA CÔTE NORD-OUEST, ART). L'art et l'artisanat autochtones ont connu un regain de vigueur au cours des dernières décennies et leur rayonnement se fait sentir dans l'ensemble de la société. L'artiste la plus célèbre de la province, Emily CARR, a été profondément marquée par l'art autochtone.

Le gouvernement de la Colombie-Britannique accorde une aide financière aux organisations ethniques, culturelles et communautaires ainsi qu'aux éditeurs, par l'intermédiaire du BC Cultural Fund, créé en 1967. D'autres activités sont subventionnées par les profits des LOTERIES. Un nouveau conseil des arts, Cultureworks!, a été mis sur pied en 1995.

La majorité des grands musées, les dépôts d'archives et les galeries d'art les plus importantes sont établis à Vancouver et à Victoria. Divers musées régionaux existent dans les petites villes de l'intérieur. Le Centennial Museum et le planétarium H.R. MACMILLAN ainsi que le Gordon Southam Observatory de Vancouver, sis sur le front de mer du côté ouest de la ville, sont voisins des archives municipales et du musée maritime de Vancouver. Ce dernier, où l'on peut voir le célèbre schooner de la Gendarmerie royale, le ST ROCH, témoigne du rôle important de la mer dans l'histoire de la ville.

Le Royal British Columbia Museum de Victoria est renommé pour ses nombreuses reconstitutions des milieux naturels de la faune et de la flore, de la vie des autochtones et des premiers colons ainsi que pour ses collections réparties sur plusieurs étages. Le musée d'anthropologie de l'U. de la Colombie-Britannique, aménagé par le designer Arthur ERICKSON, abrite une collection importante d'objets façonnés par les autochtones de la côte du Nord-Ouest.

Plusieurs compagnies théâtrales exercent leurs activités à Vancouver et à Victoria. Le problème de la concentration des principaux événements culturels, sociaux et sportifs dans le sud-ouest de la province, et de leur quasi-absence ailleurs dans la province, est un sujet de préoccupations constantes.

Les CANUCKS DE VANCOUVER font partie de la Ligue nationale de hockey depuis la saison 1970-1971 et les LIONS DE LA COLOMBIE-BRITANNIQUE sont affiliés à la Ligue canadienne de football depuis 1954. Ces derniers ont maintenant élu domicile à la British Columbia Place, le seul stade couvert au Canada. En 1994, Vancouver s'est dotée d'une équipe professionnelle de BASKETBALL. L'année suivante, les Grizzlies ont commencé à jouer au nouvel amphithéâtre GM Place où les Canucks disputent aussi leurs parties de hockey. Les Whitecaps de Vancouver étaient, de leur côté, l'équipe professionnelle de SOCCER qui attirait le plus de spectateurs au Canada jusqu'au moment de la dissolution de la North-American Soccer League (NASL), en 1985.

Vancouver a aussi accueilli les Jeux de l'Empire britannique en 1954 (voir JEUX DU COMMONWEALTH) et l'exposition thématique EXPO 86. Quarante ans après Vancouver, la ville de Victoria accueillait à son tour les Jeux du Commonwealth.

Les principales villes possèdent leurs quotidiens, tandis que les centres de moindre importance disposent d'hebdomadaires régionaux. Les principales stations de radio et de télévision ont leur siège à Vancouver et à Victoria, mais plusieurs villes de taille plus modeste possèdent leurs propres stations. De fait, la Colombie-Britannique possédait le même nombre de stations de radio privées AM (53) qu'au Québec en 1992. Seule l'Ontario en possédait davantage.

La plupart des éditeurs de livres et de revues sont établis à Vancouver, marché intéressant pour les éditeurs et les médias de l'Est, mais aussi pour les maisons locales qui y ont une clientèle assez nombreuse.

Les LIEUX HISTORIQUES les plus importants sont FORT LANGLEY, premier poste de traite dans la vallée du bas Fraser, BARKERVILLE et Fort Steele. Dans les haltes routières situées près des plus beaux panoramas, le gouvernement provincial a fait installer de nombreux panneaux commémoratifs, et ce, sur toutes les principales autoroutes.

Histoire

Dans l'histoire de l'Amérique du Nord, la Colombie-Britannique a été l'une des dernières «frontières». En 1774, les Espagnols, sous la conduite de Juan PÉREZ HERNÀNDEZ, sont sans doute les premiers Européens à voir la côte bordant la province. Sans même mettre pied à terre, ils revendiquent le territoire au nom de l'Espagne. Quatre ans plus tard, James COOK pénètre avec deux vaisseaux anglais dans le DÉTROIT DE NOOTKA, sur la rive occidentale de l'île de Vancouver. Quelques années plus tard, des commerçants britanniques débarquent et se lancent avec succès dans la traite des fourrures avec les autochtones vivant sur les côtes.

Un conflit éclate en 1789 entre l'Espagne et l'Angleterre à propos de la propriété de la côte ouest de l'Amérique du Nord. Les Espagnols établissent un poste de traite au détroit de Nootka et s'emparent des navires anglais qui s'y trouvaient. La CONTROVERSE DU DÉTROIT DE NOOTKA trouve son dénouement dans les accords de Nootka (1790-1794), qui garantissent des droits de commerce égaux pour les deux pays, sans toutefois régler la question de la possession du territoire.

Les prétentions anglaises sont renforcées après 1792 quand des vaisseaux commandés par George VANCOUVER arrivent avec mission de dresser la carte de la côte, de l'Oregon jusqu'en Alaska. Au cours de trois années de relevés cartographiques précis, Vancouver baptise plusieurs baies, anses et formations naturelles de la côte. En cette période où le colonialisme européen exerce une hégémonie mondiale, on se préoccupe fort peu du fait que ce territoire est déjà habité par des autochtones.

En 1793, le premier compte rendu effectué par un Européen sur l'intérieur du pays est l'œuvre d'Alexander MACKENZIE, négociant pour la COMPAGNIE DU NORD-OUEST. Il pénètre la région depuis le côté est le long de la rivière de la Paix et du cours supérieur du Fraser, explore le plateau Chilcotin du côté ouest, puis traverse la chaîne côtière jusqu'à la grande anse de Bella Coola.

Deux autres membres de la Compagnie du Nord-Ouest, Simon FRASER et David THOMPSON, explorent d'autres parties de l'intérieur au début du XIXᵉ siècle et fondent des postes de traite approvisionnés à partir de Montréal. Ce sont les premiers établissements permanents. En 1808, Fraser atteint l'embouchure du fleuve qui porte maintenant son nom et Thompson découvre l'embouchure du fleuve Columbia en 1811, après avoir exploré les rivières du Sud-Est.

Pendant quelque 50 ans, tandis que l'Est de l'Amérique du Nord est occupé et colonisé par des agriculteurs et que des villes commerçantes s'y développent, l'Ouest montagneux demeure pratiquement inconnu, en marge des empires du commerce des fourrures contrôlés par les villes de l'Est.

Au cours de la première moitié du XIXᵉ siècle, la COMPAGNIE DE LA BAIE D'HUDSON (CBH), propriété des britanniques, contrôle la traite des fourrures dans l'Ouest, y compris la région des États actuels de l'Oregon et de Washington. À mesure que les colons américains s'établissent dans le Sud de cette région dans les années 1830, ils refusent de reconnaître l'autorité de la compagnie britannique.

Des conflits territoriaux (les États-Unis revendiquent les territoires situés au nord du 54ᵉ degré 40 min de latitude N.) se règlent par la signature du TRAITÉ DE L'OREGON, en 1846, qui fixe la frontière méridionale de la Colombie-Britannique le long du 49ᵉ parallèle, sauf pour l'île de Vancouver. Prévoyant la chose, la CBH déménage ses quartiers généraux au FORT VICTORIA, qui vient d'être construit (1843).

En 1849, Londres confie à la CBH la responsabilité d'ouvrir l'île de Vancouver à la colonisation. Deux ans plus tard, James DOUGLAS, un représentant de la Compagnie, devient gouverneur de la colonie. Douglas met sur pied, en 1856, une assemblée législative pour l'île. Au milieu du XIXᵉ siècle, les seuls établissements non autochtones sur le territoire qui va devenir la Colombie-Britannique sont des postes de traite comme Victoria, Nanaimo et FORT LANGLEY, sur la côte, et, à l'intérieur, Kamloops, Fort George (devenu depuis Prince George) et FORT ST. JAMES.

Croissance Après une période de tranquillité, la colonie s'anime en 1858 avec la découverte d'or dans les bancs de sable le long du cours inférieur du fleuve Fraser. Les RUÉES VERS L'OR successives attirent des milliers d'aventuriers du monde entier. La plupart viennent cependant des régions aurifères de Californie, plusieurs par bateau, de San Francisco. Les chercheurs d'or s'entassent dans des baraques de fortune à Victoria, y achètent permis et provisions.

Au cours de l'année 1858, les prospecteurs ratissent les rives du Fraser, vers l'amont. La ville de Yale est créée de toutes pièces pour servir de centre de transbordement au sud du canyon du Fraser et à l'extrémité est de la partie navigable dans l'embouchure du fleuve. Les chercheurs d'or agitent leurs tamis le long des affluents du Fraser, et des découvertes importantes sont faites à l'est de Quesnel.

La ville champignon de Barkerville s'élève à l'ouest des monts Cariboo et devient un centre de services pour les prospecteurs. À son apogée, au début des années 1860, Barkerville a une population de quelque 10 000 habitants, mais qui fluctue beaucoup. Elle est ainsi la localité la plus populeuse de l'Ouest canadien.

Désireux d'assurer la loi et l'ordre sur les terrains aurifères et d'implanter un embryon d'administration publique, les Britanniques confient, en 1858, la gouverne du territoire de l'intérieur de la Colombie-Britannique à James Douglas, demeuré gouverneur de l'île de Vancouver. NEW WESTMINSTER, localité située un peu à l'intérieur des terres sur la rive nord du delta du Fraser, devient la capitale de la nouvelle colonie en 1859. Ce chef-lieu contrôle le trafic maritime, l'entrée du delta du Fraser en direction du centre du territoire. Au début des années 1860, la construction de la ROUTE CARIBOO le long des falaises du canyon Fraser, entreprise aux difficultés presque insurmontables, facilite le transport des marchandises jusqu'aux villages de l'intérieur.

L'épuisement des terrains aurifères et le départ des habitants forcent le gouvernement britannique à réunir en 1866 les deux colonies afin de réduire les coûts administratifs. New Westminster est la capitale des colonies jumelées pendant deux ans jusqu'à ce que les protestations de la vieille capitale, Victoria, obligent les autorités à y ramener en 1868 le siège du gouvernement. L'éloignement de la capitale des populations et des activités économiques de l'intérieur provoque pendant plusieurs années des problèmes de communication et des dédoublements de plusieurs services dans les territoires de l'intérieur.

Dans les années qui suivent la création de la CONFÉDÉRATION en 1867, on s'interroge beaucoup dans la colonie britannique de la côte ouest sur l'opportunité de se joindre au Canada formé par les provinces de l'Est. En 1871, les 12 000 citoyens non autochtones de la Colombie-Britannique acceptent d'adhérer au Dominion du Canada à condition que le gouvernement fédéral construise un chemin de fer transcontinental qui relierait la nouvelle province au reste du pays. Il faudra attendre, non sans impatience, 15 ans avant que le CANADIEN PACIFIQUE (CP) atteigne la côte du Sud-Ouest.

Au début, l'union avec le Canada n'est pas très heureuse. La nouvelle province est très endettée: gouverner un territoire montagneux aussi vaste et si peu peuplé coûte cher et les revenus provenant de l'exploitation des ressources naturelles sont modestes. Plus du tiers de la population blanche réside dans la région de Victoria. En 1881, on dénombre 24 000 blancs et environ 25 000 autochtones.

L'expansion tant désirée du commerce avec l'Asie ne s'est pas réalisée tout de suite après la fin des travaux de construction du chemin de fer en 1885. Le CP amenait cependant des personnes dans le port de Vancouver et, en 1901, la population de la ville était déjà plus nombreuse que celle de Victoria. Vieille de 15 ans, Vancouver comptait déjà 27 010 habitants en 1901 tandis que Victoria, après 58 ans d'existence, n'en regroupait que 23 688.

Des entrepreneurs arrivent en Colombie-Britannique au tournant du XXe siècle afin d'en exploiter les immenses ressources. Le secteur de la conserverie du saumon se développe sur le littoral. Des scieries entrent en exploitation sur les deux rives du détroit de Georgia, surtout dans la partie est de l'île de Vancouver. La première usine de pâtes et papiers est construite à Powell River en 1912.

Ce n'est cependant qu'après la Première Guerre mondiale que l'industrie forestière connaît son premier grand développement. L'ouverture du canal de Panama donnant accès aux marchés de l'Atlantique Nord. La Colombie-Britannique attire des «pionniers» très différents de ceux des Prairies et de l'est du Canada, car le besoin de capitaux et la présence de ressources facilement exportables constituaient alors des facteurs de développement plus importants que la prise de possession de terres agricoles.

Au cours des années 1890, le développement de l'intérieur s'appuie sur l'industrie minière, concentrée dans la région de Kootenay, au sud-est. Venus pour la plupart des camps miniers de l'Idaho et de l'Ouest du Montana, les prospecteurs remontent les vallées vers le nord et découvrent de l'or et des métaux communs à l'ouest du LAC KOOTENAY. Des villages miniers apparaissent dans la vallée Slocan, à ROSSLAND, près de Grand Forks. NELSON, où sont concentrés les services, l'administration et les ressources matérielles, devient le plus important centre de la région avec une population de 4500 habitants en 1911.

Une voie ferrée venant des États-Unis pénètre en direction nord dans la région. Le CP étend son réseau vers l'ouest, en 1899, traverse le col Crowsnest et transporte le charbon de Fernie jusqu'aux fonderies des centres miniers. Vers 1914, plusieurs mines ferment et certaines municipalités connaissent le même sort, quoique d'autres mines soient mises en exploitation par la suite. Au cours de la Première Guerre mondiale, l'activité minière déclinant dans la région de Kootenay, le CP entreprend le prolongement de la voie ferrée devant relier Kettle Valley à la côte.

Des colons s'installent dans la partie centre-sud de l'intérieur pour pratiquer l'agriculture. Au même moment où la ruée vers l'or gagne Cariboo, des ranchs font leur apparition dans les prairies des vallées et dans les cuvettes vallonneuses au sud du plateau Intérieur. L'irrigation se développe au début du XXe siècle, à l'ouest de Kamloops et dans le nord de la vallée de l'Okanagan. L'irrigation de vergers au sud de Vernon facilite l'établissement d'anciens

combattants de la guerre 1914-1918 sur des terres (voir ANCIENS COMBATTANTS, LOI SUR LES TERRES DESTINÉES AUX).

Le chemin de fer Grand Trunk, allant vers l'ouest depuis Edmonton jusqu'à l'océan, en passant par le Fraser supérieur et les vallées de Bulkley et de Skeena, est construit entre 1907 et 1914, dans le but de doter le Canada d'une deuxième voie d'accès à la côte du Pacifique. Prince George devient alors un centre forestier mineur ayant accès au marché du bois de construction des Prairies, alors en pleine expansion. Toutefois, les terminaux portuaires et ferroviaires de Prince Rupert n'attireront jamais le tonnage espéré, en raison notamment des besoins modestes de réception de fret. La petite ville de Prince Rupert est demeurée une ville de pêche, tout en caressant l'espoir de devenir un jour un grand centre.

Les activités économiques fondées sur l'exploitation des ressources naturelles connaissent un ralentissement important dans la province, entre 1930 et 1945, à cause de la perte de marchés extérieurs. Vers 1950, l'amélioration des réseaux de transport permet l'intégration des économies de l'intérieur, axées sur l'exploitation des ressources naturelles, aux centres côtiers qui regroupent les activités de réception des marchandises ainsi que leur transformation et leur gestion.

L'Expo 86, tenue à Vancouver, portait d'ailleurs sur le transport et les communications. Des milliers de Canadiens ont émigré en Colombie-Britannique attirés par la douceur du climat et les perspectives économiques intéressantes. Ils se sont joints à des milliers d'autres immigrants venus d'Asie. Ces gens ne font pas que travailler à divers titres dans les secteurs du commerce et des services en pleine expansion, ils achètent des biens, des services et se divertissent. Au cours des années 90, la Colombie-Britannique est devenue l'une des provinces les plus prospères et l'une de celles dont la croissance est la plus rapide.

J. Lewis Robinson

Colombo, John Robert, éditeur, anthologiste et poète (Kitchener, Ont., 24 mars 1936). Sa carrière comporte deux aspects. Il est d'abord homme de lettres, chef de file et praticien de la «poésie spontanée», qui affiche un style vaguement marginal. Il a le don de faire naître autour de lui des activités littéraires. Cette facette de sa carrière se manifeste d'abord à l'université au cours des années 50 et se perpétue sans arrêt pendant 20 ans. C'est alors qu'apparaît un autre Colombo: le bibliophile et l'auteur d'ouvrages de référence.

Modèles du genre, surtout pour ce qui est de *Colombo's Canadian Quotations* (1974), de *Colombo's Canadian References* (1976) et de *Songs of the Indians* (2 vol., 1983), les compilations de Colombo témoignent d'une sorte d'érudition privée aussi admirable que rare. En tout, Colombo publie plus de 50 ouvrages, y compris des traductions. En 1987, il publie *New Canadian Quotations*, et, en 1994, *All-Time Great Canadian Quotations*.

Doug Fetherling

Colombo, Plan de Le Plan de Colombo pour le développement économique coopératif de l'Asie du Sud et du Sud-Est a été établi à la suite d'une rencontre des ministres des affaires étrangères du COMMONWEALTH à Colombo, au Ceylan (aujourd'hui Sri Lanka) en janvier 1950. Il cherche à combattre la pauvreté, la raison d'être, semble-t-il, des mouvements politiques communistes en Asie. Au départ, l'adhésion au plan est restreinte à des pays du Commonwealth (Inde, Pakistan, Ceylan, Australie, Nouvelle-Zélande, Grande-Bretagne et Canada), mais elle s'étend rapidement à la plupart des autres pays de l'Asie du Sud et du Sud-Est, ainsi qu'aux États-Unis, son principal donateur. Les gouvernements intéressés réalisent toujours leurs projets de développement par arrangements bilatéraux. Prudente à l'origine, la participation du Canada se limite à une contribution de 25 millions de dollars en 1951-1952, mais elle augmente rapidement à mesure que s'éten-

dent ses programmes d'aide au développement. L'Inde, le Pakistan et le Ceylan, ainsi que le Bangladesh et l'Indonésie, en ont été les principaux bénéficiaires.

Denis Stairs

Colonial Building Situé à St. John's, Terre-Neuve, cet édifice a été désigné LIEU HISTORIQUE par une loi de l'Assemblée législative de Terre-Neuve et du Labrador en 1974.

En 1832, Terre-Neuve est dotée d'un GOUVERNEMENT REPRÉSENTATIF, mais on retarde la construction d'un édifice législatif permanent. Finalement, en 1847, on pose la première pierre du Colonial Building, et ce n'est que trois ans plus tard que l'Assemblée législative peut s'y réunir. Conçu par James PURCELL, le bâtiment présente une façade néoclassique avec portique, colonnes ioniques et grand fronton triangulaire. Il est fait de pierres calcaires blanches importées à grands frais de Cork, en Irlande. La finition intérieure témoigne également d'un souci du style et comprend deux chambres où siégeaient jadis l'Assemblée législative élue et le Conseil législatif désigné.

De 1850 à 1960, le Colonial Building est le centre de la vie gouvernementale et publique de Terre-Neuve et du Labrador. En 1960, l'Assemblée législative et les autres bureaux gouvernementaux déménagent dans le nouveau Confederation Building, et le Colonial Building est cédé aux archives provinciales. Le bâtiment est ouvert au public, de même que les archives, où est conservée une imposante collection de documents manuscrits.

Deborah Welch et Michael Payne

Colonisation dans l'Ouest (*Voir* PRAIRIES OCCIDENTALES)

Colons, vie des De nouvelles régions du Canada s'ouvrant une à une à la colonisation européenne, il incombe donc aux colons ou pionniers la pénible tâche de bâtir des maisons et de créer des communautés. Toute leur vie est réglée par la nécessité de pourvoir aux besoins immédiats de leur existence dans un environnement nordique et sauvage: nourriture, abri, vêtements et combustible. Il faut également adapter à ces nouvelles conditions de vie les institutions sociales: églises, écoles, gouvernement local et l'ensemble des mœurs et coutumes. Certains colons apportent des biens personnels, comme des meubles, des ustensiles de cuisine, des livres et des objets décoratifs; d'autres s'établissent sur des terres préparées par des COMPAGNIES DE COLONISATION ou à peu de distance de villes ou de villages existants.

Toutefois, surtout avant que des routes, des canaux et des voies ferrées ne facilitent les communications et le transport des marchandises, la vie de la plupart des colons du Canada est synonyme d'isolement, de privation et de misère; ils n'espèrent pour tout succès que la survie. Néanmoins, après quelques années seulement, l'installation rudimentaire fait place à un confort relatif, ainsi qu'à la perspective de sécurité et même de prospérité pour les enfants. C'est ainsi que la persévérance, l'optimisme, l'économie, la débrouillardise et la vaillance sont les vertus que valorisent les générations suivantes, bien après l'époque des pionniers.

La conception des maisons des colons varie en fonction des matériaux disponibles sur place, du pays d'origine et des besoins particuliers de chacun. Cependant, toutes doivent être conçues pour résister aux hivers longs et froids du Canada. La première maison d'un colon consiste généralement en un bâtiment d'une seule pièce, fait de rondins, de pierres des champs, de troncs d'épinettes ou de terre (voir MAISONS DE RONDINS; HUTTES DE TERRE). La construction de maisons à ossature de bois ou de briques avec cloisons intérieures, étages, fenêtres et toits de bardeaux annonce la fin de l'époque pionnière, l'habitation d'origine étant transformée en étable. Les meubles sont le plus souvent fabriqués par les colons eux-mêmes, notamment la chaise faite à partir d'un baril que décrit Catharine Parr TRAILL dans *The Female Emigrant's Guide* (1854). Il en va de même des tissus servant à confectionner des couvertures et des vêtements, des tapis qui couvrent les planchers de bois non raboté, des matelas et des jouets. Le raccommodage des bottes et des harnais, et la réparation des articles en fer-blanc doivent souvent attendre la visite d'un homme de métier itinérant. Alimenter l'énorme foyer, habituellement l'unique source de chaleur de l'habitation, est une perpétuelle corvée: le bois, bien qu'il soit abondant presque partout, doit tout de même être abattu, coupé, fendu et transporté à la maison.

Le menu des colons dépend des produits locaux et est généralement aussi nourrissant que monotone. Les récits et journaux de voyageurs (*voir* LITTÉRATURE SUR LES EXPLORATIONS ET LES VOYAGES) parlent de repas de porc servis trois fois par jour trois mois après mois, agrémentés seulement de gâteaux de farine grossièrement moulue, de compote de pommes séchées ou de petits fruits sauvages en conserve, de pommes de terre et d'autres tubercules comestibles. Mais l'abondance de gibier à poil ou à plume et de poisson, et la présence de potagers, d'oiseaux de basse-cour et de vaches laitières permettaient bientôt de varier le menu.

La pratique de la COOPÉRATION, qui caractérise les corvées communautaires, soit pour la construction de maisons et de granges, le défrichement des champs ou la confection de courtepointes, s'applique également dans l'organisation locale et dans les relations entre les sexes. Ainsi, une même église peut servir le matin aux presbytériens et le soir, aux méthodistes; on met rapidement sur pied des districts scolaires dont les instituteurs et institutrices sont payés par des cotisations locales, et logent chez les habitants. Les colons travaillent de concert à construire des chemins, à attirer des gens de métier et de petites industries et à promouvoir la prospérité de leur district.

Les premiers colons sont habituellement des hommes célibataires qui partent vers l'inconnu pour pratiquer la traite des fourrures, la coupe du bois, la prospection minière ou l'élevage. Toutefois, des femmes se joignent aux hommes pour coloniser la NOUVELLE-FRANCE aux XVIIᵉ et XVIIIᵉ siècles, les MARITIMES et le HAUT-CANADA de 1760 à 1860, et les Prairies pendant la période de PEUPLEMENT DES TERRES de 1870 à 1914. Le travail des femmes est essentiel au confort et au succès à long terme de l'exploitation d'une ferme. De plus, la politique canadienne d'immigration et la POLITIQUE SUR LES TERRES FÉDÉRALES favorisent la vie familiale considérée comme une garantie de stabilité sociale et d'accroissement de la population. Les femmes pionnières travaillent inlassablement pour le bien-être matériel et culturel de leur famille. En bravant la solitude et les privations, en faisant preuve de force et de courage, elles se sont assuré une place d'honneur dans la société canadienne.

Susan Jackel

Columbia, chaîne Série de montagnes de 608 km de longueur et de 256 km de largeur qui domine le paysage du sud-est de la Colombie-Britannique. Les chaînes MONASHEE, SELKIRK et Purcell décrivent des lignes parallèles s'étendant du nord au sud à partir des États-Unis jusqu'au SILLON DES ROCHEUSES. Les minéraux sont exploités dans la chaîne Purcell depuis les années 1890, entre la vallée du LAC KOOTENAY et le sillon, notamment le minerai plombo-zincifère argentifère provenant de la gigantesque mine Sullivan de Cominco Ltd, à KIMBERLEY. Les secteurs alpins comme les pics The Bugaboos sont de plus en plus populaires pour le ski et la randonnée. Au nord-ouest, entre les hautes terres de Quesnel-Shuswap et le sillon, se trouve la CHAÎNE CARIBOO. Celle-ci abrite le parc provincial du lac Bowron et la majeure partie du parc provincial Wells Gray, qui sont tous deux renommés pour les possibilités de loisirs et les paysages exceptionnels qu'ils offrent.

Peter Grant

Columbia, champ de glace Masse de glace qui recouvre un haut plateau entre le mont Columbia (3747 m), point le plus élevé de l'Alberta, et le mont Athabasca (3491 m), est situé entre les parcs nationaux Banff et Jasper, le long de la frontière séparant la Colombie-Britannique et l'Alberta. À cheval sur la LIGNE CONTINENTALE DE PARTAGE DES EAUX, il représente le sommet hydrographique de l'Amérique du Nord. Baptisé «mère des fleuves», ses eaux de fonte alimentent les réseaux hydrographiques des rivières SASKATCHEWAN Nord et ATHABASCA, et des fleuves COLUMBIA et FRASER. Il abrite environ 30 glaciers distincts, les plus importants étant ceux de la Saskatchewan et de l'Athabasca. Vestige du grand bouclier glaciaire qui recouvrait jadis la majeure partie du Canada, le champ de glace Columbia constitue la plus importante accumulation de glace dans les ROCHEUSES, avec une superficie de quelque 325 km² de neige et de glace d'une profondeur de 365 m. Des études dendrométriques révèlent que le champ de glace progresse et recule par cycles, sa dernière avancée étant survenue vers 1840. Le champ de glace offre un panorama spectaculaire d'étendues blanches onduleuses, de pics rocheux élancés et de cavernes glacielles profondes. La CAVERNE Castleguard s'étend sur 23 km au-dessous du champ. Sur ses faces sud et nord, il se perd dans des vallées boisées. On peut l'atteindre à partir de la Promenade des glaciers, une route panoramique qui relie LAKE LOUISE et JASPER, et les alpinistes expérimentés peuvent en faire l'ascension jusqu'à sa crête, appelée *Snow Dome* (3520 m), à partir de laquelle, affirme-t-on, les eaux coulent vers trois océans.

James Marsh

Columbia, fleuve Ce fleuve qui coule sur une distance de 2000 km (dont 801 km au Canada), prend sa source dans le lac Columbia (altitude de 820 m) dans le sud-est de la Colombie-Britannique. Il coule ensuite vers le nord-nord-ouest en contournant la chaîne Selkirk avant de soudainement tourner vers le sud et de passer par REVELSTOKE, par les lacs Upper et Lower Arrow et par CASTLEGAR pour enfin franchir la frontière américaine (à une altitude de 390 m). L'autoroute Big Bend, ouverte en 1940, emprunte ce trajet, ce qui représente alors le trajet le plus court à travers les Rocheuses jusqu'à l'ouverture de la section du col Rogers. Juste au nord de la frontière, le fleuve est rattrapé par la rivière Kootenay, qui prend elle aussi naissance dans le secteur du lac Columbia. Il coule ensuite en méandres vers le sud à l'intérieur des États-Unis et fait demi-tour vers le nord jusqu'au lac Kootenay avant de se diriger vers l'ouest pour se joindre au Columbia.

Le Columbia continue vers le sud à travers l'État de Washington, mais un écoulement de lave et des débris glaciaires le forcent à quitter son lit naturel pour décrire une nouvelle courbe gigantesque appelée «Big Bend». La rivière Okanagan (314 km), qui draine les lacs de la VALLÉE DE L'OKANAGAN, se joint au fleuve à la pointe du coude. Juste au nord de la frontière de l'Oregon, la rivière Snake le rejoint puis décrit un virage à angle droit pour couler vers l'ouest et se jeter dans le Pacifique en aval de Portland, en Oregon. Le Columbia est un long fleuve puissant qui a creusé des gorges profondes le long de la majeure partie de son cours et il domine l'un des plus importants BASSINS HYDROGRAPHIQUES en Amérique du Nord: 155 000 km² au total (dont 51 800 km² aux États-Unis). Le débit moyen du fleuve à la frontière canado-américaine est de 2800 m³/s.

D'abord appelé «Rio de San Roque» par les explorateurs espagnols, le Columbia est redécouvert par le capitaine Robert Gray, un commerçant de Boston qui lui a donné le nom de son navire, le *Columbia*. (Le fait que le fleuve tire son nom d'un navire est peut-être unique.) David THOMPSON, de la Compagnie du Nord-Ouest, est le premier à explorer ses eaux d'amont à son embouchure (1811), mais des commerçants américains l'ont précédé sur terre: ils

sont alors déjà au travail à Fort Astoria. Par la suite, la Compagnie de la baie d'Hudson construit Fort Vancouver (1824-1825) à son embouchure, et le fleuve, qui constitue alors la seule voie fluviale vers l'intérieur à partir du Pacifique, est une voie de circulation importante jusqu'à l'arrivée du chemin de fer. Le Columbia devient la frontière de fait entre les territoires britannique et américain mais, dans les années 1840, avec l'augmentation de l'immigration américaine dans la région, les Britanniques acceptent d'établir la frontière au 49ᵉ parallèle.

Même si ses eaux d'amont se trouvent au Canada, la majeure partie du développement le long du fleuve s'est faite aux États-Unis. Le Canada convient, en vertu du TRAITÉ DU FLEUVE COLUMBIA (1961), ratifié par le Canada en 1964), de construire trois barrages-réservoirs: le barrage Duncan (1967), au nord du lac Kootenay, le barrage Hugh Keenleyside (1968), sur le Columbia, et le barrage Mica (1973), au nord de Revelstoke. Le projet Mica, qui commence à produire de l'énergie en 1976-1977, a une puissance nominale de 1736 MW, et on estime le potentiel total de la rivière à 4000 MW au Canada.

L'accord reste controversé en raison des perturbations environnementales causées par les barrages et parce que ce sont les États-Unis qui ont surtout profité de l'irrigation et de l'énergie hydroélectrique. Le Canada partage cependant les revenus et la production énergétique. On trouve sur ce fleuve certaines des génératrices hydroélectriques les plus gigantesques au monde, (p. ex., à Grand Coulée). Les barrages ont grandement entravé les montaisons de saumons. Le Columbia constituait l'une des principales zones de frai du saumon au monde.

James Marsh

Colvile, Eden, gouverneur de la Terre de Rupert (1819—Devonshire, Angl., 2 avril 1893). Fils du gouverneur adjoint de la COMPAGNIE DE LA BAIE D'HUDSON, Colvile fait ses études à Eton et au Trinity College, à Cambridge. En 1844, il est envoyé par la London Land Co. pour gérer la seigneurie de Beauharnois, dans le Bas-Canada, apparemment sans grand succès. Il représente aussi Beauharnois à l'Assemblée législative de la Province du Canada de 1844 à 1847. Patricien sympathique et intéressé par les affaires, il devient gouverneur adjoint de la Terre de Rupert le 3 janvier 1849. Il arrive dans la COLONIE DE LA RIVIÈRE ROUGE le 11 août 1850 et a une influence stabilisante dans la colonie à une période où s'accroissent les tensions raciales, sociales et religieuses. Après son départ à l'automne 1852, il conserve ses liens avec la Compagnie de la baie d'Hudson et, dans les années 1860, quand de nouveaux intérêts en prennent le contrôle, il est l'un des seuls à demeurer membre de son comité de Londres. En 1872, il devient gouverneur adjoint, puis est nommé gouverneur de 1880 à 1889.

Frits Pannekoe

Colville, Alexander, peintre (Toronto, 24 août 1920). En 1919, il déménage avec sa famille à Amherst (N.-É.) où il étudie à l'U. Mount Allison (1938-1942). Ses études terminées, il entre dans l'armée et, en 1944, il est envoyé en Europe comme artiste de guerre. Il revient au Canada à la fin de 1945. Installé à Ottawa, il peint à partir d'esquisses et d'aquarelles réalisées en Europe jusqu'à sa démobilisation, en 1946. Colville enseigne à l'U. Mount Allison de 1946 à 1963, puis quitte son poste pour se consacrer à la peinture. De 1952 à 1955, la galerie new-yorkaise Hewitt organise ses premières expositions commerciales. À cette époque, au Canada, il obtient surtout le soutien de la Galerie nationale du Canada, qui acquiert sept de ses tableaux durant les années 1950.

Le tableau *Nude and Dummy*, qui date de 1950, marque une transition entre sa description de scènes de guerre et son orientation créatrice personnelle. Ses sujets lui sont toujours inspirés de son milieu immédiat: sa famille, ses animaux de compagnie et les paysages près de chez lui. Toutefois, il ne se contente jamais de représenter avec réalisme la vie de tous les jours; ses œuvres intenses reflètent un monde parfois joyeux et beau, parfois dérangeant et menaçant. Colville change plusieurs fois de technique. Il passe de l'huile à la détrempe, puis retourne à l'huile et aux résines synthétiques et, après 1963, à une émulsion de polymère à l'acrylique. Pour composer chacun de ses tableaux, il suit un processus long et minutieux, qui consiste à prendre des mesures précises et à créer les proportions en fonction de modèles géométriques sous-jacents. Il travaille sur une seule œuvre à la fois et, depuis les années 1950, il n'a produit que trois ou quatre toiles ou sérigraphies par année.

La première rétrospective de ses œuvres, organisée en 1985 au MUSÉE DES BEAUX-ARTS DE L'ONTARIO, est présentée par la suite un peu partout au Canada. En 1984 et 1985, cette exposition fait le tour de l'Allemagne et de l'Extrême-Orient, y compris du Japon. C'est la première fois que les amateurs japonais ont l'occasion de voir les œuvres d'un artiste canadien encore vivant. En 1995, le MUSÉE DES BEAUX-ARTS DE MONTRÉAL organise une grande exposition des œuvres qu'il a réalisées depuis 1984.

En 1966, Colville représente le Canada à la Biennale de Venise. Il est professeur invité à l'U. de la Californie à Santa Cruz en 1967, puis, en 1971, il passe six mois en tant qu'artiste invité à Berlin. Il siège au sein de plusieurs comités et commissions. Il dessine les pièces de monnaie du centenaire, frappées en 1967, ainsi que la Médaille du Gouverneur général en 1978. L'Agence Minerva Films produit, en 1984, un film intitulé *Alex Colville –'The Splendour of Order* (v.f. *Alex Colville: ordre et splendeur*). Il vit dans la petite ville universitaire de Wolfville (N.-É.) depuis 1971, où il occupe le poste de chancelier de l'U. Acadia pendant dix ans. En 1982, il est reçu Compagnon de l'Ordre du Canada.

Marilyn Burnett

Colwood, ville de la C.-B.; pop. 13 848 (rec. 1996), 13 468 (rec. 1991), 11 432 (rec. 1986); superf. 17,87 km²; const. en 1985; située à 10 km à l'ouest du centre-ville de VICTORIA. Elle fait partie du Grand Victoria. Colwood doit son nom à la ferme exploitée par le capitaine Edward E. Langford pour la Puget Sound Agricultural Company. Langford avait appelé sa ferme Colwood en souvenir de sa maison dans le Sussex, en Angleterre.

En 1843, la COMPAGNIE DE LA BAIE D'HUDSON établit le FORT VICTORIA et, peu après, un certain nombre d'entreprises, dont la Puget Sound Agricultural Company, s'installent autour du poste. Dans les années 1860 et 1870, la région de Colwood abrite une scierie, une tannerie et une manufacture de souliers. Plus tard au cours du même siècle, pour protéger les chantiers navals d'ESQUIMALT, on construit le Fort Rodd Hill, aujourd'hui un LIEU HISTORIQUE national, sur ce qui allait devenir Colwood.

Les installations navales ont joué un rôle important dans le développement de Colwood, qui abrite aussi le campus du Royal Roads Military College. Pendant une bonne partie de son existence, Colwood était une localité rurale. Toutefois, la croissance rapide de la population de la région de Victoria depuis les années 70 l'a transformée en une ville surtout résidentielle.

Deborah Welch et Michael Payne

Come by Chance, ville de T.-N.; pop. 300 (rec. 1996), 296 (rec. 1991), 266 (rec. 1986); superf. 39,42 km²; const. en 1969; située à la tête de la BAIE DE PLAISANCE, sur l'isthme d'Avalon. En 1612, John GUY nomme l'endroit Passage Harbour. Le nom *Come by Chance* apparaît pour la première fois en 1706. Il ferait peut-être allusion à la découverte fortuite de ce port. Malgré l'implantation d'une station télégraphique au début du XXᵉ siècle, cette localité se vide presque complètement à la fin des années 30. On décide alors d'y construire un petit hôpital, en raison

de sa position au centre de la région de la BAIE DE LA TRINITÉ et de la baie de Plaisance.

La localité de Come by Chance acquiert une envergure nationale durant les années 70, avec la venue d'une raffinerie de pétrole ayant une capacité quotidienne de 16 350 m³. Ce complexe, d'une valeur de 120 millions de dollars, comprend deux réservoirs de stockage de pétrole brut de 99 000 m³, un embranchement du chemin de fer Canadien National, un terminal pétrolier en eaux profondes et la raffinerie comme telle, laquelle entre en service en décembre 1973. Toutefois, à la suite de quelques défaillances et après avoir perdu sa source d'approvisionnement, l'entreprise déclare faillite en 1976. Elle est vendue en juillet 1980 à PÉTRO-CANADA, qui la revend en 1987 pour la somme de 1 $ à la compagnie Newfoundland Energy Ltd. Cette dernière, qui a son siège social aux Bermudes, relance la production en août 1987.

Janet E.M. Pitt

Comédie Au Canada, l'évolution de la culture populaire nord-américaine a fortement influencé le développement de la comédie, ainsi que presque toute l'industrie du spectacle. Toutefois, les Canadiens donnent souvent le ton. D'abord au cinéma, ensuite à la radio et à la télévision, ils ont réussi à créer un comique national qui s'adresse non seulement au public canadien, mais aussi à un auditoire mondial, et ce, en dépit d'une présence culturelle américaine écrasante et peut-être même à cause de cette présence.

Ses débuts Dans sa forme initiale, durant la seconde moitié du XIXᵉ s. et au début du XXᵉ s., la comédie consiste en spectacles publics donnés par des groupes d'artistes professionnels et, parfois, par des comédiens spécialisés dans le vaudeville et le théâtre dramatique. Il s'agit de pièces ou de spectacles de variétés dans lesquels la musique et la danse occupent aussi une place importante. À la même époque, les tournées de conférences mettent souvent en vedette des orateurs dont l'humour est la spécialité. Cependant, ce n'est qu'avec l'avènement du cinéma, au début des années 1900, que la comédie dépasse le stade des clowneries pour devenir une expression artistique en elle-même.

Mack Sennett (Richmond, Ontario, 1880) est un vétéran du burlesque et des spectacles ambulants. Au tout début de l'industrie cinématographique, il devient un pionnier des films de comédie burlesque. Acteur sans grand talent, il se joint néanmoins au Biograph Studios de New York en 1908, où il débute comme figurant avant de devenir très rapidement réalisateur. Il part ensuite pour la Californie et fonde, en 1912, ses propres studios sous le nom de Keystone Studios. Ses comédies au rythme rapide sont violentes et vulgaires, mais il sait reconnaître les talents et a un sens infaillible de ce que veut le public. Il fait découvrir au public des débutants comme Charlie Chaplin, Fatty Arbuckle, Harry Langdon et Mabel Normand, et donne à toutes ses vedettes, en particulier à Chaplin, la chance de réaliser leurs propres comédies d'une durée d'une vingtaine de minutes et d'en être la vedette. Ses *Keystone Kops*, des policiers burlesques qui brandissent leurs bâtons et se lancent des tartes, sont devenus, dans la culture et dans la langue, l'exemple même de l'incompétence et de la maladresse. Après la fermeture des studios Keystone, Sennett tente plusieurs retours dans les années 20 et 30 en tant que réalisateur et producteur, mais l'arrivée du cinéma parlant et les goûts changeants du public ont donné un dur coup à sa carrière. Il meurt en 1960, à Richmond, en Ontario.

Wayne and Shuster Ils sont les premiers artistes comiques du Canada à se gagner un public tant à la radio qu'à la télévision, ce qui crée chez les Canadiens un goût pour les sketches comiques. Johnny Wayne et Frank Shuster débutent en duo à la radio en 1941. Ils écrivent et interprètent leurs rôles pour l'émission *Blending Rhythm*, diffusée au réseau anglais de Radio-Canada et dans laquelle joue un

grand orchestre. En 1942, ils s'engagent dans les forces armées et, avec *The Army Show*, effectuent des tournées au Canada et en Europe pendant la Seconde Guerre mondiale. Après la guerre, ils reviennent à la radio. Inspirés par le succès d'artistes américains comme Jack Benny et Fred Allen, ils réussissent à avoir leur propre émission. *The Wayne and Shuster Show* débute sur les ondes de la radio du réseau anglais de Radio-Canada en 1946 et devient une émission télévisée en 1954. Appuyés par un groupe d'acteurs de genre chevronnés, leur émission est entièrement composée de sketches, qui sont surtout des parodies de pièces de théâtre, d'émissions de télévision et de films connus.

L'émission *The Wayne and Shuster Show* est souvent prévisible, banale (ils étaient très influencés par l'émission *Your Show of Shows* de Sid Ceasar), parfois prétentieuse et ignorante, ou tout simplement mauvaise. Cependant, certains de leurs sketches sont assez spirituels et originaux pour séduire un public qui restera fidèle au duo pendant plus de 30 ans. Des sketches comme *Frontier Psychiatrist* et *Rinse the Blood Off My Toga* (une parodie du *Jules Caesar* de Shakespeare présentée sous forme de meurtre et mystère) sont considérés aujourd'hui comme des classiques du genre. Wayne and Shuster jouissent d'une telle popularité qu'ils sont régulièrement invités, au cours des années 50 et 60, à l'émission *The Ed Sullivan Show*. Toutefois, avec les années, leur public change. Dans les années 80, Wayne and Shuster ne peuvent plus plaire aux jeunes téléspectateurs qui préfèrent les comédies plus audacieuses et plus choquantes de plus en plus fréquentes sur les ondes. Leur dernier grand spectacle de comédie est diffusé en octobre 1988, et leur long règne en tant que doyens de la comédie canadienne prend fin avec le décès de Johnny Wayne, en juillet 1990.

La comédie à la radio Le travail novateur de Wayne and Shuster à la radio crée un précédent et ouvre la voie à plusieurs artistes. Max Ferguson est le premier avec son émission *After Breakfast Breakdown*, qui débute au réseau anglais de Radio-Canada à Halifax vers la fin des années 40. Durant les années 50, il présente chaque jour, dans son émission *Rawhide*, diffusée d'un océan à l'autre, des satires politiques et sociales sous forme de sketches qui mettent en vedette de nombreux personnages, qu'il interprète lui-même.

L'émission *The Royal Canadian Air Farce*, diffusée pour la première fois en 1973, s'inspire de l'actualité. *Air Farce* utilise la parodie et la caricature pour commenter les questions sociales et politiques de l'époque. Dans une autre veine, le réseau anglais de Radio-Canada produit, dans les années 80, *The Frantics*, qui se spécialise dans l'humour absurde symbolisé par son «superhéros», Mr. Canoehead. En évitant de tomber dans la comédie d'actualité, *The Frantics* captive un auditoire plus jeune attiré par le bizarre et l'insolite. L'émission est diffusée de 1981 à 1988, puis passe à la télévision pendant une saison.

Les années 60 Rich LITTLE (Ottawa, Ontario, 1938) est un des premiers comiques à se présenter en solo. Imitateur aux multiples talents, il est capable d'imiter la voix, les expressions du visage et les manies des célébrités, principalement des politiciens et des vedettes de cinéma. Little fait ses débuts comme animateur. Lors d'une émission, il provoque une quasi-émeute quand des milliers de fans, en écoutant son imitation d'Elvis Presley, croient qu'il s'agit réellement du King et assiègent la station de radio dans l'espoir d'entrevoir la grande star du rock. En 1963, il lance son premier disque 33 tours, *My Fellow Canadians*, dans lequel il imite des dirigeants politiques canadiens, en particulier le premier ministre de l'époque, John Diefenbaker. L'année suivante, il passe à l'émission télévisée de la chanteuse américaine Judy Garland, ce qui contribue à lancer sa carrière aux États-Unis. Il commence alors à faire des tournées et passe souvent au *Ed Sullivan Show*. Little s'est surtout fait connaître grâce à son imitation de l'ancien président des États-Unis, Richard Nixon, mais son répertoire compte plus de 150 personnalités différentes. Il demeure très populaire à Las Vegas et, ces dernières années, on a pu le voir à la télévision canadienne dans une série de messages publicitaires pour La Baie.

À mesure que les années 60 avancent, la comédie devient de plus en plus satirique notamment avec des comiques comme le canadien David Steinberg. Fils d'un rabbin roumain, il grandit à Winnipeg et fréquente brièvement l'école rabbinique avant de poursuivre ses études à l'U. de Chicago. Il est propulsé dans le monde de la comédie au milieu des années 60, après avoir assisté à une représentation de Second City, une troupe d'improvisation de Chicago. Pendant les années 50 et 60, Second City lance la carrière de dizaines d'artistes de variétés et de comiques américains devenus célèbres depuis. Steinberg passe deux ans avec la troupe, polissant certains de ses textes qu'il reprendra dans les spectacles solos qu'il donne dans des cabarets. Il lance deux disques 33 tours et fait plusieurs apparitions controversées à l'émission de télévision *Smothers Brothers*. Son numéro le plus mémorable est celui dans lequel un rabbin se lance dans des sermons tordus qui tournent en dérision l'Ancien Testament. Bien qu'il soit souvent invité à animer le *Tonight Show* durant les années 70, Steinberg abandonne sa carrière de comique pour travailler comme producteur et réalisateur à la télévision.

Second City L'ère moderne de la comédie canadienne débute en 1973 avec la création de la compagnie Second City à Toronto. Second City présente ses comédies dans un théâtre et les numéros sont divisés en deux parties: la première se compose de sketches écrits et mis au point par les comédiens, et la deuxième comprend des scènes improvisées dont les thèmes sont suggérés par le public. Dan Aykroyd, Jayne Eastwood, Joe Flaherty et Gilda Radner font partie de la première distribution de la troupe. Plus tard viennent s'ajouter John CANDY, Eugene Levy, Catherine O'Hara et Martin SHORT. L'écrivain-réalisateur Lorne Michaels, ancien rédacteur pour l'émission de NBC *Laugh-In* et ancien partenaire de Hart Pomerantz dans l'émission *Hart and Lorne Show* du réseau anglais de Radio-Canada, assiste souvent aux spectacles que donne la troupe au théâtre Old Firehall de Toronto. En 1975, le réseau de télévision NBC engage Michaels pour produire une émission comique réalisée en direct à New York sous le nom de *Saturday Night Live*. Il choisit Aykroyd et Radner, de Second City, pour faire partie de la distribution.

En 1976, Second City commence à produire sa propre émission de télévision d'abord destinée au public canadien. *Second City Television*, ou *SCTV*, diffusée au Canada par le réseau Global, puis par le réseau anglais de Radio-Canada, est reprise par le réseau NBC aux États-Unis. Les membres de la distribution, Candy, Flaherty, Levy et O'Hara, accueillent par la suite Andrea Martin, Rick Moranis, Harold Ramis, Martin Short et Dave Thomas. Tournée en majeure partie dans un studio d'Edmonton, *SCTV* est une parodie de la télévision nord-américaine, mettant en scène une petite station de télévision miteuse dans la ville imaginaire de Melonville. Lorsque l'émission quitte les ondes en 1983, *SCTV* est devenue un phénomène international, et plusieurs de ses anciens membres connaissent des carrières couronnées de succès à la télévision et au cinéma.

Le monologue comique Moyen d'expression artistique populaire depuis longtemps aux États-Unis, le monologue comique ne connaîtra son essor au Canada qu'avec le «boom de la comédie» dans les années 80. Durant cette période, les clubs de comédie surgissent dans presque toutes les grandes villes nord-américaines. Après avoir produit des spectacles dans un sous-sol d'église pendant deux ans, l'impresario Mark Breslin ouvre, en 1978, le Yuk Yuk's Komedy Kabaret à Yorkville, dans la région de Toronto. En quelques années, la chaîne Yuk Yuk se développe pour compter 16 clubs au Canada et donne naissance à de nombreux imitateurs. Ce nouveau circuit permet aux comiques canadiens de faire des tournées partout au Canada, de perfectionner leur art et de gagner leur vie sans devoir d'abord aller aux États-Unis. Les clubs servent aussi à tester de nouveaux talents que l'on retrouve plus tard à la télévision et au cinéma, notamment Jim Carrey, Mike MacDonald et Howie Mandel.

La comédie à la télévision Traditionnellement, on trouve deux formes de comédie à la télévision: le sketch et la comédie de situation. Les sketches comiques se sont assurés une place à la télévision canadienne grâce au succès de *The Wayne and Shuster Show* et, plus tard, de *SCTV*. La réapparition, à la fin des années 80 et au début des années 90, des sketchs comiques à la télévision donne naissance à de nouvelles émissions, parmi lesquelles *The Kids in the Hall*, *Codco* (toutes deux diffusées au réseau anglais de Radio-Canada) et *The Red Green Show* (au réseau Global). La comédie de situation, une série hebdomadaire avec une intrigue et les mêmes personnages qui reviennent semaine après semaine, est loin de connaître le même succès. On attribue généralement cet échec à la concurrence des États-Unis où la comédie de situation, apparue dans les années 50, est diffusée aux heures de grande écoute depuis les années 60. Le fait que les réseaux canadiens préfèrent acheter des émissions états-uniennes plutôt que de produire leurs propres émissions, combiné à l'avènement du câble et de la télévision par satellite, sont aussi des facteurs déterminants. Malgré quelques efforts pour produire des comédies de situation canadiennes, une seule connaît un certain succès. Il s'agit de *The King of Kensington*, diffusée au réseau anglais de Radio-Canada de 1975 à 1980. (Pour le Québec voir HUMORISTES FRANCOPHONES; TÉLÉVISION, DRAMATIQUES DE LANGUE FRANÇAISE DE 1980 A 1999.)

David Rosen

Comédie-Canadienne, La Fondée en 1957 par Gratien GÉLINAS pour encourager la mise en scène de pièces canadiennes, elle est florissante de 1958 à 1969. Après la rénovation du cinéma Radio-City, à Montréal, la compagnie y présente des pièces d'auteurs comme Marcel DUBÉ, Jacques Bobet, Jacques Languirand et Gélinas. Afin d'attirer un plus vaste public, elle innove avec un lever de rideau plus tôt dans la soirée, une section de fauteuils à bas prix et des sous-titres sonores pour la traduction des pièces. En 1961, Gélinas comprend que les pièces canadiennes ne peuvent rentabiliser, à elles seules, une salle de théâtre de 1200 places. Il diversifie alors ses productions et présente des pièces étrangères, des spectacles de danse et de chant. À la fin des années 60, la compagnie tente de consacrer tous les ans 43 semaines à la musique et au théâtre québécois. Toutefois, elle cesse ses activités en 1973, et le THÉÂTRE DU NOUVEAU MONDE s'installe dans ses locaux. (*Voir aussi* THÉÂTRE DE LANGUE FRANÇAISE.)

Marilyn Baszczynski

Comédie musicale La comédie musicale canadienne, tout comme le cinéma canadien, a toujours souffert, aux yeux du public, de la comparaison avec son homologue américain. Les comédies musicales américaines, plus importantes et plus nombreuses, mettent l'accent sur les productions à grand déploiement et ont été la forme de théâtre commercial la plus en vogue au XXe siècle. Malgré une multitude d'imitateurs, ce n'est que ces dernières années que la suprématie américaine a été réellement menacée dans ce domaine. Durant la première moitié du siècle, les spectacles de tournée en provenance des États-Unis dominent le marché et laissent peu de place aux productions canadiennes. Les comédies musicales américaines sont souvent le seul modèle auquel le public canadien a accès, une situation qui n'est pas sans rappeler celle du cinéma canadien. Les rares comédies musicales canadiennes présentées sont de petites productions et disparaissent sans être reprises.

Avant l'essor des théâtres régionaux, les comédies musicales canadiennes sont conçues sur le modèle américain qui tire ses origines de l'opérette de Vienne, des *Savoy Operas* de Gilbert et Sullivan, des opéras comiques d'Offenbach, des vaudevilles américains, de l'opéra bouffe et des ménestrels. La comédie musicale nécessite d'importants budgets en raison de ses distributions imposantes et si faste, et elle est avant tout commerciale et populaire. Au Canada, l'accès limité aux marchés a entravé le développement d'une comédie musicale nationale.

L'ouverture de théâtres régionaux, dès 1958, avec la création du MANITOBA THEATRE CENTRE, suivie dans les années 1970 des théâtres parallèles, procure des lieux de présentation pour les pièces canadiennes. Il devient possible de produire des comédies musicales canadiennes de façon professionnelle. La prolifération des théâtres régionaux prépare l'arrivée d'une génération de comédies musicales qui, plus modestes que les fastueuses productions de Broadway, reposent sur l'intimité et l'innovation plutôt que sur des mises en scène somptueuses et sur une formule. Les écrivains adaptent le genre à leur vision culturelle.

Les premières tentatives

La première pièce écrite et montée au Canada, *Théâtre de Neptune* (1606) de Marc LESCARBOT, qui intègre danse et chansons, pourrait être considérée comme la première comédie musicale présentée en Amérique du Nord. Toutefois, la plupart des historiens du théâtre situent les débuts de la comédie musicale moderne à la fin du XIXe siècle, aux États-Unis. Elle naît de la fusion du vaudeville, de l'œuvre de Gilbert et Sullivan et de l'opérette viennoise, le tout s'étant transformé progressivement en un genre proprement américain. *H. M. S. Parliament*, un livret écrit par William Henry Fuller pour la musique de *H. M. S Pinafore* de Gilbert et Sullivan et présenté à l'École de musique de Montréal en 1880, tourne en dérision la POLITIQUE NATIONALE de sir John A. MACDONALD et constitue un des premiers exemples de ce qui deviendra une solide tradition au Canada: le lien entre la comédie musicale et la satire politique.

Au début du XXe siècle, la comédie musicale américaine comporte une série de chansons et de saynètes construites assez librement autour d'une intrigue légère. Les comédies musicales canadiennes se tournent davantage vers la revue et délaissent la notion d'intrigue au profit d'une satire plus mordante dans la tradition du music-hall. Elles assurent l'unité en faisant jouer plusieurs rôles par les mêmes comédiens. P. ex., les DUMBELLS, qui étaient à l'origine une revue de soldats entièrement composée d'hommes, restent ensemble après la Première Guerre mondiale et obtiennent un grand succès en tournée. Ils se produisent à Broadway, en 1921, dans une revue intitulée *Biff, Bing, Bang*, nom sans doute choisi pour tirer parti du succès de la revue *Biff, Bang*, présentée en 1918 par la marine américaine.

Durant l'entre-deux-guerres, le théâtre professionnel canadien dépend beaucoup de New York et de Londres, et le théâtre itinérant compose l'essentiel des saisons théâtrales dans la plupart des centres. Les tentatives pour créer un théâtre proprement canadien s'inspirent des théâtres nationaux européens, surtout de l'Abbey, qui ne mettent pas l'accent sur l'intégration de la musique et de l'action dramatique. Ainsi, tandis que les Américains se lancent dans la grande aventure des théâtres flottants et des spectacles des frères Gershwin, la comédie musicale canadienne demeure essentiellement sous forme de revue.

Dans les années 1930, des organismes comme l'Arts and Letters Club présentent des revues canadiennes à Toronto. L'immense popularité du Workers' Theatre Movement favorise l'apparition de revues à contenu politique. *We Beg to Differ*, à Montréal, *Beer and Skits*, à Winnipeg, et une série de spectacles de cabaret à Toronto utilisent de nouvelles créations musicales afin de faire valoir des points de vue politiques. Pendant la guerre, la revue *Fridolinons!* de Gratien GÉLINAS propose un commentaire politique et social au Québec.

Le succès des Dumbells durant la Première Guerre mondiale est peut-être à l'origine des nombreuses revues destinées à remonter le moral des troupes au cours de la Seconde Guerre mondiale, notamment The Navy Show, qui présente le philosophique *You'll Get Used to It*, The Army Show et les Blackouts de l'Aviation royale du Canada. Des artistes, qui sont devenus par la suite des vedettes canadiennes, ont fait leurs débuts professionnels dans ces spectacles. Tel est le cas de Johnny Wayne et Frank Shuster (*voir* WAYNE AND SHUSTER), ainsi que d'Alan LUND et sa femme, Blanche.

La plus grande réussite parmi les revues canadiennes demeure *Spring Thaw*, qui, à partir de 1948, présente chaque année un nouveau spectacle et ce, pendant 24 ans. Sous la direction de son premier directeur, Mavor Moore, la revue introduit un nouveau concept alliant satire, chanson et danse. Les thèmes s'inspirent de la société et de la politique canadiennes de l'époque. Parmi les artistes canadiens qui ont commencé leur carrière dans *Sping Thaw* figurent Don HARRON, Barbara Hamilton, Dave Broadfoot, Jack Duffy, Jane Mallet et Robert GOULET.

Durant les années 40 et au début des années 50, des compagnies de répertoire professionnelles et semi-professionnelles s'installent dans certains grands centres canadiens et montent des comédies musicales inspirées de Broadway. Parmi les plus connues, citons le Theatre Under the Stars de Vancouver (fondé en 1940), le Melody Fair de Toronto (qui a connu une brève existence au début des années 50) et le RAINBOW STAGE de Winnipeg (qui continue de produire des comédies musicales de Broadway). La contribution de ces troupes à l'écriture de comédies musicales canadiennes est négligeable, bien que le Theatre Under the Stars ait produit la version originale de la comédie musicale *Timber!*, au début des années 50. Toutefois, ces compagnies familiarisent leur public à des comédies musicales avec livret (la musique y est intimement liée à l'action dramatique), ce qui éveille un intérêt pour un genre qui se perpétuera avec l'apparition des théâtres régionaux. Les plus grandes réussites parmi les comédies musicales écrites au Canada dans les années 50 sont sans doute *Sunshine Town* (1955), produite par la New Play Society, et *My Fur Lady* (1957), un spectacle monté par des étudiants de l'U. McGill qui présente des chansons de Galt McDermot. Ce dernier, composera plus tard la musique du grand succès de Broadway, *Hair*. Les deux spectacles parcourent le pays en tournée.

Le rôle des théâtres régionaux

Au cours des 10 années qui suivent la création du CONSEIL DES ARTS DU CANADA, en 1958, un grand nombre de théâtres régionaux professionnels font leur apparition au Canada. Ces théâtres ouvrent la voie aux dramaturges canadiens, dont plusieurs font leur entrée dans la comédie musicale par le biais des compagnies de répertoire. La comédie musicale canadienne acquiert son caractère propre dans les premiers théâtres régionaux et dans les théâtres parallèles qui prospèrent au cours des années 70.

L'apparition d'une comédie musicale typiquement canadienne commence avec un certain nombre de spectacles originaux et puissants qui mélangent la revue satirique, la comédie musicale avec livret et d'autres formes dramatiques. Parmi les spectacles canadiens originaux les plus réussis de cette période, citons *Klondyke* de Gabriel CHARPENTIER (THÉÂTRE DU NOUVEAU MONDE, 1965), une approche brechtienne de la ruée vers l'or; *Grass and Wild Strawberries* de George RYGA (VANCOU-

VER PLAYHOUSE THEATRE, 1969), un spectacle rock somptueux; *Gravediggers of 1942* (Toronto Free Theatre, 1973), où Tom HENDRY et Steven Jacks font ressortir avec ironie le contraste entre les airs optimistes du temps de la guerre et les horreurs de Dieppe; enfin, *Satyricon* (FESTIVAL DE STRATFORD, 1969), une fastueuse adaptation par Stanley Silverman de la satire de Petrone, sur une musique rock. L'éclectisme des approches est frappant.

Parmi les productions où la musique joue un rôle important dans l'action dramatique, citons *Ecstasy of Rita Joe* de Ryga (Vancouver Playhouse, 1967), avec une musique à consonance folk, signée Ann Mortifee, qui évoque la relation à la terre à laquelle le personnage titre a été arraché, et *Jubaley* (Manitoba Theatre Centre, 1974) de Pat Rose, Merv Campone et Richard Ouzounian, qui s'appuie essentiellement sur la formule propre à la revue et propose une vision kaléidoscopique du monde à travers les yeux d'un enfant innocent. Une version considérablement modifiée de ce spectacle sera présentée en tournée et acclamée à New York sous le titre *A Bistro Car on the CNR*.

La comédie musicale traditionnelle est également florissante dans le Canada des années 60 et des années 70, surtout grâce aux œuvres présentées par le FESTIVAL D'ÉTÉ DE CHARLOTTETOWN. D'abord sous la direction artistique de Mavor Moore, puis sous celle d'Alan Lund, qui lui succède en 1968, le Festival de Charlottetown monte essentiellement des comédies musicales canadiennes. Le plus grand succès du festival et sans doute la comédie musicale canadienne la plus connue est *Anne of Green Gables* (1965; v.f. *Anne, La Maison au pignon vert*) de Don Harron et de Norman CAMPBELL, une œuvre admirablement réalisée qui illustre bien comment on peut adapter le modèle américain à un contenu canadien. Parmi les autres spectacles remarquables présentés dans le cadre du festival, citons *Johnny Belinda* (Mavor Moore et John Fenwick, 1968), *Fauntleroy* (Mavor Moore et Johnny Burke, 1980), *Windsor* (David Warrack, 1978), enfin, les comédies de Cliff Jones, *Babies* (1986), *Alexandra: the Last Empress* (1988), *The Rowdyman* (1976) et, surtout, *Kronborg: 1582* (1974), qui a failli être joué à Broadway sous le titre de *Rockabye Hamlet*. Parmi les œuvres créées pour les petites scènes du festival de Charlottetown, citons *Eight to the Bar* (1978) de Joey Miller et Steven Witkin, qui a fait l'objet de nombreuses mises en scène partout au Canada. La grande contribution du Charlottetown Festival aura été son engagement à monter des comédies musicales canadiennes originales et professionnelles de grande qualité, permettant ainsi à des dramaturges de talent de développer et de raffiner leur technique.

Tout au long des années 80, les théâtres parallèles offrent des lieux de présentation adaptés aux petites comédies musicales. À cette époque, à Toronto, le Young People's Theatre monte des comédies musicales qui vont de *Life on the Line* (1983, Steven Bush et Allen Booth), une œuvre simple et froide, à *A Gift to Last* (1986, Grahame Woods et Joey Miller), plus chaleureuse. Morris Panych et Ken MacDonald écrivent et présentent le «spectacle de cabaret postnucléaire» *Last Call* (1982) au Tamahnous Theatre de Vancouver. Parmi les dramaturges qui ont fait connaître leurs œuvres grâce aux petits théâtres figurent le duo Paul Ledoux et David Young (Magnus Theatre) et John Roby (BLYTH FESTIVAL). Ledoux et Roby ont tous deux participé à des cafés-concerts dans l'Est du Canada, où un genre particulier de revues musicales a vu le jour grâce à des compagnies comme le Rising Tide Theatre (Terre-Neuve) et The Steel City Players (Sydney) dont le spectacle *Rise and Follies of Cape Breton Island* (première version en 1977) continue d'être présenté chaque année.

Parmi les auteurs de comédies musicales issus du théâtre régional ou du théâtre parallèle, John GRAY

est celui qui a le mieux réussi. Né et élevé en Nouvelle-Écosse, Gray a longtemps habité à Vancouver. En 1978, il crée *Billy Bishop Goes to War*, pour le Vancouver East Cultural Centre. Ce sera son spectacle le plus acclamé et qui tiendra l'affiche le plus longtemps. Applaudi tant par le public que par la critique, *Billy Bishop* est présenté en tournée et joué à New York en 1980. On continue de la présenter régulièrement dans les théâtres régionaux au Canada et à l'étranger. *Eighteen Wheels*, spectacle que Gray avait créé quelques années auparavant sur les chauffeurs de camion (1977, Tamahnous Theatre), a été présenté dans de nombreux théâtres régionaux canadiens. *Rock and Roll* (1982, Vancouver East Cultural Centre) s'inspire d'une expérience personnelle au sein d'un orchestre de rock-and-roll dans les petites villes de Nouvelle-Écosse. Son succès donne lieu à une tournée nationale et à une adaptation télévisée portant un nouveau titre, *King of Saturday Night*. *Don Messer's Jubilee* (1985, Neptune Theatre), montée comme une soirée de danse campagnarde, raconte l'histoire du célèbre artiste de télévision Don Messer (*voir* DON MESSER AND HIS ISLANDERS). Tout comme *King of Saturday Night*, ce spectacle parcourt le pays et fait par la suite l'objet de plusieurs mises en scène. Bien que Gray délaisse la comédie musicale dans les années 90 pour se consacrer à l'écriture d'essais et d'œuvres de fiction, il a marqué à tout jamais la comédie musicale au Canada.

Le mégaspectacle et davantage

Depuis les années 60, les théâtres canadiens ont servi à lancer des comédies musicales écrites aux États-Unis et destinées à Broadway, mais ce n'est qu'au cours des dernières années que cette stratégie a porté fruit. En 1962, le Palace Grand Theatre de Dawson City inaugure sa saison avec la première mondiale de *Foxy*, une comédie musicale dont l'action se déroule au Klondike. Adapté par Robert Emmet Dolan, d'après *Volpone* de Ben Jonson, et destiné à Broadway ce spectacle met en vedette deux artistes connus de Broadway, Bert Lahr et Larry Blyden. Dans les années 80, le CITADEL THEATRE d'Edmonton, avec Joe SHOCTOR comme producteur, devient un lieu d'essai pour une série de spectacles destinés à Broadway. Citons, entre autres, *Flowers for Algernon* (1978, Charles Strouse et David Rodgers), tiré du célèbre film *Charly*; *Duddy* (1984, Leiber et Stroller), d'après L'APPRENTISSAGE DE DUDDY KRAVITZ de Mordecai RICHLER; et *Pieces of Eight* (1985, Jule Styne et Susan Birkenhead), d'après *Treasure Island* (trad. *L'île au trésor*) de R. L. Stevenson. *Foxy* est présenté quelque temps à Londres et à New York, et les autres se révèlent des échecs financiers. Cependant, les producteurs canadiens continuent de croire qu'il est possible de monter des comédies musicales de style américain au Canada pour les présenter ensuite à Broadway.

À la fin des années 80, les reprises à Toronto de mégaspectacles de Broadway annoncés comme des premières canadiennes s'avèrent plus rentables, ce qui s'explique, en partie, par le fait qu'il est possible de présenter à Toronto, devenu l'un des plus grands marchés au monde pour le théâtre de langue anglaise, des pièces qui restent longtemps à l'affiche. Ed MIRVISH et son fils David ont accueilli des spectacles américains au ROYAL ALEXANDRA THEATRE pendant de nombreuses années. *Les misérables* (1988), une réplique du spectacle de New York, connaît un succès de longue durée avec des comédiens pour la plupart canadiens. Garth DRABINSKY obtient, dans les locaux restaurés du Pantages Theatre, un succès comparable avec *Phantom of the Opera* (1990; v.f. *Le fantôme de l'opéra*). Il s'agit d'une autre production «franchisée», dirigée par Hal Prince, qui avait mis en scène la version new-yorkaise. Le succès de ces spectacles, à Toronto et en tournée, fait renaître l'intérêt pour les comédies musicales à grand déploiement. Les Mirvish construisent le Princess of Wales Theatre où il montent *Miss Saigon*, et Drabinsky construit le North York Centre où il présente ses spectacles destinés à Broadway sous les auspices de sa compagnie de production, LiveEnt.

LiveEnt pourrait révolutionner la production des comédies musicales. Drabinsky a mis au point un système de production à intégration verticale inspiré du modèle des studios de cinéma hollywoodiens des années 30 et des années 40. Les spectacles musicaux sont conçus dans le cadre d'une compagnie parapluie: ils sont produits par la compagnie et présentés dans les salles de spectacles dont la compagnie est propriétaire. Vers l'an 2000, LiveEnt pourrait être propriétaire d'une kyrielle de centre des arts d'interprétation partout au Canada, qui serviraient de vitrines à ses productions. Le Ford Centre de Drabinsky, à New York, est le théâtre vedette de LiveEnt. Le succès de Drabinsky, comme celui des grands producteurs de cinéma d'Hollywood, s'explique en grande partie par sa capacité à engager des talents reconnus pour ses productions. Sa collaboration avec Hal Prince dans *Kiss of the Spider Woman* (1992, Kander, Ebb et McNally; v.f. *Le baiser de la femme araignée*) et dans le classique *Showboat* (1994) de Kern et Hammerstein a abouti à des spectacles remarquables. Le premier spectacle de Drabinsky entièrement conçu à l'interne est *Ragtime* (1996, Flaherty, Ahrens et McNally), monté par l'Américain Frank Galati. Tiré du livre de E. L. Doctorow, cette production souhaite avoir la même qualité épique que *Showboat*.

Les comédies musicales écrites au Canada n'ont pas encore remporté de grands succès aux États-Unis. Bien que Drabinsky ait cherché de nouvelles comédies musicales rédigées par des Canadiens (il prend une option sur *The Return of Martin Guerre* (v.f. *Le retour de Martin Guerre*), qu'il ne produira pas), LiveEnt n'a pas produit de mégaspectacles musicaux canadiens à ce jour. D'autres écrivains canadiens ont tenté leur chance dans ce domaine. Parmi les spectacles, celui qui a le plus retenu l'attention des médias est sans doute *Napoleon* de Marlene Smith (1994, Andrew Sabiston et Timothy Williams), dont les profits n'ont pas suffi à recouvrer l'investissement initial de 4,5 millions de dollars. L'ampleur de l'échec financier et le battage médiatique que cela a engendré semblent avoir dissuadé les écrivains qui n'ont pas déjà fait leur marque dans ce domaine de produire des comédies musicales à grand déploiement.

Les orientations

L'avenir de la comédie musicale au sein du théâtre canadien recouvre plusieurs possibilités. De jeunes écrivains, encouragés par le succès des grosses comédies musicales de Broadway, et appâtés par le gain, ont commencé à s'intéresser à ce marché. Leurs œuvres vont de l'adaptation populaire par Grec Robic des *Nuées* d'Aristophane (Poor Alex Theatre, Toronto, 1997) à l'adaptation obscure de *The Consolation of Philosophy* de Boèce, par Alan Williams (Great Canadian Stage Company, Toronto, 1996). Des compagnies de théâtre populaire comme les Hummers et la Company of Sirens, une troupe féministe, adoptent la forme de la comédie musicale pour faire connaître un théâtre orienté politiquement et socialement. Partout au Canada, des comédies musicales d'avant-garde, destinées à un public plus restreint, ont vu le jour dans des festivals. Les progrès technologiques dans le domaine de la musique ont favorisé toutes ces initiatives. Les petites comédies musicales ne sont plus limitées aux anciennes orchestrations de l'après-guerre confinée au piano, à la contrebasse et à la batterie et peuvent rivaliser avec les spectacles avec orchestre. Cela fait de ces comédies une forme de théâtre parallèle plus intéressante. Le secteur du théâtre musical au Canada est aujourd'hui plus vivant et varié que jamais.

David Overton

Comète Astre en orbite autour du soleil, observable pendant quelques semaines sous la forme d'un faible point lumineux qui, d'une nuit à l'autre, se déplace lentement par rapport au fond d'étoiles. La comète peut avoir une queue qui s'étire à l'opposé du Soleil. Au cours de l'histoire, on a pu observer quelque 890 comètes avec suffisamment de précision pour pouvoir en déterminer approximativement les orbites. Parmi les 200 comètes dites à courte période (de 3 à 200 ans), environ 130 ont des orbites bien déterminées et ont été aperçues plus d'une fois. Ainsi, près de 1480 apparitions de comètes ont été observées jusqu'à présent.

Les comètes à longue période, soit environ 690 objets, ont été observées seulement une fois et leurs périodes orbitales ne sont que peu ou pas connues. Comme seule une partie de leur orbite est observable, on représente ordinairement celle-ci par une parabole (courbe ouverte). Si l'orbite était vraiment parabolique ou hyperbolique, la comète ne ferait pas partie du système solaire mais proviendrait de l'espace interstellaire. Cependant, on pense que toutes les comètes observées jusqu'ici feraient partie du système solaire, même si on ne peut en déterminer la période orbitale.

Les comètes portent habituellement le nom de leur découvreur et sont identifiées par un numéro. Avant 1995, on utilisait deux systèmes. Au moment de la découverte d'une comète ou de sa réapparition, on l'identifie par l'année suivie d'une lettre minuscule indiquant l'ordre chronologique de découverte ou de réapparition; ou on l'identifie par l'année suivie d'un chiffre romain désignant l'ordre chronologique de passage au périhélie (point de l'orbite le plus près du Soleil). P. ex., la comète Van den Bergh, découverte par l'astronome canadien Sidney VAN DEN BERGH, était la 12e comète à passer au périhélie en 1974; elle porte donc le nom de 1974 XII. La comète Meier, découverte par l'astronome canadien Rolf MEIER, était la 17e comète à être découverte en 1980 et est identifiée par 1980q.

En 1995, ce système d'identification est remplacé par le suivant: chaque comète est désignée par l'année de découverte, suivie d'une lettre majuscule correspondant (selon l'ordre de l'alphabet) au mois où la découverte a eu lieu, elle-même suivie d'un chiffre indiquant l'ordre chronologique d'apparition (dans le 1re ou la 2e partie du mois). Les comètes périodiques sont précédées de nP/ où le n représente l'apparition en question. La première comète à être découverte après l'adoption de ce nouveau système a une période de courte de 14 ans: il s'agit de la comète P/1995 A1 (Jedicke), du nom de son découvreur, le Canadien Robert Jedicke.

Description

Orbites excentriques La plupart des comètes ont des orbites excentriques et restent la majeure partie du temps loin du Soleil et de la Terre, de sorte qu'on ne peut les voir même à l'aide de puissants télescopes. Quand une comète est loin du Soleil, il s'agit d'un petit corps solide de quelques kilomètres de diamètre, tout au plus. La matière solide est vraisemblablement constituée en partie de substances volatiles solidifiées (eau, composés organiques simples) mélangées à de petites particules non volatiles de poussière de pierre ou de poussière métallique. On la désigne souvent sous le nom de «glace sale».

Ce n'est que pendant quelques semaines, au moment où la comète passe près du Soleil et de la Terre, près du périhélie, qu'on peut observer le phénomène spectaculaire généralement associé au passage des comètes. Les substances volatiles s'évaporent et les molécules organiques, dissociées par la lumière solaire, émettent une étrange fluorescence. Des fragments moléculaires ont été identifiés grâce à l'analyse spectrographique de cette fluorescence. Certains de ces fragments moléculaires ont été observés au sein des comètes avant d'être détectés dans un

laboratoire terrestre et les scientifiques canadiens ont joué un rôle important lors des identifications correspondantes. Deux molécules cométaires ont été identifiées à Ottawa dans les laboratoires du CONSEIL NATIONAL DE RECHERCHES DU CANADA: C3, identifié par Alex DOUGLAS, et H_2O^p par Gerhard HERZBERG. Une certaine partie de la lumière d'une comète provient de la réflexion de la lumière solaire sur les particules de poussière libérées lors de l'évaporation de la glace.

Deux queues, une tête Bien qu'il existe une grande diversité de formes, une comète à maturité possède généralement une tête et deux queues. La tête est formée d'un noyau central de plusieurs kilomètres, d'où s'échappent des gaz et des poussières, et d'une chevelure (ou coma), l'atmosphère de gaz luminescents entourant le noyau. La première queue, dite queue de gaz, queue d'ions ou queue de plasma, est composée de gaz ionisés expulsés dans la direction opposée à celle du Soleil. La seconde queue, la queue de poussières, est aussi dirigée à l'opposé du Soleil, mais elle tend à adopter une forme incurvée et semble amorphe. Son spectre (constitué de la lumière solaire simplement réfléchie) montre qu'elle se compose essentiellement de petites particules solides. Pour des raisons géométriques, les deux queues, lorsqu'on les observe depuis la Terre, apparaissent souvent l'une derrière l'autre et semblent n'en former qu'une.

La plupart des comètes ont une luminosité trop faible pour qu'on puisse les observer à l'œil nu et elles n'ont pas toutes des queues. Toutefois, il arrive qu'une grosse comète passe à proximité de la Terre et du Soleil, et l'observateur assiste alors à quelque chose de spectaculaire. Ce fut le cas dans les années 90 au moment du passage des comètes Levy 1990c, Hyakutake et Hale-Bopp, découvertes récemment. La comète la plus célèbre est la comète de Halley. À la fin du XVIIe siècle, en Angleterre, Edmond Halley étudie l'orbite de plusieurs comètes et démontre que les brillantes comètes de 1531, 1607 et 1682 ne sont qu'une seule et même comète visible tous les 76 ans. Des recherches subséquentes révèlent que la comète de Halley a été observée à chacun de ses passages depuis l'an 240 av. J.-C. La dernière observation remonte à 1985-1986. Au Canada, on pouvait la voir (pas très clairement) en novembre et décembre 1985, avant qu'elle ne disparaisse derrière le Soleil au moment de son passage au périhélie en février 1986. En mars et en avril, les observateurs situés dans l'hémisphère Sud ont eu droit à une apparition spectaculaire, puis la comète a pu être observée brièvement, mais pas très clairement à partir des latitudes canadiennes, en mai 1986. Son prochain passage au périhélie aura lieu en juillet 2061.

Les progrès de la science des comètes La science cométaire a fait des progrès énormes dans les années 1985 et 1986. Non seulement des milliers d'observations de tout genre ont été faites à partir d'observatoires terrestres, mais, pour la première fois de l'histoire, une flottille d'engins spatiaux sont allés à la rencontre de deux comètes (la comète de Halley et la comète Giacobini-Zinner) pour recueillir des données *in situ* et les transmettre vers la Terre.

La première de ces rencontres a eu lieu entre l'engin spatial International Cometary Explorer (ICE) et la comète Giacobini-Zinner. ICE avait été lancé en 1978 avec pour mission d'étudier le flot de particules chargées («vent solaire») en provenance du Soleil, le champ magnétique interplanétaire et la nature de la queue géomagnétique de la Terre. En 1981, on modifie sa trajectoire pour le faire passer à quelque 120 km de la surface de la Lune. Le champ gravitationnel de la Lune est ainsi utilisé pour le projeter dans une orbite tout à fait nouvelle, en direction de la comète Giacobini-Zinner. L'engin spatial traverse la queue de la comète en septembre 1985, à une distance de seulement 7800 km du noyau. ICE permet de corroborer les modèles théoriques selon lesquels le champ magnétique serait drapé autour du noyau (comme des spaghettis autour d'une fourchette). Les lignes du champ magnétique seraient diamétralement opposées de chaque côté du noyau et il y aurait, entre celles-ci, un ruban de courant électrique. L'engin spatial a aussi vérifié la présence de H_2O^p; (*voir* ci-dessus) et de CO^p;. Toutefois, cette expérience n'a pu confirmer l'existence d'une «onde de choc» prononcée résultant de l'interaction entre le flot de particules cométaires et le vent solaire.

Une «boule de neige sale» En mars 1986, cinq engins spatiaux sont lancés tout spécialement pour aller à la rencontre de la comète de Halley. Ils transportent toute une gamme d'instruments qui serviront à recueillir toutes sortes de données. Deux des engins sont soviétiques: Vega I et Vega II. Deux autres sont japonais: Suisei et Sakigake. Finalement, Giotto appartient à l'Agence spatiale européenne. Les données les plus spectaculaires proviennent des images du noyau de la comète obtenues au moment où Giotto passe à seulement 540 km de son côté ensoleillé. Le noyau semble très sombre et des substances sont éjectées sous forme de jets à partir de zones actives bien définies à la surface. En mars 1986, certains de ces jets sont même détectés depuis la Terre grâce aux images fournies par le télescope Canada-France-Hawaii et aux observations de deux astronomes canadiens, C.J. Pritchet et S. Van den Bergh. Éjectés à partir de zones restreintes sur le noyau de la comète, ces jets sont soumis simultanément à la rotation (dans le sens horaire) du noyau et à la pression du rayonnement solaire qui les font dévier vers la gauche. Ainsi, ils prennent la forme de spirales déséquilibrées. Si l'on confirme que le noyau est effectivement une «boule de neige sale», sa surface est plus sale que prévu et une grande partie de cette saleté serait formée d'un mélange de composés organiques ayant l'aspect du goudron.

Les Américains Carolyn et Eugene Shoemaker et le Canadien David Levy font partie de l'équipe de chasseurs de comètes la plus prolifique de tous les temps. On leur doit la découverte de la comète 1993^c, considérée comme l'une des plus extraordinaires du dernier millénaire. Les découvreurs notent immédiatement sa forme allongée peu commune, mais des observations subséquentes permettent de distinguer 20 composantes disposées en ligne droite comme une enfilade de perles sur un fil. Les calculs relatifs à son orbite démontrent que la comète a été récemment entraînée en orbite autour de Jupiter et fragmentée dans son champ gravitationnel. Qui plus est, toutes ces composantes entrent en collision avec Jupiter en juillet 1994, sur une période de quelques jours. Presque tous les télescopes du monde, sans parler du télescope spatial Hubble de même que des instruments à bord des sondes spatiales Galileo et Voyager 2, sont alors braqués sur Jupiter afin d'être témoins de la série d'impacts entre la comète et la planète. C'est un événement spectaculaire dans l'histoire de l'astronomie.

Les impacts produisent de larges zones d'ombre sur Jupiter dont plusieurs ont une superficie plus grande que celle de la Terre et peuvent être observées au moyen de petits télescopes d'amateurs. C'est un avertissement pour les habitants de la Terre: il arrive que les comètes et les astéroïdes entrent en collision avec des planètes. L'étude des zones d'impact a permis aux astronomes de recueillir des données nouvelles sur la structure physique et chimique de l'atmosphère de Jupiter. Même si ces données ne concernent pas directement les comètes, quelques-uns des résultats ont surpris les spécialistes de la spectroscopie des comètes. On ne s'attendait pas, p. ex., à ce que la signature spectroscopique de l'eau soit aussi faible, au point où se demande aujourd'hui si la composition chimique de cette comète était typique ou si les théories relatives à la constitution des comètes sont erronées.

Jeremy B. Tatum

Comfort, Charles Fraser, peintre (Édimbourg, Écosse, 22 juill. 1900—Ottawa, 5 juill. 1994). Comfort arrive à Winnipeg en 1912. Il étudie les arts à Winnipeg, puis à New York (1922-1923) en compagnie de Robert Henri. Son amitié avec les membres du GROUPE DES SEPT, sa connaissance des œuvres de Paul Cézanne et d'autres peintres modernes, son intérêt pour l'histoire de l'art et son travail de graphiste à Winnipeg (1914-1925) et à Toronto (1925-1936) ont directement influencé son art.

L'expressionnisme et le caractère dramatique de ses portraits aux dimensions importantes des années 20 et 30 ressortent aussi dans ses paysages qu'il peint plus tard et dans ses murales pour la Bourse de Toronto (1937), première manifestation moderne d'art mural au Canada. En raison des nombreuses responsabilités qu'il a exercées au sein d'organismes artistiques (notamment la présidence de l'Académie royale des arts du Canada de 1957 à 1960) et de son apport artistique en tant qu'artiste de guerre (1943-1946), il est le seul artiste à avoir occupé le poste de directeur de la Galerie nationale du Canada (1960-1965). Il est nommé Officier de l'Ordre du Canada en 1972.

Charles C. Hill

Comité canadien d'action sur le statut de la femme Organisme militant composé de plus de 500 groupes répartis dans tout le pays. Cet organisme, qui comptait au départ 30 groupes en 1971, chapeaute en 1996 le plus de groupes de femmes. Parce qu'il lutte pour l'égalité et la justice sociale pour toutes les femmes, il exerce principalement des pressions sur le gouvernement fédéral pour que soient apportés les changements qui amélioreront la CONDITION FÉMININE, tels ceux qui concernent l'aide à l'enfance, la violence faite aux femmes, la pauvreté et les droits des minorités. Le comité apporte aussi son appui à des causes provinciales ou municipales. Ses objectifs sont déterminés lors de l'assemblée générale annuelle. Le bureau est élu parmi les membres et, à l'exception de la présidente, il est composé de bénévoles.

Doris Anderson

Comité de complaisance Titre conféré en 1921 par l'historien W.B. Munro à l'assemblée de 20 notables de la NOUVELLE-FRANCE réunis le 10 octobre 1678 pour émettre leur opinion sur la vente d'eau-de-vie aux Indiens. Les jésuites et le clergé de la colonie voient l'alcool comme l'obstacle majeur au succès des activités missionnaires. Il en est tout autrement de certains administrateurs de la colonie qui sont plutôt tièdes à l'idée de bannir ce commerce.

Le ministre de la Marine, Colbert, rejette les propositions pouvant porter préjudice au commerce d'exportation de l'eau-de-vie française ou aux revenus des droits de douane perçus par l'administration canadienne. Il demande qu'une réunion des notables soit convoquée et ne laisse planer aucun doute sur le résultat qu'il souhaite. Lors de la réunion, 15 des 20 intervenants favorisent le maintien du commerce de l'eau-de-vie. Même si un édit royal du 24 mai 1679 défend la vente d'alcool aux Indiens en dehors des établissements de la colonie, le commerce de l'eau-de-vie continue.

Tom Wein

Comité d'étude de la politique culturelle fédérale Constitué le 28 août 1980 pour examiner les POLITIQUES CULTURELLES du Canada, ce comité compte parmi ses membres Louis APPLEBAUM, président, Jacques HÉBERT, coprésident, Thomas SYMONS, Mary PRATT et Rudy WIEBE. Le comité tient des audiences dans 18 centres et reçoit 1369 mémoires avant de publier son rapport en novembre 1982. Le comité recommande que les organismes culturels clés, comme le CONSEIL DES ARTS DU CANADA et la Société Radio-Canada (SRC), soient à l'abri de toute ingérence politique. Il propose aussi la création de plusieurs nouveaux organismes, dont un Conseil pour la protection du patrimoine canadien, et le financement accru des musées des beaux-arts. Le comité réclame un soutien à l'édition (sous forme de subventions) et à l'industrie cinématographique (augmentation des fonds versés à Téléfilm Canada). Sa suggestion de redevance aux auteurs dont les livres sont accessibles dans les bibliothèques est appliquée en 1986. Le comité suggère également des changements touchant la SRC: il souhaite qu'elle abandonne la production d'émissions télévisées et se procure celles des producteurs indépendants.

Dans des rapports minoritaires, Albert Breton proteste contre la recommandation du comité visant à accorder des subventions uniquement aux compagnies de production cinématographique appartenant à des intérêts canadiens et Guy Robert estime que le comité donne trop d'importance au rôle des institutions. (*Voir aussi* ARTS, FINANCEMENT DES.)

James Marsh

Comité judiciaire du Conseil privé Institution britannique qui, jusqu'à 1949, sert de tribunal de dernière instance au Canada. Formé de personnes ayant occupé de hautes fonctions au sein de l'appareil judiciaire britannique et de quelques juges du Commonwealth, il est officiellement institué par des lois du Parlement britannique, adoptées en 1833 et 1844, et il a juridiction sur les cours de justice des colonies.

Après la création de la COUR SUPRÊME DU CANADA en 1875, le ministre fédéral de la Justice, Edward BLAKE, tente sans succès d'abolir le recours en appel au Conseil privé: la disposition devant permettre d'atteindre cet objectif s'avère inopérante. Les appels provenant du Canada continuent donc d'être soumis au Comité judiciaire. On reconnaît cependant au Canada l'autorité de réglementer le genre d'appels pouvant être soumis à Londres. C'est ainsi que le Canada abolit en 1888 les appels en matière criminelle.

En 1926, le Conseil privé décide que cette restriction est invalide puisqu'elle s'appuie sur une loi canadienne qui contrevient à la loi britannique de 1844, étendant expressément au Canada la juridiction du Comité judiciaire. Le STATUT DE WEST-MINSTER (1931), tout en assurant au Canada l'égalité législative avec la Grande-Bretagne, accorde au Parlement canadien l'autorité de remettre en vigueur l'abolition des appels en matière criminelle. Les appels en matière civile pourraient également être abolis, mais les audiences sur la question sont reportées en raison de la Seconde Guerre mondiale. En 1947, le Comité judiciaire est d'avis que le Parlement du Canada a le pouvoir d'abolir les appels en matière civile, ce qui se fait en 1949 lorsqu'un amendement apporté à la *Loi sur la Cour suprême* transfère au Canada l'ultime juridiction en matière d'appels.

Le Comité judiciaire a pris 173 décisions majeures liées à l'ACTE DE L'AMÉRIQUE DU NORD BRITANNIQUE. Selon des juristes canadiens, plusieurs de ces décisions vont à l'encontre des intentions des Pères de la Confédération, aussi bien que du texte de la loi, en démontrant un parti pris en faveur des pouvoirs des provinces. Les jugements réduisent de façon draconienne les pouvoirs du fédéral dans le commerce et les échanges et subordonnent les pouvoirs généraux du Dominion, qui lui sont accordés par l'article 91, aux pouvoirs spécifiques énumérés aux articles 91 et 92. Le courant de décentralisation, qui émerge des décisions du Comité judiciaire, est fortement critiqué et vu comme le résultat d'une méconnaissance des problèmes du fédéralisme canadien. Plusieurs juristes canadiens croient aussi qu'il est ridicule qu'au XXᵉ siècle, le Canada doive aller à l'étranger pour obtenir des décisions finales en matière constitutionnelle. (*Voir également* HISTOIRE CONSTITUTIONNELLE.)

D.M.L. Farr

Comité permanent canadien des noms géographiques En 1897, confrontés au besoin de normaliser l'attribution de noms à des lieux géographiques au Canada, pour éviter le double emploi et alléger les usages orthographiques, les spécialistes des richesses naturelles et les cartographes du gouvernement canadien fondent la Commission de géographie du Canada. Au cours de ses premières années d'existence, la

Commission fait connaître ses décisions par l'entremise de rapports annuels et elle commandite la publication de plusieurs études portant sur l'origine et l'utilisation de noms géographiques.

En 1948, alors que la Commission est rebaptisée Commission canadienne des noms géographiques, on lance un programme ayant pour but la publication du Répertoire géographique du Canada, une série de recueils pour chaque province et territoire (à l'exception du Québec qui publie le sien). En 1961, la Commission, qui fait l'objet d'une réorganisation, devient le Comité permanent canadien des noms géographiques et l'on accorde aux provinces le pouvoir exclusif en matière de toponymie. En 1979, un accord intervient entre les deux niveaux de gouvernement, en vertu duquel on reconnaît une responsabilité partagée en matière de toponymie sur les terres publiques fédérales à l'intérieur des provinces. Cinq ans plus tard, dans le cadre du processus de déconcentration, les deux territoires obtiennent également la responsabilité de leurs propres programmes de toponymie. Certaines provinces (l'Alberta, Terre-Neuve, l'Ontario, la Saskatchewan et le Québec) et le Territoire du Yukon possèdent maintenant leurs propres commissions dotées d'un pouvoir décisionnel, alors que pour les autres provinces et les Territoires du Nord-Ouest, ce sont des dispositions administratives qui régissent la reconnaissance des noms officiels.

Le comité compte maintenant 26 membres, soit un par province et territoire et 14 autres incluant des représentants d'organismes fédéraux en matière de services cartographiques, d'archives, de services de traduction, de parcs nationaux, de terres indiennes et de statistiques. La présidence et le secrétariat du comité relèvent du ministère fédéral des RESSOURCES NATURELLES. En outre, quatre comités consultatifs (nom des détails sous-marins, nomenclature et délimitation, recherche toponymique et services toponymiques numériques) apportent leur contribution au travail du comité.

De nos jours, cet organisme national, en mettant de l'avant des normes et des principes nationaux en ce qui a trait à l'attribution de noms au pays et en fournissant des renseignements toponymiques documentés, coordonne les efforts consentis au Canada dans ce champ d'activités. Le comité, par l'entremise de ses membres, remplit le rôle technique d'enregistrer et d'approuver les noms retenus pour fins officielles et de s'assurer que ces dossiers sont mis à jour, de façon appropriée, et mis à la disposition du grand public, en vue d'en faciliter la consultation comme, p. ex., sur divers supports de papier ou sous formes numériques de même que sur INTERNET. Sur le plan international, le comité joue un rôle actif, en particulier sous l'égide des Nations Unies, en promouvant la normalisation à l'échelle mondiale des noms géographiques.

Ne passons pas sous silence l'importance grandissante, particulièrement sur le plan éducatif, du rôle socioculturel dévolu au comité de conserver et de diffuser des renseignements sur les origines culturelles et historiques des toponymes en usage au Canada, une partie intégrante de l'héritage national de notre pays. (Voir aussi TOPONYMIE.)

A. Rayburn et Helen Kerfoot

Comité pour l'indépendance du Canada (CIC) D'abord conçu par Walter GORDON, Peter NEWMAN et Abraham Rotstein comme un comité de citoyens en faveur de l'indépendance culturelle et économique du Canada, le CIC est lancé le 17 septembre 1970, et Jack MCCLELLAND et Claude RYAN en sont les coprésidents. Dès juin 1971, le CIC réussit à adresser une pétition de 170 000 signatures au premier ministre Trudeau lui demandant de limiter la propriété et les INVESTISSEMENTS ÉTRANGERS. Bon nombre des idées du CIC seront incorporées dans la législation, notamment la création de la Corporation de développement du Canada, de PÉTRO-CANADA et de l'Agence d'examen de

l'investissement étranger; la réglementation sur l'acquisition de terres par des non-résidents; des règlements plus sévères en matière de contenu des émissions de radio et de télévision au Canada ainsi que l'élimination des avantages fiscaux accordés à *Time* et au *Reader's Digest*.

Le succès du CIC est attribuable à l'utilisation habile des médias, au grand pouvoir de persuasion des présidents nationaux (Edwin Goodman, Mel Hurtig, Robert Page, Dave Treleavan, Bruce Willson et Max Saltsman) et à des chefs de file locaux qui mobilisent 10 000 membres dans 41 sections. L'organisation se finance grâce à des dons de particuliers, des cotisations et des activités de sections. Ses publications comprennent un mensuel, *Independencer*, et les livres *Independence: The Canadian Challenge* (1972) et *Getting It Back* (1974), édités par Abraham Rotstein et Gary Lax. Le CIC se dissout en 1981 après avoir réalisé plusieurs de ses objectifs les plus importants. (*Voir aussi* CONSEIL DES CANADIENS; NATIONALISME; NATIONALISME ÉCONOMIQUE.)

Roger Rickwood

Comité sur le statut des espèces menacées de disparition au Canada (CSEMDC) Ce comité a été créé en 1977 à la suite d'une recommandation d'une conférence fédérale-provinciale sur les espèces sauvages. La recommandation découlait de la nécessité d'établir une liste nationale unique, officielle et rigoureusement scientifique des espèces sauvages à risque. Le Comité a pour mandat de déterminer le statut, à l'échelle nationale, des espèces et des sous-espèces sauvages, ainsi que de certaines populations fauniques distinctes au Canada.

Représentation Le CSEMDC est un comité indépendant d'experts scientifiques regroupant des représentants du ministère responsable de la faune au sein de chaque gouvernement provincial et territorial, et des représentants de quatre organismes fédéraux et de trois organisations nationales de conservation (la FÉDÉRATION CANADIENNE DE LA NATURE, la FÉDÉRATION CANADIENNE DE LA FAUNE et le FONDS MONDIAL POUR LA NATURE CANADA).

Environnement Canada, qui fournit un soutien administratif au comité, est l'un des quatre organismes fédéraux représentés, avec Patrimoine canadien, le ministère des Pêches et Océans, et le Musée canadien de la nature.

Détermination du statut Le CSEMDC évalue le statut des espèces en étudiant des rapports scientifiques de la situation de l'espèce que l'on soupçonne être en danger. Ces rapports représentent la base de la détermination du statut. Ils fournissent une description actuelle de la distribution, de l'abondance et des mouvements de population de l'espèce. Le CSEMDC se réunit chaque année en avril pour annoncer officiellement le statut de toutes les espèces étudiées sur la liste officielle des espèces menacées de disparition du Canada. Les espèces étudiées sont classées en cinq catégories:

Les espèces *éteintes*, qui sont des espèces auparavant indigènes au Canada qui ont cessé d'exister partout.

Les espèces *localement disparues*, qui n'existent plus dans la nature au Canada, mais qui sont présentes ailleurs.

Les espèces *menacées* d'extinction, qui sont menacées d'une extinction imminente ou d'une disparition locale imminente sur l'ensemble ou sur une partie substantielle de leur territoire au Canada.

Les espèces *menacées* susceptibles d'extinction au Canada si on ne renverse pas les facteurs affectant leur vulnérabilité.

Les espèces *vulnérables*, qui sont particulièrement à risque en raison de leur nombre limité ou de leur nombre en baisse, de leur territoire restreint ou pour toutes sortes d'autres raisons, mais qui ne constituent pas une espèce menacée. (*Voir aussi* ANIMAUX EN VOIE DE DISPARITION.)

Deborah Gudgeon Harris

Comités parlementaires Les nombreux comités du Parlement remplissent des fonctions pouvant difficilement être accomplies durant les débats ou la période de questions.

Le *comité plénier (crédits, voies et moyens)*, présidé par l'orateur suppléant, comprend tous les députés de la CHAMBRE DES COMMUNES et se tient dans la salle normale. Jusqu'en 1969, la Chambre était constituée par un comité plénier servant à étudier en détail chaque clause d'un projet de loi après sa deuxième lecture. Cette tâche appartient maintenant au comité permanent approprié (*voir* PROCÉDURE PARLEMENTAIRE).

Le Comité des crédits s'occupait également des prévisions budgétaires. De nombreux membres aimeraient que certaines prévisions budgétaires y soient encore discutées. Le comité plénier est public et constitue une excellente façon d'attirer l'attention des médias. Le Comité des voies et moyens est une autre variante du comité plénier. Il se penchait à l'origine sur les revenus, mais ne possède plus qu'une valeur symbolique.

Les 25 *comités permanents* sont les comités parlementaires les plus importants. Ils sont habituellement présidés par des députés (sauf le Comité des comptes publics) et comptent entre 7 et 11 membres. Les partis y sont représentés dans la même proportion qu'en Chambre. Ces comités comprennent des comités spécialisés dont les mandats portent en gros sur les affaires des ministères du gouvernement, et d'autres comités qui s'intéressent aux comptes publics, aux divers projets de lois privés et prévisions budgétaires, à la procédure et à l'organisation, aux privilèges et aux élections.

Le Parlement compte aussi des comités mixtes permanents pour la Chambre et le SÉNAT. En général, les ministres ne font pas partie des comités permanents et, depuis 1985, les secrétaires parlementaires non plus.

Les *comités législatifs* ont été créés au cours des réformes de 1985 afin d'examiner les projets de loi après leur adoption en deuxième lecture. Un comité est constitué pour chaque projet de loi. Le président d'un comité est choisi à partir d'un groupe formé de députés d'arrière-ban de chaque parti. Un comité est normalement composé de 7 membres. La tâche des membres est de se pencher sur les questions de politique, d'examiner les prévisions budgétaires ainsi que les rapports annuels, et de scruter les projets de loi gouvernementaux après la deuxième lecture, y compris ceux concernant les crédits et les voies et moyens. Un comité se réunit en général seulement dans la capitale. Ses témoins sont donc choisis parmi les groupes qui sont en mesure de se déplacer ou de maintenir des chargés de mission dans la capitale de façon permanente.

Toutefois, un grand nombre de comités s'efforcent de tenir des séances à la grandeur du Canada. Ils choisissent leurs témoins et décident des recommandations à soumettre à la Chambre sous forme de rapports ou d'amendements aux projets de loi. Lorsqu'ils révisent un projet de loi, il arrive qu'un ministre soit le premier et le dernier témoin, ce qui lui permet entre-temps de revoir son témoignage. Dans les projets de loi sur les crédits, l'efficacité des comités est limitée. Ils peuvent cependant servir de forum pour la critique des programmes gouvernementaux et, de temps à autre, ils permettent de tenir les ministres responsables des prévisions budgétaires de leur ministère.

Lorsque le Comité des comptes publics étudie les comptes du gouvernement et les rapports du VÉRIFICATEUR GÉNÉRAL s'y rapportant, cela retient beaucoup plus l'attention des médias que lorsque le comité soumet son propre rapport à la Chambre.

Des comités spéciaux (parfois appelés comités particuliers), comme le Comité spécial mixte du Sénat et de la Chambre des Communes sur la Constitution du Canada, sont parfois mandatés par la Chambre pour étudier des questions précises ou chercher à connaître l'opinion du public sur des décisions concernant les politiques. On appelle parfois ces comités spéciaux groupes de travail, mais il ne faut pas les confondre avec les GROUPES DE TRAVAIL du gouvernement.

Les comités, qu'ils soient permanents ou spéciaux, peuvent être mixtes. Le Sénat possède aussi des comités permanents, des comités spéciaux et un comité plénier. Leurs enquêtes sur la pauvreté, le vieillissement de la population et la science sont dignes de mention.

Les comités permanents sont trop souvent partisans et contrôlés par le gouvernement. Ils sont affectés par l'amateurisme de leurs membres dû au roulement élevé à la Chambre. Ils manquent de personnel et ne peuvent pas choisir leurs sujets d'étude. Ces dernières années, on a remédié à certaines de ces faiblesses en créant de petits sous-comités, dotés d'un personnel expérimenté et de membres permanents. Un bon exemple est l'enquête du Comité de la Justice sur l'administration des pénitenciers (1977).

En 1982, à la suite de réformes adoptées pour une période d'essai, on a réduit le nombre de membres des comités et la fréquence de changement de leurs membres. On a accordé aux comités plus de latitude dans le choix des sujets d'enquête. En 1985, à la suite du rapport du Comité spécial sur la réforme de la Chambre des communes, les comités permanents ont obtenu plus d'autonomie et on a réduit le nombre de leurs membres. Au même moment, on a introduit le système des comités législatifs.

La présence accrue des comités n'a pas modifié les rapports entre le Parlement et le gouvernement, ce qui déçoit bien des critiques et des députés indépendants. Cependant, le rôle du Parlement n'est pas de gouverner, mais plutôt d'examiner, de critiquer et de proposer des solutions de rechange. Par ailleurs, les comités ont renforcé le Parlement en lui permettant de mieux examiner les questions et de mieux faire connaître ses activités au public.

Les *législatures provinciales* possèdent des systèmes de comités semblables à ceux du gouvernement fédéral. Cependant, du fait de la taille réduite des législatures et de la plus grande influence des gouvernements sur celles-ci et sur leurs comités, ces législatures sont moins utiles ou actives que leurs pendants fédéraux.

C.E.S. Franks

Commerce de gros Les grossistes (appelés aussi distributeurs) achètent des marchandises pour les revendre aux détaillants (*voir* COMMERCE DE DÉTAIL) et aux usagers des secteurs industriel, commercial, gouvernemental, institutionnel et professionnel ou à d'autres grossistes. Ils agissent aussi à titre de représentants lors de ces transactions. Les entreprises actives, entre autres, dans le commerce de gros, ainsi que de détail, dans les travaux à forfait, les secteurs des services et de la fabrication sont considérées principalement comme des grossistes chaque fois que la marge brute (la différence entre le total des revenus d'exploitation et le coût des marchandises vendues) qu'elles tirent du commerce de gros est plus élevée que celle générée par toute autre activité. Certaines entreprises sont considérées comme des grossistes par opposition aux détaillants, sans égard au genre de clients. Il s'agit d'entreprises qui commercent dans l'ameublement de bureau, le matériel et l'outillage, les ordinateurs, les matériaux de construction et le bois d'œuvre, le matériel agricole, le matériel et les fournitures, les véhicules automobiles commerciaux, et dans tous genres de matériel et d'outillage industriel et commercial. En raison de la croissance de nouveaux détaillants de grande surface comme Home Depot et Bureau en gros et de la domination d'entreprises telles que Canadian Tire et Beaver Lumber dans certaines catégories de commerce au détail, la définition actuelle des activités de gros ou de détail est très large.

En général, les grossistes remplissent les fonctions de base de la mise en marché pour les entreprises dont ils achètent et pour les entreprises à qui ils vendent. Ils prévoient les besoins et la demande des clients, gèrent les stocks, livrent les marchandises, accordent du crédit, fournissent des renseignements sur le marché, offrent des services de consultation et d'achat de marchandises. Le grossiste peut offrir aux fabricants de vendre et d'entreposer la marchandise, de financer la production en achetant à l'avance, de réduire le crédit en sélectionnant les clients, et leur fournir des renseignements à caractère commercial. Pour réussir, l'entreprise de gros doit offrir ces services à un coût plus faible que celui proposé par les fabricants ou par les détaillants.

Selon la dernière enquête annuelle sur les commerces de gros et de détail du Canada, qui remonte à 1994, les revenus d'exploitation du marché de gros se sont chiffrés cette année-là à 282,4 milliards de dollars. Le commerce de gros est une part importante de l'économie canadienne. Il constitue 6,1 p. 100 du PIB, représente 10,9 p. 100 des exportations canadiennes et emploie 607 600 personnes. En 1994, les revenus d'exploitation de ce secteur ont augmenté de 11,7 p. 100 par rapport à 1993, croissance beaucoup plus importante que celle de 6,8 p. 100 enregistrée par le commerce de détail au Canada.

Les grossistes en aliments, boissons, médicaments et produits du tabac, comme les compagnies Loblaws Limitée, Provigo, Compagnie de gestion Oshawa limitée, IGA, IDA, Jean Coutu, Drug Trading et Imasco, forment le groupe le plus important (20,9 p. 100 du secteur). En 1994, ils ont réalisé des ventes totales de 59 milliards de dollars. Parmi les autres groupes importants de marchandises de gros, on trouve: les produits du pétrole (32,1 milliards de dollars), l'équipement industriel et autres matériel et fournitures (31,4 milliards de dollars), les véhicules automobiles, pièces et accessoires (24,5 milliards de dollars), les matériaux de construction et le bois de charpente (21,6 milliards de dollars), les métaux, la quincaillerie, le matériel de plomberie et de chauffage (17,6 milliards de dollars), ainsi que les ordinateurs, les logiciels et autre matériel électronique (15,4 milliards de dollars). En 1994, les grossistes ont enregistré une marge brute moyenne de 21,2 p. 100, un profit net de 5,5 p. 100 et un ratio par rapport aux stocks de 8 sur 6.

Au Canada, les grossistes réussissent bien en raison du grand nombre de petites et moyennes entreprises des secteurs de la fabrication et du détail, qui ne peuvent s'occuper efficacement de tous les aspects de la distribution, en partie à cause de la dispersion des villes d'un bout à l'autre du pays et des grandes distances qui séparent les centres de fabrication, les centres de détail et les intermédiaires.

Types de grossistes On peut regrouper les grossistes en quatre catégories: les marchands en gros, qui achètent et vendent des marchandises pour leur propre compte et qui en sont propriétaires; les agents et les courtiers, qui achètent et vendent des marchandises à la commission pour d'autres personnes; les bureaux et les services de vente des fabricants, qui distribuent leurs propres produits; et enfin, les grossistes spécialisés, qui englobent les coopératives de mise en marché (pour des produits du secteur primaire, tels que les céréales, le bétail, le poisson, le tabac en feuilles et les fourrures brutes), les installations de stockage en vrac du pétrole, les terminaux et les installations pour le pétrole liquéfié.

De plus, les marchands en gros se divisent en deux catégories: les grossistes offrant des services complets, y compris la mise en marché, l'entreposage des stocks et la livraison, et les grossistes offrant une gamme réduite de services ou d'articles. P. ex., les grossistes en médicaments, en quincaillerie et en matériel électrique, qui vendent tous les produits de leur catégorie, sont des grossistes à services complets. Les grossistes offrant une gamme réduite d'articles, au contraire, ne tiennent que certains produits, comme de la peinture ou des moteurs électriques. Dans ce groupe, on trouve les entreprises de type «comptant sans livraison», qui n'offrent pas de crédit ou de livraison à leurs clients, et les «agents et courtiers». Cette dernière catégorie comprend les entreprises de vente aux enchères, les marchands à commission en produits agricoles, les représentants des fabricants, les courtiers en alimentation, les agents de vente et les agents et courtiers d'importation et d'exportation. Ils sont organisés en fonction de la gamme de produits et participent aux négociations avec les acheteurs et les vendeurs. Ils sont payés à la commission. Enfin, les services de vente des fabricants, établis par les fabricants eux-mêmes, vendent aussi les produits d'autres fournisseurs. Au Canada, ce type de commerce de gros est important.

Les grossistes opèrent dans la plupart des catégories de produits. Les commerçants en gros sont surtout actifs dans les domaines de l'alimentation, des produits pétroliers et du matériel et de l'outillage, alors que les agents et les courtiers œuvrent principalement dans les secteurs des produits agricoles, des produits du pétrole, de l'habillement et de la mercerie.

Au niveau fédéral, le commerce de gros est réglementé par la *Loi sur la concurrence*, qui régit les fusions et les monopoles, les accords de spécialisation, les accords d'exportation, la discrimination en matière de prix, les prix de livraison, la pratique d'achats réciproques et le maintien des prix de revente (*voir* CONCURRENCE, POLITIQUE DE LA).

Depuis plusieurs décennies, la prédominance des grossistes intermédiaires indépendants sur le marché intérieur a fléchi du fait de la taille croissante des détaillants et des fabricants qui assument de nombreuses fonctions de grossiste.

Les grossistes indépendants continuent à dominer dans les domaines des marchandises industrielles, du matériel et des produits du pétrole, vendus principalement au secteur agricole. Dans ces domaines, ils ont pu se spécialiser et s'adapter à la vaste répartition des clients partout au pays. Au Canada, le principal secteur en croissance pour tous les types de grossistes est le marché de l'exportation.

Michael R. Pearce et Ken Jones

Commerce international Il concerne les échanges (achat et vente) de biens et de services entre pays différents, les commerçants pouvant être des particuliers, des entreprises privées ou des organismes gouvernementaux. Les exportations canadiennes de biens et de services constituent plus de 40 p. 100 de la production totale du pays (biens: 33,5 p. 100; services et recettes de placement: le reste).

Depuis 1960, à l'exception de 1974, le Canada exporte plus de marchandises qu'il n'en importe et enregistre des surplus commerciaux. Par contre, l'importation de services et les paiements sur le capital emprunté sont normalement bien supérieurs à l'exportation de services et aux recettes de placement, de sorte que pour l'ensemble des biens et des services, le pays enregistre en général un déficit annuel important. De 1988 à 1994 inclusivement, ce déficit se chiffre en moyenne à 25 milliards de dollars par année – somme que le Canada doit emprunter à l'étranger pour combler la différence. En 1995 et 1996 toutefois, ce déficit baisse considérablement en raison de la très forte croissance des exportations de biens. Ainsi, en 1996, il n'est que de 1,7 milliard de dollars.

Commerce de marchandises Les États-Unis, qui achètent environ 82 p. 100 des exportations canadiennes de biens et fournissent près de 76 p. 100 des importations du Canada, sont le partenaire commercial le plus important du pays. La dépendance de celui-ci envers les États-Unis s'est accrue au cours des 100 dernières années. Jusqu'à la Seconde Guerre mondiale, les États-Unis et le Royaume-Uni s'échangent la première position parmi les pays importateurs de produits canadiens. Aujourd'hui, le Royaume-Uni n'achète que 1,5 p. 100 du total des exportations canadiennes et ne vend au Canada que 2,6 p. 100 des produits importés par celui-ci.

Le Japon a déclassé le Royaume-Uni en tant que deuxième partenaire commercial, mais il reste bien loin derrière les États-Unis, ne représentant que 4 p. 100 des exportations et 3 p. 100 des importations. La plupart des importations en provenance du Japon sont des produits manufacturés à grande valeur ajoutée tels que les automobiles et le matériel électronique, alors que les exportations vers ce pays sont presque exclusivement des matières premières et semi-traitées: bois d'œuvre, métaux, charbon et produits agricoles.

Le pourcentage du commerce canadien avec les pays de la Communauté économique européenne (y compris le Royaume-Uni) a diminué depuis le milieu des années 60, représentant seulement 5,7 p. 100 des exportations et 8,7 p. 100 des importations. Le commerce avec les pays du Sud-Est asiatique, encore relativement peu important, ne cesse toutefois d'augmenter. À mesure que ces pays s'industrialisent, les exportations (produits du bois et articles en papier, céréales, matériel et outillage, produits métallurgiques et produits chimiques) et les importations (appareils et matériel électriques et équipements divers) croissent de plus en plus. La Chine, d'où proviennent plus de 2 p. 100 des importations canadiennes, pourrait bientôt dépasser le Japon à ce chapitre.

Environ 46 p. 100 des exportations canadiennes sont des automobiles, du matériel et de l'outillage ainsi que divers biens de consommation. Le reste, soit 54 p. 100, est constitué de produits à base de ressources naturelles (agriculture, énergie, pêche, forêt et mines). Par contraste, les trois premières catégories de produits forment environ 66 p. 100 des importations du Canada, alors que les produits tirés des ressources naturelles ne comptent que pour 31 p. 100. En conséquence, le Canada enregistre constamment un surplus commercial du côté des produits à base de ressources naturelles et un déficit du côté des produits manufacturés, situation habituelle dans l'histoire canadienne.

Au début, le Canada dépend presque exclusivement de ses ressources naturelles pour l'exportation: surtout du poisson, des fourrures et du bois d'œuvre, et plus tard des produits agricoles (les céréales en particulier), des pâtes et papiers et de divers métaux et minerais. Depuis la Seconde Guerre mondiale, pétrole, gaz naturel, engrais et produits pétrochimiques, uranium, minerai de fer, soufre, potasse, charbon, électricité, colza et viandes rouges ont joint les rangs des exportations canadiennes de matières brutes. Par ailleurs, l'exportation de diamants pourrait prendre de l'ampleur au cours des années à venir.

De nos jours, chaque catégorie d'exportations est dominée par un nombre relativement restreint de produits. Le blé constitue 24 p. 100 des exportations agricoles tandis que les animaux vivants et les produits de viande représentent 20 p. 100; le bois débité de résineux, la pâte à papier et le papier journal comptent pour environ 77 p. 100 des exportations de produits forestiers. Le fer, le cuivre, le nickel, les minerais et concentrés de zinc constituent 71 p. 100 des exportations de minerais bruts, alors que les minerais raffinés ainsi que l'aluminium et les métaux précieux forment la presque totalité des ventes de métaux et d'alliages à l'étranger. Les automobiles et les pièces d'automobile comptent à elles seules pour 23 p. 100 du total des exportations.

Les exportations de produits manufacturés à forte valeur ajoutée, y compris le matériel et les machines de bureau (comme les ordinateurs), les produits chimiques, les engrais et divers autres produits fabriqués affichent, en volume et en valeur, la croissance la plus rapide. Ces produits font aussi partie des importations à croissance très rapide, si bien que le déficit absolu du Canada pour cette catégorie de biens s'élève encore à 25 milliards de dollars en 1996. Parmi d'autres produits qui gagnent rapidement du terrain, on trouve le pétrole et le gaz naturel ainsi que les matériaux industriels.

On peut attribuer à divers facteurs la particularité du commerce canadien. Mentionnons d'abord les ressources naturelles, renouvelables ou non, qui font la richesse du pays. Elles sont le fondement de son avantage comparatif dans les domaines des minerais bruts et semi-transformés, de l'énergie, des produits agricoles, forestiers et de la pêche, secteurs où le Canada exporte d'importantes quantités. Même les produits chimiques à forte valeur ajoutée dépendent des gisements de gaz naturel et de pétrole.

L'Accord de libre-échange Canada–États-Unis et, plus tard, l'Accord de libre-échange nord-américain (ALENA) contribuent largement à favoriser le commerce nord-sud. Désormais, les fabricants canadiens ne jouissent plus de la même protection et doivent donc réorganiser leurs entreprises, adopter les plus récentes technologies et devenir en général plus efficaces. De plus, la suppression des dernières barrières tarifaires américaines et l'avènement de la mondialisation encouragent les firmes canadiennes à se tourner de plus en plus vers l'exportation. Ajoutons à cela la croissance et la prospérité de l'économie américaine qui, pour répondre à ses besoins, fait davantage appel aux produits canadiens. En outre, la recherche et le développement dans quelques secteurs de pointe comme celui des télécommunications et la production de certaines entreprises exploitant des brevets détenus par des sociétés mères ou des titulaires de technologie étrangers sont aussi un important facteur d'augmentation des exportations. La vigueur des exportations canadiennes s'explique aussi du fait que les cadres sont mieux formés et plus dynamiques, que les relations entre employés et patronat s'améliorent et que l'inflation est jugulée.

Toutefois, la recherche et le développement dans le secteur manufacturier canadien ne sont pas aussi poussés qu'ils pourraient l'être. En outre, les progrès technologiques dans d'autres pays développés sont rapides. Le Canada doit donc compter sur les importations pour répondre à ses besoins dans le domaine des produits de haute technologie, d'où la forte proportion des importations de produits à forte valeur ajoutée. Cette proportion est aussi reliée au pourcentage élevé du contrôle et des INVESTISSEMENTS ÉTRANGERS dans l'industrie canadienne. En effet, les filiales de sociétés étrangères font plus d'achats à l'étranger que les entreprises canadiennes. Dans bien des cas, ces filiales ne font qu'assembler au Canada les éléments et pièces qu'elles font venir d'ailleurs. Le Canada importe aussi beaucoup de biens de consommation comme les vêtements, les chaussures et les jouets, produits dont la fabrication nécessite une main-d'œuvre abondante qui coûte beaucoup moins cher dans les pays en voie de développement et les pays nouvellement industrialisés d'Asie et d'Amérique latine.

Les termes de l'échange du Canada, c.-à-d. le rapport entre les prix des exportations et ceux des importations, s'améliorent quelque peu depuis le milieu des années 80, de 4 p. 100 environ, en raison du raffermissement des prix des produits à base de ressources naturelles (blé, bois d'œuvre, produits de papier et métallurgiques, notamment). Autre changement digne de mention: la chute du prix des ordinateurs et d'autre matériel de bureau, qui n'a toutefois que peu d'effet sur les termes de l'échange, le Canada étant dans ce secteur à la fois importateur et exportateur.

Politique commerciale Le commerce est aussi touché par la politique commerciale du gouvernement, surtout par les tarifs douaniers (dont l'importance va en diminuant par suite de l'Accord de libre-échange Canada – États-Unis et des négociations de l'Uruguay Round dans le cadre du GATT). Les tarifs sont les taxes ou droits imposés sur les marchandises importées et qui représentent en général un certain pourcentage de leur valeur déclarée; les quotas sont des restrictions de quantité imposées pour certains produits.

Au début de la Confédération, les recettes douanières constituent environ 75 p. 100 des recettes du gouvernement fédéral; aujourd'hui, elles sont négligeables vu la baisse considérable des tarifs douaniers au fil des ans. La POLITIQUE NATIONALE de 1879 augmente les tarifs douaniers, protégeant ainsi les entreprises locales ou étrangères désirant construire des usines. Au début de la CRISE DES ANNÉES 30, on relève de nouveau les tarifs de façon importante afin de négocier la baisse des tarifs imposés par les autres pays, toujours dans l'espoir de favoriser l'industrie intérieure. C'est pourquoi la structure tarifaire reste progressive: droits moins élevés sur les matières brutes et plus élevés sur les produits manufacturés. En 1897, on instaure un régime préférentiel pour les Britanniques afin d'encourager le commerce avec la Grande-Bretagne et les autres pays du Commonwealth; ces mesures ont peu d'effet et sont progressivement éliminées.

En 1986, le Canada conclut l'Accord des Caraïbes avec les pays du Commonwealth et les territoires des Caraïbes selon lequel tous les produits en provenance de ces pays sont ainsi exempts de droits, à l'exception de plusieurs gammes de produits comme les vêtements, les produits textiles, la chaussure et les articles de maroquinerie. Le Canada fait aussi partie du Système généralisé de préférences, selon lequel les biens provenant de presque tous les pays en voie de développement sont importés en franchise ou jouissent d'une réduction d'un tiers du taux de la Nation la plus favorisée. Cependant, le Canada n'accorde plus ce tarif préférentiel pour une vaste gamme de produits importés des nouveaux pays industrialisés.

Les tarifs canadiens sont aujourd'hui à leur plus bas niveau et diminuent encore par suite des négociations de l'Uruguay Round. En 1996, ils équivalent en moyenne à 1,32 p. 100 sur l'ensemble des importations et à 6,06 p. 100 sur les produits tarifés. Les produits non tarifés constituent plus de 78,15 p. 100 de toutes les importations. Divers accords bilatéraux et trilatéraux conclus avant la Seconde Guerre mondiale, huit négociations de l'après-guerre menées dans le cadre du GATT, ainsi que les accords de libre-échange entre le Canada et les États-Unis puis entre ces deux pays et le Mexique (ALENA) donnent lieu à une baisse considérable des tarifs qui avaient cours pendant la Crise des années 30. Les négociations multilatérales qui se tiennent dans le cadre de l'Uruguay Round et qui entrent en vigueur le 1er janvier 1995 réduisent encore les droits de douane sur nombre de biens. Les accords de libre-échange signés avec le Chili et Israël en 1996 et entrés en vigueur en 1997 ont une faible incidence sur la moyenne des tarifs canadiens (ou sur l'ensemble des échanges commerciaux du Canada), car les biens achetés dans chacun de ces deux pays ne représentent que le septième de 1 p. 100 environ de la totalité des importations canadiennes. La baisse des tarifs sera plus substantielle si les discussions en cours avec les pays du bassin du Pacifique, qui se déroulent sous les auspices de l'APEC (Organisation de coopération économique Asie-Pacifique), donnent les résultats escomptés sur le plan du libre-échange, résultats que les membres espèrent voir se concrétiser au début de l'an 2000.

Sous le régime protectionniste, les entreprises étrangères et canadiennes construisent de nombreuses usines, plus qu'il n'en faut pour satisfaire efficacement aux besoins du marché. Bien des fois, les usines sont trop petites pour maintenir au plus bas leurs coûts de production ou, plus souvent, fabriquent une gamme de produits trop diversifiée; la durée de production de chaque série est alors trop courte et donc, les coûts de revient plus élevés que dans les usines étrangères. Avec la diminution des tarifs, les usines canadiennes doivent augmenter leur productivité et devenir plus compétitives face aux entreprises étrangères. Pour cette raison et à cause des changements technologiques, les économies d'échelle sont un facteur beaucoup moins déterminant qu'avant pour mesurer l'avantage comparatif.

Quotas Les quotas sont des restrictions imposées sur le volume des importations. En vertu de l'entente multifibres du GATT entrée en vigueur le 1ᵉʳ janvier 1974, le Canada s'accorde bilatéralement avec quelque 25 pays pour limiter les importations de produits textiles et de vêtements. Aux termes des négociations de l'Uruguay Round, dont est issue la nouvelle Organisation mondiale du commerce (OMC), il est prévu que ces restrictions seront graduellement levées d'ici l'an 2005 et que tous les produits en cause seront régis par les règles habituelles de l'OMC.

Les importations de produits agricoles, y compris les œufs, poulets, dindons, lait et produits laitiers, font aussi l'objet de restrictions. Ces quotas sont toutefois supprimés après les négociations de l'Uruguay Round et remplacés par des tarifs offrant, essentiellement, le même niveau de protection. C'est ce qu'on appelle la tarification. À compter du 1ᵉʳ janvier 1995, ces tarifs seront réduits de 36 p. 100 en moyenne sur une période de six ans.

Échanges de services Le Canada achète toute une gamme de services à l'étranger. Parmi les plus importants, notons les voyages et le tourisme, les services de transport, les services commerciaux tels les frais que les sociétés étrangères exigent de leurs succursales canadiennes pour des services de conseillers en gestion et en technologie, sans compter les paiements sans lien de dépendance versés au titre des redevances, des brevets, de la location de films et de certains services financiers. Le Canada effectue aussi des paiements à l'étranger à des fins diplomatiques, militaires et commerciales. En même temps, il touche des revenus de ressortissants étrangers pour les services de même nature qu'il leur fournit. Le total des paiements versés aux non-résidents demeure toutefois bien supérieur aux recettes tirées de ces derniers.

Revenus de placement Lorsque le gouvernement canadien emprunte des fonds, que ce soit par l'émission de bons ou d'autres obligations, ou en acceptant des filiales d'entreprises étrangères sur son territoire, il faut payer pour l'utilisation du capital emprunté. Ce paiement peut prendre la forme d'intérêts, de dividendes ou de profits non redistribués de sociétés que l'entreprise réinvestit, ce qui augmente le contrôle étranger dans l'industrie canadienne. De même, le Canada reçoit des paiements de ressortissants étrangers pour l'utilisation des capitaux que des résidants canadiens investissent à l'étranger. Le Canada emprunte beaucoup plus qu'il ne prête. Ainsi, en 1996, sa dette extérieure nette s'élève à environ 356 milliards de dollars et son déficit annuel au chapitre du service de la dette atteint plus de 28 milliards de dollars, dont la majeure partie est attribuable aux frais d'intérêts nets d'obligations canadiennes assorties de diverses échéances. (*Voir aussi* EXPORTATION; LIBRE-ÉCHANGE; IMPORTATION.)

Bruce W. Wilkinson

Commercial Empire of the St. Lawrence, 1760-1850, The Ouvrage de D.G. CREIGHTON, est publié à Toronto, à New Haven et à Londres en 1937 (réédité en 1956 sous le titre *The Empire of the St. Lawrence*). Dans la veine des écrits historiques canadiens des années 30, qui mettent l'accent sur les facteurs socioéconomiques, cet ouvrage extrêmement bien rédigé traite du rôle de la vallée du Saint-Laurent en tant que système de transport et donne un aperçu de l'activité économique jusqu'en 1850. Selon Creighton, le système du Saint-Laurent et des Grands Lacs concurrençait largement, par sa géographie particulière, des systèmes comme la voie navigable Hudson-Mohawk (New York). Des décisions d'ordre politique, telle la délimitation de la frontière canado-américaine, en 1783, et l'antipathie de la société paysanne du Québec à l'égard de la classe patronale de Montréal ont nui à cette situation privilégiée.

Commissaire aux serments Toute personne âgée de plus de 18 ans mandatée par le lieutenant-gouverneur pour faire prêter serment et recueillir des affidavits. Le déposant doit prêter serment en présence d'un commissaire aux serments, lequel doit s'assurer de l'authenticité de la signature et faire précéder la signature de la déclaration par la prestation du serment. Les députés fédéraux, les députés provinciaux, les conseillers municipaux, les avocats et de nombreux fonctionnaires sont d'office commissaires aux serments.

K.G. McShane

Commissariat House Désigné LIEU HISTORIQUE provincial en 1977, il est situé à ST. JOHN'S, Terre-Neuve. Il s'agit d'un excellent exemple d'architecture de style anglais. Érigé entre 1818 et 1820, l'édifice abritait l'intendance des forces armées britanniques en poste à Terre-Neuve. Ce service était responsable de la paie et des provisions, et la maison et le mobilier en place correspondent à ces activités. L'édifice comprend des bureaux ainsi qu'une voûte à l'épreuve du feu, pour l'argent et les dossiers, de même que les quartiers privés de l'officier responsable. Il est ouvert au public de la mi-juin à la mi-octobre. Une reconstitution d'une grange de l'époque abrite le centre d'interprétation.

Deborah Welch et Michael Payne

Commission archéologique du Canada Partie constituante du MUSÉE CANADIEN DES CIVILISATIONS qui s'occupe du patrimoine archéologique canadien, la Commission archéologique du Canada, fondée en 1971, s'emploie principalement à préserver les sites archéologiques, à poursuivre la recherche sur l'histoire des peuples autochtones du Canada et à renseigner le public sur les résultats des fouilles archéologiques par le biais de publications et d'expositions. Sa collection monographique Mercure est l'un des principaux véhicules pour les rapports de recherches archéologiques au pays. Ses expositions au Musée canadien des civilisations et ses montages itinérants servent à aider le public à comprendre la préhistoire et les traditions des peuples autochtones du pays.(*Voir aussi* PRÉHISTOIRE.)

Robert McGhee

Commission canadienne des droits de la personne Constitué en 1978 par la *Loi canadienne sur les droits de la personne*, cet organisme a pour but de promouvoir l'égalité des chances au Canada, d'offrir un recours efficace et rapide pour traiter les plaintes des particuliers à l'égard des pratiques discriminatoires et de travailler à écarter les obstacles à l'égalité en matière d'emploi et à l'accès aux services. La Commission favorise également l'équité en matière d'emploi et l'équité salariale, et elle a, de par la loi, la responsabilité de lutter contre l'inégalité au moyen de programmes d'éducation. Elle compte deux membres à temps plein (le président et le vice-président) et un maximum de six membres à temps partiel. La compétence de la Commission s'étend aux ministères, aux sociétés d'État et aux organismes fédéraux, ainsi qu'aux entreprises assujetties à la compétence fédérale telles que les banques, les transporteurs aériens et les compagnies de transport interprovincial. La Commission fonctionne comme un organisme indépendant et rend des comptes au Parlement par l'intermédiaire du ministre de la Justice. (*Voir aussi* CHARTE CANADIENNE DES DROITS ET LIBERTÉS.)

Norman Hillmer

Commission canadienne du blé Constituée en 1935 en tant que RÉGIE DES MARCHÉS AGRICOLES chargée de l'organisation méthodique du marché du grain de l'Ouest, la Commission canadienne du blé (CCB) est l'unique office de mise en marché du BLÉ et de l'ORGE des Prairies destinés à l'exportation ou à l'alimentation humaine au Canada. Pendant toute son histoire, la CCB est un important exécutant de la politique du gouvernement à l'égard du grain de l'Ouest. Des prédécesseurs temporaires de la Commission ont été en activité de 1917 à 1920.

Lors de sa création, la CCB est un office de commercialisation à participation volontaire, mais la vente du blé par son entremise devient obligatoire en 1943, et ses pouvoirs sont élargis en 1949 afin d'inclure l'avoine et l'orge des Prairies. À la suite de changements apportés à la politique des céréales fourragères en 1974 et en 1976, la Commission perd l'exclusivité des droits de mise en marché visant les ventes interprovinciales de grain des Prairies destiné à l'alimentation animale. En 1989, la CCB se voit enlever la compétence sur la mise en marché de l'avoine au pays et à l'étranger, et son rôle dans la commercialisation de l'orge donne lieu à des débats par la suite. La CCB administre les prix initiaux dont le gouvernement garantit le paiement aux producteurs et applique un système de normalisation (mise en commun) des prix moyens annuels payés aux producteurs. Elle réglemente les expéditions de grain des producteurs aux silos de collecte au moyen de contingents et de contrats de livraison, surveille les marchés et les prix des grains et aide à en coordonner l'acheminement aux ports d'exportation.

En général, la Commission n'est ni propriétaire ni exploitante d'équipements de mise en marché, mais elle fait appel à diverses compagnies de MANUTENTION ET COMMERCIALISATION DU GRAIN mandatées pour manutentionner et vendre le grain en son nom. Elle exporte aussi du grain en faisant des ventes directes aux organismes commerciaux des pays importateurs.

La CCB est une SOCIÉTÉ DE LA COURONNE autofinancée composée de 3 à 5 commissaires nommés par le gouvernement fédéral et d'un comité consultatif de 11 membres élus par les producteurs de grain des Prairies. Le siège social de la Commission est à Winnipeg.

M.M. et T.S. Veeman

Commission de contrôle de l'énergie atomique (CCEA) Cette commission est établie en 1946 en vertu de la *Loi sur le contrôle de l'énergie atomique* qui déclare que l'ÉNERGIE NUCLÉAIRE est essentielle dans l'intérêt national (et donc de compétence exclusivement fédérale). La loi confère de vastes pouvoirs de réglementation et définit le statut de la CCEA comme établissement public. Les cinq commissaires contrôlent et supervisent la production, les applications et les usages de l'énergie atomique au Canada par le biais de règlements et de programmes de contrôle et ils participent, au nom du Canada, aux mesures internationales de contrôle.

La CCEA exerce son contrôle grâce à un régime complet d'octroi de permis, administré en collaboration avec d'autres ministères fédéraux et provinciaux dans les domaines de la santé, de l'environnement, du transport et du travail. Le contrôle s'étend aussi à l'exportation et à l'importation de substances et de matériel réglementés et inclut la participation du Canada aux activités de l'Agence internationale de l'énergie atomique et la conformité avec les dispositions du Traité sur la non-prolifération des armes nucléaires.

La réglementation actuelle exige qu'une personne ou un organisme soit titulaire d'un permis délivré par la CCEA pour produire, extraire du sol, utiliser, vendre ou posséder, quelle qu'en soit la fin, toute substance radioactive réglementée ou un dispositif ou du matériel contenant des substances radioactives réglementées, pour exporter ou importer des substances ou des articles réglementés ou pour exploiter un établissement nucléaire au Canada. Un établissement nucléaire peut être un réacteur nucléaire, un accélérateur de particules, une mine ou une usine de traitement du minerai d'uranium ou du thorium, ou un établissement de traitement du combustible nucléaire, de production d'oxyde de deutérium (eau lourde) ou de dépôt de substances réglementées.

Pour exercer son rôle de réglementation, la CCEA définit des normes à respecter et évalue la capacité des titulaires éventuels de permis d'y répondre et de s'y conformer. Une fois le permis délivré, la Commission mène des inspections visant à surveiller la conformité aux exigences.

La CCEA est aussi chargée d'administrer la Loi sur la responsabilité nucléaire et les modifications afférentes, y compris la désignation des installations nucléaires et la fixation de l'assurance de base que les exploitants de ces installations doivent acheter. La CCEA est une SOCIÉTÉ DE LA COURONNE et fait rapport au Parlement par l'entremise du ministre des Ressources naturelles.

Le 20 mars 1997, la *Loi sur la sûreté et la réglementation nucléaires* obtient la sanction royale. Elle sera proclamée loi à un jour fixé par décret du gouverneur en conseil. Il est prévu que la loi sera promulguée quand le règlement remplaçant l'actuel *Règlement sur le contrôle de l'énergie atomique* sera approuvé. La Commission de contrôle de l'énergie atomique portera alors le nouveau nom de Commission canadienne de sûreté nucléaire et elle administrera le nouveau règlement.

Ken Shultz

Commission de gouvernement La Commission de gouvernement de Terre-Neuve est établie à la suite d'un extraordinaire concours de circonstances. L'effondrement du commerce mondial durant la CRISE DES ANNÉES 1930 nuit particulièrement à l'économie terre-neuvienne qui dépend de l'exportation de grandes quantités de poissons et de produits forestiers. En 1933, après plusieurs années tumultueuses marquées par de sérieux déficits budgétaires et de lourds emprunts à l'étranger, le gouvernement du premier ministre Frederick Alderdice demande au gouvernement britannique de créer une commission royale d'enquête chargée d'examiner les difficultés financières de Terre-Neuve. Pour expliquer la situation difficile de Terre-Neuve, le rapport jette le blâme tant sur la corruption politique que sur la conjoncture internationale, et il préconise le remplacement du GOUVERNEMENT RESPONSABLE par une «commission de gouvernement» qui gouvernerait jusqu'à ce que Terre-Neuve redevienne financièrement autonome.

La Commission de gouvernement entre en fonction en février 1934 et détient le pouvoir jusqu'en 1949, année où Terre-Neuve devient une province canadienne. Elle est présidée par un gouverneur qui agit sur les conseils de 6 commissaires nommés par le gouvernement britannique. Pendant la durée de son mandat, la Commission introduit plusieurs réformes, dont un plan de colonisation, la réorganisation de la fonction publique et la création de l'Office des pêches de Terre-Neuve. Toutefois, lorsque la Seconde Guerre mondiale éclate en 1939, on remet à plus tard une reconstruction à grande échelle en faveur d'un effort de guerre absolu.

La cote d'estime dont la Commission jouit à ses débuts disparaît peu à peu et, après la guerre, on fait des pressions pour le retour à l'autonomie gouvernementale. En conséquence, dans le premier de deux référendums tenus en 1948 sur l'avenir de l'île, la Commission finit bonne troisième (derrière le rétablissement d'un gouvernement responsable et la Confédération). Enfin, lorsque Terre-Neuve fait son entrée dans la Confédération le 31 mars 1949, bien peu de Terre-Neuviens pleurent le départ de la Commission de gouvernement.

David Clark Mackenzie

Commission de la capitale nationale (CCN) Constituée en 1959 par la *Loi sur la Capitale nationale*, cette commission est une société d'État fédérale. Même si elle fonctionne davantage comme une corporation privée que comme un ministère, la CCN rend des comptes au Parlement par l'entremise du ministre du Patrimoine canadien et respecte les politiques et directives fédérales.

La CCN est dirigée par une commission, qui est en fait un conseil d'administration, qui compte le président, le vice-président et 13 autres membres nommés par le gouverneur en conseil. Les membres viennent de tout le Canada et de la région de la capitale nationale (superf. 4715 km²), qui chevauche l'Ontario et le Québec. Le président de la Commission en est le directeur général.

Depuis 1899, la CCN et ses prédécesseurs veillent à l'aménagement et à la construction d'une capitale qui soit digne de son importance nationale en tant que siège du gouvernement du Canada. Le mandat de la CCN a été modifié en 1988: on a demandé à la Commission de moins s'intéresser au développement de l'infrastructure régionale et de consacrer une plus grande part de ses ressources à l'aspect culturel de la capitale.

Un énoncé de mission officiel énonce les trois grands objectifs de la CCN: utiliser la capitale pour véhiculer l'image du Canada aux Canadiens; faire de la capitale un lieu de rencontre pour les Canadiens; sauvegarder et préserver les trésors nationaux de la capitale.

Les divers produits et services de la CCN contribuent tous à réaliser le mandat d'aménager une capitale représentative. Ce sont notamment la programmation (pour la fête du Canada, p. ex.), la préservation du patrimoine, l'érection de monuments nationaux, l'entretien et l'aménagement paysager des routes de plaisance, la conservation des espaces naturels et la gestion des biens immobiliers (y compris 6 résidences officielles). De plus, la CCN encourage et appuie des initiatives (comme les conférences et émissions nationales, la publicité ciblée) visant à faire mieux connaître la capitale aux Canadiens, à les y attirer et à leur faire bon accueil pendant leur séjour. La CCN, en collaboration avec les autres paliers de gouvernement, participe aussi à d'importantes activités d'urbanisme pour que l'aménagement, la gestion et la protection des terres publiques soient conformes à une conception cohérente du caractère de la capitale.

La CCN est un important propriétaire foncier, car elle possède environ 10 p. 100 des terres de la région de la capitale nationale. En 1998-1999, son budget se chiffrait à 87,5 millions de dollars, dont 68,7 millions en crédits parlementaires, entre autres les subventions tenant lieu d'impôts fonciers, les affectations de fonctionnement et les affectations de dépenses en capital.

Alec Connelly

Commission de la conservation Elle est créée en 1909 pour dispenser aux gouvernements canadiens des conseils scientifiques fondés sur les données les plus récentes sur la CONSERVATION des ressources humaines et naturelles. On reconnaît généralement les gaspillages qu'entraînent les méthodes courantes d'exploitation des ressources, et le mouvement pour la conservation commence à proposer des solutions de rechange, surtout aux États-Unis, où la première commission nationale voit le jour en 1908. On pousse le Canada à en faire autant en vue d'établir une politique continentale de la conservation.

Deux dirigeants canadiens préoccupés de la protection de l'environnement répondent à cet appel, soit Clifford SIFTON et le premier ministre Wilfrid LAURIER, dont le gouvernement crée la commission canadienne.

Président de la Commission jusqu'en 1918, Sifton en a toujours été l'âme dirigeante. Selon lui, on entend par conservation l'utilisation des ressources en vue du plus grand bien de tous les Canadiens. L'intérêt public exige une gestion judicieuse, mais une telle gestion nécessite à son tour une connaissance approfondie de la base de ressources. C'est cette connaissance que doit fournir la Commission.

La Commission se compose de 3 ministres du Cabinet fédéral, de 9 ministres provinciaux responsables des ressources naturelles dans leur province et de 20 membres à titre individuel, dont un professeur de chacune des provinces disposant d'une université. Elle comporte par la suite divers comités de travail chargés de l'étude des sept sujets suivants: les terres agricoles, l'eau et l'énergie hydraulique, la pêche, le gibier et les animaux à fourrure, les forêts, les mines et la santé publique.

Les résultats sont publiés dans quelque 200 ouvrages, rapports et articles scientifiques qui constituent le premier relevé à grande échelle des ressources canadiennes et des problèmes inhérents. Toutefois, les réalisations en politique publique ne sont pas aussi impressionnantes. Les gouvernements tardent à adopter les conseils de la Commission et, tandis que d'autres organismes du gouvernement fédéral commencent à s'occuper de la gestion des ressources, la Commission de la conservation en vient à sembler superflue. Elle est dissoute en 1921.

P.J. Smith

Commission de la fonction publique La Commission du Service civil est établie en vertu de la *Loi de 1908 modifiant la Loi sur le Service civil*, qui instaure le principe du mérite par voie de concours. La *Loi sur le Service civil* de 1962 préserve l'autonomie de la Commission, tandis que la *Loi sur l'emploi dans la fonction publique* de 1967 réaffirme le principe du mérite et modifie le nom de la Commission, qui s'appelle alors la Commission de la fonction publique (CFP). La CFP est un organisme qui jouit d'une indépendance politique et qui est chargé de l'interprétation et de l'application du mérite dans la dotation au sein de la fonction publique, ainsi que de certaines mesures visant à assurer la neutralité politique de la fonction publique. Chaque année, la Commission fait directement rapport au Parlement sur ses activités et l'administration de la *Loi sur l'emploi dans la fonction publique*. Bien que, en pratique, elle ait renoncé à une bonne part de ses pouvoirs de dotation en faveur des ministères, elle conserve son rôle de chien de garde et tranche les différends liés au recrutement et au congédiement de fonctionnaires. Elle a pour objectifs de recruter et de promouvoir selon le mérite, de veiller à la justice, à l'équité et à la transparence dans la dotation, de fournir révision et recours impartiaux, ainsi que d'offrir une formation et un perfectionnement judicieux et efficaces. (*Voir aussi* FONCTION PUBLIQUE.)

Commission de la frontière internationale Cette commission, qui comprend une section canadienne et une section américaine, est chargée de maintenir et de surveiller la frontière canado-américaine conformément au *Traité de la ligne de démarcation* conclu en 1925. Plus précisément, la Commission de la frontière internationale inspecte la frontière, répare ou remplace les bornes de délimitation endommagées, enlève les broussailles et les arbres de façon à maintenir une zone défrichée de six mètres de largeur le long de la frontière et travaille à résoudre les différends, au besoin. La section canadienne est habilitée par la *Loi sur la Commission de la frontière internationale*. Elle est intégrée à Ressources naturelles Canada pour des fins administratives et rend des comptes au ministre des Affaires étrangères. Il y a un commissaire canadien et un commissaire américain. Ils se rencontrent deux fois par année, une fois à Ottawa et une fois à Washington. (*Voir aussi* ÉVOLUTION TERRITORIALE.)

Norman Hillmer

Commission de l'unité canadienne Elle est créée en 1977 par le gouvernement fédéral comme suite à l'élection d'un gouvernement souverainiste au Québec. Elle est coprésidée par Jean-Luc PEPIN et John ROBARTS, qui ont été respectivement ministre d'un précédent gouvernement libéral au fédéral et premier ministre conservateur de l'Ontario. Son mandat consiste à rassembler différents points de vue sur les problèmes concernant l'unité nationale, à faire connaître les efforts déployés pour résoudre ces problèmes, et à conseiller le gouvernement sur les moyens de renforcer l'unité nationale.

Le rapport déposé en 1979 contient la recommandation, qui va à l'encontre de la stratégie fédérale mise de l'avant par le gouvernement libéral entre 1969 et 1979, de considérer la question des droits linguistiques comme du domaine des compétences provinciales plutôt que de les enchâsser dans la CONSTITUTION. Les commissaires recommandent aussi, entre autres, une réduction globale du pouvoir fédéral (à l'exception de la question de la gestion de l'économie), des modifications au système électoral fédéral de manière à laisser place à quelque forme de représentation proportionnelle, le remplacement du Sénat par un Conseil de la fédération dont les membres seraient désignés par les gouvernements provinciaux, et l'obligation de consulter les provinces sur les nominations à la Cour suprême du Canada et à certains organismes réglementaires importants. Seule la délégation québécoise invoque ces recommandations dans le cadre des discussions constitutionnelles de 1980.

Le rapport est abondamment discuté et ses recommandations sont sérieusement considérées avant qu'il y ait des développements constitutionnels. En dernière analyse, la Commission a cependant exercé une influence négligeable sur l'accord intervenu en 1981 entre le gouvernement fédéral et ceux des neuf autres provinces canadiennes.

R. Hudon

Commission de réforme du droit (CRD) Créée en 1971, cette commission est à l'origine un organisme indépendant permanent chargé d'étudier et de réviser systématiquement le DROIT canadien. Elle recommande l'amélioration, la modernisation et la réforme de certaines lois fédérales ainsi que l'abolition d'autres lois, et elle fait des recherches théoriques sur des questions juridiques. Beaucoup de nouvelles lois et de modifications sont édictées par le Parlement à la suite de ses rapports, et ses autres publications engendrent aussi des initiatives législatives (*voir* DROIT, RÉFORME DU). Les travaux de la CRD influencent également les juristes et les commissions provinciales, exerçant ainsi un effet indirect sur les réformes administratives et législatives. Les tribunaux s'appuient souvent sur les positions adoptées par la CRD lorsqu'ils rendent des jugements. La CRD est dissoute en 1993 dans le cadre des compressions de dépenses du gouvernement fédéral.

Commission de secours de Halifax À la suite de l'EXPLOSION DE HALIFAX, cette commission entre en activité le 6 décembre 1917 en tant que comité d'urgence chargé d'apporter des secours immédiats. En avril 1918, une commission de trois hommes est constituée par une loi provinciale afin de gérer un fonds de 30 millions de dollars destiné aux soins médicaux, au bien-être social, à l'indemnisation et à la reconstruction. La destruction totale et la misère persistante déclenchent la mise en œuvre rapide de diverses mesures innovatrices d'urbanisme et de réadaptation sociale, notamment un plan directeur d'aménagement urbain en 1921 et le premier projet de logements publics au Canada, l'ensemble résidentiel Hydrostone, construit dans le secteur ravagé et géré par la Commission. En 1948, les priorités de la Commission ne sont plus les mêmes et elle devient une commission de pension. En 1976, alors qu'elle dispose encore de 1,5 million de dollars et a la charge de 65 personnes invalides, la Commission de secours de Halifax est abolie et ses responsabilités sont dévolues à la Commission canadienne des pensions.

Lois Kernaghan

Commission de transport Ontario Northland (CTON) SOCIÉTÉ DE LA COURONNE provinciale qui exploite un réseau de transport et de communication dans le Nord-Est de l'Ontario. La CTON relève du gouvernement de l'Ontario par l'intermédiaire du ministère du Développement du Nord et des Mines. En 1902, elle est constituée en société par une loi provinciale, en tant que propriété du gouvernement, sous le nom de Temiskaming and Northern Ontario Railway Commission. Elle doit donner accès aux ressources de la région et favoriser la colonisation du Nord à partir de la ville de NORTH BAY.

Entre 1903 et 1909, la construction d'un tronçon de voie ferrée de 390 km permet la jonction avec le chemin de fer National Transcontinental à Cochrane. Des lignes secondaires rendent possibles l'exploitation des ressources de minerai et de bois et la fondation de nouvelles villes comme Cobalt, Timmins et Iroquois Falls. Dans les années 20, on prolonge la voie ferrée d'un autre tronçon de 300 km vers le nord, de Cochrane à Moosonee à la pointe sud de la baie James (terminé en 1932), et de Swastika vers l'est jusqu'aux gisements d'or de Kirkland Lake, de cuivre et de zinc de Rouyn-Noranda.

À la période d'ouverture des mines d'or lucratives (Hollinger, Dome, McIntyre, Lake Shore et Teck) et d'acheminement des produits forestiers vers le Sud, la Temiskaming and Northern Ontario Railway Commission ouvre également le nord-est de l'Ontario à l'agriculture et à la colonisation. C'est un chemin de fer communautaire, et les quatre premières décennies de son histoire sont étroitement liées à la vie culturelle et sociale du Nord-Est avant l'avènement des grandes routes, des automobiles et des autobus. À cause de son rôle vital pour la région, la Commission est administrée comme une entreprise publique par les gouvernements successifs de l'Ontario. Le Cabinet et le premier ministre assurent en effet fonction d'actionnaires majoritaires. Toutefois, les politiques partisanes avantagent généralement les dirigeants de petites entreprises du Nord, si bien que l'exploitation de la Commission comme véhicule de développement se fait en combinant le favoritisme politique local et une véritable approche commerciale. En 1946, le gouvernement provincial, sous la gouverne du premier ministre George DREW, veut refléter l'importance croissante du rôle de cette Commission dans tout le Nord-Est de l'Ontario, et lui donne dès lors un nouveau nom, celui de Commission de transport Ontario Northland (CTON).

Au cours des deux décennies suivantes, les locomotives Diesel remplacent régulièrement les locomotives à vapeur, puis on achète des camions, des autobus, des bateaux et des avions de type Otter pour augmenter les possibilités de transport tout en faisant des investissements pour acquérir des moyens électroniques nécessaires à l'intégration de réseaux interurbains de TÉLÉPHONES et de TÉLÉCOMMUNICATIONS.

Pendant 25 ans, la CTON exploite NorOntair, une compagnie aérienne qui dessert 17 communautés, puis elle ferme cette compagnie en 1996 à la suite de difficultés financières. En 1989, on crée la filiale Ontario Northland Telecommunications, qui s'occupe de la vente de systèmes informatiques et de services dans le Nord de l'Ontario. Cette filiale exploite aussi ONLINK, un fournisseur de service INTERNET.

En 1994, la CTON a des actifs d'une valeur de 280 millions de dollars et un revenu net de 1 million de dollars. En 1995, son budget d'exploitation est de 150 millions de dollars. Les services de voyageurs, de trains et de traversier, sont subventionnés chaque année par le gouvernement provincial, alors que le transport de marchandises, les télécommunications et les services d'autobus sont exploités comme des entreprises commerciales. La CTON emploie 1200 personnes.

Albert Tucker

Commission d'enquête sur certaines activités de la Gendarmerie royale du Canada Aussi appelée commission McDonald, cette commission fédérale est constituée en 1977 à la suite d'allégations voulant que des crimes aient été commis par le Service de sécurité de la Gendarmerie royale du Canada (GRC). Elle est notamment saisie des questions suivantes : l'entrée par effraction dans une compagnie d'informatique et le vol d'une liste de membres du PARTI QUÉBÉCOIS ; les 400 entrées par effraction sans mandat depuis 1970, surtout en Colombie-Britannique ; l'écoute électronique d'au moins un député fédéral ; les dépouillements de courrier sans autorisation ; l'incendie d'une grange au Québec ; la surveillance à grande échelle de candidats à des élections ; le vol de dynamite et l'usage de faux documents. Dans leur témoignage, William Higgitt, un ancien commissaire de la GRC, et John Starnes, un ancien directeur général du Service de sécurité, déclarent savoir que leurs subordonnés enfreignent parfois la loi dans l'exercice de leurs fonctions. Des agents de la GRC soutiennent qu'ils ont informé leurs ministres de diverses activités, mais le premier ministre Pierre Elliott Trudeau et d'autres ministres témoignent qu'ils n'ont reçu aucun renseignement du genre.

Dans son rapport définitif, publié en 1981, la Commission recommande entre autres une police se conforme strictement à la loi, que la GRC soit autorisée à dépouiller le courrier moyennant autorisation judiciaire et que soit créé un organisme civil de sécurité indépendant de la GRC. Ce nouvel organisme civil, appelé SERVICE CANADIEN DU RENSEIGNEMENT DE SÉCURITÉ, est formé en juillet 1984 et reçoit des pouvoirs étendus.

Jeff Sallot

Commission d'enquête sur l'usage des drogues à des fins non médicales Constituée le 29 mai 1969, cette commission publie quatre rapports de 1970 à 1973. Elle est également appelée Commission LeDain, du nom de son président, Gerald LeDain (futur juge de la Cour suprême du Canada). Elle fait enquête sur le rôle que les gouvernements et les tribunaux devraient jouer dans l'interdiction et la réglementation de l'usage et la distribution des drogues (spécialement les opiacés et la marijuana, mais aussi l'alcool, les barbituriques, les amphétamines et d'autres encore) utilisées à des fins non médicales.

Le mandat de faire enquête est donné à une époque où l'usage de drogues à des fins non médicales constitue un symbole d'une controverse plus vaste quant aux styles de vie et à la participation politique, et l'enquête se déroule dans une ambiance de controverse. La Commission élargit son mandat pour traiter également des valeurs sociales qui encouragent l'usage des drogues. Des audiences ont lieu partout au pays, parfois dans des cafés, ainsi que des rencontres privées avec des consommateurs de drogues. On donne beaucoup d'importance au témoignage des personnes touchées par les mesures des gouvernements et des tribunaux.

Le rapport définitif (1973) contient une abondante documentation scientifique et recommande l'adoption de politiques de dissuasion visant l'usage non médical des drogues et l'adoption de sanctions proportionnées aux crimes. Sur le plan juridique, il est notamment recommandé de décriminaliser graduellement l'usage des drogues à des fins non médicales, d'abroger la disposition voulant que la possession de cannabis soit une infraction, de réduire en général les peines imposées pour toutes les autres infractions relatives au cannabis, de ne pas augmenter les peines imposées pour les autres infractions relatives aux drogues et, dans le cas des personnes ayant une dépendance aux drogues, de mettre l'accent sur le traitement et la surveillance médicale plutôt que sur les sanctions pénales.

Aucune de ces recommandations n'est encore adoptée par voie législative, mais les tribunaux, en appliquant la législation actuelle, suivent souvent l'orientation générale préconisée par la Commission. (*Voir aussi* DROGUES, USAGE NON MÉDICAL DES.)

Liora Salter et Melvyn Green

Commission des prix et du commerce en temps de guerre Mise sur pied le 3 septembre 1939 par le gouvernement canadien immédiatement après le déclenchement de la SECONDE GUERRE MONDIALE, elle relève, au départ, du ministère du Travail. Sa création s'explique par la crainte du gouvernement d'assister à une recrudescence de l'inflation et de l'agitation sociale qui avaient marqué la Première Guerre mondiale. Jusqu'en août 1941, cette commission s'avère incapable de freiner l'inflation au Canada. Elle est alors placée sous l'autorité du ministère des Finances. Le 18 octobre, elle obtient beaucoup plus de pouvoirs quand le premier ministre Mackenzie KING annonce un gel des prix et la «stabilisation» des salaires. Pour gérer l'énorme bureaucratie nécessaire à l'administration du programme, le gouvernement choisit Donald GORDON, un banquier éminent. Gordon attire des gestionnaires compétents provenant du secteur privé et crée rapidement un système efficace où les gens d'affaires administrent les industries qu'ils connaissent le mieux. Par une campagne de relations publiques, on tente de convaincre les Canadiens de limiter leurs exigences salariales et leur consommation. Les citoyens appuient les objectifs de la Commission jusqu'en 1943, quand les chefs syndicaux se mettent alors à critiquer l'arbitraire des mesures, les fermiers se plaignent de discrimination et les entreprises tentent de relever les prix plafonnés. La Commission et le gouvernement parviennent à maintenir les contrôles en place grâce à des subventions, à des programmes de sécurité sociale, à la promesse de réformes après la guerre et à des replis stratégiques. La Commission jouera un rôle important dans le processus d'abolition des contrôles après la guerre, jusqu'à la démission de Gordon en 1947. Malgré tout ce que l'on peut lui reprocher, elle a cependant réalisé l'exploit remarquable de maintenir la hausse des prix à 2,8 p. 100 entre octobre 1941 et avril 1945, preuve de sa grande efficacité dans l'ensemble.

John English

Commission d'information en temps de guerre

Créée le 9 septembre 1942, elle remplace le Bureau de l'information publique. Celui-ci avait été mis sur pied au début de la Seconde Guerre mondiale dans le but de diffuser à la population certains renseignements sur le déroulement de la guerre. En 1942, le gouvernement croit que les troubles provoqués par la CONSCRIPTION résultent d'une publicité inadéquate. Au mois d'août, le cabinet approuve la création d'une commission d'information bénéficiant d'une grande autonomie. Charles Vining en est le président jusqu'en janvier 1943. L'éducateur Norman A.M. MACKENZIE lui succède alors. Le véritable pouvoir au sein de la Commission appartient cependant à son gérant général, John GRIERSON, selon qui la guerre doit favoriser l'évolution sociale. Cette conception suscite évidemment une certaine controverse politique. En 1944, Grierson est remplacé par A. Davidson DUNTON, qui agira généralement dans le même sens que Grierson jusqu'à la fin de la guerre. Cette commission a une influence sur la perception de la guerre parmi la population canadienne, et ouvre la voie aux sondages d'opinion systématiques au Canada.

John English

Commission Dubin

Aux JEUX OLYMPIQUES de Séoul (1988), après avoir subi un test de dépistage de stéroïdes qui s'est révélé positif, Ben Johnson se voit retirer sa médaille d'or. À la suite de ce scandale, le gouvernement fédéral institue la Commission d'enquête sur le recours aux drogues et aux pratiques interdites pour améliorer la performance athlétique. Charles Dubin, juge en chef de la cour d'appel de l'Ontario, est chargé de l'enquête. Après plusieurs mois de témoignages bouleversants sur l'usage répandu, parmi les athlètes, de ces substances améliorant la performance, Dubin dénonce, dans un rapport publié en juin 1990, les politiques et procédures en matière de dépistage à la fois du gouvernement fédéral et des associations de sport amateur. Conséquemment, le Canada révise son programme de dépistage des drogues et crée, en avril 1991, l'Organisme antidopage canadien, organisme indépendant et sans but lucratif dont le mandat est d'élaborer et de mettre en œuvre les politiques en matière de dépistage des drogues. Le Canada est maintenant reconnu comme un leader sur la scène internationale dans la lutte contre les substances qui améliorent la perfor-

mance, mais les travaux de la Commission n'ont pas été pris en considération par les autres pays.

Commission Estey

C'est une commission d'enquête sur la faillite de la BANQUE COMMERCIALE DU CANADA (BCC) et de la Norbanque. En effet, le 29 septembre 1985, le gouvernement fédéral charge l'honorable Willard Z. Estey, juge de la Cour suprême du Canada, de se pencher sur la cause de leur faillite et les modalités de réglementation de ces banques, ainsi que de formuler des recommandations sur l'amélioration de la réglementation du système bancaire.

Dans son rapport déposé en août 1986, la Commission Estey reproche à la direction, aux administrateurs, aux vérificateurs et aux organismes de réglementation de s'être tous sérieusement mal acquittés de leurs fonctions. Elle critique la direction des banques pour avoir adopté des politiques de prêts dérisoires et des pratiques bancaires bizarres, surestimé les revenus et les rapports prêt/garantie et présenté des états financiers trompeurs. Selon le rapport, les vérificateurs externes ont accepté des états financiers qui ne respectaient pas les pratiques bancaires reconnues et qui ne présentaient pas fidèlement la situation financière des banques. La Commission affirme que les administrateurs se fiaient beaucoup à la direction et ne se sont pas acquittés de leurs fonctions habituelles d'établir des politiques et d'orienter les dirigeants. Les organismes de réglementation, eux, n'avaient mené aucune évaluation indépendante du portefeuille des prêts et n'avaient pas appuyé les vérificateurs au moment où ces derniers avaient remis en question la direction, préférant se fier aux rapports des banques elles-mêmes et à des discussions avec les gestionnaires dans le contexte de ce que la Commission qualifie de régime de complicité tacite. La Commission avance en outre que l'inspecteur général des banques était pleinement au courant de la situation, mais avait refusé d'intervenir et que c'est donc à lui qu'il faut attribuer un bonne part du blâme.

Tous les déposants ont été entièrement indemnisés de leurs pertes puisque, comme le signale le rapport, les fonctionnaires continuaient de faire confiance aux deux banques pendant la tentative ratée de renflouement. Toutefois, faute de valeur nette réelle, les investisseurs n'ont pas eu la même chance. Le rapport conclut par une recommandation portant que le bureau de l'inspecteur général des banques soit combiné avec la Société d'assurance-dépôts du Canada (SADC), nouvellement renforcée, en vue d'améliorer le système de surveillance bancaire.

La SADC tente alors, en réalisant l'actif des banques en faillite, de recouvrer les indemnités versées aux déposants. Elle essaie toujours d'obtenir auprès des anciens administrateurs une indemnisation personnelle qui dépasse la protection prévue par leur assurance-responsabilité. Malgré ces démarches, les pertes dépassaient sa capacité financière et la seule façon de les éponger a été de recourir à une injection massive de fonds par le gouvernement fédéral et à une majoration des droits versés par les institutions membres.

Alix Granger

Commission géologique du Canada

Organisation nationale orientée vers l'information et la recherche qui réunit des spécialistes de classe internationale chargés d'effectuer des levés géoscientifiques, de répondre à des questions portant sur l'environnement et d'élaborer de nouvelles technologies. La Commission est la plus ancienne organisation scientifique et l'une des premières du gouvernement canadien. Elle est fondée en 1842 pour assurer l'essor de l'industrie minière canadienne (*voir* MINÉRAL). Pour cela, elle établit les principales bases géologiques sur lesquelles l'industrie peut s'appuyer pour entreprendre des recherches plus poussées. Au fil de sa longue et brillante évolution, elle joue un rôle de premier ordre dans l'exploration du Canada.

Origines En 1841, l'Assemblée législative de la Province du Canada (région comprenant actuellement les parties Sud de l'Ontario et du Québec) accorde à la Commission la somme de 1500 livres pour dresser le levé géologique de la province. Le géologue William Edmond LOGAN, premier directeur, est engagé en avril 1842. Le printemps suivant, il établit les quartiers généraux de la Commission à Montréal. Le travail sur le terrain commence la même année. Logan travaille entre Pictou, en Nouvelle-Écosse, et la péninsule gaspésienne, au Québec. Son assistant, Alexander Murray, couvre la région entre les lacs Érié et Huron, en Ontario.

Les rapides progrès industriels survenus en Angleterre depuis la fin du XVIIIᵉ siècle, attestent de l'importance du charbon dans l'expansion industrielle et économique. Ainsi, la Commission se donne comme premier mandat de trouver une source canadienne de charbon. Après les deux premières saisons de travail sur le terrain, on conclut qu'il ne se trouve aucun gisement de charbon dans le Canada de l'époque. Cette constatation, bien que décevante, empêche l'industrie de dépenser d'autres sommes inutiles dans la recherche de charbon, et démontre clairement les avantages d'un levé géologique systématique. Le mandat de la Commission est donc renouvelé.

Nouveau mandat À mesure que la Commission évolue, elle embauche plus de personnel, dont le chimiste Thomas STERRY HUNT et le paléontologue Elkanah BILLINGS. Dès la fin des années 1850, la Commission est bien implantée. Elle effectue des explorations rigoureuses, établit des cartes, produit des rapports et assure la direction d'un musée public. Les MUSÉES NATIONAUX DU CANADA doivent leur origine aux collections entamées par la Commission.

Logan et des agents de la Commission rassemblent la première collection importante d'échantillons de minéraux canadiens jamais présentée au monde. En 1851, ils participent à la célèbre Crystal Palace Exhibition de Londres, en Angleterre, puis en 1855, à l'Exposition universelle de Paris, en France. Les collections de la Commission suscitent beaucoup d'intérêt de la part de la communauté internationale envers les minéraux canadiens, et elles méritent des honneurs à Logan.

L'une des plus importantes réalisations de la Commission, sous la direction de Logan, est la publication, en 1863, de *Geology of Canada*. Le document de 983 pages, avec ses cartes colorées à la main (*voir* CARTOGRAPHIE, HISTOIRE DE LA), rassemble toute l'information connue sur la géologie du Canada. L'avènement de la CONFÉDÉRATION canadienne, en 1867, décuple le territoire géographique sur lequel la Commission peut effectuer des recherches en ajoutant de vastes régions jamais étudiées auparavant dans l'Ouest et dans le Nord. Le rôle de la Commission en tant que principal responsable de l'implantation d'une industrie minière au Canada est enfin reconnu par le Parlement en 1877. La Commission se voit accorder un statut permanent et la promesse d'un financement continu. En 1881, la Commission déménage à Ottawa, la nouvelle capitale du Canada.

Les premiers géologues sont également explorateurs, géographes, botanistes, zoologistes, anthropologues et experts en stratégies de survie. De la fin des années 1880 au début des années 1900, leur expertise est mise à l'épreuve. Ils sont chargés d'explorer la GÉOLOGIE et les RESSOURCES MINÉRALES le long du tracé proposé pour le chemin de fer transcontinental. Ils doivent aussi établir des levés d'exploration dans l'Ouest et dans le Nord du pays. G.M. DAWSON, troisième directeur de la Commission, réalise de nombreuses cartes de reconnaissance de la Colombie-Britannique, ainsi que des cartes du Yukon, une dizaine d'années avant la RUÉE VERS L'OR DU KLONDIKE et produit un rapport détaillé sur les HAIDAS.

Pendant 34 ans, Robert BELL explore l'Ouest et le Nord, allant jusqu'aux côtes du détroit et de la baie d'Hudson. Le travail d'A.P. LOW, dans le Labrador central et la péninsule d'Ungava, attire l'attention sur le grand potentiel des gisements de fer de la région. En 1903-1904, il dirige des expéditions gouvernementale dans les eaux du Nord à bord du Neptune. Ce voyage constitue la première manifestation explicite d'autorité du Canada sur l'ARCHIPEL ARCTIQUE.

J.B. TYRRELL fait d'importantes découvertes de fossiles de dinosaures en Alberta et explore les régions sauvages non cartographiées des terres dénudées à l'ouest de la baie d'Hudson. Les levés géologiques de J. MacKintosh Bell, dressés en 1900 du lac Athabaska jusqu'au Grand lac de l'Ours, permettent de faire des observations qui, 30 ans plus tard, permettront à Gilbert LABINE de découvrir des dépôts d'URANIUM à Port Radium.

Début du XXᵉ siècle Durant les premières années du XXᵉ siècle, la Commission réduit ses activité. Les budgets sont à la baisse et les membres du personnel sont attirés par l'industrie. Par ailleurs, certains sont partis à la guerre. On continue cependant d'effectuer des études fortement orientées sur l'économie, et qui deviennent de plus en plus pressantes à mesure que le pays se dirige vers la Crise des années 30. Cependant, en 1935, la situation change du tout au tout. Pour créer des emplois et stimuler l'économie, le gouvernement lance un important projet de travaux publics d'une durée d'un an. La Commission se voit verser la somme incroyable de 1 million de dollars pour la saison de travail sur le terrain, soit 10 fois le montant prévu au départ. Ce financement imprévu entraîne de sérieux problèmes d'ordre logistique, mais, en même temps, des bénéfices extraordinaires. Ainsi, les levés sur le terrain sont décuplés, d'importantes nouvelles données sont répertoriées, et la Commission, pour la première fois, utilise fréquemment les avions pour effectuer son travail.

La Seconde Guerre mondiale et l'après-guerre La période de guerre force les Canadiens à établir de nouvelles priorités. Ils ressentent surtout le besoin de trouver au pays des sources stratégiques de métaux et de minéraux. Puis, la guerre est suivie d'une période de paix, de prospérité et de croissance. L'intérêt envers les ressources minérales et énergétiques du Canada augmente rapidement. L'expansion urbaine et l'essor du secteur industriel requièrent donc un meilleur aménagement du territoire.

En 1947, la remarquable découverte de gisements de pétrole à Leduc, en Alberta, est le coup d'envoi de l'essor pétrolier de l'Ouest canadien. Il s'ensuit alors une demande sans précédent d'information géologique sur cette région riche en matière énergétique. Parallèlement à cela, on accepte l'idée que la fission atomique peut avoir des applications pacifiques en tant que source d'énergie. La prospection d'uranium prend donc son essor au cours des années 50, ce qui se traduit par une connaissance plus grande de la géologie générale du BOUCLIER canadien.

On est de plus en plus conscient de la place des sciences dans le développement du Canada. Au cours des années 50 et des années 60, cela se traduit par d'intéressants progrès scientifiques et économiques. Ainsi, il est naturel que des organisations scientifiques gouvernementales, dont la Commission géologique, prennent aussi de l'ampleur. Sous la direction de J. M. Harrison, de 1956 à 1964, la Commission géologique agrandit son territoire de travail et réunit de nombreuses équipes représentant plusieurs spécialisations géoscientifiques. Elle intensifie ses relations internationales, et ses experts scientifiques assurent la création d'une solide communauté géoscientifique internationale.

Au cours des années 50, l'hélicoptère s'ajoute à l'avion et à la photographie aérienne comme outil de base pour les levés géologiques. Le travail s'effectue ainsi à une vitesse inouïe. Une étude dirigée par le géologue principal, C.S. Lord, indique que, de 1952 à 1958 seulement, grâce surtout à l'hélicoptère, la Commission dresse des cartes pour environ la moitié du territoire canadien reconnu au cours des 110 années précédentes.

Durant cette période, la Commission organise, avec l'appui de l'aviation, des expéditions multidisciplinaires de reconnaissance à grande échelle. L'«Opération Franklin» de 1955, dirigée dans l'Arctique par Y.O. Fortier, qui devient plus tard directeur de la Commission, est la plus ambitieuses des expéditions jamais réalisées. En une seule saison, 28 personnes étudient des endroits stratégiques et dressent des cartes pour presque 260 000 km² du Grand Nord. Le travail a pour résultat d'amener l'industrie à s'intéresser à l'exploration pétrolière et gazière dans le Nord. À la même époque, on voit apparaître les cartes aéromagnétiques. Les entreprises minières et pétrolières recherchent avidement ces cartes qui leur servent de guide pour leurs programmes d'exploration. La Commission devient ainsi le chef de file mondial dans le développement de méthodes et de technologies dans ce domaine.

En 1966, la Commission est intégrée au nouveau ministère de l'Énergie, des Mines et des Ressources. Ce ministère a pour mandat de définir la politique énergétique à l'échelle nationale. L'exercice requiert que soient connues les réserves et les ressources pétrolières et gazières du pays, de même que les ressources en charbon et en uranium. Afin de fournir cette information, la Commission lance de nouvelles méthodes d'évaluation des ressources. Ces méthodes sont aujourd'hui reconnues et utilisées dans le monde entier. En collaboration avec d'autres organisations, la Commission fournit également une évaluation des réserves nationales de nickel, de cuivre, de zinc, de plomb, de molybdène et de minerai de fer.

Au cours des années 70, la Commission axe fortement sa recherche sur l'environnement et l'utilisation des terres. Elle met au point un important programme d'étude afin d'analyser l'impact environnemental de projets de grande envergure comme celui du PIPELINE DE LA VALLÉE DU MACKENZIE. À l'occasion du débat international sur le partage des ressources océaniques, la Commission doit fournir des informations géoscientifiques pour appuyer les revendications du Canada pour la reconnaissance d'une «zone économique» au large des côtes. L'extension des frontières du Canada à 371 km (200 milles marins) de la côte (ou plus loin, jusqu'à la limite du plateau continental) augmente d'environ 40 p. cent le territoire d'exploration de la Commission, déjà très vaste avec ses 10 millions de km². De plus, la Commission doit augmenter ses capacités de recherche en mer.

Pendant les années 80, on se préoccupe de plus en plus de la sécurité des approvisionnements en énergie. On est donc attentif aux indications qui permettent de penser qu'il se trouve de nouvelles ressources importantes au large des côtes et aux frontières de l'Arctique. La Commission établit alors une base de données à partir de laquelle on peut déterminer le potentiel pétrolier et gazier de ces régions. Le travail s'effectue dans le cadre du Programme géoscientifique des régions pionnières.

Durant cette décennie, le travail à la Commission exige une responsabilité accrue envers les contribuables, et les structures administratives sont de plus en plus complexes. La Commission s'adapte aux restreintes budgétaires, au taux élevé d'inflation et aux priorités qui changent rapidement. Pour cela, elle doit participer davantage à des activités à coûts partagés, participer à des projets coopératifs avec d'autres gouvernements, l'industrie et les universités sur le plan national et international.

Puis des idées révolutionnaires émanent d'études sur le fond océanique. La Commission décide alors d'entreprendre les démarches nécessaires afin d'assurer la participation du Canada au Programme international de sondage des fonds marins en 1984. Les études effectuées par les scientifiques de pays membres révèlent de nouvelles informations sur les processus géologiques à l'œuvre sous les océans du monde, sur de meilleures méthodes d'identification des ressources minérales et énergétiques enfouies et sur de nouvelles techniques d'exploration et d'exploitation.

Toujours en 1984, la Commission participe à la mise sur pied de LITHOPROBE, le plus important programme de recherche géoscientifique jamais entrepris au Canada. Ce programme innovateur, appuyé par des techniques modernes de prospection sismique et de traitements des données, permet aux scientifiques de «voir» à l'intérieur de la Terre jusqu'à une profondeur de 50 km. En plus de fournir de nouveaux renseignements sur la structure notre planète, LITHOPROBE contribue à l'exploration minérale et énergétique et permet de mieux comprendre les risques de tremblements de terre et les activités volcanique. Considéré par beaucoup comme l'un des meilleurs au monde, le programme de recherche scientifique implique maintenant plus de 300 scientifiques des universités, du gouvernement et des industries pétrolières et minières.

En 1986, la Direction de la physique du globe d'Énergie, Mines et Ressources s'adjoint à la Commission. Ce groupe, issu directement de l'Observatoire fédéral, apporte à la Commission un important secteur qui comprend des réseaux d'observation sismologique et géomagnétique de tout le Canada et des levés systématiques de gravités. L'année suivante, le Projet d'étude du plateau continental polaire, une organisation unique d'analyse logistique de l'Arctique, s'adjoint administrativement à la Commission.

Nouvelles tendances Au début des années 90, la Commission joue le rôle de chef de file en élaborant un nouveau Programme national de cartographie géoscientifique (PNCG). Le travail de collaboration implique le concours du gouvernement fédéral, des provinces et des territoires, ainsi que celui des universités, de l'industrie privée et d'autres groupes intéressés. Le programme vise à assurer la qualité et la pertinence des cartes géologiques de la roche de fond et des cartes géologiques des dépôts meubles et à vérifier qu'elles sont exhaustives. Il vise aussi à coordonner les activités de cartographie des organisations membres.

Aujourd'hui, dans son travail sur l'environnement, la Commission tient compte de l'évolution globale, de la radioactivité naturelle et de l'hydrogéologie. Elle établit aussi les bases des profils géochimiques des substances d'origine naturelle. La Commission effectue des recherches sur les phénomènes naturels comme les tremblements de terre, les glissements de terrain, les orages géomagnétiques, les volcans, les TSUNAMIS, les inondations et l'instabilité des sols. Elle contribue ainsi à mieux faire comprendre comment l'environnement nous touche et comment nous le modifions à notre tour. Les résultats obtenus sont utiles dans l'élaboration de normes de construction et dans la planification des mesures d'urgence.

La Commission, depuis 1993, est un secteur de Ressources naturelles Canada. En 1993-1994, elle a un budget de 104 millions de dollars et compte environ 1000 employés qui travaillent dans les quartiers généraux à Ottawa et dans les bureaux régionaux à Sidney et Vancouver en Colombie-Britannique, à Calgary en Alberta, à Sainte-Foy au Québec et à Dartmouth en Nouvelle-Écosse. Afin d'établir un lien clair et logique entre les activités de plus en plus complexes et les besoins de ses clients, la Commission regroupe ses activités scientifiques en cinq grands domaines de programmes: levés géoscientifiques, minéraux, énergie, sciences de la terre et environnementales et information géoscientifique.

À l'ère de l'informatique, la Commission géologique des années 90 diffère beaucoup de celle fondée par William Logan en 1842, mais il demeure des similitudes. Les industries minière et pétrolière sont toujours les principaux clients, et l'élaboration de cartes géologiques du Canada demeure la première préoccupation. Cependant, aujourd'hui, on comprend mieux que la connaissance de toute la géologie du Canada est une tâche gigantesque qui n'a peut-être pas de fin. Il surgit constamment de nouvelles théories et de nouveaux besoins, mais il apparaît aussi si des technologies de pointe. Cela indique qu'au Canada le travail de reconnaissance sur le continent et au large des côtes constituera pendant encore de nombreuses décennies un défi pour les scientifiques.

L.A. Frieday et C. Vodden

Commission impériale des munitions (CIM) Elle est fondée en novembre 1915 au Canada par le ministère britannique des Munitions avec l'assentiment du gouvernement canadien. Sous la direction de J.W. FLAVELLE, un homme d'affaires influent de Toronto, la Commission a pour but d'accorder des contrats au nom du gouvernement britannique, pour la construction de matériel de guerre au Canada. Elle commence à mettre sur pied des «usines nationales» lui appartenant totalement et qui produisent des munitions que les fabricants privés ne sont pas en mesure de livrer. Sous la direction de la CIM, le Canada produit une vaste gamme de matériel de guerre, notamment des obus, des navires, des explosifs et des avions d'entraînement. La CIM est dissoute en 1919.

D.J. Bercuson

Commission mixte Mécanisme souvent utilisé par l'Angleterre et les États-Unis pour régler des disputes bilatérales d'ordre surtout technique. Composée d'un ou de plusieurs représentants de chaque pays, et parfois présidée par un tiers parti neutre, elle doit réunir toutes les données d'un litige et soumettre des recommandations visant à le résoudre. L'ancien principe d'arbitrage est remis en vigueur en Amérique du Nord par le TRAITÉ DE JAY de 1794, qui créé trois commissions chargées de résoudre des différends épineux entre Américains et Britanniques. Le succès remarquable d'une de ces commissions, chargée de définir la «véritable» RIVIÈRE SAINTE-CROIX dont il est question dans le TRAITÉ DE PARIS (1783), instaure le recours aux commissions mixtes pour délimiter le tracé de la frontière canado-américaine. La méthode est aussi appliquée à l'évaluation des pertes subies par la marine marchande dans les guerres navales ou pour régler les conflits touchant les pêches dans l'Atlantique Nord. Lorsqu'une commission mixte ne réussit pas à régler le différend, on confie l'affaire à une commission de négociation diplomatique (comme le TRAITÉ ASHBURTON-WEBSTER de 1842) ou à l'arbitrage par une puissance amie (p. ex., la décision de l'empereur d'Allemagne en 1872 concernant les îles de San Juan).

Après la Guerre de Sécession, on prend l'habitude de régler diverses questions par recours aux décisions d'une commission conjointe ou d'une commission mixte. La plus célèbre est, sans doute, la commission de dix membres (dont le premier ministre sir John A. MACDONALD) qui aboutit au TRAITÉ DE WASHINGTON en 1871. Une autre commission, siégeant à Québec et à Washington (1898-1899) et dont le premier ministre, sir Wilfrid LAURIER, et deux de ses ministres font partie, ne réussit pas à régler l'AFFAIRE DES FRONTIÈRES DE L'ALASKA. La commission mixte qui a connu le plus de succès est, sans contredit, la COMMISSION MIXTE INTERNATIONALE permanente (1909).

Les commissions mixtes canado-américaines règlent des questions aussi diverses que les pêches, la défense, les frontières et les statistiques sur le commerce extérieur. La représentation paritaire raffermit la position du Canada, qui se trouve dans une relation asymétrique avec les États-Unis. Ces commissions profitent aux deux pays lorsque vient le temps de trouver des solutions constructives à leurs problèmes.

D.M.L. Farr

Commission mixte internationale (CIMI) Premier organisme intergouvernemental canado-américain. Elle est créée dans le cadre du TRAITÉ DES EAUX LIMITROPHES de 1909 en vue de réglementer la répartition, la conservation et l'exploitation des ressources hydrauliques (y compris l'énergie hydroélectrique) le long de la frontière entre ces deux pays. Depuis son entrée en fonction en 1912, elle a rédigé des rapports sur plus de 50 questions touchant à la fois les États-Unis et le Canada. Elle a formulé un nombre incalculable de recommandations relatives au détournement des eaux. Elle a également supervisé des dizaines de décisions prises par des commissions et des comités canado-américains. La CMI remplit diverses fonctions d'ordre juridictionnel, administratif, arbitral et d'enquête. Elle peut aussi servir, en dernier recours, de tribunal d'arbitrage lors d'un litige entre le Canada et les États-Unis. À ce jour, elle n'a jamais été appelée à jouer ce rôle. Composée de trois commissaires canadiens et de trois commissaires américains, la CMI dispose de bureaux à Ottawa et à Washington et, bien que son personnel et son budget soient restreints, elle n'en jouit pas moins d'une grande indépendance. Son efficacité est reconnue, et on a souvent suggéré d'appliquer son modèle de fonctionnement, et tout particulièrement ses techniques d'enquête, à d'autres domaines. (*Voir aussi* COMMISSION MIXTE.)

N.F. Dreisziger

Commission permanente mixte de défense Canada–États-Unis Organisme consultatif canado-américain mis sur pied le 18 août 1940 à Ogdensburg dans l'État de New York, la Commission permanente mixte de défense doit son existence au premier ministre Mackenzie King et au président américain F.D. Roosevelt. Tenue à l'instigation de Roosevelt en période de crise durant la SECONDE GUERRE MONDIALE, cette réunion a instauré une période d'étroite collaboration sur le plan militaire. La première rencontre de la Commission permanente mixte de défense Canada-États-Unis a eu lieu le 26 août 1940 et c'est entre cette date et décembre 1941, au moment où les Américains entrent en guerre, qu'elle a exercé l'influence la plus considérable. Subdivisée en deux entités nationales, dont chacune, sous l'autorité d'un président (généralement un civil), regroupe des représentants des forces armées et des services extérieurs, la Commission se penche sur des problèmes conjoints de défense et soumet des recommandations aux deux gouvernements. Même si elle ne représente actuellement qu'un des divers organismes responsables de la collaboration militaire canado-américaine, la Commission est toujours une source d'échanges francs et officieux, de points de vue et de renseignements.

Norman Hillmer

Commission royale d'enquête sur la fiscalité Présidée par Kenneth Carter, la Commission royale d'enquête sur la fiscalité est mise sur pied en 1962 par le premier ministre John Diefenbaker pour étudier tout le régime fiscal fédéral (*voir* IMPOSITION) et envisager des améliorations à y apporter. Selon le rapport (en six volumes, déposé en 1966), l'équité devrait être l'objectif primordial du régime fiscal; non seulement le système en vigueur est trop compliqué et inefficace, mais il oblige les pauvres à payer plus que leur juste part tandis que les riches profitent de diverses échappatoires fiscales. Les commissaires proposent qu'un impôt égal soit perçu sur des augmentations égales de pouvoir économique, quelle que soit leur source, car, comme l'aurait affirmé Carter, «une piastre, c'est une piastre». La Commission estime que, si ses recommandations sont appliquées, près de 50 p. 100 des contribuables verront leurs charges fiscales diminuer de plus de 15 p. 100, 10 p. 100 les verront augmenter de plus de 15 p. 100, et les autres contribuables constateront peu de changement. Les riches, même s'ils paient plus de d'impôts, bénéficieront quand même eux aussi d'un régime fiscal efficace. Un livre blanc, publié en 1969, propose la mise en œuvre de certaines recommandations. Il suscite toutefois, comme l'avait fait le rapport, une opposition si féroce, surtout de la part de plusieurs gouvernements provinciaux, des compagnies pétrolières et minières et des organisations de petites entreprises, que le gouvernement Trudeau évite une telle réforme importante. La nouvelle *Loi de l'impôt sur le revenu* comporte plusieurs exemptions spéciales et mesures incitatives fiscales que la Commission trouvait discutables et abroge la *Loi de l'impôt sur les biens transmis par décès*, qui était un obstacle important à la concentration croissante des richesses. Néanmoins, bien que le régime fiscal fédéral depuis 1972 ne ressemble guère à celui que préconisait le rapport Carter, l'imposition partielle des gains en capital et des changements touchant à l'administration fiscale sont attribuables à l'influence de ce rapport.

Les MacDonald

Commission royale d'enquête sur la radio et la télévision (Commission Fowler) Établie en 1955 sous la direction de Robert FOWLER, peu après l'avènement de la télévision privée au Canada. Elle tente d'examiner les problèmes de financement du système canadien de RADIODIFFUSION ET TÉLÉVISION et le rôle des radiodiffuseurs publics et privés dans les solutions à apporter.

Elle rejette les arguments des radiodiffuseurs privés selon lesquels les objectifs culturels devraient être la responsabilité de la SRC et propose l'instauration d'un minimum de normes culturelles applicables à la radiodiffusion privée ainsi que la création d'un organisme de réglementation indépendant chargé de surveiller la radiodiffusion. La *Loi sur la radiodiffusion* (1958), élaborée d'après son rapport, est remplacée (1967-1968) par une nouvelle loi qui crée le CONSEIL DE LA RADIODIFFUSION ET DES TÉLÉCOMMUNICATIONS CANADIENNES (CRTC).

Nick Sidor

Commission royale d'enquête sur la situation de la femme au Canada Cette commission a été instituée par le premier ministre Lester B. PEARSON le 16 février 1967, en réponse à une campagne organisée par une coalition de 32 groupes de femmes. La campagne a duré six mois et était dirigée par la militante ontarienne Laura Sabia. Il s'agissait d'une réponse directe au mouvement féministe (*voir* MOUVEMENT DES FEMMES) et aux initiatives semblables prises par d'autres gouvernements des années 60. Florence BIRD, journaliste radiophonique à Ottawa, en a été nommée la présidente. Les autres commissaires étaient Jacques Henripin, professeur de démographie à Montréal; John HUMPHREY, professeur de droit à Montréal; Lola Lange, fermière et militante communautaire à Claresholm, en Alberta; Jeanne Lapointe, professeure de littérature à Québec; Elsie Gregory MACGILL, ingénieure en aéronautique à Toronto; et Doris Ogilvie, juge à Fredericton, au Nouveau-Brunswick. Cette commission, la première au Canada présidée par une femme, avait le mandat d'enquêter et de faire rapport sur tous les sujets touchant la situation de la femme et d'émettre des recommandations précises dans le but d'améliorer la condition féminine dans les domaines relevant du gouvernement fédéral.

L'enquête publique de la commission a commencé au printemps 1968 et, pendant 6 mois, des audiences publiques ont été tenues partout au Canada, y compris dans le Grand Nord. Cette commission a grandement attiré l'attention du public: on a entendu 468 causes et témoignages additionnels qui révèlent les nombreuses difficultés vécues par des femmes de toutes les couches de la société canadienne.

La Commission a présenté un rapport de 488 pages comprenant 167 recommandations dans des domaines tels que l'équité salariale, les congés de maternité, les SERVICES DE GARDE, les moyens contraceptifs (*voir* CONTRÔLE DES NAIS-

SANCES), le DROIT DE LA FAMILLE, la LOI SUR LES INDIENS, les possibilités d'études, l'accès des femmes aux postes cadres, le travail à temps partiel et les PENSIONS. Ces recommandations s'appuyaient sur des principes fondamentaux selon lesquels l'égalité des chances des Canadiens et des Canadiennes est possible, souhaitable et moralement nécessaire. Le *Rapport de la Commission royale d'enquête sur la situation de la femme au Canada* a été soumis à la Chambre des communes le 7 décembre 1970. La Commission a joué un rôle important dans la définition de la CONDITION FÉMININE en tant que problème social légitime. Elle a permis aux gens de prendre conscience des griefs des femmes, a recommandé des changements destinés à éliminer l'inégalité des sexes par le biais des politiques sociales et a mobilisé les groupes de femmes pour demander la mise en œuvre des recommandations de la commission.

Dès les années 80, la plupart des 167 recommandations du rapport de la commission sont déjà partiellement implantées et beaucoup d'entre elles le sont complètement. Toutefois, le gouvernement fédéral n'a encore rien fait en ce qui concerne plusieurs recommandations controversées.

Cerise Morris

Commission royale d'enquête sur l'avancement des arts, des lettres et des sciences au Canada Également appelée Commission Massey-Lévesque, cette commission, constituée le 8 avril 1949 par décret en conseil, est la plus vaste enquête du genre jamais effectuée au Canada. Elle compte cinq commissaires: Vincent MASSEY, président; Henri Lévesque, coprésident; Arthur Surveyer, ingénieur de Montréal; Norman MACKENZIE, recteur de l'U. de la Colombie-Britannique; et Hilda NEATBY, historienne. Le 1er juin 1951, la Commission dépose son rapport définitif, dont les recommandations couvrent tous les aspects de l'éducation, de la culture et des médias.

La commission effectue ses travaux dans un contexte de profonds changements dans le domaine des affaires culturelles. Avant la guerre, la vie culturelle au pays consistait surtout en des activités communautaires animées par des amateurs et des bénévoles, mais la Commission constate que ces activités sont en voie d'acquérir un caractère national, plus urbain et plus impersonnel. Dans l'ensemble, le ton du rapport définitif allie curieusement le regret causé par la disparition rapide d'une époque et l'enthousiasme suscité par la perspective d'une nouvelle ère de «culture de masse» professionnelle. On estime généralement que les plus importantes réalisations de la Commission sont la fondation de la BIBLIOTHÈQUE NATIONALE DU CANADA et, par la suite, la création d'un mécanisme indépendant de soutien fédéral pour les arts par l'entremise du CONSEIL DES ARTS DU CANADA. Il est toutefois possible que l'héritage le plus durable laissé par la Commission soit la très haute qualité de ses analyses et de son écriture, dont le niveau n'a été dépassé par aucun de ses successeurs. (*Voir aussi* FINANCEMENT DES ARTS, DU PATRIMOINE ET DES INDUSTRIES CULTURELLES; ÉDUCATION.)

Richard Stursberg

Commission royale d'enquête sur le bilinguisme et le biculturalisme (Commission Laurendeau-Dunton) (1963-1971) Elle est bien connue sous les noms de ses coprésidents, André Laurendeau et A. Davidson Dunton. Son mandat consiste à enquêter sur l'état du BILINGUISME et du BICULTURALISME, et à faire des recommandations en vue d'assurer une reconnaissance élargie de la DUALITÉ CULTURELLE de base du Canada. Elle est créée en réaction au malaise grandissant parmi les Canadiens français du Québec qui demandent la protection de leur langue et de leur culture, et cherchent à participer pleinement à la prise de décisions en matière politique et économique.

Son enquête couvre trois principaux aspects: l'étendue du bilinguisme dans l'administration fédé-

rale, le rôle des organismes publics et privés dans la promotion de meilleures relations culturelles et les perspectives offertes aux Canadiens de devenir bilingues en français et en anglais. Les commissaires sont guidés par le principe directeur d'un «partenariat égal», c.-à-d. l'égalité des chances, pour les francophones et les anglophones, de se joindre aux institutions qui affectent leur vie individuelle et collective. Ils doivent aussi faire rapport sur l'apport culturel des autres groupes ethniques et sur les moyens de conserver cet apport.

À un rapport préliminaire (1965) s'ajoute un rapport final en six volumes publié sous les titres de: *Les langues officielles* (1967), *L'Éducation* (1968), *Le monde du travail* (*statut socio-économique, administration fédérale, secteur privé*, 1969), *L'apport culturel des autres groupes ethniques* (1969), *La capitale fédérale* (1970) et *Associations bénévoles* (1970).

Dix commissaires représentant la mosaïque linguistique et culturelle du Canada sont choisis. Ils sont tous bilingues et la Commission conduit ses travaux dans les deux langues. Puisque l'éducation est de compétence provinciale, les coprésidents font appel à la collaboration de tous les premiers ministres provinciaux dans cette partie de l'enquête.

À l'origine, le rédacteur en chef du *Devoir*, André LAURENDEAU, propose la création d'une commission royale afin d'étudier l'insatisfaction du Québec; cette commission est mise sur pied plus tard, au cours du mandat du premier ministre Lester B. Pearson. Laurendeau et A. Davidson DUNTON en sont nommés coprésidents. Laurendeau meurt en 1968 et Jean-Louis Gagnon le remplace à ce poste.

Pour plusieurs Québécois, cette commission est une manœuvre pour masquer les problèmes politiques. Pour plusieurs anglophones, ceux de l'Ouest en particulier, elle tente d'imposer la langue française à une population qui n'en veut pas. Toutefois, l'enquête révèle que les francophones n'occupent pas, ni dans l'économie ni dans les rangs des décideurs au gouvernement, la place justifiée par leur nombre; que, pour les minorités francophones, les possibilités de s'instruire ne sont pas proportionnelles à celles de la minorité anglophone du Québec; que les Canadiens d'expression française ne peuvent trouver un emploi, ni bien se faire servir dans leur langue par les organismes du gouvernement fédéral.

La mise en œuvre de recommandations pour solutionner ces problèmes sérieux et d'autres problèmes se fait avec un empressement inhabituel. Les autorités scolaires des neuf provinces anglophones apportent des réformes aux règlements touchant à l'éducation de la minorité française et s'efforcent d'améliorer l'enseignement du français comme langue seconde, avec l'aide financière du gouvernement fédéral. Le Nouveau-Brunswick se déclare officiellement bilingue; l'Ontario ne le fait pas, mais elle augmente ses services en français de façon marquée. Les droits du français à l'Assemblée législative et devant les tribunaux du Manitoba, révoqués par des lois manitobaines votées en 1890, sont rétablis par une décision de la Cour suprême du Canada en 1979.

Un ministère fédéral du Multiculturalisme est créé. Le bilinguisme institutionnel devient réalité au gouvernement fédéral, avec l'adoption de la LOI SUR LES LANGUES OFFICIELLES (1969) et la nomination d'un commissaire aux langues officielles. À court de temps, la Commission ne se penche pas sur les questions constitutionnelles, comme c'était prévu dans l'introduction au rapport final, et le mouvement vers l'indépendance du Québec se poursuit. Cependant, elle jette les bases d'un bilinguisme fonctionnel à la grandeur du pays et d'une plus grande acceptation de la diversité culturelle.(*Voir aussi* LOI SUR LES LANGUES OFFICIELLES [1988].)

G. Laing

Commission royale d'enquête sur le système bancaire et financier (commission Porter) Établie en 1961, après que le gouverneur de la Banque du Cana-

da, James COYNE, eut exprimé publiquement son désaccord sur la politique économique du gouvernement fédéral. Elle est chargée d'examiner la structure et les méthodes de fonctionnement du système financier canadien, y compris les systèmes bancaire et monétaire, les institutions ainsi que les procédés en matière de mouvement de fonds dans les marchés financiers, et de recommander des améliorations.

Dans son rapport, soumis en 1964, la Commission, composée de plusieurs représentants d'établissements bancaires (*voir* ACTIVITÉ BANCAIRE), formule de nombreuses recommandations, dont l'abolition du plafond de 6 p. 100 sur les taux d'intérêt des prêts bancaires, la divulgation des coûts des prêts bancaires, l'entrée des banques dans le domaine du financement par prêts hypothécaires ordinaires et des mesures législatives interdisant aux banques de fixer en commun les taux d'intérêt, les coûts des chèques et d'autres frais imposés aux clients. Le rapport recommande aussi que les compagnies fiduciaires, les sociétés de financement, les créanciers et les autres quasi-banques relèvent désormais de la BANQUE DU CANADA, que la *Loi sur les banques* soit modifiée de manière à ce que le gouvernement puisse renverser les décisions de la banque centrale liées à la POLITIQUE MONÉTAIRE et que la fusion des banques et des SOCIÉTÉS DE FIDUCIE et la prise de contrôle d'autres institutions financières par les banques soient réglementées. Certaines des recommandations ont été incorporées dans les amendements apportés à la *Loi sur les banques* en 1967.

Martin Krossel

Commission royale d'enquête sur l'énergie Constituée en 1957 par le gouvernement de John DIEFENBAKER pour examiner «un certain nombre de questions relatives aux sources d'énergie». Elle est aussi appelée Commission Borden, du nom de son président, Henry, président de Brazilian Traction, Light and Power Ltd.

La plus importante question dont la Commission est saisie est la revendication des producteurs de pétrole indépendants de l'Alberta, qui veulent qu'on crée un débouché pour leur pétrole brut en construisant un pipeline d'Edmonton à Montréal. Leurs adversaires, les grandes pétrolières internationales, trouvent plus rentable d'alimenter leurs raffineries de Montréal avec du pétrole importé.

La personne la plus influente lors des audiences est probablement Walter J. Levy, expert-conseil new-yorkais du pétrole, qui propose que le pipeline ne soit pas construit et que le pétrole albertain soit exporté aux États-Unis, tandis que Montréal continuera de s'approvisionner à l'étranger. Dans ses rapports (1958 et 1959), la Commission accepte cette recommandation, appelée Politique nationale du pétrole (PNP), assurant ainsi aux producteurs de pétrole de l'Ouest les marchés situés à l'ouest de la vallée de l'Outaouais. L'OFFICE NATIONAL DE L'ÉNERGIE, auquel la Commission propose de confier l'administration de la politique, est créé par le Parlement en 1959. La PNP, instaurée en 1961, demeure en vigueur jusqu'à ce que les événements des années 70 provoquent des changements radicaux en matière de POLITIQUE ÉNERGÉTIQUE.

Ed Shaffer

Commission royale d'enquête sur les groupements de sociétés Aussi appelée commission Bryce, elle est constituée en avril 1975. Présidée par R.B. BRYCE, elle dépose son rapport en 1978. Elle est formée à la suite de l'offre d'achat d'ARGUS CORPORATION faite par POWER CORPORATION DU CANADA, afin d'étudier et de faire rapport sur «la nature et le rôle des principaux groupements de sociétés au Canada, les incidences économiques et sociales de ces groupements à l'intérêt public, et l'existence de garanties ou leur nécessité éventuelle pour protéger l'intérêt public, eu égard à ces groupements».

En 1977, Bryce démissionne en tant que président pour cause de maladie, ce qui a de fortes répercussions sur les conclusions de la Commission, qui sont résumées comme suit: «Tout en recommandant un certain nombre d'améliorations (de la politique officielle), nous concluons qu'aucune modification radicale des lois qui régissent l'activité des entreprises n'est actuellement nécessaire pour protéger l'intérêt public». Toutefois, des modifications sont apportées en 1986 à la législation sur la POLITIQUE DE LA CONCURRENCE.

Thomas K. Shoyama

Commission royale d'enquête sur les perspectives économiques du Canada Cette commission tire son origine d'un article publié en 1955 par Walter GORDON, qui met en doute le bien-fondé d'un certain nombre de politiques économiques du gouvernement, surtout en ce qui concerne la mainmise étrangère qui découle de la vente des ressources naturelles et des entreprises canadiennes à des intérêts étrangers. On demande à Gordon de présider la commission.

Sous l'égide du directeur de la recherche de la Commission, Douglas LePan, on constitue une équipe de recherche, formée surtout d'universitaires, qui effectue 33 études, toutes publiées séparément. Une si vaste entreprise n'ayant jamais été tentée dans aucun pays, les travaux de la commission suscitent un grand intérêt dans la population. Un thème qui revient constamment est la préoccupation à l'égard de l'acquisition des ressources et des entreprises canadiennes par des intérêts étrangers, surtout américains. La Commission termine ses travaux dans le délai de 18 mois qu'elle s'est fixé et un rapport provisoire daté du 3 décembre 1956 donne un résumé de ses conclusions. Le rapport définitif n'est terminé qu'en novembre 1957. Dans ses deux rapports, la Commission fait des prévisions à long terme, soit pour les 25 prochaines années, sur la croissance démographique, la taille de la population active et l'expansion probable de divers secteurs économiques. Les données réelles confirment remarquablement bien la plupart de ces prévisions. La Commission présente aussi plus de 50 propositions et suggestions, qui sont presque toutes adoptées sous forme de mesures législatives ou administratives. Les principales exceptions sont les propositions relatives aux INVESTISSEMENTS ÉTRANGERS.

Walter Gordon

Commission royale d'enquête sur les problèmes constitutionnels (Tremblay) Créée par le gouvernement du Québec et mise sous la présidence du juge Thomas Tremblay, elle a pour rôle d'étudier le problème de la répartition des impôts entre le pouvoir central, les provinces, les municipalités et les corporations scolaires; d'analyser les interventions du pouvoir central dans le domaine de la taxation directe, en particulier en matière d'impôt sur le revenu, celui des corporations et des successions; de considérer les conséquences de ces interventions pour le régime législatif et administratif de la province et sur la vie collective, familiale et individuelle de la population, et, plus généralement, les problèmes constitutionnels d'ordre législatif et fiscal. Publié en quatre volumes (1956), le rapport de la Commission Tremblay, faisant état que le gouvernement fédéral est une création des provinces, considère que le rôle du régime politique de 1867 est de créer une infrastructure dans laquelle les communautés anglophone et francophone peuvent tirer profit du fédéralisme. Il prône une plus grande autonomie provinciale, proposant de remettre les programmes sociaux entre les mains des provinces. Il suggère aussi une vaste réforme fiscale, laquelle se veut différente de celle qui a été proposée par la COMMISSION ROYALE D'ENQUÊTE SUR LES RELATIONS FÉDÉRALES-PROVINCIALES (Rowell-Sirois). Ce rapport est généralement considéré comme une analyse classique de la vision nationaliste du fédéralisme.

Gérald-A. Beaudoin

Commission royale d'enquête sur les publications Aussi appelée Commission O'Leary (du nom de son président, Grattan O'LEARY), elle est constituée en septembre 1960 afin d'examiner les incidences des publications étrangères sur les périodiques canadiens, en mettant surtout l'accent sur les questions relatives à la concurrence et à l'identité nationale. La Commission recommande que le coût des annonces publicitaires qui s'adressent au marché canadien mais qui paraissent dans une publication étrangère ne soit plus déductible de l'impôt sur le revenu. Cette recommandation devient loi 16 ans plus tard, lorsque le projet de loi C-58, surnommé loi sur le *Time et le Reader's Digest*, est adopté malgré la campagne intensive de pressions politiques menée particulièrement par la revue *Time* contre la mesure législative proposée.

Richard Stursberg

Commission royale d'enquête sur les relations fédérales-provinciales La création de cette commisson est un moment déterminant dans le développement du FÉDÉRALISME canadien. Elle est constituée unilatéralement en 1937 par le gouvernement fédéral afin de réexaminer «les bases sur lesquelles repose le pacte confédératif du point de vue financier et économique, ainsi que de l'attribution des pouvoirs législatifs à la lumière des développements économiques et sociaux des derniers soixante-dix ans».

Généralement désigné du nom des deux présidents qui ont successivement dirigé la Commission, N.W. Rowell et Joseph Sirois, le rapport en trois volumes (1940) recommande la dévolution des fonctions et des pouvoirs d'IMPOSITION au gouvernement fédéral, et l'institution de subventions aux provinces afin d'assurer la péréquation des recettes fiscales provinciales, un principe consacré par la Constitution de 1982. On recommande aussi que le gouvernement fédéral assume la responsabilité de l'assurance-chômage et des pensions contributives, assume les dettes provinciales et détienne tous les pouvoirs en matière d'impôt sur le revenu des particuliers et des corporations, ainsi que de droits sur les successions. Un programme de subventions d'après la norme nationale doit servir à faire des versements aux provinces plus pauvres. La Commission déconseille un recours plus fréquent aux programmes à frais partagés en raison de leur complexité administrative, de l'autonomie provinciale et de l'impératif d'une reddition de comptes parlementaires. Ces programmes deviendront toutefois un élément clé du «fédéralisme coopératif» de l'après-guerre. La Seconde Guerre mondiale et l'opposition de certaines provinces empêchent l'application de bon nombre de recommandations. D'autres sont réalisées sporadiquement. (*Voir aussi* COMMISSION ROYALE D'ENQUÊTE SUR LES PROBLÈMES CONSTITUTIONNELS.)

Richard Simeon

Commission royale d'enquête sur l'organisation du gouvernement Aussi appelée commission Glassco, du nom de son président, J. Grant Glassco, un homme d'affaires en vue et comptable agréé. Elle est constituée en 1960 pour enquêter sur l'organisation et les méthodes utilisées par les ministères et organismes fédéraux. Elle examine 23 ministères, les forces armées, 21 commissions réglementaires et 42 corporations. Les commissaires visitent aussi le Royaume-Uni et les États-Unis. Ayant entendu le témoignage de l'ancien président américain Herbert Hoover, la Commission reçoit le surnom de «Commission Hoover canadienne» par allusion aux enquêtes agressives menées par Hoover sur la structure administrative américaine. Le rapport de la Commission (cinq volumes publiés en 1962-1963) recommande que le gouvernement laisse les gestionnaires administrer, que les ministères ne soient pas assujettis à une direction centrale abusive et soient laissés libres de concevoir des méthodes de gestion adaptées à leurs besoins, que le CONSEIL DU TRÉSOR soit réorganisé de manière à surveiller et à coor-

donner les activités du gouvernement et qu'on instaure une rotation des hauts fonctionnaires dans les différents ministères. On crée le Bureau de l'organisation du gouvernement afin de mettre en œuvre les recommandations, dont beaucoup sont mises en vigueur grâce à la *Loi sur le transfert des fonctions*, puis consolidées plus tard par la *Loi sur l'organisation du gouvernement* de 1966. La plupart des observateurs conviennent que les réformes de la Commission Glassco ont été inefficaces, surtout quant au rôle du Conseil du Trésor, que la Commission ne s'est pas penchée sur le fonctionnement de l'exécutif et du Parlement et qu'elle a eu comme résultat l'expansion d'ORGANISMES CENTRAUX manquant d'unité et de moyens de surveillance efficaces.

S.L. Sutherland

Commission royale d'enquête sur l'union économique et les perspectives de développement du Canada Cette commission est constituée en 1982 pour examiner les perspectives économiques du pays et l'efficacité de ses institutions politiques. Appelée aussi Commission Macdonald, du nom de son président Donald S. MACDONALD, un ancien ministre des Finances, elle est la plus grande de l'histoire du Canada et englobe 12 autres commissaires qui représentent divers éléments de la société canadienne. En plus de servir de la façon habituelle les intérêts régionaux et linguistiques, la commission compte des membres du monde des affaires, des syndicats, du mouvement coopératif, des milieux juridiques et universitaires, de la fonction publique et des trois partis politiques nationaux. En pratique, beaucoup d'antagonismes économiques et idéologiques fondamentaux se reflètent au départ dans la composition de la Commission, et la rédaction d'un rapport devient inévitablement un travail de recherche d'un consensus.

La constitution de la Commission par le premier ministre Trudeau suscite la surprise, même chez les membres chevronnés de son gouvernement. Elle a pour motivation immédiate la récession de 1981-1982, mais traduit aussi des préoccupations généralisées quant au rendement de l'ÉCONOMIE qui subit l'influence de l'inflation, du chômage, de la faible productivité et des relations de travail pénibles, d'une part, et, d'autre part, au processus politique national qui semble de plus en plus incapable de générer des politiques efficaces pour résoudre les problèmes économiques et sociaux.

Malgré son mandat extrêmement vaste, la Commission n'a que trois ans pour mener à bien son travail. Se définissant comme membres d'une «commission sur l'avenir du Canada», les commissaires tiennent deux séries d'audiences publiques à l'échelle du pays et lancent un important programme de recherche. Les trois volumes du rapport sont déposés en septembre 1985 et appuyés par 72 volumes de recherches. Les recommandations de la Commission sont axées sur trois thèmes. En premier lieu, le rapport insiste sur l'idée que le Canada devrait promouvoir une économie souple, capable de s'adapter rapidement aux changements économiques internationaux et aux nouvelles technologies. Les points saillants sont une plus grande confiance aux mécanismes du marché plutôt qu'aux interventions du gouvernement et un accord de LIBRE ÉCHANGE avec les États-Unis. En deuxième lieu, tout en reconnaissant le bien-fondé de maintenir la portée de l'ÉTAT PROVIDENCE, le rapport recommande des réformes à d'importants programmes de sécurité du revenu afin d'accroître l'efficacité économique et l'équité sociale. En troisième lieu, la Commission réaffirme la valeur du modèle traditionnel de régime parlementaire, mais recommande que le Sénat soit composé de membres élus afin de mieux sensibiliser le gouvernement fédéral aux aspirations des diverses régions du Canada. Au terme de ses travaux, la Commission ne peut parvenir à un consensus. Plusieurs commissaires se dissocient de certaines recommandations; les dissidences les plus importantes sur le plan politique sont celles du représentant des organisations syndicales. Par ailleurs, bien que le rapport obtienne après sa publication un appui important des milieux d'affaires, des gouvernements et des médias, le fait qu'il mette l'accent sur les mécanismes du marché est souvent critiqué par le mouvement syndical, les groupes nationalistes et les militants sociaux.

La conséquence la plus immédiate du travail de la Commission est de renforcer et de légitimer davantage la tendance en faveur du libre-échange avec les États-Unis. Le nouveau premier ministre Brian Mulroney entreprend des négociations commerciales avec le gouvernement américain peu après avoir reçu le rapport. Le gouvernement ne réagit pas de façon coordonnée aux autres recommandations, mais il est certain que la pensée de la Commission imprègne la suite des débats touchant de nombreux secteurs d'intérêt public.

Keith G. Banting

Commission royale sur les brevets, le droit d'auteur, les marques de commerce et les dessins industriels Cette commission siège de 1954 à 1960. Son mandat consiste à «s'informer pour savoir si les lois fédérales en relation de quelque façon que ce soit avec les brevets d'invention, les dessins industriels, les droits d'auteur et les marques de commerce encouragent raisonnablement l'invention et la recherche, le développement de talents littéraires et artistiques, la créativité et rendent disponibles au public canadien les créations et autres adaptations, applications et utilisations scientifiques, techniques, littéraires et artistiques, d'une façon et en des termes sauvegardant convenablement l'intérêt public suprême». Plus tard, la commission demande que les MARQUES DE COMMERCE soient retirées de son mandat. Trois rapports sont publiés: *Droits d'auteur*, août 1957; *Dessins industriels*, juin 1958, et *Brevets d'invention*, décembre 1959. Sous la présidence de J.L. ILSLEY, la commission reste à l'écoute de divers organismes publics et privés, ainsi que des particuliers. En juin 1966, le Conseil économique du Canada reprend les sujets traités par la commission Ilsley et, durant les cinq années suivantes, publie une série de rapports, dont l'*Étude spéciale n° 8*, «*Science, technologie et innovation*», d'A.H. Wilson en 1968. Ce rapport insiste sur l'importance de l'innovation dans l'industrie.

Adriana A. Davies

Commission royale sur les nouvelles techniques de reproduction Constituée par décret en octobre 1989, cette COMMISSION ROYALE D'ENQUÊTE est d'abord censée déposer son rapport en octobre 1991. Le délai est prolongé deux fois et le rapport est enfin déposé en novembre 1993. La Commission a pour mandat de «faire enquête et de présenter un rapport sur les progrès actuels et prévisibles de la science et de la médecine en matière de techniques nouvelles de reproduction, sur le plan de leurs répercussions pour la santé et la recherche et de leurs conséquences morales, sociales, économiques et juridiques ainsi que pour le grand public, et de recommander des politiques et des mesures protectrices à adopter».

La Commission est formée par suite d'une campagne intensive menée pendant deux ans par la Canadian Coalition for a Royal Commission on New Reproductive Technologies, qui comprend des organisations féminines, des organismes de santé, d'autres groupes et de nombreux particuliers. Ces groupes ont pressé le gouvernement de constituer une commission royale pour deux raisons principales. Les membres de la coalition sont fortement préoccupés parce que les nouvelles techniques de reproduction et de génétique avancent trop rapidement et sans recherches suffisantes quant à leurs effets, et ils estiment aussi que ces techniques soulèvent des problèmes de grande portée sur les plans éthique, juridique et social et dans d'autres domaines, qu'il faut tenir un débat national à leur sujet au lieu de laisser prendre les décisions par des groupes restreints qui ont des intérêts particuliers dans la question.

La Commission connaît une existence extrêmement agitée. Sept commissaires sont nommés au départ: Dʳᵉ Patricia Baird, généticienne de Vancouver, présidente de la Commission; Dʳ C. Bruce Hatfield, omnipraticien de pratique privée de Calgary; Martin Hébert, membre du cabinet d'avocats Guy & Gilbert, de Montréal; Grace Marion Jantzen, chargée de cours en religion à Londres, en Angleterre; Maureen McTeer, avocate d'Ottawa; Suzanne Rozell Scorsone, directrice de l'Office of Catholic Family Life de l'archidiocèse de Toronto; et Louise Vandelac, professeure de sociologie de Montréal. Le mandat de la Commission oblige les sept commissaires à tenir ensemble les activités qui leur permettront de rédiger un rapport à l'intention du gouvernement.

Dès le tout début, quatre commissaires, qui constituent alors la majorité, font état de problèmes relatifs au fonctionnement de la Commission. Ils déclareront plus tard: «(...) toutes les décisions d'importance sur à peu près tous les aspects des travaux de la Commission sont prises en vertu de l'autorité d'une seule personne, la présidente Patricia Baird». Les sujets de désaccord sont nombreux, mais les principaux portent sur le programme de recherche.

Les désaccords entre les membres de la Commission sont si profonds que quatre d'entre eux (Hatfield, Hébert, McTeer et Vandelac) demandent à rencontrer le greffier du BUREAU DU CONSEIL PRIVÉ pour résoudre leurs différends. La réunion finit par avoir lieu, mais le désaccord persiste. Toutefois, peu après la réunion, le gouvernement nomme deux autres commissaires, Bartha Maria Knoppers et Susan E.M. McCutcheon, et modifie le décret du début de manière à accorder tous les pouvoirs de décision à la présidente.

Les conflits se poursuivent au sujet du programme de recherche et de plusieurs autres questions. La question cruciale consiste à savoir si les commissaires ont le droit d'être mis au courant des recherches qui sont commandées et de prendre des décisions à ce sujet.

Le 6 décembre 1991, quatre des commissaires prennent une mesure sans précédent en intentant une poursuite contre la présidente et le gouvernement fédéral en vue de faire casser le deuxième décret qu'ils jugent contraire à la *Loi sur les enquêtes*. Dans l'exposé de leur demande, ils affirment: «Aucun aspect du refus de permettre aux demandeurs d'exercer leur rôle de commissaires n'est aussi lourd de conséquences, eu égard à la responsabilité légale que leur impose leur mandat de préparer et de présenter un rapport définitif, que la question du programme de recherches des commissaires. [...] Depuis le début, les demandeurs n'ont jamais pu participer à la prise de décisions concernant les aspects les plus élémentaires des travaux de la Commission».

Tout juste 10 jours plus tard, le 16 décembre 1991, après que le Parlement ait suspendu ses travaux pour le congé de Noël, les quatre commissaires qui ont déposé la demande sont congédiés. Ils perdent ainsi leur qualité pour agir devant la Cour fédérale, puisque le but de leur poursuite consiste à chercher à être informés, en qualité de commissaires, de la nature des recherches menées par la Commission. La poursuite est donc abandonnée.

Après les congédiements, on réclame la démission de la présidente et la réintégration des quatre commissaires, mais le tout n'a aucune suite. La coalition qui avait réclamé au début la formation d'une commission royale se reconstitue et fait des pressions pour que la Commission soit dissoute et que les crédits de recherche soient transférés à un autre organisme qui effectuera les recherches. Les autorités font la sourde oreille.

Au début de 1992, la FÉDÉRATION CANADIENNE DES SCIENCES SOCIALES, qui représente 15 000 spécialistes canadiens des sciences sociales, forme un groupe de travail chargé d'examiner la question, car le budget de la Commission, se chiffrant à 25 millions de dollars, constitue une part importante des crédits de recherche du pays. Ses tentatives pour savoir quelles recherches sont en cours sont également inutiles et sans résultat.

Après avoir obtenu une deuxième prolongation de mandat et après la démission de deux directeurs de recherche, la Commission présente, en novembre 1993, son rapport en deux volumes, intitulé *Un virage à prendre en douceur*, qui contient 293 recommandations. Quinze volumes de recherches sont aussi publiés.

Le rapport recommande la constitution d'une commission nationale sur les techniques de reproduction et contient aussi des recommandations détaillées visant à limiter le recours à la fécondation in vitro, à réglementer l'insémination avec sperme de donneur et les dons d'ovules, à prévoir des permis régissant les services de conception assistée et à ne permettre, en général, que des services non commercialisés. Toutefois, les seules recommandations en matière de brevets se bornent à suggérer des études plus approfondies. Le rapport recommande aussi que les recherches sur l'embryon ne puissent être menées que durant les 14 premiers jours suivant la fécondation. Il recommande encore que le *Code criminel* interdise la recherche sur l'ectogenèse, le clonage, les hybrides animaux et humains, la maturation d'ovules à partir de fœtus humains et quelques autres pratiques.

À la suite des travaux de la Commission, le gouvernement fédéral demande que certaines pratiques soient soumises à un moratoire volontaire, mais celui-ci n'est généralement pas respecté. Il dépose ensuite un projet de loi réglementant certains aspects, mais le Parlement est dissous en 1995 sans qu'il soit adopté.

En janvier 1998, aucune des recommandations n'a encore été mise en application. Les techniques de reproduction et de génétique continuent d'avancer rapidement et un débat national éclairé n'a toujours pas eu lieu.

Margrit Eichler

Commission royale sur les transports Cette commission, aussi appelée commission MacPherson, du nom de son président, M. MacPherson, est établie en 1959 par le gouvernement fédéral pour faire enquête sur la politique des transports et spécialement sur les inégalités des tarifs de transport des marchandises. Dans leur rapport en trois volumes (1961), les commissaires recommandent que les compagnies ferroviaires aient plus de latitude pour éliminer les services-voyageurs et les lignes secondaires non rentables, et qu'elles reçoivent des subventions additionnelles pour s'acquitter des responsabilités que leur impose le Parlement en ce qui concerne la manutention du grain. Une nouvelle *Loi nationale sur les transports* est adoptée en conséquence. Ses principes, notamment le caractère avantageux de la concurrence entre les divers modes de transport, l'opportunité de réduire la réglementation, qui motivera la création de la Commission canadienne des transports (*voir* OFFICE NATIONAL DES TRANSPORTS) en tant qu'unique organisme de surveillance, et l'application de frais raisonnables aux transporteurs pour l'utilisation d'installations fournies par le gouvernement manifestent l'influence de la Commission.

John R. Baldwin

Commission scolaire Corporation publique formée de personnes élues par la communauté (à quelques exceptions près) qui reçoit du parlement provincial l'autorité sur certains aspects de l'éducation. On compte environ 800 commissions scolaires au Canada, mais leur nombre diminue de façon constante à mesure que de petites unités sont intégrées à de plus grandes.

Il existe une variété de commissions scolaires financées par les fonds publics, généralement communes mais aussi organisées selon la religion, la langue ou les deux à la fois. Les deux plus grandes catégories sont les conseils des écoles publiques, qui gèrent des écoles ouvertes à tous les enfants, et les conseils des écoles séparées, qui fournissent des services éducatifs aux enfants de parents catholiques romains dans les zones majoritairement protestantes. Dans les régions peu peuplées et les Territoires, les écoles sont gérées directement par le gouvernement provincial ou fédéral. Ces régions sont dotées de comités scolaires, et non de commissions scolaires formellement élues.

Administration des commissions scolaires Les commissions scolaires veillent principalement aux questions de personnel et procurent les installations et les fournitures. P. ex., elles peuvent recruter tout professionnel de leur choix, pourvu que cette personne ait terminé la formation exigée par les provinces. Elles ont le pouvoir de renvoyer des enseignants (ce qui est rare) pour un motif valable si elles suivent la procédure adéquate. Les enseignants peuvent en appeler d'un congédiement auprès d'un conseil de renvoi mis en place par le ministre de l'Éducation mais indépendant de ce dernier et de la commission scolaire locale. À moins que les autorités provinciales ne révoquent son brevet d'enseignement, l'enseignant peut être réembauché par une autre commission scolaire ou par la même.

Responsabilités provinciales Les commissions partagent l'autorité avec la province dans de nombreux autres domaines comme les programmes d'études, la sélection des manuels scolaires et le déroulement des études. P. ex., les autorités provinciales établissent les lignes directrices des programmes d'études. Cependant, les commissions peuvent exercer des pouvoirs discrétionnaires étendus à l'intérieur de ces lignes. Parfois, elles ignorent certains statuts, règles et réglementations adoptés par la province ou elles les interprètent de façon libérale. En règle générale, les gouvernements provinciaux produisent, eux aussi, des listes d'ouvrages approuvés, et il revient aux commissions locales de décider de les utiliser, d'en approuver d'autres ou d'en soumettre d'autres pour approbation. D'une façon générale, il semble que les commissions scolaires puissent interdire l'utilisation d'ouvrages qui n'ont pas reçu l'approbation des autorités provinciales. Dans la plupart des provinces, les commissions scolaires ont le pouvoir de percevoir des taxes, mais, dans toutes les provinces, le Trésor leur accorde des subventions significatives. Les commissions locales sont régies par divers statuts et lois.

Fonctionnement de la commission scolaire La conduite des affaires scolaires passe avant tout par des réunions de la commission scolaire qui se tiennent régulièrement, une à deux fois par mois habituellement. Aux termes de la loi, il s'agit de réunions publiques auxquelles la population est invitée à assister. Celles-ci sont dirigées par un président qui est généralement élu par les autres commissaires pour un mandat d'un an. Des représentants du personnel participent également aux réunions. En principe, le directeur général (le plus souvent le surintendant) soumet les dossiers à l'examen de la commission. Bien qu'il y ait rarement une grande assistance (sauf si l'on aborde une question controversée), il arrive souvent que des délégations de la communauté viennent faire valoir leurs opinions ou leurs arguments sur des sujets divers, et que des représentants de la presse soient présents. Cependant, seuls les commissaires élus votent sur toute motion ou affaire soumise à la commission.

Les commissions canadiennes se distinguent dans leur fonctionnement par le fait qu'elles font appel à des comités pour s'occuper de la routine quotidienne. Quelquefois, de simples citoyens sont également nommés, quoique ce soit surtout dans le cadre de comités spéciaux mis sur pied pour étudier un dossier majeur. Les grandes commissions scolaires comptent parfois plus de 20 comités investis de responsabilités dans des domaines variés comme les programmes d'études, le personnel, les négociations salariales, la planification à long terme et l'éducation spéciale. Actuellement, on note une faible tendance à la réduction du nombre de comités. Certaines commissions n'en ont que deux: un pour les questions financières et un autre pour les questions scolaires. La tradition veut que les commissions scolaires définissent la politique et que les administrateurs la mettent en pratique. En réalité, la situation est beaucoup plus complexe. Même si la commission exerce le pouvoir de décision en dernier ressort pour tout ce qui n'est pas visé dans la réglementation provinciale, la plupart des questions sont débattues par divers groupes d'intérêts, et la politique finale résulte d'une vaste consultation. Les enseignants, p. ex., sont dotés d'une forte organisation et exercent souvent une influence sur les décisions de la commission en matière de politique. Il en va de même pour les parents et les contribuables.

Chaque commission scolaire fait, à sa manière, partie de la communauté. Néanmoins, les commissions scolaires dans leur ensemble débattent des mêmes questions et accomplissent des tâches similaires dans tout le pays. Une grande partie de leur travail consiste à approuver et à dépenser le budget, qui peut s'élever à plusieurs centaines de millions de dollars. Au chapitre budgétaire, la commission mène régulièrement, souvent chaque année, des négociations avec diverses catégories de personnels sur les salaires et les conditions de travail, excepté au Nouveau-Brunswick et au Québec, où les négociations sont assurées par les autorités provinciales.

Les commissions scolaires doivent se pencher sur des questions comme l'enseignement des langues, l'éducation spéciale, les programmes d'études par opposition aux programmes de renforcement, le multiculturalisme, l'enseignement technique par opposition aux programmes de culture générale, le rôle de l'informatique, la standardisation des examens, ainsi que les problèmes liés à une diminution des inscriptions. Dans chaque province, les commissions scolaires se sont groupées au sein d'organisations provinciales à des fins de communication, de formation en milieu de travail et de représentation efficace auprès des assemblées législatives. L'organisation nationale s'appelle l'Association canadienne des commissions scolaires, dont les bureaux sont à Ottawa.

Les commissions scolaires sont des structures spécifiques au Canada et aux États-Unis. D'autres pays, comme la Grande-Bretagne, ont des comités d'école qui ne sont en fait que des sous-groupes des administrations municipales. D'autres encore, telle l'Australie, sont dépourvus de structures locales de gestion, et c'est le gouvernement central qui administre les écoles. Même si on leur reproche souvent leur inefficacité, leur esprit de clocher et leur manque d'expertise dans le domaine de la technologie éducative, les commissions scolaires sont parmi les institutions les plus démocratiques puisqu'elles sont à l'écoute des revendications locales. Elles constituent un moyen dynamique, et parfois turbulent, d'engager la participation populaire dans les politiques et la pratique éducatives.

Edward S. Hickcox

Au Québec Les commissions scolaires du Québec ont été créées en 1841, au temps du Canada Uni, par la même loi et en même temps que celles de l'Ontario. Laïques à l'origine, elles se sont progressivement confessionnalisées au cours du XIXᵉ siècle si bien que, jusqu'à la fin des années 90, le Québec comptait deux réseaux distincts de commissions scolaires, l'un catholique et l'autre protestant. Au début de 1998, toutefois, l'ASSEMBLÉE NATIONALE du Québec et le PARLEMENT du Canada ont convenu de modifier l'article 93 de la *Loi constitutionnelle de 1867* qui garantissait les privilèges des catholiques et des protestants de Montréal et de Québec et des minorités protestantes en dehors de ces grands centres, au regard des écoles confessionnelles. Cette modification a permis, en juillet 1998, de remplacer les commissions scolaires confessionnelles par des commissions scolaires linguistiques, francophones ou anglophones. Ces dernières ont la responsabilité d'organiser les écoles de la minorité anglophone conformément aux règles prescrites par la Charte de la langue française. En même temps, le gouvernement a réduit leur nombre de quelque 230 à 72, soit 60 francophones, 9 anglophones et 3 à statut particulier, dont deux sont administrées par les Amérindiens.

Les commissions scolaires du Québec ont, comme dans les autres provinces, le mandat général d'organiser les écoles et la prestation des services éducatifs des ordres primaire et secondaire, généraux comme professionnels, aux enfants comme aux adultes. Elles exercent donc les pouvoirs que leur reconnaît la *Loi sur l'instruction publique* à l'égard des services éducatifs, des personnels, des services à la communauté, des immeubles, du transport et du financement.

La réforme de juillet 1998 a apporté par ailleurs un changement très important dans le rôle des commissions scolaires en ce qui concerne surtout les services éducatifs. En effet, cette réforme a décentralisé de façon importante le pouvoir décisionnel au niveau même des établissements. Ce sont en effet dorénavant les écoles elles-mêmes qui, par leur conseil d'établissement composé à part égale de parents et des personnels de l'éducation, définissent, dans le cadre de la loi mais de façon autonome, leur projet éducatif, les règlements internes, le temps accordé à chaque matière, les programmes locaux, le choix des manuels, la politique d'encadrement et d'évaluation des élèves, leurs relations avec les autres écoles. Les commissions scolaires assurent évidemment aux écoles les ressources financières nécessaires à leur mandat et continuent d'exercer un pouvoir général de surveillance sur la qualité des services éducatifs.

Jean-Pierre Proulx

Commissions royales d'enquête Déjà qualifiées de coûteux spectacles de troubadours itinérants par un député fédéral, les commissions royales sont une forme d'enquête officielle sur des questions d'intérêt public. Elles procèdent d'une prérogative du monarque britannique lui permettant d'ordonner la tenue d'enquêtes, pouvoir qui, selon certains, aurait été exercé pour la première fois par le roi Guillaume 1ᵉʳ le Conquérant lorsqu'il commanda la préparation du *Domesday Book*. Cependant, la commission sur les «enclosures» (la mise en clôture des terrains communaux), mise sur pied par Henri VIII en 1517, est probablement l'ancêtre des commissions royales contemporaines.

Plusieurs autres genres d'enquêtes publiques s'apparentent beaucoup aux commissions royales et sont souvent difficiles à distinguer de ces dernières, notamment les commissions d'enquête, les GROUPES DE TRAVAIL et les enquêtes établies par les ministères et d'autres organismes gouvernementaux aux termes de la *Loi sur les enquêtes*, adoptée pour la première fois par le Parlement en 1868.

Processus des commissions royales Au niveau fédéral, les commissions royales d'enquête, les commissions d'enquête et les groupes de travail sont constitués par DÉCRET en conseil conformément à la partie I de la *Loi sur les enquêtes*, tandis que les enquêtes ministérielles sont entreprises conformément à la partie II de cette loi. Toutefois, cette distinction n'a guère d'influence sur le fonctionnement de ces organismes, puisque la loi leur confère tout le pouvoir de mener des enquêtes en assignant des témoins et en leur faisant prêter serment, en commandant des études et en retenant les services d'experts. Les commissions royales d'enquête ont le prestige additionnel d'être constituées sous l'empreinte du grand sceau du Canada, tandis que les enquêtes ministérielles peuvent être menées en vertu d'au moins 87 lois fédérales conférant des pouvoirs d'enquête, aux termes de la *Loi sur les enquêtes* ou autrement. À part ces quelques distinctions mineures, les commissions royales d'enquête ne sont pas plus royales que les autres.

Bien qu'elles n'aient rien d'exceptionnel, les commissions royales jouissent cependant d'un prestige supérieur. Le public les prend plus au sérieux et les gouvernements ont tendance à entretenir le mythe en préférant constituer des commissions royales pour examiner les questions de la plus haute importance: RELATIONS FÉDÉRALES-PROVINCIALES, services de santé, BILINGUISME ET BICULTURALISME, GROUPEMENTS DE SOCIÉTÉS, gestion financière et imputabilité, organisation du gouvernement, fiscalité (voir IMPOSITION), nouvelles techniques de reproduction, réforme électorale et financement des partis, PEUPLES AUTOCHTONES, etc.

Groupes de travail D'un autre côté, les groupes de travail sont généralement considérés comme des équipes plus terre à terre, formées de professionnels compétents plutôt que de personnalités éminentes. Souvent nommés par les ministères, ces groupes sont chargés d'examiner des questions pratiques comme les ordinateurs et la VIE PRIVÉE, les procédures d'IMMIGRATION, la politique de revenu de retraite, l'évolution du marché du travail, la POLITIQUE DE LA PÊCHE et les sports. Cependant, même s'il est tentant de conclure que les groupes de travail, les enquêtes ministérielles et les commissions non royales servent à scruter des problèmes particuliers et bien circonscrits, alors que les commissions royales sont consacrées à des questions nationales plus dominantes, il n'est pas toujours possible de faire une telle distinction. Certains groupes de travail ont traité de questions nationales vastes et importantes telles que le logement et l'aménagement urbain, l'information gouvernementale ainsi que la structure et la propriété étrangère de l'industrie canadienne.

De même, des commissions royales ont parfois servi à examiner des questions ponctuelles telles que des désastres, publics ou personnels, allant de l'incendie des édifices du Parlement et des émeutes de Halifax à des indiscrétions judiciaires ou ministérielles. En fait, les appellations données aux commissions d'enquête ne correspondent pratiquement à aucune logique, car elles ont souvent été constituées au hasard et nommées un peu n'importe comment. La commission Pépin-Robarts sur l'unité canadienne s'est donné le nom de groupe de travail alors qu'elle aurait bien pu être une commission royale. La COMMISSION D'ENQUÊTE SUR CERTAINES ACTIVITÉS DE LA GENDARMERIE ROYALE DU CANADA (Commission McDonald) avait l'ampleur d'une commission royale. La commission d'enquête sur la perte de l'installation de forage Ocean Ranger se transforme en cours de route en commission royale. Compte tenu de cette confusion, il n'est pas étonnant que la Commission de réforme du droit ait recommandé que l'expression «commissions royales d'enquête» soit tout simplement abandonnée.

Pourquoi des commissions sont constituées Depuis la Confédération, il y a eu près de 450 commissions d'enquête fédérales, royales ou non, plus de 1500 enquêtes ministérielles et un nombre indéterminé de groupes de travail. Comme nous l'avons déjà dit, les commissions royales sont chargées soit de donner des avis sur une question générale importante et problématique, soit de faire enquête sur une affaire controversée, mais les critiques soutiennent qu'elles sont souvent formées pour donner à un gouvernement en difficulté un prétexte pour ne rien faire pendant qu'une enquête prolongée permet à la colère du public de s'apaiser. C'est pourquoi la fréquence des commissions d'enquête varie d'une décennie à l'autre. Elles sont généralement créées en plus grand nombre en période de crise, de croissance ou d'adaptation.

La tenue simultanée de plusieurs de ces opérations d'introspection nationale entraîne des coûts non négligeables. Le nombre de commissaires qui participent effectivement à une enquête n'est pas nécessairement élevé; il peut y en avoir entre 1 et 13, comme dans l'enquête présidée par Donald Macdonald sur les perspectives de développement. Toutefois, la tendance de ces dernières années consistant à faire appel pendant de longues périodes à un personnel de recherche énorme et à une kyrielle de conseillers juridiques grassement payés, est de plus en plus coûteuse. La commission sur la réforme électorale et celle sur les nouvelles techniques de reproduction ont dépensé respectivement près de 21 millions de dollars et 30 millions de dollars, tandis que la commission sur les peuples autochtones, qui a déposé son rapport en 1996 après cinq années de travaux, a atteint un nouveau sommet de près de 60 millions de dollars.

Opérations d'assainissement Dans l'ensemble, les commissions royales et les autres formes d'enquête sont probablement plus utiles que nuisibles. Pour le moins, elles sont parfois nécessaires pour assainir la situation à la suite d'abus ou de malversations et pour examiner de grandes questions d'intérêt public. Certaines commissions royales ont produit d'importants rapports. P. ex., le rapport Rowell-Sirois sur les relations financières entre le fédéral et les provinces, le rapport Massey sur les arts et le rapport Laurendeau-Dunton sur le bilinguisme et le biculturalisme ont alimenté les débats publics et contribué à certaines décisions politiques.

Cependant, il est vrai que les gouvernements, chacun pour ses raisons, refusent souvent de tenir compte des rapports, quelle qu'en soit la valeur. Tel a été le cas des rapports sur la reproduction, la réforme électorale et les affaires autochtones. Dans le cas de l'enquête sur le déploiement des Forces canadiennes en Somalie, le gouvernement a carrément mis fin à l'enquête avant qu'elle soit terminée.

Une autre entrave aux investigations des commissions est apparue récemment. Au cours de l'enquête sur la Somalie et de l'enquête sur l'approvisionnement en sang, certaines personnes et certains établissements ont intenté des poursuites pour empêcher que les rapports ne les désignent comme coupables.

Chaque province a sa loi sur les enquêtes, laquelle lui permet de tenir des enquêtes semblables à celles d'Ottawa. Bien qu'il soit difficile de faire des comparaisons, moins d'études théoriques ayant été effectuées sur les enquêtes provinciales que sur les fédérales, il semble que les provinces aient moins tendance qu'Ottawa à faire appel aux commissions royales d'enquête. L'Ontario a constitué 199 commissions royales ou commissions d'enquête entre 1867 et 1991. Le sujet d'enquête le plus fréquent dans les 10 provinces est l'éducation. De 1787 à 1978, 367 enquêtes sur le sujet ont été effectuées, dont 127 par des commissions royales.

Autres méthodes d'enquête Régulièrement, on assiste à des discussions sur différentes alternatives pour remplacer les commissions royales et les autres types d'enquête, y compris le recours plus fréquent aux comités parlementaires et aux livres blancs, lesquels ne sont que des études et des propositions faites officiellement par les ministères pour discussion publique avant que des mesures soient éventuellement prises. Toutefois, les Assemblées législatives et la Chambre des communes n'ont ni le temps nécessaire ni l'objectivité pour examiner certaines questions. Quant au Sénat, il pourrait avoir le temps, mais la population n'accepterait probablement pas volontiers son opinion sur une question aussi controversée que celle d'une commission dirigée par un juge ou une autre personnalité en vue.

(Voir AUTOCHTONES, COMMISSION ROYALE D'ENQUÊTE SUR LES; COMMISSION ROYALE D'ENQUÊTE SUR LE SYSTÈME BANCAIRE ET FINANCIER; COMMISSION ROYALE D'ENQUÊTE SUR LE BILINGUISME ET LE BICULTURALISME; COMMISSION ROYALE D'ENQUÊTE SUR LA RADIO ET LA TÉLÉVISION; COMMISSION ROYALE D'ENQUÊTE SUR LES PERSPECTIVES ÉCONOMIQUES DU CANADA; COMMISSION ROYALE D'ENQUÊTE SUR LES PROBLÈMES CONSTITUTIONNELS; COMMISSION ROYALE D'ENQUÊTE SUR LES RELATIONS FÉDÉRALES-PROVINCIALES; COMMISSION ROYALE D'ENQUÊTE SUR L'ÉNERGIE; COMMISSION ROYALE D'ENQUÊTE SUR L'ORGANISATION DU GOUVERNEMENT; COMMISSION ROYALE D'ENQUÊTE SUR L'AVANCEMENT DES ARTS, LETTRES ET SCIENCES AU CANADA; COMMISSION D'ENQUÊTE SUR L'USAGE DES DROGUES À DES FINS NON MÉDICALES; COMMISSION ROYALE SUR LES BREVETS, LE DROIT D'AUTEUR, LES MARQUES DE COMMERCE ET LES DESSINS INDUSTRIELS; COMMISSION ROYALE D'ENQUÊTE SUR LES PUBLICATIONS; COMMISSION ROYALE D'ENQUÊTE SUR LA SITUATION DE LA FEMME AU CANADA; COMMISSION ROYALE D'ENQUÊTE SUR LA FISCALITÉ; COMMISSION ROYALE SUR LES TRANSPORTS; COMMISSION D'ENQUÊTE SUR LES CRIMINELS DE GUERRE; COMMISSION ROYALE SUR LES NOUVELLES TECHNIQUES DE REPRODUCTION.)

Paul Fox

Common law C'est un système de DROIT issu des décisions des cours royales de justice de l'Angleterre depuis la conquête normande (1066). De nos jours, la common law, envisagée de façon beaucoup plus large, englobe les lois aussi bien que la jurisprudence. Elle s'applique dans la plupart des pays de langue anglaise, y compris toutes les provinces canadiennes, à l'exception du Québec.

John E.C. Brierley

Commonwealth C'est une association souple et volontaire de la Grande-Bretagne et de la plupart de ses anciennes colonies. En 1971, 49 pays indépendants, soit environ le quart de la population mondiale, s'engagent, dans une déclaration de principe, à se consulter et à coopérer pour favoriser la paix mondiale, la conscience sociale, l'égalité raciale et le développement économique. Le Secrétariat du Commonwealth (fondé en 1965) administre les programmes de coopération, organise les réunions et fournit des services spécialisés aux pays membres. Le monarque britannique est le chef du Commonwealth, rôle purement symbolique.

On fait souvent remonter les origines du Commonwealth jusqu'au RAPPORT DURHAM (1839) et au GOUVERNEMENT RESPONSABLE, dans les années 1840. En 1867, les provinces de l'Amérique du Nord britannique ainsi que les autres colonies britanniques de Terre-Neuve, d'Australie, de Nouvelle-Zélande et d'Afrique du Sud sont déjà autonomes en ce qui a trait aux affaires internes. Avec la CONFÉDÉRATION, en 1867, le Canada devient la première fédération de l'Empire britannique. Sa superficie, sa force économique et son ancienneté en font un chef de file de l'expansion de l'autonomie coloniale et de la transformation de l'Empire en une communauté de nations égales.

Des contingents de toutes les colonies autonomes participent de leur plein gré à la GUERRE DES BOERS (1899-1902). Le Canada n'envoie que des volontaires, et le premier ministre, sir Wilfrid LAURIER, proclame lors des conférences coloniales et impériales de 1902, de 1907 et de 1911 que la participation du Canada à la défense de l'Empire se fera toujours à ses propres conditions. En 1914, le roi déclare la guerre au nom de tout l'Empire, mais chacun des dominions (terme qui s'applique au Canada en 1867 et est utilisé durant la première moitié du XXe siècle pour désigner les autres membres autonomes de l'Empire) décide de la nature et de l'envergure de sa participation. Ils contribuent généreusement: plus d'un million d'hommes des dominions et 1,5 million de l'Inde s'enrôlent dans les forces armées de l'Empire. Les contributions en nourriture, en argent et en munitions sont aussi considérables. Malgré le fait que les nationalistes de l'Afrique du Sud (Afrikaners) et de nombreux Canadiens français refusent de participer à une lointaine guerre britannique, l'unité de l'Empire dans la PREMIÈRE GUERRE MONDIALE est impressionnante.

Au début, en dépit de l'envergure de leur participation à la Première Guerre mondiale, les dominions ne prennent aucune part dans l'élaboration des grandes politiques. Mais le premier ministre canadien, sir Robert BORDEN, se montre particulièrement critique quand la guerre prend une mauvaise tournure. Lorsque David Lloyd George devient le premier ministre de la Grande-Bretagne, à la fin de 1916, il convoque immédiatement une Conférence impériale de guerre et crée un Cabinet impérial de guerre, deux organismes séparés qui se rencontrent en 1917 et en 1918. Le premier passe à l'histoire principalement en raison de la Résolution IX, qui stipule que les dominions sont «les nations autonomes d'un Commonwealth impérial» avec «droit [...] à une voix adéquate en matière de politique étrangère et de relations extérieures [...]». Attribuable surtout à l'initiative du premier ministre Borden, la résolution est adoptée à la conférence avec l'appui du général J.C. Smuts de l'Afrique du Sud et marque la première mention officielle du terme «Commonwealth».

Le Cabinet de guerre impérial fournit aux dirigeants des dominions et de l'Inde l'occasion d'être informés et consultés qu'ils prennent même part à l'élaboration des grandes politiques. Un organisme semblable, la Délégation de l'Empire britannique, est formé lors de la Conférence de la paix, à Paris. Borden et le premier ministre australien, W.M. Hughes, réussissent à obtenir que les dominions soient représentés séparément à la conférence et signent individuellement le TRAITÉ DE VERSAILLES. Constitutionnellement, toutefois, l'empire demeure une entité unique: seule la signature de Lloyd George est celle qui compte. Les dominions, maintenant membres de la SOCIÉTÉ DES NATIONS, demeurent des créatures ambiguës —à la fois nations, colonies et partenaires impériaux.

La guerre entraîne les dominions dans des directions qui semblent opposées: les désirs largement répandus d'une plus grande unité impériale se heurtent aux sentiments de fierté et de distinction nationales, intensifiés par les sacrifices et les réalisations de temps de guerre. Borden, nationaliste désireux d'améliorer le statut international grandissant du Canada par un engagement dans un grand commonwealth impérial, tente de réconcilier les deux tendances. Il préconise une étroite association de nations égales qui se consulteraient sur les grandes questions d'intérêt commun et agiraient de concert. La Résolution IX prévoyait une conférence d'après guerre pour rajuster les relations constitutionnelles dans ce sens. Cette conférence n'aura jamais eu lieu.

C'est un nationalisme bien différent de celui de Borden qui prévaut dans le Commonwealth des années 20. Le premier ministre du Canada, Mackenzie KING, hérite de la politique de «non-engagement» de Laurier. L'AFFAIRE TCHANAK et le TRAITÉ DU FLÉTAN donnent le ton et King sort gagnant de la Conférence impériale de 1923. On abandonne l'idée de l'unité diplomatique au sein de l'Empire et on tend vers l'établissement de relations autonomes entre la Grande-Bretagne et les dominions. King croit que les liens avec la Grande-Bretagne ne peuvent être maintenus que s'ils permettent aux Canadiens, particulièrement à l'importante minorité d'ascendance non britannique, de se concentrer sur la formation d'une forte nation nord-américaine. Il n'est pas seul à insister sur l'autonomie diplomatique, bien que les raisons diffèrent. Les Britanniques hésitent à établir, en collaboration avec les dominions, une politique étrangère qui obligerait le Foreign Office à s'engager dans de longues consultations avec des puissances de moindre importance. L'Afrique du Sud et l'État libre d'Irlande,

dotés en 1921 d'un statut de dominion sur le modèle canadien, sont encore plus radicaux que King dans leurs revendications en faveur de la décentralisation.

À la Conférence impériale de 1926, le premier ministre de l'Afrique du Sud, le général J.B.M. Hertzog, exige que les dominions soient officiellement déclarés États indépendants dotés d'un statut égal à celui de la Grande-Bretagne et reconnus individuellement sur le plan international. King s'oppose à l'utilisation du terme «indépendant» qui, selon lui, peut évoquer des souvenirs malheureux de la Guerre d'Indépendance américaine dans les régions probritanniques du Canada, mais il appuie, sur le fond, la revendication de Hertzog. La conférence adopte la DÉCLARATION DE BALFOUR, qui mène à l'adoption du STATUT DE WESTMINSTER, en 1931, lequel établit en théorie le droit des dominions à une entière autonomie législative.

Dans les années 30, le Commonwealth est un modèle de contradictions, un mélange d'aspirations nationales et impériales qui déroutent les étrangers. Jusqu'à un certain point, les pays du Commonwealth mènent leurs propres affaires extérieures et assurent leur défense, mais ils continuent d'avoir un chef d'État commun, une citoyenneté commune et une législation commune assez substantielle. L'association, avec un empire vaste et puissant en apparence (alors à son apogée, il couvre plus de 31 millions km²), apportent aux dominions prestige, prospérité et protection. Les ACCORDS D'OTTAWA de 1932, bien que loin de créer l'entité autosuffisante dont certains rêvent, lient plus étroitement les pays du Commonwealth par une série d'ententes commerciales bilatérales. De plus, une collaboration importante sur le plan militaire se révèle avantageuse aux FORCES ARMÉES naissantes des dominions. Terre-Neuve, fière d'être «la plus vieille colonie de la Grande-Bretagne», a depuis longtemps un gouvernement responsable et est représentée aux conférences coloniales et impériales. Elle s'est distinguée en combattant durant la Première Guerre mondiale, mais la crise financière provoque le retour de l'administration britannique (voir COMMISSION DE GOUVERNEMENT) de 1934 à 1949, l'année de son entrée dans la Confédération canadienne.

La dépendance et la gratitude ne mènent pas nécessairement à l'engagement et, en temps de paix, les dominions se méfient de l'implication dans les conflits européens. Lorsque la Grande-Bretagne déclare la guerre à l'Allemagne, en septembre 1939, l'Australie et la Nouvelle-Zélande n'hésitent pas à s'engager dans la SECONDE GUERRE MONDIALE. Au Canada, une semaine s'écoule avant que le Parlement n'appuie la décision de King de prendre part au conflit. L'Afrique du Sud est divisée à ce sujet et le premier ministre Hertzog démissionne, mais la réponse finale est affirmative. Seule l'Eire (nom adopté par l'État libre d'Irlande, en 1937) demeure en dehors du conflit. Un apport immense en hommes (plus de 2 millions pour les 4 dominions et 2,5 millions pour l'Inde) et en matériel est assuré. Le PROGRAMME D'ENTRAÎNEMENT AÉRIEN DU COMMONWEALTH, qui permet l'entraînement de 131 553 hommes d'équipage, est une contribution canadienne importante. De tels efforts sont d'autant plus importants et appréciés que seuls les dominions combattent aux côtés de la Grande-Bretagne, du début à la fin du conflit. Mais il n'y a pas de Cabinet de guerre impérial, cette fois, ni de consensus au sein du Commonwealth sur la nécessité de resserrer les liens. La puissance britannique décline et la confiance des dominions augmente, ce qui affaiblit les liens traditionnels. Les peuples d'Afrique et d'Asie comptent de plus en plus sur leurs propres moyens pour résoudre leurs problèmes.

Dès 1949, le Commonwealth est complètement transformé. L'Eire a quitté ses rangs en 1948. L'Inde, qui titube depuis des décennies vers un gouvernement responsable et un statut de dominion, obtient son indépendance en 1947, mais à prix fort: elle est

divisée pour des motifs religieux en deux dominions, celui de l'Inde et celui du Pakistan. Les pays voisins, le Ceylan (maintenant Sri Lanka) et la Birmanie (Myanmar depuis 1989) accèdent à l'indépendance en 1947-1948; le premier des deux obtient le statut de dominion et devient membre du Commonwealth. En 1949, l'Inde est autorisée à demeurer dans le Commonwealth après s'être déclarée république. Le monarque britannique devient «le symbole de la libre association des nations membres et, à ce titre, le chef du Commonwealth». Désormais, le Commonwealth n'est plus une association où prédominent les Blancs et les Britanniques; l'allégeance à une couronne commune n'est plus une condition à l'adhésion et le concept de citoyenneté commune disparaît rapidement.

On fonde de grands espoirs sur un Commonwealth «multiracial». Beaucoup croient qu'il peut devenir une force ou un modèle de compréhension entre les peuples. Plus il y a de membres, cependant, plus il est difficile d'en assurer la cohésion, surtout lorsqu'ils prennent plus que jamais des directions différentes, en partie en réaction à un monde dominé par la GUERRE FROIDE entre les États-Unis et l'URSS. La Grande-Bretagne entreprend son long cheminement vers une participation (1973) à la Communauté économique européenne, à la consternation de plusieurs des membres les plus anciens du Commonwealth. Le Canada, l'Australie et la Nouvelle-Zélande considèrent de plus en plus les États-Unis comme une nation alliée et un partenaire commercial. L'Inde prêche une doctrine de non-engagement avec les grandes puissances. La CRISE DU CANAL DE SUEZ, en 1956, qui divise profondément le Commonwealth, marque le déclin de la puissance britannique et soulève bien des interrogations sur le jugement de ses dirigeants et son intégrité dans cette affaire.

Cependant, le Commonwealth n'en meurt pas. À mesure que les anciennes colonies britanniques accèdent à l'autonomie gouvernementale et prennent en main leurs affaires extérieures, il devient courant de dire qu'elles ont «acquis leur indépendance» et peuvent si elles le veulent «se joindre au Commonwealth» en qualité de monarchies ou de républiques. C'est ce que font la plupart d'entre elles. La décennie 1957-1967 est une période de croissance exceptionnelle: presque toutes les colonies britanniques d'Afrique, quatre colonies antillaises, une asiatique et deux méditerranéennes obtiennent leur indépendance et deviennent membres du Commonwealth. Le Bangladesh fait de même, après s'être séparé du Pakistan en 1971; le Pakistan quitte alors le Commonwealth.

La composition multiraciale du Commonwealth d'après-guerre influe à la fois sur la vie politique et sur les orientations du Royaume-Uni. Les pressions exercées par ses partenaires du Commonwealth au sujet de ses politiques raciales (particulièrement celles du premier ministre du Canada, John DIEFENBAKER) provoquent le retrait de l'Afrique du Sud, en 1961. Jusqu'à la fin des années 60, la Grande-Bretagne est amenée par ses liens avec le Commonwealth à maintenir une politique d'accueil envers les immigrants des pays asiatiques et antillais du Commonwealth. En 1965, lorsque la Rhodésie déclare unilatéralement son indépendance afin de maintenir la suprématie des colons blancs, les États membres du Commonwealth exercent beaucoup de pressions sur la Grande-Bretagne pour que la reconnaissance internationale ne lui soit pas accordée tant que le gouvernement de la majorité noire ne sera pas reconnu. Ce n'est qu'une fois cette condition remplie, en 1980, que l'indépendance de la Rhodésie est légalisée. Elle devient membre du Commonwealth sous le nom de Zimbabwe.

L'idée même d'une institution aussi amorphe soulève un cynisme facile au Canada, pour peu qu'on y pense. P.E. TRUDEAU partage ce cynisme quand il devient premier ministre en 1968, mais il devient rapidement partisan du Commonwealth. En 1971, Trudeau joue un rôle important à la rencontre des chefs de gouvernement, au moment où l'avenir du Commonwealth est remis en question parce que la Grande-Bretagne veut vendre des armes à l'Afrique du Sud. Dans les années 80, le Commonwealth a sa part de crises, dont la guerre des Malouines (1982), le coup d'État militaire au Nigeria (1983) et l'invasion de Grenade (1983). L'Afrique du Sud continue d'être une pomme de discorde, comme en témoigne l'importance qui lui est accordée lors de la réunion des chefs du Commonwealth, en octobre 1987, à Vancouver. Les dirigeants et les diplomates canadiens jouent un rôle de premier plan dans l'histoire du Commonwealth (Arnold SMITH, p. ex., en est le premier secrétaire général), non seulement en contribuant à la création d'une institution internationale, mais en en maintenant l'unité en périodes de tension.

Un des grands attraits du Commonwealth est qu'il offre à ses membres une tribune qui leur permet de se faire connaître et de défendre leurs positions, et leur donne accès à un réseau grandissant de programmes éducatifs, sociaux et économiques sans que ne soit exigée en retour l'uniformité de vues ou d'objectifs. Le PLAN COLOMBO de 1950 est un effort innovateur dans le domaine de l'aide au développement. Le Fonds du Commonwealth pour la coopération technique (créé en 1971) demeure actuellement le principal moyen d'aider les pays en développement et le Canada fournit plus de 40 p. 100 du budget. Les diverses initiatives de coopération du Commonwealth n'auraient jamais été possibles à l'époque de l'Empire. Aujourd'hui, il existe des milliers de liens officiels et non officiels, depuis les réunions régulières des chefs de gouvernement, de ministres et de fonctionnaires aux activités comme celles du Programme du Commonwealth pour la jeunesse, le Programme des bourses d'études du Commonwealth et les JEUX DU COMMONWEALTH. (*Voir aussi* RELATIONS EXTÉRIEURES; CANADA ET AUSTRALIE; FRANCOPHONIE.)

Norman Hillmer

Communauté des biens C'est le terme juridique utilisé dans les codes de la NOUVELLE-FRANCE et du Québec pour désigner les biens conjoints des époux. La communauté des biens, introduite en 1640, remonte à la Coutume de Paris. C'est le seul code en vigueur dans la colonie après 1664. Les codes stipulaient que tous les avoirs immeubles hérités (le terrain et les rentes, principalement) des partenaires faisaient partie intégrante de cet arrangement et que, conformément à ses droits, le mari était libre, dans une certaine mesure, de gérer la communauté des biens. À la mort d'un des époux, la personne survivante recevait la moitié de la communauté des biens (dettes y comprises) et les enfants, l'autre moitié. La communauté des biens a survécu à plus de trois siècles de changements sociaux, et l'usage n'en a été abandonné qu'en 1980. Le CODE CIVIL du Québec parle maintenant de la «société des acquêts».

Thomas Wien

Communauté des Habitants (Compagnie des Habitants) Il s'agit d'un groupe de commerçants coloniaux qui a détenu le monopole de la TRAITE DES FOURRURES en NOUVELLE-FRANCE de 1645 à 1663. En principe, la COMPAGNIE DES CENT-ASSOCIÉS cédait son monopole à tous les habitants de la colonie mais, en pratique, seuls quelques-uns parmi les plus riches en ont bénéficié. Le coût du monopole équivalait aux dépenses administratives de la colonie plus une rente annuelle de 1000 livres de peaux de castor et la promesse d'importer 20 colons par année. La Communauté des Habitants n'a pas été un succès: des taux d'intérêt élevés et le manque d'expérience dans le commerce ont donné lieu à de sérieuses difficultés financières en 1652. Le Conseil de Québec a alors déclaré le commerce ouvert à tous les HABITANTS, pas seulement aux membres de la Communauté, arrangement qui est demeuré en vigueur jusqu'à la dissolution de la Communauté en 1663.

Communautés religieuses chrétiennes Ce sont des groupes de religieux ou de religieuses qui ont choisi de consacrer leur vie à l'œuvre de leur Église. Au Canada, quelques-unes de ces communautés appartiennent à l'ÉGLISE ORTHODOXE, d'autres, plus nombreuses, à l'Église anglicane (*voir* ANGLICANISME), mais la grande majorité appartiennent à l'ÉGLISE CATHOLIQUE romaine.

Église catholique

Les communautés religieuses de l'Église catholique sont des sociétés d'hommes ou de femmes qui, avec l'approbation de l'autorité ecclésiastique, vivent en commun pour l'amour de Dieu après avoir prononcé des promesses ou des vœux de pauvreté, de chasteté et d'obéissance, conformément au charisme particulier de leur fondateur et à l'expression qu'en donnent les documents constitutifs. Selon leur situation de vie, les communautés sont cléricales, si leurs membres sont prêtres ou aspirants au sacerdoce, ou laïques; ces dernières peuvent être masculines ou féminines.

Selon la rigueur de leurs vœux, les communautés se divisent en quatre catégories. Les ordres à vœux solennels sont généralement fondés avant le XVIIIe siècle, et leurs membres peuvent être des moines, des religieuses, des chanoines réguliers, des chanoinesses, des religieux mendiants ou des clercs réguliers. La catégorie des congrégations à vœux simples comprend la plupart des communautés masculines ou féminines modernes. Dans les instituts séculiers, qui sont une innovation du XXe siècle, les membres prononcent généralement des promesses ou des vœux privés sans vivre en communauté. Les sociétés de vie cénobitale, en général, sont des groupes de prêtres qui travaillent à une œuvre commune sans prononcer de vœux particuliers.

Selon leurs objectifs, ces communautés peuvent être actives, s'adonnant à diverses œuvres de charité, ou contemplatives, consacrées avant tout à la prière. Selon leurs rapports avec l'autorité ecclésiastique, celles qui sont approuvées par le Saint-Siège relèvent du droit pontifical; celles qui n'ont été approuvées que par leur évêque, du droit diocésain. Au Canada, on trouve tous ces genres de communautés religieuses.

C'est en NOUVELLE-FRANCE que s'installent les premières communautés religieuses. Deux prêtres bénédictins français auraient accompagné Jacques CARTIER lors de son deuxième voyage (1535-1536). Les récollets, à l'invitation de Samuel de CHAMPLAIN, fondent des missions chez les autochtones en 1615; les jésuites se joignent à eux en 1625. Cependant, en 1629, les frères KIRKE s'emparent de la colonie: ces deux communautés sont donc forcées de partir. En 1633, lorsque la colonie est rendue à la France, seuls les jésuites sont autorisés à reprendre leur travail.

L'œuvre missionnaire des jésuites auprès des Hurons (*voir* BRÉBEUF, Jean de et SAINTE-MARIE-DES-HURONS), relatée dans les RELATIONS DES JÉSUITES et dont le fait saillant est le martyre des jésuites dans les années 1640, est certainement l'épisode religieux le plus connu de la colonie. En 1657, les sulpiciens, communauté de prêtres fondée en 1642 en vue de la formation du clergé diocésain, arrivent à Montréal.

À cette date, des communautés de religieuses sont déjà installées. En 1639, deux ordres de religieuses cloîtrées débarquent à Québec: les AUGUSTINES DE LA MISÉRICORDE DE JÉSUS et les URSULINES. Les premières viennent d'une communauté de religieuses hospitalières de Dieppe qui vient d'adopter la règle de Saint-Augustin et la vie de chanoinesses régulières cloîtrées. Elles fondent le premier hôpital, appelé HÔTEL-DIEU. Arrivées par le même navire, les ursulines, dirigées par MARIE DE L'INCARNATION, ouvrent une école pour jeunes filles françaises et amérindiennes.

En 1636, en France, Jérôme le Royer de La Dauversière fonde les Religieuses hospitalières de Saint-Joseph dans le but exprès de fonder, dans la colonie, un hôpital qu'il projette d'établir à Montréal, mais ce n'est qu'en 1659 que cette congrégation arrive enfin pour poursuivre l'œuvre entreprise par Jeanne MANCE.

En 1658, Marguerite BOURGEOYS, établie à Montréal depuis cinq ans, réunit les premiers membres de la Congrégation de Notre-Dame pour faire œuvre d'éducation. Dans les années 1690, les augustines fondent des établissements pour le soin des malades pauvres de Québec, et les ursulines, pour le soin des malades et pour l'éducation à Trois-Rivières.

En 1737, Marguerite d'YOUVILLE fonde une communauté, qui prendra le nom de SŒURS GRISES, pour reprendre à l'Hôpital général de Montréal l'œuvre des Frères Charon, communauté de frères fondée à cette fin en 1694, mais en voie de dissolution en 1737.

Lors de la conquête de la Nouvelle-France par les Anglais (1760), il existe 3 communautés de clercs: les jésuites, les récollets (revenus en 1670) et les sulpiciens, soit 79 prêtres, et 7 communautés de femmes qui comptent en tout 204 religieuses. Les Anglais n'autorisent pas les jésuites et les récollets à recruter de nouveaux membres, mais les sulpiciens, en se présentant comme des membres du clergé diocésain, peuvent le faire. Les communautés de femmes, offrant de précieux services sociaux et moins menaçantes aux yeux des Anglais, obtiennent aussi une autorisation de recrutement. Vers 1837, on compte plus de 300 religieuses professes même si aucune nouvelle communauté n'est fondée.

Pendant ce temps, les structures de l'Église se développent, y compris, dans une certaine mesure, les ordres religieux de prêtres. Les capucins sont à l'œuvre à Halifax de 1785 à 1827. Un missionnaire trappiste de la Nouvelle-Écosse fonde un prieuré à Tracadie en 1815. C'est toutefois la fondation du diocèse de Montréal (1836) qui apporte un changement radical.

En 1837, Mgr LARTIGUE, évêque de Montréal, invite les Frères des Écoles chrétiennes à y ouvrir une école et, dès 1850, on compte 107 frères du Québec et 17 de France. En 1840, lorsque Mgr Ignace BOURGET succède à Mgr Lartigue, les transformations se font rapidement encore. Lors d'une visite en Europe en 1841, Mgr Bourget fait appel à plusieurs communautés françaises.

Les Oblats de Marie Immaculée, fondés en 1816 par Eugène de Mazenod, souhaitent établir une mission à l'extérieur de la France. Ils débarquent à Montréal en 1841 et connaissent une expansion rapide: dès 1844, on les trouve à Ottawa et à la baie James. L'année suivante, ils s'installent à la rivière Rouge (Winnipeg) pour entreprendre leur travail dans l'Ouest. Leur recrutement au Canada se fait plus lentement que celui des Frères des Écoles chrétiennes, mais, entre 1841 et 1876, quelque 151 oblats français viennent au Canada.

En 1842, également réinvités par Mgr Bourget, les jésuites envoient six prêtres et trois frères convers à Montréal. Les Clercs de Saint-Viateur, fondés en 1831 par Louis Querbes, après des hésitations, envoient, en 1847, cinq prêtres qui ouvrent un collège, une école et un noviciat à Joliette. La même année, la Congrégation de Sainte-Croix, dirigée par le fondateur Basile Moreau, envoie un prêtre, sept frères et quatre sœurs. Pour cette congrégation comme pour les jésuites, ces envois s'intègrent à une importante poussée missionnaire vers les États-Unis. Ailleurs au Canada, Armand de Charbonnel, deuxième évêque de Toronto, y installe, en 1850, les Prêtres basiliens (fondés en France en 1822).

Cette implantation de nouvelles communautés masculines est certes remarquable, mais la fondation de communautés féminines l'est plus encore. Là encore, Mgr Bourget exerce une forte influence. En 1844, il approuve la fondation, par Émilie Gamelin, des Sœurs de la Providence, vouées au soin des pauvres, et celle de la congrégation enseignante des Sœurs des Saints-Noms de Jésus et de Marie par Eulalie Durocher et ses compagnes. En 1848, Mgr Bourget fait appel à Rosalie Jetté pour fonder les Sœurs de la Miséricorde pour s'occuper des mères célibataires et de leurs enfants. En 1850, il approuve la fondation des Sœurs de Sainte-Anne qui, selon le désir de la fondatrice Marie-Esther Blondin, sont chargées d'enseigner dans les écoles rurales publiques.

Des progrès semblables se réalisent ailleurs. Au Canada anglais, on fait venir des États-Unis de petits groupes de religieuses qui fondent de nouvelles communautés. Ainsi, les Sœurs de la Charité s'établissent à Halifax (1849); les Sœurs de Saint-Joseph, à Toronto (1851) et à Hamilton (1852). En 1860, les ursulines s'installent à Chatham (diocèse de London). En 1861, les Sœurs de la Providence fondent, à Kingston, une communauté indépendante de celle de Montréal.

Dès le début, on constate une différence frappante entre l'évolution des communautés masculines et celle des communautés féminines au Canada. Des 118 communautés masculines qui ont déjà existé au Canada, seules 10 ont été fondées ici, dont seulement 4 subsistent encore. Or, ce sont quatre sociétés de vie cénobitique, principalement vouées à l'œuvre missionnaire, qui ne représentent aujourd'hui que 4 p. 100 des religieux canadiens. En revanche, des 229 communautés de femmes ayant déjà existé au Canada, 75 ont été fondées ici même et 6 seulement ont disparu. De nos jours, 70 p. 100 des religieuses canadiennes appartiennent à des communautés fondées au Canada.

Le rôle des communautés religieuses à tous les niveaux d'éducation, ainsi qu'auprès des malades, des pauvres, des orphelins et des personnes âgées a été considérable: partout, elles ont été parmi les premières à fonder des écoles et des hôpitaux. Elles ont envoyé des missionnaires chez les Amérindiens et les Inuits de l'Ouest et du Nord et, depuis le début du XXe siècle, à l'étranger également.

L'intervention accrue des gouvernements dans l'éducation, la santé et le bien-être a eu de fortes répercussions sur l'œuvre des communautés religieuses. Au Québec, en particulier, les changements causés par la RÉVOLUTION TRANQUILLE des années 60 enlèvent aux communautés bon nombre de leurs responsabilités. Le concile Vatican II, pour sa part, apporte un profond renouvellement interne dans presque toutes les communautés, mais aussi une crise qui occasionne beaucoup d'abandons et une baisse des vocations (ou du recrutement de nouveaux membres).

En l'an 2000, on dénombre 27 691 religieuses et religieux catholiques au Canada, dont 4085 prêtres, 1429 frères et 22 177 religieuses. Les deux tiers vivent au Québec. Aujourd'hui, les religieux sont moins nombreux et plus âgés. Près du tiers (9149) sont à la retraite; on en retrouve 7407 dans des services communautaires, 3389 travaillent en pastorale, 597, dans le secteur de la santé, 1141, dans le domaine social, 2491, dans les services administratifs, 1580 œuvrent en éducation, 430 font de l'animation ou de la prédication, 524 effectuent un travail administratif et de bureau. Ces chiffres n'incluent pas les communautés contemplatives, vouées surtout à la prière, ni les 1834 religieuses et religieux missionnaires canadiens en Amérique du Sud (454), en Amérique Centrale (407), en Afrique (590), en Asie (317), en Océanie (66) dont le travail est un aspect important de la vie et de l'œuvre de leurs communautés. (Voir CATHOLICISME; CHRISTIANISME; RELIGION.)

James Hanrahan

Église anglicane

Les communautés religieuses anglicanes mènent une vie structurée de prière, d'étude et de service communautaire tout en cherchant à faire progresser la vie spirituelle de toute l'Église. Le rétablissement des communautés religieuses au sein de l'Église anglicane se produit pendant le «renouveau catholique» déclenché par le mouvement d'Oxford qui démarre à la suite du sermon de John Keble sur l'apostasie nationale, en 1833. Les membres des communautés prononcent les vœux perpétuels de pauvreté, de chasteté et d'obéissance. La vie communautaire est fondée sur le travail, le culte et la prière. Les pratiques du culte sont la récitation quotidienne de l'office et la participation à l'eucharistie. Le travail consiste à enseigner, à soigner les malades et à effectuer du travail social. La détente comprend le repos, le divertissement, les repas, l'édification et l'exercice physique.

On compte trois ordres féminins au Canada. La seule communauté d'origine entièrement canadienne est la Sisterhood of St. John the Divine, fondée en 1844 par Hannah Grier Coome (mère Hannah), qui compte 52 membres en 1984. La Community of Sisters of the Church, fondée en Angleterre en 1870, crée une section canadienne en 1890 et compte 15 membres au pays. La Society of St. Margaret (3 membres au Canada), d'origine américaine, œuvre à Montréal depuis 1881.

Les deux communautés d'hommes qui travaillent au Canada sont la Society of St. John the Evangelist (SSJE) et l'Ordre de la Sainte Croix. La SSJE est fondée en 1866 par R.M. Benson à Cowley (Oxford, Angleterre). Elle ouvre, en 1927, une filiale à Cambridge (Massachusetts), de laquelle est issue la communauté canadienne d'Emsdale (Ontario). En 1928, la Maison des Missions est transférée à Bracebridge où elle demeure jusqu'en 1983. Le nombre de membres de l'ordre diminue alors, et ceux qui restent s'installent à Hamilton (Ontario). L'ordre cesse ses activités au Canada en 1984, mais espère y revenir. Les membres qui restent vont vivre à Cambridge (Massachusetts).

L'Ordre de la Sainte Croix, fondé aux États-Unis en 1884, ouvre un prieuré canadien à Toronto en 1973. En plus de contribuer au développement de la vie spirituelle dans l'Église, les cinq membres de l'ordre dispensent des programmes pour les sans-abri et des services de réadaptation et de consultation pour alcooliques et toxicomanes.

Frank A. Peake

Église orthodoxe

L'orthodoxie orientale est le berceau du monachisme chrétien. À l'exemple d'Antoine d'Égypte (251-356), des centaines d'hommes et de femmes vont au désert pour chercher Dieu et aspirer à la sainteté. La sagesse de ces anachorètes (ermites) sera recueillie dans les *Sentences des Pères du désert*. Le moine copte Pacôme (290-346) et Basile de Césarée (330-379) institutionnalisent le monachisme cénobitique. En Palestine, Sabas (439-532) organise les laures (du grec *laura*), colonies d'anachorètes vivant sous l'autorité d'un abbé. L'ermitage de type scétiote, comprenant un ou deux moines dirigés par un autre plus âgé, est une innovation plus récente. Théodore le Studite (759-826) cherche à renforcer la discipline monastique et à ranimer la vie cénobitique selon l'enseignement de Basile de Césarée.

Le cœur du monachisme oriental est le mont Athos (la sainte montagne), dans le Nord de la Grèce. Ce lieu connaît au XIVe siècle une renaissance spirituelle suscitée par les hésychastes et Grégoire de Palamas (1296-1359). Les hésychastes recherchent la paix intérieure, souvent par la pratique d'exercices semblables au yoga et par la récitation de la «prière à Jésus» («Seigneur Jésus-Christ, Fils de Dieu, prends pitié de moi»).

Les moines orthodoxes orientaux ne sont pas regroupés en ordres religieux. Chaque monastère suit ses propres usages et règles en s'inspirant des grands maîtres de la tradition.

Au Canada, l'Église orthodoxe russe hors de Russie fonde, en 1953, une communauté de femmes, le Monastery of the Protection of the Most Holy Mother of God, à Bluffton (Alberta), et deux monastères pour hommes: le Holy Dormition (1955), à Northville (Alberta), et le Holy Transfiguration (1960), à Mansonville (Québec).

Le diocèse canadien de l'Église orthodoxe d'Amérique fonde deux fraternités religieuses: la Fraternité Missionnaire de Saint-Séraphim (1991), à Montréal, et la Fraternité Missionnaire de Saint-Silouan (1995), à Johnstown (Ont.). Il fonde aussi trois monastères: le Holy Transfiguration Skete (1977), qui déménage en 1982 de Rawdon (Qc) à Fitch Bay (Qc), la St. Seraphim Skete (monastère de femmes, 1978), à Rawdon, et l'Ermitage de la Protection de la Mère de Dieu (1992), à Saint-Eusèbe de Témiscouata (Québec).

T. Allan Smith

Communication, études en Les études en communication explorent les moyens par lesquels les gens qui produisent, diffusent et interprètent cette communication en arrivent à lui donner un sens. C'est une discipline universitaire relativement nouvelle, enseignée dans les départements ou les programmes de 13 universités canadiennes et dans de nombreux collèges. On lui consacre deux revues (*Communication et information*, à l'U. Laval, et le *Canadian Journal of Communication*, à l'U. McGill, à Montréal). Des associations nationales et québécoises et quelques organisations vouées à des intérêts spécialisés et regroupant des universitaires, des représentants de l'industrie et du gouvernement, ainsi que des particuliers, s'intéressent à cette discipline.

Elle étudie les médias de masse en fonction du contenu de leurs programmes, des méthodes de production de ces programmes et de l'impact des diverses influences sur la programmation. La structure économique des médias et leur rôle dans la vie politique font aussi l'objet de recherches. Les études en communication peuvent aussi porter sur la façon dont certains messages sont présentés dans les films, les annonces publicitaires et les manuels scolaires; dans les déclarations de presse durant les campagnes électorales; dans les reportages de nouvelles et les documents gouvernementaux, ou dans le déroulement d'une réunion ou d'une enquête publique. Le but des analyses en communication est d'en dégager toute la gamme de significations, qu'elles soient voulues ou non, pour voir comment elles sont structurées dans le message final reçu par les gens et pour examiner l'impact de ce qui est communiqué.

Quelques-uns des travaux les plus importants sur la communication sont l'œuvre de Harold INNIS, le spécialiste de l'histoire économique du Canada, qui s'est tourné vers les communications dans ses derniers ouvrages. Innis soutient que la méthode de diffusion de l'information influence non seulement l'impact du message, mais aussi son contenu ainsi que le mode de vie sociale dans son ensemble. Bien qu'il soit décédé (1952) longtemps avant l'ère de l'informatique ou du satellite, son travail sur les systèmes d'écriture anciens et la radio contemporaine lui a permis de prévoir bon nombre de changements qui allaient se produire dans une société basée sur la transmission rapide de l'information. La recherche en communication s'appuie aujourd'hui sur ses perceptions en examinant p. ex., les conséquences de l'alphabétisation et de la télévision sur les communautés inuites, la relation entre le développement économique et le développement des communications, ainsi que l'impact des nouvelles technologies de l'information.

Un aspect important des études en communication au Canada est l'influence des politiques gouvernementales (*voir* POLITIQUE CULTURELLE) et d'organismes tels que le CONSEIL DE LA RADIO-

DIFFUSION ET DES TÉLÉCOMMUNICATIONS CANADIENNES.

Les études en communication se sont développées aux États-Unis comme un amalgame d'ingénierie, de psychologie sociale, de langage de publicité ou de propagande. Le travail souvent très empirique des Américains s'oriente surtout autour de la diffusion de l'information. En Europe, les études en communication sont plus souvent théoriques et comprennent l'étude de l'idéologie et de la conscientisation. Au Canada, elles tirent leur impulsion originale des sciences humaines, deux des collaborateurs les mieux connus étant Marshall MCLUHAN et Northrop FRYE. Les études canadiennes en communication s'appuient aussi fortement sur la psychologie, la sociologie, la philosophie, les sciences politiques et économiques. Cette recherche peut se distinguer des traditions américaines et européennes par sa synthèse du travail théorique et empirique ainsi que par l'attention que de nombreux auteurs apportent dans la préparation de recommandations concernant la politique gouvernementale.

L'expérience «culturelle» est sous-jacente à beaucoup de recherches canadiennes et certainement à celles des universitaires francophones actifs dans ce domaine. Une attention particulière est accordée aux COMMUNICATIONS AU QUÉBEC, aux cultures régionales ou autochtones, aux problèmes associés à l'identité régionale, francophone ou nationale, ainsi qu'aux tensions centralisatrices et décentralisatrices dans le développement social du Canada. Les études en communication explorent aussi comment, quand et pourquoi des produits culturels comme les films, la musique ou la littérature acquièrent de l'importance pour certains ou pour tous les membres de la société. On peut poursuivre ces études au Canada de concert avec le journalisme, les communications commerciales, les études culturelles, les programmes en communications éducatives ou techniques.

Liora Salter

Communications Elles sont l'élément structurel clé de la société canadienne depuis l'époque où les canots sillonnant les cours d'eau étaient le seul lien entre les villages. Ce sont les communications par voies navigables ou terrestres qui ont rendu possible la fédération canadienne. De nos jours, ce sont les communications électroniques qui rendent possibles la bonne marche des affaires, le processus politique et l'accès à la culture et à l'information.

Ce n'est pas un hasard si le théoricien le plus renommé de ce siècle dans le domaine des communications, Marshall MCLUHAN, est un Canadien. Il a vécu dans un pays où les communications sont une obsession. Né à Edmonton, petite localité des Prairies alors isolée, rattachée par la suite au reste du Canada et aux États-Unis par le chemin de fer, le téléphone et le télégraphe, il meurt à Toronto, centre des communications en langue anglaise au Canada, où, à l'époque de sa disparition, il existe plus de chaînes de télévision que partout ailleurs dans le monde et où l'emprise des médias sur la société est quotidiennement commentée par la presse.

Les communications exercent une influence sur toutes les sociétés. Cela est particulièrement vrai au Canada, pays qui doit son développement aux systèmes de communications. Depuis la Confédération, le Canada occupe un territoire plus vaste que la plupart des pays. Gouverner des villages éloignés et les unifier au sein d'une entité politique, sociale et culturelle est lié avant tout à une logistique des moyens de communications. Les communications constituent toujours une tentative pour rapprocher les êtres humains, soit par le chemin de fer, l'avion, le téléphone ou le courrier postal.

La construction du chemin de fer du CANADIEN PACIFIQUE au cours des années 1880, dans le cadre de l'entente politique qui a présidé à la Confédération, constitue un effort pour compenser les effets de désagrégation des vastes espaces canadiens et pour prévenir l'assimilation de l'Ouest du Canada par les

États-Unis. Les mêmes motivations ont entraîné la constitution des réseaux de radio, de télévision, de TÉLÉPHONE et de TÉLÉCOMMUNICATIONS.

Depuis la fondation du Canada, les gouvernements reconnaissent l'importance des communications dans la vie canadienne. D'ailleurs, les systèmes de communications se développent avec l'appui du gouvernement et toujours sous sa surveillance. Depuis 1932, le gouvernement fédéral s'intéresse activement à la RADIODIFFUSION (*voir* SOCIÉTÉ RADIO-CANADA), d'abord à la radio, puis à la télévision.

Depuis la fin des années 30, le gouvernement possède sa propre agence cinématographique, l'OFFICE NATIONAL DU FILM, qui produit et distribue des films. Depuis les années 20, il réglemente les systèmes de radiodiffusion et de téléphone et, de nos jours, il est associé aux COMMUNICATIONS PAR SATELLITE.

L'entreprise privée joue un rôle de plus en plus important dans le domaine de la radio et de la télédiffusion, surtout depuis les années 60. Toutefois, certaines localités, surtout dans le Nord, ne pourraient bénéficier du développement des communications sans une participation active du gouvernement (*voir* COMMUNICATIONS DANS LE NORD).

La PUBLICITÉ occupe une place stratégique dans presque tous les médias. Solliciter le consommateur est son rôle principal. C'est la publicité qui a rendu possible la société de consommation en diffusant à large échelle et rapidement des informations sur les produits et les services.

Les annonceurs savent par expérience que la publicité télévisée est l'un des moyens les plus efficaces pour vendre un produit. Habituellement, le message publicitaire télévisé ne cherche pas à vendre directement un produit, mais diffuse des images attrayantes pour s'introduire ainsi dans l'inconscient du consommateur.

Ainsi, la télévision associe la bière à l'amitié, les appels interurbains aux liens familiaux, les vêtements à la jeunesse et à la beauté. Une étude attentive de la publicité télévisée illustre bien son influence sur les valeurs adoptées par la plupart des spectateurs à une époque donnée.

Les médias

Les médias forment un réseau sophistiqué qui s'étend comme une toile sur le continent et dont la trame est constituée par les JOURNAUX, les MAGAZINES, les stations de radio et de télévision. Il existe des relations étroites entre les individus qui dirigent ces institutions, et les rôles y sont souvent interchangeables. Le directeur d'un magazine peut écrire un livre qui sera publié en feuilleton dans un journal, en discuter à la radio et, ensuite, participer à sa réalisation sous la forme d'une série télévisée.

Les médias sont également reliés par les faits, les thèmes et les idées véhiculés. Les auditeurs de la radio se rendent compte de cette interdépendance lorsqu'ils constatent que les nouvelles entendues à l'heure du petit déjeuner sont une version remaniée des nouvelles écrites la veille pour le journal du matin. La nouvelle est un service qui peut être vendu. La PRESSE CANADIENNE, agence nationale de presse qui détient l'information, est dans les faits une coopérative soutenue par les journaux qui vend ce service aux diffuseurs.

Grâce à ce système, et aussi parfois en dehors de celui-ci, les nouvelles circulent librement d'un média à l'autre. Un article ou une citation d'un journaliste de la presse écrite sera choisi par un reporter de la télévision et jointe à une déclaration récente d'un fonctionnaire pour servir de base à un autre article publié dans un autre journal. Quelques heures plus tard, la même information peut faire l'objet d'un reportage écrit ou télévisé.

McLuhan, dont les travaux s'appuient sur des études de médias effectuées par l'économiste et pionnier du domaine Harold INNIS, croyait que les

médias façonnent non seulement notre vision des choses, mais influencent aussi nos actes. Les gens qui recherchent la publicité créent souvent l'événement télévisuel qui leur assurera un reportage à la télévision et, à un moindre degré, dans la presse écrite et à la radio. Les campagnes électorales des chefs politiques sont organisées de façon à fournir des images télévisées intéressantes. La visite d'une aciérie, p. ex., n'a pas pour unique but d'attirer le vote des travailleurs de l'acier, mais est également une façon d'assurer au candidat un temps d'antenne précieux dans un environnement attirant.

Avant l'avènement de la télévision, une conférence de presse donnée par un premier ministre représentait un événement quasi confidentiel et sans grande importance. Aujourd'hui, il s'agit d'une affaire publique. L'épisode le plus dramatique des dernières décennies au Canada, la CRISE D'OCTOBRE de 1970 à Montréal, a été un événement télévisuel. Les ravisseurs du FLQ ont donné le ton en demandant que leur manifeste séparatiste soit lu à la télévision et en communiquant régulièrement avec la police par le truchement de messages envoyés aux stations radiophoniques.

La décision du gouvernement fédéral d'imposer la LOI SUR LES MESURES DE GUERRE a jeté un voile sur les activités des ravisseurs dans les médias et mise l'OPINION PUBLIQUE sous la tutelle des autorités. Les Canadiens reçoivent l'information par le biais de la télévision ou de la radio. Pour les propriétaires et les journalistes, ces médias sont devenus beaucoup plus rentables que le journal ou l'ÉDITION d'un livre. Ayant perdu la plus grande part de leurs recettes publicitaires au profit des diffuseurs, les journaux sont de plus en plus sujets à fusionner ou à disparaître.

Toutefois, les journaux demeurent au centre du réseau des communications dans la plupart des collectivités et dans les deux langues officielles, parce qu'ils emploient plus de reporters que les réseaux de radio et de télédiffusion et diffusent plus de nouvelles et de commentaires. Ce sont les journaux qui fournissent l'information aux stations de radio et de télévision et qui en soulignent l'importance.

Ce sont également les journaux, et non les réseaux de radio et de télévision, qui établissent le calendrier des discussions dans le domaine des affaires publiques, notamment le GLOBE AND MAIL pour le Canada anglais et LE DEVOIR pour le Canada français. Bien que la radio et la télévision se soient emparées du pouvoir économique des journaux, elles n'en magnifient pas moins le rôle joué par ces derniers dans la formation de l'opinion publique, rôle joué par les journaux depuis l'époque de la colonisation.

Les rapports entre ces médias ont fait naître des courants d'opinion. Un politicien peut être admiré dans les médias une année, discrédité l'année suivante et respecté à nouveau quelques années plus tard. La carrière publique de Robert STANFIELD, de son ascension à la direction du Parti progressiste-conservateur, en 1967, jusqu'au moment de sa retraite, en 1976, en est un bon exemple.

Les débats d'ordre public semblent naître et mourir de la même manière: l'avortement a été considéré comme un acte criminel durant une décennie et ensuite comme un droit humain la décennie suivante. Dans bien des cas, les médias ne font que refléter leur propre perception de l'opinion et de l'intérêt publics, inévitablement déformée par les journaux et les journalistes des stations de radio et de télévision.

Les médias qui vendent une idéologie sont eux-mêmes influencés par celle-ci. Les intonations d'une personnalité de la radio ou de la télévision peuvent être imitées par des centaines de commentateurs de bulletins d'informations, et le style d'un magazine peut se répandre sur tout le continent. Vient un temps où tous les médias semblent n'être que de pâles reflets les uns des autres.

McLuhan nous a appris à étudier le développement technologique des médias pour comprendre leur influence. Si nous suivons son enseignement, nous découvrons un processus se répétant lui-même dans les communications, un processus inédit de sophistication et de raffinement qui travaille à l'encontre de la création d'une société homogène.

Les débuts de chaque média sont passablement identiques: le média veut plaire à tous. Les premiers promoteurs le considèrent presque comme un jouet. Plus tard, à mesure que les techniques de persuasion se raffinent et que des entrepreneurs et des fonctionnaires à l'imagination fertile étudient à fond les auditoires potentiels, il devient possible d'atteindre des auditoires plus sélectifs et ainsi satisfaire les goûts particuliers de chacun.

Ainsi, à ses débuts, l'industrie du cinéma ne comprend que quelques studios en Amérique et en Europe qui essaient de dominer le marché. Plus tard, lorsque les procédés techniques deviennent plus accessibles, un grand nombre de pays et des centaines de compagnies se lancent dans la production de films et réalisent des œuvres majeures.

Les disques sont d'abord diffusés par quelques compagnies qui dictent ainsi les goûts du public, mais, avec l'avènement du microsillon en 1948, plus économique, le processus de diversification commence, et des centaines de compagnies surgissent pour desservir des marchés restreints et disparates.

La radio, d'abord créée dans le but de diffuser de la musique populaire, offre, par la suite, à ses auditeurs des reportages intéressants, des versions radiophoniques de pièces de théâtre populaires pleines d'imagination et de la musique destinée à un public de connaisseurs. Récemment, un phénomène identique s'est produit dans le domaine des magazines. Il existe, actuellement, environ dix fois plus de magazines au Canada qu'en 1960. La plupart d'entre eux répondent à des goûts précis. À la fin des années 70, la télévision commence elle aussi à se modeler à cet état de fait.

Avènement du câble

Avec l'avènement de la CÂBLODISTRIBUTION et de la TÉLÉVISION PAYANTE, la «diffusion restreinte» (par opposition à une diffusion plus vaste) fait l'objet de nombreuses recherches dans le but d'atteindre de petits auditoires choisis, ayant des goûts communs. Seuls les quotidiens prennent une direction opposée. En dépit d'une technologie de pointe comme le traitement informatisé de l'information, ils diminuent en nombre, mais atteignent une plus vaste clientèle. Au début des années 80, le JOURNALISME écrit semble avoir trouvé une nouvelle manière d'obtenir et de traiter l'information avec les systèmes de vidéotex interactif.

Grâce au vidéotex, le consommateur, en pressant un bouton, fait apparaître sur son écran un texte écrit (comportant parfois des images fixes). Le texte peut être une publicité, un bulletin météorologique, un article d'encyclopédie, une nouvelle ou tout ce qui s'exprime par le mot et l'image. Voilà qu'est née une nouvelle forme de «publication». Bon nombre de pays expérimentent divers systèmes de vidéotex, y compris le télidon, procédé canadien créé par le ministère des Communications, à Ottawa, dans les années 70.

Tout au long du développement de ces nouvelles technologies de communication au cours des 80 premières années du siècle, l'expérience du Canada est à peu près identique à celle des autres pays. Accumuler des centaines de disques de Mozart n'est ni plus ni moins rémunérateur à Vancouver, qu'à Melbourne ou à Vienne. Toutefois, sur bien d'autres plans, le Canada est un cas à part, puisqu'il est le voisin immédiat du pays possédant la technologie la plus avancée en matière de communications et aussi la plus novatrice. La culture américaine est une menace pour l'imaginaire canadien. La plupart des pays réglementent les apports culturels venant de l'étranger en imposant des quotas sur l'importation des films (voir CINÉMA) et des émissions de radio et de télévision. Le Canada, lui, n'a su établir que peu de barrières en ce domaine, et celles qu'il a établies se sont révélées peu efficaces et souvent inopérantes.

En 1932, lorsque le premier ministre R.B. Bennett dépose un projet de loi visant la création d'un réseau de radiodiffusion public, il déclare en Chambre que le pays doit absolument contrôler la radiodiffusion de source canadienne, sans ingérence ni influence étrangères. En l'absence de ce contrôle, la radiodiffusion ne pourra jamais devenir une grande agence de communications pour les affaires nationales ou pour la propagation d'une pensée et des idéaux nationaux. Sans ce contrôle, elle ne saurait devenir l'instrument nécessaire à la diffusion d'une culture reflétant l'unité nationale.

Dès lors, la plupart des gouvernements fédéraux et plusieurs commissions royales réaffirment ces points de vue, mais sans grands résultats. Les bulletins de nouvelles et les programmes d'affaires publiques à la télévision attirent l'attention de tous les Canadiens sur les questions d'intérêt national, mais, dans la plupart des autres domaines, nos médias ne sont qu'une pâle imitation des médias américains. En conséquence, les communications de masse ont été le terrain sur lequel certaines des plus importantes batailles pour la souveraineté du Canada se sont livrées.

Les forces de la culture nationale ne connaissent que quelques rares victoires, telles que la création des réseaux français et anglais de télévision et de radio par la Société Radio-Canada ou l'adoption de la loi de 1975 qui empêche les magazines américains d'établir des filiales de leur maison d'édition au Canada. La raison majeure de ces déboires en est le coût. Le Canada offre un marché restreint, divisé en deux groupes linguistiques. En radiodiffusion, comme dans les domaines de la diffusion du livre de poche, des magazines ainsi que dans bien d'autres domaines, les Canadiens considèrent qu'il est moins cher et plus avantageux d'importer.

Une autre raison est la lutte entre les intérêts publics et privés. De façon générale, les intérêts privés encouragent une américanisation croissante de la culture au Canada, invoquant qu'il est plus rentable et moins risqué de revendre des films, des émissions de télévision ou des disques américains que de les produire au Canada.

Les forces représentant l'intérêt public (la Société Radio-Canada, les organismes fédéraux de réglementation et les réseaux provinciaux de télévision) sont nettement divisées sur la question des intérêts régionaux contre l'unité nationale. Cette dernière implique une centralisation croissante, un réseau de production dominé par Toronto, comparable au pouvoir grandissant des organismes fédéraux à Ottawa.

Les régionalistes soutiennent que les médias nationaux feront disparaître les centres névralgiques de l'expression culturelle des provinces. Les partisans d'une certaine idéologie centraliste affirment que la population du Canada ne peut se permettre d'avoir plus de deux villes économiquement et culturellement à égalité, comme Toronto ou Montréal, et soutiennent que l'on peut s'estimer heureux si ces deux villes atteignent un certain niveau capable de soutenir la concurrence d'autres villes à travers le monde.

Le nationalisme canadien devient une force plus puissante au cours des années 60 et 70 qu'il ne l'a été à tout autre moment depuis les années 20. La reconnaissance et la mise en valeur de la culture nationale et régionale est de plus en plus une affaire d'intérêt public. Cet intérêt amène des changements fondamentaux dans les domaines de l'édition et des arts du spectacle, mais à peu d'effets sur la télévision, parce qu'une force rivale est à l'œuvre: la télévision par câble.

Mettant les stations américaines à la portée de la majorité des téléspectateurs, le câble place les diffuseurs canadiens en état d'infériorité dans leur propre pays, reléguant au second plan les émissions canadiennes de variétés et les DRAMATIQUES TÉLÉVISÉES. À un moment où les outils de communications devraient être florissants, ils se retrouvent plus faibles que jamais.

L'influence de la télévision par câble se fait sentir même au Québec. Durant ses 20 premières années d'existence, la télévision a eu tendance à renforcer l'identité québécoise en produisant une génération d'écrivains, de vedettes et de commentateurs de télévision canadiens français. Le plus célèbre est René LÉVESQUE, commentateur à Radio-Canada dans les années 50, qui deviendra premier ministre du Québec en 1976.

Cependant, avec l'avènement du câble, un grand nombre de Canadiens français deviennent des consommateurs d'émissions américaines. Dès lors, la télévision devient une autre menace pour la survie de la langue française. Dans le domaine des communications de masse, toute nouvelle technologie engendre des changements dans la manière de vivre, mais entraîne aussi toute une série de problèmes sociaux.

Robert Fulford

Communications au Québec Elles se distinguent par l'existence de deux médias souvent en opposition, servant des cultures différentes, et par la façon dont les médias francophones ont toujours exprimé ou renforcé la nature du Canada français. Un différend constitutionnel entre Québec et Ottawa sous-tend le développement des communications au Québec. S'appuyant sur sa compétence en matière de langue, d'éducation et de culture, le gouvernement québécois a toujours revendiqué une autorité pleine et entière dans le champ des communications sur son territoire. La bataille politique elle-même ne prend tout son sens que par rapport à la situation linguistique et culturelle du Québec dans le contexte nord-américain. L'évolution des médias est par ailleurs intimement liée au processus de modernisation entrepris au Québec depuis la Seconde Guerre mondiale, plus particulièrement au bouillonnement politique et culturel des années 60 et 70.

La bataille fédérale-provinciale des communications s'amorce dès 1929, année de la publication du rapport Aird. Le gouvernement TASCHEREAU adopte alors une première «loi relative à la radiodiffusion en cette province». En 1931, une seconde loi du gouvernement québécois sur la radio entraîne une contestation juridique du gouvernement fédéral. Le jugement de la Cour suprême donne raison au gouvernement central. Le Québec en appelle auprès du comité judiciaire du Conseil privé de Londres qui, en 1932, confirme le verdict de la Cour suprême. Le raisonnement invoqué à l'appui de la thèse fédérale se fonde sur une interprétation du paragraphe 10 de l'article 92 de la LOI CONSTITUTIONNELLE DE 1867 qui fait référence au télégraphe, seul moyen moderne de communications connu à l'époque de la Confédération. La radiocommunication est assimilée au télégraphe, car on considère que les ondes hertziennes peuvent difficilement être contenues à l'intérieur des limites des provinces.

Du fait que les médias constituent des outils privilégiés de promotion et de diffusion de l'information, les gouvernements québécois successifs ont revendiqué la responsabilité du développement culturel. En 1945, Maurice DUPLESSIS fait adopter une «loi autorisant la création d'un service provincial de radiodiffusion». Il faudra toutefois attendre 1968 pour que Radio-Québec voie le jour. En 1972, le réseau éducatif de Radio-Québec présente une programmation de quelques heures sur le câble. En 1975, il inaugure sa diffusion en UHF.

En 1969, le gouvernement de Daniel JOHNSON crée le ministère des Communications. Trois ans plus tard, le gouvernement de Robert BOURASSA élargit le mandat de la Régie des services publics à «l'émission, la transmission ou la réception de sons, d'images, de signes, de signaux, de données ou de messages par fil, câble, ondes ou tout moyen électrique, électronique, magnétique, électromagnétique ou optique». Le contrôle de la CÂBLODISTRIBUTION constitue l'enjeu majeur, et le CRTC et la Régie se disputent la préséance pour la délivrance des permis. En 1977, la Cour suprême met fin à la guerre du câble, tranche en faveur du fédéral et reconnaît sa compétence exclusive en la matière.

Montréal a connu les débuts de la radiodiffusion en 1919 avec l'inauguration de la station XWA (devenue CFCF). En 1932, CKAC devient la première station de radio de langue française. L'avènement de la télévision et son développement rapide dans les années 50 comptent au nombre des facteurs qui ont préparé la RÉVOLUTION TRANQUILLE, notamment l'émission *Point de mire*, animée par René LÉVESQUE. Des JOURNAUX, des MAGAZINES, des romanciers et des chansonniers francophones y ont aussi contribué. Le secteur publicitaire francophone, jusque-là un simple service de traduction, échappe dans les années 60 à la maîtrise anglophone pour embraser le milieu canadien-français. Les médias s'alimentent à cette effervescence créatrice qui marque tous les secteurs de la culture à partir de la fin du régime duplessiste. La réponse du public fait la fortune de certaines émissions radiophoniques et télévisuelles (*voir* RADIO, THÉÂTRE DE LANGUE FRANÇAISE À LA; PROGRAMMATION RADIOPHONIQUE; PROGRAMMATION TÉLÉVISUELLE). Au début des années 70, les tribunes téléphoniques ont une popularité rarement égalée ailleurs. Les adaptations de romans pour la télévision (la recette québécoise type pour réaliser des séries dramatiques) connaissent une popularité durable (*voir* TÉLÉVISION, DRAMATIQUES DE LANGUE FRANÇAISE À LA). Des émissions de variétés faisant appel à la participation de l'auditoire ont également la faveur du grand public.

En 1999, le CRTC accorde des permis à 87 stations de radio sur la bande AM et 277, sur la bande FM, et à 440 stations de télévision. À ceci s'ajoutent 6 chaînes de TÉLÉVISION PAYANTE. La presse écrite compte alors 12 quotidiens, 102 périodiques régionaux, 122 périodiques spécialisés et 120 publications diverses.

Les cinéastes québécois, malgré de constantes difficultés de financement et de distribution, contribuent à l'évolution de leur art de façon intéressante, notamment dans le développement d'un genre qu'on a appelé cinéma-vérité ou CINÉMA direct. Quelques-uns se font remarquer par leurs recherches sur le langage cinématographique.

Depuis 1960, le Québec est le théâtre d'une série d'expériences originales d'utilisation des médias à des fins d'éducation et d'animation sociale et culturelle. Il en tire une réputation internationale de véritable laboratoire d'expérimentation sociale des communications. Au début des années 60, dans le cadre des travaux du Bureau d'aménagement de l'est du Québec (BAEQ) et de l'Aménagement rural et développement agricole (ARDA), des films documentaires sont produits pour constituer des outils d'animation dans des rencontres de groupes. L'OFFICE NATIONAL DU FILM, surtout dans son programme «Société nouvelle», est actif au Québec et dans tout le Canada vers la fin des années 60 et le début des années 70. Depuis quelques années, le Groupe de recherches sociales rassemble les pionniers de ce cinéma d'intervention. Ce courant compte maintenant des groupes d'intervention vidéo (*voir* VIDÉO, ART) qui alimentent leurs productions divers mouvements sociaux.

En 1967-1968, le ministère de l'Éducation du Québec met sur pied, au Saguenay–Lac-Saint-Jean, un audacieux projet pilote d'éducation populaire par les médias (TEVEC). Le succès de TEVEC conduit au lancement d'un programme encore plus vaste et

plus ambitieux, desservant plusieurs régions du Québec (Multi-Média).

Les années 70 voient fleurir diverses expériences de médias communautaires: des télévisions communautaires, tout d'abord, qui diffusent sur le câble une programmation quantitativement et qualitativement variable. Des difficultés de financement, de recrutement et d'organisation conjuguées à des querelles idéologiques amènent plusieurs d'entre elles à fermer leurs portes après une brève période d'opération. De plus, le jugement de la Cour suprême sur la câblodistribution en 1977 refroidit l'ardeur du ministère des Communications et diminue son intérêt à soutenir financièrement ces expériences par l'intermédiaire de son programme d'aide aux médias communautaires.

Les radios communautaires ont connu un début plus lent, mais elles sont actuellement en pleine expansion. On en compte 19 en opération, et chaque année de nouvelles entrent en ondes (sur bande FM). Moins onéreuses en matière d'investissement et de fonctionnement, elles comblent des lacunes sur le plan de l'information locale et régionale. L'association qui les regroupe, l'ARCQ, organise à Montréal, en août 1983, la première assemblée mondiale des radios communautaires.

Aujourd'hui, le Québec tente de faire face aux défis que pose le développement des nouvelles technologies des communications. La multiplication des canaux de télévision disponibles accentue la menace d'américanisation culturelle. L'expansion rapide de la câblodistribution, de l'informatique et des services de bureautique et de télématique exige une réaction prompte des Québécois pour le développement d'une industrie locale de matériel et de logiciels. Comme pour les médias antérieurs, la petitesse du marché intérieur rend la tâche difficile.

Gaétan Tremblay

Communications dans le Nord Elles ont joué un rôle crucial dans le NORD. Avant l'avènement des médias électroniques, l'environnement, le climat et l'éloignement rendaient difficiles les communications entre les habitants du Nord ou entre ceux du Nord et du Sud. La communication entre les Inuits se faisait par le bouche à oreille. Comme les autres autochtones, les Inuits ne connaissaient pas l'écriture avant l'arrivée des Européens au XVIᵉ siècle.

Premiers échanges Les premiers explorateurs se déplacent en bateau, et c'est par hasard qu'ils rencontrent les Inuits. À leur arrivée dans le Nord, au XIXᵉ siècle, les pêcheurs de baleines et les commerçants troquent avec les Inuits différents objets et techniques contre des produits de chasse et de pêche. Ces échanges sont nécessaires, mais il n'existe pas de communication parce qu'il n'y a pas de véritable dialogue.

À la fin du XIXᵉ siècle, les missionnaires élaborent des systèmes d'écriture des langues autochtones (*voir* ÉCRITURE SYLLABIQUE CRIE). En 1910, environ 98 p. 100 des Inuits des régions de l'Est de l'Arctique lisent et écrivent maintenant leur langue. Cependant, l'utilisation de trois systèmes distincts d'écriture de l'inuktitut (la langue inuite) renforce les dialectes et les disparités régionales entre les Inuits du Canada.

Peu de livres sont traduits en inuktitut. En outre, comme la plupart des Inuits ne parlent et n'écrivent ni l'anglais ni le français, ils ne peuvent prendre part aux changements économiques et sociaux provoqués par l'arrivée des organisations du Sud. L'importance militaire et économique du Nord favorise l'éclosion des médias électroniques.

Radio et télévision La radio apparaît dans le Nord à la fin des années 20. Dès lors, les messages en direction et en provenance du Sud ne sont plus tributaires des traversées annuelles des navires ravitailleurs. Dans les années 30, les organismes du Nord commencent à utiliser la transmission hertzienne par haute fréquence pour les affaires et pour les cas d'urgence médicale. L'utilisation des basses fréquences

leur permet de garder le contact avec le Sud. Comme les premières émissions sont en anglais, la radio favorise peu les communications entre les Inuits et les autres Canadiens.

La première émission en inuktitut est diffusée en 1960. En 1972, seulement 17 p. 100 de la programmation par ondes courtes du Service du Nord de Radio-Canada est offerte en inuktitut (*voir* RADIODIFFUSION ET TÉLÉDIFFUSION). Les débuts de la télévision dans le Nord se font selon le même cheminement.

En 1967, la programmation télévisée est offerte à la première des 17 localités desservies dans l'Arctique de l'Ouest, grâce à la transmission en différé de bandes vidéo en programmes de 4 heures. La *Loi de la Télésat Canada* (1969), qui favorise l'implantation du satellite au pays, permet d'offrir le service du TÉLÉPHONE et celui de la télévision de Radio-Canada aux régions éloignées du pays, et notamment, à celles du Nord (*voir* SATELLITE, COMMUNICATION PAR).

L'accès aux émissions sur ruban magnétoscopique est offert aux habitants de Frobisher Bay (Iqaluit) en 1972. La même année, le Canada lance le satellite Anik A qui, en 1973, permet aux collectivités du Nord de bénéficier des services de téléphonie, de la radio et de diffusion télévisuelle. En 1974, Radio-Canada met en œuvre un plan accéléré de développement qui a pour but d'offrir un service de radiodiffusion et de télédiffusion aux communautés de 500 habitants et plus à mesure que des fonds sont accessibles.

Les Inuits accueillent généralement avec enthousiasme l'arrivée de la télévision. D'autres, par contre, se rallient aux Canadiens qui craignent les répercussions de ces nouveaux médias sur leur langue et leur culture (*voir* AUTOCHTONES, MÉDIAS DES). Dans la production sur ruban magnétoscopique offerte à la communauté, il n'y a aucune émission réalisée par des Inuits.

En 1972, l'OFFICE NATIONAL DU FILM crée le premier de deux ateliers de production cinématographique à l'île de Baffin. Celui de Frobisher Bay (Iqaluit) devient, en 1975, la Société de communications autochtones Nunatsiakmiut. Grâce à cette société, les Inuits produisent leurs premières émissions pour Radio-Canada. Toutefois, avant 1982, Radio-Canada diffuse dans le Nord moins d'une heure d'émissions en inuktitut par semaine et jamais en direct.

De toute évidence, les médias électroniques permettent aux habitants du Nord de communiquer plus facilement entre eux et avec les habitants du Sud, mais les autochtones ne profitent pas encore de toutes les possibilités offertes par ces nouveaux outils de communication. De nouveaux projets sont mis de l'avant afin de favoriser leur participation.

Expérimentation des satellites dans le Nord En 1976, le Canada lance le premier de deux programmes expérimentaux de communications par satellite, afin de mettre à l'essai les applications de la nouvelle TECHNOLOGIE DES COMMUNICATIONS. Grâce aux satellites, les communautés du Nord peuvent profiter des services de télémédecine et de télé-enseignement. Les Inuits du Nord du Québec utilisent le système Hermès et l'ancien système Anik A pour établir un réseau de radiodiffusion entre huit communautés. Les habitants peuvent téléphoner aux stations radiophoniques pour que leurs commentaires soient diffusés sur tout le réseau.

En 1978, le satellite Anik B est lancé. Les Inuits du Québec et ceux des Territoires du Nord-Ouest l'utilisent à des fins de radiodiffusion et pour en expérimenter les possibilités communicationnelles. Le satellite Anik B relie entre elles six communautés qui forment ainsi un petit réseau de télévision. La diffusion se fait à partir d'une seule communauté dans chaque région, mais les habitants des six localités peuvent communiquer entre eux, leurs messages étant diffusés sur tout le réseau.

C'est à la suite de ces expériences qu'est née la Inuit Broadcasting Corporation, pendant l'été 1981. Cette société diffuse plusieurs heures d'émissions en inuktitut chaque semaine, y compris des émissions de télévision en direct du Nord.

Les initiatives des autochtones dans le domaine de la radio et de la télévision sont stimulées davantage par la parution, en 1980, du rapport du Comité sur l'extension du service aux petites localités éloignées et à celles du Nord du CONSEIL DE LA RADIO-DIFFUSION ET DES TÉLÉCOMMUNICATIONS CANADIENNES. Ce rapport pose les jalons de la politique canadienne en matière de communications dans le Nord et souligne également l'apport des autochtones au chapitre de la radio et de la télévision dans cette région.

Faits nouveaux Au cours des années 80, de nombreux services voient le jour dans le Nord. En 1981, toutes les localités nordiques étaient dotées d'un service téléphonique par satellite. En outre, en 1983, la dernière des 57 communautés inuites capte les émissions de télévision de Radio-Canada. Toutes reçoivent maintenant la radio de Radio-Canada, et la plupart disposent d'une station radiophonique communautaire mise sur pied grâce à des programmes parrainés par Radio-Canada, les gouvernements provinciaux et territoriaux ou par des sociétés de communications autochtones du Nord. Au moins 11 localités inuites disposent des installations nécessaires pour produire des émissions de télévision communautaires, et un grand nombre utilisent l'équipement de Radio-Canada à cette fin.

En 1991, Television Northern Canada (TVNC) reçoit une licence du CRTC pour établir un réseau de télévision autochtone dans le Nord. Le canal exclusif au Nord, diffusé par satellite, est partagé par six sociétés de communication autochtones, le gouvernement des Territoires du Nord-Ouest, le Yukon College, la National Aboriginal Communications Society, d'autres organismes autochtones, le Service du Nord de Radio-Canada et Télésat Canada. Le satellite a des liaisons montantes à Iqaluit et à Yellowknife (Territoires du Nord-Ouest) ainsi qu'à Whitehorse (Yukon). TVNC atteint 94 communautés situées dans 5 fuseaux horaires différents, du Yukon de l'Ouest au Labrador. TVNC diffuse dans 15 langues autochtones à un auditoire de 100 000 personnes, dont plus de la moitié sont d'origine autochtone. Outre la radiodiffusion en réseau, l'autoroute de l'information des télécommunications et des services informatiques qui s'étend sur tout le pays relie de plus en plus les communautés du Nord.

Nombreux sont les autochtones qui, encore aujourd'hui, ne parlent et ne lisent ni l'anglais ni le français. Le Programme d'accès des autochtones du Nord à la radiotélédiffusion, en œuvre depuis 1983, leur permet de recevoir et de transmettre des informations dans leur propre langue. Grâce à la politique et aux programmes mis de l'avant au chapitre des communications, les médias électroniques ont rapproché les habitants du Nord. Ils leur permettent maintenant de communiquer avec les autres Canadiens et incitent les autochtones à prendre part aux transformations qui se produisent dans les régions septentrionales du pays.

Gail Valaskakis

Communications, législation sur les Elle concerne non seulement les décisions des tribunaux dans le domaine des COMMUNICATIONS, mais aussi les pouvoirs fédéraux et provinciaux qui régissent la radio, la télévision, la CÂBLODISTRIBUTION, de même que certaines compagnies de téléphone et certains services de télécommunications. Contrairement à ce qui se fait aux États-Unis, la législation porte surtout sur les décisions administratives. Les tribunaux tranchent sur les questions de compétence et décident si le gouvernement fédéral ou les provinces doivent accorder une licence pour tel service de communications. Ils sont également appelés à déterminer la portée et les pouvoirs des organismes de régle-

mentation et à intervenir lorsque des titulaires de licence enfreignent les règlements ou lorsque des décisions du CRTC sont portées en appel.

Aujourd'hui, la radiodiffusion, tout comme certains services de TÉLÉCOMMUNICATIONS, sont régis par le CONSEIL DE LA RADIODIFFUSION ET DES TÉLÉCOMMUNICATIONS CANADIENNES (CRTC). L'action du CRTC est toutefois déterminée par des normes législatives distinctes, selon la sphère d'activité. En outre, certains services et sociétés (Télésat Canada) sont visés par leurs propres normes législatives.

La radiodiffusion désigne tout service qui fait intervenir la transmission et la réception d'émissions destinées au grand public et diffusées, en partie du moins, par ondes hertziennes. Bien que la câblodistribution suppose, comme son nom l'indique, la transmission par câble, elle est tout de même considérée comme un service de radiodiffusion, parce que les signaux sont émis à la compagnie de câblodistribution au moyen d'ondes hertziennes, et parce que la diffusion est régie en tant que système unique. Les effets des mesures prises par un titulaire de licence ou un organisme sont pris en compte du point de vue de l'ensemble du système. Il arrive qu'une licence ne soit pas accordée à un nouveau service lorsque, p. ex., le CRTC croit qu'il nuirait aux services de radiodiffusion ou à la programmation qui existent déjà. Les JOURNAUX ne sont pas régis par le CRTC, bien que les décisions relatives à la délivrance de licence de diffusion tiennent maintenant compte de ce que le requérant possède ou non un quotidien qui dessert la même région (*voir* MÉDIAS, PROPRIÉTÉ DES). Le CINÉMA n'est pas réglementé, exception faite de la classification et de la CENSURE du contenu des films qui sont du ressort des provinces.

En vertu du mandat et des pouvoirs que lui confère la *Loi sur la radiodiffusion* de 1968, le CRTC veille à la délivrance des licences, à la surveillance des tarifs de câblodistribution et des changements de propriétaires ou de dirigeants ainsi qu'à la qualité de la programmation. Il a le pouvoir d'enrichir le tissu social, culturel et économique du Canada et de veiller à ce que le système de radiodiffusion soit majoritairement canadien. Ainsi, le CRTC fait des règlements relatifs au contenu canadien, qu'il revoit périodiquement. En outre, grâce au décret sur la propriété, promulgué pour la première fois en 1969, il peut veiller à ce que les compagnies de câblodistribution soient détenues et dirigées par des Canadiens.

Le CRTC a le pouvoir d'examiner le contenu de la programmation afin d'en assurer la qualité, mais il n'a aucun pouvoir sur le contenu des émissions. En fait, la loi stipule que la programmation doit être variée et globale et refléter divers points de vue. Un certain nombre de lignes directrices ont été conçues afin de favoriser cette diversité. La politique relative à la FM, p. ex., stipule que des licences seront délivrées uniquement aux stations FM qui ne se font pas concurrence dans une région. Pendant de nombreuses années, le CRTC n'accordait pas de licences aux stations à caractère religieux et, à l'heure actuelle, il n'en délivre qu'à celles qui présentent une variété de points de vue (*voir* PROGRAMMATION RADIOPHONIQUE; PROGRAMMATION TÉLÉVISUELLE).

Sauf lorsqu'il s'agit d'émissions politiques en période électorale, le Canada ne possède pas d'équivalent de l'amendement américain concernant la liberté d'expression. Toutefois, l'incidence de la *Charte canadienne des droits et libertés* sur la radio et la télévision reste encore à déterminer. Le CRTC a tenu plusieurs enquêtes publiques pour s'assurer que la SRC présente une programmation équilibrée, que les questions controversées sont traitées équitablement, que les animateurs de lignes ouvertes informent bien leur auditoire afin d'assurer un débat éclairé et que des commentaires injurieux ne sont pas utilisés au nom de la liberté d'expression. Les diffu-

seurs doivent veiller à ce que leur rendement soit à la hauteur de leurs engagements et ils sont responsables du contenu de leur programmation. Le CRTC peut rattacher aux licences des conditions dont la mise en application relève des tribunaux.

Les personnes qui se sentent lésées peuvent porter plainte à la station de radio ou de télévision, au réseau ou devant le CRTC, qui peut décider d'examiner la situation au cours d'une audience publique spéciale. Le CRTC peut également tenir des audiences pour le renouvellement d'une licence ou agir à titre de médiateur en cas de conflit. Les médias n'étant pas assujettis à la Commission des droits de la personne fédérale, le CRTC et le public comptent plutôt sur la persuasion et les règlements internes des diffuseurs pour limiter les abus ou régler les problèmes.

Le CRTC est habituellement maître de ses procédures et n'a pas à suivre les décisions des tribunaux ou les précédents lorsqu'il rend ses décisions. Les demandes, de même que les règlements et les politiques à étudier, sont annoncés dans la *Gazette du Canada* et, habituellement, dans les médias locaux. À moins d'avis contraire du CRTC et par l'entremise de ses bureaux régionaux, les requérants doivent rendre publics tous les renseignements pertinents. Des audiences peuvent avoir lieu pour étudier des politiques ou des demandes (des audiences sont obligatoires uniquement lorsqu'il s'agit de l'annulation d'une licence). Le public est invité à intervenir, à présenter des observations par écrit et, lorsque c'est possible, à les exposer lors d'une audience, que ce soit à l'appui, à l'encontre ou tout simplement à l'égard d'une demande. Les règles de procédure peuvent être obtenues dans les bureaux du CRTC. Les groupes sont également invités à faire leurs observations sur des questions générales en présentant un mémoire au CRTC. À cette fin, ils doivent obtenir l'autorisation au moins trois jours avant la date de l'audience.

Le CRTC publie toutes ses décisions, qui peuvent faire l'objet d'un appel devant le Cabinet fédéral dans les 60 jours qui suivent leur publication. Le Cabinet peut alors donner des directives au CRTC ou lui demander de revoir sa décision. Les décisions du Cabinet sont sans appel, et peu de décisions du CRTC ont été renversées en appel devant les tribunaux. Cependant, de plus en plus, lorsque le CRTC demande une injonction contre un exploitant ou un service qui ne détient pas de licence, les tribunaux déterminent s'il a le pouvoir d'accorder une licence à tel service ou pour telle installation.

Depuis 1976, le CRTC régit les compagnies de téléphone (sauf celles des Prairies et certaines dans les Maritimes) et les services de télécommunications qu'elles offrent ou les services interprovinciaux (*voir* TÉLÉPHONE). La *Loi sur le Conseil de la radiodiffusion et des télécommunications canadiennes* englobe des articles de la *Loi sur les chemins de fer* et de la *Loi nationale sur les transports*. Elle permet au CRTC de tenir des audiences, d'établir des décrets et de faire des règlements. Le CRTC doit veiller à ce que les tarifs demandés par les services de télécommunications régis par le gouvernement fédéral soient «justes et raisonnables» et que les usagers y aient accès sans discrimination. Les transporteurs de télécommunications ne sont pas responsables des messages qu'ils transmettent par leurs services.

Pour faire en sorte que les dispositions de la loi soient respectées, le CRTC a tenu une série d'enquêtes publiques dans le domaine des télécommunications. P. ex., il a examiné les méthodes de répartition des coûts au sein des grandes compagnies de téléphone, car ces coûts se reflètent dans les tarifs imposés au titre de certains services. En général, le CRTC tente de favoriser la saine concurrence entre les nouvelles entreprises de communications, sauf en ce qui concerne les SATELLITES, de même que les appels locaux et interurbains des compagnies de téléphone. Compte tenu de son mandat, le CRTC peut prendre en compte les besoins de certains groupes défavorisés de la population (comme les personnes handicapées et les habitants du Nord) lorsqu'il prend des décisions en matière de télécommunications.

Le ministre des Communications délivre des certificats techniques de construction et de fonctionnement tant pour les services de diffusion que pour les services de télécommunications, mais c'est le CRTC qui étudie, lors d'audiences régionales, les observations reçues concernant la qualité des services, de même que les demandes de changements de tarifs. Dans le domaine des télécommunications, les audiences publiques sont obligatoires, et ceux qui y participent sont souvent représentés par des conseillers juridiques. Les audiences sont habituellement précédées d'une période de questions et de demandes d'information, et des réunions à caractère non officiel peuvent être tenues. Tous les renseignements présentés par les requérants doivent être rendus publics, à moins que le CRTC ne décide que leur publication va à l'encontre des intérêts du public. Le public est invité à participer, et le CRTC peut demander aux requérants d'assumer les frais engagés par les intervenants si leur intervention se révèle importante dans la décision.

Les gouvernements provinciaux régissent les compagnies de téléphone qui œuvrent uniquement à l'intérieur de leur territoire, à moins que la charte des compagnies visées prévoit autre chose. La plupart des provinces sont actives dans le domaine des ÉMISSIONS ÉDUCATIVES, généralement par l'entremise d'un organisme de radiodiffusion éducative. Or, des stations éducatives sont prévues, mais elles doivent aussi obtenir une licence du CRTC. Depuis de nombreuses années, les gouvernements provinciaux tentent de jouer un rôle plus actif dans le domaine des communications, notamment par le truchement de négociations et d'ententes fédérales-provinciales, par l'entremise des tribunaux et, dans le cas de certaines provinces, par l'adoption et l'application d'une législation visant à instaurer des pouvoirs de réglementation en matière de radiodiffusion interprovinciale et de TÉLÉVISION PAYANTE hors radiodiffusion (*voir* COMMUNICATIONS AU QUÉBEC).

Historique La radiodiffusion est réglementée depuis 1919, mais le gouvernement n'est vraiment intervenu dans ce domaine qu'en 1932, avec l'adoption de la *Loi canadienne de la radiodiffusion*. En 1929, la Commission Aird avait recommandé que le gouvernement instaure un seul réseau d'État. Elle réagissait ainsi à l'expansion des stations émettrices américaines au Canada par leur affiliation à des réseaux canadiens, aux problèmes de réception, à la rareté des fréquences mises à la disposition des stations canadiennes et aux accusations de trafic d'influence dans le domaine de la délivrance des licences. En outre, en 1932, le Conseil privé accorde au gouvernement fédéral la compétence exclusive sur la radiodiffusion, et un comité spécial du gouvernement recommande que les stations privées soient autorisées à continuer d'offrir des services locaux. La *Loi canadienne de la radiodiffusion* de 1932 et celle de 1936 permettent toutes deux la radiodiffusion privée. Après 1936, cependant, la Commission canadienne de la radiodiffusion est démantelée, et la SRC devient à la fois le réseau d'État et l'organisme de réglementation chargé du secteur privé.

Des transformations se produisent après deux commissions royales: la Commission Massey (qui fait rapport en 1951) et la Commission Fowler (qui fait rapport en 1957). Les deux commissions reprennent les préoccupations et les principes soulevés dans le rapport de la Commission Aird. Compte tenu de l'influence grandissante du secteur privé, et avec l'élection d'un gouvernement conservateur en 1957, la *Loi sur la radiodiffusion* de 1958 instaure un organisme de réglementation distinct chargé des stations privées. Aux termes de la *Loi sur la radiodiffusion* de 1968, toutes stations, publiques et privées, sont régies par un seul organisme de réglementation. Tant dans la loi de 1958 que dans celle de 1968, les besoins du réseau de radio et de télévision d'État sont traités en priorité. Toutefois, en raison du sous-financement de la SRC et de l'expansion de nouveaux services, comme la câblodistribution, offerts par un secteur privé de plus en plus puissant, le réseau d'État, pierre angulaire du système de radio et de télévision canadien à une époque, devient l'un des nombreux éléments relevant du CRTC.

Les nouvelles techniques et les nouveaux services de communications entraînent des changements législatifs. Leur classement soulève de nombreux problèmes. Il faut maintenant déterminer si ces services sont des services de diffusion ou de télécommunications, s'ils sont intraprovinciaux ou interprovinciaux et s'il est justifié de les réglementer. La télévision payante, les antennes paraboliques, les services par câbles utilisés hors programmation ou n'émanant pas de la radiodiffusion, les nouveaux services de transmission et de traitement des données offerts par les compagnies de téléphone de même que les nouveaux réseaux d'entreprises de câblodistribution ont tous fait l'objet de controverses, et, de plus en plus, les décisions des tribunaux concernent la compétence et les pouvoirs du CRTC.

Liora Salter

Communications, ministère des Constitué en 1969 par la *Loi sur le ministère des Communications*, ce ministère a pour mandat de favoriser le bon fonctionnement et le développement des communications au Canada. Les pouvoirs et les attributions du ministre englobent les TÉLÉCOMMUNICATIONS, la politique nationale des communications, la politique de RADIODIFFUSION ET TÉLÉDIFFUSION, la recherche relative à la radio et au radar, ainsi que les mesures nécessaires pour protéger les droits internationaux du Canada en matière de communications. Le ministère est également responsable des COMMUNICATIONS PAR SATELLITE et du soutien à l'industrie spatiale canadienne. Le ministère s'acquitte de son mandat par l'entremise d'organismes comme la SOCIÉTÉ RADIO-CANADA, TÉLÉFILM CANADA, la TÉLÉFILM CANADA, la Corporation de la SOCIÉTÉ DE DÉVELOPPEMENT DE L'INDUSTRIE CINÉMATOGRAPHIQUE CANADIENNE, la Corporation du CENTRE NATIONAL DES ARTS, la BIBLIOTHÈQUE NATIONALE DU CANADA, les MUSÉES NATIONAUX DU CANADA, le CONSEIL DE RECHERCHES EN SCIENCES HUMAINES DU CANADA, le CONSEIL DES ARTS DU CANADA, l'OFFICE NATIONAL DU FILM, le Programme spatial, Téléglobe Canada, Télésat Canada et le CONSEIL DE LA RADIODIFFUSION ET DES TÉLÉCOMMUNICATIONS CANADIENNES. À la suite d'une restructuration de l'appareil gouvernemental en 1993, le ministère est aboli en tant qu'entité du gouvernement, et beaucoup de ses attributions et de ses organismes sont dévolus au ministère du Patrimoine canadien.

Norman Hillmer

Communications, technologie des Cette appellation fait référence aux divers outils, techniques et méthodes servant à faciliter les communications. Prise dans son sens large, cette expression englobe le langage, la gestuelle, la mode, les comportements et les rites religieux, ainsi que les traditions artistiques et culturelles. Elle désigne aussi diverses inventions, comme les lunettes, les appareils auditifs et les prothèses, qui ont contribué à améliorer la communication entre de nombreuses personnes, et comprend également les signaux de fumée, le sémaphore, le papier, les crayons feutre et les crayons à mine, qui ont contribué à l'évolution de la société. Dans les pays avancés sur le plan technologique, elle s'applique habituellement aux développements électroniques qui ont permis aux moyens de communication de dépasser les limites du temps et de l'espace.

Généralités L'avènement du TÉLÉGRAPHE (1837) et du téléphone (1876) a permis de communiquer instantanément par câbles sur de longues distances, une nette amélioration par rapport aux chemins de fer, aux navires et aux diligences (*voir* TÉLÉPHONE). La télégraphie sans fil (1895), la radio à ondes courtes (1926) et la radio à microondes (1946), qui, à cette époque, était le moyen le plus fiable de communiquer, ont éliminé la nécessité de relier par câbles les différents points. Les microondes ont permis le développement de réseaux de communication de grande capacité, capables de transmettre des signaux de télévision et ont ouvert la voie à l'expansion des satellites et des communications spatiales (1957). De nos jours, la transmission de signaux peut se faire presque instantanément partout dans le monde.

Depuis quelques années, la technologie communicationnelle s'oriente vers l'élargissement des possibilités qu'offrent les moyens de communication, tant sur le plan de la fonctionnalité que du débit. Les réseaux de communications sont maintenant en mesure de transmettre différents types de messages non seulement vocaux, télégraphiques ou télévisuels, mais aussi des signaux vidéo, numériques et de télécopieurs. La radiodiffusion en circuit fermé a été remplacée par la CÂBLODISTRIBUTION, la transmission par satellites, les vidéocassettes et les magnétoscopes.

La radiotéléphonie cellulaire facilite les communications dans les villes. Les compagnies de téléphone offrent maintenant plus que la simple transmission de messages parlés: leurs réseaux se sont enrichis de systèmes de commutation numérique et de câbles à fibres optiques qui facilitent le traitement des données, avec un débit de loin supérieur aux réseaux de télécommunications. Certains experts prévoient que dès ce début de siècle les systèmes de télécommunications transmettront plus de données que de messages vocaux. Les entreprises de câblodistribution améliorent leurs systèmes de transmission afin de permettre le transfert de données et, dans une certaine mesure, la transmission de messages vocaux. Les sociétés et les particuliers peuvent maintenant utiliser toute une gamme de terminaux pour avoir accès aux banques de données informatisées. En outre, la qualité de l'équipement utilisé pour enregistrer et transmettre les images (cinéma, télé) et les sons (musique, radio MF) continue de s'améliorer de même que la technologie employée.

Le Canada a toujours joué un rôle particulier dans le domaine des communications, probablement parce que sa population peu nombreuse est répartie sur un vaste territoire. On a vite fait de reconnaître que des réseaux de communications efficaces étaient essentiels pour en raffermir l'unité. C'est au Canada qu'Alexander Graham BELL a fait le premier appel interurbain. Depuis, des réseaux téléphoniques se sont développés d'un océan à l'autre. Dans les années 60 et 70, le Canada a mis en place des systèmes de câblodistribution plus rapidement que toute autre nation.

Il a été le premier pays à créer un réseau national de données numériques à l'intention des utilisateurs d'ordinateurs et un système national de satellite (*voir* SATELLITE, ARTIFICIEL). Il a été le chef de file dans la mise en place du système de vidéotexte télidon, conçu pour être utilisé en TÉLÉINFORMATIQUE et dans le domaine de la télémédecine, c.-à-d. la transmission d'images et de données informatisées pour le diagnostic et le traitement de maladies à distance.

En 1984, le Canada était le seul pays à posséder un système de diffusion par satellite (*voir* SATELLITES, COMMUNICATION PAR). Le gouvernement fédéral a favorisé et subventionné l'implantation rapide de nouveaux systèmes de transmission et de traitement de données, y compris la BUREAUTIQUE, afin de permettre l'accélération d'une transition du Canada vers la SOCIÉTÉ D'INFORMATION.

Fondements institutionnels C'est un fait connu que les techniques de pointe en communications peuvent fournir d'énormes avantages dans les domaines militaire, politique et économique. L'information, c'est le pouvoir, et les techniques de communications exercent une influence de premier plan au sein de différentes sociétés ainsi que dans la montée et la chute de différents empires, comme l'ont démontré les études de l'expert canadien Harold INNIS. Une part importante de la recherche-développement effectuée dans le domaine des technologies de communications a d'ailleurs été financée par les grandes puissances. Les préoccupations militaires actuelles incluent l'encodage des données pour se protéger contre l'interception des signaux, les techniques pour une surveillance poussée des satellites, le contrôle militaire dans l'espace ainsi que les techniques de brouillage des communications ennemies.

De nos jours, que ce soit au Canada ou dans d'autres pays avancés sur le plan technologique, la technologie des communications est la pierre angulaire des stratégies industrielles dans un monde où l'économie est de plus en plus concurrentielle. On peut espérer que la technologie de pointe dans les communications va non seulement améliorer d'une façon générale l'économie canadienne, mais va favoriser les importations en matière d'équipement de communications, de services, de conseil de gestion, plus particulièrement dans les pays en développement.

L'élaboration, l'application et l'utilisation de la technologie moderne dans les communications (comme d'autres technologies) sont le résultat d'investissements massifs dans la recherche-développement, l'apprentissage, la fabrication d'équipement, l'installation et l'opération des systèmes et, en bout de ligne, dans la mise en marché des services de communications. Tout cela traduit la décision des hautes instances gouvernementales et industrielles, tant au Canada qu'ailleurs dans le monde, d'accorder d'importantes ressources financières et de faire de la technologie des communications une de leurs priorités.

Avantages et inconvénients pour le Canada L'adoption de nouvelles technologies détermine une nouvelle façon de vivre et de travailler pour de nombreux Canadiens. S'il est vrai que de nouvelles avenues s'ouvrent, les façons traditionnelles de procéder sont maintenant devenues impossibles. L'adaptation du système de TÉLÉCOMMUNICATIONS aux standards informatiques améliore les services de transmission de données, mais la hausse de coûts qu'elle entraîne oblige les personnes à faible revenu à se retirer de ce système et ainsi à abandonner le service téléphonique de base. Les bases de données informatisées permettent aux organismes gouvernementaux, aux grandes sociétés et aux professionnels d'avoir accès à un plus grand nombre de données de plus grande qualité. Cependant, l'accessibilité à ces bases de données entraîne une réduction de la fréquentation et des services des BIBLIOTHÈQUES publiques. Les satellites permettent de sauver la vie de Canadiens qui résident dans le grand Nord grâce à la télémédecine, mais ils permettent en même temps la diffusion d'une grande quantité d'émissions de télévisions en provenance du Sud, qui modifient les perceptions et le mode de vie des autochtones (*voir* COMMUNICATIONS DANS LE NORD). La bureautique permet une utilisation efficace du traitement des données, mais elle provoque en même temps le chômage, crée des emplois temporaires et peu valorisants et entraîne l'apparition de problèmes de santé à certains travailleurs.

Malheureusement, tous les effets des nouvelles technologies ne peuvent être connus et, dans cette course technologique, on oublie trop souvent les inconvénients et les problèmes d'adaptation qui se présentent. On constate déjà que le passage vers une société d'information ne se fera pas sans heurts. Une multitude de problèmes économiques, sociaux et politiques surgissent, et il faudra savoir les intégrer dans une politique à long terme.

Le rôle de pionnier joué par le Canada dans le domaine des communications a été à la fois favorable et défavorable. Ainsi, l'implantation de services de câblodistribution et de diffusion par satellites a considérablement augmenté le nombre d'émissions de télévision américaines, mais elle a eu des effets financiers désastreux sur la production cinématographique (*voir* FILM et télévisuelle locale) et a nui au développement culturel et artistique canadien. Plusieurs commissions gouvernementales, dont la récente Commission Applebaum-Hébert (1983) et Caplan-Sauvageau (1985), ont été créées pour suggérer au gouvernement des politiques qui permettront de mieux protéger le patrimoine culturel canadien. (*Voir* PROGRAMMATION TÉLÉVISUELLE).

Le développement de nouvelles technologies informatiques en prévision de la société d'information a favorisé la création d'un réseau grâce auquel les Canadiens peuvent transmettre de l'information ou avoir accès à des bases de données situées à l'extérieur du Canada. Des renseignements de nature financière, médicale et fiscale sur les Canadiens y sont stockés, tout comme certaines données sur l'état des ressources naturelles du Canada et de nombreux autres renseignements de nature différente et de moindre importance.

Ce stockage de données entraîne différents problèmes intergouvernementaux liés aux modalités d'application du débit des données transnationales telles que l'applicabilité de lois nationales sur l'accès à l'information, la protection de la vie privée, les répercussions sur l'économie et la protection de la souveraineté du Canada. Le déficit canadien dans le domaine des communications et de l'information est élevé et va en augmentant (4,5 milliards de dollars en 1981). Certains croient que la politique du gouvernement favorise une expansion trop rapide des moyens de communications et qu'elle met trop l'accent sur l'équipement technique au détriment du contenu de l'information transmise.

Répercussions mondiales La répartition des profits dans le domaine de la technologie des communications dans le monde a toujours affiché un certain déséquilibre. La plupart des technologies de communications requièrent l'apport de la radio. Quant aux satellites synchrones, ils doivent disposer d'un créneau orbital de 35 900 km au-dessus de l'Équateur. Tous les pays sont confrontés à des ressources publiques limitées. Pourtant, les fréquences et les créneaux les meilleurs sont utilisés par les pays les plus avancés sur le plan technologique, sur une base de premier arrivé, premier servi. Une vaste majorité de la population mondiale n'a même pas accès au téléphone et 75 p. 100 de tous les téléphones dans le monde ne se trouvent que dans 8 des 175 pays du monde. Nous sommes loin du «village planétaire» de Marshall MCLUHAN.

En surmontant les limites du temps et de l'espace et en développant au maximum le volume et la diversité de l'information pouvant être transmise et traitée, les nouvelles technologies de communications rapportent des économies et des profits substantiels à de nombreux utilisateurs qui jouissent de budgets importants à consacrer à l'équipement spécialisé de l'informatique. Les nouvelles technologies favorisent l'extension des contrôles administratifs qui sont maintenant disponibles et permettent une efficacité accrue aux organismes centralisés. Les corporations multinationales seront sans doute celles qui seront les premières à bénéficier d'un élargissement de leur champ d'activités. Elles seront en meilleure position pour étendre leurs marchés et pour transférer leurs ressources financières d'une façon instantanée aux quatre coins du monde. Dans beaucoup de pays, principalement ceux en développement, cette évolution pourrait être perçue comme une menace à la production nationale et à l'emploi ainsi qu'à leur souveraineté nationale et à leur culture. Plus de 25 p. 100 de la population mondiale d'âge adulte (95 p. 100 dans certains pays) n'a jamais eu la chance d'apprendre à lire et à écrire, de sorte que la technologie la plus avancée en matière de communications dans ces pays serait sans doute des crayons, du papier, des livres dans la langue maternelle du pays et des enseignants.

La technologie des communications ouvre les portes à de nouvelles opportunités, mais provoque inévitablement de nouveaux problèmes. Les techniques modernes ont sans doute la capacité de rendre la planète plus sécuritaire, en trouvant des solutions aux problèmes politiques et économiques et en augmentant la participation démocratique au sein de notre société. Par ailleurs, elles pourraient aussi s'avérer la source d'une société fragmentée et fragilisée, se contentant d'observer passivement les problèmes sociaux et d'avoir accès à une quantité infinie d'information, mais faisant preuve de peu de sagesse ou d'imagination, tout en demeurant extrêmement vulnérable à une destruction instantanée. L'équilibre sera sans doute maintenu par les instances militaires et économiques, et aussi par les politiques sociales provenant des institutions en position de force qui influencent la société canadienne et le reste de la planète.

William H. Melody

Comox, ville de la C.-B.; pop. 11 069 (rec. 1996), 9 477 (rec. 1991), 6 873 (rec. 1986); superf. 14,47 km²; const. en 1967; située sur la côte Est de l'île de Vancouver, à 223 km au nord de Victoria, sur une hauteur dominant le port de Comox. La chaîne des monts Beaufort et le glacier Comox rehaussent la beauté naturelle des lieux. Comox est une station de sports d'hiver recherchée, grâce aux pentes de ski voisines, situées sur le mont Washington et le plateau Forbidden.

Les premiers habitants sont des Amérindiens SALISH. Les Européens arrivent au début des années 1860. Comox grandit lentement comme centre de services et noyau de transport pour la vallée de Comox. Cet endroit est au cœur d'une région agricole fertile où l'on trouve des pommes de terre, des fruits et des produits laitiers. Son nom, emprunté à la langue salish, signifie «abondance». La douceur du climat incite beaucoup de personnes retraitées à s'y établir. La base des Forces canadiennes de Comox, située à 5 km au nord-est, joue un rôle important dans l'économie locale. Un traversier effectue la navette entre la péninsule de Comox et POWELL RIVER, sur le continent.

Alan F.J. Artibise

Compagnie de la baie d'Hudson (CBH) Instituée par charte le 2 mai 1670, elle est la plus ancienne compagnie commerciale à capital-actions du monde anglophone. Établi à Londres à l'origine, son siège social est, depuis 1970, à Winnipeg. La CBH est la plus grande entreprise de vente au détail au Canada. Elle exploite près de 400 magasins répartis en quatre groupes: La Baie, SIMPSONS LTD., Zeller's et Field's. Elle participe au développement de l'IMMOBILIER par l'entremise de Markborough Properties.

Développement Médard Chouart DES GROSEILLIERS et Pierre-Esprit RADISSON ont été les premiers à proposer qu'une compagnie de commerce perce l'intérieur du continent en passant par la BAIE D'HUDSON. Devant le refus des autorités françaises, ils se rendent, en 1665, en Angleterre où ils réussissent à intéresser le prince Rupert, cousin de Charles II. Rupert persuade le roi et quelques nobles et marchands d'appuyer le projet. Les premiers navires, l'*Eaglet* et le NONSUCH, font voile en 1668, et la charte royale est octroyée le 2 mai 1670. Le «Gouverneur et la Compagnie des aventuriers» se voient octroyer des pouvoirs étendus, incluant les droits de commerce exclusif sur les terres dont les cours d'eau se jettent dans la baie d'Hudson. Cette vaste région reçoit le nom de TERRE DE RUPERT.

Contrairement à la plupart des entreprises commerciales contemporaines, la CBH se développe en tant que compagnie à capital-actions avec une administration centralisée. Au cours de l'assemblée générale annuelle, les actionnaires élisent un gouverneur et un comité chargé d'organiser les ventes à l'enchère des fourrures, d'embaucher les hommes, de commander les biens et d'en préparer l'expédition. Le gouverneur agit en leur nom dans la région de la baie. Chaque poste de traite est placé sous la direction d'un agent principal et de son conseil d'officiers. Le gouverneur et le comité de Londres élaborent toutes les politiques qui sont appliquées dans la Terre de Rupert en s'appuyant sur les rapports annuels, les journaux des postes et les livres de comptes que leur remettent les dirigeants à la baie d'Hudson.

Batailles navales et terrestres Jusqu'à 1763, la CBH lutte contre les Français pour la maîtrise de la traite des fourrures dans le Sud de la Terre de Rupert. Au cours des premières années, cela donne lieu à une série de batailles navales et terrestres à la baie d'Hudson et à la baie James. En 1713, par le TRAITÉ D'UTRECHT, la France reconnaît les droits de l'Angleterre sur la baie d'Hudson. Pendant les 60 années suivantes, la CBH ne construit ses postes de traite qu'aux embouchures des grands affluents, à l'exception du petit avant-poste Henley House (1743) sur la rivière Albany, à 200 km de la côte. Après le TRAITÉ DE PARIS signé en 1763, les rivaux français de la compagnie cèdent le pas à une opposition beaucoup plus puissante, celle des Britanniques, qui dirigent désormais depuis Montréal le réseau par voie terrestre de la traite des fourrures.

En 1774, le commerce de la CBH accuse une réduction si importante que le gouverneur et le comité promulguent une politique d'expansion vigoureuse vers l'intérieur du continent. La première étape est la construction de CUMBERLAND HOUSE, sur la partie inférieure de la rivière Saskatchewan. L'intense compétition avec la COMPAGNIE DU NORD-OUEST s'étend au-delà de la Terre de Rupert, jusqu'au bassin hydrographique du Mackenzie et au versant du Pacifique, ce qui déclenche des conflits aux enjeux économiques, entachés parfois de violence (*voir* SEVEN OAKS, INCIDENT DE). En 1821, les négociations aboutissent à la fusion des deux compagnies, et le Parlement britannique confirme et accroît le monopole de la compagnie en y incluant les Territoires du Nord-Ouest.

Concilier des usages commerciaux différents exige des changements dans la structure administrative de la nouvelle compagnie. L'AMÉRIQUE DU NORD BRITANNIQUE est divisée en départements commerciaux, subdivisés à leur tour en districts. Les différents administrateurs se rencontrent annuellement lors des réunions du conseil départemental présidé par le gouverneur de la compagnie en Amérique du Nord, poste qu'occupe sir George SIMPSON de 1826 à 1860. Ces conseils adoptent des règlements sur le commerce local, déterminent le déploiement d'hommes et de postes, en plus d'établir la logistique nécessaire dans les divers districts. Les administrateurs ont des intérêts dans ces entreprises, puisqu'ils participent aux profits en vertu des dispositions des actes unilatéraux élaborés en 1821, en 1834 et en 1871. En principe, les membres du conseil ont chacun droit à une voix, mais Simpson détient un pouvoir considérable, et le gouverneur et le comité de Londres peuvent, le cas échéant, renverser les décisions du conseil.

Après 1821, un groupe de commerçants métis indépendants de la COLONIE DE LA RIVIÈRE ROUGE s'oppose aux droits de monopole de la compagnie, que le Parlement a reconduits pour une autre période de 20 ans en 1838. Ce litige connaît son point culminant lors du célèbre PROCÈS SAYER (1849), au terme duquel Pierre-Guillaume Sayer est reconnu coupable d'avoir violé les privilèges légaux de la compagnie en traitant avec les autochtones. Cependant, par crainte d'un soulèvement des Métis,

la cour ne prononce pas de sentence. Cette décision permet en fait à plusieurs petits concurrents de commercer dans le Sud de la Terre de Rupert.

Abandon des responsabilités coloniales Bien que l'intérêt premier de la CBH reste la traite des fourrures, la compagnie assume de plus en plus le rôle d'autorité gouvernementale pour les colons dans la vallée de la rivière Rouge et dans l'île de Vancouver. De 1812 à 1834, les gouverneurs d'ASSINIBOIA sont des agents du domaine SELKIRK, même si le contrôle suprême est du ressort de la CBH. En 1834, la compagnie reprend son rôle de gouvernement de la colonie de Selkirk jusqu'à ce que celle-ci soit transférée au Canada. En 1849, l'Angleterre cède à la CBH l'île de Vancouver, sous charge de la développer comme colonie agricole. En 1851, l'agent principal James DOUGLAS est nommé gouverneur. En 1858, la découverte de l'or ouvre la voie à la création, à partir de la NEW CALEDONIA, de la colonie de Colombie-Britannique, qui comprend la majeure partie de la Colombie-Britannique actuelle. Le gouvernement britannique oblige Douglas à démissionner de son poste dans la CBH avant d'en devenir le gouverneur. La compagnie commence ainsi à renoncer à ses responsabilités politiques à l'égard de la colonie.

En 1863, l'International Financial Society se porte acquéreur majoritaire de la CBH, marquant ainsi un changement d'orientation de la compagnie. La plupart des nouveaux actionnaires sont moins intéressés au commerce des fourrures qu'à la spéculation immobilière et au développement économique dans l'Ouest. Des négociations menées avec le MINISTÈRE DES COLONIES et, après 1867, avec le gouvernement canadien mènent à la vente de la Terre de Rupert au Canada en 1870. Aux termes de l'entente, la compagnie reçoit 300 000 livres et un vingtième des régions fertiles à ouvrir à la colonisation. En plus, elle garde la propriété des terres sur lesquelles elle a construit des postes de traite. Les dispositions de cette entente ont une profonde influence sur le développement de la compagnie après 1870. En conservant d'immenses propriétés foncières dans les Prairies ainsi que les parcelles adjacentes à ses postes, dont plusieurs sont situées dans les centres urbains en voie de développement dans l'Ouest et dans le Nord, la CBH devient l'un des promoteurs immobiliers les plus importants dans l'Ouest canadien. Depuis la création d'un bureau du commissaire aux terres (Land Commissioner's Office) en 1874, la compagnie poursuit ses activités de promoteur immobilier de premier ordre et devient actionnaire majoritaire de Markborough Properties en 1973.

Exploitation des ressources naturelles Le commerce des fourrures et les activités immobilières de la CBH débouchent naturellement sur l'exploitation des ressources naturelles. En 1926, la CBH est la cofondatrice de la société pétrolière Hudson's Bay Oil and Gas (HBOG) et, en 1973, elle fait l'acquisition de 35 p. 100 des parts de Siebens Oil and Gas. Après l'acquisition de la CBH par Kenneth THOMSON en 1979, la CBH vend ses parts de Siebens Oil and Gas et achète la majorité des actions Roxy Petroleum en 1980. En 1982, les parts de la HBOG sont vendues à Dome Petroleum.

Grâce au développement économique rapide des PRAIRIES OCCIDENTALES après 1870, la compagnie augmente le volume de ses affaires avec les colons. Au début, elle mène la plupart de ces activités dans ses postes de traite. Étant donné les façons différentes de commercer avec les autochtones, les comptes de vente sont traités à part. Ce sont ces modestes débuts qui vont donner naissance aux comptoirs de vente au détail et en gros distincts du commerce de la fourrure. L'expansion se poursuit en 1978 par l'acquisition du bloc de contrôle des chaînes de magasins de détail Simpsons et Zeller's.

Aujourd'hui En 1999, la CBH compte 70 000 employés et occupe le 5e rang au sein des compa-

gnies canadiennes. Ses principales divisions, La Baie et Zellers, lui permettent de couvrir le marché canadien de la vente au détail en offrant un large éventail de prix, qui représente approximativement 39 p. 100 des magasins à rayons canadiens et 8 p. 100 de toute la vente au détail, en excluant les marchés de la nourriture et de l'automobile. Depuis 1972, la plupart des principaux administrateurs de La Baie travaillent à Toronto, même si le siège social est toujours à Winnipeg.

Arthur J. Ray

Compagnie des Cent-Associés Aussi appelée Compagnie de la Nouvelle-France, elle est fondée le 29 avril 1627 (approbation royale le 6 mai 1628) par le cardinal Richelieu, grand ministre de Louis XIII, pour établir l'Empire français en Amérique du Nord. Le territoire qui lui est octroyé comprend la NOUVELLE-FRANCE, de la Floride à l'Arctique et de l'Atlantique à l'Ouest inconnu, ainsi que d'importants privilèges de traite. En 1628, les Anglais capturent la flotte de la compagnie et, en 1629, la flotte et la colonie. Cette dernière est rendue à la France en mars 1632, mais la compagnie ne s'en remet jamais. En 1645, elle est forcée de sous-louer au Canada et à la COMMUNAUTÉ DES HABITANTS ses droits et obligations, lesquels lui sont retirés le 24 février 1663. Le Canada devient alors une colonie royale.

Dale Miquelon

Compagnie des Indes occidentales Elle remplace la COMPAGNIE DES CENT-ASSOCIÉS et est fondée en mai 1664 par Jean-Baptiste Colbert dans le but de chasser les commerçants hollandais des colonies françaises des Indes occidentales et des Amériques, et de tenter d'égaler les succès commerciaux des Hollandais et des Anglais. La compagnie atteint son premier objectif, mais non le deuxième. Il s'agit, en fait, d'une entreprise d'État dirigée par Colbert, dont l'important monopole de traite et les droits seigneuriaux et gouvernementaux n'attirent pas de capitaux privés. En décembre 1674, Colbert dissout la compagnie défaillante et, ce faisant, ouvre la voie au régime de l'administration directe des colonies par le gouvernement.

Dale Miquelon

Compagnie des Indes orientales (CIO) C'est une société commerciale qui, en 1600, obtient d'Élisabeth 1ère une charte lui octroyant un monopole dans l'hémisphère oriental. Les projets d'expansion de la TRAITE DES FOURRURES britannique entre la côte du Pacifique et la Chine, y compris ceux d'Alexander Dalrymple et Alexander MACKENZIE, nécessitent la collaboration de cette société, dont les privilèges découragent ce commerce. À l'exception de la période comprise entre 1814 et 1816, lorsque la CIO permet à la COMPAGNIE DU NORD-OUEST (CNO) d'utiliser ses propres navires pour acheminer des fourrures en Chine, la CNO trouve la réglementation de la CIO tellement restrictive qu'elle emploie des navires américains pour effectuer ce commerce. Le monopole de la CIO prend fin en 1833 et la compagnie est dissoute en 1874.

Jean Morrison

Compagnie des jeunes Canadiens (CJC) Organisme bénévole de courte durée du gouvernement canadien qui a le mandat d'encourager le développement social, économique et communautaire au Canada. Promise en 1965, et officiellement établie en 1966, la CJC recrute des jeunes Canadiens, leur enseigne des techniques d'«animation sociale», puis les envoie travailler dans des programmes communautaires partout au pays, moyennant un modeste salaire.

Le but est d'aider les opprimés de la société que le système politique n'a pas réussi à rejoindre, et de leur donner la possibilité d'exiger et d'apporter des améliorations à leur vie. Certaines initiatives de la CJC ont du succès, mais les bénévoles, puis la compagnie, sont gagnés par l'effervescence politique des années 60. Les vues séparatistes et marxistes de plusieurs de ses membres embarrassent le gouvernement.

Bien que la compagnie soit censée fonctionner de manière très autonome, le gouvernement se sent contraint d'imposer un contrôle, ce qui donne lieu à des frictions entre les bénévoles sur le terrain et la direction à Ottawa, de même qu'entre les conseillers nommés par le gouvernement et les bénévoles radicaux. La compagnie perd son autonomie en 1969, mais subsiste jusqu'en 1976, année où elle est dissoute lors d'une campagne d'économie du gouvernement.

Robert Bothwell

Compagnie d'opéra canadienne (COC) C'est une compagnie de Toronto qui occupe le premier rang en termes de production d'OPÉRAS au Canada et le sixième en Amérique du Nord. En 1950, Nicholas Goldschmidt et Herman Geiger-Torel fondent l'ancêtre de la compagnie, l'Opera Festival Association, qui devient la Canadian Opera Association en 1960 et la Compagnie d'opéra canadienne en 1977. Depuis le départ à la retraite de Geiger-Torel, deux directeurs généraux se sont succédé: Lotfi Mansouri, de 1976 à 1988, et Brian Dickie, de 1988 à 1993. À l'heure actuelle, la compagnie relève du directeur artistique Richard Bradshaw et de la directrice générale Elaine Calder. Son budget d'exploitation annuel s'élève à 14 millions de dollars.

La Compagnie d'opéra canadienne veille au soutien et à la promotion des artistes canadiens et de leurs œuvres grâce à ses programmes Studio d'ensemble et Compositeur en résidence. Le programme Studio d'ensemble, mis sur pied en 1980, regroupe six ou sept artistes canadiens choisis dans des auditions annuelles. Les participants passent un minimum d'un an avec la COC. Ils prennent des cours de chant, de langue et de mouvement, étudient des rôles principaux en tant que doublure et se produisent dans le cadre d'événements promotionnels, de spectacles sur scène et de tournées dans les maisons d'enseignement. Le programme Compositeur en résidence, établi en 1987, poursuit la tradition des œuvres sur commande de la COC, dont *Louis Riel* (1967) et *Mario and the Magician* (1992), du compositeur Harry Somers; *Guacamayo's Old Song and Dance* (1991), du compositeur John Oliver de Vancouver; *Nosferatu* (1993), du compositeur Randolph Peters; et *Red Emma* (1994), du compositeur Gary Kulesha.

La compagnie cherche activement à élargir l'auditoire d'opéra et à rendre cette forme d'art plus accessible. C'est ce qui l'a amenée à mettre au point une méthode de surtitrage qu'elle a tout d'abord utilisée en 1983 pour sa production d'*Electra*. Ainsi, un résumé en anglais des paroles chantées est projeté sur un écran au-dessus de la scène. Vu la réaction extrêmement positive du public, de nombreuses compagnies d'opéra en Amérique du Nord et en Europe, y compris le Metropolitan Opera de New York, ont désormais recours au surtitrage.

La double production récente du *Château de Barbe-Bleue*, de Béla Bartók, et d'*Erwartung*, d'Arnold Schœnberg, est devenue pour ainsi dire la marque de commerce de la Compagnie d'opéra canadienne. Avec Robert LEPAGE à la mise en scène, Michael Levine à la conception et Richard Bradshaw à la direction, cette production a été très applaudie par la critique à Toronto et à New York, a mérité les plus grands honneurs au Edinburgh International Festival et a inauguré le Melbourne International Festival en 1994.

Gaynor G. Jones

Compagnie du Nord (Compagnie de la Baie du Nord) Elle a été fondée en 1682 par des marchands canadiens, avec à leur tête Charles Aubert de la Chesnaye, pour commercer dans la baie d'Hudson par voie de mer. La compagnie soutient les revendications des Français en y envoyant Pierre-Esprit RADISSON et Médard Chouart DES GROSEILLIERS avec deux navires, et stabilise les alliances de la NOUVELLE-FRANCE avec ses alliés autochtones au nord des Grands Lacs. En 1685, Louis XIV cède à la compagnie le monopole de la

TRAITE DES FOURRURES dans la baie d'Hudson, mais les coûteuses expéditions militaires contre la COMPAGNIE DE LA BAIE D'HUDSON (*voir* TROYES, Pierre de) et la taxation ruineuse (le quart) acculent la compagnie à la faillite. Son monopole lui est retiré le 10 janvier 1700 et transféré à la Compagnie de la Colonie.

Dale Miquelon

Compagnie du Nord-Ouest (CNO) C'est une importante entreprise engagée dans la TRAITE DES FOURRURES à partir des années 1780 jusqu'en 1821. Dirigée à l'origine par des ÉCOSSAIS des Highlands immigrés à Montréal après 1760 ou arrivés au Canada en tant que LOYALISTES fuyant la Guerre d'Indépendance américaine, la CNO fait largement appel aux forces vives des Canadiens et à leur expérience. Au début, il s'agit d'un groupe de commerçants de Montréal qui, en 1776, mettent leurs ressources en commun pour réduire la concurrence qu'ils se livrent entre eux et pour être mieux en mesure de contrer les avances de la COMPAGNIE DE LA BAIE D'HUDSON (CBH) dans l'intérieur des terres.

En 1779, une nouvelle association temporaire adopte ce nom. Les 16 parts de la compagnie sont détenues par 9 associés, dont 3 hommes d'affaires influents, Simon MCTAVISH, Isaac Todd et James MCGILL, de même que par plusieurs hivernants familiarisés avec les territoires des autochtones. Lors d'une réorganisation en 1780, McTavish, les frères Frobisher, les McGill et les Ellice s'unissent à Peter POND, qui leur servira d'agent dans la région d'Athabasca.

La querelle entre Pond et un commerçant, Jean-Étienne Waddens, suivie du meurtre de ce dernier en mars 1782, et la concurrence croissante des Américains et de la CBH mettent en lumière le besoin d'une organisation plus unie, officielle et permanente. Au cours de l'hiver 1783-1784, la CNO devient un partenariat multiple et durable, avec à sa tête les Frobisher et Simon McTavish. Son chiffre d'affaires annuel atteint alors environ 100 000 livres.

Il demeure néanmoins une rivale puissante. La Gregory, McLeod and Co. appuie John Ross et d'autres commerçants qui ne font pas partie de la CNO. Une incessante rivalité se poursuit intensivement de 1784 à 1787. Pond est de nouveau associé à un meurtre, celui de John Ross dans l'Athabasca. La coalition s'impose une fois de plus comme solution, et, au milieu de 1787, la CNO (*voir* NOR'WESTER) et la Gregory, McLeod and Co. fusionnent. Sous la gouverne de la firme montréalaise McTavish, Frobisher and Company, des entrepreneurs dynamiques en viennent à travailler ensemble, des hommes tels que les McGillivray et, sortis des rangs de leurs anciens compétiteurs, Roderick Mackenzie et Alexander MACKENZIE.

Tandis que McTavish et Frobisher s'occupent des affaires à Montréal, Alexander Mackenzie se voit confier l'expansion à l'intérieur du pays. Une fois réorganisé, le commerce de l'Athabasca est désormais dirigé depuis Fort Chipewyan, sur les bords du lac Athabasca. Un important système de brigades de canots, approvisionnées en PEMMICAN des plaines, rapporte annuellement jusqu'à 20 000 PLUES. Cela permet également à Mackenzie d'explorer le fleuve Mackenzie, dont il atteint l'embouchure en 1789.

Au cours des années 1790 et 1791, McTavish tente vainement de persuader la Grande-Bretagne de mettre fin au monopole de la CBH. Des démarches ultérieures auprès de la CBH pour louer son droit de passage par ses comptoirs à la baie d'Hudson sont également infructueuses. La seule option possible est d'intensifier la concurrence directe avec les «Anglais», en train d'étendre leur propre réseau de postes dans l'intérieur. Pendant toutes les années 1790, la suprématie des Nor'Westers (c'est ainsi qu'on appelle les gens de la CNO) est manifeste. Dès 1795, la CNO exerce une mainmise sur plus des deux

tiers du commerce des pelleteries au Canada, grâce à Mackenzie qui atteint le Pacifique par voie terrestre en 1793. Un accord de coopération conclu en 1792 affaiblit les concurrents potentiels de Montréal.

En 1794, le TRAITÉ DE JAY délimite la frontière entre les États-Unis et le territoire britannique et, ce faisant, bloque l'accès des Montréalais à Detroit, au lac Michigan, à l'entrepôt de Grand Portage sur le lac Supérieur et au commerce dans le Sud-Ouest. Une réorganisation en 1795 permet de satisfaire les intérêts des Montréalais qui, évincés du Sud, cherchent à s'assurer une partie du commerce dans le Nord. Cependant, les hivernants de la CNO, dont Alexander Mackenzie, sont mécontents de leur rang dans la compagnie. En 1797, Forsyth, Richardson and Co., qui n'a pas pris part à l'accord de 1795, commence à appuyer les hivernants et, en 1798, forme la Nouvelle Compagnie du Nord-Ouest ou COMPAGNIE XY. Cette dernière, à laquelle se joint Alexander Mackenzie en 1800 (à l'expiration de son contrat avec la CNO), rivalise avec la CNO sur le territoire qui s'étend des Grands Lacs à l'Athabasca. La mort de McTavish permettra la réconciliation et la fusion des deux compagnies en novembre 1804.

Entre-temps, les affrontements entre la CNO et la CBH se multiplient. Ayant acquis les POSTES DU ROI au Québec, la CNO étend ses activités jusqu'au lac Mistassini, dans la région intérieure de la baie d'Hudson. De 1803 à 1806, la CNO maintient un poste à la baie James, et, bien que cette entreprise se révèle non rentable, la rivalité s'intensifie ailleurs. La CNO garde la haute main sur l'EXPLORATION, grâce à Duncan McGillivray, à David THOMPSON et à Simon FRASER qui franchissent les Rocheuses, ces deux derniers se rendant jusqu'au Pacifique.

En juill. et 1811, Thompson atteint l'embouchure du Columbia, où il trouve un nouveau poste établi par la PACIFIC FUR COMPANY, de l'Américain John Jacob Astor. Isolé de ses sources d'approvisionnement pendant la GUERRE DE 1812, Fort Astoria est vendu à la CNO en octobre 1813 et est finalement rendu aux Américains selon les termes du TRAITÉ DE GAND. Deux nouveaux districts de traite de la CNO établis dans l'Ouest s'avèrent rentables pendant quelques années, mais les espoirs de développer un commerce avec la Chine et d'établir un lien avec la COMPAGNIE DES INDES ORIENTALES demeurent très minces.

Ce qui fait notamment obstacle à de tels développements est le fait que la situation à l'Est des Rocheuses s'est détériorée. La CBH pose des défis au commerce en projetant avec le comte de SELKIRK d'établir une colonie agricole dans une région qui a toujours servi de pivot aux réseaux de transport et d'approvisionnement de la CNO. Cette dernière tente vainement de bloquer le projet en achetant toutes les actions de la CBH à Londres et en dissuadant les futurs colons en Écosse.

Il s'ensuit une série de violentes et coûteuses escarmouches dans la COLONIE DE LA RIVIÈRE ROUGE, au FORT WILLIAM et ailleurs. L'INCIDENT DE SEVEN OAKS, le 19 juin 1816, est le pire événement de ce conflit dont nul ne devait sortir gagnant. De 1815 à 1819, des escarmouches répétées, des captures d'hommes et des saisies de matériel dans l'Athabasca exacerbent les colères. En juin 1819, au grand rapide de la rivière Saskatchewan, une troupe de la CBH dirigée par William Williams, le nouveau gouverneur en chef de la TERRE DE RUPERT, capture un grand nombre d'hommes, au nombre desquels figurent sept associés de la CNO. Cette année-là, tant les affaires que le prestige de la Compagnie du Nord-Ouest se détériorent, même si cette dernière arrive à entraver les activités à l'intérieur des terres des agents de la CBH John Clarke et Colin Robertson.

En 1820, plusieurs facteurs se conjuguent pour amener la solution du conflit. Les associés de la CNO, inquiets de leur avenir, n'appuient plus sans réserves les mesures belliqueuses prises par McGillivray contre la CBH. Les divergences entre les HIVERNANTS et les agents de Montréal s'accroissent. Leur accord d'association échoit en 1821, et il est évident que les conditions de l'entente devront être revues en profondeur. La Grande-Bretagne se trouve entraînée dans le grave conflit qui oppose la CNO et la CBH, car chacune d'elles sollicite son appui. Le MINISTÈRE DES COLONIES souhaite que la paix se rétablisse et que soient réglées les épineuses questions territoriales et juridiques, lesquelles dépassent la portée du conflit, mais en sont aggravées.

En 1821, une loi du Parlement visant à calmer toutes les parties par la coalition, plutôt que par la fusion, accorde à la CBH de même qu'à William et Simon McGillivray et Edward ELLICE de la CNO un droit de commerce exclusif. En vertu d'un acte unilatéral, 53 agents itinérants, 32 de la CNO et 21 de la CBH, deviennent agents principaux et chefs de poste détenteurs d'actions, sous la direction des gouverneurs de la CBH, William Williams et George SIMPSON, un nouveau venu. Le nom, la charte et les privilèges de l'ancienne CBH fournissent l'assise de la nouvelle entreprise, tandis que les talents et l'expérience des agents de la CNO apportent un dynamisme et une envergure qui serviront bien les intérêts de la compagnie.

Jennifer S.H. Brown

Compagnie minière IOC (Iron Ore Company) Fondée en 1949 par des capitaux canadiens (Labrador Mining and Exploration) et américains (Hanna Mining), elle entreprend l'exploitation des quelque 400 millions de tonnes de réserves de MINERAI DE FER à ciel ouvert trouvées dans le centre du Québec et au Labrador à la fin des années 40. Afin d'acheminer le fer vers le port de SEPT-ÎLES sur le Saint-Laurent, la compagnie entreprend la construction du CHEMIN DE FER QUEBEC NORTH SHORE AND LABRADOR (573 km de long, achevé en 1954), de deux centrales d'énergie hydroélectrique, d'un immense terminal d'expédition sur le site des sept mines et des villes de Sept-Îles et de SCHEFFERVILLE. La construction nécessite un transport important par avion, 13 pistes d'atterrissage et près de 6900 travailleurs. La première expédition de fer quitte Schefferville le 15 juillet 1954. Cette même année, IOC construit des installations à CONTRE-CŒUR, sur la rive sud du Saint-Laurent, entre Québec et Montréal, pour transborder le minerai sur les barges des Grands Lacs. Le transbordement n'est plus nécessaire après l'ouverture de la VOIE MARITIME DU SAINT-LAURENT, mais les docks sont encore utilisés. En 1962, IOC entreprend le projet Carol à Labrador City, y ouvre des installations minières, une centrale de concassage, une usine de bouletage et des bureaux et, en janvier 1996, elle a extrait un milliard de tonnes de minerai de ces gisements. À Schefferville, cependant, les activités de la compagnie cessent en 1983, entraînant la quasi-fermeture de la ville.

La Compagnie minière IOC constitue l'un des plus importants producteurs de minerai de fer canadiens et ses produits sont reconnus mondialement pour leur qualité, leur consistance et leur pureté chimique, ce qui en a fait la première compagnie minière à être certifiée, en 1991, selon la norme ISO 9002. Après la fin du contrat de gestion de M.A. Hanna en 1996, la compagnie australienne North Limited devient actionnaire majoritaire de l'IOC.

Compagnie pétrolière impériale ltée C'est une société d'énergie constituée en 1880 sous le nom d'Imperial Oil Co. Son siège social se trouve à Toronto. La compagnie américaine Standard Oil achète une participation majoritaire en 1898. Le nom actuel date de 1959. En 1978, la Compagnie pétrolière impériale fonde Esso Ressources Canada Ltée pour gérer ses activités d'exploration. Active à tous les niveaux de l'INDUSTRIE PÉTROLIÈRE, elle est le plus important distributeur et raffineur de produits pétroliers, le plus important producteur de pétrole brut au Canada

et un important producteur de gaz naturel. Elle fabrique aussi et vend des produits chimiques, des engrais et des matériaux de construction, et a des intérêts dans la prospection et le développement miniers. Par le biais de Syncrude Canada Ltd., dont elle détient 25 p. 100 des parts, Imperial Oil a aussi une participation dans une usine de fabrication de pétrole brut synthétique à partir des sables pétrolifères de l'Athabasca.

En 1995, elle a un chiffre d'affaires ou des revenus d'exploitation de 9,28 milliards de dollars, des actifs de 12 milliards de dollars et un personnel de 7800 employés. En 1987, Imperial achète Sulpetro, un producteur de gaz naturel situé à Calgary, et en 1990 elle finalise sa fusion avec Texaco Canada. Elle appartient à 79 p. 100 à des étrangers. Exxon Corp. de New York détient 70 p. 100 de son capital.

Deborah C. Sawyer

Compagnie XY (Nouvelle Compagnie du Nord-Ouest) Ce nom est dérivé des marques que la compagnie inscrit sur ses ballots de marchandises pour les distinguer de ceux de la COMPAGNIE DU NORD-OUEST (CNO). La compagnie tire son origine des conflits qui opposent les hivernants de la CNO et ses représentants, dirigés par Simon MCTAVISH, par suite de la réorganisation de la CNO en 1795. En 1797-1798, les hivernants indécis ou mécontents se rallient autour des associés montréalais qui n'adhèrent pas à l'entente de 1795; l'opposition à la CNO s'organise ainsi et, en 1798, étend son influence jusqu'à l'Athabasca. En 1800, Alexander MACKENZIE se joint à la nouvelle entreprise, surnommée par la suite «Alexander Mackenzie et compagnie». La rivalité est intense et coûteuse. Le trafic de l'eau-de-vie augmente fortement; les deux compagnies ont besoin de plus d'employés, et ceux-ci peuvent d'ailleurs réclamer des salaires plus élevés. Le mécontentement et l'hostilité qu'on nourrissait à l'endroit de McTavish s'éteignent avec lui en 1804 et les deux compagnies négocient une coalition. L'entente à laquelle elles parviennent le 5 novembre 1804 crée une CNO monopolistique et plus puissante qu'avant. Des 100 actions de la compagnie, 75 sont détenues par les membres de l'ancienne CNO et 25 par les associés de la XY.

Jennifer S.H. Brown

Compagnies de colonisation C'étaient des sociétés destinées à la promotion et à la coordination de l'immigration et de la colonisation, et auxquelles on a fait appel à différents moments de l'histoire du Canada. L'immigration et la colonisation sont essentielles au progrès de la colonie et, plus tard, du pays. Les compagnies de colonisation reçoivent généralement de grandes terres (p. ex., le Huron Tract ou l'Établissement de Talbot, en Ontario) à prix réduits. Elles publient habituellement des brochures pour attirer l'attention des colons potentiels, arrangent le transport jusqu'aux lots, aident les colons à choisir une terre, fournissent l'équipement et les semences de la première récolte (ou aident à leur achat) et contribuent à la construction des maisons. Une fois qu'un groupe de colons est établi, les terres environnantes deviennent plus attrayantes pour les autres colons et ont donc plus de valeur pour la compagnie.

C'est en 1627 qu'est fondée la COMPAGNIE DES CENT-ASSOCIÉS pour encourager la colonisation permanente en Nouvelle-France. On lui concède une vaste étendue de terre en échange de l'exclusivité des droits sur le commerce de la fourrure, mais elle n'atteint pas ses objectifs. La COMPAGNIE DES INDES OCCIDENTALES, fondée en 1664, détient le pouvoir sur la Nouvelle-France jusqu'à ce que la Couronne reprenne ce pouvoir en 1674. Pendant le régime britannique, les compagnies de colonisation, comme la CANADA COMPANY dans le Haut-Canada et la British American Land Company dans le Bas-Canada, sont chargées de promouvoir la colonisation.

Toutefois, la plus grande entreprise, et de loin, à être encouragée par le gouvernement, aura lieu dans

l'Ouest, à la fin du XIXᵉ siècle. Des sections de terre à numéro impair sont vendues à toute entreprise manifestant la volonté, les capacités et un intérêt sincère pour la promotion de la colonisation. La mesure est mise en place par décret le 23 décembre 1881, par le gouvernement de John A. Macdonald, sous forme d'amendement à la *Loi des terres fédérales* de 1879 et comme extension de sa POLITIQUE NATIONALE. On exige de l'acheteur qu'il établisse 2 colons sur chacune des sections à numéro pair et impair du lot dans les 5 ans, bien que la Couronne conserve la propriété exclusive des sections à numéro pair. En retour, la compagnie se voit remettre 160 $ pour chaque colon de bonne foi nouvellement établi sur un lot. On s'attend à ce que les compagnies réalisent des profits en fonction du nombre de colons qu'elles attirent sur leurs territoires respectifs. Avec le remboursement maximum, une compagnie pouvait ne payer que 1 $ l'acre pour les sections à numéro impair. Une fois que les sections à numéro pair étaient totalement occupées par des colons (*voir* PEUPLEMENT DES TERRES), ou étaient l'objet d'un droit de préemption, la compagnie pouvait demander de 3 à 15 $ l'acre pour les sections à numéro impair.

Le gouvernement, qui veut se faire aider par les compagnies de colonisation pour la mise en œuvre de sa POLITIQUE SUR LES TERRES FÉDÉRALES, espère leur vendre 10 millions d'acres (4,05 millions ha) pour récupérer 10 des 25 millions de dollars qu'il a promis au consortium du CANADIEN PACIFIQUE et obtenir en même temps l'aide de la communauté des affaires pour le développement de la région pionnière de l'Ouest. Des politiciens importuns, des groupes religieux et des hommes d'affaires en vue demandent au gouvernement de leur concéder des terres, convaincus que le Nord-Ouest va être envahi par des hordes de colons. Ils doivent retirer la plus grande partie de leurs demandes après l'effondrement, en 1881-1882, du boom spéculatif immobilier dans les Prairies. Seuls 27 demandeurs sur 260 ratifient leurs contrats avec le gouvernement et la dernière des compagnies impliquées est liquidée en 1891. Après 1900, les compagnies de colonisation, travaillant sous les auspices des compagnies de chemin de fer ou du ministère de l'Immigration, connaissent un bien plus grand succès dans l'Ouest en raison de la venue massive de colons et d'une forte demande de terres, qui dure jusqu'à la Première Guerre mondiale. Mais la plupart des compagnies de colonisation du Canada ne font que vivoter: plusieurs sont demeurées inactives, tandis que d'autres sont victimes de conditions économiques ou politiques défavorables, de pertes successives de récoltes et d'une mauvaise communication avec les colons de leur territoire.

André N. Lalonde

Complot Terme juridique difficile à définir. Le complot s'entend d'un projet concerté entre deux ou plusieurs personnes soit en vue de commettre un acte illégal ou une infraction criminelle, ou un acte qui, bien que légal, devient illégal lorsqu'il est le fait conjoint des comploteurs, soit en vue d'utiliser un moyen illégal pour commettre un acte qui serait par ailleurs légal, comme la violation d'un contrat. Le *Code criminel* (article 423) sanctionne les complots criminels, mais les peines varient selon l'infraction projetée.

P. ex., celui qui complote de commettre un meurtre est passible d'un emprisonnement de 14 ans, alors que celui qui complote de poursuivre une personne innocente est passible d'un emprisonnement de 5 à 10 ans. Celui qui complote d'amener une femme à commettre l'adultère ou la fornication est passible d'un emprisonnement de deux ans. Dans ce dernier cas, les comploteurs peuvent aussi être coupables de RAPT. Tout complot à dessein illicite ou visant l'atteinte d'un but licite par des moyens illicites, p. ex. le versement de pots-de-vin, constitue une infraction criminelle dont l'auteur est passible d'un emprisonnement de deux ans.

La simple intention de commettre un complot ou de commettre un acte illégal ne suffit pas pour faire naître une responsabilité criminelle. L'intention doit s'accompagner d'un véritable accord pour agir. L'article 424 du *Code criminel* prévoit expressément qu'un complot en vue de restreindre le commerce (le fait d'empêcher autrui d'exercer son commerce d'une façon particulière ou dans un endroit donné) n'est pas criminel lorsqu'il est ourdi par un syndicat ou pour le compte de celui-ci. Cette exception permet à un syndicat de déclencher une grève, indépendamment du contrat de travail liant ses membres à leur employeur ou de déclencher une grève de sympathie pour appuyer des employés qui sont en grève légale.

L.C. Green

Comportement électoral Depuis une quarantaine d'années, le changement est une caractéristique électorale bien établie au Canada. Toutefois, même dans ce contexte, les résultats des élections fédérales de 1993 sont spectaculaires. L'électorat canadien a élu un gouvernement libéral majoritaire (*voir* PARTI LIBÉRAL) dirigé par CHRÉTIEN et fait entrer à la CHAMBRE DES COMMUNES deux nouveaux partis politiques, le BLOC QUÉBÉCOIS et le PARTI RÉFORMISTE, n'accordant plus que deux sièges au PARTI PROGRESSISTE-CONSERVATEUR qui détenait jusque-là le pouvoir. Un an à peine après que l'électorat canadien a nettement rejeté l'Accord de Charlottetown lors d'un RÉFÉRENDUM national, le résultat des élections fédérales de 1993 fait naître des incertitudes fondamentales sur l'avenir du SYSTÈME DE PARTI au Canada.

Toutefois, même après une victoire aussi décisive, les libéraux ne peuvent être assurés du succès électoral dans l'avenir. Les victoires écrasantes de Brian MULRONEY aux élections de 1984, de Pierre TRUDEAU à celles de 1968 et de John DIEFENBAKER en 1958 ont été suivies de revers tout aussi spectaculaires. La montée et la chute rapides de partis politiques provinciaux comme le NOUVEAU PARTI DÉMOCRATIQUE de Bob RAE en Ontario (1990-1995) et des Conservateurs de Grant DEVINE en Saskatchewan (1982-1991) illustrent également la tendance qu'a l'électorat canadien à changer d'allégeance politique de façon brusque et souvent spectaculaire.

Les résultats des élections fédérales ne sont pas toujours aussi clairs et aussi décisifs que ceux de 1993. Dans le passé, des élections comme celles de 1965 et de 1979 ont porté au pouvoir des GOUVERNEMENTS MINORITAIRES. De tels résultats peuvent se produire facilement, car aucun parti politique, ces dernières années, n'a eu l'appui continu de la majorité de l'électorat canadien. Le système électoral, axé sur la répartition des sièges au PARLEMENT, peut parfois donner une fausse image du comportement réel des votants. Même lors de la victoire décisive des libéraux en 1993, le parti n'a pu obtenir l'appui que de 41 p. 100 de l'électorat du pays. C.-à-d. que la majorité des votants appuyait d'autres partis.

L'attachement de la plupart des Canadiens aux partis politiques fédéraux ou provinciaux n'est pas aussi profond ou durable qu'il l'est traditionnellement dans les pays d'Europe, où les partis sont souvent l'expression de divisions idéologiques marquées ou d'une solide appartenance à une classe sociale ou à un groupe religieux. Un certain nombre de tendances régionales et ethniques ont toutefois marqué la politique fédérale canadienne et ont parfois persisté au cours de plusieurs élections. L'Ouest canadien était un bastion conservateur avant que le Parti réformiste n'y remporte la majorité des sièges aux élections de 1993. Les libéraux, dirigés par Pierre Trudeau, étaient fortement appuyés au Québec jusqu'à ce que cette tendance soit renversée, d'abord

par les conservateurs de Brian Mulroney en 1984, puis par le Bloc Québécois en 1993.

Toutefois, les comportements électoraux au Canada sont généralement influencés davantage par des facteurs politiques à court terme que par des tendances durables. Ces facteurs peuvent être, p. ex., la perception qu'on a des chefs politiques, l'état de l'ÉCONOMIE et certaines questions politiques qui peuvent être au programme d'un ou de plusieurs partis, comme la question du LIBRE-ÉCHANGE aux élections de 1988 ou celle du CHÔMAGE et du déficit en 1993. De tels facteurs sont difficiles à prédire d'une élection à l'autre, et leur importance peut varier fortement selon les catégories sociales ou les régions du pays. Le bilan politique du parti au pouvoir est également important. John TURNER, en 1984, et Kim CAMPBELL, en 1993, qui n'ont été PREMIERS MINISTRES FÉDÉRAUX que quelques mois, ont porté le poids de certaines politiques impopulaires et de certaines perceptions défavorables à l'égard de leurs prédécesseurs.

Les changements que l'électorat a apportés, en 1993, sur la scène politique ne seront probablement pas durables. Même un parti qui a beaucoup souffert, comme celui des conservateurs, peut se reconstruire, comme l'a montré la remontée des libéraux après leurs défaites décisives de 1958 et de 1984. Les tiers partis qui apparaissent à une élection particulière ont également un avenir incertain, comme le montre l'effritement du PARTI PROGRESSISTE après 1921 et du CRÉDIT SOCIAL en 1962. Il est possible que certains des changements politiques des dernières années engendrent finalement des tendances durables, mais il est plus probable que l'électorat canadien continue de se montrer capable d'apporter des changements brusques et parfois spectaculaires, présentant ainsi de nouveaux défis et offrant de nouvelles occasions aux chefs politiques de l'avenir.

Lawrence Leduc

Composition musicale Le répertoire des œuvres canadiennes composées dans la tradition de la musique occidentale remonte à environ 300 ans, mais la majorité de ces œuvres sont créées après la Seconde Guerre mondiale. Les paroles et la musique de *Prose de la Sainte-Famille* sont originales et plusieurs copies manuscrites de ce long plain-chant de la fin du XVIIe siècle sont conservées à Québec.

On en attribue la musique à Charles-Amador Martin (1648-1711), un prêtre né au pays, mais cette possibilité, aussi intéressante soit-elle, n'est pas entièrement prouvée. Cette pièce, postérieure aux premières compositions créées dans les colonies espagnoles, précède toutefois les premières œuvres connues de compositeurs de la Nouvelle-Angleterre.

Au début des années 80, un grand nombre de musiques manuscrites jusqu'alors inconnues, en particulier le manuscrit intitulé le *Livre d'orgue de Montréal* (1724; fac-similé publié en 1981) révèlent des compositions anonymes de chorales et de solos pour orgue du début du XVIIIe siècle, dont certaines sont peut-être de compositeurs canadiens.

Les annales de la vie musicale dans les villes de plusieurs régions, au cours du siècle précédant la Confédération, témoignent de la polyvalence des premiers musiciens professionnels qui dirigent aussi bien des chœurs et des orchestres symphoniques que des ensembles de chambre et d'instruments à vent. Ils font la vente d'instruments et de partitions, enseignent la musique dans les écoles et à des particuliers, organisent des récitals et, dans presque tous les cas, composent au moins un modeste corpus de nouvelles pièces.

La plupart des œuvres publiées par l'industrie de l'édition musicale au Canada, qui connaît un essor graduel à partir de 1840, répondent aux goûts prédominants pour les chansons sentimentales et patriotiques, la musique de danse, les variations pour piano de mélodies favorites et pour la musique sacrée. Toutefois, il y a aussi une production respectable et croissante d'œuvres de formats plus imposants. Grâ-

ce à la série *Le Patrimoine musical canadien* (Ottawa, à partir de 1984) dont plus d'une vingtaine de volumes paraissent dès 1998, on a maintenant accès aux premières musiques canadiennes publiées (et, parfois, non publiées).

Les compositeurs à temps partiel de l'époque sont quelquefois très doués. Bon nombre d'entre eux sont originaires d'autres pays, tels Joseph QUESNEL (1746-1809), Charles Wugk Sabatier (1819-1862) et Antoine Dessane (1826-1873), de France; Stephen Codman (1796-1852), d'Angleterre; James Paton Clarke (1808-1877) et G.W. Strathy (1818-1890), d'Écosse; Frederic Glackemeyer (1751-1836) et T.F. Molt (1796-1856), d'Allemagne; Stephen Humbert (1767-1849) et Mark Burnham (1791-1864), des États-Unis. Parmi les compositeurs canadiens de talent, mentionnons J.-C. Brauneis, Jr (1814-1871), Ernest GAGNON, Calixa LAVALLÉE et Romain-Octave Pelletier (1843-1927).

Les créations d'un intérêt exceptionnel comprennent, entre autres l'opérette *Colas et Colinette* (1789, paroles et musique de Quesnel), l'une des premières œuvres nord-américaines du genre; les motets et les airs fugués de Humbert, d'après les modèles courants en Nouvelle-Angleterre à l'époque; les imposants concerts d'arrangements de musique d'église de Dessane (l'un des derniers élèves de Cherubini); et le cycle de chants *Lays of the Maple Leaf* (1853) de Clarke.

On trouve peu de références autochtones dans les sujets ou dans les textes. Une exception notable est l'œuvre de Clarke. Citons aussi la *Messe de Noël* de J.J. Perrault (1861), présentant les motifs de chants folkloriques du Canada francophone et *Stadacon* de Gagnon (1858), une pièce pour piano évoquant des rythmes amérindiens.

Lavallée est le compositeur canadien le plus polyvalent et prolifique de la fin du XIXe siècle. Outrepassant rarement la convention, il possède toutefois un solide sens de la mélodie et un riche vocabulaire d'harmonies et de couleurs. Certaines de ses chansons, et surtout ses œuvres pour piano seul, (p. ex., *Le Papillon*, *L'Oiseau-mouche*) jouissent d'une vogue internationale et sont reprises avec succès, tout comme des œuvres plus importantes comme son ouverture de concert *La Rose nuptiale* et son opérette *The Widow*. Les Canadiens le connaissent surtout comme le compositeur d'*Ô Canada*.

La plupart des compositeurs actifs entre la Confédération et la Première Guerre mondiale sont nés au pays, comme Joseph Vézina (1849-1924), Guillaume Couture (1851-1915), Alexis CONTANT (1858-1918), Wesley Octavius Forsyth (1859-1937) et Clarence Lucas (1866-1947). Toutefois, cette période connaît aussi l'arrivée d'un nombre important de musiciens professionnels en provenance de l'Angleterre, dont plusieurs ont une influence sur l'enseignement de la musique et sur la composition, particulièrement pour chœurs. Charles A.E. Harriss (1862-1929) et J. Humfrey Anger (1862-1913) sont des exemples éloquents.

De grandes pièces chorales et orchestrales paraissent plus fréquemment, dont *The Wreck of the Hesperus* d'Arthur E. Fisher (1893), *Torquil* de Harriss (1894), *Caïn* de Contant (1905), *Jean le Précurseur* de Couture (1909), ainsi que des œuvres pour orchestre, comme l'ouverture de concert de Lucas, *Macbeth* (1900) et, moins souvent, de longues compositions pour ensemble de chambre, comme *Trio* de Contant (1907).

Comme musique de scène, on préfère l'opérette romantique ou parodique au grand opéra, les thèmes étant souvent parfaitement frivoles. Toutefois, des situations locales inspirent des œuvres comme *Leo, the Royal Cadet* (1889) d'Oscar Telgmann, qui demeure l'une des opérettes canadiennes ayant gardé l'affiche le plus longtemps et *Le Fétiche* (1912) de Vézina, une version romancée d'un conflit entre Français et autochtones.

Dans l'entre-deux-guerres, les compositeurs éminents sont les Canadiens Rodolphe Mathieu (1890-1962), Claude CHAMPAGNE (1891-1965) et Ernest MACMILLAN (1893-1973), et les Britanniques Healey WILLAN (1880-1968) et Alfred Whitehead (1887-1974). MacMillan, plus connu comme chef d'orchestre, crée l'un des premiers quatuors à cordes canadiens (1921), et Willan, ce qui constitue peut-être les premières symphonies canadiennes (nº 1, 1936; nº 2, 1948).

La musique de ce groupe reflète, particulièrement vers 1930, un fort intérêt pour la musique folklorique locale en tant que matière à développer dans des compositions. Elle témoigne aussi d'une plus grande assurance technique que la musique des générations précédentes, mais c'est peut-être seulement dans des œuvres comme *Trio* de Mathieu (1922) et, plus tard, dans *Quatuor à cordes* (1954) et *Altitude* (1959) de Champagne que se manifeste nettement l'influence des styles de musique internationaux du XX° siècle.

La carrière de Willan est, à ce jour, la plus longue et la plus prolifique de tous les compositeurs canadiens. Elle s'étend sur près de 70 ans et touche à toutes les formes de musique: symphonies, concertos, opéras, musique de chambre, musique d'orgue, musique chorale et chansons. Ses œuvres chorales, où il mêle efficacement les classiques textures a cappella et les idiomes harmoniques du romantisme britannique, suscitent un grand intérêt à l'échelle internationale.

Quelques étudiants de Willan (Godfrey Ridout, 1918-84; Robert Fleming, 1921-1976) font des carrières de compositeurs qui rappellent sa vision. Champagne est aussi un professeur très apprécié. Cependant la période de 1935 à 1950 est marquée par une confrontation de générations: les jeunes compositeurs rejettent en général les œuvres de leurs aînés et défendent de nouvelles tendances. Ils considèrent que la composition est une activité professionnelle de premier ordre, adoptent les idiomes internationaux courants, se tournent vers les écoles américaines plutôt que européennes ou britanniques pour leur formation, établissent une nouvelle approche dans les relations professeur-élève au Canada et, surtout, produisent un nouveau répertoire, considérable et dynamique, d'œuvres musicales.

Les remous culturels et le sens accru d'une identité nationale des années 50 coïncident avec la montée de ces compositeurs (Murray Adaskin, né en 1906; Jean Coulthard, née en 1908; Barbara Pentland, née en 1912; Violet Archer et John Weinzweig, nés en 1913; et Jean Papineau-Couture, né en 1917) et de leurs étudiants (Harry Freedman, né en 1922; Harry Somers, né en 1925; Clermont Pépin et François Morel, nés en 1926; Pierre Mercure et John Beckwith, nés en 1927; et Serge Garant [1929-1986]); ainsi qu'avec l'arrivée d'importants praticiens de l'étranger (Otto Joachim, né en 1910, au Canada depuis 1949; Oskar MORAWETZ, né en 1917, au Canada depuis 1940; Istvan Anhalt, née en 1919, au Canada depuis 1949; Talivaldis Kenins et Udo Kasemets, nés en 1919, au Canada depuis 1951; et Sophie-Carmen ECKHARDT-GRAMATTÉ, 1899-1974, au Canada à partir de 1953).

L'esprit de l'époque se reflète aussi dans la fondation d'une association professionnelle, la Ligue canadienne de compositeurs (1951) et d'un organisme auxiliaire, le Centre de musique canadienne (1959), dans les mesures qui favorisent l'enregistrement et la radiodiffusion d'œuvres contemporaines à Radio-Canada, ainsi que dans l'acceptation accrue de la création musicale en tant que matière importante dans les conservatoires et les départements de musique des universités au Canada.

Cet environnement crée un climat favorable au mûrissement du groupe le plus jeune, né dans les années 1930, et parmi lequel se trouvent certains compositeurs canadiens les plus connus: Gilles Tremblay, né en 1932; R. Murray Schafer, né en 1933; André Prévost, né en 1934; Jacques HÉTU, né

en 1938; Micheline Coulombe Saint-Marcoux (1938-1985) et Bruce Mather, né en 1939.

Parmi un groupe important dont les œuvres retiennent l'attention après 1967 (compositeurs nés après 1940), mentionnons Brian Cherney, né en 1942; John Hawkins et John Rea, nés en 1944; Donald Steven, né en 1945; Michel LONGTIN, né en 1946; Walter Boudreau et Barry Truax, nés en 1947; Claude Vivier (1948-1983); Denis Lorrain et Stephen Gellman, nés en 1948; Chan Ka-Nin et Alexina LOUIE, nés en 1949; John Burke, né en 1951; Serge Arcuri, né en 1954; Denys BOULIANE, né en 1955; et Robert Rosen, né en 1956.

Au nombre des compositeurs expérimentés nés à l'étranger et qui sont installés au Canada depuis la fin des années 1960, mentionnons entre autres, Rudolf Komorous, Lothar Klein, Bengt Hambraeus, James Tenney, Michael Colgrass, Alcides Lanza et Peter Paul Koprowski.

Le répertoire qui prend dans les années 50 révèle plusieurs caractéristiques nouvelles: p. ex., le genre pastoral chez Coulthard; l'aimable néo-classicisme des partitions d'Adaskin; les expériences originales de structures abstraites, poursuivies avec une ardeur particulière par Pentland et Papineau-Couture. Les années 60, l'effervescente décennie du centenaire national, sont témoins d'une remarquable floraison de compositions explorant de nouvelles directions: *chance music*, musique électronique et théâtralisme. Grâce à des partitions majeures comme *Triptyque* (1959) et *Lignes et points* (1963-1964) de Mercure; *Contrasts* de Joachim (1967); *Five Concepts* (1961) et *Stereophony* (1963, pour un orchestre déployé sur différents niveaux autour d'un auditorium) de Somers, l'expression orchestrale canadienne acquiert une envergure considérable.

Les œuvres de Somers, en particulier, continuent de combiner une ampleur de structure et une force expressive personnelle qui touche à l'angoisse dans les soliloques de *Louis Riel* (1967) et dans *Shaman's Song* (1983) ou à la volupté mêlée d'humour dans *Love-in-Idleness* (1976, inspiré d'une scène de *Songe d'une nuit d'été*).

Les œuvres de Weinzweig pour solos d'instruments et pour orchestre (trois concertos, huit divertimentos) témoignent d'une étude approfondie des idiomes instrumentaux. Sa musique se caractérise par une texture mince et contient souvent des accents de jazz, de blues et de swing. *Refrains* pour contrebasse et piano (1976) et *Out of the Blues* pour ensemble d'instruments à vent (1981) en sont des exemples. Depuis 1970, on trouve dans sa musique des éléments dadaïstes et d'emprunts.

La sensibilité aux couleurs de la percussion est une caractéristique de la musique de Tremblay et de Mather. Tous deux excellent dans les œuvres de musique de chambre d'instrumentation mixte. Chez Tremblay, le souci d'un symbolisme quasi panthéiste (comme dans *Solstices*, 1971, et *Compostelle I*, 1978) dénote l'influence de son professeur, Olivier Messiaen.

Depuis le milieu des années 70, Mather se concentre sur des œuvres faisant appel à des accordages au micro-ton (*Musique pour Champigny*, 1978; *Barbaresco*, 1984). Kasemets occupe une position indépendante et avant-gardiste; depuis le début des années 60, toute sa production consiste pratiquement en impromptus et en projets multimédia plutôt qu'en «œuvres» musicales proprement dites.

La recherche canadienne en musique électroacoustique est reconnue mondialement aussi bien dans les compositions novatrices de Hugh LeCaine (1914-1977) que dans les œuvres d'Anhalt, de Joachim, de Schafer, de Saint-Marcoux, de Truax et de plusieurs autres.

Le répertoire de musique de scène comprend, outre la musique de fond de spécialistes comme Louis APPLEBAUM (né en 1918), Gabriel Charpentier (né en 1925) et de Gary Kulesha (né en

1954), les ballets de Freedman (*Rose Latulippe*, *Five over Thirteen*, *Oiseaux exotiques*), de Somers (*House of Atreus*), de Garant (*Findings*, basé sur son *Offrande I*) et de Klein (*Canadiana*) et les opéras de Charles Wilson (*Héloïse et Abélard*), de Somers (*Louis Riel*, *The Death of Enkidu*), de Beckwith (*The Shivaree*) et de Vivier (*Kopernicus*).

Jusqu'en 1987, le cycle des 10 mini-opéras de Charpentier, *Clara 91*, tout comme les drames musicaux plus cosmiques de Schafer, *Patria* et *The Greatest Show on Earth*, n'ont été que partiellement exécutés. De ce dernier, cependant, *Apocalypsis*, *The Princess of the Stars* et *Ra* sont présentés au complet dans des productions révélant un puissant mélange d'éléments tenant de l'opéra, du ritualisme et de l'art primitif.

Les références et les citations historiques que l'on trouve chez Schafer, Beckwith et autres, prennent une importance cruciale dans la pièce de musique de chambre de Rea, *Com-possession*, dans laquelle danse, sons électroniques et instrumentaux du passé et du présent évoquent les attaques de tarentulisme.

On trouve associés musique et commentaire social dans *Wine of Peace* et *Dummiyah* de Weinzweig; dans *News* de Pentland; dans plusieurs œuvres de Morawetz, dont *Memorial to Martin Luther King* et *From the Diary of Anne Frank*; et dans *Second Quartet* («Da Pacem») et *Ahimsâ* de Prévost.

Certaines œuvres liées à l'histoire, à l'art visuel ou à l'environnement du Canada ou reposant sur des textes littéraires canadiens illustrent un canadianisme évident, comme le juvénile Brébeuf de Schafer, d'après des extraits du journal de Brébeuf; *Boréal* et *L'Étoile noire* de Morel, cette dernière d'après une célèbre toile de Borduas; des œuvres de Weinzweig, de Garant et d'autres compositeurs utilisant des sources indiennes et inuites; les pièces impressionnistes de Freedman, *Images* et *Klee Wyck*; et *Foci*, *La Tourangelle* et *Winthrop*, drames musicaux exceptionnels d'Anhalt, mi-cantates, mi-documentaires/tableaux historiques. Les deux dernières œuvres sondent la signification de la transplantation culturelle (de l'Ancien au Nouveau Monde), au moyen d'une ingénieuse fusion d'images tirées de la vie de premiers immigrants particuliers (*voir* HISTOIRE DE LA MUSIQUE).

Dans les années 80, on assiste à un renouveau d'intérêt pour la musique orchestrale, dont les exemples les plus marquants vont de la *Cinquième symphonie* de Pépin (inspirée de l'astronomie, comme sa *Troisième symphonie*) et la *Septième symphonie* de Kenins (avec solo pour mezzo-soprano) aux pièces tendues et austères de Garant, Plages et de Cherney.

Rosen et Gellman, dans *From Silence* (1982-1983) et *Universe Symphony* (1985), respectivement, entreprennent des œuvres aux dimensions formidables, mettant en œuvre des effectifs considérables et faisant preuve d'une gravité de ton ainsi que d'un souffle et d'une densité ivésiens. Les œuvres récentes de Longtin, de Hawkins et d'autres lancent un appel au renouvellement des formes classiques centrées sur le ton (l'hommage délibéré de Longtin à Sibelius dans *Autour d'Ainola* (1986); celui de Hawkins à Weill dans *Breaking Through* (1982), un appel auquel plusieurs jeunes compositeurs semblent réceptifs. Au Canada comme ailleurs, la renaissance en art du style figuratif après le style abstrait a son parallèle en musique dans le retour du tonalisme après le sérialisme.

Au Canada, l'industrie de l'édition musicale, bien que prospère autrefois, ne peut se développer suffisamment pour tenir compte des œuvres sérieuses créées après la Seconde Guerre mondiale. Dans les années 60, les maisons G. Ricordi (Canada) Ltd., Leeds Music (Canada) et, surtout, BMI Canada Ltd. dans sa série *Canavangard* et, dans les années 80, les Éditions Doberman au Québec, ne réussissent à publier qu'une fraction du répertoire de musique pour concert, ce qui, pour les exécutants et les étudiants, rend la collection du Centre de musique canadienne une source d'autant plus indispensable. Cependant, la production croissante d'enregistrements de musique sérieuse au pays assure une meilleure accessibilité. Entre autres projets importants, mentionnons l'*Anthologie de la musique canadienne* de Radio-Canada International, une série de plus de 30 albums de compositeurs, et le catalogue de Centrediscs, un rejeton du Centre de musique canadienne.

Depuis le milieu des années 60, les plus grandes villes canadiennes sont témoins de la croissance des sociétés de concerts vouées à la musique contemporaine, où les œuvres des compositeurs locaux jouissent d'une attention spéciale et, parfois, exclusive. Si les grandes compagnies d'opéra et les principaux orchestres symphoniques peuvent être comparés aux musées d'art publics en raison de leur vaste vision historique, les organisations vouées à la nouvelle musique peuvent être comparées aux petites galeries indépendantes d'art contemporain. La plus ancienne, et toujours en activité, est la SOCIÉTÉ DE MUSIQUE CONTEMPORAINE DU QUÉBEC, fondée en 1966 par Serge GARANT et quelques autres. Depuis 1960 environ, les programmes de commandes favorisent de plus en plus les compositeurs. Tandis que, dans les années 50, les nouvelles œuvres étaient rarement commandées, dans les années 80, en revanche, il est rare qu'elles ne le soient pas. Les règles relatives aux commandes de la SRC créent, dès les années 40, des précédents sous ce rapport. Aujourd'hui, les conseils des arts aussi bien que les sociétés de concert, les solistes et les ensembles sont devenus des sources d'appui à la création de nouvelles compositions.

Bien que plus récent et moins connu que les prix du gouverneur général pour la littérature, le prix Jules-Léger pour la musique de chambre revêt une importance comparable dans ce domaine de composition pour lequel Léger (fondateur du prix quand il était gouverneur général) a une prédilection toute particulière. Les anciens lauréats sont Schafer, 1978; Mather, 1979; Garant, 1980; Rea, 1981; Boudreau, 1982; Hawkins, 1983; Cherney, 1985; Longtin, 1986; et Bouliane, 1987. Plus connues du public sont les citations comme «Compositeur de l'année» inaugurées par le Conseil canadien de la musique en 1977 et décernées à Schafer, 1977; Tremblay, 1978; Freedman, 1980; Vivier, 1981; Bouliane, 1983; Archer, 1984; Beckwith, 1985; Louie, 1986; et Gellman, 1987.

John Beckwith

Comptabilité Science qui consiste à chiffrer et à rendre compte des opérations financières d'une organisation. Les comptables doivent choisir, parmi un grand nombre d'événements, ceux qui ont des retombées sur l'organisation et qui peuvent être mesurées à l'aide de chiffres. Ensuite, ils les présentent sous forme de rapports financiers aux dirigeants et tiers (actionnaires, créanciers, pouvoirs publics, investisseurs) intéressés à la performance économique de l'entreprise.

La comptabilité peut se diviser en deux sous-disciplines (avec des variantes selon les catégories professionnelles): d'une part, la comptabilité financière ou générale, mieux connue grâce aux documents comptables (bilans, états des résultats et états de l'évolution de la situation financière) généralement diffusés tant à l'intérieur qu'à l'extérieur d'une organisation ou d'une entreprise et, d'autre part, la comptabilité de gestion dont l'objet est d'analyser des données comptables internes en vue de fournir à la direction des renseignements dont elle a besoin pour évaluer des projets et des politiques et prendre des décisions. Bien que les deux branches de la comptabilité exigent des techniciens pour la saisie systématique des données et la tenue des livres, les opérations comptables plus complexes reviennent souvent aux professionnels. P. ex., en comptabilité générale, les rapports annuels et intermédiaires, réalisés par

des spécialistes, sont vérifiés et approuvés par des comptables accrédités, alors qu'en comptabilité de gestion, le choix des renseignements pertinents et la détermination des normes, principes et conventions de comptabilité et de vérification sont normalement la chasse gardée d'experts-comptables.

L'histoire de la comptabilité remonte à des siècles et son évolution fut mouvementée. En effet, vouée strictement à l'origine à des fins d'enregistrement, la comptabilité se rapporte entre autres de nos jours à la fiscalité, à la vérification des livres comptables, aux systèmes d'information et à l'économie. Toutefois, même si on peut retracer la tenue de registres à l'époque babylonienne et que la comptabilité en partie double existe depuis 1494, il faut reconnaître que la profession de comptable est assez récente en Amérique du Nord. La première rencontre officielle des comptables s'est tenue à Montréal en juin 1879 en vue de créer une association de promotion de la profession. Aujourd'hui, il y a trois associations professionnelles au Canada: l'Institut canadien des comptables agréés (anciennement Dominion Association of Chartered Accountants fondé en 1902) dont les membres sont désignés par le sigle CA; la Société nationale des comptables en management (CMA Canada) fondée en 1920 sous le nom de la Canadian Society of Cost Accountants; et l'Association des comptables généraux licenciés du Canada constituée en 1913 (CGA Canada). Certes, ces associations professionnelles ont toutes une structure nationale mais, étant donné que l'enseignement relève de la compétence des provinces, chacune s'est dotée d'un organisme provincial, appelé institut, ordre, association ou société, chargé d'élaborer et de contrôler les programmes d'enseignement et les critères d'admission à la profession.

En matière de formation, chaque association fait passer des examens assortis d'expérience en milieu de travail. En 1970, l'Institut canadien des comptables agréés est la première association à exiger un diplôme universitaire de ses membres. De plus, les candidats à la titularisation doivent suivre un programme d'études approfondies, réussir un examen national et effectuer un stage de deux à trois ans dans un cabinet d'experts-comptables reconnu. Quant aux candidats qui se destinent à être comptables généraux licenciés, ils peuvent terminer leurs études universitaires avant ou après l'accréditation professionnelle. Ils doivent cependant justifier une expérience en milieu de travail, notamment dans une entreprise ou une administration publique. Même s'il est possible de devenir comptable en management au terme du cycle d'études secondaires, un grand nombre de candidats optent pour des cours universitaires. Toutes les grandes universités canadiennes offrent des cours préparatoires aux examens d'accréditation.

La comptabilité privée, au sein d'entreprises, se prête à diverses possibilités d'emplois, allant des aspects techniques de la tenue de livres à des processus plus complexe de planification administrative, budgétaire et financière. Les comptables privés travaillent pour des organisations comme les administrations publiques, les établissements de santé et de services sociaux (hôpitaux, CLSC, etc.) et les universités. Dans les moyennes et grandes entreprises, ce sont des comptables professionnels qui d'ordinaire occupent les postes d'importance au plan financier (contrôleur, chef comptable, trésorier, vérificateur interne).

La comptabilité publique regroupe des activités telles que la vérification, la consultation en gestion, la vérification d'autres informations à caractère financier pour le compte de créanciers ou de pouvoirs publics, et même les attributions d'un syndic de faillite. La vérification consiste à certifier la régularité et la conformité des comptes et des rapports financiers, obligation légale que toutes les sociétés publiques doivent respecter. Dans certaines provinces, la vérification se fait exclusivement par des comptables agréés. Au cours des dernières décen-

nies, les services de consultation dans les domaines de la comptabilité, de la fiscalité, des finances et des systèmes d'information ont rapidement pris de l'expansion et continueront probablement sur cette lancée.

Les trois grandes associations de comptables publient chacune leur propre revue: le *CA Magazine*, le *CMA Management* et le *CGA Magazine*.

O. Croteau

Comté En Nouvelle-Écosse, à l'Île-du-Prince-Édouard, au Nouveau-Brunswick, au Québec et en Ontario, le comté est la principale subdivision territoriale. Dans ces provinces, les comtés ont été formés au début selon le modèle anglais et à des fins diverses, dont les principales sont l'enregistrement des biens-fonds, les cours judiciaires locales, l'ADMINISTRATION MUNICIPALE locale et les circonscriptions électorales provinciales.

À l'Île-du-Prince-Édouard, au Nouveau-Brunswick et au Québec, l'ancienne structure des comtés ne sert plus qu'à la description des biens-fonds. Ses autres fonctions sont maintenant exercées au moyen de structures provinciales et municipales réorganisées. En Nouvelle-Écosse, le comté est encore une unité administrative rurale, et certains comtés sont divisés en districts à des fins municipales.

En Ontario, beaucoup de comtés sont encore des unités municipales et judiciaires, et certains sont regroupés à ces fins. Wellington est un comté type de la structure ontarienne. Il compte 22 municipalités: 1 cité, 4 villes, 5 villages et 12 CANTONS. Les fonctions du comté couvrent une gamme de services comme les voies publiques, l'inspection des bâtiments, les services sociaux, les COMMISSIONS SCOLAIRES et les foyers pour personnes âgées. Au nord de Muskoka et du parc provincial Algonquin, l'Ontario est organisée en districts à des fins judiciaires.

Le Québec a entièrement réorganisé l'administration des comtés municipaux en 1979 pour créer de nouvelles unités appelées municipalités régionales de comté (MRC). Les 71 anciens comtés municipaux forment maintenant 95 MRC, 3 communautés urbaines et 1 administration régionale. Cette nouvelle structure municipale englobe plus de 1500 cités, villes, villages et autres municipalités rurales.

La seule province de l'Ouest dotée d'une structure de comtés est l'Alberta, qui compte 30 comtés municipaux et 20 districts municipaux ayant diverses fonctions administratives et éducatives. En Colombie-Britannique, on emploie le mot «comté» au sens du territoire d'une cour de comté. Ailleurs au Canada, la portion de territoire semblable à un comté est généralement appelée district ou municipalité rurale.

Alan Rayburn

Comtois, Ulysse, sculpteur et peintre (Granby, Qc, 2 mars 1931— Saint-Hyacinthe, Qc, 10 juillet 1999). Après de brèves études à l'École des beaux-arts de Montréal à la fin des années 40, il choisit de quitter l'école et de se mêler immédiatement au milieu artistique québécois, attiré par l'impact produit sur le forte prise de position culturelle que LES AUTOMATISTES ont exprimée en 1948 dans leur manifeste REFUS GLOBAL. En 1954, il participe à leur dernière exposition collective, «La matière chante», qui s'inspire directement de leur mouvement, présentée à la Galerie Antoine.

Ses tableaux des années 50 mettent en évidence une recherche sur les structures flexibles que l'on peut assimiler à l'esthétique postautomatique. À cette époque, il hésite entre la touche libre caractéristique de l'approche des automatistes et la rigueur géométrique récemment proposée par le nouveau mouvement des PLASTICIENS de Montréal. Les zébrures plus ou moins courbées dans ses séries de peintures abstraites produites entre 1954 et 1956 trouveront plus tard un écho dans les bandes de forme modulaire présentes dans ses sculptures enjouées des années 60.

Conceptions dadaïstes Vers 1960, après avoir visité une exposition de sculptures de Julio González à New York, Comtois se lance avec enthousiasme dans la sculpture en métal soudé et devient par la suite l'un des premiers sculpteurs à expérimenter cette nouvelle technique au Canada. Comtois s'intéresse vivement aux conceptions dadaïstes qui permettent aux sculpteurs d'utiliser les matériaux de récupération, souvent de façon ironique. Adoptant cette technique, il réalise en 1960-1961 de petites sculptures en acier soudé qui sont exposées au MUSÉE DES BEAUX-ARTS DE MONTRÉAL la même année.

En 1963, il voyage en Europe et en Israël grâce à une bourse du CONSEIL DES ARTS DU CANADA. De 1964 à 1966, il peint de couleurs vives ou vernit ses sculptures, qui se composent alors de strates de bois laminé et se caractérisent par des formes torsadées et entrelacées. Au milieu des années 60, il commence à réaliser des sculptures modulaires plus ambitieuses faites de plaques d'aluminium qui pivotent autour d'un axe tubulaire et suscitent la participation du spectateur. Certaines de ces sculptures sont sélectionnées pour représenter le Canada à la Biennale de Venise de 1968. À la même époque, on lui commande une murale pour le pavillon de l'administration et de l'information aux médias (Administration and News Building) de l'EXPO 67, à Montréal.

Valse-hésitation Dans les années 70, Comtois fait un retour à la peinture en utilisant une technique pointilliste élargie pour explorer l'énergie produite par la juxtaposition de couleurs vives. Continuant sa valse-hésitation entre les formes expressives et les formes géométriques, il s'est mis dernièrement à élaborer des tableaux en regard de l'héritage laissé par Mondrian. Très érudit en histoire de la sculpture, l'artiste enseigne à l'U. du Québec à Montréal au début des années 70 et, plus récemment, à l'U. Concordia. En 1978, le gouvernement du Québec lui décerne le prestigieux prix Paul-Émile Borduas, et le MUSÉE D'ART CONTEMPORAIN DE MONTRÉAL organise une grande rétrospective de ses œuvres en 1983.

Denise Leclerc

Conacher, Charles William, joueur de hockey (Toronto, 10 déc. 1909—*id.,* 30 déc. 1967). Ailier droit de la puissante «Kid Line» de Toronto, en compagnie de Joe Primeau et de Henry «Busher» Jackson, il est reconnu pour son jeu exubérant et son tir puissant. Il a joué 12 saisons dans la Ligue nationale de hockey, surtout avec les MAPLE LEAFS DE TORONTO, et remporte le championnat des compteurs pour les saisons 1933-1934 et 1934-1935, en plus de partager cet honneur à deux reprises. Il passe sous la tutelle des Red Wings de Detroit en 1938 et termine sa carrière avec les Americans de New York. Il a compté 225 buts en saison régulière et a enregistré 173 mentions d'assistance, sans oublier 17 buts et 18 mentions d'assistance en séries éliminatoires.

James Marsh

Conacher, Lionel Pretoria, athlète complet, politicien (Toronto, 24 mai 1902—Ottawa, 26 mai 1954). Issu d'une famille de dix enfants, il grandit dans un rude quartier ouvrier de Toronto. Il s'initie aux sports à l'école Jesse Ketchum où il excelle au football, à la crosse, au baseball, à la boxe, à la lutte, au hockey et aux épreuves d'athlétisme, et remporte le championnat de lutte de l'Ontario dans la catégorie des 125 lb (56,7 kg). En 1920, lors de sa première compétition de boxe, il gagne le championnat canadien des milourds et, l'année suivante, il livre un combat d'exhibition de trois rondes contre Jack Dempsey, champion du monde des poids lourds.

La puissance de Conacher, son endurance et sa rapidité (il peut parcourir une centaine de verges, soit 91,44 m, en moins de dix secondes) conviennent bien à la crosse et au football. En 1922, il aide l'équipe de Toronto à remporter le championnat de crosse de l'Association de crosse senior de l'Ontario. Au football, il est un féroce coureur et, peut-être, le meilleur spécialiste des bottés de dégagement de son temps. Lors du match de championnat de la COUPE GREY de 1921, il aide les Argonauts de Toronto à remporter une victoire de 23-0 contre Edmonton, en comptant 15 points. Ce n'est qu'à l'âge de 16 ans qu'il apprend à patiner et son style, empreint d'agressivité et de détermination, en fait l'un des meilleurs défenseurs de son époque. Il joint les rangs professionnels avec l'équipe de Pittsburg en 1925, puis joue avec les Americans de New York, les Black Hawks de Chicago et les Maroons de Montréal (1930-1933 et 1934-1937). Robuste et toujours prêt à se battre (même avec son frère Charlie), il est le premier joueur étoile de la Ligue nationale de hockey en 1934.

Conacher se lance en politique en 1937 en se faisant élire sous la bannière libérale dans le comté de Toronto Bracondale. Il devient ensuite commissaire athlétique de l'Ontario et s'emploie à mettre sur pied des installations récréatives dans les parcs urbains. En 1949, il est élu député fédéral de la circonscription de Toronto Trinity. Il succombe à une crise cardiaque après avoir réussi un triple jeu au bâton lors d'une partie de balle molle au profit d'un organisme de bienfaisance. Méritant bien son surnom de «Big Train» (le grand train), Conacher est l'athlète le plus complet que le Canada ait produit. On a longtemps cru à tort qu'il avait été intronisé au Temple de la renommée du hockey, et ce n'est qu'en 1994 que cet oubli a été corrigé.

James Marsh

Conant, Gordon Daniel, avocat, politicien libéral, premier ministre de l'Ont. (né près d'Oshawa, Ont., 11 janv. 1885—Oshawa, 2 janv. 1953). Nommé procureur général du gouvernement ontarien de Mitchell HEPBURN en 1937, il fait montre de compétence et de loyauté et succède au premier ministre en octobre 1942. Cependant, la rivalité qui oppose Hepburn au premier ministre canadien Mackenzie KING divise profondément les libéraux de l'Ontario, et la sélection arbitraire de son successeur alimente ce ressentiment. En dépit d'une session législative féconde, Conant ne peut apaiser les dissensions et il démissionne en avril 1943.

Barbara A. McKenna

Conception, baie de la Elle est l'une des plus importantes de Terre-Neuve. Elle est formée de deux bras de la PRESQU'ÎLE AVALON qui s'étirent vers le nord. Son nom est parmi les premiers à être officiellement indiqués (1527) et il commémore la fête de l'Immaculée Conception. Le cap St. Francis, à l'est, et Split Point, à 32 km au nord-ouest, délimitent l'embouchure de la baie qui s'étend sur 70 km au sud, jusqu'à Holyrood. Son littoral, d'abord composé de falaises escarpées et de bras de mer ressemblant à des fjords, est ensuite formé de plages lisses et sablonneuses et de havres de première qualité. C'est la première partie de la province à être colonisée. Ses ressources marines abondantes sont exploitées par les Européens dès le début du XVIᵉ siècle. En 1610, on établit la première colonie anglaise officielle du Canada à CUPIDS. La baie a toujours été l'endroit le plus peuplé de Terre-Neuve. L'ÎLE BELL, la plus grande des îles située dans la partie Est de la baie, abritait une importante mine de fer.

Robert D. Pitt

Conception Bay South, ville de T.-N.; pop. 19 265 (rec. 1996), 17 590 (rec. 1991), 15 531 (rec. 1986); superf. 59,40 km²; const. en 1973; située sur la rive sud-est de la BAIE DE LA CONCEPTION, dans la PRESQU'ÎLE AVALON. Cette municipalité, dont le territoire s'étend sur 32 km de long et 5 km de large, se compose de plusieurs anciens établissements plus petits qui jalonnent le littoral: Topsail, Chamberlains, Manuels, Long Pond, Foxtrap, Kelligrews, Upper Gullies, Lawrence Pond et Seal Cove. La plupart de ces villages sont fondés par des pêcheurs avant 1800. L'agriculture se pratique dans l'hinterland de ces villages dont la pêche et les récoltes sont vendues dans la ville voisine de ST JOHN'S.

La région, parsemée de nombreux étangs et de belles plages, constitue aussi un lieu de villégiature très fréquenté par la population de St. John's en été. Depuis la Première Guerre mondiale, la plus grande partie de la main-d'œuvre travaille à St. John's. La pêche, la coupe du bois et l'agriculture se pratiquent encore sur une petite échelle, mais les autres travailleurs sont à l'emploi des entreprises locales de services.

Janet E.M. Pitt et Robert D. Pitt

Concombre (Cucumis sativus) est un légume annuel herbacé de la famille des Curcubitacées. Seules trois espèces sauvages poussent au Canada, la plus répandue étant le concombre grimpant, un parent éloigné du concombre cultivé. Cultivé en Chine il y a déjà 3000 ans, le concombre se répand en Europe au XIVᵉ siècle. Christophe Colomb l'introduit en Haïti.

Chaque plante porte en général des fleurs mâles et femelles, mais il existe des variétés femelles et sans graines. Le concombre produit de longues tiges agrémentées de vrilles. Certaines plantes ont de petits fruits courts appelés cornichons. D'autres produisent un long fruit, de type américain (en plein champ) ou de type européen (en serre).

Le concombre est habituellement semé dans des champs, mais on peut le cultiver hors saison en serre (*voir* CULTURE EN SERRE). Peu d'insectes attaquent le concombre, et les souches modernes résistent de mieux en mieux aux maladies. Pauvre en vitamines et en minéraux, le concombre est riche en eau et ne contient pratiquement aucune calorie. En 1991, on cultive au Canada l'équivalent de 2685 ha de concombres, soit une production de 47 844 t d'une valeur de près de 16 millions de dollars.

Roger Doucet

Concours International de Montréal Ce Concours rassemble chaque année à Montréal de jeunes musiciens remarquables du monde entier. L'organisation est incorporée en 1963 avec Wilfrid PELLETIER comme président honoraire, et le premier concours a lieu en 1965. Alternant entre le piano, le violon et la voix, chaque concours n'admet que les pianistes et violonistes âgés de 16 à 30 ans et les chanteuses et chanteurs âgés de 20 à 35 ans. Il y a deux épreuves éliminatoires et une épreuve finale à laquelle l'ORCHESTRE MÉTROPOLITAIN participe souvent.

Les normes d'admission rigoureuses et la grande qualité des jurys font que ce concours est l'un des plus prestigieux du monde. Les prix en argent (premier prix: 18 000 $) et les occasions de jouer avec les plus grands orchestres canadiens attirent des jeunes musiciens exceptionnellement doués. Au nombre des participants dont la carrière a depuis été couronnée de succès, on retrouve Ghidon Kremer (2ᵉ prix, violon, 1969), Ivo Pogorelic (1ᵉʳ prix, piano, 1980) et Sandra Graham (2ᵉ prix, voix, 1985). Un prix spécial est décerné au meilleur interprète d'une nouvelle œuvre d'un compositeur canadien commandée spécialement pour le concours. Le CIM a cessé ses activités en 1997. (*Voir aussi* PRIX ET CONCOURS DE MUSIQUE).

Claire Versailles

Concurrence, politique de la Cette expression désigne la législation fédérale permettant d'éliminer les entraves au commerce imposées par des entreprises privées et de favoriser la concurrence. Créée en vertu de la *Loi sur la concurrence* et de la *Loi sur le Tribunal de la concurrence,* entrées en vigueur le 19 juin 1986 et modifiant la *Loi des enquêtes sur les coalitions,* qui remonte à 1889, la législation fédérale sur la concurrence vise à «assurer l'efficacité et l'adaptabilité de l'économie canadienne en favorisant la concurrence au Canada» et s'applique à toutes les activités économiques (biens et services) à l'exception des activités nommément désignées (NÉGOCIATION COLLECTIVE, sports amateurs, souscriptions à forfait) ou à des activités régies par d'autres législations comme les industries où la production et le prix des biens et des services sont réglementés par les gouvernements fédéral et provincial.

La *Loi sur la concurrence* vise infractions pénales et pratiques civiles sujettes à examen. Habilité à intervenir en matière de concurrence dans les audiences convoquées par les tribunaux de réglementation fédéraux et les organismes de réglementation provinciaux, le directeur peut enquêter sur les infractions présumées à la demande formelle de six adultes canadiens, du ministre de la Consommation et des Affaires commerciales ou de sa propre initiative.

La plupart des enquêtes dérivent des plaintes déposées par les consommateurs et les gens d'affaires. Certes, le directeur peut saisir le Tribunal de la concurrence pour obtenir une ordonnance interdisant une pratique commerciale assujettie au contrôle judiciaire. Toutefois, le ministère de la Justice se charge des poursuites criminelles devant la cour. Il existe cinq infractions criminelles clés: 1) ententes concernant l'offre, la fabrication, la production, etc. d'un produit visant à empêcher indûment la concurrence; 2) ententes entre banques pour fixer, p. ex., les taux d'intérêt appliqués aux prêts et aux dépôts bancaires (en vigueur depuis 1986); 3) tentatives de la part des fournisseurs d'augmenter le prix annoncé d'un produit ou d'empêcher la réduction de ce dernier, ou encore, tout refus d'approvisionner un client en raison de son régime de bas prix; 4) pratiques discriminatoires à l'endroit des fournisseurs concurrents d'un acheteur moyennant des rabais ou d'autres incitatifs (primes de publicité, etc.) qui ne leur sont pas également proposés ou encore, pratiques de prix abusifs visant à varier sensiblement les prix d'une région à l'autre ou à vendre les produits à des prix abusivement bas en vue de réduire sensiblement la concurrence ou d'éliminer un concurrent; 5) déclarations ou publicités mensongères. D'autres dispositions de la Loi sanctionnent le double étiquetage, la publicité-leurre, et la vente pyramidale ou par dénoyautage.

Organisé en trois formations d'audience et composé de non-spécialistes et de quatre juges de la Cour fédérale du Canada, le nouveau Tribunal de la concurrence, et non les tribunaux, se charge de juger les pratiques civiles sujettes à examen, et ses décisions peuvent faire l'objet d'un appel auprès de la Division d'appel de la Cour fédérale. Les pratiques civiles en question regroupent un ensemble de pratiques commerciales à effet anticoncurrentiel: détermination du prix de la marchandise livrée (en vigueur depuis 1986), refus d'approvisionner, vente par voie de consignation pour contrôler le prix des revendeurs, ventes liées et restriction du marché. À celles-ci s'ajoutent trois nouvelles pratiques clés: fusions, abus de position dominante et accords de spécialisation.

Pour obtenir du Tribunal une ordonnance qui dissout une fusion précédente ou interdit une fusion anticipée, le directeur doit démontrer que, selon toute probabilité, la fusion risque «d'empêcher ou de réduire sensiblement la concurrence». Les nouvelles dispositions traitant de fusions tant verticales qu'horizontales se substituent au droit criminel précédent jugé totalement inefficace. En effet, de 1910 à 1976, ce dernier ne permet d'engager que très peu de poursuites et de n'obtenir qu'une seule condamnation après reconnaissance de culpabilité. Depuis le 15 juill. et 1987, les fusions impliquant de grandes entreprises disposant d'actifs et d'un chiffre d'affaires supérieurs à 400 millions de dollars ou de grandes acquisitions comprenant des actifs ou un chiffre d'affaires excédant 35 millions de dollars doivent se conformer aux exigences d'avis préalable.

Les dispositions concernant l'abus de position dominante remplacent le droit criminel relatif aux monopoles. Jugé inefficace, ce dernier ne permet en effet que très peu de condamnations au terme de 16 procès entre 1910 et 1986. Afin d'obtenir une ordonnance interdisant des comportements anticoncurrentiels, le directeur doit démontrer que la ou les entreprises en question contrôlent le marché complètement ou dans une large mesure, se sont livrées ou

se livrent à des «agissements anti-concurrentiels» et que ces agissements ont eu ou ont pour effet ou risquent «d'empêcher ou de réduire sensiblement la concurrence». Autrement dit, le Tribunal doit déterminer si une pratique commerciale à effet anti-concurrentiel «résulte d'un rendement concurrentiel supérieur».

Malheureusement, en matière de fusion et d'abus de position dominante, la nouvelle loi ne propose aucune définition des mots ou des phrases clés. En 1986 et 1987, malgré plus de 1300 fusions dont 80 impliquant une valeur transactionnelle supérieure à 100 millions de dollars, durant les 18 premiers mois depuis l'entrée en vigueur de cette loi, deux fusions seulement donnent lieu à une audience devant le Tribunal, et aucune plainte relative à l'abus de position dominante n'est déposée. C'est dire que l'efficacité de cette nouvelle loi n'a pas encore été établie.

Pour favoriser l'efficacité, la *Loi sur la concurrence* prévoit l'enregistrement des accords de spécialisation auprès du Tribunal de la concurrence. Au nom de ces accords, deux entreprises au moins peuvent abandonner la production de certains biens et services et se les procurer exclusivement auprès d'une partie à l'accord. De la sorte, les entreprises concernées peuvent atteindre un niveau de spécialisation accru et réaliser d'importantes économies grâce à un cycle de production plus long. Ces accords, s'ils respectent la Loi et sont enregistrés auprès d'un tribunal, échappent aux dispositions sur les complots et les accords d'exclusivité.

La nouvelle Loi présente d'autres modifications notables: l'abrogation des dispositions sur les complots en réponse aux interprétations défavorables de la Cour suprême du Canada; la prise en compte des activités commerciales des sociétés de la Couronne et d'État provinciales; l'amende maximale pour complots relatifs à la fixation des prix ou à la répartition des marchés passée de 1 à 10 millions de dollars; l'obligation d'adresser à la cour tout recours aux pouvoirs d'enquêtes officielles (perquisitions, déclarations écrites, interrogation des témoins sous serment) conformément aux dispositions de la Charte canadienne prévue dans la Constitution de 1982.

Entreprise avec le projet de loi C-256 en 1971 et sa modification en 1976, la réforme de la législation sur la concurrence dure plus de deux décennies. En 1977, le gouvernement fédéral dépose les projets de loi C-42 et C-13 sans les faire adopter face notamment à l'opposition des entreprises. En 1984, le projet de loi C-29 franchit la première lecture sans être adopté en raison de la dissolution du Parlement et de la tenue des élections en septembre. En mai 1985, après avoir fait connaître ses propres positions de principe, le gouvernement de Brian Mulroney dépose le projet de loi C-91 en décembre. Six mois plus tard, après quelques modifications, ce projet de loi devient la nouvelle *Loi sur la concurrence*.

W.T. Stanbury

Condiments Au Canada, la culture commerciale des condiments comprend celles des OIGNONS (*Allium cepa*), de la moutarde jaune ou blanche (*Brassica hirta*), de la moutarde joncée (*B. juncae*), du raifort (*Armoracia rusticana*), de l'aneth (*Anethum graveolens*), du cumin (*Carum carvi*) et de la coriandre (*Coriandrum sativum*). Le basillic (*Ocimum basilicum*), le fenouil (*Fœniculum vulgare*), l'ail (*Allium sativum*), la MENTHE (*Mentha piperita, M. spicata*), la sauge (*Salvia officinalis*) et la sarriette (*Satureia hortensis*) sont cultivés par de petits producteurs.

L'oignon commun est une plante herbacée bisannuelle produisant un seul gros bulbe; ses nombreux cultivars diffèrent en grosseur, en couleur, en forme et en saveur. Les oignons sont utilisés pour assaisonner plusieurs mets (sauces, soupes, omelettes, viandes, marinades). Au pays, on en produit sur plus de 4000 ha. Le Québec produit 35 p. 100 des oignons

du Canada, l'Ontario en produit 55 p. 100 et l'Ouest canadien, 10 p. 100.

La moutarde jaune et la moutarde joncée sont des herbacées annuelles. La moutarde joncée est la plus piquante. Les graines de moutarde sont utilisées pour la préparation de pâtes de moutarde (employées pour l'assaisonnement, entre autres, du fromage, des œufs, de la viande et des vinaigrettes) et comme telles (dans les marinades et bouillies avec des légumes). Les moutardes sont cultivées au Manitoba (8 p. 100), en Saskatchewan (77 p. 100) et en Alberta (15 p. 100) sur environ 185 000 ha. Les 250 000 t produites annuellement sont évaluées à 68,75 millions de dollars. Le Canada est le premier exportateur mondial de graines de moutarde.

Le raifort est une plante vivace de la famille de la moutarde. Sa racine cylindrique, blanche et charnue est utilisée comme assaisonnement pour le rôti de bœuf, les huîtres crues, le poisson, ainsi que les marinades. Le raifort est cultivé dans le sud de l'Ontario sur environ 200 ha qui produisent 2400 t de racines fraîches évaluées à 1,5 million de dollars.

L'aneth est une plante annuelle utilisée pour donner de la saveur aux soupes, aux sauces et aux cornichons. Il est cultivé au Manitoba pour la production de l'huile d'aneth: chaque année, les quelque 400 ha cultivés donnent 32 000 kg d'huile d'une valeur de 0,5 million de dollars.

La coriandre est également une plante annuelle dont les graines entières entrent dans la composition des épices à marinades. On les utilise également sous forme moulue dans la poudre de cari, et pour l'assaisonnement des pâtisseries et des saucisses (dont celles de Frankfort). La coriandre est cultivée dans les Prairies sur environ 150 ha donnant 100 t de graines d'une valeur de 0,1 million de dollars.

Le cumin est une plante bisannuelle utilisée pour assaisonner le pain de seigle, les gâteaux, le fromage, la compote de pommes et les biscuits. Il est également cultivé dans les Prairies, sur environ 500 ha produisant 80 t de graines évaluées à 0,2 million de dollars.

B.B. Chubey

Condition féminine Aucune femme ne se trouve dans les premières expéditions européennes venues au Canada pour explorer le pays et faire la traite des fourrures. D'après les documents des compagnies de traite de fourrures, il arrive souvent que des marchands français et anglais épousent des femmes autochtones à la façon du pays, c.-à-d. selon un mélange de coutumes européennes et indiennes.

Ces épouses de commerçants de fourrures tissent un lien important entre les deux cultures: le commerçant assure la traite de la bande ou de la tribu de sa femme et apprend d'elle les méthodes de survie, les coutumes et les langues autochtones. Certaines Amérindiennes devenues interprètes non rémunérées pour les compagnies de traite de fourrures acquièrent beaucoup d'influence. Ces arrangements matrimoniaux se poursuivent jusqu'à ce que les missionnaires et les compagnies les découragent vivement au XIXe siècle. Au début de la TRAITE DES FOURRURES, une Amérindienne abandonnée par son mari retourne dans sa tribu, mais à cause de la détérioration de la base économique de la vie amérindienne, les tribus ont de la difficulté à accueillir ces femmes et leurs enfants. En 1876, l'adoption de la LOI SUR LES INDIENS vient confirmer cette vulnérabilité: en effet, les femmes autochtones mariées à des hommes non autochtones perdent immédiatement leur statut et abandonnent le droit de vivre dans des réserves. Cette discrimination, puisque la loi ne touche pas les hommes autochtones épousant des blanches, suscite une grande détresse et entraîne plus tard des protestations politiques de la part des femmes autochtones.

Colonisation française Quelques Françaises parviennent en NOUVELLE-FRANCE au début des années 1600, mais leur nombre ne s'accroît qu'en 1663, avec l'arrivée de jeunes femmes d'âge nuptial, surnommées FILLES DU ROI, amenées gratuitement en Nouvelle-France et parfois pourvues d'une dot. La majorité des femmes de la colonie, y compris les veuves, ne tardent pas à se marier pour porter et élever les enfants de la colonie, tenir maison, faire la cuisine, coudre et jardiner. Les premiers documents canadiens-français montrent aussi que souvent les femmes possèdent des biens, dirigent des auberges, tiennent les livres et, de façon générale, gèrent l'entreprise familiale (*voir* COMMUNAUTÉ DES BIENS).

La débrouillardise et la force de ces pionnières sont bien illustrées par Agathe de Saint-Père qui, âgée de 15 ans seulement, élève 10 frères et sœurs et poursuit sa propre carrière dans les affaires après s'être mariée à l'âge de 28 ans. Propriétaire de métiers à tisser installés dans les maisons de Montréal, elle gère son industrie de textiles pendant huit ans, puis se retire pour se consacrer au travail dans un hôpital de Québec.

Les religieuses jouent un rôle important dans l'évolution des premières institutions de la Nouvelle-France. Marguerite BOURGEOYS fonde la congrégation de Notre-Dame qui ouvre sa première école en 1658 et participe à la création de bien d'autres écoles, y compris celle de la Providence, une école technique pour les filles. En 1753, Marie d'YOUVILLE reçoit une charte royale pour les Sœurs grises ou sœurs de la Charité qui gèrent l'Hôpital général de Québec et deviennent l'ordre le plus actif de religieuses hospitalières (*voir* COMMUNAUTÉS RELIGIEUSES CHRÉTIENNES).

Régime britannique

Le caractère éminemment rural de l'Amérique du Nord britannique d'avant 1850 influe sur la situation sociale des femmes. Les colons possèdent surtout de petites exploitations indépendantes dont la survie dépend du travail des femmes (*voir* PEUPLEMENT DES TERRES). Selon les recensements du XIXᵉ siècle, plus de 90 p. 100 des filles nées entre 1810 et 1870 se marient. Les femmes mariées et leurs enfants constituent une unité de production travaillant à la ferme, tout près de la maison et des dépendances. Les femmes produisent une grande partie des denrées nécessaires à la famille: elles élèvent le bétail, font le jardin, mettent les fruits et les légumes en conserve, filent, tissent et cousent, comme le rapportent certaines écrivaines du XIXᵉ siècle telles Susanna MOODIE et Catharine Parr TRAILL (*voir* COLONS, VIE DES).

Avec les années, diverses tendances viennent modifier la position traditionnelle des femmes dans la société. L'unité agricole prend une place de plus en plus grande dans l'économie de marché à mesure qu'augmente la demande de cultures destinées à la vente, et que se perfectionne la technique agricole. Bon nombre des biens de première nécessité qui étaient produits sur la ferme sont remplacés par des produits achetés. La production diversifiée, caractéristique des premières propriétés foncières, cède le pas à une production agricole plus spécialisée.

L'urbanisation progressant, les enfants moins occupés à la ferme peuvent passer plus de temps à l'école. Les femmes, dorénavant moins prises par la production agricole et domestique, sont davantage chargées de servir les membres de la famille dans le cadre de leurs relations avec la société. Les femmes de la campagne restent malgré tout plus liées que celles des villes au rythme et aux besoins de la production agricole.

Confédération

À la fin du XIXᵉ siècle, l'essor rapide des ASSOCIATIONS DE FEMMES révèle la politisation croissante des femmes. Dans les années 1870 et 1880, on voit des sociétés missionnaires féminines se former dans la plupart des Églises canadiennes. La première association locale de la YOUNG WOMEN'S CHRISTIAN ASSOCIATION (YWCA) est fondée en 1870, suivie par la WOMAN'S CHRISTIAN TEMPERANCE UNION en 1874 (*voir* MOUVEMENT POUR LA TEMPÉRANCE) et le Dominion Order of King's Daughters en 1886. Dans les années 1880 et 1890, des groupes de femmes de l'Ontario et du Manitoba forment les premiers organismes en faveur du vote des femmes (*voir* FEMME, DROIT DE VOTE DE LA). À la fin du XIXᵉ siècle, plusieurs associations féminines ayant acquis une envergure nationale, on assiste, en 1893, à la formation d'une fédération de groupes de femmes, le CONSEIL NATIONAL DES FEMMES DU CANADA. Les femmes qui militent en faveur du droit de vote ont souvent bénéficié d'une période d'«apprentissage» de l'action politique dans les organisations antérieures au mouvement pour le suffrage féminin.

Malgré le vigoureux débat sur l'utilité d'éduquer les filles, le pourcentage de celles qui fréquentent l'école passe de 23,1 p. 100 en 1842 à 75,6 p. 100 en 1881 (*voir* FEMME ET ÉDUCATION). Les étudiantes formées dans les écoles normales peuvent prendre un emploi rémunéré à titre d'institutrice, première des professions dites «féminines». À partir de 1875, et de 1850 au Québec, les femmes occupent la majorité des postes d'enseignants au Canada. Depuis des siècles, les religieuses dispensent des soins infirmiers et jouent un rôle important dans l'enseignement. Depuis longtemps aussi, les femmes assument, bénévolement, la fonction de sage-femme dans les collectivités rurales (*voir* ACCOUCHEMENT, MÉTHODES D'); après 1874, la création d'écoles d'infirmières laïques après 1874 permet aux diplômées de travailler comme infirmières rémunérées. En 1875, Grace Annie LOCKHART est la première femme à recevoir un diplôme universitaire canadien de l'Université Mount Allison. Emily STOWE, première femme médecin canadienne, commence à exercer en 1867 après avoir dû faire ses études aux États-Unis. Clara Brett MARTIN devient la première avocate canadienne en 1897.

L'industrie canadienne est stimulée par la POLITIQUE NATIONALE des tarifs douaniers instituée par sir John A. MACDONALD, en 1879. Les jeunes filles et les femmes partent chercher du travail à la ville et trouvent souvent des emplois dans des ateliers de misère et des usines. Les industries textiles et du vêtement, notamment, engagent d'importants effectifs pour les faire travailler en usine ou à la pièce dans de petits ateliers ou à la maison (*voir* FEMMES DANS LA POPULATION ACTIVE). Même mal rémunéré, le travail en usine donne aux femmes plus de liberté que le travail traditionnel de servante dans les maisons privées (*voir* TRAVAIL DOMESTIQUE) ou d'employée agricole.

La demande de servantes se poursuit pendant tout le XIXᵉ siècle et les politiques d'IMMIGRATION encouragent les femmes à venir au Canada comme domestiques. Vers 1891, le recensement fait état de l'entrée des femmes sur le marché du travail: près de 196 000 femmes, soit 11,07 p. 100 de la population active, détiennent des emplois rémunérés, surtout dans les professions «féminines» mal payées de domestique (41 p. 100), couturière, enseignante, piqueuse, employée de maison, blanchisseuse, chapelière et vendeuse.

Jusqu'à la fin de la Première Guerre mondiale, le Canada demeure avant tout rural, mais on assiste à l'expansion des secteurs de la fabrication et des services, le fonctionnement de ce dernier requérant de nombreux employés de bureau. De 1901 à 1911, la main-d'œuvre féminine augmente de 50 p. 100, en particulier dans les professions de commis, dactylographe et vendeuse. La rémunération des femmes représente en général 50 à 60 p. 100 de celle des hommes et, en 1907, le Conseil national des femmes adopte une résolution réclamant «un traitement égal pour un travail égal». Avant la guerre, les femmes actives sont surtout des célibataires puisque, selon l'idéologie dominante de l'époque, hommes et femmes font partie de sphères distinctes, l'homme étant le gagne-pain et la femme restant à la maison. Les autres femmes exerçant un emploi rémunéré passent pour des «malheureuses»: veuves, divorcées, femmes séparées ou abandonnées, ou encore épouses de chômeurs.

1914-1945

Pendant la Première Guerre mondiale, les femmes entrent dans la population active à mesure que se créent des emplois et que les hommes quittent les leurs pour entrer dans l'armée. Nombre d'entre elles occupent les emplois familiers de secrétaire, de commis, de dactylographe et d'ouvrière d'usine. Mais on assiste à l'entrée de nombreuses femmes dans l'industrie lourde, surtout celle des munitions: en 1917, 35 000 femmes travaillent dans les usines de munitions de l'Ontario et de Montréal. Durant la guerre, la majorité des travailleuses sont célibataires. Leur salaire, malgré une légère augmentation au cours de ces années, n'est jamais égal à celui des hommes. Dans l'industrie des munitions, il ne représente que 50 à 80 p. 100 de celui de leurs collègues masculins. En dépit de leur progression dans quelques domaines nouveaux, la majorité des femmes actives demeure confinée au travail domestique.

L'effort qu'elles font pendant la guerre rend les femmes plus visibles en politique: les organisations féminines participent au recrutement de femmes pour remplacer les hommes sur le marché du travail national et à la collecte massive de colis pour les troupes canadiennes.

En 1918, le gouvernement fédéral convoque une conférence des femmes chargée d'étudier le rôle des femmes. Elle permet de soulever plusieurs questions politiques, y compris celle du droit de vote. Depuis le début du XXᵉ siècle, les mouvements en faveur du droit de vote des femmes ne cessent de se renforcer, dans l'Ouest en particulier; en 1916, le Manitoba, la Saskatchewan et l'Alberta accordent le droit de vote aux femmes au niveau provincial, bientôt suivis par l'Ontario et la Colombie-Britannique en 1917. Le 24 mai 1918, le Parlement du Canada accorde le droit de vote aux femmes au niveau fédéral et, dès 1922, celles-ci peuvent voter partout au niveau provincial, sauf au Québec. Au début des années 20 est constituée, au Canada, la LIGUE INTERNATIONALE DE FEMMES POUR LA PAIX ET LA LIBERTÉ, chargée d'œuvrer pour la paix et le désarmement.

En 1919, les femmes reçoivent le droit d'occuper un poste électif au Parlement et, en 1921, Agnes MACPHAIL devient la première députée fédérale. En 1929, cinq Albertaines conduites par la juge Emily MURPHY réussissent à amener l'AFFAIRE DES FEMMES NON RECONNUES CIVILEMENT devant le Comité judiciaire du Conseil privé en Angleterre, ce qui donne aux femmes canadiennes le droit d'occuper un poste de sénateur.

Immédiatement après la guerre, les femmes subissent le contrecoup des réductions de personnel et des licenciements, mais, dès les années 20, elles reprennent dans la population active la place qu'elles occupaient pendant le conflit mondial. Malgré l'apparition de nouvelles professions «féminines» dans les bibliothèques, dans le secteur social (*voir* Charlotte WHITTON) ou en physiothérapie, l'essor le plus marqué touche les emplois de bureau. Tout en restant la profession rémunérée la plus courante chez les femmes, le travail domestique représente, pour la première fois depuis le début du siècle, moins de 20 p. 100 de l'emploi global. En grand nombre, sauf au Québec, les femmes entrent dans les universités où, vers 1930, elles représentent 23 p. 100 des étudiants du 1ᵉʳ cycle et 35 p. 100 de ceux des 2ᵉ et 3ᵉ cycles. La CRISE DES ANNÉES 30 renverse cette tendance et, dans les années 30, bien des femmes doivent revenir vers le service domestique. Les statistiques fédérales sur l'emploi montrent que même dans l'industrie du vêtement, longtemps source d'emploi pour les femmes, ces dernières sont davantage licenciées que les hommes.

Le Canada entame la Seconde Guerre mondiale avec un taux de chômage élevé, mais, vers 1942, le gouvernement connaît une pénurie de main-d'œuvre qui l'amène à créer, avec l'aide de 21 organisations féminines nationales, un programme national de service sélectif, axé sur le recrutement de femmes pour l'industrie. Ce programme vise d'abord uniquement les femmes célibataires, puis, la pénurie persistant, s'ouvre aux femmes mariées sans enfant et, finalement, aux femmes mariées avec enfants. Pour permettre le recrutement de ces dernières, on conclut des ententes fédérales-provinciales qui conduisent à la création de garderies: 28 en Ontario et 5 au Québec. C'est ainsi que plusieurs femmes mariées entrent pour la première fois sur le marché du travail; en 1945, 33,2 p. 100 des femmes occupent un emploi (*voir aussi* SERVICE FÉMININ DE L'ARMÉE CANADIENNE.)

De 1945 à nos jours

Après la Seconde Guerre mondiale, les femmes sont priées et, dans le cas du gouvernement fédéral, contraintes de laisser leur emploi aux anciens combattants revenus au pays. Les garderies sont fermées, et de nombreuses femmes retournent à la maison, souvent pour avoir des enfants. En 1946, le pourcentage de femmes dans la population active est retombé au niveau de la crise des années 30. Toutefois, l'idée de l'emploi des femmes mariées a germé et ces dernières arrivent si nombreuses sur le marché du travail que, dans les années 60, elles représentent le tiers de la population active et 55 p. 100 de sa croissance. Malgré leur nombre, les femmes continuent à gagner beaucoup moins que les hommes: en 1961, une employée à temps plein toute l'année reçoit 59 p. 100 du salaire d'un homme de même catégorie d'emplois. Cette proportion tombe à 54 p. 100 avec l'ajout de travailleuses à temps partiel.

Ce phénomène est dû en partie aux lacunes de la législation fédérale sur l'égalité des salaires et au relâchement de son application, car les femmes gagnent en moyenne moins que les hommes, même quand elles occupent un emploi similaire. En 1961, p. ex., le traitement des employées de bureau à temps plein atteint 74 p. 100 de celui des hommes de la même profession. Mais la situation découle probablement davantage de différences entre les structures professionnelles suivant qu'elles sont réservées aux hommes ou aux femmes: les hommes occupent habituellement les emplois syndiqués, exercent les professions les mieux payées et accèdent à 89,7 p. 100 des postes de propriétaires et de gestionnaires. Les femmes, elles, restent prisonnières de professions «féminines», de bureau le plus souvent. Plus de 20 p. 100 de la population active féminine occupe encore des emplois de femmes de chambre et de gardiennes d'enfants, tandis que dans les professions libérales, les femmes sont plus souvent diététiciennes ou bibliothécaires que médecins ou avocates.

Dans les années 60, les femmes restent sous-représentées dans les institutions politiques, se heurtent au contingentement dans certaines universités et à diverses politiques et législations discriminatoires dans les secteurs public et privé. À la fin de cette décennie, le MOUVEMENT DES FEMMES, en plein essor, proteste en créant des centres pour les femmes, des groupes de sensibilisation et des centres d'accueil pour les victimes de viol.

Pour traiter la question de l'égalité des femmes, on crée, en 1967, une COMMISSION ROYALE D'ENQUÊTE SUR LA SITUATION DE LA FEMME AU CANADA qui, en 1970, présente un rapport énonçant 167 recommandations sur l'emploi, l'accès à l'éducation et le droit familial. La publication du rapport, la prolifération des organismes de femmes et la création d'un groupe de pression appelé COMITÉ CANADIEN D'ACTION SUR LE STATUT DE LA FEMME assurent la poursuite, pendant les années 70, du débat politique sur les questions féminines.

Le gouvernement fédéral répond en créant de nouvelles institutions dans ce domaine: un portefeuille sur la condition féminine au Cabinet fédéral (1971), un Bureau de coordonnatrice de la condition féminine chargé de surveiller le progrès des ministères fédéraux dans la mise en œuvre des recommandations de la commission royale (1971), un Office de la promotion de la femme à la Commission de la fonction publique (1972) et un Conseil consultatif sur la situation de la femme (1973). On amende certaines lois fédérales pour en retirer des articles discriminatoires pour les femmes, notamment le *Code canadien du travail* (1971), les articles du *Code criminel* relatifs à la fonction de juré (1972), la *Loi sur la pension de la fonction publique* (1975), une loi-cadre fédérale sur la situation de la femme modifiant 11 lois (1975), la *Loi sur la citoyenneté* (1975) et une loi-cadre destinée à modifier le *Code du travail* (1978).

En 1978, entre en vigueur la *Loi canadienne sur les droits de la personne* qui interdit notamment la discrimination fondée sur le sexe parmi les employés relevant de la compétence fédérale. Cette loi contient des dispositions visant à assurer «un salaire égal pour un travail de valeur égale», la «valeur» dépendant des compétences, de l'effort, de la responsabilité et des conditions de travail. On crée, au Secrétariat d'État, un Programme de promotion de la femme qui met des fonds à la disposition de projets spéciaux: centres féminins, centres d'accueil des victimes de viol, programmes de recherche sur les femmes, associations professionnelles féminines et maisons de transition pour femmes maltraitées.

Au milieu des années 80, les femmes canadiennes n'ont pas encore atteint l'égalité face aux hommes. Même si les femmes représentent 45 p. 100 de la population active, les travailleuses à plein temps gagnent 72 p. 100 du salaire des hommes, et 60 p. 100 des travailleurs dont le revenu est inférieur à 10 000 dollars par année sont des femmes.

C'est dans les professions les mieux rémunérées que les femmes accomplissent le plus de progrès, p. ex. comme dentistes et médecins, parmi lesquels elles représentent 26 p. 100 (1993) des effectifs, ou dans les postes administratifs de niveau intermédiaire, de 18 p. 100 (1982) à 42 p. 100 (1993). Toutefois, les femmes continuent à gagner beaucoup moins que les hommes à tous les niveaux, indépendamment de l'âge ou de l'éducation. Seul un travailleur sur cinq gagnant plus de 100 000 dollars annuellement est une femme (1989).

Dans 25 p. 100 des familles, les femmes gagnent plus que leur mari, soit plus du double de ce qu'elles étaient en 1970. Dans un couple sur cinq, la femme est la pourvoyeuse, contre un sur 50 en 1967, mais son salaire est en moyenne de 30 p. 100 inférieur à celui de son mari avant sa perte d'emploi (1995).

En 1991, 68 p. 100 des mères dont les enfants ont moins de 6 ans font partie de la population active, contre 52 p. 100 en 1981. Seuls 10 p. 100 des enfants dont les mères travaillent à temps plein sont placés dans des garderies licenciées subventionnées (1991). Même dans les familles où les deux conjoints travaillent, les femmes passent en moyenne 14 heures par jour à leur travail rémunéré ou non. Pour la première fois dans l'histoire canadienne, le travail non rémunéré, habituellement celui des femmes à la maison est pris en compte dans le recensement.

Une femme sur quatre travaille à temps partiel, habituellement dans un emploi du secteur des services sous-rémunéré, non syndiqué et sans avantages sociaux (1993). Parce que les mères de jeunes enfants préfèrent quitter leur travail à temps plein pour prendre un emploi à temps partiel, elles et leurs enfants finissent souvent par vivre dans la PAUVRETÉ. Six mères célibataires sur dix vivent sous le seuil de pauvreté.

Bien que le taux de pauvreté des mères célibataires canadiennes se classe deuxième parmi les pays industrialisés comparables, comme la France, l'Allemagne et la Suède, à l'exception des États-Unis où il est plus haut, le concept de «programme de travail obligatoire» destiné aux mères bénéficiant de l'aide sociale, est introduit au milieu des années 90 en Colombie-Britannique, en Alberta et en Ontario. Par ailleurs, même pour les mères qui travaillent, les congés de maternité et le système de SERVICES DE GARDE sont moins généreux au Canada que dans la majorité des autres pays industrialisés, à l'exception des États-Unis.

Les ALLOCATIONS FAMILIALES, qui ont commencé à être versées en 1945, sont désindexées dans les années 90 et leur universalité annulée en 1992, le Canada devenant ainsi la seule nation industrielle dépourvue à la fois d'une réduction d'impôt et d'une allocation familiale universelle pour les enfants. (En France, p. ex., les allocations familiales sont six fois plus généreuses qu'au Canada.)

Dans les années 70, toutes les provinces apportent des modifications à leur législation du droit de la famille afin que les biens acquis durant le mariage, y compris les pensions, soient partagés équitablement en cas de divorce. Dans les années 80, des lois sur l'équité salariale sont votées tant au fédéral que dans les provinces, mais elles sont pour la plupart inefficaces et faiblement appliquées.

Trois femmes seules sur quatre âgées de plus de 65 ans vivent encore sous le seuil de pauvreté. Une femme canadienne sur huit est battue par l'homme qui partage sa vie et une fille sur trois est victime d'agression sexuelle avant l'âge de 16 ans.

Grâce à leur lutte acharnée, les groupes féministes réussissent à faire inscrire l'égalité des sexes dans la *Charte canadienne des droits et libertés* incluse dans la *Loi constitutionnelle de 1982*, ce qui aide à combattre les lois discriminatoires et plus particulièrement, en 1988, la loi canadienne sur l'avortement. Toutefois, maintes questions controversées, qui touchent à la condition féminine (l'AVORTEMENT, la PORNOGRAPHIE, l'équité salariale et les PENSIONS, demeurent en suspens. En 1992, les Nations Unies classent le Canada au premier rang mondial pour sa qualité de vie. Cependant, il tombe à la 8e place quand l'égalité des sexes est prise en considération. (*Voir aussi* ENFANCE, HISTOIRE DE L'; FAMILLE; TRAVAIL DOMESTIQUE; HISTOIRE SOCIALE.)

Doris Anderson

Condition physique Elle se définit de façon générale comme un état de bien-être physique, mental et social. De plus en plus, des Canadiens de tout âge souhaitent se mettre en forme et le rester. Cet intérêt pour l'activité physique se manifeste dans toutes les tranches d'âge. Cependant, la participation des personnes de 60 ans et plus aux activités physiques a augmenté trois fois plus au cours des dernières années que celle des plus jeunes. Une des conséquences de cet engouement pour la condition physique est un redoublement des efforts pour instaurer un programme quotidien d'activités physiques dans les écoles canadiennes (*voir* ÉDUCATION PHYSIQUE).

Lors de l'Enquête Condition physique Canada (1981), basée sur un échantillon d'environ 12 000 familles appartenant à 80 communautés urbaines et rurales du Canada, 16 000 personnes âgées de 7 à 69 ans se sont soumises à un test de condition physique et 22 000 personnes ont rempli un questionnaire sur leurs activités physiques et leur mode de vie. Les résultats de cette étude fournissent une description détaillée de la condition physique des Canadiens.

Types d'activités physiques Selon cette enquête, 11,5 millions de Canadiens (56 p. 100 de ceux âgés de 10 ans et plus) pratiquent une activité physique dans leur temps libre. La marche est l'activité préférée, suivie de la bicyclette, de la natation, de la course à pied et du jardinage. En général, les Canadiens les plus actifs sont jeunes, habitent dans l'Ouest, sont cadres ou professionnels, sont célibataires et ont fait des études supérieures.

L'enquête révèle aussi que les Canadiens faisant de l'activité physique font preuve d'une émotivité et d'une santé plus équilibrées, que la force et l'endurance musculaire diminuent rapidement après l'âge de 25 ans et que les femmes sont plus souples que les hommes, même si la souplesse, dans les deux sexes diminue rapidement une fois franchi le cap des 25 ans.

Selon les résultats de l'enquête, près de 46 p. 100 des Canadiens ont une condition cardiovasculaire (aérobie) adéquate, 33 p. 100 se situent au seuil de la bonne condition physique et les 20 p. 100 qui restent sont en mauvaise condition physique. Les hommes sont en meilleure condition physique que les femmes, de même que les jeunes par rapport aux personnes âgées.

Ces résultats sont quelque peu biaisés, puisqu'un nombre important de personnes de plus de 40 ans n'ont pu participer à cette enquête pour des raisons de santé. Lorsqu'on a demandé aux gens d'énumérer les cinq éléments les plus importants d'une vie saine, 78 p. 100 ont placé «l'activité physique régulière» après des éléments de base comme un sommeil adéquat et une alimentation saine. En 1985, un sondage sur la perception de la santé a montré que l'exercice physique était le moyen privilégié des Canadiens pour améliorer leur santé.

Comparaisons internationales En 1972, ParticipACTION lance à la télévision sa célèbre annonce de 15 secondes comparant un Suédois de 60 ans et un Canadien de 30 ans. L'idée qu'un Suédois de 60 ans soit plus en forme qu'un Canadien de 30 ans retient l'attention du pays. Cependant, les comparaisons seraient plus valables si la Suède et d'autres pays entreprenaient des études comparables à l'Enquête Condition physique du Canada de 1981.

Les chercheurs canadiens étudiant la condition physique bénéficient d'une renommée internationale. En 1988, le Canada est l'hôte de la première conférence internationale sur l'exercice, la condition physique et la santé. Des chercheurs du monde entier se rencontrent à Toronto afin de partager les dernières découvertes scientifiques et de faire des recommandations quant à des nouveaux programmes et politiques.

Programmes provinciaux et fédéraux de conditionnement physique La recherche sur la condition physique effectuée par l'ARC dans les années 1950 est à l'origine du premier programme fédéral. Le programme d'exercice 5BX (cinq exercices de base) a été conçu pour les aviateurs et leurs unités de soutien afin de les aider à rester en forme lors des longs voyages loin de leur base. Ce programme est devenu un des premiers programmes de conditionnement physique et l'un des plus utilisés en Amérique du Nord.

L'engouement pour le conditionnement physique des années 1970 et 1980 vient, en grande partie, des efforts entrepris par les gouvernements provinciaux et fédéral. Condition physique Canada, agence fédérale dont le mandat est «d'encourager, de promouvoir et de développer une participation croissante à l'activité physique de façon à améliorer la condition physique de tous les Canadiens», crée un certain nombre de services et de programmes nationaux, et travaille en coopération avec des agences nationales des domaines de l'activité physique et de la santé.

Condition physique Canada est constituée en 1979 à partir des divisions de la Condition physique et des Loisirs de la Direction générale de la Santé et du Sport Amateur. ParticipACTION, entreprise de communication indépendante à but non lucratif et financée par Condition physique Canada, offre une manière unique et populaire d'encourager l'activité physique régulière. Condition physique Canada

organise chaque année la Semaine «Canada en forme» au mois de mai. Pendant cette semaine, des millions de Canadiens font de l'activité physique.

Tous les gouvernements provinciaux, par le biais des divisions des Loisirs, de la Jeunesse, de la Culture, du Tourisme ou de la Santé, favorisent le bien-être par l'activité physique. Il existe différents types d'organismes responsables des programmes, qui vont du grand réseau de Kino-Québec, comprenant plus de 100 bureaux répartis dans toute la province, à l'agence caractéristique d'une province plus petite, dans laquelle un noyau de professionnels travaillent avec les agences bénévoles dans toute la province.

Agences et organismes de conditionnement physique bénévoles Au Canada, ils œuvrent dans les domaines de la condition physique, du SPORT et des loisirs. Plus d'un million de Canadiens participent activement aux activités de ces organismes comme entraîneurs, administrateurs, arbitres ou assistants. Des millions d'autres personnes en sont membres.

Quelques-uns des organismes bénévoles, comme les clubs de course, ne desservent qu'une communauté. D'autres, comme ceux qui sont créés pour les sports organisés, parrainent des clubs communautaires dans tout le pays. Ces derniers possèdent des sections provinciales et une section nationale afin de gérer le sport au niveau national et international. Le YMCA et le YWCA sont deux organismes importants dans le domaine du conditionnement physique.

Centres de conditionnement physique Ces centres se sont rapidement développés vers la fin des années 1980. Il existe maintenant de telles installations dans les clubs de sports de raquettes, les centres commerciaux et les immeubles à bureaux. Le Programme de certification et d'accréditation d'évaluateurs de la condition physique (CAECP) de l'Association canadienne des sciences du sport définit les compétences qui devraient être exigées des évaluateurs de condition physique. Bien qu'il existe des directives nationales s'adressant aux dirigeants de centres de conditionnement physique, il n'existe pas de programme d'accréditation au Canada. Pour être qualifiés, les dirigeants des programmes de conditionnement physique devraient avoir suivi un programme d'entraînement reconnu et dispensé par l'organisme provincial, le YMCA, le YWCA, une université ou une association nationale. Les centres de conditionnement physique peuvent faire une demande d'accréditation s'ils répondent aux normes établies par le programme du CAECP.

P. Edwards And J. Hauser

Condominium C'est un type de contrat qui combine la propriété en fief simple d'une partie privative désignée à l'intérieur d'une copropriété et la propriété partagée des autres parties (communes). Le condominium est une création du droit législatif. Quand le promoteur immobilier planifie un condominium, il doit clairement démarquer les «parties individuelles» qui seront des propriétés en fief simple, et les parties communes qui seront affectées à l'usage de tous les copropriétaires. Il est essentiel pour l'acheteur potentiel d'examiner la loi de la province concernée sur ce genre de propriété ainsi que les détails des plans propres à la copropriété en question pour voir quelles en sont les parties privatives.

Les copropriétaires doivent acquitter toutes les dépenses rattachées à leur partie privative. En outre, ils doivent payer leur part des dépenses liées aux parties communes.

La loi sur les condominiums de chacune des provinces prévoit la création d'une structure administrative chargée des opérations quotidiennes de la copropriété et de la coordination des intérêts communs de l'ensemble des copropriétaires. Cette structure comprend une association de copropriétaires et un conseil d'administration.

Pour la plupart des gens, le terme «condominium» évoque la propriété d'une unité dans un immeuble d'appartements ou dans un ensemble de maisons en rangée. Bien que ce soit souvent le cas, de

nombreux condominiums n'ont pas l'allure d'appartements ou de maisons en rangée, mais plutôt de terrains vagues, de locaux non résidentiels et de propriétés de loisirs.

S.W. Hamilton

Conduite en état d'ébriété Appelée aussi ivresse au volant ou capacité de conduite affaiblie, elle constitue un problème social grave depuis le début du siècle, lorsque les spécialistes en sciences sociales ont souligné la combinaison souvent mortelle entre l'alcool et les véhicules automobiles. Aujourd'hui, au Canada, chaque nuit, 25 p. 100 des conducteurs sur la route ont bu, 6 p. 100 d'entre eux étant en état d'ébriété aux yeux de la loi. On estime que l'alcool joue un facteur dans 50 p. 100 de tous les accidents mortels de la circulation et dans 30 p. 100 de toutes les blessures résultant des accidents de la circulation. Environ 2500 Canadiens meurent chaque année des suites de la conduite en état d'ébriété. La conduite en état d'ébriété coûte plusieurs milliards de dollars chaque année à la société sous forme de soins médicaux et hospitaliers, de dommages matériels et de pertes d'heures de travail.

Bien que les pays scandinaves aient pris des mesures contre les conducteurs en état d'ébriété au début des années 1900, introduisant l'utilisation des tests chimiques pour mesurer l'alcoolémie, il a fallu attendre jusqu'à la fin des années 60 pour qu'un de ces tests soit légalement utilisé sur une grande échelle en Amérique du Nord. En 1969, le Parlement a adopté la *Loi modifiant le Code criminel*, communément appelée «loi sur l'ivressomètre».

Inspirée de la loi anglaise intitulée *British Road Safety Act* de 1967, la loi canadienne rendait illégal en soi le fait pour une personne de conduire un véhicule automobile alors que son alcoolémie était de 80 mg d'alcool par 100 ml de sang (parfois aussi exprimé par 80 mg p. 100, ou simplement 08). Cette loi autorisait les agents de police à demander des échantillons d'haleine au bord de la route avant l'arrestation et précisait que le refus d'obtempérer constituait une infraction.

En décembre 1985, des modifications apportées au *Code criminel* ont renforcé les peines pour conduite en état d'ébriété, autorisé le prélèvement d'un échantillon de sang si un échantillon d'haleine ne pouvait être obtenu et créé deux nouvelles infractions relatives à la conduite en état d'ébriété. Appelées collectivement loi C-19, ces modifications ont porté la peine minimale de 50 à 300 $ pour capacité de conduite affaiblie, pour conduite avec une alcoolémie de plus de 80 mg d'alcool par 100 ml de sang et pour refus de fournir un échantillon de sang ou d'haleine. En outre, les tribunaux sont autorisés à condamner le contrevenant à une peine d'emprisonnement maximale de six mois dans le cas d'une déclaration de culpabilité par procédure sommaire, ou de cinq ans dans le cas d'une déclaration de culpabilité par mise en accusation. La loi prévoit également une peine d'emprisonnement obligatoire de 14 jours pour une seconde infraction et de 90 jours pour chaque infraction subséquente.

Les deux nouvelles infractions relatives à la conduite en état d'ébriété introduites par la loi C-19 sont le fait de causer des lésions corporelles alors que sa capacité de conduire est affaiblie, infraction pour laquelle on est passible d'une peine d'emprisonnement maximale de 10 ans, et le fait de causer la mort alors que sa capacité de conduire est affaiblie, infraction pour laquelle on est passible d'une peine d'emprisonnement maximale de 14 ans. De plus, le juge peut ordonner la suspension du permis de conduire pour une période maximale de 10 ans. La loi impose également la suspension obligatoire du permis de conduire pour une période minimale de trois mois dans le cas d'une première infraction, de six mois pour une seconde infraction et d'un an pour toute infraction subséquente.

Depuis l'adoption de la loi C-19, les tribunaux se sont montrés de plus en plus sévères à l'égard des infractions relatives à la conduite en état d'ébriété. En moyenne, les amendes sont plus élevées et les peines d'emprisonnement, plus fréquentes. En 1986, la Cour suprême a statué que les suspensions de 24 heures n'étaient pas contraires aux dispositions ou à l'esprit de la CHARTE CANADIENNE DES DROITS ET LIBERTÉS. Les forces policières utilisent la suspension du permis pendant 24 heures comme solution de rechange à l'arrestation d'un prévenu.

D'autres initiatives ont été prises concernant la conduite en état d'ébriété, surtout depuis les années 70. Les programmes de contrôle routier et les campagnes de sensibilisation publique intenses se sont généralisés. La presse a commencé à s'intéresser davantage à la conduite en état d'ébriété. Les gouvernements provinciaux offrent des cours de réhabilitation, généralement sous les auspices d'organismes tels que l'Alberta Alcohol and Drug Abuse Commission, à ceux qui sont déclarés coupables de conduite en état d'ébriété. À la lumière du constat que 25 p. 100 des participants étaient des récidivistes, la commission a commencé à offrir un cours spécial pour eux en 1986, cours unique en son genre au Canada. À l'automne de 1985, le ministère fédéral de la Justice a lancé une campagne intégrée contre la conduite en état d'ébriété, notamment une campagne médiatique intense. Il a également fourni des fonds pour assurer la mise en œuvre de contre-mesures communautaires et l'approfondissement des recherches en la matière.

L'intensification de l'attention publique à l'égard de la conduite en état d'ébriété au cours des années 80 a été le résultat des efforts déployés par des organisations communautaires telles que Mothers Against Drunk Drivers (MADD), People Against Impaired Drivers (PAID) et Students Against Driving Drunk. Ces mouvements de citoyens ont pris naissance au cours des années 80 aux États-Unis et se sont rapidement répandus au Canada. Les groupes tels que MADD et PAID font du lobbying auprès des divers paliers de gouvernement afin de changer les mesures législatives relatives à la conduite en état d'ébriété et d'exhorter la magistrature à sévir contre les conducteurs en état d'ébriété.

Au Canada, l'un des organismes de premier plan dans la recherche concernant la conduite en état d'ébriété est la Fondation de recherches sur les blessures de la route au Canada dont le siège social est à Ottawa. La Fondation a publié de nombreux rapports et participé activement aux efforts visant à réduire l'incidence de la conduite en état d'ébriété au Canada. D'après une étude importante qu'elle a effectuée, les conducteurs appréhendés ou les conducteurs impliqués dans des accidents ont un taux d'alcoolémie beaucoup plus élevé que les autres conducteurs sur la route. Les jeunes, surtout ceux âgés de 20 à 34 ans, sont les plus nombreux; le groupe des jeunes âgés de 16 à 19 ans est responsable de 23 p. 100 des mortalités, de 18 p. 100 des blessures, de 15 p. 100 des personnes à risque et représente 11 p. 100 des personnes arrêtées pour des infractions liées à la conduite en état d'ébriété.

Les personnes de sexe masculin sont les plus nombreuses dans tous les groupes de ceux qui conduisent en état d'ébriété, mais la Fondation a constaté que les femmes apparaissent de plus en plus dans les statistiques, particulièrement parmi les décès. Enfin, un nombre significatif de conducteurs en état d'ébriété impliqués dans des accidents et arrêtés pour des infractions liées à la conduite en état d'ébriété ont des problèmes d'alcool ou sont des alcooliques. L'étude de la Fondation a conclu de façon plutôt pessimiste que «le problème n'a pas disparu, en fait, il semble résister pratiquement à toutes les tentatives d'en réduire l'ampleur». Bien que le pourcentage varie quelque peu d'une province à l'autre, 25 à 40 p. 100 de toutes les infractions au *Code criminel* qui sont jugées par les tribunaux sont des infractions liées à la conduite en état d'ébriété. Les personnes condamnées pour ces infractions

représentent de 20 à 25 p. 100 de la population carcérale des prisons provinciales. Les récidivistes sont particulièrement inquiétants parce qu'ils ne semblent pas être influencés par les sanctions qui existent actuellement.

La plupart des organismes œuvrant dans le domaine de la conduite en état d'ébriété s'entendent pour dire que la solution à long terme réside dans un changement d'attitude et de comportement. On note déjà que les attitudes du public changent. Il ressort des recherches récentes qu'au cours du mois de décembre les arrestations pour des infractions liées à la conduite en état d'ébriété diminuent, en dépit (et peut-être en raison) de l'augmentation des mesures d'application de la loi. Les ventes d'alcool dans des locaux privés baissent, les programmes de conducteur désigné gagnent en popularité et les taxis deviennent le moyen socialement acceptable pour sortir fêter et rentrer après la fête.

Karen Walker

Confédération C'est l'union des colonies britanniques du Nouveau-Brunswick, de la Nouvelle-Écosse et du Canada (le Canada désignant jusqu'alors l'union du Haut-Canada et du Bas-Canada de 1841) qui voit le jour le 1ᵉʳ juill.et 1867 sous le nouveau nom de Dominion du Canada. Bientôt s'ajoutent le Manitoba et les Territoires du Nord-Ouest (15 juill. 1870), la Colombie-Britannique (20 juill. 1871), l'Île-du-Prince-Édouard (1ᵉʳ juill. 1873), et finalement Terre-Neuve (31 mars 1949). Le mouvement pour la Confédération suit alors la première loi de Newton: tout corps demeure dans un état de repos ou de mouvement uniforme à moins qu'il ne soit contraint par une force quelconque à changer d'état.

Au cours des années 1860, l'union politique de l'AMÉRIQUE DU NORD BRITANNIQUE n'est qu'une idée, le sujet d'occasionnels propos de table, lorsque le vin élève les vues, adoucit les aspérités politiques et élargit les horizons. Ce n'est cependant qu'en 1864 qu'elle devient une question sérieuse dans la PROVINCE DU CANADA, alors que, dans les colonies de l'Atlantique, de nombreuses pressions doivent être exercées pour transformer les idées romantiques d'une nation *a mari usque ad mare* en réalité politique.

Une série d'événements fortuits va contribuer à cette union. La Nouvelle-Écosse et le Nouveau-Brunswick ont un certain intérêt à ce que les deux colonies, séparées depuis 1784, soient réunies. Leur projet est favorisé par le MINISTÈRE DES COLONIES britannique, qui croit que l'union politique des trois colonies maritimes, y compris l'Île-du-Prince-Édouard, est souhaitable, puisque les trois gouvernements seraient remplacés par un seul.

Au printemps de 1864, les trois assemblées législatives adoptent des résolutions indiquant un intérêt plutôt tiède à l'idée de tenir une conférence sur le sujet. Toutefois, rien n'est fait. Ce n'est que lorsque la province du Canada déclare sans détour qu'elle aimerait qu'on l'invite à assister à une telle conférence que les gouvernements des Maritimes bougent. Si la province du Canada doit y assister, alors cela signifie pour eux qu'il y aura une conférence. Le gouverneur de la Nouvelle-Écosse s'active, Charlottetown est désignée comme le lieu de la rencontre (autrement l'Île-du-Prince-Édouard ne participera pas) et la date du 1ᵉʳ septembre 1864 est fixée.

Les rivalités et les difficultés internes de la province du Canada augmentent en même temps que celle-ci s'agrandit, devient plus prospère et se développe politiquement, socialement et économiquement. Alors que le Parti conservateur croit que la constitution de 1841 n'a nullement fait son temps, le Parti réformiste insiste sur le fait qu'un changement est essentiel. Le Canada-Ouest (Ontario), souhaitant davantage le divorce que le Canada-Est (Québec), rend la vie difficile à tous les gouvernements qui ne se conforment pas à sa croyance en la «représentation selon la population». En 1864, après que quatre gouvernements éphémères se soient disputé le pou-

voir, un gouvernement de coalition promettant la Confédération est créé.

Les problèmes de la province vont être résolus par la scission de ses deux parties et l'union de toute l'Amérique du Nord britannique. Avec l'appui de trois des quatre principaux groupes politiques de la province, la coalition donne à la Confédération un élan qu'elle ne perdra jamais. Les deux principaux groupes politiques du Canada-Ouest sont unis sur cette question. Leurs leaders, John A. MACDONALD et George BROWN, ne sont pas des partenaires ordinaires, mais leur alliance signifie que la Confédération peut aller de l'avant avec l'appui de la province la plus populeuse de l'Amérique du Nord britannique.

Au Canada-Est, bien qu'elle rencontre l'opposition du PARTI ROUGE de A.A. DORION, la Confédération est soutenue par le groupe politique dominant, soit celui des conservateurs avec George-Étienne CARTIER, Hector LANGEVIN et Alexander T. GALT. En 1867, ils ont l'appui nécessaire de l'Église catholique. Plusieurs arguments justifient la Confédération. Tout d'abord, les Canadiens français doivent retrouver leur identité provinciale et Québec redevenir la capitale de leur province. Ensuite, la domination anglophone d'Ottawa, redoutée par les Canadiens français, doit être amoindrie par une forte représentation canadienne française dans le Cabinet fédéral. Enfin, la Confédération est somme toute le moins indésirable des changements proposés.

Le 29 août 1864, les «Canadiens» quittent donc Québec à bord du bateau à vapeur du gouvernement, le *Queen Victoria*, pour se rendre à la CONFÉRENCE DE CHARLOTTETOWN. On les invite bientôt à participer aux discussions et à présenter leurs propositions, le projet d'une union des Maritimes n'ayant pas fait beaucoup de progrès. L'idée «canadienne» de réunir toutes les provinces de l'Amérique du Nord britannique en une union fédérale soulève l'enthousiasme et, la perspective séduisante d'une union *a mari usque ad mare* remporte l'adhésion. La CONFÉRENCE DE QUÉBEC, prévue le mois suivant, rend explicites, sous la forme des 72 Résolutions, les décisions fondamentales déjà prises à Charlottetown.

Terre-Neuve se joint aussi aux autres colonies à Québec. Les colonies atlantiques de Terre-Neuve, de l'Île-du-Prince-Édouard, de la Nouvelle-Écosse et du Nouveau-Brunswick ont chacune leurs aspirations, mais aucune d'entre elles n'est pas aussi insatisfaite du statu quo que l'est le Haut-Canada. À l'exception de Terre-Neuve, elles se sentent à l'aise comme elles sont, et l'ensemble de la population, particulièrement de la Nouvelle-Écosse et de l'Île-du-Prince-Édouard, ne voit aucune raison de changer sa constitution parce que le Canada a découvert qu'il est devenu trop grand pour la sienne.

Même Terre-Neuve, après que des difficultés économiques au cours des années 1860 l'eurent rendue sensible aux flatteries du continent, reporte sa décision en 1865 et refuse définitivement d'adhérer à la Confédération lors des élections générales de 1869. Plus prospère, l'Île-du-Prince-Édouard résiste presque dès le commencement. Un petit groupe de partisans de la Confédération enregistre peu de progrès jusqu'au début des années 1870, alors que des péripéties relatives à la construction de chemins de fer impliquant des gouvernements successifs de l'île forcent celle-ci à chercher une solution auprès du nouveau Dominion pour éponger sa dette. La situation de la Nouvelle-Écosse est plus compliquée.

Le long de l'axe du chemin de fer qui va déjà de Halifax à Truro et qui doit continuer jusqu'au Québec, il existe un appui réel en faveur de la Confédération. Les régions manufacturières et productrices de charbon, le comté de Pictou et, dans une certaine mesure, le Cap-Breton, sont également intéressés. Le long du littoral sud et dans la vallée d'Annapolis, soit le monde prospère de la navigation, de la construction navale, de la culture des pommes de terre et des pommes, la Confédération apparaît cependant peu séduisante et même dangereuse.

Ambitieux, agressif et confiant, le premier ministre conservateur Charles TUPPER s'engage du côté de la Confédération, convaincu qu'à long terme elle se révélera plus profitable pour la Nouvelle-Écosse et peut-être aussi pour lui-même. Heureusement pour la Confédération, Tupper ne consulte pas son électorat: élu en 1863, le gouvernement n'a pas besoin de déclencher des élections avant 1867, soit après la Confédération. À ce moment-là, mais trop tard, on se rend compte que 65 p. 100 des habitants de la Nouvelle-Écosse s'opposent à la Confédération (*voir* MOUVEMENT SÉCESSIONNISTE).

Le Nouveau-Brunswick est à peine plus favorable à la Confédération que les autres provinces atlantiques. En février 1865, le gouvernement anticonfédérationniste de A.J. SMITH est élu. La réalisation de la Confédération est suspendue jusqu'à ce que le gouvernement Smith tombe en 1866 et qu'un nouveau gouvernement confédérationniste soit élu, aidé par les invasions des FENIANS d'avril et de juin 1866, qui affaiblissent grandement les positions anticonfédérationnistes.

Des forces externes comme la guerre de Sécession et l'agressivité de la politique étrangère américaine (symbolisée par l'abrogation du traité de RÉCIPROCITÉ en 1866 et l'achat de l'Alaska en 1867) suscitent un sentiment d'insécurité dans les colonies séparées de l'Amérique du Nord Britannique qui craignent pour leur avenir. Le devoir oblige l'Angleterre à répondre à toute agression militaire contre l'Amérique du Nord britannique, comme le montre l'AFFAIRE DU TRENT, mais elle n'en a aucune envie. La meilleure défense britannique contre les États-Unis est la fédération de l'Amérique du Nord britannique. La Confédération a, par conséquent, l'appui solide de Londres, particulièrement du secrétaire aux Colonies, Edward Cardwell.

Cardwell enjoint les gouverneurs de l'Amérique du Nord britannique d'appuyer la Confédération, ce qu'ils font. La CONFÉRENCE DE LONDRES, qui a lieu de décembre 1866 à février 1867, est l'étape finale de la transformation des 72 Résolutions en une loi. L'Acte de l'Amérique du Nord britannique de 1867 (appelé LOI CONSTITUTIONNELLE DE 1867) en est le résultat. Cette loi est présentée au Parlement, à la Chambre des communes britannique et à la Chambre des lords et est signée par la reine le 29 mars 1867. Elle entre en vigueur le 1er juillet 1867.

La politique britannique en faveur de la fédération de l'Amérique du Nord se poursuit sous les successeurs de Cardwell. La Compagnie de la baie d'Hudson vend la TERRE DE RUPERT au Canada en 1870, et la Colombie-Britannique entre dans la Confédération en 1871. La seule défaite de cette politique britannique est Terre-Neuve, en 1869. Cependant, 80 ans plus tard, elle entre à son tour dans le concert fédératif.

Bien que la forme qu'a prise la Confédération soit le produit de trois conférences et des discussions des délégués de deux tendances politiques et de cinq colonies, les idées concrètes sur la façon de la réaliser viennent de John A. Macdonald; de A.T. Galt, pour l'aspect financier; et de G.-E. Cartier, pour la prise en compte de certains droits provinciaux essentiels. À l'origine, la Confédération n'était pas une idée de Macdonald, mais c'est lui qui l'a menée à terme. C'est donc vers Macdonald et ses idées que les Canadiens doivent se tourner pour comprendre la nature de l'union de 1867. (*Voir aussi* HISTOIRE CONSTITUTIONNELLE; PÈRES DE LA CONFÉDÉRATION.)
P.B. Waite

Confédération des syndicats canadiens Fondée en 1969 à l'initiative de Kent ROWLEY et de Madeleine PARENT, vétérans du syndicalisme canadien, la Confédération des syndicats canadiens (Conseil des syndicats canadiens de 1969 à 1973) se propose de

favoriser le développement d'un syndicalisme démocratique, purement canadien, libre de toute attache envers les unions internationales d'origine étasunienne. En 1994, la Confédération regroupe environ 20 000 membres répartis dans 11 fédérations affiliées, œuvrant à la fois dans les secteurs public et privé.

À l'avant-garde de la lutte pour la reconnaissance des droits des travailleurs et de la justice sociale pour tous les Canadiens, elle est la première centrale au Canada à réclamer un salaire égal pour un travail équivalent. Comme elle dispute son membership à la principale centrale syndicale au Canada, le CANADIAN LABOUR CONGRESS, elle est souvent en conflit avec lui, l'accusant de propager un syndicalisme d'affaires. Même si la Confédération ne compte qu'un mince pourcentage des travailleurs syndiqués au Canada, son insistance à promouvoir l'indépendance des syndicats canadiens a influencé l'adoption de lignes directrices autonomistes chez plusieurs syndicats internationaux et en a encouragé quelques autres à briser leurs liens avec les syndicats étasuniens.
John Bullen

Confédération des syndicats nationaux La CSN a porté le nom de Confédération des travailleurs catholiques du Canada (CTCC) de sa création, en 1921, jusqu'en 1960, moment où elle a abandonné son caractère confessionnel. Les syndicats catholiques sont fondés au début du siècle dans plusieurs diocèses du Québec pour faire échec à l'expansion des syndicats internationaux en provenance des États-Unis. Le clergé catholique leur reproche de favoriser la lutte de classes et de diffuser des idées socialistes et anticléricales. Les premiers syndicats catholiques accueillent aussi bien des travailleurs francophones qu'anglophones et prêchent la bonne entente entre patrons et ouvriers. Cependant, les travailleurs ne tardent pas à trouver cet objectif passablement utopique, et les syndicats ont du mal à recruter des membres.

Après la Première Guerre mondiale, les syndicats catholiques se réorganisent, mettant davantage l'accent sur la défense des intérêts des travailleurs et cherchant à négocier de bonnes conventions collectives. Afin de mieux promouvoir leur développement, ils forment une centrale en 1921, la Confédération des travailleurs catholiques du Canada, qui compte alors 17 600 membres. Les effectifs déclinent dans les années 20, mais augmentent à partir de 1934, et plus particulièrement immédiatement après la Seconde Guerre mondiale (62 690 membres en 1946). Mis à part la construction, les adhérents œuvrent principalement dans l'industrie du cuir, du textile et du vêtement.

Après la Seconde Guerre mondiale, la CTCC commence à perdre son caractère confessionnel et un nouveau groupe de dirigeants prend sa destinée en charge. Ils rejettent les idées corporatistes qu'elle véhicule depuis sa fondation et l'orientent vers un syndicalisme plus militant. Des grèves importantes surviennent pendant les années 50 (GRÈVE DE L'AMIANTE en 1949; Louiseville, 1952; GRÈVE DE DUPUIS, 1952) et la centrale devient un lieu d'opposition au gouvernement DUPLESSIS. En 1960, elle retire l'épithète catholique de son nom et abandonne toute référence à la DOCTRINE SOCIALE DE L'ÉGLISE dans sa déclaration de principes.

Après 1964, la CSN se radicalise avec l'afflux de nouveaux syndiqués provenant notamment des secteurs public et parapublic (*voir* SYNDICATS DE LA FONCTION PUBLIQUE). Critiquant le système capitaliste à partir de l'idée de luttes de classes, elle fait la promotion d'un socialisme démocratique. Cette radicalisation provoque une division à l'intérieur de ses rangs. Durant la GRÈVE DU FRONT COMMUN de 1972, plusieurs dirigeants dont trois des cinq membres du comité exécutif quittent leur poste pour former la Centrale des syndicats démocratiques. Le schisme entraîne le départ de 30 000 membres,

principalement issus de syndicats du secteur manufacturier (vêtement, textile, chaussure, mines).

Recrutant une bonne proportion de adhérents dans la fonction publique provinciale et parmi les employés d'hôpitaux et du secteur de l'éducation, la CSN persuade, en 1972, les syndicats affiliés à la Fédération des travailleurs du Québec et à la Centrale de l'enseignement du Québec de faire front commun dans les négociations de travail avec le gouvernement du Québec (*voir* CENTRALES SYNDICALES QUÉBÉCOISES). Les fronts communs de 1976 et 1979 permettent d'obtenir des améliorations importantes au chapitre du salaire minimum, de la sécurité d'emploi et des rentes de retraite.

En 1982-1983, le gouvernement met cependant fin à la négociation et impose des décrets qui réduisent les salaires et sabrent dans les conditions de travail. Par la suite, les négociations se déroulent toujours en front commun, mais ces employés voient leur situation s'améliorer à un rythme moins rapide que celle du secteur privé. En 1997, sous le coup d'une réduction salariale de 6 p. 100 des rémunérations, les syndicats acceptent de puiser dans leur régime de retraite pour favoriser le départ anticipé de 15 000 de leurs membres.

Depuis le milieu des années 80, la CSN met de coté sa critique radicale du système capitaliste et commence à promouvoir la concertation avec le patronat pour améliorer la compétitivité des entreprises et réduire le chômage. Aux côtés d'autres intervenants sociaux, elle participe aux deux sommets économiques organisés par le gouvernement du Québec, en 1996, pour favoriser un rapprochement avec le patronat, voire créer de l'emploi. Comme les autres centrales syndicales, elle accepte alors que le gouvernement élimine son déficit dès l'an 2000 tout en exigeant que celui-ci n'entraîne pas un démantèlement de l'État.

Sur la question nationale, la centrale défend, depuis ses origines jusqu'aux années 60, un nationalisme canadien basé sur l'idée d'égalité des peuples fondateurs du Canada et sur la nécessité pour les travailleurs canadiens de contrôler leur propre mouvement syndical. Elle appuie la volonté autonomiste du gouvernement du Québec dans les années 60 et évolue vers une plus grande réceptivité à l'égard de l'indépendance du Québec pendant la décennie suivante. Au référendum de 1980, elle suggère à ses membres de voter «OUI» et devient encore plus militante pour la cause indépendantiste lors du référendum de 1995. En 1999, la CSN regroupe 2411 syndicats, répartis en 9 fédérations et 13 conseils centraux, et compte 253 000 adhérents.
Jacques Rouillard

Conference Board of Canada Association sans but lucratif vouée à la recherche et à l'analyse économiques, le Conference Board compte 600 membres représentant le monde des affaires, les gouvernements et le secteur public. Son mandat est d'«aider nos membres à prévoir l'évolution de plus en plus rapide de l'économie mondiale, et à y faire face par l'acquisition et l'échange de connaissances sur les stratégies et pratiques organisationnelles, les nouvelles tendances économiques et sociales, de même que les grandes questions d'intérêt public». Le Conference Board publie des recherches sur divers sujets qui intéressent ses membres et en communique les résultats au moyen de réunions, de conférences et de services d'accès direct à l'information. Il est fondé en 1954 à titre de division de l'American National Industrial Conference Board Inc., lui-même créé en 1916 parce qu'on estimait que beaucoup de problèmes de la société industrielle pourraient être atténués grâce à des discussions fondées sur des faits établis par une recherche scientifique. Le Conference Board, qui acquiert une identité juridique distincte en 1981, a 190 employés. Son siège social se trouve à Ottawa.
Duncan McDowall

Conférence canadienne des arts Elle est fondée en décembre 1945, sous le nom de Conseil des arts du Canada. Elle a pour but de favoriser l'épanouissement culturel du peuple canadien, d'encourager et de promouvoir le développement des arts au Canada, ainsi que de servir au mieux les intérêts des artistes canadiens. Seize associations d'artistes se réunissent au printemps 1944 pour mettre au point le «mémoire des artistes» qu'elles présenteront devant le Comité spécial de la Chambre des communes sur la restauration et le rétablissement. Elles seront les membres fondateurs de la Conférence canadienne des arts. En 1957, lors de la création de cette dernière, et, par le fait même, de la concrétisation de l'une des recommandations du mémoire, le Conseil des arts du Canada prend le nom de Conférence canadienne des arts (CCA).

Au fil des ans, le nombre de membres de la CCA et les secteurs artistiques représentés ne cessent d'augmenter, ce qui témoigne de l'essor extraordinaire du secteur des arts. Aujourd'hui, la Conférence représente quelque 200 000 artistes et travailleurs du milieu culturel: créateurs, interprètes, techniciens, producteurs et distributeurs. Les régions, les disciplines artistiques et les industries culturelles concernées élisent son conseil d'administration.

Depuis sa création, la CCA s'emploie activement à réunir les artistes et les travailleurs du secteur culturel, à exposer leurs points de vue au gouvernement, à faire de la recherche et à diffuser de l'information sur les nouveaux développements et les intérêts particuliers au monde artistique. La CCA s'est montrée efficace à bien des égards, surtout pour ce qui est de promouvoir la cause des arts auprès des différents paliers gouvernementaux. De récentes initiatives ont donné d'heureux résultats: entre autres, une meilleure gestion fiscale pour les artistes, des amendements à la *Loi sur le droit d'auteur*, et des travaux pour la mise sur pied du CultureNet et du Conseil des ressources humaines du secteur culturel.

En 1954, la CCA a inauguré son diplôme d'honneur destiné à récompenser les personnes qui ont contribué tout au long de leur vie à la promotion des arts au Canada. Elle a également joué un rôle dans la création de plusieurs autres prix, parmi lesquels le Prix du Financial Post visant à récompenser les entreprises qui encouragent les arts et le Prix du Gouverneur général pour les arts de la scène.

La CCA est parfois décrite comme un organisme de services, un groupe de «lobbying «ou encore un groupe qui défend des intérêts particuliers. Peu importe l'étiquette qui lui est apposée, la CCA demeure un organisme exceptionnel qui regroupe des parties aux aspirations variées afin de régler des problèmes qui leur sont communs. Étant donnée la diversification du secteur des arts et de la culture, de même que la complexité croissante des enjeux en cause, la Conférence canadienne des arts témoigne du pouvoir visionnaire de ses fondateurs.

E. Jane Condon

Conférence de Charlottetown Elle a lieu du 1ᵉʳ au 9 septembre 1864 à Charlottetown (Île-du-Prince-Édouard), et amorce le processus de la CONFÉDÉRATION. La Nouvelle-Écosse, le Nouveau-Brunswick et l'Île-du-Prince-Édouard discutent depuis longtemps d'une éventuelle union des Maritimes. En mars et en avril 1864, les trois assemblées législatives adoptent une résolution portant sur la tenue d'une conférence à ce sujet. Rien ne se produit jusqu'à la crise constitutionnelle de la PROVINCE DU CANADA en juin 1864, lorsque les Canadiens demandent d'assister à la conférence pour proposer l'union de toute l'AMÉRIQUE DU NORD BRITANNIQUE. Cette demande stupéfie les gouvernements des Maritimes mais, grâce à l'intervention du lieutenant-gouverneur de la Nouvelle-Écosse, Richard MacDonnell, on fixe le lieu et la date de la réunion.

Lors de la conférence, l'idée d'une union des Maritimes est presque abandonnée, les délégués

s'entendant sur les grandes lignes d'un projet d'union plus générale. On décide alors de tenir une rencontre plus globale à Québec en octobre. Des circonstances externes, telles que la GUERRE DE SÉCESSION, le désir de la Grande-Bretagne de se départir de ses obligations financières et administratives envers ses colonies et la situation politique dans la province du Canada, contribuent à créer à Charlottetown un climat qui donnera l'élan si manifeste à la CONFÉRENCE DE QUÉBEC et qui était nécessaire à l'aboutissement de la Confédération.

P.B. Waite

Conférence de Couchiching C'est le nom qu'on donne habituellement à la conférence organisée chaque année par l'Institut canadien des affaires publiques, organe éducatif créé en 1932 par le Conseil national du YMCA pour favoriser un débat critique sur les questions nationales et internationales. La conférence, qui se tient en général en août à Geneva Park sur le lac Couchiching près d'Orillia, en Ontario, est rapidement devenue le lieu de rencontre de ceux qui souhaitent participer à un débat réfléchi sur les préoccupations canadiennes. Pendant la CRISE DES ANNÉES 30, la conférence aborde des thèmes comme la réforme sociale, la situation économique et la venue de jours sombres sur la scène internationale. Ensuite, pendant la Seconde Guerre mondiale, l'attention se tourne vers la planification de la reconstruction. En 1947, la possibilité d'une alliance militaire des pays du Nord de l'Atlantique (qui deviendra l'OTAN) est soulevée pour la première fois dans le cadre d'un discours prononcé par Escott REID du ministère des Affaires extérieures. Plus récemment, une grande variété de thèmes ont été traités, allant de la politique et des affaires internationales à la technologie et autres sujets.

J.L. Granatstein

Conférence de Londres À cette conférence qui débute le 4 décembre 1866, les délégués du Canada, de la Nouvelle-Écosse et du Nouveau-Brunswick rencontrent les membres du gouvernement britannique à Londres. Cette réunion représente une étape intermédiaire importante entre la CONFÉRENCE DE QUÉBEC de 1864 et l'ACTE DE L'AMÉRIQUE DU NORD BRITANNIQUE (AANB) de 1867. L'enjeu principal porte sur les clauses relatives à l'éducation contenues dans les résolutions de Québec.

À Londres, des évêques des Maritimes, et surtout l'archevêque Connolly de Halifax, exercent de fortes pressions afin d'obtenir des garanties de maintien des écoles catholiques séparées, soit des écoles qui existent effectivement dans les trois provinces, mais qui ne sont pas garanties par la loi. Les délégués des Maritimes s'opposent à cette clause, et le compromis qui en résulte constitue l'article 93 de l'AANB, qui assure le maintien de toutes les écoles séparées existant aux termes de la loi au moment de la CONFÉDÉRATION. L'article protège aussi le réseau des écoles séparées au Québec et en Ontario, mais non en Nouvelle-Écosse et au Nouveau-Brunswick. Au début de l'année 1867, les résolutions adoptées à Londres sont incorporées à l'AANB.

P.B. Waite

Conférence de Québec Elle a lieu du 10 au 27 octobre 1864. Lors de la CONFÉRENCE DE CHARLOTTETOWN tenue précédemment, des représentants des trois colonies de l'Atlantique et de la PROVINCE DU CANADA se mettent d'accord sur un projet de fédération de L'AMÉRIQUE DU NORD BRITANNIQUE. Le 10 octobre, 33 délégués, dont 2 de Terre-Neuve, se rencontrent à Québec pour dresser un plan détaillé de l'union. Les délégués des Maritimes sont des membres du gouvernement. Le Canada est représenté par son Cabinet qui établit l'ordre du jour, propose des résolutions et domine la conférence. C'est sir Étienne-Pascal TACHÉ, premier ministre du Canada qui préside. Chaque colonie a une voix et le Canada en a deux.

La plus grande controverse a trait à la composition du PARLEMENT: seule l'Île-du-Prince-Édouard

refuse que le nombre de membres de la CHAMBRE DES COMMUNES soit proportionnel à la population, mais la distribution des sièges au SÉNAT provoque un long débat. Les arrangements financiers proposés par Alexander T. GALT font l'objet de discussions considérables. La distribution des pouvoirs entre les gouvernements fédéral et provinciaux se règle assez facilement et suit le plan suggéré par John A. MACDONALD et Oliver MOWAT.

Les délégués terminent leurs travaux et ajournent la séance le 27 octobre. Ils expriment leurs conclusions dans 72 résolutions qui servent de base au débat sur la CONFÉDÉRATION. Même si seule la Province du Canada adopte les résolutions, elles constituent la base de l'ACTE DE L'AMERIQUE DU NORD BRITANNIQUE sur laquelle est fondé le Canada.

P.A. Buckner

Conférence des Nations Unies sur le commerce et le développement (CNUCED) Elle est créée en 1964, en tant qu'organe permanent de l'Assemblée générale des Nations Unies pour promouvoir le commerce international en privilégiant l'accélération de l'expansion économique des pays en voie de développement. En 1996, cet organe compte 188 États membres, dont le Canada. En qualité d'organisme central de l'ONU engagé dans la promotion du développement au moyen du commerce et de l'investissement, la CNUCED essaie de garantir que les préoccupations des pays moins développés soient prises en considération dans les décisions internationales en matière de commerce, de finance, de technologie et d'investissement. En outre, elle soutient les pays en développement et ceux qui sont en transition vers une économie de marché, afin qu'ils tirent le meilleur parti possible des possibilités créées par la mondialisation et par la libéralisation des marchés. Pour ce faire, elle analyse et élabore des politiques axées sur le développement, elle offre une assistance technique dans les domaines reliés au commerce et elle soutient la création de petites et moyennes entreprises compétitives.

Les fonds du budget de fonctionnement de la CNUCED, qui totalisent 55 millions de dollars US en 1996, sont prélevés à même le budget ordinaire de l'ONU. L'assistance technique est financée séparément par des pays donateurs (22 millions de dollars US en 1996). L'organisme permanent de la CNUCED est composé du Conseil du commerce et du développement qui possède trois commissions secondaires. Celles-ci s'occupent respectivement du commerce de biens, de services et de marchandises; d'investissement, de technologie et de questions financières connexes; d'entreprises, d'aide au démarrage et de recherche de clients. Le secrétariat de la CNUCED, situé à Genève, en Suisse, est dirigé par un secrétaire général (M. Rubens Ricupero du Brésil). La principale publication de la CNUCED est son rapport annuel, le *World Investment Report*.

Gregory Wirick

Conférence sur l'uniformisation des lois du Canada Elle a été créée en vue de promouvoir l'uniformisation des lois partout au Canada dans les domaines où on estime que cette uniformisation est souhaitable. À cette fin, elle prépare des lois modèles dont elle recommande l'adoption par les provinces et les territoires. La Conférence se réunit chaque année. Elle se compose de délégués nommés par les provinces et les territoires. Les délégués provinciaux sont généralement des rédacteurs législatifs, les membres du personnel des organismes de réforme du droit et des avocats de pratique privée. Entre les réunions, le travail de la Conférence se fait par correspondance entre les délégués et entre les membres des comités *ad hoc*. Depuis sa création en 1918, la Conférence a adopté plus de 100 lois uniformes, dont plusieurs ont été révisées au besoin à maintes reprises.

Arthur L. Close

Conférences coloniales et impériales (1887-1937) Elles constituent le principal moyen de consultation à haut niveau entre les représentants du Royaume-Uni, du Canada et des autres États autonomes du Commonwealth. Ces conférences aident à définir un cadre de coopération économique et militaire, tout en rejetant toutes les formes de centralisation impériale. Les Conférences coloniales ont lieu en 1887, 1894, 1897, 1902 et 1907; les Conférences impériales en 1911, 1917, 1918, 1921, 1923, 1926, 1930, 1932 et 1937. Elles ont lieu deux fois à Ottawa (1894 et 1932); toutes les autres se déroulent à Londres, en Angleterre. Après 1937, on remplace les Conférences impériales par les Rencontres des premiers ministres qui se tiennent en principe sans conseillers ni ordre du jour. Elles se veulent une occasion d'échanges informels entre les chefs politiques du COMMONWEALTH. Ceux-ci se sont rencontrés 17 fois de 1944 à 1969. Par la suite, les conférences prennent le nom de «Rencontres des chefs d'État» et ont lieu tous les deux ans, depuis 1971.

Norman Hillmer

Conférences de Québec (1943 et 1944) Pendant la Seconde Guerre mondiale, les dirigeants alliés tiennent une série d'importantes réunions stratégiques. Deux des conférences ont lieu à Québec, du 10 au 24 août 1943 et du 11 au 16 septembre 1944. Les rencontres, qui servent à planifier la conduite future de la guerre, sont dominées par Winston Churchill et Franklin Delano Roosevelt, sauf celle de Yalta où Joseph Staline est un partenaire d'importance égale. Des diplomates canadiens comme Hume Wrong et Norman Robertson soutiennent que le Canada devrait avoir sa place à ces rencontres, mais MAC-KENZIE KING ne participe à aucune séance, même à Québec. Churchill se considère comme le représentant des dominions et estime qu'il lui appartient de les tenir au courant. Même lorsqu'il suggère que King participe aux séances plénières de Québec, Roosevelt y oppose immédiatement son veto, qu'il justifie en disant que, si l'on permettait au Canada d'y participer, la Chine, le Brésil et les dominions ne tarderaient pas à en demander autant.

King lui-même se sent plus à l'aise quand il tient son rôle d'hôte des conférences de Québec et il se fait abondamment photographier et filmer avec Churchill et Roosevelt. Si le Canada ne participe aucunement à la direction stratégique de la guerre et si King ne fait que de timides tentatives pour y participer, cela ne diminue pas l'énorme contribution apportée par le Canada à l'effort de guerre. Cela illustre plutôt la difficulté du problème que présente la conduite d'une guerre à laquelle participe une coalition de pays dont les degrés de puissance sont très différents. King lui-même croit jouer un rôle plus important à titre d'intermédiaire entre Churchill et Roosevelt, qui se méfient souvent l'un de l'autre, qu'à titre de participant secondaire à la planification stratégique.

Le débat sur le rôle de King (et du Canada) aux conférences reprend en 1998, lors du dévoilement d'une statue commémorant les conférences de Québec. Le gouvernement du Québec, dirigé par Lucien Bouchard, justifie le fait que King soit absent de la statue en soutenant qu'il n'a joué aucun rôle dans les rencontres. Ainsi, des propres compatriotes de King ne lui accordent pas le mérite d'en avoir au moins été l'hôte, un rôle que même Churchill et Roosevelt lui avaient reconnu.

James H. Marsh

Conférences des premiers ministres Ce sont des rencontres regroupant le premier ministre du Canada et les premiers ministres provinciaux. On ne parle plus de conférences fédérales-provinciales. L'expression semble remonter à la conférence constitutionnelle qui a abouti, en 1971, à la charte de Victoria. Même si elle a avorté, cette charte prévoyait explicitement des conférences constitutionnelles des premiers ministres. Elle prévoyait aussi des rencontres annuelles entre le premier ministre du Canada et les premiers ministres provinciaux, sauf, bien sûr, si la majorité des participants à la conférence en décidaient autrement. L'expression «premiers ministres» est utilisée depuis, même si la charte de Victoria n'a pas été adoptée et malgré le fait que la LOI CONSTITUTIONNELLE DE 1982 ne mentionne nullement de telles rencontres (*voir aussi* CONSTITUTION, RAPATRIEMENT DE LA).

L'expression présente l'avantage de distinguer les rencontres des premiers ministres, tant fédéral que provinciaux, d'avec les rencontres plus spécialisées entre ministres et fonctionnaires.

Pour certains observateurs, les rencontres des premiers ministres comblent une lacune de la Constitution canadienne en fournissant une tribune pour les consultations et l'harmonisation en matière de relations fédérales-provinciales. D'autres n'y voient qu'une occasion gratuite pour les chefs politiques de mousser leur image auprès du public. (*Voir aussi* RELATIONS FÉDÉRALES-PROVINCIALES, ACCORD DU LAC MEECH; ACCORD DU LAC MEECH: DOCUMENT.)

Robert Bothwell

Confidentialité Au Canada, l'obligation à laquelle sont astreints les médecins de respecter la confidentialité des renseignements qu'ils reçoivent de leurs patients est bien établie en common law, dans les lois relatives aux soins de santé et dans les codes de déontologie. Le médecin qui ne respecte pas cette obligation s'expose à des poursuites judiciaires (fondées sur les principes de la négligence, le droit des contrats ou le rapport fiduciaire entre le médecin et son patient) ou à des mesures disciplinaires sanctionnées par son ordre professionnel provincial, le Collège des médecins.

Si l'obligation de confidentialité est une obligation à la fois légale et déontologique, elle n'est cependant pas absolue. Les exceptions à cette obligation se trouvent à la fois dans les lois et en common law. P. ex., les lois canadiennes en matière de protection de l'enfance obligent les médecins à divulguer tous les renseignements concernant un enfant qui pourrait avoir besoin de protection. De même, des renseignements concernant certaines maladies infectieuses doivent aussi être communiqués aux autorités compétentes. Le rapport entre le médecin et son patient n'étant pas «privilégié» comme celui qui lie l'avocat et son client, un tribunal peut obliger un médecin à divulguer des renseignements confidentiels à des fins judiciaires, tant au criminel qu'au civil. La Cour suprême du Canada a confirmé, dans des décisions récentes, que même un psychiatre ou un thérapeute peut être tenu de divulguer des renseignements contenus dans les dossiers médicaux d'une victime d'agression sexuelle. Cependant, on doit démontrer, entre autres, que les dossiers médicaux du patient sont pertinents quant à la défense de la personne poursuivie pour l'agression.

L'exception la plus controversée à l'obligation de confidentialité, appelée «obligation de mise en garde», prévoit que, dans des circonstances précises, les médecins peuvent être tenus de mettre en garde un tiers contre un danger éventuel, même s'ils ont pris connaissance de ce danger dans les limites du rapport entre le médecin et son patient (p. ex., le psychiatre qui découvre qu'un patient désire faire du mal à un tiers). Des questions nouvelles, liées notamment au sida et aux technologies génétiques récentes, poussent encore plus loin les limites de l'exception relative à l'«obligation de mise en garde». P. ex., le médecin a-t-il l'obligation d'aviser les parents de son patient qu'ils risquent d'être atteints d'une maladie génétique? À ce jour, il n'y a pas eu de «causes génétiques» au Canada; cependant, les tribunaux ont statué qu'un médecin peut être obligé de prendre des mesures pour protéger un tiers, tel que le conjoint d'un patient, contre le risque d'infection par le virus du sida.

Timothy Caulfield

Confiserie, industrie de la La confiserie est un secteur de fabrication industrielle composé d'entreprises surtout consacrées à la fabrication de bonbons, de chocolats et de produits du cacao ainsi que de gomme à mâcher. Cette industrie prend de l'importance à la fin des années 1800. En 1857, une des toutes premières entreprises commerciales, McCormick's Ltd., est fondée à London, en Ontario. Robertson Brothers Ltd. se lance dans la confiserie à Toronto en 1864, et Ganong Brothers, à St Stephen (Nouveau-Brunswick) en 1873. La même année, la boulangerie-pâtisserie Moirs Ltd. se lance dans la production de bonbons à Halifax, en Nouvelle-Écosse. Robert Watson Co. ouvre ses portes à Toronto en 1874, et Viau Ltée entre en production à Montréal, en 1879.

À Toronto, Patterson Candy Co. est fondée en 1888 et Cowan Co., en 1890. Au début des années 1900, la fabrication de confiseries augmente beaucoup au Canada grâce à l'installation de plusieurs producteurs importants, dont William Neilson Ltd. à Toronto (1908), Willard's Chocolates Ltd. à Toronto (1914) et Fry-Cadbury Ltd. à Montréal (1920). Walter M. Lowney Co., de Montréal, et Walter Baker Co. of Canada, de Toronto, sont aussi fondées à cette époque. Pendant ces années de croissance, l'industrie est concentrée dans l'Est du Canada, ce qui prévaut encore de nos jours, bien qu'un certain nombre de petits fabricants soient apparus dans l'Ouest à cette période et que de nouvelles entreprises s'y installent encore.

Au cours des deux dernières décennies, un nombre important d'usines se sont regroupées. En 1961, l'industrie compte 194 usines en activité. En 1984, Statistique Canada en dénombre 94: 4 en Nouvelle-Écosse, 2 au Nouveau-Brunswick, 29 au Québec, 41 en Ontario, 3 au Manitoba, aucune en Saskatchewan, 2 en Alberta et 13 en Colombie-Britannique. Comme dans la plupart des autres secteurs de l'alimentation, la cause majeure de cette réduction est la suppression progressive et régulière de petites entreprises de production désuètes et leur remplacement par un plus petit nombre d'usines à la fois plus importantes et très efficaces.

L'industrie de la confiserie est unique parmi les secteurs du système manufacturier canadien des ALIMENTS ET DES BOISSONS, en ce qu'elle est dépendante de l'approvisionnement étranger pour deux de ses principaux ingrédients: le sucre et le cacao. Malheureusement, ces denrées sont sujettes à de rapides changements de prix en dépit des accords tels que l'Accord international sur le sucre. En fait, ce facteur peut affecter sérieusement le volume des ventes et les marges de profit de cette industrie. Toute augmentation sensible du prix sur les marchés de la canne à sucre brute ou des fèves de cacao se traduit rapidement par une augmentation des coûts de production et des prix à la consommation, ce qui provoque en général une baisse des volumes de production.

L'augmentation constante des taxes de vente provinciales est un autre facteur indirect qui influence négativement les ventes de l'industrie. Pourtant, à long terme, les volumes de production dans la majorité des catégories ont démontré une croissance lente, mais régulière. P. ex., en 1973, l'industrie a produit 68 895 t de produits du chocolat, incluant les tablettes, le chocolat en boîte, les produits saisonniers et les produits du chocolat vendus en vrac ou sous d'autres formes. Au début de 1984, la production de la chocolaterie était passée à 90 003 t. On observe la même tendance pour les produits de gomme à mâcher; la production de 16 772 t en 1971 était déjà passée à 19 565 t. au début de 1984. Dans la confiserie à base de sucre, qui englobe les bonbons durs, les caramels (durs et mous) et les produits similaires, les tendances fluctuent. Tout de même, en 1971, l'industrie produit 49 114 t de confiserie à base de sucre et, en 1984, le volume passe à 52 264 t.

L'importation des bonbons durs affecte les tendances. Le Royaume-Uni a toujours été un des principaux fournisseurs de bonbons de première qualité du Canada, mais les importations en provenance des pays d'Amérique du Sud, notamment du Brésil et de l'Argentine, sont à la hausse.

En 1984, l'industrie employait 9014 personnes et dépensait 386 millions de dollars en approvisionnements et en fournitures. Statistique Canada rapporte qu'en 1984 les expéditions de l'industrie s'élevaient à 927,9 millions de dollars. L'industrie est représentée par l'Association canadienne des fabricants de confiserie, à Toronto.

Robert F. Barratt

Conflit d'intérêts Il peut être défini comme une situation où des politiciens ou des fonctionnaires ont un intérêt réel ou potentiel (habituellement pécuniaire) qui pourrait influer ou sembler influer sur l'exécution de leurs fonctions officielles (*voir* FAVORITISME; CORRUPTION). Même s'il n'est pas illégal, le conflit peut susciter des doutes ou des soupçons quant à l'intégrité et à l'impartialité de décisions prises par ces personnes. Avec le temps, des conflits répétés peuvent alimenter la méfiance et le cynisme à l'égard du gouvernement. Au Canada, la question des conflits d'intérêts a été soulevée dans les situations suivantes: influence possible exercée sur un ministre provincial ou d'autres responsables dans la décision d'approuver un nouveau lotissement, du fait que du terrain appartenait à la famille du ministre; investissement par un sénateur dans une entreprise qui s'est subséquemment vu attribuer un contrat lucratif par l'État; et favoritisme possible dans la décision du gouvernement d'accorder une subvention à la nouvelle société d'un ancien ministre fédéral, du fait des contacts de ce dernier avec son ancien ministère.

Sauf pour la corruption, le trafic d'influence et la FRAUDE, qui relèvent du *Code criminel*, la législation sur les questions plus générales de conflits d'intérêts a été relativement rare par le passé. On constate toutefois un recours plus fréquent à l'adoption de lois en la matière ces dernières années, notamment à Terre-Neuve (1973), au Nouveau-Brunswick (1978), au Manitoba (loi adoptée en 1983, promulguée en 1985 et modifiée en 1986) et en Alberta (1991). En fait, le gouvernement fédéral dispose de mesures législatives (ponctuelles ou générales) sur les conflits d'intérêts, tout comme les dix provinces et les deux territoires. Ces mesures peuvent revêtir la forme de loi portant directement sur les conflits d'intérêts, comme pour les députés à l'assemblée législative de la Colombie-Britannique (1990), ou faire partie d'une loi plus générale régissant un corps législatif, p. ex., la *Loi sur le Parlement du Canada* (modifiée en 1991) du gouvernement fédéral.

Les agents publics ont semblé préférer des lignes directrices sur les conflits d'intérêts, comme celles que le gouvernement fédéral a établies pour les fonctionnaires (1973) et les ministres (1979). Cette tendance s'est maintenue ainsi qu'en témoignent les lignes directrices de 1985 pour les ministres et autres titulaires de charge publique sous le gouvernement Mulroney, puis le *Code régissant la conduite des titulaires de charge publique en ce qui concerne les conflits d'intérêts et l'après-mandat* (1994) sous le gouvernement Chrétien. Règle générale, les lignes directrices sont plus ambiguës que les lois. En outre, les critiques prétendent que les lignes directrices ne prévoient pas de sanctions suffisamment sévères pour servir de mesure de dissuasion quant aux conflits possibles, ni de mécanismes appropriés pour déterminer s'il y a ou non manquement. Si des accusations de conflit d'intérêt n'entraînent pas de mesure disciplinaire, elles peuvent toutefois donner lieu à un tel embarras politique qu'un ministre jugera nécessaire de démissionner pour protéger l'intégrité du gouvernement. Quoique rare, la situation s'est produite en Ontario en 1972. La plupart des provinces disposent maintenant de codes, lignes directrices, règles ou directives visant tantôt les législateurs élus, tantôt les agents publics nommés, tantôt même les fonctionnaires municipaux.

Les documents sur les conflits d'intérêts, qu'il s'agisse de lois, de lignes directrices ou de codes, exigent que les personnes visées, tant les politiciens que les fonctionnaires, évitent tout comportement qui privilégie leur intérêt personnel plutôt que l'intérêt public. À titre d'exemple, cela veut dire s'abstenir de participer à des décisions mettant en jeu leur intérêt financier personnel, éviter d'accorder un traitement préférentiel, ne pas tirer profit de renseignements d'initiés et ne pas utiliser les biens de l'État à des fins personnelles, refuser des cadeaux ou autres avantages d'une valeur plus que nominale et ne pas accepter, après avoir renoncé à leur charge publique, un emploi dans le cadre duquel les personnes peuvent tirer parti abusivement de leurs fonctions antérieures.

Plusieurs cas notoires de conflits d'intérêts se sont produits. En juillet 1986, une enquête fédérale est entamée pour examiner des allégations de conflit d'intérêts portant sur les relations d'affaires du ministre fédéral Sinclair STEVENS. L'enquête devait coûter plus de 2,9 millions de dollars et entraîner une baisse de la popularité du gouvernement Mulroney, en partie à cause de la mauvaise publicité que suscite l'affaire. En décembre 1987, le rapport conclut que Stevens a enfreint 14 fois les lignes directrices sur les conflits d'intérêts. Une autre démission, celle d'André Bissonnette, ministre en second des Transports, accusé d'opérations immobilières irrégulières avec la société suisse Œrlikon Aerospace Inc. dans le contexte d'un contrat gouvernemental de défense, vient ajouter à l'embarras politique. Enfin, William VANDER ZALM, ancien premier ministre de la Colombie-Britannique, fait l'objet de l'enquête Hughes (1991), selon laquelle certains marchés qu'il avait conclus soulevaient des questions d'éthique.

Outre les commissions d'enquête ponctuelles, certains gouvernements ont créé des bureaux permanents chargés de s'occuper des questions de conflits d'intérêts. Ainsi, au gouvernement fédéral, le Bureau du conseiller en éthique (auparavant le Bureau du sous-registraire général adjoint) veille à l'application du code régissant les conflits d'intérêts et l'après-mandat. La Colombie-Britannique, l'Ontario, le Nouveau-Brunswick et la Nouvelle-Écosse ont des commissaires aux conflits d'intérêts. L'Alberta a un commissaire en éthique pour les ministres et les législateurs. Terre-Neuve a un tribunal des conflits d'intérêts à l'intention des fonctionnaires.

Kenneth Gibbons

Congdon, Dwayne Lyle, alpiniste et guide de montagne (Lethbridge, Alb., 7 août 1956). L'amour de la montagne lui ayant été transmis par ses parents lors d'expéditions de camping dans les Rocheuses, Congdon décide, au début de la vingtaine, de devenir un guide alpin. En 1981, il participe à deux expéditions dans l'Himalaya et impressionne par son endurance et ses qualités d'alpiniste en très haute altitude. Sa réputation est confirmée par le rôle qu'il joue, en 1982, au sein de l'équipe canadienne lors de l'EXPÉDITION SUR LE MONT EVEREST. Son expérience lors de cette escalade et celle ultérieure d'un autre géant de l'Himalaya, le Malaku (8490 m), augurent bien pour la réussite de l'expédition canadienne au Mont Everest de 1986, qui est réalisée avec un minimum d'équipement. Le 20 mai de la même année, Congdon et sa partenaire d'escalade, Sharon WOOD, deviennent respectivement le troisième et quatrième Canadiens à gravir les 8848 m de la plus haute montagne du monde.

Bart Robinson

Congrès à la direction Aussi appelé congrès d'investiture. C'est une réunion des membres d'un parti pour se choisir un chef. Parmi les pays dont le régime parlementaire est inspiré du modèle de Westminster, seul le Canada a adopté et modifié le congrès national d'investiture américain comme moyen de choisir ses chefs de parti. Pendant plus de 50 ans après la CONFÉDÉRATION, les partis parlementaires (ou caucus) choisissent leur chef parmi leurs propres membres (les sénateurs et les députés) mais, en 1919, ce système prend fin avec la convocation par sir Wilfrid LAURIER d'un congrès national du parti pour discuter de politiques et d'organisation. Laurier meurt toutefois entre le moment où est envoyé l'avis de convocation des 1135 délégués et leur réunion quelques mois plus tard à Ottawa. La direction du parti profite alors de l'occasion pour convertir la réunion en une tribune pour choisir un nouveau chef.

Le moment du congrès ne peut mieux tomber pour les libéraux. Les élections de 1917, dont l'enjeu avait été la conscription, ont divisé le parti, et ses forces au Parlement sont peu nombreuses et viennent surtout du Québec. Un congrès véritablement national offre au parti l'occasion d'élargir considérablement le nombre de participants au processus de nomination du chef. Il est alors décidé que chaque association fédérale de circonscription enverra un nombre égal de délégués. La direction du parti accepte aussi comme deuxième principe la notion selon laquelle une majorité absolue de délégués doit venir des circonscriptions, le reste étant composé de responsables du parti, de députés, de sénateurs et de législateurs provinciaux.

Tant le PARTI LIBÉRAL que le Parti progressiste-conservateur (*voir* PARTI CONSERVATEUR) appliquent ces deux principes à chaque congrès national à la direction depuis 1919. La CO-OPERATIVE COMMONWEALTH FEDERATION, devenue le NOUVEAU PARTI DÉMOCRATIQUE, qui fonde la représentation par circonscription sur le nombre de membres inscrits sur la liste du parti au niveau local, n'applique cependant pas ces principes. Ceux-ci corroborent la prétention répandue chez la gent politique canadienne que les congrès à la direction sont plus démocratiques et plus représentatifs que tout autre mode de sélection d'un chef de parti. Les délégués (dont le nombre a varié entre 2500 et 4700 au cours des congrès récents) votent en secret et individuellement. Une fois le vote commencé, aucun autre nom ne peut être ajouté à la liste des candidats, et celui qui obtient le moins de votes abandonne la course après chaque tour de scrutin, jusqu'à ce qu'un candidat obtienne une nette majorité des voix. Si après un tour de scrutin aucun candidat n'obtient de majorité, le vote reprend immédiatement. Toutes ces règles, très différentes d'un congrès d'investiture américain, donnent un caractère unique aux congrès canadiens à la direction.

Les règles font que de nombreux délégués et candidats à un congrès à tours de scrutin multiples doivent reconsidérer leurs options et voter aux tours de scrutin subséquents pour un candidat autre que celui pour lequel ils ont voté au premier tour. Cette situation favorise le vote «stratégique» lors des tours de scrutin successifs et amène la plupart des candidats qui abandonnent ou qui sont graduellement éliminés à accorder leur soutien à un ancien adversaire. L'issue du congrès à la direction du Parti progressiste-conservateur de 1983 a démontré comment fonctionnent le vote stratégique des délégués et l'établissement de coalitions en faveur de certains candidats.

Si les congrès à la direction ont compensé dans une très large mesure les déséquilibres régionaux des partis parlementaires, ils ont du même coup mis fin au monopole du caucus sur le choix du chef de parti, mais avec un bien curieux résultat. En effet, les «étrangers» (des personnes ayant peu ou pas d'expérience parlementaire) ont de meilleures chances d'être élus chef du parti que les personnes qui ont consacré de nombreuses années à une carrière parlementaire et qui, dans bien des cas, ont servi durant longtemps au gouvernement ou dans l'opposition comme députés de premier plan. Les cinq premiers chefs du Parti libéral élus lors de congrès nationaux à la direction, W.L. Mackenzie KING (1919), Louis SAINT-LAURENT (1948), Lester B. PEARSON

(1958), Pierre Elliott TRUDEAU (1968) et John TURNER (1984), appartiennent à cette catégorie.

Parmi les chefs libéraux élus au cours du XXᵉ siècle (chacun étant devenu par la suite premier ministre du pays), seul Jean Chrétien avait à son actif une carrière parlementaire de 25 ans avant son élection. Par contre, au moment où il a été choisi en 1990, Chrétien, à l'instar de Turner six ans plus tôt, n'était pas député. Il s'était retiré de la vie parlementaire trois ans auparavant pour se joindre à un cabinet d'avocats d'Ottawa afin, encore comme l'avait fait Turner, de raviver ses contacts au sein de son réseau politique et du parti en général pour s'assurer un soutien suffisant en vue de sa future campagne à la direction du Parti libéral.

Pour sa part, le Parti conservateur a choisi comme chefs nationaux trois premiers ministres provinciaux. Aucun ne s'était déjà présenté comme candidat fédéral avant son élection: John BRACKEN (1942), George DREW (1948) et Robert L. STANFIELD (1967). Après seulement trois ans et demi au Parlement, Joe CLARK défait en 1976 dix autres candidats (dont certains avaient de longues carrières politiques) pour devenir, à 36 ans, le plus jeune chef d'un parti national au Canada.

Kim CAMPBELL, la première femme à devenir première ministre du Canada, succède à Brian Mulroney, un homme qui n'avait jamais été candidat ni élu à des fonctions officielles à aucun ordre de gouvernement. Campbell, dont le gouvernement subit une défaite électorale sans précédent six mois plus tard, sert à peine cinq ans comme députée et ministre du Cabinet avant de remporter le congrès de son parti. Parmi les chefs conservateurs choisis lors de congrès, seuls R.B. BENNETT (1927) et John G. DIEFENBAKER (1956) détiennent une vaste expérience parlementaire avant leur élection à la tête du parti.

De toute évidence, les délégués aux congrès recherchent des qualités autres que l'expérience parlementaire et ministérielle lors du choix d'un chef de parti. Avoir remporté des élections provinciales, s'être forgé une réputation dans les sphères administratives, industrielles et extra-politiques et présenter un attrait électoral éventuel pèsent plus lourd que de nombreuses années au service du Parlement. On peut se demander si l'ouverture et la liberté inhérentes au système des congrès à la direction, qui remettent en question les déroulements de carrière et les méthodes de recrutement établis, sont réellement bénéfiques pour l'ensemble de l'appareil politique. Les faits semblent plutôt montrer que le processus des congrès à la direction a pour effet de dissuader ceux et celles qui pourraient aspirer à une longue carrière parlementaire couronnée par une victoire au congrès à la direction de leur parti.

Les congrès à la direction au Canada n'ont pas lieu à intervalles réguliers. Trente ans se sont écoulés entre le premier et le deuxième congrès libéral, un hiatus sans précédent que ne tolèreraient pas aujourd'hui la presse, le public et les politiciens. Habituellement, les congrès à la direction ont lieu tous les huit à dix ans, lorsque, p. ex., le chef ne se sent plus à la hauteur (Saint-Laurent et Drew), est convaincu que le parti a peu de chances de remporter la victoire sous sa direction (Bracken, Stanfield et Turner), ou, en tant que premier ministre, pense qu'il est temps de laisser les rênes du pouvoir à d'autres pour éviter une défaite électorale du parti s'il ne démissionne pas (King, Pearson, Trudeau et Mulroney).

La décennie qui suit le congrès progressiste-conservateur de 1983 et le congrès libéral de 1984 marque le début d'une période de remise en question par les partis et, au bout du compte, de réforme. Les congrès de 1983 et de 1984, ainsi que le congrès conservateur de 1976 et le congrès libéral de 1990, avaient largement éveillé l'attention en raison des rivalités souvent amères entre les organisations des candidats, les assemblées de délégués décidées d'avance et les coups bas au niveau des circonscrip-

tions. Au début des années 90, les congrès à la direction de type traditionnel ne suscitent plus que du mépris. Les commentateurs dans les médias, les figures influentes et les militants des partis réclament d'autres méthodes pour choisir les chefs, tant au fédéral qu'au provincial.

Cette évolution coïncide à peu près avec l'arrivée sur la scène nationale du PARTI RÉFORMISTE. Son message de participation directe et universelle au processus décisionnel politique, que la réussite électorale du parti en 1993 tend à légitimer, correspond aux revendications de démocratie interne accrue au sein des vieux partis. L'aboutissement des débats souvent houleux dans tous les partis au sujet de la manière la plus pertinente de choisir un chef à l'époque de la démocratie directe est la solution du suffrage universel des membres du parti.

Au congrès progressiste-conservateur de 1995, au cours duquel Jean Charest est proclamé sans opposition successeur de Kim Campbell, les conservateurs approuvent une proposition selon laquelle les futurs chefs seront élus par vote direct de tous les membres du parti dans l'ensemble du pays. Voilà qui ressemble beaucoup à la méthode du suffrage universel que le Parti réformiste avait adoptée pour choisir ses chefs. Le NPD, appliquant une structure plus complexe d'appartenance au parti tirée des associations de circonscriptions et des syndicats, a adopté un scrutin en deux étapes pour élire ses chefs. Des primaires régionales visant tous les membres sont suivies d'un congrès national. Le parti a mis son système en application la première fois pour l'élection d'Alexa McDonough (arrivée troisième aux primaires), qui a émergé sans opposition au deuxième tour de scrutin pour succéder à Audrey MCLAUGHLIN en 1995. Quand Jean Chrétien quittera son poste de chef libéral, son successeur sera nommé au moyen d'un système unique alliant des élections primaires dans les circonscriptions à un congrès national, un système adopté par le parti en 1992. Les membres du parti qui assisteront aux réunions de circonscription pour l'élection des délégués voteront dorénavant deux fois: une première fois pour attribuer le nombre de délégués en proportion des suffrages directs obtenus par chacun des candidats, et une deuxième fois pour déterminer les membres du parti qui seront délégués au congrès national.

Tous ces changements récents visaient à élargir la participation des membres du parti au choix du chef, et ces améliorations à la procédure devaient rehausser la démocratie des congrès. Cela reste à voir. Les détails de la mécanique que les partis ont adoptée depuis 1990 varient, mais les nouvelles méthodes signifient toutes, à des degrés divers, la fin des congrès à la direction tels que la population canadienne les a connus durant la presque totalité du XXᵉ siècle.

John C. Courtney

Congrès canadien du travail Syndicat fondé à l'automne 1940 par la fusion du Congrès pancanadien du travail et de la section canadienne du Congrès des organisations industrielles. Pendant 16 ans, le Congrès canadien du travail (CCT) est au premier plan des activités et de l'organisation syndicales au Canada. Comptant à ses débuts quelque 77 000 membres, il voit ses effectifs atteindre les 360 000 en 1956, quand il fusionne avec le CONGRÈS DES MÉTIERS ET DU TRAVAIL DU CANADA pour former le CONGRÈS DU TRAVAIL DU CANADA. Les SYNDICATS INDUSTRIELS internationaux au Canada figurent parmi ses groupes affiliés: les travailleurs des abattoirs, de l'acier, du bois, de l'automobile et du vêtement; les mineurs, les électriciens ainsi que les travailleurs des mines, des usines et des fonderies, de même que plusieurs grands syndicats nationaux dirigés par la Fraternité canadienne des travailleurs des chemins de fer. Le président de celle-ci, Aaron MOSHER, dirige aussi le CCT bien que le vrai pouvoir soit entre les mains du secrétaire-trésorier, Pat CONROY, un nationaliste convaincu qui

démissionne en 1951 par suite d'un désaccord avec certains des chefs des syndicats internationaux.

Le CCT est plus dynamique que son homologue, le CMTC, qui est un SYNDICAT DE MÉTIERS, et organise des milliers d'ouvriers dans des secteurs jugés impossible par la plupart des experts du monde du travail. En 1945, le CCT s'allie officiellement à la Co-operative Commonwealth Federation (CCF) et bon nombre de ses leaders se présentent aux élections provinciales ou fédérales. De plus, après la Seconde Guerre mondiale, le Congrès est le premier à expulser de ses rangs les syndicats d'obédience communiste. Voix du syndicalisme industriel canadien, le CCT joue un rôle important dans les affaires politiques et économiques du pays.

Irving Abella

Congrès des métiers et du travail du Canada Fondé en 1883 sur l'initiative du Toronto Trades and Labor Council, le Congrès des métiers et du travail du Canada (CMTC) est la deuxième centrale syndicale en importance au Canada. Successeur du Canadian Labor Union (1873-1877), le CMTC tient sa première réunion à Toronto sous le nom de Congrès canadien du travail, puis devient le CMTC lors de sa deuxième assemblée, en 1886. Largement dominé par les CHEVALIERS DU TRAVAIL, le CMTC réunit d'abord les syndicalistes de l'Ontario, mais atteint une envergure nationale dès 1900. Cependant en 1902, lors de l'assemblée tenue à Berlin (Kitchener), en Ontario, il expulse tous les syndicats affiliés à la Fédération américaine du travail (FAT), ce qui met fin à sa quasi-hégémonie sur le mouvement syndicaliste canadien. Par la suite, celui-ci est fragmenté par des syndicats nationaux, par des organismes ouvertement socialistes et syndicalistes, et par la montée du SYNDICALISME INDUSTRIEL.

En 1919, l'effet des tensions politiques qui le déchirent, le CMTC connaît une véritable crise et les syndicalistes socialistes et industriels l'abandonnent pour former le ONE BIG UNION. Après les échecs essuyés par les syndicalistes industriels durant la grande vague de grèves de 1919, le CMTC refait surface comme principale centrale syndicale. Il doit ensuite affronter le nouvel élan de syndicalisme industriel mené par la LIGUE POUR L'UNITÉ OUVRIÈRE, puis par le Comité des organisations industrielles (fondé en 1935, devenu le Congrès des organisations industrielles en 1938). Encore une fois, les dissensions survenues aux États-Unis entre les partisans de la FAT et du Congrès des organisations industrielles (COI) forcent le CMTC à expulser à contrecœur les syndicalistes industriels canadiens en 1939. Ces derniers fondent ensemble le CONGRÈS CANADIEN DU TRAVAIL (CCT) en 1940. Cet organisme devient la principale centrale syndicale grâce à l'essor rapide du syndicalisme industriel pendant et immédiatement après la Seconde Guerre mondiale.

Après une chasse hystérique aux sorcières lancée contre les communistes dans les deux centrales syndicales à la fin des années 40 et au début des années 50, et après la fusion de la FAT et du COI aux États-Unis en 1955 (*voir* AFL-CIO), le CCT et le CMTC s'unissent en 1956 pour créer le CONGRÈS DU TRAVAIL DU CANADA.

Gregory S. Kealey

Congrès des travailleurs unis du Canada Cette fédération nationale de syndicats de métiers est formée en 1926, en concurrence avec le CONGRÈS DES MÉTIERS ET DU TRAVAIL DU CANADA, alors dominé par les filiales canadiennes de syndicats de métiers américains. Le Congrès des travailleurs unis du Canada (CTUC), qui compte 40 000 membres, est dirigé par A.R. MOSHER, président de la Fraternité canadienne des cheminots, la plus grande des organisations affiliées. Il comprend aussi ce qui reste du ONE BIG UNION, ainsi que plusieurs syndicats dirigés par des communistes, comme la Mine Workers' Union of Canada. Le CTUC dénonce l'ingérence américaine dans les affaires des syndicats canadiens et s'engage à organiser des syndicats de travailleurs industriels sous direction canadienne et à rejeter la forme d'organisation élitiste prônée par le Congrès des métiers et du travail du Canada. Cependant, il accomplit bien peu dans cette voie. En 1929, les syndicats communistes quittent le CTUC pour fonder la LIGUE POUR L'UNITÉ OUVRIÈRE (Workers' Unity League). Puis, en 1940, le CTUC même disparaît en fusionnant avec les nouveaux syndicats du Congress of Industrial Organizations (CIO), tous ayant des affiliations américaines, pour former le CONGRÈS CANADIEN DU TRAVAIL.

Alvin Finkel

Congrès du Travail du Canada (CTC) C'est une CENTRALE SYNDICALE fondée le 23 avril 1956 par la fusion du CONGRÈS CANADIEN DU TRAVAIL et du CONGRÈS DES MÉTIERS ET DU TRAVAIL DU CANADA. La ONE BIG UNION est intégrée au CTC, mais les syndicats catholiques du Québec choisissent de demeurer indépendants (*voir* CONFÉDÉRATION DES SYNDICATS NATIONAUX). En 1961, les dirigeants du CTC et de la COOPERATIVE COMMONWEALTH FEDERATION se réunissent pour former le NOUVEAU PARTI DÉMOCRATIQUE, créant ainsi un lien qui perdure.

En 1997, on trouve 2,5 millions de syndicalistes affiliés au CTC à l'intérieur de 51 syndicats nationaux et internationaux. Les questions économiques et législatives d'intérêt national représentent les préoccupations principales du CTC. Les fédérations provinciales et territoriales de travailleurs ainsi que les conseils municipaux de travailleurs coordonnent des programmes comparables pour les syndiqués affiliés au CTC. Tous les trois ans, quelque 3000 délégués venant des syndicats affiliés se réunissent pour établir les politiques de l'organisme central. Entre les assemblées, les décisions politiques sont prises par un conseil exécutif composé de 47 membres. Le siège social du CTC se trouve à Ottawa.

Conifères Ils forment un grand groupe d'arbres et d'arbustes à inflorescence en cônes qui compte environ 48 genres et plus de 500 espèces. Ce groupe fait partie du sous-embranchement des gymnospermes (arbres sans fleurs et à graines nues) et inclut les plus vieux (pin aristé, plus de 4000 ans) et les plus grands (séquoia, plus de 100 m de hauteur) êtres vivants qui soient. Au Canada, on trouve environ 34 espèces de conifères (p. ex., pins, épinettes, pruches, sapins, mélèzes, cèdres, genévriers, ifs et Douglas taxifolié).

Les graines sont disposées sur la surface des écailles qui forment des cônes généralement grands et ligneux, mais parfois petits et charnus. Chez certaines espèces, les graines sont isolées et parfois recouvertes d'une enveloppe (arille) semblable à une baie. Chez toutes les espèces, le pollen est contenu dans des cônes. La plupart des conifères ont des feuilles persistantes, mais certains, comme le mélèze, ont des feuilles caduques. Les feuilles vivent habituellement plusieurs années et prennent la forme d'aiguilles ou d'écailles et sont rarement larges. Une zone latérale de croissance (cambium) produit de grandes quantités de bois dans le tronc et les racines. Le bois est généralement mou et principalement constitué de cellules longues et creuses (trachéides).

Familles Les conifères forment un groupe de plantes primitives qui descendent d'anciens gymnospermes. Tous les genres modernes sont apparus au Mésozoïque (il y a de 250 à 65 millions d'années) et plusieurs d'entre eux sont demeurés relativement inchangés. On reconnaît généralement huit familles de conifères, et l'une d'entre elles, celle des lébachiacées, est éteinte. La plus vieille famille vivante, celle des podocarpacées, avec 7 genres regroupant 150 espèces, pousse dans les régions semi-tropicales et les régions méridionales tempérées. Les araucariacées (famille de l'araucaria du Chili) forment une famille peu nombreuse et ancienne comprenant 2 genres et 40 espèces indigènes de l'hémisphère Sud. La famille des cupressacées (famille des cyprès)

comprend 18 genres et plus de 100 espèces et pousse principalement dans les régions tempérées nordiques.

La famille des taxodiacées (famille des séquoias) est indigène des régions tempérées nordiques et compte 10 genres et environ 18 espèces. La famille des pinacées (famille des pins), la plus nombreuse et la plus familière, comprend 10 genres et environ 240 espèces et se répartit surtout dans les régions tempérées nordiques. La famille des céphalotaxacées (famille du *céphalotaxus* ou «if à prunes») compte 1 seul genre comprenant environ 5 espèces indigènes de Chine, du Japon et de la Corée. On considère souvent que les taxacées (famille de l'if) ne sont pas des conifères parce qu'ils n'ont pas de cônes et qu'ils ont des graines individuelles entourées d'une enveloppe semblable à une baie (arille).

Structure À maturité, les troncs et les racines sont constitués principalement d'un cœur central de bois (xylème) produit par le cambium (couche formatrice ou méristématique). Le xylème achemine l'eau et les minéraux et sert de support à l'arbre. Le cambium constitue aussi, du côté externe, le phloème qui transporte, de haut en bas de l'arbre, la nourriture dissoute. Du côté externe du phloème, le phélogène forme l'écorce (périderme), qui protège le tronc et les racines. Les anneaux de croissance sont visibles dans le xylème. Le bois de printemps ou bois initial est constitué de trachéides de grand diamètre. Celui d'été ou bois final est plus sombre et est constitué de trachéides au diamètre plus petit et aux parois plus épaisses.

Le bois de certains conifères contient des canaux résinifères. Les feuilles sont adaptées pour prévenir les pertes d'eau: la surface cireuse (cuticule) est épaisse et les pores (stomates) sont profonds. Généralement, chaque feuille présente une grande nervure (faisceau vasculaire) et plusieurs canaux résinifères. La plupart des feuilles de conifères sont disposées en spirale, mais l'arrangement et la forme des feuilles peuvent varier au cours de la croissance de l'arbre.

Reproduction Comme les autres plantes à graines, les conifères présentent une alternance de générations, c.-à-d. qu'un stade sexué alterne avec un stade asexué. Le stade prédominant est la génération sporophyte asexuée (produisant des spores). La phase sexuée ou gamétophyte se limite à un stade unicellulaire qui est retenu par le sporophyte et est parasite de celui-ci. Les sporophytes ont des cônes mâles et femelles séparés (strobiles), généralement portés par un seul arbre. Chaque cône produit une sorte de spore qui se développe en un gamétophyte (corps reproducteur).

Les cônes mâles produisent des milliers de grains de pollen (gamétophytes mâles) qui ont soit deux ailes, soit aucune. Libérés au printemps, ces grains sont transportés par le vent jusqu'aux cônes femelles. Ces derniers sont constitués d'un ensemble de feuilles modifiées (bractées) munies d'une large écaille qui porte l'ovule. Les bractées et les écailles peuvent être séparées ou fusionnées. Chaque écaille porte généralement deux ovules. À l'intérieur de chaque ovule se développe un gamétophyte femelle, contenant un ou plusieurs œufs. Le pollen pénètre dans l'ovule par le micropyle (ouverture) et germe, produisant un tube pollinique qui se développe dans le tissu de l'ovule.

Le tube pollinique atteint un gamétophyte femelle et libère deux gamètes mâles (spermatozoïdes) dans un œuf. Un des spermatozoïdes féconde l'œuf et l'autre dégénère. Le noyau de l'œuf fécondé se divise, formant finalement un gros embryon. Dans un même ovule, plusieurs œufs peuvent être fécondés et chacun peut former un embryon (polyembryonie simple). Chez certaines espèces, chaque œuf fécondé forme quatre embryons (polyembryonie par clivage).

Dans les deux cas, habituellement, un seul embryon, le plus vigoureux, survit. Les embryons de conifères forment deux ou plusieurs feuilles

embryonnaires (cotylédons). Le développement de l'embryon, le nouvel individu de la génération sporophyte, complète le cycle biologique des conifères. L'ovule parvenu à maturité (contenant un gamétophyte femelle et un embryon) est une graine.

Chez la plupart des espèces de conifères, les graines atteignent leur maturité à l'automne, l'année même de la pollinisation. Chez d'autres (p. ex., pins), les graines parviennent à maturité après deux saisons de croissance. La plupart sont pourvues d'une ou de deux ailes. Les cônes s'ouvrent à l'automne et les graines sont dispersées par le vent. Chez la majorité des espèces de conifères des zones tempérées, les graines doivent subir une période de refroidissement (stratification) avant de germer. Pendant la germination, la racine primaire pénètre dans le sol et se ramifie. La jeune pousse porte des cotylédons, mais forme bientôt des feuilles juvéniles et des branches latérales.

Utilisations L'industrie des produits forestiers est la plus importante industrie de ressources naturelles au Canada, et les conifères en constituent la matière principale. La plus grande partie du bois d'œuvre et du bois utilisé pour la fabrication des pâtes et papier provient des conifères, principalement d'espèces comme les épinettes, les pins, les sapins, les pruches et le Douglas taxifolié. Le bois des conifères est classé comme un bois mou, par comparaison avec les bois durs des arbres à feuilles caduques (érables, chênes, bouleaux et frênes). Les conifères fournissent également de la résine (poix), de la térébenthine et des huiles diverses.

Le tanin, utilisé pour le tannage du cuir, provient de l'écorce des mélèzes. Les «baies» de genévrier sont utilisées comme aromates (gin) et les graines (pignons) de certaines espèces sont comestibles. Plusieurs espèces sont utilisées comme plantes ornementales. Certains conifères canadiens comme le Douglas taxifolié, le pin de Murray et les épinettes sont cultivés en Grande-Bretagne, en Nouvelle-Zélande et dans plusieurs pays européens où on les utilise comme bois d'œuvre.

John N. Owens

Conn Smythe, trophée Il est remis annuellement au joueur jugé le plus important pour son équipe lors des séries éliminatoires de la LIGUE NATIONALE DE HOCKEY. Le joueur est choisi par les chroniqueurs de hockey. Le trophée est décerné pour la première fois en 1964 en l'honneur de Conn SMYTHE, ancien entraîneur, gérant et propriétaire des Maple Leafs de Toronto. Parmi les lauréats, citons Ron Hextall (1987), Al MacInnis des Flames de Calgary (1989) et Bill Ranford des Oilers d'Edmonton (1990). Les joueurs suivants ont remporté le trophée à deux reprises: Bobby ORR (1970 et 1972), Bernie Parent (1974 et 1975), Wayne GRETZKY (1985 et 1988), Mario LEMIEUX (1991 et 1992) et Patrick Roy (1986 et 1993).

James Marsh

Connaught et Strathearn, Arthur William Patrick Albert, 1ᵉʳ duc de, gouverneur général du Canada de 1911 à 1916 (Palais de Buckingham, 1ᵉʳ mai 1850— Bagshot Park, Surrey, Angl., 16 janv. 1942). Troisième fils et favori de la reine Victoria, le prince Arthur fait ses études sous la direction d'un précepteur avant d'entrer à la Royal Military Academy de Woolwich. Il passe un an avec le premier bataillon de la Brigade des carabiniers à Montréal, où il est de faction lors d'une invasion des Fenians en 1870. Au terme d'une carrière militaire qui le mène en Égypte, en Inde, en Irlande et en Afrique du Sud, il est fait feld-maréchal en 1902.

Déçu de ne pas succéder au duc de Cambridge à titre de commandant en chef de l'armée britannique en 1895, il assume, en tant que gouverneur général du Canada, la charge surtout honorifique de commandant en chef de la milice canadienne, responsabilité qu'il prend trop au sérieux, particulièrement pendant la Première Guerre mondiale. Il crée beaucoup de tension entre lui et le ministre de la Milice,

Sam HUGHES, en lui imposant ses conseils et ses opinions et en exigeant d'être consulté pour des détails administratifs de la guerre. Le duc pousse ainsi à la limite tant sa position constitutionnelle que la patience du premier ministre Robert L. BORDEN.

Carman Miller

Connaught Laboratories Limited Société productrice de PRODUITS BIOLOGIQUES qui englobent des vaccins antimicrobiens (contre la coqueluche, p. ex.), des toxoïdes (contre, entre autres, le tétanos), des vaccins contre les virus (comme la polio et la rage), des hormones (telle l'INSULINE), des fractions sanguines (l'albumine et le facteur VIII de la coagulation) et des tests diagnostiques (le dépistage de l'hépatite B). La société est fondée en 1914 au sein du Département d'hygiène de l'U. de Toronto, en grande partie grâce aux efforts de John G. Fitzgerald, un professeur agrégé d'hygiène. Les laboratoires fonctionnent comme une entreprise financièrement autonome et font partie intégrante de l'U. de Toronto jusqu'en 1972.

Parmi les premiers produits de la compagnie, on note un vaccin antirabique vivant et des antitoxines chevalines contre la diphtérie. En janvier 1922, Frederick G. BANTING et Charles H. BEST démontrent l'efficacité de l'insuline contre le diabète (*voir* DIABÈTE SUCRÉ). Cette même année, Connaught devient le premier laboratoire à commercialiser l'insuline. Dans les années 80, il produit plus de 95 p. 100 de l'insuline utilisée au Canada.

Au cours de la Seconde Guerre mondiale, les laboratoires Connaught préparent des fractions de plasma de sang humain (comme l'albumine et l'immunoglobuline sérique) recueillies par la CROIX-ROUGE canadienne. L'utilisation clinique de ces fractions permet un usage plus étendu de chaque don de sang. Connaught est aussi un des premiers producteurs de pénicilline et, en fait, a été le premier à préparer l'antibiotique sous forme limpide. Après la guerre, Connaught doit abandonner ce produit, sous l'effet d'une forte baisse des coûts et des prix provoquée par l'énorme volume de sa production dans d'autres pays.

À la fin des années 40, l'entreprise fait un autre grand pas en avant grâce à la découverte par Raymond Parker d'une solution dans laquelle les cellules rénales de singe peuvent se développer in vitro. Cette découverte permet à Connaught de préparer une grande partie du vaccin à virus inactivé contre la polio (Salk), employé pour des essais cliniques au Canada et aux États-Unis.

En 1972, la Corporation de développement du Canada (CDC) achète les laboratoires à l'U. de Toronto sous le nouveau nom de Connaught Laboratories Limited. En 1989, la compagnie Connaught est achetée par Pasteur Mérieux, de France, et elle appartient maintenant au secteur privé. En 1976, elle acquiert des installations de production en Pennsylvanie, dont le principal produit est le vaccin contre la grippe. Ces installations, qui portent le nom de Connaught Laboratories, Inc., offrent une ouverture sur le marché américain. Connaught s'associe aussi avec des sociétés américaines dans le domaine des vaccins. En 1987, la société devient la Connaught Biosciences Ltd., alors que la CDC commence à céder ses actifs. Après une bataille prolongée pour la prise de contrôle, c'est finalement le groupe français Rhone-Poullenc qui l'emporte et la société reprend le nom de Connaught Laboratories.

Un total de 800 personnes travaillent aux installations de Toronto. Connaught consacre à la recherche de 15 à 20 p. 100 de son chiffre d'affaires annuel évalué à environ 400 millions de dollars. La recherche courante porte sur l'amélioration et la création des vaccins pour les humains et sur des produits de biothérapie.

A.A. Magnin

Connolly, Harold Joseph, journaliste, politicien, premier ministre de la Nouvelle-Écosse (Sydney, N.-É., 8 sept. 1901—Halifax, 17 mai 1980). Connolly travaille d'abord au *Chronicle* d'Halifax. Il est rédacteur en chef du *Daily Star* (Halifax) lorsqu'il est élu député libéral provincial en 1936. Il siège pendant 20 ans, d'abord comme membre de l'Assemblée législative, puis, à partir de 1941, comme ministre. Ministre important au moment du décès du premier ministre, Angus L. MACDONALD, survenu en 1954, il devient chef intérimaire du Parti libéral et premier ministre. Il perd la course à la direction du parti, la même année, lorsque les délégués protestants font apparemment bloc contre l'unique candidat catholique, provoquant ainsi une division religieuse désastreuse au sein du parti. Connolly quitte la politique provinciale en 1955 et accède au Sénat d'où il prend sa retraite en 1979.

J. Murray Beck

Connor, Ralph (*Voir* GORDON, CHARLES WILLIAM)

Connors, «Stompin' Tom», chanteur, auteur de chansons, guitariste (Saint-Jean, 3 fev. 1936). Au cours de son enfance à Skinners Pond (Î.-P.-É.), Connors chante et écrit des poèmes, mais il ne commence à chanter pour subvenir à ses besoins qu'en 1964, quand il se retrouve sans le sou à Timmins (Ont.). Son succès à l'hôtel Maple Leaf le mène à la radio et à faire des enregistrements. Le besoin de se faire entendre dans le vacarme des tavernes le pousse à taper du pied, ce qui devient sa marque de commerce. Bien connu pour son nationalisme canadien, Connors refuse un prix Juno en 1978 en guise de protestation contre les prix accordés à des Canadiens expatriés. Il cesse de donner des spectacles jusqu'en 1988, année où il enregistre l'album *Fiddle and Song*.

Une compilation de ses succès, *A Proud Canadian*, est lancée en 1990, ainsi qu'un nouveau disque, *More of Stompin' Tom Phenomenon*, en 1991. En 1995, Capitol Records avait déjà réédité 14 de ses anciens albums et lancé sept nouveaux enregistrements.

En 1993, il reçoit le prix pour l'œuvre de toute une vie de la East Coast Music Association, ainsi qu'un doctorat honorifique de l'U. St. Thomas. En 1995, il publie le premier volume de son autobiographie *Stompin' Tom: Before the Fame.*

En 1994, Connors adapte sa chanson à succès «Bud the Spud» en un livre pour enfants. Il est le sujet de deux films: *This is Stompin' Tom* et *Across This Land With Stompin' Tom* (1973).

Richard Green

Conquête C'est l'expression utilisée pour désigner la prise du Canada par la Grande-Bretagne durant la GUERRE DE SEPT ANS et, par le fait même, les changements qui en ont résulté dans les conditions de vie des 60 000 à 70 000 habitants francophones et de nombreux peuples autochtones. Québec capitule devant les forces britanniques le 18 septembre 1759, quelques jours après la décisive BATAILLE DES PLAINES D'ABRAHAM. La résistance française prend fin un an plus tard avec la capitulation de Montréal. Selon les conditions de la reddition signée le 8 septembre 1760, les Britanniques garantissent aux habitants de la Nouvelle-France l'immunité contre la déportation ou les mauvais traitements, le droit de rentrer en France avec tous leurs biens, la jouissance continue de leurs droits de propriété, le droit de poursuivre le commerce des fourrures sur un pied d'égalité avec les Anglais et la liberté de culte.

En vertu du TRAITÉ DE PARIS (10 février 1763), la colonie française devient une possession britannique. Après la Révolution française (1789), nombre de Canadiens en viennent à considérer la Conquête comme une délivrance providentielle du chaos révolutionnaire, une opinion qui prévaut longtemps. Les générations suivantes, considérant le passé à la lumière de leurs propres préoccupations politiques et constitutionnelles, ont également tendance, non sans raison, à retenir les aspects positifs de la Conquête, tels que la tolérance religieuse et le GOUVERNEMENT REPRÉSENTATIF. Elles accueillent cependant moins bien la dualité ethnique, qui résulte inévitablement du mariage entre un gouvernement et une immigration britanniques et une colonie de peuplement française établie.

Certains historiens contemporains, comme Michel BRUNET, considèrent que la Conquête a été désastreuse en ce qu'elle a réduit les Canadiens français à l'état de sujets de deuxième classe et même de prolétaires ethniques, étant donné la monopolisation des fonctions supérieures du gouvernement et des affaires par les nouveaux arrivants anglophones. D'autres, comme Fernand OUELLET, en minimisent les effets néfastes, soulignant plutôt que le développement relativement continu des assises économiques, des institutions et de la culture ont peu souffert de l'événement. Pour les peuples autochtones, la fin des hostilités franco-britanniques a pour résultat fatidique le déclin de leur valeur d'alliés et de guerriers, et les isole de plus en plus de la société des Blancs.

La Conquête demeure toujours un sujet de débat, tant elle est intimement liée aux autres influences agissant sur l'évolution du Canada. Son influence est également évidente sur la GUERRE D'INDÉPENDANCE AMÉRICAINE, qui ne devient possible que lorsque les colonies américaines n'ont plus besoin d'être protégées par les Britanniques contre les forces françaises en Amérique du Nord.

Dale Miquelon

Conroy, Pat, chef syndical (Baillieston, Écosse, 1900—Ottawa, 8 avr. 1988). Mineur dès l'âge de 13 ans, Conroy se joint à la Fédération britannique des mineurs. En 1919, il immigre au Canada et s'installe à Drumheller, en Alberta. Il travaille dans les mines de charbon et adhère au Syndicat des mineurs unis d'Amérique. Après un séjour aux États-Unis, il retourne en Alberta où, à compter de 1922, il s'acquitte de plusieurs fonctions syndicales, jusqu'à ce qu'il accède au poste de vice-président du district 18 de l'Ouest canadien.

En 1940, année de la fondation du CONGRÈS DU TRAVAIL DU CANADA (CTC), il en devient le vice-président et, l'année suivante, le secrétaire-trésorier à plein temps. En 1949, il participe à la création de la Confédération internationale des syndicats libres. En 1951, il quitte soudainement son poste au CTC en raison de conflits qui l'opposent aux autres membres de l'exécutif. Dirigeant dynamique, il souhaite que le CTC joue un plus grand rôle. En 1952, il est nommé attaché syndical à l'ambassade canadienne de Washington, poste qu'il occupe jusqu'à sa retraite, en 1972.

Laurel Sefton MacDowell

Conscription C'est l'enrôlement obligatoire des citoyens pour le service militaire. Le gouvernement canadien a adopté la conscription au cours des deux guerres mondiales.

Première Guerre mondiale

À la fin de 1916, les lourdes pertes au front en France et en Belgique commencent à créer des problèmes de renforts aux commandants canadiens outre-mer. Le recrutement au pays ralentit, et la main-d'œuvre et le système d'enrôlement sont désorganisés. Pour le premier ministre, sir Robert BORDEN, la priorité consiste à porter assistance aux hommes dans les tranchées. En mai 1917, de retour de la Conférence impériale de guerre à Londres et d'une visite des tranchées, il décide de rendre le service militaire obligatoire, ce qu'il annonce au Parlement le 18 mai. Il propose ensuite une coalition politique à sir Wilfrid LAURIER, le leader libéral. Après avoir consulté ses partisans, Laurier refuse. Le Québec n'acceptera jamais la conscription, croit-il, et s'il se joint à une coalition en faveur de la conscription le Canada français sera livré aux mains d'Henri BOURASSA et de ses nationalistes. La voie est ouverte à l'affrontement.

À l'automne, après d'énormes difficultés, Borden crée son GOUVERNEMENT D'UNION. Par ailleurs, la LOI DU SERVICE MILITAIRE est adoptée le 29 août 1917. Presque tous les députés fédéraux francophones s'opposent à la conscription alors que presque tous les députés anglophones l'appuient. Cette division se reflète dans les résultats de l'élection de 1917 et le Canada anglais donne à Borden le mandat de mettre la conscription en vigueur. En janvier 1918, le processus de mobilisation commence, mais, sur les 401 882 hommes enregistrés (et en dépit de la levée des exemptions pour les fermiers au printemps de 1918), seulement 124 588 viennent renforcer le CORPS EXPÉDITIONNAIRE CANADIEN et 24 132 hommes auront gagné la France avant la fin de la guerre. En tant que mesure militaire, la conscription est un échec. En tant que mesure politique, elle est en grande partie responsable de la réélection du gouvernement Borden, mais elle laisse un Parti conservateur discrédité au Québec et dans l'Ouest agricole.

J.L. Granatstein

Seconde Guerre mondiale

Alors que la menace d'une nouvelle guerre en Europe s'intensifie, la question de la conscription militaire suscite de nouveau un vif débat politique au Canada français. Les libéraux fédéraux, sensibles aux sentiments marqués des francophones sur cette question, promettent à plusieurs reprises de ne pas recourir à l'enrôlement obligatoire pour le service militaire outre-mer. La guerre éclate en septembre 1939 et, au printemps 1940, le gouvernement a déjà adopté la LOI SUR LA MOBILISATION DES RESSOURCES NATIONALES qui rend obligatoire l'enrôlement pour la défense du pays. L'enregistrement se déroule à peu près sans incident, exception faite de l'opposition publique du maire de Montréal, Camillien HOUDE, qui est plus tard interné.

En 1941, comme le recrutement progresse lentement, d'autres voix s'élèvent en faveur de la conscription, d'abord dans les rangs du Parti conservateur et, plus tard, parmi les Canadiens anglais en général. Pour apaiser les partisans de la conscription, le premier ministre W.L. Mackenzie KING décide de tenir un plébiscite demandant aux Canadiens de libérer le gouvernement de sa promesse de ne pas avoir recours à la conscription. Au Québec, la Ligue pour la défense du Canada fait campagne pour le «non» et, le 27 avril 1942, 72,9 p. 100 des électeurs du Québec votent «non», alors que, dans les autres provinces, le «oui» triomphe avec 80 p. 100 des voix. Le gouvernement adopte alors le projet de loi 80, autorisant la conscription pour le service outre-mer si elle est jugée nécessaire. Au Québec, le BLOC POPULAIRE continue de lutter contre la conscription en présentant des candidats aux élections provinciales d'août 1944 et aux élections fédérales de juin 1945.

À l'automne 1944, le ministre de la Défense nationale, J.L. RALSTON, est convaincu de la nécessité de la conscription. Des pertes élevées inattendues au front, ajoutées à un engagement important dans l'Aviation royale du Canada et la Marine royale du Canada, laissent l'armée canadienne à court d'effectifs. King, qui espérait ne pas avoir à invoquer la loi 80, remplace Ralston par le général A.G.L. MCNAUGHTON, un partisan du service volontaire. Le 22 novembre, cependant, reconnaissant les sentiments ouvertement proconscriptionnistes de plusieurs de ses ministres anglophones, le premier ministre revient sur sa décision et, dans un effort pour sauver son gouvernement, annonce que les conscrits seront envoyés outre-mer. Bien que seulement 12 908 soldats conscrits soient envoyés au front, appelés de manière méprisante des «zombies», cette seconde crise de la conscription aggrave encore les relations entre les anglophones et les francophones du Canada, mais dans une moindre mesure que durant la Première Guerre mondiale.

Richard Jones

Conseil canadien de développement social Fondé en 1920 par Charlotte Whitton, l'organisme est d'abord

connu sous le nom de Conseil canadien pour la sauvegarde de l'enfance. Dix ans plus tard, son mandat est élargi pour englober les familles, et il devient le Conseil canadien pour la sauvegarde de l'enfance et de la famille. En découlent le Conseil canadien du bien-être social en 1935 et le Conseil canadien de développement social (CCDS) en 1969.

Les changements de nom reflètent la portée toujours plus large des questions auxquelles s'intéresse le conseil. D'abord axé uniquement sur les enfants et le bien-être des familles, le centre d'intérêt du conseil s'est réorienté vers le champ plus large englobé par les termes «bien-être» et «développement social». Au cours des années, le CCDS et ses prédécesseurs ont joué un rôle important dans l'élaboration de nombreux programmes sociaux du Canada, notamment la sécurité de la vieillesse, l'assurance-chômage, le Régime d'assistance publique du Canada, le bien-être de l'enfance, les crédits d'impôt pour les petits salariés et l'assurance-maladie. Plus récemment, le conseil s'est intéressé aux problèmes des femmes et des peuples autochtones.

Le Conseil canadien de développement social est un organisme national indépendant à but non lucratif. Il a pour mission de développer et de promouvoir des politiques sociales rationnelles, efficaces et progressistes inspirées par la justice, l'égalité et la responsabilisation des personnes et des collectivités. Ses moyens sont la recherche, la consultation, l'éducation publique et l'action revendicatrice. La composition du CCDS est diverse: ministères fédéraux et provinciaux, administrations municipales, sociétés, fondations, syndicats et citoyens engagés.

Michiel Horn

Conseil canadien de la musique Formé en 1946, il est constitué en corporation en 1949. Sir Ernest MACMILLAN en est le président de 1947 à 1966 et il est suivi durant de plus courtes périodes par Arnold WALTER, Jean PAPINEAU-COUTURE, John P.L. Roberts, Françoys Bernier et d'autres. Le Conseil est avant tout un organisme-parapluie au sein de la profession musicale. Il représente des organismes d'envergure nationale, des départements de musique universitaires et des personnes choisies. Au début, ses efforts portent sur l'échange d'informations parmi les membres, l'identification des besoins de la profession et les pressions politiques pour la création de ce qui va devenir le CONSEIL DES ARTS DU CANADA. C'est aussi un porte-parole canadien sur la scène mondiale une fois qu'il devient le membre canadien du Conseil international de la musique en 1952. On trouve une revue de plusieurs domaines de l'activité musicale dans ses publications, entre autres dans *Music in Canada*, dirigée par le président en 1955; dans sa mise à jour, *Aspects de la musique au Canada–Aspects of Music in Canada*, par Arnold Walter, en 1969 et en 1970; dans la revue trimestrielle *Canadian Music Journal*, de 1956 à 1962, suivie des *Cahiers canadiens de musique–The Canada Music Book*, de 1970 à 1976, et dans *Musicanada*, de 1976 à 1989.

Sous l'impulsion de la LIGUE CANADIENNE DE COMPOSITEURS, le Conseil crée en 1959 le CENTRE DE MUSIQUE CANADIENNE. En 1965, il tient la première de nombreuses conférences annuelles sur des sujets d'intérêt général (concours, musique folklorique, diffusion de la musique, etc.). En 1971, il crée une médaille pour services remarquables rendus à la musique canadienne. En 1976, il établit un secrétariat à Ottawa. En 1990, accablé par un déficit croissant et conscient que ses membres n'ont plus besoin d'un «parapluie» pour traiter avec les gouvernements et les organismes subventionnaires, le Conseil interrompt ses activités. La BIBLIOTHÈQUE NATIONALE DU CANADA conserve ses archives.

Helmut Kallmann

Conseil canadien des Églises (CCE) C'est un regroupement œcuménique national fondé en 1944, qui regroupe les Églises canadiennes suivantes: anglica-

ne, baptiste, orthodoxe arménienne, orthodoxe copte, orthodoxe éthiopienne, orthodoxe grecque, orthodoxe d'Amérique, catholique nationale polonaise, orthodoxe ukrainienne, évangélique luthérienne du Canada, presbytérienne et unie, auxquelles s'ajoutent la Conférence des évêques catholiques du Canada, l'Église épiscopale méthodiste britannique, l'Église chrétienne (Disciples du Christ), la division ontarienne de l'Église réformée d'Amérique, la Société religieuse des amis et l'Armée du salut.

Le mot «œcuménique» vient du grec *oikoumenè*, «totalité de la terre habitée». Toute organisation œcuménique a pour but de chercher à réunir une Église divisée et à rappeler aux chrétiens qu'ils participent à la mission du Christ, à savoir la réconciliation, la paix, la dignité et la justice pour tous. Au sein de chaque Église membre, les besoins locaux et les visées spécifiquement confessionnelles l'emportent parfois sur les efforts œcuméniques, mais tous les membres du CCE conservent quand même une position théologique ferme en faveur de l'œcuménisme. Le conseil collabore étroitement avec les Églises chrétiennes qui n'en sont pas membres ainsi qu'avec d'autres confessions religieuses. Il participe aux coalitions inter-églises canadiennes pour la justice sociale, au Forum des Églises canadiennes pour les ministères mondiaux et aux conseils d'Églises locales.

Le Conseil canadien, organisme de consultation, de planification et d'action commune, a été fondé pour coordonner le nombre croissant de projets canadiens de collaboration en matière de travail social, d'éducation religieuse, d'évangélisation et de missions étrangères, ainsi que pour participer au mouvement œcuménique international qui a abouti, en 1948, à la création du Conseil œcuménique des Églises (COE), dans laquelle les Églises canadiennes ont joué un rôle de premier plan. Le conseil communique et collabore avec d'autres conseils nationaux. Il collabore étroitement avec le COE, sans toutefois y apporter ni en recevoir un soutien financier. Le CCE, dont le siège social est à Toronto, est dirigé et soutenu par ses membres au moyen d'une réunion semestrielle du conseil d'administration et d'une assemblée triennale. Deux commissions coordonnent ses travaux: la Commission justice et paix et la Commission foi et témoignage. (*Voir aussi* CHRISTIANISME; ACTION SOCIALE ŒCUMÉNIQUE; EVANGELICAL FELLOWSHIP OF CANADA.)

Donald W. Anderson

Conseil consultatif canadien sur la situation de la femme (CCSF) Il est fondé en 1973 par le gouvernement fédéral, après recommandation de la Commission royale d'enquête sur la situation de la femme au Canada (*voir* CONDITION FÉMININE). Il est dissout le 1ᵉʳ avril 1995. Le CCCSF devait faire des recommandations au gouvernement fédéral et informer le public des préoccupations féminines. En tant que bureau indépendant, le CCCSF faisait rapport au Parlement par l'intermédiaire du ministre responsable de la situation de la femme, tout en conservant le droit de diffuser son propre point de vue sans le consentement ministériel. Le CCCSF comptait 3 membres à plein temps, soit 1 présidente et 2 vice-présidentes, 15 représentantes régionales à mi-temps nommées pour 3 ans, ainsi qu'un personnel de bureau comprenant une trentaine d'employés. Le CCCSF a publié les résultats de nombreuses recherches sur les femmes et ses recommandations ont entraîné des modifications législatives au sujet de la réforme constitutionnelle, des pensions, des allocations familiales, des impôts, des soins de santé, de l'emploi, des agressions sexuelles, de la violence faite aux femmes et des droits de la personne.

Mary-Jane Lipkin

Conseil de la radiodiffusion et des télécommunications canadiennes (CRTC) La *Loi sur la radiodiffusion* de 1967-1968 crée ce conseil pour réglementer et superviser tous les aspects du réseau de radiodiffusion canadien (*voir* RADIODIFFUSION ET TÉLÉDIFFUSION). Ces fonctions relevaient depuis

1958 du Bureau des gouverneurs de la radiodiffusion et, avant cette date, du Bureau des gouverneurs de la SOCIÉTÉ RADIO-CANADA (SRC). En 1976, le Parlement confère au CRTC ces pouvoirs sur les compagnies de TÉLÉCOMMUNICATIONS réglementées par le fédéral, pouvoirs anciennement exercés par la Commission canadienne des transports, et le nom de l'organisme devient «Conseil de la radiodiffusion et des télécommunications canadiennes».

Le CRTC attribue, modifie, renouvelle ou révoque les permis de toutes les entreprises de radiodiffusion, dont la radio, la télévision et la télévision par câble (*voir* CÂBLODISTRIBUTION). Il peut imposer des conditions aux permis et établir des règlements et des politiques concernant la radiodiffusion (*voir* RADIODIFFUSION ET TÉLÉDIFFUSION). Le gouverneur en conseil peut suspendre la décision d'accorder un permis ou demander une révision au CRTC. Le rôle principal du conseil, dans le domaine des communications, est d'approuver les tarifs ou les droits exigés par les compagnies de télécommunications sous juridiction fédérale et de garantir qu'il n'y ait pas de discrimination dans l'installation des services de télécommunication. Le Cabinet peut changer, écarter ou remettre à l'étude toute décision du CRTC dans le domaine des télécommunications.

La *Loi sur le CRTC*, qui définit la structure du conseil et ses pouvoirs, prévoit la nomination d'un maximum de 13 commissaires à temps plein, dont 1 président et 2 vice-présidents, et 6 commissaires à temps partiel. Les commissaires sont nommés par le gouverneur en conseil pour un mandat d'une durée maximale de cinq ans. Certains des commissaires à temps plein peuvent être désignés comme commissaires régionaux pour siéger dans leurs régions respectives. Tous les commissaires participent aux audiences publiques et aux décisions qui touchent la radiodiffusion. Seuls les commissaires à temps plein s'occupent des questions de télécommunication. La consultation publique, soit par écrit, soit par audiences, constitue un élément clé dans les prises de décision du CRTC.

En 1992-1993, p. ex., le conseil a reçu 3924 demandes de candidature et de fixation de tarifs, et a tenu 20 audiences publiques dans tout le pays. Durant la même période, il a émis 191 avis publics, 784 décisions et 1634 prescriptions en télécommunications. Parmi les premières décisions importantes du CRTC, citons l'obligation de diffuser un minimum de musique canadienne sur les ondes; des règlements visant le respect du contenu canadien dans la programmation des émissions de télévision; l'émission de permis aux réseaux provinciaux de télévision éducative et de permis pour des réseaux de télévision dans tout le pays. En 1981, le conseil autorise Les Communications par satellite canadien inc. (Cancom), une compagnie de diffusion par SATELLITE, à offrir des services de radio et de télévision dans les zones éloignées et mal desservies.

À la suite d'un examen public de l'évolution de l'environnement des communications, en 1993, le conseil dévoile un ensemble de réformes réglementaires conçues pour aider le réseau de radiotélévision canadien à relever les défis du système prévisible de canaux multiples. À ce moment-là, il y a 4 services de télévision payante et 13 de télévision spécialisée autorisés au Canada. Au début de 1994, le conseil tient une audience publique pour examiner 48 propositions de nouveaux services de télévision canadiens, dont des services de nouvelles, des chaînes spécialisées sur les arts ou d'autres qui diffusent seulement des dessins animés et des comédies, du sport et des vidéoclips, ainsi que des chaînes qui traitent uniquement de santé et de mode de vie.

Dans le domaine des télécommunications, le CRTC introduit, en 1992, la concurrence dans le marché de l'interurbain parmi les compagnies de téléphone, après avoir tenu des audiences publiques pendant 12 semaines, ce qui représente le processus

le plus long de son histoire. À la fin de 1993, il tient une audience publique pour revoir et réviser le cadre législatif et réglementaire des compagnies de téléphone.

Le personnel se compose de quelque 400 employés des directions générales localisées dans la région de la capitale nationale et dans 5 bureaux régionaux dans tout le pays. L'organisme est divisé en quatre secteurs importants: la radiodiffusion, les télécommunications, la direction et le soutien aux compagnies. Keith SPICER est président du conseil de septembre 1989 à août 1996, sauf pendant un intervalle de huit mois, en 1990-1991, durant lequel il dirige le Forum des citoyens sur l'avenir du Canada. Sous la présidence de Spicer, les initiatives du CRTC pour régler la question de la violence gratuite à la télévision débouchent sur une coopération du public et des industries à grand rayonnement, qui est reconnue à l'échelle internationale.

Le premier président du CRTC, Pierre JUNEAU, le dirige jusqu'en 1975. Harry BOYLE lui succède en janvier 1976 pour une période d'un an. Il est remplacé par Pierre Camu qui reste à ce poste deux ans. En janvier 1980, John MEISEL, un professeur de sciences sociales à l'U. Queen, est nommé président. En novembre 1983, il est remplacé par André BUREAU, un avocat québécois qui y reste jusqu'en 1989. David Colville est président pendant la période où Keith Spicer dirige le Forum des citoyens sur l'avenir du Canada. Françoise Bertrand assume la présidence du CRTC depuis le 12 août 1996.

En mai 1999, le CRTC annonce sa décision de ne pas réglementer les contenus diffusés sur Internet. Cette décision soulève la question de savoir si le CRTC s'orientera de plus en plus vers la régulation des prix plutôt que vers celle du contenu. Avec la politique de convergence atténuant les frontières entre câblodistribution et téléphonie, ou entre service public et privé, le CRTC rencontrera plusieurs défis en ce qui a trait à son rôle. S'il veut rester pertinent, le CRTC aura à se redéfinir et à répondre à ces questions.

A. Davidson Dunton

Conseil de la recherche et de la productivité du Nouveau-Brunswick

Organisme de recherche et de développement fondé en 1962 par une loi provinciale en tant que SOCIÉTÉ DE LA COURONNE.

Le Conseil encourage la recherche universitaire en technologie industrielle et scientifique grâce à des subventions. Cela se termine en 1965 au moment où le personnel du Conseil emménage dans des bureaux et des laboratoires permanents et entreprend des recherches, contre rétribution, pour des clients néo-brunswickois, canadiens, industriels étrangers et gouvernementaux.

Une section de métallurgie physique et d'essais non destructifs est fondée en 1975 pour satisfaire aux exigences technologiques du projet de centrale nucléaire de Pointe Lepreau de la Société d'énergie du Nouveau-Brunswick.

Un centre de démonstration de conception et de fabrication assistées par ordinateur est fondé en 1984 afin d'offrir un soutien technique de haut niveau à l'industrie du Nouveau-Brunswick.

En 1991, le Conseil ouvre un nouveau laboratoire d'analyse chimique, de technologie de gestion des parasites, de développement des produits alimentaires, de préparation des aliments et de recherches sur la santé des poissons.

Aujourd'hui, le Conseil exécute toujours des contrats de recherche et développement, et fournit encore des services techniques spécialisés à des clients du Nouveau-Brunswick, d'ailleurs au Canada et de l'étranger. Le personnel du Conseil joue un rôle capital dans la croissance des industries du Nouveau-Brunswick et a acquis une réputation internationale d'expert en métallurgie, en science de l'alimentation, en essais analytiques, en développement de procédés et en protection des ressources naturelles.

Le centre technologique de 13 000 m² du Conseil à Fredericton contient des laboratoires de chimie, d'alimentation, de génie mécanique et d'électronique, un atelier de fabrication, des installations pilotes pour le développement de produits et de procédés, une unité de mise en quarantaine des poissons et un centre de renseignements techniques. Les deux tiers des 110 employés du Conseil sont des scientifiques, des ingénieurs et des technologues.

Nancy MacLeod

Conseil de la Reine (C.R.) Appelé aussi conseil du Roi lorsque le souverain est un roi, c'est un titre conféré aux avocats par la COURONNE. À l'origine, ce titre était conféré aux avocats que l'on considérait comme possédant suffisamment de mérite pour représenter la Couronne en justice. Toutefois, dans de nombreuses provinces, il a perdu cette marque de distinction, étant attribué à la plupart des avocats qui comptent généralement 10 ans ou plus d'exercice et qui sont de même allégeance politique que le parti au pouvoir. Ce titre est conféré par les gouvernements provinciaux ou par le fédéral. Aucune fonction n'est rattachée à ce titre, lequel n'accorde aux titulaires que la préséance au sein de la profession et le droit de porter une toge d'avocat de soie. (*voir* BARRISTER).

K.G. Mcshane

Conseil de recherches en sciences humaines du Canada Créé le 29 juin 1977 par une loi du Parlement, ses activités commencent le 1er avril 1978. On lui confie les programmes dirigés auparavant par la Division des humanités et des sciences humaines du CONSEIL DES ARTS DU CANADA. De concert avec le Conseil de recherches médicales et le Conseil de recherches en sciences naturelles et en génie, le CRSH gère des fonds fédéraux destinés à la recherche universitaire. Il est régi par un conseil formé de 22 membres provenant de la communauté universitaire et d'autres groupes.

L'organisme, selon son mandat défini à l'article 5 de la *Loi d'action scientifique du gouvernement* (1976), soutient la recherche et les études dans le domaine des sciences humaines et conseille le ministre sur les questions que celui-ci lui demande d'examiner. Il favorise l'avancement des connaissances en encourageant la recherche, fait des recommandations sur le maintien et le développement des ressources nationales en matière de recherche, contribue à la diffusion des résultats des recherches et accroît la présence et la reconnaissance internationales du Canada dans le domaine des sciences sociales et des sciences humaines.

Le personnel du Conseil, établi à Ottawa, comprend 104 personnes. Son budget annuel (approuvé par le Parlement) est d'environ 101 millions de dollars. Les recherches subventionnées vont des propositions présentées par des particuliers à des projets de grande ampleur entrepris par des réseaux ou des équipes de chercheurs. En 1993-1994, il accorde 92,5 millions de dollars en subventions et en bourses d'études.

Jeffrey Holmes

Conseil de recherches en sciences naturelles et en génie (CRSNG) Établi en 1978, c'est l'organisme par lequel le gouvernement fédéral effectue des investissements stratégiques dans les sciences et la technologie au Canada. Le CRSNG appuie la recherche fondamentale universitaire par l'entremise de subventions et de projets de recherche dans le cadre de partenariats universités-industrie, ainsi que la formation de personnel hautement qualifié dans ces deux secteurs d'activité. Le CRSNG accorde un soutien à plus de 8000 chercheurs canadiens et des bourses à plus de 3300 Canadiens. Il est dirigé par un conseil composé d'un président à temps plein et d'un maximum de 21 membres nommés pour un mandat allant jusqu'à trois ans.

Norman Hillmer

Conseil de recherches médicales du Canada (CRM) C'est le principal organisme fédéral chargé de financer la recherche dans le domaine de la santé au Canada. Établi en 1969 par une loi du Parlement, il vise à favoriser, à aider et à entreprendre des recherches pures, appliquées et cliniques dans le domaine des sciences de la santé au Canada. Le conseil est dirigé par un président à temps plein et par un comité de direction composé de sept conseillers. Les comités permanents du CRM l'aident à formuler des politiques et des procédures sur l'éthique en expérimentation, le financement de la recherche et ainsi de suite. Le conseil compte en outre 24 comités de subventions et 12 comités de bourses, pour un effectif total de plus de 340 scientifiques actifs, provenant surtout du milieu universitaire. Il ne dispose d'aucun laboratoire. Il est chargé d'appuyer la recherche et la formation en recherche en sciences de la santé dans les universités, les hôpitaux et les instituts affiliés par des subventions d'aide au fonctionnement et par l'achat d'appareils, de fournir des incitatifs de recherche dans des domaines prometteurs ou négligés, d'apporter un soutien à la coopération entre les universités et le secteur privé en matière de recherche, ainsi que de financer des colloques, des échanges de scientifiques et des activités scientifiques internationales. En 1997-1998, il est prévu que les dépenses du conseil affectées aux subventions et aux bourses d'études s'élèveront à 228,6 millions de dollars.

Norman Hillmer

Conseil des arts du Canada Situé à Ottawa, il est le principal organisme par lequel passe le gouvernement fédéral pour soutenir les arts. Selon le mandat que lui a donné le Parlement, il doit «favoriser et [...] promouvoir l'étude et la diffusion des arts ainsi que la production d'œuvres d'art». L'organisme s'acquitte principalement de son rôle en octroyant des subventions et en fournissant des services aux artistes et aux organismes professionnels de danse, d'art interdisciplinaire, d'arts médiatiques, de musique, d'opéra, de théâtre, d'écriture, d'édition et d'arts visuels.

La création du Conseil en 1957 donne suite à l'une des principales recommandations de la COMMISSION ROYALE D'ENQUÊTE SUR L'AVANCEMENT DES ARTS, LETTRES ET SCIENCES AU CANADA, mieux connue sous le nom de Commission Massey, d'après son président Vincent MASSEY.

Le rapport Massey (1951), qui constitue l'analyse la plus complète de la vie culturelle jamais entreprise au Canada, décrit un paysage culturel morne. Le théâtre professionnel est «moribond», et l'activité musicale se confine en grande partie dans les soussols d'églises et les gymnases d'école, les entreprises artistiques sont rares et presque inexistantes en dehors des grandes villes. En un an, le Canada anglais n'a produit que 14 œuvres de fiction.

Malgré l'abondance des talents et la soif des Canadiens pour leurs propres produits intellectuels et créatifs, «aucun romancier, poète, nouvelliste, historien, biographe ou autre écrivain de livre non technique n'arrive à vivre de sa plume, même modestement, en vendant ses ouvrages au Canada. Aucun compositeur de musique ne peut vivre décemment de ce que lui paie le Canada pour ses compositions. Sauf pour ce qui est des dramatiques radio, aucun scénariste, sauf quelques acteurs et producteurs, ne vit du théâtre au Canada». Les Canadiens talentueux «doivent se contenter d'une vie précaire et ingrate au Canada, ou se rendre à l'étranger où l'on fait appel à leurs talents».

Pour favoriser l'épanouissement de la vie culturelle et intellectuelle du pays, le rapport Massey recommande que le gouvernement fédéral crée un conseil canadien pour l'avancement des arts, des lettres, des sciences humaines et des sciences sociales. Grâce au produit des droits sur les biens de deux éminents industriels décédés, sir James Dunn et Izaak Walton KILLAM, le Conseil est établi et commence ses activités en 1957. En 1978, le gouvernement crée le CONSEIL DE RECHERCHES EN SCIENCES HUMAINES DU CANADA et ne laisse au Conseil des Arts que la responsabilité des domaines artistiques.

Effectuant ses travaux au lendemain de la Seconde Guerre mondiale, la Commission Massey se rend très bien compte que les régimes totalitaires sont capables d'exercer une mainmise sur les activités culturelles et de les manipuler à des fins de propagande. En raison «des dangers inhérents à tout régime de subventions aux arts, aux lettres et à la culture du pays en général, régi par un gouvernement central», la Commission propose que le nouveau conseil suive l'exemple de l'Arts Council of Great Britain, qui jouit d'une grande indépendance par rapport au gouvernement. Cette indépendance est confirmée dans la *Loi sur le Conseil des arts du Canada*. À titre de conseil autonome dans le domaine des arts, l'organisme rend compte de ses activités au Parlement par l'intermédiaire de la ministre du Patrimoine canadien, et ses comptes sont vérifiés par le vérificateur général du Canada; il est cependant entièrement responsable de ses programmes et des décisions concernant l'octroi des subventions.

Le Conseil est régi par un conseil d'administration de 11 membres nommés par décret, tout comme son directeur, qui en est le premier dirigeant. Le président et le vice-président sont nommés pour des mandats ne dépassant pas cinq ans, tandis que les autres membres reçoivent des mandats de trois ans avec possibilité de renouvellement. Bon nombre des cadres professionnels du Conseil sont issus du milieu artistique, et le Conseil s'appuie grandement sur les conseils des artistes et autres spécialistes du domaine des arts pour élaborer ses politiques en matière de programmes et octroyer des subventions.

À sa première année, le Conseil dispose d'un budget de 1,5 million de dollars pour les arts, les lettres, les sciences humaines et les sciences sociales, montant qui provient d'une fondation initiale de 50 millions de dollars. En 1964, le fonds se révèle nettement insuffisant; aussi le Conseil propose-t-il au gouvernement d'augmenter considérablement la fondation. Le gouvernement décide plutôt d'affecter plus d'argent au fonctionnement du Conseil et à ses programmes. Les crédits alloués par le Parlement deviennent bientôt la principale source de revenus du Conseil.

En 1996-1997, le Conseil accorde 2924 subventions à des organismes artistiques professionnels canadiens, tels que des orchestres, des compagnies d'opéra, des galeries d'art publiques, des éditeurs de livres et de périodiques, des organismes de films et de vidéos ainsi que des troupes de danse et de théâtre. Quant aux artistes, ils reçoivent 1378 subventions pour créer des œuvres d'art, entreprendre des recherches ou parfaire leur formation professionnelle. Pour faire une demande de subvention, les artistes doivent être citoyens canadiens ou résidants permanents du Canada.

Le Conseil forme des jurys et des comités consultatifs composés de praticiens professionnels indépendants pour attribuer ses subventions. De plus, des comités consultatifs sur les disciplines artistiques, composés d'artistes de toutes les régions du Canada, se rencontrent périodiquement afin de fournir des avis sur les programmes de subventions et les politiques. En 1996-1997, 932 artistes jouent le rôle de juré, d'évaluateur ou de conseiller.

En mars 1995, alors que le gouvernement sabre dans les dépenses, le Conseil publie son plan stratégique, intitulé *Le Conseil des arts du Canada: Vers une nouvelle perspective*. Dans ce plan, le Conseil promet de réduire considérablement ses dépenses administratives et de maintenir son budget de subventions à 84 millions de dollars. En 1997-1998, le Conseil est restructuré et son personnel réduit. Ses dépenses administratives représentent 12 p. 100 de son budget, sans compter le coût net d'achat de la Banque d'œuvres d'art (qui détient la plus grande collection d'art canadien contemporain du monde et qui loue des œuvres aux secteurs public et privé).

De plus, le plan stratégique détermine les priorités du Conseil: création, production, distribution et diffusion des arts. Il insiste sur les efforts à consentir pour faciliter l'accès du plus grand nombre aux œuvres canadiennes, tant au pays qu'à l'étranger, sur les nouveaux médias, l'art interdisciplinaire et la technologie dans les arts, et sur l'amélioration du soutien accordé par le Conseil aux artistes des Premières Nations et aux artistes de cultures diverses, sur les activités de promotion et de sensibilisation aux arts.

En octobre 1997, la ministre du Patrimoine canadien annonce l'octroi d'un budget supplémentaire de 25 millions de dollars au Conseil pour l'année et pour chacune des quatre années suivantes. Ce nouveau financement porte le crédit parlementaire à 113 millions en 1997-1998.

Au cours des 40 ans d'existence du Conseil, les arts ont pris un essor considérable au Canada, en qualité comme en quantité. Comme le fait remarquer en 1991 Allan GOTLIEB, alors président du Conseil: «De toute évidence, les artistes canadiens sont à la conquête du monde. Ils sont compétitifs, et ce, dans le meilleur sens du terme. Au plan international la compétition est plus exigeante que jamais et nos artistes, issus d'une société relativement jeune et d'une population assez peu nombreuse, soutiennent la concurrence partout.»

Même si ce succès est surtout attribuable aux artistes, aux organismes artistiques, à leurs publics et à leurs adeptes locaux, le monde des arts reconnaît le rôle fondamental que joue le Conseil des Arts du Canada et ses pendants provinciaux et municipaux. L'année du 40ᵉ anniversaire du Conseil (1997-1998), les artistes canadiens du pays entier lui dédient plus de 150 manifestations, depuis des pièces de théâtre jusqu'à des expositions d'art visuel.

Outre qu'il octroie des subventions, offre des services aux milieux artistiques et administre la Banque d'œuvres d'art, le Conseil offre chaque année plus de 70 prix, bourses et récompenses à des artistes et à des chercheurs canadiens pour leur contribution aux arts, aux sciences humaines et aux sciences. Ces prix et ces bourses représentent une valeur de plus de 2,5 millions de dollars et comprennent le programme Killam de prix et de bourses, les PRIX MOLSON et les PRIX LITTÉRAIRES DU GOUVERNEUR GÉNÉRAL. Nombre de ces prix sont dotés par des intérêts privés et décernés à perpétuité à la mémoire des donateurs. C'est aussi sous l'égide du Conseil que fonctionnent le secrétariat de la Commission canadienne pour l'UNESCO et la Commission de droit de prêt public qui, en 1996-1997, effectue 10 730 versements d'une valeur totale de 6 406 000 $ en droits d'auteur à des auteurs canadiens pour l'utilisation publique de leurs livres dans les bibliothèques canadiennes.

Jocelyn Harvey

Conseil des Canadiens C'est un organisme national apolitique et sans but lucratif, se consacrant à la protection et au renforcement de la souveraineté politique et démocratique du Canada. Fondé en 1985 par Mel Hurtig et Maude Barlow entre autres et comptant prétendument 70 000 membres, il s'est opposé à l'Accord de LIBRE-ÉCHANGE entre le Canada et les États-Unis de même qu'à l'Accord de libre-échange nord-américain. Le Conseil appuie les institutions sociales et culturelles, en plus de chercher à limiter le contrôle de l'économie canadienne par des intérêts étrangers. Il a organisé de nombreux congrès et débats, a comparu à des audiences du Parlement, du Sénat et des provinces. Il a aussi contribué à nombre de publications et de revues. Le Conseil collabore avec des groupes analogues dans d'autres pays et a joué un rôle déterminant dans la fondation du Réseau canadien d'action, une coalition de groupements représentant des agriculteurs, des infirmières, des enseignants, des environnementalistes, des syndicats et des artistes, ainsi que des organismes confessionnels et des associations pour la lutte contre la pauvreté et la défense des droits des femmes. Le siège social du Conseil se trouve à Ottawa.

Norman Hillmer

Conseil des Douze Il a été créé en 1719, en Nouvelle-Écosse, pour conseiller le gouverneur, discuter des projets de loi présentés à la Chambre haute et servir de tribunal d'appel en matière civile. Jusqu'aux années 1750, les conseillers, nommés à vie par le gouverneur, sont pour la plupart des officiers militaires. Après l'instauration du GOUVERNEMENT REPRÉSENTATIF en 1758, l'élite grandissante des marchands d'Halifax fait son apparition au conseil qui commence à exercer des fonctions tant législatives qu'exécutives. En plus d'avoir la main haute sur le favoritisme local et la concession des terres, le Conseil consolide le pouvoir d'Halifax sur la colonie. En 1792, la nomination de sir John Wentworth, un loyaliste, au poste de gouverneur ouvre la porte du Conseil à d'autres LOYALISTES. En 1830, le Conseil est déjà composé d'une élite de marchands anglophones anglicans, unis par des liens familiaux, et comprenant l'évêque John Inglis, R.J. UNIACKE et Samual CUNARD.

Une opposition grandissante à la domination du Conseil émane de la classe moyenne non anglicane et de plusieurs jeunes professionnels, y compris Joseph HOWE. Élu député en 1836, Howe exige l'élection des membres du Conseil. En 1837, l'ancien Conseil se scinde en deux: un conseil législatif de 19 membres nommés et un conseil exécutif de 12 membres, lequel demeure dominé par l'ancienne élite. Cependant, la revendication du GOUVERNEMENT RESPONSABLE se poursuit. Au début des années 1840, l'élite d'Halifax finit de s'écrouler et entraîne dans sa chute son fief, le conseil législatif. Le conseil exécutif devient l'objet de conflits politiques pendant que les réformateurs poursuivent la lutte jusqu'en 1848, année où on accorde le gouvernement responsable.

David Mills

Conseil des ministres de l'Éducation du Canada (CMEC) Modelé sur la Kulturministerkonferenz d'Allemagne de l'Ouest, il a été créé en 1967 pour servir de porte-parole des provinces en matière d'éducation auprès des bureaux et des agences du gouvernement fédéral, et pour faciliter la consultation et la coopération interprovinciales. Une de ses réussites les plus remarquables est la coordination de la révision des politiques nationales sur l'éducation effectuée par l'Organisation de Coopération et de Développement économiques (OCDE) en 1975. Il a également supervisé les programmes sur les langues officielles financés par le fédéral, la préparation d'un manuel sur le système métrique et un guide d'évaluation des équivalences pour les étudiants qui changent d'institution. Parmi les sujets qui retiennent son attention, on compte les programmes scolaires multimédias, l'enseignement de l'informatique, la supervision des programmes et la préparation des rapports concernant la recherche sur la main d'œuvre, le financement de l'éducation, la question des femmes en éducation et les politiques multiculturelles d'éducation au Canada. Depuis 1977, le CMEC multiplie ses efforts pour organiser des réunions avec les délégués d'organismes non gouvernementaux, comme les enseignants de la langue seconde, les conseils scolaires et les associations collégiales et universitaires.

Le Conseil agit également comme représentant aux rencontres internationales, comme celles de l'UNESCO et de l'OCDE, et s'occupe de l'accueil des chercheurs universitaires de toutes nationalités en visite au pays. Le Conseil ne possède pas de pouvoirs constitutionnels; bien que ses décisions n'engagent pas les ministres de l'Éducation, elles reflètent généralement l'opinion unanime des provinces. Malheureusement, les membres du Conseil changent continuellement en raison de la durée relativement brève des mandats des ministres de l'Éducation provinciaux.

John J. Bergen

Conseil des sciences du Canada C'est un organisme institué en 1966 par une loi fédérale pour conseiller le gouvernement sur les politiques relatives à la SCIENCE et à la TECHNOLOGIE. À l'origine formé de 25 scientifiques et hauts fonctionnaires fédéraux, l'effectif comprend 30 experts délégués provenant des SCIENCES SOCIALES, des sciences naturelles, du milieu des affaires et de la finance, mais ne compte plus aucun fonctionnaire.

Direction Bien qu'il soit stipulé dans la loi que le Conseil peut entreprendre des études spécifiques en réponse à des demandes ministérielles, en pratique il détermine lui-même son programme d'études et est pratiquement indépendant de l'orientation du ministère. Le Conseil publie des études de base signées par les auteurs dans lesquelles ces derniers expriment leur point de vue, mais dont la fiabilité et la méthodologie sont certifiées par le Conseil; des rapports et des déclarations du Conseil exprimant l'accord général des membres et contenant habituellement des recommandations aux gouvernements et aux autres parties; et des actes d'ateliers et de conférences.

La légitimité des décisions du Conseil découle du fait que ses membres sont représentatifs de la communauté scientifique canadienne, tant universitaire que privée.

Rôle Le Conseil est démantelé en 1993. Durant ses 26 ans d'existence, la perception de son rôle principal a varié en fonction des opinions des présidents et des membres. On le considérait généralement comme un comité consultatif national, transcendant des motivations purement fédérales. Il devait aussi attirer l'attention des gouvernements et de la société à propos des occasions à saisir et des difficultés à confronter. Il favorisait l'enseignement des sciences et la recherche universitaire, particulièrement la recherche fondamentale, balançant ainsi les tendances gouvernementales à restreindre les budgets. À l'occasion, il a tenté de jouer un rôle international.

Pour répondre de sa vocation, qui était de divulguer les politiques scientifiques et technologiques auprès de la population, il a entrepris des discussions publiques en stimulant ou en organisant des conférences et d'autres rencontres destinées à des professionnels.

Contributions C'est probablement dans la promotion de la SOCIÉTÉ DE CONSERVATION et de la défense d'une stratégie industrielle nationale que le Conseil a fait preuve d'un maximum de détermination et d'efficacité. Il a dû, à maintes reprises, défendre ses positions contre un courant d'opinions majoritaires en provenance d'autres organismes, publics et privés, et parfois contre les penchants apparents des ministres fédéraux. Il a souvent agit comme un catalyseur de l'action.

Les recommandations du conseil ont plus souvent contribué à l'établissement d'un climat politique qu'à fournir des plans d'action spécifiques au gouvernement.

La présidence du conseil a été occupée successivement par Omond SOLANDT, Roger Gaudry, Joseph Kates, Claude Fortier, Stuart L. Smith, Geraldine Kenney-Wallace et Janet Halliwell.

Leslie Millin et Guy Steed

Conseil du Trésor Constitué en 1867, c'est l'unique comité du CABINET dont l'existence est légalement obligatoire. Pour cette raison, il s'agit officiellement d'un comité du CONSEIL PRIVÉ. Le président du Conseil du Trésor est à la tête d'un conseil comprenant le ministre des Finances et quatre autres ministres nommés par le gouverneur général en conseil. Ce Conseil compte à son service un ORGANISME CENTRAL, le Secrétariat du Conseil du Trésor (SCT), dirigé par le président, qui est le ministre responsable. Les attributions du SCT sont les suivantes: l'élaboration des recommandations à soumettre au Cabinet sur le choix des programmes et le financement qu'il convient de leur accorder; la formulation de politiques administratives pour la gestion financière dans l'administration publique et pour les questions concernant le personnel, les locaux à bureaux, les approvisionnements et les marchés de services; et la négociation (*voir* NÉGOCIATIONS COLLECTIVES), au nom du gouvernement, des conventions collectives conclues avec les syndicats et associations du SECTEUR PUBLIC. En 1978, l'ajout du Bureau du Contrôleur général, qui est spécialement chargé d'améliorer la qualité de l'administration financière et de l'évaluation des programmes, est venu accroître le rôle du Conseil du Trésor en tant que contrôleur du budget des dépenses.

J.E. Hodgetts

Conseil économique de l'Ontario (1968-1985) Il a été créé dans le but de donner son avis au Conseil des ministres de la province sur les moyens de sensibiliser la population, de participer à la discussion et de mieux saisir les enjeux socio-économiques revêtant une importance particulière pour les Ontariens. Composé surtout d'économistes et de gens d'affaires, le Conseil économique comptait quelques employés à Toronto. Ses études ont abordé des sujets variés comme la suppression du contrôle des loyers, la possibilité de facturer les usagers pour les services sociaux, l'établissement d'une zone de libre-échange nord-américaine (dont il se fait le défenseur) et le rôle souhaitable des politiques industrielles et des politiques de répartition du revenu.

W.F. Forward

Conseil manitobain de la recherche Il a été institué par une loi de l'Assemblée législative du Manitoba en 1963. En 1971, après une période d'inactivité, le Conseil manitobain de la recherche commence à fournir une aide technique à l'industrie et de petites subventions aux chercheurs des universités et des entreprises. Le financement fédéral-provincial assure la construction d'installations permanentes: en 1978, un laboratoire de recherches sur les boissons et les aliments; en 1979-1980, un centre pour encourager les fabricants à mettre à profit les connaissances actuelles, spécialement dans les domaines de l'ÉLECTRONIQUE, des recherches sur les matériaux et des systèmes de construction. Le Conseil manitobain de la recherche relève du ministère manitobain de l'Industrie, du Commerce et de la Technologie, qui est la principale source de financement. Ses installations comprennent le Centre canadien de développement de produits alimentaires à Portage la Prairie et le Centre de technologie industrielle à Winnipeg. Le Conseil manitobain de la recherche fournit gratuitement ou à bon marché des conseils aux petites entreprises, administre les subventions pour la recherche et conseille les ministres sur l'attribution de fonds à la recherche scientifique et technique.

Martin K. Mcnicholl

Conseil national de recherches du Canada (CNRC) Cette SOCIÉTÉ DE LA COURONNE fédérale doit rendre des comptes au Parlement par l'intermédiaire du ministère de l'Industrie. Le CNRC est fondé en 1916 sous le nom de Conseil consultatif honoraire de recherches scientifiques et industrielles. Il finance, dès le départ, des comités de recherches pour satisfaire des besoins spéciaux. Il offre des bourses scientifiques aux universités canadiennes et dresse un inventaire de recherches (la première étude statistique sur l'intelligentsia scientifique canadienne et les budgets que le pays consacre à la science). Les premiers plans pour fonder un laboratoire national du Conseil de recherche à Ottawa ne sont pas approuvés avant 1928. Sous la présidence de H.M. TORY (1923-1935), le nombre de personnes travaillant au laboratoire grimpe à 153, dont 54 scientifiques et ingénieurs en recherche, tous sauf un faisant de la recherche industrielle ou appliquée.

Le successeur de Tory, le général A.G.L. MCNAUGHTON, augmente le personnel jusqu'à

300 employés et prépare les laboratoires du CNRC pour qu'ils jouent un rôle central dans la recherche pour la guerre (de la médecine et l'emballage des aliments aux armes et aux carburants synthétiques). Sous C.J. MACKENZIE, président de 1939 à 1952, le personnel du CNRC atteint les 2000 personnes et est réorganisé afin de posséder une base plus solide en SCIENCE fondamentale (pure). Le président E.W.R. STEACIE (1952-1962) adopte le principe voulant que les budgets extra-muros du CNRC associés aux subventions et aux bourses universitaires doivent être augmentés pour équivaloir au budget intérieur (21,5 millions de dollars en 1962-1963) et lance le Programme d'aide à la recherche industrielle basé sur l'attribution de subventions à l'industrie privée (voir RECHERCHE ET DÉVELOPPEMENT INDUSTRIELS).

Plusieurs fonctions du CNRC sont attribuées à des entités distinctes. P. ex., il agit comme principal organisme conseil du gouvernement en matière de POLITIQUE SCIENTIFIQUE de 1916 jusqu'à la création du Secrétariat scientifique en 1964. Les activités lancées par le CNRC et déléguées à des entités distinctes comprennent la recherche militaire (déléguée au Conseil de RECHERCHES POUR LA DÉFENSE en 1947), la recherche atomique (déléguée à ÉNERGIE ATOMIQUE DU CANADA LIMITÉE en 1952), les subventions pour la recherche médicale (déléguées au CONSEIL DE RECHERCHES MÉDICALES DU CANADA en 1966), les subventions et les bourses aux universités (déléguées au CONSEIL DE RECHERCHES EN SCIENCES NATURELLES ET EN GÉNIE en 1978), et le programme des astronautes (délégué à l'Agence spatiale canadienne en 1989).

Structure et fonctions Durant l'exercice financier 1995-1996, le personnel du CNRC s'élève à 3072 employés, dont 1092 scientifiques et ingénieurs de recherche, et son budget total est de 408 millions de dollars. Il comprend deux secteurs: la recherche ainsi que la technologie et le soutien à l'industrie. La recherche comprend 17 instituts du Conseil groupés en 5 domaines: la construction, l'infrastructure, la fabrication, l'information et les télécommunications, et la biotechnologie. Plusieurs centres technologiques travaillent pour l'industrie sur la base du recouvrement des coûts. L'autre secteur important, celui de la technologie et du soutien à l'industrie, comprend l'Institut canadien de l'information scientifique et technique, les Presses scientifiques du CNRC (anciennement Revues scientifiques) et le Programme d'aide à la recherche industrielle.

Activités extra-muros Depuis 1920 environ, parmi les activités extra-muros incessantes du CNRC, on compte des douzaines de comités associés qui se sont penchés sur un grand nombre de problèmes spéciaux allant de la tuberculose aux chemins de fer et de la tribologie (la science de la lubrification et de la friction) au Code national de prévention des incendies. Le Conseil représente le Canada au sein de plusieurs organismes internationaux, et soutient des projets spéciaux multilatéraux, tels que l'OBSERVATOIRE astronomique Canada-France-Hawaï, le Tri-University Meson Facility (TRIUMF) de Vancouver et le Gemini Telescope Project à Hawaï et au Chili. La Bibliothèque du CNRC, fondée en 1924, devient la Bibliothèque scientifique nationale en 1957 et l'Institut canadien de l'information scientifique et technique (ICIST) en 1974.

L'ICIST fournit des renseignements dans les domaines de la science, de la technologie, de l'ingénierie et de la médecine, et offre divers services, dont la recherche de documentation par des spécialistes de l'information, des copies d'articles, de rapports et d'autres documents publiés, ainsi que des outils d'information électroniques. L'ICIST offre plus de 25 produits et services différents, sans compter la bibliothèque principale d'Ottawa et les services d'acheminement de documents et de références offerts par les centres d'informations du CNRC

situés dans sept autres villes d'un bout à l'autre du Canada. Le CNRC fonde le *Canadian Journal of Research* en 1929. Les Presses scientifiques du CNRC publient maintenant 14 revues scientifiques, des monographies, des travaux de congrès et un nombre croissant de produits électroniques.

Depuis 1945, le CNRC possède un service d'information technique pour l'industrie, qui est intégré aux activités des Programmes d'aide à la recherche industrielle en 1981. Ces programmes offrent une gamme de services techniques aux petites et moyennes entreprises canadiennes.

Alexandra Brett et Donald J.C. Phillipson

Conseil national des autochtones du Canada (Congrès des Peuples Autochtones) (CPA) Issu de la réorganisation du Conseil national des autochtones du Canada en 1994, sous la direction de Jim Sinclair, il entend, depuis sa fondation, parler au nom aussi bien des Indiens non inscrits que des Métis du Canada (et de certaines organisations indiennes). À l'origine, le terme Métis servait à désigner les communautés vivant dans les environs de la rivière Rouge mais, plus récemment, de nombreux autres groupes d'origines ancestrales mixtes se nomment eux-mêmes Métis (voir Louis RIEL; Gabriel DUMONT; James BRADY et Malcolm NORRIS).

Jusqu'aux années 50, diverses organisations politiques locales et groupes activistes ont représenté les intérêts des MÉTIS. En 1961, on crée le Conseil national des Indiens, sous les auspices du gouvernement, en tant que groupe de coordination des questions concernant les Métis et les Indiens non inscrits (généralement en milieu urbain). Dès 1968, lorsque la difficulté de poursuivre ces multiples objectifs au moyen d'une seule organisation soumise à l'influence considérable du gouvernement devient évidente, la Canadian Métis Society voit le jour et devient, en 1970, le Conseil national des autochtones du Canada (CNAC), en même temps qu'est fondée la Fraternité des Indiens du Canada (maintenant l'ASSEMBLÉE DES PREMIÈRES NATIONS) pour représenter les Indiens non inscrits. Le CNAC était composé d'organisations provinciales et territoriales, habituellement appelées conseils autochtones ou associations de Métis et d'Indiens non inscrits. Le CPA tient une assemblée annuelle des représentants des organisations membres et est dirigé par un conseil d'administration formé des présidents de ces associations et par un comité exécutif élu par l'assemblée. Il est financé presque exclusivement par la Direction des citoyens autochtones du gouvernement fédéral. Le CNAC reçoit également des fonds fédéraux pour pouvoir participer aux Conférences des premiers ministres sur les droits des autochtones.

Le Métis National Council semble avoir été fondé à peu près à la même époque et dans la même région que l'Alliance des nations des Prairies assujetties à des traités. Son avènement en 1984, en tant que voix de rechange au nationalisme métis ainsi que la réintégration en 1985, en vertu du projet de loi C-31, des femmes et de leurs enfants, qui avaient été émancipés de force, poussent le CNAC à redéfinir ses objectifs. Transformé en 1993 en Congrès des Peuples Autochtones, il vise désormais à représenter les Indiens inscrits et non inscrits de plus en plus nombreux en milieu urbain.

Les effets à long terme des modifications de 1985 à la *Loi sur les Indiens* ont amené le CPA à se concentrer sur le besoin d'établir des programmes hors réserves pour la population autochtone en croissance rapide dans la majorité des centres urbains partout au Canada. Aujourd'hui, la politique qu'il poursuit est de mettre de plus en plus l'accent sur les problèmes pratiques auxquels font face les communautés autochtones locales en matière de santé, de justice, de possibilités pour les jeunes, de logement et d'environnement. Le CPA a fait des représentations à l'ONU, principalement par l'intermédiaire du Conseil mondial des peuples indigènes. Il fonde ses demandes sur l'affirmation dans la Constitution des

droits ancestraux ainsi que sur les besoins des autochtones et cherche à établir une relation spéciale entre les Métis et Indiens non inscrits et le gouvernement fédéral.(*Voir aussi* AUTOCHTONES, ORGANISATIONS ET ACTIVISME POLITIQUES DES.)

Michael Posluns

Conseil national des femmes du Canada Fondé en 1893, il est l'un des plus anciens groupes de pression et est affilié au Conseil international des femmes. L'organisme constitue une fédération non partisane d'organismes de femmes bénévoles. Sous la gouverne de sa première présidente, Lady ABERDEEN, le Conseil devient l'ardent défenseur des femmes et des enfants. Par l'éducation et la revendication, il entend poursuivre son objectif qui consiste à améliorer le statut des femmes, des familles et de la société. En 1929, le Conseil joue un rôle de premier plan dans l'accession des femmes au statut de «personne».

Selon la structure fédérative du Conseil national des femmes du Canada, les conseils municipaux et provinciaux ainsi que des filiales nationales présentent des résolutions qui sont étudiées par le Conseil, puis soumises au scrutin. Les résolutions qui sont entérinées sont transmises au gouvernement, sous forme de dossiers annuels ou de mémoires aux ministres.

Dans les années 60, le Conseil national des femmes du Canada revendique la tenue d'une commission d'enquête parlementaire sur la CONDITION FÉMININE. Dans les années 80, il exige que les droits des femmes soient inscrits dans la Constitution. Au cours des années 90, le Conseil continue d'accorder la priorité aux multiples questions touchant à la famille et à la société. Il a récemment pris part à des projets concernant l'environnement, la réforme de la sécurité sociale et les femmes comme prestataires de soins au sein de la famille. L'une des membres du conseil a été choisie pour faire partie de la délégation canadienne à la Quatrième Conférence mondiale des femmes à Pékin.

Veronica Strong-Boag

Conseil national du travail en temps de guerre Il est créé en 1941, en même temps que cinq Conseils régionaux, afin de mettre en vigueur le programme de stabilisation des salaires du gouvernement canadien dans le contexte volatil de l'économie de guerre. Il est d'abord présidé par Humphrey MITCHELL qui devient par la suite ministre du Travail. Au début de 1943, du fait de fortes pressions créées par une grève dans le secteur de l'acier et des agitations dans le milieu ouvrier, il est remplacé par le juge C.P. McTague. Celui-ci est investi de pouvoirs importants pour gérer le militantisme du mouvement ouvrier et, contrairement à Mitchell, il n'est pas identifié à la politique partisane. Le premier ministre Mackenzie King l'enjoint de formuler des recommandations visant à modifier le décret sur la stabilisation des salaires et de rédiger une version préliminaire d'un code des relations de travail.

Les profondes divergences d'opinion, tant sur le plan personnel que politique, entre McTague et Joseph Cohen, collègues au Conseil, donne lieu à la présentation, en août 1943, de deux rapports distincts. Il n'est pas tenu compte de l'opinion de Cohen, mais le rapport de McTague a une influence considérable sur la politique gouvernementale. McTague recommande que le Conseil soit autorisé à ajuster les salaires maintenus injustement bas par le gouvernement et, dans l'éventualité où un rajustement salarial ne serait pas retenu à cause de son impact inflationniste, il suggère d'envisager les allocations familiales comme politique de rechange. En fin de compte, le gouvernement adopte les deux recommandations et, le 17 février 1944, le code des relations de travail en temps de guerre de McTague voit le jour. Il établit le droit d'organisation du mouvement ouvrier et instaure un système définissant les normes d'accréditation des unités de négociation. Celui-ci devient le fondement du système canadien de RELATIONS DE TRAVAIL d'après-guerre. L'autorité exercée par le

Conseil s'estompe peu de temps après la démission de McTague, qui devient candidat pour les conservateurs.

John English

Conseil privé C'est le nom officieux du Conseil privé de la Reine pour le Canada, établi en vertu de la LOI CONSTITUTIONNELLE DE 1867 pour conseiller la Couronne. Les conseillers privés sont nommés à vie par le gouverneur général sur recommandation du premier ministre du Canada. Il s'agit notamment du juge en chef de la Cour suprême, des premiers ministres provinciaux, des ministres faisant ou ayant fait partie du CABINET fédéral, ainsi que du président de la Chambre des communes et de celui du Sénat. Les dernières années ont vu la nomination occasionnelle d'une personnalité ou d'un haut fonctionnaire. Toutefois, seuls les conseillers privés membres du Cabinet peuvent agir officiellement en tant que membres du Conseil privé par DÉCRETS au nom du gouverneur en conseil.

J.E. Hodgetts

Conseil privé, Bureau du (BCP) C'est le ministère du premier ministre du Canada. Dirigé par le greffier qui porte (depuis 1940) la désignation de secrétaire du CABINET, le BCP est peut-être le plus important et sûrement le plus ancien des ORGANISMES CENTRAUX du gouvernement. Il existe avant même la Confédération, au temps où la province du Canada avait un poste de greffier du Conseil exécutif. En vertu de la LOI CONSTITUTIONNELLE DE 1867, le BCP est uniquement chargé de dresser et d'enregistrer les DÉCRETS. À vrai dire, la plupart de ses activités ne reposent pas sur une obligation législative, mais sur les pouvoirs non écrits conférés par convention au PREMIER MINISTRE FÉDÉRAL et au Cabinet. Même si le BCP a son propre ministre (le président du Conseil privé), on peut dire qu'il correspond en fait à l'organisme administratif par lequel le premier ministre s'acquitte de ses fonctions générales à titre de chef de gouvernement. Le greffier du Conseil privé agit en fait comme sous-ministre permanent, rôle renforcé dernièrement puisque le titulaire de la charge a été désigné premier responsable permanent de la fonction publique.

Depuis 1940, le BCP assure le secrétariat non seulement du Cabinet plénier, mais aussi des nombreux comités du Cabinet créés pour s'occuper du fardeau croissant de l'exécutif. Il coordonne les activités du Cabinet et des comités de ce dernier, en plus d'assurer la liaison avec les organismes gouvernementaux et les ministères sur les questions relevant du Cabinet. Il examine, révise et enregistre les règlements dits «statutaires» et voit à leur publication. Habituellement, il conseille le premier ministre sur les nominations de hauts fonctionnaires qui ne relèvent pas de la COMMISSION DE LA FONCTION PUBLIQUE.

Pendant les mandats des premiers ministres Pierre TRUDEAU et Brian MULRONEY, le BCP a été critiqué par certains qui s'opposaient au pouvoir croissant de l'exécutif. De même, des préoccupations ont été exprimées à maintes reprises sur le fait que le rôle apolitique du BCP a été compromis par un chevauchement possible des fonctions assumées par le CABINET DU PREMIER MINISTRE, ce dernier ayant pris une ampleur considérable.

J.E. Hodgetts

Conseil Souverain En 1663, la Compagnie des Cent Associés rétrocède ses droits sur la NOUVELLE-FRANCE. Louis XIV instaure alors un gouvernement royal. Il dote ainsi la Nouvelle-France d'un appareil administratif complet, sur le modèle de ceux qui gèrent les provinces de France. Le Conseil souverain, qui devient le Conseil supérieur en 1717, se compare aux parlements de ces provinces. Le Conseil est composé, au début, du GOUVERNEUR, de l'évêque, de l'INTENDANT et de 5 conseillers. En 1703, ce nombre est porté à 12 auquel s'ajoutent en 1742, 4 assesseurs. Ses membres sont généralement recrutés dans la petite noblesse française et sont

désignés, à l'origine, par le gouverneur et l'évêque, puis par le roi.

Tribunal d'appel en matières civiles et criminelles où ressortissent les causes provenant des cours de justice inférieures, ses jugements ne sont révocables que par le Conseil du roi. Il couronne une structure judiciaire implantée dans chaque gouvernement de la colonie: la prévôté de Québec (1663), la juridiction royale de Trois-Rivières (1665), celle de Montréal (1693) et l'Amirauté (1717).

Le Conseil joue également un rôle administratif. Il participe notamment à la réglementation du commerce et de l'ordre public, sans compter qu'il doit insinuer (enregistrer) les édits, ordonnances et commissions du roi pour les faire reconnaître dans la colonie. En 1760 (*voir* CONQUÊTE), il est remplacé dans ses fonctions de cour d'appel par un conseil d'officiers militaires.

Jacques Mathieu

Conseiller scolaire C'est un membre élu d'un conseil scolaire (quelques-uns sont nommés) pour un mandat d'une durée de deux à quatre ans. Le nombre de membres varie de 5 à plus de 20 dans les grands conseils. On compte entre 6000 et 8000 conseillers au Canada. Ce nombre est toutefois à la baisse puisqu'il y a de moins en moins de ces conseils. Les COMMISSIONS SCOLAIRES de certaines provinces versent aux conseillers une rémunération allant de quelques centaines de dollars à plus de 40 000 $ dans les administrations financièrement plus à l'aise. La plupart des conseils comptent un certain nombre de professionnels et de dirigeants d'entreprises. Ces dernières années, de plus en plus d'éducateurs (venant d'autres instances) deviennent conseillers, et il n'est pas rare que des étudiants soient élus. Bien qu'on considère généralement les conseillers scolaires comme apolitiques, la gestion publique de l'éducation est un processus politique qui, pour bon nombre de conseillers, débouche sur des fonctions plus élevées dans l'appareil municipal, provincial ou fédéral.

Edward S. Hickcox

Conservation Elle se définit comme l'utilisation judicieuse des RESSOURCES à des fins industrielles et non commerciales (comme les loisirs ou la recherche). Elle repose sur une gestion réfléchie en vue de maintenir la productivité et la diversité des ressources de la planète. Le concept de la conservation rejoint celui de «l'environnementalisme», mais l'éventail de ses considérations est plus large. Axé auparavant sur les ressources naturelles, le concept de la conservation englobe maintenant l'ÉNERGIE, les espaces urbains, les œuvres d'art, les objets historiques, les édifices d'intérêt patrimonial, les langues et les cultures.

La conservation repose sur la notion de compromis: on doit décider ce qu'on est prêt à perdre pour réaliser des gains particuliers sans mettre en péril le potentiel productif et la diversité des ressources. De nombreuses personnes engagées dans la gestion et l'UTILISATION DES RESSOURCES pensent que la conservation ne s'intéresse qu'à la «préservation et à l'environnementalisme» et que ses promoteurs s'opposent aux progrès économique et social.

Réciproquement, des tenants de la conservation déplorent tous les changements apportés aux conditions naturelles, en oubliant que ces changements peuvent être naturels ou artificiels et que les incendies de forêt ou les dégâts causés par les insectes peuvent jouer des rôles importants dans la succession végétale et l'évolution biologique. Bien qu'une «approche réfléchie» puisse à l'occasion signifier une absence totale d'intervention, elle permet généralement des modifications que l'on planifie avec soin. Parfois, ces modifications sont même indispensables.

En fait, les deux côtés partagent des intérêts communs. Les utilisateurs et les gestionnaires des ressources bénéficient du maintien de la productivité et d'un vaste nombre d'options. Une saine économie,

même si celle-ci repose sur la mise en valeur des ressources, est essentielle au financement des programmes de renouvellement, de recyclage et de conservation des ressources.

Le concept moderne de la conservation a évolué depuis le début du XXe siècle, passant de la simple accumulation et de la lente utilisation des ressources, aux tentatives de gestion des ressources visant le rendement soutenu, un gaspillage minimal, le recyclage, la lutte contre la POLLUTION et le maintien de la qualité de l'ENVIRONNEMENT. Les premières activités de conservation au Canada, surtout axées sur le domaine de l'exploitation forestière, ont débuté vers la fin du XIXe siècle, au moment où l'économie nationale reposait principalement sur les ressources naturelles.

Au cours des 50 dernières années, la croissance économique a été l'objectif des activités industrielles croissantes. Le gaspillage d'énergie, la diminution des ressources de qualité et la pollution des terres, de l'air et de l'eau qui en ont résulté ont amené les gens à s'interroger sur les avantages de la croissance économique et démographique élevée. Les gens se sont rendu compte que l'utilisation maximale des ressources pour atteindre une croissance économique maximale est incompatible avec les objectifs à long terme de la société. L'idée voulant que l'utilisation des ressources à des fins de gain économique durable procure des avantages sociaux accrus gagne lentement du terrain (*voir* SOCIÉTÉ DE CONSERVATION).

La valeur des objectifs socio-économiques par opposition aux objectifs purement économiques fait l'objet de beaucoup de discussions, et on dénote une tendance à considérer les ressources comme un emprunt aux générations futures plutôt que comme un héritage du passé. Par conséquent, un appui accru se manifeste envers les réserves écologiques, le rétablissement des espèces en voie de disparition et de leurs habitats, ainsi qu'envers la nécessité d'une bonne planification écologique avant l'aménagement de nouvelles installations industrielles.

Facteurs géographiques Divers facteurs, notamment la diversité des formations rocheuses, des sols, des climats, de la faune, de la végétation et des gens, présentent des problèmes de conservation particuliers. Le Canada est vaste, sa population est relativement restreinte et les gens qui disposent de peu de fonds peuvent faire relativement peu pour conserver et gérer ces vastes ressources. Le Canada couvre une superficie de 9,98 millions de kilomètres carrés et il possède le littoral le plus long au monde (71 261 km, si l'on comprend les littoraux des grandes îles). Le relief va du niveau de la mer, sur les rivages des OCÉANS Pacifique, Atlantique et Arctique jusqu'aux MONTAGNES qui atteignent 5950 m dans la Cordillère canadienne.

Les immenses plaines du Nord, à l'est de la Cordillère canadienne, abritent des sols agricoles fertiles et d'immenses réserves énergétiques sous forme de charbon et de ressources pétrolières (*voir* PÉTROLE). Le Bouclier canadien, une masse de roches précambriennes riches en minéraux, forme le cœur du Canada central où la glaciation a modelé de vastes parties du territoire. Le climat du Canada varie d'un climat continental rigoureux (hiver froid et sec, été chaud) à un climat océanique doux; les températures hivernales peuvent être inférieures à -40 °C, tandis que les journées estivales dépassent parfois 33 °C.

La température annuelle moyenne varie de -18 °C à -12 °C dans l'archipel arctique et elle est de 10 °C dans le sud-ouest de la Colombie-Britannique. Les terres du Canada sont recouvertes d'environ 48 p. 100 de forêts; 28 p. 100 de toundra; 12 p. 100 de tourbières et 3 p. 100 de prairies, chaque région possédant sa propre faune sauvage. Les lacs d'eau douce, qui couvrent 7,6 p. 100 de la superficie du Canada, représentent 15 p. 100 du volume total d'eau lacustre du globe, et 7,5 p. 100 des cours d'eau de la planète se trouvent au Canada. Les ressources du pays s'étendent sur le plateau continental qui renferme d'immenses quantités de minéraux, de pétrole et de gaz naturel. Les poissons et les mammifères des lacs, des rivières et des océans ont également une importance économique considérable.

Ressources renouvelables et ressources non renouvelables Renouvelables ou non, les ressources nécessitent des approches différentes du point de vue de la conservation. Si l'on veut que la société puisse utiliser plutôt que consommer les ressources, il faut entretenir les biomes renouvelables comme les forêts, la toundra et les prairies. L'entretien de ces biomes exige une gestion du patrimoine génétique (végétation, animaux) et de l'environnement (eau, air, lumière, sol) pour préserver les processus de productivité, de diversité génétique et de renouvellement.

La conservation des ressources non renouvelables (p. ex., minéraux, combustibles fossiles) nécessite des politiques qui empêchent le gaspillage (p. ex., déversements de pétrole, torchage du gaz), favorisent une utilisation éclairée, encouragent le recyclage, réduisent les effets néfastes de l'extraction des minéraux sur les ressources renouvelables et permettent le développement de substituts renouvelables.

L'utilisation des ressources renouvelables et non renouvelables est interdépendante: on ne peut exploiter ni gérer les unes ou les autres de façon complètement isolée. L'utilisation excessive («l'épuisement») des ressources renouvelables peut les transformer en pertes non renouvelables, p. ex. lorsque la déforestation aboutit à la formation de déserts ou lorsque la chasse entraîne l'extinction d'une espèce en voie de disparition.

Facteurs démographiques Les disparités économiques régionales prononcées du Canada tendent à concentrer l'attention sur la résolution à court terme des problèmes économiques, plutôt que sur les conséquences à long terme de l'utilisation des ressources. On accorde souvent, par conséquent, la priorité à l'exploitation des ressources plutôt qu'à leur gestion judicieuse et à leur conservation (*voir* ÉCONOMIE RÉGIONALE).

Au cours des 25 dernières années, les Canadiens sont devenus plus conscients de la dégradation des ressources du pays et des conséquences alarmantes à long terme de ce processus continu. Il devient de plus en plus évident qu'il faut conserver les ressources et élaborer des politiques de conservation qui tiennent compte des facteurs écologiques, économiques, sociaux, moraux, politiques et juridiques.

Facteurs humains Les activités humaines sont à l'origine de nombreux problèmes de conservation, bien que les perturbations naturelles aient, elles aussi, des effets considérables. Les innovations techniques permettent une exploitation de plus en plus rapide et efficace de ressources telles que les forêts, les récoltes agricoles, les animaux sauvages et les poissons. Dans le domaine de l'exploitation forestière, l'utilisation des scies à chaîne, des abatteuses-ébrancheuses-tronçonneuses et des déchiqueteuses qui taillent les arbres sur place permet de récolter rapidement et efficacement un nombre important d'arbres, y compris les troncs, les branches et les feuilles.

Les techniques de régénération forestière se sont développées beaucoup moins rapidement. Les récoltes forestières, les incendies de forêt, les tentatives de culture infructueuses et le reboisement inadéquat ont entraîné un retard à cet égard: il y a environ 16,8 millions d'hectares de terres forestières que l'on n'a pas réussi à repeupler d'arbres commercialement utiles. Ce problème est encore plus prononcé dans les zones tropicales, où la destruction de la forêt menace l'ensemble de l'écosystème.

Le matériel lourd de récolte et de transformation qui a été conçu pour permettre la production d'énergie à partir des tourbières du Canada, menace l'une des principales réserves de carbone du monde. Par ailleurs, les prairies naturelles du Canada ont presque été entièrement détruites par l'agriculture.

Le matériel électronique mis au point pour repérer les bancs de poissons et augmenter l'efficacité de la pêche, et la pollution des lacs d'eau douce par les industries ont créé de graves problèmes d'eutrophisation, ce qui a réduit les populations de poissons et la valeur récréative de ces étendues d'eau (*voir* POLLUTION DE L'EAU). Malgré les tentatives d'empoissonnement des lacs et des rivières, la surpêche a réduit les populations de poissons dans de nombreuses régions accessibles.

La faune sauvage assure la survie, au moins partiellement, des populations autochtones du Canada. Elle offre également des possibilités récréatives aux chasseurs et génère des revenus considérables. Dans de nombreux cas, la faune est gravement menacée par la destruction des habitats et par l'accessibilité accrue aux endroits éloignés (grâce aux véhicules nordiques et aux hélicoptères). Les grands mammifères et les espèces sensibles sont particulièrement vulnérables. Les troupeaux migrateurs de CARIBOUS du Nord du Canada sont menacés par l'activité industrielle croissante à l'intérieur de leur principal habitat et le long de leurs routes migratoires. Les perturbations causées par mégarde par les visiteurs de colonies d'oiseaux peuvent réduire le succès de la nidification.

L'activité humaine a fourni de nouveaux habitats qui ont permis à certaines espèces de s'établir dans des régions où elles étaient auparavant rares ou absentes. Les pratiques agricoles monoculturales ont accru la présence de certaines espèces (p. ex., le carouge à épaulettes) au point où elles sont devenues nuisibles, entraînant une baisse marquée de la diversité des espèces. Parmi les animaux, les végétaux et les insectes exotiques introduits au Canada, certains se sont avérés inoffensifs ou peut-être bénéfiques, mais beaucoup ont eu des effets désastreux (p. ex., la maladie hollandaise de l'orme, le puceron lanigère du sapin et l'arpenteuse tardive).

La CONSERVATION DES SOLS, c.-à-d. le maintien de la stabilité et de la fertilité des sols, est essentielle au maintien de la qualité de l'eau et de la nourriture, des récoltes de bois, de fibres et des autres cultures pour les générations futures. Jusqu'à récemment, l'exploitation forestière, la construction des chemins forestiers et le brûlage des rémanents compromettaient gravement la stabilité des sols dans certaines régions comme les régions montagneuses de la Colombie-Britannique. Les organismes provinciaux responsables de la gestion des ressources naturelles accordent maintenant plus d'attention aux préoccupations environnementales. Les retards à remplacer les arbres après leur coupe entraînent d'énormes pertes d'azote dans le sol, qui sont causées par la minéralisation accélérée de la matière organique du sol. La tendance récente qui consiste à utiliser des essences d'arbres à rendement élevé et des rotations plus courtes risque d'accélérer le retrait des éléments nutritifs et de réduire la fertilité des sols.

L'érosion massive des sols et la formation de déserts dans les terres agricoles de l'Ouest de l'Amérique du Nord dans les années 30 illustrent les conséquences d'une gestion inadéquate des sols (*voir* SÉCHERESSE et CRISE DES ANNÉES 30). Les pratiques de culture intensive ont mené à une réduction généralisée de la matière organique vitale des sols agricoles. Il a été démontré que dans les Grandes plaines septentrionales du Canada, l'agriculture a entraîné l'élimination de 35 p. 100 de la matière organique et de 41 p. 100 de l'azote du sol en l'espace de 34 ans seulement.

De vastes étendues de sols agricoles fertiles sont détruites chaque année par l'expansion des villes sur les terres agricoles productives. Des proportions considérables de minerais à forte teneur et de combustibles fossiles facilement accessibles, en particulier le pétrole, ont été consommées au cours des 50 dernières années pour répondre aux besoins croissants d'une société industrielle et des exportations. En conséquence, l'industrie doit maintenant compter sur des minéraux à teneur inférieure ou relativement inaccessibles et sur des ressources en combustibles fossiles qui sont coûteuses à repérer, extraire, transporter et traiter.

Législation et activité politique La législation canadienne, qui comprend divers ordres de gouvernement (fédéral, provincial et municipal), est complexe et traditionnellement orientée vers une utilisation non rationnelle des ressources à des fins économiques plutôt que vers la conservation, mais cette situation change graduellement. Au cours des dix dernières années, plusieurs mesures législatives ont été adoptées en faveur de la conservation (*voir* ENVIRONNEMENT, DROIT DE L').

Le gouvernement fédéral assume la responsabilité des parcs nationaux ainsi que celle de la gestion et de l'utilisation de grandes superficies de terres au Yukon et dans les Territoires du Nord-Ouest. Il a, en outre, la responsabilité des volets internationaux de la lutte contre la pollution, des oiseaux migrateurs et de l'importation et l'exportation de plantes et d'animaux sauvages. Les gouvernements provinciaux sont responsables de l'utilisation, de la gestion et de la conservation de la majorité des ressources naturelles du Canada. Par conséquent, les mesures de conservation et la législation à cet égard varient d'une province à l'autre.

Les priorités en matière de conservation au Canada se sont dessinées dans le contexte d'un pays industrialisé dont la population, principalement urbaine, de plus de 28 millions d'habitants est en croissance rapide. Les ressources vastes mais limitées du pays doivent répondre à des besoins énormes et souvent incompatibles. La conservation fournit un cadre philosophique et conceptuel au sein duquel les ressources sont exploitées tout en respectant les besoins, les aspirations et les progrès de la société.

J.S. Maini et J.A. Carlisle

Conservation du patrimoine muséologique La conservation constitue une des quatre principales fonctions d'un musée, les trois autres étant l'acquisition, la recherche et la présentation. Elle procède de l'art ancien de la restauration et représente une réorientation fondamentale de la muséologie. Bien qu'il soit toujours nécessaire, en dernier ressort, de restaurer les objets endommagés, la conservation est axée sur la prévention plutôt que sur la réparation. Cette technique s'est développée parce que les curateurs et les restaurateurs se devaient de mieux comprendre la nature des objets qui leur étaient confiés. Cependant, ce n'est pas avant le XXe siècle que les grands établissements ont reconnu que la meilleure façon d'enrayer et de réparer les dommages est d'en connaître les causes exactes.

Le premier laboratoire de recherche en conservation voit le jour en 1919 au British Museum. D'autres laboratoires suivent aux États-Unis et en Europe occidentale. En 1950, l'Institut international pour la conservation des objets d'art et d'histoire (IIC) est créé dans le but de disséminer la masse grandissante de renseignements en matière de conservation aux scientifiques et aux restaurateurs. En 1958, l'Institut publie une explication intégrée des mécanismes sous-jacents à la détérioration des objets muséologiques. À partir de ce moment, des techniques préventives et palliatives se développent rapidement, et les établissements d'avant-garde s'emploient à circonscrire la détérioration causée par les facteurs de l'environnement (température, humidité, lumière, contaminants atmosphériques, activité biologique) ou par l'erreur humaine lors de la manipulation, du nettoyage, de l'entreposage, de l'exposition et du transport. La conservation repose sur la chimie et la physique des matériaux et de l'environnement, la biologie, l'histoire, l'anthropologie, la photographie, la radiographie, le génie et, finalement, l'histoire et les techniques de l'art et de l'architecture. Conséquemment, elle influence toutes les autres disciplines de la muséologie.

Depuis le XIXᵉ siècle, certains grands établissements du Québec et de l'Ontario emploient des restaurateurs sur une base occasionnelle, mais, en 1970, seuls quelques services permanents consacrés à la conservation de leurs collections avaient été instaurés à la Galerie nationale du Canada (1956; elle devient le MUSÉE DES BEAUX-ARTS DU CANADA en 1984), au MUSÉE ROYAL DE L'ONTARIO (1956), au Service de lieux historiques nationaux (1966), aux Archives publiques du Canada (1966), maintenant ARCHIVES NATIONALES DU CANADA, et, dans l'Ouest, au British Columbia Provincial Museum (1966), maintenant le Royal British Columbia Museum. Il y a donc, dans tout le pays, moins de 20 personnes qui travaillent à temps plein dans le domaine de la conservation. En 1971, ce petit noyau forme l'Association canadienne des restaurateurs d'art professionnels (ACRP) dans le but d'accréditer et de répertorier les conservateurs. L'année suivante, le groupe canadien de l'Institut international pour la conservation des objets d'art et d'histoire (IIC-GC) est formé afin d'assurer la diffusion de renseignements techniques et scientifiques.

En 1972, dans le cadre de sa politique en matière de culture nationale, le gouvernement fédéral met sur pied l'Institut canadien de conservation (ICC), dont la mission est d'offrir à toutes les galeries publiques et à tous les musées des services de traitement de conservation, de recherche et de formation. La même année, Parcs Canada regroupe ses services de conservation en une seule division chargée de servir la Direction des parcs et lieux historiques nationaux. Cependant, au début des années 70, l'absence d'installations de formation et, plus tard, les mauvaises conditions économiques entravent sérieusement l'expansion des services de conservation.

L'U. de Victoria donne le premier cours universitaire en conservation de 1970 à 1977. Cependant, le nombre de restaurateurs formés au pays ne devient suffisant que lorsque l'U. Queen offre un programme de maîtrise en 1974 et que le Sir Sandford Fleming College de Peterborough offre un certificat en techniques de conservation en 1976. En 1977, l'ICC offre un programme de stages aux personnes désirant une formation au titre de l'organisation des carrières.

Au cours des années 70, le British Columbia Provincial Museum acquiert une réputation nationale en se faisant le défenseur de la conservation et en offrant des services de formation et de consultation. Pendant toute cette décennie, des installations voient le jour dans plusieurs autres provinces: le GLENBOW MUSEUM, le Provincial Museum of Alberta, le Prince of Wales Northern Heritage Centre (Territoire du Nord-Ouest). Les archives du Nouveau-Brunswick, de l'Ontario, du Manitoba, de la Saskatchewan et de la Colombie-Britannique ont aussi leurs installations de conservation. En 1979, le Centre de conservation du Québec est le premier service gouvernemental provincial de conservation.

Entre-temps, le défi que présente, pour la conservation, les conditions climatiques et géographiques propres au Canada requiert une recherche plus poussée et des innovations. L'ICC met au point de nouvelles techniques allant du contrôle de l'environnement au traitement du bois gorgé d'eau et du fer corrodé. L'Institut explore l'utilisation de l'énergie lumineuse pour le nettoyage des objets, analyse les objets façonnés à des fins d'authentification, répond aux situations d'urgence et fournit, à l'échelle du pays, un service de laboratoire mobile. Des TOTEMS, de la côte du Pacifique aux îles de l'Arctique, en passant par les établissements BASQUES du Labrador, les restaurateurs des organismes provinciaux et fédéraux élaborent des solutions à des problèmes inconnus ailleurs.

En 1980, moins de 30 des 1500 organismes provinciaux de conservation emploient des restaurateurs. Il est évident qu'une aide financière et tech-

nique est nécessaire. En 1981, les MUSÉES NATIONAUX DU CANADA lancent le Programme d'appui à la conservation, administré par le Programme d'aide aux musées, qui prévoit des subventions salariales pour aider les établissements admissibles à créer des postes de restaurateurs. Le mandat de l'ICC est également révisé afin de répondre aux besoins de décentralisation des services nationaux de conservation. En dépit des difficultés financières, les organismes muséologiques ont réussi à établir des services de conservation non fédéraux dont l'effectif a doublé en quelques années.

À la fin des années 80, en collaboration avec son organisme sœur, le Réseau canadien d'information sur le patrimoine (RCIP), l'ICC met sur pied le Réseau d'information sur la conservation (RIC). Ce réseau informatisé donne accès à toutes les bibliothèques principales de conservation du monde ainsi qu'à une mine de renseignements sur la conservation. Pendant cette même période, l'ICC hérite de toute la documentation muséologique des Musées nationaux du Canada et crée le Centre de ressources muséologiques ainsi que la Bibliographie muséologique (BMUSE) qui donne accès, en ligne, à une banque de données bibliographique relative à ses propres collections et à celles du Centre d'information UNESCO-ICOM de Paris.

L'ICC continue également de fournir des services de traitement, de recherche, de formation, d'urgence et de consultation à tous les musées canadiens, aux galeries d'art et aux archives. Par l'entremise du Centre international pour la conservation de l'UNESCO, situé à Rome, l'ICC participe aussi à la formation dans les pays du Tiers-Monde, de l'Afrique à l'Océanie.

Que ce soit dans les publications, lors des conférences techniques annuelles ou par l'adoption d'un code de déontologie commun, les deux associations professionnelles (IIC-GC et ACRP) visent toujours les plus hauts standards. Le nombre de membres témoigne de leur succès: en 1994, elles comptent plus de 400 membres individuels et 128 établissements.

Malgré la récession économique et la diminution marquée de l'aide financière gouvernementale, la plupart des établissements culturels ont mis tous leurs efforts pour maintenir leurs services de conservation. De son côté, le secteur privé a maintenu sa croissance, et le Canada dispose d'un nombre substantiel de restaurateurs hautement qualifiés pouvant compter sur le meilleur appui technique et scientifique au monde.

Philip R. Ward

Conservation et restauration d'œuvres d'art (*Voir* CONSERVATION DU PATRIMOINE MUSÉOLOGIQUE)

Conservatisme On ne s'est jamais très bien entendu sur la définition du conservatisme. Au Canada, la gamme de ceux qui se désignent comme conservateurs va des partisans de la libre entreprise et d'un gouvernement restreint à ceux qu'on appelle les TORIES ROUGES, qui préconisent une intervention importante de l'État dans la vie sociale et économique du Canada.

Le conservatisme canadien tire son origine historique des «tories» britanniques de l'ère pré-industrielle. Il est renforcé par l'arrivée massive des LOYALISTES de l'Empire-Uni après la Révolution américaine. La plupart de ces loyalistes sont des monarchistes (*voir* MONARCHISME), partisans d'une société organisée et hiérarchique respectueuse de la loi et de l'ordre, idéaux auxquels adhèrent généralement les immigrants britanniques qui arrivent pendant la première moitié du XIXᵉ siècle. Les tendances conservatrices sont longtemps dominantes également au Canada français en raison de l'emprise de l'Église catholique et de la détermination d'un peuple conquis à préserver sa langue et sa culture.

Alors que la Déclaration américaine d'indépendance proclame le droit à «la vie, la liberté et la pour-

suite du bonheur», l'ACTE DE L'AMÉRIQUE DU NORD BRITANNIQUE constitutionnalise des principes de PAIX, D'ORDRE ET DE BON GOUVERNEMENT. Quels qu'en soient les autres aspects, le conservatisme est fondé sur le respect de l'autorité légitime, de la tradition et de la continuité. Cela n'empêche pas les réformes nécessaires, mais les conservateurs ne veulent pas que ces dernières découlent d'un raisonnement abstrait sans lien avec l'expérience commune. La plupart des conservateurs canadiens passés et actuels souscriraient à la maxime d'Edmund Burke: «L'homme d'État idéal, à mon avis, allierait la tendance à préserver et la capacité d'améliorer». Dès le début, toutefois, les principes de John Locke (1632-1704), fondateur de la philosophie empirique britannique et défenseur des libertés civiles et religieuses, sont jugés fondamentaux tant par les libéraux que par les conservateurs au Canada.

À compter de l'époque de sir John A. MACDONALD, les conservateurs sont prêts aux changements lorsque ces derniers sont indiscutablement nécessaires. Toutefois, comme l'écrit l'historien W.L. MORTON, «Les principes du conservatisme canadien n'ont pas changé. Il continue d'être traditionaliste, respectueux de la Constitution, progressiste et pragmatique. Il se soucie de la saine application des lois établies plutôt que de l'élaboration de nouvelles lois et du développement économique au lieu de la réforme politique».

Autrefois, les conservateurs canadiens tenaient beaucoup au maintien des liens avec la Grande-Bretagne, mais aujourd'hui, même l'attrait de l'appartenance au COMMONWEALTH n'a plus de poids en ce qui concerne la politique canadienne. Toutefois, la plupart des conservateurs canadiens (ainsi que beaucoup de libéraux et de socialistes) continuent de considérer le régime de monarchie parlementaire comme le meilleur moyen de garantir la liberté individuelle, la diversité culturelle et la cohésion sociale. Certains conservateurs canadiens ont aussi des tendances nationalistes marquées, en partie parce que la seule menace sérieuse à l'indépendance politique, économique et culturelle du Canada vient des États-Unis et non du Royaume-Uni, mais également parce que le NATIONALISME est fondé sur un attachement à l'histoire et à la tradition ainsi que sur un désir de conservation de l'identité collective, valeurs jugées suspectes par les libéraux, qui ont généralement une vision continentale et une attitude conciliante à l'endroit des États-Unis.

Depuis Macdonald, les gouvernements conservateurs ont introduit des programmes de bien-être social et lancé beaucoup d'entreprises publiques dans des domaines comme les transports, la radiotélévision, les banques, la mise en marché du grain et l'énergie hydroélectrique. Au pire, le conservatisme canadien est conformiste, autoritaire et ne tient pas assez compte des diversités raciales et régionales du Canada. L'attachement des conservateurs au principe de «paix, ordre et bon gouvernement» a suscité chez le public une perception selon laquelle ceux-ci, et particulièrement les Progressistes Conservateurs, forment une élite privilégiée, blanche, protestante et très à l'aise. Au mieux, le conservatisme canadien est humanitaire et pragmatique, sachant sacrifier l'idéologie en faveur d'un équilibre délicat entre les exigences contraires de l'ordre social et de la liberté individuelle.

Depuis l'élection de Margaret Thatcher comme première ministre du Royaume-Uni et celle de Ronald Reagan à la présidence des États-Unis, l'attrait du néo-conservatisme a sensiblement augmenté au Canada. Le gouvernement conservateur MULRONEY (1984-1993) a négocié un accord de LIBRE-ÉCHANGE avec les États-Unis (se détachant ainsi de l'aversion traditionnelle des conservateurs pour le resserrement des liens commerciaux sur le continent) et a cherché à réduire les interventions du gouvernement dans l'économie. Il a été fortement influencé par les principes de la théorie des choix publics et par la conviction que le gouvernement devrait se réorganiser en suivant les forces du marché.

Les élections de 1993 ont été marquées par la montée d'un autre parti qui se réclame de l'étiquette conservatrice: le PARTI RÉFORMISTE de Preston MANNING. Sur le plan électoral, ce parti a supplanté les Progressistes-conservateurs dans l'Ouest canadien et son POPULISME de droite, que Manning qualifie de conservatisme social, se veut la véritable idéologie conservatrice. Le gouvernement conservateur provincial de Ralph KLEIN en Alberta et celui de Mike HARRIS en Ontario appliquent également des programmes néo-conservateurs visant à réduire le rôle de l'État dans la société et l'économie.

Charles Taylor

Conservatoire de musique et d'art dramatique du Québec Il s'agit d'un réseau établi dans la province du Québec en 1942. En 1996, il comprend sept conservatoires de musique (Montréal, Québec, Trois-Rivières, Hull, Chicoutimi, Val-d'Or et Rimouski) et deux conservatoires d'art dramatique (Montréal et Québec). Premier conservatoire de musique et d'art dramatique en Amérique du Nord à être entièrement subventionné par l'État, il est fondé par Wilfrid PELLETIER dans le but de coordonner la formation professionnelle des compositeurs, des chanteurs, des instrumentistes et des acteurs. La normalisation provinciale des programmes d'études et des critères de sélection des professeurs est à l'origine d'un équilibre remarquable en ce qui concerne la qualité de l'enseignement et l'accès à une formation avancée sur l'ensemble du territoire. La décision de mettre en place du personnel à temps plein, en 1961, et l'ouverture d'écoles préparatoires de musique à Trois-Rivières, à Sherbrooke et à Arvida (Chicoutimi), en 1963 et en 1964, ont grandement contribué à l'essor de l'institution.

Deux grands principes régissent le conservatoire: l'admission par voie de concours et la gratuité d'un enseignement spécialisé destiné à former des professionnels.

À la suite d'une entente avec le ministère de l'Éducation et certains CEGEPS, le conservatoire peut délivrer un diplôme d'études collégiales (DEC) et un diplôme d'études supérieures (DES), ce qui permet aux titulaires de poursuivre leurs études à l'université.

Consommation, droit de la C'est la branche du droit qui s'intéresse à la fourniture des biens et services dans son sens le plus large, pour la consommation ou l'usage personnels des individus et de leur famille. Il se distingue du DROIT COMMERCIAL en ce que les parties qui s'engagent dans une opération commerciale visent un objectif lucratif, ou que l'opération s'inscrit dans une activité commerciale. Dans son acception moderne, le droit de la consommation n'existe que depuis une trentaine d'années. Son évolution reflète les mutations profondes des styles de vie et des produits et services offerts sur le marché moderne depuis la Seconde Guerre mondiale.

La montée du consumérisme repose en partie sur le passage en Amérique du Nord d'un style de vie agraire à un style de vie à prédominance urbaine, sur la production de masse et la prolifération de produits nouveaux et souvent très complexes, sur une société d'abondance caractérisée par des revenus discrétionnaires plus élevés et sur la croissance phénoménale du crédit à la consommation.

Les préoccupations relatives à la vulnérabilité des consommateurs ne sont pas nouvelles. On en trouve des allusions significatives dans la Bible (la condamnation de l'usure, p. ex.) et tout au long de l'histoire médiévale et moderne de l'Europe.

Au Canada, pour citer deux exemples importants, la *Loi sur l'intérêt* et la *Loi sur les aliments et drogues* sont nées de préoccupations du XIXᵉ siècle. Les problèmes contemporains liés à la consommation sont plus nombreux et plus complexes qu'avant la Seconde Guerre mondiale et, dans la plupart des cas, ils ne peuvent être résolus par les individus sans l'intervention de l'État ou d'un autre agent extérieur.

Au fédéral et dans les provinces, des ministères de la consommation et des services de protection du consommateur ont été rapidement mis sur pied à partir de 1965. Le ministère fédéral de la CONSOMMATION ET DES AFFAIRES COMMERCIALES a été créé en 1967. Ces changements institutionnels se sont accompagnés de l'adoption de nouvelles lois portant sur la protection du consommateur et de la révision de lois antérieures. En règle générale, les lois actuelles visent à atteindre l'un ou plusieurs des objectifs suivants.

Protection contre les produits dangereux Au nombre des lois fédérales, on compte la *Loi sur les aliments et drogues*, la *Loi sur les produits dangereux*, la *Loi sur la sécurité des véhicules automobiles* et la *Loi sur la sécurité des pneus de véhicule automobile*. Le consommateur est protégé de diverses manières telles que l'interdiction de la vente de produits dangereux, peu sûrs ou falsifiés, la restriction des ventes à des points de vente déterminés et sur ordonnance, ou l'établissement de normes de sécurité et de pureté des produits.

Protection contre les pratiques frauduleuses et trompeuses La *Loi sur les poids et mesures* adoptée par le Parlement est un des premiers exemples de ce genre de mesures législatives. Parmi les exemples plus récents, on peut citer la *Loi sur la concurrence*, qui comporte des dispositions importantes concernant la publicité trompeuse. Depuis 1974, un grand nombre de provinces ont également adopté des lois sur les «pratiques commerciales» et sur les «usages commerciaux» qui visent des objectifs semblables, mais qui prévoient des mesures d'exécution différentes.

Protection contre les contrats exorbitants De nos jours, beaucoup de contrats sont des contrats normalisés et contiennent parfois des conditions excessives ou déraisonnables. Le consommateur moyen ignore leur existence et serait impuissant à les modifier même s'il savait qu'elles y sont stipulées (*voir* CONTRAT, DROIT EN MATIÈRE DE). Les lois sanctionnant cette pratique et des abus semblables comprennent les lois sur les pratiques commerciales, mentionnées précédemment, ainsi que des dispositions relatives aux garanties et contenues dans les lois provinciales sur la protection du consommateur et dans la partie V de la *Loi sur les lettres de change* (Canada). Ces dernières dispositions portent sur l'usage des effets de commerce en matière de crédit à la consommation.

Meilleur accès à l'information Le consommateur actuel ne reçoit pas toujours l'information suffisante pour pouvoir faire un choix éclairé entre des produits ou des services concurrents, ou bien l'information lui est présentée sous une forme qui porte à confusion. Les dispositions relatives à la «vérité dans les prêts» que comportent les lois provinciales sur la protection du consommateur et la *Loi sur les banques* (Canada) (toutes ces lois sont maintenant désuètes) sont conçues pour fournir les informations nécessaires en matière de contrat de crédit à la consommation. D'importantes obligations de divulgation aux objectifs semblables se trouvent dans la *Loi sur l'emballage et l'étiquetage des produits de consommation* (Canada) et dans la *Loi sur l'étiquetage des textiles* (Canada).

Amélioration des sources de conseils et de l'accès aux services de résolution des conflits Les provinces ont établi des services de protection du consommateur pour fournir des conseils d'ordre général sur les problèmes liés à la consommation et recevoir les plaintes. Les centres de services juridiques communautaires (qui existent dans les grandes villes canadiennes) et, dans une certaine mesure, les programmes provinciaux d'aide juridique dispensent des conseils juridiques et d'autres formes d'aide aux personnes qui n'ont pas les moyens de retenir les services d'un avocat.

Dans le domaine judiciaire, la juridiction de la COUR DES PETITES CRÉANCES a considérablement augmenté en ce qui concerne le montant des réclamations. Il convient également de noter les mesures innovatrices importantes introduites au Québec dans la *Loi favorisant l'accès à la justice* (1971) et la *Loi sur le recours collectif* (1978, la première de son genre au Canada). L'Ontario et la Colombie-Britannique ont depuis adopté des lois sur le recours collectif.

Cette description des progrès législatifs réalisés depuis la guerre peut donner l'impression que le consommateur canadien est bien protégé de nos jours. Malheureusement, les apparences sont trompeuses, et le tableau est moins reluisant que ne pourrait le laisser croire cette énumération des lois. La difficulté principale vient du fait que la plupart de ces lois sont faiblement appliquées ou ne le sont pas du tout.

De plus, la formulation de certaines lois laisse fortement à désirer. La plupart des services provinciaux de protection du consommateur ont toujours été sous-financés. Depuis le début des années 1980, la situation s'est progressivement détériorée, et les gouvernements, tant fédéral que provinciaux, ont réduit sinon éliminé des programmes importants. Ainsi, en 1993, le gouvernement fédéral a «fusionné» le ministère de la Consommation et des Affaires commerciales et le ministère de l'Industrie. Selon la version officielle, ces mesures ont été prises dans un souci d'efficacité, mais il reste qu'elles attestent de la diminution de l'importance accordée à la protection du consommateur à l'échelle fédérale, un précédent que les provinces se sont empressées de suivre.

Certains critiques expliquent ce revirement après la période d'intense activité législative de l'après-guerre en alléguant qu'une bonne part de ces lois n'étaient pas réellement nécessaires ou que, dans certains cas, elles allaient trop loin. Une explication plus convaincante serait que les consommateurs, ne formant pas un groupe politiquement homogène, ne peuvent pas rivaliser avec les groupes aux intérêts opposés sur le plan de l'efficacité et des ressources, particulièrement pendant les périodes de difficultés économiques.

Jacob S. Ziegel

Consommation et Affaires commerciales Le ministère est créé en 1967 pour réunir sous l'autorité d'un seul ministre l'administration des politiques fédérales de réglementation du marché. Ses domaines de compétence comprennent la consommation, les sociétés et valeurs corporatives, les coalitions, fusions, monopoles et restrictions commerciales, les faillites et l'insolvabilité, les brevets, droits d'auteur, marques de commerce et dessins industriels ainsi que les programmes visant à promouvoir les intérêts des consommateurs canadiens. Le ministre, en tant que registraire général du Canada, est le gardien du grand sceau du Canada, du petit sceau du gouverneur général et des sceaux de l'administrateur et du registraire général du Canada. Le Bureau de la politique de concurrence du ministère inclut la Commission sur les pratiques restrictives du commerce. Le Bureau de la consommation se préoccupe du traitement équitable des consommateurs sur les marchés. Le Bureau des corporations établit en grande partie le cadre juridique qui régit les activités des entreprises. En 1993, le ministère est aboli dans le cadre d'une réorganisation des structures gouvernementales et ses attributions sont dévolues à d'autres ministères.

Norman Hillmer

Consommation, indice des prix à la C'est une mesure mensuelle des changements survenus dans les prix de détail des biens et services consommés par les Canadiens dans des localités de 30 000 personnes ou plus, partout au pays. Il s'agit d'un indice basé sur un «panier» de 375 biens et services (excluant les biens et services pour profit personnel, comme l'éducation ou les soins de santé, qui sont financés par le gouvernement) que des familles de deux à six personnes ayant des revenus annuels situés entre 4000 $ et 6000 $ auraient achetés en 1967. L'indice est aussi pondéré, en tenant compte des changements dans les prix de la nourriture et du logement. Les cœfficients de pondération propres à chaque catégorie d'articles sont périodiquement mis à jour pour refléter les changements dans les habitudes de consommation des Canadiens. L'IPC est publié mensuellement pour le Canada et pour 15 grandes villes, sur la base de 1986 comme année de référence (1986 = 100). L'année de référence est modifiée environ tous les dix ans. L'IPC au Canada a augmenté sérieusement, mais irrégulièrement depuis la Seconde Guerre mondiale: 50 p. 100 de 1945 à 1951; 50 p. 100 de 1951 à 1971; 137 p. 100 de 1971 à 1981; 32,4 p. 100 de 1981 à 1986 et 30,4 p. 100 de 1986 à 1993. En décembre 1993, la valeur de l'IPC était de 130,4, indiquant qu'un dollar de 1993 pourrait acheter des biens qui valaient 76,6 cents en 1986. Généralement, l'IPC est utilisé dans les clauses d'indemnité de vie chère et pour l'indexation de l'impôt sur le revenu et des prestations sociales.

Constantin-Weyer, Maurice, auteur (Bourbonne-les-Bains, France, 1881—Paris, id, 1964). Issu d'une famille bourgeoise, il effectue ses études à Langres, Paris, Coblence (Allemagne), puis chez les Jésuites d'Avignon où il se découvre un vif intérêt pour les Lettres. Après la mort de son père, grand blessé de guerre, et l'obtention de son baccalauréat (équivalent de la graduation; 1897), il s'inscrit en sciences à la Sorbonne, mais doit abandonner ses études à cause de la ruine de sa mère. Il part alors effectuer son service militaire à Toul, où il rencontre un officier qui lui vante les mérites du Canada. Après la publication de son recueil de poèmes, *Les Images* (1902), il décide de tenter sa chance au Nouveau Monde.

En 1904, il s'établit sur une terre à Saint-Claude (Man.) et exerce tour à tour les métiers de fermier, cow-boy et éleveur, trappeur, marchand de chevaux, commis de magasin, journaliste, etc. Autant d'expériences qu'il transposera et embellira dans ses œuvres. En 1910, il épouse une jeune Métisse, Dina Proulx, dont il aura trois enfants, mais la guerre de 1914-1918 le rappelle en France. Il s'y distingue héroïquement et reçoit plusieurs blessures (Médaille militaire, Croix de guerre, 1916; Chevalier de la Légion d'honneur, 1932). Apprenant que sa femme a refait sa vie durant son absence, il se marie en 1920 avec son infirmière, Germaine Weyer – qui lui donnera son nom de plume et deux enfants.

À partir de 1921, il embrasse une carrière de journaliste-écrivain et devient chef de rédaction du journal *Paris Centre*, à Nevers (1924), puis du *Journal de l'Ouest et du Centre*, à Poitiers (1927). L'année suivante, il obtient le prix Goncourt pour son roman, *Un homme se penche sur son passé*, qui raconte l'histoire, mi-fictive mi-autobiographique, d'un aventurier lancé à la poursuite de sa femme et de son amant dans le Grand Nord canadien. Jusqu'à l'âge de 77 ans, il multiplie articles, romans, essais, pièces de théâtre, biographies historiques, traductions, inédits, etc., tout en s'adonnant à la peinture. En 1931, il se retire à Orléans, puis à Vichy (1939). Après la mort de sa femme (1958), il vit entre Luxembourg et la capitale des eaux où il s'éteint en partie des suites de ses blessures de guerre.

Dès ses débuts en littérature, Maurice Constantin-Weyer avait choisi de mettre sa plume au service de l'Ouest du pays en brossant une série de «croquis» qui devaient constituer, à travers études de mœurs, descriptions de la nature et souvenirs personnels, une «vaste fresque canadienne»: *Vers l'Ouest* (1921); *Manitoba* (1924); *La bourrasque* (1925); *Cinq éclats de silex* (1927); *Cavelier de La Salle* (1927); *Clairière* (1929); *Napoléon* (1930); etc. Ils seront suivis de romans ayant pour cadre le Grand Nord, tel *Un sourire dans la tempête* (1934), savant mélange d'aventures, d'exotisme, de psychologie et de suspens.

Originale et inclassable, l'œuvre de Maurice Constantin-Weyer révèle non seulement de remarquables dons de conteur, mais des qualités d'observateur clinique de la nature et des êtres, attentif à pénétrer «les secrets du rythme de la Vie et de la Mort» (Roger Motut: *Maurice Constantin-Weyer, écrivain de l'Ouest et du Grand Nord*, des Plaines, 1982). Ses paysages, d'un réalisme poétique envoûtant, l'imposent comme le plus grand peintre des espaces sauvages de l'Ouest. Très apprécié par le grand public français de son époque, il est demeuré longtemps incompris par la critique canadienne qui ne lui pardonnait ni sa vision cruelle et manichéenne de la nature, ni ses portraits peu flatteurs et déformés des Métis et des colons. Au Manitoba, il a laissé l'image d'un homme énigmatique, indépendant et misanthrope, un tantinet hâbleur, peu porté sur les travaux de la terre. C'est qu'il préparait sans doute déjà l'ensemencement de sa terre intérieure...

Ismène Toussaint

Constantine, Charles, agent de la Police montée (Bradford, Yorkshire, 13 nov. 1849—Long Beach, Calif., 5 mai 1912). Jeune homme, Constantin immigre au Canada et participe à l'EXPÉDITION DE LA RIVIÈRE ROUGE, pour combattre Louis Riel et les Métis manitobains, en 1870. Il devient ensuite directeur de la Police provinciale du Manitoba et sert dans la RÉBELLION DU NORD-OUEST de 1885. Nommé inspecteur de la Police à cheval du Nord-Ouest (P.C.N.-O.), il est envoyé au Yukon, en 1894, pour enquêter sur les rapports d'abus commis par des mineurs. En 1895, il commande un détachement de 20 membres de la P.C.N.-O., envoyés au Yukon pour y appliquer la loi canadienne. C'est lui qui commande la police au moment de la découverte de l'or en 1896. À force de tact et de fermeté, il réussit à prévenir dans la région certaines atteintes à la souveraineté canadienne. En 1903, il dirige la première expédition de la police dans l'Arctique de l'Ouest, et établit des postes à Fort McPherson et dans l'île Herschel. Il meurt pendant un congé en Californie.

W.R. Morrison

Constitution Ce vocable a ainsi été défini: le système de lois et de conventions en vertu duquel un État est gouverné. La constitution, c'est la loi fondamentale d'un pays; c'est la loi des lois. Dans la plupart des pays, cette constitution est écrite. Toutefois, le Royaume-Uni a une Constitution en grande partie non écrite. Le Canada a une Constitution semblable en principe à celle du Royaume-Uni, mais, comme il a adopté le fédéralisme, une très grande partie de sa constitution est écrite, notamment la partie qui départage les compétences législatives entre les deux ordres de gouvernement. (*voir* PARTAGE DES POUVOIRS).

La PROCLAMATION DE 1763, l'ACTE DE QUÉBEC DE 1774, la LOI CONSTITUTIONNELLE DE 1791, l'ACTE D'UNION de 1840 qui ont précédé l'ACTE DE L'AMÉRIQUE DU NORD BRITANNIQUE de 1867 sont des lois constitutionnelles. D'autres lois constitutionnelles ont suivi: le Statut de Westminster de 1931 qui reconnut au Canada son indépendance, la Loi de 1982 sur le Canada et la Loi Constitutionnelle de 1982, qui ont effectué le rapatriement, et donné au Canada une Charte constitutionnelle des droits et libertés, et une formule générale d'amendement.

Depuis le 17 avril 1982, l'Acte de l'Amérique du Nord britannique de 1867 porte le nom de Loi constitutionnelle de 1867, et l'ensemble des Actes de l'Amérique du Nord britannique de 1867 à 1975 et la Loi constitutionnelle de 1982, le nom de Lois constitutionnelles 1867-1982.

La Constitution du Canada, définie à l'art. 52 de la Loi constitutionnelle de 1982, comprend d'autres textes législatifs et décrets, et elle est déclarée «la Loi suprême du Canada.»

Certains grands documents ou chartes britanniques font partie de notre Constitution: La Magna Carta de 1215, le Bill of Rights de 1689, la Petition of Rights de 1629 et l'Act of Settlement de 1701.

Dans le renvoi sur le rapatriement du 28 sept. 1981, la Cour suprême du Canada a déclaré que la Constitution est formée de trois éléments: les règles législatives, les règles de la Common Law et les conventions constitutionnelles. La Cour peut constater l'existence de ces dernières, mais ne les imposent pas. Si une convention est violée, le remède est politique et non juridique. Le principe du GOUVERNEMENT RESPONSABLE est un exemple de convention de la Constitution. Une convention «se situe quelque part entre un usage ou une coutume d'une part et une loi constitutionnelle de l'autre. Et la Cour suprême de déclarer: «L'objet principal des conventions constitutionnelles est d'assurer que le cadre juridique de la Constitution fonctionnera selon les principes ou valeurs constitutionnelles dominants de l'époque.»

On distingue souvent Constitution formelle et Constitution matérielle. La première, selon le professeur Jean-Charles Bonenfant, est «un document qu'on entoure d'une certaine vénération, qui a été élaboré dans des circonstances solennelles et qui ne peut être modifié sans suivre une procédure spéciale.» La seconde est «l'ensemble des dispositions qui prévoient l'organisation et le fonctionnement des mécanismes de l'État.»

Gérald-A. Beaudoin

Constitution, rapatriement de la Pendant 18 longs mois–du RÉFÉRENDUM DU QUÉBEC sur la SOUVERAINETÉ-ASSOCIATION (mai 1980) à la signature de «l'accord» constitutionnel entre le gouvernement fédéral et neuf provinces (novembre 1981)–la bataille politique pour «rapatrier» et réviser la CONSTITUTION canadienne fait rage, dominant les manchettes et les calendriers politiques de tous les gouvernements et des principales institutions du pays.

La bataille du rapatriement (terme purement canadien) de 1980-1981 est nourrie de l'échec d'un demi-siècle de diplomatie fédérale-provinciale et de la seconde chance inespérée du premier ministre Pierre Elliott TRUDEAU de réaliser son rêve lorsque le Parti libéral est reporté au pouvoir en février 1980, après seulement neuf mois de règne conservateur. La réforme constitutionnelle devient l'un des nombreux chevaux de bataille du gouvernement libéral. Apparemment par hasard, elle répond au référendum en cours au Québec, un combat politique que les libéraux n'avaient pas prévu livrer en tant que parti au pouvoir.

Pendant que Jean CHRÉTIEN fait campagne contre la souveraineté-association dans nombre de petites villes à la grandeur du Québec, Trudeau prononce quatre discours importants, au cours desquels il déclare: «Nous mettrons immédiatement en marche le mécanisme pour renouveler la Constitution et nous n'arrêterons pas avant que ce soit fait». Une déclaration juste assez vague pour éluder toute définition mais suffisamment inspirée pour stimuler le mouvement en faveur des forces fédéralistes. Concédant la défaite à la suite des résultats du référendum, le 20 mai 1980, le premier ministre du Québec, René LÉVESQUE, exige que le premier ministre fédéral remplisse immédiatement sa promesse. Trudeau s'empresse d'envoyer Chrétien en tournée éclair dans les provinces avec mission d'organiser une rencontre de tous les premiers ministres.

Au cours des semaines qui précèdent la réunion du 9 juin, Trudeau met sur pied une nouvelle équipe de conseillers constitutionnels et formule une nouvelle série de revendications fédérales. Les concessions qu'Ottawa avait été disposé à faire lors de l'échec de la tournée de négociations constitutionnelles de 1978 et de 1979 sont retirées. Le gouvernement fédéral abandonne ces concessions et, pour la première fois depuis l'échec de la conférence de Victoria en 1971, il revendique de nouveaux pouvoirs économiques, tout en insistant pour que les prétendus sujets de rapatriement dits «pour le peuple» et l'enchâssement d'une CHARTE CANADIENNE DES DROITS ET LIBERTÉS dans la Constitution ne soient pas l'objet d'un vulgaire marchandage politique.

Ce changement de tactique provoque la colère des premiers ministres. Ces derniers acceptent néanmoins de déclencher, au cours de l'été, une tournée pancanadienne où ministres, hauts fonctionnaires et attachés politiques se pencheront sur les 12 points à l'ordre du jour adoptés en vue d'une CONFÉRENCE DES PREMIERS MINISTRES prévue pour le début de septembre.

Toutefois, les positions respectives ont déjà commencé à se resserrer à l'approche de la conférence fédérale-provinciale du 8 septembre (la dixième ronde de négociations sur la réforme constitutionnelle depuis 1927). La veille de l'ouverture de la conférence, les premiers ministres ont en main, grâce à une fuite et au gouvernement québécois, une copie d'un document ultrasecret de 64 pages élaborant la stratégie de négociations d'Ottawa, baptisé mémorandum Kirby en l'honneur de son maître d'œuvre, Michael KIRBY, secrétaire du Cabinet responsable des relations fédérales-provinciales. Le document est distribué aux journalistes le deuxième jour de la rencontre, ce qui ne contribue qu'à envenimer une situation déjà tendue.

Pendant quatre jours, sous le feu des réflecteurs et des caméras de télévision, les 11 chefs de gouvernement exposent, parfois de façon impressionnante, leurs visions fort divergentes du Canada, visions qu'ils réaffirment en privé, lors de réunions de coulisses. Les positions irréductibles des participants entraînent l'inévitable échec de la conférence. Le 2 octobre, après avoir consulté son caucus et son cabinet, Trudeau annonce, comme il fallait s'y attendre, qu'Ottawa présenterait une requête unilatérale au Parlement britannique. Le gouvernement fédéral se propose aussi d'avancer la date de la rentrée parlementaire et d'adopter la résolution avant Noël de façon à éviter une opposition importante.

Le Nouveau Parti démocratique (NPD), sous la direction d'Edward BROADBENT, donne son appui provisoire au projet, bien que cette décision provoque la scission de son caucus, essentiellement entre les régions de l'Est et celles de l'Ouest. Les conservateurs fédéraux, sous le leadership contesté de Joe CLARK, s'opposent au projet et utilisent toutes les procédures à leur disposition pour retarder l'adoption de la résolution. Cette dernière se trouve finalement devant la COUR SUPRÊME DU CANADA à la fin du printemps 1981. Lorsque les libéraux invoquent la CLÔTURE du Parlement pour que la résolution soit étudiée en COMITÉ PARLEMENTAIRE, une poignée de conservateurs se précipitent sur le président de la Chambre, brandissant le poing et demandant à être entendus.

Le débat constitutionnel offre à Clark un cheval de bataille qui lui permet de consolider son leadership et de mettre de l'avant sa conception du pays, celle d'une «communauté de communautés». Sa prise de position met cependant en évidence le fossé qui sépare les conservateurs fédéraux de leurs influents cousins ontariens. Le premier ministre de l'Ontario, William DAVIS, et celui du Nouveau-Brunswick, Richard HATFIELD, tous deux conservateurs et les deux seuls à avoir participé à la conférence avortée de Victoria en 1971, donnent leur appui au projet du premier ministre.

La résolution constitutionnelle, dont le cœur est la charte, est présentée à un comité mixte du Sénat et de la Chambre des communes où elle est sévèrement critiquée. Premier comité mixte à tenir une séance publique télévisée, il reçoit 914 mémoires présentés par des particuliers et 294 mémoires présentés par des groupes. Il siège 267 heures sur une période de 65 jours, et c'est en grande partie à cause de ces délibérations que la première charte fut réécrite 5 fois de façon substantielle. Les révisions incluent des dispo-

sitions sur les droits des autochtones, l'égalité des sexes et l'égalité des droits pour les personnes handicapées. Le Parti conservateur recommande la validation des «droits de propriété», mais les libéraux rejettent cette proposition puisque leurs alliés du NPD s'y opposent.

Les six provinces dissidentes qui s'opposent le plus énergiquement au projet (Québec, Alberta, Manitoba, Île-du-Prince-Édouard, Terre-Neuve et Colombie-Britannique) s'unissent pour former un front commun. La Saskatchewan et la Nouvelle-Écosse finissent par se joindre au groupe mené par les «irréductibles» du Québec (René Lévesque), de l'Alberta (Peter LOUGHEED) et du Manitoba (Sterling LYON). Ce groupe, surnommé le «groupe des Huit», porte la résolution devant les cours d'appel du Manitoba, du Québec et de Terre-Neuve et lance une campagne de publicité contre la résolution au Canada et en Grande-Bretagne, où il exerce des pressions soutenues sur les membres du Parlement. Ces pressions sur le gouvernement britannique provoquent des tensions entre les deux gouvernements.

Entre-temps, la RÉSOLUTION D'AMENDEMENT DE LA CONSTITUTION (1981) poursuit son tortueux chemin devant les tribunaux. En février 1981, la Cour d'appel du Manitoba, par 3 voix contre 2, donne raison à Ottawa. En avril, la Cour d'appel du Québec, dans une décision de 4 voix contre 1, donne également raison à Ottawa. Par contre, quelques semaines auparavant, les trois juges de la Cour suprême de Terre-Neuve avaient condamné la procédure fédérale à l'unanimité. Le jugement de Terre-Neuve est rendu pendant que les Communes sont embourbées dans les tactiques de procédure de l'Opposition et pendant que les huit premiers ministres dissidents sont en train de préparer leur propre conférence en vue de signer un «accord» constitutionnel de rechange qui limiterait la demande à l'Angleterre à un simple rapatriement, accompagné d'une formule d'amendement dont le premier ministre Lougheed est l'ardent promoteur.

Trudeau consent soudainement à soumettre sa résolution au jugement de la Cour suprême, mais refuse de rencontrer les premiers ministres dissidents lorsqu'ils se présentent à Ottawa le 16 avril 1981. Il tourne en ridicule leur «Accord d'avril», accord dans le cadre duquel le premier ministre du Québec, René Lévesque, a accepté une formule d'amendement qui ne prévoit pas de droit de veto pour sa province.

Le 28 septembre, la Cour suprême rend son jugement. Elle reconnaît qu'Ottawa peut légalement présenter cette requête au Parlement britannique tout en estimant que la résolution va à l'encontre des «conventions» constitutionnelles développées au Canada au fil des ans, coutumes importantes mais qui ne peuvent être sanctionnées par les tribunaux. La cour décide, par 7 voix contre 2, qu'il n'existe aucune limite juridique «au pouvoir des Chambres d'adopter des résolutions».

Par contre, ces mêmes juges, à 6 contre 3, estiment que, dans le cas de toute proposition d'amendement qui limite la juridiction provinciale, la présentation unilatérale d'une résolution commune sans un «consensus» des provinces constitue une violation de la convention constitutionnelle. Bien que cette façon de procéder relève de la convention et non de la loi, la cour est d'avis que les conventions constitutionnelles revêtent une très grande importance, qu'elles font partie intégrante de la Constitution, que «la convention constitutionnelle plus la loi constitutionnelle égalent la somme de la Constitution de ce pays». Cette décision partagée, interprétée comme une victoire embarrassante par les deux parties, provoque une dernière ronde de négociations fébriles et la conférence du 2 novembre que le premier ministre en vient à qualifier de «conférence de la dernière chance».

Le premier jour de la conférence de quatre jours, le fédéral semble prendre l'initiative quand Davis et Hatfield présentent des propositions de compromis:

Davis de renoncer au droit de veto traditionnel de l'Ontario et Hatfield de retarder de deux ans l'adoption de certaines dispositions de la charte. Après une première ronde de déclarations publiques, les premiers ministres et leurs stratèges poursuivent leurs discussions dans un salon privé situé au dernier étage du centre de conférences. Le deuxième jour, la conférence officielle tourne au vinaigre et est ajournée à midi.

Le front commun des Huit, dans sa suite de l'hôtel Château Laurier, discute d'un vague projet de compromis proposé par le premier ministre de la Colombie-Britannique, William BENNETT. Bennett, Lougheed et le premier ministre de la Nouvelle-Écosse, John BUCHANAN, soumettent ce projet à Trudeau qui le rejette au cours d'une confrontation houleuse. Le troisième jour, le premier ministre de la Saskatchewan, Allan BLAKENEY, présente sa propre proposition. Le premier ministre du Manitoba, Sterling Lyon, part en campagne électorale à la fin de la journée. René Lévesque, qui s'apprête à partir lui aussi, accuse Blakeney de briser l'alliance défensive.

La proposition de Blakeney tombe à plat à la table de conférence, mais une remarque de Trudeau, en apparence spontanée, laissant entendre qu'il était possible que seul un référendum puisse mettre fin à l'impasse, reçoit, au grand déplaisir de tous ses homologues provinciaux, l'appui inattendu et enthousiaste de Lévesque. On consacre presque la journée entière à discuter des possibilités de tenir un référendum, et un Trudeau quelque peu moqueur annonce aux journalistes, dans l'après-midi, qu'il y a une nouvelle entente Québec-Ottawa.

Pendant ce temps, divers ministres de différentes provinces tiennent des réunions privées pour discuter d'autres options. Trois ministres de la Justice (Chrétien, Roy ROMANOW de la Saskatchewan et Roy McMurtry de l'Ontario) échangent des notes ce matin-là. Au cours de la discussion de l'après-midi sur les procédures de référendum, Chrétien et Romanow se retirent à l'abri des indiscrets dans une arrière-cuisine du centre de conférences.

C'est durant ce qu'on appelle la «réunion de cuisine» qu'on échange les bouts de papier qui constituent, avec ceux du premier ministre de Terre-Neuve, Brian PECKFORD, et ceux de son homologue albertain, Peter Lougheed, la base d'un éventuel compromis. Cette nuit-là, des fonctionnaires des délégations de la Saskatchewan, de la Colombie-Britannique, de l'Alberta et de Terre-Neuve négocient un compromis d'une page, comprenant leur formule d'amendement préférée (connue alors comme la formule Alberta-Vancouver) et une clause dite *nonobstant* pour limiter les effets de la Charte des droits.

Tous les autres participants sont tenus au courant de leurs progrès, à part Lyon, qui est en campagne électorale, et Lévesque, qui soupe tard avec son personnel. Le lendemain matin, le «marché» est d'abord présenté à Lévesque au petit déjeuner, puis au premier ministre Trudeau, de façon formelle, à la table de conférence. Après quelques modifications mineures, le sort en est jeté. Lévesque se plaint amèrement, refuse de signer l'accord et tente en vain de pousser Trudeau à adopter l'option du référendum.

Le 5 novembre, la bataille constitutionnelle est pratiquement terminée. Dans les semaines qui suivent, les autochtones et les groupes de femmes font des pressions sur le gouvernement et réussissent à faire réinscrire certaines clauses qu'on avait laissé tomber dans le compromis de la «nuit des longs couteaux». La résolution est acheminée à Londres pour y recevoir une approbation relativement rapide, et la reine Élisabeth II vient au Canada pour proclamer la nouvelle *Loi constitutionnelle* sur la colline parlementaire le 17 avril 1982.

Le même jour, Lévesque quitte Ottawa en prédisant de sinistres conséquences pour la Confédération. «Agir à la canadienne», dit-il, reprenant l'expression que ses homologues avaient utilisée pour proclamer leur compromis, consiste à «abandonner le Québec au moment crucial». Il faudra encore cinq ans avant que les provinces arrivent à négocier une entente qui vise à obtenir l'appui du Québec pour la nouvelle constitution. Les interlocuteurs ne seront plus les mêmes alors: Robert BOURASSA sera premier ministre du Québec et Brian MULRONEY, premier ministre du Canada. (*Voir aussi* ACCORD DU LAC MEECH; ACCORD DU LAC MEECH: DOCUMENT.)

Robert Sheppard

Constitution, résolution d'amendement de la (1981)

Comme prélude au rapatriement de la Constitution, la Cour suprême du Canada fut amenée à se prononcer sur la teneur d'une Résolution des deux chambres fédérales comprenant une Charte des droits et libertés, une formule d'amendement constitutionnel et certaines modifications à la Constitution. Une majorité de juges en vint à la conclusion que la résolution pouvait juridiquement être adoptée par les deux Chambres sans l'accord des provinces. Toutefois six des neuf juges conclurent que, selon une convention constitutionnelle, l'autorité fédérale devait, avant de procéder, recevoir un appui substantiel des provinces, quoique pas nécessairement unanime. L'appui de deux provinces, en l'instance, ne suffisait pas; sur le plan conventionnel, la résolution était donc inconstitutionnelle. La Cour peut constater l'existence d'une convention constitutionnelle, mais elle ne peut pas imposer cette dernière. Le remède à la violation d'une convention constitutionnelle est politique et non pas juridique.

Gérald-A. Beaudoin

Construction, histoire de l'industrie

Les premières structures permanentes de PORT-ROYAL sont érigées en 1605 par des artisans français avec des matériaux locaux. En 1607, ils construisent tout près, sur la rive de la rivière L'Equille, le premier moulin à eau en Amérique du Nord pour faciliter la mouture de la première récolte locale de maïs. Les grands travaux commencent alors en même temps que la construction résidentielle et l'agriculture. Pendant presque 200 ans, les petites colonies de Nouvelle-France et d'Acadie utilisent de simples structures en bois. Les petits moulins à eau ou à vent fournissent l'énergie. De simples pistes servent de ROUTES. Occasionnellement, on a recours à la construction en pierres de maçonnerie pour quelques belles maisons et pour certaines églises, mais surtout pour les FORTIFICATIONS militaires comme à LOUISBOURG et au FORT PRINCE-DE-GALLES.

En 1779, des ingénieurs militaires du régiment britannique des Royal Engineers entreprennent, à la demande du gouverneur Haldimand, les premiers travaux publics (de petites écluses) aux rapides de Soulanges, en bordure du fleuve Saint-Laurent. Le percement du canal Grenville sur la rive de la rivière des Outaouais est un des premiers travaux publics d'importance; entrepris en 1819 par un autre régiment britannique, le Royal Staff Corps, ce canal est ouvert en 1834. Il faisait partie de la route militaire d'emprunt, entre Montréal et Kingston en Ontario, qui était devenue nécessaire après la guerre de 1812.

La partie principale de la route d'emprunt est le CANAL RIDEAU, une voie d'eau longue de 200 km entre Bytown (Ottawa) et Kingston, et qui comprend 47 écluses et 50 barrages. Le canal est construit au pic et à la pelle en seulement cinq saisons de travail (1826-1832) par des entrepreneurs civils et deux compagnies du Royal Sappers and Miners (Royaume-Uni) sous la direction du Royal Engineers. Il est encore utilisé tel qu'il a été construit à l'origine.

La construction complète du canal, mais surtout celle de son barrage à grandes arches de Jones Falls, est une réalisation surprenante pour l'époque. Pour ces grands travaux, effectués par contrat, on utilisait le système de contrat qui est essentiellement le même de nos jours. L'apport du Royal Engineers au développement du Canada est considérable; la ROUTE CARIBOO, en Colombie-Britannique, est l'une de

ses plus remarquables réalisations. Cependant, avec l'arrivée des CHEMINS DE FER, le développement s'accélère: les ingénieurs civils assument de plus en plus la responsabilité de la conception, et les entrepreneurs canadiens améliorent régulièrement leur compétence.

La grande époque de la construction de chemins de fer commence dans les années 1850. Un important entrepreneur britannique travaille au GRAND TRUNK PACIFIC RAILWAY, alors que des entrepreneurs canadiens sont entièrement responsables de la construction de l'INTERCOLONIAL RAILWAY (1868-1876) qui relie Halifax à Montréal et, plus tard, de celle du CANADIEN PACIFIQUE terminée en 1885. Les entrepreneurs canadiens démontrent leur savoir-faire en construisant, de 1868 à 1874, le Hoosac Tunnel au Massachusetts qui demeure le plus long tunnel ferroviaire à l'est du Mississippi. La fondation d'associations de constructeurs à Halifax (1862) et à Toronto (1867) souligne la maturité de cette profession.

En 1860, l'inauguration du pont Victoria, qui enjambe le Saint-Laurent à Montréal, est un événement mémorable dans l'histoire de la construction canadienne. Des marteaux-pieux à vapeur sont utilisés pour l'érection des jetées; le laborieux forage manuel cède la place aux perforatrices de roches à vapeur; l'utilisation de pelles à vapeur facilitent énormément les opérations d'excavation. Le béton de masse commence à remplacer la maçonnerie: il s'agit d'abord des ciments naturels de fabrication canadienne, qui seront remplacés vers la fin du siècle par le ciment Portland, fabriqué aussi au Canada. Le fer forgé utilisé pour la première superstructure tubulaire du pont Victoria est remplacé par l'acier de renforcement au tournant du siècle. Ainsi les principaux matériaux et équipements de construction modernes servaient déjà au tournant du siècle. Par la suite, les progrès dans le domaine se situent au niveau de l'envergure des travaux plutôt qu'au niveau de leur nature, sauf pour l'énergie motrice récemment passée de la vapeur aux moteurs à explosion.

La construction de canaux occupe obligatoirement une grande place dans l'histoire de la construction au Canada, à cause de l'importance des voies de navigation dans l'économie nationale. Avec des écluses de la dimension de celles de la VOIE MARITIME DU SAINT-LAURENT moderne, le quatrième CANAL WELLAND, qui a ouvert partiellement en 1913 et complètement à partir de 1932, est une autre réalisation d'importance. Les écluses jumelées en série de Thorold, en Ontario, ont fait les annales. Le contrat de cette gigantesque structure de béton massif, avec ses six écluses, d'une longueur de près d'un kilomètre, a été accordé à une entreprise de construction canadienne réputée.

Les entrepreneurs canadiens ont beaucoup innové dans plusieurs domaines. Les usines d'énergie hydroélectriques canadiennes, parmi les plus importantes au monde, ont souvent été construites dans des lieux éloignés où la logistique était extrêmement importante (*voir* CHUTES CHURCHILL; PROJET DE LA BAIE JAMES). Les Canadiens ont aussi apporté des innovations importantes dans la construction de PONTS et fait preuve de talents particuliers dans la construction d'immeubles sur des espaces urbains restreints. Le climat canadien présente ses propres défis, et les méthodes de construction hivernale canadiennes sont connues et admirées dans le monde entier. Un travail remarquable a aussi été réalisé avec la construction de routes, souvent en régions éloignées (*voir* ROUTE DE L'ALASKA). Au début de la Seconde Guerre mondiale, le Corps royal de génie canadien a construit une voie de déviation dans le Surrey, en Angleterre, en un temps record jusqu'alors jamais vu au Royaume-Uni. C'est non seulement une contribution exceptionnelle, mais la preuve que l'élève est devenu le maître. (*Voir aussi* ARCHITECTURE; INGÉNIERIE, HISTOIRE

DE L'; MÉGAPROJETS; DESIGN D'ENVIRONNEMENT.)

R.F. Legget

Construction, industrie de la

Principale industrie du Canada, elle englobe la majorité des activités de construction au pays. Elle assure la construction d'une grande diversité de bâtiments, allant des maisons aux gratte-ciel, des écoles et des hôpitaux aux usines et aux centres commerciaux. Elle mène aussi à bonne fin une grande variété de projets d'INGÉNIERIE, allant des autoroutes aux centrales nucléaires, des barrages et des travaux de dragage aux installations pétrochimiques et aux PIPELINES.

Les membres de l'industrie de la construction mettent en œuvre la plus grande part des investissements en capitaux de toutes les autres industries, des gouvernements, des entreprises et des particuliers. La construction est donc à la fois une industrie de production, fournissant les moyens physiques de logement et de développement industriel, et une INDUSTRIE DE SERVICE, puisqu'une grande partie du travail s'effectue pour répondre aux commandes et aux décisions d'investissement des autres.

La construction est l'activité industrielle la plus importante au Canada en termes de valeur et d'emplois. En 1996, la valeur des projets de construction au pays est estimée à 104,5 milliards de dollars. L'industrie emploie directement plus de 750 000 personnes, c.-à-d. qu'elle fournit plus de 5 p. 100 de tous les emplois au Canada. Un plus grand nombre encore travaille dans la production, le transport et la mise en marché des matériaux de construction et du matériel.

Les activités de la construction font appel à diverses fonctions depuis la conception jusqu'à la mise en service. Dans la majorité des cas, les propriétaires lancent les projets de construction, acquièrent les emplacements nécessaires et organisent le financement. Une équipe de conception, composée de l'architecte ou de l'ingénieur-conseil et de leurs consultants spécialisés, prépare une description détaillée et les plans de la conception du projet.

Les entrepreneurs généraux ou maîtres d'œuvre assument la responsabilité de la coordination des activités de construction et de l'achèvement du projet. Des entrepreneurs spécialisés ou sous-traitants effectuent les travaux relevant de leurs domaines de spécialité respectifs, comme la mécanique, l'électricité, la menuiserie, etc. Les fabricants et les fournisseurs regroupent les importateurs, les grossistes et les détaillants qui se consacrent à la production et à la mise en marché de milliers d'articles de construction.

Industrie moderne Après la baisse de la construction pendant la Crise des années 30, la Seconde Guerre mondiale provoque une reprise de l'activité au Canada. Les réalisations notables pendant cette période sont la construction d'une usine de caoutchouc synthétique à SARNIA, en Ontario, et de nombreux aérodromes nécessaires au Programme d'entraînement aérien du Commonwealth. Cette expansion rapide de la construction en temps de guerre et la capacité de l'industrie d'exécuter des projets rapidement et efficacement marquent les débuts de l'industrie moderne de la construction au Canada.

La construction continue de progresser durant l'après-guerre et connaît alors une augmentation remarquable de l'ampleur et de la complexité de nombreux projets individuels. P. ex., le boom du logement de l'après-guerre voit le développement de projets domiciliaires comprenant des centaines d'unités dans des complexes de grands immeubles d'appartements et des cités entières.

Un nouveau marché de la construction se développe dans le Nord du Canada grâce à la construction des installations de défense de la LIGNE DE RADARS AVANCÉS, à l'EXPLOITATION MINIÈRE et d'autres ressources et au développement des transports. Dans le Sud du Canada, la ROUTE TRANS-

CANADIENNE et la VOIE MARITIME DU SAINT-LAURENT sont finalement achevées.

Le Canada est renommé depuis longtemps pour ses projets hydroélectriques de grande envergure, comme celui des CHUTES CHURCHILL et le PROJET DE LA BAIE JAMES; à ces projets s'ajoutent des centrales nucléaires et thermiques. Toutefois, le changement le plus marquant attribuable à l'industrie de la construction à cette époque est probablement l'apparition de nouveaux gratte-ciel dans les cités et les villes du Canada.

Pendant de nombreuses années après la guerre, la répartition des activités de construction selon les régions demeure constante: un tiers ou plus se situent en Ontario, un quart au Québec et un dixième en Colombie-Britannique. Toronto et Montréal, alors les principaux centres des activités de construction, représentent environ 25 p. 100 du total. De la même façon, la répartition par secteur ne change pas: résidentiel, 30 p. 100; autres bâtiments, 30 p. 100; grands travaux, 40 p. 100.

Dans les années 70, on assiste à un déplacement significatif vers l'Ouest du Canada et vers le secteur des grands travaux. En 1981, la valeur de la construction en Alberta équivaut à celle de l'Ontario (25 p. 100), la part de la construction résidentielle tombe à 25 p. 100 et celle des grands travaux passe à près de 50 p. 100.

La valeur totale des activités de construction au pays s'élève à un chiffre record de 100 milliards de dollars en 1990. En raison de la récession prolongée, on atteint une nouvelle fois cette valeur seulement en 1996. Cette année-là, on dépense 104,5 milliards de dollars dans la construction au Canada: 85,6 p. 100, soit 89,5 milliards, en nouvelles constructions et 14,4 p. 100, soit 15 milliards, en rénovations. Dans les nouvelles constructions, 45,1 p. 100, soit 40,3 milliards, sont résidentielles; 20,5 p. 100, soit 18,4 milliards, non résidentielles; et 34,4 p. 100, soit 30,7 milliards, en grands travaux.

En 1995, en raison de compressions budgétaires à la grandeur du pays, seulement un cinquième de la valeur de la construction au Canada est financé directement par les ministères ou les agences des gouvernements fédéral, provinciaux et municipaux. En plus du marché canadien, les promoteurs, les entrepreneurs et les concepteurs canadiens développent un marché d'exportation considérable, particulièrement aux États-Unis. Le bois d'œuvre, les panneaux de gypse et les maisons préfabriquées viennent en tête des produits d'exportation de l'industrie de la construction.

Associations Les organisations volontaires dans l'industrie de la construction se constituent d'après leur spécialité définie selon un métier, un produit, le genre de projet, le type de service ou un intérêt, et leur coordination s'étend à toute l'industrie ou à l'intérieur d'un secteur. Les associations d'employeurs, les sociétés professionnelles et les syndicats ouvriers sont organisés et opèrent à l'échelle locale, régionale, provinciale et nationale.

Le regroupement d'employeurs le plus important est l'Association canadienne de la construction (ACC), qui a conservé son siège social à Ottawa depuis sa constitution en 1919. L'ACC représente les entrepreneurs généraux en bâtiment et en travaux d'ingénierie, les entrepreneurs spécialisés, les entrepreneurs industriels, les fabricants et les fournisseurs de matériaux de construction et de matériel divers, les sociétés professionnelles et les entreprises de services reliées à l'industrie.

En pratique, chaque composante importante de l'industrie possède son propre organisme national qui veille sur ses intérêts particuliers. Le secteur de la construction domiciliaire est représenté par l'Association canadienne des constructeurs d'habitations, l'Institut canadien d'aménagement urbain et l'Institut canadien des compagnies immobilières publiques. Les regroupements d'entrepreneurs spécialisés comprennent l'Institut canadien de la

construction en acier, la Pipe Line Contractors Association, l'Association des entrepreneurs en mécanique et l'Association canadienne des entrepreneurs électriciens. Parmi les associations reliées aux produits, on trouve l'Association canadienne du ciment Portland, le Conseil canadien du bois, la Société des industries du plastique du Canada et l'Institut canadien du chauffage, de la climatisation et de la réfrigération. Le Comité canadien des documents de construction, représentant cinq organismes nationaux importants, établit les formulaires normalisés pour divers contrats de construction et les appels d'offres qui y sont reliés ainsi que des guides administratifs.

Le caractère traditionnel de nombreux métiers de la construction et la connaissance du système de guildes européen ont mené aux premières créations de syndicats ouvriers dans l'industrie canadienne de la construction. À certaines exceptions notables près, les syndicats des métiers de la construction se sont organisés d'après le type d'activité et se sont affiliés à des syndicats américains ou britanniques. Les syndicats locaux des employés de la construction fonctionnent surtout sur la base de statuts délivrés par des syndicats internationaux ayant leur siège social aux États-Unis.

Ils sont affiliés au Département des métiers de la construction de l'American Federation of Labour-Congress of Industrial Organizations (AFL-CIO) et à la Fédération canadienne du travail ou au Congrès du Travail du Canada. Le Département des métiers de la construction a un conseil de direction canadien et un bureau d'administration au Canada. Les conseils des métiers de la construction, représentant certains de ces syndicats internationaux, fonctionnent sur des bases régionales ou provinciales dans tout le pays.

Au Québec, les syndicats internationaux appartiennent au Conseil provincial du Québec des métiers de la construction. Parmi les autres regroupements québécois, on note la Confédération des syndicats nationaux (CSN-construction) et la Centrale des syndicats démocratiques (CSD). Les syndicats représentent les divers métiers de la construction. La Christian Labour Association of Canada représente un certain nombre de regroupements locaux d'employés de la construction en Ontario et dans l'Ouest du Canada.

Formation et éducation La formation professionnelle organisée pour les métiers de la construction s'inscrit dans le cadre de programmes de formation en APPRENTISSAGE. L'enseignement des métiers se donne aussi dans les écoles techniques et dans des cours par correspondance. Les cours de technicien en construction sont couramment offerts par des instituts de technologie, et des cours spéciaux sont dispensés pour le personnel surveillant.

La complexité croissante des activités de construction conduit à une augmentation substantielle du nombre de personnes formées professionnellement pour des fonctions de gestion et de surveillance. Des universités ont des centres spéciaux d'études en bâtiments et de génie en bâtiments. Au Canada, en 1998, 16 chaires universitaires se consacrent à des sujets reliés à la construction.

S.D.C. Chutter

Construction navale et réparation de navires

Elles comptent parmi les plus anciennes industries canadiennes. Le besoin de navires s'est fait sentir assez tôt à cause des grandes voies navigables de l'intérieur, de l'étendue des littoraux, de l'importance de la pêche, puis de la nécessité d'exploiter des réserves abondantes de bois de charpente et de transporter le pétrole découvert au large des côtes ainsi que d'exporter les richesses naturelles. Même si les Canadiens ont démontré leur savoir-faire de haute qualité dans ces domaines, et qu'ils ont même parfois proposé des innovations à l'échelle internationale, l'industrie a connu des hauts et des bas.

Les premiers VOILIERS construits dans ce qui est aujourd'hui le Canada sont deux petites embarca-

tions lancées à PORT-ROYAL, en Acadie, par François Gravé du Pont en 1606. Le premier navire de mer enregistré, le *Galiote*, est construit en NOUVELLE-FRANCE en 1663. On continue de construire quelques navires à Québec, sous l'intendant Jean TALON, entre autres, et l'industrie navale est toujours florissante en 1715 malgré le mercantilisme qui décourage l'entreprise dans la colonie. Avec l'appui du ministre français de la Marine, de Maurepas, l'intendant Hocquart donne son élan à cette industrie en établissant un chantier naval sur la rivière Saint-Charles en 1732.

La construction de 10 navires marchands cette année-là constitue le véritable début de cette industrie canadienne. Ces navires marchands impressionnent le gouvernement français qui commande la construction de navires de guerre pour la Marine française, et d'un bâtiment de ligne armé de 70 canons qui sera construit en 1750.

En 1677-1678, Cavelier de LA SALLE lance l'idée d'un système de transport sur les Grands Lacs avec la construction d'une «barque» de 10 tonneaux à un pont, le *Frontenac*, et trois autres laisseaux destinés à la navigation sur le lac Ontario. Cette réalisation est éclipsée par la construction, en 1679, à Cayuga Creek sur la rivière Niagara, de l'infortuné GRIFFON mesurant 20 m de long, jaugeant environ 60 tonneaux, dont la mission consiste à étendre le commerce des fourrures au nord des Grands Lacs. Entre 1732 et 1745, on construit encore quelques vaisseaux: 6 pour le lac Ontario et 1 pour le lac Supérieur. Durant la guerre de Sept Ans, la flotte de guerre française sur le lac Ontario comprend quatre vaisseaux dont deux corsaires, le *Marquise de Vaudreuil* armé de 14 canons et le *La Hurault* armé de 12 canons, mis à l'eau respectivement en 1756 et 1755.

Après la Conquête, l'approvisionnement facile en bois de charpente utilisable pour la construction de navires attire les artisans et les charpentiers navals dans les colonies. Au cours de ses voyages, vers 1807, George HERIOT constate qu'on construit, à Québec, des navires jaugeant de 50 à 1000 tonneaux et, à Kingston, des navires marchands. La GUERRE DE 1812 provoque une soudaine poussée de la construction navale. Le *Saint-Laurent*, construit à Kingston en 1814, est un vaisseau à 3 ponts, portant 102 canons, qui est encore plus grand que le *Victory* de Nelson.

Le début du XIXe siècle connaît une croissance rapide de la construction navale dans les colonies britanniques. On construit des navires dans les criques, les rivières et les anses de chaque colonie de l'Amérique du Nord britannique: à Alma dans la baie de FUNDY; au domaine Ellis-Yeo à l'Île-du-Prince-Édouard, qui a d'ailleurs fait l'objet d'une restauration historique; dans les chantiers navals qui s'étendent sur 20 km le long des deux rives de la rivière Miramichi au Nouveau-Brunswick.

C'est l'expansion du commerce de bois de charpente au début du XIXe siècle qui stimule la croissance rapide de la construction navale. Le *Colombus* et le *Baron of Renfrew*, construits respectivement en 1824 et 1825, sont fabriqués avec du bois franc de la région de Québec, puis envoyés en Angleterre pour être démolis et vendus comme bois de construction afin d'éviter de payer une taxe britannique. Ces navires aux dimensions saugrenues de plus de 90 m de long sont les plus grands voiliers du monde à cette époque et le resteront encore pendant 30 ans. On construit également beaucoup de navires de dimension standard, et les villes de Lévis et de Lauzon deviennent une vaste cour à bois et un immense chantier naval.

La construction des bateaux de pêche est plutôt une industrie familiale qu'une vaste entreprise commerciale. En demande dans toutes les colonies, ces bateaux sont construits en fonction des besoins de la pêche côtière ou hauturière. Parmi ces navires, le *Jenny*, construit à Terre-Neuve en 1783, est la première goélette à trois-mâts de l'histoire mondiale.

L'âge d'or de la construction navale canadienne se situe entre 1849 et 1895, lorsque sont construits un grand nombre de ces fameux trois-mâts carrés. En 1853, environ 80 navires jaugeant chacun entre 1000 et 2000 tonneaux sont lancés dans le Haut-Canada, le Bas-Canada et les Maritimes. En 1858, des 100 voiliers de 1200 tonneaux ou plus qui quittent Liverpool en Angleterre pour l'Australie, 64 sont de construction canadienne. Le registre maritime de Liverpool indique que plus de 85 p. 100 des navires excédant 500 tonneaux sont construits en Amérique du Nord britannique. En 1875, année record, près de 500 navires sont construits au Canada. Le MARCO POLO, une des gloires de l'époque, est construit à Saint-Jean en 1851. Imposant et très solide, jaugeant 1625 tonneaux, il est pendant un certain temps le bateau le plus rapide du monde. Un autre navire, le W.D. LAWRENCE de 2458 tonneaux, construit en 1874 à Maitland en Nouvelle-Écosse, est le plus grand trois-mâts de construction canadienne sur mer.

En 1878, la flotte marchande canadienne compte 7196 navires jaugeant au total 1 333 015 tonneaux, ce qui fait du Canada le quatrième pays pour l'importance de sa flotte, position qu'il retrouve à deux occasions depuis lors, en 1918 et en 1944. L'industrie navale fournit des emplois aux artisans et aux bûcherons, un moyen de transport pour les marchandises et les immigrants, et a une influence bénéfique sur la balance des paiements, ce qui est peut-être le plus grand avantage commercial. À certaines époques, les navires constituent les exportations les plus avantageuses pour les colonies.

Entre 1786 et 1920, plus de 4000 voiliers en bois de plus de 500 tonneaux sont construits dans l'Est du Canada. Les armateurs britanniques, qui partent à la conquête commerciale des mers, apprécient la rapidité des navires de construction canadienne, leurs grandes dimensions et leur conception innovatrice. Cependant, les voiliers et les paquebots construits en Grande-Bretagne, en Allemagne et au Danemark, dont la coque est en fer ou en acier, supplantent les trois-mâts en bois. Le Canada se trouve alors de moins en moins concurrentiel. Dès 1895, bien que la construction de goélettes de pêche et de caboteurs se poursuive (et ce, pendant de nombreuses années), les constructeurs canadiens ne fabriquent plus de gros navires. Des dizaines de milliers d'ouvriers spécialisés dans le travail du fer, la fabrication des voiles, et l'ébénisterie, entre autres, se retrouvent licenciés.

En 1809, le premier BATEAU À VAPEUR canadien, l'ACCOMMODATION, est construit et lancé à Montréal par John MOLSON près de sa brasserie. Il mesure 26 m de long et transporte des passagers entre Montréal et Québec. Des moteurs à vapeur de plus grande puissance sont mis au point rapidement. Le moteur de 100 ch du *Hercules*, remorqueur de Montréal (1823), est le plus gros du monde à l'époque. Le bateau à aubes, le ROYAL WILLIAM, est construit à l'Anse-aux-Foulons à Québec en 1831 avec un moteur de 200 ch fabriqué à Montréal. En 1833, il est le premier navire marchand à effectuer une traversée transatlantique (de Pictou à Gravesend), en grande partie à la vapeur. Samuel CUNARD de Halifax, fondateur de la compagnie de navigation CUNARD, est l'un des propriétaires de ce navire. En plus d'être le pionnier de la construction de moteurs à vapeur pour navires, le Canada produit le premier moteur à vapeur alternatif. C'est à Fredericton au Nouveau-Brunswick qu'est construit, en 1845, Le *Reindeer*, bateau à vapeur équipé d'un moteur à vapeur alternatif de 43 ch qui voyagera sur le fleuve Saint-Jean.

Collingwood Shipyards (1902), maintenant situé à Collingwood en Ontario, est le premier chantier canadien de construction de navires en acier des Grands Lacs. Après avoir construit des brise-glaces et des sections de sous-marins, Collingwood et la Canadian Vickers Ltd. de Montréal effectuent surtout des rénovations. Le chantier naval de Port Arthur (Thunder Bay) est construit en 1912. Dès l'année suivante, il produit le NORONIC, paquebot pour passagers. À cette époque, 1980 paquebots qui totalisent 415 089 t sont recensés dans les ports du Québec et de l'Ontario contre seulement 598 paquebots d'un total de 89 079 t dans les ports des Maritimes.

Les chantiers navals de cette époque font preuve d'une grande capacité d'adaptation – qualité qui est encore leur point fort aujourd'hui – dans la construction de navires de formes et d'usages variés: CARGOS DES GRANDS LACS pour le transport en vrac de grains, de charbon et de minerai de fer, bateaux destinés au transport des passagers, caboteurs, TRAVERSIERS, BRISE-GLACES et patrouilleurs de la garde côtière. Des remorqueurs, des dragueurs, des chalands à clapet, dont un grand nombre encore en service, sont également construits avant la guerre. Les dimensions des navires circulant dans les canaux du Saint-Laurent et du Nord des Grands Lacs sont calculées en fonction des écluses. Ces navires sont longs, effilés et efficaces pour ce genre de transport, mais impropres à naviguer en haute mer, même si un grand nombre d'entre eux ont navigué dans le Nord de l'Atlantique au cours des deux guerres mondiales. La demande de navires pour le transport d'armes et d'équipement durant la Première Guerre mondiale incite la COMMISSION IMPÉRIALE DES MUNITIONS à commander de nombreux navires aux chantiers navals canadiens.

En 1917-1918, environ 60 cargos à vapeur en acier de 1700 t à 5800 t sont construits, de même que des chasseurs de sous-marins, des remorqueurs, des dériveurs et des dragueurs de mines. En raison de l'urgence de la demande, la construction de navires en bois reprend. En Colombie-Britannique seulement, 134 bateaux dont 20 goélettes en bois, 69 paquebots en bois et 45 paquebots en acier sont construits. À Montréal, Trois-Rivières, Québec et Saint-Jean, on fabrique également des paquebots en bois. On construit par moitiés quelques bateaux en acier sur les Grands Lacs, puis on les fait passer dans les canaux du Saint-Laurent et on les assemble à Montréal.

À la fin de la Première Guerre mondiale, l'État fédéral, qui veut sauvegarder les emplois créés dans les chantiers navals et maintenir la position du Canada dans le transport maritime, fonde la Merchant Marine Ltd. Les bateaux devenus désuets ne sont pas remplacés et sont vendus durant la CRISE DES ANNÉES 30. Dès 1936, la flotte cesse d'exister. Entre 1930 et 1939, les chantiers navals canadiens ne construisent que 14 paquebots de plus de 46 m de long. Cependant, à la même époque, de nombreux bateaux destinés au transport sur les Grands Lacs et les voies maritimes sont importés de Grande-Bretagne.

La réponse du Canada aux Alliés qui demandent des navires de guerre au début de la Seconde Guerre mondiale est immédiate, efficace et s'effectue sur une plus grande échelle que lors de la Première Guerre. Cette rapide expansion, sous la supervision du ministère de l'Armement et de l'Approvisionnement, est dirigée par un groupe de constructeurs et d'architectes navals qui résident au Canada, par une délégation de constructeurs navals envoyés par l'Amirauté britannique et par des cadres expérimentés qui proviennent d'autres industries canadiennes et qui sont recrutés jusqu'à la fin de la guerre. La production de guerre culmine en 1943 et, même si pendant une certaine période elle réussit tout juste à remplacer les navires coulés, elle atteint un point où elle doit ralentir progressivement à cause d'un surplus de navires.

Au plus fort de la production, 7 chantiers navals construisent des navires de 10 000 t, 3 produisent des navires de 4700 t, 10 participent à des travaux maritimes et 62 fabriquent des remorqueurs, des allèges et des péniches de débarquement. Au total, 398 navires marchands et 393 vaisseaux de guerre sont construits, surtout des corvettes, des dragueurs de mines, des frégates et quelques destroyers. Les cargos sont exploités par la Park Steamship Co., une société de la Couronne. Après la guerre, on décide de les vendre. Des armateurs canadiens qui tentent de maintenir une flotte de commerce en achètent un grand nombre. Lorsque ces derniers les revendent, le produit de la vente va en fiducie pour la construction de nouveaux navires canadiens. La plupart des cargos sont cependant vendus à des armateurs étrangers (*voir* TRANSPORT, INDUSTRIE DU).

Depuis 1945, l'industrie canadienne de la construction navale subit une importante baisse d'activité. Les nombreux subsides, les indemnités accélérées de dépréciation, les subventions pour le développement des exportations et les droits de douane à l'importation lui fournissent une aide, qui est cependant insuffisante pour assurer sa compétitivité face à des constructeurs étrangers qui bénéficient de subsides plus généreux, de taux de change plus favorables et d'une main-d'œuvre moins coûteuse.

Les chantiers navals canadiens ne peuvent, par la force des choses, se concentrer sur la production massive de navires de conception standard ou sur une quantité limitée de navires militaires spéciaux, mais doivent s'adapter à la construction d'une gamme très variée de types de navires, dont un grand nombre sont des prototypes. Ils se spécialisent dans la construction de bateaux de haute qualité pour le transport intérieur et côtier et de navires de service et de guerre pour le gouvernement. Ils dominent dans la construction de brise-glaces. Leurs réalisations vont du traversier brise-glace *Abegweit*, construit en 1947 pour le détroit de Northumberland, qui établit des critères de conception pour les brise-glaces en acier soudé à propulsion diesel-électrique et hélices multiples, au navire de ravitaillement brise-glace de 23 200 ch, *Terry Fox*, construit en 1983 pour aider à l'exploration pétrolière dans la mer de Beaufort.

Autres exemples d'innovation canadienne: l'effort sérieux de conception consacré au projet pilote de l'Arctique, un transporteur de LNG Arctic 10, de 395 m de long et de 140 000 m^3 de capacité; des navires pour les recherches océanographiques, hydrographiques et halieutiques, qui répondent à des standards internationaux; le développement des services de remorqueurs et des barges sur la côte ouest et, en particulier, les barges à bois autodéchargeuses.

La mise au point d'un hydroptère, commencée au Canada avec les premières expérimentations d'Alexander Graham BELL au Cap-Breton, s'avère un succès avec le *Bras d'Or* en 1964, prototype de conception supérieure malgré certains défauts dans les feuilles de métal. Les chantiers navals canadiens jouent aussi un rôle actif dans la construction de plates-formes d'exploration pétrolière au large des côtes, de la plate-forme semi-submersible construite par Victoria Machinery Dept Ltd à la fin des années 60 à la plate-forme élévatrice construite par Davie Ship Building Co. Ltd. Dans les années 70, Halifax Shipyards Ltd. et, au début des années 80, Saint John Drydock and Shipbuilding sont présents dans la construction de semi-submersibles.

Depuis la guerre, la construction navale se maintient à un niveau acceptable. Le rôle du Canada au sein de l'OTAN dans la chasse aux sous-marins et dans les missions d'escorte est assumé par des projets de construction de destroyers. De la classe du navire *Tribal* à la fin de la guerre, à celle du *Saint-Laurent*, navire-escorteur de conception canadienne des années 50 qui fait l'envie des flottes étrangères, on constate un bond extraordinaire dans la conception et la construction navales. Viennent ensuite la classe *Mackenzie* des années 60, puis la nouvelle classe Tribal et enfin les 12 frégates de patrouille canadienne (FPC) de classe City, qui sont actuellement en construction. On construit également divers types de vaisseaux de guerre, allant du dragueur de mines en bois et aluminium au navire de ravitaillement comme le *Provider*.

La réparation de navires est un service essentiel là où les navires font la navette et, en tant que pays exportateur, le Canada a l'obligation de rendre un tel service. La localisation des bassins de radoub et des ateliers de réparation sur les côtes canadiennes répond aux exigences stratégiques de la navigation. Les installations de réparation fournissent des emplois à la majeure partie de la main-d'œuvre spécialisée, aux dirigeants et aux fournisseurs de la construction navale pendant les périodes creuses entre les contrats de construction.

Sur les Grands Lacs s'étendent de larges bassins de radoub à Port Arthur, Collingwood et Port Weller, qui sont tous associés à des chantiers navals et donc capables de mettre à quai de grands cargos. Les quais de Kingston, de St. Lawrence Dry Dock et de Cantin Dry Dock à Montréal (destinés aux péniches de 245 pi) n'existent plus. Les quais de radoub les plus importants de la côte ouest sont situés près de Yarrows Ltd à Esquimalt et dans le port de Vancouver pour le Burrard Dry Dock. Sur la côte est, on trouve, à Halifax, un quai flottant d'une capacité de 36 000 t et le Saint John Shipbuilding & Dry Dock Co. Ltd. qui, lors de sa construction en 1914, et pendant les 40 années suivantes, était le plus grand du monde. Lauzon possède un grand quai, et Montréal, un quai flottant semblable à celui d'Halifax.

Le chantier naval de Terre-Neuve, situé pratiquement au milieu des routes de navigation de l'Atlantique Nord, a été construit en bois en 1884 et remplacé plus tard par un quai de radoub en pierre. Au même endroit, un nouveau système de levage de bateau pour la réparation des chalutiers-usines de haute mer et des navires de ravitaillement côtiers peut soulever des bateaux de 4000 t et les placer dans trois postes d'amarrage. Beaucoup d'autres ports canadiens possèdent des chemins de fer maritimes, des cabestans et de petits quais de radoub pour la réparation d'équipement flottant et de navires. Au cours de la dernière guerre, quelques-uns d'entre eux servaient d'installations pour l'entretien des frégates et des corvettes et la réparation des navires marchands endommagés lors des combats. Il y en a cependant un grand nombre qui ont été construits ou rénovés depuis lors pour la réparation de navires de pêche et de commerce.

L'Association canadienne de la construction et de la réparation navale est fondée en 1944 pour assurer une continuité et empêcher que ne se répète la disparition graduelle de cette industrie chèrement acquise au début des années 20. Elle favorise aussi l'échange d'informations techniques au sein d'une industrie où le transfert technologique est vital pour sa survie. Les chantiers navals membres de l'Association représentent actuellement 95 p. 100 de tous les constructeurs de navires de plus de 30 m de long au Canada. Bien que le total des emplois dans les chantiers navals durant les dernières «bonnes» années soit moins élevé que durant les années records de 1952, 1953 et 1986, alors qu'il y avait 7500 travailleurs, la capacité actuelle de production est plus élevée qu'en toute autre période depuis la Seconde Guerre mondiale. On estime que la construction de navires standard pourrait atteindre 4 000 000 t de jauge brute par année.

W.J. Milne

Contact C'est une petite revue de poésie polycopiée, publiée de 1952 à 1954. Il s'agit de la troisième publication fondée par le poète Raymond SOUSTER de Toronto. Les prédécesseurs de *Contact* sont *Direction* (1943-1946) et *Enterprise* (1948). Souster et ses associés Louis DUDEK et Irving LAYTON sentent le besoin de fonder un magazine plus expérimental comme alternative au NORTHERN REVIEW de John SUTHERLAND, qui prend une tangente conservatrice à la suite de la conversion de Sutherland à la religion catholique. *Contact* accepte des textes de jeunes écrivains canadiens, mais publie aussi des poètes américains et européens comme Charles Olson, Robert Creeley, Denise Levertov et Jean Cocteau. L'influence de *Contact* sera perpétuée plus tard par CONTACT PRESS (1952-67).

George Woodcock

Contact Press Cette maison d'édition (1952-1967) est fondée à titre de «coopérative de poètes» par Louis DUDEK, Raymond SOUSTER et Irving LAYTON, qui étaient peu satisfaits des minces chances de publication offertes aux poètes canadiens. Pendant ses 15 années d'activités, Contact devient la plus importante PETITE MAISON D'ÉDITION de l'époque. Lancée vers le milieu du siècle, la maison d'édition publie des ouvrages des principaux poètes canadiens de l'époque. Par son ouverture à divers styles poétiques et son affirmation du rôle du poète dans la production de son œuvre, elle transforme la vie littéraire et l'activité des petites maisons d'édition au Canada. Lancée à une époque où les subventions et l'aide gouvernementale n'étaient pas encore devenues les principales sources de financement de l'ÉDITION canadienne, Contact est un acte de foi autofinancé de ses fondateurs.

Même si elle publie surtout les nouveaux ouvrages de poètes, la maison d'édition produit, en 1952, une importante anthologie, *Canadian Poems 1850-1952*, sous la direction de Dudek et de Layton, ainsi qu'un manifeste avant-gardiste de jeunes poètes, *New Wave Canada: The New Explosion in Canadian Pœtry* (1966). Ce dernier ouvrage fait suite à *Poets 56*, de Souster, qui met en valeur des jeunes poètes en réponse au «Où sont les jeunes?» de Dudek.

Essentiellement une maison d'édition sans superflu, Contact publie des ouvrages élégants et bien faits, accompagnés à l'occasion d'un dépliant polycopié. Parmi ses écrivains, on compte F.R. SCOTT, un des premiers poètes modernes, et des auteurs de la dernière vague, tels que Margaret ATWOOD, George BOWERING et John NEWLOVE.

Michael Gnarowski

Contant, Alexis, compositeur, organiste, professeur et pianiste (Montréal, 12 nov. 1858—*id.*, 28 nov. 1918). Premier compositeur canadien important à ne pas avoir étudié à l'étranger, Contant est en grande partie autodidacte et perfectionne son art en étudiant les œuvres des maîtres. Il apprend néanmoins l'harmonie, le contrepoint et la composition avec Calixa LAVALLÉE, après avoir reçu des leçons de piano de Joseph A. Fowler.

En 1885, il devient organiste à l'église Saint-Jean-Baptiste de Montréal, poste qu'il occupe jusqu'à sa mort. Mais il consacre le plus clair de son temps et de son énergie à l'enseignement: il est professeur au Collège de Montréal, au couvent d'Hochelaga, au collège du Mont-Saint-Louis et au Conservatoire national et donne aussi des leçons particulières. Plusieurs des élèves qui fréquentent son studio deviennent plus tard célèbres, tels Claude CHAMPAGNE, Rodolphe MATHIEU et Wilfrid PELLETIER. La première de *Caïn*, son œuvre majeure et l'un des premiers oratorios composés par un Canadien, est exécutée en 1905 en présence de sir Wilfrid Laurier, alors premier ministre du Canada. Terminé en 1909, son second oratorio, *Les Deux Âmes*, n'est présenté qu'en 1913. Contant a écrit aussi plusieurs messes et morceaux de musique de chambre dont le *Trio pour violon, violoncelle et piano* est le plus souvent exécuté. Si ses lignes mélodiques rappellent souvent Fauré, ses œuvres ressemblent à celles de Gounod et de Saint-Saëns par la forme et l'esthétique. En 1962, on nomme une avenue de Montréal en son honneur.

Claire Versailles

Contes et nouvelles de langue française À l'origine même de la littérature québécoise se trouvent le conte et la poésie. C'est peut-être un hasard, mais peut-être aussi parce qu'ils constituent une étape nécessaire à l'évolution des genres littéraires. En tout état de cause, le contexte spécifique des débuts de la LITTÉRATURE DE LANGUE FRANÇAISE au Canada semble suffire à justifier la prépondérance des œuvres courtes. Selon la théorie la plus répandue, au XIXᵉ s., les livres sont rares et les maisons d'édition publient de tout sauf de la littérature. Les seules possibilités de publication offertes aux écrivains restent les journaux et les PÉRIODIQUES LITTÉRAIRES, où prévalent les textes brefs. L'éventualité de l'esthétisme est également valable; en effet, l'influence du romantisme met à la mode le FOLKLORE, traditions populaires et couleur locale. On peut également croire à une hypothèse idéologique selon laquelle, à une époque où le roman est considéré pernicieux à cause des passions qui s'y étalent (le THÉÂTRE du XVIIᵉ s. est discrédité pour la même raison), la nouvelle menace moins la moralité et les bonnes mœurs.

La nouvelle, florissante, apparaît sous forme de récits, intégrés au premier ROMAN publié au Québec, L'INFLUENCE D'UN LIVRE, de Philippe GASPÉ fils. Bientôt partie intégrante des revues littéraires et des quotidiens, elle acquiert le statut de genre dans le *Répertoire national* (1848-1850) de James Huston. Ce genre littéraire comprend diverses formes de récits, y compris les abrégés, nouvelles, exemples, contes, anecdotes, portraits et toutes sortes de descriptions pittoresques. Ces textes sont à la fois naïfs et détaillés, souvent alourdis par une rhétorique pompeuse ou un évident didactisme. Des quelque 1100 œuvres publiées dans les périodiques du XIXᵉ s., près de 200 contes et légendes sont repris par la suite dans des recueils. Du point de vue littéraire, ceux-ci constituent la production de textes narratifs la plus intéressante de l'époque.

Plusieurs de ces contes s'inspirent de légendes. Parmi les thèmes les plus courants, on retrouve les histoires de diable dans lesquelles un personnage défie ou ignore les préceptes religieux et se trouve ramené dans le droit chemin par quelque châtiment exemplaire. Toutefois, cette construction triadique (interdiction, transgression, châtiment) simplifie à l'extrême la portée de ces textes dans lesquels, du début à la fin, la transgression a l'attrait d'un acte volontaire. Parmi les ressources à la disposition du diable (séduction, pacte, possession), c'est aux deux premières qu'on donne préséance. Le personnage en relation avec Satan n'est pas une victime, mais recherche sa destinée. Rose LATULIPPE choisit délibérément de danser le mercredi des Cendres avec son «diable de beau danseur» malgré les regards alarmés de ses proches. Dans la CHASSE-GALE-RIE, huit bûcherons risquent leur vie et le salut de leur âme pour embrasser leurs bien-aimées la veille du jour de l'An. Les loups-garous, personnages intrépides faisant fi des ordres du clergé, savent qu'ils attirent sur eux le maléfice. Le diable, héros manifeste des récits, est un poltron somme toute inoffensif, aux pouvoirs limités par ceux du curé et des objets sacrés: en effet, quelques gouttes d'eau bénite suffisent à provoquer sa fuite.

Considérer ces textes comme une tentative de l'ULTRAMONTANISME du XIXᵉ s. pour renforcer son influence sur la littérature équivaut à oublier les tensions internes et les contradictions inhérentes à tous les niveaux de signification. Il est impossible de séparer le contenu du conte écrit de sa forme telle qu'elle était au début de la littérature québécoise. Substitut de la communication orale, le conte reproduit souvent les signes de la LITTÉRATURE ORALE en intégrant la nature joyeuse de l'intrigue à un double récit. L'introduction (prologue, préambule ou premier récit) est une magistrale description du contexte; selon la forme du dialogue, elle fait le lien entre intrigue et narrateur, et donne la nature du pacte narratif. Ce dernier varie d'un auteur à l'autre. Louis-Honoré FRÉCHETTE (*Contes I et II*) est plus ironique, ludique et libre-penseur que les autres, démystifiant à loisir le surnaturel en présentant comme figure principale, Jos Violon, un conteur impénitent et témoin de la culture populaire avec laquelle il entretient une complicité de clins d'œil. Marie-Louis-Honoré Beaugrand (*La chasse-galerie*, 1900) est plus proche du mythe et des figures archétypales de l'imaginaire tandis que Léon-Pamphile Le May (*Contes vrais*, 1899) est à la fois plus littéraire (il joue astucieusement de l'ambiguïté entre l'oral et l'écrit, entre vérité et mensonge), plus porté à la digression et plus moralisateur. Ses textes couvrent une variété de sujets importants, historiques, légendaires et quotidiens. D'autres, comme Joseph-Charles Taché ou Faucher de St-Maurice, sont plus documentaires ou édifiants. Malgré ces divergences, le conte littéraire du XIX⁰ s. présente une certaine homogénéité que l'on peut ramener à quelques caractéristiques: la prédominance du récit enchâssé à valeur d'exemple, les références explicites à l'expression orale, l'introduction d'un conteur lui-même personnage du récit, et des idées reflétant la conception chrétienne du surnaturel, qui interdit dans bien des cas le recours au fantastique.

Au XX⁰ s., les récits courts sont plus rares, plus diversifiés, et l'importance relative du conte diminue. Plusieurs écrivains se sont fait la main avec la nouvelle et passent ensuite au roman. D'autres, comme Jean-Aubert LORANGER, Jacques FERRON et Roch CARRIER, y reviennent périodiquement et en font délibérément le leitmotiv de leur production littéraire. Ceci donne lieu à divers types de textes. Lionel GROULX et le frère MARIE-VICTORIN écrivent des contes exaltant le retour à la terre tandis que les écrits de Michel TREMBLAY relèvent de la pure imagination; les contes de Loranger et de Ferron sont philosophiques et ironiques; ceux de Félix LECLERC, Roch Carrier, Yves THÉRIAULT, Gilles VIGNEAULT et de Réal Benoît sont poétiques, tragiques et ludiques. Les œuvres des Marius BARBEAU, Luc Lacourcière, Félix-Antoine SAVARD, Jean-Claude Dupont et autres spécialistes du folklore et de l'ethnologie transcrivent des récits oraux, une forme de littérature que ces derniers ont pris l'initiative de conserver, responsabilité auparavant réservée aux écrivains romantiques.

La nouvelle est plus discrète que le conte. Au cours des années 60, elle semble l'expression collective d'un peuple, quand des écrivains comme Jacques RENAUD et André MAJOR y trouvent un moyen de revendication sociale et littéraire. Depuis 1980, elle effectue un retour en force avec des écrivains qui, à la suite de Gabrielle ROY, Madeleine Ferron, Louise MAHEUX-FORCIER et Claire Martin, souhaitent faire ressortir l'immédiateté et la beauté d'une situation. Suzanne Jacob, Marilú Mallet et Gaétan Brulotte représentent cette génération d'écrivains «post-modernes». Même s'il semble avoir disparu, le conte a laissé sa marque sur certains romans du XX⁰ s, tels que d'Yves BEAUCHEMIN ou de Louis CARON, dans lesquels les techniques narratives et les thèmes s'apparentent à ceux des conteurs du XIX⁰ s.

L'étude de la littérature québécoise par le truchement de ses formes narratives démontre que le conte – paradoxalement, à cause de ses éléments fixes ou permanents – se prête à de multiples modulations et révèle, encore mieux que le roman ou la nouvelle, le profil littéraire d'une époque. Si tout conte est une «chasse-galerie», il transporte le lecteur dans un monde différent, plein d'évocations du passé, de la vie quotidienne et, inévitablement, de la culture; l'aventure n'en est que plus fascinante.

Lise Gauvin

Contestation politique Activité à caractère politique (manifestations, grèves et même violence [*voir* VIOLENCE POLITIQUE]) souvent entreprise par ceux qui n'ont pas accès aux ressources d'un GROUPE DE PRESSION organisé ou dont les valeurs sont diamétralement opposées à celles de l'ÉLITE dirigeante. Elle porte sur une série de questions ou touche les revendications de catégories de citoyens: minorités ethniques et linguistiques, agriculteurs, femmes, jeunes, etc. Une contestation peut être organisée dans tous les secteurs de la société par des gens de gauche ou de droite.

Lorsque la contestation se déroule à l'extérieur des activités parlementaires, l'ÉTAT réagit soit par la répression, soit par une forme de compromis symbolique ou par un mélange des deux. Lorsque les dirigeants d'un mouvement de protestation sont issus de la bourgeoisie, il est souvent facile de trouver un compromis, notamment en intégrant leur action au processus politique. Dans ce cas, le mouvement de protestation tend lui-même à s'institutionnaliser pour devenir un nouveau groupement d'intérêt organisé qui participe, difficilement toutefois, au processus. Il arrive parfois que ces mouvements deviennent des partis politiques articulés autour des questions dont ils ont fait leur cheval de bataille. Ils deviennent alors partie intégrante du processus électoral et parlementaire, et se conforment plus ou moins aux règles du jeu.

Quelquefois, les mouvements de contestation sont matés par la répression. Ils deviennent alors violents et utilisent le TERRORISME et l'insurrection civile. Certains mouvements tentent de trouver un juste milieu entre la violence et l'assimilation en favorisant la désobéissance civile pacifique.

Les mouvements de contestation au Canada, inspirés surtout des griefs économiques des agriculteurs et des travailleurs, commencent au début du XX⁰ siècle. Les agriculteurs d'alors emploient diverses tactiques pour faire connaître leurs revendications à l'État. Ce faisant, ils parviennent à prendre le pouvoir en Ontario, en Alberta et au Manitoba, et sont même, pendant un certain temps, le deuxième parti politique quant au nombre de députés aux Communes après l'élection de 1921. Une fois au pouvoir, toutefois, ils se comportent exactement comme les conservateurs ou libéraux qui les ont précédés.

Les protestations des travailleurs, en 1919, contre les faibles salaires, les mauvaises conditions de travail et le refus de l'employeur de reconnaître les syndicats provoquent la GRÈVE GÉNÉRALE DE WINNIPEG que le gouvernement jugule par la répression. Un autre mouvement important, au début du siècle, est celui en faveur du DROIT DE VOTE DE LA FEMME, qui provoque l'agitation générale. En obtenant ce droit aux élections fédérales (1918), le mouvement féministe, qui a concentré son énergie sur cette question, perd peu à peu de son importance.

Le chômage et la crise économique engendrés par la CRISE DES ANNÉES 30 déclenchent de nombreux mouvements de protestation dont plusieurs, radicaux ou socialistes de nature, défient la domination exercée par l'entreprise privée. La COOPERATIVE COMMONWEALTH FEDERATION est créée pour donner une orientation politique à ces mouvements. Le PARTI COMMUNISTE DU CANADA constitue une forme d'expression encore plus radicale.

Il est courant de recourir à la répression policière pour étouffer les manifestations radicales, et particulièrement les grèves, de même que les manifestations de chômeurs, comme la MARCHE SUR OTTAWA de 1935, qui dégénère en une émeute sanglante à Regina. Outre ces mouvements de gauche, il y a ceux de droite, enracinés dans le FASCISME dans les années 30, surtout au Québec (*voir aussi* KU KLUX KLAN).

Pendant la Seconde Guerre mondiale, un mouvement généralisé et populaire contre la CONSCRIPTION voit le jour au Québec. Il aboutit à la formation d'un parti politique, le BLOC POPULAIRE CANADIEN, qui fait face à une certaine répression et est suffisamment populaire pour obliger le gouvernement fédéral à reporter à 1944 l'imposition de la conscription.

Au cours des années 60, la manifestation politique est devenue partie intégrante du processus politique (*voir* HIPPIES; NOUVELLE GAUCHE). Manifestations pacifistes contre l'armement nucléaire et la guerre du Viêt-nam, contestations des jeunes et des étudiants, mouvements féministes, protestations contre la discrimination raciale ou contre les plans de réaménagement urbain menés par des organismes communautaires et manifestations écologiques mettent la politique canadienne en effervescence. Le mouvement de protestation le plus important de cet-te décennie est sans doute celui de l'indépendance du Québec, qui prend différentes formes. Le FRONT DE LIBÉRATION DU QUÉBEC, organe révolutionnaire, a recours aux bombes et au terrorisme.

En octobre 1970, l'enlèvement d'un diplomate britannique suivi de l'enlèvement puis de l'assassinat d'un ministre du Québec, Pierre LAPORTE, aboutit à l'imposition de la LOI DES MESURES DE GUERRE. Après la disparition presque totale de la violence du mouvement séparatiste, une aile modérée vouée à l'indépendance du Québec émerge autour du PARTI QUÉBÉCOIS, qui prend le pouvoir en 1976 (*voir* SOUVERAINETÉ-ASSOCIATION), exemple d'un mouvement de protestation suffisamment respectable et organisé pour devenir le gouvernement d'une province.

Le MOUVEMENT DES FEMMES demeure un mouvement important de protestation au Canada. Les différents groupements féminins exercent des pressions et protestent au sujet de diverses questions. Les groupes écologiques (*voir* GREENPEACE) continuent aussi de livrer leur combat sur les PLUIES ACIDES, les dangers de la guerre nucléaire, la POLLUTION industrielle, etc. De plus en plus, les groupements d'autochtones font entendre leurs revendications.

Au cours des années 80, le mouvement antinucléaire regroupe un nombre imposant de protestataires dans tout le Canada, en particulier contre les essais des missiles américains Cruise en sol canadien. Les mouvements plus traditionnels continuent également de se manifester: en 1982, le milieu syndical organise la plus imposante manifestation jamais vue sur la colline parlementaire pour protester contre la hausse des taux d'INTÉRÊT et le CHÔMAGE. Les agriculteurs le font contre les saisies dont ils sont victimes et contre les changements apportés à la CONVENTION DU NID-DE-CORBEAU (*voir* SYNDICAT NATIONAL DES CULTIVATEURS).

Une autre caractéristique des mouvements de protestation de la fin des années 70 et du début des années 80 est l'émergence de mouvements populaires de droite (*voir* POPULISME). Les campagnes de protestations contre le bilinguisme et l'adoption du système métrique, le mouvement en faveur du SÉPARATISME de l'Ouest et les campagnes contre l'AVORTEMENT (p. ex., Pro-vie) démontrent bien qu'ils ne sont pas l'apanage de la gauche politique.

Au cours des années 90, les mouvements de protestation prennent une autre tournure avec la relance des manifestations de la gauche. En réaction aux mesures draconiennes appliquées par les gouvernements pour éliminer les déficits et pour réduire leurs opérations, les personnes touchées par les compressions et les citoyens préoccupés par les brusques retournements des politiques de l'État providence protestent vigoureusement. Les protestations les plus spectaculaires sont la série de grèves d'une journée et les immenses manifestations dans des villes de l'Ontario en 1995-1996 contre les politiques du gouvernement provincial conservateur de Mike HARRIS et sa «Révolution du bon sens». Cependant, d'autres manifestations contre les compressions des gouvernements fédéral et provinciaux ont lieu ailleurs au Canada.

Les mouvements de protestation font maintenant partie de la vie politique. Dans certains cas, la frustration engendre la violence qui, à son tour, conduit à la répression. Dans d'autres cas, lorsque les protestations sont suffisamment bien orchestrées pour gagner l'appui d'un grand nombre de personnes, il y a moyen de trouver des compromis. Toutefois, le risque d'assimilation des groupes de protestation efficaces est considérable, comme l'est celui de voir la cause devenir la victime du succès lorsque les mouvements de protestation se transforment en partis politiques et participent au pouvoir.

Reg Whitaker

Continentalisme C'est un terme employé pour désigner une théorie de liens plus étroits avec les États-Unis (p. ex., sous la forme de liens commerciaux plus étroits, de partage de l'énergie ou d'utilisation commune de l'eau). Un nombre important de virages déterminants dans l'histoire de la politique canadienne ont opposé les forces du NATIONALISME à celles du continentalisme. En 1866, la résiliation par Washington du traité de RÉCIPROCITÉ de 1854 prive les Canadiens du large accès au marché américain dont ils jouissaient jusqu'alors et contribue aussi à la décision des colonies britanniques de l'Amérique du Nord de se fédérer pour résoudre leurs problèmes économiques. La célèbre POLITIQUE NATIONALE de 1879 est la réponse de sir John A. MACDONALD à son échec dans la réalisation de sa politique préférée, un accord de libre-échange avec les États-Unis. Lorsque le gouvernement de sir Wilfrid LAURIER propose la signature d'un traité de libre-échange avec les États-Unis, ce sera l'élément décisif de sa défaite aux élections de 1911, au profit des conservateurs qui exploitent le nationalisme antiaméricain.

Une grande partie du développement canadien peut être perçue comme une interaction dynamique entre les forces contraires de l'autonomie nationale et de l'intégration continentale. Bien que la forme extrême du continentalisme canadien prône l'absorption politique complète du Canada par les États-Unis, de telles positions sont défendues seulement par des éléments marginaux depuis que le mouvement d'annexion a disparu en tant que force politique significative au XIXᵉ siècle. La meilleure articulation de la pensée continentaliste en cours se retrouve dans les écrits des économistes du courant dominant canadien qui identifient un but et un programme concernant les relations du Canada avec les États-Unis. Le but est l'intégration continentale maximale. «Je crois qu'une intégration plus étroite des deux économies dans une économie continentale serait profitable aux deux pays et n'entraînerait la perte d'aucun des objectifs importants des nationalistes canadiens», écrit feu Harry Johnson, un éminent économiste canadien, en 1965. Le programme consiste essentiellement à s'opposer aux politiques qui mettent des obstacles à l'INVESTISSEMENT ÉTRANGER et à promouvoir fortement la réduction des droits de douane jusqu'à la réalisation du libre-échange continental.

Un libre-échange sans restrictions est un autre composant important du continentalisme. «Une situation de libre-échange total constitue la meilleure réponse aux problèmes de l'industrie canadienne, puisque nos niveaux de vie s'élèveraient de façon permanente d'un seul coup», suggère le CONSEIL ÉCONOMIQUE DU CANADA en 1975.

Une forte hostilité au nationalisme est une troisième caractéristique du continentalisme. «Le nationalisme complique les RELATIONS CANADO-AMÉRICAINES», selon l'opinion du Comité canado-américain (CCA), un groupe de pression en faveur des intérêts corporatifs américains et canadiens. En 1971, le CCA écrit que, avec un nationalisme économique qui augmente à nouveau en Europe de l'Ouest et ailleurs dans le monde, le Canada et les États-Unis, peuvent difficilement se permettre des mesures qui impliquent de sacrifier les bénéfices de l'interdépendance économique. L'interdépendance, le concept visé, est l'état naturel économique avec lequel la politique gouvernementale ne devrait pas interférer. Un mécanisme clé pour assurer l'interdépendance est le maintien d'un marché commun des capitaux sans égard pour le pays qui dirige les compagnies dominantes.

Le continentalisme n'est pas seulement un phénomène économique. Culturellement, la propagation des valeurs américaines au Canada, par l'intermédiaire des médias de masse, joue un rôle puissant en insufflant les valeurs et les attitudes américaines dans la psyché canadienne. L'intégration du Canada dans la planification de la défense américaine et dans le complexe industriel-militaire américain a été institutionnalisée par le Commandement de la défense aérospatiale de l'Amérique du Nord (NORAD) de 1958 et l'Accord sur le partage de la production de défense de 1959.

La politique du continentalisme est un produit complexe des interactions des gouvernements américain et canadien, des intérêts des compagnies, de l'opinion publique et des partis politiques. En 1971, à la suite du coup porté à l'harmonie nord-américaine, provoqué par le programme radical de PROTECTIONNISME du président Richard Nixon, Ottawa répond par une série de mesures nationalistes conçues pour protéger les intérêts canadiens, p. ex., l'AGENCE D'EXAMEN DE L'INVESTISSEMENT ÉTRANGER, la CORPORATION DE DÉVELOPPEMENT DU CANADA et PÉTRO-CANADA. L'inauguration de l'ambitieux PROGRAMME ÉNERGÉTIQUE NATIONAL, en 1980, représente le point extrême auquel se rend le nationalisme de la période de Trudeau (voir POLITIQUE ÉNERGÉTIQUE). Vers la fin des années 80, les réactions à ces politiques par les intérêts à la fois américains et canadiens font revenir le balancier canadien vers le continentalisme.

Le virage des conservateurs est spectaculaire dans l'histoire. Repoussant la position nationaliste dont John DIEFENBAKER a été le dernier défenseur, ils se tournent, à partir du début des années 1970, vers une position encore plus continentaliste que celle des libéraux. Le premier ministre conservateur, Brian MULRONEY, et les membres les plus influents de son cabinet adoptent des positions continentalistes. Ils favorisent, en pratique, l'investissement américain sans restriction, en appuyant la planification militaire continentale d'un armement de l'ère spatiale et, de façon plus significative, en négociant, en 1987, un accord de LIBRE-ÉCHANGE avec les États-Unis. Cet accord cherche à créer un marché de l'énergie nord-américain, à abolir tous les droits de douane et à accélérer l'expansion du capital américain dans l'industrie canadienne des services. En réponse à ce qu'il voit comme une «liquidation» qui laisse peu de bénéfices aux industries canadiennes, John TURNER, le successeur de Trudeau comme chef libéral, s'oppose à l'accord entre Mulroney et l'administration Reagan. Il ramène ainsi son parti vers une position proche du nationalisme du NPD.

Bien que le continentalisme ait été l'objet de beaucoup moins d'analyses théoriques que le nationalisme, il doit être reconnu comme une force qui continue d'avoir un impact puissant sur la POLITIQUE ÉCONOMIQUE du Canada. (Voir aussi SCIENCES ÉCONOMIQUES.)

Stephen Clarkson

Contraception (voir CONTRÔLE DES NAISSANCES)

Contrats, droit des Le contrat est une convention légalement obligatoire que concluent deux ou plusieurs personnes dans un but précis. Règle générale, les contrats sont toujours conclus de la même façon: une personne offre de donner une chose à une autre (p. ex., de lui remettre un article moyennant un certain prix), de lui fournir un service (p. ex., travailler pour un certain salaire) ou de s'abstenir de faire quelque chose (p. ex., de ne pas lui faire concurrence pour un certain temps contre indemnisation). Si l'offre est acceptée, le contrat devient valide en principe. Par-dessus tout, le contrat est un mécanisme d'échange économique de biens et de services.

Les types de contrat les plus communs sont le contrat de vente, dans le cadre duquel une personne acquiert la propriété d'un bien en contrepartie du paiement d'un certain prix, le contrat de louage de services dans le cadre duquel une personne offre ses services à une autre contre rémunération, le contrat de louage de choses, dans le cadre duquel une personne obtient temporairement la jouissance d'un bien (p. ex., un appartement) en contrepartie d'un prix (le loyer), et le mandat, dans le cadre duquel une personne accorde à une autre le pouvoir de la représenter.

Promesses obligatoires Contrairement à d'autres conventions, le contrat est une promesse légalement obligatoire: si l'une des parties omet ou refuse de remplir sa promesse (p. ex., de verser le prix convenu, de fournir les locaux loués ou de payer le salaire de l'employé) sans un motif valable reconnu en droit, la partie lésée par ce manquement à la promesse pourra faire appel aux tribunaux soit pour obliger la partie défaillante à tenir sa promesse (l'exécution en nature) ou pour demander une indemnisation sous forme de dommages-intérêts.

Le DROIT CIVIL québécois et la COMMON LAW canadienne suivent généralement des règles semblables à cet égard: un contrat conclu légalement constitue un rapport juridique qui unit les parties, lesquelles sont libres de contracter au moment et pour tout motif qui leur conviendraient. La liberté contractuelle n'est limitée que par certaines restrictions imposées par la loi et des règles de moralité acceptées. Les contrats qui contreviennent aux lois telles que le CODE CRIMINEL canadien sont nuls (p. ex., un contrat de travail pour un tueur professionnel ou une prostituée). Il en est de même pour le contrat qui contrevient à la moralité ou à ce qu'on appelle en droit civil l'ordre public.

Les articles du CODE CIVIL régissant les contrats au Québec (à savoir les articles 1377 et 1456 du *Code civil du Québec*) tirent principalement leur source du droit civil français, qui, à son tour, s'inspire du droit romain. Dans les autres provinces, les règles qui gouvernent les contrats sont surtout fondées sur la jurisprudence et sur la common law traditionnelle britannique.

De nombreuses provinces ont cependant adopté des lois codifiant les règles applicables à certains types de contrats, notamment les contrats de vente et les contrats à la consommation. Bien que les deux principaux systèmes juridiques du Canada diffèrent sur certains aspects du droit des contrats, les solutions pratiques qu'ils fournissent sont très semblables quand elles ne sont pas identiques.

Conditions Pour être valide et avoir par conséquent effet obligatoire, cinq conditions doivent être remplies. La première prévoit qu'il doit y avoir consentement mutuel des parties. Nul ne peut être tenu à une promesse qui a été faite contre son gré. Lorsque le consentement est donné par erreur, par suite de contrainte physique ou morale ou de manœuvres frauduleuses, le contrat pourra être déclaré nul à la demande de la partie lésée. Dans certains types de relations contractuelles, les règles de droit exigent que le consentement de la partie soit donné à la fois librement et de façon éclairée. C'est le cas, p. ex., des contrats ayant trait au traitement médical.

La deuxième condition est la capacité contractuelle, c.-à-d. la capacité mentale de tenir la promesse qui a été faite. Un jeune enfant, une personne atteinte d'une maladie mentale grave et parfois un mineur sont tous considérés comme étant incapables de contracter.

La troisième condition prévoit que le contrat doit avoir un objet ou un but: il doit porter sur un bien ou sur un service précis et convenu.

La quatrième condition est la «cause licite» en droit civil, ou la «contrepartie» en common law. Dans ce domaine, il existe des différences techniques importantes entre les deux systèmes juridiques. Brièvement, cependant, cette quatrième condition prévoit que la promesse faite doit être sérieuse et chaque obligation assumée par l'une des parties doit avoir pour pendant une promesse correspondante, mais non nécessairement équivalente ou égale, formulée par l'autre partie. Ainsi, une personne peut également vendre des marchandises à un prix qui ne représente pas leur véritable valeur marchande. Le contrat serait quand même valide.

La cinquième condition, qui n'est pas requise dans tous les cas, est le respect, dans certaines circonstances, de formalités prévues par la loi, p. ex., un acte valide écrit. En général, cette condition s'applique aux contrats qui peuvent avoir des conséquences graves pour les parties ou à ceux pour lesquels certaines clauses relatives à la publicité sont nécessaires.

Sanctions Les parties à un contrat valide sont toujours tenues en droit d'exécuter leur promesse. À défaut, la partie lésée est libre de s'adresser à la justice pour contraindre l'autre à s'exécuter. Parfois, le tribunal pourra ordonner à la partie défaillante de faire exactement ce qu'elle avait promis de faire (exécution en nature). À cet égard, le droit civil offre la possibilité d'obliger plus facilement l'exécution forcée des promesses que la common law, pour laquelle l'exécution en nature demeure une exception à la règle (*voir* RESPONSABILITÉ CIVILE DÉLICTUELLE et DÉLITS).

Les tribunaux peuvent également adjuger une indemnisation financière sous forme de dommages-intérêts équivalents à la valeur de la perte subie et aux gains perdus par suite de la rupture du contrat, mais la perte et le gain doivent se rapporter directement à l'inexécution de la promesse (article 1611 du *Code civil du Québec*). Par ailleurs, les tribunaux ne peuvent adjuger que des dommages-intérêts équivalents aux bénéfices que les parties auraient pu raisonnablement s'attendre de recevoir au moment de la conclusion du contrat.

De plus en plus, le Parlement et les assemblées législatives provinciales prennent des mesures pour protéger les citoyens contre certaines pratiques commerciales abusives. Le DROIT DE LA CONSOMMATION qui prescrit des règles et des normes pour réprimer la FRAUDE, pour éviter les ventes forcées et pour protéger le consommateur contre les pratiques déloyales, illustre ce genre de mesure. Les nouvelles dispositions du *Code civil du Québec* concernant l'exécution de bonne foi (article 1375 du *Code civil du Québec*) et les clauses abusives, illisibles ou incompréhensibles (article 1379 du *Code civil du Québec*) contribuent largement à la promotion de l'égalité dans les relations contractuelles.

Jean-Louis Baudouin

Contrebande Introduction clandestine, dans un pays, ou exportation clandestine, d'un pays, de marchandises prohibées ou dont on ne règle pas les droits.

La contrebande a toujours été et demeure encore aujourd'hui une question importante dans l'histoire et la vie canadiennes. Le Canada partageant une frontière de plus de 7000 km avec les États-Unis, les possibilités de contrebande y sont omniprésentes. Mais le risque ne se limite pas aux seules provinces limitrophes des États-Unis. Entre Terre-Neuve et les îles françaises de Saint-Pierre-et-Miquelon, la contrebande est une activité qui a cours depuis très longtemps. Au surplus, le risque augmente d'autant plus que le commerce, les communications et les voyages internationaux deviennent de plus en plus faciles.

La contrebande porte surtout sur les drogues illicites, les produits du tabac, l'alcool, les armes prohibées ou à utilisation restreinte, la pornographie et les bijoux. Cette liste est loin, cependant, d'être exhaustive. Elle illustre néanmoins les motifs les plus évidents de la contrebande : l'évasion fiscale ou la soustraction aux interdictions légales visant certaines marchandises.

Les incidences sociales de la contrebande sur les Canadiens sont considérables sans toujours être évidentes. La perte de recettes (taxes) publiques nuit à tous les programmes sociaux destinés à tous les Canadiens. En outre, les marchandises et les objets de contrebande les plus communs peuvent contribuer à l'augmentation d'autres problèmes sociaux résultant de l'abus de substances comme l'alcool, les drogues illicites et le tabac. De plus, le crime organisé s'intéresse de plus en plus aux activités de contrebande. Bien que le crime organisé ait participé de tout temps à l'importation illicite de drogues, l'alcool et le tabac sont devenus aussi des moyens d'augmenter ses gains illégaux.

Les effets de la contrebande se rencontrent aussi dans ses conséquences sur les activités commerciales illégitimes. C'est ainsi qu'en 1993 le gouvernement du Canada a estimé que 2,1 millions de Canadiens ont consommé de 90 millions à 100 millions de cartouches de cigarettes de contrebande d'une valeur de détail approximative de 4,5 milliards de dollars, ce qui a occasionné des pertes de plus d'un milliard de dollars pour le gouvernement fédéral et d'un montant à peu près égal pour les gouvernements provinciaux. En outre, les détaillants légitimes ne peuvent réussir à faire concurrence aux vendeurs de cigarettes de contrebande, ce qui entraîne des pertes de revenus pour l'entreprise privée et, par conséquent, pour les gouvernements fédéral et provinciaux en raison notamment du non-paiement des impôts sur le revenu.

Au nom de tous les Canadiens, le gouvernement a l'obligation de protéger ses citoyens relativement aux questions touchant la santé, la sécurité et la protection du consommateur, qui sont la conséquence directe de la contrebande. Aussi des lois comme la *Loi sur les douanes* ont-elles été adoptées pour interdire la contrebande et imposer des sanctions civiles et criminelles aux contrebandiers. Revenu Canada Douanes est l'organisme administratif responsable de l'application de la *Loi sur les douanes* et partage les fonctions d'application de la loi avec la Gendarmerie royale du Canada. Au nombre des lois connexes, on trouve la *Loi sur les stupéfiants*, la *Loi sur les licences d'exportation et d'importation*, la *Loi sur l'exportation et l'importation de biens culturels*, la *Loi sur l'accise* et le *Code criminel*.

Earl E. Smith

Contrecœur, municipalité du Qc; pop. 5331 (rec. 1996), 5501 (rec. 1991); superf. 61,51 km²; située en Montérégie, région célèbre pour ses érablières et ses vergers. Elle fait plus précisément partie de la municipalité régionale de comté de Lajemmerais, qui comprend également les municipalités de Boucherville, Varennes et Sainte-Julie. Contrecœur se trouve à 45 km de Montréal et s'étend sur 24 km le long des rives du fleuve Saint-Laurent. Il y a, sur les îles en face, un refuge d'oiseaux migrateurs que l'on peut apercevoir de Contrecœur.

Historique La seigneurie de Contrecœur, fondée en 1667 par le sieur Antoine Pécaudy de Contrecœur, capitaine du régiment de Carignan-Salières, est un des premiers établissements français en Amérique du Nord. Antoine Pécaudy de Contrecœur, né à Vignieu en Dauphiné, en France, obtient cette seigneurie en récompense de ses loyaux services rendus au roi de France.

Les premiers colons décrivent cette région sous la forme d'une grande baie parsemée d'îles où le fleuve devient un lac. En 1845, un décret constitue la municipalité de la paroisse de Contrecœur. Quelques décennies plus tard, en 1902, on crée la municipalité du village de Contrecœur. Le village et la paroisse fusionnent en 1976. Contrecœur est devenue une ville le 3 mai 1997.

Situation actuelle Facilement accessible grâce aux routes, aux chemins de fer et à la voie maritime, la ville de Contrecœur est particulièrement bien située pour attirer les industries. Au tournant du siècle, l'économie repose surtout sur les nombreuses fabriques de chaussures. Durant les années 60, on assiste à l'implantation de complexes sidérurgiques. Les sociétés SIDBEC-DOSCO (ISPAT) INC. et STELCO INC. sont les principaux employeurs.

Lieux historiques La maison Lenoblet du Plessis (1794), située dans le parc Cartier-Richard, porte le nom d'Alexis-Carme Lenoblet du Plessis, un cousin de l'arrière-grand-père du premier ministre Maurice Duplessis. La municipalité l'acquiert en 1978, puis elle l'ouvre au public l'année suivante. En 1981, cette maison devient un monument historique. On trouve aussi à Contrecœur un moulin banal. Il a été construit en 1742 par Claude Pierre Pécaudy de Contrecœur, petit-fils du fondateur. Ce moulin est la propriété de la ville qui prévoit, quoiqu'il soit bien conservé, poursuivre sa restauration.

Contreforts Ils constituent une région à relief ondulé, vallonné ou accidenté, située entre une plaine et une CHAÎNE DE MONTAGNES. En général, on considère les contreforts comme un relief transitoire composé de certains éléments d'un paysage plat de plus basse altitude et de ceux d'une topographie montagneuse, mais sans les aspects extrêmes de l'un et de l'autre. Du point de vue de la géographie physique, les contreforts font partie de la chaîne de montagnes. Le mot piémont (au pied de la montagne) sert parfois à désigner une région de contreforts. Dans le Nord de l'Italie, le Piémont est une région montagneuse qui s'étend entre la vallée large et plate du Pô et les Alpes italiennes.

Au Canada, les contreforts des MONTAGNES ROCHEUSES sont situés entre celles-ci, les plaines de l'Alberta et les basses-terres du Nord-Est de la Colombie-Britannique. Couvrant une superficie d'environ 60 000 km², cette région s'étend vers le nord-ouest depuis la frontière canado-américaine jusque dans la région de la rivière de la Paix, en Colombie-Britannique, soit sur une distance de quelque 1100 km et une largeur d'environ 50 km. Les sommets des contreforts s'élèvent à environ 1800 m en moyenne. La région des plaines du côté est et les montagnes du côté ouest atteignent des altitudes d'environ 1200 m et 2500 m respectivement.

La plupart des contreforts des Rocheuses sont formés de roches sédimentaires mésozoïques et crétacées caractérisées par des plissements et des failles. Ces roches furent déformées par des forces capables de construire des montagnes, soit les mouvements orogéniques des phases colombienne et laramienne, qui se produisirent pendant la période du crétacé (il y a entre 144 et 66,4 millions d'années) et le début de l'ère tertiaire (il y a entre 66,4 et 36,6 millions d'années). La glaciation des contreforts se produisit principalement pendant l'ère quaternaire (il y a de 1,6 millions d'années à environ 10 000 ans). Lors de la dernière période glaciaire, le Wisconsin, les glaciers des chaînes alpines (la cordillère) et le glacier continental fusionnèrent et couvrirent certaines régions des contreforts, alors que d'autres régions, surtout celle des collines de Porcupine dans le Sud de l'Alberta, furent épargnées par les glaciers. (*Voir aussi* GLACIATION.)

Ian Campbell

Contrôle de la circulation aérienne (CCA) C'est un service offert aux pilotes pour les aider à piloter leurs appareils de manière sûre, méthodique et efficace. Les contrôleurs aériens de la Direction du service de la circulation aérienne de Transports Canada doivent assurer l'espacement vertical et horizontal (on parle de blocs d'espaces aériens protégés) de tous les avions qui empruntent l'espace aérien contrôlé en suivant les règles de vol aux instruments (IFR). L'espace aérien canadien s'étend de la frontière entre le Canada et les États-Unis au pôle Nord, et du Pacifique au milieu de l'Atlantique-Nord.

Au Canada, la plus grande partie de la circulation aérienne obéit aux règles de vol à vue (VFR) : le pilote se guide sur des repères terrestres, et c'est à lui qu'il revient de voir et d'éviter les autres appareils. Ce n'est qu'aux abords des aéroports achalandés et possédant une tour de contrôle que le vol à vue se soumet aux directives et au guidage du contrôle de la circulation aérienne. Les autres opérations de vol sont régies par les règles de vol aux instruments, le pilote se basant sur des aides à la navigation au sol ou des aides de bord pour aller d'un endroit à un autre. Toutes les compagnies aériennes régulières utilisent le vol aux instruments, et c'est donc de ce type de vol que la plupart des voyageurs font l'expérience. Dans l'espace aérien contrôlé, il incombe au contrôle de la circulation aérienne d'assurer l'espacement des avions en vol IFR et de leur fournir des couloirs d'espace protégé pour éviter toute collision.

En vol VFR, les pilotes peuvent, dans une très large mesure, se distancer des autres appareils, y compris ceux qui volent aussi aux instruments. Le vol IFR est possible malgré certaines conditions météorologiques, comme les nuages qui empêcheraient les pilotes de voir et d'éviter les autres appareils. Cette responsabilité devient alors celle des contrôleurs aériens.

Il existe plusieurs types de postes de contrôleur de la circulation aérienne qui sont étroitement liés; le plus connu est probablement celui du contrôleur de la tour de contrôle. Deux tâches sont exécutées de la tour de contrôle. Le contrôleur au sol émet des directives par radio aux avions et aux véhicules utilitaires circulant sur les pistes d'atterrissage ou à proximité, et le contrôleur d'aéroport surveille (à vue ou par RADAR) tous les appareils qui se posent, décollent ou volent dans la zone de contrôle de l'aéroport. Lorsque des appareils sont trop près l'un de l'autre, le contrôleur leur assigne, à l'un ou aux deux, un nouveau cap ou une nouvelle altitude pour éviter une éventuelle collision.

En employant le radar et en émettant ses directives par radio, le cas échéant, le contrôleur terminal guide tous les appareils qui se trouvent dans un rayon de 65 km des grands aéroports. Le contrôleur terminal peut aussi fournir des services radar et des messages d'information en vol aux appareils qui volent aux instruments près des aéroports, mais hors de la zone de contrôle.

Le contrôleur régional guide les appareils IFR dans les voies aériennes qui relient la plupart des aéroports du pays ou débouchent sur les routes suivies par les vols internationaux. Au besoin, ce contrôleur entre en communication avec les tours, les aérogares, les autres centres et les stations d'information de vol.

Enfin, le contrôleur océanique surveille les appareils qui empruntent l'espace aérien canadien au-dessus de l'Atlantique-Nord. La plupart de ces vols sont contrôlés par le Centre de contrôle régional océanique de Gander. Les pilotes émettent des rapports de position qui permettent au contrôleur océanique d'évaluer le temps que chaque appareil prend pour parcourir 10 méridiens. De cette façon, le CCA peut conduire l'appareil à destination en toute sécurité.

En plus de ces différents types de contrôleurs aériens, le pilote peut aussi compter, surtout dans les aéroports à faible achalandage, sur des spécialistes des services de vols qui offrent une large gamme de services. Ceux-ci comprennent des services consultatifs d'aéroport et des services consultatifs pour véhicules, des informations de vol, des services d'alerte et d'urgence et des séances d'information avant le vol.

Une fois qu'un pilote a remis un plan de vol IFR, ce vol tombe sous la supervision du CCA. Le plan de vol décrit les couloirs aériens qui seront empruntés, ces voies célestes déterminées par les aides à la radionavigation situés au sol. Il fait aussi état de l'altitude de croisière, de la durée prévue en route et d'autres renseignements comme le type d'appareil et sa vitesse. Après vérification de son exactitude, le plan de vol est communiqué au réseau du CCA. Le pilote gagne alors l'appareil et établit un contact radio avec le contrôleur au sol pour recevoir les directives de circulation au sol: les voies à prendre pour accéder à la piste de décollage en toute sécurité, l'heure exacte et le calage altimétrique, la direction et la vitesse du vent et l'autorisation du contrôle de la circulation aérienne (CCA). L'autorisation CCA permet au pilote de voler d'un aéroport à un autre selon les conditions fixées.

L'appareil passe alors sous la direction d'un contrôleur aérien qui décide du moment où l'appareil peut s'engager sans danger sur la piste et se préparer au décollage, choisissant la place de l'avion dans la succession des arrivées et des départs de l'aéroport. Dans la plupart des grands aéroports, le contrôleur prescrit au pilote, avant le décollage, d'effectuer un départ normalisé aux instruments, qui mettra l'appareil sur un cap et une altitude donnés avant qu'il ne s'engage dans un couloir aérien.

Le contrôleur d'aéroport suit alors le vol sur radar jusqu'à la limite de sa zone de contrôle (à environ 65 km de l'aérogare), après quoi un contrôleur régional ou de vol prend l'appareil en charge jusqu'à la zone suivante. L'appareil passe d'un contrôleur régional à un autre jusqu'à ce qu'il soit près de sa destination, passant alors par la procédure inverse de celle que nous venons de décrire.

Pendant toutes ces opérations, du dépôt du plan de vol à l'atterrissage final, le CCA surveille la progression de l'appareil et dirige le pilote au besoin, fournit des bulletins météorologiques, des renseignements sur l'état des aides à la navigation ou tout autre renseignement important pour la sécurité. Tout cela fait du poste de contrôleur un emploi de haute responsabilité. Au Canada, il y a 61 tours de contrôle qui gèrent, dans les mois de pointe, plus de 500 000 décollages et atterrissages. L'aéroport international de Vancouver et l'aéroport Lester B. Pearson, à Toronto, sont les plus achalandés du pays avec plus de 1000 départs et arrivées certains jours. En plus des tours de contrôle, on compte 7 centres de contrôle régional (CCR), 8 organes de contrôle terminal autonomes et plus de 100 stations d'information de vol.

La formation des contrôleurs de la circulation aérienne se fait en internat à l'Institut de formation de Transports Canada de Cornwall, en Ontario. Pour y entrer, les candidats doivent avoir au moins 18 ans et avoir terminé avec succès l'école secondaire. Une diction et une ouïe excellentes sont nécessaires en plus d'un sévère examen médical. Dans la région du Québec, la connaissance des deux langues officielles est essentielle, la connaissance de l'anglais seulement étant nécessaire pour le reste du Canada. Le programme de formation, offert en anglais ou en version bilingue, dure habituellement de un à deux ans selon la spécialisation recherchée. Le programme d'études comprend les fonctions de contrôle radar et de contrôle aux procédures, y compris le contrôle des vols IFR et VFR. Il comprend également des cours magistraux et des exercices pratiques à l'aide de différents simulateurs qui permettent l'enseignement de la réglementation, des caractéristiques de fonctionnement des appareils, de la navigation, des communications radio et de la météorologie.

J.-D. Lyon

Contrôle de la qualité dans l'industrie Il fait appel à des techniques scientifiques pour déterminer les possibilités d'un produit et d'un service, et pour permettre à une organisation de fournir de façon économique le produit ou le service approprié. L'objectif d'un bon programme de contrôle de la qualité est de s'assurer que toutes les personnes et toutes les machines concernées font leur travail correctement dès le départ, et de garantir au consommateur que tel est bien le cas.

Les techniques particulières varient d'un produit et d'un service à l'autre, mais les principes de base restent les mêmes: connaître les exigences du produit, du service ou du procédé; vérifier qu'on peut atteindre ces exigences, les maintenir ou les améliorer; et apporter les correctifs qui s'imposent.

Au Canada, le contrôle de la qualité débute dans l'armée, l'aviation et l'industrie électronique. Pendant de nombreuses années, les seules normes disponibles sont celles établies par le ministère de la Défense nationale (MDN). À partir des exigences des premières normes du MDN, nombre d'entreprises importantes établissent leurs propres normes de contrôle de la qualité, imposant à leurs fournisseurs de les respecter.

Au début des années 70, les SERVICES PUBLICS d'électricité reconnaissent le problème que pose à de nombreux secteurs de l'industrie cette multitude de normes similaires. Les services publics, les organismes de réglementation et les fournisseurs importants concernés forment le comité technique de l'Association canadienne de normalisation (ACN) pour mettre au point des normes communes. Il en résulte une première série de normes de programmes de qualité, identifiées par le sigle CSA-Z 299. Le Conseil canadien des normes assigne à l'ACN la responsabilité d'établir une série de normes pour le contrôle de la qualité. Les dernières révisions de la série CSA-Z 299 et d'autres normes liées à la qualité et à la fiabilité constituent donc les Normes nationales du Canada, qui relèvent, au sein de l'ACN, du comité directeur de gestion de la qualité et de la fiabilité.

Les Canadiens jouent également un rôle actif dans le domaine des normes de qualité au niveau international, respectivement avec l'OTAN pour les normes militaires, avec l'Organisation internationale de normalisation (ISO) et avec la Commission électrotechnique internationale (CEI) pour les normes non militaires de qualité et de fiabilité. Le Canada s'est vu confier la présidence et le secrétariat du comité technique d'ISO sur le contrôle de la qualité (ISO/ TC 176), lors de la première réunion.

En 1946, l'American Society for Quality Control (ASQC) est la première société technique de contrôle de la qualité industrielle sur ce continent. Cette société compte maintenant plus de 40 000 membres dans le monde entier. Dès les débuts, les Canadiens y jouent un rôle actif. L'administrateur régional représente la région canadienne au conseil d'administration avec ses divisions ou subdivisions d'Hamilton, London, Kitchener, Montréal et Winnipeg. D'autres membres élus participent au conseil d'administration et à la direction de la société.

On enseigne le contrôle de la qualité dans un certain nombre de collèges et dans un petit nombre d'universités comme l'U du Manitoba et l'U. Concordia.

C.A. Mills

Contrôle des naissances Les êtres humains ont tenté de limiter les naissances de bien des façons: continence, contraception, AVORTEMENT et infanticide. L'expression «contrôle des naissances» apparaît en 1914 et signifie à cette époque la limitation volontaire de la conception en ayant recours à des moyens mécaniques ou chimiques ou aux deux. Aujourd'hui, l'utilisation d'hormones, les programmes de sensibilisation sur la fécondité et la stérilisation font aussi partie des méthodes contraceptives.

Avant la Première Guerre mondiale, quelques Canadiens se sont faits les défenseurs de la limitation des naissances comme mesure sociale, mais les groupes organisés en faveur de cette position n'apparaissent que dans les années 20. À l'instar de groupes semblables en Grande-Bretagne et aux États-Unis, ils soutiennent qu'un enfant doit être voulu et éduqué convenablement. Le contrôle des naissances permet ainsi de libérer les femmes des grossesses annuelles non désirées et de réduire le nombre d'avortements illégaux. Il suppose l'amélioration des relations matrimoniales, la santé des mères et des enfants, et le bien-être de la FAMILLE. Cependant, les groupes canadiens ne vont pas jusqu'à suggérer la limitation des naissances comme moyen de lutter contre la PAUVRETÉ.

Les membres de ces groupes sont généralement des femmes et des hommes instruits. Certains s'inspirent du MOUVEMENT SOCIAL GOSPEL, d'autres sont des féministes. Ils appartiennent à toutes les professions et leurs inclinations politiques vont du socialisme au conservatisme.

En vertu du Code criminel de 1892, le contrôle des naissances est obscène et «incite à la corruption morale». Si un accusé ne peut prouver qu'il a agi dans «l'intérêt public», l'homme ou la femme est passible d'une peine d'emprisonnement de deux ans. Des groupes de pression natalistes, provenant des milieux d'affaires, religieux et politiques, s'opposent à la contraception. Leurs attaques contre les défenseurs de la limitation des naissances sont fréquentes et souvent diffamatoires.

Néanmoins, dans les années 20, les recherches menées sur la sexualité humaine suscitent de l'intérêt au Canada. On remet en question la loi de 1892 et la taille des familles des classes aisées diminue. Les couples bien informés peuvent se procurer clandestinement des contraceptifs commerciaux ou recourent à des moyens plus artisanaux. Toutefois, le taux de fécondité des classes défavorisées demeure élevé et les tenants du contrôle des naissances font pression pour que les moyens de contraception soient gratuits pour tous ceux qui le désirent.

Les politiciens se cachent derrière la loi pour éviter d'en parler, pendant que de rares groupements bénévoles orientent résolument des femmes vers quelques médecins courageux ou encore fournissent eux-mêmes de l'information sur le sujet aux femmes mariées. Le premier groupe procontraception est formé à Vancouver en 1923, et la première clinique de contrôle des naissances voit le jour à Hamilton en 1932.

Dès 1930, un programme de contrôle des naissances est offert aux femmes des classes défavorisées par A.R. Kaufman, un philanthrope de Kitchener, en Ontario. De son bureau d'information parentale, le Parent Information Bureau (PIB), les clients reçoivent des contraceptifs par la poste ou des références à certains médecins prêts à leur fournir des diaphragmes ou à effectuer des stérilisations.

Lorsqu'une des employées du PIB, Dorothea Palmer, est arrêtée en 1936 dans une banlieue défavorisée d'Ottawa, à prédominance francophone, les avocats de Kaufman obtiennent l'acquittement en plaidant qu'elle ne travaille pas dans un but lucratif, mais bien dans «l'intérêt public». Ce bureau d'information dessert bientôt 25 000 clients par année. La cause de cette employée fait jurisprudence et rassure de nombreux autres groupes préconisant la limitation des naissances. Jusqu'aux années 60, aucun d'entre eux n'arrive cependant à offrir un programme aussi populaire que celui de Kaufman.

Après la Seconde Guerre mondiale et le BABY-BOOM subséquent, l'opinion publique est de plus en plus favorable au contrôle des naissances. En 1955, le Service de régulation des naissances (SERENA) est fondé à Lachine, au Québec, par Gilles et Rita Breault pour faire connaître les méthodes naturelles de contraception. L'avènement de la pilule anticonceptionnelle et des dispositifs intra-utérins (stérilets) ainsi que la prise de conscience de «l'explosion démographique» ont contribué à la formation de nouveaux groupes bénévoles.

En 1963, Barbara et George Cadbury, ardents défenseurs de la limitation des naissances, mettent sur pied une fédération regroupant les associations de Vancouver, Winnipeg, Hamilton, Toronto et Ottawa, et obtiennent que leur fédération fasse partie de l'International Planned Parenthood Federation (IPPF). Ses objectifs sont de responsabiliser les parents et d'éduquer le public. De nouveaux groupes provenant d'Edmonton, de Montréal et de Calgary acceptent de s'y associer, ce que refuse le PIB et SERENA.

Cette fédération canadienne porte d'abord le nom de Canadian Federation of Societies for Population Planning, mais, en 1967, change pour celui de Family Planning Federation of Canada et, en 1975, pour Planned Parenthood Federation of Canada (PPFC). Quelques groupes des régions de Vancouver et de Winnipeg bénéficient de subventions. Depuis 1967, le gouvernement québécois finance la formation de spécialistes et de travailleurs sociaux francophones et subventionne SERENA. Au début de 1969, le gouvernement de la Colombie-Britannique accorde des subventions à la Family Planning Association (Planned Parenthood) de la province.

Robert W. Prittie amène le sujet devant le Parlement. Avec l'appui non-officiel des Églises anglicane, presbytérienne, unie et unitarienne, et, plus tard, celui de l'Association canadienne d'économie familiale et de l'Armée du salut, la PPFC fait pression sur le gouvernement canadien pour que le délit que constitue la contraception soit retranché du Code criminel. L'Association médicale canadienne et d'autres associations bénévoles sérieuses suivent le mouvement. La Conférence canadienne des évêques catholiques déclare qu'elle ne s'oppose pas à l'amendement et la loi est modifiée en 1969.

En 1971, la PPFC, subventionnée par Santé et Bien-être social Canada, se charge d'agir comme catalyseur pour que le gouvernement finance les coûts de l'information et des services relatifs au contrôle des naissances partout au Canada. Le nombre d'organismes défendant la cause ou offrant des services se multiplient et quelques gouvernements provinciaux offrent des programmes. La PPFC amasse aussi des fonds pour la IPPF.

Le gouvernement canadien répond aux demandes d'aide provenant des pays en développement et fait également des dons à l'IPPF et au fonds des Nations Unies pour des activités s'adressant à la population. Ces formes d'aide internationale pour la limitation des naissances se poursuivent. SERENA reçoit une importante subvention et met sur pied un réseau de groupes de «sensibilisation sur la fécondité» autant au Canada qu'à l'étranger.

À partir de 1976, l'assistance du gouvernement fédéral pour les services de contrôle des naissances commence à diminuer. Les subventions destinées à la PPFC et à SERENA subissent des coupures importantes et les activités de la FPD sont abolies. L'éducation et les services sur le contrôle des naissances sont devenus une question politique et les programmes publics et privés offerts à la population manquent de cohérence.

Plusieurs observateurs attribuent l'augmentation de grossesses non désirées (surtout chez les jeunes) et d'avortements à la diminution de l'aide accordée à l'éducation et aux services relatifs au contrôle des naissances. Les membres de la PPFC continuent d'informer les Canadiens sur les avantages de l'éducation portant sur la responsabilité des parents et les services adéquats en cette matière. Le Canada a maintenant pris du retard par rapport aux pays du tiers monde quant à la coopération internationale entre les gouvernements et les organismes non gouvernementaux axée sur cet important programme social. Malheureusement, le SIDA a provoqué une autre série de mesures disparates.

Mary F. Bishop

Contrôle des salaires et des prix C'est une convention gouvernementale globale visant à limiter les taux d'augmentation des prix et des salaires durant une période donnée. Le contrôle des salaires et des prix se distingue des autres interventions du gouvernement sur ces questions par deux caractéristiques. Premièrement, cette mesure a pour objectif de lutter contre l'INFLATION globale, plutôt que d'atteindre certains objectifs spécifiques d'efficacité économique ou d'équité sur le plan économique (à la différence, p. ex., de la législation sur le salaire minimum). Deuxièmement, elle touche plusieurs secteurs de l'économie plutôt que de viser un marché en particulier, contrairement à des programmes tels que le soutien des prix agricoles. Le contrôle des prix et des salaires est un type de politique des revenus, c.-à-d. toute politique gouvernementale qui a un effet direct sur l'agencement global des prix et des salaires dans l'économie. L'établissement de directives facultatives concernant les salaires et les prix et des incitatifs fiscaux pour favoriser une réduction des taux d'augmentation des salaires et des prix sont d'autres exemples de politique des revenus.

Beaucoup de pays, dont le Canada, ont instauré un système de contrôle des prix et de rationnement durant la Seconde Guerre mondiale, afin d'éviter la

montée en flèche des prix et les abus qu'auraient entraîné les pénuries en temps de guerre (*voir* COMMISSION DES PRIX ET DU COMMERCE EN TEMPS DE GUERRE). Ces mesures ont largement disparu durant la période de l'après-guerre. Toutefois, pendant les années 50 et 60, certains pays européens ont expérimenté des interventions de politique des revenus, y compris le contrôle des salaires et des prix. Ce dernier cherchait à lutter contre l'inflation, alors que des politiques incitatives fiscales et monétaires visaient la réduction du chômage. Les expériences de ces combinaisons de politiques n'ont pas du tout réussi. L'importante croissance de la demande provoquée par les taux de croissance élevés de la masse monétaire, et les diverses initiatives gouvernementales en matière de dépenses et de fiscalité ont rendu le contrôle inutilisable et inefficace ou ont provoqué une importante pression inflationniste latente qui s'est manifestée quand le contrôle a finalement été levé. Au début des années 70, un essai d'instaurer de tels contrôles aux États-Unis a connu le même sort.

Par la suite, les économistes ont pris conscience que, pour que le contrôle donne de bons résultats, on doit l'envisager comme une mesure complémentaire à une politique restrictive fiscale et monétaire, plutôt que comme un substitut à cette politique. Alors qu'on peut finalement maîtriser une forte inflation par une baisse importante du taux de croissance de la masse monétaire, ce processus peut être long et peut impliquer un CHÔMAGE très élevé. Certains économistes considèrent le contrôle des salaires et des prix comme un moyen de casser une forte poussée des prix et des salaires, et de faciliter la transition vers une inflation plus faible.

Au Canada, en temps de paix, on a eu recours à cette mesure seulement de 1975 à 1978, en réaction aux taux d'inflation exceptionnellement élevés de 1974-1975. La *Loi anti-inflation fédérale* a établi un système de contrôle de trois ans. Les balises de salaires étaient obligatoires pour toutes les entreprises de 500 employés et plus, pour tous les employés du gouvernement fédéral et pour la plupart des employés du secteur public, avec le consentement de la majorité des gouvernements provinciaux. Le contrôle de la marge bénéficiaire a limité les majorations de prix et de coûts des grandes entreprises. Bien que l'importance de l'effet de cette loi soit matière à débats, une analyse empirique confirme dans ses grandes lignes la thèse voulant que le programme de contrôle ait réduit le taux d'inflation sous le niveau qui aurait prévalu en son absence.

Ronald G. Wirick

Convention de 1818 C'est une convention commerciale qui a été signée le 20 octobre 1818. Elle définit la frontière entre l'Amérique du Nord britannique et les États-Unis. Cette ligne part de l'extrême nord-ouest du lac des Bois «nord ou sud, selon le cas» et s'étend jusqu'au 49e parallèle qu'elle longe vers l'ouest jusqu'aux montagnes Rocheuses. La région à l'ouest des montagnes Rocheuses reste «libre et ouverte» à l'Angleterre et aux États-Unis pendant les 10 années suivantes. En 1827, cette période est prolongée pour une durée indéfinie, mais le TRAITÉ DE L'OREGON de 1846 y met fin. (*Voir aussi* ÉVOLUTION TERRITORIALE.)

N.L. Nicholson

Convention de la baie James et du Nord québécois C'est la première grande entente, conclue en 1975, entre la Couronne et les autochtones depuis les TRAITÉS numérotés du XIXe siècle et du début du XXe. Négociée de 1973 à 1975, cette convention fait suite à la décision du juge Malouf et à celle, une semaine plus tard, de la Cour d'appel du Québec. Elle est signée le 11 novembre 1975, après quatre années de manœuvres politiques, de recours aux tribunaux et de négociations déclenchées par l'annonce, en 1971, de la construction de barrages hydroélectriques dans le Nord du Québec (*voir* JAMES, PROJET DE LA BAIE). Les CRIS, dont les terres sont au centre du projet, et les INUITS, plus au nord, acceptent un régime de cogestion de la faune avec le Québec et le Canada.

Ils exigent aussi des critères d'appartenance spéciaux (redéfinissant le statut inuit et cri), l'autonomie de leurs gouvernements locaux et régionaux, la création de leurs propres conseils de santé et d'éducation, des mesures de développement économique et communautaire ainsi que des régimes spéciaux de gestion de la police, de la justice et de la protection de l'environnement. Ils obtiennent une définition technique du projet de La Grande, y compris la modification de l'emplacement du premier barrage, des limitations des niveaux d'eau et une société de travaux d'atténuation des dommages sociaux et environnementaux. Une indemnité de 225 millions de dollars, étalée sur 25 ans, est divisée entre les Cris et les Inuits proportionnellement à leur population.

Divisions des terres On divise les terres en trois catégories: les terres de Catégorie I comprennent 13 700 km² à l'intérieur et autour des communautés autochtones et sont administrées uniquement par les habitants; les terres de Catégorie II visent 70 000 km² et 81 600 km² appartenant respectivement aux Cris et aux Inuits et sont réservées exclusivement à la chasse, à la pêche et au piégeage; et les terres de Catégorie III, soit le reste des terres, où les autochtones jouissent de droits exclusifs sur 22 espèces fauniques importantes et où les familles sont libres de continuer d'utiliser leurs territoires traditionnels de chasse. La Convention prévoit un plan de revenu familial minimum pour les Cris vivant de l'exploitation des ressources fauniques. Ils obtiennent le droit d'enseigner aussi bien dans les langues autochtones qu'en français et en anglais et, avec l'aide du Québec, ils créent la Société de développement autochtone de la baie James dont le mandat est d'encourager le développement économique des Cris.

Sept accords modificateurs, quatre autres accords auxiliaires et vingt-deux lois pertinentes montrent la nature dynamique et complexe de la Convention. Les droits des peuples autochtones sont protégés dans la Convention par la constitution canadienne. En 1984, le Parlement canadien réalise la promesse d'un gouvernement autonome cri en adoptant la *Loi sur les Cris et les Naskapis du Québec*, la première du genre au Canada.

Controverse La Convention reste source de controverse entre les autochtones et les gouvernements fédéral et provincial. Les groupes autochtones prétendent que la Convention, même si elle renferme des lacunes fondamentales, garantit le statut canadien permanent de l'ensemble du territoire de la baie James advenant le cas où le Québec tenterait de se séparer du Canada.
John A. Price

Convention du Nid-de-Corbeau Dans les années 1890, après la découverte de riches gisements de minerai dans la région de Kootenay, dans le Sud de la Colombie-Britannique, des promoteurs américains viennent s'installer dans la région afin d'étendre vers le nord leur réseau de chemin de fer transcontinental. Le CANADIEN PACIFIQUE (CP), déterminé à garder son droit exclusif sur le Sud-Ouest canadien, demande l'aide du gouvernement fédéral pour prolonger sa voie ferrée au-delà du COL CROWSNEST et jusqu'en Colombie-Britannique. Pendant ce temps, les fermiers des Prairies se plaignent du tarif-marchandises du CP et verraient d'un très mauvais œil que le gouvernement accorde une aide financière supplémentaire au CP, à moins que le gouvernement n'intervienne pour diminuer ce tarif.

La Convention du Nid-de-Corbeau, conclue le 6 septembre 1897, est une entente entre le gouvernement fédéral et le CP. En échange d'une subvention de 3,3 millions de dollars et du droit d'étendre ses activités en Colombie-Britannique, le CP accepte de diminuer à perpétuité le tarif-marchandises vers l'Est sur le grain et la farine, de même que le tarif vers l'Ouest d'une liste spécifique d'«effets pour les

colons» (soit une réduction totale d'environ 15 p. 100). Le CP obtient ainsi accès aux gisements miniers et aux fonderies situés dans la région intérieure de la Colombie-Britannique. De son côté, le gouvernement apaise les gens de l'Ouest, inquiets au sujet de la politique nationale en matière de transport. La diminution des tarifs coïncide presque exactement avec la venue de nombreux colons et est considérée par le public comme un facteur clé dans la stratégie économique de l'époque.

Suspension de la Convention La suspension temporaire de la convention dans le but de combattre l'inflation causée par la guerre sème la consternation chez les fermiers de l'Ouest. Le CP résiste aux tentatives de la Commission des chemins de fer de remettre en vigueur les termes de la Convention après 1922. Il s'ensuit une période de manœuvres politiques et juridiques compliquées. En 1925, les tarifs de 1897 sur le grain et la farine sont rétablis et s'appliquent à tout transport de ce genre sur toutes les voies ferrées qui mènent à Fort William. Par contre, la clause portant sur les «effets pour les colons» est annulée. Cette solution ne satisfait personne et, en 1927, d'autres négociations aboutissent à un accord stipulant que les tarifs s'appliquent à toutes les lignes de la compagnie, mais ne touchent seulement que le transport du grain et des produits céréaliers non traités.

Avec le temps, on se rend compte que les «taux du Nid-de-Corbeau» ne couvrent qu'une fraction du coût d'expédition du grain, et c'est alors que commence un long processus pour arriver à un tarif plus équitable. Aux yeux des fermiers, ce tarif est un facteur important pour réduire leurs coûts d'exploitation et, par conséquent, pouvoir attirer et conserver les marchés d'exportation. Cependant, le chemin de fer n'en tire pas un revenu suffisant pour se permettre d'améliorer et d'étendre son réseau, et répondre ainsi à l'augmentation du trafic ferroviaire et du matériel roulant tout en satisfaisant les exigences des fermiers et autres expéditeurs.

Loi sur le transport du grain de l'Ouest À la suite de discussions animées et de désaccords entre le gouvernement, le chemin de fer, les fermiers et les associations de fermiers, la *Loi sur le transport du grain de l'Ouest* est adoptée le 17 novembre 1983 et entre en vigueur le 1ᵉʳ janvier 1984. Elle permet d'augmenter graduellement le coût d'expédition du grain, mais celui-ci ne doit jamais dépasser 10 p. 100 du prix mondial du grain. Le gouvernement fédéral subventionne le reste du coût d'expédition, soit 675 millions de dollars en 1987. De son côté, le chemin de fer accepte de dépenser 16,5 milliards de dollars à l'achat de nouveaux équipements et à l'amélioration du service d'ici 1992. Une proposition de payer la subvention directement aux fermiers et de laisser les tarifs augmenter suffisamment pour payer le coût total d'expédition est rejetée en 1983. Cependant, de nos jours, cette idée reçoit l'appui de plusieurs.

Déséquilibre Dans les années 90, un nombre croissant de Canadiens de l'Ouest se rendent compte que le fait de subventionner le transport du grain et des produits céréaliers non traités, mais pas celui des produits traités, entraîne un grave déséquilibre dans l'économie régionale. Si les tarifs aident l'industrie de production première, ils nuisent à l'industrie de transformation de la région. Ceux qui travaillent dans la transformation trouvent en effet plus avantageux d'expédier hors de la région, à coûts subventionnés, les produits non traités et de construire des usines de transformation à l'extérieur de la région que de payer les coûts d'expédition beaucoup plus élevés des produits traités. De plus, les efforts pour diminuer le déficit du gouvernement fédéral entraînent une réduction des programmes de subventions qui, selon toute apparence, ne sont plus d'aucune utilité. Il semble aussi que les subventions accordées au transport du grain de l'Ouest contreviennent à certaines dispositions de l'Accord de libre-échange nord-américain.

C'est pourquoi, après les élections fédérales de 1993, le nouveau gouvernement vote rapidement l'élimination des tarifs. En vertu de la *Loi sur les paiements de transition du grain de l'Ouest*, les fermiers se voient offrir un seul paiement global en guise de compensation pour les coûts élevés d'expédition et pour qu'ils adaptent leurs activités en conséquence. Le prix mondial relativement élevé du grain vient quelque peu atténuer la situation. C'est ainsi qu'après 97 ans, nombre de changements législatifs et maintes négociations, le tarif-marchandises adopté par le gouvernement fédéral et le CP prend fin.
T.D. Regehr et Ken Norrie

Conversion au système métrique C'est le processus d'adoption des unités métriques, soit le mètre (m), le litre (l), le kilogramme (kg) et le degré Celsius (°C), comme unités de mesure au Canada. Malgré la légalisation du système métrique au Canada en 1871, le système impérial britannique, soit la verge, la livre, le gallon, etc. est resté prédominant pendant longtemps. Dans les années 60, la croissance technologique et la mondialisation des marchés fait ressortir le besoin croissant d'un système de mesure international. Le gouvernement britannique décide de se convertir au système métrique et les États-Unis envisagent de faire de même.

Plusieurs associations canadiennes représentant divers groupes, tels les consommateurs, les enseignants ou les professionnels, font pression sur le gouvernement pour qu'il adopte le système métrique. En janvier 1970, le livre blanc sur la conversion au système métrique au Canada présente les politiques du gouvernement canadien. Il établit qu'un seul système de mesure, fondé sur les unités métriques, devrait être utilisé pour toute mesure, y compris dans les lois. Dans la même lignée, la *Loi sur les poids et mesures* est modifiée au Parlement en 1971 afin de faire du Système International (SI), la toute dernière évolution du système métrique, l'usage courant au Canada. De plus, en 1971, le Parlement vote la *Loi sur l'emballage et l'étiquetage des produits de consommation*, selon laquelle les étiquettes doivent indiquer des unités métriques sur la majorité des produits de consommation.

Pour implanter la conversion au système métrique, le gouvernement met sur pied, en 1971, la Commission préparatoire, qui devient par la suite Commission du système métrique Canada. Le rôle de la Commission est d'assurer la planification et la coordination de la conversion dans tous les secteurs de l'économie canadienne, et de transmettre à la population l'information sur la conversion au système métrique. Dès 1973, la commission organise une centaine de comités sectoriels, dont les membres appartiennent à des associations nationales ou à des organisations importantes, et qui représentent le milieu des affaires et de l'industrie, les consommateurs, les travailleurs, la santé, l'éducation et le gouvernement. Chaque comité sectoriel a la charge de préparer un plan de conversion et de suivre son implantation. La commission se charge d'approuver les plans de conversion que chaque groupe met au point par consensus.

Le remplacement des unités impériales par les unités du SI sur tous les documents, les instruments de mesure, les procédés de fabrication, les produits et les emballages, implique une multitude de tâches. Le cadre technique pour ce changement est établi à partir de deux normes canadiennes: le *Système international d'unités* (SI) et le *Guide de familiarisation au système métrique*, publiés en 1973 par l'Association canadienne de normalisation et approuvés par le Conseil canadien des normes.

Une fois les unités SI appropriées choisies, les comités sectoriels débattent de l'aspect pratique de l'implantation. Chaque secteur détermine les politiques et les stratégies qui lui conviennent le mieux. Le choix entre la conversion en douceur (conversion arithmétique de mesures préexistantes) ou la conversion radicale (valeurs entières et rationnelles en unités métriques, même si cela demande de modifier le format d'un produit) pose un problème important. L'utilisation simultanée des deux systèmes (impérial et métrique) demeure un sujet de controverse. Pour certains secteurs qui dépendent des États-Unis pour de nombreuses pièces ou produits, cela impose des contraintes. Les efforts soutenus de l'industrie canadienne permettent de procéder à la conversion, sans problèmes importants. Toutefois, cela prend de deux à cinq ans de plus que prévu.

Il faut mettre au point des programmes de sensibilisation et de formation pour s'assurer que le public comprenne et accepte le changement d'unités. Avec la coopération de toutes les provinces, les écoles se préparent à enseigner principalement le système métrique. Une série d'événements ayant trait à la conversion vers le système métrique met le public en contact avec des unités métrique simples. Des campagnes d'information importantes accompagnent chaque changement. Le premier changement a lieu dans le domaine des prévisions météorologiques: à partir du 1er avril 1975, la température n'est donnée qu'en degrés Celsius. Dès septembre 1975, les précipitations, sous forme de pluie ou de neige, sont calculées respectivement en millimètres et en centimètres. Le prochain changement important se produit en septembre 1977: les panneaux de signalisation indiquent la distance en kilomètres et la vitesse en kilomètres/heure. Parallèlement, apparaissent des voitures avec des compteurs de vitesse et des compteurs kilométriques gradués en unités métriques.

En janvier 1979, les stations services commencent à vendre l'essence et le diesel au litre. En décembre 1980 (date limite d'utilisation des unités de longueurs impériales), les commerces de meubles et de tissus doivent annoncer et vendre leurs produits au mètre et au centimètre uniquement. La conversion des balances dans les épiceries provoque une controverse politique. Après la conversion complète de trois régions pilotes au cours de l'été 1979 (Kamloops, Peterborough et Sherbrooke), la conversion du reste du pays est retardée par le gouvernement de l'époque. Elle reprend en janvier 1982. Les dates limites dépendent des régions et s'étendent jusqu'à décembre 1983. Après cette date, les épiceries ne doivent afficher les prix des produits qu'au kilogramme ou aux 100 grammes et vendre les produits selon le système métrique. La conversion touche quelque 35 000 épiceries au Canada. Petit à petit, les unités du système métrique deviennent la norme pour la plupart des produits et des services, à l'exception du domaine de l'immobilier et des sports (hormis l'athlétisme et la natation).

La conversion au système métrique se fait sur une base volontaire dans bon nombre de secteurs, mais d'autres nécessitent l'intervention des gouvernements provinciaux et fédéral. Les règlements régissant l'utilisation des unités du système métrique pour les POIDS ET MESURES dans le commerce de détail sont établis et mis en application par le gouvernement, et ce, pour protéger les consommateurs et les détaillants contre les pratiques déloyales et éviter la confusion lors de la comparaison des produits. Malgré tout, le gouvernement n'échappe pas à la critique pour l'imposition du système métrique et l'exclusion de l'ancien système. Ceux qui s'opposent à la conversion contestent les coûts d'une telle opération en pleine période d'inflation et de faiblesse économique, et dénoncent le danger de s'éloigner des pratiques américaines, ainsi que les méfaits de l'intrusion d'un système étranger de mesure sur notre héritage canadien basé sur le système impérial. Certains porteront même leur cause devant les tribunaux.

Le gouvernement conservateur de Brian Mulroney reste fidèle au système métrique, mais il permet aussi d'utiliser plus d'un système dans certains cas, notamment pour l'essence et le diesel, ainsi que dans l'ameublement. En 1985, certains petits commerces sont exemptés de l'installation obligatoire des balances métriques. Les défenseurs du système métrique citent de nombreux bénéfices, outre les avantages commerciaux et la normalisation internationale: le SI est simple du fait de sa nature décimale et de l'absence d'une multitude d'unités qui nécessitent des facteurs de conversion. L'universalité des symboles du SI (quelle que soit la langue) et le côté pratique de n'avoir qu'une seule unité pour une quantité physique améliore la communication. La mise à jour de nombreuses normes techniques et la rationalisation de la grosseur des produits et des contenants sont aussi très bénéfiques. Tout cela permet de réaliser des économies à long terme et ce, malgré les coûts initiaux de la conversion. En bout de ligne, la conversion était inévitable au Canada du fait des pressions imposées par la technologie et les marchés.

N. Ganapathy

Convey, John, métallurgiste (Craghead, Angl., 29 mars 1910). Immigré en Alberta en 1929, il déménage plus tard en Ontario et obtient, en 1940, un doctorat en physique atomique à l'U. de Toronto. Après son service dans la marine pendant la Seconde Guerre mondiale et un certain temps dans l'enseignement à l'U. de Toronto, il se rend à Ottawa en 1948 et devient métallurgiste en chef à la Direction des mines du gouvernement fédéral, rebaptisée plus tard le Centre canadien de la technologie des minéraux et de l'énergie. Il en est le directeur de 1951 à 1973; sous sa direction, les vastes laboratoires deviennent un important centre scientifique pour la recherche nationale dans les domaines de l'exploitation minière, de la métallurgie et des ressources énergétiques.

Il possède des centres d'intérêt variés en plus d'être un conteur et un orateur talentueux. Il reçoit de nombreux honneurs, dont la Médaille Blaylock de l'Institut canadien des mines, de la métallurgie et du pétrole, le titre de Membre de l'American Society for Metals, le prix Jean-P.-Carrière du Conseil canadien des normes et le prix John-Jenkins de l'Association canadienne de normalisation. Il quitte la fonction publique en 1974.

W.M. Williams

Conway, Brian Evans, professeur de chimie (Farnborough, Angl., 26 janv. 1927). Il obtient son doctorat de l'U. de Londres en 1949, puis travaille comme attaché de recherche au Chester Beatty Cancer Research Institute, à Londres. Professeur adjoint à l'U. de la Pennsylvanie de 1955 à 1957, il est, depuis, attaché au département de chimie de l'U. d'Ottawa.

Conway a publié plus de 260 articles scientifiques en plus d'être rédacteur en chef de deux séries: *Comprehensive Treatise of Electrochemistry* et *Modern Aspects of Electrochemistry*. Il a également écrit *Electrochemical Data, Electrode Processes and Ionic Hydration in Chemistry and Biophysics*. Membre de la Société royale du Canada, on peut dire qu'il est le doyen de l'électrochimie au Canada.

R.G. Barradas

Cook, affaire (1998) Dans cette cause, la Cour suprême du Canada déclare que la *Charte canadienne des droits et libertés* s'applique à l'occasion de l'interrogatoire, mené par des policiers canadiens aux États-Unis, d'un suspect soupçonné d'avoir commis un meurtre au Canada,.

Un certain Cook est arrêté en Louisiane par des policiers américains à la demande des autorités canadiennes. Les policiers américains informent Cook de ses droits, conformément à la mise en garde de l'arrêt Miranda. Cook demande à consulter un avocat, mais sans succès. Deux policiers canadiens viennent par la suite l'interroger sans l'informer des droits qu'il a de consulter un avocat et de garder le silence. Ce n'est que 20 minutes après le début de l'interrogatoire que les policiers lui font une mise en garde volontairement ambiguë. Ils poursuivent l'interrogatoire et Cook fait une déclaration où il s'innocente.

Bien que les actes reprochés à l'accusé aient été posés à l'extérieur des frontières canadiennes, une majorité de magistrats décide que la Charte s'applique. Ils décident également que les policiers ont violé de façon grave, voire flagrante, les droits qu'avait Cook de consulter un avocat et de garder le silence, tels qu'énoncés à l'alinéa 10b) et à l'article 7 de la Charte. La preuve est donc rejetée, car la règle générale veut que l'utilisation d'une preuve obtenue par mobilisation de l'accusé contre lui-même, et qui n'aurait pas été découverte sans celle-ci, rend le procès inéquitable.

Deux juges demeurent dissidents, car à leur avis la *Charte canadienne des droits et libertés* ne s'applique pas parce que les policiers canadiens n'ont fait que collaborer avec leurs homologues américains et qu'ils agissaient sous l'autorité de ceux-ci. Selon ces dissidents, la conduite des policiers canadiens n'était pas répréhensible au point de porter atteinte au droit qu'avait Cook de subir un procès équitable.

Cook, George Ramsay, historien (Alameda, Sask., 28 nov. 1931). Bachelier de l'U. du Manitoba, Cook obtient un diplôme de maîtrise à l'U. Queen et un doctorat à l'U. de Toronto, où il commence à enseigner. Professeur d'histoire à l'U. York, il est l'un des historiens les plus connus au Canada. Il a publié plusieurs ouvrages dans le domaine de l'histoire politique et sociale dont *John W. Dafoe and the Free Press* (1963), *Canada and the French Canadian Question* (1966), *The Maple Leaf Forever* (1971) et *The Regenerators* (1985).

Les écrits de Cook sont en grande partie empreints de son souci de comprendre la nature du NATIONALISME canadien; il fonde son étude sur deux grands thèmes. Le premier est l'importance des idées qui façonnent l'identité nationale, dont le pouvoir de la compréhension de l'histoire. Le deuxième est la nécessité d'une compréhension mutuelle entre les francophones et les anglophones au Canada. Ses œuvres ont beaucoup aidé le Canada anglais à comprendre la complexité de la pensée du Québec. Son nationalisme le pousse à entamer le projet de réanimer le *Dictionnaire biographique du Canada*.

D.R. Owram

Cook, James, explorateur (près de Marton, Angl., 27 oct. 1728—baie Kealakekua, îles Sandwich [Hawaï] 14 févr. 1779). Il est le plus grand navigateur de son époque et capitaine du *Pembroke* lors du siège de LOUISBOURG (1758) pendant la GUERRE DE SEPT ANS. Il cartographie une partie de la Gaspésie et participe à l'élaboration de la carte qui permettra à l'armada de James WOLFE de remonter le fleuve Saint-Laurent. C'est principalement cet infatigable géomètre qui dresse, de 1763 à 1767, la carte des côtes tortueuses et redoutables de Terre-Neuve, que l'Angleterre acquiert après la guerre. En 1762, il en avait cartographié une partie de la côte Ouest, y compris le havre de St. John's.

Les grandes circumnavigations de Cook (1768-1771 et 1772-1775) bouleversent la connaissance que l'Europe a du Pacifique Sud. En juillet 1776, il entreprend un troisième voyage à la recherche du PASSAGE DU NORD-OUEST. Il fait voile vers l'est, traverse le Pacifique et jette l'ancre dans le DÉTROIT DE NOOTKA, dans l'île de Vancouver (29 mars 1778), où ses hommes radoubent les navires et font une traite lucrative de peaux de loutre avec les Nootkas. Il appareille le 26 avril 1778 et met le cap sur le détroit de Béring à la recherche du passage, mais bat en retraite devant un mur de glace. Il est tué dans les îles Sandwich dans une altercation avec les gens du pays.

Il n'est pas le premier à explorer la CÔTE DU NORD-OUEST, mais lui et ses hommes sont les premiers à en révéler les attraits, en particulier pour la TRAITE DES FOURRURES. Parmi ceux qui suivront ses traces, mentionnons George VANCOUVER, qui a accompagné Cook dans ses deuxième et troisième voyages.

James Marsh

Cook, Michael, dramaturge (Londres, Angleterre, 14 févr. 1933). Cook passe 12 ans dans l'Armée britannique et obtient un brevet d'enseignement à l'U. Nottingham avant d'immigrer à Terre-Neuve en 1966. À St. John's, puis dans l'isolement de l'île Random, il écrit une série de pièces captivantes sur sa terre d'adoption. Il y décrit la lutte des Terre-Neuviens pour survivre en tant que peuple dans un contexte historique et un environnement hostiles. Il y raconte aussi au quotidien la désintégration de leur langue et de leur culture uniques. Parmi ses drames historiques, notons *Colour the Flesh the Colour of Dust* (1971), *On the Rim of the Curve* (1977) et *The Gayden Chronicles* (1980). Parmi ses pièces les plus importantes, *The Head, Guts and Soundbone Dance* (1973) et *Jacob's Wake* (1974), où il décrit Terre-Neuve dans un contexte contemporain, il augure très mal de l'avenir d'une économie basée sur la pêche et la chasse aux phoques traditionnelles, dans un contexte économique moderne. Cook écrit aussi de nombreuses pièces dramatiques pour la radio et enseigne l'anglais à l'U. Memorial. En 1987, il est dramaturge résident au Stratford Festival.

Jerry Wasserman

Cook, William Harrison, chimiste (Alnwick, Angl., 2 sept. 1903). Vivant dans une ferme de l'Alberta à partir de l'âge de 8 ans, Cook commence son éducation formelle à l'école d'agriculture à 17 ans, ce qui le mène à l'U. de l'Alberta et à Stanford (Ph.D. 1931). À compter de 1924, il participe aux recherches de Robert NEWTON sur le séchage du blé humide, puis se joint, en 1932, au personnel du CONSEIL NATIONAL DE RECHERCHES DU CANADA (CNRC) sous la direction de Newton, auquel il succède comme directeur de la biologie en 1941.

Un ingénieur-né, il travaille en tant que jeune scientifique à mettre au point des chambres à conditions constantes (c.-à-d., des serres réfrigérées simulant les conditions de culture dans les Prairies). Cette expérience le conduit à des travaux de guerre inusités, comme ceux consistant à convertir du jour au lendemain des cargos en transporteurs frigorifiques de denrées alimentaires. Après 1945, il réorganise les laboratoires de recherches du CNRC et découvre personnellement la structure des protéines couplées aux polysaccharides dans la carraghénane, une algue marine utilisée dans l'industrie alimentaire. Après avoir pris symboliquement sa retraite en 1968, il continue à travailler à titre de directeur administratif du CNRC et de directeur général de la participation canadienne au Programme international de biologie jusqu'en 1976. En 1986, il est membre titulaire de la Commission de l'Union internationale de chimie pure et appliquée sur l'électrochimie. Il publie deux ouvrages, *My Fifty Years with NRC, 1924-1974* et ses mémoires de jeune cow-boy.

Donald J.C. Phillipson

Cook, William Osser, joueur de hockey (Brantford, Ont. 6 oct. 1896—Kingston, 5 mai 1986). Il joue pendant douze saisons avec les Rangers de New York au sein d'un excellent trio offensif qui comprend son frère Bun et Frank BOUCHER. L'un des meilleurs ailiers droit de son époque, il compte 223 buts et enregistre 132 mentions d'assistance en saison régulière, de même que 13 buts et 12 aides pendant les séries éliminatoires. À deux reprises, il est couronné champion compteur de la Ligue nationale de hockey, en plus d'être champion ex-aequo en 1927.

James Marsh

Coombs, Ernest Arthur, (Mr. Dressup), fantaisiste pour enfants à la télévision (né à Lewiston, Maine, le 26 novembre 1927). Après son cours secondaire (North Yarmouth Academy) en 1945, Coombs obtient un diplôme de la Vesper George School of Art. D'abord formé comme dessinateur publicitaire, Coombs devient décorateur de théâtre. Travaillant à ce titre d'un bout à l'autre des États-Unis, Coombs se retrouve un jour au Pittsburgh Miniature Theatre et à WQED-TV. À Pittsburgh, Coombs rencontre Fred Rogers, célèbre pour son personnage Mr. Rogers.

Coombs arrive au Canada en 1963 comme marionnettiste de Rogers et, en 1964, il crée l'inimitable Mr. Dressup. Le spectacle au rythme lent cherchait d'abord à stimuler l'imagination et la créativité des enfants. Mr. Dressup a enchanté des générations d'enfants et le nom de «Mr. Dressup» fait désormais partie du vocabulaire canadien.

Coombs a reçu nombre de prix importants pour cette émission: le prix Gémeaux «Earle Grey» pour l'ensemble de son travail à la télévision en 1994, un prix de l'Institut de radiotélévision pour enfants pour l'ensemble de son œuvre en 1989 et le prix ACTRA pour la meilleure émission en 1978. Il est l'auteur de cinq albums pour enfants et coauteur de trois livres (avec Shelly Tanaka). Il a quitté l'émission le jour de la Saint-Valentin en 1996.

Robert Wiznura

Coop, Jane Austin, pianiste, professeure (Saint-Jean, N.-B., 18 avril 1950). Elle vit son enfance à Calgary et étudie la musique avec Alexandra Munn et Gladys Egbert. Elle poursuit ses études à Toronto avec Anton KUERTI (1968-1972), remportant le Concours national de la SRC en 1970 et obtenant un diplôme en musique (Toronto) en 1971 ainsi qu'un baccalauréat en musique (Toronto) en 1972. Plus tard, elle étudie avec Peter Feuchtwanger (Londres) et Leon Fleisher (Baltimore), avec qui elle continue de travailler jusqu'en 1976. Elle fait ses débuts au St Lawrence Centre (Toronto) en 1973 et elle remporte, en 1975, le premier prix au Concours international de Washington. Dans les années 70, elle joue avec plusieurs orchestres, notamment la Toronto Symphony, l'Orchestre philharmonique de Calgary et l'Orchestre de chambre de la SRC à Vancouver. Elle fait ses débuts au Royaume-Uni au Wigmore Hall (Londres) en 1979.

De 1976 à 1980, Coop est adjointe de Kuerti (Toronto) et prend ensuite une charge d'enseignement à l'U. de Colombie-Britannique, tout en poursuivant une carrière active de soliste et se produisant avec des orchestres, à New York, Londres, Paris, Bruxelles, Varsovie, Moscou, Kiev, St-Petersburg, Prague et Budapest, de même que dans de nombreuses villes du Canada et des États-Unis. Elle participe également à des ensembles de musique de chambre (p. ex., avec les quatuors Purcell et Colorado String, et le QUATUOR À CORDES ORFORD) et est accompagnatrice (jouant pour Ingemar Korjus, Rosemarie Landry et Catherine ROBBIN, entre autres). Elle fait de nombreux enregistrements à la radio (tant au Canada qu'à l'étranger) et à la télévision, et elle crée de nombreuses œuvres de compositeurs canadiens (dont John BECKWITH, Stephen Chatman, Jean COULTHARD).

Au cours des années 90, Jane Coop fait des tournées en Orient, d'abord en 1991 (Japon, au festival marquant l'ouverture de la nouvelle ambassade canadienne) et à nouveau en 1994 (des concerts à Hong Kong, en Chine et au Japon, de même que des cours de maître ouverts au public). En 1994-1995, elle exécute à Vancouver, avec Andrew Dawes, toutes les sonates de Beethoven pour piano et violon, œuvres qu'elle joue à nouveau avec lui à Toronto en 1995-1996. Ce récent intérêt pour Beethoven a été particulièrement important pour Coop, dont le répertoire porte principalement sur la fin du XVIII siècle (particulièrement les sonates de Haydn et les concertos de Mozart) et au début du XIX siècle. Grâce à ses nombreux enregistrements et concerts, elle acquiert une importante réputation en tant qu'artiste éclairée et musicienne accomplie, possédant une excellente technique dont le sérieux et l'intégrité de l'approche ont produit des résultats mémorables à tous égards.

Bryan N.S. Gooch

Cooper (1996), affaire La Cour suprême du Canada statue, à la majorité, que la Commission canadienne des droits de la personne n'a pas le pouvoir de se prononcer sur la constitutionnalité d'une disposition de sa loi habilitante portant sur l'âge de la retraite obligatoire.

Le juge La Forest rédige les motifs de la majorité. Il écrit que la Commission canadienne des droits de la personne ne représente pas un forum approprié pour discuter des questions constitutionnelles importantes et n'a pas l'expertise voulue. Dans sa dissidence, la juge McLachlin déclare qu'un tribunal habilité à trancher des questions de droit doit pouvoir se prononcer sur des questions relatives à la Charte de 1982.

Co-operative Commonwealth Federation (CCF) C'est une coalition politique fondée en 1932 à Calgary, et qui regroupe des forces progressistes, socialistes et syndicales désireuses de former un parti politique capable d'instaurer des réformes pour contrer les effets dévastateurs de la CRISE DES ANNÉES 30. Le nouveau parti prend forme sous l'impulsion de regroupements d'agriculteurs (dont les FERMIERS UNIS DE L'ALBERTA qui gouvernent la province), d'une poignée d'intellectuels de la LEAGUE FOR SOCIAL RECONSTRUCTION (LSR) et du GINGER GROUP (groupe formé de députés mécontents) d'Ottawa, allié aux regroupements d'agriculteurs et aux organismes syndicaux.

En 1933, à l'occasion d'une assemblée du Parti à Regina, J.S.WOODSWORTH en devient le premier président. Woodsworth, député fédéral depuis 1921, est reconnu comme le chef du Parti à l'intérieur et à l'extérieur du Parlement. Le Parti adopte aussi le manifeste de Regina qui définit ses objectifs, dont la constitution d'une économie mixte par la NATIONALISATION d'industries importantes et la création d'un ÉTAT PROVIDENCE par la mise en place de mesures sociales universelles, comme les régimes de pension, les programmes d'assurance-maladie et de sécurité sociale, les allocations familiales, l'assurance-chômage, les mesures d'indemnisation des travailleurs et d'autres mesures du même ordre.

La CCF devient rapidement un élément incontournable de la vie politique au Canada en faisant élire des députés au Parlement et dans plusieurs assemblées législatives provinciales. En 1935, la CCF fait élire 7 députés et le parti récolte 8,9 p. 100 des voix. En 1940, 8 députés sont élus et le parti obtient 8,5 p. 100 des votes. Au début de la Seconde Guerre mondiale, la CCF est divisée entre ceux qui appuient le pacifisme inconditionnel de Woodsworth et ceux qui souhaitent que le Canada s'engage dans le conflit.

M.J. COLDWELL, qui remplace Woodsworth à la tête du parti au cours de cette période, favorise la participation du Canada au conflit mondial et, sous son leadership modéré, le Parti se met à remporter des victoires électorales décisives. Il enlève la circonscription cruciale de York Sud à l'occasion d'une élection partielle en février 1942, empêchant ainsi le chef du Parti conservateur, l'ancien premier ministre Arthur MEIGHEN, d'obtenir un siège à la Chambre des communes. En septembre 1943, un sondage Gallup place le Parti en tête de liste des intentions de vote. Au cours de la même année, le Parti se classe au deuxième rang à l'issue des élections en Ontario et, en 1944, dirigé par T.C.DOUGLAS, il prend le pouvoir en Saskatchewan. Aux élections fédérales de 1945, la CCF fait élire 28 députés en plus de remporter 15,6 p. 100 des votes.

Même si la CCF est bien implantée, sa popularité commence à décliner après la guerre. En tant que parti socialiste, on l'associe au communisme, une image qui lui causera beaucoup de tort pendant la GUERRE FROIDE. En 1956, le Parti tente de renverser la vapeur en remplaçant le manifeste de Regina par la déclaration de Winnipeg, document au ton plus modéré. Cette tentative s'avère toutefois insuffisante et, lors des élections catastrophiques de 1958, le Parti ne fait élire que 8 députés aux Communes et ne remporte que 9,5 p. 100 des voix. Le chef Coldwell et le vice-président du Parti, Stanley KNOWLES, sont même défaits.

À la suite de cette débâcle électorale, David LEWIS négocie une entente avec le CONGRÈS DU TRAVAIL DU CANADA (CTC). Lewis prie le CTC de l'aider à sauver le socialisme démocratique au Canada en concluant une alliance officielle avec la CCF pour créer un nouveau parti politique. En 1961, la CCF franchit une nouvelle étape et, à l'occasion du congrès de fondation du nouveau parti, devient le NOUVEAU PARTI DÉMOCRATIQUE. Même si la CCF n'a jamais gouverné le pays, plusieurs de ses idées qui ont été adoptées par les partis au pouvoir ont contribué à la mise en place d'un État providence au Canada.

J.T. Morley

Coopérative d'habitation La coopérative d'habitation à possession continue fait son apparition dans les années 60 quand de nombreux Canadiens, surtout des familles avec enfants, ne peuvent plus se permettre d'être propriétaires et ont de la difficulté à louer un logement de bonne qualité. Au milieu de la même décennie, la première coopérative de ce genre, soit celle de Willow Park à Winnipeg (200 unités), prouve que ce mode d'occupation est non seulement pratique, mais aussi souhaitable sur le plan social parce que cette forme de propriété et de gestion crée un sens d'appartenance communautaire. Pour mettre la coopérative d'habitation en valeur, le Congrès du Travail du Canada, la Co-operative Union of Canada et l'Union canadienne des étudiants établissent, en 1968, la Fondation de l'habitation coopérative du Canada. Les agents responsables du logement finissent par accepter le fait que la coopérative d'habitation à composantes sociales mixtes est une solution perfectionnée de l'aide au logement. Ainsi, en 1973, le gouvernement apporte une modification à la *Loi nationale sur l'habitation* permettant la création d'un programme de coopératives d'habitation.

Depuis, on a créé 1300 coopératives d'habitation fournissant un logement abordable et autogéré à plus de 46 000 ménages. Les groupes qui veulent construire une coopérative reçoivent l'aide d'un réseau national de sociétés à but non lucratif de promotion de coopératives d'habitation, appelées groupes-ressources. Ce genre d'habitation combine les caractéristiques de la propriété et de la location, tout en se distinguant des deux par sa forme d'occupation. Les résidants sont copropriétaires des immeubles et paient des frais mensuels leur donnant droit à l'usage de leur unité. Comme le propriétaire, le membre de la coopérative jouit d'un mode d'occupation stable et prend toutes les décisions touchant son logement. Comme le locataire, il ne doit effectuer aucune mise de fonds et il ne vend pas son unité quand il déménage. La coopérative d'habitation est organisée selon un système de copropriété sans but lucratif. Chaque membre dispose d'un vote.

La coopérative de construction et la coopérative d'étudiants sont les premiers types d'habitations du genre à voir le jour au Canada. La première n'est que temporaire. Elle permet à ses membres de devenir propriétaires tandis qu'ils s'entraident durant la construction. Plus de 20 000 maisons ont été ainsi construites depuis qu'un groupe de mineurs de Tompkinsville, au Cap-Breton, a construit les 11 premières maisons en 1938. Quant à la coopérative d'étudiants, elle fait son apparition dans les années 30 et commence à proliférer aux abords ou au cœur des campus universitaires après 1964, quand des fonds sont versés en vertu de la *Loi nationale sur l'habitation*. Au milieu des années 80, il existe 1750 unités de coopératives d'habitation d'étudiants.

J. David Hulchanski

Coopératives de crédit Ce sont des coopératives financières qui offrent des services de dépôt, de compte-chèques et de prêt à leurs membres propriétaires. Appartenant à des intérêts locaux et exploitées en vertu de lois provinciales, elles sont copropriétaires d'organismes provinciaux. En 1844, Robert Owen mit sur pied une coopérative de consommation parmi les tisserands sans emploi de Rochdale, en Angleterre, tandis qu'en Allemagne, des principes de coopérative propres aux achats et aux ventes étaient appliqués à titre expérimental aux emprunts et aux

prêts. Les premières coopératives de crédit étaient non seulement des sociétés d'entraide mutuelle, mais elles représentaient aussi une force morale et spirituelle très vive.

La première coopérative de crédit réussie au Canada, une CAISSE POPULAIRE, fut fondée en 1900, à Lévis, au Québec, par Alphonse DESJARDINS. Dans les années 20, les tentatives en vue d'implanter des coopératives de crédit dans les régions anglophones de l'Ontario et de l'Ouest canadien furent des échecs. Au cours de la décennie suivante, les organisateurs du MOUVEMENT ANTIGONISH s'associèrent à la Credit Union National Association des États-Unis et établirent une coopérative de crédit à Broad Cove (1932). Le nombre de coopératives de crédit augmenta rapidement au Canada atlantique durant la CRISE DES ANNÉES 30, et, au début des années 40, elles se multiplièrent partout au Canada anglais. En Saskatchewan, le gouvernement néodémocrate encouragea fortement leur implantation.

Pour faciliter l'échange des épargnes et aider les coopératives de crédit locales à devenir plus efficaces, les dirigeants des coopératives de toutes les provinces anglophones organisent des centrales provinciales (appelées sociétés coopératives de crédit ou ligues de coopératives de crédit). De cette manière, elles se distinguaient par le nom, sinon en substance, des caisses populaires. En 1953, certaines centrales, ainsi que des coopératives autres que financières, fondent La Société canadienne de crédit coopératif Limitée, un organisme national servant principalement à transférer des fonds entre centrales. Durant les années 50 et 60, les coopératives de crédit, qui sont en général moins importantes que les caisses populaires, croissent rapidement, surtout grâce aux épargnes de leurs membres qu'elles utilisent pour consentir des prêts hypothécaires et à court terme. Elles sont en mesure de faire concurrence aux banques en raison de leurs faibles coûts administratifs, de leurs locaux bon marché et de leurs heures d'ouverture pratiques. Au cours de la même période, elles ont acquis peu à peu le droit légal d'offrir la plupart des services financiers offerts par les banques, et notamment des comptes chèques.

Dans beaucoup d'endroits, en particulier dans les Prairies et en Colombie-Britannique, toute personne habitant dans une zone géographique donnée pouvait devenir membre, et pas seulement les membres d'un syndicat, d'une profession ou d'un organisme religieux quelconque. La croissance s'est poursuivie jusqu'au début des années 80, surtout en raison de la demande de crédit hypothécaire (les caisses populaires ont, par ailleurs, diminué la proportion de leurs placements dans les valeurs mobilières et les hypothèques).

La récession du début des années 80 a fortement éprouvé les établissements de crédit des provinces de l'Ouest, sans épargner non plus les coopératives de crédit. L'effondrement général de la valeur des propriétés, par suite de la récession, a entraîné une chute correspondante de la valeur des actifs des coopératives de crédit. L'inévitable crise de liquidités qui s'en est suivie a obligé les gouvernements provinciaux à intervenir de manière à préserver la solvabilité des établissements.

En 1992, les coopératives de crédit comptaient plus de cinq millions de membres et possédaient des actifs de plus de 79,8 milliards de dollars. La Vancouver City Savings Credit Union, dont le nombre de membres dépassait alors les 190 000, a déclaré cette année-là deux milliards de dollars d'actif. Plusieurs autres coopératives avaient un actif supérieur à 100 millions de dollars.

Ian Macpherson

Coopératives inuites Elles ont été lancées dans le NORD par le gouvernement fédéral afin d'initier les Inuits de l'est de l'Arctique à l'économie monétaire. La première coopérative, mise sur pied en 1959 à George River, au Nouveau Québec, s'occupe d'opé-

rations forestières et de pêche. D'autres suivent bientôt, dont le mieux connue est la West Baffin Co-operative à Cape Dorset, une organisation s'employant au départ dans la GRAVURE INUITE, puis dans la sculpture inuite.

Les premières coopératives se lancent d'abord dans la production de marchandises nordiques pour la consommation locale ou l'exportation, ouvrant naturellement la voie à la création de coopératives de consommation qui importent des marchandises du Sud pour être vendues au détail dans le Nord. Plusieurs s'occupent aussi de services municipaux et exploitent des camps de pêche et des hôtels. Leur premier congrès a lieu à Iqaluit (Frobisher Bay) en 1963, auquel participent les représentants de 16 coopératives, dont 11 des Territoires du Nord-Ouest et 5 du Nouveau Québec.

En 1966, les délégués de 24 coopératives, réunis à Povungnituk, décident de former une fédération chargée de fournir services, de l'information et des conseils. En 1967, les coopératives du Nord québécois créent la Fédération des coopératives du Nouveau Québec, mais, dans les Territoires du Nord-Ouest, la Canadian Arctic Co-operatives Federation n'est mise sur pied qu'en 1972. Entre-temps, avec l'aide du gouvernement, on établit un organisme central de commercialisation de l'artisanat et de l'ART INUITS sous le nom de Producteurs de l'Arctique canadien, lequel fusionne, en 1983, avec la Canadian Arctic Co-operatives Federation pour former l'organisme Arctic Co-operatives Ltd., maintenant situé à Winnipeg.

Comme on pouvait s'y attendre, le MOUVEMENT COOPÉRATIF dans le Nord a souffert du manque d'expérience en gestion, à la fois des Inuits et du personnel en provenance du Sud canadien, ainsi que de sous-capitalisation; aussi a-t-il connu échecs et réussites. Mais si les coopératives ont souvent exigé l'aide du gouvernement, elles sont néanmoins, après les gouvernements eux-mêmes, les plus grands employeurs d'autochtones dans le Nord. Elles ont exercé une influence importante dans les domaines de l'éducation et du commerce et, ce faisant, augmenté la confiance en soi des peuples nordiques. On comptait, en 1986, 46 coopératives, dont 11 dans la Fédération des coopératives du Nouveau Québec et 35 dans les Territoires du Nord-Ouest, et leur chiffre d'affaires était de 40 millions de dollars. En 1993, 6 autres coopératives se joignent à Arctic Co-operatives Ltd., ce qui hausse le total à 52 et le chiffre d'affaires à 62 millions de dollars. Il y a aussi 10 coopératives indépendantes, dont 8 s'emploient dans l'habitation, et les 2 autres dans la fabrication de murales et d'édredons.

George Swinton

Coppermine, rivière Longue de 845 km, elle prend sa source dans le lac de Gras, qui se trouve dans les terres dénudées des Territoires du Nord-Ouest, et coule vers le nord-ouest en passant par les lacs Point et Itchen pour atteindre la baie du Couronnement dans l'océan Arctique. À BLOODY FALLS, à 15 km au sud de l'océan, des rapides déferlent dans une gorge étroite formée de roches volcaniques. Le fond de la vallée se trouve à une distance variant entre 150 et 200 m sous le niveau du plateau environnant. Samuel HEARNE nomme les chutes en 1771 après avoir été témoin du meurtre d'un groupe d'Inuits par ses guides chipewyans. Sir John FRANKLIN et George BACK parcourent la rivière environ 50 ans plus tard. La rivière tient son nom des affleurements de cuivre qu'Hearne a remarqués le long de ses berges.

James Marsh

Copps, Sheila Maureen, politicienne (Hamilton, Ont., 27 nov. 1952). Fille de Victor Copps, qui fut longtemps maire d'Hamilton, elle s'initie très tôt au monde de la politique. Après avoir obtenu un baccalauréat ès arts de l'U. Western Ontario, elle poursuit ses études à l'U. MacMaster, à Hamilton, et à l'U de Rouen, en France. Elle travaille quelque temps comme journaliste au *Hamilton Spectator* et au *Ottawa*

Citizen, et se lance activement en politique provinciale. En 1977, elle échoue dans sa tentative de se faire élire lors de l'élection générale en Ontario. Par la suite, elle travaille pour le leader libéral de l'Ontario, Stuart Smith.

En 1981, elle obtient un siège à l'Assemblée législative, puis l'année suivante, se porte candidate à la direction du Parti libéral de l'Ontario, se classant deuxième derrière David Peterson. En 1984, Mme Copps se tourne vers la politique fédérale et remporte l'un des seuls 40 sièges libéraux obtenus lors de l'écrasante victoire des conservateurs de Mulroney. La faible opposition libérale se trouve donc impuissante face à l'imposante majorité conservatrice, de sorte que Sheila Copps et quelques autres jeunes députés libéraux, dont John Nunziata et Brian TOBIN, passent à l'offensive. Leur style impétueux et acerbe leur vaut le qualificatif de *Rat Pack*. Il s'avère la meilleure arme contre le gouvernement conservateur. Copps réussit particulièrement bien à attiser la colère du premier ministre Brian Mulroney et d'un de ses principaux ministres, John Crosbie.

Excellente meneuse de campagne, parlant couramment le français et l'italien, elle conserve son siège lors de l'élection de 1988. En 1990, une nouvelle Copps, devenue plus calme, brigue sans succès la direction du Parti libéral fédéral, mais elle se révèle l'une des principales forces du parti. À la suite de la victoire libérale de 1993, elle est nommée vice-première ministre et ministre de l'Environnement. En janvier 1996, elle devient ministre du Patrimoine canadien. Lors des élections précédentes, elle avait promis de démissionner si les libéraux n'éliminaient pas la controversée TPS. Or, dans le budget de 1996, le ministre des Finances Paul Martin reconnaît que la taxe demeurera, sous une forme ou une autre. À cause de sa promesse, Mme Copps devient la cible de la colère des membres de l'opposition. Cédant à l'intense pression, elle se voit contrainte d'abandonner son siège en mai 1996, puis elle annonce vouloir se racheter lors d'une élection complémentaire. Le 17 juin, elle est réélue avec la moitié des votes dans Hamilton-Est. Deux jours plus tard, le premier ministre Chrétien lui rend les postes de vice-première ministre et de ministre du Patrimoine canadien.

Après l'élection de 1997, elle se voit à nouveau accorder le ministère du Patrimoine. Considérée comme une nationaliste culturelle, elle met sur pied le Fonds de télévision et de câblodistribution pour la production d'émissions canadiennes, destiné à la production cinématographique et télévisuelle indépendante. De plus, elle fait adopter la protection des droits d'auteur pour les enregistrements des artistes et des producteurs. En mai 1999, lors d'un accord controversé avec les É.-U., elle accepte d'amender le projet de loi C-55 (*Loi sur les services publicitaires fournis par des éditeurs étrangers*) qui permet aux éditeurs étrangers d'insérer jusqu'à 18 p. 100 de publicités dans les magazines «split-run» canadiens (magazines publiés au Canada avec des contenus majoritairement étrangers, mais dont la publicité vise les consommateurs canadiens) en augmentant les déductions fiscales pour les publicitaires dont les contenus canadiens dépassent 80 p. 100. Sheila Copps est l'auteure d'une autobiographie politique provisoire intitulée *Nobody's Baby* (1986).

Norman Hillmer

Coquihalla, route C'est la plus longue des quatre routes reliant la région de Vancouver à des centres de l'intérieur. Construite pour favoriser le tourisme régional et alléger la circulation sur les routes pour poids lourds, l'autoroute de quatre voies, longue de 303 km, comprend trois sections. La section de 115 km entre Hope et Merritt suit d'anciennes pistes de bétail (1876), le chemin de fer de Kettle Valley (1913-1959) et les oléoducs et gazoducs (commencés en 1958) à travers les montagnes Cascade de la Colombie-Britannique, le long des rivières Coquihalla et Coldwater (*coquihalla* est un mot Halkomelem Salish qui signifie «avare»).

Cette section, qui comprend 38 viaducs, des installations de prévention des avalanches (dont un paravalanche de 300 m), une pêcherie à truite arc-en-ciel et des installations de parcs d'autoroute, a été construite selon un échéancier serré et inaugurée dans la controverse en mai 1986. Une enquête publique a révélé que les coûts de construction ont dépassé des deux tiers le budget alloué de 250 millions de dollars. C'est la seule route à péage de la province. La section de 80 km entre Merritt et Kamloops, comptant 8 ponts et 6 tunnels, est inaugurée en septembre 1987, et celle de 108 km reliant Merritt et Kelowna, en octobre 1990.

Conformément à un programme de préservation de la faune propre à la Colombie-Britannique, les concepteurs de la route Coquihalla ont prévu des clôtures, des barrières, des passages souterrains et même un viaduc pour éloigner de la circulation les troupeaux migrateurs de chevreuils, d'orignaux et d'autres animaux sauvages.

Peter Grant

Coquillage C'est une enveloppe dure, principalement constituée de carbonate de calcium, sécrétée par des invertébrés tels les MOLLUSQUES, les BALANES et les OURSINS. Chez certaines espèces, la coquille croît avec l'animal. Chez d'autres, elle est abandonnée et remplacée périodiquement. La coquille offre une protection, un site d'attachement du muscle et, dans certains cas, favorise la flottabilité. Chez la majorité des mollusques, elle est constituée de trois couches sécrétées par le manteau et les lobes marginaux. La couche externe (périostracum), mince et brillante ou grossière, écailleuse ou encore épineuse, est constituée d'une substance organique cornée, la conchyoline.

La couche sous-jacente prismatique (ostracum externe), habituellement la partie la plus épaisse de la coquille, est composée de cristaux de carbonate de calcium disposés obliquement ou perpendiculairement au périostracum et séparés par des membranes de conchyoline. La couche nacrée interne (ostracum interne) a une composition similaire, mais est disposée en lamelles parallèles à la surface de la coquille. Elle est généralement iridescente. Si un grain de sable ou un parasite se niche entre coquille et manteau, cette couche le recouvre de nacre, donnant ainsi naissance aux perles. Plusieurs espèces de bivalves, dont les MOULES d'étang communes (*Lampsilis et Anodonta*) et les moules marines (*Mytilus*) peuvent produire des perles, mais les perles précieuses sont sécrétées par les HUÎTRES perlières tropicales (*Pinctada et Pteria*). Les trois types de cristaux de carbonate de calcium qui forment les coquilles sont: calcite, aragonite et vatérite. Le calcium étant moins abondant en eau douce qu'en eau salée, les mollusques d'eau douce ont une coquille mince et fragile qui peut être partiellement régénérée si elle est abîmée.

La conchyliologie (étude des coquillages) a commencé au XVIIe siècle lorsque marchands et explorateurs en rapportaient des tropiques pour garnir les «cabinets de curiosités» des gens aisés. Jusqu'à ce que le système de classification de Linné soit accepté à la fin du XVIIIe siècle, la conchyliologie était plus ou moins scientifique. Cette science a pris son essor à l'époque victorienne lorsque l'intérêt du public pour l'histoire naturelle a été stimulé par des voyages de découverte comme l'EXPÉDITION CHALLENGER (1872-1876). Lors de cette grande expédition océanographique, qui s'est brièvement arrêtée à Halifax, on a dragué, pour la première fois, les fonds marins afin de récolter des organismes, dont les mollusques. Actuellement, les conchyologues accordent autant d'importance à la BIOLOGIE et à l'écologie d'un organisme qu'à la structure de sa coquille.

On peut ramasser des coquillages sur la plage comme souvenirs. Même s'ils sont usés ou endommagés, ils nous renseignent sur les espèces qui vivent dans les environs. Si on les collectionne dans un but

scientifique ou commercial, les animaux devraient être récoltés à marée basse, en plongée ou par dragage. Le collectionneur doit préalablement s'assurer que la récolte est autorisée, certains pays ayant des programmes de conservation stricts et des interdictions d'exportation sur les espèces rares.

En joignant les clubs de malacologie (étude des mollusques) ou de conchyliologie, au sein desquels les coquillages sont échangés ou vendus, les collectionneurs peuvent acquérir des espèces exotiques comme les cônes, les porcelaines, les tonnes, les conques, les strombes et les olives aux formes et aux couleurs magnifiques. On trouve souvent de beaux spécimens dans les boutiques de souvenirs des musées et des aquariums, chez des commerçants ou sur catalogue. Les coquilles peuvent être coniques, enroulées dans un plan, spiralées en cône, en forme de dôme, unies ou en relief.

Depuis les temps préhistoriques, les coquillages ont été utilisés comme ornements, parures, mosaïques, symboles de fertilité, argent, vaisselle, trompettes, mortier et herminette pour la construction de pirogues. Les croisés et les pèlerins portaient des peignes ou coquilles Saint-Jacques. Les coquillages FOSSILES sont utilisés pour déterminer l'âge des ROCHES SÉDIMENTAIRES. Les coquillages, que l'on rencontre le plus communément sur les plages, appartiennent à l'une des cinq classes de l'embranchement des mollusques décrites ci-dessous.

Gastéropodes Cette classe, qui est la plus nombreuse, inclut, entre autres, les escargots, les natices, les buccins, les patelles, les cônes, les porcelaines et les strombes. Certaines espèces ont un opercule (revêtement corné ou en coquille) sur le pied, ce qui permet de fermer l'ouverture de la coquille pour la protection contre les prédateurs et la dessiccation.

Amphineures polyplacophores Cette classe, dont les chitons font partie, comprend des mollusques à coquille bombée s'articulant comme une cotte de mailles. La coquille est composée de huit plaques (six plaques médianes en forme de papillon, une plaque antérieure et une postérieure semi-circulaires) qui se chevauchent.

Bivalves Cette classe comprend les mollusques, tels que les clams, les palourdes, les coques, les huîtres, les moules, les peignes et les pétoncles, qui ont deux valves convexes unies dorsalement par une charnière et un ligament élastique. La charnière est pourvue de dents qui aident à la fermeture des valves le long de la ligne de charnière. Des lignes concentriques dans le relief de la coquille peuvent être des lignes de croissance qui proviennent de variations du taux de croissance. Le relief peut inclure des épines, des plaques, des bosses ou des ondulations.

Scaphopodes Cette classe inclut les dentales, mollusques à coquille conique et tubulaire ouverte aux deux extrémités. Elles étaient utilisées comme monnaie par les autochtones de la côte du Nord-Ouest.

Céphalopodes Chez les pieuvres, les seiches et les calmars, la coquille a disparu ou est très réduite, contrairement aux nautiles, spirules et argonautes (nautiles parcheminés). Le genre *Nautilus* est originaire des régions Indo-Pacifiques. Sa coquille spiralée de grande taille, blanche et parée de bandes brun-roux, est commune dans les collections. Les spirules ont une coquille blanche et spiralée que l'on trouve sur les plages atlantiques aussi au nord que Cape Cod. Cette coquille est, comme celle des nautiles, divisée en loges ou chambres. La femelle argonaute sécrète une pseudo-coquille fragile et plissée pour protéger ses œufs.

A.M. Reid et R.G.B. Reid

Coquitlam, ville de la C.-B.; pop. 101 820 (rec. 1996), 84 021 (rec. 1991), 69 291 (rec. 1986); superf. 123,36 km²; const. en 1992. Elle est située sur la rive Nord du fleuve FRASER, entre Burnaby et New Westminster à l'ouest et Pitt Meadows à l'est. Son nom vient d'un mot salish signifiant «petit saumon rouge». Le Nord-Ouest et le Nord-Est de Coquitlam comprennent les contreforts inférieurs des monts Coquitlam, Eagle et Burke, dont les sommets atteignent 1600 mètres d'altitude.

Histoire En 1889, on construit le moulin Fraser, qui est le plus avancé sur le plan technique et le plus important du genre. Coquitlam est constituée en district en 1891. À partir de 1909, un nombre imposant de bûcherons canadiens-français du Québec immigrent à Maillardville, une communauté historique au sein de Coquitlam. Elle est toujours la plus importante communauté francophone de la Colombie-Britannique.

Pour des raisons politiques, Coquitlam se divise, en 1913, en deux collectivités distinctes, Fraser Mills et Port Coquitlam. Une grande partie de Fraser Mills est inondée en 1948. L'autoroute moderne Lougheed est ouverte en 1953, ce qui entraîne un développement accru. En 1979, on assiste à l'ouverture du Coquitlam Centre, un grand centre commercial régional.

Situation actuelle La ville a surtout une vocation résidentielle, mais compte quelques grandes industries, notamment dans les domaines de l'extraction (surtout le gravier), des produits du bois, de la vente de gros, de l'entreposage, du transport et du camionnage. La ville est dotée d'un grand nombre de parcs dont Mundy, le plus grand parc public, un parc régional (Minnekhada), une réserve (Widgeon Marsh) et un parc provincial (Pinecone Burke).

Le conseil municipal comprend six conseillers et un maire élus par suffrage universel. On aménage actuellement le centre de la ville pour en faire le centre urbain de toute la partie nord-est du District régional de la région de Vancouver. Plus du tiers des travaux est terminé et on s'attend à y accueillir 27 000 résidants. Un nouvel hôtel de ville et un centre d'art sont à l'étape de la planification. Westwood Plateau, situé dans le Nord, est actuellement en cours de construction et pourra accueillir environ 15 000 résidants.

Alan F.J. Artibise

Corail Nom commun donné à divers petits invertébrés marins sessiles et généralement coloniaux de l'embranchement des CNIDAIRES. Les individus appelés polypes sécrètent un exosquelette caliciforme autour de leur corps en forme de sac. La bouche est entourée de tentacules couvertes de cellules venimeuses spécialisées appelées cnidoblastes d'où sortent des filaments urticants utilisés pour immobiliser les proies. Les coraux coloniaux se reproduisent par bourgeonnement et, dans les eaux claires et chaudes des régions tropicales, forment parfois d'immenses récifs accumulés à partir du matériel squelettique des polypes morts. Au Canada, les eaux froides et souvent turbides ne permettent pas l'établissement de récifs de corail. On trouve cependant dans les océans canadiens des pierres coralliennes isolées ne dépassant pas 10 cm. Certains coraux vivant en colonies et croissant lentement au large des côtes canadiennes se développent en polypiers énormes (éventails de mer, sous-classe des octocoralliaires). Dans les eaux profondes de la Colombie-Britannique, ils atteignent deux mètres de hauteur.

V. Tunnicliffe

Corbeau C'est un grand oiseau noir avec des reflets pourprés ou violacés qui, tout comme la CORNEILLE, appartient au genre *Corvus* (famille des Corvidés).

Description Le corbeau ressemble à la corneille, mais il est plus grand et son bec est beaucoup plus fort. De plus, les plumes de sa gorge sont pointues et allongées.

Répartition et habitat Les corbeaux sont des charognards. Ils vivent dans les régions montagneuses ainsi que dans les contrées sauvages au relief accidenté. On les trouve aussi sur les côtes, que celles-ci soient boisées ou non comme c'est le cas dans l'Arctique. Le grand corbeau (*Corvus corax*), un oiseau astucieux doté d'une grande faculté d'adaptation, se

rencontre autant dans l'Ancien Monde que dans le Nouveau Monde. C'est le seul corbeau indigène au Canada. Il niche depuis les îles arctiques (île Prince-Patrick et sud de l'île d'Ellesmere) jusque dans le Sud du pays, mais il est absent du centre de l'Alberta, du sud-ouest du Manitoba ainsi que du centre et du sud de la Saskatchewan et du sud-ouest de l'Ontario. Le seul autre corbeau nord-américain, le corbeau à cou blanc (*C. cryptoleucus*), habite dans le sud-ouest des États-Unis et au Mexique.

Nidification Les corbeaux nichent en couples isolés sur les saillies de falaises et dans des cavités situées aussi dans les falaises. Ils construisent parfois leur nid dans les arbres. On croit que les couples sont formés pour la vie. Ce sont des voiliers majestueux et ils se livrent d'ailleurs à des parades aériennes au moment de la cour.

Relations avec les humains Leur longévité, leur étonnante «intelligence» et leur intrépidité ont valu aux corbeaux une place unique dans la mythologie autochtone. (*Voir aussi* CORBEAU, SYMBOLISME DU.)

Lorraine G. D'agincourt

Corbeau, symbolisme du Les autochtones de la côte du Nord-Ouest croyaient en de nombreux mythes par lesquels ils expliquaient, p. ex., la naissance du jour et l'alternance de l'été et de l'hiver. Le principal personnage de plusieurs de ces mythes était le puissant et malin Corbeau, connu sous différents noms selon les bandes. Dans le Nord de la côte, il était l'emblème le plus populaire. Dans le Sud, on le considérait comme un esprit protecteur. Ceux qui le possédaient étaient d'excellents chasseurs jouissant d'une grande finesse dans la chasse. Le Corbeau était à la fois bienfaisant et maléfique, car sa malice l'a condamné à être noir pour toujours. Les HAÏDAS, les TLINGITS et les TSIMSHIANS avaient des clans qu'ils appelaient Corbeau.

René R. Gadacz

Corbett, Edward Annand, pédagogue auprès des adultes (Truro, N.-É., 12 avr. 1887—Toronto, 28 nov. 1964). Il obtient un B.A. et une M.A. de l'U. McGill, en plus d'y étudier la théologie pendant trois ans. Il termine ses études en 1912. Il combat pendant la Première Guerre mondiale et reçoit, en 1917, une offre d'Henry Marshall TORY, recteur de l'UNIVERSITÉ KHAKI en Angleterre, pour venir y enseigner. En 1921, Tory, devenu recteur de l'U. de l'Alberta, l'invite à enseigner au département de l'éducation permanente. En 1925, il réussit à vendre aux dirigeants de l'U. de l'Alberta l'idée d'une station de radio universitaire. En tant que directeur du département de l'éducation permanente, il met sur pied la Banff School of Fine Arts (devenue le BANFF CENTRE), dont il est le premier directeur de 1933 à 1936.

En 1936, il devient le premier directeur de l'Association canadienne d'éducation des adultes, poste qu'il occupe jusqu'en 1951. À ce titre, il propose à la Société Radio-Canada un projet conjoint pour enquêter sur les moyens de stimuler l'écoute de la radio et l'émergence de groupes de discussion. Ce projet entraîne la mise en ondes nationale de la TRIBUNE RADIOPHONIQUE AGRICOLE en 1941. Cette émission donne naissance, en 1943, au *Citizen's Forum*, qui a pour mandat d'accroître l'intérêt de la population pour les grands enjeux politiques, sociaux et économiques.

En 1944, la Commission d'information en temps de guerre l'envoie en Angleterre où il s'adresse aux soldats canadiens cantonnés un peu partout dans le pays pour leur parler de la *Loi sur la réadaptation (des anciens combattants)* et les informer sur les possibilités d'études au Canada. En 1949, il dirige la délégation canadienne en route vers le Danemark, où se déroule la première conférence internationale de l'UNESCO sur l'éducation des adultes. Il est reconnu comme un leader dans le domaine de l'ENSEIGNEMENT AUX ADULTES au Canada et à l'échelle internationale. Conteur hors pair, il laisse le souvenir d'un homme plein d'esprit aux idées inno-

vatrices. Il a publié, entre autres, une biographie d'Henry Marshall Tory.

James A. Draper

Corbett, Percy Ellwood, juriste de droit international (Tyne Valley, Î.-P.-É., 20 déc. 1892—Derby Line, Vt., 24 oct. 1983). Après avoir étudié à l'U. McGill (B.A., 1913; M.A., 1915) et au Balliol College à Oxford (B.A. jurisprudence, 1921; M.A., 1925), Corbett est blessé à deux reprises sur le front ouest lors de la Première Guerre mondiale et reçoit la Croix militaire. En 1943, il commence à enseigner l'administration publique et la jurisprudence à l'U. Yale, et il devient citoyen américain en 1948. En 1951, il se joint au Centre of International Studies de l'U. Princeton, devient professeur émérite à Yale en 1958 et enseigne à La Haye en 1954, en Californie en 1956 et à New Delhi en 1958 et en 1959. Corbett a joué un rôle de premier plan au Canada dans l'amélioration de l'enseignement du droit, dans la redéfinition du rôle de l'université dans le monde d'après-guerre et dans le développement de l'étude du droit international. Militant, il a joint sa voix à d'autres pour dénoncer les injustices des régimes politiques et économiques nationaux et internationaux.

Corbett était largement reconnu comme étant peut-être l'homme le plus ferré en droit international au Canada (et l'un des chefs de file de cette discipline dans le monde). Son esprit d'innovation lui a valu de se faire ardemment demander son avis, lequel faisait le plus souvent figure de proue. Soucieux d'abord et avant tout de la «paix internationale en tout temps», il aspirait à la création d'un nouvel ordre mondial fondé davantage sur la reconnaissance de l'importance des personnes et des organismes intergouvernementaux que sur celle des États souverains. Il a expliqué ce concept dans plusieurs articles et livres remarquables, dont *Law and Society in the Relations of States* (1951), *The Growth of World Law* (1971) et *Theory and Reality in World Politics* (1978), écrit en collaboration avec C.B. Joynt.

Sa contribution est officiellement reconnue en 1972 lorsque le Conseil canadien de droit international lui remet la Médaille John E. Read. Il laisse le souvenir d'un homme d'une intelligence exceptionnelle doublée d'une personnalité chaleureuse, bienveillante et attachante.

R. St. J. Macdonald

Coréens La Corée est une péninsule montagneuse située à l'est de la Chine et à l'ouest du Japon. À la suite de la Seconde Guerre mondiale, le pays est divisé en deux zones: le Nord (communiste) et le Sud (sous influence américaine). Cette division mène à la GUERRE DE CORÉE au début des années 50. Presque tous les Coréens immigrés au Canada proviennent de la Corée du Sud. Les premiers contacts attestés remontent à 1890, par le biais de missionnaires canadiens travaillant en Corée. Par la suite, les Coréens émigrent au Canada grâce à ces mêmes relations religieuses, à la recherche d'une indépendance économique et d'un avenir pour leur famille. Les immigrants coréens arrivent non seulement directement de la Corée du Sud, mais aussi via l'Europe, le Viêt-nam, l'Amérique du Sud et les États-Unis. La plupart des Canadiens d'origine coréenne, immigrés ou enfants d'immigrés, sont des travailleurs spécialisés ou des travailleurs intellectuels (médecins, professeurs, ingénieurs, informaticiens ou électriciens) ou encore se lancent dans les affaires (épiceries, postes d'essence, restaurants, imprimeries, agences immobilières et compagnies d'assurances). Les immigrants coréens les plus récents appartiennent à des familles de gens d'affaires et d'entrepreneurs. De nombreuses familles ont plus d'un revenu, car les enfants éduqués au Canada contribuent désormais aux revenus de la famille et à sa mobilité ascendante.

La plupart des Coréens s'installent dans les centres urbains, notamment à Toronto, à Vancouver, à Edmonton et à Calgary. Plus récemment, certains se déplacent vers de plus petits centres du fait de l'évolution des opportunités économiques. D'après le recensement canadien de 1996, il y avait alors plus de 66 655 Coréens au Canada (63 060 réponses uniques et 3 595 réponses multiples).

Religion La vie sociale et culturelle de la Corée traditionnelle part d'une vision du monde naturaliste selon laquelle les êtres humains sont le centre d'activités d'harmonisation entre le ciel et la terre, créant ainsi l'ordre dans le monde. C'est dans ce cadre que le bouddhisme est introduit en Corée vers l'an 57 av. J.-C. afin d'aider l'élite dirigeante à établir une société étatique. Vers le XIVe siècle, le confucianisme, avec son emphase sur le culte des ancêtres et sur l'importance de la famille et de l'éducation, remplace le bouddhisme comme religion d'État. Ce passé, ajouté à l'influence du christianisme, contribue à modeler les Coréens au Canada. La première Église unie coréenne est établie à Vancouver. Les Églises presbytérienne et catholique coréennes sont également bien implantées.

Culture Les Coréens sont riches en traditions populaires. Par leurs contributions allant de la danse aux spécialités culinaires comme le *bul-go-gi* et le *kimchee*, en passant par la musique, l'art et le *tae kwon do* (art de l'autodéfense), les Coréens expriment leur amour de la vie et de la nature, et leur pulsion dynamique d'auto-réalisation.

Les Jeux olympiques de Séoul en 1988, le développement des industries automobile, textile et vestimentaire, de l'électronique, de l'informatique, ainsi que l'exportation du ginseng coréen mondialement reconnu ont contribué à refaire l'image des Canadiens d'origine coréenne. Grâce à ceci et au succès de nombreux Coréens de deuxième génération au Canada, ils sont maintenant nombreux à s'intégrer à la société canadienne et à s'affranchir de l'image de communauté d'immigrants de première génération. Ayant bénéficié des sacrifices de la première génération de Coréens au Canada, les racines de la deuxième génération sont plus robustes et mieux ancrées dans le sol canadien, et ils arrivent à intégrer leur double identité. Dans certaines communautés, on constate des mariages interculturels chez les Canadiens d'origine coréenne de deuxième génération. Une dimension nouvelle se rajoute ainsi à la complexité des relations sociales, familiales et interpersonnelles, brouillant les frontières de l'ancienne communauté d'immigrés.

Les déplacements entre le Canada et la Corée sont courants, à la fois chez les Coréens de première et de deuxième génération, et chez de nombreux autres Canadiens. Beaucoup de Canadiens partent en Corée non seulement pour affaires, mais aussi pour enseigner l'anglais aux étudiants coréens. Nombreux sont les Coréens canadiens de la seconde génération qui retournent en Corée, non seulement pour profiter d'opportunités économiques, mais aussi pour redécouvrir leurs racines culturelles et linguistiques. Ce va-et-vient international contribue à une meilleure compréhension des Coréens au Canada.

En plus de leur participation à la société canadienne, les Canadiens d'origine coréenne se réunissent au sein de nombreuses organisations communautaires ou commerciales, telles que des associations culturelles locales, des associations d'anciens étudiants et des associations professionnelles, des groupes d'âge d'or, des organisations universitaires, différentes écoles de langue destinées aux élèves des écoles élémentaires ou aux étudiants des écoles secondaires de premier cycle, ainsi que des associations corporatives.

Certaines universités canadiennes de premier plan, telles que l'U. de la Colombie-Britannique, l'U. de Toronto, l'U. de Montréal et l'U. de l'Alberta ont établi des programmes d'études coréennes et sont actives dans l'organisation de programmes d'échange où tous les Canadiens peuvent aller en Corée étudier la langue et la culture coréenne soit en coréen, soit en anglais.

Des quotidiens en langue coréenne, le *Chung Ang Il Bo* et le *Han Guk Il Bo*, sont publiés à Vancouver et à Toronto. De plus, Vancouver possède des hebdomadaires consacrés aux affaires coréennes. Il est également possible de capter des émissions de télévision et de radio coréennes à l'échelle du pays.

David Bai

Corégones Poissons d'eau douce, ils appartiennent à la classe des actinoptérygiens, à la famille des salmonidés (*voir* SAUMON) et à la sous-famille des corégonidés. Certains taxinomistes considèrent parfois cette sous-famille comme une famille. Les corégones sont largement répartis dans tout l'hémisphère Nord. Au Canada, on compte 3 genres et 20 espèces de corégones dont trois du genre *prosopium* (ménomini rond, ménomini des montagnes et ménomini pygmée).

Corégonus Le genre coregonus comprend 16 espèces, dont les corégones proprement dits et les ciscos (qui étaient autrefois classés dans le genre *Leucichthys*). Les corégones se nourrissent surtout au fond, on dit d'eux qu'ils sont benthophages. Leur museau dépasse leur mâchoire inférieure et ils ne possèdent que quelques branchicténies qui leur permettent de filtrer les grosses particules de nourriture. Les ciscos s'alimentent au milieu de la colonne d'eau. Leur mâchoire inférieure est au moins aussi longue que la supérieure et ils sont pourvus de plusieurs branchicténies avec lesquelles ils filtrent les petites particules.

Il existe une certaine confusion sur les liens qui existent entre les espèces du genre *Coregonus*, mais ce genre inclut au moins 3 espèces de corégones et 11 espèces de ciscos (dont 5 espèces exclusives aux Grands Lacs). Dans le sud du Canada, la plupart des espèces, commercialisée sous le nom de «chevaine», se rencontrent exclusivement dans les lacs. Dans le Nord, il existe de nombreuses populations qui habitent les cours d'eau et d'autres qui migrent même vers la mer pour leur vie adulte mais se reproduisent en eau douce (anadromes). Ces dernières peuvent entreprendre de longs voyages et migrer sur plus de 1000 km le long du fleuve Mackenzie.

Le genre *stenodus*, inclut une seule espèce, l'inconnu (*S. leucichthys*), le plus grand de la sous-famille, qui peut mesurer plus de 150 cm et peser plus de 28 kg. L'inconnu se nourrit d'autres espèces de Poissons. La forme de son corps rappelle celle du brochet et il est pourvu d'une grande bouche et d'une mâchoire inférieure qui dépasse la supérieure. On le rencontre dans les lacs et les cours d'eau de grande taille, mais au Canada sa répartition est limitée au bassin du Mackenzie et à l'ouest de cette région.

Importance de la pêche Parmi les poissons d'eau douce du Canada, le grand corégone (*C. clupeaformis*) est l'espèce commerciale la plus importante, quoique les prises aient décliné au cours des vingt dernières années, particulièrement dans les Grands Lacs en raison de la surpêche et de la dégradation de l'environnement. Autrefois, on pêchait commercialement plusieurs espèces de ciscos dans les Grands Lacs, mais elles ont été considérablement décimées et ne sont plus exploitées commercialement. Plusieurs espèces de Corégones constituent une nourriture importante pour les AUTOCHTONES. Ce ne sont pas des espèces importantes pour la pêche sportive, quoique le ménomini de montagnes (*P. williamsoni*) gagne en popularité auprès des pêcheurs sportifs en Colombie-Britannique et en Alberta.

Peter J. Mccart

Corel Corporation Elle occupe l'une des premières places mondiales en matière de développement de logiciels de graphisme et de multimédia. Fondée en juin 1985 par Michael COWPLAND, l'entreprise est présentement le plus important développeur de logiciels du Canada et vient au deuxième rang mondial parmi les entreprises de logiciels d'application, après Microsoft. Corel est un pionnier en tant que fournisseur de la technologie des logiciels sur CD-ROM, et il domine plus de 80 p. 100 du marché américain des illustrations pour le système d'exploitation Windows. L'entreprise emploie 1300 personnes partout dans le monde et a généré des revenus de 196 millions de dollars en 1995.

À ses débuts, Corel s'occupe de l'intégration des systèmes en combinant divers matériels et logiciels informatiques. Il est devenu un fournisseur important de systèmes clé en main d'éditique pour ordinateur personnel et de réseaux locaux. En janvier 1989, Corel présente sa première version de CorelDraw. En 1991, il est en tête du marché des logiciels d'illustration et entreprend une stratégie de commercialisation très innovatrice. Avec la sortie de CorelDraw 3.0, en mai 1992, le cycle de développement des nouveaux produits est écourté à 12 mois au lieu des 18 à 24 mois que prennent normalement les concurrents.

À mesure que paraissent les versions successives de CorelDraw en 1993, en 1994 et en 1995, le produit prend la forme d'un progiciel de graphisme complet. CorelDraw existe maintenant en 17 langues partout dans le monde et compte près de 4 millions d'utilisateurs.

Le 1er mars 1996, Corel fait l'acquisition de la division des applications d'entreprise de Novell, devenant ainsi le deuxième fournisseur au monde d'applications personnelles de productivité. WordPerfect, un producteur de logiciels, offre un progiciel très puissant de productivité pour le bureau qui comprend: WordPerfect 6.1, Corel Quattro Pro 6.0, Corel Presentations 3.0, Corel Flow 2, Sidekick TM, Nestcape Navigator, Dashboard, Corel Screen Saver, Envoy, des polices de caractère de qualité typographique et des objets graphiques. L'acquisition du progiciel de WordPerfect donne à Corel une base établie de 20 millions d'utilisateurs. La sortie récente de CorelWEB.GALLERY et de CorelWEB.DATA, cible le marché Internet, qui ne cesse de croître.

Les produits de Corel se classent régulièrement parmi les plus fiables de l'industrie. Son produit vedette, CorelDraw, a remporté plus de 230 prix internationaux, attribués par les plus grandes publications spécialisées. L'entreprise expédie ses produits par l'entremise d'un réseau mondial de plus de 160 distributeurs répartis dans 60 pays différents. Elle possède l'un des plus importants budgets de publicité de l'industrie.

Son nom commercial, déjà très reconnu, est mis davantage en valeur lorsque l'entreprise est choisie commanditaire du championnat mondial du Women's Tennis Association Tour et aussi quand elle achète le Palladium d'Ottawa, qui se nomme maintenant Corel Centre.

Le concours annuel Corel World Design Contest demeure le concours d'arts graphiques le plus important au monde. En 1995, l'entreprise a décerné deux millions de dollars en prix pour les meilleurs dessins créés par des dessinateurs et des artistes qui se servent des produits Corel.

Rick Brand

Coriandre (*Voir* CONDIMENTS)

Cormack, William Eppes (Epps), marchand, explorateur et naturaliste (St. John's, T.-N., 5 mai 1796— New Westminster, C.-B., 30 avril 1868). Au cours de deux expéditions à l'intérieur de Terre-Neuve, il contribue grandement à améliorer les connaissances sur la géographie de l'île et il recueille des renseignements sur les Indiens BÉOTHUKS. Au début de l'année 1822, après des études en Écosse, Cormack retourne à St. John's pour diriger les intérêts de l'entreprise familiale. Naturaliste et explorateur passionné, il traverse, cette année-là, Terre-Neuve à pied avec un guide amérindien: il est le premier homme blanc à le faire. Son récit de l'expédition est un classique de la littérature terre-neuvienne. Hôte pendant plusieurs années de SHAWNANDITHIT, Cormack fonde la Beothic Institution en 1827 dans une vaine tentative de localiser les survivants de cette tribu. Il quitte Terre-Neuve aux environs de 1830 et s'établit par la suite en Colombie-Britannique.

Daniel Francis

Cormier, Ernest, architecte et ingénieur (Montréal, 5 déc. 1885—*id.*, 1er janv. 1980). Figure dominante de l'ARCHITECTURE québécoise au XXe siècle, Cormier a le mérite de chercher à créer des édifices de qualité adaptés au cadre matériel et historique dans lequel ils s'insèrent. Titulaire d'un diplôme de génie de l'École polytechnique de Montréal, Cormier étudie de 1908 à 1914 à l'École des beaux-arts de Paris, qui exercera sur lui une influence considérable. Il y gagne la bourse Jarvis du RIBA (Royal Institute of British Architects) en 1914 et reçoit par la suite la médaille Rome Scholarship in Architecture. Il effectue plusieurs voyages en France et inscrira ses réalisations dans plusieurs des courants prédominants de l'architecture européenne contemporaine.

L'annexe du Palais de justice de Montréal (1920; en collaboration avec L.A. Amos et C.J. Saxe) témoigne de son intérêt pour l'art déco, de même que sa propre demeure (1418 avenue des Pins, Montréal) construite en 1930-1931. Son œuvre majeure, l'UNIVERSITÉ DE MONTRÉAL (1924-1950), intègre à la fois le style art déco ornemental et le style international plus raffiné qu'il adoptera ensuite. Elle illustre la combinaison équilibrée de ses connaissances en génie et de ses talents architecturaux. Parmi ses autres réalisations célèbres, il faut retenir l'édifice de la Cour suprême à Ottawa et le collège St. Michael à Toronto. En 1975, il est nommé officier de l'Ordre du Canada.

Odile Hénault

Cormorans La famille des cormorans (phalacrocoracidés) est composée d'oiseaux généralement noirs, au bec fin et crochu à l'extrémité. Ils ont une poche gulaire colorée et une queue relativement rigide. Très bien adaptés à la vie aquatique (p. ex., tous les doigts sont palmés), les cormorans sont maladroits sur la terre ferme. Posés au sol ou perchés, ils se tiennent en position verticale.

Répartition et habitat On compte 37 espèces de cormorans dans le monde. Au Canada, on en rencontre quatre espèces, dont trois vivent exclusivement en milieu marin. Le grand cormoran (*Phalacrocorax carbo*, de 2,4 à 5,3 kg) niche sur les côtes du golfe du Saint-Laurent et sur la côte Est. Le cormoran de Brandt (*P. penicillatus*, d'environ 2,1 kg) vit dans les eaux salées et côtières de l'île de Vancouver. Le cormoran pélagique (*P. pelagicus*, de 1,6 à 2,7 kg), le plus petit et le plus marin des cormorans du Canada, niche sur les falaises côtières de la Colombie-Britannique et hiverne généralement en haute mer. Le cormoran à aigrettes (*P. auritus*, de 1,7 à 3,5 kg) se rencontre presque partout dans le sud du Canada, dans les milieux d'eau douce, d'eau salée et dans les îles en milieu marin.

Nidification Les cormorans construisent leurs nids au sol, dans les arbres, dans des îles ou sur des falaises. Pendant la nidification, ils sont très sensibles au dérangement.

Régime alimentaire Piscivores, les cormorans pêchent en groupe et capturent leurs proies en plongeant de la surface. Ils rabattent souvent les poissons en nageant en demi-cercles. Capables de plonger jusqu'à une profondeur de 37 m, ils se servent vraisemblablement de leurs ailes aussi bien que de leurs pieds pour se propulser sous l'eau. Bien qu'ils se nourrissent surtout d'espèces de poissons sans valeur commerciale, ces oiseaux ont été persécutés parce qu'on les accusait de contribuer à la diminution des stocks de poissons commerciaux.

Population Les cormorans à aigrettes ont grandement souffert des pertes d'habitats causées en partie par la sécheresse des années 30 et les pesticides. Depuis quelques années, ces populations ont considérablement augmenté et on les contrôle dans certaines parties de leur aire de répartition dans l'Est du Canada.

Philip. H.R. Stepney

Corneille Les corvidés forment une grande famille d'oiseaux dans laquelle on trouve les choucas, le crave, le GEAI, la PIE, les cassenoix ainsi que la corneille et le CORBEAU. Les représentants de cette famille sont habituellement considérés comme étant parmi les plus évolués des oiseaux. Ils font preuve d'une «intelligence» très développée et ils possèdent une organisation sociale complexe. On croit que cette famille est apparue dans l'Ancien Monde au milieu du Miocène (il y a 23,7 à 4,9 millions d'années). Il semble que les geais soient les membres les plus primitifs de la famille des corvidés; les pies, les corbeaux et les corneilles seraient pour leur part apparus par la suite. On reconnaît présentement 118 espèces de corvidés dans le monde.

Description Les corneilles et les corbeaux sont les oiseaux les plus grands de l'ordre des passériformes (les passereaux); ils mesurent entre 17,5 et 70 cm de longueur. La corneille proprement dite (genre *Corvus*) est entièrement noire (y compris les pattes et le bec) ou encore noire avec du blanc, du gris et du brun.

Répartition et habitat Des trois espèces du genre *Corvus* qui sont indigènes au Canada, seule la corneille d'Alaska (*C. caurinus*) a une répartition limitée. Elle vit sur la côte et les îles de la Colombie-Britannique, où elle se nourrit sur les plages, les rivages et dans les milieux intertidaux. La corneille d'Amérique (*C. brachyrhynchos*) fait preuve d'une grande capacité d'adaptation et elle fréquente plusieurs habitats; elle s'alimente de matières animale et végétale. Elle niche depuis le centre Nord de la Colombie-Britannique jusqu'à Terre-Neuve. Le grand corbeau (*C. corax*) est lui aussi présent dans la plupart des régions du Canada.

Nidification Bien qu'elles s'alimentent habituellement en milieux ouverts, la corneille d'Alaska et la corneille d'Amérique préfèrent cependant les milieux boisés pour nicher ou se réfugier durant la nuit. La première niche surtout dans les conifères, tandis que la seconde niche dans les feuillus et les conifères ainsi que dans les buissons à l'occasion. Chez la corneille d'Amérique, le mâle participe aussi à l'incubation des quatre à six œufs que compte la couvée.

Régime alimentaire Même si elles consomment un grand nombre d'insectes, on considère généralement que les corneilles sont plutôt nuisibles parce qu'elles causent des dégâts aux CULTURES, notamment au maïs. Elles se nourrissent également des œufs et des jeunes de plusieurs espèces d'oiseaux.

Lorraine G. d'Agincourt

Corner Brook, ville de T.-N.; pop. 21 893 (rec. 1996), 22 410 (rec. 1991), 22 719 (rec. 1986); superf. 147,55 km²; const. en 1956; située sur le bras Humber, dans la baie des Îles, le long de la côte Ouest de Terre-Neuve. Deuxième ville en importance de la province, elle est formée par l'amalgame de quatre localités: Curling, Corner Brook Ouest et Est et Townsite. La pêche, l'agriculture et la coupe du bois ont attiré les colons dans cette région accidentée et très boisée. Celle-ci se trouve en bordure du bras Humber. Ce bras de mer ressemble à un fjord et débouche sur un port en eau profonde accessible à longueur d'année aux navires océaniques. C'est d'abord Curling, autrefois Birchy Cove, qui accueille les premiers colons, puis, vers 1864, une scierie s'installe à Corner Brook.

L'essor subséquent de Corner Brook et de Curling amène le gouvernement terre-neuvien à s'intéresser aux perspectives de développement industriel de cet endroit. Cela entraîne donc la création, en 1923, de la compagnie Newfoundland Power and Paper, associée à la firme anglaise British Armstrong, Whitworth and Co. Vers 1925, existait alors une ville entièrement conçue et aménagée par cette entreprise qui y avait construit, en outre, une grande usine de pâtes et papiers et de papier journal, ainsi qu'une centrale électrique dans la localité voisine de Deer Lake.

En 1938, l'usine passe aux mains de la société britannique Bowater-Lloyd. L'usine de pâtes et papiers Bowater fait de Corner Brook une des villes les plus prospères du Canada atlantique. L'annonce du départ de cette compagnie à la fin de 1984 suscite de sérieuses craintes quant à l'avenir de la ville, mais l'usine est revendue à la compagnie Kruger inc. et prend le nom de Corner Brook Pulp and Paper Ltd.

Après l'entrée de Terre-Neuve dans la Confédération en 1949, une usine de gypse, une entreprise de construction, une cimenterie et trois poissonneries s'y installent, attirant des nouveaux habitants et entraînant une expansion désordonnée en dehors des limites municipales, jusqu'à la fusion en une seule municipalité en 1956. La ville moderne de Corner Brook possède plusieurs autres institutions, dont le Sir Wilfred Grenfell College (1975), la composante Ouest de l'U. MEMORIAL et l'hôpital régional Western Memorial.

Janet E. M. Pitt et Robert D. Pitt

Cornish, Judy et Gunhouse, Joyce (Comrags), dessinatrices de mode (Toronto, Ont., 19 févr. 1958, Montréal, Qc, 26 août 1961).

Joyce Gunhouse a passé son enfance à Victoria, en Colombie-Britannique. À six ans, elle remporte un concours de dessin qui suscite la passion de sa vie pour l'illustration. Elle fréquente l'U. de Victoria (beaux-arts et théâtre) pendant un an. C'est toutefois son intérêt pour le dessin de mode qui la mène à Toronto, où elle poursuit ses études.

Judy Cornish a grandi à Burlington, en Ontario. En 1982, tout en fréquentant l'université, elle fait son apprentissage avec la créatrice Lida Baday chez Kira Fashions. Elle rencontre Joyce Gunhouse au Ryerson Polytechnic à Toronto (1980-1983), où elles étudient le dessin de mode. Comme elles partagent la même vision de la création et la même éthique professionnelle, elles décident de s'associer. En 1983, elles lancent leur marque, Comrags, dont le style est moderne, féminin et légèrement romantique. La marque est distribuée au Canada et exportée aux États-Unis, en Asie et au Moyen-Orient.

En 1991, elles retournent au Ryerson pour enseigner le dessin de mode pendant deux ans. La même année, Judy Cornish et Joyce Gunhouse reçoivent le Designer of the Year Award de la Ville de Toronto. Elles reçoivent d'autres prix, dont la médaille d'or du Festival canadien de la mode (1987) pour la vidéo de leur collection intitulée *Road to Utopia*.

Alexia Economou, DesignLink

Cornouiller Fait partie d'une famille d'arbres, d'arbustes et de plantes herbacées vivaces (cornacées) qui compte quelque 15 espèces du genre *Cornus* en Amérique du Nord. Ce genre regroupe environ 45 espèces, dont la plupart se trouvent dans les régions tempérées de l'hémisphère Nord. Des dix espèces indigènes du Canada, deux sont des herbacées. Le cornouiller du Canada (*C. canadensis*), appelé aussi quatre-temps, est l'espèce la plus connue et la plus petite. Elle est très répandue dans la forêt boréale, mais elle est aussi présente dans le Sud du Canada. Ces espèces portent de quatre à six grandes bractées blanches ressemblant à des pétales, qui attirent les insectes dans le capitule épais composé de petites fleurs verdâtres. Ses fruits rouges sont comestibles.

La plupart des cornouillers sont des arbustes ou des arbrisseaux. Toutefois, le cornouiller du Pacifique ou cornouiller de Nuttall (*C. nuttallii*), la fleur-emblème de la Colombie-Britannique depuis 1956 (*voir* EMBLÈMES FLORAUX DES PROVINCES), atteint 25 mètres. Il fleurit en avril ou en mai, avant l'apparition des feuilles. Ses fleurs forment un capitule entouré de quatre à six bractées blanches ou rosées mesurant de 10 à 12 centimètres d'une pointe à l'autre. Cet arbre, qui préfère les lieux ombragés, se couvre de grappes de fruits rouges et son feuillage prend des couleurs vives en automne. Son bois très dur sert à fabriquer des têtes de maillet, des touches de piano et autres petites pièces. Plusieurs arbustes de cette famille sont très recherchés comme PLANTES ORNEMENTALES, car ils poussent facilement dans un sol bien drainé.

Céline Arseneault

Cornwall (Î.-P.-É.); pop. 4291 (rec. 1996), 4053 (rec. 1991), 1894 (rec. 1986); superf. 28,13 km²; const. en tant que village en 1966, puis en tant que ville en 1995. Cornwall est située à 6 km à l'ouest de CHARLOTTETOWN. La communauté, qui porte le nom du duché de Cornwall en Angleterre, se nommait à l'origine Pye's Corner. Le conseil scolaire local est établi en 1849 et le bureau de poste en 1855. Le 1er avril 1995, les communautés de Cornwall, d'Eliot River et de North River fusionnent pour former la nouvelle ville de Cornwall.

Deborah Welch et Michael Payne

Cornwall (Ont.); pop. 47 403 (rec. 1996), 47 137 (rec. 1991), 46 425 (rec. 1986); superf. 63,49 km²; const. en 1945; chef-lieu des comtés de Stormont, Dundas et Glengarry; située au bord du FLEUVE SAINT-LAURENT, à 110 km au sud-ouest de Montréal. Des vétérans du régiment de sir John JOHNSON y fondent un établissement LOYALISTE en 1784, appelé d'abord New Johnstown, puis renommé Cornwall en l'honneur du prince de Galles (également duc de Cornouailles ou Cornwall) dans les années 1790. Ce centre administratif régional est un lieu de transbordement important jusqu'à l'aménagement des canaux sur le cours supérieur du Saint-Laurent dans les années 1840 et l'inauguration du GRAND TRUNK RAILWAY en 1856. Durant les années 1870 et 1880, plusieurs usines de textile et de pâtes et papiers s'y établissent, revitalisant la localité et attirant en grand nombre des travailleurs québécois francophones.

Actuellement, environ la moitié des habitants de Cornwall sont d'origine francophone. L'usine de papiers fins Domtar est un gros employeur. Le secteur industriel comprend aussi des industries légères et des firmes de recherche et développement. L'aménagement de la VOIE MARITIME DU SAINT-LAURENT et d'une centrale hydroélectrique à la fin des années 50 amène temporairement la prospérité. Cette municipalité s'efforce maintenant d'élargir ses assises industrielles et de devenir un lieu touristique. Il y a à Cornwall un campus du Collège Saint-Laurent d'arts appliqués et de technologie et un campus satellite de l'U. d'Ottawa. On y trouve un des plus vieux palais de justice de la province (1833) ainsi que le musée «Inverarden» dans un cottage restauré de style Régence (1816).

Robert Burns

Cornwall, île D'une superficie de 2258 km², elle est située dans la partie nord de l'ARCHIPEL ARCTIQUE, à quelque 100 km à l'ouest de l'île Ellesmere. Son relief est surtout bas et culmine à 375 m vers l'ouest. Sir Edward BELCHER découvre l'île en 1852, puis la nomme North Cornwall.

James Marsh

Cornwall, James Kennedy, surnommé «Peace River Jim», «Apôtre du Nord» et «Seigneur de l'Athabasca», aventurier, hommes d'affaires, politicien et militaire (Brantford, Ont., 29 oct. 1869—Calgary, Alb., 20 nov. 1955). Durant 60 ans, Cornwall est l'ambassadeur du Grand Nord le plus efficace. Avant d'arriver en Alberta en 1896, il a déjà traversé l'Atlantique plusieurs fois et parcouru l'Europe, la Russie et l'Asie à pied. En 1897, il s'installe à Athabasca Landing, où il fonde plusieurs entreprises, dont la Northern Transportation Co. Il est élu député libéral de la circonscription Rivière de la Paix à l'Assemblée législative de 1908 à 1912. Pendant la Première Guerre mondiale, il sert outre-mer comme lieutenant-colonel du 218e bataillon du Corps expéditionnaire du Canada, une unité des chemins de fer qu'il fonde et finance. La France lui décerne la Croix de Guerre et le roi George V, l'Ordre du service distingué. Il se fait le grand promoteur du développement de son pays du Nord bien-aimé où, grâce à ses efforts, des capitaux sont réunis, des lignes télégraphiques et des chemins de fer sont construits et la colonisation est encouragée.

J.B. Czypionka

Cornwallis, Edward, militaire, administrateur (Londres, Angl., 22 févr. 1712/13—Gibraltar, 14 janv. 1776). Il sert dans l'armée britannique pendant 17 ans jusqu'à sa retraite au rang de lieutenant-colonel en 1748. En 1749, il est nommé gouverneur de la Nouvelle-Écosse. Il s'y rend dès l'été avec quelque 2500 colons anglais et fonde Chebucto (qui deviendra plus tard HALIFAX). Malgré la détermination du gouvernement britannique à combattre la présence française à LOUISBOURG et à exploiter la pêche à la morue, la vie est difficile pour les colons et bon nombre d'entre eux sont vite découragés par les raids continuels des Micmacs. Quand Cornwallis retourne en Angleterre en 1752, l'avenir de la colonie est loin d'être assuré. Après avoir repris sa carrière militaire, il est nommé gouverneur de Gibraltar en 1762, poste qu'il occupe jusqu'à sa mort.

David Evans

Cornwallis, île D'une superficie de 6995 km², elle est située dans les Territoires du Nord-Ouest entre l'ÎLE BATHURST et l'ÎLE DEVON dans l'ARCHIPEL ARCTIQUE. Elle est séparée de l'ÎLE SOMERSET au sud par le détroit de Barrow. L'île est généralement plate, mais il y a de hautes falaises (400 m) sur la côte Est. Le sol est couvert de débris rocheux cimentés par le PERGÉLISOL.

Histoire On trouve de nombreux vestiges d'anciens campements INUITS le long de la côte Sud. L'île fut découverte par William PARRY en 1819 et nommée en l'honneur de William Cornwallis. Une piste d'atterrissage et la station météorologique de l'Extrême-Arctique ont été construites à RESOLUTE BAY sur la côte Sud en 1947. L'île est actuellement le centre de communication le plus important de l'archipel Arctique et un point de transbordement pour des îles éloignées et isolées par les glaces.

James Marsh

Coronach, ville de Sask.; pop. 949 (rec. 1996), 944 (rec. 1991); superf. 2,28 km²; const. en 1978. Elle est située à 15 km au nord de la frontière internationale et à 145 km au sud-ouest de REGINA. Elle est créée en 1927 lorsque la voie d'embranchement du Canadien Pacifique à destination du centre-sud de la Saskatchewan commence à desservir l'endroit. Elle est baptisée ainsi en l'honneur d'un cheval ayant remporté le derby d'Epsom. Elle se développe en un petit centre de services pour les fermiers et les exploitants des ranchs de la région. Au milieu des années 70, les projets de la Saskatchewan Power Corporation visant à construire un barrage sur la rivière Poplar et une centrale thermique de même qu'à exploiter une mine de charbon à ciel ouvert ont mis fin au déclin de la ville.

Don Herperger

Coroner Officier public chargé de mener des enquêtes visant à déterminer comment et pourquoi sont survenus des décès autrement que par suite de causes naturelles. Son enquête présente toutes les caractéristiques d'une enquête officielle: le coroner écoute toute la preuve relative aux circonstances du décès et a le droit d'interroger tous les témoins au cours de l'instance. Les enquêtes du coroner sont régies par des règles différentes d'une province à une autre. Dans certaines provinces, un jury est lui aussi chargé d'entendre la preuve, tandis que dans d'autres, le coroner, qui peut être un juge, un magistrat ou un simple citoyen, préside seul l'enquête.

B. Windwick

Corporation de développement du Canada Constituée en 1971 au moyen d'une loi spéciale du Parlement, la Corporation de développement du Canada (CDC) a son siège social à Toronto. Elle développe et exploite des compagnies privées dirigées et contrôlées par des intérêts canadiens, contribuant ainsi à offrir aux Canadiens de plus larges possibilités d'investissement. Quelque 31 000 actionnaires privés investissent dans la corporation, qui peut acquérir des éléments d'actif diversifiés pendant sa première décennie d'existence. Entre autres investissements importants, la CDC détient des avoirs dans les secteurs pétrolier, minier et pétrochimique. La corporation est dissoute en 1986 lorsque le gouvernement conservateur entreprend de privatiser beaucoup de ses entités.

Deborah C. Sawyer

Corporatisme Doctrine dont l'origine remonte au XIXe siècle et qui a surgi en réaction contre la concurrence et la lutte des classes dans la société capitaliste. Par opposition aux courants qui tendaient vers le suffrage universel et les organisations ouvrières indépendantes, elle prônait une forme de représentation fonctionnelle dans laquelle chacun ferait partie d'associations professionnelles ou industrielles qui se rattacheraient à l'État du point de vue de la représentation et de l'administration.

Les partisans de cette doctrine affirmaient que, si l'on réussissait à inculquer à ces groupes (particulièrement le capital et la main-d'œuvre) un sentiment d'obligations et de droits mutuels comme ceux qu'on attribue aux «états» (groupes sociaux) du Moyen Âge, il serait possible d'établir un nouvel ordre stable fondé sur l'«unité organique». Bien qu'on ait souvent évoqué la notion de parlements industriels dans les démocraties libérales après la Première Guerre mondiale, les seuls États qui ont adopté une représentation corporatiste sont les régimes fascistes de l'Italie, de l'Allemagne, de l'Espagne, du Portugal, du gouvernement français de Vichy et de diverses dictatures sud-américaines.

Dans tous ces exemples, les structures corporatistes constituaient avant tout une façade derrière laquelle régnait un pouvoir autoritaire dont l'objectif principal, et la conséquence, étaient la répression exercée par l'État sur les organisations ouvrières indépendantes. Étant donné ces antécédents, l'idéologie corporatiste n'a pas joui d'une grande popularité dans les démocraties libérales en Occident. Néanmoins, dans les années 70, les spécialistes en sciences sociales ont de plus en plus constaté que ces cadres de travail avaient engendré certains arrangements politiques qui, quant à leur mode d'opération et à leur forme institutionnelle, s'apparentaient aux notions de représentation fonctionnelle du corporatisme.

C'était le cas particulièrement dans plusieurs pays d'Europe de l'Ouest où les centrales syndicales et les fédérations d'entreprises se sont jointes aux dirigeants gouvernementaux pour l'élaboration de politiques nationales en matière d'économie et de revenus. Ces arrangements ont conforté la conception keynésienne de l'État-providence, suivant laquelle les gouvernements cherchaient à contenir les tendances inflationnistes de l'économie et à soutenir la productivité. Ils reposaient tous fondamentalement sur l'effort visant à persuader les syndicats d'accepter une politique nationale de contrainte salariale en échange de leur participation à la prise des décisions économiques.

Pendant quelque temps, de nombreux spécialistes des sciences sociales en sont venus à considérer le corporatisme soit comme un nouveau système économique succédant au capitalisme, dans lequel l'État intervient pour contrôler et diriger une économie très concentrée mais néanmoins d'appartenance privée, soit comme une nouvelle forme d'État dans lequel les fonctions importantes de la représentation, de la prise de décisions et de l'administration ne relèvent pas des partis, des parlements ou des bureaucraties administratives mais bien de structures tripartites regroupant les travailleurs, les employeurs et les gouvernements, ou encore comme un nouveau type de politique de groupes d'intérêts où, au lieu de la concurrence et du trafic d'influences exercés par de multiples groupes de pression, un groupe représentant chaque secteur de la société détient un monopole d'accès à l'État et où l'État exerce une influence réciproque sur les groupes.

Bien que chacun de ces scénarios aient comporté certains aspects des développements du corporatisme moderne, ils s'avéraient trop complexes et démesurés. Si les structures corporatistes peuvent avoir supplanté des organisations parlementaires dans certains pays, elles ne se sont guère situées au cœur des démocraties libérales. Elles ont été confinées surtout aux relations entre les grandes entreprises, le mouvement syndical et le gouvernement. Par surcroît, les arrangements corporatistes n'ont pas remis en question le capitalisme en tant que système économique de ces sociétés.

Bien qu'elles aient subi l'influence de l'État par le biais notamment des structures corporatistes, les décisions importantes relatives aux principaux investissements sont demeurées entre les mains des entreprises privées. En effet, loin de s'imposer comme les nouvelles institutions dominantes, les structures corporatistes ont démontré une instabilité inhérente, à l'image du rapport de forces inégal entre le capital et la main-d'œuvre. Leur précarité était aussi due à la tendance qu'ont les syndicats à retirer leur coopération dans le cas des politiques de contrainte salariale, quand les membres exigent que leurs représentants syndicaux défendent leurs revendications au lieu de jouer les seconds violons dans la gestion de l'économie capitaliste moderne. Pour leur part, les capitalistes se sont montrés de moins en moins intéressés à maintenir de tels partenariats. Dans ce contexte, les arrangements corporatistes et l'État-providence de la doctrine keynésienne sont de plus en plus tombés en désuétude au cours des deux dernières décennies du XXᵉ siècle.

Développements corporatistes au Canada

L'idéologie corporatiste était en vogue au Canada pendant la première moitié du XXᵉ siècle. L'Église catholique du Québec était très influencée par cette doctrine, ce qui a eu un impact direct sur le syndicalisme canadien-français, par l'entremise de la Confédération des travailleurs catholiques du Canada, et sur les partis politiques tels que l'UNION NATIONALE. Les influences du corporatisme étaient aussi à l'œuvre dans la doctrine du «gouvernement de groupes» à laquelle ont souscrit les partis représentant les agriculteurs des Prairies dans l'entre-deux-guerres.

Mackenzie KING a explicitement adopté une idéologie corporatiste dans son ouvrage *Industry and Humanity* (1918). Cependant, les conditions politiques et économiques n'étaient pas favorables au développement du corporatisme. Le caractère décentralisé du mouvement ainsi que l'absence d'un parti social-démocrate au pouvoir au fédéral ont empêché son avènement.

De plus, le fort parti pris de l'État canadien à l'endroit des entreprises et la difficulté de planifier une économie aussi ouverte aux INVESTISSEMENTS ÉTRANGERS que celle du Canada ont conduit l'État, même à l'époque de l'après-guerre, à compter sur le chômage et la restriction législative du droit de grève bien davantage que sur l'intégration des dirigeants syndicaux à la prise des décisions nationales. Dans les années 60 et 70, on a tenté à maintes reprises de créer des structures corporatistes nationales, depuis la mise sur pied du Conseil économique du Canada jusqu'aux discussions avec le patronat et les syndicats entourant la politique des prix et des revenus en 1969-1970 et en 1975-1978. Cependant, ou bien ces progrès sont demeurés trop minimes, ou bien ils n'ont mené à rien parce que le patronat et les syndicats ont refusé de consentir aux compromis nécessaires pour institutionnaliser le corporatisme au pays.

Au cours des dernières décennies, les gouvernements fédéral et provinciaux ont eu tendance à imposer un contrôle législatif des salaires et des restrictions du droit de grève, surtout aux travailleurs du secteur public, tout en continuant parfois à appeler le capital et la main-d'œuvre à engager une coopération volontaire dans une forme de «contrat social», au lieu de préparer le terrain pour intégrer la direction des syndicats dans les structures où se prennent les décisions économiques. Quoiqu'il existe encore des exemples de corporatisme dans les conseils provinciaux et fédéral des relations de travail, dans certains programmes sur la «qualité de la vie au travail» subventionnés par le gouvernement et dans de rares groupes d'étude sur le développement économique et la formation, ils constituent un apport modeste et se situent en marge des grands dossiers de la vie économique et politique. À cet égard, l'effondrement du corporatisme dans les sociétés européennes, qui servaient souvent de modèles à ceux qui préconisaient le corporatisme comme solution aux problèmes canadiens, semble plutôt avoir suivi l'exemple du Canada.

Leo Panitch

Corps expéditionnaire canadien (CEC) Armée formée par le Canada pour servir outre-mer pendant la PREMIÈRE GUERRE MONDIALE. En août 1914, le Canada offre à la Grande-Bretagne, qui accepte, d'envoyer un corps expéditionnaire d'abord fixé à 25 000 hommes. En fait, c'est un premier contingent de 31 000 hommes, dont bon nombre sont nés en Grande-Bretagne, qui s'embarquent pour l'Angleterre en octobre 1914. La taille de la force mobilisée augmente sans cesse. La première division canadienne se rend en France au début de 1915. Un corps canadien formé de deux divisions y est établi plus tard la même année, et le CEC atteint son plein effectif de quatre divisions en 1916. Une cinquième division est formée en Angleterre, mais, en raison des difficultés de renfort escomptées, seuls son groupe d'artillerie divisionnaire et certaines unités spéciales sont envoyés sur le théâtre des opérations.

Outre le Corps d'armée canadien, le CEC comprend la brigade de cavalerie canadienne, qui se bat aussi en France; les troupes ferroviaires canadiennes qui, en plus d'être actives sur le front occidental, servent d'unité de génie au Moyen-Orient; le Corps forestier canadien qui coupe du bois en Grande-Bretagne et en France; et des unités spéciales qui opèrent dans la région Caspienne, dans le nord de la Russie et dans l'est de la Sibérie.

Le Corps expéditionnaire canadien est maintenu par enrôlement volontaire jusqu'à l'adoption, en 1917, de la Loi du SERVICE MILITAIRE qui introduit la conscription. Au total, 619 636 officiers et hommes serviront dans le CEC, dont 142 588 seront enrôlés en vertu de la Loi du service militaire; et 424 589 hommes se rendront outre-mer. En juillet 1918, le CEC atteint sa force maximale, avec 388 038 soldats de tous grades. Entre 1914 et 1920, les pertes, toutes causes confondues, seront de 59 544 militaires de tous grades (sauf les Canadiens qui périrent dans le Royal Flying Corps, le Royal Naval Air Service, la Royal Air Force et autres forces alliées).

Durant la guerre, le contrôle canadien sur le Corps expéditionnaire canadien s'accroît constamment car, au début, son statut est vague dans l'esprit des autorités militaires britanniques. Après l'établissement du MINISTÈRE DES FORCES ARMÉES OUTRE-MER canadien à Londres en 1916, la nature nationale du corps est pleinement établie. La formation des Canadiens en Angleterre devient une responsabilité entièrement canadienne.

En 1917, un premier officier canadien, sir Arthur CURRIE, devient commandant du Corps canadien. En 1918, il est officiellement reconnu que l'organisation et l'administration internes de la force canadienne relèvent des autorités canadiennes, tandis que la direction des opérations sur le terrain demeure la compétence du commandant en chef britannique. À la fin de la guerre, le CEC, qui était perçu en 1914 comme un contingent colonial régi par la loi sur l'armée britannique, est devenu, dans les faits, une armée nationale canadienne.

C.p. Stacey

Corriveau, La Surnom populaire de Marie-Josephte Corriveau (Saint-Vallier, Qc, 14 mai 1733—Québec, 18 avril 1763). En avril 1763, au terme d'une décision controversée fondée sur des rumeurs et des racontars, une cour martiale déclare Joseph Corriveau coupable du meurtre de son gendre, Louis Dodier. Sa fille, Marie-Josephte, est accusée de complicité et une servante, Isabelle Sylvain, de parjure. Corriveau, condamné à la pendaison, affirme qu'il n'a été que le complice du crime de sa fille. Lors d'un second procès, celle-ci avoue et est à son tour condamnée à être pendue dans une cage de fer à Pointe-Lévy – une peine inhabituelle et inconnue durant le régime français et réservée en Angleterre aux personnes trouvées coupables de crimes particulièrement violents.

Ce châtiment enflamme l'imagination populaire et donne naissance à un grand nombre de légendes. Après la découverte d'une cage de fer à proximité du cimetière de Lauzon vers 1850, Philippe AUBERT DE GASPÉ tire de ces traditions orales matière à roman, dans LES ANCIENS CANADIENS (1863). Plusieurs autres auteurs, dont Louis FRÉCHETTE, sir James MacPherson LEMOINE et William KIRBY, ajoutent à la légende en inventant crimes et détails horribles. Parmi les nombreux ajouts on trouve les maris qu'elle aurait tués (dont le nombre varie entre 2 et 7), sa vie dissolue et les divers endroits qu'elle aurait hantés. En 1981, André LeBel publie le roman historique *La Corriveau*.

John A. Dickinson

Corruption Elle peut se définir comme le comportement ou la conduite de fonctionnaires du gouvernement, qu'ils soient élus ou nommés, qui va à l'encontre des normes sociales et juridiques pour ce qui est de tirer d'une charge publique un avantage personnel, légitime ou non, à même les fonds publics. Ainsi, un fonctionnaire ou un député qui, grâce à ses fonctions officielles, retirerait (que ce soit pour lui ou pour sa famille) des avantages directs en assurant des contrats à l'entreprise familiale, contreviendrait aux normes sociales et, de plus en plus, aux normes juridiques. Ces normes peuvent néanmoins changer. La corruption politique existe sous diverses formes. Certains comportements sont presque universellement considérés comme de la corruption et condamnés. D'autres sont fréquemment considérés comme de la corruption, mais les décideurs publics ou politiques peuvent différer d'avis quant à leur caractère éthique. Enfin, il existe des comportements qui peuvent être considérés comme une certaine forme de corruption par bien des gens, mais qui sont largement tolérés. Certains soutiennent que les comportements de ce type ne sont pas vraiment de la corruption en soi et qu'ils peuvent parfois être socialement acceptables, bien qu'on ne saurait les encourager. Bien qu'ils soient souvent considérés comme douteux au plan de l'éthique, ils sont trop difficiles à éradiquer. Nous voyons qu'il existe donc différents degrés de corruption.

Le CONFLIT D'INTÉRÊTS, une forme de corruption politique, fait de plus en plus l'objet d'une condamnation universelle. Bien que toute corruption constitue une forme de conflit d'intérêts, l'expression renvoie à la corruption découlant d'un conflit entre les actions d'un titulaire d'une charge publique et l'intérêt public. Le fait de détenir des intérêts financiers pouvant profiter de la prise de décision d'un fonctionnaire ou d'un vote, ou d'obtenir un emploi dans le secteur privé, auprès d'une entreprise avec laquelle on a déjà fait affaire en tant que représentant officiel, en sont des exemples. Certaines formes de conflits d'intérêts sont illégales à Terre-Neuve (depuis 1973), au Nouveau-Brunswick (depuis 1978), au Manitoba (depuis 1986) et en Alberta (depuis 1991). Dans d'autres instances, sans être illégal, le conflit d'intérêts peut néanmoins violer certaines lignes de conduite et faire l'objet de sanctions telles que le limogeage ou la suspension temporaire. Toutefois, ces lignes de conduite n'ont pas force de loi et leur application dépend souvent du bon vouloir et de l'équité du gouvernement que du pouvoir judiciaire. C'est le cas en 1985, notamment, lorsque le gouvernement Mulroney fait adopter le *Code régissant les conflits d'intérêt et l'après-mandat des titulaires de charge publique*. En 1986, le ministre Sinclair STEVENS doit, en effet, démissionner en raison d'un conflit d'intérêt.

L'achat de vote, illégal et proscrit par la *Loi électorale du Canada*, est une forme de corruption condamnée de façon presque unanime, bien que certains organisateurs de campagnes électorales et candidats semblent n'y voir qu'une façon pragmatique de faire une campagne. Pas plus tard qu'en 1975, le premier ministre de la Nouvelle-Écosse admettait publiquement que cette pratique était encore en usage dans sa province. D'autres pratiques électorales illégales (p. ex., la contrefaçon de bulletins de vote, ou le fait de voter deux fois ou de voter à la place d'une autre personne), sont également proscrites par la loi. Le fait d'offrir de l'argent, ou toute autre rétribution, à un fonctionnaire pour qu'il fasse ou ne fasse pas quelque chose dans le cadre de ses fonctions officielles, est presque universellement condamné et considéré comme étant de la corruption, que celui-ci l'accepte ou non. La corruption est apparemment moins répandue au Canada que dans les pays où les fonctionnaires et les politiciens sont mal rémunérés. Relevant du *Code criminel*, ce délit peut entraîner une peine maximale de 14 ans de prison pour le représentant public, pour la personne coupable de l'avoir corrompu, ou pour les deux.

Les pots-de-vin s'apparentent à la corruption sauf que, dans ce cas, c'est le représentant public qui est à l'origine de l'échange et demande de l'argent ou d'autres rétributions du public pour remplir ou ne pas remplir ses fonctions officielles. La corruption et les pots-de-vin relèvent du même article du *Code criminel*, et il est parfois difficile de les distinguer, même d'un point de vue analytique. P. ex., en 1873, le premier ministre John A. MACDONALD est directement impliqué dans le SCANDALE DU PACIFIQUE. Le porte-parole de l'Opposition et les journaux l'accusent d'avoir accepté 10 000 $ d'un groupe de soumissionnaires qui voulaient son appui, au Parlement, pour obtenir un contrat de construction de chemins de fer. L'un des plus célèbres télégrammes de l'histoire du Canada en constitue la preuve: le 26 août 1872, Macdonald envoie à J.J.C. ABBOTT, politicien et avocat des sociétés ferroviaires, un télégramme ainsi libellé: «Il m'en faut dix mille de plus.» La corruption et les pots-de-vin sont parfois liés à des attributions de permis ou de contrats du gouvernement. Robert Summers, ministre des Forêts pour le gouvernement de la Colombie-Britannique (1958), est le premier ministre du Commonwealth à avoir été incarcéré pour corruption dans l'exercice de ses fonctions, après avoir été reconnu coupable d'avoir accepté des pots-de-vin.

Le trafic d'influence est le fait pour une personne (qui ne fait pas nécessairement partie du gouvernement) de proposer de se servir de son influence auprès du gouvernement pour en faire profiter une autre, en échange d'une récompense. C'est la zone grise en quelque sorte de la corruption, non pas parce que l'on ne s'entend pas sur le principe, mais parce qu'il est difficile de définir dans la pratique en quoi consiste une influence légitime. Si l'on tente d'influencer le Parlement par une pétition ou si l'on se présente aux audiences d'un comité législatif, ces pratiques sont légitimes, tout comme le sont les tentatives pour influencer un parlement ou un conseil de ville, au moyen de manifestations publiques, quoique cette dernière forme d'influence soit généralement plus controversée (*voir* GROUPE DE PRESSION). Toutefois, si un ministre favorise une loi sur l'exploitation minière, parce qu'elle va dans l'intérêt de la compagnie d'un vieil ami, ou s'il fait la promotion de politiques fiscales pour venir en aide à un ami manufacturier, il y a lieu de s'inquiéter, même si le ministre n'en tire aucun avantage personnel. Ce sont là des exemples de réseaux de «vieux amis» qui font que des décisions politiques se prennent non pas pour un avantage personnel, mais pour le bénéfice de ceux qui partagent les mêmes valeurs sociales et économiques que le ministre.

Lorsqu'il est question d'affaires politiques à caractère élitiste (*voir* ÉLITES), on fait souvent allusion à des décisions politiques fondées sur les besoins et les désirs des élites politiques, administratives et économiques. Des condamnations ont déjà été prononcées aux termes de l'article 110 du *Code criminel*, même si la nature de ces délits est plutôt difficile à établir. En mai 1983, deux personnages importants de la Nouvelle-Écosse sont accusés de trafic d'influence et sont condamnés à payer une amende de 25 000 $ chacun. L'un d'eux, sénateur, risquait de perdre son siège. Un an plus tôt, une troisième personne avait été condamnée à payer une amende de 75 000 $ dans la même affaire. Les trois hommes ont été poursuivis pour avoir exigé une certaine somme d'argent de distilleries en retour de leur influence pour assurer une place aux produits de ces dernières sur les étagères des sociétés des alcools du gouvernement.

La corruption dans le financement des campagnes électorales fournit un excellent exemple de l'évolution des normes sociales et juridiques. Avant les récentes modifications aux lois fédérales et provinciales, on ne s'entendait pas sur ce qui constituait un abus ou un excès en matière de contributions ou de dépenses électorales. Depuis l'adoption des lois comme celle de l'Alberta, l'*Election Finances and Contributions Disclosures Act* (loi sur le financement des élections et la divulgation des contributions), en 1977, qui a rendu certaines contributions illégales, les choses ont changé. Ainsi, les contributions de plus de 10 000 $ faites par un particulier, un groupe ou une société à un seul parti politique peuvent entraîner une amende allant jusqu'à 10 000 $. Au Québec, la réglementation est encore plus stricte: aucune société n'a le droit de contribuer au financement des partis ou des candidats. Seuls les électeurs peuvent participer au financement des partis. Le but de ces lois est d'éviter que les biens nantis ne contribuent au financement des campagnes de partis pour obtenir des faveurs politiques en retour. Mais nul ne saurait prétendre que ces lois sont à toute épreuve (*voir* PARTIS POLITIQUES, FINANCEMENT DES).

Le FAVORITISME et le népotisme sont généralement considérés comme de la corruption. Le favoritisme, qui consiste à nommer et à favoriser l'avancement de fonctionnaires et autres représentants officiels d'après leur allégeance politique plutôt que leur compétence ou leur mérite, est une pratique très répandue au Canada. Le favoritisme peut devenir déterminant en politique, ainsi que l'ont montré les élections fédérales de 1984. En juin et juillet 1984, Pierre Trudeau, premier ministre sortant, et John Turner, aspirant au poste, ont nommé au moins 225 personnes – des militants du Parti libéral en grande majorité – à des postes supérieurs de la fonction publique (sénateurs, juges, ambassadeurs, membres de commissions, membres de comités exécutifs de sociétés d'État et fonctionnaires). Certaines de ces nominations ont fait l'objet de nombreuses critiques de la part de la population, qui y voyait un abus de pouvoir, et au moins un des membres du cabinet Trudeau a publiquement accusé son chef de ne pas avoir tenu compte des compétences lors de ces nominations. Fait intéressant, Brian Mulroney, alors chef du Parti progressiste conservateur, a également fait l'objet de critiques pour avoir déclaré qu'il s'adonnerait lui aussi au favoritisme si l'occasion se présentait.

Le népotisme s'entend de l'engagement de parents ou d'amis à des postes pour lesquels ils n'ont pas nécessairement les qualifications requises, ou à l'octroi de contrats gouvernementaux pour les mêmes considérations. Les défenseurs du favoritisme prétendent qu'il assure la vitalité du système canadien de partis politiques en donnant l'impulsion nécessaire au recrutement de membres, voire de candidats pour les charges publiques. Ainsi, un candidat défait peut, si son parti sort victorieux, être nommé à un poste gouvernemental en guise de récompense pour sa participation à la campagne électorale. Il y a lieu de se demander dans ces cas si les fonds publics ne pourraient pas être mieux utilisés. Un autre argument qui soutient le favoritisme est qu'il permet aux nouveaux gouvernements de remplacer les fonctionnaires et autres représentants officiels pour éviter que le personnel administratif permanent ne s'avise de bloquer la réalisation des nouveaux programmes. Cet argument est plus difficile à critiquer. Les adversaires du favoritisme soutiennent qu'il ne peut être efficace, étant donné que les employés ne sont pas choisis en fonction de leur compétence pour un travail donné et qu'il est par ailleurs discriminatoire envers ceux qui n'appuient pas le «bon parti».

Cette question fait l'objet de débats depuis 1830, époque où la démocratie jacksonienne (aux États-Unis) fait du favoritisme un outil politique courant. Au Canada, deux gouvernements manitobains se sont successivement accusés de favoritisme au cours des années 70 et 80. Le gouvernement fédéral et tous les gouvernements provinciaux ont institué des commissions de la FONCTION PUBLIQUE, en vue d'éliminer le favoritisme ou le népotisme. Ces commissions n'ont toutefois pas eu le succès escompté, étant donné que les partis au pouvoir considèrent qu'ils sont en droit d'obtenir des postes gouvernementaux après une bataille électorale et que les partisans réclament souvent ces postes en guise de récompense. Au cours des dernières années, le favoritisme semble avoir diminué aux échelons inférieurs de la fonction publique, mais il a augmenté aux échelons supérieurs. Néanmoins, le Parti réformiste a relancé le débat sur la question aux élections fédérales de 1993.

Enfin, la pratique de l'«assiette au beurre», qui consiste à offrir la réalisation de travaux publics à une circonscription électorale en échange de son soutien électoral, est fréquemment décriée par les journalistes, les universitaires et les politiciens à l'esprit réformiste, mais elle demeure toujours aussi répandue. Ses opposants la condamnent parce que la planification rationnelle et les priorités nationales sont négligées au profit des intérêts locaux. Ainsi, une route peut être construite dans une circonscription, non pas par nécessité, mais simplement en guise de reconnaissance pour celui qui a voté pour le «bon parti». D'autres soutiennent que les représentants des circonscriptions ont le devoir de veiller à leurs intérêts et que tous les partis offrent de telles récompenses. Ces pratiques reviennent à presque toutes les élections et il est peu probable qu'elles deviennent illégales, étant donné qu'il serait extrêmement difficile de déterminer avec justesse quelles promesses électorales proviennent de la pratique de l' «assiette au beurre» et lesquelles n'en sont pas.

Causes de la corruption D'après des théories fonctionnelles, elle répond à des besoins sociaux. Ainsi, certains allèguent que l'appareil politique pratique certaines formes de corruption afin d'offrir des services sociaux essentiels ou des services gouvernementaux moins impersonnels. Malheureusement, cela n'explique pas pourquoi la corruption demeure la seule solution envisagée ou pourquoi elle a cours bien après que les besoins ont été comblés. La corruption est également une conséquence de la cupidité et de l'attrait du pouvoir. De nombreuses formes de corruption offrent de nouvelles avenues illicites aux représentants officiels avides de richesses. La corruption dans les pays en développement trouve souvent son explication dans le fait que les fonctionnaires y sont beaucoup moins bien rémunérés que dans les pays industrialisés. L'attrait du pouvoir explique d'autre part pourquoi les partis, et les particuliers, dont certains seraient en mesure de gagner beaucoup plus d'argent dans le secteur privé, veulent malgré tout obtenir des postes dans la fonction publique et des postes électifs, en ayant recours à la corruption.

L'idée que l'attrait du pouvoir pousse à la corruption est souvent évoquée dans les ouvrages de science politique. Selon la théorie des relations patron-client, la corruption est un mécanisme d'échange qui reflète souvent la distribution inéquitable de la richesse et du pouvoir dans la société: ceux qui ont relativement peu de pouvoirs peuvent échanger leur vote ou leur contribution lors d'une campagne électorale contre des faveurs. D'autres théories soutiennent que la corruption est un mal persistant, mais nécessaire, dans une économie capitaliste, mais elles font alors fi de la corruption chronique qui sévit dans les systèmes non capitalistes. On ne saurait par contre prétendre que le pouvoir soit distribué plus équitablement dans ces sociétés.

D'une certaine façon, c'est dans le cynisme et la méfiance croissantes de la population envers le gouvernement et les politiciens que l'on perçoit peut-être le mieux les conséquences de la corruption. Celle-ci peut mener à un désintérêt par rapport aux systèmes politiques et résulter en un déclin de la légitimité de l'État. La corruption est un problème grave pour l'administration publique, parce que des fonds publics sont détournés au profit des besoins d'une minorité. Elle nuit également à l'image du pays à l'étranger. Les gouvernements canadiens, relativement sains par rapport aux normes internationales, sont encore entachés de corruption, malgré les nouvelles lois et réglementations qu'ils ont adoptées pour l'enrayer. En bout de ligne, c'est à la population qu'il revient d'exiger des représentants officiels honnêtes et moins centrés sur leurs intérêts personnels.

Kenneth M. Gibbons

Corte-Real, Gaspar, explorateur (1450?—1501). Natif des Açores, il est à l'origine des revendications territoriales du Portugal dans l'Atlantique Nord. Il aurait atteint le Groenland, puis serait descendu jusqu'à Terre-Neuve en 1500. En 1501, il serait retourné explorer la côte du Labrador et l'inlet Hamilton avec trois caravelles. Au retour, deux des trois navires ramènent des autochtones faits prisonniers, mais son propre navire disparaît. Parti à sa recherche l'année suivante, son frère Miguel se perd à son tour. On refuse la permission à un autre frère de se lancer à leur recherche.

James Marsh

Corvée Ce travail obligatoire, non rémunéré et exigé des HABITANTS de la NOUVELLE-FRANCE par les seigneurs en sus des rentes et du droit de pâturage, était illégal et fut aboli par les INTENDANTS. Mais en tant que miliciens, tous les habitants étaient tenus de participer aux travaux liés à la voirie, aux ponts, aux fortifications et au transport. Ce travail obligatoire était légal et d'une durée indéterminée et, bien que peu apprécié, il demeura en vigueur après le régime français. Au milieu du XIXe siècle, le terme désigne l'aide volontaire que les membres de la communauté apportent à la construction d'une église, d'une grange, etc.

Dale Miquelon

Corvette Petit navire de guerre canadien légèrement armé, utilisé pour la lutte anti-sous-marine au cours de la Seconde Guerre mondiale. Au cours des premières années du conflit, tandis que les convois de l'Atlantique Nord sont traqués par les sous-marins allemands, le Canada s'est vu dans l'obligation de rapidement construire des navires de guerre. La corvette, vaisseau d'une longueur approximative de 190 pieds et d'environ 33 pieds de largeur, offre une réponse à ce besoin. C'est au cours des derniers mois de 1940 que les 14 premiers bâtiments font leur apparition dans le Saint-Laurent. Les deux premiers navires mis en service portent le nom de *Windflower* et de *Mayflower*. Leur armement se limite à un seul canon de quatre pouces, à quelques mitrailleuses et à un stock de grenades sous-marines. La plupart des navires, comme le *Chambly* et le *Halifax*, portent le nom de villes canadiennes. Conçus avant tout en fonction de l'efficacité, ces bâtiments sont très inconfortables. On dit couramment que ces navires rouleraient dans l'herbe mouillée. Néanmoins, les équipages ont développé un esprit rude qui va de pair avec ces petits navires sans prétention et se sont souvent distingués avec courage. C'est au *Chambly* que revient l'honneur d'avoir été, en 1941, la première corvette à participer au coulage d'un sous-marin allemand. Au total, 122 corvettes ont été construites au Canada.

Corydales Insectes aquatiques au corps mou de l'ordre des mégaloptères et de la famille des corydalidés qui peuvent atteindre 100 mm à 140 mm de longueur. Elles ont deux paires d'ailes nervurées membraneuses, des pièces buccales broyeuses, de longues antennes à segments multiples et trois ocelles. Les mâles ont des mandibules remarquables en forme de cornes et qui atteignent souvent 25 mm de longueur. Ce sont des insectes principalement nocturnes. Les sialis (*voir* SIALIDÉ), qui sont étroitement apparentés, sont diurnes et de plus petite taille.

Reproduction et développement Les corydales pondent de 2000 à 3000 œufs brun foncé disposés en rangées formant de grosses masses sur des objets à proximité de l'eau courante. Les larves éclosent après 10 à 14 jours et gagnent l'eau, où elles s'installent habituellement sous des roches ou d'autres débris du fond. La durée de vie des adultes est limitée, car ils ne s'alimentent pas, mais les larves prédatrices prennent deux ou trois ans pour atteindre la maturité. La larve mature quitte l'eau et se transforme en nymphe dans une logette aménagée dans le sol, la mousse ou sous les roches. Les adultes, qui émergent au début de l'été, sont de piètres voiliers et vivent généralement près de l'eau.

Répartition On trouve six espèces de corydales au Canada. La corydale cornue (*Corydalis cornutus*), avec une envergure d'environ 125 mm, est probablement la mieux connue des espèces de l'Est.

Relations avec les humains Les larves et les adultes sont une source majeure de nourriture pour plusieurs espèces de poissons. Les pêcheurs à la ligne s'en servent comme appât, particulièrement la larve de la corydale cornue.

J.E.H. Martin

Cosentino, Frank, joueur de football, enseignant (Hamilton, Ont., 22 mai 1937). Il joue pendant dix ans dans la Ligue canadienne de football (LCF) après un passage fulgurant à l'U. de Western Ontario, où il occupe les postes de quart-arrière et de capitaine de l'équipe qui remporte, en 1959, le premier championnat de football au sein de l'Union sportive interuniversitaire canadienne. Sa carrière dans la LCF commence en 1960 avec les TIGER-CATS D'HAMILTON, pour lesquels il joue jusqu'en 1966. Pendant son séjour à Hamilton, il participe à deux finales de la COUPE GREY, soit en 1963 et en 1965. Il passe à l'équipe d'Edmonton en 1967, puis à celle de Toronto, en 1969, année où il termine sa carrière. Quart-arrière professionnel de talent, Cosentino est bien connu pour ses nombreux livres sur la LCF et l'histoire du football au Canada. Il est présentement responsable du Département d'éducation physique et d'athlétisme de l'U. York à Toronto.

Peter Wons

Cosgrove, Stanley Morel, artiste peintre (Montréal, 23 déc. 1911). Cosgrove étudie à l'École des beaux-arts de Montréal (1927-1931) et à la Société des Arts de Montréal (1935), où il est l'élève d'Edwin HOLGATE. Par la suite, il travaille avec le grand muraliste mexicain José Clemente Orozco à une murale commandée pour l'Hospital Jesús de Nazareno, à Mexico.

En 1953, Cosgrove reçoit une bourse du gouvernement canadien pour poursuivre ses études en France, où il nourrit un intérêt naissant pour le travail des peintres français Braque et Rouault. Tout au long des années 50 et 60, Cosgrove s'adonne aussi à d'autres activités que sa peinture, notamment au dessin textile et à la promotion de la fresque dans les édifices publics. À cette époque, il reçoit aussi une commande pour exécuter une fresque murale au Collège de Saint-Laurent, à l'extérieur de Montréal.

L'œuvre de Cosgrove est centré sur la figure humaine, la nature morte et le paysage canadien, qu'il traite de façon originale. Ses réalisations les plus achevées se caractérisent toujours par une sûreté de trait qui se remarque davantage dans ses œuvres qui ont des personnages pour sujet. Les paysages de cet artiste sont profondément méditatifs et se signalent par la paix intérieure et le sentiment de tranquillité qui en émanent. Pendant la majeure partie de sa carrière, Cosgrove enseigne à l'École des beaux-arts et expose ses œuvres, qu'on admire beaucoup. Ses peintures se trouvent dans bon nombre d'importantes collections publiques canadiennes, notamment dans celles du MUSÉE DES BEAUX-ARTS DU CANADA, du MUSÉE DES BEAUX-ARTS DE L'ONTARIO et de l'ART GALLERY OF GREATER VICTORIA.

Nicholas Tuele

Cosmologie Comment le monde a-t-il commencé? Voilà une question aussi vieille que les origines du genre humain. Cependant, ce n'est qu'au XXe siècle que l'évolution et la structure à grande échelle de l'Univers se posent comme un problème bien défini et que la science s'y intéresse vraiment.

Au début des années 1900, on commence à mesurer la radioactivité résiduelle des pierres. Ces mesures démontrent que les matériaux dont se compose la Terre ne peuvent pas avoir existé sous leur forme actuelle il y a plus de 4,5 milliards d'années. Dès 1930, des astronomes (dont Edwin P. Hubble au Mount Wilson Observatory) accumulent des preuves attestant que l'Univers a commencé, comme un tout, par une formidable explosion (le big-bang) il y a environ 10 milliards d'années. L'analyse spectrale de galaxies éloignées révèle un décalage systématique de leur lumière vers le rouge, ce qui permet de conclure qu'elles s'éloignent rapidement les unes des autres. Cette conclusion corrobore l'hypothèse d'une explosion originelle.

En 1965, Arno Penzias et Robert W. Wilson, des laboratoires Bell Telephone à Princeton (New Jersey), fournissent une preuve tangible à la théorie du big-bang lorsqu'ils identifient l'origine d'un bruit de fond à haute fréquence dans leur récepteur radio comme étant un rayonnement micro-onde qui remplit uniformément l'espace. On attribue généralement ce rayonnement de fond à la phase première, très chaude et très dense, du big-bang; l'espace interstellaire, sous l'effet de l'expansion, se serait refroidi jusqu'à atteindre la température, très basse, qu'on lui connaît aujourd'hui.

Dès 1941, Andrew MCKELLAR, de l'Observatoire fédéral d'astrophysique (Victoria, en C.-B.), avait prédit l'existence et la température du fond de micro-ondes en se basant sur l'excitation des molécules de cyanogène interstellaire. Cependant, personne ne soupçonne encore la portée cosmologique de ses résultats. En 1992, un groupe de chercheurs de l'U. de la Colombie-Britannique (H. Gush, M. Halpern et E.H. Vishnow) lancent des ballons-sondes équipés de spectromètres et mesurent la température et les propriétés spectrales du rayonnement. Les mesures sont d'une précision sans précédent.

Le schéma théorique de l'évolution cosmique généralement accepté par les cosmologistes décrit de façon très claire les premières secondes mêmes de la création: 2 secondes après l'explosion initiale, la température cosmique atteint 10 milliards de degrés et, dans les 3 minutes qui suivent, l'Univers subit une expansion et un refroidissement d'un facteur 10. Ce laps de temps fournit les conditions optimales pour la synthèse rapide de l'hélium et d'autres éléments légers par fusion thermonucléaire. Les quantités produites, simulées sur ordinateur, peuvent être comparées à l'abondance qu'on retrouve aujourd'hui. La concordance est excellente. Ces simulations ont été effectuées pour la première fois à l'U. de Princeton, en 1966, par le cosmologiste canadien P. James E. Peebles. Depuis, ces techniques ont été raffinées et prolongées. C'est à ce jour la preuve la plus tangible que le modèle du big-bang illustrerait assez bien l'évolution cosmique à partir des premières secondes de l'explosion.

Après un million d'années, l'Univers devient transparent. Peu à peu, la gravité commence à rassembler lentement les matériaux en formant des étoiles, des galaxies et des amas de galaxies, les plus petits agrégats se formant en premier, selon le scénario ascendant décrit par Peeble. Ce processus d'agrégation laisse des «rides» minuscules sur le fond cosmique de micro-ondes. C'est en 1992 que le satellite COBE (Cosmic Background Explorer) de la NASA les détecte pour la première fois. Grâce aux contributions cruciales de J. Richard Bond et de Nick Kaiser, de l'Institut canadien d'astrophysique théorique, et de David S. Salopek (aujourd'hui à l'U. de l'Alberta), nous sommes en mesure de mieux comprendre aujourd'hui les phases subséquentes de l'évolution cosmique.

Que s'est-il donc passé avant et pendant la première seconde? Que de spéculations sont nées de cette question! Tout ce que nous savons vraiment c'est que cette version élémentaire du modèle du big-bang a besoin d'être modifiée à ce niveau. Stephen Hawking (Cambridge, en Angleterre), Don N. Page (U. de l'Alberta) et William G. Unruh (U. de la Colombie-Britannique) font partie des cosmologistes qui étudient ces questions. En 1981, le physicien américain Alan H. Guth propose une théorie fertile, bien que spéculative, connue sous le nom d'«inflation». Selon cette théorie, le cosmos primitif connaît une transition de phase pendant laquelle, pour une brève fraction de seconde, il est soumis à une force de tension qui étire sa matière et augmente proportionnellement sa masse. Si cette théorie s'avérait correcte, elle ferait naître la possibilité fantastique que le matériel cosmique s'est «créé de lui-même» à partir de pratiquement rien!

Cette expansion va-t-elle se poursuivre éternellement ou l'Univers finira-t-il par s'effondrer sur lui-même (le «big crunch»)? Selon la théorie de la relativité générale, tout dépend de la densité moyenne de l'Univers, un paramètre encore mal connu, qui doit être assez grande pour créer la force de gravité nécessaire pour arrêter l'expansion. (Selon l'hypothèse inflationniste, l'Univers se tiendrait en équilibre entre ces deux scénarios, comme sur une corde raide, ce qui rend quasi impossible toute décision basée sur l'observation.)

L'étude de la déviation de la lumière et de la déformation des images de galaxies lointaines dues au champ gravitationnel engendré par la matière cosmique constitue une approche prometteuse pour déterminer la densité et la distribution de cette dernière. Robert C. Roeder et Charles C. Dyer (U. de Toronto) ont été parmi les premiers à considérer sérieusement la possibilité de mesurer les effets engendrés par de telles «lentilles» gravitationnelles. L'idée est reprise et développée par Anthony Tyson des laboratoires Bell Telephone au New Jersey. Nick Kaiser (Institut canadien d'astrophysique théorique) en a tiré un outil sophistiqué qu'il met présentement en application avec ses collaborateurs, G.G. Fahlman (U. de la Colombie-Britannique), Gordon Squires et David Woods (U. de Toronto), tout comme des équipes de scientifiques de Grande-Bretagne, de France et des États-Unis.

Depuis 2 décennies, les scientifiques adhèrent de plus en plus à la théorie selon laquelle 90 à 99 p. 100 de la matière qui occupe le cosmos serait sous une forme non lumineuse et transparente, de sorte qu'on ne pourrait la détecter que par l'étude de ses effets gravitationnels. Comprendre la nature de cette matière est le plus grand défi auquel font face les cosmologistes d'aujourd'hui.

Le Canada occupe depuis longtemps une place honorable sur la scène internationale pour sa contribution à la cosmologie. Le télescope Canada-France-Hawaii, sur le Mauna Kea à Hawaii, est situé sur le meilleur site d'observation au monde. Sidney VAN DEN BERGH, le doyen des observateurs canadiens, fait figure d'autorité dans les domaines des échelles de distance cosmique et de la classification des galaxies.

En 1994, une équipe canadienne dont fait partie Van den Bergh utilise la caméra à haute résolution du télescope Canada-France-Hawaii pour capter des images individuelles d'étoiles variables pulsantes situées dans une galaxie de l'amas Virgo, à une distance de 50 millions d'années-lumière. On obtient ainsi une nouvelle estimation de l'éloignement de Virgo (distance confirmée de façon indépendante par le télescope spatial Hubble). Cette donnée, interprétée de façon simple, permet de déduire que l'expansion de l'Univers aurait commencé il y a environ huit milliards d'années. Par contre, les astronomes s'appuient sur des bases solides pour affirmer que les plus vieilles étoiles de notre galaxie brillent de façon constante depuis 15 milliards d'années. En ce moment, les chercheurs continuent avec vigueur leurs programmes de mesures et de calcul pour tenter de supprimer ou d'expliquer la contradiction. Ces efforts devraient engendrer des progrès significatifs notables dans les prochaines années.

Dans le domaine de la cosmologie mathématique, l'U. de Waterloo abrite plusieurs spécialistes, parmi lesquels C.B. Collins, J. Wainwright et P.S. Wesson.

La recherche théorique au Canada a connu un nouvel élan en 1985 avec la création de l'Institut canadien d'astrophysique théorique. Cet institut national, sous l'égide de Scott D. Tremaine, a son siège à Toronto. Simultanément, la recherche canadienne a pu bénéficier de la création du programme de cosmologie de l'Institut canadien pour la recherche (W.G. Unruh, directeur). Ce programme a des ramifications à l'Institut canadien d'astrophysique théorique, à l'U. de la Colombie-Britannique et à l'U. de l'Alberta.

Le Canada, avec les États-Unis et la Grande-Bretagne, est aujourd'hui l'un des leaders mondiaux dans le domaine de la recherche cosmologique. (*Voir aussi* ASTRONOMIE; MOLÉCULES DANS L'ESPACE INTERSTELLAIRE; et OBSERVATOIRE.)
Werner Israel

Costain, Thomas Bertram, rédacteur et romancier (Brantford, Ont. 8 mai 1885—New York, N.Y., 8 oct. 1965). Costain est rédacteur et journaliste pour plusieurs journaux et magazines. De 1914 à 1920, il est rédacteur en chef du magazine *Maclean's*. Il émigre ensuite aux États-Unis pour exercer les fonctions de rédacteur adjoint du *Saturday Evening Post*. De 1934 à 1936, Costain est conseiller à la scénarisation pour la Twentieth-Century Fox avant de revenir à l'édition à titre de rédacteur adjoint pour Doubleday, en 1939. Sa carrière d'écrivain débute en 1942 avec la publication de *For My Great Folly* (1942; trad. *Ma grande folie*, 1956), qui devient un best-seller. Ses romans historiques au rythme alerte connaîtront un immense succès populaire et se vendront à des millions d'exemplaires. À lui seul, *The Black Rose* (1945) atteint des ventes de deux millions d'exemplaires. Costain écrit aussi des romans ayant pour cadre le Canada: *High Towers* (1949), l'histoire de la famille LE MOYNE, en Nouvelle-France, *Son of a Hundred Kings* (1950) ainsi qu'une histoire de la Nouvelle-France intitulée *The White and the Gold* (1954; trad. *Blanc et or*, 1959).
David Evans

Côte du Nord-Ouest Nom donné par les marchands et les navigateurs du XVIIIᵉ siècle à l'immense arc formé par la côte du Pacifique et les îles proches du littoral et qui s'étend du nord de l'actuelle Californie à un point mal défini près de Prince William Sound ou encore de Cook Inlet sur la côte de l'Alaska. Les anthropologues contemporains considèrent la région

allant des environs de la baie Yakutat, au sud-est de l'Alaska, à la baie Trinidad ou au cap Mendocino, en Californie, comme étant celle de la culture autochtone de la côte du Nord-Ouest. Sur cette étroite bande côtière, les autochtones ont développé une civilisation très évoluée dont l'économie est fondée sur les abondantes ressources de la mer. Réchauffée par le courant du Pacifique Nord et arrosée par de fortes précipitations sur presque toute sa longueur, la côte du Nord-Ouest possède d'épaisses forêts de conifères et une riche végétation.

La côte du Nord-Ouest est l'une des dernières régions pionnières océaniques et tempérées à être explorée et colonisée par les Européens. En dépit de l'intérêt que revêt le Pacifique Nord en tant que porte occidentale d'un hypothétique PASSAGE DU NORD-OUEST, la région demeure longtemps isolée. Les distances, le manque de connaissances en techniques de construction navale et la surveillance vigilante des Espagnols sur la presque totalité du littoral nord-américain et sud-américain font que seuls les plus hardis s'y aventurent. Les voyages apocryphes de Lorenzo Ferrer Maldonado (1588), de Juan de FUCA (1592) et de Bartholomew de Fonte (1640) confondent les cartographes, qui dessinent des cartes non conformes à la réalité.

En 1579, Francis DRAKE aurait atteint le 48ᵉ parallèle Nord avant de revenir vers le sud, approximativement à la latitude de l'actuelle ville de San Francisco, pour traverser ensuite le Pacifique, mais on se perd en conjectures sur le point le plus septentrional qu'il aurait atteint. En 1602, Sebastian Vizcaino découvre la baie de Monterey au nom du roi d'Espagne et navigue jusqu'au 43ᵉ parallèle Nord environ. Jusqu'au XVIIIᵉ siècle, l'Espagne se soucie avant tout de ses conquêtes précédentes et se contente de revendiquer les côtes plutôt que de les explorer. Même si, à la fin du XVIIᵉ siècle, un galion espagnol servant à la traversée du Pacifique a fait naufrage dans l'actuelle baie Nehalem, en Oregon, aucun membre de son équipage n'a survécu pour en rapporter le récit au Mexique.

L'intérêt pour la région inexplorée du Pacifique Nord s'accroît au cours du XVIIIᵉ siècle. À la faveur de l'expansion des Russes en Sibérie, Vitus BÉRING poursuit ses expéditions dans le détroit de Béring (1728), et, en 1741, Bering et Aleksei Chirikov atteignent la côte du Nord-Ouest près du 55ᵉ parallèle Nord. Ayant eu vent de ces incursions, la Couronne d'Espagne ordonne des voyages vers le nord à partir du Mexique. En 1774, Juan Pérez Hernandez atteint le 55ᵉ parallèle Nord et jette l'ancre près des îles de la Reine-Charlotte et dans le détroit de Nootka (île de Vancouver), mais n'y débarque pas pour en prendre possession au nom de l'Espagne. En 1775, Bruno de Hezeta et Juan Francisco de la BODEGA Y QUADRA dirigent une nouvelle expédition qui fait voile vers le nord pour vérifier la présence des Russes. Bodega y Quadra monte environ jusqu'à 58° 30' de latitude Nord et découvre la baie de Bucareli, à l'île du Prince de Galles. L'Espagne lance une autre expédition d'envergure en 1779, mais à cause du secret d'État, personne n'a vent des expéditions sur la côte du Nord-Ouest.

C'est l'Angleterre, plutôt que la Russie, qui constitue une menace pour l'Espagne. En 1777-1778, James COOK traverse le Pacifique en passant par les îles Sandwich (Hawaï) et atteint la côte du Nord-Ouest. Cook a pour mission de trouver le passage du Nord-Ouest et de parcourir la côte encore inexplorée. Il passe près d'un mois dans le détroit de Nootka avant de continuer vers le nord jusqu'en Alaska et aux îles Aléoutiennes. Plus tard, les hommes de Cook découvrent à Macao et à Canton un lucratif marché potentiel pour les peaux de loutres marines qu'ils ont ramenées de la côte du Nord-Ouest. Lorsque le récit de voyage de Cook est publié, c'en est fini de l'isolement de la région.

Après 1785, des expéditions à partir de Londres, de Bombay, de Calcutta, de Macao et de ports américains tels que Boston entament la TRAITE DES FOURRURES par voie maritime. En 1792, on compte au moins 21 vaisseaux marchands commandés par des capitaines comme George Dixon, John MEARES et Charles William Barkley. Le commerce des peaux de loutres marines, entamé en 1786, atteint son apogée dans les années 1790 avant de décliner après 1812.

Les Espagnols ignorent tout du florissant commerce maritime des fourrures jusqu'en 1788, année où ils reprennent leurs voyages pour vérifier la pénétration des Russes au sud de l'Alaska. Esteban José MARTINEZ découvre six postes russes en Alaska et, après avoir appris des commerçants que des bateaux russes occuperont bientôt le détroit de Nootka, il convainc le vice-roi du Mexique d'autoriser une expédition pour occuper la baie au nom de l'Espagne. Martinez l'atteint en 1789 et y trouve des vaisseaux britanniques et américains. Il capture les vaisseaux britanniques, ce qui déclenche la CONTROVERSE DU DÉTROIT DE NOOTKA, un affrontement entre les intérêts impériaux qui vient bien près de provoquer un conflit en Europe. Toutefois, trois accords sur Nootka conduisent à un partage pacifique des ports et des ressources du Nord. L'Espagne se retire en 1795, abandonnant le commerce des fourrures aux Anglais et aux Américains.

Entre-temps, des expéditions scientifiques menées par le comte de La Pérouse (France, 1786), par George VANCOUVER (Angleterre, 1792-1794), par Alejandro MALASPINA (Espagne, 1791) et par Sutil et Mexicana (Espagne, 1792) font l'inventaire des ressources et des autochtones de la côte du Nord-Ouest.

L'impact majeur du commerce maritime des fourrures est de mettre à la disposition des autochtones de la côte les armes à feu, les outils de métal et les objets manufacturés. N'hésitant pas à recourir à la violence, le cas échéant, les commerçants européens introduisent l'alcool, mais aussi les maladies. La nature même de la collecte des fourrures explique qu'aucune base permanente n'ait été établie sur la côte. Dès avant le début du XIXe siècle, des observateurs notent le déclin de la population de loutres marines et prédisent la fin de cette industrie. Qui plus est, l'attrait de la côte est encore diminué par la résistance des Chinois (le marché le plus important).

Toutefois, la côte ne se retrouvera plus isolée. En juillet 1793, Alexander MACKENZIE, de la COMPAGNIE DU NORD-OUEST (CNO), suit par voie de terre la rivière Bella Coola jusqu'à la côte du Pacifique. En 1808, Simon FRASER descend le fleuve qui portera son nom, et, en 1811, David THOMPSON atteint l'embouchure du fleuve Columbia. Il découvre que des commerçants américains de la PACIFIC FUR COMPANY de John Jacob Astor y sont arrivés par mer pour construire Fort Astoria.

À la suite de la fusion de la CNO et de la COMPAGNIE DE LA BAIE D'HUDSON (CBH) en 1821, la présence européenne s'accentue. Les Russes revendiquent, en 1821, la côte au sud jusqu'au 51e parallèle Nord, mais les protestations des Anglais et des Américains aboutissent en 1825 à une entente délimitant la frontière de l'Alaska à 54° 40' (voir ALASKA, AFFAIRE DES FRONTIÈRES DE L'). Pour rivaliser dans le commerce maritime des pelleteries, la CBH construit un chapelet de forts permanents. Après la signature du TRAITÉ DE L'OREGON, en 1846, la CBH concentre ses intérêts plus à l'ouest, dans l'île de Vancouver, qui devient une colonie en 1849. Il s'ensuit une rivalité entre les commerçants et les colons, dont ces derniers sortiront gagnants. Lorsque des colonies s'établissent et que des conventions délimitent les rayons d'action des Russes, des Anglais, des Américains et des Espagnols (et, plus tard, des Mexicains), le concept même de la côte du Nord-Ouest disparaît et n'intéresse plus que les historiens. (Voir aussi EXPLORATIONS ESPAGNOLES.)

Christon I. Archer

Côte française Désigne la partie des côtes de Terre-Neuve où les pêcheurs français ont bénéficié, de 1713 à 1904, de droits issus d'un traité signé avec les Britanniques. La rivalité entre les Anglais et les Français commence au XVIe siècle et s'intensifie au XVIIe siècle, à la suite de l'établissement de campements de pêche et de colonies. Finalement, des guerres européennes y mettent fin. En 1713, le TRAITÉ D'UTRECHT reconnaît la souveraineté britannique sur toutes les colonies françaises et les territoires de pêche de Terre-Neuve, mais accorde aux Français le privilège de pêcher, mais non de s'établir, sur la côte ouest du CAP BONAVISTA, autour de la BAIE DE BONAVISTA, de la BAIE NOTRE DAME, de la baie White et de la péninsule Great Northern, au sud de Point Riche, près de Port au Choix. Durant les négociations de paix entre l'Angleterre et la France, de 1713 à 1814, la côte française a toujours été un sujet controversé. Le TRAITÉ DE PARIS de 1763 maintient les frontières délimitées en 1713, mais cède SAINT-PIERRE-ET-MIQUELON à la France. Le TRAITÉ DE PARIS de 1783 modifie les limites de la côte française entre le cap St. John, sur la rive ouest de la baie Notre Dame, et le cap Ray, au nord-ouest de CHANNEL-PORT AUX BASQUES. Les nouvelles limites se situent autour de la péninsule Great Northern et, au sud, le long de toute la côte ouest de Terre-Neuve. Ces clauses sont entérinées par le traité de Paris de 1814.

Entre 1815 et 1904, la côte française cesse d'être un problème uniquement anglo-français, car Terre-Neuve se donne un gouvernement représentatif (1832) et responsable (1855), et conteste à la France son utilisation exclusive de la côte. Au XIXe siècle, la colonisation s'étend vers l'ouest et la colonie revendique le droit de pêche simultané. Malgré de nombreuses conventions et commissions, il faut attendre la convention anglo-française de 1904 pour que la France cède tous ses droits de pêche, sauf ceux lui accordant une pêche d'été équivalente et les îles Saint-Pierre et Miquelon. Même s'il n'y a plus de côte française, son influence se fait encore sentir dans certaines régions en ce qui concerne la langue, la musique, le folklore, ainsi que dans certains toponymes.

Janet E.M. Pitt

Côte-Saint-Luc, ville du Qc; pop. 29 705 (rec. 1996), 30 126 (rec. 1991); superf. 7,4 km²; const. en 1951. Elle est située à 16 km au sud-ouest de MONTRÉAL, sur l'île de Montréal. Le mot «côte», qu'on trouve dans le nom de la ville, est un vestige du RÉGIME SEIGNEURIAL lorsqu'on assignait le nom d'une «côte» précise à ceux qui habitaient le long du littoral ou à l'intérieur des terres, le long d'une route de campagne. Le nom Saint-Luc provient sans doute de Luc de La Corne Saint-Luc (1711-1784), un officier français, marchand et interprète, qui habite Montréal durant le Régime français.

Côte-Saint-Luc, colonisée à l'origine au XVIIIe s., demeure une collectivité agricole jusqu'au milieu du XXe s. En 1818, la population totale est de 209 hab. En 1940, elle n'est toujours que de 747 hab. Après la Seconde Guerre mondiale, l'immigration transforme considérablement le caractère démographique de cette municipalité de village (1903 habitants). Dès 1975, sa population s'élève à plus de 25 000 habitants. De nos jours, cette ville résidentielle est en majorité anglophone (58,3 p. 100 d'après le rec. de 1991) et possède une importante communauté juive.

Pierre-Louis Lapointe

Côte 70 Située à 70 m au-dessus du niveau de la mer, en France juste au nord de Lens. La prise de cette côte le 15 août 1917 est la première manœuvre importante du Corps expéditionnaire canadien sous la direction d'un commandant canadien, le lieutenant-général sir Arthur CURRIE qui, le 6 juin, a succédé au lieutenant-général sir Julian BYNG. C'est un succès total, et, malgré les intenses contre-attaques allemandes (du 16 au 18 août), les Canadiens maintiennent leurs positions et occupent par la suite (du 21 au 25 août) une partie de Lens. Après la prise de la CRÊTE DE VIMY, l'exploit confirme les aptitudes au combat des troupes canadiennes. (Voir aussi PREMIÈRE GUERRE MONDIALE.)

Brereton Greenhous

Côté, Gérard, athlète (Saint-Barnabé, Qc, 1913). Il est l'un des premiers canadiens à faire de la course de fond à une époque où peu de choses existent pour faciliter l'entraînement des athlètes. Il se distingue d'abord dans le sport de ses ancêtres: la raquette. Il passe ensuite à la course à pied parcourant 40 km trois fois par semaine. Cet entraînement lui permet d'établir un temps record de 2 h 28 min 28 s au marathon de Boston en 1940, ville où il devient une figure populaire en remportant les marathons de 1943, 1944 et 1948. Il est trois fois champion du marathon de la Athletic Amateur Union des États-Unis, et le trophée Lou Marsh le consacre meilleur athlète canadien en 1940. Il est membre du Temple de la renommée des sports du Canada et reçoit l'Ordre du Canada en 1990.

Yvon Doré

Coté, Jean-Pierre, député fédéral, ministre, sénateur et lieutenant-gouverneur du Québec (Montréal, 9 janv. 1926). Il étudie à l'École de technologie dentaire et est élu pour la première fois à la Chambre des communes comme député de Longueuil, en 1963. Il est nommé au Conseil privé et agit comme ministre des Postes (1965), ministre du Revenu national (1968) et de nouveau ministre des Postes (1970). En 1972, il est nommé sénateur, mais quitte cette fonction en 1978 pour devenir lieutenant-gouverneur du Québec, poste qu'il occupe jusqu'en 1984. Admiré et consulté en raison de son jugement, de sa discrétion et de son civisme, il fait partie de plusieurs organismes administratifs. Ces dernières années, il s'adonne à la peinture.

Marthe Legault

Côtière, chaîne Suite continue de montagnes qui s'étend sur 1600 km jusqu'au Yukon depuis les BASSES TERRES DU FLEUVE FRASER, près de Vancouver, en Colombie-Britannique. La majeure partie de la chaîne surplombe en d'abruptes falaises le littoral de l'océan Pacifique. Des FJORDS formés par les glaciers et atteignant 192 km de longueur accentuent son relief accidenté (l'un de quatre phénomènes semblables au monde). Il reste quelques glaciers, notamment aux environs du mont WADDINGTON, point culminant de la chaîne, et dans les chaînons Boundary, au nord de la RIVIÈRE NASS. La plupart des montagnes de la chaîne sont de roche granitique. L'activité volcanique de l'époque glaciaire est à l'origine du cône de débris appelé l'Aiguille noire et d'autres caractéristiques topographiques du parc provincial Garibaldi.

Les vents d'ouest de l'océan donnent lieu à des précipitations de plus de 430 cm par année, ce qui favorise la croissance rapide des forêts de conifères. La chaîne compte parmi les endroits où il pleut le plus en Amérique du Nord.

Importance économique De nombreux peuples autochtones de la côte du Nord-Ouest ont longtemps habité le littoral au pied de la chaîne. Alexander MACKENZIE est le premier Européen à franchir ces montagnes en 1793. Des routes traversent maintenant la chaîne en huit endroits: on compte, entre autres, la route 99 entre Squamish et Lillooet (longeant en grande partie la voie ferrée de BC Railway), la route 20 entre Anahim Lake et Bella Coola, la route 37 entre Kitimat et Terrace, la route 16 entre Prince Rupert et Terrace (longeant la voie ferrée du Canadien National), la route 37A entre Stewart et Meziaden, la route 2 entre Skagway et Carcross, en Alaska, et la route 7 depuis Haines, en Alaska, le long de la rivière Chilkoot.

En bordure de la chaîne, on a déjà tiré des ressources minières abondantes. Parmi les anciens camps miniers, mentionnons la mine de cuivre de Britannia Beach, près de Squamish (musée), les mines d'or de Bralorne, dans le chaînon Chilcotin, la mine et la fonderie de cuivre d'Anyox sur l'inlet Observatory, la mine de cuivre de Granduc, près de Stewart, ainsi qu'une autre dans la région de la rivière Taku et une carrière de granit près de Squamish. L'aluminerie de Kitimat est l'une des plus grandes usines de fabrication sur la côte du Pacifique.

La forêt des régions accessibles de la côte est fortement exploitée. Le bois de grume est transporté sur de longues distances par estacades flottantes ou par barges jusqu'aux scieries de la côte. Des usines de pâte sont en activité à Port Mellon et à Woodfibre, dans la baie Howe. Powell River a une énorme usine de pâtes et papiers. Dans la partie Nord de la côte, on retrouve des usines de pâte à Kitimat et à Port Edward. Une usine de pâtes et papiers a fonctionné pendant des dizaines d'années à Ocean Falls, au milieu du littoral. Les versants est de la chaîne sont beaucoup plus secs et accessibles. Le transport du bois par camion s'est largement répandu dans les forêts d'épinettes, de pins et de sapins de basse altitude.

Le gouvernement de la Colombie-Britannique a créé récemment plusieurs grandes zones protégées dans la chaîne Côtière, dont le parc provincial Ts'ylos (233 240 ha) autour du lac Chilko, la vallée de la Kitlope (317 291 ha) au sud de Kitimat et la vallée Khutzeymateen (44 902 ha) près de Prince Rupert, le premier sanctuaire d'ours GRIZZLI au Canada.

Peter Grant

Cottnam, Deborah, née How, enseignante et poète (probablement à Grassy Island, Canso, N.-É., 1728—Windsor, N.-É., 31 déc. 1806). Raffinée et intéressée par la littérature, Cottnam réagit aux vicissitudes des guerres anglo-françaises et de la révolution américaine en prenant l'initiative, rare chez les femmes du XVIIIᵉ siècle, de fixer une norme élevée pour l'éducation des femmes dans les Maritimes. Cottnam et sa famille sont déplacées en 1744 après la chute de Canso. Il en est de même au milieu des années 1770, lorsque leur sympathie pour les loyalistes les force à quitter leur vie de commerçants à Salem, au Massachusetts. Elle tente cependant d'y retourner pendant quelque temps pour ouvrir une école.

De 1777 à 1786, Cottnam dirige une académie pour femmes à Halifax. Elle est invitée à déménager à Saint-Jean où elle continue à enseigner aux filles de l'élite LOYALISTE de 1786 à 1793. Après la mort de son mari, le capitaine Samuel Cottnam, en 1780, son installation sur une propriété terrienne de 405 ha sur le bassin Minas en Nouvelle-Écosse en 1785 et la pension que lui octroie le gouvernement en 1793 reflètent sa condition de veuve et les services que sa famille a rendus à la Couronne. Bien qu'elle ait pris sa retraite à Windsor vers la fin des années 1790, elle écrit d'Halifax en 1794 pour dire qu'elle vient tout juste d'ouvrir une école de jour. Poète d'inspiration classique (écrivant sous le pseudonyme de «Portia»), elle est une source d'inspiration littéraire pour ses étudiantes et pour son arrière-petite-fille, la poète Griselda Tonge.

Gwendolyn Davies

Couche d'ozone (ou ozonosphère) Région de l'atmosphère contenant la plus forte concentration d'ozone (O₃). Elle se situe, en moyenne, à une altitude d'environ 25 km (entre 10 km et 50 km), mais elle est plus élevée près de l'équateur et plus basse près des pôles. Dans l'ozonosphère, la plus grande concentration d'ozone excède rarement quelques molécules par million de molécules d'air. Sa concentration moyenne dans l'atmosphère toute entière est encore plus faible. Son épaisseur moyenne est d'environ 3 mm, les quantités totales d'ozone les plus faibles se trouvant au-dessus de l'équateur, et les quantités les plus élevées au-dessus des pôles, en hiver.

Rayonnement ultraviolet On pense que la formation de la couche d'ozone est un facteur important favorisant l'évolution de la vie sur Terre. L'ozone est le principal gaz atmosphérique qui absorbe la partie nocive sur le plan biologique des rayons ultraviolets

(UV) du Soleil, appelés UV-B (ou rayonnement ultraviolet B). La petite fraction de ce rayonnement qui atteint la croûte terrestre provoque des coups de soleil et peut entraîner des cancers de la peau, des affections aux yeux et la destruction du système immunitaire humain. Elle réduit également les rendements agricoles et menace le phytoplancton dans la chaîne alimentaire océanique.

Changements climatiques L'ozone atmosphérique influence le climat de deux façons. D'abord, il contribue au RÉCHAUFFEMENT PLANÉTAIRE, parce qu'il absorbe également les rayons infrarouges du Soleil. Ensuite, les réactions chimiques à l'origine de la couche d'ozone réchauffent également la stratosphère, là où se situe la couche d'ozone. Ce réchauffement influe alors sur la température et l'équilibre du rayonnement dans la couche inférieure et à la surface de la Terre. Les concentrations d'ozone peuvent augmenter localement dans l'atmosphère inférieure, particulièrement dans le smog, en tant que sous-produit de réactions biochimiques.

Appauvrissement de la couche d'ozone On s'inquiète du fait que certains chlorofluorocarbones présents dans les appareils de climatisation, les générateurs d'aérosol, les réfrigérateurs et les mousses de polyuréthane provoquent un amincissement inquiétant de la couche d'ozone. L'utilisation des halons dans les systèmes de protection contre les incendies et de composés bromés dans certains produits chimiques agricoles appauvrit également l'ozonosphère. En réponse à ces problèmes, on a restreint l'utilisation de certains de ces composés.

H.I. Schiff et L. Dotto

Coucou Oiseau appartenant à la famille des cuculidés, qui compte environ 130 espèces, réparties presque partout dans le monde, et parmi lesquelles on trouve, outre les coucous, les coulicous, les anis, les couas, les coucals et les géocoucous. Des études récentes, non encore reconnues par tous en Amérique du Nord, suggèrent de subdiviser les cuculidés en cinq familles distinctes et de regrouper ces familles (avec une autre famille) dans un nouvel ordre, celui des cuculiformes.

Le chant fort et monotone des espèces européennes les plus communes a donné son nom à cette famille. Une fausse croyance voulant que les cuculidés ne chantent qu'à l'approche de la pluie leur a valu, en anglais, le nom familier de *rain crow*.

Répartition On compte deux espèces de cuculidés au Canada: le coulicou à bec noir (*Coccyzus erythropthalmus*), qui niche depuis le centre de l'Alberta jusque dans les Maritimes, et le coulicou à bec jaune (C. *americanus*), qu'on rencontre principalement dans le sud-est de l'Ontario, le sud-ouest du Québec et, dans une moindre mesure, dans le sud-ouest du Nouveau-Brunswick. Il niche aussi, quoique rarement, au Manitoba. On le trouvait autrefois sur la côte sud de la Colombie-Britannique. Une autre espèce, l'ani à bec cannelé (*Crotophaga sulcirostris*), s'aventure occasionnellement jusqu'en Ontario.

Description Les cuculidés sont de grands oiseaux élancés à queue longue, à ailes assez longues et à bec long et fort, le plus souvent légèrement incurvé vers le bas. Les pattes sont courtes, sauf chez les espèces à pieds zygodactyles (deux doigts tournés vers l'avant, deux vers l'arrière) qui vivent au sol. Les espèces canadiennes ont le dessus brun uni et le dessous blanc.

Nidification Plusieurs espèces sont parasites et ne construisent pas de nid au moment de la nidification. Elles pondent plutôt leurs œufs dans les nids d'autres espèces, qui élèvent ces jeunes souvent aux dépens de leurs propres petits. La majorité des espèces établissent un territoire de reproduction exclusif, mais les anis tropicaux construisent de grands nids collectifs. Les deux coulicous qui nichent au Canada pondent de deux à cinq œufs dans un nid fragile, aménagé dans un arbre en forêt clairsemée. Le coulicou à bec noir et le coulicou à bec jaune construisent un nid et incubent leurs œufs bien que, à l'occasion, ils

les pondent dans le nid d'autres espèces, se parasitant parfois entre eux.

Régime alimentaire Les espèces de grande taille se nourrissent de lézards, de serpents et parfois d'oiseaux, mais la plupart sont insectivores. Les deux coulicous qui vivent au Canada sont friands de chenilles du genre «livrées», ce qui leur confère une certaine valeur économique.

Martin k. McNicholl

Coudres, île aux Possédant une superficie de 29,50 km² (11 km de longueur sur 4,3 km de largeur) et une altitude de 92 m, elle se trouve dans l'estuaire moyen du SAINT-LAURENT, à 60 km en aval de Québec. L'île est constituée d'un plateau entre deux crêtes appalachiennes dont la terminaison rocheuse amont encadre les anses de l'Église et du Havre. Une batture rocheuse de l'ordre d'un kilomètre de large entoure une grande partie de l'île à marée basse. Les tremblements de terre sont fréquents. En 1535, Jacques CARTIER donne ce nom à l'île en raison de l'abondance des noisetiers. Concédée en fief à Étienne de Lessart en 1677, puis au SÉMINAIRE DE QUÉBEC en 1687, l'île commence à être colonisée vers 1720. En 1759, elle sert de mouillage à la flotte de Durell. L'économie de l'île repose sur l'agriculture, un chantier naval, l'exploitation de la tourbe et un tourisme florissant. L'île et ses habitants ont inspiré trois long métrages de Pierre Perrault dont *Pour la suite du monde* (1963) qui illustre l'ancienne pêche traditionnelle aux marsouins.

Serge Occhietti

Coughlan, Laurence, missionnaire (Drummersnave, Irlande?—Londres, Angleterre, 1784?). Ordonné prêtre anglican en 1765, il est envoyé à Terre-Neuve la même année par la Society for the Propagation of the Gospel. Méthodiste par sa doctrine et ses pratiques, son travail d'évangélisation dans la région de Harbour Grace est à l'origine du MÉTHODISME à Terre-Neuve. Il suscite beaucoup d'hostilité au cours de son travail de missionnaire, notamment à cause de ses propos incisifs. Coughlan quitte la baie de la Conception en 1773 à cause d'ennuis de santé. Il retourne en Grande-Bretagne et publie trois ans plus tard *An Account of the Work of God in Newfoundland.*

J. Rogers

Couguar (puma) Également nommé lion des montagnes (*Felis concolor*, de la famille des félidés), cet animal est le plus gracieux des CHATS sauvages du Nouveau Monde. Il a de longues pattes et une longue queue ainsi qu'une petite tête. La couleur de son pelage varie du fauve au cannelle ou brun rougeâtre, et son ventre est blanc terne. L'arrière des oreilles, les taches de la face et le bout de la queue (les 5 à 8 derniers centimètres) sont noirs. Le couguar est un chasseur solitaire rapide et habile qui s'embusque pour attraper sa proie. Il chasse le WAPITI, le CERF, le LIÈVRE et autres petits gibiers.

Reproduction et développement Les femelles sont aptes à la reproduction vers l'âge de deux ou trois ans à n'importe quel moment de l'année, bien que d'un à six petits (habituellement deux ou trois) naissent généralement au printemps et à l'été après trois mois de gestation. À la naissance, les petits ont un pelage tacheté et pèsent de 250 à 500 g. À trois mois, après le sevrage, leur mère leur enseigne à grimper aux arbres et à chasser. Le couguar peut ronronner, siffler, grogner ou crier.

Relations avec les humains L'aire de répartition du couguar s'étend du nord de la Colombie-Britannique, traverse le sud de l'Alberta, la Saskatchewan, l'Ontario et le Québec jusqu'au Nouveau-Brunswick et en Nouvelle-Écosse ainsi qu'en Amérique du Sud, en fait, partout où sa principale proie, le cerf, est présente. Les humains ont éliminé un grand nombre de couguars dans les régions habitées de l'Amérique du Nord, car on les accusait de s'attaquer au bétail. Des populations subsistent encore dans les régions boisées et montagneuses de l'Alberta et de la Colombie-

Britannique, et des couguars ont été signalés dans leur aire de répartition antérieure.

C.S. Churcher

Couleuvres Nom commun de 30 espèces de serpents non venimeux de la famille des colubridés du genre *Thamnophis*, que l'on retrouve des Territoires du nord-ouest jusqu'au Costa Rica. La majorité ont des bandes longitudinales évidentes sur le dos. On en trouve 6 espèces au Canada, incluant la couleuvre rayée qui, parmi les espèces de serpents nord-américains, est celle ayant la plus grande répartition. La plupart des espèces sont abondantes, et elles occupent une grande variété d'habitats, y compris les milieux urbains.

Le régime alimentaire varie d'une espèce à l'autre, mais il inclut des limaces, des vers de terre, des poissons et des amphibiens. Les couleuvres mangent parfois des mammifères, particulièrement la couleuvre de l'Ouest, qui retient ses proies grâce à un comportement d'enroulement primitif. La plupart des espèces sont ovipares, mais certaines sont ovovivipares et donnent naissance à des petits entièrement formés, habituellement au nombre de 10 à 20, à la fin de l'été ou au début de l'automne.

Patrick T. Gregory

Coulter, John William, écrivain (Belfast, Irlande, 12 févr. 1888—Toronto, 1ᵉʳ déc. 1980). La réputation de Coulter repose essentiellement sur sa trilogie historique composée de *Riel* (écrite et produite en 1950; publiée en 1962), *The Crime of Louis Riel* (1968) et *The Trial of Louis Riel* (1968). La plupart de ses autres pièces traitent de sujets irlandais. Notons, entre autres, *The House in the Quiet Glen* (1937), qui a remporté le trophée Bessborough au Festival national d'art dramatique du Canada, et *The Drums Are Out*, dont la première a eu lieu au Abbey Theatre à Dublin (Irlande) en 1948. Avec la collaboration du compositeur Healey WILLAN, il crée les deux premiers opéras commandés et diffusés par le réseau de langue anglaise de Radio-Canada: *Transit through Fire* (1942) et *Deirdre of the Sorrows* (1944). Parmi ses œuvres non dramatiques, mentionnons une biographie de Winston Churchill et un journal sur ses fréquentations amoureuses intitulé *Prelude to a Marriage* (1979).

Rota Herzberg Lister

Coulthard, Jean, compositrice et enseignante (Vancouver, 10 févr. 1908). Créatrice d'une musique remarquable pour son intégrité, sa pureté d'expression et son langage d'une profonde émotion, Coulthard est la première des compositeurs de la côte ouest canadienne à être fort acclamée. Elle commence toute jeune à composer alors qu'elle étudie avec sa mère, Jean Blake Coulthard (née Robinson). Le compositeur anglais Ralph Vaughan Williams est l'un des plus importants parmi les derniers professeurs de Coulthard. Elle reçoit aussi des évaluations critiques d'Arnold Schoenberg, de Béla Bartók et de Darius Milhaud. *Variations on B-A-C-H* (1951), *Spring Rhapsody* (pour Maureen FORRESTER, 1958), *Choral Symphony «This Land»* (1966-1967), *The Pines of Emily Carr* (1969) et les *Lyric Sonatinas* (1969, 1971 et 1976) sont autant d'œuvres caractéristiques de ses quelque 350 compositions pour un vaste éventail de médiums instrumentaux et vocaux, dont plusieurs sont commandées et primées. De 1947 jusqu'à sa retraite en 1973, Coulthard enseigne à l'U. de la Colombie-Britannique. Au cours de sa longue retraite, elle continue de composer. Ses œuvres sont fréquemment exécutées au Canada et à l'étranger et sa musique fait l'objet de plusieurs thèses de maîtrise et de doctorat. Elle est nommée officier de l'Ordre du Canada en 1979 et récipiendaire de l'Ordre de la Colombie-Britannique en 1994.

Barclay McMillan

Country Life Movement Ce mouvement de vagues alliances connaît beaucoup de succès de 1900 à 1920, en réaction à l'exode vers les villes et à la perception d'une perte des valeurs rurales. Il est animé par l'exubérance de la colonisation des Prairies de l'Ouest et par l'importance que la Première Guerre mondiale prête aux cultivateurs. Le mouvement ressuscite d'anciennes idéalisations de l'agriculture. Il est fondé sur une idéologie valorisant la vie rurale et promu par les collèges d'agriculture, les départements universitaires de l'extension de l'enseignement, les agents immobiliers, les groupes de femmes, les partisans de l'éducation «nouvelle» et la presse rurale. La publication *The Farm and Ranch Review* (Calgary) diffuse les préceptes de Socrate pour qui l'agriculture est l'emploi qui convient le mieux à la nature de l'homme. Elle est «source de santé, de force, d'abondance, de richesse et de mille joies discrètes et plaisirs honnêtes». Elle enseigne «la sobriété, la tempérance, la justice, la religion, bref, toutes les vertus». La vie rurale est tout simplement plus près de Dieu que la vie urbaine. Ses partisans sont, entre autres, J.B. Reynolds, président du Collège d'agriculture du Manitoba et, plus tard, de celui de l'Ontario; S.E. Greenway, directeur de l'Extension de l'enseignement de la Saskatchewan; J.W. Gibson, directeur de l'instruction agricole élémentaire de la Colombie-Britannique; et James W. Robertson, président de la Commission royale sur l'éducation technique (1909-1913).

Le Country Life Movement sous-tend plusieurs croisades de réforme, soit les campagnes pour la santé et la saine alimentation, les ligues de TEMPÉRANCE et de réforme morale, le mouvement CITY BEAUTIFUL et les campagnes de conservation, ainsi que les clubs agricoles et de jardinage scolaires. La littérature canadienne de l'époque en est imprégnée, sans compter qu'il est à la base de presque toutes les stratégies d'éducation visant à faire valoir la vie sur la ferme.

David c. Jones

Coupe Canada Profitant de l'engouement suscité par le TOURNOI DE HOCKEY CANADA—URSS de 1972, Douglas Fisher de Hockey Canada et Alan EAGLESON de l'Association des joueurs de la Ligue nationale de hockey (LNH) organisent la venue d'équipes nationales européennes afin qu'elles affrontent le Canada et les États-Unis à l'occasion d'un tournoi qui se tiendrait tous les trois ou quatre ans dans des villes nord-américaines. Il s'agit de réunir les meilleures équipes représentant chaque pays.

Chaque tournoi donne lieu à du hockey de haut niveau et à des finales passionnantes. En 1976, à l'occasion du premier tournoi, le Canada vainc la Tchécoslovaquie en finale grâce à un but mémorable de Daryl Sittler. Les Soviétiques, qui dominent le hockey international au début des années 80, l'emportent sur les Canadiens lors de la finale du deuxième tournoi en 1981. Le fait saillant de la série de 1984 demeure la victoire remarquable du Canada (3-2) contre l'URSS dans un match des demi-finales. Mike BOSSY compte le but gagnant à la douzième minute de la période supplémentaire. Le Canada défait par la suite la Suède en finale.

Le tournoi de 1987 redonne au Canada et à l'URSS l'occasion de s'affronter dans une série finale de trois parties enlevantes. L'URSS gagne le premier match par 6 à 5 en période supplémentaire, alors que le Canada remporte le deuxième, aussi en supplémentaire, et avec le même pointage (6 à 5). Après avoir tiré de l'arrière par 0 à 3 au début du premier match final, le Canada rassemble ses forces et gagne par 6 à 5, encore une fois, lorsque Mario LEMIEUX compte le but décisif après 18 min 34 s de jeu en troisième période.

La dissolution de l'Union soviétique affaiblit la qualité de l'équipe lors du tournoi de 1991. Comme beaucoup de ses joueurs étoiles jouent déjà en Amérique du Nord et en Europe, l'équipe de la Communauté des états indépendants ne se rend pas en finale. Le Canada défait les États-Unis en deux matchs consécutifs et remporte le tournoi.

En 1996, la Coupe Canada est rebaptisée la Coupe du monde de hockey, et c'est en septembre de la même année que le premier tournoi se déroule sous ce nom. Le 14 septembre, l'équipe nationale des États-Unis défait l'équipe canadienne par une marque de 5 à 2 et remporte trois des matchs de la finale, le Canada n'en gagnant que deux.

Jim Coleman

Coupe Grey Trophée créé par les bijoutiers Birks, qui fait partie du sport canadien depuis 1909, année où le gouverneur général Earl GREY en fait don aux championnats canadiens de FOOTBALL. Au départ, on convient de réserver la coupe seulement au football amateur, à l'instigation, selon toute vraisemblance, de P.D. Ross du *Ottawa Journal* et non pas de lord Grey.

Diverses organisations, dont la Canadian Rugby Union (CRU) à partir de 1921, ont le mandat de présenter la coupe aux champions canadiens. En 1966, la CRU confie cette responsabilité à la Ligue canadienne de football (LCF). Au cours des premières années de la coupe Grey (de 1909 à 1924), les équipes championnes sont invariablement des équipes universitaires. De 1925 à 1945, les équipes des ligues seniors de différentes villes dominent la scène du football et continuent à se disputer la coupe Grey jusqu'au début des années 1950, époque où les équipes professionnelles, qui formeront plus tard la LIGUE CANADIENNE DE FOOTBALL, commencent à s'imposer.

En 1948, les STAMPEDERS DE CALGARY et leurs partisans transforment le match de la coupe Grey en un véritable festival qui durera une semaine. Cet événement sportif prend l'allure d'une fête nationale et rassemble le plus grand nombre de spectateurs au Canada. En 1962, le Parlement, qui considère le match comme un instrument de l'unité nationale, décrète que les deux grands réseaux de télévision au Canada doivent se partager la transmission du match afin que toutes les régions puissent le voir. Ainsi, on peut confirmer que le match de la coupe Grey est l'émission de télévision ayant la cote d'écoute la plus élevée. L'expansion de la LCF aux États-Unis, en 1990, engendre de nombreuses discussions sur l'importance du match pour l'esprit national, surtout lorsque la concession de Baltimore devient la première équipe à disputer la coupe Grey en 1994. (*Voir aussi* SCORES DE LA COUPE GREY 1945-67; SCORES DE LA COUPE GREY 1968-98.)

Frank Cosentino

Coupe Stanley C'est le plus vieux trophée que les athlètes professionnels se disputent en Amérique du Nord. Le gouverneur général du Canada, lord Stanley, en a fait don aux champions amateurs de hockey en 1893. Le Montreal AAA (1892-1893) est la première équipe à la remporter. Depuis sa présentation en 1893, la coupe a été décernée chaque année, excepté en 1918-1919 (en raison d'une épidémie de grippe). Avant que le hockey professionnel soit concentré dans quelques grandes villes, la formule des compétitions pour l'obtention de la coupe était très variée et plusieurs équipes de toute provenance l'ont remportée, comme les Victorias de Winnipeg (1895-1896, 1900-1901), les Silver Seven d'Ottawa (1902-1903, 1903-1904, 1904-1905), les Thistles de Kenora (1906-1907), les Millionaires de Vancouver (1914-1915), les Metropolitans de Seattle (1916-1917) et les Cougars de Victoria (1924-1925).

La coupe est décernée pour la première fois à une équipe professionnelle (les SÉNATEURS D'OTTAWA d'origine) en 1909. En 1926, elle passe sous l'autorité exclusive de la Ligue nationale de hockey. Les Canadiens de Montréal, grâce à 24 victoires en date de 1993 (dont 5 d'affilée de 1956 à 1960), constituent de loin l'équipe qui a gagné le plus de coupes Stanley, suivis des Maple Leafs de Toronto avec 11 victoires.

Dans les années 80, les Islanders de New York et les Oilers d'Edmonton dominent le championnat de la coupe Stanley avec quatre coupes chacun. L'histoire de la coupe est assez particulière: elle a été per-

CHAMPIONS DE LA COUPE STANLEY					
1892-93	AAA de Montréal	1928-29	Bruins de Boston	1964-65	Canadiens de Montréal
1894-95	Victorias de Montréal	1929-30	Canadiens de Montréal	1965-66	Canadiens de Montréal
1895-96	Victorias de Winnipeg	1930-31	Canadiens de Montréal	1966-67	Maple Leafs de Toronto
1896-97	Victorias de Montréal	1931-32	Maple Leafs de Toronto	1967-68	Canadiens de Montréal
1897-98	Victorias de Montréal	1932-33	Rangers de New York	1968-69	Canadiens de Montréal
1898-99	Shamrocks de Montréal	1933-34	Black Hawks de Chicago	1969-70	Bruins de Boston
1899-1900	Shamrocks de Montréal	1934-35	Maroons de Montréal	1970-71	Canadiens de Montréal
1900-01	Victorias de Winnipeg	1935-36	Red Wings de Detroit	1971-72	Bruins de Boston
1901-02	AAA de Montréal	1936-37	Red Wings de Detroit	1972-73	Canadiens de Montréal
1902-03	Silver Seven d'Ottawa	1937-38	Black Hawks de Chicago	1973-74	Flyers de Philadelphie
1903-04	Silver Seven d'Ottawa	1938-39	Bruins de Boston	1974-75	Flyers de Philadelphie
1904-05	Silver Seven d'Ottawa	1939-40	Rangers de New York	1975-76	Canadiens de Montréal
1905-06	Wanderers de Montréal	1940-41	Bruins de Boston	1976-77	Canadiens de Montréal
1906-07	Thistles de Kenora	1941-42	Maple Leafs de Toronto	1977-78	Canadiens de Montréal
1907-08	Wanderers de Montréal*	1942-43	Red Wings de Detroit	1978-79	Canadiens de Montréal
1907-08	Wanderers de Montréal	1943-44	Canadiens de Montréal	1979-80	Islanders de New York
1908-09	Sénateurs d'Ottawa	1944-45	Maple Leafs de Toronto	1980-81	Islanders de New York
1909-10	Wanderers de Montréal	1945-46	Canadiens de Montréal	1981-82	Islanders de New York
1910-11	Sénateurs d'Ottawa	1946-47	Maple Leafs de Toronto	1982-83	Islanders de New York
1911-12	Bulldogs de Québec	1947-48	Maple Leafs de Toronto	1983-84	Oilers d'Edmonton
1912-13	Bulldogs de Québec	1948-49	Maple Leafs de Toronto	1984-85	Oilers d'Edmonton
1913-14	Blue Shirts de Toronto	1949-50	Red Wings de Detroit	1985-86	Canadiens de Montréal
1914-15	Millionnaires de Vancouver	1950-51	Maple Leafs de Toronto	1986-87	Oilers d'Edmonton
1915-16	Canadiens de Montréal	1951-52	Red Wings de Detroit	1987-88	Oilers d'Edmonton
1916-17	Metropolitans de Seattle	1952-53	Canadiens de Montréal	1988-89	Flames de Calgary
1917-18	Arenas de Toronto	1953-54	Red Wings de Detroit	1989-90	Oilers d'Edmonton
1918-19	Pas de compétition**	1954-55	Red Wings de Detroit	1990-91	Penguins de Pittsburgh
1919-20	Sénateurs d'Ottawa	1955-56	Canadiens de Montréal	1991-92	Penguins de Pittsburgh
1920-21	Sénateurs d'Ottawa	1956-57	Canadiens de Montréal	1992-93	Canadiens de Montréal
1921-22	St. Pats de Toronto	1957-58	Canadiens de Montréal	1993-94	Rangers de New York
1922-23	Sénateurs d'Ottawa	1958-59	Canadiens de Montréal	1994-95	Devils du New Jersey
1923-24	Canadiens de Montréal	1959-60	Canadiens de Montréal	1995-96	Avalanche du Colorado
1924-25	Cougars de Victoria	1960-61	Black Hawks de Chicago	1996-97	Red Wings de Detroit
1925-26	Maroons de Montréal	1961-62	Maple Leafs de Toronto	1997-98	Red Wings de Detroit
1926-27	Sénateurs d'Ottawa	1962-63	Maple Leafs de Toronto	1998-99	Stars de Dallas
1927-28	Rangers de New York	1963-64	Maple Leafs de Toronto	1999-2000	Devils du New Jersey

* Saison divisée (janvier, mars)
** Séries du championnat annulées en raison d'une épidémie de grippe

due, déplacée par mégarde et volée (une fois de son lieu d'exposition, le Temple et Musée de la Renommée du Hockey). À présent, la coupe d'argent est exposée en permanence au Temple de la renommée du hockey et une réplique géante est installée sur le toit de l'édifice. Le nom de chacun des joueurs des équipes gagnantes depuis 1930 est inscrit sur la base de la coupe.

James Marsh

Cour canadienne de l'impôt Organisme indépendant créé en 1983 et relevant du ministre fédéral de la Justice. Elle a pour but de procurer aux contribuables un recours facilement accessible pour régler leurs litiges avec le ministre du Revenu national. Ce tribunal, qui s'appelait auparavant la Commission d'appel de l'impôt (1958-1983) et la Commission de révision de l'impôt (1946-1958), a les pouvoirs, droits et privilèges d'une cour supérieure canadienne. La Cour comprend un juge en chef, un juge adjoint et 20 autres juges ainsi que 4 juges surnuméraires. Tous les membres doivent être d'anciens juges, ou des avocats ayant été inscrits au barreau d'une province pendant au moins dix ans. En tout temps, le juge en chef ou le juge en chef adjoint doit avoir été juge de la Cour supérieure du Québec ou membre du Barreau de cette province.

Cour des petites créances Nom généralement donné aux tribunaux établis sous le régime des lois provinciales pour instruire des causes civiles mettant en jeu des sommes d'argent peu élevées. Au Québec, la compétence de la Cour des petites créances se limite à 10 000 dollars, tandis qu'elle peut être de 1000 dollars, 2000 dollars ou 3000 dollars dans les autres provinces. La procédure suivie devant ces tribunaux est moins formelle que devant les cours supérieures et il est généralement possible pour les plaideurs de défendre leur cause sans avocat. Au Québec, il est interdit aux avocats d'occuper pour un client devant la Cour des petites créances. La plupart des provinces ont créé une division ou une section des petites créances ou une division ou une section civile de leur cour provinciale. L'Île-du-Prince-Édouard a créé une section des petites créances de la Division générale de la Cour suprême de la province, une situation semblable à celle du Nouveau-Brunswick où les petites créances relèvent d'une division de la Cour du Banc de la Reine. En Nouvelle-Écosse, la Cour municipale de Halifax est chargée d'instruire des causes portant sur des créances maximales de 500 dollars. Au Yukon, les créances maximales de 500 dollars peuvent être réglées par un fonctionnaire compétent de la Cour territoriale, alors que les créances maximales de 1000 dollars relèvent d'un magistrat. Dans les Territoires du Nord-Ouest, les actions mettant en jeu des créances de moins de 5000 dollars sont instruites par la Cour territoriale.

P.K. Doody et T.B. Smith

Cour fédérale du Canada Le pouvoir de créer des tribunaux au Canada appartient tant aux Assemblées législatives des provinces qu'au Parlement. Le Parlement a ainsi institué la Cour fédérale du Canada en 1971 pour remplacer la Cour de l'Échiquier. La compétence de la Cour fédérale s'étend aux actions intentées contre le gouvernement fédéral ainsi qu'à des branches de droit spécialisées, telles l'amirauté, l'aéronautique, les brevets et le droit d'auteur. La Cour exerce le contrôle judiciaire des décisions des autorités et des organismes fédéraux. Dans certains domaines spécialisés, elle jouit d'une compétence concurrente avec les cours supérieures provinciales.

La Cour fédérale du Canada est formée de deux sections: la Section de première instance et la Cour d'appel. La Section de première instance entend les causes et les actions en première instance visant le contrôle de certains types de mesures gouvernementales. La Cour d'appel entend les appels interjetés contre les décisions de la Section de première instance et contrôle les décisions formelles des tribunaux administratifs fédéraux. Les appels des décisions de la Cour d'appel sont portés, avec autorisation, à la COUR SUPRÊME DU CANADA. Le bureau principal du greffe de la Cour est situé à Ottawa, mais la Cour siège partout au Canada. En 1995, la Cour d'appel comptait 13 juges et la Section de première instance en comptait 21. (*Voir aussi* MAGISTRATURE; COURS DE JUSTICE.)

Peter K. Doody et Patrick Bendin

Cour suprême du Canada Depuis 1949, elle est la juridiction la plus élevée en toute matière relevant des compétences fédérales et provinciales, année où sont abolis les appels au COMITÉ JUDICIAIRE DU CONSEIL PRIVÉ du Royaume-Uni. En 1875, le Parlement adopte une loi en vertu de l'article 101 de la LOI CONSTITUTIONNELLE DE 1867 établissant une Cour générale d'appel pour le Canada ainsi qu'une Cour de l'Échiquier (aujourd'hui la COUR FÉDÉRALE DU CANADA). La création de la Cour suprême provoque un vif débat entre les PÈRES DE LA CONFÉDÉRATION.

En 1865, John A. MACDONALD fait valoir que la Constitution ne prévoit pas la création d'un tel tribunal, et les tentatives par son gouvernement conservateur en 1867 et en 1870 d'établir une cour d'appel générale échouent lamentablement. De nombreux députés libéraux et conservateurs s'opposent au projet, de peur des conséquences éventuelles qu'il aurait sur les droits des provinces. En établissant une cour suprême, le Parlement se doterait d'un interprète constitutionnel, et certains députés s'interrogent sur l'impartialité d'un tel arbitre puisque le gouvernement fédéral en nommerait les juges et en déterminerait le champ de compétence. Le gouvernement libéral d'Alexander MACKENZIE finit par persuader le Parlement de voter en faveur d'une cour suprême, faisant valoir qu'un tel tribunal est nécessaire pour uniformiser le droit canadien et offrir des interprétations constitutionnelles sur des questions qui concerneraient l'évolution de la nouvelle fédération.

Juges La Cour suprême est formée d'un juge en chef et de 8 juges puînés nommés par le gouverneur en conseil. Les juges peuvent être choisis parmi les juges des cours supérieures des provinces ou parmi les avocats qui ont été membres d'un barreau provincial pendant au moins 10 ans (*voir* MAGISTRATURE). La *Loi sur la Cour suprême* prévoit qu'au moins 3 des juges doivent provenir du Québec. Les candidats peuvent être juges de la Cour du Banc de la Reine (cour d'appel) ou de la Cour supérieure ou être des avocats. Par tradition, 3 autres juges proviennent de l'Ontario, 1 des Maritimes et 2 des provinces de l'Ouest. Les juges de la Cour suprême ne peuvent occuper aucun autre emploi salarié.

Rôle de la Cour Elle siège en janvier, en avril et en octobre. Cinq juges en constituent le quorum, mais, en matière constitutionnelle, les juges siègent normalement en formation plénière. Selon l'article 55 de la *Loi sur la Cour suprême*, la Cour prononce non seulement des jugements, mais donne son avis aux gouvernements fédéral et provinciaux sur d'importantes questions de droit ou de fait concernant l'interprétation de la Constitution, ou la constitutionnalité ou l'interprétation de lois fédérales ou provinciales, ou des pouvoirs du Parlement et des législatures provinciales. Le plus célèbre et peut-être le plus important de ces avis est celui que la Cour a donné le 28 septembre 1981 au sujet de la constitutionnalité du rapatriement de la Constitution.

La Cour suprême est également une cour d'appel générale en matière criminelle. En théorie, tout justiciable peut plaider sa propre cause devant la Cour suprême, mais la chose est rare. En matière criminelle, la Cour entend un appel si un acquittement a été annulé ou si un juge d'une Cour d'appel provinciale a exprimé sa dissidence sur une question de droit. Un appel peut être automatiquement interjeté à la Cour suprême contre un verdict de culpabilité rendu dans une affaire de meurtre au premier degré. Sous réserve d'autorisation d'appel préalable, la Cour peut également entendre des appels sur des questions de droit découlant de déclarations de culpabilité par procédure sommaire ou de déclarations de culpabilité relatives à des actes criminels. En matière civile, la Cour n'est saisie des appels que sur autorisation préalable. Elle accorde cette autorisation si elle estime que l'affaire soulève une question importante pour le public ou une question importante de droit ou de droit et de fait qui devrait être tranchée dans l'intérêt national. Les affaires DRYBONES et MURDOCH en sont deux exemples célèbres. La limitation des droits d'appel fait partie des modifications apportées à la *Loi sur la Cour suprême* en 1975, mais le nombre d'appels en matière constitutionnelle ou administrative a augmenté.

Fonctionnement de la Cour Dans environ 75 p. 100 des cas, la Cour énonce son raisonnement qui fonde ses décisions. Dans environ 56 p. 100 de ces cas, elle maintient la décision de la cour inférieure. Normalement, les juges se réunissent en conférence immédiatement après avoir entendu l'argumentation dans une cause, en examinent les éléments et comparent leur avis. L'un des juges rédige le jugement de la Cour. Si, après avoir reçu et lu ce jugement, ses collègues n'y souscrivent pas, ils peuvent tenir d'autres séances de travail. En principe, la Cour essaie de rendre des jugements unanimes, mais il arrive fréquemment que la chose est impossible et les juges qui ne partagent pas l'avis de la majorité rédigent un jugement dissident qui est publié avec le jugement de la majorité.

Ces dissidences sont importantes parce qu'elles permettent aux juristes de voir les tendances à l'œuvre au sein de la Cour. Les règles de procédure exigent que les parties fournissent à la Cour un dossier comportant tout ce qui s'est passé devant le tribunal de première instance et en cour d'appel, y compris toutes les transcriptions et les actes de procédure principaux. Par ailleurs, les parties doivent présenter un mémoire contenant un résumé des faits de la cause et l'énoncé des points en litige, leurs moyens d'appel et leurs conclusions.

Après la Confédération, le Comité judiciaire du Conseil privé était l'interprète principal de la loi constitutionnelle. Il a réussi, avec difficulté, à établir un certain équilibre entre les responsabilités législatives fédérales et provinciales. Le Comité devait interpréter des textes qui, dans bien des cas, étaient plus adaptés à un État unitaire qu'à une fédération. En 1949, s'est posée la question importante de savoir si la Cour suprême était liée par les décisions du Comité judiciaire. Il est essentiel pour le fonctionnement du système judiciaire du Canada, qui s'inspire principalement de la common law, des notions de précédent et du respect de la règle STARE DECISIS, que les cours d'appel assurent une application uniforme du droit.

Ce principe selon lequel les décisions des tribunaux supérieurs s'imposent aux tribunaux inférieurs est au cœur même du système judiciaire. Il en découle également que les tribunaux sont, dans une certaine mesure, liés par leurs propres jugements. Même si le Comité judiciaire du Conseil privé ne respectait pas rigoureusement cette règle, il tenait généralement compte de ses propres décisions antérieures.

Jusqu'en 1949, la Cour suprême devait respecter les jugements du Comité judiciaire rendus en appel de ses décisions. Même s'il semble aujourd'hui que la Cour n'est plus liée par les décisions du Comité judiciaire, elle se réserve le droit d'examiner et de revoir ces décisions, tout comme les siennes. Elle mentionne fréquemment les jugements du Comité judiciaire et sent toujours le besoin d'expliquer soigneusement toute décision qui semblerait contredire un jugement du Comité judiciaire. Cette pratique permet à la Cour de jouir d'une plus grande créativité, mais elle peut se révéler dangereuse en matière constitutionnelle, compte tenu des problèmes qui pourraient se poser si elle s'écartait des principes fédéralistes qui avaient été fermement établis par le Comité judiciaire.

Les quelques décisions de la Cour suprême infirmées par le Comité judiciaire ne se sont pas, de fait, avérées importantes. La Cour suprême avait tendance à interpréter la loi constitutionnelle de manière très littérale, alors que le Comité judiciaire tenait compte de considérations sociopolitiques dans ses décisions. On pense généralement que le Comité judiciaire favorisait les provinces, alors que la Cour suprême était et demeure toujours centralisatrice par nature, vision trop simpliste de la JURISPRUDENCE canadienne. En fait, la différence entre ces deux grands interprètes se ramène essentiellement à une question d'approche. Le Comité judiciaire affichait une attitude beaucoup plus politique que juridique, alors que, jusqu'à très récemment, la Cour suprême se cantonnait dans des interprétations strictement juridiques.

Il est également vrai que certains des jugements du Comité judiciaire qui favorisaient le plus les provinces semblaient être des tours de force juridiques. Le haut tribunal anglais avait réussi à imprimer un caractère fédéraliste à la Constitution canadienne, caractéristique qui n'était pas nécessairement présente dans la loi constitutionnelle. Au surplus, tous les jugements du Comité judiciaire sont publiquement unanimes, ce qui empêche un raisonnement beaucoup plus nuancé au sein du Comité tout en encourageant la domination de certains membres du Comité par d'autres. Il serait probablement plus juste d'aborder l'histoire de l'interprétation constitutionnelle du Comité judiciaire en étudiant les lords qui y ont siégé qu'en examinant leurs décisions.

Interprétations de la Constitution et de la Charte canadiennes La question controversée de savoir si les tribunaux doivent interpréter la loi et la constitution de manière littérale, textuelle ou s'ils doivent également tenir compte du contexte social, politique et économique est aujourd'hui plus importante que jamais en raison du rapatriement de la Constitution et sa CHARTE CANADIENNE DES DROITS ET LIBERTÉS. La Charte sera ce que la Cour suprême choisira d'en faire, étant donné que seule une modification constitutionnelle approuvée par le Parlement et 7 provinces comptant au moins 50 p. 100 de la population de toutes les provinces peut modifier ou changer une décision de la Cour suprême. La décision déterminante que la Cour suprême rend au début de 1988 annulant les dispositions législatives sur l'AVORTEMENT illustre le pouvoir qu'elle possède d'abolir des lois qui sont incompatibles avec la Charte.

La Cour suprême a été créée en vertu d'une loi fédérale, la *Loi sur la Cour suprême*. Cependant, la *Loi constitutionnelle de 1982* a essentiellement constitutionnalisé la Cour en prévoyant que des modifications à la structure et à l'organisation de la Cour ne peuvent être apportées que par voie de modification constitutionnelle formelle. Depuis 1982, la modification de la composition de la Cour suprême exige le consentement du Sénat, de la Chambre des communes et de l'assemblée législative des provinces. D'autres modifications exigent le consentement du Sénat, de la Chambre des Communes et de l'assemblé législative des deux tiers des provinces (c.-à-d. 7 provinces), à condition que la population confondue de ces provinces soit équivalente à 50 p. 100 de celle du Canada. L'Accord du lac Meech qui n'a jamais été mis en œuvre contenait également des dispositions relatives à la Cour suprême. Pour la première fois, les provinces se voyaient conférer un rôle officiel dans la nomination des juges de la Cour suprême du Canada. L'Entente de Charlottetown, qui a également échoué, tentait elle aussi de constitutionnaliser la composition et le processus de nomination des juges de la Cour suprême.

Le nouveau rôle de la Cour, caractérisé par ses dimensions sociales et politiques, modifiera en profondeur la façon dont les Canadiens la considèrent. La réforme du mode de nomination des juges, ainsi que de la composition et de la méthodologie de la Cour, est également devenue une question notable. La Cour doit tenter d'être le reflet des caractéristiques dominantes de la société canadienne, telles que le régionalisme, le dualisme et le multiculturalisme.

Gil Rémillard et Gerald Gau

Courant-jet VENT qui se déplace à haute altitude, à l'intérieur d'un couloir, d'ouest en est. Il encercle la Terre à une altitude variant entre 8 et 14 km. La hauteur du couloir varie de 2 à 4 km, sa largeur de 50 à 150 km et sa longueur est de quelques milliers de kilomètres. La vitesse du courant-jet atteint parfois 400 km/h, mais sa moyenne au-dessus de l'Amérique du Nord varie entre 100 et 200 km/h. Il fait le tour de la terre en environ cinq jours. Habituellement, plusieurs systèmes de courants-jets circulent autour de la Terre, le long de bandes tantôt discontinues, tantôt continues. Ils se divisent de temps à autre en deux ou trois courants avant de se rejoindre plus loin en reformant un courant-jet plus puissant.

On distingue deux courants-jets importants dans l'hémisphère Nord. Le courant-jet subtropical se trouve près du 25° de latitude Nord durant l'hiver de l'hémisphère Nord. En règle générale, il est moins vigoureux et plus stable que son pendant du nord et son influence directe sur le temps est donc faible. Le courant-jet polaire circule entre l'air froid du nord et l'air chaud du sud. L'été, le courant-jet polaire au-dessus du Canada central se situe, en moyenne, à peu près au 50º de latitude Nord. L'hiver, il s'incurve vers le nord au-dessus de la Colombie-Britannique, forme une crête au-dessus de la province, puis tourne brusquement vers le sud au-dessus de la région des grandes plaines. Il continue à plonger profondément vers le sud jusqu'au nord du Texas avant de s'incurver vers le nord-est au-dessus de la vallée du Mississippi. Finalement, il s'oriente à l'est et quitte l'Amérique du Nord en passant au-dessus de la Nouvelle-Angleterre ou du Canada atlantique.

Parfois, le courant-jet suit les parallèles et amène dans tout le Canada de l'air doux et humide de l'océan Pacifique, ce qui donne en général un temps doux et variable. À d'autres moments, il joue aux montagnes russes, faisant une boucle loin vers le nord, puis plongeant vers le sud, répandant ainsi l'air froid de l'Arctique dans la partie centrale de l'Amérique du Nord et l'air doux du golfe du Mexique jusqu'au littoral de l'est.

Le courant-jet a une influence considérable sur le temps. Il déplace des masses d'air à l'intérieur et hors du Canada, rend les tempêtes plus violentes et contrôle les centres de basse et de haute pression. En règle générale, lorsque le courant-jet se déplace vers le sud, il amène avec lui de l'air froid, tandis que, lorsqu'il circule vers le nord, les intempéries arrivent de l'ouest ou du sud.

David Phillips

Courant marin Vaste mouvement horizontal d'eau (100 km ou plus), le plus souvent permanent, se produisant à toutes les profondeurs des océans. Les courants sont générés soit par les vents, soit par une évaporation ou un refroidissement intenses à la surface de l'océan (circulation thermohaline), soit par la force des marées.

Courants dus aux vents Dans les océans Atlantique et Pacifique au nord de l'équateur, l'action combinée des forts vents d'ouest (entre 30º Nord et 60º Nord) et des alizés du nord-est (10º Nord – 20º Nord) provoque la circulation des eaux de surface en deux vastes tourbillons allant dans le sens des aiguilles d'une montre (sens horaire). La friction du vent sur l'eau constitue le principal force motrice. À cause de l'effet Coriolis (dû à la rotation de la terre), le mouvement net de la masse d'eau supérieure (soit la couche d'Ekman, de 0 à 100 m de profondeur) est dévié à la droite de la direction des vents. Une convergence des eaux se développe dans la couche d'Ekman entre les vents d'ouest et les alizés, formant dans l'océan une zone de haute pression autour de laquelle les eaux circulent dans le sens des aiguilles d'une montre. Dans l'Atlantique, ce tourbillon subtropical englobe le Gulf Stream et les courants de l'Atlantique Nord, des Canaries et nord-équatorial. Dans le Pacifique Nord, ce tourbillon est formé des courants nord-équatorial, Kuroshio, du Pacifique Nord et de Californie.

Au nord des vents d'ouest, des divergences dans la couche d'Ekman forment des zones de basse pression provoquant un tourbillon allant dans le sens inverse des aiguilles d'une montre (sens anti-horaire). Le tourbillon subpolaire de l'Atlantique Nord englobe le courant de l'Atlantique Nord, le courant Irminger, le courant du Groenland et le courant du Labrador. Le tourbillon subpolaire du Pacifique Nord est formé des courants du Pacifique Nord, de l'Alaska et Oyashio. Les courants principaux de la BAIE DE BAFFIN sont en partie une extension du tourbillon subpolaire de l'Atlantique Nord.

Ces tourbillons océaniques sont asymétriques. Les courants de la partie occidentale des océans, le Gulf Stream et le Kuroshio, sont étroits (100 km) et puissants (jusqu'à 2,5 m/s). Les courants zonaux (ceux se déplaçant d'ouest en est ou d'est en ouest) et ceux de la partie orientale des océans sont larges (500 km à 1000 km) et faibles (0,2 m/s). L'intensification des courants dans la partie occidentale résulte d'une accentuation de l'effet Coriolis entre l'équa-

teur et le pôle Nord, attribuable à la forme sphérique de la Terre. La vitesse des principaux courants diminue avec la profondeur, rapidement dans les 300 premiers mètres. Cependant, les courants les plus puissants sont encore fortement ressentis au fond de l'océan. On estime que le Gulf Stream et le Kuroshio transportent tous deux à leur maximum 15×10^7 m³/s d'eau. Ce volume représente environ 15 000 fois le débit moyen du fleuve Saint-Laurent et est suffisant pour remplir le lac Supérieur en à peu près un jour.

Au sud de l'équateur, les vents dominants génèrent des tourbillons subtropicaux allant dans le sens antihoraire. Ils sont semblables mais moins intenses que ceux de la partie occidentale des océans. Comme aucune masse continentale n'entravent leur progression, les tourbillons subpolaires fusionnent pour former un courant circumpolaire autour du continent Antarctique. Les courants marins peuvent varier de jour en jour, mais pendant en moyenne un peu plus d'un mois, ils sont relativement constants.

La variabilité peut être causée par des vagues de longue période (100 heures), spécialement quand le courant touche la pente continentale. Éloignés des côtes, le Gulf Stream et le Kuroshio décrivent de vastes méandres qui durent en moyenne 75 jours. Ils peuvent être provoqués par des instabilités internes ou par le contact avec des montagnes sous-marines.

Courants thermohalins Ce second groupe de courants, ceux attribuables à la circulation thermohaline, se trouvent au fond de l'océan, sous les courants causés par les vents. Ils n'ont aucune influence sur la navigation hauturière et ne sont généralement connus que des océanographes. Une bonne part de cette circulation profonde est provoquée par un refroidissement intense de l'eau de surface dans l'Arctique et l'Antarctique. Le refroidissement augmente la densité de l'eau et la fait couler dans les profondeurs. Cette eau nouvelle (car encore récemment à la surface) s'éloigne ensuite de sa zone de plongée en formant des courants distincts. Une forte évaporation, comme p. ex. en Méditerranée, densifie l'eau par augmentation de la salinité, ce qui favorise aussi sa plongée vers les grands fonds.

En zone médio-océanique, des couches d'eau provenant de différents endroits se succèdent. P. ex., dans presque tout l'océan Atlantique, l'eau du fond provient de l'Antarctique, mais au nord du 45º Nord et à l'ouest de la dorsale médio-atlantique, l'eau de fond arrive de la mer d'Islande en passant par le détroit du Danemark entre le Groenland et l'Islande. Au-dessus de cette couche se trouve l'eau appelée «eau profonde nord-atlantique», qui provient en partie de la mer de Norvège et coule vers l'Atlantique en traversant la crête entre l'Islande et les îles Féroé. Viennent ensuite les eaux intermédiaires (à 1500-2000 m de profondeur). L'eau de la mer du Labrador, renouvelée pendant les hivers rigoureux dans l'eau profonde à l'est des banquises au large du Labrador, se retrouve dans l'Atlantique Nord (au nord du 45º Nord). Cette eau est reconnaissable à sa faible salinité par rapport à l'eau qui se trouve au-dessous d'elle. L'eau méditerranéenne sort du détroit de Gibraltar et est reconnaissable dans presque tout l'Atlantique Nord à sa forte salinité, résultat d'une évaporation excessive dans la Méditerranée.

Effets Les courants ont deux effets importants qui influencent la PÊCHE et le climat. Ils permettent aux eaux profondes, riches en nutriments, de remonter vers les couches de surface ensoleillées, stimulant ainsi la productivité biologique. Ils transportent également une importante quantité de chaleur, ce qui influence grandement le climat des zones côtières. Au Canada, le COURANT DU LABRADOR au large de la côte est et le courant du Pacifique Nord au large de la côte ouest sont les plus importants. Le courant du Labrador est à l'origine de l'une des plus importantes zones de pêche mondiale, sur le plateau continental du Labrador et sur les GRANDS BANCS DE TERRE-NEUVE. Le courant du Pacifique est un vaste réservoir de chaleur et d'eau qui sont partielle-

ment transférées à la zone côtière de la Colombie-Britannique, donnant un climat doux et favorisant une importante et productive industrie forestière (*voir aussi* EAUX LITTORALES; MARÉE).

John Lazier

Courcelle, Daniel de Rémy de, gouverneur de la Nouvelle-France de 1665 à 1672 (France, 1626—*id.*, 24 oct. 1698). Aristocrate et officier militaire, il arrive à Québec n'aspirant qu'à la guerre et déterminé à vaincre la puissante Confédération iroquoise. À l'hiver 1666, il dirige une malheureuse expédition sur le territoire Mohawk. Plusieurs de ses hommes y meurent de froid et de faim, mais il est incapable d'engager le combat contre l'ennemi. Au cours de la même année, une deuxième attaque rend pour la première fois les Français maîtres de la région des Grands Lacs. Il se querelle souvent avec l'INTENDANT Jean TALON à propos d'affaires civiles.

Allan Greer

Coureurs de bois En NOUVELLE-FRANCE, ce sont des commerçants de fourrures itinérants non autorisés appelés «wood-runners» par les Anglais de la baie d'Hudson et «bush-lopers» par les Anglais et Hollandais d'Albany (New York). Peu de colons français s'aventurent à l'ouest de la rivière des Outaouais avant le milieu des années 1660, au moment où la chute soudaine du prix du castor, l'arrivée de quelque 3000 engagés et militaires et la paix avec les Iroquois rendent de telles expéditions nécessaires et réalisables.

Dès 1680, et en dépit des interdictions lancées à la fois par l'Église et les autorités coloniales, quelque 500 coureurs de bois fréquentent déjà la région du lac Supérieur dans le but de devancer les intermédiaires autochtones. Par conséquent, le nombre d'Amérindiens qui livrent leurs fourrures à Montréal et à Trois-Rivières diminue, ce qui force les marchands de la colonie à engager des coureurs de bois pour continuer de faire des affaires.

Afin de contrôler cet exode saisonnier vers l'arrière-pays, les autorités finissent par octroyer des permis, créant une classe de VOYAGEURS professionnels «respectables», généralement attachés à des postes particuliers de l'intérieur. Mais les commerçants illégaux demeurent, devenant les principaux porteurs du nom «coureurs de bois» quand la Nouvelle-Orléans devient un nouveau centre de traite des fourrures au XVIIIe siècle. Les coureurs de bois autonomes ont joué un rôle important dans l'exploration européenne du continent et dans l'établissement de liens commerciaux avec les Amérindiens.

Tom Wien

Coureurs de côtes Commerçants itinérants du Canada français rural du XVIIIe siècle. Ils apparaissent nombreux au moment où LOUISBOURG et les Antilles commencent à n'assurer qu'un marché irrégulier pour les surplus de blé de la colonie. Comme la population rurale n'est pas assez nombreuse pour alimenter des marchés cycliques, le nombre d'agents itinérants liés aux négociants exportateurs augmente, faisant une dure concurrence aux marchands sédentaires urbains et côtiers (l'un d'eux qualifie ces agents itinérants de «démons ambulants»). Mais il est probable que les paysans, du moins ceux qui ne sont pas endettés auprès d'un marchand local, apprécient les coureurs de côtes qui offrent de meilleurs prix et même, souvent, des avances en espèces.

Tom Wien

Courge (*Cucurbita*) Plante annuelle de la famille des cucurbitacées et originaire du Nouveau Monde. La courge pourrait avoir été cultivée dès 7000 à 5000 ans av. J.-C., dans la vallée de Tehuacan, au Mexique. Certaines découvertes attestent que les HURONS la cultivaient vers 1400 de notre ère, dans ce qui correspond aujourd'hui à l'Ontario. Il existe deux types de courges: la courge rampante et la courge à port buissonnant. Les courges possèdent de larges fleurs jaunâtres qui attirent les abeilles. Chaque plante est porteuse de fleurs mâles et femelles. Selon la saison où on les récolte, les courges sont dites d'été ou d'hiver. Les courges d'été (*Cucurbita pepo* surtout) sont cueillies avant d'atteindre leur maturité, lorsqu'elles sont encore petites et tendres. Les variétés les plus courantes sont la courgette verte et la courge jaune. Les courges d'hiver (surtout *C. maxima*, mais aussi *C. pepo*, *C. moshita* ou *C. mixta*) sont cueillies lorsqu'elles ont atteint leur pleine maturité (3 ou 4 mois après la plantation) et lorsque l'écorce est dure. Les variétés les plus courantes sont la courge gland et la courge Butternut. Les courges d'hiver ont une teneur en glucides plus élevée et sont plus nutritives. La courge croît rapidement, produisant un feuillage abondant, et a un système de racines bien développé mais plutôt superficiel. La courge d'été est habituellement semée directement dans le sol, comme la courge d'hiver, si la saison de croissance est suffisamment longue. La courge d'hiver peut être entreposée à une température d'environ 10 °C, dans un environnement sec et bien ventilé. Les espèces de courges se croisent aisément. La forme, la couleur, la taille et la texture de nombreux cultivars varient énormément. La courge n'a pas une grande valeur commerciale, bien qu'on la retrouve dans nombre de potagers et qu'elle soit cultivée par quelques producteurs spécialisés. (*Voir aussi* CITROUILLE.)

Roger Bédard

Cournoyea, Nellie J., chef du gouvernement des Territoires du Nord-Ouest (Aklavik, T. N.-O., 1940). Madame Cournoyea est élevée selon le mode de vie traditionnel de son peuple, les Inuvialuits du delta du Mackenzie, voyageant et chassant le long du littoral occidental de l'Arctique. Durant les années 60, elle travaille comme annonceuse et chef de service à la radio de la Société Radio-Canada, à Inuvik. En 1969, elle fonde, en compagnie d'Agnes Semmler, une Métisse Loucheux, le Comité d'étude des droits des autochtones (CEDA), une organisation politique ayant pour mission de défendre les intérêts des Inuvialuits. Par la suite, le CEDA et Cournoyea joueront un rôle actif dans les négociations qui aboutiront au règlement définitif des revendications territoriales de cette nation, dont l'accord est conclu en 1984.

Élue pour la première fois à l'Assemblée législative des Territoires du Nord-Ouest en 1979, Cournoyea assume plusieurs fonctions ministérielles entre 1983 et novembre 1991, date à laquelle elle est désignée chef du gouvernement. Elle devient alors la première femme autochtone à diriger un gouvernement provincial ou territorial au Canada. À ce poste, elle s'emploie particulièrement à rationaliser l'administration territoriale, en confiant davantage de responsabilités aux dirigeants locaux. Elle joue un rôle clé dans les négociations pour l'entente sur les revendications territoriales du Nunavut. Elle se retire de la vie politique après un mandat comme chef du gouvernement.

Couronne Les pouvoirs exécutifs exercés en régime monarchique par le SOUVERAIN ou en son nom sont collectivement désignés du nom de «Couronne». Ces pouvoirs découlent des droits et privilèges historiques appelés PRÉROGATIVES ou pouvoirs de la Couronne d'Angleterre. Le Canada est une monarchie depuis sa fondation et les Pères de la Confédération y ont établi une démocratie parlementaire alliant de façon unique un ÉTAT fédéral et une monarchie. La Couronne, qui exerce son pouvoir de façon impartiale, est représentée au fédéral par le GOUVERNEUR GÉNÉRAL et au provincial par le LIEUTENANT-GOUVERNEUR. Toutefois, les deux charges sont fédérales. Les responsabilités légales des représentants de la Couronne sont énoncées dans la LOI CONSTITUTIONNELLE DE 1867 et décrites de façon plus détaillée dans les lettres patentes de 1947, qui permettent au gouverneur général d'exercer les prérogatives royales à sa discrétion. (*Voir aussi* DROIT ADMINISTRATIF.))

Jacques Monet, S.J.

Couronnement, golfe du Large entaille dans la rive arctique des Territoires du Nord-Ouest. Sa forme rappelle vaguement la côte sud de l'ÎLE VICTORIA, qui est située directement au nord. Parmi ses affluents, on compte, entre autres, la RIVIÈRE COPPERMINE, la rivière Tree et la rivière Rae; le golfe se joint à l'INLET BATHURST à l'est. La petite localité de Kugluktuk se trouve à l'embouchure de la rivière Coppermine. Sir John FRANKLIN nomme le golfe en 1821 en l'honneur du couronnement du roi George IV. R.M. Anderson et Diamond JENNESS ont étudié l'environnement et la culture des autochtones de la région en 1916 au cours de l'EXPÉDITION ARCTIQUE CANADIENNE.

James Marsh

Cours d'eau Les fleuves et les rivières, grands cours d'EAU, augmentent généralement de volume entre leur source et leur débouché dans un OCÉAN, un LAC ou un autre cours d'eau. Les ruisseaux ou les ruisselets sont les plus petits des cours d'eau, mais leur volume n'est pas défini avec précision.

La majorité des grands cours d'eau ont un débit continu, bien que variable, mais certains peuvent n'avoir aucun débit pendant les saisons très sèches ou très froides. Les petits cours d'eau, surtout dans les régions sèches ou froides, se retrouvent plus souvent à sec et beaucoup coulent par intermittence. Le débit des cours d'eau alimentés en grande partie par l'EAU SOUTERRAINE varie généralement moins que celui des cours d'eau alimentés par les eaux de ruissellement. Le passage de l'eau a joué un rôle important dans le modelage des continents mais, dans une grande partie du Canada, ce sont les effets de la GLACIATION qui ont été les plus marquants, et l'écoulement de l'eau ne modifie que très lentement les formes issues de la glaciation.

Les nombreuses caractéristiques qui différencient les grands cours d'eau entre eux peuvent se regrouper dans les catégories suivantes: régime hydrologique, régime des GLACES, contexte géomorphologique principal, type dominant de chenal, matériaux, stabilité et taille du chenal. La majorité des cours d'eau canadiens se caractérisent par un débit variable pouvant être modifié par les grandes réserves naturelles d'eau que constituent les lacs et les marais. La plupart d'entre eux sont également modifiés par la glace hivernale, sauf sur la côte de la Colombie-Britannique.

Au Canada, la majorité des cours d'eau occupent des chenaux bien définis qui se sont développés depuis la dernière PÉRIODE GLACIAIRE (durant les derniers 6000 à 14 000 ans pour la majorité des régions). Plusieurs régions ont connu un fort relèvement isostatique qui a influencé le tracé actuel des principaux cours d'eau. Certains sont «mal placés», étant situés dans de larges canaux d'écoulement formés par les eaux de fonte de la glaciation. Des rapides et des CHUTES, là où les formations rocheuses ont résisté à l'érosion, séparent les étendues de marais et de lacs, surtout dans les régions du BOUCLIER et de la cordillère (*voir* ZONES DE GÉOGRAPHIE PHYSIQUE). Ces structures sont moins fréquentes dans les régions de dépôts profonds de sédiments et de roches tendres, comme dans les plaines intérieures, où les pentes des lits des cours d'eau sont plus régulières. Les cours d'eau charriant des charges de sédiments élevées forment des bras et des canaux qui se terminent en DELTAS.

Les cours d'eau prenant leur source au Canada ont un débit approximatif de 980 008 m^3/s en direction de l'océan, soit près de 8 p. 100 du débit total des cours d'eau du monde. Avec un débit approximatif de 10 000 m^3/s chacun, les fleuves SAINT-LAURENT et MACKENZIE se classent au 16e et au 17e rang des cours d'eau mondiaux de même qu'au 2e et au 3e rang en Amérique du Nord. Le débit de l'Amazone est plus de 20 fois plus élevé que celui de notre fleuve le plus important, et celui du Mississippi près de 75 p. 100 de plus. Les fleuves Saint-Laurent et Mackenzie ont des débits annuels à peu près égaux. Pour déterminer celui qui est le plus important, les arguments reposent sur des définitions controversées. Ainsi, il faut déterminer l'endroit où commence l'eau saumâtre dans l'estuaire du Saint-Laurent et décider si la rivière Peel et les autres tributaires du delta du Mackenzie en aval du point où le chenal principal se divise doivent être pris en compte. Le bassin du Mackenzie, qui se trouve entièrement au Canada, est 3,5 fois plus grand que la partie canadienne du bassin du Saint-Laurent (*voir* BASSIN HYDROGRAPHIQUE). Le Mackenzie (depuis la source de la rivière Finlay en Colombie-Britannique) est le plus long fleuve du Canada (4241 km), suivi du Saint-Laurent (3058 km), de la rivière Nelson (2575 km), de la rivière Churchill (1609 km) et de la rivière Fraser (1368 km). Certains tributaires comme la rivière Saskatchewan (1939 km), la rivière de la Paix (1923 km), la rivière des Outaouais (1271 km), l'Athabasca (1231 km) et la Liard (1115 km) sont eux aussi très longs.

Presque 75 p. 100 du territoire canadien est drainé vers le Nord jusqu'à l'océan Arctique, la baie et le détroit d'Hudson. Selon des données du début des années 70, ce drainage en direction du Nord représente presque la moitié (47,9 p. 100) du débit total des cours d'eau canadiens; celui vers le Pacifique (10,2 p. 100 de la superficie) représente presque un quart du débit ou 23,5 p. 100; et le drainage vers l'Atlantique (15,2 p. 100 de la superficie) représente plus d'un quart du débit ou 28,5 p. 100. Une très petite région est drainée vers le Sud dans les bassins du Missouri et du Mississippi. Des relevés plus récents indiquent que les premières évaluations pour les régions du Nord, du Pacifique et pour le Canada au complet seraient trop modestes, et que les données pour le Nord pourraient augmenter de beaucoup, probablement de presque 20 p. 100 pour certains bassins. Des révisions à la hausse devraient se faire au fur et à mesure qu'on disposera de meilleures données sur de longues périodes. Le Canada a des réserves d'eau douce abondantes et, bien que certaines régions puissent en manquer, des pénuries à l'échelle nationale sont très peu probables.

La majorité des cours d'eau du Canada se caractérisent par un régime nivo-pluvial. La neige d'hiver, sujette à très peu de pertes par évapotranspiration, alimente les débits de pointe à la fonte de mars et avril dans les basses-terres du Sud, puis en mai, en juin et en juillet dans les régions du Nord et en haute montagne. Dans la plupart des régions, les précipitations de PLUIE en été sont plus abondantes que les précipitations de neige en hiver, mais une grande quantité de pluie se perd par évapotranspiration et n'influence que peu le débit (*voir* CLIMAT). Certains cours d'eau en basse altitude dans les régions côtières du Pacifique ont des débits de pointe au milieu de l'hiver, en raison des précipitations de pluie. Le débit de pointe de l'eau de fonte des glaciers se produit à la mi-été, mais cela affecte peu la plupart des grands cours d'eau montagneux, et ce régime n'est pas le plus courant en montagne. Les réserves naturelles des nappes aquifères souterraines, des lacs et des marais atténuent les débits de pointe et régularisent l'écoulement.

Les réserves artificielles créées par des barrages ont causé des changements de régime marqués (*voir* RÉSERVOIR). Comme une grande partie de ces réserves sont destinées à la production d'énergie hydroélectrique (*voir* HYDROÉLECTRICITÉ), l'augmentation du débit se produit surtout en hiver. Le stockage à des fins de production d'énergie en période de pointe peut entraîner des baisses de débit pendant la nuit et les fins de semaine, et des débits très élevés pendant les périodes de fortes demandes énergétiques. De telles modifications de débit, comme c'est le cas pour la rivière Kananaskis, en Alberta, perturbent beaucoup les activités de loisirs, la CONSERVATION ET L'AMÉNAGEMENT DE LA FAUNE et d'autres activités. Les réserves pour l'irrigation sont généralement utilisées au milieu ou à la fin de l'été, lorsque le débit naturel baisse.

Le débit des grands cours d'eau du Canada présente un certain décalage naturel à cause de la taille des bassins et des distances parcourues par le courant jusqu'aux stations de mesures en aval. La plupart ont vu leur régime modifié, et parfois même leur volume, par un stockage artificiel et un détournement. Des transferts entre les bassins, surtout pour la production hydroélectrique et l'irrigation, ainsi que les dérivations de plus en plus fréquentes pour les industries et les municipalités ont modifié le débit de nombreux cours d'eau, mais c'est le déversement de polluants qui cause certains des effets les plus importants (voir POLLUTION). Les processus naturels qui apportent des matières dissoutes et en suspension dans les cours d'eau ont toujours donné lieu à de nettes différences dans la qualité de l'eau selon les régions et les saisons. Les cours d'eau du Bouclier canadien sont peu turbides et présentent souvent une faible charge en sédiments, solides dissous, carbonate de calcium, tandis que les cours d'eau des PRAIRIES se caractérisent par des niveaux élevés de tous ces éléments.

L'homme a contribué à augmenter ce processus de pollution, directement ou indirectement, et des changements chimiques, physiques et biologiques dans les masses d'eau sont visibles dans beaucoup de régions. Les cours d'eau ont longtemps été perçus comme un moyen pratique d'ÉLIMINATION DES DÉCHETS. La capacité de certaines masses d'eau à assimiler les déchets a été largement utilisée, et même dépassée, de façon inconsidérée. Pourtant, une grande majorité des déchets rejetés par les industries, les municipalités, les exploitations agricoles et minières peut être réduite à la source (voir EAU, TRAITEMENT DE L'). La pollution diffuse comme celle de l'atmosphère (PLUIES ACIDES), des réseaux d'égouts pluviaux et d'autres sources mal connues est plus difficile à combattre. Toutefois, des progrès importants se font dans le traitement de certains déchets, mais le développement de nouveaux composés chimiques est rapide. Heureusement, le public est de plus en plus sensibilisé à ces nouveaux dangers.

A.h. Laycock

Cours de justice La *Loi constitutionnelle de 1867* confère aux provinces le pouvoir de créer des cours supérieures provinciales de juridiction générale dont les juges sont nommés par le gouvernement fédéral. Ces cours sont chargées de l'administration de toutes les lois en vigueur au Canada, qu'elles soient adoptées par le Parlement, les assemblées législatives provinciales ou les municipalités. Cet aspect essentiellement unitaire est une caractéristique fondamentale du système judiciaire canadien. Les provinces créent, maintiennent et organisent les cours supérieures, les cours de comté et les cours de district ayant une juridiction civile et criminelle, et le gouvernement fédéral en nomme les juges (voir MAGISTRATURE) et paie leur traitement.

Les autres cours provinciales sont des tribunaux de juridiction inférieure dont les juges sont nommés par la province dont ils relèvent. En outre, l'article 101 de la *Loi constitutionnelle de 1867* confère au Parlement le pouvoir «de créer, maintenir et organiser une cour générale d'appel pour le Canada, et établir des tribunaux additionnels pour la meilleure administration des lois du Canada». Tous les tribunaux créés et nommés uniquement par le gouvernement fédéral sont le fruit de l'exercice de ce pouvoir. Enfin, tous les tribunaux, sauf ceux du Québec, appliquent la Common Law (voir DROIT). Au Québec, la source du droit non criminel est le DROIT CIVIL.

Tribunaux créés par le gouvernement fédéral

Cour suprême du Canada Elle est créée en 1875 par la *Loi sur la Cour suprême* en qualité de cour générale d'appel pour le Canada. Elle compte 9 juges nommés par le gouverneur en conseil, dont 3 doivent être membres du Barreau du Québec. Conformément à la *Loi constitutionnelle de 1982*, la composition de la Cour ne peut être modifiée que par résolution du Parlement et de l'assemblée législative de chacune des provinces.

Toute autre modification ayant trait à la Cour peut cependant être effectuée par résolution du Parlement et des résolutions des assemblées législatives d'au moins deux tiers des provinces dont la population confondue représente au moins 50 p. 100 de la population de toutes les provinces. Des changements à la procédure de modification sont proposés tant dans l'ACCORD DU LAC MEECH et l'ACCORD DE CHARLOTTETOWN, mais ces deux propositions ne se sont jamais concrétisées.

Depuis 1949, la Cour suprême est la juridiction d'appel de dernier ressort pour l'ensemble du Canada. Auparavant, cette fonction appartenait au COMITÉ JUDICIAIRE DU CONSEIL PRIVÉ. En 1975, le rôle et la fonction de la Cour changent de nouveau lorsque le droit automatique d'appel en matière civile, fondé antérieurement sur le seul critère pécuniaire, est aboli. Les appels à la Cour suprême ne peuvent maintenant être interjetés qu'avec l'autorisation de la Cour elle-même ou de la cour inférieure dont la décision est attaquée.

Le droit d'appel en matière criminelle demeure lorsqu'un juge de la cour d'appel provinciale marque sa dissidence sur une question de droit, que la cour d'appel annule un acquittement prononcé par le juge du procès ou que l'accusé est reconnu non coupable pour cause d'aliénation mentale.

En matière civile, la Cour n'entend que les causes qu'elle estime devoir entendre, compte tenu de l'importance de l'affaire pour le public dans l'ensemble du pays ou de l'importance des questions de droit qu'elle comporte. Il s'agit notamment d'un grand nombre de causes relatives à la validité constitutionnelle de lois fédérales ou provinciales, à l'application de la *Charte canadienne des droits et libertés* et à l'autorité justifiant les décisions de fonctionnaires et des tribunaux administratifs. La Cour entend maintenant de moins en moins de causes comportant des questions qui relèvent purement du droit privé.

La Cour doit également statuer sur des questions que lui soumet le gouverneur en conseil ou les appels interjetés contre les décisions rendues par les cours d'appel provinciales qui leur ont été renvoyées par le gouvernement de ces provinces. Ces causes, appelées renvois, portent presque toujours sur la validité constitutionnelle de projets de loi, ou de lois existantes. Les renvois sont une caractéristique particulière du système judiciaire canadien. Ils permettent aux gouvernements de savoir rapidement si une loi sur laquelle sont fondées les mesures qu'ils adoptent est valide.

Cour fédérale du Canada Elle est établie par le Parlement en 1971. Avant cette date, son prédécesseur, la Cour de l'échiquier du Canada, établie par une loi du Parlement, était principalement chargée de juger les revendications formées contre le gouvernement fédéral ou par lui ou les questions de droit maritime (voir DROIT DE LA MER), les questions relatives au droit d'auteur (voir DROIT D'AUTEUR, LOI SUR LE), aux brevets, aux marques de commerce et aux lois fiscales fédérales.

La COUR FÉDÉRALE DU CANADA possède la même compétence, mais jouit également d'une compétence de contrôle à l'égard des décisions des tribunaux et des organismes inférieurs établis sous le régime des lois fédérales. Elle est composée de deux sections: la Section de première instance et la Cour d'appel. De façon générale, les affaires sont d'abord entendues devant la Section de première instance, mais certains appels de décisions de tribunaux administratifs inférieurs et certains recours en annulation de décisions de tribunaux inférieurs sont interjetés directement à la Cour d'appel fédérale.

Appel peut être interjeté à l'encontre des décisions de la Cour d'appel fédérale à la Cour suprême du Canada, avec l'autorisation de l'une ou l'autre cour. Le greffe principal de la Cour est situé à Ottawa, mais elle siège régulièrement partout au Canada selon les circonstances de l'action et pour la commodité des parties. En 1983, le nombre de juges de la Section de première instance est augmenté en raison de sa charge de travail croissante. La *Loi sur la Cour fédérale* est considérablement modifiée en 1990.

Autres tribunaux fédéraux La Cour d'appel de la Cour martiale, établie sous le régime de la *Loi sur la défense nationale*, se compose de juges de la Cour fédérale et des cours supérieures provinciales désignés par le gouverneur en conseil. Elle entend les appels des décisions des tribunaux de service des FORCES ARMÉES canadiennes, et appel peut être interjeté de ses décisions à la Cour suprême du Canada suivant une procédure semblable à celle des appels en droit criminel commun.

La Cour canadienne de l'impôt est instituée en 1983 pour assurer la continuité de la Commission de révision de l'impôt. Elle a compétence pour entendre et juger les appels portés devant elle sur les questions découlant de l'application de diverses lois fiscales, p. ex., la *Loi de l'impôt sur le revenu*. Ses décisions sont susceptibles de contrôle devant la Cour fédérale.

En raison de leurs fonctions judiciaires et quasi-judiciaires, certaines offices, commissions et tribunaux administratifs fédéraux sont désignés cours d'archives. Il s'agit notamment de l'OFFICE NATIONAL DES TRANSPORTS, de l'OFFICE NATIONAL DE L'ÉNERGIE et de la Commission du tarif. Les décisions de ces organismes sont susceptibles de contrôle devant la Cour fédérale (voir TRIBUNAUX ADMINISTRATIFS).

Tribunaux établis par les provinces ou les territoires

Cours supérieures Provinciales et territoriales, elles peuvent entendre et juger les causes civiles dont elles sont saisies, à l'exception des actions qui relèvent de la compétence exclusive des tribunaux établis par le Parlement. En matière criminelle, les cours supérieures ont juridiction à l'égard des procès sur les infractions graves et compétence exclusive pour entendre les causes ayant trait à des infractions particulièrement graves comme le meurtre, la trahison et la piraterie. Pour un certain nombre d'autres crimes (p. ex. l'agression sexuelle grave, l'homicide involontaire et la tentative de meurtre), le prévenu peut choisir d'être jugé par une cour supérieure.

La poursuite ou le prévenu peut demander un procès devant jury lorsque l'infraction est un acte criminel à l'égard duquel une cour supérieure a compétence. En matière criminelle, le jury se compose de 12 personnes, à l'exception du Yukon et des Territoires du Nord-Ouest, où le jury compte 6 membres.

De nos jours, le recours au jury en matière civile est rare. L'une ou l'autre partie peut demander un procès devant jury lorsque la loi provinciale le permet, et la constitution du jury relève de l'appréciation du juge du procès. En matière civile, le jury compte 6 membres. Dans tous les procès devant juge et jury, il incombe au juge de déterminer les questions de droit et de donner des directives au jury. La responsabilité du jury est de déterminer les questions de fait.

Les cours supérieures comptent généralement une division de première instance et une division d'appel, cette dernière étant appelée cour d'appel dans la plupart des provinces. Celle-ci entend les appels des décisions de la division de première instance et des tribunaux inférieurs, et ses décisions peuvent, sous réserve de certaines restrictions, faire l'objet d'appel à la Cour suprême du Canada.

Dans la plupart des provinces, la cour d'appel n'a pas de compétence en première instance: elle n'est saisie qu'en appel des décisions de la division de première instance ou de tribunaux inférieurs, la principale exception ayant trait à la procédure de renvoi par laquelle le cabinet provincial peut renvoyer des questions à la cour d'appel.

Dans certaines provinces, lorsque la limite pécuniaire dans une action civile dépasse le seuil de la compétence de la COUR DES PETITES CRÉANCES, aujourd'hui généralement appelée division civile de la cour provinciale (et qu'elle est inférieure à une somme déterminée), les cours de comté ou les cours de district (là où elles existent encore) ont compétence pour siéger en matière civile. La division de première instance de la cour supérieure a compétence sur toutes les autres causes civiles dans ces provinces et sur toutes les causes civiles dans les autres provinces, indépendamment de l'importance des sommes en cause.

De la même façon, en matière criminelle, dans toutes les provinces, excepté en Nouvelle-Écosse, en Ontario, en Colombie Britannique et au Québec, les actes criminels relèvent de la division de première instance sauf si le prévenu a choisi d'être jugé par un juge de la cour provinciale ou s'il s'agit d'une infraction à l'égard de laquelle le juge de la cour provinciale a compétence absolue. Par suite d'une jurisprudence récente, le procès est tenu devant un juge de la cour supérieure lorsque le prévenu est accusé d'une infraction qui tombe sous le coup de la compétence absolue de la cour provinciale en même temps que d'un acte criminel à l'égard duquel la cour supérieure a compétence, dès lors que les accusations découlent du même ensemble de faits.

Au Nouveau-Brunswick, au Manitoba, en Saskatchewan et en Alberta, la division de première instance de la cour supérieure s'appelle Cour du Banc de la Reine. À Terre-Neuve et en Colombie-Britannique, elle s'appelle Cour suprême. En Nouvelle-Écosse, elle s'appelle Cour suprême de la Nouvelle-Écosse, Division de première instance. Au Québec, elle s'appelle Cour supérieure du Québec. En Ontario, la division de première instance s'appelle la Division générale de la Cour de justice de l'Ontario.

L'Île-du-Prince-Édouard est dans une situation particulière: sa Cour suprême est le seul tribunal (à l'exception des cours provinciales en matière criminelle) de la province, dont la Division générale fait office de cour supérieure de première instance comme dans les autres provinces. La Cour suprême du Yukon exerce une compétence de cour supérieure au Yukon. Dans les Territoires du Nord-Ouest, la Cour suprême exerce une fonction semblable. La Cour d'appel de la Colombie-Britannique fait office de cour d'appel pour le Yukon et la Cour d'appel de l'Alberta fait office de cour d'appel pour les Territoires du Nord-Ouest.

Cours de comté ou cours de district À une certaine époque, toutes les provinces avaient un système de cours de comté ou de district ayant compétence sur des matières locales pour juger les infractions criminelles graves qui ne relevaient pas de la compétence exclusive d'une cour supérieure ni de la compétence absolue d'un magistrat. Elles avaient également compétence en matière civile sur les causes portant sur des sommes d'argent déterminées. Les cours de comté n'existent plus qu'en Nouvelle-Écosse et en Colombie-Britannique.

En plus de siéger en matière civile et criminelle, ces cours entendent les appels des décisions des cours de magistrat ou des cours provinciales rendues à propos d'infractions criminelles moins graves. Dans toutes les autres provinces, la compétence des cours de comté et des cours de district appartient maintenant à la cour supérieure.

Tribunaux provinciaux Toutes les provinces ont des tribunaux dont les juges sont nommés par la province pour juger les infractions criminelles moins graves, y compris les infractions mineures ou les infractions punissables sur déclaration de culpabilité par procédure sommaire, les infractions graves (les actes criminels) lorsque le prévenu le choisit, ainsi que pour entendre les enquêtes préliminaires des actes criminels (procédure par laquelle le MAGISTRAT détermine s'il existe suffisamment d'éléments de preuve contre le prévenu pour justifier la tenue d'un procès).

Dans certaines provinces (Terre-Neuve, Ontario et Manitoba), la cour provinciale (division criminelle) s'occupe des questions relevant des juges de la cour provinciale en vertu du *Code criminel*, alors que d'autres divisions s'occupent des petites créances et des questions qui relèvent du DROIT DE LA FAMILLE. Au Québec, une compétence semblable est exercée par la Cour du Québec (anciennement la Cour des Sessions de la paix) et, dans certaines villes, par les cours municipales. Il existe une Cour de magistrat au Territoire du Yukon, mais dans les Territoires du Nord-Ouest, c'est la Cour territoriale qui exerce maintenant ces fonctions.

La plupart des provinces ont également un tribunal, présidé par un juge de paix, chargé de juger les infractions mineures telles que les infractions aux lois provinciales et municipales. Au Québec, on l'appelle le Tribunal des juges de paix, en Ontario, la Cour des infractions provinciales.

Tribunal de la famille Alors que le divorce et ses incidences relèvent de la compétence d'une cour supérieure, les tribunaux de la famille, qui sont créés par les provinces lesquelles nomment leurs juges, ont compétence en matière de garde des enfants et d'accès aux enfants, d'obligation alimentaire et d'adoption. Dans la plupart des provinces, le tribunal de la famille fait partie de la cour provinciale.

En Alberta, il existe une seule Cour provinciale comptant quatre divisions: la Division criminelle, la Division civile (anciennement la Cour des petites créances), la Division de la famille et la Division des jeunes contrevenants (cette dernière étant aussi appelée tribunal pour adolescents).

À l'Île-du-Prince-Édouard, la Cour provinciale a seule compétence en matière criminelle et la Cour suprême compte une Division de la famille. En Saskatchewan et dans certaines régions de Terre-Neuve et de l'Ontario, le tribunal de la famille à juridiction regroupée, dont les juges sont nommés conjointement par les gouvernements fédéral et provincial, peut instruire toutes les questions relevant du droit de la famille, y compris le divorce et la répartition des biens.

Tribunal pour adolescents Les enfants accusés d'infractions aux lois fédérales, provinciales ou municipales comparaissent devant un tribunal pour adolescents (anciennement le tribunal de la jeunesse régi par de la *Loi sur les jeunes délinquants*). En 1985, tout prévenu âgé de moins de 18 ans accusé d'une infraction relève de la compétence du tribunal pour adolescents ou du tribunal de la jeunesse sous le régime de la *Loi sur les jeunes contrevenants* (*voir* DÉLINQUANCE JUVÉNILE). Dans certaines provinces, ces matières relèvent de la division de la famille de la cour provinciale. À l'Île-du-Prince-Édouard, il s'agit de la Division de la famille de la Cour suprême, au Québec, du Tribunal de la jeunesse (anciennement la Cour de bien-être social), et en Saskatchewan, du Tribunal de la famille à juridiction regroupée. Au Nouveau-Brunswick, une division de la Cour provinciale est également désignée Tribunal pour adolescents.

Cour des petites créances Elle est chargée d'entendre les causes civiles portant sur des sommes inférieures à un montant déterminé. Le plafond varie d'une province à l'autre. Au Québec, la limite est de 10 000 dollars. La plupart des provinces ont une division des petites créances ou une division civile de leur cour provinciale chargée d'entendre ces causes.

Cour des successions Elle est établie dans la plupart des provinces et généralement présidée par les juges des cours de comté ou de district (où elles existent encore) ou des cours supérieures et statue sur des affaires relatives à la succession de défunts.

Un organisme public peut être désigné tribunal ou cour, comme la Cour de la citoyenneté, laquelle est présidée par un juge de la Cour de la citoyenneté. Un tel organisme ne constitue pas vraiment une cour ou un tribunal au sens strict. En réalité, il s'agit d'un tribunal administratif fédéral. Le gouvernement du Canada a annoncé son intention d'abolir la Cour de la citoyenneté.

P.k. Doody, T.B. Smith et G.L. Gall

Course attelée *(ou course au trot, aussi appelée course sous harnais au Canada)* Elle rassemble des chevaux élevés et dressés pour le «trot» ou l'«amble» et se dispute pour un prix en argent. Chaque cheval tire une petite voiture à deux roues, appelée sulky, dans laquelle prend place un conducteur vêtu de couleurs vives. Ces chevaux de race standardbred ont un long pedigree. Avant la construction des routes, les courses de chevaux sur la glace s'avéraient un passe-temps dans les campagnes canadiennes. De nos jours, ce sport attire annuellement plus de spectateurs que tout autre sport professionnel au Canada et aux États-Unis, et se pratique dans les 10 provinces. Le pari mutuel est permis et régi par le ministère de l'Agriculture et de l'Industrie agro-alimentaire du Canada. La tenue des courses, leur réglementation et l'émission de permis relèvent de la Commission des courses de chaque province et de la Canadian Trotting Association. Par ailleurs, l'enregistrement et l'identité des chevaux sont du ressort de la Société canadienne du cheval standardbred.

Les chevaux appartiennent à des personnes de toute classe sociale, à des sociétés, à des consortiums, à des fermes d'élevage ou à des associations, qui les élèvent et les entraînent à la course par plaisir et dans un but lucratif. Tout comme le bon cheval de trait d'autrefois, le cheval trotteur est apprécié de ceux qui travaillent avec lui, et les partisans accueillent leurs favoris comme de vieux amis. Les catégories de courses sont déterminées selon l'âge, dans le cas de plusieurs courses de type stake, derby et futurity, et aussi selon le sexe, ou encore selon les bourses déjà remportées, de sorte que les chevaux se retrouvent dans un groupe compétitif. Il en existe aussi une autre catégorie, la course à réclamer, pour laquelle le propriétaire attache un prix à sa bête. La course à réclamer permet aux propriétaires de classer leurs chevaux pour qu'ils soient compétitifs, peu importe leur valeur monétaire. Les chevaux champions de même que les trotteurs plus lent ont ainsi la chance de se classer. Plusieurs milliers de personnes sont employées à plein temps ou à temps partiel dans l'industrie des courses ou y participent par plaisir. Les pistes de course sont exploitées par des propriétaires privés, des sociétés d'expositions ou de foires et même par des sociétés mutualistes et des associations caritatives.

Les Canadiens sont d'excellents conducteurs de chevaux et détiennent de nombreux records en course attelée. Plus de la moitié des 10 meilleurs conducteurs de sulky nord-américains de tous les temps sont nés au Canada. En 1898, Dave McClary, de London (Ontario), et son standardbred courent le mille (1,6 km) en 2 minutes. De son côté, John Campbell, d'Alisa (Ontario), réussit cet exploit plus souvent que tout autre conducteur de sulky dans l'histoire de ce sport. Ben White, de Whitevale (Ontario), est le premier à remporter le Hambletonian Stakes quatre fois. En 1981, William O'Donnell, de Springhill (Nouvelle-Écosse), est le premier à gagner plus de quatre millions de dollars en bourses. Hervé FILION, d'Angers (Québec), avec ses 400 victoires en une seule saison, remporte plus de courses attelées que tout autre conducteur de sulky et se voit décerner le prix du meilleur conducteur plus de 15 fois. Michael Lachance, de Saint-Augustin (Québec), obtient le titre à 4 reprises et, en 1986, il est le premier à cumuler 700 victoires au cours d'une saison. La même année, il remporte le titre nord-américain pour la troisième fois consécutive. Parmi les plus grands éleveurs canadiens de réputation internationale, citons les frères Armstrong, de Brampton (Ontario); Sky West Farms, de Okotoks (Alberta); Cantario Farms, de Campbellville (Ontario); Shadowland

Farms, de Vienna (Ontario); et Seelster Farms, de Lucan (Ontario).

Au nombre des chevaux célèbres élevés au Canada, figure Tacony, le premier champion du monde (1853); Gratton Bars, le premier à remporter, en 1928, les 3 courses stakes à l'amble les plus importantes en Amérique du Nord, un exploit accompli sur une période de 3 semaines; Jade Prince, le premier ambleur à être champion du monde à l'âge de 2 ans (1976); Cam Fella, qui connaît une carrière exceptionnelle de 28 victoires consécutives (1983); Niatross, le standardbred le plus rapide de toute l'histoire court le mille avec un temps de 1 min 49 s 1; son fils, Nihilator, qui le suit de près, avec un temps de 1 min 49 s 3.

La Canadian Trotting Association, fondée en 1939, est la première organisation du genre à informatiser les résultats et les renseignements relatifs à toutes les pistes de courses qui en font partie. L'association représente toutes les provinces, sauf celles des Maritimes, qui sont associées aux États-Unis. On s'attend toutefois à ce qu'elles se joignent bientôt aux autres provinces canadiennes.

Margaret Neal

Course automobile Au Canada, elle doit beaucoup au CYCLISME, fort populaire au cours des trois dernières décennies du XIXe siècle. Les efforts déployés alors pour trouver un mode de transport personnel qui remplacerait le cheval mènent à une série d'innovations technologiques. Le pneumatique et l'arbre de transmission, qui apparaissent sur les premières bicyclettes, se retrouveront plus tard sur l'automobile. Les adeptes du cyclisme forment des clubs, participent à des randonnées et à des courses, et font campagne pour obtenir de meilleures routes. Plusieurs vont saluer avec enthousiasme l'arrivée de l'automobile au XXe siècle.

Les toutes premières courses d'automobiles consistent en essais de vitesse et en rallyes. En 1900, F.S. Evans établit un record en franchissant en 3 h 20 min les 60 km qui séparent Toronto de Hamilton. À la même époque, à Toronto et à Winnipeg, les propriétaires de voitures prennent part à des «randonnées», mais la première course automobile a lieu à Winnipeg. C'est dans cette ville, en 1901, que le conducteur d'une Ford de 12 chevaux-vapeur remporte la première course automobile au Canada. Quatre ans plus tard, le Winnipeg Automobile Club organise régulièrement des courses, en soirée, pour les voitures particulières et les petites voitures de tourisme.

À Toronto, la première course automobile se déroule dans le cadre de l'EXPOSITION NATIONALE CANADIENNE (ENC), en 1913. Une forme de polo en automobile y est présentée comme spectacle et, les années suivantes, on y ajoute des courses ordinaires et à obstacles pour en accroître la popularité. En 1917, au volant de son automobile, Gaston Chevrolet remporte une course contre un avion piloté par la célèbre Ruth Law et, en 1919, Ralph De Palma est invité à conduire la voiture la plus rapide au monde dans une épreuve contre la montre sur la piste de l'exposition. De 1920 à 1928, on organise une série de courses dont les prix totalisent 9000 $.

Malgré ses débuts précoces, la course automobile n'a pas toujours été le sport le plus populaire au Canada. C'est seulement depuis la dernière décennie, avec l'avènement des courses de la série CAN-AM et la présentation annuelle du Grand Prix du Canada de Formule 1, qu'elle suscite un intérêt marqué. Pendant de nombreuses années, le sport avait été confiné à des pistes ovales d'asphalte ou de terre, d'une longueur d'un quart ou d'un huitième de mille. Les véhicules utilisés étaient des voitures de série modifiées, ou «stock cars». Les compétitions se déroulaient localement, et il était difficile d'organiser des courses à l'échelle nationale et encore plus des événements de classe internationale comme dans le cas des autres sports. Ce genre de course existe encore de nos jours. Récemment, des courses de stock cars sanctionnées par l'Automobile Club des États-Unis (USAC) se sont déroulées sur les pistes canadiennes, maintenant améliorées, et quelques Canadiens ont tenté leur chance sur le circuit très populaire de l'US Grand National organisé par la National Association for Stock Car Auto Racing (NASCAR).

La course d'accélération est un autre type de course pratiqué aux États-Unis et qui remporte beaucoup de succès au Canada dans les années 50 et 60. Dans cette course contre la montre, deux pilotes se mesurent sur une piste droite d'un quart de mille après un départ arrêté. En 1965, il existe une bonne dizaine de pistes d'accélération autorisées.

La course sur route, qui se déroule en circuit fermé et comprend nombre de virages et de lignes droites, est celle qui a propulsé le Canada et les pilotes canadiens sur la scène internationale. Une grande variété de voitures, divisées en catégories, y prennent part: des petites berlines et voitures sport jusqu'aux exotiques engins monoplaces à large empattement, qu'on appelle «formules». Après la Seconde Guerre mondiale, bon nombre de petites voitures sport sont ramenées d'Europe par les militaires et l'intérêt qu'elles soulèvent en Amérique du Nord est probablement à l'origine des courses sur route. Les pistes d'atterrissage abandonnées servent alors de circuits. La première course sur route au Canada a d'ailleurs lieu sur le terrain d'aviation d'Abbotsfield en Colombie-Britannique, en 1949.

L'une des premières pistes en Ontario est construite à Edenvale, près de Stayner. À partir de 1955, le vieil aéroport Netley de Winnipeg accueille régulièrement des compétitions. Bien que des activités similaires se répandent dans l'ouest, le sud de l'Ontario demeure le foyer principal de la course sur route. Au début, les courses qui se déroulent sur les pistes d'atterrissage manquent quelque peu d'organisation. En 1951, on fonde le Canadian Automobile Sports Club afin de regrouper en une fédération les clubs de sport automobile du Canada.

Vers 1959, les divergences de vues ne cessent de s'accentuer entre ceux qui s'adonnent à la course automobile par plaisir et ceux qui croient que la seule façon de populariser le sport est d'organiser des compétitions entre pilotes renommés et de les attirer par des prix en argent. C'est ainsi que l'Association canadienne des pilotes de course est formée. En mai 1956, le British Empire Motor Club inaugure le Harewood Raceway près de Jarvis (Ontario), où plusieurs des meilleurs pilotes canadiens feront leurs débuts dans les années 60. La construction de l'autodrome de Mosport, un circuit de 4 km (2,46 milles), au nord de Bowmanville (Ontario), constitue un progrès majeur. Le 24 juin 1961, lors de la première course Player's 200, une foule de 40 000 spectateurs assiste à la victoire du Britannique Stirling Moss aux dépens de pilotes de classe internationale.

Pour favoriser l'essor du sport automobile, on inaugure dans les années suivantes l'International Speedway d'Edmonton et le circuit de Saint-Jovite (Québec). En 1963, Don Hunt de Toronto propose l'idée d'une série de courses entre le Canada et les États-Unis regroupant toutes les catégories de voitures sport et, trois ans plus tard, on assiste à la première course CAN-AM. Chaque année, des courses sont organisées sur différentes pistes canadiennes et américaines. Les Américains gagnent la plupart des courses mais, en 1968, John Cannon de Montréal remporte la dernière course CAN-AM avant que cette compétition ne passe sous la domination de l'équipe McLaren de Grande-Bretagne, championne incontestée jusqu'en 1974.

Le 27 août 1967, le premier Grand Prix canadien de Formule 1 a lieu à l'autodrome de Mosport. Depuis, cette course est le point culminant de la saison. En 1978, le Grand Prix se dispute à Montréal, où il est remporté pour la première fois par un Canadien, Gilles VILLENEUVE. Le circuit porte aujourd'hui son nom. Le premier Canadien à participer à une course de Formule 1 est Peter Ryan de Mont-Trem-

blant (Québec). Pilote très prometteur, il meurt tragiquement le 2 juillet 1962 lors d'une course en Europe.

En 1969 et en 1970, George Eaton de Toronto représente l'écurie BRM dans des compétitions nord-américaines et certaines courses européennes. Gilles Villeneuve est de loin le pilote canadien qui a le mieux réussi. Après une brillante carrière en Amérique du Nord, il joint l'écurie Ferrari en 1977. À partir de ce moment et jusqu'à sa mort en 1982, il remporte six Grands Prix comptant pour le championnat du monde, y compris la plus prestigieuse course entre toutes, le Grand Prix de Monaco, en 1981.

Parmi les autres pilotes canadiens remarquables, citons Earl Ross, recrue de l'année de la NASCAR en 1974, et Gary BECK d'Edmonton qui, la même année, remporte le championnat de course d'accélération. Les Canadiens ont l'occasion de mettre leurs talents à l'épreuve dans les séries Formule 2000 et Formule Atlantique ainsi que dans plusieurs autres courses canadiennes, dont le Player's Challenge et la série Rothman's Porsche.

En dépit du succès qu'ils connaissent dans ces courses, les pilotes canadiens se font plutôt rares sur les circuits internationaux majeurs. Le fait qu'il coûte très cher d'entretenir une voiture de course limite les chances des Canadiens de participer à des compétitions de très haut niveau. Depuis peu, cependant, une équipe canadienne a fait son entrée sur le circuit CART-Indy. Peu compétitive au début, l'équipe participe de façon régulière et, en 1992, sa voiture, pilotée par Scott Goodyear, finit au deuxième rang du prestigieux Indianapolis 500, course la plus importante en Amérique du Nord. La même année, Goodyear remporte le Marlboro 500, et Paul Tracy, aussi de Toronto, termine deuxième et figure parmi les meilleurs pilotes du circuit au classement général. Tracy a la chance de piloter pour Penske Racing, la meilleure écurie du circuit, et remporte huit courses avant de changer d'écurie en 1995, pour revenir chez Penske l'année suivante.

Un troisième Canadien fait une entrée remarquée sur le circuit en 1994: Jacques VILLENEUVE, fils du légendaire Gilles Villeneuve. Dès sa première saison, il remporte une course et termine deuxième au classement général Indy. En 1995, il est le premier Canadien à remporter les prestigieux 500 milles d'Indianapolis après avoir terminé deuxième à sa première participation. Il s'affirme ainsi comme l'un des plus brillants jeunes pilotes sur la scène internationale. Il passe ensuite au circuit plus exigeant de la Formule 1 où il connaît aussi du succès. En 1997, il est le premier Canadien à remporter le championnat des pilotes de Formule 1.

J. Thomas West

Course de fond Course, sur piste ou hors piste, dont la distance est supérieure à 3000 mètres. L'intérêt grandissant pour la course de fond dans les années 70, au Canada et ailleurs, est causé par la popularité croissante de la course pour améliorer la CONDITION PHYSIQUE. Le nombre accru d'inscriptions dans les clubs sportifs et lors de courses organisées nécessite une révision des catégories de courses. D'abord divisées en quatre catégories, soit hommes et femmes débutants, et hommes et femmes toutes catégories, on y ajoute celles des maîtres pour les hommes et les femmes, avec des tranches d'âge de 10 ans, et une catégorie pour les coureurs de moins de 18 ans. Cependant, pour la plupart des coureurs, le marathon de 42 kilomètres 195 mètres (26 miles 385 verges) représente le défi par excellence.

Le marathon commémore un événement remontant à la Grèce antique: Pheidippides court du champ de bataille de Marathon jusqu'à Athènes (environ 35 km) pour annoncer la victoire. Le premier marathon a lieu lors des Jeux olympiques de 1896. Lors des Jeux olympiques de Londres en 1908, la distance de 26 miles entre Windsor et Londres n'est pas tout à fait suffisante pour atteindre le château de

Windsor où la famille royale doit observer le départ. C'est ainsi que 385 verges sont ajoutées à la distance et, par un subterfuge administratif, ces verges supplémentaires sont adoptées dans la distance officielle en 1924.

Le surcroît d'intérêt pour la course a pour conséquence de faire renaître d'anciennes courses canadiennes oubliées. Ainsi, la course du 10 miles de Old Home Summer réinstaure le Halifax Herald Modified Marathon, couru pour la première fois en 1907 et qui attire les foules jusqu'en 1942, lorsque la Seconde Guerre mondiale y met fin. En 1926, le père d'un jeune mineur de 21 ans de Sydney, en Nouvelle-Écosse, lui promet de payer son voyage au marathon de Boston s'il gagne la course de Halifax. John C. Miles remporte la course de Halifax et, à Boston, Miles court contre le champion olympique Albin Stenroos et contre le Bostonien Clarence DeMar, favori de la course. C'est dans un temps de 2 h 25 min 40 s que Miles remporte le marathon de Boston de 1926, battant ainsi le record précédant par quatre minutes.

En 1987, la plus vieille course en Amérique du Nord, la course «Around the Bay» de Hamilton, avait été courue 77 fois depuis sa création en 1894. Sa distance actuelle de 30 kilomètres, légèrement inférieure à la distance originale, a lancé la carrière d'un autre grand coureur, Tom LONGBOAT. En 1906, Longboat défie les paris de 60 contre 1 en remportant la course de Hamilton. Il remporte aussi le marathon de Boston en 1907 et, malgré la contestation des Américains au sujet de son statut d'amateur, il représente le Canada aux Jeux olympiques de Londres en 1908, mais ne termine pas le marathon.

Les autres Canadiens ayant remporté le marathon de Boston sont Jack Caffery (1900 et 1901), Fred Cameron (1910), James Duffy (1914), Édouard Fabre (1915), Dave Komonen (1934), Walter Young (1937), Gérard Côté (1940, 1943, 1944 et 1948), Jerome Drayton (1977) et Jacqueline Gareau (femmes, toutes catégories, 1980). Une autre victoire digne de mention est celle de William Sherring, qui remporte, en 1906, la première course lors du Festival biennal des Olympiades à Athènes, en Grèce.

De nouvelles courses offrent des défis uniques pour les coureurs. Le marathon Nanisivik Midnight Sun (32 km) se court sur une route de rocailles, pratiquement la seule route de la région, située quelques 725 km au-dessus du cercle polaire arctique. Le marathon a lieu au mois de juin, quand le soleil ne se couche jamais sur l'Arctique. Alors que Nanisivik, comme plusieurs autres courses, représente une épreuve d'endurance individuelle, le relais Banff-Jasper, pour sa part, est une épreuve d'endurance par équipe. En 1982, le Toronto Olympic Club y établit un nouveau record de 16 h 47 min 45 s.

Des marathons ont lieu dans la plupart des grandes villes canadiennes. Des coureurs de renom participent à des marathons et à d'autres courses moins longues: Jerome Drayton, qui détient le record canadien au marathon (2 h 10 min 9 s) établi à Fukuoka au Japon en 1975; Paul Bannon, médaillé au marathon des Jeux du Commonwealth de 1978; Peter Maher, 2 h 12 min 58 s au marathon d'Ottawa en 1987; Art Boileau, gagnant du marathon de Los Angeles en 1987 avec un temps de 2 h 13 min 8 s; Dave Edge, meilleur temps personnel de 2 h 11 min 51 s; et Peter Butler, qui détient le record canadien pour l'épreuve du 10 kilomètres (28 min 19 s 7).

Parmi les femmes, toutes catégories, citons Cynthia Hamilton, 2 h 38 min 12 s au marathon de New York en 1982; Linda Staudt, 2 h 33 min 33 s au marathon de Montréal en 1981; Odette Lapierre, quatrième place (2 h 31 min 36 s, femmes, toutes catégories) au marathon de Boston en 1987; S. Ruegger, un meilleur temps personnel de 2 h 31 min 53 s; et Jacqueline Gareau. Lynn Williams, autre espoir canadien, détient le record canadien du mile sur piste intérieure (4 min 34 s 7) et celui du 3000 mètres sur piste intérieure (8 min 50 s 80). En 1987, elle rem-

porte les 10 kilomètres du Sun, avec un temps de 32 min 14 s.

On trouve aussi un grand nombre de coureurs dans la catégorie maître pour chacune de ces courses. Chez les hommes, Bob Moore se classe 7e au marathon international de Vancouver, avec un temps de 2 h 24 min 10 s, et 10e au marathon des Bermudes (2 h 30 min 50 s). Chez les femmes, Diane Palmason devient championne nord-américaine et canadienne chez les femmes maîtres en finissant 3e au classement final du marathon d'Oakland en 1981. Lors des championnats nord-américains et canadiens de 1982, Art Taylor, détenteur du record mondial, réussit des temps de 35 min 08 s au 10 000 m et de 17 min 04 s 8 au 5000 m, dans la catégorie des 50 ans et plus.

Certains athlètes sont attirés par des distances encore plus longues. Al Howie détient le record canadien pour plusieurs distances d'ultramarathon: 50 kilomètres en 3 h 12 min 46 s; 50 miles en 5 h 35 min 12 s; 100 kilomètres en 7 h 30 min 31 s; et 100 miles en 14 h 06 min 18 s. Il détient aussi le record canadien de la course de 24 heures, avec une distance parcourue de 150 miles et 352 verges. Lors de la course de 24 heures de Sri Chinmoy en 1983, Howie tente de briser son propre record, mais n'y parvient pas. Cependant, avant cette tentative, Howie court de Winnipeg à Ottawa, soit une distance de 1500 miles. Toutefois, cette distance est dans l'ombre de la performance de Kanchan Stott qui, le 29 novembre 1983, à l'âge de 37 ans, arrive à Halifax, en Nouvelle-Écosse, 207 jours après avoir quitté Victoria, en Colombie-Britannique. Stott est la première femme à avoir réussi la traversée du Canada, marquant ainsi la plus longue distance courue par une femme, soit 6688 kilomètres.

Carolyn Hlus

Course de motocyclettes Elles se présentent sous diverses formes, chacune comprenant ses propres règles et son équipement spécialisé. La plus connue est la course sur route, dans laquelle les motocyclistes rivalisent dans diverses catégories, en général selon la grosseur du moteur, sur des circuits spécialement aménagés ou sur des autoroutes fermées pour l'occasion. On pratique le moto-cross dans des circuits fermés, sur des terrains de cross à obstacles et accidentés. Les courses sur piste en terre se déroulent sur des circuits de vitesse. Parmi les autres formes, on compte les essais chronométrés, les ascensions de côte, les sprints, les courses d'endurance et les courses sur glace. En 1946, au moment où le motocyclisme devient un sport de compétition populaire, on fonde l'Association motocycliste canadienne, dont la tâche est d'organiser des compétitions. En 1967, le Canada accueille pour la première fois le championnat du monde de course sur route, et une équipe canadienne participe aux Six-Day Trials, une compétition internationale de six jours qu'on peut qualifier d' «Olympiques du motocyclisme». Dans les années 60, Mike Duff termine deuxième au circuit du Grand Prix. En 1972, John Williams, de Markham (Ontario), remporte le championnat du monde de course de côte de la division B.

Barbara Schrodt

Course sous harnais (*Voir* COURSE ATTELÉE)

Courtenay, ville de la C.-B.; pop. 17 335 (rec. 1996), 11 698 (rec.1991), 9742 (rec. 1986); superf. 15,49 km²; const. en 1915; située sur la côte Est de l'ÎLE DE VANCOUVER, à 220 km par route au nord de Victoria. Elle se trouve dans une plaine étroite bordée à l'ouest de montagnes s'élevant à 1830 m.

La région, qui regorge de poisson, de gibier et de petits fruits, avait attiré une importante bande de Comox (*voir* SALISH DE LA CÔTE NORD DU DÉTROIT DE GEORGIA). Les premiers explorateurs européens, venus des navigateurs espagnols, venus en 1791. George William Courtenay, vice-amiral de la Marine royale, arpente le territoire de 1846 à 1849. La Compagnie de la baie d'Hudson établit un magasin dans les années 1850, et les non

autochtones commencent à s'installer au cours des années 1860.

En 1859, on dresse les plans d'un établissement que l'on nomme d'après la rivière Courtenay, située à proximité, laquelle a été nommée ainsi en hommage au vice-amiral Courtenay. Reginald Pidcock, propriétaire des lieux, y construit un moulin, tandis que Joseph McPhee, originaire de la Nouvelle-Écosse, y ouvre le premier magasin. Ce dernier achète par la suite la plus grande partie des terres de Pidcock et contribue à l'essor de la localité. La voie ferrée en provenance de Victoria est terminée en 1910 et l'ajout, quatre ans plus tard, d'une ligne de la Esquimalt and Nanaimo Railway stimule la croissance de Courtenay. Après la Première Guerre mondiale, des immigrants en provenance d'Angleterre, d'Écosse et des Maritimes arrivent.

La ville de Courtenay est devenue un centre de services pour la région environnante de 35 000 habitants, où l'on pratique la pêche, la coupe de bois et l'agriculture. La base militaire de Comox et le tourisme sont aussi des activités économiques importantes. En été, le Centre de jeunesse musicale de Courtenay, connu partout en Amérique du Nord comme l'un des principaux points de rencontres estivales de musiciens au Canada, représente une attraction particulière.

Alan F.J. Artibise

Courtepointe Couvre-lit fait de deux épaisseurs de tissu entre lesquelles s'intercale une étoffe moelleuse (coton ou laine non tissés). Pour empêcher cette doublure de se déplacer, on maintient ensemble les trois épaisseurs de tissu par des points ou des rangs de piqûres qui forment ordinairement un motif décoratif. Ce procédé est appelé «piquage».

Utilisée depuis des siècles en Europe et dans le Nord de l'Asie, cette technique de matelassage qui permet d'obtenir des dessus-de-lit bien chauds s'implante au Canada à la fin du XVIIIe siècle grâce aux premiers colons venus des îles Britanniques et des États-Unis.

Il est très important à l'époque de disposer d'une literie chaude car les hivers sont rigoureux au Canada. Comme les tissus sont rares, on confectionne les premières courtepointes en patchwork avec des retailles de vêtements et de vieilles couvertures. Ainsi, malgré la forte influence des traditions britannique et américaine, un art typiquement canadien fait son apparition, celui de la courtepointe en patchwork à base d'étoffe de laine, à motif simple ou complexe. D'une grande vigueur et d'une grande simplicité, ces motifs font appel à des losanges, à des triangles, à des rectangles et à des carrés. Au XIXe siècle, la vie des femmes est rythmée par les saisons et les cycles de la vie. Ainsi, les courtepointes arborent des thèmes qui reflètent cette réalité. Même si la confection de la literie est pour elles une tâche quotidienne, la plupart des femmes s'appliquent à réaliser un produit agréable à l'œil. Celles qui possèdent un sens artistique trouvent stimulante cette activité qui est un de leurs rares moyens d'expression. À la fin du XIXe siècle, des livres de modèles commencent à circuler. Partout, sauf dans les régions isolées, on se met à suivre les tendances de la mode. Contrairement à ce qui se passe en Europe, où les appellations varient peu, au Canada on attribue à ces modèles de courtepointe toutes sortes de noms, dont beaucoup témoignent d'un humour campagnard: *La Balade de la vieille fille, Le Crapaud dans la mare, L'Hirondelle sur le sentier, Patte de canard dans la boue, Blé d'Inde et fèves, Trou dans la porte de grange*.

En 1930, rares sont ceux qui font de la confection de courtepointes une pratique quotidienne, sauf dans quelques régions rurales. Au milieu du XXe siècle, il se manifeste un nouvel intérêt pour cet art, mais dans un but plus décoratif qu'utilitaire. Ces grandes courtepointes, faites d'étoffes moelleuses, diffèrent considérablement de celles d'autrefois. Dans des régions urbaines, il se forme des associations de femmes soucieuses de conserver la tradition de la courtepointe.

Ruth McKendry

Couture, Arlette, romancière (Saint-Lambert, 3 avr. 1948-). Détentrice d'un baccalauréat ès arts du collège Sainte-Marie et d'une formation en animation culturelle et théâtrale de l'Université du Québec à Montréal, Arlette Couture exerce différents métiers avant de s'adonner à l'écriture. Elle travaille tout d'abord pour la télévision de Radio-Canada dont elle anime un magazine hebdomadaire pour les jeunes, *Caméra-Moto* (1971-1972); elle devient ensuite recherchiste ou conceptrice de certaines émissions radiophoniques telle que *Week-end* (1973-1975). Elle anime plus tard l'émission *Femmes d'aujourd'hui* (1975-1978) et, en 1978, devient journaliste pour le *Téléjournal* national et régional. Elle occupe enfin différents postes au sein d'Hydro-Québec, tous reliés au domaine de la communication (1979-1987). Les deux premiers tomes des *Filles de Caleb: Le Chant du coq* et *Le Cri de l'oie blanche* paraissent respectivement en 1985 et 1986 aux Éditions Québec-Amérique. Le roman sera d'ailleurs réédité plusieurs fois, notamment aux Éditions de la Table ronde (1988-1989). Il s'agit d'un roman d'inspiration paysanne ayant pour cadre la Mauricie des années 1890 à 1945. L'héroïne, Émilie Bordeleau, est à la fois institutrice et mère d'une famille nombreuse, mariée à un homme de chantier peu présent. L'écriture téléromanesque d'Arlette Couture a permis aux *Filles de Caleb* de devenir un best-seller et d'être adapté à la télévision en 1989. Si le genre ne fait pas l'unanimité, Arlette Couture a au moins le mérite de restituer une époque et un milieu où terre et vie étaient indissociables. La saga familiale se poursuit avec la publication d'*Émilie* (Pocket, 1993), roman qui opère un retour dans le temps et témoigne de la détermination d'Émilie à devenir institutrice. Troisième roman de la série, *Blanche,* également adapté à la télévision (notamment pour la chaîne française FR3), relate la destinée de la plus jeune des filles d'Ovila et d'Émilie, qui pratique le métier d'infirmière au contact de pionniers en Abitibi. La saga des *Filles de Caleb* a reçu plusieurs honneurs dont le 1er Prix de Communication-Jeunesse et le Prix du public du Salon du Livre de Montréal (1987). Arlette Couture est nommée personnalité littéraire de l'année 1987.

Une autre saga familiale intitulée *Ces Enfants d'ailleurs* (t. 1: 1993; t. 2: 1995) met en scène l'intégration d'une famille polonaise au Canada pendant la Seconde Guerre mondiale. Ce roman obtient le Grand Prix des lectrices et lecteurs du *Journal de Montréal* (1995). *J'aurais voulu vous dire William* (Libre Expression, 1998) est enfin un roman d'une toute autre facture et une œuvre assez ambitieuse. C'est un récit plus intimiste, qui propose une incursion dans l'univers de la folie. Arlette Couture a par ailleurs choisi à plusieurs reprises de mettre sa popularité au service de nobles causes telles que la sensibilisation du public à la sclérose en plaques et au sort des enfants handicapés. Elle participe au conseil d'administration du «Fonds Émilie Bordeleau» de l'U. de Montréal. Elle a pour ses actions en matière de promotion de l'éducation reçu le Prix d'honneur de l'Alliance des professeures et professeurs de Montréal.

Delphine Le Roux

Couteaux-jaunes BANDE de CHIPEWYANS de langue athapascane qui vivait dans la région comprise entre les rivières Coppermine et Yellowknife, la rive nord-est du Grand Lac des Esclaves et les Barren Grounds au nord-est. À partir de leurs premiers contacts avec les marchands européens, au XVIIe siècle, jusqu'à leur union avec d'autres Chipewyans et PLATS-CÔTÉS-DE-CHIEN, tous les récits décrivent leur culture et leur langue comme étant similaires à celles des Chipewyans. Leur caractère distinctif et leur nom différent se fondent en grande partie sur la perception des Européens. Au début du XVIIe siècle, les commerçants sont impatients d'en-

trer en contact avec les autochtones associés au cuivre, d'où leur nom de *Copper Indians*. Samuel HEARNE parcourt les terres intérieures jusqu'au territoire des Couteaux-jaunes (1770-1772) et dissipe l'idée de riches dépôts de cuivre.

De 1819 à 1822, les Couteaux-jaunes sont les principaux fournisseurs et guides de l'expédition de Franklin. Leur chef, Akaitcho, gagne l'estime des Européens qui voient en lui un meneur puissant et compétent. Les groupes autochtones voisins le considèrent cependant comme un chef cruel et tyrannique, réputé pour ses pillages et ses massacres. En 1823, les Plats-Côtés-de-Chien se vengent en attaquant un camp couteau-jaune, tuant presque tout le groupe. Terrassés par les maladies apportées par les Européens, les Couteaux-jaunes mettent bientôt fin à leurs raids contre les groupes d'INUITS, inaugurant ainsi une période de paix relative avec leurs voisins.

En 1900, les Couteaux-jaunes sont toujours reconnus comme un groupe distinct (d'une population évaluée à 200) quand ils signent le Traité No 8 à Fort Resolution avec d'autres groupes autochtones de la région (*voir* TRAITÉS INDIENS). Ils ont cependant commencé avant cette date à se mêler à leurs voisins chipewyans et plats-côtés-de-chien. Dans les années 60, ces derniers affirmaient ne pas connaître de groupe appelé Couteau-jaune et racontaient des histoires impressionnantes au sujet d'Akaitcho, qu'ils prenaient pour un Chipewyan. (*Voir* AUTOCHTONES: LA RÉGION SUBARCTIQUE.)

Beryl C. Gillespie

Coutts, James Allan, politicien et homme d'affaires (High River, Alb., 16 mai 1938). Au cours de ses études à l'U. de l'Alberta et à Harvard, il commence à s'intéresser à la politique. Défait comme candidat libéral en 1962, il travaille de 1963 à 1966 comme secrétaire du premier ministre PEARSON. Consultant privé un certain temps, il retourne à Ottawa comme secrétaire principal de Pierre Elliott TRUDEAU de 1975 à 1981. Candidat fédéral défait lors d'une élection partielle en 1981 et des élections générales de 1984, Coutts est identifié à l'aile réformiste du Parti libéral et se fait connaître pour son intérêt pour les questions de bien-être social. En 1985, avec le promoteur torontois Dan Casey, il crée la Canadian Investment Capital Ltd., dont il est le président. En 1987, la CIC achète les intérêts nord-américains de la Dupont Inc. dans les explosifs.

Robert Bothwell

Coutu, Jean, pharmacien et entrepreneur (Montréal, Qc, 29 mai 1927). Fils de Lucien Coutu, pédiatre et médecin de famille dans un quartier populaire de l'est de Montréal, il entreprend des études en médecine avant de bifurquer et de décrocher ses diplômes en pharmacie de l'U. de Montréal (1949 et 1953).

Il est toujours étudiant quand il devient gérant d'une des Pharmacies Leduc, qu'il propulse à la tête de l'importante chaîne. Coutu, une fois diplômé, et cinq jeunes collègues veulent devenir des associés, mais la famille Leduc refuse. Il achète alors trois autres pharmacies. Bloqué dans son projet d'en ouvrir une quatrième à son nom, il conteste les règlements du Collège des pharmaciens du Québec et finit par obtenir l'aide du gouvernement Lesage pour les faire modifier.

L'assurance-maladie et la multiplication des médicaments brevetés bouleversent cependant le marché. Les clients veulent des conseils mais aussi, les meilleurs prix. En 1967, Coutu lance les Farmateria offrant à rabais les produits en vente libre qui ont un succès éclair mais également, beaucoup d'imitateurs.

Il conçoit la Pharm-Escomptes Jean Coutu (1969), aux heures d'ouverture prolongées, sur laquelle il mise toutes ses économies. Pour soutenir l'expansion, il opte pour le franchisage et l'inscription à la Bourse des actions du Groupe Jean Coutu. Leader au Québec, il achète Maxi Drugs et Brooks

aux États-Unis. Il dirige une des grandes chaînes en Amérique du Nord.

Entre-temps, il a fondé l'Association québécoise des pharmaciens propriétaires (1966) et mis sur pied, avec sa femme, la Fondation Marcelle et Jean Coutu (1990) qui aide la population rurale du Mali à combattre la famine, la désertification et l'analphabétisme. En 2000, l'U. hébraïque de Jérusalem a souligné son mécénat. Il a présidé le Chantier de l'emploi au Sommet économique du Québec (1996), siégé à une dizaine de conseils d'administration et reçu plusieurs distinctions honorifiques, dont l'Ordre du Québec (1993) et l'Ordre du Canada (1994).

Laurier Cloutier

Coutume de Paris Loi coutumière de la prévôté et du vicomté de Paris, rédigée en 1510, révisée en 1580, et introduite en NOUVELLE-FRANCE par la COMPAGNIE DES CENT-ASSOCIÉS en 1627. En 1664, en vertu de l'édit royal créant la COMPAGNIE DES INDES OCCIDENTALES, la coutume de Paris devient l'unique code de loi de la colonie. (*Voir aussi* CODE CIVIL.)

Couture, Guillaume, professeur, chef de chorale et compositeur (Montréal, 23 oct. 1851—*id.*, 15 janv. 1915), grand-père de Jean PAPINEAU-COUTURE et l'un des pionniers de la musique au Canada. Couture étudie à Paris avec Romain Bussine et Théodore Dubois, et, en 1875, sa *Rêverie*, opus 2, est exécutée en concert en même temps que des œuvres de Duparc, Fauré et Franck. Il revient à Montréal la même année et commence à enseigner tout en étant critique musical à *La Minerve*. Léo-Paul MORIN et Rodolphe PLAMONDON sont au nombre de ses élèves. Réputé pour ses talents de pédagogue, Couture retourne à Paris en 1876 et devient chef de chorale à l'église Sainte-Clotilde en compagnie des organistes César Franck et Charles Bordes. Il revient au Canada à la fin de l'année 1877 et fonde, en 1894, l'Orchestre symphonique de Montréal, qu'il dirige de 1894 à 1896. Il compose son œuvre maîtresse, l'oratorio *Jean le Précurseur*, de 1907 à 1909.

Hélène Plouffe

Couture, Joseph-Alphonse, vétérinaire (Ste-Claire, Qc, 15 déc. 1850—Québec, 12 mars 1922). Dans la milice canadienne (1866-1868), il se bat contre les FENIANS avant de devenir ZOUAVE pontifical en Italie (1868-1870). Bilingue, il entre au Montreal Veterinary College en 1870 et reçoit son diplôme de vétérinaire de l'U. McGill en 1873, ce qui fait de lui un des premiers vétérinaires francophones au Canada. De 1876 à 1878, il donne des conférences et des démonstrations d'anatomie animale aux élèves francophones du Montreal Veterinary College. En 1878, il est affecté à Québec à titre d'inspecteur vétérinaire pour le gouvernement fédéral, et de 1879 à 1922, il est le directeur de la station de quarantaine animale de Lévis (Québec). Il organise ce point d'entrée du bétail de race pure qui arrive au Canada afin de prévenir l'introduction de maladies infectieuses épidémiques et de protéger les exportations d'animaux canadiens vivants ou de produit animal.

En 1882, Couture publie le premier manuel canadien portant sur la reproduction et les maladies animales. Doué pour la communication, il publie dans des revues d'agriculture et s'adresse à des assemblées d'agriculteurs pour appuyer et défendre les races canadiennes de bétail. Dans *La Vérité*, hebdomadaire populaire propriété de J.P. TARDIVEL, il rédige, sous le pseudonyme de Jérôme Aubry, de cinglantes chroniques sur la religion et les controverses sociopolitiques du début des années 1900.

Louis-Philippe Phaneuf

Covington, Arthur Edwin, spécialiste des ondes radio, astronome (Regina, 21 sept. 1913). En 1946 près d'Ottawa, Covington fait les premières observations radioastronomiques au Canada. Pour cela, il se sert des surplus d'équipement utilisés par les laboratoires du Conseil national de recherches du Canada (CNR) pour la recherche sur les radars pendant la guerre. Au cours de l'éclipse solaire partielle du 23 novembre 1946, il découvre à sa grande surprise que la partie brillante et non perturbée du Soleil émet des micro-ondes beaucoup plus faibles que les taches solaires foncées, plus froides. Par la suite, ses observations novatrices sur la variabilité et polarisation des émissions micro-ondes associées aux taches solaires déclencheront l'étude du mécanisme par lequel les régions de la couronne solaire au-dessus des taches solaires reçoivent un surplus d'énergie. Au CNR, Covington commence en février 1947 à mesurer chaque jour le flux total émis par la totalité de la surface solaire; ces mesures se poursuivent encore de nos jours. Ce programme, qu'il supervise pendant 31 ans, nous a livré le plus long inventaire d'émissions radioélectriques solaires jamais réalisé. Ces données précises supplantent souvent le nombre de taches solaires traditionnellement accepté comme indice de l'activité solaire.

V. Gaizauskas

Cowan, Gary, golfeur (Kitchener, Ont., 28 oct. 1938). L'un des meilleurs golfeurs amateurs au Canada, Cowan apprend son art à Kitchener auprès du professionnel Lloyd Tucker. Il représente le Canada dans plusieurs compétitions internationales, dont le Championnat amateur international et le Championnat amateur en équipe du Commonwealth. Il est le seul Canadien à gagner deux fois le championnat amateur des États-Unis, soit en 1966 et en 1971. Il gagne le championnat amateur du Canada en 1961 et, entre 1964 et 1984, il rafle neuf championnats amateurs de l'Ontario. Cowan résiste à la tentation de devenir professionnel jusqu'à ce qu'il atteigne l'âge de cinquante ans, en 1988, et devienne ainsi admissible aux épreuves très lucratives de la PGA, catégorie senior, aux États-Unis.

Lorne Rubenstein

Cowansville, ville du Qc; pop. 12 051 (rec. 1996), 11 986 (rec. 1991); superf. 49,12 km²; const. en 1931; située sur le bras Sud de la rivière Yamaska, dans les CANTONS DE L'EST. Cette ville, fondée par les Loyalistes venant des États-Unis, porte le nom de Peter Cowan, propriétaire du magasin où on logea le premier bureau de poste. Sa population actuelle est à prédominance francophone, avec toutefois un fort pourcentage d'anglophones.

Économie Elle repose sur l'agriculture et l'industrie du meuble et le textile jusqu'en 1940, quand s'amorce une diversification de son industrie. Se trouvant à quelque 20 km de la frontière américaine et à 85 km au sud-est de MONTRÉAL, plusieurs grandes sociétés du Nord des États-Unis et de l'Ontario s'y sont installées. Les principales usines produisent des biens de consommation et du matériel industriel. Les entreprises plus petites approvisionnent les secteurs du sport et de la construction au Québec. Les services sociaux, dont l'Institut de Cowansville, un pénitencier fédéral, emploient une main-d'œuvre nombreuse et qualifiée. Les maisons bien préservées, de style victorien, et le mont Brome à proximité attirent les touristes à longueur d'année.

Paula Kestelman et Jean-Paul Sirois

Cow-boy Les conquistadors espagnols qui gouvernent le Mexique au XVIᵉ siècle recrutent des vachers autochtones habitués à surveiller le bétail à cheval pour s'occuper des troupeaux dans de grands espaces de pâturage ouverts. Ces *vaqueros* portent des vêtements de cuir épais, des chapeaux à larges bords, de grandes bottes avec éperons et des *chaperajos*, guêtres protectrices avec de la fourrure à l'extérieur. Ils manient aussi la *reata*, le lasso. De cette tradition vont naître des vachers itinérants, les *cowpunchers* ou *cowhands*, qui, dans les années 1830, mènent dans tout le Sud-Ouest des États-Unis des troupeaux typiques de bétail à longues cornes, les *Texas longhorns*, vers les pâturages et les marchés. Dans les années 1880, ils s'installent dans des ranchs dans l'Ouest canadien. Ce terme général de cow-boy inclut une quantité de personnes qui ont toutes en commun de s'occuper du bétail, des simples propriétaires de troupeaux aux riches châtelains britan-

niques, des REMITTANCE MEN aux agents de la Police à cheval du Nord-Ouest.

Le cow-boy devient vite un mythe populaire grâce à des spectacles où l'on met en vedette ses capacités de cavalier et de manipulateur de lasso. Cela commence par les spectacles du style Wild West, suivis par des RODÉOS et des *stampedes*, avant la consécration cinématographique des westerns hollywoodiens. On compte parmi les cow-boys légendaires du Canada Guy Weadick, créateur du STAMPEDE DE CALGARY, John WARE, ancien esclave noir qui fonde un ranch dans le sud de l'Alberta, et les vedettes de rodéo Pete Knight et Herman LINDER. (*Voir aussi* RANCH, HISTOIRE DU.))

Ted Barris

Cowboy Junkies Ce groupe rock a été fondé en 1985 à Toronto par Peter (batterie), Michael (guitare) et leur sœur Margo Timmins (voix), tous trois natifs de Montréal, ainsi que par Alan Anton (guitare basse). De tendance punk-rock, ce quartette choisit un nom provocateur et crée dans le garage des Timmins un premier album indépendant quelque peu rudimentaire, *Whites Off Earth Now*, produit par Peter Moore. Cherchant un cadre inhabituel et plus éthéré pour l'album suivant, Moore loue en novembre 1987 l'église Holy Trinity de Toronto où le groupe enregistre un mélange de chansons hallucinantes de Michael Timmins et d'airs de chanteurs tels que Hank Williams et Lou Reed. La séance d'enregistrement, d'une durée de 14 heures au coût de 162 $ (dont 17 $ pour la pizza), donne l'album *The Trinity Sessions*, un disque acclamé par la critique qui se vend à plus d'un million d'exemplaires dans le monde entier.

Le groupe, qui se distingue par un son naturel et dépouillé ainsi que par la voix envoûtante de Margo Timmins, lance ensuite *The Caution Horses* (1990), *Black-Eyed Man* (1992), *Pale Sun, Crescent Moon* (1993), *200 More Miles* (collage de chansons produites en concert durant leur carrière, sorti en 1995) et *Lay It Down* (1996). Bien qu'aucun de ces enregistrements n'obtienne autant de succès que *The Trinity Sessions* sur le plan des ventes ou de l'influence, ils reçoivent un accueil chaleureux de la part de fans fidèles en Amérique du Nord et en Europe.

Jeff Bateman

Cowpland, Michael C.J., homme d'affaires (Bexhill, Sussex, Angl., 23 avril 1943). En 1964, Cowpland s'installe au Canada pour travailler avec Bell Northern Research. Il étudie à l'U. de Carleton, où il obtient une maîtrise en ingénierie en 1968 et un doctorat en 1973, puis il est chef de projet d'ingénierie et de conception chez Bell de 1964 à 1968. Cowpland est directeur du département de conception des circuits intégrés de la Cie Internationale des Microsystèmes Ltée (1968-1973) quand il fonde, avec Terry MATTHEWS, la compagnie Mitel Corp. En 1981, il investit des sommes considérables dans l'ordinateur Hyperion, l'un des premiers ordinateurs portatifs sur le marché à utiliser le microprocesseur Intel 8088. Cette machine unique est l'un des premiers PC munis d'un système intégré de communication par modem et d'un progiciel comprenant un éditeur de texte ainsi que MULTIPLAN, un programme intégré comportant une feuille de calcul, une base de données et un résolveur graphique. Cowpland quitte Mitel en 1985 pour fonder COREL CORP.

Corel lance sa première version de CorelDRAW! en 1989. Ce logiciel de dessin, mis à jour annuellement, occupe aujourd'hui la première place au niveau mondial. Cowpland applique des politiques de commercialisation agressives et distribue CorelDRAW! avec plusieurs autres programmes intéressants. En 1996, il achète les applications de gestion de Novell et offre CorelDRAW! avec le logiciel WordPerfect, un leader dans le domaine du traitement de texte. Il lance aussi, avec succès, le logiciel SCSI (une carte interface pour petits systèmes informatiques), des logiciels d'édition électronique et une collection importante de disques compacts qui

contiennent quelque 20 000 archives photographiques.

Athlète très actif, Cowpland se rend jusqu'aux finales de tennis (division des vétérans) à Wimbledon, en 1995. Il est membre du conseil d'administration du Ottawa Heart Institute, de GEAC Computers International Inc., de Hummingbird Software Company, de l'Association canadienne de technologie de pointe et de la Société de développement économique d'Ottawa-Carleton. Il est aussi associé au club de hockey des Sénateurs d'Ottawa.

La compagnie Corel est le plus important commanditaire de la région d'Ottawa. Elle contribue à des œuvres de bienfaisance, à des événements sportifs, à des activités artistiques et à de nombreux événements communautaires.

Rick Brand

Cox, George Albertus, financier, sénateur et philanthrope (Colborne, Haut-Canada, 7 mai 1840—Toronto, 16 janv. 1914). Cet ancien télégraphiste devient un personnage important de Peterborough, en Ontario, comme maire, dirigeant de la ligue de la TEMPÉRANCE, et président du Midland Railway et de la Central Canada Loan and Savings Co. En 1888, il déménage à Toronto et, en 1900, il est devenu l'un des hommes d'affaires les plus influents du Canada en qualité de président de la Bank of Commerce et de la Canada Life Assurance Co. ainsi que comme fondateur, président, vice-président ou directeur de plus de 40 autres entreprises. Même si ses collègues trouvent inadéquates ses méthodes individualistes en affaires et ses manœuvres pour créer une dynastie familiale, Cox symbolise la concurrence féroce de Toronto pour arracher à Montréal la suprématie financière pendant la période de l'avant-guerre. En 1896, sir Wilfrid LAURIER le nomme au Sénat. Comme méthodiste, Cox aide nombre de personnes dans le besoin et contribue généreusement à cette église, au Toronto General Hospital et à l'U. de Toronto.

J. Lindsey

Cox, Palmer, caricaturiste (Granby, Qc, 28 avril 1840—*id.*, 24 juill. 1924). À 17 ans, Cox quitte Granby pour aller travailler au Massachusetts (1857-1859), en Ontario (1860-1863), en Californie (1873-1876) et à New York (1876-1904). Ses premières caricatures sont publiées en Californie, mais c'est la parution des Brownies, dans le célèbre magazine américain pour enfants *St. Nicholas*, au mois de février 1883, qui lance la carrière de Cox. Les Brownies sont de petits lutins inspirés du folklore écossais. De 1885 à 1918, il publie 15 livres d'aventures des Brownies ainsi que de nombreuses histoires dans le magazine *St. Nicholas* (1893-1914) et dans *Ladies' Home Journal* (1891-1910). Les Brownies font leur apparition dans leur propre troupe de théâtre, sur des jouets, des jeux, des porcelaines, de la coutellerie et dans de nombreuses publicités. Le produit Brownie le plus connu est la caméra Brownie lancée par Eastman Kodak en 1900. En 1904, Cox se retire à Granby, là où il avait construit son château Brownie.

Charles C. Hill

Coyne, James Elliott, banquier et homme d'affaires (Winnipeg, 17 juill. 1910). Après avoir travaillé 17 ans à la BANQUE DU CANADA, Coyne en devient, en 1955, un gouverneur très controversé. Il met en garde contre les dangers de l'INVESTISSEMENT ÉTRANGER et donne son point de vue sur les questions économiques, malgré les divergences qui l'opposent à la politique du gouvernement. Son franc-parler crée des frictions avec le gouvernement de DIEFENBAKER, qui se méfie déjà de lui en raison de ses liens étroits avec des libéraux importants. Finalement, le refus de Coyne d'adopter la POLITIQUE MONÉTAIRE expansionniste du gouvernement irrite non seulement le ministre des Finances Donald FLEMING mais aussi beaucoup d'économistes éminents, qui signent une pétition pour demander sa démission. Coyne refuse d'abord, mais, confronté à un projet de loi le renvoyant, il démissionne le 13 juillet 1961.

John English

Coyote (*Canis latrans*) Animal de la famille des canidés de taille intermédiaire entre celles du LOUP et du RENARD. Il ressemble à un petit berger allemand et a des oreilles droites et pointues, un museau pointu, un front plat, une queue touffue qu'il tient généralement basse et de longs poils gris, brun-roux ou jaune-brun.

Répartition et habitat On le rencontre dans les PRAIRIES nord-américaines, dans les forêts claires de feuillus et dans les forêts de conifères. Au Canada, on le trouve en Colombie-Britannique, au Yukon, dans l'ouest des Territoires du Nord-Ouest, en Alberta, dans le centre et le sud de la Saskatchewan et du Manitoba et, vers l'est, jusque dans les Maritimes.

Reproduction et développement Le coyote se reproduit habituellement en février. Après 60 à 63 jours de gestation, en avril ou au début de mai, 5 à 7 petits (un maximum de 19) naissent dans une tanière. Le coyote peut se reproduire à l'âge d'un an et forme un couple pour plusieurs saisons. Ensemble, les deux parents chassent, s'occupent de la tanière et élèvent les petits. Le coyote hurle, seul ou avec d'autres, et répond aux autres coyotes, aux loups ou aux chiens et même aux klaxons et aux sirènes d'automobiles.

Régime alimentaire Essentiellement carnivore, il se nourrit principalement de LAPINS et de rongeurs, mais il mange aussi des INSECTES et des fruits. Il constitue une menace pour le bétail comme les moutons, les chèvres, les veaux, la volaille, les chiens et les chats domestiques.

C.S. Churcher

Crabe Nom commun donné aux arthropodes appartenant à deux taxons de CRUSTACÉS décapodes (à 10 pattes). Les crabes du sous-ordre des anomoures comme le bernard-l'hermite ont l'abdomen (appelé pléon) normalement développé. Chez les vrais crabes du sous-ordre des brachyoures comprenant les genres *Cancer* et *Carcinus*, l'abdomen est réduit et replié sous le thorax ou péréion. Il existe dans le monde 4500 espèces de crabes répertoriées dans des habitats marins, d'eau douce et terrestres. Ils forment un groupe majeur de crustacés et sont parmi les plus grands arthropodes. Les crabes araignées géants du Japon et de l'Australie, bien qu'ils soient plus légers, dépassent en taille les homards les plus gros, ayant des pinces dont l'envergure peut dépasser 3 m et pouvant peser jusqu'à 14 kg. Au Canada, on trouve des crabes dans les eaux marines profondes et dans les milieux intertidaux et estuariens des deux côtes. Certaines espèces incluant le crabe des neiges (*Chionœcetes opilio*) et le crabe dormeur (*Cancer magister*) de la côte Ouest ont une grande valeur économique. (*Voir aussi* CRUSTACÉS, RESSOURCES EN.)

D.E. Aiken

Craig, sir James Henry, officier et administrateur colonial (Gibraltar, 1748—Londres, Angl., 12 janv. 1812). Gouverneur général des deux Canadas et administrateur du BAS-CANADA de 1807 à 1811, Craig tente d'influer sur les élections de 1809 et de 1810 en emprisonnant, sans leur faire subir de procès, les chefs du Parti canadien en mars 1810, au cours de ce qu'on appellera le «règne de la terreur». Craig, ses hauts fonctionnaires et des marchands britanniques importants préconisent plusieurs façons d'éradiquer ce qu'ils perçoivent comme les menaces de la démocratie et du NATIONALISME CANADIEN-FRANÇAIS. Ils suggèrent soit l'union des deux Canadas et la création de comtés anglais dans les cantons, soit le remplacement de l'Assemblée par un conseil essentiellement britannique et aristocratique. Ils proposent aussi l'abolition du régime seigneurial et des mesures favorisant l'immigration d'Anglais et d'Américains, la soumission de l'Église aux prérogatives royales et la mainmise sur l'éducation. Ce faisant, ils intensifient le nationalisme cana-

dien-français. Devant la menace d'une guerre entre l'Angleterre et les États-Unis, Craig resserre les liens avec les autochtones et consolide les fortifications de Québec et du secteur environnant.

Jean-Pierre Wallot

Craigellachie (Colombie-Britannique) Lieu situé à l'entrée ouest du COL AIGLE, à l'endroit où Donald SMITH a enfoncé le «dernier crampon» au cours d'une cérémonie symbolique marquant la fin de la construction de la voie ferrée du CANADIEN PACIFIQUE, le 7 novembre 1885. L'endroit tire son nom d'un escarpement rocheux du Morayshire, en Écosse, où Smith a grandi.

Craigie, John Hubert, phytopathologiste (Merigomish, N.-É., 8 déc. 1887—?). Il a découvert le processus sexuel des rouilles du blé. Après son service militaire (1914-1920), Craigie se joint à l'équipe du Laboratoire fédéral de recherche sur les rouilles à Winnipeg, en 1925, en tant que spécialiste des maladies des plantes. Le laboratoire avait été créé cette même année afin de mettre au point des procédés scientifiques pour combattre les épidémies des plantes menaçant l'économie des provinces des Prairies, qui repose alors sur la culture du blé Marquis. Les premiers scientifiques à se pencher sur le problème de la rouille du blé (nommée ainsi en raison de ses spores rouges apparents) croient qu'il s'agit d'une maladie unique pouvant être combattue à l'aide d'un produit chimique ou par la sélection d'une variété de blé naturellement résistante à la rouille. Cependant, vers 1916, on découvre que la rouille comprend toute une famille de maladies qui affectent différentes variétés de blé de bien des façons.

En 1927, Craigie fait une découverte fondamentale: l'organisme de la rouille se reproduit sexuellement. Il peut s'hybrider et produire ainsi de nouvelles souches chaque saison. Cette découverte fournit le principe sur lequel la recherche s'appuie encore aujourd'hui. Les cultures de blé doivent être surveillées constamment afin de détecter les nouvelles souches le plus tôt possible, et on s'emploie sans relâche à créer des variétés résistantes à la rouille par l'amélioration génétique du blé (*voir* GOULDEN, C.H.).

Craigie a reçu de nombreux prix et récompenses honorifiques pour sa découverte, notamment le titre de Membre associé de la Royal Society of London. Il a été directeur du Laboratoire de recherche sur les rouilles de 1928 à 1945, puis botaniste fédéral.

Donald J.C. Phillipson

Cramp, John Mockett, pasteur baptiste, écrivain, pédagogue (St. Peter's, île de Thanet, Angl., 25 juill. 1796—Wolfville, N.-É., 6 déc. 1881). Écrivain et théologien bien connu, Cramp apporte une contribution importante à l'enseignement supérieur au Canada. Après un passage difficile au Canada Baptist College de Montréal, Cramp est nommé recteur de l'Acadia College de Wolfville (Nouvelle-Écosse), poste qu'il occupe de 1850 à 1853. Il en dirige ensuite l'institut de théologie de 1853 à 1869 et occupe le poste de «président de faculté» de 1856 à 1860.

Pendant toutes ces années, il transforme le petit collège baptiste en une institution florissante. Il enseigne un large éventail de matières, met sur pied un fonds de dotation, accroît considérablement le nombre d'étudiants et de professeurs, et trouve encore le temps d'écrire, de diriger des publications et de prêcher. Plus que quiconque, Cramp a orienté dès le début la destinée de l'UNIVERSITÉ ACADIA à une époque où la plupart des institutions de haut savoir des Maritimes étaient aux prises avec de très grandes difficultés. Ce faisant, il a exercé une influence profonde sur plusieurs générations de pasteurs, d'enseignants et de dirigeants baptistes.

Barry M. Moody

Cran, James Neil Christopher, artiste (Ocean Falls, C.-B., 27 déc. 1949). Cran passe son enfance à Salmon Arm, en Colombie-Britannique, puis entreprend des études d'art à la Kootenay School of Art, à Nelson, toujours en Colombie-Britannique (1976). Il

obtient son diplôme à l'Alberta College of Art and Design, à Calgary, où il s'installe et travaille. Il enseigne la peinture à l'Alberta College of Art and Design (1990-1993) et est l'artiste invité de nombreuses universités et écoles d'art au Canada et aux États-Unis. Ses œuvres font l'objet d'expositions individuelles et collectives dans ces deux pays (49th Parallel Centre for Contemporary Art, New York, 1992).

Parmi ses expositions individuelles importantes ayant fait l'objet d'un catalogue citons: «Inherent Vice» à la Southern Alberta Art Gallery, à Lethbridge (1987); «Loved by Millions», à la Art Gallery of Windsor (1989); «Heads», exposition itinérante organisée par l'U. Memorial, la Sir Wilfred Grenfell College Gallery, Cornerbrook et la University of Lethbridge Art Gallery (1991-1994); «Chris Cran: Paintings, 1993-1996», exposition itinérante organisée par l'Art Gallery of Peel, à Brampton (1996-1997). Ses œuvres font partie de nombreuses collections d'entreprises ou d'organismes publics et privés tels que la Alberta Foundation for the Arts, la Art Gallery of Windsor, la Banque d'œuvres d'art du Conseil des arts du Canada, la Glenbow Museum, la Mendel Art Gallery, le Musée des beaux-arts du Canada, le Nickle Arts Museum et l'U. de Lethbridge.

Cran se fait connaître sur la scène nationale, à la fin des années 80, avec ses autoportraits irrévérencieux. Dans ses séries d'œuvres ultérieures, il poursuit ses recherches sur la formation des images dans la peinture et dans des domaines connexes tels que la photographie et les médias: peintures en nuances et peintures dites en demi-teintes et en nuances et, plus récemment, les peintures abstraites, qui jouent avec le jeu de la lumière sur les différentes épaisseurs de peinture.

Katherine Ylitalo

Cranbrook, ville de la C.-B.; pop. 18 131 (rec. 1996), 16 447 (rec. 1991), 15 971 (rec. 1986); superf. 17,18 km²; située près de la limite ouest du SILLON DES ROCHEUSES, dans la région de Kootenay, à 845 km à l'est de Vancouver. Cette localité se trouve à l'apex de trois grandes vallées: l'Elk à l'est, la Central et la vallée de Moyie à l'ouest. Elle occupe un emplacement panoramique entre les proéminents mont Baker (2208 m) et mont Cranbrook (2046 m), respectivement au sud et à l'est, et les massifs impressionnants de la chaîne de Kootenay à l'est. On trouve à proximité un site de peuplement préhistorique sur le cours supérieur de la KOOTENAY. Les autochtones et les premiers Européens connaissent l'endroit sous le nom de Joseph's Prairie. James Baker, un pionnier, appelle ses terres Cranbrook Farm, du nom de son lieu de naissance en Angleterre.

À la fin des années 1890, la construction d'un chemin de fer et l'avènement de l'industrie du bois à Lumberton, près de là, marquent le début de l'essor de Cranbrook, où l'on élève aussi du bétail pour nourrir les ouvriers travaillant à la construction du chemin de fer. Subséquemment, le Canadien Pacifique y crée un pôle d'activités regroupant des magasins, un hangar à locomotives et des logements. Première agglomération urbaine de la région, Cranbrook est à présent le principal centre de services et de commerce de la région de Kootenay-Est. Une expansion récente dans les mines de charbon et l'industrie forestière a accru son importance comme lieu d'entreposage et de distribution. Sur le plan commercial, Cranbrook est intégrée dans une certaine mesure avec la ville de KIMBERLEY, à 31 km au nord.

William A. Sloan

Cranston, Toller, patineur artistique (Hamilton, Ont., 20 avril 1949). Patineur et artiste au style innovateur et controversé, Cranston est surtout connu pour sa façon unique de patiner en style libre. Même s'il n'a jamais été champion du monde, il se fait beaucoup plus remarquer que nombre des médaillés d'or du début des années 70. Son style très personnel contribue à introduire dans le PATINAGE ARTISTIQUE masculin des mouvements corporels très artistiques.

Cranston est champion canadien senior de 1971 à 1976. Il gagne les épreuves de style libre du championnat du monde à quatre reprises et, en 1976, mérite la médaille de bronze aux Jeux olympiques d'Innsbruck. Devenu professionnel cette année-là, il forme sa propre revue sur glace et donne des spectacles pendant deux ans. Il se joint ensuite aux Ice Capades, participe à plusieurs spectacles sur glace filmés pour la télévision, ainsi qu'à des compétitions professionnelles (Pro Skate). Il est actuellement l'un des chorégraphes de patinage artistique les plus recherchés et les plus talentueux. Cranston est aussi un artiste chevronné et un auteur. Il est membre de l'Ordre du Canada depuis 1976.

Barbara Schrodt

Crapaud Nom commun donné à certaines GRENOUILLES de la classe des AMPHIBIENS et de l'ordre des anoures. La distinction entre les grenouilles et les crapauds n'est pas claire, mais le terme «crapaud» désigne habituellement les grenouilles à pattes assez courtes, à corps assez gros recouvert d'une peau sèche souvent verruqueuse et à palmure réduite entre les orteils. Les crapauds vivent dans des endroits plus secs que les autres espèces de grenouilles. La plupart appartiennent à la famille des bufonidés (divisée en cinq sous-familles) qui est répartie naturellement sur tous les continents, sauf en Antarctique, au Groenland et en Australie (mais une espèce a été introduite et s'est largement répandue depuis le milieu des années 30).

On connaît quatre ou cinq espèces du genre bufo au Canada : le crapaud de l'Ouest (*Bufo boreas*), le crapaud des steppes (*B. cognatus*), le *B. fowleri*, que certains considèrent comme une sous-espèce (*B. woodhousei fowleri*) du crapaud de Woodhouse, le crapaud d'Amérique (*B. americanus*) et le *B. hemiophrys*, que certains considèrent comme une sous-espèce (*B. americanus hemiophrys*) du crapaud d'Amérique.

Le Canada abrite, à ce que l'on sache, deux espèces de crapauds «pieds-en-bêche» de la famille des pélobatidés : le crapaud des plaines (*Scaphiopus bombifrons*), que l'on trouve en Alberta et en Saskatchewan, et le crapaud du Grand Bassin (*S. intermontanus*), qui vit en Colombie-Britannique.

G.M. Sanders

Crash Test Dummies Ce groupe rock, formé à Winnipeg en 1988, est dirigé par l'auteur et interprète à la voix profonde Bradley Kenneth Roberts (Winnipeg, 10 janv. 1964). Durant ses études en anglais et en philosophie à l'U. de Winnipeg, Roberts fait partie de l'orchestre du cabaret *Blue Note*, Bad Brad Roberts and the St. James Rhythm Pigs. Suivant le conseil d'un étudiant en médecine, le groupe change son nom pour Crash Test Dummies. La formation se stabilise par la suite autour des principaux membres, soit Roberts, la chanteuse Ellen Reid, le musicien Benjamin Darvill, qui joue de plusieurs instruments, le batteur Michael Dorge et le bassiste Dan Roberts, le frère de Brad.

Après avoir signé un contrat avec BMG Music Canada, les Dummies lancent en avril 1991 leur album *The Ghosts That Haunt Me*. La voix de baryton remarquable de Roberts et les paroles intelligentes ressortant dans la balade *Superman's Song*, qui est l'un des plus grands succès canadiens de l'année, poussent les ventes de l'album à 400 000 exemplaires et valent à Crash Test Dummies le prix JUNO décerné au groupe de l'année en 1991. Le disque *God Shuffled His Feet* (1993) comprend un premier titre tout aussi inhabituel, *Mmm Mmm Mmm Mmm*, en plus de l'illustration de la pochette sur laquelle les visages des membres apparaissent en surimpression au-dessus des personnages du tableau de Titien intitulé *Bacchus et Ariane*. La chanson atteint le douzième rang du palmarès aux États-Unis et le deuxième rang en Grande-Bretagne, tandis que l'album se vend à 3,5 millions d'exemplaires dans la foulée des tournées nord-américaines et européennes. Fans enthousiastes du trio anglais XTC, les Dummies chantent sur la musique du groupe dans la chanson *The Ballad of Peter Pumpkinhead*, pour la trame sonore du film *Dumb & Dumber* (v.f. *La cloche et l'idiot*), et dans *All You Pretty Girls*, pour l'album hommage de XTC intitulé *A Testimonial Dinner*. Le disque *A Worm's Life*, lancé en octobre 1996, qui comprend les chansons *He Liked To Feel It* et *My Own Sunrise*, se vend toutefois beaucoup moins bien que les albums précédents.

Jeff Bateman

Crawford, Isabella Valancy, auteure, poète (Dublin, Irl., 25 déc. 1850—Toronto, 12 févr. 1887). Fille d'un médecin plutôt infortuné, Crawford immigre avec sa famille au Canada (1857?) et vit dans différentes fermes en Ontario avant de s'installer à Peterborough en 1869. Elle commence à écrire et à publier les poèmes et les histoires qui deviendront la principale source de revenus de sa famille après la mort de son père, en 1875. Afin de poursuivre sa carrière d'écrivaine, elle déménage avec sa famille à Toronto où elle habite dans diverses pensions de famille (1883-1887). Durant cette période productive, elle publie nombre de romans-feuilletons et de nouvelles dans des journaux et magazines de New York et de Toronto. Elle écrit aussi beaucoup de poésie populaire.

Son seul recueil de poèmes publié de son vivant, *Old Spookses' Pass, Malcolm's Katie, and other poems* (1884), est édité à ses frais et ne se vend qu'à quelques exemplaires. Ce n'est qu'avec les publications de J.W. Garvin, *The Collected Poems of Isabella Valancy Crawford* (1905), et de Katerine Hale, *Isabella Valancy Crawford* (1923), qu'elle commence à être reconnue comme une véritable auteure. Au début des années 70, un intérêt renouvelé pour ses œuvres entraîne la publication de manuscrits et d'articles critiques laissés de côté jusque-là. Ses longs poèmes narratifs ont fait l'objet d'un intérêt particulier, mais on l'admire surtout pour ses descriptions uniques de paysages typiquement canadiens.

C.J. Taylor

Crawley, Frank Radford, «Budge», cinéaste (Ottawa, 14 nov. 1911—Toronto, 13 mai 1987). À la tête de son entreprise, Crawley Films, il réalise en 40 ans de carrière des centaines de films. Sa vitalité et son enthousiasme, alliés à son caractère entreprenant, lui permettent de transformer en carrière son passe-temps, le cinéma. Le film *Île d'Orléans* (1938), qu'il tourne en voyage de noces, gagne le prix Hiram Percy Maxim pour le meilleur film amateur en 1939. Le déclenchement de la guerre entraîne un besoin urgent de films d'instruction et John GRIERSON engage la compagnie de Crawley pour en tourner un grand nombre. Après la guerre, Crawley Films survit en réalisant des films pour le gouvernement et pour des entreprises. *The Loon's Necklace* (1948) remporte le prix du film de l'année au premier Palmarès du film canadien (1949). *Newfoundland Scene* (1950), *The Power Within* (1953), *The Legend of the Raven* (1958) et *The Entertainers* (1967) gagnent tous des prix.

À la fin des années 50, Crawley lance son entreprise dans la production télévisée et met sur pied un studio d'animation. Il s'intéresse de plus en plus au long métrage et réalise *Amanita Pestilens* en 1963, suivi, en 1964, d'une œuvre remarquée, *The Luck of Ginger Coffey*. Crawley réalise également le célèbre *The Rowdyman* en 1972, mettant en vedette Gordon PINSENT. Il travaille aussi en étroite collaboration avec son épouse, Judith CRAWLEY. Le film le plus connu du couple, *The Man Who Skied Down Everest* (1975; v.f. *Le skieur de l'Everest*), remporte l'Oscar du meilleur film documentaire.

Piers Handling

Crawley, Judith, «Judy», cinéaste, réalisatrice et scénariste (Ottawa, 21 avril 1914—*id.*, 15 sept. 1986). Étroite collaboratrice et épouse de Frank «Budge» CRAWLEY, sa contribution à leur compagnie est considérable. Le couple tourne son premier film peu après la création de Crawley Films, qui deviendra l'une des entreprises de production indépendantes les plus en vue au Canada. Judith Crawley réalise bon nombre de documentaires dans les années 40 et 50, dont plusieurs traitent des soins aux enfants, surtout la série *Ages and Stages* (1949-1957). Après 1961, elle abandonne la réalisation et se consacre à la production et à l'écriture. Ces activités valent au couple l'Oscar du meilleur documentaire pour le film *The Man Who Skied Down Everest* (1975; v.f. *Le skieur de l'Everest*). Tandis que «Budge» se tourne vers la production de longs métrages, elle continue de produire des documentaires éducatifs. De 1979 à 1982, elle est présidente de l'Institut canadien du film.

Piers Handling

Cream, Thomas Neill, médecin et meurtrier (Glasgow, Écosse, 1850—Londres, Angl., 15 nov. 1892). Diplômé en médecine de l'U. McGill, Cream commet plusieurs meurtres au Canada, aux États-Unis et en Grande-Bretagne. Il est aussi un voleur, un incendiaire et un maître chanteur, et il pratique des avortements clandestins. On croit que deux Canadiennes comptent parmi ses victimes : son épouse, probablement empoisonnée en Angleterre, et une de ses maîtresses, dont le corps est retrouvé près de son cabinet médical à London, en Ontario. Il est condamné à la prison à perpétuité à Chicago en 1881 pour avoir empoisonné le mari d'une autre maîtresse et l'U. McGill lui retire son permis de pratiquer la médecine. Libéré en 1891, il revient brièvement au Canada avant de rentrer en Angleterre où il se livre à une nouvelle série d'assassinats, dont l'empoisonnement d'au moins cinq prostituées londoniennes, avant d'être arrêté. Juste avant d'être pendu à la prison de Newgate, il avoue, semble-t-il, être le fameux «Jack l'Éventreur». On croit que Cream pourrait avoir commis certains des meurtres attribués à «Jack l'Éventreur»; cependant, la plupart des meurtres de «l'Éventreur» ont eu lieu en 1888 pendant que Cream était en prison aux États-Unis.

Edward Butts

Création collective Ce terme désigne à la fois une pratique ancienne qui a marqué un tournant dans l'évolution du théâtre canadien pendant les années 60 et 70 et une méthode encore très actuelle d'écriture théâtrale qui fait appel à la collaboration. Dans son usage le plus courant, l'expression recouvre une technique permettant de concevoir une pièce en groupe, avec ou sans l'aide d'un dramaturge. Les défenseurs de ce processus de création soutiennent qu'il transforme l'acteur en artiste créateur et l'amène à exprimer sa propre expérience à travers son jeu.

D'une certaine façon, le théâtre a toujours été une création collective, car il s'appuie sur les énergies d'un groupe d'artistes qui partagent une même vision de l'œuvre qu'ils créent. Le mouvement de création collective qui se développe en Europe et en Amérique du Nord dans les années 60 a eu plusieurs précédents dans le domaine du théâtre, mais son élan lui vient d'une volonté de démocratiser le processus de création qui, au XXᵉ siècle, insiste de plus en plus sur le génie du metteur en scène comme seul interprète du texte. Des troupes comme le Living Theatre et l'Open Theatre de New York, ainsi que des techniques de collaboration de metteurs en scène comme Peter Brook et Peter Cheeseman, en Grande-Bretagne, et Roger Planchon, en France, influencent le mouvement canadien de création collective.

Sur le plan social, la création collective est favorisée par l'apparition d'une génération, dans les années 60, de jeunes artistes dont la passion pour le nationalisme culturel canadien crée une demande de pièces portant sur la vie au Canada et l'histoire canadienne. Mais la plupart des théâtres canadiens fondés depuis la mise en place, dans les années 50, de subventions gouvernementales destinées aux arts manifestent peu d'intérêt pour la dramaturgie canadienne. À l'extraordinaire prolifération de nouvelles pièces des années 70 (marquant ce que l'on a appelé le théâtre alternatif) correspond l'arrivée de plusieurs troupes qui utilisent la création collective pour créer des drames sur des thèmes locaux ou régionaux. Pour ces troupes, la création collective est synonyme de populisme de gauche, de remise en question de la hiérarchie artistique et d'un engagement envers la culture locale. Elles rejettent les modèles établis du théâtre régional, qui représentent selon elles une mentalité asservie de colon, et cherchent à définir la culture locale en retournant à des thèmes historiques et locaux.

Ces troupes se multiplient de 1968 à 1975. La célèbre pièce documentaire du THÉÂTRE PASSE MURAILLE *The Farm Show* (1972) est la première à témoigner des possibilités artistiques de la créations collective au Canada anglais et devient une référence pour des centaines de projets similaires parmi les Canadiens anglophones.

The Farm Show devient célèbre parce qu'elle est le prototype d'un style qui marquera le théâtre canadien du début des années 70 mais aussi parce qu'elle fait l'objet d'un film connu de Michael ONDAATJE, *The Clinton Special*. Pendant l'été 1972, le metteur en scène Paul THOMPSON et un groupe de comédiens s'installent dans une ferme près de Clinton, en Ontario. À partir de conversations avec des agriculteurs de la région, les comédiens improvisent une pièce qui allie le ton propre au documentaire parlé et l'exubérance du conte. La pièce apparaît à première vue comme une série de monologues, de chansons et de sketches (comme le dit un acteur s'adressant au public, «ça rebondit et puis ça s'arrête»), mais son apparente absence de forme cache une structure dramatique complexe.

Une fois la dramaturgie canadienne parvenue à un stade où les concepteurs peuvent vivre de leur art, la création collective apparaît moins nécessaire. Malgré tout, certaines pièces, parmi les plus importantes et les plus populaires des années 70, sont le fruit d'un travail collectif. C'est le cas de *Paper Wheat* du 25TH STREET THEATRE, de *Ten Lost Years* de la Toronto Workshop Production et des collectifs politiques et radicaux de la Mummers Troupe de Terre-Neuve.

Au cours des années 80, la création collective commence à ne plus coïncider avec des genres précis et avec les principes idéologiques populistes des organismes culturels et des compagnies de théâtre. En tant que technique, la création collective demeure néanmoins populaire, puisqu'elle constitue un ensemble d'outils dramatiques permettant aux troupes de théâtre d'écrire, efficacement et rapidement, une pièce sur un thème choisi. Certaines compagnies, parmi lesquelles Headlines Theatre (Vancouver) et Resource Centre for the Arts (St. John's), demeurent fidèles à la création collective qu'elles considèrent appropriée à la culture locale.

Dans les années 90, la création collective est couramment pratiquée, surtout par les troupes de théâtre physique (notamment le théâtre expérimental Primus Theatre de Winnipeg), les compagnies féministes et les théâtres politiques populaires. En fait, elle figure toujours parmi les méthodes utilisées par les petits théâtres qui doivent faire avec la faible rétribution versée aux acteurs ou même le bénévolat pour réunir un groupe de comédiens, le temps nécessaire à la création d'une pièce. C'est, en somme, un luxe que les théâtres plus importants, qui s'adressent au grand public, ne peuvent plus se permettre.

Alan Filewood

Au Québec

Du milieu des années 60 à 1980 environ et parallèlement à l'émergence d'auteurs dramatiques de talent – Michel Tremblay en tête –, la création collective a pris au Québec les proportions d'un véritable mouvement de démocratisation culturelle, à travers d'innombrables groupes, en grande majorité amateurs, qui ont témoigné sur-le-champ des problèmes de l'heure. Ainsi a-t-on pu dénombrer quelque 400 créations collectives de 1965 à 1975 seulement. Un tel surgissement de la parole populai-

re a coïncidé avec le déferlement de la génération des baby-boomers parvenus à l'âge adulte, alors que la société civile et ses institutions, sous l'impulsion de la RÉVOLUTION TRANQUILLE, étaient soumises à une cascade de transformations décisives. Plus globalement, la société occidentale a été alors secouée par une crise de la structure patriarcale, attaquée entre autres par les francs-tireurs de la contre-culture, par les groupuscules gauchistes (*voir* GAUCHE AU QUÉBEC) et par les féministes aux abois. Dans ce contexte de constante ébullition socioculturelle et de contestation tous azimuts des figures d'autorité, la création collective a été ballottée entre différentes visions du monde. Par ses visées égalitaristes, elle a pu certes se proposer en tant qu'alternative progressiste au mode traditionnel de production théâtrale, mais cette utopie s'est peu à peu effritée face à la menace d'un nivellement par le bas des compétences artistiques. Sur le plan esthétique, il n'y a eu aucune commune mesure entre, d'une part, l'exploration multidisciplinaire du Groupe Image et Verbe ou des Saltimbanques – dont le spectacle *Équation pour un homme actuel* (1967) a préfiguré le théâtre d'images des années 80 –, et d'autre part, l'engagement ouvriériste du Théâtre Euh! (1970-1978) ou le théâtre d'intervention féministe du Théâtre des Cuisines (1973-1981). Se tenant à distance des pôles extrêmes du théâtre expérimental et de l'agit-prop, les groupes professionnels les plus marquants, portés par la vague plébéienne que l'on a mentionnée, ont plutôt adopté une approche ludique, proche de la revue, dans un style aux forts accents satiriques, où étaient combinés dans des proportions diverses la parodie, la chanson, le jeu grotesque, l'outrance verbale et l'adresse au public. Dans cette veine populaire, il faut faire une place à part au Grand Cirque Ordinaire (1969-1977) dont plusieurs spectacles, notamment *T'es pas tannée, Jeanne d'Arc?* (1969) et *T'en rappelles-tu, Pibrac?* (1971), ont eu un profond retentissement, tant dans les grands centres qu'en province. D'autres groupes, comme le Théâtre de Carton (fondé en 1972), L'Organisation Ô (1972-1980) et Les Gens d'en Bas (fondé en 1973), ont contribué à populariser ce genre pour lequel des acteurs-improvisateurs se sont laissé guider par une thématique, choisie en fonction de sa résonance potentielle auprès d'un public-cible. Au-delà de 1980, il n'y aura plus guère que le Théâtre Parminou (fondé en 1973) pour perpétuer cette poétique collective qui, dans les meilleurs cas, se fait l'écho de préoccupations citoyennes. Paradoxalement peut-être, la création collective a conduit à la redéfinition des tâches artistiques au sein des compagnies théâtrales, en pavant la voie à un retour en force de la mise en scène. Le théâtre d'un Robert LEPAGE constitue sans doute l'exemple le plus probant d'une démarche mixte où se sont articulés l'imaginaire scénique d'un régisseur démiurge et la matière dramaturgique fournie par un collectif d'acteurs (*La trilogie des dragons*, production du Théâtre Repère, 1985-1987; *Les sept branches de la rivière Ota*, production d'Ex Machina, 1995-1997). Sans doute est-ce par le biais de semblables «collectifs de création» que se perpétue encore de nos jours un peu de l'esprit libertaire qui a accompagné l'«âge d'or» de la création collective au Québec.

Gilbert David

Crécerelle (*voir* FAUCON)

Crédit à la consommation C'est le fait pour les consommateurs canadiens d'acheter à crédit des biens ou des services ou d'emprunter des fonds pour financer des achats déjà faits. Le type de crédit à la consommation le plus courant est le prêt en liquide habituellement consenti pour financer des achats au détail réglés par versements. De plus, les prêts servant à consolider des dettes existantes et à acquitter des soldes impayés sur les CARTES DE CRÉDIT comptent pour une importante partie, soit environ 20 p. 100, du total du crédit à la consommation. Quoique les biens achetés à crédit soient en général

de gros articles comme de l'ameublement ou des automobiles, on remarque que de plus en plus de consommateurs utilisent leurs cartes de crédit pour acheter de l'essence et d'autres biens de consommation non durables. Au milieu des années 90, l'ensemble du crédit à la consommation représentait environ 26 à 27 p. 100 de l'endettement personnel au Canada. Plus de 90 p. 100 des soldes non réglés étaient dus aux institutions financières, alors que le reste était payable aux détaillants.

De nos jours, les banques, qui détiennent plus des deux tiers de ce marché, sont les principaux fournisseurs de crédit du Canada. Elles consentent du crédit sous forme de prêts remboursables par versements, comptabilisés directement dans leurs livres, ou au moyen des cartes de crédit qu'elles exploitent. Les COMPAGNIES DE FIDUCIE et les sociétés de prêts hypothécaires fournissent aussi du crédit à la consommation, bien qu'elles se partagent une plus petite part du marché. Les COOPÉRATIVES DE CRÉDIT et les CAISSES POPULAIRES sont aussi d'importants fournisseurs de crédit à la consommation, mais ces établissements traitent uniquement avec leurs membres et accordent d'habitude des prêts à des taux inférieurs à ceux des autres institutions financières. Les sociétés de financement et de crédit à la consommation sont des intermédiaires financiers se spécialisant à la fois dans le crédit à la consommation et dans le financement sur stocks de biens de consommation durables. Certaines de ces sociétés, appelées des sociétés de crédit par acceptation, appartiennent à des fabricants d'automobiles et autres manufacturiers. De nombreux grands détaillants possèdent et gèrent aussi leurs sociétés de financement pour répondre aux besoins de crédit de leurs clients.

À partir de 1955, les sociétés de financement sont en perte de vitesse. Elles détiennent alors plus de 30 p. 100 du marché du crédit à la consommation. Leur part, aujourd'hui, n'est plus que de 7 p. 100 environ. Les compagnies d'assurance-vie fournissent aussi du crédit à la consommation par le biais de prêts sur contrat d'assurance (prêts aux souscripteurs garantis par la valeur de rachat de leur contrat d'assurance-vie).

En général, les fournisseurs de crédit à la consommation sont des sociétés à but lucratif, sauf les coopératives de crédit, les caisses populaires et certaines mutuelles d'assurance-vie. Si c'est rentable, les prêteurs accorderont du crédit à toute catégorie de clients, mais seront réticents à en accorder aux clients qu'ils considèrent comme peu rentables ou représentant un risque supérieur à la normale. En conséquence, les minorités désavantagées ont parfois de la difficulté à obtenir du crédit à la consommation, les prêteurs jugeant ces emprunteurs moins intéressants ou encore plus à risque. Comme les coopératives de crédit et les caisses populaires sont des organismes coopératifs fondés sur le principe d'entraide, elles accordent parfois du crédit à la consommation dans des circonstances où d'autres prêteurs ne le feraient pas. En outre, à l'intérieur des limites prescrites par leurs politiques, les prêts sur police d'assurance-vie sont consentis à la seule discrétion des titulaires de la police.

Le principal avantage du crédit est qu'il permet aux consommateurs d'acheter et d'utiliser un article avant d'avoir les fonds pour le payer entièrement. Par l'intermédiaire du crédit à la consommation, on obtient des biens et des services grâce à l'argent d'autrui, mais moyennant un prix, à savoir l'INTÉRÊT. Les emprunteurs déterminent le montant des mensualités en choisissant les modalités du prêt. Des groupes de consommateurs et des politiciens ont à l'occasion exprimé leurs préoccupations quant aux taux d'intérêt élevés exigés sur les cartes de crédit et à leur apparente insensibilité aux variations des autres taux d'intérêt. Les demandes de réglementation à cet effet n'ont cependant rien donné.

Le deuxième avantage du crédit à la consommation est de permettre aux emprunteurs responsables de se constituer un bon dossier de crédit, ce qui rendra plus facile l'obtention du crédit lors de prochaines transactions. Son principal désavantage, toutefois, est que certaines personnes sont tentées d'emprunter plus que leur revenu ne leur permet, ce qui les empêche de rembourser facilement. Elles s'endettent ainsi à un point tel qu'elles ont du mal à acquitter les mensualités prévues.

William T. Cannon et Edwin H. Neave

Crédit social La doctrine économique du crédit social a eu de l'influence au Canada pendant un certain temps en tant que pierre angulaire d'un parti politique important. Ses principes sont formulés par un ingénieur écossais, le major C.H. Douglas (1879-1952). Selon lui, les difficultés économiques sont causées par l'inefficacité de l'économie capitaliste, qui ne procure pas à la population un pouvoir d'achat suffisant pour jouir des biens créés par le bon développement de la capacité de production.

Douglas préconise la distribution de l'argent, ou le «crédit social», pour que les gens puissent acheter les biens et services produits en abondance par l'entreprise capitaliste. Selon lui, le total des salaires payés aux particuliers qui produisent les biens (qu'il appelle A) sera toujours inférieur au total des coûts de production (qu'il appelle B). Il s'ensuit que, sans le crédit social, la collectivité n'aura jamais assez d'argent pour acheter tous les biens et services produits. C'est ce qu'on a appelé le «théorème A'B».

La doctrine de Douglas n'a guère d'influence politique ailleurs dans le monde et serait probablement encore peu connue au Canada si l'évangéliste albertain William ABERHART n'y avait adhéré en 1932. Aberhart se sert de son émission de radio pour encourager les Albertains à adopter le crédit social pour mettre fin aux ravages de la CRISE DES ANNÉES 30 dans la province et au Canada.

En 1935, Aberhart conduit le nouveau Parti Crédit Social à la victoire en Alberta, remportant 56 des 63 sièges et obtenant 54 p. 100 des suffrages exprimés. Dirigé d'abord par Aberhart, puis, après sa mort en 1943, par Ernest C. MANNING, le parti remporte neuf élections consécutives et gouverne la province jusqu'en 1971. S'il obtient ce succès remarquable, c'est en partie parce qu'il remplace les fondements de la doctrine créditiste par des politiques financières et sociales conservatrices que même les banquiers pourraient louanger. Un autre facteur de ce succès est l'utilisation judicieuse des abondantes recettes pétrolières qui affluent dans les coffres de la province après 1947.

En 1952, un gouvernement créditiste dirigé par W.A.C. BENNETT est élu en Colombie-Britannique. Bennett ne tient pas compte de la doctrine du crédit social, mais il allie un ensemble de politiques financières conservatrices à de dynamiques projets de développement. Il gouverne la Colombie-Britannique sous l'étiquette du Crédit Social pendant 20 ans. Son fils, William R. BENNETT, devient premier ministre en 1975 et William VANDER ZALM lui succède en tant que premier ministre créditiste, en 1986. Pendant les années 50 et au début des années 60, le parti réussit également à faire élire quelques députés à l'Assemblée législative de la Saskatchewan et à celle du Manitoba.

En 1935, le Parti Crédit Social fédéral remporte 17 sièges à la Chambre des communes, dont 15 en Alberta, où il obtient 46,6 p. 100 des suffrages exprimés. La popularité du parti fédéral en Alberta diminue graduellement jusqu'en 1968. À cette date, il est devenu négligeable. Pendant les années 50 et au début des années 60, le parti fédéral remporte un petit nombre de sièges en Colombie-Britannique.

Dirigé au Québec par Réal CAOUETTE, le Parti Crédit Social fédéral remporte 26 sièges dans cette province aux élections générales de 1962. Le chef national, Robert THOMPSON, obtient à peine quatre autres sièges au Canada anglais, y compris le sien. Les tensions causées par ce déséquilibre entre les deux députations fédérales, avivées par la situation privilégiée du parti dans un Parlement minoritaire, amènent une scission en 1963, et Caouette crée sa propre formation, le Ralliement des CRÉDITISTES. Ce parti, sous des étiquettes régionales et fédérales, continue d'être représenté au Parlement jusqu'en 1980.

En tant que mouvement politique sérieux, le crédit social s'affaiblit avant et pendant les années 90, mais le parti politique est encore enregistré en Alberta. Dans cette province, le Crédit Social présente 39 candidats aux élections générales de 1993, mais sans succès. Le parti de la Colombie-Britannique a gardé son nom, mais il a rompu ses attaches avec les créditistes du reste du pays et demeure un parti relativement traditionnel et conservateur.

J. T. Morley

Créditistes Le Parti créditiste est un parti originaire du Québec, mais actif au niveau fédéral. Pendant près de 20 ans avant de former un parti politique en 1958, le Ralliement des créditistes, alors appelé Union des électeurs, est un mouvement socio-politique populiste. Sous la direction enflammée de Réal CAOUETTE, les Créditistes font une percée sur la scène canadienne aux élections fédérales de 1962, remportant 26 sièges et 26 p. 100 du vote populaire au Québec. L'aile québécoise s'affilie alors au Parti CRÉDIT SOCIAL national. Comptant également une poignée de députés créditistes dans l'Ouest, le parti détient la balance des pouvoirs à la Chambre des communes jusqu'aux élections fédérales de 1963.

Peu après, la majorité des députés restants et la plupart des partisans de la base se dissocient du parti national pour former un groupe parlementaire indépendant portant son propre nom. Devenu le Ralliement des créditistes, le parti poursuit ses activités comme entité autonome au Parlement jusqu'à la fin de la décennie. En 1970, le parti se lance sur la scène provinciale au Québec et remporte 12 sièges à l'Assemblée nationale sous la direction d'un protégé de Caouette, le pittoresque Camil Samson. Comme le parti fédéral, le parti provincial est toutefois miné par des dissensions internes et balayé en 1973 lors de l'écrasante victoire du premier ministre libéral Robert Bourassa.

En 1971, Caouette fusionne le Parti fédéral au Parti Crédit social du Canada et en devient le chef national. Malgré la fougue de Caouette en tant que chef du parti pendant les années subséquentes, ce dernier perd graduellement ses appuis dans la population. Il cesse totalement d'être représenté au Parlement en 1980, quatre ans après la mort de Caouette.

L'idéologie du parti correspond à la mentalité droitiste traditionnelle du monde rural et des petits centres urbains du Québec, et s'appuie sur les idées de réforme monétaire du major C.H. Douglas. Pendant ses premières années au Parlement, le parti veut également qu'on donne une plus grande place au français au Parlement fédéral et dans la fonction publique, en plus d'envisager brièvement l'idée d'un «statut particulier» pour le Québec. Cependant, vers la fin des années 60, Caouette ayant la main haute sur son orientation politique, le parti adhère à l'idée du bilinguisme et du multiculturalisme officiels et s'oppose fortement à l'indépendance du Québec.

Michael B. Stein

Cree, lac Il possède une superficie de 1435 km² et est situé dans la partie nord de la Saskatchewan, à l'ouest du LAC REINDEER et au sud du LAC ATHABASCA, à une altitude de 487 m. D'une longueur maximale de 81 km et d'une largeur maximale de 57 km, ce lac est le quatrième en importance en Saskatchewan. Il comprend de nombreuses îles dont une abrite la localité de Cree Lake. Ses eaux coulent vers le nord et alimentent le système du lac Athabasca par la rivière Cree et le lac Black, puis atteignent ainsi la RIVIÈRE DUBAWNT. Un poste de traite était en place à cet endroit dès les années 1870. Le nom actuel (d'après la déformation en français de Kiristinon, un mot autochtone d'origine inconnue) a été proposé par J.C. Sproule, un géologue du ministère de l'Énergie, des Mines et des Ressources.

David Evans

Creighton, Donald Grant, historien (Toronto, 15 juill. 1902—Brooklin, Ont., 19 déc. 1979). Creighton étudie au Victoria College de l'U. de Toronto et au Balliol College d'Oxford. En 1927, il entre comme chargé de cours au département d'histoire de l'U. de Toronto, y devient professeur en 1945, directeur (1954-1959) et professeur émérite en 1971. Le premier de ses nombreux ouvrages, THE COMMERCIAL EMPIRE OF THE ST. LAWRENCE (1937), le consacre l'historien canadien-anglais le plus en vue de sa génération.

Sous l'influence de Harold INNIS, Creighton adopte comme principe premier la THÈSE LAURENTIENNE, selon laquelle le Saint-Laurent est la base du système économique et politique transcontinental. Adepte de l'histoire en tant qu'art littéraire, il remporte le prix du Gouverneur général en 1952 et 1955 pour sa biographie en deux volumes de John A. MACDONALD. En tant que nationaliste ayant un parti pris pour la centralisation, Creighton en arrive plus tard à parler haut et fort contre les dangers du continentalisme et du régionalisme. Ses ouvrages d'histoire deviennent de plus en plus didactiques et il se tourne souvent vers le journalisme où, malheureusement, ses opinions prêtent le flanc à la caricature et à l'exploitation.

M. Brook Taylor

Creighton, Mary Helen, collectionneuse de chansons, folkloriste et écrivaine (Dartmouth, N.-É., 5 sept. 1899—Halifax, 12 déc. 1989). Creighton est une des premières collectionneuses de MUSIQUE FOLKLORIQUE CANADIENNE-ANGLAISE dans les Maritimes. Elle parcourt d'abord la Nouvelle-Écosse, souvent à pied, avec un accordéon qu'elle transporte dans une brouette, attentive aux chansons qu'elle entend et dont elle fait ensuite la transcription. De brefs emplois d'enseignante lui assurent le minimum vital. Peu à peu, elle est reconnue au plan académique et obtient trois bourses de la Fondation Rockefeller. Après avoir poursuivi sa cueillette pour le compte de la Library of Congress, elle entre au Musée national du Canada où elle répertorie, pendant les vingt années qui suivent, plus de 4000 chansons de langue anglaise, française, gaélique, micmaque et allemande.

Creighton prononce des conférences partout en Amérique du Nord, participe à la mise sur pied de chœurs folkloriques et prête son concours à des émissions de musique folklorique pour le réseau anglais de Radio-Canada. Elle est Membre de l'Ordre du Canada et a reçu cinq doctorats honorifiques ainsi que la Médaille du Conseil canadien de la musique. En 1986, elle publie un ouvrage pour enfants, *With a Heigh-Heigh-Ho*. Un court-métrage de l'Office national du film (*The Nova Scotia Story*, 1987, 30 min) présente des entrevues avec Creighton et avec des personnes qui parlent d'elle.

Mabel H. Laine

Crémazie, Octave, né Claude-Joseph-Olivier, poète, libraire (Québec, Bas-Canada, 16 avril 1827—Le Havre, France, 16 janv. 1879). Réputé comme étant le père de la poésie canadienne-française, Crémazie, après la fin de ses études en 1844, est un Canadien français décidé à préserver son identité à l'intérieur de la Province Unie du Canada grâce au développement économique et culturel. Il ouvre une librairie française à Québec, qui prospère. Il est l'un des membres fondateurs de l'INSTITUT CANADIEN de Québec, qu'il préside en 1857-1858. Mais c'est sa poésie qui le rend célèbre. Son évocation nostalgique de la joie qui précède la Conquête et ses recueils de poésie éveillent la ferveur nationaliste de ses compatriotes. *Le vieux soldat canadien* (1855) et *Le Drapeau de Carillon* (1858) sont reçus avec enthousiasme et font de Crémazie un «poète national».

Il aborde d'autres sujets lyriques au fur et à mesure qu'il s'ouvre au monde, et semble destiné à jouer un rôle important dans le mouvement littéraire des années 1860. Après la faillite de sa librairie, en 1862, il s'exile en France et abandonne la poésie. Ses œuvres comprennent des poèmes écrits durant sa jeunesse, une correspondance et un *Journal du siège de Paris*. Ses lettres envoyées à Henri-Raymond CASGRAIN sont des réflexions pertinentes sur la poésie et la critique et sur ses propres convictions littéraires. Crémazie adorait le romantisme et était aussi attiré par le réalisme et le fantastique. Ce poète qui célébrait la grandeur de ses ancêtres a reçu, après sa mort, des hommages extraordinaires.

Odette Condemine

Crépeau, Paul-André, juriste (Gravelbourg, Sask.) Paul-André Crépeau a marqué de son empreinte la vie juridique du Québec à plus d'un titre, mais surtout en sa qualité de président de l'Office de révision du CODE CIVIL du Québec de 1965 à 1977. Ses travaux sont à l'origine de la modernisation du Code civil du Québec, entré en vigueur en 1994. Professeur à la Faculté de droit de l'U. McGill, il a été «Wainwright Professor of Civil law» et directeur du Centre de recherche du Québec en droit privé et comparé. Il est, notamment, l'auteur de *La responsabilité civile du médecin et de l'établissement hospitalivo* (1995), le *Rapport sur le Code civil* (1978), *Les Codes civils / The Civil Codes – Édition critique annuelle, théorie générale de l'obligation juridique* (1987), et a dirigé le comité de rédaction du *Dictionnaire de droit privé* (1985). Il a été honoré et invité par plusieurs universités, il a reçu de nombreuses bourses (Rhodes et Killam) et décorations (Société royale du Canada, Ordre du Canada, Ordre du mérite de France, Ordre national du Québec).

André Poupart

Crerar, Henry Duncan Graham, officier de l'armée (Hamilton, Ont., 28 avril 1888—Ottawa, 1ᵉʳ avr. 1965). Diplômé du Collège militaire royal du Canada, il est affecté à l'artillerie en 1910 et, à la fin de la Première Guerre mondiale, il est nommé officier d'état-major de contrebatterie dans le Corps d'armée canadien. Entre les deux guerres, il occupe divers postes au sein de l'état-major et étudie au British Staff College et à l'Imperial Defence College. Il devient chef de l'état-major général, en 1940, et doit assumer presque toute la responsabilité de l'envoi des troupes canadiennes à HONG-KONG en novembre 1941.

Un mois plus tard, Crerar est nommé commandant du 1ᵉʳ Corps d'armée canadien au Royaume-Uni. En novembre 1943, il se rend en Italie avec ses hommes et est ensuite rappelé en Angleterre pour diriger la 1ʳᵉ armée canadienne lors de l'invasion de la France. Promu général en chef le 21 novembre 1944, il commande l'armée de terre pendant toute la campagne dans le N.-O. de l'Europe. Il prend sa retraite en octobre 1946. Excellent officier d'état-major, Crerar s'est révélé médiocre chef, et le feld-maréchal Montgomery, de qui relevait la 1ʳᵉ armée canadienne, lui faisait peu confiance.

Brereton Greenhous

Crerar, Thomas Alexander, homme d'affaires et politicien (Molesworth, Ont., 17 juin 1876—Victoria, 11 avril 1975). Il a été instituteur, fermier et gérant d'une Farmers' Elevator Co-op au Manitoba. Président des gérants de la Grain Growers' Grain Co. (United Grain Growers) à Winnipeg de 1907 à 1930, Crerar est un libéral de la tendance de Mill et de Gladstone, et un militant de la réforme agraire, partisan de la taxe unique et du libre-échange et des initiatives économiques des fermiers, mais les groupe-

ments de producteurs de blé des années 20 ne l'enthousiasmant pas. Nommé ministre de l'Agriculture et membre du Conseil privé dans le GOUVERNEMENT D'UNION en 1917, il démissionne en 1919 avec la montée du mécontentement des agriculteurs. Il accepte à contrecœur la formation d'un parti de fermiers et devient leader du PARTI PROGRESSISTE en 1920. Les progressistes remportent 65 sièges en 1921, mais Crerar refuse le statut d'Opposition officielle, tant il souhaite un arrangement avec les libéraux. Incapable d'y parvenir, il démissionne en 1922 et des divisions naissent au sein du Parti progressiste.

Il quitte la politique en 1925 mais, en 1929, il revient comme ministre des Chemins de fer et des Canaux dans le Cabinet du premier ministre KING. Battu en 1930, il renoue avec les libéraux en 1935 comme ministre des Mines et des Ressources. En 1945, il est nommé au Sénat, mais démissionne en 1966. Il maintient des liens avec le monde des affaires, en siégeant à divers conseils d'administration. Il est le premier politicien à avoir été nommé compagnon de l'Ordre du Canada en 1974.

F.J.K. Griezic

Crest Theatre, The En 1953, Donald et Murray DAVIS fondent The Crest Theatre avec l'aide de leur sœur Barbara Chilcott. Auparavant, à la fin des années 40, Donald et Murray ont étudié le théâtre avec Robert Gill au Hart House Theatre de l'U. de Toronto.

En janvier 1954, The Crest Theatre inaugure sa première saison avec 11 pièces et donne des représentations jusqu'à la fin du mois de juin de la même année. L'ouverture du Crest Theatre, à peine trois ans après le dépôt du rapport de la Commission royale d'enquête sur l'avancement des arts, lettres et sciences au Canada (rapport Massey), marque le début d'un théâtre commercial local à Toronto. Jusqu'alors, le public amateur de théâtre professionnel se voyait proposer presque uniquement des pièces itinérantes en provenance de Grande-Bretagne et des États-Unis.

The Crest Theatre est installé dans une salle de cinéma rénovée sur Mount Pleasant Road, à Toronto. Les frères Davis dirigent la troupe, veillent à l'orientation artistique et procurent une partie du financement. La première charte de la compagnie stipule que son mandat consiste à créer un théâtre de répertoire et à «contribuer à la vie culturelle du Canada en favorisant par divers moyens la formation de directeurs artistiques, de dramaturges, de scénographes, de directeurs de théâtre et de techniciens».

Pendant treize saisons consécutives, The Crest Theatre monte des pièces ambitieuses caractérisées par une dramaturgie éclairée, parmi lesquelles figurent des œuvres classiques, contemporaines et inédites. Souvent, Donald, Murray et Barbara Chilcott jouent dans les pièces, en plus d'assumer la gestion du théâtre.

Toute une génération de comédiens et de metteurs en scène canadiens ont eu la chance, en début de carrière, de travailler à temps plein pour le Crest Theatre. Citons, entre autres, Richard Monette, Jackie Burroughs, Frances HYLAND, Amelia Hall, Eric House, John Baylis, Martha HENRY, Marilyn Lightstone, Kate REID, Leo Ciceri, et Charmion King.

La troupe a aussi formé un nombre considérable de directeurs artistiques: Robert Gill, Douglas Campbell, John Holden, Malcolm Black, Jean Roberts, Barry Morse, Mavor Moore, David Gardner, Leon Major, John HIRSCH, Herbert Whittaker, Marigold Charlesworth, Allan LUND, Kurt Reis, George McCowan et les frères Davis.

De plus, le Crest Theatre s'est toujours efforcé de donner leur chance aux dramaturges canadiens. À cette fin, il présente au moins une pièce canadienne par saison. Ces pièces, souvent montées pour la pre-

mière fois, comprennent des œuvres de Robertson DAVIES, John GRAY, Mary Jukes, Marcel Dubé, Ted ALLAN et Bernard Slade.

Le Crest Theatre débute comme une société à responsabilité limitée, avec des fonds à la fois privés et publics. Il se transforme par la suite en fondation à but non lucratif dirigée par un conseil d'administration. Aujourd'hui, de nombreux organismes artistiques ont adopté ce type d'organisation, qui encourage l'indépendance artistique avec l'aide financière provenant d'organismes gouvernementaux et des abonnés.

Le Crest Theatre ferme ses portes le 30 avril 1966, après avoir présenté 140 pièces. Il partage avec d'autres organismes artistiques une histoire marquée par la polémique à propos du financement, du contrôle artistique et de la qualité des productions. Le Crest Theatre restera dans l'histoire pour avoir cru qu'une communauté théâtrale viable pourrait s'installer à Toronto.

Robin Breon

Creston, ville de la C.-B.; pop. 4816 (rec. 1996), 4207 (rec. 1991), 4098 (rec. 1986); superf. 7,68 km²; const. en 1924; située dans la région de Kootenay-Ouest, dans le sud-ouest de la province. Cette localité, située au cœur de la vallée de Creston, se trouve en bordure de la route 3, la Crowsnest Highway (embranchement sud de la Transcanadienne), à 109 km à l'ouest de Cranbrook et à 119 km à l'est de Castlegar. L'endroit s'est d'abord appelé Seventh Siding pendant la construction du chemin de fer du Canadien Pacifique (CP) et, plus tard, Fisher. En 1898, le CP lui donne officiellement le nom de Creston, d'après une ville en Iowa, sur l'insistance d'un de ses fondateurs. À la fin des années 1890, on jalonne l'emplacement sur des terres sises entre les chemins de fer CP et Great Northern; toutefois, les colons se mettent bientôt à déborder sur les terrains situés au nord et à l'est.

David THOMPSON est probablement le premier Blanc à venir dans la région en 1809. Des autochtones de la tribu KOOTENAY peuplent à l'origine ce secteur, tirant surtout leur subsistance de la pêche dans la rivière et le lac Kootenay. Durant les années 1860, on aménage dans la vallée la ROUTE DEWDNEY, à partir de Hope, à l'extrémité nord de la vallée du Fraser, jusqu'au gisement aurifère de Wild Horse, près de Fort Steele. Rares sont ceux qui s'aventurent dans cette direction peu de temps après l'abandon des mines d'or, et l'activité ne reprend qu'avec la découverte d'argent dans la région de Kootenay-Ouest. Des bateaux à aubes font alors leur apparition sur la rivière et le lac Kootenay, évacuant le minerai et acheminant les mineurs et les provisions vers Ainsworth, Kaslo et d'autres endroits en bordure du lac. En 1890, on pose les jalons de la mine Alice, mais les travaux d'extraction ne débutent que plus tard.

L'industrie du bois commence à prendre la relève dans la vallée, mais vers 1908, quand le gouvernement provincial divise les terres de la Couronne pour les vendre, on se rend compte que les cultures fruitières offrent les meilleures perspectives à long terme. William A. Baillie-Grohman propose alors d'assécher la plaine alluviale inondable sise en bordure de la rivière Kootenay, à l'ouest de la ville, en détournant celle-ci dans le fleuve Columbia situé à Canal Flats, lieu dont le nom rappelle la présence du canal. Les crues anormalement élevées en 1894 détruisent les digues, acculant cette compagnie à la faillite. Ce n'est qu'au début des années 30 que le gouvernement fédéral entreprend l'assèchement à grande échelle des terres formant le lit de la rivière (8100 ha, à la fin). La zone de gestion faunique de la vallée de Creston, qui s'étend de la pointe sud du lac Kootenay jusqu'à la frontière américaine, sert de halte pour les oiseaux migrateurs, notamment les cygnes.

William. A. Sloan

Crevettes Ces CRUSTACÉS de l'ordre des décapodes (10 pattes), diffèrent des animaux de leur ordre (CRABES, ÉCREVISSES, HOMARDS) par leurs adaptations à la nage, comme un grand abdomen comprimé latéralement et des pléopodes (paires de pattes natatoires) bien développés. Toutes les espèces indigènes du Canada sont marines, et le bouquet de Malaisie *Macrobrachium*), de grande taille, a fait l'objet d'un élevage expérimental en eau douce. On compte plus de 100 espèces de crevettes dans les eaux canadiennes, dont 85 sont observées sur la côte du Pacifique. Elles varient considérablement en taille: certaines ont moins de 20 mm de longueur, tandis que d'autres dépassent 200 mm. Les femelles sont presque toujours plus grandes que les mâles. Certaines espèces sont hermaphrodite protérandrique, c.-à-d. qu'elles croissent et atteignent leur maturité sexuelle sous forme de mâles, puis passent le reste de leur vie reproductive sous forme de femelles.

Les espèces ayant la plus grande valeur commerciale au Canada sont la crevette tachetée (*Pandalus platyceros*), de la côte du Pacifique, et la crevette nordique (*Pandalus borealis*), de la côte de l'Atlantique. Quoique les appellations «crevette» et «bouquet» soient utilisées indifféremment en Amérique du Nord, la distinction est importante dans le domaine culinaire.

D.E. Aiken

Criddle, Famille Elle est composée de naturalistes renommés pour leurs relevés détaillés, établis sur une longue période, sur la faune et la flore à Aweme, près de Treesbank, au Manitoba. Ces relevés ont débuté en 1882, avec le journal personnel de Percy tenu à compter de son arrivée d'Angleterre. Des huit enfants, Norman (Addlestone, Angl., 14 mai 1875—Brandon, Man., 4 mai 1933) et Stuart (Addlestone, Angl., 4 déc. 1877—Surrey, C.-B., 23 oct. 1971) sont les plus connus et ont publié près de 150 articles.

Norman est le doyen de l'ENTOMOLOGIE de l'Ouest du Canada, il est renommé pour la mise au point du «mélange Criddle» conçu pour lutter contre les sauterelles et les premières application d'observations biologiques dans la lutte contre les insectes. Parmi les études de la famille Criddle, on note les suivantes: des relevés de températures sur de longues périodes, pour lesquels Maida a reçu une récompense du gouvernement; l'un des premiers recensement d'oiseaux nicheurs; l'une des plus longues études décrivant chronologiquement la migration d'oiseaux en Amérique du Nord; et un inventaire détaillé et chronologique de fleurs. Norman tentait de prévoir les infestations de sauterelles en fonction des cycles de l'activité solaire. Avec Stuart, il a été actif au sein de nombreuses organisations et a exercé une influence sur le travail de ses collègues. Certaines des peintures de Norman ont paru dans des livres sur les plantes canadiennes publiés par le gouvernement.

Martin K. McNicholl

Cridge, Edward, doyen de la Colombie-Britannique, évêque de l'Église épiscopale réformée (Bratton Flemming, Devonshire, 17 déc. 1817—1913). Pour une raison ou pour une autre, Cridge n'entre à l'université que tard dans la vingtaine et obtient un B.A. du St. Peter's College (Peterhouse), à Cambridge, en 1848. Il est ensuite ordonné, devient diacre en 1848, et prêtre en 1849. Il est successivement vicaire de North Walsham, à Norfolk, vicaire de West Ham, puis vicaire titulaire de Christ Church, West Ham of Christ Church, Stratford, Londres.

En 1854, Cridge est nommé aumônier de la COMPAGNIE DE LA BAIE D'HUDSON, à Victoria. Lui et son épouse Mary y arrivent le 1ᵉʳ avril 1855. Au cours des quelques années suivantes, il est le seul missionnaire dans la région. George Hills, consacré premier évêque de Columbia en 1859, arrive à Victoria en 1860 en compagnie de plusieurs autres ecclésiastiques. Les rapports entre Cridge et

Hills deviennent de plus en plus difficiles quand l'évêque invite l'archidiacre de Vancouver, W.S. Reece, à prononcer un sermon à l'occasion d'un des services inauguraux de la nouvelle cathédrale en 1872. Cridge est furieux et proteste publiquement à la fin du service.

En 1874, l'évêque propose de convoquer un synode diocésain. Cridge s'y objecte fortement, y voyant un autre empiétement sur ses droits. Dans sa lettre à l'évêque datée du 9 janvier 1874, il déclare que, selon lui, «chaque congrégation forme, avec son pasteur accepté, une église complète. [...] Les hommes d'Église ne sont liés en conscience que par les Écritures et, par conséquent, celles-ci sont loi». Il ajoute: «Le seul interprète légal et responsable de cette loi [...] est le pasteur de la congrégation [...] à qui l'évêque même ne peut dicter ses volontés». La position de Cridge est indéfendable et l'évêque n'a d'autre choix que de le frapper d'interdiction.

S'ensuit une âpre dispute qu'un appel au tribunal civil résout finalement. Cridge est chassé de la cathédrale. Le dimanche suivant, il fonde une congrégation rivale qui est bientôt admise dans la nouvelle Église épiscopale réformée. Cridge est élu évêque missionnaire de la côte du Pacifique en 1875. Bien que la hiérarchie ecclésiastique ait sans doute joué un rôle important dans cette controverse, Cridge étant un protestant évangélique extrémiste, la véritable cause réside sans doute dans le conflit de personnalités entre Cridge et son évêque, George Hills, partisan modéré de la Haute Église.

Frank A. Peake

Crime Dans les sociétés modernes, on peut définir officiellement le crime comme un acte ou une omission que la loi réprime et dont l'auteur est passible de sanction. Bien qu'on considère le crime de façon générale comme l'équivalent d'un comportement antisocial, immoral ou honteux ou comme la violation d'une norme sociale importante, il n'existe légalement, peut-on dire, que si la loi elle-même l'interdit. Les notions de crime varient beaucoup d'une culture à une autre. Seule la trahison (le manque de loyauté au groupe) et l'inceste sont condamnés presque universellement, mais ces actes n'ont pas toujours été considérés comme des crimes.

Les lois reflètent généralement les intérêts du groupe social dominant et visent à proscrire les actes qui, craint-il, sont susceptibles de porter atteinte à la structure collective. Ainsi, p. ex., l'hérésie est considérée comme un crime dans les états théocratiques et dans d'autres états où il n'y a pas de distinction nette entre les codes de comportement civil et religieux, la dissidence politique est un crime dans les régimes totalitaires, alors que les lois visant à protéger la propriété privée foisonnent dans les sociétés capitalistes (*voir* DROIT DES BIENS).

Beaucoup de comportements érigés en crime le sont par suite de considérations d'ordre moral, aussi l'évolution des mœurs s'accompagne-t-elle d'une évolution dans la notion du crime. L'adultère, la fornication, la PROSTITUTION, l'HOMOSEXUALITÉ et d'autres formes d'activités sexuelles proscrites relèvent parfois, mais pas toujours, du CODE CRIMINEL des sociétés contemporaines.

Tuer un être humain constitue un crime dans toutes les sociétés civilisées. Dans les sociétés primitives toutefois, le meurtre peut être considéré comme une question privée qui doit se régler entre les familles en cause. Dans ces sociétés, la conduite est largement régie par la coutume et les normes partagées par tous les membres. Les infractions sont considérées comme des torts privés plutôt que comme des crimes. On se préoccupe moins de l'état d'esprit ou de l'intention du contrevenant (*voir* MENS REA), et la culpabilité est généralement déterminée par la collectivité.

Dans les états-nations, où les institutions politiques et juridiques sont codifiées, le crime constitue

une violation de la loi criminelle sanctionnée par l'État. Cependant, les codes criminels des nations modernes forment des corpus compliqués et croissants de règles écrites.

Histoire du crime

Les premières lois à voir le jour, le code babylonien de Hammourabi (1900 av. J.-C.), sont apparemment fondées sur la vengeance, p. ex., sur la maxime «œil pour œil, dent pour dent», mais la plupart des lois les plus anciennes permettent le dédommagement fondé sur la valeur de l'œil ou de la dent, ou de toute autre chose, y compris la vie humaine. Tous les codes reflètent les différences sociales. Dans le cas de la loi de Moïse, aucune peine n'est rattachée aux Dix commandements en tant que tels, mais les contrevenants s'exposaient à des peines graves en cas de violation de toutes sortes de règles, de nombreuses étant de nature rituelle.

Leur application est cependant limitée par des règles de procédure et de preuve qui sont presque insurmontables dans la mesure où il faut établir qu'un crime a été commis. Les Grecs, de leur côté, permettent également le dédommagement. En grec, le mot «punition» désigne une réparation monétaire. Après Solon, au VIᵉ siècle av. J.-C., tous les citoyens d'Athènes ont le droit d'intenter des poursuites. À Rome, le droit civil se développe en un système cohérent, mais le DROIT CRIMINEL demeure largement une question de coutume locale.

Dans l'Angleterre médiévale, au début, on n'établit pas de distinction entre le crime et ce qu'on appelle aujourd'hui des délits civils, et la personne qui en tue une autre est passible d'une ordonnance de dédommagement appelée *wergilt*. Seule la vie du roi est exemptée, et cette exception se poursuit aujourd'hui dans la notion dite de la «quiétude du Roi» ou d'«ordre public»: aujourd'hui encore, un crime est considéré comme ayant été commis contre la Couronne. Un corps distinct de lois criminelles n'est élaboré qu'après la conquête normande.

Influence du christianisme Grâce à celle-ci, des notions telles la culpabilité et la condamnation (cette dernière étant utilisée à l'origine avec l'excommunication) entrent dans le domaine du droit. On a recours à la torture pour arracher les aveux, et les châtiments sont cruels, mais leur application n'est pas cohérente. Les prescriptions criminelles sont de plus en plus utilisées comme un moyen de contrôle social, comme elles le sont d'ailleurs aujourd'hui.

Au Canada, les infractions sont prévues au *Code criminel* et de nombreuses autres lois fédérales, provinciales et dans des arrêtés municipaux. On estime qu'il existe environ 40 000 infractions, sans compter celles que prévoient les arrêtés municipaux, pour lesquelles les citoyens canadiens peuvent être poursuivis. L'ignorance de ces infractions ne constitue pas un moyen de défense. En outre, la plupart des infractions plus récentes sont des infractions dites de responsabilité «absolue», c.-à-d. que le seul fait de commettre l'acte (*actus reus*) entraîne la culpabilité, sans qu'il soit nécessaire de faire la preuve d'un élément mental tel que l'intention, l'insouciance ou la négligence (*voir* RESPONSABILITÉ CIVILE DÉLICTUELLE), ou de responsabilité «stricte» où le fait de commettre l'*actus reus* donne lieu à la présomption de culpabilité, à moins que le prévenu ne puisse réfuter cette présomption en démontrant qu'il a pris toutes les précautions nécessaires pour éviter de le commettre.

Mesure et statistiques Les renseignements concernant la criminalité sont généralement tirés de statistiques compilées par une variété d'organismes officiels. Un système de déclaration uniforme de la criminalité est établi au Canada en 1962. On sait que de telles statistiques «officielles» ont leurs limites, et une variété d'activités de collecte supplémentaires telle que l'auto-déclaration et les sondages auprès des victimes sont utilisées pour tenter de faire la lumière sur la criminalité «cachée» ou l'activité criminelle non signalée.

Certains crimes, particulièrement ceux de nature sexuelle et les voies de fait entre membres de la même famille, tendent à ne pas être déclarés et il est donc difficile d'établir, p. ex., s'il y a augmentation de la violence faite aux femmes mariées et de la violence faite aux enfants (*voir* ENFANTS MALTRAITÉS) ou si ces infractions sont beaucoup plus fréquemment détectées, signalées et poursuivies.

Des problèmes graves continuent de faire obstacle à la collecte et au traitement de données sur le plan national et, à cet effet, en 1981, on établit l'Entreprise nationale relative à la statistique juridique, dont la responsabilité est partagée entre les ministères fédéral, provinciaux et territoriaux chargés de l'administration de la justice. Le Centre canadien de la statistique juridique élabore et met en œuvre les sondages statistiques, et diffuse les renseignements. Des données plus fiables et utiles sont maintenant recueillies, même si les enquêtes nationales dans tous les secteurs importants de la justice ne seront pas réalisées avant plusieurs années.

Causes et explications de la criminalité La littérature contemporaine sur les causes de la criminalité est liée à la littérature dans le domaine de l'anthropologie, de la psychiatrie, de la psychologie sociale et de la sociologie. Les criminologues étudient comment les gens deviennent des délinquants ainsi que le lien entre les taux de la criminalité et la culture et l'organisation sociale. Très peu de recherches systématiques théoriques sur la criminalité sont entreprises avant le XXe siècle. Auparavant, cette question était généralement traitée par des théologiens, des médecins et des réformateurs.

Au cours des 100 dernières années, on attribue la criminalité à la constitution biologique et aux caractéristiques héréditaires des contrevenants, à leur constitution psychologique et à leurs conditions sociales. D'autres la considèrent comme une expression du pouvoir politique. Les contrevenants sont un groupe sélectionné identifié par des organismes officiels, mais de nombreuses autres personnes commettent effectivement des crimes.

Par ailleurs, la criminalité se rapporte à des situations et à des actes si différents et si nombreux qu'il est difficile de généraliser. La définition du crime n'est pas statique mais contextuelle. P. ex., la surreprésentation des autochtones dans les prisons canadiennes peut davantage être le signe de différences culturelles et de privation sociale que d'un comportement criminel en tant que tel. Le taux de criminalité tout comme le taux d'emprisonnement sont constamment beaucoup plus élevés dans les deux territoires que dans toute autre province.

Il est généralement reconnu aujourd'hui que ce qui est défini et évalué comme criminalité reflète les valeurs et les jugements des groupes dominants dans une société. Les changements dans la tendance de la criminalité sont l'expression des stress sociaux, du changement social et des incertitudes sociales. L'une des récentes vagues de criminalité, l'utilisation de drogues interdites, en est un exemple typique (*voir* DROGUES, USAGE NON MÉDICAL DES).

Classification des infractions Contrevenants et infractions peuvent être classés de plusieurs façons. La façon la plus courante, mais non nécessairement la plus utile, est de regrouper les accusations selon les diverses lois, p. ex., les infractions au *Code criminel*, qui comprennent les infractions contre la personne (aujourd'hui plus généralement appelées crimes de violence, même si la violence n'a pas été nécessairement utilisée), les infractions contre la propriété, les infractions d'ordre sexuel et les autres infractions.

Statistiquement parlant, les infractions contre la propriété sont de loin les plus courantes, bien qu'à en juger par le nombre d'affaires que doivent juger les tribunaux, les infractions ayant trait aux véhicules automobiles soient encore plus répandues et non moins graves car plus de pertes de vie, plus de blessures et de dommages matériels sont causés par les véhicules automobiles que par les crimes de rue traditionnels.

Les spécialistes des questions sociales classent aujourd'hui l'activité criminelle selon le comportement manifeste de ceux qui s'y livrent (bien qu'une telle classification ne corresponde pas nécessairement aux statistiques de la criminalité): crimes de violence contre la personne (p. ex., le meurtre, l'agression sexuelle, la pédophilie), crimes contre la propriété (vol à l'étalage, falsification de chèques), crimes commis dans le milieu du travail (*voir* CRIME EN COL BLANC), crimes politiques (trahison, sédition, espionnage), crimes contre l'ordre public (état d'ébriété, vagabondage, jeux, toxicomanie), crimes conventionnels (VOL QUALIFIÉ, vol simple), CRIME ORGANISÉ (rackets) et crimes professionnels (escroquerie, faux et usage de faux). Toutefois, les classifications générales des infractions ne nous renseignent que très peu sur la question de savoir quand et où les crimes sont commis, et qui y participe. On présume souvent que la violence a lieu principalement dans les lieux publics et qu'elle est commise par des étrangers, mais le contraire est vrai. S'agissant d'une infraction comme le vol, qui est classée selon que la valeur du ou des biens volés est ou non inférieure à 1000 dollars, il n'y a aucune façon de savoir si le voleur était un voleur à la tire, s'il volait à l'étalage, volait des voitures ou volait dans des voitures, ou s'il était impliqué dans des crimes commis par des personnes morales ou par des cols blancs. Presque toute activité légitime comporte son pendant criminel, et il existe des zones grises entre elles qui sont souvent les plus profitables (*voir* ÉCONOMIE SOUTERRAINE). Il importe d'apprécier la variété déconcertante des crimes si nous devons éviter les solutions simplistes, le problème le plus grave faisant obstacle aux mesures de lutte contre la criminalité.

Lutte contre la criminalité L'expression «le maintien de l'ordre public» est devenue «la guerre contre la criminalité». De véritables armées d'agents d'APPLICATION DE LA LOI et d'agents correctionnels connaissent une croissance phénoménale depuis les années 60, non seulement en nombre, mais en programmes et en progrès techniques. En 1991-1992, il y avait plus de 56 774 agents de POLICE et 28 233 agents des services correctionnels au Canada. Les dépenses relatives aux services correctionnels (*voir* PRISON) seulement se chiffrent à 1,9 milliards de dollars en 1991-1992, une augmentation de 37 p. 100 par rapport aux années 1985-1986.

L'industrie de la sécurité privée est même plus importante à de nombreux endroits que la force policière officielle. On fait plus attention à la conception des maisons, à l'éclairage des rues et aux installations de sécurité, mesures qui malheureusement encouragent également la création d'une mentalité d'assiégés.

Il reste que le châtiment constitue la réaction fondamentale à la criminalité. La menace de châtiment est censée dissuader la population contre la perpétration de crimes (dissuasion générale), alors que l'infliction des châtiments est censée dissuader les contrevenants (dissuasion spécifique). Il n'existe aucune preuve concluante que le châtiment a un effet dissuasif sur la criminalité, fait reconnu longtemps avant que de véritables études jettent des doutes quant à son efficacité.

Les mesures telles que la pénitence, le travail, l'éducation et le traitement sont également discrédités comme formes de dissuasion. La tendance prédominante est de considérer le crime comme un problème social et politique, mais les différences de classes sociales et la PAUVRETÉ ne peuvent être réglées par les organismes de lutte contre la criminalité.

La reconnaissance grandissante que la criminalité est l'expression du conflit humain se reflète dans nouvelles approches à enrayer la criminalité tentant, tout au moins, d'atténuer les cercles vicieux d'accusation, de déclaration de culpabilité et de châtiment. D'aucuns demandent la décriminalisation de certaines formes de comportement, surtout les crimes sans violence. Des programmes de déjuridiciarisation sont mis sur pied pour fournir aux contrevenants des solutions de rechange (*voir* PROBATION ET LIBÉRATION CONDITIONNELLE).

Les interventions telles que la pénitence, le travail, l'éducation et les divers programmes de traitement ne semblent pas avoir réduit de façon significative la récidivisme. On considère de plus en plus que le crime est un problème social et politique, et le système de justice criminelle peut ne pas être l'institution qui convient pour s'occuper de questions telles les différences entre les classes sociales et la pauvreté.

Les mesures formelles contre la criminalité, dont des dépenses considérables en main-d'œuvre et en argent, n'atténuent pas le problème de la criminalité et peuvent même l'avoir aggravé. Pour redresser la situation, de nouvelles initiatives comme les programmes d'aide aux victimes et le dédommagement traduisent la nouvelle attitude de l'État en faveur de la victime en tant que partie lésée. Les peines faisant appel à la restitution et aux travaux communautaires marquent les tentatives de rendre les contrevenants directement responsables de leurs actes et de faire participer les citoyens et les collectivités aux mesures de lutte contre la criminalité.

J.W. Mohr et Keith Spencer

Crime en col blanc Type de crime commis dans le domaine professionnel et dans le monde des affaires. Par crime professionnel, on désigne les infractions commises contre des institutions légitimes (les entreprises du secteur privé ou le gouvernement) par des personnes socialement «respectables». Cette criminalité englobe les détournements de fonds dans l'entreprise privée, l'évasion fiscale, le crime informatique et la fraude liée aux comptes de frais. La criminalité dans le monde des affaires vise les infractions commises par des institutions légitimes dans la poursuite de leurs propres intérêts, y compris la collusion en vue de fixer les prix de biens ou de services, le déversement de polluants, le versement de pots de vin par les fabricants à des détaillants, la publicité trompeuse, la vente de médicaments dangereux, etc.

Au Canada, la plupart des infractions en milieu professionnel sont réprimées par le CODE CRIMINEL, qui est appliqué par les corps de POLICE municipaux ou provinciaux, procédure compliquée parce que les suspects sont souvent des employés de l'établissement où ils volent et l'employeur ou bien ne découvre pas le vol rapidement, ou bien préfère éviter la publicité en ne signalant pas la perte. Le coupable peut être congédié ou forcé à payer ce qu'il a volé. La criminalité dans le monde des affaires est interdite par une grande variété de lois fédérales, provinciales et municipales. La responsabilité de leur application incombe aux inspecteurs du gouvernement, qui ont généralement moins de pouvoirs que la police pour détenir les suspects et rechercher les éléments de preuve. Contrairement à la croyance commune, la criminalité dans le monde des affaires cause beaucoup plus de préjudices financiers et beaucoup plus de préjudices personnels (dont certains mènent à la mort) que la criminalité traditionnelle comme le vol, le cambriolage et l'agression.

La *Loi des enquêtes sur les coalitions* (articles 36 et 37), rebaptisée *Loi sur la concurrence* le 19 juin 1986, interdit l'annonce d'une vente spéciale, alors que les prix ne sont pas réduits, de donner de fausses indications sur les propriétés d'un produit, de vendre une voiture d'occasion comme une voiture neuve, et de nombreux autres actes. Selon le ministère fédéral de la Consommation et des Affaires commerciales, il s'agit là de crimes communs, et le ministère reçoit plus de plaintes qu'il ne peut enquêter, aussi ne choisit-il de poursuivre que les infractions les plus graves et les plus importantes. Par comparaison avec les autres pays occidentaux, au Canada les poursuites sont peu nombreuses et les amendes peu élevées. Chaque année, de nombreuses accusations sont portées en vertu des dispositions de la loi relatives à la publicité trompeuse, mais les amendes sont peu élevées, se chiffrant généralement à moins de 400 dollars par accusation. Si on exclut ces articles, 89 autres poursuites sont intentées sous le régime de la *Loi sur les enquêtes sur les coalitions* de 1952 à 1975. Dans 8 cas il y a acquittement, et dans 2, rejet à l'enquête préliminaire. Vingt-deux défendeurs (des particuliers comme des personnes morales) ne reçoivent que signification d'une ordonnance d'interdiction (acte judiciaire par lequel un juge ordonne à un coupable de ne pas récidiver), alors que 57 défendeurs sont déclarés coupables et condamnés à des amendes allant de 300 à 50 000 dollars (7500 dollars en moyenne par cas). Une coalition illégale peut rapporter plusieurs millions de dollars de profits pour l'entreprise coupable, aussi de telles amendes sont peu susceptibles de produire quelque effet dissuasif important.

Les autres lois portant sur la criminalité des entreprises comprennent la *Loi sur les aliments et drogues* (réprimant la vente d'aliments et de drogues contaminés), la *Loi sur les produits dangereux* (empêchant la vente de marchandises dangereuses), la *Loi sur les poids et mesures* (interdisant l'utilisation de balances fausses), les lois sur la protection de l'environnement, fédérale et provinciales, les lois visant à protéger les investisseurs contre les promoteurs et les courtiers peu scrupuleux, les lois visant à assurer que les travailleurs ne sont pas exploités, p. ex., en les obligeant à travailler 18 heures par jour dans des locaux mal ventilés. Malheureusement, ces lois ne sont pas toujours appliquées avec rigueur. En général, les autorités utilisent d'abord la persuasion, ne recourant aux sanctions criminelles qu'en dernier ressort. Si les affaires sont soumises aux tribunaux, elles prennent plus de temps, les défendeurs sont beaucoup plus portés à interjeter appel et les affaires aboutissent souvent à un acquittement ou au retrait de l'accusation par la COURONNE. Ces infractions sont moins susceptibles de mener à l'emprisonnement que ne le sont des infractions semblables prévues au *Code criminel*. Les juges et les justiciables ne sont pas sûrs si les particuliers et les personnes morales déclarés coupables de crimes contre les consommateurs, les employés, leurs rivaux ou l'environnement sont de vrais criminels.

Les lois sanctionnant les crimes commis en milieu professionnel ne comprennent pas la plupart des infractions informatiques, comme le fait de percer des codes informatiques et de copier des fichiers confidentiels. Cependant, le Parlement modifie actuellement la *Loi sur le droit d'auteur* afin qu'elle s'applique aux logiciels.

Il est nécessaire de procéder à une réforme législative de sorte que les lois puissent s'appliquer à la criminalité dans le monde des affaires. En 1986, l'amende maximale pour une infraction de coalition illégale est portée à 10 millions de dollars (décision importante bien que symbolique puisque les juges n'imposent pas habituellement des amendes s'approchant du maximum prévu pour ce genre de crimes), et les banques de même que les sociétés d'État sont maintenant assujetties aux lois sur la concurrence. En tenant compte des modifications de 1976 qui étendent la portée des lois interdisant la fixation des prix par les professionnels, imposant des sanctions plus sévères pour la publicité trompeuse et interdisant les pratiques commerciales frauduleuses, comme les ventes à prix d'appel, les ventes pyramidales, les lois sur la concurrence ont été révisées de fond en comble. Il reste à voir si cette réforme réduira la fréquence de la criminalité des entreprises ou modifiera le préjudice qu'elle cause. Les tentatives visant à renforcer les lois sur la protection de l'environnement ou sur le SALAIRE MINIMUM sont fréquemment combattues par les entreprises qui menacent de fermer leurs portes, éliminant des emplois dont on a grand besoin. Le public, peu sensibilisé au préjudice que cause la criminalité dans le monde des affaires, est lent à réclamer des réformes.

Laureen Snider

Crime organisé La police canadienne a officiellement défini le crime organisé comme «l'action de deux ou plusieurs personnes entretenant des rapports réguliers consistant à participer dans un but lucratif à des activités illégales, même indirectement». De son côté, un ancien caïd du crime organisé américain l'a défini ainsi: «c'est tout simplement une bande de gars qui se regroupent en vue de soutirer tout l'argent possible au plus grand nombre de poires possibles. Le crime organisé est une chaîne de commandement de A jusqu'à Z, de Londres au Canada, aux États-Unis, au Mexique, en Italie, en France, partout».

Au Canada et aux États-Unis, le crime organisé ne se limite pas à la coterie criminelle italienne qu'on appelle la mafia, la *cosa nostra* ou l'honorable société. En Amérique du Nord, presque tous les principaux groupes nationaux, communautés ethniques et membres de toutes les classes sociales ont déjà été impliqués d'une manière ou d'une autre dans le crime organisé. Le criminologue américain Francis Ianni, Ph.D., a avancé une théorie qui explique comment l'activité criminelle organisée s'est développée en Amérique du Nord, passant d'un groupe ethnique à un autre, compte tenu de la durée de son implantation en Amérique du Nord, de la langue, des liens culturels entre les membres du groupe et du degré d'assimilation de ses membres à la société d'accueil.

De nombreux spécialistes et universitaires rejettent longtemps l'idée que le crime organisé est hautement structuré ou capable d'entreprendre des activités sophistiquées. Leur scepticisme s'explique en partie par leur réaction au portrait que trace Hollywood de la mafia des années 1930 aux années 1950, caractérisé par son traitement d'Al Capone («Scarface») et en partie par le fait qu'il n'existe ni documents ni études ou ouvrages spécialisés sur le crime organisé.

Tout cela change, d'abord à la suite de l'intervention de la police au cours d'une réunion nationale, en novembre 1957, que tiennent des douzaines de chefs de la mafia à Appalachin, dans l'État de New York, et des révélations faites au cours des audiences «Valachi» (un soldat de la mafia) du Sénat américain en 1963; ensuite en raison des preuves documentaires provenant de l'écoute électronique dans les années 1970 qui permet à la police d'écouter des chefs de la mafia discuter de leur hiérarchie et de leurs activités tant aux États-Unis qu'au Canada et, en partie; enfin, en raison de l'établissement du programme américain de protection des témoins dans le cadre duquel les transfuges et les informateurs peuvent refaire leur vie.

Par suite de diverses causes judiciaires, des audiences des commissions royales et des reportages de la presse électronique et écrite, le public canadien apprend à la fin des années 1970 l'existence au Canada d'un réseau criminel hautement organisé. En 1984, un comité mixte fédéral-provincial formé de fonctionnaires des ministères de la Justice estime que le crime organisé au Canada rapporte quelque 20 milliards de dollars par année, dont environ 10 milliards proviennent de la vente de stupéfiants. Il demeure cependant impossible d'évaluer le montant d'argent des fonds clandestins qui sont «blanchis» au Canada par les membres du crime organisé aux États-Unis et dans d'autres pays étrangers (*voir* ÉCONOMIE SOUTERRAINE). Ce comité est constitué à la suite de la publication d'un rapport sur le crime organisé en 1980 par le bureau du procureur général de la Colombie-Britannique. D'après le rapport, les membres du crime organisé au Canada ont des intérêts dans diverses industries, notamment dans l'industrie du textile, du fromage et de la construction, de l'élimination des déchets, dans les entreprises de machines distributrices, de boucherie, dans l'industrie du calfeutrage domestique, dans les ateliers de carrosserie et chez les concessionnaires d'automobiles. Selon le comité conjoint, les sources des revenus du crime organisé peuvent être classées comme suit: la PORNOGRAPHIE, la PROSTITUTION, les paris, les maisons de jeux, les LOTERIES illégales, les autres infractions liées au JEU D'ARGENT, les prêts usuraires et l'extorsion, qui rapportent ensemble des centaines de millions de dollars.

Les autres activités, telles que celles faisant partie de la CRIMINALITÉ EN COL BLANC (p. ex., les fraudes en assurance et dans l'industrie de la construction ainsi que les faillites illégales), les incendies criminels, les vols de banque, les vols de voitures, les crimes informatiques et la contrefaçon des cartes de crédit portent ces revenus à 10 milliards de dollars, les drogues comptant pour le reste.

La mafia

De tous les groupes du crime organisé existant au Canada, la mafia forme peut-être le groupe le plus connu. C'est parce que le rapport de la commission Naquette sur le crime au Québec publié en 1976 (rapport qui s'appuie principalement sur les renseignements recueillis par voie d'écoute électronique installée dans le réfrigérateur de lait du siège social du mafioso montréalais Paulo Violi) révèle la structure de la mafia montréalaise ainsi que ses relations et sa dépendance par rapport à la famille de la mafia américaine de Joe Bonanno de même que ses liens étroits avec leurs homologues siciliens et calabrais. Le public connaît aussi la mafia grâce aux reportages de la presse, p. ex., la série Connections diffusée par la télévision de la CBC à la fin des années 1970.

Les spécialistes ne s'entendent pas sur l'origine du terme «mafia», qui remonte à l'organisation originale sicilienne. Cependant, ce mot est utilisé pour la première fois en 1880 par l'auteur sicilien Giuseppe Alongi dans son livre *La Mafia, Fattori, Manifestazioni*, réimprimé en 1904, puis en 1977. Selon le rapport de 1977 de la Commission d'enquête sur le crime organisé au Québec (la mafia est «un état d'esprit, un sentiment de fierté, une philosophie de vie et un mode de comportement. Qualificatif appliqué à un homme reconnu et respecté, le mot vient de l'adjectif sicilien mafiusu, employé depuis le XVIIIᵉ siècle pour désigner des gens superbes ou parfaits».

Constituant à l'origine une société sicilienne, la mafia est exportée et adaptée en Amérique du Nord par un petit groupe d'immigrants italiens, venant surtout de Sicile et de Calabre. Joe Bonanno, qui s'identifie lui-même comme chef de la mafia, la décrit ainsi dans ses mémoires: «La mafia est un processus, non une chose. C'est une forme de coopération au sein du clan auquel les membres promettent une éternelle loyauté. Les rapports d'amitié, les liens familiaux, la confiance, la loyauté, l'obéissance -tout cela constitue l'ensemble des éléments qui ont cimenté notre organisation». En Sicile, et plus tard aux États-Unis et au Canada, le terme «mafia» désignera un groupe international organisé de criminels d'origine sicilienne, appelé *cosa nostra*, mais il s'applique de nos jours à la force dominante dans le milieu du crime organisé que l'on clans ou «les familles» du crime organisé majoritairement d'origine sicilienne ou calabraise. Ces familles sont liées par un code mettant l'accent sur le respect des aînés de la famille, par l'«Omerta» (c.-à-d. un vœu de silence sur les activités de la famille), par la structure ou la hiérarchie de la famille et par un rite ou une cérémonie d'initiation.

Bien que les familles criminelles italiennes (telles que l'ancien gang de Rocco Perri à Hamilton) existent au Canada depuis les années de la prohibition, elles étendent aujourd'hui leurs activités dans des secteurs beaucoup plus clairement structurés et jugés acceptables par d'autres familles criminelles. Plusieurs familles de la mafia canadienne immigrent au cours des années 40 et 50, où elles commencent à travailler avec les chefs de la mafia plus vieux, établis à Montréal, à Toronto, à Hamilton et à Vancouver. Bien qu'habitant surtout dans les grandes villes, les membres des familles ont tendance à vivre là où se brasse l'argent. Ainsi, à la fin des années 70 et au début des années 80, certaines familles se sont déplacées vers l'Ouest, suivant en cela le mouvement des affaires vers la Colombie-Britannique et l'Alberta.

Structure de la mafia au Canada À Toronto, jusqu'à très récemment, au moins quatre organisations criminelles de style mafieux sont dirigées par des Canadiens d'origine sicilienne ou calabraise; deux de ces derniers ont été désignés comme membres de la mafia au cours des audiences Valachi. Depuis le meurtre de Paul Volpe (en novembre 1983), son ancienne organisation a perdu sa direction. Il existe trois groupes criminels organisés d'origine calabraise à Hamilton. La famille du crime organisé de Hamilton, qui a des liens avec la famille Magaddino, de Buffalo, dans l'État de New York, a tenté de s'infiltrer dans le vide laissé par les morts, les assassinats et les emprisonnements des dirigeants des autres organisations. Un troisième groupe, également actif à Hamilton, est lié à la famille Magaddino, de Buffalo. La plus récente des six familles à s'établir est le groupe Siderno, ainsi appelé parce que beaucoup de ses membres sont originaires de la ville de Siderno et de ses environs, en Calabre.

Depuis le milieu des années 1980, deux groupes dominent la mafia de Montréal: les Siciliens, dirigés par l'organisation de Vito Rizzuto, et les Calabrais, dirigés par la famille de Frank Cotroni. Les organisations criminelles les plus influentes au Canada sont d'origine sicilienne. Plusieurs des rapports de l'enquête sur le crime organisé du Québec ont fait connaître les membres et les activités de ce groupe hautement structuré. Établie dans les années 40 par Vic Cotroni, la famille deviendra au cours des années 50 une branche importante de la puissante famille new yorkaise de Joe Bonanno. Elle a des liens très étroits avec les familles de la mafia en Italie et partout aux États-Unis, aussi bien qu'avec les organisations installées à Toronto, à Hamilton et à Vancouver.

La suprématie de la famille Cotroni au Québec a été sérieusement contestée par la famille Dubois, gang de Canadiens français d'origine composé de neuf frères qui a dominé la criminalité dans l'Ouest de Montréal au début des années 80. Cependant, l'influence de cette famille a considérablement diminué depuis lors.

De graves problèmes internes opposant les Siciliens aux Calabrais dans l'organisation montréalaise mènent à la mort violente de Paulo Violi (le premier lieutenant de Vic Cotroni) et de ses frères à la fin des années 70. La famille Cotroni s'est principalement intéressée aux jeux illégaux, aux prêts usuraires, à l'importation de stupéfiants (utilisant la fameuse French Connexion), l'extorsion ainsi que le meurtre et la corruption de fonctionnaires publics. Après la mort de Vic Cotroni, les Siciliens, dirigés par les Rizzuto, prennent la relève.

Autres groupes

Les groupes de motards comme les Hell's Angels, les Outlaws, le Satan's Choice et les Grim Reapers augmentent considérablement leur participation au crime organisé. Leurs rites d'initiation rendent difficile pour les agents d'application de la loi la pénétration de leurs groupes, qui sont devenus des fournisseurs principaux de stupéfiants. Ils participent également aux activités de la prostitution et au meurtre sur gages. De nos jours, il n'est pas inhabituel de les voir travailler avec d'autres groupes du crime organisé. Aujourd'hui, les Hell's Angels forment le groupe de motards criminalisés le plus influent et le plus puissant au Canada.

Divers groupes chinois et vietnamiens du crime organisé sont devenus beaucoup plus importants au cours des 20 dernières années à Vancouver et à Toronto, à la suite de la vague d'immigration venant de Hong Kong au cours des années 60 et 70. Les gangs de jeunes Chinois à Toronto et à Vancouver sont impliqués dans des rackets de protection et d'extorsion, mais les groupes les plus structurés sont organisés par les membres plus âgés des triades de Hong Kong et s'occupent de l'importation de l'héroïne en provenance de l'Asie du Sud-Est en passant par Vancouver. Les triades sont d'anciennes organisations chinoises qui se sont transformées en groupes du crime organisé.

La structure du crime organisé évolue rapidement au Canada et existe généralement pendant quelques années avant d'être dévoilée au grand jour dans les villes ou dans leurs lieux d'implantation. Aussi existe-t-il sans doute d'autres groupes qu'on ne connaît pas encore. Les cartels colombiens sont actifs à Toronto et à Montréal. De même, des groupes du crime organisé de Russie et d'Europe orientale sont très actifs dans les grandes villes canadiennes comme Toronto, Vancouver et, dans une moindre mesure, Montréal.

Activités du crime organisé

Au Canada, il fournit des services illégaux qu'un certain public désire: le jeu, la prostitution, l'alcool et le tabac de contrebande, le prêt usuraire et la vente de drogues douces telles que le haschisch, la marijuana, le speed et la cocaïne. Dans toutes les grandes villes canadiennes, les bookmakers locaux sont impliqués dans le crime organisé au moyen d'un système élaboré de jeux établis pour protéger le book individuel contre des pertes importantes. D'autres activités du crime organisé ne sont pas aussi prisées par la société en général. Il s'agit de l'importation et de la distribution de drogues dures telles que l'héroïne (beaucoup de drogues de la French Connexion sont entrées aux États-Unis en passant par Montréal grâce à l'aide de la mafia locale), le recel et la vente d'objets volés, l'assassinat et l'extorsion. D'autres activités qui aident et assistent le crime organisé comprennent la corruption continue de fonctionnaires publics et le «blanchiment» des produits de la criminalité.

L'un des moyens les plus simples de «blanchir» l'argent consiste à utiliser des activités où il y a un flux constant d'argent, p. ex., les machines à sous et le jeu. Si le propriétaire d'un casino de jeux prétend avoir recueilli 1 million de dollars, alors qu'il n'a recueilli que 100 000 $, auxquels ont été ajoutés 900 000 $ obtenus illégalement, il est presque impossible de démontrer que le million de dollars n'a pas été obtenu dans le cours normal des affaires.

La corruption

Sans la corruption, le crime organisé aurait beaucoup de difficulté à survivre et les efforts du crime organisé visant à corrompre la police, les juges, les politiciens, les avocats et les responsables gouvernementaux et civils sont probablement plus dangereux pour la société que toute autre activité à laquelle il se consacre.

William I. Macadam, James R. Dubro et Pierre de Champlain

Crimes motivés par la haine, détermination de la peine en matière de Le *Code criminel* ne prévoit, pour de nombreuses infractions, que des peines maximales, laissant aux juges une grande latitude pour déterminer les peines qui s'imposent. Ceux-ci tiennent compte de tout un ensemble de facteurs aggravants et atténuants dans la détermination de la peine. La haine raciale ou la haine contre un groupe en particulier motivant la commission d'une infraction est un de ces facteurs aggravants.

Le Parlement a codifié ce principe de common law. L'article 718.2 du *Code criminel* prévoit, en partie, qu'une «infraction motivée par de la haine ou des préjugés fondés sur des facteurs tels que la race, l'origine nationale ou ethnique, la couleur, la religion, le sexe, l'âge, la déficience mentale ou physique, l'orientation sexuelle de la victime ou tout autre facteur semblable» constitue, lorsque prouvée, une circonstance aggravante dont le tribunal tient compte en déterminant la peine à infliger.

L'article 718.2 a suscité une certaine opposition politique. Les détracteurs de la disposition ont prétendu qu'elle faisait la promotion de groupes désignés ou qu'elle leur accordait des protections spéciales. Ses partisans, quant à eux, ont rétorqué qu'elle ne modifiait pas en profondeur l'état du droit et que la protection des personnes contre les attaques motivées par la haine n'avait rien à voir avec la promotion d'un style de vie qui n'était pas respectueux de la loi.

Wayne Renke

Criminologie Au début du XXᵉ siècle, la criminologie se contente surtout d'expliquer les comportements des criminels. Depuis lors, les investigations des criminologues portent aussi sur les caractéristiques des familles et des sociétés, sur les affrontements entre valeurs culturelles et sur une série d'autres facteurs sociaux. Les études des prisons portaient au départ sur les prisonniers à titre individuel pour s'élargir ensuite dans les années 30 à la culture du monde carcéral. La plupart des criminologues perçoivent maintenant les comportements criminels comme des parties intégrantes de nos sociétés complexes plutôt que comme quelque chose de propre à certains individus. Aujourd'hui, les criminologues s'intéressent à la POLICE, aux tribunaux et au système de contrôle social ainsi qu'à la CRIMINALITÉ EN COL BLANC et aux crimes qui ne font pas de victimes, comme p. ex., l'USAGE NON MÉDICAL DES DROGUES et la PROSTITUTION.

Centres de criminologie

Au Canada, la recherche en criminologie se concentre surtout dans les universités dotées de centres de recherche. L'U. de Montréal crée en 1960 la première École de criminologie à l'initiative de Denis Szabo. L'approche y est multidisciplinaire avec des programmes de cours débouchant sur un baccalauréat, une maîtrise et un doctorat. Si une bonne partie des programmes porte sur la théorie, certains cours offrent des exercices pratiques pour les travailleurs sur le terrain, p. ex., dans les services correctionnels. En 1970, le Centre international de criminologie comparée est fondé.

Le Centre de criminologie de l'U. de Toronto est créé par J.Ll.J. Edwards (1963) qui lui donne d'abord une vocation de recherche. Bien que ses premières recherches privilégient largement le domaine légal, il subit par la suite l'influence du Clarke Institute of Psychiatry avec lequel il entretient des liens informels. Il mène alors des recherches sur la police, les tribunaux et autres organismes d'intervention au Canada. Ainsi donc, ce Centre, initialement consacré à la seule recherche, évolue vers des tâches d'enseignement aux niveaux du baccalauréat et des études supérieures. Ses membres sont engagés conjointement par lui et par l'un ou l'autre département de l'U. de Toronto. La Addiction Research Foundation of Ontario entretient des rapports étroits avec les criminologues de cette université, et ses travaux sur la drogue et sur les politiques sociales lui valent une réputation internationale.

À l'U. de l'Alberta, c'est le département de sociologie qui gère la criminologie. Au début des années 70, 1000 étudiants suivent les cinq cours d'introduction à la criminologie, et 1000 autres des cours sur la déviance et des cours et séminaires de niveau supérieur en criminologie. Gwynn Nettler marque la criminologie canadienne de son empreinte comme directeur de thèses de doctorat de nombreux professeurs qui enseignent et publient maintenant dans ce domaine. Son livre «Explaining crime» connaît beaucoup de succès aux États-Unis et au Canada. La conférence annuelle Nettler honore son nom. Le département de sociologie de l'U. de l'Alberta offre non seulement les programmes ordinaires de maîtrise et de doctorat, mais aussi une maîtrise en justice pénale depuis 1975 et un baccalauréat en criminologie depuis 1982, ce dernier étant le seul programme appliqué de la faculté des arts. Le centre de recherche en criminologie de l'U de l'Alberta, créé en 1977, organise régulièrement des séminaires, de la recherche et d'autres activités.

À l'initiative de Tadeusz Grygier, l'U. d'Ottawa ouvre en 1967 un département de criminologie qui offre une maîtrise. Ce programme interdisciplinaire, disponible en anglais et en français, porte sur la criminologie appliquée. Le département de criminologie de l'U. Simon Fraser date de 1973 et offre la maîtrise et le doctorat. Il doit son existence aux subventions généreuses du gouvernement de la Colombie-Britannique. L'U. de Regina crée en 1977, avec une subvention du SOLLICITEUR GÉNÉRAL du gouvernement fédéral, un Programme de Justice humaine, qui offre un baccalauréat en justice pénale et fait de la recherche sous contrat en Saskatchewan.

D'autres programmes de criminologie existent à l'U. Carleton et aux Universités du Manitoba et de Windsor. L'U. St. Mary de Halifax dispose d'un programme en administration policière, et le Atlantic Institute of Criminology se trouve à l'U. Dalhousie. Dans les années 70, le solliciteur général du Canada décide d'appuyer la recherche en criminologie par des subventions d'appoint. Ce programme exerce un grand impact non seulement dans les universités disposant déjà de centres de recherche, mais aussi dans celles qui ont des programmes plus modestes et qui peuvent ainsi créer des unités de recherche. Son objectif est d'encourager les recherches ayant des incidences sur les politiques et d'octroyer des subventions spécifiques reliées à des sujets d'intérêt courant. Ces subventions d'appoint, distribuées à sept centres universitaires, ont la particularité d'assurer la stabilité et de garantir un financement modeste mais flexible pour la formation des chercheurs. Cela encourage la formation d'une grande variété de projets de recherche de moindre importance. Contrairement aux programmes gouvernementaux qui financent à la pièce des recherches coûteuses liées aux questions de politique courante, ces subventions d'appoint conduisent, grâce à leur stabilité, au développement d'une expertise à laquelle le solliciteur général fait appel de temps en temps. Ce programme, qui a joué un rôle important d'encouragement de la recherche en criminologie pendant près de 20 ans, prend fin en 1995. Le Conseil de recherches en sciences humaines du Canada accorde des fonds à la recherche dans ce domaine dans le cadre de son programme général d'aide aux chercheurs individuels.

Deux stratégies distinctes sous-tendent la formation des criminologues au Canada. Les Universités de Montréal, d'Ottawa et Simon Fraser offrent des programmes axés sur la spécialisation en criminologie, alors que les Universités d'Alberta et de Toronto offrent moins de cours en criminologie comme tel-le et insistent plus sur le contexte que fournissent les sciences sociales de base.

Ouvrages de criminologie Deux tendances apparaissent dans l'évolution de la littérature canadienne touchant à la criminologie: une prise de distance à l'égard des ouvrages américains au fur et à mesure de l'essor, en quantité et en qualité, des ouvrages canadiens et une spécialisation croissante de la criminologie qui se distingue des autres problèmes sociaux. La criminalité fait depuis longtemps partie d'une série de «problèmes sociaux» dont traitent les cours de «Sociologie de la déviance», de «Problèmes sociaux». Comme les départements de sociologie et d'autres considèrent que chacun de ces sujets mérite bien un cours en soi, les maisons d'édition sont dans un premier temps à la recherche de manuels spécialisés en criminologie. Au début, leur besoin est comblé par des livres qui reproduisent une collection d'articles d'auteurs divers ou dont les chapitres sont de la plume de plusieurs auteurs. C'est le cas de *Crime in Canadian Society*, publié sous la direction de Silverman, Teevan et Sacco, et dont la 5e édition date de 1996; et de *Criminology*, publié sous la direction de Linden, avec une 3e édition en 1996. De tels amalgames d'écrits d'auteurs différents n'offrent cependant pas toujours de perspective intégrée. En 1994 paraissent deux livres, *Crime and Canadian Public Policy* de Hackler, et *The Criminal Event* de Sacco et Kennedy, qui mettent l'accent sur des thèmes spécifiques dans un effort pour rendre le phénomène de la criminalité intelligible.

Perspectives en criminologie

Les criminologues canadiens traitent leur domaine sous différents angles. Les théories traditionnelles situent la source des comportements déviants dans des facteurs tels que la personnalité, les structures familiales, la CULTURE, la désorganisation sociale et les différences d'opportunités. Cette perspective de «consensus» affirme que tout le monde partage les mêmes règles de vie, de sorte que l'attention doit se porter sur les comportements de ceux qui violent ces règles. Pour les criminologues partisans de la perspective «conflictuelle», on ne peut pas étudier les comportements déviants indépendamment des formes prises par l'organisation politique et économique au cours de l'histoire. Il importe en outre d'étudier les groupes investis de grands pouvoirs dans la société et d'analyser la manière dont s'exerce leur mainmise sur les autres groupes (*voir* CLASSE SOCIALE).

Quelle que soit la perspective choisie par les criminologues du Canada, l'influence qu'ils auraient pu exercer sur le droit pénal et son application est loin d'être démontrée. Au Canada, le fossé qui sépare les connaissances en criminologie et les politiques publiques en la matière n'est certes pas aussi profond qu'aux États-Unis, mais il n'en demeure pas moins que les autorités publiques du Canada négligent d'utiliser les résultats des recherches. C'est ainsi, p. ex., que Patricia Erickson, Reginald Smart et d'autres chercheurs de l'Addiction Research Foundation ont monté un dossier qui accumule les preuves à l'appui d'une stratégie de «réduction des dommages» causés par la toxicomanie, mais les politiques officielles maintiennent le cap sur la «guerre aux drogues» malgré son échec aux États-Unis.

Les recherches d'autres criminologues suggèrent que le nombre des prisonniers et la durée de leur séjour en prison ont peu d'effet sur la réduction de la criminalité, que la prépondérance des prisonniers venant de groupes sociaux démunis favorise le cynisme en matière de justice sociale et que les délits commis par les gens des classes supérieures font beaucoup plus de tort à la société que ceux des gens des classes moins favorisées. Leurs conclusions n'ont cependant guère d'impact sur les politiques gouvernementales. Lorsque des pressions politiques débouchent sur de nouvelles lois, il se peut qu'on rende son dû à la recherche qui va dans le sens du vent des changements politiques. P. ex., les changements de politique concernant la violence entre époux et les ENFANTS MALTRAITÉS, sujets qui ont de l'importance politiquement, peuvent résulter des recherches en criminologie ou faire écho à leurs conclusions. En règle générale cependant, de telles recherches ont peu d'impact sur les réformes, du moins à court terme.

Organisations liées à la criminologie

Les criminologues canadiens sont membres d'organisations qui représentent les sciences sociales et juridiques au Canada, aux États-Unis et au plan international. Il s'agit de la American Society of Criminology, de la Société pour l'étude des problèmes sociaux et de l'Association pour le droit et la société. Les criminologues du Canada peuvent aussi prendre part à des sessions spécialisées de l'Association canadienne des sociologues et anthropologues, et de la toute jeune Association canadienne pour le droit et la société. Ceux qu'intéressent le droit correctionnel et la justice pénale peuvent aussi s'engager dans l'Association canadienne de justice pénale. Son congrès biennal met l'accent sur l'application du droit correctionnel et sur la prévention. Par contre, la *Revue canadienne de criminologie*, éditée par l'Association, est davantage orientée vers la recherche.

Jim Hackler

Criquet Nom commun donné à des INSECTES sauteurs à ailes droites qui, comme les grillons et les sauterelles, font partie de l'ordre des orthoptères.

Répartition On en connaît plus de 12 000 espèces dans le monde et environ 140 au Canada. Leur longueur varie entre 2 et 12 cm. On les rencontre dans toutes les provinces, mais la majorité des espèces se trouvent dans les prairies de l'Ouest. On rencontre quelques espèces dans les clairières de forêts et sur les arbres dans les vallées fluviales jusqu'au Yukon. Les sauterelles et les criquets sont herbivores et diurnes. La plupart sont pourvus d'ailes et sont de bons voiliers. À l'exception des locustes, les criquets sont généralement non migrateurs.

Reproduction et développement Ils produisent généralement une seule génération par année à partir des œufs hivernés. Quelques espèces des prairies hivernent sous forme de larve, et certaines du centre de la Colombie-Britannique nécessitent deux ans pour atteindre la maturité. Les femelles pondent plusieurs oothèques (masses d'œufs) variant de 10 et 90 œufs selon l'espèce. À la fin de l'été, si les conditions sont favorables, les espèces nuisibles concentrent leurs œufs dans des agrégats denses d'oothèques ou les dispersent dans les champs cultivés. Au printemps, les larves éclosent et attaquent les semis de CÉRÉALES, causant parfois des dommages très importants: au cours des années d'invasion, de 5 à 10 p. 100 des cultures céréalières peuvent être ravagées par les criquets.

Relations avec les humains Cinq espèces sont très nuisibles, soit quatre espèces du genre *Melanoplu* et le criquet pellucide, *Camnula pellucida*. Elles causent toutes des dégâts aux céréales, et le criquet pellucide infeste aussi les pâturages de GRAMINÉES en Colombie-Britannique. Plusieurs autres espèces font compétition aux bovins pour les plantes fourragères. Dans le passé, certaines espèces, notamment le criquet des montagnes Rocheuses (*Melanoplus spretus*), éteint depuis 1902, ont découragé les tentatives de colonisation de l'Ouest canadien. Les adultes en vol avec le vent arrière, peuvent migrer sur des kilomètres pour envahir des récoltes arrivées à maturité.

Régulation des populations Le temps chaud et sec favorise la croissance numérique, tandis que le froid et l'humidité la retardent et favorisent plutôt les champignons et les bactéries qui peuvent anéantir des populations entières de criquets. Les oiseaux, les petits mammifères et plusieurs insectes sont prédateurs de criquets, alors que des vers et des asticots parasites s'en servent comme hôtes. Bien que le climat et les agents naturels soient efficaces à réguler les populations de criquets, les agents chimiques restent nécessaires pour protéger les récoltes lors d'invasions majeures.

Les sauterelles vertes ressemblent fortement aux criquets, mais ont les antennes plus longues et sont en fait plus apparentées aux GRILLONS.

P.W. Riegert

Cris Le nom de ce peuple provient d'un groupe d'autochtones vivant près de la baie James et que les Français appelaient Kiristinons, nom qui s'est par la suite transformé en Cri (épelé «Cree» en anglais). La plupart des Cris n'utilisent ces noms que lorsqu'ils parlent ou écrivent en anglais et en français, et portent des noms propres à leur région. Ils occupent un territoire qui s'étend de l'Alberta jusqu'au Québec, ce qui représente la plus vaste répartition géographique autochtone du Canada.

Situation et population On divise les Cris en trois grands groupes en fonction de leur environnement et de leurs dialectes: les Cris des Plaines (Alberta et Saskatchewan), les Cris des Bois (Saskatchewan et Manitoba) et les Cris des marais (Manitoba, Ontario et Québec). Les bandes subarctiques de chasseurs sont très dispersées sur le territoire et les périodes difficiles ont nui à leur croissance démographique au cours des siècles. Au XVIIe siècle, leur population aurait été d'environ 30 000 personnes. En 1996, elle s'élevait à plus de 208 000.

Langue Elle appartient à la famille linguistique algonquienne et, à l'origine, les Cris entretenaient des relations avec d'autres groupes parlant cette langue, plus particulièrement avec les Innus (MONTAGNAIS-NASKAPIS), les ALGONQUINS et les OJIBWÉS.

Histoire ancienne Pendant environ 7000 ans, les ancêtres des Cris sont éparpillés dans presque toutes les régions boisées qu'ils habitent encore aujourd'hui. À la suite du contact avec la COMPAGNIE DE LA BAIE D'HUDSON, certains Cris des Marais vont vivre plus à l'ouest pour piéger dans de nouveaux territoires bien que, selon plusieurs, ils se seraient installés dans les régions déjà peuplées par les ancêtres des Cris des Bois et des Cris des Plaines.

Changements radicaux À la fin du XVIIIe et au XIXe siècle, bon nombre des Cris les plus à l'ouest ont rapidement délaissé leur condition de trappeurs et de chasseurs pour réussir brillamment à se transformer en guerriers à cheval et en chasseurs de bisons. La variole, l'extinction des troupeaux de bisons et les TRAITÉS INDIENS entraînent, dans les années 1880, la ruine des Cris des Plaines et des autres groupes ayant une culture dépendante du cheval. Depuis qu'ils sont obligés d'habiter dans des RÉSERVES INDIENNES, ils vivent de culture, d'élevage et de travail occasionnel, mais la majorité des Cris ont gardé leur langue et leur religion.

Traditions durables Durant cette même période, un grand nombre de Cris continuent à vivre dans la forêt boréale et la toundra dans le Nord, où la culture s'est conservée remarquablement. À l'origine, ils vivent de chasse à l'orignal, au caribou, au petit gibier, à l'oie et au canard ainsi que de pêche. De plus, ils fument le poisson pour le conserver. Ils voyagent en CANOT D'ÉCORCE pendant l'été, en RAQUETTES À NEIGE et en TOBOGGAN pendant l'hiver. Ils vivent dans des huttes coniques ou en forme de dôme recouvertes de peaux d'animaux. Ils fabriquent des outils de bois, d'os, de cuir et de pierre. Pendant une période indéterminée, ils se livrent à un commerce sporadique avec des peuplades vivant plus au sud et vers plus tard au troc de fourrures, de viande et d'autres produits contre des outils en métal, de la ficelle et des produits venus d'Europe.

Relations sociales Pendant la majeure partie de l'année, les Cris vivent en petites BANDES ou groupes de chasseurs et se rassemblent en plus grand nombre durant l'été pour fraterniser, troquer et participer à des cérémonies. Leur vie religieuse est fondée sur leurs relations avec les animaux et les esprits qui se manifestent dans les songes. Les membres de la tribu s'efforcent de se respecter mutuellement au nom d'un idéal éthique commandant de ne pas intervenir dans les affaires d'autrui et dans lequel chacun est responsable de ses actes et de leurs conséquences. Les chefs détiennent une certaine autorité lors des expéditions de chasse, des attaques et du troc mais, dans les autres activités, leur idéal se résume à diriger par leur conduite exemplaire et leurs conseils discrets.

Influences euro-canadiennes Les commerçants européens représentent alors pour les Cris une nouvelle forme d'autorité à laquelle, toutefois, ils ne sont confrontés que lorsqu'ils vont dans les postes de traite, car peu de Blancs s'aventurent dans les bois. Ceux-ci, pendant de nombreuses années, dépendent des autochtones pour s'approvisionner en viande fraîche. Un nombre croissant de Cris s'installent progressivement près des postes, chassant, exécutant divers petits travaux et participant aux activités de l'Église, des écoles et des postes infirmiers. Au XXe siècle, les programmes gouvernementaux et l'exploitation industrielle des ressources naturelles ont entraîné les changements les plus radicaux.

Situation actuelle Aujourd'hui, beaucoup de Cris résident dans des villages pendant la majeure partie de l'année. D'autres ont immigré vers des villes, bien que cela ne soit souvent que pour des séjours temporaires. Les grands objectifs que poursuivent actuellement les Cris sont l'autonomie gouvernementale et le développement économique. (*Voir aussi* AUTOCHTONES: LES PRAIRIES; AUTOCHTONES: LA RÉGION SUBARCTIQUE et les articles généraux sous la rubrique AUTOCHTONES.)

Richard J. Preston

Crise des années 30 Crise économique mondiale, elle frappe peu de pays aussi durement que le Canada. On estime que, de 1929 à 1933, les dépenses nationales brutes diminuent de 42 p. 100, que dès 1933, 30 p. 100 de la POPULATION ACTIVE est en chômage et qu'un Canadien sur cinq dépend de l'aide gouvernementale pour survivre. Jusqu'à la Seconde Guerre mondiale, le taux de CHÔMAGE ne descend jamais en deçà de 12 p. 100. La Crise est d'autant plus grave que ses effets ne sont pas les mêmes partout, que la structure de l'assistance sociale est rudimentaire et que la politique gouvernementale est peu judicieuse.

L'effondrement du commerce mondial porte un coup particulièrement dur à l'économie du Canada, parce que 33 p. 100 de son revenu national brut provient des exportations. Les quatre provinces de l'Ouest, qui dépendent presque exclusivement de l'exportation de produits primaires, sont les plus touchées. En plus de voir le prix du blé atteindre son plus bas niveau de toute l'histoire, la Saskatchewan est affligée de mauvaises récoltes et son revenu total diminue brusquement de 90 p. 100 en l'espace de deux ans, de sorte que 66 p. 100 de la population rurale dépend des secours publics. À partir de 1932, les autres provinces de l'Ouest sont, à toutes fins utiles, en faillite. Bien que l'Ontario et le Québec connaissent un taux élevé de chômage, ces provinces sont affligées moins durement en raison de leur économie industrielle plus diversifiée et produisant pour le marché intérieur protégé. Les Maritimes, pour leur part, tombent de moins haut, étant donné qu'un grave recul économique y sévit déjà depuis les années 20.

La Crise touche différemment les classes sociales. Les salaires baissent durant toutes les années 30, et les prix baissent encore plus rapidement. Conséquemment, le niveau de vie des propriétaires fon-

ciers et de la main-d'œuvre active augmente. Ce sont les fermiers, les jeunes, les hommes d'affaires modestes et les chômeurs qui portent tout le poids de la misère économique.

Les changements démographiques sont un indice révélateur de la gravité de la Crise. Durant les années 30, la croissance de la POPULATION atteint son taux le plus bas depuis les années 1880 à cause de la baisse à la fois de l'IMMIGRATION et du taux de natalité. Au Canada, le nombre des immigrants reçus passe de 169 000 en 1929 à moins de 12 000 en 1935 et ne dépasse pas 17 000 durant le reste de la décennie. Pendant cette période, on refuse de donner asile aux JUIFS européens fuyant l'Allemagne nazie (*voir* RÉFUGIÉS). Le nombre des déportations faites par le Canada passe de moins de 2000 en 1929 à plus de 7600 trois ans plus tard. Au cours de la décennie, près de 30 000 immigrants sont forcés de retourner dans leur pays d'origine parce qu'ils sont malades ou en chômage.

Le taux de natalité au Canada passe de 13,1 naissances vivantes par 1000 habitants en 1930 à seulement 9,7 en 1937, le plus bas pourcentage jusqu'aux années 1960. Durant les années 30, la population rurale du Canada (sauf celle de la Saskatchewan) croît plus rapidement que la population urbaine, renversant l'élan de l'urbanisation des 50 dernières années. Pour bien des chômeurs, il vaut mieux faire un «retour à la terre» que de vivre misérablement des secours en ville.

Avec près de 33 p. 100 de sa main-d'œuvre rémunérée travaillant encore dans le secteur de l'agriculture en 1931, le Canada ne dispose pas d'un système adéquat d'aide sociale pour les sans-travail. Bien que le chômage soit un problème national, les gouvernements fédéraux du conservateur R. B. BENNETT (1930-1935) et du libéral W. L. Mackenzie KING (à partir de 1935) refusent dans l'ensemble de fournir du travail aux chômeurs, affirmant que la responsabilité de les aider incombe aux autorités municipales et provinciales. Cela provoque un effondrement fiscal dans les quatre provinces de l'Ouest et dans des centaines de municipalités, et, par la suite, des mesures d'assistance sociale, qui sont improvisées, brutes, insuffisantes et souvent humiliantes. L'allocation mensuelle que reçoit une famille de 5 personnes varie de 60 dollars à Calgary à 19 dollars à Halifax. Il n'existe aucun rapport officiel de mort par inanition, mais pendant toute la décennie, les médecins font couramment état de scorbut et d'autres maladies causées par la malnutrition.

Parce que les gouvernements provinciaux refusent d'aider les hommes seuls et sans foyer, le gouvernement fédéral crée des CAMPS DE SECOURS POUR LES CHÔMEURS de 1932 à 1936. Administrés par le ministère de la Défense, ces camps paient les hommes 20 cents par jour pour un travail de construction dans les bois. En 1935, une protestation contre les conditions de vie dans ces camps se termine par l'émeute de Regina, l'incident le plus violent des années 30 et au cours duquel un policier est tué, des dizaines d'hommes sont blessés et 130 autres, arrêtés (*voir* MARCHE SUR OTTAWA).

La Crise a aussi l'effet de modifier les conceptions conventionnelles de l'économie et du rôle de l'État. Les gouvernements Bennett et King de même que la majorité des économistes croient fermement qu'un budget équilibré, un dollar fort et des changements dans les tarifs douaniers permettront au marché privé de relancer l'économie, mais leur confiance est mal placée. La Crise engendre plusieurs mouvements de réforme politique, surtout au niveau provincial, préconisant l'intervention de l'État pour amorcer la relance. Ces réformes comprennent, entre autres, les théories du CRÉDIT SOCIAL sur l'inflation du premier ministre de l'Alberta William ABERHART, le programme «Work and Wages» du premier ministre de la Colombie-Britannique Thomas

Dufferin PATTULO et le socialisme démocratique de J.S. WOODSWORTH et de la CO-OPERATIVE COMMONWEALTH FEDERATION. L'UNION NATIONALE dirigée par Maurice DUPLESSIS, au Québec, le Parti de la reconstruction de H. H. STEVENS et le mouvement de la New Democracy de W. D. HERRIDGE sont aussi engendrés par la Crise.

Le PARTI COMMUNISTE DU CANADA est pratiquement interdit de 1931 (quand neuf de ses leaders sont arrêtés et reconnus coupables en vertu de l'article 98 du *Code criminel* d'être membres d'une «association illégale») à 1936. Quand on déclare la guerre en 1939, ce parti est proscrit. Toutefois, les groupes qui lui sont affiliés, tels que la Workers' Unity League, la Relief Camp Workers Union et la National Unemployed Workers Association, jouent un rôle important dans l'organisation de marches de protestation et de manifestations regroupant les ouvriers non spécialisés et les chômeurs.

Bien que ces organisations aient peu d'influence au pays, la Crise contribue finalement à étendre les responsabilités de l'État en matière d'économie et d'aide sociale. En 1934, le gouvernement Bennett crée la BANQUE DU CANADA pour réglementer la POLITIQUE MONÉTAIRE; en 1935, on crée la COMMISSION CANADIENNE DU BLÉ, chargée de commercialiser le blé et d'en fixer le prix-plancher; et, en 1940, le gouvernement canadien assume sa responsabilité envers les chômeurs en introduisant un programme national d'ASSURANCE-CHÔMAGE et un service d'emploi.

La Crise économique légitime aussi les théories de l'économiste anglais John Maynard Keynes, qui soutient que si l'investissement privé ne suffit pas à assurer le plein emploi, l'État doit alors investir au moyen d'un déficit actif afin de créer des emplois. Les idées de Keynes influencent le rapport de la Commission nationale d'emploi (1938), de même que celui de la COMMISSION ROYALE D'ENQUÊTE SUR LES RELATIONS FÉDÉRALES-PROVINCIALES (1940). Ce dernier rapport est important, car il lance l'idée des PAIEMENTS DE PÉRÉQUATION.

Cependant, le gouvernement n'adopte délibérément l'ÉCONOMIE KEYNÉSIENNE que lorsque la guerre éclate en 1939, et ce sont les dépenses publiques massives nécessitées par la guerre qui réduisent finalement le chômage à un niveau minimal en 1942. (*Voir aussi* HISTOIRE DEPUIS LA CONFÉDÉRATION; CYCLES ÉCONOMIQUES; NEW DEAL DE BENNETT.)

James Struthers

Crise d'octobre Elle renvoie à l'enlèvement, le 5 octobre 1970, de James Cross, délégué commercial britannique à Montréal, par des membres du FRONT DE LIBÉRATION DU QUÉBEC (FLQ). Les demandes des kidnappeurs, communiquées dans une série de messages au public, comprennent la libération d'un certain nombre de membres condamnés ou détenus du FLQ, ainsi que la diffusion du manifeste du FLQ. Ce manifeste, une diatribe contre l'autorité établie, est lu sur les ondes de Radio-Canada. Le 10 octobre, le ministre de la Justice du Québec offre aux kidnappeurs un sauf-conduit vers l'étranger en échange de la libération de leur otage. Toutefois, le même jour, une seconde cellule du FLQ kidnappe Pierre LAPORTE, le ministre du Travail et de l'Immigration du Québec.

Le 15 octobre, le gouvernement du Québec demande l'aide des Forces armées canadiennes pour prêter main forte à la police locale. Le 16 octobre, le gouvernement fédéral déclare un état d'«insurrection appréhendée» aux termes de la LOI SUR LES MESURES DE GUERRE. En application des règlements d'état d'urgence, le FLQ est frappé d'interdiction, les libertés normales sont suspendues, puis des arrestations et détentions sans mise en accusation sont autorisées. Au Québec, plus de 450 personnes

sont détenues. La plupart sont par la suite libérées sans comparution ni mise en accusation.

Le 17 octobre, le cadavre de Pierre Laporte est découvert dans le coffre d'une voiture près de l'aéroport de Saint-Hubert. Au début de décembre 1970, la cellule qui détient James Cross est découverte par la police et la libération de l'otage est négociée en échange d'un sauf-conduit à destination de Cuba pour les kidnappeurs et les membres de leurs familles. Quatre semaines plus tard, le second groupe est dépisté. Ses membres sont arrêtés, puis, lors de leur procès subséquent, sont déclarés coupables d'enlèvement et de meurtre. En décembre 1970, les règlements en application de la Loi sur les mesures d'urgence sont remplacés par des règlements analogues en vertu de la Loi de 1970 concernant l'ordre public (mesures provisoires), qui devient caduque le 30 avril 1971. La réaction fédérale à l'enlèvement provoque une intense controverse. Selon les sondages d'opinion, une majorité écrasante de la population canadienne appuyait les mesures prises par le Cabinet. Toutefois, les nationalistes québécois et les défenseurs de libertés civiles à l'échelle du pays condamnent ces mesures comme étant excessives. Les gens qui appuient les mesures font valoir que l'élimination du terrorisme au Québec atteste le succès de l'intervention. Par contre, la disparition du terrorisme peut tout aussi bien s'expliquer par la répugnance éprouvée par le public à l'endroit du terrorisme politique et la croissance soutenue du mouvement séparatiste démocratique dans les années 70, qui aboutit à l'élection (en 1976) d'un gouvernement dirigé par le PARTI QUÉBÉCOIS.

Après la crise, le Cabinet fédéral donne des directives ambiguës au Service de sécurité de la GRC, permettant des actions douteuses qui seront plus tard qualifiées d'illégales par la COMMISSION D'ENQUÊTE SUR CERTAINES ACTIVITÉS DE LA GENDARMERIE ROYALE DU CANADA et la Commission d'enquête sur les opérations policières en territoire québécois (commission Keable), au Québec. En 1970, John TURNER, ministre fédéral de la Justice, justifie le recours à la Loi sur les mesures de guerre comme moyen de contrer l'érosion de la volonté publique au Québec. Le premier ministre Robert BOURASSA avoue lui aussi que l'intervention visait à rallier l'appui du public, plutôt qu'à réprimer une «insurrection appréhendée».

Denis Smith

Critique musicale Une critique musicale sérieuse n'existe au Canada que depuis la fin du XIXᵉ siècle. Elle consiste surtout en critiques de concerts et de disques publiées dans les journaux et, parfois, en de plus longs articles publiés dans des livres. Avant 1867, rares sont les commentaires qui portent un jugement. Les articles se limitent à relater un événement et à donner un bref commentaire sur les exécutants, la mise en scène et l'auditoire. À cette époque, les concerts sont si rares que chaque représentation est accueillie avec enthousiasme. Un certain esprit critique apparaît vers 1870 quand des ensembles itinérants commencent à faire de plus en plus de tournées au Canada. Le public peut alors comparer les musiciens locaux aux musiciens de passage.

Avec l'apparition des chorales et des orchestres symphoniques dans les grandes villes, les saisons régulières de concert ouvrent la voie à la critique. Malheureusement, la plupart du temps la critique est confiée à un professeur de musique ou à un musicien amateur de l'endroit qui évite d'écrire le moindre jugement sur les concerts présentés par les groupes locaux. Les journalistes affectés à la critique ont souvent peu de culture musicale.

Au Québec, cependant, les critiques Guillaume COUTURE (*La Minerve, Revue de Montréal, La Patrie, Montréal Star*) et, au début du XXᵉ siècle, Léo-Pol MORIN (*La Patrie, La Presse, Le Canada*) font exception à la règle en réclamant des normes

d'exécution plus élevées et des répertoires plus variés.

Au Canada anglais, leurs collègues Hector CHARLESWORTH (*Saturday Night*) et Augustus Bridle (*Toronto Daily Star*) sont les premiers à évaluer les compositeurs canadiens. En 1917, J.D. LOGAN est le premier Canadien à examiner les fondements de la critique dans son essai sur les objectifs, les méthodes et le statut de la critique esthétique. De telles considérations philosophiques sur la critique musicale sont rares et, plus récemment, sont devenues l'apanage des conférences annuelles et des colloques.

Aujourd'hui, dans la plupart des grandes villes, les journaux et certaines revues publient régulièrement des critiques musicales. Devant l'intérêt grandissant pour la MUSIQUE POPULAIRE et le JAZZ, les médias ont créé des cahiers de spectacles dans lesquels paraissent des critiques et des articles de fond sur le monde musical et l'industrie du disque. Toutefois, les débats portant sur les nouvelles compositions et sur les partitions publiées récemment sont rares.

Croates Les premiers à venir au Canada pourraient être deux marins dalmates qui auraient fait partie de l'équipage de Jacques CARTIER lors de son troisième voyage (1541-1542), et un mineur venu avec Samuel DE CHAMPLAIN (1604-1606). Plus tard, des Croates ont servi dans des régiments autrichiens envoyés par le gouvernement français pour défendre la NOUVELLE-FRANCE (1758-1759). Les Croates ont participé dès le début aux pêcheries de saumon en Colombie-Britannique, à la ruée vers l'or de la région de Cariboo dans les années 1860 et à la ruée vers l'or du Klondike à la fin des années 1890. Pendant la principale période de migration, qui s'étend sur tout le XXᵉ siècle, environ 80 000 Croates ont immigré au Canada.

Origines Le dénombrement des immigrants croates est difficile car, depuis le Xᵉ siècle et le XIᵉ siècle, la Croatie a fait partie tour à tour de la dynastie hongroise, du Saint Empire romain germanique, de l'Empire austro-hongrois (jusqu'à la Première Guerre mondiale), du royaume de Serbie, de Croatie et de Slovénie (1918 à 1929), du royaume de Yougoslavie (1929 à 1941) et de l'État indépendant de Croatie (1941 à 1945). Par la suite, la Croatie est devenue une des républiques de la République socialiste fédérative de Yougoslavie. Avant 1918, les immigrants croates figuraient dans la même catégorie que les Autrichiens et les Hongrois et, après l'instauration officielle de la Yougoslavie en 1929, ils ont été classifiés avec les Yougoslaves. On estime qu'environ les deux tiers des émigrants qui ont quitté l'ex-Yougoslavie (dissoute en 1992) était Croates. Lors du recensement de 1996, 66 940 personnes ont déclaré être d'origine yougoslave, ce qui permet de supposer, par extrapolation, qu'environ 60 000 seraient nées en Croatie. Toutefois, seulement 55 275 personnes ont indiqué la Croatie comme origine unique et 29 220 l'ont incluse dans leurs origines multiples, ce qui pourrait comprendre des Yougoslaves, des Slaves des Balkans et d'autres groupes. Par ailleurs, lors du recensement de 1991, 35 660 personnes ont déclaré le croate comme langue maternelle. Cependant, il est probable que de nombreuses autres d'origine croate de la deuxième ou de la troisième génération se sont incluses dans la catégorie des Canadiens anglais ou ont déclaré être Yougoslaves. Et il demeure difficile de déterminer avec certitude le nombre de Croates immigrés à titre de réfugiés lors du conflit de 1991-1993.

Au XIXᵉ siècle et au début du XXᵉ siècle, les Croates sont en majeure partie des paysans catholiques, surtout ceux des régions intérieures de la Slavonie, de Zumberak et de Zagorje. La population du littoral adriatique (l'Istrie, Primorje et la Dalmatie) est plus variée, car elle inclut des musulmans et un mélange social de commerçants, de marins, de pêcheurs, de bûcherons et de bergers. La plupart des immigrants croates proviennent de la région comprise entre cette côte et la capitale, Zagreb.

Migration et peuplement Avant la Première Guerre mondiale, environ 4000 Croates ont immigré au Canada. Entre 1928 et 1939, il en est venu près de 12 000. Après la Seconde Guerre mondiale, plus de 100 000 immigrants en provenance de la Yougoslavie, dont la majorité était Croate, ont constitué le troisième plus grand groupe d'immigrants au Canada. La principale raison de leur venue était la recherche de meilleures conditions de vie, mais dans les années 20 et après la Seconde Guerre mondiale, de nombreux Croates ont émigré pour protester contre la situation politique de leur pays. Beaucoup de nouveaux arrivants sont issus de la classe urbaine et professionnelle des plus grandes villes de la Croatie: Zagreb, Rijeka, Karlovac, Split et Zadar.

Parmi les 29 établissements croates fondés au Canada avant la Première Guerre mondiale, 14 se trouvent en Colombie-Britannique. D'autres Croates se sont fixés en Saskatchewan, en Alberta et dans le Nord et le Sud de l'Ontario. Dans les années 20, quelque 171 établissements ont vu le jour dans les villes minières et industrielles, dans les régions pionnières forestières et agricoles du Canada, ainsi qu'à Windsor, à Toronto et à Montréal. Les immigrants de l'après-guerre se sont établis en majorité dans les grandes villes, surtout à Toronto et à Montréal. La majeure partie des immigrants croates de l'après-guerre nés à l'étranger font partie de la main-d'œuvre industrielle, tandis que ceux qui sont nés au Canada sont actifs dans les secteurs des professions libérales, du travail de bureau et des services.

Vie sociale et collective Pour les immigrants des première et deuxième vagues, la vie collective tournait autour de cercles fondés sur la parenté, héritage de la structure familiale et communale des *zadrugas* paysannes. Ils ont créé des sociétés d'aide mutuelle et des organismes d'entraide, p. ex. la Croatian Fraternal Union of America, qui a ouvert son premier local canadien à Ladysmith en 1903 et qui comptait 10 000 membres en 1971. D'autres réseaux ont été parrainés par des partis politiques comme le Croatian Peasant Party des années 20, qui a fondé la Croatian Peasant Society en 1930. Dans les années 30, le Parti communiste et les organisations monarchistes yougoslaves ont appuyé d'autres activités sociales, culturelles et politiques. Depuis la Deuxième Guerre, les organismes ont proliféré: les United Croats of Canada, la Federation of Croatian Societies in Canada et les sociétés culturelles croates. Plus récemment, le folklore et les groupes de danse croates ont bénéficié d'une certaine visibilité lors des festivals folkloriques multiculturels des communautés ethniques urbaines.

Religion, vie culturelle et éducation Bien qu'incapable de desservir les communautés isolées des régions pionnières dans les années 20 et dans les années 30, l'Église catholique a joué un rôle important dans la vie des immigrants croates au Canada depuis 1950, année de la fondation de la première paroisse catholique croate à Windsor. Actuellement, toutes les villes canadiennes comprennent des paroisses croates, sans oublier les centres culturels et les salles communautaires parrainés par des partis politiques et des sociétés d'aide mutuelle. Les communautés croates se sont aussi dotées d'importants journaux à caractère ethnique qui représentent un large spectre de factions politiques allant de l'extrême gauche à la droite. *Hrvatski Glas* (*La Voix croate*), fondé en 1929 et parrainé par la Croatian Peasant Society, et *Borba* (*Le Combat*), organe du Parti communiste fondé en 1930, sont encore publiés de nos jours. Ce dernier a ensuite été publié sous le nom de *Jedinstvo* (*Unité*), puis de *Nase Novine* (*Nos nouvelles*). Les autres journaux nationalistes sont: *Nas Put* (*Notre façon*), *Hrvatski Put* (*La façon croate*) et *Nezavisna Drzava Hrvatska* (*L'État indépendant de Croatie*). La communauté des immigrants croates a aussi produit plusieurs écrivains notoires, notamment le poète Alan Horiç, honoré pour ses œuvres *L'Aube assassinée* et *Blessure au flanc du ciel*. D'autres se sont également illustrés dans les domaines du ballet, de la musique classique et des beaux-arts. Les échecs et le soccer sont des activités très populaires parmi les immigrants croates de l'après-guerre. Des clubs d'échecs croates ont remporté au moins deux championnats provinciaux, et l'équipe de soccer des Metros-Croatia (devenue le Blizzard de Toronto) a remporté, en 1976, le championnat de la Ligue nord-américaine de soccer.

Les familles ont assuré la préservation de la langue croate jusque dans les années 50, époque où des écoles privées extrascolaires ont été mises sur pied par les dirigeants communautaires et les organismes. Dans les années 70, un réseau d'écoles de langue croate établi aux États-Unis s'est étendu au Canada, et quelques universités ont instauré des cours de culture et de langue croates. Les compétences linguistiques et les traditions culturelles se sont quelque peu perdues dans le processus d'assimilation, particulièrement dans les petites communautés isolées établies dans les années 20 et dans les années 30. Cependant, l'augmentation récente du nombre d'immigrants croates dans les grandes villes a encouragé les responsables communautaires à accorder plus d'importance au maintien de la culture croate.

À la suite de la dissolution de l'ex-Yougoslavie en 1992 et de la reconnaissance officielle de la Croatie en tant qu'État indépendant, les communautés croates dispersées dans le monde entier ont célébré l'indépendance nationale tant recherchée durant les derniers siècles. Au Canada, un grand nombre de Croates ont contribué à la fois moralement et matériellement à la réalisation de ce rêve, et ont célébré avec beaucoup de fierté cette indépendance si longtemps attendue.

A.W. Rasporich

Croft, Henry Holmes, professeur et scientifique (Londres, Angl., 6 mars 1820—près de San Diego, Texas, 1er mars 1883). Pendant 37 ans, Croft est (le premier) professeur de chimie à King's College, qui deviendra par la suite l'U. de Toronto. Il s'intéresse particulièrement à la toxicologie et à la science légale, ce qui le conduit souvent à servir de conseiller et de témoin expert à la cour. Il fournit aussi des conseils scientifiques aux premiers raffineurs de pétrole de l'Ontario. S'intéressant beaucoup à la biologie, il contribue à la fondation et aux activités de la Société entomologique du Canada. Désireux de diffuser la connaissance scientifique, il participe aux travaux des INSTITUTS D'ARTISANS et du Canadian Institute (aujourd'hui le Royal Canadian Institute) à Toronto.

W.A.E. Mcbryde

Croil, George Mitchell, aviateur (Milwaukee, Wis., 5 juin 1893—Vancouver, C.-B., 8 avril 1959). Croil est pilote pour le Corps royal d'aviation à Salonique. Pendant la Première Guerre mondiale, il assure aussi la formation des pilotes au Moyen-Orient. En 1919, il joint les rangs de la Commission de l'air du Canada. En 1924, il est l'un des 62 officiers qui obtiennent une commission de l'Aviation royale du Canada (ARC). Après l'obtention de son diplôme du Collège d'état-major des Forces aériennes royales et de l'Imperial Defence College, Croil devient le premier chef d'état-major des forces aériennes en 1938. Officier réservé, loyal et méticuleux, il dirige l'expansion d'avant-guerre de l'ARC. Il prend sa retraite comme inspecteur général de l'ARC en 1944.

W.J. McAndrew

Croix de Georges Le bombardement de la population civile en Grande-Bretagne au début de la Seconde Guerre mondiale a donné lieu à de nombreux actes de la bravoure la plus insigne. C'est ce qui a amené le roi Georges VI à instituer, en 1940, une importante décoration à laquelle étaient admissibles tant les civils que les militaires. Dans la hiérarchie des TITRES ET DÉCORATIONS du Commonwealth, la Croix de Georges vient tout de suite après la CROIX DE VICTORIA. Cet honneur a été attribué à huit Canadiens et à un étranger enrôlé dans un régiment canadien. Cette décoration a la forme d'une croix d'argent unie et porte au centre une image de saint Georges pourfendant le dragon, encerclée par les mots *For Gallantry* («pour bravoure»). Le ruban est «bleu jarretière».

Carl Lochnan

Croix de Saint-Louis L'Ordre royal et militaire de Saint-Louis, fondé en 1693, est le seul ordre militaire décerné en NOUVELLE-FRANCE. L'insigne, qui doit être retourné au roi à la mort de son titulaire, consiste en une croix en or à huit points émaillés de blanc, bordée de fleurs de lis en or. Les commandeurs de l'Ordre le portent sur une ceinture-écharpe et les chevaliers, sur un petit ruban rouge. Pour être admis à cet ordre, il faut être officier de l'armée régulière au service du roi de France.

Au Canada, le premier à obtenir cette décoration est Louis-Hector de CALLIÈRE (1694); Louis de Buade de FRONTENAC la reçoit en 1697. Le premier chevalier canadien est Pierre Le Moyne d'IBERVILLE (1699). Environ 145 hommes ont reçu cette décoration jusqu'en 1760. La croix de Saint-Louis est vite devenue sans valeur en France parce qu'elle est trop facile à obtenir mais, rarement décernée au Canada, elle y demeure précieuse. (*voir aussi* TITRES ET DÉCORATIONS; DÉCORATIONS POUR ACTES DE BRAVOURE.)

Croix de Victoria Distinction instituée en 1856 par la Reine Victoria, elle est la première décoration militaire du COMMONWEALTH s'appliquant à des actes de vaillance. Elle est destinée à honorer des actes de bravoure exceptionnels face à l'ennemi, mais elle a aussi été accordée dans de rares cas en hommage à d'autres gestes courageux. Les premiers récipiendaires remontent à la guerre de Crimée. Parmi eux, un lieutenant canadien, Alexander Roberts DUNN, s'est mérité la croix de Victoria pour son héroïsme au cours de la charge de la Brigade légère lors de la bataille de Balaklava.

Au fil des années, 93 Canadiens au total ont reçu cette distinction (de leur vivant ou à titre posthume), dont des Canadiens intégrés aux forces armées d'autres pays du Commonwealth et certains étrangers servant dans des unités canadiennes. Cette décoration en bronze, en forme de croix, porte l'écusson royal et les mots «For Valour». Le ruban est rouge pourpre. Cette médaille est abandonnée en 1972 quand on institue des décorations canadiennes pour bravoure. Toutefois, en avril 1987, le gouvernement conservateur de Brian Mulroney demande au directeur adjoint de la Chancellerie des ordres et décorations du Canada d'en examiner la réinstitution. (*Voir aussi* TITRES ET DÉCORATIONS.)

Carl Lochnan

Croix-Rouge Le Comité international de la Croix-Rouge est une institution indépendante reconnue par le droit international (en octobre 1986, l'organisme a officiellement changé de nom pour devenir le Mouvement international de la Croix-Rouge et du Croissant-Rouge). On dénombre 163 sociétés de la Croix-Rouge et du Croissant-Rouge reconnues. La Ligue des sociétés de la Croix-Rouge, établie en 1919, coordonne les efforts de secours dans les zones sinistrées. Le mouvement mondial de la Croix-Rouge a été lancé à Genève, en Suisse, par Henri Dunant, qui avait organisé des secours pour venir en aide aux blessés de la bataille de Solferino (1859). Dunant relate le carnage dont il a été témoin dans un livre qui fait sensation dans le monde entier. Son œuvre donne lieu à la signature de la première Convention de Genève (1864), qui stipule la neutralité du personnel médical dans les conflits armés et décrète que les blessés doivent être traités de façon humaine. Il partage le premier prix Nobel de la paix en 1901. On adopte le célèbre symbole de la croix rouge (l'inverse du drapeau suisse) pour faire reconnaître les travailleurs humanitaires et assurer leur sécurité. Le drapeau se trouve maintenant au bureau national de la Croix-Rouge canadienne, à Ottawa.

Au Canada, le fondateur du mouvement de la Croix-Rouge est George Sterling Ryerson. Il accompagne la milice dépêchée en 1885 pour écraser la RÉBELLION DU NORD-OUEST et utilise une croix rouge de fortune afin de protéger son ambulance tirée par des chevaux. Ce drapeau, aujourd'hui à la Metropolitan Toronto Library, est hissé durant la bataille de BATOCHE (du 9 au 12 mai 1885). En 1896, Ryerson organise à Toronto une section canadienne de la Société de la Croix-Rouge, qui recueille des fonds pour secourir les combattants de la GUERRE HISPANO-AMÉRICAINE en 1898 et distribue, en 1899, des fournitures médicales pendant la GUERRE DES BŒRS.

En 1909, le gouvernement fédéral adopte la *Loi constituant en corporation la Canadian Red Cross Society*, qui institue l'organisme en tant qu'entité juridique. Au cours de la Première Guerre mondiale, la Société collecte un fonds de secours de 35 millions de dollars et expédie des ravitaillements outre-mer, gère cinq hôpitaux en Angleterre et un autre en France, et fournit des baraques récréatives et des convois d'ambulances. Après la guerre, elle établit des hôpitaux dans des régions isolées et, en 1927, le Comité international reconnaît la Croix-Rouge canadienne comme une société nationale indépendante. Au cours de la Seconde Guerre mondiale, la Société fournit des services bénévoles et 125 millions de dollars en argent et en biens. Par la suite, elle offre des services aux vétérans et des services outre-mer aux orphelins et aux réfugiés.

La Croix-Rouge canadienne supervise divers programmes, dont le Service des transfusions sanguines (établi en 1947, aujourd'hui les services transfusionnels), qui accueille plus d'un million de donneurs chaque année. Des bénévoles offrent des services de transport et des équipements récréatifs aux vétérans, aux patients en consultation externe ainsi qu'aux personnes âgées et aux personnes handicapées. La Croix-Rouge canadienne se compose de 10 divisions provinciales et territoriales, de 546 sections et de 17 centres de services transfusionnels, et son siège social se trouve à Ottawa. Au Québec, Héma-Québec remplace la Croix-Rouge pour toutes les collectes de sang depuis 1998.

Croll, David Arnold, avocat et politicien (Moscou, 12 mars 1900—Ottawa, 10 juin 1991). Élu député libéral à l'Assemblée législative de l'Ontario en 1934, il est le premier juif à devenir ministre du Cabinet. Il démissionne en avril 1937, en raison de l'opposition du premier ministre HEPBURN au syndicalisme industriel. Croll sert dans l'armée canadienne de 1939 à 1945 et représente la circonscription de Toronto-Spadina au Parlement de 1945 à 1955. Il devient le premier sénateur juif en 1955 et est responsable de plusieurs études sur la pauvreté et le vieillissement.

Robert Bothwell

Crombie, David, enseignant et politicien (Toronto, 24 avril 1936). Il étudie à l'U. Western et à l'U. de Toronto et devient chargé de cours en science politique et en urbanisme à l'Institut polytechnique Ryerson. De 1966 à 1971, Crombie est directeur des affaires étudiantes à Ryerson. Figure centrale du mouvement de réforme civique de la fin des années 60 à Toronto, Crombie est co-fondateur de l'éphémère Civic Action Party (CIVAC). Candidat défait aux élections municipales de 1966, il représente le

quartier 11 de 1970 à 1972. Une campagne personnelle bien orchestrée lui vaut la mairie en 1973.

Le succès de Crombie à l'hôtel de ville et sa popularité croissante de «parfait petit maire» («Tiny Perfect Mayor») le rendent imbattable aux élections. En effet, il est facilement réélu en 1975 et 1977. En août 1978, il démissionne de la mairie pour se présenter comme progressiste-conservateur à l'élection fédérale partielle de la circonscription de Rosedale, dans laquelle il l'emporte. Il est réélu aux élections générales de 1979, de 1980 et de 1984, malgré une lutte serrée. Il est ministre de la Santé et du Bien-Être dans le gouvernement de Joe CLARK et ministre des Affaires indiennes et du Nord dans le cabinet de MULRONEY en 1984. Il est nommé secrétaire d'État et ministre du Multiculturalisme le 30 juin 1986. Crombie ne se présente pas lors des élections de 1988. Il retourne à Toronto comme commissaire de la Commission royale sur l'avenir du secteur riverain de Toronto. On demande aussi à Crombie d'intervenir dans le conflit sur les terrains de chemins de fer à Toronto en 1994.

Victor Russell

Cronenberg, David, cinéaste (Toronto, 15 mars 1943). Il tourne deux courts métrages alors qu'il étudie la littérature à l'U. de Toronto. *Stereo* (1969) et *Crimes of the Future* (1970) sont des commentaires sur des expériences scientifiques menées dans un univers vaguement futuriste. Ce sont aussi des œuvres d'avant-garde tant par la forme que par la structure. Après ces films, Cronenberg décide de s'engager dans la production commerciale destinée au grand public. Ses films suivants allient les conventions de l'horreur et de la science-fiction à des commentaires originaux et ironiques sur la vie contemporaine.

La critique canadienne vilipende *The Parasite Murders* (1976; v.f. *Frissons* connu aussi sous le nom de *Shivers*), mais, à l'instar de films comme *Rabid* (1977), *The Brood* (1977) et *Scanners* (1980; v.f. *Scanners*), *The Parasite Murders* contribue à faire de Cronenberg un réalisateur-culte qui représente une valeur sûre, surtout en Europe et aux États-Unis. Il se réhabilite auprès de la critique avec *Videodrome* (1980; v.f. *Videodrome*), un récit noir et dérangeant sur la technologie grâce auquel il est enfin considéré comme un artiste important. Ses films abordent ensuite plusieurs questions métaphysiques et traitent de la relation entre le corps et l'esprit, ainsi que de diverses questions d'éthique en relation avec le rôle de la technologie et de la science dans la vie moderne.

Les films *The Dead Zone* (1983) et *The Fly* (1986; v.f. *La mouche*), deux productions hollywoodiennes, font de Cronenberg un cinéaste commercial digne d'intérêt. Le succès de *The Fly* lui donne la liberté d'explorer des préoccupations plus personnelles et plus sombres. Nombreux sont ceux qui considèrent *Dead Ringers* (1988; v.f. *Faux-semblants*) comme son œuvre maîtresse.

Les années 90 marquent une nouvelle période dans l'œuvre de Cronenberg: l'adaptation cinématographique de textes romanesques et dramatiques. Bien des gens considéraient *Naked Lunch* (1991; v.f. *Le festin nu*), tiré du roman du même titre de William Burroughs, inadaptable au cinéma. Après avoir longuement caressé le projet, Cronenberg fait du film une réussite. *M. Butterfly* (1993; v.f. *M. Butterfly*) est tiré d'une pièce de David Henry Hwang et son film le plus controversé, *Crash* (1996; v.f. *Crash*), s'inspire du roman de J.G. Ballard. *Crash*, qui remporte le prix spécial du jury au Festival de Cannes pour son «originalité, sa témérité et son audace», a fait l'objet de censure dans certains pays.

Les films de Cronenberg ont remporté plusieurs prix Génie. *Dead Ringers* (10 prix Génie) et *Naked Lunch* (8 prix Génie) sont tous les deux nommés meilleur film et valent à Cronenberg le prix du

meilleur réalisateur. Le cinéaste reçoit le prix du meilleur réalisateur pour *Videodrome* et *Crash*.

Il travaille à l'occasion pour la télévision et tourne notamment la célèbre série *Crimes Against Nature*. Il interprète par ailleurs plusieurs rôles au cinéma, dont un dans *Nightbreed* (1990; v.f. *Nightbreed*), de Clive Barker. Le gouvernement français le nomme Chevalier des arts et des lettres en 1991. De nombreuses cinémathèques, parmi lesquelles les plus prestigieuses au monde, lui consacrent des rétrospectives. Enfin, ses objets, accessoires, ébauches et dessins ont fait l'objet d'une importante exposition à Tokyo et au MUSÉE ROYAL DE L'ONTARIO, à Toronto (1992).

Piers Handling

Cronyn, Benjamin, premier évêque anglican de Huron (Kilkenny, Irlande, 11 juill. 1802—London, Ont., 22 sept. 1871). Il est le beau-père d'Edward BLAKE et de Samuel Hume BLAKE. Cronyn reçoit une excellente éducation au Kilkenny College, puis au Trinity College de Dublin, où il remportera le prix de théologie et obtiendra ensuite quatre diplômes. Pendant ses années de formation, le révérend Peter Rœ, évangéliste irlandais réputé, exerce sur lui une influence ineffaçable. Vers la fin de 1832, la Society for the Propagation of the Gospel envoie Cronyn au Haut-Canada en tant que missionnaire. Il est bientôt affecté à l'église St. Paul de London et devient immédiatement une figure dominante dans cette ville, dont une grande partie de la population est irlandaise et protestante. D'une vigueur physique extraordinaire, il travaille sans relâche auprès de ses paroissiens de l'arrière-pays et auprès de la garnison. Cronyn s'entoure systématiquement d'une «troupe d'Irlandais», équipe dynamique d'évangélistes du bas clergé qui harcèlent le bastion du haut clergé, dirigé par l'évêque John STRACHAN, de Toronto.

Après avoir obtenu un doctorat en 1855, Cronyn est élu premier évêque de Huron en 1857 et consacré au palais de Lambeth. Son élévation à l'épiscopat établit deux importants précédents dans l'administration de l'Église canadienne. En effet, il est le premier évêque de l'Empire britannique à être élu par un synode diocésain composé de représentants du laïcat et du clergé (les évêques des colonies étaient auparavant nommés par les autorités anglaises) et, en conséquence, il est «le dernier évêque canadien à devoir aller se faire consacrer en Angleterre».

Cronyn renforce encore sa position en 1863 en fondant le Huron College, une école théologique du bas clergé, dans sa ville épiscopale de London (Ontario). Non seulement ce collège seconde Cronyn dans sa lutte contre l'enseignement «boiteux et anti-protestant» du Trinity College de Strachan à Toronto, mais il est aussi à l'origine de l'U. de Western Ontario.

L'évêque Cronyn fait une propagande si énergique en faveur de son ANGLICANISME «ultra-protestant» que son empreinte demeure très visible dans l'Église du Sud-Ouest de l'Ontario et même d'ailleurs. De tendance résolument fondamentaliste, ce fils ambitieux d'un cordonnier irlandais sait également utiliser habilement les deux clés de la réussite matérielle: la politique et les affaires. L'un de ses descendants est le célèbre acteur Hume CRONYN.

John D. Blackwell

Cronyn, Hume, acteur, metteur en scène et écrivain (London, Ont., 18 juill. 1911). Comique et acteur de genre extrêmement talentueux, il fait souvent équipe avec sa femme Jessica TANDY, décédée en 1994 à l'âge de 85 ans. Après des débuts comme acteur amateur au Ridley College, à St. Catharines (Ontario), et avec le Montreal Repertory Theatre, alors qu'il étudie le droit à l'U. McGill, il parfait sa formation théâtrale en Autriche et à New York. Sa carrière professionnelle commence en 1931, à Washington, avec la Cochran's Stock Company et, à partir de 1934, il se fait connaître à Broadway en jouant dans les pièces

Three Men on a Horse, High Tor, Room Service et *The Three Sisters*.

Réformé par les forces armées, il produit pendant la guerre des revues destinées aux cantines de l'Armée active du Canada et aux ordres permanentes de l'unité. On se souvient aujourd'hui de ses brèves apparitions dans des films comme *The Postman Always Rings Twice* (1946; v.f. *Le facteur sonne toujours deux fois*) et *Sunrise at Campobello* (1960). Il fait ses débuts hollywoodiens avec deux films d'Hitchcock, *Shadow of a Doubt* (1943; v.f. *L'ombre d'un doute*) et *Lifeboat* (1944; v.f. *Lifeboat*), et est mis en nomination pour l'Oscar du meilleur second rôle dans *The Seventh Cross* (1944), où il partage la vedette avec Spencer Tracy. En 1946, il dirige Tandy dans *Portrait of a Madonna* (1946) de Tennessee Williams, ce qui vaudra à Tandy de jouer à Broadway dans la pièce *A Streetcar Named Desire* (1947; v.f. *Un tramway nommé désir*).

Souvent comparés aux Lunt, Cronyn et Tandy partagent la vedette à maintes reprises, notamment dans *A Day by the Sea* (1955); la production londonienne de *Big Fish, Little Fish* (1962); *The Physicists* (1964); lors de la saison inaugurale du Guthrie Theatre de Minneapolis en 1963, puis en 1965; dans *A Delicate Balance* (1966); *Happy Days* (1972); *Noël Coward in Two Keys* (1974-1975); *The Many Faces of Love*, collage de prose et de poésie en 1977 (enregistré sur support vidéo par le réseau anglais de la Société Radio-Canada); *The Gin Game* (1978-1980); *Foxfire* (1980), présenté pour la première fois alors que Cronyn et Tandy jouent au FESTIVAL DE STRATFORD; et, enfin, dans *The Petition* (1986).

Cronyn et Tandy jouent ensemble dans de nombreux films, parmi lesquels Best Friends (1982; v.f. *Meilleurs amis*), *Cocoon* (1985; v.f. *Cocoon*) et sa suite *Cocoon: The Return* (1988; v.f. *Cocoon—le retour*), *Batteries Not Included* (1987; v.f. *Piles non comprises*) et *To Dance With a White Dog* (1993; v.f *Le vieil homme et le chien*), dont la mort du personnage incarné par Tandy annonce celle de l'actrice, qui plongera Cronyn dans une profonde affliction. Ils font leur dernière apparition commune dans le long métrage canadien *Camilla* (1994-1995; v.f. *Camilla*), dans lequel Cronyn joue le rôle de l'ancien amant de Tandy.

«Le couple le plus célèbre du théâtre américain» reçoit les Kennedy Center Honors (1986) et la National Medal of Arts à la Maison Blanche (1990). Cronyn, qui a conservé sa citoyenneté canadienne, est le premier Canadien à recevoir un tel hommage. Il réalise aussi de nombreux films et émissions spéciales pour la télévision: *Rollover* (1981; v.f. *Une femme d'affaires*), *Impulse* (1984; v.f. *Les possédés*), *Month of Sundays* (1988-1989; avec la fille du couple, l'actrice Tandy Cronyn), *Christmas on Division Street*, (1991), *Broadway Bound* (1992) de Neil Simon et *L'affaire Pélican* (1993). Parmi ses rôles restés célèbres, citons celui du régisseur dans *Our Town*, de Willy Loman dans *Death of a Salesman* (v.f. *Mort d'un commis voyageur*), de Polonius (qui lui vaut un molière en 1964), de Richard III, de Shylock et de Hadrian VII, à Stratford, en 1969, année où il perd un œil en raison d'un cancer.

En plus d'être Membre de l'Ordre du Canada, il détient au-delà de 20 prix pour ses prestations remarquables. En 1988, un gala spécial a lieu à New York et permet de créer une caisse de dotation de 50 000 $ pour la bourse d'études Hume Cronyn de l'American Academy of Dramatic Art, où il a étudié. Cette bourse est destinée aux étudiants canadiens, qui représentent environ 10 p. 100 de l'effectif. Conçus pour un théâtre érudit, ses écrits comprennent des nouvelles pour le magazine *Maclean's* dans les années 30; deux scénarios pour Hitchcock, *The Rope* (1945; v.f. *La corde*) et *Under Capricorn* (1949; v.f. *Les amants du Capricorne*), et deux pièces de théâtre (1980), *Foxfire et The Dollymaker*, écrites en collaboration avec l'auteure britannique Susan Cooper. En 1991, les mémoires de Cronyn paraissent sous le titre *A Terrible Liar*, mais ils s'arrêtent en 1966.

David Gardner

Crosbie, John Carnell, avocat et politicien (St. John's, T.-N., 30 janv. 1931). Il est élu au conseil municipal de St. John's en novembre 1965 et nommé maire suppléant le 1ᵉʳ janvier 1966. Il démissionne en juillet de la même année pour se joindre au Cabinet du premier ministre libéral Joey SMALLWOOD et est élu à l'Assemblée de Terre-Neuve en septembre. En 1969, il se présente contre Smallwood au congrès de leadership du parti, mais est défait. Il se joint aux progressistes-conservateurs de Frank MOORES en juin 1971, et son appui aide ce dernier à gagner les élections de 1972. Crosbie est nommé à plusieurs ministères d'importance et devient le principal défenseur de l'adoption par le gouvernement d'une politique accordant aux autorités locales un plus grand rôle dans la gestion et le contrôle des ressources de Terre-Neuve.

Élu à la Chambre des communes en 1976, il devient ministre des Finances dans le bref gouvernement minoritaire de Joe CLARK, défait après l'échec d'un vote de confiance de la Chambre le 13 décembre en raison du rejet du budget de Crosbie. En 1983, il se présente à la direction du Parti progressiste-conservateur et se retrouve troisième, derrière Brian MULRONEY. Il est nommé ministre de la Justice dans le nouveau gouvernement conservateur en 1984 et passe au ministère des Transports en 1986. Devenu ministre du Commerce international en 1988, en février 1991 il s'engage, au nom du Canada, à participer à des négociations pour une entente de libre-échange nord-américain entre le Canada, les États-Unis et le Mexique.

En 1991, il devient ministre des Pêches et des Océans, où il a la tâche, peu enviable pour un ministre venant de Terre-Neuve, d'imposer un moratoire de deux ans sur la pêche à la morue pour les sauver de l'extinction par surexploitation. Crosbie prend sa retraite avant les élections de 1993. Il retourne à la pratique du droit et est nommé chancelier de la Memorial University et consul honoraire de Mexico à Terre-Neuve en 1996.

Melvin Baker

Crosbie, sir John Chalker, commerçant et politicien (Brigus, T.-N., 11 sept. 1876—St. John's, 5 oct. 1932). Entrepreneur dynamique et énergique, Crosbie bâtit une fortune (qu'il perdra) et lance la dynastie Crosbie, qui continue de prospérer. Il fonde Crosbie and Co. en 1900 et, en 1920, il est devenu l'un des plus importants exportateurs de poisson de Terre-Neuve. Il entre en politique comme député à la Chambre d'assemblée, représentant Bay de Verde en 1908. Il occupe le poste de ministre de la Marine marchande en 1918-1919, puis de ministre des Finances et des Douanes dans le gouvernement du premier ministre MONROE de 1924 jusqu'en 1928, année où il se retire de la politique.

Keith Matthews

Cross, Alfred Ernest, exploitant de ranch et brasseur (Montréal, 26 juin 1861—*id.*, 10 mars 1932). Diplômé du Collège d'agriculture de l'Ontario et du Collège vétérinaire de Montréal, Cross s'établit à Calgary en 1884 comme vétérinaire et adjoint au régisseur du British-American Horse Ranch Co. En 1885, il lance son propre ranch, le A7, et devient l'un des éleveurs de bétail les plus renommés de l'Ouest et l'un des quatre grands fondateurs du STAMPEDE DE CALGARY. Le A7 appartient encore à la famille Cross et demeure l'un des ranchs les plus importants de l'Ouest. En 1892, Cross fonde la Calgary Brewing and Malting Co. En 1899, il est élu député conservateur des Territoires du Nord-Ouest.

David H. Breen

Crosse Sport, à l'origine pratiqué par les bandes algonquines de la vallée du Saint-Laurent dans l'Est du Canada. C'est pour cette raison qu'il est souvent décrit comme le plus vieux sport organisé de l'Amérique du Nord. Deux formes de jeu existent. La crosse extérieure, à laquelle 2 équipes de 10 joueurs prennent part, est pratiquée en plein air sur un terrain de 110 m x 64 m. Les joueurs doivent se passer une banle de caoutchouc rigide à l'aide d'un grand bâton recourbé doté d'une poche en filet. L'objectif du jeu consiste à marquer des points en lançant la balle dans le but adverse.

La crosse extérieure est pratiquée en Angleterre, en Australie et en Nouvelle-Zélande ainsi que dans les collèges de la côte est américaine. Bien que cette forme soit d'origine canadienne, la crosse en enclos «boxla» est plus couramment pratiquée au Canada. Dans cette deuxième forme, deux équipes de sept joueurs jouent à l'intérieur sur un terrain de la taille d'un aréna de hockey standard.

Selon des historiens, le missionnaire français Jean de BRÉBEUF a vu pour la première fois un match de crosse en 1638 et lui a donné le nom de crosse parce que les bâtons utilisés lui rappelaient le bâton pastoral de l'évêque. Le nom amérindien du jeu initial, *baggataway*, dérive du mot ojibwé *pagaadowewin* ou «balle». Ainsi, les Blancs ont nommé le jeu en fonction du bâton utilisé et les Indiens, en fonction de la balle. La crosse joue un rôle important dans la société amérindienne, elle a une portée religieuse et sert à l'entraînement des jeunes guerriers. Comme les Indiens parient souvent sur le résultat des matchs, la crosse joue aussi un rôle économique, accroissant ou diminuant la fortune d'une bande. Le baggataway indien consiste en un combat rigoureux. Les parties peuvent durer deux ou trois jours et les buts, définis par des buissons ou des arbres, sont séparés de 450 m ou plus.

L'arrivée des marchands de fourrure français, puis anglais, et l'ouverture des routes du commerce qui s'ensuit dans toute l'Amérique du Nord peuvent avoir contribué à répandre le jeu dans les autres nations indiennes. L'incident probablement le plus célèbre dans l'histoire du jeu remonte à 1763, alors que les Ojibwés ont utilisé le jeu comme moyen détourné pour entrer dans le fort Michillimakinac et massacrer les soldats anglais qui y campaient. En 1834, une équipe de Caughnawaga fait, pour la première fois, une démonstration du jeu à des Blancs au champ de course Saint-Pierre, à Montréal. La première équipe de crosse composée uniquement de Blancs est formée en 1842, elle fait partie du Montreal Olympic Athletic Club. L'année suivante, le premier match entre Blancs et Indiens est disputé. Jusqu'en 1867, le développement de la crosse est lent et irrégulier, et il est en grande partie confiné à Montréal et dans les villes de la vallée de l'Outaouais.

Un des plus ardents défenseurs de ce sport, à l'époque, est George BEERS qui, à l'âge de 17 ans, est gardien de but lors d'un match disputé devant le prince de Galles en 1860. Cette même année, il met sur papier les règles de la crosse. Nationaliste convaincu, Beers voit la crosse comme un moyen de promouvoir la bonne forme et la bravoure chez les jeunes hommes du Canada. En septembre 1867, il organise un congrès à Kingston (Ontario) au cours duquel l'Association canadienne de crosse est formée. Beers fait la promotion de ce sport et c'est lui qui est à l'origine de l'idée fausse, mais bien ancrée, selon laquelle la crosse est officiellement reconnue comme le jeu national du Canada.

Si la crosse n'est pas au sens de la loi le jeu national du Canada, on peut dire qu'en 1889, sa popularité est si grande qu'elle peut en réalité être considérée comme telle. Pendant les années 1880, elle connaît une croissance soutenue, se propageant d'un océan à l'autre. En 1900, le sport est solidement implanté. On commence aussi à le pratiquer à l'extérieur du Canada. En 1868, le premier match international est disputé à Buffalo (New York). En 1876 et 1883, des équipes canadiennes se rendent en Angleterre pour faire connaître le jeu.

En 1901, le gouverneur général, lord MINTO, présente la coupe Minto. Elle est remise au gagnant du championnat canadien amateur senior. En l'espace de trois ans, elle devient le symbole du championnat professionnel. C'est pour cette raison qu'en 1910, on présente la coupe Gold Mann, destinée au gagnant du titre canadien amateur. Bien que les équipes canadiennes remportent des médailles d'or aux Jeux olympiques en 1904 et en 1908, le sport à cette époque se trouve mêlé à un conflit interminable sur sa professionnalisation.

Finalement, en 1912, l'Amateur Athletic Union of Canada intervient et crée la Canadian Amateur Lacrosse Association. À ce moment, la crosse n'est pratiquée que par une petite partie de la population. Il n'existe aucun système pour former de jeunes joueurs et le sport n'est pas joué dans les écoles du pays, contrairement au FOOTBALL. Après la Première Guerre mondiale, le BASEBALL remplace la crosse en tant que sport d'été. La popularité de l'automobile a aussi une incidence sur le jeu. En effet, les joueurs et les spectateurs potentiels délaissent la ville la fin de semaine et lors des vacances.

Après avoir lutté contre ces problèmes, la Canadian Amateur Lacrosse Association décide que la crosse en stade sera désormais le jeu officiel. On espérait que cette décision augmenterait la popularité du sport, car elle permettait également d'occuper les arénas vides durant l'été. À Montréal et à Toronto, des essais sont faits pour mettre sur pied une ligue professionnelle de crosse, mais en 1937, le jeu professionnel disparaît et la coupe Minto est dorénavant remise au vainqueur de la compétition junior.

Le sport est dorénavant surtout pratiqué sur la côte ouest du Canada et dans les villes de taille moyenne de l'Ontario. En fait, les deux championnats nationaux se tiennent tour à tour en Colombie-Britannique et en Ontario. L'adoption de la crosse en enclos a eu pour effet d'isoler le jeu canadien de la compétition internationale. En définitive, la domination des Canadiens dans le sport qu'ils ont inventé est remise en question.

En 1967, un championnat mondial de crosse en stade se tient au Canada dans le cadre des célébrations du centenaire de la confédération canadienne. Les États-Unis le remportent. En 1974, aux séries mondiales de crosse, en Australie, le Canada ne réussit qu'à terminer *ex aequo* en deuxième position. Toutefois, en 1978, lors des premiers vrais championnats mondiaux, à Stockport (Angleterre), l'équipe canadienne remporte la victoire grâce à un but remarquable marqué à la dernière minute de la finale. En 1982, les États-Unis s'emparent du titre, le Canada finissant troisième. En 1986, le Canada perd aux mains des États-Unis en finale.

J. Thomas West

Crosses de fougère (*Matteucia struthiopteris*) Plantes comestibles qui appartiennent à la famille des FOUGÈRES (*Polypodiaceae*). Elles sont considérées comme un mets raffiné dans certaines parties du Canada. Ses jeunes feuilles sont solidement torsadées et ressemblent à la tête d'un violon, d'où son nom. La pousse et la tige principale se déroulent vers le haut alors que les parties latérales s'épanouissent vers l'extérieur. Cette fougère vivace, aussi nommée «fougère-à-l'autruche», développe un anneau de feuilles à partir d'un rhizome circulaire de couleur brunâtre. Il ne faut pas la confondre avec la fougère-aigle (ou fougère-à-l'aigle). Celle-ci est cancérigène et possède une feuille unique qui prend naissance au niveau du sol. C'est dans les Maritimes que les crosses de fougère sont les plus populaires. Depuis très longtemps, les MALÉCITES du Nouveau-Brunswick cueillent cette plante considérée comme un mets délicat et l'utilisent aussi bien comme remède que comme nourriture. En Colombie-Britannique,

les crosses de fougère font encore partie du régime alimentaire des autochtones des régions côtières.

La fougère-à-l'autruche croît dans les sols humides et riches (c.-à-d. dans les basses terres et dans les marais) et dans les alluvions qui longent les ruisseaux à la grandeur du Canada. Elle se propage au moyen de spores libérées de la face inférieure des feuilles ou du rhizome, duquel sortent de nombreux stolons souterrains. La saison de croissance se limite au début mai. Il est préférable de cueillir les crosses de fougère lorsque les nouvelles pousses mesurent de 10 à 20 cm; deux ou trois feuilles sont laissées afin de ne pas affaiblir le plant. La demande commerciale dépasse de loin l'offre, car, présentement, on n'arrive pas à cultiver la fougère à grande échelle. Hors saison, elle est vendue surgelée. Les crosses de fougère sont consommées crues ou cuites et contiennent l'enzyme thiaminase lorsque crues. Cet enzyme dégrade la vitamine B lorsqu'ingéré en quantités suffisantes; la prudence est donc de mise.

Nicole Bernshaw

Crouse, Lloyd Roseville, pêcheur, politicien, lieutenant-gouverneur de la Nouvelle-Écosse (Lunenberg, N.-É., 19 nov. 1918). Crouse est pilote de l'Aviation royale canadienne (ARC) durant la Seconde Guerre mondiale. Après la guerre, il fonde une première société de pêche, la Crouse Fisheries, et en acquiert deux autres par la suite. Il est élu député pour la première fois à la Chambre des communes en 1957 et est réélu neuf fois consécutives par la suite. Il occupe donc la fonction de député pendant 31 ans et se retire avant les élections générales de 1988. Parlementaire talentueux, il affectionne particulièrement les débats sérieux et il est pendant de nombreuses années délégué du Canada aux conférences parlementaires du Commonwealth. Il est nommé lieutenant-gouverneur de la Nouvelle-Écosse en 1989.

Crow, John William, économiste et gouverneur de la BANQUE DU CANADA (Londres, Angleterre, 22 jan. 1937). En 1987, il succède à Gerald BOUEY et devient le cinquième gouverneur de la Banque du Canada. Après avoir travaillé pour l'Aviation royale du Canada (1956-1958), Crow fréquente Oxford, où il étudie la philosophie, la politique et l'économie. En 1961, il entre au Fonds monétaire international à Washington, où il occupe différents postes à la division de l'hémisphère occidental. Après son entrée à la Banque du Canada en 1973, il devient chef du département des études en 1974.

Nommé conseiller du gouverneur en 1979 et vice-gouverneur en 1981, il devient gouverneur en 1984. En tant qu'instrument vital de la POLITIQUE MONÉTAIRE du Canada, la Banque gouvernée par Crow est, de l'avis général, encline à poursuivre l'orientation anti-inflationniste de Bouey, même au prix de taux d'intérêts élevés. Durant son mandat de sept ans comme gouverneur, il persévère dans cette voie. Il quitte la Banque en 1994 pour poursuivre une carrière dans le secteur privé en entrant chez Lévesque-Beaubien, une grande société de placement.

Duncan McDowall

Crowfoot, chef pied-noir (près de la rivière Belly, Alb., v. 1830—près de Blackfoot Crossing, Alb., 25 avril 1890). GENS-DU-SANG de naissance, il grandit parmi les PIEDS-NOIRS. Adolescent, il démontre beaucoup de bravoure quand il pénètre dans le camp ennemi des Crows, au cours d'une bataille, et qu'il frappe un tipi peint. Grâce à cette prouesse, il reçoit le nom d'un ancêtre, «Isapo-muxika», qui signifie «Grand pied des Indiens crows», ou Crowfoot, selon des interprètes. Il participe à 19 guerres et est blessé 6 fois. Son plus grand exploit, réalisé à la vue de tous, est d'avoir tué un grizzli avec une lance. Peu après, en 1865, il devient chef de la bande de Big Pipes et, en 1870, il est l'un des trois grands chefs de la tribu.

Perspicace, prévoyant et diplomate, il fait la paix avec les CRIS et établit de bonnes relations avec les commerçants de fourrures. Il adopte un Cri nommé POUNDMAKER, qui deviendra le chef de son propre peuple, et sauve le missionnaire Albert LACOMBE au cours d'un raid des Cris. En 1874, il accueille les agents de la Police à cheval du Nord-Ouest, venus mettre fin au commerce du whisky dans l'Ouest. On le perçoit comme un allié et on lui confie un rôle important dans les négociations du Traité n° 7 en 1877.

Une fois les Pieds-Noirs installés dans leur réserve en 1881, il perd ses illusions à l'égard du gouvernement canadien. Il interdit toutefois à son peuple de prendre part à la RÉBELLION DU NORD-OUEST de 1885, moins par loyauté envers le gouvernement, que par conviction que la bataille est perdue d'avance. Malade pendant les dix dernières années de sa vie, il pleure sans cesse la perte de ses enfants, dont seulement un fils aveugle et trois filles survivent. On rapporte qu'il a déclaré avant de mourir: «Qu'est-ce que la vie? C'est l'étincelle d'une luciole dans la nuit. C'est la buée du souffle d'un bison en hiver. C'est comme l'ombre qui court dans l'herbe et se perd dans le coucher du soleil».

Hugh A. Dempsey

Crown Land Expression utilisée pour désigner les terres appartenant aux gouvernements fédéral et provinciaux. Ces terres publiques sont placées sous la gouverne de la Couronne, d'où leur nom. Au Canada, moins de 11 p. 100 des terres sont du domaine privé, 41 p. 100 appartiennent à la Couronne fédérale et 48 p. 100, à la Couronne provinciale. Le YUKON et les TERRITOIRES DU NORD-OUEST sont administrés au nom du Canada par le ministère des Affaires indiennes et du Nord canadien (*Loi sur les terres territoriales* et *Loi sur les concessions de terres domaniales*). Environ 4 p. 100 (17 millions ha) des terres sous régie fédérale se trouvent sur le territoire des provinces dans des proportions variables qui vont de quelque 10,6 p. 100 en Alberta à seulement 0,2 p. 100 au Québec. Le pourcentage de terres que possèdent les Couronnes provinciales varie également. Il est de 95 p. 100 à Terre-Neuve et de moins de 2 p. 100 à l'Î.-P.-É. Les droits sur la surface et le sous-sol pour l'exploitation des ressources minérales, énergétiques, forestières et hydrologiques peuvent être cédés à bail à des entreprises privées, ce qui constitue une très importante source de revenus pour les gouvernements au Canada. Les PARCS nationaux et provinciaux, les réserves indiennes, les bases militaires fédérales et les forêts provinciales comptent parmi les plus grandes concessions de terres de la Couronne en même temps que les plus visibles.

V.P. Neimanis

Crown Point Grande péninsule commandant stratégiquement le passage étroit de la partie sud-ouest du lac CHAMPLAIN, dans le Nord de l'État de New York. En 1731, les Français y construisent le fort Saint-Frédéric pour améliorer leur position commerciale et territoriale face aux colonies britanniques d'Amérique. En battant en retraite en 1759 pendant la GUERRE DE SEPT ANS, les Français détruisent le fort. Entre 1759 et 1761, les Anglais entreprennent la construction du fort Crown Point, plus imposant. En 1773, inachevé, négligé et délabré, le fort est détruit en grande partie par un incendie accidentel. Pendant la GUERRE D'INDÉPENDANCE AMÉRICAINE, le fort Crown Point est occupé par les rebelles coloniaux en 1775, puis repris par les troupes royales pendant la campagne du général John BURGOYNE en 1777; il sert de base d'attaques aux Loyalistes jusqu'en 1781. Crown Point est un lieu historique de l'État de New York.

Robert S. Allen

Crowsnest, col (alt. 1357 m) Il est situé dans les ROCHEUSES, à la frontière de la Colombie-Britannique et de l'Alberta. Son nom vient probablement d'une anecdote selon laquelle des indiens crows s'y seraient «nichés» après une bataille contre une autre tribu. La région est explorée en profondeur au cours de l'EXPÉDITION PALLISER en 1857-1860. De vastes travaux géologiques sont entrepris en 1882 et en 1883 par G.M. DAWSON, de la Commission géologique du Canada, probablement dans le but de trouver un tracé ferroviaire. En 1898, on construit une ligne de chemin de fer faisant partie du réseau du CP pour l'exploitation du charbon de la région et des gisements de minéraux des monts Kootenay-Est, en Colombie-Britannique. Du portail est du col, à Burmis, jusqu'à Fernie, à 30 km au sud-ouest du col, se trouvent bon nombre de villes et de villages bien connus pour leur production de charbon, surtout entre 1910 et 1950, alors qu'il y a une grande demande. Le plus méridional des passages ferroviaires importants passant par la LIGNE CONTINENTALE DE PARTAGE DES EAUX, le col est lui-même traversé par la route 3 et un pipeline.

Glen Boles

Crowsnest Pass, municipalité de l'Alb.; pop. 6356 (rec. 1996), 6680 (rec. 1991), 6912 (rec. 1986); superf. 379,19 km²; const. en 1979; située à 269 km au sud-ouest de Calgary, dans le COL CROWSNEST, un passage historique qui permet de franchir les Rocheuses. La municipalité de Crowsnest Pass tire son nom d'une imposante montagne située à proximité, qui elle-même aurait été nommée d'après les Crows (des Amérindiens du Montana et du Wyoming) ou en raison des corbeaux qui nichent près du sommet de la montagne. La municipalité englobe cinq anciennes petites localités minières: Bellevue, Hillcrest, Frank, Coleman et Blairmore.

La colonisation y débute dans les années 1880 avec la construction d'une ligne secondaire du Canadien Pacifique traversant le col. La principale activité économique de la région est l'exploitation du CHARBON tant pour le chemin de fer que pour d'autres marchés. Au cours des premières années de l'établissement, un certain nombre de DÉSASTRES se produisent dans la région, dont une importante avalanche de pierres au mont Turtle en 1903, qui fait au moins 70 victimes dans la ville de Frank (*voir* AVALANCHE DE PIERRES DE FRANK). En 1910, une explosion à la mine de Bellevue fait 31 victimes, et une autre explosion à la mine de Hillcrest tue 189 mineurs en 1914. Celle-ci demeure la pire catastrophe survenue dans une mine au Canada. Dans les années 80, toutes les mines de charbon ayant été fermées, la région est affligée par une récession économique. Le Frank Slide Interpretative Centre commémore l'histoire de la région, à l'instar de nombreux lieux historiques, dont les anciens charbonnages de Leitch. Grâce à son emplacement au cœur de montagnes pittoresques, la municipalité se tourne vers le tourisme comme nouvelle assise économique.

Deborah Welch et Michael Payne

Crozier, Lorna, poète (Swift Current, Sask., 24 mai 1948). Elle grandit à Swift Current et étudie à l'U. de la Saskatchewan et à l'U. de l'Alberta. Elle enseigne actuellement à l'U. de Victoria. Les relations humaines, le monde de la nature, le langage, la mémoire et la perception sont les thèmes centraux de son œuvre, qui comprend dix recueils de poésie. Dans de nombreux poèmes, les descriptions des paysages et des saisons des Prairies prennent la forme de réflexions métaphysiques.

Ses deux premiers livres, *Inside Is the Sky* (1976) et *Crow's Black Joy* (1978), examinent les conditions de fragmentation de la personnalité et les rapports de force dans les relations entre les hommes et les femmes. Son féminisme s'exprime aussi dans les passages humoristiques de *The Garden Going on without Us* (1985) et *Angles of Flesh, Angels of Silence* (1988). Ces livres, de même que ses ouvrages les plus récents, réinterprètent les histoires

et les mythes traditionnels. On trouve dans *Inventing the Hawk* (1992), qui a remporté le Prix du Gouverneur général, un passage élégiaque à son père.

Depuis 1978, elle vit avec le poète Patrick LANE, avec qui elle a signé un recueil de poèmes intitulé *No Longer Two People* (1979), et édité *Breathing Fire: Canada's New Poets* (1995) ainsi que *Alden Nowlan: Selected Poems* (1996). *Eye Witness* (1993) et *Everything Arrives at the Light* (1995) sont ses recueils les plus récents.

Colin Boyd

CRTC (*Voir* CONSEIL DE LA RADIODIFFUSION ET DES TÉLÉCOMMUNICATIONS CANADIENNES [CRTC])

Crum, George, chef d'orchestre (Providence, R.I., 26 oct. 1926). C'est à l'âge de 16 ans, alors qu'il étudie au CONSERVATOIRE ROYAL DE MUSIQUE de Toronto, qu'il fait ses débuts comme pianiste. Il se joint rapidement au corps enseignant du département d'opéra du conservatoire. En 1951, il devient le premier chef d'orchestre et directeur musical du BALLET NATIONAL DU CANADA. Il met sur pied l'orchestre et crée le répertoire du Ballet national du Canada tout en dirigeant des opéras partout au Canada et aux États-Unis, en assurant la direction de séries de concerts donnés à Toronto et en dirigeant l'orchestre de la Société Radio-Canada. Crum est au pupitre lors des représentations primées de *Roméo et Juliette* (prix René Barthélemy, 1966), de *Cendrillon* et de *La Belle au bois dormant* (Emmy Awards 1970 et 1973). Il reçoit le Celia Award en 1972.

Il prend sa retraite du Ballet national du Canada en 1984, mais y est souvent chef d'orchestre invité, notamment à l'occasion du gala organisé en l'honneur des 20 ans de carrière de Karen KAIN (1988), du spectacle d'adieu de Veronica TENNANT, dans *Roméo et Juliette* (1989), et du gala organisé pour fêter le 40ᵉ anniversaire de la compagnie (1991). Crum compose toujours de la musique et adapte des œuvres pour le ballet, notamment *Hommage à Chopin*, qui reprend l'idée des *Sylphides* en regroupant divers morceaux des œuvres de Chopin.

Penelope Reed Doob

Crump, Norris Roy, dirigeant de compagnie de chemin de fer (Revelstoke, C.-B., 30 juill. 1904—Calgary, 26 déc. 1989). Issu d'une famille de travailleurs du chemin de fer, Crump commence comme ouvrier au CANADIEN PACIFIQUE (CP) en 1920, tout en prenant du temps pour étudier les sciences à l'U. Purdue. Il obtient son baccalauréat en 1929 et sa maîtrise en 1936. Il est particulièrement intéressé par les nouvelles locomotives électriques à moteur diesel lorsqu'il devient évident que le chemin de fer fera face à une conversion au diesel. Il reçoit une promotion à l'intérieur du Service technique du CP, puis, en tant que cadre dirigeant, prend la responsabilité du fameux train transcontinental, le Canadien. Il devient président en 1955 et président du conseil d'administration en 1961. Sous sa gouverne, la proportion des actions de la société détenues par des Canadiens passe de 15 p. 100 en 1955, à 55 p. 100 en 1965 et à 63 p. 100 en 1972. En 1962, Crump diversifie la société en créant Investissements Canadien Pacifique pour gérer les placements non liés au domaine du transport. Le CP donne son nom à un wagon de chemin de fer, le «Norris Crump», mais il est détruit dans un incendie. Il se retire de son poste de président en 1964 et de président du conseil d'administration en 1972. En 1971, il est fait compagnon de l'Ordre du Canada.

Robert Bothwell

Crustacés INVERTÉBRÉS à corps segmenté et à appendices articulés, pourvus d'un exosquelette et de deux paires d'antennes. L'exosquelette, une structure externe qui sert de protection et de support, est remplacé périodiquement lors des mues afin de permettre la croissance. Les crustacés comptent plus de 31 300 espèces vivantes et forment une classe faisant

partie de l'embranchement des arthropodes. Ils occupent des habitats terrestres, dulçaquicoles et marins. Certaines espèces comme les PUCES D'EAU sont microscopiques tandis que d'autres, comme le crabe royal, ont des pinces dont l'envergure peut atteindre 3,65 m. Les CREVETTES, les CRABES et les HOMARDS, animaux bien connus, appartiennent à la famille des malacostracés.

Le corps des crustacés, bien qu'il ait subit différentes réductions et fusions, est essentiellement composé d'une tête avec cinq paires d'appendices et d'un tronc avec de nombreux segments et appendices. Les céphalocarides, dont les premiers représentants ont été découverts près de New York en 1955, rappellent les crustacés primitifs: plusieurs des segments et des appendices thoraciques se ressemblent beaucoup (homologie sérielle).

Au cours de l'évolution, leurs appendices se sont diversifiés et spécialisés: les crabes actuels ressemblent peu en apparence aux BALANES ou aux cloportes.

Les crustacés sont généralement filtreurs mais plusieurs espèces benthiques (de fond) sont détritivores. Ils se servent de leurs appendices antérieurs (souvent sept paires) pour capturer et manipuler la nourriture. Certaines espèces de malacostracés ont des dents chitineuses (cornées) dans leur estomac musculaire, ce qui les aide à déchiqueter et à macérer la nourriture. Des échanges gazeux se produisent dans les branchies fixées à la base des appendices thoraciques. Chez certains crustacés, un pigment respiratoire à base de cuivre donne au sang une couleur bleutée.

Certaines espèces ont des sexes séparés, tandis que d'autres changent de sexe au cours de leur vie, sont hermaphrodites ou peuvent se reproduire sans fécondation (les mâles ne sont alors plus nécessaires, la plupart du temps). Plusieurs espèces couvent leurs œufs jusqu'à ce que les larves émergent. Ces dernières, qui nagent librement, subissent de nombreuses mues. En raison de leur exosquelette rigide, les crustacés doivent subir des mues périodiques, induites par des hormones. Après rejet de l'ancienne carapace, ils se dénudent et se gorgent rapidement d'eau. La cuticule externe (revêtement dur) durcit à nouveau pendant que l'animal reste caché.

Les ancêtres des crustacés étaient probablement des nageurs. Grâce aux modifications de leurs appendices, ils ont aussi pu adopter divers modes de vie: ils sont devenus marcheurs, rampants, fouisseurs, sessiles et parasites. Le ZOOPLANCTON, qui fait partie du réseau alimentaire océanique, est composé principalement de minuscules crustacés. Plusieurs des grandes espèces de baleines canadiennes, comme le rorqual commun, la baleine grise, le rorqual boréal, le rorqual bleu et le rorqual à bosse, se nourrissent de ces petits animaux. Certains crustacés sont nuisibles (amphipodes terrestres dans les serres, isopodes qui percent le bois et balanes sur les bateaux); malgré tout, ce groupe constitue une partie importante des PÊCHES canadiennes. Les huit sous-classes de crustacés sont brièvement présentées ci-dessous.

V. Tunnicliffe

Céphalocarides Cette classe est composée de crustacés hermaphrodites minuscules (2 à 4 mm de longueur) semblables à des crevettes. On en connaît 9 espèces appartenant à 4 genres. L'absence de représentants de cette classe au Canada s'explique probablement par un échantillonnage inadéquat. Leur corps est composé d'une tête arondie, d'un thorax et d'un abdomen allongés. Leur tête est pourvue de 5 paires d'appendices; leur thorax est constitué de 8 segments dont chacun possède une paire de pattes similaire, une partie réduite ou absente; leur abdomen, de 11 segments (somites) en forme d'anneaux et sans appendices; et d'un unique segment anal portant une paire d'appendices (uropodes). Ces animaux sont les plus primitifs des crustacés vivants. Ils se trouvent dans les fonds mous et vaseux, les sables argileux ou les lits d'algues et sont répartis dans les océans Atlantique et Pacifique entre les 40e degrés de latitudes nord et sud, habituellement depuis la zone intertidale jusqu'à des profondeurs de 300 m.

C.T. Shih

Branchiopodes Cette sous-classe comprend trois ordres: les anostracés (branchipes), les notostracés (crevettes-têtard) et les diplostracés (*clam shrimps* et puces d'eau). Les branchiopodes vivent presque tous en eau douce. Bien que la majorité soient microscopiques, ils constituent un élément important du réseau alimentaire planctonique. Leur nom provient de la structure de leurs pattes qui servent de branchies. Ils utilisent leurs nombreux appendices pour nager et s'alimenter en filtrant.

Les branchiopodes sont caractéristiques des étendues d'eaux qui sèchent ou gèlent fréquemment. Plusieurs espèces sont parthénogénétiques (les mâles sont rares et les femelles peuvent se reproduire sans fécondation). Ainsi, ils peuvent rapidement tirer profit de la reconstitution de leur habitat. La plupart des espèces sont pâles et transparentes, mais l'hémoglobine du sang donne à certaines une couleur rosée.

V. Tunnicliffe

Ostracodes Cette sous-classe comprend les crustacés bivalves microscopiques en forme de fève, qui vivent au fond d'étendues d'eau marine ou douce. On a décrit plus de 2000 espèces vivantes dans le monde. Environ 150 espèces d'eau douce et beaucoup plus d'espèces marines se trouvent au Canada. Elles vivent dans des habitats dont la gamme varie des étangs temporaires des milieux semi-arides du sud de la Saskatchewan aux grands cours d'eau et lacs de tout le continent, y compris l'Arctique.

Les ostracodes muent environ huit fois avant l'âge adulte et leur coquille n'a pas de lignes de croissance. Ils servent de nourriture aux poissons de fond et sont d'importants indicateurs des changements d'habitat. Parmi les crustacés, c'est le groupe dont on a trouvé le plus grand nombre de FOSSILES (environ 10 000) sur de longues périodes continues, ce qui permet de suivre leur histoire évolutive.

L.D. Delorme

Mystacocaridés Ils constituent une petite sous-classe de crustacés minuscules qui font habituellement moins de 0,5 mm de longueur. Leur corps cylindrique allongé est formé d'une tête, portant 5 paires d'appendices, et d'un tronc divisé en 11 segments. Chacun des 5 premiers segments du tronc porte une paire d'appendices. Le telson est pourvu de cerques formant une fourche caudale. Les sexes sont séparés.

Ces animaux marins benthiques vivent entre les grains de sable fin dans les zones intertidales et subtidales de l'Atlantique et du sud-ouest de l'océan Indien. On en connaît dix espèces appartenant à deux genres. Le fait qu'aucune espèce n'ait été observée au Canada s'explique probablement par un échantillonnage inadéquat.

C.T. Shih

Copépodes Petits crustacés de 0,1 à 300 mm de longueur (habituellement 0,5 à 5,0 mm). Certaines espèces nagent librement et d'autres sont parasites pendant une partie de leur vie. Leur corps est divisé en un céphalothorax, qui porte jusqu'à 11 paires d'appendices, et un abdomen apode. Les copépodes parasites diffèrent parfois de cette forme de base. Les copépodes se trouvent dans tous les environnements aquatiques (y compris l'Arctique), depuis les océans aux étangs temporaires d'eau douce, et sont planctoniques (*voir* PLANCTON), benthiques ou périphytiques (vivant attachés à des surfaces submergées).

Certains vivent en symbiose avec d'autres Invertébrés marins. Les espèces parasites s'attachent sur ou dans les poissons, les mammifères marins et les invertébrés marins. On connaît environ 8000 espèces de copépodes. Au Canada, les espèces les plus communes appartiennent aux genres suivants: *Calanus*, *Oithona* (marin), *Diaptomus*, *Cyclops* (dulçaquicole) et *Caligus* (parasite).

C.T. Shih

Branchioures (ou poux de poissons) Ce sont des crustacés au corps aplati qui peut atteindre 3 cm de longueur. Ce corps est divisé en une tête, un thorax à 4 segments et un abdomen non segmenté. La tête et une partie du thorax sont recouvertes d'une carapace en forme d'écusson. La tête et ses 5 paires d'appendices sont adaptées à la fixation sur l'hôte. Chaque segment thoracique porte une paire de pattes modifiées qui sert à la locomotion et qui forment un organe préhensile chez le mâle. L'abdomen, réduit et en forme de nageoire, porte une paire de minuscules branches caudales.

Les sexes sont séparés. Les œufs fertilisés sont pondus sur un substrat dur. Les jeunes éclosent sous forme de larves ou sous la forme de petits adultes qui s'attachent rapidement à un hôte. Les branchioures sont des parasites externes de poissons d'eau douce et marins, mais ils quittent fréquemment leur hôte pour nager ou ramper. On en connaît environ 130 espèces et 4 genres. Dix espèces du genre *Argulus* ont été observées dans les eaux côtières canadiennes de l'Atlantique et du Pacifique ainsi que dans des lacs.

C.T. Shih

Cirripèdes Ils constituent un groupe contenant plus de 900 espèces parmi lesquelles on compte des formes sessiles et parasites. On les rencontre dans les zones intertidales jusque dans les profondeurs de l'océan. Familièrement connus sous le nom de balanes, la majorité des cirripèdes se cimentent à des surfaces dures et sécrètent des plaques calcaires protectrices. Les plaques des anatifes sont perchées sur un pédoncule flexible.

À l'aide de soies fines (*setae*), ils filtrent les particules de nourriture des courants d'eau qu'ils génèrent par le mouvement de leurs pattes. Les balanes parasites se rencontrent parfois sur des organismes aussi variés que les méduses et les baleines. On trouve au moins 20 espèces de balanes et d'anatifes sur les rochers de la côte ouest canadienne, et une espèce atteint 15 cm de longueur.

V. Tunnicliffe

Malacostracés Leurs ancêtres vivaient dans les océans environ 200 millions d'années avant que les DINOSAURES ne dominent la Terre. Aujourd'hui, cette sous-classe représente près de 75 p. 100 de toutes les espèces de crustacés et comprend les homards, les crabes, les ÉCREVISSES et les crevettes, qui sont parmi les plus grands invertébrés et parmi ceux ayant la plus grande valeur commerciale. La majorité vivent encore en milieu marin, mais un nombre important d'espèces vivent en eau douce. Les cloportes forment un assez grand groupe terrestre.

Un malacostracé typique a des yeux pédonculés, 19 segments (18 selon certains experts qui ne considèrent pas les antennules comme un vrai segment) plus un telson. Le corps cylindrique est recouvert d'une carapace et le thorax est partiellement fusionné avec la tête. Une ou plusieurs paires d'appendices thoraciques antérieurs sont modifiées pour manipuler la nourriture. Cependant, les malacostracés forment un groupe diversifié qui présente tout autant d'exceptions que de conformités à cette structure de base.

Les animaux de deux des plus grands ordres, les isopodes et les amphipodes, n'ont pas de carapace, et leurs yeux sont sessiles (donc immobiles) plutôt que pédonculés. Chez les isopodes, le corps est généralement aplati du dos au ventre (dorsoventralement); chez les amphipodes, il est plus communément comprimé latéralement. Les variations à la structure générale semblent n'être limitées que par le nombre d'espèces et la variété de niches écologiques occupées.

Selon les divers systèmes de classification, les malacostracés sont divisés en 10 à 12 ordres parmi lesquels seulement 4 ont des représentants dulçaquicoles en Amérique du Nord. Deux tiers de tous les malacostracés appartiennent à 3 ordres principaux: les isopodes, les amphipodes et les décapodes. Les autres sont surtout de petites espèces peu connues, mais plusieurs occupent une place importante dans le réseau alimentaire comme source de nourriture pour des espèces d'importance commerciale. Les mysidacés (crevette marsupiale) sont presque exclusivement marins, mais dans les Grands Lacs, une espèce de mysidacés représente occasionnellement 80 p. 100 du régime alimentaire des truites.

Un autre groupe moins bien connu, les Euphausiacés pélagiques (krill ou euphausides) se rencontrent souvent en grand nombre dans le milieu marin, et certaines espèces constituent une partie importante du régime alimentaire des grandes baleines. On a estimé qu'un rorqual bleu peut consommer de deux à trois tonnes d'euphausides en un seul repas. Les euphausides ont également une caractéristique assez singulière: ils sont bioluminescents, c.-à-d. qu'ils sont capables de produire leur propre lumière avec des organes (photophores) situés à différents endroits sur le corps.

L'ordre des isopodes inclut quelque 4000 espèces qui sont majoritairement marines. Ils ont un corps aplati dorsoventralement, des yeux sessiles et sont dépourvues de carapace. Cet ordre comprend également des espèces dulçaquicoles, des espèces d'eau douce et le seul grand groupe de crustacés terrestres, les cloportes. Ces derniers ont l'habitude de se rouler en boule pour se protéger de dangers ou de la déshydratation. Les diverses espèces de cloportes se rencontrent sous les roches, la végétation emmêlée et les arbres tombés, où ils se nourrissent d'algues, de mousse, d'écorce et de matière organique en décomposition.

L'ordre des amphipodes compte environ 3600 espèces qui, généralement, ont des yeux sessiles, n'ont pas de carapace et ont un corps bossu comprimé latéralement. La majorité sont marines, mais il existe un nombre important d'espèces d'eau douce et même un certain nombre qui peuvent être considérées comme terrestres.

Bien que certaines espèces vivent dans les profondeurs de l'océan, les amphipodes sont plus communs en eau peu profonde et dans la zone intertidale où on les connaît sous le nom de puces de mer. Dans les habitats dulçaquicoles, ils transmettent les acanthocéphales (vers parasites intestinaux) des canards et constituent une source importante de nourriture pour les oiseaux aquatiques et les poissons.

L'ordre des décapodes contient 8500 espèces y compris les crevettes, les écrevisses, les crabes et les homards, et est de loin le plus grand groupe de crustacés. La plupart des décapodes sont marins, mais les écrevisses, certaines crevettes et quelques autres espèces se retrouvent en eau douce. Chez les décapodes, les trois premières paires d'appendices thoraciques sont modifiées en maxillipèdes pour la manipulation de nourriture, ce qui laisse cinq paires de pattes locomotrices (d'où le nom décapodes, qui signifie «dix pattes»).

Les décapodes se divisent en deux groupes importants: les natantia (nageurs), comprenant les crevettes, et les reptantia (marcheurs), qui incluent les homards, les écrevisses et les crabes. Les décapodes sont parmi les plus intéressants des invertébrés et sont certainement le groupe ayant la plus grande valeur commerciale au Canada.

D.E. Aiken

Crustacés, ressources en Au Canada, toutes les espèces de crustacés qui ont une valeur économique importante font partie de l'ordre des décapodes. Ces derniers constituent une fraction majeure de la valeur monétaire des PÊCHES canadiennes et, dans certaines régions, particulièrement dans l'Est, l'économie régionale en dépend parfois presque complètement. Le homard d'Amérique (*Homarus americanus*) est la plus précieuse de ces ressources. On livre du HOMARD vivant fraîchement capturé presque partout en Amérique du Nord, en Europe et en Asie. Alternativement, on peut le garder dans des étangs en attendant le recrudescence de la demande et des prix. Un faible pourcentage est cuit et mis en conserve.

Dans certaines localités du golfe du Saint-Laurent, il y a des pêches spéciales pour le homard destiné aux conserves, qui est légèrement plus petit que le homard frais.

En 1993, les débarquements ont dépassé 40 000 t sur la côte atlantique pour une valeur de presque 294 millions de dollars, ce qui représente plus du double de la valeur des industries du CRABE et de la CREVETTE combinées. Sur la côte est, le crabe des neiges (*Chionœcetes opilio*) est l'espèce de crabe la plus précieuse (presque 109 millions de dollars) et, sur la côte Ouest, ce titre revient au crabe dormeur (*Cancer magister*) (plus de 17 millions de dollars en 1993). Dans les eaux de la Colombie-Britannique, la principale espèce commerciale est la crevette tachetée (*Pandalus platyceros*) qui, avec la crevette océanique (*Pandalus jordani*), a rapporté environ 11 millions de dollars en 1993, ce qui est considérablement moins que les 81 millions qu'a rapportés la crevette nordique (*Pandalus borealis*) sur la côte est.

En raison du caractère saisonnier des pêches et des récoltes imprévisibles, l'AQUACULTURE d'espèces à valeur commerciale a des perspectives d'avenir intéressantes. Parmi les décapodes canadiens qui ont un potentiel aquicole, c'est le homard d'Amérique qui retient le plus d'attention. Les problèmes technologiques et biologiques semblent surmontables, mais le rendement des pêches et les coûts onéreux de l'élevage du homard depuis l'œuf jusqu'à la maturité commerciale rendent l'aquaculture commerciale du homard non rentable.

D.E. Aiken

Cryptozoologie Étude scientifique des animaux dont l'existence, quoique soupçonnée, reste encore douteuse, faute de preuves matérielles suffisantes. Ces animaux sont inconnus plutôt que monstrueux, et on les appelle aujourd'hui «cryptides» (du grec *cryptos* qui signifie «caché») plutôt que «monstres», d'après une suggestion faite en 1985 par le canadien John Wall. Les légendes folkloriques et les rapports des explorateurs ont signalé des cryptides dans de nombreuses régions. Parmi les mieux connus, mentionnons celui du Loch Ness, en Écosse, et l'abominable homme des neiges, ou Yéti, de l'Himalaya. Les cryptides peuvent aussi être des variétés géantes d'animaux connus (comme la pieuvre et le calmar) ou encore, des animaux qu'on croyait éteints, comme le Mokélé-Mbembe, dinosaurien signalé en Afrique équatoriale.

De nombreux rapports d'animaux encore inconnus émanent des forêts et lacs du Canada, ainsi que des mers qui l'entourent. L'homme sauvage, géant et hirsute, figure dans le folklore aborigène sous plusieurs noms. C'est le WINDIGO des Cris et des Ojibwés de la baie d'Hudson, le Chénoo des Micmacs de la Nouvelle-Écosse, le Tornit des Inuits du Labrador et des Territoires du Nord-Ouest. Le mieux connu de ces hommes sauvages est le SASQUATCH, qui court les régions montagneuses de l'Alberta, de la Colombie-Britannique et des états américains limitrophes, où on le connaît sous le nom de Bigfoot. On en a fréquemment observé les pistes, et beaucoup de témoins oculaires l'ont aperçu. On l'a même capturé sur film. Un autre animal, semblable au milodon géant d'Amérique du Sud, fait partie du folklore des Tutchones, qui habitent le Yukon. Ils l'appellent le

«mange-castor» parce qu'il démolit les maisons des castors pour les dévorer.

D'étranges créatures vivraient dans les eaux de plusieurs lacs canadiens. On aperçoit souvent OGOPOGO dans le lac Okanagan, en Colombie-Britannique, Champ dans le lac Champlain, et Memphré au lac Memphrémagog, au Québec. Des animaux serpentiformes, à tête de cheval, se sont montrés entre autres à la surface des lacs Utopia (Nouveau-Brunswick), Pohénégamook (Québec) et Manitoba.

Les échouages de calmars géants sur les rivages de la péninsule Bonavista, à Terre-Neuve, ont fourni les spécimens qui ont fait passer ce céphalopode gigantesque du rang de cryptide à celui d'un animal reconnu par la zoologie sous le nom d'Architeuthis. Parmi les autres cryptides marins observés dans les eaux canadiennes, on compte le cheval de Mer décrit par les premiers explorateurs des côtes atlantiques, ainsi qu'un autre animal à tête chevaline souvent aperçu dans les eaux de la Colombie Britannique et connu sous le nom de Caddy (d'après la baie Cadboro, près de Victoria). On a aussi signalé au large des côtes atlantiques une énorme créature serpentiforme dont la longueur peut aller jusqu'à 30 m et qui est semblable au grand serpent de mer décrit par des centaines de témoins oculaires au XIXe siècle dans la baie du Massachusetts.

Les cryptozoologues s'efforcent de clarifier le statut des cryptides, confirmant leur existence ou les bannissant au royaume de la fantaisie, selon l'évidence qu'ils récoltent et interprètent. La cryptozoologie attire à la fois les scientifiques, les anthropologues et les folkloristes ainsi qu'un grand public qui se passionne pour les mystères du monde des animaux.

Paul H. Leblond

Crysler's Farm Théâtre d'une bataille livrée le 11 novembre 1813 par 4000 militaires américains contre environ 800 soldats de la force régulière britannique, des membres de la milice canadienne et quelques Amérindiens alliés de Sa Majesté, près de la localité actuelle de Morrisburg (Ontario), sur le haut Saint-Laurent. Commandés par le lieutenant-colonel Joseph Wanton Morrison, du 89e Régiment de Fantassins, et appuyés par une partie du 49e Régiment de Fantassins, les Britanniques remportent une éclatante victoire contre les forces d'invasion américaines, qui tentaient de s'emparer de Montréal afin d'isoler le HAUT-CANADA. C'est l'une des batailles déterminantes de la GUERRE DE 1812. Un monument commémorant la bataille de Crysler's Farm se trouve à UPPER CANADA VILLAGE.

Robert S. Allen

Cuir, travail du Il débute en NOUVELLE-FRANCE au XVIIe s. en même temps que l'exploitation du sol par les premiers colons de Québec et de Ville-Marie. Dans la jeune colonie, les métiers ne sont pas régis par les statuts et règlements des corporations de métiers français, malgré les demandes réitérées de l'intendant TALON dont l'idéal de qualité de production exige la surveillance des artisans (*voir* APPRENTISSAGE AU CANADA DU XVIIe AU XIXe S.) Le cloisonnement des nombreux métiers reliés à la transformation de la matière et à la fabrication d'objets (peaussiers, mégissiers, hongroyeurs, baudroyeurs, chamoiseurs, ceinturiers, bourreliers, savetiers, savetonniers, coffretiers, formiers, taloniers, etc.) n'existe pas non plus. Les tanneurs, p. ex., emploient en toute liberté les méthodes réservées, en France, à d'autres artisans, tandis que les cordonniers et les selliers dépassent les fonctions originales auxquelles leur titre donne droit dans la métropole.

D'abord pourvus en peaux ouvrées dans les manufactures royales de France ou apprêtées des tanneurs privés, les habitants de Québec voient en 1668, la première tannerie s'ériger à la Pointe-Lévy. Menée par un maître tanneur venu de France quelques années auparavant, l'entreprise ne tarde pas à prospérer et à inspirer d'autres maîtres tanneurs et mar-

chands: Johan, Thibierge, Larchevêque, Perthuis, Fornel, Bégon.

De façon générale, les 68 tanneurs et marchands de la colonie se procurent, à contrat, la matière première chez les bouchers, fournisseurs principaux de peaux de mouton, de bœuf, de vache et de veau; la chasse et la pêche agrandissent également l'éventail des peaux à traiter: vache de mer, loup marin, orignal, chevreuil et ours. Les opérations du tannage rappellent celles en vigueur en France, à part quelques modifications. La grande majorité de la production est constituée de cuirs résistants destinés aux chaussures, aux bottes robustes et aux harnais. Entreprises avec ténacité, les tanneries ne cessent d'augmenter et de progresser en Nouvelle-France. Malgré des frais d'exploitation élevés, les tanneries subsistent du fait sans doute qu'il existe un besoin pressant de cuirs et qu'on peut se procurer une grande variété de peaux. D'abord assurées par des maîtres artisans de France, les tanneries deviennent vite l'apanage des marchands et des négociants suffisamment riches pour les exploiter.

La fabrication d'objets en cuir par des cordonniers ou des selliers occupe 132 hommes de métier à Québec de 1660 à 1760. De ce total, 55 cordonniers et selliers sont réputés indépendants avec boutique et sont nommés «maîtres» par leurs contemporains. Le cordonnier de la Nouvelle-France fabrique des souliers français, des MOCASSINS, des mules et des pantoufles tandis que le sellier s'occupe des harnais, des dossières, des selles, des courroies et des colliers pour chiens et chevaux. Confronté à un rude climat, l'artisan cordonnier est forcé d'offrir à sa clientèle un soulier aussi robuste que chaud et de modifier ses modèles.

L'artisan cordonnier dépend des tanneries pour ce qui a trait à l'abondance et à la qualité des cuirs et aux commandes de l'armée. Pendant qu'il passe du statut d'immigré ou d'engagé à celui de maître d'une petite boutique, le tanneur et le marchand cherchent à s'emparer de tout le travail du cuir, et ce, malgré ses plaintes et ses représentations auprès du Conseil souverain.

Peu de changements dans l'art et la pratique des métiers du cuir paraissent survenir avec l'arrivée des artisans britanniques après la Conquête jusqu'à la fin du XVIIIe s., sauf l'introduction de nouveaux modèles de chaussures et de bottes militaires.

Au XIXe s., on innove dans les tanneries et les manufactures de chaussures; ces innovations touchent l'utilisation de l'énergie, la technologie, l'organisation du travail et la concentration des capitaux. Mais ce n'est qu'à la fin du siècle que les tanneries connaissent des changements significatifs dans leurs modes de production. En effet, tant au Haut-Canada qu'au Bas-Canada, les peaux sont traitées de façon artisanale; encore aujourd'hui, des tanneries canadiennes traitent les cuirs de cette manière. Pendant les années 1880, les tanneries américaines innovent en utilisant et en délaissant le tannin végétal au profit du chrome. Ce procédé réduit le temps de tannage de neuf mois à cinq ou six semaines; il abaisse du coup les frais de production et améliore même la qualité du produit. Il semblerait que les tanneries ontariennes emboîtent le pas plus rapidement que les québécoises, qui n'utilisent le chrome que vers 1910. Ce serait là l'une des causes de leur avance sur les tanneries québécoises, jusqu'alors les premières au Canada. L'exemple ontarien des tanneries Davis, de la région de Kingston et de Toronto, illustre bien l'évolution de cette industrie.

Bien que l'industrie de la tannerie prenne naissance au Québec, elle s'y développe moins bien. En 1949, le pays compte 70 tanneries, dont 33 québécoises et 28 ontariennes: les tanneries québécoises emploient 606 travailleurs pour produire 11 p. 100 du marché canadien pendant que les 3852 travailleurs ontariens assurent 86 p. 100 de la production totale du cuir au Canada. Aujourd'hui, d'après le recensement de 1995, il ne resterait que 8 tanneries au Québec et aucune en Ontario.

Dans la première moitié du XIXe s., l'artisan cordonnier canadien pratique son métier comme le faisaient ses ancêtres. Il est remplacé petit à petit par le cordonnier marchand, par le compagnon salarié de la manufacture et de la fabrique et par l'ouvrier spécialisé des grandes industries du XXe s. De 1810 à 1860 coexistent au Québec deux modes de fabrication des chaussures. Le premier est traditionnel: l'artisan solitaire fabrique des chaussures sur commande. Le second est celui du cordonnier marchand qui confie à des compagnons des opérations distinctes, augmentant ainsi le rendement de son entreprise. Les ateliers commencent à grossir; la fabrication subit un début de morcellement des tâches: des compagnons travaillent à salaire dans des ateliers ou à domicile, une certaine concentration de capitaux s'organise enfin pour répondre aux frais d'une production qui augmente.

La révolution technologique, alimentée par la découverte de nouvelles sources d'énergie et la mécanisation, transforme complètement le métier de cordonnier, à partir de la deuxième moitié du XIXe s. Mises au point en 1845, la machine à coudre, les empeignes et les tiges Howe suppriment une tâche que les femmes effectuaient à domicile. Puis, vers 1860, l'équipement fonctionne à la vapeur, augmentant le rendement. Un contexte économique favorable allié au progrès des techniques donnent à cette industrie un essor sans précédent. Exemple de cette évolution rapide: la ville de Québec compte neuf manufactures de chaussures en 1861, et 73 en 1871.

L'industrialisation de la fabrication de la chaussure cause un profond bouleversement dans l'organisation et les relations de travail. Le progrès exige la concentration des capitaux et la rentabilité maximale de l'entreprise. Les propriétaires doivent s'assurer le concours des gestionnaires, chefs de production et contremaîtres, pour tirer tout le profit possible des ouvriers. Une structure hiérarchique fondée sur la poursuite de ce but domine. Les cordonniers de l'industrie travaillent dans des conditions difficiles: ateliers insalubres, longues heures de travail, rémunération à la pièce. Ils courent des risques: se blesser, perdre leur emploi, alors que le chômage sévit, et perdre la qualification liée auparavant à la pratique traditionnelle. Ce dernier phénomène, provoqué surtout par le morcellement de plus en plus poussé des tâches (on compte 150 opérations en 1910), oblige les ouvriers à accepter des gages médiocres puisqu'ils ne peuvent plus monnayer leur qualification pour concurrencer les ouvriers non qualifiés (notamment les femmes et les enfants).

Les travailleurs du cuir québécois ne sont pas réunis en corporation de métier pour défendre leurs droits avant l'implantation des filiales de syndicats américains, dans les années 1860, implantation qui n'est légalisée que durant les années 1870. Puis au tournant du siècle, apparaissent les premiers syndicats nationaux catholiques, à la suite de l'arbitrage célèbre de Mgr Louis-Nazaire Bégin, en 1901. Un relevé des causes d'arbitrages et des grèves révèle que les luttes ouvrières concernent surtout le droit à l'appartenance syndicale, l'augmentation des salaires et l'entrée massive des machines.

Si l'industrie québécoise de la chaussure est florissante à la fin du XIXe s. et se réjouit d'occuper l'avant-scène, elle doit vite accepter de composer avec sa rivale ontarienne, qui la dépasse dès 1910. Le secteur périclite après la Seconde Guerre mondiale. Aujourd'hui, le Québec et l'Ontario se partagent encore la majorité de la production canadienne. En 1995, 34 établissements ontariens emploient 4436 travailleurs pendant que 40 autres procurent du travail à 3502 ouvriers québécois. Au Canada, l'indus-

trie de la chaussure génère 197 800 000$ en salaires versés presque en totalité dans ces deux provinces.

Marise Thivierge et Nicole Thivierge

Cuivre (Cu) Métal malléable, ductile, d'une couleur rougeâtre qui fond à 1083 ºC. Le cuivre a une grande conductivité électrique et thermique. Seul l'ARGENT le surpasse en ce domaine. En général, le cuivre présente une bonne résistance à la corrosion, bien que, lorsqu'exposé aux éléments, la surface du métal s'oxyde pour former une patine vert pâle ou une couche d'oxyde noir. Le toit en cuivre de plusieurs bâtiments publics, comme les ÉDIFICES PARLEMENTAIRES à Ottawa, présente cette couleur verte particulière.

Bien que le cuivre se trouve parfois à l'état natif, la majorité de la production minière canadienne provient des MINÉRAUX sulfurés comme la chalcopyrite (CuFeS2) et la bornite (Cu5FeS4). Les minerais de sulfures de cuivre au Canada sont aussi une source de quantités importantes d'or, d'argent, de nickel, de molybdène, de sélénium et de tellure. Les minéraux de carbonates de cuivre comme la malachite ou l'azurite, et les minéraux de silicates de cuivre comme la chrysocole sont rares au Canada, mais ils constituent d'importantes sources de cuivre dans d'autres pays comme le Chili et les États-Unis.

Le traitement des minerais de sulfure de cuivre commence par le concassage et le broyage pour produire une pulpe. Les particules minérales contenues dans le minerai qui ont une valeur marchande sont séparées de la gangue par la méthode de flottation. Pour les minerais contenant de la chalcopyrite, p. ex., le concentré obtenu contient environ 28 p. 100 de cuivre, le reste étant composé de fer et de soufre. L'étape suivante du traitement, qui a lieu dans une fonderie, consiste en la fusion et le convertissage pour extraire le fer et le soufre. Durant cette opération, le fer oxydé se combine avec la silice pour produire un laitier de silicate de fer tandis que le sulfure s'oxyde pour produire de l'anhydride sulfureux gazeux. Le métal qui reste, connu sous le nom de cuivre ampoulé, contient environ 99 p. 100 de cuivre. Ce cuivre est coulé pour former des anodes et envoyé à l'affinerie, où il subit un traitement électrochimique pour produire une cathode de cuivre qui est pure à 99,97 p. 100.

Production Au Canada, le cuivre à l'état natif provenant des mines de la région de la rivière Coppermine dans les Territoires du Nord-Ouest et de la rive sud du lac Supérieur était utilisé par les peuples autochtones pour fabriquer des armes et des outils. La production industrielle a commencé à la mine Bruce, découverte en 1846, à l'est de SAULT SAINTE MARIE (Ont.). Des mines ont ensuite été ouvertes au Québec, dans les Cantons de l'Est et dans le BOUCLIER précambrien Au cours des années 60, on a découvert et exploité les grands gisements de minerai de cuivre de la Cordillère canadienne.

L'Ontario et la Colombie-Britannique sont les deux provinces produisant le plus de cuivre. Le cuivre extrait des mines de l'Ontario est traité dans la province, tandis celui de la Colombie-Britannique est en grande partie expédié sous forme de concentré en Extrême-Orient pour la fusion et l'affinage.

En plus du cuivre produit dans les exploitations minières, une proportion importante de cuivre affiné provient de matériaux recyclés. On estime que le cuivre recyclé représente environ 30 p. 100 de la consommation mondiale de cuivre.

En 1995, la production de cuivre des mines canadiennes totalisait 729 millions de kilogrammes. Le Canada est le troisième producteur de cuivre après le Chili et les États-Unis. La majorité du concentré de cuivre provenant des mines de l'Est du Canada est converti en cuivre métallique (pur à 99 p. 100) dans les usines de Flin Flon (Man.), de Sudbury et de Timmins (Ont.), de Rouyn-Noranda et de Murdochville

(Qc). Les usines canadiennes traitent aussi des concentrés de cuivre importés d'ailleurs et bon nombre de matériaux recyclés. Au Canada, les affineries de cuivre sont situées à Montréal, à Timmins et à Sudbury. Il existe aussi une petite usine près de Williams Lake (C.-B.) qui produit du cuivre métallique par la lixiviation de terrils à faible teneur en cuivre.

Utilisations Le cuivre est un des premiers métaux à être utilisés par l'homme, pour fabriquer, entre autres, des armes et des outils. La mise au point d'une vaste gamme d'alliages de cuivre à propriétés améliorées fait que le nombre d'applications pour ce métal a grandement augmenté. Parmi les alliages les plus courants, on compte le laiton (cuivre et zinc), le bronze (cuivre et étain), le laiton et le bronze d'aluminium (aluminium et cuivre), le bronze siliceux (silicone et cuivre) et la nikéline (nickel et cuivre). Le cuivre est surtout utilisé dans la fabrication de produits électriques, de tuyaux et d'accessoires de tuyauterie en plomberie, de produits moulés et d'échangeurs thermiques. Au Canada, plus de la moitié du cuivre utilisé actuellement sert à la fabrication de produits électriques, comme les fils et les câbles électriques et de télécommunications, de même que le bobinage dans les moteurs électriques. Au cours des dernières années, l'utilisation des tuyaux en cuivre s'est accrue au Canada pour les installations de gaz naturel dans les maisons et les édifices.

Le cuivre est un élément essentiel à la croissance normale et à la reproduction des plantes et animaux supérieurs. Le cuivre peut être toxique à des niveaux élevés, mais un manque de cuivre dans les sols peut entraîner des effets néfastes sur les récoltes et la santé des animaux. Chez les plantes, le cuivre est un élément essentiel de plusieurs protéines, des enzymes pour la plupart, qui possèdent des fonctions métaboliques diverses, mais importantes. Chez les animaux, le cuivre est un élément essentiel dans bon nombre d'enzymes cruciaux à leur santé. Chez les humains, on évalue l'absorption quotidienne minimale de cuivre pour les adultes entre 1,6 à 2,0 mg. L'Organisation mondiale de la santé recommande un apport alimentaire quotidien de 2,0 à 3,0 mg de cuivre.

G. Bokovay

Cuivres Pièces de cuivre façonnées au marteau en forme de bouclier. Ils comptent parmi les objets les plus appréciés dans les potlatchs de la côte du Nord-Ouest. Souvent ornés d'emblèmes et de motifs, ils ont chacun un nom et l'histoire de leur POTLATCH en détermine la valeur. Chez les KWAKIUTL, la valeur des cuivres augmente chaque fois qu'ils changent de mains. À la fin du XIXe siècle et au début du XXe siècle, on se les procure contre des couvertures de la COMPAGNIE DE LA BAIE D'HUDSON et certains cuivres valent des milliers de couvertures. Ils étaient parfois brisés et jetés à la mer ou dans le feu pour démontrer la richesse et le statut du propriétaire mais, le plus souvent, les familles se les échangeaient lors d'un mariage.

René R. Gadacz

Cullen, Maurice Galbraith, peintre (St. John's, 6 juin 1866—Chambly, Qc, 28 mars 1934). Cullen s'installe à Montréal avec sa famille en 1870. Il commence par étudier la sculpture au Conseil des arts et manufactures, puis avec le sculpteur Louis-Philippe HÉBERT. À l'instar d'autres artistes de sa génération, il va se perfectionner à Paris où il arrive en 1889. Il décide alors de s'orienter vers la peinture et suit des cours à l'École des beaux-arts, où il étudie, comme Paul PEEL, sous la direction de Jean-Léo Gérôme, puis d'Élie Delaunay.

Vers 1895, à son retour à Montréal, Cullen donne une palette plus sombre au style impressionniste qu'il a acquis à l'étranger. Avec le temps, il devient l'interprète le plus fidèle des paysages urbains montréalais et peint surtout des scènes qui se déroulent la nuit ou dans la semi-obscurité, toujours accompagnées de lueurs scintillantes. Il est aussi l'un des peintres canadiens qui a le mieux peint la neige. Au même titre que son collègue et ami James Wilson MORRICE, Cullen est une figure marquante de l'art canadien. Son talent réside dans son romantisme et dans son aptitude à capter la lumière et l'ambiance. Certaines de ses œuvres sont influencées par William Blair Bruce, à qui il rend souvent visite à Graz de 1892 à 1894. À son tour, Cullen influencera durant des années de nombreux artistes en tant qu'enseignant à la Société des arts de Montréal. Ses œuvres font partie de la première exposition du Canadian Art Club, un groupe d'avant-garde dont il devient membre en 1910.

Joan Murray

Culture des fruits La plupart des fruits cultivés au Canada appartiennent à la famille de la ROSE, les genres les plus importants étant *Malus* (POMME), *Pyrus* (POIRE), *Prunus* (PÊCHE, nectarine, PRUNE et pruneau, CERISE, ABRICOT), *Fragaria* (FRAISE), *Rubus* (framboise) et *Vaccinium* (canneberge, bleuet).

D'autres familles importantes sont également cultivées, dont les saxifragacées, y compris les *Ribes* (cassis et groseille) et les vitacées avec *Vitis* (RAISIN). Chaque espèce compte plusieurs cultivars développés en fonction de diverses caractéristiques. Ainsi, au Canada, on désire obtenir des plants qui sont adaptés au climat (p. ex., aux hivers rigoureux). Par conséquent, les programmes de sélection et d'hybridation visent à améliorer cette caractéristique. Par l'entremise de la recherche, on a développé de nombreux cultivars.

L'INDUSTRIE DES FRUITS ET LÉGUMES possède une part importante des secteurs de distribution de produits agricoles et alimentaires (*voir* AGRICULTURE ET ALIMENTATION). Plus de 40 p. 100 de tous les aliments consommés au pays comprennent des fruits et des légumes frais ou transformés. Environ 30 sortes de fruits et de légumes sont cultivés à l'échelle commerciale, avec une valeur à la ferme de 800 millions de dollars. Environ 40 p. 100 de ce montant provient de la culture des fruits (*voir* BAIES DE CULTURE).

Les fruits cultivés au Canada sont vendus frais ou sont transformés en différents produits: 56 p. 100 des pommes sont vendues fraîches (à la cueillette ou plus tard), le reste est transformé en jus, compote, garniture à tartes, tranches gelées ou autres produits. De même, environ 66 p. 100 des fruits à chair tendre (cerises, pêches, poires, prunes et pruneaux) sont vendus frais, et le reste est transformé.

Les cerises douces servent à la fabrication des cerises marinées (cerises au marasquin) ou congelées (comme ingrédient dans la crème glacée, les pâtisseries). Les cerises acides sont congelées ou mises en conserve (garnitures à tartes, marmelades, gelées et jus). La plupart des raisins canadiens sont transformés en VIN et en jus. Les fruits périssables (fraises, framboises, bleuets) sont congelés ou mis en conserve.

Certains fruits, en particulier la pomme et la poire, sont entreposés dès la cueillette plutôt que transformés ou vendus immédiatement après la récolte. Le fruit continue de respirer après la récolte: il consomme de l'oxygène et produit du dioxyde de carbone et de la chaleur (p. ex., par la respiration). Ce processus provoque éventuellement une destruction des tissus du fruit. La réfrigération et l'entreposage en atmosphère contrôlée permettent un écoulement régulier de fruits frais pendant presque toute l'année.

La culture des fruits se limite généralement aux régions où la température hivernale ne descend pas beaucoup sous les -20 °C. La culture commerciale se pratique en Nouvelle-Écosse, au Nouveau-Brunswick, dans le sud-ouest du Québec et de l'Ontario ainsi qu'en Colombie-Britannique.

Nouvelle-Écosse La production fruitière se limite généralement aux BASSES-TERRES D'ANNAPOLIS où le type de SOL et le CLIMAT conviennent parfaitement à la culture des pommes, des bleuets et des fraises. Comme les températures hivernales descendent souvent à -24 °C, la culture de la pêche et de la poire y est marginale.

Nouveau-Brunswick Le climat rigoureux limite la production à la vallée du fleuve Saint-Jean. Seule la pomme résiste aux très basses températures qui atteignent souvent -24 °C, mais qui peuvent aussi baisser jusqu'à -34 °C. On y cultive aussi un peu de bleuets et de fraises.

Québec Les vergers se trouvent principalement dans les sols légers autour d'anciennes collines volcaniques qui s'élèvent au-dessus des loams secs des plaines, de même qu'au pied des Appalaches, près de la frontière américaine. Les basses températures hivernales causent parfois des dommages aux arbres. Lors de l'hiver de 1917-1918, des températures de -37 °C à -40 °C ont été enregistrées, causant des pertes estimées à 50 p. 100. Durant l'hiver de 1980-1981, la température a chuté à -33 °C et une période de température supérieure à la normale a suivi. Ce phénomène a entraîné une baisse de la production, qui tourne généralement autour de 5,3 millions de boisseaux, jusqu'à 2,4 millions de boisseaux (baisse de 192 à 87 millions de litres).

Ontario L'influence bénéfique des lacs Huron, Érié et Ontario combinée à des sols appropriés permettent la culture de toute une gamme de fruits dans le sud-ouest de l'Ontario. La culture des fruits à chair tendre (pêche, cerise, raisin, prune et poire) se limite à la zone fruitière du Niagara sur la rive sud-ouest du lac Ontario. La pomme est cultivée dans la plus grande partie du territoire méridional et notamment sur la rive sud de la baie Georgienne.

Colombie-Britannique Les fraises, les framboises, les mûres de Logan et les raisins sont cultivés dans les basses-terres de la province, mais la véritable zone fruitière se trouve dans la région à l'abri de la pluie à l'intérieur des Rocheuses; la culture fruitière est donc dépendante de l'irrigation. Toute une gamme de fruits y est cultivée, surtout les pommes; cette culture occupe les deux tiers du territoire. La plupart des vergers sont situés au sommet et sur les flancs de terrasses qui longent les lacs. Des ravins profonds partant des plus hautes pentes, vers les étendues d'eau, permettent la circulation de suffisamment d'air pour prévenir les dommages occasionnés par le gel. Les dégâts provoqués par l'hiver sont un problème récurrent: les basses températures enregistrées pendant l'hiver 1949-1950 ont entraîné la perte d'environ 20 p. 100 des arbres.

J.T.A. Proctor

Culture en serre Forme de production agricole la plus intensive. Les coûts d'investissement et de main-d'œuvre y sont plus considérables que dans n'importe quel autre secteur. Cependant, le rendement, la qualité et la valeur des récoltes sont proportionnellement plus élevés. La serre procure essentiellement un climat contrôlé qui, dans des conditions défavorables, peut être adapté aux besoins de certaines cultures. P. ex., dans des pays septentrionaux comme le Canada, où la culture à l'extérieur n'est possible qu'environ 5 mois par année, les serres assurent un environnement climatique qui protège les plantes contre les fortes pluies, les vents violents, les insectes et autres ennemis des cultures.

L'industrie de serre utilise aujourd'hui une technologie de pointe pour mieux concurrencer les marchés mondiaux. De nouvelles méthodes, comme la culture sans sol, le contrôle biologique des insectes nuisibles, la régulation environnementale par ordinateur, l'apport d'engrais minéraux et la CONSERVATION de l'énergie, ont largement contribué à l'augmentation du rendement et de la qualité au cours des 8 dernières années. À titre d'exemple, des augmentations de 100 à 200 p. 100 pour les tomates et les concombres ont été enregistrées. La qualité et l'innocuité des produits (sans PESTICIDES) sont des éléments clés des marchés des PLANTES ORNEMENTALES et des LÉGUMES de serre.

Secteur en croissance La production de serre est un secteur important et en pleine croissance de l'industrie agroalimentaire canadienne, avec des ventes totalisant 772 millions de dollars (139 millions pour les récoltes de légumes et 633 millions pour l'horticulture). Les principales provinces productrices sont l'Ontario (423 ha, dans les seules régions de Leamington et de Niagara), Québec (220 ha dans la seule région de Montréal) et la Colombie-Britannique (186 ha dans la vallée du Fraser). L'industrie de serre de l'Ouest canadien diffère de celle de l'Est à plusieurs égards. D'abord, le climat dans les régions de la Colombie-Britannique où on pratique la culture est très tempéré (climat côtier), tandis que dans les provinces de l'Est, le climat est de type continental, avec des hivers froids, des étés chauds et humides, une luminosité ainsi que des températures et humidité variables. De plus, la durée du jour n'est pas la même en Colombie-Britannique, en Ontario et au Québec, ce qui influe sur le taux de croissance des plantes. Enfin, l'industrie de la Colombie-Britannique a adopté une technologie néerlandaise (serres de verre), alors que l'industrie des provinces de l'Est a emprunté à la fois des technologies européennes et nord-américaines (serres de verre et de polyéthylène double).

Cultures principales Au Canada, ce sont les TOMATES (197 ha, 34 millions de kilogrammes, vente de 62 millions de dollars); les CONCOMBRES (117 ha, 7,3 millions de douzaines, 44 millions de dollars); les POIVRONS (35 ha, 8 millions de kilogrammes, 16 millions de dollars); et la LAITUE (16 ha, 22 millions d'unités, 8 millions de dollars). Les principales variétés de FLEURS coupées sont les ROSES (72 millions), les chrysanthèmes (15 millions), les alstroémères (12 millions), les tulipes (11 millions) et les freesias (9 millions). L'industrie produit également des plantes en pot: 22 millions de GÉRANIUMS, 16 millions de plantes tropicales, de plantes à feuillage décoratif et de plantes vertes, 11 millions de chrysanthèmes, 8 millions de poinsettias et 5 millions de jardinières à suspendre, sans compter les semences et les plantes à repiquer.

L'industrie est constamment à la recherche de méthodes de production abordables et améliorées afin d'obtenir des rendements supérieurs et des plantes de meilleure qualité, tout en minimisant les effets sur l'ENVIRONNEMENT. Grâce à la publicité, à la recherche et à la formation, ainsi qu'aux changements dans les goûts des consommateurs en ce qui a trait aux aliments frais, naturels et sains, les produits de serre sont de plus en plus en demande. Étant donné les possibilités du marché, la recherche et des efforts continus dans l'application de technologies vont accroître l'efficacité de la production et de la commercialisation des produits. Des méthodes de mise en marché dynamiques, des techniques de pointe et une saine gestion des cultures devraient assurer la prospérité d'un des secteurs les plus importants de l'industrie agricole au Canada.

Martine Dorais et Marc J. Trudel

Culture politique Elle s'entend des opinions, des attitudes et des valeurs qu'ont à l'égard de la POLITIQUE les personnes qui forment une collectivité. Il y a deux approches traditionnelles à l'étude de la culture politique. L'approche axée sur les personnes examine les valeurs et les attitudes personnelles; le recours aux sondages y est fréquent. Comme la culture politique ne se prête à aucune mesure directe, les questions visent à dégager les opinions pertinentes des répondants. Malheureusement, il est toujours possible que les questions posées ne prennent pas tout à fait le pouls de la population et qu'elles ne mesurent pas de façon satisfaisante les concepts à l'étude.

L'approche axée sur les institutions comporte une analyse de documents pour cerner le comportement collectif des institutions politiques. Elle adopte trois démarches distinctes. Dans la première démarche, les universitaires tentent de décrire une culture politique en s'appuyant sur l'observation et l'analyse du comportement constitutionnel tel qu'il se manifeste par la voie d'une constitution, de la législation et de la structure du gouvernement. Dans la deuxième, on s'appuie sur une analyse des caractéristiques géographiques, démographiques et socio-économiques de la société étudiée. Dans la troisième, l'examen porte sur les facteurs historiques dont un système politique est l'aboutissement. Les deux théories les plus en vue en matière de culture politique découlent de l'approche systémique. Selon la première théorie, la culture politique au Canada repose sur la tension entre les deux groupes culturels fondateurs: les francophones et les anglophones. Selon la seconde théorie, les membres des deux cultures fondatrices et les immigrants ultérieurs en provenance d'autres cultures ont créé ensemble une nouvelle culture politique distincte.

Au Canada, il est utile de parler des «couches» de la culture politique, bien qu'elles ne se laissent pas facilement délimiter. La première couche de valeurs politiques englobe l'adhésion des Canadiens au régime parlementaire et démocratique, y compris le principe voulant que, en politique, le processus décisionnel obéisse aux vœux de la majorité. Ce principe admet toutefois des exceptions, comme l'attestent l'appareil fédéraliste, le BILINGUISME et la CHARTE CANADIENNE DES DROITS ET LIBERTÉS. Le rôle légitime des intérêts divergents est reconnu dans la société canadienne, mais il est entendu que, si un compromis ne peut être atteint, la majorité doit l'emporter. En outre, en application du principe de la majorité, toute décision politique peut être modifiée si la majorité se ravise. L'adhésion à la démocratie parlementaire suppose aussi l'appui de l'égalité politique, à savoir le principe de «une personne, une voix». La souveraineté du peuple, la dernière caractéristique d'une démocratie parlementaire, s'exerce sous la forme de la tenue d'élections à intervalles réguliers et de la participation de la population au processus politique.

Sous-jacente à cette première couche se trouve une culture politique qui est propre au Canada et qui transcende les limites provinciales. P. ex., les Canadiens tiennent à voter, mais participent peu à l'activité politique (voir PARTICIPATION POLITIQUE). On a suggéré que cette dichotomie spectateur-participant était propre à la culture politique canadienne. En outre, les recherches indiquent que la population canadienne appuie fortement le pouvoir politique et le leadership des élites. Contrairement aux Américains, les Canadiens préfèrent souvent miser sur l'intervention gouvernementale (une régie publique, p. ex.), plutôt que sur le secteur privé, pour résoudre les problèmes économiques (voir RÉGIE PUBLIQUE; SOCIÉTÉ DE LA COURONNE).

Une autre caractéristique de la culture politique canadienne est le rapport approche-évitement que le Canada entretient avec les États-Unis (voir RELATIONS CANADO-AMÉRICAINES). Malgré le fait que les États-Unis soient le plus important partenaire commercial du Canada et un pays avec lequel la population canadienne partage plusieurs intérêts communs, nombre de Canadiens ont été frustrés par la façon dont les intérêts américains dominaient leur culture (surtout chez les anglophones) et leurs entreprises. Les Canadiens ont donc tenté de moduler ce rapport en mettant sur pied des institutions gouvernementales pour promouvoir la culture canadienne (voir POLITIQUE CULTURELLE) ou en restrei-

gnant le mouvement de l'INVESTISSEMENT ÉTRANGER vers le Canada. L'ambivalence ressentie à l'égard des États-Unis a parfois contribué à unifier les Canadiens, tout en favorisant le développement de leur culture politique et populaire.

La troisième couche de la culture politique correspond à des attitudes qui sont propres aux Canadiens, mais qui leur permettent aussi de se distinguer les uns des autres. Plusieurs systèmes de croyances peuvent être alors à l'œuvre. L'un veut que les francophones diffèrent des anglophones. Un autre, plus difficile à cerner, s'appuie sur les idées de développement économique et de diversité géographique. Ce dernier système de croyances correspond au RÉGIONALISME.

Au Canada, les différences entre la culture politique des anglophones et celle des francophones sont attribuables aux différences dans le mode de développement, le système éducatif, la religion et la langue des deux communautés. P. ex., on observe que les Québécois tendent à se tourner vers Québec pour le leadership, tandis que les Canadiens anglophones au Québec se tournent plutôt vers Ottawa pour résoudre leurs problèmes. En outre, il est évident que des symboles, tels que le drapeau canadien et la monarchie, sont beaucoup moins populaires auprès des Québécois francophones qu'auprès des anglophones.

Enfin, la confiance accordée aux politiciens et au gouvernement, ainsi que la perception de la sensibilité de ce dernier aux besoins de la population, varie grandement selon les régions où habitent les Canadiens. Toutefois, il est clair que certaines régions du pays, notamment l'Ouest canadien et le Québec, ressentent à l'endroit du gouvernement fédéral un sentiment d'aliénation qui date de longtemps et qui est profondément enraciné.

David Zuszman

Cultures Espèces végétales produites pour la consommation humaine ou animale ou pour des usages particuliers (p. ex., le LIN et le TABAC). Au Canada, la plupart des cultures importantes sont destinées à l'alimentation humaine ou à l'alimentation animale. Les cultures peuvent être classées de plusieurs façons. Elles sont annuelles, bisannuelles ou vivaces, selon qu'elles accomplissent leur cycle vital en un an, deux ans, ou persistent au-delà de deux ans.

L'expression «annuelles d'hiver» est réservée aux cultures qui sont plantées et qui germent en automne, passent l'hiver en dormance, recommencent à croître au printemps pour être récoltées en juillet ou en août. Une classification plus utile des cultures, qui repose sur l'usage commercial général, les divise en CÉRÉALES, en FOURRAGES, en OLÉAGINEUX, en cultures fruitières, en BAIES, en LÉGUMES et en cultures spéciales. Les céréales sont des plantes produites pour leurs grains mûrs (p. ex., le BLÉ, l'AVOINE, l'ORGE, le SEIGLE et le MAÏS).

Les cultures fourragères sont des plantes qui servent à nourrir le bétail. Elles sont récoltées et stockées jusqu'à leur consommation ou broutées sous forme de cultures de pâture ou de prairie (p. ex., les GRAMINÉES comme la fléole des prés et le brome, les LÉGUMINEUSES comme le TRÈFLE et la LUZERNE).

Lorsque les céréales (en particulier le maïs) sont récoltées sous forme de plantes entières, hachées et données comme aliments au bétail, elles sont considérées comme des fourrages ou des cultures fourragères.

Les oléagineux sont cultivés pour leurs graines riches en huile (p. ex., le soja, le tournesol, le lin, le canola). Les cultures fruitières sont des fruits ou des fruits à coque comestibles (p. ex., les pommes, les pêches, les poires, les noix). Les baies sont de petits fruits charnus qui croissent sur des plantes grimpantes ou rampantes ou de petits arbustes (p. ex., les fraises, les framboises, les groseilles, les bleuets, les

raisins). Les légumes sont des plantes herbacées qu'on mange entièrement ou partiellement, crues ou cuites (p. ex., les carottes, les oignons, les tomates, la laitue). La pomme de terre est un légume commercial, mais aussi une culture de plein champ quand l'emblavure est grande.

L'expression «cultures spéciales» désigne les cultures qui n'entrent dans aucune autre catégorie (p. ex., le tabac, le sarrasin) ou des cultures légumières commercialisées d'une façon différente, comme les pois, les haricots ou les lentilles, qui sont produits comme des cultures de plein champ, mis en silos, puis vendus sous forme de graines.

Conditions de culture au Canada La superficie totale des terres au Canada est de 9,2 milliards d'hectares, mais seulement 45,6 millions d'hectares (5 p. 100) sont des terres agricoles améliorées. Une superficie supplémentaire de 24 millions d'hectares de prairies et de pâturages sauvages, la plupart dans les provinces des Prairies et en Colombie-Britannique, est utilisée par les grands éleveurs. Les régions nordiques des Prairies et l'enclave argileuse du Nord de l'Ontario et du Québec comprennent quelque 15 millions d'hectares qui pourraient servir à la production agricole, mais les sols sont à peine mis en valeur et une très brève période de végétation fait en sorte que leur potentiel est nettement inférieur à celui des terres agricoles exploitées actuellement.

La superficie des terres les plus productives est de 41 millions d'hectares de cultures et de jachères. La jachère, l'état d'une terre laissée sans culture, est une façon de conserver l'humidité du sol et fait partie de la rotation culturale dans les Prairies. Les provinces des Prairies possèdent environ 82 p. 100 des terres agricoles au Canada, l'Ontario, 8 p. 100, et les autres provinces se partagent le reste.

Le Canada fait partie de la zone tempérée nordique. Toutes les terres agricoles des Prairies se trouvent au nord du 49e parallèle. L'activité agricole productive dépend donc des cultures qui mûrissent tôt, si elles sont semées au printemps, ou des cultures rustiques, s'il s'agit d'annuelles, de bisannuelles ou de vivaces d'hiver. Contrairement à de nombreux producteurs des zones tropicales et subtropicales qui peuvent avoir au moins deux récoltes par année, les agriculteurs canadiens ne peuvent compter que sur une récolte annuelle. L'immensité du Canada et les variations de son climat excluent tout énoncé général précis, mais on peut avancer que la croissance des cultures autres que les cultures fourragères et les cultures d'herbes n'est sûre que de mai à septembre, sauf dans les plaines inférieures de la Colombie-Britannique et du Sud de l'Ontario (où des cultures moins rustiques survivent).

Vers la fin de mai, les jardiniers de tout le pays peuvent transplanter les PLANTES ORNEMENTALES et les plantes potagères qui ont démarré dans des SERRES. La probabilité des gelées printanières tardives après cette date est faible. Les gelées précoces automnales surviennent en septembre. La période sans gel dure donc de 100 à 120 jours.

Les étés canadiens sont habituellement très chauds, les températures dépassant souvent 30 °C. Les températures élevées, alliées à un ensoleillement suffisant, font pousser les cultures rapidement, mais le climat étant continental, une grande partie des terres agricoles du Canada (surtout celles des provinces des Prairies) souffrent d'un manque d'humidité. Quelques céréales sont produites avec seulement 375 mm de pluie, mais, habituellement, les périodes d'humidité surviennent à temps pour assurer une croissance estivale rapide. Une superficie de 545 068 ha est irriguée dans les provinces des Prairies.

Les sols canadiens se sont formés sous des régimes de pluie différents et dépendent des propriétés inhérentes des matières qui les composent. Ils sont donc alcalins ou acides. En général, les sols de l'Ouest sont alcalins, et ceux de l'Est sont acides. On peut améliorer les sols acides en les chaulant, mais cette méthode coûte cher, et il faut y avoir recours chaque année. Certaines provinces subventionnent le chaulage. Dans l'Est du Canada, des nappes phréatiques plus hautes et un faible drainage diminuent la capacité des sols de produire certaines cultures. Au printemps, des inondations peuvent survenir dans certaines régions du pays.

Au début de la colonisation du Canada, les colons pratiquaient une agriculture de subsistance. C'est encore le cas dans certaines régions reculées ou dans des fermes isolées, mais, en général, la production végétale s'est spécialisée pour générer des profits monétaires. Comme l'augmentation du prix des terres nécessitait un plus grand rendement à l'hectare, les producteurs ont dû se spécialiser. Le choix d'une culture est dicté par la région géographique, la latitude et l'humidité. La production de la plupart des cultures est donc conditionnée par des facteurs régionaux.

La plupart des cultures de blé, d'avoine, d'orge, de seigle, de lin, de canola, de moutarde et de tournesol croissent dans les Prairies. Le blé et la jachère occupent environ un tiers de la superficie totale. Le soja, le tabac et les haricots poussent surtout en Ontario; le fourrage et le maïs, en Ontario et au Québec; les fruits, en Colombie-Britannique, en Ontario, au Québec et en Nouvelle-Écosse. La pomme de terre est cultivée dans toutes les provinces, alors que la betterave sucrière l'est au Manitoba et, s'il y a irrigation, en Alberta.

Écoulement des cultures En 1991, il y avait 280 043 fermes au Canada, alors qu'on en comptait 318 361 en 1981. La taille des fermes individuelles varie énormément. Selon la définition du recensement, les fermes peuvent avoir n'importe quelle taille tant qu'elles vendent un produit, que ce soit du miel ou du blé, ou elles peuvent être des propriétés très étendues appartenant à des sociétés de capitaux, avec des ventes de plusieurs millions de dollars. Ce dernier groupe ne correspond qu'à environ 24 p. 100 des producteurs, mais représente plus de 70 p. 100 de toute la production agricole. Un large éventail de cultures sont pratiquées dans toutes les régions du Canada, et le mode d'écoulement des produits varie selon la taille de la ferme et le type de production.

Les principaux producteurs de céréales, d'oléagineux et de quelques cultures spéciales vendent leur production au comptant. Dans les provinces des Prairies, les producteurs de ces cultures ont coutume de stocker à la ferme une partie de la production et de livrer le reste des produits à des silos, où ils sont classés et entreposés puis expédiés à des silos terminus pour la vente sur le marché intérieur ou étranger.

Le prix est établi en fonction du classement et de la quantité. Le classement dépend de la pureté du type, du bon état, de la maturité et du poids spécifique. Comme le temps au moment de la récolte peut grandement influencer la qualité des céréales, le classement varie selon l'année, la région et la variété exploitée. En Ontario, une province grande productrice de blé d'hiver, de soja, de maïs et de haricots de plein champ, les producteurs stockent très peu à la ferme. Ils comptent sur les sociétés agroalimentaires qui achètent de grandes quantités de produits moissonnés en automne.

De nombreux agriculteurs produisent des céréales et des fourrages pour nourrir leur bétail. Certains produisent du foin pour le vendre au comptant, mais la plupart le conservent pour leur propre usage. D'autres cultures fourragères servent de pâtures et de prairies pour la production bovine.

Beaucoup de jardiniers canadiens cultivent des légumes, des baies et des fruits pour leur propre usage. Les propriétaires de plus grandes fermes vendent leurs produits sur place (p. ex., la cueillette des fraises par les clients) ou tiennent des kiosques de vente de fruits et légumes le long des routes. Normalement, ceux qui pratiquent une agriculture de subsistance vivent des produits de leur ferme, mais il arrive qu'ils arrondissent leur revenu par des ventes. Les maraîchers cultivent des légumes pour les marchés locaux ou ils les expédient dans de grandes zones urbaines. Des cultures de fruits, de pommes de terre, de tabac, de betteraves sucrières et de légumes sont produites pour être vendues par l'intermédiaire d'un système de mise en marché.

Le Canada est depuis longtemps un exportateur de produits agricoles, surtout de céréales et d'oléagineux. Il importe principalement des fruits, des légumes et des produits spéciaux, comme le sucre.

J.W. Morrison

Cultures, recherches sur les Elle a pour objet d'augmenter l'efficacité et le rendement de la production, de la mise en marché et de l'utilisation des CULTURES commerciales. Elle peut comprendre les champs d'étude suivants: la SÉLECTION DES PLANTES, la physiologie végétale et la BIOCHIMIE, la protection et la gestion des cultures, l'étude des modes d'entreposage et de transformation et les analyses de produits. Parmi les réussites de la recherche, citons le BLÉ MARQUIS, le TRITICALE, le CANOLA et les LENTILLES. Les cultures comprennent les céréales et les PLANTES OLÉAGINEUSES, les CULTURES FOURRAGÈRES, les cultures de spécialités, LÉGUMES, les FRUITS et les PLANTES ORNEMENTALES.

Physiologie et biochimie végétales

Les physiologistes et les biochimistes des végétaux contribuent à la recherche appliquée et à la recherche fondamentale, dans des conditions soigneusement gérées, dans les laboratoires du CONSEIL NATIONAL DE RECHERCHES DU CANADA (CNR), les STATIONS DE RECHERCHE d'Agriculture et Agroalimentaire Canada (AAC) et les universités. D'importants travaux ont été accomplis dans la culture de tissus, dans la lutte contre les mauvaises herbes, dans les recherches sur les relations hôte-parasite et sur les PESTICIDES.

Culture de tissus Elle consiste à produire des plantes entières à partir de cellules individuelles, de petits groupes de cellules, d'explants de tissus et de bourgeons apicaux ou axillaires isolés. Comme on peut obtenir de nombreuses plantes nouvelles à partir d'une petite quantité de matière, il est possible de produire des plantes clonées (c.-à-d. toutes génétiquement identiques) en grand nombre. Des buissons clonaux nains de bleuets et des jeunes plants clonaux de pommiers nains ont été obtenus par culture de tissus à la station de recherche d'AAC de Kentville, en Nouvelle-Écosse.

Des méthodes de propagation in vitro d'un grand nombre de plantes ornementales ont été mises au point à l'U. du Nouveau-Brunswick, à Fredericton, et à l'U. de Guelph. Des raisins et des kiwis ont été multipliés à la station de recherche de Saanichton, en Colombie-Britannique.

En outre, plusieurs laboratoires canadiens effectuent des recherches sur la culture de tissus de conifères, parmi lesquels les laboratoires du Service canadien de foresterie de Fredericton, au Nouveau-Brunswick, et de Chalk River, en Ontario, ainsi que les laboratoires de recherche de l'U. Queen à Kingston et de l'U. de Calgary.

Les techniques de culture de tissus servent aussi dans les études de transformation génétique des plantes et en BIOTECHNOLOGIE végétale pour produire des variétés transgéniques, c.-à-d. des variétés portant les gènes désirés d'un autre genre. Le canola «Roundup ready» en est un exemple. Il s'agit d'un type de canola qu'on a transformé par l'insertion d'un gène résistant au Roundup (nom de marque de glyphosate), un herbicide qui détruit la plupart des plantes annuelles, sauf celles qui portent ce gène.

La recherche en biochimie végétale s'occupe aussi d'établir et de maintenir les normes de qualité des aliments. Le sélectionneur de plantes travaille en collaboration avec un biochimiste des végétaux pour s'assurer que les nouvelles variétés à rendement plus élevé et résistantes aux maladies respecteront ou même dépasseront les normes de qualité prescrites. Ainsi, on peut garantir que les nouvelles variétés, les nouvelles cultures et les nouveaux produits alimentaires ne nuiront pas à la santé des consommateurs.

Lutte contre les mauvaises herbes Ce type de recherche est effectué par les écoles d'agriculture de diverses universités, par des fabricants de produits chimiques et par AAC. Les chercheurs se sont penchés, ces derniers temps, sur la lutte intégrée contre les mauvaises herbes, avec des applications d'herbicides réduites et des méthodes de neutralisation des mauvaises herbes pour semis direct (sans travail du sol) dans une production culturale annuelle. Les méthodes intégrées constituent la meilleure façon de minimiser le problème de l'apparition croissante de mauvaises herbes résistantes à divers herbicides. Les chercheurs étudient actuellement le mode d'action de différents herbicides sur le système biochimique des plantes.

Relations hôte-parasite La recherche canadienne sur les relations entre le blé et les organismes vecteurs de la rouille noire et de la rouille des feuilles commence sérieusement avec la fondation du Dominion Rust Research Laboratory à Winnipeg en 1925. Les chercheurs J.H. CRAIGIE, Margaret NEWTON, Thorvaldur JOHNSON et C.H. GOULDEN, parmi d'autres, y ont apporté une contribution majeure. Le professeur M. Shaw et ses étudiants de l'U. de la Saskatchewan, à Saskatoon, entreprennent en 1950 un programme de recherche très productif sur les aspects physiologiques et biochimiques des végétaux reliés au problème de la rouille du blé. Peu après, F.R. Forsyth, au Winnipeg Rust Research Laboratory, et P.K. Isaac, au département de botanique de l'U. du Manitoba, entament leurs propres études.

La station de recherche de Winnipeg poursuit encore des travaux sur tous les aspects de la prévention et du contrôle de la rouille du blé, de l'orge, de l'avoine, du lin et du tournesol, et de la lutte contre les effets dévastateurs de cette maladie. Ces études ont mené à une meilleure compréhension des interactions physiologiques et biochimiques du champignon de la rouille avec le blé. Les études simultanées sur la génétique du blé et des rouilles ont permis aux sélectionneurs de plantes de produire des variétés résistantes à ces maladies, de sorte que, depuis 1952, les épidémies de rouille ont été éliminées.

Une grande partie de la recherche porte sur la génétique du système hôte-pathogène pour de nombreuses maladies des cultures, y compris les effets de certaines races de pathogènes, les effets des gènes majeurs et des gènes mineurs, les conséquences environnementales, le gène de résistance de l'hôte, la relation de virulence hôte-pathogène, la résistance horizontale et la résistance verticale.

Les autres accomplissements dignes de mention comprennent des travaux remarquables sur la physiologie et la biochimie de la lignine (une substance reliée à la cellulose) et sur les algues comestibles, menés respectivement à Ottawa et à Halifax dans les laboratoires du CNR, de même que les travaux novateurs en GÉNIE GÉNÉTIQUE réalisés par O. Gamborg au Prairie Regional Laboratory (aujourd'hui le Plant Biotechnology Institute) du CNR dans les années 60 et 70.

Protection des cultures

Bien que la concurrence des mauvaises herbes, des insectes, des champignons et des bactéries aient causé de sérieux problèmes dès le début de l'exploitation agricole au Canada, les produits chimiques de lutte contre les mauvaises herbes et les fongicides ne font leur apparition qu'après la Seconde Guerre mondiale. La plupart des nouveaux pesticides ont été découverts à l'étranger, et la recherche canadienne dans ce domaine s'est surtout attachée à déterminer le meilleur dosage de ces produits, les méthodes d'application les plus efficaces et les moments les plus propices à leur application.

La découverte ou la production de variétés résistantes constitue le moyen privilégié de protéger les plantes contre les maladies et les insectes. D'excellentes recherches dans cette direction ont été effectuées au Canada. P. ex., les sélectionneurs de plantes ont fourni de nouvelles variétés de blé rouge de printemps résistantes à la rouille noire et des variétés d'avoine résistantes à la rouille de la couronne. Le gène de résistance à la cèphe du blé a été incorporé au blé d'hiver de l'Ouest du Canada.

Dans la lutte contre la rouille noire du blé, la campagne d'éradication de l'épine-vinette, l'autre hôte du parasite, s'est révélée aussi importante que la création de variétés de blé résistantes. De même, la campagne d'éradication du nerprun, l'autre hôte de la rouille de la couronne de l'avoine, a grandement facilité la lutte contre cette maladie. Dans l'Est du Canada, l'arrachage des pommiers sauvages a été la clé de la lutte contre la larve apode de la pomme.

La lutte intégrée contre les insectes nuisibles consiste à utiliser la plus petite quantité possible d'insecticide avec des prédateurs naturels, des pesticides biologiques, des phéromones, des appâts, des pièges, des variétés de cultures résistantes, des plantes transgéniques qui produisent une toxine de «Bacillus thuringiensis» et des méthodes physiques et culturales. De grands progrès ont été accomplis dans tous les secteurs de la gestion des ravageurs (*voir* INSECTES UTILES).

Gestion des cultures

Lorsqu'on a commencé à pratiquer l'agriculture à grande échelle au Canada, on a cherché à extirper du SOL tous les arbres, toutes les plantes et les moindres touffes indésirables de façon à permettre la monoculture (culture d'une seule sorte de plante). Dans l'Ouest du Canada, la désastreuse perte de couche arable au cours des années de sécheresse et, ailleurs, des pertes similaires survenues dans les terres dénudées durant les années excessivement humides ont incité à recourir à des PRATIQUES AGRICOLES DES SOLS plus rationnelles.

Afin de lutter contre l'érosion éolienne, on laisse de la paille dans ou sur le sol et on évite d'exposer au vent un sol à fines particules (*voir* SOLS, CONSERVATION DES). Pour perturber le sol le moins possible, des méthodes sans labour ont été mises au point pour de nombreuses cultures. La culture annuelle peut être semée dans du seigle ou du trèfle qui est ensuite éliminé au moyen d'herbicides chimiques avant que la culture annuelle sorte de terre. Le semis direct de nombreuses cultures dans le chaume sur pied gagne en popularité dans l'Ouest canadien.

La pratique d'enherber des vergers de pommiers et de poiriers peu avant qu'ils portent des fruits protège aussi le sol contre le lessivage et empêche le vent de l'emporter. La promotion du chaulage des sols acides de l'Est du Canada est sans doute le facteur qui a le plus contribué à améliorer la gestion des sols canadiens. Une fois l'acidité du sol réduite de façon substantielle, les plantes peuvent utiliser plus efficacement les nutriments ajoutés.

Les cultures soutirent de grandes quantités de nutriments essentiels du sol, particulièrement les trois principaux, soit l'azote, le phosphore et le potassium. Les légumineuses, en association avec la souche bactérienne appropriée (*Rhizobium, Bradyrhizobium*) fixatrice de l'azote, peuvent fixer en sym-

biose une partie de leur azote à partir du N₂ inerte de l'air. Cependant, les besoins en azote d'autres cultures sont si grands qu'il faut leur en fournir sous forme organique (p. ex. de l'engrais vert de légumineuses ou du fumier de bétail) ou sous forme inorganique (p. ex. de l'engrais ammoniacal ou de l'engrais nitrique). La plupart des agriculteurs testent la fertilité des sols pour choisir le bon type et la bonne proportion de nutriments qui en optimiseront le rendement.

La rotation culturale a beaucoup d'importance dans la production des cultures annuelles. La production d'une même culture sur le même sol plusieurs années d'affilée amène rapidement les maladies et les insectes qui lui sont propres. Une rotation culturale planifiée réduit considérablement ces problèmes. Les légumineuses non fixatrices d'azote, en particulier, apportent aux cultures de non-légumineuses qui leur succèdent une petite quantité d'azote et un avantage en dehors de l'azote (effet de la rotation) qui augmentent le rendement de la non légumineuse. Cet effet de la rotation résulte peut-être de la suppression générale des vecteurs de maladies dans la culture suivante.

Si les cultures alimentaires ont de l'importance, les cultures fourragères sont loin d'être négligeables. Les cultures fourragères sont vivaces et comprennent les légumineuses fourragères (comme la luzerne et le trèfle) et les graminées fourragères (le brome et l'agropyre). Les fourrages (foin et herbage) servent d'aliments pour le bétail et sont à la base des industries bovine, ovine, caprine et chevaline. De plus, ils sont indispensables à la conservation des sols et à l'agriculture durable. Comme plantes vivaces, les fourrages protègent le sol contre l'érosion et favorisent la pédogenèse. La recherche a permis de développer les espèces les plus appropriées et le meilleur système de gestion selon les divers environnements, et a donc contribué à rendre l'agriculture plus durable.

La recherche dans le domaine des cultures ornementales a donné un large éventail de fleurs annuelles, de fleurs vivaces rustiques hivernales, d'espèces et de variétés de gazons et d'arbustes et d'arbres ornementaux adaptés aux conditions canadiennes. La plupart des plantes cultivées et des fleurs ornementales ont été introduites au Canada, ce qui a nécessité de longues recherches sur le développement de variétés et sur la gestion culturale pour acclimater ces cultures et en faire bénéficier les Canadiens.

Entreposage

Les peuples autochtones stockaient des céréales (p. ex. du maïs), des fruits (p. ex. des canneberges) et des légumes (haricots, courges, etc.) pour l'hiver. Les colons européens introduisent d'autres fruits (pommes, poires, etc.) et des légumes (pommes de terre, choux, céleris, navets, oignons, carottes, etc.) qui exigent de nouvelles méthodes de stockage à long terme. L'entreposage à l'air ou ventilé était le plus commun. Cette forme est encore utilisée, car, après la moisson automnale, la température nocturne ambiante convient habituellement pour conserver les pommes de terre, les oignons secs, les choux et les carottes mûres.

Les premiers entrepôts sont souterrains, mais, par la suite, on érige la majeure partie du bâtiment au-dessus du sol et on utilise des évents à lames et des ventilateurs commandés automatiquement pour attirer l'air froid extérieur si nécessaire. Quelques entrepôts utilisent de la glace pour refroidir l'air intérieur. Longtemps après l'abandon des glacières, on se servira de la glace pour refroidir les wagons de chemin de fer transportant des denrées périssables. L'entrepôt réfrigéré mécaniquement constitue un progrès notable. Il permet de conserver en bon état de nombreux fruits et légumes, et ce, jusqu'à six mois.

Les fruits et légumes qui ne supportent pas l'entreposage à long terme peuvent être tout de même réfrigérés quelque temps, ce qui prolonge leur période de commercialisation. Les laboratoires de recherche gouvernementaux et universitaires ont remarquablement fait progresser la science de l'entreposage des aliments. Voici les plus récentes améliorations dans ce domaine.

Entrepôt à chambres froides Il est constitué de chambres autour desquelles l'air froid circule dans une enveloppe scellée. Ce mode d'entreposage convient particulièrement pour maintenir une grande humidité relative et sert pour stocker des carottes, des choux et des céleris.

Entreposage sous atmosphère contrôlée Ce système conserve les produits alimentaires dans une atmosphère à teneur en azote, en oxygène et en gaz carbonique nettement différente de celle de l'air. Les premières recherches dans ce domaine ont été effectuées surtout par les laboratoires d'AAC à Kentville, Nouvelle-Écosse, à Ottawa et à Summerland, en Colombie-Britannique, et par ceux du CNR à Ottawa et à l'U. de Guelph. Les producteurs commerciaux et les industries de transformation utilisent couramment cette méthode.

Entreposage sous basse pression Ce système maintient les produits alimentaires sous vide partiel et dans une atmosphère à teneur en oxygène contrôlée. Il est encore largement expérimental, bien que l'on dispose de prototypes de conteneurs. Des travaux d'avant-garde pour entreposer des fruits et des légumes sous basse pression ont été effectués à l'U. de Guelph.

Entreposage à faible teneur en oxygène Cette méthode d'entreposage des pommes est la plus efficace depuis l'avènement de l'entreposage sous atmosphère contrôlée. La teneur en oxygène passe de 5 p. 100 à une valeur comprise entre 0,5 p. 100 et 1,5 p. 100, et celle du gaz carbonique diminue elle aussi. Cette nouvelle composition de l'air ralentit le mûrissement et étend la commercialisation jusqu'à plus d'un an après la cueillette, sans grande perte de saveur ni de texture. Les expériences canadiennes sur ce mode d'entreposage ont commencé à Kentville en 1976, à la suite des premiers travaux effectués au Royaume-Uni.

Transformation et produits

La valeur annuelle des produits agricoles bruts obtenus au pays s'élève à environ 20 milliards de dollars. La transformation l'augmente fortement et génère des milliers d'emplois. Les INDUSTRIES DES ALIMENTS ET DES BOISSONS ont innové en créant de nouveaux produits (p. ex. de nouvelles céréales en flocons). De plus, les laboratoires de recherche provinciaux de Vineland, en Ontario, et les stations d'AAC à Summerland et à Kentville ont cherché de nouvelles façons de traiter les fruits et les légumes, avec comme objectif principal la réduction des coûts.

P. ex., le blanchiment à la vapeur, plus bref, mis au point à Kentville pour remplacer le traitement à l'eau chaude, économise l'énergie tout en conservant la teneur en vitamines. Autre exemple, la méthode de la boîte tournante (cuiseur à cylindre) de traitement thermique des conserves de fruits, perfectionnée à Summerland, accélère le traitement, augmente son efficacité et donc préserve la qualité du produit.

Après la Seconde Guerre mondiale, la venue au pays d'experts viticoles européens et l'importation de cépages hybrides français ont fait progresser l'INDUSTRIE VITICOLE canadienne. Les stations d'AAC à Summerland et à Kentville ont mis à l'essai les nouveaux cépages importés afin de maintenir et d'étendre l'industrie viticole en Colombie-Britannique et en Nouvelle-Écosse.

La recherche gouvernementale aide aussi l'industrie du sucre d'érable (*voir* ACÉRICULTURE) en testant dans des usines pilotes l'osmose inverse comme méthode de concentration. Dans l'osmose inverse, un liquide sous pression est retenu par une membrane que les molécules d'eau traverseront, mais pas la molécule à concentrer (p. ex. le sucre de la sève d'érable).

La station de recherche d'AAC à Kentville a acquis en France, en 1977, un petite machine qui sert à traiter et à conditionner les aliments dans des sacs souples. Les sacs de plastique multicouches résistent à la chaleur et à la pression pendant la cuisson et aux perforations pendant la manipulation dans le commerce. Les avantages de la transformation des produits alimentaires dans des sacs tiennent aux économies de transport et d'entreposage par rapport aux autres types de contenants, à l'économie d'énergie durant le traitement et à de meilleures propriétés nutritives, de saveur et de texture. Ce nouveau contenant remplacera probablement les boîtes et les bouteilles. Enfin, on étudie l'utilisation des sous-produits de l'industrie agricole comme produits bruts pour fabriquer des protéines unicellulaires qui serviront, au début, d'aliments pour animaux, puis d'aliments pour les humains. La recherche sur les cultures nous assure, à un prix raisonnable, un vaste choix d'aliments les plus sûrs et de la plus haute qualité au monde. (*Voir aussi* RECHERCHE ET DÉVELOPPEMENT AGRICOLES.)

F.R. Forsyth et A.E. Slinkard

Cumberland, baie Important bras de mer de 300 km de longueur et d'une largeur moyenne de 65 km. Elle est située sur la côte Est de l'ÎLE DE BAFFIN. Ses parois abruptes de plus de 2125 m de hauteur délimitent de hautes terres couvertes de glace. L'effet combiné de la glaciation continentale et des glaciers de montagne sur les terres bordières a créé une côte profondément échancrée marquée par des FJORDS. Les épandages fluvio-glaciaires que l'on trouve en amont des fjords datent de la période de déglaciation et forment des deltas soulevés, entaillés par de nombreuses terrasses. L'extrémité amont du bras est appuyée de basses terres vallonnées qui mènent aux plaines intérieures. L'alignement structural et les côtés parallèles de la baie Cumberland laissent croire qu'elle est issue d'une dislocation majeure.

Doug Finlayson

Cumberland, Frederick William, ingénieur, architecte, administrateur de chemin de fer et législateur (Londres, Angl., 10 avril 1821—Toronto, 5 août 1881). Formé en Angleterre et en Irlande, Cumberland est ingénieur adjoint du grand Isambard Brunel sur les quais et les chemins de fer en Angleterre, ce qui lui donne non seulement une solide formation en génie mais aussi une touche particulière en conception. Il arrive à Toronto en 1847 et, après le premier grand incendie de la ville en août 1849, il gagne le concours pour reconstruire la cathédrale St. James.

Sa réputation en génie s'étend, et on le nomme ingénieur du premier chemin de fer du Haut-Canada. Il choisit Sandford FLEMING comme assistant. Sa pratique de l'architecture s'accroît simultanément. Il conçoit le UNIVERSITY COLLEGE de l'U. de Toronto en partenariat, mais sa principale tâche est la construction du Northern Railway, dont il devient directeur général en 1858. Homme talentueux et compétent, il est élu député au premier parlement ontarien en 1867 et député à la Chambre des communes en 1871.

R.F. Legget

Cummings, Burton, chanteur, auteur de chansons et musicien (Winnipeg, Man., 31 déc. 1947). Chanteur pour le célèbre groupe rock canadien GUESS WHO de 1968 à 1975, Cummings entame une carrière solo en 1976. Le chanteur s'élève dans le palmarès de la chanson avec son premier album éponyme, qui comprend les chansons à succès «I'm Scared» et «Stand Tall». On retrouve dans les albums ultérieurs une succession de chansons à succès de la fin des années

70 et du début des années 80. Cummings remporte plusieurs prix musicaux importants, dont les prix Juno du «chanteur de l'année» en 1976 et en 1979. Ses apparitions à la télévision comme animateur de la remise des prix Juno et de plusieurs émissions spéciales sont acclamées par la critique et lui apportent un rôle dans le long métrage *Melanie*. Il chante aussi dans «Tears Are Not Enough», chanson enregistrée en 1985 pour aider à soulager la famine en Afrique.

En 1987, Cummings participe avec Randy Bachman, Gary Peterson et John Kale, ex-membres de Guess Who, à une tournée canadienne qui donne lieu à un concert sur vidéo et à un album enregistré en concert. La même année, Cummings est admis au Canadian Music Hall of Fame pour son travail avec Guess Who. Après plusieurs années loin des feux de la rampe, il revient en 1996 avec un album enregistré en concert, intitulé *Up Close and Alone*, où il exécute seul au piano ses succès passés. L'album se vend à plus de 50 000 exemplaires, ce qui lui vaut un disque d'or.

John Geiger

Cunard Company Elle a été pensée et mise sur pied par l'armateur et entrepreneur d'Halifax, Samuel CUNARD. Avec plusieurs associés britanniques, celui-ci fonde, en 1839, la British and North American Royal Mail Steam Packet Company, ce qui lui vaut un contrat et une subvention du gouvernement britannique pour transporter le courrier à destination du Canada et des États-Unis. Cunard et son ingénieur écossais, Robert Napier, construisent quatre vapeurs à roues latérales pour le service nord-américain. Le premier, le *Britannia*, quitte Liverpool le 4 juillet 1840 et arrive à Halifax 12 jours plus tard (il se rend ensuite à Boston, pour un périple total de 14 jours et 8 heures). Ce voyage inaugure un service régulier et rapide de navires à vapeur qui entraîne le déclin de la navigation à voile nord-américaine et la disparition des navires à voiles commerciaux sur l'Atlantique.

En 1878, le groupe Cunard devient une société ouverte sous le nom de Cunard Steamship Company Limited. Celle-ci finit par absorber la Canadian Northern Steamships Ltd. et sa concurrente, la White Star Line. Cunard domine le transport des passagers sur l'Atlantique avec des paquebots tels que le *Lusitania* et le *Mauretania*, et plus tard les légendaires *Queen* (dont le *Queen Elizabeth II*, encore en service), presque jusqu'à la fin de l'ère des transatlantiques géants. (*Voir aussi* CONSTRUCTION NAVALE.)

Peter Hopwood

Cunard, Joseph, homme d'affaires et politicien (Halifax, 1799—Liverpool, Angl., 16 janv. 1865), frère de Samuel CUNARD. Il quitte Halifax vers 1820 pour mettre sur pied une filiale de la société de son père à Chatham, au Nouveau-Brunswick, et il s'implique bientôt dans l'exploitation forestière, le sciage et la construction navale. En 1832, on le considère comme l'un des hommes les plus riches de la province. Il s'étend dans les comtés de Kent et de Gloucester, et entre en concurrence acharnée avec Alexander Rankin, alors à la tête de la société commerciale la plus importante dans le Nord du Nouveau-Brunswick. Entré en politique comme député provincial en 1828, il est nommé au Conseil législatif en 1833 et siège au Conseil exécutif de 1838 à 1846. Sa faillite en 1847 laisse des centaines de personnes en chômage. Il déménage à Liverpool et s'y lance dans le domaine du courtage, achetant des marchandises pour les commerçants coloniaux et vendant leurs bateaux et leur bois d'œuvre.

William A. Spray

Cunard, sir Samuel, marchand et armateur (Halifax, 21 nov. 1787—Londres, Angl., 28 avril 1865). Cunard s'associe d'abord à son père dans le commerce du bois, puis, grâce à des intérêts touchant la chasse à la baleine, le bois, le charbon, le fer et la navigation, il amasse une grande fortune personnelle

dans les années 1830. Ses activités dans le domaine de la navigation sont surtout axées sur les VOILIERS, bien qu'il ait quelque expérience avec les premiers bateaux à vapeur en tant qu'actionnaire du bateau à aubes ROYAL WILLIAM qui, en 1833, réalise une traversée historique de l'Atlantique, surtout en se servant de l'énergie de la vapeur. En 1825, au nombre de ses intérêts financiers, il fonde la Halifax Banking Company avec Enos COLLINS. Partisan des conservateurs, il est membre du CONSEIL DES DOUZE de 1830 à 1838, puis du Conseil exécutif de la Nouvelle-Écosse de 1838 à 1840, même s'il n'a participé aux réunions du conseil que pendant les trois premières années.

En 1839, Cunard présente une soumission au gouvernement britannique pour lancer un service postal régulier par bateau à vapeur qui traverserait l'Atlantique Nord de Liverpool à Halifax, Québec et Boston, moyennant 55 000 livres par an, pendant 10 ans. L'offre est acceptée et, la même année, Cunard et ses associés de Glasgow et de Liverpool fondent la British and North American Royal Mail Steam Packet Company, ancêtre de la Cunard Line. La première traversée s'effectue en mai 1840, mais le service postal régulier commence en juillet avec le *Britannia*, vapeur à aubes qui effectue la traversée de Liverpool à Halifax et qui continue ensuite vers Boston en 14 jours et 8 heures.

Malgré les sérieuses difficultés financières de ses entreprises de la Nouvelle-Écosse et du Nouveau-Brunswick au début des années 1840, Cunard connaît la prospérité avec sa compagnie de navigation parce qu'elle est bien gérée et innovatrice sur le plan technique. Après 1855, la compagnie se sert de bateaux en fer puis, au début des années 1860, les hélices remplacent les aubes. En 1867, fortement concurrencé par les Américains, il est obligé d'abandonner Halifax comme escale régulière et d'envoyer ses navires directement à New York. Le Canada ne reçoit pas de bateau de la Cunard jusque peu avant la Première Guerre mondiale, mais, par la suite, le service est maintenu à partir de Montréal jusqu'à ce que le transport aérien le remplace.

Cunard déménage en Angleterre pour superviser ses entreprises de navigation. En 1859, avant de mourir à Londres, il est fait baronnet en reconnaissance des services de ses navires durant la guerre de Crimée. Il laisse une fortune estimée à 350 000 livres par certains, mais à beaucoup plus par d'autres. En 1860, il est le plus important propriétaire terrien absent de l'Île-du-Prince-Édouard (*voir* ÎLE-DU-PRINCE-ÉDOUARD, PROBLÈME DES TERRES DE L'), et les possessions qu'il y détenait sont vendues en 1866 pour environ 258 000 dollars.

D.M.L. Farr

Cupids, ville de T.-N.; pop. 891 (rec. 1996), 868 (rec. 1991), 789 (rec. 1986); superf. 10,23 km²; const. en 1965; située dans la partie sud-ouest de la BAIE DE LA CONCEPTION, le long de la PRESQU'ÎLE AVALON. Cet endroit, connu à l'origine sous le nom de Cupers Cove (1612), s'appelle par la suite Cuprets, Coopers et Copers Cove (peut-être des variantes d'un surnom anglais). En août 1610, John GUY y établit la Plantation forestière maritime, la première tentative de colonisation par la London and Bristol Company et l'un des premiers établissements britanniques dans le Nouveau Monde. La colonie, gouvernée par Guy en vertu de la première charte de cette compagnie, marque les débuts de la colonisation à Terre-Neuve et donne lieu à la première naissance connue d'un Anglais sur l'île (27 mars 1613).

La colonie comme telle se dissout entre 1621 et 1631. Toutefois, on retrouve par la suite des pêcheurs itinérants sur ce site qui se peuple de résidants permanents au début du XVIIIᵉ siècle. Dans cette localité, les principales sources d'emploi sont la pêche à la morue, une activité prospère, ainsi que la chasse annuelle au phoque. De nos jours, on trouve dans ce village de pêcheurs beaucoup de plaques commémoratives et de monuments historiques. En 1978, des fouilles archéologiques permettent de découvrir une fosse à sciage, une fosse à purin, les fondations de bâtiments et ce qui pourrait être une palissade et un quai, vestiges qui concorderaient en gros avec la description des lieux laissée par Guy.

Robert D. Pitt

Curling Sport où deux équipes de quatre joueurs font glisser des pierres sur une surface glacée. Les pierres doivent glisser le plus près possible de la cible, c.-à-d. le centre d'un cercle. Bien qu'il existe des preuves artistiques et étymologiques appuyant l'existence d'un jeu de glace semblable dans les Pays-Bas au XVIᵉ siècle, la plupart des experts s'entendent pour dire que le curling, tel que nous le connaissons aujourd'hui, a été codifié en Écosse et exporté dans sa forme organisée. L'omniprésence des ÉCOSSAIS et leur enthousiasme expliquent sûrement les origines et l'évolution de ce sport au Canada. Sans contredit, le développement du curling au pays a pris une ampleur exceptionnelle et incomparable. Parmi les facteurs ayant contribué à la popularité actuelle de ce sport figurent le climat hivernal, les traditions du jeu, des progrès techniques et l'appui soutenu de personnes influentes (dont plusieurs Écossais). Grâce à leur position influente au sein de la société canadienne, de nombreux Écossais étaient assez à l'aise pour se permettre d'importer les traditions de leur pays natal et d'en faire la promotion, y compris le curling.

Certains historiens ont laissé entendre, sans documentation à l'appui, que le curling a fait son apparition sur le continent nord-américain grâce aux soldats écossais pendant la guerre de Sept ans (1756-1763). Le curling est sûrement pratiqué de façon non organisée avant 1800, jusqu'à ce qu'un groupe d'Écossais, associés principalement à la traite des fourrures, forme le Montreal Curling Club en 1807, association qualifiée de premier club de sport au Canada. D'autres Écossais forment des clubs à Kingston (1820), Québec (1821) et Halifax (1824-1825). Ces pionniers enthousiastes font l'essai des «pierres» locales faites de fer ou d'érable en plus d'en importer d'Écosse.

En 1839, alors que davantage de clubs sont formés, des pierres de granit faites sur place sont mises en vente à Toronto au coût de 8 $ la paire. Un an plus tard, on publie le premier livre sur le curling au Canada: *The Canadian Curler's Manual* de James Bicket. En 1835, des matchs entre les villes font leur apparition; en 1858, ce sont des matchs interprovinciaux, puis en 1865, le premier bonspiel international se déroule entre des clubs américains et canadiens à Buffalo (État de New York). Les longs hivers froids et l'accès à d'innombrables lacs et rivières, garantissant de nombreuses surfaces glacées sécuritaires pour la pratique du curling, contribuent à l'évolution du sport. En réalité, ces conditions surpassent celles de l'Écosse, fait inhabituel pour un sport transplanté. En fait, il fait souvent trop froid pour pratiquer le curling à l'extérieur. Par conséquent, les fanatiques y jouent à l'intérieur. Les membres du Curling Club de Montréal sont vraisemblablement les premiers à le faire en 1837. Sept ans plus tard, le Thistle Club avoisinant construit une patinoire intérieure. En 1859, Toronto possède ses premières installations intérieures et, très rapidement, les terrains intérieurs deviennent monnaie courante dans tout le Canada. Pendant les années 1880 et 1890, jusqu'à ce que les arénas de HOCKEY soient bâtis, ces terrains sont utilisés par de nombreuses équipes de hockey novices. En 1910, presque chaque ville de l'Ouest possède un aréna, et Winnipeg est reconnue comme le siège du curling au Canada. En 1950, on compte plus de clubs de curling que Montréal et Toronto combinées, et le Manitoba possède plus de clubs que l'Ontario et le Québec. Le club Flin Flon constitue le

plus gros club du monde, comptant plus de 50 équipes.

Malgré les influences écossaises dominantes, d'autres nationalités pratiquent le curling dès ses débuts. Lorsqu'un curleur canadien, William Reynolds, remporte la médaille Denham en 1843, un journal de Toronto déclare: «Le curling peut dorénavant être considéré comme un sport canadien plutôt qu'un sport écossais dans notre province.» En 1861, cette même opinion est partagée au Québec lorsqu'un Canadien français (Benjamin Rousseau) remporte une médaille d'or dans une compétition de curling. De plus, on rapporte avec ravissement la progression des équipes non écossaises (souvent appelées «barbares») face aux équipes composées de joueurs nés en Écosse. Il est possible que la supériorité sociale des Écossais ait parfois poussé les Canadiens de naissance à se surpasser. Toutefois, les rivalités sportives étaient généralement modérées par l'étiquette et le code de conduite exigés des curleurs et par les traditions démocratiques associées au sport.

Depuis le comte de DALHOUSIE, qui est membre du Club de curling de la ville de Québec en 1828, le curling a toujours compté dans ses rangs des personnages célèbres. Évidemment, la plupart de ces hommes d'influence, comme sir John A. Macdonald, lord Aberdeen et lord Strathcona, sont des Écossais qui sont motivés par des raisons ethniques. L'appui des gouverneurs généraux a été très significatif. Lord DUFFERIN (1872-1878), fervent défenseur du curling, se fait même construire une patinoire à ses frais à Rideau Hall, la résidence du gouverneur général. En 1775, il crée le prix du Gouverneur général, l'un des trophées de curling les plus convoités. Ses successeurs financent aussi le sport, rehaussant son prestige. La venue tant attendue d'une équipe de curling écossaise (1902-1903), dirigée par le révérend Kerr, stimule également le sport. L'équipe joue dans 11 villes, de Halifax à Winnipeg, puis elle se rend dans 6 villes américaines. Les Écossais perdent plus de parties qu'ils n'en gagnent et lorsqu'ils retournent dans leur pays, ils sont extrêmement impressionnés par le statut et l'évolution du curling dans le Dominion. Lorsqu'une équipe canadienne se rend pour la première fois en Écosse, en 1908, elle remporte 23 des 26 matchs, dont 3 épreuves internationales en vue de l'obtention de la coupe Strathcona.

Les énormes quantités de whisky qui sont supposément consommées lors des bonspiels retardent apparemment la participation des femmes au curling, mais en 1894, le premier club de curling féminin est formé à Montréal. Avant 1900, on compte plusieurs clubs féminins dans l'Est et l'Ouest du Canada, et le curling devient rapidement un sport pour hommes et pour femmes de presque tout âge.

En 1927, un championnat canadien, commandité par la W.D. Macdonald Co., voit le jour. Le gagnant du championnat reçoit le BRIER, un des trophées les plus prestigieux du sport canadien. Cet événement annuel donnera au curling un essor significatif. En 1935, la Dominion Curling Association (qui deviendra l'Association canadienne de curling en 1968) est formée. Dans les années 40, le curling extérieur, joué avec des contenants de confiture en étain remplis de ciment, fait fureur dans les Prairies. En 1947, le premier tournoi de type «carspiel» se tient à Nipawin (Saskatchewan); quatre berlines Hudson, évaluée chacune à 2200 $, sont offertes en prix. En 1949, Ken WATSON du Manitoba devient le premier curleur à remporter trois fois le Brier. Dix ans plus tard, Ernie RICHARDSON de Stoughton (Saskatchewan) forme la célèbre équipe Richardson à Regina (Saskatchewan). Elle remporte quatre Brier en cinq ans ainsi que d'autres titres, trophées et compétitions pour de l'argent «cash bonspiel». Deux autres curleurs albertains remportent aussi trois fois le Brier: Matt Baldwin (1954, 1957 et 1958) et Ron NORTH-

COTT (1966, 1968 et 1969). En 1980, année où Labatt devient le nouveau commanditaire, l'organisation du tournoi Brier subit des modifications pour inclure des demi-finales et des finales après la poule.

Il existe d'autres compétitions de curling au Canada, dont le championnat canadien junior garçons (première édition tenue en 1950); le championnat canadien de curling féminin (premiers championnats en 1961 après la formation de l'Association canadienne féminine de curling en 1960); le championnat national mixte (deux hommes et deux femmes, créé en 1964); le championnat national senior (1965); le championnat canadien féminin junior (1971) et le championnat canadien féminin senior (55 ans et plus, en 1973).

Traditionnellement, le vainqueur du Brier représente le Canada dans des compétitions internationales menant au Championnat mondial de curling. La compétition pour la coupe Scotch, commanditée par la Scotch Whiskey Association, fait son apparition en 1959. Elle oppose alors le Canada et l'Écosse. Elle s'est, par la suite, transformée en championnat mondial opposant 10 pays. En 1968, alors qu'Air Canada commandite l'événement ainsi que le nouveau trophée, le Balai d'argent, on assiste au premier championnat mondial de curling, à Montréal. L'équipe de Ron Northcott du Canada l'emporte; elle gagne également l'année suivante à Perth (Écosse). En réalité, le Canada enlève les cinq premiers championnats: l'équipe de Don Duguid gagne en 1970 à Utica (New York) et à Megève (France) en 1971, et l'équipe d'Orest Meleschuk arrive premier à Garmish-Partenkirchen (Allemagne de l'Ouest) en 1972.

Le Canada devra attendre sept ans avant de connaître à nouveau la victoire. Les États-Unis remportent le championnat trois fois durant cette période, la Suède, deux fois et les autres victoires sont obtenues par la Suisse et la Norvège. Cependant, dans les années 80, le Canada domine à nouveau grâce à six victoires: Rick Folk à Moncton (Nouveau-Brunswick) en 1980; Al Hackner en 1982 à Garmish-Partenkirchen et 1985 à Glasgow (Écosse); Ed Werenich en 1983 et 1990; Russ Howard en 1987 et Pat Ryan en 1989. En 1991, Safeway devient le nouveau commanditaire des championnats mondiaux.

Plusieurs Canadiens remportent aussi le championnat mondial junior de curling dont, à deux reprises, Paul Gowsell d'Alberta, le premier Canadien à utiliser le balai-brosse (au lieu du balai de jonc) dans une compétition internationale. Depuis, de plus en plus de Canadiens ont suivi son exemple et le balai-brosse est devenu la norme. Deux autres innovations importantes sont faites dans les années 80. Une limite d'une heure est imposée aux équipes pour lancer toutes leurs pierres et une «zone de garde de protégée» ou «Moncton Rule» est introduite pour qu'il y ait davantage de pierres en jeu et pour éliminer le jeu défensif, difficile techniquement, mais ennuyant. Les Jeux olympiques de Calgary en 1988 constituent le premier tournoi international d'envergure à appliquer cette règle. Le curling est alors un sport de démonstration. Linda Moore et son équipe remportent l'or chez les femmes, et Ed Lukowich, le bronze chez les hommes. Aux Olympiques de 1992, Julie Sutton gagne la médaille de bronze, et Kevin Martin finit quatrième.

Quoique ces dernières années aient été plus difficiles en raison de l'amélioration du calibre des autres pays, le Canada reste encore le foyer principal du sport. Les cornemuses écossaises, qu'on peut toujours entendre à n'importe lequel des centaines de bonspiels qui se tiennent partout au pays, constituent le souvenir le plus évident de ce célèbre héritage. (*Voir aussi* STOREY, Frederick Lewis.)

Gerald Redmond

Curnoe, Gregory Richard, artiste (London, Ont., 19 nov. 1936—Strathroy, Ont., 14 nov. 1992). Après avoir étudié en Ontario, à London (1954-1956), à

Doon (1956) et à Toronto (1956-1960), Curnoe s'établit à London où il entame une carrière de peintre. Il commence à peindre son existence dans cette ville, prenant pour sujets des figures locales et ses proches, qui inspirent la plupart de ses œuvres à la fois comme peintre et écrivain. Il contribue à fonder le groupe sonore Nihilist Spasm en 1965, le club cycliste Centennial Wheelers de London en 1967 et la galerie Forest City, tenue par des artistes, en 1973.

Même si la famille, les amis et l'entourage de Curnoe sont les sujets d'innombrables tableaux, aquarelles, collages, dessins et estampes, ils lui donnent aussi l'occasion de jouer avec la perspective, la couleur, l'ornementation et le récit. À mesure que sa carrière progresse, il s'intéresse de plus en plus à l'intégration des mots dans un tableau et crée de nombreuses œuvres composées de mots et de phrases, dont certaines comportent de grands blocs d'imprimerie en caoutchouc. Parmi ses dernières œuvres, mentionnons une série d'autoportraits à l'aquarelle intégrant des caractères en caoutchouc qui remettent en question la perspective par l'insertion de la phrase «c'est moi» dans diverses langues européennes et autochtones. Ses deux projets encyclopédiques, *Deeds/Nations*, un répertoire biographique des premiers habitants du Sud-Ouest de l'Ontario entre 1750 et 1850 concernant surtout les autochtones, et *Deeds/Abstracts*, qui relate l'histoire de la région où se trouve son studio de 8500 avant J.-C. à nos jours, paraissent à titre posthume en 1995.

Ses œuvres les plus importantes comprennent la peinture-construction *Kamekaze* (1967), la pièce analytique *View of Victoria Hospital Second Series* (10 févr. 1969—10 mars 1971), les 194 dessins illustrant le livre de David McFadden *The Great Canadian Sonnet* (1970), l'aquarelle *Homage to Van Dongen Nº 1 (Sheila)* (1979-1980), ses immenses aquarelles et sérigraphies sur plexiglas représentant ses vélos de course, dont *Mariposa T.T.* (1978-1979) et *Organic Pigments* (1987), réalisé en combinant l'aquarelle et le tampon imprimeur de caoutchouc.

Curnoe trouve la mort dans une collision avec un camion alors qu'il roule sur son vélo Mariposa T.T., près de Strathroy, en compagnie des membres de son club cycliste Centennial Wheelers de London. En 1981, les œuvres de Curnoe font l'objet d'une importante rétrospective au MUSÉE DES BEAUX-ARTS DU CANADA. La galerie montréalaise Esperansa organise, en 1985, une grande exposition. Le Musée des beaux-arts du Canada, le MUSÉE DES BEAUX-ARTS DE L'ONTARIO et la London Regional Art Gallery possèdent des collections importantes de ses œuvres.

Frank Davey

Currie, sir Arthur William (Curry avant 1887), militaire et éducateur (Strathroy, Ont., 5 déc. 1875—Montréal, Qc, 30 nov. 1933). Il est le premier Canadien à être nommé commandant du Corps d'armée canadien durant la Première Guerre mondiale. Il commence la guerre sans expérience comme militaire de carrière, mais possède plusieurs années de service dans la Milice canadienne. Il est nommé commandant de la 2ᵉ Brigade d'infanterie canadienne le 29 septembre 1914, commandant de la 1ᵉʳᵉ Division canadienne le 13 septembre 1915 et commandant du Corps d'armée canadienne le 9 juin 1917.

Pendant la guerre, Currie participe à toutes les opérations majeures des forces canadiennes, y compris PASSCHENDAELE, mais il est plus connu pour la planification et le leadership dont il fait preuve du 8 août au 11 novembre 1918, soit durant les 100 derniers jours de la guerre, au cours desquels toutes les offensives des Alliés ont peut-être connu le plus de succès (*voir* BATAILLE DE LA CRÊTE DE VIMY). Les critiques de cette campagne faites par Sam HUGHES au Parlement soulèvent une polémique d'après-guerre et donne lieu, en 1928, à une action en libelle qui justifie Currie entièrement.

Aux prises avec la banqueroute, Currie détourne 11 000 $ des fonds de son régiment pour couvrir ses dettes personnelles. L'affaire est portée à l'attention du premier ministre Borden, qui refuse de traduire le meilleur soldat canadien devant un tribunal militaire. Lloyd George, premier ministre britannique pendant la guerre, déclare que Currie est «un brillant commandant militaire» et laisse entendre que, si la guerre avait continué, il l'aurait peut-être nommé commandant de toutes les forces britanniques.

Inspecteur général des forces de la milice au Canada du 23 août 1919 au 30 juillet 1920, il devient, en 1920, principal et vice-chancelier de l'U. McGill, position qu'il occupe jusqu'à sa mort. Bien qu'il n'ait pas fait d'études supérieures, il s'avère extraordinairement compétent comme administrateur d'université à une époque particulièrement importante du développement de McGill.

A.M.J. Hyatt

Curtin, Walter Anthony, photographe (Vienne, Autriche, 16 août 1911). En 1939, il quitte Vienne pour l'Angleterre et sert dans l'armée britannique. En 1946, il s'oriente vers la photographie et ouvre sa propre boutique à Londres en 1948. En 1952, il déménage près de Toronto. Il devient un photographe de presse remarquable grâce à son appareil doté d'un viseur télémétrique facile à manier. Ses photos apparaissent dans *Life*, *Time*, *Maclean's*, *Star Weekly*, *Fortune*, *Chatelaine* et *Saturday Night*, entre autres. À partir de 1974, il choisit d'immortaliser les musiciens canadiens. En 1982, le service de la photographie de l'Office national du film présente une exposition sur son œuvre intitulée «Les musiciens». En 1985, le musée canadien de la photographie contemporaine, en collaboration avec la Collection nationale de photographie des Archives nationales du Canada, organise une rétrospective et publie un catalogue sur son œuvre. Membre de l'Académie royale du Canada, Walter Curtin reçoit des médailles, des certificats de mérite et d'autres récompenses comme la bourse commémorative Max Sauer.

Louise Abbott

CUSO (anciennement Canadian University Service Overseas) Organisme de développement international non gouvernemental connu surtout pour l'envoi, pendant une période de deux ans, de Canadiens qualifiés dans des postes d'assistance technique dans des pays en développement. Il finance en outre des projets dans le Tiers Monde et participe à l'éducation en matière de développement au Canada. Créé le 6 juin 1961 par les représentants de 21 universités et de 22 organisations de partout au Canada, CUSO ne relève pas du gouvernement même si la majeure partie de son enveloppe budgétaire provient de l'AGENCE CANADIENNE DE DÉVELOPPEMENT INTERNATIONAL. Des donateurs canadiens lui fournissent chaque année environ un million de dollars pour ses projets.

Depuis sa création, CUSO a envoyé en poste 9000 Canadiens qualifiés dans des pays en développement. Les premières années, il s'agissait pour la plupart de diplômés frais émoulus de l'université, affectés surtout à des postes d'enseignants. Depuis une dizaine d'années, le besoin d'enseignants diminue cependant, car les pays eux-mêmes commencent à les former en nombre suffisant. Désormais, CUSO répond à une demande de commerçants, d'agriculteurs, de forestiers, de travailleurs des pêches et d'experts en matière de PME, de coopératives et de développement, sans oublier les domaines plus classiques de la santé et de l'éducation. En 1981, devant la baisse de la demande de diplômés universitaires, CUSO élimine l'affiliation universitaire de son titre et s'appelle désormais simplement CUSO. C'est alors aussi qu'il se sépare de son homologue francophone, le SUCO (Service universitaire canadien outre-mer).

Le nombre de placements atteint un sommet de 1000 personnes à la fin des années 1960. Aujourd'hui, on compte entre 400 et 500 personnes sur le terrain à tout moment. Ce ne sont plus des volontaires, mais des «coopérants», car la coopération et le partenariat sont essentiels aux rapports donnant-donnant qui caractérisent le travail auprès de gens d'une autre culture.

Alors que les agences de placement de coopérants de la majorité des pays paient elles-mêmes leurs travailleurs, CUSO a adopté une politique originale. Le gouvernement ou l'organisme étranger qui sollicite les services paie les travailleurs de CUSO aux salaires locaux. Ainsi, quand on demande un travailleur à CUSO, c'est généralement parce qu'on ne trouve pas de personne qualifiée sur place. Le fait de recevoir le même salaire que leurs collègues facilite aussi l'intégration des coopérants CUSO sur le lieu de travail. CUSO peut offrir des suppléments là où le salaire local est bas, et le mandat peut être prolongé au-delà du contrat initial de deux ans.

Une bonne partie du travail de CUSO se fait auprès des collectivités locales, mais il participe de plus en plus aux grands projets de développement. Au cours des dix dernières années, il s'est engagé dans les initiatives suivantes: un projet d'alphabétisation touchant 56 villages au Sierra Leone, un projet communautaire au Bangladesh, l'assistance technique aux coopératives minières en Bolivie, un projet d'éducation et de production agricole et artisanale chez les Guaymis, un programme de production de pommes de terre au Nicaragua et un projet de puits au Togo. CUSO se charge également de l'administration de projets à l'étranger pour le compte d'autres organisations de développement international et contribue activement à la création d'organisations non gouvernementales (ONG) locales dans les pays en développement pour leur permettre de finir par gérer leurs propres affaires sans aide de l'extérieur. Avec sa base d'anciens coopérants, cet organisme occupe une position unique qui lui permet d'aider les groupes communautaires partout au Canada dans l'élaboration de programmes de sensibilisation et d'action.

Richard Stuart

Cusson, Michel, compositeur et guitariste (Drummondville, Qc, 22 janv. 1957). Il s'intéresse au jazz-fusion dans son adolescence et étudie la guitare au Berkeley College of Music de Boston. Dès la fin des années 70, il forme le groupe Uzeb avec lequel il effectue plusieurs tournées en Europe, aux États-Unis et en Asie. À la dissolution du groupe, en 1990, il forme le groupe Wild Unit, dont le premier album remporte, l'année suivante, le Félix de l'album de jazz de l'année. Guitariste très demandé, Cusson travaille notamment avec Daniel Lavoie, Maurane, le Paolo Ramos Band et Lorraine DESMARAIS. Sollicité par le cinéma et la télévision, il signe, entre autres, la musique des films *L'automne sauvage* (1992; Félix de l'arrangeur de l'année), *La comtesse de Bâton-Rouge* (1997) et le film IMAX *Wolves* (1999). À la télévision, il est loué pour l'impressionnante musique écrite pour la télésérie *Omerta* (1, 2 et 3) pour laquelle il reçoit plusieurs prix. Depuis le début de 1999, Michel Cusson a formé avec Éric Auclair, Michel Dubeau et Mark Kelso le groupe Projet #3.

Robert Thérien

Cuvillier, Augustin, militaire, banquier et politicien (Québec, 21 août 1779—Montréal, 11 juill. 1849). Il étudie au Collège de Montréal et devient commerçant et commissaire-priseur à Montréal. Pendant la Guerre de 1812 et après, il sert dans la milice et est promu major. L'un des promoteurs de la Banque de Montréal, Cuvillier siège au conseil d'administration de 1817 à 1826. Dans les années 30, il est président du Montreal Committee of Trade et aide à mettre sur pied le Board of Trade, en 1842. Il est magistrat durant les émeutes survenues au moment des élections de 1832.

Cuvillier représente la circonscription de Huntingdon à la Chambre d'Assemblée du Bas-Canada de 1812 à 1830, et celle de Laprairie, de 1830 à 1834. Il est l'un des trois délégués de l'Assemblée, en 1828, qui vont informer les Britanniques sur les problèmes politiques et économiques du Bas-Canada (*voir* CANADA COMMITTEE). Il se retire de la politique active en 1834, après s'être brouillé avec les PATRIOTES de Louis-Joseph Papineau. En 1841, représentant à nouveau Huntingdon, il est élu Orateur de l'Assemblée. Il est ensuite défait aux élections de 1844.

Gerald Tulchinsky

Cycles économiques Fluctuations de l'activité économique qui se produisent dans la plupart des économies modernes. Elles épousent la forme de vagues dont la longueur varie entre trois ans et demi et sept ans. Depuis 1945, la durée des périodes de rendement économique supérieur à la moyenne est habituellement plus longue que celle des périodes de rendement économique inférieur à la moyenne. D'un cycle à l'autre, les pointes de l'activité économique sont habituellement plus élevées.

Les cycles économiques se composent de phases décrivant le mouvement de l'activité économique, qui alterne d'un sommet à un creux et de ce creux à un autre sommet. Si les cycles décrivent le rythme des divers indicateurs reflétant les activités économiques de base, ils mesurent en même temps, dans les économies complexes, le rôle joué par les gouvernements dans l'établissement de ces conditions.

Voici les principaux indicateurs: production industrielle, exportations, importations, transport des marchandises par chemin de fer, contrats de construction accordés et compensations bancaires. À l'occasion, on y inclut les indicateurs monétaires comme statistiques descriptives. Par souci de précision, on recueille ces données chaque semaine ou chaque mois. Ensemble, elles permettent de représenter graphiquement, dans une succession de sommets et de creux, le cycle économique et son comportement moyen.

Certains indicateurs atteignent des sommets et des creux plus rapidement que d'autres. On les appelle indicateurs précurseurs, par opposition aux indicateurs tardifs. Au Canada, les exportations et les contrats de construction sont les indicateurs précurseurs à cause de la vocation exportatrice de l'économie et du rôle important que joue l'industrie de la construction dans le développement des ressources naturelles. Bien que cette analyse s'applique à l'ensemble de l'économie, il s'avère que les cycles économiques des différentes régions diffèrent clairement en termes de durée et d'intensité.

Les cycles économiques sont un phénomène d'économies relativement développées et diversifiées. On pense qu'ils sont causés par le moment où a lieu l'investissement réel et par l'ajustement des inventaires des stocks, en particulier ceux qui comportent des éléments manufacturiers. Dans l'économie ouverte du Canada, les influences proviennent tant de l'intérieur que de l'extérieur.

Les économistes marxistes soutiennent que les cycles économiques sont inhérents au système capitaliste et qu'ils sont causés par le mode d'appropriation de la valeur de surplus: ils ne forment qu'un type parmi un ensemble structurel de cycles dont certains, dit-on, sont de très longue durée. Les non marxistes, quant à eux, considèrent que le cycle économique ne dépend pas de la forme de propriété économique et qu'il trouve ses fondements dans l'investissement, dans sa nature nécessairement irrégulière et dans l'essence même du commerce national et international. Marxistes et non marxistes s'accordent cependant pour dire que le cycle de Kuznets, d'une durée de 15 à 25 ans et très manifeste dans l'économie inte-

mationale de la fin du XIXᵉ siècle et du début du XXᵉ, est associé au cycle économique.

La première apparition d'un cycle économique au Canada date probablement des années 1854 à 1859. L'activité économique y atteint un sommet sous l'effet d'une forte demande attisée par la GUERRE DE CRIMÉE et le traité de RÉCIPROCITÉ avec les États-Unis, avant de connaître, en 1857, une récession engendrée par une série de facteurs, dont le ralentissement du rythme de construction des chemins de fer. Le déclenchement de la phase de reprise résulte à la fois d'un accroissement des investissements domestiques et d'une réactivation de la demande de produits d'exportation.

Le cycle économique postérieur à 1850 est le résultat de l'intégration croissante des marchés, liée aux nouveaux moyens de transport et de communication qu'offrent le paquebot, le chemin de fer et le télégraphe. C'est par suite de cette intégration que l'économie canadienne croît en dimension et en sphères d'activités. Les premières manifestations du cycle économique coïncident avec les premiers signes importants de la diversification industrielle.

Au XIXᵉ siècle, certains cycles économiques tiennent presque uniquement à des facteurs intérieurs. Le meilleur exemple est celui des années 1880, dominé par le rythme de construction du chemin de fer transcontinental. Ce cycle atteint son sommet en 1885. En effet, c'est la dernière année où le Canadien Pacifique effectue d'importantes nouvelles constructions du chemin de fer.

On associe par contre de nombreux cycles économiques aux périodes de prospérité et de crise de l'économie internationale. La période de prospérité qui suit la Confédération se termine quand l'économie nationale réagit à la crise financière internationale de 1871-1872, ce qui entraîne une contraction des capitaux d'investissement.

En 1889, un creux coïncide avec une crise internationale similaire, bien que moins grave. Les cycles économiques sont également gouvernés par des forces internationales autres que les crises, comme le sommet de prêts consentis par la Grande-Bretagne sur le marché international des capitaux, en 1913.

Tout porte à croire qu'avant 1914, le Canada et les États-Unis, son principal partenaire économique, ont des cycles qui coïncident. Toutefois, dans l'entre-deux-guerres, le mécanisme de transmission entre ces deux pays s'affaiblit. La CRISE DES ANNÉES 30, cycle économique certainement le plus connu, n'est pas causée seulement par les influences habituelles exercées sur le mouvement cyclique. Elle l'est aussi par l'instabilité de la structure internationale du commerce et des mécanismes de paiement, par les politiques inadéquates de taux de change et l'instabilité mondiale de certains marchés de produits.

Depuis 1945, le Canada et les États-Unis suivent de plus en plus le même modèle de cycles économiques. L'histoire récente de l'économie canadienne est caractérisée par des cycles de plus en plus rapprochés de ceux des États-Unis et d'amplitude de plus en plus semblable. On associe souvent les cycles économiques avec des événements particuliers: l'expansion de la guerre de Corée et le développement des ressources naturelles au Canada au début des années 50, la récession de 1959 sous Eisenhower, la crise du pétrole du début des années 70 et la contraction monétaire du début des années 80.

Bien qu'il s'inscrive dans un mouvement cyclique, le creux économique de 1982 se trouve accentué par des politiques qui contribuent à faire baisser l'activité économique en deçà de son niveau normal. Au nombre de ces politiques figurent les taux d'intérêt nominaux et réels élevés introduits par les gouvernements occidentaux durant cette période.

Après une période d'expansion de 1985 à 1990, l'économie retombe en récession au deuxième tri-

mestre de 1990. On attribue cette rechute principalement aux taux d'intérêt élevés, le ralentissement de l'économie aux États-Unis et dans le monde, ainsi que les contraintes que subit la politique fiscale sous l'effet du poids qu'exercent les paiements internationaux sur la dette fédérale. Même si cette dernière récession n'affiche ni l'ampleur ni la durée de celle de 1982 (baisse du PIB de 3,2 p. 100 en douze mois en 1990-1991 contre 6,7 p. 100 en 18 mois en 1982), la reprise qui la suit est désespérément lente.

En 1991-1992 en effet, l'économie reste stagnante et, en 1993, le PIB ne croît que de 2,4 p. 100 tandis que le chômage fluctue autour de 11,2 p. 100. Le principal moteur de cette reprise se trouve du côté de l'accroissement des exportations.

Donald G. Paterson

Cyclisme La course cycliste comprend plusieurs types d'épreuves allant des sprints de courte distance sur la piste inclinée d'un vélodrome jusqu'aux courses sur route couvrant de 30 à 3000 km. Bien qu'on ne sache pas exactement à quel moment la première bicyclette a fait son apparition au Canada, le 6 mars 1869 le *Globe* de Toronto fait état du «Grand Riding Academy» où l'on peut s'initier à l'art du vélocipède. En 1876, A. T. Lane importe le premier «bicycle». Le maire de Montréal en est si impressionné qu'il proclame une demi-journée de congé afin que les citoyens puissent voir Lane rouler dans les rues de la ville. Le Montreal Bicycle Club, premier du genre au Canada, est fondé la même année.

La Canadian Wheelmen's Association, qui deviendra plus tard la Canadian Cycling Association, est créée à St. Thomas (Ontario) en septembre 1882 pour protéger les droits des cyclistes, promouvoir le cyclisme et organiser les championnats. L'Association est un des membres fondateurs de l'Union cycliste internationale, organisme mondial auquel sont affiliées 132 associations. L'Association lance aussi une campagne pour améliorer l'état des routes, avec l'appui de diverses personnalités politiques, et produit une série de guides de voyage et de cartes routières, premières publications du genre au pays.

La bicyclette entraîne des changements significatifs dans les mœurs de l'époque: elle permet de couvrir de plus grandes distances, facilite les rencontres sociales, particulièrement dans les parcs et les lieux où les cyclistes se rassemblent, et donne aux femmes la possibilité de voyager sans chaperon. Avant tout une activité dominicale, la bicyclette suscite la colère de plusieurs ministres du culte qui la considèrent comme le passe-temps du diable, notamment pour ses effets désastreux sur les femmes. Ils sont aussi scandalisés par l'habillement «pratique» adopté par ces femmes audacieuses qui refusent de pédaler vêtues d'une robe volumineuse tombant à la cheville. En dépit du harcèlement incessant, les femmes continuent de faire de la bicyclette.

Dans les années 1880 et 1890, le cyclisme est en plein essor. Les courses sur pistes extérieures drainent de larges foules et plusieurs cyclistes commencent à se distinguer. La Dunlop Trophy Race, instituée en 1894, attirera les meilleurs cyclistes canadiens et américains au cours des 33 années suivantes. En 1899, les Championnats du monde ont lieu à Montréal et, en 1912, la première course des Six Jours se déroule au Gardens de Toronto. Dans les années 20 et 30, la course des Six Jours est un événement prisé par les promoteurs de toute l'Amérique du Nord. On offre des contrats lucratifs aux meilleurs cyclistes amateurs qui passent ainsi au rang de professionnels. W.J. «Torchy» PEDEN de Vancouver, le plus célèbre d'entre eux, a 38 victoires à son actif, un record qu'il maintiendra jusqu'au milieu des années 60.

Avec l'arrivée de l'automobile au début des années 1900, l'intérêt du public se détourne du cyclisme. L'assistance aux réunions de la Canadian Wheeler's Association est en baisse, tout comme le nombre des membres. L'enthousiasme généré par le cyclisme se porte désormais en grande partie sur la COURSE AUTOMOBILE, et les innovations apportées d'abord à la bicyclette se retrouvent sur les voitures. La popularité du cyclisme décline, bien que les Six Jours continuent d'attirer les concurrents et les foules.

Le cyclisme connaît un nouvel essor au cours des années 60. La course sur route, toujours très populaire au Québec, gagne encore en importance avec l'introduction de «tours» inspirés du Tour de France. En 1974, les Championnats mondiaux de cyclisme ont lieu pour la deuxième fois à Montréal. Les cyclistes (amateurs et professionnels) et les officiels y représentent plus de 1000 personnes. Dans les années 70, Jocelyn Lovell de Toronto reste imbattable au Canada. Il remporte des médailles d'or aux JEUX DU COMMONWEALTH et aux JEUX PANAMÉRICAINS et une médaille d'argent aux Championnats du monde de 1978. Sa carrière prend fin de façon tragique en 1983: une collision avec un camion (près de Toronto) le laisse complètement paralysé. Gordon Singleton de St. Catharines (Ontario) se révèle un sprinter de classe internationale en terminant deuxième aux Championnats du monde amateurs de 1979 et, chez les professionnels, il est aussi deuxième aux Championnats du monde de sprint en 1981. Chez les femmes, Karen Strong-Hearth de St. Catharines se distingue en remportant une médaille de bronze aux Championnats du monde de 1976 et en gagnant toutes les épreuves féminines au Championnat canadien de cyclisme, la même année.

Aux Olympiques de 1984, le cyclisme canadien prend sa place sur la scène internationale lorsque le Canada obtient 2 médailles d'argent. Curt Harnett de Thunder Bay (Ontario) remporte l'argent au 1000 m contre la montre, et Stephen Bauer de Fenwick (Ontario) vient tout près de décrocher l'or dans le 190 km sur route. Par la suite, Bauer joint les rangs des professionnels et, un mois plus tard, il obtient la médaille de bronze aux Championnats du monde sur route, épreuve du 250 km.

Aux Jeux panaméricains de 1987 à Indianapolis (Indiana), les cyclistes canadiens remportent des médailles d'or, d'argent et de bronze. Curt Harnett enlève l'or au km contre la montre et le bronze au sprint. Kelly-Ann Carter d'Edmonton gagne une médaille d'argent à la poursuite individuelle, tandis que Patrick Beauchemin de Montréal (poursuite individuelle) et Sara Neil de Vancouver (57 km sur route) reçoivent des médailles de bronze. Les cyclistes canadiens ont des performances décevantes aux Olympiques de 1988. En revanche, au Tour de France de la même année, Alex Steida remporte une des étapes du tour, et Bauer arbore le maillot jaune du leader pour toute la première moitié du tour avant de se classer quatrième. Pendant ce temps, Harnett concentre ses efforts à l'épreuve du sprint et gagne une médaille de bronze aux Olympiques de Barcelone (1992).

Aux Olympiques d'Atlanta (1996), il remporte une autre médaille de bronze au sprint. Brian Walton obtient une médaille d'argent lors de la course aux points, de même qu'Alison Sydor en vélo de montagne (nouvelle discipline), et Clara Hughes se voit décerner des médailles de bronze à la course sur route et à la course individuelle contre la montre.

Kenneth V. Smith

Cygne Grand OISEAU AQUATIQUE gracieux qui a un long cou et une étroite bande de peau sans plumes devant les yeux. Il ressemble à l'OIE, mais il a un cou plus long qui compte un plus grand nombre de vertèbres (de 23 à 25), des pattes plus courtes et de plus grands pieds.

Le cygne (du genre *Cygnus*) est le plus grand membre de la famille des anatidés. On le trouve autant dans le Nord que dans le Sud, dans les zones tempérées et les régions arctiques, y compris l'Australie et l'Amérique du Sud.

Répartition L'unanimité ne règne pas encore quant au nombre de genres reconnus chez les cygnes. Cependant on reconnaît généralement sept espèces de cygnes. Le cygne siffleur (*Cygnus columbianus*) et le cygne trompette (*C. buccinator*) sont indigènes du Canada.

Le premier niche dans les îles du bas Arctique, le delta du Mackenzie, le nord de la baie d'Hudson et le nord-est du Manitoba, tandis que le second se reproduit au Yukon, dans la prairie albertaine et dans les COLLINES DE CYPRÈS. Il a été réintroduit dans la région du lac Swan, près de Vernon, en Colombie-Britannique. Il hiverne dans l'ouest de cette province. Le cygne tuberculé (*C. olor*), indigène d'Eurasie, est aujourd'hui un oiseau nicheur au Canada.

Population En Amérique du Nord, le cygne siffleur est l'espèce la plus abondante puisqu'on compte environ 200 000 individus. On dénombre moins de 15 000 cygnes trompettes, dont la population a grandement diminué. Celle des cygnes tuberculés se compose, quant à elle, d'environ 5000 individus sauvages.

F.G. Cooch

Cyprès Au Canada, nom commun du cèdre, du groupe des CONIFÈRES à feuillage persistant du genre *Chamaecyparis* de la famille des cyprès (cupressacées). On utilise à tort le terme «cèdre» pour désigner le genre thuya ou le genre cedrus qui est le cèdre véritable. On utilise aussi le terme «cyprès» pour désigner le pin gris (*Pinus divaricata*) ou le pin tordu latifolié (*P. contorta*). Il existe six espèces connues: une dans l'Ouest canadien, deux aux États-Unis et trois dans l'est de l'Asie, au Japon et à Taïwan. Le faux-cyprès de Nootka ou cèdre jaune (*C. nootkatensis*) forme une bande étroite qui part de l'Alaska, longe la côte de la Colombie-Britannique, passe par la chaîne des Cascades et se termine dans le nord de la Californie.

De taille moyenne, il atteint 30 m de hauteur et 1,5 m de diamètre. Ses feuilles sont petites et squamiformes; ses cônes ronds mesurent 1 cm de diamètre et les bractées sont soudées (feuilles modifiées) aux écailles (structures portant les ovules). La pollinisation a lieu au printemps. Parvenues à maturité, ses petites graines ailées tombent au cours du deuxième automne suivant la pollinisation. Son bois est dur, léger, solide et résiste à la pourriture. Le véritable cyprès appartient au genre *Taxodium* et n'est pas indigène au Canada.

John N. Owens

Cyprès, collines de D'une superficie d'environ 2500 km² et d'une altitude maximale de plus de 1460 m, ces collines, situées dans le sud-est de l'Alberta et le sud-ouest de la Saskatchewan, s'élèvent à 600 m au-dessus des prairies environnantes, formant le point le plus élevé du continent canadien entre les Rocheuses et le Labrador. Leur nom provient probablement d'une ancienne expression utilisée par les explorateurs canadiens-français, «montagne de cyprès», pour décrire l'aspect de ces collines recouvertes de pins. Le mot cyprès fut largement utilisé, quoique de façon erronée, pour parler des forêts de pins canadiennes.

Historique La région porte le nom Cypress Hills sur la carte PALLISER de 1857-1860. À la fin des années 1860, c'est un centre où l'on fait le commerce du whisky et, en 1873, une bande de chasseurs de loups américains et canadiens y massacrent 36 Assiniboines. L'incident incite le gouvernement du premier ministre John A. MACDONALD à adopter rapidement le projet de loi qui avait été déposé en vue de créer la POLICE À CHEVAL DU NORD-OUEST. FORT WALSH est construit en 1875 près du lieu du massacre.

Description Les collines forment des hautes terres ondulées semblables à un plateau, s'élevant brusquement au nord et descendant graduellement au sud pour rejoindre les plaines. Alimentées par de nombreuses sources surgissant le long des flancs de coteau, les pentes sont recouvertes d'une forêt mélangée de pins de Murray, d'épinettes blanches, de peupliers baumiers et de peupliers faux-trembles. Le plateau ouvert à écoulement rapide est recouvert d'herbes et d'arbustes représentatifs de régions plus arides. En fait, la région est une île d'humidité au milieu des prairies semi-arides, avec de nombreuses variétés de plantes et d'animaux, variétés représentatives des ROCHEUSES, situées à plus de 200 km à l'ouest. Environ 200 espèces d'oiseaux ont été aperçues à cet endroit.

Géologie Coiffées d'une couche de gravier fluvial de 100 m d'épaisseur provenant des Rocheuses (la formation des collines de Cyprès remonte à l'époque oligocène), les collines de Cyprès sont un lambeau d'érosion d'une surface autrefois étendue de plaines élevées qui ont en grande partie disparu à la suite de l'érosion fluviale de la fin du tertiaire et du début du quaternaire (*voir* ÉVOLUTION GÉOLOGIQUE).

Les collines étaient suffisamment élevées pour qu'elles aient été l'une des rares régions du Canada à ne pas être complètement recouverte par les glaces laurentidiennes au cours de la glaciation wisconsinienne. Leurs parties élevées émergeaient de l'inlandsis, formant des NUNATAKS. Le lœss, ayant plus de 2 m d'épaisseur à certains endroits, a été déposé au cours de cette période. Le PARC PROVINCIAL CYPRESS HILLS, en Alberta, contient des vestiges d'occupation par l'homme remontant à plus de 7000 ans, ce qui rend cette région particulièrement intéressante sur le plan archéologique, outre son environnement physique unique.

Ian A. Campbell

Cypress Hills, parc provincial Situé dans les COLLINES CYPRÈS, le parc interprovincial Cypress Hills chevauche la frontière entre l'Alberta et la Saskatchewan, à 65 km au nord de la frontière canado-américaine. En 1931, un PARC PROVINCIAL d'une superficie de 182 km² est ouvert sur la portion qui se trouve en Saskatchewan. Même s'il faut attendre jusqu'en 1951 pour assister à la création officielle d'un parc provincial de 204 km² du côté de l'Alberta, des crédits budgétaires sont alloués dès 1928 pour la mise en place d'installations de loisir à Elkwater Lake. En 1989, on procède à la signature d'un accord portant sur la gestion et l'exploitation du parc Cypress Hills, premier et unique parc interprovincial au Canada.

Histoire naturelle À 600 m d'altitude, une combinaison unique de facteurs climatiques et géologiques procure un habitat propice à des espèces rares ou à des espèces qu'on trouve habituellement dans les Rocheuses. Alors que le plateau est recouvert d'herbages, le pin de Murray, l'épicéa et le peuplier faux-tremble ont élu domicile sur l'escarpement prononcé qui s'étend vers le nord. Plus de 750 espèces végétales ont été répertoriées à l'intérieur du parc et on y a identifié 13 espèces d'orchidées, dont 8 sont considérées comme rares. Dans le même ordre d'idées, la faune offre une grande diversité, qui va des ongulés de grande taille à plus de 200 espèces d'oiseaux.

Évolution humaine Les découvertes archéologiques laissent supposer que les humains ont occupé cette région de façon quasi continue depuis 7000 ans. Plus près de nous, les Nez Percé, les Cris, les Assiniboines, les Métis et d'autres collectivités utilisaient ces collines comme zone principale d'hivernage, car ils y trouvaient abri, combustible et gibier en abondance. Selon un rapport privé consigné en 1873, on y dénombrait 1500 foyers autochtones et 200 familles de Métis, attirés par les hordes décroissantes de BISONS. À la suite du massacre de Cypress Hills en 1873, la police à cheval du Nord-Ouest fonde FORT WALSH, en 1875. Entre 1911 et 1930, les collines

Cyprès constituent une réserve forestière fédérale. C'est à la fin des années 1800 qu'on y instaure l'élevage des bovins, qui persiste encore aujourd'hui.

Installations et services À l'intérieur de la zone albertaine du parc, elles se concentrent autour d'Elkwater Lake, à 65 km au sud-est de Medecine Hat. On y trouve, entre autres, 450 emplacements de camping, une pente de ski, un magasin, un restaurant et 250 chalets privés. En Saskatchewan, le secteur de villégiature s'étend à l'extrémité orientale du parc, à 30 km au sud de Maple Creek. Il comporte 450 emplacements de camping, 200 chalets privés, une pente de ski, un terrain de golf et une piscine.

Archie Landals

Cyr, Louis, homme fort (Saint-Cyprien-de-Napierville, Canada-Est, 10 oct. 1863—Saint-Jean-de-Matha, Qc, 10 nov. 1912). Pendant sa jeunesse, la famille de

Louis Cyr s'installe au Massachusetts. Il travaille comme bûcheron en Nouvelle-Angleterre avant de revenir à Montréal en 1882 pour devenir policier. Même s'il n'est pas spécialement grand, son poids oscille jusqu'à 165 kg et il possède une force herculéenne. À une époque où les tours de force sont un spectacle très couru, Cyr devient une légende. L'HALTÉROPHILIE n'est pas un sport officiellement reconnu. Les compétitions prennent la forme de défis et Louis Cyr est toujours vainqueur. Il remporte le Championnat nord-américain d'haltérophilie en 1885 et le «Championnat du monde» en 1892. La plupart de ses exploits ont lieu en public et attirent de très grandes foules, y compris les membres de la famille royale.

Il triomphe et est honoré à Londres quand, le 19 janvier 1889, il soulève successivement un poids de

250 kg d'un doigt, 1860 kg à l'aide de son dos, et 124 kg au-dessus de sa tête à l'aide d'une seule main. Il revient au Canada avec un cheval appartenant au marquis de Queensberry, après avoir gagné un pari selon lequel il pouvait immobiliser deux chevaux d'attelage rattachés à chacun de ses bras massifs. En 1895, il soulève une plate-forme où 18 hommes corpulents sont installés et qui pèse 1967 kg. On croit que c'est le plus gros poids jamais soulevé par un être humain. De 1894 à 1899, il se «produit» en tournée avec les cirques Ringling Brothers et Barnum and Bailey. Il ouvre plus tard une taverne à Montréal. Il succombe à la maladie de Bright, probablement engendrée par la quantité de nourriture qu'il absorbe quotidiennement pour maintenir sa force extraordinaire.

James Marsh

Da Roza, Gustavo Uriel, architecte (Hong Kong-Macao, 24 févr. 1933). D'origine chinoise et portugaise, Da Roza fait ses études d'architecte à l'U. de Hong Kong, puis à l'U. de Californie, à Berkeley. En 1960, il est engagé comme professeur à l'U. du Manitoba, à Winnipeg. Il est professeur invité dans plusieurs universités, membre de plusieurs comités canadiens sur l'habitation et gagne plusieurs concours d'architecture. Bien qu'il ait surtout conçu des maisons, son œuvre la plus célèbre est sans doute la Winnipeg Art Gallery (1971). En tant que professeur, critique invité et membre du jury dans des concours, il a grandement influencé l'architecture canadienne. En 1988, Da Roza est retourné pratiquer son art dans sa ville natale. Il vit maintenant à Vancouver et continue à travailler en Chine.

William P. Thompson

Dafoe, John Wesley, journaliste et réformiste libéral (Combermere, Canada-Ouest, 8 mars 1866—Winnipeg, 9 janv. 1944). Rédacteur en chef du *Manitoba Free Press,* qui devient plus tard le *Winnipeg Free Press,* de 1901 jusqu'à sa mort, il est l'un des plus éminents journalistes de l'histoire canadienne, perpétuant la tradition du rédacteur en chef vu comme un homme public, telle qu'incarnée par Joseph HOWE, W.L. MACKENZIE et d'autres. Conservateur de naissance et de formation, il en vient à adopter le libéralisme à l'époque où il travaille à Ottawa (comme rédacteur en chef du *Journal*) et à Montréal, de 1885 à 1900.

Grand admirateur de LAURIER et de ses politiques, il perçoit le Parti libéral comme le meilleur moyen de parvenir au progrès social et à une plus grande autonomie nationale, mais il n'en devient pas un partisan servile. Il appuie sir Robert BORDEN pour son nationalisme et, plus tard pendant une courte période, le Parti progressiste pour ses préoccupations à l'endroit de l'agriculture. Centriste, il dénoncera toujours les extrêmes de la droite et de la gauche, que représentent à ses yeux la Fédération du Commonwealth coopératif (CCF) et le Crédit social.

Il publie plusieurs ouvrages, dont *Laurier: A Study in Canadian Politics* (1922) et *Canada: An American Nation* (1935). Il est aussi le fondateur d'une dynastie dans le domaine de la presse écrite: son fils Edwin (1894-1981) devient le rédacteur en chef du *Free Press,* et deux de ses neveux sont aujourd'hui des journalistes importants, l'un comme rédacteur en chef de *The Beaver* et l'autre au *Globe and Mail.*

Douglas Fetherling

Dagenais, Gérard, pseudonyme: Albert Pascal; journaliste, grammairien. (Montréal, 1913—1981). Il effectue des études de droit qu'il abandonne très vite pour le journalisme. Figure haute en couleur et observateur attentif, il est étroitement mêlé aux milieux littéraires de son temps. Il collabore à diverses publications (*Le Soleil,* 1934; *L'Ordre, id.*; *Le Canada,* 1937; *Illustrations nouvelles,* 1939; *Revue Moderne,* 1940-1944), avant de fonder son propre journal, *La victoire des Deux-Montagnes* (1948-1950). Parallèlement, il poursuit des activités de traducteur au Parlement fédéral (1936-1937) et à la Presse canadienne (1957-1959).

En 1944, il fonde les Éditions Pascal, qui lancent notamment *Bonheur d'occasion* (1945) de Gabrielle Roy, mais l'affaire est vite engloutie et il se retrouve publiciste au ministère du Bien-être social et de la Jeunesse du gouvernement du Québec (1947-1950). Boursier du Conseil des arts (1960), il part étudier la linguistique en France, qu'il revient enseigner l'année suivante à l'U. de Montréal.

Grammairien exigeant, régulièrement appelé à s'exprimer à la télévision et dans le journal *Le Devoir,* il devient la terreur des journalistes et des auteurs – dont Gabrielle Roy –, pourchassant impitoyablement, mais non sans humour, la moindre faute, lourdeur, ou tournure anglicisante (*Réflexions sur nos façons d'écrire et de parler,* 1959-1960; *Des mots et des phrases pour mieux parler,* 1966; *Nos écrivains et le français,* 1967). Quoique un peu oublié de nos jours, son *Dictionnaire des difficultés de la langue française au Canada* (1967), qui fut couronné par l'Académie française, fait de lui l'un des plus dignes représentants et ardents défenseurs de la langue française au Québec.

Ismène Toussaint

Dagger, Francis, expert en téléphonie (Liverpool, Angl., 3 juin 1865—Unionville, Ont., 21 juin 1945). Il participe activement au mouvement pour la propriété publique du système téléphonique canadien et concourt ainsi à la nationalisation des systèmes téléphoniques dans les Prairies. Il prend de l'expérience en travaillant pour des compagnies de téléphone privées en Angleterre, de 1881 à 1899, et déménage au Canada où il travaille pour la Bell Telephone Co. durant onze mois. En 1900, il mène la lutte pour la municipalisation du téléphone à Toronto.

Engagé, en 1903, par le gouvernement fédéral pour faire un rapport sur le téléphone au Canada et en Angleterre, Dagger est nommé conseiller technique auprès du Select Committee on Telephone Systems, présidé par sir William MULOCK (1905). Le Manitoba, en 1905, et la Saskatchewan, en 1907, retiennent ses services comme expert en téléphonie pour qu'il les aide à nationaliser les opérations de Bell sur leur territoire. Il agit comme responsable des systèmes de téléphone de la Ontario Railway and Municipal Board à partir de 1910 et jusqu'à sa retraite en 1931.

Robert E. Babe

Dahl, Tracy Elizabeth, soprano coloratura (Winnipeg, 13 nov. 1961). Bien que, toute jeune, elle ait chanté dans la Winnipeg Girls Choir et se soit signalée au Festival de musique de Winnipeg, son intérêt se porte surtout vers le théâtre. Elle étudie le théâtre musical et l'art dramatique à la Banff School of Fine Arts en 1979 et 1980, mais, après ses débuts à l'opéra, en 1982, dans le rôle de Barbarina (*Les noces de Figaro* de Mozart par la Manitoba Opera Association), elle s'inscrit au programme d'opéra de Banff (1983) puis à l'Academy of Singing (1984). Son grand talent est aussitôt reconnu, et on lui offre d'importants rôles avant même qu'elle ne se sente prête à les accepter. En 1985, elle participe au prestigieux programme Merola au San Francisco Opera. Sa carrière est lancée et s'épanouit presque immédiatement.

Dahl fait ses débuts en Europe, en 1987, dans le rôle de Blondchen dans *L'Enlèvement au sérail* de Mozart, à Aix-en-Provence, et ses débuts au Metropolitan Opera, en janvier 1991, dans le rôle d'Adèle dans *La Chauve-souris* de Johann Strauss, remplaçant une chanteuse malade. Elle joue le rôle de Florestine dans la première représentation de l'opéra *Ghosts of Versailles* de John Corigliano en décembre 1991 (ses débuts officiels) ainsi que pour sa reprise au Met en 1995. En 1996, Dahl a déjà interprété plus de 25 rôles, y compris Lucia (*Lucia di Lammermoor* de Donizetti), Zerbinetta (*Ariane à Naxos* de Richard Strauss), Susanna (*Les Noces de Figaro* de Mozart), Olympia (*Les Contes d'Hoffmann* d'Offenbach) et Marie (*La Fille du régiment* de Donizetti); elle a également travaillé avec la plupart des grandes compagnies d'opéra en Amérique du Nord.

Elle possède une voix claire, haute et souple – ses trilles délicates et ses cadences lui ont particulièrement attiré des éloges – mais ce sont ses capacités supérieures d'actrice qui la distinguent de plus en plus. Elle a appris le chant notamment avec Herbert Belyea et Mary Morrison. Elle a également reçu une formation vocale de Martin Isepp et de Martin Katz. Elle a fait plusieurs enregistrements, dont deux pour l'étiquette CBC.

Barbara Norman

Daigle, Sylvie, patineuse de vitesse (Sherbrooke, Qc, 1er déc. 1962). Elle découvre le patinage de vitesse à 9 ans. Elle se rend à l'aréna pour jouer au hockey où elle rencontre des patineuses de vitesse qui l'invitent à se joindre à elles. C'est le début d'une véritable passion.

Elle s'intéresse d'abord à la longue piste et participe aux Jeux olympiques de 1980 et de 1984. Des problèmes aux tibias l'obligent à subir deux opérations. Une fois rétablie, elle se spécialise en courte piste où elle connaîtra ses meilleurs succès. Dès 1979, elle devient championne du monde à 17 ans. Elle amasse 4 autres titres mondiaux dont 3 d'affilée de 1988 à 1990. La courte piste est en démonstration aux Jeux olympiques de Calgary de 1988 où elle obtient 1 médaille d'or, 2 d'argent et 1 de bronze. Aux Jeux olympiques de 1992, à Albertville, elle est de l'équipe canadienne médaillée d'or au relais 3000 mètres. En 1994, à Lillehammer, elle aide ses coéquipières à remporter l'argent au relais. Elle termine sa carrière, en mars 1994, en concourant à la première place au relais et au titre mondial par équipe obtenu par le Canada lors des championnats du monde. Tout au long de sa carrière, elle a détenu plusieurs records du monde et reçu de nombreuses récompenses. Elle est membre du Temple de la renommée du sport amateur canadien depuis 1991.

Yvon Dore

Dakotas L'archéologie démontre que, jusqu'au XIIIe siècle, les Dakotas (Sioux) occupent ce qui est aujourd'hui l'ouest de l'Ontario et l'est du Manitoba et, avant le Xe siècle, la région correspondant à l'ouest du Manitoba et à l'est de la Saskatchewan. Ces populations se retirent plus tard dans les bassins hydrographiques du Mississippi et des rivières Rouge et Rainy, où elles se trouvent quand Pierre RADISSON entre en contact avec elles, pour la première fois, en 1659. À cette époque, la population dakota de langue sioux est divisée en trois groupes. À l'est, le long du Mississippi et de ses affluents, les Dakotas (Sioux Santee), pratiquent l'horticulture, occupent des villages semi-permanents, récoltent le riz sauvage (leur nourriture de base) et chassent le bison (*voir* BISON, CHASSE AU).

Entre le Mississippi et le cours inférieur du Missouri, se trouvent les Nakodas (Sioux Yanktonais), qui parlent le même dialecte dakota que les ASSINIBOINES et les Stoneys du Canada (*voir* STONEYS-NAKODAS). Ce peuple passe l'hiver le long des affluents boisés du Mississippi et l'été dans les plaines à chasser le gros gibier. Plus à l'ouest, le long du Missouri, vivent les Lakotas (Sioux Tetons), qui sont alors complètement nomades et qui dépendent beaucoup du bison. Bien que différents sous plusieurs aspects, ils sont tous politiquement unis et se désignent collectivement sous le nom de Dakotas (Nakodas, Lakotas) ou «les alliés».

Souveraineté territoriale Après avoir domestiqué le CHEVAL au début du XVIIIe siècle, les Dakotas étendent leur territoire du Mississippi à la rivière Yellowstone et de la rivière Platte à la rivière Qu'Appelle. Les archives de la COMPAGNIE DE LA BAIE D'HUDSON du fort Qu'Appelle et de Rainy Lake House (fort Frances, en Ontario) mentionnent couramment la présence dakota dans ce territoire à partir de la fin du XVIIIe siècle.

Pendant la GUERRE DE 1812, les Dakotas s'allient aux Anglais en échange d'un engagement perpétuel l'un envers l'autre. Cette alliance est trahie lors du TRAITÉ DE GAND (1814) dont l'une des conditions impose à l'Angleterre d'abandonner ses alliés autochtones. Les Dakotas se resserrent alors sur leurs territoires aux États-Unis, mais n'abandonnent jamais le territoire canadien, même s'ils l'utilisent de moins en moins.

L'expansion territoriale des Américains vers l'ouest met fin à la souveraineté des Dakotas sur leurs terres. En 1862, l'armée américaine, à la suite de la révolte du Minnesota, chasse les Dakotas, installés le plus à l'est, vers le Canada, où ils vivent depuis dans des réserves, au Manitoba et en Saskatchewan. Quelques Lakotas, dont SITTING BULL, s'installent dans le sud de la Saskatchewan après la bataille de Little Big Horn (1876).

Depuis, le gouvernement canadien a toujours traité les Dakotas comme des réfugiés politiques. Il ne signe aucun traité avec eux alors qu'il l'a fait avec les autres peuples autochtones des Prairies. Les Dakotas doivent donc assumer leur propre avenir au Canada (*voir* TRAITÉS INDIENS), où ils sont devenus cultivateurs, menuisiers, éleveurs de bétail, petits exploitants de ressources naturelles et ouvriers.

Moins d'opportunités Les Dakotas ont longtemps défendu leurs intérêts et réclamé le remboursement de ce qui leur était dû à la suite de la Guerre de 1812. Ayant toujours systématiquement étiqueté les Dakotas comme des «Indiens américains» ou des immigrants, le Canada ne se sent donc pas lié envers eux comme il l'est avec les Indiens visés par un traité. Pour les Dakotas, cette situation s'est traduite au cours des ans par moins de terres pour les réserves, moins d'aide pour leur développement économique et moins de chances d'avancement. L'association, Dakota Nations of Canada, porte-parole des intérêts politiques des communautés membres, a présenté une revendication particulière au gouvernement du Canada pour les terres qui leur ont été enlevées illégalement. Malgré leur statut diminué aux yeux de la législation canadienne sur les autochtones, les Dakotas ont joué un rôle de premier plan dans l'établissement de l'autonomie gouvernementale, du contrôle de l'éducation par leurs communautés et des affaires régionales et nationales.

En 1996, la population dakota au Canada s'élevait à environ 12 500 habitants répartis dans 12 réserves. (*Voir aussi* AUTOCHTONES: LES PLAINES et des articles généraux sous la rubrique AUTOCHTONES.)

Peter Douglas Elias

Dalhousie, George Ramsay, 9ᵉ comte de, militaire, administrateur et gouverneur en chef de l'Amérique du Nord britannique de 1820 à 1828 (23 oct. 1770—Dalhousie Castle, Écosse, 21 mars 1838). Il s'enrôle dans l'armée britannique en 1788 et sert en Espagne et en France de 1812 à 1814. Après avoir participé à la bataille de Waterloo en 1815, il entreprend une carrière en administration. En 1816, il est nommé lieutenant-gouverneur de la Nouvelle-Écosse et, après la mort subite du duc de RICHMOND, il devient gouverneur en chef du Canada en 1820.

Connu pour ses opinions autoritaires, Dalhousie affronte la majorité canadienne-française menée par Louis-Joseph PAPINEAU. Il est rappelé en 1828, et un comité parlementaire britannique est formé pour faire face à la situation au Canada. Au cours de son mandat, il a fondé le Dalhousie College (plus tard UNIVERSITÉ DALHOUSIE), en 1818, et la Quebec Literary and Historical Society. Après son départ du Canada, il est nommé commandant en chef des forces armées en Inde (1829-1832).

David Evans

Dallaire, Jean-Philippe, peintre, illustrateur et professeur (Hull, Qc, 9 juin 1917—Vence, France, 27 nov. 1965). Élevé dans une famille ouvrière de 15 enfants, il commence à dessiner à 11 ans. Même s'il a suivi divers cours de dessin, il est essentiellement autodidacte. En octobre 1938, grâce à une bourse du gouvernement québécois, Dallaire se rend à Paris où il complète sa formation à l'Atelier d'art sacré et au studio Lhote. Il peint dans son studio de Montmartre.

Il découvre les œuvres de Picasso et des surréalistes et rencontre Alfred PELLAN. Durant l'occupation allemande (1940-1944), il est emprisonné à Saint-Denis. Il enseigne la peinture à l'École des beaux-arts de Québec de 1946 à 1952 et travaille à l'OFFICE NATIONAL DU FILM à Ottawa de 1952 à 1957, où il illustre surtout des films d'animation. De 1957 à 1959, il vit à Montréal où il peint. En 1959, il s'installe définitivement en Europe. Il meurt d'une crise cardiaque, ce qui met fin prématurément à une brillante carrière. Les œuvres de Dallaire témoignent d'influences stylistiques variées et sont encore réputées pour la finesse du dessin, ainsi que pour la spontanéité de l'artiste dans le traitement de son sujet et son utilisation des couleurs.

Michel Vincent Cheff

Dallaire, Roméo, militaire (Denekamp, Pays-Bas, 25 juin 1946). En 1964, il s'enrôle dans l'Armée canadienne. Après des études au Collège militaire royal de Saint-Jean (1964-1967) et au Royal Military College (1967-1969), il reçoit un diplôme en sciences appliquées et sa commission d'officier dans l'Artillerie royale du Canada. Il occupe différents postes d'état-major et d'instruction au Canada et en Allemagne; il commande, comme lieutenant-colonel, le 5ᵉ Régiment d'artillerie légère du Canada (1983-1985), comme brigadier-général, le Collège militaire royal du Canada (1989-1991), puis le 5ᵉ Groupe-brigade mécanisé, à Valcartier (1991-1993); en 1993-1994, il prend le commandement de la Mission d'observation des Nations Unies–Ouganda et Rwanda (MONUOR) et de la Mission des Nations Unies pour l'assistance au Rwanda (MINUAR), alors qu'il devient major général. Il est en poste au Rwanda lors du génocide, auquel il assiste, presque impuissant. De retour au Canada, il commande la 1ʳᵉ Division canadienne (septembre 1994-octobre 1995) puis le Secteur du Québec (octobre 1995-juillet 1996). Il termine sa carrière en avril 2000, après avoir assumé à Ottawa divers postes d'état-major dont celui de sous-ministre adjoint aux Ressources humaines et de conseiller spécial du chef de l'État-major pour le renouvellement du corps des officiers des Forces canadiennes de 2000 à 2020. Il obtient le grade de lieutenant-général, en avril 1998.

Serge Bernier

DalTech (Technical University of Nova Scotia) La DalTech, autrefois appelée Technical University of Nova Scotia, de Halifax, a été fondée, en 1907, par une loi de l'Assemblée législative de la Nouvelle-Écosse (sous le nom de Nova Scotia Technical College). Elle est issue de la collaboration entre les universités Acadia, Dalhousie, le King's College et Mount Allison, la Chambre de commerce d'Halifax ainsi que la Société minière de la Nouvelle-Écosse. Elle a pour objectif de fournir des installations pour la recherche et l'enseignement scientifiques de même que pour la formation professionnelle en génie et dans d'autres domaines qui pourraient s'ajouter. En 1997, DalTech fusionne avec l'UNIVERSITÉ DALHOUSIE.

Daly, Thomas Cullen, cinéaste, monteur et producteur (Toronto, 25 avril 1918). Daly étudie les humanités et la littérature anglaise à l'U. de Toronto. Il entre à l'OFFICE NATIONAL DU FILM (ONF) immédiatement après sa création en 1940 et y fait une brillante carrière qui se poursuit jusqu'à sa retraite en 1984. Son rôle dans l'essor de l'ONF et son influence dans le documentaire ont été remarquables, bien que méconnus. Daly favorise une ambiance créatrice à l'ONF et soutient bon nombre de cinéastes dans leurs expériences avec le film documentaire.

Pendant la Seconde Guerre mondiale, il travaille en étroite collaboration avec Stuart Legg dont il est l'assistant pour la série *World in Action*. Il est l'assistant-monteur de Legg dans *Churchill's Island* (1941; v.f. *La forteresse de Churchill*), court métrage qui remporte un Oscar et donne le ton aux films documentaires réalisés par l'ONF pendant la guerre.

Enfin, il monte plusieurs films de la série *World in Action*.

Après la guerre, Daly devient cinéaste. Sous sa direction, le studio B est mondialement reconnu pour ses films novateurs, dont plusieurs sont aujourd'hui des classiques du documentaire. Il produit et monte *Corral* (1954; v.f. *Corral*), *City of Gold* (1957; v.f. *Capitale de l'or*), *Universe* (1960; v.f. *Notre univers*) et *Circle of the Sun* (1961; v.f. *Le soleil perdu*). Il réalise *Paul Tomkowicz: Street-railway Switchman* (1954; v.f. *Paul Tomkowicz: nettoyeur d'aiguillage*), *Very Nice, Very Nice* (1961) et *Lonely Boy* (1962; v.f. *Paul Anka*). Certains des cinéastes les plus talentueux de l'ONF collaborent à ses films, notamment Colin Low, Roman Kroitor, Wolf Koenig, John Spotton et Stanley Jackson. À la fin des années 50 et au début des années 60, il encourage la formation des cinéastes francophones de l'ONF. Huit films du studio B ont été sélectionnés pour les Oscars.

En 1964, après la mise en place d'une structure décentralisée, Daly monte une grande partie de *Labyrinthe*, un film produit par l'ONF pour une présentation multiécran dans le cadre d'EXPO 67. Son court métrage *In the Labyrinth* (1979; v.f. *Dans le labyrinthe*) conserve certaines parties de la présentation de *Labyrinthe*. À la fin des années 60 et dans les années 70, il sert de mentor à une nouvelle génération de cinéastes importants comme Mort Ransen (*Christopher's Movie Matinee*, 1968), Michael Rubbo (*Sad Song of Yellow Skin*, 1970; v.f. *Le jaune en péril*; et *Waiting for Fidel*, 1974), Martin Duckworth (*The Wish*, 1970), Albert Kish (*This is a Photograph*, 1971), Derek May (*Sananguagat: Inuit Masterworks*, 1974) et Tony Ianzuelo (*North China Commune*, 1979).

Daly demeure actif et créatif jusqu'à sa retraite. Parmi ses derniers films importants, citons *The Last Days of Living* (1980; v.f. *Vivre... au jour le jour*), réalisé par Malca Gillson; *F.R. Scott: Rhyme and Reason* (1982), de Donald Winkler; et *Standing Alone* (1982), de Colin Low.

D. B. Jones

Danby, Kenneth Edison, peintre (Sault Sainte-Marie, Ont., 6 mars 1940). De 1958 à 1960, Ken Danby étudie au Collège des beaux-arts de l'Ontario, à Toronto, puis avec J.W.G. MACDONALD.

Il commence comme peintre abstrait, mais une visite à une exposition d'Andrew Wyeth à Buffalo (N.Y.), en 1962, confirme sa déception face à l'art abstrait. Il adopte alors une facture minutieuse et peint des paysages bien campés, comparables à des instantanés, qui représentent souvent la campagne ontarienne sous une lumière éclatante.

Danby est surtout connu pour ses représentations de sportifs anonymes et ses sujets tirés de la vie quotidienne qui témoignent aussi de son aptitude remarquable à créer des images visuelles inoubliables. Dans son tableau *At the Crease* (1972), le gardien de but masqué rappelle les chevaliers d'autrefois. Pour bien des gens, ce tableau fait figure de symbole national.

En 1983 et 1984, il peint une série d'aquarelles portant sur la coupe des Amériques et les athlètes canadiens aux Jeux olympiques de 1984 à Sarajevo. De 1985 à 1991, il siège au conseil d'administration du CONSEIL DES ARTS DU CANADA et, de 1991 à 1995, il fait partie du conseil d'administration du MUSÉE DES BEAUX-ARTS DU CANADA. En 1997, l'U. Laurentienne lui décerne un doctorat honorifique ès arts.

Joan Murray

Dancemakers Cette troupe de neuf danseurs, basée à Toronto, présente les œuvres de Serge BENNATHAN, son directeur artistique. En avril 1974, deux diplômées du département de danse de l'U. York, Marcy Radler et Andréa Ciel Smith, créent la compagnie. Le TORONTO DANCE THEATRE et le BALLET NATIONAL DU CANADA sont alors les seules compagnies professionnelles de danse à Toronto, dont les spectacles s'adressent à un public adulte. Dancemakers veut offrir un choix plus varié et permettre aux nombreux jeunes talents locaux de s'exprimer.

Le 17 septembre 1974, la compagnie, composée alors de diplômés de l'U. York, donne sa première représentation au Bathurst Street Theater, à Toronto. Elle présente un répertoire varié d'œuvres de DANSE MODERNE. Cette formule durera pendant 14 ans, bien que Smith l'ait conçue à l'origine pour n'être qu'un événement unique. Dancemakers se fait remarquer comme troupe de danse moderne grand public offrant un mélange éclectique d'œuvres bien structurées et très accessibles. Elle présente des créations de chorégraphes canadiens tels que Grant STRATE, Anna Blewchamp, Jennifer MASCALL, James KUDELKA, Carol Anderson, Karen JAMIESON (Rimmer), Judith MARCUSE, Paula Ravitz et Conrad Alexandrowicz, ainsi que des chorégraphies de l'Anglais Norman Morrice et des Américains Paul Taylor, Doris Humphrey, Lar Lubovitch et Robert Cohan.

Durant les trois premières années, la troupe fonctionne comme une coopérative mais, en 1977, Peggy BAKER et Patricia Miner sont nommées codirectrices. Puis, pendant onze ans, les danseurs se succèdent à la tête de la compagnie (Anna Blewchamp, Carol Anderson et Patricia Fraser) qui doit finalement convenir de la nécessité pour elle de repenser son mandat initial.

Pendant de nombreuses années, la troupe a donné une chance à son public de se familiariser avec différents styles de mouvements. Toutefois, l'apparition d'autres groupes locaux et, pour les spectateurs, les occasions de plus en plus fréquentes de voir évoluer des troupes venues de tous les coins du Canada et de l'étranger, obligent Dancemakers à s'ajuster, comme le souligne Anderson au conseil d'administration de la compagnie lors de sa démission, en 1988. Le conseil d'administration engage alors Bill James, ancien danseur et chorégraphe innovateur. Sa mission consiste à faire de la troupe la vitrine des œuvres du directeur artistique. Ce concept est retenu par Bennathan, qui succède à James en 1990. Le succès des œuvres de ce chorégraphe donne à Dancemakers une nouvelle identité et marque le début d'une longue période de croissance pour la troupe. Sous la direction de Bennathan, la compagnie est encensée par la critique pour la qualité de sa danse et l'originalité de son répertoire.

Michael Crabb

Danny Grossman Dance Company Troupe de danse moderne de Toronto fondée en 1975 par le danseur et chorégraphe Danny GROSSMAN, la Danny Grossman Dance Company connaît des débuts modestes, mais devient vite l'une des compagnies de danse moderne les plus prisées au Canada, grâce à la chorégraphie accessible et souvent humoristique de Grossman et à l'exubérance de ses danseurs. La troupe fait d'importantes tournées en Amérique du Nord, en Europe, en Amérique du Sud et en Israël. Jusque dans les années 90, elle n'exécute que les chorégraphies de Grossman, mais celui-ci s'emploie depuis à présenter les œuvres importantes d'autres grands chorégraphes de danse moderne canadiens afin de préserver le patrimoine canadien de danse moderne.

L'une des œuvres les plus connues de Grossman est *Higher* (1975), qui incarne sa chorégraphie aux mouvements athlétiques, étranges et saccadés, et illustre son emploi ironique de la musique populaire. Lauréat du prix de chorégraphie Jean A. Chalmers en 1978, Grossman a créé ou monté ses œuvres pour le BALLET NATIONAL DU CANADA, pour le THÉÂTRE-BALLET CANADIEN et pour l'Opéra de Paris.

Susan Pedwell et Michael Crabb

Danois Le premier contact des Danois avec le Canada remonte au voyage du capitaine Jens MUNK, que le roi Christian IV du Danemark dépêche au début du XVIIe siècle pour découvrir le PASSAGE DU NORD-OUEST. Le 7 septembre 1619, Munk débarque à l'embouchure de la rivière Churchill, qu'il nomme baie de Munk. Il prend possession du territoire au nom de son roi et le baptise Nouveau-Danemark. Au cours des années suivantes, des Danois, marins pour la plupart, immigrent en Amérique du Nord.

Les récits font souvent mention de trappeurs danois au Canada, mais il existe peu de traces de leur présence. Durant les années 1860, de nombreux Danois se joignent à la foule d'Européens émigrant en Amérique du Nord. Le recensement de 1961 dénombre 85 473 Canadiens d'origine danoise. En 1996, on en compte en tout 163 125, dont 36 110 sont d'origine unique tandis que les 127 015 autres sont d'origines multiples.

Migration et peuplement Des 20 000 Danois qui immigrent au Canada, de 1870 jusqu'à la Première Guerre mondiale, certains arrivent directement de leur pays, d'autres des États-Unis. La population s'accroît considérablement au Danemark durant le XIXe siècle, comme partout ailleurs en Europe, et bon nombre de Danois préfèrent chercher fortune outre-mer. Ils constituent le seul groupe scandinave d'importance établi dans les Maritimes.

En 1893, des Danois s'établissent à London, en Ontario, tandis que d'autres, en 1924, fondent la communauté de Pass Lake, près de Thunder Bay. La majorité des premiers colons danois des Prairies viennent du Midwest et du Nord-Ouest américains.

De 1951 à 1960, des milliers de Danois viennent au Canada, attirés par les perspectives économiques de l'après-guerre. Le recensement de 1961 dénombre deux fois plus de Canadiens de souche danoise qu'en 1951. La plupart d'entre eux se dirigent immédiatement vers des villes de la la Colombie-Britannique, de l'Alberta et de l'Ontario. Au recensement de 1996, chacune de ces provinces compte plus de 40 000 habitants d'origine danoise. Beaucoup de ces immigrants retournent cependant dans leur pays natal.

Vie sociale et culturelle La plupart des activités culturelles des Canadiens danois se déroulent dans la collectivité. On assiste à la création, en 1981, de la Fédération des associations danoises du Canada, chargée de coordonner les activités des 40 organisations membres. Les congrégations luthériennes danoises, issues directement des congrégations américaines, jouent un rôle important dans les petites localités danoises des Prairies. La plupart sont affiliées au Synode danois, lequel se rattache finalement à l'Église luthérienne américaine en 1960. Aucune des congrégations ne conserve la langue danoise. Les Danois arrivés après la Seconde Guerre mondiale fondent des congrégations luthériennes indépendantes, mais entretiennent néanmoins des liens étroits avec l'Église évangélique luthérienne du Danemark.

De nombreux périodiques ont été publiés en danois depuis 1893. L'un d'eux, le Bulletin de la Fédération des associations danoises du Canada, existe toujours. Pour satisfaire leurs intérêts sociaux et culturels, les Canadiens d'origine danoise fondent des chorales et des clubs sportifs et organisent des activités sociales de toutes sortes.

Maintien du groupe Les Danois habitent au Canada depuis plus d'un siècle, mais l'identité de leur groupe n'est pas aussi marquée que celle d'autres ethnies comparables en nombre. Les premières familles des Prairies ont souvent vécu aux États-Unis avant de s'établir ici et se sont donc déjà adaptées à la vie nord-américaine. Les Danois qui ont immigré après la Seconde Guerre mondiale travaillent principalement dans l'industrie laitière, les coopératives et les clubs sportifs axés sur la gymnastique.

Lennard Sillanpaa

Danse Comportement humain caractérisé par le mouvement rythmé du corps. Elle est souvent, quoique pas toujours, accompagnée par de la musique ou du tambour. On danse partout: au théâtre, au cinéma, dans les bars et dans les salles paroissiales, chez soi aussi (*voir* DANSE RÉCRÉATIVE). La danse comporte un éventail complet de motivations et de manifestations physiques.

Les gens dansent depuis le début de l'histoire recensée. Certains considèrent la danse comme une réaction instinctive de l'humain aux rythmes de la nature, depuis l'alternance du jour et de la nuit jusqu'au battement ininterrompu du cœur humain. Elle découle de la même impulsion qui a donné naissance à la musique.

Au fil des millénaires, les gens dansent pour différentes raisons: rituels de dévotion religieuse, célébration d'un événement important, distraction sociale, rituel de l'accouplement, divertissement, forme d'exercice, thérapie physique ou psychologique, expression de quelque chose qui ne peut être exprimé verbalement.

Les gens dansent seuls ou en groupe. Ils dansent pour le plaisir de danser et, parfois, spontanément, en réaction à une vive émotion. Il arrive qu'ils apprennent à danser (*voir* DANSE, ENSEIGNEMENT DE LA). Il arrive aussi qu'ils dansent sans but précis, d'où l'expression «danser de joie». Danser n'est jamais un acte fortuit.

Les gens dansent aussi depuis longtemps (*voir* DANSE, HISTOIRE DE LA). À l'origine, une personne ou un groupe dansait pendant que d'autres les regardaient. Les danses de la pluie des peuplades primitives pouvaient être réservées à un groupe particulier et présentées à l'ensemble de la communauté. Dans les rituels religieux, la danse était souvent réservée à des privilégiés.

Jadis, les jeunes filles devaient danser pour plaire à leur maître. Lors des représentations dramatiques d'autrefois, pendant que les danseurs s'exécutaient, l'auditoire devait rester assis et réagir par son esprit et son imagination à la vision d'autres corps en mouvement.

Nombre de ces particularités ont survécu. De nos jours, dans les clubs de danse «exotique» du monde, des femmes dansent toujours pour le plaisir de leurs «maîtres» payeurs, quoique, vu les progrès de la démocratie et du féminisme, ce sont parfois les hommes qui dansent pour plaire aux femmes.

D'autres types de danses ont évolué au cours des années. Les danses exécutées jadis dans des temples sont devenues un divertissement de théâtre, séparées de leur objectif religieux premier. Les danses nationales qui aidaient à forger un lien et une identité dans une ethnie particulière le font encore, mais constituent aussi un divertissement théâtral «folklorique» pour les autres communautés. Parfois, ce qui était au départ de la DANSE FOLKLORIQUE ou sociale n'est plus que du divertissement.

De nos jours, toutefois, certaines danses sont exclusivement théâtrales, même si leurs origines peuvent être sociales et religieuses. P. ex., ce qu'on appelle maintenant la danse indienne classique est une danse très stylisée qui a toujours nécessité beaucoup d'adresse, mais dont les ancêtres sont les danses religieuses de l'Inde ancienne. Ce qu'on appelle aujourd'hui le BALLET est également une danse très stylisée, à l'origine un divertissement dans les cours de l'Europe de la Renaissance. Les maîtres de ballet d'aujourd'hui intègrent souvent des mouvements empruntés à d'autres types de danses.

Au début du XXe siècle, les précurseurs nord-américains de ce qui deviendra la DANSE MODERNE croient redonner à la danse une pureté qu'on trouvait dans les communautés de la Grèce antique ou d'Asie. Les différentes troupes de l'Europe de l'Est offrent aujourd'hui un divertissement spectaculaire à un auditoire souvent composé de gens de nationalités différentes ont peaufiné des pas qui proviennent peut-être de communautés villageoises de Hongrie, de Pologne, de Géorgie ou d'Ukraine (*voir* UKRAINIAN SHUMKA DANCERS, p. ex.).

La danse théâtrale n'est pas nécessairement exécutée seule. Elle est souvent combinée au mime, qui est constitué de gestes imitant le comportement humain, ou à la musique, le chant et l'action dramatique dans le but d'aider la narration et d'animer une histoire complexe. De nos jours, la danse est intégrée dans les œuvres animées d'art visuel conceptuel. Tout en offrant la possibilité d'enregistrer et de diffuser les types conventionnels de danse théâtrale, la danse sur film et sur vidéo (*voir* DANSE ET MÉDIAS) peut aussi servir à créer des formes originales, ce qui serait impossible avec la danse «en direct».

La danse théâtrale elle-même emprunte de plus en plus à d'autres formes artistiques (art visuel, musique, cinéma, holographie, infographie et verbe) afin de créer des formes d'expression complexes et uniques.

Au Canada, en raison de l'héritage multiculturel, on trouve une variété plus grande et plus riche de ces types de danses que dans les autres pays. Menaka THAKKAR combine les notions de danse qu'elle a assimilées en Inde avec celles de DANSE MODERNE qu'elle a apprises au Canada. En tant qu'immigrant haïtien, Eddy TOUSSAINT utilise autant le jazz que le ballet classique pour créer des œuvres inspirées du folklore québécois. Lorsque l'Anglaise Celia FRANCA a fondé le BALLET NATIONAL DU CANADA, elle a décidé d'offrir des cours de ballet classique dans la plus pure tradition européenne. Une compagnie de création plus récente, les BALLETS DE LA COLOMBIE-BRITANNIQUE, tente de repousser les limites traditionnelles de l'expression du ballet classique. Au Canada, des danseurs de descendance africaine ou antillaise retournent dans leur pays pour redécouvrir et préserver les danses de leur propre culture. Certaines personnes, qu'elles soient de descendance espagnole ou non, dansent le flamenco espagnol traditionnel. Des danseurs de différentes ethnies exécutent des danses classiques indiennes ou de Bali. Des danseurs à claquettes exécutent une danse très rythmée qui s'inspire de la danse de caractère classique, mais dont les changements de rythme sont ceux de la culture afro-américaine. Certains peuples autochtones exécutent toujours leurs danses traditionnelles ou intègrent aux formes théâtrales des autres cultures leur façon de danser. Des formes théâtrales auparavant distinctes (ballet, danse moderne ou «ethnique») ont échangé et combiné des éléments des mouvements pour créer de nouveaux types de danse hybride ou comportant un mélange de genres.

S'étant considérablement enrichie par le partage des cultures et l'assouplissement de traditions culturelles et esthétiques autrefois strictes, la danse a donc gagné en fluidité et en diversité. Par contre, il est devenu encore plus difficile de catégoriser la danse qu'il y a 50 ans. Bien que commodes, les définitions sont, par conséquent, aussi artificiellement restreintes.

La danse, en particulier la danse théâtrale, c'est aussi l'histoire d'individus (professeurs de danse, artistes, chorégraphes, metteurs en scène) qui ont aidé à répandre et à développer cette forme d'art. C'est l'histoire des institutions qui ont créé un contexte ou une infrastructure nourrissant la créativité en danse.

Bien que ses formes et ses objectifs soient devenus méconnaissables, la danse demeure une partie essentielle et intégrante de la vie humaine, comme elle l'a toujours été.

Michael Crabb

Danse du soleil Cérémonie traditionnelle que les Indiens des Plaines tenaient tous les ans, au milieu de l'été, la danse du soleil se déroulait en un lieu choisi au préalable par les bandes. La *Loi sur les Indiens* de 1885 l'interdisait, mais, en général, on faisait peu de cas de cette interdiction qui a d'ailleurs été levée en vertu de la *Loi sur les Indiens* de 1951. La cérémonie était organisée par un individu pour invoquer une aide surnaturelle ou en réponse à une vision. Chez les PIEDS-NOIRS et les SARSIS, c'était les femmes qui en prenaient l'initiative. Après quatre jours de

rites préliminaires, la danse du soleil durait quatre autres jours au cours desquels on érigeait le poteau sacré de la danse et la loge sacrée. Le dernier jour, on exécutait de nombreuses danses. Les danses de contemplation du soleil symbolisaient la capture, la torture, la captivité et l'évasion, et comportaient des rites d'*autotorture*. Les danseurs jouissaient par la suite d'un prestige durable. La danse du soleil était une expérience pleine d'émotions et procurait l'occasion de renouer des liens de parenté, de planifier des mariages et d'échanger des biens.

René R. Gadacz

Danse et médias La DANSE a su se rapprocher des médias de masse, très présents dans la culture canadienne. Bien entendu, rien n'est comparable à l'effet magique d'une représentation sur scène, mais il reste que les médias contribuent à mieux faire connaître et comprendre cet art d'interprétation. Le cinéma et la télévision jouent un rôle important dans la promotion de la danse, d'où un public plus nombreux et la naissance de films sur le sujet. Enfin, grâce aux technologies vidéo et informatique, il est possible de créer des œuvres et de les conserver.

C'est probablement à la Toronto Industrial Exhibition en 1896 que les Canadiens ont un premier contact avec la danse, par le biais d'un média. Dans le cadre d'une présentation, le cinématographe des frères Lumière projette des images de Loïe Fuller interprétant sa *Danse serpentine*. Poursuivant cette relation avec le cinéma, les danseurs présentent des numéros de divertissement avant et entre les séances de projection. Même Boris VOLKOFF, qui émigre de la Russie et contribue à donner au ballet canadien un statut professionnel, se fait embaucher comme danseur de divertissement au Uptown Theatre de Toronto au début des années 30.

Avènement de la télévision

Dans les années 50, la télévision réussit à mettre la danse à la portée d'un public bien plus large que ne le fait la salle de cinéma. Le réseau anglais de la Société Radio-Canada (SRC) présente des numéros de danse dans le cadre d'émissions de divertissement comme *The Big Revue* et *L'heure du concert*, signées par le compositeur Pierre MERCURE, et *On the Spot*, *General Electric Show Time*, *Folio* et *Mr. Showbusiness*, réalisées par le célèbre Jack Arthur de Toronto.

Ludmilla CHIRIAEFF et sa troupe, Les Ballets Chiriaeff de Montréal (qui deviendront plus tard LES GRANDS BALLETS CANADIENS), profitent de l'essor de la télévision où ils se produisent plus de 300 fois en 3 ans. Ce média sert aussi les intérêts des chorégraphes de Montréal. Les artistes canadiens doivent faire face à la concurrence de leurs homologues américains dont la participation à des émissions comme *Folio* est constamment recherchée. Toutefois, de nombreux Canadiens ont aussi l'occasion de paraître au petit écran, dont Blanche et Alan LUND, Brian MACDONALD et Olivia Wyatt, qui dansent sous le nom d'Aincourt, Carlu Carter et Bill McGrath du ROYAL WINNIPEG BALLET, Ruth CARSE et Sydney Vousden ainsi que Willy Blok Hanson. Le groupe de Hanson est invité plusieurs fois à participer aux émissions *The Big Revue*, *On the Spot* et *Folio*. Dans le cadre de l'émission *On the Spot*, on diffuse un court métrage de 15 minutes réalisé par l'OFFICE NATIONAL DU FILM (ONF) et qui comporte des séquences sur la Willy Blok Hanson Fine Arts Academy. *Folio*, à son tour, présente un film du ballet pour lequel Hanson s'est inspiré du roman MARIA CHAPDELAINE, de Louis HÉMON. D'autres chorégraphies, comme *Lady from the Sea* de Elizabeth Leese et *Dark Vision* de Yone Kvietys, sont aussi à l'affiche dans le cadre d'émissions spéciales de télévision.

Au cours des années 50 et 60, le réseau anglais de la SRC enregistre nombre de ballets et de comédies musicales. Il rend ainsi la danse accessible à un plus grand public et fournit du travail à un nombre crois-

sant de danseurs professionnels au Canada. Parmi les personnages importants de l'époque, notons le producteur réalisateur Norman CAMPBELL et la danseuse chorégraphe Gladys Forrester. Cette dernière, surnommée Mighty Mouse par Campbell, collabore avec lui à de nombreuses réalisations, dont *The Pirates of Penzance*, *H.M.S. Pinafore*, *Patience* et *The Mikado*. Le réseau anglais de la SRC et le BALLET NATIONAL DU CANADA coproduisent un certain nombre d'œuvres: *Roméo et Juliette* (1965), mettant en vedette Earl Kraul et Veronica TENNANT; *Cendrillon* (1968), dont les prises au ralenti et les trucs photographiques valent un Emmy à Campbell; et *La Belle au bois dormant* (1972), interprété par Rudolf Noureev et Veronica Tennant, filmé par six caméras et également récompensé par un Emmy. Au nombre des autres réalisations importantes de Campbell figurent le *Lac des cygnes*, *Giselle* et *Casse-Noisette*, exécutés par le Ballet national du Canada, ainsi que deux émissions sur Karen KAIN et un gala en l'honneur d'Erik BRUHN.

Cinéastes

Les cinéastes canadiens réalisent plusieurs documentaires et films d'interprétation sur la danse, en collaboration surtout avec l'ONF. Le dessinateur d'animation Norman MCLAREN met à l'essai diverses méthodes pour filmer la danse. Dans *Pas de deux* (1967), les danseurs Margaret Mercier et Vincent WARREN des Grands Ballets Canadiens sont vêtus de blanc et filmés sur fond noir: l'éclairage latéral en contre-jour accentue les contrastes et transforme les danseurs en silhouettes lumineuses. Certaines images exposées jusqu'à onze fois, puis superposées, créent un effet saisissant. Dans *Ballet Adagio* (1972), McLaren filme et projette les images des danseurs Anne-Marie et David Holmes quatre fois plus lentement qu'à la normale.

L'ONF réalise de nombreux films documentaires sur la danse. *Gala* (1981), enregistrement de la représentation de huit compagnies de danse canadiennes donnée au CENTRE NATIONAL DES ARTS à Ottawa, retrace avec brio les plus belles chorégraphies de l'époque, au Canada. *For the Love of Dance* se glisse dans les coulisses de ces huit compagnies, *Flamenco at 5.15* présente un cours de flamenco à l'ÉCOLE NATIONALE DE BALLET et *Tour en l'air* (1973) suit Anne-Marie et David Holmes lors de leur tournée internationale et du tournage de *Ballet Adagio*.

Émissions de télévision spécialisées

Depuis les années 80, la télévision fait de moins en moins place à la danse dans ses émissions de variété. Elle l'insère plutôt dans le cadre d'émissions à caractère particulier comme *Sunday Arts and Entertainment* et *Adrienne Clarkson Presents* (du réseau anglais de la SRC). Ces émissions varient leur contenu et ne présentent pas que des portraits. Elles peuvent traiter de sujets comme la formation, les blessures, la retraite et le *multiculturalisme* dans le milieu de la danse. Les formules sont diverses, selon que le documentaire présente uniquement des spectacles de danse ou des entrevues plus journalistiques avec des artistes, entrecoupées de séquences de danse.

Les chaînes spécialisées de télévision par câble comme Bravo! font encore un meilleur sort aux danseurs et à leurs interprétations. La programmation du lundi soir, en grande partie consacrée à la danse, propose à l'occasion de longs métrages sur les artistes, des films de danse et des portraits de danseurs et de chorégraphes. La chaîne Bravo! a aussi diffusé la série de documentaires de Frank AUGUSTYN, *Foot Notes*, ainsi que les spectacles de danse *Night of the Flood*, du cinéaste Bernar Hébert, et *No Guilt*, de John Faichney, basé sur le numéro de danse intitulé *Non Coupable,* de Paul-André FORTIER. La danse fait aussi l'objet de reportages dans l'émission d'information culturelle *Arts and Minds* de Bravo!

Les émissions spécialisées servent bien les intérêts des cinéastes qui s'adonnent à la création de films de danse. La prolifération des versions filmées de spectacles de danse dans les années 80 en témoigne. Les effets se répercutent à tous les niveaux, qu'il s'agisse de réalisations importantes destinées à la diffusion internationale et aux salles de cinéma, ou de productions de petite envergure dont le but est de promouvoir la danse auprès d'un public cible ou à des fins pédagogiques. À la même époque, l'INDUSTRIE CINÉMATOGRAPHIQUE connaît un essor grâce à l'appui des Conseils des arts fédéral et provinciaux et du secteur privé. Les fonds sont affectés à des initiatives comme les séries cinématographiques et les festivals du film, les programmes de formation, la câblodiffusion et la vidéo domestique. Les progrès énormes effectués dans le domaine de la technologie jouent aussi un rôle important en mettant à la disposition du public de l'équipement portatif abordable pour l'enregistrement vidéo, le montage et le repiquage. Dès les années 90, il est désormais possible pour une multitude de personnes évoluant dans des milieux différents de se documenter sur la danse au moyen d'images en mouvement.

Documentaires

Certains documentaires, qui combinent les œuvres présentées sur scène avec des entrevues et des séquences de répétitions, font voir la danse comme plus qu'un simple art d'interprétation. En 1986, Moze Mossanen réalise une série de six émissions, *The Dancemakers*, dans laquelle l'animatrice Veronica Tennant fait pleins feux sur la carrière de chorégraphes canadiens contemporains tels Danny GROSSMAN, Christopher HOUSE et Ginette LAURIN. Après la diffusion de ces émissions d'une demiheure au réseau anglais de la SRC et de TV Ontario, la maison d'archivage et d'édition de Toronto, Dance Collection Danse, s'occupe de mettre celles-ci à la disposition du public et des écoles. Retirée du Ballet national du Canada, Victoria Tennant en vient à animer sa propre série télévisée sur les arts et réalise des émissions spéciales de danse pour le réseau anglais de la SRC. Notons, entre autres, l'émission-bénéfice au profit du sida, le *1994 AIDS Benefit Salute to Dancers for Life*, qui met en vedette des compagnies de danse réputées et des danseurs chorégraphes indépendants venant de tous les coins du pays. Le film innovateur *Emotional Logic: William Douglas Transformed*, de Lisa Cochrane, remporte un vif succès en 1995, un an seulement avant que le chorégraphe ne succombe au sida (*voir* William DOUGLAS).

En signant la version vidéo musicale de *Blue Snake*, œuvre du chorégraphe Robert DESROSIERS, l'entreprise torontoise Rhombus Media pave ainsi la voie aux cinéastes de la danse indépendants. Il en résulte une succession de vidéos de danse primés, destinés à la diffusion internationale. *Le Dortoir* (1991), entre autres, une adaptation de François Girard d'après une mise en scène de Gilles Maheu, se déroule dans un dortoir de couvent. *The Sorceress* (1993), une œuvre fantaisiste, met en vedette Kiri Te Kanawa qui chante des arias tirés d'opéras de Händel. Le film est entrecoupé de danses baroques créées par Opera Atelier. Dans *Satie and Suzanne* (1994), Veronica Tennant interprète le rôle de Suzanne Valadon aux côtés d'artistes du CIRQUE DU SOLEIL, dans un spectacle évoquant le Paris du début du siècle. S'ajoute à la liste *The Planets* (1994), dans lequel on donne vie à la musique de Gustav Holst dans des chorégraphies de patinage sur glace, de danse contemporaine et de nage synchronisée. Une entreprise du même genre à Montréal, Agent Orange/Ciné Qua Non, réalise aussi plusieurs films de réputation internationale dont *Lalala Human Sex Duo No. 1* (1987) et *Valasquez's Little Museum* (1994), des collaborations de Bernard Hébert et du chorégraphe post-moderne Édouard LOCK, mettant en vedette la dynamique danseuse Louise Lecavalier.

La vidéo: un outil

Un grand nombre de danseurs mettent la technologie vidéo au profit de leur art, que ce soit pour les répétitions et les chorégraphies ou pour faire resurgir un style et le retravailler. Ils reconnaissent aussi l'utilité de la vidéo comme outil de promotion. La distribution à grande échelle des vidéos de danse s'avère une méthode de communication importante parmi les danseurs, les administrateurs et les présentateurs. Les professeurs et les chercheurs notent aussi les avantages marqués de la vidéo par rapport aux diapositives et au film. Ils en font leur outil principal pour leur travail sur le terrain. En 1992, le BANFF CENTRE présente un programme intitulé *Dance and the Camera*, auquel participent des chorégraphes, des compositeurs et des réalisateurs, dans le but de créer de nouvelles réalisations vidéo à l'intention des amateurs de danse. D'autres programmes de formation novateurs sont mis sur pied à Vancouver, à Montréal et à Toronto. Depuis 1992, Toronto est l'hôte d'un festival de danse sur film et vidéo, mettant en lumière les œuvres clés réalisées dans le monde entier.

La chorégraphe cinéaste canadienne, Laura Taler, qui se fait de plus en plus connaître comme réalisatrice de films de danse, a remporté deux prix Cinedance: l'un pour *The Village Trilogy* (1995), qui par ses images évoque l'immigration de sa propre famille de la Roumanie, et l'autre pour *Heartland* (1997), un documentaire émouvant sur la carrière du danseur et chorégraphe Bill Coleman, un homme sans prétention. Laura Taler, en collaboration avec Mark Hammond, a réalisé un troisième film intitulé *Dances for a Small Screen*. Divisée en trois parties, chacune portant sur un réalisateur différent, soit Taler, Mossanen et Nick de Pencier, l'œuvre montre ces derniers en train de filmer les chorégraphes contemporains Tedd Robinson, Jos, Navas et Noam Gagnon ainsi que Dana Gingras.

Applications informatiques

Depuis quelques années, le Canada fait figure de pionnier en matière d'applications informatiques interactives dans le domaine de la danse. Les deuxième et troisième conférences internationales de la danse et de la technologie ont eu lieu à l'U. Simon-Fraser (1993) et à l'U. York (1995). Des techniciens en informatique, de concert avec des danseurs et des pédagogues, ont mis au point des logiciels pour faciliter la création, l'enseignement, la notation, l'archivage et la promotion de la danse. Le premier logiciel du genre, «Life Forms», conçu au début des années 80 par les professeurs Thomas Calvert et Thecla Schiphorst de l'U. Simon-Fraser, permet de transposer les mouvements du corps en langage informatique. Les chorégraphes peuvent travailler directement à l'écran, plutôt que dans le studio, et perfectionner certains mouvements avant de les faire exécuter par les danseurs, ce qui leur épargne le stress physique des mouvements répétés. Le chorégraphe américain Merce Cunningham se sert de «Life Forms» depuis 1990.

En 1990, les professeurs Mary Jane Warner et Norma Sue Fisher-Stitt de l'U. York entreprennent un projet pilote afin d'explorer les possibilités d'intégrer la technologie de HyperCard à un didacticiel sur l'histoire de la danse. À partir du ballet de Gweneth LLOYD, *Shadow on the Prairie*, elles montent un didacticiel interactif offrant à l'usager des renseignements sur le Royal Winnipeg Ballet; sur sa cofondatrice, Gweneth Lloyd; sur Arnold SPOHR, directeur artistique pendant 30 ans; ainsi que sur le ballet lui-même. On y trouve du texte, des images fixes, de l'hypertexte, qui permet à l'usager de cliquer sur des mots en caractère gras pour obtenir plus d'information, des questions qui mettent au défi les connaissances de l'utilisateur, et, enfin, des extraits vidéo et sonores du film *Shadow on the Prairie* réalisé par l'OFFICE NATIONAL DU FILM (ONF). La nature interactive du didacticiel motive l'apprentissage puisque l'usager doit participer activement et faire des choix afin de pouvoir avancer dans la leçon.

L'ère de l'informatique touche aussi l'aspect archivage et notation de la danse. Le professeur Rhonda Ryman de l'U. de Waterloo a mis au point «MacBenesh», un logiciel permettant de composer, de vérifier, d'archiver, de récupérer et de modifier des partitions transcrites en notation Benesh. Il s'agit d'un complément au logiciel américain «LabanWriter» qui, lui, repose sur la notation Laba. Eddie Kastrau, un danseur de la DANNY GROSSMAN DANCE COMPANY, a conçu «Performance History Database» (PHD) en 1994. L'idée lui vient après avoir éprouvé de nombreuses difficultés à retrouver des pièces précises du répertoire de Grossman dans la collection de bandes vidéo de ce dernier. Il s'attaque d'abord au catalogage des danses de la troupe enregistrées sur bande-vidéo. À mesure qu'il ajoute au contenu, il modifie la base de données pour en faciliter l'utilisation. Sur les conseils d'administrateurs torontois dans le secteur de la danse, il intègre au logiciel une multitude de renseignements se rattachant aux représentations: dates, lieux, heures, distribution, fréquentation, commanditaires, répertoire, danseurs, reportages des médias, catalogues de bandes-vidéo et droits d'auteur. Le logiciel permet aussi de stocker des séquences d'archives et des photographies. La plupart des grandes compagnies de danse moderne de Toronto en font maintenant usage.

Dance Collection Danse a recours à l'archivage électronique depuis des années. Grâce au balayage d'images, on réussit à conserver des photographies, des coupures, des programmes et tout document et objet retraçant l'histoire de la danse au Canada, bien au-delà de la vie utile du matériel original. Dance Collection Danse profite aussi de l'éditique pour publier, à bon marché, des textes comme l'*Encyclopedia of Theatre Dance in Canada* de Jillian Officer.

Les compagnies de danse mettent à profit, depuis peu, les avantages que leur offre l'Internet. Nombreuses sont celles qui se servent de cette technologie pour promouvoir leur prochain spectacle ou leur nouvelle chorégraphie, pour solliciter des dons ou tout simplement pour tenir leur public au courant de leurs activités.

Amy Bowring et Selma Odom

Danse folklorique Style de danse à multiples facettes, que ses adeptes perçoivent de différentes façons. Elle est vernaculaire en ce qu'elle témoigne d'une époque et d'un lieu particuliers et qu'elle est associée à l'aspect populaire d'une culture plutôt qu'à son côté élitaire. Au sein de la «grande» tradition d'une société, elle appartient à la «petite» tradition, soit la tradition orale, non officielle. Les danses folkloriques de «survie» jouent un rôle à part entière au sein d'une communauté, tandis que les danses folkloriques de «résurgence» sont exécutées par un groupe fermé pour diverses raisons personnelles. Ces danses peuvent comprendre à la fois des éléments de survie et de résurgence.

Évolution à partir des rituels religieux

Sous l'effet de la tradition orale, par opposition à la tradition écrite, les individus voient, entendent et exécutent différemment les danses. Ils transmettent donc le matériel de diverses façons. Dans le domaine folklorique, aucune version de danse n'est définitive. S'il n'y a pas de variantes, cela signifie que celle-ci a été transmise de façon non traditionnelle, soit par un écrit officiel, soit par un groupe qui, par souci de «pureté», l'a conservée scrupuleusement. Malgré la rareté des documents sur l'évolution de la danse folklorique, certains spécialistes croient que plusieurs formes de danse découlent de rites religieux. Chaque région a connu sa propre évolution, mais certaines ont été plus que d'autres en contact avec des influences extérieures.

La danse sociale, bien que généralement pas considérée comme telle, est une forme de danse folklorique. Les studios de danse prétendent enseigner la «bonne» façon, mais, en pratique, les gens improvisent, simplifient et modifient, créant ainsi des variantes telles que la valse, le cha-cha-cha, le disco ou le *jitterbug*. La danse sociale fait partie de la «petite» tradition d'une culture et est vernaculaire. Dans la tradition de l'Europe occidentale, la danse sociale est exécutée en couple et sert habituellement de parade de séduction. Souvent appelée «danse de salon», elle donne lieu à des spectacles et des concours.

De nombreuses danses sociales jouissent d'une flambée de popularité puis tombent dans l'oubli. D'autres cependant, comme la valse, la polka, le quadrille, la contredanse et le menuet, héritage des XVIIIe et XIXe siècles, font preuve d'une longévité inhabituelle. Moins populaire que jadis, la danse sociale est encore considérée comme un moyen efficace et acceptable de rencontrer des gens. Compagnies, clubs, groupes universitaires, écoles secondaires et centres communautaires organisent régulièrement des réunions de ce genre.

La danse folklorique de survie au Canada Au Canada, hormis la danse sociale, il existe très peu de danses folkloriques de survie, et il est difficile de déterminer précisément ce qu'il en reste. On les retrouve toutefois chez des groupes relativement isolés (géographiquement ou psychologiquement) tels que les autochtones, les francophones et les hassidiques. Les minorités urbaines (indienne, chinoise, italienne, portugaise, ukrainienne, macédonienne, grecque, allemande, polonaise, arménienne, irlandaise, latino-américaine et antillaise) arrivent malgré tout à conserver certaines danses typiques de leur pays d'origine. Cependant, à mesure que disparaissent les première et deuxième générations d'immigrants, les descendants des immigrants ont tendance à s'assimiler à la société majoritaire et les danses, qui étaient autrefois un aspect important de leurs activités sociales, professionnelles et religieuses, disparaissent avec les aînés.

Les danses de résurgence sont plus fréquentes et plus visibles. Elles se pratiquent particulièrement chez les groupes qui sont très attachés à leurs racines. Les danses «nationales» ou «ethniques» représentent une façon de préserver, d'exprimer et de perpétuer cet attachement. Les danseurs les apprennent soit en ayant recours aux aînés du groupe, soit en faisant appel à un spécialiste extérieur. Les danses sont alors «réglées» pour le groupe, qui s'amusera à les exécuter lors d'occasions spéciales.

Un autre genre d'activité est la danse folklorique internationale, pratiquée pour le plaisir que procure les danses de plusieurs pays et sans recherche d'identité culturelle. La majorité de ces danses sont d'origine balkanique, car les danses en ligne, faites de pas compliqués, semblent les plus populaires. Là encore, les danses sont «réglées» par un expert et ne montrent donc qu'une seule des variantes possibles de ces danses.

Un troisième type de danse de résurgence se pratique chez les groupes dont l'objectif est l'exécution «parfaite», comme les clubs de danse carrée. Dans ce cas, les participants ne dansent que pour le plaisir de danser entre eux, bien que certains aient des costumes pour les grandes occasions. D'autres prétendent aussi à la perfection, ce sont les troupes de danses folkloriques présentant des spectacles, où la chorégraphie, les costumes et l'éclairage concourent à créer un effet particulier. Les danses sont présentées d'une manière tout à fait théâtrale et, parfois, plusieurs danses sont combinées en une seule.

Dans ce cas, l'appellation «danse folklorique» est trompeuse, car tout est «réglé» et les variantes ne sont pas de mise. Il serait plus juste de parler de danse «inspirée» ou «dérivée» du folklore, ce qui permettrait au public de faire la différence entre la danse spectacle et la danse folklorique de résurgence. En dépit de ces distinctions, les groupes axés sur la perfection pratiquent ainsi une forme de danse vernaculaire propre à la «petite» tradition d'une société.

La tradition de danse des Canadiens français est un bon exemple de danse folklorique à la fois de résurgence et de survie. Au Québec, les danses folkloriques sont dérivées de quadrilles, de contredanses, de rondes chantées et de gigues (mouvements syncopés et rythmés des pieds). Beaucoup de ces danses sont de descendance noble, comme le quadrille complexe de l'île d'Orléans. Des quadrilles plus simples, et d'autres comme la contredanse et le brandy, sont probablement d'influence américaine ou britannique. Tous ces styles sont devenus des danses folkloriques complètes avec des variantes, mais peu de documents décrivent leur évolution.

La gigue est transmise de père en fils. D'origine incertaine, elle dériverait vraisemblablement de la gigue irlandaise. Comme la gigue a toujours été une forme de danse orale, les exécutions contemporaines démontrent clairement le processus d'une tradition folklorique: une danse vivante où on trouve d'innombrables variantes de style et de structure. La ronde chantée, autrefois populaire chez les adultes, appartient maintenant au répertoire enfantin. Quelques rondes pour adultes ont été répertoriées dans certaines communautés isolées, et, à l'occasion, elles sont reprises dans des ateliers. Quelques-unes de ces danses témoignent du riche apport culturel des Français au XVIIe siècle. Au Québec, la danse folklorique de survie est pratiquée dans les veillées, au même titre que la conversation, le repas, la partie de cartes et la musique.

La danse est un catalyseur social, aspect important du développement individuel et collectif. Aujourd'hui, avec l'avènement de la télévision, les familles moins nombreuses et l'abandon des traditions, on ne danse plus dans la majorité des familles. Toutefois, il y a un regain d'intérêt marqué pour la danse folklorique. La Fédération des loisirs-danse du Québec parraine des ateliers qui mettent l'accent sur l'apprentissage des danses folkloriques.

La troupe de spectacle Au Québec, les troupes folkloriques offrent des spectacles très appréciés du public. Dans les années 50, Les Folkloristes du Québec ont été les premiers à revêtir des costumes d'époque. Plus tard, des troupes comme LES FEUX FOLLETS, Les Danseurs du Saint-Laurent, les Gens de mon pays et, aujourd'hui, Les Sortilèges se produisent devant des auditoires enthousiastes.

Du côté anglophone, le quadrille est la danse la plus populaire de Terre-Neuve à la Colombie-Britannique. Toutefois, la récente popularité des concours de gigue, particulièrement en Ontario, a projeté ce genre de danse à l'avant-scène. La gigue est un mélange intéressant, car c'est à la fois une danse de performance et une danse en constante évolution. Les jeunes participants suivent généralement les leçons d'experts ou apprennent dans leur famille. Les versions plus récentes semblent influencées par la danse à claquettes et l'on porte des chaussures à claquettes non traditionnelles, destinées à accentuer le son, pour les exécuter. La musique demeure de genre folklorique et consiste donc en un mélange, à parts égales, de matelote, de gigue et de branle. Seul le tempo est accéléré.

Danse autochtone Chez les autochtones, la danse est très souvent liée à des rituels importants. Ils partagent certaines danses entre tribus ou avec des non-autochtones. La manifestation la plus connue de leur folklore est le POW-WOW panamérindien. Des prix sont attribués aux meilleurs danseurs concurrents, et les amateurs y dansent également. Lors de ces rassemblements, les GENS-DU-SANG de l'Alberta, p. ex., exécutent deux sortes de danses: les danses de groupe à solos successifs (danse des Sioux, danse des herbes sacrées et danse de guerre) et les danses de couples en cercle (danse du hibou). La DANSE DU SOLEIL attire chaque année de nombreux jeunes participants connaissant peu les danses rituelles. Les danses des pow-wow détournent l'attention qui pourrait être portée aux danses particulières des clans, mais favorisent le sentiment d'appartenance à la culture autochtone.

Les danses folkloriques non autochtones sont aussi très populaires dans certaines clans. Les quadrilles sont certainement les plus répandus, et on rapporte que les Gens-du-Sang les dansent comme des *Spi-ye-Buska* (danse mexicaine), de même que les LIÈVRES, de Fort Good Hope. Ces derniers apprécient également le pas de deux, la valse, le *swing* et le *reel* écossais.

Il existe donc plusieurs genres d'activités de danses folkloriques dans tout le pays. Elles sont généralement représentatives d'une communauté ethnique, et les parents encouragent leurs enfants à prendre part aux danses folkloriques afin qu'ils connaissent leur héritage culturel et s'identifient à leurs origines. Dans les écoles élémentaires, on enseigne les quadrilles et même quelques autres danses folkloriques, selon les connaissances personnelles de l'enseignant en cette matière. Les éducateurs intéressés disposent de séries de manuels et d'enregistrements soigneusement gradués. Les enfants exécutent habituellement ces danses sans connaître leur contexte culturel d'origine.

Organisations, clubs et sociétés Des organisations, des clubs et des sociétés participent à la réhabilitation de la danse folklorique. Dans une publication des années 80, *People's Folk Dance Directory*, on a compilé une liste impressionnante de lieux, de professeurs et de sociétés de danse folklorique au Canada et aux États-Unis. Ce répertoire, bien que fort utile, est loin d'être exhaustif, car plusieurs groupes n'y figurent pas.

Les amateurs de danses folkloriques ont un grand choix d'activités à leur disposition, des classes de danse aux festivals, sans oublier les fêtes ethniques. Parmi les festivals les plus connus, on retrouve l'Irish feis, les concours de danses écossaises, les festivités du May Day (auxquelles participent souvent des équipes de *morris-dance* anglaise), le carnaval d'hiver de Québec, Caribana et la fête de l'indépendance d'Israël. D'autres manifestations, comme la caravane de Toronto, Terre des hommes à Montréal et le Folk Fest de la Colombie-Britannique, sont multiculturelles et offrent l'occasion de voir et de participer aux activités de diverses cultures.

Le campus universitaire est fréquemment un catalyseur dans le milieu de la danse folklorique et parraine souvent des clubs ouverts à tous. Les étudiants de l'U. Laval de Québec et de la Memorial University of Newfoundland ont fait des recherches approfondies dans leurs régions respectives, et les départements de danse des universités York et Waterloo ont apporté leur contribution.

Plusieurs organismes d'encadrement préparent des activités et agissent comme centres de renseignements sur le plan régional. Le Conseil canadien des arts populaires a des filiales dans tout le Canada, et ses deux bureaux principaux, à Montréal et à Toronto, possèdent des banques de documentation. L'Ontario Folk Dance Association publie *Ontario Folkdancer*, un bulletin qui annonce tous les événements qui se produisent au Canada et dans certaines parties des États-Unis. À Montréal, la Fédération des loisirs-danse du Québec organise des ateliers de fins de semaine et des soirées, recueille des documents d'archives et publie le journal *La Jarnigoine*. (*Voir aussi* MUSIQUE FOLKLORIQUE CANADIENNE-FRANÇAISE.)

Ellen Shifrin

Danse moderne L'appellation «danse moderne», souvent utilisée de façon impropre, prête à confusion et exige quelques explications. Pour certains, danse moderne signifie simplement que ce n'est pas du ballet classique, qu'il s'agit donc d'une forme de danse ne prenant pas racine dans un code académique de mouvements. Or, cet usage regroupe dans la même catégorie des genres ayant leurs propres caractéristiques, comme la danse postmoderne et la nouvelle danse. En fait, l'appellation «danse moderne» peut maintenant être utilisée comme terme historique et fait référence à un groupe particulier de chorégraphes et à une tradition de valeurs que ceux-ci ont établie en danse. De plus en plus, le terme est utilisé pour décrire une variété de styles développés au début du XXe siècle en réaction au BALLET classique. Ses représentants considèrent le ballet classique comme étant un art dégénéré et moribond qui s'est éloigné des buts premiers de la danse pour ne devenir qu'une création de la bourgeoisie. De leur côté, les traditionalistes rétorquent en appelant la danse moderne un «ballet aux pieds nus». Ce débat a servi d'inspiration au mouvement que l'on appelle maintenant «danse moderne».

Les pionniers En fait, l'expression «danse moderne» a toujours été une façon maladroite de décrire ce qui est beaucoup plus un courant en danse qu'un style. Ce courant considère l'expression individuelle comme beaucoup plus importante que les formes rigides enseignées par l'académisme. La première vague de pionniers comprend l'illustre danseuse américaine Isadora Duncan. Celle-ci estime que la danse moderne est un retour à la pureté et à la simplicité de la danse grecque ancienne. Une autre Américaine, Ruth St. Denis, adopte différents styles de danses exotiques et orientales. Avec le temps, quelques danseuses chorégraphes font leur apparition. Parmi celles-ci, citons Mary Wigman en Europe, Doris Humphrey et Martha Graham en Amérique du Nord. La créativité et les innovations de cette deuxième vague de danseuses seront une source d'inspiration.

Contrairement au ballet classique, la danse moderne n'a pas été à l'origine d'un code unique et conventionnel de mouvements. Les deux formes partagent toutefois un caractère sérieux, et d'autres caractéristiques communes émergeront au fil des ans. Les danseurs modernes abandonnent les pointes et s'exécutent surtout pieds nus. Leur but n'est pas de créer l'illusion de l'aisance et de la légèreté. Ils veulent plutôt faire de la danse une forme d'art indépendante et ne voient pas un lien incontournable entre celle-ci et la musique. En danse moderne, la représentation de l'humanité est plus directe, viscérale et terre à terre. À mesure que les danseurs gravitent autour d'un représentant particulier de la danse moderne, on les identifie comme disciples du style particulier de cette personne.

Innovateurs plus récents Dans les années 40 et 50, ces mêmes disciples rompent avec le mouvement et deviennent la troisième vague de créateurs en danse moderne, notamment Merce Cunningham, José Limon et Paul Taylor. Toutefois, à l'exception de Cunningham, ils continuent de défendre les valeurs humanistes de leurs mentors. Dans les années 60, bien que ces derniers fussent reconnus, une génération plus jeune se dégage, à la recherche de sa propre individualité, qui crée le mouvement connu sous le nom de «danse postmoderne». Ces rebelles explorent différentes formes de danse de façon plus méthodique, analytique et intellectuelle. Leurs efforts se font parallèlement à l'expérimentation, qui a lieu dans les arts visuels et la musique, qualifiée parfois de minimaliste.

En revanche, les premières formes de danse moderne ont toujours des adeptes, bien qu'avec le temps, leurs chorégraphies soient considérées comme des formes historiques, comme ce fut le cas pour le ballet. Dans les années 80, particulièrement en Europe, on voit apparaître un autre mouvement appelé «nouvelle danse». L'accent est mis sur l'expression individuelle, et la théâtralité en est la caractéristique unificatrice. À la fin du XXe siècle, l'émotion générale qui se dégage de la nouvelle danse est l'angoisse existentielle.

Pendant ce temps, les divisions entre la danse classique et les formes de danse du XXe siècle s'atténuent grâce à un processus remarquablement fertile de croisement de pollinisation. Ainsi, les danseurs modernes commencent à reconnaître que la danse classique offre une formation de base solide pendant que les chorégraphes de ballet s'initient au pouvoir viscéral de la danse moderne. On parle alors de «ballet moderne».

Influences culturelles Les changements sociaux, la fin du colonialisme, la migration des peuples de différentes races et la lente érosion du concept de hiérarchie raciale internationale contribuent à aviver l'intérêt pour des styles de mouvements provenant de cultures non européennes, celles de l'Inde, la Malaisie, l'Afrique, des Caraïbes et des autochtones de l'Amérique du Nord. Ce qui était autrefois considéré comme «ethnique» fait maintenant partie d'un grand courant comportant plusieurs facettes. Des personnes de différentes cultures explorent réciproquement leurs styles de danse. Les chorégraphes tirent avantage des possibilités de cette tendance et créent des œuvres appelées parfois «danse fusion».

Intégration à d'autres formes culturelles Les chorégraphes de toutes cultures se rendent compte que les distinctions traditionnelles entre la musique, le théâtre, l'opéra, le film, la vidéo, l'art visuel, l'architecture, la sculpture et la littérature sont en soi artificielles, arbitraires et inutilement restrictives. Leur réaction donne lieu à une période d'expérimentation parfois déconcertante, mais pour le moins stimulante. P. ex., dans les années 70, la chorégraphe canadienne Holly Small explore les façons d'intégrer les musiciens en tant que personnages en mouvement dans la chorégraphie. À Montréal, Jean-Pierre PERREAULT explore les façons d'intégrer la danse à l'environnement architectural. À Toronto et à Vancouver, Conrad Alexandrowicz utilise texte et danse comme partenaires égaux dans ses manifestations théâtrales dont on ne peut dire s'il s'agit d'une danse ou d'un drame. Dans *Painters and the Dance*, en collaboration avec Graham Coughtry, la chorégraphe torontoise Patricia BEATTY tente d'éliminer la distinction entre la danse à l'avant-scène et le décor à l'arrière-plan. Les danseurs deviennent ainsi partie intégrante d'une animation en art visuel.

Influence européenne au Canada Au moment où la danse théâtrale professionnelle est établie au Canada, la révolution en danse moderne a déjà atteint un haut niveau de maturité. Comme ce fut le cas pour le ballet, les Canadiens se servent des influences extérieures comme guides et sources d'inspiration. Dans le cas de la danse moderne, l'inspiration est d'abord européenne et provient des enseignements de l'Autrichien Émile Jacques-Dalcroze et du Hongrois Rudolf von Laban. Si Jacques-Dalcroze considère que la sensibilité musicale peut être stimulée en faisant du rythme un mouvement corporel, von Laban perçoit la danse comme une forme d'art qui enrichit et ennoblit l'homme.

Elizabeth Leese est la première de plusieurs Européens à fuir les bouleversements politiques de l'Europe et à introduire le sérieux de ces démarches à la danse au Canada. En 1939, Leese entre au service de la compagnie de ballet de Boris VOLKOFF de Toronto et, au début de 1940, elle déménage à Montréal où elle ouvre sa propre école. En 1944, Ruth Sorel fonde également une école à Montréal. Elle a étudié avec Mary Wigman (élève de Jacques-Dalcroze et de von Laban et figure dominante de la danse moderne en Europe). Leese et Sorel jouent toutes deux un rôle important dans les premières années du Festival de ballet canadien (1948-1954), qui réunit danseurs et chorégraphes de tous les coins du pays. Elles créent à Montréal un climat stimulant dans lequel peut évoluer une deuxième génération de danseurs.

Plus de 20 ans après l'arrivée de Leese et de Sorel à Montréal, Jeanne RENAUD et Peter Boneham, un ex-danseur de ballet, fondent LE GROUPE DE LA PLACE ROYALE. Le Groupe, établi à Ottawa depuis 1977, conserve une approche très intellectuelle de la danse moderne. La tradition européenne subsiste toujours à Montréal dans les œuvres des chorégraphes Paul-André FORTIER et Marie CHOUINARD. De son côté, Jean-Pierre Perreault, ancien codirecteur artistique du Groupe, utilise la danse pour explorer de façon innovatrice la forme et l'espace.

L'influence européenne domine également les débuts de la danse moderne à Toronto. Ses principaux artisans sont Bianca Rogge et Yone Kvietys, deux réfugiés de l'Europe de l'Est. De concert avec Nancy Lima Dent, élève de Leese, ils organisent les premiers festivals de danse moderne au pays (1960-1962). Parmi les élèves de Rogge se trouve Judy JARVIS, qui ira étudier en Allemagne avec Wigman. À son retour, elle fonde la Judy Jarvis Dance and Theatre Company qui, au cours des années 70, présente une vision dénudée et tragique de l'existence, vision qui d'ailleurs empreint l'œuvre de Mary Wigman. Même si la compagnie n'existe plus, Jarvis continue d'enseigner et demeure une source d'inspiration jusqu'à sa mort en 1986.

L'influence américaine au Canada Yone Kvietys, personnage moins haut en couleur que Rogge, enseigne à Donald Himes, Susan Macpherson et David EARLE. On peut donc le considérer comme un fondateur indirect du TORONTO DANCE THEATRE. Malgré ce lien, le Toronto Dance Theatre marque en fait les débuts au Canada de la danse moderne américaine orientée vers une expression plus personnelle attachant moins d'importance à la formation formelle. Rachel Browne, danseuse soliste du ROYAL WINNIPEG BALLET jusqu'en 1964, fonde, au début des années 70, les WINNIPEG'S CONTEMPORARY DANCERS, dont le répertoire de danse moderne comprend des œuvres de Browne et d'autres chorégraphes canadiens et américains. Cette compagnie contribue à l'évolution de la carrière des chorégraphes indépendantes Anna Blewchamp et Judith MARCUSE, toutes deux de formation classique et moderne. La formation de Blewchamp auprès de Martha Graham se reflète dans plusieurs de ses chorégraphies, dont *Arrival of all Time* est un exemple notoire. Le style de Marcuse est plus éclectique, et, jusqu'au milieu des années 90, ses chorégraphies sont présentées par sa propre compagnie, la Judith Marcuse Dance Company (anciennement la Dance Repertory Company of Canada).

L'influence de Graham se fait nettement sentir dans la création du Toronto Dance Theatre, puisque les trois membres fondateurs (Patricia Beatty, Peter RANDAZZO et David Earle) ont tous été formés à la technique de la chorégraphe américaine. De leur côté, Paula Ross et Anna Wyman présentent, à Vancouver, des formes plus individuelles de danse moderne. Les activités de la compagnie fondée par Ross, à la fin des années 60, ont été suspendues en 1987, mais sa vision de la danse hautement personnelle, émotionnelle et basée sur des valeurs humaines a eu un effet marquant. Sa formation en danse classique et en danse-spectacle lui permet d'expérimenter librement divers styles modernes de mouvements. En 1997, elle tente de remettre sa compagnie sur pied. Quant à Wyman, elle se tourne vers la danse après une brillante carrière professionnelle de ballerine. Établie au Canada en 1967, elle ne tarde pas à présenter des chorégraphies où les groupes de danseurs passent librement d'un style de mouvement à l'autre. Toutefois, sa compagnie s'effondre en 1990.

Au début des années 70, la création d'un département de danse à l'U. York a un effet stimulant important sur la danse moderne au Canada. Malgré sa formation en danse classique, Grant STRATE, fondateur du département, a toujours voulu expérimenter et innover en matière de danse. Visionnaire et source d'inspiration, Strate attire d'éminents artistes au département et encourage la venue (souvent pour la première fois au Canada) d'artistes américains connus de la danse moderne sollicités pour donner des représentations ou des cours.

En un certain sens, on peut dire que 40 ans d'histoire de la danse américaine sont condensés en moins de ans à Toronto. La danse moderne canadienne s'enrichit d'une nouvelle génération de danseurs et de chorégraphes représentés par les nouveaux diplômés d'York. Dès 1974, Marcie Radler et Andrea Smith, étudiantes de cette université, fondent DANCEMAKERS, une compagnie de danse moderne au répertoire éclectique qui réunit jeunes et anciens chorégraphes. L'influence américaine se fait surtout sentir à Toronto, bien qu'elle touche aussi d'autres grandes villes. La Torontoise Jennifer MASCALL, qui avait participé aux expériences en danse postmoderne du New-Yorkais Douglas Dunn, ira développer son goût pour l'improvisation à Vancouver. C'est aussi dans cette ville qu'Iris Garland, de l'U. Simon-Fraser, fait découvrir à ses élèves les œuvres de divers chorégraphes modernistes américains et que, à une plus petite échelle, Helen Goodwin fait de même à l'U. de la Colombie-Britannique. La tradition Graham est introduite au Dancers Studio West de Calgary par Elaine Bowman, ancien membre du Toronto Dance Theatre. À Edmonton, Brian Webb, qui a étudié longtemps avec Erick Hawkins, premier partenaire de danse de Graham, fait de même, alors qu'à Halifax, Jeanne Robinson dirige, jusqu'en 1987, le Nova Dance Theatre.

Au milieu des années 70, Danny GROSSMAN, qui, sous le nom de Danny Williams, est l'un des chefs de file de la célèbre Paul Taylor Dance Company de New York, vient s'établir au Canada pour travailler comme chorégraphe. En 1977, il fonde le Danny Grossman Dance Theatre, qui devient rapidement l'une des compagnies de danse moderne les plus populaires et les plus actives au pays.

Approches personnelles Dans les années 80, une nouvelle génération de chorégraphes s'inspire d'une grande variété de styles et d'influences pour créer une approche personnelle. Les différences traditionnelles entre la danse classique et la danse moderne s'estompent à mesure que danseurs et chorégraphes partagent leurs idées et tentent d'apprendre les uns des autres. Les compagnies de ballet classique comme le BALLET NATIONAL DU CANADA et les Grands Ballets Canadiens invitent divers chorégraphes en danse moderne à travailler avec eux: Christopher HOUSE, Linda Rabin, Édouard LOCK et Ginette LAURIN collaborent avec les Grands Ballets, tandis que Danny Grossman, David Earle et Robert DESROSIERS le font avec le Ballet national. Par ailleurs, James KUDELKA, de formation classique, mais intéressé par le mouvement contemporain, crée des chorégraphies pour le Toronto Dance Theatre et Dancemakers.

Comme dans d'autres pays, le milieu de la danse moderne au Canada est plutôt informe et agité. Les compagnies naissent et meurent, et les chorégraphes et les danseurs travaillent souvent de façon indépendante. Le 15 Dance Lab de Toronto, fondé en 1972 par Lawrence et Miriam Adams, ex-danseurs du Ballet national, offre une tribune à ces artistes indépendants. Des endroits semblables sont créés dans tout le pays afin d'offrir un réseau de salles peu coûteuses à un nombre grandissant de chorégraphes et de danseurs indépendants. Parmi les organismes offrant ce genre de salles, citons les deux plus importants, le Danceworks de Toronto et Tangente de Montréal. Chaque été, Toronto accueille le Festival annuel des artistes de danse indépendants, événement d'importance où les chorégraphes de tout le Canada et d'ailleurs peuvent présenter leurs œuvres.

À la fin des années 70, Montréal est un centre d'expérimentation en danse moderne, suivant ainsi les traces du Groupe de la Place Royale et du Groupe Nouvelle Aire. Les chorégraphes Daniel Léveillé, Ginette Laurin et Édouard Lock suscitent l'intérêt du public. Lock fonde sa propre compagnie, La La La Human Steps, qui présente son style dégingandé,

décontracté et d'influence punk. Au cours des années 80, les chorégraphes montréalais, traditionnellement d'orientation européenne, s'intéressent de plus en plus à l'expression hautement personnelle et théâtrale de la nouvelle danse. Les chorégraphes de nouvelle danse créent souvent une pièce unique qui dure environ une heure et partent en tournée jusqu'à ce qu'il soit temps d'en produire une nouvelle. Ainsi, ils ne montent pas un répertoire au sens traditionnel. Les chorégraphes québécois, en particulier, sont maintenant reconnus dans le circuit de danse européen, et Montréal accueille périodiquement d'importants festivals internationaux de nouvelle danse durant lesquels des chorégraphes canadiens et étrangers présentent leurs œuvres.

Accès plus facile et variété d'expression D'accès plus facile, la danse moderne au Canada touche un plus grand public. Le Robert Desrosiers Dance Theatre, qui offre une interprétation spectaculaire de la vision théâtrale surréaliste de Desrosiers, illustre bien cette volonté de mettre l'accent sur la valeur du spectacle et le désir de divertir. À la fin des années 80, sous la direction artistique de Tedd Robinson, assisté de Murray Darroch, les Winnipeg's Contemporary Dancers adoptent graduellement un style théâtral flamboyant et fantaisiste. Le directeur Tom Stroud semble grandement influencé par les valeurs de la nouvelle danse européenne.

À Vancouver, Karen JAMIESON, (qui, sous le nom de Karen Rimmer, a joué un rôle clé dans la compagnie expérimentale Terminal City Dance), crée des chorégraphies chargées d'émotion. Afin de trouver de nouvelles façons d'intégrer la musique à la danse, un grand nombre de créateurs explorent d'autres médias que le mouvement. Jusqu'à sa fermeture en 1990, la Toronto Independent Dance Enterprise utilise souvent l'improvisation créatrice qui allie techniques de théâtre, texte oral et mouvement. Plusieurs chorégraphes en danse expérimentale tirent profit des technologies de pointe, intègrent des vidéos dans leurs œuvres et «font danser» les musiciens directement au cœur de la scène, les amenant à devenir presque des danseurs. La grande variété d'approches adoptées par les chorégraphes canadiens et leur désir de toujours explorer de nouveaux territoires illustrent bien la vitalité de leur art et le développement de formes d'expression distinctes et personnelles. Si, à ses débuts, la danse moderne canadienne dépendait grandement de sources d'inspiration extérieures, elle présente maintenant plusieurs facettes a su trouver son identité.

Michael Crabb et Graham Jackson

Danse récréative Qu'il s'agisse d'enfants apprenant le ballet, d'adultes tournoyant dans une salle de bal ou de familles entières dansant des quadrilles d'autrefois, les Canadiens adorent danser. Selon l'Institut canadien de la recherche sur la condition physique et le mode de vie, la danse est une de leurs dix activités récréatives favorites.

La danse récréative regroupe tous les types de danses exécutées pour le plaisir et non pour se préparer à un spectacle ou dans le cadre d'un enseignement. Toutefois, comme le soulignent les professeurs de danse, la limite entre le plan professionnel et les loisirs n'est pas toujours facile à établir. Les enfants initiés à la danse pour ses bienfaits sociaux et physiques choisissent parfois, plus tard, de devenir danseurs professionnels. Désireux d'atteindre un niveau «professionnel», de nombreux adultes consacrent une grande partie de leur temps libre à se perfectionner, à prendre part à des compétitions et à donner des spectacles.

La distinction entre la danse récréative et la DANSE FOLKLORIQUE ou ethnique est floue, elle aussi. Les associations ethniques cherchent souvent à préserver leurs danses, plus souvent pour des raisons liées à la conservation de la culture que par simple désir de se divertir. Bien que beaucoup de personnes fassent de la danse folklorique par plaisir, le terme en lui-même sous-tend une démarche sérieuse, intellec-

tuelle même, de la recherche et de la notation de types de danses d'une époque et d'un lieu précis.

Formation

Nombre de jeunes Canadiens sont initiés à la danse en s'inscrivant à des cours. Les studios de danse privés et les programmes d'activités communautaires et de formation continue offrent des cours de ballet, de ballet jazz et de danse à claquettes. Les élèves y assistent chaque semaine, pendant environ une heure, y reçoivent une formation technique et se préparent aux spectacles. Leurs professeurs, spécialistes, habituellement formés à l'enseignement d'un type de danses particulier, leur proposent des cours à niveaux, leur font passer des examens et leur remettent des médailles (*voir aussi* DANSE, ENSEIGNEMENT DE LA).

L'année 1949 voit la fondation de la Canadian Dance Teachers Association (CDTA), divisée par région et par type de danses. Les autres instituts de formation canadiens sont en majorité d'origine britannique ou russe: le Royal Academy of Dancing (RAD), l'Imperial Society of Teachers of Dancing (ISTD), l'International Cecchetti Ballet, la Society of Russian Ballet, les professeurs indépendants formés selon la méthode Vaganova, la British Association of Teachers of Dancing et la British Ballet Organization (BBO), entre autres. Dans tous ces instituts, le niveau le plus élevé exige davantage d'heures d'étude par semaine; l'élève consciencieux a donc la possibilité d'atteindre un très haut niveau. Bien qu'il n'existe aucune loi exigeant que les professeurs soient formés, la tendance, au Canada, favorise cette démarche. Ce n'est pas le cas aux États-Unis, où la formation des professeurs et les programmes à niveaux sont plus rares.

Une des caractéristiques communes des programmes récréatifs de ballet, de ballet jazz et de danse à claquettes est le spectacle de fin d'année, au cours duquel chaque groupe présente une chorégraphie aux familles et aux amis. Certaines écoles de danse ont des troupes de spectacle, qui donnent aux élèves avancés l'occasion de perfectionner leur talent d'artiste de scène. Au Canada, plusieurs troupes ont établi des normes très élevées, quasi professionnelles.

Les concours de danse, surtout en ballet jazz et en danse à claquettes, constituent un autre volet de la danse récréative. Les élèves participent à des compétitions pour une médaille, un trophée ou une bourse d'études lors de concours commandités par les associations de professeurs et certaines sociétés privées. Si les compétitions servent à acquérir de l'expérience scénique, elles suscitent aussi une certaine controverse à propos de leurs éventuelles visées artistiques.

Les cours à niveaux et les compétitions sont surtout destinés aux enfants et aux adolescents. Il est rare que les adultes qui suivent des cours de danse pour le plaisir passent des examens ou prennent part à des spectacles.

Danses écossaises

Au Canada, les danses écossaises sont populaires auprès des enfants de toutes les origines ethniques. Les normes de compétition et de progression sont fixées par le Scottish Official Board of Highland Dancing. En 1987, le ScotDance Canada est créé et vise à perpétuer les championnats interprovinciaux canadiens et à servir d'organisme d'inscription pour les danseurs canadiens et les organisateurs de compétitions. Autrefois réservées aux hommes, les danses écossaises attirent aujourd'hui davantage de femmes. Les compétitions officielles comprennent des championnats provinciaux, des championnats nationaux (interprovinciaux) et des championnats mondiaux, qui ont lieu chaque année en Écosse. De nombreux adeptes des danses écossaises – parmi les meilleurs – proviennent du Canada, au point que l'on peut affirmer que les danses écossaises relèvent plus du sport olympique que du loisir.

En danse écossaise de compétition, les chorégraphies sont établies d'avance. P. ex., la Highland Fling et la Sword Dance se dansent de la même façon partout dans le monde, ce qui prouve bien que ces danses, qui font partie des traditionnels Jeux des Highlands, sont régies par des critères de notation très stricts. Récemment, on a vu naître quelques nouvelles troupes de scène qui utilisent le vocabulaire propre aux danses écossaises pour créer leurs chorégraphies. Cette pratique est devenue si populaire que de nombreuses compétitions proposent maintenant un volet «chorégraphie». Le Canada a joué un rôle important dans le développement des danses écossaises avec chorégraphie.

Danse sociale

Les modes exercent une influence sur le type de danses que les gens choisissent dans leurs lieux de rencontre: bars, clubs et salles communautaires. Le disco, le hip-hop, la danse folklorique de type country ou western, la danse en ligne et le tango ont, tour à tour, connu une certaine popularité au cours des dernières décennies. L'engouement pour la danse en ligne pendant les années 90 est dû au fait qu'en tant qu'activité de groupe plutôt que danse avec partenaire, elle convient à une époque dominée par les célibataires, et que ses danses, où se répètent de courtes combinaisons de pas, sont agréables et faciles à apprendre.

La danse sociale comporte généralement des pas simples que les danseurs peuvent apprendre l'un de l'autre, mais aussi des pas plus complexes qui nécessitent une formation. Beaucoup des danses populaires du XXᵉ siècle sont d'origine africaine ou latino-africaine, comme le charleston, le jitterbug, le break-dancing, le hip-hop, le tango, la samba et même les mouvements rythmés qui n'ont pas d'appellation. Étant donné que la danse sociale constitue, en fait, de la danse folklorique en constante évolution, il n'existe pas une seule et unique façon d'exécuter les mouvements. Quelques bars offrent des cours de danse gratuits, dispensés ou non par des professeurs formés. En revanche, il faut suivre des cours de danse structurés afin d'exécuter sans danger des mouvements comme les sauts et les pirouettes. Les danseurs qui souhaitent prendre part aux compétitions officielles de danse sportive de l'Association canadienne de danse sportive amateur doivent suivre les pas et les figures enseignés par la CDTA et la ISTD ou autorisés par l'International Dance Sport Federation.

Les membres de la CDTA enseignent un programme à niveaux. Les enfants et les adultes progressent en passant des examens, au fur et à mesure qu'ils maîtrisent les notions du niveau. La danse sportive, autrefois connue sous l'appellation de danse de salon de compétition, n'est pas considérée comme une activité récréative. L'International Dance Sport Federation est membre du Comité international olympique depuis 1997 et souhaite que la danse sportive soit intégrée aux Jeux dès 2008. Au Canada, les compétitions de danse sportive sont officialisées par l'Association canadienne de danse sportive amateur, qui se charge aussi de confirmer le statut d'amateur des couples en compétition, et par le National Ballroom Committee de la CDTA. Lors des championnats fermés de l'Association canadienne de danse sportive amateur, qui ont lieu dans une province différente tous les ans, les gagnants des compétitions provinciales ou régionales représentent le Canada aux championnats du monde.

La danse de salon à l'américaine, principalement enseignée dans des écoles franchisées comme celles d'Arthur Murray ou de Fred Astaire, est plus populaire dans les Prairies que dans l'Est ou en Colombie-Britannique. De nombreux propriétaires de franchises sont accrédités par la CDTA et enseignent les deux types de danses.

Danse folklorique de type country et quadrille

La danse folklorique de type country et le quadrille sont des activités récréatives et sociales populaires autant auprès des adultes que des enfants. La danse folklorique écossaise est réglementée par la Royal Scottish Country Dance Society, qui a des sections partout au Canada. Les professeurs de la RSCDS doivent subir une série d'examens rigoureux avant d'être accrédités. Même si le programme est basé sur des danses provenant d'Écosse et codifiées dans ce pays, de nouvelles danses, y compris de nombreuses danses inventées par des Canadiens, sont constamment créées, approuvées et diffusées par l'association écossaise. Il existe un livre sur les danses officielles écossaises et plusieurs manuels destinés aux enfants. Plusieurs publications retracent l'histoire de la danse folklorique écossaise et celle de la RSCDS.

Au Canada, les danses d'autrefois ou «sets traditionnels», populaires au début du XXᵉ siècle, le sont encore dans les régions rurales des provinces de l'Ouest et dans certaines régions des Maritimes, comme à Terre-Neuve, au Cap-Breton et à l'Île-du-Prince-Édouard. Le set est le descendant du quadrille et se rapproche de la danse dite «de variétés» ou de caractère, dans laquelle les danseurs accompagnent leurs déplacements par des battements de pieds. Certains sets comportent des pauses de danse de caractère entre les figures. Il est courant, en particulier au Cap-Breton, de voir des danseurs se placer au centre du parquet pour exécuter quelques pas entre les sets.

Le terme «set» peut faire référence à un groupe de gens dansant ensemble en formation carrée ou en deux lignes opposées. Un set est aussi la combinaison de figures qui forme une danse. Une figure est une série de pas ou de mouvements que les couples, occupant toutes les positions du set, doivent exécuter chacun à leur tour. Un set peut être composé de deux à neuf figures. Au début du XXᵉ siècle, une soirée de danse comportait plusieurs sets, valses, polkas et pots-pourris. Les sets étaient annoncés. Les nouvelles danses étaient apprises auprès des visiteurs et des musiciens itinérants. Les livres sur les nouvelles danses étaient très populaires et on pouvait les commander à l'aide du catalogue des magasins Eaton.

La popularité des danses d'autrefois connaissant un déclin après la Seconde Guerre mondiale, chaque communauté adopte ou adapte un set particulier et le rôle du meneur de danse perd de son importance. Au Cap-Breton, p. ex., le set d'Inverness est différent de celui de Mabou. Lorsque les gens ont quitté le Cap-Breton pour aller vers l'ouest et au sud, ils ont emporté leurs danses avec eux. Des danses sont régulièrement organisées dans les clubs d'inspiration «Cap-Breton» de Boston, de Detroit, de Toronto et de Calgary. Les meilleurs violoneux et danseurs du Cap-Breton s'y rendent en avion pour des occasions spéciales, afin que même les petits-enfants des anciens habitants de l'île connaissent cette musique et ces danses.

Danse de caractère

La danse de caractère connaît une popularité constante dans les régions rurales des Maritimes. La renaissance, dans les années 90, de la fusion entre la musique gaélique et le rock celtique a entraîné une augmentation du nombre d'enfants et d'adultes suivant des cours d'un type de danses qui était autrefois enseigné de génération en génération. La danse de caractère traditionnelle du Cap-Breton s'exécute près du sol, avec des chaussures à semelles de cuir dur. Au Cap-Breton, elle constitue davantage une occasion de partager des pas et des rythmes qu'un spectacle. Dans le style irlandais de l'Outaouais, les jambes remontent haut et les danseurs portent des semelles de métal. Ce style se caractérise aussi par la relaxation du tronc, par opposition à la rigidité du tronc et des bras caractéristique de la danse irlandaise moderne à semelles dures. Le style particulier de l'Outaouais, qui s'est développé dans les camps de bûcherons le long de la rivière des Outaouais, a subi l'influence des danses françaises, écossaises, anglaises et autochtones.

La danse de caractère de la vallée de l'Outaouais connaît un regain d'intérêt à la fin des années 60, alimenté par les célébrations du Centenaire et entretenu par une série de compétitions ayant lieu tous les étés dans les villes de l'Ontario. Les compétitions constituent d'importantes activités sociales qui encouragent l'évolution de ce type de danses, tandis que les danseurs s'efforcent d'inventer des pas et des chorégraphies plus compliqués. À la fin des années 70 et au début des années 80, cette danse devient plus spectaculaire, grâce à l'ajout du mouvement du haut du corps, inspiré de la danse à claquettes et en sabots américaines, ainsi qu'à l'introduction de la danse en groupe.

Quadrilles et rondes

C'est l'Américain Henry Ford, le magnat de l'automobile, qui a résolu le problème de la baisse de popularité des quadrilles d'autrefois. S'inspirant des méthodes utilisées sur ses chaînes de montage pour répartir les tâches dans l'industrie de l'automobile, Ford a trouvé, avec le professeur de danse Lloyd «Pappy» Shaw, une manière d'uniformiser et d'annoncer les mouvements du quadrille. C'est à cette manière qu'on attribue le regain de popularité du quadrille moderne dans le monde. Selon la Société canadienne de danse carrée et ronde, il existait, en 1997, quelque 652 clubs de quadrille et de ronde regroupant 26 561 danseurs au Canada. L'activité a été adaptée pour permettre aux personnes en fauteuil roulant et handicapées physiquement d'y participer.

La ronde emprunte des pas aux danses sociales que sont, entre autres, le pas double, le fox-trot et le cha-cha-cha. Elle ressemble beaucoup au quadrille moderne: les pas sont interrompus et les danseurs sont appelés ou reçoivent des signaux. Les couples de danseurs forment un grand cercle dans la pièce et exécutent les figures lorsqu'on leur fait signe. Le quadrille et la ronde sont des activités très sociales: les danseurs visitent d'autres clubs et participent à des activités variées, du camping aux campagnes de financement. La Canadian National Square and Round Dance Convention constitue un événement grandiose: tenue sous les auspices de la Société canadienne de danse carrée et ronde, elle a lieu dans différentes régions du pays tous les deux ans, accueille environ 5000 danseurs et des visiteurs des quatre coins de la planète.

Danse western La danse western englobe le swing des côtes est et ouest, le pas double, la valse, la danse en ligne et plusieurs versions occidentalisées de danses de salon et de danses latines comme le cha-cha-cha et la samba. Bien que nombre de ces danses aient emprunté aux danses de salon et aux danses sociales, elles ont été adaptées aux rythmes de la musique country et western. De nombreux pas ont été codifiés aux fins de l'enseignement et en vue des compétitions. Dans les compétitions officielles, on utilise le jeu de jambes et le style de la danse sportive internationale, mais on commence aussi à intégrer des mouvements de la danse de salon à l'américaine.

Dianne Milligan

Danse, enseignement de la L'enseignement de la danse est la formation qui mène à la danse professionnelle, par opposition à la danse dans l'enseignement, dont les cours sont donnés dans les écoles primaires, secondaires et postsecondaires et où la danse est considérée comme un bon moyen de développer le corps et la personnalité ainsi que d'acquérir de meilleures aptitudes à l'apprentissage. Cependant, la nuance n'est pas toujours claire. Certaines universités déclarent, p. ex., que tous les étudiants, qu'ils deviennent ou non des danseurs professionnels, devraient recevoir un niveau suffisamment élevé de formation physique qui leur permette de faire carrière dans la danse. De leur côté, les conservatoires et autres institutions préprofessionnelles commencent à offrir des cours de notation, d'anatomie, de musique et sujets connexes à la danse, que l'on ne jugeait pas auparavant essentiels à la formation d'un danseur.

L'enseignement de la danse, tel que défini ici, ne comprend pas les danses sociales populaires, telles que la danse de salon et les danses ethniques ou folkloriques, à moins que l'apprentissage de celles-ci ne mène à donner des spectacles professionnels. Il faut souligner, cependant, que les formes populaires de danse continuent d'attirer un grand nombre de participants et d'exercer une forte influence esthétique sur la danse professionnelle en constante évolution. Il demeure néanmoins que la danse enseignée dans les écoles comme une expérience d'enrichissement, amenant parfois à acquérir ailleurs une formation professionnelle, mérite d'être abordée dans cet article.

Histoire

Encore après la Seconde Guerre mondiale, on produit peu de spectacles de danse au Canada, bien que quelques studios forment des danseurs à la scène et que certains d'entre eux réussissent à faire carrière en Europe et aux États-Unis. À la fin des années 40, le nombre d'écoles de danse augmente en réponse à l'intérêt du public suscité par la tournée nord-américaine de la compagnie britannique Sadler's Wells Ballet et par le film *The Red Shoes*. Au cours des années 30 et 40, en fait, quelques excellents professeurs contribuent à former les assises de ce qui deviendra la tradition du ballet. Gérald Crevier et Elizabeth Leese, de Montréal, Mildred Wickson, Bettina Byers et Boris VOLKOFF, de Toronto, de même que June Roper et Mara McBirney, de Vancouver, forment des danseurs qui entrent aux GRANDS BALLETS CANADIENS (Montréal), au BALLET NATIONAL DU CANADA (Toronto) et au ROYAL WINNIPEG BALLET. À mesure que ces compagnies se développent, il devient nécessaire de créer des écoles professionnelles qui assurent une relève de danseurs bien formés et aptes à exécuter le répertoire de chaque compagnie. Ces écoles se forgent par la suite une réputation nationale et internationale et ne sont plus limitées à répondre aux besoins des compagnies qui les ont fondées.

L'intérêt du public pour la danse et, par conséquent, pour l'enseignement de cet art évolue de façon spectaculaire au Canada au cours des années 60 et 70. Les spectacles de danse attirent d'importants auditoires, et des milliers de jeunes s'inscrivent à des ateliers dans l'espoir de devenir danseurs professionnels. Plus nombreux sont ceux qui suivent des cours de danse par plaisir ou comme exercice physique.

C'est également au cours de cette même période que les institutions d'enseignement élargissent le champ de la danse. Jusque-là, dans les universités, la danse fait simplement partie des activités des départements d'éducation physique et n'est guère considérée comme une discipline artistique. Plusieurs universités canadiennes s'inspirant, dans une certaine mesure, de programmes universitaires américains établis depuis plus longtemps, créent, au sein des études artistiques, des programmes de danse menant à l'obtention d'un diplôme. Si la plupart des universités offrent alors des cours de ballets, on accorde toutefois la priorité à l'enseignement de la DANSE MODERNE et à la création de nouvelles œuvres, afin de répondre au nouvel intérêt des Canadiens pour la danse contemporaine. Ces programmes universitaires en danse jouent un rôle prépondérant dans la formation de danseurs et de chorégraphes indépendants des compagnies établies ou des structures institutionnelles.

Parallèlement à l'instauration de l'enseignement de la danse moderne dans les universités, les compagnies de danse moderne WINNIPEG'S CONTEMPORARY DANCERS (1964) et TORONTO DANCE THEATRE (1968) fondent chacune un centre de formation conforme à leur vision artistique. Puis, en 1985, on crée les Ateliers de danse moderne de Montréal Inc. (LADMMI), organisme non affilié à une compagnie de danse, mais qui répond aux besoins d'un groupe important de danseurs contemporains. Ces trois écoles préparent des étudiants à faire carrière dans des compagnies de danse moderne ou à évoluer comme artistes autonomes.

Au cours des vingt dernières années, on s'est davantage employé à former des chorégraphes, afin de répondre à l'intérêt du public pour un art qui reflète le temps, le lieu et les conditions sociales de la vie contemporaine. Les universités continuent d'encourager la créativité, et le milieu professionnel commence à offrir aux danseurs des occasions de mettre à l'épreuve de nouvelles idées. Des compagnies professionnelles comme LE GROUPE DE LA PLACE ROYALE et BALLET JÖRGEN élargissent leur mandat de manière à former des chorégraphes. Une série de quatre ateliers nationaux de chorégraphie permettent, en effet, à des chorégraphes en herbe de parfaire leur art dans un environnement de création, de collaboration et de critique. Au Canada, l'essor de la danse en tant qu'art doit beaucoup au développement de la chorégraphie.

Centres éducatifs

Les étudiants en ballet classique commencent habituellement leur formation à un jeune âge avec l'un des nombreux professeurs présents dans toutes les régions du pays. Ceux qui se destinent à une carrière professionnelle commencent le plus souvent à étudier avec un professeur local, s'inscrivent ensuite dans des studios de technique plus avancée avant de passer à l'une des écoles préprofessionnelles associées aux trois grandes compagnies de ballet canadiennes. Les professeurs de danse ne sont pas légalement tenus de détenir un permis, mais bon nombre d'entre eux sont membres de la Canadian Dance Teachers' Association, fondée en 1947 en vue de veiller aux normes d'enseignement. Il existe d'autres organisations chargées de superviser et de dispenser les accréditations d'enseignement pour le programme de cours établi pour le Cecchetti, la Royal Academy of Dancing (RAD) et les méthodes d'enseignement russes du ballet classique.

L'ÉCOLE NATIONALE DE BALLET de Toronto est la plus ancienne et la mieux établie des écoles rattachées, depuis le début, aux grandes compagnies de ballet. Elle dispense un programme complet de formation générale et de ballet, et compte sept bâtiments, dont une résidence pour les élèves. La Winnipeg Ballet School et l'École supérieure de danse du Québec, à Montréal, sont des institutions réputées pour l'enseignement du ballet classique qu'elles dispensent. Ces trois écoles attirent des étudiants de tout le pays et de l'étranger et les préparent à profiter des possibilités de carrière au Canada et à l'étranger. Il existe plusieurs autres petites écoles de ballet, dont la School of Dance d'Ottawa, l'Alberta Ballet School d'Edmonton et la Goh Academy de Vancouver.

De tous les programmes universitaires en danse menant à un diplôme, celui du département de danse de l'U. York, à Toronto, est le plus ancien et le plus complet. D'autres programmes sont offerts par les universités du Québec et Concordia, à Montréal, l'U. de Calgary, en Alberta, et l'U. Simon-Fraser, à Vancouver. Les départements de danse des universités York, du Québec et Simon-Fraser offrent des programmes de deuxième cycle. Plusieurs autres universités offrent aussi des cours de danse dans le cadre d'autres disciplines, telles que la musique, le théâtre ou l'éducation physique. Des cours de danse sont offerts au niveau collégial, notamment dans les cégeps au Québec, à la Ryerson Polytechnic University et au George Brown College, à Toronto, et au Grant MacEwan College, à Edmonton.

Trois écoles offrent une formation préprofessionnelle en danse moderne: LADDMI, à Montréal, la Toronto Dance Theatre School et la School of Contemporary Dance, à Winnipeg. Le programme de formation de Main Dance, à Vancouver, comprend trois années d'études intensives.

Enjeux de l'enseignement de la danse

L'enseignement de la danse au pays a suivi la tendance nationale à la décentralisation, et on trouve aujourd'hui des centres de formation dans toutes les régions du Canada. Parallèlement, les danseurs professionnels commencent à passer d'une compagnie à l'autre et d'une région à l'autre plus librement qu'auparavant. Plusieurs écoles adaptent aussi leur enseignement aux besoins de l'ensemble de la profession, plutôt que de s'en tenir aux styles et aux techniques d'une compagnie donnée, car la concurrence croissante au sein de la profession exige que les danseurs soient très polyvalents. Avec l'avènement du ballet contemporain et des nouvelles tendances en danse moderne, les danseurs doivent maintenant maîtriser plusieurs techniques. On continue d'appliquer couramment les méthodes d'enseignement traditionnelles, comme celles de la Royal Academy of Dancing et du ballet Cecchetti, et les techniques de danse moderne de Graham, de Cunningham et de Limon, mais on accorde plus d'attention à d'autres études: mise en forme, prévention des accidents, improvisation, théâtre et enseignement général équilibré. L'École nationale de ballet, p. ex., a procédé à un certain nombre de changements visant à conscientiser les étudiants sur les capacités et les limites de leur corps afin d'éviter les blessures et de prolonger la carrière des danseurs diplômés.

Le Centre pour danseurs en transition a été fondé à Toronto afin d'aider les danseurs en fin de carrière à se reconvertir. Cette initiative s'est avérée fructueuse pour plusieurs danseurs mal préparés à faire face au marché du travail en raison de la formation très pointue qu'ils avaient reçue. On s'interroge sur la responsabilité des écoles de danse par rapport à la préparation des étudiants à une seconde carrière dès le début de leur formation.

En raison des rapides changements démographiques du Canada et de l'afflux de multiples expressions artistiques issues de différentes cultures, l'enseignement de la danse ne peut plus s'en tenir aux traditions européennes du ballet ou à la danse moderne américaine. La danse asiatique traditionnelle, le jazz, la danse africaine et aborigène, la danse autochtone, la danse folklorique canadienne ou venue d'autres pays sont autant de pratiques artistiques courantes qui méritent d'être reconnues.

La danse dans l'enseignement L'éducation relevant de la juridiction provinciale, les études de danse au sein des systèmes scolaires varient grandement d'une province à l'autre. Quelques écoles secondaires, en Ontario, et certains cégeps, au Québec, ont élaboré des programmes très complets dans le domaine des arts de la scène. En Colombie-Britannique, en Alberta et en Saskatchewan, des écoles secondaires offrent aussi des cours de danse, mais il existe peu de coordination entre les provinces et les écoles. Au niveau secondaire, on tend à instituer des programmes combinant danse, musique, théâtre et arts visuels sous forme d'introduction générale à l'expérience de la création artistique. Si cette reconnaissance relativement rapide des études en danse offertes par les systèmes scolaires est perçue comme un pas très positif vers la formation de futures générations de Canadiens plus humanistes, il existe cependant trop peu de professeurs qualifiés pour enseigner la danse dans les écoles, en particulier au niveau élémentaire, où l'on s'attend à ce que les professeurs connaissent bien tous les arts.

Les universités commencent à reconnaître leur rôle dans la préparation de l'enseignement de la danse des étudiants en pédagogie. Le programme d'éducation artistique de l'U. de Regina et les facultés d'éducation des universités de l'Alberta et de Calgary sont de bons exemples de programmes universitaires formant des professeurs de danse pour les systèmes scolaires. D'autres sections de danse coopèrent avec les facultés d'éducation en vue de répondre au besoin pressant de professeurs de danse qualifiés.

Grant Strate

Danse, histoire de la La danse a toujours fait partie de la vie des autochtones et des Inuits du Canada, reflétant les aspects sociaux et religieux de leur culture. Les autochtones possédaient un riche et complexe héritage de danses bien avant l'arrivée des premiers explorateurs européens. La première mention écrite à ce sujet se trouve dans le journal de Jacques Cartier, qui rapporte, en 1534, avoir été approché à l'embouchure du Saint-Laurent par sept canots transportant «des Sauvages... qui dansaient et manifestaient leur joie». Les explorateurs et les pionniers ultérieurs feront souvent mention, eux aussi, de danses indiennes dans leur journal. Cependant, ces danses n'auront que peu d'influence sur la danse théâtrale au Canada.

Influences étrangères de la danse

La danse théâtrale existe depuis plus de 300 ans au Canada, mais les principales influences qui ont marqué son évolution sont surtout extérieures et étroitement liées à celles qui ont caractérisé le développement de la société canadienne dans son ensemble: la colonisation par deux cultures, le contrôle exercé par une Église québécoise conservatrice, l'immigration massive, surtout d'Européens, au milieu du XIXe siècle et au début du XXe siècle et, enfin, l'influence culturelle envahissante des États-Unis au XXe siècle. Toutefois, ce n'est que dans les années 30 que l'histoire de la danse théâtrale professionnelle débute au Canada. Soixante-dix ans plus tard, on ne peut toujours pas identifier un style véritablement canadien. Tout comme le pays, la danse canadienne est une mosaïque de diverses influences et traditions.

Les premières influences étrangères sont françaises. En 1606, on monte une mascarade, qui inclut probablement des figures de danse, dans le port à PORT-ROYAL. Quarante ans plus tard, les jésuites rapportent qu'une sorte de ballet a été présenté lors du mariage d'un militaire à Québec et que, au mois de février suivant, un ballet a eu lieu à l'entrepôt de la Compagnie des Cent-Associés. À cette époque, le ballet ressemble plus à un spectacle où se mêlent jeu, chant et mouvement qu'au ballet classique moderne. Le public y voit peu de déploiement technique et de sauts complexes.

La technique et le contenu du ballet évoluent néanmoins régulièrement au cours du XVIIIe siècle et au début du XIXe siècle. Le Canada est l'hôte de nombreuses troupes itinérantes qui offrent généralement un spectacle de danse comme divertissement à l'occasion de la présentation de pièces de théâtre. John Durang, l'un des premiers danseurs professionnels des États-Unis, se produit avec un cirque à Montréal et à Québec, durant l'hiver de 1797-1798. Au cours de la même période, des comédies de ballet sont présentées régulièrement à Halifax. *La Fille mal gardée*, de Jean Dauberval, montée d'abord à Bordeaux en 1789, est présentée pour la première fois à Québec en 1816. La célèbre ballerine française, Mme Céleste (Keppler), vient en tournée à Québec et à Montréal plusieurs fois durant les années 1820 et 1830. En 1847, le clou des représentations au Canada-Est semble être la tournée des Petites Danseuses viennoises, une troupe de 48 très jeunes danseuses.

À la fin du XIXe siècle et au début du XXe siècle, le Canada continue d'accueillir des danseurs étrangers. En 1896, Loïe Fuller exécute sa célèbre *Danse du feu* au Vancouver Opera House. Anna Pavlova fait régulièrement la tournée du pays à partir de 1910. Ruth St. Denis et Ted Shawn y viennent fréquemment de 1914 à 1924. En 1917, la troupe du Ballet russe de Diaghilev, accompagnée de Vatslav Nijinski, donne son unique spectacle canadien à Vancouver. Quelques pionnières de la danse moderne aux États-Unis, comme Martha Graham, Doris Hum-

phrey, font également de nombreuses tournées, tout comme les troupes itinérantes des Ballets russes, au cours des années 30. Même si le Canada est témoin de tout ce qui se fait de mieux à l'époque dans ce domaine, la progression de la danse professionnelle y est lente et, jusqu'à la fin des années 50, les Canadiens désireux de poursuivre une carrière dans la danse doivent s'expatrier.

Évolution de la danse professionnelle

Les bases de la danse professionnelle au Canada sont établies, durant les années 30, par un petit groupe de professeurs immigrants, des femmes pour la plupart. À Vancouver, June Roper de Rosebud allie la perspicacité théâtrale de son maître d'Hollywood, Ernest Belcher, à sa propre expérience de vedette pour devenir, à la fin de la décennie, comme le dira plus tard *Dancemagazine*, «la plus grande créatrice d'étoiles en Amérique du Nord».

De 1934 à 1939, elle forme 60 danseurs qui entrent au service des principales compagnies professionnelles du monde, dont 8 aux Ballets russes. À la même époque, Gwendolyn Osborne, native de Boston, accomplit le même exploit à Ottawa sur une plus petite échelle. Puisque durant ces années le Ballet russe captive le public, bon nombre de Canadiens qui deviennent membres de grandes compagnies adoptent des noms russes. Ainsi, Rosemary Deveson et Patricia Meyers, deux élèves de J. Roper, deviennent respectivement Natasha Sobinova et Alexandra Denisova. Betty Lowe, élève de Osborne, choisit le nom de Ludmilla Lvova.

Boris VOLKOF, né à Tula en Russie, de son nom de baptême Boris Baskakoff, quitte les États-Unis et se rend à Toronto en 1929, après une carrière comme danseur de caractère en Russie et en Extrême-Orient. On l'engage comme danseur et maître de ballet à l'occasion de spectacles présentés en direct entre les films dans un cinéma, et il devient rapidement professeur et chorégraphe. La jeune Mildred Herman, l'une de ses élèves, devient plus tard, sous le nom de Melissa Hayden, une danseuse étoile du New York City Ballet. Le travail de Volkoff, à titre de chorégraphe de ballets sur glace pour le club de patinage du Toronto Skating Club, au début des années 30, le mène d'abord aux Jeux olympiques de Berlin, dans la section danse hors concours. Trois ans plus tard, en mai 1939, il crée le Volkoff Canadian Ballet qui, en quelques semaines, deviendra la première compagnie canadienne.

La troupe, qui donnera naissance au ROYAL WINNIPEG BALLET, donne son premier spectacle le mois suivant. La compagnie de Winnipeg est fondée par deux professeurs d'origine britannique, renom Gweneth LLOYD et Betty FARRALLY. Deux de ses premiers membres sont David Adams, plus tard soliste du Royal Ballet de Londres, et Paddy Stone, plus tard chorégraphe de variétés très en vue dans la capitale britannique. Dès le début, les fondatrices décident que la troupe comptera peu de membres et elles choisissent un répertoire qui plaira à un vaste public.

En 1948, la danse connaît un essor remarquable au Canada. À Winnipeg, on met sur pied le Canadian Ballet Festival et, à Montréal, on publie REFUS GLOBAL. Le gérant du Royal Winnipeg Ballet, David Yeddeau, signe la conception du festival et, par l'entremise de Boris Volkoff, tente d'éveiller les danseurs canadiens aux influences provenant de partout ailleurs au pays. Le premier festival se tient à Winnipeg et réunit trois compagnies, soit le Royal Winnipeg Ballet, la compagnie de Volkoff et un groupe montréalais de danse moderne dirigé par l'immigrante allemande-polonaise Ruth Sorel.

L'année suivante, dix compagnies se rencontrent à Toronto. Ce mouvement représente un excellent moyen de communication dans le domaine de la danse et, en six ans, il devient si populaire que Anatole Chujoy, directeur de la rédaction pour la publication new-yorkaise *Danse News*, s'empresse d'adopter le

concept aux États-Unis, provoquant ainsi l'essor du mouvement régional d'influence majeure que l'on connaît aujourd'hui.

Refus global est le titre d'un manifeste publié en 1948, dans lequel s'exprime la révolte culturelle d'artistes québécois travaillant dans diverses disciplines et rassemblés autour du peintre automatiste Paul-Émile BORDUAS. Les signataires du manifeste exigent que soient abolies toutes les restrictions sociales, religieuses et politiques sur l'art au Québec. En danse, son importance repose sur le fait qu'il influence la pensée et les attitudes artistiques de trois femmes qui sont à l'origine de la danse moderne dans cette province: Françoise Sullivan, qui signe le manifeste et y contribue, de même que Jeanne Renaud et Françoise Riopelle, toutes deux associées au groupe de Borduas. Françoise Sullivan, chorégraphe à partir de la fin des années 40 jusqu'au début des années 50, se tourne ensuite vers la sculpture et la peinture pour revenir à la chorégraphie à la fin des années 70. Elle fonde alors sa propre compagnie et transmet l'influence surréaliste à une nouvelle génération de chorégraphes québécois.

Quant à Jeanne Renaud et à Françoise Riopelle, elles créent une troupe de danse moderne en 1962, à Montréal, après un séjour de plusieurs années à Paris. En 1966, cette troupe devient, sous la direction de Jeanne Renaud et de Peter Boneham, danseur de New York, le GROUPE DE LA PLACE ROYALE, une compagnie qui a acquis la réputation d'être l'une des troupes nationales les plus audacieuses en expérimentation et le berceau d'une nouvelle vision dans le domaine au Canada.

Le succès obtenu par le Royal Winnipeg Ballet vers la fin des années 40 et, en 1949, la première visite canadienne de la compagnie Sadler's Wells de Londres, très renommée, convainquent un groupe de Torontois passionnés de danse que leur ville doit avoir sa propre compagnie. Sur les conseils de Ninette de Valois, fondatrice-directrice du Sadler's Wells, ceux-ci invitent la jeune ballerine et chorégraphe britannique Celia FRANCA à observer la qualité de la danse canadienne au Festival de Montréal, en 1950. Impressionnée, elle revient au Canada l'année suivante et crée le BALLET NATIONAL DU CANADA à l'automne 1951. Dès le début, la structure et la philosophie de cette compagnie diffèrent de celles du Royal Winnipeg Ballet. Celia Franca se propose de mettre sur pied une grande compagnie de style opéra européen, dont le répertoire serait fermement enraciné dans le répertoire de ballet classique du XIXe siècle. Parmi les membres fondateurs de cette compagnie, on compte: David Adams et Lois SMITH, son épouse, qui deviendra la première ballerine de renom du Canada, Grant STRATE, qui sera plus tard l'un des personnages importants de l'enseignement de la danse au Canada, et Brian MACDONALD, dont la carrière internationale active comme chorégraphe et directeur artistique débute en 1953 alors qu'un accident vient de mettre tragiquement fin à sa carrière de danseur.

La troisième grande compagnie du Canada, Les GRANDS BALLETS CANADIENS, fait ses débuts grâce à la création d'une chaîne canadienne-française de télévision par Radio-Canada à Montréal, en 1952. Ludmilla CHIRIAEFF, issue d'une famille littéraire russe de Riga, en Lettonie (1924) et élevée à Berlin, arrive à Montréal en 1952 avec sa famille après avoir fait carrière avec la troupe du Basil Ballet russe et de nombreuses compagnies en Allemagne et en Suisse. Elle travaille immédiatement comme chorégraphe pour Pierre MERCURE, premier producteur d'émissions de musique pour la chaîne française de Radio-Canada. Elle fonde ensuite Les Ballets Chiriaeff, troupe qui se produit plusieurs fois à la télé. La première représentation en direct a lieu en 1954 et, après le grand succès qu'obtient, au Festival de Montréal (1956), *Les Noces* (musique de Stravinski) d'après une chorégraphie de Ludmilla Chiriaeff, la troupe adopte le nom de Grands Ballets canadiens (1958) et se concentre sur les représentations en direct. Comme les premières œuvres de Gweneth Lloyd à Winnipeg, les premiers ballets créés à Montréal sont conçus de façon très professionnelle et destinés à plaire à un public varié.

Répercussions de l'aide gouvernementale

La COMMISSION ROYALE D'ENQUÊTE SUR L'AVANCEMENT DES ARTS, LETTRES ET SCIENCES (Massey-Lévesque), créée en 1949, avait, dans l'une de ses principales recommandations pour les arts d'interprétation, préconisé la mise sur pied du CONSEIL DES ARTS DU CANADA (1957). La reconnaissance, au niveau fédéral, de la responsabilité de l'État à l'égard des arts, de même que l'établissement et l'affirmation d'une culture canadienne composée de talents d'ici font partie des raisons de sa mise sur pied.

Les trois compagnies de ballet reçoivent des subventions dès la première année d'existence du Conseil. Le Ballet national obtient 100 000 $, le Royal Winnipeg Ballet, 20 000 $ et Les Grands Ballets canadiens, 10 000 $, sur un total de 749 000 $ pour toutes les formes d'art. En 1980-1981, le Conseil accorde 5,6 millions de dollars au seul domaine de la danse, ce qui représente une augmentation de l'ordre de 43 fois en 23 ans. Elle est le reflet de l'explosion phénoménale de ce secteur à la fin des années 60 et au début des années 70.

Cette expansion est en partie favorisée par la disponibilité des fonds pour les arts, mais aussi par le nouveau climat social. Au cours des années 60, période de libéralisation sociale et intellectuelle un peu partout en Occident, le Canada délaisse son esprit conservateur et se modernise. D'une part, l'art corporel suscite un nouvel intérêt, attire de nouveaux adeptes et il est mieux accepté. D'autre part, la réceptivité et les attentes du public augmentent. Les chorégraphes jouissent d'une nouvelle liberté pour créer des œuvres où la forme est le contenu. Lentement, l'irréel et l'abstrait séduisent de plus en plus.

Au début des années 60, une série de festivals de danse moderne se tient à Toronto, et en 1965, il existe déjà des compagnies de danse moderne à Winnipeg (les WINNIPEG'S CONTEMPORARY DANCERS de Rachel Browne) et à Vancouver (PAULA ROSS DANCE COMPANY). Les débuts du TORONTO DANCE THEATRE, aujourd'hui l'une des principales compagnies de danse moderne du Canada, dépositaire de la tradition et de la technique de Martha Graham, s'expliquent par la fondation, en 1966, du New Dance Group of Canada par Patricia BEATTY, une Torontoise qui a étudié aux États-Unis avec Martha Graham et dansé avec Pearl Lang. En 1968, la toute nouvelle compagnie Toronto Dance Theatre absorbe le New Dance Group of Canada et Beatty en devient codirectrice avec deux autres disciples de Martha Graham, le Canadien David EARLE et l'Américain Peter RANDAZZO, ex-membre de la compagnie de Graham.

Les sommes considérables investies par le gouvernement pour les fêtes du Centenaire et l'Exposition universelle en 1967 contribuent également à propulser la danse, au moment où les politiciens se rendent compte de l'importance des arts pour donner une image à leur pays. Les programmes fédéraux de création d'emplois des années 70 favorisent la découverte de nouveaux et jeunes talents. C'est à cette époque que de nouvelles compagnies de danse moderne prennent de l'importance: ANNA WYMAN DANCE THEATRE, Regina Modern Dance Works et, un peu plus tard, la DANNY GROSSMAN DANCE COMPANY. Les BALLETS JAZZ DE MONTRÉAL, croisement dynamique de styles, se font aussi un nom.

Parallèlement à l'éclosion de la danse moderne, les trois grandes compagnies canadiennes de ballet connaissent également une période d'expansion et de succès incomparable. Le Royal Winnipeg Ballet remporte des médailles à Paris et gagne la faveur du public russe. Les Grands Ballets canadiens prennent le rythme de la jeune génération avec la mise en scène de l'opéra rock Tommy par Fernand Nault. Le Ballet national du Canada célèbre son arrivée dans la fleur de l'âge en se produisant à Londres, ville natale de Celia Franca, où il est unanimement acclamé. Plus tard, il obtient une nouvelle mise en scène, somptueuse, de La Belle au bois dormant par Rudolf Noureev, qui accepte de devenir l'un de ses artistes invités réguliers.

Inévitablement, cette évolution, due en grande partie aux fonds du Conseil des arts du Canada, grève les ressources de ce dernier, et tandis que l'économie mondiale décline au milieu des années 70, les réductions budgétaires forcent le conseil à mettre en veilleuse le développement qu'il avait entamé. Toutefois, il continue de jouer un rôle important en mettant sur pied de nouveaux programmes et en répondant aux besoins des compagnies de danse moderne et des artistes indépendants (en 1993-1994, 10 millions de dollars sont accordés à la danse).

La crise économique divise la communauté en deux clans: ceux qui reçoivent des subventions fédérales (trois grandes compagnies de ballet, quatre compagnies de danse moderne et l'École nationale de ballet) et ceux qui n'en reçoivent pas. À la fin des années 70, des tensions existent. L'Association Danse au Canada, créée en 1973 comme point de référence et groupe de pression pour la communauté canadienne de la danse, devient, en 1977, le porte-parole des troupes défavorisées, critiquant ouvertement les politiques et les priorités du Conseil. C'est en partie pour protester contre cette situation et pour créer une nouvelle voix pour la danse professionnelle que les huit compagnies les plus anciennes se désaffilient de l'Association Danse au Canada et forment la Canadian Association of Professional Dance Organizations. La hache de guerre a depuis été enterrée et les deux groupes font des pressions au nom de tous leurs membres. L'Association Danse au Canada représente l'organisme pilier des arts de la danse pour l'ensemble de la danse au Canada. En 1987, conjointement avec le Centre national des arts, elle organise le premier festival canadien de danse. Quant à la Canadian Association of Professional Dance Organizations, elle concentre ses efforts sur les compagnies professionnelles.

Danse contemporaine

Vers la fin des années 70 et au début des années 80, le phénomène le plus marquant dans le monde canadien de la danse est la naissance d'une chorégraphie indépendante, en raison, notamment, de nouvelles contraintes financières, du désir de jeunes créateurs de faire de la danse au-delà des frontières d'une compagnie, ainsi que de l'influence du mouvement moderniste de New York. Certaines chorégraphes, comme Marie CHOUINARD, Julie West et Margie GILLIS, tentent de travailler seules. D'autres, comme les membres de la compagnie Toronto Independant Dance Enterprise, ceux de la Terminal City Dance Research, à Vancouver (plus tard la Special Delivery Moving Theatre) et ceux de la EDAM (Experimental Dance and Music), se réunissent en groupes informels et d'exploration. D'autres, comme Judith MARCUSE, Karen JAMIESON ainsi que Lee Eisler et Nelson Gray, cofondateurs du Jumpstart, à Vancouver, constituent des compagnies structurées. Au Québec, où les influences de libéralisation des années 70 sont accentuées par une révolution politico-culturelle exclusivement canadienne-française, le mouvement expérimental des années 80 est très dynamique: de jeunes chorégraphes comme Paul-André FORTIER, Édouard LOCK, Daniel Léveillé et Ginette LAURIN éprouvent les limites de leur nouvelle liberté quant au sujet, au style et à l'approche.

Les mouvements physiques prononcés de ces chorégraphes sont acclamés partout dans le monde et influencent considérablement la génération montante de modernistes montréalais. À Vancouver et à Toronto, où se trouvent les deux autres principaux studios de danse canadiens, la progression sur le plan du style est très perceptible dans les œuvres interdisciplinaires, particulièrement à Vancouver, grâce à l'influence de Karen Jamieson et du duo Kokoro, composé de Jay Hirabayashi et de Barbara Bourget qui présente un pot-pourri d'exploration culturelle.

À la fin des années 80 et au début des années 90, en raison du retrait progressif de l'appui des différents organismes dans le domaine et de la réduction constante des fonds du Conseil des arts du Canada, peu de nouvelles compagnies voient le jour et certaines ferment même leurs portes. Néanmoins, deux compagnies de ballet s'enracinent solidement dans l'Ouest canadien (ALBERTA BALLET COMPANY et BALLET BRITISH COLUMBIA). Au cours des années 90, un certain nombre de troupes modernistes reprennent vie grâce au second souffle que leur donne leur nouveau directeur, notamment la TORONTO DANCE THEATRE, la Dancemakers de Toronto et la WINNIPEG'S CONTEMPORARY DANCERS.

Des écoles de danse de divers niveaux existent au Canada depuis le XVIIIᵉ siècle au moins, mais ce n'est que depuis la création des principales compagnies de ballet, au cours des années 50, qu'on porte une attention particulière à la formation des danseurs professionnels. Même après la fondation des trois compagnies nationales, il est courant de voir s'exiler des artistes professionnels de grand talent. Lynn SEYMOUR et Jennifer Penney quittent toutes deux la Colombie-Britannique pour poursuivre des carrières remarquables avec le Royal Ballet de Londres. Wayne Eagling, de Montréal, fait de même. À son retour au Canada (1986), après une brillante carrière de danseur avec le Stuttgart Ballet d'Allemagne, Reid ANDERSON, de New Westminster (Colombie-Britannique), se joint à Annette AV PAUL à la tête de la nouvelle compagnie Ballet British Columbia et en assure seul la direction artistique l'année suivante. De 1989 à 1996, il est directeur artistique du Ballet national du Canada. La création d'écoles de danse professionnelle (voir DANSE, ENSEIGNEMENT DE LA) et l'explosion de l'intérêt pour la danse au cours des années 70 atténuent toutefois cette tendance à l'exil.

L'institution de formation la plus importante au Canada est l'ÉCOLE NATIONALE DE BALLET, reconnue dans le monde entier pour la rigueur de sa formation et la qualité de ses danseurs. Ses élèves remportent fréquemment des prix lors de compétitions internationales. Les plus célèbres sont Karen KAIN (médaillée d'argent comme soliste à Moscou, en 1973), son partenaire Frank AUGUSTYN (ils obtiennent le premier prix pour le pas de deux, la même année) et Kevin Pugh (médaillé d'argent à Moscou, en 1981). Le Royal Winnipeg Ballet et Les Grands Ballets canadiens offrent également d'importants programmes de formation. Evelyn HART, l'une des élèves les plus remarquables du Royal Winnipeg Ballet, gagne la médaille d'or comme soliste lors de la compétition de Varna en 1980. D'autres élèves gagnent des prix lors de compétitions internationales, dont Laura Graham (médaillée d'argent à Varna, en 1990) et Suzanne Rubio (médaillée de bronze à Helsinki, en 1991). Les Grands Ballets canadiens forment Sylvie Kinal-Chevalier, médaillée d'argent à l'âge de 17 ans à Varna, en 1976.

Si les danseurs canadiens ont un impact important à l'étranger, ce n'est que vers la fin des années 70 que les chorégraphes attirent vraiment l'attention. En ballet, l'importance accordée aux œuvres étrangères et, dans le cas du Ballet national du Canada, aux nouvelles mises en scène des classiques du XIXᵉ siècle, reflète clairement ce qui plaît d'abord au public canadien.

On doit à Arnold SPOHR, qui a pris en main le Royal Winnipeg Ballet en 1958 et qui lui a donné une notoriété internationale, d'avoir encouragé les premières créations d'un certain nombre de chorégraphes, notamment Brian MACDONALD et Norbert VESAK. Plus tard, Les Grands Ballets canadiens produiront régulièrement les œuvres de Macdonald et, de façon plus restreinte, celles d'autres chorégraphes canadiens, Fernand NAULT surtout. Le Ballet national du Canada a toujours eu comme politique de faire progresser ses propres chorégraphes – au cours des 10 premières années de son existence, David Adams et Grant Strate créent plusieurs chorégraphies – et, à la fin des années 70, un groupe de chorégraphes (Ann Ditchburn, James KUDELKA et Constantin PATSALAS) se forme à la suite d'ateliers de chorégraphie que donne sporadiquement la compagnie.

Malgré tout, les jeunes chorégraphes se plaignent fréquemment d'avoir peu d'occasions d'apprendre leur métier et d'expérimenter des techniques au sein des grandes compagnies canadiennes. Ce n'est qu'au début des années 70, avec la création du programme de danse à l'U. York, l'introduction par Grant Strate des National Choreographic Seminars donnés à York (1978) et dans le cadre des cours de formation continue du BANFF CENTRE (1980) que des efforts soutenus sont déployés pour aider les chorégraphes canadiens. En outre, afin de faire connaître les jeunes créateurs, deux prix nationaux sont institués pour la chorégraphie. Ils sont remis annuellement par la Chalmers Foundation, de Toronto, et la Clifford E. Lee Foundation, de Calgary. Quant au Conseil des arts du Canada et au Conseil des arts de l'Ontario, ils accordent régulièrement des bourses aux chorégraphes. Au cours des années 90, Peter Boneham dirige le Groupe de la Place royale, qui a quitté Montréal pour Ottawa, auquel il donne une vocation de «laboratoire de danse» prônant l'approche expérimentale.

Conséquences, parmi d'autres, de ces initiatives: le Canada assiste à l'expansion d'un groupe de chorégraphes acclamés tant au pays qu'à l'étranger. James Kudelka, ancien élève de l'École nationale de ballet et ancien danseur et chorégraphe pour le Ballet national du Canada et Les Grands Ballets canadiens, crée de nombreuses chorégraphies pour des compagnies canadiennes et américaines. Le *New York Times* le classe parmi les chorégraphes les plus renommés en Amérique du Nord. En février 1996, il devient directeur artistique du Ballet national du Canada. Christopher HOUSE, qui devient le directeur artistique de la compagnie Toronto Dance Theatre en 1994 et dont le style est qualifié de moderniste, est également considéré par les experts comme l'un des chorégraphes les plus prometteurs au pays. Même scénario pour Mark GODDEN, ancien danseur du Royal Winnipeg Ballet et chorégraphe local qui travaille à son compte, ainsi que pour le directeur artistique du Ballet British Columbia, John ALLEYNE.

Max Wyman

Dansereau, Mireille, cinéaste (Montréal, 19 sept. 1943). Avec *La Vie rêvée*, en 1972, elle est la première femme à réaliser un long métrage de fiction au Québec. Après avoir étudié à l'U. de Montréal, elle obtient une maîtrise en cinéma et télévision à Londres, où son film *Compromise* (1968) remporte le premier prix du National Student Film Festival en 1969. À son retour au Québec, elle participe à la fondation de l'Association coopérative des productions audio-visuelles qui produit *La Vie rêvée*. À l'ONF, elle réalise deux documentaires, *J'me marie, j'me marie pas* (1973) et *Famille et variations* (1977). Elle revient au secteur privé pour réaliser *L'arrache-cœur* (1979), analyse intransigeante d'un mariage en crise, et *Le Sourd dans la ville* (1987), adaptation troublante et sombre du roman de Marie-Claire Blais, centré sur une maison de chambres remplie de marginaux. Mireille Dansereau réalise des essais personnels qu'elle consacre à des sujets extrêmement sensibles, parfois autobiographiques, comme *Entre elle et moi* (1992) sur les rapports mère-fille ou *Les Marchés de Londres* (1996), élaboré à partir

d'images tournées à Londres à la fin des années 60. Suivent deux documentaires qui traitent du corps des femmes et de la maladie, *Les Seins dans la tête* et *Les Cheveux en quatre* (1997); dans la même veine, une fiction basée sur la vie de la violoncelliste Jacqueline du Pré atteinte de sclérose en plaques, *Duo pour une soliste* (1997). En 2000, elle aborde avec *L'idée noire* le difficile sujet du suicide chez les jeunes.

Piers Handling

Dansereau, Pierre, écologiste et formateur (Montréal, 5 oct. 1911). Après ses études à l'Institut agricole d'Oka (Qc) et à Genève (D.Sc., 1939), Dansereau travaille au Jardin botanique de Montréal de 1939 à 1950. Il enseigne ensuite à l'U. du Michigan avant d'être nommé doyen de la Faculté des sciences à l'U. de Montréal en 1955. Il est professeur de botanique et de géographie à l'U. Columbia de 1961 à 1968 et directeur adjoint du New York Botanical Garden durant la même période. Il devient professeur d'écologie à l'Université du Québec à Montréal (UQÀM) en 1971. Son livre, *Biogeography, an Ecological Perspective* (1957), lui confère une réputation internationale. Dansereau vulgarisera plus tard ce sujet lors des très écoutées conférences Massey du la radio anglaise de Radio-Canada intitulées *Inscape and Landscape* (1972; trad. *L'Envers et l'Endroit*, 1991).

Dansereau s'intéresse d'abord à l'écologie humaine (1966), à la gestion des terres (1970), puis enfin aux problèmes d'éthique mondiaux (1990). Il transmet à ses étudiants des valeurs humaines et scientifiques importantes, et cherche à allier les forces des études techniques anglaises et les notions plus générales de la tradition française, en particulier le concept de Teilhard de Chardin voulant que l'esprit fasse partie du continuum de l'évolution. Il est membre de la Société royale, compagnon de l'Ordre du Canada, et récipiendaire du prix Molson (1975), du prix Killam (1985), de l'Ordre national du Québec (1985). Il reçoit la médaille Lawson de l'Association botanique du Canada en 1986 et la médaille Dawson de la Société royale du Canada en 1995. (*Voir aussi* BIOGÉOGRAPHIE et ÉCOSYSTÈME.)

Donald J.C. Phillipson

Daoust, Fernand, syndicaliste (Montréal, 26 oct. 1926). Successivement secrétaire général et président de la FTQ entre 1969 et 1993, il a été un acteur de premier plan sur la scène québécoise. Après des études universitaires, il s'engage dans le mouvement syndical en 1950, militant tour à tour au Syndicat des chapeliers, au CONGRÈS CANADIEN DU TRAVAIL et au CONGRÈS DU TRAVAIL DU CANADA. De 1959 à 1968, il œuvre au Syndicat des travailleurs des industries pétrolière, chimique et atomique. Par la suite, c'est au SYNDICAT CANADIEN DE LA FONCTION PUBLIQUE qu'il occupe le poste de directeur québécois.

En 1969, il entreprend une longue carrière au Comité exécutif de la FÉDÉRATION DES TRAVAILLEURS DU QUÉBEC (FTQ) alors qu'il est élu secrétaire général de cette centrale syndicale présidée par Louis LABERGE. Il succède à ce dernier en 1991 et se retire en 1993. De 1994 à 1996, on le retrouve à la présidence du Fonds de solidarité de la FTQ, un fonds syndical d'investissement pour la protection et la création d'emplois.

Fernand Daoust a été engagé dans plusieurs organismes publics au cours de ses années de militantisme: Conseil supérieur de l'éducation, Office franco-québécois de la jeunesse, U. du Québec à Montréal.

C'est cependant comme défenseur des droits des travailleurs et des travailleuses du Québec de travailler dans leur langue, que Fernand Daoust fait sa marque sur la scène publique québécoise. Dès 1959, en négociation avec des entreprises multinationales, il réclame que les discussions se déroulent en français. Membre fondateur du Mouvement Québec Français (MQF) en 1971, un organisme regroupant des organisations syndicales, culturelles et nationales vouées à la défense du français et membre du conseil d'administration de l'Office de la langue française

depuis sa fondation en 1977, il intervient sans relâche sur les questions linguistiques. En 1994, le Conseil de la langue française l'honore en le décorant de l'Ordre des francophones d'Amérique.

Michel Rioux

Dark Harbour Port situé sur le côté ouest de l'ÎLE GRAND MANAN, au Nouveau-Brunswick, Dark Harbour est le seul havre qui convient aux bateaux de pêche sur la rive occidentale de l'île, bordée de hautes falaises. Le port est relativement isolé des communautés de la côte est, plus hospitalière, le long de la baie de Fundy. Dès les années 1840, des hydrographes reconnaissent le potentiel du port en eau profonde et sa viabilité commerciale en tant que centre de pêche. Mais à part quelques installations de pêche saisonnières, l'endroit attire peu d'attention jusqu'à la fin du XIXᵉ siècle.

Au cours des années 1890, une importante entreprise de poisson fumé s'installe sur une digue naturelle de Dark Harbour. Bien que sa pêche du hareng et du homard fasse partie intégrante de son histoire, Dark Harbour doit sa réputation internationale à une algue marine comestible, la rhodyménie palmée, qui abonde sur son littoral rocheux. Encore peu populeux, Dark Harbour offre un paysage unique et sa beauté naturelle ne cesse d'attirer les touristes.

Roger P. Nason

Dartmouth, zone métropolitaine de la N.-É.; pop. 65 629 (rec. 1996), 67 798 (rec. 1991), 65 243 (rec. 1986); superf. 58,57 km²; située sur la rive est du havre d'Halifax, dans la communauté urbaine d'Halifax (1996).

Fondée en 1750, cette localité grandit lentement en raison de sa première vocation, qui consiste à approvisionner HALIFAX en produits agricoles. Sa base agricole se diversifie ensuite, d'abord en 1826, avec la construction du réseau de canaux Shubenacadie, destiné à relier le port d'Halifax à la baie de Fundy. Ce projet échoue par la suite, mais la disponibilité de l'énergie hydraulique motive l'établissement de quelques industries légères vers le milieu du siècle.

Bien que l'installation d'une raffinerie de sucre, en 1883, et d'une raffinerie de pétrole, en 1916, soit de bon augure, l'essor rapide de la ville ne s'amorce qu'au lendemain de la Seconde Guerre mondiale. Il existe un service continu de traversier dans le havre d'Halifax depuis 1752, mais l'achèvement en 1955 du premier pont reliant les deux rives (et d'un second en 1970) facilite beaucoup l'accès depuis Halifax. Cet événement coïncide avec le développement de plusieurs industries existantes qui entraîne la croissance rapide de la construction domiciliaire et une nouvelle expansion industrielle.

Depuis les années 70, Dartmouth tire profit de facteurs géographiques et économiques pour devenir le centre de l'industrie légère et du commerce des Maritimes. Le parc industriel de Burnside, inauguré en 1968, est le plus vaste complexe de ce type au Canada atlantique; on y trouve surtout des commerces et des entreprises de services ainsi que des entrepôts et des entreprises de distribution.

L'INSTITUT OCÉANOGRAPHIQUE DE BEDFORD, un établissement de renommée mondiale, la NOVA SCOTIA RESEARCH FOUNDATION CORPORATION et le Nova Scotia Hospital se trouvent aussi à Dartmouth. Un réseau moderne d'autoroutes contourne le cœur du centre-ville, revitalisé, et relie les quartiers résidentiels et industriels en pleine expansion de Dartmouth. Grâce à ses excellents services médicaux et éducatifs, de même qu'à ses installations récréatives et commerciales, la région métropolitaine est un endroit où il fait bon vivre et travailler.

Lois Kernaghan

Dartmouth, lacs de Au nombre de 25, les lacs de Dartmouth sont situés dans la ville de DARTMOUTH, en Nouvelle-Écosse, en face du port de HALIFAX. Formés par la glaciation du pléistocène, il y a environ 15 000 ans, leur superficie varie entre 1 et 140 ha. Bien avant la colonisation d'Halifax par les Britanniques en 1749, les MICMACS, indiens semi-nomades, empruntent en canot, et ce, pendant des milliers d'années, les principaux lacs (Banook, Micmac et Charles) pour aller de Chebucto (Halifax) à Cobequid (à l'embouchure de la baie de Fundy). Ces trois lacs font ensuite partie du malheureux canal Shubenacadie, construit de 1826 à 1861, mais abandonné en 1870 à cause de la concurrence ferroviaire. Des portions abîmées du canal et des écluses subsistent toujours. Depuis le début de la colonie, les lacs alimentent les riverains en eau. On y exploite une industrie de coupe de glace jusqu'en 1950, ce qui nécessite l'établissement de glacières le long des rives.

Depuis plus d'un siècle, ces lacs forment une base de plein air importante. Déjà, au XIXᵉ siècle, les habitants d'Halifax traversent le port en bateau pour venir pratiquer des sports comme le patinage, le hockey, le curling et la voile sur glace. La Starr Manufacturing Co. de Dartmouth était connue partout dans le monde pour ses patins à lames innovateurs. Au début du XXᵉ siècle, le canotage et l'aviron gagnent la faveur du public et des régates sont organisées par de nouveaux clubs de canotage. Il existe aujourd'hui cinq clubs du genre et plusieurs compétitions régionales, nationales et internationales d'aviron se déroulent sur le lac Banook. La natation, le ski aquatique et le ski de randonnée, la pêche et la voile se répandent également au cours des dernières années.

En dépit de l'expansion considérable de la ville depuis 30 ans, les lacs de Dartmouth sont peu atteints par la pollution et les loisirs n'en sont que rarement entravés. Consciente de leur importance pour les habitants, la ville veille à leur protection. Elle est aidée dans cette tâche par un organisme bénévole spécial, le Dartmouth Lakes Advisory Board.

D.C. Gordon

Darwinisme social (Néo-darwinisme) Le darwinisme social renvoie de façon générale à l'application, dans le domaine des relations sociales, des théories de Charles Darwin sur le rôle de la sélection naturelle dans l'ÉVOLUTION, énoncées dans son ouvrage *Origin of Species* (1859; trad. *De l'origine des espèces*). Darwin ne comptait pas étendre, par analogie, ses théories à l'étude des groupes raciaux, des sociétés ou des pays. Certains théoriciens sociaux britanniques ou américains, notamment Herbert Spencer et William Graham Sumner, ont néanmoins poussé l'analogie. La théorie sociale qui en découle procure à la population de la fin du règne de Victoria une explication scientifique et une justification sociale de l'inégalité raciale, de l'exploitation culturelle et du laisser-faire capitaliste. Le Canada a produit peu de théoriciens sociaux aussi extrémistes pendant la révolution darwinienne. Pendant les années 1870 et 1880, le critique William Dawson LESUEUR tente d'expliquer les théories de Darwin et de Spencer à la population canadienne dans la *Canadian Monthly and National Review*, mais il refuse d'étendre la métaphore de Darwin à l'étude de la société. Au contraire, avance-t-il, l'idée darwinienne de la compétition intraraciale et interraciale aboutit logiquement à la nécessité de la coopération et de l'aide mutuelle. D'autres observateurs canadiens partagent son opinion, sauf Goldwin SMITH, dont les idées sur la société se rapprochent davantage de celles de Spencer. Vu la dépendance qui marque la vie économique et politique canadienne, la plupart des commentateurs canadiens adhèrent plutôt à des idées telles que celles préconisées par Peter Kropotkin dans *Mutual Aid, a Factor of Evolution* (1902).

A.B. Mckillop

Datation géologique Durant des siècles, les humains n'ont fait que spéculer au sujet de l'âge de la Terre. Il n'y a pas si longtemps que nous pouvons l'estimer de façon sûre. Au XIXᵉ siècle, des géologues commencent à se rendre compte que les roches sédimentaires à la surface du globe ont bien dû mettre au moins quelques centaines de millions d'années avant

de s'accumuler de la sorte. Puis, leur théorie se voit renforcée par la théorie de l'ÉVOLUTION de Charles Darwin, théorie selon laquelle la vie primitive s'est modifiée sur une très longue période pour devenir complexe.

Le grand physicien Lord Kelvin, lui, rejette catégoriquement cette théorie. Ses calculs, qui reposent sur l'évolution du refroidissement de la Terre, l'amènent à la conclusion qu'elle n'a que quelques dizaines de millions d'années. Toutes ces discussions prennent fin en 1896, lorsque le physicien français Henri Becquerel découvre la radioactivité. La radioactivité, présente dans divers types de roches, permet aux scientifiques de déterminer l'âge de la Terre, de la Lune, des météorites, des chaînes de montagnes et des bassins océaniques. Elle permet aussi d'établir une échelle des temps géologiques relativement précise. Il devient même possible d'établir la durée des inversions du champ magnétique de la Terre. La méthode «radiométrique» remplace alors toutes les autres techniques de calcul de l'âge absolu.

Horloge radiométrique La plupart des atomes (chacun constitué d'un noyau entouré d'électrons) sont stables et destinés à exister indéfiniment. Certains atomes, cependant, sont instables. Leur noyau a tendance à émettre spontanément des particules, en d'autres mots, ils sont radioactifs. Ainsi, l'élément radioactif père change de nature et se transforme en un élément radiogénique fils distinct et stable. Ce changement se produit à un rythme connu déterminé par la demi-vie ou la période, c.-à-d. le temps que requiert la moitié du stock initial d'atomes radioactifs pour se transformer en éléments descendants stables. À chaque demi-vie ou période, le nombre d'atomes radioactifs est réduit de moitié. Les éléments radioactifs servant à la datation géologique ont des périodes relativement longues. P. ex., le rubidium 87, dont la période est de 50 milliards d'années, donne naissance au strontium 87. Ainsi, on peut calculer l'âge d'une roche en mesurant la quantité originelle de rubidium qui s'est transformée en strontium.

Les autres techniques de datation utilisent l'uranium 235, qui a une période de 713 millions d'années et se transforme en plomb 207; l'uranium 238, qui a une période de 4,5 milliards d'années et qui devient du plomb 206; le potassium qui a une période de 1,3 milliard d'années et qui devient de l'argon (et du calcium); et le samarium 147, qui a une période de 1,06 milliard d'années et qui devient du néodyme 143. Ces processus radioactifs représentent un ensemble d'horloges naturelles qui indiquent à quel moment la roche s'est formée ou la dernière fois qu'elle a été chauffée à haute température. La datation par le carbone 14, bien connue, suppose que le carbone 14 radioactif, dont la période est de 5700 ans, s'est transformé en azote stable. Le carbone 14 sert à déterminer l'âge de la matière organique seulement et ne peut mesurer avec précision que l'âge de la matière vieille de moins de 50 000 ans (*voir* ARCHÉOLOGIE; GLACIATION).

Depuis 1950, les méthodes radiométriques se sont perfectionnées au Canada comme dans plusieurs autres pays. On sait maintenant que toutes les méthodes d'analyse des roches qui n'ont subi aucune modification au cours de l'évolution de la Terre parviennent au même résultat. Cette uniformité prouve que la méthode est fiable. Les différentes techniques de calcul de l'âge appliquées à des roches qui ont subi des modifications peuvent donner des lectures différentes. Beaucoup de recherches se poursuivent afin de savoir comment interpréter ces résultats. De plus en plus souvent, on réussit à déterminer l'âge de roches entièrement modifiées.

Quel âge a la Terre? Dater de façon absolue l'âge d'une planète au diamètre de 12 740 km et recouverte à 70,8 p. 100 d'eau est chose bien difficile. Seule une petite fraction de la Terre, l'écorce, est accessible. Ces roches (les plus vieilles) qui nous permettent de faire des analyses ont été chauffées et comprimées de nombreuses fois au cours des milliards

d'années où les continents dérivaient à la surface du globe et entraient en collision, formant des montagnes et de nouveaux fonds océaniques (*voir* ÉVOLUTION GÉOLOGIQUE).

Pour contourner tous ces obstacles, on a mis au point deux méthodes de datation des roches. La première, qui vise à dater la plus grande partie possible de la croûte terrestre, repose sur le principe que la Terre doit certainement être plus vieille que ses plus vieilles roches. Samuel Bowring, du Massachusetts Institute of Technology, et ses homologues Ian Williams et William Compston, de l'Université de Canberra en Australie, ont prouvé qu'une petite région de roches métamorphiques du Nord du Canada, connue sous le nom de gneiss d'Acasta, constitue le plus ancien morceau intact de l'écorce terrestre. La méthode de datation par le couple uranium-plomb (U-Pb) a permis de dater des cristaux de zircons provenant du gneiss (situé au sud-est du Grand lac de l'Ours, dans les Territoires du Nord-Ouest) et prouvé qu'ils s'étaient formés il y a près de 4 milliards d'années, ce qui prouve que la Terre même a plus de 4 milliards d'années. Stephen Moorbath et ses collègues d'Oxford ont obtenu d'autres résultats qui vont dans le sens de cette hypothèse. Ils ont prouvé que des roches près de Godthaab, dans le sud-est du Groenland, ont été formées, ou existaient déjà, il y a 3,8 milliards d'années. Ces résultats sont confirmés par les datations rubidium-strontium, uranium-plomb et samarium-néodyme.

On a aussi trouvé des roches presque aussi vieilles au Labrador, au Minnesota, en Afrique et en Inde. Plusieurs scientifiques recherchent des roches encore plus anciennes. En 1983, des scientifiques australiens prétendent avoir découvert d'infimes cristaux de zircon vieux de 4,2 milliards d'années, mais comme ces cristaux se trouvent dans des sédiments beaucoup plus jeunes, ils n'en connaissent pas la provenance.

La deuxième méthode, plus indirecte, mais jugée exacte, consiste à comparer la Terre avec des météorites. Ces météorites venues d'ailleurs sont certainement tombées sur la Terre, creusant d'immenses cratères comme celui appelé le cratère du Nouveau-Québec (61° 17' Nord, 73° 41' Ouest). Selon toutes les datations (rubidium-strontium, potassium-argon, uranium-plomb et samarium-néodyme), les météorites se sont formées il y a environ 4,6 milliards d'années. Des études approfondies des isotopes de plomb dans les météorites et les roches terrestres indiquent fortement que la Terre et les météorites se sont formées en même temps.

Comme on calcule très précisément l'âge des météorites à 4,6 milliards d'années, la Terre aurait le même âge. Les échantillons lunaires prélevés lors des missions Apollo indiquent que la Lune aurait aussi le même âge. Donc, si la Terre, la Lune et les météorites ont 4,6 milliards d'années, il en va probablement de même de tout le système solaire.

Quel âge a le Bouclier canadien? Les plus vieilles roches du Canada forment le Bouclier canadien (*voir* RÉGIONS GÉOLOGIQUES). De nombreux scientifiques du Canada et d'ailleurs étudient ces roches afin de mieux comprendre l'évolution de cette région. Le Bouclier est constitué de régions de roches d'âges différents. En plus du gneiss d'Acasta, il se trouve d'autres roches vieilles de 3,6 milliards d'années dans la baie de Saglek et près du fjord Hebron, au Labrador. D'autres gigantesques plaques sont vieilles, en milliards d'années, de 2,9 à 2,5, de 1,8 à 1,7 et de 1,3 à 0,9.

Certaines de ces régions sont la base d'anciennes chaînes de montagnes dont les sommets ont depuis longtemps été usés par l'érosion. D'autres régions représentent des ceintures volcaniques, dont plusieurs qui n'ont jamais été profondément enfouies. Les scientifiques cherchent à comprendre si ces régions d'âges différents et d'évolution géologique différente sont depuis toujours à proximité l'une de l'autre ou si elles étaient éloignées jusqu'à ce que la dérive des continents ou la TECTONIQUE DES PLAQUES les rapproche. Les roches ignées du Bouclier canadien sont très anciennes, mais la formation de roches ignées est un processus continu au Canada. On estime de 90 à 350 ans, l'âge des roches formées par la coulée de lave de l'Aiyansh, en Colombie-Britannique. Ce calcul confirme les légendes du peuple Tsimshian de la rivière Nass, qui parlent d'éruptions volcaniques.

Échelle des temps de l'évolution biologique Il semble probable que la vie ait existé sur la Terre depuis bien plus longtemps que 3 milliards d'années. En Afrique du Sud, on a identifié provisoirement des bactéries FOSSILES provenant des sédiments de la série Fig Tree. Des scientifiques de l'U. Columbia, par la méthode samarium-néodyme, estiment l'âge des roches volcaniques associés à ces bactéries à 3,5 milliards d'années. D'autres scientifiques de l'U. de Toronto parviennent au même calcul par la datation potassium-argon. On croit que les plus anciens fossiles du Canada (2,5 milliards d'années) se trouvent dans les formations de stromatolite du lac Steep Rock, en Ontario. Dans les cherts de Gunflint du sud de l'Ontario, vieux d'environ 1,9 milliard d'années, se trouve la plus grande diversité de microfossiles d'origine biologique. Cependant, les données fossilifères ne représentent bien que les 545 derniers millions d'années, puisque ce n'est qu'à partir de cette période que les organismes contiennent du phosphate dur ou du carbonate de calcium qui permettent de bien préserver les restes fossiles.

Les paléontologues divisent les 545 derniers millions d'années en trois époques: le paléozoïque, le mésozoïque et le cénozoïque. Chacune de ces époques se divise à son tour en périodes. Le calcul du temps représenté par chacune de ces périodes s'est fait essentiellement en datant les roches correspondantes par les méthodes potassium-argon, rubidium-strontium et uranium-plomb.

La vie humaine n'existe sur la Terre que depuis quelques millions d'années. En 1995, une expédition internationale dirigée par Meave Leakey, des Musées nationaux du Kenya, a découvert dans le nord du Kenya des fragments de fossiles ressemblant au primate et qui semblaient posséder le potentiel de locomotion verticale comme l'ancêtre des humains (*Australopithecus anamensis*). L'âge de la cendre volcanique associée à ces fossiles a été estimé, à l'Australian National University, à l'aide d'une technique de datation au laser mise au point à l'U. de Toronto. Aujourd'hui nous savons avec certitude que le nombre d'années qui se sont écoulées depuis l'apparition des premières créatures ressemblant vaguement aux humains actuels représente moins d'un dixième de un pour cent de l'âge de la Terre.

Derek York

Daudelin, Charles, sculpteur (Granby, Qc, 1er octobre 1920). Il travaille à l'atelier de Gilles Beaugrand (1939-1941) et fréquente l'École du meuble de Montréal, où enseigne Paul-Émile Borduas. Entre 1943 et 1948, il fait deux séjours à New York dans les ateliers de Fernand Léger et d'Henri Laurens et enseigne à l'École des beaux-arts de Montréal jusqu'en 1967. Il participe à l'importante exposition montréalaise Les Sagittaires (1943) et reçoit le premier prix des Concours artistiques du Québec, section peinture (1946) et section sculpture (1964).

Daudelin réalise d'importantes sculptures pour le Centre national des arts d'Ottawa, le complexe G de Québec, le palais de justice de Montréal, la fontaine du parlement de Charlottetown, le foyer du théâtre Maisonneuve de la Place des Arts de Montréal, l'église Saint-Jean à Pointe-Saint-Charles et l'église Saint-Thomas d'Aquin de Saint-Lambert. On lui doit le retable de la chapelle du Sacré-Cœur de l'église Notre-Dame de Montréal ainsi que la conception artistique de la station de métro Mont-Royal de Montréal.

Ses œuvres figurent dans plus d'une cinquantaine de grandes collections publiques de notre pays dont celles du Musée du Québec, du Musée des beaux-arts de Montréal, du Musée d'art contemporain de Montréal, du Musée des beaux-arts du Canada, de l'U. McGill et de l'U. de Sherbrooke.

En 1984, il crée Embâcle, une fontaine en bronze à Saint-Germain-des-Prés, dans le VIe arrondissement de Paris. Daudelin a aussi conçu des marionnettes, des affiches, des programmes, des décors de théâtre et de ballet et a illustré des livres. Il a également réalisé des médailles et des trophées.

Il a exposé individuellement ses œuvres une trentaine de fois et ses expositions collectives dépassent la centaine. En 1969 et 1989, il a participé à deux films de l'Office national du film.

Les Musées d'art contemporain et le Musée de Québec lui ont consacré une importante rétrospective avec la publication d'un magnifique catalogue.

Il a également enseigné la sculpture à l'U. de Moncton ainsi qu'à l'U. du Québec à Chicoutimi. En 1972, il reçoit la bourse Lynch-Staunton du Conseil des arts du Canada et, en 1981, le prix Philippe-Hébert de la Société Saint-Jean-Baptiste de Montréal.

En 1985, il reçoit le prestigieux prix Borduas pour l'ensemble de son œuvre et reçu comme membre de l'Académie Royale des Arts du Canada.

Charles Daudelin est l'un des sculpteurs les plus importants de sa génération et ses œuvres rayonnent à l'échelle du Canada et à l'étranger.

Michel Champagne

Daudelin, Robert, administrateur et réalisateur (West Shefford, Qc, 31 mai 1939). En 1960, Daudelin fait partie d'un groupe de cinéphiles québécois qui répudient l'approche catholique moralisante, alors dominante dans la critique cinématographique, et qui fondent une revue de cinéma, *Objectif*. Il en est le rédacteur en chef jusqu'à sa disparition en 1967. Durant cette période, il s'implique dans l'organisation du Festival international du film de Montréal. Il en dirige le volet «Festival du cinéma canadien» en 1963 et obtient le poste de directeur adjoint en 1965. Il publie la première monographie consacrée au cinéma québécois: *Vingt ans de cinéma au Canada français* (1967). En 1969, il devient le premier directeur général du Conseil québécois pour la diffusion du cinéma, en établit les politiques et le programme d'animation et lance la collection de dossiers, «Cinéastes du Québec».

Il accède bientôt à la présidence de la CINÉMATHÈQUE QUÉBÉCOISE, puis en devient le directeur général en 1972, un poste qu'il occupe toujours. Il a supervisé la croissance exceptionnelle de l'institution, la plus importante au Canada depuis l'expansion de 1996. En 1974, il est élu au comité directeur de la Fédération internationale des archives du film, dont il a occupé plusieurs postes, incluant celui de président en 1989. Il a siégé au conseil d'administration de plusieurs organismes cinématographiques canadiens. En 1987, il a réalisé, à l'OFFICE NATIONAL DU FILM, un documentaire sur le jazzman américain Lee Konitz, *Konitz Portrait of the Artist as a Saxophonist*.

Pierre Véronneau

Dauphin, ville du Man.; pop. 8266 (rec. 1996), 8453 (rec. 1991), 8875 (rec. 1986); superf. 11,94 km²; const. en village en 1898 et en ville en 1901; située dans le sud-ouest du Manitoba, à 304 km par la route au nord-ouest de Winnipeg, aux abords de la rivière Vermilon. Prospère centre d'approvisionnement, de distribution et de transports, Dauphin dessert une riche région agricole qui s'étend de la frontière de la Saskatchewan jusqu'aux lacs Manitoba et Winnipeg, à l'est, et jusqu'à la rivière Swan, au nord. La ville est aussi un centre d'administration gouvernemental et attire de nombreux touristes.

Pierre de LA VÉRENDRYE visite d'abord la région dans les années 1730 et donne en 1741 le nom de Dauphin à un poste de la région, nom qui désigne le fils aîné du roi de France. Des colons arrivent de l'Ontario dans les années 1880, et les villages d'Old Dauphin et de Gartmore prennent forme à proximité de l'emplacement actuel de la ville, qui est fondée après l'arrivée du Lake Manitoba Railway, en 1896. Des UKRAINIENS y établissent l'une de leurs premières colonies (1896-1898) et restent profondément attachés à leur passé culturel. Depuis le début des années 60, le Festival national des Ukrainiens se déroule chaque année à Dauphin.

Alan F.J. Artibise

Dauphin et marsouin Noms communs donnés à de petits MAMMIFÈRES à dents de l'ordre des CÉTACÉS, qui inclut également les BALEINES. On les rencontre dans tous les océans et dans plusieurs des grands bassins fluviaux. Les dauphins nord-américains, qui ont un long rostre, se distinguent des marsouins, qui ont une tête tronquée, mais les deux noms sont parfois employés indifféremment pour désigner plusieurs espèces de petits cétacés à dents, entre autres les membres des familles des delphinidés, des phocoenidés, des sténidés et des platanistidés. Au Canada, on rencontre communément cinq espèces de dauphins et de marsouins.

Marsouin commun Le marsouin commun (*Phocoena phocoena*) est particulièrement abondant dans l'embouchure de la baie de Fundy, dans certaines régions du golfe du Saint-Laurent et sur la côte Ouest. Ce cétacé, l'un des plus petits de l'hémisphère Nord, a un métabolisme basal assez élevé et une courte espérance de vie (environ 13 ans). Contrairement à d'autres espèces de dauphins et de marsouins, il n'est pas très grégaire et n'a pas l'habitude de caracoler hors de l'eau.

Marsouin de Dall Le marsouin de Dall (*Phocoenoides dalli*), indigène du Pacifique Nord, se rencontre sur la côte de la Colombie-Britannique. Sa coloration rappelle celle de l'épaulard (*Orcinus orca*) qui, avec ses 9,5 m et ses 8000 kg, est le plus grand des delphinidés.

Autres espèces Au Canada, on rencontre trois espèces de dauphins des régions tempérées. Toutes sont grégaires et parfois acrobates. Le dauphin à nez blanc (*Lagenorhynchus albirostris*) et le dauphin à flancs blancs de l'Atlantique (*L. acutus*), tous deux endémiques de l'Atlantique Nord, ont des aires de répartition qui se chevauchent entre Cape Cod et le détroit de Davis. Leur cousin du Pacifique Nord est le dauphin à flancs blancs du Pacifique (*L. obliquidens*).

Le dauphin à gros nez (*Tursiops truncatus*), populaire dans les aquariums, ne se rencontre généralement pas dans les eaux canadiennes. La majorité des individus en captivité proviennent de la Floride ou de la région du golfe du Mexique.

R. Reeves et E.D. Mitchell

Davaugour, Pierre Dubois, baron, gouverneur de la Nouvelle-France de 1661 à 1663 (meurt dans un combat contre les Turcs à la frontière de la Croatie, 24 juill. 1664). Dernier gouverneur à servir sous l'autorité de la COMPAGNIE DES CENT-ASSOCIÉS, il croit fermement aux ressources du Canada, mais insiste sur la nécessité de renforts massifs pour protéger la colonie contre les Iroquois. Lorsqu'il supprime les restrictions sur le commerce du brandy avec les Indiens, il se trouve mêlé à d'âpres querelles avec Mgr de LAVAL et avec MAISONNEUVE, le gouverneur de Montréal, ce qui entraîne son rappel.

Allan Greer

Daveluy, Raymond, organiste, compositeur, administrateur et professeur (Victoriaville, Qc, 23 déc. 1926). Après des études au Canada avec son père, puis à Montréal avec Gabriel Cusson et Conrad Letendre, il remporte le prix d'Europe (1948) et étudie l'orgue avec Hugh Giles à New York. Premier organiste nord-américain invité au concours international d'improvisation à Haarlem aux Pays-Bas (1959), il y remporte le premier prix et participe ensuite à de nombreux festivals européens. À Montréal, il est organiste des églises Saint-Jean-Baptiste (1946-1951), Immaculée-Conception (1951-1954), Saint-Sixte (1954-1959) et, depuis 1960, de l'oratoire Saint-Joseph où il joue sur le fameux orgue Beckerath installé la même année. Il enseigne au CONSERVATOIRE DE MUSIQUE DU QUÉBEC à Montréal (1957-1960, 1978-1988) et à Trois-Rivières (1966-1967) de même qu'à la Faculté de musique de l'U. McGILL. Il est aussi directeur des conservatoires de Trois-Rivières (1970-1974) et de Montréal (1974-1978).

Daveluy est un des membres fondateurs des Mélodistes indépendants (1995), une association de compositeurs et d'interprètes vouée à la promotion d'une musique contemporaine accessible à un public plus large que ne l'est habituellement celui des œuvres modernes. Ce groupe publie en 1998 un livre, *Pour l'amour de la musique*. Les nombreuses œuvres pour orgue de Daveluy sont publiées aux Éditions Jacques Ostiguy et aux Éditions Europart-Music. Il compose aussi des œuvres pour piano, pour instruments à vent et à cordes, ainsi que plusieurs pièces chorales. Beaucoup d'entre elles sont enregistrées.

Les distinctions et prix suivants attestent la contribution importante de Daveluy à la vie culturelle du Canada: membre de l'ORDRE DU CANADA (1980), Médaille du 125e anniversaire du Canada (1992), membre (honoraire) du Collège royal canadien des organistes (1993).

Hélène Plouffe et Rachelle Taylor

Davey, Keith, politicien (Toronto, 21 avril 1926). Diplômé du Victoria College de l'U. de Toronto, Davey travaille à la radio et occupe divers postes au sein du Parti libéral dans la région de Toronto. Après la défaite des libéraux aux élections générales de 1957 et de 1958, il forme un petit groupe, appelé «Cell 13» (cellule 13), pour rajeunir le parti en Ontario. En 1961, il devient directeur national de la campagne des libéraux et travaille à la conception de la stratégie qui mènera au renversement des conservateurs en 1963. Ses conseils seront moins heureux en 1965.

Nommé sénateur par le premier ministre PEARSON en 1966, Davey préside une enquête du Sénat sur les médias de masse. Suite à la quasi-défaite du parti libéral en 1972, Davey est appelé par le premier ministre TRUDEAU pour présider au destin électoral du parti: la victoire aux élections de 1974 est sa récompense. Les libéraux sont défaits en 1979, mais en 1980, Davey, coprésident de la campagne nationale, les ramène au pouvoir. On le rappelle au milieu de la campagne chancelante de John TURNER en 1984, pour qu'il la ranime. L'expérience n'est pas un succès et, dans un livre paru en 1986, *The Rainmaker,* Davey fait état de ses doutes sur les capacités de leader de Turner.

Robert Bothwell

David Dunlap, observatoire (*Voir* OBSERVATOIRE)
David, Paul, fondateur de l'Institut de cardiologie de Montréal en 1954 (Montréal, 25 déc. 1919—id. 5 avr. 1999). Après des études au Collège Stanislas de Paris avant la Seconde Guerre mondiale, il prépare un doctorat en médecine à l'U. de Montréal (1944). Il se spécialise en cardiologie au Massachusetts General Hospital (1946) et à l'Hôpital Lariboisière de Paris. C'est à l'Institut de cardiologie, dont il est le directeur, que l'équipe dirigée par le Dr Pierre Grondin effectue la première greffe du cœur au Canada (31 mai 1968). Après 9 transplantations, toutes rapidement suivies de décès, le Dr David impose en 1969 un moratoire sur les transplantations. Celui-ci reste en vigueur jusqu'à l'apparition en 1983 de la cyclosporine, un médicament antirejet. La première des transplantations cardiaques de deuxième génération a lieu à l'Institut (24 avril 1983) et dote la jeune Diane Larose d'un nouveau cœur. Depuis lors, les greffes du cœur sont devenues des procédures de «routine». En 1984, David prend sa retraite et quitte «son» institut. L'année suivante, il est nommé au Sénat.

Françoise Coté

Davidson, Florence Edenshaw, aînée HAIDA, artiste (Masset, îles de la Reine-Charlotte, C.-B., 1895—id., déc. 1993). Fille du célèbre chef et artiste Haida Charlie EDENSHAW, elle descend d'une longue et distinguée lignée Haida. Son père l'appelle «Story Maid» et son oncle maternel, Henry Edenshaw, «Florence». Petite fille, elle commence à tresser des paniers selon la tradition Haida et à confectionner des couvertures à boutons destinées aux cérémonies, occupations qu'elle abandonne quand elle se marie avec Robert Davidson père, dont elle aura 13 enfants.

En 1952, elle revient à la confection de couvertures à boutons et à motifs appliqués. Elle en crée une cinquantaine. Tisserande d'un talent remarquable, elle fabrique aussi de très beaux chapeaux de racines d'épinette et d'écorce de cèdre. Elle partage volontiers sa connaissance de la vie traditionnelle Haida avec ses enfants et ses petits-enfants, de même qu'avec des anthropologues, des conservateurs de musée et des historiens de l'art qu'elle reçoit chez elle. Son fils, Claude Davidson (décédé avant elle), et ses petits-fils Reggie et Robert DAVIDSON sont tous des artistes accomplis dans la tradition Haida.

Carol Sheehan

Davidson, Joe, chef syndical (Shotts, Écosse, 1915—Motherwell, 23 sept. 1985). Activiste politique de longue date, il se décrit comme un socialiste évolutionniste «à condition que l'évolution ait, à l'occasion, besoin d'une poussée». Il arrive au Canada en 1957 et travaille dans des forges à Hamilton et à Dundas, en Ontario. Il devient ensuite préposé au tri du courrier à Toronto et délégué syndical de l'Association des employés des postes du Canada qui devient, en 1965, le Syndicat des postiers du Canada (SPC). Durant la grève de 1965, il est actif au sein du comité des grévistes de Toronto. Élu président de la section locale de Toronto en 1967, il accède à la vice-présidence du SPC en 1968 et en est le président de 1974 à 1977. Deux grèves nationales et des dizaines d'escarmouches au sujet de l'automatisation marquent sa présidence. Les médias en font l'homme le plus détesté du Canada. Davidson prend sa retraite en 1983.

Laurel Sefton MacDowell

Davidson, Robert Charles, artiste HAIDA (Hydaburg, Alaska, 4 nov. 1946). Maître sculpteur, graveur et joaillier, il est l'arrière-petit-fils et l'héritier de Charlie EDENSHAW. Il commence à apprendre la sculpture avec son grand-père, Robert Davidson père. En 1966, il est l'apprenti de Bill REID, qu'il accompagne l'année suivante à la Vancouver School of Art.

Tout en étudiant, il devient un chargé de cours compétent à la Gitanmaax School of Northwest Coast Indian Art, à KSAN (Hazelton, Colombie-Britannique). Davidson obtient une bourse pour sculpter son premier totem, Bear Mother, une œuvre de 12 mètres. De mémoire d'anciens Haidas, il s'agit aussi du premier TOTEM sculpté et érigé dans les îles de la Reine-Charlotte. Très innovateur et réfléchi, il ouvre de nouveaux horizons à l'art autochtone de la côte du Nord-Ouest avec ses reproductions sérigraphiques, ses sculptures et ses bijoux de plus en plus complexes et originaux.

En 1980, Davidson est l'hôte d'un gigantesque POTLATCH de deux jours organisé en hommage aux Haidas vivants et il adopte, comme un des siens, Joe David, un artiste nuu-chah-nulth (NOOTKA ou de la côte Ouest). Ses trois mâts totémiques monumentaux *The Three Watchmen,* érigés en 1984 dans l'édifice Maclean Hunter, à Toronto, reflètent son engagement profond envers l'art innovateur et l'évolution de sa culture d'origine. En 1984, la compagnie Pepsi Cola lui commande une imposante sculpture de bronze, *Frog,* pour son jardin de sculptures à Purchase, dans l'État de New York.

Raven Bringing Light to the World, une autre sculpture de bronze imposante, est une commande du MUSÉE CANADIEN DES CIVILISATIONS

réalisée en 1986. La même année, pour une deuxième commande de Pepsi Cola, Davidson produit un ensemble de trois mâts totémiques intitulé *Three Variations of Killer Whale Myth.* Souvent cité, Robert Davidson est le sujet de nombreux articles, films, vidéos et livres et suscite un intérêt international pour l'art haida. En 1993, le MUSÉE DES BEAUX-ARTS DE VANCOUVER organise une rétrospective de sa longue carrière, *Robert Davidson, Eagle of the Dawn,* qui est présentée par la suite au Musée canadien des civilisations.

Tout en réalisant des commandes d'œuvres monumentales pour le compte de collectionneurs privés internationaux, il poursuit son engagement pour le maintien de la culture haida en travaillant avec les Rainbow Creek Dancers, une troupe de danse contemporaine qu'il a fondée. Il fournit aux danseurs de la troupe et aux membres de sa communauté les masques et autres objets utilisés lors des potlatchs. En 1992, Davidson reçoit un doctorat honorifique en beaux-arts de l'U. de Victoria.

Carol Sheehan

Davie, Alexander Edmund Batson, avocat, politicien, premier ministre de la Colombie-Britannique de 1887 à 1889 (Wells, Angl., 24 nov. 1847—Victoria, 1er août 1889). Il émigre à l'île de Vancouver en 1862 et est la première personne à y recevoir une formation juridique complète, avant d'être admis au barreau en 1873. Il travaille comme greffier à l'Assemblée législative de la Colombie-Britannique de 1872 à 1874, est élu dans la circonscription de Cariboo en 1875, parrainé par le premier ministre WALKEM, mais il se range du côté de l'Opposition. En 1877, il accepte un poste au sein du gouvernement d'A.C. ELLIOTT, mais il est battu à l'élection partielle. Élu député de la circonscription de Lillooet en 1882, il est nommé procureur général au sein de la nouvelle administration de William SMITHE en 1883 et il supervise une importante révision des lois de la province. Davie succède à Smithe comme premier ministre, en 1887, mais il tombe malade et meurt pendant son mandat.

H. Keith Ralston

Davies, sir Louis Henry, avocat, politicien, juge, premier ministre de l'Île-du-Prince-Édouard (Charlottetown, 4 mai 1845—Ottawa, 1er juin 1924). Membre d'une famille influente du milieu des affaires locales et de la politique, Davies fréquente le Prince of Wales College de Charlottetown, avant de faire son droit à Londres. À son retour dans l'Île, il se lance dans la politique et se fait élire à l'Assemblée législative, lors d'une élection partielle en novembre 1872. Orateur exceptionnel, il devient, en 1876, le plus jeune premier ministre de l'Île-du-Prince-Édouard à la tête d'une coalition engagée à résoudre la question de l'éducation.

En 1877, son administration adopte la *Public Schools Act,* qui instaure la fréquentation scolaire obligatoire et un système d'écoles non confessionnelles. Malgré ce succès, la coalition se désintègre et il démissionne en 1879. Élu à la Chambre des communes en 1882, il devient un des membres les plus influents du caucus libéral. Wilfrid LAURIER le nomme ministre de la Marine et des Pêcheries en 1896 et il est fait Chevalier en 1897. Il quitte le Cabinet en 1901 pour la Cour suprême du Canada, où il siège jusqu'à sa mort. En 1918, il est nommé juge en chef.

Ian Ross Robertson

Davies, Robertson William, écrivain, journaliste, professeur (Thamesville, Ont., 28 août 1913—Toronto, 2 déc. 1995). Davies est reconnu comme un éminent essayiste et un brillant romancier. Troisième fils du sénateur William Rupert Davies, il joue très tôt au théâtre et manifeste pour l'art dramatique un intérêt qu'il gardera toute sa vie. Après avoir fréquenté l'Upper Canada College de 1926 à 1932, il fréquente l'U. Queen de 1932 à 1935 comme étudiant libre. En 1938, il obtient un B.A. en littérature au Balliol College d'Oxford. Sa thèse, *Shakespeare's Boy*

Actors, est publiée en 1939, année pendant laquelle il poursuit une carrière de comédien à l'extérieur de Londres. En 1940, il joue des rôles secondaires et effectue des travaux littéraires pour le directeur de la Old Vic Repertory Company à Londres. La même année, il épouse Brenda Mathews, qu'il a rencontrée à Oxford et qui travaille à l'époque comme régisseuse au Old Vic, et retourne au Canada comme rédacteur littéraire au *Saturday Night*.

Deux ans plus tard, il devient rédacteur en chef de l'*Examiner* de Peterborough, poste qui lui fournit la matière, illimitée, pour nombre de personnages et de situations que l'on trouve dans ses romans et ses pièces. Alors qu'il est rédacteur en chef du journal, de 1940 à 1955, puis éditeur, de 1955 à 1965, il publie dix-huit livres, met en scène plusieurs de ses propres pièces et signe de nombreux articles pour différents journaux.

Davies passe de la théorie sur l'interprétation, dont il a exposé les grandes lignes dans *Shakespeare for Young Players* (1947), à l'écriture dramatique avec *Eros at Breakfast*, pièce en un acte qui remporte le prix du Festival national d'art dramatique en 1948, décerné à la meilleure œuvre canadienne. *Eros at Breakfast and Other Plays* et *Fortune, My Foe*, autre pièce primée, sont publiées en 1949. *At My Heart's Core*, pièce en trois actes portant sur les sœurs Strickland, paraît en 1950. À la même époque, Davies rassemble certains de ses essais humoristiques parus dans l'*Examiner* sous le pseudonyme de Samuel Marchbanks dans *The Diary of Samuel Marchbanks* (1947), *The Table Talk of Samuel Marchbanks* (1949) et *Samuel Marchbanks' Almanack* (1967).

En 1960, Davies entre au service du Trinity College à l'U. de Toronto, où il enseignera la littérature pendant 21 ans. L'année suivante, il publie un recueil d'essais sur la littérature, *A Voice from the Attic,* et reçoit la médaille Lorne Pierce pour l'ensemble de son œuvre. En 1963, il devient directeur du Massey College, le nouveau collège d'études supérieures de l'U. de Toronto. En 1967, il est décoré par la Société royale du Canada et de nombreuses universités canadiennes commencent à lui décerner des grades honorifiques. Par la suite, certains de ses meilleurs essais et discours sont publiés dans *One Half of Robertson Davies, The Enthusiasms of Robertson Davies* et *The Well-Tempered Critic*. Il y examine ses nombreux intérêts ésotériques avec l'humour qui le caractérise.

Davies donne sa pleine mesure, non pas dans le théâtre ou dans ses quelques rares essais humoristiques, mais dans la fiction. Ses trois premiers romans, connus aujourd'hui sous le titre de la trilogie *Salterton*, sont *Tempest-tost* (1951), *Leaven of Malice* (1954), qui lui vaut le STEPHEN LEACOCK MEMORIAL AWARD, et *A Mixture of Frailties* (1958). Il y traite de la difficulté de maintenir une vie culturelle au Canada. Au cours des années 50, il joue un rôle de premier plan dans les débuts du STRATFORD FESTIVAL. Il siège à son conseil d'administration et publie avec son directeur, sir Tyrone GUTHRIE, trois livres sur les premières années du festival (1953-1955). Il continue, entre autres, à produire des pièces de théâtre, mais aucune ne soutient la comparaison avec ses romans.

En 1970, Davies s'inspire de la psychologie de Jung (qui a remplacé son intérêt premier pour Freud) pour produire son meilleur roman à ce jour, *Fifth Business* (trad. *Cinquième emploi*, 1975). L'auteur y met en scène des personnages qui correspondent à peu près aux archétypes jungiens afin de démontrer que l'esprit est plus important que le monde matériel, ce dont Davies est persuadé. Encouragé par le succès de *Fifth Business,* il publie deux autres romans (les trois formant ce que l'on appelle aujourd'hui la trilogie *The Deptford*): *The Manticore* (1972 trad. *Le lion avait un visage d'homme,* 1978), qui adopte la psychologie analytique de Jung et pour lequel Davies obtient le Prix du Gouverneur général dans la catégorie romans et nouvelles, et *World of Wonders*

(1975 trad. *Le monde des merveilles,* 1979). Un septième roman, *The Rebel Angels* (1981 trad. *Les anges rebelles,* 1990), satire de la vie universitaire, paraît à la fin de sa carrière de professeur, suivi peu après de *What's Bred in the Bone* (1985 trad. *Un homme remarquable,* 1992). En 1983, Davies publie *The Mirror of Nature,* un essai sur le mélodrame du XIXᵉ siècle. Après avoir officiellement pris sa retraite, il continue d'écrire des romans, ce qui augmente sa renommée à l'étranger: *The Lyre of Orpheus* (1988 trad. *La lyre d'Orphée,* 1993), *Murther and Walking Spirits* (1991 trad. *Fantômes et Cie,* 1995) et *The Cunning Man* (1994 trad. *Le maître des ruses,* 1997). *The Merry Hear,* publié en 1996, est une œuvre posthume et consiste en une sélection de discours, de souvenirs, de parodies, de critiques de livres et d'essais.

Davies est le premier Canadien à devenir membre honoraire de l'American Academy and Institute of Arts and Letters. Il est compagnon de l'Ordre du Canada, membre titulaire honoraire de Balliol, a reçu des grades honorifiques de l'U. d'Oxford, du Trinity College de Dublin et de l'U. de Wales, ainsi que de vingt-trois universités américaines et canadiennes. Sa mort, en décembre 1995, est soulignée dans les rubriques nécrologiques du monde entier. Au Canada, la télévision diffuse sur le réseau national les cérémonies en son honneur.

Elspeth Cameron

Davin, Nicholas Flood, avocat, journaliste et politicien (Kilfinane, Irl., 13 janv. 1843—Winnipeg, 18 oct. 1901). Premier député fédéral d'Assiniboia-Ouest, Davin est reconnu comme le porte-parole du Nord-Ouest. Il est journaliste parlementaire et correspondant de guerre en Angleterre avant de venir s'installer à Toronto en 1872, où il travaille pour le *Globe* et le *Mail*. Avocat qualifié, il pratique peu le droit. En 1880, la défense de George Bennett, accusé du meurtre de George BROWN, constitue le sommet de sa carrière juridique.

En 1882, une visite inopinée dans l'Ouest canadien scelle son destin. Il fonde le *Regina Leader* en 1883 et en devient rédacteur en chef. Le *Regina Leader* est le premier journal à voir le jour à Assiniboia et il publie des articles détaillés sur le procès de Louis RIEL en 1885. Orateur convaincant, Davin est député conservateur d'Assiniboia-Ouest de 1887 à 1900 à la Chambre des communes. Il tente d'obtenir le statut de province pour ce territoire, des avantages économiques et fonciers pour les nouveaux colons, et même le droit de vote pour les femmes, mais il ne réalise jamais son rêve de devenir ministre. Le déclin de son rayonnement politique et des revers personnels minent le moral de cet homme à l'humeur très instable et il se donne la mort avec un fusil lors d'une visite à Winnipeg. Davin a écrit *The Irishman in Canada* (1877), des poèmes, ainsi qu'un roman inédit.

Lee Gibson

Davis, détroit de Situé entre l'ÎLE DE BAFFIN et le Groenland, le détroit de Davis donne accès à la BAIE DE BAFFIN par l'Atlantique Nord. Cette vaste étendue d'eau atteint plus de 950 km de largeur à son point le plus évasé. À l'endroit le plus étroit, d'une largeur de 300 km, sa topographie révèle une crête sous-marine qui prolonge la crête médio-labradorienne et s'étend de l'île de Baffin au Groenland. Le long de cette crête, les profondeurs d'eau ne sont que de 350 à 550 m, avant de se jeter dans des bassins abyssaux de chaque côté.

À l'extrémité sud du détroit, la profondeur est l'une des plus grandes de l'est de l'Arctique (3660 m). Les eaux de surface sont fortement influencées par des courants antihoraires. Du côté ouest, l'eau froide de l'Arctique coule vers le sud à une vitesse de 8 à 20 km par jour et alimente le courant du Labrador. À l'est, le contre-courant du Groenland occidental amène des eaux plus chaudes vers le nord. Les conditions de glace reflètent cette influence: la partie occidentale du détroit est couverte d'icebergs et de glaces flottantes et contraste net-

tement avec les eaux plus dégagées du côté du Groenland. John DAVIS, le chef de trois voyages organisés par des marchands de Londres, de 1585 à 1587, est le premier à explorer le détroit.

Doug Finlayson

Davis, Donald George et Murray Edward Donald George Davis, comédien (Newmarket, Ont., 26 févr. 1928—Toronto, 23 janv. 1998) et Murray Edward Davis, comédien, metteur en scène et professeur de théâtre (Newmarket, Ont., 16 févr. 1924—Toronto, 22 janv. 1997). Élevés à Newmarket, fils d'E.J. Davis, propriétaire de la Davis Leather Co., ils font leurs études à l'U. de Toronto, où ils obtiennent respectivement leur diplôme en 1950 et 1948. Pendant qu'ils fréquentent cet établissement, ils étudient le théâtre sous la direction de Robert Gill au Hart House Theatre. Au cours de cette période, nombreux sont les jeunes talents formés par le département de théâtre de l'U. de Toronto, parmi lesquels Anna Cameron, Araby Lockhart, Barbara Hamilton, Charmion King, Kate REID, Don HARRON, Donald SUTHERLAND, William HUTT, Ted Follows et bien d'autres.

Donald Davis fait ses débuts professionnels au Woodstock Playhouse, à New York, durant l'été 1947. L'été suivant, les frères Davis fondent le Straw Hat Players à Muskoka, en Ontario, une troupe de répertoire d'été qui acquiert une renommée locale. De 1950 à 1953, Donald joue en Grande-Bretagne avec le Citizens' Theatre de Glasgow et l'Old Vic de Bristol.

Désireux de relever des défis plus importants, Donald et Murray, avec l'aide de leur sœur Barbara Chilcott, fondent le CREST THEATRE à Toronto, en 1953. Le Crest, qui présentera treize saisons avant de fermer ses portes en 1966, est le premier théâtre professionnel à caractère national qui rentre dans ses frais à Toronto. Sa première pièce (en janvier 1954) est *Richard of Bordeaux* de Gordon Daviot. Murray Davis y tient le rôle-titre.

Tandis que Murray Davis continue de monter de nombreuses pièces au Crest, son frère partage son temps entre le Crest, le nouveau FESTIVAL DE STRATFORD (où il joue le rôle de Tiresias dans *Œdipe Roi,* montée par Tyrone GUTHRIE en 1954), et plusieurs rôles à la radio et à la télévision, tant à Radio-Canada qu'aux États-Unis.

En 1959, Donald Davis quitte le Canada pour poursuivre sa carrière de comédien à New York, où il joue dans la première nord-américaine de *Krapp's Last Tape* de Samuel Beckett, mise en scène par Alan Schneider. Cette pièce, présentée en marge de Broadway, permet à Davis de se faire connaître comme un grand interprète de Beckett.

Après la fermeture du Crest Theatre, en 1966, Murray Davis continue d'enseigner pendant trois ans à l'École nationale de théâtre à Montréal, puis se retire pour pratiquer l'élevage du bétail en Ontario.

Tout au long des années 70 et 80, Donald Davis continue de profiter d'une carrière de comédien bien remplie. Il joue dans des théâtres régionaux, aux États-Unis et au Canada, des pièces applaudies par la critique. En plus de ses rôles dans les pièces de Beckett, il joue avec Katharine Hepburn à l'American Shakespeare Theatre, avec Judith Anderson dans *Elizabeth the Queen* de Maxwell Anderson, avec Elaine Stritch dans *Who's Afraid of Virginia Woolf ?* (v.f. *Qui a peur de Virginia Woolf ?*) d'Edward Albee et dans *The Stillborn Lover* de Timothy FINDLEY.

Les frères Davis ont marqué les débuts du théâtre professionnel au Canada. Grâce à leur instinct et à leur énergie, ils ont posé les bases qui ont permis à d'autres de poursuivre de brillantes carrières, au Canada comme à l'étranger.

Robin Breon

Davis, John, également épelé Davys, explorateur (près de Dartmouth, Angl., 1550?—près de Singapour, 27 déc. 1605). Sa grande ambition étant de découvrir le PASSAGE DU NORD-OUEST, il met les voiles à Dartmouth en juin 1585. Il redécouvre le Groenland, presque oublié depuis l'époque des Vikings, et traverse le détroit qui portera son nom, aboutissant sur la côte est de l'île de Baffin, à environ 66º 40' de latitude Nord. Il retourne au DÉTROIT DE DAVIS l'année suivante, puis une troisième fois en 1587 pour atteindre une latitude de 72º 12' Nord, le long de la côte du Groenland (Hope Sanderson) et redescendre vers le sud le long de la côte de Baffin, notant les entrées de la baie de Frobisher et du détroit d'Hudson et entrant dans l'inlet Davis et l'inlet Hamilton le long de la côte du Labrador.

Il cartographie une bonne partie de la côte inconnue de l'Arctique, fait des observations perspicaces sur les conditions météorologiques, la géologie et la végétation et écrit sur les Inuits l'un des comptes rendus les plus exacts et les plus sympathiques. Il ne retournera jamais en Arctique, mais prendra part à une tentative désastreuse de navigation autour du monde (c'est à la suite de ce voyage qu'on lui attribue la découverte des îles Falkland). Il est pilote en chef durant la première expédition réussie de la East India Co. À son troisième voyage vers l'Inde, il est assassiné par des pirates japonais au large de la Malaisie. Davis était un navigateur remarquable et son tempérament exemplaire lui valait l'admiration de ses collègues. *Seaman's Secrets* (1599) a longtemps été le livre de chevet des marins, et *The Worlds Hydrographical Description* (1595) constitue un résumé magistral des connaissances géographiques de l'époque. Il est l'inventeur du backstaff (ou cadran de Davis), un appareil de mesure de la latitude.

James Marsh

Davis, Robert Atkinson, homme d'affaires, politicien, premier ministre du Manitoba de 1874 à 1878 (Dudswell, Qc, 9 mars 1841—Phoenix, Arizona, 7 janv. 1903). Davis s'installe à Winnipeg en mai 1870 et achète un hôtel au centre-ville qu'il nomme le Davis House. Élu député provincial en avril 1874, il devient trésorier de la province en juillet et succède à Marc GIRARD, comme premier ministre le 3 décembre de la même année. Davis met l'accent sur l'économie et la réduction des dépenses, négocie de meilleurs arrangements financiers avec Ottawa et abolit le Conseil législatif. Davis démissionne de ses fonctions de premier ministre et quitte la vie politique le 15 octobre 1878. Il vend ensuite sa propriété de Winnipeg et déménage à Chicago où il devient un homme d'affaires prospère.

Lovell C. Clark

Davis, Victor, nageur (Guelph, Ont., 10 févr. 1964—Montréal, 13 nov. 1989). Il gagne les épreuves de brasse sur 100 m et 200 m lors d'une rencontre entre le Canada, l'URSS et l'Allemagne de l'Ouest en juillet 1981; bat le record mondial du 200 m brasse en Équateur en août 1982; remporte une médaille d'or et établit un nouveau record du Commonwealth pour le 200 m brasse lors des JEUX DU COMMONWEALTH de 1982, en Australie. Il ne peut participer aux compétitions en 1983 à cause d'une mononucléose, mais, en 1984, lors des Jeux olympiques de Los Angeles, il remporte la médaille d'or, toujours pour le 200 m brasse (record mondial, 2:13:34), ainsi que la médaille d'argent pour le 100 m brasse et le relais 4 x 100 m quatre nages. En 1986, aux Jeux du Commonwealth, il remporte la médaille d'or aux épreuves du 100 m brasse et du relais 4 x 100 m quatre nages ainsi que la palme du 100 m brasse; il termine deuxième au 200 m brasse au championnat mondial. Davis laisse le souvenir d'un compétiteur féroce. Il met fin à sa carrière après avoir remporté, à titre de membre de l'équipe canadienne de relais 4 x 100 m quatre nages, la médaille d'argent aux Jeux olympiques de Séoul en 1988. Doté d'un très fort esprit de compétition, il est durant sa carrière l'un des chefs de file charismatiques des équipes de nageurs qui représentent le Canada. Il meurt tragiquement lors d'un accident d'automobile en 1989.

James Marsh

Davis, William Grenville, avocat, politicien, premier ministre de l'Ontario de 1971 à 1985 (Brampton, Ont., 30 juill. 1929). Davis dirige l'un des partis politiques les plus prospères dans une démocratie. Dans la petite ville ontarienne où il grandit, qui n'est plus aujourd'hui qu'une banlieue-dortoir de Toronto, les gens prennent la politique très au sérieux. Il fréquente les écoles de l'endroit, puis il étudie à l'U. de Toronto (B.A. 1951) et au Osgood Hall Law School. Admis au barreau en 1955, il est élu député conservateur provincial de Brampton, quatre ans plus tard.

En 1962, le premier ministre John ROBARTS confie ce nouveau venu le difficile ministère de l'Éducation, où il préside aux transformations les plus spectaculaires dans le domaine de l'enseignement depuis l'ère Egerton RYERSON. Il crée les Universités TRENT et BROCK, regroupe les écoles rurales, forçant les enfants à faire la navette quotidienne en autobus sur de longs parcours. Une nouvelle mentalité de coopération opposée à la compétition s'installe dans les écoles. Imperturbable dans cette période de changements rapides, Davis dirige cette transformation du système de l'éducation en Ontario. Celle-ci est largement accomplie dès 1971.

Davis est le principal bénéficiaire de cette réforme qui affermit sa réputation. D'ailleurs, il est président chargé des orientations du parti au congrès national des conservateurs en 1967, où il apparaît vite comme l'héritier tout indiqué de John Robarts. Lors du congrès provincial de février 1971, il est élu à la direction du parti au quatrième tour de scrutin. Le nouveau premier ministre, âgé d'à peine 42 ans, prend le pouvoir, projetant une image vaguement progressiste.

Cette réputation se confirme quatre mois plus tard, lorsqu'il met fin à la construction de la voie express de Spadina, en plein centre-ville de Toronto, projet dénoncé vigoureusement par différents comités de citoyens. Cette décision étonnante met en relief son style d'administration qui, toute prudente qu'elle soit, peut changer de cap rapidement. P. ex., la décision prise en 1984 de financer entièrement les ÉCOLES SÉPARÉES à partir de 1985.

Le style calme de Davis et l'appui de la «Big Blue Machine» lui permettent de remporter toutes les élections et le réformisme modéré de son administration semble correspondre aux désirs de l'électorat. En résumé, il gouverne plutôt bien, mais il a ses faiblesses. À partir du milieu des années 70, faisant fi de l'opinion publique et du revirement économique, il impose des coupures draconiennes dans l'éducation. Malgré l'appui qu'il donne au premier ministre, Pierre TRUDEAU, lors des négociations relatives à la LOI CONSTITUTIONNELLE DE 1982, Davis ne se décide pas à accorder un statut officiel bilingue au demi-million de francophones de l'Ontario, même si, curieusement, il met en place toute l'infrastructure nécessaire.

Il présente sa démission, à la surprise de tous, le 8 octobre 1984, même si ni lui ni son parti ne sont controversés. Il remet les rênes du pouvoir à Frank MILLER en février 1985. Avec Miller, le long règne des Conservateurs prend fin en Ontario. Davis devient avocat principal dans un cabinet de Toronto. Il est fait Compagnon de l'Ordre du Canada au cours de la même année. En 1987, il fait partie du conseil d'administration de plusieurs entreprises.

J.L. Granatstein

D'Avray, Joseph Marshall de Brett Maréchal, 2ᵉ baron, pédagogue, journaliste (Londres, Angl., 30 nov. 1811—Fredericton, 26 nov. 1871). Élevé à la cour de France, Marshall d'Avray (comme il aimait être appelé) fonde une école normale à l'île Maurice avant son arrivée au Nouveau-Brunswick, en 1848. À titre de premier directeur de l'École normale de Fredericton (1848-1850) et de surintendant de l'éducation par la suite (1854-1858), d'Avray prend souvent part aux débats et aux affrontements politiques. En 1854, alors qu'il est rédacteur en chef du *Fredericton Headquarters*, il ne rate jamais une occasion

de se moquer de ceux qui s'opposent à ses idées progressistes en matière de formation des maîtres, d'évaluation obligatoire et d'éducation libérale raffinée. De 1852 jusqu'à sa mort, d'Avray enseigne les langues vivantes au King's College (qui deviendra l'U. du Nouveau-Brunswick en 1859). Démis de ses fonctions de surintendant de l'éducation pour des «raisons politiques» en 1858, le baron passe le reste de sa vie à enseigner et a une influence profonde sur ses élèves.

William B. Hamilton

Dawes, Norman James, brasseur et dirigeant de société (Lachine, Qc, 13 juill. 1874—Montréal, 14 avril 1967). Fils de James P. Dawes, troisième génération de brasseurs de Montréal, le jeune Dawes fait ses études à l'U. McGill et à la Brewers' Academy aux États-Unis. Il commence à travailler dans la brasserie familiale en 1894. En 1909, il s'associe avec son père pour former la National Breweries. Cette fusion, alors la plus importante dans le domaine des brasseries au Canada, regroupe 14 sociétés québécoises. En qualité de directeur général de National Breweries de 1922 à 1926 et de président de 1926 à 1952, Dawes est l'un des personnages les plus puissants du domaine des brasseries au Canada. Il demeure président du conseil d'administration après l'achat de National Breweries par Canadian Breweries en 1952.

Albert Tucker

Dawson Creek, ville de C.-B.; pop. 11 125 (rec. 1996), 10 981 (rec. 1991), 10 544 (rec. 1986); superf. 20,30 km²; const. en 1958. Elle est située près de la frontière de la Colombie-Britannique et de l'Alberta, à environ 406 km au nord-est de Prince George et à 589 km au nord-ouest d'Edmonton.

Son nom lui vient de George Mercer DAWSON, éminent géologue canadien présent dans la région dans les années 1870. Durant de nombreuses années, Dawson Creek n'est qu'un village tranquille desservant la région agricole voisine. En 1942, elle s'anime tout d'un coup lorsque commence la construction de la ROUTE DE L'ALASKA par des milliers de soldats américains et des travailleurs de la construction. Au cours des années 50 et 60, Dawson Creek se révèle être un centre d'approvisionnement en pétrole et en gaz naturel. La construction du British Columbia Railway, l'immense projet hydroélectrique de la RIVIÈRE DE LA PAIX et, au début des années 80, la mise en valeur de Northeast Coal près de Tumbler Ridge ont entraîné une croissance continue à la fin du XXᵉ siècle.

Dawson Creek est le centre régional du nord-est de la Colombie-Britannique. L'économie de la région repose sur l'agriculture, la foresterie ainsi que la prospection et l'exploitation minières (pétrole et gaz). Dawson Creek est aussi un centre touristique important, car tous les véhicules qui empruntent la route de l'Alaska doivent la traverser. La région est propice à la chasse et à la pêche. La ville est un centre d'expédition de grains très important puisqu'elle est située à la jonction des chemins de fer du Canadien National et de la British Columbia Railway. Elle compte diverses attractions comme le Northern Alberta Railway Park, qui comprend le Station Museum et la Dawson Creek Art Gallery, le Walter Wright Pioneer Village et de nombreuses installations récréatives.

Alan F.J. Artibise

Dawson, George Mercer, fils de sir John William DAWSON, géologue (Pictou, N.-É., 1ᵉʳ août 1849–Ottawa, 2 mars 1901). Dawson fait ses études à l'U. McGill, puis à la Royal School of Mines, à Londres. La supériorité de ses capacités intellectuelles et d'observation est largement reconnue à l'occasion des travaux qu'il effectue, à titre de géologue et botaniste, pour la Commission de la frontière internationale, lors du levé topographique du QUARANTE-NEUVIÈME PARALLÈLE du lac des Bois aux Rocheuses (1873-1875). Il a rédigé des comptes rendus précis sur la géologie, les ressources minérales, l'agriculture et le climat des plaines de l'Ouest, y compris des rapports sur les invasions de sauterelles.

En 1875, Dawson se joint à la COMMISSION GÉOLOGIQUE DU CANADA (CGC). Son levé de terrain de la Colombie-Britannique influence grandement les décisions du gouvernement concernant le tracé proposé du CANADIEN PACIFIQUE. Membre fondateur de la SOCIÉTÉ ROYALE DU CANADA en 1882, il devient, en 1883, directeur adjoint de la CGC. En 1887, il fait le levé topographique de la frontière de l'Alaska en bordure du fleuve Yukon et y étudie les gisements aurifères. En 1892, il devient commissaire britannique aux ressources naturelles de la mer de Béring et, en 1896, membre de l'Ethnological Survey of Canada. Il occupe le poste de directeur de la CGC de 1895 à 1901.

Le génie dont fait preuve Dawson lors des levés topographiques systématiques offre une solide base pour comprendre la géologie et les ressources minérales de la majeure partie du nord et de l'ouest du Canada. Il permet aussi d'orienter efficacement les activités des industries minière et agricole ainsi que l'exploitation forestière. Dawson a également encouragé la recherche et le développement des ressources de charbon et de pétrole de l'Ouest canadien. Le premier ouvrage complet traitant de la géographie physique du Canada, *Descriptive Sketch of the Physical Geography and Geology of the Dominion of Canada*, a été publié par Dawson et A.R.C Selwyn en 1884.

Suzanne Zeller

Dawson, sir John William, géologue, recteur de l'U. McGill (Pictou, N.-É., 13 oct. 1820—Montréal, 19 nov. 1899). Premier scientifique de réputation internationale né au Canada, Dawson jette, au XIXᵉ siècle, les bases de ce qui allait devenir le milieu scientifique canadien du XXᵉ siècle. Ayant étudié à Pictou, en Nouvelle-Écosse, puis reçu à Édimbourg, en Écosse, une formation en géologie, qui constitue la science appliquée la plus avancée de l'époque, Dawson devient surintendant de l'éducation pour la Nouvelle-Écosse en 1850 et recteur de l'U. McGill en 1855. Au cours des 38 années qui suivent, il fait de McGill l'une des meilleures universités du monde. Il enseigne 20 heures par semaine, publie 20 livres et fonde la SOCIÉTÉ ROYALE DU CANADA. Il est aussi la seule personne à présider en même temps les associations britannique et américaine pour l'avancement des sciences, en plus d'être élevé au rang de chevalier en 1884, en reconnaissance de ses services à la collectivité. Son fils, G.M. DAWSON, sera directeur de la COMMISSION GÉOLOGIQUE DU CANADA.

La carrière de recteur de Dawson couvre une période pendant laquelle la science cesse d'être un corpus bien délimité par une «philosophie de la nature» pour devenir une vaste gamme de disciplines professionnelles axées sur la recherche. Tout comme ses prédécesseurs, il écrit sur des sujets allant de l'agriculture à la philanthropie, mais il acquiert aussi une réputation de géologue chevronné, à l'aise autant sur le terrain à prélever des échantillons que dans son bureau à synthétiser et à interpréter les transformations géologiques dans le temps. Il est le plus grand savant de son époque en matière de PLANTES FOSSILES les plus anciennes et il est très fier d'avoir identifié un spécimen d'*Eozoon canadense* comme étant un corail, le plus vieux fossile connu qui ne soit pas d'origine végétale. Cet eozoon fait l'objet de controverses pendant 50 ans avant qu'on ne démontre qu'il est une formation rarissime de cristal et non un animal vivant.

En plus d'être progressiste en sciences et en éducation (p. ex., il ouvre les portes de McGill aux femmes), Dawson est un fervent chrétien et le chef de file des antidarwinistes de la fin de l'époque victorienne. En tant que géologue, il sait que la Terre est très vieille (100 millions d'années et plus), mais il ne peut concevoir, s'appuyant sur sa connaissance

directe des fossiles, que des espèces préhistoriques aient pu engendrer de nouvelles espèces. Plusieurs de ses livres sont des critiques techniques du darwinisme et des tentatives de conciliation des connaissances scientifiques contemporaines les plus avancées et de la tradition biblique. Puisque l'explication mécanique qui manquait à la théorie de l'ÉVOLUTION ne sera pas fournie par la GÉNÉTIQUE qu'au XXᵉ siècle, Dawson conserve toute son importance historique même s'il était dans l'erreur. En dépit de l'isolement relatif du Canada et de l'inexpérience de l'U. McGill, Dawson s'est porté à la tête de l'un des groupes engagés dans le plus grand débat scientifique de son temps. Sa réputation internationale lui a aussi servi pour asseoir les bases de la science moderne au Canada: études supérieures, carrières consacrées à la recherche et publications des résultats des recherches.

Donald J.C. Phillipson

Dawson, Robert McGregor, politologue (Bridgewater, N.-É., 1ᵉʳ mars 1895—*id.*, 16 juill. 1958). Diplômé de l'U. Dalhousie, de Harvard et de la London School of Economics, il enseigne à l'U. Dalhousie, à l'U. Rutgers, à l'U. de la Saskatchewan et, à partir de 1937, à l'U. de Toronto. Il est l'auteur d'ouvrages majeurs sur la fonction publique canadienne, sur la Constitution et sur le statut du dominion. Son livre *The Government of Canada*, dont la première édition remonte à 1947, a servi d'ouvrage de base à toute une génération d'étudiants. Il a été réédité pour la sixième fois en 1987.

Plusieurs de ses étudiants sont devenus d'éminents universitaires et des fonctionnaires influents. Très exigeant sur le plan des connaissances et de l'écriture littéraire, ses discussions avec ses étudiants et ses collègues sont néanmoins empreintes d'enthousiasme et d'humour. Il quitte l'U. de Toronto en 1951 afin d'écrire la biographie officielle de Mackenzie KING, mais il ne rédige que le premier volume avant son décès.

H. Blair Neatby

Dawson, route Longue d'environ 120 km, elle relie l'extrémité nord-ouest du LAC DES BOIS à Fort Garry (Winnipeg). Cette piste constitue la portion occidentale de la «route de Dawson», une route entièrement en sol canadien qui unit Thunder Bay et le district de la rivière Rouge dans le sud du Manitoba. Il faut compter un mois et 70 portages pour parcourir cette route parfois terrestre et parfois lacustre. Elle est arpentée en 1858 par S.J. DAWSON pour le compte du gouvernement canadien. Les travaux de construction sont lancés en 1868 dans le cadre d'un programme ponctuel de création d'emplois, rendu nécessaire par une mauvaise récolte dans la région de la rivière Rouge. L'EXPÉDITION DE LA RIVIÈRE ROUGE de 1870 emprunte cette route avant son achèvement pour mater la rébellion de la rivière Rouge. En 1873, 1600 voyageurs l'utilisent, mais la plupart lui préfèrent la route plus facile et plus rapide via Duluth et les bateaux à vapeur de la rivière Rouge jusqu'à Winnipeg. Une fois la construction du chemin de fer du Canadien Pacifique terminée en 1885, la route Dawson tombe en désuétude et ne sert plus qu'au trafic local.

William R. Morrison

Dawson, William Bell, arpenteur, ingénieur et fonctionnaire (Pictou, N.-É., 2 mai 1854— Montréal, 21 mai 1944). Le fils de sir John William DAWSON, William Bell, étudie à McGill et à l'École des ponts et chaussées de Paris. Après plusieurs années de travail comme arpenteur et ingénieur, il entre au CANADIEN PACIFIQUE en 1884 et participe à l'arbitrage entre le gouvernement canadien et le chemin de fer à propos de la qualité de la construction des sections occidentales du chemin de fer en Colombie-Britannique. On le connaît surtout pour son travail d'ingénieur et de directeur de la section des levés marégraphiques du ministère canadien de la Marine et des Pêcheries de 1893 à 1924. Ardu sur le plan technique et effectué dans des conditions dif-

ficiles, ce travail mène à la constitution d'annuaires des marées pour tous les principaux ports du Canada, outils d'une valeur inestimable pour les industries de la pêche, du bois et du charbon. Membre de la Société royale du Canada, Dawson consacre une bonne partie de sa retraite à rédiger des articles sur les relations entre la religion et la science.

M.J. Keen

Day, James, cavalier (Thornhill, Ont., 7 juill. 1946). Spécialiste des concours hippiques, Day fait partie, en compagnie de James ELDER et de Thomas GAYFORD, de l'équipe équestre canadienne qui remporte la médaille d'or aux Jeux olympiques de Mexico en 1968. Day participe à ses premières compétitions internationales en 1964, gagnant alors le championnat hippique nord-américain, catégorie junior. En 1966, il devient le champion senior. Il remporte l'épreuve hippique individuelle lors des Jeux panaméricains tenus à Winnipeg et fait partie de l'équipe qui gagne les épreuves du Grand Prix lors du championnat hippique nord-américain, celles du Royal Horse Show (1969) et du championnat du monde (1970). Day représente aussi le Canada lors des Jeux olympiques de 1972 et de 1976.

Barbara Schrodt

Dease, Peter Warren, commerçant de fourrures et explorateur de l'Arctique (Mackinac Island, Mich., 1ᵉʳ janv. 1788—Montréal, 17 janv. 1863). Dès l'âge de 13 ans, il fait la TRAITE DES FOURRURES, d'abord avec la Compagnie XY, puis avec la COMPAGNIE DU NORD-OUEST et finalement avec la COMPAGNIE DE LA BAIE D'HUDSON. Il travaille surtout dans les districts de l'Athabasca et du Mackenzie, bien qu'il soit responsable de la traite dans la région de New Caledonia de 1831 à 1835. Dease seconde sir John FRANKLIN lors de sa deuxième expédition terrestre en Arctique. Entre 1837 et 1839, Dease et Thomas Simpson réalisent trois expéditions le long de la côte arctique, ne laissant inexploré qu'une petite partie du PASSAGE DU NORD-OUEST. En 1841, Dease se retire dans une ferme près de Montréal.

Daniel Francis

Debassige, Blake Randolph, artiste (West Bay, Ont., 22 juin 1956). Figure dominante de la «deuxième génération» d'artistes OJIBWÉS influencés par Norval MORRISSEAU, Debassige élargit le champ stylistique et thématique de ce groupe. On dit souvent de ces artistes qu'ils sont de la «Woodlands School» (l'École des régions boisées), une classification que Debassige récuse parce qu'elle suppose un mouvement homogène alors qu'il s'agit plutôt d'un groupe d'individus aux aspirations communes, mais œuvrant dans des voies artistiques différentes. Peut-être plus que tout autre membre du groupe, il réussit à fondre les pratiques d'illustration adoptées dans les médias traditionnels autochtones, tels que l'art rupestre et la gravure sur écorce de bouleau, avec les traditions occidentales de figuration et l'espace pictural moderniste.

Dans ses peintures et ses dessins, Debassige explore souvent les enseignements traditionnels anishabeks sur la nature d'ordre cosmique, le cycle des saisons, l'interdépendance de la vie animale, végétale et humaine et les principes communs qui régissent les grands systèmes spirituels du monde. Ce sont là autant de thèmes qu'il relie fréquemment à des problèmes contemporains, comme la destruction de l'environnement, l'aliénation des jeunes autochtones et la désintégration de la famille.

En 1978, Debassige épouse la peintre crie Shirley CheeChoo.

Ruth B. Phillips

Debert Situé dans le centre-nord de la Nouvelle-Écosse, Debert est le plus ancien site archéologique de l'est du Canada. La datation au carbone 14 évalue son âge à environ 10 600 ans. Parmi les nombreux outils de pierre qu'on y trouve figurent des pointes de lance cannelées d'un type spécial dérivé de la tradition des chasseurs de gros gibier de CLOVIS, dans l'ouest de l'Amérique du Nord. Des assemblages similaires, découverts sur des sites de l'est des États-Unis, laissent croire à une expansion rapide des peuples primitifs dans la région des Maritimes après la dernière glaciation. Beaucoup d'outils de pierre trouvés à Debert servaient à la chasse et au dépeçage. Même si aucun ossement n'a été retrouvé, on croit que le site servait de campement de chasse, sa position stratégique étant idéale pour intercepter les troupeaux de caribous alors très abondants dans cette région. Selon les données paléoécologiques, la forêt et la toundra dominaient l'environnement du site à l'époque où il était habité. *(Voir aussi* ARCHÉOLOGIE.)

David L. Keenlyside

Décarie, Vianney, philosophe (Montréal, 28 nov. 1917). Il fait ses études à Montréal et à Paris, où il est reçu docteur d'État. Professeur à l'Institut d'études médiévales de l'U. de Montréal, il dirige, de 1967 à 1970, le Département de philosophie. Très actif dans le milieu universitaire, il fonde l'École Normale supérieure (1961-1965) et est membre du Conseil de l'Université.

Spécialiste de la pensée d'Aristote, il publie de nombreuses études, et notamment une importante monographie, qui contribue à renouveler l'interprétation de la métaphysique aristotélicienne, en la dégageant du contexte néoscolastique dont elle était prisonnière dans l'enseignement de la philosophie au Canada français (*L'objet de la métaphysique selon Aristote,* 1972). Traducteur des œuvres d'Aristote, il publie, entre autres, avec la collaboration de Renée Houde-Sauvé, *Aristote. Éthique à Eudème. Introduction, traduction, notes et indices,* 1978. Il est membre de la Société royale du Canada.

Georges Leroux

Décentralisation Dans les pays à régime fédéral, la décentralisation correspond au partage significatif des pouvoirs, de l'autorité, des ressources financières et du soutien politique entre les GOUVERNEMENTS fédéral et provinciaux, ainsi que les administrations municipales. Moins ces éléments sont concentrés entre les mains du gouvernement central, plus le régime est décentralisé. La décentralisation peut aussi signifier processus de transfert des pouvoirs par le gouvernement fédéral aux gouvernements provinciaux.

On dit souvent que la force des provinces a pu faire du Canada le pays à régime fédéral le plus décentralisé du monde et que le Canada a su résister à des forces économiques et sociales qui, ailleurs, ont accru la centralisation (*voir* FÉDÉRALISME). La décentralisation signifie aussi le partage de pouvoirs entre un ensemble d'unités. La centralisation d'un gouvernement fédéral ou provincial peut se mesurer en fonction des pouvoirs que le Cabinet détient, par contraste avec ceux que détiennent le législatif, le judiciaire et d'autres corps.

Richard Simeon

Déchets, élimination des Bien que le terme de DÉCHETS SOLIDES désigne une grande variété de matériaux mis au rebut (des déchets alimentaires aux résidus miniers), c'est la portion connue sous le nom d'ordures qui présente le plus grand potentiel de contamination de l'environnement. Les ordures contiennent les déchets solides provenant des ordures ménagères et des détritus commerciaux, habituellement produits en quantité égale par les résidants et par les commerçants d'une communauté. Les ordures que l'on abandonne à la décomposition peuvent devenir une menace sérieuse pour la santé publique en tant que source directe de troubles de santé ou comme terrain fertile pour les organismes porteurs de maladies. De nombreuses communautés canadiennes ramassent donc les ordures à la source et les transportent vers une aire d'évacuation des déchets.

Plusieurs petites villes et villages n'ont cependant pas les moyens de maintenir un service d'enlèvement des ordures ou d'avoir une aire appropriée d'évacua-

tion des déchets. Les petites communautés étant prédominantes au Canada, le nombre de décharges mal gérées dépasse celui des installations appropriées. Dans la plupart des provinces, on considère que les terrains de décharge sont inacceptables. La plupart du temps en feu, ils constituent un danger d'incendie menaçant les utilisateurs du terrain, les champs, les forêts et les édifices avoisinants, et provoquant, chaque année, des dégâts considérables. Les décharges constituent également des zones d'alimentation idéales pour les rats et les autres animaux porteurs de maladies, et elles attirent des mammifères dangereux ainsi que des colonies d'oiseaux qui peuvent se révéler néfastes pour les terrains d'aviation voisins.

Les grandes villes canadiennes utilisent aujourd'hui une méthode améliorée pour l'élimination des déchets, la décharge contrôlée. Dans une décharge contrôlée, les ordures sont étalées en fines couches, sur le sol ou au fond d'une tranchée, par un véhicule de compactage. Une couche de terre propre est ensuite répandue puis compactée sur la couche d'ordures. On entasse ainsi en alternance une série de couches (ordures, terre, ordures) jusqu'à ce que la tranchée soit remplie ou qu'un monticule soit créé. Lorsque les villes s'agrandissent, la décharge, qui se trouvait initialement en périphérie, se retrouve entourée d'ensembles résidentiels et de parcs industriels. Elle peut alors être remise en valeur pour d'autres utilisations (p. ex., de nombreuses villes ont converti leur ancienne décharge en parc).

L'incinération est la méthode de traitement des ordures la plus utilisée au Canada. Certains incinérateurs doivent traiter 200 chargements de camion et plus par jour. Des unités capables de traiter en continu sont donc nécessaires. Les incinérateurs plus récents, à «air contrôlé», sont tellement efficaces qu'ils ne nécessitent aucun dispositif spécial de contrôle de la pollution atmosphérique. Quelques incinérateurs sont équipés de chaudières de récupération qui utilisent la chaleur générée par la combustion des ordures pour produire de l'eau chaude ou de la vapeur utilisées, p. ex., pour le chauffage résidentiel ou pour faire fonctionner des machines.

Jusqu'à 50 p. 100 des ordures sont dites réutilisables. Le RECYCLAGE peut donc offrir le potentiel le plus intéressant pour la réduction du volume croissant des déchets. Depuis les années 80, des programmes de recyclage communautaires naissent un peu partout au Canada, surtout dans les grands centres urbains. *(Voir aussi* DÉCHETS DANGEREUX.)

R.C. MacKenzie

Déchets dangereux On peut définir les déchets comme étant des substances qui ne sont plus utiles à leur producteur ou à leur propriétaire. Quant aux déchets dangereux, ce sont des substances résiduaires dont l'élimination dans l'environnement pourrait comporter des risques pour la santé humaine, mettre en danger les ressources naturelles ou agricoles ou causer d'autres désagréments. L'élimination de tels déchets devrait s'effectuer de manière à ce que les risques qu'ils présentent pour la population, les ressources ou le bien-être soient acceptables et minimes.

Des progrès en matière de politique environnementale, tant à l'échelle internationale que canadienne, font que l'on accepte maintenant de façon officielle le concept (ou principe) de précaution. Ce concept intègre, d'une part, la ligne de conduite que les scientifiques ont adoptée depuis longtemps lorsqu'ils évaluent les dangers et des risques éventuels (énoncer des hypothèses pessimistes pour évaluer les répercussions environnementales) et, d'autre part, l'élaboration de politiques environnementales qui permettent d'assurer une meilleure protection de l'environnement.

Environnement terrestre Au XIXe siècle, on se rend compte qu'il faut procéder à l'ÉLIMINATION DES DÉCHETS avec beaucoup de prudence et selon des règles déterminées, ne serait-ce que pour éviter la

propagation des maladies. La variété toujours plus grande de marchandises offertes à la consommation engendre des déchets de plus en plus dangereux. On estime qu'un million de personnes produit de 50 000 à 250 000 tonnes de déchets dangereux par année.

Problèmes posés par l'élimination Les sites d'enfouissement ordinaires ainsi que les usines de traitement des eaux usées ne permettent pas d'éliminer convenablement les nombreux déchets dangereux, particulièrement ceux qui résultent des procédés industriels. Le déversement de substances chimiques dangereuses non traitées peut avoir des conséquences graves. Des effluents liquides n'ayant pas été traités adéquatement avant d'être déversés dans les rivières et les ruisseaux ont causé des problèmes aux collectivités en aval, et des sites d'enfouissement de substances chimiques ont provoqué de graves problèmes de santé chez les personnes vivant à proximité.

Les substances chimiques enfouies laissent parfois échapper des vapeurs dans l'atmosphère, et les liquides mal entreposés peuvent s'infiltrer dans le sol, atteindre les EAUX SOUTERRAINES et contaminer des sources d'eau potable situées très loin du lieu d'entreposage. De plus, de nombreux produits de dégradation demeurent dans l'environnement et entrent dans le cycle de l'eau, étant ainsi transportés sur de très grandes distances.

Les effets insidieux de faibles concentrations de certaines substances chimiques dans l'environnement rendent difficile l'établissement de limites d'exposition pour l'être humain. Les effets de certaines substances chimiques cancérigènes ou mutagènes prennent parfois plusieurs années à se manifester, et il est souvent impossible d'attribuer des problèmes de santé à une cause déterminée.

Traitements Il est possible de traiter de nombreux déchets dangereux en vue de les rendre relativement inoffensifs pour l'être humain ou l'environnement. Les diverses méthodes de traitement comprennent le recyclage, les réactions physiques ou chimiques, l'incinération (dégradation à haute température), la biodégradation, la solidification, l'enfouissement en profondeur dans des formations géologiques ou l'entreposage à long terme.

Le recyclage, qui est, de loin, la méthode à privilégier pour les substances chimiques réutilisables (huiles, solvants, etc.), permet de créer des entreprises viables dans plusieurs pays, dont le Canada. Certaines substances peuvent être transformées chimiquement en matières stables non toxiques. P. ex., on peut neutraliser certains acides en obtenant de la saumure moins toxique ou les faire précipiter sous forme de sels insolubles qu'on enfouira par la suite.

Les déchets chimiques organiques peuvent être adéquatement incinérés dans des fours conçus à cette fin et pourvus d'épurateurs qui ne laissent échapper que du dioxyde de carbone et de la vapeur d'eau en quantité appréciable dans l'atmosphère. Ainsi, même les substances chimiques rémanentes comme les biphényles polychlorés (*voir* BPC) peuvent être détruites en toute sécurité dans des établissements bien réglementés, à condition que la durée et la température de l'incinération soient suffisantes pour provoquer une décomposition totale et que la formation et l'émission de produits recombinés fassent l'objet de vérifications adéquates. Il est possible de précipiter par électrofiltrage ou d'éliminer par ramonage d'autres substances chimiques dangereuses que rejettent habituellement les cheminées (p. ex. les cendres aéroportées et autres particules fines, les acides et les alcalis).

Bon nombre d'entreprises recourent aux bactéries pour traiter les déchets liquides biodégradables avant de les déverser dans les eaux de surface. Il est possible d'incorporer les déchets de métaux lourds (comme les liqueurs de galvanoplastie) à du béton qui, une fois enfoui, résiste au lessivage. À certains endroits, on injecte les déchets liquides (notamment la saumure) dans des formations souterraines per-

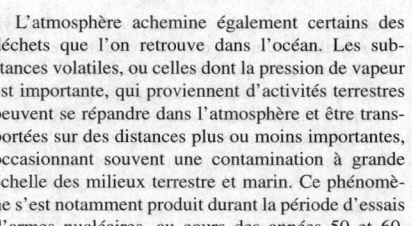

méables recouvertes d'une couche rocheuse imperméable (injection en puits profonds).

Les usines qui traitent adéquatement les déchets dangereux sont nettement insuffisantes dans le monde. Au Canada, un grand pas a été accompli le 11 septembre 1987, lorsque la première usine intégrée et complète de traitement de déchets dangereux en Amérique du Nord a ouvert ses portes à Swan Hills, en Alberta, et ce, avec le plein appui de la population locale. Cet établissement à la fine pointe de la technologie peut traiter et éliminer en toute sécurité la plupart des déchets dangereux de la province. D'autres provinces cherchent à implanter d'autres usines afin de traiter les 5,9 millions de tonnes de déchets toxiques produits chaque année sur le territoire canadien.

Déchets radioactifs Aucune méthode pratique de détoxication ne permet encore de neutraliser certains types de déchets dangereux, comme les matières radioactives (bien que celles-ci puissent être incorporées à une matrice, comme le verre, afin de réduire leur diffusion dans l'environnement). L'élimination des déchets radioactifs de faible activité peut parfois se faire par enfouissement, dans des tranchées superficielles ou par immersion en mer. Cette méthode présente des risques acceptables pour la santé humaine.

On ne peut, par contre, éliminer de cette manière les déchets fortement radioactifs, tels que les barres de combustible, qui doivent être entreposés en attendant leur traitement éventuel (p. ex., le retraitement en vue de récupérer le plutonium fissible) ou être placés dans des dépôts souterrains permanents, comme c'est vraisemblablement le cas pour le combustible irradié provenant des réacteurs nucléaires canadiens. La plus grande prudence s'impose lors du choix de ces sites d'enfouissement, car on doit tenir compte de toutes les possibilités de fuite qui pourraient compromettre la santé humaine et de toutes les perturbations qui pourraient affecter l'intégrité de ces sites, comme l'activité tectonique ou un geste humain fortuit.

Gestion des déchets dangereux

Même s'il est actuellement possible de traiter la plupart des déchets pour les éliminer en toute sécurité, il arrive (pour des considérations économiques à court terme) que nombre d'entre eux ne soient pas traités, parce que la réglementation ne les vise pas. Il est rare que les coûts de traitement adéquat des déchets soient compris dans les coûts de production si la réglementation ne le prévoit pas. Et, à moins que les prescriptions en la matière ne soient appliquées uniformément à l'échelle internationale, les pays dont les lois relatives à la protection de l'environnement sont plus strictes pourraient être économiquement défavorisés sur le plan des exportations. Même là où des mesures ont été prévues pour abolir les pratiques dangereuses en matière de traitement des déchets, l'élimination illégale peut encore constituer un problème. C'est pourquoi il est essentiel d'accorder une attention accrue à l'application de la réglementation.

Concept de précaution Une approche plus globale de la gestion des déchets dangereux intègre trois principes distincts: la justification des pratiques, la réduction des risques pour la santé humaine et l'environnement et la minimisation des préjudices à un degré raisonnable compte tenu du contexte socioéconomique. La justification exige que les avantages pouvant découler de la production et de l'utilisation éventuelles d'une nouvelle substance soient évalués en regard, notamment, des risques que cette substance présente pour la santé humaine et l'environnement. Cette évaluation permet de déterminer si un investissement de la part de l'industrie lui permettra d'en retirer un bénéfice net global. Il convient d'établir des limites sûres d'exposition des êtres humains aux produits et aux déchets que génère l'industrie et de s'assurer que le rejet de matières dangereuses

dans l'environnement n'enfreint pas les prescriptions, peu importe la voie d'exposition. Enfin, il faut évaluer toutes les solutions de rechange en ce qui concerne la production, le transport, la diffusion et l'élimination des produits et des déchets dangereux, de manière à ne retenir que celles qui réduisent les risques d'exposition, dans la mesure où elles tiennent compte des conditions techniques, économiques et sociopolitiques. En termes de protection contre les radiations, ces trois principes s'appliquent aux pratiques et sont respectivement désignés justification, respect des doses limites et optimisation.

Substances interdites La tendance actuelle qui consiste à prendre davantage de précautions a conduit à des démarches en vue de conclure une convention internationale interdisant ou éliminant progressivement la production de certaines catégories de substances, dont les «substances organiques rémanentes». Celles-ci se distinguent par leur toxicité, leur rémanence et leur capacité de s'accumuler dans les organismes vivants. Plusieurs pays ont déjà interdit la production de DDT et de BPC, et on peut s'attendre à ce que le nombre de ces substances augmente si la tendance actuelle se maintient dans le cadre des négociations internationales.

Milieu marin

Les avis sont partagés sur l'utilisation de l'océan pour entreposer les déchets. Pour certains, il s'agit d'une zone inutilisée qui pourrait servir à stocker des déchets, en raison de sa grande capacité d'assimiler les matières sans effets nocifs. D'autres sont fermement convaincus de la nécessité de conserver le plus possible le milieu marin dans son état originel, parce qu'il serait difficile de pallier une perturbation majeure de ce vaste et complexe ÉCOSYSTÈME. La première conception s'appuie sur une situation historique, lorsque la population mondiale était moins dense et les agglomérations urbaines moins étendues et lorsque les activités anthropiques (à savoir les activités réalisées par des êtres humains) étaient moins importantes qu'aujourd'hui. La seconde conception est en passe de devenir la plus répandue et consiste à adopter une attitude de plus en plus prudente.

Problèmes d'élimination On se sert depuis longtemps des océans, délibérément et accidentellement, pour éliminer les déchets domestiques et industriels. Parmi les effets indésirables que peuvent avoir les déchets éliminés dans le milieu marin, on compte: les risques pour la santé humaine (p. ex. l'exposition des baigneurs aux agents pathogènes); le fait d'entraver l'exploitation légitime de la mer (p. ex. la pêche); la dégradation de la qualité de l'eau de mer, ce qui rend cette dernière moins propice aux activités récréatives, au dessalement et autres utilisations; ainsi que l'amenuisement, un effet moins tangible, de l'attraction que suscite le milieu marin sur le plan esthétique.

Sources de contamination Les principaux types d'élimination délibérée de déchets dans l'océan comprennent le déversement direct, depuis la terre ferme, par des émissaires d'évacuation ou d'autres canalisations, l'immersion, l'incinération ou le rejet de déchets solides ou liquides par des navires et des plates-formes situées au large ou le long des côtes. Les matières déversées sur terre ou dans les réservoirs d'eau douce (lacs ou rivières) peuvent également atteindre indirectement la mer par le ruissellement en surface.

Au Canada, les déchets déversés ordinairement dans la zone côtière par les canalisations ou les émissaires sont constitués d'eaux usées sanitaires et de résidus de l'affinage des métaux, du raffinage des hydrocarbures, de la transformation des aliments et de la fabrication de pâtes et papiers. Au Canada, comme dans d'autres pays côtiers, les centrales électriques et d'autres établissements industriels rejettent également dans la mer la chaleur de leur eau de refroidissement.

L'atmosphère achemine également certains des déchets que l'on retrouve dans l'océan. Les substances volatiles, ou celles dont la pression de vapeur est importante, qui proviennent d'activités terrestres peuvent se répandre dans l'atmosphère et être transportées sur des distances plus ou moins importantes, occasionnant souvent une contamination à grande échelle des milieux terrestre et marin. Ce phénomène s'est notamment produit durant la période d'essais d'armes nucléaires, au cours des années 50 et 60. Plus récemment, on se préoccupe particulièrement du transport à grande distance de composés organiques relativement volatils. Ces substances ont, en effet, tendance à s'accumuler dans des régions froides comme l'Arctique en raison d'un processus mondial de volatilisation.

Intendance de l'environnement

Sources marines Le déversement délibéré de matières dans le milieu marin est généralement régi par la Convention internationale sur la prévention de la pollution des mers résultant de l'immersion de déchets, ratifiée en 1972 et mieux connue sous le nom de Convention de Londres sur l'immersion des déchets. Cette convention dresse une «liste noire» de substances (les composés organohalogénés, les composés du mercure et du cadmium, les plastiques indestructibles, les huiles et les déchets hautement radioactifs) qu'il est interdit de rejeter dans le milieu marin sauf à l'état de traces dans des matières par ailleurs tolérées. Une «liste grise» dénombre les substances pouvant s'avérer dangereuses (dont les composés de l'arsenic, du plomb, du cuivre et du zinc ainsi que les cyanures, les fluorures et les pesticides) et qui réclament des précautions particulières lorsqu'il s'agit d'évaluer les risques que présente leur immersion en mer et d'en établir les modalités.

La Convention prescrit également les modalités et les critères selon lesquels les autorités nationales sont en mesure de déterminer quelles matières peuvent être immergées, en quels lieux et les méthodes pour ce faire. Les parties à la Convention (pays signataires) doivent édicter des lois nationales appropriées qui sont en accord avec les dispositions de la Convention et les appliquer. Cette législation fait partie de la *Loi canadienne sur la protection de l'environnement* (partie VI), et les permis d'immersion en mer sont émis en vertu de cette loi.

Au tournant du XXᵉ siècle, des négociations sont en cours en vue d'apporter des modifications importantes à la Convention de Londres, notamment quant à la façon de déterminer s'il est opportun d'immerger certaines matières. On a proposé que ces modifications soient adoptées au cours d'une conférence diplomatique en 1996, entraînant ainsi la modification de la *Loi canadienne sur la protection de l'environnement*. Les changements proposés prévoient le remplacement des listes grise et noire par une liste restreinte de matières dont l'élimination en mer serait envisageable, mais sous réserve d'une évaluation de ses répercussions sur le milieu marin et de l'existence de solutions de rechange en matière de traitement, de recyclage et d'élimination.

Le déversement par les navires d'hydrocarbures, de liquides nocifs transportés en vrac, de substances dangereuses emballées, d'eaux usées sanitaires ou d'ordures est régi par la Convention internationale de 1973 pour la prévention de la pollution par les navires (MARPOL, 1973/1978). Cette convention, qui réunit un grand nombre de signataires (95, dont le Canada), s'applique à la plus grande partie du tonnage de la marine marchande mondiale (environ 93 p. 100).

La fréquence et la gravité des déversements d'hydrocarbures dans le milieu marin ont conduit à l'adoption, en 1990, de la Convention internationale sur la préparation, la lutte et la coopération en matière de pollution par les hydrocarbures (OPRC, 1990). En modifiant sa *Loi sur la marine marchande,* en 1993, le Canada a ratifié son adhésion à la Convention entrée en vigueur en mai 1995. L'OPRC vise plus particulièrement l'état de préparation et d'intervention en cas de pollution par les hydrocarbures, et les parties signataires étudient la possibilité de l'étendre aux substances chimiques dangereuses.

Le déversement direct et indirect (par l'intermédiaire des cours d'eau) de substances dans les eaux côtières a occasionné, à plusieurs reprises, la contamination des zones littorales par des substances chimiques métalliques et organiques, particulièrement dans les baies où l'échange d'eau avec le large des côtes est restreint. Divers secteurs des côtes est et ouest du Canada et plusieurs baies et fjords de l'Arctique ont ainsi été touchés.

Il est toutefois difficile de déceler la pollution que de nombreuses substances causent à grande échelle en raison, d'une part, de l'énorme capacité d'absorption de l'océan et, d'autre part, de l'étendue des zones occupées par des mers marginales (p. ex. le GOLFE DU SAINT-LAURENT et la BAIE DE FUNDY). Les activités anthropiques terrestres constituent la source la plus importante des matières qui se déversent dans l'océan, et les eaux de ruissellement sont leur principale voie d'acheminement. Les effets cumulatifs des contaminants déversés sont manifestes si l'on considère l'incidence et la répartition dans l'océan de certains métaux lourds, de radionucléides et de composés organiques artificiels comme les BPC. Il est important de souligner qu'il ne suffit pas de déceler la présence de substances contaminantes, il faut aussi évaluer les dangers réels que représente le rejet de ces contaminants dans l'environnement en fonction de leurs effets néfastes sur la santé humaine, les ressources et les agréments.

Sources terrestres Contrairement à l'immersion en mer, le déversement dans l'océan à partir de sources terrestres n'était régi par aucun accord international. Le principal accord régional sur le déversement de déchets à partir de sources terrestres est la Convention de Paris. Elle vise l'est de l'Atlantique Nord et les zones côtières adjacentes et a été ratifiée par la plupart des pays d'Europe occidentale. La législation canadienne en la matière comprend la *Loi sur les pêches*, la *Loi canadienne sur la protection de l'environnement*, la *Loi sur la protection des eaux navigables* et la *Loi sur la prévention de la pollution des eaux arctiques*.

La fin de l'année 1995 marque la ratification d'un second accord international, connu sous le nom de Déclaration de Washington, qui répond essentiellement aux recommandations adoptées par la Conférence des Nations Unies sur l'environnement et le développement (CNUED) en 1992. Cette déclaration est assortie du Programme d'action mondiale (PAM) pour la protection du milieu marin contre la pollution due aux activités terrestres. Plus complète que les Lignes directrices de Montréal, comme le montre le choix du terme «activités» au lieu de celui de «sources», cette déclaration prescrit aux pays signataires, dont le Canada, d'élaborer des programmes d'action nationaux afin de prévenir, de réduire et d'enrayer la pollution du milieu marin par les activités d'origine tellurique. Ces activités comprennent non seulement le déversement de contaminants, mais aussi la dégradation matérielle des zones côtières et des bassins hydrographiques.

J.M. Bewers

Déchets solides Ce terme générique désigne tous les matériaux non fluides mis au rebut. Ce sont les sous-produits des opérations industrielles, agricoles et minières, y compris quelques DÉCHETS DANGEREUX, ainsi que les ordures et les résidus d'égout provenant des collectivités (*voir* EXPLOITATION MINIÈRE). Les trois premières catégories de déchets font appel à des techniques d'évacuation particulières qui sont, ou qui devraient être, partie intégrante des activités qui les ont créés. Les sous-produits de l'activité humaine deviennent un problème grandissant au fur et à mesure que la population augmente. Au Canada, les déchets relèvent de la respon-

sabilité des municipalités. Ces dernières doivent prendre en charge deux grandes catégories de déchets solides: les ordures ménagères et les boues d'épuration.

Ordures ménagères La plupart des collectivités canadiennes produisent probablement des déchets domestiques, commerciaux et industriels à une cadence proche de la moyenne nord-américaine, soit 2,5 kg par personne par jour, avec de considérables variations saisonnières. On attribue ce taux élevé à l'opulence de la société nord-américaine axée sur l'exploitation de RESSOURCES vierges et à un système d'évacuation des ordures ménagères largement subventionné. L'évacuation d'un tel volume d'ordures coûte cher, environ 25 dollars en moyenne par personne par an. Aujourd'hui, les décharges à ciel ouvert traditionnelles sont généralement interdites, parce qu'elles attirent des grands mammifères, des rongeurs et des oiseaux qui peuvent menacer la santé et la sécurité du public. Lorsqu'elles sont correctement exploitées, les décharges contrôlées réduisent les problèmes de POLLUTION (la contamination de l'air et de la nappe d'eau souterraine, les odeurs, les déchets qui sillonnent le paysage). C'est à l'administration locale qu'incombe habituellement la responsabilité de collecter et d'évacuer les ordures, en faisant appel à des employés municipaux ou à des entrepreneurs privés. Les lois fédérales et provinciales ne concernent en effet que la santé, la qualité de l'air et l'approvisionnement en eau potable.

La gestion des déchets solides doit être construite autour de trois priorités: réduire le volume de déchets produits en contrôlant les méthodes d'emballage et en favorisant la conception de produits réparables et durables; orienter le recyclage des matériaux vers une séparation à la source (dans les lieux de travail ou dans les foyers), là où le volume d'ordures et la densité de population le permettent; et offrir une incitation économique à la réduction des déchets et à l'utilisation de produits recyclés.

Eaux usées N'importe quelle société humaine doit un jour ou l'autre faire face au problème de l'évacuation de ses excréments. Une personne adulte produit en moyenne 0,5 l d'urine et 115 g de matière fécale par jour. Une réintroduction saine de ces matières dans l'écosystème permet d'entretenir le cycle naturel des éléments nutritifs et de l'eau. La densité de population ne tarde cependant pas à créer des problèmes se traduisant par l'apparition de maladies, une pollution des milieux naturels et un environnement souvent inhospitalier.

La mise au point de nouvelles technologies pour le traitement des eaux usées a réduit ou éliminé les maladies d'origine hydrique et a considérablement amélioré la qualité de vie dans nos villes (*voir* EAU, TRAITEMENT DE L'). La plupart des collectivités déversent leurs eaux usées, traitées ou non, dans les cours d'eau, créant des problèmes particuliers de POLLUTION DE L'EAU, tels que la dispersion de substances toxiques et d'organismes pathogènes et la croissance accélérée d'une végétation indésirable et notamment d'algues. De nombreuses villes utilisent maintenant des bassins d'eaux usées, l'équivalent à grande échelle des fosses septiques dont on se sert dans les zones à moindre densité de population. Les fosses septiques peuvent être remplacées par les cabinets à compost qui ne requièrent pas d'eau.

Boues d'épuration Les stations d'épuration des eaux d'égout plus sophistiquées de types primaire, secondaire et tertiaire produisent des boues d'épuration. La ville de Calgary donne l'exemple au reste du Canada: cette ville élimine, en effet, ses boues de façon sûre et inodore en les dispersant sur les terres agricoles comme un engrais. Les autres méthodes consistent à incinérer les boues ou à les transférer dans une décharge.

Là où le terrain le permet, l'épandage des eaux usées sur le sol apporte une autre solution au problème de la pollution des eaux. C'est une pratique très courante dans le monde entier, et plus particulière-

ment dans les pays qui ne peuvent pas se permettre de perdre de précieux éléments nutritifs. Certains écologistes au Canada sont partisans de l'utilisation des eaux usées comme engrais. Lorsque les sols le permettent, c'est le cas en particulier dans les Prairies, l'utilisation des effluents liquides pour l'IRRIGATION des exploitations agricoles élimine le problème de la pollution des eaux et procure à la fois eau et éléments nutritifs aux cultures.

En 1983, le nombre de lieux permettant le traitement des eaux usées municipales par épandage des boues sur le sol est le suivant: 1 dans les Territoires du Nord-Ouest, 31 en Colombie-Britannique, 26 en Alberta, entre 15 et 20 en Saskatchewan, 10 au Manitoba, 3 en Ontario, 1 au Québec et 1 à Terre-Neuve. De plus, on compte 20 projets d'irrigation industrielle utilisant les eaux usées. Une grande ville comme Calgary aurait besoin d'environ 50 000 ha de terre pour évacuer la totalité de ses effluents.

Dixon Thompson

Déclaration canadienne des droits La Déclaration canadienne des droits, charte des DROITS DE L'HOMME innovatrice de 1960 du premier ministre John DIEFENBAKER, s'applique uniquement aux lois fédérales, le consentement nécessaire des provinces n'ayant pas été obtenu. La déclaration reconnaît le droit de l'individu à la vie, à la liberté, à la sécurité ainsi qu'à la jouissance (et non à la «possession», qui est provinciale) de ses biens. La privation de ces droits est interdite «sauf par l'application régulière de la loi». La déclaration protège le droit à l'égalité devant la loi et à la protection de la loi et garantit la liberté de religion, de parole, de réunion et d'association, la liberté de la presse, ainsi que les droits juridiques tels que le droit à un avocat et à une audition impartiale.

Les lois doivent être interprétées et appliquées de manière à ne pas porter atteinte à ces droits et libertés. L'une des faiblesses de la déclaration résidait dans le fait que de nombreux juges la considéraient comme un simple moyen interprétatif. En vertu de l'article 2, le Parlement peut déroger aux droits mentionnés en insérant une clause «nonobstant» dans la loi visée, ce qui a été fait une fois, en 1970, durant la CRISE D'OCTOBRE. Lorsqu'elle n'est pas remplacée par la CHARTE CANADIENNE DES DROITS ET LIBERTÉS de 1982, la déclaration est toujours en vigueur. (*Voir aussi* DRYBONES, AFFAIRE; LAVELL, AFFAIRE.)

W.H. McConnell

Déclin de l'empire américain, Le (1986), long métrage réalisé par Denys ARCAND.

Scénario: Denys Arcand. Producteurs: René Malo et Roger FRAPPIER. Musique: François Dompierre. Avec Dominique Michel, Dorothée Berryman, Louise Portal, Pierre Curzi, Rémy Girard, Yves Jacques, Geneviève Rioux, Daniel Brière, Gabriel Arcand

Le déclin de l'empire américain met en scène cinq professeurs d'histoire, une épouse et deux étudiants de maîtrise de l'U. de Montréal réunis, le temps d'une nuit et d'une matinée, dans une maison de campagne au bord du lac Memphrémagog (Cantons de l'Est). Au début du film, les hommes préparent le dîner tandis que les femmes s'entraînent dans un gymnase. Tous se retrouvent pour manger et discuter. Après le repas, des révélations sur une relation adultère interrompent momentanément la fête, mais le lendemain matin, tout semble redevenu normal.

Bien qu'il ait été scénarisé, réalisé et largement reçu par le public et la critique comme une comédie érotique désopilante, *Le déclin* est aussi un film à thèse. Arcand annonce son intention dans une déclaration préliminaire. Historienne, Dominique (Dominique Michel) explique, lors d'une entrevue à Radio-Canada, que l'obsession du bonheur personnel dans une civilisation est symptomatique de son déclin. Elle donne l'exemple de Rome, de la France de l'Ancien Régime au XVIIIᵉ siècle ou, aujourd'hui, de l'«empire américain». Dans la suite du film, Arcand montre avec humour comment cette élite universitaire est elle-même obsédée par cette recherche du bonheur personnel, et *Le Déclin* consiste en une critique sociale perspicace et satirique. La critique a vu dans le film une réflexion sur les conséquences sociales et politiques de l'échec du référendum de 1980 et de René Lévesque comme chef du Parti québécois. (Arcand a réalisé en 1981 un documentaire à ce sujet, *Le Confort et l'Indifférence*).

Le Déclin remporte un grand succès, tant auprès du public que de la critique. Il reçoit le prix de la Quinzaine des réalisateurs à Cannes, neuf prix Génie et est mis en nomination pour l'Oscar du meilleur film étranger. Film canadien le plus populaire jamais présenté aux États-Unis, son succès arrive à une époque où les œuvres cinématographiques sous-titrées en anglais ne sont que très rarement projetées dans les salles de cinéma américaines. Arcand est par la suite engagé pour réaliser un remake hollywoodien qui ne verra jamais le jour. Après *Le Déclin*, il réalise, en 1989, JÉSUS DE MONTRÉAL, qui remporte un succès similaire.

Bart Testa

Décorations de piquants de porc-épic Elles ornaient les vêtements en peau de cerf, les contenants en écorce de bouleau, les CALUMETS, les fourreaux de couteaux, les BOURSES SACRÉES, les PARFLÈCHES, les tambours, les couvertures des TIPIS et les MOCASSINS des Amérindiens. Pratiquée par les femmes, la décoration de piquants de porc-épic était un art perfectionné et très répandu parmi les bandes des Prairies. Chez les Cheyennes, le groupe des brodeuses formait une association de femmes.

Il y avait quatre façons de fixer les piquants de porc-épic teints: en les cousant, en les tissant, en les enveloppant autour d'objets et en les introduisant dans de minuscules trous perforés dans l'écorce. Mais la couture était la méthode la plus courante. On trempait les piquants afin de les assouplir, puis on les aplatissait en les tirant entre ses dents ou sous l'ongle du pouce. De fines lanières de babiche tenaient lieu de fil. Sur certains articles des plus anciens fabriqués par les CRIS de l'Ouest, les piquants forment presque toujours des motifs géométriques angulaires quand ils sont tissés au moyen de lanières de babiche sans le support d'une peau puis appliqués sur l'article. Après l'arrivée des Européens, les perles de verre remplacent les piquants et les motifs géométriques font place à des figures humaines ou animales et à des représentations florales.

René R. Gadacz

Décorations pour actes de bravoure Trois décorations ont été instituées en 1972 à titre de témoignages publics de respect et d'admiration envers les personnes qui ont accompli un acte de bravoure. Ces honneurs varient selon la gravité du danger affronté par les récipiendaires.

Dans l'échelle des TITRES ET DÉCORATIONS du Canada, la Croix de la Vaillance surpasse tous les autres ordres et décorations, sauf la CROIX DE VICTORIA et la CROIX DE GEORGES. C'est une croix en or, à quatre branches égales. L'avers émaillé de rouge porte au centre une feuille d'érable entourée d'une couronne de laurier. Au revers figurent la couronne royale et le chiffre royal avec les mots «Valour–Vaillance». La croix se porte au cou sur un ruban rouge.

L'Étoile du Courage est une étoile en argent à quatre branches, dont le centre porte une feuille d'érable entourée d'une couronne de laurier. Le mot «Courage» est inscrit au revers. Le ruban qui l'accompagne est rouge et garni de deux bandes bleues.

La Médaille de la Bravoure est une médaille ronde en argent. À l'avers, une feuille d'érable figure au centre et est entourée d'une couronne de laurier; les mots «Bravery–Bravoure» y sont inscrits. Le ruban est rouge et garni de trois bandes bleues. Les récipiendaires de ces décorations ont le droit de faire suivre leur nom des lettres CV, EC ou MB, selon le cas.

Ces récompenses sont remises par le gouverneur général sur l'avis du Comité consultatif canadien des décorations et des services d'enquête des corps policiers.

Carl Lochnan

De Cosmos, Amor, né William Alexander Smith, éditeur de journal, politicien et premier ministre de la Colombie-Britannique (Windsor, N.-É., 20 août 1825—Victoria, C.-B., 4 juill. 1897). Smith quitte son emploi dans un entrepôt de grossiste d'Halifax en 1851 pour prendre la route vers les gisements d'or de la Californie. Une fois arrivé sur la côte du Pacifique, au lieu de chercher de l'or, ce photographe amateur passionné ouvre un studio. Installé à Mud Springs, bientôt rebaptisée «El Dorado», Smith suit l'exemple de la ville: en 1854, le Sénat californien adopte une loi en vertu de laquelle il est rebaptisé Amor De Cosmos. Ce nom, dit-il, «exprime ce que j'aime le plus... ordre, beauté, le monde, l'univers». En 1858, il entend parler des découvertes d'or dans la région du FLEUVE FRASER et décide d'y aller, mais, en chemin, il s'installe à Victoria où il fonde le journal British Colonist.

Très critique à l'égard du gouverneur James DOUGLAS, De Cosmos se lance aussi dans une carrière politique: il siège à l'Assemblée législative de l'île de Vancouver (1863-1866) et au Conseil législatif de la Colombie-Britannique (1867-1871). Il fait la promotion de la CONFÉDÉRATION avec le Canada, mais met sur pied la Confederation League qui exige que le GOUVERNEMENT RESPONSABLE soit inclus dans les «termes de l'union». Lorsque la Confédération et le gouvernement responsable sont tous deux créés en 1871, il est élu à la toute nouvelle Assemblée législative de la province de même qu'à la Chambre des communes.

De 1872 à 1874, il est à la fois premier ministre de la Colombie-Britannique et député fédéral. Il se révèle aussi médiocre au pouvoir qu'il était brillant dans l'opposition. Sa carrière se termine en 1882 quand les électeurs de Victoria le rejettent parce qu'il préconise l'indépendance du Canada. Ses dernières années sont marquées par une excentricité croissante et finalement, en 1895, par la folie.

George Woodcock

De Cotret, Robert-René, politicien (Ottawa, Ont., 20 févr. 1944—Ottawa, Ont., 9 juill. 1999). Détenteur d'une maîtrise en administration des affaires de McGill et d'un doctorat en Économie des affaires de l'U. du Michigan, de Cotret fait partie du personnel du President's Council of Economic Advisers des États-Unis en 1970-1971 et devient conseiller au ministère des Finances en 1971-1972. De 1972 à 1978, il est directeur puis président du CONFERENCE BOARD OF CANADA.

Il est élu député fédéral conservateur d'Ottawa-Centre lors d'une élection partielle en 1978 et devient immédiatement le conseiller économique privé du chef de l'opposition Joe CLARK.

Défait aux élections de 1979, il est fait sénateur, ce qui permet à Clark de le nommer ministre de l'Industrie et du Commerce. Il démissionne du Sénat pour se présenter aux élections de 1980, mais sans succès. Il est vice-président de la Banque Nationale jusqu'en 1984, année de sa réélection à la Chambre des communes, suivie de sa nomination à la présidence du Conseil du Trésor dans le Cabinet MULRONEY.

En 1987, de Cotret se voit confier ce qui deviendra le nouveau ministère de l'Industrie, des Sciences et de la Technologie et, en 1990, il est nommé ministre de l'Environnement. En janvier 1993, de Cotret annonce son intention de ne pas être candidat aux élections. De 1993 à 1994, il est représentant du Canada à la Banque mondiale. Il rejoint plus tard le Département d'administration de l'U. d'Ottawa en tant que cadre résident et devient président de la Bestrak Corp. en 1998. Il a également été nommé au Conseil privé.

Norman Hillmer

Décret Au palier fédéral, le décret est rendu par le GOUVERNEUR GÉNÉRAL avec l'avis et le consentement du CONSEIL PRIVÉ de la reine pour le Canada. En pratique, il émane du CABINET ou de l'un de ses comités et est approuvé officiellement par le gouverneur général. Certains décrets ne servent qu'à faire des nominations. Environ le tiers des décrets sont législatifs et font partie de la législation. Les tribunaux peuvent donc les faire exécuter. La plupart des décrets législatifs sont prononcés en vertu d'un pouvoir expressément conféré par une LOI du Parlement. L'élargissement des champs d'intervention de l'État depuis quelques décennies (étatisation, réglementation de l'industrie, sécurité sociale) a rendu impossible pour le Parlement de légiférer directement et en détail pour résoudre des problèmes complexes et changeants. De plus en plus de lois sont rédigées en termes généraux et habilitent le gouverneur à élaborer, en conseil, des règlements visant à appliquer l'intention de la loi.

Ces règlements (p. ex. sur l'assurance-chômage, les pêches et l'aéronautique) constituent actuellement une partie énorme de la législation (*voir* PROCESSUS RÉGLEMENTAIRE). Ils sont appelés «législation par délégation» parce qu'ils sont pris par le gouverneur en conseil et sur délégation du Parlement, sont subordonnés à la loi qui crée les pouvoirs de réglementation pertinents et sont limités par cette loi. De rares décrets législatifs sont fondés sur la prérogative royale (le peu qui reste de l'ancien pouvoir législatif du SOUVERAIN), mais ils sont limités par l'objet de la prérogative qui confère le pouvoir de les prononcer (*voir* DROIT ADMINISTRATIF). Les décrets provinciaux, rendus par le lieutenant-gouverneur en conseil, ressemblent aux décrets fédéraux.

Eugene A. Forsey

Défense nationale, ministère de la Le 1er janvier 1923, le ministère du Service naval, le ministère de la Milice et de la Défense ainsi que la Commission de l'air fusionnent pour former le ministère de la Défense nationale (MDN). La constitution d'un seul ministère est surtout une mesure d'économie, mais elle vise aussi à améliorer la coordination de la politique de sécurité nationale en confiant à un seul ministre la Marine royale du Canada, la Milice (qui deviendra l'Armée canadienne) et l'Aviation canadienne (qui deviendra l'Aviation royale du Canada). On tente en vain d'intégrer les quartiers généraux des trois services. Le ministère connaît une forte expansion et une profonde réorganisation pendant la Seconde Guerre mondiale: même si la loi ne constitue pas des départements de service séparés, un ministre de la Défense nationale pour l'air est nommé en mai 1940 et un ministre de la Défense nationale pour la marine est nommé en juillet. Il y a donc, en pratique, trois ministères distincts. En 1946, après la démobilisation, l'organisation du ministère redevient ce qu'elle était avant la guerre.

Pour en finir avec le triple emploi de personnel, certains services de soutien communs aux trois sections sont intégrés au cours des années suivantes. Un président et des chefs d'état-major sont nommés en 1951 pour coordonner la formation et les opérations dans les trois services. L'intégration est réalisée en 1964 lorsqu'un chef d'état-major de la Défense remplace les chefs des divers services. Le 1er février 1968, les trois services sont unifiés pour former les FORCES ARMÉES canadiennes. En octobre 1972, la section civile et la section militaire d'Ottawa fusionnent et forment un seul Quartier général de la Défense nationale. Les postes supérieurs du MDN sont occupés tant par des civils que par des officiers en service. Le gouverneur général, en tant que représentant du souverain, est le commandant en chef des forces armées canadiennes. Le ministre, le sous-ministre et le chef d'état-major de la Défense (qui est le conseiller militaire supérieur du ministre) comptent sur l'aide de leur état-major du quartier général de la Défense nationale. Le vice-chef d'état-major de la Défense est à la fois chef de sa propre division d'état-major et officier supérieur d'état-major de tout le quartier général. Les sous-ministres adjoints peuvent être des militaires ou des civils. Si on compte le personnel en uniforme et le personnel civil, le MDN est le plus grand ministère depuis 1945, et son budget de fonctionnement est constamment l'un des trois plus élevés.

Stephen Harrise et O.A. Cooke

Défense, recherches pour la Au Canada, la recherche militaire, soit la mise au point et l'élaboration d'armes ou de technologies susceptibles de présenter un intérêt pour la défense nationale, constitue un phénomène relativement nouveau. Bien que, au cours de la Première Guerre mondiale, des efforts rudimentaires aient été déployés pour mettre au point de nouvelles technologies d'application militaire, ce n'est qu'au cours de la Seconde Guerre mondiale que le gouvernement canadien commence à s'intéresser à l'innovation du point de vue des équipements et des techniques. Divers centres de recherche sont mis sur pied pour étudier des sujets aussi diversifiés que le matériel militaire, la balistique, les radars, la guerre hivernale, la guerre chimique et la médecine aéronautique.

Lorsque la guerre prend fin, donnant suite aux pressions exercées avec insistance par le chef d'état-major général, le général Charles Foulkes, on décide de regrouper et de maintenir, dans la mesure où le permettent les crédits limités qui y sont alloués, les programmes de recherche militaire du Canada. Il devient évident que l'on devra se plier à certaines contingences: seuls certains projets pourront être approfondis. De plus, il faudra coordonner les efforts de recherche avec ceux qu'entreprennent la Grande-Bretagne et les États-Unis, principaux alliés du Canada, et les programmes de recherche devront, autant que possible, être intégrés à d'autres initiatives de recherche. On décide alors que la meilleure façon de mettre sur pied une entreprise de recherche, qui soit relativement indépendante et prestigieuse, réside dans l'établissement d'un Conseil de recherches pour la défense sous les auspices du ministère de la DÉFENSE NATIONALE. Outre les chercheurs et cadres affectés au conseil au Canada, on nomme des officiers de liaison chargés de travailler à Londres et à Washington et, un peu plus tard, à Paris.

Les travaux du Conseil de recherches pour la défense présentent une extraordinaire diversité. Celui-ci s'est penché sur des dossiers relativement traditionnels, comme les explosifs et les agents propulsifs, mais aussi sur la mise au point de missiles (à une échelle réduite comparativement aux États-Unis et à l'URSS), sur l'Arctique et le Nord, les télécommunications et a même entrepris une exploration de l'ionosphère. À la station expérimentale de Suffield, située à Ralston en Alberta, on effectue, depuis la Seconde Guerre mondiale, des travaux sur la guerre chimique ainsi que d'autres recherches sous le couvert d'intenses mesures de sécurité. En collaboration avec la marine, le Conseil de recherches pour la défense a mis au point de nouvelles technologies en matière de guerre anti-sous-marine, telles que le SONAR à immersion variable, et il a contribué à l'adaptation des hélicoptères pour une utilisation dans des missions anti-sous-marines. Au cours des années 50, le Conseil de recherches pour la défense a aussi apporté une aide considérable, au sujet du choix de l'emplacement et de l'élaboration de la LIGNE DE RADARS AVANCÉS, qui traverse le Nord canadien (*voir* NORAD). De façon plus générale, la recherche militaire au Canada a enrichi les connaissances techniques dans le domaine industriel au pays. Cependant, certains s'interrogent sur le rôle joué par le Conseil de recherches pour la défense dans l'aide au développement industriel. La recherche militaire ouvre également des possibilités dans le domaine du contrôle et de la recherche sur les armements, mais les perspectives de succès d'une telle corrélation demeurent très aléatoires.

Robert Bothwell

Dégel de janvier ou «fonte bonspiel» comme on l'appelle dans les Prairies» C'est un phénomène climatique de temps chaud, non de saison, qui tend à se reproduire vers la même période chaque année, habituellement moins de 10 jours environ après la mi-janvier. En général, la fonte est graduelle et temporaire, et dure de quelques heures à une semaine. Une fonte est dite «prononcée» si elle a lieu pendant une période consécutive d'au moins deux jours à une température d'au moins 2 °C.

Même si le phénomène semble se reproduire assez régulièrement d'une année à l'autre à la mi-hiver, il n'est pas reconnu des météorologues qui le classent comme étant une «singularité». Une singularité est un épisode météorologique annuel, habituellement un écart anormal, qui revient à peu près à la même période pendant plusieurs années. Les singularités ne sont pas reconnues par les météorologues parce que même les plus importantes ne reviennent pas beaucoup plus souvent qu'une année sur deux bien que leur fréquence soit plus élevée que ce qu'on pourrait attendre d'un phénomène purement aléatoire et qu'un petit nombre d'hypothèses aient été avancées pour expliquer leur existence.

Une fonte prononcée de la neige n'a pas lieu tous les ans, et pas systématiquement au cours de la troisième ou de la quatrième semaine de janvier. P. ex., seulement 40 p. 100 des fontes à Ottawa et 80 p. 100 de celles d'Halifax se situent dans cette fenêtre. Si on accepte le fait que l'on peut atteindre la température de fonte n'importe quand en janvier, alors la fonte n'est presque jamais accidentelle, du moins dans l'Est du Canada. Ainsi, Toronto n'a eu de dégel de janvier qu'une seule fois en 150 ans, tandis qu'Halifax n'a jamais connu de mois de janvier sans période de dégel. À Winnipeg, en revanche, on observe un dégel de janvier un peu plus d'une année sur deux et une fonte prononcée moins d'une année sur quatre.

Plus on se déplace vers l'est du pays, plus le dégel de janvier est tardif. Ainsi, il se produit respectivement entre le 16 et le 23 à Edmonton, entre le 18 et le 24 à Winnipeg, entre le 19 et le 27 à Montréal, entre le 21 et le 28 à Charlottetown et entre le 25 et le 28 à St. John's. Cette progression du réchauffement vers l'est au cours des troisième et quatrième semaines de janvier est à rapprocher d'événements similaires aux États-Unis. Habituellement, les fontes importantes durent de deux ou trois jours à une semaine, rarement plus longtemps. La situation est bien différente à Vancouver: sur la côte est du Pacifique, la fonte dure un mois presque tous les ans. Le dégel de janvier est aussi caractérisé par sa tendance à débuter graduellement avec une hausse des températures de plusieurs jours et à se terminer par une chute de température relativement brusque qui peut descendre bien au-dessous des normales saisonnières. L'air devient extrêmement froid et il y a souvent des coups de vent du nord et des averses de neige. La fin de la fonte annonce le plus souvent l'arrivée des températures hivernales les plus basses.

On connaît les causes du dégel de janvier. La circulation atmosphérique générale vient davantage de l'ouest, ou même du sud-ouest, et l'air doux du Pacifique s'étend vers l'est du pays. Les vents d'ouest plus forts que la normale sous les latitudes moyennes tendent à confiner l'air arctique au nord et à favoriser l'invasion de l'air chaud et humide des régions subtropicales dans l'est des États-Unis et du Canada. Les vents d'ouest peuvent souffler durant plusieurs jours, mais cèdent inévitablement le pas aux vents du nord-ouest qui poussent l'air arctique froid vers le sud et vers l'est.

Cependant, on ignore toujours pourquoi la fonte a lieu en janvier. Certains chercheurs donnent des preuves statistiques qui indiquent qu'il existe une corrélation entre le dégel de janvier et l'activité des taches solaires. D'autres attribuent le redoux à un rajustement atmosphérique à grande échelle entre le début et la fin de l'hiver.

David Phillips

De Grandpré, Albert Jean, avocat, homme d'affaires (Montréal, 14 sept. 1921). Diplômé du Collège Jean-de-Brébeuf (B.A., 1940) et de l'U. McGill (BLC, 1943), il pratique le droit des assurances à Québec (1943-1966) avant d'entrer au service de Bell Canada à titre de conseiller général. Il en devient président en 1973, puis président du conseil et chef de la direction en 1976.

Connu pour son aversion contre la réglementation gouvernementale, il élabore, de 1981 à 1983, un projet de réorganisation de Bell Canada, entreprise de services téléphoniques réglementée par le Conseil de la radiodiffusion et des télécommunications canadiennes (CRTC). De façon à lui ouvrir la voie vers la croissance, il transforme l'entreprise, qui devient Entreprises Bell Canada Inc. (BCE), en une société de portefeuille échappant en grande partie à l'autorité du CRTC. Par la suite, et jusqu'à sa retraite en 1989, il se consacre à la direction de BCE à l'occasion de son incursion sur les marchés étrangers, particulièrement au Moyen-Orient et en Asie, où la société décroche d'importants contrats de consultation et d'approvisionnement et fait connaître le Canada dans le secteur des communications de pointe. Après sa retraite, bon nombre des entreprises qu'il a ajoutées à l'empire de BCE doivent être vendues à perte en raison des bouleversements économiques.

De Havilland Aviation du Canada, Limitée Avionneur dont le siège social se trouve à Toronto. Constituée en société en Ontario en 1928, l'entreprise construit le DE HAVILLAND OTTER (maintenant le Twin Otter), le Buffalo (un avion militaire) et les appareils DE HAVILLAND DASH 7 et Dash 8. Pendant les années 70, la société connaît des difficultés lorsque les compagnies de transport régional n'engendrent pas la forte demande pour le Dash 7 que de Havilland prévoyait. En 1974, le gouvernement fédéral achète la société à ses propriétaires britanniques, Hawker Siddeley Aviation, et investit dans la recherche et le développement. Mais c'est seulement en 1978, sous l'effet de la déréglementation des transports aériens aux États-Unis et de la hausse du coût des carburants, que les ventes du Dash 7 commencent à grimper.

Le Dash 8 de la série 300, lancé en 1988, est une version allongée de la série 100. La série 200 entre en production en 1995, tandis que la série 400, à capacité de 80 passagers, est alors sur la planche à dessin. Des difficultés persistantes amènent la société à demander l'aide du gouvernement en 1985. En 1986, elle est vendue à Boeing Commercial Aircraft Company de Seattle, dans l'État de Washington, pour 155 millions de dollars. En 1992, BOMBARDIER et le gouvernement de l'Ontario rachètent la société à Boeing. Elle fait maintenant partie intégrante du Groupe Aérospatial Bombardier.

Deborah C. Sawyer

De Havilland Beaver (DHC-2) Il s'agit du successeur du NOORDUYN NORSEMAN comme avion de brousse tout usage dans le Nord canadien. Son cahier des charges repose sur les résultats d'un questionnaire distribué par «Punch» DICKINS. Il vole pour la première fois le 16 août 1947. Une grande puissance et un circuit de volets spécial, conçu par R.D. Hiscocks, font de cet appareil un excellent avion à décollage et à atterrissage courts (ADAC); il peut décoller sur 181 m. Capable de transporter un pilote, six passagers et de lourdes charges, il sert dans les deux régions polaires, dans les déserts africains et dans les aérodromes à haute altitude des Andes. Son aide en Antarctique a été si précieuse qu'un lac, un glacier et une île portent son nom. En 1965, quelque 1600 De Havilland Beaver sont déjà en service dans 63 pays, le plus gros client étant l'armée américaine. Il y en a six dans des musées, dont un, le prototype (le CF-FHB), au Musée national de l'aviation à Ottawa.

James Marsh

De Havilland Caribou (DHC-4) C'est un bimoteur à décollage et à atterrissage courts (ADAC) capable de décoller sur seulement 220 m. Il se distingue par l'angle aigu tourné vers le haut sur son fuselage arrière qui fournit un accès aux grandes charges. Il vole pour la première fois en juillet 1958. Il a un rôle principalement militaire. En 1965, on le remplace par le DHC-5 Buffalo, similaire, mais plus gros, qui est le premier avion de sa taille à effectuer les décollages et les descentes abruptes nécessaires aux opérations menées au centre de grandes agglomérations.

James Marsh

De Havilland Dash 7 (DHC-7) C'est un avion à décollage et à atterrissage courts (ADAC) conçu pour des transports efficaces à partir du centre de grandes agglomérations. Il vole pour la première fois en mars 1975 après une longue mise au point. Celle-ci coûte 120 millions de dollars et le gouvernement fédéral en paie les quatre cinquièmes. Ses performances exceptionnelles en décollage et en atterrissage courts viennent de ses ailes hautement spécialisées. Il peut décoller sur 914 m et transporter 54 passagers. Ses hélices à révolution lente et ses moteurs à turbine en font l'avion de ligne le plus silencieux au monde. Il entre d'abord en service au Colorado, puis relie plus tard Yellowknife aux communautés du Nord. La GARDE CÔTIÈRE CANADIENNE utilise le Dash 7 pour surveiller la pollution en mer et la limite de 200 milles.

James Marsh

De Havilland Otter (DHC-3) C'est un avion de brousse polyvalent à décollage et à atterrissage courts (ADAC) conçu pour fonctionner sur roues, sur flotteurs ou sur skis dans des conditions extrêmes. Il vole pour la première fois en décembre 1951. Il constitue un moyen de transport fiable dans le Nord canadien, au Groenland, en Norvège, en Antarctique, au Népal, en Chine et dans de nombreux autres pays. Les Forces armées canadiennes l'utilisent dans leurs missions de recherche et de secours; l'aviation commerciale, pour les routes d'apport et comme taxi aérien. Volant pour la première fois en 1965, le Twin Otter (DHC-6) est propulsé par deux moteurs à turbine Pratt et Whitney PT6 construits au Canada, ce qui augmente la vitesse de 50 p. 100. Il inaugure le premier service aérien entre les centres-villes d'Ottawa et de Montréal en juillet 1974 et participe davantage au développement de l'Arctique canadien que tout autre avion.

James Marsh

Dekanahwideh, dit «le Messager céleste», est celui auquel on attribue la fondation de la Confédération des Cinq-Nations. Il serait né chez les HURONS, d'une mère vierge, pour apporter la paix et le pouvoir à son peuple. Son premier miracle est de construire un canot en pierre dans lequel il se rend chez les Onondagas, où il accomplit sa première conversion: Hiawatha. Il porte son message de paix aux guerriers mohawks, oneidas, cayugas et sénécas. Son pouvoir de défier la mort et d'obscurcir le soleil convertit les sceptiques. La Grande Paix est réalisée et la Confédération des Cinq-Nations (plus tard des Six-Nations) est créée. Dekanahwideh plante un grand pin blanc, l'Arbre de la paix, nomme 50 chefs et disparaît au milieu des Grands Lacs dans son canot de pierre en promettant de revenir si la paix est menacée. Ce conte majestueux favorisa l'unité chez les IROQUOIS, peuple farouchement indépendant et, aujourd'hui encore, les Six-Nations honorent la mémoire de Dekanahwideh.

James Marsh

De Koninck, Charles, philosophe (Thourout, Belgique, 29 juill. 1906—Rome, Italie, 13 févr. 1965). Quand De Koninck, diplômé de l'U. de Louvain, arrive à l'U. Laval, le thomisme est la doctrine établie en PHILOSOPHIE au Québec. Directeur de la faculté de philosophie à Laval de 1939 à 1956, il détermine l'orientation de la philosophie au sein de l'université ainsi que dans une bonne partie du Canada français grâce à ses nombreuses publications et ses liens avec l'Église catholique.

Son œuvre, qui se chiffre à plus de 150 communications et ouvrages, porte surtout sur la philosophie de la science. Il publie aussi des ouvrages de philosophie de la religion et de métaphysique. Comme il est disposé à écrire aussi bien en anglais qu'en français, il se bâtit une renommée au Canada anglais et aux États-Unis, où il donne souvent des conférences. Son célèbre livre *The Hollow Universe* (1960), publié à la suite d'une série de conférences données à l'U. McMaster, à Hamilton, tente de réconcilier la philosophie, la science et la religion. De Koninck soutient que, coupé de l'expérience concrète, le monde scientifique est une coquille vide. Bien qu'il ait été un philosophe controversé, son influence s'est fait sentir pendant de nombreuses années.

Elizabeth A. Trott

Delamont, Gordon, professeur de musique et compositeur (Moose Jaw, Sask., 27 oct. 1918—Toronto, 16 janv. 1981). En 1949, sa santé défaillante ayant écourté sa carrière de trompettiste, Delamont se tourne vers l'enseignement à Toronto et forme plusieurs futurs éminents musiciens canadiens de jazz et de musique populaire, comme Ron COLLIER, Jimmy Dale, Hagood HARDY, Rob MCCONNELL, Ben McPeek, Fred Stone et Norman SYMONDS. Delamont publie six volumes d'études techniques entre 1965 et 1976 qui seront employés dans le monde entier. Il compose aussi plusieurs œuvres selon les principes du mouvement «third-stream», qu'il promeut avec Collier et Symonds durant les années 50 et 60 au Canada. Sa composition la plus connue est *Three Entertainments for Saxophone Quartet* (1969).

Mark Miller

De la Roche, Mazo, écrivaine (Newmarket, Ont., 15 janv. 1879—Toronto, 12 juill. 1961). Elle est l'un des auteurs canadiens les plus prolifiques et les plus lus avec 23 romans, plus de 50 nouvelles, 13 pièces de théâtre et de nombreux autres écrits. Ses romans de la série Jalna se vendent à neuf millions d'exemplaires dans 193 éditions anglaises et 92 éditions étrangères. Elle commence à écrire des nouvelles avant la Première Guerre mondiale et publie deux romans dans les années 20 avant de connaître un succès international avec Jalna, en 1927.

Cette histoire d'une famille ontarienne, les Whiteoak, et de sa propriété du nom de Jalna est consacrée meilleur roman de l'année et vaut à son auteur l'*Atlantic Monthly award*. D'autres romans sur la vie des Whiteoak suivent. *Young Renny* (1935; *Jeunesse de Renny,* 1971) figure pendant plusieurs mois sur la liste des best-sellers du *New York Herald*. Une pièce de théâtre tirée des intrigues de *Jalna* remporte un énorme succès à Londres, New York et Toronto et inspire un film à Hollywood. Ses livres continuent à bien se vendre après la Seconde Guerre mondiale (en 1960, 20 titres sont en réimpression), bien que ses romans des années 50 ne soutiennent pas la comparaison avec ses premiers ouvrages. En 1972, le réseau anglais de Radio-Canada produit une série télévisée inspirée de *Jalna*.

Même si les livres de Mazo de la Roche continuent de remporter des succès de librairie, la critique ne lui attribue plus autant de mérite après la Seconde Guerre mondiale. Ses dernières œuvres sont trop à l'eau de rose et versent dans le sentimentalisme. Ces reproches sont adressés injustement à l'ensemble de son œuvre, y compris ses premiers romans qui se distinguent par des personnages bien campés, de bons dialogues et un style imagé et subtil. L'un des meilleurs écrivains canadiens du XXᵉ est donc aussi l'un des plus méconnus.

C.J. Taylor

Délégations du Québec L'État du Québec a ouvert au fil des ans et pour des périodes variées une vingtaine de délégations ou bureaux du Québec à l'étranger. Ces délégations symbolisent l'ouverture sur le monde du Québec après des décennies de repliement. Celles-ci traitent autant de questions touchant aux relations publiques, au commerce international qu'à tous les domaines où l'État québécois est actif. On utilise le terme «délégation» pour éviter les querelles diplomatiques avec le gouvernement fédéral qui dispose d'un réseau d'ambassades et de consulats. Ces querelles expliquent le statut particulier, p. ex., du bureau du Québec à Washington qui est officiellement un bureau de tourisme. Les principales représentations du Québec, désignées «délégations générales», sont celles de New York, ouverte en 1943, celle de Paris, ouverte en 1961, et celle de Londres, ouverte en 1962, auxquelles Bruxelles, Mexico et Tokyo se sont ajoutées. Au fil des ans, on a créé des bureaux dans les pays de la Francophonie (Abidjan en 1970) ou dans les régions où il était estimé que le fait français s'en porterait mieux, comme à Lafayette, en Louisiane, en 1970. Le réseau devait aussi couvrir les pays d'origine des immigrants qui viennent s'établir au Québec. Quatre bureaux s'occupaient exclusivement de cette question: ceux de Bangkok, Damas, Lisbonne et Port-au-Prince. Certains bureaux avaient principalement une vocation économique comme les délégations secondaires installées aux États-Unis (Los Angeles, Chicago, Atlanta et Boston). On a également ouvert des bureaux en Asie, ailleurs en Europe et en Amérique latine.

En 1996, le gouvernement québécois décide de changer la formule; il ferme la majorité de ces bureaux, sauf les délégations générales, et s'associe à des organismes privés ou publics pour les questions économiques (p. ex., la BANQUE NATIONALE et la CAISSE DE DÉPÔT ET PLACEMENT DU QUÉBEC) ou s'adjoint les services de délégués itinérants visitant les pays où le Québec a des intérêts. La formule est en évolution, certains des bureaux fermés ont été discrètement relancés après que l'on a reconnu que certaines fonctions, entre autres de *réseautage,* ne pouvaient être remplies sans une permanence sur place.

Luc Bernier

Delgamuukw (1997), affaire L'arrêt de cette affaire porte essentiellement sur la définition, le contenu et la portée du titre aborigène. La Cour suprême remarque que le titre aborigène constitue un droit ancestral protégé par le paragraphe 35(1) de la *Loi constitutionnelle de 1982*. Le titre aborigène est un droit foncier *sui generis*, inaliénable, détenu collectivement, distinct des autres droits ancestraux. Le titre aborigène est donc, en substance, le droit au territoire.

Le peuple autochtone en question doit faire la preuve de l'existence d'un titre aborigène en démontrant le respect des exigences suivantes: «(I) il doit avoir occupé le territoire avant l'affirmation de la souveraineté; (II) si l'occupation actuelle est invoquée comme preuve de l'occupation avant la souveraineté, il doit exister une continuité entre l'occupation actuelle et l'occupation antérieure à l'affirmation de la souveraineté; (III) au moment de l'affirmation de la souveraineté, cette occupation doit avoir été exclusive». Il n'est pas nécessaire de prouver une continuité parfaite, la démonstration d'un maintien substantiel du lien entre le peuple concerné et le territoire étant suffisant. À cet égard, la Cour suprême reconnaît que la preuve orale peut être admissible.

Délinquance juvénile En science sociale, la délinquance juvénile concerne principalement les actes qui sont commis par des mineurs et qui sont définis et évalués comme déviants et asociaux d'après les normes juridiques ou sociales, et qui sont généralement le résultat d'un apprentissage. Selon la définition juridique précise, un «délinquant juvénile» ou «jeune contrevenant» est un jeune âgé de 12 à 17 ans qui, à la suite d'une action en justice, est reconnu coupable d'avoir enfreint la législation criminelle et qui est dès lors sujet à des peines fixées par un tribunal de la jeunesse. Les enfants de moins de 12 ans qui commettent ce qui pourrait être considéré comme un délit criminel tombent sous le coup de la loi sur la protection de la jeunesse (*voir* SYSTÈME JUDICIAIRE POUR LES JEUNES).

Historique

Au Canada, les mesures applicables aux institutions et au traitement des jeunes sont établies en 1857, mais la première législation fédérale concernant les délinquants juvéniles est la *Loi sur la délinquance juvénile* (LDJ), votée en 1908 et révisée en 1929. En vertu de cette loi, la définition de la délinquance s'étend au-delà des crimes commis par des adultes, et énumérés dans le Code criminel, en y ajoutant «l'immoralité sexuelle ou tout autre forme similaire de vice». Elle aborde également les cas d'enfants négligés, maltraités ou incontrôlables. La LDJ fait de l'État un gardien pacifique qui traite le jeune comme un enfant mal dirigé, qui a besoin de soins et de supervision. La LDJ crée un système juridique pour la jeunesse extrêmement discrétionnaire, laissant à la police, aux juges et aux officiers de probation le soin de prendre des décisions dans le «meilleur intérêt» de l'enfant. Le manque de précisions législatives, applicables à la fois à la juridiction et aux sentences, conduit à des disparités sur le territoire canadien lorsqu'il s'agit de savoir quels sont ceux qui relèvent de l'autorité de la cour juvénile et comment ils doivent être pris en charge.

Cette situation entraîne des critiques qui visent la LDJ pour son paternalisme, son absence de rigueur et son inefficacité à protéger les garanties juridiques des enfants. En réponse à diverses critiques, la *Loi sur les jeunes contrevenants* (en vigueur à partir de 1984 et amendée en 1986, 1992 et 1995) élimine toutes les infractions liées au statut juridique de la personne, tels le vagabondage et l'immoralité sexuelle, limitant la délinquance aux seuls délits criminels. La *Loi sur les jeunes contrevenants* leur assure également le droit d'être représentés en justice et d'être jugés sur la base d'une preuve établie selon des règles strictes au cours d'un procès. La *Loi sur les jeunes contrevenants* constitue un système juridique pour la jeunesse qui tient compte de la responsabilité du contrevenant et de la protection de la société, tout en reconnaissant les besoins particuliers des jeunes. En conséquence, ses dispositions vont de la réprimande aux amendes, à la probation et aux services communautaires, jusqu'à l'internement sous bonne garde pour une période pouvant atteindre 10 ans dans le cas de délits très graves, tel le meurtre au premier degré.

Statistiques officielles

Les statistiques officielles sur la délinquance, qui sont tirées des enregistrements des organismes publics, comme la police, les cours juvéniles et les établissements de correction, et que publie le Centre canadien de la statistique juridique de Statistique Canada, ont une certaine valeur, mais elles reflètent davantage l'opinion des fonctionnaires que le comportement des enfants. Ces enregistrements ne permettent pas de comprendre la nature de la délinquance ni le processus par lequel un individu devient un délinquant. Le comportement des enfants varie beaucoup, et, comme tous les jeunes peuvent poser des gestes susceptibles d'entraîner une action en justice, il n'est pas juste de présumer de la délinquance ou de la non-délinquance des enfants. De plus, ce sont des enfants cliniquement normaux qui sont responsables de la plus grande part de la délinquance dans la société. Bien que certains enfants anormaux violent la loi, il n'y a pas de corrélation directe entre la délinquance et une personnalité anormale.

En outre, les statistiques de la police ne révèlent pas tous les actes délictueux de la société. Les questionnaires personnels et les entrevues indiquent que la majorité des jeunes commettent des formes mineures de délits, mais que la plus grande part de la délinquance juvénile grave n'est attribuable qu'à un petit nombre de jeunes issus de milieux pauvres ou défavorisés (les décrocheurs scolaires, les jeunes sans-abri, les jeunes des quartiers délabrés). Les recherches récentes soulignent l'importance de la pauvreté dans la répartition de la délinquance.

D'après les statistiques officielles, 133 029 jeunes sont accusés en 1993 de délits couverts par le Code criminel, par la *Loi sur les stupéfiants* et par d'autres lois fédérales. De ces jeunes, la plupart (56 p. 100) sont impliqués dans des crimes contre la propriété (p. ex. le vol pour moins de 1000 $ ou le vol avec effraction), tandis que 16 p. 100 sont accusés de crimes avec violence, dont la majorité (49 p. 100) sont des agressions de niveau 1 ou des agressions mineures. Les autres accusations concernent des délits divers, incluant le défaut de comparution, et des délits contre la *Loi sur les jeunes contrevenants*. Les données de 1993 indiquent que les causes les plus fréquemment entendues au tribunal de la jeunesse concernent des vols pour moins de 1000 $ (17 p. 100), des vols avec effraction (13 p. 100), des délits contre la *Loi sur les jeunes contrevenants* (10 p. 100), des agressions mineures (9 p. 100) et des défauts de comparution (9 p. 100).

En 1993, les jeunes âgés de 12 ans à 17 ans forment 8 p. 100 de la population canadienne, mais représentent 25 p. 100 des personnes accusées de crimes contre la propriété et 14 p. 100 de celles qui sont accusées de crimes violents. Au cours des dernières années, il y a eu beaucoup de médiatisation autour des jeunes de 12 ans à 17 ans accusés d'homicide, mais les chiffres révèlent que, entre 1983 et 1993, les jeunes contrevenants n'ont commis que 8 p. 100 des homicides, une proportion égale à leur représentation dans la population. En 1993-1994, près de 8 jeunes contrevenants sur 10 sont des garçons, et la moitié des causes entendues au tribunal de la jeunesse impliquent des jeunes de 16 ans ou 17 ans. Environ le cinquième de toutes les causes concerne des jeunes de 15 ans, tandis qu'environ le quart concerne des jeunes âgés de 12 ans à 14 ans. En 1993-1994, les deux tiers des causes entendues au tribunal de la jeunesse se soldent par un verdict de culpabilité pour au moins un des chefs d'accusation. Dans 28 p. 100 des cas, les poursuites sont interrompues ou retirées, et dans 4 p. 100 des cas, elles se soldent par un acquittement ou un verdict de non-culpabilité.

Les jeunes contrevenants reconnus coupables reçoivent le plus souvent une probation (39 p. 100). L'autre peine significative est la détention (19 p. 100 en milieu ouvert, 14 p. 100 en milieu fermé). Les jeunes reçoivent des sentences de travaux communautaires dans une proportion de 13 p. 100 et ils sont condamnés à des amendes dans 7 p. 100 des cas. Dans 32 p. 100 des causes avec verdict de culpabilité, le jeune contrevenant reçoit plus d'une peine.

Recherches récentes

Les recherches en CRIMINOLOGIE et sur la délinquance au Canada ont considérablement augmenté au cours des trente-cinq dernières années. Les écoles de criminologie de l'U. Simon-Fraser et des universités de Montréal, Toronto et Ottawa sont maintenant des centres d'études importants. Les programmes spécialisés en criminologie, sous les auspices des départements de sociologie de l'U. Carleton et des universités de l'Alberta, du Manitoba et de Windsor, ainsi que du Centre de criminologie de Dalhousie, contribuent également au développement de ce champ de la connaissance. La recherche canadienne subit fortement l'influence des théories américaines. Les théories relevant de la psychiatrie, p. ex., soutiennent que la délinquance est une issue aux problèmes résultant de relations familiales perturbées.

Les théories «sociogéniques» mettent l'accent sur l'importance des comportements acquis. D'après les théories de la «sous-culture», les jeunes de la classe ouvrière développent une sous-culture nouvelle avec ses normes et ses attentes propres, dans laquelle la vertu consiste à défier la moralité de la classe moyenne. Selon les théories de l'étiquetage, la carrière d'un délinquant est une réponse au traitement institutionnel des agents officiels. Les tenants des théories du contrôle mettent l'accent sur l'importance de la socialisation pour aider les individus à développer les émotions appropriées, les croyances et les intérêts qui les attachent à la société. Des travaux récents insistent sur le fusionnement de ces théories de façon à obtenir une compréhension plus globale des causes de la délinquance. Des chercheurs canadiens empruntent aussi aux développements théoriques des Britanniques pour expliquer l'intérêt que portent les médias à la criminalité des jeunes, ainsi que le comment et le pourquoi de la législation criminelle qui concerne les jeunes.

Les chercheurs canadiens apportent des contributions théoriques et empiriques importantes à ce champ de la recherche, entre autres la «théorie de contrôle du pouvoir», qui étudie les formes de socialisation propres aux deux sexes dans les différentes classes sociales et les effets que cela entraîne sur la participation à des actes de délinquance. Des chercheurs québécois mènent une importante recherche longitudinale sur des garçons violents. Un nombre grandissant d'études faites au Canada insistent sur les relations entre la marginalité sociale et économique et l'activité des sous-cultures criminelles.

En ciblant les groupes délinquants et les jeunes sans-abri, ce travail révèle que les jeunes, qui contreviennent gravement à la loi, grandissent dans des milieux défavorisés, où ils font l'expérience de la négligence, du rejet et de mauvais traitements physiques et émotionnels. Ils sont peu instruits, ont peu de compétences professionnelles et très peu de chances de trouver de l'emploi. En raison de leur pauvreté, ou parce que leurs parents les rejettent, ils se retrouvent à la rue. Ces jeunes voient leurs perspectives légitimes se fermer, ce qui les laisse à l'écart de la société conventionnelle et les plonge dans une vie de drogue, d'alcool et de graves comportements criminels.

Au Canada, les techniques de contrôle de la délinquance n'ont pas le succès escompté. Les programmes de traitement (un terme qui implique, malheureusement, que les délinquants ont une personnalité anormale qui doit être traitée) sont bien établis. Ils comprennent un traitement personnalisé et un suivi, des thérapies de groupe et des groupes d'entraide, mais leur impact sur la délinquance est minimal. Les programmes de non-intervention tendent à minimiser les contacts entre le contrevenant et le système judiciaire. Cette approche, habituellement sous-tendue par l'idée de réintégration, a des chances de succès surtout auprès de ceux qui commettent des délits sans gravité. Les amendements au système judiciaire sont peu susceptibles d'affecter le comportement des délinquants de façon notable.

Notre compréhension de la délinquance ne peut se développer sans une amélioration considérable, à la fois quantitative et qualitative, de notre connaissance de la société canadienne (et de ses disparités, apparemment endémiques, en termes de richesse, de pouvoir et de possibilités) et des motivations communes au crime et à la délinquance. Sans une volonté d'accepter des réformes étendues et des solutions requérant des réajustements majeurs de notre mode de vie, on ne pourra pas réduire la délinquance de façon significative.

Edmund W. Vaz

Délinquants dangereux La détermination de la peine dans les causes criminelles répond à une variété d'objectifs, dont la dissuasion, la réinsertion sociale, la dénonciation du comportement illégal et la protection du public. La prédominance de l'un ou l'autre de ces objectifs dépend, notamment, du contrevenant lui-même et de la nature et les circonstances de l'infraction. Les dispositions du *Code criminel* qui traitent des délinquants dangereux ont surtout pour objet de protéger le public. Elles autorisent l'application d'une mesure extraordinaire (la détention pour une période indéterminée) à une catégorie extraordinaire de criminels, celle des délinquants dangereux.

Les délinquants dangereux ne sont pas atteints de troubles mentaux (*voir* CAPACITÉ PÉNALE). Ce ne sont pas non plus de simples criminels, ou même des récidivistes, à qui s'appliquent les dispositions ordinaires du *Code criminel* relatives à la détermination de la peine. Ils appartiennent à cette petite minorité de délinquants que les condamnations ordinaires ne peuvent dissuader ou réformer et qui constituent un danger grave pour le bien-être mental et physique des autres membres de la société. La peine à durée indéterminée permet de les encadrer jusqu'à ce que s'estompe leur dangerosité.

Les dispositions du *Code criminel* qui concernent les délinquants dangereux sont énoncées à la partie XXIV du *Code criminel*. Édictées en 1977, elles remplacent les dispositions qui visaient les repris de justice et les psychopathes sexuels criminels, édictées elles-mêmes en 1947-1948.

C'est après que le délinquant a été reconnu coupable que se tient l'audition en vue de le déclarer délinquant dangereux. Selon la procédure normale, la poursuite doit, avant le prononcé de la sentence, aviser le tribunal dans les formes régulières qu'elle présentera une demande en vue de faire déclarer le contrevenant délinquant dangereux. Le procureur général de la province (ministre de la Justice) ou le sous-ministre doit donner son consentement à la demande, qui, en règle générale, est également approuvée dans des poursuites intermédiaires avant d'être présentée. La demande est entendue par un juge sans jury.

Pour établir qu'un délinquant est dangereux, la poursuite doit convaincre le tribunal hors de tout doute raisonnable sur deux points principaux. Il faut d'abord que le délinquant ait été déclaré coupable de «sévices graves à la personne». On parle ici des infractions (la trahison et le meurtre exceptés) punissables d'une peine maximale d'au moins dix ans de prison et impliquant soit a) l'emploi, ou une tentative d'emploi, de la violence contre autrui, une conduite dangereuse, ou susceptible de l'être, pour la vie ou la sécurité d'autrui ou une conduite ayant infligé, ou susceptible d'infliger, des dommages psychologiques graves à autrui, soit b) les infractions d'agression sexuelle, d'agression sexuelle armée ou d'agression sexuelle grave, les menaces à une tierce personne ou l'infliction de lésions corporelles ainsi que les tentatives visant à commettre de telles infractions.

La poursuite doit ensuite prouver que le délinquant est «dangereux». S'il n'a pas été déclaré coupable d'une infraction impliquant l'emploi de la violence à des fins sexuelles, le délinquant doit constituer un danger pour la vie, la sécurité ou le bien-être physique ou mental d'autrui. La preuve doit établir que: i) par la répétition de ses actes, notamment celui qui est à l'origine de l'infraction dont il a été déclaré coupable, le délinquant démontre qu'il est incapable de contrôler ses actes et permet de croire qu'il causera vraisemblablement la mort de quelque autre personne ou causera des sévices ou des dommages psychologiques à autrui; ii) par la répétition continuelle de ses actes d'agression, notamment celui qui est à l'origine de l'infraction dont il a été déclaré coupable, le délinquant démontre une indifférence marquée pour les conséquences raisonnablement prévisibles que ses actes peuvent avoir sur autrui; ou iii) un comportement, chez ce délinquant, associé à la perpétration de l'infraction dont il vient d'être déclaré coupable, est d'une nature si brutale que l'on ne peut s'empêcher de conclure qu'il y a peu de chance pour qu'à l'avenir ce comportement soit inhibé par les normes ordinaires de restriction du comportement. Si l'infraction dont le délinquant a été déclaré coupable est d'ordre sexuel et implique l'emploi de la violence, la preuve doit établir que par sa conduite, notamment lors de la perpétration de l'infraction dont il a été déclaré coupable, le délinquant démontre son incapacité à contrôler ses impulsions sexuelles et laisse prévoir que vraisemblablement il causera à l'avenir des sévices ou autres maux à d'autres personnes.

Le *Code criminel* exige que le tribunal entende les témoignages d'au moins deux psychiatres, l'un étant à charge, l'autre, à décharge. Généralement, les règles ordinaires de preuve s'appliquent à l'audition de la demande, mais y sont admissibles des éléments de preuve qui seraient inadmissibles dans un procès.

Le juge doit déterminer si la poursuite a établi l'existence de conditions qui permettent de déclarer que le délinquant est dangereux. Si tel est le cas, il a le pouvoir discrétionnaire d'infliger au délinquant la peine qui pourrait être imposée pour l'infraction dont il vient d'être déclaré coupable ou une peine de détention pour une période indéterminée. Cette décision se fonde sur la preuve se rapportant à la possibilité de guérison et de traitement du délinquant. Si le juge inflige une sentence de détention pour une période indéterminée, le délinquant a droit à un examen en vue de sa libération conditionnelle dès l'expiration d'un délai de trois ans à compter du jour où il a été mis sous garde et, par la suite, tous les deux ans jusqu'à sa libération.

La peine de détention pour une période indéterminée est susceptible d'appel; à tout le moins, la déclaration qu'un délinquant est dangereux peut être révisée en appel.

Les tribunaux ont jugé que les dispositions qui traitent des délinquants dangereux ne violaient pas la Charte. Cependant, le fait qu'elles s'appuient si fortement sur les prévisions psychiatriques de la dangerosité d'un délinquant a provoqué une controverse chez les psychiatres, les psychologues et les juristes concernant l'aptitude des professionnels de la santé mentale à faire de telles prédictions et à formuler d'autres jugements légalement définis qui soient pertinents par rapport aux demandes relatives aux délinquants dangereux.

Wayne Renke

Délit En DROIT CIVIL québécois, le délit civil consiste en la transgression d'un devoir ou d'une obligation extracontractuelle. Le droit des délits civils, mieux connu sous le nom de droit de la responsabilité civile, couvre pour l'essentiel le même domaine que celui de la RESPONSABILITÉ CIVILE DÉLICTUELLE en COMMON LAW. Sa fonction n'est pas de punir l'auteur du préjudice (c'est le rôle du droit criminel), mais plutôt d'accorder à la victime une juste compensation pour le préjudice subi, sous forme d'indemnité pécuniaire pour le préjudice matériel, moral ou physique subi (art. 1607 du *Code civil du Québec*). Dans un nombre de cas limité, le droit québécois accorde des dommages-intérêts punitifs ou exemplaires. Il en est ainsi, p. ex., lorsqu'il y a atteinte illicite et intentionnelle aux droits fondamentaux protégés par la *Charte des droits et libertés de la personne du Québec* (art. 49).

Droit français Le droit de la responsabilité civile québécois tire son origine de la tradition et des travaux doctrinaux d'auteurs français des XVIIe et XVIIIe siècles comme Domat et Pothier, et, plus récemment, de la codification française de 1804. Le premier *Code civil du Québec* (1866) a repris la plupart des articles du Code civil des Français avec cependant un certain nombre de différences pour tenir compte de la spécificité de l'économie et de la culture québécoises. Le nouveau *Code civil du Québec* (1994) codifie la majeure partie du droit et de la jurisprudence accumulés depuis plus d'un siècle. Contrairement à la *common law*, qui a élaboré un régime particulier pour chaque délit civil (négligence, atteinte, coups, etc.), le système du droit civil québécois ne reconnaît pas les délits civils individuels, mais plutôt un principe général et universel de la responsabilité civile fondé sur quatre éléments: la capacité de discernement, l'existence de la faute, l'existence d'un préjudice et le lien de causalité. Ainsi, en cas de FAUTE PROFESSIONNELLE ou de DIFFAMATION, les coups, l'atteinte, l'agression ou le décès par suite d'une faute n'ont aucune importance tant qu'il n'a pas été prouvé que l'auteur du délit a commis une faute et qu'il existe un lien de causalité direct entre son acte ou son omission et le préjudice subi par la victime.

Règle générale de la responsabilité civile Le principe général et fondamental de la responsabilité civile est aujourd'hui énoncé à l'art. 1457 du *Code civil du Québec*, qui stipule que «Toute personne a le devoir de respecter les règles de conduite qui, suivant les circonstances, les usages ou la loi, s'imposent à elle, de manière à ne pas causer de préjudice à autrui. Elle est, lorsqu'elle est douée de raison et qu'elle manque à ce devoir, responsable du préjudice qu'elle cause par cette faute à autrui et tenue de réparer ce préjudice, qu'il soit corporel, moral ou matériel. Elle est aussi tenue, en certains cas, de réparer le préjudice causé à autrui par le fait ou la faute d'une autre personne ou par le fait des biens qu'elle a sous sa garde.»

Conclusions de responsabilité civile Quatre conditions sont donc nécessaires pour qu'il y ait responsabilité civile: la capacité de discernement, l'existence de la faute, l'existence d'un préjudice et le lien de causalité.

La capacité de discernement s'entend de la capacité mentale de discerner le mal du bien, autrement dit de se rendre compte des conséquences des actes posés. L'aliéné mental, p. ex., ne peut en principe être civilement responsable, sauf si le manque de discernement résulte d'une faute antérieure. Ainsi en est-il dans le cas de l'abus de drogue ou d'alcool. Le mineur est lui aussi civilement irresponsable, mais ses parents sont tenus de réparer le préjudice qu'il cause, sauf s'ils prouvent qu'il n'ont pas eux-mêmes commis de faute dans la garde, la surveillance ou l'éducation du mineur (art. 1459 du C.c.Q.). Par ailleurs, la personne qui, sans être le père ou la mère d'un enfant, se voit confier par délégation la garde, la surveillance ou l'éducation d'un mineur peut également être tenue de réparer le préjudice causé par le mineur (art. 1460 du C.c.Q.). À cette règle, il existe une exception en faveur des personnes qui agissent gratuitement ou moyennant une modique récompense (telles que les gardiens d'enfant). Dans ce dernier cas, la victime a le fardeau de prouver la faute de ladite personne. Le tuteur de l'handicapé mental ne peut cependant être tenu pour responsable, à moins qu'il n'ait lui-même commis une faute lourde dans l'exercice de la garde (art. 1461 du C.c.Q.).

L'existence d'une faute est la deuxième condition sur laquelle se fonde la responsabilité civile. La faute est une norme objective définie comme la conduite qu'une personne normalement prudente et avisée n'aurait pas adoptée dans les mêmes circonstances. Il peut s'agir d'un acte ou d'une omission lorsqu'il y a obligation légale ou morale d'agir. Les tribunaux ont eu un rôle très important à jouer pour déterminer, selon les circonstances particulières de chaque espèce, si la norme de conduite du défendeur était conforme à celle de la personne raisonnable.

La jurisprudence et ses sources sont ainsi d'une importance capitale dans l'interprétation, la compréhension et le sens à donner à cette notion générale. Entre autres circonstances particulières, les tribunaux tiennent compte de l'activité ou de la profession de l'auteur de la faute. En d'autres termes, la conduite attendue d'un chirurgien qui défend une action en responsabilité civile sera comparée à celle du chirurgien raisonnablement diligent et prudent placé dans les mêmes circonstances que lui.

En troisième lieu, l'auteur doit avoir causé un préjudice par son acte ou son omission. La conduite négligente qui ne cause aucun préjudice ne peut être source de responsabilité civile. Des dommages peuvent être matériels (dommage causé à la personne, entraînant la mort ou le préjudice corporel, ou dommage causé aux biens, entraînant une perte économique) ou moraux (douleurs et souffrances, perte de jouissance de la vie, particulièrement importante en matière de harcèlement sexuel, de diffamation ou de discrimination). L'auteur du préjudice doit réparer l'entier dommage qu'il a causé. La victime doit recevoir une somme qui la replacera dans la situation qui était la sienne avant la survenance du préjudice. Il s'agit là du principe de la restitution intégrale (*restitutio in integrum*). Les dommages-intérêts accordés par les juges (le Québec a complètement aboli les procès civils avec jury en 1966) peuvent parfois atteindre plusieurs millions de dollars.

Le préjudice doit cependant être directement relié à la faute, et, c'est là la quatrième condition: un lien de causalité doit exister entre la faute et le préjudice subi par la victime. Le droit québécois ne suit en cette matière aucune théorie particulière de causalité, dès lors qu'il peut être établi que la faute a été la cause directe et immédiate du préjudice.

On peut également être tenu pour responsable de la faute ou du fait d'autrui. Outre les parents et les tuteurs précédemment mentionnés, les employeurs sont présumés responsables du préjudice causé par leurs employés agissant dans le cadre de l'exécution de leurs fonctions (art. 1463 du C.c.Q.). Ils ne peuvent se soustraire à la responsabilité que dans des circonstances très exceptionnelles.

La responsabilité civile peut également résulter du fait des biens dont on a la garde ou le contrôle. Le gardien d'un bien est présumé responsable du préjudice causé par le fait autonome de celui-ci, à moins qu'il ne prouve qu'il n'a commis aucune faute (art. 1465 du C.c.Q.). Le propriétaire tout comme l'usager d'un animal domestique sont également responsables du préjudice que l'animal cause à un tiers. Seule la preuve de la force majeure ou de la faute de la victime permet de libérer le propriétaire ou l'usager de la responsabilité civile. Les propriétaires d'immeubles sont également responsables des dommages causés par leur ruine, même partielle, qu'elle résulte d'un défaut d'entretien ou d'un vice de construction (art. 1467 du C.c.Q.). Enfin, selon les nouvelles dispositions des art. 1467 et 1468 du *Code civil du Québec*, les fabricants de marchandises sont responsables du préjudice causé aux tiers par le défaut de sécurité des marchandises. Il en est de même pour les fournisseurs, les grossistes, les détaillants et les importateurs de la marchandise défectueuse.

L'art. 1471 du *Code civil du Québec* codifie la règle de *common law* dite du «bon samaritain». La personne qui porte secours à autrui peut, dans certaines circonstances, être exonérée de toute responsabilité pour le préjudice qui serait causé à la victime, à moins que ce préjudice ne soit dû à sa faute intentionnelle ou à sa faute lourde.

Enfin, l'art. 1474 du *Code civil du Québec* interdit maintenant sans réserve toute limitation ou exclusion de responsabilité pour le préjudice corporel ou moral causé à autrui.

Autres règles délictuelles En plus des règles générales de la responsabilité civile énoncées dans le CODE CIVIL et dans la JURISPRUDENCE, d'autres règles délictuelles sont posées dans des lois particulières. Le Québec s'est doté d'un système d'indemnisation sans faute pour les victimes des accidents d'automobile, système prévu par la *Loi sur l'assurance automobile*, et d'un programme semblable pour les victimes d'actes criminels et pour les accidents du travail. L'objet principal de ces lois particulières est double: indemniser la victime indépendamment de sa conduite et éviter de s'adresser à la justice pour obtenir réparation.

Jean-Louis Baudouin

Della Falls Les chutes Della Falls sont les plus hautes du Canada. Elles sont situées à la limite sud du PARC PROVINCIAL STRATHCONA dans l'île de Vancouver. Les eaux provenant du lac Della chutent de 440 m dans le Drinkwater Creek en direction du lac Great Central. Un chemin de randonnée suit le cours du ruisseau. Le lac Great Central se trouve à quelque 20 km à l'ouest de PORT ALBERNI.

Delta (C.-B.), municipalité de district de la C.-B.; pop. 95 411 (rec. 1996), 88 978 (rec. 1991), 79 610 (rec. 1986); superf. 168,50 km²; const. en tant que Corporation of Delta en 1879; située dans la partie méridionale de la région métropolitaine de VANCOUVER, au sud du fleuve Fraser, à l'ouest de la municipalité de SURREY et en bordure de la frontière américaine. Les trois principales localités sont North Delta, Ladner et South Delta.

Comme son nom l'indique, la plus grande partie du district forme un delta composé de basses terres, essentiellement des terres agricoles, auxquelles le gouvernement provincial a accordé le statut de «terres agricoles classées». Au début du XXᵉ siècle, il y a à Delta une quarantaine d'entreprises. À la suite de la réorientation du trafic maritime du delta du Fraser vers Burrard Inlet et vers le port de Vancouver, qui est en plein essor, ce district perd cependant de son importance et devient une zone rurale et agricole où la pêche se pratique sur une échelle limitée.

La population de Ladner augmente considérablement au moment de l'ouverture de la station des Forces aériennes de Boundary Bay en 1941. La croissance d'après-guerre se manifeste d'abord dans la partie nord de Delta, tandis que la région métropolitaine de Vancouver déborde au sud du Fraser. L'expansion de la banlieue s'accentue avec l'ouverture du tunnel Massey sous le Fraser, en 1959, et celle du pont Alex Fraser, en 1986, lequel enjambe le fleuve. L'aménagement du superport de Roberts Bank vient s'ajouter à la construction, achevée en 1960, d'un terminal de traversiers également à Roberts Bank, dans le sud de Delta. En 1997, des installations à conteneurs y sont aussi ajoutées par la Société du port de Vancouver.

Les localités de Beach Grove, Boundary Bay et Tsawwassen offrent aux touristes des plages et d'autres installations récréatives. Parmi les attractions notables, on trouve le parc régional de Deas Island, le musée et les archives de Delta, le Refuge d'oiseaux de George C. Reifel, ainsi que Point Roberts (un territoire américain qui n'est pas relié aux États-Unis par la terre). La municipalité demeure essentiellement une zone suburbaine avec des assises industrielles solides.

Alan F.J. Artibise

Delta (magazine) Le magazine de poésie Delta (1957-1966) a été fondé, à Montréal, par Louis DUDEK. Ses 26 numéros ont paru de façon irrégulière. Dudek favorisait la poésie expérimentale (*voir* POÉSIE DE LANGUE ANGLAISE). Il a publié, à l'occasion, des essais dans lesquels il exprime avec conviction l'idée selon laquelle la poésie doit se rapporter à son époque et particulièrement aux questions sociales. Delta reflétait aussi fortement la personnalité de son directeur et s'adressait surtout au lecteur qui partageait ses points de vue modernistes.

George Woodcock

Demasduwit, Shendoreth, Waunathoake, Mary March, est l'une des dernières survivantes du peuple BÉOTHUK (1796—baie des Exploits, T.-N., 8 janv. 1820). En mars 1819, les membres d'une expédition envoyée au lac Red Indian en vue d'y récupérer des objets volés et d'établir des relations amicales avec les Béothuks, dont le nombre diminue sans cesse, capturent Demasduwit et tuent son mari Nonosbawsut. Demasduwit est amenée à Twillingate et prise en charge par le missionnaire anglican John Leigh qui, avec l'aide de sa protégée, consigne le vocabulaire béothuk. Elle est ensuite amenée à St. John's, mais la tentative pour la réintégrer dans son village natal échoue. Demasduwit succombe à une tuberculose pulmonaire et son corps est transporté au lac Red Indian en février 1820 par un groupe dirigé par un officier de la marine britannique, David Buchan. En 1828, W.E. CORMACK constate que sa dépouille a été déposée à côté de Nonosbawsut dans une sépulture surélevée, érigée par les derniers survivants de son peuple.

G.M. Story

Demers, Jérôme, prêtre, vicaire général, architecte et professeur (Saint-Nicolas, Qc, 1ᵉʳ août 1774—Québec, 17 mai 1853). Durant plus de 50 ans, Demers enseigne la littérature, la philosophie, l'architecture et les sciences au Séminaire de Québec. Il est, de plus, le supérieur et l'économe de sa congrégation. En 1835, il fait paraître le premier traité de PHISOLOPHIE canadien, une synthèse de ses notes de cours compilées durant plus de 30 ans d'enseignement, sous le titre *Institutiones philosophicae ad usum studiosae juventutis*. Très habile à transmettre ses connaissances et à intéresser son auditoire aux problèmes philosophiques ardus de même qu'aux découvertes de la physique et de l'astronomie, Demers respecte en outre ses étudiants et les traite avec gentillesse et compréhension. Il prend en charge la construction des nouvelles églises dont le diocèse a besoin, en dessine pour d'autres diocèses et signe les plans du Collège de Nicolet. Des politiciens tels que son ancien étudiant, Louis-Joseph PAPINEAU, sollicitent ses conseils.

Claude Galarneau

Demers, Rock, producteur (Sainte-Cécile-de-Levrard, Qc, 11 déc. 1933). Après des études en pédagogie et en techniques audiovisuelles, il commence à travailler dans l'industrie cinématographique en 1960, d'abord dans le secteur de la distribution, puis pour le Festival international du film de Montréal, qu'il administre de 1962 à 1967. En 1965, il fonde Faroun Films, compagnie spécialisée dans la distribution de films pour enfants. Au début des années 70, la compagnie élargit ses activités en distribuant des films d'art, des films expérimentaux et le long métrage *Les Mâles,* de Gilles CARLE, et en se lançant dans la production. Demers participe à la production du *Martien de Noël* (Bernard Gosselin, 1970), un long métrage pour enfants. Le succès de ce film ouvre la voie à la série «Contes pour tous», qui lui assure la renommée.

En 1977, Demers est nommé président, puis directeur général de l'INSTITUT QUÉBÉCOIS DU CINÉMA (IQC), organisation fondée pour appuyer l'industrie cinématographique québécoise. Il quitte son poste en juin 1979 pour fonder Les productions la Fête (1980). Il lance ensuite la série «Contes pour tous», dans laquelle il soutient des coproductions avec la Pologne (*Le Jeune Magicien*, Waldemar Dziki, 1986), la Hongrie (*Bye Bye Chaperon Rouge,* Marta Meszaros, 1989), la Roumanie (*La Championne,* Elizabetha Bostan, 1991) et d'autres pays. Les meilleurs films de cette série pour toute la famille sont signés par André Melançon (*La Guerre des tuques*, 1984; *Bach et Bottine,* 1986; *Fierro... l'été des secrets*) et Michael Rubbo (*The Peanut Butter Solution,* 1985, v.f. *Opération Beurre de Pinottes*; *Tommy Tricker and the Stamp Traveller,* 1988, v.f. *Les Aventuriers du Timbre perdu*; *Vincent and Me,* 1990, v.f. *Vincent et moi*).

Au fil des années, les 13 longs métrages de cette série ont obtenu plus de 100 prix, mentions et mises en nomination dans le monde entier. Au début des années 90, Demers élargit les horizons de sa compagnie en produisant un documentaire sur l'écrivain et politicien tchèque Vaclav Havel (*Why Havel?,* Vojtech Jasny, 1991), et des longs métrages de Micheline Lanctôt (*La Vie d'un héros,* 1994) et d'Arthur Lamothe (*Le Silence des fusils,* 1996).

Producteur et distributeur courageux, Rock Demers a immensément contribué à l'essor de l'industrie cinématographique canadienne.

Marcel Jean

Demeter, Peter, promoteur immobilier (Budapest, Hongrie, 19 avril 1933). Fils d'une riche famille appauvrie par la Seconde Guerre mondiale, Demeter immigre au Canada en 1956 où il refait rapidement fortune. En 1962, il compte déjà parmi les grands promoteurs immobiliers de Toronto. En 1967, il épouse Christine Ferrari, un mannequin d'origine autrichienne, mais ce mariage tourne au vinaigre et Christine Ferrari est assassinée en 1973. Demeter est alors accusé d'avoir commandé le meurtre en engageant une personne «non identifiée». Le procès qui s'ensuit, le plus long au Canada, attire l'attention internationale et lève le voile sur certains des aspects du monde interlope canado-hongrois. La possibilité que les deux époux aient pu comploter parallèlement pour s'assassiner l'un et l'autre et mettre la main sur un contrat d'assurance d'une valeur de un million de dollars y est également envisagée. Demeter est condamné, mais on ne retrouve pas le véritable meurtrier.

Stanley Gordon

De Meurons Régiment d'infanterie suisse, mis sur pied en 1781, le De Meurons est transféré à l'armée britannique en 1795. De retour en Angleterre après avoir servi en Inde jusqu'en octobre 1806, il est envoyé au Bas-Canada en août 1813. Il prend part à la GUERRE DE 1812 sous les ordres de sir George PREVOST, à la BATAILLE DE PLATTSBURGH en septembre 1814. Le régiment est dissous en juillet 1816 et plus de la moitié des 640 soldats de tout rang choisissent de rester au Canada comme colons. Lord SELKIRK en recrute aussitôt quelques-uns pour son expédition à la COLONIE DE LA RIVIÈRE ROUGE. En 1821, d'anciens officiers recrutent des colons suisses pour la colonie de la rivière Rouge.

Stuart R.J. Sutherland

Démographie Étude des changements affectant les populations humaines, qui s'intéresse à la POPULATION dans son ensemble et aux phénomènes immédiats qui la modifient globalement (naissances, décès, migrations) ou qui en altèrent la composition (sexe, âge, état civil, langue, religion, études, revenu, etc.). Une population se définit habituellement comme un groupe d'individus vivant dans un espace bien défini. On peut cependant étudier des sous-populations, p. ex. des groupes ethniques, la population d'âge scolaire ou la population active. Il s'agit là de la démographie au sens «restreint» du terme. Depuis trois siècles, les démographes ont mis au point une batterie impressionnante de méthodes d'analyse de ces phénomènes et de leurs interrelations. Cet ensemble de faits, de relations et de méthodes constitue le noyau de la démographie. Dans la mesure où celle-ci se confine dans cette zone centrale, elle est virtuellement une branche des mathématiques et peut aussi s'appliquer aux populations animales et végétales.

La plupart des démographes étendent cependant leurs études au-delà de ce noyau, notamment en cherchant à comprendre les variations survenant dans les phénomènes purement démographiques (fécondité, mortalité, nuptialité, structure par âge) et leurs impacts éventuels sur la société. Leurs recherches touchent à beaucoup de disciplines, en particulier la sociologie, l'ethnologie, l'économie, l'histoire, la psychologie et la biologie.

Dire qu'il n'y a pas en démographie de sous-disciplines est matière à débat. On peut soutenir, p. ex., que l'économie de la population et la génétique des populations disposent d'un noyau de méthodes, de concepts et de connaissances propres qui justifient l'étiquette de «sous-disciplines». On peut cependant identifier deux types d'études démographiques: celles qui se confinent dans la démographie au sens restreint du terme (et dont certaines recourent à des modèles mathématiques assez sophistiqués) et celles qui s'intéressent aux relations entre phénomènes purement démographiques et phénomènes sociaux (et parfois biologiques), et qui utilisent les méthodes statistiques communes à toutes les disciplines scientifiques.

Évolution de la démographie au Canada En tant que discipline très empirique, la démographie repose sur un petit nombre de modèles théoriques et sur une foule de données statistiques. Ces données proviennent en bonne partie des recensements et des statistiques de l'état civil (c.-à-d. qui portent sur les naissances, sur les mariages et sur les décès). Il fut un temps où ces sources d'information formaient, au

Canada comme dans les autres pays industrialisés, la base même de la démographie (*voir* DONNÉES DÉMOGRAPHIQUES, COLLECTE DE). Il s'y ajoute maintenant de plus en plus de données tirées d'enquêtes.

Le recensement de 1871 donne lieu à quelques analyses élémentaires de nature historique, mais il faut attendre 60 ans avant que le Bureau de la statistique du dominion, prédécesseur de Statistique Canada, entreprenne à nouveau des analyses démographiques de ses données. Il tire du recensement de 1931 dix monographies très détaillées et les publie en deux volumes. Le recensement de 1941 donne matière à 2 monographies, celui de 1951 à 2, celui de 1961 à 8, celui de 1971 à environ 10, tandis que celui de 1981 n'en produit aucune. Les auteurs de ces monographies sont surtout des chercheurs universitaires. Depuis 1961, s'ajoutent des études de portée plus limitée, mais toujours liées aux recensements, portant sur des aspects particuliers de la population du Canada. Depuis 1974, Statistique Canada publie de temps en temps des projections démographiques pour l'ensemble du Canada et chacune de ses provinces.

Statistique Canada emploie de nombreux démographes, mais ceux-ci ne représentent pas plus de 10 p. 100 des démographes canadiens. Il est important de mentionner les contributions de quelques pionniers de la recherche: l'*Histoire de la population canadienne-française*, du journaliste Georges Langlois, publiée dans les années 30, et l'ouvrage remarquable d'Enid Charles sur la fécondité, qui paraît dans les années 40. Pendant les années 50, plusieurs chercheurs se mettent à publier des textes en démographie. Parmi eux figurent deux démographes canadiens réputés, qui travaillent maintenant aux États-Unis: Nathan Keyfitz et Norman B. Ryder.

Ce n'est pas avant les années 60 que des groupes de professeurs, se spécialisant dans la recherche et dans l'enseignement supérieur en démographie, créent, dans quelques universités canadiennes, des programmes propres à cette discipline. Il n'existe qu'un seul vrai département de démographie, celui de l'U. de Montréal, mais à l'U. de l'Alberta et à l'U. de Western Ontario, des groupes de professeurs, de chercheurs et d'étudiants, s'intéressant principalement à la démographie, travaillent au sein des départements de sociologie. La démographie s'enseigne également dans plusieurs autres universités, qui n'offrent pas de programme spécialisé dans cette discipline. En dehors des universités, on retrouve la plupart des démographes dans les ministères et dans certains organismes parapublics des gouvernements fédéral et provinciaux.

Domaines d'application L'examen du travail des quelque 400 démographes canadiens montre que leurs études de démographie «appliquée» portent surtout sur les prévisions des besoins en matière de logement, de santé et d'éducation ainsi que sur les services aux personnes âgées; sur les prévisions de la clientèle de certains des principaux services publics; et sur la mise en œuvre de politiques liées à la planification de l'économie, à la régulation des naissances, au bien-être social, à la main-d'œuvre, à l'immigration, à la langue et à la préservation des groupes culturels minoritaires. Certaines autres études ne sont cependant pas définies de façon aussi précise. C'est le cas des projections démographiques qui trouvent un grand nombre d'utilisateurs et de certaines recherches en milieu universitaire, qui touchent l'histoire de la population et les problèmes des pays en développement.

Institutions Il y a au Canada deux associations de démographes et une fédération nationale. L'Association des démographes du Québec, fondée en 1971, regroupe un peu moins de 200 démographes francophones. Elle publie deux numéros par an de ses Cahiers québécois de démographie. Elle a comme contrepartie anglophone la Canadian Population Society, fondée en 1974. Celle-ci compte plus de 200

membres et publie une revue semestrielle, les Canadian Studies in Population. La Fédération des démographes canadiens assure le lien entre les deux associations.

Jacques Henripin

Demoiselle Les demoiselles sont des INSECTES carnivores au corps long et mince pourvus de deux paires de longues ailes membraneuses à base très étroite. Elles appartiennent à l'ordre des odonates (du grec, denté, qui fait référence aux pièces buccales) et au sous-ordre des zygoptères. On en connaît plus de 2800 espèces dans le monde, la plupart vivant dans les régions tropicales. Au Canada, 51 espèces ont été recensées.

Morphologie Les adultes aux couleurs éclatantes mesurent généralement trois centimètres de long. La tête mobile porte des yeux composés gros et exorbités. La larve aquatique, généralement de couleur terne, se distingue par ses trois appendices caudaux plats servant de nageoires et de branchies.

Régime alimentaire La larve prédatrice projette devant elle un appendice buccal denté et articulé (labium modifié) pour capturer de petits insectes et vers aquatiques. L'adulte, également prédateur, attrape de petits insectes volants avec ses pattes.

Reproduction et développement Les demoiselles insèrent leurs œufs dans le tissu des plantes aquatiques. Certaines espèces passent parfois plus de trois ans sous forme de larve, mais, pour la majorité des espèces canadiennes, les stades larvaires ne durent normalement qu'un an. La métamorphose en adulte se produit après que la larve a quitté l'eau. Les adultes vivent quelques semaines et demeurent généralement près de l'eau. (*Voir aussi* LIBELLULES.)

G. Pritchard

De Monts, Pierre Du Gua, explorateur, traiteur et colonisateur (Saintonge, France, v. 1558—France, 1628). Fondateur des premiers établissements permanents des Français en Amérique du Nord et proche associé de Samuel de CHAMPLAIN, De Monts exerce beaucoup d'influence durant les deux premières décennies du XVIIᵉ siècle. Il vient pour la première fois au Canada, probablement en 1600, avec Pierre Chauvin de Tonnetuit et, en 1603, reçoit les patentes royales pour la colonisation, l'exploitation commerciale et l'administration de l'Acadie. En 1604, il établit une colonie dans l'île Sainte-Croix (île Dochet).

Mais le climat et la maladie forcent la colonie à se réinstaller à PORT-ROYAL en 1605, où elle survit et prospère jusqu'à ce qu'elle soit temporairement abandonnée en raison de la révocation du monopole de la traite des fourrures que détient De Monts. Celui-ci est entre-temps rentré en France et tourne déjà son attention vers la vallée du Saint-Laurent. Il ne reviendra jamais en Amérique du Nord. Il jouera néanmoins un rôle déterminant dans la poursuite de la colonisation française en envoyant Champlain fonder un poste de traite à Québec en 1608. Il s'occupe de ses intérêts commerciaux au Canada jusqu'en 1617, puis se retire dans les Ardennes.

John G. Reid

Dempster, route de La route de Dempster commence à proximité de Dawson, dans le Territoire du Yukon, s'étire sur 730 km dans le nord du territoire et franchit les monts Richardson pour atteindre Fort McPherson et Inuvik, dans le delta du Mackenzie (*voir* MACKENZIE, FLEUVE) des Territoires du Nord-Ouest. Il s'agit de la première des «routes d'accès aux ressources» du gouvernement de John Diefenbaker. Sa construction débute en 1959. En septembre 1963, la route prend le nom de l'inspecteur William J.D. Dempster (pays de Galles, 21 oct. 1876—Vancouver, 25 oct. 1964), au service de la Gendarmerie royale du Canada de 1897 dans différents postes au Yukon. Ouverte au public au printemps 1979, la route, qui aura coûté 100 millions de dollars, comprend de grands viaducs sur les rivières Eagle et Ogilvie, et traverse certaines des régions les plus féeriques de l'Amérique du Nord.

Kenneth S. Coates

Dénée, Nation (avant 1978, la Fraternité des Indiens des Territoires du Nord-Ouest) Organisation politique créée en 1970 pour représenter les Dénés, ou les peuples nordiques de langue athapaskane et leurs descendants (lesquels proviennent du Denendeh, une région comprenant la vallée du Mackenzie et les barrens des Territoires du Nord-Ouest) dans le règlement de questions de longue date avec le gouvernement du Canada concernant les terres et l'exercice des pouvoirs.

Évolution de l'organisation L'organisation connaît un essor en réaction aux préoccupations de longue date au sujet du libellé de la version du gouvernement fédéral des traités n° 8 et n° 11 signés avec les Dénés, le premier en 1899-1900 et le second en 1921-1922. Ces préoccupations ont poussé cette organisation, peu après sa constitution, à déposer une opposition (ou avertissement légal aux tierces parties) alléguant un intérêt continu dans les terres décrites dans ces traités. Cette cause (appelée l'affaire Paulette) est contestée, mais, en 1973, le juge W. Morrow, de la Cour suprême des Territoires du Nord-Ouest, reconnaît que certains droits ancestraux continuent d'exister. Bien que rejeté en appel pour des raisons techniques, ce jugement oblige néanmoins le gouvernement fédéral à reconnaître la nécessité d'entreprendre de nouvelles négociations avec les Dénés.

La Nation dénée soutient depuis toujours que les négociations relatives aux DROITS DES AUTOCHTONES portent essentiellement sur l'établissement de relations politiques entre les Dénés et l'État canadien, une prétention accentuée par le libellé sur l'autodétermination dans la Déclaration des Dénés (1975), dans le préambule d'un projet d'entente de principe (1976) et dans les preuves présentées lors des audiences de la commission Berger sur le projet du PIPELINE DE LA VALLÉE DU MACKENZIE (1975-1977). Depuis ce temps, l'incompatibilité entre cette position et celle du gouvernement fédéral continue d'être une source de préoccupations.

Questions foncières non résolues En 1981, le gouvernement fédéral et les Dénés s'emploient à négocier une entente sur les aspects non politiques des questions foncières non résolues. Toutefois, le gouvernement suspend les négociations avec les Dénés à la suite de l'adoption, lors de l'assemblée annuelle des Dénés en 1990, d'une résolution exigeant que les droits ancestraux et issus de traités soient affirmés dans l'entente définitive. Par la suite, on parvient à conclure avec certaines régions du Denendeh une entente comportant des clauses semblables à celles négociées dans cette entente définitive. En 1998, la question de la relation politique entre l'ensemble des Dénés et le Canada est encore en souffrance.

La Nation dénée s'occupe également de programmes qui lui sont destinés et qui ont trait à la santé, à l'éducation, au développement communautaire, aux questions juridiques, à l'exploitation des terres et des ressources ainsi qu'aux communications. Le premier président (maintenant appelé chef national) de la Nation dénée est Mona Jacobs, de Fort Smith dans les Territoires du Nord-Ouest. Ce poste de directeur de l'exécutif est par la suite occupé par Roy Daniells, James Wah-Shee, Georges ERASMUS, Stephen Kakfwi et Bill Erasmus. (*Voir aussi* REVENDICATIONS TERRITORIALES; AUTOCHTONES, ORGANISATION ET ACTIVISME POLITIQUES DES.)

Michael I. Asch

Denison, Francis Napier, météorologiste prévisionniste, ingénieur et scientifique (Toronto, Canada-Ouest, 19 avril 1866—Victoria, 24 juin 1946). Des milliers de Victoriens connaissent ce scientifique innovateur sous le nom de «notre chroniqueur météo». Formé au Upper Canada College, il se joint au Service météorologique du Canada en 1882 et, en 1884, il est nommé observateur adjoint à l'Observatoire de Toronto. En 1898, il est affecté au poste de prévisionniste-observateur météorologique à Victoria. Il y devient un des scientifiques en météorologie les plus connus en Amérique du Nord. Ses nombreuses contributions vont des études des cycles météorologiques aux recherches sur les secousses sismiques. Parallèlement, il met au point plusieurs appareils ingénieux qui aident à dresser les prévisions météorologiques quotidiennes. En 1936, il prend sa retraite avec tous les honneurs mais cela ne l'empêche pas de construire un sismographe, destiné à être utilisé dans les mines comme dispositif de sécurité, et un dépoussiéreur pour les placards utilisés dans les hôpitaux.

J.R. Mathieson

Denison, George Taylor, (3e du nom), avocat, magistrat, militaire et auteur (Toronto, 31 août 1839—*id.*, 6 juin 1925). Descendant de loyalistes, cet historien et analyste militaire accède à la renommée internationale en prédisant les avantages tactiques du déploiement rapide de l'infanterie mobilisée dans la conduite de la guerre moderne. En tant que premier magistrat de police de Toronto de 1877 à 1921, Denison rend la justice d'une manière si originale que son tribunal devient une attraction touristique. Commandant de la Garde du corps du gouverneur général, une troupe de cavalerie fondée et soutenue par sa famille, il assiste au combat durant le raid des FENIANS en 1866 et durant la RÉBELLION DU NORD-OUEST de 1885. Durant la Guerre de Sécession, il supporte activement les opérations au Canada des États confédérés. Par la suite, il est l'un des fondateurs du mouvement CANADA FIRST (1868) et de la Canadian National Association, une organisation politique de courte durée (1874).

Le plus éclatant défenseur canadien de la notion d'unité impériale (1880-1910), Denison considère que les États-Unis sont la plus grande menace à l'autonomie nationale canadienne et conclut qu'une fédération de l'Empire britannique, dans laquelle le Canada serait partenaire égal, assurerait la sécurité, le prestige et le pouvoir essentiels à la grandeur nationale.

David P. Gagan

Dennis, John Stoughton, arpenteur et militaire (Kingston, 19 oct. 1820—Kingsmere, Qc, 7 juill. 1885). Issu d'une famille de loyalistes de l'Empire uni, Dennis est nommé arpenteur au ministère des Terres de la couronne en 1843. Il entre dans la milice, en 1855, et devient, en 1862, major de brigade du District militaire n° 3 à Toronto. Un conseil mixte d'enquête le disculpe des accusations d'avoir dirigé une escarmouche contre les FENIANS en 1866, mais cet événement semble avoir mis fin à sa carrière militaire. En 1869, il devient responsable du levé topographique des Territoires du Nord-Ouest, où son arrivée contribue à précipiter la RÉBELLION DE LA RIVIÈRE ROUGE.

En 1871, Dennis est nommé arpenteur général des TERRES FÉDÉRALES. Sa principale tâche consiste alors à effectuer le levé topographique des Prairies occidentales. Il est aussi sous-ministre de l'Intérieur de 1878 à 1891.

J.S. Dennis fils suit les traces de son père et entreprend une carrière d'arpenteur dans l'Ouest en 1872. Il devient ensuite commandant d'une unité de milice qui combat Riel à BATOCHE en 1885, puis inspecteur de l'arpentage de 1887 à 1894. Il écrit une histoire de l'arpentage des terres fédérales de 1869 à 1889 (époque où son père avait proposé un meilleur système que celui des États-Unis, qui a finalement été adopté) et termine sa carrière comme chef du service des ressources naturelles du Canadien Pacifique où il est responsable des terres et de l'irrigation.

Donald J.C. Phillipson

Denonville, Jacques-René de Brisay, marquis de, gouverneur général de la Nouvelle-France de 1685 à 1689 (Denonville, France, 10 déc. 1637—*id.*, 22 sept. 1710). Il arrive à Québec le 1er août 1685, à un moment critique du conflit qui oppose la colonie aux IROQUOIS et aux Anglais. En 1686, il prend l'initiative d'envoyer de TROYES attaquer les postes anglais de la baie James. Celui-ci s'y rend par voie terrestre et réussit à éliminer la menace qui pèse sur le flanc nord de la colonie. En 1687, il mène une campagne punitive contre les Sénécas dont il détruit systématiquement les villages.

Denonville fait de son mieux pour renforcer les défenses de la colonie qui demeure néanmoins vulnérable. En août 1689, l'attaque de Lachine par 1500 guerriers des Cinq Nations isole le Fort Frontenac, que Denonville abandonne et détruit. Critiqué pour sa prudence et pour s'être plié aux ordres l'enjoignant d'envoyer les prisonniers iroquois servir sur les galères françaises, il est toutefois le premier gouverneur à se soucier des conditions sociales et de santé en Nouvelle-France. Il tente de freiner les abus dans le commerce des fourrures et fonde une école de marine à Québec pour la formation des pilotes. Rappelé en Europe, il quitte Québec en novembre 1689.

James Marsh

Dentisterie Branche de la médecine qui s'occupe du traitement des dents et de leurs tissus de soutien. Des papyrus égyptiens, remontant à 3500 ans av. J.-C., font état de maladies dentaires et gingivales et de leur traitement. De plus, les dents de certaines momies égyptiennes portent des traces de restauration. Des documents hébreux, grecs, chinois et romains mentionnent à certains aspects de la dentisterie.

Plus près de nous, le Français Pierre Fauchard (1678-1761), auteur du premier traité de pratique dentaire, *Le Chirurgien dentiste* (1728), est considéré comme le fondateur de la médecine dentaire moderne. C'est à lui que l'on doit la séparation entre la science et l'art dentaire, de la médecine générale et de la chirurgie.

Parmi les colons qui viennent s'établir en Amérique, on trouve des médecins et des barbiers-chirurgiens. Bien que plusieurs se disent capables d'extraire et de remplacer des dents, aucun n'est dentiste de formation. L'extraction et le remplacement des dents sont confiés tantôt à un tourneur sur ivoire et fabricant de parapluies, tantôt à un coiffeur-perruquier, tantôt à un orfèvre comme Paul Revere. Pendant la colonisation, l'Amérique du Nord accuse un sérieux retard sur l'Europe dans le domaine de la dentisterie.

Au début du XIXe siècle, des «dentistes» ayant acquis quelques qualifications par le biais de l'apprentissage arrivent au Canada en provenance des États-Unis. Parmi eux, se trouvent un dénommé Hume, qui annonce son commerce dans l'*Acadian Reporter* de Halifax en 1814, et L.S. Parmly, qui pratique à Montréal en 1815 et écrit le premier ouvrage canadien sur l'art dentaire, *The Summum Bonum*. Parmly s'affiche comme dentiste et «électricien médical».

Le 3 janv. 1867, neuf dentistes se réunissent à Toronto pour former l'Ontario Dental Association. En 1868, le Collège royal des chirurgiens dentaires d'Ontario voit le jour. La même année, le premier numéro de la revue *Canada Journal of Dental Science* paraît. Après plusieurs tentatives infructueuses, entre 1867 et 1870, le Collège royal des chirurgiens dentistes d'Ontario ouvre la première école de médecine dentaire à Toronto en 1875. Elle compte alors deux employés à plein temps, cinq à mi-temps et onze étudiants. Au cours des cent années qui suivent, les écoles dentaires sont intégrées aux universités canadiennes.

En 1888, le Collège royal des chirurgiens dentistes d'Ontario s'affilie à l'U. de Toronto, laquelle accepte d'accorder le titre de docteur en chirurgie dentaire aux élèves qui terminent le programme d'étude. Les premiers examens ont lieu en 1889, après quatre mois de cours et 25 étudiants les réussissent. Il s'agit des premiers doctorats décernés à des diplômés en médecine dentaire à l'extérieur des États-Unis.

L'École dentaire de l'U. McGill ouvre ses portes en 1905, cependant ses origines remontent à 1892, avec la fondation à Montréal de l'Association des chirurgiens dentistes du Québec. Une école dentaire de langue française est créée à l'U. de Montréal en 1905. Une quatrième école de dentisterie ouvre ses portes à l'U. Dalhousie en 1908.

Dans l'Ouest canadien, ce n'est qu'en 1923 que s'ouvre la première école dentaire, avec la création d'un programme de quatre ans à l'U. de l'Alberta; un programme semblable est instauré à l'U. du Manitoba en 1958, puis à l'U. de la Colombie-Britannique en 1964. Trois autres écoles dentaires s'ouvrent pendant les années 1960 et 1970: à l'U. Western Ontario (1966), à l'U. de la Saskatchewan (1968) et à l'U. Laval (1971). En 1993, quelque 14 749 dentistes pratiquent au Canada, ce qui représente un rapport dentiste-population de 1 pour 1851.

L'art dentaire a beaucoup évolué au cours du XXᵉ siècle: d'abord empirique, il traverse une phase mécanique et devient finalement une profession fondée sur de solides recherches scientifiques et cliniques. En 1993, lors de la réunion annuelle de l'Association internationale de recherches dentaires, il est présenté plus de 2400 communications.

En Amérique du Nord, la médecine dentaire commence à se spécialiser au début du XXᵉ siècle. W.G. Beers (1843-1900), de Montréal, ne pratique que l'exodontie (chirurgie buccale) et il est considéré comme le premier spécialiste en médecine dentaire au Canada. Les principales spécialités qui se développent par la suite sont l'exodontie, la parodontie et l'orthodontie. Les autres spécialités aujourd'hui reconnues au Canada sont la radiologie buccale, la chirurgie maxillo-faciale, la pathologie bucco-dentaire, la dentisterie pédiatrique, la dentisterie prothétique, l'endodontie et la santé publique dentaire.

Plusieurs sociétés et programmes de spécialisation sont établis. Après de nombreuses années de controverse, une loi fédérale institue le Collège royal des chirurgiens dentistes du Canada en 1964, afin de promouvoir un niveau élevé de spécialisation, de définir les qualifications professionnelles, d'établir des programmes de formation dans les écoles dentaires canadiennes et d'assurer la reconnaissance et l'appellation officielle des spécialistes. Cette loi reçoit l'appui de tous les organismes provinciaux de réglementation chargés de délivrer des permis aux dentistes et de surveiller l'exercice de la médecine dentaire dans toutes les provinces.

Le développement de la dentisterie donne lieu à une nouvelle profession: celle d'auxiliaire dentaire, mais sa reconnaissance occasionne bien des débats. En 1947, la province d'Ontario modifie ses lois régissant la dentisterie pour y inclure les hygiénistes dentaires. La première école de dentisterie offrant une formation d'hygiéniste dentaire est créée à Toronto en 1951. Au milieu des années 1960, la plupart des écoles et des provinces offrent des formations similaires. Les hygiénistes dentaires travaillent dans des cabinets privés et au sein d'organismes de santé publique dentaire. Plusieurs provinces ont récemment élargi la gamme de leurs tâches.

Dans certaines provinces, les prothésistes dentaires, qui fabriquent les articles d'orthodontie destinés aux dentistes, sont maintenant habilités à vendre des prothèses directement au public.

Les assistants dentaires travaillent aux côtés des dentistes afin d'apporter les soins dentaires aux patients.

Le pourcentage de femmes dentistes est plus faible au Canada que dans de nombreux autres pays. Mme Caroline Louisa Josephine Wells est la première Canadienne à obtenir un diplôme d'une école dentaire. Son diplôme lui est conféré par le Collège royal des chirurgiens dentaires d'Ontario en 1893.

Des associations dentaires se forment dans chaque province, mais c'est l'Association dentaire canadienne qui est le porte-parole national de la profession. Dans bien des pays, les soins dentaires sont régis par les programmes gouvernementaux, mais au Canada, seuls certains groupes, comme les enfants et les personnes âgées, bénéficient d'une aide de l'État pour les soins dentaires. Toutes les provinces n'accordent cependant pas cette aide.

J.A. Hargreaves

Denys, Nicolas, commerçant et promoteur de la colonie (Tours, France, 1598—1688). Jeune marchand de La Rochelle, Denys s'embarque pour l'Acadie en 1632 avec Isaac de RAZILLY et passe les 40 années suivantes à tenter de faire croître la colonie. Plusieurs de ses entreprises échouent, et il subit de lourdes pertes dans les faillites commerciales de ses entreprises de pêche à Port Rossignol (Liverpool, Nouvelle-Écosse) dans les années 1630 et sur l'île du Cap-Breton dans les années 1650. D'autres entreprises provoquent des conflits avec des commerçants rivaux et il se fait un puissant ennemi du gouverneur de la colonie Charles de MENOU D'AULNAY.

En 1653, Denys acquiert un territoire sur le golfe Saint-Laurent s'étendant de Canso à Gaspé et comprenant l'île du Cap-Breton et les autres îles du golfe; là, il peut disposer des terres et gouverner comme bon lui semble. Il envisage d'amener des colons mais ses plans ne se réalisent jamais; il continue à commercer. Vers 1670, il cède son bureau central de Nepisiguit (BATHURST, Nouveau-Brunswick) à son fils Richard et retourne en France pour publier *Description et histoire naturelle des côtes de l'Amérique du Nord* (1672; réédité par W.F. Ganong, 1908), une description vivante de l'Acadie qui rappelle que Denys, malgré ses nombreux revers, s'y est fait le promoteur du développement de la colonie française pendant quarante ans.

John G. Reid

Déontologie médicale A pour objet les questions morales soulevées par la pratique de la médecine et, de façon plus générale, par les soins de santé. En raison de l'importance croissante des soins de santé destinés à une population vieillissante dans une société suffisamment fortunée pour les assumer, du fait de la complexité grandissante de ces soins et du recours moins fréquent à la tradition et à l'autorité en matière de morale, le débat sur les problèmes de déontologie médicale s'est intensifié. Certaines questions soulèvent des dilemmes particulièrement difficiles à résoudre sur le plan de l'éthique.

Relation médecin-patient Quelle quantité d'information un patient est-il en droit de recevoir avant d'accepter ou de refuser un traitement? Est-il permis à un médecin, ou à tout autre intervenant médical, de tromper ou de cacher de l'information à un patient? Jusqu'à quel point la morale personnelle ou les croyances sociales d'un médecin influent-elles sur sa relation avec le patient? Le serment d'Hippocrate, encore prononcé dans de nombreuses facultés, mais pas dans toutes, omet toute référence à l'obligation morale du médecin d'être honnête envers son patient. L'éthique médicale traditionnelle est paternaliste, l'information y est donnée ou retenue selon le jugement du médecin. Depuis le début du XXᵉ siècle, toutefois, des tribunaux aux États-Unis, en Grande-Bretagne et au Canada ont statué qu'un adulte mentalement capable est en droit d'obtenir toute l'information nécessaire avant d'accorder un consentement éclairé pour un traitement. Néanmoins, établir avec précision les véritables désirs d'un patient n'est pas toujours aisé. En effet, celui-ci peut être gravement malade, drogué, souffrant, déprimé ou peut ne pas être pleinement rationnel et conscient. Les médecins ne sont donc pas toujours libérés de l'obligation d'avoir recours à leur propre jugement pour déterminer, du moins à court terme, ce qui est préférable pour le patient.

Technologie de la reproduction et interventions médicales Outre le problème de l'AVORTEMENT, les méthodes artificielles d'induction de la grossesse (p. ex., par insémination artificielle et par fécondation in vitro), la gestation (p. ex., la maternité de substitution), les différentes techniques de contraception et les méthodes chirurgicales de stérilisation ont soulevé des questions. Dans le domaine de la GÉNÉTIQUE, le rythme accéléré des découvertes, en partie associées au travail de cartographie du génome humain, a donné lieu à de nouvelles questions relatives à l'utilisation de tests génétiques pour dépister les maladies et la susceptibilité à développer ces maladies (*voir* MALADIES HÉRÉDITAIRES). D'autres dilemmes moraux ne manqueront pas d'être soulevés par les recherches en thérapie génique qui, dans certains cas tels que la thérapie de la lignée germinale, affecteront la descendance de la personne traitée.

Mort et agonie Lorsque la respiration et les battements cardiaques sont maintenus artificiellement chez un patient ne présentant aucune activité cérébrale, doit-on le considérer mort ou vivant? Devrait-on permettre, p. ex., de prélever des organes sur cette personne afin d'effectuer une TRANSPLANTATION? La transplantation suscite de nouvelles questions en ce qui concerne l'utilisation de nouveau-nés anencéphales et d'hétérogreffes d'organes prélevés sur des animaux génétiquement modifiés pour les rendre immunologiquement compatibles avec les humains.

Permet-on à un praticien de maintenir en vie un patient qui refuse tout traitement? Le mourant a-t-il le droit d'être aidé s'il désire se suicider? Sinon, ou en outre, les médecins devraient-ils être libres d'obéir à leur conscience en accédant à la requête d'euthanasie d'un patient? Dans ces cas, le principe du caractère sacré de la vie, selon lequel il faut la préserver à tout prix, s'oppose fréquemment à celui de la qualité de la vie, qui veut qu'un individu ait droit à une mort digne, dans des conditions humaines. La question de savoir comment et quand avoir recours à la technologie pour prolonger la vie des nouveau-nés atteints de troubles génétiques graves reste une des décisions les plus difficiles à prendre pour les médecins et la société. Cette décision sous-tend encore le conflit entre le caractère sacré de la vie et sa qualité. Les partisans de ce qu'on appelle parfois le vitalisme médical soutiennent le premier principe et prétendent que l'abus dans le jugement sur la qualité de la vie peut être énorme; leurs opposants affirment, pour leur part, que le souci de soulager et de permettre une mort digne aide à promouvoir une société plus sensible à la vie humaine (*voir* MORT).

Le concept de l'inutilité de soins médicaux constitue un autre débat continu. Un médecin peut-il de son propre chef décider de refuser un traitement à un patient en invoquant la raison que cela ne lui serait d'aucune utilité? Ce jugement peut-il s'appuyer uniquement sur le caractère inapte ou l'extrême improbabilité de succès du traitement, ou peut-on également juger de l'inutilité d'un traitement lorsque le patient en cause n'en tirera personnellement aucun bienfait, p. ex. quand il est inconscient et dans un état végétatif persistant irréversible?

Patients particuliers Qui devrait décider des traitements à donner aux nouveau-nés souffrant d'un handicap physique grave (ou à toute personne incapable de s'exprimer)? Sur quelle base doit-on prendre de telles décisions? Dans certaines collectivités ethniques, la famille élargie (qui comprend les grands-parents) contribue à l'éducation des enfants; existe-t-il des circonstances spéciales autorisant l'intervention de cette famille élargie dans les décisions médicales concernant les nouveau-nés?

L'avènement de l'épidémie de VIH (virus de l'immunodéficience humaine) a également fait naître un grand débat éthique (*voir* SIDA). Les sujets comme la confidentialité (peut-on révéler et, si oui, à quel moment, l'état de contamination au VIH d'une personne contre son gré?), le droit aux soins de santé, la discrimination et la recherche sur les sujets humains engendrent des préoccupations particulières.

Politiques sociales et économiques Les patients ont-ils droit aux soins de santé quelles que soient les dépenses que cela engendre? Lorsque les besoins des patients dépassent les ressources disponibles, comment répartir ces dernières? Traditionnellement, les considérations sur l'aide sociale ont justifié une intervention dans les relations médecin-patient (p. ex., on a exigé des médecins qu'ils rapportent les cas de patients blessés par balle ou atteints de maladie contagieuse). La question qui se pose alors est la suivante: jusqu'à quel point un acte médical doit-il être en conformité avec les intérêts de la société?

Des questions fondamentales concernant une juste répartition des soins de santé refont nécessairement surface lorsque le gouvernement invoque des contraintes financières et quand les mécanismes économiques de prestation des soins de santé sont modifiés. Ces débats surviennent quand, p. ex., les provinces ferment des hôpitaux, cessent les paiements pour certains services médicaux ou permettent l'ouverture de cliniques privées à but lucratif.

Recherches et expériences sur les êtres humains
Quand l'expérimentation sur des enfants est-elle justifiée? Est-il acceptable, du point de vue de la déontologie, d'effectuer une expérience dans laquelle le sujet d'étude ne sait pas s'il prend un placebo ou un médicament actif?

Par le passé, la recherche était considérée comme moralement problématique parce qu'il y avait un risque pour les sujets. Plus récemment, les questions d'éthique se sont compliquées en faisant ressortir jusqu'à quel point la participation à un projet de recherche peut être revendiquée comme un avantage. C'est ainsi que les partisans de la doctrine féministe se sont associés aux militants contre le SIDA pour contester la façon dont la recherche est menée (en particulier, l'exclusion de certaines personnes du processus de recherche) et la manière dont sont établies les priorités en matière de recherche biomédicale.

Individus et organismes concernés par l'éthique médicale Les organismes publics et juridiques se préoccupent essentiellement de la réglementation publique de l'organisation sanitaire. La création de la COMMISSION DE RÉFORME DU DROIT constitue une des premières initiatives importantes. En 1976, cette commission a mis sur pied le Projet pour la Protection de la vie. Ce groupe, dissous en 1992, a publié des rapports et des recommandations sur des sujets tels que la définition de la mort, l'euthanasie, la suspension des traitements, les techniques de contrôle du comportement et l'expérimentation sur des sujets humains. Les Commissions provinciales de réforme du droit ont aussi publié des rapports sur certains aspects de l'éthique et des soins de santé, tels que le consentement des enfants aux actes médicaux (Alberta, 1975), l'insémination artificielle (Saskatchewan, 1981) et les nouvelles formes de reproduction humaine (Ontario, 1984). Avec la création de la COMMISSION ROYALE SUR LES NOUVELLES TECHNIQUES DE REPRODUCTION s'est amorcée une longue démarche sur l'éthique médicale, qui aura coûté plusieurs millions de dollars. En 1993, la Commission soumet son rapport final, après avoir mené des enquêtes d'opinions et financé des recherches éthiques et inductives devant servir de base à ses recommandations pour la réglementation gouvernementale sur la fécondation *in vitro*, une des nombreuses technologies de la reproduction.

Le point de vue des législateurs sur les questions d'éthique médicale s'exprime dans les lois provinciales qui régissent la gestion et l'accréditation des professions de la santé ainsi que dans des textes législatifs spéciaux tels que la loi manitobaine sur la définition de la mort ou les lois sur le don de tissus humains, qui régissent les transplantations, et ont été adoptées par un certain nombre de provinces. En 1991, d'importantes décisions législatives liées à l'éthique médicale et à la relation médecin-patient ont été prises en Ontario, avec le *Consent Act* et le *Substituted Judgment Act,* et au Québec, lors de la révision du *Code civil.*

Des cas soumis aux tribunaux peuvent conduire les juges à traiter de complexes questions d'éthique médicale: les médecins sont-ils tenus de déconseiller à un patient une chirurgie relativement inutile (Zamparo c. Brisson, Cour d'appel de l'Ontario, 1981)? Au moment d'informer le patient sur les risques et les avantages d'un acte médical, doivent-ils tenir compte de la situation économique du patient (Reibl c. Hughes, Cour suprême du Canada, 1980)? Et le parent d'une personne handicapée mentalement peut-il autoriser sa stérilisation par chirurgie (Re Eve, Cour suprême du Canada, 1986)? En 1993, la Cour suprême du Canada a statué, par un vote de cinq voix contre quatre, que l'interdiction juridique du suicide assisté par un médecin ne va pas à l'encontre de la CHARTE CANADIENNE DES DROITS ET LIBERTÉS (Rodriguez c. Procureur général du Canada, 1993).

Les organisations professionnelles de la santé participent à l'élaboration des codes de déontologie au nom de leurs membres. Certaines ont formé des comités chargés d'appliquer les règles d'éthique ou d'étudier des problèmes d'ordre moral relevant de leur profession. Un code de déontologie médicale, établi par l'ASSOCIATION MÉDICALE CANADIENNE (AMC), a été révisé en plusieurs occasions.

En Angleterre, au XVIII⁰ siècle, un code long et très détaillé a été formulé, mais aujourd'hui, les codes regroupent de brefs énoncés de principes abstraits qui auraient besoin d'être complétés par des lignes de conduite régissant leur application. Les codes ne peuvent empêcher, bien entendu, que se produisent des conflits sérieux et des ambiguïtés. De fait, ils peuvent même parfois en être la source. De même, bien qu'un code puisse représenter le point de vue moral de la profession, les médecins ne le connaissent pas nécessairement très bien. Déjà en 1880, un éditorial du *Canada Lancet* se plaint que la plupart des praticiens ne connaissaient pas le code et, en 1983, un sondage effectué auprès de 300 médecins torontois révèle que 68 p. 100 d'entre eux ne l'ont jamais lu et que 84 p. 100 ne sont même pas en mesure de dire s'il y est question de l'avortement ou de la transplantation d'organes.

La loi peut obliger les associations de professionnels à créer des comités chargés de veiller à l'application de la déontologie. Des comités indépendants ont été formés par l'AMC (qui possède également un bureau interne de bioéthique), le Collège Royal des Médecins et Chirurgiens du Canada ainsi que des regroupements de spécialistes comme la Société canadienne de pédiatrie et la Société canadienne des maladies infectieuses. En 1988, le Conseil national de la bioéthique en recherche chez les sujets humains a été créé avec l'aide du CONSEIL DE RECHERCHES MÉDICALES DU CANADA, Santé Canada et le Collège Royal des Médecins et Chirurgiens, auxquels se sont joints en 1994 le CONSEIL DE RECHERCHES EN SCIENCES NATURELLES ET EN GÉNIE et le CONSEIL DE RECHERCHES EN SCIENCES HUMAINES DU CANADA. Certaines associations laïques et religieuses ont aussi énoncé leur point de vue sur des points précis d'éthique médicale. Ainsi, l'Église unie du Canada a émis un rapport sur l'éthique et la génétique en 1978.

Les cours d'éthique médicale se sont multipliés dans les années 70. La plupart des universités canadiennes et quelques collèges offrent au moins un cours de premier cycle et quelquefois plusieurs. Des cours de second et de troisième cycle sont aussi offerts dans certaines universités canadiennes. Dans les années 90, les diplômes supérieurs intégrés en bioéthique assortis d'une formation interdisciplinaire ont été introduits dans certaines universités canadiennes et ne sont plus désormais restreints aux seuls départements de philosophie, de théologie et d'études religieuses. À cause des changements d'une année à l'autre, il est difficile de déterminer le nombre d'heures consacrées à la bioéthique, en moyenne, dans les programmes d'études des écoles

de médecine. La croissance dans ce domaine est toutefois incontestable. Avant les années 70, l'enseignement formel en matière d'éthique dans les programmes d'études de médecine était une exception, aujourd'hui, c'est la règle.

Des recherches sur divers aspects de l'éthique médicale sont menées par les spécialistes de nombreuses disciplines, notamment en sciences de la santé, sciences humaines et sciences sociales. Un sondage effectué au Canada en 1992-1993 a révélé l'existence de 161 personnes qui agissent à titre de consultants en éthique (un terme qui englobe le travail au sein de comités et la formulation de politiques), dont 44 p. cent affirmaient que la consultation sur des sujets d'éthique médicale faisait partie de leur description de tâches. De plus, des instituts de recherche consacrés aux questions d'éthique médicale ont été fondés dans un certain nombre de villes canadiennes telles que Montréal (Centre de bioéthique et Département de bioéthique médicale de l'U. McGill), Toronto (Centre for Bioethics), Vancouver (Centre for Applied Ethics de l'U. de la Colombie-Britannique) et London, en Ontario (Westminster Institute). Les instituts de recherches médicales ont mis sur pied des comités évaluant l'éthique de chaque programme de recherche. Ces comités se réfèrent généralement aux lignes directrices du Conseil de recherches médicales du Canada sur l'éthique en recherche (1978; révision préparée en 1987). De nouvelles lignes directrices concernant la recherche sur les humains au nom du Conseil de recherches médicales du Canada, du Conseil de recherches en sciences humaines et du Conseil de recherches en sciences naturelles et en génie sont en préparation depuis 1995. De plus en plus, les hôpitaux et autres institutions de santé établissent des comités internes pour évaluer leurs pratiques et celles de leurs employés. (*Voir aussi* BIOÉTHIQUE.)

Benjamin Freedman

De Pédery-Hunt, Dora, sculpteur (Budapest, Hongrie, 16 nov. 1913). Dora de Pédery-Hunt termine ses études en sculpture et en design à Budapest en 1943 et immigre au Canada en 1948. Sa première exposition individuelle de médailles et de petites sculptures à Toronto lui vaut une réputation d'artiste figurative sensible, dotée de grandes habiletés techniques. Elle contribue à introduire l'art ancien de la sculpture de médailles au Canada et elle représente le pays à la Fédération internationale de la médaille. Une médaille coulée en bronze créée pour le Conseil des arts du Canada en 1961 et une pièce de monnaie olympique canadienne en or conçue en 1976 sont au nombre de ses commandes publiques. Ses œuvres se retrouvent dans de nombreuses collections publiques, notamment celles du Musée des beaux-arts du Canada, du British Museum et de la Smithsonian Institution.

Clara Hargittay

Dépenses publiques Elles représentent les dépenses de l'État. L'ensemble des dépenses publiques, qui s'élèvent en moyenne à 20 p. 100 du produit intérieur brut (PIB) entre 1947 et 1951, grimpent à un sommet de 49 p. 100 en 1992, avant de reculer légèrement à 45 p. 100 en 1995. Dans l'intervalle de 1947 à 1995, les dépenses de l'État évaluées dans les comptes augmentent à un rythme qui dépasse de 114 p. 100 celui du PIB.

Cependant, à de nombreuses fins d'ordre économique, le total de ces dépenses importe moins que leurs composantes. Il est particulièrement important de faire la distinction entre les paiements de transfert, qui déplacent des revenus privés entre individus, et les dépenses exhaustives pour l'utilisation de biens et de services dans le cadre des activités de l'État lui-même. Depuis 1970, 36 p. 100 de la hausse des dépenses publiques sont attribuables aux paiements de transfert contre seulement 41 p. 100 pour l'achat de biens et de services. (Le reliquat représente les intérêts de la DETTE PUBLIQUE). En 1995, les dépenses de transfert combinées aux intérêts représentaient plus de 57 p. 100 de l'ensemble des dépenses de l'État.

Il faut aussi tenir compte des prix relatifs des biens et des services achetés par l'État. En termes réels, l'accroissement relatif des dépenses publiques, en proportion du PIB, est de 44 p. 100 plutôt que de 114 p. 100, de 1947 à 1995. Depuis 1970, la part des biens et services réels produits par l'économie et achetés par l'État pour son fonctionnement diminue en fait d'environ 17 p. 100. Voilà qui contraste avec le doublement approximatif de la tranche du PIB, calculée en termes réels, qui va aux paiements de transfert. L'explication se trouve pour une bonne part dans la libéralisation significative des prestations versées aux enfants et aux chômeurs.

Plus de la moitié de l'augmentation des dépenses publiques au cours de l'après-guerre concerne la santé, l'éducation et le bien-être. Le pourcentage du PIB consacré à l'éducation est cependant en baisse depuis 1970. Dans les années 60, les dépenses de santé publique grimpent nettement et remplacent en bonne partie les dépenses privées de santé. Elles ne varient cependant guère en pourcentage du PIB. Depuis 1970, seules les dépenses de sécurité sociale continuent d'augmenter d'une manière importante, surtout sous la forme de vastes programmes de transferts de fonds.

Les dépenses de santé et d'éducation incombent presque entièrement aux autorités provinciales et municipales. Pendant toute la période de l'après-guerre, l'accroissement des dépenses du gouvernement fédéral à ces chapitres ne représente que 5 p. 100 de l'augmentation totale de sa part dans le PIB réel, tandis que 89 p. 100 de ces dépenses sont imputables aux paiements de transfert aux provinces et aux municipalités (hôpitaux inclus). Le solde de 6 p. 100 va au RÉGIME DE PENSIONS DU CANADA et au RÉGIME DES RENTES DU QUÉBEC qui, bien que distinct, lui est étroitement associé. En 1995, le gouvernement fédéral n'est responsable que de 38 p. 100 de l'ensemble des dépenses publiques (à l'exclusion des transferts entre gouvernements), proportion qui n'a guère changé depuis le milieu des années 60.

La chute des dépenses fédérales au chapitre de la défense libère des ressources qui permettent de financer l'expansion des secteurs provinciaux et municipaux de la santé et de l'éducation. Parallèlement, c'est l'augmentation considérable des impôts qui finance des programmes tels que les PENSIONS DE VIEILLESSE, les ALLOCATIONS FAMILIALES et l'ASSURANCE-CHÔMAGE (devenue l'assurance-emploi). Ces programmes ne redistribuent les revenus entre Canadiens que dans une faible mesure, car leurs bénéficiaires appartiennent aux mêmes grands groupes sociaux qui paient une bonne partie des impôts et taxes. (*Voir aussi* FINANCES PUBLIQUES.)

R.M. Bird

DePoe, Norman Reade, personnalité de la télévision et journaliste (Portland, Ore., 4 mai 1917—Toronto, 13 mars 1980). Dans la fleur de l'âge, au cours des tumultueuses années 60, il est pendant huit ans le correspondant principal d'Ottawa pour la télévision anglaise de Radio-Canada et reporter vedette de la politique nationale et internationale. Son image pittoresque au petit écran est accentuée par son côté débraillé, sa voix rauque et sa réputation de journaliste buveur au franc-parler qui met toute son énergie à profit.

Arrivé au Canada à l'âge de six ans, il adopte la citoyenneté en 1931, fréquente l'U. de la Colombie-Britannique et sert comme capitaine dans le corps des transmissions en Italie et dans le Nord-Ouest de l'Europe durant la Seconde Guerre mondiale. Il étudie le français et l'italien à l'U. de Toronto après la guerre. Il se joint au service des nouvelles du réseau anglais de Radio-Canada en 1948 et participe à la mise sur pied du service des nouvelles télévisées dans les années 50. Les téléspectateurs apprécient en lui un reporter attaché aux biens de ce monde, mais bienveillant et ne craignant pas d'ébranler la solennité officielle. Ses collègues lui envient sa mémoire extraordinaire et sa capacité de comprimer une affaire complexe en un reportage de 90 secondes, fait dans un anglais clair et tranchant. À une époque où le journalisme électronique est balbutiant, il établit des normes qui se révèlent durables.

Douglas Marshall

De Quen, Jean, missionnaire (Amiens, France ? — Sillery, Qc, 8 oct. 1659) Il entre chez les jésuites à 17 ans et est tout désigné pour être missionnaire en Nouvelle-France. Il débarque à Québec le 17 août 1635, quatre mois avant le décès de Samuel de Champlain. Explorateur malgré lui, Jean de Quen est le premier Européen à s'être rendu jusqu'au lac Piékouagami (lac Saint-Jean).

Dès son arrivée, il enseigne au collège de Québec, école élémentaire où l'on reçoit les garçons français et amérindiens. En 1637, il est à la mission de Sillery, destinée à convertir, instruire et sédentariser les autochtones. Un peu plus tard, il revient à Québec où il partage son temps entre la paroisse Notre-Dame-de-la-Recouvrance et le collège. Après l'incendie de 1640 qui détruisit l'école, la chapelle et la résidence des jésuites, il reprend du service à Sillery avant de se diriger vers le poste des Trois-Rivières, où il participe à la création d'une autre mission. Au cours de l'été 1642, il se consacre à l'évangélisation des Montagnais de Tadoussac où il demeurera une dizaine d'années à titre d'animateur principal de la mission.

Depuis le tournant du XVIIe siècle, Tadoussac est un lieu de traite qui attire aussi bien les Amérindiens de la côte nord que ceux de la Gaspésie ou du lac Saint-Jean. À l'aise parmi les autochtones, Jean de Quen se mérite leur confiance, en particulier celle des habitants du Saguenay.

À deux reprises au moins, Jean de Quen retourne sur les rives du grand lac Piékouagami. En 1652, il fonde la mission de Metabetchouan et donne au lac son toponyme français.

La mission de Tadoussac étant active au cours de l'été seulement, Jean de Quen se consacrait également à la mission de Sillery et au soutien des colons disséminés sur la côte de Beaupré. Nommé supérieur des missions jésuites de la Nouvelle-France en 1656 et meurt de «fièvres contagieuses apportées par les vaisseaux».

Dépression (*Voir* CRISE DES ANNÉES 30)

Député fédéral Élu pour représenter les circonscriptions uninominales. Membre de la CHAMBRE DES COMMUNES. Ces députés viennent surtout des régions à forte densité de population, ils ont un niveau élevé d'instruction en tant que groupe et bon nombre sont avocats. Ce sont le plus souvent des hommes d'âge moyen. La plupart sont élus comme membres d'un parti, mais certains siègent à titre d'indépendants. À la fin du XXe siècle, peu d'entre eux ont occupé des fonctions politiques officielles, quoique plusieurs aient été titulaires d'une fonction à l'échelle locale. Leur carrière est d'habitude courte, à cause des vicissitudes électorales. La formulation des politiques est faite par le Cabinet et les hauts fonctionnaires. En tant que groupe, les députés fédéraux ont un impact moindre sur l'élaboration des politiques, même si certains d'entre eux ont une forte voix au caucus et au sein des comités des Communes. Une partie du rôle de représentation du député fédéral consiste à donner suite aux griefs de ses électeurs. Le nombre de députés fédéraux s'élève à 301, mais il augmentera en raison du REMANIEMENT qui suit chaque recensement décennal.

Robert J. Jackson

Député provincial En 1997, 751 Canadiens ont été élus pour siéger aux assemblées législatives des 10 provinces et des 2 territoires. Ce sont les membres de l'Assemblée législative (MAL), sauf en Ontario où on les nomme députés, au Québec où ils sont appelés membres de l'Assemblée nationale (MAN) et à Terre-Neuve et en Nouvelle-Écosse où ils sont désignés comme députés à la Chambre d'assemblée. Les circonscriptions électorales que représentent les députés provinciaux diffèrent de celles des députés fédéraux. La plus grande circonscription électorale (175 000 personnes) est celle de Scarborough-Nord, en Ontario, tandis que la plus petite (5000 personnes) est celle de Victoria, en Nouvelle-Écosse. La plus grande assemblée législative (130 sièges) est celle de l'Ontario, tandis que la plus petite (27 sièges) est celle de l'Île-du-Prince-Édouard. La plupart des députés provinciaux travaillent dans des édifices législatifs datant de 75 à 100 ans (*voir* ÉDIFICES GOUVERNEMENTAUX). Toutefois, les assemblées législatives de Terre-Neuve et du Yukon occupent des édifices plus modernes.

Les fonctions du député provincial sont maintenant considérées comme un emploi à temps plein. Les députés provinciaux les mieux rémunérés sont ceux du Québec, suivis de ceux de l'Ontario. La principale tâche du simple député consiste à servir ses électeurs, à formuler des politiques au sein du caucus et à faire partie des divers comités qui examinent les mesures législatives.

Les députés provinciaux d'aujourd'hui tendent à être plus instruits que ceux du passé. En 1997, les statistiques montrent qu'environ 43 p. 100 ont fait des études universitaires et que 15 p. 100 ont fait des études de cycles supérieurs. La plupart des députés provinciaux viennent du milieu des affaires (24 p. 100) et de l'enseignement (21 p. 100), tandis qu'environ 12 p. 100 sont des avocats et que 7 p. 100 travaillent dans le domaine de l'agriculture. Environ 84 p. 100 sont des hommes et 16 p. 100 sont des femmes.

Les années 80 ont a été une période de changements considérables et de modernisation pour les assemblées législatives provinciales. En 1990, toutefois, pour donner suite aux restrictions financières imposées par la plupart des gouvernements provinciaux, presque toutes les assemblées législatives ont pris des mesures pour réduire leurs budgets et contenir leur croissance. À la suite des recommandations des commissions de délimitation des circonscriptions électorales, le nombre de sièges a été réduit dans les assemblées législatives de Terre-Neuve, de l'Île-du-Prince-Édouard, du Nouveau-Brunswick et de la Saskatchewan, et des mesures législatives à cet effet ont été déposées en Ontario.

Au Canada, les assemblées législatives disposent d'un budget de fonctionnement total qui s'élève à plus de 200 millions de dollars et d'un effectif qui dépasse 3000 personnes. Les députés des plus grandes assemblées législatives peuvent avoir jusqu'à quatre adjoints à temps plein. Les ordinateurs et les réseaux informatiques ont une répercussion considérable sur le travail des députés provinciaux. Les assemblées législatives du Québec, de l'Ontario et de la Saskatchewan disposent d'un service de reportages télévisés en tout temps. Toutes ces assemblées ont désormais des commissions ou des comités de régie interne composés de membres élus qui surveillent les finances et établissent des politiques à cet égard, ce qui atteste de l'indépendance du pouvoir législatif vis-à-vis de l'exécutif.

Robert J. Fleming

Dératisation en Alberta Gérée et coordonnée par le ministère de l'Agriculture de l'Alberta, elle a été établie en 1950 pour éliminer les surmulots (*Rattus norvegicus*; *voir* RAT) qui avaient été introduits sur la côte est de l'Amérique du Nord en 1775 et qui s'étaient propagés vers l'ouest. Ils ont atteint la Saskatchewan vers 1919 et se sont déplacés vers le nord-ouest à raison d'environ 24 km par année. On a signalé leur présence pour la première fois dans une ferme située à la frontière est de l'Alberta en 1950 et, dès l'automne 1951, on confirmait 30 infestations de rats sur 180 km le long de la frontière est de l'Alberta. L'Agricultural Pests Act de l'Alberta (1942) autorisait le ministre de l'Agriculture à désigner nuisible tout animal susceptible de ravager les récoltes ou de décimer le bétail. Il déclara que les propriétaires terriens et les municipalités devaient détruire les animaux nuisibles pour les empêcher de s'établir. Une zone tampon fut érigée le long de la frontière de la Saskatchewan et du Montana à Cold Lake. Les spécialistes municipaux de la lutte contre les ravageurs, appuyés par un programme d'éducation publique pour l'empoisonnement des rats, pris en charge par une entreprise privée en 1952-1953, ont détruit toutes les infestations trouvées. En 1957, le ministère de l'Agriculture acceptait de payer 50 p. 100 des salaires et des dépenses des spécialistes municipaux de la lutte contre les ravageurs embauchés à plein temps par les municipalités situées le long de la frontière est. En 1975, il porta sa contribution à 100 p. 100. Le coût de la dératisation passa de 50 000 $, en 1969-1970, à 220 000 $, en 1986-1987, mais ne tenait pas compte des dépenses engagées pour neutraliser la rage. Des barrières naturelles comme les collines du Cyprès au sud, les montagnes Rocheuses à l'ouest et la forêt boréale au nord, ont stoppé la migration des rats en Alberta. Le nombre de foyers d'infestation s'élevait à 637 entre 1956 et 1959 pour ensuite chuter entre 1960 et 1980, période où le nombre variait de 36 à 216. En Alberta, il est illégal pour quiconque, exception faite des instituts de recherche détenant des permis en règle, d'importer, de posséder ou de transporter des rats vivants, même des rats blancs de laboratoire.

J. Bourne

Derick, Carrie Matilda, chercheuse en sciences naturelles (Clarenceville, Qc, 14 janv. 1862—Montréal, 10 nov. 1941). Étudiante douée de l'U. McGill (B.A., 1890; M.A., 1896), elle étudie également à Harvard, au Marine Biological Laboratory de Woods Hole, au Massachusetts, au Royal College of Science de Londres et à l'U. de Bonn en Allemagne. Elle est nommée chef des travaux en botanique à McGill en 1891, devenant ainsi la première femme à faire partie du personnel enseignant de McGill. En 1912, elle devient professeur de botanique morphologique et, par le fait même, la première femme nommée professeur titulaire au Canada. Ses cours introduisent l'enseignement de la génétique à McGill. Animatrice sociale, elle se fait championne de certaines causes telles que la fréquentation scolaire obligatoire, les soins apportés aux enfants anormaux, la formation industrielle et technique, les droits des femmes et le contrôle des naissances.

Margaret Gillett

Dernière heure et la première, La (1970) Cet essai théorique écrit par Pierre VADEBONCŒUR soutient que les Canadiens français ont paradoxalement été exclus de l'histoire dans la réussite de leur quête pour la survivance. Des droits imprescriptibles en matière de langue et une culture florissante ne remplacent pas le vrai pouvoir politique: le pouvoir de la souveraineté.

Insistant sur la philosophie libérale du FÉDÉRALISME mise de l'avant par le groupe de CITÉ LIBRE des années 50 et 60, l'auteur prétend que l'opinion de Pierre Elliott TRUDEAU sur le nationalisme québécois n'était qu'un prolongement du nationalisme traditionnel du XIXᵉ siècle, qu'une mesure palliative. Selon lui, seul le néo-nationalisme du mouvement souverainiste, en fait, mouvement implicitement socialiste, remet en cause la profonde privation culturelle et économique de l'exilé, cet être colonisé. Substituant «de façon intuitive» une vision d'autodétermination universellement reconnue à l'obsession «stérile» des technocrates pour les statistiques, Vadeboncœur cherche à faire ressortir les ressemblances et les différences entre le nationalisme traditionnel et le nationalisme radical. La profonde culture, la clarté de style et le raffinement intellectuel de Vadeboncœur interdisent toute interprétation simpliste de ses idées et de sa loyauté.

Michèle Lacombe

Derome, Bernard, journaliste et animateur (Montréal, 1944). Figure de proue de l'information télévisée au Québec et au Canada, Bernard Derome est devenu une référence pour le public francophone, qui l'associe aux grands événements de notre histoire des trois dernières décennies. Après ses études classiques à l'externat Saint-Viateur et au collège Saint-Laurent, Bernard Derome n'a pas 20 ans lorsqu'il obtient son premier emploi à la télévision, en 1963, à la station *CJBR* de Rimouski. Il entre à Radio-Canada en 1965 et travaille en premier lieu pour le service de l'information de la station de la SRC à Ottawa, *CBOFT*, avant de contribuer pendant les quatre années suivantes à des émissions d'information nationale à partir de Montréal, comme *Présent* et *Aujourd'hui*.

À l'automne 1970, Bernard Derome devient le chef d'antenne du *Téléjournal*, un poste qu'il occupera pendant 25 ans. Il est alors appelé à animer toutes les émissions spéciales consacrées à la Crise d'octobre au Québec, en 1970. La rigueur et la concentration dont il fait preuve dans des circonstances particulièrement difficiles l'établissent, dans l'esprit du public, comme l'homme des grands rendez-vous.

En plus d'animer de nombreuses autres émissions ou séries (*Ce soir, L'Enjeu, Une question de pays, Réflexions sur une petite planète*), Bernard Derome est de la plupart des émissions spéciales à la télévision de *Radio-Canada* et du *Réseau de l'Information*, tant à caractère national qu'international.

Son parcours professionnel notoire a été souligné par plusieurs prix : le prix Olivar-Asselin (1981), le Grand Prix de l'Académie canadienne du cinéma et de la télévision (1992), un trophée Coup de cœur au gala Métrostar (1999) et le prix Couronnement de carrière décerné par la Fondation pour le journalisme canadien (1999). Il est aussi Membre de l'Ordre du Canada (1999).

Robert Maltais

Derouin, René, graveur et artiste multidisciplinaire (Montréal, 28 avril 1936). Résolument marginal pour ce qui concerne la formation artistique au Québec, il fait de fréquents séjours au Mexique, au cours des années 50, où il découvre l'estampe, réfléchit sur la fonction sociale de l'art avec les grands muralistes, notamment Siqueiros et Tamayo dont il admire les œuvres, visite la plupart des sites précolombiens et se découvre des liens profonds avec les civilisations précoloniales, qui marqueront à jamais son travail. À son retour, il travaille l'eau-forte avec DUMOUCHEL et la gravure sur bois avec des maîtres japonais. Au milieu des années 70, il construit sa propre maison/atelier, dans le rocher de la colline à Val-David. Il y installe une presse, qu'il a lui-même conçue, et commence une des aventures les plus cohérentes et les plus spectaculaires de toute la gravure en Amérique, qui débouchera naturellement sur la peinture, la sculpture et l'installation. Ses paysages foisonnants, résolument monumentaux, constituent entre autres une réflexion très personnelle – et parfois très critique par rapport au conformisme d'un certain art officiel – à la fois sur la richesse de notre héritage baroque et sur la liberté avec laquelle on doit le réinterpréter au tournant du millénaire. Derouin expose régulièrement depuis 1959 au Québec et au Canada, mais aussi aux États-Unis et, surtout, au Mexique. En 1996, il crée une fondation qui porte son nom et qui accueille à Val-David d'importants événements culturels interdisciplinaires. En 1999, il reçoit le prix Paul-Émile-Borduas, la plus haute distinction accordée à un artiste en arts visuels par le Gouvernement du Québec.

Gilles Daigneault

Des Groseilliers, Médard Chouart, explorateur et commerçant de fourrures (baptisé à Charly-sur-Marne, France, 31 juill. 1618—Nouvelle-France, 1696?). Homme de courage qui appréciait la liberté et l'initiative individuelles, Des Groseilliers ouvre les lacs Michigan et Supérieur à la traite des fourrures et aux missionnaires jésuites. Irrité par ce qu'il perçoit comme des injustices de la part des autorités françaises, il se joint aux Anglais, puis il participe, avec Pierre-Esprit RADISSON, à la fondation de la COMPAGNIE DE LA BAIE D'HUDSON.

Des Groseilliers est probablement arrivé au Canada en 1641. En 1645-1646, il travaille pour les jésuites à Sainte-Marie, en Huronie. La dernière phase des GUERRES IROQUOISES (1648-1653) coupe les colonies du Saint-Laurent de leurs fournisseurs de fourrures, mais le rétablissement de la paix avec les Iroquois, au début de 1654, et l'arrivée d'un contingent de Hurons outaouais donnent à Des Groseilliers la possibilité d'explorer l'ouest du lac Huron. Il part le 6 août 1654 et revient en août 1656, accompagné de 250 autochtones dans 50 canots, en provenance de la région de Green Bay (Wisc.) et de la rive sud-ouest du lac Supérieur, chargé de fourrures qui valent une fortune. Au cours de cette expédition, il entend parler de contrées riches en fourrures, situées au nord et au nord-ouest du lac Supérieur et qui, selon les dires, se trouvent à seulement sept jours de la baie d'Hudson en canot.

En août 1659, Des Groseilliers, accompagné cette fois de son beau-frère Radisson, entreprend une deuxième expédition jusqu'à la rive sud du lac Supérieur, à Chequamegon, dans la région des Mille Lacs (Wisc.), puis, au printemps 1660, jusqu'à la rive nord du lac Supérieur, près de la rivière Pigeon. À son retour à Trois-Rivières, le 24 août 1660, rapportant à bord de 60 canots une autre fortune en fourrures, le groupe est arrêté pour commerce illégal et les peaux sont confisquées. De nouveaux démêlés avec les autorités françaises incitent les deux associés à partir pour Boston en 1662, où ils demandent l'aide des Anglais afin de tenter une expédition qui les mènerait directement à la baie d'Hudson.

Après une expédition avortée, au départ de la Nouvelle-Angleterre, on convainc Des Groseilliers d'aller exposer son projet en Angleterre (1665). Trois ans plus tard (1668), avec le soutien du prince Rupert et de marchands londoniens, Des Groseilliers fait voile de Londres jusqu'à l'embouchure de la rivière Rupert à bord du NONSUCH, ketch de 45 t, commandé par Zachariah Gillam. Il passe l'hiver à cet endroit et fait la traite de fourrures. L'année suivante, le *Nonsuch* retourne en Angleterre, prouvant ainsi qu'il est possible de faire de la traite à partir de la baie d'Hudson, ce qui donne raison à Des Groseilliers. Le succès de ce voyage conduit à la fondation de la Compagnie de la Baie d'Hudson, le 2 mai 1670.

Au cours des cinq années suivantes, Des Groseilliers s'affaire à établir des postes pour la Compagnie dans la baie James. Persuadé par le père ALBANEL de revenir avec les Français, il retourne au Canada en 1676. En 1682, il entre à la COMPAGNIE DU NORD et bâtit un poste français à l'embouchure de la rivière Hayes. Des plaintes des Anglais au sujet de la destruction de leurs postes par Des Groseilliers et ses compagnons, ainsi que le non-paiement de taxes françaises sur les fourrures, le mettent à nouveau dans une mauvaise situation. Après avoir plaidé sa cause à Paris (1684), il regagne la Nouvelle-France et semble s'y retirer.

C.E. Heidenreich

Des Sauvages, ou, Voyage de Samuel Champlain (1603) Raconte le premier voyage de CHAMPLAIN au Canada en tant qu'invité de François Gravé Du Pont à bord de La Bonne Renommée, partie à la recherche du PASSAGE DU NORD-OUEST. Durant ce voyage, au cours de l'été 1603, ils remontent le Saint-Laurent jusqu'à l'emplacement actuel de Montréal. Champlain décrit la côte de Gaspé, la rivière Saguenay et les rapides de Lachine. Présenté sous forme d'un journal, son premier livre de voyages fait état de conversations avec les MICMACS et les Montagnais (*voir* INNUS: MONTAGNAIS-NASKAPIS) et comporte des observations climatiques et topographiques utiles. Gravé Du Pont ramène en France une famille de Micmacs, et Champlain contribue à la fascination des Européens pour les Indiens par ses récits des légendes et des coutumes indiennes et ses tentatives de convertir les indigènes au christianisme. *Des Sauvages* fait partie de la première édition canadienne des œuvres complètes de Champlain (*Œuvres de Champlain*, 6 volumes, 1870) et de l'édition standard de la CHAM-

PLAIN SOCIETY (1922-1935). Une réédition des *Sauvages* est parue en 1978.

Michèle Lacombe

Désarmement Depuis le XIXᵉ siècle, les puissances mondiales discutent de désarmement en temps de paix, convaincues de la possibilité d'éviter les guerres par la réduction ou l'élimination des armes. Au cours de la SECONDE GUERRE MONDIALE, en raison des bombardements d'agglomérations urbaines et de zones industrielles, qui culminent avec le largage de bombes atomiques au-dessus d'Hiroshima et de Nagasaki au Japon, la guerre entre dans une ère nouvelle. Afin d'assurer un meilleur avenir à l'humanité, de nombreux dirigeants politiques et scientifiques placent alors le désarmement en tête de l'ordre du jour des problèmes à régler.

C'est en 1946, sous les auspices de l'Organisation des Nations Unies (ONU), que débutent les négociations visant à prévenir une guerre nucléaire. À l'Assemblée générale de l'ONU de 1959, Nikita Khrouchtchev propose que les nations s'engagent à un désarmement total. Bien que les travaux de plusieurs comités sur le désarmement n'aient pas atteint cet objectif, certaines mesures de «contrôle des armements» sont adoptées comme l'interdiction partielle des essais nucléaires, en 1963, et le Traité sur la non-prolifération de 1968. En 1969, alors que se poursuit la course à la construction de missiles intercontinentaux, les superpuissances décident, de leur propre chef, d'entreprendre des pourparlers sur la limitation des armes stratégiques. En 1972, un traité, SALT I, entre en vigueur. Un deuxième traité, SALT II, est rejeté par le Sénat américain.

L'Organisation du traité de l'Atlantique Nord (OTAN) craint que les pays membres du pacte de Varsovie (l'URSS et ses alliés de l'Europe de l'Est) ne détiennent la suprématie en matière d'armes conventionnelles (canons, chars d'assaut, avions d'attaque), ce qui leur permettrait d'envahir l'Europe de l'Ouest et de balayer les forces de défense conventionnelles. Jusque dans les années 70, on pense que les États-Unis disposent d'une force supérieure pour ce qui est des bombardiers et des missiles intercontinentaux, de sorte qu'ils puissent prévenir toute attaque conventionnelle en faisant planer une menace de destruction nucléaire en URSS et chez ses alliés sans risquer de subir des dommages comparables. Toutefois, au cours des années 70, avec les changements qui surviennent dans l'équilibre des arsenaux intercontinentaux, la théorie de la riposte graduelle est élaborée. À une invasion menée avec des forces conventionnelles, on opposerait une riposte localisée, à l'aide d'armes nucléaires tactiques se limitant au théâtre d'opérations. La menace d'une escalade amènerait donc les opposants à suspendre les hostilités.

La participation du Canada à la mise au point de la bombe atomique lui vaut de prendre part, dès le début, aux négociations entreprises sur le désarmement, et de se faire le champion d'un désarmement équilibré et contrôlable de toutes les parties. Mais la liberté d'expression du Canada est limitée par les contraintes de solidarité avec ses partenaires au sein de l'OTAN. Durant les années 80, les préoccupations du gouvernement, que partagent un nombre croissant de Canadiens, portent sur les risques de destruction globale, sur la portée stratégique d'une guerre nucléaire entre les superpuissances (à cause de la position géographique du Canada) et sur les dégâts éventuels, touchant les écosystèmes fragiles comme l'Arctique, les Grands Lacs et les régions côtières, en cas d'essais d'armes nucléaires ou de guerres. Les conférences internationales sur le contrôle des armements ont lieu jusque vers la fin des années 80. Dans le cadre des négociations entre le président des États-Unis, Reagan, et le dirigeant soviétique, Gorbatchev, un traité prévoyant le retrait éventuel des missiles de portée intermédiaire, est signé le 8 décembre 1987. Il s'agit du premier accord visant à éliminer une catégorie complète d'armes nucléaires. (*Voir aussi*

ARMEMENTS; PACIFISME; LIGUE INTERNATIONALE DE FEMMES POUR LA PAIX ET LA LIBERTÉ; MOUVEMENT PACIFISTE.)

E.L.M. Burns

Désastres Les accidents tragiques et les désastres naturels peuvent être spectaculaires et dramatiques, mais ils revêtent rarement une grande importance historique. Les pires calamités maritimes et minières du Canada du printemps 1914 et les pires tragédies liées à la chasse aux phoques à Terre-Neuve ne changeront pas le cours de l'histoire comme l'assassinat de l'archiduc François-Ferdinand d'Autriche, à Sarajevo, le 28 juin 1914. Néanmoins, des événements catastrophiques, comportant même peu de morts, peuvent avoir des répercussions historiques, sans parler des bouleversements dans la vie des victimes, de leur famille et de leur collectivité.

Trois hommes sont ensevelis dans une mine d'or à Moose River, en Nouvelle-Écosse, du 12 au 23 avril 1936. Deux d'entre eux survivent. Des témoignages reçus de première main par le réseau anglais de Radio-Canada ouvrent une voie nouvelle dans la radiodiffusion de reportages. De plus, les leçons tirées de nombreux grands accidents entraînent l'amélioration de la sécurité des équipements et des pratiques de travail. En revanche, la dépendance accrue de la société à l'égard de la technologie rend certains événements encore plus dévastateurs. Ainsi, les tempêtes de verglas qui frappent l'est de l'Ontario et l'ouest du Québec (du 5 au 11 janvier 1998) causent des dégâts que jamais auparavant, car elles détruisent les réseaux électriques.

La taille et la diversité géographique du Canada sont aussi la source d'innombrables catastrophes. Au cours de la première moitié de 1986, p. ex., une collision ferroviaire près de Hinton fait 23 morts, un blizzard immobilise la majeure partie de l'Alberta, des incendies de forêt font rage dans les provinces de l'Atlantique et les retombées nucléaires de Tchernobyl commencent à dériver vers le Canada. Les sinistres suscitent ainsi l'intérêt non pour leurs aspects morbides, mais pour leurs causes et pour les réactions qu'ils provoquent dans la société.

Au Canada, l'organisme chargé de coordonner la réponse fédérale aux situations d'urgence est Protection civile Canada, créé en 1974. Son nom actuel date de 1986, mais l'organisme a porté différentes appellations au cours des années depuis 1948, date à laquelle le gouvernement fédéral installe un organisme de PROTECTION CIVILE visant à contrer la menace d'une attaque nucléaire. La classification qui suit contient, par genre, la description des pires catastrophes que le Canada a connues.

Avalanches et éboulements

La basse-ville de Québec a été le site d'éboulements très importants. Le 17 mai 1841, des pierres se détachent du cap Diamant, démolissent 8 maisons et tuent 32 personnes, mais la construction sur les sites potentiellement dangereux se poursuit. Le 19 septembre 1889, une importante AVALANCHE DE PIERRES détruit une bonne partie de la rue Champlain, tuant 45 personnes. Le désastre aurait été pire si de nombreuses familles n'étaient pas allées à deux veillées mortuaires ce soir-là. Le pire éboulement de toute l'histoire du Canada est celui de l'AVALANCHE DE PIERRES DE FRANK, le 29 avril 1903, dans les Territoires du Nord-Ouest (aujourd'hui en Alberta), qui coûte la vie à 70 personnes.

Dans les Rocheuses, les avalanches ont toujours constitué une menace. Le 5 mars 1910, juste avant minuit, une AVALANCHE à Bear Creek, dans le COL ROGERS, ensevelit une équipe de travailleurs qui dégage la voie principale du chemin de fer du Canadien Pacifique bloquée à la suite d'une avalanche survenue plus tôt. Soixante-deux hommes sur 63 sont tués.

Le 4 mai 1971, au cours d'une pluie torrentielle, un trou de 213 m se forme dans la boue et l'argile à

Saint-Jean-Vianney, au Québec. Le cratère engloutit 36 maisons, plusieurs voitures et un autobus, et fait 31 victimes.

Aviation

Le premier accident aérien mortel au Canada survient à Victoria en Colombie-Britannique, le 6 août 1913, quand l'Américain John M. Bryant, aviateur de fête foraine, s'écrase avec son hydravion Curtiss. À l'époque, la faible capacité de chargement des appareils minimise le nombre de morts, mais à mesure que la taille des avions s'accroît et que leur usage commercial se répand, les accidents prennent des proportions alarmantes. Le premier accident aérien d'importance au Canada se produit le 25 août 1928, quand un trimoteur Ford s'écrase dans le détroit Puget par mauvais temps: sept personnes sont tuées.

Le pire accident du Canada mettant en cause un avion de ligne, un appareil canadien de surcroît, a lieu à Sainte-Thérèse-de-Blainville, au Québec, le 29 novembre 1963. Un DC-8F des Lignes aériennes Trans-Canada s'écrase 4 minutes après le décollage de l'aéroport international de Montréal (Dorval), tuant les 118 personnes à bord. Aucune explication satisfaisante n'a jamais été donnée à la cause de cet accident. À Toronto, le 5 juillet 1970, un DC-8 d'Air Canada, après un violent atterrissage, rebondit et perd son moteur tribord. Tandis que le pilote tente de décoller pour atterrir à nouveau, l'autre moteur tribord tombe et l'avion s'écrase, tuant les 109 personnes à bord.

La pire catastrophe aérienne liée au Canada et la troisième en importance dans l'histoire est l'explosion du vol 182 d'Air India en partance de Toronto le 23 juin 1985, probablement due à un attentat terroriste. L'avion s'est écrasé dans l'Atlantique du Nord au large des côtes irlandaises, tuant les 329 personnes à bord, y compris 280 Canadiens. L'incident a donné lieu à des resserrements significatifs de la sécurité dans les aéroports. Plus tard la même année, un DC-8 nolisé transportant 256 passagers, dont 248 soldats américains, s'écrase au décollage à Gander, à Terre-Neuve. Toutes les personnes à bord sont tuées, faisant de l'accident la catastrophe aérienne la plus meurtrière en territoire canadien. Des rumeurs alarmistes au sujet des difficultés mécaniques antérieures de l'avion suivent l'écrasement.

D'autres accidents de lignes commerciales surviennent, dont plusieurs coûtent la vie à des dizaines de personnes. Ils sont attribuables à des avions défectueux, à des collisions entre appareils, à des collisions avec des véhicules au sol et à des causes indéterminées. Toutefois, les progrès dans la technologie des dispositifs d'enregistrement automatique, la fameuse «boîte noire», rendent les enquêtes sur les accidents d'avion de plus en plus perfectionnées.

Certaines catastrophes retiennent l'attention pour des raisons autres que statistiques. L'accident le plus grave survenu à un avion privé est celui d'un Lockheed Electra de la compagnie Pan-Arctic Oils (Rea Point, Territoires du Nord-Ouest, 30 octobre 1974): 32 des 34 personnes à bord sont tuées. Le 9 septembre 1949, à Saint-Joachim, au Québec, 23 personnes trouvent la mort à bord d'un DC-3 de Québec Aviation. L'avion contenait une bombe qui a explosé en plein vol. J.A. Guay et deux complices sont jugés et pendus.

Le pire accident de l'histoire de l'Aviation royale du Canada, si l'on excepte ceux qui sont survenus outre-mer, se produit le 19 octobre 1943 quand un bombardier Liberator tombe près de Saint-Donat, au Québec, tuant 24 personnes. De nombreux militaires à bord étaient en permission. L'épave de l'avion n'est retrouvée qu'en juin 1946. Un avion de transport Hercules C-130 s'écrase près d'Alert, dans les Territoires du Nord-Ouest, le 30 octobre 1991. Cinq personnes perdent la vie. Le sauvetage des 13 survivants est considéré comme un acte d'héroïsme, réalisé dans la pénombre de l'Arctique et dans des conditions météorologiques épouvantables.

Ponts

Le PONT DE QUÉBEC est la scène de deux accidents importants au cours de sa construction. Celui du 29 août 1907 entraîne la mort de 75 travailleurs et celui du 11 septembre 1916 fait 13 victimes.

Parmi les ponts construits pour traverser le port de Victoria, en Colombie-Britannique, celui de structure métallique à quatre travées, érigé à Point Ellice en 1885, est trop faible pour les lignes de tramways qu'on y installe quelques années plus tard. L'entretien déficient contribue à l'affaiblissement du pont. Le 26 mai 1896, au cours des célébrations de la fête de la Reine, une travée tombe, emportant avec elle un tramway bondé. Cinquante-cinq personnes périssent dans cet accident, le plus meurtrier des accidents de tramway de l'histoire de l'Amérique du Nord. Le 17 juin 1958, pendant la construction de l'actuel pont Second Narrows de Vancouver, une travée s'effondre dans la baie Burrard, emportant 18 hommes, dont les 2 ingénieurs responsables des erreurs de conception.

Hugh A. Halliday

Catastrophes minières

L'extraction du charbon suppose des galeries profondes, des roches friables, de la poussière, l'utilisation d'explosifs et des systèmes de ventilation vulnérables. Des catastrophes terribles se sont produites dans les mines de charbon dans différentes régions du pays. La première est probablement celle de Westville, dans le comté de Pictou en Nouvelle-Écosse, le 13 mai 1873, lorsqu'un incendie éclate dans une galerie. Comme les travailleurs quittent les lieux et une équipe de pompiers y pénètre, une première explosion retentit, puis d'autres qui emprisonnent de nombreux sauveteurs. La mine est bouchée pour empêcher le feu de se répandre. Deux années s'écoulent avant que les derniers corps des 60 disparus ne soient retrouvés. Ces hommes laissent 31 veuves et 80 orphelins.

On signale de 1866 à 1987 un total de 1321 décès dans les mines du Cap-Breton, dont 65 victimes à la suite d'une explosion à Dominion (25 juillet 1917) et 16 à Sydney Mines (6 décembre 1938), à cause du bris d'un câble retenant un grappin. Une explosion la plus récente (Glace Bay, 24 février 1979) a fait 12 morts.

Le gisement houiller du comté de Pictou est particulièrement dangereux en raison des épaisses veines grisouteuses qui peuvent s'enflammer ou exploser spontanément. Les explosions sont la cause de 246 des 650 décès recensés dans les mines. Après Drummond, la mine Foord de Stellarton explose le 12 novembre 1880, tuant 44 personnes. L'explosion de la mine MacGregor, le 14 janvier 1952, entraîne la mort de 19 personnes.

Les spécialistes considèrent le puits Allan, en Nouvelle-Écosse, comme la mine de charbon la plus dangereuse du monde. L'explosion du 23 janvier 1918 a tué 88 personnes, touchant la quasi-totalité des familles de la collectivité.

La tragédie des accidents dans les mines de charbon se traduit non seulement en pertes humaines, mais aussi en familles démunies devant se suffire à elles-mêmes dans une société qui n'offre pour ainsi dire aucun programme de sécurité du revenu. En effet, bon nombre de mineurs deviennent invalides à la suite de ces accidents et ne peuvent plus travailler, sans compter que la destruction d'une mine met l'ensemble des travailleurs au chômage. En 1929, le puits Allan est secoué par une autre explosion, heureusement sans victimes, mais n'est remis en activité que deux ans plus tard.

Le pire accident survenu dans une mine de charbon au Canada se produit le 19 juin 1914 à Hillcrest, en Alberta. On croit qu'un éboulement a provoqué une étincelle, entraînant des explosions de poussière qui paralysent les ventilateurs et brûlent la moitié de l'oxygène dans la mine. Au total 189 hommes perdent la vie, laissant 130 veuves et environ 400 orphelins.

À elles seules, les mines de SPRINGHILL, en Nouvelle-Écosse, font 424 victimes de 1881 à 1969. Une explosion, le 21 février 1891, fait périr 125 mineurs. Le 1er novembre 1956, 39 hommes trouvent la mort dans un accident, mais, fait remarquable, on sauve 88 sauveteurs bloqués. Le 23 octobre 1958, après l'effondrement d'un tunnel dans lequel 74 hommes périssent, 18 sont sauvés à des profondeurs atteignant 3960 m, ce qui est un précédent au Canada. Les 185 autres meurent dans 167 accidents différents.

L'automatisation a réduit les effectifs dans toutes les mines. L'explosion de la mine Westray, près de Plymouth, en Nouvelle-Écosse, le 9 mai 1992 tue tous les travailleurs du quart, soit 26 victimes en tout. Westray illustre la complexité des lois actuelles. En effet, des poursuites criminelles, des enquêtes du coroner et une Commission royale s'enquête se bousculent et freinent la découverte de la vérité. Cinq ans s'écoulent avant que la Commission royale fasse rapport.

Des équipes de sauvetage sont formées pour sauver les mineurs bloqués dans des conditions dangereuses (gaz, incendie, explosion, inondation). En 1906, les houillères de Glace Bay obtiennent le premier appareil respiratoire autonome en Amérique du Nord pour le sauvetage dans les mines. Les équipes de sauvetage ont sauvé quantité de vies à la suite de catastrophes dans les mines de charbon, travaillant souvent dans des conditions précaires au péril de leur propre vie. Après l'explosion de la mine Westray, 186 sauveteurs ont reçu la Médaille de la bravoure. (*Voir aussi* MINES, SANTÉ ET SÉCURITÉ DANS LES.)

Hugh A. Halliday et Judith Hoegg Ryan

Tremblements de terre

Certaines régions de l'intérieur du Canada et des provinces de l'Atlantique sont secouées par des tremblements de terre, mais le seul à causer un nombre considérable de victimes a frappé le golfe du Saint-Laurent, le 18 novembre 1929. Un raz-de-marée de 5 m de hauteur balaie des maisons, des bateaux et des bancs de poissons de la péninsule de Burin, à Terre-Neuve. Les dommages sont évalués à un million de dollars, et 27 personnes y perdent la vie.

Épidémies

Avant que les programmes modernes d'immunisation et les vaccins n'éliminent presque toutes les ÉPIDÉMIES au Canada, des manifestations de VARIOLE, de CHOLÉRA, de typhus, de GRIPPE et d'autres maladies contagieuses font des milliers de victimes. En 1953, la poliomyélite frappe plus de 8000 Canadiens et en tue 481. L'année suivante, grâce au vaccin Salk, le bilan mortel tombe à 157. Les progrès sont parfois difficiles. La vaccination obligatoire contre la variole rencontre une opposition farouche à Montréal jusqu'à ce que, en 1885, une épidémie fasse 5864 victimes. La vaccination prouve son utilité.

Incendies et explosions

L'incendie le plus meurtrier, dans ce qui est maintenant le Canada, détruit la salle des Chevaliers de Colomb à St. John's, à Terre-Neuve, le 12 décembre 1942. Un pyromane met le feu au bâtiment bondé de militaires et de civils. La salle est mal protégée contre les incendies: les portes s'ouvrent de l'intérieur, les sorties sont peu nombreuses et l'éclairage d'urgence est inexistant. En l'espace de 5 minutes, 99 personnes sont brûlées vives et 100 gravement blessées. Le poste d'incendie principal est à 180 m de là, mais l'immeuble brûle avant l'arrivée des pompiers.

L'incendie du navire de croisière NORONIC, dans le port de Toronto, dans la nuit du 17 septembre 1949, coûte la vie à 118 personnes. Le feu, qui semble avoir pris spontanément dans un placard, éclate à 2 h 30 du matin, lorsque les passagers sont endormis et que moins de 20 hommes d'équipage se trouvent à bord. Les flammes se propagent avant même d'être découvertes. On impute la catastrophe à l'absence d'alarmes automatiques, à un manque d'organisation de la part des officiers et à la panique qui s'empare des passagers.

Le 9 janvier 1927, un incendie mineur éclate au cinéma Laurier Palace, à Montréal. Les pompiers arrivent sur les lieux en moins de deux minutes et circonscrivent les flammes en dix minutes. Toutefois, pendant qu'une foule prise de panique se rue vers les sorties, de nombreux enfants sont abandonnés au pied des escaliers. Douze d'entre eux sont piétinés à mort et 64 périssent asphyxiés. L'incendie le plus meurtrier de ces dernières années a lieu dans un club de Chapais, au Québec, le 31 décembre 1979. L'incendie, qui fait 44 victimes, est déclenché par un individu s'amusant avec un briquet.

Plusieurs incendies de forêts importants détruisent de grandes quantités de bois et font de nombreuses victimes. L'incendie de Miramichi, au Nouveau-Brunswick, qui éclate le 5 octobre 1825 après un été sec, ravage quelque 15 500 km² de territoire au nord de la RIVIÈRE MIRAMICHI, détruisant les villes de Douglastown et de Newcastle et causant la mort de 200 à 500 personnes. Le commerce local du bois d'œuvre (*voir* BOIS, HISTOIRE DU COMMERCE DU) s'en trouve paralysé pendant de nombreuses années, ce qui accélère le développement forestier ailleurs en Amérique du Nord britannique.

Le nord de l'Ontario connaît plusieurs incendies de forêts désastreux. Le plus dévastateur, celui de Matheson, est le résultat de nombreux petits brasiers, provoqués par la foudre et les étincelles des roues de locomotives. Le 29 juillet 1916, ces feux minuscules se conjuguent pour devenir un gigantesque incendie de forêt qui rase les villes de Cochrane et de Matheson ainsi que les régions environnantes, causant au moins 228 victimes. De graves incendies ravagent encore les forêts canadiennes, mais les techniques modernes de détection et de lutte contre les incendies, de même que les évacuations par voie aérienne, comme dans le nord du Manitoba en mai 1980, ont contribué à réduire la menace de grands incendies meurtriers.

Au XIXe siècle, plusieurs incendies tragiques surviennent dans les villes, en raison de la concentration d'immeubles surpeuplés et facilement inflammables et de l'absence d'aqueducs appropriés, de conduites d'eau et de pompiers professionnels. À St. John's (Terre-Neuve), trois incendies (12 février 1816, 7 et 21 novembre 1817) privent 2600 personnes (sur une population de 10 000 habitants) de leur domicile. Un autre, le 9 juin 1846, ravage la plus grande partie de ce qui est une véritable poudrière. On reconstruit la ville avec davantage de pierre et on la dote de coupe-feux. Néanmoins, un nouvel incendie alimenté par le vent rase de nouveau la ville les 8 et 9 juillet 1892.

Québec connaît deux incendies, les 28 mai et 28 juin 1845. Vingt-trois personnes périssent, et de 15 000 à 18 000 personnes se retrouvent sans abri. La basse-ville et la partie fortifiée, en revanche, sont épargnées. Toutefois, après l'incendie, Québec est moins étendue que lorsque James WOLFE l'a conquise quatre-vingt-six ans auparavant. Les maisons sont reconstruites en pierre et les rues élargies. Cependant, en 1866, pour des raisons d'économie, les appareils de lutte contre les incendies sont limités, de même que le nombre de pompiers. Malheureusement, le 14 octobre 1866, un incendie poussé par des vents violents détruit complètement plus de 2000 foyers, faisant 5 morts et laissant de 18 000 à 20 000 personnes sans abri. La basse-ville et la partie fortifiée sont de nouveau épargnées.

La ville de Saint-Jean (Nouveau-Brunswick) connaît aussi des incendies importants en 1837 et en 1839. Malgré des normes de construction plus sévères, un incendie détruit les deux tiers de la ville, le 20 juin 1877, privant 15 000 personnes de domicile.

L'EXPLOSION DE HALIFAX, le 6 décembre 1917, figure probablement parmi les catastrophes les plus connues du Canada et constitue, à l'exclusion des épidémies, la pire tragédie de notre histoire. Les dégâts matériels dépassent les 35 millions de dollars et plus de 1600 personnes y trouvent la mort.

Tragédies de la route

L'accident de la route le plus meurtrier au Canada s'est produit, le 26 avril 1998, à Saint-Joseph-de-la-Rive, près des Éboulements, au Québec. Un autocar descendant une pente abrupte manque une courbe en raison de freins défectueux et plonge dans un ravin rocheux, tuant 43 personnes. Une tragédie semblable a eu lieu au même endroit en 1974 et a fait 13 morts. Jusque-là, le pire accident mettant en cause un seul véhicule (et aussi le plus grave accident d'autocar au Canada et aux États-Unis) est survenu près d'Eastman, au Québec, le 4 août 1978. Les freins de l'autocar ne répondent plus et il plonge dans les eaux du lac d'Argent, causant la mort de 41 personnes handicapées physiquement et mentalement. Ce triste bilan double celui de la catastrophe précédente, survenue le 31 juillet 1953, lorsqu'un autocar plonge dans un canal près de Morrisburg (Ontario) et que 20 personnes s'y noient.

De plus en plus, les accidents de la route font de multiples victimes, les poids lourds partageant la chaussée avec les autocars et les minibus. Le 28 mai 1980, un autobus entre en collision avec un camion-citerne près de Swift Current, en Saskatchewan, tuant 23 travailleurs de Canadien Pacifique. Le 16 juillet 1993, une camionnette remorquant une citerne de combustible entre en collision avec un minibus près du lac Bouchette, au Québec. L'impact et l'incendie tuent 19 personnes.

Tragédies maritimes

Le premier naufragé est peut-être le navigateur Jean CABOT, disparu en 1498 lors de son second voyage, ou Gaspar CORTE-REAL, disparu en 1501 en route vers Terre-Neuve, ou encore quelque baleinier BASQUE inconnu. Le naufrage du *Delight,* l'un des vaisseaux de sir Humphrey GILBERT, près de l'île de Sable, le 29 août 1583, au cours duquel pas moins de 85 hommes se noient, est la première tragédie maritime connue.

Le 23 août 1711, la flotte britannique, sous les ordres du sous-amiral sir Hovenden Walker, en route pour attaquer Québec, échoue sur les récifs de l'île aux Œufs. Sur les 19 navires de guerre et les 41 autres vaisseaux qui ont à leur bord plus de 11 000 hommes, 7 navires et un vaisseau de ravitaillement sombrent, entraînant la perte de 950 hommes. De mauvaises cartes géographiques, un littoral accidenté et peu peuplé, de même que les moyens de signalisation inadéquats (absence de signalisation en cas de brouillard, de phares et de postes de sauvetage) causent la perte d'un nombre considérable de navires dotés d'un équipement de sauvetage désuet.

Au Canada, trois tragédies maritimes attirent particulièrement l'attention. Le 29 mai 1914, l'EMPRESS OF IRELAND, paquebot de la Canadian Pacific Steamship, quitte Québec. Durant la nuit, il navigue dans la brume près de Pointe-au-Père (Rimouski, Québec), lorsque le charbonnier norvégien *Storstad* le percute de flanc et lui fait une énorme brèche. Le paquebot sombre avec ses passagers en 14 minutes. Des 1057 passagers et 420 hommes d'équipage, 1014 perdent la vie.

Le 20 mars 1873, l'*Atlantic,* propriété de la White Star Line, quitte Liverpool en direction de New York, avec à son bord, 811 passagers, 4 officiers et 141 membres d'équipage. Manquant de charbon, le capitaine décide, le 31 mars, de mettre le cap sur Halifax. Dans la nuit du 1er avril, à 3 h 15, le navire percute le récif de Meagher (Prospect, Nouvelle-Écosse). Sous la violence de l'impact, il donne brusquement de la bande, et les passagers sont emprisonnés dans les cabines. Beaucoup de ceux qui parviennent sur les ponts sont précipités par-dessus bord. Malgré les tentatives héroïques de sauvetage par l'équipage et des habitants de Prospect, 534 hommes et un enfant périssent.

Le 23 octobre 1918, naviguant en pleine tempête de neige entre Skagway, en Alaska, et Vancouver, le *Princess Sophia,* de la Canadian Pacific Steamship, échoue sur le récif Vanderbilt, dans le canal Lynn. Des navires plus petits réussissent à s'approcher, mais une mer houleuse les empêche de porter secours aux passagers. Essuyant les vagues durant deux jours, le navire finit par céder. Le 25 octobre, il sombre, entraînant avec lui ses 343 passagers.

Certains naufrages sont demeurés tristement célèbres par leur côté spectaculaire, tragique ou inhabituel. Le *Montréal,* un bateau à aubes de 715 tonnes, brûle près de Québec le 26 juin 1857, faisant 253 victimes. La lenteur de l'équipage à combattre l'incendie est scandaleuse. Le navire avait déjà pris feu auparavant à trois occasions.

Le 24 mai 1881, le *Victoria,* un navire semblable de 27 tonnes, alors surchargé, chavire dans la rivière Thames, près de London, en Ontario: 182 personnes périssent, dans des eaux peu profondes. Le naufrage de la plate-forme de forage OCEAN RANGER, à 265 km à l'est de Terre-Neuve, le 15 février 1982, est la première catastrophe de ce genre au Canada. Elle fait 84 morts.

La pêche et la chasse aux phoques sur la côte de l'Atlantique font depuis des années de nombreuses victimes. Ainsi, le 20 juin 1959, la flotte de pêche d'Escuminac (Nouveau-Brunswick) essuie une formidable tempête qui coule 22 bateaux et entraîne la mort de 35 hommes. On évalue en outre que, entre 1810 et 1870, les chasseurs de phoques perdent 400 navires et 1000 hommes dans les glaces. Bien que la plupart de ces accidents fassent un nombre relativement peu élevé de victimes, le *Newfoundland,* qui ne peut échapper aux hommes durant la tempête du 31 mars au 2 avril 1914, perd ainsi ses 77 chasseurs, de même, le *Southern Cross* qui disparaît avec ses 173 hommes.

Tragédies de chemin de fer

Les accidents ferroviaires illustrent les causes multiples des catastrophes. Une plate-forme mal conçue, la fatigue du métal, un incendie, des rails défectueux, l'erreur humaine, un pont fragile sont autant de causes d'accident au début de l'histoire du chemin de fer.

Un mois après la mise en service de la GREAT WESTERN RAILWAY en 1854, six passagers sont tués près de London et sept autres près de Thorold, en Ontario. Le 27 octobre 1854 à Baptiste Creek (Ontario), à 24 km à l'ouest de Chatham, un train de gravier entre en collision avec un express qui a 7 heures de retard. L'accident fait 52 morts et 48 blessés graves. C'est jusqu'alors la pire tragédie ferroviaire en Amérique du Nord.

L'accident le plus mortel a lieu à Saint-Hilaire, au Québec, à 1 h 10 du matin, le 29 juin 1864. Un train du Grand Trunk, avec à son bord 458 passagers, la plupart de nouveaux immigrants allemands et polonais, ne parvient pas à s'arrêter devant un pont tournant sur la rivière Richelieu. Le train plonge, et les wagons s'entassent les uns sur les autres. On dénombre 99 morts et 100 blessés.

Un rail brisé cause le déraillement d'un train de passagers du Canadien Pacifique à l'ouest de Sudbury, en Ontario, le 21 janvier 1910, tuant 43 personnes.

Un acte de sabotage est peut-être à l'origine d'un accident près de Yamaska, au Québec, le 28 septembre 1875, lorsqu'un train déraille à cause de lourdes billes encombrant la voie: 10 personnes sont tuées.

Plusieurs accidents surviennent lorsque l'équipe du train ne prend pas la voie de service pour laisser passer un train dans la direction contraire. Le 1er septembre 1947, 31 personnes trouvent la mort à Dugald, au Manitoba, et, le 21 novembre 1950, 21 perdent la vie à Canoe River, en Colombie-Britannique, à la suite d'erreurs de ce genre. La collision frontale entre un train de marchandises et un train de passagers de Via Rail près de Hinton, en Alberta (le 8 février 1986), qui a fait 23 morts, est aussi attribuable à une erreur humaine, les mécanismes de sécurité à bord ayant été ignorés.

Tempêtes et inondations

La RIVIÈRE ROUGE dans le sud du Manitoba connaît régulièrement des périodes de crues. En mai 1950, ses eaux envahissent de nombreuses villes de la vallée et un sixième de la ville de WINNIPEG. On évacue plus de 100 000 personnes. Depuis, les risques d'inondation sont atténués grâce à des canaux de dérivation qui dévient les crues du printemps. En revanche, les régions rurales demeurent vulnérables. Une gigantesque inondation entre la mi-avril et le début mai 1997 recouvre 1950 km² de terres et nécessite l'évacuation de 30 000 Manitobains. Quelque 8600 soldats sont mobilisés pour aider les autorités civiles.

Des crues soudaines frappent la région du Saguenay–Lac-Saint-Jean les 20 et 21 juillet 1996, après des pluies particulièrement abondantes pour la saison. Environ 12 000 personnes sont évacuées temporairement et 7 personnes périssent.

Une TORNADE balaie le centre de Regina le 30 juin 1912, tuant 28 personnes et causant des pertes évaluées à 6 millions de dollars. L'ouragan Hazel, le plus dévastateur sur le continent, balaie le centre et le sud de l'Ontario le 15 octobre 1954 et déverse plus de 100 mm de pluie sur Toronto en 12 heures. Il fait 81 morts, surtout dans la région de Toronto, et les dégâts matériels sont considérables.

Le 31 mai 1985, une tornade frappe Barrie, en Ontario. C'est la plus forte tempête à l'intérieur des terres depuis l'ouragan Hazel. Trois cents maisons sont détruites, au moins huit personnes perdent la vie et des milliers d'autres sont sans abri.

Le 31 juillet 1987, une tornade balaie des régions du sud-est et du nord-est d'Edmonton, écrasant des résidences et dévastant un parc industriel et un parc de maisons mobiles. Vingt-sept personnes sont tuées, la plupart dans le parc de maisons mobiles. Les compagnies d'assurances estiment qu'elles devront verser plus de 250 millions de dollars en dommages.

La tempête de verglas qui a frappé l'Ontario et le Québec en janvier 1998 a causé la mort de 25 personnes des suites d'hypothermie, d'asphyxie et d'incendies provoqués par des poêles surchauffés. Les scientifiques se demandent si cette tempête n'est pas le signe de perturbations plus fréquentes dues aux changements climatiques de niveau planétaire. (*Voir* RÉCHAUFFEMENT PLANÉTAIRE.)

Hugh A. Halliday

Desautels, L. Denis, comptable et vérificateur général du Canada (Saint-Bruno, Québec, 14 mai 1943). Après ses études à l'U. McGill, il joint le cabinet d'experts-comptables Clarkson Gordon (aujourd'hui Caron, Bélanger, Ernst & Young) en 1964, à Montréal. Il travaille neuf ans au bureau du cabinet à Ottawa, de la fin des années 60 et jusqu'au début des années 70, période pendant laquelle il prend deux fois part au programme d'échange de cadres avec le bureau du VÉRIFICATEUR GÉNÉRAL DU CANADA. Il retourne au bureau de Montréal à la fin des années 70 et devient associé principal du cabinet. Son excellente réputation de vérificateur et sa rigoureuse impartialité lui valent d'être choisi comme conseiller de plusieurs commissions fédérales et provinciales.

En 1991, il succède à Ken Dye comme vérificateur général du Canada. Homme à la voix douce, il se distingue nettement de son prédécesseur au franc parler et il a tôt fait de marquer son bureau de son empreinte. Il accorde la priorité au déficit et apporte des changements à sa fonction qui lui permettent de faire des rapports au Parlement plus efficacement et plus souvent que dans le passé, sans que ses rapports soulèvent autant de controverse que ceux de ses prédécesseurs.

Désaveu La LOI CONSTITUTIONNELLE DE 1867 prévoit que toute LOI d'une législature provinciale doit être envoyée promptement au GOUVERNEUR GÉNÉRAL et que le gouverneur général en Conseil (le CABINET fédéral) peut la désavouer (la supprimer du recueil des lois) dans un délai d'un an. Jusqu'ici, 112 lois provinciales ont été désavouées, dans toutes les provinces à l'exception de l'Île-du-Prince-Édouard et de Terre-Neuve, pour diverses raisons: elles étaient inconstitutionnelles, contraires à la politique ou à l'intérêt du dominion, ou allaient à l'encontre de la raison, de la justice et de l'équité naturelle. Le dernier désaveu remonte à 1943.

Eugene A. Forsey

Desbarats, Georges-Édouard, éditeur et inventeur de l'impression photographique tramée (Québec, 5 avril 1838—Ottawa, 18 févr. 1893). Il succède brièvement à son père (mort en 1864) à titre d'imprimeur de la reine à Ottawa (poste tenu par sa famille depuis 1799), mais il démissionne en 1869 pour fonder l'hebdomadaire *Canadian Illustrated News*. C'est le premier périodique au monde à publier des photographies tramées, au lieu des gravures préparées par des artistes, suivant un procédé inventé par Desbarats et son graveur, William Leggo.

En 1873, Desbarats et Leggo vont à New York fonder le *Daily Graphic,* le premier quotidien utilisant des illustrations photographiques. L'hebdomadaire *Canadian Illustrated News* paraît de 1869 à 1883. Parmi les autres périodiques canadiens lancés par Desbarats figurent le *Dominion Illustrated,* le *Canadian Patent Office Record* et le *Mechanic's Magazine.*

Donald J.C. Phillipson

DesBarres, Joseph Frederick Wallet, ingénieur militaire, arpenteur et gouverneur du Cap-Breton et de l'Île-du-Prince-Édouard (Montbéliard, France, avril ou mai 1729—Halifax, 27 oct. 1824). À 23 ans, il immigre en Grande-Bretagne et entre au Royal Military College, à Woolwich. En 1756, il est affecté en Amérique du Nord en tant que lieutenant du Royal American Regiment et participe aux batailles à LOUISBOURG en 1758 et à Québec en 1759, et à l'expédition contre les Français à St. John's, à Terre-Neuve, en 1762.

Ses compétences d'arpenteur et de cartographe sont reconnues et, en 1763, il est chargé par l'amirauté de faire le relevé cartographique de la côte de la Nouvelle-Écosse pendant que James COOK est envoyé à Terre-Neuve et Samuel HOLLAND dans le golfe du Saint-Laurent et en Nouvelle-Angleterre. En 1777, DesBarres publie la première version de son atlas maritime, *Atlantic Neptune,* qui contient des relevés et des croquis des 10 années précédentes, de même que certaines adaptations du travail de Holland et d'autres. La version définitive est publiée en 1781.

DesBarres entreprend une nouvelle carrière quand il devient, en 1784, le premier lieutenant-gouverneur du Cap-Breton. En 1785, il dessine le plan de l'établissement qui deviendra plus tard SYDNEY. Il quitte l'île en 1787. En mai 1804, il devient gouverneur de l'Île-du-Prince-Édouard. Il est finalement rappelé en 1812.

Bien qu'une plaque sur la «Round Church» d'Halifax indique que DesBarres est né en 1721, des recherches faites en 1994 ont prouvé, hors de tout doute, que la date de naissance mentionnée ci-dessus (1729) est correcte. Il est donc mort à 95 ans, et non à 103 ans, comme on le voit souvent. Homme acer-

be, impatient et querelleur, il a néanmoins fait l'unanimité autour de son grand talent et de son énergie débordante.

L.M. Sebert

Desbiens, Jean-Paul, membre de l'ordre des frères maristes, enseignant, philosophe, écrivain, journaliste (Métabetchouan, Qc, 7 mars 1927). Son livre, décrivant l'échec du système scolaire du Québec, *Les Insolences du Frère Untel* (publié en anglais sous le titre *The Insolences of Brother Anonymous*), remporte un succès sans précédent.

Le début de sa carrière d'écrivain et de pamphlétaire coïncide avec le début de la RÉVOLUTION TRANQUILLE, à laquelle il est étroitement associé, bien que ses supérieurs le retirent du débat en l'envoyant en Europe (1961), où il étudie la théologie et la philosophie. À son retour au Québec (1964), il se joint au ministère de l'Éducation et devient l'un des principaux architectes de la réforme. En 1970, il entre à *La Presse* en tant qu'éditorialiste et, en 1972, il retourne à l'éducation comme directeur d'école. Il continue à écrire pour diverses publications toujours avec le sens du sacré et le profond respect pour l'homme qui le caractérisent.

Robert Brisebois

Deschamps, Yvon, comédien et humoriste (Montréal, Qc, 1935). Il quitte l'école très jeune et devient messager à Radio-Canada. Ensuite, Paul Buissonneau lui donne des cours privés d'art dramatique et, en 1959, l'embauche comme acteur à La Roulotte. En 1963, il l'engage comme assistant et, en 1964, ils fondent ensemble le Théâtre de Quat'sous. Deschamps joue ses premiers rôles au Théâtre universitaire canadien avec Paul Hébert, en 1958-1959. En 1959, il apparaît pour la première fois à la télévision, sur le réseau de Radio-Canada. Il joue à La Poudrière et à L'Égrégore en 1960 et, dès 1961, il participe aux concerts de Claude LÉVEILLÉE.

Yvon Deschamps participe à sa première revue en 1963 et à son premier film, *Délivrez-nous du mal,* en 1964. Toutefois, il est surtout connu pour ses monologues satiriques à saveur politique, qu'il présente dès 1967 dans les restaurants et les clubs, notamment la Boîte à Clémence. Il se fait surtout connaître du public, avec Louise Forestier et Robert CHARLEBOIS, en participant à la revue *L'Osstidcho.* Par la suite, Deschamps devient de plus en plus célèbre grâce à ses monologues, qu'il présente dans des salles bondées tous les soirs de la semaine. Au cours de sa carrière, il reçoit de nombreux prix, dont celui de la Personnalité artistique de l'année, décerné par *La Presse,* en 1994, et un Félix de l'ADISQ en 1999. Yvon Deschamps est aussi connu pour son engagement envers sa communauté, notamment pour sa contribution financière au Chaînon, un centre d'hébergement pour femmes en détresse, situé à Montréal. En 1996, il acquiert le Manoir Rouville-Campbell, où il aménage une salle de spectacle.

André G. Bourassa

Deschênes, Jules, magistrat (Montréal, 7 juin 1923—Laval, mai 2000). Fils de juriste, il obtient une licence en droit et une maîtrise de l'U. de Montréal avec grande distinction. En 1946, année de son admission au Barreau, il mérite les médailles du gouverneur général et du lieutenant-gouverneur. De 1946 à 1972, il exerce le droit dans divers cabinets et agit comme procureur spécial dans de nombreuses enquêtes. On le nomme conseiller en loi de la reine en 1961. Il a été professeur de droit international privé à l'U. de Montréal, dont il a présidé la commission conjointe en 1968-1969 avant de devenir membre de son conseil et de son comité exécutif.

En 1972, il accède à la Cour d'appel du Québec jusqu'à ce qu'il soit promu juge en chef de la Cour supérieure l'année suivante. Il a rendu plusieurs jugements qui font autorité dans le domaine du droit, notamment en ce qui concerne les droits linguistiques. Il a pris sa retraite en 1987 mais est demeuré très actif: président pour l'Amérique de l'Association mondiale des juges, président de la Commission

d'enquête sur les criminels de guerre au Canada (1985-1987), président de la Société royale du Canada, juge au Tribunal pénal international pour l'ex-Yougoslavie (1993-1997). Auteur de talent, il a notamment publié: *Maître chez eux, Les plateaux de la balance,* et, en 1988, son autobiographie: *Sur la ligne de feu.*

Il a reçu maintes distinctions dont: la Médaille du barreau (1989), le prix annuel de l'Association du barreau canadien (1988) la Médaille d'or de l'Institut canadien d'administration de la justice (1985), deux doctorats *honoris causa* (U. Concordia et U. McGill) et a été fait Compagnon de l'Ordre du Canada. Peu avant sa disparition il déclarait: [...] «Je donne libre cours à l'espoir que je nourris de laisser le monde un peu meilleur que si je n'avais pas vécu. C'est un testament qui en vaut bien d'autres».

André Poupart

Deserontyon, John, surnommé «Captain John», chef MOHAWK (Mohawk Valley, N.Y., années 1740—baie de Quinte, Haut-Canada, 7 janv. 1811). Jeune homme, il appuie les Britanniques pendant la GUERRE DE SEPT ANS et, plus tard, lors du soulèvement de PONTIAC en 1763. Devenu chef lorsque la Guerre d'Indépendance américaine éclate, il se range de nouveau du côté de ses vieux alliés. Avec Joseph BRANT, il participe à la bataille d'Oriskany (1777) et, de sa propre initiative, il organise des raids en territoire ennemi.

Après la victoire américaine, Deserontyon et Brant, irrités d'apprendre que le traité de paix de 1783 ne contient aucune disposition prévoyant la restitution aux Mohawks des terres ancestrales situées dans l'État de New York, s'empressent de faire connaître leur position au gouverneur HALDIMAND, à Montréal. Finalement forcés d'accepter la situation, ils établissent leurs partisans mohawks sur les autres terres qui leur sont alors allouées.

Brant choisit de se retirer dans la vallée de la rivière Grand et prie Deserontyon de se joindre à lui pour y former une communauté unifiée. Le chef mohawk préfère plutôt s'établir à la baie de Quinte, loin des «Yankees» victorieux, où il peut gérer ses affaires à sa guise. Avec l'aide du gouvernement, il construit une église et une école pour ceux qui l'ont suivi, dont la plupart sont chrétiens. Chef parfois contesté, il voit des querelles intestines marquer les dernières années de sa vie. La ville de Deseronto, en Ontario, a été baptisée ainsi en son honneur.

Charles M. Johnston

Désert Région où il pleut rarement et où les eaux s'évaporent très rapidement, ce qui provoque une carence d'eau dont seules quelques formes de vie peuvent s'accommoder. Les précipitations annuelles sont inférieures à 200 mm et se produisent très irrégulièrement. Les déserts couvrent 20 p. 100 de la surface terrestre. Les déserts tropicaux sont situés entre 15° de latitude N. et 35° de latitude S., dans des régions où les masses d'air sec permettent que l'intense irradiation solaire atteigne la surface du sol. Les déserts de latitude moyenne sont situés dans les centres d'importantes masses continentales que les masses d'air humide transportées par les océans ne peuvent atteindre. Les topographies désertiques varient et sont faites de montagnes et de plaines. Les montagnes ont des formes angulaires caractéristiques et se terminent abruptement au pied des plaines, où elles font place aux pédiments, des glacis d'érosion développés sur le *substratum* rocheux.

Les régions désertiques ont leur propre système de drainage provoquant une évaporation directe des eaux de pluie. Des cours d'eau temporaires transportent les eaux pluviales dans des chenaux appelés oueds en Afrique du Nord et arroyos dans l'Ouest américain. Le centre des bassins désertiques peut être occupé par une zone plate et sèche (*playa*) qui, à l'occasion, reçoit les eaux de pluie charriant argile et silt. Quelquefois, un lac s'y forme, mais il disparaît en quelques jours. Une partie relativement faible des déserts (20 p. 100) est occupée par des dunes de sable, qui peuvent être transversales, barkhanes (en forme de croissant), longitudinales (siouf), en forme d'étoile ou de dôme.

Il n'y a pas de désert véritable au Canada, seulement quelques régions qui en présentent les caractéristiques, comme l'étendue sablonneuse au sud du lac Athabasca, sise au milieu d'une région boisée au CLIMAT humide. Elle s'est formée sur des dépôts deltaïques glaciaires surélevés, à grains grossiers et où l'humidité superficielle ne permet pas la croissance de végétaux. Des régions plus petites de l'Arctique canadien exposées à de grands vents et où la végétation est quasi inexistante présentent une apparence désertique. Dans les parties les plus sèches des Prairies, situées au nord et au sud des COLLINES CYPRESS, et dans les parties les plus méridionales des vallées du fleuve Fraser et des rivières Thompson, Nicola, Similkameen, Okanagan et Kootenay, les précipitations n'atteignent parfois que 250 à 300 mm et la végétation est celle des sols semi-arides (armoise et bigelovie puante).

P.P. David

DeSève, Joseph-Alexandre, distributeur et producteur de cinéma, exploitant de salles (Montréal, 14 sept. 1896—*id.*, sept. 1968). Après avoir exercé divers métiers, il commence, au début des années 30, à importer, à distribuer et à présenter des films. En 1934, il acquiert la compagnie France Film, la plus importante firme de distribution de films français au Canada, qui est également propriétaire d'un réseau de salles spécialisées dans la présentation de films et de spectacles français. Lorsque la Seconde Guerre mondiale l'empêche de s'approvisionner en Europe, il décide d'assouvir un vieux désir: se lancer dans la production.

Il s'allie à Renaissance Films pour fonder Renaissance Films Distribution (RFD), dont le but déclaré est de tourner des films catholiques au Québec. Il construit des studios et fait venir de France des techniciens. RFD va produire quatre films, mais DeSève n'y est pas directement mêlé, car il est en brouille avec la direction. Il comprend toutefois qu'il est plus payant de distribuer que de produire des films québécois, surtout s'il exerce un monopole sur les salles. RFD doit passer par lui, tout comme Québec Productions, l'autre grande compagnie de production dirigée par Paul L'Anglais. Néanmoins, DeSève se retrouve derrière deux des productions les plus représentatives des années 50, *La Petite Aurore l'enfant martyre* (Jean-Yves Bigras, 1951) et *Tit-Coq* (René Delacroix et Gratien GÉLINAS, 1952).

L'arrivée de la télévision bouleverse la production cinématographique qui meurt rapidement. Avec l'aide de L'Anglais, DeSève crée des compagnies pour subvenir aux besoins du petit écran, mais il ne se contente pas longtemps de ce rôle de second plan. En 1961, il fonde la deuxième chaîne de télévision francophone au pays, CFTM-TV. Ce rival de Radio-Canada va se spécialiser dans les émissions commerciales et populaires. L'entreprise s'avère un succès et l'actuel réseau TVA en est le descendant.

DeSève a accompli le rêve de Léo-Ernest OUIMET: intégrer la production, la distribution et l'exploitation. Il a créé le premier trust audiovisuel québécois. À sa mort, le produit de la vente de ses actifs alimente une fondation qui porte son nom. Plusieurs institutions culturelles, universitaires ou de santé ont reçu l'appui de cette fondation, et plusieurs édifices portent le nom de J.A. DeSève.

Pierre Véronneau

Design d'environnement Il peut s'appliquer à l'ensemble d'une ville (comme à KITIMAT), à des secteurs bien définis d'une ville (comme à Don Mills, à Toronto) ou à certaines rues et à certains groupes d'édifices. Les premiers modèles de design d'environnement qui subsistent encore au Canada sont ceux touchant l'ensemble d'une ville. Québec est une ville compacte, fortifiée, dont le design respecte l'Église et l'État, et elle doit son existence à la présence du fleuve Saint-Laurent. Dans le Vieux-Mont-réal, en dépit des nombreuses démolitions et reconstructions, les rues conservent la même structure qu'au XVIIIe siècle et convergent vers la Place d'Armes sur la ligne de crête, en son centre. Halifax doit son caractère visuel à la disposition orthogonale de ses rues, conçue par des ingénieurs militaires britanniques.

Design du tissu urbain

À la fin du XIXe siècle, au moment où les villes connaissent une expansion rapide, l'urbanisme fait son apparition de sorte que le design d'environnement se limite aux quartiers où l'accent est mis sur l'aspect visuel des rues et les grands espaces. Ottawa est peut-être la seule ville canadienne où, au XXe siècle, on a pratiqué le design du tissu urbain sur une grande échelle. Du point de vue visuel, chaque nouvelle ville de l'Ouest mise sur l'hôtel de ville et les ÉDIFICES GOUVERNEMENTAUX. La rue constitue un élément important du design d'environnement. La plupart des villes ont leur grande rue: la rue Sherbrooke à Montréal et l'avenue University à Toronto sont l'artère principale de chacune.

Après la Seconde Guerre mondiale, lors de la croissance rapide des villes, la conception de l'habitat urbain cède la place à la conception des immeubles. Cependant, dans les nouveaux quartiers résidentiels, on procède à d'importants essais pour concevoir l'environnement dans son ensemble. Don Mills est un exemple de ce genre avec ses rues courbes et bordées d'arbres et ses immeubles bien espacés, selon les principes prônés par le mouvement de la cité-jardin. Ce quartier intègre les lieux de travail, les magasins et les écoles dans un design qui insiste sur l'accès piétonnier et sur un environnement ressemblant à un parc. Plus tard, Flemingdon Park, à Toronto, répond à un besoin de plus grande densité par des immeubles plus serrés et des bords de rues plus précis. Grâce au stationnement souterrain, il y a plus de place au sol pour les allées piétonnières et les terrains de jeu, sur lesquels donnent les groupes de maisons construites tout alentour.

La conception des quartiers commerçants du centre-ville entre dans une nouvelle ère avec la construction, de 1956 à 1965, de la PLACE VILLE-MARIE à Montréal. Ce projet, qui regroupe des magasins de détail, des sièges sociaux et un important centre bancaire, fait naître l'idée d'un complexe immobilier où la circulation et l'accès du public sont tridimensionnels, les entrées étant à plusieurs niveaux. En outre, il permet aux piétons d'accéder directement au métro et à l'abri renferme une place publique. Contrairement à ce que l'on craignait, à savoir que les affaires s'éloigneraient des rues traditionnelles du centre-ville, la Place Ville-Marie fait concurrence aux villes de banlieue et contribue à revitaliser le cœur de Montréal.

Fonctions des espaces publics

Historiquement, les espaces publics pavés ne sont pas des éléments importants dans les villes canadiennes, sauf dans les vieilles villes françaises du Québec. Au début des années 60, tant dans les projets privés que publics, on commence à reconnaître leur fonction, qui est très différente de celle des parcs. Pour les repas du midi, les rassemblements publics, les fêtes, les expositions et les manifestations, ces places ou squares ouvrent de nouvelles perspectives sur la ville et l'intégralité des immeubles. L'HÔTEL DE VILLE DE TORONTO, au square Nathan Phillips, et Robson Square à Vancouver sont des exemples de tels édifices publics. À cette même époque, des mouvements populaires se forment dans les villes pour réclamer que certaines rues soient fermées à la circulation automobile afin de créer des mails piétonniers, comme la rue Sparks à Ottawa (1967).

Maintenant, on construit de nombreux immeubles commerciaux avec des places publiques qui donnent sur la rue ou qui sont entourées d'immeubles. Le complexe de la Banque Toronto-Dominion, à Toronto, est un modèle de tours à bureaux à façades droites construites autour d'une place pavée. Commerce Court, aussi à Toronto, est un groupement d'immeubles modernes qui s'ajoutent au siège social accompagné d'une banque datant de 1931 et qui enserrent une cour paisible. Ce concept a fait naître un nouvel élément dans le design d'environnement moderne: la place publique qui ne peut être qu'entrevue de la rue et qui offre une voie piétonnière permettant de traverser le pâté de maisons.

L'année 1967 marque de façon importante le design d'environnement au Canada. Les célébrations du centenaire de la Confédération canadienne favorisent les manifestations de fierté nationale et civique dans les nouveaux édifices et parcs publics et attirent l'attention sur un patrimoine architectural souvent négligé (*voir* PATRIMOINE, CONSERVATION DU; ART DES LIEUX PUBLICS). L'EXPO 67 tient aussi un rôle prédominant par la présentation, en un ensemble mémorable, de nouveaux éléments de design d'environnement et d'un élégant mobilier urbain et par l'intégration totale de sentiers, d'espaces et d'immeubles. En 1971, quand sont institués les prix Vincent-Massey pour l'aménagement urbain, les catégories sont nombreuses et variées: plantation d'arbres, logements, conservation de rues historiques et promenades.

Nouveau coup d'œil sur la ville

Le design d'environnement à différents niveaux (au sol, au-dessus et au-dessous) répond à la fois aux conditions climatiques difficiles et aux exigences de la circulation dans le centre des villes. Outre les voies piétonnières entre les édifices, le design d'environnement crée de grandes places de rassemblement intérieur ou atriums. Les nombreuses voies piétonnières souterraines à Montréal et à Toronto relient les atriums, comme les rues relient les squares. Le complexe Desjardins à Montréal est conçu comme lieu de rassemblement public. Le complexe HUB de l'U. de l'Alberta est en fait une rue intérieure surélevée, bordée de bureaux et de commerces au premier étage, les logements des étudiants se trouvant au-dessus et au-dessous. L'un des modèles de design d'environnement les plus grandioses est l'EATON CENTRE, à Toronto, une rue à plusieurs niveaux bordée de centres de services et de magasins et reliée au métro et aux autres rues de la ville sous un toit de verre. Les atriums ajoutent une autre dimension à la conception des villes, surtout lorsqu'ils comportent plusieurs liens avec la rue. Protégée des rigueurs climatiques, la ville intérieure change les perspectives de la ville extérieure et influence son apparence. À Calgary, le système de passerelles vitrées qui enjambent les rues entre les immeubles (Plus 15) devient une caractéristique de design de rues et propose un nouveau coup d'œil sur la ville. Cependant, un tel moyen de relier les édifices, s'il fait fi du paysage de la rue et de la vue, peut être désastreux en matière de design d'environnement. La passerelle à piétons qui traverse la rue Rideau à Ottawa en est un parfait exemple: elle réduit le prestige de cette rue importante, obscurcit la vue du Parlement et atténue l'effet que crée l'arrivée au centre de la Place de la Confédération.

La disposition de certaines petites villes du Nord découle du besoin de les protéger contre les rigueurs de l'hiver. Des villes comme Churchill, au Manitoba, ont pour point central l'édifice principal de la ville, où se trouvent la majorité des services communautaires publics et privés, et un espace intérieur, qui tient lieu de square. Fermont, au Québec, est conçue pour atténuer le froid hivernal dans l'ensemble de la ville. Les services publics, les magasins de détail et les appartements se trouvent tous dans un seul édifice longiligne qui est situé de manière à protéger l'ensemble des petites habitations contre les vents froids.

Possibilités de changement

L'aspect visuel de la ville se transforme au rythme des changements économiques, des pratiques culturelles et des courants de la mode. Quand l'industrie quitte les centres urbains et que les chemins de fer et les ports ont été délaissés, l'existence de propriétés sous-utilisées et abandonnées crée une occasion de réaménager ces secteurs de la ville. Depuis 1970, les propriétés des chemins de fer des centres-villes font l'objet de concours de design, comme c'est le cas à Regina et à Toronto. Le fait que les gens ont de plus en plus de temps libre et qu'ils veulent des divertissements et des biens de consommation donne lieu à la transformation des vieux secteurs riverains ouvriers en logements, boutiques et marinas, l'accent étant mis sur l'ouverture des espaces publics et l'accès des piétons au bord de l'eau. Halifax, Toronto et Québec sont des exemples à grande échelle de réalisations récentes en matière de design d'environnement des secteurs riverains visant à créer des espaces ouverts et des panoramas sans entrave. EXPO 86 à Vancouver s'est avérée une autre occasion de réaménager de façon semblable le bord de l'eau. Il reste encore aujourd'hui quelques grands édifices du secteur parapublic qui rappellent l'exposition. Même dans les petites villes, on cherche à avoir une «vue» sur l'eau.

Les changements culturels favorisés par les mouvements populaires de la fin des années 60, joints à la prospérité subséquente des années 70, contribuent à changer l'attitude de la population envers les rues et les places publiques. Celles-ci ne sont plus simplement un endroit qu'on traverse, mais plutôt un lieu où l'on s'attarde. Les terrasses de café font leur apparition, agrémentées d'arbustes et de lampadaires. Bancs, arbres et jardinières trouvent leur place sur les trottoirs, et les petites bandes de terrains inutilisables entre les immeubles deviennent des parcs miniatures. Ces mesures servent à adoucir l'image de la ville contemporaine, mais, dans l'ensemble, elles n'ont pas l'envergure d'un design de rues digne de ce nom. P. ex., les jardinières, les bancs et les lampadaires au charme vieillot et les arbres en pot de la rue Sherbrooke, à Montréal, donnent au trottoir l'allure d'un parcours à obstacles. En revanche, les majestueux arbres d'ombre qui autrefois la bordaient donnaient à la rue Sherbrooke l'importance et le prestige qui conviennent à la rue principale d'une grande ville.

Patrimoine naturel

Les mouvements populaires, la conservation du patrimoine naturel et, plus tard, l'importance accordée à la condition physique et à l'exercice suscitent un intérêt pour les boisés, la plantation d'arbres, les sentiers de promenade et les pistes cyclables. Cela entraîne l'aménagement, p. ex., du parc du Canal Lachine à Montréal, zone industrielle en déclin, et du réseau de promenades qui sillonne Toronto. Ces sentiers piétonniers ajoutent une autre dimension au design de la ville, car ils ne suivent pas le réseau routier. Le Wascana Centre à Regina est un exemple mémorable de design d'environnement des années 70 qui s'organise autour d'un lac artificiel et d'un parc, en bordure desquels sont regroupés des édifices publics selon la tradition du mouvement de la cité-jardin.

L'avènement des gratte-ciel, des mégaprojets, des places publiques et des atriums est source de préoccupation pour les vieilles parties de la ville, la conservation des monuments historiques et le logement. Ainsi, on conçoit, dans les années 80, un nombre de plus en plus grand de projets modestes qui permettent de revaloriser et de conserver le patrimoine confiné dans les vieilles rues. Qu'il s'agisse des rues escarpées et pittoresques de St. John's à Terre-Neuve ou du Bastion Square de Victoria, dans de

nombreuses villes et le long d'innombrables artères principales, on reconnaît de plus en plus la valeur de l'image urbaine.

Dans les années 80, un mécontentement général causé par l'expansion des banlieues et la dépendance envers l'automobile suscite la conception d'enclaves résidentielles à densité élevée, comme False Creek à Vancouver. Dans les années 90, préoccupé par les questions d'ordre environnemental, le gouvernement de l'Ontario lance un concours relatif à la conception d'une nouvelle ville, Seaton, qui doit être une collectivité autonome où seraient préservées les caractéristiques naturelles comme les cours d'eau, les collines et la forêt. (*Voir aussi* ARCHITECTURE PAYSAGÈRE.)

Blanche Lemco Van Ginkel

Design d'intérieur Il est conçu pour répondre aux besoins physiques et esthétiques des individus dans les pièces où ils vivent, travaillent, font leur toilette, prient et se détendent. Le designer d'intérieur est un professionnel capable, grâce à sa formation, à son expérience et à ses aptitudes analytiques, d'améliorer l'aspect fonctionnel et la qualité des espaces intérieurs. Il doit régler divers problèmes de décoration dans des domiciles privés, des entreprises commerciales et des établissements publics et privés.

Pour être en mesure d'améliorer la qualité de la vie et de protéger la santé, la sécurité et le bien-être des gens, le designer d'intérieur doit découvrir et analyser les besoins du client, trouver des solutions originales et superviser la réalisation du projet. Le concept adopté peut comprendre diverses solutions: l'ameublement, l'éclairage, la couleur, les composantes architecturales et la finition, les accessoires et les œuvres d'art. L'organisation de ces éléments dépend de leur fonction, de l'architecture, du climat et des besoins et préférences du client. Les designers d'intérieur doivent maîtriser les divers concepts esthétiques et théoriques propres au domaine du design d'intérieur ainsi que des connaissances en histoire, en analyse, en planification et en programmation. Ils doivent aussi être au fait des spécifications et des normes d'inspection ainsi que de certains aspects liés à l'aménagement de l'environnement. Le bagage technique des designers d'intérieur devrait aussi inclure des connaissances dans plusieurs domaines: architecture d'intérieur, techniques de construction et leurs règles, équipement et pratiques commerciales, sans oublier la maîtrise de la communication écrite et graphique. Pour réaliser ces projets, les designers d'intérieur font partie d'équipes multidisciplinaires, composées d'autres professionnels, parmi lesquels des architectes, des ingénieurs, des graphistes et des concepteurs industriels.

La profession de designer d'intérieur est née aux États-Unis à la fin du XIXe siècle. Candace Wheeler lance cette profession en 1890, lorsqu'elle publie un article intitulé «La décoration intérieure: une profession pour les femmes». Jusqu'en 1950, ce travail consiste principalement à aider les gens fortunés dans le choix et la disposition de leurs meubles. Après la Seconde Guerre mondiale, la croissance rapide de l'industrie, le développement intensif de la construction résidentielle et commerciale et le fait que les gens aspirent, de plus en plus, à de meilleures conditions de vie et de travail, augmentent considérablement la demande de designers d'intérieur qualifiés. Depuis 1950, tant à titre individuel qu'au sein de bureaux de consultants, les designers d'intérieur canadiens se sont distingués au niveau national et international dans une vaste gamme de travaux liés à l'industrie. Certains sont embauchés pour procéder à l'agencement des bureaux de corporations, des agences gouvernementales ou des cabinets d'architectes.

Il existe au Canada 22 programmes de design d'intérieur, dont trois permettent d'obtenir un diplôme universitaire: celui du Ryerson Polytechnic University à Toronto, celui de l'U. du Manitoba à Winnipeg et celui de Kwantlen College à Richmond

(Colombie-Britannique); ce collège offre le programme en collaboration avec l'Open University de la Colombie-Britannique. Par ailleurs, dans presque toutes les provinces situées à l'ouest des Maritimes, des collèges communautaires et des écoles privées offrent des cours de deux ou trois ans préparant à un diplôme en design d'intérieur.

Installé à Toronto, le bureau des Designers d'intérieur du Canada est le siège de l'association nationale des professionnels du design d'intérieur et est géré par des représentants des huit associations provinciales de designers d'intérieur au Canada (certaines sont autogérées en vertu des législations provinciales). Il s'agit des associations de la Colombie-Britannique, de l'Alberta, de la Saskatchewan, du Manitoba, de l'Ontario, du Québec, du Nouveau-Brunswick et de la Nouvelle-Écosse. L'appartenance à l'une de ces associations est facultative, puisqu'il est tout à fait possible d'exercer la profession de designer d'intérieur au Canada sans être membre d'une association. Toutefois, la législation de certaines provinces donne aux membres inscrits le droit à un titre enregistré et à un statut conforme aux demandes de permis de construction.

Les professionnels et les enseignants canadiens œuvrant dans le domaine du design d'intérieur sont membres d'organismes internationaux, qui ont une influence sur la formation et l'évaluation, le code de déontologie, la promotion du design d'intérieur auprès du public, les revendications et la pratique de la profession. Mentionnons parmi eux la Foundation for Interior Design Education Research (FIDER), organisme international chargé de l'accréditation des programmes d'enseignement en design d'intérieur, et le National Council for Interior Design Qualification (NCIDQ), organisme d'évaluation qui applique les critères d'admission pour les associations professionnelles provinciales. Il est possible de devenir membre de ces deux organismes par des Designers d'intérieur du Canada. Parmi les autres organisations de premier plan, on compte, entre autres, l'Interior Design Educators Council (IDEC), association internationale d'enseignants du design d'intérieur, qui travaille à faire avancer la profession en réunissant des informations et en mettant au point une base de recherche, et l'International Federation of Interior Architects and Interior Designers (IFI), regroupement international d'associations, qui permet le partage des informations et des activités liées au design d'intérieur partout dans le monde.

L'avenir du design d'intérieur dépendra de l'importance qu'on accordera à la qualité de sa contribution au bien-être des gens dans leur environnement immédiat.

George R. Fuller et Alison Hymas

Design industriel Selon la définition du Conseil international des sociétés de design industriel (International Council of Societies of Industrial Design, ICSID), il s'agit d'«une activité de création qui vise à déterminer les propriétés formelles d'objets produits industriellement. Cela comprend les caractéristiques extérieures, mais principalement les relations structurelles et fonctionnelles qui donnent à un objet une unité cohérente, tant du point du vue du fabricant que de l'utilisateur. Le design industriel englobe tous les aspects de l'environnement humain qui sont soumis à la production industrielle.» Bien qu'on l'associe à l'ARCHITECTURE et l'INGÉNIERIE, le design industriel a une histoire plus courte et n'est apparu qu'au milieu du XIXe siècle. Avant cela, la fabrication d'objets usuels était surtout le résultat d'un effort manuel individuel dans une économie basée sur l'artisanat. C'est la révolution industrielle qui rend possible la production en série de ces mêmes objets. À partir de ce moment, les artistes et les artisans sont exclus des procédés industriels de manufacture. Toutefois, certains expriment rapidement la nécessité d'instaurer un équilibre entre l'art et l'industrie, qui aboutit à ce qu'on appelle maintenant le design industriel.

Le design industriel fait ses premiers pas en Angleterre et en Europe continentale, plus particulièrement en Allemagne et en Scandinavie. En Angleterre, William Morris fonde une école de métiers d'arts en design et en «production» qui se veut anti-industrielle, tandis que Henry Cole prône l'introduction de l'art dans l'industrie. En 1837, est fondée une école normale de design, qui s'appellera ensuite le Royal College of Art. En 1849, paraît pour la première fois le *Journal of Design*. En 1851, la Grande exposition ouvre ses portes à Londres. En Allemagne, le cheminement est presque semblable. En 1907, des industriels, des hommes d'affaires, des artistes et des architectes se regroupent et forment le Deutscher Werkbund. Leur manifeste proteste contre la laideur de l'architecture actuelle et exige la renaissance d'une éthique artistique, morale et sociale dans l'industrie. Leur philosophie sera à l'origine du Bauhaus, école de design qui influencera le développement du design industriel contemporain en Europe et ailleurs. En Scandinavie, particulièrement au Danemark et en Suède, les designers adoptent une attitude très culturelle et démocratique, en prônant l'utilisation de matériaux naturels et de formes organiques, principalement pour l'ameublement et les articles ménagers. Tous ces objets ont un style homogène, qui prendra le nom de «modernisme scandinave».

Aux États-Unis, la profession de designer industriel ne suit pas le même chemin que celui de son équivalent européen. Au départ, il s'agit d'une technique de promotion des ventes, qui ne touche que la présentation du produit et son emballage. À l'origine, phénomène associé à la fin de la Crise des années 30, cette approche est utilisée par les designers américains comme Norman Bel Geddes, Henry Dreyfuss, Raymond Loewy et Walter Dorwin Teague dans la conception d'objets manufacturés, allant des appareils ménagers aux locomotives.

Le design industriel ne s'implante solidement au Canada qu'après 1945 et est la conséquence directe de l'expansion de l'industrie secondaire pendant la guerre. C.D. HOWE, ministre fédéral de la Reconstruction, se montre soucieux de préserver ce potentiel industriel. Il demande au CONSEIL NATIONAL DE RECHERCHES DU CANADA d'organiser une exposition qui fasse état des découvertes industrielles. Organisée par Donald Buchanan, l'exposition, visant à montrer que design et compétence technique ne s'excluent pas, ouvre ses portes en 1946 lors du congrès annuel de l'Association des manufacturiers canadiens, puis fait une tournée dans tout le Canada. Buchanan encourage une plus grande diffusion du design industriel, à la fois par l'intermédiaire de la Galerie nationale (*voir* MUSÉE DES BEAUX-ARTS DU CANADA) et par plusieurs fascicules sur le sujet. En juin 1947, le gouvernement fédéral lui accorde une subvention pour étudier le rôle du design industriel au Canada, et, au cours de la même année, Buchanan soumet une liste de recommandations. L'une d'elles aboutit à la *Loi sur les dessins industriels* (1961) et à la création du Conseil national de design. Cette loi et cet organisme ont un impact notoire sur le design au Canada et deviennent un modèle pour de nombreux conseils de design dans d'autres pays. Malheureusement, le Conseil est dissous en 1985. Pendant cette même période, les designers industriels commencent à s'organiser en tant que professionnels. En 1946, ils forment l'Affiliation of Canadian Industrial Designers, qui s'incorpore sous le nom d'Association canadienne des designers industriels, en 1947.

L'enseignement du design industriel au Canada n'est officiellement reconnu qu'à la fin des années 40, lorsque l'ONTARIO COLLEGE OF ART AND DESIGN offre un premier cours en design en 1947. Au Québec, l'Institut des arts appliqués, autrefois l'École du meuble, offre un programme semblable. À la fin des années 60, différents collèges communautaires de l'Ontario offrent aussi des programmes en technologie de design industriel. Les premiers programmes de premier cycle sont instaurés en 1969, l'un à l'U. de Montréal et un autre à l'U. de l'Alberta. D'autres universités suivent, comme l'U. Carleton, l'U. du Québec à Montréal et l'Emily Carr College of Art and Design. Plus tard, les premiers programmes de deuxième cycle sont instaurés par l'U. de Montréal, l'U. de l'Alberta et l'U. de Calgary.

Plusieurs Canadiens ont laissé leur marque en design industriel au Canada. Jacques Guillon, Julien Hébert, Jan Kuypers et Frank Dudas sont des précurseurs dans la profession. Leur influence se remarque particulièrement dans les domaines du transport (métro de Montréal dans les années 60, LRC de Via Rail dans les années 70), des expositions de design (Expo 67, Expo 70) et de l'ameublement. Dans les années suivantes, l'ameublement de bureau créé par Douglas Ball lui vaut une renommée internationale. Ian Bruce joue un rôle primordial dans la conception du voilier Laser, dont il rend possible la fabrication dans de nombreux pays. De leur côté, John Tyson, Morley Smith, Michel Dallaire, Claude Gidman et Koen de Winter influencent le design de plusieurs objets de la vie courante, comme les téléphones, les motoneiges, les objets de loisirs, les tramways et les appareils ménagers. Thomas Lamb, Keith Muller et André Jarry sont réputés au Canada et à l'étranger comme d'importants designers de mobilier.

Plus récemment, une génération de jeunes designers a fait sa marque. Au Canada, Karim Rashid, Tom Deacon, Richard Brault, Diane Croteau, Jean-François Jacques et Michel Morelli font preuve de leadership et proposent une nouvelle vision en matière de design industriel au Canada. Quelques manufacturiers canadiens, de plus ou moins grande envergure, participent également à une meilleure utilisation et à une meilleure intégration du design industriel dans l'industrie, en particulier Northern Telecom, par l'entremise de sa compagnie sœur Bell Northern Research, Bombardier, Black & Decker, Noma, Danesco, Prevost, Canstar, Teknion Furniture et Umbra. Au Canada, autant l'industrie que le grand public prennent conscience de l'importance du design industriel.

Jacques Giard

Desjardins, Alphonse, journaliste, sténographe parlementaire, fondateur de la CAISSE POPULAIRE (Lévis, Canada-Est, 5 nov. 1854—*id.*, 31 oct. 1920). Il a 46 ans et travaille comme sténographe français de la Chambre des communes quand il fonde la première caisse populaire à Lévis, le 6 décembre 1900. En préconisant l'idée de la coopération, Desjardins cherche à combattre l'usure, à améliorer la condition des classes populaires, à apporter la libération économique aux Canadiens français et à freiner leur exode vers les États-Unis. La caisse populaire est le fruit de trois années d'études, de discussions et de correspondance assidue avec les grands défenseurs du mutualisme et de la coopération économique au Québec et en Europe. Desjardins a une vision originale, véritable «salade» composée d'éléments disparates, mais adaptée aux conditions de vie locales. Il règne en démiurge sur tout. Il dirige la caisse de Lévis et veille sur la fondation de plus de 200 autres caisses au Québec, en Ontario et aux États-Unis, s'assurant de leur succès avec l'appui solide du clergé catholique.

Après 1916, la maladie le force à quitter un travail consacré essentiellement à la promotion et à la croissance économique des caisses. Il consacre les quatre dernières années de sa vie à consolider son œuvre. La mort l'empêche de réaliser son projet de fédération provinciale et de caisse centrale. Son succès lui vaut une réputation internationale. Honneurs et récompenses abondent en provenance de l'Europe, des États-Unis, de l'Amérique latine, et même de Nouvelle-Zélande. Il a reconnu que l'habitude prise après 1913 d'appeler les nouvelles institutions Caisses populaires Desjardins lui avait donné le plus grand plaisir.

Yves Roby

Desjardins, Richard, auteur, compositeur, interprète, réalisateur de cinéma et comédien (Rouyn, Qc, 16 mars 1948). Pianiste et chanteur du groupe Abbittibbi de 1975 à 1982, il se forge lentement un public d'inconditionnels dans le circuit des boîtes parallèles. Artiste en dehors des modes, Desjardins se révèle à un large public avec les chansons *Tu m'aimes-tu?* et *Quand j'aime une fois, j'aime pour toujours* et remporte deux Félix en 1991. Ses textes recherchés et ses musiques très personnelles lui valent les éloges de la critique française après un spectacle à Paris, au printemps 1992. Puis Richard Desjardins retrouve ses amis musiciens d'Abbittibbi et se produit avec eux pendant quatre ans, explorant ses racines rock et country. Au cours de l'automne de 1998, le chansonnier lance *Boom Boom*, son premier album en solo en dix ans. Attiré par le cinéma, il signe la musique de quelques films, dont *Le Party* (1990) de Pierre FALARDEAU, et réalise lui-même *L'erreur boréale* (1998), un documentaire sur la déforestation dans le Nord québécois pour lequel il remporte un prix Jutra en 1999.

Robert Thérien

Deslongchamps, Pierre, chimiste et professeur (Saint-Lin, Qc, 8 mai 1938). Sommité internationale dans le domaine de la synthèse organique, il est aussi reconnu pour ses travaux sur les effets stéréo-électroniques à l'œuvre dans de nombreux processus organiques. Il fait ses études à l'U. de Montréal (B.Sc. en 1959) et à l'U. du Nouveau-Brunswick (Ph.D. en 1964), puis il devient professeur adjoint à l'U. de Montréal en 1966 et, l'année suivante, à l'U. de Sherbrooke, où il est promu professeur de chimie en 1972. À l'aise dans les deux langues officielles du pays, Deslongchamps est un conférencier accompli et admiré, de même qu'un professeur stimulant. Sa synthèse de la ryanodine, un insecticide complexe, est une réalisation historique dans le domaine de la synthèse organique.

En 1974, il est élu à la Société royale du Canada et reçoit la même année le prix STEACIE du Conseil national de recherches. L'Association canadienne-française pour l'avancement des sciences lui décerne la Médaille Vincent et la Médaille Pariseau et, en 1976, il remporte le prix Merck, Sharp and Dohme de l'Institut de chimie du Canada. En 1983, il est élu à la Royal Society (Londres) et est fait Officier de l'Ordre du Canada en 1989.

W.A. Ayer

Desmarais, Lorraine, pianiste et compositeur (Montréal, 15 août 1956). Après des études en musique à Sherbrooke, Montréal et New York, elle remporte le concours Yamaha au Festival de jazz de Montréal en 1984 et le Félix de l'album jazz de l'année en 1985. La pianiste se produit en tournée canadienne avec les JEUNESSES MUSICALES DU CANADA, puis en solo en Europe, aux Philipines, en Russie et dans plusieurs villes américaines. Habituée des festivals de jazz partout dans le monde, Lorraine Desmarais s'est produite en 1994 au légendaire club de jazz Blue Note à New York et a remporté plusieurs prix, dont le prix SOCAN pour son album *Vision* (1994). Elle enseigne dans des collèges et universités depuis 1985.

Robert Thérien

Desmarais, Paul, financier (Sudbury, Ont., 4 janv. 1927). Après des études à l'U. d'Ottawa et à l'U. McGill, Desmarais travaille pour Courtois, Fredette et Cie, un cabinet de comptables de Montréal, de 1945 à 1951, puis il retourne à Sudbury pour diriger la société d'autobus de son père. En 1961, il prend le contrôle de Provincial Transport, une société de transport de passagers assez importante. En 1965, il achète son premier conglomérat, Trans-Canada Corp. Fund, par lequel il prend le contrôle de *La Presse*, le principal journal montréalais de langue française, de CKAC, la principale station de radio francophone à Montréal, d'Imperial Life, une importante compagnie d'assurances de Toronto, ainsi que de plusieurs autres journaux quotidiens et hebdomadaires.

En 1968, il prend le contrôle de POWER CORPORATION DU CANADA, l'un des principaux conglomérats au Canada. Power Corporation comprend maintenant le principal fonds commun de placements au Canada (Investors Group), l'un des fonds de fiducie les plus importants (Montréal Trust), la quatrième papetière en importance au pays (Consolidated-Bathurst), la deuxième plus grande compagnie d'assurance-vie (Great-West Life Co., à Winnipeg) et plusieurs autres entreprises canadiennes et européennes. En 1987, Desmarais siège au conseil d'administration de quinze sociétés et à celui de Power Corporation. Desmarais et Conrad Black organisent la prise de contrôle de Southam Inc. en 1992. Il est fait Compagnon de l'Ordre du Canada en 1987.

Jorge Niosi

Desmarteau, Étienne, hercule de foire (Boucherville, Qc, 1873—Montréal, 29 oct. 1905). Dans la tradition des hercules de foire canadiens-français comme Louis Cyr, Étienne Desmarteau, policier montréalais, excelle au tir à la corde et au lancer du poids. Il est le premier Canadien à gagner une médaille d'or aux Jeux olympiques pour le lancer des 56 lb lors des Jeux olympiques de St. Louis, en 1904. Il avait auparavant gagné le championnat du monde des poids lourds et le championnat du monde junior du lancer du marteau en 1902. Il établit, en 1905, deux records du monde à 56 lb. Il meurt en 1905 de la fièvre typhoïde. La Ville de Montréal lui dédie un parc en 1972.

Jean R. Duperreault

Desnoyers, Danièle, danseuse et chorégraphe contemporaine (Montréal, 6 nov. 1960). Elle occupe une place à part dans le courant dit de la «nouvelle danse québécoise», qui s'est développé dans les années 80 et 90. Elle rejette les tendances psychodramatiques de ses collègues chorégraphes québécois et se plonge dans l'univers du mouvement et de la motricité pure. Ses danses sont des œuvres dépouillées et poétiques dont le pouvoir évocateur lui vaut une réputation internationale. Sa gestuelle se distingue par son raffinement et sa complexité, de brusques changements dynamiques et l'attention prêtée aux détails complexes. Les costumes riches et originaux, ainsi que les éclairages à effet sculptural, sont conçus par des collaborateurs talentueux et constituent des éléments essentiels de son style chorégraphique unique.

Danièle Desnoyers étudie le BALLET classique pendant une dizaine d'années à partir de l'âge de 6 ans. De 1981 à 1989, elle travaille en vue d'obtenir un diplôme en chorégraphie tout en faisant de la danse professionnelle dans plusieurs productions du chorégraphe Jean-Pierre PERREAULT. Elle crée ses premières danses en 1984 comme membre d'un collectif de danse et fonde en 1989 sa propre compagnie de danse, Le Carré des Lombes. Depuis ses mémorables interprétations au Festival international de nouvelle danse (Montréal, 1992), elle voit affluer les commandes, les offres de stages de création et les occasions de tournées internationales en Amérique du Nord et en Europe.

Depuis 10 ans, elle a créé un ensemble dynamique de sept «poèmes chorégraphiques», tous nourris par une recherche approfondie sur les sources de ses thèmes: *Des héros désaffectés*, étude pour deux danseurs (puis pour cinq) créée en collaboration avec le scénographe Marc-André Coulombe (1986); *Rouges-gorges* (1989), qui exprime le climat inquiétant du roman futuriste de Margaret Atwood, *The Handmaid's Tale*; *Les bois dormants* (1991), création inspirée par la littérature sud-américaine; *Mirador-Mi-clos* (1990), inspiré de l'écriture sur les muses (déesses des arts); *Ex-Voto* (1992), collage d'images tirées de la vie et de l'œuvre du peintre Frida Kahlo; *Du souffle de sa tourmente, j'ai vu* (1994), poème chorégraphique ample et pur pour cinq danseuses; *Discordantia* (1997), qui entremêle le mouvement

avec la musique intense et dramatique de la compositrice russe Sofia Gubaidulina.

En 1999, elle est la seule Canadienne invitée au Festival Theatre Olympics au Japon, un événement d'envergure internationale. Cette même année, elle crée *Concerto grosso pour corps et surface métallique*, une œuvre réalisée en collaboration avec la conceptrice sonore Nancy Tobin. Cette recherche fine et poussée sur le rapport entre le mouvement et le son vaut à Danièle Desnoyers un prix d'auteur aux VIIᵉˢ Rencontres chorégraphiques internationales de Seine-Saint-Denis (France) de l'an 2000, véritable rendez-vous des nouvelles tendances en danse contemporaine.

Dena Davida

DesRochers, Alfred, journaliste, traducteur, poète, critique (Saint-Élie d'Orford, Qc, 5 août 1901—Montréal, 12 oct. 1978). En tant que poète et critique, DesRochers est une personnalité importante de la littérature québécoise entre les deux guerres. *L'Offrande aux vierges folles* (1928) et, en particulier, *À l'ombre de l'Orford* (1929, prix David en 1932) présentent un poète novateur qui va au-delà du régionalisme de cette époque. Inspiré par le romantisme français et par la grandeur de l'Amérique du Nord, DesRochers adopte le point de vue réaliste, ainsi que le style de la versification traditionnelle. *Paragraphes* (1931) est l'œuvre d'un critique authentique, qui influence fortement les poètes des années 30. Deux recueils de poésie sont publiés dans les années 60, *Le Retour de Titus* (1963) et *Élégies pour l'épouse en-allée* (1967). *Œuvres poétiques* (1977) contient quelques-uns des poèmes les plus importants ayant été publiés dans les revues et les journaux.

Richard Giguère

Desrochers, Clémence, comédienne, humoriste, chanteuse et auteure (Sherbrooke, 23 nov. 1934). Fille du poète Alfred DESROCHERS, elle est la plus célèbre femme-monologuiste de sa génération au Québec. Ses textes souvent biographiques et anecdotiques, livrés sur le ton de la confidence, souvent au téléphone, oscillent entre les clins d'œil cabotins et le regard lucide posé sur la société québécoise.

Entrée au Conservatoire après une formation à l'École normale et une très courte expérience dans l'enseignement, elle fait ses premiers pas avec la troupe La Roulotte de Paul BUISSONNEAU. En 1958, elle écrit son premier monologue, *Ce que toute jeune fille devrait savoir, ou Mon entrée à Radio-Canada*. Étrangement, la satyre lui ouvre les portes de la télévision naissante et lui assure surtout une place au sein des Bozos (1959), troupe de cabaret comptant également Claude LÉVEILLÉE, Jean-Pierre FERLAND, Jacques Blanchet, Raymond LÉVESQUE et André GAGNON. En 1964, elle signe le livret de la première revue musicale québécoise, *Le Vol rose du flamant*, qui sera suivi de plusieurs autres (*La grosse tête*, *Les girls*, *C'est pas une revue, c'est un show*, etc.). Elle connaît son plus grand succès sur disque en 1975 avec la chanson *Le monde aime mieux Mireille Mathieu*.

À la télévision, elle joue dans *La Famille Plouffe*, elle participe à d'autres téléromans et incarne Mademoiselle Sainte-Bénite dans la télésérie pour les jeunes *Grujot et Délicat*, dont elle écrit les textes en alternance. Elle est aussi l'animatrice de deux émissions quotidiennes très populaires, *Les trouvailles de Clémence*, de 1976 à 1979, et *Les p'tits bonheurs de Clémence* en 1995. En 1983, elle reçoit la médaille Jacques-Blanchet puis, onze ans plus tard, elle est nommée docteur *honoris causa* de l'U. de Sherbrooke.

Stéphane Baillargeon

Desrosiers Dance Theatre Fondé à Toronto en 1980 pour présenter les œuvres de son chorégraphe et directeur artistique, Robert DESROSIERS. La taille de la compagnie varie selon les circonstances économiques et les besoins des chorégraphies. En raison de la nature théâtrale de ses œuvres, Desrosiers choisit

souvent des danseurs non-conformistes, si on les considère strictement du point de vue de la danse. Cependant, ceux-ci excellent à rendre son humour écervelé, son caractère fantaisiste et ses chorégraphies souvent acrobatiques. En 1990, Desrosiers remanie considérablement sa compagnie afin de mettre davantage l'accent sur la pureté du mouvement, mais, en 1996, il revient à son style original plus familier et populaire.

L'intérêt de Desrosiers pour des spectacles dans lesquels il se livre à des expériences avec le son et le mouvement fait que sa compagnie attire un plus grand public que les troupes de danse conventionnelles. Le Desrosiers Dance Theatre fait des tournées internationales et est invité à présenter *Incognito*, de Desrosiers, au Calgary Olympic Arts Festival, en 1988. En 1996, le déménagement de la compagnie dans le Hummingbird (O'Keefe) Centre, qui compte 3200 places, occasionne un malheureux revers financier et déclenche une période d'importantes compressions budgétaires.

Michael Crabb

Desrosiers, Léo-Paul, écrivain, fonctionnaire (Berthier-en-Haut, Qc, 11 avril 1896—Montréal, 20 avril 1967). Desrosiers, qui a donné un nouveau souffle au roman historique, demeure l'écrivain qui a le mieux manifesté sa fidélité au passé tout en rejetant inconsciemment celui-ci. Douloureuse, en effet, est son œuvre, obsédée par le problème de la survivance, par l'incertitude, la méfiance et le ressentiment qui s'incarnent dans plusieurs de ses personnages. Descendant des premiers colons de la vallée du Saint-Laurent, il naît dans une famille de fermiers. Après des études classiques au Séminaire de Joliette, il subit l'influence du nationalisme d'Henri BOURASSA et de Lionel GROULX. Il occupe tour à tour les fonctions de journaliste parlementaire au journal LE DEVOIR, à Ottawa, de rédacteur du *Hansard* et de conservateur de la bibliothèque municipale de Montréal. Il est membre de la Société des Dix, de la Société royale du Canada et de l'Académie canadienne-française.

Son intérêt pour l'histoire lui inspire des biographies et ses meilleurs romans. Sa plus importante contribution à la littérature est sans contredit *Les engagés du Grand Portage* (1938; trad. *The Making of Nicolas Montour*, 1978), livre qui évoque l'époque du commerce des fourrures, au début du XIXᵉ siècle. Son roman *L'Ampoule d'or* (1951) mérite d'être lu et relu pour la sobriété et la poésie de son récit.

Réjean Beaudoin

Desrosiers, Robert Guy, danseur, chorégraphe et administrateur (Montréal, Qc, 10 oct. 1953). Brillant danseur indépendant, Desrosiers acquiert une renommée internationale en tant que chorégraphe d'une imagination et d'une originalité surprenantes. Il fait ses études à l'ÉCOLE NATIONALE DE BALLET (1965-1971) et est membre pendant une courte période du BALLET NATIONAL DU CANADA avant de poursuivre sa formation et sa carrière en France, en Angleterre, aux États-Unis et au Canada.

Étant donné qu'il ne souhaite pas faire partie trop longtemps d'une compagnie de ballet et qu'il commence à développer ses propres idées de chorégraphie, il en vient tout naturellement à fonder le DESROSIERS DANCE THEATRE, en 1980. L'œuvre de Desrosiers est très vite applaudie pour son utilisation unique du mouvement, du décor, de la musique, du film ou de la vidéo, de la chanson, du discours, ainsi que pour ses effets scéniques inventifs. Les créations de cette période, *Nightclown* et *Brass Fountain* (1980), *The Fool's Table* (1982) et *Ultracity* (1986), sont souvent décrites comme des œuvres fantastiques et surréalistes. En 1986, il produit aussi un important spectacle multimédia, *Lumière*. Il intègre à son œuvre *Incognito*, créée en 1988 et commandée par le Calgary Olympic Arts Festival, des tours de magie dans le but d'illustrer le combat mené par un homme contre la maladie mentale.

Même s'il crée rarement pour d'autres compagnies que la sienne, il accepte une commande d'Erik Bruhn pour le Ballet national du Canada, en 1985. Cette chorégraphie, *Blue Snake*, avec ses décors mécanisés et ses costumes très recherchés, demeure l'une de ses créations les plus extravagantes et spectaculaires. Le Ballet national du Canada la présente au Metropolitan Opera House de New York, en 1988. Desrosiers réalise aussi des chorégraphies pour le Winnipeg's Contempory Dancers, le Ballet de l'Opéra de Lyon, en France, ainsi que pour l'École nationale de ballet.

En 1990, il réorganise sa compagnie et choisit de mettre l'accent sur le mouvement et la chorégraphie plutôt que sur la théâtralité. Ce changement est perceptible dans des créations comme *Jeux* (1990), *Full Moon* (1991) et *Black & White in Colour* (1993). Cependant, dans ses œuvres plus récentes telles *Corridors* (1996), il reprend son ancien style. Sa compagnie se produit en tournée dans toute l'Amérique du Nord et du Sud, en Europe, en Australie, au Japon et à Singapour. En mars 1996, Desrosiers n'hésite pas à produire un spectacle pendant toute une saison au Centre O'Keefe (maintenant le Centre Hummingbird) de Toronto. Malgré son succès artistique, ce spectacle ne donne pas les résultats financiers escomptés et la compagnie de Desrosiers doit réduire considérablement ses activités pour tenter de retrouver sa rentabilité.

Il reçoit le prix Jean A. Chalmers pour la chorégraphie en 1985.

Michael Crabb

Dessailliant, dit Richeterre, Michel, peintre (actif entre 1701 et 1723). Victime du mercantilisme de la métropole, Dessailliant ne réussit pas à s'établir en Nouvelle-France. C'est regrettable, car la seule œuvre qu'on lui attribue avec certitude, *Portrait de Mère Louise Soumande de Saint-Augustin* (1708), montre une grande sensibilité picturale. On lui attribue, mais sans preuve, quelques-uns des *ex-voto* de Sainte-Anne-de-Beaupré. Les archives ne mentionnent de lui que des portraits.

François-Marc Gagnon

Dessane, Antoine, organiste, pianiste, violoncelliste, professeur et compositeur (Forcalquier, près d'Aix-en-Provence, France, 10 déc. 1826—Québec, 8 juin 1873). Fondateur de la chorale Société musicale Sainte-Cécile (1869), Antoine Dessane est membre actif de plusieurs sociétés musicales du Québec. Son frère aîné et son père lui enseignent la musique jusqu'à ce qu'il entre au Conservatoire de Paris à l'âge de 10 ans. La vie est dure pour les artistes après la Révolution de 1848, et Dessane accepte le poste d'organiste à la basilique Notre-Dame à Québec (1849-1860). Il est par la suite organiste à New York, mais il revient à Québec en 1869, cette fois pour occuper le poste d'organiste à l'église Saint-Roch. Bon nombre de ses œuvres, plus de 50 pièces de musique sacrée et profane, reflètent son pays d'adoption. Elles comprennent *La Québécoise* et *Souvenir de Kamouraska*.

Hélène Plouffe

Dessin humoristique et bande dessinée L'histoire de la bande dessinée et du dessin humoristique au Canada a suivi la croissance et le développement des journaux et de l'édition. La survie des journaux coloniaux de la première période de la presse canadienne (1752-1807) dépendait du patronage du gouvernement. On n'y trouvait pas de bandes dessinées ou d'illustrations humoristiques. Les Canadiens qui voulaient se distraire pouvaient le faire à l'aide des amusantes gravures sur bois des almanachs.

La deuxième période de la presse (1807-1858) voit apparaître les entrepreneurs de l'édition et de l'imprimerie dans les villes en développement. Les recettes tirées de la vente et de la publicité remplacent le patronage du gouvernement et un esprit nouveau, indépendant, se manifeste dans l'apparition de dessins humoristiques, principalement des caricatures politiques. L'influence de la bande dessinée européenne et américaine commence à se faire sentir.

Le 1er janvier 1849, le graveur et dessinateur John H. Walker (1831—1899) commence à publier *Punch in Canada,* du nom de la revue humoristique qui paraît en Angleterre depuis 1841. C'est la première publication canadienne à présenter des dessins humoristiques. *Punch in Canada* cesse de paraître après que Walker s'installe à Toronto en 1850 et essaie de faire de la revue une publication hebdomadaire. Il publiera plusieurs autres revues d'humour qui ne feront pas long feu, dont *The Grumbler, Grinchuckle* et *Diogenes.* Le *Canadian Illustrated News,* du nom de sa contrepartie londonienne, publie souvent des caricatures et des dessins satiriques produits par des artistes comme Edward Jump, J.G. Mackay et Octave-Henri JULIEN.

Durant la troisième période de la presse (1858-1900), on assiste à une croissance rapide du nombre de journaux et de périodiques et à des progrès majeurs en matière d'impression et de gravure. Les syndicats américains de distribution de journaux et d'articles se lancent rapidement dans l'industrie en plein développement de la bande dessinée dans la foulée de l'apparition en 1885 de la première «bande» dessinée aux États-Unis, «The Yellow Kid». Dix-sept ans plus tard, la première bande dessinée d'un Canadien destinée à un journal d'ici fait son apparition.

John W. Bengough (1851—1923) compte parmi les premiers caricaturistes importants du Canada. Il publie à Toronto, de 1873 à 1894, une revue de satire sociale et politique appelée *Grip.* La longue durée de *Grip* permet de se faire une bonne idée du style d'humour de la période, avec les caricatures produites par Bengough, en particulier ceux de sir John A. Macdonald.

Hector Berthelot (1842—1895), surnommé «prince des humoristes canadiens», sera le premier à publier anonymement dans *La Scie* (1863-1868), une revue politique satirique de Montréal. En 1877, Berthelot lance *Le Canard,* la première des 16 revues humoristiques auxquelles il contribuera durant sa carrière. Son personnage le plus durable sera Baptiste Ladébauche, qui apparaît dans *Le Canard* en novembre 1878, dans une bande dessinée appelée «Père Ladébauche», du titre d'une chanson de folklore canadienne-française. Baptiste survivra à Berthelot et continuera ses facéties sous la plume d'A.G. Racey et de Joseph Charlebois. Finalement, Albéric Bourgeois poursuivra la série dans *La Presse.*

En 1904, Albéric Bourgeois (1876—1962) crée une bande intitulée «Les aventures de Timothée», qui paraît régulièrement dans *La Patrie* de Montréal. En 1905, il passe à *La Presse,* où il prend la relève de Joseph Charlebois pour produire le «Père Ladébauche». La bande change de nom, «En roulant ma boule», et le personnage central, Baptiste, a maintenant une femme, Catherine. Bourgeois dessinera la bande pendant les 52 années suivantes, le dernier épisode ayant paru dans *La Presse* le 23 mars 1957. Il a créé plusieurs autres bandes dessinées pour ce journal, comme «Les Aventures de Toinon» (1905-1908) et «Les Fables du parc Lafontaine» (1906-1908).

Un peu plus tôt, le 20 décembre 1902, *La Presse* fait paraître non pas une série mais une bande d'un seul épisode, intitulée «Pour un dîner de Noël», réalisée par Raoul Barr, qui sera aussi l'auteur de la première page comique à paraître au Canada, la même année, dans *La Presse.* En 1903, Barr déménage à New York et, sous le nom de Barry, devient un pionnier et un innovateur de l'industrie du film d'animation. De New York, il dessine deux bandes d'existence brève pour *La Patrie,* «Les Contes du père Rhault» (1906-1908), et «À l'hôtel du père No» (1913), une version française de «Noah's Ark» (L'Arche de Noé), une bande qu'il avait créée en 1912 pour le McClure Newspaper Syndicate.

Palmer COX (1840—1924) est né à Granby, au Québec. En 1875, il travaille comme illustrateur à New York. Sa plus grande réussite est la création des Brownies. Au tournant du siècle, il publie 13 livres de poèmes, de dessins et d'aventures de ses créatures féeriques, donnant lieu à l'une des plus importantes campagnes de marchandisage et de promotion de produits de l'époque, y compris l'appareil photo «Brownie» de Kodak. Cox se retirera à Granby et vivra dans une maison qu'il appelle le Brownie Castle (château Brownie), où il s'éteindra.

En 1906, H.A. McGill, dessinateur humoristique né en Nouvelle-Écosse, travaille à New York où il crée plusieurs bandes. La plus populaire sera «The Hall Room Boys», appelée plus tard «Percy and Ferdy», dont il tirera un recueil en 1921.

Russell Patterson, né aux États-Unis et vivant à Montréal au début des années 1900, dessine pour *La Patrie* une bande intitulée «Pierre et Pierrette». On se souvient surtout de lui pour l'influence qu'il a sur la mode de la jeune fille délurée des années 20 (*flapper*) avec ses illustrations, abondamment reproduites, des célèbres «Patterson Girls», parues dans des revues comme *Harper's Bazaar* et *Cosmopolitan.*

En 1901, une revue humoristique intitulée *The Moon* paraît à Toronto. Même si elle paraît à peine un an, elle publie les dessins de Newton McConnell, caricaturiste au *Toronto Daily News,* de Fergus Kyle du Globe, de C.W. JEFFERYS, artiste du *Toronto Star* et de A.G. Racey, qui succédera à Henri Julien au *Montreal Star* en 1908.

Au-delà des années 1900, les presses devaient être transportées dans l'Ouest par chemin de fer, bateau à vapeur, char à bœufs, cheval de bât et sur le dos de leurs propriétaires dans pratiquement toutes les localités qui revendiquaient ce statut. Les dessins humoristiques sont parvenus jusque dans les camps de mineurs avec *The Ledge,* publié à la fin des années 1800 à New Denver, Colombie-Britannique, par R.T. Lowery. Dès 1901, l'édition du samedi du *Manitoba Free Press* comporte des dessins dans une case unique et, deux ans plus tard, le journal publie sa première pleine page de bandes dessinées, «Buster Brown», vendu à tous ses journaux affiliés par le *New York Herald.* En 1904, Bob Edwards lance l'exubérant et désopilant *Calgary Eye Opener.* Au départ, Edwards faisait lui-même les dessins, mais ne les signait pas. Dans les années suivantes, ce sont Donald McRitchie, qui a travaillé à l'*Eye Opener* de 1907 à 1912, et Charles Forrester, qui y était toujours quand il a cessé de paraître en 1922, qui s'en chargeront en très grande partie.

En 1927, Richard Taylor se joint à *The Goblin* (1921-1929), une revue de Toronto qui se spécialisait dans l'humour «collégien» plus raffiné des années 20. Artiste commercial, Taylor réalise un grand nombre de dessins pour chaque numéro, chacun dans un style particulier et sous différents noms. En 1935, sous le nom de «Ric», il dessine une bande hebdomadaire, «Dad Plugg», pour *The Worker,* le journal du Parti communiste du Canada. En 1936, il s'installe à New York où il devient un dessinateur comique de gags. Ses dessins paraissent régulièrement dans *The New Yorker* et d'autres revues importantes. Son œuvre a fait la matière de plusieurs recueils.

Grâce à *Canada in Khaki,* les dessins humoristiques pénètrent le monde des tranchées au cours de la Première Guerre mondiale et, durant la Seconde Guerre mondiale, les troupes canadiennes peuvent se distraire avec les nombreuses bandes que l'armée canadienne publie dans *Maple Leaf* et *Khaki.* Des dessins humoristiques émaillent également *Wings,* le journal de l'ARC (Aviation royale du Canada).

«Herbie and this Army» de William Garnet «Bing» Coughlin est d'abord paru dans le *Maple Leaf* au printemps de 1944 à Naples. Herbie, le héros au menton fuyant de Bing, deviendra une mascotte au front et les Canadiens jalonneront leur passage de graffitis «Herbie wuz here» (Herbie est passé par ici). En 1944, il sera élu «Canadian Man of the Year» (Canadien de l'année) par les troupes. D'autres personnages deviendront populaires, comme «Monty and Johnny» de Les Callan (dessinateur au *Toronto Star* dans la vie civile) et «Occupational Oscar and this Doggone Army» de Merle «Ting» Tingley. Après la guerre, «Ting» deviendra caricaturiste au *London Free Press*.

Jimmy Frise, illustrateur de la chronique humoristique de Gregory Clark dans la revue *Maclean's*, crée «Life's Little Comedies» en 1921 pour le *Star Weekly*. La bande y paraît plus tard sous le nom de «Birdseye Centre» et ce jusqu'en 1947, où Frise l'emporte au groupe *Montreal Standard/Family Herald,* qui change son nom pour «Juniper Junction». Frise meurt l'année suivante et Doug Wright, le nouveau caricaturiste du *Standard,* prend la relève. Il continue jusqu'en 1968, année de la disparition du *Family Herald,* et de la bande dessinée par la même occasion. Wright a lui-même créé deux bandes populaires: «Nipper» au début des années 60, et la suite, «Doug Wright's Family», en 1967.

Plusieurs caricaturistes se sont essayés à la bande dessinée et au dessin humoristique. Arch Dale (1882-1962) le fait comme pigiste au *Winnipeg Free Press* et au Grain Growers Guide en 1907. Il s'installe à Chicago en 1921, où il dessine une bande appelée «The Doo Dads» pour la United Feature and Specialty Company, qui la vend à quelque 50 journaux. Dale retournera au *Free Press* en 1927, où il sera caricaturiste jusqu'à sa retraite en 1954.

Lou Skuce (1886—1951) a travaillé comme caricaturiste dans plusieurs journaux, en plus d'être éditeur artistique au *Sunday World* de Toronto pendant 14 ans. Il a fait des dessins humoristiques et des illustrations pour plusieurs publications au cours de sa carrière, depuis *The Goblin* jusqu'à la revue *Maclean's*. Il a aussi créé une bande, «Cash and Carrie» pour le Bell Syndicate en 1927 et une bande de courte durée, «Mary Ann Gay», pour United Press Features en 1928.

Stewart Cameron (1912—1970) a été caricaturiste au *Calgary Herald* et au *Vancouver Province*. Quatre recueils de ses illustrations humoristiques sur les rodéos et les chevauchées aventureuses dans les sentiers de montagne paraissent en 1972, après sa mort: *What I Saw At the Stampede, Let The Chaps Fall Where They May, Weep for the Cowboy et Pack Horse in the Rockies – Dudes, Denims and Diamond Hitches.*

Lew Saw, un Australien qui a été un certain temps caricaturiste au *Vancouver Province,* dessine une bande intitulée «One-Up» à la fin des années 50 et au début des années 60. Al Beaton, caricaturiste au *Toronto Telegram,* dessine «Ookpik», une bande inspirée d'un jouet populaire au milieu des années 60, une chouette de l'Arctique en peluche. Elle paraîtra pendant 20 ans dans 50 journaux. Adrian Raeside du *Times-Colonist* de Victoria dessine à la fin des années 70 une bande appelée «Captain Starship».

Le caricaturiste Vance Rodewalt du *Calgary Herald,* après avoir longtemps dessiné des petits oiseaux qui faisaient des commentaires en marge de ses dessins éditoriaux, en fait une bande à part entière, «The Byrds» (1974-1979). Depuis le 12 septembre 1988, il signe «Chubb and Chauncey», une bande largement vendue par les agences. Steven Nease, caricaturiste au *Oakville Beaver,* a commencé à dessiner «Pud» en 1984; la bande paraît plus tard dans plus d'une douzaine de journaux.

Susan Dewar, caricaturiste au *Ottawa Sun,* a commencé, en juillet 1995, à dessiner une bande, «Us and Them», en collaboration avec l'Américain Wiley Miller, créateur de «Non Sequitor». Miller a abandonné en mars 1997 et Milt Priggee a pris la relève.

On a vu au Canada des combinaisons uniques de bandes dessinées et de *panel gags*. Au début des années 1900, J.B. Fitzmaurice (1873?—1924) regroupait régulièrement ses dessins sous forme de «bande» dans ses éditoriaux, quand il travaillait au

Montreal Herald et au *Vancouver Daily Province.* La réunion de plusieurs dessins dans un même panneau a atteint un sommet avec «La vie en images», une page de dessins sur les événements et la vie quotidienne à Montréal, que Jacques Gagnier a commencé à publier dans *La Patrie* à partir du 6 février 1944. Abandonnée par Gagnier en 1947, la page sera réalisée par Jean Leduc jusqu'en 1956. En 1945, Gordie Moore de *The Gazette* de Montréal créait un panneau encadré divisé en 4 sections, appelé «Around our Town». Un recueil portant le même titre est paru en 1949.

Plusieurs séries de *panels* représentant des personnalités, des événements, l'histoire et la géographie du Canada, ont été réalisés au pays. À la fin des années 50 et au début des années 60, Ken Gray a dessiné «What's in a Name?» et «Who Said That?» pour l'agence du *Toronto Star.* Dans les années 60, George Shane (1921—) a fait une série appelée «Oh, Canada» et, dans les années 70 et 80, Gordon Johnston produit une série intitulée «It Happened in Canada», publiée ensuite en recueil. Au début des années 80, Cy Morris réalise «Spotlight on Labour History», qui sera vendu par l'agence Union Art Services.

Les dessins comiques et les illustrations de George Feyer (1921—1967) et de Peter Whalley (1921-) étaient devenus familiers dans les années 50 et 60 aux lecteurs de la revue *Maclean's* et d'autres publications canadiennes. Whalley a aussi illustré *Uninhibited History of Canada* (1959) d'Eric Nicol. La revue *Maclean's* a longtemps accueilli dans ses pages la création la plus célèbre de James SIMPKIN, l'ours «Jasper». «Jasper» a paru régulièrement comme *panel* dans *Maclean's* de 1948 à 1972 et a été vendu comme bande quotidienne et bande en couleur le week-end par l'agence Canada Wide Features.

Les dessins humoristiques apparaissent souvent dans des publications spécialisées. Albert Chartier a commencé «Onésime» en 1943 dans le *Bulletin des agriculteurs.* Dans les années 50, les dessins de Lawrence Purdy se moquent des faiblesses du clergé dans le *United Church Observer.* Don Smith, employé d'une pétrolière de l'Alberta, propose des dessins anonymes au *Oil Week,* qui les publie de 1973 à 1983. Une anthologie de ses productions, *It Only Hurts When You Produce,* paraît en 1987. George Shane fait des dessins pour des publications syndicales dans les années 70 et 80 et Mike Constable crée la Union Art Services à Toronto qui vend des dessins à la presse syndicale. À partir de 1968, *Kainai News* publie les dessins qu'Everett Soop fait à l'intention des communautés autochtones du sud de l'Alberta. Deux recueils de Soop ont paru, *Take a Bow* (1979) et *I See My Tribe Is Still Behind Me* (1990). Dans les années 70, Trevor Hutchings fait de nombreux dessins sur le monde des affaires, qui sont publiés dans le *Financial Post* et *Marketing,* de même que dans *Playboy, Esquire* et *Oui.* Doug Sneyd, un dessinateur pigiste d'Orillia, en Ontario, fait des dessins pour *Playboy* depuis le début des années 60. Il a également dessiné une bande politique appelée «Scoops» (1978-1982).

La presse «underground» et «alternative» de la fin des années 60 et du début des années 70 accueille de nombreux dessinateurs. Rand Holmes crée dans le *Georgia Straight* de Vancouver «Harold Hedd», réplique des «Fabulous Furry Freak Brothers» de San Francisco. Les dessins seront réunis sous forme de livre, *Harold Hedd,* numéros 1, 2 et 3. Kerry Waghorn, dont les caricatures sont vendues par les agences aux pages éditoriales du monde entier, a réalisé une bande en 1969 pour le *Straight,* «The Apologies of Justin Martyre».

Des hebdomadaires gratuits de musique, d'art et de divertissements, certains aux allures «alternatives», sont apparus dans plusieurs villes dans les années 80, avec occasionnellement des bandes et des dessins d'artistes locaux. De 1988 à 1992, *The Montreal Mirror* publie la bande «Slum Dog» de Peter Sandmark, qui les publiera lui-même à compte d'au-

teur en 7 mini-recueils. En 1997, il entreprendra une nouvelle bande, une sorte de produit dérivé de «Slum Dog», appelé «Roach Town», qui paraîtra également en mini-recueil. La même année, *The Montreal Mirror* commence la publication de la populaire bande «Anglo-Man» de l'artiste Gabrielle Morrissette et de l'écrivain Mark Shainblum, qui en tireront deux recueils.

La publication de «Weltschmerz», une bande politique satirique de Gareth Lind, est apparue pour la première fois en 1993 dans *Id,* un bimensuel de Guelph; la bande paraît maintenant dans *Eye* de Toronto et le *X-Press* d'Ottawa. Lind réalise aussi une bande sans nom pour *This Magazine* et *Eye,* qui avait commencé à la fin des années 80 dans un hebdomadaire alternatif de Guelph intitulé *Metropolis.*

Les trois dessinateurs humoristiques canadiens les plus lus sont sans doute Jim UNGER, Ben WICKS et Lynn JOHNSTON. Installé aujourd'hui aux Bahamas, Unger a commencé une carrière comme caricaturiste; en 1974, il a créé un *panel gag,* «Herman», qui a connu un immense succès. Le *panel* «Herman», publié le week-end en couleur, a paru la première fois le 30 mars 1980. Maintenant qu'il est vendu par les agences sous le nom de «The Best of Herman», il rejoint une nouvelle génération de lecteurs, et plusieurs recueils ont été publiés.

Ben Wicks a commencé à faire des dessins pour *The Albertan* de Calgary au début des années 60. En 1966, il passe au *Toronto Telegram* et son *panel gag* quotidien commence à se vendre largement. Wicks crée une bande quotidienne en 1975, «The Outcasts», que son fils Vincent a reprise en 1989. Wicks a publié plusieurs recueils et écrit de nombreux livres.

Lynn Johnston a travaillé comme dessinatrice d'animation, artiste commerciale et illustratrice médicale avant de réaliser trois recueils d'illustrations humoristiques sur les aspects amusants de la maternité: *David, We're Pregnant* (1977), *Hi Mom! Hi Dad!* (1977) et *Do They Ever Grow Up?* (1978). L'agence Universal Press lui demande alors d'entreprendre une bande sur la famille contemporaine: «For Better or For Worse», s'inspirant en partie de sa propre famille, paraît pour la première fois le 9 septembre 1979. En 1997, environ 1800 journaux à travers le monde la publient. La même année, elle change d'agence, passant à la United Features Services. La bande est maintenant traduite en espagnol et en français et on prévoit une traduction dans d'autres langues. Johnston a reçu plusieurs prix et distinctions et a été la première femme, en 1985, à obtenir le Reuben, la plus grande distinction de la National Cartoonists Society des États-Unis. Plusieurs recueils de ses œuvres ont été publiés.

Parmi les autres bandes de dessinateurs canadiens, on trouve «Backbench» de Graham Harrop et «Fisher» de Phillip Street dans le *Globe and Mail.* En 1993, l'agence King Features a acheté «Between Friends» de Sandra Bell-Lundy, qui paraissait dans le *Toronto Star.* En 1994, *The Ottawa Citizen* lance deux bandes canadiennes, «Moose Lake» de Roddy Thorleifson de Winnipeg et «Zero Gravity» de Dwight Macpherson d'Ottawa, dans la page de bandes dessinées en noir et blanc du samedi.

Le dessin «Le monde de Yayo», plein de fantaisie, paraît dans *L'Actualité* depuis la fin des années 80. Yayo (Diego Herrera) a publié deux recueils: *Le Carton de Yayo* (1990) et *Zoo-illogique* (1991). La revue *Croc* publie plusieurs bandes d'artistes québécois, dont Serge Gaboury.

Dans la presse anglaise, les dessins individuels incluent «Pavlov» de Ted Martin et «SUNtoon» de Jim Phillips dans les journaux du groupe Sun. «Horrorscope», distribué par l'agence du *Toronto Star* depuis janvier 1990, est écrit par Susan Kelso et dessiné par Adam Rickner, qui a remplacé Eric Olson en avril 1995.

En 1994, des blocs de *panels* en trois couleurs dessinés par des artistes locaux ont commencé à paraître dans la page humoristique de l'*Ottawa Citizen* du dimanche: «Two's A Crowd» de Bill Buttle, «Over the Edge» d'Andrew King et «Flying Solo – The Lighter Side of Single Parenting» de Rebecca Rotenberg et Fortunée Shugar. En 1997, le *Citizen* a abandonné sa page de dessins du samedi et a aussi remplacé «Reality Check», un *panel* quotidien de Dave Whamond d'Ottawa, distribué par la United Feature Services, par «Life in the Laugh Lane», un *panel* hybride incorporant le texte d'une anecdote humoristique d'un lecteur et un dessin de l'artiste Ron Lindsay de Franktown, Ontario, représentant l'événement.

Un *panel* intitulé «Farcus» de Gordon Coulthart et David Waisglass d'Ottawa a commencé à paraître, mais dans la section affaires du *Citizen*, en décembre 1991 et a continué jusqu'à l'été 1997. Ses créateurs ont décidé alors de ne plus le faire sur une base quotidienne, mais de le laisser vivre dans la splendeur virtuelle de son site Web.

Il arrive à l'occasion que la grande presse publie des dessins provenant de journaux étudiants. En 1978, Gary Delainey et Gerry Rasmussen ont créé «Bub Slug» pour le journal étudiant de l'U. de l'Alberta, *The Gateway*. Il a été repris en 1985 dans la pleine page couleur d'humour du *Edmonton Journal* du samedi et a paru pendant 4 ans. En 1992, la bande a été renommée «Betty», le nom de la femme de Bub, et vendue à plus de 600 journaux par l'agence United Features. Delainey et Rasmussen ont aussi réalisé une bande dessinée intitulée «Gramps» (1982-1985).

«The Swan Factory», une bande dessinée de Cuyler Black sur des personnages d'un centre de conditionnement physique, a commencé à paraître en mai 1996; elle est distribuée par l'agence Creators. À 17 ans, Black avait créé «Furtree High», une bande quotidienne dont les personnages étaient des animaux dans une école secondaire, et qui a paru dans le *Ottawa Citizen* de janvier 1984 à juin 1990.

Une bande sur la vieillesse, «Olding Up Well», a commencé dans le *London Free Press* en 1989. Dessinée par Rodney Everitt et écrite par Devin Govindasany, elle a été achetée par l'agence du *Toronto Star* en décembre 1990, mais a disparu en mars 1992. Elle a paru en recueil sous le titre *You're Not Aging, You're Evolving,* en 1991. (*Voir aussi* ILLUSTRATION.)

Craig Layng

Désy, Jean, diplomate (Montréal, 8 janv. 1893—Paris, France, 19 déc. 1960). Homme brillant, ce diplômé de l'U. Laval et de la Sorbonne est admis au barreau du Québec en 1915 et enseigne l'histoire et le droit à l'U. de Montréal de 1919 à 1925. Il entre au ministère des Affaires extérieures en 1925, alors où O.D. SKELTON en prend la direction. Tout comme Laurent Beaudry et Pierre Dupuy, il est un des premiers francophones au ministère. À l'instar de Dupuy, il évite les postes à Ottawa, préférant servir à l'étranger. Comme ministre du Canada en Belgique et aux Pays-Bas (1939-1940), Désy est l'un des premiers diplomates de carrière à diriger une mission canadienne à l'étranger. Il est nommé par la suite ambassadeur au Brésil, en Italie et, finalement, en France.

Norman Hillmer

Detroit, rivière Elle prend sa source dans le lac SAINTE-CLAIRE et coule sur 52 km vers le sud jusqu'à l'extrémité ouest du LAC ÉRIÉ. Elle forme une partie de la frontière entre l'Ontario et le Michigan. La ville de Detroit, au Michigan, et la ville de WINDSOR, en Ontario, sont situées sur ses rives. Faisant partie de la VOIE MARITIME DU SAINT-LAURENT, la circulation commerciale y est dense. Les îles américaines les plus importantes sont Belle Isle, qui est un parc, et Grosse-Île, qui abrite une base navale américaine. Située en Ontario, l'île Fighting Island est la plus étendue du côté canadien. La rivière Detroit tire son nom du mot «détroit» désignant un bras de mer resserré entre deux terres.

Daniel Francis

Dette publique Les gouvernements financent leurs dépenses par l'impôt et l'emprunt. Il leur arrive de récolter des fonds en vendant au public ou aux institutions des titres d'État (p. ex., des obligations). L'ensemble des dettes ainsi accumulées par un État s'appelle la «dette publique». Le capital et les intérêts de la partie de la dette publique que détiennent des non-résidents, une fois remboursés, s'inscrivent au débit de la BALANCE DES PAIEMENTS du Canada. La dette à long terme, comme celle à échéance de 10 ans et plus, prend habituellement la forme d'obligations. La dette à court terme vient à échéance dans 5 ans et moins. Les obligations directes sont des titres émis par l'État lui-même. Les obligations conditionnelles sont des titres émis par des sociétés d'État. Ainsi, des sociétés comme Ontario Hydro, p. ex., récoltent des fonds en émettant des obligations garanties par leurs gouvernements respectifs.

En 1867, le Canada a une dette de 94 millions de dollars qui croît lentement jusqu'à la Première Guerre mondiale. En 1915, la dette atteint 2,4 milliards de dollars. La Crise des années 30 la fait grimper à 5 milliards de dollars. À la fin de la Seconde Guerre mondiale, elle atteint 18 milliards de dollars. Il faut attendre les années 80 pour assister à une nouvelle flambée de la dette publique. La dette fédérale nette inscrite alors dans les comptes publics passe de 81,7 milliards de dollars en 1981 à 239,9 milliards de dollars en 1986, pour atteindre 569,7 milliards de dollars en 1996. (Le calcul de ces chiffres repose sur un système comptable standardisé du nom de Système de gestion financière).

En tant que proportion du produit intérieur brut (PIB), le «ratio de la dette» fédérale grimpe de 23,8 p. 100 en 1981 à 47,4 p. 100 en 1986 et 71,4 p. 100 en 1996. Cette «dette nette» est la différence entre la dette brute (obligations d'État non échues, bons du Trésor, billets et autres dettes) et certains avoirs financiers enregistrés du gouvernement fédéral, tels que liquidités, investissements et prêts. Fondamentalement, les changements qui surviennent dans la dette nette représentent des déficits ou des excédents budgétaires, de sorte que la dette nette totale du gouvernement fédéral est égale à tout moment à la somme cumulée de ses déficits depuis la Confédération.

Les frais (ou intérêts) de la dette publique augmentent au rythme de l'accroissement de celle-ci pour atteindre 47,8 milliards de dollars en 1996, soit environ 27 p. 100 des dépenses totales du gouvernement fédéral, contre seulement 15,9 p. 100 en 1981. Cet accroissement donne l'impression que le gouvernement a perdu le contrôle de sa dette, puisqu'il emprunte pour assurer le service (payer les intérêts dus) de sa dette passée, aggravant ainsi de plus en plus le problème de son déficit.

Les années 80 sont aussi notables pour l'endettement de plus en plus important des autres ordres de gouvernement. En 1981, la dette nette de l'ensemble des gouvernements provinciaux, territoriaux et municipaux se chiffre à 29,4 milliards de dollars sur une base consolidée (sans compter les compensations entre dettes et créances mutuelles de ces instances), soit 8,2 p. 100 du PIB. Une grande partie de cette dette sert à financer des dépenses en immobilisations qui profiteront aux générations futures, qui en assumeront les coûts. En 1995, au terme d'une longue période de déficits de fonctionnement de certains gouvernements provinciaux, la dette nette atteint 208,9 milliards de dollars ou 26,9 p. 100 du PIB.

À la fin de cette période, la dette publique exprimée en proportion du PIB est plus élevée que jamais depuis 1947. La gestion de la dette publique, qui est un volet important de la POLITIQUE MONÉTAIRE, se complique parce que les besoins d'emprunts conduisent le gouvernement à recourir de plus en plus aux bons du Trésor à court terme plutôt qu'aux obligations à long terme. Avec des échéances ainsi raccourcies, les frais de service de la dette publique sont plus sensibles aux fluctuations des taux d'intérêt. Le gouvernement renverse cependant cette tendance depuis le milieu des années 90 en augmentant la part de l'encours total de sa dette composée d'obligations à long terme et à taux fixe négociables sur les marchés financiers.

Les gouvernements provinciaux ont lancé des emprunts en devises étrangères pour avoir un meilleur accès aux marchés financiers internationaux. Ils s'exposent de la sorte aux risques des variations de taux de change et de la volatilité des taux d'intérêt. Les économistes divergent depuis longtemps d'opinion sur la gravité de l'accroissement de la dette publique. Selon certains, la dette publique est faite de fonds que nous nous devons à nous-mêmes, et la décision de la payer plus tard ou plus tôt est hors de propos. Pourtant, les transferts à venir entre contribuables et détenteurs d'obligations peuvent avoir des conséquences involontaires mais lourdes sur la répartition du revenu national.

La dette publique peut aussi enclencher une hausse des taux d'intérêt et ralentir la croissance économique parce que les emprunts publics se font au détriment des investissements privés. Que cela se soit effectivement produit est cependant loin d'être démontré. Des emprunts publics à grande échelle peuvent aussi déclencher l'INFLATION sous l'effet de l'expansion de la masse monétaire. Enfin, l'augmentation de la dette conduit à une hausse marquée des emprunts à l'étranger dans les années 80. Il en résulte que nous devons une part croissante de notre dette non pas à nous-mêmes, mais à des étrangers. Le remboursement de cette dette à des créanciers de l'extérieur va sans doute provoquer une importante saignée dans notre économie.

R.M. Bird et M. Smart

Deux-Montagnes, ville du Qc; pop. 15 953 (rec. 1996), 13 035 (rec. 1991); superf. 6,05 km²; const. en 1982. Elle est située à l'extrémité nord-est du lac des Deux-Montagnes, à environ 30 km au nord-ouest de MONTRÉAL. Tout d'abord connue sous le nom de Saint-Eustache-sur-le-Lac (1921), elle devient Deux-Montagnes en 1963. Ce nom, qui remonte à 1674, figure pour la première fois sur une carte de Jean-Baptiste-Louis FRANQUELIN datée de 1684. C'est le nom donné au lac situé en face de Deux-Montagnes et à la seigneurie qui s'étend vers le nord à partir de la rive. On ignore l'origine exacte de ce nom, mais il se rapporte sans doute aux deux sommets les plus élevés du mont Oka ou au fait que, vu de loin, le lac donne l'impression d'être flanqué par le mont Oka, au nord, et par le mont Rigaud, au sud.

La région est d'abord un lieu de villégiature. Plus tard, en raison de la proximité de Montréal, elle devient une banlieue résidentielle. Le tourisme et l'agriculture, autrefois les piliers de l'économie locale, ont presque disparu. De nos jours, près de 25 p. 100 de sa population est anglophone et des établissements scolaires et religieux desservent ses résidants. Depuis 1991, Deux-Montagnes partage des services municipaux avec sa voisine, Sainte-Marthe-sur-le-Lac. Chaque année, en septembre, la ville est l'hôte du Tournoi international de soccer.

Pierre-Louis Lapointe

Deux Solitudes Traduction française (Paris, 1963) du roman de Hugh MACLENNAN, *Two Solitudes* (Toronto, New York et Des Moines, 1945). Son titre est devenu le symbole de l'héritage le plus inquiétant du Canada: les relations entre Canadiens français et Canadiens anglais. MacLennan utilise un décor historique, qu'il situe dans un cadre mythologique, pour analyser les tensions entre les Canadiens anglais et les Canadiens français. Il commence à la Première Guerre mondiale et termine en 1939. La paroisse de Saint-Marc-des-Érables, dominée par le curé Beaubien, et par Athanase Tallard, un homme puissant mais frappé d'ostracisme par l'Église dans sa tentative d'industrialiser le village, représente la réalité canadienne-française. Montréal, quant à elle, est dominée par des personnages comme Huntley

McQueen, un homme d'affaires presbytérien de l'Ontario. Paul, le fils de Tallard, est à l'aise dans les deux langues, mais il s'est aliéné les deux cultures. Il s'engage dans une véritable odyssée à la recherche de son identité et essaie d'écrire un roman dans lequel il relate sa propre expérience canadienne. Le livre a aussi été traduit en espagnol, en suédois, en tchèque, en néerlandais et en estonien.

Neil Besner

Développement régional, planification du Les gouvernements effectuent une planification du développement régional pour améliorer le bien-être de la population dans les régions où les conditions de vie actuelles et futures posent des problèmes. La situation économique retient d'habitude le plus d'attention, mais des difficultés d'ordre économique (chômage élevé, bas revenus ou absence de possibilités d'investissement) sont étroitement liées à une vaste gamme de problèmes matériels et sociaux. Ces derniers comprennent les conditions inadéquates de salubrité et de logement, les lacunes des infrastructures matérielles (approvisionnement en eau, évacuation des déchets, transport), la pollution, ainsi que l'insuffisance des services éducatifs, récréatifs et sociaux. Le programme planifié de développement régional tente habituellement d'aborder ces problèmes d'une façon globale.

Le Canada a une longue tradition de programmes de développement sous diverses formes. Le plus connu est le système de transfert de revenus entre les provinces instauré à la suite du rapport Rowell-Sirois de 1940. Pourtant, ce n'est qu'en 1969 que le gouvernement fédéral adopte une approche globale du problème des disparités régionales, au moment de la création du ministère de l'Expansion économique régionale (MEER). L'objectif principal du MEER est d'aider à créer des possibilités d'emplois, mais il distingue deux types de besoins. Le premier touche des régions désignées, où le chômage est élevé, mais où existent déjà des infrastructures propices au développement. Dans ces régions, les subventions sont accordées aux entreprises disposées à investir dans l'établissement ou l'agrandissement d'usines de fabrication. Le deuxième type de besoins vise certaines régions dépourvues à la fois d'infrastructures et d'établissements, et de services sociaux. Pour ces régions, le MEER adopte des programmes globaux prévoyant l'aménagement de parcs industriels, la formation professionnelle, la construction de nouveaux logements, la mise en place d'une vaste gamme de services sociaux et de santé, ainsi que la création d'emplois dans le secteur des services ou de la fabrication. Les deux types de programmes sont financés et administrés dans le cadre de partenariats fédéraux-provinciaux, mais le gouvernement fédéral assume une plus grande part des frais dans les provinces moins nanties.

À partir de 1973, en réaction aux critiques selon lesquelles les programmes de développement régional sont trop centralisés, les gouvernements provinciaux obtiennent une plus grande autonomie dans la conception et la mise en œuvre des projets soutenus par le MEER. En 1982, la plupart des programmes du MEER passent au Service de l'expansion industrielle régionale (EIR), qui relève du ministère du Commerce. Un nouveau ministère du Développement économique régional est alors créé afin de coordonner les efforts du gouvernement fédéral pour le bénéfice des régions. Vu la piètre conjoncture économique nationale, on fait valoir que le développement régional ne saurait être efficace sans l'établissement préalable de stratégies nationales et provinciales bien définies. On craint que, si on laisse les régions se faire concurrence dans un marché déjà fort limité, le Canada n'arrive pas à acquérir sur la scène internationale un avantage concurrentiel dans de nouveaux domaines tels que les communications électroniques ou l'équipement de transport dans le Nord.

En 1987, le gouvernement fédéral apporte plusieurs changements importants à sa politique de développement régional. Il crée d'abord un nouveau ministère de l'Industrie, des Sciences et de la Technologie, afin de mettre en place une politique nationale de développement, surtout en vue d'améliorer la compétitivité du Canada sur le plan international. Ce nouveau ministère regroupe l'ancien ministère d'État chargé des Sciences et de la Technologie et l'ancien Service de l'expansion industrielle régionale et reprend, dans une certaine mesure, le rôle du ministère du Développement économique régional, aboli en 1984. Il crée ensuite trois organismes de développement régional. Le premier, le Bureau de diversification de l'économie de l'Ouest canadien, sert d'organe de planification et de financement de la diversification de l'économie de l'Ouest canadien. Le deuxième, l'Agence de promotion économique du Canada atlantique, doit planifier et mettre en œuvre des projets et programmes pour améliorer le bien-être et promouvoir l'économie de la région de l'Atlantique. Le troisième, l'Initiative fédérale du développement économique du nord de l'Ontario (FedNor), a pour mandat de planifier et de financer, dans le nord de l'Ontario, l'expansion économique et la création d'emplois, y compris dans le secteur touristique. Il est possible que d'autres organismes soient créés. Ainsi, la possibilité de l'établissement d'un organisme du genre pour les territoires nordiques du Canada est à l'ordre du jour. La création de ces nouveaux organismes témoigne de la tendance à étendre l'application des programmes de développement au Canada à de plus vastes régions. En effet, deux des nouveaux organismes ont une représentation multiprovinciale. Dans tous les cas, l'accent porte sur le renforcement d'économies d'échelle au plan régional en misant sur des activités offrant la possibilité d'un avantage concurrentiel. Ces virages de la politique fédérale reflètent un désaccord fondamental sur l'approche à adopter en matière de développement régional au Canada. Les gouvernements provinciaux, pour leur part, manifestent en effet peu d'enthousiasme envers l'idée de stratégies ou de programmes nationaux. En général, ils perçoivent la planification du développement régional comme relevant de leur compétence et font valoir qu'ils sont plus près des régions à problèmes que ne le serait tout organisme national et qu'ils comprennent mieux les priorités et les besoins régionaux. Il est certain que les gouvernements provinciaux ont déjà instauré, de leur propre initiative, une vaste gamme de programmes de développement et qu'ils continueront vraisemblablement à le faire.

Douglas Webster

Deverell, Rex, dramaturge (Toronto, 17 juill. 1941). Après avoir obtenu un diplôme en théologie à l'U. McMaster, Deverell est pasteur d'une congrégation baptiste dans la campagne ontarienne, puis il devient dramaturge en 1970. Deux ans plus tard, il s'associe au Globe Theatre de Regina, où il est écrivain résident depuis 1975. Les nombreuses pièces qu'il écrit à l'intention des enfants sont fortement marquées par des préoccupations d'ordre social. Ses pièces pour adultes les plus populaires vont de *Boiler Room Suite* (1977), une douce fantaisie vécue par deux pauvres diables, pour laquelle il remporte le prix littéraire de la Canadian Authors Association, à *Medicare!* (1979) et *Black Powder: Estevan 1931* (1981), des docudrames sur l'histoire de la Saskatchewan. Parmi ses œuvres récentes, notons *Melody Meets the Baglady* (1985), *Fallout* (1985) et *Switching Places* (1986), à l'intention des enfants, ainsi que *Resuscitation of a Dying Mouse* (1986) et *Quartet for Three Actors* (1987), à l'intention des adultes.

Jerry Wasserman

Deville, Édouard-Gaston, arpenteur-géomètre (La Charité-sur-Loire, Nièvre, France, 21 févr. 1849—Ottawa, 21 sept. 1924). Formé à l'École navale de Brest, Deville sert dans la Marine française et est res-

ponsable de ses levés hydrographiques dans le monde entier.

Deville se retire en 1875 et immigre au Canada pour devenir inspecteur de levés au Québec. En 1881, on le nomme inspecteur des levés des terres fédérales et, en 1885, arpenteur-géomètre général du Canada. Il expérimente le levé photographique dans des régions montagneuses et, en 1889, il publie *Photographic Surveying*. Considéré comme le père de la photogrammétrie au Canada, il supervise de nombreux levés importants. Il est l'un des membres fondateurs de la Société royale du Canada.

Eric J. Holmgren

Devine, Donald Grant, agro-économiste, professeur, fermier, premier ministre de la Saskatchewan (Regina, 5 juill. 1944). Élevé sur une ferme près de Lake Valley en Saskatchewan, Devine étudie à l'U. de la Saskatchewan (B.Sc., 1967), à l'U. de l'Alberta (M.A. en agro-économie, 1970) et à l'Ohio State (Ph.D., 1976). Tout en exploitant une ferme près de Moose Jaw, il enseigne l'agro-économie à l'U. de la Saskatchewan de 1976 à 1979. Défait dans la circonscription de Nutana en 1978, il est néanmoins élu chef du Parti conservateur de la Saskatchewan en novembre 1979. Défait encore une fois lors d'une élection partielle dans Estevan en 1980, il est finalement élu dans cette circonscription en 1982 lorsqu'il mène son parti, absent du pouvoir en Saskatchewan depuis 1929, à une victoire éclatante.

Devine devient premier ministre de la province le 8 mai 1982. En 1986, grâce au vote rural, il devient le premier chef conservateur réélu dans la province. Pendant son règne, il s'efforce de réorienter et de diversifier l'économie de la Saskatchewan, en adoptant une orientation favorable à la libre entreprise et en attirant les investissements étrangers. Devine vend plusieurs sociétés de la Couronne, apporte des changements importants au régime d'aide sociale et d'éducation et dans le milieu du travail. Enfin, il entreprend la construction de deux grands barrages controversés pour contrôler le débit de la rivière Souris. De nouveaux emplois sont créés, mais la dette provinciale continue d'augmenter et le niveau de vie des habitants de la province, de baisser. Au cours de son deuxième mandat, Devine perd la confiance du public et les conservateurs subissent une défaite humiliante le 21 octobre 1991, ne remportant que 10 sièges et le Nouveau Parti démocratique, 55. Roy ROMANOW lui succède comme premier ministre.

D.H. Bocking

Devise L'usage héraldique qui consiste à ajouter à des armoiries une inscription exprimant une pensée appropriée a été observé par le Canada et par 8 des 10 provinces. Les deux territoires n'ont pas de devise, mais beaucoup de municipalités en ont. La devise du Canada est A MARI USQUE AD MARE, dont les traductions officielles sont *D'un océan à l'autre* et *From Sea to Sea*. Voici la liste des provinces, et leur devise officielle en latin et dans la traduction française. Alberta: *Fortis et liber* (fort et libre); Colombie-Britannique: *Splendor sine occasu* (splendeur sans déclin); Île-du-Prince-Édouard: *Parva sub ingenti* (la petitesse abritée par l'immensité); Manitoba: pas de devise officielle; Nouveau-Brunswick: *l'espoir renaît*; Nouvelle-Écosse: *Munit haec et altera vincit* (l'une défend, l'autre conquiert); Ontario: *Ut incepit fidelis sic permanet* (fidèle dès l'origine et pour toujours); Québec: *Je me souviens*; Saskatchewan: pas de devise officielle; Terre-Neuve: *Quaerite prime regnum Dei* (cherchez d'abord le royaume de Dieu). La devise de la ville d'Ottawa est *Advance – Ottawa–En avant*.

John Robert Colombo

Devoir, Le En 1910, Henri BOURASSA fonde le journal montréalais *Le Devoir*, qu'il veut nationaliste pancanadien, très orienté vers le lectorat canadien français, procatholique et antibritannique. Il s'y porte à la défense des droits des Canadiens français, tout particulièrement en matière scolaire et prône l'indépendance du Canada de la Grande-Bretagne.

Ses directeurs et ses éditeurs successifs sont: Bourassa (1910-1932), Georges Pelletier (1932-1947), Gérard FILION (1947-1963), Claude RYAN (1963-1977), Michel ROY (directeur intérimaire, 1978-1981), Jean-Louis ROY (1981-1986), Benoît Lauzière (1986-1990), Lise BISSONNNETTE (1990-1998) et Bernard Descôteaux (1998-). De 1958 à 1968, André LAURENDEAU est l'éditorialiste en chef. Le tirage quotidien est de 12 529 exemplaires en 1910, de 20 112 en 1940, de 48 284 en 1965 et de 27 714 en 1975. En l'an 2000, il est estimé à 42 000 exemplaires le samedi et 28 000 les jours de semaine.

Le Devoir est un journal d'opinions et d'idées jaloux de son indépendance. Il mène une campagne contre la CONSCRIPTION en 1917 et en 1942. Par la suite, il s'oppose à Maurice DUPLESSIS et au système de patronage. Dans les années 70, il se veut fédéraliste. Les nationalistes le désertent et fondent un concurrent, *Le Jour*. Aux élections de 1976, cependant, Claude Ryan, en éditorial, recommande à ses lecteurs de voter pour le Parti québécois. Au référendum de 1980, le directeur intérimaire prend position pour le NON, mais trois autres membres de l'équipe éditoriale signent chacun un éditorial favorable au OUI. Quinze ans plus tard, lors du référendum sur la souveraineté-partenariat, il sera le seul journal au Canada à se déclarer en faveur du OUI.

Dans les années 80, *Le Devoir* traverse une longue crise qui a failli l'emporter. Dans une tentative d'accroître son lectorat, Jean-Louis Roy augmente son contenu économique et culturel. Lise Bissonnette réalise une rénovation complète du journal qu'elle restructure tant au plan financier et administratif qu'au plan graphique et rédactionnel. *Le Devoir* quitte le Vieux-Montréal pour le centre-ville. Sa situation financière se redresse lentement dans les années 90. Bernard Descôteaux entre en fonction alors que le journal, pour la première fois en presque vingt ans, recommence à faire de modestes profits. Il conserve la plupart des orientations définies par Lise Bissonnette tout en explorant des façons d'augmenter les revenus et le tirage, lequel augmente le samedi mais continue à décroître la semaine. La couverture internationale du *Devoir* dépend en partie d'articles provenant des quotidiens français *Le Monde* et *Libération*. C'est l'un des premiers journaux québécois à s'être doté, à l'été 1997, d'un véritable site Internet.

André Donneur, Onnig Beylerian et Antoine Robitaille

Devon, île C'est la deuxième plus grande île (55 247 km²) des ÎLES DE LA REINE-ÉLISABETH, dans les Territoires du Nord-Ouest. Elle est découverte en 1616 par William Baffin et appelée North Devon par W. E. PARRY en l'honneur de la ville de Devon, en Angleterre. Le tiers est de l'île est recouvert d'une calotte glaciaire dont l'épaisseur maximale varie entre 500 et 700 m. Les roches sont très anciennes. On trouve en effet des roches précambriennes, cambriennes et ordoviciennes à l'est et de la roche sédimentaire argilo-gréseuse (silstone) et du schiste argileux (shale) ordoviciens et siluriens à l'ouest. Comme la plus grande partie de l'île est un plateau d'une altitude de 300 à 500 m, ses terres sont stériles, constituées principalement de pierres gélives et presque dénuées de végétaux et de vie animale. La température annuelle moyenne est d'environ -16 °C.

Dans la zone de faible altitude de l'île, Truelove Lowland, on trouve une faune et une flore variées, des sols gorgés d'eau l'été à cause d'un drainage insuffisant, de plus fortes précipitations, des températures plus élevées (de 4 à 8 °C) et un plus grand nombre de journées ensoleillées qu'ailleurs dans l'île. Le sol n'est dénué de neige que pendant 45 à 50 jours chaque été. Les basses terres mal drainées se caractérisent par une toundra parsemée de carex et de mousses où les BŒUFS MUSQUÉS broutent toute l'année. La plupart des êtres vivants de cet écosystème sont des plantes (98,9 p. 100), le reste se composant d'herbivores, de carnivores, de bactéries, de champignons et d'INVERTÉBRÉS qui contribuent à la décomposition des substances organiques.

Les terrains tourbeux sont froids et humides tout l'été et ne contiennent que très peu d'éléments nutritifs. Sur le cordon littoral, composé de gros gravier et de sable grossier, la température ambiante et celle du sol est plus élevée en été. Le sol est également plus sec que partout ailleurs dans l'île. L'écosystème est caractérisé par une végétation de plantes en coussinet (polaire et semi-aride) dont se nourrit toute l'année le LEMMING à collerette. Les végétaux y priment à 98,7 p. 100.

Sur le cordon littoral et dans les prés de carex humide, les invertébrés (vers, protozoaires, moucherons et larves, collemboles) sont plus productifs et consomment plus de substances organiques (4,73 p. 100) que les lemmings, les oiseaux aquatiques et les gros bœufs musqués. Il est donc évident que les petits insectes et autres organismes du sol sont plus importants pour le bon fonctionnement de l'écosystème que ne le sont les 15 à 20 bœufs musqués qui paissent en été et les 60 à 125 qui paissent en hiver dans cette petite oasis de l'Arctique.

À cause de la saison de végétation très courte de l'île (de 40 à 55 jours) et des basses températures le jour (de 2 à 8 °C), le rythme de croissance des plantes et des animaux est lent et leur cycle vital est plus long. De nombreux invertébrés, qui normalement prennent de quelques semaines à une ou deux années à compléter leur cycle biologique dans des régions tempérées, exigent de deux à neuf ans pour y arriver à cette latitude. Bien que l'on trouve dans l'Arctique les mêmes composantes d'écosystème de base que dans les prairies de la Saskatchewan, ou dans les forêts d'arbres feuillus ou de conifères de l'Ontario, la diversité des espèces, le rythme de croissance des organismes et le taux de productivité de l'écosystème sont de beaucoup réduits en raison du peu d'énergie solaire dont peuvent profiter les écosystèmes de ces contrées du Nord, caractérisés par le froid et le manque d'éléments nutritifs.

Lawrence Bliss

Devonshire, Victor Christian William Cavendish, 9ᵉ duc de, gouverneur général du Canada de 1916 à 1921 (Londres, Angl., 31 mai 1868—Chatsworth House, Devonshire, Angl., 6 mai 1938). Le plus jeune membre de la Chambre des communes britannique en 1891, il y reste jusqu'en 1908, année où il accède au duché. Timide, circonspect et orateur prosaïque, on peut aisément le sous-estimer dans son rôle de gouverneur général. Mais il voyage beaucoup et s'avère efficace sur le plan politique tout en faisant preuve d'un grand respect à l'égard des usages constitutionnels. Il ne connaît aucun des problèmes de son prédécesseur, le duc de CONNAUGHT.

En tant qu'un des plus grands propriétaires terriens d'Angleterre, il s'intéresse tout particulièrement à l'agriculture canadienne. De retour en Angleterre, il sert brièvement comme secrétaire d'État aux colonies. Son épouse est la fille du marquis de LANSDOWNE, gouverneur général dans les années 1880. Leur gendre, Harold Macmillan, nous laisse un portrait attendrissant de Devonshire dans le premier volume de ses mémoires, *Winds of Change* (1966).

Norman Hillmer

Dewar, Phyllis, nageuse (Moose Jaw, Sask., 5 mars 1916—Toronto, 8 avril 1961). Dotée d'un esprit compétitif très fort dès l'âge de quatre ans, Dewar est la meilleure nageuse des Prairies à l'âge de dix-sept ans. Elle devient la nageuse préférée des Canadiens lors des Jeux de l'Empire britannique de 1934, en remportant des médailles d'or dans les catégories des 100 et 400 verges style libre, du 300 verges quatre nages et lors de la course à relais 400 verges. Elle est également proclamée athlète féminine de l'année au Canada en 1934. Affaiblie par une grippe, elle fait piètre figure aux Jeux olympiques de Berlin en 1936, mais retrouve la forme et gagne une autre médaille d'or aux Jeux de l'Empire britannique de 1938. Après la mort de son mari, tué dans un accident d'automobile en 1954, cette mère de quatre jeunes enfants sombre dans le désespoir. Sa santé se détériore et elle meurt à l'âge de 45 ans.

Bob Ferguson

Dewdney, Christopher, poète, artiste (London, Ont., 9 mai 1951). Dewdney a déjà dit que les thèmes fondamentaux de son œuvre, résolument d'avant-garde, sont la science, la folie et l'élégance. Après son premier recueil, *Golders Green* (1971), il publie trois essais et sept autres ouvrages de poésie dont deux, *Predators of the Adoration* (1983) et *Radiant Inventory* (1988), sont mis en nomination pour le prix du Gouverneur général. *The Immaculate Perception* (1986), un essai sur la conscience, le langage et les rêves, est également mis en nomination pour le prix du Gouverneur général et remporte le concours littéraire du réseau anglais de Radio-Canada. La poésie de Dewdney révèle une fascination pour le milieu naturel qu'il décrit en empruntant le vocabulaire propre à la paléontologie, la biologie et la physique et qu'il illustre à l'occasion de ses propres dessins. Ce langage spécialisé rend parfois ses ouvrages ardus, mais il est plus accessible dans les poèmes d'amour postmodernes de *Demon Pond* (1994), son dernier recueil. Il vit à Toronto.

Marlene Alt

Dewdney, sir Edgar, arpenteur et politicien (Devonshire, Angl., 1835—Victoria, C.-B., 8 août 1916). Arrivé en Colombie-Britannique en 1859, il construit la ROUTE DEWDNEY. En 1870, il est nommé au Conseil législatif de la Colombie-Britannique en tant que représentant de Kootenay. Il est élu député conservateur fédéral de Yale (Colombie-Britannique) en 1872, en 1874 et en 1878. Il est commissaire des Indiens pour les Territoires du Nord-Ouest de 1879 à 1888 et lieutenant-gouverneur des Territoires du Nord-Ouest de 1881 à 1888. En 1888 et en 1891, il est de nouveau élu à la Chambre des communes, cette fois comme député d'Assiniboia-Est. Il est nommé membre du Conseil privé en 1888. Jusqu'en 1892, il est ministre de l'Intérieur et surintendant général des affaires des Sauvages. Il est lieutenant-gouverneur de la Colombie-Britannique de 1892 à 1897, puis quitte la vie publique pour devenir agent minier et financier à Victoria.

Eric J. Holmgren

Dewdney, route À l'origine, la route Dewdney est une route de 400 km qui s'étend de Hope jusqu'au traversier de Galbraith, sur la rivière Kootenay. Le tracé et la construction de cette route sont confiés à la supervision d'Edgar DEWDNEY, un ingénieur civil nommé en avril 1865 par Frederick Seymour, gouverneur de la colonie de la Colombie-Britannique. Cette route doit alors servir de route vers l'intérieur de la Colombie-Britannique afin de garantir l'emprise britannique sur les exploitations aurifères en plein essor de la région. Même si plusieurs tronçons sont construits dans des conditions difficiles, la route est achevée en six mois. En raison de la création d'autres routes et du nouvel intérêt de l'exploitation minière pour la vallée du Columbia, la route Dewdney perd rapidement de son importance. Dès les années 1880, on ne peut plus franchir le tronçon qui traverse les West Kootenays.

De nos jours, l'un des tronçons les mieux conservés de cette route est une section de 36 km qui s'étend de Christina Lake à Rossland. Le gouvernement de la Colombie-Britannique, travaillant en collaboration avec des propriétaires de terrains privés qui constituent 50 p. 100 du territoire traversé par la route, a rouvert la route Dewdney. Son panorama et son histoire représentent encore un apport important au patrimoine canadien.

Bart Deeg

Dewhurst, Colleen, actrice (Montréal, 3 juin 1926—Wisboro, N.Y., 1991). Sa famille s'installe dans le Midwest américain lorsqu'elle a cinq ans. Elle fait ses débuts professionnels dans *The Royal Family* (N.Y., 1946), alors qu'elle est encore étudiante à l'American Academy of Dramatic Arts. Surnommée «la matrone de Broadway» par le magazine *Time* pour ses interprétations de femmes imposantes, elle remporte de nombreux prix et est l'une des actrices de théâtre marquantes de sa génération. Elle est présidente du Syndicat des artistes de la scène.

Dewhurst est souvent associée aux héroïnes d'Eugene O'Neill, en particulier à Josie Hogan dans *A Moon For the Misbegotten*. Dans le solo *My Gene* (N.Y., 1987), elle incarne la veuve Carlotta d'O'Neill. Elle tient la vedette dans des pièces modernes à Broadway et dans plusieurs dramatiques télévisées. De plus, elle paraît dans trois dramatiques du réseau anglais de Radio-Canada, *A Cheap Bunch of Nice Flowers* (1965), *Anne of Green Gables* (1986; v.f. Anne... *La Maison aux pignons verts*) et *Anne of Green Gables: The Sequel* (1987; v.f. *Anne... La Maison aux pignons verts: suite*). Elle joue dans les films hollywoodiens *The Nun's Story* (1959), *The Cowboys* (1972) et *The Dead Zone* (1983).

John Charles

Dexter, Alexander Grant, journaliste (St. Andrews, Man., 3 févr. 1896—Winnipeg, Man., 12 déc. 1961). Ce grand journaliste ayant accès aux meilleures sources gouvernementales est l'archétype des journalistes politiques canadiens des années 40. Après avoir fréquenté le Brandon College, il entre au *Manitoba Free Press* (1912), où, avec un temps d'arrêt comme militaire pendant la guerre, il reçoit de J.W. DAFOE une formation en journalisme d'orientation libérale.

Après avoir occupé plusieurs postes, il devient, en 1938, correspondant à Ottawa. Grâce surtout à ses liens avec T.A. CRERAR, mais aussi avec des fonctionnaires importants, Dexter est au courant des décisions du gouvernement avant presque tout le monde et profite de ces informations privilégiées pour ses reportages. Bien qu'il ait été rédacteur en chef du *Free Press* de 1948 à 1954, on se souvient de lui grâce à ses reportages et à un remarquable recueil de données précises et de potins sur la vie politique, *Ottawa at War: the Grant Dexter Memoranda, 1939-1945* (1994), que publie l'U. Queen à partir de ses notes de guerre.

J.L. Granatstein

Dextraze, Jacques Alfred, dit «Ja Dex», militaire (Montréal, 15 août 1919—Ottawa, 9 mai 1993). Durant la Seconde Guerre mondiale, il sert en Islande, en Angleterre, en France, en Allemagne et aux Pays-Bas. Il est promu de simple militaire au grade de lieutenant-colonel commandant Les Fusiliers Mont-Royal. Pendant la guerre de Corée, il dirige le 2e Bataillon du Royal 22e Régiment. Commandant de l'École royale canadienne d'infanterie au camp Borden et commandant au camp Valcartier, il est aussi chef d'état-major général chargé des opérations de l'ONU au Congo en 1963. En 1972, il est promu général et devient chef d'état-major de la Défense. En 1977, il démissionne des Forces armées canadiennes pour exercer la fonction de président du conseil d'administration du Canadien National (CN) jusqu'en 1982. Il est nommé Compagnon de l'Ordre du Canada.

Jean Pariseau

Di Cicco, Pier Giorgio, poète (Arezzo, Italie, 5 juill. 1949; immigré à Montréal en 1953). Depuis sa sortie de l'U. de Toronto (B.A., 1973; B. Éd., 1976), il a publié 14 livres parmi lesquels *The Tough Romance* (1979; trad. *Les amours difficiles*, 1990), *Flying Deeper into the Century* (1982) et *Virgin Science* (1986). Après avoir rédigé l'anthologie *Roman Candles* (1978), il fait école parmi les écrivains canadiens d'origine italienne et est répertorié dans les anthologies nationales et internationales. Sa poésie, influencée par des écrivains italiens et latino-américains, se distingue par la fusion «d'images intenses» et d'éléments néosurréels. En 1985, il entre dans un monastère augustinien. (*Voir aussi* LANGUE ITALIENNE, PUBLICATIONS DE.)

Joseph Pivato

Diabète sucré Maladie complexe résultant d'une carence insulinique relative ou absolue, qui peut être imputée à une perturbation de l'efficacité de l'INSULINE. Le diabète peut causer une dégénérescence des vaisseaux sanguins, particulièrement aux yeux et aux reins. C'est la principale cause de cécité et une cause fréquente d'insuffisance rénale. En raison des complications qui en découlent et de la rapidité avec laquelle l'athérosclérose s'installe chez les diabétiques traités de façon inadéquate, le diabète constitue la troisième cause de décès au Canada.

On connaît le diabète sucré depuis des milliers d'années. Le caractère familial de la maladie est également connu depuis longtemps, mais les éléments génétiques qui en sont responsables font encore l'objet de controverses. Les caractéristiques et les causes de la maladie d'un patient diffèrent selon le type de diabète dont il est atteint (voir ci-dessous). Avant la découverte et l'isolation de l'insuline, qui ont valu un prix Nobel à F.G. BANTING, J.J.R. MACLEOD et leurs associés, il n'existait aucun traitement efficace du diabète.

Prévalence On estime à 1,5 million le nombre de Canadiens atteints du diabète et on évalue que 750 000 autres Canadiens en sont atteints, mais l'ignorent. La prévalence varie selon l'âge, mais la plus haute incidence (de 12 à 15 p. 100) se trouve chez la population âgée de plus de 60 ans. La probabilité d'être atteint de diabète double avec chaque tranche de 20 p. 100 d'excès de poids.

Les caractéristiques et les causes de la maladie diffèrent selon le type de diabète. Le type I est un diabète insulino-dépendant (DID). L'auto-immunité est un mécanisme important dans le déclenchement du DID. Les anticorps se développent dans les îlots pancréatiques, où est formée l'insuline, et les îlots finissent par être détruits. Une sensibilité génétique aux infections virales serait une autre cause du DID.

Le diabète de type II est non insulino-dépendant (DNID). Bien que les sujets atteints de DNID sécrètent encore de l'insuline, la régulation de leur glucose sanguin est perturbée et ils peuvent également présenter d'autres anomalies métaboliques. La maladie est le plus souvent diagnostiquée à l'âge adulte et l'obésité est un trait commun chez bon nombre de ces patients. Une forme secondaire de diabète peut survenir chez les personnes souffrant de maladies qui nuisent à la sécrétion d'insuline ou modifient ses effets (maladies du pancréas, hypersécrétion d'autres glandes endocrines comme les surrénales et l'hypophyse).

Traitement du diabète Conçu pour corriger le mieux possible les anomalies métaboliques, le traitement du diabète comporte toujours un régime alimentaire particulier. De plus, le patient doit souvent avoir recours à de l'insuline ou à des antidiabétiques oraux, notamment des sulfamides hypoglycémiants, qui augmentent la sécrétion d'insuline; des biguanides, qui augmentent l'efficacité de l'insuline; et des inhibiteurs des enzymes intestinales, qui retardent la digestion des aliments à base de glucides. On estime qu'un régime alimentaire approprié peut suffire à traiter la moitié des diabétiques; 24 p. 100 doivent prendre des médicaments hypoglycémiants oraux, et 26 p. 100 ont besoin d'injections d'insuline. Étant donné que l'exercice physique peut diminuer le niveau de glucose sanguin, l'activité physique doit aussi faire partie du traitement.

L'insulinothérapie est destinée à remédier à la carence insulinique. Elle doit habituellement être injectée sous la peau, car les enzymes digestives l'empêchent d'atteindre le tube digestif lorsqu'elle est administrée par la bouche. L'éducation des patients diabétiques est importante pour leur permettre de comprendre leur état, de coordonner un régime alimentaire approprié et l'activité physique avec les autres traitements prescrits, d'être capables de tester leur urine ou leur sang pour mesurer leur taux de glucose et de se faire leur injection d'insuline.

G.D. Molnar

Diamant Forme cristallisée de carbone. Il existe plusieurs variétés de diamants, mais tous se cristallisent dans la forme isométrique. Le diamant est très dur parce que les liens entre les atomes de carbone sont très courts et très forts. La grande majorité des diamants de qualité gemme utilisés en joaillerie sont incolore ou jaune très pâle. Les diamants les plus rares et les plus chers sont les «fancy», c.-à-d. ceux qui ont une couleur intense, soit jaune, vert, orange, bleu ou rose. Le bort, qui se compose de particules microcristallines de diamant gris-noir, ne peut pas être utilisé comme gemme, mais on l'emploie pour le forage ou pour couper et polir des matériaux réduits en poudre. Le carbonado est compact, opaque, gris foncé à noir. Composé de cristaux microscopiques de diamants, graphite et carbone amorphe, il est extrêmement dur. C'est une forme naturelle de diamant polycristallin qui trouve des applications dans l'industrie.

Diamants de qualité gemme Ces diamants cristallisent sous plusieurs formes tels l'octahèdre (8 faces), le triso-octahèdre (24 faces), l'hexo-octahèdre (48 faces) ou une combinaison de ces formes. Le diamant possède quatre propriétés qui le distinguent des autres pierres précieuses. Sa première propriété est un indice de réfraction élevé qui lui donne une forte brillance parce qu'il réfléchit de l'intérieur de la pierre presque toute la lumière qui y pénètre. Sa deuxième propriété est une dispersion élevée qui décompose la lumière blanche en ses composantes et donne les couleurs de l'arc-en-ciel au diamant taillé. Sa troisième propriété est sa dureté. Puisqu'il est très dur (10 sur l'échelle Mohs, et 8000 sur l'échelle Knoop qui est une meilleure échelle de dureté pour les substances très dures), il ne peut être rayé par aucune autre substance, donc on peut lui donner un très haut poli; le diamant, cependant, peut être clivé assez facilement sous un choc violent. Sa quatrième propriété est son état. En effet, on le trouve souvent à l'état presque pur et incolore.

D'autres propriétés intéressantes du diamant sont sa conductivité thermique extrêmement élevée et son bas coefficient d'expansion thermique. Le diamant est un excellent isolant électrique et est transparent à presque toute la gamme des ondes électromagnétiques.

Production mondiale La production mondiale de diamants naturels bruts est de l'ordre de 110 millions de carats (ct) par année (1 ct est égal à 0,2 g), dont environ 80 millions sont de qualité précieuse et 30 millions sont de qualité industrielle. La production mondiale de diamants synthétiques par la méthode haute pression-haute température (HP-HT) est estimée à 450-500 millions de carats.

Production de diamants au Canada Les diamants sont extraits pour la première fois au Canada en 1998. La production débute en octobre à la mine Ekati, située près du Lac-de-Gras, au nord de Yellowknife dans les Territoires du Nord-Ouest. La production annuelle de la mine a débuté à 3 millions de carats par année, et atteindra éventuellement 5 millions de carats par année.

Le potentiel du Canada à développer d'autres mines de diamants au Canada et à devenir ainsi un important producteur mondial est bon. Une bonne partie du nord et du centre du Canada repose sur un immense craton composé de roches très anciennes qui ont plus de 2500 millions d'années. Ce type de craton s'appelle «archon». Des études de la distribution globale des roches diamantifères appelées «kimberlites» montrent que ces roches sont limitées à de très anciens cratons tel celui que l'on trouve au Canada.

Il y a trois importantes tailleries de diamants au Canada. Elles sont situées à Sydney (Colombie-Britannique), à Edmonton (Alberta) et à Montréal (Québec).

Diamants synthétiques Il existe deux types de diamants synthétiques: ceux produits par la méthode HP-HT et ceux produits par la méthode basse pression-haute température connue sous le nom de CVD (carbone vapeur déposition). Au Canada, les diamants CVD sont produits à Calgary par la compagnie Crystallume Manufacturing Ltd. Les diamants HP-HT ne sont pas produits au Canada, mais ils sont fréquemment utilisés pour fabriquer des tiges de forage et des scies. On les préfère aux diamants naturels parce qu'ils peuvent être fabriqués (grosseur et forme) au goût du client.

La plupart des diamants synthétiques sont de forme cubo-octahédrique. L'industrie utilise surtout les diamants synthétiques de dimension inférieure à 0,8 mm, et les diamants sont utilisés directement, c.-à-d. sans être taillés ou polis. Les diamants synthétiques produits par la méthode HP-HT sont manufacturés dans environ 20 pays. Les plus importants sont les États-Unis, la Russie, l'Irlande, l'Afrique du Sud, la Chine et la Suède.

Michel Brau Boucher

Diamants du Canada Minerai extrait en 1541 par l'équipage de Jacques CARTIER à l'embouchure de la rivière du Cap-Rouge. Le «trésor» de Cartier se révèle être du quartz sans valeur. Le toponyme «cap Diamant», au Québec, et l'expression française «faux comme des diamants du Canada» rappellent cet épisode.

Diamond, Billy, politicien (Rupert House, Qc, 17 mai 1949). Chef de file de la politique autochtone dans la région de la baie James au Québec, Diamond naît et grandit dans la communauté crie de Rupert House. Dans les années 60, il devient administrateur de bande, puis chef, de 1970 à 1976. En tant que membre fondateur et grand chef du Grand conseil des Cris du Québec (1974-1984), il est l'élément moteur et le signataire de la CONVENTION DE LA BAIE JAMES ET DU NORD QUÉBÉCOIS au nom de son peuple, et président de l'Administration régionale crie (établie en 1975), chargée de gérer l'application de la Convention en ce qui concerne les terres, le développement économique et les services sociaux. Il poursuit des activités politiques et œuvre également au sein de nombreux organismes locaux (p. ex., comme président de la Commission scolaire crie de la baie James à partir de 1976 et comme président d'Air Creebec à partir de 1980).

Bennett McCardle

Dick, Evelyn, née Maclean, meurtrière (Beamsville, Ont., 13 oct. 1920). Le dossier Evelyn Dick comprend deux des meurtres les plus sordides commis au Canada. Le 16 mars 1946, on découvre sur la «montagne» d'Hamilton (la colline surplombant la ville) un torse d'homme dont la tête et les membres ont été sectionnés. La victime est identifiée comme étant John Dick et les soupçons portent tout de suite sur son épouse, Evelyn. Femme excentrique, elle avait quitté son mari parce que ses parents n'approuvaient apparemment pas leur mariage et parce qu'il ne parvenait pas à soutenir son train de vie princier. Plusieurs semaines après la macabre découverte, les policiers trouvent le corps d'un nourrisson, le fils d'Evelyn, dans une malle. Dick finit par avouer sa culpabilité, en plus d'incriminer son amant, William Bohozuk, son père, Donald Maclean. Au terme de trois procès, elle est condamnée à la prison à perpétuité et Maclean à une sentence de cinq ans d'incarcération, tandis que Bohozuk est acquitté.

Edward Butts

Dickie, Lloyd Merlin, écologiste marin (Canning, N.-É., 6 mars 1926). Après des études à l'U. Acadia, à l'U. Yale et à l'U. de Toronto, Dickie devient, en 1965, directeur fondateur du Laboratoire d'écologie marine, qui relève de l'INSTITUT OCÉANOGRAPHIQUE DE BEDFORD, en Nouvelle-Écosse, et fait de ce laboratoire un centre important d'étude des systèmes de production marins pour le Conseil de recherches sur les pêcheries du Canada. Il est directeur du département d'océanographie de Dalhousie de 1974 à 1977 et, depuis 1978, chercheur scientifique principal au Laboratoire d'écologie marine. Il jouit d'une réputation internationale grâce à ses travaux sur les systèmes de production marins, y compris la bioénergétique, la génétique, l'acoustique, la théorie de la recherche, les interactions entre les espèces et la démographie des populations marines. Également bien connu comme professeur, il est nommé au sein de diverses organisations universitaires, gouvernementales et internationales liées aux pêcheries et à l'OCÉANOGRAPHIE biologique.

S.R. Kerr

Dickins, Clennell Haggerston, surnommé «Punch», pionnier de l'aviation (Portage la Prairie, Man., 12 janv. 1899). Dickins grandit et fait ses études à Edmonton, en Alberta. Il reçoit la Croix du service distingué dans l'Aviation pour sa bravoure au sein du Corps royal d'aviation, au cours de la Première Guerre mondiale. En 1927, il commence à travailler pour Western Canada Airways et donne toute sa valeur à l'avion de brousse en parcourant de grandes distances dans le Nord canadien. Il pilote le premier avion du circuit postal des Prairies et, en tant que membre de l'expédition de levé et de cartographie de 1928-1929, il transporte les premiers prospecteurs dans la région du Grand lac de l'Ours. Commandant des opérations du service du FERRY COMMAND pendant la Seconde Guerre mondiale, il dirige six écoles du PROGRAMME D'ENTRAÎNEMENT AÉRIEN DU COMMONWEALTH. En 1947, il entre comme directeur à la Havilland Aircraft et met au point un réseau mondial de commercialisation qui connaît beaucoup de succès. En 1928, il reçoit le TROPHÉE MCKEE, puis, en 1936, il est nommé Officier de l'Ordre de l'Empire britannique. En 1968, il est fait Officier de l'ORDRE DU CANADA.

Dickson, Horatio Henry Lovat, éditeur et écrivain (Victoria, Australie, 30 juin 1902—Toronto, 2 janv. 1987). Descendant des Loyalistes de l'Empire-Uni et membre de la Société royale du Canada, Lovat Dickson étudie à l'U. de l'Alberta (B.A., 1927; M.A., 1929) avant de devenir le premier Canadien à occuper un poste clé dans l'édition britannique. De 1941 à 1964, date à laquelle il prend sa retraite, il est rédacteur en chef et directeur de Macmillan & Co, à Londres, une expérience qu'il évoque dans ses deux mémoires, *The Ante-Room* (1959) et *The House of Words* (1963). Auteur de six biographies, dont *The Museum Makers: the Story of the Royal Ontario Museum* (1986), on se souvient surtout de lui en tant qu'éditeur, défenseur et biographe de Grey Owl (Archibald Stansfeld BELANEY), qu'il défend contre les allégations faisant de lui un imposteur dans *Half-Breed: The Story of Grey Owl (Wa-Sha-Quon-Asin)* (1939) et dont il fait connaître la véritable personnalité dans *Wilderness Man: The Strange Story of Grey Owl* (1973), son édition définitive.

Marylynn Scott

Dickson, Robert George Brian, juge en chef du Canada (Yorkton, Sask., 25 mai 1916). Juge en chef du Canada à partir de 1984, Dickson joue un rôle de premier plan dans la toute première interprétation de la CHARTE CANADIENNE DES DROITS ET LIBERTÉS qui entre en vigueur en 1982. Après avoir obtenu son diplôme de la Faculté de droit de l'U. du Manitoba en 1938 et remporté la médaille d'or, il accède au barreau du Manitoba en 1940. Il sert avec distinction dans l'artillerie royale canadienne de 1940 à 1945, mais il est grièvement blessé lors de l'invasion de la Normandie. Il pratique le droit commercial à Winnipeg de 1945 à 1963, puis il est nommé juge de la Cour du Banc de la Reine du Manitoba. Nommé juge à la Cour d'appel du Manitoba en 1967, il est promu juge de la COUR SUPRÊME DU CANADA en 1973.

En 1984, il devient juge en chef du Canada. Il est renommé pour la clarté et la profondeur de ses jugements écrits ainsi que pour sa disposition à tenir compte d'éléments autres que jurisprudentiels, dont les rapports de spécialistes. Pendant son mandat de juge en chef, il tente de rendre le tribunal plus accessible en permettant, p. ex., que le débat sur des motions en autorisation d'appel soit entendu de l'ex-

térieur d'Ottawa, grâce à un réseau de télévision en circuit fermé, et il permet aux journalistes de mieux couvrir les travaux de la Cour. Avec l'arrivée de la Charte, la plupart des travaux de la Cour portent sur des dossiers de droit criminel et constitutionnel, et le juge Dickson rend de nombreux jugements incontournables en la matière.

Certaines des grandes décisions se rapportant à la Charte rendues pendant le mandat de Dickson sont dignes de mention. Citons, entre autres, une décision de 1985 déclarant que la protection des droits des minorités, conformément aux dispositions de la Charte, peut avoir préséance sur des lois aussi traditionnelles que la *Loi sur le dimanche* datant de 1907; une décision de 1985 affirmant que les décisions du Cabinet peuvent être contestées en vertu de la Charte, mettant ainsi fin à une tradition voulant que les décisions du Cabinet ne puissent faire l'objet d'une contestation judiciaire; une décision de 1987 affirmant que la garantie de liberté d'association d'un travailleur protège son droit d'adhérer à un syndicat, mais ne protège pas le droit de grève du syndicat; une décision de 1987 déclarant inconstitutionnel un article entier du *Code criminel*, éliminant par le fait même le concept archaïque de meurtre imputé, ce qui met le *Code criminel* canadien au diapason de celui des autres pays occidentaux; une décision de 1988 invalidant deux articles de la loi linguistique du Québec, la *LOI 101*, décision que le gouvernement du Québec contourne en invoquant la clause «nonobstant» de la Constitution; une décision de 1988 invalidant un article complet du *Code criminel* réglementant la pratique des AVORTEMENTS en invoquant que l'article viole les garanties offertes par la Charte aux chapitres de la vie, de la liberté et de la sécurité de la personne et, enfin, une décision rendue en 1989, affirmant que le fœtus n'est pas une personne au sens de la loi. Dickson quitte son poste de juge en chef de la Cour suprême en 1990 et le juge Antonio LAMER lui succède. En 1994, il est choisi pour faire partie de divers comités constitués dans le cadre de l'Accord de libre-échange nord-américain (ALENA) et chargés d'arbitrer les différends commerciaux.

Katherine Swinton

Dictionnaire Ouvrage de référence qui explique des éléments inscrits par ordre alphabétique. Ainsi, au Canada, on trouve le DICTIONNAIRE BIOGRAPHIQUE DU CANADA/DICTIONARY OF CANADIAN BIOGRAPHY, édité en 1966 en plusieurs volumes. Mais, en pratique, le mot «dictionnaire» désigne un livre qui inscrit les mots d'une langue par ordre alphabétique et qui présente l'orthographe et la signification de chacun, en plus d'une foule de renseignements (p. ex. la prononciation, les parties du discours, des exemples qui illustrent l'usage, les formes dérivées, l'étymologie et l'histoire, la traduction dans une autre langue), au gré des lexicographes (les auteurs de dictionnaires). Bien que le public ait tendance à voir ces ouvrages comme les gardiens d'un usage correct et figé de la langue, la conception moderne du dictionnaire se base sur une approche descriptive du langage; on y constate les différents usages, plutôt que de les prescrire. Pour établir des dictionnaires sûrs, les lexicographes examinent un grand éventail de citations ou des textes complets, afin de déterminer avec précision le bon usage de la langue. En outre, comme aucun dictionnaire ne pourrait contenir tous les mots d'une langue, les lexicographes doivent sélectionner les mots et les significations qu'ils incluront dans leur dictionnaire, en se demandant quels sont les besoins particuliers de leurs usagers.

Catégories On peut départager les dictionnaires en deux catégories principales: les dictionnaires historiques et les dictionnaires d'usage courant. Les dictionnaires historiques, dont le plus célèbre est le *Oxford English Dictionary (OED)*, retracent l'évolution des mots au cours des âges à travers les différentes significations attribuées à ces mots dans l'ordre chronologique de leur apparition. Ils tentent de retracer la première occurrence écrite d'un mot et illustrent les termes par des exemples tirés de sources écrites. Les dictionnaires usuels mettent l'accent sur le vocabulaire d'usage courant, présentent les significations d'un mot suivant un ordre familier à l'usager moderne et omettent souvent les significations archaïques. On classe parmi ces dictionnaires ceux qui sont destinés aux adultes qui parlent cette langue, ceux qui servent à l'apprentissage d'une langue seconde et les dictionnaires pour enfants.

Les dictionnaires de langue anglaise les plus anciens, en commençant par le *Table Alphabetical...* (1604) de Robert Cawdrey, expliquent les «mots difficiles». Le premier livre qui tient lieu de dictionnaire complet de la langue anglaise est le *Universal Etymological English Dictionary* (1721) de Nathaniel Bailey, qui a été le point de départ du *Dictionary of the English Language* (1755) de Samuel Johnson. Ce dernier établit la tradition lexicographique d'illustrer la signification des mots par des citations tirées de la littérature. En 1828, Noah Webster publie *An American Dictionary of the English Language*, un ouvrage en deux volumes qui défend le caractère distinctif de l'anglais parlé aux États-Unis et précise les variations orthographiques telles que les terminaisons en -er (plutôt qu'en -re) et en -or (plutôt qu'en -our).

Le *Oxford English Dictionary* (1884-1928, publié en 12 vol. avec un supplément en 1933) rend compte des origines et de l'évolution des mots anglais depuis l'époque des Anglo-Saxons. Un supplément mis à jour (R.W. Burchfield, dir.), publié en 4 vol. de 1972 à 1986, est ajouté à la deuxième édition en 20 vol. (J. Simpson et E.C.W. Weiner, dir., 1989). Cette dernière édition ajoute quelque 5000 entrées nouvelles et totalise 600 000 termes, illustrés par environ 2,5 millions de citations. Des informaticiens de l'U. de Waterloo ont participé à l'élaboration de cette édition: en 1984, ils mettaient au point un système d'enregistrement et de recherche de texte à partir d'une base de données informatisée. Une troisième édition du *OED* est actuellement en préparation.

Dictionnaires anglophones Les dictionnaires en usage au Canada anglais ont trop souvent été soit américains, soit britanniques. Rares sont ceux qui tiennent compte des termes canadiens ou des variantes orthographiques et des prononciations canadiennes. Certains dictionnaires publiés au Canada ont eux-mêmes peu de contenu canadien. Dès 1937 paraît le *Winston Dictionary for Canadian Schools*, qui est simplement un ouvrage américain, avec quelques ajouts et changement canadiens. Plus récemment, la volonté des directions scolaires d'acquérir des livres produits au Canada a amené plusieurs éditeurs à créer des dictionnaires, mais ces derniers ne sont que des réimpressions d'ouvrages américains, auxquels on ajoute quelques mots canadiens.

Néanmoins, à la fin des années 50 et 60, on peut observer un regain d'intérêt pour les recherches approfondies sur la langue canadienne anglaise, ce qui entraîne la publication du *Dictionary of Canadianisms on Historical Principles* (1967), sous la direction de Walter S. Avis, C. Crate, P. Drysdale, D. Leechman et M.H. Scargill. Ce dictionnaire présente plus de 10 000 mots créés au Canada, qui ont une signification proprement canadienne ou qui prennent une connotation différente au Canada. Comme il s'agit d'un dictionnaire historique, plusieurs de ces mots ne sont plus en usage. Une version abrégée de cet ouvrage, *A Concise Dictionary of Canadianisms*, est publiée en 1972. Au cours des années 60 et 70, bon nombre de projets y ont recours pour produire des dictionnaires principalement destinés aux écoles, inspirés de modèles américains, mais dont le contenu est plus canadien que celui des ouvrages précédents. Parmi les principaux, on trouve les dictionnaires Gage, basés sur la série américaine Thorndike-Barnhart, dont le plus connu est le *Gage Canadian Dictionary* (rév. 1983), une série de dictionnaires Winston, dont le plus récent est le *Com-*

pact Dictionary of Canadian English (1976) et le *Funk and Wagnalls Standard College Dictionary*, édition canadienne (1973), publié par Fitzhenry et Whiteside, lequel a été légèrement révisé depuis sa parution. Le *Penguin Canadian Dictionary*, dont la liste de mots est assez limitée et qui comporte des omissions importantes, est publié en 1990.

La recherche initiale sur laquelle reposent ces dictionnaires date maintenant de plus de 30 ans. C'est pour combler cette lacune que Oxford University Press Canada fonde en 1992 un département permanent du dictionnaire. À partir d'une recherche approfondie et de fichiers de plus de 14 millions de mots tirés de textes canadiens relevant de genres extrêmement variés et couvrant tous les sujets, Oxford University Press Canada doit publier une série de dictionnaires canadiens d'usage courant. Le premier de ces dictionnaires, le *Canadian Oxford Dictionary*, paraît en 1998.

Bon nombre de dictionnaires régionaux canadiens relevant de la même tradition historique que le *OED* ont été publiés au cours des 15 dernières années. Le *Dictionary of Newfoundland English* (1982; 2e éd., 1990), sous la direction de G.M. Story, W.J. Kirwin et J.D.A. Widdowson, a recours à des témoignages oraux authentifiés, tout autant qu'à des citations tirées de la littérature et du folklore terre-neuviens. Le *Dictionary of Prince Edward Island English* (1988) de T.K. Pratt repose également sur de l'information orale et sur des sources écrites. Un dictionnaire historique de l'anglais parlé au Cap-Breton est en préparation sous la direction de W. Davey et R. MacKinnon.

Dictionnaires francophones Tout comme les Canadiens de langue anglaise, les Canadiens francophones ont dû longtemps s'accommoder de dictionnaires qui reflétaient une réalité linguistique différente de la leur. De plus, depuis la première parution, en 1694, du *Dictionnaire de l'Académie Française*, un ouvrage conservateur et normatif, a prévalu une tendance à marginaliser les variantes de la langue française parlée en dehors de la France. Parmi les autres dictionnaires historiques du français qui ont de l'importance, mentionnons le *Dictionnaire de la langue française d'Émile Littré* (5 vol., 1863-72; nouvelle éd., 4 vol., 1974, Alain Rey, dir.), le *Dictionnaire alphabétique et analogique de la langue française* de Paul Robert (7 vol., 1965; 2e éd., 9 vol., 1985) et le *Trésor de la langue française: Dictionnaire de la langue du XIXe et du XXe siècle* (1971-1994) en 16 volumes.

Avec la publication, en 1880, du *Glossaire franco-canadien* d'Oscar Dunn, les Canadiens de langue française commencent à montrer à quel point leur français diffère du français habituellement parlé en France. En 1930, La Société du parler français au Canada publie le *Glossaire du parler français au Canada*. Louis-Alexandre Bélisle compile et publie le *Dictionnaire général de la langue française au Canada* (1957), un ouvrage érudit de premier ordre, qui est révisé en 1974 et publié à nouveau sous le titre de *Dictionnaire nord-américain de la langue française* (1979). La tendance actuelle des dictionnaires québécois reflète une tension entre, d'une part, les tentatives destinées à normaliser le français parlé au Québec d'après les normes du français européen, et, d'autre part, le désir de légitimer les usages propres au Québec. Dans la foulée de la RÉVOLUTION TRANQUILLE, de nombreux ouvrages exaltent le caractère distinctif du français parlé au Québec et acceptent même souvent des formes et des expressions dialectales telles que les anglicismes et les vulgarismes, que désapprouvent les traditionalistes. Le *Dictionnaire de la langue québécoise* de Léandre Bergeron (1980), traduit en anglais sous le titre de *The Québécois Dictionary* (1982), en est un exemple notoire. Le *Dictionnaire des Canadianismes* (1989) de Gaston Dulong présente les canadianismes du français de façon plus universitaire, à partir d'une recherche dialectologique menée dans

tout l'est du Canada, y compris l'ACADIE (*voir aussi* LANGUE FRANÇAISE).

À l'instar des anglophones, les Canadiens de langue française souffrent des dictionnaires importés, qui sont réimprimés après une révision sommaire ou même parfois sans révision du tout (p. ex., le *Dictionnaire Beauchemin canadien*, 1968), mais auxquels on a accolé une étiquette canadienne. Des adaptations plus complètes des dictionnaires français sont publiées à la fin des années 80 et 90: le *Dictionnaire du français Plus à l'usage des francophones d'Amérique* (dir. C. Poirier, 1988) et le *Dictionnaire québécois d'aujourd'hui* (dir. J-C. Boulanger, 1992, rév. 1993). Ces ouvrages restent des œuvres de pionniers parce qu'ils sont les premiers dictionnaires qui témoignent de la conviction que le français en usage au Canada est valable et qu'il peut constituer une norme en soi, au lieu d'être marginal par comparaison avec le français parlé en France. Ils encouragent l'importante recherche compilée à l'U. Laval par l'équipe du Trésor de la langue française au Québec, laquelle a fait paraître, en 1998, le *Dictionnaire historique du français québécois*, sous la direction de Claude Poirier.

Un petit dictionnaire bilingue, le *Canadian Dictionary/Dictionnaire canadien* (Jean-Paul Vinay, dir.) est publié en 1962. Des équipes de chercheurs de l'U. d'Ottawa, de l'U. de Montréal et de l'U. Laval, sous la direction de R. Roberts et d'A. Clas, préparent un dictionnaire bilingue plus important, le *Bilingual Canadian Dictionary/Dictionnaire bilingue canadien*.

Langues autochtones Il existe un bon nombre de dictionnaires des langues autochtones du Canada. Dans les années 70 et 80, le MUSÉE CANADIEN DES CIVILISATIONS a produit des dictionnaires bilingues d'ABÉNAQUIS, de HEILTSUK, de Kwakwa'la (KWAKIUTL), de MOHAWK et de MICMAC. Les missionnaires ont également accompli un travail lexicographique important, notamment le *Cree-English English-Cree Dictionary* (G. Beaudet, 1995) et le *Ulirnaisigutiit: An Inuktitut-English Dictionary of Northern Quebec, Labrador, and Eastern Arctic Dialects* (1985) de L. Schneider (*voir aussi* AUTOCHTONES, LANGUES DES).

Le Centre d'études médiévales de l'U. de Toronto supervise également un projet important de dictionnaire, le *Dictionary of Old English*. Ce dictionnaire retrace l'évolution historique de l'anglais depuis la période la plus ancienne (600-1150 ap. J.-C.), et complète le traitement des phases ultérieures de cette évolution par le *OED*. C'est un des rares dictionnaires, quelle qu'en soit la langue, qui se base sur un examen approfondi des témoignages qui ont survécu: sa base de données informatisée, d'où sont tirés les mots et les citations, est constituée d'au moins une copie de chaque texte en vieil anglais qui a été conservé. Cinq des vingt-deux lettres du dictionnaire sont publiées sur microfiches: A (1994), B (1991), C (1988), D (1986), E (1996). On prévoit ultérieurement une publication informatisée du dictionnaire, une fois que sera implanté un système de repérage structurel permettant les recherches.

Tous les dictionnaires reflètent la culture pour laquelle et dans laquelle ils ont été écrits. Les dictionnaires canadiens produits au pays sont donc un outil essentiel pour faire reconnaître l'identité canadienne.

Patrick Drysdale et Katherine Barber

Dictionnaire biographique du Canada / Dictionary of Canadian Biography Ouvrage de référence exhaustif, en plusieurs volumes, sur la vie des personnes qui, dans tous les domaines, ont contribué à l'histoire du Canada. L'ordre des volumes suit la date de décès des personnes, chacun brossant un tableau complet d'une période de l'histoire du Canada.

Les articles du *Dictionnaire biographique du Canada / Dictionary of Canadian Biography* s'appuient sur les meilleures sources de documentation et d'érudition et sont rédigés par un large éventail de spécialistes. Ils sont écrits soigneusement et leur exactitude est vérifiée par des équipes de recherche et de rédaction, l'une à Toronto et l'autre à Québec, sous la direction générale de George Brown (1959-1963), David Hayne (1965-1969), Francess HALPENNY (1969-1989) et Ramsay Cook (depuis 1989) et, au Québec, sous celle des directeurs généraux adjoints Marcel TRUDEL (1961-1965), André Vachon (1965-1971), Jean HAMELIN (1973-1998) et Réal Bélanger (depuis 1998).

Le projet est lancé à la demande de James Nicholson, un homme d'affaires de Toronto, qui lègue la plus grande partie de sa succession à l'U. de Toronto afin que soit préparé un ouvrage canadien de référence biographique s'inspirant du modèle du *Dictionary of National Biography* britannique. En 1959, la University of Toronto Press commence les travaux sur l'édition anglaise. En 1961, les Presses de l'U. Laval annoncent l'édition française. Les 12 premiers volumes couvrent la période de l'an 1000 à 1900; le volume initial est publié en 1966, tandis que le douzième paraît en 1990. Chacun compte de 500 à 600 biographies. Depuis le milieu des années 60, le projet reçoit des fonds supplémentaires de la part du gouvernement fédéral, de gouvernements provinciaux ainsi que de Fondations et entreprises privées. La pratique du gouvernement fédéral est régularisée sous forme d'importantes subventions d'exploitation accordées par le CONSEIL DES ARTS du Canada, le CONSEIL DE RECHERCHES EN SCIENCES HUMAINES DU CANADA et le ministère du Patrimoine canadien. Malgré les réductions de fonds survenues pendant les années 90, les travaux touchant au XXe siècle se sont poursuivis. La première phase portant sur les quatre premières décennies du XXe siècle doit donner lieu à un volume pour chacune des décennies jusqu'en 1940. Le volume XIII, couvrant la première décennie du siècle, a paru en 1994 tandis que le volume XIV, traitant de la deuxième décennie, a été lancé en 1998.

James A. Ogilvy

Diefenbaker, John George, avocat, politicien et premier ministre (Neustadt, Ont., 18 sept. 1895—Ottawa, 16 août 1979). Avocat de la défense bien connu avant son élection au Parlement, le 13e premier ministre du Canada est le porte-parole éloquent des Canadiens qui ne font pas partie de l'establishment, autant en tant qu'avocat qu'en tant que politicien. Il possède un style oratoire original qui lui permet de parler directement à son auditoire. Ses discours sont inspirants et populaires.

En 1903, sa famille déménage dans la région de Fort Carlton (Territoires du Nord-Ouest) et il étudie dans diverses écoles des Prairies avant que ses parents ne s'établissent à Saskatoon en 1910. Il voit la Saskatchewan se transformer d'une région frontière en une société moderne et cette évolution exerce sur lui une profonde influence. Il fréquente l'U. de la Saskatchewan et, après avoir servi dans l'armée au cours de la Première Guerre mondiale, il termine ses études de droit et est admis au barreau de la Saskatchewan en 1919. Il ouvre son premier cabinet d'avocat à Wakaw, en Saskatchewan, mais, attiré par la ville nordique de Prince Albert qui est plus grande, il s'y installe en 1924.

Une réputation grandissante

Le chemin qui le conduit au poste de premier ministre est long. Il brigue les suffrages dans la circonscription fédérale de Prince Albert en 1925 et en 1926. Il fait de même du côté provincial en 1929 et en 1938, et se présente comme candidat à la mairie de Prince Albert en 1933. Chaque fois, il est battu. Bien que sa réputation d'avocat de la défense grandisse (il est nommé conseiller du roi en 1929), il croit fermement que son avenir est en politique. En 1936, son élection à la direction du Parti conservateur de la Saskatchewan le réconforte quelque peu, mais, aux élections de 1938, aucun candidat conservateur n'est

élu. Il continue à prôner sa conception personnelle du conservatisme politique, visite un grand nombre de communautés de la Saskatchewan avec son épouse, Edna Mae Brower, organise son parti et exhorte ses collègues à demeurer confiants.

En juin 1939, il remporte l'investiture de la circonscription fédérale de Lake-Centre et, en mars 1940, il est élu député. L'expérience qu'il a acquise pendant sa carrière d'avocat lui est très utile sur les bancs de l'Opposition. Il est bientôt reconnu comme un critique avisé de la politique du gouvernement et sa réputation dépasse de loin les limites de sa circonscription. Il est réélu dans Lake-Centre en 1945 et en 1949, mais, quand la refonte de la carte électorale vient modifier radicalement son comté, il songe à quitter la politique.

Sa carrière d'avocat est florissante et c'est durant cette période qu'il gagne l'un de ses plus célèbres procès, celui de la rivière Canoe, en défendant la cause de Jack Atherton, un télégraphiste des chemins de fer accusé d'avoir causé la collision de deux trains à la rivière Canoe, en Colombie-Britannique, qui a entraîné la mort d'un certain nombre de militaires en route vers la Corée.

Il ne s'est pas encore remis de la mort de son épouse survenue en février 1951, mais ses amis à Prince Albert le persuadent de se présenter comme candidat conservateur dans la circonscription de Prince Albert aux élections de 1953. Le slogan de sa campagne, *Not a partisan cry, but a national need* («Pas un appel partisan, mais un besoin national»), captive l'imagination des électeurs de Prince Albert et Diefenbaker est élu. La même année, il épouse Olive Freeman Palmer, qui abandonne sa brillante carrière au ministère de l'Éducation de l'Ontario et sera étroitement associée à la carrière politique de son mari pendant le reste de sa vie.

En 1956, Diefenbaker est choisi comme successeur de George DREW à la direction du Parti progressiste-conservateur après la démission de ce dernier. En 1957, il mène son parti à une victoire écrasante contre les libéraux, dont le chef est Louis SAINT-LAURENT, et forme le premier gouvernement conservateur depuis celui de R.B. BENNETT. Secondé d'un Cabinet dont font partie Davie FULTON, Donald FLEMING, George HEES, G.R. PEARKES, Douglas HARKNESS, Ellen FAIRCLOUGH, Léon Balcer et Gordon CHURCHILL, il renforce sa position aux élections de mars 1958, où l'électorat reporte son gouvernement au pouvoir avec 208 sièges, ce qui représente le nombre le plus élevé de sièges détenus par un parti au Canada jusqu'alors.

La vision Diefenbaker

L'ère de Diefenbaker est dominée par la personnalité et le style de l'«homme de Prince Albert». Plusieurs politiques que l'on considère maintenant comme acquises ont d'ailleurs été inaugurées sous son gouvernement. Les ventes de blé à la Chine et la réforme agraire relancent l'agriculture de l'Ouest. Sa détermination à garantir certains droits universels entraîne l'adoption de la DÉCLARATION CANADIENNE DES DROITS. Le droit de vote au niveau fédéral est aussi accordé aux autochtones du Canada et James GLADSTONE, un Gens-du-Sang de l'Alberta, est nommé au Sénat. Grâce à sa philosophie de «justice sociale», de nombreux programmes sont révisés en vue d'aider les pauvres. La «vision nordique» qui occupe une si grande place dans les discours aux élections de 1957 et de 1958 fait prendre davantage conscience aux Canadiens de l'existence du Grand Nord et entraîne un certain développement économique. En 1958, une tournée des pays du COMMONWEALTH renforce la valeur de cet organisme et de celle d'autres organes internationaux dans l'esprit de Diefenbaker. Elle contribue aussi à définir son rôle de partisan de la participation des pays non blancs au Commonwealth. Il joue également un rôle déterminant dans l'élaboration de la

déclaration contre l'apartheid de 1961, laquelle contribue au retrait de l'Afrique du Sud du Commonwealth.

Une campagne spectaculaire

Aux élections de 1962, les libéraux réussissent à exploiter la crise économique (le dollar canadien est tombé à 0,925 $US), le débat sur la présence d'armes nucléaires en territoire canadien (on accuse Diefenbaker d'être antiaméricain) et l'annulation controversée, en 1959, du programme de construction d'avions de combat AVRO ARROW. Le gouvernement progressiste-conservateur devient donc minoritaire. Aux élections de 1963, les libéraux reprennent le pouvoir, mais Diefenbaker, qui parcourt tout le pays en train, sort presque victorieux de cette campagne politique, probablement la plus spectaculaire menée par un seul homme de toute l'histoire du Canada. Dans les mois qui suivent, Diefenbaker prend un tel plaisir à harceler le gouvernement PEARSON que les travaux de la Chambre en sont considérablement ralentis. Il s'oppose vigoureusement à la proposition de Pearson d'adopter un nouveau drapeau canadien (*voir* DRAPEAU, DÉBAT SUR LE) et mène l'attaque contre les libéraux lors des scandales de 1965.

L'ultime voyage

Malgré ses revers électoraux et la profonde division de son parti au sujet de son leadership, Diefenbaker refuse de démissionner et se défend avec vigueur lors du CONGRÈS À LA DIRECTION de 1967, où il est remplacé par Robert STANFIELD. Il demeure cependant en politique et se fait élire pour la 13e fois en mai 1979. Ses obsèques nationales à Ottawa, la translation de son corps par train d'un bout à l'autre du Canada et son inhumation à Saskatoon à côté du Right Honourable John G. Diefenbaker Centre de l'U. de la Saskatchewan – qu'il avait planifiées lui-même – ont été l'occasion de grands apparats que peu de Canadiens qui en ont été témoins oublieront.

Patricia Williams

Diefenbaker, lac Réservoir au sud de Saskatoon, en Saskatchewan. Sa formation résulte de la construction de deux barrages, ce qui a provoqué l'élargissement de la RIVIÈRE SASKATCHEWAN Sud dans le cadre du projet de développement de la rivière Saskatchewan Sud, inauguré en 1958. Le réservoir a une capacité utile d'environ 9 milliards de mètres cubes d'eau. Il alimente une centrale hydroélectrique et un ouvrage d'irrigation. Il contribue à l'alimentation en eau de la ville de Saskatoon en plus d'être un centre de loisirs aquatiques couru. Il est nommé en 1967 en l'honneur de John DIEFENBAKER, le premier résident de la Saskatchewan à devenir premier ministre du Canada. Le plus gros des deux barrages porte le nom de James G. GARDINER, le principal opposant de Diefenbaker.

Daniel Francis

Dieppe, ville du N.-B.; pop. 12 497 (rec. 1996), 10 650 (rec. 1991), 9016 (rec. 1986); superf. 51,62 km²; const. en 1952; située à la limite est de MONCTON, entre cette municipalité et l'aéroport international. La localité, appelée Leger Corner dès 1897, est constituée en tant que village en 1946 et reçoit alors le nom de Dieppe en l'honneur des militaires qui ont pris part au Raid de DIEPPE, durant la Seconde Guerre mondiale.

C'est une ville-dortoir, dont la majeure partie des citoyens actifs travaillent à Moncton. On y trouve un centre commercial d'envergure régionale et l'hippodrome Champlain, une piste de course sous harnais inaugurée en 1984. Bien que la province ait un statut officiellement bilingue, la majeure partie de la population ne l'est pas. Cette ville se distingue par le fait que 72,4 p. 100 (rec. 1991) de ses habitants parlent les deux langues.

Burton Glendenning

Dieppe, raid de Le raid mené à partir de la Manche sur Dieppe, un petit port de la côte française situé entre Le Havre et Boulogne (Opération Jubilé, 19 août 1942), était prévu comme une «reconnaissance en force» visant à évaluer les défenses d'Hitler sur le continent et la capacité des Alliés de lancer des attaques amphibies de grande échelle contre sa *Festung Europa* (Forteresse Europe). L'opération est un grave désastre. Seuls les commandos britanniques aguerris, qui avaient été affectés à subjuguer les batteries d'artillerie côtières près de Varengeville et Berneval, remportent quelque succès. Les militaires de la 2ᵉ Division canadienne d'infanterie, commandés par le major général J. H. Roberts, accostant sur l'esplanade de Dieppe à Puys, située à 1,6 km à l'est, et à Pourville, à 3 km à l'ouest, ne peuvent atteindre aucun de leurs objectifs.

Le raid ne dure que 9 heures, mais, parmi les quelque 5000 militaires canadiens participants, plus de 900 sont tués et 1874 faits prisonniers, soit plus de prisonniers que l'armée n'en a perdu pendant les 11 mois de la campagne du nord-ouest de l'Europe de 1944-1945. Deux Canadiens ont reçu la CROIX DE VICTORIA: l'honorable capitaine J.W. Foote, du Royal Hamilton Light Infantry, et le lieutenant-colonel C. C. Merritt, commandant du South Saskatchewan Regiment.

Dans les combats aériens, les Alliés ont perdu 81 aviateurs et 106 avions. L'Aviation royale canadienne, elle, a perdu 13 avions et 10 pilotes. Les pertes allemandes ont été minimes, mais les Allemands ne pouvaient guère se permettre de perdre 48 avions. Pour les Alliés, le raid a été une expérience valable pour les assauts amphibies ultérieurs en Afrique du Nord, en Italie et surtout en NORMANDIE, le 6 juin 1944.

On a longtemps supposé que les Allemands avaient eu vent de l'attaque, mais il existe plusieurs preuves du contraire. L'ennemi était sur ses gardes, mais n'avait pas été prévenu, et l'échec a été causé principalement par une planification insuffisante et trop complexe, par un entraînement inadéquat, par une force de feu insuffisante et par l'emploi de militaires dont c'était le baptême du feu.

Brereton Greenhous

Diététique Déjà dans les documents historiques les plus anciens, la diététique (du grec *diaita*, signifiant «mode de vie») est liée à la cause, au traitement et à la prévention de la maladie. Profession scientifique des soins alimentaires des humains, elle part du principe qu'une alimentation optimale est essentielle à la santé et au bien-être de toute personne. Sa pratique met en jeu l'application des connaissances en nutrition. Les diététiciens peuvent se spécialiser dans divers domaines tels que la pratique générale, l'administration de services diététiques, la nutrition communautaire, la nutrition clinique et l'éducation en matière de nutrition.

Au Canada, les origines de la diététique et la fondation de l'Association canadienne des diététistes sont étroitement liées à l'histoire de l'économie domestique à l'U. de Toronto, où les premières études menant à un diplôme de diététique ont été créées (1902). Le premier diététicien qualifié est nommé au Hospital for Sick Children de Toronto (1908). L'American Dietetic Association offre alors une formation accréditée en diététique à l'hôpital de l'U. de l'Alberta, à Edmonton, et au Vancouver General Hospital. Lors de la formation de l'Association canadienne des diététistes en 1935, une douzaine d'hôpitaux canadiens ont déjà implanté des programmes de formation similaires, et les provinces de l'Ontario, du Québec et de la Colombie-Britannique possèdent leurs associations provinciales depuis un certain temps.

Au Canada, la compétence professionnelle en diététique est déterminée et garantie par l'obtention d'un certificat et par l'inscription aux associations provinciales affiliées à l'échelle nationale. De nos jours, les universités de toutes les provinces dispen-

sent des programmes de diététique, mais un diététicien qualifié doit avoir fait un stage approuvé ou posséder une expérience équivalente.

M.T. Clandinin

Diffamation Le droit de la diffamation protège la réputation et la bonne renommée de la personne. Il constitue cependant une limitation de la liberté de parole. Aussi les tribunaux doivent-ils, en statuant en matière de diffamation, soupeser soigneusement ces deux valeurs importantes. Traditionnellement, le libelle diffamatoire prenait la forme d'écrits, d'images, de statues et de films, alors que la calomnie se limitait à l'expression verbale. Puisque le droit considérait que les documents diffamatoires, qui pouvaient être vus et qui se présentaient sous une forme «permanente», étaient plus graves que la parole qui, par nature, est «éphémère», le libelle diffamatoire causait un tort plus grave que la diffamation verbale. Ainsi, on ne pouvait avoir gain de cause dans la plupart des actions pour calomnie que si un préjudice avait effectivement été causé. Il n'en était pas de même des actions en libelle diffamatoire, dans lesquelles le préjudice était toujours présumé.

Avoir gain de cause dans une action en diffamation Avec l'apparition des médias électroniques comme la radio et la télévision, la différence entre la parole et l'écrit est devenue moins importante. La parole largement diffusée peut causer autant de préjudice qu'un écrit. Par conséquent, certaines provinces ont même éliminé toute distinction pratique entre la calomnie et le libelle diffamatoire.

Pour avoir gain de cause dans une action en diffamation, le demandeur doit démontrer trois éléments. D'abord, il doit prouver que les propos sont diffamatoires, c.-à-d. qu'ils portent atteinte à sa réputation aux yeux des personnes sensées. Ensuite, il doit démontrer que les propos en question le visaient, autrement dit, que les personnes qui ont entendu ou vu les propos savent en leur conscience que c'est la réputation du demandeur qui a été ternie. Cette exigence empêche les membres d'un groupe d'intenter une action en diffamation à titre individuel, puisque c'est le groupe qui aurait été diffamé. Enfin, il doit prouver que les propos ont été communiqués ou tenus à quelqu'un d'autre que la personne effectivement diffamée.

Dès lors que ces trois éléments sont prouvés, le demandeur aura gain de cause, à moins qu'on ne lui oppose une défense. Dans les provinces de *common law*, la vérité constitue un moyen de défense absolu. Le défendeur ne sera pas tenu pour responsable s'il démontre que, pour l'essentiel, les propos étaient vrais, même s'il a tenu les propos dans le but de nuire à la personne diffamée. (Au Québec, la vérité ne constitue un moyen de défense que si les propos ont été publiés dans l'intérêt public et sans intention de nuire.)

Immunité absolue et immunité relative Certaines communications bénéficient d'une immunité absolue. Ainsi, les propos tenus au cours de la procédure législative ou judiciaire bénéficient d'une immunité absolue. Cette immunité s'étend également aux communications entre époux. Dans certaines situations, des propos diffamatoires bénéficient de l'immunité relative si leur auteur n'avait pas d'intention malveillante. En général, bénéficie de l'immunité relative quiconque tient des propos diffamatoires par obligation légale ou morale de les communiquer à une autre personne qui a un intérêt légitime à les recevoir. Le moyen de défense de commentaire loyal protège tout commentaire loyal sur des questions d'intérêt public. C'est le cas notamment de commentaires d'ordre politique et des comptes rendus ou des critiques de livres ou de films ou même de restaurants. Si la responsabilité est reconnue, il sera loisible au tribunal d'accorder des dommages-intérêts compensatoires et punitifs. Les dommages-intérêts punitifs sont accordés lorsque la diffamation est particulièrement outrageante et grave. Ils peuvent représenter des milliers ou même des centaines de milliers de

dollars. Le tribunal peut également ordonner la cessation de la publication du document diffamatoire.

Lewis N. Klar

Diffusion de musique Transmission de la musique par la radio AM et FM, par les réseaux et les stations de télévision, ainsi que par satellite. Tous les modes de diffusion ont des services en français et en anglais, et sont financés par des organismes privés ou publics. Le réseau FM stéréo est l'un des plus grands réseaux de qualité au monde pour la diffusion de la musique. En général, la diffusion de la musique est plus importante à la radio qu'à la télévision. L'évolution de la diffusion de la musique au Canada se divise en quatre périodes: avant 1936 (année de fondation de la Société Radio-Canada); de 1936 à 1952 (arrivée de la télévision); de 1952 à 1975 (date de l'établissement d'un réseau FM stéréo pancanadien); et de 1975 à aujourd'hui.

La contribution du Canada à la RADIODIFFUSION ET À LA TÉLÉDIFFUSION est digne de mention. À Montréal, la station XWA (maintenant CIQC) est l'une des premières au monde (mai 1920) à offrir un programme régulier. Le 1ᵉʳ juillet 1927, jour du Jubilé de diamant de la Confédération canadienne, on inaugure un réseau transcontinental par une émission qui dure toute la journée et diffuse surtout de la musique. Au début des années 20, le Canadien National, présidé par sir Henry THORNTON, construit des studios de radio dans plusieurs villes du pays. Au milieu des années 20, des opéras de Gilbert et Sullivan sont diffusés au complet en studio, tout comme une série ambitieuse intitulée *The Music Makers*.

En 1927, le célèbre QUATUOR À CORDES HART HOUSE voyage d'un océan à l'autre pour le compte du Canadien National (et à bord de ses trains) et interprète pour la radio des quatuors de Beethoven. En 1929, le nouveau réseau entreprend la première série nord-américaine de concerts symphoniques radiodiffusés, donnés par des membres de l'ORCHESTRE SYMPHONIQUE DE TORONTO sous la direction de Luigi von Kunits. Le Canadien Pacifique commence aussi à diffuser des concerts, mais la Crise des années 30 met fin à la participation des compagnies de chemin de fer à la diffusion nationale. Entre 1932 et 1936, la Commission canadienne de radiodiffusion, dirigée par le critique torontois Hector CHARLESWORTH, jette les bases de la radio publique au Canada. Celle-ci est cependant organisée à la hâte et mal appuyée par le gouvernement fédéral.

En 1936, on fonde la SOCIÉTÉ RADIO-CANADA (SRC). À la fin de la saison 1940-1941, la radio de la SRC, qui offre des services nationaux, régionaux et locaux dans les deux langues officielles, a déjà diffusé 600 concerts symphoniques (un grand nombre provenant des États-Unis), 2000 émissions de musique de chambre et 45 opéras entiers (dont ceux du Metropolitan Opera, encore diffusés aujourd'hui). En 1942, la SRC commande à Healey WILLAN et à John COULTER l'opéra radiophonique *Transit Through Fire* et, trois ans plus tard, l'opéra *Deirdre of the Sorrows*.

Durant cette période, les émissions canadiennes sont captées par les réseaux US Mutual, NBC et CBS. À cette époque, beaucoup d'émissions originales sont diffusées en direct, y compris des concours d'amateurs (*Singing Stars of Tomorrow*, à partir de 1943, et *Opportunity Knocks*, à partir de 1947) et plusieurs autres émissions mettant en vedette des artistes amateurs. De 1944 à 1962, la SRC dirige un réseau secondaire en anglais, le Dominion. La station CJBC de Toronto appartient à la SRC, mais toutes les autres sont des filiales privées.

La programmation du réseau secondaire est en général plus légère que celle du réseau transcanadien, bien que les orchestres symphoniques de Toronto et de Montréal y donnent le mardi soir des concerts suivis du *CBC Concert Hall*. Durant cette période, la SRC dispose d'orchestres de studio à

Halifax, à Québec, à Montréal, à Toronto, à Winnipeg et à Vancouver, fournissant ainsi des emplois bienvenus aux musiciens locaux. À la fin des années 40, la SRC est le plus important employeur de musiciens en Amérique du Nord. La musique qu'elle diffuse va de la symphonie à l'opéra, en passant par la musique légère et la musique populaire. Les stations privées présentent des musiciens locaux, et de nombreux chanteurs et musiciens populaires font leurs débuts à ces émissions de radio. En général, c'est la SRC qui diffuse le plus de musique.

En septembre 1952, la SRC inaugure son service de télédiffusion. Au cours de ces premières années, la télévision de la SRC est créatrice et aventureuse. D'importantes productions d'opéra et de danse sont montées à Toronto par Franz Kraemer, Vincent Tovell et Norman CAMPBELL, et à Montréal par Pierre MERCURE (dont la série *L'Heure du concert*, diffusée sur le réseau français, est l'une des plus remarquables jamais réalisées en Amérique du Nord). Plus les coûts augmentent, forçant la SRC à économiser en achetant des émissions importées, plus la production d'émissions de télévision canadiennes diminue, surtout dans le domaine musical. Certaines émissions spéciales font toutefois leur marque, comme la présentation par le Ballet national de *Cendrillon*, de Prokofiev, réalisée par Norman Campbell en 1966, et l'opéra *Louis Riel*, de Harry SOMERS, réalisé par Franz Kraemer en 1969.

Bien que les téléspectateurs soient nombreux et que la radio privée limite ses horizons, la musique continue à prendre de l'essor à la radio de la SRC de 1952 à 1975. Les compositions de style jazz ou populaire de Phil NIMMONS (Toronto), de Neil CHOTEM (Montréal) et de Lance Harrison (Vancouver) sont très appréciées. Les émissions de musique de chambre sont aussi diffusées à profusion. L'Orchestre symphonique de la SRC, le seul orchestre symphonique radiophonique en Amérique du Nord, est actif de 1952 à 1964 et présente de nombreuses œuvres modernes, en laissant une place de choix aux compositeurs canadiens. La réputation grandissante de l'Orchestre attire Igor Stravinsky à Toronto au début des années 60 pour la célébration de son 80e anniversaire. Un soutien exceptionnel est accordé aux compositeurs canadiens pendant cette période: on interprète leurs œuvres, on en commande de nouvelles, et on engage des commentateurs comme John BECKWITH, Harry Somers, Norma BEECROFT, Pierre Mercure et François MOREL. Le réseau anglais commence à produire ses propres séries de disques stéréo, d'abord pour la diffusion, puis pour la vente.

Après 1975, l'usage accru du disque et de la bande magnétique apporte de profonds changements à la diffusion musicale. Les émissions en direct ou enregistrées en studio cèdent la place aux émissions à contenu varié présentées par un animateur. Les réseaux radiophoniques sont réorganisés au milieu des années 70 et, pour la première fois, un réseau FM stéréo national de qualité technique supérieure est inauguré. La radio AM continue d'offrir une programmation qui s'adresse au grand public. Quant à la radio FM, elle présente surtout de la musique et évite généralement les genres populaires, sauf les formes les plus sérieuses du jazz. Au début, la programmation est composée à environ 75 p. 100 de disques, rarement canadiens. Au début des années 80, cependant, les programmateurs de la SRC ont déjà recommencé à diversifier le contenu des émissions en utilisant de nouveau les techniques de diffusion en direct à l'occasion d'émissions spéciales et en faisant rayonner la musique en tant que forme d'art.

Les émissions locales en direct sont nombreuses, mais à partir des années 50, la radio privée adopte le palmarès et les enregistrements étrangers, ce qui l'empêche de contribuer au développement de la musique au Canada. Le secteur privé est cependant à l'origine d'une initiative digne de mention, la Cana-

dian Talent Library, conçue et réalisée par Lyman Potts pour la Compagnie de diffusion Standard. Cette initiative consiste à enregistrer, exclusivement à des fins de diffusion, des disques qui présentent principalement des compositions originales et des artistes canadiens.

Au début des années 70, le CONSEIL DE LA RADIODIFFUSION ET DES TÉLÉCOMMUNICATIONS CANADIENNES (CRTC) établit de nouvelles règles sur les services à la population et sur le contenu canadien, ce qui stimule la production musicale et les groupes populaires canadiens. De nouvelles vedettes canadiennes font leur apparition (Anne MURRAY, Bruce COCKBURN, Burton CUMMINGS, The GUESS WHO), créant un phénomène semblable à celui, déjà bien avancé au Québec, des CHANSONNIERS (Gilles VIGNEAULT, Pauline JULIEN et Robert CHARLEBOIS), qui sont déjà des vedettes consacrées depuis plusieurs années.

Pendant la Seconde Guerre mondiale, le gouvernement fédéral établit son Service international (principalement la radio sur ondes courtes), supervisé par le ministère des Affaires extérieures bien que les émissions soient diffusées par la SRC. En 1968, le service devient l'entière responsabilité de la SRC et est rebaptisé Radio Canada International (RCI) en 1972. RCI réalise des centaines d'enregistrements et les distribue à un niveau international. En 1977, RCI inaugure sa série *Anthologie*, dont chaque coffret présente en plusieurs disques la musique d'un compositeur canadien. En tout, 39 coffrets sont produits pendant le projet, qui se termine en 1991.

La diffusion de la musique est essentielle à la vitalité de la musique au Canada. Les nouvelles technologies et l'évolution des goûts en modifieront la forme et le style, mais la diffusion continuera de jouer un rôle important en amenant la musique au public. (*Voir aussi* MUSIQUE POPULAIRE.)

Keith MacMillan

Diffusion directe par satellite La radiodiffusion directe à domicile (RDD) par satellite est une forme de COMMUNICATION PAR SATELLITE qui offre aux consommateurs un choix d'émissions beaucoup plus vaste que les compagnies locales de câblodistribution. Alors que l'accès des Canadiens à de nouveaux services de câblodiffusion augmente progressivement, au rythme de quelques chaînes par an, les satellites de RDD peuvent tripler ou quadrupler instantanément le nombre de chaînes et de services à la carte proposés par les compagnies de CÂBLODISTRIBUTION et offrir un grand choix de services radio payants. En raison de cette véritable explosion du nombre de services mis à la disposition des consommateurs, les entreprises américaines de RDD par satellite connaissent un grand succès depuis juin 1994, et la radiodiffusion directe à domicile est le produit électronique de consommation de masse qui connaît la croissance la plus rapide de l'histoire.

Sur le marché de masse, le système de RDD par satellite est la première technologie de radiodiffusion à prix abordable qui permet au consommateur de recevoir sa programmation d'un fournisseur autre que leur service local de câble. Composé d'une antenne parabolique portative de 18 pouces et d'un décodeur, le satellite de RDD peut recevoir des signaux de programmation n'importe où, s'il n'y a pas d'obstacle physique, ce qui le rend intéressant pour les régions rurales qui n'ont pas accès à la télévision par câble. Cependant, contrairement à la télévision par câble, la qualité des radiodiffusions directes à domicile peut souffrir des mauvaises conditions atmosphériques (p. ex., des pluies abondantes). Malgré tout, la qualité de réception est nettement meilleure qu'avec l'ancien système de transmission analogique, car la RDD recourt à la technologie numérique pour ses signaux audio et vidéo. De plus, elle utilise la compression vidéo numérique (CVN), une technologie qui permet de compresser jusqu'à 10 signaux vidéo sous forme numérique à partir d'une transmission analogique,

décuplant ainsi le nombre de chaînes diffusées dans les foyers. La CVN économise la faible capacité de transmission des satellites et réduit les coûts de distribution, permettant au téléspectateur de recevoir des centaines de chaînes à un prix abordable.

Bien que les services de RDD soient disponibles aux États-Unis depuis 1994, le Canada n'a encore son propre service légalement constitué. Depuis 1994, les signaux de RDD par satellites américains débordent de l'autre côté de la frontière, permettant aux Canadiens équipés de satellites de RDD de regarder les émissions américaines. À ce jour, quelque 300 000 Canadiens ont acheté des systèmes non autorisés de RDD sur le marché gris (leur utilisation n'est pas autorisée au Canada, mais ils ne sont pas techniquement illégaux). Les Canadiens qui possèdent ces systèmes peuvent recevoir des douzaines de chaînes américaines qui ne sont pas offertes aux clients des entreprises canadiennes de câblodistribution; par contre, ils captent moins de cinq chaînes canadiennes.

Les nombreux Canadiens qui profitent des signaux non autorisés provenant des satellites de RDD américains contournent le système canadien de radiodiffusion et lui posent un sérieux problème. Le gouvernement canadien a contrôlé le développement du système canadien de radiodiffusion afin d'atteindre plusieurs objectifs culturels, politiques et économiques. Certains de ces objectifs visent à encourager et à défendre la culture et l'identité canadiennes, à mettre en rapport les Canadiens entre eux, et à s'assurer que les radiodiffuseurs canadiens disposent des moyens de créer et de présenter des productions canadiennes.

Quand les Canadiens captent des programmes d'un service de RDD non autorisé et d'origine étrangère, ces objectifs ne sont absolument pas atteints. Étant donné que les Canadiens sont moins nombreux à regarder des émissions canadiennes et plus nombreux à regarder des productions américaines, les compagnies de câblodistribution canadiennes perdent des milliers de clients, la part des redevances de ces compagnies devant servir à financer les productions télévisées canadiennes se trouve ainsi réduite, les recettes publicitaires diminuent et les annonceurs de la télévision canadienne rejoignent moins de Canadiens.

Historique du satellite de RDD L'utilisation des antennes paraboliques personnelles pour capter les signaux de radiodiffusion commence au milieu des années 70. Partout au Canada, de nombreuses communautés ne peuvent capter que quelques chaînes de télévision parce qu'elles sont trop petites pour financer une entreprise de câblodistribution ou sont hors de portée des émetteurs. Ces communautés veulent un service de télévision comparable à celui des personnes qui vivent près de la frontière américaine et installent donc des antennes paraboliques afin de capter des services de télévision qu'elles ne pourraient recevoir autrement.

Toutefois, en 1980, une enquête du gouvernement fédéral sur l'utilisation d'antennes paraboliques personnelles dans les communautés éloignées et nordiques critique cette pratique parce qu'elle permet de capter des programmes de télévision non autorisés par le gouvernement. Afin de remédier à cette situation, le gouvernement recommande la création d'un nouveau service par satellite qui diffuserait des services de télévision à ces communautés.

Puisque le gouvernement n'a pas les moyens d'améliorer les services pour ces communautés, il crée Les Communications par satellite canadien inc. (CANCOM), un service de télévision payante qui fonctionnerait de la même façon que les compagnies de câblodistribution. CANCOM offre divers services canadiens, plus trois grands réseaux américains, ainsi que le Public Broadcasting Service (PBS). Pour fournir ses services à ces communautés, CANCOM utilise Télésat, le service national de transmission par satellite (*voir* TÉLÉCOMMUNICATIONS).

Mais Télésat, copropriété du gouvernement et des principales entreprises de téléphone, demande des tarifs élevés. De plus, en raison du petit nombre de clients de CANCOM, le coût du service augmente encore, ce qui le rend inabordable pour de nombreuses personnes. Toujours privés d'une solution de rechange à un coût abordable, beaucoup de Canadiens achètent des antennes paraboliques illégales, contournant ainsi les systèmes locaux de radiodiffusion incapables de desservir leurs communautés pour un prix raisonnable. Les Canadiens continuent d'utiliser des antennes paraboliques non autorisées afin de capter les chaînes américaines. En effet, pour un coût comparable à celui de la télévision par câble, les antennes paraboliques offrent une programmation élargie ainsi qu'une solution de rechange à la câblodistribution en l'absence d'une solution technologique légale.

En 1983, un rapport gouvernemental portant sur la RDD par satellite appuie la création d'un système canadien de radiodiffusion directe (SRD) afin d'améliorer le réseau national et de le protéger contre l'incursion américaine. Le rapport prédit, avec raison, que si un SRD américain (qui ressemble beaucoup à la RDD) commence à diffuser au Canada, il peut facilement anéantir toute possibilité de développer avec succès un service canadien de RDD. Le rapport propose donc d'élargir les activités des services de RDD qui, au lieu de se limiter à fournir des services de télévision aux régions mal desservies, pourraient distribuer des signaux de radiodiffusion aux entreprises de télédistribution partout au Canada.

Toutefois, plutôt que de renforcer le rôle de la RDD par satellite au Canada, cette stratégie ne sert qu'à renforcer la position de l'industrie câblière comme principale distributrice de signaux de radiodiffusion aux Canadiens. Ainsi, au lieu de créer un système de RDD autonome susceptible de concurrencer la télévision par câble ou le système de RDD américain, l'industrie câblière intègre simplement la radiodiffusion par satellite comme autre méthode de distribution de signaux de télévision. Juste avant le lancement des services américains de RDD, en 1994, le gouvernement relance l'idée de créer un système canadien de RDD.

Lutte pour la mise en service d'un système canadien de RDD Malheureusement pour l'industrie canadienne de radiodiffusion, la présence des services américains de RDD non autorisés s'est considérablement multipliée en raison du marché gris, tandis que de nombreux obstacles viennent entraver le lancement de l'industrie canadienne de RDD. Aujourd'hui, quelque 300 000 Canadiens possèdent des antennes paraboliques américaines de RDD et paient directement des millions de dollars en frais de service mensuels aux États-Unis, ce qui grève d'autant le financement de la programmation canadienne du réseau national. En outre, les propriétaires de satellites américains de RDD reçoivent beaucoup moins que la programmation canadienne minimum exigée par tous les radiodiffuseurs canadiens. Des 200 canaux offerts par les services américains de RDD, seulement 3 sont canadiens: MuchMusic, Bravo et CBC Newsworld International.

Pendant que les consommateurs canadiens achètent des antennes paraboliques américaines de RDD par satellite, le gouvernement canadien essaie, durant trois ans, de lancer un service canadien de RDD avant que les antennes paraboliques américaines ne saturent le marché. De nombreux obstacles politiques, technologiques et financiers retardent la mise sur pied d'un service canadien de RDD. Tous ces obstacles interagissent à différents moments pour empêcher les Canadiens d'avoir légalement accès à un autre service que la télévision par câble. Cela se passe à une période où l'industrie canadienne des communications et le gouvernement essaient de bâtir l'autoroute de l'information en misant sur la concurrence entre les compagnies de téléphone, de câblodistribution et satellites.

Mesures canadiennes Le lancement d'un service américain de RDD et le débordement inévitable de ses signaux au Canada amène le CONSEIL DE LA RADIODIFFUSION ET DES TÉLÉCOMMUNICATIONS CANADIENNES (CRTC), l'organisme national de réglementation des communications, à essayer de créer une compagnie canadienne de RDD qui contrerait le service américain et protégerait les intérêts des Canadiens. En mai 1994, lors de la conférence de l'Association canadienne de télévision par câble, Fernand Belisle, conseiller du CRTC, encourage certaines des principales entreprises de l'industrie canadienne des communications à formuler une proposition au CRTC pour la création d'un service national de RDD.

Cette nouvelle entité sociale, RDD Canada Inc., regroupe des entreprises de télécommunications et de radiodiffusion, dont les ENTREPRISES BELL CANADA INC. (BCE), Western International Corp. (WIC), CANCOM, Tee-Comm Electronics Ltd., Shaw Communications Inc., Astral Broadcast Group Inc., Rogers Cablesystems Ltd. (*voir* ROGERS COMMUNICATIONS INC.), JLL Broadcast Group et CFCF Inc.

Afin de convaincre RDD Canada Inc. de poursuivre son plan, le CRTC est prêt à lui accorder une ordonnance d'exemption, ce qui lui permet de fonctionner sans licence de radiodiffusion. Une autre condition de l'ordonnance d'exemption du CRTC leur donne le monopole sur tout le marché canadien à condition que le service de RDD utilise exclusivement des satellites canadiens. Cette condition empêche le principal concurrent américain, DirecTv Inc., de Los Angeles, de participer à ce projet. DirecTv, qui projette de transmettre sa programmation américaine par le truchement de son propre satellite américain, est dès lors exclu du marché canadien des services de RDD.

Pour demander l'autorisation d'offrir légalement ses services au Canada, DirecTv doit se conformer aux règlements canadiens en matière de propriété corporative tels que stipulés dans la *Loi sur la radiodiffusion*. Pour ce faire, DirecTV s'associe à Diffusion Power Inc. de Montréal, ce qui lui permet de pénétrer le marché canadien de la RDD et d'exercer légitimement des pressions sur le gouvernement en tant que concurrent canadien de RDD Canada Inc.

C'est alors que les trois compagnies de câbles, Shaw, ROGERS et CFCF de même que JLL et Astral se retirent du consortium de RDD Canada Inc., ce qui laisse ExpressVu Inc. (nouveau nom de RDD Canada Inc.) avec quatre principaux propriétaires, Tee-Comm, WIC, CANCOM et BCE.

En avril 1995, le *Report of the Policy Review Panel on Direct-To-Home Satellite Broadcasting* (rapport du Comité de révision de la politique relative au satellite de radiodiffusion directe à domicile) recommande que le gouvernement invalide l'ordonnance d'exemption du CONSEIL DE LA RADIODIFFUSION ET DES TÉLÉCOMMUNICATIONS CANADIENNES (CRTC). Le Comité demande cette invalidation d'exemption en raison des conditions discriminatoires qui obligent les entreprises à utiliser les satellites canadiens pour tous leurs signaux, américains ou canadiens. Cette condition est injuste pour le concurrent potentiel d'ExpressVu, Power DirecTv, car, alors qu'il lui est défendu d'utiliser ses satellites américains pour diffuser les canaux américains, les entreprises canadiennes de câblodistribution sont autorisées par le CRTC, au début des années 80, à recevoir des signaux américains directement des satellites américains.

L'obligation pour Power DirecTv d'agir différemment des entreprises de câblodistribution est non seulement incohérente, mais sert aussi à garantir à ExpressVu (qui peut respecter la condition de diffuser tous ses services par le truchement des satellites canadiens) un monopole sur les services canadiens de RDD en excluant Power DirecTv. Le Comité recommande donc que les services de RDD soient

tenus de respecter les mêmes conditions que l'industrie câblière en ce qui a trait à l'utilisation de satellites étrangers. Cela permet à Power DirecTv d'utiliser un satellite américain et de concurrencer ExpressVu sur le marché canadien.

Après la parution du rapport, le CRTC refuse la demande du gouvernement de modifier ses politiques en matière de RDD et d'endosser les propositions du Comité. Le Cabinet fédéral utilise donc un de ses pouvoirs spéciaux et adopte un décret en conseil qui l'autorise à ordonner au CRTC d'organiser des audiences pour l'octroi de licences de services de RDD. Ces audiences commencent le 30 octobre 1995 quand ExpressVu, Power DirecTv et Shaw font leur demande de licence.

Conditions du CRTC pour l'octroi des licences Le CRTC annonce ses décisions le 20 décembre 1995. ExpressVu et Power DirecTv obtiennent des licences pour la radiodiffusion directe à domicile par satellite sur tout le territoire, tandis que la demande de Shaw est refusée. Selon ses nouveaux règlements, le CRTC tente d'«étendre les services de radiodiffusion aux Canadiens vivant dans les régions mal desservies, de mettre en place une concurrence face aux entreprises de câbles et de trouver une solution canadienne aux menaces que représentent les services non autorisés de RDD sur le marché canadien». En ce qui a trait à la programmation canadienne, le CRTC reconnaît la difficulté technique et le coût de la liaison montante des programmes locaux et régionaux pour un service national, et décide que le détenteur d'une licence doit obligatoirement offrir dans son volet de base les trois réseaux nationaux canadiens de télévision, soit les réseaux anglais et français de la Société Radio-Canada et un signal CTV.

Par ailleurs, le détenteur d'une licence de RDD est aussi tenu de consacrer au moins 51 p. 100 de ses services à la radiodiffusion de programmation canadienne. Le financement d'émissions culturelles canadiennes par les entreprises de RDD est fixé à un minimum de 5 p. 100 du revenu annuel brut dès la première année et ce, pour une période indéfinie.

Dans ses décisions, le CRTC rejette la demande de subvention de Power DirecTv pour compenser les coûts de liaison montante et de compression des signaux numériques. Power DirecTv prétend que, sans ces subventions, il n'a pas les moyens financiers de lancer un service de RRD au Canada. L'incitation économique de Power DirecTv à lancer un service canadien est déjà sérieusement ébranlée par la croissance du marché gris des services américains de DirecTv, lesquels rapportent 7,5 millions de dollars par mois à l'entreprise américaine DirecTv.

Peu de temps après avoir obtenu sa licence, Power DirecTv annonce qu'elle ne lancera pas son service de RDD. Son «retrait» du marché canadien de RDD renvoie le CRTC à la case départ avec une seule entreprise de RDD ayant une licence, soit ExpressVu.

Effondrement du satellite Tôt le matin du 26 mars 1996, la RDD canadienne fait un bond en arrière quand l'un des deux satellites de Télésat, Anik E-1, subit une panne majeure. Le décollement accidentel de l'un de ses panneaux solaires réduit de moitié la puissance et la capacité d'émission du satellite et perturbe de nombreux radiodiffuseurs et services de nouvelles, de même que le service téléphonique de l'Arctique. Pour cette raison, ExpressVu et tout autre service éventuel de RDD perdent toute possibilité d'accéder à un satellite canadien, ce qui aggrave encore les problèmes de l'industrie canadienne de RRD, déjà instable.

Arrangement sur le besoin d'espace Pour compenser la perte d'Anik E-1, Télésat essaie d'augmenter sa capacité de transmission par satellite en demandant à Industrie Canada d'avoir le droit exclusif d'utiliser les deux meilleures positions orbitales de satellite à haute puissance au-dessus du Canada, à 82° et 91° de longitude Ouest. Ces positions sont très intéressantes parce que les satellites qui y sont stationnés couvrent tout le Canada et tous les États-Unis. Afin d'obtenir plus d'espace par satellite, sans payer plusieurs millions de dollars pour le lancement de son propre satellite, Télésat essaie de conclure un marché avec la plus grande entreprise de câble des États-Unis, Tele-Communications Inc. (TCI) pour la position à 82° et TelQuest Ventures LLC pour la position à 91°.

Cet arrangement exige que Télésat lance quatre satellites de radiodiffusion directe, deux à chaque position orbitale. Télésat achèterait à TCI deux satellites préconstruits, en mettrait un à chaque position orbitale et offrirait un service de télévision par satellite au Canada et aux États-Unis. TCI louerait ensuite 27 des 32 canaux. Télésat louerait les 5 autres canaux à ExpressVu pour des services de RDD.

Les entreprises américaines de RDD et le gouvernement des États-Unis s'opposent à cet arrangement. Cinq grandes entreprises américaines de RDD déposent une requête auprès de l'organisme américain de réglementation des communications, la Federal Communications Commission (FCC). Elles exigent de la FCC qu'elle refuse le droit d'atterrissage (le droit de recevoir et de diffuser des signaux) aux signaux de TCI et de TelQuest parce que ces deux entreprises essaieraient de pénétrer de façon détournée le marché de la RDD aux États-Unis, ce qui leur procurerait un avantage concurrentiel injuste sur les autres entreprises de RDD.

Le Bureau du président des États-Unis, le Department of Justice, le Department of Commerce, le Department of State et le bureau du représentant américain du commerce extérieur conseillent tous vivement à la FCC de retarder sa décision au sujet du projet Télésat-TCI jusqu'à ce que le gouvernement américain ait étudié les implications de la proposition sur la politique transfrontalière. Ils appuient leur position sur leurs préoccupations face à la nature discriminatoire des politiques culturelles canadiennes (les restrictions exigeant un minimum de contenu canadien de 51 p. 100) exercées envers les services américains de communication et sur le fait qu'il n'existe aucun accord en matière d'utilisation réciproque des satellites américains et canadiens.

Les négociations n'aboutissent pas pour plusieurs raisons. Premièrement, le gouvernement canadien ne veut pas discuter avec le gouvernement américain l'éventualité de modifier les conditions culturelles. Deuxièmement, John Manley, le ministre de l'Industrie, refuse de donner à Télésat une licence qui lui accorderait officiellement le monopole des deux positions orbitales.

Avenir de la RDD au Canada La pression actuelle exercée sur le gouvernement canadien pour qu'il réalise une entente de réciprocité avec les États-Unis sur l'utilisation des satellites vient de la Loi américaine sur les télécommunications de 1996. Cette loi exige l'accès réciproque aux marchés des services de télécommunications.

Si cet arrangement était accepté, la notion d'une politique canadienne souveraine et nationale en matière de satellite disparaîtrait peu à peu avec les accords transnationaux, ce qui ouvrirait la voie à l'introduction d'une programmation étrangère non contrôlée dans une proportion jamais égalée auparavant au Canada. Cet arrangement permettrait à n'importe quelle entreprise canadienne d'utiliser les satellites américains et de contourner les règlements canadiens portant sur les satellites, les rendant invalides en matière de contenu. De plus, en vertu d'un accord réciproque, les soutiens culturels et les subventions qui protègent les entreprises canadiennes contre la concurrence américaine seraient démantelés, soit volontairement, soit par l'intermédiaire des tribunaux de commerce international.

Bien qu'aucun réseau autorisé de distribution par RDD ne soit encore en activité, le marché gris croissant des antennes paraboliques a déjà modifié le marché de distribution de la radiodiffusion en enlevant des milliers de clients à la télévision par câble. Lors-

qu'un service canadien est lancé au milieu de 1997, les services de RDD américains profitent d'une avance de trois ans et il n'est pas certain que les radiodiffuseurs canadiens puissent récupérer les clients qui ont déjà opté pour le marché gris.

Jordan P. Worth

Diffusion du temps L'HEURE exacte est diffusée ou distribuée par un réseau de télécommunication à tous les utilisateurs sur l'ensemble du territoire canadien. Des systèmes de radiodiffusion, de télévision et de téléphonie, au sol ou par satellite, fournissent des références d'heure et de fréquences traçables, dans des limites établies, par rapport aux étalons reconnus. Selon un accord international, l'heure diffusée repose toujours sur la mise en œuvre moderne du temps de Greenwich, ou TUC (temps universel coordonné). Quelques services permettent aussi de déterminer le temps universel 1 (TU1) pour la navigation et les mesures astronomiques plus précises.

Détermination de l'heure Les déterminations les plus précises de la fréquence et de l'heure sont effectuées dans le laboratoire du temps du CONSEIL NATIONAL DE RECHERCHES DU CANADA (CNRC) ou, dans tout le Canada, en analysant les signaux radio provenant d'un satellite au même moment où les mesures sont prises au laboratoire du temps du CNRC. Le système par satellite le plus facile à utiliser pour effectuer ces comparaisons est le système militaire américain de navigation par satellite, soit le système de positionnement à l'échelle du globe (GPS), qui permet de réaliser des étalonnages exacts à quelques dizaines de nanosecondes.

Les signaux de navigation radio Loran-C au sol s'utilisent de façon similaire dans les régions du Canada à portée de la chaîne Loran-C des Grands Lacs. À l'intérieur du périmètre couvert par un émetteur de télévision fixe, on peut aussi étalonner le temps à l'aide de signaux de télédiffusion. Pour les applications temporelles moins exigeantes, la réception directe des signaux GPS permet habituellement d'obtenir l'heure juste avec une précision en deçà de 10 microsecondes. Le système GPS peut aussi servir de référence de fréquence commode pour les applications qui n'exigent pas une précision ou une traçabilité optimale.

Les systèmes informatiques dotés de modems ordinaires permettent de déterminer l'heure à partir du signal radiodiffusé sur ondes courtes ou du téléphone, avec une précision de quelques millisecondes. Les réseaux d'ordinateurs déterminent l'incertitude associée à la détermination de l'heure à l'aide de protocoles qui chronomètrent la durée écoulée entre une demande d'heure à un serveur et la réception de la réponse.

Sources d'heure officielle Le CNRC donne l'heure officielle canadienne, au (613) 745-3900, par le biais de modems compatibles avec la norme Bell-103 de 300 bits par seconde. On obtient une précision plus grande partout au Canada avec ces mêmes modems et un protocole différent consistant à capter les signaux horaires et fréquentiels de la station de radio ondes courtes CHU du CNRC. Cette station diffuse continuellement aux fréquences de 3,330, 7,335 et 14,670 MHz et compte sur les hautes couches de l'atmosphère pour réfléchir le signal vers l'utilisateur. Normalement, la plupart des régions du Canada reçoivent un signal satisfaisant à un certain moment de la journée. On peut aussi recevoir, à des moments différents de ceux des signaux CHU, les signaux ondes courtes des stations radio américaines de l'heure et des fréquences WWV (Colorado) et WWVH (Hawaii) aux fréquences de 2,5, 5, 10, 15 et 20 MHz.

Les stations radio ondes courtes CHU et WWV diffusent des signaux d'horloge parlante qui donnent le TUC dans tout le Canada. On peut aussi obtenir l'heure de l'Est en téléphonant à l'horloge parlante au (613) 745-9426 (pour les francophones) ou au (613) 745-1576 (pour les anglophones). Si l'appel téléphonique n'est pas acheminé par satellite, la pré-

cision des signaux est de quelques centièmes de seconde.

Quand elle ne diffuse pas les débats du Parlement, la Chaîne parlementaire par câble affiche souvent une horloge vidéo, d'une précision de quelques centièmes de seconde, dont les données sont basées sur les signaux émis par le laboratoire du temps du CNRC.

Les réseaux de radiodiffusion français et anglais de la SOCIÉTÉ RADIO-CANADA (SRC) diffusent chacun le signal horaire du CNRC une fois par jour, à 12 heures sur le réseau français et à 13 heures, heure de l'Est, sur le réseau anglais. La précision est généralement de quelques centièmes de seconde mais, dans le cas des stations radio reliées par satellite, le retard est d'environ un quart de seconde par liaison entre satellites.

Les astronomes peuvent déterminer la position de la Terre sur son orbite à l'aide des signaux horaires TUC lorsqu'ils effectuent des observations précises. Le CNRC renseigne les Canadiens intéressés sur les secondes intercalaires imminentes, le nombre et la date des secondes intercalaires passées, le temps atomique international (TAI) et le temps dynamique terrestre (TDT), la correction à apporter au TUC pour obtenir le TU1 et les façons d'obtenir ces renseignements automatiquement.

Robert Douglas

Diligence Principal moyen de transport public par route au Canada et aux États-Unis durant la première moitié du XIXe siècle, la diligence est un véhicule à quatre roues tiré par quatre chevaux ou plus. Une demi-douzaine de passagers peuvent prendre place sur les banquettes du carrosse suspendu, à l'abri des intempéries, tandis que le cocher est assis à l'avant, exposé aux éléments. Les colis sont attachés à des bâtis de chargement sur le toit du véhicule. Les diligences parcourent des routes régulières, transportant les passagers et le courrier de relais en relais. Conçue en Angleterre au XVIIe siècle, la diligence est remplacée par le train dans les années 1840. Aujourd'hui, on l'associe surtout aux films westerns et au Far West.

John Robert Colombo

Dimakopoulos, Dimitri, architecte, urbaniste (Athènes, Grèce, 14 sept. 1929—Montréal, 7 nov. 1995). Il arrive au Canada en 1948 pour étudier l'architecture à l'U. McGill. En 1957, il devient, avec Fred LEBENSOLD, membre fondateur d'ARCOP Associates, une agence d'architectes de renom ayant une grande influence sur le développement de l'architecture moderne au Canada. En tant qu'associé chez Arcop, il remporte de nombreux concours de design partout au Canada, notamment pour le Queen Elizabeth Auditorium de Vancouver, construit en 1955 (médaille Massey, 1958), le Centre municipal de Laval (1961) et le Fathers of Confederation Memorial Building de Charlottetown, construit en 1962 (médaille Massey, 1967). Il participe aussi à la conception de plusieurs complexes à Montréal, comme la PLACE VILLE-MARIE (avec I.M. Pei), la cathédrale orthodoxe grecque et la PLACE DES ARTS (médaille Massey, 1968). Il participe aussi à la conception du Government Centre de l'Île-du-Prince-Édouard (1965) et du CENTRE NATIONAL DES ARTS d'Ottawa (médaille Massey, 1970). Il est Compagnon de l'Institut royal d'architecture du Canada et membre de l'Académie royale des arts du Canada.

Pour son agence, Dimakopoulos et Associés, il conçoit plusieurs bâtiments célèbres (certains en association avec d'autres architectes), comme le campus de l'UNIVERSITÉ DU QUÉBEC à Montréal (prix d'excellence, 1974); le palais de justice de Québec (1981); la Laurentienne, à Montréal (1983); le collège Dawson, à Montréal (1983); l'immeuble de bureaux Place Alexis Nihon, à Montréal (1985-1987); l'Institut de recherche en biotechnologie du Conseil national de la recherche, à Ottawa (1987); le 1000 de LaGauchetière, à Montréal (1993); sans compter d'autres réalisations en Grèce, en Italie, en Arabie Saoudite, à Hong Kong, en Algérie et dans la République de Chine.

Norbert Schoenauer

Dinanderie Habituellement faite de feuilles de CUIVRE façonnées à la main et soudées, elle sert couramment à la cuisson à partir de la fin du XVIIIᵉ siècle. La majorité des pièces de dinanderie de cette période sont importées d'Angleterre ou d'Europe continentale. Toutefois, les marchands ont tellement importé d'articles par la suite qu'il est impossible d'identifier les objets d'origine canadienne. Les tôliers canadiens qui ont fabriqué de la dinanderie au début du XIXᵉ siècle n'ont pas signé leurs articles. La plupart des pièces de dinanderie canadiennes datent de l'époque des manufactures, de 1880 aux années 1930. Des marmites, des bouilloires et des récipients à mesurer sont marqués du nom de McClary, GSW (General Steel Wares) et de nombreux autres fabricants. Cette dinanderie manufacturée est produite au Canada jusqu'au milieu des années 30. Le métal a tendance à ternir et contient des sels corrosifs qui sont toxiques lorsque mélangés avec la nourriture. L'utilisation de la dinanderie commence donc à diminuer rapidement dans les années 1890 avec l'arrivée de la vaisselle en ALUMINIUM. En 1897, Sears Roebuck n'offre déjà plus que des bouilloires et des bacs à laver le linge. À partir de 1901, la Compagnie T. EATON de Toronto arrête complètement de vendre de la dinanderie polie.

D.B. Webster

Dinosaur, parc provincial Fondé en 1955 et d'une superficie de 70 km², il comprend les BADLANDS et la PRAIRIE, et s'étend le long de la RIVIÈRE RED DEER dans le sud-est de l'Alberta. Les badlands, ainsi nommées parce que la terre n'y est pas cultivable, ont une beauté exotique et sont composées de couches d'argile et de grès, déposées par les rivières il y a près de 75 millions d'années. Des rivières préhistoriques ont charrié les sédiments vers la mer intérieure de l'Ouest, qui couvrait la région des grandes plaines de l'Amérique du Nord. Chaque couche de sédiments renferme des plantes FOSSILES et des espèces d'animaux caractéristiques de l'époque à laquelle elles ont été transportées.

De nombreux restes fossilisés de DINOSAURES et d'autres REPTILES, d'AMPHIBIENS, d'OISEAUX et de MAMMIFÈRES primitifs permettent aux scientifiques d'avoir une vue d'un chapitre de l'histoire de la Terre. Nulle part ailleurs on ne trouve une région de cette taille qui offre une aussi grande variété de renseignements sur les dinosaures et leurs contemporains. Les CHEMINÉES DE FÉES et les ravinements, éléments typiques de la région, sont les résultats d'un processus d'érosion qui a suivi la dernière ÉPOQUE GLACIAIRE. La végétation y est rare et d'aspect désertique (p. ex., CACTUS).

Installations et services Durant l'été, on y offre des visites guidées en autocar et des randonnées pédestres. L'accès à certaines régions est limité. Toute l'année, le ROYAL TYRRELL MUSEUM OF PALAEONTOLOGY présente des expositions sur le site expérimental. En 1995, le parc a ouvert des installations améliorées aux visiteurs. Les Nations Unies ont reconnu le parc provincial Dinosaur comme un site du patrimoine mondial (*voir* SITES DU PATRIMOINE MONDIAL DES NATIONS UNIES).

Philip J. Currie

Dinosaure Le terme dinosaure (du gr. *deinos sauros*, «terrible lézard») désigne un groupe taxonomique d'ANIMAUX qui inclut les saurischiens (à bassin de reptile) et les ornithischiens (à bassin d'oiseau), qui ont dominé la Terre au cours du mésozoïque, il y a de cela 250 à 65 millions d'années. Les dinosaures proviennent de la même souche d'ancêtres que les ptérosaures (REPTILES volants) et que les crocodiles, et sont presque certainement les ancêtres directs des OISEAUX.

Les saurischiens peuvent à leur tour être divisés en deux groupes principaux: les théropodes (pieds de

bête) et les sauropodomorphes (pieds de lézard). Les théropodes, carnivores dominants du mésozoïque, étaient bipèdes et comptaient quelques-uns des plus petits (p. ex., le genre *Compsognathus*, animaux de moins de 3 kg) et des plus grands dinosaures connus. On a trouvé en Alberta, en Saskatchewan, au Montana et dans le Dakota du Sud l'albertosaurus et le tyrannosaure, des genres typiques. Bien que la petite taille des cerveaux de dinosaures soit légendaire, certaines espèces de petits théropodes avaient des cerveaux assez gros, comparables à ceux des MAMMIFÈRES primitifs.

Les sauropodomorphes primitifs, comme le plateosaurus du début du mésozoïque, étaient plus communs en Europe et en Afrique, bien que l'on ait trouvé des empreintes de pas et des os isolés en Nouvelle-Écosse et en Nouvelle-Angleterre. Les mieux connus des sauropodomorphes, mais non les plus grands, sont l'apatosaurus ou brontosaure et le diplodocus. Deux espèces trouvées récemment, l'ultrasaurus au Colorado et l'argentinosaurus en Argentine pesaient peut-être plus de 50 t chacun. Les sauropodomorphes étaient herbivores.

Ornithischiens Les ornithischiens, des herbivores, peuvent être divisés au moins en quatre sous-ordres: les ornithopodes, les stégosauriens, les ankylosauriens et les cératopsiens. Les ornithopodes sont généralement considérés comme les moins spécialisés, et plusieurs pouvaient marcher sur leurs pattes arrière. On a trouvé des dinosaures «à bec de canard», ou hadrosaures, en Amérique du Nord, en Amérique du Sud, en Europe et en Asie. Environ la moitié des espèces connues ont été découvertes en Alberta. Des nids d'hadrosaures ont été mis à jour en Alberta et au Montana, et certains contenaient des embryons.

Les stégosaures avaient des plaques osseuses distinctives le long du dos. Elles servaient peut-être de protection contre les grands carnivores ou de régulateur de température corporelle, comme un radiateur. Les stégosaures ont surtout été découverts dans les dépôts du Jurassique de l'ouest des États-Unis.

Les ankylosauriens étaient cuirassés. Ils étaient recouverts de milliers de plaques osseuses protectrices sur la tête et le corps, et même, chez certaines espèces, sur les paupières et les joues. Le panoplosaurus, l'euoplocephalus et l'ankylosaurus se trouvaient dans l'Ouest canadien.

Les dinosaures cornus (cératopsiens) formaient un des groupes les plus importants. En Alberta seulement, on en a trouvé plus de 10 genres, dont le tricératops, le centrosaurus et le styracosaurus. Ils étaient pourvus de cornes sur le museau et au-dessus des yeux ainsi que d'une collerette autour du cou, qui présentaient une grande diversité de formes.

Apparition des dinosaures Même les premiers dinosaures étaient probablement bien adaptés à leur environnement. Près de Parrsboro, en Nouvelle-Écosse, se trouve un site où l'on a récemment trouvé des petits squelettes et des pistes de dinosaures primitifs. En 1986, on y a fait une découverte majeure en mettant à jour 100 000 mâchoires, crânes et dents fossilisés appartenant à de minuscules dinosaures, à des crocodiles, des LÉZARDS, des REQUINS et des POISSONS. C'est la découverte de vestiges du Trias et du Jurassique (il y a 250 à 144,2 millions d'années) la plus importante du monde.

Dès leur apparition, au début du mésozoïque, les dinosaures évoluent en un grand nombre d'espèces et rivalisent si bien avec les reptiles ressemblant aux mammifères qu'ils deviennent les animaux terrestres dominants. Les mammifères, quant à eux, ne seront nombreux que 150 millions d'années plus tard ou presque, soit après l'extinction des dinosaures.

Lignée controversée Le succès des dinosaures est depuis longtemps une source d'étonnement. C'est seulement vers les années 70 que l'on a commencé à étudier sérieusement les raisons de ce succès. La recherche a pris une nouvelle orientation lorsque les scientifiques se sont rendu compte qu'il était peut-

être plus approprié de comparer les dinosaures aux mammifères et aux oiseaux plutôt qu'aux reptiles vivants. On ne s'entend toujours pas sur le fait que les dinosaures étaient homéothermes (à sang chaud) ou non. Toutefois, d'après leur physiologie, leur écologie, leur comportement et autres adaptations, on s'entend généralement pour dire qu'ils n'étaient pas simplement d'énormes crocodiles. L'examen détaillé de leurs cellules osseuses démontre que leurs os sont beaucoup plus apparentés à ceux des mammifères et des oiseaux qu'à ceux des reptiles vivants.

D'autres indices, comme la structure de leurs membres et les adaptations très perfectionnées de leurs systèmes alimentaire et respiratoire, ont été utilisés pour appuyer l'hypothèse que les dinosaures étaient homéothermes. La plupart des paléontologues croient cependant que de tels indices ne sont pas concluants.

Petits Malgré que les dinosaures aient présenté une très grande variété de tailles, la plupart des espèces pesaient plus de 100 kg à maturité. Parce qu'ils étaient ovipares, leurs bébés devaient être assez petits. On a trouvé des œufs à plusieurs endroits dans le monde, mais c'est seulement en Alberta, au Montana, en Chine et en Mongolie que des œufs contenant des embryons ont été découverts. Des œufs de sauropodomorphes mis à jour en France et en Mongolie ont moins de 20 cm de diamètre, et ceux de la majorité des autres dinosaures sont beaucoup plus petits. Un jeune sauropodomorphe mesurait probablement moins de 2 m. Comme les dinosaures pouvaient croître toute leur vie, il est possible que les dimensions de ce jeune se soient multipliées par plus de 50 au cours de sa vie.

Les spécimens de bébés dinosaures sont rares. Ils n'ont peut-être jamais constitué une portion significative de la population ou, plus probablement, leurs prédateurs les avalaient tout rond. On trouve à l'occasion des ossements de bébés hadrosaures et cératopsiens en Alberta et on a aussi trouvé des pistes de bébés hadrosaures dans le canyon de la RIVIÈRE DE LA PAIX, en Colombie-Britannique. On a découvert un site exceptionnel au Montana, dans lequel environ 75 p. 100 des dinosaures étaient les jeunes. Dans un seul des nids se trouvaient 18 bébés hadrosaures. Puisque les œufs avaient éclos plusieurs mois avant la mort des petits, on présume qu'ils étaient grégaires et que les parents s'en occupaient.

Au cours de l'été 1987, on a découvert des nids d'hadrosaures contenant des œufs dans le sud de l'Alberta. Ils se trouvaient dans des strates de roches apparentées à celles du Montana. Ces œufs contenaient des embryons bien conservés. La portée globale de cette découverte doit être étudiée.

Anatomie En raison de sa diversité, l'anatomie des dinosaures est depuis longtemps un sujet d'étude fascinant. P. ex., les hadrosaures naissaient avec une tête relativement plate, mais chez certains d'entre eux, tel le lambeosaurus, une crête osseuse distinctive apparaissait sur la tête pendant leur croissance. La taille de la crête variait selon le sexe. Elle présentait une grande diversité de formes et de tailles, ce qui a fait l'objet de nombreuses spéculations depuis la toute première découverte d'une espèce à crête. Son rôle est lié au fait qu'elle atteignait son développement maximal à la maturité sexuelle.

Il semble que la crête était un peu plus qu'une structure de parade reconnue visuellement pour l'accouplement, la protection du territoire, la hiérarchie et autres comportements. À l'intérieur de la crête, se trouvait un espace relié aux conduits nasaux qui servait probablement de caisse de résonance. Comme chaque espèce avait une crête particulière, chacune produisait peut-être des sons distincts qui permettaient aux individus d'une même espèce de se reconnaître.

Écologie Nos connaissances sur l'écologie de la faune et de la flore terrestres de la fin du mésozoïque proviennent du PARC PROVINCIAL DINOSAUR, en Alberta, parce que l'on y a trouvé de nombreux spécimens et récolté d'autres données. De bien des façons, le monde des dinosaures n'était pas aussi exotique qu'on l'imagine généralement. Leur environnement ressemblait superficiellement à celui du nord de la Floride.

Les INSECTES, les poissons, les TORTUES, les lézards, les SERPENTS, les crocodiliens et d'autres animaux, qui surpassaient de beaucoup les dinosaures en nombre, n'étaient pas plus grands que les espèces actuelles qui leur sont apparentées et, dans bien des cas, étaient indifférenciables de celles-ci. À cette époque, il semble que les petits mammifères, incluant des espèces apparentées à l'OPOSSUM moderne, se déplaçaient rapidement dans les sous-bois et que les oiseaux occupaient plusieurs des niches qu'ils occupent actuellement.

Notre compréhension de l'écologie des dinosauriens se précise constamment. Des spécimens fragmentaires dont on n'aurait pas tenu compte auparavant nous renseignent désormais sur des animaux jusqu'à maintenant inconnus. En Alberta, on a identifié des espèces qui n'étaient connues que de la Mongolie, et les scientifiques se rendent compte que plusieurs des différences entre les types d'Asie et d'Amérique du Nord sont liées à des environnements différents et non à la séparation géographique seulement.

Pistes Il devient évident que les dinosaures avaient des comportements plus complexes que les reptiles modernes, et les empreintes laissées par leurs pas sont particulièrement utiles pour comprendre leur comportement. Des pistes laissées dans le canyon de la rivière de la Paix par des hadrosauriens nous montrent qu'ils formaient des troupeaux. Sur un des sites du canyon, on peut voir les pistes parallèles de 17 hadrosaures marchant dans la même direction. À un certain endroit, quatre individus vinrent si près l'un de l'autre que lorsque l'un d'entre eux tituba, il heurta son voisin, ce qui entraîna une réaction en chaîne qui toucha les quatre individus. D'autres pistes dans le canyon laissent supposer que les jeunes restaient ensemble après l'éclosion. Il est possible qu'ils ne rejoignaient les troupeaux d'individus plus âgés qu'après avoir atteint la moitié de leur taille adulte.

De récentes expéditions effectuées par le Dinosaur Project (*voir* ROYAL TYRRELL MUSEUM OF PALEONTOLOGY), à Drumheller, par l'Institut de paléontologie et de paléoanthropologie des vertébrés, à Pékin (Chine) et par l'Ex Terra Foundation, à Edmonton, ont mené des travaux sur le terrain et des recherches en Alberta, en Arctique et en Chine pour découvrir des preuves de migrations intercontinentales des dinosaures. Le Dinosaur Project a monté une exposition itinérante internationale, présentée partout dans le monde.

Dépôts d'ossements Accumulations d'os provenant d'un grand nombre d'individus concentrés en un seul endroit par des processus naturels. P. ex., une rivière en crue a pu emporter dans son flot les ossements d'animaux morts sur ses rives. Dans la plupart des cas, il est impossible de déterminer quel os appartient à quel animal, bien qu'il soit possible d'identifier les types d'animaux. Il existe probablement des milliers de dépôts d'ossements du crétacé dans l'Ouest du Canada, et leur étude fournit des renseignements importants sur l'anatomie, l'écologie et le comportement des dinosaures. Une petite proportion de ces dépôts est dominée par quelques espèces de cératopsiens (p. ex., centrosaurus, styracosaurus, pachyrhinosaurus). Certains sites semblent témoigner de la mort massive de troupeaux, qui se serait produite sur une période d'au moins 10 millions d'années.

Extinction des dinosaures Une des principales questions sur les dinosaures est la raison de leur extinction à la fin du mésozoïque (il y a 65 millions d'années). Les dinosaures ne sont pas les seuls à avoir disparu à cette époque. En effet, certaines données laissent supposer que jusqu'à 75 p. 100 de

toutes les espèces animales (INVERTÉBRÉS, AMPHIBIENS, reptiles et mammifères) auraient aussi disparu à la même époque. LES PLANTES, quant à elles, semblent avoir atteint le cénozoïque (l'ère des mammifères) sans trop de difficultés.

D'innombrables théories qui vont des changements climatiques et de l'effondrement des ÉCOSYSTÈMES à une collision entre la Terre et un astéroïde ont été avancées pour expliquer ces extinctions. Quoi qu'il en soit, la solution de l'énigme soulève deux questions cruciales. Ces extinctions ont-elles été subites ou se sont-elles échelonnées sur plusieurs millions d'années? Ont-elles eu lieu partout dans le monde simultanément, sur terre et en mer? Les dinosaures survécurent-ils dans quelque partie du monde pendant des millions d'années après s'être éteints en Amérique du Nord?

Des paléontologues, des géologues, des physiciens et même des astronomes travaillent de concert pour répondre à ces questions. Quelle que soit la cause de l'extinction des dinosaures, il est étonnant que des animaux aussi diversifiés, adaptables et nombreux aient tous disparu. Tous, à l'exception de leurs descendants: les oiseaux.

Philip J. Currie

Dion, Céline Interprète (Charlemagne, Qc., 30 mars 1968). Issue d'une famille de 14 enfants, Céline Dion n'a que 13 ans lorsque René Angélil, imprésario montréalais, lui fait enregistrer son premier disque. Après avoir remporté, en 1982, une médaille d'or pour la meilleure chanson au festival de la chanson de Tokyo, elle devient en moins de cinq ans la chanteuse la plus populaire du Canada français.

Céline Dion commence à apprendre l'anglais en suivant des cours chez Berlitz, puis enregistre en 1990 son premier album en anglais, *Unisson* (1990); une chanson de cet album, *Where Does My Heart Beat Now*, est le premier d'une longue série de succès internationaux. Elle enregistre une série de bandes sonores de films (*An American Tale*, *Beauty and the Beast*, *Sleepless in Seattle*) qui ont tous du succès et lui valent son premier prix Grammy en 1993. L'album *The Colour of my Love* (1994) obtient un succès sans précédent pour une chanteuse populaire canadienne: il se vend à 11 millions d'exemplaires dans le monde entier. Céline Dion épouse Angélil en décembre 1994 au cours d'une cérémonie fastueuse célébrée à la basilique Notre-Dame de Montréal.

Céline Dion remporte un succès phénoménal en Grande-Bretagne en 1995, lorsque *The Colour of my Love* et *Think Twice* occupent en même temps, pendant plus d'un mois, la tête du palmarès britannique des albums et des enregistrements uniques, un exploit que personne n'avait réalisé depuis les Beatles (1964). Elle confirme aussi son rang de grande vedette du monde francophone avec son immense succès *D'Eux* et reçoit du gouvernement français le prestigieux titre de Chevalier de l'Ordre des Arts et des Lettres (1996). Le quatrième album de Céline Dion en anglais, *Falling Into You*, se vend à 24 millions d'exemplaires dans le monde et remporte le prix Grammy, aux États-Unis, à titre d'album de l'année 1997. Une chanson de cet album, *Because You Loved Me*, est un succès international et demeure en tête du palmarès américain pendant six semaines. Le 19 juillet 1996, Céline Dion interprète *The Power of the Dream* pendant la cérémonie d'ouverture des Jeux olympiques d'Atlanta, en Georgie, aux États-Unis, suivie, selon les estimations, par 3,5 milliards de téléspectateurs.

L'album *Let's Talk About Love*, lancé en novembre 1997, compte 15 chansons, dont certaines font appel à la collaboration de Luciano Pavarotti, de Barbra Streisand, des Bee Gees, de Carole King et du producteur sir George Martin. *My Heart Will Go On*, la chanson d'amour du film *Titanic* de James Cameron, obtient un immense succès et est mis en nomination aux Oscars. Céline Dion est nommée Officier de l'Ordre du Canada et Officier de l'Ordre du Qué-

bec en 1998. Amorçant une période sabbatique en l'an 2000, Céline Dion avait jusque-là remporté 39 Félix, 20 Juno, 7 Grammy et plusieurs autres prix internationaux depuis le début de sa fructueuse carrière.

Jeff Bateman

Dion, Gérard, prêtre, sociologue, professeur (Sainte-Cécile-de-Frontenac, Qc, 5 déc. 1912—Québec, 6 nov. 1990). Après avoir reçu un B.A. du collège de Lévis en 1935, Dion termine une licence en théologie à l'U. Laval en 1939 et est ordonné prêtre. Il poursuit ses études à Laval et commence, en 1943, à enseigner à la faculté des sciences sociales pour devenir, en 1946, le directeur adjoint du nouveau Département des relations industrielles, dont il sera aussi le directeur de 1957 à 1963. Il est aussi, à cette époque, rédacteur en chef de la revue *Relations industrielles/Industrial Relations*.

À la fin des années 40 et au début des années 50, il est un membre actif de la Commission sacerdotale d'études sociales, un groupe de travail formé de membres du clergé et mis sur pied en 1948 par l'Assemblée des évêques du Québec pour la conseiller sur de nombreux problèmes socio-économiques auxquels est confronté le Québec de l'après-guerre. Parmi les grandes préoccupations soulevées, mentionnons les rôles que doivent jouer la Confédération des travailleurs catholiques du Canada et l'Association professionnelle des industriels.

Pendant les années 50, l'abbé Dion et son collègue, le père Louis O'Neill, deviennent des personnages publics à la suite de la publication d'un pamphlet dévastateur sur l'atmosphère politique du Québec d'alors, intitulé *L'Immoralité politique dans la province de Québec*. L'abbé Dion a publié de nombreux écrits sur les relations de travail, surtout en ce qui concerne l'évolution du mouvement syndical d'inspiration catholique dans les années 40 et 50. Son ouvrage le plus important reste le *Dictionnaire canadien des relations du travail* (1976, réédité en 1986).

M.D. Behiels

Dion, Stéphane, homme politique (1955-). Après avoir obtenu un baccalauréat et une maîtrise en science politique à l'U. Laval en 1977 et 1979 respectivement, ainsi qu'un doctorat d'État en sociologie de l'Institut d'études politiques de Paris, Stéphane Dion a enseigné à l'U. de Moncton en 1984 et à l'U. de Montréal de 1984 à janvier 1996, à titre de professeur de science politique. Il s'est spécialisé dans l'étude de l'administration publique ainsi que dans l'analyse et la théorie de l'organisation.

Parallèlement, Stéphane Dion a été professeur invité au Laboratoire d'économie publique de Paris, chercheur invité à la Brookings Institution de Washington, D.C., codirecteur de la *Revue canadienne de science politique* et chercheur associé au Centre canadien de gestion. Entre 1987 et 1995, il a publié plusieurs livres et articles traitant de science politique, d'administration publique et de gestion.

Stéphane Dion a été assermenté Président du Conseil privé de la Reine pour le Canada et ministre des Affaires intergouvernementales le 25 janvier 1996. Il a été réélu dans sa circonscription de Saint-Laurent–Cartierville le 2 juin 1997 et reconduit dans ses mêmes fonctions ministérielles. Il est l'auteur de *Le pari de la franchise. Discours et écrits sur l'unité canadienne* (1999).

Dionne, affaire (1981) François Dionne, câblodistributeur, remet en question la compétence de la Régie des services publics du Québec en matière d'émission de permis de CÂBLODISTRIBUTION. La Cour suprême du Canada, en appel, conclut que le Parlement fédéral a compétence exclusive sur la réglementation des aspects techniques des postes de câblodistribution et de leur programmation, du moins quand cette dernière met en cause l'interception de signaux de télé et leur retransmission aux abonnés des sociétés de câblodistribution. La radiodiffusion a été jugée de compétence fédérale en 1932 par le comité judiciaire du Conseil privé. Toutefois, selon l'opinion minoritaire de trois juges, un système de câblodistribution diffère de la radiodiffusion (une compétence fédérale), tout comme une entreprise de navigation est différente de la navigation (une compétence fédérale également). En conséquence, si la diffusion par câble se limite à une région donnée, la câblodistribution pourrait relever, de ce fait, de l'autorité provinciale. Mais il s'agit là d'une opinion dissidente.

Gérald-A. Beaudoin

Dionne, Charles-Eusèbe, ornithologue (Saint-Denis de Kamouraska, Qc, 11 juill. 1845—Québec, 25 janv. 1925). Modèle même de l'autodidacte, Dionne est l'un des naturalistes les plus respectés au Canada français. À l'âge de 16 ans, il entre comme serviteur au Séminaire de Québec où il se distingue par son intelligence et sa soif de connaissances. Il occupe les postes de laborantin à la faculté de médecine de l'U. Laval puis d'aide bibliothécaire, pour ensuite être nommé conservateur du musée de zoologie de l'université en 1882. Sous sa direction, le musée devient rapidement l'un des plus riches et des mieux organisés du Québec. Dionne est un maître de la taxidermie et le principal pourvoyeur des spécimens en sciences naturelles. En correspondance avec des ornithologues du monde entier, membre de la American Ornithologists' Union et de plusieurs autres sociétés savantes, Dionne contribue à vulgariser les sciences naturelles au Canada par ses articles parus dans le *Naturaliste canadien* et par ses nombreux livres.

Raymond Duchesne

Dionne, Marcel, joueur de hockey (Drummondville, Qc, 3 août 1951). Après une carrière mouvementée dans les rangs juniors, à St. Catharines, au cours de laquelle il remporte, à 2 reprises, le titre de meilleur marqueur de la ligue de hockey de l'Ontario, Dionne est le 1er choix des Red Wings de Detroit lors du repêchage amateur de 1971. Après quatre saisons, il passe aux Kings de Los Angeles en 1975 à titre de joueur autonome. Avant la fin de la saison 1986-87, les Kings cèdent son contrat aux Rangers de New York avec lesquels il demeure jusqu'à sa retraite en 1989. Il remporte le TROPHÉE ART ROSS (meilleur marqueur, 1980), le TROPHÉE LADY-BYNG (1975, 1977) et le trophée Pearson (1979-1980) pour sa contribution au hockey canadien. Deux fois membre de la première équipe d'étoiles, il connaît 6 saisons de plus de 50 buts et accumule 731 buts, 1040 passes et 1771 points au cours de sa carrière. Seuls Wayne GRETZKY et Gordie HOWE le dépassent dans ces deux domaines.

Yvon Doré

Dionne, quintuplées Annette, Émilie, Yvonne, Cécile et Marie, quintuplées d'Oliva et Elzire Dionne, suscitent l'intérêt général dès leur naissance, le 28 mai 1934, à Corbeil, en Ontario. Alors qu'on ne connaît que deux autres cas semblables, elles sont les seules quintuplées à survivre plus de quelques jours. Ce miracle, ajouté au fait qu'elles sont mignonnes, que leurs parents, des Canadiens français, sont pauvres et que leur tutelle est controversée, en font la sensation des années 30.

Le gouvernement de l'Ontario, craignant qu'on les exploite, les enlève à leurs parents et les place dans un hôpital construit spécialement à cette fin, sous la surveillance du Dr Allan Roy Dafoe, qui les a mises au monde. Oliva Dionne se bat pendant neuf ans pour les récupérer. Entre-temps, elles deviennent la plus grande attraction touristique du Canada et rapportent 500 millions de dollars à la province. Trois millions de personnes voyagent jusqu'au «pays des quintuplées» (Quintland) pour voir les fillettes jouer derrière un écran de verre sans tain.

Hollywood sort trois versions romancées de leur histoire. Des dizaines de commandes commerciales font gonfler à près d'un million de dollars les fonds placés en fidéicommis. Leur retour dans leur famille, en novembre 1943, est difficile. Quelques années plus tard, elles déménagent finalement à Montréal.

Marie, Annette et Cécile se marient, mais ces unions ne durent pas. Émilie, qui est épileptique, entre au couvent et meurt à la suite d'une crise, en août 1954. Les quatre survivantes racontent leur histoire, souvent pénible, dans *We Were Five* (1965). Marie, la plus fragile, meurt en février 1970. Les trois autres se partagent, en 1979, le peu qui reste des biens en fidéicommis. L'Ontario leur accorde finalement 4 millions de dollars en dédommagement.

Pierre Berton

Dionne, René, bibliographe, historien de la littérature québécoise (Saint-Philippe-de-Néri, Qc, 29 janv. 1929). Après le cours classique à Sainte-Anne-de-La-Pocatière, il obtient une maîtrise ès art et une licence ès lettres à l'U. de Montréal, une licence en philosophie à l'Immaculée-Conception et un doctorat ès lettres à l'U. de Sherbrooke. Après avoir enseigné dans divers collèges et universités du Québec, il devient professeur à l'U. d'Ottawa (1970). Il y est directeur du département des lettres françaises de 1975 à 1978 et professeur titulaire en 1981.

Auteur de plusieurs centaines d'articles, de bibliographies et de comptes rendus consacrés aux lettres québécoises et franco-ontariennes, il publie aussi une biographie d'Antoine GÉRIN-LAJOIE et une édition annotée du roman de ce dernier, *Jean Rivard*. Cocompilateur de l'*Anthologie de la littérature québécoise* (1978-1980) de Gilles Marcotte, il est aussi le fondateur de la *Revue d'histoire littéraire du Québec et du Canada français* (1979). Il y publie chaque année, avec la collaboration de Pierre Cantin, une bibliographie exhaustive des études sur la LITTÉRATURE DE LANGUE FRANÇAISE.

David M. Hayne

Dioxine Ce terme s'applique à n'importe lequel des 75 dérivés chlorés de la dibenzo-p-dioxine. Les types de dioxine sont très différents les uns des autres, la différence la plus importante concernant la toxicité. La 2,3,7,8 TCDD (l'un des isomères tétrachloriques de la dibenzo-p-dioxine) est la plus toxique. Les dioxines sont des substances chimiques inutiles. En effet, ce sont des polluants qui ne présentent aucune valeur de conversion.

À l'heure actuelle, la principale source de production de dioxine est la combustion à basse température (brûlage accompagné de fumée noire, comme un feu de camp ou un incendie de forêt – événement relativement fréquent au Canada – ou brûlage des déchets qui contiennent des produits synthétiques ininflammables dans les dépotoirs). Plusieurs centaines de personnes ont énormément souffert de chloracné (une forme grave d'acné) à cause de la 2,3,7,8 TCDD qui était produite en quantité importante par la fabrication de diverses substances comme les herbicides. Les dioxines peuvent être détruites par les rayonnements ultraviolets (p. ex., la lumière du soleil) et par l'incinération à température élevée.

Si les 75 dioxines se différencient énormément sur le plan de la toxicité, il en va de même des effets des dioxines sur différentes espèces. Les cochons d'Inde, p. ex., sont exceptionnellement sensibles (quelques substances leur sont plus toxiques que la 2,3,7,8 TCDD), tandis que les poulets y sont fortement sensibles et les hamsters beaucoup moins. Les tissus adipeux humains comptent de 5 à 10 parties par milliard de 2,3,7,8 TCDD et les spécialistes estiment que notre seuil de tolérance est beaucoup plus élevé que ce niveau naturel. Les dioxines existent seulement en teneurs négligeables et ce n'est que récemment que de nouvelles techniques ont permis aux chercheurs de se rendre compte qu'elles sont présentes presque partout. Les dioxines sont ainsi devenues un problème politique au sujet duquel on dispose maintenant d'une grande quantité d'informations.

W.E. Harris

Directives préalables Parfois appelées «testament de vie», elles constituent un mécanisme juridique qui permet à des individus de prévoir ce qui se passera s'ils deviennent inaptes, plus particulièrement dans le cas où des décisions devront être prises concernant leurs soins de santé quand ils ne seront plus mentalement capables de les prendre (ou les communiquer) personnellement. Des études ont montré que de nombreux Canadiens craignent d'être soumis, lorsqu'ils parviendront aux derniers moments de leur vie, à des formes d'intervention médicale trop énergiques et contre-indiquées, alors qu'ils ne seront plus en mesure d'exprimer leurs volontés. Les directives préalables permettent à la personne encore mentalement capable d'exprimer ses volontés concernant sa santé dans l'avenir et de désigner une personne qui prendra des décisions à sa place. On appelle parfois cette dernière «procureur» ou «mandataire» spécial. P. ex., un mari pourrait décider de signer des directives qui désignent sa femme comme sa procureure spéciale. Cela signifie que, s'il devait devenir mentalement incapable de prendre ses propres décisions en matière de soins de santé, sa femme interviendrait et aurait légalement le droit de prendre ces décisions pour lui.

Les directives préalables pourraient également comporter des instructions propres à guider le mandataire spécial dans la prise de décisions à la place de l'autre (p. ex.: «Si je devais me trouver dans un état végétatif permanent, je ne désirerais pas être maintenu en vie par des moyens artificiels, notamment par alimentation et hydratation artificielles»). En prenant des décisions pour le compte du patient mentalement incapable, le mandataire spécial entend prendre les décisions que le patient aurait prises s'il en était capable. Ainsi, les instructions et les conseils que comportent les directives préalables, tout comme la connaissance que possède le mandataire spécial des volontés, des valeurs et des croyances du patient, sont des considérations très importantes dont il faut tenir compte pour prendre la décision qui s'impose.

La validité juridique des directives préalables est maintenant très claire. Plusieurs provinces ont récemment adopté des mesures législatives conférant un effet juridique à ces documents. Même dans les parties du Canada où aucune loi n'existe en la matière, la *common law* (c.-à-d. les règles de droit d'origine jurisprudentielle) dit maintenant clairement que les directives préalables contenant les instructions du patient sont légalement valides et que ces instructions (dans la mesure où elles sont non équivoques et pertinentes) doivent être suivies.

Gerald Robertson

Discours du Trône Le programme des travaux proposés par les ministres pour la session parlementaire qui débute est dévoilé au SÉNAT et à la CHAMBRE DES COMMUNES dans les discours du Trône. Autrefois, en Angleterre, ce discours expliquait parfois pourquoi une session du Parlement était convoquée alors qu'il s'était écoulé plusieurs années depuis la session précédente. De nos jours, le genre d'affaires étudiées par le Parlement étant pratiquement identique d'année en année et la Chambre étant presque continuellement en session, le discours du trône suscite rarement une grande curiosité. Il contient des observations sur l'état de la nation et décrit les mesures auxquelles le gouvernement demandera au Parlement de donner suite. Bien qu'il soit prononcé par la reine ou son représentant (habituellement le GOUVERNEUR GÉNÉRAL), le discours est entièrement rédigé par les ministres. C'est pourquoi les partis d'opposition se croient obligés de le rejeter en disant qu'il est vide ou mal conçu. Normalement, la première tâche de la Chambre des communes (et du Sénat) consiste à autoriser une réponse au discours. C'est l'adresse en réponse au discours du Trône. Un simple député du parti ministériel propose une adresse de remerciement. Les membres de l'opposition proposent alors des amendements à cette adresse, déplorant le contenu du discours et déclarant généralement leur défiance envers les ministres. À la Chambre des communes, le débat sur l'adresse dure huit jours au maximum. Les motions étant formulées en termes très généraux, un député peut parler de presque n'importe quel sujet et ses propos sont quand même jugés pertinents. Pour montrer que la Chambre n'est pas limitée à étudier les affaires proposées dans le discours, le premier projet de loi déposé pendant une session porte toujours sur un sujet qui n'y est pas mentionné.

John B. Stewart

Discovery Célèbre navire de la East India Company, il fut le premier à naviguer dans l'Arctique sous le commandement de George Weymouth en 1602. En 1610, Henry HUDSON l'utilise pour explorer la baie d'Hudson. Hudson est abandonné à la dérive à la suite d'une mutinerie, mais son navire et huit mutins survivent au voyage de retour. James COOK et George VANCOUVER ont fait voile sur des navires du même nom.

James Marsh

Disque, industrie du Les premiers enregistrements sonores canadiens sont faits à Montréal en 1900 par la société Berliner Gramophone à partir de matrices enregistrées par ses filiales européennes et américaines. Le premier artiste canadien à être endisqué par Berliner est le baryton canadien-français Joseph Saucier.

Les disques vendus au Canada avant 1960 sont pour la plupart des œuvres d'interprètes étrangers. Cependant, l'essor de la musique populaire à la fin des années 60 entraîne un boom mondial dans l'industrie du disque qui se répercute au Canada par une croissance soutenue de la production et de la vente de disques d'artistes canadiens. En 1970, le CRTC (CONSEIL DE LA RADIODIFFUSION ET DES TÉLÉCOMMUNICATIONS CANADIENNES) vient appuyer cette tendance en exigeant que la programmation hebdomadaire des radiodiffuseurs de la chaîne AM contienne un minimum de 30 p. 100 de matériel canadien. De même en 1998, la majorité des stations commerciales de radio doivent diffuser 35 p. 100 de contenu canadien.

Pour qu'un enregistrement puisse être considéré comme ayant un «contenu canadien», il faut que deux des quatre critères suivants soient canadiens: musique, artiste, production et paroles (le code MAPL). Au cours des années 60, la plupart des nombreuses tentatives visant à lancer des compagnies de disques canadiennes ont échoué avant l'application de ces mesures.

En 1998, la vente au détail des disques est évaluée à environ 1,4 milliard de dollars. Les compagnies canadiennes se partagent environ 12 p. 100 du marché, tandis que les autres 88 p. 100 reviennent à une poignée de multinationales, qui offrent seulement 20 p. 100 de disques canadiens alors que 80 p. 100 des productions des entreprises nationales sont de contenu canadien.

Puisque le marché intérieur est très limité, les compagnies canadiennes doivent compter sur les ventes à l'étranger pour réaliser une bonne part de leurs bénéfices. Les causes premières d'un tel déséquilibre du marché et de la lenteur avec laquelle les entreprises indépendantes augmentent leur part du marché sont l'investissement insuffisant de capitaux, la hausse rapide des coûts due à la nouvelle technologie, les enregistrements maison, une piètre commercialisation et l'absence d'un réseau de distribution indépendant et viable.

Les chiffres de 1998 montrent que l'industrie du disque emploie au Canada environ 16 000 travailleurs à temps plein répartis comme suit: 30 p. 100 dans la vente au détail, 25 p. 100 dans la production et les 45 p. 100 restant dans l'une ou l'autre des différentes activités de création et diffusion: studios, concerts, chaîne de production, associations commerciales, maisons de disques, graphistes, agents d'artistes, avocats, etc.

En 1998, la majorité des ventes de disques s'est faite dans la catégorie musique «populaire», à savoir la musique pop, le rock et la musique grand public.

Le reste des ventes se fait dans le classique, le country-folk, la musique pour enfants et le jazz. On compte parmi les artistes rock canadiens de renommée internationale Rush, Bryan ADAMS, Céline DION, Shania TWAIN, Sarah MCLACHLAN, Amanda MARSHALL, Alanis MORISSETTE, Loreena MCKENNITT, Anne MURRAY, Gordon LIGHTFOOT, Bruce COCKBURN et Ginette RENO se distinguent dans le genre grand public. Maureen FORRESTER, Glenn GOULD, Ofra HARNOY, Liona BOYD, Louis LORTIE, Louis QUILICO, Jon VICKERS et Anton KUERTI sont les figures de proue de la musique classique. Pour ce qui est du jazz, les têtes d'affiche sont Oscar PETERSON, Diana KRALL et Rob MCCONNELL et le Boss Brass. Chez les CHANSONNIERS, on remarque surtout Pauline JULIEN, Félix LECLERC et Gilles VIGNEAULT.

La Société Radio-Canada (SRC) a joué un rôle important en ce qui concerne l'enregistrement d'interprètes et de compositeurs canadiens de musique classique. Le premier album est enregistré en 1945, mais la SRC ne commence à vendre des disques au public qu'au début des années 70, quand les auditeurs manifestent clairement leur désir d'entendre beaucoup plus d'œuvres des interprètes qui sont présentés à la radio et à la télévision. En 10 ans, la SRC est devenue le plus grand producteur et distributeur de disques classiques canadiens.

Au Canada, l'interprète retire des droits d'auteur sur chaque disque vendu. Les éditeurs et les compositeurs reçoivent un droit «mécanique», c.-à-d. un cachet fixe pour chaque disque produit. Ces droits «mécaniques» sont perçus au nom des artistes et des éditeurs par la Canadian Mechanical Reproduction Rights Agency (CMRRA) et la Société du droit de reproduction des auteurs, compositeurs et éditeurs du Canada (SODRAC). Des droits de représentation sont versés aux compositeurs et aux éditeurs quand leurs enregistrements sont diffusés à la radio et à la télévision.

Au Canada, deux organismes recueillent et distribuent ces droits: la Société canadienne des compositeurs, auteurs et éditeurs de musique (SOCAN) et la Société du droit d'exécution du Canada Limitée (S.D.E. Canada). Tout le processus de paiement est dicté par la Loi sur les droits d'auteur du Canada et par des ententes négociées entre les détenteurs de droits et les compagnies de disques.

Certaines associations commerciales jouent un rôle actif dans l'industrie du disque. Les multinationales sont représentées par l'Association canadienne de l'industrie du disque (CRIA); le secteur indépendant, par la Canadian Independent Record Production Association (CIRPA) et par l'Association du disque et de l'industrie du spectacle québécois (ADISQ); et les éditeurs, par l'Association canadienne des éditeurs de musique (CMPA). Ces associations s'occupent de questions qui touchent l'industrie dans son ensemble, comme l'enregistrement de disques à domicile qui fait perdre à cette dernière des millions chaque année; elles s'emploient à stimuler les investissements privés, à collaborer avec le gouvernement à l'élaboration de politiques culturelles et économiques et à favoriser l'adaptation aux nouvelles technologies comme le disque compact, les bandes audionumériques (BAN), les vidéoclips et tous les nouveaux modes de distribution par câbles de fibres optiques et par satellite vers les systèmes des clients.

Les prix JUNO (fondés en 1964) sont des récompenses présentées chaque année par la Canadian Academy of Recording Arts and Sciences (CARAS) à des interprètes, producteurs et compositeurs d'après la quantité de disques vendus au cours d'une période donnée. Au Québec, l'ADISQ a créé en 1979 ses propres prix, les Félix. (*Voir aussi* DISQUE, INDUSTRIE AU QUÉBEC; MUSIQUE DE CHAMBRE; MUSIQUE COUNTRY ET WESTERN; MUSIQUE FOLKLORIQUE; JAZZ; ÉDI-TION MUSICALE; MUSIQUE ORCHESTRALE; MUSIQUE POPULAIRE.)

Association canadienne des producteurs de disques indépendants

Disque au Québec, industrie du La plus ancienne de tout le Canada, l'industrie du disque au Québec a fait preuve depuis les années 1900 d'une étonnante vitalité. Condamnée à la différence par sa culture et sa langue, elle a reçu de sa population un appui inégalé dans les autres provinces. Et contrairement à la tendance constatée dans le reste du pays depuis trois décennies, les petites et moyennes compagnies indépendantes continuent de produire la grande majorité des artistes québécois.

De 1900 à 1916, la compagnie que fonde Emile Berliner (1851—1929) à Montréal presse et distribue au Canada des productions étrangères dans une proportion de 90 p.100. Son fils, Herbert Berliner (1882—1966), fonde alors l'étiquette His Master's Voice et renverse entièrement cette statistique en faveur d'artistes canadiens et québécois. Le succès est tel qu'il provoque entre la compagnie américaine Victor, propriétaire de l'entreprise Berliner, et la famille Berliner un conflit au terme duquel Herbert s'en va (avec tous les principaux artisans de HMV) pour se consacrer à Compo, usine de pressage qu'il avait ouverte, en 1918, à Lachine (banlieue de Montréal).

Les années 20 et 30

Vice-président de la Starr Records Company, Roméo Beaudry (1882—1932) fera connaître un essor considérable à la chanson québécoise dans les années 20. Travaillant de concert avec Herbert Berliner, cet auteur, compositeur et administrateur de talent produit des artistes de tous genres, dont la célèbre madame Bolduc, et jette les bases d'une industrie du disque dynamique. En 1924, la famille Berliner vend sa compagnie de Montréal à la compagnie américaine Victor. L'industrie du disque qui, depuis ses débuts enregistre au moyen d'un système acoustique, adopte l'enregistrement électrique en 1925. Dans ce domaine, Starr (Compo) devance même les compagnies américaines qui optent également pour le standard international de vitesse d'enregistrement de 78,26 tours/minutes qu'utilisent HMV et Starr au Canada. Starr réalise, dès 1929, des essais d'enregistrement à 33 1/3 tours/minute et lance, en 1930, son disque «double durée» qui utilise un sillon plus fin. Starr et His Master's Voice sont les seules compagnies canadiennes à survivre à la crise économique de 1929.

L'activité reprend lentement vers 1935. RCA Victor lance alors l'étiquette Bluebird qui mise sur des artistes de folklore, de variétés et sur ceux du mouvement de la Bonne chanson relancé au Québec, en 1937, par l'abbé Charles-Émile Gadbois. Starr compte sur ses têtes d'affiche en chanson de variétés et sur la musique folklorique toujours présente.

Les années 40

Il s'agit d'une décennie de révolutions technologiques: premier disque à offrir toute la gamme de fréquence (1942), premier «microsillon» à 33 1/3 tours/minute (1948) et 45 tours/minute (1949). Le folkloriste Jacques Labrecque est le premier Québécois à enregistrer à Londres (1950) un album 33 tours, et Robert L'Herbier, le premier (1949) à lancer un 45 tours enregistré à Montréal. À part quelques productions de Columbia, Musicana et Polydor, Starr et RCA Victor sont les seules compagnies à enregistrer massivement des artistes québécois. Après la Seconde Guerre mondiale, elles misent sur la musique western qui atteint son apogée en Amérique. RCA Victor fait également une large place à la chansonnette française et aux versions françaises de succès américains.

Les années 50

La décennie s'amorce sur une période d'instabilité. Starr, seule compagnie entièrement canadienne, est vendue à la filiale américaine de la firme Decca en 1951. De nouveaux producteurs (Alouette, London, Maple Leaf, Quality) affrontent une crise qui stoppe presque la production de 1952 à 1954. Comme partout en Amérique, le rock'n'roll relance la vente de disques et permet l'émergence de nouvelles compagnies locales, dont Météor (1954), Music-Hall (1957), Fleur-de-Lys (1957) et Rusticana (1958). Absente depuis plus de 25 ans, Columbia produit à nouveau des artistes québécois (1956) et Pathé (1957) s'installe sur le marché local où RCA Victor a repris le leadership.

Les années 60

Populaire auprès des jeunes «baby boomers», le 45 tours conduit finalement à la disparition du 78 tours et ouvre à l'industrie un vaste marché qui favorise la création d'un grand nombre de compagnies locales. Fondée en 1960, Trans-Canada deviendra non seulement le plus important producteur de disques québécois mais également le plus gros distributeur. De jeunes producteurs, dont Denis Pantis, Yvan Dufresne, Tony Roman, Roger Miron et les frères Lazare, créent leurs propres compagnies et dominent complètement l'industrie dans cette décennie. Sans expérience et sans capitaux, une vingtaine d'autres connaissent des succès éphémères. À cette époque, l'industrie québécoise profite non seulement de l'engouement créé par les Beatles, mais également de la montée des chansonniers. Fait nouveau: quelques artistes créent leur propre compagnie de disques.

Les années 70

Cette décennie constitue l'âge d'or du disque au Québec. Pour contrer l'influence indue de la musique américaine sur les ondes de la radio canadienne, le CRTC impose des quotas obligatoires de musique canadienne aux heures de grande écoute. Cette mesure contribue à faire passer à plus de 30 p. 100 la part de la musique québécoise sur le marché du disque au Québec. Forts de leur expérience, certains producteurs repartent sur des bases plus solides. Art Young lance ses étiquettes Trans-World et Zodiaque et Guy Cloutier fonde Nobel (1970) presque au même moment où il découvre René SIMARD à qui il fera connaître une carrière internationale de 15 ans. Guy Latraverse s'allie à l'impresario Gilles Talbot pour fonder Kébec-Disc (1974) tandis qu'Yves Martin fonde Campus (1972), Pacha (1974) et Martin (1975). Plusieurs compagnies spécialisées viennent répondre à la montée du Country et à la renaissance du folklore. La production des multinationales continue d'être très importante. Columbia (devenu CBS en 1976), Capitol (EMI), Polydor (Philips) et Barclay produisent un grand nombre d'artistes francophones. *Comme j'ai toujours envie d'aimer* de Marc Hamilton devient la première chanson francophone québécoise à atteindre le cap du million d'exemplaires vendus dans le monde.

Les années 80

Presque toutes les multinationales du disque sont absorbées, au cours de cette décennie, par de plus gros consortiums. Prélude à toutes ces prises de contrôle, ces compagnies réduisent considérablement leur production locale, aussi bien au Québec qu'au Canada, et ferment des bureaux régionaux canadiens pour se concentrer sur la distribution de disques presque toujours produits hors du pays. Tandis que la production des «indépendants» québécois demeure stable, la production annuelle des multinationales passe de 180 à 38 albums au Québec entre 1978 et 1987. Durement ressenti au départ, ce vide ouvre la voie à de nouvelles compagnies québécoises, dont Pro-Culture, Audiogram et Star, qui sont parmi les plus actives des années 80. La radio et la télévision instituent plusieurs concours qui favorisent la reprise au début de la décennie. Avec l'aide du gouvernement fédéral, l'industrie met sur pied l'organisme de subvention, MusicAction (1985), Luc Martel fonde le palmarès Radio-Activité (1981) et Pierre Marchand prend la tête de Musique Plus (1986), station consacrée à la diffusion de vidéoclips. De plus en plus d'artistes créent leur propre compagnie de disques. Daniel Lavoie, Céline DION, Ginette RENO, MEN WITHOUT HAT, Corey HART et plusieurs autres connaissent de bons succès au Canada, alors que Fabienne Thibeault, Diane Tell, Carole LAURE et encore une fois Céline Dion font de même en France. Des accords de distribution rendent leurs disques disponibles dans ces pays.

Les années 90

Fait inhabituel depuis 1950, plusieurs compagnies québécoises (Audiogram, Star, PGC, Disques Double...) sont encore actives 10 ou 15 ans après leur fondation. Plusieurs se sont diversifiées, s'occupant de promotion et de production de spectacles. Mais l'escalade des frais de production (enregistrement, promotion, vidéoclip...) et la sélectivité excessive des principales compagnies de disques, influencées en cela par les formats radiophoniques, poussent dans la marginalité et l'autoproduction un grand nombre d'artistes, principalement dans les domaines du country et de la musique dite alternative. Or, ces genres représentent ensemble une production annuelle plus importante que celle de l'industrie «officielle» qui connaît une certaine période d'instabilité à la fin de la décennie.

Robert Thérien

Distillerie Relevant de l'INDUSTRIE DES ALIMENTS ET DES BOISSONS, la distillerie gère la clarification, l'aromatisation, le coupage et le vieillissement de l'alcool entrant dans la fabrication de spiritueux (eaux-de-vie, alcools de grains, rhums) ainsi que les usines de fabrication d'alcool éthylique, qu'il soit employé ou non dans les spiritueux. Les fabricants d'alcool méthylique, butylique ou isopropylique appartiennent à l'INDUSTRIE CHIMIQUE. L'industrie canadienne de la distillerie est une INDUSTRIE de niveau international. De fait, la qualité et la concentration des spiritueux distillés au Canada leur ont valu une renommée internationale.

En 1995, les distilleries canadiennes emploient 13 700 personnes directement ou indirectement. Au Canada, cette industrie est aussi l'un des plus grands exportateurs de produits finis, avec une valeur annuelle de plus de 600 millions de dollars.

Son activité économique représente une tranche de 2,6 milliards de dollars du produit intérieur brut pour l'année financière 1993-1994. En plus des produits finis, une partie de la vinasse ou des résidus de grain des distilleries est transformée en sous-produits utiles, comme des suppléments alimentaires pour l'industrie bovine, avicole et porcine.

En 1995, les Canadiens consomment environ 118,8 millions de litres de boissons distillées au Canada et importées. Cette quantité est largement inférieure aux 198 millions de litres consommés en 1980, une baisse attribuable à un changement de mode de vie et à la hausse des taxes sur les boissons alcooliques. En raison d'une grande différence du taux de taxation entre le Canada (83 p. 100) et les États-Unis (42 p. 100), la contrebande menace sérieusement les revenus de l'industrie et du gouvernement. Au moins 4 millions de caisses (12 bouteilles de 750 ml) de produits américains et étrangers sont vendues illégalement au Canada chaque année, aboutissant à une perte de revenus de 1 milliard de dollars pour les gouvernements provinciaux et fédéral.

Historique

Les premiers colons de la Nouvelle-France importent de France leurs boissons alcooliques, normalement des eaux-de-vie et des liqueurs de haute qualité (à cause du coût élevé de transport). La première distillerie du Canada est probablement établie par l'intendant Jean TALON. Il est prouvé que la brasserie qu'il ordonne de construire en 1668 contient un alambic. Le rhum des Antilles étant disponible à un coût relativement bas, les colons ne sont guère intéressés à établir chez eux une industrie de distillerie. La situation demeure inchangée jusque dans la seconde moitié du XVIIIe siècle, lorsque l'on impose sur ce rhum des tarifs douaniers prohibitifs. Ainsi, la première distillerie voit le jour dans la ville de Québec en 1769 et produit du rhum à partir de mélasse importée.

Après l'arrivée des LOYALISTES, on commence à produire du whisky de grains dans les régions de grandes cultures céréalières. À cette époque, le meunier reçoit en paiement le dixième du grain moulu. Certains en profitent pour transformer leurs surplus en un whisky habituellement facile à vendre dans le voisinage et qui, en plus, a l'avantage d'être moins cher à transporter que le grain ou la farine. Dès 1861, les spiritueux canadiens sont en demande aux États-Unis. Certains meuniers abandonnent l'industrie de la minoterie de sorte que, vers 1840, plus de 200 distilleries sont en activité dans le Haut et le Bas-Canada. C'est à cette époque que naissent certaines des grandes distilleries canadiennes, dont celle d'Hiram WALKER, qui établit son entreprise en 1858.

Lors de la Première Guerre mondiale, les distillateurs jouent un rôle de premier plan, l'alcool étant un produit nécessaire à la fabrication de divers matériaux de guerre. Chaque distillateur contribue à l'effort de guerre et une usine entière est convertie en manufacture d'acétone, une composante de la cordite explosive fumivore. En temps de guerre, le besoin d'alcool conduit à la prohibition dans toutes les provinces, sauf au Québec (qui, en 1919, interdit la vente au détail de spiritueux distillés pour une courte durée). La prohibition est abolie à différentes dates dans les autres provinces entre 1921 et 1930. L'Île-du-Prince-Édouard fait exception et maintient la prohibition jusqu'en 1948.

Pendant la Seconde Guerre mondiale, le rationnement des spiritueux est courant dans beaucoup de régions, surtout parce que l'alcool est à nouveau nécessaire à l'effort de guerre. En 1942, toutes les distilleries canadiennes commencent la production d'alcool à usage militaire et, de 1943 à 1945, la production annuelle d'alcool de première qualité est de 68 millions de litres.

Des règlements édictés par le gouvernement régissent l'industrie de la distillerie avant même qu'elle ne devienne autonome. Ainsi, John Graves SIMCOE, le premier lieutenant-gouverneur du HAUT-CANADA, émet 51 permis de distillerie pendant sa première année en fonction. Peu après le début du XIXe siècle, le gouvernement désigne les premiers inspecteurs de distilleries et adopte, en 1846, une loi sévère pour réglementer la production. La LOI CONSTITUTIONNELLE DE 1867 donne au gouvernement fédéral le pouvoir de voter des lois concernant l'importation ou la fabrication de spiritueux au Canada. Cette loi remet aussi aux provinces la surveillance de la vente au détail.

En 1874, le gouvernement canadien adopte sa première législation contre la «falsification des produits alimentaires» à cause de la trop grande circulation d'alcool frelaté. Sel, tabac, opium, chanvre indien, sulfate de cuivre et sels de plomb ou de zinc sont des additifs courants. La *Loi sur les aliments et drogues*, votée en 1954 et aujourd'hui sous la responsabilité de Santé & Bien-être social Canada, définit avec force détails les normes acceptables pour tous les spiritueux et fait certaines recommandations pour l'emballage et l'étiquetage.

Une équipe d'inspecteurs assure continuellement le respect des règlements (*voir* ALIMENTS, LÉGISLATION SUR LES; PROCESSUS RÉGLEMENTAIRE). De plus, la division des taxes et accise de Revenu Canada forme spécialement des officiers chargés de faire respecter les règles strictes régissant les distilleries et la production à chacune des phases de la distillation, de l'embouteillage et du conditionnement. Leurs bureaux et leurs équipements sont fournis par les distillateurs et situés sur les lieux de production. Ainsi, une étiquette portant l'inscription «distillé», «mélangé», «embouteillé en entrepôt», «sous la supervision du gouvernement canadien» garantit que les règlements ont bien été respectés.

Dès les premiers temps de la colonie, on prélève des taxes sur les boissons alcooliques importées. Toutefois, la première taxe (un shilling et trois pennies par gallon) sur les spiritueux canadiens n'est imposée qu'en 1794. Dans les années 90, la taxe d'accise s'élève à 11,066 $ par litre d'alcool pur. À cela s'ajoutent des taxes de vente de 15 p. 100 sur la valeur à l'acquitté des marchandises. Les gouvernements provinciaux imposent aussi une taxe d'environ 59,5 p. 100 sur les spiritueux distillés. Après avoir aboli la PROHIBITION, chaque province met sur pied des points de vente gérés par le gouvernement.

De nos jours, les distillateurs n'ont le droit de vendre qu'aux sociétés des alcools provinciales et territoriales (sauf en Alberta) qui, à leur tour, revendent les spiritueux dans des magasins de vente au détail gérés par l'État. Le gouvernement albertain a complètement privatisé le réseau de vente au détail de l'alcool de bouche en septembre 1993. L'entreposage et la distribution sont en cours de privatisation. Le gouvernement fédéral perçoit 680 millions de dollars des ventes légales de spiritueux, alors que les gouvernements provinciaux recueillent plus de 1,8 milliard de dollars.

Kay Kendall

District en voie de développement Les pouvoirs des corporations municipales, appelées districts en voie de développement, sont exercés par un administrateur ou un conseil d'administration nommé par le gouvernement provincial. Contrairement à la plupart des municipalités, qui sont surveillées à la fois par la province et par l'électorat local, les administrateurs ne sont surveillés que par la province. Normalement, les districts en voie de développement sont constitués soit dans de vastes territoires peu peuplés qui ont besoin d'un GOUVERNEMENT MUNICIPAL et de services (en raison de nouveaux lotissements ou parce que la population désire une administration locale), soit dans de nouvelles villes où l'on prévoit une forte croissance sur un territoire plutôt restreint (généralement autour d'une nouvelle industrie axée sur les ressources). Lorsque la nouvelle localité est constituée, dotée des services de base et passablement peuplée, le district est souvent remplacé par une corporation municipale ordinaire dirigée par un conseil local.

Katherine A. Graham

Ditidahts Avant l'arrivée des Européens à la fin des années 1780, le peuple connu sous le nom de Ditidaht (*Nitinat*) est une alliance peu structurée d'au moins 10 groupes locaux autonomes sans organisation tribale ou confédérative. Au début de la période historique, la guerre et les maladies poussent les groupes survivants à s'unir davantage alors que les villages sont attaqués, que les gens sont tués et que certains groupes s'éteignent. Des changements de territoires ont alors lieu à la suite de la disparition ou du fusionnement de certains groupes. Les groupes locaux comprenant les Ditidahts sont formés à l'époque d'un certain nombre de peuplades qui occupent une région géographique spécifique et qui sont centrées sur des chefs et leurs familles. Chaque groupe, désigné par le nom du lieu où était situé son village principal, était éparpillé le long de la côte ouest de l'île de Vancouver, entre les pointes Bonilla et Pachena et, à l'intérieur, le long du lac Nitinat et jusqu'au lac Cowichan, à l'est. Dans les années 1890, 17 villages et camps saisonniers ditidahts sont déclarés réserves indiennes ditidaht.

Langue Les Ditidahts ont leur propre langue, différente de celle des Nuu-chah-nuulhs (Nootkas) au nord, mais proche de la langue des PACHEENAHTS leurs voisins au sud-est dans l'île de Vancouver, et de celle des Makahs, qui habitent de l'autre côté du détroit Juan de Fuca (*voir* AUTOCHTONES, LANGUES DES).

Population Actuellement, le seul village ditidaht occupé de façon permanente est Malachan, un peuplement d'environ 150 personnes situé à la tête du lac Nitinat. Les quelque 350 autres Ditidahts (rec. 1996) vivent dans les villes et villages environnants. Jusqu'au milieu des années 60, les Ditidahts habitent plusieurs villages le long de la côte, mais, lorsque le cargo côtier qui les approvisionne cesse d'être en service dans les années 50, ils établissent le village moderne de Malachan où ils s'installent à la tête du lac pour se rapprocher des routes et des services. Malgré ce changement de lieu de résidence, les Ditidahts continuent pourtant d'utiliser les ressources de la côte, particulièrement le poisson et les fruits de mer.

Ressources Traditionnellement, les chefs ditidahts détenaient des droits sur les poissons, sur les racines et sur les autres sources d'aliments à l'intérieur de leur territoire. Les chefs jouissaient aussi de privilèges de pêche à la nasse dans les principaux cours d'eau à saumon. Ces droits de propriété étaient si jalousement préservés que, dans les cas d'infractions sérieuses, les maraudeurs tués bien que le vol de plantes alimentaires ne devait entraîner que la confiscation des récoltes illégales. Certains individus de haut rang possédaient aussi des droits de pêche au harpon sur certains sites ou sur des rochers où l'on pouvait récolter des fruits de mer particulièrement bons.

Culture Les familles ditidahts avaient aussi des droits sur des biens immatériels appelés *tupaat* (prononcer «toupat»). Le *tupaat* est un privilège héréditaire se rapportant souvent à des privilèges cérémoniels ayant souvent trait aux dots de mariage. Chez les Ditidahts, le *tupaat* consistait en des chants, des danses, des jeux, de l'histoire et en l'étalage d'emblèmes et d'équipement encore en usage dans les potlatchs. La musique fait partie intégrante de leurs événements communautaires, et les chanteurs et les compositeurs travaillent activement à promouvoir une riche vie cérémonielle. Les repas, les mariages et les cérémonies commémoratives parrainés par les familles sont autant d'occasions où chanteurs et danseurs s'exécutent. On y apprend les vieux chants traditionnels et on y compose et adopte quelques nouvelles chansons.

Économie Au chapitre du développement économique, les années 90 ont vu la mise sur pied d'une entreprise conjointe entre les Premières Nations ditidaht, ohiaht et pacheenaht et Parcs Canada afin de fournir aux autochtones des possibilités d'emploi de longue durée dans l'entretien, l'interprétation et la commercialisation de la Westcoast Trail dans le parc national Pacific Rim. Des terrains de camping dans les réserves ditidahts font partie des installations de la piste. Le tourisme culturel favorise aussi d'autres entreprises appartenant aux Ditidahts, dont un motel, un magasin et une station-service à Malachan. Une écloserie de saumons, la pêche commerciale de poissons et de crabes, de même que la coupe de bois et la foresterie de production à valeur ajoutée leur assurent d'autres emplois. La cogestion des ressources de leur territoire est un objectif à long terme. Un directeur des pêches ditidaht collabore pleinement avec le personnel de Pêches et Océans à la planification et à l'application de la réglementation.

Dorothy Kennedy

Divisions de la chimie À ses débuts, la chimie était avant tout de nature analytique. Il a fallu attendre l'accumulation des données expérimentales pour voir naître les spécialités d'aujourd'hui. Les principales divisions de la chimie sont la chimie analytique, la chimie inorganique, la chimie organique et la chimie physique.

Chimie analytique

La chimie analytique identifie les différentes substances et détermine leur composition. Il existe des méthodes pour analyser la plupart des principaux composants d'une substance. Les problèmes majeurs surviennent lors d'analyse d'échantillons. On utilise encore les méthodes classiques fondées sur des mesures de poids (masse) et de volumes (appelées respectivement méthodes gravimétrique et volumétrique) pour l'analyse des composants principaux et l'étalonnage. Toutefois, les techniques de mesure sont devenues de plus en plus perfectionnées afin d'améliorer les seuils de détection.

En effet, bien que tous les éléments de la croûte terrestre soient présents dans les océans, seulement une dizaine s'y trouvent en concentration supérieure à une partie par million; la plupart se mesurent en parties par milliard, ou en concentrations encore moindres. On tente de mettre au point des méthodes qui permettront de détecter une vaste gamme de substances dont les quantités se situent entre le nanogramme (10^{-9}) et le picogramme (10^{-12}).

L'analyse de ces concentrations requiert des techniques plus sensibles et une réduction des interférences. À cet égard, les pertes et la contamination subies pendant l'échantillonnage et l'entreposage prennent une grande importance. Un très grand soin est donc apporté aux procédés de préconcentration qui concentrent et séparent sélectivement les espèces recherchées.

On a mis au point des procédés d'analyse utilisant presque toutes les propriétés chimiques et physiques connues des substances à l'état atomique et moléculaire. Des procédés fondés sur les réactions en solution, l'absorption et l'émission de radiations, les propriétés thermiques, les propriétés optiques, les effets d'un champ magnétique et la vitesse d'électrodéposition sont couramment utilisés. De plus, l'utilisation des ordinateurs est devenue chose courante pour l'automatisation des procédés et le traitement de données.

La chimie analytique intervient dans notre quotidien grâce à l'identification et au contrôle des substances toxiques de l'environnement et aux travaux en laboratoire nécessaires à l'industrie (p. ex., métaux, produits pétrochimiques, aliments et boissons), aux sciences biologiques (médecine) et aux sciences physiques (géologie).

La plupart des programmes de tri et des analyses régulières de contrôle de qualité sont effectués par des techniciens à l'aide d'équipements automatisés. Les chimistes analystes font des recommandations sur le matériel requis, produisent et mettent au point de nouveaux appareils et s'assurent que les procédés utilisés sont rigoureusement scientifiques.

Au Canada, le domaine de la chimie analytique se compose de scientifiques travaillant dans les secteurs universitaires, gouvernementaux et industriels. Après la Seconde Guerre mondiale et jusqu'en 1960, le secteur universitaire est restreint aux universités McGill (G. Cove), Carleton (C. Chakrabarti), McMaster (R. Graham), Alberta (W. Harris), Waterloo (W. McBride), Queens (J. Page) et Dalhousie (D. Ryan); chaque université ne compte alors dans son personnel qu'un seul chimiste responsable des recherches en chimie analytique.

En 1991, la discipline a déjà considérablement progressé: l'U. de l'Alberta et l'U. Dalhousie comptent au moins six chimistes spécialistes en analyse, tandis que la Colombie-Britannique, Calgary, la Saskatchewan, Guelph-Waterloo, McMaster, Toronto, McGill et Montréal en ont tous au moins trois. Au total, il y a au Canada environ 50 chimistes analystes formant le personnel enseignant des universités.

Le Canada compte de nombreux laboratoires spécialisés en chimie analytique dans le secteur gouvernemental. Parmi eux, on note la Geological Society of Canada, le ministère de l'Environnement de l'Ontario, Environnement Canada, la Commission géologique de l'Ontario, la section de chimie analytique de la Division de chimie du CONSEIL NATIONAL DE RECHERCHES DU CANADA (CNRC).

Ce dernier laboratoire, dirigé par S. Berman, constituait la section de métrologie de l'Institut de chimie de l'environnement du CNRC; son programme, orienté vers l'élaboration de documents de référence sur les milieux marins et de normes de référence pour l'eau, les tissus biologiques et les sédiments, est reconnu mondialement.

Le secteur industriel de la chimie analytique est moins vigoureux. Au Canada, de nombreuses industries possèdent d'excellents laboratoires de service en chimie analytique, mais les entreprises qui conçoivent et fabriquent de nouveaux instruments d'analyse sont rares. Dans la première moitié des années 80, la Photochemical Research Associates de London, en Ontario, a mis en service une solide gamme d'instruments spectrométriques pour malheureusement faire faillite à la fin des années 80; la plupart de ses produits sont maintenant repris par des intérêts américains (Laser Photonics, Photon Technology et LECO). Bomem inc. de Québec a mis sur le marché international une gamme de spectromètres par transformation de Fourier, mais la compagnie est devenue en partie la propriété d'intérêts étrangers (Applied Automation/Hartmann and Braun).

L'entreprise canadienne qui a connu le plus de succès dans le domaine des instruments d'analyse est SCIEX de Thornhill, en Ontario. Depuis le début des années 70, elle a élaboré et mis sur le marché une gamme unique de produits basés sur des interfaces d'échantillonnage à pression atmosphérique pour les spectromètres de masse. Leurs instruments sont en partie conçus d'après les travaux de B. French de l'Institute for Aerospace Studies (UTIAS) à l'U. de Toronto.

Au début des années 80, SCIEX a mis au point le premier appareil commercial de spectrométrie de masse à couplage inductif (ICP-MS), une technique qui marque les limites de performance actuelles dans l'analyse d'éléments présents sous forme de traces. Elle est également au premier plan dans le développement des techniques de spectrométrie de masse faisant appel à l'ionisation à pression atmosphérique et à l'électronébulisation assistée par pneumatique, techniques appliquées aux biomolécules. Ses produits sont distribués partout dans le monde grâce à une coopération commerciale avec la British Aerospace et Perkin-Elmer Corporation.

D.E. Ryan et Gary Horlick

Chimie inorganique

Traditionnellement, la chimie inorganique se consacrait à l'étude du comportement des éléments chimiques, à l'exception du carbone et de ses composés traités par la chimie organique. Toutefois, la frontière entre la chimie inorganique et la chimie organique est devenue floue. Ainsi, la chimie organométallique, champ d'étude d'importance grandissante qui traite de composés contenant des atomes d'un métal liés à un ou à plusieurs atomes de carbone, fait le pont entre les deux disciplines.

À l'origine, la chimie inorganique comprenait la caractérisation des éléments et la mesure de leurs propriétés physiques (point d'ébullition, densité, etc.). La chimie inorganique s'intéresse principalement aujourd'hui aux réactions chimiques que subissent des éléments combinés ainsi qu'à l'identification et à l'étude de nouveaux composés.

Au début du XXᵉ siècle, l'évolution de la théorie atomique rendit possible l'organisation de la plupart des données sur les éléments les plus communs. De 1915 à 1940, la chimie inorganique s'est développée moins rapidement. Toutefois, pendant la Seconde Guerre mondiale, elle fut l'objet d'un renouveau remarquable, en raison de diverses nécessités: comprendre la chimie de l'uranium et d'autres éléments lourds; séparer les lanthanides rares (numéros atomiques 57 à 71) et déterminer leur comportement chimique (ces éléments étant formés par des processus de fission nucléaire); faire progresser la chimie du fluor (sa forte réactivité ayant auparavant limité son étude); augmenter les connaissances de la chimie

d'un grand nombre d'autres éléments associés à la mise au point d'armes nucléaires.

Des installations à Chalk River, en Ontario, ont joué un rôle dans ces recherches que les CENTRES DE RECHERCHE EN ÉNERGIE NUCLÉAIRE canadiens ont poursuivies.

Sous sa forme actuelle, la chimie inorganique a pour but de comprendre l'importance des conditions de réaction (p. ex., température de réaction) pour découvrir des moyens de créer de nouvelles combinaisons d'éléments. Ainsi, un grand nombre de réactions inorganiques dépendent fortement du solvant utilisé. Dès lors, beaucoup de recherches sont effectuées sur les réactions inorganiques dans divers solvants organiques (p. ex., hydrocarbures et alcools) ou inorganiques (p. ex., ammoniac liquéfié et dioxyde de soufre liquide).

Ces recherches visent également à comprendre en détail toutes les étapes d'une réaction chimique et à déterminer la structure atomique des produits de chaque réaction. Ces informations structurales permettent d'étudier les forces de liaison mises en jeu dans chacune des molécules.

Dans les années 70 et 80, on insista considérablement sur les aspects de la chimie inorganique touchant l'état solide et les composés de métaux de transition (p. ex., cobalt, platine). L'étude de l'état solide a mené à la préparation de bon nombre de nouveaux matériaux. Elle a également débouché sur un nouveau champ de recherche portant sur les propriétés électriques et mécaniques des solides (mis en jeu dans l'INDUSTRIE DE L'ÉLECTRONIQUE et dans la préparation de nouveaux matériaux supraconducteurs).

Les métaux de transition forment de nombreux dérivés organométalliques, dont bon nombre servent de catalyseurs pour d'autres réactions chimiques (p. ex., la synthèse de combustibles importants, comme le méthanol et la production de polymères synthétiques).

La chimie inorganique est particulièrement importante pour l'économie canadienne en raison de l'ampleur des RESSOURCES MINÉRALES. Le mise sur pied d'entreprises d'extraction (nickel, potasse, plomb, zinc, uranium) nécessita l'utilisation des principes de chimie inorganique. Toutefois, ce n'est que depuis les années 50 que le Canada contribue à cette recherche d'une façon significative.

Les principaux travaux comprennent les études d'avant-garde sur les acides de R.J. Gillespie (U. McMaster), les travaux sur la chimie organométallique de H.C. Clark et de W.A.G. Graham, et des études des substances inorganiques à l'aide de la diffraction des rayons X faites par J. Trotter (U. de la Colombie-Britannique). En 1962, N. Bartlett (U. de la Colombie-Britannique) démontra que les prétendus gaz inertes (appelés aujourd'hui gaz nobles) ne sont pas si inertes et peuvent en fait former des composés chimiques stables (p. ex., tétrafluorure de xénon).

En 1965, A.D. Allen et C.V. Senoff, de l'U. de Toronto, montrent que l'azote moléculaire pouvait se lier chimiquement à un atome de métal: cela jette la base de la recherche intensive actuelle visant à découvrir des moyens économiques de fixation de l'azote qui est extrêmement importante pour les cultures agricoles.

Les chimistes canadiens contribuent de façon prédominante à la chimie inorganique dans une vaste gamme de domaines importants pour la croissance du pays. Les composés inorganiques sont d'une importance considérable pour l'industrie chimique. Dans la liste des 10 principaux produits chimiques, 6 sont des composés inorganiques. De plus, les composés inorganiques sont indispensables à la catalyse dans l'industrie pétrochimique et dans les convertisseurs catalytiques et autres dispositifs antipollution des automobiles.

Les composés inorganiques ont de nouveaux usages importants dans la fabrication de matériaux

solides pour les semi-conducteurs et les céramiques techniques. Ils sont également utilisés en optique non linéaire et dans la production de revêtements métalliques en couche mince. L'industrie pharmaceutique et la médecine comptent énormément sur le spécialiste en chimie inorganique.

Non seulement les catalyseurs inorganiques sont-ils importants pour la synthèse de nouveaux médicaments, mais ils sont aussi utilisés directement dans le traitement, entre autres, de la maladie d'Alzheimer, du cancer et de l'arthrite. Ils servent aussi de marqueurs radioactifs pour diagnostiquer des maladies. En fait, il existe maintenant tout un domaine, la chimie bio-inorganique, qui étudie l'importance de la chimie inorganique dans les systèmes biologiques.

Les composés inorganiques jouent un rôle pivot dans des processus comme le stockage et le transport d'oxygène, la photosynthèse ainsi que la digestion des protéines et le transfert d'électrons pour n'en nommer que quelques-uns. En 1983, le prix Nobel de chimie est décerné à Henry TAUBE, un chimiste d'origine et de formation canadiennes, pour ses travaux sur les réactions de transfert d'électrons.

H.C. Clark, Josef Takats et Martin Cowie

Chimie organique

Depuis l'Antiquité, les hommes s'intéressent à l'extraction de substances provenant de fluides et de tissus animal et végétal. Peu de substances pures furent identifiées avant le XIXᵉ siècle. Ces extraits animal et végétal sont en effet des mélanges extrêmement complexes de molécules dont la plupart sont non volatiles. Ces substances étant dérivées d'organismes vivants, ceux qui les étudiaient étaient appelés des organiciens. Toutes les matières qui pouvaient être isolées contenaient l'élément carbone.

Au XIXᵉ siècle, le nombre de composés organiques susceptibles d'être isolés à l'état pur, soit directement (pour les produits naturels) ou sous forme dérivée (par dégradation thermique ou chimique), augmente rapidement. On découvre que le contenu en carbone varie beaucoup d'un produit à l'autre et que les autres éléments principaux sont l'hydrogène, l'azote et l'oxygène. Le soufre et le phosphore sont également présents, mais les autres éléments sont rares.

Quand les réactifs organiques et inorganiques (c.-à-d. minéraux) furent disponibles, la théorie de la chimie organique se développa rapidement. Il devint évident que des produits naturels et leurs dérivés pourraient être synthétisés à partir de sources non vivantes, selon des processus réactionnels de mieux en mieux compris. Ces innovations ont rendu possible la compréhension de la structure moléculaire et de la réactivité chimique des composés organiques.

L'existence de molécules organiques complexes est due à la forte tendance qu'ont les atomes de carbone à partager leurs électrons avec d'autres atomes pour former de fortes liaisons covalentes. Cette propriété est le fondement des structures moléculaires dont est composée la plus grande partie de la matière vivante (eau mise à part) et des composés synthétiques (plus d'un million) élaborés depuis un siècle.

La transformation chimique de molécules d'hydrocarbures, dérivées principalement du pétrole, a donné naissance à des substances synthétiques aussi indispensables que les plastiques, les résines, les fibres, les caoutchoucs, les colles, les peintures, les détergents, les pesticides et les explosifs.

Les connaissances et la compétence des chimistes organiciens ont permis de créer une vaste gamme de médicaments fabriqués par l'industrie pharmaceutique moderne. La chimie organique a également beaucoup contribué aux plaisirs de la vie de tous les jours (colorants, photographies couleur, parfums, saveurs, édulcorants).

L'utilisation répandue et toujours croissante des principes de base de la chimie organique fait de cette spécialité, au XXᵉ siècle, le point d'appui d'autres disciplines scientifiques faisant ou non partie du domaine de la chimie. En effet, le traitement des tissus animaux et végétaux et l'étude de transformations biologiques ont fait leur entrée dans de nouvelles disciplines: BIOCHIMIE, pharmacologie, DIÉTÉTIQUE et BIOLOGIE MOLÉCULAIRE.

Bien que la chimie organique se préoccupe de moins en moins de la matière vivante, le terme «organique» a été conservé pour désigner les activités se concentrant sur la chimie des composés renfermant du carbone. Le terme chimie bio-organique» désigne les tentatives en vue d'appliquer les théories de la chimie organique pour imiter les processus caractéristiques des êtres vivants. Le potentiel de la chimie organique synthétique moderne est illustré par le parachèvement (1973) de la synthèse chimique de la vitamine B12. Dans tous les laboratoires, de tels défis continuent d'être relevés.

Les techniques mises au point pour le programme spatial ont également des conséquences révolutionnaires sur la chimie organique. Ces dernières décennies, des innovations en informatique, en électronique, en technologie des capteurs et en science des matériaux ont mis à la disposition des chimistes organiciens une série d'instruments perfectionnés pour la séparation, l'identification et l'analyse structurale de la matière.

En ce qui concerne la matière vivante, de telles analyses soulèvent des questions morales qui devront être discutées par la société tout entière et non par les organiciens, biochimistes, généticiens et microbiologistes (*voir* BIOÉTHIQUE; GÉNIE GÉNÉTIQUE).

Au Canada, beaucoup de travaux remarquables ont été effectués sur des composés d'origine naturelle. La découverte la plus importante fut peut-être celle de l'INSULINE, par F.G. BANTING, C.H. BEST et J.B. COLLIP à l'U. de Toronto (1922). Les premiers travaux sur les alcaloïdes menés par L.E. MARION et R.H.F. MANSKE au Conseil national de recherches, à Ottawa, la première synthèse du glucose en laboratoire réussie par R.U. LEMIEUX au Laboratoire régional des Prairies du CNRC, à Saskatoon (1953), la première synthèse du déterminant du groupe ABO et d'autres groupes sanguins humains, également par Lemieux, à l'U. de l'Alberta (1975) et les excellentes synthèses d'un grand nombre de substances naturelles réalisées par K. WIESNER à l'U. du Nouveau-Brunswick ont tous retenu l'attention mondiale.

Gobind KHORANA, qui remporta le prix Nobel de médecine (1968) pour ses travaux sur le code génétique, mena ses premières recherches au BRITISH COLUMBIA RESEARCH COUNCIL, à Vancouver. Tout récemment, Michael SMITH de l'U. de la Colombie-Britannique a partagé un prix Nobel pour la mise au point de techniques de manipulation de segments d'ADN et de détermination de leurs fonctions.

R.U. Lemieux

Chimie physique

La chimie physique est l'étude des propriétés physiques des atomes et des molécules à l'état (phase) gazeux, liquide et solide. Les résultats, provenant à la fois de mesures et de calculs, permettent de caractériser des systèmes en équilibre chimique, d'étudier l'énergie, la vitesse et la direction des transformations chimiques et de comprendre la structure atomique et moléculaire de la matière. En chimie physique contemporaine, ces aspects font l'objet des études de thermodynamique, de spectroscopie, de cinétique chimique et de chimie théorique.

Thermodynamique chimique Elle traite du calcul de l'énergie (sous forme de chaleur et de travail) et de l'évaluation de l'entropie (niveau de désordre). Une fois l'énergie, l'entropie et le potentiel chimique déterminés, il est possible de connaître les conditions d'équilibre pour les réactions, les solutions et entre les phases.

L'électrolyse, la formation d'émulsions, le mécanisme de diffusion à travers des membranes et la description des phénomènes d'absorption sur des surfaces ne sont que quelques exemples des problèmes de la chimie contemporaine traités par la thermodynamique et la mécanique statistique. L'application des principes de la thermodynamique aux systèmes non équilibrés (p. ex., les systèmes biologiques et leurs structures très ordonnées) a été entreprise avec succès par les physico-chimistes.

Spectroscopie L'énergie des atomes et des molécules se manifeste sous forme de quanta caractéristiques des niveaux d'énergie associée aux mouvements électroniques, de vibration et de rotation. Chaque quantum est associé à un rayonnement électromagnétique de longueur d'onde déterminée et apparaît sous forme d'une raie distincte dans un spectre.

L'analyse des raies spectrales obtenues dans les domaines visible et ultraviolet a permis de clarifier la structure électronique des atomes et des molécules. L'étude des spectres infrarouges permet d'identifier les propriétés relatives à l'élongation et à la déformation des liaisons et, pour les molécules simples, les longueurs de ces liaisons. La cristallographie par rayons X permet de déterminer la position des noyaux atomiques, même dans de très grosses molécules.

Cinétique chimique Elle traite des mesures et de l'interprétation des vitesses auxquelles molécules, atomes, ions et radicaux réagissent pour former de nouvelles substances. Les effets de la pression, de la température, de la concentration des réactifs et des radiations éventuelles permettent de décrire comment les réactions se produisent en termes de collisions, de complexes de transition, d'intermédiaires et de mécanismes de réaction. L'étude de réactions en phase gazeuse a permis de comprendre comment l'énergie est redistribuée en cours de réaction; le rôle des états (électronique, vibrationnel et rotationnel) concernés peut ainsi être examiné.

Chimie théorique Elle traite de l'utilisation des principes fondamentaux de la PHYSIQUE et des MATHÉMATIQUES en vue de modéliser les processus chimiques. Elle est reconnue pour le rôle qu'elle a joué dans l'explication des liaisons chimiques. Les lois de la mécanique quantique sont essentielles à l'interprétation et au bon usage des mesures spectroscopiques. La chimie théorique a également contribué à l'évolution des modèles destinés aux études de cinétique, notamment au sujet du transfert d'énergie dans les réactions élémentaires.

Avec l'apport de la mécanique statistique, les mesures thermodynamiques (p. ex., chaleur spécifique) et les propriétés de transport (p. ex., viscosité) cèdent la place à l'interprétation théorique. L'étude de la chimie par modélisation numérique commença dans les années 60, avec l'arrivée d'ordinateurs à grande capacité. Les programmes contemporains de chimie quantique sont non seulement capables de reproduire les orbitales moléculaires et les niveaux d'énergie électronique, mais permettent également d'accéder à une grande variété de propriétés moléculaires. Des mécanismes de réaction complexes peuvent ainsi être modélisés, des spectres de synthèse et même les propriétés des fluides sont calculés par ordinateur.

La chimie physique commença à prendre forme dans les années 1870, quand le traité sur la thermodynamique de Willard Gibbs parut. En 1890, l'électrochimie préoccupe déjà beaucoup les physico-chimistes, surtout en ce qui concerne ses applications industrielles (*voir* MÉTALLURGIE). Vers les années 1900, les spécialistes se consacrent activement à l'étude de la radioactivité.

L'assimilation de résultats d'études provenant d'autres domaines se poursuit et certains concepts (p. ex., théorie des quanta) changèrent le cours de la chimie physique. D'autres théories, comme la résonance magnétique nucléaire et la spectroscopie infrarouge, ont été conçues et perfectionnées par les physico-chimistes et se sont avérées des outils essentiels pour toutes les disciplines relevant de la chimie.

Depuis un siècle, les contributions du Canada au développement de la chimie physique sont considérables, allant des travaux de William Lash MILLER, dans années 1890, sur la thermodynamique, aux calculs sur les mouvements des électrons au cours des réactions chimiques qui ont valu à Rudolph Marcus un prix Nobel en 1992.

Les innovations en électrochimie de T.L. WILLSON (qui obtient en 1893 un brevet de production du carbure de calcium) et de A.E. LeSueur (production de chlore destiné à blanchir la pâte à papier, 1888) sont mises en application dans le monde entier et contribuent au développement des industries canadiennes de l'hydroélectricité et des pâtes et papiers.

L'intérêt d'origine pour la thermodynamique classique est maintenu par divers chercheurs: Andrew GORDON (U. de Toronto) réussit pour la première fois (1932) à calculer les propriétés thermodynamiques des molécules triatomiques; Otto MAASS effectue des mesures précises (années 30) sur les phénomènes critiques; A.N. CAMPBELL analyse la règle des phases (U. du Manitoba, des années 30 aux années 60).

Parmi les applications canadiennes de la thermodynamique classique à des problèmes industriels, on note les travaux de R. Scheissler et de J.H. Ross pour la mise au point d'explosifs pendant la Seconde Guerre mondiale, les progrès plus récents réalisés dans les procédés de récupération utilisés dans les mines de nickel-cuivre et dans l'extraction de BITUME provenant des sables bitumineux. Les analyses et les expériences de S.G. Mason (Institut de recherches sur les pâtes et papiers, Montréal) sur l'écoulement des fluides et des particules sont reconnues mondialement.

Au Canada, les études sur la radioactivité et les structures atomiques et nucléaires commencent tôt: les travaux de physico-chimistes comme Ernest RUTHERFORD (étude de l'atome) et Frederick Soddy (radioactivité) à l'U. McGill leur ont valu le prix Nobel (1908 et 1921, respectivement).

De cet intérêt découle la compétence actuelle du Canada dans divers domaines: chimie des radiations (utilisation des rayons gamma du cobalt-60, dans le traitement du cancer, mise au point pour la première fois au Canada par Harold JOHNS), séparation isotopique (H.G. THODE), techniques de marquage isotopique dans les travaux avec des marqueurs (J.W.T. SPINKS) et production d'énergie grâce aux réacteurs nucléaires CANDU. Les apports de E.W.R. STEACIE (CNRC), de Carl Winkler (McGill) et de M. Polanyi (U. de Toronto) dans le domaine de la cinétique en phase gazeuse et en solution permettent la mise sur pied d'une industrie des polymères (les produits militaires, comme le caoutchouc synthétique, sont fabriqués chez Polysar, à Sarnia, Ont.)

L'avance du Canada en chimie des radicaux libres et en photochimie fut accentuée par les travaux théoriques de J. POLANYI (U. de Toronto) et par des expériences sur du mercure photosensibilisé menées par H.E. GUNNING (U. de l'Alberta). Grâce à ses observations sur la chimiluminescence infrarouge appliquée aux lasers chimiques, John Polanyi obtient le prix Nobel en 1986. Une contribution des plus remarquables d'un Canadien à la chimie physique est le travail de Gerhard Herzberg: son étude exhaustive de la spectroscopie des petites molécules lui vaut un prix Nobel en 1971.

L'avenir de la chimie physique se perçoit nettement dans le regain d'intérêt à l'égard de la chimie complexe des phases liquide et solide. La chimie physique se consacrera sans doute de plus en plus à l'étude des processus biologiques. L'étude de la chimie par modélisation numérique continuera à se développer et, avec elle, la possibilité de mettre au point et d'évaluer des modèles théoriques permettant de faire des expériences par ordinateur.

W.G. Laidlaw

Dixon, Frederick Augustus, dramaturge, journaliste et fonctionnaire (Londres, Angl., 7 mai 1843—Ottawa, 12 janv. 1919). Il fait ses études à la King's School de Canterbury, puis s'installe au Canada dans les années 1870 et travaille comme journaliste à Toronto. Lorsque les Dufferin s'installent à RIDEAU HALL (1872-1878), il est engagé comme précepteur pour leurs quatre fils. Après leur départ, il travaille au ministère des Travaux publics. Il devient ensuite commis en chef à la correspondance au ministère des Chemins de fer et Canaux, poste qu'il occupe jusqu'à sa mort.

Pendant son séjour à la résidence du gouverneur général, il écrit quatre pièces pour enfants pleines d'esprit et de fantaisie; celles-ci seront jouées dans le cadre des réjouissances du Nouvel An chez les Dufferin. Il écrit aussi un *libretto* pour la célèbre pièce *The Maire of St. Brieux: An Operetta in One Act* (1875); Frederick W. Mills en compose la musique et la pièce est jouée à la résidence du gouverneur général en 1875. Vient ensuite l'œuvre *A Masque Entitled Canada's Welcome* (1879), écrite en l'honneur de l'arrivée du nouveau gouverneur général, le marquis de Lorne, et de son épouse, la princesse Louise; Arthur A. Clapp en compose la musique. Il continue d'écrire des pièces, signe des articles dans des revues canadiennes et britanniques et collabore à la rédaction de récits de voyage sur le Canada. Il contribue de façon importante à la mise sur pied de la Royal Academy of Arts du Canada.

James Noonan

Doak, lieu historique Situé à Doaktown, au Nouveau-Brunswick, à 94 km au nord-est de Fredericton. Au début de 1820, Robert Doak quitte l'Ayrshire, en Écosse, pour prendre possession d'une terre sur le cours supérieur de la RIVIÈRE MIRAMICHI au Nouveau-Brunswick. À l'époque, la colonie est très isolée, mais Doak y prospère avec sa famille grâce à ses talents d'entrepreneur. À Doaktown, il construit une cardeuse, une scierie, un moulin d'avoine et un moulin à blé. Le domaine de la famille Doak a été déclaré LIEU HISTORIQUE en 1993. Les visiteurs de cette reconstitution historique sont accueillis par des guides en costumes d'époque et peuvent assister à des démonstrations des pratiques agricoles des premiers colons. Le lieu historique Doak est ouvert de fin juin à début septembre.

Deborah Welch et Michael Payne

Doctrine sociale de l'Église catholique Elle est surtout définie dans deux encycliques papales: *Rerum Novarum* (1891) de Léon XIII et *Quadragesimo Anno* (1931) de Pie XI. L'Église voulait ainsi manifester sa préoccupation du sort de la classe ouvrière, souvent victime d'un capitalisme effréné. Les deux documents prêchent un humanisme chrétien, dénoncent les insuffisances du capitalisme et mettent en garde contre les périls inhérents au socialisme et à la lutte des classes. L'Église précise son enseignement sur les responsabilités des employeurs et les droits des travailleurs, de même que sur les devoirs connexes de l'État. Léon XIII écrit que les travailleurs ont droit à un juste salaire et qu'ils peuvent former des syndicats catholiques, dont l'État devrait protéger l'existence.

Par l'entremise de diverses organisations, sessions d'étude et publications, l'Église catholique, au Canada comme ailleurs, fait connaître et appliquer la doctrine énoncée par ses pontifes. Au Québec, toutefois, le clergé conservateur enraciné dans la société rurale est mal préparé à s'attaquer aux problèmes urbains. Les syndicats catholiques sont lents à se former et la Confédération des travailleurs catholiques du Canada n'est constituée qu'en 1921 (*voir* CONFÉDÉRATION DES SYNDICATS NATIONAUX). L'École sociale populaire, un organisme des jésuites chargé d'interpréter la doctrine sociale de l'Église et de préparer une élite pour mettre cette dernière en pratique, est fondée en 1911, soit 20 ans après la parution de *Rerum Novarum*. Le groupe se révèle particulièrement influent pendant les années

30 avec le Programme de restauration sociale qui forme, de 1934 à 1936, la base des programmes électoraux de l'ACTION LIBÉRALE NATIONALE et de l'UNION NATIONALE. Après la Seconde Guerre mondiale, la doctrine sociale se modernise grandement, en partie grâce aux travaux de la Commission sacerdotale sur les études sociales, qui publie en 1950 une lettre pastorale sur les conditions sociales. Les années 50 voient toutefois un net déclin du rôle social de l'Église, en raison de la sécularisation croissante du Québec. (*Voir aussi* CATHOLICISME; MOUVEMENT SOCIAL GOSPEL.)

Richard Jones

Dofasco Inc. Entreprise canadienne, sans syndicat, qui a ses principales aciéries et son siège social à HAMILTON, en Ontario. Elle est le deuxième producteur d'acier au Canada. En 1996, elle a produit 3,7 millions de tonnes d'acier, atteint un chiffre d'affaires de 2,8 milliards de dollars et employé environ 7000 personnes. Ses principaux produits sont des aciers laminés à chaud, laminés à froid, galvanisés, du Galvalume, du fer-blanc, des aciers chromés et prépeints. La Dofasco fait venir son minerai de Terre-Neuve et du Québec, son charbon des États-Unis et ses fondants (le CALCAIRE, la dolomite et la chaux) de Beachville, en Ontario. Elle est réputée pour son adoption rapide de nouvelles technologies et pour son approche éclairée dans ses relations avec le personnel.

Principales installations Les deux hauts fourneaux de Dofasco transforment le MINERAI DE FER en un fer liquide impur, puis ce fer est versé, avec des déchets métalliques, dans un K-OBM (Klöckner Stahl GmbH, un type de convertisseur à l'oxygène avec insufflation d'oxygène par le fond) qui les transforme en une coulée d'acier. Un moule à deux lignes parallèles de coulée (moule à brame) solidifie alors la coulée d'acier en brames. Pour équilibrer sa capacité de production d'acier avec ses installations de laminage et de revêtement, Dofasco construit un four électrique à arc (aciérage à base de ferraille) et un deuxième moule à brame.

Le laminoir à chaud de Dofasco de 68 po et à 7 cages transforme des bandes d'acier à faible teneur en carbone en feuilles d'acier laminées à chaud. Son unité de laminoir à froid, une ligne de trempage dans l'acide couplée à un double laminoir à froid, nettoie et transforme les feuilles laminées à chaud en feuilles laminées à froid plus minces. Cette unité a une capacité de 1 200 000 tonnes. De plus, trois laminoirs à froid (le premier de 66 po et réversible, le deuxième de 56 po à 5 cages et le troisième de 72 po et à 5 cages) produisent de l'acier fini laminé à froid à partir d'acier laminé à chaud. Trois chaînes de placage à l'étain électrolytique, quatre chaînes continues de galvanisation (dont une qui peut produire du Galvalume) appliquent les revêtements finaux. Les aciers laminés à froid et à chaud, pourvus de revêtements ou non, alors dits «noirs», sont utilisés couramment dans les industries des ALIMENTS ET BOISSONS, de l'AUTOMOBILE et de la CONSTRUCTION.

Filiales Les filiales de Dofasco et ses coentreprises fabriquent divers produits de l'acier: Prudential Steel Ltd., à CALGARY, en Alberta, fabrique des tubes d'acier; Baycoat Limited, à STONEY CREEK, en Ontario, des bandes d'acier prépeintes; DNN Galvanizing Corporation, à WINDSOR, en Ontario, des feuilles d'acier galvanisées; Ferrum Inc., à BRAMPTON, en Ontario, produit des tubes creux de construction et des articles de tuyauterie pour l'industrie du pétrole, et Sorevco Inc., à Coteau-du-Lac, au Québec, de l'acier galvanisé par laminage.

En 1995, Gallatin Steel au Kentucky (participation de 50 p. 100), la première aciérie de Dofasco aux États-Unis, commence ses activités. Elle utilise la plus récente technologie de coulée en brames minces et peut produire annuellement jusqu'à 1,2 million de tonnes d'acier laminé à chaud. (*Voir aussi* SIDÉRURGIE.)

John C. McKay

Doherty, Charles Joseph, avocat, éducateur, juge et politicien (Montréal, 11 mai 1855—*id.*, 28 juill. 1931). Après ses études à l'U. McGill, il y enseigne le droit civil et international pendant plusieurs années, tout en exerçant sa profession d'avocat. Il est juge à la Cour supérieure du Québec de 1891 à 1906. Il fait ensuite son entrée sur la scène politique fédérale en tant que député de 1908 à 1921, puis devient ministre de la Justice et procureur général de 1911 à 1921 dans les gouvernements BORDEN et MEIGHEN. Il représente le Canada à la Conférence de paix à Versailles (1918-1919) et auprès de la Société des nations de 1920 à 1922. En 1912, il fonde l'ASSOCIATION DU BARREAU CANADIEN dont il devient le premier président honoraire en 1914. Il est nommé au Conseil privé britannique en 1921.

John E.C. Brierley

Dolbeau-Mistassini, ville du Qc; pop. 15 214 (rec. 1996), 15 023 (rec. 1991); superf. 308 km²; étaient deux municipalités autonomes jusqu'à leur fusion en 1997; située de part et d'autre de la rivière Mistassini, à son confluent avec la rivière Mistassibi, à quelques kilomètres du LAC SAINT-JEAN.

Le nom de la première vient de Jean Dolbeau, un prêtre rattaché à la mission des Montagnais à TADOUSSAC; Mistassini signifie «gros rocher» en langue crie. Le secteur est colonisé à partir de 1892, alors que des pères trappistes d'OKA établissent un monastère en pleine forêt au nord du lac Saint-Jean. Ils y construisent également un moulin à farine et une scierie. Mistassini sert un petit centre de services pour les paroisses avoisinantes. Sa population croît avec la construction de la papeterie de Dolbeau en 1927 de l'autre côté de la rivière et des centrales hydroélectriques sur la rivière Péribonka de 1954 à 1960. Les propriétaires de la papeterie (autrefois Domtar, aujourd'hui Alliance) aménagent également une ville-compagnie, un peu à l'image d'Arvida, pour leur employés, ce qui crée deux paysages urbains très différents au sein de la même municipalité. Après la Seconde Guerre mondiale, Dolbeau ajoute à ses fonctions urbaines avec un hôpital et des institutions d'enseignement pour garçons. En 1979, la croissance de Dolbeau-Mistassini oblige le monastère des trappistes à s'installer dans la campagne environnante. Mistassini célèbre chaque année en août son Festival du bleuet, ce petit fruit bleu qu'on trouve à profusion dans la région, alors que Dolbeau est l'hôte d'un festival western très populaire.

Marc St-Hilaire

Dolden, Paul, compositeur (Ottawa, 23 janv. 1956). Dolden étudie la composition et la musique électroacoustique à l'U. Simon-Fraser. Jusqu'en 1996, il gagne 18 prix pour ses œuvres électroacoustiques, y compris trois premiers prix au Concours international de Bourges en France ainsi que le prix Jean A. Chalmers de composition musicale en 1995. Deux cassettes et deux disques compacts sont entièrement consacrés à ses compositions, dont bon nombre ont été réalisées dans son studio d'enregistrement privé à Vancouver. Sa musique, d'une texture très dense, est créée typiquement au moyen de la superposition méticuleuse de centaines de pistes de sons instrumentaux.

Robin Elliott

Dollar Devise ou MONNAIE canadienne. En tant que tel, le dollar est l'unité de mesure qui sert à exprimer la valeur des prix. Toutefois, le terme «dollar canadien» sert aussi à établir le rapport entre la valeur de notre monnaie et celle d'une monnaie étrangère au moyen du TAUX DE CHANGE. Selon le système actuel de taux de change flexible, la valeur du dollar canadien est sans cesse déterminée par les opérations sur le marché des changes. Ces opérations, effectuées surtout par les BANQUES À CHARTE et les grandes sociétés, se concentrent à Toronto, à Montréal et à New York.

La valeur du dollar fluctue quotidiennement au gré des événements économiques importants, des changements quant aux perspectives économiques du Canada et des mesures gouvernementales. À plus long terme, la valeur du dollar est liée au coût des biens canadiens par rapport à celui de biens étrangers comparables. Quand les prix au Canada augmentent (*voir* INFLATION) plus vite que les prix à l'étranger, la valeur du dollar diminue par rapport aux devises étrangères. Si, par contre, ils augmentent plus lentement que les prix à l'étranger, la valeur du dollar grimpe.

La valeur du dollar est importante pour les Canadiens, et ce, pour deux raisons. D'abord, le Canada étant un pays commerçant, les fluctuations de la valeur de sa monnaie ont une incidence sur les prix des biens vendus à l'étranger, ainsi que sur ceux des biens importés. Quand la valeur du dollar canadien s'accroît, les exportations coûtent plus cher, ce qui diminue la demande étrangère et crée du CHÔMAGE. Au Canada, les prix des biens importés diminuent, réduisant ainsi le taux d'inflation. Quand, par contre, la valeur du dollar canadien baisse, la demande étrangère augmente pour les exportations, ce qui diminue le chômage, mais les prix des biens importés grimpent, ce qui augmente le taux d'inflation.

La deuxième raison est que les fluctuations de la valeur du dollar canadien se répercutent sur les négociations financières des Canadiens (à la fois comme prêteurs et comme emprunteurs) avec les étrangers. Une hausse de la valeur du dollar canadien réduit le coût du remboursement des prêts étrangers et le rendement des investissements des Canadiens à l'étranger. Une chute de la valeur du dollar a l'effet inverse.

Le gouvernement exerce une influence sur la valeur du dollar de deux manières. En achetant ou en vendant des dollars canadiens sur le marché (il s'agit d'une intervention sur le marché des changes), le gouvernement peut modifier la valeur du dollar canadien sur de courtes périodes. Un effet plus durable peut être provoqué par le truchement de la POLITIQUE MONÉTAIRE. Dans ce cas, le gouvernement modifie les taux d'intérêt canadiens, rendant l'investissement au Canada plus intéressant. En conséquence, la demande pour le dollar canadien croît et, par là même, sa valeur.

Paul Boothe

Dollard des Ormeaux, Adam, militaire (France 1635—Long-Sault, mai 1660). À la fin d'avril 1660, 17 Français quittent Montréal sous les ordres de Dollard des Ormeaux pour prendre dans une embuscade des chasseurs iroquois rentrant par la rivière des Outaouais. Quarante-quatre Hurons et Algonquins se joignent à eux. Toutefois, une avant-garde de 300 Iroquois a tôt fait de les découvrir au pied des rapides du Long-Sault. Les alliés se réfugient dans une enceinte abandonnée, où ils sont assiégés pendant une semaine, le temps que les Iroquois appellent des renforts. Les Hurons désertent, l'eau manque et les Français sont débordés lorsqu'un baril de poudre à fusil explose à l'intérieur de l'enceinte. Les neuf survivants sont torturés et mangés selon le rituel iroquois.

Les historiens du XIX⁰ siècle ont converti cette bataille en une épopée religieuse et nationaliste où de pieux catholiques se sacrifient pour repousser une attaque contre la Nouvelle-France. La revanche et la prise de trophées et de prisonniers sont les objectifs traditionnels de la guerre chez les Iroquois, qui ont dû rentrer chez eux fort satisfaits.

Peter N. Moogk

Dollard-des-Ormeaux, ville du Qc; pop. 48 398 (1999), 47 826 (rec. 1996), 46 922 (rec. 1991); superf. 15,05 km²; const. en 1960; située dans le nord-ouest de l'île de Montréal, près de la rivière des Prairies. Elle est entourée par les municipalités de Pierrefonds, Roxboro, Saint-Laurent, Kirkland, Pointe-Claire et Dorval.

Historique Le territoire qui va devenir Dollard-des-Ormeaux fait d'abord partie de la paroisse de Sainte-Geneviève, fondée en 1741. Cette paroisse

connaît de nombreuses divisions. Dollard-des-Ormeaux devient une municipalité distincte après que la paroisse a décidé d'imposer une taxe pour l'aménagement des routes. La municipalité prend le nom de Dollard-des-Ormeaux à la suggestion du notaire Ernest Jasmin; celui-ci trouve en effet que l'esprit combatif des résidants reflète bien celui d'Adam Daulac, une figure historique connue également sous le nom de DOLLARD DES ORMEAUX.

En 1924, la localité devient la municipalité villageoise de Dollard-des-Ormeaux. En 1960, elle devient une ville et, en 1970, elle se joint à la Communauté urbaine de Montréal.

Situation actuelle Dollard-des-Ormeaux est une ville prospère et en pleine expansion. En 1961, elle ne comptait que 1800 résidants. En 1969, la population était de 19 200 habitants. La croissance démographique s'est poursuivie. La ville possède des infrastructures pour accueillir 80 000 personnes.

Son territoire est réparti en zones commerciales et industrielles dans une proportion de 10 p. 100 seulement. La majorité des terrains, 85 p. 100, sont réservés à la construction résidentielle. Un grand nombre de personnes font tous les jours la navette entre Dollard-des-Ormeaux et le centre-ville de Montréal, à quelques minutes de là. Les résidants ont accès à la Transcanadienne, aux transports publics, à la Société de transport de la Communauté urbaine de Montréal et à la gare du Canadien National à Roxboro. En outre, la ville est à proximité des aéroports de Dorval et de Mirabel.

Dollier de Casson, François, capitaine de cavalerie, aumônier militaire, explorateur, supérieur des Sulpiciens en Nouvelle-France (1671-1674, 1678-1701), seigneur de Montréal, vicaire général, historien (château de Casson-sur-l'Eude, Basse-Bretagne, 1636—Montréal, 27 septembre 1701).

L'œuvre de François Dollier au Canada, ses grandes qualités, son dynamisme et sa compréhension des problèmes de la colonie lui ont valu respect et admiration. Entré chez les sulpiciens à Paris après trois années d'expérience militaire où il s'est distingué, il est envoyé au Canada en 1666. Il devient aumônier militaire et ensuite curé à Trois-Rivières, avant d'entreprendre en 1669 une expédition missionnaire au sud des Grands Lacs.

En 1670, il est nommé Supérieur des sulpiciens et seigneur de Montréal, et se consacre à l'organisation de la ville, à la construction d'une église, et à la rédaction d'une *Histoire de Montréal,* un ouvrage qui constitue une source très importante dans l'historiographie du Canada français. Tout en exerçant avec compétence ses fonctions de supérieur et de grand vicaire, il cherche à améliorer l'éducation à Montréal et, à partir de 1680, travaille au projet du canal de Lachine qui connaît de grandes difficultés. Cet homme d'action réussit de plus à créer un climat de conciliation dans les relations entre les autorités civiles et religieuses de la colonie.

Jacques Mathieu

Domaine Par ce terme, on entend l'ensemble des biens appartenant à une personne. De 1958 à 1972, le Parlement prélevait un impôt sur les biens transmis par succession (*voir* IMPOSITION). Dans un sens plus technique, le domaine désigne la propriété d'un intérêt foncier. Si toutes les terres des provinces canadiennes de *common law* appartiennent encore aujourd'hui à la COURONNE, c'est en raison du système féodal implanté en Angleterre par Guillaume le Conquérant en 1066.

Au sens strict, on ne peut posséder un bien-fonds, on jouit plutôt d'un domaine foncier. La forme la plus large et la plus commune de domaine foncier est le «fief simple absolu» (soit la concession à titre absolu d'un domaine foncier à une personne ou à ses héritiers). Le «domaine viager» constitue un autre domaine franc (soit un intérêt foncier d'une durée indéterminée). Le titulaire d'un fief simple peut le démembrer en intérêts moindres, p. ex., en créant un

domaine viager au profit de A, lequel jouit alors d'un domaine franc résoluble, c.-à-d. dont la durée est déterminée par la propre mort de A. Si le titulaire décède avant A, le domaine franc ne retourne dans sa succession qu'après le décès de A. Si A transférait son domaine viager à B, ce dernier recevrait un domaine viager fondé non pas sur sa vie à lui, mais sur celle de A. Le titulaire d'un fief simple peut également louer son domaine à bail. Le domaine à bail est un domaine foncier qui confère la possession exclusive au locataire pour la durée du bail. D'autres intérêts fonciers, p. ex., les servitudes, les permissions et les covenants restrictifs, ne sont pas considérés comme des domaines (*voir* DROIT DES BIENS).

La doctrine des domaines n'existe pas dans le droit civil québécois. Dans le droit civil moderne, la propriété d'un bien confère un droit absolu et comporte tous les droits d'aliénation, de gestion et de jouissance.

Gordon Bale

Dome Petroleum Limited Société d'énergie canadienne dont le siège social se trouvait à Calgary. Fondée en 1950 sous le nom de Dome Exploration (Western) Ltd., elle devient Dome Petroleum Limited en 1958 et s'agrandit par de nouvelles acquisitions dans l'industrie de l'énergie. La plus célèbre est l'achat, en 1981, de la Hudson's Bay Oil and Gas Company Limited (HBOG), dont elle acquiert 52,9 p. 100 des parts par l'intermédiaire de sa filiale en toute propriété, Dome Energy Limited. Toutefois, en raison de l'augmentation des dettes contractées lors des prises de contrôle précédentes et de l'évolution défavorable de la situation économique, Dome passe à l'histoire en 1982-1983 en recevant des prêts importants de quatre banques canadiennes à charte et en voyant le gouvernement intervenir dans ses affaires.

Les activités de la société sont divisées entre deux entités: Dome Petroleum fait de la prospection, exploite, produit et commercialise du pétrole brut, du gaz naturel et du gaz naturel liquéfié au Canada et aux États-Unis. HBOG, elle, s'occupe de la prospection des ressources naturelles et de leur exploitation. La société prospecte surtout dans l'Ouest canadien, dans la mer de Beaufort et dans les îles de l'Arctique. Entre 1983 et 1986, ses revenus tombent de 2,6 milliards à 1,6 milliard de dollars, et son actif, de 8,2 milliards à presque 5 milliards de dollars. Le nombre de ses employés chute de 6500 à 3800 au cours de la même période. La participation étrangère dans la société passe de 42 p. 100, en 1983, à 60 p. 100, en 1986. Les problèmes de Dome se sont aggravés en raison de la chute des prix mondiaux du pétrole en 1986. En novembre 1987, après des mois de négociation, un accord de principe permet à Amoco Canada Petroleum Co Ltd. d'acheter Dome pour 5,5 milliards de dollars, et la transaction est signée le 1er septembre 1988.

Deborah C. Sawyer

Dominion Ce terme renvoie principalement au Dominion du Canada (préambule et article 3 de la LOI CONSTITUTIONNELLE DE 1867). Les PÈRES DE LA CONFÉDÉRATION voulaient appeler le nouveau pays le royaume du Canada. Le gouvernement britannique craignait que cette dernière désignation offense les Américains et ne voulait surtout pas, après les tensions de la guerre de Sécession, éveiller leur hostilité. Sir Leonard TILLEY suggère alors «dominion», d'après le verset «Son empire s'étendra aussi d'un océan à l'autre, du fleuve jusqu'aux confins de la terre.» (Psaumes, 72:8.) Les Pères de la Confédération affirment que cette appellation confère une dignité à la fédération et rend hommage au principe de la monarchie. La désignation a fini par s'appliquer au gouvernement fédéral et au Parlement. Dans la LOI CONSTITUTIONNELLE DE 1982, «dominion» demeure le titre officiel du Canada.

Eugene A. Forsey

Dominion Securities Inc. Débute comme courtier en valeurs mobilières en 1901. À la suite de sa croissance interne et de fusions avec plusieurs autres importantes maisons de courtage canadiennes, son expansion, amorcée au début des années 70, s'est grandement accélérée. En 1973, elle fusionne avec Harris & Partners Ltd, en 1977, avec Draper Dobie Ltd, en 1981, avec A.E. Ames & Co Ltd, et en 1984, avec Pitfield Mackay Ross Ltd. Elle se lance alors dans une vaste gamme de services de placement, dont la vente d'actions, la négociation et la recherche, les conseils en matière de placement, la vente et la négociation d'obligations, la gestion de fonds, le crédit-bail, les titres du marché monétaire, les services de consultation financière, l'aide en matière d'acquisition et de fusion, ainsi que le placement de titres du gouvernement et de sociétés.

Depuis son siège social à Toronto, elle dirige un réseau de 61 succursales réparties dans 58 villes canadiennes, avec des bureaux à New York, Londres, Paris, Genève, Lausanne, Hong Kong et Tokyo. Elle compte plus de 2000 employés. En 1986, son capital de près de 275 milliards de dollars la place au premier rang des courtiers en valeurs mobilières canadiens. En décembre 1987, la Banque Royale prend le contrôle de la maison de courtage en achetant 75 p. 100 de ses parts. RBC Dominion Securities fournit depuis lors ses services en tant que filiale de la Banque Royale.

Arthur E. Gregg

Domtar inc. Fabricant canadien de produits de papier dont le siège social est à Montréal. Fondée en 1929 sous le nom de Dominion Tar and Chemical Company Ltd. Afin d'acquérir l'actif d'une ancienne entreprise du même nom, la compagnie devient Domtar Ltd. en 1965 et adopte son nom actuel en 1977. Elle regroupe ses activités en quatre secteurs principaux: les papiers fins, les pâtes et papiers, la construction et l'emballage. Elle produit une vaste gamme de produits allant des papiers fins, des enveloppes et du papier journal aux matériaux de construction, aux papiers kraft et aux boîtes en carton ondulé. Domtar exploite des usines au Canada et aux États-Unis, et des papeteries au Québec et en Ontario. En 1995, son chiffre d'affaires se monte à 2,8 milliards de dollars, son actif est de 3,1 milliards de dollars et elle emploie presque 9000 personnes. DoFor Inc., une filiale en toute propriété de la Société générale de financement du Québec, détient 24 p. 100 du capital, alors que l'autre actionnaire majoritaire est la CAISSE DE DÉPÔT ET PLACEMENT DU QUÉBEC.

En 1997, Domtar et Cascade s'unissent pour créer Norampac Inc., qui se spécialise dans les emballages en carton ondulé. En 1998, Domtar achète E.B. Eddy. En 1999 l'entreprise compte 8000 employés, réalise des ventes de plus de 3 milliards de dollars et exporte plus de 50 p. cent de sa production aux É.-U. et à l'étranger.

Deborah C. Sawyer

Don de un milliard de dollars Il s'agit de la première tentative globale du gouvernement canadien en vue de contribuer au financement de l'effort de guerre de la Grande-Bretagne pendant la SECONDE GUERRE MONDIALE. La production de guerre canadienne et la prospérité qui en découle dépendent des commandes de la Grande-Bretagne, mais celle-ci manque de réserves d'or et de dollars. Par conséquent, dans un geste d'une générosité sans précédent, le Canada fait don à son allié de «munitions de guerre» d'une valeur de 1 milliard de dollars. Annoncé en janvier 1942 et assorti d'un prêt sans intérêt de 700 millions de dollars et d'autres formes d'aide, ce don devait s'échelonner sur environ 15 mois. En réalité, il était épuisé avant la fin de l'année.

L'accent mis sur la valeur monétaire du don plutôt que sur les biens produits et fournis en déforme l'image aux yeux de la population. D'où son impopularité politique, surtout au Québec, où on le présente comme un tribut payé à «la perfide Albion». Toutefois, il constitue une illustration saisissante de la contribution matérielle du Canada à la cause des Alliés. Il est suivi en mai 1943 de l'AIDE MUTUELLE.

Hector M. Mackenzie

Don Messer and His Islanders Pendant près de 40 ans, la musique «du bon vieux temps» a été synonyme de Don Messer and His Islanders. Donald Charles Frederick Messer (Tweedside, N.-B., 9 mai 1909—Halifax, N.-É., 26 mars 1973) commence à jouer du violon à l'âge de cinq ans. Sa famille et des amis lui enseignent les éléments de base et les airs traditionnels. Dès l'âge de sept ans, il joue à l'occasion de bals et d'événements locaux. Sa carrière à la radio commence en 1929, avec une émission de CFBO, à Saint-Jean. En septembre 1939, il s'installe à Charlottetown, où il forme The Islanders pour la station de radio CFCY. La composition des membres des Islanders change plusieurs fois, mais un certain nombre d'artistes restent fidèles au groupe. Nous pouvons citer, entre autres, Julius «Duke» Nielsen (bassiste), Ray Simmons (clarinettiste et annonceur), Warren MacRae (batteur) et Waldo Munro (pianiste). Marg Osburne se joint à l'ensemble en 1947 comme chanteuse, et Charlie Chamberlain chante avec Don dès 1934.

En 1959, l'émission de télévision *Don Messer's Jubilee* entame une carrière de 10 ans au réseau anglais de Radio-Canada. L'annulation de l'émission, en 1969, soulève un vent de protestation, et la station CHCH-TV d'Hamilton la reprend jusqu'à la mort de Messer. Les émissions de Messer à la télévision et à la radio, ses spectacles partout au Canada et ses quelque trente microsillons font entrer la musique traditionnelle des violoneux et la musique de danse dans les foyers canadiens. Ses émissions permettent de lancer de jeunes artistes, dont Stompin' Tom CONNORS, Fred McKenna, Vic Mullen, Graham Townsend et Catherine MCKINNON. Plusieurs recueils de sa musique sont publiés. Ses documents personnels et ses partitions sont conservés aux Archives publiques de la Nouvelle-Écosse, et l'un de ses violons est exposé au Country Music Hall of Fame de Nashville.

Messer est admis au Hall of Honour de la Canadian Country Music Association en 1985 et au Canadian Country Hall of Fame en 1989, en même temps que Chamberlain et Osburne. En 1985, John Gray écrit la comédie musicale *Don Messer's Jubilee*. En 1971, le long métrage de l'ONF *Don Messer, His Land and Music* est mis en vente en vidéo; il en est de même pour les moments les plus importants de ses émissions au réseau anglais de la télévision de Radio-Canada. En 1992, le réseau anglais de Radio-Canada diffuse une série de 22 émissions tirées de *Don Messer's Jubilee* et de *Singalong Jubilee*. Don Messer est encore populaire de nos jours.

Richard Green

Donalda, Pauline, nom de théâtre de Pauline Lightstone, soprano, professeure et administratrice (Montréal, 5 mars 1882—*id.*, 22 oct. 1970). Connue pour sa contribution à l'art lyrique de Montréal, elle a été l'élève de Clara Lichtenstein et est allée à Paris grâce à une bourse offerte par le protecteur des arts lord STRATHCONA. Elle fait ses débuts à Nice en 1904 avec l'aide de Massenet. Par la suite, elle se produit à Covent Garden, chante avec Caruso et, en 1906, fait ses débuts professionnels au Canada à l'Aréna de Montréal. Elle poursuit sa carrière à New York, à l'Opéra-Comique de Paris et en Russie. En 1922, elle délaisse la scène pour se consacrer entièrement à l'enseignement. Elle s'établit à Montréal en 1937, où elle fonde l'Opera Guild en 1942.

Hélène Plouffe

Donegani & Delvecchio La première troupe de théâtre dite francophone venue pour s'établir à l'étranger était en fait composée de deux Italiens, Jean Donegani, originaire de Moltrazio, en Lombardie, et Thomas Delvecchio, originaire de la région du lac de Côme. Arrivés des États-Unis en avril 1788, ils donnent des spectacles d'acrobatie et font des démonstrations de nouvelles techniques comme le soufflage de verre à l'hôtel Malo, rue Notre-Dame, à quelques pas de l'hôtel Allen. Ils se produisent à Montréal pendant l'été 1788, à Québec pendant l'automne, puis entreprennent une tournée en Amérique du Nord en 1790 et en 1791, où ils sont présentés comme une compagnie d'acrobates français.

En 1791-1792, ils font la navette entre Montréal et Philadelphie. Après avoir amassé suffisamment d'argent pour acheter cinq hôtels, un à Pointe-aux-Trembles, un sur la nouvelle place du marché de Montréal (place Jacques-Cartier) et trois sur l'ancienne place du marché (place Royale), ils s'établissent définitivement au Québec. Jean meurt en 1799, et son neveu Joseph, en 1803. Thomas continue de diriger l'entreprise. En 1824, il aménage un *museo italiano* (le premier musée de la province) dans le célèbre établissement de Jean, l'Auberge des Trois Rois. La mort de Thomas, en 1826, déclenche un litige juridique entre les descendants de Donegani qui durera 10 ans, mais les Delvecchio ont immédiatement déplacé leur musée dans leur maison de la rue du Nouveau-Marché. Bien que les Donegani s'intéressent désormais davantage à l'immobilier qu'à l'industrie du spectacle, les Delvecchio poursuivent leurs activités artistiques pendant plus d'un siècle; leur maison a été préservée.

André G. Bourassa

Donnacona, chef des Iroquois du Saint-Laurent (mort en France probablement en 1539). Représentant du chef du village de STADACONA (près de Québec) durant les voyages de Jacques CARTIER (1534-1536), il proteste lorsque ce dernier érige sa croix à Gaspé, en juillet 1534. Capturé, puis fêté par Cartier, il accepte que ses fils Domagaya et Taignoagy accompagnent Cartier en France. En 1535, Cartier atteint Stadacona et, en dépit des suppliques de Donnacona, poursuit jusqu'à HOCHELAGA (Montréal). Se sentant trahi, Donnacona rompt les relations et laisse les Français se débrouiller seuls durant l'hiver suivant. Ceux-ci étant décimés par le scorbut, Domagaya est incité à leur en révéler le remède. Cartier profite d'une dispute entre Donnacona et un rival pour attirer Donaconna dans une réunion, le capturer, lui et ses fils (10 prisonniers en tout) et les ramener en France. Donnacona est présenté au roi François 1ᵉʳ, à qui il rapporte les légendes qui couraient au sujet d'un riche royaume du Saguenay. La mort de Donnacona en France envenime davantage les relations entre les Français et les habitants de Stadacona.

Donnacona, ville du Qc; pop. 5739 (rec. 1996), 5659 (rec. 1991); superf. 20,12 km²; const. en 1915; partie de la municipalité régionale de comté (MRC) de Portneuf. Tout au long de l'histoire, on y a accédé par le fleuve Saint-Laurent au sud et par la rivière Jacques-Cartier à l'ouest.

Historique En 1672, Jean Toussaint Toupin du Sault-à-la-puce obtient la seigneurie de Pointe-Aux-Écureuils. C'est le premier et le plus important navigateur sur le Saint-Laurent, un caboteur. À cause de ses obligations touchant la navigation, son fils, Jean Toupin du Sault, devient le premier seigneur. Les descendants de Toupin du Sault dirigent la seigneurie jusqu'en 1780, date à laquelle les Anglais en prennent le contrôle.

La ville actuelle de Donnacona occupe un site exceptionnel qu'on appelait autrefois le Fond Jacques Cartier. On y a construit successivement trois usines de papier. La première remonte à 1700, alors que la deuxième, l'usine Jacques Cartier, date de 1815. En 1912, on construit la troisième usine, celle de la Donnacona.

La Papeterie Donnacona désire créer sa propre localité et, en 1915, on scinde les territoires de Donnacona et des Écureuils. La reconstruction de l'Europe après la Première Guerre mondiale entraîne à Donnacona une croissance jamais vécue auparavant. De plus, la compagnie Donnacona comble au cours de la Seconde Guerre mondiale les besoins en papier attribuables à la hausse des ventes de journaux. Il s'ensuit une période de sécurité économique, d'où un essor de la construction résidentielle pendant les années 50 et 60.

Situation actuelle En 1967, la municipalité des Écureuils et la ville de Donnacona fusionnent de nouveau. La nouvelle ville de Donnacona est désormais un centre régional qui dessert les localités environnantes. Entre 1990 et 1992, la population augmente grâce à l'arrivée de jeunes ménages.

L'industrie manufacturière demeure un rouage important de l'économie locale. L'usine de produits forestiers Alliance inc. emploie 450 travailleurs. Le nom de la ville, DONNACONA, est celui du chef des Iroquois du Saint-Laurent à l'époque de Cartier.

Données démographiques, collecte des Tout comme les civilisations évoluent, ainsi en va-t-il des systèmes de dénombrement et de consignation de renseignements. Les dénombrements périodiques des populations ont été une activité essentielle des sociétés tout au long de leur histoire, mais les nations industrialisées modernes dépendent plus que jamais d'une connaissance détaillée de leurs populations. La représentation au sein du gouvernement, la production de revenus, la mobilisation de la main-d'œuvre et la planification économique et sociale effective requièrent de l'information sur les caractéristiques des populations, comme le nombre d'habitants, leur répartition, leur niveau d'instruction, leur langue parlée, leur situation d'activité et leur occupation, leur âge, leur sexe et leur état civil.

Historiquement parlant, les données démographiques ont été recueillies par divers procédés: des énumérations complètes (recensements), qui sont avant tout des inventaires de populations bien définies à l'intérieur de territoires spécifiques et à des moments donnés dans le temps; des registres continus qui gardent un relevé complet d'informations sur des individus pour toute la durée de leur vie; des systèmes d'enregistrement des naissances, des décès et des mariages, selon le lieu où ils surviennent; des enquêtes sur échantillon qui servent à récolter des données sur un segment de la population (à partir duquel on extrapole pour l'ensemble de celle-ci). Des recensements de populations et des systèmes de consignation des données étaient utilisés en Chine dès l'an 1000 av. J.-C. Les recensements locaux et nationaux sporadiques étaient chose assez courante avant le XVIIIe siècle. Au milieu du XIXe siècle, la plupart des États européens procédaient à des recensements sous une forme ou une autre.

La Suède est la première à organiser, à partir de 1749, des recensements périodiques réguliers, tandis que la nouvelle Constitution américaine jette les bases d'un recensement décennal régulier en 1787. Le Canada ne commence sa série de recensements réguliers qu'en 1851 (établie par la *Loi sur la statistique* de 1848), mais depuis lors il réalise un recensement tous les 10 ans. En 1886, il instaure un recensement quinquennal dans les provinces des Prairies, qui s'étend à l'ensemble du pays en 1956.

Premières collectes de données au Canada En 1666, sur ordre du roi Louis XIV, Jean Talon organise le premier recensement moderne de la population en Amérique du Nord. Toutes les personnes résidant alors en NOUVELLE-FRANCE doivent décliner leurs nom, âge, occupation, statut civil et relation avec le chef du ménage dans lequel elles vivent. Ce dénombrement est suivi en 1667 du premier recensement agricole des troupeaux de vaches et de moutons et des terres en culture. Au cours des 100 années suivantes, pas moins de 45 recensements complets ou partiels ont lieu en Nouvelle-France, sans oublier les 78 recensements complets ou partiels tenus en ACADIE et à Terre-Neuve pendant la dernière période du régime français.

Après la prise de pouvoir par les Britanniques en 1763, les recensements diminuent en nombre et en qualité. Jusqu'à la fin du siècle, seuls trois recensements (1765, 1784 et 1790) ont lieu dans la PROVINCE DE QUÉBEC. Le HAUT-CANADA effectue un recensement annuel de 1824 à 1844. Les recensements sont moins fréquents en Nouvelle-Écosse et au Nouveau-Brunswick, mais se produisent en moyenne tous les trois ans dans les districts d'Assiniboine et de la rivière Rouge entre 1814 et 1856. La *Loi sur la statistique* de 1848 prévoit les recensements de 1851-1852 et de 1861 et réaffirme le principe d'un recensement décennal régulier dans tout le Canada. On peut trouver dans le volume IV du *Recensement canadien* de 1871 les résultats de tous les recensements organisés durant les deux siècles qui précèdent la Confédération.

Les statistiques de l'état civil, portant sur les baptêmes, les enterrements et les mariages au sein de la population catholique francophone, sont consignées par les autorités ecclésiastiques depuis le début du XVIIe siècle. Le système d'enregistrement des statistiques de l'état civil est adopté par l'Amérique du Nord britannique et se maintient jusqu'à son remplacement par le système des registres de l'état civil, gérés par les autorités provinciales.

Activités de collecte des données depuis la Confédération L'ACTE DE L'AMÉRIQUE DU NORD BRITANNIQUE de 1867 stipule que la représentation à la Chambre des communes se fonde sur la population. Le gouvernement fédéral se voit attribuer la responsabilité des recensements et des statistiques, et des mesures législatives sont prises pour assurer l'enregistrement des naissances et des décès dans les provinces. En 1870, une loi rend possible le recensement de 1871. Son application englobera par la suite les territoires autres que les quatre provinces initiales et tout territoire qui pourrait s'y ajouter. Une loi de 1879 décrète le recensement de 1881 et «la collecte, le traitement, la mise en tableaux et la publication des statistiques relatives aux mouvements naturels de la population, à l'agriculture, au commerce, à la criminalité et à tout autre sujet».

La demande continuelle de statistiques sur la population incite la création en 1905 d'un bureau permanent du recensement et de la statistique sous l'autorité du ministère de l'Agriculture. Faisant suite à la recommandation d'une commission de révision en 1912, le Bureau du statisticien fédéral est créé en 1915 puis fait place en 1918 au Bureau fédéral de la statistique, ayant pour mandat de «collecter, de compiler, d'analyser, de condenser et de publier des renseignements statistiques relatifs aux activités commerciales, industrielles, financières, sociales, économiques et générales de la population canadienne». Ce bureau est également chargé d'«établir un système de coordination avec les provinces de manière à pouvoir traiter les statistiques recueillies par les provinces en vue de les inclure dans les résumés statistiques à l'échelle nationale». Le Bureau fédéral de la statistique s'appelle depuis 1971 STATISTIQUE CANADA.

Les recensements fédéraux collectent des données sur les naissances et les décès jusqu'avant le recensement de 1911, mais une conférence entre le Dominion et les provinces sur les statistiques de l'état civil en transfert, en 1918, la responsabilité aux provinces. Depuis 1921, dans toutes les provinces, sauf au Québec et à Terre-Neuve, des lois rendent obligatoire l'enregistrement des naissances, de la mortinatalité, des mariages et des décès. Le Québec adhère à ce système en 1926, et Terre-Neuve, en 1949, au moment de son entrée dans la Confédération. En 1920, une conférence nationale décide d'établir un système national de statistiques sur l'éducation avant de prendre, peu après, des arrangements avec le ministère de l'Immigration pour assurer la collecte de données plus globales sur les caractéristiques des immigrants, qui seraient comparables aux données obtenues lors des recensements décennaux réguliers.

L'effort de guerre du Canada lors de la Seconde Guerre mondiale et la révision en 1943 de ses activités en matière de statistiques conduisent à la création, au sein du Bureau, d'une division de la recherche et du développement et d'une organisation en charge des échantillonnages. La première compile une nouvelle série de statistiques économiques qui fournissent une base statistique à l'établissement de la politique financière et fiscale du Canada de l'après-guerre. Les travaux du groupe d'échantillonnage débouchent en 1948 sur la modification de la *Loi sur la statistique* afin d'autoriser l'emploi de méthodes d'échantillonnage plus efficaces pour la collecte des données. De nos jours, des enquêtes mensuelles sur la POPULATION ACTIVE viennent compléter et mettre à jour les données des recensements sur la population active.

Étendue de la collecte des données démographiques Les recensements antérieurs à 1851 ne recueillent que les noms des chefs de ménage et le nombre total de personnes par ménage, parfois même sans faire mention des noms. La plupart incluent des données agricoles, p. ex., sur le cheptel ainsi que sur la population. La portée des recensements s'est considérablement élargie entre 1871 et 1911. Les bulletins de recensement ajoutent en effet des questions sur l'âge, le sexe, l'état matrimonial, la religion, l'origine, le lieu de naissance, l'occupation, l'alphabétisme et sur divers handicaps. Ils recueillent aussi d'autres renseignements sur le logement, les produits agricoles, l'équipement et le cheptel ainsi que sur les établissements industriels, les produits forestiers et miniers, le transport maritime et les pêches, et les institutions publiques telles que les écoles et les églises.

Depuis 1921, le recensement décennal s'intéresse avant tout à la population et à l'agriculture, mais d'autres recensements portant sur le COMMERCE DE DÉTAIL, le COMMERCE DE GROS et les services sont implantés depuis cette époque. Au recensement de 1941 s'ajoute une enquête-échantillon sur le logement puis, en 1961, l'échantillon de 20 p. 100 des ménages tirés du recensement du logement doit aussi répondre à de nouvelles questions entourant la fécondité, les migrations intérieures et le revenu des personnes ne vivant pas sur une ferme. Le recensement de 1971 comprend un plus grand nombre de questions sur des sujets plus nombreux que dans tous les recensements canadiens antérieurs. Partout, sauf dans les régions les plus reculées, les données relatives à l'ensemble de la population et les renseignements de l'enquête sur les ménages sont recueillis auprès d'un ménage privé sur trois. Au recensement de 1981, la plupart des répondants ne remplissent qu'un questionnaire de base de seulement 12 questions sur l'âge, le sexe, le statut matrimonial, la langue et le logement. Les questions plus détaillées sur les dépenses du ménage, l'éducation, l'origine ethnique, les migrations, le revenu, l'emploi et l'occupation ne sont adressées qu'à ceux d'entre eux qui sont sélectionnées dans un échantillon de 20 p. 100 des ménages privés. Le recensement de 1986 est à bien des égards semblable à celui de 1981, mais son questionnaire de base ne contient que neuf questions, tandis que le questionnaire plus long pose sept nouvelles questions et reprend cinq questions figurant dans des recensements antérieurs.

Plusieurs questions font partie de chacun des recensements depuis la Confédération; certaines sont reformulées, tandis que de nouvelles apparaissent et que d'autres disparaissent en raison des changements survenus dans le contexte économique et social. Grâce à de meilleures techniques de collecte et de traitement et au recours à des échantillons, on a pu augmenter le nombre de questions dans les recensements. La croissance de la population, les périodes d'inflation et la complexité accrue des opérations de recensement occasionnent une hausse fulgurante du coût des recensements. Celui de 1891 ne coûte que 250 000 dollars, tandis que la facture de celui de 1981 s'élève à 211,5 millions (en dollars constants pour 1992-1993). Dix ans plus tard, selon un format et un processus comparables à ceux du recensement de 1981, il en coûte 285 millions pour recenser les 27 296 859 habitants du Canada.

Améliorations apportées à la collecte et au traitement des données La tabulation mécanique est utilisée pour la première fois en 1911 pour augmenter l'efficacité et la précision du traitement des données, et des innovations exceptionnelles sont adoptées en 1931 et en 1941 dans le matériel mécanographique. Le recensement de 1951 recourt aux documents électrographiques et à la nouvelle «machine statistique électronique» IBM 101 (ESM). Par la suite, en 1961, on utilise un lecteur optique de documents qui transfère directement les données des questionnaires sur des bandes magnétiques traitées par des ordinateurs ultrarapides. Grâce à l'amélioration de la technologie des ordinateurs, non seulement le traitement d'énormes quantités de données est plus rapide et plus adéquat, mais aussi de nombreuses sources d'erreurs humaines sont éliminées.

Toute opération de recensement peut donner lieu à des erreurs de couverture, de concept, de définition, de transmission des données et d'énumération. L'expérience et les tests montrent que la principale source d'erreurs provient de la faillibilité des recenseurs. Pour réduire le nombre d'erreurs de cette source, le recensement de 1971 introduit des questionnaires envoyés par la poste et des formulaires d'auto-énumération, dont on se sert aussi dans les recensements suivants.

On estime que les recensements de 1971 et de 1981 comportent un sous-dénombrement de près de 2 p. 100, celui de 1961 entre 2,5 et 3 p. 100. La couverture n'a pas la même précision selon les régions et les différents sous-groupes de la population. Le sous-dénombrement des jeunes et des adultes mobiles est plus de deux fois supérieur à celui de la population dans son ensemble parce qu'ils sont plus difficiles à atteindre. Il en va de même pour les personnes divorcées par comparaison avec celles des autres statuts matrimoniaux, ainsi que pour celles vivant dans des maisons mobiles.

Les erreurs de réponses varient aussi selon la nature et la difficulté des questions posées. Lors de mises à l'essai, les plus grandes erreurs surviennent dans des réponses concernant la langue maternelle, la langue d'usage, l'origine ethnique et la situation d'emploi. La capacité d'obtenir des réponses varie selon le type de répondant et le type de question. On a mis au point des techniques mathématiques pour corriger certains types d'erreurs touchant des populations agglomérées (p. ex., des déclarations erronées quant à l'âge ou à l'entrée de données incomplètes) en se fondant sur l'observation de degrés d'homogénéité sociale et économique dans le voisinage et sur des corrélations connues entre certaines caractéristiques individuelles et familiales. En fin de compte, la qualité de l'actualité des données démographiques dépend directement du degré d'alphabétisation et du niveau d'instruction de la population, de la disposition des personnes à collaborer, de leur confiance envers l'État ainsi que de l'efficacité et de la conscience professionnelle des personnes employées à la collecte, au traitement et à la diffusion des données.

Les recensements nationaux ne peuvent procurer entièrement certaines données fondamentales dont les États et les gens d'affaires ont besoin. Le temps requis pour mener la vaste opération d'un recensement national, traiter les données et publier les résultats réduit l'utilité de certaines données lorsqu'il importe d'en disposer rapidement, comme dans le cas des statistiques sur le chômage. Un certain nombre de facteurs, dont les coûts et les limites de la coopération des répondants, plaident contre une extension significative du contenu des recensements au-delà de leur volume actuel en vue de répondre à tous les besoins possibles et imaginables à l'échelle des municipalités, des provinces et du pays.

Dans le but de résoudre le problème de l'actualité des données, de combler les lacunes du système national de renseignements statistiques et de produire de nouveaux types de données nécessaires à l'évaluation des tendances socio-économiques actuelles, le gouvernement se tourne vers des enquêtes nationales sur échantillon. En novembre 1945, il instaure une enquête sur la population active, d'abord trimestrielle, puis mensuelle à partir de novembre 1952. De plus, il lui adjoint à l'occasion d'autres enquêtes sur des sujets spéciaux. En 1985, le gouvernement lance une enquête sociale générale (ESG) sur une base annuelle, destinée à récolter les données dont il a besoin pour surveiller les tendances sociales à long terme et mesurer les changements survenus dans le temps en matière de conditions de vie et de bien-être personnel en ce qui a trait notamment à la santé des personnes, à leur éducation et à leur environnement social. L'enquête sociale générale sert aussi à obtenir des informations sur des questions spécifiques et en temps opportun touchant aux problèmes sociaux.

Le premier cycle de l'ESG, en 1985, couvre la santé et les styles de vie qui lui sont liés parmi la population adulte; le deuxième cycle (1986) porte sur l'emploi du temps, la mobilité sociale et la connaissance et l'usage des langues; le troisième (1988) se penche sur les risques des personnes d'être victimes de crimes ou d'accidents; le quatrième (1989) se concentre sur le travail et l'éducation; le cinquième (1990) s'intéresse à la famille et aux amis. Quant au sixième (1991), il privilégie la santé, marquant ainsi la fin d'un premier cycle des principaux champs d'observation de l'ESG.

Les changements technologiques, politiques, économiques et sociaux continueront de créer de nouvelles demandes de statistiques précises, cohérentes, comparables et d'actualité. Le gouvernement répondra probablement à ces besoins en recourant régulièrement à des enquêtes nationales sur échantillon et à des techniques d'entrevue novatrices et rentables. Les progrès de la technologie de l'informatique amélioreront la qualité, la quantité et l'accessibilité des recensements nationaux, des enquêtes sur échantillon et des statistiques de l'état civil.

Warren E. Kalbach

Doré jaune *Stizostedion vitreum vitreum* Poisson prédateur d'eau douce, de taille moyenne, qui appartient à la famille des percidés (ordre des perciformes). On l'appelle aussi doré. Il porte de nombreux noms vernaculaires anglais dont celui de «pickerel», c.-à-d. BROCHETON, un poisson de la famille des ésocidés, avec lequel il ne faut pas le confondre. On trouve le doré jaune en eau douce, de l'embouchure du fleuve Mackenzie jusqu'à proximité du golfe du Mexique. Au Canada, on le trouve du sud du Québec au nord-est de la Colombie-Britannique et, dans le nord, jusqu'à l'embouchure du fleuve Mackenzie.

Description Le doré a une tête conique, une bouche pourvue de nombreuses dents et deux nageoires dorsales (la première comporte des épines pointues et la seconde, non). Ses yeux sont bien adaptés aux faibles intensités lumineuses. La coloration du doré jaune varie d'or brillant à vert brunâtre avec des taches foncées. L'extrémité inférieure de la nageoire caudale est blanc de lait. Le doré jaune est prédateur d'autres espèces de poissons.

Importance des pêches Le doré jaune est probablement l'espèce de poissons ayant la plus grande valeur économique dans les eaux intérieures du Canada, car il est recherché été comme hiver pour sa chair blanche savoureuse. Le doré noir (*S. canadense*), une espèce étroitement apparentée, est un peu plus petit et a une moins grande répartition (du Québec à l'Alberta). C'est également un poisson prisé par les pêcheurs sportifs.

E.J. Crossman

Doric Club Association politique paramilitaire de jeunes *tories* anglophones, fondée en 1836 à Montréal. Elle succède à une première organisation qui, à cause de sa contribution armée aux tensions politiques qui règnent à Montréal dans les années 1830, est dissoute par le gouverneur Gosford. Le 6 novembre 1837, un violent affrontement entre le Doric Club et l'organisation patriote des FILS DE LA LIBERTÉ est le prélude des Rébellions de 1837 et 1838 au Bas-Canada. Le Doric Club est dissout lorsque bon nombre de ses membres sont recrutés par le général Colborne afin de combattre les rebelles.

Dorion, sir Antoine-Aimé, avocat, politicien et juge (Sainte-Anne-de-la-Pérade, Bas-Canada, 17 janv. 1818—Montréal, 31 mai 1891). Membre de l'Assemblée de la province du Canada de 1854 à 1861 et de 1861 à 1867, Dorion devient un chef bien connu du PARTI ROUGE dans les années 1850. Il vante les institutions politiques américaines, appuie les idées libérales, et préconise la réforme des tarifs douaniers et la colonisation des terres vierges. Il attaque aussi les intérêts financiers et commerciaux ainsi que certains aspects de la présence de l'Église catholique dans la société.

En 1858, le leader des CLEAR GRITS, George BROWN, forme un gouvernement de courte durée avec Dorion comme chef du Canada-Est. Il est aussi procureur général (Canada-Est) dans le gouvernement de John Sandfield MACDONALD-Dorion (1863-1864). S'opposant vigoureusement au projet de CONFÉDÉRATION, il refuse de se joindre à la GRANDE COALITION de 1864 qui allie Brown et les Clear Grits du Canada-Ouest aux conservateurs des deux moitiés de la province. En novembre 1864, à la suite de la CONFÉRENCE DE QUÉBEC, il accuse la fédération projetée d'être une union législative déguisée qui accorderait, en réalité, peu d'autonomie aux provinces, même sur les questions d'intérêt local. Il insiste aussi pour que les citoyens soient consultés, puisque ce sont leurs intérêts et leur prospérité qui sont en jeu. Au cours des deux années suivantes, Dorion mène l'opposition du Bas-Canada contre les propositions relatives à la Confédération.

Après la Confédération, Dorion siège à la Chambre des communes jusqu'en 1874 et est brièvement ministre de la Justice et procureur général dans le gouvernement libéral d'Alexander MACKENZIE. Il est nommé juge en chef de la Cour du Banc de la Reine de la province de Québec en 1874.

Richard Jones

Dorion, Jean-Baptiste-Éric, journaliste, politicien et pionnier (Sainte-Anne-de-la-Pérade, Bas-Canada, 17 sept. 1826—L'Avenir, Canada-Est, 1er nov. 1866). Frère de A.A. DORION. Né d'une famille fortement attachée aux principes libéraux, il se porte à la défense du libéralisme avec une telle ferveur que ses adversaires politiques le surnomment l'«enfant terrible». Le 17 décembre 1844, il participe à la fondation de l'INSTITUT CANADIEN à Montréal. Avec George Batchelor, il fonde le journal *L'Avenir*, dont la première édition paraît le 16 juillet 1847. Dorion utilise ces deux tribunes pour exprimer ses vues sur des questions telles la séparation de l'Église et de l'État, l'éducation non confessionnelle et l'annexion du Canada aux États-Unis. Mais ses opinions prennent une direction tellement radicale qu'en novembre 1852, l'opposition qu'elles soulèvent l'oblige à mettre fin à la publication de son journal. Il se retire dans une communauté à proximité de Drummondville qu'il nomme L'Avenir. Il est élu député de Drummond-Arthabaska en 1854 et en 1861. Il débat longuement des désavantages de la CONFÉDÉRATION dans *Le Défricheur*, un journal qu'il fonde en 1862.

Philippe Sylvain

Dorset, culture (500 av. J.-C.—1500 apr. J.-C.) Elle s'étendait, selon les archéologues, à la plupart des régions côtières du Canada arctique. Les peuples dorsets descendaient des Paléoeskimos de la culture PRÉ-DORSET. Ils avaient une économie plus développée que celle de leurs ancêtres et se logeaient dans des maisons plus permanentes faites de neige et de tourbe, chauffées au moyen de lampes à l'huile en stéatite. Ils utilisaient peut-être des traîneaux à chiens et des KAYAKS. Ils vivaient principalement de la chasse aux mammifères marins et pouvaient capturer des animaux de grande taille comme le morse et le narval. Environ 500 ans av. J.-C., ils descendent la côte du Labrador et occupent l'île de Terre-Neuve pendant près d'un millénaire. Environ 1000 ans apr. J.-C., ils sont chassés de la plupart des régions arctiques par une invasion d'Inuits du THULÉ de l'Alaska, mais ils continuent de vivre dans le Nord du Québec et au Labrador jusqu'à 1500 ans apr. J.-C. environ. (*Voir aussi* PRÉHISTOIRE.)

Robert McGhee

Dorval, ville du Qc, pop. 17 572 (rec. 1996), 17 249 (rec. 1991); superficie 20,76 km², const. en 1956, est connue comme le site de l'aéroport international de Montréal. Membre de la communauté urbaine, la ville s'étend le long du Lac Saint-Louis entre Pointe-Claire à l'est et Lachine à l'ouest. Elle est située à près de 15 km à l'ouest du centre-ville de Montréal. L'histoire de Dorval remonte jusqu'en 1860 quand les prêtres sulpiciens ont établi la mission du fort Gentilly (plus tard connu sous le nom de Fort La Présentation). La cité doit son nom à Jean-Baptiste Bouchard D'Orval (1658–1724), un commerçant de fourrures et voyageur qui avait acheté des terres à Fort Gentilly. En 1892, Dorval a été constituée en village et peu de temps après, en 1903, en ville.

Dorval est une communauté rurale et un lieu de villégiature jusqu'à la fin de la Seconde Guerre mondiale. En 1941, elle accueillit le FERRY COMMAND et un aéroport militaire, devenu l'aéroport international de Montréal. Après la guerre, cet aéroport représentait des gains pour l'économie. Deux parc industriels, dans la partie nord de la ville, attirait les compagnies d'aviation, d'électronique, de pharmacologie et d'imprimerie. Cette économie diversifiée n'a pas menacé la qualité de vie de Dorval, ces espaces verts et sa revendication de se faire appeler «La cité sur le lac».

Pierre-Louis Lapointe

Dosquet, Pierre-Herman, missionnaire sulpicien et quatrième évêque de Québec (Liège, Belgique, 4 mars 1691—Paris, France, 4 mars 1777). Après avoir exercé son ministère chez les sulpiciens et les prêtres des Missions étrangères, Dosquet est nommé administrateur du diocèse de Québec en 1729 et évêque coadjuteur en 1730. Au Canada, il tente de rétablir le tarif normal de la dîme, d'enrayer le commerce de l'eau-de-vie, de réformer la vie monastique et d'accroître les revenus de l'évêché. Évêque en titre à partir de 1733, il presse les prêtres de donner l'enseignement en latin. Il interdit aux maîtres d'école d'enseigner aux filles et aux prêtres de porter une perruque et d'engager de jeunes femmes comme domestiques. Les colons sont pour lui des gens indisciplinés et matérialistes; ceux-ci le considèrent comme un étranger. Désespérant de redonner à sa charge et au clergé le pouvoir et le prestige auquel on s'attendait autrefois, Dosquet retourne en France en 1735. C'est seulement en 1739 que Louis XV obtient enfin sa démission.

Cornelius J. Jaenen

Dossiers médicaux Lorsqu'un patient reçoit un traitement médical ou d'autres soins de santé, le fournisseur de soins médicaux (de même que l'établissement de soins de santé, tel un hôpital) a normalement l'obligation juridique et déontologique de constituer un dossier écrit détaillé du traitement dispensé au patient. P. ex., le dossier hospitalier contiendra des pièces telles que les notes du personnel infirmier et des médecins, la fiche des médicaments administrés et les résultats des diagnostics et autres tests (comme les radiographies). Parfois, le patient demandera à consulter son propre dossier médical. En a-t-il légalement le droit?

Dans la plupart des provinces et dans les territoires, les mesures législatives régissant l'administration des hôpitaux confèrent expressément au patient le droit d'avoir accès à son dossier hospitalier, même si les modalités d'exercice de ce droit tendent à varier d'une partie du pays à l'autre. Dans le cas des soins de santé reçus à l'extérieur d'un hôpital (p. ex., les traitements administrés dans le cabinet d'un omnipraticien), la réponse à la question de

savoir si le patient a légalement le droit de consulter son propre dossier médical n'est pas tout à fait claire jusqu'en 1992. Cette année-là, la Cour suprême du Canada rend un arrêt de principe confirmant que les patients jouissent bel et bien de ce droit. Selon la Cour suprême, les dossiers écrits appartiennent au médecin (ou à un autre fournisseur de soins médicaux), mais le patient jouit du droit d'accès aux renseignements qu'ils contiennent. Ce droit découle de la nature «fiduciaire» de la relation entre le médecin et son patient. Cette relation repose sur la confiance et impose au médecin l'obligation d'agir en toute bonne foi, avec le plus grand dévouement à l'égard du patient et dans l'intérêt supérieur de celui-ci. Ainsi, le patient a le droit d'examiner son propre dossier médical (et, s'il le désire, de le reprographier).

La Cour suprême a reconnu que ce droit n'était pas absolu et qu'il comportait des exceptions. Il pourra s'avérer nécessaire dans de rares cas de refuser au patient l'accès à son dossier médical. Mais les circonstances seront alors tout à fait exceptionnelles.

Gerald Robertson

Douaire Forme de droit de propriété matrimoniale. Dans son ancienne acception, il conférait à une veuve un intérêt viager dans une partie des biens-fonds de son mari décédé. Les veufs jouissaient de droits similaires, appelés le «bénéfice du veuf». Les droits de douaire existaient sous plusieurs formes dans toutes les provinces canadiennes, à l'exception du Québec et de Terre-Neuve. Ils ont maintenant été remplacés par d'autres droits énoncés dans les lois sur la succession et les biens matrimoniaux.

Dans les provinces de l'Ouest et les Territoires du Nord-Ouest, il existe des lois modernes portant sur la protection du «patrimoine familial» qui créent des droits relatifs aux biens matrimoniaux, parfois expressément appelés «douaires». En général, cette forme de régime légal vise à empêcher le conjoint propriétaire du foyer conjugal d'en disposer sans le consentement de l'autre conjoint. Dans des cas précis, le tribunal peut, par voie d'ordonnance, dispenser de ce consentement ou les parties peuvent consentir à y renoncer. De plus, tout comme pour les anciens droits de douaire, la veuve (ou le veuf) a droit à un intérêt viager dans le patrimoine familial au décès du conjoint propriétaire du bien. D'autres droits accessoires s'appliquent au profit de la veuve ou du veuf. Toutefois, en cas de divorce, les droits de douaire relatifs aux biens familiaux prennent normalement fin, et les droits des conjoints à l'égard de leurs biens sont régis par d'autres lois sur les biens matrimoniaux.

M.M. Litman et B.H. Ziff

Douanes et accise Taxes sur les produits et une des plus anciennes sources de revenu des gouvernements du monde entier. Les droits de douane s'appliquent aux produits importés, alors que les taxes et les droits d'accise sont généralement prélevés sur des produits de fabrication locale, notamment l'alcool et le tabac. Les droits de douane et d'accise ont tenu un rôle vital dans la croissance du Canada. Ils ont été au centre d'un désaccord, surtout en Nouvelle-Écosse, entre la Couronne et le Parlement, portant sur le droit d'imposer des droits de douane et d'en disposer. Ils ont constitué l'élément clé de la POLITIQUE NATIONALE, qui a duré près d'un siècle, et ont été le pivot de la réussite de l'indépendance nationale, le gouvernement les utilisant pour négocier les tarifs avec les autres pays.

Les droits de douane existaient déjà au pays à l'arrivée des Européens en Amérique du Nord avec leur rhum et leur religion. Certaines tribus autochtones, en effet, exigeaient des droits des membres des autres tribus qui traversaient leur territoire. Le Régime français a favorisé le soutien de la Nouvelle-France par un droit à l'exportation sur les fourrures et ne s'est appuyé sur les droits à l'importation que dans ses derniers jours. Les Britanniques n'avaient pas tant recours aux droits de douane comme source de revenu, mais pour faire appliquer leurs LOIS SUR

LA NAVIGATION, selon lesquelles leurs produits devaient être transportés sur des navires britanniques. Au moment où la Grande-Bretagne s'oriente vers le libre-échange, au cours des années 1840, les droits de douane et d'accise deviennent la source de revenu presque exclusive du Canada et ce, jusqu'après la Confédération.

Quand les représentants de l'Amérique du Nord britannique se rencontrent, en 1864, ils discutent d'une «politique commerciale commune». Jusqu'alors, leur seule politique commune était de taxer les uns les autres leurs produits manufacturés aussi bien que ceux des autres pays. En 1867, le gouvernement national reçoit la responsabilité des tarifs douaniers. La *Loi sur les douanes de la province du Canada* est adoptée en 1866. En 1868, on établit le tarif douanier à 15 p. 100, taux qui représente un compromis entre le taux protectionniste du Canada, fixé à 20 p. 100, et les taux libre-échangistes de la Nouvelle-Écosse et du Nouveau-Brunswick, respectivement de 10 et de 12 p. 100. Les droits n'augmentent, même pour favoriser et protéger le secteur manufacturier du pays, qu'en 1879, sous le gouvernement du premier ministre sir John A. MACDONALD. En 1883, les recettes annuelles s'élèvent à 23,2 millions de dollars. Jusqu'à la Seconde Guerre mondiale, période où l'on commence à prélever des taxes de vente et un impôt sur le revenu, les droits de douane et d'accise représentent environ 75 p. 100 des recettes du gouvernement fédéral.

Dans la province du Canada (1841-1867), les douanes sont administrées par le ministère des Finances. Les ministères des Douanes et du Revenu intérieur, établis en 1867 en tant qu'entités distinctes, fusionnent en 1918 pour devenir Douanes et Accise en 1921. En 1925, la responsabilité de la perception de l'impôt sur le revenu passe du ministère des Finances à celui des Douanes et Accise, renommé le ministère du Revenu national en 1927. La devise officieuse de Douanes et Accise est «Le Revenu doit être protégé». Les premiers percepteurs doivent jurer sur la Bible devant un juge, quatre fois par an, qu'ils ont versé tous les montants perçus chaque trimestre. En 1897, sur la piste du Klondike, l'agent des douanes plante sa tente près du lac Tagish et aborde les bateaux des prospecteurs qui passent par là pour percevoir les droits sur tous les produits américains. Parfois, le revenu n'est pas suffisamment protégé. En 1926, à l'époque de la PROHIBITION, l'âge d'or de la CONTREBANDE d'alcool et des distilleries, un scandale des douanes fait tomber temporairement le gouvernement (*voir* KING-BYNG, AFFAIRE).

Au Canada, la bataille politique a duré longtemps entre les protectionnistes et les libre-échangistes. En 1854, le Canada et les États-Unis signent un accord de RÉCIPROCITÉ (libre-échange visant 50 produits). En 1866, les États-Unis mettent fin à cet accord. Ce n'est pas avant 1935 que les deux pays s'accordent mutuellement le statut de la nation la plus favorisée en matière de tarifs douaniers. Durant cette période, on demande à quelques reprises aux électeurs canadiens de choisir entre le protectionnisme et le libre-échange et, chaque fois, ce dernier système est écarté. Les barrières tarifaires élevées ne disparaissent qu'après la Seconde Guerre mondiale, grâce à l'ACCORD GÉNÉRAL SUR LES TARIFS DOUANIERS ET LE COMMERCE (GATT), signé le 18 novembre 1947. Durant les années 80, les tarifs douaniers, à quelques exceptions près, sont en général ceux qu'ils étaient au début de la Confédération. Même la priorité commerciale accordée au marché britannique en 1769 a disparu.

Une grande partie des droits de douane étaient perçus dans les ports de mer et le long de la frontière avec les États-Unis, longue de 8893 km. Mais les voyages en avion, en train et en auto sont venus modifier tout cela. Au Canada, quelque 10 000 agents sont affectés à 650 postes de douane, dont 140 sont situés à la frontière. Certains postes sont si éloignés, comme celui de Little Gold Creek, au Yukon, qu'on les abandonne l'hiver. Les frais de perception représentent moins de 2 p. 100 des recettes qui atteignent 19,7 milliards de dollars en 1985-1986. Le ministère des Finances fixe les règles d'imposition, y compris les tarifs, alors que Douanes et Accise s'occupe de les administrer. La réglementation vise aussi les narcotiques, le matériel pornographique, les armes à feu, les plantes porteuses de maladie et le *dumping* de produits étrangers, qui portent préjudice à l'industrie canadienne et à l'emploi.

Dave McIntosh

Double majorité (*Voir* MACDONALD, JOHN SANDFIELD)

Double remaniement Après que le gouvernement de George-Étienne CARTIER et de John A. MACDONALD de la PROVINCE DU CANADA a été forcé de démissionner le 29 juillet 1858, George BROWN et Antoine-Aimé DORION forment un gouvernement réformiste. Selon les règles parlementaires de l'époque, les ministres nouvellement nommés doivent abandonner leurs sièges et se représenter à l'occasion d'une élection partielle, mais cette règle ne s'applique pas à un ministre qui abandonne un poste pour un autre en moins d'un mois. Quand le gouvernement est renversé le 4 août et que le gouverneur général de l'époque, sir Edmund HEAD, demande à Cartier et à Macdonald de former un deuxième gouvernement, chaque ministre se charge d'un nouveau portefeuille le 6 août et reprend ses anciennes fonctions le 7. Le désormais célèbre «double remaniement» permet au gouvernement de Macdonald-Cartier de conserver le pouvoir sans avoir à se soumettre à des élections partielles.

David Mills

Doughty, sir Arthur George, archiviste (Maidenhead, Angl., 22 mars 1860—Ottawa, 1ᵉʳ déc. 1936). Après avoir songé à faire carrière dans l'Église, Doughty immigre au Canada en 1886. Il se lance en affaires et devient bientôt un membre actif des cercles littéraires de Montréal. Il publie plusieurs ouvrages sur Tennyson ainsi que de très beaux volumes de ses poèmes et devient critique de théâtre. Fonctionnaire du gouvernement du Québec en 1897, il est nommé bibliothécaire conjoint de la bibliothèque de l'Assemblée législative en 1901.

La controverse autour de l'emplacement précis de la bataille des PLAINES D'ABRAHAM amène d'abord Doughty à porter son attention sur le mauvais état du patrimoine documentaire du Canada. Un examen des interprétations divergentes du passé canadien dans les textes d'histoire français et anglais renforce sa détermination à monter une base documentaire complète qui serve à une HISTORIOGRAPHIE scientifique et moins partisane. Ses initiatives en font le candidat tout indiqué pour le nouveau poste combiné d'archiviste fédéral et de conservateur des documents qu'on lui confie en 1904.

Au cours des 31 années suivantes, Doughty s'emploie à transformer les Archives publiques du Canada (aujourd'hui les ARCHIVES NATIONALES DU CANADA) en une dynamique institution culturelle. Il a le génie de rechercher des documents historiques importants. Les registres officiels du gouvernement, les manuscrits personnels d'administrateurs coloniaux, la collection Northcliffe, les *Durham Papers,* les transcriptions de documents clés dans les archives britanniques, françaises et canadiennes, les artefacts historiques, les œuvres d'art et même les trophées et les affiches de la Première Guerre mondiale ne forment qu'une partie de la collection qu'il amasse et que le bâtiment des archives (1907) et une annexe (1926) ne suffisent pas à contenir.

Les montages, la bibliothèque de prêts de diapositives, la publication de documents choisis qui font autorité et l'aide enthousiaste apportée aux chercheurs encouragent un vaste public à apprendre au moyen de ce patrimoine documentaire. Il publie avec Adam SHORTT des volumes de documents constitutionnels et le monumental ouvrage d'histoire CANADA AND ITS PROVINCES (23 vol., 1913-1917),

qui feront autorité pendant des décennies. Après avoir pris sa retraite en 1935, il est nommé archiviste fédéral émérite et fait Chevalier Commandeur de l'Ordre de l'Empire britannique. La statue officielle érigée en son honneur demeure à ce jour une distinction exceptionnelle chez les sous-ministres fédéraux.

Ian E. Wilson

Douglas taxifolié (*Pseudotsuga menziesii*) CONIFÈRE à feuillage persistant de la famille des PINS (pinacées). Il existe six espèces connues de *Pseudotsuga* (fausse pruche): deux dans l'ouest de l'Amérique du Nord; quatre en Chine, à Taïwan et au Japon. On trouve seulement le *P. menziesii* au Canada, le long de la côte ouest, plus à l'est dans les montagnes Rocheuses et au sud jusqu'au centre du Mexique. Les variétés côtières (var. *menziesii*) peuvent atteindre 100 m de hauteur et 2 m de diamètre; celles de l'intérieur des terres (var. *glauca*) sont plus petites. Les feuilles persistantes et aciculaires mesurent de 2 cm à 3 cm de long. Les cônes atteignent de 5 cm à 10 cm, sont ronds, écailleux et possèdent des bractées séparées à trois pointes (feuilles modifiées). La pollinisation se fait au début du printemps; les graines tombent à la fin de l'été ou à l'automne. Le Douglas taxifolié ressemble aux vrais sapins, aux pruches et aux épinettes, mais il est plus proche du MÉLÈZE. L'une des plus importantes espèces pour le bois d'œuvre en Amérique du Nord est maintenant cultivée dans beaucoup de régions d'Europe. Le plus grand spécimen de Douglas taxifolié au Canada, haut de 94,3 m d'une circonférence de 8,07 m, se trouve près de Coquitlam, en Colombie-Britannique. (*Voir aussi* David DOUGLAS.)

John N. Owens

Douglas, Alexander Edgar, physicien (Melfort, Sask., 12 avril 1916—Ottawa, 26 juill. 1981). Il étudie à l'U. de la Saskatchewan et à la Pennsylvania State University, puis se joint à la division de physique du CONSEIL NATIONAL DE RECHERCHES en 1941. Durant la majeure partie de sa carrière, de 1949 à sa retraite en 1980, il y dirige la section de SPECTROSCOPIE, qui se hisse au rang des laboratoires de recherche les plus avancés dans le domaine grâce à son travail et à celui du directeur de la division, Gerhard HERZBERG (qui avait été son directeur de recherches pour sa maîtrise).

Ses recherches l'amènent à découvrir de nombreuses nouvelles molécules et à analyser leurs spectres, à dégager des caractéristiques fondamentales dans les spectres de COMÈTES et du milieu interstellaire, et à clarifier un effet important, appelé maintenant l'effet Douglas, dans la dynamique de nombreuses molécules polyatomiques. Il est lui-même directeur de la division de physique de 1969 à 1973. Il est membre de la Société royale du Canada, dont il reçoit la Médaille Henry-Marshall-Tory, ainsi que Membre de la Royal Society of London. Il reçoit aussi en 1970 la Médaille pour contribution exceptionnelle en physique de l'Association canadienne des physiciens, qu'il préside de 1975 à 1976.

Douglas, Alice Vibert, astronome (Montréal, 1894—Kingston, Ont., 2 juill. 1988). Douglas reçoit son doctorat de l'U. McGill en 1926. Pendant la Première Guerre mondiale, elle est engagée en Angleterre pour faire du travail de guerre. Par la suite, elle étudie à l'observatoire de Cambridge et aux laboratoires de Cavendish de 1921 à 1923. Elle reste à McGill jusqu'en 1939 avant de devenir directrice des étudiantes puis professeure d'astronomie à l'U. Queen. Comme elle s'intéresse à l'histoire de l'astronomie et qu'elle connaît personnellement Arthur Stanley Eddington, on lui demande d'écrire sa biographie. Son livre, publié en 1956, est encore aujourd'hui la seule biographie de cet astronome exceptionnel. Membre de l'Ordre de l'Empire britannique depuis 1918, elle est également présidente de la Société royale d'astronomie du Canada de 1943 à 1945 et de la Fédération internationale des femmes diplômées des universités de 1947 à 1950. De plus, elle reçoit

des doctorats honorifiques des universités McGill, Queen et Queensland.

A.H. Batten

Douglas, Campbell Mellis, chirurgien, militaire, écrivain, inventeur et sportif (Grosse Île, Qc, 5 août 1840—Wells, Somerset, Angl., 31 déc. 1909). Fils du Dʳ George Douglas, directeur du poste de quarantaine de GROSSE ÎLE (de 1836 à 1864), il fait ses études à St. John's, à l'U. Laval et à la Edinburgh School of Medicine (M.D., 1861). Il entre dans le corps médical de l'armée britannique en 1862 et sert en Birmanie, en Inde et au Canada.

Médecin de marine lors de l'expédition dans les îles Little Andaman en 1867, il reçoit la CROIX DE VICTORIA pour avoir piloté un yole sur une mer déchaînée pour aider 17 de ses camarades aux prises avec des indigènes hostiles.

À sa retraite en 1882, il s'installe à Lakefield, en Ontario. Au cours de la RÉBELLION DU NORD-OUEST en 1885, il est officier médical. Il atteint son poste à Saskatoon après avoir parcouru 320 km sur la rivière Saskatchewan Sud dans un canot submersible de son invention. En 1894, il rentre en Angleterre et perçoit une pension militaire de l'armée britannique.

Douglas dessine et collectionne des petites embarcations: pirogues, canots canadiens, canots à voile pontés, canots Berthon et petits yoles. À voile et à pagaie, il explore les eaux intérieures et côtières de l'Inde, de la Grande-Bretagne, des États-Unis et du Canada. Il possède son propre canot de course ponté, le *Harmony*, construit en Angleterre en 1864, sur lequel, en tant que membre du Toronto Canoe Club, il prend part à des courses. La passion de Douglas pour cette activité de loisir a grandement contribué à la promotion et la documentation du CANOTAGE moderne à ses débuts.

C. Fred Johnston

Douglas, David, botaniste (Scone, près de Perth, Écosse, 25 juill. 1799—Hawaii, 12 juill. 1834). Douglas devient apprenti jardinier à l'âge de 11 ans; à 20 ans il entre au jardin botanique de Glasgow et devient, à 23 ans, herboriste pour l'Horticultural Society of London en Amérique du Nord. Il herborise au Canada près d'Amherstburg, dans le Haut-Canada, en 1823, le long du fleuve Columbia, des rivières Saskatchewan et Hayes jusqu'à la baie d'Hudson en 1827 et le long de la rivière Okanagan et du fleuve Fraser, au-delà de Fort George (Prince George) en 1833. Douglas est le premier Blanc connu à avoir conquis le sommet du mont Brown dans les Rocheuses canadiennes.

Il a décrit près de 200 nouvelles espèces de plantes et est celui qui a introduit le plus de plantes indigènes de l'Amérique du Nord (254) en Europe. Environ 50 espèces de plantes et un genre, le *Douglasia*, portent son nom, en plus du DOUGLAS TAXIFOLIÉ, «l'arbre le plus important du commerce du bois américain». Il meurt piétiné en tombant accidentellement dans une fosse utilisée pour attraper des bovins sauvages.

C. Stuart Houston

Douglas, sir Howard, militaire, écrivain et administrateur colonial (Gosport, Angl., 23 janv. 1776—Tunbridge Wells, Angl., 9 nov. 1861). Fils d'un officier de marine, Douglas termine ses études militaires à temps pour participer aux combats pendant la guerre de la Révolution française et les guerres napoléoniennes en Espagne et en Hollande. Promu major-général en 1821, il est nommé lieutenant-gouverneur et commandant en chef du Nouveau-Brunswick, fonctions qu'il exerce du 27 mars 1823 au 19 février 1831.

Pendant cette période qui précède les troubles politiques, il gouverne efficacement et devient le «plus populaire» des gouverneurs impériaux. Il préside à des changements administratifs, militaires et culturels à une époque de croissance rapide. Comme on peut s'y attendre de la part d'un écrivain, membre de la Royal Society of London par surcroît, sa plus grande réalisation est l'amélioration du King's College (U. du Nouveau-Brunswick), dont il est chancelier. L'université continue de nos jours à décerner un prix annuel en son honneur, la Douglas Gold Medal. Sur le plan militaire, les querelles frontalières entre le Maine et le Nouveau-Brunswick l'incitent à encourager le renforcement d'une milice locale active, laquelle compte plus de 15 000 membres en 1831. Il a toutefois moins de succès dans ses querelles au sujet de la liste civile et dans ses litiges avec le commissaire des terres de la Couronne, Thomas Baillie. Douglas retourne en Angleterre en 1831, où il se fait le défenseur des colonies de l'Amérique du Nord britannique, préconisant un traitement préférentiel à leur endroit sur le marché britannique.

Carl M. Wallace

Douglas, James, chirurgien (Brechin, Écosse, 20 mai 1800—New York, N.Y., 14 avril 1886). Après un apprentissage de cinq années auprès du docteur Thomas Law à Penrith, en Angleterre, Douglas est admis à la Edinburg School of Medecine. En 1819, il entre au Edinburg College of Surgeons et, en 1820, au London College of Surgeons. Il exerce en Inde avant de venir s'installer à Québec en 1826 et, vers 1837, on lui confie la charge de l'Hôpital de la marine et des immigrants, où il est chirurgien et professeur.

En 1845, il fait l'acquisition du premier asile d'aliénés au Québec, le Centre hospitalier Robert Giffard, situé à BEAUPORT. Souffrant de problèmes respiratoires, il passe les hivers en Italie, en Palestine ou en Égypte. En 1875, il déménage à Phoenixville, en Pennsylvanie. Il est enterré au cimetière Mount Hermon à Sillery (Québec). L'ancien asile d'aliénés de VERDUN s'appelle aujourd'hui Hôpital Douglas.

Sylvio Leblond

Douglas, sir James, commerçant de fourrures, gouverneur de l'île de Vancouver de 1851 à 1863 et de la Colombie-Britannique de 1858 à 1864 (Demerara, Guyane britannique, 15? août 1803—Victoria, C.-B., 2 août 1877). Ingénieux, énergique et intelligent, il aide la COMPAGNIE DE LA BAIE D'HUDSON (CBH) à monopoliser le commerce des fourrures dans le Pacifique Nord. En tant que gouverneur de la colonie, il est le premier à exercer l'autorité britannique à l'ouest des montagnes Rocheuses et, en tant que fondateur de la colonie, du commerce et de l'industrie, on le surnomme «le Père de la Colombie-Britannique».

«Écossais antillais», il est le fils d'une «femme de couleur affranchie» et d'un marchand écossais. À l'âge de 12 ans, on l'emmène à Lanark pour qu'il y soit scolarisé. À 16 ans, il est en apprentissage à la COMPAGNIE DU NORD-OUEST et il devient employé de la CBH lors de la fusion des deux compagnies en 1821. En 1826, alors qu'il est attaché au fort St. James dans le district de Nouvelle-Calédonie, Douglas accompagne le commandant William Connolly dans la première brigade annuelle des fourrures à Fort Vancouver. Le 27 avril 1828, il épouse, selon la coutume du pays, Amelia, fille de Connolly dont la mère est autochtone, et confirme son mariage en 1837.

George SIMPSON, le gouverneur de la Terre de Rupert, qui rencontre Douglas au fort St. James en 1828, le décrit comme étant «un homme corpulent, fort, actif, de bonne conduite et aux talents estimables», mais qui devient «furieusement violent quand il est provoqué», une tendance qui lui crée des conflits avec les Indiens PORTEURS et pousse Connolly à obtenir sa mutation à Fort Vancouver en 1830, où il est dirigé par John McLoughlin. Il y devient agent principal en 1835 et commandant en 1839. En 1842, il accompagne Simpson en Alaska pour négocier avec la Russian American Co. En 1843, il entreprend la construction du fort Victoria à l'extrémité sud de l'île de Vancouver, lequel remplacera les forts situés sur la partie nord de la côte.

Prévoyant le retrait de la CBH de Fort Vancouver après que les Britanniques ont accepté, en 1846, que la frontière soit fixée au QUARANTE-NEUVIÈME

PARALLÈLE, il fait ouvrir une nouvelle piste de brigade en territoire britannique, depuis la Nouvelle-Calédonie jusqu'au fort Langley, dans le bas Fraser. Le fort Victoria, où les fourrures de l'intérieur sont transbordées, devient le principal dépôt sur le Pacifique en 1849. Le 13 janvier 1849, craignant l'expansion américaine vers le nord, l'Angleterre décide de concéder l'île de Vancouver à la CBH pendant 10 ans. Douglas, chef de la traite des fourrures depuis 1845, est nommé agent de la CBH dans l'île.

Le gouvernement britannique choisit comme gouverneur Richard Blanshard, un avocat qui accepte de servir sans salaire. Blanshard arrive au fort Victoria en mars 1850, apprend que la construction de sa résidence n'est pas terminée et décide de rester à bord et de faire voile vers le nord. Au fort Rupert, il est choqué par la discipline sévère à laquelle la CBH soumet les grévistes de la mine et assume les craintes des résidants d'une attaque par les autochtones. Toutefois, Douglas ne tolère aucune ingérence dans sa politique à l'égard de ces derniers, qui repose maintenant sur la confiance mutuelle, et Blanshard démissionne peu après et part en août 1851.

Le 30 octobre, Douglas apprend sans plaisir ni satisfaction qu'il est choisi comme successeur de Blanshard. Il a de sérieuses inquiétudes: il lui sera difficile d'éviter les conflits d'intérêts dans ses fonctions de gouverneur et de dirigeant de la compagnie; les permis d'alcool sont la seule source de revenus dont il dispose pour la construction de bâtiments publics, d'écoles, d'une église et de routes; la pénurie d'hommes compétents est telle qu'il nomme son beau-frère, nouvellement arrivé de Demerara, juge en chef de la Cour suprême. Blanshard ayant nommé un conseil législatif en 1851, Douglas a pour instruction, en 1856, de former une assemblée pour l'île. Il s'oppose au suffrage universel et croit que les gens veulent vraiment que «les classes dirigeantes» prennent elles-mêmes les décisions. Les conditions fixées pour avoir le droit de vote et pour être membre de l'Assemblée sont à ce point exigeantes que seulement quelques propriétaires fonciers ont les qualités requises.

La première manifestation d'un changement imminent sur la côte du Pacifique survient le dimanche 25 avril 1858, quand arrive un bateau plein de mineurs turbulents de la Californie, la première vague des 25 000 nouveaux arrivants, en route vers les bancs de sable du Fraser pour y chercher de l'or. Douglas, qui a eu la prudence de revendiquer terres et droits miniers au nom de la Couronne, commence à émettre des permis aux mineurs et, pour endiguer une invasion, empêche les bateaux étrangers de s'engager dans le fleuve. Il est réprimandé pour ces mesures qui semblent destinées à protéger le monopole de la CBH.

La découverte d'or pousse l'Angleterre à retirer les privilèges particuliers accordés à la CBH jusqu'en mars 1859. Une loi du Parlement crée une nouvelle colonie sur le continent et Douglas se voit offrir d'en être le gouverneur à la condition qu'il rompe ses liens avec la traite des fourrures. Il jouira d'un pouvoir politique considérable, étant donné qu'il serait malavisé de tenter l'expérience d'un gouvernement autonome avec des hommes «aussi sauvages, aussi disparates et, sans doute, aussi transitoires». Ayant abandonné le commerce des fourrures et les droits de son ancienne compagnie à l'ouest des montagnes ayant été éteints, Douglas, toujours gouverneur de l'île de Vancouver, est institué gouverneur de la Colombie-Britannique au fort Langley, en novembre 1858.

Il s'attend à ce qu'on choisisse d'établir la capitale de la colonie près du fort Langley. Toutefois, en janvier 1859, pour des raisons d'ordre militaire, le colonel Richard Clement Moody choisit plutôt un emplacement escarpé et densément boisé (New Westminster) sur la rive nord du Fraser. Douglas est préoccupé par ce qu'il en coûtera d'y concevoir la ville. Il préfère aussi Victoria comme lieu du centre

administratif et de sa résidence. Il visite rarement New Westminster et les citoyens, en dépit de l'autonomie gouvernementale octroyée à la municipalité en 1860, exigent un gouverneur résident et une réforme politique.

En tant que gouverneur de la Colombie-Britannique, Douglas se préoccupe avant tout du bien-être des mineurs. Il compte sur ses commissaires de l'or pour qu'ils planifient des réserves destinées aux autochtones afin de juguler toute menace de guerre, pour qu'ils enregistrent les revendications de terres et de droits miniers et pour qu'ils se prononcent sur les conflits miniers. Pour la colonie de l'or, il élabore une politique d'aménagement du territoire comprenant les droits miniers et de préemption. Sa loi sur l'eau satisfait aux besoins des mineurs qui utilisent cribles-laveurs et canaux sur appuis.

Au cours de l'hiver 1858, il fait appel à des bénévoles pour ouvrir une piste muletière menant jusqu'à la région aurifère située au-delà de la gorge du Fraser. Dès 1862, il projette de financer par des prêts (dont Londres n'est pas entièrement informée) la construction d'un chemin de roulage de 640 km longeant le fleuve Fraser, allant d'abord jusqu'à la région de Cariboo, où des pépites d'or ont été découvertes, puis jusqu'à l'effervescente communauté minière de Barkerville, en 1865 (*voir* CARIBOO, ROUTE).

Peut-être à cause de la délicate question de ses antécédents et de ceux de sa femme, Douglas affiche un comportement singulièrement distant. Certains de ses vieux amis lui reprochent son air pompeux, ses nouveaux associés se plaignent de son despotisme et les marchands de New Westminster, d'avoir à payer des droits de douane. L'effet est cumulatif. Le mandat de Douglas comme gouverneur de l'île de Vancouver se terminant en 1863 et la Colombie-Britannique étant sur le point d'être dotée d'une forme de gouvernement plus libérale, le moment semble opportun pour le gouvernement de Londres de lui accorder sa retraite. Pour amortir le choc, on vante ses réalisations et ses talents et on le nomme Chevalier commandeur de l'Ordre du Bain.

Margaret A. Ormsby

Douglas, Thomas Clement, (Tommy), pasteur baptiste, politicien et premier ministre de la Saskatchewan (Falkirk, Écosse, 20 oct. 1904—Ottawa, 24 févr. 1986). Il a dirigé le premier gouvernement socialiste élu au Canada. Il est reconnu comme le père de la socialisation de la médecine. Il a aussi contribué à faire entrer le socialisme démocratique dans la vie politique canadienne.

Issu d'une famille religieuse, fière de sa condition ouvrière, il y puise les fondements autant de sa politique que de sa foi. Sa famille, arrivée au Canada en 1919, s'installe à Winnipeg, où Douglas sera témoin de la GRÈVE GÉNÉRALE DE WINNIPEG la même année. Il quitte l'école à 14 ans et commence son apprentissage d'imprimeur. Il s'implique dans les activités de l'église et, en 1924, il décide de devenir pasteur. Il fréquente le Collège Brandon pendant six ans. C'est là qu'il prend contact avec le MOUVEMENT SOCIAL GOSPEL et qu'il se rallie à cette croyance suivant laquelle le christianisme est avant tout une religion sociale, soucieuse qu'elle est de l'amélioration du monde autant que de la vie dans l'au-delà.

Quand Douglas s'installe à Weyburn, Saskatchewan, après son ordination en 1930, il découvre la souffrance dans cette province durement frappée par la crise économique et la sécheresse. Il s'engage rapidement dans un ministère sensible aux besoins matériels et spirituels des gens, en même temps qu'il poursuit ses études de morale chrétienne. Liées à son expérience de la CRISE DES ANNÉES 30, ces dernières l'amènent à la conclusion que le soulagement de la souffrance passe par l'action politique. En 1931, il fonde une association locale de l'Independent Labour Party et, deux ans plus tard, il assiste au premier congrès national de la nouvelle CO-OPE-

RATIVE COMMONWEALTH FEDERATION (CCF), ouvertement socialiste.

Douglas se présente aux élections de la Saskatchewan de 1934, sans succès. Des amis le convainquent alors de se présenter pour la CCF aux élections fédérales de 1935. Cette fois, il réussit, en partie parce qu'il a appris à exploiter un talent spécial, son aptitude à faire rire les gens. La Seconde Guerre mondiale le convainc davantage que l'option socialiste est valide. Bien qu'il ait entendu ressasser au Parlement l'argument selon lequel on ne pouvait trouver d'argent pour mettre les gens au travail, on en trouvera pour financer la guerre. Au cours de ses deux premiers mandats au Parlement, Douglas se gagne une réputation de débatteur habile et plein d'esprit. Il revendique que les démunis et les exploités soient membres de sa circonscription et prend des positions impopulaires dans la défense des libertés civiles.

En 1944, il abandonne son siège fédéral pour faire campagne aux élections générales de la Saskatchewan. Premier ministre de la province au cours des 17 années suivantes, il devient le symbole des promesses du socialisme. Son gouvernement est innovateur et efficace. Il est le premier à introduire plusieurs programmes que d'autres adopteront plus tard, notamment dans le domaine des services sociaux. Douglas démissionne comme premier ministre en 1961 pour prendre la direction du NOUVEAU PARTI DÉMOCRATIQUE (NPD) fédéral, résultat d'une alliance formelle entre la CCF et les syndicats ouvriers. Le choix de Douglas va de soi pour le nouveau parti, surtout en raison de son succès en Saskatchewan et aussi parce qu'il est universellement reconnu comme le porte-parole le plus éloquent de la gauche. Il peut inspirer et motiver les travailleurs du parti et aussi expliquer le socialisme démocratique en termes moraux, éthiques et religieux.

Malgré toutes ces qualités, Douglas est défait aux élections fédérales de 1962, en grande partie à cause de la réaction provoquée par la mise en place du régime d'assurance-maladie, qui avait débouché sur une longue et féroce grève des médecins de la province (voir GRÈVE DES MÉDECINS DE LA SASKATCHEWAN). Élu lors d'une élection partielle, Douglas demeure chef du NPD jusqu'en 1971, année où il devient critique du parti en matière d'énergie jusqu'à sa retraite en 1979. Il est nommé Compagnon de l'Ordre du Canada en 1980.

Bien que Douglas n'ait pas réalisé son rêve d'un Canada socialiste, lui et ses collègues ont eu une influence considérable sur le gouvernement. C'est Douglas et son parti qui entreprennent la lutte pour des programmes comme l'assurance-maladie, un régime de pension à l'échelle du Canada et le droit de négociation pour les fonctionnaires, des programmes aujourd'hui plus ou moins solidement en place et universellement reconnus au Canada.

L.D. Lovick

Douglas, William, (Bill), chorégraphe expérimental contemporain, danseur et professeur (Amherst, N.-É., 25 sept. 1953—Montréal, Qc, 10 mars 1996). Douglas est surtout connu pour l'élégance, l'intelligence et la sensualité de ses trente chorégraphies, réalisées pour la plupart en collaboration avec des compositeurs contemporains et des éclairagistes. Ses œuvres, créées sur une période de 10 ans, de 1986 à 1996, reflètent une fascination cartésienne pour le caractère aléatoire des choses, développée au cours de ses études et de son travail dans le domaine de la conception et du design architectural.

Pendant qu'il fréquente l'École d'architecture de l'U. de Carleton, à Ottawa, où il obtient son diplôme en 1978, Douglas danse dans des productions étudiantes avec le Ottawa Dance Centre Workshop. Il continue de danser professionnellement au Canada avec le Toronto Dance Theatre (1978-1983), la Judy JARVIS Dance Company (1980), la Toronto Independent Dance Enterprise (1982), les Dancemakers (1980-1983) et EDAM (1983).

En 1981, il se rend à New York, fonde la troupe William Douglas and Dancers et passe dix ans à étudier la technique et la composition au Studio Merce Cunningham. Pendant cette période, il bénéficie de l'aide de nombreuses bourses d'études et de subventions de projets offertes par le CONSEIL DES ARTS DU CANADA et le Conseil des arts de l'Ontario. De retour à Montréal, en 1991, il fonde William Douglas Danse et termine sa carrière d'enseignant comme professeur invité permanent au Département de danse de l'U. du Québec, où il enseigne la technique et la composition.

Les chorégraphies qu'il a mises au point durant son séjour à New York sont de petites études de la nature humaine, souvent exécutées sur une musique en direct: *Archipelago* (1986), *...and the Air* (1987), *E/motional/ogic* (1988), exécutée dans le cadre d'un film documentaire produit et réalisé par Lisa Cochrane en 1995, et *Carved in Flesh* (1990). La trilogie, très audacieuse et énergique, *We Were Warned* (1992), créée avec l'aide du jeune compositeur de musique Reid Robins, vaut à Douglas le prix de chorégraphie aux IVe Rencontres chorégraphiques internationales de Seine-Saint-Denis, en France. Il entreprend par la suite de nombreuses tournées dans les festivals de danse au Canada et en Europe. Cette trilogie est suivie d'un cycle cumulatif: le quatuor *Apollo* (1993), le quintette *The Golden Zone* (1994), le sextuor *Love is a Stranger* (1995) et, enfin, le septuor *Heroes* (1996).

Douglas puise son inspiration dans les qualités cinétiques et humaines de certains danseurs qui demeurent des collaborateurs artistiques proches: Daniel Firth, Bill Coleman, Laurence Lemieux, Francine Liboiron, Dominique Porte, entre autres. Il partage sa vie et son art avec le danseur José Navas, avec lequel il remporte le prix Bessie à New York en 1995. Peu de temps après la mort paisible et courageuse, en 1996, de Douglas, Navas est nommé directeur artistique de la William Douglas Danse.

Dena Davida

Doukhobors Secte de dissidents russes qui sont aujourd'hui nombreux dans l'Ouest du Canada. Il s'agit au départ d'un groupe de paysans du sud de la Russie dont l'origine est mal connue, car leurs traditions et leurs préceptes sont transmis oralement. Leurs doctrines paraissent dériver au moins partiellement de celles d'un prédicateur dissident du XVIIe siècle, Danilo Filipov, qui est en total désaccord avec l'ÉGLISE ORTHODOXE.

Les doukhobors rejettent la liturgie de l'Église parce qu'ils croient que Dieu habite en chaque homme et non dans une église; ils renoncent à tout gouvernement civil et prêchent le PACIFISME. Ils remplacent la Bible par des psaumes et des hymnes transmis oralement qu'ils appellent le livre vivant et qui sont encore chantés aujourd'hui aux *sobranyas* (assemblées qui tiennent lieu à la fois d'offices religieux et de réunions communautaires). Les doukhobors vénèrent leurs chefs élus, qu'ils considèrent comme spécialement inspirés par Dieu.

Vers la fin du XVIIIe siècle, le groupe est persécuté pour cause d'hérésie et de pacifisme. En 1785, un archevêque orthodoxe les appelle doukhobors, «lutteurs de l'Esprit Saint», voulant dire qu'ils étaient les lutteurs contre le Saint-Esprit, mais le groupe adopte le nom en l'interprétant au sens de «lutteurs pour l'Esprit et avec l'Esprit».

La persécution s'apaise sous le règne du tsar Alexandre Ier. En 1802, les doukhobors sont rassemblés dans des colonies en Crimée, région pionnière à l'époque. Quarante ans plus tard, sous le règne de Nicolas Ier, qui leur est moins sympathique, ils sont relégués parmi les féroces tribus du Caucase, territoire récemment conquis. Après des débuts difficiles, ils deviennent prospères, en particulier sous la gouverne d'une femme, Lukeria Kalmikova.

La mort de Lukeria Kalmikova en 1886 est suivie d'une lutte pour le pouvoir qui divise la secte. Peter VERIGIN est choisi comme chef à la majorité, mais il est aussitôt arrêté et exilé. Même à distance, Verigin réussit à inciter ses adeptes à rester fidèles à leurs idéaux. À la suite de nouvelles persécutions, beaucoup de doukhobors obtiennent le droit d'émigrer au Canada avec l'aide du romancier Léon Tolstoï et des QUAKERS américains et britanniques. Plus de 7400 d'entre eux mettent le cap sur le Canada en 1898-1899 et s'installent dans la future Saskatchewan, où ils vivent en communauté. Verigin les rejoint en 1902.

Au début, il est permis aux doukhobors de s'inscrire individuellement comme propriétaires de *homesteads* tout en vivant en communauté; ils ont droit également à des concessions en ce qui concerne l'éducation et le service militaire. Frank Oliver, qui succède à Clifford Sifton comme ministre de l'Intérieur en 1905, interprète plus strictement la *Loi des terres fédérales*. Lorsque les doukhobors refusent de prêter le serment d'allégeance, condition imposée pour l'octroi définitif des titres de propriété, leurs inscriptions comme propriétaires de *homesteads* sont radiées.

En 1908, Verigin conduit la plupart de ses fidèles dans le sud de la Colombie-Britannique, où il achète des terres et fonde une communauté autonome de 6000 personnes. Certains doukhobors se séparent pour acquérir leurs propres fermes et deviennent indépendants. Un petit groupe marginal et radical fondé en Saskatchewan en 1902, les Fils de la Liberté, brûlent plusieurs écoles lors d'un conflit avec la Colombie-Britannique au sujet de l'éducation. Nombre de membres du groupe sont ensuite emprisonnés pour avoir défilé nus en guise de protestation.

Au cours des années 30, la communauté est ruinée à la suite de la crise économique, de la désaffection interne et de la mauvaise gestion, facteurs auxquels s'ajoutent les provocations des fanatiques et les politiques malveillantes des sociétés de financement et du gouvernement. Ainsi prend fin l'une des plus vastes et des plus complexes tentatives de vie communautaire de l'histoire nord-américaine. En 1939, des mesures de forclusion confèrent la propriété des terres au gouvernement de la Colombie-Britannique; cependant, certains doukhobors les rachètent individuellement dans les années 60. Les Fils de la Liberté causent beaucoup d'agitation dans les années 50 et 60, mais le fanatisme s'estompe ensuite.

Les membres de divers groupes de doukhobors luttent toujours contre les progrès de l'assimilation. Les descendants des premiers colons doukhobors sont environ 30 000 au Canada aujourd'hui; près de la moitié d'entre eux gardent vivantes leur culture et leurs traditions religieuses, parlent le russe et professent le pacifisme. Le groupe majoritaire des doukhobors orthodoxes (Union of Spiritual Communities of Christ ou USCC) est celui qui s'intègre le mieux à la mosaïque multiculturelle canadienne. L'USCC est dirigée par John J. Verigin, arrière-petit-fils de Peter Verigin.

George Woodcock

Doutre, Joseph, avocat, rédacteur en chef, écrivain (Beauharnois, Bas-Canada, 11 mars 1825—Montréal, 3 févr. 1886). Il est rédacteur en chef de *L'Avenir* et membre important de l'INSTITUT CANADIEN de Montréal. Libéral dès son jeune âge, il fait carrière en droit et en politique. Malheureusement, sa carrière a éclipsé sa réputation d'écrivain.

On le connaît surtout pour son roman d'inspiration romantique *Les Fiancés de 1812* (1844). Sa reconnaissance en tant que romancier est obscurcie par la littérature du terroir, un genre qui se développe précisément en réaction à des romans tels que *Les Fiancés*. Ce livre mérite l'attention pour deux raisons: l'effort de l'auteur pour adapter les ouvrages du romancier français Eugène Sue au contexte canadien, et sa préface accusant ses contemporains de ne pas encourager la littérature canadienne. Ce roman, qui dénonce l'intolérance religieuse, a été, comme il fallait s'y attendre, censuré pour immoralité. Apprécié maintenant pour sa description de la société de l'époque, ce roman est l'un des seuls à dénoncer l'idéologie qui prévalait alors.

E.D. Blodgett

Douve (*Voir* VERS PLATS)

Downey, Richard Keith, scientifique et phytogénéticien (Saskatoon, Sask., 26 janv. 1927). Après des études à l'U. de la Saskatchewan et à l'U. Cornell, il travaille dans des stations de recherches d'Agriculture Canada, d'abord à Lethbridge, en Alberta, de 1951 à 1957, puis à Saskatoon à partir de 1957. Depuis 1958, il est chercheur scientifique principal responsable de l'amélioration génétique des oléagineux à Saskatoon. Downey a entrepris et réalisé un programme afin de transformer le colza en une plante oléagineuse comestible de qualité supérieure. Jusqu'à aujourd'hui, sa réalisation la plus remarquable est la mise au point d'un cultivar de colza faible en acide érucique et en glucosinolates, connu dans le commerce mondial sous le nom de CANOLA. Il décrit les fondements scientifiques de ses travaux dans de nombreuses revues scientifiques, livres et articles. Ses travaux encouragent l'amélioration génétique des plantes dans le monde entier en montrant comment une vieille espèce commune pouvait être transformée en une variété donnant une culture de grande qualité. Il a reçu le prix de la Banque Royale en 1975.

J.E.R. Greenshields

Doyle, Richard J., «Dic», directeur de journal (Toronto, 10 mars 1923). Élevé à Chatham, en Ontario, il y travaille pour le *Daily News* après avoir servi dans l'Aviation royale du Canada pendant la Seconde Guerre mondiale. Il entre bientôt au GLOBE AND MAIL de Toronto comme journaliste, puis devient rédacteur en chef du *Globe Magazine* (1957) et enfin, directeur administratif du quotidien (1959). Directeur de rédaction du *Globe* de 1963 à 1983, il est celui qui fait le plus autorité au Canada et qui s'attire le plus le respect des journalistes. Il poursuit sa carrière comme chroniqueur au journal jusqu'en 1985, année où il est nommé au Sénat (premier journaliste à remplir cette fonction depuis George Brown, en 1873). Il est nommé Officier de l'Ordre du Canada en 1983.

Drabinsky, Garth Howard, avocat et entrepreneur (Toronto, 27 oct. 1948). Bien que son entreprise, CINEPLEX ODEON CORP. (fondée en 1979), ait frôlé la faillite en 1983, Drabinsky est déjà, en 1987, l'un des exploitants de salles de cinéma les plus puissants du monde, contrôlant plus de 1500 écrans dans près de 500 établissements en Amérique du Nord. Ses tactiques sont fougueuses, brusques et innovatrices.

Il obtient le droit crucial de soumettre une proposition pour obtenir l'exclusivité des productions américaines dans ses salles de cinéma en dénonçant publiquement les accords d'exclusivité entre les grands exploitants de salles de cinéma en place – Famous Players et Odeon – et les studios, ce qui amène le gouvernement à réglementer afin de détruire un réel monopole. Sa stratégie, qui consiste à rénover de vieilles salles de cinéma et à en construire de nouvelles munies, cette fois, d'écrans multiples, lui vaut le mérite d'avoir ramené les gens dans les salles de cinéma.

À la fois producteur et exploitant, Drabinsky finance six longs métrages canadiens (1977-1982), qui remportent plus d'une douzaine de prix importants et de nominations, et il finance le film de Paul Newman, *La ménagerie de verre* (1987).

Drabinsky unit Cineplex à MCA, géant américain des communications, mais il est évincé de la compagnie en 1989. En vertu de l'entente de rachat, il réussit à conserver la filiale des spectacles sur scène de la compagnie et à obtenir les droits canadiens sur *The Phantom of the Opera* (*Le Fantôme de l'Opéra*). Sa nouvelle compagnie, Livent, lui offre l'occasion de s'implanter dans un autre secteur de l'industrie du spectacle. Le *Phantom* est un prodigieux succès commercial. Drabinsky s'empresse de produire

d'autres spectacles sur scène qui sont d'abord présentés à Toronto, puis partout au Canada. La pièce *Kiss of the Spider Woman* joue à guichets fermés à Toronto pendant un an avant de déménager à Broadway et de récolter sept prix Tony. Vient ensuite *Show Boat*, qui répète le succès phénoménal de *Kiss of the Spider Woman* à Toronto. Grâce au flair de Drabinsky pour les productions dramatiques, Toronto acquiert la réputation de plus grande pépinière de productions théâtrales destinées à Broadway. Fervent amateur de musique classique, Drabinsky lance, en 1993, une série de concerts classiques qu'il présente au nouveau North York Cultural Centre et mettant en vedette certains des plus grands noms de la musique, dont Kathleen Battle.

Stanley Gordon

Drainie, John Robert Roy, acteur (Vancouver, C.-B., 1er avril 1916—Toronto, 30 oct. 1966). Acteur d'une extraordinaire polyvalence, il est le comédien le plus réputé et le plus aimé de la première communauté d'artistes de scène véritablement professionnelle au Canada anglais.

Amorçant sa carrière à la radio à la fin des années 30, il devient bientôt l'acteur principal d'une troupe de répertoire créée d'abord à Vancouver, puis à Toronto, par Andrew ALLAN, réalisateur de pièces de théâtre à la radio anglaise de Radio-Canada. Principalement dans la série dramatique «Stages» d'Allan (1944-1956), il interprète des centaines de rôles principaux de pièces classiques et de pièces canadiennes originales, parmi lesquels il faut citer sa satire malicieuse du sénateur américain Joseph McCarthy, dénonciateur des communistes, dans *The Investigator* de Reuben Ship. Les cinq années où il incarne à la radio Jake Trumper, ouvrier à la journée de la Saskatchewan, dans *Jake and the Kid* de W.O. MITCHELL, et son interprétation de l'humoriste Stephen LEACOCK à la radio, à la télévision et sur scène, représentent une contribution majeure au monde du divertissement et à la création des mythes au Canada.

Entièrement autodidacte, il a établi une norme d'excellence professionnelle en interprétation dramatique au Canada qui sert encore de modèle aujourd'hui. Chaque année, l'ACTRA honore sa mémoire par l'entremise du prix John Drainie qui récompense une contribution remarquable dans le domaine de la radiodiffusion et de la télévision.

Bronwyn Drainie

Drake, sir Francis, l'un des grands navigateurs et aventuriers de l'histoire (près de Tavistock, Angl., 1540?—au large de Panama, 28 janv. 1596). Il aperçoit vraisemblablement l'ÎLE DE VANCOUVER lors de son voyage autour du monde (1577-1580). Après avoir pillé des galions espagnols au large du Mexique, Drake tente de trouver une route polaire pour rentrer en Angleterre. L'hypothèse selon laquelle il aurait fait voile vers le nord et l'île de Vancouver est fondée sur une étude des vents et des courants dans le nord-ouest du Pacifique.

James Marsh

Drake, Theodore George Gustavus Harwood, médecin, historien, collectionneur (Webbwood, Ont., 16 sept. 1891—Toronto, 28 oct. 1959). Drake obtient son diplôme de l'U. de Toronto en 1914. Il participe à la mise au point du Pablum, nourriture pour bébés, et des Biscuits Sunwheat. Les redevances de ces produits sont données au Hospital for Sick Children de Toronto. Il est fait Officier de l'Ordre de l'Empire britannique après la Seconde Guerre mondiale pour avoir établi les normes de nutrition des repas des membres de l'Aviation royale du Canada et des rations des prisonniers de guerre.

Drake écrit abondamment sur l'histoire de la pédiatrie et publie de nombreux articles scientifiques. En 1960, sa collection de quelque 5000 antiquités liées au domaine de la pédiatrie, et datant de la Grèce ancienne et de l'Égypte jusqu'à l'Europe du XIXe siècle, est léguée en 1960 au Museum of the

History of Medicine de l'Academy of Medicine, de Toronto.

Wilhelmina M. Drake

Drapeau du Canada Un drapeau national est un moyen simple et efficace d'identifier l'ensemble d'un pays ainsi que ses citoyens, dont il exprime la volonté et la SOUVERAINETÉ collectives. Avant 1763, plutôt qu'un drapeau, ce sont les armoiries royales qui représentent le roi de France au Canada. Les Britanniques, par contre, ont l'habitude d'installer le Red Ensign ou l'Union Flag sur leurs forts. La confusion s'aggrave après la Confédération lorsque les armoiries écartelées des provinces sont ajoutées au battant du Red Ensign, ce qui en fait un drapeau canadien en vertu d'une sorte de sanction du peuple. Le premier ministre du Canada, Mackenzie KING, tente de faire adopter un drapeau national en 1925, puis en 1946, mais sans succès. En 1964, le premier ministre Lester B. PEARSON confie à un comité spécial de 15 membres, où tous les partis sont représentés, le mandat de concevoir un modèle convenable.

Après de longs débats, le modèle définitif, adopté par le Parlement et approuvé par proclamation royale, devient le drapeau du Canada le 15 février 1965. Le rouge et le blanc avaient été sanctionnés en 1921 en tant que couleurs nationales lors de la proclamation royale attribuant des armoiries au Canada, et une longue tradition faisait de la feuille d'érable un symbole du Canada. (*Voir aussi* EMBLÈMES DU CANADA.)

Auguste Vachon

Drapeau, débat sur le Le débat sur le drapeau, ou sur le choix d'un nouveau DRAPEAU canadien, s'est ouvert à la Chambre des communes le 15 juin 1964 pour se terminer au moment de l'adoption d'une motion de CLÔTURE par la Chambre des communes le 15 décembre 1964. Depuis 1867, le Canada avait pour drapeau officiel l'*Union Jack* britannique, même s'il hissait, lors des grandes occasions, le *Red Ensign*, orné de l'écusson du Canada. En 1925, le premier ministre Mackenzie KING charge une Commission aux Forces armées de chercher d'éventuels modèles pour le drapeau, mais celle-ci ne dépose pas de rapport. En 1946, un comité du Sénat et de la Chambre des communes présente un modèle de *Red Ensign* portant une feuille d'érable dorée, mais il n'est pas adopté. La question est soulevée de nouveau par Lester PEARSON, alors qu'il est chef de l'opposition en 1960, puis premier ministre en 1963. Le député John Matheson tient obstinément au rouge et au blanc, ainsi qu'aux feuilles d'érable emblématiques autorisées par George V le 21 novembre 1921 et préconisées par A. Fortescue Duguid. Alan B. Beddoe veut ajouter 2 bandes bleues à ce qui devient le «fanion de Pearson». Cette proposition de drapeau à trois feuilles d'érable centrées sur un carré blanc, bordé d'une bande bleue, est soumise au Parlement en juin 1964.

S'ensuit un débat virulent, portant non pas sur la nécessité d'adopter un nouveau drapeau, mais sur le modèle même du drapeau. Les députés francophones s'intéressent vivement à ce débat qui soulève tant d'acrimonie chez les Canadiens anglophones. John DIEFENBAKER exige un drapeau qui rende hommage aux «peuples fondateurs», plaçant l'*Union Jack* dans le coin d'honneur. Quant à Pearson, il insiste pour avoir un modèle marquant l'allégeance au Canada, mais sans évocation coloniale. Après un long débat plein de rancœur, la question est référée à un comité composé de 15 membres représentant tous les partis. Ce comité propose un drapeau inspiré par le modèle du Collège militaire royal, rouge-blanc-rouge, mais doté d'une feuille d'érable rouge centrée sur un carré blanc au milieu. Les débats parlementaires se poursuivent jusqu'au moment où Léon Balcer, député conservateur du Québec très en vue, demande aux libéraux la clôture, une procédure qui a pour effet de limiter chaque discours à 20 minutes et de forcer les députés à voter. Après environ 250 discours, la proposition du comité est adoptée, le 15 décembre 1964, à 2 h, par 163 votes contre 78. Le Sénat donne son approbation le 17 décembre 1964. La reine signe ensuite la proclamation le 28 janvier 1965 et le drapeau canadien est officiellement déployé le 15 février 1965. (*Voir aussi* HÉRALDIQUE; EMBLÈMES DU CANADA.)

John Ross Matheson

Drapeau, Jean, avocat, politicien et maire de Montréal (Montréal, 18 févr. 1916—*id.* 12 août 1999). Jean Drapeau est le maire le plus audacieux, et qui a obtenu les plus grands succès, qu'ait connu le Canada. Sa longévité à titre de politicien est telle que 7 premiers ministres fédéraux et 9 premiers ministres du Québec se succéderont au cours de sa carrière politique de 29 ans à la mairie de Montréal. Il donne à la ville ses moments les plus extraordinaires: l'Exposition universelle de 1967, qui souligne le centenaire du Canada et attire 50 millions de visiteurs, et les Jeux olympiques d'été de 1976. Mais il préside au déclin de Montréal comme capitale des affaires et plus grande ville du Canada. Alors que Toronto, sa rivale, grandit et gagne en prestige, Drapeau déclare: «Laissons Toronto devenir Milan, Montréal sera toujours Rome.» Fils unique d'un vendeur d'assurances et d'une cantatrice, Drapeau est un protégé du prêtre et historien nationaliste Lionel Groulx. Candidat nationaliste à une élection fédérale partielle en 1942 et aux élections provinciales de 1944, il défend sa propre vision d'un Québec catholique et conservateur. Défait dans les deux cas, il voit sa réputation croître quand il se joint aux contestataires de sa génération pour défendre un syndicat catholique lors d'une grève violente à Asbestos, au Québec, en 1949.

Drapeau captive l'imagination de Montréal en lançant une enquête publique sur la corruption de la police. Quand le maire Camillien HOUDE démissionne soudainement, Drapeau est porté au pouvoir aux élections du 28 octobre 1954. Il n'a que 37 ans. Il entreprend la lente transformation de Montréal, ville portuaire décriée pour ses bordels et sa vie nocturne, en une métropole internationale de premier plan. Piqué de ce que Drapeau nourrisse de plus grandes ambitions, le premier ministre du Québec, Maurice DUPLESSIS, écrase la Ligue d'action civique que dirige Drapeau lors des élections de 1957. Après 3 années de réflexion et le Québec ancien ayant disparu avec la mort de Duplessis, Drapeau se débarrasse de plusieurs de ses vieux alliés, forme un club politique privé, le Parti civique et, avec la promesse d'un métro et d'une administration honnête, il gagne les élections de 1960, au moment même où le Québec s'engage dans la RÉVOLUTION TRANQUILLE. Drapeau tient parole et construit un métro d'un type nouveau et coûteux, dont les stations sont ornées de vitraux et de mosaïques. S'il réforme le système électoral et modernise le service de police, il ne se préoccupe pas des problèmes de logement, de planification urbaine et de pollution, ou choisit de les contourner. En 1987, Montréal ne traitait toujours pas les eaux d'égout qu'il déversait dans le Saint-Laurent, situation semblable à peu de choses près à celle qui prévalait lors de la fondation de la ville en 1642.

Drapeau préfère le sensationnel. En 1969, les relations de travail dégénèrent au point que les 3780 membres du corps policier, à l'exception de 47 d'entre eux, déclenchent une grève. L'armée est appelée pour réprimer le pillage et les émeutes nationalistes. La même année, Drapeau attire, à lui seul, à Montréal une équipe de baseball de la ligue majeure, les EXPOS DE MONTRÉAL. «Le cirque continue», disent ses critiques. À quoi le maire répond: «Les masses ont besoin de monuments.» Il considère que ceux-ci représentent sa contribution à la survivance des Canadiens français. Mais le nationalisme de sa jeunesse s'était à ce point atténué qu'il ne prend pas parti au cours de la campagne référendaire de 1980 sur l'indépendance du Québec. À l'échelle internationale, il gagne le respect de bien des dirigeants, de

Charles de Gaulle à la famille royale. L'ex-premier ministre britannique Edward Heath dira: «J'ai eu le privilège d'entendre les confidences privées du maire Drapeau sur la façon de prendre et de conserver le pouvoir en manipulant amis et ennemis à la fois. C'est une des conversations les plus drôles et les plus distrayantes que j'aie jamais eues avec un politicien.» Un adversaire le traite de «combinaison de Walt Disney et d'Al Capone».

Le côté impitoyable et autoritaire de Drapeau se manifeste à l'occasion de la crise des enlèvements de 1970 (*voir* CRISE D'OCTOBRE). Lors des élections municipales, qui se tiennent au moment de l'application des pouvoirs draconiens de la *Loi sur les mesures de guerre*, Drapeau qualifie l'opposition de front terroriste. Dans ce climat d'hystérie, son principal adversaire se retrouve en prison avec 467 autres personnes; le 25 octobre 1970, le parti privé de Drapeau remporte les 52 sièges du conseil. Drapeau rafle 92,5 p. 100 des voix de l'élection à la mairie. Le pouvoir absolu détenu alors par Drapeau lui permet d'imposer son plan pour les Olympiques, dont les structures de béton blanc incarnent sa politique de grandeur. Estimés à 310 millions de dollars, les coûts des jeux s'élèveront finalement à 1,3 milliard, sans compter la tour du stade olympique, demeurée inachevée jusqu'en 1987. Une enquête provinciale blâme le maire pour les coûts et une corruption endémique, mais rien ne prouve que Drapeau se soit rempli les poches. Les Montréalais le réélisent en 1978 et de nouveau en 1982, mais les grands projets sont choses du passé. Au fil des ans, il reçoit de nombreuses invitations, certaines alléchantes, à se présenter sur la scène provinciale ou fédérale, mais il considère que Montréal est sa meilleure tribune et il y reste jusqu'à la fin de son huitième mandat.

Le 20 juin 1986, ralenti par une attaque, Drapeau convoque la presse dans un lieu qui se trouve «à l'ombre de ses pyramides», les installations olympiques de l'Est, là où sa carrière politique a commencé et où il vit dans une demeure modeste avec sa femme depuis 41 ans. Plusieurs Montréalais ont pleuré avec lui à l'annonce de sa démission. Son ami, le premier ministre Brian Mulroney, l'invite à finir sa carrière politique comme ambassadeur auprès de l'UNESCO à Paris en décembre 1986. Drapeau parti, son Parti civique se retrouve avec un seul siège au conseil. Le Rassemblement des citoyens de Montréal, dirigé par Jean Doré, prend le pouvoir aux élections de novembre 1986.

Brian McKenna

Drapell, Joseph, artiste (Humpolec, République Tchèque, 13 mars 1940). Il est l'un des principaux peintres abstraits de la génération qui a suivi le GROUPE DES ONZE. Il immigre à Halifax en 1966, puis va étudier à la Cranbrook Academy (Bloomfield Hills, Michigan, 1968-1970), où il rencontre l'artiste invité Jack BUSH et le critique américain Clément Greenberg. Il déménage ensuite à Toronto. Inspiré par la baie géorgienne et influencé par Morris Louis, il développe sa propre technique qui consiste à appliquer la peinture avec un large outil à étaler fixé à un support mobile (1972-1974). Les tableaux de la série «Great Spirit», créés avec cette technique, comptent parmi les tentatives les plus réussies d'un artiste canadien pour faire ressortir les valeurs spirituelles de la terre.

Drapell commence à se faire connaître grâce à une série de grandes toiles abstraites où prédomine le rouge. Ces toiles passent presque inaperçues au Canada, jusqu'à ce que l'une d'elles figure sur la couverture de la revue *Art International* (1978) et que le Boston Museum of Fine Arts en achète une autre (1979).

Durant les années 80, Drapell continue à mettre au point ses propres techniques. Il utilise des outils à étaler striés, des châssis biseautés, des peintures réfléchissantes et des gels à l'acrylique pour stimuler le processus de création. Il s'inspire sans cesse de son «foyer spirituel», situé sur la baie Géorgienne,

dans sa série «Island Pictures» et trouve un sens aux libres jeux éthériques constitués par le mouvement du soleil et de l'eau. Drapell est artiste invité à l'atelier Triangle Artists (État de N.Y., 1984) et à l'atelier EMMA LAKE ARTISTS' WORKSHOP (Sask., 1988).

Durant les années 90, les œuvres de Drapell font l'objet de nombreuses expositions aux États-Unis et en Europe. Le critique américain Kenworth Moffett et le propriétaire de galeries d'art parisien Gérald Piltzer le considèrent comme une figure dominante parmi les «nouveaux nouveaux peintres», groupe d'artistes abstraits vivant au Canada et dans le nord-est des États-Unis, dont les œuvres se caractérisent par des couleurs vives et lustrées et des surfaces élaborées.

Ken Carpenter

Draper, Patrick Martin, surnommé «Paddy», imprimeur, dirigeant syndical (Aylmer, Qc, 1868—Ottawa, 23 nov. 1943). En 1888, ayant appris le métier d'imprimeur, Draper commence à travailler à l'Imprimerie du gouvernement, à Ottawa. En 1921, il devient le directeur de l'atelier d'impression, poste qu'il occupe jusqu'à sa retraite, en 1933. Syndicaliste militant, il se joint en 1888 à la section locale d'Ottawa de l'Union typographique internationale, où il remplit divers mandats, ainsi qu'à l'Allied Trades and Labor Association d'Ottawa.

En 1900, son élection au poste de secrétaire du CONGRÈS DES MÉTIERS ET DU TRAVAIL DU CANADA (CMTC) le fait connaître sur la scène nationale. Son énergie, ses aptitudes à la gestion et sa popularité lui permettent d'occuper ce poste important jusqu'au moment où il devient président du CMTC, en 1935. Au cours de ces mandats, il essaie de maintenir un certain degré d'autonomie du Canada au sein du mouvement ouvrier international. En 1939, sa santé chancelante le force à démissionner. Au cours de sa longue carrière, Draper a souvent eu l'occasion de représenter le mouvement ouvrier canadien tant sur la scène nationale qu'internationale, notamment lors de la Conférence de paix à Versailles, en 1919.

Craig Heron

Draper, William Henry, politicien et juge (Londres, Angl., 11 mars 1801—Toronto, 3 nov. 1877). Il participe à la fondation du Parti conservateur et il est le premier politicien colonial à être appelé «premier ministre». Jeune avocat initié à la politique en 1836 par John Beverley ROBINSON, il s'efforce de transformer le vieux FAMILY COMPACT en un Parti conservateur moderne en préconisant une certaine forme de GOUVERNEMENT RESPONSABLE, des réformes dans le domaine de l'éducation et des écoles confessionnelles ainsi qu'une alliance avec les Canadiens français. Il atteint l'apogée de son pouvoir en tant que procureur général des gouvernements de sir Charles METCALFE et du comte CATHCART. Limogé de son poste par l'aile droite de son propre parti en 1847, il voit plus tard un ancien partisan, John A. MACDONALD, réaliser la plupart de ses idées politiques. Nommé juge en 1847, il devient finalement juge en chef de la Cour d'appel de l'Ontario en 1869.

George Metcalf

Dray, William Herbert, philosophe et professeur (Montréal, 23 juin 1921). Après avoir servi comme navigateur dans l'Aviation royale du Canada pendant la Seconde Guerre mondiale, Dray étudie l'histoire à l'U. de Toronto avant de fréquenter Oxford (Ph.D., 1956). Il enseigne à l'U. de Toronto de 1953 à 1968, année où il devient directeur du Département de philosophie à l'U. Trent. De 1976 à 1986, il enseigne à l'U. d'Ottawa.

C'est à la philosophie analytique de l'histoire et des sciences humaines que Dray apporte sa plus grande contribution en s'opposant constamment à leurs tendances positivistes. Il fait en effet valoir que le modèle d'explication utilisé en sciences naturelles ne convient pas aux sciences humaines. Il contribue aussi à l'étude de l'historiographie de la Guerre civile anglaise et suscite de l'intérêt pour de grands philosophes de l'histoire, comme R.G. Collingwood. Ses principaux ouvrages, traduits en plusieurs langues, comprennent *Laws and Explanation in History* (1957), *Philosophy of History* (1964; trad. *La Philosophie de l'histoire*, 1981) et *Perspectives on History* (1980; trad. *Perspectives sur l'histoire*, 1987). Il est Membre de la Société royale du Canada, est boursier Killam en 1980 et 1981, et reçoit le prix Molson en 1986.

David Raynor

Drayton Valley, ville de l'Alb., pop. 5883 (rec. 1996), 5985 (rec. 1991), 5290 (rec. 1986); superf. 7,95 km²; const. en tant que village en 1955, en tant que ville nouvelle en 1956, puis en tant que ville en 1957; située à quelque 120 km au sud-ouest d'EDMONTON. Les premiers colons européens y arrivent vers 1907 et s'adonnent à une agriculture mixte à faible rendement, à l'exploitation forestière et au trappage. En 1953, on découvre du pétrole dans le champ pétrolifère de Pembina. En raison de sa proximité, on fait de Drayton Valley le centre d'exploitation du champ pétrolifère. La ville continue de dépendre de l'industrie du pétrole et du gaz naturel, même si son économie s'est diversifiée afin de comprendre les industries forestière, agricole, de l'environnement, du transport routier et de la construction.

La ville est située sur un terrain élevé surplombant la RIVIÈRE SASKATCHEWAN Nord. Le gouvernement provincial l'a conçue comme ville modèle, mais sa croissance a été si rapide qu'elle est vite devenue surpeuplée, sa population passant de 75 à plus de 3000 en 1953 seulement. En 1954, afin de contrôler la vente des terrains, le gouvernement fait adopter la Drayton Valley Townsite Act. Aujourd'hui, la ville profite d'un bon aménagement urbain, de parcs, d'un réseau piétonnier et d'un centre sportif.

D.G. Wetherell

Drew, George Alexander, avocat, politicien, premier ministre de l'Ontario de 1943 à 1948 (Guelph, Ont., 7 mai 1894—Toronto, 4 janv. 1973). Remis d'une grave blessure subie au cours de la Première Guerre mondiale, il s'inscrit à Osgoode Hall. Admis au barreau en 1920, il pratique le droit à Guelph, dont il devient le maire en 1925. Il est nommé juge en chef de la Cour suprême de l'Ontario en 1929 et, en 1931, premier président de la Commission des valeurs mobilières de la province. Fervent partisan des conservateurs, il est élu, en 1938, chef du Parti ontarien qu'il mène à la victoire en 1943. Il cumule les fonctions de premier ministre et de ministre de l'Éducation, et inaugure une dynastie qui dirige l'Ontario jusque dans les années 80.

En 1948, il se lance en politique fédérale comme de chef du parti, mais ne réussit pas, en deux élections, à inquiéter sérieusement les libéraux au pouvoir. Il démissionne de son poste de leader du parti en 1956. Il est nommé haut-commissaire du Canada à Londres en 1957, dernier honneur d'une carrière publique digne de mention. Bon orateur, combatif et d'allure aristocratique, Drew n'a cependant jamais été à l'aise dans le tohu-bohu de la politique. Ses adversaires le traitent de réactionnaire, mais ses réalisations en tant que de premier ministre démentent cette réputation.

Roger Graham

Drogues, **Utilisation non médicale des** Consommation non médicale de psychotropes, comme le cannabis (marijuana et haschich), les narcotiques opiacés (p. ex., héroïne et morphine), les amphétamines, la cocaïne, les hallucinogènes (p. ex., le LSD, la psilocybine et la mescaline) et les solvants volatils (dont certaines colles à séchage rapide, des dissolvants de vernis à ongle et des produits pétroliers), la plupart des problèmes de drogues au Canada concernent la consommation de tabac et d'alcool. Certaines de ces drogues ont certes un usage médical légitime, mais on considère généralement que l'absorption de la plupart d'entre elles, en tant que phénomène de société, représente un danger potentiel pour la santé physique ou mentale. Les solvants volatils, l'alcool et le tabac sont à portée de la main, mais l'importation, la production, la vente et, dans la plupart des cas, la possession des autres drogues constituent un crime sanctionné par la loi, sauf pour des usages médicaux très limités.

Historique

Avant 1900, on ne considère pas l'usage de drogues psychotropes comme un problème social sérieux. Il n'est pas alors un délit criminel. Pourtant, au début du siècle, la dépendance envers les opiacés frappe un plus grand nombre de Canadiens que jamais auparavant. En 1908, le Canada est le premier pays occidental à interdire, sous peine de sanction criminelle, l'importation, la production et la vente d'opium. Cette décision et les lois d'application reposent davantage sur des préjugés raciaux (surtout à l'endroit des Asiatiques) et sur une conviction morale que sur une connaissance scientifique de ce produit.

Jusque dans les années 60, c'est la dépendance envers les opiacés et surtout envers l'héroïne qui inquiète le plus. Alors que d'autres pays tels que le Royaume-Uni font l'expérience d'une gestion médicale et de programmes de traitement, le Canada opte presque exclusivement pour l'application de plus en plus répressive de la loi criminelle. Ce zèle mis à faire respecter la loi et éliminer des sources licites d'approvisionnement et des moyens d'assistance thérapeutique a pour résultat de refouler la plupart des morphinomanes et héroïnomanes vers des ghettos, dans lesquels ils deviennent ce type même de criminels que les tenants de la solution répressive voient depuis toujours en eux. Cette situation ne change guère. Voilà 40 ans que les héroïnomanes apparaissent dans l'imaginaire public comme l'incarnation stéréotypée des horreurs de la toxicomanie. Ils partagent cette notoriété depuis le milieu des années 80 avec les consommateurs compulsifs de crack (cigarette de cocaïne purifiée). Quant aux héroïnomanes, les propriétés chimiques de leur drogue ne sont directement responsables que d'une part relativement faible de leurs misères. C'est en effet la réaction des autorités à leur dépendance qui les pousse à commettre des crimes pour se procurer de quoi acheter cette drogue à des prix exagérément gonflés.

Dans les années 60, l'héroïne cède le pas au cannabis, aux amphétamines et aux hallucinogènes dans les préoccupations des responsables. L'usage de nombreux hallucinogènes tels que le LSD est relativement nouveau à cette époque, mais de petits groupes s'y adonnent à l'abri des regards depuis au moins 10 ans dans la plupart des centres urbains du Canada avant que le public n'en prenne conscience. Alors que le Parlement inscrit ces drogues dans les lois criminelles existantes (et en ajoute de nouvelles dès qu'il est avisé de leur composition chimique), c'est la consommation ostentatoire de ces drogues par des jeunes des classes moyennes affichant visiblement un style de vie inspiré du mouvement hippie qui déclenche la prise de conscience soudaine du public et des médias. Contrairement aux héroïnomanes, dont la présence passe presque inaperçue, les adeptes de la marijuana, du haschich et du LSD s'affichent de plus en plus comme tels. Beaucoup d'entre eux prennent ouvertement position en faveur de ce qu'ils considèrent être les aspects bénéfiques de l'usage récréatif des drogues et font campagne pour une réforme de la loi. Le nombre de personnes poursuivies pour usage de cannabis est négligeable au début des années 60, mais se chiffre à 5000 en 1969 avant d'atteindre, en 1977, le plateau relativement stable de 50 000. Le niveau actuel des poursuites pour usage de cannabis se situe plus près de 30 000, mais cette baisse traduit plutôt le changement survenu dans l'application de la loi qu'une baisse de la consommation.

En 1969, le gouvernement fédéral charge une commission royale de faire enquête sur le problème de l'USAGE NON MÉDICAL DES DROGUES. Cette commission publie, au cours de quatre années, une série de rapports qui s'attirent le respect des milieux internationaux et qui recommandent le retrait progressif du recours à la loi criminelle contre les consommateurs de drogues non médicales. Le Canada n'a encore donné suite à aucune des recommandations spécifiques faites par cette commission en matière légale.

Épidémiologie L'incidence de l'usage régulier de drogues illicites semble dans l'ensemble en voie de stabilisation ou de déclin entre le milieu des années 70 et le début des années 90. Au bas mot, cinq millions de Canadiens ont essayé le cannabis (marijuana ou haschich) au moins une fois dans leur vie et plus d'un million l'ont fait au moins une fois au cours de chacune des dernières années. Tout comme pour l'ensemble des drogues non prescrites, la clientèle se concentre dans les groupes d'adolescents et d'adultes de moins de 35 ans.

Selon les données de l'Enquête nationale de 1993, la plupart des utilisateurs de marijuana et de haschich n'en consomment que relativement peu souvent. Seuls 10 p. 100 le font une ou plusieurs fois par semaine, tandis qu'une bonne moitié en fume moins d'une fois par mois. Toutefois, on ne peut trop se fier aux estimations relatives à la fréquence et à l'incidence de l'utilisation des drogues interdites, qui tendent à sous-évaluer les dimensions de ce phénomène. C'est ainsi que des études ontariennes dignes de foi chiffrent à 10,5 p. 100 la proportion d'adultes âgés de 18 ans et plus qui ont pris de la marijuana en 1989 et 1991, alors que, pour la même drogue, les Enquêtes nationales de 1990 et 1993 donnent pour la population ontarienne âgée de 15 ans et plus un pourcentage de 5,9 en 1989, de 4 p. 100 en 1990 et de 3,6 p. 100 en 1993.

Consommation de drogues chez les adolescents

Les enquêtes provinciales auprès des élèves du secondaire tendent à montrer que les niveaux de consommation de la plupart des drogues, y compris l'alcool et le tabac, sont relativement stables ou en légère baisse au cours des 10 dernières années. Les données statistiques suggèrent que, sauf pour le cannabis, la consommation par les adolescents de drogues interdites est un phénomène en général peu fréquent, auquel ne s'adonne qu'une bien faible proportion d'entre eux. On dispose de quelques éléments de preuve qui suggèrent fortement une hausse de consommation de marijuana et de drogues psychédéliques, comme le LSD et l'ecstasy (MDMA) dans des groupuscules d'adolescents et de jeunes adultes canadiens depuis le début des années 90. Cette impression largement répandue prend du poids quand on constate les pressions renouvelées en faveur de la dépénalisation du cannabis, quand on voit réapparaître des boutiques de consommation (qui vendent un assortiment de drogues) et se dérouler des «raves» (fêtes débridées «arrosées» de produits psychédéliques) et quand on observe l'intérêt renouvelé pour des vêtements de chanvre.

On rapporte pour 1993 que l'usage de drogues interdites autres que le cannabis touche 0,3 p. 100 de la population. Les seules données d'enquêtes ne peuvent cependant mesurer l'amplitude de la consommation de telles drogues puisque les adeptes de ces drogues se regroupent dans les sous-populations susceptibles de sous-représentation dans les enquêtes sur échantillons au hasard. Indépendamment de ces enquêtes, le crack fait de toute évidence une percée spectaculaire dans certaines communautés canadiennes au milieu des années 80. Son incidence apparaît cependant moins forte que dans certaines parties des États-Unis et semble en baisse depuis le début des années 90.

De toutes les drogues, c'est la consommation d'héroïne qui est la plus difficile à mesurer de façon sûre. Alors que l'on estime couramment entre 10 000 et 15 000 le nombre de ses utilisateurs dépendants au Canada, les observateurs du milieu de la santé publique et les reportages dans les médias suggèrent la présence, au milieu des années 90, d'un nombre grandissant d'utilisateurs, sinon d'adeptes, de cette drogue dans des centres traditionnels comme Toronto et Vancouver.

Alcool, cigarettes et psychotropes

Environ trois Canadiens sur quatre boivent de l'alcool. Seuls 10 p. 100 d'entre eux sont des buveurs quotidiens, soit environ la même proportion que celle des personnes admettant avoir un problème de boisson. On estime à un demi-million le nombre de Canadiens alcooliques. La proportion de Canadiens fumant la cigarette tombe de 50 p. 100 en 1965 à 31 p. 100 en 1994. Elle est alors, avec 30 p. 100, la plus forte chez les gens de 20 à 24 ans. L'Enquête nationale de 1993 indique un nombre relativement faible de recours aux pilules ayant comme fonction spécifique de modifier les états d'âme. Moins de 1 p. 100 de la population adulte du Canada consomme des stimulants (amphétamines et autres pilules diététiques); environ 4 p. 100 prennent des tranquillisants, principalement sur prescription; approximativement 8 p. 100, de la codéine ou du démérol; et 2,5 p. 100, des antidépresseurs.

Injection de drogues et VIH

On estime à environ 100 000 le nombre de Canadiens utilisateurs de drogues qui s'en injectent au moins occasionnellement. Ceux qui le font risquent de contracter le VIH et dès lors le SIDA, s'ils partagent des aiguilles contaminées ou quelque autre matériel. L'héroïne s'absorbe traditionnellement par injection, mais ce procédé peut servir aussi pour la cocaïne, les stéroïdes anabolisants et quelques autres drogues. Chez les personnes qui se droguent par injection, on rapporte pour 1994 des taux d'infection au VIH de 6 p. 100 en Colombie-Britannique, de 7,6 p. 100 à Toronto et de 10 p. 100 (selon le lieu du test) à Montréal. On constate en 1993 chez les détenus des institutions pénitentiaires un taux d'infection au VIH dix fois supérieur à celui de l'ensemble de la population et les taux les plus élevés se retrouvent chez les prisonniers qui s'injectent des drogues depuis longtemps.

Trafic de la drogue

Si l'on oublie quelques productions d'hallucinogènes en quantités insignifiantes et les détournements de produits pharmaceutiques de leurs canaux de distribution autorisés, le Canada n'est pas historiquement connu comme producteur de drogues interdites. Cependant, les progrès de l'horticulture et de la technologie hydroponique accroissent de façon spectaculaire la production de variétés résistantes de marijuana depuis le milieu des années 80. Une partie substantielle de cette production s'exporte maintenant vers les marchés américains à partir surtout de la Colombie-Britannique. Seuls 5 à 10 p. 100 de la drogue importée chaque année au Canada sont interceptés. Les efforts déployés à l'échelle internationale pour endiguer le trafic de la drogue se révèlent tout aussi inefficaces, mais ils contribuent à la hausse continuelle du prix des drogues sans en décourager apparemment la demande. Financièrement parlant, le trafic de la drogue est devenu l'entreprise criminelle la plus attrayante et la plus délétère du monde.

Politique sociale

Quelques décideurs recommandent l'adoption d'une stratégie axée spécifiquement sur les risques de santé et de sécurité associés à chaque drogue, y compris l'alcool et le tabac. Elle reposerait sur une évaluation scientifique de ces risques et sur l'engagement de faire de la réduction des maux qui en découlent le principal objectif social. Les débats quasi interminables qu'occasionnent au plan national la

réforme relative au cannabis et le maintien du traitement actuel relatif à l'usage de l'héroïne sont deux exemples de la possibilité d'une telle réorientation.

Melvyn Green

Droit Le droit régit les relations entre les individus et les relations entre les individus et la société dans son ensemble. Toute société humaine dispose d'un système juridique, car elle doit tenter de résoudre le conflit fondamental que font naître les besoins de l'individu par rapport à ceux de la collectivité. Le droit n'est pas synonyme de justice, bien qu'il ait été décrit comme «une partie du rêve de l'homme occidental d'une vie soumise à la raison».

Le Canada a hérité de deux des systèmes juridiques fondamentaux du monde: la *common law* (dans les neuf provinces et dans les territoires) et le droit civil (au Québec). La *common law*, venue d'Angleterre, est le droit non écrit, par opposition aux lois et règlements. En théorie, il s'agit du droit traditionnel, à savoir les règles de droit qui ont toujours existé et qui existent toujours, dans la mesure où elles n'ont pas été supplantées par la loi. Le droit civil, en revanche, s'inspire de l'ancien droit romain qui, avec les lois dérivées de la coutume et des lois françaises, a été codifié par Napoléon. La plupart des pays de l'Europe occidentale, l'Écosse, l'Amérique centrale et l'Amérique du Sud, certaines parties de l'Asie (Taïwan, p. ex.), certaines îles des Antilles et la plupart des pays africains utilisent aujourd'hui le système de droit civil. Le terme *common law* est polysémique: il peut aussi bien viser l'ensemble d'un système juridique (par opposition au système de droit civil) que la jurisprudence, par opposition aux lois. Parfois, on l'oppose à l'*equity* (*voir plus loin*), parfois encore au droit criminel.

La Nouvelle-France a été la première région au Canada à adopter un système fondé sur le droit européen. En 1664, Louis XIV, roi de France, a ordonné que le droit français existant dans la région parisienne devait s'appliquer dans la colonie. Sont venus s'ajouter à ce corps de droit des éléments du droit français qui se sont développés en France au XVIIIᵉ siècle, ainsi que les lois et les règlements adoptés par les autorités coloniales.

En 1763, la SOUVERAINETÉ du territoire appelé aujourd'hui Canada est transférée de la couronne de France à la couronne d'Angleterre et, en 1774, l'ACTE DE QUÉBEC garantit le maintien du droit civil français au Canada, parallèlement au droit public et au droit constitutionnel anglais et aux institutions parlementaires anglaises. En 1857, la province du Canada adopte une loi instituant la rédaction d'un CODE CIVIL et d'un Code de PROCÉDURE CIVILE qui constitueront des compilations importantes du droit privé québécois de la propriété et des droits civils ainsi que de la procédure judiciaire devant les tribunaux québécois. Les résultats de ces travaux sont entrés en vigueur à la veille de la Confédération. Aujourd'hui, les théoriciens affirment que le système juridique québécois est mixte. Les relations et les opérations entre les sujets de droit au Québec sont régies à la fois par le *Code civil* et le *Code de procédure civile*. En outre, à la suite des lois adoptées au Québec depuis 1763 et incorporées plus tard dans les codes, certains éléments du droit anglais ont également été intégrés au droit privé québécois.

Le *Code civil* régit le statut des individus, le droit du mariage et les relations conjugales, les relations entre parents et enfants, le droit des biens et le droit des obligations et de la responsabilité civile. Aujourd'hui, on peut tenir compte de la jurisprudence et de la doctrine françaises lorsque les dispositions législatives françaises demeurent semblables à celles qui sont en vigueur au Québec, mais elles n'ont aucune force obligatoire en droit québécois. La réforme du droit au Québec s'inspire aussi bien des développements juridiques survenus en Amérique du Nord et ailleurs que de ceux qu'a connus l'Europe continentale.

Les neuf autres provinces et les territoires ont adopté la *common law* anglaise. Dans chaque province ou territoire, une loi précise qu'à compter d'une certaine date le droit de l'Angleterre constitue le droit de la province ou du territoire, excepté, précision importante, s'il est modifié par la loi. Jusqu'en 1949, le plus haut tribunal canadien était le COMITÉ JUDICIAIRE DU CONSEIL PRIVÉ, qui, siégeant à Londres, était composé en majorité de juges anglais. Les nouveaux développements de la *common law* anglaise étaient incorporés plus ou moins automatiquement à la *common law* canadienne. Depuis 1949, la jurisprudence anglaise, sans lier les tribunaux canadiens, a été traitée avec grande déférence, bien que la COUR SUPRÊME DU CANADA ait parfois rejeté les précédents anglais. La jurisprudence canadienne est très souvent citée par les tribunaux anglais et a influencé le droit anglais. Les États américains (à l'exception de la Louisiane) ont également adopté la *common law* anglaise au XVIIIᵉ siècle et, même si les liens avec le droit anglais moderne y sont naturellement plus faibles qu'au Canada, la *common law* américaine conserve le style de raisonnement et d'argumentation que l'on trouve dans tous les pays dont le droit est d'inspiration anglaise. À mesure que le Canada adopte de plus en plus de lois fondées sur les modèles américains, l'influence du droit américain ne fera qu'augmenter au Canada et aura sans doute une très grande influence, surtout en ce qui concerne l'interprétation de la CHARTE CANADIENNE DES DROITS ET LIBERTÉS inscrite dans la CONSTITUTION canadienne, car son origine remonte, du moins en partie, directement au *Bill of Rights* américain.

Sources du droit

Constitution et loi Sources du droit qui font le plus autorité. La Constitution détermine le PARTAGE DES POUVOIRS et les compétences législatives du Parlement et des législatures provinciales. Chacun a le pouvoir d'adopter des lois (et, au Québec, des codes), sources importantes du droit, souvent désignées comme sources primaires. La législation subordonnée est formée des textes (arrêtés, ordonnances, arrêtés en conseil, règlements) pris ou adoptés par un particulier ou un groupe auquel des pouvoirs ont été délégués. Les tribunaux, qui sont tenus de donner effet aux textes valablement adoptés, conservent néanmoins de larges pouvoirs. D'abord, dans un litige, il appartient aux tribunaux et, en fin de compte, à la Cour suprême de déterminer si une loi a été valablement adoptée.

Souvent, des différends s'élèvent sur la question de savoir si une législature a le pouvoir d'adopter une disposition législative donnée. Les règles ayant trait aux pouvoirs respectifs des législatures constituent une partie déterminante du droit constitutionnel. En second lieu, le sens des mots n'apparaît pas toujours clairement, et les conflits portant sur l'interprétation des lois doivent être tranchés par les tribunaux. En interprétant une loi, le tribunal doit toujours déterminer, expressément ou implicitement, l'intention du législateur et le sens à donner à la terminologie utilisée. En disant, p. ex., qu'il présume que la législature n'a pas l'intention de confisquer les biens de citoyens sans les indemniser et de leur retirer d'autres droits, à moins que pareil objet ne soit expressément déclaré, il interprète la loi de façon à protéger d'une certaine manière les intérêts qu'il considère importants.

La *Charte canadienne des droits et libertés*, qui protège les droits individuels beaucoup plus directement que ne le fait la Constitution, a subi l'influence des traditions britannique et américaine. Selon la tradition britannique, les droits individuels sont mieux protégés par le Parlement lui-même et ses lois lient les tribunaux, même si elles contredisent la conception que se font ces derniers de la justice fondamentale, bien que les tribunaux puissent accomplir beaucoup par voie d'interprétation. En revanche, dans la tradition américaine, les tribunaux, qui se fondent sur le *Bill of Rights*, peuvent annuler une loi qui viole les droits fondamentaux. La généralité de la terminologie de toute charte des droits permet au plus haut tribunal du pays d'avoir le dernier mot sur de nombreuses controverses sociales et politiques.

La *Charte canadienne des droits et libertés* constitue un compromis entre ces deux traditions: elle s'inspire du *Bill of Rights* américain et conserve le principe de la suprématie du Parlement en accordant à toute législature le droit de déclarer expressément qu'une loi ou qu'une disposition législative donnée aura effet malgré la Charte. En réalité, ce pouvoir est peu utilisé.

La charte a également été influencée par des instruments internationaux adoptés par les Nations Unies ou par des organismes multilatéraux de la communauté internationale, tout particulièrement au cours du dernier demi-siècle. C'est le cas notamment du *Pacte international relatif aux droits civils et politiques*. Ces instruments internationaux sont aujourd'hui utilisés devant les tribunaux canadiens dans certaines affaires qui concernent la Charte.

Décisions judiciaires Appelées aussi jurisprudence, elles forment la deuxième source la plus importante du droit. En tranchant un litige, les juges notent souvent les faits pertinents de l'espèce, les questions de droit soulevées et les motifs de leur décision. En *common law*, les décisions précédentes des tribunaux supérieurs lient les tribunaux inférieurs du même ressort. Les décisions de la Cour suprême du Canada lient tous les tribunaux. Les juges ne sont pas liés par les décisions rendues par les juges du même degré ou d'un degré inférieur dans un ressort donné ou par les décisions de juges d'autres ressorts. Les décisions de ces autres juges peuvent néanmoins avoir un effet persuasif.

Il est maintenant bien établi que la Cour suprême du Canada n'est pas liée par ses propres décisions. Certaines cours d'appel provinciales s'estiment liées par les décisions qu'elles ont elles-mêmes rendues. Malgré tout, la doctrine des précédents obligatoires est bien moins contraignante qu'elle ne paraît. Seule le *ratio* de la décision antérieure a effectivement un effet obligatoire et le tribunal ultérieur conserve le pouvoir de définir pour lui-même la véritable *ratio*. Les circonstances des causes ne sont jamais précisément identiques, aussi est-il généralement possible pour le juge ultérieur d'établir une distinction entre un précédent et l'espèce dont il est saisi, ce qui lui permet de parvenir à une conclusion différente. Les termes utilisés dans un jugement antérieur ne sont pas interprétés comme s'ils faisaient partie d'une loi, leur interprétation étant subordonnée au contexte dans lequel ils ont été prononcés.

Il est essentiel pour le droit de conserver cette flexibilité, car un juge ne peut jamais prévoir les variantes infinies du comportement humain qui donneront éventuellement naissance à des litiges, et il serait particulièrement contraignant d'appliquer les propos d'un juge antérieur à des circonstances qu'il n'aurait pu prévoir. Le développement de la *common law* et du droit civil est subordonné à la création et au raffinement des distinctions jurisprudentielles, et la décision définitive de savoir si une règle énoncée dans un arrêt antérieur s'applique (sous réserve d'appel) incombe au tribunal appelé à statuer dans une cause ultérieure.

En *common law*, le raisonnement juridique est principalement fondé sur le raisonnement par analogie. Pour éviter les décisions arbitraires, les causes semblables doivent être décidées de la même façon (*voir* STARE DECISIS), mais il est toujours possible de se demander quels faits d'une cause antérieure sont pertinents et lesquels ne le sont pas. Dans ce système, le raisonnement juridique tente de formuler des arguments persuasifs pour justifier les distinctions entre les causes ou en donner une explication rationnelle. Ce processus est sans fin puisque d'autres causes devront toujours être tranchées; au fur et à mesure que des décisions sont rendues, les principes et les exceptions qui en découlent s'intègrent aux fondements de la *common law*.

En droit civil québécois, c.-à-d. dans les branches du droit privé québécois qui relèvent du *Code civil*, la jurisprudence est envisagée de façon différente, du moins en théorie. Dans ce système, les tribunaux se tournent vers le *Code* pour déterminer un principe donné, puis appliquent ce principe aux faits de l'espèce. La source principale du droit pour les juges québécois est le *Code* lui-même. Ils sont donc fondés à l'appliquer sans être liés par une décision antérieure, même celle qu'aura rendue un tribunal supérieur. En pratique, cependant, une grande importance a été traditionnellement accordée aux décisions antérieures (JURISPRUDENCE), tout comme dans la tradition de *common law* et pour les mêmes raisons, soit pour des questions d'ordre public, à savoir qu'il n'est pas sage de recréer des incertitudes à propos d'une règle de droit dès lors qu'ont été établis son sens et sa signification. De plus, les techniques adoptées par les juges québécois pour établir des distinctions entre des causes sont semblables à celles de leurs homologues des autres provinces. Le statut même et le poids des décisions antérieures dépendent donc de la question de savoir si cette jurisprudence a été établie, question qui dépend elle-même de l'interprétation du juge. Aucune règle ne détermine le nombre de ces décisions antérieures qui est nécessaire pour faire d'elles une véritable source de droit faisant autorité.

Bien qu'elle ne soit pas aussi importante que les lois ou la jurisprudence, la prérogative royale (*voir* PRÉROGATIVES DE L'ÉTAT) constitue une source de droit. Au Canada, ces pouvoirs sont constitutionnellement dévolus à la Couronne, représentée par le gouverneur général et les lieutenants-gouverneurs provinciaux. La Couronne possède également la prérogative d'accorder le pardon à des personnes déclarées coupables d'un crime. Autrefois, elle ne pouvait être poursuivie en responsabilité civile délictuelle, et certaines de ces restrictions sur sa responsabilité existent encore.

Doctrine La doctrine a parfois été considérée comme une source de droit. En *common law*, on a considéré jusqu'à très récemment qu'elle n'avait que peu de poids et on disait que les auteurs ne pouvaient constituer des autorités de leur vivant. Néanmoins, l'avocat pouvait toujours faire sien l'argument d'un auteur. De nos jours, les tribunaux entendent et invoquent volontiers les arguments des auteurs contemporains, bien que ces arguments ne constituent pas de véritables sources de droit jusqu'à ce que les juges les adoptent. Au Québec, la doctrine provenant d'auteurs vivants ou décédés, contenue dans des manuels, des articles ou des commentaires d'arrêts, a de tout temps été librement consultée et invoquée par les praticiens et les juges, bien qu'elle ne soit pas plus une source de droit ou qu'elle ne soit pas plus obligatoire qu'elle ne l'est dans la tradition de *common law*.

Equity L'*equity*, qui s'entend de l'équité ou de la justice, désigne un corps de règles particulier parfois considéré comme une source de droit. Ces règles se sont développées parallèlement à la *common law* anglaise pour permettre la mise en œuvre de droits pour lesquels la *common law* ne prévoyait pas de recours appropriés. Au Moyen Âge, le roi avait le pouvoir d'infirmer les décisions des tribunaux pour des motifs d'*equity* et il a commencé à renvoyer les requêtes qui lui étaient présentées dans le cadre de l'exercice de ce pouvoir discrétionnaire au chancelier qui, à cette fin, a établi la Cour de la chancellerie. Au XVIe siècle, le nombre de causes dont cette cour était saisie était considérable et, comme elle motivait ses décisions, ce pouvoir discrétionnaire qui à l'origine était sans limites a fini par former un corps de principes et de règles. En conséquence, le système juridique anglais englobait à la fois les principes de *common law* et d'*equity*, avec deux groupes de tribunaux: en cas de conflit entre ces règles, les règles d'*equity* l'emportaient parce que les ordonnances du chancelier étaient appliquées sous la menace d'un emprisonnement immédiat. Ironie du sort, les règles d'*equity* sont devenues encore plus rigides que celles de la *common law*, de sorte que dès le XIXe siècle, Charles Dickens ridiculisait la Cour de la chancellerie. Bien qu'en Angleterre les deux tribunaux aient été réunis et qu'une refonte semblable ait été effectuée dans les provinces et territoires canadiens de *common law*, les principes ne sont pas totalement unifiés.

Au Québec, il n'y a jamais eu de corps de règles ou de tribunaux distincts d'*equity*. La législature, en formulant une disposition législative, accordera aux juges un certain pouvoir discrétionnaire leur permettant de tenir compte de considérations relatives à la justice et à l'équité et de répondre aux notions changeantes de la justice sociale. Ce pouvoir discrétionnaire fondé sur l'équité peut être énoncé plus largement dans certains domaines, tels que le droit de la famille, que dans d'autres, p. ex., le droit des biens.

Concepts juridiques fondamentaux

Justice Pour les avocats, elle suppose l'équité, le caractère rationnel et l'application régulière de la loi. Dans tout litige, il y a toujours des arguments des deux côtés, et certains avocats diront que dans bien des cas il n'y a pas de réponse exacte. Cependant, si les litiges sont jugés dans le cadre d'une procédure équitable devant un tribunal impartial qui tente honnêtement de motiver ses décisions de façon rationnelle et cohérente, on peut dire que justice a été rendue.

Primauté du droit L'expression «primauté du droit» est une autre expression insaisissable et polysémique. Il s'agit d'une doctrine constitutionnelle britannique importée en droit constitutionnel canadien par le préambule de la *Loi constitutionnelle de 1867*, dans laquelle les auteurs de notre Constitution ont exprimé le désir d'établir une constitution «reposant sur les mêmes principes que celle du Royaume-Uni». Elle évoque, d'abord, une société ordonnée, comme dans l'expression «l'ordre public», mais aussi l'indépendance de la magistrature par rapport à l'organe exécutif. Selon ces principes, la police doit obéir à la loi et les actes des agents de l'État doivent être autorisés par la loi. Cette expression s'emploie également pour étayer les motifs rendus par les juges à l'appui de leurs décisions. En effet, dans l'explication rationnelle réside l'assurance donnée à la partie perdante que la décision ne découle pas seulement de l'exercice capricieux d'un pouvoir arbitraire. Un autre aspect de la primauté du droit, appelé souvent principe de légalité, est celui de la non-rétroactivité des lois. Les tribunaux favoriseront une interprétation des lois pénales qui les limite aux actes accomplis après leur entrée en vigueur, principe inscrit dans la *Charte canadienne des droits et libertés*.

Branches du droit

Droit public Pour des raisons de commodité, on peut diviser le droit en droit public et en droit privé. La branche la plus importante du droit public est le DROIT CONSTITUTIONNEL, qui traite des pouvoirs de l'État et du partage des pouvoirs entre les différents ordres de gouvernement. La deuxième branche est le DROIT CRIMINEL, qui porte sur la répression des infractions et la dissuasion à égard, ces infractions étant considérées comme des torts causés à la société. Un acte criminel constitue souvent un délit civil, p. ex., une agression est un acte criminel pour lequel l'agresseur peut être puni par l'État, mais c'est également un délit civil pour lequel la victime peut obtenir une indemnisation devant un tribunal civil. Ainsi, le même acte peut donner lieu à des conséquences à la fois en droit public (ou criminel) et en droit privé (ou civil). La distinction est importante: en raison des conséquences d'une déclaration de culpabilité au criminel, l'accusé a besoin d'une protection plus grande en matière criminelle que le défendeur au civil, la plus importante sauvegarde étant la nécessité que sa culpabilité soit prouvée hors de tout doute raisonnable. Par contraste, une action civile en dommages-intérêts peut être accueillie par prépondérance des probabilités. En matière civile, le demandeur a le droit d'avoir gain de cause s'il est plus persuasif, mais, en matière criminelle, le plaignant n'a pas droit à une déclaration de culpabilité. Le seul droit à la condamnation appartient à la collectivité et, bien qu'il soit dans l'intérêt de celle-ci de réprimer la criminalité, il est presque tout aussi important de ne pas créer une société dont les membres vivent dans la peur constante d'une condamnation injustifiée. Le DROIT ADMINISTRATIF, dont l'importance est grandissante dans une société hautement réglementée, constitue la troisième branche du droit public. Il régit, entre autres, l'exercice des pouvoirs de l'État, qui touche la majorité des citoyens. Le droit fiscal forme la quatrième branche du droit public. Il concerne la perception des revenus en vue d'engager des dépenses à des fins d'utilité publique.

Droit privé Il réglemente les relations entre les citoyens. Les divisions principales du droit civil et de la *common law* portant sur les obligations des particuliers entre eux sont les contrats (le droit des conventions et des promesses; *voir* CONTRATS, DROIT DES) et le droit de la RESPONSABILITÉ CIVILE DÉLICTUELLE. À ces domaines du droit, il faut ajouter le DROIT DES BIENS (régissant l'acquisition et le transfert de droits dans des objets, dans des biens-fonds et dans des biens immatériels) et le droit visant à empêcher l'enrichissement sans cause (restitution ou quasi-contrat). Il n'y a pas de consensus quant à l'établissement d'autres divisions et sous-divisions, bien qu'une partie importante du droit québécois relève du *Code civil*.

Le DROIT DE LA FAMILLE forme une autre branche importante du droit privé, considéré sous l'angle de ses effets sur les citoyens ordinaires. Une autre branche importante, appelée conflit des lois ou droit international privé, régit les effets d'éléments étrangers (ou extraprovinciaux) dans un litige. Parmi les autres branches spécialisées du droit, on compte le droit des sociétés, les ventes, les lettres de change, les sûretés immobilières, le mandat, la fiscalité, la preuve, le droit des créances, l'assurance, les testaments et les fiducies, les brevets, le droit d'auteur, les marques de commerce et la pratique immobilière. Certaines de ces branches spécialisées peuvent être considérées comme des sous-branches du droit des contrats et du droit des biens.

S. Waddams et J. Brierley

Droit administratif C'est l'une des trois branches fondamentales du droit public traitant des rapports entre l'État et le citoyen, les deux autres étant le DROIT CONSTITUTIONNEL et le DROIT CRIMINEL. Le droit administratif a pour fonction principale d'assurer que les activités du gouvernement sont autorisées par le Parlement ou par les législatures provinciales et que les lois sont mises en œuvre et appliquées de manière équitable et raisonnable. Cette branche du droit est fondée sur le principe que l'action de l'État, peu importe sa forme, doit (strictement parlant) être légale et que le citoyen lésé par des actes illégaux de la part de fonctionnaires doit pouvoir se prévaloir de recours efficaces si le système canadien d'administration publique doit être accepté et maintenu.

L'État moderne est si complexe que les représentants élus ne peuvent adopter des lois pour régir chaque situation. Une grande partie de leurs pouvoirs législatifs, tout comme le pouvoir d'appliquer et de mettre en œuvre les lois, est donc déléguée à des organismes administratifs. Ces organismes existent pratiquement dans tous les domaines d'activité du gouvernement et touchent les citoyens ordinaires de maintes façons, qu'il s'agisse de propriétaires fonciers ayant besoin d'un permis de construction pour ajouter une nouvelle pièce à leur maison, de travailleurs blessés sollicitant des indemnités d'accidents du travail, d'agriculteurs vendant leurs produits ou de propriétaires d'entreprises de camionnage désirant transporter des marchandises entre Vancouver et Montréal.

L'action du gouvernement est contrôlée de diverses manières. D'abord, selon la Constitution du Canada, les élus peuvent adopter les lois qu'ils veulent, à condition que ces lois n'enfreignent pas les droits et libertés garantis par la CHARTE CANADIENNE DES DROITS ET LIBERTÉS et ne tentent pas de réglementer la compétence législative réservée à un autre ordre de gouvernement. Les autorités administratives, en tant qu'organismes inférieurs à qui le pouvoir d'interpréter et d'appliquer les lois est délégué, sont aussi assujetties à ces restrictions constitutionnelles. Ensuite, les lois habilitantes définissent les pouvoirs à conférer à l'organisme (ou au ministre) et énoncent les conditions dans lesquelles l'organisme peut intervenir. Lorsque le droit à une prestation publique repose sur l'établissement de faits contestés ou sur l'interprétation d'une loi, la loi applicable prévoira parfois la tenue d'une audience devant un groupe de personnes (constitué en «commission», «office» ou «tribunal») qui prendra la décision finale. Dans certains cas, la décision d'un office, d'une commission ou d'un TRIBUNAL ADMINISTRATIF peut être contrôlée par les tribunaux judiciaires si elle est entachée d'une erreur de droit ou d'une erreur de fait plus grave. Enfin, certains principes de COMMON LAW, énoncés à l'origine par les tribunaux d'Angleterre et élaborés ensuite par les tribunaux canadiens, imposent des limites ou des obligations à ces tribunaux. Le meilleur exemple est le principe selon lequel un tribunal administratif doit agir conformément aux principes de justice naturelle, ce qui impose à celui-ci certaines obligations procédurales qu'il doit respecter dans l'exercice de son pouvoir. Les principes de *common law* s'appliquent concomitamment avec les mesures législatives qui régissent les sujets en question.

Le citoyen qui estime que la décision d'une autorité administrative qui le concerne viole un principe constitutionnel, législatif ou de *common law*, peut demander à un tribunal judiciaire de contrôler la mesure ainsi prise. Les tribunaux judiciaires canadiens n'exerceront leur pouvoir de contrôle sur une autorité administrative que si cette dernière excède sa compétence, si elle prend une décision manifestement déraisonnable ou si elle adopte une procédure irrégulière ou injuste.

Notion de compétence Selon la notion de compétence, les tribunaux administratifs doivent agir dans le cadre des pouvoirs qui leur sont délégués par leur loi habilitante. Le tribunal administratif qui agit sans autorisation législative excède sa compétence et la mesure qu'il prend peut être infirmée (ou annulée) par les tribunaux judiciaires. Il incombe à ces derniers d'interpréter la loi habilitante et de déterminer si elle autorise la mesure que propose le tribunal administratif. Cependant, il est parfois difficile de déterminer si une disposition législative confère la compétence qui est au cœur de la fonction du tribunal administratif, et les tribunaux judiciaires font preuve de prudence lorsque la contestation porte sur la compétence du tribunal administratif.

Dans certains cas, la loi habilitante limite expressément le pouvoir conféré à une autorité administrative. P. ex., le pouvoir accordé à un tribunal administratif de réglementer les loyers d'immeubles d'appartements de 10 logements ou plus ne lui confère pas le pouvoir de réglementer les loyers d'immeubles de quatre logements. Un autre exemple a trait à la délégation de pouvoirs par les autorités. Les tribunaux judiciaires exigent que les pouvoirs soient exercés uniquement par leurs titulaires. Ainsi, les membres d'un tribunal administratif autorisé à délivrer des permis de vente d'alcool aux restaurants ne peuvent déléguer ce pouvoir à un membre du personnel du tribunal ou à une personne qui ne fait pas partie du tribunal. Par ailleurs, lorsque le ministre a le pouvoir de délivrer des visas à des visiteurs étrangers, il s'ensuit que des fonctionnaires peuvent exercer cette tâche à sa place, en raison du grand nombre de demandes et de la nature du travail en cause.

La notion de compétence ne vise pas le bien-fondé des décisions prises par les autorités gouvernementales. Généralement, il n'appartient pas aux tribunaux d'intervenir dans la conduite des activités du gouvernement. Cependant, ils peuvent intervenir lorsqu'une autorité a abusé de son pouvoir ou pour assurer que le pouvoir est exercé à bon escient. Il existe de nombreux exemples à cet égard. P. ex., dans le cas de la Régie du logement, le tribunal judiciaire ne permettra pas que la Régie, dans le cadre de son pouvoir de réglementer les loyers, exige qu'un propriétaire fournisse certains appareils ménagers. Une décision doit être fondée sur des considérations pertinentes et tout pouvoir discrétionnaire doit être exercé dans le contexte et dans la perspective de la loi habilitante. Le tribunal judiciaire modifiera la décision rendue si le tribunal administratif s'est fondé sur des considérations non pertinentes ou s'il a omis de tenir compte de considérations pertinentes. De plus, une autorité administrative ne saurait exercer son pouvoir dans un but différent de celui pour lequel le pouvoir a été conféré. P. ex., le ministre qui a le pouvoir de fermer un hôpital uniquement pour des raisons de santé ou de sécurité ne peut utiliser ce pouvoir à des fins financières et budgétaires. Il y a lieu d'ajouter qu'un tribunal administratif ne peut se lier ou limiter son pouvoir discrétionnaire en établissant des règles générales qui s'appliquent à tous les cas. Chaque cas doit être traité comme un cas d'espèce. En outre, les décisions de fait d'un tribunal administratif doivent être fondées sur la preuve dont le tribunal a été saisi. Enfin, une décision ne peut être déraisonnable au point qu'elle n'aurait pas été prise par une personne raisonnable se trouvant dans la même situation que l'auteur de la décision.

Procédure Le troisième motif de contrôle judiciaire des mesures administratives a trait à la procédure. Les organismes administratifs doivent suivre la bonne procédure pour parvenir à leurs décisions. Les diverses procédures découlent de l'exigence fondamentale du «droit d'être entendu». Dans certains cas, la loi ou le règlement énoncera la procédure fondamentale qui régit le processus décisionnel, notamment quel avis doit être donné d'une audience et à qui il doit l'être, le droit d'être représenté par avocat, le droit de produire des preuves et de contre-interroger les témoins. Lorsque la loi n'établit aucune procédure, les principes de *common law* s'appliquent pour assurer que toutes les personnes assujetties aux mesures gouvernementales sont traitées équitablement. Il s'agit des principes de «justice naturelle» susmentionnés. Ces principes ont deux objectifs fondamentaux: assurer que chaque personne dont les intérêts sont menacés a le droit de participer à la procédure avant que ne soit prise une décision touchant ses intérêts, que ce soit lors d'une audience ou autrement, et que toute décision est prise par un tribunal impartial et sans idée préconçue.

L'équité procédurale dépend de la nature du pouvoir qui est exercé, de la partie en cause, des conséquences de la mesure envisagée et des conditions pratiques d'exiger le respect d'une longue procédure. Dans le cas d'une mesure grave touchant les particuliers, telle la révocation du permis d'un médecin d'exercer la médecine, une procédure semblable à la procédure judiciaire sera imposée. Dans d'autres cas, telle la décision de résilier un bail relatif à un immeuble d'appartements subventionné, les tribunaux judiciaires ont décidé qu'il n'existe qu'une «obligation d'agir équitablement», qui n'est acquittée que si le locataire est informé des plaintes portées contre lui et a la possibilité de répondre ou d'y remédier. Dans de rares cas, telle une décision du Cabinet prise sur pétition d'un tribunal administratif qui a accordé une augmentation de taux à une importante entreprise privée de service public, les tribunaux judiciaires ont décidé qu'il n'existe aucune obligation d'agir de façon équitable, puisque l'auteur de la décision, le Cabinet, exerçait une fonction législative de nature politique.

Droits d'appel La capacité du citoyen de contester en justice des décisions administratives dépend de l'existence du droit de se pourvoir en appel ou en contrôle judiciaire et de la qualité du plaideur. Dans le premier cas, le droit de se pourvoir en appel devant les tribunaux judiciaires est souvent prévu par la loi. Dans d'autres situations, il faut invoquer plutôt la compétence historique et constitutionnelle des cours de justice «supérieures» de contrôler les décisions d'organismes administratifs «inférieurs». Dans le passé, la procédure invoquée pour obtenir le contrôle judiciaire était celle dite des «prérogatives» historiques, chacune ayant ses propres exigences techniques légales. Aujourd'hui, dans la plupart des provinces, ces procédures ont été simplifiées par voie de réforme législative et fusionnées en un seul recours dit de «contrôle judiciaire» ou de «révision judiciaire», lequel englobe tous les recours historiques, mais accorde aux tribunaux judiciaires le pouvoir discrétionnaire de ne pas intervenir dans l'activité administrative si le recours n'est pas justifié. La cour supérieure de chaque province est habilitée à accorder ces recours lorsque des mesures administratives provinciales sont contestées. Les décisions ou les mesures prises par les organismes administratifs fédéraux sont contrôlées par la Cour fédérale du Canada.

Le second facteur touchant la capacité des particuliers de se pourvoir en contrôle judiciaire des mesures administratives est lié à la capacité du poursuivant. Dans de nombreux cas, ce dernier est directement touché par une décision en particulier, tel l'arrêt du versement d'une prestation d'invalidité, et cela ne pose pas de problème. Dans d'autres cas, les personnes qui contestent la constitutionnalité d'une loi peuvent chercher à représenter un intérêt public beaucoup plus étendu. Néanmoins, les tribunaux judiciaires ont généralement autorisé les recours lorsque la personne qui introduisait la poursuite pouvait démontrer qu'un doute sérieux existait quant à la validité d'une mesure législative et lorsqu'il n'existait aucun autre moyen raisonnable ou efficace de saisir les tribunaux judiciaires de la question.

Dans la plupart des cas, le remède du citoyen se limite à l'annulation de la décision administrative. Le tribunal judiciaire accordera parfois le recours sollicité (p. ex., délivrer un permis lorsque la demande a été refusée) ou, comme il arrive plus souvent, renverra le litige à l'organisme administratif pour qu'il le tranche selon une bonne interprétation de la loi ou en se fondant sur des faits pertinents. Dans de rares cas (p. ex., lorsque la mesure administrative n'était pas seulement illégale, mais avait été prise de mauvaise foi), des dommages-intérêts pourront être adjugés. Dans l'affaire RONCARELLI C. DUPLESSIS, la Cour suprême du Canada a adjugé des dommages-intérêts de 25 000 $ contre le premier ministre du Québec qui avait annulé illégalement un permis d'alcool parce qu'il n'approuvait pas l'activité religieuse du titulaire du permis.

Dans certaines situations, la loi prévoira que la décision du tribunal administratif ne peut être attaquée par voie d'appel ou de contrôle judiciaire devant les tribunaux judiciaires. Cela se produit souvent dans des domaines spécialisés, telles les relations de travail, où on estime que les tribunaux judiciaires ne possèdent pas l'expérience ou les connaissances nécessaires pour trancher les questions en litige d'une manière définitive. De telles limitations du droit d'appel n'ont pas empêché les tribunaux judiciaires de contrôler les décisions des tribunaux administratifs lorsqu'il y a eu excès de compétence. Cependant, les tribunaux judiciaires ont reconnu que les tribunaux administratifs pouvaient prendre des décisions que le tribunal judiciaire, s'il lui appartenait de statuer, n'aurait pas prises, soit en raison de son interprétation de la loi pertinente, soit en raison de son interprétation des faits. Dans de tels cas, la Cour suprême du Canada a déclaré qu'un tribunal administratif agit en dehors de sa compétence seulement lorsqu'il prend une décision manifestement déraisonnable. Même lorsque les organismes administratifs n'étaient pas protégés par de telles clauses privatives, les tribunaux judiciaires ont eu tendance à ne pas intervenir dans des domaines spécialisés ou techniques, tels que les professions de la santé, les domaines des valeurs mobilières, de l'urbanisme, de l'énergie nucléaire et des droits de la personne.

J.G. Cowan

Droit aérien et droit de l'espace Ce sont des branches séparées et distinctes du droit, bien qu'elles soient parfois traitées comme un seul domaine sous le vocable de «droit aérospatial». Le droit aérien, le plus ancien des deux, est le corpus de droit public et privé, tant national qu'international, qui réglemente les activités aéronautiques et autres utilisations de l'espace aérien. De son côté, le droit de l'espace réglemente les activités des États et des entités privées dans l'espace extra-atmosphérique, principalement l'usage de satellites. La différence essentielle entre le droit aérien et le droit de l'espace découle du statut juridique de l'espace aérien et de l'espace extra-atmosphérique. Alors que l'espace aérien, sauf au-dessus de la haute mer et de l'Antarctique, relève de la souveraineté des États sous-jacents, l'espace extra-atmosphérique est caractérisé par son régime de liberté. La question de la limite entre l'espace aérien et l'espace extra-atmosphérique n'a pas encore été déterminée par convention internationale. Il est à peu près certain, toutefois, que la limite ne sera pas fixée plus haut que 100 km au-dessus du niveau de la mer.

Droit de l'espace L'origine du droit de l'espace remonte au 4 octobre 1957, date du lancement de Spoutnik I, le premier satellite artificiel de la Terre. Depuis lors, la réglementation légale des activités extra-atmosphériques est largement concentrée entre les mains du Comité des utilisations pacifiques de l'espace extra-atmosphérique (Nations Unies). Essentiellement, les fondements du droit de l'espace sont fixés dans cinq traités multilatéraux. Le plus important traité est le Traité de 1967 (aussi connu sous le nom de Traité sur l'espace) sur les principes régissant les activités des États en matière d'exploration et d'utilisation de l'espace extra-atmosphérique, y compris la Lune et les autres corps célestes. Les principes clés du traité sont le principe du libre accès à l'espace ainsi que celui de la liberté d'utilisation de l'espace, le principe de la non-appropriation nationale par voie de proclamation de souveraineté et l'interdiction de placer des armes de destruction massive dans l'espace extra-atmosphérique.

Droit aérien Au Canada, la réglementation légale de la navigation aérienne relève de la compétence exclusive du Parlement. Les principales lois pertinentes comprennent la *Loi sur l'aéronautique* (la pierre angulaire du système de réglementation de l'aviation civile au Canada), la *Loi nationale sur les transports* (établissant la Commission canadienne des transports comme principal organisme chargé de la réglementation économique du transport aérien) et la *Loi sur le transport aérien* (régissant la responsabilité des transporteurs aériens par rapport au transport aérien international).

Comme la navigation aérienne s'effectue en grande partie à l'échelle internationale, plusieurs normes légales régissant les aspects techniques de la navigation aérienne ont été élaborées sur le plan international, mais sont mises en œuvre par des lois nationales. L'Organisation de l'aviation civile internationale (OACI), dont le siège social est à Montréal, a été créée par la Convention relative à l'aviation civile internationale (conclue à Chicago, en Illinois, en 1944). L'OACI compte 184 États membres. L'échange de droits commerciaux en matière de transport aérien international est principalement réglementé par des centaines d'accords bilatéraux, ainsi que par l'Accord relatif au transit des services aériens internationaux de 1944 et par certaines clauses de la Convention de Chicago.

La Convention de Varsovie de 1929, modifiée par le Protocole de la Haye de 1955, est largement appliquée et régit la responsabilité des transporteurs aériens en matière de transport aérien international de passagers, de bagages et de fret. Le Canada est signataire de la convention modifiée qu'il a mise en œuvre par le truchement de la *Loi sur le transport aérien*. Les règles du droit interne canadien régissent la responsabilité des transporteurs aériens relative au transport aérien au Canada, qui n'est pas régie par la *Loi sur le transport aérien*, et les revendications de dommages-intérêts pour préjudice causé à des tiers, p. ex., par suite de collisions aériennes, de bruit excessif et d'épandage aérien.

Un autre volet important du droit aérien concerne les infractions et certains autres actes commis à bord des aéronefs (la Convention de Tokyo de 1963), la répression de la capture illicite des aéronefs (la Convention de la Haye de 1970) et la répression d'actes illicites dirigés contre la sécurité de l'aviation civile (la Convention de Montréal de 1971). Chacune de ces conventions a été acceptée par de nombreux États, dont le Canada.

La destruction, survenue le 1er septembre 1983 au-dessus de la mer du Japon, d'un aéronef civil coréen par un avion militaire soviétique, entraînant des pertes de vie considérables, a amené les États membres de l'OACI à adopter, en mai 1984, une modification à la Convention de Chicago (article 3-bis) visant à empêcher des attaques semblables sur les aéronefs civils qui entrent sans autorisation dans l'espace aérien d'un pays. Au Canada, à l'U. McGill, à Montréal, est établi l'Institut de droit aérien et spatial, un établissement universitaire, unique en son genre, voué à la recherche avancée et à l'étude du droit aérien et du droit spatial.

Ivan A. Vlasic

Droit civil Système de DROIT qui tire son origine des compilations du droit romain établies par l'empereur Justinien. C'est le système de droit des pays de l'Europe continentale, de leurs anciennes colonies et, au Canada, du Québec. Dans de nombreux cas, il est codifié dans un CODE CIVIL.

John E.C. Brierley

Droit commercial Branche du droit privé qui traite principalement de la fourniture, à des fins lucratives, de biens ou de services par les marchands et autres commerçants. Les manuels sur le droit commercial diffèrent souvent sur le choix de thèmes à aborder. Tout exposé sérieux du droit commercial doit cependant inclure des matières telles que la vente d'objets, les baux et le transport des marchandises, les titres de créance et les effets négociables, les opérations bancaires, les diverses formes de crédit garanti ainsi que le droit de la FAILLITE.

Ces matières sont souvent liées par le truchement d'une opération originaire. P. ex., le vendeur qui vend à distance des marchandises à un acheteur devra fréquemment prendre des dispositions pour leur expédition, ce qui comprendra la conclusion d'un contrat de transport des marchandises (par terre ou par mer et, pour les envois outre-mer, habituellement par voie maritime et terrestre) avec un transporteur, lequel lui délivrera un connaissement (un «titre documentaire»), qui peut être un effet négociable ou non négociable. En cours d'acheminement, les marchandises seront généralement couvertes par une police d'assurance («terrestre» ou «maritime») contre la perte ou les avaries. Dans les opérations commerciales, l'acheteur devra presque invariablement payer au moyen d'un effet négociable, qui, dans les opérations commerciales internes, consiste normalement en un chèque tiré sur sa banque en faveur de celle du vendeur. Dans les opérations internationales, le paiement sera souvent effectué au moyen d'une lettre de crédit bancaire.

Si l'acheteur ne peut pas ou ne désire pas payer immédiatement, le vendeur peut lui accorder une courte période de crédit. Subsidiairement, ce dernier pourra être disposé à vendre les marchandises par voie de «vente conditionnelle», ce qui le conduira à accorder du crédit à moyen terme ou à long terme, tout en retenant le titre jusqu'à ce que les marchandises aient été intégralement payées. Par ailleurs, l'acheteur pourra obtenir un emprunt d'un établissement financier moyennant la constitution d'une sûreté en faveur du prêteur en garanti du remboursement du prêt. S'il fait faillite avant le paiement des marchandises, le vendeur voudra savoir s'il peut recouvrer les marchandises et, à défaut, quel sera son rang par rapport aux autres créanciers du failli.

Compétence fédérale et provinciale Au Canada, le pouvoir de réglementer des opérations commerciales est réparti entre les gouvernements fédéral et provinciaux. Ainsi, les avocats d'affaires doivent connaître aussi bien les lois fédérales que les lois provinciales. Une autre complication naît du fait qu'au Québec le droit commercial s'inspire ou s'inspirait du CODE CIVIL français, alors que le droit commercial des provinces anglophones s'inspire largement du droit anglais. Au provincial comme au fédéral, les règles pertinentes d'un grand nombre des principales branches du droit commercial ont été codifiées. Ainsi, toutes les provinces anglophones ont adopté une *Loi sur la vente d'objets* essentiellement identique, tandis que la *Loi sur les lettres de change*, la *Loi sur les banques*, la *Loi sur le transport des marchandises par eau* et la *Loi sur la faillite et l'insolvabilité* codifient toutes diverses parties du droit commercial relevant du gouvernement fédéral ou une grande partie de celles-ci.

Objet du droit de la vente Le droit de la vente a principalement pour fonction de déterminer les droits et les obligations du vendeur et de l'acheteur dès lors que le contrat lui-même ne les énonce pas entièrement. Les obligations du vendeur sont généralement les plus onéreuses: non seulement doit-il livrer à la date convenue des marchandises dont la quantité et la description sont conformes au contrat, mais il doit également fournir des marchandises de «qualité marchande» raisonnablement adaptées à leur usage éventuel. La maxime souvent citée *caveat emptor* («Que l'acheteur prenne garde») a depuis longtemps cessé de représenter le droit canadien. Si le vendeur ne remplit pas ses obligations, il pourra être tenu de dédommager l'acheteur des pertes subies, lesquelles pourraient être très considérables. Cependant, dans un contrat bien rédigé, la responsabilité du vendeur à l'égard de marchandises défectueuses est presque invariablement limitée. Dans un contrat typique, les obligations principales de l'acheteur sont d'accepter les marchandises et de les payer comme convenu.

La *Loi sur les lettres de change* (fédérale) porte sur les types d'instruments de paiement suivants: les lettres de change, les chèques (soit des lettres de change tirées sur une banque ou une quasi-banque reconnue) et les billets à ordre. Un objectif important de cette loi est de réglementer la cessibilité (c.-à-d. la négociabilité) des droits obtenus au titre de l'un de ces effets et de déterminer quand le cessionnaire de l'effet peut obtenir de meilleurs droits au paiement que ceux qu'avait son titulaire primitif. On dit alors que le cessionnaire devient un «détenteur régulier». Des principes de négociabilité semblables s'appliquent aux «titres documentaires», c.-à-d. aux types reconnus de documents (tels que les connaissements et les récépissés d'entrepôt), qui indiquent que leur titulaire a le droit de recevoir les marchandises des mains du baillaire qui a émis le document en premier lieu.

Droit commercial canadien Le droit commercial canadien évolue rapidement pour s'adapter à une variété de facteurs technologiques et à d'autres facteurs non juridiques. Dans le domaine de la vente, les tribunaux et les parlements ont dû reconnaître de plus en plus que le détaillant type n'est plus qu'un intermédiaire pour le fabricant, qui produit les marchandises et en crée le marché au moyen d'une publicité intensive. On exerce donc de fortes pressions pour que le fabricant soit directement responsable devant l'acheteur ultime des marchandises si elles sont défectueuses, même si aucun contrat formel ne les lie.

Le droit en matière d'effets négociables est fortement influencé par l'utilisation des systèmes électroniques de transferts de fonds (y compris l'utilisation des guichets automatiques dans le commerce de détail) et le remplacement sur une grande échelle des chèques par les CARTES DE CRÉDIT. Les «cartes de débit», qui permettent au compte bancaire de l'acheteur d'être électroniquement débité du prix d'achat d'une marchandise ou d'un service au point d'achat, commencent elles aussi à supplanter largement l'utilisation des chèques, bien que la «société sans numéraire» ne soit pas pour demain. La conteneurisation des cargos et les méthodes de transport multimodal de marchandises ont radicalement transformé le droit des connaissements ainsi que les rôles et les obligations traditionnels des transporteurs.

L'importance très grandissante de tous les types de crédit garanti contribue également aux changements dans cette branche du droit commercial. En particulier, sept provinces (l'Ontario, les quatre provinces de l'Ouest, le Nouveau-Brunswick et la Nouvelle-Écosse), le territoire du Yukon et les Territoires du Nord-Ouest ont maintenant adopté des lois essentiellement semblables sur les sûretés mobilières en remplacement des vieilles lois telles la *Loi sur les ventes conditionnelles*, la *Loi sur les hypothèques mobilières* et la *Loi sur la cession des créances comptables*. Les autres provinces de *common law* (l'Île-du-Prince-Édouard et Terre-Neuve) devraient emboîter le pas. Le nouveau *Code civil du Québec* comporte également des éléments inspirés de la même approche.

Jacob S. Ziegel

Droit constitutionnel Branche du droit public. C'est l'ensemble des règles qui régissent le fonctionnement de l'État. Dans le célèbre avis consultatif sur le RAPATRIEMENT DE LA CONSTITUTION rendu le 28 septembre 1981 par la COUR SUPRÊME DU CANADA, cette dernière fait remarquer que la CONSTITUTION est composée de quatre éléments: les règles législatives, les règles de COMMON LAW, les conventions constitutionnelles et leur interprétation par les tribunaux. Le droit constitutionnel comprend les règles législatives et celles de *common law*. La Constitution, pour sa part, comprend le droit constitutionnel et les conventions constitutionnelles.

Les tribunaux administrent, appliquent et interprètent le droit constitutionnel. Ils reconnaissent les conventions, en prononcent l'existence, mais ne les imposent pas. Si les conventions font partie de la Constitution, elles ne font pas strictement partie du droit constitutionnel.

Les lois constitutionnelles de 1867 à 1982 et les autres textes qui forment la Constitution sont la première source du droit constitutionnel canadien. Nos règles législatives sont éparses. Elles comprennent non seulement les différentes lois constitutionnelles de 1867 à 1982, mais aussi des lois provinciales et fédérales de nature constitutionnelle, des arrêtés en conseil, des lettres patentes, des proclamations. L'art. 52 de la *Loi constitutionnelle de 1982* prévoit que la Constitution du Canada comprend la *Loi de 1982 sur le Canada*, la *Loi constitutionnelle de 1982*, les textes législatifs et les décrets figurant à l'annexe 1 de cette dernière loi, et les modifications à ces textes législatifs et à ces décrets.

La JURISPRUDENCE, c.-à-d. l'interprétation de la Constitution par les tribunaux, fait également partie du droit constitutionnel (*voir* MAGISTRATURE). L'interprétation d'une Constitution est tout aussi importante que la Constitution elle-même. Surtout dans des pays comme le nôtre où les lois sont assujetties au contrôle judiciaire de la constitutionnalité. Le COMITÉ JUDICIAIRE DU CONSEIL PRIVÉ a rendu environ 120 arrêts sur le seul partage des compétences législatives. La Cour suprême en a rendu un plus grand nombre encore.

La Constitution canadienne possède quatre caractères principaux: la Constitution est en partie écrite et en partie non écrite; le Canada est une monarchie constitutionnelle; le Canada est une démocratie parlementaire; le Canada est une fédération. Il y a chez nous un partage des pouvoirs.

Le Canada est une monarchie constitutionnelle (*voir* COURONNE). Depuis son accession à l'indépendance politique en 1931, le Canada a «canadianisé» en droit son système monarchique. Le régime parlementaire canadien s'inspire en grande partie du système parlementaire britannique dont il a hérité. Dans l'ordre fédéral de gouvernement, le Parlement est formé de la reine du Canada, d'un SÉNAT composé de 104 membres et d'une CHAMBRE DES COMMUNES comprenant 301 députés. En vertu d'une convention constitutionnelle bien établie, le gouvernement doit conserver la confiance de la Chambre des communes pour se maintenir au pouvoir. Le Sénat est modelé en principe sur la Chambre des lords: les membres sont nommés par l'exécutif comme dorénavant ceux de la Chambre des lords en Angleterre. Les projets de lois impliquant la dépense de deniers publics doivent émaner de la Chambre des communes. De plus, le gouvernement n'est pas responsable envers le Sénat. En matière d'amendement constitutionnel, le Sénat ne dispose que d'un *veto* suspensif de 180 jours. Pour le reste, il a les mêmes pouvoirs décisionnels que la Chambre des communes.

Contrairement au système présidentiel américain où le Président est chef de gouvernement et chef de l'État, le Canada a un régime parlementaire, au sein duquel le chef de gouvernement (le premier ministre) et le chef d'État (la reine du Canada) sont deux personnes distinctes. Au Canada, le pouvoir législatif et le pouvoir exécutif ne sont pas nettement séparés comme aux États-Unis, puisque les ministres sont pour la plupart membres de la Chambre des communes et sont responsables envers cette dernière. Aux États-Unis, les trois pouvoirs sont clairement séparés et s'équilibrent. Le président n'est pas responsable envers le Congrès. La majorité dans l'une et l'autre Chambre, au Congrès, n'est pas nécessairement celle du parti auquel appartient le président. Ce dernier est élu pour quatre ans et ne peut être réélu qu'une fois. Le mandat présidentiel peut prendre fin par la mort, la démission ou la révocation (*impeachment*) du président, mais même dans ces trois cas, il n'y a pas élection pour terminer le mandat. Un ordre de succession est prévu. Au Canada, la Chambre des communes peut être dissoute avant le terme de cinq ans. Par tradition, le mandat dure quatre ans environ. Dans le système américain tout comme dans le système canadien, le pouvoir judiciaire est fort et indépendant. La Cour suprême dans les deux pays applique un régime rigoureux de la constitutionnalité des lois.

Même si le Canada et les États-Unis sont tous deux des démocraties, la République américaine repose sur le principe de la souveraineté du peuple. Le préambule de la Constitution américaine débute par ces mots: «Nous, le peuple des États-Unis». Au Canada, dans le renvoi sur le rapatriement de 1981, la Cour suprême souligne ceci: «En droit, le gouvernement est en poste de par le bon plaisir de la Couronne bien que par convention il le soit par la volonté du peuple.»

Le Canada est une fédération depuis 1867. Les pouvoirs législatif, exécutif et judiciaire sont partagés entre les deux ordres de gouvernement. C'est là le trait fondamental de la Constitution canadienne. L'art. 91 de la *Loi constitutionnelle de 1867* donne une liste des compétences fédérales (postes, droit criminel, commerce, système bancaire, navigation, défense, faillite, etc.) et l'art. 92, des compétences provinciales (propriété et droits civils, institutions municipales, système hospitalier, etc.). D'autres dispositions législatives accordent des compétences spéciales (comme l'art. 93 qui porte sur l'éducation, matière provinciale) et concurrentes (les art. 92A, 94A et 95 qui traitent de la mise en marché interprovinciale des richesses naturelles, des pensions de vieillesse, des prestations additionnelles, de l'agriculture et de l'immigration). En principe, la répartition du pouvoir exécutif suit celle du partage législatif. Le pouvoir judiciaire est prévu principalement aux art. 92.14, 96 à 101 de la *Loi constitutionnelle de 1867*.

Le «cœur du fédéralisme» est le partage des pouvoirs. Ce dernier forme avec la formule d'amendement constitutionnel et l'interprétation des pouvoirs par les tribunaux une trilogie qui est à la base même du système fédératif. Le FÉDÉRALISME canadien est de nature hétérogène.

Depuis Locke et Montesquieu, on apprend à distinguer les trois grands pouvoirs de l'État: le pouvoir législatif, le pouvoir exécutif, le pouvoir judiciaire. C'est aux États-Unis que cette division est la plus nette. La Constitution américaine est la première à mettre en œuvre le principe de la séparation des trois pouvoirs. C'est dans ce pays, où existe le système des poids et contrepoids (*checks and balances*), que le principe de la séparation des pouvoirs est le plus évident, le plus incarné. Au Canada, comme au Royaume-Uni, nous avons la séparation des trois pouvoirs. Ainsi, le pouvoir judiciaire est séparé des deux autres depuis l'*Act of Settlement* de 1701. Mais, pour ce qui est du pouvoir exécutif et du pouvoir législatif, la séparation est beaucoup moins nette chez nous qu'aux États-Unis. Comme nous vivons sous un régime parlementaire et sous un gouvernement responsable, le CABINET ou Conseil des ministres domine les pouvoirs exécutif et législatif. L'exécutif demeure cependant responsable envers la branche législative de l'État.

A.V. Dicey, constitutionnaliste britannique, affirme en 1885 que tous les citoyens, du premier ministre au simple contribuable, sont soumis à la loi et que tous sont justiciables. Tout comme au Royaume-Uni, ce concept, le principe de la PRIMAUTÉ DU DROIT, fait partie de notre droit constitutionnel (*voir* DROIT ADMINISTRATIF). La règle qui nous gouverne est la loi. L'arrêt Roncarelli rendu par la Cour suprême du Canada, en 1959, en témoigne. En principe, une personne a la faculté de dire et de faire ce qu'elle veut pourvu qu'elle n'aille pas à l'encontre de la loi.

La suprématie parlementaire est un concept du droit constitutionnel britannique. Ce principe veut que le Parlement puisse tout faire, qu'il n'y ait aucune limite à sa compétence. Ce principe subit toutefois quelques restrictions depuis l'entrée du Royaume-Uni dans le Marché commun. Il existe maintenant des limites à la suprématie parlementaire britannique.

Comme aux termes du préambule de notre *Loi constitutionnelle de 1867*, nous avons une Constitution semblable à celle du Royaume-Uni; nous avons donc hérité de ce trait fondamental de la Constitution britannique. Cependant, comme le Canada adopte le système fédéral, le Parlement central et les assemblées législatives provinciales ne sont souverains qu'à l'intérieur de la sphère législative que leur octroie la Constitution. C'est là une première atténuation à leur toute-puissance.

Depuis le 17 avril 1982, la CHARTE CANADIENNE DES DROITS ET LIBERTÉS fait partie de la Constitution et lie les deux ordres de gouvernement. Les libertés énoncées à la Charte sont garanties par un texte constitutionnel. Cette Charte restreint les pouvoirs législatifs du Parlement et des assemblées législatives au profit des citoyens et des minorités.

Les lois doivent respecter la *Charte canadienne des droits et libertés*.

Le Canada vit sous un régime de «judicial review». Comme le pouvoir législatif est partagé entre deux ordres de gouvernement, ce sont les tribunaux qui sont chargés de veiller au respect de la Constitution. Ils ont le contrôle de la constitutionnalité des lois. Depuis le 17 avril 1982, l'art. 52 de la *Loi constitutionnelle de 1982* prévoit que la Constitution est la loi suprême du Canada et qu'elle rend inopérantes les dispositions incompatibles de toute autre règle de droit.

Les tribunaux sont chargés de déclarer, lorsqu'ils en sont saisis, si une loi respecte le partage des pouvoirs et la *Charte canadienne des droits et libertés*. Toute loi tire sa validité de la Constitution. Le Comité judiciaire du Conseil privé, jusqu'en 1949, et la Cour suprême depuis cette date sont les tribunaux suprêmes en matière d'interprétation de la Constitution. Cette interprétation est de la plus haute importance puisqu'elle contribue à l'orientation du fédéralisme canadien.

Même si la *Loi constitutionnelle de 1867* prévoit que la reine forme l'exécutif, le SOUVERAIN au Canada, comme au Royaume-Uni d'ailleurs, règne mais ne gouverne pas. C'est le PREMIER MINISTRE FÉDÉRAL et son Conseil des ministres qui détiennent, de fait, le pouvoir exécutif. Une même personne, Élisabeth II, est à la tête de plusieurs royaumes (Royaume-Uni, Canada, Australie, Nouvelle-Zélande). Ces royaumes sont, depuis le rapport Balfour de 1926 et le Statut de Westminster de 1931, de rang égal et indépendants. Ces pays sont librement associés dans le Commonwealth, dont la reine demeure le chef. La reine est, en droit, reine du Canada. Il n'en tient qu'au Canada de continuer à vivre sous un régime monarchique ou d'adopter un autre régime de gouvernement. Comme nous avons un système fédéral, la reine est présente au sein de chacun des deux ordres de GOUVERNEMENT. Dans l'ordre juridique fédéral, elle est représentée par le GOUVERNEUR GÉNÉRAL qui, depuis 1952, est Canadien et, au niveau provincial, par un LIEUTENANT-GOUVERNEUR nommé par l'autorité centrale. Chacun représente la Couronne pour les fins allouées par la Constitution à chaque ordre de gouvernement. Lord Denning fait remarquer, en janvier 1982, dans l'arrêt sur les Indiens d'Alberta rendu par la Cour d'appel britannique, que si, en principe, la Couronne est indivisible, elle est devenue séparée et divisible par la pratique et l'usage. Les pouvoirs du gouverneur général sont prévus dans la *Loi constitutionnelle de 1867*, dans certains textes législatifs et constitutionnels, comme les lettres patentes de 1947. Certains autres pouvoirs lui viennent de la prérogative. Selon la formule d'amendement énoncée dans la *Loi constitutionnelle de 1982*, pour modifier la charge de gouverneur général, de lieutenant-gouverneur ou de la reine, il faut le concours de l'autorité centrale et des 10 autorités provinciales. Le Parlement central est formé de trois éléments: la reine, le Sénat, la Chambre des communes. Les assemblées législatives provinciales comprennent deux éléments: la reine et l'Assemblée législative.

Le partage des pouvoirs en matière d'administration de la justice est complexe. L'art. 92.14 de la LOI CONSTITUTIONNELLE DE 1867 attribue aux provinces une compétence exclusive en matière de création de tribunaux civils et criminels et d'administration de la justice, civile et criminelle. Cependant, l'art. 91.27 octroie au Parlement central une compétence en droit et en procédure criminels. La procédure civile est de compétence provinciale. L'autorité centrale peut créer des tribunaux pour la meilleure administration des lois fédérales, aux termes de l'art. 101 de la *Loi constitutionnelle de 1867*. De plus, cet article habilite l'autorité centrale à créer une cour générale d'appel pour tout le Canada. La Cour suprême du Canada est ainsi établie par une loi fédérale en

1875. En 1949, elle devient le tribunal de dernier ressort. Nous avons, au Canada, des tribunaux provinciaux et des tribunaux fédéraux. Tous les juges qui président les tribunaux fédéraux sont nommés par le gouvernement fédéral. Les juges qui président les tribunaux provinciaux inférieurs sont nommés par les gouvernements provinciaux. Cependant, à cause de l'art. 96 de la *Loi constitutionnelle de 1867*, les juges des hautes cours provinciales sont nommés par l'autorité centrale et non par les gouvernements provinciaux. Ce célèbre art. 96 a donné lieu à un grand nombre de litiges.

Les deux ordres de gouvernement, chacun dans leur sphère législative, peuvent créer des TRIBUNAUX ADMINISTRATIFS. Ils peuvent également nommer les titulaires de ces tribunaux. Cependant, lorsque des pouvoirs judiciaires sont confiés à des tribunaux administratifs provinciaux, l'art. 96 entre parfois en application et constitue un obstacle si le caractère de ces tribunaux administratifs s'assimile à celui des tribunaux prévus à l'art. 96.

Les RELATIONS EXTÉRIEURES relèvent de l'autorité centrale en vertu du pouvoir résiduel fédéral et de la prérogative royale (*voir* PRÉROGATIVES DE L'ÉTAT). Lorsque, en 1867, le Canada adopte la forme fédérative, il n'est pas souverain. La *Loi constitutionnelle de 1867* ne traite pas expressément des relations extérieures. Un article de la *Loi constitutionnelle de 1867*, l'art. 132, prévoit que le Parlement fédéral et le gouvernement canadien auront tous les pouvoirs voulus pour remplir auprès des pays étrangers, à titre de partie de l'Empire britannique, les obligations du Canada ou de l'une ou l'autre de ses provinces naissant de traités conclus entre l'Empire et ces pays étrangers. Depuis l'accès du Canada à l'indépendance politique en 1931, cet article est devenu désuet. Dans l'arrêt sur les Conventions du travail de 1937, le Comité judiciaire du Conseil privé établit que l'autorité centrale peut conclure des traités au nom du Canada, mais que ces traités ne changent pas la loi interne du pays (*voir* DROIT DE TRAITER). Pour ce faire, il faut légiférer pour mettre en œuvre le traité. Cependant, pour la mise en œuvre du traité, il faut respecter le partage des compétences législatives décrété par la Constitution. Si un traité conclu par le Canada porte sur des matières fédérales, le Parlement y donne suite par législation. S'il porte sur un domaine de compétence provinciale, il n'est en vigueur dans les provinces que si ces dernières y donnent suite en légiférant. Certains traités, dits de prérogative, n'ont pas besoin d'une législation pour leur mise en œuvre.

La délégation de pouvoirs est un transfert de compétence d'un corps législatif à un autre corps législatif. En principe, le délégant peut toujours reprendre le pouvoir qu'il a délégué. La jurisprudence en droit constitutionnel pose le principe que le Parlement fédéral et les assemblées législatives provinciales ne peuvent se déléguer des compétences législatives puisque ces dernières sont exclusives. Cependant, si la délégation interparlementaire ou horizontale est interdite, il n'en est pas ainsi de la délégation verticale ou de la délégation oblique.

Il y a délégation verticale lorsqu'un pouvoir souverain délègue des pouvoirs à une entité subalterne qu'il a créée.

La délégation oblique est celle qui existe lorsqu'un corps souverain comme le Parlement ou une assemblée législative provinciale délègue un pouvoir à une entité de l'autre gouvernement. La jurisprudence autorise pareille délégation et en reconnaît la validité. Ainsi, le Parlement fédéral délègue à des commissions établies par les provinces le pouvoir d'émettre des permis dans des sphères qui relèvent de la compétence du Parlement fédéral.

La Constitution de 1867 accusait un grand défaut: elle ne comportait pas de formule générale d'amendement. Les assemblées législatives provinciales ont depuis 1867 le droit d'amender leur Constitution interne, sauf le poste de lieutenant-gouverneur. Ce n'est qu'en 1949 que le Parlement fédéral obtient le droit d'amender sa Constitution interne. Pour tout le reste, soit la partie la plus importante et la plus considérable de la Constitution, il fallait s'adresser au Parlement de Westminster qui, à la demande des deux chambres fédérales, modifiait la *Loi constitutionnelle de 1867*.

De 1927 à 1982, le pouvoir central et les provinces tentent à plusieurs reprises, mais sans succès, de mettre au point une formule d'amendement. Plusieurs formules sont imaginées: FULTON, Fulton-FAVREAU, Turner-Trudeau, de Victoria, d'Alberta-Vancouver, pour citer les plus connues.

Ce n'est qu'en 1982, par la *Loi de 1982 sur le Canada* qui amende la *Loi constitutionnelle de 1867*, que le Parlement de Westminster se dessaisit de tout pouvoir d'amendement de la Constitution. La *Loi constitutionnelle de 1982*, entrée en vigueur le 17 avril 1982, incorpore une formule d'amendement pour le Canada. Dorénavant, toute modification de la Constitution canadienne se fera au Canada.

La formule de base suppose l'assentiment de l'autorité centrale et des deux tiers des provinces regroupant 50 p. 100 de la population. Un DROIT DE RETRAIT, pour une province dissidente, est possible si l'amendement porte sur le transfert au Parlement central d'une compétence provinciale. En cas d'exercice du droit de retrait, l'amendement adopté ne s'applique pas à la province qui se prévaut de ce droit. Une juste compensation financière est stipulée et versée obligatoirement par l'autorité centrale à la province dissidente, si l'amendement porte sur l'éducation ou d'autres domaines culturels.

Dans certains secteurs, comme la composition de la Cour suprême, la monarchie ou la formule d'amendement elle-même, il faut le concours des onze autorités pour pouvoir effectuer un amendement. Dans quelques cas qui n'intéressent que certaines provinces, il suffit du concours de l'autorité fédérale et des provinces touchées. Les provinces retiennent en principe le pouvoir de modifier leur Constitution interne (art. 45). Le Parlement fédéral peut lui aussi modifier la Constitution fédérale interne (art. 44).

Le vocable «constitution» est ainsi défini: «le système de lois et de conventions en vertu duquel un État est gouverné». La Constitution, c'est la loi fondamentale d'un pays, c'est la loi des lois. Dans la plupart des pays, cette constitution est écrite. Toutefois, le Royaume-Uni a une Constitution en grande partie non écrite. Le Canada a une Constitution semblable en principe à celle du Royaume-Uni, mais, comme il a adopté le fédéralisme, une très grande partie de sa constitution est écrite, notamment la partie qui départage les compétences législatives entre les deux ordres de gouvernement.

La proclamation de 1763, l'Acte de Québec de 1774, la *Loi constitutionnelle de 1791*, l'Acte d'Union de 1840, qui ont précédé l'Acte de l'Amérique du Nord Britannique de 1867, sont des lois constitutionnelles. D'autres lois constitutionnelles suivent: le Statut de Westminster de 1931, qui reconnaît au Canada son indépendance, la *Loi de 1982 sur le Canada* et la *Loi constitutionnelle de 1982*, qui effectuent le rapatriement et donnent au Canada une *Charte constitutionnelle des droits et libertés* et une formule générale d'amendement.

Depuis le 17 avril 1982, l'Acte de l'Amérique du Nord britannique de 1867 porte le nom de *Loi constitutionnelle de 1867*, et l'ensemble des Actes de l'Amérique du Nord britannique de 1867 à 1975 et la *Loi constitutionnelle de 1982*, le nom de *Lois constitutionnelles 1867-1982*.

La Constitution du Canada, définie à l'art. 52 de la *Loi constitutionnelle de 1982*, comprend d'autres textes législatifs et décrets et elle est déclarée «la Loi suprême du Canada».

Certains grands documents ou chartes britanniques font partie de notre Constitution: La Magna Carta de 1215, le *Bill of Rights* de 1689, la *Petition of Rights* de 1629 et l'*Act of Settlement* de 1701.

Dans le renvoi sur le rapatriement du 28 septembre 1981, la Cour suprême du Canada déclare que la Constitution est formée de trois éléments: les règles législatives, les règles de la *Common law*, les conventions constitutionnelles. La Cour peut constater l'existence de ces dernières, mais ne les imposent pas. Si une convention est violée, le remède est politique et non juridique. Le principe du GOUVERNEMENT RESPONSABLE est un exemple de convention de la Constitution. Une convention «se situe quelque part entre un usage ou une coutume d'une part et une loi constitutionnelle de l'autre». Et la Cour suprême de déclarer: «L'objet principal des conventions constitutionnelles est d'assurer que le cadre juridique de la Constitution fonctionnera selon les principes ou les valeurs constitutionnelles dominantes de l'époque».

On doit distinguer entre la Constitution formelle et la Constitution matérielle. La première, selon le professeur Jean-Charles Bonenfant, est «un document qu'on entoure d'une certaine vénération, qui a été élaboré dans des circonstances solennelles et qui ne peut être modifié sans suivre une procédure spéciale». La seconde est «l'ensemble des dispositions qui prévoient l'organisation et le fonctionnement des mécanismes de l'État».

Le fédéralisme canadien évolue au fil des modifications constitutionnelles, des ententes administratives et des décisions judiciaires.

Depuis le rapatriement de la Constitution en 1982, il y a eu 8 modifications constitutionnelles formelles: les droits des peuples autochtones (1983, égalité des Amérindiennes et des Amérindiens), la représentation électorale au fédéral (1985), le système scolaire de Terre-Neuve (1987, 1997 et 1998), les droits des deux communautés linguistiques du Nouveau-Brunswick (1993), le pont de la Confédération de l'Île-du-Prince-Édouard (1994), le système scolaire du Québec (1997).

D'autres modifications de nature non constitutionnelle ont aussi été apportées par le Parlement dans la foulée du référendum québécois du 30 octobre 1995 (*voir* RÉFÉRENDUM DU QUÉBEC [1995]). Ce sont: les deux motions reconnaissant le caractère distinct du Québec, la première adoptée par la Chambre des communes et la seconde adoptée par le Sénat (1995); la *Loi concernant les modifications constitutionnelles* qui prévoit des *vetos* régionaux (1996); la conclusion d'ententes administratives sur la formation de la main-d'œuvre avec plusieurs provinces, dont le Québec (1997-1998).

Le droit constitutionnel se développe considérablement avec l'avènement de la *Charte canadienne des droits et libertés* de 1982 et les très nombreux arrêts de la Cour suprême sur le sujet.

Contrairement aux États-Unis, où le partage des compétences entre le Congrès et les États est de moins en moins soulevé devant la Cour suprême, il n'en est pas ainsi au Canada, où la Cour suprême continue de se prononcer sur le partage des compétences législatives entre le Parlement fédéral et les assemblées législatives provinciales. (*Voir aussi* PARTAGE DES POUVOIRS.)

Gérald-A. Beaudoin

Droit criminel Dans son sens le plus large, le droit criminel comprend le droit criminel substantiel, le fonctionnement des institutions pénales, la PROCÉDURE CRIMINELLE et la preuve, et les enquêtes de POLICE (*voir* ENQUÊTE CRIMINELLE). Plus précisément, le terme désigne le droit criminel substantiel, c.-à-d. l'ensemble des lois qui interdisent certains types de conduite et sanctionnent des comportements illégaux.

En général, les interdictions que comportent les infractions criminelles visent à protéger le grand public et à assurer le maintien des valeurs reconnues de la société. Ces valeurs comprennent la sauvegarde de la moralité (au moyen de lois prévoyant des infractions comme l'OBSCÉNITÉ et la PROSTITUTION), la protection de la personne (p. ex., le meurtre et les agressions), la protection des biens (p. ex., le vol et la fraude), le maintien de l'ordre public (p. ex., le fait d'inciter à l'ÉMEUTE et le fait de troubler l'ordre public), et la protection de l'ÉTAT (p. ex., la TRAHISON).

Le principe fondamental selon lequel le droit criminel est le moyen par lequel la société réaffirme ses valeurs et dénonce les contrevenants sous-tend les diverses théories qui expliquent l'objet du droit criminel. Ainsi, un changement des valeurs sociales entraîne un changement des types de conduite que la société désire prohiber. Les modifications apportées récemment au CODE CRIMINEL dans des domaines tels que les infractions d'ordre sexuel, l'AVORTEMENT, la pornographie et les peines pour le meurtre démontrent que le droit criminel canadien évolue, du moins dans une certaine mesure, en réponse à l'évolution des valeurs sociales.

Le droit criminel évolue également en réponse au développement technologique: les modifications apportées récemment au *Code criminel* concernant le vol des télécommunications, les fraudes en matière de CARTES DE CRÉDIT et les dispositions régissant l'écoute électronique attestent cette évolution.

Les sources du droit criminel substantiel au Canada sont limitées. La plupart des infractions sont prévues au *Code criminel*, lequel prévoit qu'on ne peut être déclaré coupable d'une infraction en COMMON LAW (à l'exception de l'outrage au tribunal). Des infractions criminelles sont également prévues dans d'autres lois fédérales connexes telles la *Loi sur les stupéfiants*, la *Loi sur les aliments et drogues* et la *Loi sur les jeunes contrevenants*.

Plusieurs infractions aux lois fédérales, aux lois provinciales (p. ex., les lois relatives à la réglementation de l'alcool et le code de la route) et aux arrêtés municipaux (p. ex., les arrêtés réglementant le stationnement, la police des animaux familiers) ne sont pas des infractions criminelles au vrai sens du terme, mais sont généralement traitées par les tribunaux selon la même procédure générale que les infractions criminelles. Ces infractions sont souvent dites «réglementaires».

Origines du droit criminel

La LOI CONSTITUTIONNELLE DE 1867 confère au Parlement la compétence législative en matière de «loi criminelle, sauf la constitution des tribunaux de juridiction criminelle, mais y compris la procédure en matière criminelle». Cette disposition constitutionnelle particulière accorde au gouvernement fédéral le pouvoir d'adopter des lois concernant le droit criminel et la procédure criminelle.

Les provinces peuvent adopter des lois sur des sujets à l'égard desquels elles jouissent du pouvoir constitutionnel et appliquer ces lois (en vertu de l'article 92 de la *Loi constitutionnelle de 1867*) par l'infliction «de punitions par voie d'amende, pénalité, ou emprisonnement. Il est donc possible pour la province de prévoir des «infractions aux lois provinciales». Toutefois, en cas d'incompatibilité entre ces lois provinciales et une loi fédérale en matière criminelle, c'est la loi fédérale qui l'emporte généralement.

Les provinces sont également investies de la compétence législative concernant «l'administration de la justice dans la province, y compris la création, le maintien et l'organisation de tribunaux de justice pour la province, ayant juridiction civile et criminelle».

Par conséquent, les SERVICES DE POLICE, la nomination des poursuivants, l'administration des tribunaux (*voir* COURS DE JUSTICE) et la nomination des juges de juridiction inférieure relèvent de la compétence provinciale. Le fédéral est investi du pouvoir de nommer les juges des cours de comté et des cours suprêmes en vertu de l'article 96 de la *Loi constitutionnelle de 1867* (*voir* MAGISTRATURE).

Le droit criminel et la procédure criminelle sont assujettis à la CHARTE CANADIENNE DES DROITS ET LIBERTÉS. La Charte fait partie de la Constitution du Canada. La LOI CONSTITUTIONNELLE DE 1982 précise que «la Constitution du Canada est la loi suprême du Canada; elle rend inopérantes les dispositions incompatibles de toute autre règle de droit».

Les tribunaux doivent donc évaluer toutes les lois, y compris le *Code criminel* et les lois connexes, par rapport aux dispositions de la Charte. La Charte peut avoir une incidence directe sur le droit criminel et la procédure criminelle tout comme elle peut avoir un effet sur la définition de certains crimes et des peines correspondantes.

Un principe fondamental du droit criminel canadien veut que nul ne peut être accusé d'un crime ni condamné, sauf conformément à la loi telle qu'elle existe au moment en cause (*voir* DROIT). À cette fin, les tribunaux concluent que la loi doit prévoir une infraction criminelle au moment de la commission de l'infraction reprochée et que l'infraction ainsi créée doit être facilement déterminée. En cas d'ambiguïté, les tribunaux interprètent la loi en faveur de l'accusé.

L'application du droit criminel par la police, les poursuivants, les juges et les jurys dépend beaucoup des faits de chaque espèce. Les tribunaux cherchent à appliquer la loi avec cohérence. Lorsqu'ils déterminent le droit applicable à un cas donné, les juges s'inspirent fortement des décisions judiciaires antérieures, c.-à-d. des «précédents» mettant en cause des situations semblables. Le fait que les juges tendent à suivre les précédents crée une cohérence dans l'interprétation du droit écrit et permet d'entrevoir de quelle façon la loi sera interprétée dans l'avenir.

Il existe, en matière criminelle, une procédure d'appel dont l'objet est non seulement de corriger les injustices, mais d'éviter les incohérences dans l'application de la loi elle-même. Les précédents auxquels le juge saisi de la cause se sent lié peuvent être annulés par une juridiction supérieure s'il peut être démontré qu'ils ont été décidés à mauvais droit ou qu'ils sont désuets.

Bon nombre d'actes contraires à la loi ne sont pas des crimes. Ces actes relèvent du DROIT CIVIL et font l'objet de poursuites privées. En matière civile, l'action est le recours exercé en justice par un justiciable contre un autre. Le tribunal civil peut dédommager la partie lésée en lui adjugeant des dommages-intérêts pécuniaires ou, dans certains cas, en obligeant le défendeur à réparer le tort causé.

En matière criminelle, le crime est un tort commis contre la collectivité dans son ensemble plutôt que contre une victime individuelle. En conséquence, les poursuites criminelles sont engagées par l'État et la victime n'est qu'un témoin à charge volontaire (parfois même réticent). Cependant, le Parlement a adopté récemment des lois modifiant en profondeur les dispositions du *Code criminel* sur la détermination de la peine, qui s'intéressant davantage aux victimes de la criminalité, instituent des mesures telles que la restitution aux victimes et leur dédommagement (*voir* CODE CRIMINEL).

Éléments constitutifs du crime

Un crime est constitué de deux éléments: le comportement ou l'acte prohibé (*actus reus*) et l'élément mental requis (MENS REA). Généralement, un acte n'est un crime que si, en tant que tel, il correspond exactement à la définition de l'infraction visée. Il peut s'agir aussi bien d'un acte en tant que tel ou d'une omission.

La *mens rea* («intention coupable») est une notion difficile à cerner. Elle n'est pas définie dans le *Code criminel* et, au Canada, selon l'infraction en cause, la poursuite peut être tenue de prouver l'existence d'un état d'esprit comportant l'intention (l'état d'esprit le plus commun qui doit être prouvé en matière criminelle), la négligence volontaire, la connaissance, l'insouciance, l'aveuglement volontaire ou des états d'esprit plus spécifiques qu'englobent des termes tels que «malicieusement» ou «frauduleusement».

Quoi qu'il en soit, un principe prépondérant du droit criminel veut que la responsabilité criminelle ne puisse reposer que sur une intention coupable. L'idée de «l'intention coupable pour commettre une infraction» a été raffinée à la lumière de la Charte. P. ex., la Cour suprême du Canada juge que le meurtre est un crime si grave qu'il serait fondamentalement injuste de condamner une personne pour meurtre si elle n'était pas habitée, au moment où elle a tué la victime, d'un état d'esprit meurtrier. La Cour déclare alors inconstitutionnelles les dispositions du *Code criminel* qui permettent de condamner quelqu'un pour meurtre lorsque la preuve de l'intention de tuer n'a pas été faite. Ainsi, la Charte a donné naissance au principe selon lequel la *mens rea*, pour être prouvée, doit être «adaptée» au crime. En matière criminelle, la plupart des procès tournent autour de la question de savoir si l'accusé avait l'état d'esprit nécessaire plutôt que de savoir s'il a effectivement perpétré l'acte interdit. La preuve de l'état d'esprit doit être établie avec la même certitude que les autres éléments du crime, et la poursuite doit donc présenter une image précise de l'état d'esprit du prévenu au moment où l'infraction a été commise.

Afin d'atténuer cette difficulté, certaines lois criminelles créent ou reconnaissent une présomption concernant l'élément mental requis, mais nombre de ces «dispositions portant inversion de la charge de la preuve» sont déclarées inconstitutionnelles, divers tribunaux décidant qu'elles sont contraires aux droits garantis au prévenu par la Charte. Toutefois, la Charte a une incidence sur l'élément mental requis pour les infractions dites «de responsabilité stricte». La Cour suprême juge que, lorsque l'infraction fait naître la possibilité d'un emprisonnement, mais que l'accusé a diligemment, mais sans succès, tenté d'éviter l'acte prohibé, il ne peut être déclaré coupable de l'infraction. Déclarer quelqu'un coupable dans ce contexte contreviendrait au principe de justice fondamentale.

Pour ce qui est des infractions réglementaires, la loi établit une distinction entre trois différentes formes d'élément mental. Si la loi utilise des termes tels que «sciemment» ou «intentionnellement», on présume que le législateur entendait que l'élément mental requis soit l'intention de perpétrer l'acte interdit. Pour la deuxième catégorie d'infractions réglementaires, p. ex., celles ayant trait à la SANTÉ PUBLIQUE, au code de la route, au DROIT DE L'ENVIRONNEMENT et à la sécurité en milieu de travail, il suffit que le prévenu sache que ses actes ou ses omissions peuvent entraîner la commission de l'infraction.

La dernière catégorie d'infractions réglementaires (les infractions de responsabilité stricte) n'exige aucun élément mental que ce soit. En conséquence, il n'est pas nécessaire de prouver qu'il y a eu faute de la part du prévenu: la seule obligation de la Couronne se limite à prouver que l'accusé est responsable de l'acte interdit.

En droit canadien, la responsabilité criminelle peut incomber à des parties autres que le véritable auteur de l'infraction. Celui qui aide ou assiste une personne à commettre une infraction ou qui lui procure conseil en ce sens peut être déclaré coupable de la même infraction que l'auteur de l'infraction. Ainsi, la tentative ou le complot de commettre un crime ou le fait de conseiller à une personne de commettre une infraction qui n'est pas effectivement commise sont toutes des infractions criminelles. Cependant, les tribunaux jugent que la simple préparation en vue de commettre un crime ne suffit pas à constituer une tentative.

Dans un procès criminel, l'un des principes les plus importants de tous est celui de la présomption d'innocence. Selon ce principe, la Couronne doit prouver la culpabilité de l'accusé. Ce n'est pas à l'accusé d'établir son innocence. De plus, elle doit établir la culpabilité au-delà de tout doute raisonnable. Ce principe est inscrit dans la Charte et beaucoup estiment qu'il constitue l'une des plus importantes protections dont jouit l'individu face à l'État.

Moyens de défense

Le *Code criminel* et la COMMON LAW reconnaissent tous deux un certain nombre de moyens de défense aux accusations criminelles.

Incapacité Dans certains cas, le prévenu est reconnu non coupable, même si l'acte prohibé et l'intention de le commettre sont prouvés, parce que la loi présume qu'il est incapable de commettre l'infraction en question. P. ex., l'enfant de moins de 12 ans ne peut commettre une infraction criminelle. Par ailleurs, un garçon ou une fille de moins de 18 ans doit être jugé devant le tribunal pour adolescents sous le régime de la *Loi sur les jeunes contrevenants*, à moins que le juge du tribunal pour adolescents n'ordonne qu'il soit jugé devant un tribunal pour adultes (*voir* SYSTÈME JUDICIAIRE POUR LES JEUNES).

On considère également que l'aliéné mental est incapable de commettre une infraction criminelle. L'article 16 du *Code criminel* présume que chacun jouit de la capacité mentale, mais permet au défendeur d'établir qu'il était aliéné au moment de la perpétration de l'infraction qui lui est reprochée.

L'aliénation mentale étant établie, le prévenu est reconnu non coupable pour cause d'aliénation mentale et est détenu pour une durée indéterminée jusqu'à ce qu'une commission d'examen nommée par le gouvernement détermine qu'il peut réintégrer la société. En outre, une personne ne peut être reconnue coupable d'un crime si elle n'est pas apte, pour cause d'aliénation mentale, à subir son procès. Elle est alors détenue dans un hôpital psychiatrique jusqu'à ce qu'elle se rétablisse suffisamment pour comprendre la nature des procédures judiciaires entreprises contre elle.

Moyens de défense qui contredisent la preuve de l'acte prohibé Pour prouver qu'une personne a perpétré un acte prohibé, il doit être démontré que l'acte ou l'omission a été commis consciencieusement et volontairement. Les moyens de défense qui relèvent de cette catégorie comprennent l'accident, la violence (p. ex., une personne a été contrainte à commettre une infraction parce que sa vie ou sa sécurité ou celles de sa famille ont été menacées) et l'automatisme, qui, d'une façon générale, peut être défini comme un comportement involontaire qui se produit à l'insu de la conscience lorsque l'acte externe est perpétré de façon inconsciente et non volontaire (p. ex., une personne, étant frappée à la tête, commet un acte prohibé pendant qu'elle est inconsciente ou à demi consciente, ou une personne commet une infraction pendant qu'elle est somnambule).

Moyens de défense qui annulent la **mens rea** Dans la plupart des infractions criminelles «véritables», la Couronne doit prouver que le prévenu, avant de perpétrer l'infraction, avait effectivement l'intention de parvenir au résultat illégal obtenu. Le droit reconnaît que certains facteurs soulèvent un doute raisonnable que la personne avait l'intention de réaliser la conséquence illégale. Les moyens de défense que l'on invoque généralement à cet égard comprennent l'intoxication (moyen servant couramment à réduire une accusation de meurtre à l'infraction moindre d'homicide involontaire), l'erreur de fait commise en toute honnêteté, et, dans certaines circonstances très limitées, l'erreur de droit. Cependant, dans la très grande majorité des situations factuelles, l'ignorance de la loi ne constitue pas un moyen de défense.

Excuse ou justification Avec ces moyens de défense, le droit reconnaît la fragilité et les faiblesses humaines et détermine soit que le prévenu était justifié de commettre l'acte illégal, soit qu'il en est partiellement excusé. Les moyens de défense de justification comprennent la légitime défense et la défense des biens. En 1990, la Cour suprême du Canada conclut que la légitime défense peut s'appliquer à une femme battue qui tue son agresseur lorsque sa vie n'est pas en danger imminent. La reconnaissance du «syndrome de la femme battue» élargit la portée des éléments de preuve qui peuvent être utilisés pour faire la preuve de la légitime défense en y incluant les effets psychologiques des mauvais traitements sur la femme accusée de voies de fait ou même de meurtre de son partenaire agresseur. Les excuses comprennent l'obéissance à une personne placée en situation d'autorité (p. ex., le militaire qui croit simplement obéir à des ordres légitimes), la provocation (qui ne s'applique que dans les cas de meurtre, notamment dans les meurtres commis dans un accès de colère causé de façon soudaine par une action injuste ou une insulte de telle nature qu'elle suffise à priver une personne ordinaire du pouvoir de se maîtriser) et la provocation policière (dans laquelle une personne a commis l'infraction sous la pression exercée par les autorités policières).

Sanctions

Lorsqu'une personne est déclarée coupable d'une infraction criminelle, le juge présidant le procès doit infliger une peine. Au Canada, les juges jouissent d'un grand pouvoir discrétionnaire en matière de détermination de la peine. Très peu de peines obligatoires minimales sont prévues et les peines maximales prévues au *Code criminel* sont généralement très élevées. Le juge peut choisir l'absolution inconditionnelle, l'absolution sans conditions, la probation, le sursis, l'amende ou l'emprisonnement.

Pour déterminer la peine appropriée, le juge doit tenir compte d'une multitude de facteurs et se rappeler que chaque peine est unique parce que les caractéristiques individuelles de chaque crime et de chaque contrevenant sont uniques. Parmi les facteurs les plus importants dont il tient compte, il convient de noter le degré de préméditation, le casier judiciaire du prévenu, la gravité de l'infraction commise, le degré de participation du contrevenant à la perpétration de l'infraction, l'incidence de ce genre de crime en particulier au pays, les peines prononcées dans le passé pour le même genre d'infraction ou pour des infractions semblables ainsi que l'âge, le style de vie et la personnalité du contrevenant.

Les dispositions du *Code criminel* relatives à la détermination de la peine ont été modifiées en profondeur récemment, et d'autres modifications seront apportées. Ces modifications répondent à une prise de conscience grandissante dans la société canadienne du fait que la procédure de détermination de la peine doit tenir compte des besoins et des intérêts des victimes de la criminalité et que les mesures de rechange efficaces substitutives à l'emprisonnement sont plus susceptibles d'aboutir à la réinsertion sociale du contrevenant.

A. Pringle

Droit d'auteur, Loi sur le La législation sur le droit d'auteur fait partie de ce qui est communément appelé le droit de la propriété intellectuelle et industrielle. Cette branche du droit comprend également les BREVETS, les MARQUES DE COMMERCE et le droit des dessins industriels. Au Canada, la LOI CONSTITUTIONNELLE DE 1867 confère au gouvernement fédéral la compétence exclusive en matière de droit d'auteur. L'actuelle *Loi sur le droit d'auteur* est adoptée par le Parlement en 1921 et est considérablement modifiée en 1988 et en 1997.

Droit d'auteur Droit du propriétaire d'une œuvre d'en empêcher la duplication ou l'utilisation non autorisée par autrui. Le droit d'auteur sur une œuvre est séparé et distinct de l'œuvre matérielle elle-même. Comme le paragraphe 5(1) de la *Loi sur le droit d'auteur* prévoit que le droit d'auteur existe sur toute «œuvre littéraire, dramatique, musicale ou artistique originale», la protection accordée par le droit d'auteur s'applique aux livres, à la poésie, aux pièces de théâtre, aux logiciels, aux films, aux chansons, aux disques phonographiques, aux sculptures, aux peintures, aux dessins, aux photographies et aux programmes d'ordinateur. Toutefois, les œuvres littéraires, dramatiques, musicales ou artistiques ne sont pas toutes protégées. Il faut qu'une œuvre soit «originale», c.-à-d. qu'elle ne doit pas elle-même être un plagiat. Ensuite, elle doit se présenter sous une forme fixe ou écrite en permettant l'identification. Enfin, pour se prévaloir du droit d'auteur au Canada, l'auteur doit, à la date de la création de l'œuvre, être sujet ou citoyen du Canada ou d'un pays étranger qui est soit signataire d'une convention internationale à laquelle le Canada participe, soit signataire d'un accord international avec le Canada.

Les modifications apportées en 1988 étendent la protection du droit d'auteur à une plus grande variété d'œuvres. Aujourd'hui, le droit d'auteur protège les programmes d'ordinateur, les tableaux, les compilations et les traductions, qui sont assimilés aux œuvres littéraires. La protection accordée aux programmes d'ordinateur est limitée, car la loi autorise le propriétaire d'un exemplaire d'un programme d'ordinateur à le reproduire pour assurer la compatibilité du programme avec un ordinateur donné ou à des fins de sauvegarde (alinéas 27(2)*l*) et *m*). En outre, cette protection s'applique à toute œuvre chorégraphique, qu'elle ait ou non un sujet.

Originalité Les droits spécifiques qui constituent le droit d'auteur et qui découlent automatiquement de la création d'une œuvre originale sont énoncés au paragraphe 3(1) de la *Loi sur le droit d'auteur*. Les droits les plus importants comprennent celui «de produire ou de reproduire une œuvre, ou une partie importante de celle-ci, sous une forme matérielle quelconque», «d'exécuter ou de représenter ou, s'il s'agit d'une conférence, de débiter, en public, l'œuvre ou une partie importante de celle-ci», «de communiquer [l'œuvre] au public, par télécommunication», et, «si l'œuvre n'est pas publiée, de publier l'œuvre ou une partie importante de celle-ci». Dans la plupart des cas, le droit d'auteur subsiste pendant la vie de l'auteur, puis jusqu'à 50 ans suivant son décès.

Selon le paragraphe 13(1) de la Loi, l'auteur de l'œuvre est le premier titulaire du droit d'auteur sur cette œuvre. Lorsque l'auteur est employé par une autre personne et que l'œuvre est exécutée dans l'exercice de cet emploi, l'employeur est le premier titulaire du droit d'auteur. Le titulaire peut concéder une licence d'utilisation de son œuvre ou céder son droit en contrepartie d'une somme forfaitaire ou d'une redevance.

Droits moraux La Loi confère également certains «droits moraux» aux auteurs, y compris les employés, par opposition aux titulaires de droits d'auteur. Les droits moraux comprennent le droit d'en revendiquer la création, compte tenu des usages raisonnables, le droit à l'anonymat ainsi que le droit à l'intégrité de l'œuvre. Les droits moraux sont incessibles. Ils sont toutefois susceptibles de renonciation. La cession du droit d'auteur ne comporte pas renonciation automatique aux droits moraux.

Droits de l'artiste-interprète Depuis le 1er janvier 1966, l'artiste-interprète bénéficie des «droits de l'artiste-interprète», c.-à-d. le droit exclusif de fixer son œuvre sur un support matériel quelconque et d'en reproduire toute fixation. Ainsi, l'enregistrement sur bande vidéo d'une prestation constituerait une violation de ce droit, car il s'agit là d'un type de fixation.

Est considéré comme portant atteinte au droit d'auteur sur une œuvre quiconque vend ou loue, distribue, expose commercialement en public, importe au Canada une œuvre qui viole le droit d'auteur ou qui, dans un but de lucre personnel, permet l'utilisation d'un théâtre pour l'exécution ou la représentation publique d'une œuvre sans le consentement du titulaire du droit d'auteur. Il n'y a pas atteinte au droit d'auteur si la ressemblance d'une œuvre et la présumée copie est le fruit du hasard ou si elles sont toutes tirées de la même source. Par ailleurs, selon le paragraphe 27(2) de la Loi, ne constituent pas une violation du droit d'auteur «l'utilisation équitable d'une œuvre à des fins d'étude privée ou de recherche, ni l'utilisation équitable d'une œuvre à des fins de critique, de compte rendu ou de préparation d'un résumé destiné aux journaux».

Recours civils La *Loi sur le droit d'auteur* accorde à celui dont le droit d'auteur sur une œuvre a été violé le droit d'exercer tous les recours, notamment par voie d'injonction, de dommages-intérêts et de reddition de compte. Elle prévoit aussi que celui qui sciemment se livre à la contrefaçon d'une œuvre protégée encourt un emprisonnement maximal de 5 ans ou une amende maximale de un million de dollars.

Pour mieux contrôler l'utilisation non autorisée des œuvres protégées et faciliter l'octroi de licences à leur égard, la Loi prévoit la gestion collective du droit d'exécution de divers types de droits d'auteur, dont les droits d'exécution et de représentation des œuvres musicales. En 1989, une nouvelle Commission du droit d'auteur est créée et chargée de fixer les droits payables par les câblodistributeurs et autres réémetteurs pour la retransmission d'œuvres protégées contenues dans un signal de télévision. Les droits perçus par ces associations sont ensuite distribués aux titulaires du droit d'auteur bénéficiaires.

Les détails concernant une œuvre protégée et son titulaire, tout comme les cessions et les licences pertinentes, peuvent être enregistrés au Bureau du droit d'auteur, Office de la propriété intellectuelle du Canada (OPIC), Industrie Canada, à Hull, au Québec.

Conventions internationales sur le droit d'auteur Le Canada a signé deux conventions internationales importantes sur le droit d'auteur, la Convention de Berne, révision de Rome de 1928, et la Convention universelle du droit d'auteur de 1952. La Convention de Berne assure la protection automatique et réciproque du droit d'auteur au Canada et dans les autres pays signataires. Les États-Unis sont signataires de la Convention depuis mars 1989. La Convention universelle du droit d'auteur, la seule convention internationale importante sur le droit d'auteur signée par les États-Unis, prévoit également la réciprocité de la protection du droit d'auteur au Canada et dans les autres pays signataires, mais seulement sous réserve de certaines formalités. Les États-Unis et le Canada ont également signé un arrangement réciproque.

L'adhésion à la Convention de Berne a maintes répercussions importantes sur l'importation d'éditions étrangères de livres canadiens. Selon l'alinéa 27(4)*d*) de la *Loi sur le droit d'auteur*, est considéré comme portant atteinte au droit d'auteur quiconque importe au Canada une œuvre qui viole le droit d'auteur du titulaire. Toutefois, selon l'article 44 de la Loi, le titulaire du droit d'auteur peut saisir les autorités douanières d'une demande d'interdiction de tels ouvrages au Canada. Selon l'article 45, il est loisible d'importer les éditions étrangères de livres d'auteurs canadiens imprimés au Royaume-Uni ou dans un pays partie à la Convention de Berne.

Défis de la technologie La nouvelle technologie met constamment au défi la législation sur le droit d'auteur. Dans les années 50, un tribunal canadien juge que la diffusion de films par CÂBLODISTRIBUTION à l'intention d'abonnés individuels chez eux ne porte pas atteinte au droit d'auteur sur les émissions télévisées. C'est cette décision qui donne lieu finalement aux modifications relatives aux droits de retransmission apportées à la Loi en 1988. Dans ces circonstances, l'enregistrement sonore et audiovisuel non autorisé d'une œuvre protégée par le droit d'auteur en constitue une violation, qui permet au titulaire de détecter la violation et de faire valoir ses droits. Avec l'avènement de la technologie du cédérom, les compilations de milliers d'œuvres peuvent être fixées sur un seul disque, ce qui facilite d'autant les possibilités de violer le droit d'auteur et rend plus difficiles la détection et la répression. De même, l'avènement d'Internet crée des possibilités sans précédent pour la reproduction non autorisée d'œuvres protégées par le droit d'auteur (*voir* INTERNET, LE DROIT ET).

En 1996, le Parlement est saisi d'un projet (projet de loi C-32) de modification en profondeur de la *Loi sur le droit d'auteur*, les modifications dites de la phase II. La plupart de ces modifications, mais pas toutes, sont déjà entrées en vigueur. Elles comprennent des exceptions bénéficiant expressément aux bibliothèques, aux services d'archives, aux établissements d'enseignement, aux musées et aux personnes souffrant d'une déficience perceptuelle, le versement de droits aux producteurs et aux artistes-interprètes d'enregistrements sonores et la perception d'un droit sur les cassettes vierges (pour lutter contre la duplication en privé), dont le produit sera versé aux compositeurs, aux paroliers, aux artistes-interprètes et aux producteurs d'enregistrements sonores.

Brian A. Crane

Droit de la circulation routière La réglementation de la circulation routière est l'un des plus grands défis légaux du XXe siècle. La circulation est réglementée non seulement par trois ordres de gouvernement (le fédéral, le provincial et le municipal), mais les règles de *Common law* jouent encore un rôle déterminant dans ce domaine. L'intervention fédérale découle principalement de son pouvoir en matière de droit criminel. Le *Code criminel* du Canada prévoit de nombreuses infractions graves, dont la conduite dangereuse, la négligence criminelle dans la conduite d'un véhicule à moteur, la négligence criminelle causant la mort et la capacité de conduite affaiblie. Chaque province est responsable de l'entretien des routes sur son territoire et de la réglementation de la conduite automobile. Les codes provinciaux de la route réglementent toutes les questions ayant trait à l'utilisation des routes, y compris la délivrance de permis aux conducteurs, l'immatriculation des véhicules, la sécurité des véhicules et les règles de la route, ces dernières comprenant les limites de vitesse, le respect des panneaux de signalisation et la priorité aux intersections. Celui qui n'observe pas ces règles est passible d'amendes, de la suspension de son droit de conduire et même d'une peine d'emprisonnement. Les municipalités ont également compétence, déléguée par leur gouvernement provincial, de réglementer la circulation routière et d'entretenir les routes qui relèvent de leur autorité. Les règles régissant la circulation dans les municipalités sont établies par arrêté. Les municipalités sont également responsables de la sécurité, de leurs routes et peuvent se voir imputer la responsabilité civile à l'égard des personnes qui sont blessées pendant qu'elles utilisent une route dangereuse.

En plus de la police et de la réglementation de la circulation et des routes, le droit de la circulation routière s'étend au vaste domaine de la responsabilité civile découlant des milliers d'accidents de la circulation qui surviennent chaque année. Dans la plupart des provinces, ce domaine du droit est toujours régi par les principes ordinaires de la négligence, modifiés quelque peu par les codes de la route (*voir* RESPONSABILITÉ CIVILE DÉLICTUELLE). Dans certaines provinces, les actions au civil ont été remplacées par des régimes obligatoires de responsabilité sans faute qui dédommagent les victimes d'accidents de la route sans litige et sans égard à la faute. Le régime le plus complet, qui a aboli l'action civile dans toutes les causes relatives aux véhicules automobiles, est celui du Québec. Toutes les provinces, même celles qui ont un régime de faute, ont établi un régime d'assurance responsabilité obligatoire qui permet tout au moins de verser un certain dédommagement aux victimes d'accidents de la route, sans nécessairement recourir à des litiges coûteux. (*Voir également* CONDUITE EN ÉTAT D'ÉBRIÉTÉ.)

Lewis N. Klar

Droit de la location immobilière Régi par les lois provinciales et la jurisprudence, il varie considérablement d'une province à l'autre. Essentiellement, le rapport entre le locateur et le locataire est une relation contractuelle (*voir* CONTRATS, DROIT DES). Le locataire acquiert un intérêt foncier et le droit à la possession exclusive de locaux déterminés. Chaque personne qui est autorisée à occuper les locaux d'une autre n'est cependant pas considérée comme un locataire par le droit. Ainsi, les pensionnaires ou les locataires d'une chambre meublée, qui n'acquièrent pas la possession exclusive des locaux qu'ils habitent, n'ont pas le titre de locataire. La plupart des baux sont soit des baux à durée déterminée (bail d'une année, p. ex.), soit des baux périodiques (bail au mois, p. ex.). Dans le cas d'un bail au mois, l'une ou l'autre partie peut résilier le bail en donnant l'avis approprié (habituellement fixé par la loi).

Il n'est pas nécessaire que le bail soit écrit, bien que dans certaines provinces, les baux de longue durée doivent être constatés par écrit et signés par les parties. Nombre des obligations que le locateur et le locataire se doivent réciproquement ne se prêtent pas facilement à une définition. En l'absence de clauses expresses et convenues dont dépendent ces obligations, le droit impute certaines obligations. La responsabilité principale du locataire est de payer le loyer, l'obligation correspondante du locateur est de lui fournir les locaux tout en lui donnant l'assurance qu'il a droit à leur jouissance. En conséquence, le locateur qui gêne la possession du locataire, même indirectement (p. ex., en permettant que des émanations délétères s'infiltrent dans les locaux loués), peut fort bien violer les clauses du bail.

Au cours des 20 dernières années, les obligations des locateurs comme celles des locataires sont considérablement redéfinies par des réformes législatives. Elles portent toutefois surtout sur la location de locaux d'habitation et ne modifient pas grandement le droit relatif aux baux commerciaux. Elles ont tendance à renforcer la position légale du locataire, et beaucoup de nouveaux droits accordés au locataire ne peuvent être modifiés par une clause contraire dans le bail. Dans certaines provinces, les protections et les avantages qu'elles accordent aux locataires s'étendent aux pensionnaires et aux locataires d'une chambre meublée notamment, lesquels n'acquièrent pas la possession exclusive des locaux.

Baux commerciaux Dans un bail commercial, le locateur n'est nullement tenu de maintenir les locaux en bon état de réparations ou même dans un état raisonnable de réparations. Selon les réformes législatives, le locateur de locaux d'habitation doit effectuer toutes les réparations importantes. La seule obligation du locataire est de maintenir les locaux dans un état de propreté raisonnable et de les utiliser de façon convenable.

Le locataire a le droit de céder ou de sous-louer les locaux loués, sauf disposition contraire du bail. Parfois, le bail exige du locateur qu'il consente à toute cession ou sous-location, auquel cas il ne peut refuser son consentement de façon déraisonnable ou arbitraire. Si le locataire viole son bail, notamment en ne payant pas le loyer ou en abandonnant les locaux avant la fin du bail, le locateur a la faculté de poursuivre le locataire en recouvrement ou bien des arriérés de loyer, ou bien de dommages-intérêts. Il peut intenter une action en reprise des locaux, en ce cas il peut être alors nécessaire de contraindre le locataire récalcitrant par ordonnance judiciaire.

M.M. Litman et Bruce Ziff

Droit de la mer Pendant presque 300 ans, le droit de la mer a été régi par les principes du droit coutumier. Les États côtiers revendiquaient la souveraineté sur une étroite bande de mer territoriale au-delà de laquelle régnait le principe fondamental de la liberté de la mer. Cette liberté s'entendait alors de la liberté de naviguer, de pêcher, de commercer, de voyager, de faire la guerre ou d'effectuer des recherches. En 1967, répondant à un besoin pressenti de changer le droit de la mer, l'ORGANISATION DES NATIONS UNIES a entamé des négociations multilatérales complexes et difficiles. Cette entreprise ambitieuse a pris la forme d'une conférence (en plusieurs sessions), étalée sur une période de 15 ans, qui a donné lieu à un régime général de règles du droit concernant la mer appelé la Convention des Nations Unies sur le droit de la mer. Bien avant son entrée en vigueur le 16 novembre 1994, la Convention des Nations Unies sur le droit de la mer a suscité des développements significatifs en la matière. Le Canada l'a signée en décembre 1982. Bordé par le plus long littoral au monde, le Canada possède tout un éventail d'intérêts maritimes et un intérêt fondamental dans le nouveau droit de la mer. Aussi a-t-il joué un rôle de premier plan dans l'élaboration de la Convention.

Plus récemment, le Canada a centré son attention sur les questions concernant la mer territoriale, les ressources halieutiques et minérales, le milieu marin, le passage par les détroits internationaux et le contrôle des eaux arctiques. De 1956 à 1977, il a tour à tour revendiqué la mer territoriale traditionnelle de 3 milles, une mer territoriale de 12 milles, puis la compétence exclusive sur la pêche dans une zone de 200 milles au large de ses côtes et sur les ressources minières de son plateau continental. Il a accepté la notion de zone économique exclusive de 200 milles que les négociations menant à la Convention des Nations Unies sur le droit de la mer avaient permis de dégager. Selon la Convention, l'État côtier jouit, dans la zone économique exclusive de 200 milles, de droits souverains pour l'exploitation des ressources naturelles et de certains droits en ce qui concerne la préservation du milieu marin et la recherche scientifique marine. Même s'il n'a pu obtenir de droits préférentiels lui permettant d'exploiter les stocks de poissons au-delà de la zone des 200 milles, le Canada a obtenu la reconnaissance de son intérêt primordial dans la conservation et la gestion des espèces anadromes (p. ex., le SAUMON) dans tout leur territoire de migration.

Protection des stocks de poissons Les difficultés liées à la protection des stocks de poissons se trouvant au-delà de la zone économique exclusive canadienne de 200 milles marins sont devenues évidentes ces dernières années lorsqu'il est apparu que la surpêche menaçait d'extinction le flétan noir. En mars 1995, des agents du ministère canadien des Pêches et Océans, sous l'autorité de la *Loi sur la protection des pêches côtières*, ont arraisonné un navire de pêche espagnol qui pêchait le flétan noir dans les eaux internationales au large de Terre-Neuve. L'Espagne a traduit le Canada devant la Cour internationale de Justice prétendant, entre autres, qu'il avait violé le droit coutumier de pêcher en haute mer, un droit codifié par la Convention des Nations Unies sur le droit de la mer. L'une des conséquences importantes de cette controverse entourant la pêche du flétan noir a été l'Accord de pêche des Nations Unies sur la conservation et la gestion des stocks de poissons chevauchants et fortement migrateurs. Cet Accord reconnaît aux États côtiers comme le Canada le pouvoir de contrôler directement la surpêche des stocks migrateurs comme la morue et le flétan noir.

Réservation du fond des mers Le Canada a appuyé l'idée innovatrice découlant de la Convention des Nations Unies sur le droit de la mer selon laquelle le fond des mers doit être réservé à des fins pacifiques et désigné «patrimoine commun de l'humanité». La Convention prévoit un mécanisme international pour contrôler et exploiter ce fond des mers international. Tout au long des négociations qui ont mené à la Convention des Nations Unies sur le droit de la mer, le Canada était particulièrement préoccupé par les effets négatifs que pouvait avoir l'exploitation minière des grands fonds marins sur sa production terrestre de NICKEL. La Convention comporte une formule qui, limitant la production en milieu marin par rapport à la production terrestre, accorde une certaine protection à l'industrie minière canadienne.

Réagissant aux États qui avaient la capacité de se livrer à l'exploitation minière des grands fonds marins et qui, jusqu'au début des années 90, n'avaient pas ratifié la Convention des Nations Unies sur le droit de la mer, le 28 juillet 1994, l'Assemblée générale des Nations Unies a adopté l'Accord relatif à l'application de la partie XI de la Convention des Nations Unies sur le droit de la mer (exploitation minière des fonds marins). Bien que le nouvel accord vise à faciliter la participation universelle à la Convention, particulièrement celle des États qui sont en mesure de procéder à l'exploitation minière des grands fonds marins, il limite l'application pleine et entière du régime d'exploitation minière des grands fonds marins à une époque où cette exploitation deviendra économiquement viable en fonction des orientations fondées sur l'économie de marché.

L'archipel Arctique Le Canada a soutenu que les eaux de l'ARCHIPEL ARCTIQUE, y compris le PASSAGE DU NORD-OUEST, faisaient partie de ses eaux intérieures. Pour appuyer cette prétention, il a adopté, en 1970, la *Loi sur la prévention de la pollution des eaux arctiques*, qui accorde au gouvernement canadien des droits sur une zone de lutte contre la POLLUTION s'étendant jusqu'à 100 milles au-delà du périmètre de l'archipel. Malgré les protestations des États-Unis, le Canada a maintenu sa revendication sur les eaux de l'Arctique. Pendant les négociations menant à la Convention des Nations Unies sur le droit de la mer, il a d'ailleurs participé activement à une campagne visant à conférer aux États côtiers le droit de prescrire les normes en matière de lutte contre la pollution et de les appliquer. Même si la Convention ne reconnaît aux États côtiers que des pouvoirs limités en matière de protection de l'environnement, elle comporte cependant ce que l'on appelle l'«exception de l'Arctique», laquelle autorise le Canada à adopter des mesures de lutte contre la pollution dans les zones recouvertes par les glaces.

Pollution du milieu marin La Convention des Nations Unies sur le droit de la mer a mis en évidence la question de la pollution du milieu marin en établissant un régime général de coopération mondiale et régionale en vue de la protection et de la conservation du milieu marin. La Conférence des Nations Unies sur l'environnement et le développement tenue à Rio de Janeiro en 1992 vient renforcer les principes établis par la Conférence de Stockholm et la Convention des Nations Unies sur le droit de la mer. La Conférence de Rio érige formellement le développement durable en principe du droit international et souscrit aux principes énoncés dans la Convention des Nations Unies sur le droit de la mer. L'absence dans ces accords de mécanismes d'application efficaces constitue un frein considérable au progrès dans ce domaine.

Le Canada a tenté de renforcer sa revendication dans l'Arctique en s'assurant que le passage du Nord-Ouest ne soit pas assujetti aux règles applicables aux passages par les détroits internationaux. Il a toujours soutenu que ce passage ne constituait pas un détroit et, donc, que le droit de «passage en transit» (à savoir le droit de naviguer librement par le passage) ne pouvait être revendiqué. En 1985, réagissant directement au voyage du brise-glace américain *Polar Sea* qui avait traversé le passage du Nord-Ouest, le Canada a annoncé sa décision d'exercer sa pleine souveraineté sur les eaux de l'archipel Arctique.

Les revendications extracôtières canadiennes chevauchent celles de trois autres pays en six endroits différents: avec le Danemark, dans la région qui sépare le Groenland de l'Arctique canadien; avec la France, dans la zone située entre Terre-Neuve et les îles Saint-Pierre-et-Miquelon; et avec les États-Unis, dans le détroit de Juan de Fuca, l'entrée Dixon, la mer de Beaufort et le golfe du Maine. Le différend concernant la délimitation de la frontière maritime dans le golfe du Maine, qui portait sur des revendications contradictoires sur le banc Georges, une zone riche en ressources minières, a été soumis à une chambre spéciale de la Cour internationale de Justice. En 1984, elle a rendu une «solution équitable», fixant toute la frontière maritime entre le Canada et les États-Unis dans une grande partie du golfe du Maine.

Frontières maritimes Une sentence arbitrale a tranché en 1992 le différend canado-français à l'égard de l'emplacement des frontières maritimes des îles Saint-Pierre-et-Miquelon. L'arbitre canadien a marqué sa dissidence au motif que le jugement était contraire à l'exigence du droit international qui veut qu'un tribunal chargé de délimiter une frontière maritime doive appliquer des principes d'*equity* pour parvenir à une décision équitable. Le conflit frontalier avec le Groenland a été réglé par une entente avec le Danemark, laquelle trace une ligne médiane rajustée à travers le plateau continental entre les deux pays. Les autres frontières maritimes entre le Canada et les États-Unis ne sont toujours pas délimitées.

Même si la Convention des Nations Unies sur le droit de la mer ne lie que les États signataires, il reste qu'en pratique certains États s'y conforment. Toutefois, de nombreux pays attendent que la Convention soit ratifiée par des pays importants, comme la Russie et les États-Unis. Le 22 novembre 1994, les États signataires de la Convention décident de reporter au 1er août 1996 la première élection des juges du Tribunal international du droit de la mer.

Emily F. Carasco

Droit de la preuve Ensemble des règles régissant la preuve de l'existence d'un fait devant les tribunaux. Il relève à la fois de la compétence fédérale et de la compétence provinciale. Dans les matières qui relèvent du droit fédéral, les dispositions de la *Loi sur la preuve au Canada* doivent être appliquées de même que les règles de la *common law*. En matière criminelle, les règles de preuve sont en partie non écrites et en partie tirées de la JURISPRUDENCE anglaise et canadienne. L'un des principes fondamentaux du droit criminel canadien, principe maintenant inscrit dans la CHARTE CANADIENNE DES DROITS ET LIBERTÉS, est qu'un prévenu est présumé innocent tant que sa culpabilité n'a pas été prouvée hors de tout doute raisonnable. Puisque nul ne peut être contraint à s'incriminer, le poursuivant doit produire la preuve du crime, laquelle peut être fournie par des témoins qui déposent sous serment, par une preuve documentaire ou par l'exhibition d'objets, dès lors qu'est respectée la règle de pertinence, qui détermine l'admissibilité des éléments de preuve en matière criminelle, et qu'il n'y a pas violation des diverses règles d'exclusion.

Selon ces règles, tout élément susceptible d'établir la culpabilité ou l'innocence du prévenu peut être admis en preuve, l'exception la plus importante étant celle du ouï-dire. Généralement, les déclarations extrajudiciaires, orales ou écrites, ne sont pas admissibles pour établir la véracité de leur contenu, à moins qu'elles ne soient faites par le prévenu. Le changement le plus récent dans ce domaine permet aux tribunaux de tenir compte des déclarations extrajudiciaires pour ce qui est de la véracité de leur contenu, si cette preuve est nécessaire et si elle existe une garantie de leur fiabilité. Tant qu'elle a été faite de façon libre et volontaire, toute déclaration du prévenu reconnaissant être l'auteur d'un crime peut être présentée en preuve pour établir sa culpabilité.

Les communications privilégiées entre les avocats et leurs clients sont également exclues. Un avocat ne peut être contraint à témoigner sur des affaires qui lui ont été confiées dans l'exercice de sa profession. La preuve obtenue de manière à porter préjudice aux droits ou aux libertés garantis par la Charte ou à les nier doit être exclue s'il est démontré que son admission est susceptible de déconsidérer l'administration de la justice.

Plan provincial Les règles de preuve en matière civile sont établies par chacune des assemblées législatives provinciales. Les règles régissant la présentation de la preuve sont, pour l'essentiel, identiques dans toutes les provinces puisque le Québec a adopté le modèle anglais, fondé sur le système du contradictoire, c.-à-d. sur le système qui oblige chaque partie à faire la preuve des faits qu'elle invoque. Dans toutes les provinces, les témoins doivent en principe être entendus en audience publique, où ils seront d'abord interrogés par l'avocat de la partie qui les a cités à témoigner, puis contre-interrogés par l'avocat de la partie adverse.

La distinction entre le droit de la preuve au Québec et dans les provinces de *common law* réside dans les dispositions régissant l'admissibilité des éléments de preuve. Dans les provinces de *common law*, le principe fondamental demeure la règle de la pertinence, dont découle le principe de la liberté des moyens d'obtention des éléments de preuve. En droit québécois, cependant, la preuve relative aux contrats doit être présentée par écrit, non oralement, bien qu'un témoignage oral puisse être permis dans des cas limités, p. ex., dans le domaine des transactions commerciales. Une autre caractéristique particulière du droit québécois a trait à l'«acte authentique», c.-à-d. l'acte dressé par un officier public, p. ex., un notaire. L'avantage de l'acte authentique est que nul ne peut prouver qu'il est faux sans avoir d'abord obtenu du tribunal la permission d'en faire la preuve, évitant ainsi de mettre en doute l'acte de l'officier public qui l'a reçu.

Manque d'uniformité dans les droits de la preuve Ces dernières années, de graves préoccupations ont été exprimées au sujet du manque d'uniformité en matière de droit de la preuve parmi les provinces et entre les tribunaux fédéraux et provinciaux. En 1975, la Commission de réforme du droit du Canada a présenté un rapport au Parlement dans lequel elle recommandait l'adoption d'un code de la preuve qui viendrait remplacer les règles de *common law* existantes. La Commission de réforme du droit de l'Ontario a, pour sa part, proposé des modifications aux règles de preuve, bien que ses recommandations diffèrent considérablement de celles de la Commission de réforme du droit du Canada. La CONFÉRENCE SUR L'UNIFORMISATION DES LOIS DU CANADA, organisme formé de commissaires nommés par chaque gouvernement provincial pour assister à des conférences organisées dans le but de promouvoir l'harmonisation des lois dans l'ensemble du pays, a, quant à elle, recommandé la création d'un groupe de travail chargé de rédiger une loi uniforme sur la preuve. Présenté en 1981, son projet a été adopté par la Conférence et proposé comme modèle législatif au Parlement et aux assemblées législatives. Des travaux se poursuivent en la matière au gouvernement fédéral et au sein des gouvernements provinciaux.

Léo Ducharme

Droit de l'emploi Au Canada, droit régissant les relations entre l'employé individuel et son employeur, par opposition au DROIT DU TRAVAIL, droit régissant les relations de travail caractérisées par les NÉGOCIATIONS COLLECTIVES. Le droit de l'emploi englobe à la fois le droit régissant les «liens de préposition», dont les règles sont issues de la *common law* ou de la jurisprudence qui porte principalement sur le congédiement injustifié, et sur une masse complexe de textes législatifs régissant les normes minimales de travail, les droits de la personne, l'hygiène et la sécurité au travail, de même que sur l'indemnisation des travailleurs accidentés.

Protections Sauf quelques exceptions importantes, les employés syndiqués sont également protégés par les mesures législatives du droit de l'emploi, bien qu'ils soient rarement concernés par les normes minimales puisque leurs conventions collectives établissent presque toujours des salaires et des avantages sociaux plus élevés. D'autres lois les concernent, telles que les lois régissant les droits de la personne, la protection du paiement du salaire, l'hygiène et la sécurité au travail, l'indemnisation des travailleurs accidentés, la retraite et l'assurance-emploi.

Dans toutes les provinces, sauf au Québec, le droit portant sur le congédiement injustifié dérive largement du droit anglais, mais les tribunaux canadiens mentionnent rarement maintenant la jurisprudence anglaise. Les règles de droit équivalentes au Québec sont fondées sur le *Code civil* des Français. Normalement, un employé ne peut être congédié sans motif valable, à moins d'avoir été régulièrement avisé ou d'avoir reçu un paiement tenant lieu de préavis. En dehors de ces conditions, le droit en matière de congédiement injustifié n'accorde aucune protection contre le congédiement.

Les questions de savoir ce qui constitue une justification et ce qui constitue un avis «raisonnable» ont fait l'objet d'innombrables causes. Essentiellement, il y a généralement motif de congédiement lorsque l'employé ne s'acquitte pas des obligations que la loi lui reconnaît envers son employeur, y compris l'obligation, dans le cadre de son emploi, d'obéir aux instructions légitimes que lui donne l'employeur. La longueur du préavis auquel l'employé a droit dépend, d'abord, de toute convention ou entente entre l'employeur et l'employé découlant de la pratique dans l'industrie ou le secteur de travail concerné. P. ex., dans certaines industries ou dans certains types d'emploi, les mises à pied vont de soi. Dans d'autres, en l'absence de faute de la part de l'employé, on présume que son emploi est d'une durée indéterminée, auquel cas les difficultés économiques de l'employeur ne justifieront pas le congédiement sans préavis raisonnable.

À défaut d'entente ou de convention, la longueur du préavis auquel l'employé a droit dépend de la nature ou du statut de l'emploi, de la durée de service de l'employé, de son âge et de la disponibilité d'emplois semblables. Pour les cadres, le préavis est souvent d'un an ou plus. On considère généralement que les ouvriers ont droit à un préavis plus court, et ils peuvent préférer déposer une plainte sous le régime des lois sur les normes d'emploi, qui, bien que ne leur accordant qu'un préavis de une à huit semaines, selon la durée de leur service, constitue une procédure moins coûteuse que de retenir les services d'un avocat pour poursuivre en *common law*. Dans la majorité des provinces et dans les territoires, la protection minimale n'est offerte qu'aux employés qui ont déjà travaillé pendant une période de temps précise, soit 3 mois généralement.

Congédiement injustifié L'employé injustement congédié qui saisit les tribunaux ordinaires de sa demande se voit attribuer une indemnité équivalente à la rémunération qu'il aurait reçue si un préavis raisonnable lui avait été donné, mais il est tenu de réduire ses pertes, c.-à-d. que sera déduit tout argent gagné à un nouvel emploi ou qui aurait pu être gagné si des efforts raisonnables avaient été faits pour trouver un nouvel emploi. En raison des frais de justice, les causes portant sur le congédiement injustifié concernent généralement les employés cadres. Les employés syndiqués régis par une convention collective ne peuvent intenter une action pour congédiement injustifié. Ils doivent d'abord recourir à leur procédure de grief avant d'aller en ARBITRAGE. Cette solution peut être préférable, puisque les arbitres, contrairement aux tribunaux, ordonnent aux employeurs de reprendre à leur service les employés qui auraient été injustement congédiés. De plus, l'ar-

bitrage de griefs ne coûte normalement rien à l'employé.

On peut considérer le droit régissant les liens de préposition comme l'«ancien» droit de l'emploi et les règles législatives régissant les conditions d'emploi comme le «nouveau» droit de l'emploi, bien que la loi ait réglementé les modalités et les conditions d'emploi depuis le Moyen Âge. Les premières mesures de réglementation de l'emploi étaient essentiellement destinées à favoriser les employeurs, mais, depuis les années 1900, les lois sur les relations industrielles, quelle que soit leur lacune effective, ont été adoptées en vue de protéger les employés.

Pour qu'une personne soit régie par le droit de l'emploi, elle doit être l'employé d'un employeur. Il existe un nombre surprenant de situations dans lesquelles on ne peut légalement dire si des gens sont des employés ou des entrepreneurs indépendants. P. ex., les chauffeurs de taxi ou les camionneurs peuvent travailler pour une seule compagnie, sans être pour autant des employés aux yeux de la loi. Les tribunaux ou les personnes chargées de l'application des lois sur les normes d'emploi se demanderont si le chauffeur ou toute autre personne qui prétend être un employé est propriétaire du matériel ou des outils de son métier, si elle peut réaliser un profit ou essuyer une perte et, surtout, si elle est soumise au contrôle non seulement des tâches à accomplir dans son travail, mais aussi de la façon de les exécuter.

Organismes et codes Dans chaque province et au fédéral, le *Code des normes du travail* ou son équivalent réglemente non seulement les préavis, mais également le salaire minimum, les heures de travail, les heures supplémentaires, le mode et la périodicité du versement de la rémunération, l'état des revenus, les pauses quotidiennes, le repos hebdomadaire, les congés fériés, les vacances et les congés payés, le congé spécial pour exercer son droit de vote, les congés de maternité et le salaire égal pour les hommes et les femmes. Pour la plupart des autorités législatives canadiennes, les mesures législatives sur le salaire égal sont énoncées dans les codes des droits de la personne, qui interdisent la discrimination fondée sur le sexe, la race, la religion, l'origine ethnique ou nationale, et sur une variété d'autres motifs qui sont quelque peu différents d'une province à l'autre. Le *Code canadien du travail*, applicable aux employés qui travaillent dans les industries relevant de la compétence constitutionnelle fédérale (p. ex., les banques), prévoit également que les employés ayant travaillé pendant plus d'un an ont droit à la réintégration si un arbitre spécial juge qu'ils ont été congédiés sans justification. On peut considérer que de nombreuses autres lois (p. ex., les lois sur les sociétés et les lois sur le recouvrement des créances) font partie du droit de l'emploi, tout comme les lois régissant divers aspects du travail dans le secteur public (p. ex., la fonction publique et l'enseignement dans les écoles publiques).

Depuis les années 70, la relation entre l'employé individuel et son employeur au Canada est devenue de plus en plus réglementée, comme en témoignent les changements apportés au *Code canadien du travail*, lequel a accordé aux employés congédiés injustement le droit de revendiquer la réintégration par le recours à une procédure administrative spéciale peu coûteuse. Les juges sont devenus de plus en plus généreux dans l'adjudication des dommages-intérêts aux cadres congédiés injustement, au point où le salaire annuel est devenu chose courante — quantum de loin supérieur à ce qui est normal pour les tribunaux américains. La mauvaise conjoncture économique des années 80 et 90 ainsi que la fréquence des congédiements par suite de «compression d'effectifs» n'ont pas mené jusqu'ici à l'abolition des protections formelles légales obtenues au cours des années 70.

Innis Christie

Droit de retrait Permet à une ou plusieurs provinces de ne pas participer à un programme fédéral-provin-

cial à frais partagés et de recevoir plutôt le versement direct (en argent ou sous forme de marge fiscale) des fonds qui auraient été dépensés pour ce programme. Les pressions exercées par le Québec amènent l'adoption, en 1965, de la *Loi sur les programmes établis*, qui donne un droit de retrait à l'égard de programmes majeurs comme l'assurance-hospitalisation, la formation professionnelle, la santé publique et l'aide aux personnes âgées ou handicapées. Seul le Québec exerce le droit de retrait. Les défenseurs de la loi la citent en exemple de la capacité du système fédéral à répondre aux besoins du Québec, mais la loi est aussi critiquée parce qu'elle lui confère un genre de «statut particulier». Cette loi ouvre la voie à l'évolution ultérieure du fédéralisme fiscal, et notamment au Financement des programmes établis (1977).

La *Loi constitutionnelle de 1982* (*voir* LOI CONSTITUTIONNELLE) élargit le principe. Dans ses procédures de modification, elle prévoit un droit de retrait selon lequel une province peut se soustraire à toute modification qui va à l'encontre de ses pouvoirs législatifs actuels, de ses droits de propriété «ou de tout autre droit ou privilège» de son Assemblée législative ou de son gouvernement. Si une modification transfère des pouvoirs relatifs à l'éducation ou à la culture, le gouvernement fédéral doit fournir une «juste compensation» à une province qui exerce le droit de retrait. L'article 33 de la *Loi constitutionnelle de 1982* permet à un gouvernement d'opter pour une clause dérogatoire relativement à certains articles de la *Charte canadienne des droits et libertés*: le Parlement ou une Assemblée législative provinciale peut déclarer qu'une loi s'appliquera «indépendamment» d'une disposition donnée de l'article 2 (libertés fondamentales) et des articles 7 à 15 (garanties juridiques et droits à l'égalité) de la Charte. Une telle disposition peut être édictée pour cinq ans au maximum, mais elle peut être édictée de nouveau.

Richard Simeon

Droit de traiter Le mot «traité» recouvre tous les types d'accords internationaux régis par le droit international et conclus par et entre des États et des organismes internationaux. Parfois, on les appelle aussi convention, protocole ou déclaration. Un traité peut être bilatéral (conclu entre deux parties) ou multilatéral (plus de deux parties). Les ententes et accords informels entre États qui ne sont pas censés comporter d'obligations juridiques ne sont pas considérés comme des traités. La plupart des traités en vigueur qui touchent le Canada sont publiés dans le *Recueil des traités du Canada* et dans le *Recueil des traités des Nations Unies*. Seuls les États et les organismes internationaux dotés d'une personnalité internationale (p. ex., les NATIONS UNIES) ont le droit de traiter. Avant que le Canada n'obtienne au fil des ans le statut d'État indépendant et souverain, les RELATIONS EXTÉRIEURES étaient régies par la Grande-Bretagne, qui négociait, signait et ratifiait les traités au nom de l'Empire britannique, y compris du Canada. Le premier traité multilatéral signé par le Canada en son nom propre est le TRAITÉ DE VERSAILLES (1919). Le premier traité bilatéral négocié et signé par le Canada est la Convention entre le Canada et les États-Unis d'Amérique sur les pêcheries de flétan, en 1923 (*voir* TRAITÉ DU FLÉTAN). Toutefois, au Canada, le droit de traiter demeure une prérogative royale, vestige de l'autorité de la COURONNE. La délégation de cette prérogative est un processus évolutif qui s'achève avec les lettres patentes de 1947, qui autorisent le gouverneur général à exercer tous les pouvoirs du souverain à l'égard du Canada. En pratique, l'exercice du droit de traiter s'appuie sur l'approbation de la politique par le cabinet ou par les ministres les plus immédiatement concernés, associée à un pouvoir exécutif qui prend la forme d'un DÉCRET émis par le gouverneur en conseil. En tant que ministre responsable des relations extérieures, le secrétaire d'État aux Affaires extérieures émet des avis et recommandations sur la conduite du Canada en matière de traités.

Le Canada est lié par toutes les clauses des traités qu'il signe, et toute violation peut entraîner des réclamations internationales. Au Canada pourtant, l'application des traités n'est pas automatique, car ceux-ci n'entrent pas dans les lois du pays en vertu de leur seule signature. Si les obligations d'un traité exigent qu'on modifie la législation intérieure, on a recours à des lois de mise en œuvre, c.-à-d. que si les lois existantes du Canada n'autorisent pas le gouvernement du Canada à s'acquitter de ses obligations, le corps législatif concerné, au fédéral ou provincial ou aux deux paliers de gouvernement, devra adopter une législation ayant force exécutoire. Voilà une conséquence du *Labour Conventions Case* de 1937.

Quoi qu'il soit habilité à conclure des traités, le gouvernement fédéral peut uniquement voter des lois dans le cas de traités portant sur des sujets relevant de sa compétence. Lorsqu'un traité porte sur des questions relevant des pouvoirs législatifs provinciaux, c'est aux assemblées provinciales d'adopter la législation nécessaire. En général, le gouvernement fédéral consulte au préalable les provinces visées par la mise en œuvre d'un traité. Dans sa forme actuelle, la clause relative à un État fédéral autorise le Canada à signer les conventions internationales (p. ex., la Convention de La Haye de 1980 sur l'enlèvement international d'enfants) et à désigner les provinces auxquelles la convention s'applique. En pratique, il s'agit des provinces ayant adopté la législation exécutoire nécessaire. Le libellé de cette clause permet au gouvernement de faire des déclarations ultérieures élargissant l'application de la convention à d'autres provinces, dès que celles-ci adoptent la législation voulue.

En règle générale, selon le droit international, seul le gouvernement central peut lier un État par un traité. Ainsi, seul le gouvernement du Canada peut engager le pays à l'échelle internationale, même si les limites de sa compétence législative limitent ses pouvoirs exécutoires. Par contre, les provinces ne sont pas habilitées à engager le Canada, même pour des questions relevant de leur compétence législative. Au cours des dernières années, les gouvernements provinciaux ont conclu avec des gouvernements étrangers différents arrangements ou ententes n'ayant pas force exécutoire selon le droit international. P. ex., l'Ontario et le Québec ont signé avec des gouvernements étrangers un certain nombre d'accords en matière d'éducation et de culture.

Malgré un système de signature et d'application des traités que certains jugent insatisfaisant, le Canada compte parmi les pays les plus actifs en la matière. Une grande partie des textes de DROIT INTERNATIONAL régissant les traités figure dans la Convention de Vienne sur le droit des traités, à laquelle a adhéré le Canada en 1970.

Emily F. Carasco

Droit de vote Ce droit s'applique aux ÉLECTIONS publiques des députés fédéraux et provinciaux et des membres des conseils municipaux. Au Canada, le droit de vote remonte au milieu du XVIIIe siècle. En général, dans les colonies de l'époque, des restrictions limitaient en pratique le droit de vote aux propriétaires fonciers de sexe masculin. Par la suite, les conditions d'obtention de la qualité d'électeur et le rythme d'élargissement des catégories de personnes habiles à voter varient d'un ressort à l'autre et en fonction de l'évolution des valeurs sociales et des dispositions constitutionnelles.

Pendant les 50 années qui suivent la Confédération, les deux partis nationaux manipulent le droit de vote au fédéral de façon grossièrement partisane. Jusqu'en 1920, le droit de vote au pays dépend à diverses occasions des listes électorales dressées par les provinces aux fins des élections provinciales (de sorte que le droit de vote «national» n'est pas identique d'une province à l'autre) ou d'une liste fédérale compilée par des recenseurs nommés par le parti au pouvoir à Ottawa. De 1867 à 1884, le droit de vote est régi par les lois provinciales et est réservé aux propriétaires; la composition de l'électorat est ainsi biaisée en faveur du Parti conservateur. Pareillement, après l'élection des Libéraux en 1896, les modalités électorales avantagent le Parti libéral.

La législation électorale canadienne la plus controversée est adoptée par le Parlement pendant la Première Guerre mondiale. La LOI DES ÉLECTIONS EN TEMPS DE GUERRE et la *Loi des électeurs militaires* de 1917 accordent le droit de vote aux femmes ayant dans leur parenté des hommes en service dans les Forces armées canadiennes ou britanniques ainsi qu'à tous les militaires (y compris les mineurs et les Amérindiens). Elle prive du droit de vote les objecteurs de conscience et les sujets britanniques naturalisés après 1902 qui sont nés dans un pays ennemi ou parlent habituellement la langue d'un pays ennemi. Le gouvernement au pouvoir ne surprend personne en admettant ouvertement que la loi est conçue pour le favoriser et les résultats des élections de 1917 lui donnent raison. Ces abus et ces modifications des pratiques régissant le droit de vote prennent fin en 1920, lorsque le Parlement adopte une loi instaurant un droit de vote uniforme dans tout le pays.

Sauf à quelques occasions, de 1809 à 1834, où des femmes ont pu voter en Nouvelle-Écosse et au BAS-CANADA d'avant la Confédération, les femmes ont été systématiquement et universellement privées du droit de vote. Hormis le droit de vote conféré aux femmes de façon temporaire et sélective par la *Loi des élections en temps de guerre*, les femmes ont le droit de voter aux élections fédérales pour la première fois en 1918. Ce n'est qu'en 1940 que le droit de vote est garanti à toutes les femmes au palier provincial. La première province à accorder aux femmes le droit de voter aux élections provinciales est le Manitoba, en 1916, et la dernière est le Québec, en 1940. Le droit de vote aux élections fédérales et provinciales est refusé à la plupart des Canadiens d'origine orientale depuis l'arrivée des premiers d'entre eux au XIXe siècle et pendant une bonne partie de la première moitié du XXe siècle. La dernière mesure législative privant des Asiatiques du droit de vote est abolie en 1948, lorsque le droit de vote au palier fédéral est accordé aux CANADIENS D'ORIGINE JAPONAISE. Les Indiens non inscrits obtiennent graduellement le droit de vote dans toutes les provinces, d'abord en Colombie-Britannique (1949) et, en dernier lieu, au Québec (1969). Au palier fédéral, le droit de vote est accordé aux Inuits en 1950 et aux Amérindiens inscrits en 1960.

De nos jours, le droit de vote est quasi universel aux paliers provincial et fédéral. La CHARTE CANADIENNE DES DROITS ET LIBERTÉS, adoptée en 1982, prévoit que «tout citoyen du Canada a le droit de vote et est éligible aux élections législatives fédérales ou provinciales» (art. 3). Cette disposition permet de contester avec succès devant les tribunaux, peu avant les élections fédérales de 1988, le refus du droit de vote aux juges nommés par le fédéral et aux déficients mentaux. Les tribunaux invalident le refus du droit de vote à ces catégories de personnes en admettant la portée universelle de l'article 3 de la Charte et en statuant que de telles restrictions ne sont pas «raisonnables» dans une «société libre et démocratique». En 1993, la *Loi électorale du Canada* est modifiée afin d'accorder le droit de vote aux Canadiens vivant à l'étranger depuis moins de cinq ans.

Les diverses tentatives des détenus pour obtenir le droit de vote par voie de poursuites judiciaires fondées sur la Charte obtiennent un succès mitigé. Au Manitoba, p. ex., la Cour du Banc de la Reine a invalidé les dispositions de la loi provinciale qui refusent le droit de vote aux prisonniers. En appel, toutefois, la décision a été reportée. En 1993, des modifications de la *Loi électorale du Canada* accordent le droit de vote à tous les détenus d'établissements fédéraux qui purgent une peine de moins de deux ans. Cette nouvelle loi est aussi contestée avec succès en janvier 1996, ce qui procure le droit de vote à tous les détenus. Le gouvernement fédéral a appelé de cette décision et l'affaire est en instance en février 1997.

John C. Courtney

Droit des biens Au sens populaire, le bien constitue une chose matérielle susceptible d'appropriation. Ainsi entendue, la notion de bien favorise la conception des droits de propriété comme droits absolus et non indéfectibles. Au sens juridique, il est toutefois plus exact de considérer le bien sous l'angle de l'ensemble des droits juridiques dont jouissent les individus à l'égard des choses et des obligations qu'autrui leur doit et que l'État garantit et protège. La propriété des biens est soit «privée» (cas des biens appartenant à un ou plusieurs particuliers), soit «domaniale» (cas des biens appartenant à des personnes morales de droit public).

La COMMON LAW distingue aussi les biens «réels» des biens «personnels». Les biens réels (ou biens immobiliers ou immeubles) comprennent les biens-fonds, les bâtiments s'y trouvant, les droits rattachés aux ressources minières du sol et toute chose incorporée aux biens-fonds ou aux bâtiments, qui peut être considérée comme y étant fixée en permanence. Les biens personnels (parfois appelés «chatels») sont tous les biens qui ne sont pas des biens réels. La dichotomie entre biens réels et biens personnels provient de l'ancien droit anglais qui considérait qu'un bien était «réel» si les tribunaux pouvaient remettre à son propriétaire dépossédé la chose elle-même au lieu de lui accorder uniquement des dommages-intérêts sous forme d'indemnisation pour sa perte.

Origine et évolution du droit des biens au Canada Le droit des biens des provinces de *common law* tire son origine de l'Angleterre. Les régimes juridiques ont été établis à diverses époques, p. ex., en Nouvelle-Écosse, y compris ce qui deviendra plus tard le Nouveau-Brunswick en 1758, à l'Île-du-Prince-Édouard en 1763, dans le Haut-Canada (Ontario) en 1792, à Terre-Neuve en 1832, en Colombie-Britannique en 1858 et dans le Nord-Ouest (plus tard les trois provinces des Prairies) en 1870. La *Loi constitutionnelle de 1867* a accordé aux provinces le pouvoir de légiférer sur les biens et les droits civils. En conséquence, seules les législatures provinciales sont habilitées à légiférer en matière de droit des biens en général, y compris le droit des successions et le droit des biens matrimoniaux (*voir* FAMILLE, DROIT DE LA). Certains genres de biens (p. ex., les lettres de change et les billets à ordre, les brevets, les droits d'auteur et l'intérêt) relèvent toutefois de la compétence fédérale. Le Parlement peut légiférer indirectement sur les droits de propriété dans le cadre de la réglementation du commerce interprovincial ou international au titre de son pouvoir de taxation et de son pouvoir d'expropriation à des fins fédérales. Il n'en demeure pas moins que le droit général des biens relève de la compétence des provinces.

Le droit des biens s'est développé de façon progressive et peu spectaculaire. Vers la fin du XIXe siècle, les provinces et territoires canadiens ont adopté des lois permettant aux femmes mariées de détenir des biens séparément de leurs maris. Auparavant, les biens personnels d'une femme étaient dévolus à son mari au moment du mariage. Le droit de la femme mariée d'accéder à la propriété à titre personnel permettait ainsi aux conjoints de détenir le foyer matrimonial en tenance conjointe, un régime qui se généralisera au XXe siècle.

Le XIXe siècle a connu la fusion des règles du droit successoral applicables aux biens réels et aux biens personnels. Le droit de primogéniture qui voulait que l'aîné reçoive en héritage la totalité du patrimoine a été abandonné, en cas de succession non testamentaire, au profit du partage des biens-fonds entre la femme et ses enfants, comme le partage s'effectuait dans le cas des biens personnels. En 1910, l'Alberta et la Saskatchewan, suivant en cela la Nouvelle-Zélande, deviennent les premières provinces à édicter des lois limitant le pouvoir de léguer des biens (respectivement, les lois intitulées *An Act Respecting the Rights of Married Women in the Estate of their Deceased Husbands* et *An Act to Amend the Devolution of Estates Act*). Peu à peu, toutes les provinces de *common law* ont édicté des lois sur l'entretien de la famille du testateur ou pour la provision des personnes à charge du testateur, qui habilitaient le juge à invalider tout testament dont son auteur avait insuffisamment pourvu à l'entretien du conjoint ou des autres personnes à sa charge.

En 1975, dans l'affaire MURDOCH, la Cour suprême du Canada a statué que la femme d'un éleveur albertain dont le mariage avait échoué n'avait pas droit à une part de la ferme, laquelle était enregistrée au nom du mari, même si elle avait grandement participé au succès de la ferme. L'injustice flagrante du droit, clairement illustrée par cet arrêt, a transformé profondément le droit des biens matrimoniaux dans toutes les provinces de *common law* au cours de la décennie suivante. Les lois provinciales autorisent maintenant les juges à ordonner la répartition des biens après l'échec du mariage pour faire justice aux conjoints, peu importe celui des deux qui possède les biens.

Les tribunaux ont aussi participé à cet effort et les notions du droit des biens ont été modifiées pour assurer des résultats plus justes. Dans l'arrêt Rathwell, la Cour suprême du Canada, afin d'empêcher que le mari titulaire du titre de propriété s'enrichisse sans cause, a invoqué la notion de fiducie par déduction pour faire obstacle à cet enrichissement par suite de la contribution faite par la femme à l'acquisition des biens. Dans l'arrêt Pettkus c. Becker, elle a appliqué de nouveau ces principes afin de répartir également les biens entre un homme et une femme non mariés qui avaient vécu ensemble pendant près de 20 ans dès lors que la contribution de la femme avait permis au mari d'acquérir ces biens.

Le droit des biens des provinces de *common law* est généralement semblable d'une province à l'autre, sauf dans le domaine de l'enregistrement des droits fonciers. Les provinces de l'Atlantique et le sud de l'Ontario ont un système d'enregistrement des actes, alors que dans les quatre provinces de l'Ouest et dans le nord de l'Ontario, on trouve plutôt un régime d'enregistrement des titres fonciers, ou le système Torrens. Dans le système d'enregistrement des actes, le propriétaire établit son titre en se fondant sur ceux de ses prédécesseurs en titre. En théorie, on établit alors le titre en remontant jusqu'à la concession primitive accordée par la Couronne. Dans le sud de l'Ontario, il est maintenant nécessaire d'établir une chaîne de titre valable sur une période de 40 ans.

Sous le régime d'enregistrement des titres fonciers ou système Torrens, du nom de sir Robert Richard Torrens, le concepteur du système du sud de l'Australie, l'État enregistre tous les biens-fonds relevant de sa compétence en indiquant les noms des propriétaires et ceux des revendiquants d'un droit afférent. Dans le cadre de ce système, l'acheteur éventuel n'a qu'à traiter avec la personne qui en est propriétaire d'après le registre. Il n'a pas à se demander si le titre est valable. Le Conseil des premiers ministres des Maritimes a créé un organisme chargé d'élaborer et de mettre sur pied un système d'enregistrement foncier unifié qui remplacera l'actuel système d'enregistrement des actes. Dans le nord de l'Ontario et dans certaines régions du sud de l'Ontario, on a instauré un système Torrens modifié, inspiré de celui qui existe dans l'Ouest canadien.

Catégories de biens Reflètent les aspects économiques et sociaux de la société. L'INDUSTRIALISATION a consacré de nouvelles formes de droits de propriété sur les usines et les machines. L'essor des sociétés par actions (les prédécesseurs des sociétés commerciales modernes) a fait apparaître de nouveaux droits de propriété sous forme d'obligations et d'actions. Récemment, la nature des droits de propriété s'est transformée en raison de la tendance des États modernes à prélever des revenus, à se conférer des pouvoirs et à accorder des subventions, des avantages, des services, des contrats, des franchises et des licences. Cette largesse des pouvoirs publics peut fort bien remplacer les formes traditionnelles de richesse, aussi devra-t-on établir de nouvelles règles pour protéger les particuliers contre les mesures arbitraires de l'État. On a soutenu que la définition de la notion de bien ne devrait plus se limiter au droit d'exclure les tiers de l'usage ou de la jouissance d'une chose, mais devrait aussi comprendre le droit de ne pas être exclu de l'usage ou de la jouissance des réalisations de l'ensemble de la société.

Biens et Charte canadienne des droits et libertés *La Charte canadienne des droits et libertés* ne prévoit pas expressément la protection des droits de propriété en tant que tels, mais ceux-ci sont créés et donc protégés par la *common law* et par le droit législatif, bien que la *common law* et les lois puissent toutes deux être modifiées par voie législative. Toute garantie constitutionnelle devrait reconnaître que la propriété est une institution sociale qui doit être constamment réformée. Comme l'a soutenu un grand juriste, un droit de propriété absolu mènerait à la dissolution de la société. L'importance de cet avertissement est peut-être le mieux illustrée par la situation de la personne qui achète un fusil. Les droits de propriété qu'elle acquiert à l'égard du fusil ne peuvent s'étendre à la permission d'utiliser le fusil n'importe comment. De même, le propriétaire foncier ne devrait pas avoir le droit de polluer l'air et l'eau, d'abord parce que cela diminuerait la jouissance et la valeur des biens des propriétaires voisins, ensuite en raison de l'obligation morale de chaque génération de léguer aux générations futures une planète habitable. On pourrait donc modifier les droits de propriété en vue de contrecarrer de nouvelles menaces à l'environnement. Il n'existe aucune harmonie préétablie entre les droits privés et le bien-être public. La société devra toujours faire face au dilemme suivant: comment combiner l'utilisation rationnelle des ressources à une réglementation efficace dans l'intérêt de l'ensemble de la société.

Droit des biens au Québec

Dans son sens le plus large, le droit québécois des biens comprend les principes régissant les modes d'acquisition et d'aliénation de tous genres de biens, c.-à-d. tous les mécanismes et les opérations qui caractérisent la transmission des biens. Dans un sens plus étroit, ce droit s'intéresse à la définition de la notion de bien. En fait, par bien on entend toute chose qui a une valeur pécuniaire, c.-à-d. tout ce qui constitue une richesse. Cette définition engloberait tout droit quantifiable financièrement et non seulement des droits sur les choses («droits réels») ou, en fait, ces choses elles-mêmes. Traditionnellement, le droit des biens se limite cependant au domaine des droits réels sur les objets incorporels ou corporels.

Au Québec, le droit des biens est fermement ancré dans la tradition du DROIT CIVIL français. Il découle donc du droit romain. La *common law* anglo-américaine a très peu influencé ses institutions (sauf pour ce qui est de l'institution de la FIDUCIE et de certaines sûretés). Le droit québécois, comme le droit français, a toujours attaché la plus grande importance aux fonds de terre et aux droits fonciers comme objets de richesse. En effet, le régime foncier féodal (le RÉGIME SEIGNEURIAL) n'a été aboli au Québec qu'en 1854, une réforme qu'il fallait nécessairement instituer avant la codification du droit civil lui-même dans sa forme moderne (1866). Qu'elles aient autrefois été des seigneuries sous le régime français ou qu'elles aient été concédées par la Couronne (depuis 1763), aujourd'hui, les terres du Québec appartiennent dans tous les cas aux particuliers au titre d'une tenure «franche», c.-à-d. qu'elles sont détenues de façon aussi indépendante de la Couronne et de façon aussi absolue que possible.

Le *Code civil du Québec* énonce les principes fondamentaux du droit des biens applicables aux particuliers. Depuis 1866, de nombreux textes législatifs connexes sont venus s'y greffer pour réglementer de nouvelles formes de biens (telle l'énergie hydraulique) et contrôler l'usage des biens en fonction des préoccupations contemporaines (tels les risques environnementaux et le patrimoine culturel). Néanmoins, le Code reconnaît deux principes fondamentaux du droit des biens: le droit de propriété privée (la propriété privée des fonds de terre et des objets) et, comme corollaire, la libre circulation de ces biens. Il réglemente lui-même la propriété privée en ce sens, alors que les lois réglementent les biens de la Couronne ou les biens domaniaux et municipaux auxquels s'appliquent des règles spéciales.

Plus techniquement, en droit civil québécois, les types de biens sont soit des «immeubles» (les biens-fonds et leurs dépendances, et tous les droits fonciers), soit des «meubles» (les choses matérielles qui peuvent être déplacées ainsi que les créances monétaires et l'exécution des contrats et des obligations en général). Cette distinction forme le fil d'Ariane qui parcourt le droit québécois et constitue le fondement de plusieurs des formalités juridiques qui se rapportent à divers types de biens. P. ex., tous les droits fonciers sont susceptibles d'inscription officielle au système des titres fonciers, contrairement aux droits portant sur les biens meubles.

Les droits portant sur les choses («les droits réels» au sens technique) peuvent se diviser en trois grandes catégories: ainsi, on peut avoir un droit de propriété, c.-à-d. un droit sur son propre bien; un droit sur la chose d'autrui, c.-à-d. un droit moindre que la propriété, mais néanmoins doté de certaines des prérogatives afférentes à la propriété; ou une créance, c.-à-d. le droit autorisant un créancier à saisir et à vendre les biens de son débiteur pour régler une dette impayée.

La propriété, c.-à-d. le droit réel dans sa plénitude, est le droit d'utiliser des objets, d'en jouir et de les aliéner de la façon la plus absolue, à condition que l'usage qui en est fait soit conforme à la loi ou aux règlements. La propriété est un droit «exclusif» ou individuel et, comme notion, elle revêt une forme unitaire. Ainsi, le droit décourage deux ou plusieurs personnes d'être conjointement propriétaires du même bien (sous réserve de certaines exceptions notables telles que les condominiums et certains aspects des relations propriétales entre époux). Le droit civil ne reconnaît pas lui non plus la distinction, que fait la *common law*, entre la propriété en *common law* et la propriété en *equity*, p. ex., les biens partagés entre un fiduciaire et un bénéficiaire de la fiducie. La propriété étant considérée comme exclusive et individuelle, le principe juridique général veut que les droits moindres que la propriété qui sont dévolus à des tiers soient normalement limités dans le temps, de sorte à préserver toute l'intégrité des prérogatives qui découlent de la propriété proprement dite.

Les droits de la seconde catégorie (les droits sur les choses dont une autre personne est propriétaire) sont dotés de certaines prérogatives de la propriété, mais sont de moindre importance que le droit de propriété. L'«usufruit» est le droit à la possession, à l'usage et à la jouissance d'une chose (meuble ou immeuble) appartenant à autrui, à charge de la remettre (ou parfois de remettre son équivalent en argent) à la fin de la période de jouissance. Cette notion (ou ses variantes) se rencontre souvent dans le contexte de la planification successorale. L'«emphytéose» est le droit, au titre d'un bail foncier de longue durée d'un bien appartenant à autrui, en vertu duquel le preneur ou emphytéote s'engage à apporter des améliorations en contrepartie du droit de jouir du bien-fonds comme propriétaire pour la période précisée. Cette institution sert principalement dans le cadre de grands projets d'aménagement urbain. Les «servitudes réelles» s'entendent de diverses sortes de droits liant deux biens-fonds en vertu desquels un bien-fonds (ou un propriétaire foncier) est assujetti à des obligations ou à des services déterminés en faveur de l'autre, tels les droits de vue ou de passage ou l'obligation de ne pas construire un mur au-delà d'une certaine hauteur.

Dans la troisième catégorie de droits, un créancier peut détenir un droit sur le bien de son débiteur lui permettant de saisir ce bien et de le vendre, sous l'autorité de la justice, si le débiteur est incapable de payer sa dette. Le bien saisissable par le créancier peut précédemment avoir été cédé au créancier ou être resté en la possession du débiteur. Au Québec, on appelle ces diverses sûretés ou bien des privilèges, c.-à-d. des droits d'origine législative grevant les meubles ou les immeubles du débiteur destinés à garantir une liste longue et variée de créances des créanciers, ou bien une «hypothèque», c.-à-d. le droit du créancier de saisir et de vendre le bien immeuble (le bien-fonds, les bâtiments) de son débiteur qui a été constitué par voie contractuelle en garantie de la dette. Les provinces et les territoires de *common law* ont au Canada une institution semblable, également appelée HYPOTHÈQUE.

En droit québécois, il n'est pas certain dans quelle mesure un particulier peut, en vertu du principe de la liberté contractuelle, créer des droits réels ou des droits de propriété, autres que ceux déjà inscrits dans le *Code civil* ou dans des lois connexes. Les droits de propriété les plus communément invoqués sont maintenant prévus dans ces sources.

Gordon Bale et John E.C. Brierley

Droit des sociétés La société commerciale est une entité artificielle créée par voie législative ou sous le régime des lois d'un État. Le droit des sociétés (également appelé le droit des compagnies) est la branche du droit qui régit la formation, la gestion et la dissolution des sociétés. La société commerciale est la forme dominante de l'organisation commerciale au Canada. Les entreprises individuelles et les sociétés de personnes sont d'autres formes de personnes morales non dotées de la personnalité morale, largement utilisées au Canada. Bien qu'il existe au Canada beaucoup plus de sociétés de personnes et d'entreprises individuelles que de sociétés commerciales, cette dernière est la forme la plus souvent choisie pour les grandes entreprises. L'immense majorité du revenu des personnes morales est produite par les sociétés commerciales dotées de la personnalité morale. Les villes, les universités, les organisations caritatives et autres entités sont elles aussi souvent dotées de la personnalité morale, mais le droit des sociétés s'intéresse surtout aux sociétés commerciales à but lucratif.

Nature de la société commerciale Elle présente cinq attributs distinctifs: 1) une personnalité morale distincte, 2) une existence perpétuelle, 3) une responsabilité limitée, 4) la libre transférabilité de l'intérêt des investisseurs et 5) une gestion centralisée. La prééminence de la société commerciale est causée en grande partie par la présence de ces caractéristiques désirables.

La société commerciale est dotée d'une personnalité morale distincte en ce sens qu'elle constitue en droit une personne séparée et distincte de ses actionnaires, de ses administrateurs et de ses dirigeants. Elle peut conclure des contrats et être propriétaire de biens de la même manière qu'une personne physique. Elle peut également ester en justice en son propre nom. Étant considérée comme une entité juridique distincte, elle peut conclure des contrats avec ses propres actionnaires. Elle peut également être déclarée coupable d'une infraction criminelle dès lors que la disposition législative visée prévoit une amende au lieu d'une peine d'emprisonnement en cas de violation.

La société commerciale a une existence perpétuelle, ce qui signifie qu'elle continue d'exister jusqu'à sa liquidation ou sa dissolution. La mort d'un actionnaire, même s'il est le seul actionnaire, n'a aucun effet sur l'existence de la société commerciale. Par conséquent, les sociétés commerciales constituent des formes d'organisation d'entreprises relativement stables.

Les actionnaires qui investissent dans une société commerciale bénéficient d'une responsabilité limitée puisqu'ils ne sont pas responsables des dettes ou des autres obligations qu'elle a engagées. Si elle devient insolvable, les actionnaires perdront leur investissement (c.-à-d. leurs actions dans la société), mais ils ne seront pas tenus responsables de ses dettes.

La forme d'organisation commerciale que constitue la société commerciale fournit un moyen d'investissement idéal en raison de la libre transférabilité de ses actions: ainsi, sauf restriction prévue dans ses statuts constitutifs, l'actionnaire pourra vendre ses actions sans le consentement des administrateurs, des dirigeants ou des autres actionnaires. La libre transférabilité des actions, associée à la responsabilité limitée dont bénéficient les actionnaires, a mené à la création des marchés boursiers où des quantités considérables d'actions sont achetées et vendues. L'existence de bourses organisées augmente de beaucoup la liquidité des placements des actionnaires. Aussi la société commerciale offre-t-elle un mécanisme pour l'accumulation de blocs de capitaux grâce auxquels de grands projets peuvent être financés ainsi qu'un moyen par lequel le public peut investir et participer à ces projets.

Structure des sociétés commerciales La société commerciale se compose d'actionnaires, d'administrateurs et de dirigeants. Elle fait l'objet d'une gestion centralisée en ce sens que le pouvoir de diriger l'entreprise est confié aux administrateurs, lesquels sont responsables de la surveillance des activités commerciales, de la nomination des dirigeants et des questions d'orientation générale. La responsabilité de l'administration quotidienne du fonctionnement de l'entreprise est confiée aux dirigeants.

Les actionnaires jouent un rôle passif dans la gestion de la société commerciale. Ils n'ont aucun contrôle direct sur les décisions commerciales. Ils jouissent cependant du droit d'élire les administrateurs aux assemblées générales des actionnaires et sont habiles à voter sur un nombre limité d'opérations extraordinaires. Bien que les administrateurs, les dirigeants et les actionnaires aient des rôles différents, la même personne peut cumuler plusieurs qualités. Dans une entreprise individuelle, toutes ces fonctions peuvent être exercées par un seul actionnaire et administrateur qui est également le président de l'entreprise.

La centralisation de la gestion crée une séparation entre la propriété et le contrôle. Certains commentateurs s'inquiètent du fait que les cadres supérieurs des sociétés commerciales à grand nombre d'actionnaires (dont aucun n'est majoritaire) peuvent ne pas être régulièrement responsables envers les actionnaires qui sont les propriétaires ultimes de l'entreprise. D'autres font valoir que, même si le potentiel d'abus de pouvoir de la direction est présent, cet abus est mieux contrôlé par la discipline des forces du marché.

Une distinction est souvent établie entre une société commerciale à souscription publique (aussi appelée société publique), d'une part, et une société commerciale ne faisant pas appel à la souscription publique (également appelée société à peu d'actionnaires ou société commerciale privée), d'autre part. La société commerciale à souscription publique sollicite activement l'achat de ses actions par le public, ces actions étant généralement négociées sur un marché boursier. Cette activité est réglementée par les lois sur les valeurs mobilières de chaque province où les valeurs mobilières sont vendues ainsi que par chaque bourse où les actions sont négociées.

La société commerciale qui ne fait pas appel à la souscription publique compte un nombre limité d'actionnaires. Souvent la transférabilité des actions est assortie d'une limitation, et il est interdit à la société commerciale de solliciter l'achat de ses valeurs mobilières par le public. Dans certains cas, les participants cherchent à améliorer la distinction entre la propriété et le contrôle qui est inhérent à une structure de gestion centralisée afin de permettre une plus grande participation des actionnaires à la gestion de la société. De telles sociétés commerciales peuvent être largement dépourvues des caractéristiques distinctives de la société commerciale, aussi les appelle-t-on souvent des sociétés de personnes dotées de la personnalité morale. Les promoteurs choisissent principalement cette forme d'organisation afin d'obtenir les avantages de la responsabilité limitée ou de profiter du régime fiscal avantageux propre aux sociétés commerciales.

Régime de création des sociétés commerciales Avant 1970, il existait deux régimes de création des sociétés commerciales au Canada, tous deux issus du droit anglais. Le premier permettait la création de sociétés commerciales au moyen d'un octroi de lettres patentes par la Couronne. Ce mécanisme de création des sociétés commerciales provenait en droite ligne des grandes sociétés monopolistiques de la Couronne des XVIe et XVIIe siècles en Angleterre telles que la COMPAGNIE DE LA BAIE D'HUDSON. Le deuxième régime de formation de sociétés commerciales prévoyait la constitution par enregistrement d'un acte constitutif et des statuts constitutifs. Ce mode de formation était inspiré de la loi anglaise de 1862 sur les compagnies.

Les années 70 ont été marquées par une série de réformes du droit des sociétés au Canada. En 1970, l'Ontario adopte la *Loi sur les sociétés par actions*, inspirée principalement du droit des sociétés de l'État de New York. En 1975, le gouvernement fédéral adopte la *Loi sur les corporations commerciales du Canada* (aujourd'hui la *Loi sur les sociétés par actions*). Une version modifiée de cette loi a depuis été adoptée en Alberta, en Saskatchewan, au Manitoba, au Nouveau-Brunswick et à Terre-Neuve. Cette forme de législation est par conséquent devenue la forme dominante de loi régissant la formation des entreprises au Canada. La Colombie-Britannique et la Nouvelle-Écosse continuent d'utiliser le modèle de l'acte constitutif, alors que l'Île-du-Prince-Édouard recourt toujours aux lettres patentes.

Processus de constitution Dans le cadre du modèle de la *Loi sur les sociétés commerciales* (ou *Loi sur les sociétés par actions*), les fondateurs doivent déposer auprès du registraire des sociétés commerciales une formule prévue par la loi et appelée «statuts constitutifs» accompagnée d'un avis de leur siège social ou bureau enregistré ainsi que de la liste de leurs administrateurs. Les statuts constitutifs contiennent la constitution de la société. Elle doit en indiquer la dénomination, les catégories d'actions et les droits et restrictions dont chaque catégorie est assortie, en cas de pluralité de catégories d'actions, les restrictions applicables au transfert des actions ainsi que les restrictions applicables à l'activité que la société commerciale peut exercer.

Suivant la délivrance du certificat de constitution par le registraire, la société commerciale commence son existence. Les administrateurs désignés dans la liste des administrateurs tiennent alors une réunion d'organisation, émettent des actions et adoptent les règlements administratifs qui doivent régir les questions de procédure et la gestion des affaires internes.

Souvent, la partie la plus difficile de la constitution d'une société commerciale est l'obtention de l'autorisation d'utiliser la dénomination sociale proposée. La dénomination sociale doit être unique et distincte de la dénomination sociale de toute société commerciale existante dans la province et peut entrer en conflit avec la dénomination sociale d'une société commerciale de régime fédéral. Le retard peut être évité si les fondateurs choisissent une dénomination numérique. La dénomination sociale doit inclure un suffixe tel que «inc.» ou «ltée» afin de prévenir le public que l'entité possède une responsabilité limitée.

Les actions d'une société commerciale confèrent trois droits fondamentaux à l'actionnaire: 1) le droit de voter aux assemblées des actionnaires, 2) le droit de partager les profits de la société commerciale en recevant des dividendes et 3) le droit de recevoir une part du capital social en cas de liquidation ou de dissolution de la société commerciale. La société commerciale peut avoir plus d'une catégorie d'actions. En cas de pluralité de catégories d'actions, les trois formes de droit peuvent être réparties entre les catégories conformément aux statuts constitutifs. S'il n'existe qu'une seule catégorie d'actions, chaque action sera assortie d'un droit égal.

Les lois régissant la constitution des sociétés commerciales ne limitent pas la manière dont les droits peuvent être répartis entre les diverses catégories d'actions, sauf pour prévoir que chacun des trois droits doit être rattaché à au moins une catégorie d'actions. Cependant, des tendances et une certaine terminologie se répandent. Les actions privilégiées confèrent une préférence, généralement sous la forme d'un droit privilégié, aux dividendes ou au remboursement du capital en cas de dissolution de la société. Les actions ordinaires donnent le droit de voter aux assemblées des actionnaires, le droit à une part du capital après acquittement de toutes les dettes, les droits préférentiels au remboursement du capital et le droit aux dividendes après paiement de tout dividende privilégié. Les actions sans droit de vote et les actions avec droit de vote multiple peuvent également être créées.

Différends Le droit des sociétés tente de régler trois sortes de différends: 1) les différends entre les actionnaires et les créanciers externes de la société, 2) les différends entre les gestionnaires et les actionnaires et 3) les différends entre les actionnaires majoritaires et les actionnaires minoritaires.

Les différends entre les créanciers externes et les actionnaires naissent souvent dans les sociétés commerciales qui sont en difficulté financière. Les créanciers prennent rang avant les actionnaires en cas de distribution de l'actif de la société insolvable. Les actionnaires peuvent tenter de contourner leur rang inférieur en prenant des moyens détournés pour se répartir l'actif de la société avant la FAILLITE ou toute autre procédure d'insolvabilité. Les lois régissant les sociétés commerciales limitent de telles répartitions. P. ex., les administrateurs d'une société commerciale sont personnellement responsables s'ils déclarent un dividende de telle façon que la société commerciale ne serait plus en mesure de payer ses dettes à leur échéance ou si les bilans ne peuvent satisfaire à certains critères.

Le droit moderne des sociétés adopte trois stratégies pour régler les différends entre les gestionnaires et les actionnaires. D'abord, il impose une obligation de diligence et d'aptitude professionnelle ainsi qu'une obligation fiduciaire de loyauté aux administrateurs et aux dirigeants qui exercent le pouvoir de direction. Ensuite, il accorde aux actionnaires une capacité accrue d'obtenir un recours devant les tribunaux s'il y a abus des pouvoirs de la direction. Enfin, il exige la divulgation aux actionnaires des renseignements importants concernant la société.

L'obligation fiduciaire exige que les administrateurs et les dirigeants de la société consacrent à la société leur loyauté indivise. Il ne leur est pas permis de s'approprier les occasions qui se présentent à la société et qui appartiennent en bonne et due forme à la société ou de se mettre de toute autre façon dans une situation où leurs intérêts personnels s'opposent aux intérêts de la société. Une grande partie du droit des sociétés porte sur le règlement et la résolution de tels conflits d'intérêts dans une myriade de contextes commerciaux différents. Les administrateurs et les dirigeants sont également responsables s'ils utilisent les renseignements qui ne sont pas généralement connus du public pour tirer profit de la vente ou de l'achat de leurs actions dans la société, activité appelée «transaction d'initié».

Le changement le plus important institué par le mouvement de réforme du droit des sociétés au Canada a été peut-être le réaménagement des recours que la loi reconnaît aux actionnaires. Autrefois, l'actionnaire dissident ne jouissait que d'un droit limité de recourir à la justice. Les tribunaux étaient réticents à intervenir et à substituer leur jugement à celui de la direction de la société, sauf si on pouvait démontrer que le comportement reproché constituait de la fraude. Aujourd'hui, les actionnaires jouissent d'un droit élargi de demander aux tribunaux de les autoriser à introduire une action indirecte au nom de la société commerciale si les administrateurs ou les dirigeants s'en sont abstenus parce qu'ils possédaient un intérêt personnel dans l'affaire.

Renseignements sociaux La source principale des renseignements sur les affaires financières d'une société commerciale est son rapport annuel. Il contient les états financiers vérifiés et doit être présenté aux actionnaires à chaque assemblée générale annuelle des actionnaires. Le vérificateur, qui est une partie indépendante chargée d'examiner et de commenter les renseignements financiers fournis par la société commerciale, doit également être nommé. Pour surveiller le travail du vérificateur, agir comme intermédiaire entre le vérificateur et les administrateurs et assurer l'indépendance de ce dernier, les sociétés commerciales à souscription publique sont tenues d'avoir un comité de vérification des administrateurs, dont la majorité ne peuvent être des employés à temps plein de la société.

L'avis de l'assemblée annuelle des actionnaires d'une société à souscription publique doit être accompagné du rapport annuel et d'une circulaire de la direction sollicitant des procurations et contenant des renseignements à propos de la société et des candidats aux postes d'administrateur. La circulaire doit contenir suffisamment de renseignements sur toute opération exigeant l'approbation des actionnaires de manière à permettre à un actionnaire raisonnablement intelligent de se faire une idée précise des changements proposés. Les commissions provinciales des valeurs mobilières doivent être avisées de tout achat ou de toute vente d'actions par les administrateurs et les dirigeants d'une société à souscription publique.

Les actionnaires minoritaires qui estiment que leurs intérêts ont été injustement sacrifiés au profit de ceux des actionnaires majoritaires jouissent d'un certain nombre de recours juridiques. Les tribunaux ont un pouvoir d'appréciation extrêmement large pour ordonner une réparation si les mesures prises par la société commerciale ou ses administrateurs ou dirigeants portent atteinte ou causent un préjudice aux droits d'un actionnaire minoritaire. En outre, les actionnaires minoritaires bénéficient d'un droit à la dissidence et d'un droit à l'évaluation qui leur permettent d'exprimer leur dissidence à l'égard de certaines modifications organiques de la société commerciale, telles que les fusions avec d'autres sociétés ou la modification de la structure du capital action, et jouissent du droit d'obliger la société commerciale à racheter leurs actions à une juste valeur.

Roderick J. Wood

Droit du travail Régit les NÉGOCIATIONS COLLECTIVES et les relations industrielles entre les employeurs, d'une part, et leurs employés syndiqués et les organisations syndicales de ces derniers, d'autre part. Au Canada, on distingue généralement le droit du travail, ainsi pris dans son sens étroit, et le DROIT DE L'EMPLOI, c.-à-d. le droit qui régit les relations de travail individuelles, dont les règles de *common law* relatives au lien de préposition de même que les mesures législatives qui régissent le milieu de travail. En Angleterre, le droit du travail englobe ces deux notions et un lien étroit existe évidemment entre elles. Dans la plupart des provinces canadiennes, ces questions sont régies par des lois différentes. À l'échelle fédérale, le *Code canadien du travail* est le principal texte adopté par le Parlement pour réglementer les relations de travail dans les industries relevant des domaines de compétence fédérale. Il fixe aussi les normes du travail et réglemente les questions relatives à la santé et à la sécurité au travail.

L'apparition de syndicats au Canada s'est accompagnée de l'adoption de lois concernant les relations de travail (*voir* TRAVAILLEURS, HISTOIRE DES). Pendant longtemps, on a pensé que cette prérogative relevait du gouvernement fédéral, mais, en 1925, le Comité judiciaire du Conseil privé a statué que, dans le système fédéral canadien, cette compétence appartenait de façon générale aux provinces, celle du Parlement étant restreinte à l'adoption de lois se rapportant à certaines industries particulières bien qu'importantes, comme le secteur bancaire et les industries des télécommunications et des transports. Avant l'avènement du droit moderne des relations du travail, les négociations collectives n'étaient pas reconnues en droit. Le statut juridique des syndicats était inexistant, sinon très limité, et les conventions collectives n'avaient aucune force contractuelle obligatoire. La viabilité des négociations collectives reposait uniquement sur la force économique des parties et était souvent maintenue par le recours à la sanction économique. Les travailleurs recouraient à la grève pour plusieurs raisons: comme instrument de persuasion destiné à amener leur employeur à reconnaître un syndicat à titre d'agent négociateur, comme instrument de négociation permettant de faire inclure des clauses particulières dans une convention collective et comme instrument de résolution de différends régis par la convention collective une fois signée. À l'époque, le système des relations industrielles était marqué par l'instabilité, les conflits sociaux et les interruptions généralisées de la production.

Aujourd'hui, le droit du travail assure, par la réglementation de la grève, une plus grande stabilité et un système de production beaucoup plus ordonné, en substituant l'accréditation à la grève comme instrument de persuasion, en remplaçant par l'arbitrage l'utilisation de la grève comme instrument de redressement et en limitant son utilisation comme instrument de négociation par divers délais à respecter.

Ce n'est qu'en 1944 qu'un régime national complet de droit des relations du travail a été établi par le gouvernement fédéral, exerçant les pouvoirs exceptionnels qu'il possède en temps de guerre pour légiférer dans des domaines normalement réservés aux provinces. Il a alors promulgué le règlement CP 1003, que des lois fédérales et provinciales remplaceront après la guerre (*voir* TRAVAIL, RELATIONS DE), dont la *Loi des enquêtes en matière de différends industriels* (1948), qui sera elle-même remplacée plus tard par le *Code canadien du travail* et des lois provinciales apparentées s'appliquant chacune dans leur domaine de compétence respectif. Ces lois, diversement appelées codes du travail, lois sur les relations du travail, lois sur les relations industrielles ou lois sur les organisations ouvrières, sont toutes issues du règlement CP 1003 et s'inspirent de l'idée, exprimée dans le préambule de la partie I du *Code canadien du travail*, selon laquelle «le bien-être de tous» est favorisé «par l'encouragement de la pratique des libres négociations collectives et du règlement positif des différends». Le droit du travail est animé par le débat idéologique explosif visant à savoir jusqu'à quel point l'État devrait réglementer l'utilisation du pouvoir économique par les parties patronale et syndicale dans la négociation des salaires et autres conditions d'emploi. Dans le régime canadien des relations industrielles, les négociations collectives ont lieu généralement au sein d'une entreprise entre un seul employeur et ses employés. Cependant, dans certains secteurs (la construction, les industries multientreprises), les négociations appellent la participation de toutes les entreprises du secteur concerné.

Le *Code canadien du travail* et chaque loi provinciale apparentée protègent le droit des employés d'adhérer au syndicat de leur choix en déclarant que constitue une pratique déloyale de travail toute tentative par l'employeur de faire preuve de discrimination contre les employés qui se joignent à un syndicat ou qui participent aux activités légales de celui-ci. De plus, la loi oblige l'employeur à négocier de bonne foi avec le syndicat choisi comme agent négociateur par la majorité de ses employés. Afin de sauvegarder ces droits, chaque loi prévoit la constitution d'une commission des relations du travail qui est saisie des plaintes de pratiques déloyales de travail et qui, sur dépôt d'une demande d'accréditation en qualité d'agent négociateur par un syndicat, décide si la majorité des employés en question désire être représentée par ce syndicat. Pour décider d'accréditer un syndicat, la commission doit déterminer l'«unité habile à négocier collectivement», c.-à-d. le groupe d'employés par lequel et pour lequel doit se faire le choix de l'agent négociateur. Une fois cette unité déterminée, la commission doit, en outre, déterminer la volonté de la majorité, soit en examinant les reçus pour cotisations syndicales et autres preuves d'adhésion au syndicat, soit en tenant un vote au scrutin secret, soit en recourant à ces deux mesures à la fois. Outre les lois, font partie du droit du travail régissant les pratiques déloyales de travail, l'accréditation des syndicats et l'obligation de négocier de bonne foi, les règlements, les pratiques, une jurisprudence abondante des tribunaux du travail et bon nombre de jugements des tribunaux judiciaires.

Dès lors qu'il est accrédité, le syndicat est en droit d'exiger que l'employeur rencontre ses représentants et négocie les conditions d'emploi qui constitueront alors la convention collective pour les employés de l'unité de négociation. Le syndicat ou l'employeur peut demander au ministre du Travail de la province (ou du Canada, si l'industrie relève de la compétence fédérale) qu'il y ait conciliation. Cette demande doit être présentée avant que l'une ou l'autre partie n'ait recours aux sanctions économiques (*voir* MÉDIATION EN DROIT DU TRAVAIL). Si les parties ne parviennent pas à conclure de cette manière une convention collective et, dans certaines provinces, après un vote de grève (*voir* GRÈVES ET LOCK-OUT), les employés peuvent légalement faire la grève. Dans certains cas, l'employeur a le droit de faire présenter directement aux employés sa proposition finale pour qu'elle fasse l'objet d'un vote, que ce soit avant ou après le déclenchement de la grève. Du point de vue juridique, la grève est la cessation concertée du travail. Dès lors, l'employeur peut légalement mettre ses employés en lock-out. D'habitude, dans une grève ou un lock-out, tout le monde y perd: l'employeur, ses profits et ses coûts de reprise; les employés, leurs salaires; le syndicat, son fonds de grève.

On croit généralement que c'est cette peur de perte réciproque qui force les parties à négocier collectivement. Dans la plupart des cas, les conventions collectives sont conclues sans qu'il n'y ait grève. La durée minimale d'une convention collective est d'un an et, selon la conjoncture économique, elle peut durer jusqu'à trois ans ou plus. Pendant la durée de la convention collective, les grèves et les lock-out sont illégaux, aucun autre syndicat ne peut chercher à représenter les employés de l'unité de négociation et les employés ne peuvent pas mettre fin aux droits de représentation du syndicat. À l'expiration de la convention collective, le processus de négociation collective, de conciliation, de grève ou de lock-out reprend. Ce n'est que pendant cette période intermédiaire ou «ouverte» entre la convention collective qui expire et celle qui sera négociée que les employés peuvent chercher à mettre fin aux droits de représentation du syndicat ou qu'un autre syndicat peut demander l'accréditation comme agent négociateur des employés de l'unité de négociation en remplacement de l'agent négociateur accrédité existant.

Le piquetage et autres activités syndicales à l'appui d'une grève sont régis par les règles ordinaires du DROIT CRIMINEL et du droit de la responsabilité civile délictuelle (*voir* DÉLIT), même si, dans certaines provinces, les commissions des relations du travail appliquent des lois spéciales limitant de telles activités. D'habitude, les grèves sont légales et paisibles et se terminent, mais pas toujours, par la signature d'une convention collective. Si l'employeur sort gagnant de la grève ou du lock-out de façon si complète qu'aucune convention collective n'a été conclue, les emplois des salariés ne sont alors protégés que par les lois qui prohibent les pratiques déloyales du travail et les règles du droit relatives aux contrats de travail individuels. Outre les aspects juridiques des grèves, leurs conséquences économiques, politiques, sociales et personnelles peuvent être très graves.

Dans les relations de négociation collective du secteur public, les lois fédérales ou provinciales peuvent remplacer le droit de grève par l'ARBITRAGE (lequel, par ailleurs, n'est pas obligatoire), surtout dans les secteurs des services essentiels. L'arbitre des différends a pour mission d'élaborer les clauses de la convention collective que les parties n'ont pu conclure, habituellement le taux des augmentations salariales, même si certaines clauses normatives peuvent être tout aussi contentieuses, sinon plus. L'arbitrage des différends vise à déterminer les conditions d'emploi qui correspondent aux conditions normalement applicables aux employés dont le travail est comparable.

La convention collective qui est en vigueur devient, en fait, la loi privée de l'employeur, des employés et du syndicat en cause. Les griefs concernant son application, son interprétation ou sa violation se règlent selon une procédure de règlement des griefs qui se termine par le règlement du grief par voie d'arbitrage, une procédure rendue obligatoire par les lois canadiennes en matière de travail. Bien que les tribunaux ne déterminent pas le bien-fondé d'un grief, l'arbitrage ne met pas nécessairement fin à la procédure, car les parties pourront s'adresser aux tribunaux si les arbitres n'exercent pas convenablement leurs fonctions. Sur le plan pratique, le nombre considérable de sentences arbitrales et de décisions judiciaires ayant trait à l'arbitrage forme la composante la plus importante, sinon la plus intéressante, du droit du travail. Pour chaque grève, on compte des dizaines de milliers de griefs que règlent les parties concernées et des centaines de règlements de griefs par voie d'arbitrage.

Le droit du travail s'intéresse aussi aux relations entre les syndicats et leurs membres. Les conventions collectives pouvant légalement obliger les employés à adhérer à un syndicat, ces derniers peuvent avoir besoin d'être protégés contre leur propre syndicat. En général, l'employeur est libre d'embaucher qui il veut, mais, dans de nombreux cas, dès qu'un employé est embauché, il peut tomber sous le coup des clauses de la convention collective applicable (et, dans certaines provinces, des dispositions de la loi) obligeant tous les employés relevant de l'unité de négociation à payer des cotisations syndicales, qu'ils en soient membres ou non, en contrepartie de l'obligation de l'unité de négociation de représenter de façon égale tous les employés qui en font partie (la formule Rand). Il peut aussi tomber sous le coup des clauses obligeant tous les employés à adhérer au syndicat accrédité. Dans certaines industries (p. ex., l'industrie des débardeurs et l'industrie de la construction), par suite des clauses d'exclusivité syndicale, l'adhésion au syndicat est une condition préalable à l'embauche. Selon la jurisprudence, ce genre de clause de sécurité syndicale constitue une limite raisonnable aux droits garantis par la *Charte canadienne des droits et libertés*. La jurisprudence, le *Code canadien du travail* et les lois de certaines provinces en matière de travail protègent les employés contre les exactions syndicales et, dans le cas des lois, limitent les motifs pour lesquels un employé peut être expulsé du syndicat ou congédié en conséquence.

Les questions fondamentales qui intéressent le droit du travail sont aussi celles qui préoccupent notre société. Jusqu'où l'intervention de l'État peut-elle aller? Peut-on définir et administrer la justice économique ou doit-on davantage laisser libre cours aux forces du marché? L'ordre public est-il menacé lorsque des intérêts concurrentiels se disputent la sympathie et l'appui du public? Si, au cours des années 80, la tendance favorisait la réglementation de tous les aspects des relations du travail, y compris les négociations salariales, le milieu des années 90 a été caractérisé par une tendance à la déréglementation qu'ont suscitée à la fois les pressions concurrentielles inhérentes à la mondialisation et l'expansion du libre-échange. Il reste que le droit du travail demeure une composante essentielle des relations du travail et du système de négociation collective.

Innis Christie

Droit et presse Travaillant dans un climat empreint de libéralisme, les médias canadiens n'ont généralement pas besoin d'obtenir de permis et sont peu touchés par la CENSURE. Ils demeurent cependant soumis aux lois et à la jurisprudence qui régissent l'outrage au tribunal, la diffamation, le droit d'auteur (*voir* DROIT D'AUTEUR, LOI SUR LE), le respect de la vie privée et le secret d'État ainsi que les libelles criminels comme l'OBSCÉNITÉ. De plus, les médias de diffusion sont régis par la réglementation du Conseil de la radiodiffusion et des télécommunications canadiennes. Depuis 1982, la liberté de presse est protégée par la *Charte canadienne des droits et libertés*.

Outrage au tribunal Les journalistes sont plus susceptibles de commettre un outrage indirect (lors de publication à l'extérieur du tribunal) que de se rendre coupable d'outrage au tribunal commis en la présence du juge, sauf lorsque les règlements de la cour, comme ceux restreignant la photographie lors des procès, sont violés ou lorsqu'un journaliste appelé comme témoin refuse de dévoiler ses sources. Le droit concernant l'outrage au tribunal sanctionne tout reportage qui contreviendrait à une ordonnance du tribunal, porterait atteinte à l'autorité ou à la dignité du tribunal ou empêcherait la tenue d'un procès juste et équitable. La Cour d'appel de l'Ontario juge que l'atteinte à l'autorité ou à la dignité du tribunal est contraire à la *Charte canadienne des droits et libertés* et est inconstitutionnelle. La notion d'empêchement de la tenue d'un procès juste et équitable doit maintenant être interprétée à la lumière de la décision de la Cour suprême dans l'arrêt Dagenais, qui juge que le droit à un procès juste et équitable et la liberté d'expression doivent s'équilibrer.

De plus, la couverture des procès par les médias d'information doit tenir compte des ordonnances de non-publication prévues par la loi. L'article 542 du *Code criminel* interdit la publication d'une confession présentée à une enquête préliminaire jusqu'à ce que l'accusé soit libéré ou que le procès soit terminé. L'article 539 dit: «Avant qu'il ne commence à recueillir la preuve lors d'une enquête préliminaire, le juge de paix qui préside l'enquête: a) peut, à la demande du poursuivant; b) doit, à la demande d'un prévenu, rendre une ordonnance stipulant que la preuve recueillie lors de l'enquête ne doit être publiée dans aucun journal ni être révélée dans aucune émission, en ce qui concerne chacun des prévenus: c) avant qu'il ne soit libéré; d) lorsqu'il a été renvoyé pour subir son procès, avant que le procès n'ait pris fin». En d'autres mots, lorsque le poursuivant demande une ordonnance de non-publication, le tribunal peut l'accorder ou non tandis que si c'est le prévenu qui la demande, le tribunal n'a pas le choix de l'accorder.

Les journalistes canadiens peuvent être contraints de divulguer leurs sources ou leur information par un tribunal, une commission parlementaire ou toute commission d'enquête légalement constituée. Par contre, aucune loi n'interdit la publication de noms d'adultes accusés de crimes, comme c'est le cas dans certains pays d'Europe.

Droit de la diffamation Au Canada, on a plus souvent recours au droit sur la DIFFAMATION qu'au libelle criminel. La diffamation est régie par des lois provinciales et la *common law*. Dans la plupart des provinces, la diffamation orale (radio, télévision) est considérée comme un libelle plutôt que comme une simple diffamation. Pour exercer une action en libelle, trois éléments doivent être prouvés: la diffamation (les propos dénoncés peuvent avoir un sens diffamatoire), la publication et enfin l'identification précise de l'intimé. Le défendeur peut invoquer la vérité, le commentaire loyal ou l'immunité, ou se défendre contre l'accusation. La vérité est une défense absolue dans les neuf provinces canadiennes de *common law*, mais non au Québec où l'on doit également prouver la publication des propos litigieux est d'intérêt public. Les journalistes n'ont droit qu'à une immunité relative (non reconnue en cas de malveillance), sauf pour ce qui est du reportage juste, exact et contemporain des procès. La plupart des lois portant sur le libelle stipulent que les journalistes peuvent éviter de payer des dommages-intérêts généraux (mais non spéciaux) en s'excusant et en se rétractant, pourvu que les propos diffamatoires n'insinuent aucune condamnation ou infraction criminelle, qu'ils n'ont pas été publiés par malveillance et qu'ils ne découlent pas d'une négligence indue de la part du journaliste. Les excuses et les rétractations doivent remplir des exigences légales concernant leur publication ainsi que le moment de cette publication.

Libelle civil et criminel Les libelles diffamatoires, séditieux, blasphématoires et obscènes sont les formes de libelle punies par le *Code criminel*. La vérité, le commentaire loyal et l'immunité constituent des défenses contre les accusations de libelle, comme dans le cas de la diffamation. Toutefois, comme dans le droit civil québécois, l'intérêt public doit également être prouvé pour que l'argument de la vérité soit admis. L'incitation à la violence dans le but de renverser le gouvernement peut être considérée comme un libelle séditieux. Toutefois, des dispositions conditionnelles du *Code criminel* permettent les débats, les discussions et les échanges d'opinions politiques sans que cela n'entraîne de sanctions criminelles. Le *Code criminel* définit le libelle blasphématoire comme l'intention de commettre un blasphème, lequel ne fait l'objet d'aucune définition. Par ailleurs, le Code prévoit que les règlements sur le blasphème ne doivent pas être interprétés dans le but d'empêcher des discussions religieuses de bonne foi tenues dans un langage tempéré. Il est possible que ces dispositions criminelles aillent à l'encontre de la Charte.

L'article 163(8) du *Code criminel* stipule que «Aux fins de la présente loi, est réputée obscène toute publication dont une caractéristique dominante est l'exploitation indue des choses sexuelles ou de choses sexuelles et de l'un ou plusieurs des sujets suivants, à savoir: le crime, l'horreur, la cruauté et la violence». L'article 163.1 du Code est introduit en 1993 afin de réglementer la possession et la distribution de «pornographie infantile». Chacune de ces dispositions prévoit que des facteurs comme l'intérêt public, la valeur artistique ou le but éducatif, scientifique ou médical de l'énoncé incriminé peuvent être invoqués comme moyen de défense.

Dans certains domaines plus délicats impliquant la défense et la sécurité nationale, la LOI SUR LES SECRETS OFFICIELS peut interdire aux médias la possibilité de faire enquête.

Protection du droit d'auteur Les journalistes ne peuvent exiger de droits d'auteur sur les nouvelles, mais, en revanche, le langage utilisé dans les bulletins de nouvelles est protégé par ce droit. Il faut cependant noter que la législation sur le droit d'au-

teur permet de citer des textes jouissant de cette protection à titre d'utilisation équitable dans le cadre d'étude personnelle, de recherche, de critique ou d'un résumé d'un journal.

La vie privée ne jouit pas d'une protection juridique au Canada. La partie VI/Atteinte à la vie privée (articles 183 et suivants) du *Code criminel* régit presque exclusivement l'écoute électronique. Adoptée en juin 1977 avec la *Loi canadienne sur les droits de la personne* et avec la LOI SUR L'ACCÈS À L'INFORMATION, la *Loi sur la protection de la vie privée* (fédérale) concerne principalement les renseignements privés contenus dans les fichiers du gouvernement et ne régit pas les atteintes à la vie privée commises par des particuliers. La Colombie-Britannique, le Manitoba, la Saskatchewan et Terre-Neuve possèdent des lois similaires mais n'ont pas produit de jurisprudence relativement à la presse. Des dispositions semblables existent également dans le *Code civil du Québec*.

La *Loi sur l'accès à l'information* (Canada) est adoptée en juin 1982 et permet maintenant au public d'avoir un certain accès aux fichiers du gouvernement. Elle est dénoncée comme inefficace en comparaison avec le *Freedom of Information Act* américaine: on considère que l'obligation du gouvernement de dévoiler les renseignements qu'il détient fait l'objet de trop d'exceptions. Presque toutes les provinces et tous les territoires (excepté l'Île-du-Prince-Édouard et les Territoires du Nord-Ouest) votent des lois sur la liberté d'accès à l'information qui protègent aussi les renseignements privés contenus dans les fichiers du gouvernement. Le Québec étend cette protection à l'information personnelle dans le secteur privé, mais cette loi affecte le matériel journalistique détenu ou diffusé dans le but d'informer le public. (*Voir aussi* MÉDIAS ET LE DROIT, LES; PUBLICITÉ DES DÉBATS EN JUSTICE ET INTERDICTIONS DE PUBLICATION; PRÉSENCE DES CAMÉRAS DE TÉLÉVISION DANS LA SALLE D'AUDIENCE; DROITS DE L'HOMME; JOURNALISME; JOURNAUX; POLITIQUE ET MÉDIAS.)

Wilfred H. Kesterton

Droit et société L'une des données les plus marquantes du DROIT reste que ce dernier se fonde sur la nature ou la raison humaine, et qu'il reflète par conséquent ce qui est naturel ou raisonnable, permettant ainsi un fonctionnement social juste et efficace. Selon ce concept, le droit se veut également l'expression du bien commun et des valeurs fondamentales d'une société. Il reste le même pour tous et protège les intérêts de chacun. Les législateurs prennent la volonté collective en considération pour rédiger les meilleures lois possibles.

Le bien commun doit toutefois être défini selon certains critères, et il ne correspond pas toujours aux intérêts de chacun. Il est d'abord et avant tout le «bien» tel que perçu et défini par certaines catégories sociales. Le droit ne se situe ni au-dessus, ni hors de la société. Il est le reflet de la société à un moment précis de son évolution et le résultat de l'équilibre des forces entre classes sociales, entre un ou plusieurs instruments ou moyens servant à imposer ses opinions et à défendre ses intérêts. Par certains aspects, le droit peut être discriminatoire ou répressif, par d'autres, une protection. Tout dépend du pouvoir ou des alliances mises en place lors de l'élaboration d'une mesure législative, de son adoption par le Parlement et de son application. En outre, il y a une différence entre ce qui est réclamé ou déclaré par le truchement du droit et de la législation, et ce qui finit par prévaloir.

Les profonds changements sociaux sont intervenus depuis le début du siècle et se sont accélérés depuis la Seconde Guerre mondiale. Le droit est et reste le principal moyen qui permet de s'adapter à ces changements, et, de ce fait, la législation et la réglementation gouvernementales prennent un essor considérable. Le *Code criminel* comprend actuelle-

ment quelque 350 infractions auxquelles s'ajoutent environ 20 000 infractions fédérales et 20 000 infractions provinciales en plus de celles des règlements municipaux. Ainsi, au Québec, on compte presque autant de nouvelles infractions ou pénalités entre 1965 et 1975 que pendant les cent années précédentes.

Après la Première Guerre mondiale, le gouvernement fédéral fait ses premières interventions dans les domaines de la santé et de l'assistance sociale en instituant le ministère de la Santé (1919). On tente de définir avec précision les limites de ce qui est sain et malsain, acceptable ou inacceptable, normal ou pathologique, ce qui entraîne de plus en plus d'interventions législatives. Les innovations scientifiques et technologiques engendrent également de nouveaux problèmes légaux, comme ceux de la recherche génétique et de la pollution, que la jurisprudence doit tenter de résoudre.

En 1917, on institue l'impôt sur les particuliers et les entreprises pour financer l'expansion du secteur public, garantissant ainsi à la bureaucratie les ressources dont elle a besoin pour assurer sa croissance. Selon la COMMISSION DE RÉFORME DU DROIT du Canada (CRD), les activités de l'ÉTAT PROVIDENCE (au fédéral) augmentent considérablement après la Seconde Guerre mondiale. Le régime d'ALLOCATIONS FAMILIALES (1944), les PENSIONS DE VIEILLESSE (1952) et le RÉGIME DE PENSIONS DU CANADA (1965) s'ajoutent aux programmes d'aide aux anciens combattants et aux prestations d'assurance-CHÔMAGE. La législation découlant de cette situation est considérable.

La loi comme instrument de discrimination La loi se veut une expression concrète, officielle et répétitive des inégalités économiques et sociales. P. ex., pendant de longues années, elle prive expressément les femmes de leurs droits civils, politiques et économiques. Ce n'est qu'à la fin du XIXᵉ siècle qu'une femme peut considérer que son salaire lui appartient plutôt qu'à son mari et les législatures provinciales ne reconnaissent pas aux femmes le droit à un salaire égal à celui des hommes avant les années 50. Pendant longtemps, elles sont exclues de certaines professions. Ainsi, au Québec, elles ne peuvent pratiquer le droit qu'à partir de 1941. Elles sont dépourvues du droit de vote aux élections fédérales jusqu'en 1918 (jusqu'en 1940 aux élections provinciales du Québec), et ce n'est qu'après la Seconde Guerre mondiale que la plupart des provinces leur permettent d'être jurées. Le Québec reste la dernière province à leur accorder ce droit en 1971.

Les Amérindiens, les Inuits et d'autres collectivités ethniques ont eux aussi été victimes de discrimination législative (*voir* AUTOCHTONES, DROIT DES). Au XIXᵉ siècle, à l'arrivée des CHINOIS en Colombie-Britannique pour construire le chemin de fer, cette province leur retire le droit de vote, restreint leur embauche, leurs champs d'activités professionnelles et leur droit d'être propriétaires terriens. La loi exerce également une discrimination à l'égard des personnes préalablement arrêtées, condamnées ou emprisonnées pour un acte criminel. Bon nombre de lois provinciales ou fédérales les privent du droit de vote et de celui de se porter candidat aux élections, d'autres autorisent le refus ou la révocation de permis ou d'autorisations et leur retirent le droit d'exercer certaines professions.

Les inégalités de pouvoir et la façon dont une loi peut effectivement être un instrument de discrimination sont probablement plus évidentes dans son application. Jusqu'à récemment, les pauvres, incapables de payer un avocat, n'avaient qu'un accès limité au système juridique. Ce n'est qu'en 1967 que l'Ontario institue le premier service d'AIDE JURIDIQUE financé par une province. Au Québec, on ne trouve aucun service de ce genre avant 1973. Le ministère fédéral de la Justice ne contribue aux dépenses juridiques en matière criminelle que depuis 1972, même si toutes les provinces et les territoires accordent une aide juridique à quiconque peut être condamné à la prison ou à perdre son gagne-pain. Tous les gouvernements, sauf celui du Nouveau-Brunswick, procurent également quelque assistance dans les causes civiles.

Même en 1974, on prétend encore que le divorce reste seulement à la portée des riches et que les pauvres, incapables de s'offrir un tel luxe, abandonnent simplement leur famille pour vivre en union libre, avec tous les problèmes légaux que cela comporte. Témoignant devant un comité spécial du Sénat sur la PAUVRETÉ (1971), le doyen de la faculté de droit d'Osgoode Hall déclare qu'une étude de la *Loi sur les allocations familiales* et sur d'autres lois postérieures à la Seconde Guerre mondiale révèle que ces lois n'ont pas encore fait l'objet de litiges, et que les pauvres, dont la vie matérielle est régie par les financiers et pavée de nombreuses difficultés, n'ont jamais la chance de voir leurs droits reconnus ou d'en faire l'objet d'un litige.

Considérant les comportements pour lesquels ils sont condamnés, le droit criminel désavantage le plus souvent et le plus durement les démunis, les Noirs, les autochtones et les défavorisés. Il y a quelques années, la CRD a découvert que la population carcérale renfermait un nombre disproportionné de pauvres, de défavorisés et de délinquants autochtones. En 1976, les hommes ayant 10 ans ou moins de scolarité représentent 45 p. 100 de la population masculine âgée de 15 ans et plus, mais 77 p. 100 des détenus. Un grand nombre de gens économiquement défavorisés vont en prison pour n'avoir pas payé des amendes. En 1974, la CRD s'aperçoit que cette pratique explique environ 50 p. 100 des admissions dans les centres de détention provinciaux ou régionaux. Dans certaines provinces, les autochtones sont particulièrement touchés par ces condamnations.

La loi comme instrument de protection La loi peut aussi être un instrument de protection et de promotion. Au Canada, de tels progrès sont relativement récents et sont rendus possibles surtout grâce au contexte socioéconomique et à des modifications politiques et économiques. Des dispositions antidiscriminatoires sont introduites dans la législation depuis 30 ans seulement et ce n'est qu'en 1947 qu'une province (la Saskatchewan) adopte la première loi régissant les droits de la personne.

En 1960, le Parlement adopte la *Déclaration canadienne des droits*. Aujourd'hui, toutes les provinces disposent de lois antidiscriminatoires et de commissions sur les droits de la personne. La Constitution (1982) enchâsse maintenant une CHARTE CANADIENNE DES DROITS ET LIBERTÉS s'appliquant aux juridictions fédérale et provinciales. Par ailleurs, d'autres lois protègent les intérêts de certains groupes traditionnellement défavorisés. Dans les années 70, la majorité des provinces révisent leurs lois sur la santé et la sécurité au travail (*voir* SÉCURITÉ, NORMES DE) afin d'assurer une meilleure protection des travailleurs, et les consommateurs font pression avec succès pour l'adoption de lois protégeant leurs intérêts. En outre, des lois régissent les relations entre propriétaires et locataires (*voir* DROIT DE LA LOCATION IMMOBILIÈRE), et la *Loi sur les petites créances* protège les petits emprunteurs, surtout des pauvres, des taux d'intérêt excessifs, des méthodes trompeuses de calcul des coûts de crédit et des prêts usuriers.

Une nouvelle loi ne protège pas automatiquement les droits et les libertés des défavorisés. Les premières lois antidiscriminatoires restent inefficaces, car leur mise en application dépend en grande partie de l'initiative des victimes elles-mêmes. Peu de publicité les entourent et le public ignore longtemps leur existence. La création de commissions des droits de la personne gérant l'application de cette législation reste décisive. Malheureusement, si la législation peut en principe protéger les droits et intérêts des démunis, la très grande majorité d'entre eux n'ont pas les moyens d'en bénéficier. La *Charte canadienne des droits et libertés* garantit que toute personne arrêtée ou détenue a immédiatement droit aux services d'un avocat, mais aucune procédure à cet égard n'a été instituée.

Si les lois sociales adoptées afin d'aplanir les inégalités ou leurs effets ont aidé les plus défavorisés, ces derniers éprouvent souvent de la difficulté à les faire modifier, adopter, contester ou même appliquer adéquatement. La législation dans les domaines de l'assistance sociale, du SALAIRE MINIMUM, des services sociaux et de santé et des allocations familiales laisse souvent les bénéficiaires à la merci de décisions impersonnelles prises par la bureaucratie gouvernementale. Institués dans plusieurs provinces, les OMBUDSMEN, dont le travail consiste à s'assurer que les droits des citoyens ne sont pas injustement violés par erreur ou négligence administrative, contribuent largement à améliorer la situation. La COUR DES PETITES CRÉANCES, mise en place par un certain nombre de provinces dans les années 70, reste un autre organisme fort utile. Selon le ministre de la Justice du Québec, le rôle de ces tribunaux est de rendre la justice accessible aux citoyens, de débarrasser celle-ci de son caractère solennel, de fournir un moyen de réconciliation qui maintienne l'ordre social, de garantir le pouvoir coercitif de la loi et de faire en sorte qu'elle soit rendue rapidement et à peu de frais.

Conclusion La législation et son application, même destinées à protéger les intérêts des groupes les plus défavorisés, sont toujours soumises aux fluctuations des relations de pouvoir prévalant dans une société à une époque donnée. Ainsi, la législation peut être débarrassée de son contenu ou rendue inopérante par de nouveaux changements législatifs. Parfois, les décisions politiques (ou leur absence) paralysent les mécanismes d'application de la loi, ce qui se produirait si le président ou les membres d'une commission n'étaient pas nommés, ou si leur budget se révélait insuffisant.

D. Laberge et P. Landreville

Droit, formation et études en (*Voir* ÉDUCATION JURIDIQUE)

Droit international Ensemble des règles régissant la conduite des ÉTATS et autres organismes internationaux, telle l'ONU, bien que, dans le domaine des droits de la personne, le droit international puisse, dans certains cas, s'appliquer directement aux particuliers comme aux États. Le droit international moderne remonte aux XVIe et XVIIe siècles en Europe. Créé à l'origine pour réglementer les relations entre un petit nombre d'États qui partageaient le même patrimoine religieux et des intérêts commerciaux communs, le droit international visait simplement à assurer la coexistence pacifique des nations. Aujourd'hui, il vise à protéger les intérêts communs des États et à réaliser leurs objectifs communs. Le Canada est actuellement l'un des 184 pays qui se déclarent liés par les principes, les coutumes et les normes du droit international.

Société des Nations et portée du droit international Le traité de paix qui a suivi la Première Guerre mondiale a mené à la création de la SOCIÉTÉ DES NATIONS (SDN), la première tentative par la communauté internationale de promouvoir la coopération internationale et d'assurer la paix et la sécurité internationales. L'une des caractéristiques importantes de la SDN était le principe de l'unanimité de ses décisions. Même si elle n'a pu empêcher la Seconde Guerre mondiale, elle a constitué malgré tout un précédent précieux pour la création d'un organisme international après la guerre. L'après-guerre a été marqué par des développements importants en droit international, notamment la création de l'ORGANISATION DES NATIONS UNIES (ONU), l'organisme qui a succédé à la SDN. Le Canada était l'un des membres fondateurs de l'ONU. Les anciennes colonies qui ont accédé à l'indépendance après la Seconde Guerre mondiale se sont jointes à la communauté des nations comme membres à part entière. En 1939, lorsque le Canada a déclaré la guerre indépendamment de la Grande-Bretagne, il avait déjà acquis une identité politique distincte.

Aujourd'hui, le domaine du droit international est immense. Il englobe des questions comme le droit de la guerre, la reconnaissance des gouvernements et des États, le DROIT DE LA MER, le DROIT AÉRIEN ET LE DROIT DE L'ESPACE, les obligations et les traités internationaux (*voir* DROIT DE TRAITER), l'ÉCONOMIE INTERNATIONALE, les institutions politiques et économiques internationales, les DROITS DE L'HOMME et le règlement des différends. Depuis l'inclusion des pays en développement dans la communauté internationale, les questions liées à la justice économique ont commencé à jouer un rôle déterminant en droit international.

Loin de ne constituer qu'une tribune de discussions et de débats entre les nations du monde sur les questions internationales, l'ONU contribue par le truchement de ses organes au MAINTIEN DE LA PAIX sur le plan multilatéral, à l'évolution du droit international, au règlement des différends ainsi qu'à la promotion et à la réalisation des objectifs économiques, politiques et sociaux communs. Le Canada a appuyé avec diligence le droit international et a participé activement à son développement. Il a joué, à l'ONU et dans d'autres forums internationaux, un rôle clé en matière de maintien de la paix, de droits de la personne, de droit de la mer et de droit économique international.

Sources du droit international Les obligations, les droits et les responsabilités du Canada en droit international sont essentiellement énoncés dans des traités, dans les règles de conduite et de pratique des États et, à un moindre degré, dans les principes généraux du droit, dans la jurisprudence, dans les écrits d'éminents juristes et dans des résolutions de l'Assemblée générale de l'ONU. Qu'ils soient bilatéraux ou multilatéraux, les traités sont des accords internationaux entre États qui s'imposent en droit international. Ceux qui reflètent le droit international coutumier s'imposent même aux non-signataires. Ainsi, le Canada se considérait lié par de nombreuses clauses de la Convention de Vienne sur le droit des traités avant même de signer la Convention. Les traités qu'il a conclus sont publiés dans le *Recueil des traités du Canada* et enregistrés auprès de l'ONU. À eux seuls, le Canada et les États-Unis ont conclu environ 200 traités entre eux.

Le Canada, comme tous les autres États, est aussi lié par les règles du droit international coutumier. La coutume s'établit par la pratique générale des États qui en reconnaissent le caractère obligatoire en droit. Les tribunaux canadiens ont reconnu que le droit international coutumier fait partie du droit canadien. Toutefois, la plupart des coutumes qui sont source du droit international sont aujourd'hui incorporées dans les conventions multilatérales. Ainsi, la Convention de Vienne sur les relations diplomatiques (1961) a codifié certaines règles du droit international coutumier qui dataient de plusieurs siècles. En raison surtout de l'hétérogénéité de la communauté internationale, les principes généraux du droit reconnus par les nations, la jurisprudence et les écrits d'éminents publicistes sont considérés comme des sources secondaires du droit international.

Les principes du droit international universellement reconnus comprennent les principes suivants: l'obligation de respecter l'égalité souveraine de tous les États, le principe que les États s'abstiendront de recourir à la menace ou à l'emploi de la force contre d'autres États, sauf en cas de légitime défense, le principe que les États régleront leurs différends par des moyens pacifiques et rempliront de bonne foi leurs obligations internationales. Ces principes sont énoncés dans la Déclaration relative aux principes du droit international touchant les relations amicales et la coopération entre les États conformément à la Charte des Nations Unies adoptée par l'Assemblée générale en 1970.

Problèmes actuels en droit international Dans les années qui ont suivi la Seconde Guerre mondiale, la communauté internationale était préoccupée tant par le maintien de la paix et par l'élargissement de la communauté des nations grâce à l'autodétermination politique que par des questions liées au commerce. Plus récemment, l'évolution rapide du progrès technologique, des télécommunications et des voyages a conduit au perfectionnement de nouvelles branches du droit international comme le droit de l'environnement et le droit de l'espace et à des percées fulgurantes dans des domaines plus traditionnels comme le commerce et le droit de la mer. La fin de la guerre froide a fait apparaître de plus grandes perspectives en matière de maintien de la paix comme en a fait foi l'action du Conseil de sécurité au cours de la guerre du Golfe.

Le Conseil de sécurité des Nations Unies, composé de 5 membres permanents et de 10 membres non permanents, est chargé principalement du maintien de la paix et de la sécurité internationales. La Charte des Nations Unies impose à tous les États membres l'obligation d'accepter et d'appliquer ses décisions. Lorsque le Conseil de sécurité détermine qu'il y a menace à la paix ou violation de la paix, il exerce ses pouvoirs pour mettre fin à la tension ou aux hostilités. Dans certains cas, les Nations Unies ont envoyé des forces de maintien de la paix dans des zones de conflit. Les troupes canadiennes ont fait partie à plusieurs reprises des forces spéciales de maintien de la paix des Nations Unies.

Depuis sa création, l'ONU s'est occupée en priorité de la protection internationale des droits de la personne. En 1948, ses membres ont adopté sans dissidence la Déclaration universelle des droits de l'homme, qui énonce les droits fondamentaux et les libertés fondamentales de tous les êtres humains. Certains ont pu dire que son influence et le fait qu'elle a été invoquée à plusieurs occasions ont fait de la Déclaration une composante intégrante du droit international coutumier. Un Canadien, le professeur John HUMPHREY, a été le premier directeur de la Division des droits de l'homme de l'ONU.

En 1976, le Canada a adhéré à un traité multilatéral important sur les droits de la personne, le Pacte international relatif aux droits civils et politiques, et à son Protocole facultatif. Par la signature de ces documents, le Canada s'est soumis à une norme internationale de protection des droits de la personne, ce qui a permis aux citoyens canadiens de saisir le Comité des droits de l'homme des Nations Unies de plaintes de violation des droits de la personne par le système juridique canadien.

Après de très nombreux rapports d'atrocités commises dans l'ancienne Yougoslavie en 1993, le Conseil de sécurité a pris la décision sans précédent de mettre sur pied un tribunal pénal international habilité à juger les personnes présumées responsables de crimes contre l'humanité, dont l'assassinat, la torture et le «nettoyage ethnique». Le Canada a fortement appuyé la création du tribunal et participe activement à ses délibérations. Un autre tribunal a aussi été établi pour poursuivre les responsables du génocide survenu au Rwanda.

La Convention des Nations Unies sur le droit de la mer, conclue en 1982, est l'une des plus grandes réalisations multilatérales depuis la Seconde Guerre mondiale. En raison de l'étendue de son littoral, les questions maritimes ont de tout temps intéressé le Canada, qui a joué un rôle de premier plan dans les négociations de la Convention des Nations Unies sur le droit de la mer, qu'il a signée en 1982. La Convention établit le cadre législatif général régissant les utilisations de la mer à des fins pacifiques. Les clauses de la Convention ont répondu en grande partie aux principaux objectifs que le Canada s'était fixés au cours des négociations: la compétence sur les ressources halieutiques à l'intérieur d'une zone s'étendant jusqu'à 200 milles nautiques (370 km) de ses côtes et la compétence sur toutes les ressources

du plateau continental à l'intérieur et au-delà de la limite des 200 milles nautiques. Le Canada n'a obtenu que des pouvoirs limités pour lutter contre la POLLUTION le long de son littoral, mais il s'est fait garantir la capacité de prendre des mesures antipollution dans l'Arctique. Il a aussi appuyé l'idée innovatrice de la Convention des Nations Unies sur le droit de la mer selon laquelle les fonds marins doivent être réservés à des fins pacifiques et désignés «patrimoine de l'humanité».

Le fossé qui s'élargit de plus en plus entre les pays riches et les pays pauvres a amené de nombreux pays pauvres à contester les normes du droit international, faisant valoir que les institutions internationales protègent et favorisent les intérêts économiques des pays capitalistes occidentaux. En 1974, la majorité des membres de l'ONU ont voté en faveur de la Déclaration du nouvel ordre économique international, qui appelait à l'établissement d'une nouvelle série de règles pour régir les relations économiques internationales. Le Canada s'est abstenu de voter sur la déclaration et sur son annexe, la Charte des droits et devoirs économiques des États. En pratique, cependant, le Canada a favorisé une politique qui vise à appuyer les efforts des pays économiquement défavorisés pour accroître leur part du commerce mondial et des investissements étrangers. Le régime des tarifs de préférence général qui accorde un traitement préférentiel aux pays les plus pauvres illustre l'engagement du Canada à changer les règles établies en matière de commerce international.

Le développement du droit environnemental international amorcé au cours des années 60 ressort le plus clairement dans divers traités bilatéraux, régionaux et multilatéraux. Souvent critiqué pour sa faible réglementation et ses mécanismes d'application inefficaces, ce domaine du droit international a donné lieu à des concepts importants en matière de protection de l'environnement (p. ex., le «développement durable»), qui a été définie comme une forme de développement qui répond aux besoins des générations actuelles sans compromettre la capacité des générations futures de satisfaire leurs propres besoins.

Règlement de différends La Charte des Nations Unies interdit expressément aux États de recourir à l'emploi de la force, sauf en cas de légitime défense. Le Canada dispose d'une variété de mécanismes pour régler ses différends avec d'autres États: les négociations diplomatiques, la médiation, l'arbitrage international. En dernier ressort, il peut soumettre le différend à la Cour internationale de Justice, un organe de l'ONU composé de 15 membres. La Cour internationale de Justice peut statuer sur les différends entre États qui reconnaissent sa compétence. Ses décisions ne s'imposent qu'aux États parties au litige. Le Canada et les États-Unis ont soumis leur différend concernant la délimitation de la frontière maritime dans le golfe du Maine à une chambre de la Cour. C'était la première fois que l'on faisait appel à une chambre plutôt qu'à la Cour plénière. La décision a été rendue en octobre 1984.

Plus récemment, le Canada a été accusé de violation du droit international pour avoir arraisonné un navire de pêche espagnol qui pêchait le flétan noir en haute mer au large de Terre-Neuve. L'Espagne a traduit le Canada devant la Cour internationale de Justice, prétendant, entre autres, que le Canada avait violé le droit coutumier de pêcher en haute mer, un droit codifié dans la Convention des Nations Unies sur le droit de la mer. Ce différend a mené à un résultat positif, soit la conclusion de l'Accord de pêche des Nations Unies sur la conservation et la gestion des stocks de poissons chevauchants et fortement migrateurs. Cet accord reconnaît aux États côtiers comme le Canada le pouvoir de contrôler directement la surpêche des stocks migrateurs comme la morue et le flétan noir.

La responsabilité de la conduite des relations extérieures du Canada relève principalement du MINISTÈRE DES AFFAIRES ÉTRANGÈRES ET DU COMMERCE INTERNATIONAL et de ses ministres. (*Voir aussi* RELATIONS EXTÉRIEURES.)

Emily F. Carasco

Droit médical Au sens large, le droit médical s'intéresse à la relation qui unit un patient à son fournisseur de soins de santé tel qu'un médecin, une infirmière, un dentiste, un physiothérapeute ou même un établissement comme un HÔPITAL. Le droit établit des normes, il réglemente la pratique et prévoit un mécanisme permettant aux patients de se faire indemniser en cas de préjudice. La source du droit peut se trouver dans les lois (provinciales ou fédérales) ou dans la jurisprudence. Si les principes juridiques énoncés par les juges dans la jurisprudence sont généralement uniformes au pays, les lois, varient quant à elles d'une province à l'autre.

Déontologie médicale Le droit médical porte sur de nombreuses questions fondamentales et profondes, telles que le droit du patient de consentir à recevoir des soins de santé. Toute personne, y compris les enfants qui comprennent la nature et les conséquences d'un traitement, a le droit d'être pleinement informée des risques que présente une intervention et de choisir de la subir ou non (*voir* DÉONTOLOGIE MÉDICALE), même si le fait de refuser le traitement peut entraîner sa mort. En 1980, la Cour suprême du Canada a déclaré que la norme de divulgation des risques doit être ce que le patient raisonnable voudrait savoir et non ce que le professionnel de la santé choisit normalement de lui expliquer. Un autre principe juridique fondamental consiste en l'obligation, pour la personne ou l'établissement qui dispense des soins de santé, de faire preuve d'une compétence, de connaissances et d'un jugement raisonnables. Cette norme découle de la coutume ou de la pratique commune de la profession ou du groupe, c.-à-d. qu'un médecin doit pratiquer sa profession comme le ferait un médecin raisonnable dans les circonstances (*voir* FAUTE PROFESSIONNELLE).

Si cette norme n'est pas respectée et que le patient en subit un préjudice, le fournisseur de soins de santé peut être reconnu négligent et devoir lui verser une indemnité. Des questions très complexes se posent lorsque le traitement médical envisagé est de nature expérimentale ou lorsqu'il nécessite la transplantation d'un organe, l'insémination artificielle ou la fertilisation *in vitro*. Dans ce cas, non seulement doit-on tenir compte du droit des personnes concernées, mais aussi des valeurs et des buts de la société.

La pratique médicale moderne qui favorise une approche d'«équipe» de professionnels, où l'hôpital assume un rôle de premier plan en tant que fournisseur de soins de santé, a engendré de nombreux problèmes. Très souvent, le patient peut être soigné par de nombreux médecins et infirmières hautement qualifiés et il arrive souvent qu'il y ait un chevauchement dans leurs fonctions. Dans de nombreux cas qui ont été portés devant les tribunaux, il est manifeste que chaque membre de l'équipe a déféré aux autres membres de l'équipe en ce qui concerne sa responsabilité décisionnelle et en matière de communication, de sorte que le patient a reçu des soins de moindre qualité. Des cas se sont également présentés concernant la question de savoir si une infirmière doit obéir aux ordres du médecin, même si elle croit qu'ils nuiront à l'état du patient. En droit, l'infirmière ou l'infirmier qui exécute un tel ordre pourrait faire preuve de négligence et, comme dans le cas de l'administration d'une surdose mortelle de médicament, peut être poursuivi à ce titre sous le régime du CODE CRIMINEL.

Obligation de rendre compte des hôpitaux Les hôpitaux ont assumé un plus grand rôle dans la fourniture des soins de santé et sont de plus en plus tenus pour responsables par les patients. Les premiers hôpitaux étaient des établissements caritatifs et bénéficiaient de l'immunité judiciaire, mais les hôpitaux modernes sont de grands organismes complexes qui sont au cœur du système des soins de santé. En tant qu'employeur, l'hôpital est responsable lorsqu'il est reconnu qu'un employé a porté préjudice à un patient par sa négligence. Cependant, l'hôpital a aussi certaines responsabilités directes envers les patients, notamment l'obligation de choisir des employés compétents et qualifiés, de leur donner des directives et de les surveiller, d'offrir des installations et des équipements convenables, et d'établir des systèmes nécessaires à leur fonctionnement sécuritaire. Les tribunaux ont récemment fait remarquer que le public s'attend à ce que les hôpitaux fournissent des traitements médicaux avec compétence. P. ex., au service d'urgence d'un hôpital, un malade ou un blessé peut être traité par un médecin qui travaille à l'hôpital sans en être un employé. La question de savoir si la responsabilité de l'hôpital doit être engagée quand le traitement fourni est de piètre qualité n'a pas encore été tranchée par les tribunaux.

Recours à la justice Les poursuites judiciaires intentées par des patients contre des fournisseurs de soins de santé se multiplient. Le recours à la justice engendre des difficultés pour toutes les parties. Dans certaines provinces, le patient peut devoir solliciter, par voie de demande préjudicielle, une ordonnance lui permettant d'avoir accès à son dossier médical. La procédure judiciaire est lente et coûteuse, et les personnes poursuivies craignent généralement que les allégations faites à leur encontre nuisent à leur réputation. Même si le patient a gain de cause, une somme d'argent ne pourra jamais l'indemniser de la perte subie. Mais il n'existe à l'heure actuelle aucune solution de remplacement aux poursuites judiciaires pour faire droit aux demandes d'indemnité présentées par des patients. La solution consistant à dénoncer le professionnel de la santé à sa corporation professionnelle pour que des mesures disciplinaires sanctionnent sa conduite, même si elle se révèle parfois efficace à cette fin, n'indemnisent aucunement les patients.

Ellen Picard

Droit procédural Ensemble des règles de droit régissant la procédure de règlement des litiges (au criminel et au civil). Par contraste, le DROIT SUBSTANTIEL englobe les droits et les obligations des sujets de droit. Le droit substantiel et le droit procédural sont complémentaires: le droit procédural anime le droit substantiel et permet d'assurer l'exécution ainsi que la défense des droits et des obligations. Parce que le droit procédural qualifie le droit substantiel, on l'appelle quelquefois le droit «adjectival».

K.G. McShane

Droit substantiel Ensemble des règles de droit qui fondent les droits et les obligations, par opposition au DROIT PROCÉDURAL qui règle l'exécution de ces droits et de ces obligations ainsi que leur défense. P. ex., le meurtre est une infraction criminelle, relevant donc du droit substantiel, tandis que les règles applicables à la poursuite de celui qui en est accusé forment quant à elles le droit procédural.

K.G. McShane

Droit, réforme du Processus visant à assurer l'adéquation du droit aux besoins de la société qu'il doit servir. Elle peut comporter diverses tâches: effectuer une mise à jour en abrogeant des textes vieux et périmés, fusionner ou rationaliser un domaine du droit, ou même proposer des notions entièrement nouvelles. Normalement, la réforme du droit donne lieu à des modifications législatives, mais elle peut aussi s'étendre aux règlements ou à des questions de procédure.

Au milieu des années 60, plusieurs provinces créent des organismes permanents chargés de la réforme du droit: organismes à plein temps et indépendants du gouvernement de l'époque. L'exemple de l'Ontario est suivi par d'autres provinces, dont un mécanisme hybride unique en son genre, l'Alberta Law Reform Institute, puis, plus tard, par la Colom-

bie-Britannique, la Saskatchewan, le Manitoba et la Nouvelle-Écosse. Plusieurs provinces se dotent d'une division de la réforme du droit dans leur ministère de la Justice, dont le Nouveau-Brunswick, Terre-Neuve et le Québec. La Commission de réforme du droit du Canada existe de 1971 à 1992. Une nouvelle législation la fait renaître en 1996.

Ces organismes sont indépendants de leur gouvernement de tutelle auquel ils offrent des avis indépendants sur une vaste gamme de sujets.

Il existe deux regroupements d'organismes de la réforme du droit. La Federation of Law Reform Agencies of Canada, coordonnatrice des organismes et des personnes intéressées qui participent aux activités de réforme du droit au Canada. Elle organise des ateliers à l'intention du personnel des organismes de réforme du droit et publie un bulletin d'information trimestriel.

La CONFÉRENCE SUR L'HARMONISATION DES LOIS DU CANADA est un organisme créé en 1918 qui se consacre à l'harmonisation des lois canadiennes. Elle se compose de délégués nommés par chaque province et territoire et par le gouvernement fédéral. Elle tient une conférence annuelle d'une semaine au mois d'août et publie des actes annuels.

Peter Lown

Droits ancestraux Bien qu'il soit difficile de généraliser les définitions des droits ancestraux avancées par les peuples autochtones, en raison de la diversité de leurs cultures, on peut affirmer que la plupart des peuples autochtones affirment que leurs droits sont inhérents et collectifs, et sont dérivés de l'occupation ancestrale du territoire qui est maintenant le Canada et de l'ordre social antérieur à l'arrivée des Européens. Un même thème sous-tend toutes les définitions de ces droits: la source première des droits ancestraux est le Créateur. Ces droits englobent plus que les droits sur les terres et la préservation des modes de vie. Pour un grand nombre, le concept peut se résumer comme étant lié à l'indépendance par l'autodétermination. Il est important de noter que ces droits sont revendiqués à la fois par les peuples amérindien, inuit et métis du Canada.

Sources des droits ancestraux Les peuples autochtones ont traditionnellement avancé trois arguments principaux pour faire valoir les droits ancestraux: le droit international, la PROCLAMATION ROYALE de 1763 et la *common law* telle que la définissent les tribunaux canadiens. Seul le dernier argument a connu quelque succès devant les tribunaux, mais les représentants des peuples autochtones continuent de participer aux groupes de travail internationaux de l'ONU concernant les populations autochtones et les droits des minorités. On considère maintenant la Proclamation royale de 1763 comme une expression historique de la *common law* plutôt qu'une source de droits juridiques.

L'article 35 de la *Loi constitutionnelle de 1982* protège expressément les droits ancestraux. Les peuples autochtones soutiennent que cela comprend leurs droits inhérents à l'autodétermination et leurs titres autochtones aux terres ancestrales. Afin d'établir un droit autochtone, les tribunaux cherchent maintenant la preuve de l'occupation traditionnelle d'un territoire particulier ou, encore, la reconnaissance d'autres droits juridiques par le droit coutumier. Telle est la démarche adoptée notamment dans les affaires Calder (1973), Baker Lake (1980) et Bear Island (1984), et Delgamuukw (1993). On craint cependant que la date historique utilisée parfois à cette fin, soit la date à laquelle la Grande-Bretagne a revendiqué sa souveraineté sur le territoire particulier, rende toute preuve impossible pour les sociétés qui se fient à la tradition orale plutôt qu'aux documents écrits. Face à la présence et à la législation des Blancs, il est peut-être malgré tout plus facile de faire reconnaître un droit ancestral que de le maintenir en vigueur au cours des ans.

Contenu des droits ancestraux Dans l'affaire Bear Island, la Cour d'appel de l'Ontario n'aborde

pas le problème légal de la preuve du titre autochtone ou du contenu des droits ancestraux, mais le contourne plutôt en concluant que le titre autochtone est éteint par la conclusion de traités. La COUR SUPRÊME DU CANADA a confirmé la décision de la Cour d'appel. Celle-ci est saisie des mêmes questions dans l'affaire Delgamuukw, entendue en 1997.

Extinction des droits ancestraux Cette question est importante parce que les droits ancestraux se révèlent légalement fragiles et aussi parce qu'il est nécessaire, pour qu'ils soient protégés par la constitution, de démontrer leur existence à partir de 1982. Historiquement, ce sont les traités et les ententes sur les REVENDICATIONS TERRITORIALES, plutôt que la loi, qui entraînent l'extinction des droits.

Dans l'affaire Calder, on envisage d'éteindre avant la Confédération le titre des Nisga'a sur les terres de la Colombie-Britannique en édictant des lois incompatibles avec les droits des peuples autochtones à leur territoire dans la vallée de la RIVIÈRE NASS. Les juges de la Cour suprême du Canada sont divisés sur la question de l'extinction par des lois qui sont seulement incompatibles avec les droits ancestraux, mais ils reconnaissent qu'une loi explicite pourrait avoir cet effet: trois juges déclarent que l'extinction ne peut être le fait que d'une loi particulière renversant clairement les droits ancestraux, trois juges déclarent que l'extinction peut être implicite à des circonstances historiques, le septième juge rejette la revendication uniquement pour des raisons de procédure.

Après la Confédération, la question devient plus confuse. Toutes les cours reconnaissent que le Parlement a le pouvoir d'éteindre les droits ancestraux jusqu'à 1982, mais cela ne se fait jamais expressément. Cependant, la loi fédérale limite les droits de chasse et de pêche. Dans sa décision de 1990 portant sur l'affaire Sparrow, la Cour suprême du Canada déclare qu'on peut réglementer les droits si tel règlement peut être justifié, mais que la réglementation, à elle seule, n'éteint pas les droits. Ce n'est que dans l'affaire Bear Island qu'un tribunal statue que les lois provinciales peuvent éteindre les titres ancestraux et qu'elles l'ont fait avant 1982. Ce jugement entraîne un nouvel examen de l'article 92 (24) de la LOI CONSTITUTIONNELLE DE 1867, en vertu duquel les «Indiens et les terres réservées aux Indiens» relèvent de la compétence apparemment exclusive du Parlement.

Dans l'affaire Bear Island, la cour aussi juge que le retard à entamer une poursuite en justice est suffisant pour rejeter l'affirmation d'un titre autochtone à un territoire revendiqué. Ce jugement, s'il est valable en droit, suffirait à lui seul à rejeter toute revendication territoriale portée devant les tribunaux. Dans l'affaire Blueberry River de 1993, la Cour suprême du Canada recourt, en effet, à une période statutaire de restriction extinctive pour rejeter une partie de la revendication d'une bande indienne. Théoriquement, cependant, un titre autochtone reconnu comme existant toujours en 1982 ne peut, après cette date, être éteint par le Parlement ou par une assemblée législative.

Une nouvelle ère L'inclusion de l'article 35 dans la *Loi constitutionnelle* marque une nouvelle ère dans l'interprétation juridique et politique de la question des droits ancestraux. Les affaires Guerin (1984) et Sparrow (1990) créent une nouvelle dichotomie entre les pouvoirs du gouvernement fédéral de traiter des droits des peuples autochtones ou de les réglementer et le devoir qu'a la Couronne d'agir en tant que représentant fiduciaire dans ses relations avec les peuples autochtones et de justifier sa conduite. Il reste à déterminer la portée de cette obligation de fiduciaire, mais il est clair qu'elle réglemente la manière dont le gouvernement fédéral exerce sa discrétion en traitant des droits ancestraux. Le devoir fiduciaire peut aussi s'étendre aux actions du gouvernement provincial qui entravent l'exercice des droits ancestraux.

C'est dans l'affaire Sparrow (1990) que la Cour suprême du Canada décide pour la première fois d'interpréter l'article 35 (1). La cour n'établit pas de limite quant aux types de droits pouvant être catégorisés en tant que droits ancestraux et souligne que l'interprétation de ces droits exige de la souplesse et une «sensibilité au point de vue autochtone». La Cour statue que l'article 35 ne protège que les droits qui n'ont pas été éteints avant la date à laquelle la *Loi constitutionnelle de 1982* est entrée en vigueur.

Une fois que le réclamant prouve l'existence d'un droit ancestral et que celui-ci est brimé par la loi, il incombe alors au gouvernement de justifier ses actions. Le gouvernement doit prouver la validité de l'objectif de la loi et que cet objectif est atteint d'une manière qui fait honneur au devoir fiduciaire de la Couronne. Les facteurs à considérer sont, notamment: une entrave minimale des droits, la consultation et la compensation. La cause doit aussi reconnaître les droits des peuples autochtones de déterminer eux-mêmes la façon dont ils préfèrent exercer ces droits. Essentiellement, les règlements qui briment les droits ne sont justifiés que s'ils répondent à un besoin démontrable de conservation ou de sécurité publique.

Bien que la loi n'ait pas encore défini les droits ancestraux de façon claire et distincte, la plupart des peuples autochtones soutiennent que ceux-ci comprennent le droit à l'autonomie gouvernementale. Il reste encore à la Cour suprême du Canada d'aborder la question directement. D'autres commentaires dans les affaires Sparrow et Sioux donnent à croire cependant qu'un gouvernement autochtone n'équivaut pas à la souveraineté. Dans l'affaire Delgamuukw (1993), la décision de la Cour suprême de la Colombie-Britannique semble indiquer que les tribunaux inférieurs hésitent à reconnaître les prétentions à des compétences qui entrent en conflit avec le partage constitutionnel du pouvoir fédéral et provincial. Dans cette affaire, les Gitskan et les Wet'suwet'en revendiquent la propriété d'un territoire de 57 000 km² dans le nord-ouest de la Colombie-Britannique ainsi que le droit de l'administrer. McEachern J. affirme que la preuve démontre que les requérants avaient les droits de résider et de subvenir à leurs besoins dans une partie du territoire revendiqué, mais que la loi coloniale adoptée avant la Confédération a éteint ces droits.

Quant à la question de compétence, la cour statue que la preuve n'établit pas le droit de gouverner et qu'il existait un «vide légal et juridictionnel» avant que la Grande-Bretagne ne revendique sa souveraineté. La Cour d'appel de la Colombie-Britannique infirme la conclusion relative à l'extinction, mais refuse de modifier la conclusion quant à l'insuffisance de preuve appuyant l'autonomie gouvernementale. Le jugement de l'affaire Delgamuukw soulève une importante controverse et est actuellement en appel devant la Cour suprême, qui doit entendre l'affaire en 1997.

L'augmentation des activités légales et politiques donnent lieu à plusieurs initiatives gouvernementales. En septembre 1990, le premier ministre Brian MULRONEY annonce des changements aux politiques de négociation des revendications territoriales afin d'accélérer le règlement des revendications en souffrance et préconise des solutions de rechange autres que législatives comme moyen de déléguer les pouvoirs d'autonomie gouvernementale. Autre initiative importante: la création de la Commission royale sur les peuples autochtones (CRPA). Conformément à son vaste mandat, la CRPA examine actuellement la situation légale, économique, sociale et culturelle des peuples autochtones. Les rapports intérimaires de la commission proposent des solutions susceptibles d'améliorer les relations entre les peuples autochtones et le gouvernement canadien, dont la reconnaissance du droit à l'autonomie gouvernementale, des mesures visant à éliminer le taux élevé de SUICIDE chez les jeunes autochtones et la

création de systèmes juridiques autochtones. La Commission a publié son rapport final en 1996.

Depuis 1982, la reconnaissance d'un droit autochtone à l'autonomie gouvernementale est au centre d'un débat dans l'arène politique. Le bien-fondé d'un amendement constitutionnel reconnaissant explicitement un droit inhérent à l'autonomie gouvernementale est débattu au cours des conférences constitutionnelles des années 80 et est reporté à l'ordre du jour des négociations sur l'ACCORD DE CHARLOTTETOWN. L'exécution de l'Accord de Charlottetown aurait eu des conséquences importantes sur les droits ancestraux car il proposait un amendement visant à reconnaître «le droit inhérent à l'autonomie gouvernementale au sein du Canada». Mais l'accord est rejeté lors du référendum national de 1992.

La CRPA avance qu'il n'est pas nécessaire d'amender la constitution. Les membres de la commission sont d'avis que le droit inhérent à l'autonomie gouvernementale des autochtones est un droit ancestral et issu de traités, reconnu et confirmé par l'article 35 (1). La négociation politique peut être une solution de rechange viable à l'application de ce droit, laquelle pourrait être réalisée au moyen d'amendements constitutionnels dont la portée ne toucherait que des provinces particulières.

Résumé Jusqu'à maintenant, les processus juridique et politique négligent d'aborder le concept, le contenu et la priorité des droits ancestraux. Toutefois, des développements juridiques et politiques semblent indiquer que le Canada est en train d'adopter une définition large des droits ancestraux qui inclut un droit à une certaine forme d'autonomie gouvernementale. Bien que l'article 35 et le concept d'obligation de fiduciaire aient limité le pouvoir précédemment reconnu du gouvernement d'éteindre ou de réglementer les droits ancestraux, les tribunaux n'acceptent pas les arguments appuyant la nécessité d'obtenir le consentement des autochtones. Il est probable que ces problèmes devront, à long terme, trouver une solution politique, mais l'histoire récente montre que les décisions juridiques incitent aux négociations.

Catherine Bell et William B. Henderson

Droits de la personne, philosophie des On en vient à établir une équivalence entre le respect des droits de la personne et la civilisation et entre les violations de ces droits et la barbarie et l'injustice. Cependant, tandis que les droits de la personne forment notre commun dénominateur moral, leur signification n'est pas claire. Ils ne sont pas des droits civils, des revendications spécifiques reconnues par une communauté politique, des droits particuliers reconnus aux citoyens, aux marchands, aux sujets britanniques et autres du genre. Les droits de la personne se présentent plutôt comme un étalon de mesure et d'évaluation des droits civils ou des choix protégés par la loi.

L'équivalent prémoderne des droits de la personne était le droit naturel ou la justice naturelle que la théologie chrétienne codifiera sous forme de loi naturelle. Cependant, la justice naturelle platonicienne ou la loi naturelle thomiste servaient de norme des relations correctes entre personnes, mais n'étaient pas la propriété de ces personnes ni des droits que celles-ci pouvaient faire valoir contre d'autres personnes. Les droits modernes sont, par contre, des droits naturels privatisés et personnalisés, dans le sens de «mes droits» et de «ses droits».

La contrepartie de ces droits n'équivaut pas à des torts, mais à des devoirs et à des obligations. Si quelqu'un a un droit, il n'a pas alors d'obligation, et réciproquement. Nos obligations nous prescrivent ce qui est moralement correct. Nos droits nous permettent de faire ou de ne pas faire ce qui est moralement correct. Les droits présupposent le droit qu'a quelqu'un de mal agir, de choisir des usages moralement plaisants ou rebutants de son pouvoir ou de sa propriété. Il n'y a pas de contradiction à soutenir le droit à l'au-

todétermination nationale, tout en affirmant que la sécession est politiquement désastreuse.

Les droits de la personne sont des revendications ou des droits que possèdent les êtres humains en vertu de leur humanité et non de leur participation à une tradition ou à des pratiques historiques spécifiques. Les revendications découlant des droits de la personne ont ceci de caractéristique qu'elles sont indépendantes de l'avènement historique de droits spécifiques conquis au terme de combats concrets menés par des classes, des nations ou des religions particulières et de la justification historique de droits spéciaux limitant les conflits violents. C'est l'ouvrage de John Rawl, *A Theory of Justice* (1971), qui a rendu populaire cette approche historique des droits de la personne. Pourtant, c'est l'histoire du Canada et non pas un principe abstrait d'équité qui pourrait justifier le financement par les provinces de l'enseignement catholique à l'exclusion des écoles juives, islamiques ou baptistes; les droits de chasse et de pêche accordés aux autochtones, mais non aux colons blancs; les droits linguistiques reconnus aux Canadiens francophones, mais non aux Canadiens d'origine ukrainienne ou chinoise.

La fonction dévolue aux droits de la personne par les bâtisseurs de la constitution américaine ou par les auteurs de *The Federalist Papers* visait à restreindre le pouvoir du Congrès ou des parlements des États, de manière à les empêcher d'empiéter sur les droits des individus et en particulier sur leurs droits de propriété et de contracter. Ces droits ont fonctionné et continuent de le faire pour dissuader les représentants élus d'imposer la volonté de la majorité aux minorités et aux individus ou de se lancer dans des politiques sociales qui menaceraient la propriété des particuliers et des compagnies ainsi que leur droit de contracter et de commercer librement. Les adversaires d'une politique basée sur les droits privés voient dans le langage des droits de la personne une idéologie du capitalisme destinée à empêcher les États de freiner l'emprise du marché global. En outre, les critiques des droits garantis et ceux qui prônent la révision de la législation soulignent la judiciarisation de la politique et la politisation du système judiciaire.

La tension qui existe entre la tradition britannique de la primauté du parlement et la tradition américaine des droits individuels garantis par la constitution apparaît clairement dans la CHARTE CANADIENNE DES DROITS ET LIBERTÉS; les sections 32 et 33 de celle-ci permettent en effet au pouvoir législatif de voter des lois «nonobstant» les stipulations de cette Charte. L'américanisation de la culture politique du Canada ressort clairement du fait que les Canadiens anglais détestent la clause nonobstant ainsi que la seule partie de cette Charte qui importait aux yeux de Pierre Elliott TRUDEAU, à savoir les droits linguistiques qui sonneraient le glas du «statut spécial» du Québec. Les gouvernements qui se sont succédé au Québec n'ont pas accepté la Charte parce qu'ils ne voulaient pas que des juges nommés par le pouvoir fédéral puissent restreindre les pouvoirs de l'Assemblée nationale du Québec. Les Canadiens anglais ont refusé d'accepter les amendements à la Charte proposés par l'ACCORD DU LAC MEECH et l'ACCORD DE CHARLOTTETOWN. Le résultat est un coup fatal porté à la courtoisie entre les communautés anglophone et francophone du pays, malgré l'adhésion presque universelle des Canadiens à la rhétorique des droits de la personne et aux protections constitutionnelles dont ils jouissent.

George GRANT écrit que ce qui distingue les Canadiens des Américains d'une part, les conservateurs et socialistes des libéraux d'autre part, est la reconnaissance des droits collectifs autant que des droits individuels. Will Kymlicka s'approche plus que les libéraux américains de la reconnaissance des droits des collectivités tout en soulignant que dans leur tentative de préserver leur caractère distinctif, celles-ci n'ont pas le droit de restreindre les droits individuels. Puisque ces derniers ont priorité sur les droits collectifs, l'autodétermination des Premières Nations et des Québécois doit être soumise aux tribunaux chargés de garantir la sécurité des droits individuels. Il se peut que le langage des droits soit foncièrement individualiste, de sorte que les nationalistes feraient mieux de faire appel au bien commun, aux intérêts collectifs et aux objectifs communautaires, plutôt que de faire violence au langage individualiste des droits en le mettant au service de projets collectifs.

Exprimer son scepticisme au sujet de la signification des droits de la personne ne signifie pas qu'on reste indifférent devant les meurtres, les tortures et les viols, ou que l'on n'apporte pas son appui à Amnistie internationale qui fait connaître la situation tragique des prisonniers d'opinion partout dans le monde. Bien au contraire, on pourrait affirmer que de réduire le viol comme arme délibérée de guerre à une simple violation des droits de la personne représente une grossière banalisation d'actes atroces, qui en ferait un simple exemple d'une catégorie générale de violation des droits de la personne ou encore un déplacement normal de pions dans un jeu d'échecs diplomatique. Peut-être rendrait-on mieux service aux conduites humaines en les concentrant sur des droits spécifiques (tels ceux des réfugiés) liés à une situation spécifique découlant de batailles effectives, plutôt que de proclamer les droits de la personne sans référence à des contenus et à des contextes historiques spécifiques.

Edward Andrew

Droits de l'homme Les droits de l'homme sont si fondamentaux que la loi leur accorde une protection spéciale et, généralement, en vertu de la constitution d'un pays. Ils sont différents des LIBERTÉS CIVILES, qui visent une catégorie beaucoup plus étroite de libertés fondamentales fondées sur les valeurs occidentales traditionnelles, telles que la liberté de religion et la liberté d'expression. Les droits de l'homme comprennent aussi des droits comme le droit à l'éducation, au logement et à un environnement sain. On les appelle souvent droits sociaux ou droits culturels. La mise en œuvre de ces droits nécessite fréquemment l'intervention du gouvernement plutôt que la limitation de son action.

Au XIX⁰ siècle, de nombreuses lois et pratiques courantes au Canada violent les droits de l'homme. Avant l'adoption de la loi britannique de 1833 intitulée *Emancipation Act* (entrée en vigueur l'année suivante), l'ESCLAVAGE est pratiqué dans les colonies et, après la Confédération, des lois discriminatoires sont adoptées pour décourager l'immigration des non-Blancs (*voir* IMMIGRATION, POLITIQUE D'). Ceux qui sont déjà au pays ou qui continuent à venir malgré ces restrictions, aussi bien que les autochtones, sont assujettis à des lois les obligeant à fréquenter des écoles séparées, leur refusant le droit de vote, limitant leur accès aux professions et à certains types d'emploi, limitant les endroits où ils peuvent habiter, leur interdisant de consommer des boissons alcoolisées et leur refusant l'accès aux installations publiques. Les femmes et les enfants sont traités comme des biens, leurs droits de propriété sont limités (*voir* MURDOCH, AFFAIRE), le chef de famille de sexe masculin peut déshériter sa femme et ses enfants dans son testament. Il faut attendre jusqu'à la Première Guerre mondiale pour que les femmes obtiennent le droit de vote aux élections fédérales. Ce n'est qu'en 1940 qu'elles peuvent voter aux élections provinciales dans toutes les provinces. Jusqu'en 1929, on considère que les femmes ne sont pas des «personnes» admissibles à la nomination au Sénat.

Vers l'époque de la Seconde Guerre mondiale, la plupart des lois limitant les droits des femmes et des enfants sont modifiées, mais certaines lois racistes demeurent en vigueur quelques années encore, alors que celles privant les autochtones du droit de vote ne sont éliminées qu'après l'adoption de la DÉCLARATION CANADIENNE DES DROITS en 1960.

Déclaration canadienne des droits

L'historique de la *Déclaration canadienne des droits* montre comment la notion des droits de l'homme a évolué au Canada. À la suite de deux pétitions présentées au Parlement par les TÉMOINS DE JÉHOVAH, dont plusieurs ont été arrêtés au Québec au cours des années 40, la déclaration est prônée par John DIEFENBAKER, défenseur ardent des Témoins de Jéhovah au cours de la Seconde Guerre mondiale. La *Déclaration canadienne des droits* n'est cependant pas inscrite dans la Constitution, n'ayant ainsi aucune valeur constitutionnelle. Comme toute autre loi, elle peut être modifiée par le Parlement selon la procédure législative normale. Qui plus est, elle s'applique seulement aux matières relevant de la compétence fédérale et ne touche aucunement les provinces.

Historique des droits de l'homme

Après la Première Guerre mondiale, une série de traités imposant à plusieurs pays européens l'obligation de protéger les minorités raciales, religieuses et nationales est créée par la SOCIÉTÉ DES NATIONS pour l'exécution de ces obligations. En 1948, l'Assemblée générale de l'ORGANISATION DES NATIONS UNIES proclame la *Déclaration universelle des droits de l'homme* comme «l'idéal commun à atteindre par tous les peuples et toutes les nations afin que tous les individus et tous les organes de la société, ayant cette Déclaration constamment à l'esprit, s'efforcent, par l'enseignement et l'éducation, de développer le respect de ces droits et libertés et d'en assurer, par des mesures progressives d'ordre national et international, la reconnaissance et l'application universelles et effectives». Y sont inclus les libertés fondamentales et les droits juridiques (appelés sur la scène internationale libertés ou droits civils et politiques) ainsi que les droits à l'égalité et les droits économiques, sociaux et culturels. La Déclaration est adoptée par un vote unanime, avec l'abstention de six membres du bloc soviétique, l'Arabie Saoudite et l'Union Sud-Africaine.

Le Canada joue un rôle important dans la rédaction de la Déclaration. L'un des membres du comité est John P. Humphrey, professeur de droit international et expert en droits de l'homme.

Une autre série de développements importants survenus après la Seconde Guerre mondiale mène à l'adoption de lois au Canada portant directement sur le problème de la discrimination. L'Ontario ouvre la voie en 1944 en adoptant une loi provinciale, la *Racial Discrimination Act*, pour lutter directement contre le racisme. Cette loi est suivie en 1947 par le *Bill of Rights* de la Saskatchewan, puis par des lois sur la justice et l'équité en matière de logement et d'emploi adoptées partout au Canada après 1951, suivies par des lois sur le salaire égal pour les femmes. Dans les années 60, les provinces ont commencé à fondre leurs lois sur les pratiques équitables en codes généraux des droits de l'homme, administrés et appliqués par des commissions permanentes des droits de l'homme.

Dès 1966, la scène internationale évolue de diverses façons. La *Déclaration universelle des droits de l'homme* de 1948 est complétée par deux pactes ayant caractère obligatoire: le Pacte international relatif aux droits civils et politiques et le Pacte international sur les droits économiques, sociaux et culturels. On appelle parfois ces deux pactes *Déclaration internationale des droits*. Le Canada ratifie les deux pactes en 1976 (avec le consentement unanime des provinces). Aujourd'hui, le Canada est lié par ces textes en DROIT INTERNATIONAL. Il ratifie également le Protocole facultatif du Pacte relatif aux droits civils et politiques de façon à ce que chacun au Canada puisse maintenant saisir le Comité des droits de l'homme d'une plainte si un gouvernement canadien ne respecte pas ses engagements. Le Canada accepte aussi une autre obligation facultative, accepter les plaintes d'autres États signataires du pacte qui ont également accepté cette procédure de plaintes d'État signataire à État signataire.

Depuis la ratification de la *Déclaration internationale des droits*, le Canada a ratifié ou signé plusieurs autres traités importants en matière de droits de l'homme. Il s'agit notamment, pour n'en nommer que deux, de la Convention relative aux droits de l'enfant et de la Convention sur l'élimination de toutes les formes de discrimination à l'égard des femmes.

La *Déclaration internationale des droits* a un retentissement important au Canada et à l'égard de ses obligations en matière de droits de l'homme. Des pressions exercées en vue de renforcer nos droits de l'homme ont fini par mener à l'adoption de la CHARTE CANADIENNE DES DROITS ET LIBERTÉS. La Charte fait partie de la *Loi constitutionnelle de 1982*. Avant cette date, il y avait très peu de protection constitutionnelle contre les mesures de l'État affectant les droits de l'homme. La *Charte canadienne des droits et libertés* garantit les libertés fondamentales, les droits démocratiques (comme la participation aux élections), les droits de déplacement (d'entrer au Canada et de s'y déplacer), les droits juridiques, les droits à l'égalité (droits égaux pour les femmes et les hommes et la protection du patrimoine multiculturel de tous les Canadiens), les droits linguistiques (et les droits linguistiques des minorités) ainsi que le droit de faire valoir ces droits.

Les droits à l'égalité sont une autre composante importante des droits de l'homme. Essentiellement, les droits à l'égalité portent la règle générale selon laquelle la loi ne fait acception de personne et s'applique également à tous et que tous ont droit à la même protection et aux mêmes bénéfices de la loi, indépendamment de toute discrimination. Cette disposition entre en vigueur en 1985 et s'applique au gouvernement fédéral tout comme aux gouvernements provinciaux et territoriaux.

En 1975, chaque province a déjà adopté un projet de loi sur les droits de l'homme pour traiter de la discrimination qui n'était pas interdite par la Charte, dont la discrimination entre particuliers ou entre employeurs et employés, etc. La *Loi canadienne sur les droits de la personne* est adoptée en 1977, et la *Commission canadienne des droits de la personne* créée la même année. L'Alberta, la Saskatchewan et le Québec garantissent également des libertés fondamentales, et la Saskatchewan et l'Alberta ajoutent des droits juridiques limités dans leur code des droits de la personne et déclaration des droits. La *Charte des droits et libertés de la personne du Québec* (1975) prévoit un régime très élaboré de protection des droits juridiques et proclame même certains droits économiques et sociaux.

Effets et portée des libertés civiles Même si la Constitution est la «loi suprême du Canada» et qu'«elle rend inopérantes les dispositions incompatibles de toute autre règle de droit», l'adoption de la Charte ne garantit pas en elle-même les droits de l'homme. Bien que son objectif fondamental soit de limiter l'action du gouvernement par le contrôle judiciaire, les confins des libertés civiles telles que la liberté d'expression ne seront pas connus d'ici peu. Dans quelle mesure la censure est-elle contraire à la Charte? Quand est-il raisonnable de limiter la liberté d'assemblée pour des raisons d'ordre public ou de sécurité publique? Les réponses à ces questions ne peuvent provenir que des tribunaux. Cependant, puisque l'article 33 de la Charte autorise tout gouvernement à adopter des lois indépendamment de la Charte, le gouvernement majoritaire désirant prendre des mesures qui enfreignent un droit garanti par la Charte peut le faire en invoquant cette clause «nonobstant». Dans la plupart des cas, une telle action gouvernementale constituera une violation manifeste du droit international. Les groupes d'intérêt public s'opposent fréquemment à de telles mesures dans les sociétés démocratiques par l'action des individus, des partis politiques, des médias et des membres des parlements.

D'autres débats récents en matière de droits de l'homme au Canada portent notamment sur la controverse entourant le droit des personnes d'être libres de la discrimination et du harcèlement pour cause d'orientation sexuelle. Les homosexuels et les lesbiennes se sont battus pour obtenir l'égalité sous le régime à la fois des lois fédérales et provinciales. Certaines provinces canadiennes traînent encore derrière la plupart des pays développés en refusant de fournir cette protection, notamment la province de l'Alberta.

Walter S. Tarnopolsky et F. Pearl Eliadis

Drumheller, ville du sud de l'Alb.; pop. 7833 (rec. 1996), 7272 (rec. 1991); superf. 96,92 km²; const. en 1998; située en bordure de la RIVIÈRE RED DEER, à 138 km au nord-est de Calgary. La vallée de la Red Deer est connue partout dans le monde pour ses abondants fossiles, notamment ceux de DINO-SAURES.

Historique Peu après l'établissement des premiers grands éleveurs en 1897, le colonel Samuel Drumheller (1910) fait l'acquisition du site urbain. En 1911, il entreprend l'EXPLOITATION DU CHARBON sur des emplacements situés autour du site. Le premier bureau de poste porte son nom. En 1912, le chemin de fer atteint Drumheller et, rapidement, la localité est constituée en tant que village en 1913, puis en tant que ville en 1916.

Devenue cité en 1930, Drumheller se développe jusqu'au lendemain de la Seconde Guerre mondiale, alors que le charbon ne constitue plus une importante source d'énergie. En 1998, Drumheller fusionne avec le district municipal de Badlands et reprend son statut de ville.

Situation actuelle L'exploitation du charbon, aujourd'hui presque inexistante, est remplacée par l'exploration et l'exploitation du gaz naturel et du pétrole. La ville est le centre de services pour l'économie de la région axée en grande partie sur l'agriculture. Un pénitencier fédéral et une clinique médicale régionale sont aussi des sources d'emplois. Les visiteurs sont attirés à Drumheller par l'étonnant paysage des BADLANDS le long de la rivière Red Deer, le Musée des dinosaures et des fossiles de Drumheller, le musée d'antiquités Homestead et le ROYAL TYRRELL MUSEUM OF PALAEONTO-LOGY. Le musée expose plus de 200 squelettes de dinosaure (la plus importante collection de squelettes complets de dinosaures au monde), ainsi que des crânes et d'autres membres de plusieurs autres animaux.

David Evans

Drumlin Colline aux formes douces, semi-ovoïde ou ellipsoïde, formée sous les GLACIERS du quaternaire. Les drumlins (du gaélique «druim» signifiant «colline») sont tout d'abord décrits en Irlande. Ils sont parallèles au sens de l'écoulement glaciaire, l'amont (versant abrupt) faisant face au glacier et l'aval (versant doux) étant orienté de l'autre côté. Les drumlins peuvent atteindre une hauteur de 50 m et s'étendre sur plusieurs kilomètres. Le rapport moyen entre la longueur et la largeur est de 2 ou 3 sur 1. Les drumlins très allongés sont souvent appelés drumlinoïdes. On trouve les drumlins dans de vastes champs ou essaims, en amont des MORAINES frontales d'Europe et d'Amérique du Nord. On retrouve des essaims de plusieurs milliers de drumlins en Nouvelle-Écosse, dans le sud de l'Ontario, dans la plaine du Thelon du Keewatin et dans les Territoires du Nord-Ouest. Il en existe de plus petits groupes dans la plupart des autres provinces.

Les drumlins peuvent être constitués de couches de till (sédiment glaciaire) souvent riches en argile, à l'intérieur desquelles les cailloux ont tendance à s'orienter selon l'allongement du drumlin et dans la direction du glissement glaciaire. Un grand nombre de drumlins contiennent des noyaux de sable stratifié, de blocs ou de roc. Les drumlins rocheux sont des affleurements de roche polie par la glace en forme de drumlin. Les scientifiques ne comprennent pas encore parfaitement l'origine des drumlins. Selon la théorie de la «dilatance», ces collines ont pris naissance sous une glace d'une épaisseur critique, en aval de zones de haute pression basale du glacier et en amont des dépôts morainiques, où le till s'est dilaté pour former des buttes.

Selon d'autres hypothèses, les crevasses sous-glaciaires, le soulèvement par le gel, le déplacement hélicoïdales des glaces ou la perte d'eau des tills saturés auraient formé des buttes. Les drumlins ayant un noyau de sédiments stratifiés sont d'origine fluvio-glaciaires. Ils sont formés par la déposition de matériaux dans des cavités entaillées à la base glaciaire par un important débit d'eaux de fonte sous-glaciaires. Toutes les théories indiquent que les collines ont ensuite grossi par le placage successif de couches de till dont l'avancée glaciaire aurait profilées. (*Voir aussi* GLACIATION.)

R.J. Rogerson

Drummond, Robert, dirigeant syndical (Greenock, Écosse, 9 oct. 1840—New Glasgow, N.-É., 26 déc. 1925). En 1879, Drummond participe à la fondation d'un des premiers syndicats de mineurs de charbon au Canada, la Provincial Workmen's Association of Nova Scotia, et en est le secrétaire général de 1879 à 1898. Nommé au conseil législatif de la Nouvelle-Écosse par le premier ministre W.S. FIELDING en 1891, il conseille le gouvernement pour le marché charbonnier jusqu'à sa retraite en 1924. Il fonde, édite et publie le *PWA's Trades Journal*. Durant la gouverne de Drummond, le syndicat grossit jusqu'à 2000 membres et organise plusieurs grèves. Drummond se consacre de plus en plus au lobbying pour la réforme législative; p. ex., il milite pour le projet de loi sur l'arbitrage, qui deviendra loi en 1889. Il démissionne en 1898, après que les American Knights of Labor ont attaqué des locaux de la PWA et que le syndicat a presque été démantelé. Il publie alors *Maritime Mining Record*. Il écrit aussi *Minerals and Mining, Nova Scotia* (1918).

Sharon Reilly

Drummond, Thomas, botaniste (Écosse, v. 1780—La Havane, Cuba, début de mars 1835). Assistant naturaliste de John Richardson lors de la deuxième expédition dirigée par sir John FRANKLIN, Drummond n'accompagne pas Richardson en Arctique, mais herborise plutôt à Cumberland House, sur la rivière Saskatchewan (1825), dans les Rocheuses, près de Jasper (1826) et à Carlton House (1827). Seul dans les montagnes, Drummond identifie 1500 spécimens de plantes, 150 oiseaux et 500 mammifères jamais répertoriés par des scientifiques. Il échappe de peu aux mâchoires d'un grizzly et reste une fois sept jours sans nourriture. En 1828, il devient conservateur du jardin botanique de Belfast et monte, de 1830 à 1834, une importante collection dans le sud des États-Unis, surtout au Texas. Nombre de plantes, dont celles du genre *Drummondia* et la dryade de Drummond (*Dryas drummondii*), portent son nom.

C. Stuart Houston

Drummondville, ville du Qc; pop. 44 882 (rec. 1996); const. en 1875, elle est localisée sur la RIVIÈRE SAINT-FRANÇOIS dans le piedmont appalachien. Localisée au carrefour des autoroutes 20 et 55, entre 75 km et 150 km de Montréal, de Québec, de Trois-Rivières et de Sherbrooke, elle est surnommée le «Cœur-du-Québec». Elle est le centre administratif de la MRC de Drummond (pop. 84 250; rec. 1996) établie en 1982. Le major général Frederick George Heriot y fonde un campement militaire agricole en 1815, à la demande de l'administrateur colonial de l'époque, sir Gordon Drummond, qui craint une invasion des Américains. Les ABÉNAQUIS appellent ce site «le grand échappement d'eau».

Peuplé à l'origine par des militaires anglais et des colons français, le centre devient un important carre-four. On vient y traverser la rivière à gué au pied des chutes. Le commerce de la potasse est sa première activité économique. Plus tard, la Confédération y entraîne une industrialisation: scieries, tanneries, forges, chemin de fer, centrale électrique et fabrique de ciment. Peu après le début de la Première Guerre mondiale, en 1915, s'y établit une industrie de poudre à canon sans fumée qui transforme l'économie de la ville. La haute cheminée dominant sur le site de l'école La Poudrière en est un vestige. C'est l'industrie du textile qui amorce, en 1918, son réel développement.

Drummondville possède aujourd'hui un parc industriel très diversifié et plusieurs entreprises de transport exploitent son site de carrefour entre les principales villes du Québec et les États-Unis. On y trouve aussi le Village québécois d'antan, dont la cinquantaine de bâtiments d'origine sont représentatifs d'un village des années 1810-1910 sur un ancien site amérindien, et on y tient, depuis 1982, le Festival mondial du folklore, le plus grand événement du genre en Amérique du Nord avec ses 500 000 visiteurs.

Jean-Marie Dubois et Pierre Mailhot

Drury, Charles Mills, «Bud», fonctionnaire et politicien (Montréal, 17 mai 1912—Gatineau, Qc, 12 janv. 1991). Pendant la Seconde Guerre mondiale, Drury obtient le grade de brigadier; ensuite, il est chef de l'Administration des Nations Unies pour les secours et la reconstruction en Pologne. Après un bref passage aux Affaires extérieures, Drury est sous-ministre de la Défense nationale (1948-1955). Il travaille dans l'entreprise privée de 1955 à 1962, mais il se lance en politique en 1962 sous la bannière libérale. Élu député fédéral de Saint-Antoine–Westmount, il devient membre du Cabinet PEARSON en 1963. Il occupe divers postes dans les gouvernements Pearson et TRUDEAU, notamment celui de président du Conseil du Trésor. Il quitte le Cabinet en 1977 et la Chambre des communes en 1978, puis devient président de la Commission de la capitale nationale.

Robert Bothwell

Drury, Ernest Charles, agriculteur, politicien, écrivain, historien local et premier ministre de l'Ontario de 1919 à 1923 (Crown Hill, Ont., 22 janv. 1878—Barrie, Ont., 17 févr. 1968). Fils de Charles Drury, premier ministre ontarien de l'Agriculture, et diplômé de l'Ontario Agricultural College, Drury prend une part active au sein du mouvement agricole, en occupant les postes de secrétaire du Conseil canadien de l'agriculture et de directeur de la Dominion Grange et Farmers' Alliance. Il est le cofondateur et premier président des FERMIERS UNIS DE L'ONTARIO, association constituée en 1914 pour promouvoir les intérêts des fermiers de l'Ontario.

Après la Première Guerre mondiale, l'association fonde un parti politique, mais Drury ne se présente pas aux élections provinciales de 1919. Avec l'appui des syndicats, le parti gagne suffisamment de sièges pour vaincre les conservateurs en place et former un nouveau gouvernement. On demande à Drury d'en prendre la direction.

Il devient le huitième premier ministre de l'Ontario et est élu député dans Halton en février 1920. Son administration adopte d'importantes lois à caractère social et se fait remarquer par l'application rigoureuse de l'*Ontario Temperance Act*. Après la défaite de son gouvernement en 1923, Drury abandonne la politique provinciale et se présente, sans succès, comme candidat libéral indépendant au fédéral. En 1934, nommé shérif et greffier du comté de Simcoe, il se consacre à l'écriture sur des thèmes d'actualité et rédige des ouvrages d'histoire locale, tels que *Forts of Folly* (1932), une critique des tarifs douaniers, et *All for a Beaver Hat* (1959), l'histoire des origines du comté de Simcoe. Il publie ses mémoires, *Farmer Premier*, un peu avant sa mort.

Charles M. Johnston

Dryade Nom commun donné à des plantes arbustives naines et rampantes appartenant au genre *Dryas* et à la famille des roses (Rosacées). Ce genre comprend environ quatre espèces que l'on rencontre principalement en haute altitude dans l'hémisphère Nord. Trois espèces sont indigènes du Canada. Leur tige velue, leurs feuilles persistantes, leur unique fleur décorative et leur croissance tapissante les rend populaires pour les jardins de rocailles. On les cultive à partir de boutures, de cépées (rejets) et de graines, particulièrement dans le sol sablonneux. L'espèce très rustique *D. integrifolia* a été choisie comme emblème floral des Territoires du Nord-Ouest (1957), où elle abonde et fleurit de juin à juillet. Elle croît sur des pentes rocheuses dénudées des montagnes de la Colombie-Britannique et de l'Alberta et partout dans les Territoires et l'archipel arctique. Cette espèce a une corolle de pétales blancs avec un centre jaune. (*Voir aussi* EMBLÈMES FLORAUX PROVINCIAUX.)

Céline Arseneault

Drybones, affaire (1970) Procès qui fit beaucoup de bruit. La Cour suprême du Canada, dans un jugement partagé, déclare inopérant un article de la *Loi sur les INDIENS*, au motif qu'il viole le principe de «l'égalité devant la loi» de la *Déclaration canadienne des droits* de 1960. Le tribunal déclare que, si une loi canadienne ne peut être raisonnablement interprétée et appliquée sans supprimer, restreindre ou enfreindre un des droits reconnus et proclamés dans la *Déclaration canadienne des droits*, cette loi est inopérante à moins qu'il soit déclaré expressément dans cette loi qu'elle s'applique malgré les dispositions de la *Déclaration canadienne des droits*. Le tribunal conclut que Drybones, qu'on trouva ivre hors de sa réserve et dans le hall d'un hôtel de Yellowknife, fut puni à cause de sa race, pour un acte qui, pour tout autre Canadien, ne constitue pas une infraction. Le législateur n'avait pas utilisé la formule dérogatoire dans sa loi.

Gérald-A. Beaudoin

Dryden, ville de l'Ont., district de Kenora; pop. 6711 (rec. 1996), 6505 (rec. 1991), 6462 (rec. 1986); superf. 16,86 km²; const. en 1910; située sur le bord du lac Wabigoon dans le nord-ouest de la province, à 340 km au nord-ouest de Thunder Bay. Les activités forestières et la prospection pour l'or commencent au début des années 1880 dans la région de Wabigoon avec la construction d'une ligne de chemin de fer du CANADIEN PACIFIQUE. Mais l'établissement permanent ne remonte qu'à 1894 quand le ministre ontarien de l'agriculture, John Dryden, ouvre la région à l'agriculture en créant une ferme expérimentale à New Prospect.

En 1897, l'année où la première scierie est construite, la localité prend le nom de Dryden et, pendant les deux décennies suivantes, le gouvernement poursuit avec succès une importante promotion du potentiel agricole de la région. L'année 1913 voit les débuts de la compagnie qui deviendra l'entreprise moderne Great Lakes Forest Products, et l'INDUSTRIE DES PÂTES ET PAPIERS devient rapidement la base économique de la communauté.

L'augmentation de la population est plutôt lente jusqu'à la fin de la Seconde Guerre mondiale, lorsque la ville connaît une croissance rapide, passant de 1700 à 4400 habitants en 1955. En raison des liaisons aérienne, routière et ferroviaire avec Winnipeg et Thunder Bay, Dryden dessert aujourd'hui un bassin de 35 000 personnes, non seulement dans la région de Wabigoon, mais aussi dans tout le secteur de développement de Patricia.

Un avion d'Air Ontario s'y écrase en 1989, faisant 24 victimes (*voir aussi* DÉSASTRES).

Matt Bray

Dryden, Kennet, dit Ken, joueur de hockey, avocat (Hamilton, Ont., 8 août 1947). Après avoir joué au hockey à l'U. Cornell, il joint en 1970 les rangs des professionnels avec les Voyageurs de Montréal au sein de la Ligue américaine de hockey. Après avoir joué seulement six parties en saison régulière dans la Ligue nationale de hockey (LNH), il est le gardien de buts des Canadiens de Montréal pendant toutes les

séries éliminatoires de la saison 1970-1971. Son talent exceptionnel permet aux Canadiens de remporter une coupe Stanley, inespérée cette année-là, et lui vaut le TROPHÉE CONN SMYTHE.

Sa fiche de gardien de but pendant huit saisons passées dans la LNH, jusqu'à sa retraite en 1978-1979 (il ne jouera pas au cours de la saison 1973-74, en raison d'un différend au sujet de son contrat), est la plus homogène de tous les gardiens de buts de l'ère moderne. Il enregistre une moyenne de 2,24 buts comptés contre lui par match et 46 blanchissages en saison régulière, ainsi qu'une moyenne de 2,40 buts alloués et 10 blanchissages en 112 parties éliminatoires. Il remporte le TROPHÉE CALDER en 1972 ainsi que le TROPHÉE VÉZINA en 1973 et en 1976, et il partage cet honneur en 1977, en 1978 et en 1979, en plus d'être nommé pour former l'équipe d'étoiles à cinq reprises, une première pour un gardien de but. Il pratique maintenant le droit à Toronto.

Dryden fut le premier Commissaire à la jeunesse de l'Ontario de 1984 à 1986 et, en 1986, il publie un rapport qui préconise de meilleurs programmes de formation professionnelle pour les jeunes. En 1985, on dévoile à Saint-Laurent une statue en bronze de l'ex-gardien de but, qui le montre dans une pose familière, c.-à-d. appuyé sur son bâton. Dryden a publié deux livres sur le hockey, *The Game* (1983) et *Home Game* (1989), qui se distinguent des autres livres consacrés à ce sport par leur côté cultivé et leur caractère réfléchi. Il a également écrit d'autres ouvrages, dont *The Moved and the Shaken* (1993) et *In School* (1995).

James Marsh

Dualité culturelle Certaines caractéristiques de la société canadienne constituent ce qu'on appelle la «dualité culturelle», un terme qui désigne aussi pour beaucoup de gens une idéologie qui devrait présider à l'organisation sociale et politique du Canada. En effet, le Canada a été colonisé par les Français et les Anglais, qui sont donc tous deux les «peuples fondateurs» de ce pays. On invoque ce fait historique pour justifier l'égalité de ces deux groupes et les privilèges qui leur sont accordés par rapport aux autres groupes ethniques.

Bien que l'idée de la dualité culturelle se manifeste dans des textes législatifs, dans les politiques scolaires, religieuses et linguistiques ainsi que dans les droits fondamentaux des provinces, ses origines sont difficiles à cerner. Certaines lois, comme les lois constitutionnelles du Canada, peuvent être interprétées comme des mesures de protection de la dualité culturelle. P. ex., L'ACTE DE QUÉBEC de 1774 reconnaît juridiquement la religion catholique, le régime seigneurial et le DROIT CIVIL français au Québec. L'ACTE D'UNION, proclamé en 1841, reconnaît la coexistence des deux groupes colonisateurs et la LOI CONSTITUTIONNELLE DE 1867 officialise certains principes de la dualité culturelle. D'abord, on y définit les pouvoirs de l'État fédéral et ceux des provinces (reconnaissant ainsi certaines particularités du Québec, où les Canadiens français sont majoritaires); ensuite, la législation fondée sur le droit civil est confirmée; enfin, une disposition relative à l'éducation, qui est de compétence provinciale, permet que les écoles confessionnelles soient soutenues par un financement public et protège les minorités religieuses au Québec. Fait curieux, cette disposition est réclamée par les anglo-protestants du Québec, qui craignent d'être noyés et écrasés par les francophones catholiques de la province. Les francophones catholiques du reste du Canada tentent plus tard, sans grand succès, d'invoquer la même disposition pour se défendre parce qu'ils ont les mêmes craintes face aux Canadiens anglais. Les lois linguistiques du Québec (LOI 22 et LOI 101) ont obligé les enfants de certains groupes, surtout parmi les immigrants, à fréquenter les écoles francophones, mais elles n'ont pas modifié la structure des écoles confessionnelles à Montréal ni le financement public

d'écoles privées, religieuses ou ethniques du Québec.

On a souvent dit que l'État canadien a été fondé par des marchands capitalistes et des propriétaires de chemins de fer qui avaient besoin d'une administration centrale qui leur permettrait de coloniser et d'exploiter le pays. D'autres, y compris beaucoup de Canadiens français, ont cru que la CONFÉDÉRATION était une étape vers la création d'un nouvel État qui serait indépendant de l'Angleterre. À l'époque, il est entendu que les deux peuples fondateurs doivent coexister, mais les droits et privilèges des Canadiens français catholiques hors du Québec ne sont pas précisés ou ils sont niés ou outrepassés (*voir* ÉCOLES DU NOUVEAU-BRUNSWICK, QUESTION DES; ÉCOLES DE L'ONTARIO, QUESTION DES; ÉCOLES DU MANITOBA, QUESTION DES); les écoles catholiques, souvent francophones, ne sont pas financées par les deniers publics; le français est interdit dans les écoles publiques (comme toutes les langues, sauf l'anglais); l'assimilation générale à l'univers anglo-saxon, britannique ou anglo-canadien est considérée comme le seul avenir possible tant pour les Canadiens français que pour les immigrants.

Dans les années 60, la Commission royale d'enquête sur le BILINGUISME ET LE BICULTURALISME met en évidence certaines difficultés auxquelles font face les francophones et d'autres groupes au Canada. En 1969, la LOI SUR LES LANGUES OFFICIELLES (*voir aussi* LOI SUR LES LANGUES OFFICIELLES (1988)) fait du Canada, au moins de façon symbolique, un pays officiellement bilingue et l'on prend des mesures pour offrir des services en français dans l'administration fédérale. En 1971, le gouvernement adopte la politique du MULTICULTURALISME dans un cadre bilingue. Enfin, la LOI CONSTITUTIONNELLE DE 1982 confirme certains principes de la dualité culturelle et la CHARTE CANADIENNE DES DROITS ET LIBERTÉS insiste sur le droit à l'égalité et interdit la discrimination. Elle indique que le français et l'anglais sont «les langues officielles du Canada» et ont un statut égal dans toutes les institutions du Parlement et du gouvernement du Canada. La Charte protège aussi les droits des minorités francophones et anglophones de recevoir une éducation dans leur langue, prévoit le financement des écoles minoritaires par les fonds publics et confirme qu'elle ne porte pas atteinte «aux droits ou privilèges garantis en vertu de la Constitution du Canada concernant les écoles séparées et autres écoles confessionnelles». Le français et l'anglais sont aussi les langues officielles du Nouveau-Brunswick, la seule province officiellement bilingue.

Diverses interprétations ont été données quant à la manière dont l'idéologie de la dualité culturelle devrait se manifester en pratique. On a soutenu que le français et l'anglais devraient être représentés de façon égale par des fonctionnaires bilingues à tous les paliers du système fédéral (ou que chaque service du gouvernement fédéral devrait avoir deux divisions, l'une francophone et l'autre anglophone) et que les chances devraient être égales dans tous les secteurs de la société (dans les secteurs politique, économique, éducatif et social, p. ex.).

De nombreux Canadiens français croient que la dualité culturelle reconnaît leur spécificité et leurs droits, alors que d'autres estiment qu'elle n'a jamais été mise en pratique et que le Canada, qui était une colonie britannique à l'origine, est maintenant une colonie des États-Unis. Une partie de la population canadienne-française est aussi en faveur d'un Québec unilingue, «terre de refuge» des francophones, et certains croient que le Québec devrait se dissocier de la Confédération. Par contre, certains groupes anglophones ont manifesté une opposition féroce à la dualité culturelle. Beaucoup de colonialistes britanniques voulaient que le Canada soit d'abord une annexe anglophone et anglo-saxonne de la Grande-

Bretagne. Aujourd'hui, plusieurs groupes (surtout dans l'Ouest, mais ailleurs également) estiment que le Canada devrait être unilingue anglais et qu'on devrait favoriser les RELATIONS CANADO-AMÉ-RICAINES en raison du fonds culturel commun et de la puissance économique des États-Unis.

D'autres groupes sont vivement irrités par l'idéologie de la dualité culturelle, qui les exclut de la société canadienne, à leur avis. Les autochtones font valoir qu'ils étaient les premiers occupants du Canada et que les francophones et les anglophones les ont mis à l'écart de la vie politique et sociale du pays. Les groupes ethniques qui ont émigré depuis deux siècles trouvent que la dualité culturelle les met aussi, en pratique, à l'écart de la vie politique et sociale. Par contre, de nombreux Canadiens français n'appuient pas la politique du multiculturalisme, car ils estiment que celle-ci ne reconnaît pas leur statut spécial. L'ACCORD MEECH, s'il avait été accepté par les 10 Assemblées législatives provinciales et la Chambre des communes, aurait pu être considéré comme une autre étape vers la dualité culturelle.

Michel Laferriere

Dubawnt, lac D'une superficie de 3833 km², il est situé à 236 m d'altitude, à la frontière des districts du Mackenzie et du Keewatin, dans les Territoires du Nord-Ouest, à 350 km au sud du cercle arctique. Au sein du BOUCLIER précambrien, ce lac se caractérise par un littoral découpé et de nombreuses îles. Il se déverse en direction nord dans le LAC ABER-DEEN, par la RIVIÈRE DUBAWNT, puis vers l'est, dans la BAIE D'HUDSON, par la RIVIÈRE THE-LON. Claires et profondes, ses eaux foisonnent de touladis, de grands corégones, de ménominis ronds et d'ombles de l'Arctique. Les pentes environnantes formées de till sont bordées de plages laissées par un lac proglaciaire dont le niveau d'eau dépassait de 73 m le niveau actuel. La végétation se limite à la toundra du bas Arctique, composée de bruyères et de lichens, même si l'on trouve quelques bosquets d'épinettes rabougries à l'extrémité sud du lac. Le lac se situe sur la route migratoire du troupeau de caribous de Kaminuriak qui compte environ 100 000 bêtes. On trouve des bœufs musqués dans cette région, notamment à l'ouest, à l'intérieur de la réserve faunique de Thelon. Les principaux prédateurs sont les loups, les renards et les grizzlis. Le lac est au point de rencontre des territoires des Chipewyans et des Inuits de l'intérieur, mais aucun peuplement permanent n'est établi à cet endroit. Découvert par Samuel HEARNE en 1770, il est demeuré pratiquement inconnu jusqu'à ce que J. B. TYRRELL l'explore en 1893.

S.C. Zoltai

Dubawnt, rivière D'une longueur de 842 km, elle prend sa source dans un réseau de lacs des Territoires du Nord-Ouest, 120 km au nord-est du lac Athabasca. Elle coule ensuite en direction nord-est et recueille les eaux des lacs Wholdaia, Boyd, Barlow, Nicholson, Dubawnt, Wharton et Marjorie. Elle bifurque finalement vers le nord-ouest pour rejoindre la RIVIÈRE THELON au lac Beverly. La Thelon se jette dans la baie d'Hudson. Découvert par Samuel HEARNE en 1770, la rivière Dubawnt est traversée par Joseph B. TYRRELL en 1893. Le LAC DUBAWNT, sous les glaces la majeure partie de l'été, est situé dans les terres stériles de la toundra, juste au nord de la limite forestière. Le nom Dubawnt tire son origine du mot chipewyan *tobotua* qui signifie «rive d'eau», peut-être pour indiquer l'eau qui se trouve entre la rive et la glace à la fin du printemps.

James Marsh

Dubé, Marcel, écrivain et dramaturge (Montréal, 3 janv. 1930). En 1950, Dubé fonde, avec des amis, la troupe La Jeune Scène. La pièce *Le Bal triste*, produite en 1951 et présentée à L'Ermitage à Montréal, est la première d'une série qui constitue l'ensemble le plus représentatif de l'œuvre théâtrale québécoise et canadienne des années 50 et de la première moitié des années 60. D'autres pièces, comme *Zone* (1953),

Un simple militaire (1957), et *Au retour des oies blanches* (1966), confirment sa réputation de dramaturge le plus prolifique et le plus original de sa génération au Québec. Le thème de prédilection de Dubé est le tragique de la destinée humaine.

Dubé habite en France de 1953 à 1955. Scénariste pour l'Office national du film, journaliste, réalisateur et auteur pour la scène et la télévision, Dubé a reçu plusieurs bourses et est lauréat de nombreux prix: le prix Morin de la Société Saint-Jean-Baptiste (1966), le prix David (1973) pour l'ensemble de son œuvre, le prix Molson pour sa contribution au monde des arts au Canada (1984) et la Médaille de l'Académie canadienne-française (1987). Il est Officier de l'Ordre national du Québec depuis 1993.

Pierre Lavoie

Dubeau, Angèle, violoniste (St-Norbert, près de Joliette, Qc, 24 mars 1962). Formée au CONSERVATOIRE DE MUSIQUE ET D'ART DRAMATIQUE DU QUÉBEC à Montréal, elle devient, à 15 ans, la plus jeune instrumentiste de tout le réseau des conservatoires à gagner un premier prix. Par la suite, elle va étudier à la Juilliard School à New York et finalement à Bucarest, de 1981 à 1984, où elle travaille avec Stefan Gheorghiu. Elle prend aussi des cours privés avec Henryk Szeryng. Elle gagne plusieurs concours, dont le Concours de l'Orchestre symphonique de Montréal (1976), le Concours national de la Société Radio-Canada (1979), le Concours international Tibor-Varga en Suisse (1983) et mérite plusieurs prix: le Prix des Amériques au Concours international Vina del Mar au Chili (1985) et le PRIX DE MUSIQUE CALIXA-LAVALLÉE (1996).

Elle poursuit une carrière internationale qui la conduit dans les plus célèbres salles de concert du monde. En 1987, Angèle Dubeau fait partie de la visite officielle du gouverneur général, Jeanne Sauvé, en Chine et en Thaïlande, et est la soliste invitée de l'Orchestre de chambre de McGill pendant sa tournée en Extrême-Orient. La même année, elle est nommée «soliste de l'année» par la Communauté des radios publiques de langue française. En 1990, son enregistrement d'œuvres de Prokofiev, de Tchaïkovsky et de Kabalevsky avec l'Orchestre symphonique de Kiev gagne le prix du gala de l'ADISQ pour le meilleur album classique. De 1994 à 1997, elle conçoit et anime *Faites vos gammes*, une émission hebdomadaire présentée à la télévision de Radio-Canada. En mars 1997, en collaboration avec la maison de disques Analekta, elle fonde La Piéta, un ensemble à cordes formé de 12 femmes, musiciennes de tout premier ordre. Faisant preuve d'un tempérament fougueux et d'une précision absolue de ton, non dépourvue de fantaisie et d'imagination, Angèle Dubeau joue sur le «Des Rosiers», un stradivarius de 1733 utilisé avant elle par Arthur LEBLANC. Elle devient Membre de l'Ordre du Canada en 1996.

Claire Versailles et Nicole Henri

Dubois, Claude, auteur, compositeur et interprète (Montréal, 24 avril 1947). Débutant professionnellement alors qu'il n'a que douze ans, il devient la «découverte» de la boîte à chansons Le Patriote en 1967 et se produit en France pendant quelques années. À son retour, il connaît, au Québec, un succès continu, jalonné de chansons devenues des classiques (*Comme un million de gens, Le Labrador, Besoin pour vivre, Femmes de rêve, Artistes*) et reçoit le Félix de l'artiste masculin de l'année en 1979. Son interprétation du *Blues du businessman* demeure la plus mémorable des 25 ans d'histoire de l'opéra rock *Starmania*.

Après une absence de deux ans, sa popularité atteint de nouveaux sommets à compter de 1982: spectacles au Forum et au Colisée de Québec, 3 Félix de l'interprète masculin de l'année en 5 ans et des chansons marquantes comme *Plein de tendresse, Femme ou fille, Pas question d'aventure et Laissez l'été avoir 15 ans*. Tendre rockeur, Claude Dubois

possède une des voix les plus puissantes et les plus marquantes de la chanson québécoise.

Robert Thérien

Dubois, René-Daniel, dramaturge, comédien et metteur en scène (Montréal, 20 juill. 1955). Formé comme comédien à Montréal et à Paris, Dubois commence à écrire pour le théâtre en 1979. En 1980, il publie sa première pièce, *Panique à Longueuil*, œuvre onirique et très littéraire dont l'atmosphère et le thème rappellent l'*Enfer* de Dante. *Ne blâmez jamais les Bédouins* (1984) fascine et intrigue les spectateurs et remporte cette année-là le prix du Gouverneur général dans la catégorie théâtre. La pièce recourt aux techniques du cinéma, du mélodrame et de la bande dessinée et comporte plus de 20 rôles en plusieurs langues, avec divers accents, tous interprétés par Dubois lui-même dans la version «solo» (il existe aussi une version à plusieurs comédiens). Elle est en totale rupture avec le théâtre québécois de l'époque. *Ne blâmez jamais les Bédouins* fait maintenant partie du répertoire canadien et a souvent été reprise (la dernière fois à Montréal en novembre et en décembre 1995). Elle est considérée comme une pierre de touche lorsqu'il s'agit de reconnaître les véritables talents d'acteur.

Being at Home with Claude (1985), un autre grand succès, place Dubois parmi les dramaturges québécois contemporains les plus importants. De construction classique, il s'agit d'un portrait saisissant d'un amour homosexuel idéalisé et porté à son absolu, ici, le meurtre de la personne aimée, seul moyen d'éviter la détérioration de cet idéal. Une version cinématographique portant le même titre est sortie en 1992.

Depuis, Dubois a signé une douzaine de pièces dont la plupart ont été acclamées, même si aucune n'a obtenu le succès critique et populaire des deux précédentes. Il a réalisé d'importantes mises en scène pour le THÉÂTRE DU RIDEAU VERT, l'Opéra de chambre de Québec, les Jeunesses musicales du Canada et d'autres compagnies. Il a joué au cinéma et à la télévision, et enseigné à l'École nationale de théâtre du Canada et au Conservatoire d'art dramatique. Dynamique et plein d'entrain, Dubois demeure une figure controversée dans le monde du théâtre québécois moderne.

L.E. Doucette

Dubuc, Philippe, créateur de mode (Montréal, 1966). Créateur de vêtements pour hommes, Dubuc fait ses études au collège Marie-Victorin et travaille dans l'industrie de la mode depuis la fin des années 80, à la fois comme dessinateur, concepteur de patrons et directeur de la production. En 1993, Dubuc lance sa propre marque, nommée D.U.B.U.C. Mode de Vie (l'acronyme anglais de Design Us Beautiful Urban Clothes). Ce nom est pertinent, car Dubuc donne à ses costumes et vêtements sport pour hommes un style européen, aux lignes pures et longues. Il vend ses créations dans ses propres boutiques à Toronto et Montréal. Il participe à l'exposition Seventh on Sixth à New York (printemps-été 1997) et remporte le prix de l'innovation du Canadian Wool Bureau en 1996.

Leanne Delap

Duceppe, Gilles, politicien (Montréal, 22 juill.1947). Fils du célèbre comédien, Jean DUCEPPE, il fait ses études au collège Mont-Saint-Louis, puis en sciences politiques à l'U. de Montréal. En 1968, il devient vice-président de l'Union générale des étudiants du Québec et, en 1970, directeur du journal *Le Quartier latin*. En 1972, il entame sa carrière dans le milieu communautaire et syndical, entre autres comme animateur du Comité des citoyens d'Hochelaga-Maisonneuve, puis comme représentant des salariés de l'Hôpital Royal Victoria en 1977. En 1981, il accède au poste de conseiller syndical de la CSN où il devient négociateur en 1986.

En 1990, à l'occasion d'une partielle, il devient le premier député souverainiste élu à Ottawa sous la bannière du BLOC QUÉBÉCOIS. Cette même année, il est membre suppléant de la Commission Bélanger-Campeau; en 1991 et 1992, il est membre de l'exécutif national de Mouvement Québec. Au Bloc québécois, il assume les postes de porte-parole du parti pour les Affaires indiennes, le Multiculturalisme, la Défense nationale, les Anciens combattants, le Travail, l'Emploi, l'Immigration, et finalement la Condition féminine. Réélu député de Laurier-Sainte-Marie en septembre 1993, il devient whip de l'Opposition officielle. Après le départ de Lucien BOUCHARD en 1996, Gilles Duceppe assume l'intérim comme chef du Bloc et chef de l'Opposition officielle. Il est ensuite nommé leader parlementaire de l'Opposition officielle.

Le 15 mars 1997, Gilles Duceppe succède à Michel Gauthier au poste de chef du Bloc québécois. Le 2 juin 1997, il est réélu député de Laurier–Sainte-Marie et son parti remporte 45 des 75 sièges du Québec à la Chambre des communes.

Jean Chartier

Duceppe, Jean, comédien et directeur de théâtre (Montréal, 25 oct. 1923—Montréal, 7 déc. 1990). Il demeure sans doute l'un des acteurs québécois dont la popularité s'est maintenue avec le plus d'assurance, de la fin des années 40 jusqu'à sa mort. Il joue dans plus de 160 pièces de théâtre, mais aussi à la radio, à la télévision et au cinéma.

Issu d'une famille de commerçants d'un quartier populaire de Montréal, Jean Duceppe arrive au théâtre sans aucune formation, en pur autodidacte, avec au surplus le handicap d'une diction hors-norme, contrairement à d'autres grandes figures québécoises de sa génération comme Jean GASCON, Paul Hébert et Jean-Louis ROUX, tous formés à Londres ou à Paris. Sa carrière débute à l'Arcade, où se retrouvent également Janine SUTTO, Yvette BRIND'AMOUR et François Rozet. Il participe ensuite à un seul spectacle (*Maître après Dieu*, de Jan de Hartog), au tout nouveau THÉÂTRE DU NOUVEAU MONDE, en 1951, avant d'intégrer la troupe du THÉÂTRE DU RIDEAU VERT où il travaille pendant les années 50 et 60.

Parallèlement, le comédien entêté, batailleur et hyperactif anime des émissions radiophoniques et collabore à de nombreux radioromans et téléthéâtres, dont le tout premier diffusé à la SOCIÉTÉ RADIO-CANADA, *Le Seigneur de Brinqueville* (3 août 1952). Son rôle du louche Stan Labrie dans la très populaire série *La Famille Plouffe* marque une génération. Il participe ensuite à d'autres téléromans populaires *De 9 à 5*, *Rue des Pignons*, *Terre humaine*. Au théâtre, il devient un magnifique et fidèle serviteur de Marcel DUBÉ, dont il défend une douzaine de pièces. Il est également de la création de *Bousille et les justes*, de Gratien GÉLINAS, en 1959. En 1974, il fonde sa propre compagnie, lui donne son nom et l'installe à la PLACE DES ARTS DE MONTRÉAL. Il y connaît de nombreux succès, notamment en incarnant le personnage tragique de Willy Loman dans *La Mort d'un commis-voyageur* et du premier ministre Maurice DUPLESSIS dans *Charbonneau et le chef*. Jean Duceppe tient aussi un rôle central dans MON ONCLE ANTOINE, film de Claude JUTRA. Très impliqué politiquement, il s'affiche comme l'un des principaux promoteurs artistiques du camp du Oui lors du premier référendum sur la souveraineté du Québec (1980). Jean Duceppe est d'ailleurs le père de Gilles DUCEPPE, successeur de Lucien BOUCHARD à la tête du BLOC QUÉBÉCOIS. Sa troupe est aujourd'hui dirigée par Michel Dumont et Monique Duceppe, l'une de ses filles. Le gouvernement du Québec lui décerne le prix Denise-Pelletier en 1979.

Stéphane Baillargeon

Ducharme, Réjean, romancier, dramaturge, scénariste et parolier (Saint-Félix-de-Valois, Qc, 12 août 1941). Romancier important et d'une profonde originalité, Ducharme a gardé le voile sur sa vie privée depuis la publication de son premier ouvrage, en 1966, et on ne l'a jamais vu en public. Il fait ses études au Juvé-

nat des Clercs de Saint-Viateur et à l'École polytechnique de Montréal, qu'il quitte au bout d'un an.

Son premier roman, *L'Avalée des avalés* (1966), publié à Paris, lui vaut le PRIX DU GOUVERNEUR GÉNÉRAL et cause un émoi que la détermination de l'auteur à conserver l'anonymat ne fera qu'intensifier. L'œuvre présente le monologue intérieur d'une jeune fille qui, rejetant le monde des adultes et les valeurs traditionnelles, invente le «bérénicien», une langue asociale et incompréhensible.

Ducharme met souvent à l'avant-scène des personnages d'adolescents farouchement individualistes à la recherche de savoir et d'amour dans un monde qu'ils considèrent restrictif et hypocrite. *Le Nez qui voque* (1967) est le journal d'un adolescent qui a conclu un pacte de suicide avec sa petite amie, afin d'éviter les compromis de la vie adulte. Dans *L'Océantume* (1968), deux jeunes filles se détournent du monde adulte pour partir ensemble en voyage à la mer. *La Fille de Christophe Colomb* (1969) est une parodie épique versifiée en quatrains rythmés, tandis que dans *L'Hiver de force* (1973) et *Les Enfantômes* (1976), les héros sont plus âgés, mais tout aussi intransigeants.

Bien que ses romans témoignent de l'inaptitude du langage à saisir la complexité de l'expérience humaine, son œuvre fait montre de prouesses langagières exigeantes et savoureuses. Ses pièces, *Le Marquis qui perdit* (1970) et *Prenez-nous et aimez-nous* (1968), reprise et publiée sous le titre *Inès Pérée et Inat Tendu* (1979), traitent de thèmes semblables à ceux des romans et, tout comme ces derniers, présentent des jeux de mots élaborés se prêtant à l'interprétation et produisant des sens déconcertants. *Ha ha!* (1982), une pièce mettant en scène quatre personnages partageant un appartement, lui vaut le prix du Gouverneur général. Il a aussi écrit, à titre anonyme, les paroles de plusieurs chansons de Robert CHARLEBOIS ainsi que les scénarios des films *Les Bons Débarras* (1979) et *Les Beaux Souvenirs* (1981). Il a publié récemment *Dévadé* (1990), *Va savoir* (1995) et *Gros mots* (1999). (*Voir aussi* ROMAN DE LANGUE FRANÇAISE.)

Colin Boyd

Duchesneau de la Doussinière et d'Ambault, Jacques, chevalier, conseiller du roi, commissaire de la généralité de Tours, trésorier de France, gén. des finances de la Touraine, INTENDANT de la Nouv.-France 1675-1682 (né ?—Ambrant, France, 1696). Malgré son expérience et l'espoir que Colbert, son protecteur, avait placé en lui, l'intendant Duchesneau ne réussit pas à poursuivre l'œuvre de son illustre prédécesseur Jean TALON, surtout à cause de ses relations difficiles avec FRONTENAC. Ainsi, il assume pleinement son rôle redéfini par Colbert en 1675 afin de distinguer ses responsabilités de celles de Frontenac. Celui-ci, autoritaire et jaloux de ses prérogatives, et l'intendant, honnête mais peu conciliant, s'affrontent pendant six ans; véritable querelle de pouvoir et de prestige à propos de tout et de rien, mais qui repose sur des intérêts économiques liés à la traite des fourrures. En effet, Duchesneau dénonce le trafic illicite de trop nombreux COUREURS DES BOIS, et l'attitude permissive, voire intéressée de Frontenac. C'est à sa suggestion qu'on instaure le système des congés de traite (1681) pour tenter de remédier au problème. Cependant, quand il appuie Mgr de LAVAL dans sa lutte contre la vente d'alcool aux Amérindiens, Frontenac l'accuse d'être l'outil du clergé et lui attire les remontrances de Colbert. Les deux protagonistes sont rappelés en France en même temps: leurs querelles ayant déjà trop desservi la colonie et ennuyé Colbert.

France Beauregard

Dudek, Louis, poète, critique, professeur et activiste littéraire (Montréal, 6 févr. 1918). Il fait ses études à Montréal et fréquente l'U. McGill (B.A.), où il collabore au McGill Daily. Il y publie ses premiers poèmes en 1941 et 1942, et entame, vers la même époque, une collaboration avec la revue *First State-*

ment. Ce sera sa première d'une suite d'actions engagées dans le mouvement des petits journaux et des petits magazines au Canada. En 1944, il s'installe à New York où il fréquente l'école des études supérieures de Columbia et continue de publier des poèmes, des critiques et des articles dans la NORTHERN REVIEW. Sa thèse de doctorat est publiée sous le titre *Literature and the Press* (1960). En 1951, il retourne à Montréal et obtient un poste de professeur à l'U. McGill.

En 1952, avec la collaboration d'Irving LAYTON et de Raymond SOUSTER, il fonde *Contact Press*, une entreprise de presse qui publiera la plupart des poètes canadiens importants des années 50 et 60. *Cerberus* (1952), recueil de poèmes réunissant plusieurs auteurs, est le premier titre publié par *Contact Press*. Avec Layton et Aileen Collins, qu'il épousera plus tard, il fonde en 1954 un magazine d'avant-garde, *CIV/n*, et crée en 1956 *The McGill Poetry Series*, qui lancent la carrière de Leonard COHEN et de Daryl Hine.

En 1957, Dudek fonde son propre petit magazine, *Delta* (1957-1966), dans lequel il diffuse sa poésie et ses idées, et présente les écrits de plusieurs poètes prometteurs. D'abord porteurs de préoccupations sociales et imprégnés de lyrisme, notamment dans *East of the City* (1946), ses propres écrits subissent une constante évolution qui aboutira aux longues déclarations méditatives de *Europe* (1954), *The Transparent Sea* (1956) et *En Mexico* (1958). À l'instar de son ami et correspondant Ezra Pound, il devient davantage un critique de la civilisation qu'un poète du quotidien. Par ailleurs, il adopte un ton poétique original, caractérisé par la réflexion et dépourvu d'accent dramatique. En désaccord avec l'affectation littéraire et les courants culturels des années 60, il se consacre tout entier à l'enseignement et à l'écriture de son long poème *Atlantis* (1967).

En 1963, il fonde avec d'autres personnes une petite maison d'édition, *Delta Canada* (1963-1971) qui publie son recueil *Collected Poetry* (1971). De 1965 à 1969, il tient une chronique sur les livres, le cinéma et les arts dans le quotidien montréalais *The Gazette*. Cette activité, tout comme ses critiques, ses articles et ses entrevues à la radio, demeure essentielle dans sa perception de ce que doit être le rôle du poète et du critique dans la société. En 1967, il publie *The First Person in Literature* et en 1974, *Dk/Some Letters of Ezra Pound*. Son *Selected Essays and Criticism* paraît en 1978, suivi en 1979 de *Technology & Culture: Six Lectures*. Par la suite, sa poésie, comme on le constate avec le recueil *Continuation 1* (1981), reprend la formule d'un ouvrage antérieur, *Epigrams* (1975), en essayant de saisir des moments poétiques fragmentaires. Une sélection de ses poèmes intitulée *Cross-Section: Poems 1940-1980* paraît en 1981 et *Zembla's Rocks*, en 1986.

Éminent anthologiste (*Canadian Poems 1850-1952*, 1952, avec Irving Layton; *Poetry of our Time*, 1965; *The Making of Modern Poetry in Canada*, 1967, avec M. Gnarowski, et *All Kinds of Everything*, 1973) et conférencier très demandé, Dudek exerce une influence sur l'enseignement de la poésie dans les écoles et les universités canadiennes. Pendant les années qui précèdent sa retraite, il est professeur d'anglais à Greenshields. Il est Membre de l'Ordre du Canada.

Michael Gnarowski

Duel Combat formel entre deux personnes armées et en la présence de témoins afin de régler un différend ou une affaire d'honneur. On enregistre des duels en NOUVELLE-FRANCE dès 1646. Le dernier duel connu à avoir eu lieu dans ce qu'on appelle désormais le Canada se déroule en 1873 à St. John's, à Terre-Neuve (un affrontement loufoque à l'aide de pistolets que les seconds des belligérants ont chargés à blanc). Sous le régime français, les duels ont lieu exclusivement à l'épée. Après la Conquête, on utilise surtout des pistolets. La plupart des duels se terminent sans qu'il n'y ait de blessés, mais certains affrontements sont mortels. Au moins neuf personnes meurent ainsi en Nouvelle-France. Il y a deux décès dans le Bas-Canada, cinq dans le Haut-Canada, deux au Nouveau-Brunswick, deux en Nouvelle-Écosse et un à Terre-Neuve.

Le dernier duel mortel a lieu le 22 mai 1838, à VERDUN, dans le Bas-Canada, lorsque Robert Sweeny, un avocat, tue le major Henry Warde, qui a envoyé une lettre d'amour à Mme Sweeny. Le dernier duel mortel dans le Haut-Canada (Ontario) se tient à Perth, le 13 juin 1833. John Wilson, défendant son honneur, tue alors Robert Lyon, qui l'a traité de menteur et l'a ensuite assailli. Wilson et son second sont accusés de meurtre, mais sont ensuite acquittés.

De nombreux Canadiens célèbres se sont battus en duel. James DOUGLAS se bat à l'Île-à-la-Crosse en 1820, lors d'une dispute relative à la traite des fourrures. Joseph HOWE prend part à un duel en 1840 afin de prouver son courage et gagner le droit de décliner d'autres occasions de se battre. George-Étienne CARTIER se bat en 1848 afin de réfuter une accusation de lâcheté lors de la bataille de SAINT-DENIS, qui a eu lieu 11 ans plus tôt. En 1849, on empêche John A. MACDONALD de prendre part à un duel contre un adversaire politique.

Les duels ont lieu dans divers endroits: dans une salle verrouillée, dans un champ, de part et d'autre d'une table. Les motifs des duels sont également divers et souvent insignifiants. Ainsi, en 1800, à York (Toronto), John Small tue John White parce que ce dernier a répandu la rumeur que Mme Small était l'ancienne maîtresse d'un lord anglais. Une querelle à propos d'un jeu de cartes donne lieu à un duel mortel à St. John's, à Terre-Neuve, en mars 1826. D'amères disputes politiques dans le Bas-Canada se soldent par une série de duels entre 1834 et 1837.

Les autorités considèrent le duel comme un crime et le fait de tuer quelqu'un lors d'un tel affrontement comme le pire des meurtres. Les lois ne sont toutefois appliquées que sporadiquement. En Nouvelle-France, plusieurs duellistes sont emprisonnés, bannis ou exécutés, et les corps des hommes tués lors d'un duel sont profanés. Sous le régime anglais, toutefois, le jury refuse systématiquement de condamner les participants à un duel s'il considère que l'affrontement a été juste et honorable.

Hugh A. Halliday

Dufaux, Georges, directeur de la photographie et réalisateur (Lille, France, 17 mars 1927). Après avoir obtenu, en 1953, un diplôme de l'École nationale de photographie et de cinématographie de Paris, Dufaux travaille pendant trois ans dans un laboratoire de film au Brésil. En 1956, il émigre au Canada et entre au service de L'OFFICE NATIONAL DU FILM (ONF) comme assistant à la caméra. Les premiers films sur lesquels il travaille sont des courts métrages produits par l'unité B de l'ONF pour *Candid Eye*, une série destinée à la télévision de langue anglaise de la Société Radio-Canada. Il coréalise (avec Wolf Koenig) *I Was a 90-Pound Weakling*.

L'approche exploratoire des cinéastes de l'unité B influencera les propres documentaires de Dufaux. Il est aussi le directeur de la photographie d'importants films de fiction canadiens, notamment *Les brûlés* (1957) de Bernard Devlin, *Isabel* (1968) de Paul ALMOND et *Taureau* (1973) de Clément PERRON. Il collabore souvent avec Perron et tous deux réalisent une comédie musicale, *C'est pas la faute à Jacques Cartier* (1967).

Après l'échec de ce film de fiction, Dufaux continue de travailler comme directeur de la photographie, mais ses œuvres les plus importantes sont ses films documentaires, qu'il réalise lui-même et dans lesquels il aborde des problèmes sociaux et leurs conséquences sur la population. En faisant appel à une petite équipe de tournage, il est en mesure d'établir une relation intime avec les personnes sur lesquelles portent ses films. Il donne l'impression qu'il travaille avec elles et pour elles plutôt que de s'immiscer dans leur vie privée. *À votre santé* (1974) trai-

te des relations entre les médecins, les infirmières et les patients dans un hôpital de Montréal, alors que *Au bout de mon âge* (1975) aborde les problèmes liés au vieillissement en relatant les expériences d'un vieux couple.

Dufaux s'intéresse ensuite aux problèmes propres aux jeunes dans *Les Enfants des normes* (1978), une série documentaire de huit épisodes d'une heure sur la vie dans les polyvalentes. Dans la même foulée, il s'attaque à un autre projet d'envergure, *Gui Daó – Sur la voie* (1980), une trilogie sur la Chine contemporaine.

Dans les années 80, Dufaux travaille surtout à titre de directeur de la photographie dans plusieurs films de fiction importants, notamment *Les beaux souvenirs* (1981) de Francis MANKIEWICZ et *La femme de l'hôtel* (1984) de Léa POOL. Il réalise également *10 jours... 48 heures* (1986), un documentaire sur la vie d'un grand bateau de pêche de Terre-Neuve. De 1986 à 1989, il assume la direction de la production française de l'ONF. Il quitte ensuite l'ONF pour reprendre son métier de directeur de la photographie et travaille sur plusieurs films: *Une histoire inventée* (1990) et *Le Vent du Wyoming* (1994) de Marc-André FORCIER, *La demoiselle sauvage* (1991) et *Gabrielle Roy, un documentaire* (1997) de Léa POOL. Il réalise deux films autobiographiques, *Rue Ste-Catherine est... to West* (1992) et *Voyage illusoire* (1997), qui traitent du retour d'un écrivain dans son pays. Dans cette dernière réalisation, Dufaux renouvelle son intérêt pour la Chine. C'est ensuite à Denys Arcand qu'il s'intéresse dans *De l'art et la manière chez Denys Arcand* (1999).

Jim Leach

Duff, sir Lyman Poore, juge en chef du Canada de 1933 à 1944 (Meaford, Ont., 7 janv. 1865—Ottawa, 26 avril 1955). Formé en Ontario et admis au barreau de la province, il s'installe à Victoria en 1894 où il devient rapidement un avocat habile et très en demande. Après avoir siégé deux ans à la Cour suprême de la Colombie-Britannique, il est nommé à la Cour suprême du Canada en 1906 et il y siégera presque 38 ans. Il est la figure dominante de la Cour suprême alors que le Canada passe d'une société agraire à un État industriel moderne. Les décisions qu'il a rendues en droit constitutionnel ont été, et sont encore, incontestées. Son apport le plus important à la formation de la nation canadienne est peut-être le jugement rendu en 1940 qui confirme le pouvoir du gouvernement du Dominion du Canada d'abolir unilatéralement les possibilités d'appel au Conseil privé à Londres. Le Conseil privé appuie cette décision, mais la loi relative à cette disposition n'entre en vigueur que le 1er janvier 1949. On peut donc dire que Duff a rendu le système judiciaire canadien entièrement autonome.

David Ricardo Williams

Duff, Wilson, anthropologue et muséologue (Vancouver, 1925—id., 8 août 1976). Duff consacre toute sa carrière à l'étude des Indiens de la côte du Nord-Ouest. Diplômé de l'U. de la Colombie-Britannique (B.A., 1949) et de l'U. de Washington (M.A., 1951), il est conservateur du Département d'anthropologie au British Columbia Provincial Museum de 1950 à 1965. Il s'installe ensuite à Vancouver où il enseigne et se consacre à la recherche au Département d'anthropologie et de sociologie de l'U. de la Colombie-Britannique et au Museum of Anthropology. Membre fondateur de la British Columbia Museum Association, il préside l'Archaeological Sites Advisory Board mis en place par le gouvernement provincial (1960-1966) et est membre du Indian Advisory Committee de la province (1963-1976). Duff est surtout connu pour avoir aidé, au cours des années 1950, à sauvegarder le dernier TOTEM de Kitwancool et les villages abandonnés des îles de la Reine-Charlotte.

Son intérêt pour l'ethnographie empirique, que traduisent des ouvrages comme *The Indian History of British Columbia* (vol. 1, 1964) et *Arts of the*

Raven: Masterworks by the Northwest Coast Indians (1967), succède le souci d'analyser la logique visuelle des formes d'art produites sur la côte du Nord-Ouest, souci qui transparaît dans le catalogue *Images Stone: B.C.* (1975).

Carol Sheehan

Dufferin et Ava, Frederick Temple Blackwood, 1er marquis de, gouverneur général du Canada de 1872 à 1878, vice-roi de l'Inde de 1884 à 1888 (Florence, Italie, 21 juin 1826—Clandeboye, Irlande, 12 févr. 1902). Frederick Temple Blackwood fait ses études à Eton et au collège Christ Church d'Oxford, mais n'obtient pas de diplôme. Il exerce la fonction de gentilhomme de la chambre de la reine Victoria de 1849 à 1852 et, de nouveau, de 1854 à 1858. Il siège à la Chambre des lords comme libéral et, en 1868, se joint au gouvernement de Gladstone comme Chancelier du duché de Lancaster. Il est nommé gouverneur général du Canada en 1872.

Quoi qu'il ait, au début, surestimé ses pouvoirs, ce diplomate accompli et éloquent fait preuve de beaucoup de tact et de jugement au cours du SCANDALE DU PACIFIQUE qui force le premier ministre John A. MACDONALD à céder son poste à Alexander MACKENZIE. Ses tentatives de réconcilier la Colombie-Britannique avec la CONFÉDÉRATION contrarient le gouvernement Mackenzie. Il appuie cependant le projet de loi sur la Cour Suprême du Canada, et l'amnistie qu'il accorde aux participants à la RÉBELLION DE LA RIVIÈRE ROUGE tire le gouvernement d'embarras.

Premier gouverneur général à faire de la CITADELLE DE QUÉBEC une résidence du vice-roi, il convainc les édiles de sauver de la démolition les vieux murs de la ville: la terrasse Dufferin est nommée en son honneur. Après son départ du Canada, Dufferin est ambassadeur en Russie, en Turquie, en Italie et en France.

Carman Miller

Duffus, Romans, Kundzins, Rounsefell Ltd L'agence d'architectes de Halifax est fondée en 1949 et a rempli en Nouvelle-Écosse une grande variété de commandes importantes, dont le Nova Scotia Museum (1970), l'Izaak Walton Hillam Hospital for Children (1970), le Historic Properties (1974) et la bibliothèque du Kings College (1991), tous situés à Halifax; l'INSTITUT OCÉANOGRAPHIQUE DE BEDFORD (1958, 1968 et 1977), et l'Alderney Gate Civic Centre (1990), les deux à Dartmouth; et le Valley Regional Hospital (1992), à Kentville, en Nouvelle-Écosse. Les projets de l'agence ont remporté de nombreux prix: le Historic Properties a reçu en 1972 le prix d'excellence du *Canadian Architect Yearbook* et la bibliothèque du Kings College, le First City of Halifax Design Award en 1992. Les associés principaux ont toujours rempli un rôle actif dans leurs associations professionnelles. L'un des fondateurs de l'agence, Allan Ferguson Duffus (né le 16 juin 1915), est élu membre de l'Institut royal d'architecture du Canada (IRAC) en 1956 et est doyen du College of Fellows de 1969 à 1972, puis président en 1973-1974. Un autre associé, Roy Wilwerth, est élu au collège en 1992 et à la présidence de l'IRAC en 1992-1993.

Grant Wanzel et Karen Kallweit

Dufresne, Diane, chanteuse et comédienne (Montréal, 30 sept. 1944) est, au Québec, affectueusement appelée La Diva. Elle étudie d'abord à Montréal avec Simone Quesnel (1957), puis à Paris de 1965 à 1967. En 1972, elle remporte un énorme succès avec la chanson *J'ai rencontré l'homme de ma vie*. En 1973, le public parisien lui accorde un succès modéré à ses débuts à l'Olympia, puis, en 1978, son spectacle est un véritable triomphe. En 1979, elle interprète le rôle de Stella Spotlight dans *Starmania*, l'opéra rock de Michel Berger et Luc PLAMONDON (Paris).

L'année précédente, elle remporte le prix Jeune Chanson de l'Association française des échanges musicaux. En 1981, elle présente *Magie Rose* au Stade olympique de Montréal, devant une foule de 57 000 personnes. Ses spectacles les plus récents comprennent *Réservé* (1998), qui remportera deux prix de l'ADISQ, et *Top secret* (1987). Ses derniers albums s'intitulent *Diane Dufresne* (1997), *Détournement majeur* (1991), et une compilation, *Diane* (1991). Ses chansons les plus populaires sont des compositions de François Cousineau (musique) et de Luc Plamondon (paroles). Dufresne commencera à écrire ses propres textes dans les années 90.

Sa théâtralité et sa voix particulière (parfois qualifiée d'hystérique) ont fait de Dufresne une célébrité parmi les artistes qu'on associe au Québec. Souvent comparée à Édith Piaf, elle est l'une des interprètes les plus populaires en France au cours des années 80. Au Québec, elle chante toujours à guichets fermés.

Hélène Plouffe et Rachelle Taylor

Dufresne, Guy, dramaturge et scénariste (Montréal, Qc, 17 avril 1915—Frelighsburg, Qc, 29 juill. 1993). Dufresne étudie aux collèges jésuites de Sainte-Marie et Jean-de-Brébeuf et obtient son B.A. en 1939. Toutefois, il est contraint d'abandonner ses études en raison d'une affection pulmonaire. Il s'installe ensuite à Frelighsburg, au Québec, et écrit des scénarios pour la radio, la télévision et le théâtre. En novembre 1952, avec *L'Île aux pommes*, Dufresne devient l'un des premiers scénaristes au monde à écrire pour la télévision francophone.

Ses scénarios destinés à la radio et à la télévision le rendent célèbre, grâce à ses analyses empreintes de sensibilité psychologique ou à la rigueur historique et ethnographique de sa recherche (notamment dans *Le Ciel par-dessus les toits*, 1947-1955; *Cap-aux-sorciers*, 1955-1958; *Kanawio*, 1960-1961; *Les Forges du Saint-Maurice*, 1972-1976). Étant fils et frère de médecins, il rédige des scénarios qui reflètent fidèlement le milieu hospitalier dans la série télévisée *Septième nord* (1963-1967), un sujet qui ne sera abordé que beaucoup plus tard dans les séries américaines.

En 1978, Guy Dufresne reçoit le prix Anik pour son vidéo *Johanne et ses vieux* (1976). Il publie cinq pièces, notamment *Le Cri de l'engoulevent* (jouée pour la première fois en 1960 à la Comédie Canadienne, adaptée pour la télévision en novembre 1960 sous le nom de *Chemin Privé* et traduite en 1972 sous le titre *The Cry of the Whippoorwill*). Il adapte aussi avec succès des pièces pour la télévision, parmi lesquelles *Comme tu me veux* de Luigi Pirandello (octobre 1962), *Les Trois sœurs* d'Anton Tchekhov (novembre 1963) et *Of Mice and Men* (v.f. *Des Souris et des hommes*) de John Steinbeck (janvier 1971). Il écrit le scénario des films *Décembre* (1978) et *Le Frère André* (1987).

André G. Bourassa

Duggan, Alphonsus Gregory, dirigeant syndical (Holyrood, T.-N., 21 sept. 1884—Grand Falls, T.-N., 26 juill. 1970). En 1913, Duggan participe à l'organisation de la section locale 63 de l'International Pulp, Sulphite and Papermill Workers Union et en devient le premier président. Comme il croit que le meilleur moyen d'assurer la justice sociale pour la classe ouvrière consiste à regrouper tous les syndicats en une seule organisation provinciale, il met sur pied le Newfoundland Trades and Labor Council, en 1937, et en devient le premier président. En 1939, ce syndicat devient la Fédération du travail de Terre-Neuve, qui nomme Duggan président honoraire. La même année, le roi George VI le fait Membre de l'Empire britannique. Duggan est aussi actif au sein du mouvement coopératif de Grand Falls et devient le premier président de la Newfoundland Co-operative Union (1950).

Bill Gillespie et Melvin Baker

Duggan, George Herrick, ingénieur (Toronto, 6 sept. 1862—près de Saint-Jérôme, Qc, 8 oct. 1946). Après des études au Upper Canada College et à l'U. de Toronto (D.Sc.), il travaille comme ingénieur pour le Canadien Pacifique (1884-1885), puis la Dominion Bridge Co. (1891-1903) où il est ingénieur en chef et

adjoint du président. Il est le deuxième vice-président et directeur général de la Dominion Steel and Coal Co. (1904-1910), ingénieur en chef (1910-1920), directeur général (1913-1919), président (1919-1936) et président du conseil d'administration (1936-1946) de la Dominion Bridge Co. Ltd. Il est simultanément directeur et ingénieur de la St. Lawrence Bridge Co. à la fin de la construction du PONT DE QUÉBEC (la plus longue portée cantilever au monde) en 1917.

En 1920, Duggan met sur pied Dominion Engineering Works Ltd. pour fabriquer des machines à papier et des turbines hydrauliques à la place de l'ancienne entreprise St. Lawrence Bridge Works. Grâce à leur conception et leur fabrication innovatrices, les performances de ces machines battent rapidement tous les records. Une autre des contributions de Duggan est le soudage électrique de membres en acier au lieu du rivetage et du forgeage coûteux. Duggan est un yachtman accompli. Il conçoit et pilote le *Seawanhaka*, le gagnant de la Coupe internationale 1896-1901. Il préside la Canadian Society of Civil Engineers et reçoit la médaille de bronze et le certificat de la Royal Human Society en 1893.

Eric A. Sprenger

Duguay, Rodolphe, artiste et graveur (Nicolet, Qc, 1891—id., 1973). L'œuvre de Duguay exprime un message profondément religieux basé sur la bonté, l'innocence, la pureté et la souffrance. Issu d'un milieu rural pauvre, il commence ses études au Monument national de Montréal en 1911 et se familiarise avec la tradition établie au Canada français par des artistes comme Joseph SAINT-CHARLES, Alfred LALIBERTÉ et Ozias LEDUC, ainsi que SUZOR-CÔTÉ, avec qui il travaille de 1918 à 1920. De 1920 à 1927, il habite à Paris, voyage partout en Europe, étudie à l'Académie Julian et apprend, en 1925, les techniques de gravure sur bois. C'est par ce moyen que Duguay exprime sa plus grande originalité, en illustrant les textes de sa femme, Jeanne L'Archevêque-Duguay (*Écrin*, 1934; *Cantilènes*, 1936; *Offrande*, 1942), ainsi que ceux de nombreux autres écrivains, dont Clément Marchand (*Courrier des villages*, 1941).

En 1935, encouragé par Mgr Albert Tessier, de Trois-Rivières, il commence la publication de deux séries de gravures sur bois, ce qui permet de mieux faire connaître son travail. Ses *Carnets intimes*, couvrant ses activités en Europe, paraissent en 1978. Quelques expositions à la Galerie nationale du Canada (1975), au Musée du Québec (1977) et à Nicolet (1991) montrent ses gravures et ses tableaux, considérés comme faisant partie du lent mouvement vers l'expression artistique moderne au Québec.

Laurier Lacroix

Dulhut, Daniel Greysolon, COUREUR DE BOIS, commerçant de fourrures et explorateur (Saint-Germain-Laval, France, v. 1639—Montréal, 25 févr. 1710). Dulhut contribue à l'expansion de l'empire français de la traite dans le secteur supérieur des Grands Lacs (*voir* TRAITE DES FOURRURES). En 1675, après avoir servi dans l'armée en France, il immigre en Nouvelle-France. En 1678-1679, il explore avec un petit groupe le pays des Sioux (cours supérieur du Mississippi), où il revendique la région au nom de la France, persuade les Sioux (DAKOTAS) et leurs voisins d'accepter un accord préliminaire de paix et commence une très lucrative traite des fourrures. Il revient à Montréal en 1681.

En 1683, il est envoyé en mission par le gouverneur LA BARRE: il retourne dans la région du lac Supérieur et y passe les trois années suivantes à faire la traite et à s'employer à maintenir la paix entre les autochtones. En service à Michilimackinac, il construit des postes au lac Nipigon et à Kaministiquia, sur le lac Supérieur, pour faciliter le commerce, ainsi qu'un autre à Detroit. Dulhut prend part aux campagnes de 1687, de 1689 et de 1696 des GUERRES IROQUOISES, pendant qu'il commande le FORT FRONTENAC. La ville de Duluth, au Min-

nesota, à l'extrémité ouest du lac Supérieur, porte son nom.

Mary McDougall Maude

Dumbells L'un des nombreux groupes musicaux de l'Armée canadienne qui jouent en France pendant la Première Guerre mondiale. À l'origine, ils sont formés de membres de la 3e division réunis en 1917 par Merton W. Plunkett à Ferfay, en France. L'ensemble comprend Jack Ayre (pianiste et directeur musical), Elmer A. Belding, Ted Charters et Allan Murray. Empruntant son nom à l'insigne de la 3e division, un haltère rouge, la formation divertit les militaires de première ligne avec des chansons populaires et crée en groupe des sketches sur la vie militaire. Pendant l'été 1918, après avoir recruté Ben Allan du 16e bataillon, «Red» Newman et Charlie MacLean des Y-Emmas et Ross «Marjorie» Hamilton du Maple Leaf Concert Party, Plunkett amène les Dumbells à Londres où ils se produisent au Beaver Hut du YMCA, au Victoria Palace et au Coliseum, avant de retourner en France. En 1918 et 1919, les Dumbells s'adjoignent d'autres artistes militaires de haut niveau et deviennent l'élite des groupes de concert canadiens en Europe. Ils restent célèbres pour leur version militaire sans égale de *H.M.S. Pinafore* de Gilbert et Sullivan.

En juin 1919, Plunkett revient au Canada, emprunte 18 000 $ et met sur pied une version civile des Dumbells, qui se compose de Merton Plunkett (impresario), de Jack Ayre (directeur musical) et d'Allan Murray de la 3e division, ainsi que d'autres artistes ayant participé à la tournée de Londres et à la production *H.M.S. Pinafore*: Hamilton, Bert Langley, W.L. Tennent, Allan, Newman, MacLean, Fred Fenwick et Al Plunkett. Jouissant d'une immense popularité, les Dumbells font des tournées au Canada, aux États-Unis et en Angleterre avec le spectacle *Biff, Bing, Bang* (1919, repris en 1921), qui tient l'affiche pendant douze semaines à l'Ambassador de New York et qui est le premier spectacle «entièrement canadien» à Broadway. Leur œuvre comprend *The Dumbells Revue of 1922*; *Carry On* (1922); *Cheerio* (1923); *Oh, Yes and Aces High* (1924); *Lucky 7* (1925); *Three Bags Full, Joy Bombs, That's That and Let'er Go* (1926); *Oo! La! La!* (1927); *Why Worry?* (1928), qui présente pour la première fois des femmes; *Here 'Tis and Come Eleven* (1929); *Happy Days* (1930), dernier spectacle avec une participation féminine; *As You Were* (1931) et *The Dumbells* (1933).

La Crise des années 30 met fin aux tournées et à la carrière des Dumbells. Malgré tout, la renommée que le groupe a acquise durant la guerre et à l'occasion de ses tournées professionnelles lui vaut une place particulière dans la mémoire canadienne. En 1977, Alan LUND crée le spectacle *The Legend of the Dumbells* et le présente au FESTIVAL D'ÉTÉ DE CHARLOTTETOWN.

Patrick B. O'neill

Dumoine, rivière Longue de 129 km, elle prend sa source dans le lac Dumoine dans le sud-ouest du Québec et s'écoule en bordure sud des HAUTES TERRES LAURENTIENNES en une série de cascades, de rapides agités et de longues chutes aboutissant dans la RIVIÈRE DES OUTAOUAIS. Dans les premiers temps de la traite des fourrures, les Hurons empruntent cette importante voie fluviale afin de se soustraire aux incursions des Allumettes ou des Iroquois qui exigent des tributs sur les routes du sud. Plus tard, on y fait descendre de superbes pins blancs et l'on peut y voir encore des glissoires de rondins pourris. Toujours à l'état sauvage, la rivière est très populaire auprès des amateurs de canotage.

James Marsh

Dumont, Fernand, sociologue, philosophe, théologien et poète (Montmorency, Qc, 24 juin 1927—Québec, Qc, 1er mai 1997). Il peut être considéré comme l'un des intellectuels les plus marquants que le Québec ait produits. Esprit interdisciplinaire préoccupé par le sort de la culture et la place de l'Homme dans la société moderne, il a su concilier des exigences multiples: celle du professeur soucieux de transmettre des connaissances, celle du chercheur préoccupé de construire une œuvre cohérente et diversifiée, celle de l'animateur scientifique sachant s'entourer de collaborateurs et celle de l'intellectuel engagé dans la Cité et témoignant de sa foi chrétienne.

Né dans une famille ouvrière de condition modeste, il conserve toute sa vie le souvenir de cette culture populaire d'origine et ressent comme une forme «d'émigration» son accession à la culture savante par ses études classiques et universitaires. Cette expérience de la culture marquera son œuvre théorique, où il conçoit la culture à la fois comme mémoire et comme distance: «Sans la culture, écrit-il, l'homme serait immergé dans l'actualité monotone de ses actes, il ne prendrait pas cette distance qui lui permet de se donner un passé et un futur.» Dumont sera également un analyste attentif et critique de l'évolution de la société québécoise.

Après une maîtrise à la Faculté des sciences sociales de l'U. Laval, il obtient, en 1967, un doctorat en sociologie de La Sorbonne (Paris). Nommé professeur à l'U. Laval dès 1955, il y passe l'essentiel de sa carrière et y soutient, en 1987, un second doctorat, en théologie cette fois-ci. Parmi ses nombreuses réalisations, mentionnons la fondation, avec Jean-Charles Falardeau et Yves Martin, de *Recherches sociographiques* (1960), une revue interdisciplinaire consacrée à l'étude du Québec et du Canada français; la présidence de la Commission sur les laïcs et l'Église (1968-70); sa participation à l'élaboration de la Politique de développement culturel pour le Québec (Livre blanc) en 1978; et sa nomination comme président-fondateur de l'Institut québécois de recherche sur la culture (1979-1990).

L'œuvre de Fernand Dumont est abondante: plus d'une vingtaine de livres, de même que de nombreux articles et entrevues publiées. Parmi ses ouvrages marquants, citons *Le lieu de l'Homme* (1968), *Les idéologies* (1974), *L'Anthropologie en l'absence de l'homme* (1981), *Le sort de la culture* (1987), *L'institution de la théologie* (1987), *Genèse de la société québécoise* (1993), *Raisons communes* (1995), *Une foi partagée* (1996), *La part de l'ombre, Poèmes 1952-1995*, et ses mémoires, *Récit d'une immigration* (1997). Il est fait Officier de l'Ordre national du Québec en 1992.

Fernand Harvey

Dumont, Gabriel, chef métis (rivière Rouge, déc. 1837—près de Batoche, Sask., 19 mai 1906). Fils du chasseur métis Isidore Dumont et petit-fils du voyageur canadien-français Jean-Baptiste Dumont, il est élevé dans la liberté des Prairies, à l'époque où aucun gouvernement n'est encore installé dans l'Ouest. Bien qu'analphabète, il parle six langues. Bon tireur à l'arc et à la carabine, cavalier et canoteur chevronné, il n'a pas son pareil comme guide.

Initié très tôt à la guerre dans les Prairies, il prend part, à l'âge de 13 ans, à la défense d'un campement métis contre une forte expédition de guerriers Sioux, à Grand Coteau. En 1862, cependant, il conclut, en compagnie de son père, un traité entre les Métis et les Sioux, puis un autre avec les Pieds-Noirs, ce qui aide à assurer la paix dans l'Ouest canadien. À l'été de 1863, ses talents de chasseur de bison lui valent d'être élu, à 25 ans, chef permanent des chasseurs métis de la rivière Saskatchewan. Jusqu'à l'extinction du bison, il conduit les Métis à la chasse. Il pose ce geste pour la dernière fois en 1881.

Il ne participe pas directement au soulèvement de la rivière Rouge de 1870, mais il offre en vain à Louis RIEL d'organiser une résistance métisse contre le corps expéditionnaire de WOLSELEY. Il prévoit que le déclin de la population du bison et l'expansion de l'influence canadienne entraîneront de grands changements dans les Prairies.

En 1873, il devient président de la commune de Saint-Laurent, le premier gouvernement local entre le Manitoba et les Rocheuses. Jusqu'alors modelée sur l'organisation de la chasse au bison, la commune tente d'instaurer un système de propriété foncière, car Dumont pressent la fin de la chasse et la nécessité pour ses gens de se tourner vers l'agriculture. En 1875, la commune affronte la Police à cheval du Nord-Ouest (P.C.N.-O.), nouvellement affectée dans les Prairies, et l'expérience du gouvernement local échoue. Cependant, la question des terres demeure entière, car les arpenteurs du gouvernement et les spéculateurs fonciers affluent dans l'Ouest. Aussi Dumont mène-t-il les Métis dans une campagne en faveur de la reconnaissance de leurs droits.

L'agitation ne donnant aucun résultat, Dumont et d'autres délégués demandent l'aide de Louis Riel. Après l'échec des négociations avec le gouvernement, Riel proclame le gouvernement provisoire de Batoche et Dumont devient «adjudant général» responsable de la petite armée de 300 Métis formée au début de la rébellion. Au cours de la RÉBELLION DU NORD-OUEST, il s'avère un remarquable chef de guérilla. Il remporte la première bataille contre la P.C.N.-O. au lac aux Canards en mars 1885 (*voir* BATAILLE DU LAC AUX CANARDS), puis, le 24 avril, il arrête l'armée du général MIDDLETON à Fish Creek.

Toutefois, Riel ne lui permet pas de poursuivre sa fructueuse campagne de guérilla et, malgré la résistance organisée par Dumont le 12 mai, Batoche est assiégée et envahie. Apprenant que Riel a capitulé, Dumont s'enfuit aux États-Unis. Il tente de délivrer Riel, mais celui-ci est trop bien gardé. Après l'exécution de Riel, Dumont se joint au Wild West Show de Buffalo Bill comme tireur d'élite.

Lorsque les rebelles sont amnistiés, il rentre au Canada en 1888 et à Batoche en 1893. Il s'adonne à la chasse et au commerce, et dicte deux vibrants récits de la rébellion. Il meurt subitement d'un arrêt cardiaque en 1906. Gabriel Dumont était un homme à l'esprit chevaleresque, magnifiquement adapté à la vie précoloniale des Prairies. Cependant, dans l'univers qui s'ensuivit, ses talents perdirent leur utilité et il ne put exploiter davantage son intelligence et sa personnalité.

George Woodcock

Dumont, Yvon, chef métis, lieutenant-gouverneur du Manitoba (Saint-Laurent, Man., 1951). Fils d'un membre fondateur de la Manitoba Metis Federation, Dumont s'intéresse à la politique autochtone dès l'âge de 16 ans. À 21 ans, il est vice-président fondateur du Conseil national des autochtones du Canada (aujourd'hui Congrès des peuples autochtones). Pêcheur et entrepreneur dans sa ville natale, il continue à s'intéresser à la politique provinciale et nationale. En 1984, il est élu président de la Manitoba Metis Federation et, en 1986, il est élu président du Metis National Council. C'est à ce titre qu'il participe, avec trois autres chefs autochtones, aux négociations qui donnent lieu à l'ACCORD DE CHARLOTTETOWN. Le 5 mars 1993, il est assermenté lieutenant-gouverneur du Manitoba. C'est le premier Métis à occuper une fonction vice-royale dans l'histoire canadienne.

Dumouchel, Albert, graveur et professeur (Bellerive, Qc, 15 avril 1916—Montréal, 11 janv. 1971). Il étudie la gravure à l'eau-forte et la lithographie à Paris. En 1945, à Montréal, il participe aux expériences de «cadavres exquis» avec Léon Bellefleur, Jean BENOÎT, Jean Léonard, Mimi Parent et Alfred PELLAN. En 1947 et en 1949, il publie deux célèbres numéros des *Ateliers d'arts graphiques*, la revue de l'École des arts graphiques de Montréal. En 1948, il se joint au groupe contestataire «Prisme d'yeux» et collabore ensuite aux premiers numéros des Éditions Erta, de Roland GIGUÈRE. Entre 1949 et 1954, ses lithographies illustrent *Faire naître*, *Les Nuits abatjour* et *Les Armes blanches* de Giguère. Celui-ci intéresse Dumouchel au mouvement Cobra; ses œuvres sont publiées dans la *Revue internationale de l'art expérimental—Cobra* (1954), et dans *Phases de l'art contemporain* (1955), la revue publiée par le poète et critique surréaliste Édouard Jaguer. Sa carrière d'enseignant en art à l'École des arts graphiques et à l'École des beaux-arts de Montréal influencera, jusqu'à son décès, plusieurs générations d'artistes. Le Musée d'art contemporain de Montréal a tenu une exposition de ses gravures en 1974.

André G. Bourassa

Dunbar, Isobel Moira, fonctionnaire et chercheuse scientifique dans le domaine de la glace (Édimbourg, Écosse, 3 févr. 1918). En 1947, Dunbar, diplômée d'Oxford, immigre au Canada après s'être consacrée professionnellement au théâtre pendant sept ans. Elle entre à la Section des études sur l'Arctique du Conseil de recherches pour la défense à l'époque où commencent les travaux scientifiques dans le Nord. En collaboration avec K.R. Greenaway, elle produit l'ouvrage classique *Arctic Canada from the Air* (1956), qui l'amène à s'intéresser à l'EXPLORATION DE L'ARCTIQUE. Elle se spécialise plus tard en recherche sur la GLACE MARINE, en particulier sur ses aspects climatologiques. Elle est la première femme à effectuer des croisières estivales sur les brise-glaces du gouvernement canadien. Des observations effectuées durant ces croisières et au cours de vols de reconnaissance au-dessus d'îles arctiques aboutissent à des études analytiques sur l'état des glaces et à la normalisation de la terminologie des glaces.

Dunbar participe activement à l'évaluation de télédétecteurs destinés à recueillir des données sur les glaces et est l'une des premières à utiliser un RADAR à balayage latéral pour la reconnaissance aérienne. En 1964, elle se rend en URSS et en Finlande pour examiner les méthodes utilisées pour briser la glace. Entre 1966 et 1969, elle est conseillère en matière de glace lors des essais de l'aéroglisseur et, en 1969, elle observe la croisière du *Manhattan* pour tester le comportement des superpétroliers dans les glaces. Auteure de nombreux articles scientifiques, elle est Membre de l'Ordre du Canada et Membre de la Société royale du Canada, et elle reçoit la Médaille Massey en 1972.

Diana Rowley

Dunbar, Maxwell John, océanographe (Édimbourg, Écosse, 19 sept. 1914). Dunbar obtient un baccalauréat et une maîtrise à Oxford et un doctorat à McGill. Il est consul du Canada par intérim au Groenland entre 1941 et 1946, puis devient professeur à McGill en 1946. Il est Membre de la Société royale du Canada, de l'Arctic Institute of North America, de la Société géographique royale et de la Linnean Society of London. Actif dans la recherche en OCÉANOGRAPHIE ARCTIQUE durant toute sa vie professionnelle, il publie de nombreux ouvrages sur la biologie marine dans les eaux arctiques canadiennes. Durant les années 30 et 40, il participe à de nombreuses expéditions au Groenland et dans l'Arctique canadien.

En 1947, Dunbar est nommé directeur des recherches dans l'Arctique oriental du Conseil de recherche sur les pêcheries, pour lequel il joue un rôle décisif dans la conception du navire de recherches arctiques *N.M. Calanus*. Professeur émérite à l'Institut d'océanographie de McGill en 1982, il enseigne la zoologie et est directeur du Centre des sciences marines. Il est responsable de la formation d'un vaste groupe d'océanographes qui travaillent dans le Nord canadien. Il reçoit la Médaille Bruce pour ses recherches polaires de la Royal Society of Edinburgh, la Médaille Fry de la Société canadienne de zoologie et le prix des sciences de l'Arctique de North Slope Borough (Alaska), en 1986. Dunbar devient Officier de l'Ordre du Canada en 1990.

John B. Lewis

Duncan, ville de la C.-B.; pop. 4583 (rec. 1996), 4301 (rec. 1991), 4039 (rec. 1986); superf. 1,85 km²; const. en 1912; située dans l'île de Vancouver, à mi-chemin entre Victoria et Nanaimo, dans la vallée de

Cowichan, et entourée de pittoresques montagnes escarpées.

À l'origine, la région est habitée par la nation Cowichan («Terre réchauffée par le soleil») qui comprend toutes les bandes indépendantes de la vallée. Jusqu'en 1862, le gouvernement colonial n'admet aucun établissement non autochtone et, malgré les 18 200 ha de bonnes terres agricoles accessibles, la croissance demeure lente jusqu'à l'arrivée du chemin de fer d'Esquimalt et Nanaimo dans la vallée en 1886. Un agriculteur du nom de William Duncan présente alors une requête pour une gare, qui sera construite sur sa terre en 1887. Son fils Kenneth est le premier maire de la ville.

Duncan devient plus tard le centre de services des principaux secteurs d'activités de la vallée, la foresterie et l'agriculture. On découvre du cuivre et on l'exploite de 1897 à 1908. Le tourisme contribue aussi à l'économie et Duncan est connue mondialement comme la «ville des totems». Depuis quelques années, son climat doux attire des retraités.

Alan F.J. Artibise

Duncan, James D., artiste et professeur de dessin (Coleraine, Irl., 1806—Montréal, sept. 1881). Il immigre au Canada vers 1830 et s'établit à Montréal pour y exercer les professions d'artiste et de professeur de dessin.

Duncan est surtout connu comme aquarelliste. Ses nombreuses aquarelles représentent des paysages et des scènes de rue qui rendent tous les aspects de la vie urbaine. À Montréal, il réalise de nombreux croquis d'événements sportifs, de défilés, d'incendies, de vendeurs de rues, de scènes de traîneau et de taille de la glace. Il peint aussi la plupart des bâtiments importants de la ville. Par son coup de pinceau et son utilisation d'une gamme subtile de couleurs, il arrive à évoquer des atmosphères particulières et à donner du relief à ses toiles. Ses croquis tracés sur le vif de personnages et de groupes en mouvement confirment son talent pour le croquis. À l'occasion, il exécute de petits portraits à l'aquarelle.

Les quelques peintures à l'huile attribuées à Duncan varient dans leur style et n'ont pas la fluidité ni la subtilité présentes dans ses aquarelles. Entre 1839 et 1878, plus de 70 compositions de Duncan sont imprimées sous forme d'eaux-fortes, de lithographies ou de gravures sur bois. Ses paysages servent d'illustrations à *Hochelaga Depicta: The Early History and Present State of the City and Island of Montreal* (1839). Ils décorent aussi le cadre d'une carte de Montréal (1846). Sa série la plus remarquable d'estampes à tirage unique se compose de six paysages de Montréal gravés sur pierre par Duncan. Cette série est tirée en 1843-1844. Ce sont les premières lithographies sur pierre colorée publiées au Canada. Duncan crée aussi des modèles pour des pièces de monnaie et pour des gravures décoratives.

Il enseigne le dessin dans plusieurs écoles de Montréal et donne des leçons privées. Quelques-uns de ses élèves font des copies de ses œuvres. En 1837, il sert en tant que premier lieutenant dans l'infanterie légère de Montréal. Il est membre fondateur de la Montreal Society of Artists en 1847 (*voir* ASSOCIATIONS D'ARTISTES), expose à la Quebec Provincial Exhibition de Montréal (1863-1865), à la Montreal Art Association (1865-1879), à la Société des Artistes canadiens (1867-1872) et devient membre associé de l'ACADÉMIE ROYALE DES ARTS DU CANADA, en 1881.

Mary Allodi

Dundas, ville de l'Ont.; pop. 23 125 (rec. 1996), 21 868 (rec. 1991), 20 118 (rec. 1986); superf. 24,2 km²; const. en 1847; située entre deux falaises de l'ESCARPEMENT DU NIAGARA, à l'extrémité ouest du LAC ONTARIO et à 6 km à l'ouest d'HAMILTON.

Historique Dundas tire son nom de la route militaire construite de 1794 à 1795 à partir du point de départ de la navigation, à Cootes Paradise sur le lac Ontario, jusqu'aux confluents supérieurs de la riviè-

re Thames. La ville s'est formée sur une parcelle réservée par le lieutenant-gouverneur John Graves SIMCOE à Cootes Paradise. La route, et plus tard le village, doivent leur nom à Henry Dundas, le secrétaire d'État à la Guerre et aux Colonies.

Les premiers colons arrivent dans la région en 1787. Dès le milieu des années 1800, Dundas est un important centre industriel doté d'une filature de coton, d'usines de fabrication d'instruments aratoires, de moulins à grain et de vanneries. L'ouverture du canal Desjardins, en 1832, avantage Dundas par rapport à ANCASTER, sa voisine et rivale. Cependant, Dundas se voit à son tour éclipsée par Hamilton quand le chemin de fer choisit de s'installer dans cette localité.

Situation actuelle Dundas est réputée pour son architecture du XIXᵉ siècle. Son hôtel de ville est l'un des plus anciens édifices municipaux de l'Ontario. Les Royal Botanical Gardens et la Hamilton Region Conservation Authority se trouvent tout près. Dundas est aussi connue comme la «capitale canadienne du cactus» en raison de ses grandes serres de culture du cactus. Chaque année, en août, la ville tient son festival du cactus. C'est aussi la ville où sir William OSLER vécut durant son enfance.

Deborah Welch et Michael Payne

Dunington-Grubb, Howard Burlingham, né Howard Grubb, architecte paysagiste (York, Angl., 30 avril 1881—Toronto, 26 févr. 1965). Souvent appelé le père de l'architecture paysagère au Canada, Grubb obtient un baccalauréat en agriculture de l'U. Cornell à Ithaca (New York; 1904-1908), et revient en Angleterre pour travailler au bureau de l'architecte Thomas Mawson.

Howard Grubb épouse Lorrie Alfreda Dunington (*voir* Lorrie DUNINGTON-GRUBB) en 1911, une architecte paysagiste anglaise, et prend le nom de Dunington-Grubb. Ils émigrent au Canada et ouvrent un cabinet à Toronto sous le nom de H.B. & L.A. Dunington-Grubb, Landscape Architects. Ils s'annoncent comme «consultants en conception de parcs et de jardins, de développements domiciliaires et de banlieues, d'art public et d'urbanisme».

Leurs créations pour des lotissements et des banlieues-jardins ainsi que les maigres ressources en plantes ornementales locales les amènent à fonder une pépinière qui deviendra, en 1914, les Sheridan Nurseries, dont Howard Dunington-Grubb restera président jusqu'à sa mort, en 1965.

Le cabinet de Dunington-Grubb à Toronto produit au fil des ans des centaines de plans directeurs et de créations. Les deux tiers environ de son travail s'effectuent pour le compte de riches clients. Le reste est constitué d'une gamme extrêmement variée de projets commerciaux et gouvernementaux, incluant l'urbanisme et l'embellissement des villes. Les réalisations les plus connues, toutes situées en Ontario, sont le Gage Park de Hamilton (1919-1927), le McMaster University Entrance Park (fin des années 20), les Oakes Garden Theatre et les jardins Rainbow Bridge à Niagara Falls (1935-1944), ainsi que l'avenue University à Toronto (1955-1957).

Les Dunington-Grubb sont sociables et très actifs dans des clubs et des associations de Toronto. Ils s'associent à d'autres membres du milieu culturel et mettent de l'avant des artistes comme J.E.H. MACDONALD et Arthur LISMER du GROUPE DES SEPT ainsi que des sculpteurs comme Frances LORING et Florence WYLE.

Howard a été décrit par des contemporains comme un «Anglais plein d'esprit, aussi grand qu'un peuplier d'Italie». Il est connu pour son amour de la fête et du théâtre ainsi que pour son sens de l'humour. Son amour du théâtre est la clé à la fois de son caractère et de sa créativité.

Dunington-Grubb est contemporain du modernisme, mais cantonne ses créations dans la tradition des beaux-arts, privilégiant l'influence de l'architecture sur le paysage et fournissant un cadre ornemental ordonné aux activités humaines. Il décrit ses créa-

tions comme «un monde de fantaisie, d'illusion, où une nature décorative subjuguée par l'art procure plaisir et détente». Il n'est ni innovateur ni particulièrement imaginatif, mais excelle à associer avec goût des éléments disparates dans ses créations.

L'apport essentiel de Dunington-Grubb réside dans le nombre et la variété des projets qu'il a réalisés, dans sa participation enthousiaste à tous les aspects de sa profession et dans la promotion qu'il en a faite. Il a écrit abondamment et donné de nombreuses conférences. Il est maître de conférences invité en design paysager à la faculté d'architecture de l'U. de Toronto, où il défend le projet d'agrandissement de la faculté d'architecture paysagère et de ses installations. Il devient en 1934 l'un des neuf membres fondateurs de l'Association des architectes paysagistes et des urbanistes du Canada (devenue plus tard l'AAPC), dont il est le président en 1934-1935 et en 1944-1945.

Grâce à ses activités et à la création de la Dunington-Grubb Foundation, il développe l'intérêt et les connaissances du public en matière de design et d'horticulture ornementale. Il reçoit de nombreux prix et récompenses, dont l'Ontario Association of Architects (OAA) Allied Arts Medal et la Médaille des arts connexes de l'Institut royal d'architecture du Canada (IRAC) en 1954, et est nommé Compagnon de l'AAPC en 1964.

La carrière d'Howard Dunington-Grubb reflète les tendances du siècle: éloignement de la création privée pour la création publique, conception de jardins domaniaux pour l'embellissement des villes, banlieue-jardin, urbanisme et création d'espaces verts publics. La fondation d'une pépinière comportant un service paysagiste consacre l'émergence de cabinets de conception/réalisation. La création de l'AAPC et ses liens avec l'U. de Toronto ont été des catalyseurs de la reconnaissance de l'ARCHITECTURE PAYSAGÈRE comme profession à part entière au Canada.

Ann Milovsoroff

Dunington-Grubb, Lorrie Alfreda, née Dunington, architecte paysagiste (Angleterre, 1877—Mountain Sanatorium de Hamilton, Ont., 17 janv. 1945). Lorrie Dunington grandit en Inde, en Afrique du Sud et en Australie. Elle étudie la conception de jardins au Swanley Horticultural College en Angleterre, puis ouvre un cabinet à Londres, d'où elle rayonne dans toutes les Îles britanniques.

Elle épouse Howard Grubb en 1911 (*voir* Howard DUNINGTON-GRUBB), prend le nom de Dunington-Grubb et émigre au Canada. À Toronto, seule ou en collaboration avec son mari, elle conçoit des jardins publics et privés, des projets d'urbanisme et des banlieues-jardins, et participe à la création des pépinières Sheridan Nurseries.

Elle donne des conférences sur l'urbanisme et le logement au Département des services sociaux de l'U. de Toronto, et sur l'embellissement des villes pour le ministère de l'Agriculture de l'Ontario. Elle écrit abondamment sur la conception des jardins pour des MAGAZINES comme *Canadian Homes and Gardens, Maclean's* et *Woman's Century*; collabore activement avec le milieu des arts et des lettres de Toronto et fait profiter de nombreux organismes de son expertise. La tuberculose l'oblige à ralentir ses activités à partir de 1928, ce qui ne l'empêche pas de devenir membre fondatrice de l'Association des architectes paysagistes du Canada en 1934 et présidente de la société en 1944.

Lorrie Dunington-Grubb est l'une des premières femmes au Canada à exercer la profession d'architecte paysagiste. Reconnue pour son apport au développement de l'urbanisme, elle a réussi à intéresser d'autres artistes, notamment des sculpteurs, à la création d'espaces publics. Son style créatif, son usage des vivaces et des plantes de rocaille, l'importance qu'elle accorde à la couleur et à la texture rappellent les jardins canadiens de Gertrude Jekyll. (*Voir aussi* ARCHITECTURE PAYSAGÈRE.)

Ann Milovsoroff

Dunlap, David Alexander, avocat et dirigeant de société minière (Pembroke, Canada-Ouest, 13 oct. 1863—près de Toronto, 29 oct. 1924). Dunlap est avocat à Mattawa quand lui et ses associés, Henry et Noah TIMMINS ainsi que les frères McMartin, acquièrent la mine d'argent LaRose, située près de COBALT, en Ontario. Ils acquièrent aussi des propriétés dans le district de Porcupine qui forment l'assise des Hollinger Consolidated Gold Mines Ltd., dont Dunlap est secrétaire-trésorier de 1911 à 1919, et vice-président et trésorier de 1919 à 1924. Libéral et de religion méthodiste, il est le trésorier honoraire du Social Services Council of Ontario et de la Missionary Society of the Methodist Church, administrateur de l'Art Gallery of Toronto (plus tard le Musée des beaux-arts de l'Ontario) et du Toronto General Hospital. Il est aussi membre du conseil d'administration de l'U. de Victoria. Il lègue 250 000 $ à l'U. de Victoria et 100 000 $ à l'U. de Toronto, à laquelle sa famille offre le David Dunlap Observatory en 1935.

J. Lindsey

Dunlop, William, surnommé «Tiger», journaliste et politicien (Greenock, Écosse, 1792—Lachine, Canada-Est, 1848). Dunlop est l'un des personnages les plus pittoresques des années 1820 et 1830 du HAUT-CANADA. Arrivé au Canada en 1813 en tant que médecin militaire, il quitte quelques années plus tard pour l'Inde, où il est rédacteur en chef d'un journal de Bombay, puis il rentre en Angleterre. En 1826, il réapparaît comme bureaucrate de la CANADA COMPANY et démissionne quelques années plus tard, après avoir accusé la compagnie de ne pas respecter les droits des colons. Cependant, alors qu'il y travaille encore, il écrit les *Statistical Sketches of Upper Canada* (1832) pour tenter d'attirer plus d'immigrants. Il écrit aussi *Recollections of the American War, 1812-14*. De plus, on lui attribue parfois *Two and Twenty Years Ago* (1859), un roman sur les troubles de 1837. À sa mort, il est surintendant du canal Lachine. Il a souvent retenu l'attention des historiens canadiens; plusieurs biographies de Dunlop ont été publiées.

Douglas Fetherling

Dunn, Alexander Roberts, officier de l'armée (York, Haut-Canada, 15 sept. 1833—près de Senufe, Abyssinie, 25 janv. 1868). Dunn est le premier Canadien décoré de la CROIX DE VICTORIA, méritée pour sa bravoure lors de la charge de la Brigade légère à Balaklava, en 1854. Il était alors lieutenant du 11e (Prince Albert's Own) Régiment des Hussards. Il aide à mettre sur pied une unité britannique créée au Canada, le 100e Régiment des Fantassins (Prince of Wales' Royal Canadian) qu'il commandera plus tard, à Gibraltar. Lors d'une expédition en Abyssinie, il est tué accidentellement par la décharge de son fusil de chasse.

O.A. Cooke

Dunnville, ville de l'Ont.; pop. 12 471 (rec. 1996), 12 131 (rec. 1991), 11 589 (rec. 1986); superf. 302,92 km². En 1974, Dunnville est constituée en tant que ville de la municipalité régionale d'Haldimand-Norfolk, formée des anciens cantons de Canborough, de Dunn, de Moulton et de Sherbrooke, et de la ville de Dunnville. La ville réunit de petites localités, dont Attercliffe Station, Canborough, Moulton Station, Byng, Lowbanks, Stromness et Port Maitland.

L'emplacement original de Dunnville, sur le cours inférieur de la rivière Grand, à proximité du confluent avec le lac Érié, prend forme en 1829 quand on construit un barrage sur la rivière Grand pour approvisionner en eau le canal WELLAND. Comme ce barrage sert aussi de pont, Dunnville (et Byng sur la rive opposée), qui est le premier endroit en amont du lac Érié, devient plus tard un nœud du réseau routier en expansion. On établit un parc industriel entre le barrage d'alimentation et la rivière, et Dunnville devient un port commun à la rivière Grand et au canal Welland. Constituée en tant que village en 1860, puis en tant que ville en 1900, la localité de Dunnville attire des industries textiles, mais demeure un centre de services pour la région rurale d'agriculture mixte. Durant la Seconde Guerre mondiale, l'École de pilotage militaire n° 6 s'installe dans la région du canton de Dunn et emploie, directement ou non, la moitié de la population de la ville.

John N. Jackson

Dunsmuir, James, industriel, politicien, premier ministre de la Colombie-Britannique (Fort Vancouver, Wash., 8 juillet 1851—Cowichan, C.-B., 6 juin 1920), fils de Robert DUNSMUIR. Principal héritier de la fortune houillère familiale et porte-parole du grand capital face au travail, Dunsmuir domine l'économie de la Colombie-Britannique jusqu'en 1900. De 1876 à 1910, il dirige les entreprises houillères de sa famille, à l'île de Vancouver, et en décuple la production annuelle en exploitant de nouvelles mines et en améliorant les méthodes d'extraction. Il investit beaucoup dans le transport, l'agriculture, la fabrication et d'autres industries du secteur primaire.

Comme Dunsmuir résiste à toutes les tentatives de syndicalisation des employés de ses entreprises, il devient la cible des chefs syndicaux dans les provinces de l'Ouest. En 1905, il vend la société Esquimalt and Nanaimo Railway au Canadien Pacifique et, en 1910, il cède ses houillères à William MACKENZIE et Donald MANN, moyennant la somme de 10 millions de dollars.

Élu député provincial de la circonscription de Yale en 1898, Dunsmuir est premier ministre de la Colombie-Britannique de 1900 à 1902. Son gouvernement conservateur se préoccupe surtout de l'immigration asiatique, de la construction des chemins de fer et de la place de la Colombie-Britannique au sein de la Confédération. Figure prestigieuse, il résout sans trop de difficultés l'épineux dossier du redécoupage électoral en tenant compte de la prédominance continentale de la province, mais une attitude plus partisane lui aurait permis de demeurer plus longtemps au pouvoir. Dunsmuir n'aime pas la politique et il sert beaucoup plus par sens du devoir que par goût du pouvoir. À contrecœur, il accepte le poste de lieutenant-gouverneur de la province en 1906, mais démissionne en 1909, trop heureux de pouvoir enfin profiter de ses terres et de son yacht.

Daniel T. Gallacher

Dunsmuir, Robert, industriel et politicien (Hurlford, Écosse, 31 août 1825—Victoria, C.-B., 12 avril 1889). Dunsmuir est surtout connu comme le magnat du charbon de la Colombie-Britannique. Il arrive dans l'île de Vancouver en 1851 et travaille comme mineur dans une mine de charbon de la Compagnie de la baie d'Hudson. Après avoir découvert un important filon houiller au nord de NANAIMO, il ouvre sa propre mine et sa propre ville patronale à Wellington. Il se rend impopulaire auprès des travailleurs parce qu'il néglige la sécurité, embauche une main-d'œuvre orientale à bon marché et rejette les syndicats. Dunsmuir est membre de la première commission scolaire de Nanaimo et est élu député de Nanaimo à l'Assemblée législative en 1882 et en 1886. En 1883, Dunsmuir et son fils James DUNSMUIR obtiennent un contrat pour la construction du chemin de fer Esquimalt et Nanaimo, dont le paiement comprend, notamment, 750 000 $ et environ le quart du territoire de l'île de Vancouver. En 1888, il devient président du Conseil exécutif de la Colombie-Britannique. Il se retire à Victoria où, à sa mort, son imposant manoir, le Craigdarroch Castle, demeure inachevé.

David R. Elliott

Dunton, Arnold Davidson, fonctionnaire et éducateur (Montréal, 4 juill. 1912—Ottawa, 7 févr. 1987). Il reçoit sa formation au Lower Canada College de Montréal et à différentes universités au Canada, en France, en Grande-Bretagne et en Allemagne. Il est journaliste au *Montreal Star* de 1935 à 1937, puis rédacteur en chef adjoint de 1937 à 1938, année où il devient rédacteur en chef du *Montreal Standard*. Il entre au service de la COMMISSION D'INFORMATION EN TEMPS DE GUERRE en 1942 et en assume la direction générale de 1944 à 1945. Vers la fin de 1945, à l'âge de 33 ans, il est le premier à être nommé président à temps plein de la SOCIÉTÉ RADIO-CANADA (SRC).

Tout au long de la polémique sur le financement et la réglementation de ce nouveau moyen de communication qu'est la télévision, il défend avec acharnement l'indépendance de la SRC et fait valoir avec force la nécessité pour l'État de financer un réseau de télévision dont la nation profitera grandement. Peu après que la SRC a complété son réseau d'un bout à l'autre du pays en juillet 1958, il démissionne et devient recteur de l'UNIVERSITÉ CARLETON. Le tact et l'intelligence avec lesquels il a présidé à l'évolution de la SRC ont fait l'objet de nombreux éloges.

En 1963, il est nommé coprésident de la COMMISSION ROYALE D'ENQUÊTE SUR LE BILINGUISME ET LE BICULTURALISME, qui a une profonde influence sur les politiques linguistiques du gouvernement fédéral. En 1972, il démissionne comme recteur de l'U. Carleton pour devenir directeur de l'Institute of Canadian Studies à Carleton (1973-1978) et par la suite, membre de cet institut. Il a été fait Compagnon de l'Ordre du Canada et a reçu des diplômes *honoris causa* de sept universités canadiennes.

James Marsh

Duplessis, Maurice Le Noblet, premier ministre et procureur général du Québec de 1936 à 1939, puis de 1944 à 1959 (Trois-Rivières, Qc, 20 avril 1890—Schefferville, Qc, 7 sept. 1959). Son père, Nérée Le Noblet Duplessis, un fervent catholique, avait été député provincial conservateur de la circonscription de Trois-Rivières de 1886 à 1900. Candidat conservateur défait aux élections fédérales, il avait été nommé juge à la Cour supérieure par sir Robert L. BORDEN en 1915. Sa mère était d'origine irlandaise et écossaise.

Il étudie au collège Notre-Dame à Montréal (où il devient en quelque sorte le protégé du frère ANDRÉ et au Séminaire de Trois-Rivières. Il obtient son diplôme en droit à la faculté de droit de l'U. Laval à Québec, en 1913, et passe la Première Guerre mondiale au service de la milice locale. Il pratique le droit avec succès à Trois-Rivières, où il perd de justesse l'élection provinciale de 1923, mais il s'y fait élire pour la première fois en 1927 et sera réélu aux neuf prochaines élections.

Il aide le maire de Montréal, Camillien HOUDE, à écarter Arthur Sauvé de la direction du Parti conservateur provincial en 1929, puis se débarrasse de Houde après la débâcle électorale de 1931 qui voit la déroute des conservateurs sous sa direction. Confirmé chef du Parti conservateur du Québec en 1933, Duplessis fait la cour aux libéraux et aux nationalistes réformistes, mécontents et déçus du gouvernement libéral à l'esprit ultra-conservateur de Louis-Alexandre TASCHEREAU, qui se sont regroupés pour former l'ACTION LIBÉRALE NATIONALE. Deux semaines avant l'élection de 1935, Duplessis conclut une alliance avec eux et fonde l'UNION NATIONALE, en faisant de Paul GOUIN, un homme peu réaliste, son prétendu bras droit.

Taschereau revient au pouvoir en 1935, mais Duplessis l'oblige à démissionner en juin 1936, en livrant une prestation exceptionnelle devant le comité des Comptes publics où il expose la corruption et le gaspillage du régime, et en ayant recours à l'obstruction systématique à l'Assemblée législative. Duplessis se débarrasse de Gouin, neutralise ses alliés de l'Action libérale nationale, défait l'infortuné Joseph-Adélard GODBOUT et remporte une victoire écrasante aux élections d'août 1936, mettant ainsi fin aux 39 ans de règne libéral.

Son premier mandat déçoit. Sauf pour la mise sur pied du populaire crédit agricole, de sa commission des salaires raisonnables (en fait, une mesure relative au salaire minimum) et ses mesures pour l'assistance aux mères nécessiteuses et aux aveugles, il y a peu de projets de loi importants. Son administration est prodigue, et Duplessis lui-même mène une vie déréglée. Il est à cette époque un célibataire robuste et quelque peu alcoolique, et il ne se mariera jamais. Il commet une bourde monumentale en annonçant une élection surprise en septembre 1939 axée sur la participation du Québec à l'effort de guerre.

Les ministres fédéraux du Québec, dont Ernest LAPOINTE, Arthur Cardin et C.G. POWER, menacent de démissionner si Duplessis est réélu, ce qui laisserait le Québec impuissant devant un Canada anglais en faveur de la conscription, et promettent que la CONSCRIPTION ne sera pas imposée s'il est défait.

Duplessis est réélu, mais l'équipe de Godbout remporte la victoire. Pendant son passage dans l'opposition, sa santé se détériore et, après de nombreux séjours à l'hôpital, en 1941 et 1942, pour y soigner une pneumonie et le diabète, il ne boira plus jamais. Il fait campagne sans relâche pendant deux ans et l'emporte de justesse en 1944 contre Godbout et le BLOC POPULAIRE CANADIEN, un parti nationaliste dirigé par André LAURENDEAU et Jean DRAPEAU, et appuyé de surcroît par Henri BOURASSA. L'Union nationale est réélue en 1948, 1952 et 1956, et intervient avec succès dans d'autres élections, notamment lors de la défaite du maire de Montréal, Jean Drapeau, en 1957, et lors de l'élection de 50 députés conservateurs du Québec au gouvernement DIEFENBAKER.

Pendant les 15 années de son deuxième mandat, Duplessis affirme l'autorité du gouvernement du Québec sur l'Église, se bat contre le gouvernement fédéral et réussit à récupérer, du moins partiellement, la compétence concurrentielle de taxation directe après la Seconde Guerre mondiale. Il fait aussi adopter des mesures sociales, dont des lois sur le salaire minimum et sur l'aide à l'accession à la propriété, les plus généreuses au Canada. Son administration se lance dans de grands projets de construction: autoroutes, hôpitaux, écoles et universités, et donne son aval aux imposantes centrales hydroélectriques qui apporte l'électricité au Québec rural.

Duplessis est également connu pour son attitude dure envers les syndicats en grève, en particulier à Noranda, ASBESTOS, Louiseville et Murdochville. Son mépris des concepts contemporains des libertés civiles est manifeste à l'occasion du litige concernant la fameuse LOI DU CADENAS, mesure anticommuniste qui est invalidée par la Cour suprême du Canada en 1957, et aussi lors de l'affaire RONCARELLI, qui se termine en 1959 par une ordonnance de ce tribunal obligeant Duplessis à verser 46 132 $ en dommages et intérêts.

Outre les gains obtenus en matière de compétences provinciales, Duplessis applique un certain nombre de mesures nationalistes symboliques, telles que l'adoption du drapeau du Québec. Il met en place une organisation politique très puissante. Le favoritisme atteint des proportions mythiques, mais Duplessis gouverne pendant une période de prospérité, de croissance économique et d'investissements inégalés où, pour la première fois, le Québec fait du progrès par rapport à l'Ontario, quel que soit le critère social ou économique utilisé dans l'évaluation.

Un modernisateur, sauf en méthodologie politique, Duplessis perfectionne des méthodes d'antan pour élever l'État du Québec à une position de force encore jamais vue, face à l'Église, au gouvernement fédéral et à la communauté d'affaires anglo-saxonne de Montréal. Il s'appuie sur le clergé qu'il engage à de bas salaires pour effectuer des tâches essentiellement laïques dans les écoles et les hôpitaux, tout en réduisant ainsi l'épiscopat à une dépendance financière. Il réduit les impôts, présente des budgets équilibrés et réussit à convaincre les conservateurs et les nationalistes de voter dans le même sens pour ce qu'il appelle l'«autonomie».

Son système de gouvernement s'écroule après sa mort, avec la disparition subite de ses successeurs, Paul SAUVÉ et Daniel JOHNSON, et le triomphe de la RÉVOLUTION TRANQUILLE. Maurice Duplessis avait une personnalité énigmatique et colorée: démagogue en public, il était un homme sophistiqué, élégant et drôle en privé. Pendant la majeure partie de sa carrière, on l'a surnommé presque partout «le Chef», en raison de ses qualités de leader fort, quoique controversé, du Québec.

Conrad M. Black

Dupré, Louise, poète, romancière et essayiste (Sherbrooke, Qc, 9 juill. 1949). Après une licence (1973) et une maîtrise (1979) avec un mémoire sur Fernand Ouellette, qu'elle obtient à l'U. de Sherbrooke, elle reçoit un doctorat (1987) à l'U. de Montréal pour une thèse sur la nouvelle poésie québécoise au féminin, qu'elle publie en 1989 sous le titre *Stratégies du vertige. Trois poètes: Nicole Brossard, Madeleine Gagnon, France Théoret*. Elle enseigne au cégep de Thetford-Mines à partir de 1975 et devient professeur de littérature à l'U. du Québec à Montréal en 1988. Elle publie d'abord des recueils de poèmes en prose, dans lesquels les thèmes du privé, de la quotidienneté, du rapport au corps, du passé et de l'amour sont traités avec pénétration et sensibilité: *La peau familière*, 1983, prix Alfred-Desrochers; *Où*, 1984; *Chambres*, 1986; *Bonheur*, 1988; *Noir déjà*, 1993, Grand Prix du Festival international de poésie de Trois-Rivières. En 1996, *La memoria*, un premier roman, reçoit les éloges de la critique et le prix de la Société des écrivains canadiens (section Montréal). D'une écriture fine, à la fois sobre et suggestive, le roman raconte l'histoire d'une femme qui réussit à se réconcilier avec une mémoire ravivant sans cesse, depuis la petite enfance jusqu'à ses 40 ans marqués par le départ inattendu de son conjoint et la mort d'une jeune sœur disparue depuis longtemps, une série de pertes et de deuils d'ordres amoureux et familial. Louise Dupré a été reçue à l'Académie des lettres du Québec en 1999.

François Rochon

Dupuis Frères, Grève Le Québec a connu, en 1952, un conflit ouvrier qui devait secouer les cadres rigides de la société québécoise. Appuyés par la Confédération des travailleurs catholiques du Canada, une centrale syndicale catholique, les travailleuses et les travailleurs à l'emploi du grand magasin à rayons Dupuis Frères affrontèrent leur employeur, soutenu par la bourgeoisie canadienne-française et catholique. Le droit à la syndicalisation était en cause.

On comptait près de 1000 personnes à l'assemblée du syndicat des employés de Dupuis Frères, ce 30 avril 1952. Après des mois de lutte pour obtenir l'accréditation de leur syndicat, ces employés avaient finalement engagé des négociations avec la direction de ce magasin de l'est de Montréal, château fort de la bourgeoisie canadienne-française.

Pour le président de la CTCC, Gérard PICARD, Dupuis Frères, bien que dirigé et possédé par des Canadiens français, se comportait comme tout employeur capitaliste. Il demanda à l'assemblée de décider des moyens à prendre pour forcer l'employeur à reconnaître le syndicat. L'assemblée lui donna la réponse qu'il attendait: 97 pour cent des membres présents votèrent la grève. Elle fut déclenchée à minuit le soir même.

Dupuis n'y alla pas de main morte pour écraser les grévistes. Briseurs de grève, détectives privés déguisés en vendeurs, police municipale pourchassant à cheval les grévistes, appel au public, rien ne fut épargné pour saper le moral des syndiqués. La direction du magasin se couvrit de ridicule quand elle champion boxeur Joe Louis, qu'elle avait invité pour attirer la clientèle, refusa net de franchir la ligne de piquetage.

Un mois plus tard, soit le 30 mai, au cours d'une assemblée de solidarité réunissant plus de 5000 personnes, le président Picard accusa Dupuis Frères d'exploiter les sentiments nationalistes et religieux de ses employés. Le secrétaire général de la CTCC, Jean MARCHAND, dénonça, de son côté, la collusion entre le gouvernement et les capitalistes.

Le conflit connut toutefois un heureux dénouement le 26 juillet. Devant une assemblée générale enthousiaste, Gérard Picard annonça le résultat des négociations: hausse de salaire de 4 $ par semaine; la FORMULE RAND était acquise; l'ancienneté et la compétence étaient prises en compte pour les promotions.

Michel Rioux

Dupuis, Roy, comédien (Haileybury, Ont., 21 avril 1963). Il débute au cinéma avec de petits rôles, notamment pour Denys ARCAND (*Jésus de Montréal*, 1989) et Yves SIMONEAU (*Dans le ventre du dragon*, 1989), mais se fait véritablement connaître par les téléromans *Les Filles de Caleb* (Jean BEAUDIN, 1990-1991) et *Scoop* (George Mihalka, 1991). Dès lors, mettant à profit un physique athlétique et sensuel, ainsi qu'une voix étouffée au débit syncopé, il va interpréter des rôles importants, p. ex., pour Beaudin (*Being at Home with Claude*, 1992) et Michel Langlois (*Cap Tourmente*, 1993). Au milieu des années 1990, sa carrière prend une tournure anglophone et il s'éloigne du cinéma d'auteur. Il tient des rôles majeurs dans des séries télévisées (*Million Dollar Babies*, *Nikita*) et dans des films de genre (*Screamers*, Christian Duguay, 1995; *Hemoglobin*, Peter Svatek, 1997). On le retrouve néanmoins à l'occasion dans des films et des séries francophones (*Maurice Richard: histoire d'un Canadien*, Jean-Claude Lord et Pauline Payette, 1999).

Pierre Véronneau

Dupuy, Claude-Thomas, avocat et intendant de la NOUVELLE-FRANCE de 1725 à 1728 (Paris, France, 10 déc. 1678—près de Rennes, France, 15 sept. 1738). Fils d'une famille bourgeoise, Dupuy devient un avocat au parlement de Paris et, en 1720, il achète une charge de maître des requêtes. En 1725, il est nommé INTENDANT de la Nouvelle-France et entre dans ses fonctions en septembre 1726. Têtu, inflexible et préoccupé par son prestige, vers la fin de 1726, il a déjà commencé à se quereller avec le gouverneur BEAUHARNOIS, et ce, jusqu'à son départ. Dupuy est rappelé en 1728 quand la France est mise au courant de la manière irréfléchie dont il défie les autorités religieuses de la colonie à l'occasion de la mort et des funérailles de Mgr de SAINT-VALLIER.

Mary McDougall Maude

Duquesne, Ange Duquesne de Menneville, marquis de, officier de la marine, gouverneur général de la NOUVELLE-FRANCE de 1752 à 1755 (Toulon, France, v. 1700—Antony, France, 17 sept. 1778). Il entre dans la marine très jeune et prend part à la guerre de Succession d'Autriche. En 1752, l'ancien gouverneur LA GALISSONIÈRE le propose comme successeur de LA JONQUIÈRE en Nouvelle-France. Il a pour mission de protéger la vallée de l'Ohio où les négociants en fourrure anglais menacent la souveraineté de la France. À cette fin, il envoie au sud une expédition dirigée par Paul Marin de La Malgue (aussi La Marque) pour y construire une série de forts (1753-1754). Une deuxième expédition achève, par la construction du Fort Duquesne (Pittsburgh, en Pennsylvanie), l'occupation de la région en 1754.

Mary McDougall Maude

Durand, Yves Sioui, écrivain, administrateur, acteur, producteur de théâtre et réalisateur pour la télévision et la radio (Wendake, réserve huronne près de Québec, 11 mai 1951). Durand fonde, en 1985, la seule compagnie théâtrale autochtone d'expression française au Québec, Les Productions Ondinnok. Son œuvre est beaucoup jouée au Canada, au Mexique et en Europe (Festival Intercity, à Florence; International Festival of Contemporary Theatre, à Lausanne;

Nottingham Festival; Glastonbury Festival; Festival International Montpellier danse; Festival de Nancy).

Durand crée un théâtre dont les images extrêmement originales sont basées sur la mythologie et sur l'histoire panaméricaines contrairement au théâtre autochtone d'expression anglaise, dont les images sont régionales et naturalistes. La musique, la danse et la puissante imagerie scénique priment sur le texte. Les œuvres de Durand sont ouvertement politiques. Il conçoit l'artiste comme un «pont vivant» entre les traditions, exprimées dans un rituel archaïque, et la «nouvelle identité autochtone».

Il est surtout connu pour *Le porteur des peines du monde* (première en 1983; publiée en 1992). *Le porteur* remporte le prix Américanit au Festival des Amériques, en 1985. En 1995, le BANFF CENTRE produit une version anglaise de la pièce, beaucoup plus élaborée, sous le titre de *The Sun Raiser*. La pièce repose sur l'image mythologique du soleil qui emporte avec lui les souffrances de l'humanité en traversant le ciel d'est en ouest, pour être purifié dans les ténèbres et renaître à l'aube. Le titre fait allusion au mythe, mais symbolise aussi les souffrances du peuple autochtone et leur combat chamanique à la recherche d'une purification. La renaissance du soleil sous la forme d'un jeune aigle blanc semble indiquer un espoir à venir. *The Sun Raiser* se déroule dans un contexte rituel et s'accompagne de chants et du son des tambours.

La conquête de Mexico (jouée à Montréal en 1991) est basée sur la *Historia General de Las Coses de La Nueva España* de Bernardino de Sahagun (1527-1580). La structure dramatique suit le calendrier aztèque et l'œuvre est présentée dans une perspective aztèque. La pièce est rédigée en français avec des passages en aztèque et en espagnol. Dans *La conquête de Mexico*, on passe librement d'une époque à l'autre et des événements du passé sont racontés au présent. Il s'agit de l'œuvre la plus ambitieuse de Durand, avec son texte très long, ses très nombreux personnages et ses effets de scène spectaculaires. Mentionnons d'autres œuvres importantes: *UKUAMAQ* (jouée à Montréal en 1933), basée sur une légende inuite et conçue comme «une exploration artistique ouverte au public», et *ATISKENANDAHATE—le voyage au pays des morts* (jouée à Montréal, en 1988; au réseau anglais de télévision de la Société Radio-Canada, en 1991; sur la chaîne radiophonique de la Société Radio-Canada, en 1994), une version autochtone contemporaine du mythe d'Orphée.

Renate Usmiani

Durham, John George Lambton, 1ᵉʳ comte de, politicien, diplomate et administrateur colonial (Londres, 12 avril 1792—Cowes, Angl., 28 juill. 1840). Descendant d'une riche famille du Northumberland, Durham fait ses études à Eton. Il est pendant quelque temps officier de l'armée, se fait élire aux Communes en 1813 et accède à la Chambre des lords en 1828. Membre de l'aile libérale du parti whig, «Radical Jack», de son surnom, est lord du Sceau privé (1830) dans le Cabinet de son beau-père, lord Grey, et joue un rôle important dans l'élaboration du projet de loi sur la Réforme parlementaire de 1832. Collègue peu commode et de santé précaire, il démissionne en 1833, mais est ambassadeur en Russie de 1835 à 1837.

Le premier ministre lord Melbourne le persuade, surtout pour apaiser les radicaux, d'accepter de devenir gouverneur général de l'Amérique du Nord britannique et commissaire enquêteur, avec mandat de préparer un rapport sur les RÉBELLIONS DE 1837 dans les Canadas. Durham arrive au BAS-CANADA le 29 mai 1838. Son administration est chaudement appuyée par la minorité anglaise du Bas-Canada, les réformateurs modérés du Haut-Canada, le gouvernement américain ainsi que les autorités britanniques.

Mais lorsque le gouvernement britannique refuse de sanctionner une ordonnance illégale prévoyant l'exil d'une poignée de prisonniers politiques aux Bermudes, Durham présente sa lettre de démission le 29 septembre 1838 et quitte Québec le 1ᵉʳ novembre 1838 pour l'Angleterre où il termine, en janvier 1839, son fameux *Rapport sur les affaires de l'Amérique du Nord britannique*. Sa principale recommandation est de réunir les deux Canadas afin d'accélérer l'assimilation des Canadiens français, qu'il décrit comme un peuple sans histoire ni culture. L'union entrera en vigueur en 1841. Il recommande également la réorganisation du système de gouvernement colonial, mais le gouvernement britannique refuse d'accepter le principe du GOUVERNEMENT RESPONSABLE (terme dont Durham nie la paternité à cause de son ambiguïté) parce qu'il n'est pas prêt d'accepter la formation inévitable d'un gouvernement de parti dans les colonies.

Bien que lord Sydenham et ses successeurs dans la Province unie du Canada ainsi que lord Falkland en Nouvelle-Écosse reconnaissent en pratique la nécessité de gouverner par une majorité à l'assemblée, le gouvernement britannique refuse le principe de gouvernement responsable jusqu'en 1847, et les premiers gouvernements de parti reconnus ne sont admis au pouvoir qu'en 1848, en Nouvelle-Écosse, par sir John Harvey, puis au Canada par le gendre de Durham, lord ELGIN.

L'historiographie récente tend à être plus sceptique sur les réalisations de Durham et plus sévère à l'égard de sa conduite, et il reste un personnage détesté au Canada français. Il est néanmoins l'un des fondateurs prééminents du COMMONWEALTH moderne.

P. A. Buckner

Durham, rapport C'est à la suite des RÉBELLIONS DE 1837 que John George Lambton, comte de DURHAM, est nommé gouverneur général avec mission d'enquêter sur les doléances coloniales. En janvier 1839, Durham, réformiste reconnu, termine son rapport en janvier 1839 et le présente au ministère des Colonies le 4 février 1839. Son rapport sur les affaires de l'Amérique septentrionale britannique propose des réformes comme la création de gouvernements municipaux et d'une cour suprême ainsi que la résolution du PROBLÈME DES TERRES DE L'ÎLE-DU-PRINCE-ÉDOUARD. Son projet d'une union de toutes les colonies de l'Amérique du Nord britannique est abandonné en raison des objections des provinces maritimes.

Les deux principales recommandations du rapport, l'établissement d'un GOUVERNEMENT RESPONSABLE et l'union du Haut et du Bas-Canada, proviennent de l'analyse des causes des rébellions. Il dénonce les défauts du système constitutionnel du Haut-Canada où «une petite clique conservatrice, corrompue, mesquine et insolente monopolise le pouvoir». Ce Pacte de famille (*voir* FAMILY COMPACT) freine tout développement économique et social dans une colonie au riche potentiel, provoquant ainsi le malaise social qui cause la rébellion. Sur l'avis de réformistes reconnus, il propose un système où le pouvoir exécutif appartient au parti majoritaire de l'Assemblée. Cela pourrait, selon lui, stimuler l'expansion coloniale, raffermir les liens avec l'Empire et minimiser les influences américaines.

Au Bas-Canada, Durham décrit les problèmes comme étant raciaux et non politiques. Il découvre «deux nations en guerre au sein d'un même État...». Pour assurer l'harmonie et le progrès, il recommande d'assimiler les Canadiens français, qu'il désigne comme «un peuple sans littérature et sans histoire», qu'une majorité d'anglophones dominerait.

Le rapport Durham est rejeté par l'élite conservatrice du Haut-Canada, mais les réformistes du Haut-Canada et de la Nouvelle-Écosse acclament l'idée d'un gouvernement responsable. Les conservateurs de Montréal soutiennent en grande majorité l'union puisqu'ils la voient comme un moyen de surmonter l'opposition canadienne-française à leurs projets de développement économique. Les Canadiens français s'opposent à l'union et réaffirment leur détermination à défendre leur nation. Le gouvernement britannique accepte la recommandation de l'union des Canadas (*voir* ACTE D'UNION).

On ne procède pas cependant à la création d'un gouvernement responsable avant 1847, et la recommandation de Durham sur la division des pouvoirs entre le gouvernement britannique et celui de la colonie est rejetée. Même s'il est controversé quant à l'influence directe qu'il peut avoir eu sur la création de la Province du Canada, sur l'apparition du système de parti et sur le renforcement de l'autonomie administrative locale, le rapport Durham a joué un rôle important dans le développement de l'autonomie canadienne.

David Mills

Durnan, William Arnold, joueur de hockey (Toronto, 22 janv. 1915—*id.*, 31 oct. 1972). Il est le meilleur gardien de but de son époque. Grand mais rapide, il a l'habileté rare de pouvoir bloquer les tirs des deux mains. Il se joint aux CANADIENS DE MONTRÉAL en 1943 à l'âge de 29 ans et remporte le trophée VÉZINA six fois en sept saisons. Il établit des records, notamment une période de 309 minutes et 21 secondes sans allouer de but (plus de cinq parties). Sa fiche globale indique une moyenne de 2,35 buts alloués par partie et de 34 blanchissages en saison régulière, ainsi que de 2,20 buts alloués par partie et de deux blanchissages en séries éliminatoires. Il ne peut supporter la pression liée à la compétition, souffrant de nausées et d'insomnie, et prend brusquement sa retraite au cours des séries éliminatoires de 1950.

James Marsh

Dutoit, Charles, chef d'orchestre (Lausanne, Suisse, 7 octobre 1936). Il reçoit sa formation musicale (violon, alto, piano, percussion, composition et direction d'orchestre) aux conservatoires de Lausanne et de Genève où il obtint le premier prix de direction d'orchestre en 1958.

Après ses débuts en Europe comme chef d'orchestre, il est nommé directeur artistique de l'Orchestre symphonique de Montréal (OSM) en 1977. Sous sa direction, l'OSM devient l'un des meilleurs orchestres au monde. Uniquement avec Decca/London, plus de 80 enregistrements sont produits et remportent un éclatant succès. Ces disques sont couronnés par plus de 40 grands prix et distinctions à l'échelle nationale et internationale, dont le Grand Prix du président de la République (France), le Prix mondial du disque de Montreux, le High Fidelity International Record Critics' Award, le Edison Award d'Amsterdam, le Japan Record Academy Award, le Prix de la critique allemande et de nombreux prix Juno et de l'ADISQ, auquel s'ajoute un Grammy du meilleur enregistrement d'opéra pour *Les Troyens* de Berlioz.

Depuis 1981, Charles Dutoit et l'OSM ont effectué un très grand nombre de tournées aux États-Unis, en Europe, au Japon et en Amérique du Sud, en plus de s'être produit au Hollywood Bowl, aux festivals de Ravinia, de Tanglewood et de New York. Invité des grands orchestres américains, il dirige régulièrement le New York Philharmonic, le Pittsburgh Symphony et le Boston Symphony. Il est directeur artistique et chef principal de l'un des plus importants festivals d'été d'Amérique du Nord: les concerts du Philadelphia Orchestra au Saratoga Performing Arts Center à Saratoga Springs dans l'état de New York. Il a dirigé à maintes reprises l'Orchestre philharmonique de Berlin, de Munich, le Royal Concertgebouw d'Amsterdam, et a été invité des orchestres de Paris et de Londres. En 1996-1997, il devient chef principal de l'Orchestre NHK à Tokyo et occupe les fonctions de directeur musical de cet orchestre depuis septembre 1998.

Directeur musical de l'Orchestre national de France depuis 1990, il effectue de nombreuses tournées en Europe et dans le monde entier, en Allemagne et en Afrique du Sud (saison19 98-1999), en Italie, en Slovénie, en Autriche, en Pologne et au Danemark (juin 1999), en Chine et au Vietnam (an 2000). Charles Dutoit détient des doctorats honorifiques de l'U. McGill, de l'U. de Montréal et de l'U. Laval. En 1982, le Conseil canadien de la musique le nomme Musicien de l'année. Sa contribution à la vie musicale du Canada lui mérite la Médaille du Conseil canadien de la musique (1988) et un Diplôme d'Honneur de la Conférence canadienne des Arts (1994). Nommé Citoyen honoraire de la ville de Philadelphie en 1991, Grand Montréalais en 1995, Grand Officier de l'Ordre national du Québec en 1995, il est promu, en 1996, Commandeur de l'Ordre des Arts et des Lettres par la République française, après en avoir été Officier depuis 1988. Charles Dutoit est l'une des quatre personnalités internationales à se voir décerner, en 1998, le grade d'Officier honoraire de l'Ordre du Canada, la plus haute distinction au pays.

Du Val, Mountenay William et Matilda Clara William Du Val (Île Bonaventure, Qc, 30 janv. 1883—Mont-Joli, Qc, 22 févr. 1960) et Matilda Clara Du Val, née Mauger (Île Bonaventure, Qc, 4 oct. 1884—Montréal, 13 déc. 1954). Les Du Val sont tous deux de souche anglo-normande et irlandaise, mais ils grandissent à l'ÎLE BONAVENTURE. Matilda fait ses études à New York et est profondément influencée par la SCIENCE CHRÉTIENNE et les mouvements de conservation de la faune. Lors d'une visite dans son île natale en juillet 1911, elle se fiance avec William Du Val, qu'elle épouse le 23 janvier 1912.

En 1912, William Du Val commence seul à prendre soin des nombreuses variétés d'oiseaux de l'île. En 1920, le nombre d'oiseaux dont sa femme et lui s'occupent s'élève à environ 7000. Le 23 mars 1920, il est nommé gardien honoraire. Il devient plus tard garde-chasse à temps partiel. S'occuper des oiseaux consiste alors à compter et à baguer les fous de Bassan, à fournir à l'occasion soins vétérinaires et nourriture, à combattre le braconnage et à sensibiliser le public. Les visiteurs et les médias prennent

conscience des difficultés que rencontre ce couple courageux alors que la conservation de la faune n'en est qu'à ses débuts. William Du Val subvient aux besoins de sa famille en organisant des excursions d'observation des colonies d'oiseaux sur l'eau. Tout en pilotant l'embarcation qu'il a construite lui-même, il fait un exposé à ses passagers. En 1947, le poste d'agent de conservation est créé pour Du Val. Il prend sa retraite moins de deux ans après la mort de sa femme.

Aldo Brochet

Duvernay, Ludger, éditeur, journaliste, politicien et patriote (Verchères, Qc, 22 janv. 1799—Montréal, 28 nov. 1852). Duvernay exerce, dès l'âge de 14 ans, le métier d'apprenti imprimeur. Il lance trois journaux à l'existence éphémère à Trois-Rivières, puis il devient l'éditeur, le 18 janvier 1827, du journal le *Canadian Spectator* de Montréal. Ce même jour, il achète *La Minerve*, qui devient l'un des journaux les plus influents du Bas-Canada et une voix pour le Parti patriote. Il prend part aux RÉBELLIONS DE 1837 et il est forcé de s'exiler aux États-Unis jusqu'en 1842. Lorsqu'il revient à Montréal, il reprend la publication de *La Minerve*. En 1843, il participe à la fondation de la Société Saint-Jean-Baptiste et en assure la présidence jusqu'à son décès.

Gisèle Villeneuve

Dye, Cecil Henry, «Babe», joueur de hockey (Hamilton, Ont., 13 mai 1898—? 2 janv. 1962). Son apprentissage du hockey avec l'aide de sa mère sur une patinoire improvisée de Toronto fait partie du folklore du hockey. Il se joint aux St. Pats de Toronto en 1919 et, au cours de sa brève et fulgurante carrière, il remporte quatre fois le championnat des compteurs de la Ligue nationale de hockey (1920-1921, 1921-1922, 1922-1923 et 1924-1925), compte 5 buts dans une partie à deux occasions, 38 buts en 29 parties pendant la saison 1924-1925, et enregistre un total de 200 buts en 271 parties. Il évolue pour Chicago de 1926 à 1928, les Americans de New York pendant la saison 1928-1929 et, finalement, ne joue que 6 matchs pour les Maple Leafs de Toronto pendant la saison 1930-1931.

James Marsh

Dyonnet, Edmond, peintre, professeur (Crest, France, 25 juin 1859—Montréal, 6 juill. 1954). Dyonnet étudie à Turin avec Gilardi et à Naples avec Morelli. En 1875, il arrive au Canada avec ses parents. Professeur d'art (1891), élu membre de l'Académie royale canadienne des arts (1893) et académicien (1903), il en est également secrétaire (1910-1949). Professeur et directeur de l'école de dessin du Conseil des arts et manufactures de Montréal pendant 31 ans, il enseigne également à l'École polytechnique de Montréal (1907-1922). Dyonnet participe à la fondation de l'École des beaux-arts de Montréal (1922) et y enseigne jusqu'en 1924. Il est professeur à McGill de 1920 à 1936. En 1910, la France le fait membre de son Académie des beaux-arts. Il remporte des médailles d'argent lors d'expositions à Buffalo (1910) et à Saint-Louis, au Missouri (1904). En 1968, l'U. d'Ottawa publie ses *Mémoires d'un artiste canadien*.

Michel Champagne

Dysart, A. Allison, avocat, politicien, juge et premier ministre du Nouveau-Brunswick (Cocagne, N.-B., 22 mars 1880—Moncton, N.-B., 8 déc. 1962). Après avoir étudié au Collège d'agriculture de l'Ontario, à l'U. St. Joseph et à l'U. Dalhousie, il pratique le droit à Bouctouche. Élu député à l'Assemblée législative pour le comté de Kent en 1917, il est président de la Chambre, de 1921 à 1925, et ministre des Terres et des Mines en 1925. Après la défaite des Libéraux, Dysart succède à P.J. VENIOT en 1926 comme chef de l'opposition. En 1935, il mène son parti à la victoire, acculant à la défaite tous les membres du Cabinet de L.P.D. Tilley. Son gouvernement vote une première *Loi sur les propriétaires et locataires* en 1938, modernise la *Loi sur les relations de travail* et travaille à rétablir la santé économique de la province, après la Crise des années 30. Réélu en 1939, Dysart donne sa démission comme premier ministre en 1940 pour occuper le poste de juge de cour de comté pour les comtés de Kent et de Westmorland. Il prend sa retraite en 1957.

Della M.M. Stanley

Eagle, col Il a une altitude d'environ 550 m et traverse le Gold Range de la chaîne des MONASHEE, entre le lac Shuswap et le fleuve Columbia, à 12 km au sud-ouest de Revelstoke, en Colombie-Britannique. En 1865, Walter MOBERLY, arpenteur général adjoint de la Colombie-Britannique, part explorer l'intérieur pour trouver des cols où faire passer le chemin de fer à l'est du lac Shuswap. Il découvre celui-ci en faisant feu sur un nid d'aigles qui s'enfuient par ce col, d'où le nom du lieu. Le col est finalement celui qu'empruntera le chemin de fer CANADIEN PACIFIQUE pour traverser la chaîne des Monashees. C'est là que l'équipe de construction de la section ouest du chemin de fer, en provenance de Port Moody rejoint celle qui bâtissait la section est et, le 7 novembre 1885, à CRAIGELLACHIE, à l'ouest du défilé, le dernier tire-fond est planté. La route transcanadienne emprunte également le col.

Glen Boles

Eagleson, Robert Alan, avocat (St. Catharines, Ont., 24 avril 1933). En 1966, il est le premier agent à représenter les intérêts d'un joueur de hockey. Il négocie alors un contrat de 70 000 $ par année pour Bobby ORR, qui fait d'une recrue âgée de 18 ans le joueur le mieux payé du hockey professionnel. Eagleson en vient graduellement à représenter 150 athlètes. Il est convaincu que les joueurs de hockey professionnel d'Amérique du Nord pourraient rivaliser avec les meilleures équipes d'Europe, et il contribue énormément au succès de LA SÉRIE DU SIÈCLE CANADA – URSS en 1972. Il fut une des figures clés dans l'organisation des matchs de hockey entre des équipes européennes et de la LNH, en plus d'organiser toutes les compétitions de la COUPE CANADA et d'être le négociateur principal de Hockey Canada.

Malgré toutes ces réalisations, Eagleson laisse le souvenir d'un personnage controversé. Il est démis de ses fonctions de directeur de l'Association des joueurs de la LNH en 1990 et fait l'objet d'enquêtes, de la part du FBI et de la GRC, au sujet de sa gestion de la caisse de retraite de l'Association des joueurs de la LNH et d'autres affaires du même genre. En 1993, un grand jury de Boston enquête sur les transactions d'Eagleson, qu'il accuse finalement de racket, de fraude et d'abus de confiance en 1994. Le 3 décembre 1996, la GRC porte aussi des accusations de fraude et de vol contre lui. Il finit par plaider coupable aux accusations de fraude portées contre lui à Boston le 6 juin 1998, ainsi que le lendemain à Toronto, et reçoit une sentence de 18 mois de prison. Il démissionne du Temple de la renommée du hockey sous les pressions de joueurs célèbres comme Bobby Orr, Brad Park et Gordie Howe, qui refusent d'y demeurer en sa compagnie.

Earle, David, danseur et chorégraphe (Toronto, 17 sept. 1939). Earle est une source d'inspiration pour la DANSE MODERNE canadienne, non seulement par ses chorégraphies et son enseignement, mais aussi parce qu'il a été le mentor de générations de jeunes artistes œuvrant dans le domaine de la danse. Il reçoit sa formation à l'ÉCOLE NATIONALE DE BALLET et étudie à New York avec Martha Graham.

Après une saison avec la José Limon Dance Company, il participe à la fondation du London Contemporary Dance Theatre, en Angleterre. En 1968, il revient à Toronto et se joint à Peter RANDAZZO, ancien membre de la Martha Graham Dance Company, et à la Torontoise Patricia BEATTY pour fonder le TORONTO DANCE THEATRE (TDT). Bien que tous les trois soient codirecteurs artistiques et chorégraphes attitrés, Earle est généralement reconnu comme celui qui a le plus d'influence sur le développement de la compagnie. En 1979, il met en place un programme de formation professionnelle à la School of Toronto Dance Theatre. Il est l'unique directeur artistique de la compagnie de 1987 à 1994 et en est artiste résident de 1994 à 1996, date à laquelle il quitte le TDT afin de réaliser ses propres projets.

Earle crée une centaine d'œuvres, la plupart pour le TDT, notamment *Baroque Suite*, *Atlantis*, *Boat River Moon* et *Dreamsend*. Il réalise aussi des chorégraphies pour l'opéra, le cinéma et d'autres troupes de danse parmi lesquelles le BALLET NATIONAL DU CANADA, les BALLETS DE LA COLOMBIE-BRITANNIQUE et le Polish Dance Theatre de Varsovie. Le style d'Earle est théâtral, lyrique et souvent sensuel. Son sens très marqué de la composition formelle et son intérêt pour la forme humaine en tant qu'objet d'émerveillement et de beauté proviennent en partie de ses études sur l'art de la Renaissance et de l'époque baroque. Le point de rencontre entre la spiritualité et le désir charnel, soit le sacré et le profane, est un thème récurrent dans les chorégraphies d'Earle. Il a aussi montré son intérêt pour les rituels d'anciennes cultures et a réalisé des chorégraphies de nature extrêmement liturgique ou religieuse, notamment *Sacra Conversazione*, réalisée sur le *Requiem* de Mozart et toujours très populaire. L'une de ses premières œuvres, *Baroque Suite*, créée en hommage à Limon, son mentor, est devenue un classique de la danse moderne canadienne.

Parmi les nombreux prix qu'il a reçus, citons le Clifford E. Lee Choreography Award avec la pièce *Cloud Garden* (1987) et le prix Chalmers, catégorie chorégraphie (1994). Earle est nommé membre de l'Ordre du Canada en 1996.

Michael Crabb

East York, municipalité de l'Ont.; pop. 107 822 (rec. 1996), 102 696 (rec. 1991), 101 085 (rec. 1986); superf. 21,26 km². East York était le seul bourg au Canada avant sa fusion avec TORONTO en 1998.

Le comté, arpenté pour la première fois en 1791, s'appelle à ses débuts le canton de Dublin. Quelques années plus tard, le gouverneur John SIMCOE change son nom en l'honneur du duc de York. East York est un canton municipal du comté de York. Les premiers établissements d'East York comprennent les localités de Leslieville, de Norway, de Doncaster et de Todmorden.

Plusieurs des premières industries du canton, dont des scieries, une usine de cardage, une distillerie, des filatures de laine et des papeteries, s'établissent dans la région située à proximité de l'embranchement Est de la rivière Don. De 1840 à 1880, l'agriculture y est florissante: on y cultive le blé, l'orge, l'avoine, la pomme de terre, les pois, les haricots et le navet.

Peu après cette époque, la ville commence à empiéter sur le canton. L'annexion de North Toronto en 1912 et la séparation de Leaside en 1913 laissent les secteurs Est et Ouest du comté isolés. Au cours des années 20, d'autres secteurs se détachent, dont le canton suburbain d'East York. En 1967, le canton d'East York et la ville de Leaside fusionnent, formant le bourg d'East York. Depuis 1998, East York fait partie intégrante de Toronto.

Deborah Welch et Michael Payne

Eastmain (ou East Main) C'est le terme qui désigne la côte est de la baie d'Hudson, bien qu'au cours des années 1680 il désignait uniquement les environs de la RIVIÈRE EASTMAIN. Le terme désignant la côte ouest de la baie d'Hudson est Westmain (West Main). Ces deux appellations remontent au début de la TRAITE DES FOURRURES lorsque les trappeurs et les commerçants sillonnaient la région.

John Robert Colombo

Eastmain, rivière Elle est longue de 756 km et elle prend sa source au centre du Québec, près de la ligne de partage des eaux d'où la rivière s'écoule vers l'ouest jusqu'à la BAIE JAMES. Le bassin hydrographique étant situé dans une région où les chutes de neige sont abondantes, son débit moyen est impressionnant et propice à un aménagement hydroélectrique de très grand intérêt. Elle dévale une pente abrupte en quittant la pénéplaine du BOUCLIER canadien alors qu'elle entre dans l'étroite plaine côtière de la baie James. Les 65 derniers kilomètres sont marqués par une dénivellation de 125 m ponctuée de rapides et de chutes. (*Voir aussi* JAMES, PROJET DE LA BAIE.)

Doug Finlayson

Easton, Peter, pirate (prospère de 1602 à 1615). Corsaire dans la marine d'Élisabeth Ire, Easton perd sa commission à l'avènement de Jacques Ier en 1603 et se tourne alors vers la piraterie. Il dévalise les navires marchands sur la Manche jusqu'en 1610, année où il bat en retraite plutôt que de se battre contre sir Henry MAINWARING. Il arrive à Terre-Neuve en 1610 et construit un fort à HARBOUR GRACE. Pendant plusieurs années, il pille les flottes et les postes de pêche et recrute des marins de Terre-Neuve dans sa marine privée. Il détruit une flotte basque qui tente d'envahir Harbour Grace, attaque des navires marchands espagnols dans les Caraïbes, pille Porto Rico et capture la flotte d'argent espagnole en 1614. Pardonné par le roi Jacques Ier, Easton abandonne son siège de Terre-Neuve et s'installe en Savoie. Il achète un château à Villefranche, où il devient marquis de Savoie et vit dans le luxe jusqu'à sa mort. On a érigé un monument à Harbour Grace à ce héros populaire de Terre-Neuve.

Edward Butts

Eaton Importante société canadienne de vente au détail fondée à Toronto en 1869 par Timothy EATON. Son siège social se trouve à Toronto. Eaton révolutionne les pratiques commerciales de l'époque par la vente d'articles au comptant à prix fixe et en offrant sa formule de «satisfaction garantie ou argent remis». Son magasin devient l'un des plus importants grands magasins à rayons de l'Amérique du Nord. Après la mort de Timothy, en 1907, son fils John Craig EATON assume la présidence. Il sera fait chevalier plus tard. Son cousin Robert Young Eaton le remplace en 1922. John David EATON, le fils de sir John, lui succède en 1942. Le dernier président, George Ross EATON, est l'arrière-petit-fils de Timothy Eaton.

Jadis la pierre angulaire de l'empire Eaton, le système de vente sur catalogue, créé en 1884, en même temps que les services de vente par correspondance, visait à rejoindre les communautés rurales de pionniers. L'abandon de ce service en 1976 pousse à une revitalisation et à une réorganisation interne. En 1916, la compagnie innove encore. À l'instigation de son père qui insiste pour que les clients soient toujours informés de la nature précise des marchandises qu'ils achètent, John Craig Eaton crée le Bureau de recherches sur les produits. Il s'agit du premier bureau de ce genre créé au Canada par un détaillant. Les chiffres d'affaires et les actifs de la compagnie ne sont pas rendus publics.

En février 1997, la famille Eaton, qui possède toutes les actions de la compagnie, surprend le milieu de la vente au détail en se plaçant sous la protection des lois sur la faillite. À ce moment-là, elle emploie 24 500 personnes et possède plus de 90 points de vente au Canada, dont la majorité font partie intégrante des agglomérations où elles sont installées. La chaîne des grands magasins Eaton – une tradition canadienne – suspend ses activités en 1999.

Deborah C. Sawyer

Eaton Centre Conçu à Toronto par ZEIDLER Partnership et BREGMAN AND HAMANN (ouverture de la phase 1 en 1977 et de la phase 2, en 1979), il est l'exemple même de ces vastes espaces de cours intérieures à plusieurs étages qui ont fait connaître au monde l'ARCHITECTURE canadienne durant les années 70. Le Centre comprenait le grand magasin de La Compagnie T. EATON limitée (fermée en 1999) deux immeubles de bureaux et une galerie marchande de 274 m, à couverture de verre, flanquée de boutiques et de restaurants sur trois niveaux, et d'un parc de stationnement sur quatre niveaux. L'architecture joue avec les matériaux traditionnels de l'architecture moderne, le béton et l'acier sans ornementation, les garde-corps en tuyaux métalliques, le verre transparent et le verre à effet miroir. Ces éléments, auxquels s'ajoutent les plantes et les fontaines, les enseignes et les bannières des magasins, créent un lieu de rassemblement vivant et varié, qui s'intègre bien avec le centre-ville.

Michael McMordie

Eaton, Cyrus Stephen, financier et philanthrope (Pugwash, N.-É., 27 déc. 1883—Cleveland, Ohio, 9 mai 1979). En 1900, après des études à l'U. McMaster, Eaton s'établit aux États-Unis. Il s'intéresse d'abord aux services publics et, après 1925, au secteur de l'acier. Fondateur de la Republic Steel, il possède aussi des intérêts au Canada, notamment la Steep Rock Iron Ore. En 1950, Eaton et C.D. HOWE se disputent la direction de l'entreprise et finissent par se brouiller. Plus tard, Eaton soutiendra les adversaires politiques de Howe, à Port Arthur (Thunder Bay). Eaton est surtout connu pour son parrainage d'une série de conférences dans sa ville natale, PUGWASH, réunissant des scientifiques et des personnages publics de l'Est et de l'Ouest afin de promouvoir la bonne entente internationale. En 1960, il reçoit le prix Lénine de la paix en témoignage de reconnaissance.

Robert Bothwell

Eaton, Fredrik Stefan, homme d'affaires (Toronto, Ont., 26 juin 1938). Il est l'arrière-petit-fils de Timothy EATON, le petit-fils de John Craig EATON, et le président de l'ancienne Compagnie T. EATON ltée. À la fin de ses études universitaires, en 1962, Eaton perpétue la tradition familiale et acquiert de l'expérience pratique au sein de la compagnie en remplissant de nombreuses fonctions au Canada et en Angleterre. En qualité de président de 1977 à 1991, il veille à la croissance et à la consolidation de l'entreprise fondée par son arrière-grand-père et contribue à l'essor du EATON CENTRE de Toronto. De 1992 à 1994, il occupe le poste de haut-commissaire en Angleterre. En 1993, il est nommé chancelier de l'U. du Nouveau-Brunswick. Il devient Officier de l'Ordre du Canada en 1990.

Joy L. Santink

Eaton, sir John Craig, homme d'affaires et philanthrope (Toronto, 28 avril 1876—*id.*, 30 mars 1922). Troisième fils de Timothy EATON, il remplit de multiples fonctions au sein de La Compagnie T. EATON limitée avant d'en devenir président, en 1907. Voyant des possibilités d'expansion dans l'Ouest, il est le principal instigateur de l'ouverture d'un magasin Eaton à Winnipeg, en 1905. Il ouvre également des bureaux d'achat en Grande-Bretagne et dans d'autres pays d'Europe, aux États-Unis et en Orient. En 1919, il avait déjà institué le congé du samedi et fixé à 17 h la fermeture de ses magasins, usines et bureaux de vente par correspondance. Les clubs Eaton Boys and Girls s'occupent de la formation et des loisirs du personnel de l'entreprise. Pendant toute la Première Guerre mondiale, ses employés qui combattent sous les drapeaux continuent de recevoir leur plein salaire, soit plus de deux millions de dollars. En 1915, Eaton est fait Chevalier en reconnaissance de ses activités philanthropiques.

Joy L. Santink

Eaton, John David, homme d'affaires (Toronto, 4 oct. 1909—*id.* 4 août 1973), deuxième fils de sir John Craig EATON. Il quitte Cambridge à l'âge de 21 ans pour entrer au service de La Compagnie T. EATON ltée, au rayon des vêtements pour hommes du magasin de Toronto. Il se familiarise avec les différentes activités de la compagnie et est nommé directeur en 1934. Il devient vice-président en 1937, puis président en 1942. Sous sa présidence, l'entreprise s'implante dans le Nord et dans l'Ouest et instaure un régime contributif d'assurance-maladie et un régime de retraite. Eaton verse personnellement 50 millions de dollars à la caisse de retraite au moment de sa création en 1948, alimentant ainsi les rumeurs voulant qu'il soit la personne la plus riche du pays. Homme réservé, il a mené une vie tranquille.

Eaton, Timothy, homme d'affaires et fondateur du plus vaste grand magasin privé du Canada, La Compagnie T. Eaton ltée (Ballymena, Irl., 1834—Toronto, Ont. 31 janv. 1907). En 1854, après son apprentissage dans un magasin général en Irlande, Eaton accompagne ses deux frères aînés au Canada et travaille pendant un certain temps dans un magasin du Haut-Canada. Avec son frère James, il ouvre en 1856 un petit magasin dans le Huron Tract, à Kirkton, qui sera déménagé à St. Mary's, près de Stratford, en 1860. Convaincu que l'avenir est propice au changement, Eaton ouvre, en 1869, son propre magasin au 178, rue Yonge, à Toronto. Il initie les Canadiens à la vente au comptant et au prix fixe des articles, contrairement à la pratique coutumière de crédit, de marchandage et de troc. Il se soucie de ses employés, notamment en fixant à 18 h, dès la fin des années 1880, la fermeture de l'établissement et en instituant le congé du samedi après-midi en été. Il améliore aussi grandement leur milieu de travail en aménageant des locaux bien éclairés et bien aérés.

Lancé en 1884, le catalogue Eaton donne aux Canadiens, surtout à ceux des régions agricoles éloignées, accès à une grande variété de marchandises. À la mort de son fondateur, en 1907, à l'âge de 72 ans, l'entreprise a un effectif de près de 9000 personnes, réparti dans ses magasins de Toronto et de Winnipeg, dans ses usines de Toronto et d'Oshawa et dans ses bureaux de Londres et de Paris. À la suite de difficultés financières, la chaîne des grands magasins Eaton a suspendu ses opérations en 1999.

Joy L. Santink

Eau (H₂O) C'est un corps présent à l'état liquide, solide ou gazeux dans l'atmosphère, au-dessus ou en dessous de la surface terrestre. L'eau passe sans cesse d'un état à l'autre (gel/dégel, évaporation/condensation) et circule d'un endroit à l'autre sous forme de flux gazeux, liquide ou de glace (*voir* GLACIER). L'eau fait partie d'un cycle hydrologique continu dont la première étape est l'évaporation dans l'atmosphère de l'eau des océans, des lacs, des cours d'eau, de la surface terrestre et de la transpiration des plantes. Cette humidité, transportée par le vent, souvent sur de grandes distances, retombe sous forme de précipitations, de pluie ou de neige, au-dessus de l'eau et des terres.

À l'échelle du globe, plus des deux tiers des précipitations tombées au sol retournent dans l'atmosphère par évaporation et transpiration. Au Canada, moins de 40 p. 100 de l'eau est évaporée et transpirée, le reste, appelé rendement hydrique, alimente les cours d'eau. Dans les plaines à climat sec, seulement 10 à 20 mm des 300 à 400 mm de précipitations, issues en grande partie des pluies et de la fonte des neiges, rejoignent les cours d'eau. Le versant ouest des montagnes de la côte du Pacifique reçoit des précipitations annuelles de 3000 à 7500 mm dont quelque 500 à 600 mm s'évaporent et sont transpirés tandis que 80 à 95 p. 100 ruissellent. Dans les régions nordiques, en raison du froid, de 100 à 200 mm seulement s'évaporent et sont transpirés, tandis que de 100 à 500 mm retournent dans les cours d'eau.

Le taux de ruissellement augmente dans les régions rocheuses, pavées, en friche et en altitude (plus froides), car le peu de réservoirs d'humidité, de couverture végétale ou de chaleur réduit de beaucoup l'évapotranspiration. Le rendement hydrique est très élevé dans l'Ouest, dans de petites régions côtières et montagneuses, alors qu'il est modéré dans de vastes régions de l'Est et dans certaines parties du Nord. Le rendement le plus faible est dans les plaines du Sud et dans certaines vallées intérieures de la cordillère occidentale.

L'eau que l'on utilise pour une consommation directe provient des cours d'eau, des lacs et des nappes souterraines. Par ailleurs, elle est aussi utilisée à des fins de consommation indirecte (production d'HYDROÉLECTRICITÉ, pêche, navigation, loisirs, habitat pour la vie sauvage). Le Canada a la chance d'avoir des réserves relativement abondantes. Le prélèvement ne représente que 1,3 p. 100 du volume total, dont seulement 0,1 p. 100 pour la consommation. Le risque de manquer d'eau est faible, en dépit de pénuries locales et de certains problèmes locaux de qualité de l'eau. Toutefois, en partie à cause de cette abondance de réserves, le Canada connaît de réels problèmes d'inondation et de drainage.

L'histoire du Canada est étroitement liée à l'utilisation des LACS et des COURS D'EAU. L'exploration et la mise en valeur du pays ont suivi les voies d'eau qui servaient au TRANSPORT. Au début, la TRAITE DES FOURRURES et le commerce du BOIS requéraient l'usage des cours d'eau, car le transport fluvial était prédominant à l'époque. Puis la construction de CANAUX a permis la circulation de gros volumes de marchandises sur l'ensemble du continent. De nos jours, les canaux ont conservé une grande importance. L'IRRIGATION était, et est encore, un élément clé dans l'exploitation agricole des plaines du sud-ouest des Prairies et dans la zone intérieure sud de la Colombie-Britannique. À présent, on a même recours à l'irrigation d'appoint dans les régions plus humides. Enfin, l'énergie hydraulique et l'aménagement de centrales hydroélectriques ont grandement soutenu l'essor de l'industrie.

Les demandes urbaine et industrielle ont augmenté rapidement, et la plupart des villes et des industries sont situées près de cours d'eau et de lacs. La pêche commerciale et sportive est importante, tout comme les activités de plein air, mais elles souffrent beaucoup de la POLLUTION DE L'EAU et de l'édification des barrages et d'autres activités de l'homme. Il en va de même pour la vie sauvage. L'amélioration de l'environnement est possible, mais peu d'efforts se font dans ce sens, même pour réparer les dommages subis. Peu de mesures de conservation de l'eau sont mises en application, mais les coûts grandissants de l'approvisionnement en eau de qualité et de la lutte contre la pollution de l'eau nous amènent de plus en plus à recycler l'eau.

Profil des provinces

L'approvisionnement et la demande en eau varient considérablement d'une province à l'autre.

Colombie-Britannique Elle possède les cours d'eau aux plus grands débits, la moitié provenant du sixième du territoire occupé par les chaînes de la côte et par des séries d'îles. Certaines vallées intérieures, très sèches, utilisent les surplus des régions montagneuses pour l'irrigation et à d'autres fins. Pour toute la province, les réserves sont 1600 fois supérieures à la consommation, malgré des pénuries locales. Les principaux conflits naissent entre deux consommateurs indirects, l'hydroélectricité et la pêche aux saumons. Pour protéger l'industrie du saumon, on a dû interrompre la construction de barrages sur certains cours d'eau (p. ex., les cours moyen et inférieur de la rivière Fraser). La pollution est un problème croissant et les coûts de la lutte antipollution représentent maintenant des sommes importantes dans les secteurs des pâtes et papiers ou de l'exploitation minière.

Alberta Elle ne possède que 2 p. 100 des réserves du pays et, pendant les années sèches, elle absorbe plus de 50 p. 100 de la consommation nationale. Cette province compte en effet plus de la moitié des terres irriguées du pays et la majorité des installations de récupération secondaire de pétrole et de gaz qui exigent le pompage d'eau dans les formations géologiques pour remplacer les matières extraites. L'expansion de l'exploitation du BITUME pourrait encore accroître la demande avec l'évaporation de grandes quantités d'eau des étangs à résidus. Le problème est accentué, car la presque totalité des demandes liées à l'irrigation, à l'approvisionnement urbain et industriel et une partie des besoins des exploitations minières viennent du sud de l'Alberta, alors que la majeure partie des réserves (87 p. 100) se trouvent dans le nord (bassin hydrographique de l'Arctique plutôt que ceux de la baie d'Hudson et du golfe du Mexique). Par ailleurs, à la suite d'une entente entre la Saskatchewan, le Manitoba et le gouvernement fédéral, la moitié des eaux du Sud est allouée aux régions en aval. Comme dans un proche avenir, en période de sécheresse, la demande risquera de dépasser les réserves, les pressions politiques se font de plus en plus grandes en faveur de transferts massifs entre bassins.

Saskatchewan Elle possède beaucoup moins de pétrole et recourt assez peu à l'irrigation. Elle tente de se développer malgré des réserves d'eau limitées dans le Sud. Toutefois, l'extraction de la POTASSE exige beaucoup d'eau. Les mines et les municipalités sont desservies par un réseau grandissant de canaux et de pipelines. Dans la vallée de la rivière Qu'Appelle, les problèmes de qualité de l'eau, aussi graves qu'ailleurs au Canada, sont surtout causés par des débits trop faibles pour diluer et assimiler les déchets. Le traitement tertiaire des déchets municipaux dans les plaines du Sud est relativement avancé. On a recours à diverses sources d'énergie thermique ou hydroélectrique, et on a mis en œuvre bon nombre de programmes environnementaux de même que la gestion intégrée des réseaux. Enfin, il va falloir protéger et améliorer les marais des Prairies, qui servent d'habitat à une faune considérable d'oiseaux aquatiques migrateurs.

Manitoba L'énergie hydroélectrique y occupe une place importante dans la gestion de l'eau, mais de nouvelles questions sont à l'ordre du jour: le drainage, la limitation des dégâts causés par les inondations et l'énorme potentiel qu'offre l'irrigation. L'approvisionnement en eau n'est pas critique, notamment parce que la province reçoit beaucoup d'eau de l'Ouest, de l'Est et du Sud. L'environnement suscite des préoccupations, dont celles liées au projet Garrison, dans le Dakota du Nord, avec l'éventuel déversement d'eau salée ou d'organismes provenant du Sud dans les cours d'eau et les lacs de la province.

Ontario Il a longtemps cru que ses ressources en eau étaient illimitées et inaltérables. Elles sont certes abondantes, mais, vers les années 60, on constate que les polluants municipaux, industriels et autres, ont gravement nui à la qualité de l'eau. Comme la pollution des GRANDS LACS et de leurs affluents provenait davantage des rives américaines, plus peuplées et très industrialisées, on a mis sur pied des programmes conjoints de lutte antipollution. L'Ontario recourt à divers moyens: le traitement tertiaire de la majeure partie des rejets municipaux et industriels; le développement intégré pour l'utilisation de l'eau et du cours d'eau; la gestion des bassins avec, entre autres, l'élaboration de mesures de conservation.

On pratique l'irrigation d'appoint en période de sécheresse dans les champs de tabac, les vergers et les jardins maraîchers, où le contrôle de la qualité et l'augmentation du rendement sont des facteurs primordiaux. Les villes et les industries sont de grandes consommatrices, mais l'eau servant au lavage, à la climatisation et à d'autres fins retourne en grande partie aux cours d'eau. L'eau chaude restituée par les centrales thermiques (au charbon ou nucléaires) peut nuire à la faune piscicole, mais elle peut aussi constituer une ressource exploitable. La consommation directe demeure faible et les pénuries sont minimes.

Québec Il possède d'abondantes réserves d'eau et une longue histoire de leur utilisation. La consommation indirecte, comme l'énergie hydroélectrique, la navigation, la pêche et les loisirs, est très importante. Villes et industries sont aussi de grandes consommatrices. On a semblé se fier, plus qu'ailleurs au Canada, à la capacité naturelle d'absorption des cours d'eau pour éliminer les déchets. La province met lentement en place les systèmes de traitement de l'eau dont elle a besoin. La moitié de son énorme potentiel hydroélectrique a été mis en valeur avec l'aménagement des bassins hydrographiques du Nord (Manicouagan et La Grande). La navigation sur le Saint-Laurent reste limitée par la glace en hiver, mais la saison de navigation s'allonge, en particulier pour les ports situés en aval. On pratique le drainage pour développer l'agriculture et, depuis peu, pour améliorer les zones boisées. Les inondations demeurent un problème, surtout au printemps, quand la fonte des neiges s'accompagne de fortes précipitations.

Provinces de l'Atlantique Elles ont un climat humide et n'ont guère besoin d'irrigation. On s'y heurte davantage aux problèmes d'inondation et de drainage causés par des apports saisonniers excessifs. Le rendement hydrique est élevé et les cours d'eau sont importants par rapport à la taille de leur bassin hydrographique. L'industrie a longtemps reposé sur l'énergie hydraulique, puis hydroélectrique. La pêche commerciale et sportive, la navigation (presque toujours limitée, l'hiver, par la glace de mer) et la consommation directe pour divers usages jouent un rôle majeur. La pollution est un problème, mais les cours d'eau, les marées et les courants marins ont permis de diluer et d'assimiler les rejets. Par conséquent, il ne se pose pas avec autant d'acuité que dans certaines régions moins bien pourvues en eau.

Territoires du Yukon et du Nord-Ouest Dans ces territoires, les mesures des dernières décennies révèlent des cours d'eau plus importants qu'on ne l'aurait pensé, vu la faiblesse des précipitations. Cela peut s'expliquer par des relevés de précipitations non représentatifs, les stations étant installées dans les régions les plus sèches. De plus, il y a sous-estimation de relevés, notamment à cause de la poudrerie. L'évapotranspiration étant faible, la majeure partie des précipitations rejoint les cours d'eau. Comme bien des problèmes liés à l'utilisation de l'eau sont causés par le gel et par le PERGÉLISOL, certaines communautés ont recours à des conduites isolées pour l'eau potable et les eaux usées. La navigation fluviale demeure, l'exploitation hydroélectrique ne représente qu'une faible part du potentiel et la consommation directe est faible. Mais les besoins en eau à des fins récréatives augmentent et on se préoccupe beaucoup plus qu'avant de la conservation de la vie sauvage.

À mesure qu'augmentera la demande en eau pure, on devra se préoccuper davantage de conservation et de gestion intégrée. Cette demande est beaucoup moins grande au Canada qu'aux États-Unis où les réserves totales des 48 États attenants ne représentent que 40 p. 100 des réserves du Canada (70 p. 100 si l'on ajoute l'Alaska). Aux États-Unis, en 1975, les prélèvements représentent 27 p. 100 des réserves, alors que la consommation équivalait à 8,5 p. 100 et qu'une grande partie de ces réserves étaient polluées à des degrés divers. Les pénuries régionales sont beaucoup plus marquées qu'au Canada, mais la demande de transfert depuis les bassins du Canada restera encore négligeable pendant de nombreuses décennies.

En effet, les États-Unis peuvent s'approvisionner à moindre coût, les transferts d'eau revenant plus chers que la plupart des produits qu'on pourrait en tirer. On est d'ailleurs moins disposé à subventionner l'irrigation et on se heurte à d'énormes difficultés

d'ordre politique, juridique et écologique. Dans l'avenir, on procédera peut-être à des transferts, mais seulement si cela bénéficie aux deux parties et si l'on trouve les moyens de compenser les dommages inévitables par des mesures d'amélioration de l'environnement. Enfin, les transferts d'eau étant très onéreux, on n'y aura pas recours pour l'irrigation, des techniques permettant d'augmenter à moindre frais la production agricole étant disponibles.

A.H. Laycock

Eau Claire, lac à l' D'une superficie de 1383 km² et d'une longueur de 71 km, il est situé dans le nord-ouest du Québec, à environ 133 km à l'est des côtes sud-est de la baie d'Hudson, à une altitude de 241 m. Probablement créé par la chute d'une MÉTÉORITE, le lac se déverse à l'ouest, par la rivière à l'Eau Claire, dans le lac GUILLAUME-DELISLE. Ce lac, parfois nommé Clearwater Lake en anglais, porte très bien son nom.

David Evans

Eau souterraine C'est l'eau qui s'accumule dans les pores et les fissures du sous-sol. Si elle n'est pas aussi largement utilisée que les eaux de rivière ou de lac, elle n'en constitue pas moins une ressource précieuse pour sa clarté, sa pureté, sa constante fraîcheur, et parce qu'elle assure un approvisionnement fiable, même en saison sèche et en période de sécheresse. Les eaux souterraines ont aussi fortement contribué, au cours des ères géologiques, à créer certaines des curiosités naturelles les mieux connues au Canada. Ainsi, la capacité de cette eau à dissoudre les roches solubles pour se frayer un chemin a joué un grand rôle dans la formation de grottes en sol calcaire (*voir* RELIEF KARSTIQUE). Réchauffées en profondeur, les eaux souterraines jaillissent souvent en surface sous forme de SOURCES chaudes, comme les sources de Banff et de Jasper, en Alberta, et celles de Radium et de Fairmont, en Colombie-Britannique.

Eau, système ou réseau de distribution d' C'est un réseau sous réglementation provinciale mis en place pour distribuer l'eau aux utilisateurs à partir d'un point central. L'alimentation des zones urbaines nécessite les réseaux de distribution les plus complexes, mais l'irrigation des vergers, des champs de légumes ou d'autres produits agricoles requiert également des systèmes considérables. Une grosse usine (une aciérie ou une raffinerie de pétrole, p. ex.) ou un complexe commercial (un grand centre commercial ou un immeuble de bureaux, p. ex.) peuvent aussi nécessiter un réseau de distribution sophistiqué.

Près de 80 p. 100 de la population canadienne est classée dans la catégorie urbaine et la distribution de l'eau à ce groupe d'utilisateurs est une tâche d'envergure. La plupart des grandes villes du Canada sont situées plus ou moins près d'un important bassin hydrographique (fleuve ou lac) qui leur fournit l'eau nécessaire à la distribution. Les réseaux hydrographiques s'étendant par-delà les frontières provinciales, territoriales ou nationales, la gestion de l'eau exige un certain degré de coopération intergouvernementale. Le Comité du bassin du FLEUVE MAC-KENZIE, la Régie des eaux des provinces des Prairies et le Conseil international de contrôle de la rivière Sainte-Croix sont des exemples d'une telle coopération. Quelques villes font venir leur eau d'une source relativement éloignée mais plus fiable (l'eau de Winnipeg, p. ex., est acheminée par aqueduc à partir du lac des Bois, situé à 150 km de la ville), tandis que d'autres encore dépendent de la nappe d'eau souterraine, notamment Kitchener-Waterloo.

Les villes canadiennes ont mis au point leur réseau urbain de distribution de l'eau assez tôt. Toronto et Kingston se sont équipées de stations de pompage dès 1841 et 1850, respectivement. Encore plus tôt, des systèmes à écoulement par la gravité ont été exploités à Saint-Jean (Nouveau-Brunswick) en 1838 et à Halifax (Nouvelle-Écosse) en 1848. À partir des années 1870, la distribution de l'eau dans la plupart des grandes villes s'effectue à l'aide de pompes à vapeur. Le grand débit nécessaire aux activités de lutte contre les incendies est souvent le paramètre le plus important à prendre en considération lors de la conception du réseau, même si la quantité d'eau utilisée dans ce domaine reste faible comparativement aux autres utilisations. Les principaux composants du réseau sont les stations de pompage qui créent ou maintiennent la pression, les réservoirs qui accumulent l'eau et contribuent à égaliser la pression et, enfin, tout un labyrinthe de tuyaux qui permettent de transporter l'eau vers les utilisateurs.

Les systèmes de distribution pour les exploitations agricoles Un système d'IRRIGATION typique est constitué d'un réseau de canaux ou de tuyaux. Les réseaux de tuyaux sont équipés de pompes qui maintiennent la pression hydraulique nécessaire au fonctionnement des dispositifs d'aspersion et de valves qui permettent de contrôler le débit dans les tuyaux. Les réseaux de canaux combinent l'action de la pesanteur, des pompes, des déversoirs et des vannes pour répartir et contrôler le débit de l'eau dans tout le système. Au Canada, les plus grandes surfaces irriguées se trouvent dans les provinces des Prairies, où elles totalisent 559 954 ha. La Colombie-Britannique les suit avec 117 811 ha, et le reste du Canada a 29 860 ha de terres irriguées. Les systèmes d'irrigation peuvent être mis en place à l'aide de capitaux privés ou bénéficier d'une aide financière des gouvernements provinciaux ou du gouvernement fédéral (*voir* ADMINISTRATION DU RÉTABLISSEMENT AGRICOLE DES PRAIRIES).

Avant le mouvement écologiste de la fin des années 60, les agences responsables de la distribution de l'eau construisent des barrages et des systèmes d'aqueduc de plus en plus grands et de plus en plus nombreux pour satisfaire à la demande en eau. L'augmentation des coûts et une opposition grandissante de la part du public incitent les planificateurs à explorer d'autres moyens de répondre à la demande. La plupart des solutions privilégient une utilisation rationnelle de l'eau, car le gaspillage s'avère être un problème de taille. La consommation d'eau par habitant au Canada est l'une des plus élevées du monde. Des recherches montrent que la tarification et l'utilisation rationnelle peuvent permettre d'économiser d'impressionnantes quantités d'eau. La politique fédérale relative aux eaux (1987) préconise l'imposition de frais d'utilisation pour réguler la demande en eau et compenser les coûts de production. La politique interdit aussi l'exportation massive d'eau, considérée comme un danger pour l'environnement et comme une activité à l'encontre des besoins futurs du Canada.

D.W. Draper et Frank Quinn

Eau, traitement de l' Il s'effectue par procédés physiques ou chimiques garantissant la qualité qu'exige son utilisation. Les organismes environnementaux établissent des normes minimales pour l'eau potable, alors que les industries possèdent leurs propres normes. Les caractéristiques physiques telles que température, couleur, turbidité (clarté ou transparence), odeur et goût, sont des mesures des seuils de tolérance d'esthétisme et de palatabilité, critères les plus anciens pour déterminer la qualité de l'eau. Les micro-organismes comme les coliformes et les organismes pathogènes sont éliminés par procédé chimique pour éviter les MALADIES TRANSMISES PAR L'EAU, mais la nocivité des produits chimiques pour la santé doit être contrôlée simultanément. Parmi les caractéristiques chimiques, on note le degré d'acidité ou d'alcalinité (cause des dépôts à l'intérieur des tuyaux et des casseroles) et de concentrations en solides dissous et en oxygène. P. ex., certaines eaux naturelles des Prairies présentent des concentrations totales en solides dissous (TSD) de plus de 1000 mg/L, alors qu'au Canada le niveau maximum toléré pour l'eau potable est de 500 mg/L et que nombre de procédés industriels exigent des concentrations inférieures à 200 mg/L. On surveille aussi les concentrations de divers radioéléments, soit d'origine naturelle, soit de provenance d'accidents

nucléaires ou de la production d'ÉNERGIE NUCLÉAIRE.

On dispose de plusieurs procédés physiques et chimiques pour le traitement de l'eau. Les procédés physiques les plus courants sont le dégrillage, la floculation, la sédimentation, la filtration et l'adsorption. La distillation et l'osmose inverse sont utilisées surtout dans le traitement industriel de l'eau. Parmi les procédés chimiques, on compte l'aération, la coagulation, l'adoucissement, l'équilibration du pH, l'échange d'ions et la désinfection. La désinfection peut être effectuée par chloration, ajout d'ozone, échauffement, exposition aux rayonnements ultraviolets et ajout de brome ou d'iode (pour les usages industriels). La chloration est la méthode la plus répandue: en plus d'être un germicide efficace, le chlore est aussi fort utile pour décolorer l'eau, supprimer le goût et l'odeur, empêcher la prolifération d'algues et précipiter le fer et le manganèse.

D.W. Draper

Eau-de-feu Alcool frelaté ou dénaturé utilisé dans la TRAITE DES FOURRURES avec les autochtones. Les commerçants de fourrures qui fournissent de l'alcool aux autochtones diluent souvent leur brandy, leur rhum, leur whisky et autres spiritueux avec de l'eau aromatisée. Le terme «vins spiritueux» (*high wines*) n'est pas approprié, puisque ces alcools de commerce ne sont pas des vins, mais des spiritueux. Dilués ou non, ces alcools sont aussi connus sous le nom «d'alcool des Indiens».

John Robert Colombo

Eaux littorales Les côtes du Canada sont les plus longues au monde (58 509 km si on exclut les îles, et 243 797 km si on comprend toutes les îles mesurables). Les eaux littorales canadiennes abritent des ressources biologiques précieuses (poissons, crustacés, mollusques, mammifères marins, algues, etc.) et ont une grande importance pour les transports, les loisirs et les ressources minérales des fonds marins.

Le littoral montagneux de l'Ouest se caractérise par des FJORDS et de grandes îles marines qui abritent les eaux côtières (p. ex., dans le détroit de Georgia). Le climat doux et humide est influencé par un prolongement du Kuroshio, un courant d'eau chaude qui traverse l'océan Pacifique vers l'est. Les poissons les plus importants sont les cinq espèces de SAUMON DU PACIFIQUE qui frayent dans les rivières canadiennes mais qui migrent en mer, où ils vivent et grandissent pendant plusieurs années. P. ex., après la ponte, le saumon rose gagne le Pacifique et demeure dans la gyre riche en éléments nutritifs du courant de l'Alaska pendant environ un an avant de retourner dans les rivières pour frayer.

Au nord de la Colombie-Britannique, aux limites de l'océan Arctique, se trouve la MER DE BEAUFORT dans laquelle se jette l'un des principaux cours d'eau du Canada, le fleuve Mackenzie. L'eau douce qui y est déversée forme une couverture de glace épaisse pendant une bonne partie de l'année. La mer de Beaufort abrite d'importants gisements de pétrole, mais la lutte continuelle contre la glace marine rend l'extraction extrêmement coûteuse. De plus, la navigation y est dangereuse en raison des nombreux monticules de glaces et de sédiments submergés appelés PINGOS.

L'eau de surface de l'Arctique se déplace vers l'est jusqu'à la baie de Baffin en traversant l'archipel arctique canadien. Ce labyrinthe de cours d'eau renferme peu de poissons, mais on retrouve dans certains endroits (notamment le détroit de Lancaster) de vastes regroupements d'OISEAUX MARINS et de mammifères qui sont traditionnellement utilisés par les autochtones pour subvenir à leurs besoins. Ces ressources doivent être protégées lors de l'extraction et du transport du pétrole et du gaz naturel. Après avoir émergé dans les détroits de Jones et de Lancaster, les eaux qui traversent l'archipel forment le courant de Baffin qui se déplace en direction sud.

Au niveau du détroit d'Hudson, d'énormes quantités d'eau douce (provenant principalement de la

fonte des glaces et de la décharge de la rivière dans la baie d'Hudson) sont injectées dans ce courant qui continue vers le sud sous la forme du courant du Labrador. Cette eau douce stimule la productivité biologique dans les eaux littorales du Labrador qui deviennent de plus en plus productives à mesure que l'on va vers le sud. Les variations saisonnières du débit des rivières (qui atteint son summum au printemps, à la fonte des neiges) peuvent causer des variations saisonnières dans le rendement des pêches jusqu'aux GRANDS BANCS DE TERRE-NEUVE. Le banc Hamilton, au large du passage Hamilton, sur le plateau continental du Labrador, constitue un important lieu de pêche à la MORUE. Au printemps, les amas de glace au large de Terre-Neuve et du Labrador constituent une zone de reproduction importante pour le phoque du Groenland et le phoque à capuchon.

Les Grands Bancs de Terre-Neuve, qui ont près de 250 000 km² d'eau d'une profondeur de moins de 200 m, sont reconnus depuis plus de 400 ans comme les bancs de pêche les plus prolifiques au monde. Les bancs sont très riches en morue, en aiglefin, en sébaste, en poissons plats (notamment en flétan), en maquereau et en hareng. Le fond océanique renferme des réserves de pétrole substantielles, mais les icebergs qui dérivent vers le sud dans le courant du Labrador et la fréquence du BROUILLARD, qui se forme lorsque les masses d'air chaud en provenance du sud et de l'ouest rencontrent les eaux froides du nord, rendent leur exploitation dangereuse.

Pendant que le bras côtier du courant du Labrador contourne le littoral sud de Terre-Neuve, une partie du courant pénètre dans le golfe du Saint-Laurent où elle rejoint un afflux d'eaux provenant du détroit de Belle Isle, détroit qui sépare Terre-Neuve du Labrador. Le débit sortant du fleuve Saint-Laurent a tendance à suivre la rive sud, ce qui produit, dans le golfe, une circulation en sens inverse des aiguilles d'une montre. Deux facteurs fondamentaux contribuent à la productivité biologique élevée du golfe: les températures estivales chaudes et le mélange des eaux de surface et des eaux profondes riches en éléments nutritifs. Le golfe du Saint-Laurent est particulièrement renommé pour la pêche au homard, aux pétoncles, aux poissons de fond, au maquereau et au hareng. Les baleines et les autres mammifères y sont eux aussi abondants, en particulier près de la rive nord. De nombreux navires circulent jusqu'aux Grand Lacs, mais les glaces marines constituent un obstacle sérieux à la navigation hivernale.

La circulation sur la PLATE-FORME NÉO-ÉCOSSAISE est dominée par un courant côtier de direction sud-ouest, qui va du golfe du Saint-Laurent au golfe du Maine. L'extrémité océanique particulièrement productive du plateau est périodiquement influencée par des masses d'eaux chaudes qui s'échappent du Gulf Stream, plus au sud. À l'extrémité sud-ouest du plateau, de puissants courants de marée provoquent, autour des bancs peu profonds, une circulation résiduelle allant dans le sens des aiguilles d'une montre qui favorise la survie des larves de poissons. Dans la zone côtière, le mélange des eaux, qui se produit grâce à la marée, ainsi que les remontées d'eaux profondes riches en éléments nutritifs favorisent une production de poissons et de homards parmi les plus importantes de la province.

La baie de FUNDY connaît certaines des marées les plus hautes au monde. Pour comprendre ce phénomène, il faut considérer la baie comme faisant partie d'un système qui englobe le golfe du Maine et dont la période naturelle d'oscillation est d'environ 13 heures. Étant donné que la période de marée semi-diurne prédominante est de 12,4 heures, il y a un phénomène de résonance des vagues de marée qui s'engagent à l'intérieur du bassin et qui atteignent alors une hauteur maximale dans la baie étroite. Le déplacement vigoureux des eaux remonte l'eau riche en éléments nutritifs des profondeurs jusqu'à la surface, mais la lourde charge de sédiments en suspension limite la pénétration de la lumière. En conséquence, les eaux superficielles de la baie affichent une productivité plutôt faible. Elles sont surtout utilisées par les oiseaux de rivage et l'alose en migration, mais l'embouchure de la baie de Fundy constitue une importante zone de pêche aux pétoncles et au hareng et elle attire les baleines et les oiseaux marins.

La principale richesse économique de la baie pourrait être l'ÉNERGIE MARÉMOTRICE. Après des études techniques et écologiques poussées, on a mené un projet pilote dans la rivière Annapolis et on envisage la construction d'un barrage marémoteur dans les sections supérieures de la baie.

À cheval sur la frontière séparant le Canada des États-Unis, le BANC GEORGES affiche une productivité biologique exceptionnellement élevée grâce au mélange et à la circulation des eaux de marée. Les eaux du banc abritent d'abondants stocks de harengs, d'aiglefins, de morues et de pétoncles. Il semble que les larves de homards qui y sont produites soient transportées jusqu'à la partie méridionale de la Nouvelle-Écosse, ce qui assure une reconstitution constante de ces stocks. Une décision récente de la Cour internationale de justice a conduit à un ajustement de la frontière canado-américaine, attribuant au Canada une plus grande partie de la zone productive de pétoncles de la pointe nord-est du banc Georges.

La recherche d'hydrocarbures se déroule dans une zone allant de la mer de Beaufort dans le Nord jusqu'au banc Georges dans le Sud (*voir* PÉTROLE, EXPLORATION ET PRODUCTION DU). Le premier champ pétrolifère à être exploité de façon commerciale sera probablement le gisement Hibernia sur les Grands Bancs de Terre-Neuve. Il faudra s'efforcer, dans ces secteurs, d'empêcher que l'exploration, la production et le transport du pétrole et du gaz naturel nuisent aux pêches, extrêmement importantes dans la région. La BAIE DE PASSAMAQUODDY, près de la frontière du Canada et des États-Unis, a fait l'objet d'une controverse internationale en raison d'un projet visant à permettre aux superpétroliers qui voulaient se rendre à une raffinerie située au Maine de circuler dans un canal relativement étroit à l'intérieur des eaux canadiennes.

P.C. Smith et K.H. Mann

Eayrs, James George, politicologue et professeur (Londres, Angl., 13 oct. 1926). Après des études à l'U. de Toronto, à l'U. Columbia et à la London School of Economics, le professeur Eayrs occupe la chaire Eric Dennis Memorial de science politique et d'administration publique à l'U. Dalhousie. Il enseigne à l'U. de Toronto de 1952 à 1980 et à l'U. Dalhousie de 1980 à 1992, et est rédacteur en chef de l'*International Journal* de 1959 à 1984.

Écrivain au style superbe et pionnier influent dans l'étude de la politique étrangère et de défense du Canada au XXᵉ siècle, ses principales publications scientifiques sont *The Art of the Possible* (1961) et *In Defence of Canada* (5 vol., 1964-1983). Sa réputation hors du milieu universitaire repose sur ses articles journalistiques controversés et ses commentaires publics sur les affaires canadiennes et internationales dont on a réuni une sélection dans *Northern Approaches* (1961), *Minutes of the Sixties* (1968) et *Greenpeace and her Enemies* (1973).

Dans ses premiers articles, il prend position pour l'OTAN et manifeste une sympathie libérale envers les États-Unis dans la guerre froide. En revanche, dans les années 60 et 70, il s'oppose à l'OTAN, préconise la neutralité canadienne et critique sévèrement les diplomates et la diplomatie. Il reçoit le PRIX MOLSON en 1984.

Norman Hillmer

Eccles, William John, historien (Thirsk, Yorkshire, Angl., 17 juill. 1917—Toronto, 2 oct. 1998). Diplômé de l'U. McGill, Eccles enseigne aux universités du Manitoba (1953-1957) et de l'Alberta (1957-1963) avant d'être nommé professeur d'histoire à l'U. de Toronto où il enseigne jusqu'en 1983. Il a

surtout le mérite d'avoir réveillé l'intérêt des Canadiens anglais pour l'histoire du Canada sous le régime français. Avec son premier livre, *Frontenac, The Courtier Governor* (1959), il se révèle un révisionniste important. Dans ses ouvrages ultérieurs, *Canada Under Louis XIV, 1663-1701* (1964), *The Canadian Frontier, 1534-1763* (1969), *France in America* (1972) et *Essays on New France* (1987), il développe sa vision originale de la première société canadienne.

Selon Eccles, à ses débuts, le Canada français est en grande partie façonné par les valeurs de la noblesse française du XVIIᵉ siècle, forte de son appartenance à la classe seigneuriale et à l'élite militaire. Dans chacune de ses œuvres subséquentes, il déploie sa vision de la spécificité de la société canadienne sur une toile de plus en plus grande. Il refuse que son nom soit mis en candidature comme futur membre de la SOCIÉTÉ ROYALE DU CANADA, mais cet organisme lui décerne néanmoins la médaille Tyrrell en 1979 pour sa contribution à l'écriture de l'histoire du Canada.

James Pritchard

Échange (*Voir* TROC)

Échecs Environ 20 p. 100 des adultes canadiens jouent au moins une partie d'échecs par année. On s'y adonne pour le simple plaisir, dans son sous-sol ou son arrière-cour, mais pour plusieurs milliers de joueurs qui participent à des tournois, le jeu d'échecs est chose sérieuse. En 1993, le Canada compte environ 5000 joueurs actifs «cotés» selon les résultats obtenus dans les tournois. Les tournois organisés commencent à Montréal, en 1844, avec la fondation du premier cercle de joueurs d'échecs, et, en 1872, la Canadian Chess Association est fondée à Hamilton afin d'organiser des championnats canadiens. La Fédération canadienne des échecs (FCE) en est l'équivalent contemporain. Elle a ses bureaux à Ottawa et commandite la revue bimensuelle *En Passant*. La FCE est affiliée à la Fédération internationale des échecs (FIDE) et le champion canadien se qualifie automatiquement pour les compétitions interzones, qui sont des tournois internationaux préliminaires qui déterminent ceux et celles qui se disputeront le titre mondial.

Jusqu'en 1993, on compte 68 championnats fermés canadiens, de type rotation, réservés aux champions provinciaux ou aux joueurs de haut calibre. Les championnats ouverts canadiens, accessibles à tous les joueurs, ont lieu depuis 1956 et comprennent généralement 10 rondes jouées selon le système suisse qui oppose les joueurs ayant obtenus les mêmes résultats. En 1956, le premier championnat ouvert attire 88 joueurs, dont le jeune Bobby Fisher. L'édition de 1966, à Kingston, est la première à attirer plus de 100 joueurs. Le nombre record d'inscriptions (648) est atteint à Montréal en 1974. Les premiers championnats féminins ont lieu à Ottawa en 1975, et Smilja Vujoseviç, de Toronto, y remporte le titre. Nava Shterenberg (maintenant Nava Starr), émigrée soviétique habitant Toronto, remporte les finales à Vancouver (1978) et à Toronto (1981). Depuis 1970, le Canada tient des championnats junior, et, depuis 1978, 12 joueurs participent à ce tournoi rotation.

Cinq Canadiennes détiennent le titre de maître international: Vujoseviç, Starr, Diane Mongeau, Vesma Baltgailis et Urmila Das. Du côté masculin, trois Canadiens détiennent le titre de grand maître international: D.A. «Abe» YANOFSKY, Duncan SUTTLES et Kevin SPRAGGETT. Douze autres détiennent le titre de maître international: Laszlo Witt, Leon Piasetski, Bruce Amos, Zvonko Vranesiç, Camille Coudari, Lawrence Day, Jean Hébert, Bryon Nickoloff, Deen Hergott, Tom O'Donnell, Brian Hartman et Alexandre Lesiège.

Le Canada a été le théâtre de plusieurs matchs internationaux importants. Montréal est l'un des commanditaires du tournoi pour le Championnat du monde de 1894, alors que Wilhelm Steinitz cède son titre à Emanuel Lasker. Les étapes qui ont conduit Bobby Fisher au championnat du monde incluent un

match disputé à Vancouver en 1971, où il élimine le grand maître soviétique, Mark Taimanov, en remportant six matches consécutifs. En 1957, Toronto est l'hôte des Championnats du monde junior (remportés par l'Américain Bill Lombardy) et, en 1967, un tournoi de grands maîtres se déroule à Winnipeg à l'occasion du centenaire du Canada. Bent Larsen (Danemark) et Klaus Darga (Allemagne) terminent ex æquo en tête. L'un des plus grands tournois de grands maîtres à jamais être présenté a lieu à Montréal en 1979. Anatoly Karpov, champion du monde, et Mikhail Tal, ancien champion du monde, remportent ce «Tournoi des étoiles». En 1988, Saint-Jean, au Nouveau-Brunswick, est l'hôte du Festival mondial des échecs qui regroupe un nombre record de joueurs de haut calibre. Le fait saillant du festival est sans aucun doute la victoire spectaculaire de Spraggett sur le grand maître soviétique Andrae Sokolov. L'année suivante, on présente à Québec un match opposant Spraggett et l'un des plus grands joueurs au monde, le soviétique Artur Yusupov.

Le Canada a participé à 15 championnats mondiaux par équipe (Olympiades) depuis 1939, année où l'équipe canadienne se classe 17ᵉ sur 27 équipes à Buenos Aires. Lors des Olympiades, une équipe est composée d'un maximum de six joueurs, mais le match ne se joue que sur quatre échiquiers. En 1939, J.S. Morrison (cinq fois champion canadien) est au premier échiquier et D.A. Yanofsky, jeune prodige de 14 ans de Winnipeg, est au deuxième. Yanofsky est la vedette du tournoi. Il remporte le prix du meilleur pourcentage au deuxième échiquier. Malheureusement, ces Olympiades sont interrompues par la Seconde Guerre mondiale. Ce n'est qu'en 1946, à Groningen, que Yanofsky a l'occasion de jouer en Europe. Il y connaît son meilleur résultat individuel en battant le champion mondial en herbe, Mikhail Botvinnik. Après la guerre, un grand nombre de maîtres de l'Europe de l'Est émigrent au Canada, notamment Fyodor Bohatirchuk d'Ukraine, Paul Vaitonis, ancien champion de Lithuanie, et Geza Fuster, ancien champion de Hongrie.

En 1954, le Canada participe aux 11ᵉ Olympiades à Amsterdam et termine 14ᵉ sur 26 équipes. Yanofsky joue au premier échiquier, suivi du Torontois Frank Anderson, de Vaitonis et de Bohatirchuk. Anderson, alité pendant la majeure partie de son enfance, a alors appris à jouer aux échecs. Il remporte le prix du deuxième échiquier à Amsterdam et répète cet exploit aux Olympiades de Munich (1958), où le Canada termine 15ᵉ sur 36 équipes. Si sa santé ne l'avait pas empêché de mener une carrière active aux échecs, Anderson serait devenu un grand maître.

Le Canada obtient ses meilleurs résultats à Tel Aviv en 1964 en terminant 12ᵉ sur 50 pays. L'équipe se compose de Yanofsky, Anderson, Zvonko Vranesiç de Toronto (qui a fait défection d'une équipe de soccer yougoslave à Paris), Elod Macskasy de Vancouver et Laszlo Witt de Montréal (tous deux immigrants hongrois) et du prodige Duncan Suttles de Vancouver. Yanofsky obtient son meilleur résultat et reçoit le titre de grand maître. Le Canada rate les finales à La Havane, en 1966 (il termine 23ᵉ sur 52), mais il se reprend à Lugano, en 1968, en se classant 13ᵉ sur 53, et il connaît une performance encore meilleure à Siegen, en 1970, terminant 11ᵉ sur 60 pays. En 1968, Suttles est le pivot de cette puissante équipe, et, en 1970, Vranesiç obtient le meilleur résultat.

À la fin des années 60, de jeunes Canadiens sont prêts à affronter les maîtres immigrés. Lawrence Day devient membre de l'équipe en 1968, et Bruce Amos, en 1970. Au Championnat canadien de 1969, Suttles, en éliminatoires contre Vranesiç, remporte le titre par une faible marge de 2 1/2 points à 1 1/2 point. En 1971, à Porto Rico, le Canada participe pour la première fois au Championnat mondial étudiant par équipes. L'équipe remporte le bronze et rate l'argent par un demi-point seulement. L'URSS remporte l'or avec Karpov, futur champion du monde, au troisième échiquier. L'équipe canadienne comprend Suttles, Amos, Day, Camille Coudari, Denis Allan et Peter BIYIASAS. Ce dernier progresse rapidement et remporte un tournoi fermé à Toronto, en 1972, et un autre à Calgary, en 1975.

Aux Olympiades de Skopje (1972), le Canada est devancé par la Suède lors des préliminaires et termine 19e sur 62 pays. La même année, Suttles devient le deuxième grand maître canadien grâce à une performance extraordinaire à San Antonio. À Nice (1974), le Canada connaît sa pire performance de tout temps en se classant 24e sur 73 équipes. Cependant, le Canada se ressaisit à Haïfa (1976) et termine 8e sur seulement 48 équipes (le tournoi est boycotté par le bloc soviétique). Biyiasas mène l'équipe à Haïfa et réalise le premier tiers de son titre de grand maître. En 1978, de bonnes performances à Lone Pine et à New York confirment son titre, juste avant le tournoi fermé de Toronto remporté par Jean Hébert de Québec. Biyiasas représente le Canada aux Olympiades de Buenos Aires (1978). Il remporte un prix au deuxième échiquier et mène son équipe à une égalité partagée de la 7e place à la 11e place sur 66 pays. Biyiasas émigre aux États-Unis en 1979.

À Malte (1980), le Canada termine à égalité partagée pour la 8e place et la 9e place parmi un nombre record de 82 équipes. L'équipe est composée de Hébert, Day, Yanofsky, Milan Vukadinov (un immigrant yougoslave), Vranesiç et Allan. À Maltes, toujours, le Canada participe aussi aux Olympiades féminines et termine ex æquo de la 17e place à la 24e place sur 42 pays. L'équipe féminine est composée de Nava Shterenberg, Céline Roos (une immigrante française de Montréal), Urmila Das (une immigrante tchèque de Calgary) et Angela Day. Les Olympiades de 1982 ont lieu à Lucerne, en Suisse. Les hommes obtiennent une égalité partagée de la 15e place à la 20e place sur 92 pays, et les femmes terminent ex æquo de la 17e place à la 22e place sur 45 équipes. En 1984, à Thessalonique (Grèce), l'équipe masculine se classe à égalité de la 17e place à la 20e place sur 91 pays, et l'équipe féminine termine 17e sur 51 équipes. La même année, Céline Roos remporte la médaille d'or au deuxième échiquier.

Cent huit équipes masculines participent aux Olympiades de 1986, à Dubaï (Émirats arabes unis). Le Canada se classe à égalité de la 18e place à la 23e place, et aucune équipe féminine ne participe à ces jeux. Aux Olympiades de Manille (1992), Alexandre Lesiège, future vedette canadienne, remporte une brillante victoire contre un des leaders mondiaux. Né à Montréal, Lesiège est le champion junior canadien et le champion canadien. Tous affirment qu'il sera un jour un grand maître.

En juillet 1980, Igor Ivanov quitte La Havane pour Moscou et profite d'une escale à Gander pour émigrer au Canada. En un an, ce Russe d'origine s'impose comme le meilleur joueur canadien. Au tournoi fermé de 1981, à Montréal, il remporte aisément la victoire devant Kevin Spraggett et Jean Hébert. Ivanov est citoyen américain.

En 1981, Suttles devient le premier grand maître par correspondance. Après une absence de six ans du jeu, Suttles partage la première place avec Tony Miles, grand maître britannique, lors d'un tournoi international suisse tenu à Vancouver la même année. Suttles se démarque sur la scène internationale comme l'un des pionniers de la stratégie moderne des échecs, et plusieurs de ses idées innovatrices font maintenant partie du répertoire des maîtres contemporains. L'éloignement géographique du Canada l'isole en quelque sorte des principaux courants européens de la théorie des échecs et explique pourquoi les Canadiens ont souvent adopté des ouvertures inhabituelles pour l'époque. N.A. MacLeod, qui a représenté le Canada au grand tournoi de New York, en 1889, se spécialisait dans ce qui serait connu plus tard sous le nom de défense de l'hippopotame. W.H. Pollack utilisait la défense Benoni moderne à Hastings, en 1895, défense peu utilisée à l'époque.

Aux échecs, les Canadiens sont prudents et préservent leurs options. Ce style de jeu est souvent associé à une lente progression des pièces.

Lawrence Day

Échinodermes Ce terme vient du grec et signifie «peau épineuse». Les échinodermes forment un embranchement d'invertébrés exclusivement marins. Les 6000 espèces connues sont réparties dans tous les océans, depuis les rivages jusqu'aux fosses les plus profondes. Aucune espèce ne vit en eau douce, et très peu sont capables de survivre dans l'eau saumâtre des estuaires. Leur nom provient de leur squelette interne caractéristique fait de carbonate de calcium et composé de nombreuses petites structures osseuses (ossicules). Les ossicules sont incrustés dans la peau, ce qui donne parfois à ces animaux une texture rugueuse ou épineuse.

Il existe 5 classes d'échinodermes vivants: les crinoïdes (lis de mer et comatules); les astérides (ÉTOILES DE MER); les ophiurides (ophiures); les échinides (OURSINS et autres); et les holothurides (concombres de mer). Les échinodermes sont bien conservés à l'état de FOSSILES: toutes les classes actuelles et plusieurs autres aujourd'hui éteintes existaient à l'époque ordovicienne (il y a 505 millions à 438 millions d'années). Cet embranchement a probablement fait son apparition au précambrien il y a plus de 570 millions d'années.

Les classes actuelles d'échinodermes diffèrent principalement par le plan de leur corps. Les échinodermes ont tous une symétrie radiale (symétrie autour d'un axe central), mais il existe de nombreuses variantes. En général, l'axe de symétrie s'étend de la face orale à la face aborale (de la bouche à l'anus). Les crinoïdes, les astérides et les ophiurides ont une forme d'étoile: leur axe de symétrie est vertical. Chez les astérides et les ophiurides, la face orale est généralement dirigée vers le bas, et chez les crinoïdes, vers le haut.

Les oursins de mer sont sphériques et ont la face orale vers le bas. Les holothurides, en forme de saucisse, reposent généralement sur le côté. Leurs faces orale et anale sont situées à l'une ou l'autre extrémité. Le corps d'un échinoderme se subdivise en cinq parties semblables disposées autour de l'axe central. Cette configuration, plus apparente chez les astérides et les ophiurides en forme d'étoile, existe aussi chez les échinides et les holothurides dont le nombre de parties est habituellement un multiple de cinq.

Une autre caractéristique de ces animaux est leur système aquifère, faisant fonctionner les tubules ambulacraires par variation de la pression hydrostatique. Des contractions musculaires expulsent l'eau contenue dans des vésicules situées à la base des tubes ambulacraires, ce qui les fait s'allonger. La contraction des muscles des parois des tubes les fait ensuite se raccourcir, l'eau retournant alors dans les vésicules. Les tubes ambulacraires sont généralement placés en rangées qui rayonnent de la face orale vers l'extérieur. Ils servent pour la locomotion, l'alimentation et la respiration.

Crinoïdes Ils forment la classe d'échinodermes actuels la plus ancienne et la plus primitive. Leur nom commun, lis de mer, vient du fait que chez certaines espèces, le corps fixé au fond marin par un pédoncule porte des bras longs et plumeux entourant la bouche, leur donnant l'apparence de la fleur du lis. Les crinoïdes vivant librement et sans pédoncule sont communément appelés comatules. Les crinoïdes se nourrissent habituellement de particules en suspension qui tombent sur leur face orale. Quelques espèces de comatules nagent en battant des bras de haut en bas. Dans un mouvement comique, apparemment non coordonné, elles peuvent se soulever du fond pour éviter les prédateurs.

Astérides Les astérides (étoiles de mer) sont des animaux familiers des rivages et des carnivores voraces. Celles qui se nourrissent de coquillages comme les palourdes, moules et autres MOLLUSQUES bivalves, ouvrent la coquille à charnière

de leur proie avec leurs tubes ambulacraires, y dévaginent leur estomac et sécrètent un suc digestif qui digère la victime dans sa propre coquille. Le pouvoir de régénération remarquable des étoiles de mer leur permet de reconstituer une partie manquante de leur corps. La plupart des espèces peuvent le faire à partir de seulement une partie du tronc central.

Ophiurides Les ophiures sont parfois appelées étoiles de mer fragiles parce qu'elles se sectionnent spontanément les bras lorsqu'elles sont en danger. Leurs bras ne sont pas vraiment fragiles. En fait, les ophiures utilisent alors l'une de leurs remarquables adaptations: l'autotomie ou autoamputation. L'aptitude de régénérer un membre perdu est particulièrement bien développée chez ces animaux. Elles se nourrissent généralement en filtrant l'eau et utilisent leur tubes ambulacraires pour attraper des particules en suspension.

Échinides Cette classe comprend les oursins de mer, les dollars de sable et les patangues. Les ossicules de la paroi du corps sont fusionnés en un squelette interne rigide et solide appelé test. Tous les membres de cette classe sont couverts de piquants, mais chez les dollars de sable, ces piquants sont réduits à un fin duvet. L'appareil de mastication complexe de la cavité buccale est appelé lanterne d'Aristote. Ce nom provient d'Aristote, selon qui cette structure ressemblait aux lanternes de l'époque.

Holothurides Ils sont appelés concombres de mer à cause de leur corps allongé et de leur habitude de reposer sur le côté. Ils ont généralement de nombreux tentacules ramifiés encerclant la bouche et servant à filtrer la nourriture. Certaines espèces n'ont pas de tentacules et, telles des aspirateurs, raclent le fond dont elles extraient les éléments nutritifs contenus dans les sédiments. Dans plusieurs régions d'Asie, on considère les holothurides comme un mets délicat et on les pêche abondamment.

Plusieurs espèces d'échinodermes se reproduisent en libérant leurs œufs et le sperme dans l'eau de mer, où a lieu la fertilisation. L'embryon se développe en de petites larves planctoniques nageant activement. Les larves de toutes les classes ont des formes et des noms caractéristiques. Elles sont très différentes des adultes. Elles peuvent dériver et se nourrir de PLANCTON pendant plusieurs semaines avant de s'établir et de se transformer en adulte. Chaque classe contient des espèces chez lesquelles la mère est pourvue d'une poche incubatrice et qui n'ont ainsi pas de forme larvaire libre. Il existe également des espèces qui se reproduisent de façon asexuée en se divisant en deux et en régénérant les parties manquantes.

R.D. Burke

Éclairage On admet depuis longtemps que la lumière artificielle permet de prolonger l'activité quotidienne. Comme les activités sociales et la détente surviennent généralement après la journée de travail, l'éclairage intérieur a toujours entretenu un lien étroit avec ces aspects de la vie. Le feu de camp s'est transformé en âtre intérieur, et c'est de cette principale source de lumière qu'on pouvait retirer une branche, la placer dans un support en fer forgé et ainsi éclairer d'autres coins de la maison ou s'en servir comme torche à l'extérieur. On peut également produire de la lumière pendant de brefs instants à l'aide de petits morceaux de bois retenus dans une bride ou un support. Ainsi, jusqu'à l'invention de l'ampoule incandescente dans les années 1880, la flamme nue est la seule source d'éclairage intérieur. Même si, dans certaines régions, on utilise encore quotidiennement des formes d'éclairage rudimentaires, l'évolution de l'éclairage peut être décrite comme ayant suivi trois étapes distinctes.

Première période (jusqu'en 1780) Durant cette première période, qui prend fin vers 1780, on emploie les graisses et les huiles d'origine animale et végétale avec différents types de mèches. Dans certains cas, des animaux entiers ou des poissons sont séchés puis attachés à un bâton qui sert de torche. En

Colombie-Britannique, p. ex., c'est de cette façon que l'on utilise l'ÉPERLAN, poisson gras, appelé communément poisson-chandelle. Les toutes premières lampes sont de simples récipients, couverts ou non, avec une mèche posée dans le fond et qui se prolonge jusqu'au bord, tels que les lampes en terre cuite des Romains, les récipients en fer utilisés en Europe, les lampes en pierre et peut-être aussi les coquillages des Inuits. De petites améliorations, comme un canal ou un tube qui élève la mèche, sont apportées aux lampes européennes, aux lampes Betty, aux lampes Kettle et à celles en forme de coupe.

Un jonc pelé, trempé dans de la graisse fondue, constitue une forme rudimentaire de chandelle. Même si les chandelles font partie de la vie des Canadiens depuis les débuts de la colonie, ces derniers utilisent rarement les chandelles à mèche de jonc. Les pionniers choisissent plutôt le suif pour fabriquer une colonne pouvant tenir debout toute seule et contenant une mèche de coton et, vers les années 1860, la paraffine remplace le suif. De nos jours, on continue à utiliser des chandelles parce que sa flamme vacillante symbolise chaleur et romantisme. On peut encore se procurer facilement des graisses animales qui servent non seulement à la fabrication du savon et des chandelles, mais aussi de combustible à lampe.

Période intermédiaire (1780-1880) Inventions et découvertes caractérisent la deuxième période qui commence vers 1780. On met au point des lampes et des brûleurs alimentés par les anciens combustibles comme l'huile de BALEINE et le saindoux, mais aussi par de nouveaux produits comme le gaz artificiel, le combustible liquide, l'huile de résine et le kérosène. Bien que le VERRE soit la matière la plus utilisée, le cuivre et les autres métaux sont aussi populaires. La lampe Argand est la première invention importante de cette période. On la doit à un scientifique suisse du nom d'Aimé Argand. Cette lampe marque le début de l'éclairage moderne: elle consiste en un brûleur à tirage central et à mèche tubulaire et est surmontée d'une cheminée de verre. Cette cheminée, objet fragile devant être nettoyé chaque jour, est un produit de grande consommation pour l'industrie du verre au Canada.

Le gaz artificiel fait son apparition vers 1800 et son utilisation nécessite non seulement des brûleurs spéciaux mais un système de distribution et d'installation. Il faudra plusieurs années pour mettre au point le système et, en Amérique du Nord, seules les grandes villes peuvent en jouir. À Montréal, Québec et Toronto, la distribution du gaz commence vers 1840. On dessert principalement les bâtiments publics et les résidences des mieux nantis. Le gaz sert aussi à éclairer certaines rues (*voir* CHARBON, GAZÉIFICATION DU).

Durant toute cette seconde phase, la forme des lampes se plie aux caractéristiques des combustibles, à l'influence de la mode et aux techniques de fabrication en usage, particulièrement dans l'industrie du verre. De 1830 à 1860, on se sert surtout de graisses animales, de combustible liquide à base de camphène (huile de pin) et d'alcool redistillé. Le combustible liquide (connu sous le nom de «camphine» en Angleterre), peu cher mais très volatile, cause de nombreuses explosions mortelles.

Le lampe traditionnelle à huile de baleine comprend généralement un ou deux tubes verticaux à mèche qui se prolongent dans le récipient à combustible. Bien que similaire, la lampe à combustible liquide n'a pas cette dernière caractéristique: elle est munie d'un ou plusieurs tubes à mèche divergents et d'un capuchon amovible comme éteignoir et pour prévenir l'évaporation du carburant. On utilise aussi l'huile de baleine pour les lampes plus complexes comme l'Astral ou la Simumbra dont le réservoir rond permet à la lumière d'être projetée librement vers le bas. Durant toute cette période, on se sert de lampes munies d'un récipient en saillie et d'un réservoir séparé. La plus populaire est la lampe à kérosè-

ne de l'étudiant. De son côté, la lampe à saindoux présente divers mécanismes qui poussent le carburant vers la mèche puis dirigent la chaleur de la flamme vers le carburant qui doit demeurer liquide. Dans les années 1850, la lampe solaire, conçue pour l'huile de baleine ou le saindoux, est la lampe la plus perfectionnée en termes de fonctionnement et de forme.

La lampe mécanique est munie d'un mécanisme d'horlogerie qui pousse un carburant très visqueux vers la partie supérieure de la lampe. Elle est populaire en Europe où on l'utilise avec l'huile de colza (*voir* CANOLA). Un autre modèle de lampe mécanique, populaire à l'époque du kérosène, est doté d'un mécanisme qui assure un flot d'air continuel entre le tube à mèche et le déflecteur de tirage du brûleur. Ce type de lampe ne nécessite pas de verre de lampe. À partir des années 1880, la Wanzer Sewing Machine Co. de Hamilton, en Ontario, fabrique des lampes mécaniques et la production s'étendra sur plusieurs décennies.

En 1846, à Charlottetown (Île-du-Prince-Édouard), Abraham GESNER, médecin et géologue de la Nouvelle-Écosse, fait la première démonstration publique d'un combustible d'éclairage révolutionnaire. Dans le BREVET d'invention, délivré en 1854 par les États-Unis, Gesner donne le nom de kérosène à son produit. Dérivé du CHARBON à ses débuts, le kérosène sera plus tard à base de PÉTROLE. Un produit similaire appelé huile de paraffine est breveté en Angleterre en 1850 et aux États-Unis en 1852 par James Young d'Écosse. Mais il faudra attendre la fin des années 1850 pour que ces découvertes ainsi que les expériences menées à la même époque par Samuel Kier en Pennsylvanie aient une quelconque influence sur l'éclairage intérieur.

Grâce au kérosène, le grand public a accès, pour la première fois, à un combustible abondant, peu coûteux et sûr pour l'éclairage intérieur. C'est le point de départ des efforts visant à découvrir du pétrole et à le commercialiser. En 1857, James Miller Williams, de Hamilton, est le premier à transporter du pétrole brut extrait à la main des puits de Oil Springs, près de Petrolia (Ontario). Au Canada et aux États-Unis, les brevets d'invention de brûleurs et de lampes continueront d'être distribués bien après l'invention de l'éclairage électrique. Dans les années 1880, Karl Auer von Welsbach, chimiste autrichien, invente un manchon qui augmente considérablement l'intensité de la lumière et qui peut s'utiliser avec des brûleurs à gaz ou à pétrole.

Dernière période (1880 à nos jours) L'éclairage électrique est présenté au monde à l'Exposition de Paris en 1878. Impressionné par la démonstration, le Montréalais J.A.I. Craig revient à Montréal et aide les Jésuites à installer la première lumière électrique de la ville (inspirée de la lampe à arc inventée par l'ingénieur russe Pavel Jablochkov) devant le Collège des Jésuites, rue Bleury. À la fin de l'année 1879, l'inventeur américain Thomas Alva Edison produit la première ampoule à incandescence vraiment fonctionnelle. Ses efforts pour organiser les systèmes de PRODUCTION D'ÉLECTRICITÉ et de TRANSPORT DE L'ÉLECTRICITÉ marquent le début de cette troisième phase.

Au Canada, toutes les villes et les villages ont l'électricité. Cependant, dans certaines régions éloignées, les lampes au naphte, au propane ou au pétrole fournissent encore l'éclairage intérieur. La venue de l'électricité fera vraisemblablement disparaître les autres sources de lumière. Mais, la flamme nue continuera d'exercer son attrait sur ceux et celles qui y voient une source psychologique de plaisir et de satisfaction.

Éclairage extérieur Avant l'introduction des lampes électriques en Amérique du Nord, les lampes à huile (végétale ou animale), au gaz ou au kérosène sont largement utilisées pour l'éclairage des rues. L'éclatante lampe à arc à filament de carbone, inventée par sir Humphry Davy en 1808, sert surtout à l'intérieur de grands bâtiments et à l'extérieur pour

les rues, les projecteurs et les phares. Les lampes de rue à l'huile sont utilisées à Montréal, Québec et Toronto jusqu'à ce qu'elles soient remplacées par l'éclairage au gaz (1837-1847) et, plus tard, par l'éclairage électrique.

Tout véhicule (voitures tirées par les chevaux, trains, bicyclettes, motocyclettes, automobiles et bateaux) est soumis à des critères spéciaux d'éclairage. Avant la mise au point de lampes électriques à piles, les chandelles et les lanternes au kérosène, à l'huile de baleine et au carbure servent à guider le voyageur. En Ontario, dans les années 1880, c'est à Hamilton que Thomas Leopold WILLSON fait la démonstration de la première lampe à arc à filament de carbone. Peu de temps après, il se rend aux États-Unis où il invente une méthode pour fabriquer du carbure de calcium. Cette substance est utilisée pour l'éclairage des véhicules, en particulier pour les bicyclettes et les motocyclettes, mais aussi pour les phares ainsi que les lampes de mineurs. Le réglage d'un fin filet d'eau qui se combine au chlorure de calcium produit, de façon continue, du gaz acétylène qui est acheminé vers un brûleur spécial. Ces lampes sont utilisées partout dans le monde mais, au Canada comme ailleurs, le transport constitue une contrainte: ces lampes ont donc été remplacées par l'éclairage électrique alimenté par piles ou par générateurs. (*Voir aussi* TECHNOLOGIE.)

Catherine M.V. Thuro

École maternelle Conçue par Friedrich Fröbel au XIXᵉ siècle en Allemagne, l'école maternelle est un programme préscolaire pour les enfants de quatre et cinq ans. Dès les années 1880 en Ontario, les premières classes de maternelle publiques voient le jour à Berlin (Kitchener) en 1882, à Toronto (1883) et à Hamilton (1885). Ce n'est pas le cas pour toutes les écoles publiques canadiennes. Publiques ou privées, les maternelles reflètent encore les convictions de Fröbel qui croyait que l'enseignement devait s'adapter au niveau de développement de l'enfant et que le jeu préparait à l'apprentissage.

Toutefois, depuis quelque temps, on se demande si la maternelle doit préparer les enfants au programme scolaire et dans quelle mesure. Les avis sont partagés: certains éducateurs pensent qu'il est souhaitable de l'accentuer, d'autres croient que c'est contraire aux principes fondamentaux de la maternelle, qui visent avant tout au développement global de l'enfant.

Ellen M. Regan

École nationale de ballet École d'enseignement privé située à Toronto. Composée d'un internat et d'un externat, elle offre à quelque 150 élèves à temps plein un programme d'études intégré qui va de la cinquième à la douzième année et comporte des cours de culture générale et une formation en danse. Le programme d'études est soigneusement conçu afin de procurer un enseignement équilibré à ceux qui souhaitent devenir danseurs professionnels, tout en offrant une expérience enrichissante à ceux qui optent finalement pour une autre carrière. Outre son programme régulier, l'École organise des cours de ballet pour les élèves qui ne sont pas encore en douzième année, anime une école d'été, qui sert aussi de lieu d'audition, et offre des stages de perfectionnement aux professeurs. L'École nationale de ballet s'efforce d'être accessible à tous les enfants doués grâce à un programme de bourses d'études et de bourses de perfectionnement pour lequel elle sollicite activement l'aide financière du secteur privé afin de pallier la baisse du financement public. Elle organise, chaque année, des auditions préalables à l'admission dans plus de 22 centres situés partout au Canada et accepte aussi des élèves étrangers.

L'École nationale de ballet est reconnue comme faisant partie des meilleurs établissements d'enseignement de la danse du monde. Ses élèves se distinguent en remportant des prix à de nombreux concours internationaux de ballet des plus prestigieux. Au fil des ans, ses diplômés se sont joints au

BALLET NATIONAL DU CANADA, dont ils sont devenus les plus grands danseurs. Citons, entre autres, Martine Van Hamel, Veronica TENNANT, Karen KAIN, Frank AUGUSTYN, Kevin Pugh, Rex HARRINGTON, Martine Lamy, John ALLEYNE et James KUDELKA. L'École a toujours entretenu un lien étroit avec son organisme parrain, le Ballet national du Canada. Des élèves y dansent régulièrement lors de spectacles, et l'École s'avère un important centre de recrutement pour la compagnie. Parmi ses derniers diplômés ayant été applaudis au Ballet national, mentionnons le Suédois Johan Persson et la ballerine en pleine ascension Jaimie Tapper. Dès le début de leur carrière, tous les deux ont remporté le prix Erik BRUHN lors d'une compétition invitation internationale organisée par la compagnie.

Celia FRANCA, directrice artistique du Ballet national du Canada, fonde l'École en 1959 et Betty OLIPHANT, sa directrice fondatrice, est chargée de l'administrer. En 1961, l'École acquiert le statut d'organisme indépendant et, même si elle sert à former la relève pour le Ballet national, ses diplômés partent souvent danser avec les plus grandes troupes de ballet du monde. Après des débuts modestes dans une ancienne maison de réunion quaker, au centre-ville de Toronto, l'École se développe de façon remarquable sous la direction d'Oliphant. Plusieurs grands studios, des salles de classe, un théâtre, une piscine, un centre de physiothérapie et un immeuble résidentiel moderne occupent deux sites principaux. Consciente du stress élevé que doivent supporter les élèves qui suivent une formation intensive, l'École s'attache depuis toujours à leur fournir des services d'écoute et d'orientation professionnelle quand ils en ont besoin. Sous la direction d'Oliphant, elle met au point des techniques de formation qui insistent beaucoup sur la pureté naturelle du mouvement, ce qui lui permet de s'adapter aux exigences de plus en plus variées des chorégraphes.

Mavis Staines devient directrice associée à partir de 1984 et succède à Oliphant comme directrice artistique et directrice de ballet en 1989. Depuis, consciente de la constante évolution du monde de la danse et de l'éventail extrêmement vaste des styles (allant de la danse contemporaine d'avant-garde au ballet classique traditionnel) auxquels doivent s'adapter ses diplômés, Staines a revu en profondeur les méthodes de formation de l'École. Elle a réorganisé progressivement le programme de danse afin d'y intégrer des éléments tirés de nombreux systèmes de formation reconnus dans le domaine du ballet, tels que le célèbre programme russe Vaganova. Staines insiste aussi beaucoup sur l'enseignement de la danse moderne.

Michael Crabb

École privée Les institutions d'enseignement dont le financement provient de frais de scolarité et n'étant pas directement sous l'autorité du gouvernement, tant au niveau primaire que secondaire, existent au Canada depuis le début du peuplement par les Blancs. Jusque dans les années 1830, la plupart de l'enseignement est privé. Aujourd'hui, quoique la proportion des inscriptions totales dans les écoles privées soit peu élevée (5 p. 100), l'intérêt que manifeste encore la société canadienne à leur égard explique leur importance.

Pendant les premiers siècles du peuplement, l'ÉDUCATION est encore considérée du ressort de la famille et de l'Église (*voir* ÉDUCATION, HISTOIRE DE L'). Les ecclésiastiques locaux ou les parents apprennent à lire et à écrire à certains enfants; d'autres fréquentent des écoles, des établissements privés fondés par des particuliers audacieux; mais certains enfants demeurent illettrés. Un petit nombre d'écoles primaires et confessionnelles existent aussi. En 1635, un COLLÈGE CLASSIQUE, ou école d'ENSEIGNEMENT SECONDAIRE pour garçons, est fondé par les jésuites à Québec. En 1789, le King's College School, également réservé aux gar-

çons, est fondé par un prêtre missionnaire anglican en Nouvelle-Écosse.

La tendance à ne plus dépendre uniquement de l'enseignement privé apparaît au début du XIXᵉ siècle, avec la reconnaissance de plus en plus grande que tous les enfants, et non juste quelques privilégiés, devraient recevoir une certaine éducation systématique. Le gouvernement de l'Amérique du Nord britannique commence à venir en aide à certaines écoles existantes et en crée de nouvelles, principalement des écoles primaires.

L'apparition de systèmes d'enseignement public gratuits ne signifie pas pour autant la disparition de toutes les écoles privées. Selon les termes de la LOI CONSTITUTIONNELLE DE 1867, l'éducation devient du ressort du provincial pour que les méthodes d'enseignement officiellement reconnues avant la Confédération soient maintenues. Le Québec, l'Ontario et, par la suite, la Saskatchewan et l'Alberta admettent les écoles catholiques et les écoles protestantes non confessionnelles (sous certaines conditions) dans leur système provincial. Le Manitoba fait de même au début, mais en 1890, il défie les décisions judiciaires en appuyant la démarche des Maritimes et de la Colombie-Britannique visant à sanctionner un seul système public non confessionnel (*voir* ÉCOLES DU MANITOBA, QUESTION DES).

L'enseignement privé qui demeure diffère d'une province à l'autre. Toutes les écoles catholiques des Maritimes, du Manitoba après 1890, et de la Colombie-Britannique sont en réalité toujours privées. Il en est de même pour toutes les écoles, dans quelque province que ce soit, qui sont affiliées à des groupes religieux. À l'origine, seules les écoles catholiques du primaire sont admises dans le système public en Ontario. Aujourd'hui cependant, les écoles catholiques offrant un enseignement jusqu'à la 12ᵉ année font aussi partie du système. De plus, les écoles catholiques classiques, qui sont encore la principale forme d'éducation secondaire au Québec, conservent leur statut d'école privée tout en étant subventionnées par le provincial.

C'est sans surprise que les premières statistiques fédérales sur l'enseignement privé révèlent que la proportion d'élèves fréquentant les écoles privées se situe aux alentours de 10 p. 100 au Québec, varie entre 3 et 5 p. 100 dans les provinces qui excluent les écoles catholiques des systèmes publics, et entre 1 et 2 p. 100 dans les autres provinces.

Par ailleurs, en plus de continuer à remplir une fonction religieuse, l'éducation privée joue toujours un rôle dans la distinction des classes. La gratuité de l'enseignement public ne vise à l'origine que les écoles primaires, ce qui signifie que les parents désirant offrir une formation plus approfondie à leurs enfants doivent avoir les moyens de les envoyer à l'école privée ou de payer les frais de scolarité d'une école secondaire publique. L'association de l'enseignement privé au statut socio-économique est renforcée par les développements en Grande Bretagne où, pendant la deuxième moitié du XIXᵉ siècle, les classes moyenne et supérieure se montrent résolues, en grande majorité, à envoyer leurs enfants à l'école privée, qualifiant le nouveau système public de piètre alternative ne convenant qu'aux familles n'ayant pas les moyens d'envoyer leurs enfants à l'école privée.

De nombreuses écoles pour garçons et pour filles dans les Maritimes, en Ontario et au Québec, dont beaucoup sont des écoles confessionnelles anglicanes ou protestantes, commencent volontairement à s'identifier à leurs homologues britanniques et à adopter une attitude préconisant la distinction des classes. Le UPPER CANADA COLLEGE de Toronto, p. ex., décide de se faire appeler le «Eton du Canada».

D'autres écoles basées sur le modèle britannique apparaissent aussi dans l'Est du Canada et en Colombie-Britannique. À ces endroits, la vague importante

de colons de classe moyenne, qui déferle pendant les jours heureux de l'immigration canadienne précédant la Première Guerre mondiale, constitue l'élément moteur et la clientèle favorisant la création de plusieurs dizaines de nouvelles écoles souscrivant aux principes et aux méthodes de l'enseignement privé britannique. L'existence de ces écoles a d'ailleurs donné lieu à l'évaluation que fait de l'éducation privée canadienne John PORTER dans son livre *The Vertical Mosaic*: «l'acquisition de qualités sociales ainsi que la possibilité d'établir des bons contacts peuvent constituer des raisons valables pour les classes moyennes supérieures d'envoyer leurs enfants à l'école privée.»

Plusieurs changements importants dans l'éducation privée se produisent dans les décennies suivant la Seconde Guerre mondiale. Une prospérité renforcée et un vent d'égalitarisme incitent les gouvernements à améliorer les systèmes publics. Certaines écoles privées trouvent difficile, voire impossible, de rivaliser avec les salaires élevés des professeurs, les programmes d'études modernisés et les installations physiques améliorées, en particulier en sciences. D'autres écoles ripostent. Les écoles privées de tradition britannique abandonnent l'auto-appellation de «privée», qui comporte une idée d'exclusivité et de profit privé, pour adopter l'appellation de «indépendante», qui évoque le caractère exclusif et sans but lucratif de l'école ainsi que son autonomie face à l'autorité gouvernementale. L'Église catholique romaine met sur pied une collecte de fonds importante pour améliorer et agrandir les écoles privées sous son autorité.

La relance de l'enseignement privé est facilitée par l'apparition d'une nouvelle dynamique. Parmi les immigrants arrivant au Canada après la guerre, les calvinistes HOLLANDAIS estiment que les systèmes publics existants ne répondent vraiment pas à leurs besoins particuliers et fondent leurs propres écoles «chrétiennes». Regroupées dans des secteurs de concentration hollandaise en Ontario, en Alberta et en Colombie-Britannique, ces écoles chrétiennes sont caractérisées par la très grande importance donnée aux valeurs morales et aux principes religieux. Par ailleurs, le mécontentement général des années 60 et du début des années 70 entraîne une multiplication des écoles parallèles qui donnent priorité à la spécificité de chaque enfant. Toutefois, la plupart d'entre elles ont tôt fait de disparaître ou de s'intégrer aux systèmes publics (*voir* ÉDUCATION NON TRADITIONNELLE). À partir des années 50, les écoles privées anciennes et nouvelles commencent à faire pression sur leur gouvernement provincial pour obtenir de l'aide financière et ainsi rivaliser de façon plus équitable avec les écoles publiques. Les pressions portent finalement leurs fruits en Alberta, au Québec, en Colombie-Britannique et au Manitoba ainsi qu'en Saskatchewan au niveau secondaire. Les écoles privées qui répondent aux normes établies en matière de qualification du personnel reçoivent une subvention annuelle puisée à même les deniers publics et proportionnelle au nombre d'étudiants. À l'opposé de ces écoles, les collèges classiques du Québec sont intégrés au système public provincial à la fin des années 60.

Le conservatisme grandissant qui marque les trois dernières décennies partout en Amérique du Nord a des répercussions sur l'enseignement privé. Les inscriptions augmentent de façon régulière. En 1970-1971, 2,5 p. 100 des enfants inscrits à l'école fréquentent l'école privée; en 1980-1981, ce chiffre passe à 4,1 p. 100 et en 1995-1996, il atteint 5,2 p. 100. Ironiquement, le financement provincial n'est peut-être pas un facteur important dans cette croissance. En effet, en Ontario, où les écoles privées ne reçoivent pas de subvention, les proportions augmentent de la même façon (de 2,1 p. 100 en 1970-1971 à 3,5 p. 100 en 1993-1994) qu'en Alberta, où les écoles privées reçoivent effectivement de l'aide financière (de 1,3 p. 100 en 1970-1971 à 3,5 p. 100

en 1993-1994). Il semble que ce soit plutôt la quête de valeurs traditionnelles, le souci de préserver les traditions ethno-culturelles et religieuses, et le désenchantement provoqué par le système public qui incitent de nombreuses familles à se tourner vers les écoles privées, autant vers celles existantes que vers celles nouvellement créées. La plupart de ces écoles sont de petite taille, les trois quarts d'entre elles accueillent moins de 200 étudiants et 70 p. 100 de leurs revenus proviennent des frais de scolarité. Un nouveau type d'école chrétienne s'est notamment développé au cours des deux dernières décennies. Il s'agit en général de petites entités indépendantes, affiliées à des églises évangéliques locales. Ces écoles prolifèrent en grande partie à cause du développement aux États-Unis de programmes d'autoformation, le plus connu étant l'*Accelerated Christian Education*. Les blocs de cours, à caractère hautement religieux, peuvent être achetés individuellement au moment de l'inscription.

Les écoles privées exercent et continueront d'exercer un attrait sur une minorité de Canadiens convaincus que les besoins particuliers de leurs enfants l'emportent sur les avantages découlant de l'expérience commune de socialisation que constitue l'éducation publique. Quelques écoles privées offrent des formations dans des domaines aussi spécialisés que la danse et l'enseignement correctif, et ce, à un degré plus intensif que ce que propose en général le système public. Les défenseurs de la diversité de confession croient que l'éducation doit davantage reposer sur des principes moraux et sur la croyance religieuse, ce que ne permet pas un système public unique formant des élèves de foi et d'origines différentes. En 1993-1994, alors qu'environ 1500 écoles privées sont répertoriées partout au Canada, 50 p. 100 sont non confessionnelles, tandis que le pourcentage restant est constitué de catholiques, de calvinistes et de chrétiens évangéliques.

Dans les années 90, l'apparition du mouvement des ÉCOLES À CHARTE en Alberta et en Colombie-Britannique répond aux demandes des familles pour un programme d'études traditionnel. Les écoles à charte sont des établissements publics directement financés et gérés par un conseil d'administration. Chaque école à charte définit le type de programme qu'elle offre et embauche les enseignants pour répondre aux objectifs de ce programme. Bien qu'elles soient généralement perçues comme le lien entre le système privé et public, les écoles à charte ne sont pas des écoles privées, mais tentent plutôt d'offrir des services différents ou améliorés à l'intérieur du système d'enseignement public.

Par ailleurs, la tendance de nombreuses écoles privées, en particulier la cinquantaine d'écoles de tradition britannique, à se concentrer sur des matières classiques conçues pour permettre l'admission à l'université constitue un attrait pour de nombreux parents, y compris les immigrants nouvellement arrivés souhaitant assurer l'intégration de leurs enfants dans la société canadienne. Entre 1983-1984 et 1992-1993, l'inscription dans ces écoles a augmenté de 16 p. 100. De plus en plus, ces écoles, dont beaucoup n'étaient pas mixtes à l'origine, le deviennent au niveau secondaire.

Même le Upper Canada College, école privée la plus souvent citée comme étant celle assurant la continuité générationnelle de l'élite sociale et économique du Canada, accueille de nombreux élèves venant de familles d'immigrants arrivés au Canada après la Seconde Guerre mondiale. De façon générale, le prestige entourant l'enseignement privé peut s'expliquer par le fait que des droits de scolarité, des examens d'admission ou une quelconque combinaison de conditions en limitent l'admission. Le désir de faire partie d'un tel système est donc renforcé par l'hypothèse que la qualité de l'enseignement offert est supérieure à celle d'un système ouvert à tous.

Jean Barman et Gail Edwards

École publique Désigne les écoles dirigées par les provinces, financées par les deniers publics et accueillant normalement les enfants d'âge scolaire vivant dans un district scolaire. Les écoles publiques, qui dans la plupart des provinces comprennent également les écoles fréquentées par des enfants de religion catholique romaine, sont financées par les taxes provinciales et municipales (bien que les fonds du fédéral, transférés aux gouvernements provinciaux, puissent être injectés dans les écoles publiques par certaines instances pour des programmes particuliers, comme l'ENSEIGNEMENT TECHNIQUE). Ce sont les instances politiques provinciales qui décident de l'administration scolaire, de la politique générale, du programme d'études, des manuels scolaires et des normes.

Chaque province établit les qualifications requises des enseignants de son territoire et donne l'autorisation d'enseigner dans les écoles et de les administrer. Les conseils scolaires (*voir* COMMISSION SCOLAIRE) construisent et gèrent les écoles publiques, mais ils le font par l'entremise de pouvoirs délégués par les gouvernements provinciaux. La plupart des provinces coopèrent avec les établissements postsecondaires, habituellement les universités et certains collèges communautaires, pour former les personnes qui veulent y devenir enseignants.

Les ÉCOLES SÉPARÉES et les écoles confessionnelles financées par les fonds publics sont des écoles publiques spéciales pour les étudiants de confession catholique romaine ou protestante, mais habituellement de la première. En Alberta et en Saskatchewan, c'est l'affiliation religieuse prédominante dans une région qui détermine si un district scolaire est considéré public protestant ou public catholique, bien qu'un district protestant et un district séparé puissent coexister dans la même zone géographique. Dans la plupart des provinces et des territoires, la loi oblige les enfants à fréquenter l'école publique ou les écoles privées autorisées par la province pendant une période minimale de 10 ans à partir de l'âge de 6 ans. (*Voir* ÉCOLES À CHARTE; ÉCOLE PRIVÉE.)

G.H. Buck

École secondaire Terme qui s'applique habituellement aux niveaux scolaires qui suivent ceux de l'école élémentaire. Comme les niveaux élémentaires ont connu des changements d'une province à l'autre au cours des décennies, les écoles secondaires peuvent comprendre les niveaux 7, 8, ou 9 à 12 ou 13. Ces institutions offrent un genre d'enseignement varié (général, professionnel, technique et mixte) et elles sont publiques (sans frais de scolarité) ou privées (frais de scolarité exigés). D'élitistes qu'elles étaient au départ, les écoles secondaires publiques sont devenues gratuites et accessibles à tous les enfants qui ont terminé leurs études primaires. De ce fait, le nombre de cours offerts a augmenté de manière significative. (*Voir aussi* ENSEIGNEMENT SECONDAIRE.)

Willard Brehaut

École supérieure (*collegiate institute*) Sorte d'ÉCOLE SECONDAIRE qui devait, à l'origine, satisfaire à certaines normes minimales concernant le nombre et les qualifications de ses enseignants et l'inscription de ses étudiants aux études classiques. Au cours de la décennie suivant leur fondation au début des années 1870, les établissements collégiaux de l'Ontario deviennent nettement moins classiques et se transforment de ce fait en écoles secondaires sous un autre nom. En général, ce terme ne caractérise plus un type particulier d'école secondaire.

Willard Brehaut

Écoles à charte C'est une école publique qui fonctionne d'une manière semi-autonome. La charte est le document qui précise le but et les règlements de l'école. Étant donné le financement exclusivement public de ce genre d'école, elle n'a pas le droit de choisir sa clientèle étudiante, ni d'enseigner un cours de religion, ni de demander des frais d'inscription.

Elle doit enseigner le programme scolaire provincial, être dirigée par un conseil des gouverneurs et rendre compte de son fonctionnement à l'organisme qui lui a accordé sa charte.

Selon la loi sur laquelle la charte s'appuie, certaines écoles ont une clause de révision dans leur charte. Cette disposition entre en vigueur au moment où l'école fait l'objet d'une évaluation après le nombre d'années prescrit, pour voir dans quelle mesure elle a réalisé les objectifs stipulés dans sa charte. Si tel n'est pas le cas, l'école est fermée. La loi peut aussi préciser qui a le droit de fonder une école à charte: un groupe de parents, des enseignants, des administrateurs, des universités, des conseils scolaires ou le ministère de l'Éducation. L'organisme qui accorde la charte (un conseil scolaire régional ou un ministère) subventionne les écoles en fonction du nombre d'élèves inscrits. Par ailleurs, celles-ci ne sont pas assujetties à la plupart des politiques qui régissent les autres écoles publiques. C'est ainsi qu'elles peuvent déterminer leurs propres exigences en matière de ressources humaines et matérielles, fixer leurs priorités budgétaires dans les limites de leur subvention et qu'elles ne sont pas tenues d'engager du personnel syndiqué.

Les écoles à charte ne jouissent pas de la même liberté que les écoles privées, qui ont plus de flexibilité dans l'élaboration de leur programme scolaire et ne sont le plus souvent subventionnées qu'en partie par le gouvernement. Contrairement à ces écoles privées contractuelles, les écoles à charte ne sont pas à but lucratif, mais, tout comme les écoles d'Edmonton en Alberta et de Langley en Colombie-Britannique, dont les gestionnaires se trouvent sur place, elles fixent leurs propres objectifs et gèrent leur propre personnel.

Débat autour des écoles à charte Les partisans des écoles à charte considèrent que les écoles publiques n'ont pas la souplesse voulue pour répondre aux besoins des étudiants. Ils voient ces dernières comme étant assujetties à une réglementation excessive découlant des lois provinciales, des politiques des conseils scolaires et des ententes syndicales. Par conséquent, selon eux, les écoles publiques sont devenues insensibles aux demandes des parents et il est très difficile d'y appliquer des méthodes d'enseignements innovatrices. Ce qu'ils critiquent surtout, c'est l'uniformisation des écoles publiques, qui se fait au détriment de la qualité de l'enseignement. Selon eux, il faudrait une plus grande variété de programmes et plus de concurrence entre les écoles.

Les personnes et les groupes qui, au contraire, s'opposent aux écoles à charte, craignent que les jeunes qui fréquentent de telles écoles reçoivent une éducation trop différente de celle offerte dans les autres écoles, ce qui réduirait le tronc commun des connaissances acquises dans les écoles publiques. Ils prétendent aussi que la qualité de l'éducation offerte aux groupes désavantagés souffrirait ainsi d'un système d'enseignement à deux vitesses. D'un côté, on aurait des écoles à charte fréquentées par des enfants dont les parents ont les moyens de payer et, de l'autre, des écoles publiques incapables de concurrencer les écoles à charte et qui, par conséquent, perdraient des ressources et des emplois syndiqués. Ainsi, cela minerait la capacité des écoles publiques d'offrir une éducation de valeur égale à tous les élèves du Canada.

Écoles à charte à l'extérieur du Canada En Nouvelle-Zélande, les écoles à charte sont constituées de façon à refléter les diverses priorités des familles et des communautés qu'elles desservent. En Angleterre, les écoles subventionnées, qui reçoivent leur charte du gouvernement central, sont indépendantes des autorités locales en matière d'éducation. Aux États-Unis, il y a environ 200 écoles à charte, dont plusieurs se trouvent au Minnesota et en Californie. La plupart sont petites, la moyenne des inscriptions étant de 287 élèves, mais plusieurs sont surpeuplées.

À peu près la moitié d'entre elles desservent les élèves à risque. Leurs programmes visent l'intégration des élèves au programme régulier et sont axés sur la technologie et sur l'acquisition des connaissances de base. Les raisons invoquées le plus souvent pour demander la création d'une école à charte sont le désir d'améliorer la qualité de l'enseignement et de l'apprentissage, une approche pédagogique ou philosophique différente ou le désir d'innover. Les écoles sont évaluées à partir des résultats scolaires ou selon le degré de satisfaction des parents. Les obstacles les plus importants à l'établissement de ces écoles sont le manque de fonds, les règles de financement et les installations matérielles. Certaines ont été victimes de toutes sortes de sollicitations, alors que dans d'autres cas, on s'est servi de la charte à des fins d'enseignement religieux.

Écoles à charte au Canada Seule l'Alberta possède des écoles à charte. Plusieurs caractéristiques les distinguent: il est interdit d'y refuser des élèves tant qu'il reste de la place, les élèves sont tenus de subir les examens du ministère, les écoles peuvent s'installer dans un bâtiment occupé par une autre école, elles doivent embaucher du personnel enseignant diplômé et elles doivent se soumettre à une vérification comptable annuelle. L'Alberta a accepté la création de telles écoles pour favoriser l'innovation, offrir plus de possibilités d'éducation aux élèves et plus de choix aux parents. Les écoles doivent rendre compte du degré de réussite de leurs élèves soit au conseil scolaire régional, soit au ministère de l'Éducation de l'Alberta. Chacune possède sa spécificité, comme on a pu le constater en 1995-1996 au moment où les premières écoles à charte ont été créées. Ainsi, l'une est issue d'un programme visant à rejoindre les groupes défavorisés, une autre enseigne la méthode Suzuki, et les deux visent les élèves doués.

Établissement d'une école à charte Les personnes ou les groupes qui veulent ouvrir une école à charte devraient d'abord examiner la législation de leur province pour voir si elle renferme des dispositions à ce sujet. Si tel est le cas, il leur faudra ensuite obtenir l'appui des parents et d'autres groupes, établir une communication permanente avec l'organisme responsable de l'attribution des chartes, et s'attendre à de la résistance de la part des organisations qui s'opposent à leur création. Il leur faudra surtout élaborer une vision très claire de l'école qu'ils veulent établir, s'attendre à passer beaucoup de temps à la planification et travailler très fort s'il veulent un jour voir leur projet se concrétiser.

Daniel J. Brown

Écoles bibliques Les écoles, collèges et instituts bibliques sont soutenus surtout par les Églises protestantes évangéliques (*voir* MOUVEMENTS ÉVANGÉLIQUE ET FONDAMENTALISTE) au Canada, quoiqu'il y ait deux établissements catholiques en Alberta. Les deux premières écoles bibliques d'Amérique du Nord sont créées par le Canadien A.B. Simpson, fondateur de l'Église de l'Alliance chrétienne et missionnaire (à Nyack, N.Y., 1882), ainsi que par l'évangéliste D.L. Moody (Moody Bible Institute, Chicago, 1887). La Toronto Bible Training School (aujourd'hui l'Ontario Bible College), établie en 1894, est la première école biblique permanente du Canada et la troisième en Amérique du Nord; elle s'inspire de l'institut de Moody.

Leur raison d'être est de préparer les élèves aux ministères chrétiens grâce à une formation biblique et pratique. La plupart des établissements sont fondés par des membres du courant évangélique qui s'opposent à la tendance «libéraliste» des collèges théologiques établis, lesquels donnent aux membres du clergé une formation universitaire, alors que les écoles et les collèges bibliques sont surtout des établissements postsecondaires pour laïcs engagés dans l'Église au niveau local ou dans le travail missionnaire au pays et à l'étranger.

Les évangélistes suggèrent que ces institutions soient une réapparition de la spiritualité protestante en réaction à l'agnosticisme et à l'humanisme séculier, ainsi qu'un retour au pivot de l'éducation chrétienne, soit l'engagement dans la mission du Christ: «Allez et enseignez à toutes les nations».

Facteurs socio-économiques Les sociologues soulignent l'importance des facteurs économiques et sociaux en faisant observer que les périodes où les écoles et les collèges bibliques apparaissent en grand nombre (surtout dans l'Ouest canadien) sont celles qui suivent la grande Crise des années 30 et la Seconde Guerre mondiale. Ainsi, William ABERHART, radio-évangéliste fondamentaliste et fondateur charismatique du Parti Crédit Social, crée le Prophetic Bible Institute à Calgary en 1929.

Il n'existe pas de terme qui, à lui seul, puisse englober la diversité des établissements bibliques. Tous dispensent des programmes bibliques de jour et de soir, enseignent la théologie évangélique, soulignent l'importance du service chrétien (enseignement à l'ÉCOLE DU DIMANCHE et travail personnel d'évangélisation), encouragent les missions au pays et à l'étranger et font valoir la spiritualité personnelle. Les collèges bibliques décernent des diplômes en théologie après quatre ans d'études, alors que les écoles ou instituts bibliques n'offrent généralement que des programmes de trois ans conduisant à un certificat.

Quelques écoles seulement semblent avoir porté le nom d'«écoles de formation biblique» au début du XXᵉ siècle. Bien que beaucoup d'écoles et d'instituts bibliques aient des enseignants munis de baccalauréats, certains membres du personnel enseignant, dans un grand nombre de ces établissements, sont des ministres autodidactes ou d'anciens missionnaires à l'étranger qui n'ont pas fait d'études avancées. Par contre, les collèges exigent de leur personnel enseignant des baccalauréats ou même des diplômes supérieurs et leurs programmes d'études respectent généralement des normes plus élevées.

Amélioration du niveau d'instruction Depuis 1959, environ 40 écoles et collèges bibliques canadiens ont formé l'Association of Canadian Bible Colleges (ACBC, const. en 1968) pour promouvoir l'amélioration du niveau d'instruction. La plupart des écoles et collèges bibliques offrent quatre domaines de spécialisation: études bibliques générales (théologie), éducation chrétienne, missions et musique sacrée. Certains offrent aussi un programme pastoral pour les futurs ministres. À ce programme d'études axé sur la Bible (qui est le «manuel scolaire» de base) s'ajoutent des programmes structurés qui obligent les étudiants à participer régulièrement au service chrétien. À l'origine, presque tous ces établissements ont interprété les prophéties bibliques selon le point de vue prémillénariste et dispensationaliste (*voir* MILLÉNARISME).

Depuis 1894, plus de 120 établissements bibliques ont été fondés au Canada; certains comptent moins de 10 élèves et offrent des programmes à temps partiel de jour ou de soir, alors que d'autres ont jusqu'à 900 élèves et donnent des programmes à temps complet. Toutefois, c'est seulement après 1920 que le mouvement prend son essor partout au Canada. De l'ensemble des établissements, 69 p. 100 sont dans l'Ouest, 22 p. 100 en Ontario et au Québec, et 9 p. 100 dans les Maritimes. En 1960, on dénombre 47 écoles et collèges bibliques pour un total de 3417 élèves; en 1996, l'ACBC indique qu'elle a 37 écoles et 5426 élèves.

Règle générale, les écoles et les collèges bibliques se rattachent directement à une confession religieuse, mais environ 15 p. 100 sont multiconfessionnels et dirigés par un conseil d'administration indépendant. Les MENNONITES ont le plus grand nombre d'écoles; viennent ensuite les PENTECÔTISTES, les Holiness Churches, les BAPTISTES, l'Église du Christ, l'Église de Dieu (Anderson,

Indiana), l'Église missionnaire et l'Alliance chrétienne et missionnaire.

Travail missionnaire Plusieurs établissements multiconfessionnels, comme la Prairie Bible Institute (Three Hills, Alb.), le Briercrest Bible Institute (Caronport, Sask.) et l'Ontario Bible College (Toronto) ont acquis une réputation nationale et internationale, surtout grâce à leurs activités missionnaires. Le Prairie Bible Institute, qui est l'établissement biblique le plus considérable au Canada (nombre record de 900 élèves atteint en 1949), est aussi l'un des plus importants et des plus respectés en Amérique du Nord.

Deux établissements bibliques catholiques ouvrent leurs portes en Alberta en 1984. Le Catholic Bible College of Canada, à Canmore, est approuvé par la Conférence catholique de l'Ouest et dispense des programmes visant à aider ses élèves à approfondir l'Écriture à la lumière de la foi et de la doctrine de l'Église. La John Paul II Bible School, à Radway, s'inspire du mouvement charismatique de l'Église catholique; son orientation est donc évangélique. (*Voir aussi* CATHOLICISME.)

Ronald G. Sawatsky

Écoles de chant Les cours de chant locaux de musique sacrée, une institution américaine du XVIIIᵉ siècle, ont leur pendant dans les Maritimes et dans certaines parties du Haut et du Bas-Canada entre les années 1770 et la Confédération. Un maître de chant, souvent un immigrant itinérant des états de la Nouvelle-Angleterre, s'amenait dans une petite ville en annonçant des «cours de psalmodie» ou des «leçons de musique vocale sacrée»; il enseignait deux ou trois soirs par semaine pendant trois mois ou à peu près, recevait ses honoraires des participants (surtout de jeunes adultes), puis partait vers une autre petite ville. L'organisation des écoles de chant était habituellement l'initiative du maître, mais certaines étaient organisées sous les auspices de la communauté ou de l'Église.

Les chanteurs apprenaient, à partir d'un «carnet d'airs», une sorte d'anthologie musicale et d'abécédaire du déchiffrage de la musique, dont le répertoire comprenait des airs d'hymnes, de simples motets et, peut-être, des chants profanes à plusieurs voix. Ces écoles dispensaient une formation non officielle en musique et en «psalmodie» protestante (psaumes et hymnes versifiés). Elles étaient aussi un remarquable phénomène social: une scène du *Clockmaker*, de Haliburton (1836-1840), mentionne les airs favoris et dépeint les classes de chant comme des lieux de rendez-vous amoureux.

James Lyon, un pasteur et un compilateur de livres de musique du New Jersey, a peut-être dirigé une école de chant durant son ministère en Nouvelle-Écosse (1765-1770), comme il l'a fait ailleurs antérieurement et plus tard dans d'autres ministères. Il existe des documents plus précis sur les écoles d'Amasa Braman (Liverpool, Nouvelle-Écosse, v. 1776), de Reuben McFarlen (Halifax, 1788) et de Stephen Humbert (Saint-Jean, 1796). Il y en eut d'autres, sans doute, et des documents attestent de l'envergure considérable que prend le mouvement après 1800. Le premier carnet d'airs canadien, *Union Harmony*, de Humbert (1801; rééditions en 1816, 1831, 1840), comprend un air original intitulé *Singing School*, dont le texte et la musique sont du compilateur, qui décrit de façon colorée les pratiques et les buts de ces cours et leur déroulement dans un environnement canadien.

Comme aux États-Unis, le mouvement suscite au Canada la publication de nouveaux carnets d'airs et une modeste collection de compositions originales. L'un de ces ouvrages, *The Vocalist*, publié pas plus tard qu'en 1867, comprend 70 nouvelles mélodies compilées par George W. Linton, originaire du Missouri. Sur la page de titre, il est écrit que le livre a été «conçu pour la chorale, la congrégation et la classe de chant».

Les écoles de chant propagent un répertoire et un style d'exécution simples et apportent aux amateurs une expérience musicale active et authentique, bien qu'élémentaire. Elles représentent un aspect important de l'histoire musicale, religieuse et sociale de la population rurale canadienne.

John Beckwith

Écoles de l'Ontario, question des Elle porte sur l'utilisation du français dans les écoles primaires de la province. C'est le premier grand débat scolaire axé sur la langue plutôt que sur la religion. Les anglophones, tant catholiques que protestants, s'opposent ici aux francophones catholiques. Décrété matière obligatoire en 1885, l'anglais devient, en vertu d'un autre règlement de 1890, la langue d'enseignement dans les écoles ontariennes, sauf où cela s'avère impossible. En 1910, les Franco-Ontariens, devenus alors plus nombreux, fondent l'Association canadienne-française d'éducation de l'Ontario afin de promouvoir les intérêts du français. Ils se heurtent à l'opposition de l'ORDRE D'ORANGE qui réclame l'enseignement «en anglais seulement», et à celle des catholiques irlandais dirigés par l'évêque FALLON de London.

Règlement 17 Une commission présidée par l'inspecteur général des écoles ontariennes, F.W. Merchant, confirme que la qualité de l'éducation et de l'enseignement de l'anglais dans les écoles bilingues est inadéquate et il recommande une meilleure formation des enseignants et l'introduction en souplesse de l'anglais comme langue principale d'enseignement. Le gouvernement, plus préoccupé par la politique que par l'éducation, met plutôt l'accent sur la limitation du français.

En 1912, le gouvernement conservateur de l'Ontario, dirigé par le premier ministre James WHITNEY, adopte le règlement 17 qui limite aux deux premières années du primaire l'usage du français comme langue d'enseignement et de communication. En 1913, le règlement est modifié afin de permettre une heure d'étude par jour du français.

Escalade du conflit à l'échelle nationale Pendant la Première Guerre mondiale, la question des écoles de l'Ontario prend l'allure d'un conflit national. Elle joue un rôle dans les tensions entourant la crise de la CONSCRIPTION de 1917 et éloigne davantage les Canadiens français, tant du Québec que de l'Ontario, du gouvernement conservateur fédéral du premier ministre Robert BORDEN. Du côté fédéral, le COMITÉ JUDICIAIRE DU CONSEIL PRIVÉ décide que le règlement 17 est constitutionnel parce que la langue ne fait pas partie des garanties des écoles confessionnelles. Toutefois, il déclare inconstitutionnelle la commission établie par le gouvernement afin d'appliquer sa politique à Ottawa. Un compromis politique intervient, une fois les tensions de la guerre disparues. Le sénateur Belcourt, porte-parole de l'Association canadienne-française d'éducation de l'Ontario, et la Unity League of Ontario, laquelle représente des Ontariens anglophones influents, militent en faveur de la conciliation. Une autre commission, qui réunit Merchant, le juge Scott (un orangiste) et Louis Cot (un avocat francophone), reconnaît que le règlement 17 a surtout servi à favoriser la défense de la langue française et à perpétuer une scolarisation de niveau inférieur.

Incapable de faire respecter le règlement 17, le gouvernement conservateur provincial de Howard FERGUSON accepte, en 1927, la recommandation que le bien-fondé de l'usage du français dans chaque école soit étudié par un comité ministériel. C'est ainsi que Ferguson, l'un des principaux partisans du règlement 17 pendant les années de guerre, en préside l'abolition. La nouvelle politique favorise un enseignement bilingue de meilleure qualité grâce, entre autres, à la reconnaissance de l'École normale de l'U. d'Ottawa, et permet d'obtenir de meilleurs taux de rétention scolaire chez les élèves Franco-Ontariens.

Les années 60 et 70 Durant les années 60, les inquiétudes suscitées par le séparatisme québécois incitent l'Ontario à accorder pour la première fois des garanties législatives en matière d'éducation en français. En 1968, Bill Davis, alors ministre de l'Éducation dans le gouvernement conservateur de John Robarts, dépose un projet de loi reconnaissant aux Franco-Ontariens le droit à l'enseignement en français, tant au niveau primaire que secondaire. Cette loi atténue les risques de critiques en intégrant les écoles secondaires françaises aux écoles publiques, mais la controverse se manifeste à bien des endroits où l'on débat du besoin d'installer les étudiants francophones dans un édifice distinct pour protéger leur culture. (*Voir aussi* ÉCOLES DU MANITOBA, QUESTION DES; ÉCOLES DU NOUVEAU BRUNSWICK, QUESTION DES; ÉCOLES DU NORD-OUEST, QUESTION DES.)

Marilyn Barber

Écoles du dimanche Fondées à Gloucester, en Angleterre, en 1780 par l'éditeur de journaux Robert Raikes, les écoles du dimanche servent d'abord à empêcher que les enfants de la classe ouvrière traînent dans la rue le dimanche. Au début, l'enseignement religieux est moins important que celui de la lecture et de l'écriture, mais il devient plus tard l'élément principal du programme. L'éducation religieuse est dispensée par l'Église catholique depuis près de 2000 ans, surtout dans les classes de catéchisme. L'école du dimanche, toutefois, est une structure qu'on voit presque uniquement dans les traditions réformées ou protestantes et qui découle en grande partie de l'insistance du théologien suisse Jean Calvin sur l'apprentissage raisonné.

L'innovation de Raikes, qui se répand rapidement en Angleterre, est introduite au Canada surtout par les Églises PRESBYTÉRIENNE et CONGRÉGATIONALISTE. Le MÉTHODISME tend à appliquer l'idée plus largement à toute la communauté des fidèles; entre les visites des itinérants ordonnés ou brevetés ou des prédicateurs ambulants, les chefs laïcs font de leurs assemblées des écoles religieuses qui ont des classes pour tous les âges.

Premières écoles du dimanche au Canada La date et l'endroit de la première école du dimanche au Canada ne sont pas déterminés de façon certaine. L'Église d'Angleterre en dirige une à Halifax en 1783. Le ministre congrégationaliste Francis Dick met sur pied à Québec, en 1801, une école du dimanche qui est peut-être la première des deux Canadas. La première inauguration attestée par des documents est présidée par le ministre presbytérien sécessionniste William Smart, qui arrive à Brockville, en Ontario, le 7 octobre 1811 et ouvre une école du dimanche le dimanche suivant.

Le mouvement se propage rapidement. La Sunday School Union of Canada, établie à Montréal, est probablement fondée en 1822. La Canada Sunday School Union, qui semble lui avoir succédé, est constituée en 1836 pour promouvoir l'expansion dans de nouvelles régions. En 1865, un congrès d'enseignants et de leaders organise la nouvelle Sunday Schools Association of Canada.

Élaboration des programmes Au début, le programme ne comprend que la Bible et insiste beaucoup sur la mémorisation des Écritures. Par la suite, des programmes additionnels sont élaborés à l'échelle locale, puis la série des International Uniform Lessons, conforme aux méthodes pédagogiques du jour, est inaugurée en 1874. Un programme gradué est élaboré en 1908 et amélioré par la suite.

Le premier programme entièrement élaboré au Canada est le «nouveau programme» de l'ÉGLISE UNIE (1963). Les confessions conservatrices l'attaquent par la voie des médias en disant qu'il est théologiquement trop «libéral»; ainsi prennent fin plusieurs décennies de collaboration entre l'Église unie et l'Église BAPTISTE dans l'élaboration des programmes. Le nouveau programme est largement approuvé par les éducateurs et les théologiens en

plus d'être imité, à divers niveaux, par d'autres confessions.

L'Église anglicane publie en 1966 un programme du même genre: L'Éducation paroissiale. Toutefois, tous ces programmes ont le malheur d'apparaître juste au moment où le nombre d'élèves des écoles du dimanche connaît une forte baisse dans toutes les confessions. Dans l'Église unie, la population scolaire passe de 757 338 en 1961 à 179 345 en 1993; environ 1800 écoles du dimanche ferment leurs portes pendant cette période.

Les pertes sont semblables dans d'autres confessions. Le sociologue Reginald Bibby indique que les deux tiers des adultes du Canada déclarent avoir suivi régulièrement des offices religieux pendant leur enfance, mais que seulement le tiers font donner une éducation religieuse à leurs enfants par une Église. Étant donné que les Églises protestantes comptent depuis si longtemps sur les écoles du dimanche pour former leurs futurs membres adultes, Bibby prédit que la pratique religieuse aura diminué des cinq sixièmes à la fin du siècle.

Ces dernières années, le programme d'école du dimanche le plus populaire au Canada est *The Whole People of God*, publié par l'éditeur indépendant Wood Lake Books. Son élaboration est entreprise en 1983 par des assemblées de Regina, en Saskatchewan, qui travaillent en collaboration. Le programme est adopté par près de 3000 assemblées des Églises unie, anglicane, presbytérienne, luthérienne et baptiste du Canada. Adapté pour d'autres pays, dans ses versions protestante et catholique, le programme gagne en popularité sur le plan international: 7000 assemblées des États-Unis, de l'Australie et de la Nouvelle-Zélande/Aotearoa l'adoptent, et il se répand tout autant aux Philippines, aux Bermudes, en Écosse, en Afrique du Sud, en Guyane et en Thaïlande.

Influence grandissante Il est intéressant de remarquer que certaines Églises catholiques et orthodoxes orientales ont récemment adopté la formule des écoles du dimanche pour rehausser la formation religieuse traditionnellement assurée par la liturgie sacrée. Un certain nombre de communautés juives, musulmanes, hindouistes, bouddhistes et sikhs ont également adapté cette institution chrétienne avec l'intention délibérée de dispenser à leurs enfants une éducation religieuse jugée nécessaire pour lutter contre l'influence de la culture chrétienne et de la société sécularisée d'Amérique du Nord. Le style des programmes s'inspire des modèles chrétiens. P. ex., les Églises bouddhistes Jodo-Shinshu chantent en chœur à l'école du dimanche des hymnes comme *Yes, Jesus loves me*, qu'ils adaptent en remplaçant simplement le nom de Jésus par celui de Bouddha.

James Taylor

Écoles du Manitoba, question des Parmi les nombreuses crises concernant le droit des minorités à l'éducation, elle est de loin la plus complexe et la plus lourde de conséquences. La LOI SUR LE MANITOBA de 1870 établit un système double d'écoles catholiques romaines et protestantes. Les années 1870 et 1880 voient une arrivée massive d'anglo-protestants venant de l'Ontario, faisant ainsi diminuer rapidement la proportion de francophones et de catholiques romains par rapport à la population du Manitoba. En mars 1890, le gouvernement libéral du Manitoba de Thomas GREENWAY supprime toutes les subventions aux écoles catholiques. Le Conseil privé confirme à deux reprises la validité de la loi provinciale, en 1892 et au début de 1895, mais confirme aussi le pouvoir du gouvernement fédéral de restituer les privilèges perdus en matière d'éducation.

Après bien du retard et plusieurs crises au Cabinet fédéral, le gouvernement conservateur, en toute fin de mandat, présente une loi réparatrice en mars 1896. Le chef libéral d'alors, Wilfrid LAURIER, fortement appuyé par des voix ouvertement anti-françaises et anti-catholiques, dont celle de Dalton MCCARTHY, force le rappel du projet de loi. Les élections fédérales de juin 1896 sont principalement axées sur ce sujet délicat. Laurier l'emporte sur le gouvernement sortant surtout parce que ses candidats remportent 49 sièges sur 65 dans la province de Québec. Laurier réussit à éviter la menace posée par des évêques catholiques favorables aux mesures de redressement en promettant à la province une démarche moins conflictuelle, mais soi-disant plus efficace et plus claire. Le compromis Laurier-Greenway, qui date de la fin 1896, apporte des modifications à la loi sur l'éducation de 1897, sans rétablir le système d'écoles séparées, mais permettant à de nouveaux professeurs catholiques d'être employés dans certaines circonstances; il donne aussi certains privilèges d'instruction religieuse dans les écoles publiques. Il faut attendre la fin des années 70 pour que l'on prenne des mesures plus équitables au Manitoba. Dans le Québec moderne, on considère la question des écoles du Manitoba comme l'atteinte la plus significative aux droits des catholiques et des francophones hors Québec.

Paul E. Crunican

Écoles du Nord-Ouest, question des Conflit entre l'Église et l'État pour le contrôle de l'éducation dans les Territoires du Nord-Ouest (maintenant la Saskatchewan et l'Alberta). En 1875, la LOI SUR LES TERRITOIRES DU NORD-OUEST introduit le principe des ÉCOLES SÉPARÉES pour les deux groupes religieux de la région: les protestants (principalement anglophones) et les catholiques romains (principalement francophones). En 1884, la première législation sur les écoles locales crée deux systèmes scolaires confessionnels réunis sous un seul conseil scolaire comprenant des sections protestantes et catholiques autonomes. Avec l'accroissement de la majorité protestante, des mesures administratives et législatives ont pour effet, avant 1892, de transformer les écoles confessionnelles en un système scolaire «national» ou public dirigé par l'État. Dans quelques écoles, l'influence religieuse est réduite au minimum. En 1894, les catholiques tentent sans succès d'obtenir plus de contrôle sur le système d'éducation en faisant appel au gouvernement fédéral.

La question resurgit en 1904-1905 au cours des négociations sur l'autonomie provinciale de l'Alberta et de la Saskatchewan. Au début de 1905, au milieu d'une controverse nationale, le ministre de l'Intérieur Clifford SIFTON démissionne en guise de protestation contre une clause jugée trop vague sur les écoles dans les PROJETS DE LOI D'AUTONOMIE. De profonds ressentiments, en particulier en Ontario et au Québec, ébranlent gravement l'unité canadienne et menacent de diviser le Parti libéral. Après avoir démissionné, Sifton propose une clause de compromis, que le premier ministre Laurier accepte pour éviter la scission qui menace alors le parti. Cette clause, qui fera partie intégrante de la nouvelle constitution de chacune des deux provinces, maintient les conditions pédagogiques en vigueur en 1892. Comme l'évêque de Saint-Albert, Émile Legal, se montre peu disposé à suivre dans ses protestations son archevêque métropolitain, Adélard Langevin de Saint-Boniface, et comme les libéraux dominent les nouvelles provinces à la suite des premières élections, cette question d'envergure nationale disparaît rapidement. (*Voir aussi* ÉCOLES DU MANITOBA, QUESTION DES; ÉCOLES DU NOUVEAU-BRUNSWICK, QUESTION DES; ÉCOLES DE L'ONTARIO, QUESTION DES; ÉCOLES SÉPARÉES.)

M.R. Lupul

Écoles du Nouveau-Brunswick, question des Le 17 mai 1871, le gouvernement du Nouveau-Brunswick votait la Common Schools Act pour renforcer et réformer le système scolaire. Ce faisant, il abandonnait du même coup un système informel d'écoles séparées qui s'est développé depuis les années 1850. Cette mesure a déclenché un tollé chez les catholiques du Nouveau-Brunswick et plusieurs solutions ont été proposées ou essayées: DÉSAVEU, résolutions à la Chambre des communes du Canada et

recours devant les tribunaux. Aucune démarche n'a donné de résultat. Si la loi de 1871 allait à l'encontre des conventions, elle ne violait pas l'article 93 de l'ACTE DE L'AMÉRIQUE DU NORD BRITANNIQUE. Deux cas l'ont montré clairement: *Ex parte Renaud* à la Cour suprême du Nouveau-Brunswick, en 1873, et Maher c. La Ville de Portland au COMITÉ JUDICIAIRE DU CONSEIL PRIVÉ de Londres en 1874. Les émeutes de janvier 1875 à Caraquet, au cours desquelles deux personnes sont mortes fusillées, prouvaient bien la nécessité de régler la question des écoles. Des amendements, qui amélioraient dans une certaine mesure la situation pour les catholiques, ont été apportés à la loi. Cependant, le Nouveau-Brunswick n'a pas obtenu des écoles vraiment séparées, mais plutôt un système informel rappelant celui de la Nouvelle-Écosse.

P.B. Waite

Écoles normales Elles sont créées à l'origine par les ministères provinciaux de l'Éducation dans l'Amérique du Nord britannique du milieu du XIXᵉ siècle en tant qu'établissements de formation des maîtres appelés à enseigner au sein des systèmes d'éducation publique en plein essor et financés par les contribuables. Le terme «normale», emprunté à l'École normale supérieure de France des années 1790, indique que les méthodes d'enseignement utilisées dans cette école deviennent la norme pour toutes les écoles relevant de l'État.

Pendant plus d'un siècle, les écoles normales canadiennes restent sous la responsabilité directe des ministères provinciaux de l'Éducation. Leur adhésion stricte aux méthodes d'enseignement prescrites fait toutefois l'objet de critiques. En 1945, l'Alberta est la première province à transférer la formation pédagogique des écoles normales aux facultés d'éducation des universités. D'autres provinces emboîtent le pas, mais certaines en passant d'abord par les collèges provinciaux d'enseignement.

Robert M. Stamp

Écoles séparées Aux États-Unis et au Canada, les parents sont libres d'envoyer leurs enfants dans des écoles du réseau public (*voir* SYSTÈMES SCOLAIRES) ou dans des écoles privées facturant des frais de scolarité. Au Canada, plusieurs provinces, grâce à des réseaux d'écoles séparées publiques ou par un soutien public aux ÉCOLES PRIVÉES, offrent aux familles un choix plus vaste, généralement fondé sur la religion. Aux États-Unis cependant, une interprétation stricte de la doctrine de la séparation de l'Église et de l'État restreint quelque peu le choix. Pour les parents américains, l'éducation cesse d'être gratuite s'ils décident de ne pas envoyer leurs enfants dans les écoles publiques. Contrairement à la constitution américaine, en vertu de laquelle l'aide publique est refusée aux écoles séparées, les dispositions de la constitution canadienne garantissent une aide publique à de telles écoles.

Débuts

Les principes qui sous-tendent l'utilisation des fonds publics pour les écoles séparées et confessionnelles au Canada, et plus généralement la relation entre l'État et la scolarisation, sont établis dès le XIXᵉ siècle. Derrière la création d'un réseau d'enseignement gratuit et universel, on retrouve une notion essentielle, très répandue à l'époque: la religion et l'éducation sont indissociables, et l'État a la responsabilité de favoriser, partout où c'est possible, une relation harmonieuse entre les deux. La religion est une composante essentielle de l'éducation pour les protestants et les catholiques.

De nombreux résidants des colonies de l'Amérique du Nord britannique finissent par se convaincre qu'il est essentiel de mettre sur pied des écoles vraiment publiques que tous les enfants pourront fréquenter. Cette conviction repose sur la crainte des dissensions confessionnelles et sur l'influence républicaine des États-Unis, mais les écoles publiques laïques sont vues aussi comme un instrument effica-

ce qui va permettre de créer un sentiment d'appartenance national. En Nouvelle-Écosse et au Nouveau-Brunswick, p. ex., les écoles confessionnelles séparées sont considérées comme un élément de division sociale. Par contre, dans le Haut-Canada et le Bas-Canada, on a tendance à accepter l'existence d'écoles séparées et dissidentes comme un moyen de maintenir une certaine uniformité par le biais d'un contrôle public et de permettre l'exercice de certains droits minoritaires.

Ce modèle est reproduit ailleurs par la suite, p. ex., en Saskatchewan et en Alberta, et on en arrive graduellement, au Canada, à subventionner l'éducation de certaines minorités religieuses dans des écoles confessionnelles, séparées et dissidentes. Satisfaction est donnée aux minorités pour des raisons éducatives plutôt que pour des motifs religieux, ce qui est significatif du consensus qui se crée: les parents jouent un rôle important dans l'éducation de leurs enfants et les écoles doivent être attentives aux demandes parentales en ce qui concerne l'éducation morale et religieuse.

La situation du Canada au début et au milieu du XIXᵉ siècle diffère énormément de la situation américaine. En effet, dès les premières années de l'administration du HAUT-CANADA, l'Église d'Angleterre détient un important pouvoir politique, ce qui provoque d'importantes tensions entre elle et les protestants non anglicans et les catholiques qui luttent pour leurs droits légitimes. En revanche, au BAS-CANADA, il existe une forte majorité française et catholique et les anglo-protestants cherchent à se protéger des Canadiens français catholiques. L'État cherche donc à assurer une protection juridique et un soutien aux écoles confessionnelles, plutôt que de mettre sur pied un réseau scolaire public laïc. Ces arrangements sont enchâssés dans la LOI CONSTITUTIONNELLE de 1867 et, malgré une laïcisation de plus en plus grande et l'uniformisation des protestants au cours du XXᵉ siècle, la responsabilité de l'État vis-à-vis des écoles confessionnelles demeure la même dans la plupart des provinces. L'idée selon laquelle l'Église et l'État sont des associés, plutôt que des forces hostiles et incompatibles qui doivent être éloignées l'une de l'autre, a conduit les autorités scolaires du Canada à subventionner des écoles juives au Québec, des écoles huttérites dans les provinces de l'Ouest, à tolérer des écoles Amish en Ontario et à permettre à l'Armée du salut d'ouvrir ses propres écoles à Terre-Neuve.

Depuis la Confédération

En 1867, chacune des trois colonies de l'Amérique du Nord britannique qui constituent le Dominion du Canada possède son propre réseau d'écoles publiques. Après la Confédération, grâce aux dispositions de l'article 93 de la *Loi constitutionnelle* de 1867, chaque province conserve une juridiction exclusive sur sa propre structure scolaire. Le paragraphe 1 de cet article 93 a pour effet de permettre à toutes les écoles confessionnelles, légalement constituées au moment de la Confédération, de bénéficier en permanence du financement public. Ce qui n'avait pas été précisé cependant, c'est que les écoles confessionnelles établies selon les coutumes de l'époque, sans être légalement constituées, ne se verraient pas garantir les mêmes droits.

À partir de la *Loi constitutionnelle* de 1867, les provinces sont libres de voter leurs propres lois scolaires, à condition qu'elles soient conformes aux garanties accordées aux écoles confessionnelles constituées légalement auparavant. Il en résulte cinq arrangements administratifs différents. Au Québec, on élabore un réseau public confessionnel constitué de deux courants séparés et indépendants, les écoles catholiques et les écoles protestantes, soit les deux grandes branches du christianisme occidental. Dans chaque arrondissement scolaire, les écoles confessionnelles de la minorité sont considérées comme des écoles dissidentes, mais, tout comme les écoles publiques de la majorité, elles assurent la formation de leurs maîtres et élaborent leurs propres programmes, ainsi que leurs mécanismes d'inspection par l'intermédiaire de leur section confessionnelle du Conseil de l'instruction publique (devenu le ministère de l'Éducation). Cependant, après la création, au provincial, du ministère de l'Éducation en 1964, l'autonomie confessionnelle est réduite au point que les deux branches finissent par enseigner sensiblement la même chose.

L'Ontario, la Saskatchewan et l'Alberta créent des réseaux d'écoles séparées, habituellement des réseaux d'écoles protestantes ou catholiques, parallèlement à des écoles publiques laïques. Les écoles séparées et les écoles publiques sont toujours administrées par un département ou un ministère de l'Éducation qui a la responsabilité des programmes, de la formation des maîtres et de l'octroi des diplômes, des programmes spéciaux et de l'inspection.

La Nouvelle-Écosse, le Nouveau-Brunswick, l'Île-du-Prince-Édouard et le Manitoba adoptent des arrangements officiels pour financer les écoles confessionnelles. Entre 1871 et 1890, le Manitoba possède un réseau confessionnel à deux branches, catholique et protestante, semblable à celui du Québec. De 1890 à la fin des années 60 cependant, la province ne fournit aucune aide financière à un groupe religieux quelconque. Officiellement, on ne trouve dans ces provinces qu'un seul réseau d'écoles publiques laïques. En pratique, cependant, les compromis politiques et une certaine souplesse administrative permettent aux écoles catholiques de bénéficier d'un financement public en échange d'un contrôle étatique variable. Il existe donc également un réseau officieux d'écoles séparées en tous points semblable au réseau officiel, mais qui n'en a pas le nom.

Terre-Neuve et la Colombie-Britannique représentaient, il n'y a pas si longtemps, les pôles opposés dans l'organisation du financement public des écoles au Canada. Jusqu'à la fin des années 60, Terre-Neuve ne finance que les écoles confessionnelles; on peut donc parler d'un véritable réseau public d'écoles confessionnelles. En mars 1969, l'Église anglicane, l'Église unie et l'Armée du salut signent un document d'intégration entériné plus tard par l'Église presbytérienne. Par ce document, chaque Église cède son droit de diriger ses propres écoles, mais désigne un secrétaire exécutif chargé de conseiller le ministre de l'Éducation sur les aspects confessionnels. Les autres confessions religieuses, les catholiques, les pentecôtistes et les adventistes du 7e jour, désignent aussi des secrétaires exécutifs au «conseil des écoles confessionnelles» qui fonctionne indépendamment du ministère, mais qui joue un rôle consultatif auprès de ce dernier. Jusqu'en 1977, seule la Colombie-Britannique refuse de financer les écoles confessionnelles. Les premières lois scolaires décrétées par le parlement de la nouvelle province en 1872 instituent des écoles laïques publiques et gratuites, en invoquant le principe de la séparation de l'Église et de l'État. Le réseau public est toujours en place, mais avec la loi 33 adoptée en 1977, la Colombie-Britannique finance maintenant des écoles confessionnelles et laïques privées.

La structure, les postulats et les pratiques organisationnels qui ont vu le jour, il y a un siècle, ont été contestés, souvent amèrement, et modifiés occasionnellement, mais, dans l'ensemble, il y a eu peu de changements administratifs substantiels entre la fin du XIXe siècle et les années 60. Au fil des ans, les tribunaux canadiens ont établi que les droits confessionnels à l'égard de l'instruction sont fondés sur la confession religieuse plutôt que sur la langue, et que la religion pratiquée par les parents constitue un facteur décisif. Cependant, les parents n'ont pas toujours le loisir de choisir librement à quelle école, publique ou séparée, ils veulent envoyer leurs enfants, pas plus qu'ils ne peuvent choisir le réseau scolaire qui bénéficiera de leurs impôts. En Ontario,

p. ex., un parent catholique peut choisir le réseau scolaire où verser ses impôts, et ses enfants fréquenteront nécessairement les écoles de ce réseau. Par ailleurs, un catholique peut choisir l'école publique, mais quelqu'un qui n'est pas catholique ne peut pas opter pour une école catholique.

En Saskatchewan, si une école séparée existe dans un arrondissement où le contribuable réside, celui-ci est tenu de soutenir l'école mise sur pied par les membres de sa confession religieuse. En Alberta, lorsqu'une école catholique séparée est mise sur pied dans un arrondissement scolaire, tous les catholiques de l'arrondissement paient leurs taxes scolaires au réseau des écoles séparées, tandis que ceux qui ne sont pas catholiques paient leurs impôts scolaires au réseau des écoles publiques. Dans les villes d'Edmonton, de Calgary et de Saskatoon, les conseils scolaires ont établi que les enfants non catholiques peuvent fréquenter les écoles catholiques séparées et que les enfants catholiques peuvent fréquenter les écoles publiques sans frais supplémentaires. Mais on ne peut affirmer avec certitude qu'il est possible pour quelqu'un qui n'est pas catholique de soutenir les écoles séparées, s'il déclare être catholique à des fins fiscales. En Alberta et en Saskatchewan, on répartit les impôts corporatifs de façon équitable entre les deux réseaux qui bénéficient d'arrondissements plus vastes et d'écoles secondaires. En Ontario, cependant, on refuse aux parents qui ne sont pas catholiques le droit de choisir l'enseignement catholique pour leurs enfants. De plus, le soutien financier équitable accordé aux deux réseaux s'est rapidement effrité et, jusqu'en septembre 1985, le financement des écoles séparées ne va pas au-delà de la 10e année. Depuis cette date, on prolonge le financement public aux écoles séparées jusqu'à la 11e, puis progressivement jusqu'à la 12e année (en 1986) et à la 13e année (en 1987).

Malgré ces différences de taille entre les provinces, certaines données sont communes: les impôts fonciers demeurent la source de tous les revenus scolaires dans la plupart des provinces; les écoles publiques, séparées ou non, sont en général gratuites; une structure administrative centralisée (dont les attributions sont variables) joue dans chaque province un rôle de supervision généralement semblable à l'égard des écoles publiques et séparées. De plus, avant les années 60, toutes les provinces insistaient pour qu'une instruction religieuse soit dispensée dans toutes les écoles publiques et que des exercices religieux (récitation du Notre Père, lecture de passages de la Bible) aient lieu au début de la journée. Enfin, des arrangements financiers assez semblables existent dans un certain nombre de provinces.

Histoire récente

Au cours des 30 dernières années, un certain nombre de changements importants se produisent et les controverses politiques à l'égard du financement des écoles publiques se multiplient. Les changements résultent de nombreux facteurs. L'éducation devient indispensable pour accéder au marché du travail, les écoles secondaires se transforment donc en institutions de masse et l'éducation postsecondaire devient de plus en plus importante. Ainsi, les coûts du financement des écoles séparées augmentent, ce qui soulève de sérieuses interrogations sur la pertinence de l'enseignement séculier qu'elles dispensent. Cependant, les partisans des écoles séparées réussissent à augmenter leur financement public. La consolidation des petits arrondissements scolaires en unités administratives plus grandes transforme souvent des écoles homogènes (par la confession religieuse ou l'origine ethnique) en institutions plus hétérogènes, diluant ou éliminant ainsi le facteur d'homogénéité qui les structurait.

Ces constatations sont particulièrement vraies dans les provinces de l'Atlantique. La centralisation du financement à l'échelle provinciale remplace la structure dominante du financement local et coïncide

habituellement avec une augmentation de ce financement. Par ailleurs, la centralisation a tendance à accroître les pouvoirs de contrôle de l'État et à diminuer l'autonomie des écoles qui acceptent des contributions du gouvernement, à mesure que celles-ci augmentent. La présence accrue des gouvernements provinciaux dans le domaine de l'éducation ainsi que l'importance de plus en plus grande du système éducatif ont des incidences sur le financement des écoles séparées et les relations entre l'Église et l'État dans chaque province.

Les provinces de l'Atlantique représentent un cas typique de modernisation des écoles publiques qui aboutit à une réduction de l'autonomie et de l'autorité officielle et officieuse exercée auparavant par les écoles catholiques. En Nouvelle-Écosse, au Nouveau-Brunswick et à l'Île-du-Prince-Édouard, des arrangements officieux continuent de lier l'Église et l'État dans le domaine de l'éducation en permettant, p. ex., aux professeurs qui enseignent dans des écoles publiques situées dans des arrondissements catholiques de porter des vêtements religieux. Cependant, les efforts déployés par les gouvernements provinciaux pour améliorer les services éducatifs en mettant sur pied des structures plus efficaces et plus économiques, en centralisant et en consolidant le financement de façon à répartir plus équitablement les fonds publics, et en augmentant leurs pouvoirs de supervision sur toutes les écoles, minent sérieusement la base confessionnelle de l'instruction. À Terre-Neuve, p. ex., les partisans de la confessionnalité doivent maintenant se contenter de jouer un rôle consultatif au lieu de définir les politiques scolaires.

Les politiques de financement des écoles séparées en Ontario sont uniques de bien des manières. Grâce à une immigration massive en provenance de pays catholiques d'Europe, tels que l'Italie et le Portugal, 37 p. 100 de la population de l'Ontario est catholique et environ 34 p. 100 des écoliers de niveau primaire fréquentent des écoles séparées. Parmi les 160 conseils scolaires qui régissent les écoles primaires, 57 sont catholiques et 1 seul est protestant. Depuis le mois de septembre 1987, toutes les écoles séparées sont financées sur la même base que les écoles publiques. Jusqu'en septembre 1985, les francophones éparpillés dans différentes régions de la province disposaient d'un autre moyen pour permettre aux étudiants catholiques de bénéficier de fonds publics de la 11e à la 13e année: ils fréquentaient les écoles secondaires publiques françaises. Cette situation témoigne donc d'un changement d'attitude important, dans la mesure où la langue et l'origine ethnique se voient accorder plus d'importance que la religion.

L'augmentation extraordinaire du nombre d'inscriptions dans les écoles séparées et confessionnelles au cours des 30 dernières années, ainsi que le pouvoir politique acquis par des groupes confessionnels témoignent de l'importance que les parents attachent à l'instruction comme moyen de préserver des valeurs religieuses et culturelles et d'améliorer leur situation économique. D'autres regroupements de parents partageant divers intérêts (linguistiques, ethnoculturels ou éducatifs), dont les préoccupations ne sont pas satisfaites à l'intérieur des écoles publiques ou dans le cadre d'écoles privées subventionnées, vont bientôt se manifester et exiger un soutien financier dans un cadre de pluralisme scolaire disparu depuis le milieu du XIXe siècle, depuis l'avènement des écoles publiques. On peut dire qu'au milieu des années 90, les partisans des écoles confessionnelles acquièrent dans le domaine de l'éducation une importance que peu de gens auraient pu prévoir il y a 30 ans.

J. Donald Wilson

ECOLOG Système d'instrumentation acoustique mis au point à l'INSTITUT OCÉANOGRAPHIQUE DE BEDFORD de Dartmouth, en Nouvelle-Écosse, pour la recherche sur les populations de poissons et leur levée. Un échosondeur vertical à deux faisceaux, remorqué par un bateau, transmet des sons et reçoit des échos à une fréquence de 50 ou de 120 kHz (les échos provenant des vessies natatoires des poissons sont les plus fortes de la gamme des 30 à 120 kHz). Les échos sont reçus simultanément par des récepteurs acoustiques à faisceau étroit et à faisceau large. Les signaux d'écho sont numérisés et enregistrés sur une bande magnétique. Les programmes informatiques à bord du bateau, ou plus tard au laboratoire, donnent la position, la profondeur, le nombre et la taille des poissons rencontrés, ce qui permet d'évaluer l'abondance de la ressource locale.

L.M. Dickie

Économie La plupart des économistes actuels considèrent que les SCIENCES ÉCONOMIQUES sont l'étude des choix. Une «économie» est donc strictement constituée d'êtres humains (dans ce cas, les Canadiens) qui font des choix, ce qui englobe la quasi-totalité de l'expérience vécue par les Canadiens. Quoi qu'il en soit de cette définition extensive qui peut plaire aux économistes, il vaut sans doute mieux percevoir l'activité économique, à la manière de la plupart des profanes, comme le lieu de la production et de l'échange de biens et de services. Cette définition a l'avantage de s'accorder plus ou moins avec ce que les statisticiens des comptes de la nation prennent en considération quand ils essaient de mesurer l'activité économique. Mais l'économie réelle et les statistiques économiques officielles compilées par le gouvernement ne correspondent pas parfaitement.

Certains biens et services, comme la prostitution et la drogue, sont produits et échangés dans la clandestinité, aussi loin que possible du gouvernement, alors que de plus en plus d'autres activités économiques légales se pratiquent maintenant clandestinement, pour éviter les impôts. On évalue actuellement cette ÉCONOMIE SOUTERRAINE à 22 p. 100 de l'ensemble de l'économie. De plus, de nombreux autres biens et services tout à fait légaux comme, entre autres, le nettoyage, l'entretien et la préparation de repas, sont produits à la maison, sans être échangés et, donc, sans être inclus dans le produit national brut (PNB). Si la production et l'échange «au-dessus de la table» constituent les activités économiques établies, on peut alors cerner l'économie canadienne par l'analyse des biens et services que les Canadiens produisent et consomment, des emplois qu'ils occupent, des salaires qu'ils gagnent et des gens pour qui ils travaillent et avec qui ils commercent.

Structure industrielle Les Canadiens apparaissent depuis longtemps à leurs propres yeux (sinon à ceux des autres) comme «bûcherons et porteurs d'eau». Il faut dire que le développement du Canada par les Européens était principalement motivé par le désir d'exploiter les RESSOURCES naturelles du pays, renouvelables et non renouvelables (*voir* HISTOIRE ÉCONOMIQUE; PÊCHE, HISTOIRE DE LA; BOIS, HISTOIRE DU COMMERCE DU; TRAITE DES FOURRURES; THÉORIE DES PRINCIPALES RESSOURCES). De plus, le Canada occupe toujours une place importante dans l'exploitation des ressources du monde. Dans le cas des minéraux, p. ex., il produisait en 1983 plus de 20 p. 100 de l'amiante et de la potasse, plus de 15 p. 100 du nickel, du zinc, du molybdène, du soufre et de l'uranium, plus de 5 p. 100 de cuivre, de plomb, de l'or, de l'argent et de l'aluminium, et il ne s'est pas classé en dessous du cinquième rang mondial pour l'exploitation de ces ressources.

Mais, tandis que l'industrie primaire compte encore pour une part importante de l'ensemble de l'activité économique et détermine aussi partiellement l'activité du reste de l'économie, la réalité que cache l'image que nous nous faisons de notre économie est que, au Canada, comme dans tous les autres pays industrialisés, une grande part de la production se fait dans les secteurs manufacturier et des services. En 1997, les manufactures comptaient pour 18 p. 100 de l'ensemble de la production canadienne, alors que l'agriculture et les industries primaires

(foresterie, pêche et chasse, exploitation minière et pétrolière, énergie électrique, gaz et eau) réunies comptaient pour seulement un peu plus de 15 p. 100.

Le secteur de services se taillait la part du lion – deux tiers – surtout les services aux particuliers, les services à la communauté et les services d'affaires (dont beaucoup dans le secteur parapublic, l'éducation et les soins de santé principalement), l'administration publique et la défense. La construction, le commerce, le transport et les communications sont d'autres secteurs de services. Ces deux derniers sont vitaux pour un pays aussi étendu que le Canada.

Tandis que le Canada tend à avoir un secteur des services légèrement plus important que le secteur manufacturier, par comparaison avec d'autres pays industrialisés, son équilibre sectoriel est conforme à celui d'une économie industrialisée. C'est d'ailleurs le cas, notons-le, de l'importance actuelle de la fabrication et des services qui n'a rien de bien neuf. En 1870, le secteur de l'agriculture comptait pour 37,1 p. 100 de la production, tandis que les ressources naturelles, avec 4,1 p. 100, n'étaient guère dominantes et que les secteurs de la fabrication et des services étaient déjà bien implantés avec respectivement 22,4 et 36 p. 100.

En fait, pour résumer approximativement le développement économique du XIXᵉ siècle, on peut dire que le déclin de la part relative de la production agricole (mais non de son niveau) a été compensé par la croissance de celle des services, tandis que les ressources naturelles et la fabrication ont maintenu leur poids relatif.

La prédominance actuelle du secteur des services est même plus spectaculaire si on la mesure en termes d'emplois par industrie. En 1997, le secteur des services employait au moins 73 p. 100 de la main-d'œuvre, alors que le secteur de la fabrication en employait 15 p. 100 et les secteurs agricole et primaire seulement 5,1 p. 100.

La principale cause en est que, durant la période d'après-guerre, les augmentations de productivité (production par travailleur) ont été généralement plus importantes dans les secteurs primaire, de la fabrication et de l'agriculture que dans le secteur des services. Ainsi, même si avec le temps presque tous les secteurs de l'économie ont été capables de fournir la même production avec moins de travailleurs. Ce progrès est beaucoup plus net dans les trois secteurs de production intensive susmentionnés que dans le secteur des services.

Dans les années 80, malgré l'inquiétude très répandue au sujet de la désindustrialisation dans la majorité des pays occidentaux, c'est seulement la part du secteur manufacturier dans l'emploi, et non la production, qui a diminué. En fait, après 1973, le Canada est un des rares pays industrialisés à enregistrer une hausse du nombre absolu d'emplois dans le secteur manufacturier (malgré une baisse, ici comme partout ailleurs, de la part relative de ce secteur dans l'emploi).

Le secteur manufacturier au Canada Le fait que le Canada semble ne pas avoir un secteur manufacturier aussi important et aussi compétitif que celui d'autres pays industrialisés préoccupe depuis longtemps les économistes et les décideurs canadiens qui considèrent qu'une économie axée sur les ressources est trop dépendante des variations cycliques et régionales de ses revenus, et pas assez tournée vers les innovations et la recherche industrielle.

Au contraire, d'autres rétorquent que les économies basées sur la fabrication ne sont pas à l'abri de l'instabilité et que, si l'exploitation des ressources est l'utilisation la plus profitable pour la main-d'œuvre et le capital canadiens, et si les niveaux des salaires locaux relativement élevés qu'entraîne cette exploitation rendent la compétition internationale difficile pour les fabricants canadiens, le fait de forcer la croissance dans le secteur de la fabrication par des aides directes ou indirectes signifierait des revenus plus bas pour les Canadiens.

En fait, le Canada possède un secteur manufacturier important et diversifié. Entre 1960 et 1982, ce secteur employait 23,3 p. 100 de la main-d'œuvre, en moyenne. Ce pourcentage est seulement inférieur de 1,5 p. 100 à la moyenne des États-Unis durant cette période et se rapproche de la moyenne de l'Organisation de coopération et de développement économiques (OCDE), qui était de 26,1 p. 100. Mais, s'il est vrai qu'approximativement 40 p. 100 de la fabrication canadienne concerne la transformation de matières premières, une proportion de plus en plus importante vient de la production de produits finis.

De plus, durant la période d'après-guerre, la compétitivité du secteur manufacturier canadien a considérablement augmenté au point de combler une bonne part de son retard traditionnel sur son concurrent américain, l'exportation des produits manufacturés représentant 75 p. 100 des exportations globales.

L'ACCORD CANADO-AMÉRICAIN SUR LES PRODUITS DE L'INDUSTRIE AUTOMOBILE de 1965 a créé le libre-échange pour le marché de l'automobile et des pièces d'automobile pour les producteurs, mais non pour les consommateurs. Cet accord est la principale cause de l'augmentation des exportations de produits manufacturés. Par ailleurs, les réductions générales des barrières tarifaires entre le Canada et les États-Unis ont aussi permis à beaucoup d'autres fabricants canadiens de pénétrer le marché américain et de tirer profit d'une production à grande échelle, ce qui n'était guère possible à l'intérieur des limites étroites du petit marché canadien en raison des tarifs élevés dans les années 1879 à 1945.

Paiements internationaux Quoique les Canadiens produisent beaucoup de services et de produits manufacturés les uns pour les autres, notre «avantage concurrentiel» (ce que nous faisons le mieux) se trouve encore principalement dans les activités liées aux ressources naturelles, un fait qui se reflète dans les statistiques de notre commerce. Après les véhicules automobiles et leurs pièces qui représentent 28,6 p. 100 des exportations, on retrouve, parmi nos exportations les plus importantes, le pétrole brut, le papier journal, le bois de construction, le gaz naturel, le blé, différents produits alimentaires, de l'équipement et de la pulpe de bois. En fait, nos exportations nettes (les exportations moins les importations) de pétrole, de produits alimentaires et d'équipement sont soit négatives, soit légèrement excédentaires, car nous exportons beaucoup, mais nous importons aussi beaucoup. Les produits finis constituent de loin la part la plus importante de nos importations.

Durant la plus grande partie de l'après-guerre, le Canada a enregistré un excédent de sa balance commerciale: il a exporté beaucoup plus de marchandises qu'il n'en a importé. Toutefois, il accuse régulièrement un déficit plus important au compte des services. Les deux éléments les plus marquants de ce dernier sont les voyages et les paiements de dividendes et d'intérêts.

L'importance et la croissance du déficit lié aux voyages sont occasionnées par l'augmentation du niveau de vie des Canadiens, qui sont de plus en plus nombreux à se payer des vacances d'hiver sous le soleil. Le traditionnel déficit des paiements d'intérêts et de dividendes vient du fait que, pendant une longue période de notre histoire, nous avons importé des capitaux de l'extérieur, sous forme de prêts, de prises de contrôle et de nouveaux investissements. Durant les 50 premières années, l'entrée de capitaux pouvait représenter jusqu'à 10 p. 100 du PNB par année. Malgré une augmentation certes spectaculaire des épargnes canadiennes de l'après-guerre, le pays est resté importateur net de capitaux, ce qui signifie que nous devons continuer à payer des intérêts et des dividendes à nos créanciers étrangers.

Les comptes de services et de marchandises réunis forment le «compte courant» de la BALANCE DES PAIEMENTS. Traditionnellement, le Canada affiche un déficit sur le compte courant. Comme la balance des paiements est en fait un relevé de tous les achats et de toutes les ventes de dollars canadiens pour le commerce, les voyages, les intérêts, les prêts et les emprunts, et qu'il doit y avoir un vendeur pour chaque acheteur d'un dollar canadien, la balance des paiements est toujours équilibrée. Donc, le déficit habituel du compte courant est compensé par les rentrées du compte capital, c.-à-d. que nous empruntons habituellement plus à l'étranger que nous ne lui prêtons.

C'est simple: l'argent ne pouvait continuer à sortir du Canada pour couvrir nos obligations nettes en compte courant d'intérêts et de voyages à moins qu'il ne nous revienne aussi sous forme de prêts et d'investissements de l'étranger. Au début des années 80, la dépendance à l'égard des investissements étrangers a diminué brusquement, car le Canada a investi plus à l'étranger que les étrangers n'ont investi au Canada. La situation s'est renversée en 1986 et en 1987.

En général, l'équilibre entre le compte courant et le compte capital dépend de plusieurs facteurs, parmi lesquels on note la différence entre les taux d'intérêt américains et canadiens (qui touche les flux de capitaux entre les deux pays), la valeur relative des monnaies des deux pays, la croissance relative de leur PNB et la puissance relative du protectionnisme, qui, tous, influencent les flux des échanges commerciaux. Comme chacune de ces variables dépend en grande partie des politiques économiques des deux pays, il est difficile de prévoir ce qu'il arrivera à la balance des paiements.

Bien sûr, ce n'est pas vraiment correct d'accorder autant d'importance aux relations économiques Canada–États-Unis (*voir* RELATIONS CANADO-AMÉRICAINES; ÉCONOMIE), car la balance des paiements dépend aussi de nos relations avec les autres pays. Mais, la part la plus importante de notre COMMERCE INTERNATIONAL se fait avec les États-Unis et, malgré les efforts du début des années 70 (sous le gouvernement Trudeau, la TROISIÈME OPTION) visant à augmenter les échanges avec des pays autres que les États-Unis et l'Europe, nos liens économiques avec les États-Unis se sont renforcés.

Alors que certains économistes s'inquiètent de la trop grande dépendance à l'égard des changements de l'économie américaine que cette situation pourrait engendrer, d'autres soutiennent que les échanges avec les États-Unis nous sont plus naturels et que le coût éventuellement considérable qu'entraînerait la réorientation de notre commerce vers d'autres directions ne vaut pas la réduction probablement minime de la dépendance qui en résulterait.

Emploi et main-d'œuvre Une autre façon de décrire l'activité de l'économie canadienne consiste à analyser le type d'emploi que les Canadiens occupent et la somme de travail qu'ils abattent, sans prendre en compte ce qu'ils produisent. La distinction entre ce qui est produit et le type d'emploi occupé pour produire est souvent oubliée, mais elle est évidemment cruciale. Tous les emplois dans l'industrie forestière ne sont pas des emplois de bûcheron et, en fait, dans la plupart des industries, la mécanisation des dernières décennies a conduit à une importante réduction du nombre d'emplois consacrés directement à la production. Le nombre de Canadiens effectivement occupés à couper du bois, bâtir, faire un travail manuel ou cultiver pour vivre est minime, alors que presque les deux tiers occupent maintenant des emplois de cols blancs (*voir* POPULATION ACTIVE).

Dans les dernières décennies, un autre changement important s'est situé sur le plan de la main-d'œuvre elle-même. Le taux d'activité global (qui représente le pourcentage de la population en âge de travailler qui a un emploi ou qui en recherche un) a considérablement augmenté. Il est passé de 55 p. 100 en 1946 au chiffre élevé de 64,8 p. 100 en 1997 à la suite de l'arrivée massive des femmes sur le marché du travail (*voir* FEMMES DANS LA POPULATION ACTIVE).

Au cours de la même période, le taux d'activité des femmes est passé de 24,7 p. 100 à 57,4 p. 100, alors que le taux d'activité des hommes diminuait, passant de 85,1 p. 100 à 72,5 p. 100. Parmi les explications les plus courantes de l'arrivée des femmes sur le marché du travail, on note les progrès dans les méthodes de limitation des naissances, l'invention de nombreux appareils ménagers qui économisent du temps, le changement des attitudes par rapport au rôle social des femmes et la croissance du secteur public, important créateur d'emplois dans les services.

L'un des grands paradoxes récents de l'économie canadienne est que, tandis que la proportion de la population active a plus ou moins augmenté régulièrement, le taux de CHÔMAGE a aussi augmenté, mais moins régulièrement. Les augmentations records dans la création d'emplois sont surpassées par des augmentations plus importantes dans le nombre de personnes à la recherche d'emplois. Ainsi, le taux de chômage national est passé d'une moyenne de 5,2 p. 100 dans les années 60 à 6,7 p. 100 dans les années 70, puis à 9,9 p. 100 entre 1980 et 1986 (bien qu'il ait eu tendance à baisser au milieu des années 80).

Il y a deux explications courantes à ce phénomène: d'une part, le programme d'assurance-emploi est devenu beaucoup plus généreux qu'il ne l'était, de sorte que plus de personnes ont tendance à s'arrêter périodiquement de travailler, et, d'autre part, il y a plus de travailleurs secondaires (des femmes et des jeunes gens principalement) qui ne sont pas forcément à la recherche d'un emploi comme l'était le travailleur type des années 50, l'homme, chef d'une famille dont il était le seul pourvoyeur de revenu. Toutefois, le taux de chômage chez les jeunes hommes a aussi grimpé au cours des deux dernières décennies.

La faible performance de l'économie des années 70 et 80 contribue aussi à expliquer ce phénomène, bien que même pendant l'expansion soutenue de l'économie au milieu des années 80, le chômage ait fait preuve d'une déconcertante résistance à toute baisse rapide. On pointe de plus en plus du doigt le nombre croissant de personnes qui ne seraient tout simplement pas assez qualifiées pour travailler dans une économie de plus en plus sophistiquée au plan technologique. Beaucoup d'économistes dénoncent aussi le salaire minimum élevé, les politiques salariales des syndicats et les pratiques restrictives des gouvernements et des syndicats sur le MARCHÉ DU TRAVAIL, facteurs qui réduisent la capacité d'absorber la main-d'œuvre difficilement employable.

Structures de propriété Durant la période d'après-guerre, de plus en plus de Canadiens ont été amenés à travailler pour leurs gouvernements, soit directement, soit par l'intermédiaire des SOCIÉTÉS DE LA COURONNE. Cette augmentation de l'emploi dans le secteur public s'est faite à tous les paliers de gouvernement, mais principalement au niveau municipal et provincial, où les emplois ont augmenté rapidement au cours des années 50 et 60, surtout dans le secteur de l'éducation et des soins de la santé. En 1960, seulement 8,6 p. 100 de la population active était à l'emploi des gouvernements provinciaux et municipaux, mais, en 1981, ce chiffre est monté à 12 p. 100.

Par ailleurs, l'augmentation de l'emploi dans le secteur public au cours des trois dernières décennies reste bien inférieure à celle des DÉPENSES PUBLIQUES, qui grimpent de 29,6 p. 100 du PNB à 45 p. 100. C'est qu'on a consacré moins de la moitié de l'augmentation des dépenses à la production de biens et de services, alors qu'une grande partie a été allouée aux transferts aux particuliers et aux paiements des intérêts de la DETTE PUBLIQUE.

Bien que les données sur l'emploi des sociétés de la Couronne soient plus difficiles à obtenir, on estime que, de nos jours, plus de 3 p. 100 de Canadiens gagnent leur vie en travaillant pour ces sociétés dont

le nombre dépasse 230 et qui sont présentes à tous les ordres de gouvernement au Canada.

La caractéristique peut-être la plus connue de la vie économique canadienne est que beaucoup de Canadiens qui travaillent dans le secteur privé sont employés par des sociétés appartenant à des étrangers. La propriété étrangère (d'abord principalement britannique et, après la Seconde Guerre mondiale, surtout américaine) a toujours été très importante au Canada. En 1968, la commission d'étude Watkins sur la PROPRIÉTÉ ÉTRANGÈRE signalait au gouvernement fédéral que la proportion du secteur manufacturier de l'économie canadienne contrôlé par des intérêts étrangers avait atteint 57 p. 100, alors que les étrangers possédaient plus de 70 p. 100 de l'industrie minière et 80 p. 100 de l'industrie du pétrole et du gaz.

Au début des années 70, la propriété étrangère est devenue une question politique si litigieuse que le gouvernement Trudeau créa PETRO-CANADA, une société pétrolière d'État, et mit en place l'AGENCE DE CONTRÔLE DES INVESTISSEMENTS ÉTRANGERS qui devait analyser les projets d'investissements étrangers pour garantir qu'ils rapporteraient des bénéfices nets. De plus, en 1980, après le second épisode de l'OPEP, il a établi le PROGRAMME NATIONAL DE L'ÉNERGIE qui offrait des mesures incitatives particulières aux sociétés de gaz ou de pétrole appartenant à des Canadiens.

Les adversaires de ces mesures pointaient du doigt le coût excessif de cette canadianisation responsable, selon eux, de la détérioration des relations surtout avec les États-Unis, et de la baisse des investissements en général. Mais, combinées au virage dans les investissements mentionné plus tôt, ces mesures ont contribué à la diminution de la propriété étrangère globale à 44 p. 100 dans le secteur manufacturier, à 35 p. 100 dans le secteur minier et à 39 p. 100 dans le secteur du pétrole et du gaz. Bien que le gouvernement Mulroney ait remplacé l'Agence de contrôle des investissements étrangers par Investissement Canada en 1985, il a gardé dans leur ensemble, même si elles sont plus souples, les restrictions frappant l'INVESTISSEMENT ÉTRANGER et a introduit des restrictions particulières pour l'édition et les autres industries de la culture.

Essor économique La mesure habituelle de la santé d'une économie d'un pays est le montant de biens et de services qu'elle produit par habitant, soit son PNB. L'humain ne peut évidemment pas vivre seulement du produit national brut et, en tant qu'indice de bonheur, le PNB souffre de plusieurs déficiences notoires. Parmi les plus évidentes figure le fait qu'il ne tient pas compte, entre autres, de la pollution, de la concentration urbaine, de la santé, de la sécurité des personnes et de la propriété. Par ailleurs, souligner les défauts du PNB en tant que mesure de bien-être est beaucoup moins à la mode maintenant qu'avant 1973, alors que la croissance de l'économie commençait à ralentir dans la plupart des pays industrialisés.

Il est certain que les Canadiens jouissent d'un haut niveau de vie, et ce, au cours de toute la période d'après-guerre. Les évaluations habituelles placent le PNB canadien par habitant de 5 à 15 p. 100 en dessous du niveau américain et approximativement à égalité avec celui des démocraties du Nord de l'Europe. Évidemment, beaucoup de Canadiens soutiendraient que les autres aspects de la vie au Canada compensent la différence économique avec les États-Unis, même s'il est vrai que nombre de Canadiens choisissent d'émigrer aux États-Unis tous les ans.

Bien que la moyenne du niveau de vie des Canadiens reste élevée, l'inquiétude s'est répandue ces dernières années au Canada et aux États-Unis. On craint en effet que d'autres pays, plus particulièrement le Japon et l'Allemagne, en arrivent à des niveaux de vie semblables à ceux de l'Amérique du Nord, ce qui est d'ailleurs chose faite dans le cas de l'Allemagne. D'où un vigoureux débat au sujet des politiques susceptibles de relancer la croissance nord-américaine. Le problème vient en partie des statistiques. On compare habituellement les niveaux de vie des pays en alignant le PNB de chacun, mesuré dans sa devise nationale et converti en dollars US au moyen des taux de change courants respectifs.

Bien que courante, cette procédure est fondamentalement imparfaite: quand le dollar canadien baisse de 30 p. 100 par rapport au yen japonais, cela ne signifie pas que notre niveau de vie baisse de 30 p. 100 par rapport à celui des Japonais. Certes, quelques Canadiens qui consomment exclusivement des produits japonais, comme certains diplomates, connaîtront une baisse de revenus de 30 p. 100, mais chacun perd seulement en proportion de sa consommation de produits japonais.

Cependant, même en tenant compte des problèmes de statistiques dus aux mouvements des taux de change, les économies européennes et japonaises ont affiché de meilleurs résultats par habitant que celles du Canada et des États-Unis. L'explication de ce phénomène vaut aussi pour les industries nord-américaines en pleine expansion. Les Allemands et les Japonais commencent la période d'après-guerre avec un énorme désavantage. Étant donné leur très bas niveau au départ, il leur a été plus facile d'afficher une croissance rapide et, puisqu'une grande partie de leur capital national avait été détruite pendant la Seconde Guerre mondiale, ils disposaient, à la fin des années 50, d'infrastructures industrielles plus modernes que celles de la plupart de leurs compétiteurs.

Par ailleurs, alors que les avantages de cette sorte sont temporaires par définition, l'Allemagne et le Japon ont continué à progresser plus rapidement que l'Amérique du Nord durant les 40 dernières années. L'avantage tiré de la vitesse acquise n'est pas seul en cause, de sorte qu'il faut chercher d'autres explications du côté des différences importantes en matière d'organisation, surtout entre les économies nord-américaine et japonaise.

Malheureusement, ceux qui cherchent une explication nette du succès du Japon se heurtent à un problème: les différences entre nos deux sociétés abondent. Il est donc difficile de ne trouver qu'une seule explication à ce phénomène. L'avantage du Japon vient-il de l'aspect apparemment plus collégial des relations de travail au Japon? Du fait que le gouvernement semble faire plus de planification industrielle à long terme? Du taux d'épargne très élevé des Japonais et des grèves presque inexistantes? Des prix plus élevés à l'intérieur du pays que sur les marchés d'exportation? Du système manifestement implacable de renvoi des gestionnaires industriels? De la part moins élevée du PNB canalisée par le biais du secteur public? D'un système de sécurité sociale rachitique? De la plus importante participation aux bénéfices?

Nombre d'observateurs canadiens, parmi lesquels le Conseil des sciences du Canada, affirment que la différence vitale vient de ce que le Japon possède un meilleur ensemble de politiques industrielles. Ils proposent donc que le Canada adopte formellement un système de planification économique par secteur (*voir* STRATÉGIE INDUSTRIELLE). Les critiques de ce point de vue soutiennent que la planification n'est probablement pas le principal avantage des Japonais, que plusieurs des plus grands succès de l'industrie japonaise se sont réalisés malgré les souhaits des planificateurs, et qu'il serait en tout cas très difficile de transplanter les institutions économiques japonaises dans une société non préparée à les accepter.

Problèmes régionaux Un autre aspect de la performance économique du Canada, qui donne depuis des années du fil à retordre aux décideurs, tient au partage apparemment inégal du succès économique des différentes régions du pays. L'explication vient en partie de ce que le Canada n'a pas une seule économie, mais plusieurs. Les cinq régions traditionnelles ont des structures industrielles bien différentes. Le secteur manufacturier domine en Ontario et au Québec, alors que, dans les Prairies, ce sont plutôt les secteurs de l'agriculture, du pétrole et des mines. Dans les Maritimes, l'économie repose sur la pêche et l'agriculture, et, en Colombie-Britannique, sur l'industrie forestière et la pêche (*voir* ÉCONOMIE RÉGIONALE).

Les différences régionales dans le revenu par habitant sont couramment appelées «disparités régionales» (appellation de connotation fort négative). Ces différences ont légèrement diminué depuis qu'on a recueilli les premières données. Bien que les Prairies aient connu beaucoup de hauts et de bas au cours des 50 dernières années, et que l'Alberta ait récemment rivalisé avec l'Ontario pour le revenu le plus élevé par habitant, la règle générale est que les revenus gagnés sont plus élevés en Ontario et en Colombie-Britannique que dans le reste du pays. Le caractère relativement constant de ces disparités, à peine atténuées par un mouvement très graduel vers une plus grande équité, pousse un grand nombre d'économistes à penser qu'il correspond, de fait, à une position d'équilibre entre les différences de revenus.

Dans cette optique, comme la mobilité interrégionale est relativement facile (plusieurs millions de Canadiens ont déménagé d'une région à l'autre au cours des 50 dernières années), toute différence persistante de revenus entre régions doit plutôt s'interpréter comme mesurant la valeur non monétaire de la vie dans certaines régions éloignées du pays. Donc, les gens qui vivent dans les Maritimes peuvent considérer que les caractéristiques environnementales, culturelles et sociales de leur région offrent une compensation suffisante pour les différences entre leurs revenus et ceux des habitants de Toronto, p. ex. De plus, beaucoup de programmes fédéraux, dont le plus connu, les PAIEMENTS DE TRANSFERT aux provinces mal nanties, aident les gens à rester où ils sont et à recevoir des services gouvernementaux comparables, malgré le fait que leur propre revenu est en moyenne inférieur à celui gagné dans le centre du Canada.

Toutefois, des critiques plus radicaux soutiennent que la croissance économique régionale s'alimente d'elle-même, par un processus de causalité cumulative, surtout quand l'élite de la jeunesse des régions marginales décide de couper ses racines et de déménager au centre du Canada, en Alberta ou en Colombie-Britannique, pour faire fortune. Ainsi les régions éloignées du pays peuvent s'attendre à devenir encore plus pauvres, alors que le centre du pays (le couloir Québec-Windsor) continue de progresser. Les décideurs doivent alors établir s'il faut sacrifier la plus grande richesse privée que les agglomérations urbaines peuvent produire et essayer plutôt d'utiliser des subventions de différentes sortes pour déplacer la croissance vers les régions éloignées, en supposant que des subventions de niveau envisageable puissent le faire.

Bien que le gouvernement fédéral ait essayé, depuis le milieu des années 60, de promouvoir la croissance dans les régions à faibles revenus, il est difficile de discerner un effet significatif des éléments concernés dans les chiffres du revenu des régions. Toutefois, des programmes fédéraux comme l'équité et les «Programmes établis» permettent aux services publics d'approcher la moyenne nationale dans les provinces les plus défavorisées. Et le fait que les disparités régionales ont légèrement diminué au cours des 50 dernières années laisse penser que les versions les plus alarmantes de la thèse de la causalité cumulative ne sont peut-être pas réalistes.

Inégalités individuelles Bien que les inégalités régionales aient souvent eu plus d'effets graves sur la vie politique canadienne, les inégalités dans les revenus des particuliers au Canada sont en fait plus importantes. Malgré les stéréotypes, il y a des gens riches dans les Maritimes et des pauvres en Ontario, et les différences entre les revenus à l'intérieur de chaque province sont et ont toujours été plus importantes que les différences dans les revenus moyens entre provinces. En attendant que se concrétisent les effets des impôts et des programmes de dépenses du gouvernement, il y a beaucoup d'inégalités au Canada, et peu de changements ont marqué les 40 dernières années. Les 10 p. 100 situés au sommet de l'échelle des revenus individuels accaparaient 42,8 p. 100 du revenu gagné en 1951 et 41,8 p. 100 en 1981, alors que les 10 p. 100 du bas de l'échelle ne retiraient que 4,4 et 4,6 p. 100 respectivement.

Il faut rappeler toutefois les nombreux changements intervenus entre 1951 et 1981 dans la composition de la population active et dans la structure de l'emploi. Il y a maintenant beaucoup plus de travailleurs à temps partiel qu'avant, qui, naturellement, se placent plus bas dans l'échelle des revenus que les travailleurs à temps plein. De la même façon, les programmes sociaux relativement plus généreux permettent à certaines personnes de travailler à temps plein pendant une partie de l'année et de s'abstenir plus ou moins volontairement de travailler pendant l'autre. Il est donc difficile de tirer des conclusions valables sur les changements dans l'inégalité des revenus gagnés. Chose certaine, les impôts et les dépenses du gouvernement réduisent les inégalités de façon significative. Et, pourtant, ils ne redistribuent de la sorte que de 5 à 6 p. 100 du PNB entre les groupes à revenus, malgré le fait que les dépenses totales du gouvernement représentent plus de 45 p. 100 du PNB.

Il apparaît nettement qu'un grand nombre d'interventions gouvernementales impliquent une redistribution horizontale parmi les membres de la même catégorie de revenus, plutôt qu'une redistribution verticale des catégories de revenu les plus élevées vers les plus basses. C'est simplement inévitable dans un système où beaucoup de programmes sociaux sont universels plutôt que subordonnés aux revenus.

En 1981, alors que 61 p. 100 des montants de l'aide sociale et 41 p. 100 de ceux de la Sécurité de la vieillesse et du supplément de revenu garanti étaient versés à des personnes classées parmi le cinquième de revenus le plus bas (RÉPARTITION DES REVENUS), seulement 11,6 p. 100 des prestations de l'assurance-emploi, 23,3 p. 100 de celles des régimes de retraite du Canada et du Québec, et 7,8 p. 100 des allocations familiales l'étaient. Aussi longtemps que beaucoup de programmes sociaux de grande envergure ne seront pas dirigés directement vers ceux qui en ont le plus besoin, la redistribution brute sera plus importante que la redistribution nette. Consolons-nous: la pratique canadienne n'est pas très différente de celle des autres pays industrialisés.

William Watson

Économie agricole Domaine d'étude portant sur l'application de la théorie de l'ÉCONOMIE à des problèmes et à des questions qui ont trait à la production, à la transformation, à la distribution et à la consommation de produits agricoles. L'économie agricole se distingue de la phytotechnie ou de la zootechnie par son rapport avec le comportement humain.

Au Canada, cette discipline est probablement issue de l'application des principes économiques aux problèmes techniques de l'agriculture dans les cours donnés dans les collèges d'agriculture. Les cours de gestion de la ferme et de commercialisation sont parmi les premiers à être exclusivement liés à l'économie agricole. En 1926, on crée le Département d'économie rurale au collège Macdonald de l'U. McGill et J. E. Lattimer en assume la direction. Le Collège d'agriculture de l'Ontario, de Guelph, crée des cours de premier cycle universitaire dans cette discipline. Des programmes de deuxième et de troisième cycles sont ensuite offerts avec l'aide du Département d'économie politique de l'U. de Toronto. Cette université engage T. Jackman, son premier professeur d'économie rurale, en 1921.

Le gouvernement fédéral répond à un besoin en recherche sur des problèmes agricoles urgents en créant, en 1929, la Division de l'économie du ministère de l'Agriculture d'alors. Ces problèmes s'étaient d'ailleurs aggravés au cours de la CRISE DES ANNÉES 30. Malgré l'absence, à l'époque, d'un département d'économie agricole à l'U. de la Colombie-Britannique, des cours dans ce domaine étaient offerts dès 1920. L'U. du Manitoba crée un département de gestion agricole et de commercialisation appliquée à des coopératives en 1915. Son département d'économie agricole comprend alors un programme de commerce agricole de quatre ans, et elle décerne son premier diplôme de maîtrise en 1932. En 1987, des études de premier cycle en économie agricole sont offertes au Collège d'agriculture de la Nouvelle-Écosse, alors que l'U. Laval, l'U. McGill, l'U. de Guelph, l'U. du Manitoba, l'U. de la Saskatchewan, l'U. de l'Alberta et l'U. de la Colombie-Britannique proposent des études de premier, de deuxième et de troisième cycles en économie agricole. Quelques collèges d'agriculture offrent aussi des cours de formation pour enseigner l'économie rurale.

Les universités américaines, telles que celles de Cornell, du Wisconsin et du Minnesota, ont influencé les méthodes d'enseignement, la théorie et la recherche relatives à ce domaine. À l'origine, le contenu des cours portait sur la production à l'échelle de la ferme. L'économie agricole mettait donc essentiellement l'accent sur les problèmes. Les économistes agricoles ont également contribué à la théorie de l'économie générale. John Kenneth GALBRAITH, un ancien professeur d'Harvard, constitue l'exemple le plus remarquable. Il reçoit sa formation à l'U. de Guelph en tant qu'économiste rural et propose la théorie des «pouvoirs compensatoires», c.-à-d. que la concurrence constitue une entrave moins grande pour les corporations que ne le sont les groupes d'intérêt de l'autre côté du marché. En tant que domaine d'étude, l'économie agricole est divisée en divers sous-domaines, chacun portant sur un problème sérieux précis. Le besoin d'une amélioration constante de l'état de l'agriculture et de la vie rurale est exprimé dans toutes les activités de l'économiste agricole.

Économie de la production agricole Historiquement, le premier domaine comportant un problème sérieux qu'on a abordé est celui de l'économie de la production agricole. Les questions les plus importantes de ce secteur traitent de la façon d'augmenter le revenu net de la ferme et de réduire les coûts de production. Elles tentent aussi de définir quels sont les meilleurs investissements agricoles et quels sont les produits ou les denrées à produire. Ces questions d'ordre général peuvent être exprimées en termes très pratiques: «Devrais-je semer du blé, du maïs ou de l'orge cette année? Serait-il préférable pour moi de nourrir les veaux jusqu'à ce qu'ils atteignent le poids voulu pour l'abattoir ou plutôt d'acheter de gros animaux d'engraissement?»

Les économistes agricoles avaient anciennement recours à deux perspectives pour répondre aux questions de production agricole: la gestion de la ferme et une approche conceptuelle basée sur des modèles théoriques. Dans le cas de la gestion de la ferme, on menait des études dans les fermes pour déterminer les coûts de production des groupes de fermes similaires, en vue d'obtenir une appréciation du genre de ferme le plus rentable. Des recommandations pouvaient ensuite être émises à tous les agriculteurs, de façon qu'ils adoptent des méthodes semblables à celles des meilleurs gestionnaires d'exploitations agricoles. L'approche conceptuelle était basée sur l'application de théories économiques existantes à l'agriculture. Les économistes utilisant cette approche ont développé des modèles d'exploitation agricole qui servaient d'idéaux théoriques à des fins de comparaison avec des situations réelles. On reproche fréquemment à ce type d'analyse de fournir des résultats qui sont trop théoriques et trop éloignés des besoins concrets de l'agriculture.

Économie du bien-être agricole L'économie du bien-être agricole étudie à la fois les besoins des agriculteurs et ceux de la société, puisqu'ils sont influencés par les progrès réalisés en agriculture et par les décisions prises par les agriculteurs. À une certaine époque, les agriculteurs canadiens étaient autosuffisants, puisqu'ils produisaient des denrées et des fibres textiles pour leur propre famille, et le mince excédent obtenu était vendu. L'accès à l'éducation rendu plus facile, beaucoup d'enfants d'agriculteurs reçoivent une certaine formation et quittent la ferme pour s'établir dans des régions urbaines. De nouvelles technologies sont également introduites, comme l'utilisation de cultivars à haut rendement, à croissance rapide et résistant aux maladies. L'utilisation de tracteurs plutôt que de chevaux en est un autre exemple. Cela a permis à chaque agriculteur de couvrir une superficie beaucoup plus importante. La spécialisation fait aussi son apparition, certains agriculteurs se spécialisant dans la production céréalière, d'autres dans l'élevage de la volaille ou du porc. Ces changements ne sont pas le fruit du hasard. Les agriculteurs ont continué en ce sens pour réduire les coûts et augmenter les ventes et leur revenu brut. Le succès ou l'échec dépendait des capacités de gestion et des différences dans les ressources de base de la ferme (telle la productivité du sol). Or, certaines régions du Canada n'ayant pas progressé au même rythme que les autres, il est devenu de plus en plus difficile pour les petits agriculteurs d'obtenir des revenus au-delà du seuil de la PAUVRETÉ.

Les économistes agricoles ont tenté de comprendre les raisons de cette évolution et de développer des politiques et des programmes de rechange destinés à faciliter l'adaptation de ceux qui délaissent l'agriculture et à renforcer le potentiel agricole des régions rurales (*voir* SOCIÉTÉ RURALE AU CANADA ANGLAIS).

Les économistes agricoles sont impliqués dans la conception et l'évaluation des programmes visant à encourager une plus grande transformation des produits de la ferme et à établir, dans les régions rurales, une agriculture et un système alimentaire distincts. P. ex., le Programme de transformation des aliments Canada-Alberta offre des subventions spéciales aux compagnies qui mettent en place des usines de transformation de denrées dans cette province. L'Île-du-Prince-Édouard et Terre-Neuve ont tenté de produire plus de denrées et ainsi de diminuer les sorties de capitaux de leurs provinces. De nombreux programmes visent la construction d'infrastructures indispensables, comme un meilleur système routier, des entrepôts, des cliniques vétérinaires, etc. En Ontario, on a mis l'accent sur l'amélioration du drainage agricole pour augmenter la productivité du sol.

Les économistes agricoles ont aussi participé à des activités de développement international, particulièrement par l'entremise de l'AGENCE CANADIENNE DE DÉVELOPPEMENT INTERNATIONAL (ACDI) et de la Banque mondiale. La Banque mondiale possède une méthode détaillée d'analyse de programmes, qui évalue à l'avance les avantages globaux pour l'économie nationale d'un pays, ainsi que les profits pour les agriculteurs ou les autres participants qu'on peut retirer d'un programme agricole et de développement rural. P. ex., le Programme canadien du blé est l'un des plus importants programmes d'aide à l'étranger. Il a d'ailleurs introduit la production mécanisée et à grande échelle de céréales en Tanzanie, en Afrique de l'Est.

Politique agricole Le secteur agricole subit sans cesse des changements en raison des nouvelles technologies, des demandes instables, des accords et désaccords internationaux et de divers groupes de pression. Ces conditions variables nécessitent une réévaluation périodique des politiques agricoles. La tâche, qui consiste à analyser d'une façon objective les politiques de rechange, requiert souvent la compétence d'économistes agricoles. Ces politiques et ces programmes prennent diverses formes, des subventions accordées sur les biens et services jusqu'au contrôle de la production et des prix. Les économistes agricoles ont eu beaucoup d'influence sur le fonctionnement de chaque projet et sur la gestion des systèmes établis.

Commercialisation agricole La majeure partie de la théorie économique repose sur la notion de marché libre. Cependant, les agriculteurs se sont souvent fait concurrence pour vendre leurs produits à un ou, au mieux, à quelques acheteurs. Les études en économie agricole portent principalement sur les moyens par lesquels il est possible d'établir si les marchés et les participants effectuent les tâches de commercialisation de manière efficace. De tels renseignements, associés à l'impression qu'ont les agriculteurs que leur pouvoir de marchandage est faible par rapport à celui, entre autres, des sociétés céréalières ou des exploitants d'abattoirs, ont favorisé le développement de coopératives, de conseils et d'associations agricoles destinés à corriger les défauts qui peuvent survenir dans le processus de commercialisation (*voir* MOUVEMENT COOPÉRATIF). Les économistes agricoles ont joué un rôle important dans la définition des normes de qualité des produits. P. ex., les systèmes canadiens de classification du porc et du bétail sont des modèles reconnus mondialement (*voir* INSPECTION ET CLASSEMENT DES PRODUITS AGROALIMENTAIRES).

Une des principales conditions de la liberté du commerce est l'information complète. De nombreux produits de la ferme sont commercialisés en dehors d'un processus contrôlé de façon stricte. Ainsi, la diffusion des renseignements sur les marchés comme celui du MAÏS, du BLÉ, du PORC, du bétail et des PLANTES OLÉAGINEUSES est importante. Un champ de spécialisation s'est développé dans le domaine de l'économie agricole afin de fournir des perspectives et des analyses relatives au marché. De tels spécialistes étudient les tendances cycliques antérieures, les conditions météorologiques actuelles dans les pays producteurs les plus importants, l'état général de la structure de la demande, ainsi que les politiques gouvernementales, afin d'être en mesure de projeter les prix pour les mois à venir.

Économie des ressources reliées à la terre L'économie foncière illustre mieux que n'importe quel autre sous-domaine l'application des théories de l'économie agricole. Cette branche spécialisée de l'économie de production met l'accent sur la terre, élément capital dans la production agricole. Dans la plupart des cas, la terre ne peut engendrer suffisamment de profits pour justifier le prix payé, le prix marchand de la terre étant habituellement plus élevé que la valeur des produits qu'on en tire. Les prévisions d'une éventuelle augmentation de la valeur de la terre confirment cet écart. On a longtemps débattu l'équilibre entre les droits individuels et publics sur la propriété. P. ex., le gouvernement a-t-il le droit d'exproprier des terres agricoles pour construire des aéroports, pour faire place à l'expansion urbaine ou encore à des fins récréatives? Le cas échéant, quel prix devrait être payé? À ces questions s'ajoutent les préoccupations publiques quant à l'utilisation de la terre, comme le zonage des terres agricoles pour la production de denrées et les lois portant sur la destruction des mauvaises herbes ou les pratiques de CONSERVATION DES SOLS. Un grand nombre d'agronomes estiment que les agriculteurs sont des gardiens de la terre et qu'ils veillent à son intégrité avant de la remettre entre les mains des prochaines générations. Malheureusement, les taux d'intérêt élevés et le bas prix des denrées agricoles ont obligé certains agriculteurs à tirer le maximum de leur terre pour survivre. On les a par la suite accusés d'épuiser le sol qui a perdu tous ses éléments nutritifs et, ainsi, d'appauvrir la terre. L'impact des mesures économiques et fiscales sur ces problèmes fait fréquemment l'objet d'études par les économistes agricoles.

Les économistes agricoles ont également étudié les besoins parfois contradictoires des agriculteurs, des espèces fauniques, des gardes forestiers et des amateurs de plein air. Le manque de principes concernant la propriété des ressources naturelles est un facteur qui complique la résolution des problèmes relatifs à l'utilisation de la terre. Les animaux sauvages mangent le foin et les autres récoltes appartenant aux agriculteurs, mais la faune peut appartenir au gouvernement ou à la société en général. La terre peut appartenir à des particuliers, mais les chasseurs peuvent s'y aventurer en saison. La gestion des conflits et des ressources naturelles d'utilisation commune est en soi un autre champ d'application de l'économie agricole. L'analyse coûts-bénéfices s'est développée à partir de l'économie des ressources naturelles et du besoin de quantifier les décisions. Cet outil méthodologique joue un rôle important dans l'analyse des questions sur le secteur public et dans la classification des projets dans lesquels les gouvernements peuvent investir. (*Voir aussi* AGRICULTURE, LÉGISLATION SUR L'.)

P.M. Moncrieff

Économie domestique Elle décrit un domaine d'étude et un groupe de métiers connexes qui visent à améliorer la qualité de vie des personnes et des familles par la gestion efficace des ressources individuelles comme le temps, l'argent et les biens.

L'étude de l'économie domestique, qui repose sur les sciences sociales et physiques, a été instaurée au tournant du XIXe siècle aux États-Unis lors d'une série de rencontres de dirigeants nationaux et universitaires à Lake Placid (New York). Le but de ces rencontres était de trouver une solution aux problèmes sociaux de l'époque. Ellen Richards, qui défendait «l'application de la science dans la vie de tous les jours», est considérée comme la fondatrice de ce domaine. À la quatrième rencontre de Lake Placid, en 1902, un comité a élaboré la première définition de l'économie domestique qui est souvent citée: «Étude des lois, des conditions, des principes et des idéaux touchant l'environnement physique immédiat de l'être humain et sa vie en société et, particulièrement, la relation entre ces deux facteurs». L'un des membres de ce comité était une Canadienne, Alice A. CHOWN de Kingston (Ont.).

Au même moment, au Canada, Adelaide HOODLESS préconisait la création de ce qu'on appelait alors l'enseignement ménager. Elle en a dirigé le premier programme à l'U. de Toronto et fut l'un des fondateurs des Instituts féminins (*voir* FÉDÉRATION DES INSTITUTS FÉMININS DU CANADA), un organisme étroitement associé à l'économie domestique à ses débuts.

Le Macdonald Institute, fondé à Guelph en 1903, offrait une formation professionnelle dans le domaine de l'économie domestique et des cours pour les professeurs d'économie domestique. Il faudra toutefois attendre 1948 avant que l'institut n'offre un programme de quatre ans. Dans les années 60, il révise son programme pour s'adapter à un besoin accru en éducation des consommateurs. Il est également évident que les besoins de l'industrie de l'alimentation seraient mieux satisfaits par l'étude de l'aspect pratique de la nutrition, comprenant, entre autres, la création de nouveaux produits, l'accueil que leur réserve le consommateur et la gestion institutionnelle de la restauration. On recrute des professeurs d'autres domaines (p. ex., anthropologie) pour enseigner ces nouvelles spécialisations. En 1969, le Macdonald Institute ferme ses portes. L'U. de Toronto ouvre alors son Collège d'études sur la famille et la consommation (College of Family and Consumer Studies). En 1993, 962 étudiants étaient inscrits dans les programmes liés à l'économie domestique.

Dans les écoles secondaires de certaines provinces, l'étude de l'économie domestique s'appelle maintenant «éducation familiale» (*voir* FAMILLE, ÉTUDES SUR LA). On met donc l'accent sur l'étude de la vie et des relations en famille. Les deux plus importants programmes universitaires d'économie domestique sont offerts à l'U. du Manitoba et à l'U. de Guelph. Un nouveau programme de premier cycle mis sur pied au Manitoba, en 1980, offre des cours sur les textiles, sur l'éducation familiale et sur l'alimentation et la nutrition. Les inscriptions sont passées de 120 à 671 en 1993. Au nombre des options offertes aux diplômés de l'U. de l'Alberta, la deuxième en importance dans le domaine, on compte la diététique, les études sur la consommation, l'éducation familiale, ainsi que les textiles et les vêtements.

La faculté des sciences domestiques de l'U. de Toronto a été remplacée par le Département des sciences de la nutrition à l'intérieur de la faculté de médecine. En 1972, Ryerson a mis sur pied un programme de quatre ans en nutrition et consommation et en éducation familiale. L'U. Laval offre des programmes en diététique, consommation et éducation familiale, tandis que l'U. de Moncton offre des programmes en nutrition et en éducation familiale.

En 1994, 16 universités du Canada offraient des programmes en économie domestique et domaines connexes de premier cycle et, la plupart d'entre elles, des programmes de deuxième et de troisième cycles.

Les diplômés des programmes de quatre ans en économie domestique (ou de programme équivalent) sont qualifiés pour se joindre à une association professionnelle nationale, l'Association canadienne d'économie domestique, et pour exercer la profession de conseiller en économie domestique. Nombre d'entre eux se joignent à des organismes provinciaux ou régionaux. Habituellement, ils sont employés comme professionnels ou dans le secteur de l'entreprise comme les sociétés d'alimentation, les sociétés de service public, les supermarchés, les fabricants d'appareils ménagers, etc. Certains conseillers travaillent à la pige, d'autres, pour les médias et les agences de publicité ou encore à la promotion et à la vérification des produits.

Un grand nombre de conseillers en économie domestique enseignent dans les écoles secondaires et travaillent dans des secteurs liés à la vie communautaire, alors que d'autres sont conseillers familiaux ou conseillers financiers.

May Maskow

Économie forestière Application des principes économiques à un vaste éventail de sujets allant de la gestion des ressources forestières à la transformation, à la mise en marché et à la consommation de produits forestiers. L'économie forestière a beaucoup de points communs avec l'ÉCONOMIE AGRICOLE. Cependant, cette dernière fait partie de l'enseignement dispensé au Canada alors qu'un département d'économie forestière n'existe pas dans ce pays. Les étudiants en foresterie peuvent tout de même élargir leurs connaissances en sciences économiques au moyen des cours suivants: sociologie rurale, économie agricole, économie des activités récréatives de plein air et politique forestière. Les véritables cours d'économie forestière se concentrent sur l'évaluation des ressources forestières, sur les principes de l'administration des affaires tels qu'appliqués à la régénération et à l'intendance des forêts ainsi qu'à l'industrie forestière et, enfin, sur la relation des ressources forestières et de son exploitation avec l'économie nationale et les politiques sociales. Ainsi, le sujet peut être traité pour aborder les facteurs ayant une incidence sur la viabilité financière d'une exploitation donnée, ceux touchant l'industrie en général et les objectifs sociaux dans l'ensemble.

Les facteurs fiscaux qui rendent hypothétique le succès d'une exploitation comprennent: les frais d'autorisation et les coûts qu'entraîne l'obtention d'un permis d'utilisation d'une terre à bois publique; la fiscalité (en 1996, les gouvernements provinciaux et fédéral s'attendaient à recevoir de 7 à 8 milliards de dollars en taxes et en revenus de ventes forestières générées par l'industrie forestière et ses employés); la législation et la réglementation auxquelles est soumise l'industrie; les coûts d'investissement et le prix des produits de base; la répartition géographique de la clientèle (elle détermine les coûts du transport); les contraintes de la mise en marché; le marché du travail; et enfin les diverses politiques fédérales et provinciales. L'économiste forestier doit aussi connaître le côté technique de l'aménagement forestier et de la production industrielle, et posséder au moins quelques rudiments dans certains domaines comme l'écologie forestière, la transformation des produits du bois, l'innovation technologique et l'aménagement de la faune.

La foresterie ressemble à l'agriculture en ce que toutes deux ont la récolte pour sujet, mais leurs différences font ressortir quelques-unes des contraintes dont les économistes forestiers doivent tenir compte. Ainsi, les terres agricoles donnent habituellement une récolte par année; les forêts doivent être aménagées pendant plusieurs années (le cycle de maturation le plus court, celui des peupliers hybrides pour le bois à pâte, est de 10 ans environ) et l'absence d'aménagement menace la viabilité à long terme d'une exploitation, en plus d'avoir des effets néfastes sur l'écosystème. Cette perspective prolongée a également des avantages: elle permet à l'industrie de prendre des décisions administratives, d'organiser la mise en marché ou d'autres projets en fonction d'une plus longue échéance. Les agriculteurs possèdent leur terre ou la louent à des propriétaires privés, mais la plus grande partie du territoire forestier appartient à l'État (les provinces en possèdent 67 p. 100, le gouvernement fédéral, 27 p. 100). Cet état de choses entraîne parfois un véritable conflit entre l'industrie qui désire «puiser» à même les ressources et la société qui désire sauvegarder les terres publiques.

Ce conflit potentiel se complique davantage du fait que ces terres non seulement offrent des ressources exploitables, mais présentent, de plus, des valeurs économiques et sociales qui, dans certains cas, seraient incompatibles avec l'exploitation forestière (tels que les pâturages, la CHASSE, les activités récréatives en forêt et la protection des bassins hydrographiques). L'envergure des opérations est également un facteur à considérer: tandis que les fermes occupent au plus quelques kilomètres carrés, au moins 30 millions d'hectares sont récoltés annuellement. Par contraste, les zones forestières en exploitation sont beaucoup plus grandes, mais seulement un million d'ha, ou moins d'un quart de 1 p. 100, sont récoltés annuellement.

Grille d'analyse Ainsi, lorsque les économistes forestiers mettent en application des principes économiques aussi généraux que ceux de l'offre et de la demande et d'autres facteurs reliés aux marchés (rendement financier, investissement, mise en valeur, conservation, etc.), ils doivent choisir avec soin la grille d'analyse avec laquelle ils travailleront. Ainsi, coûts et bénéfices relatifs de l'aménagement forestier varient grandement selon la longueur de la période de temps considérée, selon que les calculs incluent les effets directs et indirects, ou encore selon qu'ils sont faits dans l'optique d'une compagnie, d'une économie provinciale ou nationale. Un économiste forestier d'expérience est capable de reconnaître les liens qui existent entre les facteurs économiques, sociaux, écologiques et politiques.

L'un des sujets les plus importants à l'heure actuelle est le conflit apparent entre les critères d'investissement forestier. L'approche traditionnelle en foresterie consistait à mettre l'accent sur la croissance des arbres. On disait qu'une forêt atteignait sa maturité et était prête à être exploitée lorsque les arbres avaient atteint le diamètre requis pour être transformés en bois de sciage ou lorsqu'un peuplement cessait de croître en volume parce que sa capacité annuelle de croissance était ralentie par la maladie, la décomposition ou le taux de mortalité. Ces dernières décennies, on a insisté davantage sur le critère d'exploitabilité économique selon lequel la date idéale pour la récolte est calculée en fonction de sa valeur maximale pour le propriétaire. L'âge d'exploitabilité économique est fonction du rendement économique établi selon les coûts et la rentabilité du marché. Il suppose la libre concurrence et l'absence de coûts extérieurs pour l'ENVIRONNEMENT, la faune, etc. Cette méthode tend à favoriser l'exploitation avant tout autre critère.

Au cours du dernier quart de siècle, lorsque les problèmes d'approvisionnement ont commencé à se faire sentir mondialement, on s'interrogea sur le bien-fondé de la liquidation du capital forestier. Ce changement d'attitude a suscité un intérêt accru pour les critères de CONSERVATION qui visent à conserver la base des ressources intactes à long terme. Il s'agit d'un objectif qui plaît aux gestionnaires des terres publiques pour qui le profit n'est pas le motif premier d'exploitation et qui ne sont pas tenus de respecter les critères d'exploitabilité des compagnies. La conservation accorde davantage d'importance à l'intendance de l'écosystème.

Cette approche ne signifie pas pour autant un désintéressement total du critère de rendement financier. Les gestionnaires des terres provinciales doivent toujours utiliser les méthodes financières pour allouer les fonds prévus pour la REFORESTATION. Ils doivent choisir parmi les emplacements et les traitements sylvicoles susceptibles d'assurer les meilleurs taux de croissance et de rendement possibles avec une mise de fonds limitée. Les impératifs économiques mis à part, la seule règle politiquement et socialement acceptable, tant pour les gestionnaires de terres publiques que de terres privées, est de reboiser rapidement après la récolte. Cependant, quelles sommes doit-on consacrer à des initiatives sylvicoles plus intensives (p. ex., l'éclaircie et la fertilisation)? Pour les aménagistes provinciaux la réponse est liée de près à la politique, bien qu'elle soit basée sur les avantages économiques et sociaux attendus à long terme. L'industrie privée et les petits propriétaires de terrains boisés utilisent une variété de moyens pour déterminer le type d'aménagement approprié, habituellement avec une vision à plus court terme que leurs confrères des terres publiques et en tenant compte de la question des taxes qui jouent un rôle important.

L'économiste forestier peut également jouer un rôle capital dans la formulation de la ligne de conduite du gouvernement qui doit viser, au moins, au maintien à perpétuité de l'intensité de récolte actuelle. Malheureusement, le degré d'aménagement des ressources forestières est resté bien en deçà du niveau nécessaire au renouvellement des ressources, car celles-ci ont été laissées à elles-mêmes pour assurer la stabilité de la croissance. Bien que le Canada possède l'une des meilleures performances forestières au monde, une trop grande partie demeure encore sous un niveau acceptable. Il en résulte que, après plusieurs décennies de négligences, des pénuries commencent à se faire sentir dans bon nombre de localités à vocation forestière. Conscients de cette menace, les provinces et le gouvernement fédéral ont commencé à élaborer de nouveaux principes et de nouveaux programmes qui permettront de doubler ou de tripler les sommes consacrées au renouvellement forestier. Le rôle de chef de file joué par le gouvernement fédéral dans ce domaine n'est plus ce qu'il était dans les années 80, alors qu'une majoration des fonds accordés aux facultés canadiennes de foresterie, une intensification de la recherche et du développement, l'établissement de programmes mixtes dans certains domaines tels que la reforestation, l'amélioration des peuplements, l'établissement d'un réseau de 10 forêts modèles, l'amélioration de la lutte contre les incendies forestiers (établissement d'un centre de coordination des incendies à Winnipeg et création d'une flotte d'avions-citernes, les CANADAIR CL-215) comptaient parmi les priorités. Les provinces assument maintenant l'entière responsabilité de la reforestation et du suivi des travaux de SYLVICULTURE sur les terres provinciales.

Renouvellement forestier Les raisons invoquées en faveur du renouvellement forestier s'appuient sur la nécessité de stabiliser les 370 000 emplois déjà existants dans l'industrie forestière ainsi que les deux emplois indirects présumément créés par chaque personne qui travaille dans les forêts et dans les scieries. On estime que des milliers de nouveaux emplois pourraient être créés dans le seul secteur du renouvellement forestier, de même que dans la transformation à forte valeur ajoutée. De plus, la fiscalité, les gains de devises étrangères, la protection des bassins de rivières et de la faune engendrent des revenus de plusieurs milliards de dollars, sans oublier la contribution de l'industrie multimilliardaire du tourisme et des activités récréatives de plein air. Les coûts sociaux de la négligence se traduisent par la dislocation des communautés à vocation forestière, le replacement des employés et le recours plus courant de ceux-ci à l'assistance sociale. Ces coûts sont sans doute beaucoup plus élevés que ceux nécessaires au maintien de la production de bois dans les régions menacées par le déboisement.

Autres sujets Les autres sujets qui concernent l'économie forestière sont: les répercussions sociales et économiques des PLUIES ACIDES sur les forêts, l'évaluation des coûts de l'activité en forêt autre que celle de l'exploitation forestière et les échanges entre les valeurs forestières et celles des pêches.

F.L.C. Reed

Économie internationale L'économie internationale comprend deux volets principaux. Le premier est celui de la théorie du commerce international et de la politique commerciale. Le second concerne la théorie et la politique des finances internationales et de la balance des paiements.

Commerce international La théorie du commerce international prend en considération les divers facteurs qui suscitent ou déterminent les échanges commerciaux. Il s'agit des écarts entre les pays en termes de dotation relative en facteurs de production, des différences de goût et de revenus, des économies d'échelle, des changements technologiques et des politiques fiscales. Tous ces facteurs sont générateurs d'écarts entre les prix relatifs des biens et services entre les pays, et stimulent donc les exportations ou les importations. Le Canada, p. ex., dispose d'importantes richesses en ressources naturelles. Pour cette raison, une bonne partie de ses exportations proviennent de ces ressources, soit directement (dans le cas des céréales, des viandes, du bois, des métaux et des produits énergétiques, p. ex.), soit indirectement (notamment pour ce qui est des métaux usinés, des produits pétrochimiques et du papier journal). Les nouvelles technologies peuvent également être source d'exportations, comme c'est le cas dans le domaine de l'exploitation des ressources naturelles ou pour certains produits tels que les télécommunications.

Il faut examiner aussi les effets de ce type d'échanges sur la répartition des revenus parmi les divers groupes d'une société. Les personnes qui travaillent dans des industries exportatrices ou qui sont propriétaires d'entreprises qui exportent bénéficient de l'accroissement de la demande de leurs produits, car celui-ci s'accompagne en principe d'une augmentation de leurs revenus ou de leurs profits. En revanche, les personnes qui possèdent des entreprises dans des industries canadiennes confrontées à une forte concurrence des importations, ou celles qui travaillent dans de telles industries, comme l'habillement, les textiles, les meubles et de nombreux types de machines et d'équipements, voient leurs revenus réduits du fait du commerce international. D'une manière générale, la concurrence des produits importés profite aux consommateurs lorsqu'elle se traduit par des prix d'achat inférieurs à ceux des produits fabriqués dans le pays.

Ces phénomènes amènent les pays à adopter toute une gamme de politiques commerciales pour favoriser leurs propres exportations et ralentir les importations de produits étrangers. Les conséquences de ces politiques sur la production et la distribution constituent un aspect important de la théorie et de l'analyse des échanges. Au cours de ces dernières décennies, dans un contexte général de réduction des tarifs douaniers, les pays ont mis en place une série de mesures non douanières que l'on qualifie de «nouveau protectionnisme». Parmi ces mesures, on trouve les subventions à l'exportation, les politiques de dumping et d'antidumping, les droits compensateurs destinés à contrebalancer les subventions à l'exportation des autres pays, ainsi que les pressions exercées sur d'autres pays pour leur faire adopter des mesures «volontaires» en vue d'accroître leurs importations ou de limiter leurs exportations.

Les dispositifs de libéralisation des échanges, sous les différentes formes qu'ils peuvent prendre, font également partie de l'étude du commerce international. Le Canada est membre de l'Accord de libre-échange nord-américain (ALENA) avec les États-Unis et le Mexique. Le Canada a également négocié des accords séparés de libre-échange avec le Chili et Israël, et il participe activement aux discussions entre les pays en bordure du Pacifique, qui ont cours actuellement sous les auspices de l'APEC (Organisation de coopération économique Asie-Pacifique).

Finances internationales La théorie des finances internationales et de la balance des paiements porte sur les aspects monétaires des échanges internationaux. Elle traite en particulier des énormes flux de capitaux internationaux (en comparaison desquels les échanges commerciaux internationaux paraissent dérisoires en volume) et des effets de ces flux sur les fluctuations des taux de change et des comptes courants (du secteur des biens et services) dans la balance des paiements d'un pays. Le Canada, qui enregistrait traditionnellement des entrées nettes de capitaux internationaux, est maintenant l'un des grands pays débiteurs du monde.

La théorie des finances internationales étudie les effets à court et à long terme des politiques monétaires, fiscales et de taux de change sur la balance des paiements. Elle examine également les relations existant entre ces politiques et la balance des paiements, le niveau de production, le niveau de l'emploi et les prix dans les économies intérieures des pays. Elle considère les avantages et les inconvénients que comporte l'existence de différents régimes monétaires internationaux, ainsi que le rôle des diverses institutions internationales telles que le Fonds monétaire international (FMI), la Banque internationale pour la reconstruction et le développement (BIRD, aussi connue sous le nom de Banque mondiale) et l'Organisation mondiale du commerce (OMC), trois institutions dont le Canada est membre actif. Cette théorie se penche aussi sur l'action des compagnies multinationales dans l'économie internationale, d'autant plus que ce type de compagnies jouent un rôle dominant qui ne cesse de grandir en ce qui concerne tant la conduite des échanges internationaux, que dans la politique commerciale, les investissements et la politique macroéconomique. (*Voir aussi* BALANCE DES PAIEMENTS; RELATIONS CANADA–TIERS-MONDE; RELATIONS ÉCONOMIQUES CANADO-AMÉRICAINES; SCIENCES ÉCONOMIQUES; EXPORTATION; INVESTISSEMENT ÉTRANGER; LIBRE-ÉCHANGE; ACCORD GENERAL SUR LES TARIFS DOUANIERS ET LE COMMERCE; IMPORTATION; COMMERCE INTERNATIONAL; PROTECTIONNISME; ORGANISATION MONDIALE DU COMMERCE.)

Bruce W. Wilkinson

Économie keynésienne C'est une méthode d'analyse des comportements d'un ensemble de variables économiques globales importantes telles que la production, l'emploi, l'inflation et les taux d'intérêt. Dans les années 30, l'économiste britannique John Maynard Keynes est l'inventeur de ce modèle analytique qui devait permettre d'expliquer le phénomène de la CRISE DES ANNÉES 30 (avec comme résultat de créer le domaine moderne de la macroéconomie).

Avant cette période, les économistes croyaient généralement que les mouvements cycliques de l'emploi et de la production seraient relativement faibles et autorégulateurs. Selon cette approche classique, si la demande globale diminuait, causant de la sorte une baisse temporaire de la production et de l'emploi, le ralentissement qui en résulterait sur les marchés du travail et des produits provoquerait une diminution rapide des salaires et des prix, qui en retour ramènerait le plein emploi.

Le traumatisme de la Crise des années 30 a sérieusement remis en question cette vision optimiste du fonctionnement de la macroéconomie. Dans sa *Théorie générale de l'emploi, de l'intérêt et de la monnaie* (1936), Keynes soutenait qu'il existe des rigidités qui préviennent la chute des salaires et des prix, nécessaire au retour à l'équilibre. Le résultat en serait une baisse de la consommation pouvant créer une chute dans la production et dans l'emploi, qui ne se corrigerait pas rapidement d'elle-même et pourrait donc durer un certain temps. Keynes identifiait aussi une série de caractéristiques des économies de marché faisant en sorte qu'une baisse de la consommation se répercute de façon amplifiée par un effet multiplicateur sur la demande globale. P. ex., la dégradation de la conjoncture économique peut inciter les entreprises à diminuer leurs investissements dans de nouveaux équipements et de nouvelles usines, ce qui aura comme conséquence de faire baisser l'ensemble des dépenses.

Keynes affirmait que la réponse à un tel fonctionnement déstabilisant du secteur privé se trouvait dans une politique de STABILISATION activement menée par les pouvoirs publics. Il recommandait particulièrement une augmentation des dépenses du secteur public et une réduction d'impôt qui stimuleraient la demande et sortiraient les secteurs de la production et de l'emploi de leur récession. D'autres économistes ont utilisé les idées keynésiennes pour soutenir que cette politique de stabilisation pourrait servir non seulement à prévenir des déclins économiques prolongés, mais aussi à freiner les poussées inflationnistes et promouvoir une forte croissance économique.

Keynesian Economics (1942), le livre de Mabel Timlin, une économiste canadienne renommée, a influencé les intellectuels au Canada et à l'étranger et modifié l'enseignement de l'économie dans les universités canadiennes. La politique du gouvernement canadien a aussi subi l'influence des nouveaux concepts keynésiens, principalement grâce à la conviction qui animait plusieurs jeunes fonctionnaires compétents, particulièrement Robert BRYCE, qui devint sous-ministre des Finances.

Le Canada a été vraiment l'un des premiers pays à s'engager dans l'utilisation de politiques fiscales, et ensuite monétaires, pour y stimuler la production et l'emploi. La période économique flamboyante des années 60 et 70 semblait confirmer la justesse de l'approche keynésienne. Toutefois, les taux élevés de chômage et d'inflation du milieu des années 70 jusqu'au début des années 80 ont amené les spécialistes et les milieux gouvernementaux à critiquer la théorie keynésienne à la fois sur les plans de la théorie et des politiques économiques en prétendant que les interventions de style keynésien ont plus tendance à augmenter qu'à amortir les fluctuations économiques. De plus, ils affirment que de telles actions ont une tendance inflationniste inhérente qui a créé de sérieux problèmes économiques de longue durée au Canada et ailleurs.

Les économistes keynésiens ripostent que les difficultés de la dernière décennie peuvent être attribuées à des événements (comme la hausse rapide des prix mondiaux du pétrole) qui échappent en bonne partie à la mainmise des politiques économiques nationales. De plus, tout en reconnaissant que cer-

taines erreurs de politique ont été commises, ils affirment que l'application des principes keynésiens a préservé le monde d'une autre grande dépression. Pendant une grande partie des années 80 et 90, le Canada n'a guère pu appliquer une POLITIQUE BUDGÉTAIRE keynésienne active en raison des déficits importants des gouvernements fédéral et provinciaux. L'ampleur de ces déficits limitait en effet beaucoup la possibilité d'intervention sous la forme d'une réduction des impôts ou de nouvelles dépenses. Le fardeau de la politique macroéconomique reposait alors entièrement sur la POLITIQUE MONÉTAIRE. (*Voir aussi* SCIENCES ÉCONOMIQUES.)
Ronald G. Wirick

Économie politique Elle étudie les relations entre la POLITIQUE et les SCIENCES ÉCONOMIQUES. Les économistes étudient le fonctionnement du système économique, tandis que les politicologues étudient le fonctionnement des régimes politiques, la nature des gouvernements et de l'ÉTAT, le fonctionnement des partis politiques et la participation de la population aux prises de décision. Pour les spécialistes de l'économie politique, l'idée même qu'un phénomène puisse être purement politique ou purement économique heurte le bon sens. P. ex., il est difficile d'analyser le rôle joué par une grande compagnie dans l'économie sans comprendre le régime politique dans lequel elle agit. Il faut allier les sciences politique et économique pour comprendre comment se fixent le revenu et la richesse se répartissent, comment se fixent les priorités économiques, etc. Un économiste politique examine le contexte culturel, constitutionnel et politique du développement économique, mais il analyse aussi la nature du système de production au sein d'une société donnée et les relations sociales qui interagissent avec ce système. En tant que discipline, l'économie politique est antérieure à l'apparition des deux disciplines distinctes que sont maintenant les sciences économiques et la SCIENCE POLITIQUE. Le champ d'étude spécifique actuel de l'économie politique se trouve à l'intersection de ces deux disciplines plus récentes.

Pour la plupart des spécialistes canadiens de ce domaine, le chef de file de l'économie politique canadienne est Harold Adams INNIS. Ses études ont porté sur la TRAITE DES FOURRURES, la construction des chemins de fer et les relations entre l'extraction des matières premières et la nature de l'État canadien. Il est aussi l'auteur de réflexions théoriques sur l'interaction entre les moyens de communication et les systèmes de gouvernement. Les spécialistes contemporains de l'économie politique canadienne, s'inspirant des travaux d'Innis, concentrent leurs recherches sur les relations que l'économie du Canada et l'État canadien entretiennent avec les économies et les États de pays plus puissants, la Grande-Bretagne et les États-Unis surtout. Ils s'intéressent en outre à des sujets tels que la formation de la bourgeoisie et de la classe ouvrière, la «question nationale» au Québec, l'industrialisation et les ressources naturelles.
J. Laxer

Économie radicale Le sens originel du mot «radical» réfère à la recherche assidue de la racine d'un problème et à l'engagement résolu dans l'action qui découle logiquement des conclusions de cette recherche. Dans un sens plus courant, il dénote une nette prise de distance à l'égard des interprétations conventionnelles et orthodoxes de la réalité. Le terme «économie radicale» s'applique aux travaux et aux idées des personnes (habituellement des économistes) qui adoptent une perspective dite gauchiste en SCIENCES ÉCONOMIQUES.

Il y a dans la pensée économique des courants orthodoxes et radicaux. Des glissements apparaissent entre générations dans le contenu spécifique de ces courants selon que surgissent de nouveaux problèmes dans l'économie. Ces deux courants comportent aussi des variantes. Les affrontements qui opposent

sent autant d'écoles de pensée différentes produisent au sein des sciences économiques des tensions continuelles qui reflètent sur le plan des idées les conflits persistants entre classes et groupes économiques dans le monde réel.

Sciences économiques orthodoxes Sa thèse veut que le contenu, les procédés et la distribution de la production découlent des préférences individuelles, de la technologie et des mises de fonds individuelles. En d'autres mots, ce sont les consommateurs qui décident de ce qui doit être produit, c'est la technologie qui commande la manière de produire, de transporter et d'échanger ces biens, tandis que la contribution des talents, des qualifications et des ressources matérielles détermine à qui ces biens sont destinés. On ne peut pas changer l'économie sans modifier les fondations, ce qui ne peut se faire qu'en violant ce que les économistes orthodoxes considèrent comme la «nature humaine» et la «liberté naturelle».

Ces économistes orthodoxes prétendent que déranger la RÉPARTITION DES REVENUS causerait la suppression des incitations (en supposant que la récompense matérielle commande tous les efforts humains), que ce sont la science et l'histoire qui déterminent irrémédiablement la technologie et que l'ignorance des préférences des consommateurs viole la liberté. C'est pourquoi ils rejettent toute interférence de l'ÉTAT qui viendrait perturber cet ordre économique «naturel». Depuis Adam Smith, en passant par David Ricardo et Robert Malthus jusqu'aux contemporains Milton Friedman, Gary Becker et Robert Lucas, une lignée d'économistes orthodoxes s'évertue à montrer avec quelle perfection fonctionnerait l'économie si l'État l'abandonnait à elle-même sans la déranger en cherchant à la réguler.

À l'inverse, les économistes radicaux croient que l'économie de marché, commandée par l'impératif de la concurrence et laissée à elle-même, saccagerait l'environnement, épuiserait le travail humain avant de l'éliminer faute de productivité suffisante, tomberait en récessions périodiques, déclenchant un CHÔMAGE massif, et créerait une société extrêmement polarisée en termes de revenus et de perspectives de vie. Ces économistes radicaux s'en prennent depuis toujours à l'opinion orthodoxe dominante, alors même que certaines de leurs idées sont reprises par les sciences économiques orthodoxes et adoptées par l'État.

Plusieurs courants traversent l'économie radicale. Parmi ceux qui sont d'actualité, le MARXISME privilégie une approche holistique et considère que la prémisse fondamentale de l'orthodoxie économique, à savoir sa conception de la nature humaine, est erronée; que l'économie capitaliste est sujette à des crises récurrentes et engendre des inégalités croissantes qui sont inhérentes au mode d'organisation de ce système économique; qu'elle aliène les travailleurs non seulement par rapport aux produits qu'ils créent, mais aussi par rapport au processus de production qu'ils ne contrôlent pas; et enfin qu'elle soumet les consommateurs aux manipulations incessantes des vendeurs qui sont eux-mêmes prisonniers d'un processus de concurrence sans fin.

Parmi les économistes radicaux, les marxistes affirment que les réformes des institutions de l'économie capitaliste ne peuvent au mieux qu'atténuer ces tendances sans les renverser. Ils prônent une organisation communiste de l'économie qui éliminerait la formation de classes découlant de la propriété privée des moyens de production, et qui assurerait une planification globale de l'économie en opérationnalisant le principe voulant que ce soit les besoins et non le profit qui guident la production. Cependant, les leçons tirées du communisme à la soviétique convainquent la plupart des radicaux que le changement du système économique ne peut pas se faire seulement par la nationalisation des industries et la planification centralisée. Il requiert en outre le contrôle des travailleurs sur les lieux de production et celui de la collectivité sur les décisions d'investir dans la production de telles quantités de tels biens et services en tels lieux.

Finalement, ce sont leurs conceptions divergentes de la nature humaine qui différencient les visions qu'ont les marxistes et les orthodoxes de ce qu'est une bonne société. La pierre angulaire de la pensée orthodoxe repose essentiellement sur la perception de l'être humain comme «naturellement» avide et motivé par l'appât du gain. Les marxistes, par contre, sont convaincus de la genèse sociale des valeurs et des comportements humains et de la nécessité pour les gens de veiller à leurs intérêts personnels si la société capitaliste doit survivre et s'entretenir. Cette vision découle implicitement de la croyance qu'une structure sociale démocratique, égalitaire et débarrassée de la domination d'une classe sur les autres peut orienter les valeurs et les comportements humains vers plus de conscience sociale et d'identification de l'individu à sa communauté.

D'autres courants de l'économie radicale visent certains aspects de l'économie capitaliste sans remettre les autres en question. C'est ainsi qu'en 1848, l'économiste orthodoxe John Stuart Mill, qui est cependant libéral et réformiste, écrit dans ses *Principes d'économie politique* que les «lois de la production» sont certes «naturelles» et universelles, mais que celles qui commandent la répartition découlent «en partie des institutions humaines» et pourraient être modifiées par des lois. Il ne voit pas dans la redistribution du revenu national par l'IMPOSITION de violation d'une quelconque loi de la nature. Une structure fiscale progressive s'impose ainsi petit à petit à l'orthodoxie économique.

Dans le sillage de la crise des années 30, John Maynard Keynes démontre dans sa *Théorie générale de l'emploi, de l'intérêt et de la monnaie* (1936) que l'économie capitaliste, rendue au stade adulte et laissée à elle-même, tend à tomber en panne et à stagner sans disposer, contrairement à ce que pensent les orthodoxes, de mécanisme autocorrecteur. Keynes recommande alors une régulation par l'État du niveau général de l'activité économique au moyen de ce qu'il appelle la «socialisation de l'investissement», tout en laissant le marché choisir librement la composition du produit national.

Au lendemain de la Seconde Guerre mondiale se fait jour une version modifiée de la pensée de Keynes qui pousse de nombreux gouvernements à prendre la responsabilité du maintien de niveaux élevés de production et d'emploi. Au Canada, l'ÉCONOMIE KEYNÉSIENNE devient la bible des hautes sphères de la bureaucratie fédérale. En 1945, dans son LIVRE BLANC SUR L'EMPLOI ET LE REVENU, le gouvernement fédéral s'engage à maintenir la stabilité économique. Pour ce faire, il fait varier l'offre de monnaie et les niveaux du déficit et du surplus des finances publiques dans le but d'atténuer les fluctuations conjoncturelles et instaurer l'ASSURANCE-CHÔMAGE et l'ÉTAT PROVIDENCE pour stabiliser les revenus.

En 1958, John Kenneth GALBRAITH ébranle davantage les théories traditionnelles dans son livre *The Affluent Society* (trad. *L'ère de l'opulence*, 1970), en écrivant que ce sont la publicité, l'emballage et les fréquents changements de mode qui façonnent les goûts des consommateurs et que ce sont les grandes entreprises plutôt que le client roi qui portent la responsabilité des priorités de production et notamment des modes de consommation frivoles, gaspilleurs et écologiquement nuisibles. En particulier, les dépenses massives consacrées à la publicité favorisent inévitablement la consommation privée au détriment des services à la collectivité, avec comme résultat l'abondance privée d'une part et le délabrement des services publics d'autre part. Galbraith recommande dès lors un accroissement des dépenses publiques pour les services sociaux et les infrastructures publiques.

De manière générale, les critiques libéraux des sciences économiques traditionnelles démontrent que le système de marché libre ne peut fonctionner de façon idéale que si des circonstances irréalistes existent, à savoir d'abord une concurrence parfaite entre un grand nombre d'acheteurs et de vendeurs sans pouvoir dans les marchés des biens et des services, du travail et des capitaux et ensuite une mobilité parfaite des ressources humaines et physiques ainsi qu'une information complète sur toutes les options offertes aux acheteurs et aux vendeurs. Le non-respect d'une seule de ces conditions peut vicier le système et justifier une intervention extensive de l'État sous forme de réglementations et de subsides. Ces critiques fournissent la base de versions modifiées des sciences économiques traditionnelles, qui jettent à leur tour les fondements théoriques de l'ÉCONOMIE mixte.

De 1945 à 1970 se répand parmi les économistes un large consensus sur cette synthèse «néoclassique», laquelle trouve au Canada son fondement matériel dans l'exportation de ressources vers les États-Unis. L'extraction de ces ressources se finance en bonne partie auprès de SOCIÉTÉS MULTINATIONALES localisées aux États-Unis, tandis que leur transformation s'opère dans des filiales de ces entreprises à l'aide de technologies et d'équipements importés de ce même pays. Les secteurs des industries primaires et secondaires disposent ainsi d'une structure économique qui déclenche une croissance économique suffisamment forte pour garantir des profits élevés et des salaires à la hausse, tout en finançant l'État providence et les autres dépenses publiques.

Les principaux partis politiques, les travailleurs et les capitalistes se mettent d'accord entre 1945 et 1970 sur ce système économique. Le Nouveau Parti Démocratique et les syndicats de sa mouvance acceptent les institutions économiques de base du capitalisme et son système reposant sur le profit, tout en soulignant le besoin de poursuivre les politiques de plein emploi, de resserrer les mesures de réglementation des compagnies géantes et de promouvoir l'État providence. Leurs revendications cristallisent sous forme de politiques ce qu'on peut appeler l'«aile gauche» du consensus (*voir* SOCIAL-DÉMOCRATIE). Le parti libéral, responsable de l'introduction de versions modifiées d'un nombre important de réformes social-démocrates revendiquées par le NPD, tend à se positionner au centre de l'éventail.

Un courant dissident fait surface dans les années 60, sous la conduite d'économistes et de politiciens inquiets de l'ampleur de la propriété et de la mainmise étrangères sur l'économie canadienne, et son intégration progressive dans l'économie américaine. L'initiateur de ce nationalisme économique libéral est Walter GORDON dont l'influence amène le gouvernement fédéral à faire des enquêtes sur la propriété étrangère. Celles-ci débouchent sur le Rapport Watkins de la fin des années 60 (*voir* PROPRIÉTÉ ÉTRANGÈRE ET LA STRUCTURE DE L'INDUSTRIE CANADIENNE, GROUPE D'ÉTUDE SUR LA) et sur le Rapport Gray du début des années 70 (*voir* INVESTISSEMENTS ÉTRANGERS, GROUPE D'ÉTUDE SUR LES). À la même époque apparaît une version plus radicale du NATIONALISME ÉCONOMIQUE, qui réclame la RÉGIE PUBLIQUE et la planification de l'économie canadienne comme moyens de surmonter sa dépendance croissante, résultant de la mainmise de plus en plus lourde des États-Unis. La guerre du Viêtnam influence grandement ce courant de nationalisme économique. Celui-ci trouve son expression politique au sein du NPD dans le mouvement WAFFLE. Par la suite, une variété de thèmes inspirés de l'économie politique radicale au Canada forment la matière d'une revue scientifique du nom de *Studies in Political Economy*.

Le consensus qui réunissait les adeptes de la synthèse néoclassique et de ses variantes partout au monde s'écroule dans les années 80 et 90. L'orthodoxie traditionnelle ressuscite sous une forme épurée qui prend le nom de monétarisme et gagne les faveurs de quasiment tous les gouvernements de la planète, le Canada inclus (*voir* POLITIQUE MONÉTAIRE). Elle déclenche un mouvement puissant visant l'élimination ou l'affaiblissement des instruments mis en service par l'État pour influencer les résultats de l'économie de marché. Ce mouvement prend la forme de la déréglementation, de la privatisation, du LIBRE-ÉCHANGE, de coupures dans les dépenses sociales et de la priorité donnée à l'équilibre des finances publiques.

Ces notions, complètement discréditées à la belle époque de l'ÉCONOMIE KEYNÉSIENNE, forment aujourd'hui le paradigme dominant de la pensée économique. Ce paradigme est remis en question par différents courants parmi les économistes radicaux et notamment par les approches économiques institutionnelle et «postkeynésienne» ainsi que par l'Union de l'économie politique radicale. Chacun d'entre eux dispose de sa propre revue scientifique et de groupes de discussion sur INTERNET. Les postkeynésiens, p. ex., prônent des normes publiques devant orienter les investissements privés et des politiques de formation active et d'ajustement de la population active avec le plein emploi comme objectif. Ils réclament une vraie gestion du commerce, une taxe (la taxe Tobin) sur toutes les transactions financières internationales, de manière à étouffer la spéculation internationale, et une supervision publique des salaires et des autres revenus pour maîtriser l'INFLATION des prix.

Au Canada, la signature de l'Accord de libre-échange canado-américain (ALE), puis celle de l'Accord de libre-échange nord-américain (ALENA) empêchent le recours à l'intervention de l'État en abolissant notamment le droit des gouvernements de poursuivre une stratégie industrielle favorable à l'essor des entreprises nationales. Depuis la signature de ces deux accords, les économistes radicaux du Canada (principalement sous la forme du Budget fédéral alternatif produit par le Centre canadien pour des politiques et des choix alternatifs, qui est une coalition de justice sociale) s'emploient à démontrer l'existence d'une solution de rechange à l'orthodoxie néoconservatrice. Néanmoins, l'aile gauche de l'économie politique radicale, qui poursuit sa critique de la concurrence et de la mondialisation, n'offre pas de solution de rechange stratégique pleinement élaborée.

Le corps de pensée de l'analyse radicale s'inspire abondamment de plusieurs disciplines universitaires: sociologie, sciences économiques, sciences politiques, histoire et anthropologie. Au Canada, parmi les nombreux tenants de l'économie radicale, citons Greg Albo, Pat et Hugh Armstrong, Isabella Bakker, Fred Bienfeld, Errol Black, Wallace Clement, Marjorie Cohen, Patricia Connelly, Robert Chernomas, Daniel Drache, Sam Gindin, Gord Laxer, Michael Lebowitz, Greg Kealey, John Loxley, Rianne Mahon, Martha Macdonald, Leo Panitch, Paul Phillips, Jim Sanford, Mel Watkins, David Wolfe et Glen Williams.

Cy Gonick

Économie régionale Domaine qui vise à comprendre et à expliquer la structure géographique de l'économie, l'économie régionale touche notamment la localisation industrielle, le développement régional, l'urbanisation, les migrations et l'utilisation du sol. Les premiers grands travaux théoriques consacrés à la localisation des activités économiques paraissent il y a environ un siècle, surtout en Allemagne. Comme domaine d'études, l'économie régionale se développe ensuite dans la plupart des pays industrialisés, y compris le Canada. Elle a beaucoup de points communs avec la géographie économique et les sciences régionales, de par l'intérêt qu'elle porte aux questions territoriales et économiques. La plupart des universités canadiennes offrent des cours dans le domaine.

Répartition des activités économiques au Canada L'activité économique au Canada est fortement localisée. Depuis 1910, l'Ontario affiche régulièrement environ 40 p. 100 du total national du revenu et de la production. En 1994, le produit intérieur brut (PIB) de l'Ontario est de 302 milliards de dollars, chiffre du même ordre que le PIB de la Belgique ou de la Suède. Plus de 50 p. 100 des activités manufacturières canadiennes sont en Ontario. Elles sont concentrées surtout dans le sud de la province, entre Windsor et Oshawa. Toronto, la capitale de l'Ontario, est le principal centre d'affaires du Canada. Les sociétés qui ont leur siège social dans cette ville régissent plus de 50 p. 100 de la production et possèdent environ 65 p. 100 de l'actif des grandes institutions financières du Canada.

L'économie du Québec, dont le PIB s'élève à 102,8 milliards de dollars en 1986, fournit depuis 1910 environ 23 p. 100 du revenu et de la production au Canada, mais cette proportion a légèrement diminué ces dernières années. La région urbaine de Montréal regroupe environ 45 p. 100 du revenu et de la production du Québec, ce qui en fait le deuxième grand centre d'affaires du Canada. Les sociétés qui siègent à Montréal contrôlent 25 p. 100 de la production et 20 p. 100 de l'actif des grandes institutions financières au Canada. Le corridor qui va de Windsor, en Ontario, à Québec (1170 km de long) est parfois appelé le cœur économique du Canada, car il compte plus de 55 p. 100 de la population du Canada, fournit plus de 60 p. 100 du revenu et de la production, et regroupe plus de 70 p. 100 des emplois du secteur manufacturier du pays.

À elles quatre, les provinces du Manitoba, de la Saskatchewan, de l'Alberta et de la Colombie-Britannique enregistrent un PIB d'environ 230 milliards de dollars, soit environ 31 p. 100 du PIB du Canada. Depuis quelques dizaines d'années, des changements importants se produisent dans l'économie de l'Ouest. La Colombie-Britannique augmente régulièrement sa proportion du revenu national depuis 1910. L'économie de l'Alberta, fondée sur l'énergie, connaît une croissance spectaculaire pendant les années 70, mais elle s'est stabilisée depuis. Vancouver commence à menacer Montréal en tant que deuxième métropole du Canada. Cette ville (ainsi que Calgary, dans une moindre mesure) est devenue un centre important des affaires et de la finance. Depuis la crise des années 30, le Manitoba et la Saskatchewan voient diminuer constamment leur part du revenu national. Cette évolution est graduelle au Manitoba, mais irrégulière en Saskatchewan à cause de la volatilité de l'économie de cette province, fondée sur le blé. La position de Winnipeg comme centre traditionnel de fabrication et de services dans les Prairies est de plus en plus menacée par Edmonton et Calgary.

Les quatre provinces atlantiques – Terre-Neuve, Nouvelle-Écosse, Nouveau-Brunswick et Île-du-Prince-Édouard – enregistrent au total un PIB de 45,5 milliards de dollars en 1994, soit environ 6 p. 100 du PIB national. L'économie des trois provinces maritimes (la Nouvelle-Écosse, le Nouveau-Brunswick et l'Île-du-Prince-Édouard) ne cesse de décliner depuis un siècle: on ne lui attribue que 5 p. 100 du PIB national en 1994 comparativement à 16 p. 100 en 1890. Ce déclin est souvent imputé à la POLITIQUE NATIONALE adoptée après la Confédération et aux changements technologiques apportés dans la construction navale. Toutefois, l'économie des Maritimes et celle de Terre-Neuve montrent des signes de redressement depuis 1980, ce qui semble indiquer que la longue période de déclin est peut-être terminée.

Disparités régionales au chapitre du revenu par habitant Le principal problème que connaît le Canada sur le plan de l'économie régionale demeure l'écart persistant entre le Canada atlantique et les régions plus prospères du pays, particulièrement l'Ontario et la Colombie-Britannique. Au cours des années 90, le revenu des particuliers dans ces deux provinces dépasse d'environ un tiers celui des habitants de Terre-Neuve, du Nouveau-Brunswick et de l'Île-du-Prince-Édouard, et d'environ 25 p. 100 celui des habitants de la Nouvelle-Écosse. Au Québec également, le revenu par habitant reste inférieur à la moyenne nationale, bien que l'écart y soit beaucoup moins important que pour les provinces atlantiques. Ces dernières années, le revenu par habitant au Québec a tendance à se situer légèrement en dessous de la moyenne nationale (grosso modo, à environ 92 p. 100 de la moyenne canadienne). Malgré ces différences de revenu par habitant, la tendance générale depuis 1950 favorise la diminution des disparités régionales. En 1956, le revenu gagné des Néo-Brunswickois représente 65,9 p. 100 de la moyenne nationale, comparativement à 81 p. 100 en 1994.

Des forces contradictoires s'exercent sur l'économie du Québec. La dénatalité spectaculaire depuis les années 60, la présence croissante des FEMMES DANS LA POPULATION ACTIVE, la hausse du niveau d'instruction et l'apparition d'une nouvelle classe de gens d'affaires francophones contribuent positivement à la croissance du revenu par habitant au Québec. En contrepartie, la francisation de la société québécoise et la menace, toujours présente, de séparation politique comportent des coûts économiques, qui se manifestent dans l'exode d'une partie de la vieille élite économique (anglophone) (*voir* ÉLITE DU MONDE DES AFFAIRES) et le déclin de Montréal comme centre canadien d'affaires et de finances.

Les disparités de revenu par habitant entre les provinces des Prairies et le reste du Canada se manifestent par l'alternance de mouvements de divergence et de convergence, sous forme de fortes fluctuations du revenu, provoquées par la dépendance à l'égard des industries primaires (blé, pétrole, gaz naturel, potasse) et du niveau de la demande, très sensibles à des facteurs naturels et à la demande internationale. En Saskatchewan, le revenu par habitant a connu des fluctuations importantes (59 p. 100 de la moyenne nationale en 1941, 107 p.100 en 1951 et 71 p. 100 en 1961), mais les fluctuations ont diminué depuis. Au Manitoba, province dotée d'un secteur manufacturier plus fort, le revenu par habitant a tendance à rester en dessous de la moyenne nationale depuis 1956. Pendant une brève période, à la fin des années 70 et au début des années 80, l'Alberta affiche le revenu par habitant le plus élevé du Canada, mais retombe ensuite à la troisième place, derrière l'Ontario et la Colombie-Britannique, bien que le revenu par habitant y demeure supérieur à la moyenne nationale.

À la suite de la crise internationale du pétrole en 1973, les revenus d'exploitation générés par la production pétrolière augmentent en flèche. Cette manne tombe surtout en Alberta. Les revenus générés dans une région du Canada peuvent se diffuser ailleurs par l'intermédiaire des paiements de transfert du gouvernement fédéral, notamment de PAIEMENTS DE PÉRÉQUATION ou de prestations d'assurance-chômage, ou encore sous forme d'intérêts, de dividendes et de profits empochés par des investisseurs de l'extérieur de la région (*voir* FINANCES INTERGOUVERNEMENTALES). Au milieu des années 70, le gouvernement fédéral et les provinces productrices de pétrole (surtout l'Alberta) ont de fréquents conflits au sujet du droit d'imposer et de redistribuer les profits de l'énergie. La forte hausse des revenus de l'Alberta rompt la répartition régionale traditionnelle selon laquelle l'Ontario était la grande province nantie et la principale contributrice des régimes de transfert fédéraux. L'abondance est de courte durée en Alberta, car les prix du pétrole redescendent dans les années 80. L'histoire économique de l'Ouest illustre abondamment la fragilité d'une prospérité fondée sur les ressources.

Causes des disparités de revenu entre les régions Des différences de revenu par habitant peuvent s'expliquer par des variations au chapitre de l'emploi, des niveaux de salaire, des revenus de placement ou des revenus de transfert gouvernementaux. Au Canada, environ 70 p. 100 du revenu des particuliers proviennent des salaires et d'autres revenus du travail. Le taux d'emploi et le niveau des salaires sont donc de loin les facteurs les plus importants.

La répartition territoriale des emplois (par rapport à la population) repose sur les indicateurs suivants: a) la proportion de la population locale en âge de travailler (de 15 à 64 ans), b) le pourcentage de cette cohorte de population qui fait partie de la population active, c) le taux de chômage. Les personnes en âge de travailler forment traditionnellement une proportion plus faible de la population dans les provinces atlantiques, notamment en raison de l'ÉMIGRATION. Les taux d'activité de la population de 15 à 64 ans y sont également plus faibles et les taux de chômage plus élevés. Selon les données de 1994, le ratio emplois-population est de 33,5 p. 100 à Terre-Neuve comparativement à 47,3 p. 100 en Ontario, ce qui explique en grande partie la disparité au chapitre du revenu par habitant.

Les différences régionales de niveaux de salaire peuvent être causées par des différences de productivité du travail ou de structure industrielle. Le revenu par habitant, généralement élevé en Colombie-Britannique, s'explique en grande partie par le niveau élevé des salaires. Toutefois, des influences comme la syndicalisation, la mobilité de la main-d'œuvre, la législation sociale et l'importance de l'emploi dans la fonction publique créent une tendance nationale à l'égalisation des salaires. Les niveaux de salaire au Québec et en Ontario, p. ex., sont à peu près équivalents pendant les années 90.

Les disparités régionales au chapitre de l'emploi et des salaires peuvent être attribuées en partie aux avantages géographiques comparatifs. Les régions qui se sont développées les premières en raison d'avantages naturels ou historiques poursuivent souvent leur croissance à mesure que des marchés, des établissements et des infrastructures se créent. La vallée du Saint-Laurent s'est développée en premier grâce à ses avantages uniques en matière de transport et à son potentiel agricole. En construisant des canaux, des routes et d'autres infrastructures, les colons renforcent cet avantage naturel. Avant la Confédération, la population totale du Québec et de l'Ontario est déjà beaucoup plus considérable que celle des Maritimes.

Le marché interne du Canada est petit à l'échelle mondiale: il suffit souvent d'une usine ou d'un bureau pour desservir tout le pays. Le sud de l'Ontario et le sud-ouest du Québec sont au centre de ce marché. Les industries des provinces maritimes et des Prairies sont moins bien situées pour bien desservir le marché canadien. Les industries et les bureaux modernes ont souvent besoin de services, de compétences et d'infrastructures qu'on ne trouve que dans les grandes villes. Les provinces atlantiques ne possèdent aucune grande région urbaine. Halifax est une petite ville à l'échelle mondiale. Dans les Prairies, l'absence de voies navigables rend plus difficile l'accès aux marchés, et constitue une entrave supplémentaire au développement manufacturier.

Le fait que les États-Unis soient devenus le principal partenaire commercial et la première source d'investissements étrangers depuis la Seconde Guerre mondiale profite davantage à certaines régions qu'à d'autres. Le sud de l'Ontario tire profit non seulement de son accès aux Grands Lacs, mais aussi de la proximité des régions industrielles du Middle West américain, dont il est devenu le prolongement à bien des égards – le développement de l'industrie automobile à Windsor, de l'autre côté de Detroit, en offre un exemple évident. Les investissements américains sont fortement concentrés en Ontario: la plupart des sièges sociaux appartenant à des intérêts américains se trouvent à Toronto. En fait, l'intégration du Canada à l'économie nord-américaine accentue la marginalisation géographique des provinces atlantiques, dont l'économie fut traditionnellement tournée vers l'Europe, notamment l'Angleterre. Plus récemment, la croissance économique des PAYS CÔTIERS DU PACIFIQUE (Japon, Chine, Californie) profite surtout à la Colombie-Britannique et, dans une certaine mesure, à l'Alberta.

Le facteur humain est l'aspect le plus problématique du développement régional. La migration, p. ex., exerce une influence décisive sur la qualité des ressources humaines dans une région. Les régions canadiennes à faible revenu sont souvent prises dans un engrenage de déclin, conséquence de l'émigration continue des personnes en âge de travailler, dont souvent les plus dynamiques et les plus instruites.

Les ressources de la Colombie-Britannique et de l'Alberta aident à expliquer leur croissance. Les salaires élevés et la forte productivité de la Colombie-Britannique sont attribuables en partie à ses ressources forestières, mais aussi à sa situation géographique avantageuse, à sa population active qualifiée et à l'influence de Vancouver comme métropole en croissance. Les provinces atlantiques sont pénalisées non seulement par le manque de ressources naturelles (concurrentielles), mais aussi par leur éloignement géographique et par la tradition d'émigration. Cependant, l'exploitation des ressources naturelles suffit rarement à soutenir à elle seule un développement économique durable. Au Canada, comme dans d'autres pays industrialisés, ce sont les modèles de localisation des industries manufacturières (*voir* FABRICATION INDUSTRIELLE) et des INDUSTRIES DE SERVICES qui expliquent aujourd'hui la persistance des disparités régionales de revenu par habitant.

Politiques économiques régionales Depuis la Confédération, la politique économique canadienne est influencée par des considérations régionales. Les politiques nationales ont d'importantes répercussions, voulues ou non, au niveau régional; elles créent souvent des tensions entre les provinces et le gouvernement fédéral. Plus récemment, le gouvernement fédéral a mis en œuvre des politiques régionales visant à améliorer le sort des régions à faible revenu.

Par le passé, la structure protectionniste des tarifs douaniers du Canada, qui remonte à la politique nationale conçue par John A. MACDONALD pour encourager l'industrialisation du pays, profite surtout aux régions manufacturières du Québec et de l'Ontario, en leur assurant un marché captif. Les politiques douanières du Canada sont un objet traditionnel de récriminations des provinces atlantiques et de l'Ouest, où les consommateurs ont l'impression de subventionner les industries protégées du Canada central, tout en entravant le développement de leurs propres régions. Toutefois, par suite de la signature de l'accord de libre-échange avec les États-Unis en 1989 (auquel le Mexique s'est joint en 1993) ainsi que des réductions de tarifs douaniers qui font suite aux négociations du GATT au cours des années 80 et 90, la politique douanière du Canada cesse d'être une préoccupation majeure pour les provinces (*voir* LIBRE-ÉCHANGE).

La *Loi sur les taux de transport des marchandises dans les provinces maritimes* (1927) prévoie des subventions pour réduire les tarifs de transport ferroviaire des marchandises vers le reste du Canada à partir d'endroits situés à l'est de Lévis (Québec). Ces subventions se sont accrues par la suite et étendues au camionnage. Les tarifs de transport du grain expédié à partir des Prairies sont artificiellement maintenus à un bas niveau depuis le début du siècle aux termes de la CONVENTION DU NID-DE-CORBEAU. Plusieurs régimes de subventions et la COMMISSION CANADIENNE DU BLÉ, établie à Winnipeg, aident les producteurs de blé des Prairies à expédier et à commercialiser leur production. Toutefois, depuis les années 80, le gouvernement fédéral élimine graduellement la plupart des subventions d'aide au transport.

Les incidences régionales de la POLITIQUE ÉNERGÉTIQUE se sont révélées être un sujet de controverse. Avant la crise pétrolière de 1972-1974, la politique énergétique favorisait les provinces productrices de pétrole au moyen de ce qu'on appelle la ligne Borden (établie en 1961), qui divisait le Canada en deux zones de commercialisation du pétrole à la frontière entre l'Ontario et le Québec. À l'ouest de cette ligne, on ne peut ni raffiner ni vendre du pétrole importé. Le pétrole étranger et ses sous-produits n'ont accès qu'au marché situé à l'est. Cette politique assure au pétrole de l'Ouest, alors plus coûteux, un marché captif qui inclut l'Ontario. Par contre, elle entrave l'expansion de l'industrie montréalaise du raffinage du pétrole et de la pétrochimie, située à l'est de la ligne, en imposant à son marché la limite artificielle de la frontière entre le Québec et l'Ontario. De 1973 jusqu'au milieu des années 80, la politique énergétique nationale a tendance à favoriser les provinces consommatrices de pétrole en maintenant les prix intérieurs du pétrole à un niveau plus bas que les prix internationaux et en redistribuant une part importante des redevances pétrolières de l'Ouest. Vers la fin de 1984, le gouvernement Mulroney indique son intention de permettre aux cours intérieurs du pétrole de suivre les cours internationaux. Les prix intérieurs atteignent depuis lors le niveau international.

Les programmes relativement généreux de PAIEMENTS DE TRANSFERT du Canada, qui comprennent des transferts aux autres gouvernements et aux particuliers (prestations de chômage, allocations familiales et pensions), représentent normalement quelque 50 p. 100 du budget fédéral. Les différences de revenu seraient beaucoup plus grandes si les transferts aux particuliers étaient exclus du revenu personnel. P. ex., le revenu par tête à Terre-Neuve en 1994 ne serait que de 64,2 p. 100 de la moyenne nationale au lieu de 78,9 p. 100. Sans les paiements de transfert, les disparités régionales de revenu par habitant seraient à peu près au même niveau qu'en 1971, ce qui indique que la situation dans les provinces atlantiques à ce chapitre s'est améliorée autant grâce aux transferts qu'à l'amélioration réelle de l'économie de la région.

Des programmes fédéraux de développement régional (PDR) visant expressément les régions à faible revenu existent depuis les années 60. Au début, ils visent des régions rurales défavorisées, mais ils ont été élargis depuis. Le ministère de l'Expansion économique régionale (MEER) est constitué en 1969 et intégré en 1982 au ministère de l'Expansion industrielle régionale (MEIR). Ce dernier est dissout en 1988 et remplacé par quatre organismes établis dans les régions: Diversification de l'économie de l'Ouest Canada (DEOC), Agence de promotion économique du Canada atlantique (APECA), Bureau fédéral de développement régional (Québec) ou BFDR(Q) et Initiative fédérale du développement économique du Nord de l'Ontario (FedNor). Ces organismes travaillent à promouvoir l'industrie grâce à diverses mesures de soutien financier aux entreprises et aux entrepreneurs locaux. Ils ont également hérité de plusieurs programmes des anciens ministères fédéraux.

Les PDR englobent un vaste éventail de politiques, y compris les subventions, des provisions spéciales pour amortissement et des prêts destinés à encourager les entreprises à s'établir dans des régions désignées. Les ministères et organismes fédéraux concluent également avec les provinces des ententes générales de développement qui peuvent viser notamment les programmes d'infrastructures, l'exploration minérale, les mesures d'encouragement à la restructuration industrielle et les programmes de développement rural. La Société de développement du Cap-Breton est un exemple du genre de projets auxquels participe le MEER. L'impact des PDR se fait surtout sentir dans les petites régions, notamment dans les zones défavorisées des provinces

atlantiques. Toutefois, les économistes s'entendent généralement pour dire que les PDR, comme ceux mis en œuvre par le MEER et le MEIR dans les années 70 et 80, n'ont pas réussi à modifier fondamentalement l'évolution régionale de l'économie canadienne.

Presque toutes les provinces connaissent des problèmes régionaux semblables à l'intérieur de leurs territoires respectifs. En Ontario, les disparités d'emploi et de revenu par habitant entre le Sud industrialisé et le Nord moins développé sont souvent tout aussi fortes que les disparités entre provinces. Au Québec, le niveau d'emploi et le revenu par habitant sont systématiquement plus bas en Gaspésie que dans la région métropolitaine de Montréal. En Nouvelle-Écosse, la région de Halifax et de l'île du Cap-Breton connaissent, respectivement, une certaine prospérité et le marasme économique. Dans la plupart des provinces, mais peut-être de façon plus marquée dans l'Ouest, il existe une nette différence entre les régions urbanisées du Sud, plus riches, et les régions du Nord, dont les populations clairsemées sont souvent à majorité AUTOCHTONE. Le développement économique des collectivités autochtones a acquis une importance nouvelle dans la majorité des provinces (*voir* AUTOCHTONES, CONDITIONS ÉCONOMIQUES DES). La plupart des gouvernements provinciaux mettent en œuvre leurs propres politiques de développement régional, souvent indépendamment du gouvernement fédéral.

Mario Polèse

Économie, réglementation de l' L'une des formes d'intervention de l'État qui vise à influencer le comportement des entreprises et des particuliers du secteur privé. Tout comme les dépenses publiques, les taxes, la propriété de l'État, les prêts et les prêts garantis, les titres participatifs dans les entreprises privées et la persuasion, la réglementation consiste en général à «imposer des règlements, assortis de sanctions, pour modifier précisément le comportement économique des entreprises et des agents du secteur privé». Autrement dit, la réglementation permet de limiter leur marge de manœuvre dans certains domaines comme la tarification (tarifs d'avion, salaires minimums, certains produits agricoles, tarifs téléphoniques); l'offre (permis de radiodiffusion, certification professionnelle, quotas agricoles, accréditation de sociétés d'oléoducs reconnues «de commodité et de nécessité publiques»); le taux de rendement (services publics, sociétés de gazoducs); la divulgation de renseignements (prospectus liés aux placements, étiquette de composition du produit); la fabrication d'un produit (normes de rejet, d'hygiène et de sécurité au travail); les normes régissant les produits et les services (sécurité des jouets, salubrité des aliments, teneur canadienne des émissions radio-télévisées) et les conditions de service (conformité aux exigences du transporteur public ou refus de toute discrimination en matière d'embauche ou de vente de biens et de services).

Gouvernements La réglementation de l'économie pratiquée par les gouvernements vise donc à maximiser l'affectation des ressources, à modifier la répartition des revenus et à réaliser des objectifs sociaux et culturels plus vastes. L'État peut, au nom de l'efficacité économique, envisager la réglementation des monopoles qui, en contrôlant le rendement et en augmentant les prix, peuvent réduire la production de biens et services à des niveaux socialement insuffisants. La réglementation peut également intervenir dans des situations où les coûts induits ne sont pas assumés par ceux qui en sont responsables. C'est le cas notamment du coût social de la pollution à grande échelle produite par les entreprises privées. Vu le caractère interdépendant de la gestion des ressources collectives, la réglementation étatique est nécessaire pour empêcher la surexploitation des ressources renouvelables (p. ex., les poissons, les baleines et les forêts) et la saturation des ondes de radiodiffusion.

L'État peut aussi imposer des règlements propres à favoriser une meilleure répartition des revenus en empêchant, en partie, l'accumulation des profits monopolistiques et certaines formes de discrimination tarifaire qui avaient justifié la réglementation des chemins de fer au XIXe siècle et des SERVICES PUBLICS au début du XXe siècle. Cette réglementation a permis, en plus de lutter contre la discrimination, d'assurer des tarifs «justes et équitables» pour les consommateurs, dont les termes figurent encore aujourd'hui dans la législation canadienne. De même, par le truchement de processus administratifs, la réglementation peut permettre à l'État de freiner les changements économiques et la répartition des revenus conformément à l'idée que la population, en général, éprouve une aversion pour le risque et que les variations parfois brusques du marché aboutissent à une répartition inégale des revenus. Enfin, la réglementation peut servir à octroyer des avantages à certains au détriment des autres.

Réglementation sociale et culturelle Le gouvernement du Canada a souvent recours à la réglementation dans la poursuite de ses objectifs sociaux et culturels. C'est le cas notamment du développement du pays grâce à la mise en place d'infrastructures liées au transport (*voir* TRANSPORT, RÉGLEMENTATION DU), de la promotion de l'unité nationale et de l'identité culturelle à l'aide de règlements relatifs à la radiodiffusion et au contenu canadiens (*voir* CONSEIL DE LA RADIODIFFUSION ET DES TÉLÉCOMMUNICATIONS CANADIENNES). On tente aussi de réduire la domination étrangère dans certains secteurs (p. ex., la radiodiffusion, les banques) en renforçant le contrôle intérieur des entreprises commerciales (*voir* NATIONALISME ÉCONOMIQUE).

D'ordinaire, on distingue deux formes de réglementation: directe et sociale. La réglementation directe vise à modifier aussi bien la structure des prix (taux, tarifs, frais) que les conditions d'entrée et de sortie, ou le niveau de production. Elle peut donc s'appliquer à une seule industrie ou à un ensemble d'industries: aviation commerciale, chemins de fer, télécommunications, certains produits agricoles, gazoducs, taxis (dans la majorité des villes) et radiodiffusion.

Quant à la réglementation sociale, elle s'attache d'habitude aux méthodes de production, aux caractéristiques d'un produit ou d'un service ou encore à la divulgation de renseignements. Elle touche en général une gamme étendue d'industries, même si son effet sur chacune varie énormément. Enfin, elle comprend des règlements édictés par le gouvernement dans les domaines suivants: protection de l'environnement, santé et sécurité, équité (droits de la personne, protection contre la fraude, la tromperie ou l'inexactitude), culture (contenu, langue), utilisation du sol et codes de construction.

La réglementation de l'économie au Canada est de plus en plus complexe puisque les gouvernements fédéral et provinciaux détiennent d'importants pouvoirs de réglementation dans les domaines précités comme dans bien d'autres: protection environnementale, ressources naturelles, commercialisation de produits agricoles, santé et sécurité au travail, droits de la personne, protection du consommateur, protection sanitaire, normes d'emploi et établissements financiers. Il faut bien préciser que le coût de la réglementation directe et sociale, dans les dépenses fédérales, provinciales et municipales, ne représente qu'une infime partie de ce que coûte cette réglementation à l'ensemble de l'économie. L'essentiel du coût total est assumé par les particuliers et les entreprises (et leurs consommateurs), qui doivent s'y conformer.

Le poids de la réglementation étatique a fait l'objet de nombreuses évaluations. P. ex., certains chercheurs estiment que 29 p. 100 du PIB canadien de 1978, mesuré au coût des facteurs de production, est soumis à la réglementation directe. Pour les États-Unis, ce chiffre s'élève à 26 p. 100, même si ces estimations ne tiennent pas compte de la rigueur des contrôles qui peut varier énormément entre les deux pays. Selon d'autres estimations, 34 p. 100 des activités du secteur privé en 1980 relèvent de la «supervision ou réglementation étatique». Il s'agit toutefois d'évaluations établies avant l'assouplissement des règlements, soit avant la déréglementation des transports (compagnies aériennes, transport ferroviaire et routier), des services financiers et de l'énergie (prix du pétrole et du gaz naturel et exportations) de 1985 à 1988. Dans les années 70, la réglementation fédérale se renforce tant au Canada qu'aux États-Unis. Des 140 lois fédérales adoptées à la fin de 1978, touchant la réglementation de l'économie au Canada, 25 le sont entre 1970 et 1978. De plus, 11 d'entre elles, après avoir été votées antérieurement, sont rétablies dans les années 70. Un grand nombre de nouvelles lois fédérales sont adoptées au cours de cette période que de 1940 à 1969. Ces lois concernent principalement la protection de l'environnement, la santé et la sécurité de même que la protection du consommateur. Cependant, après 1978, sous la pression en faveur des réformes réglementaires, cette tendance connaît un déclin très marqué.

Au cours de la dernière décennie, les initiatives en matière de réforme de la réglementation suivent deux voies. La première consiste d'une part en des études menées en grande partie par le gouvernement fédéral ou ses organismes et axées sur le PROCESSUS RÉGLEMENTAIRE (notamment, les études effectuées par la COMMISSION DE RÉFORME DU DROIT, l'Institut de recherches en politiques publiques, le Conseil économique du Canada et le Conseil canadien de la consommation). D'autre part, les enquêtes officielles comprennent celles du Conseil économique du Canada (Mandat sur la réglementation), du Groupe de travail parlementaire en matière de réforme de la réglementation (Comité Peterson) et de la Commission royale sur la gestion financière et l'imputabilité (Commission Lambert). En général, toutes ces études aboutissent aux recommandations suivantes: examen *ex ante* des règlements envisagés axé sur l'analyse coûts-bénéfices; consultation antérieure accrue; mise en place d'un calendrier des projets de réglementation; examen *ex post* périodique des programmes de réglementation courants; remplacement des appels interjetés auprès du Cabinet par des directives en matière de politique gouvernementale; définition plus claire dans les lois et règlements des mandats de réglementation; examen plus rigoureux des règlements existants et prévus par le corps législatif et meilleurs accès et financement des groupes de défense de l'intérêt public. Dans les années 80, le gouvernement fédéral adopte des mesures visant à scruter de plus près les nouvelles initiatives réglementaires, y compris le calendrier des programmes de réglementation. La deuxième voie, très indépendante de la première, regroupe une série de décisions prises par des organismes de réglementation ou de modifications apportées à la politique gouvernementale afin d'assouplir la réglementation directe de nombreuses industries.

C'est le cas de l'aviation commerciale dont la déréglementation progressive de 1977 à 1979 stimule la concurrence. Durant cette période, on assiste tout d'abord à l'élimination des restrictions en matière de capacité, ce qui permet à CP Air de mieux concurrencer Air Canada. D'ailleurs, en vertu de la *Loi d'Air Canada* de 1978, cette société d'État, qui a jusqu'en 1959 le monopole des vols transcontinentaux, tombe sous les dispositions législatives régissant les autres transporteurs; puis, en 1973 et en particulier à la fin des années 70, les règlements touchant les vols affrétés intérieurs et internationaux font l'objet de profondes modifications favorisant le développement rapide des services de frètement; ensuite, au début de 1978, l'Office national des transports du Canada (ONT) permet aux compagnies aériennes canadiennes d'offrir une gamme de tarifs réduits. À la suite des audiences tenues à la demande du ministre des Transports, l'ONT décide, en mai 1984, d'accorder aux compagnies aériennes une liberté plus grande dans la détermination des tarifs et assouplit les restrictions concernant l'accès des transporteurs, nouveaux et existants, à de nouvelles destinations. Enfin, une nouvelle législation entrée en vigueur en 1988 supprime pratiquement toute la réglementation qui pesait sur les voyages aériens dans le sud du Canada et modifie celle qui s'appliquait aux vols vers et en provenance du nord du Canada.

Ce sont les changements technologiques qui donnent lieu, en partie, à l'assouplissement de la réglementation et à l'accroissement de la concurrence dans l'industrie des télécommunications. Ainsi, la technologie sape l'argument du monopole naturel avancé par le gouvernement pour réglementer le secteur de la téléphonie. Dans les années 70, le Conseil de la radiodiffusion et des télécommunications canadiennes (CRTC) commence à établir une distinction entre les dispositions monopolistiques afférentes aux services de transmission et l'approvisionnement en matériel terminal (appareil téléphonique de base, terminaux de traitement de données, etc.). Par suite des décisions prises au début des années 80 au sujet du raccordement des terminaux concernant Bell Canada et BC Tel, cette distinction permet aux abonnés de devenir propriétaire de leurs appareils téléphoniques et de bénéficier en matière de fourniture et d'entretien d'une concurrence accrue, largement renforcée en mai 1979 par une décision du CRTC en faveur de l'interconnexion des systèmes. Désormais, les clients de Télécommunications CNCP peuvent accéder directement à ses réseaux informatiques et à ses services d'appel sélectif. CNCP ne peut pas concurrencer directement les lignes à tarif unitaire, les services téléphoniques interurbains ou les services WATS, mais elle livre une rude concurrence dans les domaines de la transmission de données, des lignes privées et des services télex. La concurrence dans le secteur des services interurbains pourrait être plus forte si les coûts communs fixes découlant des tarifs interurbains par rapport aux tarifs locaux n'étaient pas aussi élevés. En août 1985, le CRTC se prononce contre la concurrence dans le domaine des services à tarif unitaire et des services interurbains, alors qu'une telle concurrence existe aux États-Unis.

Bien que le Canada n'ait pas connu une déréglementation aussi totale que celle des États-Unis, d'importants changements s'y sont cependant produits au cours des dernières années: la déréglementation des prix du transport des céréales en novembre 1983, suivie toutefois de la remise en vigueur de certains règlements en 1985; la libéralisation des prix du pétrole et la suppression, le 1er juin 1985, des contrôles exercés sur les contrats d'exportation à court terme; la déréglementation des compagnies aériennes du sud du Canada en 1988. En outre, de nombreuses réglementations directes font l'objet d'une libéralisation notable, comme le remplacement de la *Loi sur l'examen de l'investissement étranger* par la *Loi concernant l'investissement au Canada* en juin 1985, et la réduction, en 1986, des exigences en matière de contenu canadien des émissions de la télévision payante. Parallèlement, la portée de la réglementation s'étend dans certains cas, ce qui aboutit en 1983, p. ex., au renforcement de certains règlements concernant le contenu canadien de la radiodiffusion.

W.T. Stanbury

Économie souterraine Elle fait référence aux transactions économiques non déclarées faites entre personnes. On l'appelle aussi l'économie irrégulière. Du point de vue technique, elle englobe toutes les activités illicites comme la PROSTITUTION, le commerce de la drogue, ainsi que toutes les évasions fiscales (*voir* IMPOSITION) relatives à des activités licites. P. ex., un propriétaire peut engager quelqu'un pour réparer le toit de sa maison. C'est une activité licite qui est naturellement déclarée quand le réparateur déclare comme revenu la somme reçue à titre de paiement. Toutefois, l'ouvrier peut, à sa demande, être payé en espèces, auquel cas le revenu n'est pas déclaré afin d'éviter de payer de l'impôt. Les personnes qui travaillent dans des domaines variés peuvent déclarer moins que leur revenu si elles sont payées en espèces.

Les autorités fiscales et policières admettent volontiers l'existence d'une économie souterraine importante, mais ne s'accordent pas sur son ampleur. En raison même de sa nature, le volume de l'économie souterraine est difficile à évaluer, mais on constate qu'elle est en progression au Canada comme ailleurs. Les activités du secteur irrégulier n'entrent pas dans les statistiques officielles du produit intérieur brut (PIB). Les personnes qui travaillent dans l'économie souterraine peuvent être considérées comme étant au chômage selon les statistiques officielles de la POPULATION ACTIVE. Si elles ont un emploi régulier et travaillent aussi dans le secteur irrégulier, la somme totale de leur travail ne peut être évaluée correctement. En raison des estimations actuelles, selon lesquelles le secteur irrégulier de l'économie représente de 10 p. 100 à 25 p. 100 du PIB déclaré, et de la croissance de ce secteur dont le rythme est plus rapide que celle du PIB, ces effets peuvent être graves.

Comme une bonne partie des transactions de l'économie souterraine se fait en espèces, l'évaluation des liquidités est l'une des façons de mesurer l'ampleur de ces transactions. Essentiellement, cela revient à évaluer l'argent nécessaire pour effectuer des transactions régulières, puis à déterminer la différence entre cette somme et celle réellement utilisée. On a eu recours à cette méthode pour mesurer la taille de l'économie souterraine au Canada, aux États-Unis et dans d'autres pays. Ces estimations expliquent le paradoxe apparent qui existe dans les statistiques sur les liquidités. Bien qu'on ait largement prédit que l'utilisation accrue des CARTES DE CRÉDIT et des virements de fonds électroniques aboutiraient à une société sans argent liquide ou avec peu d'argent liquide en circulation, les avoirs en espèces n'ont pas diminué. Les économistes expliquent ce fait par le détournement de plus en plus d'argent en espèces (monnaie fiduciaire) vers l'économie irrégulière.

On fait aussi souvent référence à la drogue et à d'autres marchandises contrôlées qui sont vendues sur le «marché noir», expression décrivant très bien le caractère illégal de l'économie souterraine. De telles transactions ne sont pas déclarées officiellement. Toutefois, l'expression «marché noir» peut avoir un autre sens. Si une marchandise particulière est exposée à des contrôles de prix légaux, p. ex., les aliments en temps de guerre, les transactions qui s'effectuent à des prix illégaux sont en général désignées comme des transactions de marché noir. La déclaration officielle, si on en fait une, indiquera le prix légal plutôt que le prix réel de la transaction.

Les activités légales menées de façon «souterraine» pour échapper à l'impôt sont la composante de l'économie irrégulière dont la croissance semble la plus rapide, surtout à cause de notre système fiscal. Les gains pouvant découler de l'évasion fiscale sont plus importants et à des taux d'imposition élevés. Si, en raison de revenus qui augmentent, plus de personnes sont assujetties à des taux d'imposition plus élevés, et si les pénalités ou le niveau d'application des lois fiscales ne changent pas, on peut s'attendre à ce que le phénomène des revenus non déclarés s'amplifie. C'est exactement ce qui s'est produit jusqu'à présent.

La croissance de l'économie irrégulière a des répercussions considérables sur le système fiscal canadien qui repose sur l'autocotisation et implique peu d'examen direct des déclarations d'impôt sur le revenu des particuliers de la part de l'Administration fiscale. Si le nombre de non-déclarations de revenu ne cesse de croître, le système fiscal sera certaine-

ment modifié. De plus, on estime que l'introduction de la taxe sur les biens et services en 1991 a accru la taille de l'économie irrégulière de 0,8 p. 100 en 1992. Si les montants d'impôt non payé augmentent en raison de l'économie irrégulière, le fardeau fiscal sur les activités déclarées sera plus lourd. L'Administration fiscale s'inquiète, à juste titre, du fait que les contribuables seront plus enclins à dissimuler leur revenu s'ils constatent que les revenus non déclarés ne cessent de croître en importance.

On a remarqué que le développement de l'économie souterraine a suivi, à partir du milieu des années 60, la hausse du taux d'INFLATION, bien qu'aucune preuve concrète ne vienne appuyer cette relation causale. L'inflation est un impôt non inscrit dans la loi que beaucoup d'économistes considèrent comme un facteur important d'affaiblissement de la cohésion sociale. Il se peut que ce soit cet impôt non prévu par la loi, et non les taux d'imposition élevés, qui explique le nombre croissant de revenus non déclarés.

Même si les estimations concernant l'ampleur de l'économie souterraine sont deux fois plus élevées que les chiffres réels, il est clair que son importance pour notre économie est plus grande que celle de la plupart de nos grandes industries. Malheureusement, la progression de l'économie souterraine reflète aussi un manque de respect croissant envers la loi. On peut régler ce problème en vérifiant davantage les déclarations de revenu et en imposant des pénalités plus lourdes dans le cas de revenus non déclarés et d'autres formes d'évasion fiscale. Une autre solution serait d'abaisser les taux d'imposition, ce qui rendrait l'évasion fiscale moins attrayante. En 1986, la loi sur la réforme fiscale aux États-Unis a baissé les taux d'imposition des particuliers; le Canada a adopté en 1988 une législation fiscale semblable visant à réduire les taux marginaux d'impôt élevés.

D.A. Smith

Écossais Souvent considérés comme des Canadiens anglais, les Écossais ont toujours tenu à leur caractère distinct. Les liens entre l'Écosse et le Canada remontent au XVIIᵉ siècle. Depuis plus de 200 ans, l'immigration écossaise a été régulière et abondante. Lors du recensement de 1996, 4 260 840 Canadiens se déclaraient de souche écossaise, soit 15 p. 100 de la population, à la fois dans les réponses simples et multiples.

Le royaume d'Écosse crée l'une des premières colonies au Canada lorsque, en 1621, sir William Alexander est gratifié d'une charte royale pour le territoire de la Nouvelle-Écosse. Il installe, au Cap-Breton et dans la BAIE DE FUNDY, de petits établissements qui ne prospèrent guère, et le territoire est cédé à la France en 1632. Quelques Écossais immigrent en NOUVELLE-FRANCE, mais le véritable mouvement migratoire s'amorce vers 1720 avec l'arrivée successive de quelques hommes de la région d'Orkney recrutés par la COMPAGNIE DE LA BAIE D'HUDSON pour travailler dans l'Ouest. Des militaires des Highlands écossais forment les troupes d'élite de l'armée britannique qui vainc la France lors de la GUERRE DE SEPT ANS. Plusieurs d'entre eux demeurent en Amérique du Nord, et, après 1759, des marchands écossais s'installent au Québec, où ils dominent le commerce et la traite des fourrures.

Entre 1770 et 1815, quelque 15 000 Écossais des Highlands s'établissent au Canada, principalement à l'Île-du-Prince-Édouard, en Nouvelle-Écosse (*voir* HECTOR) et dans le Haut-Canada. La plupart viennent des Highlands de l'Ouest et des îles écossaises. À quelques exceptions près, ils ne parlent que le gaélique, et plusieurs sont de religion catholique. Ils se forment en communautés agricoles, et, au début du XIXᵉ siècle, le gaélique vient au troisième rang des langues européennes parlées au Canada. Quelques Highlanders sont attirés à la COLONIE DE LA RIVIÈRE ROUGE par le comte de SELKIRK, et quelques autres, engagés dans la traite des fourrures,

s'y installent avec leurs familles indiennes après 1821. Toutes ces communautés conservent les traditions écossaises et forment, durant plusieurs années, des enclaves ethniques distinctes.

Après 1815, l'immigration écossaise s'accroît et prend une autre tournure. Encouragés par les autorités britanniques, les Écossais des Lowlands se joignent aux Highlanders pour s'établir au Canada. Entre 1815 et 1870, ils sont ainsi 170 000 à traverser l'Atlantique, soit quelque 14 p. 100 de l'immigration britannique pour cette période. Vers les années 1850, la plupart de ces nouveaux arrivants s'installent dans la PROVINCE DU CANADA plutôt que dans les colonies des Maritimes. Selon le recensement de 1871, 157 Canadiens sur 1000 sont d'origine écossaise, la proportion allant de 4,1 p. 100 au Québec à 33,7 p. 100 en Nouvelle-Écosse.

Les immigrants de cette époque représentent un échantillonnage fidèle de l'ensemble de la population écossaise. La plupart sont fermiers ou artisans, mais on compte un fort contingent d'entrepreneurs et de membres de professions libérales, notamment des instituteurs et des ministres du culte. La plupart sont presbytériens et parlent l'anglais. Ils ont tendance à se regrouper et se montrent particulièrement actifs dans la création d'institutions scolaires consacrées à la formation des sujets les plus doués (p. ex., le St. John's College, à la Rivière Rouge).

Les Écossais sont très présents en politique et dans le domaine du commerce. Des hommes tels James Glenie et John Neilsen sont souvent les principaux critiques de structures politiques élitistes, en dépit du fait que d'autres Écossais, tel John STRACHAN, font partie de cette ÉLITE. Les deux premiers ministres du Canada, John A. MACDONALD et Alexander MACKENZIE, sont tous deux nés en Écosse. Les Écossais sont très actifs dans les affaires, particulièrement dans les domaines de la traite des fourrures, du commerce du bois, des banques et de l'administration des chemins de fer. Durant les années 1880, près de la moitié des chefs d'industrie proviennent de familles écossaises immigrées depuis peu au Canada.

Ces Canadiens d'origine écossaise se retrouvent dans une position de plus en plus ambiguë, étant à la fois partie de la culture britannique dominante et attachés à leur identité propre. C'est en grande partie à cause de leur influence que la culture dominante au Canada fut britannique plutôt qu'ANGLAISE et que l'on retrouve, dans le système d'éducation et dans les valeurs morales de ce pays, des traits écossais typiques, comme l'observance du repos dominical et la valeur accordée à la TEMPÉRANCE. La philosophie morale écossaise a exercé une forte influence sur l'enseignement de la philosophie au Canada.

Depuis 1870, le rythme de l'immigration et de l'implantation écossaises s'est profondément modifié, obéissant en cela aux changements survenus au Canada et en Écosse. Lorsque les pressions démographiques se sont atténuées dans les Highlands, leurs habitants ont cessé d'immigrer en grand nombre au Canada. Dans les Lowlands, urbanisation et industrialisation réduisent la proportion relative d'agriculteurs, lesquels réduisent d'autant leur apport au flux migratoire.

Au Canada, entre-temps, la croissance manufacturière et l'explosion urbaine attirent les immigrants écossais, certains d'entre eux se dirigeant cependant vers les dernières grandes frontières agricoles de l'Ouest. Cette migration écossaise ne diminue pas pour autant. De 1871 à 1901, ils sont 80 000 à chercher ainsi au Canada un meilleur avenir. Ce nombre atteint 240 000 au début du siècle (avant la Première Guerre mondiale), 200 000 s'y ajoutent entre 1919 et 1930, et 147 000 entre 1946 et 1960.

À l'instar de la plupart des autres groupes d'immigrants, les Écossais préfèrent l'Ontario et l'Ouest à la région de l'Atlantique et au Québec. Dans les Maritimes, une forte proportion de la population d'origine écossaise est native de ces provinces. Tout comme le Québec, Terre-Neuve n'a jamais abrité de population écossaise importante. On retrouve des Écossais dans toutes les autres provinces, en milieu urbain et en milieu rural. Comme tous les autres groupes ethniques, ils se sont de plus en plus assimilés à la société canadienne, tout en conservant leur héritage culturel. De même ont-ils tenu à mettre l'accent sur certaines des manifestations les plus spectaculaires de leur appartenance, telles les clans, le tartan et les danses des Highlands. Le gaélique a décliné au Canada, tout comme en Écosse, et n'est plus parlé que par quelques milliers de personnes, principalement au Cap-Breton.

Éducateurs, industriels, explorateurs, politiciens, artistes, les Écossais ont contribué à l'évolution du Canada dans tous les domaines. Au nombre des leurs, on relève les noms de sir A.T. GALT, lord ELGIN, Donald SMITH (lord Strathcona), William Lyon MACKENZIE, Harold INNIS, sir William MACKENZIE, Maxwell AITKEN (lord Beaverbrook), W.L. MORTON, Blair Fraser, Norman BETHUNE, Farley MOWAT, Douglas CAMPBELL et Norman MCLAREN.

L'histoire et la culture écossaises ont connu une évolution bien différente de celle des autres groupes des îles britanniques, et les Écossais se sont toujours considérés comme distincts de leurs cousins anglais, GALLOIS et IRLANDAIS, voire supérieurs à eux. Leur immigration au Canada et leur contribution à son développement diffère vraiment de celle des autres groupes ethniques, car elles se sont poursuivies pendant plusieurs siècles plutôt que de s'être limitées à une époque ou à une région précises. Les Écossais n'ont jamais été suffisamment nombreux pour dominer, mais jamais si peu nombreux qu'ils aient dû disparaître. Leur ascendance a grandement contribué à leur succès. Ils étaient assez proches des Anglais pour appartenir à la société dominante et possédaient, de par leur tradition, un savoir-faire et des ambitions bien adaptés à un pays en voie de développement.

J.M. Bumsted

Écosystème C'est un milieu défini à l'intérieur duquel des organismes vivants (animaux et végétaux) interagissent avec la matière inerte dans une relation d'étroite interdépendance pour former une unité écologique. À grande échelle, les écosystèmes sont définis seulement en fonction des régions géographiques qu'ils occupent, souvent appelées biomes (p. ex., arctique, haute prairie ou forêt d'arbres feuillus). À petite échelle (p. ex., dune ou marais), les écosystèmes recouvrent des conditions de SOL précises et correspondent à des aires où se jouent les interactions entre les différents organismes présents.

Définition classique Étymologiquement, le mot écosystème dérive de deux mots grecs: *oikos* «lieu» et *systema* «système». Au XIXe siècle et au début du XXe siècle, les écologistes qui sont très conscients des relations d'interdépendance complexes entre la matière vivante et inerte baptisent le phénomène de diverses manières: biocénose, microcosme, holocénose, biosystème, géobiocénose. Toutefois, on doit à l'Américain Raymond L. Lindeman (1942) la définition communément admise du terme «écosystème» proposé par le Britannique A.G. Tansley (1935): «la transformation ou la transmutation d'une matière d'un état à l'autre grâce aux transferts d'énergie entre plusieurs niveaux trophiques.» Ainsi, la chaîne alimentaire est constituée de différentes étapes par lesquelles la matière inerte (p. ex., gaz, liquide, solide) est transformée en tissus vivants par les PLANTES, consommés à leur tour par les ANIMAUX herbivores ou phytophages (p. ex., insectes). Au bout de cette chaîne alimentaire prédatrice se regroupent les carnivores ou zoophages, proies éventuelles d'autres carnivores.

Chaînes alimentaires Les chaînes alimentaires varient énormément en fonction du nombre de transformateurs successifs, de leur efficacité et de leur vulnérabilité respective. À ce jour, un tel schéma connaît de très nombreuses applications, d'autant plus qu'il sert à décrire des environnements tels que les LACS, les marécages (*voir* MARAIS, MARÉCAGE ET TOURBIÈRE) et les FORÊTS. Habituellement, l'écosystème est représenté sous la forme d'un triangle ou d'une pyramide dont la base et le sommet représentent les deux extrémités de la chaîne alimentaire. Des variantes de ce modèle sont représentés dans la plupart des manuels d'écologie (*voir* ENVIRONNEMENT, AMÉNAGEMENT DE L') et de BIOLOGIE, sans oublier les travaux de recherches innombrables qui s'en inspirent.

L'importance de la chaîne alimentaire en tant qu'indicateur de la dynamique interne d'un écosystème domine l'étude des environnements dits «naturels». Le Programme biologique international, lancé au milieu des années 60, s'attache à la productivité aux niveaux primaire (végétaux) et secondaire (animaux) dans la nature. À ce jour, le concept même d'un écosystème n'a, aux yeux de certains écologistes et géographes, aucune légitimité lorsqu'il s'agit d'aires anthropiques.

Modèle de «flèches regroupées» Une telle conception de l'écosystème est remise en question par de nombreux écologistes. L'élaboration de la notion d'écologie humaine, dans les années 20, par l'Américain Robert Park, fait naître une nouvelle approche selon laquelle les zones agricole, industrielle et même urbaine sont considérées comme des écosystèmes.

Dans le cadre de cette approche, le modèle de «flèches regroupées» consiste à étendre les forces de production à celles de l'investissement et du contrôle. Ainsi, tout écosystème, naturel ou autre, se définit par l'interaction de cinq facteurs.

Ressources Ce sont les éléments d'un système, qu'ils soient minéraux, biologiques ou fonctionnels (p. ex., fer, troupeau, information) engagés dans le processus cyclique. Les agents sont des éléments ou des organismes pouvant animer le processus cyclique par leur capacité d'assimilation, de transformation, d'accumulation, de canalisation ou d'entraînement des ressources (p. ex., le vent, une banque à charte).

Processus Il désigne le mécanisme permettant à un élément d'une ressource de se modifier de quelque façon que ce soit. Tout processus comprend un flux énergétique (p. ex., pédogenèse, photosynthèse, prédation ou spéculation boursière).

Produits Ce sont des objets ou des services qui résultent du traitement des ressources par les agents. Ils sont donc consommés, accumulés, perdus ou réinvestis dans le processus cyclique (p. ex., humus, amidon, viande, automobile). Un produit dérivant d'une étape peut devenir une ressource arrivée à une autre.

Niveaux trophiques Ce sont des étapes plus ou moins distinctes, stratifiées dans le temps et dans l'espace, par lesquelles les ressources se transforment d'un état à un autre (p. ex., du minéral au végétal). Chaque niveau se caractérise par des processus plus ou moins exclusifs qui lui sont associés et qui constituent le régime: (i) minérotrophie, niveau le plus bas (p. ex., désintégration, MÉTÉORISATION, érosion); (ii) phytotrophie (p. ex., photosynthèse, respiration, enracinement, dispersion); (iii) zootrophie (régimes phytophage ou herbivore); (iv) zootrophie (régime carnivore ou prédation); (v) investissement ou technotrophie (p. ex., barrage, labourage, construction, urbanisation); et le niveau le plus élevé, (vi) contrôle ou non-trophie (p. ex., zonage, planification, financement et législation).

Sur la base de ces cinq facteurs et de leur interaction se dessine une définition plus rigoureuse d'un écosystème, à savoir un milieu défini où de nombreux agents se chargent du recyclage des ressources à un ou plusieurs niveaux trophiques en suivant des processus mutuellement compatibles (simultanément ou successivement) pour créer des produits utilisables à court et à long terme.

Cette définition se prête à un nombre d'applications illimité. Pour commencer, elle permet de rendre compte du flux énergétique (ascendant ou descendant) de n'importe quel niveau trophique à un autre et des ressources apportées par d'autres écosystèmes, des produits et déchets concomitants destinés à d'autres écosystèmes, même s'il reste encore à identifier la matière ou l'information acheminée par le flux énergétique. P. ex., au niveau phytotrophique, le régime métabolique transforme les tissus végétaux que les insectes traiteront au niveau zootrophique.

Les écosystèmes se distinguent donc de diverses manières: la répartition des charges trophiques, l'anatomie relative et l'emplacement dans la mosaïque régionale.

Une étude des réseaux d'écosystèmes permet de mieux cerner la dynamique locale et régionale grâce à l'identification des ressources qui passent effectivement par les flèches constitutives d'un écosystème, qui s'écoulent d'un écosystème à l'autre et à tous les autres avec lesquels il entretient des relations d'échanges. Ainsi, un verger fait intervenir les fournisseurs suivants: une usine livrant des engrais au niveau I; une pépinière expédiant des semis au niveau II; une ruche assurant la pollinisation au niveau III; des machines agricoles importées au niveau IV; et des organismes gouvernementaux imposant des restrictions commerciales au niveau V. Parallèlement, les types de consommateurs du produit (pommes) au niveau II sont très nombreux, allant du marché aux résidences privées, usines de transformation de fruits, distilleries, confiseries et pâtisseries, chacune considérée comme un écosystème distinct.

Sommaire Un paysage est une mosaïque d'écosystèmes qui sont des milieux où les éléments naturels se recyclent de différentes façons. Le flux et le reflux de ces derniers animent les interactions entre les écosystèmes dans un réseau caractéristique de tout paysage. Une analyse écologique débouchera sur des cartes traduisant l'ordre de grandeur ainsi que le poids spatial et dynamique relatifs de certaines fonctions, notamment l'apport respectif en matière de production, d'investissement et de contrôle. Comprendre la dynamique de tout écosystème est indispensable à la gestion des terres et maritime de même qu'à la productivité de l'environnement dans l'ensemble. (*Voir aussi* AMÉNAGEMENT URBAIN ET RÉGIONAL; FAUNE, CONSERVATION ET AMÉNAGEMENT DE LA; RÉGIONS NATURELLES.)

Pierre Dansereau

Écrevisse CRUSTACÉ dulçaquicole de taille moyenne, de l'ordre des décapodes et ressemblant au HOMARD d'Amérique. Il existe environ 300 espèces d'écrevisses d'eau douce et on les trouve sur tous les continents, sauf en Afrique. Elles se répartissent dans les deux hémisphères, excepté dans les régions tropicales, approximativement entre les 15e et 20e degrés de latitude de chaque côté de l'équateur.

Au Canada, on en trouve 11 espèces appartenant à 2 sous-familles distribuées de part et d'autre des Rocheuses. Le bassin hydrographique du Pacifique abrite deux sous-espèces de *Pacifastacus leniusculus* répertoriées en Colombie-Britannique. À l'est des Rocheuses, on rencontre neuf espèces d'écrevisses appartenant aux genres *Orconectes* et *Cambarus*. Elles vont de l'Alberta (*Orconectes virilis*) au Nouveau-Brunswick (*Cambarus bartonii*), la diversité maximale semblant se situer en Ontario où l'on a répertorié les neuf espèces.

D.E. Aiken

Écrits à caractère intime de langue anglaise Lettres, journaux, journaux intimes, mémoires et autobiographies, voilà autant de façons de dire au lecteur: «j'y étais». Différentes à plusieurs égards, ces formes d'écrits mettent cependant toutes l'accent sur le «je» qui raconte événements et impressions vécus dans un contexte social particulier, et sur un «là» facile à situer dans le temps et dans l'espace. Ces écrits sont riches sur le plan humain en raison du caractère éminemment personnel de chacun. L'historien social et le chercheur les considèrent comme une source d'information précieuse, tandis que l'historien de la littérature et le critique les étudient de plus en plus.

Journaux, journaux intimes et correspondance: des genres abandonnés

La vie dans les colonies se prête à la rédaction de journaux, de journaux intimes et de lettres. Explorateurs, marchands de fourrures, missionnaires, arpenteurs, agents du gouvernement, officiers de l'armée et de la justice sont tenus, par leurs supérieurs, de rendre quotidiennement compte de leur travail (*Voir* LITTÉRATURE DE LANGUE ANGLAISE SUR LES EXPLORATIONS ET LES VOYAGES; LITTÉRATURE DE LANGUE FRANÇAISE SUR LES EXPLORATIONS ET LES VOYAGES).

Les émigrants et les voyageurs, en particulier les femmes, écrivent de longues lettres à leurs familles et amis, et beaucoup tiennent un journal intime. Même si c'est rarement l'intention de leurs auteurs, ces écrits sont parfois publiés, car les renseignements et les commentaires qu'ils contiennent s'avèrent utiles ou dignes d'intérêt pour le grand public. Quand ils sont écrits sur place, ils constituent une véritable mine d'or pour les historiens qui cherchent à reconstituer la vie quotidienne d'individus particuliers.

Les chercheurs en littérature les voient comme un moyen pour les nouveaux venus au Canada de s'exercer à mettre des mots sur tout ce qu'ils découvrent d'original et d'intéressant dans la nature, le climat, la population, les institutions, les mœurs ou le discours de l'Amérique du Nord britannique. Bien que ces trois formes d'écriture soient pratiquement des genres abandonnés, les journaux, les journaux intimes et la correspondance des Canadiens d'autrefois sont de plus en plus accessibles dans des éditions modernes ou des réimpressions.

Mémoires et autobiographies

À l'opposé, mémoires et autobiographies continuent de paraître régulièrement. À la différence des lettres et des journaux intimes, ils proposent un récit rétrospectif destiné à être publié pour la postérité. Ces écrits ne constituent pas une source historique sûre, nombre de faits étant omis ou supprimés, mais ils permettent à l'auteur de structurer et de peaufiner son texte plus librement.

Construits sur une base moins rigoureuse que celle de l'autobiographie, les mémoires présentent un regard extérieur plutôt qu'une recherche introspective. Ayant souvent comme seul titre *Mémoires* ou l'une de ses variantes (*Souvenirs*, *Réminiscences*, *Quarante ans au...*), ces rappels du passé ont un caractère anecdotique et épisodique. Ils s'intéressent à une foule de personnages et de lieux passionnants connus de l'auteur.

L'autobiographie, par ailleurs, porte moins d'attention au contexte et souligne davantage la quête de soi et l'évolution personnelle. C'est pourquoi elle intéresse le critique, qui y analyse la projection de l'auteur, l'utilisation des techniques dramatiques, descriptives et narratives, ainsi que le résultat final de la structure et de la présentation dans son ensemble.

Quelques livres décrivant le Haut-Canada (Ontario) avant 1850 présentent ces formes d'écrits personnels dans le style caractéristique du XIXᵉ siècle. Le journal d'Elizabeth SIMCOE, épouse du lieutenant-gouverneur John Graves Simcoe, couvre la période de 1791 à 1796. Il sera publié en 1911 et réédité en 1956 par Mary Quayle Innis sous le titre de *Mrs. Simcoe's Diary*. Cette description de la vie des milieux officiels de York (Toronto) est très différente de *Our Forest Home* (1889), œuvre inspirée des lettres et du journal d'une émigrante irlandaise, Frances Stewart, établie vers 1820 sur les rives de l'Otonabee, près de Peterborough.

Samuel Strickland, auteur de *Twenty-Seven Years in Canada West* (1853), ainsi que ses sœurs plus célèbres, Catharine Parr TRAILL et Susanna MOODIE, s'inscrivent dans la même veine. Les lettres de Traill à sa famille, en Angleterre, paraissent en 1836 sous le titre de *The Backwoods of Canada* (trad. *Les forêts intérieures du Canada*, 1843). Cette correspondance, publiée à l'intention des futurs émigrants britanniques de classe moyenne, est considérée aujourd'hui comme un classique de la littérature canadienne.

Susanna Moodie, de son côté, a écrit deux autobiographies: *Roughing It in the Bush* (1852) et *Life in the Clearings* (1853). Anna Jameson, auteure britannique féministe, rend visite à son mari, procureur général à York, et s'inspirera ensuite de son journal pour *Winter Studies and Summer Rambles in Canada* (1838), un ouvrage rempli des observations et des réflexions d'une visiteuse raffinée et audacieuse.

D'autres lieux et époques ont fourni la matière de comptes rendus. Le Labrador inspire le journal du capitaine George Cartwright (1911), les souvenirs de Lambert de Boileau (1861) et du capitaine Nicolas Smith (1937) ainsi que les autobiographies de sir Wilfred Grenfell, *A Labrador Doctor* (1919), *Forty Years for Labrador* (1932), et d'Elizabeth Goudie, *Woman of Labrador* (1973). Le colonel William Baird écrit *Seventy Years of New Brunswick Life* (1890), mais Josua N. Barnes, un ministre baptiste du Nouveau-Brunswick, le supplantera avec *Lights and Shadows of Eighty Years* (1911). Enfin, sir Andrew MACPHAIL offre dans *The Master's Wife* (1939) un résumé remarquablement juste de la vie dans l'Île-du-Prince-Édouard à la fin du XIXᵉ siècle.

Récits de voyages Voyages et aventures dans le Nord et l'Ouest du pays se sont aussi révélés des thèmes inépuisables. Parmi les récits de marchands de fourrures, mentionnons *Notes of a Twenty-Five Years' Service* (1849) de John McLean et *Arctic Trader* (1934) de P.H. Godsell. Le travail des missionnaires est évoqué dans les lettres et le journal intime de Charlotte Selina Bompas, publiés en 1929 par S.A. Archer sous le titre *A Heroine of the North*, ainsi que dans les mémoires en cinq volumes du méthodiste John C. Mcdougall, incluant *Pathfinding on Plain and Prairie* (1898) et *In the Days of the Red River Rebellion* (1903). Parmi les premiers membres de la Gendarmerie royale à publier leurs souvenirs, mentionnons John G. Donkin avec *Trooper and Redskin in the Far Northwest* (1889) et le colonel Sam STEELE, qui raconte son expérience et de nombreuses anecdotes dans *Forty Years in Canada* (1915). Les livres sur le Klondike sont nombreux, mais deux ressortent particulièrement: *My Ninety Years* de Martha Louise Black (réédition, 1976; première édition, 1938, sous le titre *My Seventy Years*) et *I Married the Klondike* (1954) de Laura B. Berton.

Parmi les derniers récits de voyages dans le Nord, figurent *Nahanni Trailhead* (1980) de Joanne Ronan Moore, un des nombreux ouvrages sur les Nahanni, et *Expedition* (1981) de David Pelly, qui retrace le voyage de son ancêtre dans l'Arctique. Dans *A Trip Around Lake Erie* (1980) et *A Trip Around Lake Huron* (1980), David McFadden transforme le récit de voyages et s'inspire d'une expérience de camping familiale pour susciter une réflexion sur l'identité canadienne. Si les écrits contemporains au Canada ne font plus guère place aux récits de voyages personnels, le petit nombre qui se publie encore porte surtout sur des voyages à l'étranger et sont souvent l'œuvre de poètes ou de romanciers. Sara Jeanette Duncan est à l'origine de ce courant avec *The Crow's Nest*, compte rendu autobiographique de ses voyages avec son mari au service de la fonction publique britannique en Inde. Plus récemment, George WOODCOCK reprend le thème du voyage à l'étranger dans *South Sea Journey* (1976), écrit à partir de son scénario pour un documentaire commandé par le réseau anglais de la Société Radio-Canada, tandis que P.K. Page publie *Brazilian Journal*, où elle raconte quelques années de sa vie de femme de diplomate en Amérique du Sud. Dans la foulée, des auteurs comme Gwendolyn Macewen dans *Mermaids and Ikons: A Greek Summer* (1978), George Galt dans *Trailing Pythagoras* (1982) et Daphne MARLATT dans *Zócalo* ont enrichi le récit de voyages d'une vision personnelle plus proche de l'autobiographie.

Récits sur les grandes terres Les premiers colons qui se sont installés dans les grandes terres (*voir* PEUPLEMENT DES TERRES) des Prairies ont produit nombre de récits et de mémoires intimes. Dans des lettres à sa famille, *A Lady's Life on a Farm in Manitoba* (1884), Mary Georgina Hall décrit la vie dans une ferme du Manitoba. E.A. Gill, quant à lui, rappelle l'époque où il était garçon de ferme dans *A Manitoba Chore Boy* (1912). L'auteure de *Wheat and Woman* (1914), Georgina Binnie-Clark, raconte sa vie de céréacultrice en Saskatchewan. Dans *Northwest of 16* (1958), J.G. MacGregor décrit comment il a grandi en Alberta. Le journal et les lettres de Sarah Ellen Roberts, dont la famille s'est aussi établie en Alberta, sont révisés par Latham Roberts et publiés sous deux titres différents, *Of Us and the Oxen* (Canada, 1968), et *Alberta Homestead* (États-Unis, 1971). Par ailleurs, les lettres d'Hilda Rose, écrites dans les environs de Fort Vermilion, en Alberta, racontent une histoire étrange et saisissante. D'abord publiées dans *The Atlantic Monthly* en 1927, elles sont reprises l'année suivante sous le titre *The Stump Farm*. Dans ses lettres, éditées par W.L. Morton (1979), Monica Storrs raconte la colonisation du district de Peace River. Susan Allison écrit *A Pioneer Gentlewoman in British Columbia* (1976), livre qui retrace les débuts de l'élevage dans les ranchs de la région de Similkameen. Dans *Getting the Know How* (1982), Gilbert Roe offre un récit détaillé des débuts des chemins de fer de même que de l'établissement dans les grandes terres. Avec *Homesteader* (1972), un recueil de souvenirs de son enfance en Saskatchewan, James M. Minifie se fait le représentant d'un genre.

Inconnus et méconnus Bien que la majorité des auteurs d'autobiographies et des mémorialistes, déjà reconnus pour d'autres écrits, aspirent à la renommée, certains se font les simples porte-parole d'inconnus et de méconnus. G.H. Westbury publie *Misadventures of a Working Hobo in Canada* (1930), alors que la Crise des années 30 jette un nombre croissant d'hommes à la rue. La condition des marins est le sujet principal des mémoires du lieutenant W.H. Pugsley, publiés sous le titre *Saints, Devils, and Ordinary Seaman* (1946). Norman B. James, quant à lui, reste dans l'histoire avec *Autobiography of a Nobody* (1947). Dans *A Very Ordinary Life* (1974), publié par son fils Rolf à partir d'enregistrements sur bande magnétique, Phyllis Knight fait ressortir les côtés extraordinaires d'une vie ordinaire. L'histoire émouvante de Maria Campbell dans *Halfbreed* (1973) nous présente une facette peu connue et mal comprise de la vie canadienne. Dans *Book of Jessica* (1989), l'actrice Linda Griffiths raconte les tensions et les problèmes de racisme qui ont accompagné son expérience théâtrale en s'inspirant de l'autobiographie de Maria Campbell. La vie au pensionnat, abondamment décrite, est le sujet de *An Indian Girlhood* (1973), de Jane Willis Geneish. D'autres auteurs autochtones ont adapté les règles de l'autobiographie de manière à refléter les concepts autochtones de l'individu en rapport avec la communauté. C'est le cas de Lee Maracle dans *Bobbi Lee: Indian Rebel* (1975; entièrement revu en 1990) et de Beverly Hungry Wolf dans *The Ways of My Grandmothers* (1980). Beaucoup d'écrits inuits contemporains adoptent la forme de l'autobiographie, souvent en anglais. Dans *My Name is Masak* (1976), Alice French parle de la vie au pensionnat. Minnie Aodla Freeman écrit *Life Among the Qallunaat* (1978) et Lydia Campbell se situe à la rencontre de la culture inuite et des cultures d'autres colons dans *Sketch of Labrador Life by a Labrador Woman* (1984). D'autres autobiographies inuites telle *I, Nuligak* (1966) ont été traduites en anglais et certaines comme *Skid Row*

Eskimo (1976; trad. *Notre silence a déjà trop duré*, 1978) d'Anthony Apakark Thrasher ou *Life Lived Like a Story* (1994), cette dernière, dirigée par l'anthropologue Julia Cruikshank, racontant la vie de trois vieilles femmes du Yukon, sont le résultat de la collaboration de journalistes ou d'anthropologues travaillant à partir d'entrevues enregistrées.

Mémoires politiques Les premiers ministres écrivent leurs mémoires à l'occasion, mais rarement des autobiographies. Leur correspondance personnelle et leurs journaux intimes sont parfois très utiles pour corriger le moi «officiel» que présentent les documents d'État. En 1938, les *Memoirs* de Robert BORDEN sont publiés en deux volumes et, en 1975, *One Canada* de John G. DIEFENBAKER'S sort en librairie. À la même époque, paraît *Mike* de Lester B. PEARSON, œuvre autobiographique publiée en trois volumes entre 1972 et 1975. Les deux derniers volumes ont été écrits après la mort de Pearson par un rédacteur anonyme. *Affectionately Yours* (1969), édité par J.K. Johnson, constitue un petit recueil de lettres intéressantes rédigées par sir John A. MACDONALD ou lui ayant été adressées.

Les journaux intimes du premier ministre Mackenzie KING, en plusieurs volumes, soulèvent plus de questions qu'ils n'apportent de réponses. Quand des personnalités politiques et publiques un peu moins en vue racontent la «petite histoire», leurs confidences peuvent être divertissantes et instructives. Tel est le cas de *Memoirs of a Bird in a Gilded Cage* (1968) de Judy LAMARSH. Les politiciens, les fonctionnaires et les militaires avec de longues carrières derrière eux ont tendance à ruminer leurs souvenirs dans de nombreux volumes en se laissant aller à l'autojustification. Parmi les exemples les plus crédibles de ce type de mémoires, citons *A Very Public Life* (1983-1985) de Paul MARTIN et *Memoirs* (1981-1982) de Hugh KEENLEYSIDE. Charles RITCHIE prouve que les excellents auteurs de journaux intimes n'ont pas tous disparu avec *The Siren Years: A Canadian Diplomat Abroad* (1974), suivi de *An Appetite for Life* (1977), *Diplomatic Passport* (1981) et *Storm Signals* (1983).

La Seconde Guerre mondiale a donné lieu a très peu d'autobiographies et de mémoires et à de rares journaux intimes. La plupart de ces écrits demeurent le fait d'immigrants canadiens ayant survécu à l'Holocauste ou de prisonniers au sort inhabituel. À cet égard, le journal tenu par Henry KREISEL, adolescent durant son internement dans un camp des Maritimes comme «étranger ennemi», est exemplaire (1975; *Another Country* 1985). Il en est de même des comptes rendus de deux survivants des camps de concentration, Eva Brewster (*Vanished in Darkness*, 1984) et Anita Mayer (*One Who Came Back*, 1981). Dans *A Curious Cage* (1981), Peggy Abkhazi fait un singulier récit de l'internement de «sujets ennemis» par les Japonais à Shanghai. Takeao Nakano, dans *Within the Barbed Wire Fence* (1980), raconte l'internement des Japonais au Canada.

Dans le contexte des nouvelles préoccupations sociales mises de l'avant par le mouvement féministe, les récits autobiographiques récents ont abordé pour la première fois la question des enfants victimes d'abus sexuel. Sylvia Fraser parle des conséquences de ces abus sur sa vie et ses écrits dans *My Father's House* (1987; trad. *La maison de mon père*, 1990), tandis que Liza Potvin, dans *White Lies (for my mother)* (1992), replace les abus qu'elle a subis dans le contexte du catholicisme de sa famille et du refus de sa mère d'admettre l'évidence. Parmi ces ouvrages, *Don't* d'Elly Danica, raconte les pires formes de violence et de prostitution infantile et a fasciné les victimes d'abus sexuels, entre autres, en raison de l'intensité avec laquelle l'angoisse de l'enfant y est rendue.

Aperçu de l'iconographie de l'artiste Les artistes canadiens du spectacle et les artistes créateurs ont écrit peu d'autobiographies importantes. Harry Adaskin a rédigé ses mémoires en deux volumes. Le premier, *A Fiddler's World* (1977), consiste en une réflexion sur son enfance et sa vocation de musicien. Raymond Massey a aussi écrit ses mémoires sur le théâtre, dont le premier volume est paru en 1976 et le deuxième, en 1979. Il y divulgue peu de chose sur l'art de la scène, mais raconte des faits intéressants sur son enfance et sur la vie d'autres membres de la famille Massey. Parmi les mémoires les plus vivants de personnalités du cinéma et de la télévision figurent ceux de Harry Rasky (1980) et d'Andrew Allen (1974). Humphrey Carver, artiste de formation britannique devenu architecte paysagiste et urbaniste canadien, a su poser un regard analytique sur les questions environnementales auxquelles il a été confronté durant sa carrière dans *Compassionate Landscape* (1975). *Someone With Me: The Autobiography of William Cureled* (1980) traite de la dépression nerveuse et de la guérison de son auteur grâce à la conversion religieuse de l'artiste, dont l'iconographie est fort bien présentée. Pour sa part, John Davenall Turner a rédigé les débuts prometteurs d'une autobiographie qu'il n'a pu terminer dans *Sunfield Painter* (1982). Deux artistes canadiens se sont tournés vers l'écriture à la fin de leur carrière: Emily CARR, artiste peintre parmi les plus connues au Canada, adopte un style très personnel (tout comme elle l'a fait dans la peinture) dans ses écrits intitulés *The Book of Small* (1942), son autobiographie *Growing Pains* (1946) et son journal *Hundreds and Thousands* (1966). L'artiste peintre Mary Meigs, née en Nouvelle-Angleterre, se présente comme un personnage de Virginia Woolf dans *Lily Briscoe: A Self-Portrait* (1981; trad. *Lily Briscoe: un autoportrait*, 1984). Elle poursuivra son œuvre autobiographique avec *The Medusa Head* (1983) et *The Box Closet*, paru aussi dans les années 80.

La rédaction d'autobiographies littéraires et bien construites exige souvent une longue pratique de la prose. Des journalistes comme James M. Minifie et Grattan O'LEARY (*Recollections of People, Press, and Politics*; 1977) ont l'aisance et l'humour propres aux professionnels. Florence Bird est une autre journaliste d'expérience et un personnage public ayant une histoire importante à raconter. Le fait qu'elle la publie sous le titre de *Anne Francis: An Autobiography* (1974) pourrait semer la confusion chez les jeunes Canadiens qui n'ont pas lu son œuvre.

Dans *History on the Run* (1984), le journaliste Knowlton Nash fait preuve d'esprit d'analyse en racontant les années qu'il a passées à Washington. *Troublemaker!* (1978) de James Gray décrit l'histoire sociale canadienne et la politique des journaux. Bruce Hutchison fait un récit plus personnel de ses années de journalisme dans *The Far Side of the Street* (1976). Plus récemment, l'éditeur et rédacteur pigiste Douglas Fetherling a publié *Canada in Travels by Night* (1994), un livre sur la culture des jeunes des années 60. Enfin, le critique d'art et d'architecture du *Globe and Mail* John Bentley Mays a publié un récit marquant sur la dépression dont il a été victime (1995).

L'élite intellectuelle lit et écrit beaucoup mais, à l'instar des premiers ministres, elle est souvent trop discrète pour révéler ses pensées et ses sentiments intimes dans une autobiographie. L'historien Arthur Lower, avec *My First Seventy-Five Years* (1967), et Kathleen Coburn du Victoria College qui, bien qu'elle nie toute intention autobiographique, retrace un parcours fascinant dans *In Pursuit of Coleridge* (1977), font exception.

Cependant, dans l'ensemble, les universitaires canadiens ne font pas appel à l'autobiographie pour rendre compte de la complexité ou de l'étendue de leur expérience. John Kenneth Galbraith est une exception. Dans *A Life of Our Times* (1981), il parvient à parler de sa carrière tout en se montrant extrêmement ironique face à sa formation au Ontario Agricultural College et à l'U. Princeton.

Nombreux sont les écrivains autrefois populaires dont l'autobiographie semble plus durable que leurs ouvrages de poésie ou de fiction. James Oliver Curwood et Ralph Connor (Charles W. GORDON) ont vendu des millions d'exemplaires de leurs romans au début du XXe siècle. *Son of the Forests* de Curwood a été publié en 1930, et *Postscript to Adventure* de Gordon, en 1938, peu de temps après sa mort. Dans le cas de Nellie MCCLUNG, renommée aujourd'hui comme l'une des premières militantes féministes, et d'abord connue comme auteure de contes, ses deux livres autobiographiques, *Clearing in the West* (1935) et *The Stream Runs Fast* (1945), dévoilent une personnalité chaleureuse et attachante.

La romancière née en Islande Laura Goodman Salverson a gagné le prix du Gouverneur général pour son autobiographie *Confessions of an Immigrant's Daughter* (1939), et Frederick Niven, dans son récit intime *Coloured Spectacles* (1938), a révélé un plus grand talent d'artiste et suscité plus d'intérêt qu'il ne l'a fait dans ses longs romans historiques. On ne lit plus la poésie populaire d'Edna Jacque, alors que le compte rendu de ses procès dans *Uphill all the Way* (1977) intéresse aujourd'hui ceux qui veulent de l'information sur les Canadiennes de la classe ouvrière.

Toutefois, *The Boy I Left Behind Me* (1946) de Stephen LEACOCK sera probablement toujours classé après ses écrits satiriques, de même que le poète Robert SERVICE n'ajoute rien à sa réputation en déclin avec *Ploughman of the Moon* (1945) et *Harper of Heaven* (1948). De même, *In My Time* (1976) de Thomas Raddall est beaucoup plus ennuyeux que ses romans et *Spreading Time* (1980) d'Earle Birney demeure un récit de querelles littéraires qui banalise son travail poétique. L'avenir seul dira si l'on se souviendra de Mazo DE LA ROCHE pour son œuvre romanesque, son autobiographie, *Ringing the Changes* (1957), ou pour les deux, à moins qu'elle ne tombe dans l'oubli. Ces auteurs et des centaines d'autres Canadiens ont aussi voulu témoigner de leur époque, à l'instar d'Edith Tyrrell dans *I Was There*, (1938) et ont conféré ainsi plus d'imagination et de profondeur à la prose canadienne.

Fiction Il est généralement admis que les auteurs d'autobiographies, qui ont décidé de raconter l'histoire de leur vie, peuvent choisir ce qu'ils vont rapporter et le faire sous une forme quelque peu romancée, mais qu'ils ne vont pas délibérément tromper le lecteur sur les faits essentiels. C'est pourquoi un scandale littéraire s'est produit en 1938, quand le public a appris après la mort du naturaliste et conservateur connu Grey Owl, dont l'autobiographie *Pilgrims of the Wild* avait été publiée en 1935 (2e édition, 1968), que ce dernier était en fait Archie BELANEY, d'origine britannique. Le même émoi se manifeste quand Douglas Spettigue démasque le romancier Frederick Philip GROVE, dont de grandes parties du succès autobiographique, *In Search of Myself* (1946), ont été classées au rang de pure fiction. Plus récemment, on a découvert que *Memoirs of Montparnasse* (1970; trad. *Souvenirs de Montparnasse*, 1983) de John GLASSCO, considéré par beaucoup comme ce qu'il y a de mieux parmi les autobiographies littéraires canadiennes, était une fiction en ce qui a trait aux circonstances de ses écrits et peut-être à bien d'autres égards.

Les hommes et femmes de lettres à part entière étant rares au Canada jusqu'à récemment, nous avons peu de comptes rendus de la vie littéraire. Mentionnons cependant les mémoires de Glassco (1970), le récit par Lovat Dickson de sa jeunesse canadienne et de sa carrière d'éditeur britannique dans *The Ante-Room* (1959) et *The House of Words* (1963), *Letter to the Past* (1982) de George Woodcock, où l'auteur relate son enfance en Grande-Bretagne, et *Beyond the Blue Mountains* (1987), où il parle de son travail au Canada. Dorothy Livesay, fille d'un magnat de la presse, raconte son enfance pendant l'entre-deux-guerres dans *Beginnings: A Winnipeg Childhood* (1975), et Gabrielle Roy, dans son autobiographie *La Détresse et l'enchantement* (1984), a su raconter ce que signifie grandir dans les Prairies pour une francophone avant la Seconde Guerre mondiale.

Fredelle Bruser Maynard, fille d'un commerçant juif en affaires dans plusieurs petites villes, décrit aussi son enfance au Manitoba dans *Raisins and Almonds* (1972). Elle poursuit avec l'histoire de son mariage et de sa venue à l'écriture dans *The Tree of Life* (1988). Pour sa part, Stan Dragland rédige son autobiographie en retraçant le souven de ses lectures dans *Journeys Through Bookland* (1984) et dans une série d'essais réunis sous le titre de *A Likely Story* (1995). Robert Kroetsch, quant à lui, raconte les expériences qu'il a vécues dans son enfance et sa jeunesse et qui ont influencé son écriture, puis donne la parole à un personnage fictif.

Parmi les autobiographies (de plus en plus nombreuses) les plus analytiques et les plus intéressantes qui traitent des débuts d'écrivains canadiens, mentionnons *The Russian Album* (1987). L'auteur, Michael Ignatieff, y relate comment son grand-père travaillait à la cour du tsar avant d'en être écarté, puis les fonctions diplomatiques de son père au Canada et la déception professionnelle qui s'en est suivie, et termine par sa propre décision de vivre la vie politique différemment, par le biais de l'écriture.

Ignatieff fait partie des écrivains qui ont réfléchi aux conséquences des origines de leurs parents ou de leurs grands-parents et de l'immigration sur leur propre vie. Les moyens qu'ils ont imaginés pour traiter d'expériences très disparates sont parmi les plus innovateurs dans le genre autobiographique au Canada. Denise Chong, p. ex., allie biographie et autobiographie dans *The Concubine's Children* (1994), l'histoire de trois générations de Chinoises au Canada. Clark Blaise et Bharati Mukherjee ont rédigé ensemble *Days and Nights in Calcutta* (1977), un ouvrage se situant entre les mémoires personnels et le récit de voyages. Ce livre prend d'ailleurs tout son sens quand on le compare avec le récit de Blaise sur ses souvenirs d'enfant de souches française et anglaise, canadienne et américaine, publiés en 1982 sous forme d'essais dans *The Iowa Review and Salmagundi*. Mais le livre de Michael Ondaatje, *Running in the Family* (1982; trad. *Un air de famille*, 1991), dans lequel l'auteur raconte son retour au Sri Lanka et sa réappropriation des histoires de sa famille, demeure sans conteste la grande réussite parmi les écrits autobiographiques canadiens de langue anglaise parus à ce jour.

Susan Jackel et Shirley Neuman

Écrits autobiographiques de langue française La littérature intime a connu son âge d'or à la fin du XVIII⁵ et au début du XIX⁵ siècle en Occident. Ce genre littéraire ne se manifestera pas au Québec avant les années 1850. Les écrivains québécois, peu portés à la confidence, demeurent très discrets sur leur vie personnelle. Cette réserve qui les caractérise les amène à parler plus facilement des autres que d'eux-mêmes et persiste jusqu'à la fin des années 1950.

Ces journaux intimes, qui laissent peu de place aux sentiments personnels, portent sur le thème dominant qui en a déclenché l'écriture. Le *Journal du siège de Paris* (1870-1871) d'Octave CRÉMAZIE et *Adieu, Paris!* de Simone Routier portent sur la guerre. Dans le *Journal d'un prisonnier, 1948-1951* (œuvre posthume publiée en 1978), Marcel Lavallé fait ressortir le caractère étouffant de la vie en prison. Une introspection lucide caractérise ce livre, tout comme le *Journal de Fadette, 1874-1880* (œuvre posthume publiée en 1971) d'Henriette Dessaulles, typique du journal adolescent. Le poète SAINT-DENYS GARNEAU livre, quant à lui, une analyse teintée de mysticisme dans son *Journal* couvrant la période 1935-1939 (œuvre posthume publiée en 1954; trad. *The Journal of Saint-Denys Garneau*, 1962), tandis que Jean-Ernest Racine laisse planer

l'imminence de la mort dans ses *Notes pour une autre fois* (1983).

Les mémoires constituent un genre littéraire plus ancien au Canada français, mais là encore leur caractère intime reste discutable. Ils se concentrent sur l'évolution d'une carrière et sont souvent de nature purement didactique. Aussi nombreuses que soient les mémoires politiques, aucun personnage n'en a publié. La plupart sont des plaidoyers partisans qui ignorent totalement la vie privée de l'auteur. Leur banalité habituelle demeure toutefois absente des *Mémoires* (3 vol., 1969-1973) de Georges-Émile LAPALME qui révèlent de véritables qualités autobiographiques et littéraires. Ce récit de désenchantement éprouvé par le malheureux adversaire du tout-puissant Maurice DUPLESSIS aide à mieux comprendre la *Chronique des années perdues* (1976) de Guy Frégault, proche collaborateur de Lapalme.

L'acteur Palmieri (J. Sergius Archambault) recourt à de plaisantes anecdotes pour raconter les coulisses du monde du théâtre dans *Mes souvenirs de théâtre* (1944). Le sculpteur Alfred LALIBERTÉ (1878-1953), quant à lui, fait la lumière sur le monde des arts plastiques dans un ouvrage des plus éloquents, *Mes souvenirs* (œuvre posthume publiée en 1978). Par ailleurs, *Souvenirs* (1944-1955), d'Édouard Montpetit, et l'ouvrage impressionnant de Lionel GROULX, *Mes mémoires* (4 vol., 1970-1974) retracent la vie intellectuelle d'une époque. Lionel Groulx décrit l'évolution de la société québécoise sur la presque totalité d'un siècle. Enfin, le style de vie aristocratique qu'évoque au XIX⁵ siècle Philippe AUBERT DE GASPÉ père dans ses *Mémoires* (1866) se retrouve au siècle suivant dans le *Testament de mon enfance* (1952; trad. *Testament of My Childhood*, 1964) et *Quartier Saint-Louis* (1966) de Robert de Roquebrune.

Comme les mémoires, les livres de souvenirs visent à sauvegarder l'héritage national et à informer les générations futures. On y développe des thèmes déjà familiers dans les journaux intimes: la guerre, décrite du point de vue des civils (Marcel Dugas, *Pots de fer*, 1941) ou des militaires (Joseph-Damase Chartrand, *Expéditions autour de ma tente*, 1887); la vie en prison, dépeinte avec humour par Jules Fournier (*Souvenirs de prison*, 1910); la profession d'écrivain que racontent Olivier Maurault et Ringuet (Philippe PANNETON, 1965) dans leurs très peu confidentielles *Confidences* (1959). D'autres auteurs ont décrit leur enfance québécoise traditionnelle. Ces souvenirs «collectifs» offrent un portrait idyllique du passé et de la vie de famille dans un monde rural: *Les rapaillages* (1916), de Lionel Groulx, et *Chez nous, chez nos gens* (1924), d'Adjutor Rivard, demeurent les ouvrages les plus connus dans ce genre. Les premiers livres de souvenirs d'enfance suivent généralement ce modèle, mais on y trouve d'heureuses exceptions telles les *Mémoires intimes* (couvrant la période 1839-1903; œuvre posthume publiée en 1961) de Louis-Honoré FRÉCHETTE. Par la suite, les auteurs de souvenirs d'enfance créeront de nouveaux stéréotypes urbains.

Étant donné que toute véritable autobiographie exige que l'auteur organise son récit autour de sa propre évolution, ce genre est pratiquement inexistant au Québec jusqu'en 1960. La célèbre trilogie de Claude Jasmin, *La petite patrie* (1972), *Pointe-Calumet, Boogie-Woogie* (1973) et *Sainte-Adèle, la vaisselle* (1974), allie autobiographie et souvenirs collectifs. Les écrits de Paul Toupin rassemblés dans *De face et de profil* (1977) portent strictement sur sa vie personnelle et sa carrière d'écrivain. Les *Souvenirs en lignes brisées* (1969) de J.E. Racine et le *Journal dénoué* (1974) de Fernand OUELLETTE vont plus loin dans la difficile quête de soi chez l'auteur. Le genre culmine avec *La Détresse et l'enchantement* (1984), suivie du *Temps qui m'a manqué* (1998) de Gabrielle Roy, davantage *Autobiographie d'une conscience* que chronologie linéaire des trente premières années de la vie de l'écrivain. Il arrive qu'une

telle démarche introspective s'éloigne de son intention originelle pour déboucher tantôt sur une forme de militantisme comme dans *Nègres blancs d'Amérique* (1968; trad. *White Niggers of America,* 1971) de Pierre Vallières, tantôt sur un éveil à la condition féminine comme dans *La vie défigurée* (1979) de Paule Saint-Onge. Dans les autobiographies plus populaires, la révélation de soi sert de prétexte à la dénonciation des injustices sociales.

Une vue d'ensemble de la littérature intime québécoise serait incomplète sans des exemples de correspondance privée. Parmi les épistoliers qui ont connu l'honneur de la publication posthume, se distinguent trois poètes: Octave Crémazie, Nérée Beauchemin et Saint-Denys Garneau. Si l'on ajoute à leurs œuvres les *Lettres d'un artiste canadien: Napoléon Bourassa* (1929), on se retrouve avec les seules correspondances privées à avoir été publiées presque au complet et qui représentent les écrits les plus personnels de tous.

La société québécoise a longtemps été repliée sur elle-même. Elle n'accordait pas de statut privilégié à ses écrivains et exigeait qu'ils pratiquent la plus grande discrétion possible sur leur vie privée. Toutefois, les auteurs des années 80, au sommet de leurs capacités, semblent déterminés à vivre plus ouvertement et à rejoindre le courant littéraire international dominant. Quant aux auteurs des années 90, on note que leurs récits de vie convergent vers une même volonté de reconstruction de l'identité. Si l'on considère, p. ex., les deux auteurs québécois de même génération que sont Julie Stanton et Jacques Garneau, on constate que le récit autobiographique se crée à partir d'un drame de l'enfance et que la renaissance est rendue possible par l'avènement de l'écriture.

Françoise van Roey-Roux

Écriture et calligraphie gothique L'écriture manuscrite a répondu aux besoins en communication et en documentation de toutes les cultures instruites et a été considérée comme un outil essentiel de la civilisation. Par ailleurs, l'écriture a souvent été développée par delà sa fonction utilitaire pour devenir une forme d'art. La CALLIGRAPHIE artistique, qui devient florissante après le XVII⁵ siècle chez les peuples du Sud de l'Allemagne, de l'Alsace et de la Suisse, est connue sous le nom de «fraktur». Issu du mot anglais «fracture», le terme suggère un type de caractère comportant des brisures ou des ruptures dans le texte qui lui donnent un effet ornemental ou décoratif.

Les MENNONITES émigrant de Pennsylvanie vers l'Ontario entre les années 1780 et 1830 ont apporté avec eux cette forme d'art. La calligraphie artistique s'est surtout développée dans trois régions de l'Ontario de l'époque: la péninsule du Niagara (comtés de Lincoln et de Welland), le haut comté de York (particulièrement les cantons de Markham et de Vaughan) et le comté de Waterloo. De magnifiques cahiers de chansons décorés de «frakturs» de même que des cahiers de dessins et d'exercices ont été réalisés par Samuel Moyer et d'autres enseignants mennonites à Vineland, dans le comté de Lincoln, au début des années 1800. Dans la région de Markham, dans le comté de York, un artiste intéressant, Christian L. Hoover, adopte cette activité à une époque où il est gravement malade, rédigeant des certificats de naissance écrits et décorés à la main pour des parents ou des amis.

La plus grande production de cet art se fait entre les années 1820 et 1890 dans la communauté mennonite assez importante du comté de Waterloo, où de nombreux artistes produisent des textes et des dessins colorés décorés de «frakturs». Anna Weber, l'une des rares femmes à pratiquer cet art, semble avoir été une personne solitaire à la santé fragile. Elle réalise de magnifiques dessins d'oiseaux, d'arbres et d'animaux pour des amis et des visiteurs, et pour les enfants des familles qui s'occupent d'elle durant les dernières années de sa vie.

Au cours des dernières années, cet art a, en quelque sorte, connu une renaissance en raison de sa réintroduction dans certaines écoles mennonites radicales de la région de Waterloo, dans le Sud de l'Ontario, et en raison de l'intérêt croissant du grand public pour l'apprentissage de ces formes d'art oubliées. En Ontario au XIXᵉ siècle, époque culminante de cet art, le «fraktur» était l'un des arts folkloriques traditionnels les plus riches du Canada.

Michael S. Bird

Écriture syllabique crie La langue des CRIS n'est traditionnellement pas écrite avec l'alphabet romain, mais en écriture syllabique dans laquelle chaque symbole représente une combinaison de consonnes et de voyelles. Ce système convient bien au cri, car la structure même de cette langue est syllabique, c.-à-d. que les mots sont composés de séquences «consonne-voyelle, consonne-voyelle». L'écriture syllabique se prête moins bien à l'athapaskan et à l'inuktitut, celle-ci ayant été adaptée plus tard à ces langues.

Les Cris du Canada connaissent bien l'écriture syllabique, surtout les gens âgés qui l'ont apprise dans les écoles de mission (*voir* AUTOCHTONES, ÉDUCATION DES). En outre, cette écriture est actuellement enseignée dans beaucoup d'écoles de réserve. Bien que les Cris considèrent habituellement l'alphabet syllabique comme étant d'origine amérindienne (par opposition à l'alphabet de l'homme blanc), il a en fait été inventé par le révérend James Evans à Norway House (dans le Manitoba actuel) en 1840. Evans en avait élaboré un semblable, en 1836, pour l'ojibwé, une langue très proche du cri. Il a publié quantité de documents imprimés en écriture syllabique, principalement des hymnes et des livres de prières.

Le système d'Evans est légèrement modifié pour l'adapter aux variations des dialectes locaux et pour accroître sa fidélité phonétique (la correspondance du son avec le symbole de l'alphabet). Onze formes géométriques, chacune associée à une consonne (/m/, /p/, /k/, /n/, /j/, /s/, /ch/, /r/, /t/, /sh/ et /l/), effectuent une rotation sur quatre positions géométriques (représentant les voyelles /a/, /e/, /i/ et /o/) pour produire 44 caractères syllabiques. Un système de signes diacritiques finaux permet de créer des syllabes à structure consonne-voyelle-consonne et de diphtongues (qui sont rares en langue crie). Un signe diacritique est également utilisé pour /h/.

Ce système fournit aux Cris une orthographe cohérente et fiable et ne semble pas sur le point de disparaître, car il est étroitement associé à leur identité culturelle. (*Voir aussi* AUTOCHTONES, LANGUES DES.)

Regna Darnell

Écrivains francophones nés ailleurs et le Canada, Les Jusqu'à l'arrivée des Haïtiens fuyant le régime des Duvalier, la plupart des francophones qui écrivirent sur le Canada étaient des Français. Déjà au XVIIᵉ s., on trouve des allusions à la Nouvelle-France chez des auteurs qui connaissaient des voyageurs ou leurs œuvres. La Fontaine loue les talents d'architectes des castors dans «un monde» «non loin du Nord» («Discours à Madame de la Sablière», 1678). La remarque de Voltaire, pour qui le grand pays se limite à «quelques arpents de neige» (*Candide*, 1759), n'est que trop célèbre.

Après 1760, les rapports entre la France et son ancienne colonie étant restreints, pendant un demi-siècle, les allusions au Canada sont rares dans les ouvrages des Français. Toutefois, le héros du conte de Voltaire, *L'Ingénu* (1767), est un Breton élevé par des Hurons qui contemple, ébahi, la corruption et la bêtise des gens dits «civilisés».

Ce n'est qu'à la fin du XVIIIᵉ s. que Louis-Joseph-Marie QUESNEL, premier écrivain français à s'installer au Canada, y arriva par hasard. Il s'y maria et s'établit à Montréal. On lui doit la première opérette, *Colas et Colinette*, jamais jouée en Amé-

rique du Nord (1790; publiée en 1808). Il écrivit aussi des poèmes et des pièces de théâtre.

Souvenirs de voyage Il y eut, bien sûr, au XIXᵉ s., des voyageurs qui consacrèrent des ouvrages à leurs souvenirs, la plupart de ces auteurs combinant une visite au Canada avec un séjour aux États-Unis. Déjà Chateaubriand avait parlé du Canada dans son *Voyage en Amérique* (1827) et dans *Atala* (1801), il avait brossé un tableau magistral des chutes du Niagara; il est pourtant douteux qu'il ait vu tout ce qu'il peint avec tant d'éloquence. Théodore Pavie, qui passa un an au Nouveau Monde (1829-1830), est un des premiers qui ait véritablement été témoin de ce qu'il décrit dans ses *Souvenirs atlantiques. Voyage aux États-Unis et au Canada* (1851). Xavier Marmier, globe-trotter érudit, vint en Amérique en 1849 et nous légua ses impressions dans *Lettres sur l'Amérique, le Canada, les États-Unis, Rio de la Plata* (1851). Il écrivit aussi un roman, *Gazida* (1860), intéressant surtout en tant que répertoire de légendes et de coutumes aborigènes.

À mesure que les contacts entre la France et le Canada devinrent plus faciles, les voyageurs se firent aussi plus nombreux, mais ils séjournaient souvent plus longtemps aux États-Unis qu'au Canada. Maurice Sand, fils de la célèbre romancière, est sans doute un des plus connus de ceux qui ont raconté leurs aventures. Il accompagnait le prince Napoléon, plus tard Napoléon III, et à son retour à Paris, publia *Six mille lieues à toute vapeur* (1863), préfacé par son illustre mère. Parmi les autres voyageurs de marque, signalons Henri de Lamothe, qui écrivit *Cinq mois chez les Français d'Amérique. Voyage au Canada* (1879) et Gustave de Molinari, dont les nombreuses lettres sur le Canada et les États-Unis parurent d'abord dans le *Journal des débats* et ensuite en trois volumes (1876, 1881, 1886).

À la fois l'Est et l'Ouest du pays devaient inspirer les romanciers. En 1841, quatre ans seulement après la parution du premier roman canadien-français, *Le Courrier des États-Unis* publiait *Le Rebelle*, du baron Philippe-Régis de Trobriand, mince ouvrage auquel les événements de 1837 servent de cadre. L'auteur avait passé quelques semaines au Canada, alors que les tristes souvenirs de la Rébellion étaient encore vivants. Le plus prolifique des écrivains qu'ait inspirés le Canada est, sans conteste, Henri-Émile Chevalier. Forcé à s'exiler par Napoléon III, il arriva à Montréal en 1852 et au cours des huit années qu'il y passa, il fonda la revue *La Ruche littéraire*, rédigea de multiples articles pour plusieurs journaux et écrivit d'interminables romans d'aventures parus surtout dans *La Ruche* et dans *Le Moniteur canadien*. De retour en France en 1860, il continua à produire des romans, dont une trentaine ont comme cadre le Canada. Ces œuvres aux personnages insipides et aux intrigues farfelues ont peu de mérite littéraire, mais grâce à l'impressionnante érudition de l'auteur, elles offrent d'intéressants commentaires sociaux et politiques et fourmillent d'allusions aux coutumes aborigènes.

Jules Verne, le plus célèbre des écrivains français de science-fiction, passa «192 heures» sur le continent nord-américain en 1867 mais, à part les chutes du Niagara, il ne vit rien du Canada. Pour *Le Pays des fourrures* (1873), il trouva sa documentation dans des livres. L'action de *Famille-sans-nom* (1892) se situe en 1837. Dans son seul roman politique, Verne ne cache pas sa sympathie pour les Patriotes.

Les romanciers Au tournant du siècle, beaucoup de romanciers, qui vinrent au Canada en tant que voyageurs, conférenciers ou immigrants, y trouvèrent la matière d'un ou plusieurs ouvrages. Louis HÉMON écrivit le plus célèbre de tous les romans de la terre au Québec, MARIA CHAPDELAINE (1916). Marie Le Franc arriva à Montréal en 1906 et y passa une vingtaine d'années avant de rentrer en France. Pendant le restant de sa vie, elle partagea son temps entre sa Bretagne natale et son pays adoptif, également attachée aux deux. Plusieurs de ses

ouvrages furent inspirés par ses chères Laurentides et par Montréal, qu'elle appelle «ma ville». Son roman *Grand-Louis l'innocent* (1925) obtint le prix Fémina. Parmi la douzaine de volumes qui ont pour cadre le Canada, citons deux romans qui illustrent la sympathie de l'auteur pour les humbles: *La Rivière Solitaire* (1934) et *Pêcheurs de Gaspésie* (1938). Le premier décrit les souffrances endurées par un groupe de citadins sans emploi qu'on envoie défricher des terres au Témiscamingue à l'époque de la Crise; le second peint les misères des pêcheurs gaspésiens.

Aucun des écrivains français que l'espoir de faire rapidement fortune avait attirés dans l'Ouest ne devint riche, mais ils nous ont laissé une peinture saisissante de la vie dans les Prairies. L'un des premiers de ces immigrants, Georges Forestier (pseudonyme de Georges Schaeffer) passa sept ans au Manitoba. Son roman, *La Pointe-aux-Rats* (1907) vise à décourager l'immigration, du moins pour la bourgeoisie, et *Dans l'Ouest canadien* (1915), volume posthume de nouvelles, est à la fois touchant et amusant. Maurice CONSTANTIN-WEYER passa 10 ans dans l'Ouest, qu'il quitta définitivement en 1914 pour rejoindre l'armée française. Après la guerre, il produisit une œuvre impressionnante (articles, nouvelles, romans, essais, biographies), mais inégale. Les meilleurs de ses ouvrages, dont 15 se situent dans l'Ouest, ont été inspirés par ses aventures au Canada. *Un homme se penche sur son passé* (1928) obtint le prestigieux prix Goncourt. Les critiques louèrent les dons de paysagiste de Constantin-Weyer et sa magistrale description du Grand Nord dans ce roman en partie autobiographique. Dans *Manitoba* (1924), *Cinq éclats de silex* (1927) et *Clairière* (1929), il peint de main de maître la faune de l'Ouest et ce qu'il appelle «le rythme de la Vie et de la Mort».

Georges BUGNET est arrivé dans l'Ouest en 1905 et a vécu le reste de sa longue vie (il est mort à 101 ans) en Alberta. Le peu de temps que lui laissait le travail de la terre, il le consacrait à l'écriture. *Nipsya* (1924), histoire d'une jeune Métisse qui doit choisir entre les cultures crie et européenne, et *La Forêt* (1935), au sujet d'un jeune couple français qui tente en vain de fonder un foyer en Alberta, sont ses deux meilleurs ouvrages.

Le roman le plus émouvant inspiré par la ruée vers l'or au Klondike est *La Bête errante, roman vécu du Grand Nord canadien* (1923), de Louis-Frédéric Rouquette, globe-trotter qui exerça tous les métiers. Ses aventures dans le Nord-Ouest lui ont inspiré *Le Grand Silence blanc, roman vécu d'Alaska* (1921), qui se passe en partie au Canada, et *L'Épopée blanche* (1926), description poignante de l'œuvre des missionnaires oblats. Rouquette excelle lorsqu'il peint l'homme aux prises avec la nature ou avec ses semblables. Maurice Genevoix, membre de l'Académie française, a traversé le Canada d'un océan à l'autre en 1939 et a raconté ses souvenirs dans *Canada* (1944). *Laframboise et Bellehumeur* (1944) décrit les rapports, à la fois tendres et hostiles, entre deux trappeurs, portraits de Québécois que l'auteur a rencontrés, tandis que *Éva Charlebois* (1944) peint les difficultés d'une jeune Québécoise qui cherche à s'adapter à la vie dans l'Ouest.

Parmi d'autres romanciers moins connus qui ont été inspirés par le Canada, il faut citer Joseph-Emile Poirier, dont *Les Arpents de neige* (1909) a comme cadre la Révolte métisse en Saskatchewan, bien que l'auteur n'ait jamais mis les pieds sur le continent nord-américain; Victor Forbin qui, à la suite des nombreux voyages qu'il fit au Canada – il le traversa même une fois de l'Est à l'Ouest – y consacra plusieurs ouvrages, romans et essais; Pierre Hamp, dont le sujet est la classe ouvrière, et dont *Hormidas le Canadien* (1958) est le résultat d'un séjour à Saint-Pierre-l'Ermite.

Deux économistes se sont aussi intéressés au Canada. Alexis de Tocqueville y fait, de temps à autre, allusion dans ses œuvres. André Siegfried y passa un an en 1904 pour se familiariser avec la situation politique. En 1906, il publia *Le Canada, les deux races: problèmes politiques contemporains*. À la suite d'un second voyage en 1935, il écrivit *Le Canada, puissance internationale* (1937).

Plus récemment, sans doute à cause des nombreux échanges culturels entre le Québec et la France, le Canada est devenu une source d'inspiration pour beaucoup d'écrivains français. Le plus important de ceux-ci est Bernard Clavel, gagnant du prix Goncourt de 1968. Le romancier a fait de nombreux voyages au Québec; il y a même séjourné deux ans, de 1977 à 1979, se documentant sur les lieux. L'action des *Compagnons du Nouveau Monde* (1981) se situe en Nouvelle-France, au XVIIe s. Sous le titre «Le Royaume du Nord», Clavel a groupé six romans, créant une véritable épopée canadienne. Dans les cinq premiers volumes, de *Harricana* (1983) à *L'Angélus du soir* (1988), il peint les épreuves et les rares joies des pionniers qui tentent de fonder un nouveau village, Saint-Georges d'Harricana, en Abitibi. Dans le dernier ouvrage de la série, *Maudits sauvages* (1989), les Aborigènes de la baie James assistent, impuissants, à la destruction de leur culture par la technologie. Le succès des livres de Clavel est dû surtout à la puissance de son style, qui convient parfaitement à un sujet épique.

Le roman mythique d'Alain Gerber, *Le Lapin de lune* (1982), se situe sans aucun doute au Québec, bien que l'endroit ne soit pas nommé. Parmi les autres contemporains qui ont écrit sur le Canada, citons Michel Desgranges, qui n'a jamais visité le pays, mais dont le roman *Manitoba* (1981) suit de près la vie de Riel; Anne et Serge Golon, dont la populaire héroïne Angélique, personnage du XVIIe s., se trouve souvent en Nouvelle-France, en particulier dans *Angélique à Québec* (1982); Roger Buliard, un prêtre, dont les ouvrages sur les Inuits et l'œuvre des missionnaires sont parfois captivants.

Dans les trois ou quatre dernières décennies, un grand nombre d'immigrants cultivés, fuyant des régimes tyranniques, ont trouvé refuge au Canada. Dans *Romanciers immigrés: biographies et œuvres publiées au Québec entre 1970 et 1990* (1993), Denise Helley et Anne Vassal citent plus de 100 noms, et notons qu'elles ne tiennent compte ni des ouvrages publiés en Ontario par Prise de Parole, ni dans l'Ouest par les Éditions des Plaines et les Éditions du Blé. Beaucoup d'auteurs d'origine étrangère, tels le romancier Jacques FOLCH-RIBAS, la romancière Monique BOSCO et le dramaturge Robert GURIK, écrivent à Montréal depuis si longtemps qu'ils sont considérés comme des écrivains québécois.

Les Haïtiens Parmi les immigrants arrivés récemment, le groupe le plus important est sans doute celui des Haïtiens. Les romans satiriques de Gérard Étienne, poète et romancier, ont pour cadre Montréal (*Un ambassadeur macoute à Montréal*, 1979; *Une femme muette*, 1983), tandis que les ouvrages d'Émile Ollivier évoquent généralement le pays natal torturé (*Mère Solitude*, 1933; *La Discorde aux cent voix*, 1986). Le plus jeune et le plus populaire de ces écrivains est Dany LAFERRIÈRE, devenu célèbre dès son premier roman, *Comment faire l'amour avec un Nègre sans se fatiguer* (1985), dont Jacques W. Benoît a fait un film (1988). Montréal joue un rôle secondaire dans *Éroshima* (1987), tandis que *L'Odeur du café* (1991) et son deuxième volet, *Le Goût des jeunes filles* (1992), sont inspirés par des souvenirs haïtiens. Dans *Chronique de la dérive douce* (1994), mélange de poésie et de prose, Laferrière évoque ses souvenirs de jeune immigrant à Montréal. L'humour et l'érotisme qui imprègnent ces ouvrages, au fond sérieux, expliquent leur popularité.

Un dramaturge italien – Le problème de l'identité Parmi les auteurs d'origine italienne, le plus important est sans doute le dramaturge Marco Micone. *Les Gens du silence* (1982), *Addolorata* (1984) et *Déjà l'agonie* (1988) examinent les difficultés et les problèmes d'identité auxquels doivent faire face les immigrants italiens tentant de s'intégrer à la société québécoise.

L'identité est aussi le thème de *La Québécoite* (1983), de Régine Robin, fille de Juifs russes et née à Paris. Le roman est un long monologue intérieur où la mémoire collective et la mémoire individuelle empêchent l'héroïne de s'adapter à sa nouvelle patrie. Les personnages de Monique Genuist, Française qui a longtemps vécu en Saskatchewan, sont, eux aussi, tiraillés entre leur Lorraine natale et leur pays adoptif (*Le Cri du loon*, 1993; *L'Île au cotonnier*, 1997).

La création de deux périodiques illustre l'importance de l'écriture des immigrants au Québec. *Vice Versa*, fondé en 1989, se veut un «Magazine transculturel». *La Parole métèque*, fondé en 1987, publie des textes de femmes «vivant dans un pays où elles ne sont pas nées».

Paulette Collet

Écureuil Représentants de la famille des sciuridés, les écureuils sont un groupe de RONGEURS qui compte 262 espèces que l'on retrouve en Amérique du Nord et du Sud, ainsi qu'en Eurasie et en Afrique. On en compte 22 espèces au Canada. Parmi elles, six sont des espèces arboricoles (*Sciurus carolinensis*, *S. niger*, *Tamiasciurus hudsonicus*, *T. douglasii*, *Glaucomys volans* et *G. sabrinus*), les deux dernières étant planeuses, et 16 sont des espèces terrestres, parmi lesquelles six sont des spermophiles (*Spermophilus richardsonii*, *S. columbianus*, *S. parryii*, *S. tridecemlineatus*, *S. franklinii* et *S. lateralis*), cinq sont des TAMIAS, quatre des MARMOTTES et une un CHIEN DE PRAIRIE.

Description Les écureuils possèdent quatre orteils au membre antérieur et cinq au postérieur. Les écureuils arboricoles ont la queue touffue et les mains grêles alors que les espèces terrestres ont la queue moins poilue et des mains plus robustes pour creuser. Les spermophiles et les tamias transportent de la nourriture dans des abajoues. Les écureuils volants possèdent le long des flancs un repli cutané qui, relié aux membres, leur permet de planer. Les écureuils montrent beaucoup de variations dans leur taille. Le plus volumineux écureuil canadien est la marmotte des Rocheuses qui peut mesurer 80 cm de long et peser 6 kg, alors que la plus petite espèce est le tamia mineur qui ne fait que 22 cm et 50 g.

Reproduction et développement Au Canada, la plupart des espèces ne se reproduisent qu'une fois par année. Le rut a lieu au printemps. La gestation dure de 24 jours à 44 jours, selon les espèces, et le nombre moyen de jeunes varie entre 3 et 8 par portée. À la naissance, les jeunes sont nus et peu développés. La croissance est rapide.

Habitudes Toutes les espèces canadiennes, à l'exception des écureuils volants, sont diurnes. Alors que la plupart des espèces terrestres hibernent, celles qui sont arboricoles demeurent actives à l'année. Certaines espèces sont grégaires et d'autres solitaires. Les écureuils arboricoles se construisent habituellement un nid; les espèces terrestres creusent plutôt des terriers.

Distribution et habitat Certaines espèces de sciuridés se retrouvent à travers le Canada et d'autres habitent des régions particulières. L'habitat préféré varie d'une espèce à l'autre: ils occupent les FORÊTS, les PRAIRIES, les MONTAGNES et les régions arctiques. Principalement végétariens, les écureuils ne dédaignent pas consommer occasionnellement des INSECTES, des œufs et même des OISEAUX et des MAMMIFÈRES de petite taille.

Rapports avec l'homme Les écureuils peuvent causer des dommages aux cultures de céréales, aux équipements de collecte sous vide dans les érablières, ainsi qu'aux fils de téléphone. Les terriers et les monticules peuvent endommager la machinerie agricole et nuire au bétail.

Jean Ferron

EDAM En 1982, Peter Bingham, Barbara Bourget, Jay Hirabayashi, Ahmed Hassan, Lola MacLaughlin, Jennifer MASCALL et Peter Ryan se réunissent pour former le collectif de performance EDAM (*Experimental Dance and Music*). Pendant les premières années d'existence de la compagnie, les fondateurs d'EDAM créent, individuellement ou en collaboration, dans un centre dirigé par des artistes, le Western Front de Vancouver. En 1984, le groupe se réduit à quatre directeurs artistiques et, en 1989, Peter Bingham en assume seul la direction.

Bingham fonde, avec Andrew Harwood et Helen Clarke, la compagnie d'improvisation-contact Fulcrum (1977-1979). Au début des années 70, l'Américain Steve Paxton crée l'improvisation-contact en fusionnant son intérêt pour les arts martiaux et son expérience dans les techniques de danse de Cunningham et de Limon.

Bingham applique sa propre synthèse sur cette forme de danse, développant le style caractéristique d'EDAM qui résulte d'un amalgame de l'improvisation-contact, du BALLET et de la méthode Pilates de conditionnement physique. L'aspect naturel et spontané de cette danse masque la discipline rigoureuse qui la sous-tend, de même que les associations évocatrices et les messages lourds de sens qu'elle peut livrer. Chez EDAM, Bingham, Harwood et d'autres offrent des cours réguliers, ainsi que des ateliers intensifs d'improvisation et de diverses techniques de danse.

Les membres de la compagnie EDAM et des artistes invités présentent, plusieurs fois par année, dans des sessions de travail en studio, des œuvres chorégraphiées et improvisées. Des relations continuelles entre des improvisateurs de mouvements, de sons et de lumière donnent lieu à des spectacles de danse qui peuvent être courts ou durer toute une soirée. En 1996, Peter Bingham et le directeur artistique des BALLETS DE LA COLOMBIE-BRITANNIQUE, John ALLEYNE, collaborent à la création de *Remember Me From Then*, qui met en vedette des danseurs d'EDAM et des Ballets de la Colombie-Britannique dans une composition où les principes de l'improvisation-contact, fondés sur la gravité, se mêlent à la verticalité du ballet.

EDAM a fait trois tournées au Canada. La compagnie a présenté ses œuvres au Festival Danse Canada, au Dancing on the Edge Festival de Vancouver, au du Maurier International Jazz Festival, au Canadian Modern Dance Festival à Winnipeg, au New York Improvisation Festival, ainsi qu'à Minneapolis, San Francisco et en Virginie.

Les membres originaux d'EDAM ont encore une influence dans le domaine. Ils ont créé leurs propres compagnies à Vancouver, dont Kokoro Dance (Barbara Bourget et Jay Hirabayashi), Mascall Dance et Lola MacLaughlin Dance. Ahmed Hassan, de Toronto, a composé de la musique pour les compagnies Desrosiers Dance Theatre et Dancemakers, ainsi que pour Peggy Baker et d'autres. Peter Ryan enseigne à Ottawa.

Deborah Meyers

Eddy, Ezra Butler, fabricant (près de Bristol, Vt., 22 août 1827—Hull, Qc, 12 févr. 1906). Prenant part au déplacement massif des fabricants américains vers la vallée de l'Outaouais dans les années 1850, Eddy déménage, en 1851, sa petite fabrique d'allumettes de Burlington, au Vermont, à Hull et ouvre des marchés de Winnipeg à Halifax. Surmontant plusieurs incendies désastreux, notamment en 1883 et en 1900, il développe, modernise et diversifie son entreprise pour produire une vaste gamme de produits du bois et du papier. À sa mort, la valeur de son entreprise est estimée à plus de quatre millions de dollars. Élu maire de Hull à six reprises, il représente le comté d'Ottawa à l'Assemblée législative de Québec en 1871-1875. Il s'oppose au «racisme» et offre son appui tant aux établissements catholiques que protestants. Il est un ardent défenseur de l'Empire britannique. Il est inhumé à Bristol, sous le monument impressionnant qu'il avait fait construire en son honneur.

Richard Reid

Edel, Leon, biographe, rédacteur et critique (Pittsburgh, Penn., 9 sept. 1907). L'ouvrage en cinq volumes d'Edel sur la vie d'Henry James, paru entre 1953 et 1972, compte parmi les biographies littéraires les plus marquantes de son époque. Élevé à Yorkton, en Saskatchewan, Edel étudie à l'U. McGill et à la Sorbonne, puis enseigne à l'U. de New York (1953-1971) et à l'U. d'Hawaii (1971-1978). Sa célèbre biographie tire partie de sa connaissance encyclopédique de la vie et de l'œuvre de James, de sa profonde connaissance de la psychologie et de la souplesse de son style narratif. Il rédige aussi des ouvrages sur la biographie et la psychologie littéraires, sur le roman psychologique, sur James Joyce, Willa Cather (avec E.K. BROWN) et Thoreau, ainsi que sur les écrivains canadiens John GLASSCO, Leo KENNEDY, A.M. KLEIN, A.J.M. SMITH, Morley CALLAGHAN et F.R. SCOTT. Il remporte plusieurs prix dont le prix Pulitzer pour la meilleure biographie (1963). Ses plus récents ouvrages sont *Henry James: A Life* (1985; trad. *Henry James: une vie*, 1990) et *Henry James: Selected Letters* (1987).

Neil Besner

Edenshaw, Charlie, chef HAIDA et maître artiste (Skidegate, îles de la Reine-Charlotte, C.-B., v. 1839—*id.*, 1920). Il est porteur de plusieurs prestigieux noms haidas de la puissante lignée de l'aigle Stastas. Selon Margaret Blackman, biographe de Florence DAVIDSON, ses noms signifient «Fées venant à toi comme dans une grosse vague», «Bruit dans la fosse de la maison» et «Ils ont donné 10 potlachs pour lui». Florence Davidson a déclaré à l'anthropologue Wilson Duff que le nom de son père était «Charlie» plutôt que «Charles», parce qu'il était héritier d'un autre artiste distingué qui portait le titre de chef Idisaw, son oncle maternel Albert Edward Edenshaw. Celui-ci s'est donné pour noms chrétiens ceux du roi d'Angleterre de l'époque, Albert Edward, et a choisi le nom de l'héritier présomptif, Bonnie Prince Charlie, pour son propre neveu et héritier.

Charlie Edenshaw est l'un des premiers artistes professionnels haidas et est reconnu pour son exécution impeccable de formes flottantes et dynamiques au sein d'une tradition artistique par ailleurs stricte et disciplinée. Il passe la majeure partie de sa jeunesse dans les villages de Kiusta et de Yatze et, en 1882, le clan de l'aigle Stastas déménage à Masset. Il apprend les traditions haidas de son oncle et est un artiste professionnel pendant presque toute sa vie. À Masset et à Prince Rupert, il rencontre souvent des anthropologues, des conservateurs de musée et des collectionneurs, de sorte que ses contributions à l'art mondial portent non seulement la marque d'œuvres exquises en or, en argent, en ivoire, en argilite et en bois, mais elles se retrouvent aussi dans les archives et la documentation relatives à la langue et à la culture haidas.

Travaillant avec des érudits et des collectionneurs notoires, tels que C.F. Newcombe, Franz Boas, John Swanton et Marius Barbeau, Charlie Edenshaw produit un corpus riche et varié d'objets d'art: boîtes peintes et entaillées, bijoux en or et en argent, sculptures en argilite de toutes sortes, pommeaux de cannes en ivoire ainsi que masques, crécelles et fronteaux de coiffures pour les cérémonies. Les historiens de l'art et les anthropologues continuent d'étudier son œuvre abondante tandis que des artistes, tels ses petits-fils Reg et Robert DAVIDSON, perpétuent sa réputation d'excellence.

Carol Sheehan

Édifices du Parlement Ils constituent, à Ottawa, l'un des complexes immobiliers canadiens les plus saisissants visuellement et les plus remarquables historiquement. Conçus à l'origine pour servir de trait d'union entre le Haut et le Bas-Canada, ils conviennent, après la signature de la CONFÉDÉRATION, aux quatre provinces constituantes. Ils sont suffisamment grands pour abriter la CHAMBRE DES COMMUNES, le SÉNAT, les bureaux de nombreux députés et des salles pour les comités. Le complexe comprend quatre éléments principaux: l'édifice du Centre et la tour, flanqués par les édifices de l'Est et de l'Ouest et la bibliothèque du Parlement, située à l'arrière. Le complexe occupe un site pittoresque qui surplombe la rivière des Outaouais.

Du point de vue architectural, les édifices du Parlement représentent le meilleur exemple du style néogothique au Canada. Nombreux sont les éléments de facture médiévale, comme les arcs brisés, les baies à lancette avec remplage, les pinacles à crochets, les contreforts apparents en saillie et la maçonnerie composite mise en valeur par un parement de brique. Les édifices Est et Ouest (1859-1865, Stent & Laver) et la bibliothèque (commencée par Fuller & Jones en 1859, redessinée avec dôme en fer forgé en 1870, terminée en 1877) sont des exemples du néogothique original du milieu du XIXᵉ siècle.

L'édifice du Centre, conçu en 1859 par Thomas FULLER et Chilion Jones, repris en 1863 par Fuller et Charles Baillairgé (*voir* BAILLAIRGÉ, FAMILLE), est suffisamment avancé en 1865 pour accueillir de nombreux ministères qui déménagent de Québec. L'ouverture officielle a lieu le 6 juin 1866. Le bâtiment est reconstruit (après un incendie spectaculaire en 1916) par J.A. Pearson et J.O. Marchand dans un style néogothique académique, plus conforme du point de vue archéologique, mais moins expressif. Sa grande tour centrale est d'abord appelée Victoria Tower, nom qu'elle conserve lors de sa reconstruction en 1917, puis elle est renommée tour de la Paix en 1933.

Alan Gowans

Édifices gouvernementaux Au Canada, le gouvernement a toujours été le principal maître d'œuvre en matière d'ARCHITECTURE, une fonction qui a pris rapidement de l'importance au cours des dernières décennies. À mesure que ses services et ses responsabilités se multiplient, ses besoins en édifices augmentent. De nos jours, tous les ordres de gouvernement contribuent à l'expansion du milieu bâti. Pour loger les divers services gouvernementaux, il faut construire des palais de justice, des écoles, des hôpitaux, des bâtiments militaires, des casernes de pompiers, des marchés publics, des usines, des cinémas, des musées, des postes de police, des centres récréatifs et des logements en tous genres. Ce sont les édifices qui abritent les organes législatifs et administratifs de l'appareil politique que l'on associe le plus volontiers au gouvernement. À l'échelle municipale, l'administration publique s'identifie à l'hôtel de ville, et à l'échelle provinciale, aux édifices du Parlement. Quant au gouvernement fédéral, il appose sa marque sur l'ensemble des bâtiments fédéraux à Ottawa ainsi que les centaines de bureaux de poste, édifices de la douane et immeubles à bureaux disséminés dans toutes les régions du pays.

La conception des édifices gouvernementaux, ainsi que les goûts architecturaux varient selon les organismes et les fonctions de l'État. Malgré cette diversité, des thèmes ou des traits communs ressortent, quelle que soit la date de construction. Ces édifices sont généralement faits de matériaux durables, comme la pierre ou la brique, qui leur confèrent une impression de lourdeur, de permanence et de solidité. La taille de l'édifice dépend des services qui y sont abrités, mais normalement, ils sont conçus de façon à dominer le paysage environnant, et donc à établir visuellement leur position centrale dans la communauté. C'est seulement au Québec que l'Église a pu concurrencer cette prédominance de l'État.

Question de style, les édifices gouvernementaux respectent les goûts de l'époque, mais leur architecture présente traditionnellement des élévations symétriques et une composition harmonieuse des qualités esthétiques qui contribuent à refléter l'image d'ordre, de raison et d'équilibre qui sied à l'État. Soulignons toutefois que ce n'est habituellement pas l'audace architecturale qui les caractérise. Pour symboliser le pouvoir établi et incarner leurs traditions politiques, les gouvernements privilégient les styles architecturaux à la fois contemporains et conformes aux normes admises.

Les premiers édifices gouvernementaux du Canada sont élevés au début du XVIIᵉ siècle, pour les établissements français en Nouvelle-France et en Acadie. Vers les années 1650, on construit à Québec un bâtiment destiné à loger le conseil législatif, appelé la Sénéchaussée, mais l'édifice gouvernemental le plus important demeure la résidence du gouverneur: le château Saint-Louis. Typique des débuts de la colonie, sa construction est simple et sans prétention. Situé à l'intérieur des fortifications, au sommet du cap Diamant, il diffère peu sur le plan architectural des bâtiments militaires environnants. Visuellement, il ne se distingue que par ses dimensions imposantes et sa position bien en vue au-dessus de la falaise.

En 1663, la Nouvelle-France obtient le statut de province française, et l'administration locale passe directement sous le contrôle du gouvernement royal. La colonie, auparavant un simple avant-poste militaire et commercial aux confins de l'empire, accède désormais au rang de centre permanent d'implantation de la culture et de la société française. Cet essor se reflète bientôt dans les principaux édifices gouvernementaux. En 1692, on dessine les plans d'un nouveau château Saint-Louis: le nouvel édifice en pierre de deux étages, de plan symétrique et surmonté d'un toit mansardé, ressemble aux palais français de l'époque.

L'aspect grandiose qui caractérise les principaux édifices gouvernementaux se traduit aussi dans le palais de l'intendant, construit en 1715. Comme le château Saint-Louis, il s'agit d'un édifice en pierre de deux étages, avec un toit en mansarde; le plan en forme de U, il présente un frontispice en saillie flanqué de deux pavillons. Ce palais comprend une grande salle de réunion destinée au conseil législatif ainsi que de nombreuses pièces privées, une chapelle, des écuries et de magnifiques jardins paysagers.

Après la chute de la Nouvelle-France, l'afflux de loyalistes qui fuient la révolution américaine renforce considérablement la présence britannique. À la fin du XVIIIᵉ siècle, on trouve des centres d'administration coloniale à St. John's, à Halifax, à Fredericton, à Charlottetown, à Québec et à York (Toronto). Parmi les principaux édifices gouvernementaux de l'époque, mentionnons la résidence du gouverneur et les édifices législatifs occupés à la fois par le conseil législatif et l'assemblée législative.

Au cours des quatre premières décennies du XIXᵉ siècle, les établissements britanniques connaissent une période de croissance et de stabilité. Dans les colonies de l'Atlantique, on assiste ainsi à l'apparition de plusieurs édifices publics imposants, notamment les nouvelles résidences des gouverneurs à Halifax (1800-1805), Fredericton (1826-1828) et St. John's (1827-1831) de même qu'une série d'édifices abritant les conseils législatifs ou les parlements provinciaux à Halifax (1811-1818), Charlottetown (1839-1848) et St. John's (1847-1850).

Ces édifices ont beaucoup de points communs. Ils sont tous l'œuvre d'architectes ou de constructeurs formés en Angleterre en génie, en tant que civils ou officiers de l'armée. Ils s'inspirent de la tradition britannique dite «palladienne» en vogue au XVIIIᵉ siècle, une architecture classique caractérisée par un bâtiment central symétrique souvent flanqué d'ailes ou de pavillons en saillie, et par un vaste portique central reposant sur des assises rustiques ou une arcade. L'emploi de pierre finement taillée rehausse l'allure imposante et digne de ces édifices classiques. Leur masse les distingue des bâtiments voisins, la plupart construits en bois, et accentue leur prestige comme symboles de l'autorité britannique.

À la même époque, les dirigeants du Haut-Canada et du Bas-Canada hésitent à dilapider les fonds publics dans une architecture flamboyante, malgré les divers plans soumis pour la construction d'édifices publics. Par crainte des attaques américaines, l'État accorde la priorité aux constructions militaires tels que les canaux et les fortifications. Au départ, les institutions du Haut-Canada logent dans une longue rangée de bâtiments militaires en bordure du lac Ontario, et par la suite dans un édifice en brique d'un étage (1831) un peu plus raffiné, bien que tout de même assez modeste, dans la rue Front à York. Au Bas-Canada, le corps législatif se réunit dans l'ancien palais épiscopal datant du régime français (Québec), rénové en 1831 selon un goût plus typiquement anglais. L'union du Haut-Canada et du Bas-Canada en 1841, et l'inaptitude du nouveau gouvernement à choisir un emplacement définitif pour la capitale, retardent la construction d'édifices gouvernementaux permanents.

En 1857, la ville d'Ottawa est choisie comme siège du gouvernement uni et on entreprend alors la construction d'un édifice qui convient au Parlement de la colonie. On adopte en 1859 un projet néogothique, quelque peu fantaisiste, s'appliquant à la fois au Parlement et à deux autres pavillons. Caractérisé par un profil irrégulier, une riche texture, un revêtement en pierre polychrome et des détails médiévaux élaborés, ce concept diffère du classicisme austère et froid propre aux édifices gouvernementaux plus anciens des colonies de l'Atlantique. Pourtant, à maints égards, le complexe d'Ottawa projette une image conforme à l'architecture gouvernementale qui prévaut au Canada. L'utilisation de la pierre et l'ampleur des dimensions donnent l'impression qu'il domine la ville environnante. Malgré le détail de l'ornementation, les architectes ont délibérément évité l'asymétrie habituelle du style gothique et adopté un plan d'ensemble et des élévations de composition symétrique.

À l'instar des anciens bâtiments législatifs, les ÉDIFICES DU PARLEMENT d'Ottawa sont dans une veine typiquement britannique. S'inspirant du nouveau parlement de Londres commencé en 1836, et conformément à l'opinion répandue selon laquelle le néogothique serait le seul style réellement britannique, l'application de ce concept au parlement d'Ottawa confirme les liens culturels et politiques qui unissent la Grande-Bretagne au Canada, et non aux États-Unis.

L'instauration d'un gouvernement fédéral en 1867 oblige à construire des édifices publics dans l'ensemble du pays. De l'ancien régime colonial, il reste de nombreux bureaux de poste et bâtiments des douanes, mais le nouveau gouvernement se rend compte de la nécessité de refléter une image renouvelée et dynamique en construisant des bâtiments publics de grande envergure. Durant cette première phase prédomine le style Second Empire, marqué par une toiture élevée en mansarde ainsi qu'une ornementation classique très ciselée et élaborée. Ce style luxuriant évoque la richesse, l'assurance et la grandeur. Il est appliqué à 24 bureaux de poste et bâtiments des douanes bâtis sous la direction du ministère des Travaux publics au cours des 15 années suivant la Confédération, ce qui donne une unité architecturale aux édifices fédéraux du pays.

De la Confédération à la fin de la Première guerre mondiale, l'architecture fédérale change d'aspect, parallèlement à l'évolution des courants dans ce domaine. Au début des années 1880, le style Second Empire, tombé en désuétude, cède la place à la syntaxe romane de la fin de l'ère victorienne, caractérisée par une lourde maçonnerie en pierre, des arches plein cintres et des clochers massifs décentrés. Cette allure générale devient la marque distinctive des édifices publics fédéraux au point qu'elle persistera jusque dans les années 1920, même au début des années 1930. Toutefois, le courant est remplacé peu à peu par le style Beaux-Arts qui date des années 1910 et 1920. Mais en dépit de ce changement, les édifices fédéraux conservent leur uniformité. Leur charpente solide en pierre ou en brique et leur situation bien en vue font qu'ils dominent le paysage. De plus, les modèles similaires répétés d'un bout à

l'autre du pays en viennent à symboliser le gouvernement fédéral.

Les années 30 constituent une période de transition. En matière de style, cette époque donne lieu à un compromis esthétique entre le classicisme traditionnel et le mouvement moderne. Les édifices fédéraux gardent leur aspect formel et symétrique et demeurent massifs. Toutefois, l'ornementation traditionnelle se modernise, faisant place aux formes sobres et stylisées, aux lignes nettes et aux motifs sculpturaux d'inspiration contemporaine.

Un nouveau type d'édifice fédéral fait son apparition durant cette décennie. Alors qu'auparavant, le gouvernement fédéral administrait, dans les régions, surtout des bureaux de poste ou des douanes et des services d'impôts, durant la Crise, il multiplie ses interventions. Dans les grandes villes comme Halifax, Toronto, Winnipeg et Regina, il fait construire de nombreux immeubles fédéraux, ou immeubles du «Dominion», c.-à-d. de grands édifices à plusieurs étages où divers bureaux gouvernementaux logent sous un même toit.

La Confédération a également donné naissance aux gouvernements provinciaux, mais ceux-ci tardent à se lancer dans le renouveau architectural. Dans la plupart des provinces de l'Est, plus anciennes, l'Assemblée législative continue à siéger au Parlement datant de l'époque coloniale, ce qui est encore le cas de nos jours pour la Nouvelle-Écosse et l'Île-du-Prince-Édouard. À la fin des années 1870, le Québec et le Nouveau-Brunswick sont les premières provinces à se doter de nouveaux édifices parlementaires dans le style Second Empire, avec toit en mansarde, suivant l'exemple fédéral. Dans la nouvelle province du Manitoba, le gouvernement fédéral fait construire un édifice législatif assez imposant, conformément au pacte de la Confédération. Les autorités provinciales le remplaceront plus tard par un bâtiment de leur cru.

Au moment de la Confédération, les régions de l'Ouest demeurent relativement sous-développées, comme en témoigne leur architecture gouvernementale peu impressionnante. C'est seulement en Colombie-Britannique, dont les origines coloniales remontent au milieu du XIXᵉ siècle, que l'on trouve un édifice législatif d'envergure. Ce complexe curieux, surnommé par les habitants la «cage à oiseaux», est érigé entre 1859 et 1864. Il se compose d'une série de bâtiments séparés formant un ensemble symétrique d'un aspect empreint de formalité, très typique de l'architecture gouvernementale. Cependant, sa légèreté et son exotisme se traduisent par une structure apparente à colombage, une série élaborée de supports d'avant-toit ornementés et un toit surmonté d'un clocher manquent de dignité et de décorum. Remplacé en 1898, cet ensemble est détruit par un incendie en 1957.

L'architecture provinciale connaît un point tournant au début du XXᵉ siècle, lorsque les gouvernements de l'Ontario et de la Colombie-Britannique se dotent de leurs propres édifices parlementaires de prestige, selon les goûts éclectiques de la fin de l'époque victorienne. Les édifices législatifs de cette dernière province présentent une synthèse pittoresque des courants roman, médiéval et classique, qui illustre l'extravagance de cette période. Dans les trois provinces des Prairies, on adopte un style architectural très différent. Construits à l'apogée du style Beaux-Arts, ces édifices parlementaires (Edmonton 1908-1912, Regina 1908-1912, Winnipeg 1913-1929) dénotent un classicisme majestueux, avec des portiques monumentaux, des pierres finement taillées et des coupoles centrales massives.

L'architecture provinciale continue à s'inspirer d'un classicisme austère même après la Seconde Guerre mondiale. En 1959, on construit un nouveau parlement à Terre-Neuve. Quoique moderniste par son absence de détails anciens et ses fenêtres à la verticale, sa symétrie rappelle le formalisme classique des anciens édifices provinciaux.

Après la Seconde Guerre mondiale, la construction d'édifices gouvernementaux se multiplie et leur éventail s'élargit rapidement. Durant les années 50, la croissance démographique et la prospérité permettent aux gouvernements d'encaisser des surplus qui sont affectés à des ouvrages de construction coûteux. Avec l'adhésion du Canada à l'OTAN, des dizaines de bases militaires s'élèvent un peu partout au pays, tandis que l'essor phénoménal des vols commerciaux implique l'aménagement d'installations aéroportuaires modernes, par les autorités fédérales ou municipales. L'expansion générale stimule également les nouvelles constructions, particulièrement au fédéral, où le gouvernement exerce de nouvelles responsabilités dans des domaines comme le logement, la santé et le bien-être social, la main-d'œuvre et la formation professionnelle de même que le développement des ressources.

Au cours des années 50 et 60, on construit des édifices fédéraux modernes dans des centaines de villes pour recevoir les fonctionnaires de plus en plus nombreux. Les administrations provinciales et municipales consacrent la plus grande part de leur budget d'immobilisations à la construction de nouvelles écoles pour faire face à l'explosion démographique ou «baby-boom». Au cours des années 50, l'accent est mis sur les écoles primaires, alors qu'à partir du milieu des années 60, les gouvernements provinciaux financent plutôt l'agrandissement des établissements d'enseignement postsecondaire existants et la construction de nouveaux.

L'architecture de ces édifices gouvernementaux diffère radicalement du style en vogue avant la guerre. Le modèle traditionnel, avec ses coupoles et ses portiques, des tours à horloge et des arches gothiques, est supplanté par le style international, lui-même caractérisé par des volumes cubiques simples et une charpente en acier léger et en béton où s'insèrent des parois en verre transparent. Souvent, ces édifices ne se distinguent en rien des bâtiments commerciaux. Au lieu d'incarner comme autrefois la dignité et la majesté de l'État, ils reflètent plutôt l'efficacité et le fonctionnalisme de la bureaucratie moderne. Certains des concepts les plus osés et les plus révolutionnaires de l'époque s'appliquent aux aéroports, symboles de la nouvelle ère technologique.

Cette tendance à délaisser la tradition au profit du modernisme s'observe également dans plusieurs municipalités, où l'ancien hôtel de ville est remplacé par un nouvel édifice. C'est le cas à Ottawa, Edmonton et Winnipeg, mais l'exemple le plus frappant est celui de l'HÔTEL DE VILLE DE TORONTO qui, avec son concept futuriste rappelant une soucoupe volante et ses tours en forme de croissant, en vient à symboliser les côtés résolument modernistes, osés et progressistes de Toronto.

À la fin des années 60, le rythme des constructions gouvernementales ralentit globalement, du fait que les revenus n'augmentent pas aussi vite que les coûts. Toutefois, le Centenaire du Canada en 1967 est prétexte à la construction de nombreux édifices publics, dont plusieurs centres artistiques comme le Centre de la Confédération à Charlottetown (1964) et le CENTRE NATIONAL DES ARTS à Ottawa (1965-1968). Conçus dans le style «brutaliste», ces deux complexes témoignent de la tendance à délaisser les boîtes de verre, propres au style International, en faveur d'une architecture plus solide et plus sculpturale axée sur l'agencement asymétrique de masses en béton irrégulières aux surfaces diversement texturées.

Depuis quelques années, on assiste à un abandon graduel de l'immense parc immobilier que l'État a fait construire au cours du siècle. Les gouvernements ayant sabré dans leurs dépenses et diminué leurs effectifs, il en résulte dans certaines régions un surplus d'édifices et de locaux inutiles dont on ne veut plus assurer l'entretien. Dans certains cas, ce repli est causé par le fait que les gouvernements ont modifié leurs façons de faire et désirent être perçus différemment par la population. Ainsi, le bureau de poste, autrefois le symbole quasi universel de la présence fédérale, et aujourd'hui administré par des commerçants indépendants, n'est plus dans bien des cas qu'un comptoir dans un centre commercial ou à l'arrière de la pharmacie du quartier.

Malgré ces transformations, l'État demeure le plus important maître de l'ouvrage au Canada. Les constructions récentes comme le MUSÉE CANADIEN DE LA CIVILISATION à Ottawa, les tribunaux de Vancouver et le Centre civique de Mississauga comptent parmi les principales réalisations architecturales des deux dernières décennies. Les œuvres du genre permettent à certains des meilleurs architectes au pays d'exprimer leur créativité. Par leur conception novatrice, leur taille monumentale et leurs grandes places publiques, ces édifices servent de points de convergence et symbolisent la fierté des citoyens, à l'échelle locale, municipale et nationale.

Janet Wright

Edith Cavell, mont Il culmine à 3368 m et est la plus haute montagne des environs de JASPER, en Alberta. Elle est située à l'ouest de la RIVIÈRE ATHABASCA, à 24 km au sud de Jasper. Point de repère important, les voyageurs l'appelaient «La Montagne de la Grande Traverse» à l'époque où la route dont ils se servaient pour le commerce des fourrures traversaient les Rocheuses par le COL ATHABASCA. Il reçut son nom actuel en 1916 en mémoire de l'infirmière en chef anglaise de l'hôpital de la Croix-Rouge à Bruxelles. On l'escalade pour la première fois en 1915. Pour les alpinistes, l'ascension de son versant nord est l'une des expériences les plus excitantes en la matière en Amérique du Nord.

Glen Boles

Édition d'art à caractère particulier Impression de luxe et publication par des particuliers se consacrant à l'art et qui, en général, exécutent ou supervisent toutes les étapes de la production: choix du texte, maquette, composition typographique, illustrations, impression (sur papier fin fabriqué à la main) et reliure. Très souvent, le livre devient à son tour un objet d'art. Ces éditions, dont le tirage limité va d'un seul à quelques centaines d'exemplaires souvent numérotés et signés par l'auteur et l'artiste, s'adressent au bibliophile.

Ce genre d'édition a pris naissance en Europe à la fin du XIXe . En Angl., William Morris fonda la Kelmscott Press en 1891. Rêvant de recréer l'art des incunables – beaux livres imprimés avant 1500 – il conçut de nouveaux caractères, commanda des papiers faits main et à sa propre marque, et utilisa le parchemin pour ses éditions les plus précieuses. Il insistait toutefois sur l'utilisation des caractères et sur la mise en pages. Il fut à l'origine d'une tradition qui influença les éditeurs canadiens-anglais et américains. En France, les bibliophiles s'intéressaient davantage aux livres somptueusement illustrés. En 1875, Manet créa huit lithographies appelées à illustrer la traduction par Mallarmé du poème *Le corbeau* d'Edgar Allan Poe, le texte occupant huit autres pages. Ainsi naquit la nouvelle tradition du «livre d'artiste», notion qui a influencé l'édition d'art du Canada français par l'accent placé sur la GRAVURE plutôt que sur l'impression de luxe. Même si la situation évolue lentement au Canada anglais, on y trouve peu d'exceptions: Charles Pachter, après ses études à Paris, imprime quelques magnifiques albums dont le douzième, intitulé *The Journals of Susanna Moodie* (1980), comprend 30 poèmes de Margaret ATWOOD et 30 sérigraphies de Pachter. Quelques artistes ontariens se sont engagés dans cette voie, entre autres Brender à Brandis de Brandstead Press (Carlisle, Ont.), Elizabeth Forest de Greyn Forest Press (Toronto) et Soren Madsen de Mad-Ren Press (Toronto), dont les livres sont de parfaits exemples où l'idée regorge d'imagination et d'équilibre. Pour la plupart de leurs livres, Pachter et Madsen ont créé leurs propres papiers faits main.

La recherche sur l'histoire de l'édition d'art en est à ses débuts et les connaissances sont encore très fragmentées. Dans son *Répertoire des livres d'artistes au Québec 1900-1980*, Claudette Hould a catalogué 249 titres publiés par de petites maisons du Qc, dont 195 datent de 1970 à 1980. Marilyn Rueter, dans *Reader, Lover of Books, Lover of Heaven* de David B. Kotin et Marilyn Rueter, et Maureen Bradbury, dans *News From The Rare Book Room*, de l'U. de l'Alberta, ont indexé des centaines de titres édités par une cinquantaine d'éditeurs et parus le plus souvent après 1960.

Les années 50 ont cependant marqué un tournant avec la fondation des Éditions Erta (1949) à Montréal par Roland GIGUÈRE, poète et graveur, et des Village Press de Gus Rueter (1957) à Thornhill (Ontario). Ils furent les premiers imprimeurs à exécuter eux-mêmes toutes les étapes de l'édition des livres. Sans doute J. Kemp Waldie de Golden Dog Press (Toronto) et Louis Carrier (Montréal) avaient-ils, au début des années 30, publié de belles éditions de livres, mais ces œuvres étaient en général imprimées de façon commerciale.

L'édition d'art est florissante au Canada. La fondation, en 1959, de la Guild of Hand Printers à Toronto et les publications parues dans leur série *Wrongfount* surent stimuler l'impression de beaux livres par des éditeurs privés. De son côté, la Alcuin Society, fondée en 1965 à Richmond (C.-B.), présente des éditions de luxe à ses membres et leur fournit la revue *Amphora* consacrée à l'impression de luxe. Plusieurs petites maisons d'édition prêtèrent la main aux publications de ces deux sociétés: citons p. ex., Wil Hudson (Vancouver), Gus Rueter, W. Craig Ferguson de Basement Cage Press (Kingston), John Robert COLOMBO de Hawkshead Press (Kitchener et Toronto) et de Purple Partridge Press (Kitchener et Toronto), William Rueter de Aliquando Press (Toronto), Robert Asham (Toronto et Tillsonburg) et Peter Dorn de Heinrich Heine (Don Mills et Kingston).

Au Québec, l'élan vint du milieu artistique et nombre de collaborateurs furent les graveurs qui s'adressaient, pour la typographie, à des maîtres imprimeurs comme Pierre Guillaume. Parmi les quelque 75 petites maisons, un petit groupe a produit à lui seul la moitié des livres indexés jusqu'ici, à savoir les Éditions Erta, les Éditions de la guilde graphique, les Éditions Graffones, Michel Nantel, les Éditions du songe, Art global et plus récemment les Éditions du Noroît.

Connus pour l'excellence de leur design, les éditeurs d'art à caractère particulier, à la façon des petits magazines, se voient souvent confier la publication de la première édition de poèmes et des œuvres en prose des grands écrivains canadiens (*voir* ÉDITION, PETITES MAISONS D').

Jean-Marcel Duciaume

Édition de langue anglaise Dans les premiers temps, de sérieux obstacles nuisent au développement d'une industrie du livre au Canada. Dans un pays aussi vaste, peu peuplé et dont la population est disséminée, la distribution s'avère difficile et coûteuse. Les concurrents américains, qui ne sont pas liés par les lois britanniques sur les droits d'auteur, inondent souvent le marché d'éditions importées à bas prix. De plus, les auteurs canadiens à succès font publier leurs livres par de grandes sociétés étrangères et évitent ainsi les stigmates de l'imprimatur colonial. Après 1890, les éditeurs britanniques et américains les plus importants établissent des filiales au Canada et presque tous les bénéfices sont envoyés au siège social. Le rôle de ces filiales consiste à représenter les éditeurs étrangers et à promouvoir leurs éditions au détriment des premières publications canadiennes. Finalement, les éditeurs canadiens ne peuvent ni obtenir de droits internationaux ni retirer de bénéfices sur des droits subsidiaires: ils sont de ce fait contraints de limiter leurs affaires au Canada.

À l'époque coloniale, il n'y a pas de distinction bien établie entre imprimer et publier. Les premiers imprimeurs jouent aussi le rôle d'éditeurs, de diffuseurs, de papetiers et de libraires. William Brown et Thomas Gilmore, qui fondent la première imprimerie à Québec en 1764, publient le premier journal de la province, *La Gazette de Québec/Quebec Gazette* et aussi leurs premiers livres, comprenant un abécédaire, des ouvrages de droit de F.J. Cugnet, un livre de catéchisme de 180 pages et *Abram's Plains*, un poème de Thomas Cary.

Hugh C. Thomson, de Kingston, continue la publication du journal puis édite deux ouvrages de poésie et un roman en deux tomes, *St. Ursula's Convent* (1824) de Julia Catherine HART, le premier roman publié par un auteur canadien. John Neilson, de Québec, publie *History of Canada: from its Discovery, to the Peace of 1763* (1826). Puis Joseph HOWE, de Halifax, édite le premier grand écrivain de l'Amérique du Nord britannique, Thomas C. HALIBURTON, dont *The Clockmaker* (1836) se vend rapidement et bat des records de ventes internationales. Malheureusement, cet ouvrage est piraté à Londres, à Philadelphie et à Paris. Howe prétend qu'il n'a retiré de ce livre que de maigres profits.

Vers 1851, il existe quelques imprimeurs-éditeurs à Montréal et à Toronto, et l'édition prend son essor grâce à une curiosité naissante pour l'histoire du Canada. *L'Histoire du Canada* en quatre volumes de F.-X. GARNEAU est diffusé à Québec entre 1845 et 1852 et provoque la réplique conservatrice de Robert Christie avec *History of the Late Province of Lower Canada* (1848-1855) en six volumes publiés par Thomas Cary Jr et John Lovell. Puis John Mercier McMullen, de Brockville, compile et publie seul *History of Canada* (1855), qui se vend bien pendant plus de 20 ans.

John Lovell & Son est la maison d'édition la plus prospère du XIXe siècle. Lovell inaugure la *Literary Garland* en 1838 et publie, entre autres, William KIRBY, Michel Bibaud, Charles SANGSTER, Rosanna LEPROHON, Catharine Parr TRAILL ainsi que des traductions de F.-X. Garneau. Son homologue, l'imprimeur Georges Maclean Rose, avec le comptable Robert Hunter, fondent Hunter, Rose and Co à Québec, en 1861. Ils s'établissent à Ottawa en 1865 puis à Toronto en 1871.

Rose s'associe pour quelque temps à Alexander Belford qui pirate avec succès des auteurs américains et inonde le marché des États-Unis d'éditions bon marché comme celle de *Tom Sawyer* de Mark Twain. Rose et Belford publient *Rose-Belford's Canadian Monthly* (1878-1882), suite du *Canadian Monthly* (1872-1878) et poursuivent le piratage. Rose fait paraître deux volumes de *Cyclopedia of Canadian Biography* (1886-1888). En 1891, une nouvelle loi américaine sur les droits d'auteur et, par la suite, l'accord anglo-américain sur les droits d'auteur mettent fin au plagiat aux États-Unis et au Canada.

Dans les années 1890, la maison d'édition canadienne la plus importante est la Methodist Book and Publishing House. Elle prend le nom de RYERSON PRESS, après 1919, en l'honneur du premier directeur des publications méthodistes, Egerton RYERSON. Fondée en 1829, cette maison d'édition publie des livres de piété et quelques ouvrages techniques, puis est reprise en 1879 par le révérend William Briggs. Celui-ci développe l'édition d'ouvrages techniques et publie 37 nouveaux livres seulement pendant l'année 1897.

Il présente beaucoup de grands auteurs canadiens comme Kirby, Traill, Nellie MCCLUNG, Charles G.D. ROBERTS, J.W. Bengough, Charles MAIR, Isabella Valancy CRAWFORD, Robert W. SERVICE et Pauline JOHNSON. La société des méthodistes publie les premiers romans de Ralph Connor (Charles W. GORDON) pour la Westminster Press. Malgré la vente des livres de Connor par millions d'exemplaires en dehors du Canada, la diffusion des livres étrangers est un procédé déjà bien établi, car il est source de profits.

Les manuels scolaires prennent aussi de l'importance. Les premiers viennent surtout des États-Unis mais, en 1846, paraissent 31 livres, choisis parmi la collection «Irish National School». Cette collection est utilisée pendant des dizaines d'années. Toutefois, il existe aussi des collections canadiennes: celle de John Lovell, «Series of School Books» (1858), composée de textes canadiens, et celle de James Campbell, «Canadian National Series», constituée d'un choix de livres canadiens et britanniques. Lors de la publication de Ontario Readers (1884), Thomas Nelson, Edinburgh, William J. Gage et peu après Copp Clark s'emparent de l'ensemble du marché du manuel scolaire. Les éditions canadiennes de manuels étrangers représentent encore aujourd'hui une branche importante de l'industrie du livre.

Plus d'une douzaine de maisons d'édition sont fondées entre 1876 et 1913, époque de véritable expansion dans tous les domaines, dont Musson Book Co (1894), G.N. Morang (1897), McLeod & Allen (1901), University of Toronto Press (1901), Oxford University Press (1904), John C. Winston (1904), Macmillan Co of Canada Ltd. (1905), McClelland and Goodchild (1906, nommée plus tard MCCLELLAND AND STEWART INC.), Cassell and Co Ltd. (1907), J.M. Dent and Sons (1913) et Thomas Nelson and Sons Ltd. (1913).

Bon nombre de ces sociétés établies au Canada sont des filiales de maisons d'édition américaines ou britanniques, et tous les éditeurs canadiens sont les représentants de ces sociétés. C'est à cette époque que paraissent trois grands ouvrages qui marquent l'édition de livres d'histoire et de biographies canadiennes: The Makers of Canada, 20 vol. (Morang, 1903-1908), Chronicles of Canada, 32 vol. (Glasgow, Brock and Co, 1914-1916) et le monumental Canada and its Provinces: A History of the Canadian People and Their Institutions, 23 vol. (Glasgow, Brock and Co, 1914-1917).

L'édition connaît un grand essor après la Première Guerre mondiale qui fournit la matière de livres très prisés sur les grands événements récents et sur leurs acteurs. Les poèmes patriotiques, en particulier In Flanders Fields (1919) de John MCCRAE et des récits comme Winged Warfare (1918) de Billy Bishop, sont très populaires.

Pendant les années 20, l'édition subit une crise causée par la surproduction, mais, en même temps, apparaissent trois éditeurs importants: Lorne PIERCE, Hugh Eayrs et John McClelland. Selon Pierce, devenu chef de rédaction chez Ryerson Press en 1920, le nouveau sentiment d'identité national créé par l'effort de guerre du Canada peut être canalisé vers un renouveau littéraire. Il édite une nouvelle anthologie et, en 1923, Makers of Canadian Literature, en plusieurs volumes (12 seulement paraissent), puis il compile An Outline of Canadian Literature (1927).

En 1921, Eayrs est nommé président de Macmillan (une société britannique). Il favorise les écrivains canadiens, en particulier Mazo DE LA ROCHE et Morley CALLAGHAN. McClelland publie plus d'auteurs canadiens que l'ensemble des autres éditeurs. Pendant les années 20, deux éditeurs font aussi une brève carrière en dehors de Toronto. À Ottawa, Graphic Publishers, lancée en 1924 par l'imprimeur Henry C. Miller, édite environ 34 ouvrages avant de faire faillite en 1932, et Louis Carrier fonde sa maison d'édition à Montréal en 1927. Elle ferme ses portes peu de temps après.

La Crise des années 30 entraîne des réductions de salaire, et les maisons d'édition d'origine canadienne enregistrent une baisse d'activité soudaine, tandis que les auteurs populaires étrangers sont favorisés. Néanmoins, Clarke Irwin and Co est fondée en 1930, d'abord comme agence. Elle devient plus tard une maison d'édition importante et publie pendant ces années plusieurs nouveaux auteurs canadiens dont Hugh MACLENNAN et Sinclair ROSS.

Après une brève reprise à la fin de la Seconde Guerre mondiale, la crise de l'industrie du livre se poursuit jusqu'aux années 50. Le marché canadien est inondé d'éditions de poche provenant de Grande-Bretagne et des États-Unis, et le nombre des filiales britanniques et américaines augmente. Néanmoins, l'édition connaît une croissance spectaculaire grâce aux manuels destinés à un nombre grandissant d'étudiants.

McClelland and Stewart devient le foyer d'une véritable renaissance de la littérature canadienne avec Irving LAYTON, Leonard COHEN, Mordecai RICHLER, Margaret ATWOOD, Al PURDY et bien d'autres. M & S entreprend d'éditer une nouvelle histoire du Canada en 18 volumes, Canadian Centenary Series, ainsi que des auteurs à succès comme Pierre BERTON et Farley MOWAT. Jack MCCLELLAND lance avec succès sur le marché international de nombreux BEST-SELLERS DE LANGUE ANGLAISE canadiens comme Comfortable Pew (1965) de Berton et fait réimprimer les collections des «New Canadian Library» (1958) et «Carleton Library» (1963).

La plus grande partie de l'industrie du livre est concentrée en Ontario, en particulier à Toronto, et au Québec, mais, pendant les années 60 et 70, de nombreuses maisons d'édition font leur apparition dans différentes villes du Canada: Oberon (Ottawa), Harvest House (Montréal), Fiddlehead Books (Fredericton), Douglas & McIntyre (Vancouver), Western Producer Prairie Books (Saskatoon), Breakwater (St. John's), Hurtig (Edmonton), Talonbooks (Vancouver) ainsi que James Lorimer, Anansi, Lester & Orpen Dennys, New Press, Peter Martin et Women's Press (Toronto) (voir ÉDITION, PETITES MAISONS D').

De 1969 à 1985, le revenu des ventes de l'industrie canadienne du livre est passé de 222 millions de dollars à 1,4 milliard de dollars. Cependant, les difficultés financières de l'édition sont largement connues, car certaines d'entre elles reviennent de façon chronique. Le marché du livre canadien de langue anglaise est relativement limité et doit faire face à la forte concurrence des livres américains et britanniques. À cause de l'augmentation des frais, les possibilités d'un éditeur d'imprimer et de vendre à profit 5000 à 10 000 exemplaires d'un livre canadien sont de moins en moins certaines.

En 1970, de nombreuses compagnies canadiennes vivent dans une situation critique. La vénérable Ryerson Press, endettée de 2,8 millions de dollars, est alors vendue à McGraw-Hill (société américaine). L'Ontario Royal Commission on Book Publishing, présidée par Richard Rohmer, avocat et écrivain, est fondée pour étudier la situation de l'industrie du livre. Le gouvernement ontarien instaure pour les éditeurs canadiens un système de garanties d'emprunt, recommandé par la Commission même si beaucoup d'autres recommandations ne sont pas suivies. Cependant, les garanties ne sauvent pas Clarke Irwin and Co qui est mise sous séquestre en 1983. L'affaire est toutefois reprise par la suite par John Irwin.

Même à l'époque où ils sont les plus prospères et les plus indépendants, presque tous les éditeurs canadiens, pour survivre, sont contraints de vendre des livres étrangers. Depuis les années 50, les sociétés canadiennes ont de moins en moins la possibilité de pratiquer ce commerce intermédiaire, étant donné qu'un nombre croissant d'éditeurs étrangers établissent leurs propres filiales au Canada.

En 1985, éditeurs et diffuseurs des filiales étrangères comptent pour 60 p. 100 du revenu des ventes de l'industrie du livre. Malheureusement, cette expansion équivaut à écumer les profits. Les filiales étrangères génèrent des profits grâce aux livres importés et laissent la publication des nouveaux ouvrages canadiens aux sociétés canadiennes qui sont déjà affaiblies financièrement et qui vont donc s'endetter davantage. Les éditeurs canadiens publient tout de même plus de 80 p. 100 des nouveaux ouvrages d'auteurs canadiens (4105 sur 5135 en 1985).

En 1985, les filiales étrangères effectuent 60 p. 100 de toutes les ventes, mais seulement 20 p. 100 des ventes des nouveaux livres de littérature canadienne anglaise. Les éditeurs des filiales étrangères qui se lancent dans la publication de livres canadiens publient surtout des manuels scolaires: le marché comporte moins de risques, et la politique des gouvernements provinciaux favorise les manuels d'auteurs canadiens. Ils publient également des ouvrages techniques.

Il n'est pas facile de dissocier les problèmes que pose la domination étrangère des difficultés de l'édition en général. Les gouvernements ne savent guère comment procéder. Il existe des programmes, presque dans chaque province, dont le budget est parfois modeste, parfois élevé, qui sont destinés à soutenir l'industrie du livre. La plupart d'entre eux comportent, pour l'éditeur canadien, certaines conditions d'admissibilité, stipulant que les compagnies étrangères doivent vendre essentiellement des livres étrangers et renvoyer la plupart des bénéfices au siège social. S'il n'y a pas d'éditeurs canadiens, les auteurs canadiens auront moins de possibilités d'être publiés, et les gouvernements provinciaux ne pourront disposer des manuels nécessaires à leurs programmes d'études.

Le gouvernement fédéral apporte son appui aux éditeurs canadiens en créant le Programme d'aide au développement de l'industrie de l'édition (élaboré en 1979-1980 et géré par le ministère des Communications), le CONSEIL DES ARTS DU CANADA et le CONSEIL DE RECHERCHES EN SCIENCES HUMAINES DU CANADA. En évoquant la souveraineté canadienne en ce qui concerne la publication des JOURNAUX et des MAGAZINES, le gouvernement fédéral affirme en 1979 que son objectif est d'amener agences et éditeurs canadiens à jouer un rôle prédominant dans les deux langues sur le marché national. En 1986-1987, 11 millions de dollars sont versés aux éditeurs.

Entre-temps, le marché des manuels se fragmente. Le gouvernement de l'Ontario, p. ex., supprime les fonds réservés à l'achat de manuels. Il offre plus de cours avec des effectifs plus faibles et approuve l'utilisation d'un grand nombre de textes pour chaque cours. Mais, en principe, les divers gouvernements provinciaux continuent d'exiger que leurs écoles disposent de manuels canadiens. Il reste que les maisons d'édition canadiennes continuent de mener une existence précaire pour diverses raisons: la pratique traditionnelle de la vente des livres aux librairies, surtout celle qui permet que l'on puisse renvoyer à l'éditeur un nombre presque illimité de livres invendus; la faiblesse des CLUBS DU LIVRE et la domination étrangère; la distribution massive des livres de poche; et enfin, le peu d'empressement des banques canadiennes à prêter aux éditeurs.

Les Canadiens de langue anglaise ne manquent pas de livres. Quelque 75 000 ouvrages sont publiés chaque année aux États-Unis et en Grande-Bretagne, et le lecteur n'a que l'embarras du choix. Néanmoins, l'industrie du livre demeure sous l'emprise des sociétés étrangères qui ne consacrent qu'une faible part de leurs bénéfices à la publication d'auteurs canadiens. De ce fait, la culture canadienne et son expression, domaines cruciaux s'il en est, demeurent des plus incertaines. (Voir aussi AUTEURS ET MILIEUX DE L'ÉDITION; POLITIQUE CULTURELLE.)
James Marsh

Édition de langue française Il est généralement admis qu'il n'y a pas d'édition en Nouvelle-France sous le régime français. Les premières presses sont installées à Québec par William Brown et Thomas Gilmore en 1764 et à Montréal par Fleury Mesplet en 1776.

Ces presses servent principalement à l'impression des JOURNAUX, mais aussi à remplir des commandes du gouvernement, de l'armée, du clergé et de divers commerçants. C'est ainsi que les premières publications françaises ou bilingues sont des textes officiels du gouvernement, des lettres pastorales des évêques, des livres religieux, des manuels et des annonces publicitaires.

Au cours du XIXe siècle, on importe encore la plupart des livres, et le commerce est largement dominé par les Anglais, en vertu des lois sur la navigation, qui ne seront abrogées qu'en 1849. Peu d'œuvres littéraires sont l'objet de tirages significatifs. Une bonne partie de celles du XIXe siècle est publiée en feuilletons dans les journaux ou MAGAZINES, sauf les *Épîtres, satires* de Michel Bibeau (1830), *L'Influence d'un livre* de Philippe-Ignace-François AUBERT DE GASPÉ (1837) et *Les Fiancés de 1812* de Joseph DOUTRE (1844).

Puisque l'auteur doit être assuré de vendre pour être édité, de nombreux écrivains fondent des revues littéraires. Ainsi, J.O. Letourneux fonde en 1845 la *Revue canadienne,* dont *L'Album* est consacré à la littérature, et le journal *La Minerve* lance en 1849 *L'Album littéraire et musical de la Minerve.* En 1848, James Huston, dans le *Répertoire national* (1848-1850), publie une anthologie d'œuvres littéraires parues à l'origine dans des journaux, et Henri-Émile Chevalier fonde *La Ruche littéraire* en 1853 dans le même but. Puis vient l'époque des grandes revues littéraires nationales: LES SOIRÉES CANADIENNES (1861), *Le Foyer canadien* (1863) et *La Revue canadienne* (1864) (*voir* PÉRIODIQUES LITTÉRAIRES DE LANGUE FRANÇAISE).

L'essor des écoles et des universités à compter de 1860 favorise grandement l'édition. La maison Beauchemin est fondée à Montréal en 1842, mais c'est Québec qui devient le centre de l'édition. D'abord simples imprimeurs, les fabricants de livres deviennent imprimeurs-éditeurs ou éditeurs-libraires et doivent s'occuper des textes en plus de fournir le matériel d'impression. Dans sa préface à *Charles Guérin* (1853), Georges-Hippolyte Cherrier est le premier à définir l'édition comme une profession.

L'État confie à l'Église la responsabilité de l'enseignement, et les communautés religieuses, en affermissant leur position au milieu du XIXe siècle, prennent en charge la production et la distribution des manuels scolaires. Les frères des Écoles chrétiennes fondent leur librairie en 1877, suivis en cela par la Congrégation de Notre-Dame (1881), la Librairie Saint-Viateur (1887), les frères de l'Instruction chrétienne (1900) et les frères du Sacré-Cœur (1902).

Il en va ainsi jusqu'en 1960, les manuels scolaires constituant le gros de l'édition au Québec jusqu'à la fondation du ministère de l'Éducation en 1964. Cette situation occasionne certains abus, lesquels sont dévoilés en 1964 dans le rapport Bouchard qui révèle que les éditeurs de manuels scolaires sont souvent ceux-là même qui en recommandent l'inclusion dans les listes officielles du Comité catholique de l'instruction publique.

À part un renouveau nationaliste, l'édition connaît peu de changements importants pendant la première moitié du XXe siècle. Les fondateurs de divers petits journaux, comme *Le Nationaliste, Le Semeur, La Libre parole* et surtout LE DEVOIR (1910), favorisent une littérature qui s'adresse surtout aux collèges classiques. La fondation de l'ACTION FRANÇAISE par Lionel GROULX en 1917 marque l'apogée de ce mouvement. La librairie de l'Action française ne tarde pas à devenir le point de vente des publications nationalistes. Groulx doit toutefois se retirer de l'édition lorsque le pape Pie XI condamne le mouvement en France. Albert Lévesque reprend le flambeau en 1926 et devient le principal éditeur d'œuvres nationalistes.

L'Action française a toutefois ses opposants, comme le prouve la fondation de revues telles que *La Relève* et *Les Idées* en 1934, cette dernière publiant son premier numéro en janvier 1935. Toujours en 1934, Albert Pelletier fonde les Éditions du Totem, qui marquent l'histoire de l'édition au Québec. Malgré tout, les œuvres importantes comme *Les Engagés du Grand Portage* de Léo-Paul DESROSIERS, *Né à Québec* d'Alain GRANDBOIS et TRENTE ARPENTS de Philippe PANNETON sont publiées à Paris.

La défaite de la France en 1940 est un événement significatif pour l'édition au Québec. De nombreux écrivains, qui ont fui le régime de Vichy pour conserver leur liberté d'expression, s'adressent à des éditeurs de New York ou de São Paulo, mais la plupart préfèrent Montréal. De 1940 à 1946, 21 millions de livres sortent des presses montréalaises. Le marché est nettement dominé par Fides et Variétés, mais de nouvelles maisons d'édition font leur apparition: L'Arbre-Robert Charbonneau, Les Éditions du Lévrier, Les Éditions du Lumen, Les Éditions du Mangin, Gérard Parizeau, la Société des Éditions Pascal, Jean-Guy Pilon, Victor Serge et Bernard Valiquette.

À la fin de la guerre, cependant, des écrivains français dénoncent le monopole exercé par les éditeurs de Montréal, accusation à laquelle Robert CHARBONNEAU répond par un livre, *La France et nous* (1947). Bien que l'après-guerre soit difficile pour les éditeurs montréalais, dont plusieurs font faillite, le bilan est positif: les éditeurs québécois ont acquis l'expérience du métier et se sont libérés de l'emprise du clergé et des mouvements nationalistes.

Une fois la paix rétablie, l'édition se concentre de nouveau sur les manuels scolaires. La prospérité générale qui règne à l'époque accroît le nombre des élèves qui sont les grands consommateurs de livres. Aux maisons d'édition déjà bien établies, comme Beauchemin, Granger et Fides, se joignent bientôt le Centre pédagogique (1940), le Centre de pédagogie et de psychologie (1945), le Centre éducatif et culturel (1959), les Éditions du pélican (1960) et les Presses de l'Université Laval (1950).

Le succès de romanciers comme Gabrielle ROY et Roger LEMELIN prouve que les éditeurs québécois sont en mesure de produire autre chose que des manuels scolaires. Fides se tient en général à l'écart des œuvres de fiction, mais ajoute à son catalogue *L'Histoire de la province de Québec* de Robert Rumilly et d'autres ouvrages d'histoire, dont ceux de Guy Frégault et de Marcel Trudel. Pierre Tisseyre fonde le Cercle du livre de France, un club du livre qui garantit une clientèle aux œuvres de fiction et décerne un prix annuel. C'est d'ailleurs ainsi que sont lancés Françoise LORANGER, André LANGEVIN et d'autres auteurs dont les œuvres font maintenant partie des classiques.

En dépit de ce succès, l'édition québécoise éprouve des problèmes graves. Il n'y a pas à proprement parler de réseau de distribution. Les libraires s'établissent de préférence à Montréal et à Québec de sorte que des villes de 10 000 habitants n'ont souvent pas de librairie. Les grandes maisons comme Beauchemin, Fides, Granger et Dussault ainsi que d'autres plus récentes écoulent 70 p. 100 de leur production auprès des institutions d'enseignement. Le reste ne suffit pas à faire vivre les libraires régionales. De plus, le réseau des bibliothèques en est à ses premiers balbutiements, et les maisons d'enseignement exercent une surveillance sévère sur les lectures de leurs élèves. En fait, le marché du livre est si restreint que seuls les ouvrages pédagogiques sont viables.

La littérature continue toutefois à évoluer. Au cours des années 60, des éditeurs jouent un rôle de premier plan dans la RÉVOLUTION TRANQUILLE. Gaston MIRON, qui fonde les Éditions de l'Hexagone en 1953, rassemble les poètes du Québec, proclamant qu'ils appartiennent au «pays du Québec». La revue *Écrits du Canada français* fait connaître de nombreuses œuvres littéraires. Les Éditions Parti pris adoptent un ton anticlérical et anticolonialiste. Certaines petites maisons, p. ex., les Éditions Erta et les Éditions Orphée, se consacrent à la poésie; Leméac ne publie que du théâtre. D'autres éditeurs explorent le marché courant. Les Éditions de l'homme et les Éditions du jour, qui mettent l'accent sur les événements et la politique, introduisent au Québec la mise en marché de masse. Par l'entremise d'agences, ils rejettent le carcan des libraires et s'introduisent dans les tabagies, les supermarchés, les pharmacies et les gares. Néanmoins, l'édition est toujours en difficulté.

Vers la fin des années 60, les éditeurs dépendent du gouvernement plus que jamais. Leur association, constituée dans les années 40, fait en 1961 des représentations auprès du ministère provincial des Affaires culturelles, fondé peu de temps auparavant. Celui-ci réagit en faisant adopter, l'année suivante, la *Loi d'aide à l'édition*. Le ministère établit une direction des lettres et des arts, qui entraîne la formation du Conseil supérieur du livre, fédération des associations d'éditeurs et de libraires destinée à conseiller le Ministère sur les questions d'édition.

Le rapport Bouchard sur la diffusion de la culture, déposé en 1964, propose notamment la création d'un organisme central du livre. Une loi adoptée en 1965 pour établir un cadre d'accréditation des libraires jette les premiers jalons d'une politique gouvernementale du livre. Elle présente cependant une lacune en ce sens qu'elle n'élimine pas les grossistes. C'est par la force des circonstances que le gouvernement en vient à prendre des mesures plus efficaces.

À compter de 1960, les grands éditeurs français manifestent de l'intérêt pour le marché québécois, qui croît à un rythme annuel de 12 p. 100. En 1968, Hachette, par l'entremise des Messageries internationales (MIL), s'impose à toutes les librairies québécoises comme distributeur exclusif d'ouvrages français. Cette situation inquiète le Conseil supérieur du livre qui craint de voir tomber entre des mains étrangères toute l'édition et la distribution d'ouvrages en langue française au Québec. Ces craintes sont confirmées quand Hachette se porte acquéreur des librairies Garneau.

Le gouvernement du Québec ne réagit qu'en 1973, en adoptant trois lois obligeant les établissements qu'il subventionne à acheter leurs livres québécois et étrangers auprès de librairies accréditées dont les intérêts sont québécois à au moins 50 p. 100. Cette deuxième étape en vue d'une politique officielle du livre porte fruit en 1976 avec la parution du livre vert de Jean-Paul L'Allier, qui présente une analyse rigoureuse des grands problèmes de l'édition au Québec: omniprésence des grandes maisons étrangères, absence de points de vente à l'étranger, insuffisance du réseau de bibliothèques publiques et scolaires, prix élevé des livres, faible protection accordée aux auteurs, absence d'un réseau adéquat de distribution et efforts insuffisants du gouvernement en vue d'établir une véritable politique du livre.

Cette analyse inspire d'ailleurs la publication en 1978 du livre blanc intitulé *La Politique québécoise du développement culturel.* Malheureusement, le manque de fonds empêche l'application de ces recommandations, et les éditeurs se tournent vers Ottawa, délaissant Québec.

La fondation du CONSEIL DES ARTS DU CANADA, en 1957, marque les premiers pas, timides, il est vrai, du gouvernement fédéral dans le domaine de la culture, jusque-là de compétence provinciale. Les budgets du Conseil sont au départ trop modestes pour soulever des objections, mais avec le temps, et surtout en raison du mouvement indépendantiste au Québec, les subventions augmentent et deviennent la source la plus accessible d'aide à l'édition. Les éditeurs, qui bénéficient de revenus provinciaux et fédéraux, augmentent considérablement leur catalogue dans les années 70: 3997 titres en 1977 comparativement à 819 en 1968.

Ce fait n'est pas attribuable exclusivement aux subventions. Comme les éditeurs prennent moins de risques, ils relâchent leurs critères de sélection. Des critiques estiment que la quantité n'améliore en rien la qualité, mais la situation tient surtout aux changements sociaux.

Après 1968, la littérature cède le pas aux sciences humaines et sociales en tant que véhicule des idées, des tendances sociales et des aspirations. La nouvelle génération de lecteurs, dont un grand nombre détient un diplôme universitaire, travaille dans les domaines de l'éducation et de la culture tels que la fonction publique, la radio, la télévision, les journaux et les universités. Des ouvrages spécialisés sur l'administration et les sciences politiques prennent place auprès des ouvrages pédagogiques et littéraires. Les presses universitaires (U. d'Ottawa, la plus ancienne, 1936; U. Laval, 1950; U. du Québec, 1969; U. de Montréal, 1962, gérées par Fides depuis 1998, Polytechnique, 1980; Inter Universitaires, 1992; l'U. de Trois-Rivières, 1993) acquièrent une part importante de ce marché. Historiquement, l'édition scolaire est un maillon clé de l'industrie et représente plus de 40 p. cent de la production. Ce secteur s'est principalement développé durant les années 50, 60 et 70 avec le Centre éducatif et culture (CEC, 1956), les éditions Hurtubise HMH (1960), du Renouveau pédagogique (1965), HRW (1966), Guérin (1970), de Moulo éditeur (1975, Gaëtan Morin (1975) et les Publications Graficor (1978).

Bien que plus concentrée au Québec, l'édition de langue française s'organise aussi dans d'autres provinces: au Nouveau-Brunswick, les éditions Perceneige (1980) et les éditions d'Acadie (1972); au Manitoba, les éditions du Blé (1974) et des Plaines (1979); en Saskatchewan, la coopérative Louis-Riel (1985); et en Ontario, les Livres Toundra (1967), les éditions Pris de parole (1973), le Centre franco-ontarien de ressources pédagogiques (1982), Asticou (1975), Guernica (1978), du Vermillon (1982), du Nordir (1988) et le centre Fora (1989).

Malgré la protection offerte par la politique du gouvernement, l'importance des subventions et l'accroissement du nombre de lecteurs, l'édition québécoise connaît encore des difficultés en raison surtout d'un marché restreint auquel s'ajoute l'envahissement du marché par les best-sellers américains, traduits en plusieurs langues. Selon une étude du gouvernement du Québec, plus de 900 éditeurs étrangers sont diffusés au Québec et réalisent plus de 70 p. 100 des ventes en littérature générale. Les récessions, comme celles de 1982 et de 1990, ont eu de sérieuses répercussions pour nombre d'éditeurs. Aussi, pour affronter les nouvelles conditions amenées par la mondialisation et les innovations technologiques, les éditeurs québécois ont fusionné ou se sont regroupés. C'est le cas du Groupe Sogides qui, en 1991, crée le Groupe Ville-Marie Littéraire en rachetant les Éditions VLB, l'Hexagone, les Quinze et Typo. Communication Quebecor se porte acquéreur de 50 p. 100 du Centre éducatif et culturel (CEC), l'un des plus importants éditeurs de manuels scolaires, des Éditions Wilson & Lafleur, de 50 p. 100 des Éditions Libre Expression, de 80 p. cent du groupe Archambault, des Éditions du Trécarré, des Éditions internationales Alain Stanké et des Éditions Logiques.

En 1996, la même tendance s'observe dans l'édition scolaire avec le Groupe Beauchemin Éditeur qui regroupe les Éditions Beauchemin, les Éditions de l'Image de l'Art, les éditions FM et de Doutre et Vandal, éditeurs.

L'avènement de l'autoroute de l'information gagne le monde de l'édition permettant aux éditeurs de fournir des renseignements sur leurs auteurs et leurs publications. En 1996, une quinzaine de maisons d'édition possédaient son site Web et, depuis, le nombre ne cesse de croître. En 1998, les librairies Garneau, faisant maintenant partie du Groupe Renaud-Bray, comptaient plus de 250 000 titres. La Banque de titres de langue française (BTLF) donne accès aux livres de langue française disponibles au Québec.

Maurice Lemire

Édition de langue française, petites maisons d'

Les petites maisons d'édition de langue française sont associées de près à l'éclosion et à la croissance d'une littérature québécoise distincte. En marge des grandes maisons d'édition, qui dépendent du marché de l'éducation, elles publient et assurent la survie d'un certain type de matériel et d'idées plus marginal. Toujours à contre-courant, elles font office de laboratoire expérimental. L'une des plus anciennes maisons d'édition, La Maison Déom (1895), joue un rôle considérable dans la publication de la poésie québécoise.

Pendant la crise économique des années 30, la concentration du marché entre les mains des institutions d'enseignement décourage les éditeurs parce qu'elle élimine la compétition et, de ce fait, la diversité. Cette époque voit naître de nouvelles maisons d'édition, dont la survie dépend de leur liens avec des regroupements, des associations, voire des magazines. P. ex., les Éditions du Totem sont associées aux éditions Les Idées, d'Albert Lévesque, et Les Éditions de l'Arbre, à La Nouvelle Relève. Les magazines garantissent une diffusion que les librairies locales, peu nombreuses, ne peuvent assurer. En vérité, on peut affirmer que la littérature québécoise est née dans ces petites maisons d'édition, qui ne dépendent ni de l'Église ni des institutions scolaires.

Les petites maisons d'édition telles que nous les connaissons aujourd'hui n'apparaissent qu'après la Seconde Guerre mondiale. La crise subie par l'édition québécoise en 1947 force la fermeture de nombreuses maisons commerciales et provoque l'arrivée de maisons françaises désireuses de s'établir sur un territoire qu'elles considèrent d'abord comme un marché pour leurs livres. Coincée entre les éditeurs français et la presse religieuse, l'édition indépendante québécoise disparaît presque complètement.

À la fin des années 40 et au début des années 50 apparaît un cercle d'intellectuels pour qui l'édition sert également un mouvement littéraire. On peut retracer toute l'histoire de la poésie au Québec dans ces publications, où le poète est aussi, parfois, le typographe (Roland GIGUÈRE aux Éditions Erta), dont le tirage est souvent très bas (75 ou 100 exemplaires) et dont la diffusion se fait par abonnement, comme au XIXᵉ siècle: Erta, 1949; L'Hexagone, 1953; Les Éditions de Malte, 1954; Les Éditions d'Orphée, 1955.

Après 1960, les petites maisons d'édition s'associent plutôt aux mouvements politiques (Les Éditions coopératives Albert Saint-Martin) ou féministe (Les Éditions du Remue-Ménage et Les Éditions de la Pleine Lune). Les magazines de poésie publient aussi des œuvres d'auteurs qui peuvent devenir des livres: p. ex., *Les Herbes rouges* et *La Nouvelle Barre du Jour*. D'autres maisons d'édition se spécialisent dans la littérature pour les minorités ethniques (Guernica) ou dans la littérature régionale (Les Éditions du Royaume). La plupart de ces maisons d'édition sont largement subventionnées.

Bien que certaines soient devenues, au fil des ans, de véritables institutions (L'Hexagone), la plupart ne vivent que peu de temps, mais assez longtemps pour mener à bien le projet pour lequel elles ont été fondées ou pour épuiser leurs ressources. Parmi celles qui restent figurent les éditions: de l'Instant même (1985) avec son fonds de recueils de nouvelles; du Septentrion (1988) et ses ouvrages d'histoire; Note bene (1998) et ses essais littéraires; Liber (1990) avec des essais et des livres de réflexion; Balzac (1991) et ses écrits polémiques; Écosociété (1992) et ses ouvrages critiques sur les grands problèmes actuels; Les Intouchables (1993) et sa littérature engagée; Lanctôt éditeur (1996) et sa littérature générale; Alire (1998) et sa littérature de science-fiction et de fantastique; Les 400 coups (1993), Soulières, éditeur (1996) avec la littérature jeunesse.

Lucie Robert

Édition musicale

Au Canada, les éditeurs de journaux et de livres sont les premiers à faire paraître des publications de musique. En 1800, 1801 et 1802, John Neilson, éditeur de la *Quebec Gazette/La Gazette de Quebec*, publie le *Graduel* romain, le *Processional [sic] romain* et le *Vespéral romain*, tous des volumes de plain-chant. Dès la Confédération, en 1867, quelque 50 volumes de musique liturgique et 30 rééditions enrichissent le culte religieux et la culture musicale. À la même époque, une douzaine de livres de chants et d'ouvrages pédagogiques sont publiés, en commençant par le livre de T.F. Molt publié dans les deux langues, *Traité élémentaire de musique / Elementary Treatise on Music*. La publication des partitions se développe plus lentement. Neilson tente de graver *Colas et Colinette* de Louis-Joseph QUESNEL (1807-1809), mais l'initiative échoue à l'étape de l'épreuve. Il n'existe également aucune copie de *La Valse de Berlin*, annoncée dans le *Quebec Mercury* en 1818 par le fabricant de pianos et graveur de musique Frederick Hund.

Pionniers Quelques partitions musicales paraissent à l'occasion dans des journaux (1831) et des revues (1833), mais les premières partitions ne sont publiées qu'en 1840, et ce, par des importateurs de musique et d'instruments musicaux pour qui l'édition est un à-côté. A & S Nordheimer (Toronto, 1844) et A.J. Boucher (Montréal, 1865) survivent jusqu'au XXᵉ siècle. Les autres pionniers sont, notamment, Henry Prince à Montréal, E.G. Fuller à Halifax, Peter Grossman à Hamilton, Lovell, l'éditeur de livres et d'annuaires de Montréal et les libraires J & A McMillan, à Saint-Jean, au Nouveau-Brunswick.

Pendant la deuxième moitié du XIXᵉ siècle, la plupart des partitions publiées sont des danses, des marches, de la musique de salon pour instruments à cordes frappées, des chants patriotiques et des ballades de salon. Les partitions destinées à l'enseignement et aux chorales sont rares, mais les partitions vocales de cantates, d'opérettes et d'autres œuvres semblables, comportant de cinquante à plusieurs centaines de pages, sont étonnamment nombreuses. Outre les compositions canadiennes, les éditeurs publient des éditions autorisées (et parfois non autorisées) de musique étrangère.

La période la plus active Dans le domaine de la publication de musique canadienne, elle s'étend de 1890 à 1920. Whaley, Royce & Co. (Toronto, 1888) a le catalogue le plus important avec les éditeurs Arthur Lavigne (Québec, 1868, premier éditeur de *Ô Canada*), J.-E. Bélair (*Le Passe-Temps*, Montréal, 1895), J.L. Orme & Son (Ottawa, 1866), I. Suckling & Sons (Toronto, v. 1875), Strange & Co. (Toronto, v. 1881), Anglo-Canadian Music Company (Toronto, 1885) et H.H. Sparks Music Co. (Toronto, v. 1900). Les mélodies, les paroles des chansons, ainsi que les titres et les illustrations en page couverture des premières publications de partitions, constituent des reflets intéressants des goûts et de la vie sociale de l'époque. La Société pour le patrimoine musical canadien commence, en 1982, à publier une anthologie de ces partitions et, en 1996, 18 volumes sont déjà parus.

La publication de musique connaît un certain essor entre les deux guerres, en dépit de la Crise des années 30 et de la concurrence exercée par les enregistrements. Le cinéma crée un marché de masse pour les éditions autorisées de chansons populaires canadiennes. Les festivals, les concours et les écoles de musique de plus en plus nombreuses suscitent une demande pour les partitions destinées aux chorales et à l'enseignement de la musique. Sont témoins de cet essor les catalogues de Frederick Harris Music Co. (Oakville, Ont., 1910), de Waterloo Music Co. (Waterloo, Ont., 1921) et de Gordon V. Thompson (Toronto, 1932), entreprises encore en activité, et ceux des Éditions A. Fassio (*Le Parnasse musical*, Lachute, Qc, 1933), de Canadian Music Sales (Toronto, fin des années 20) et de la Western Music

Co. (Vancouver, 1930), entreprises aujourd'hui disparues.

Plusieurs grandes entreprises internationales ouvrent des filiales à Toronto, parmi lesquelles Boosey & Hawkes (1935), Oxford University Press (section de musique, 1939), Chappell & Co. (1946) et G. Ricordi & Co. (1954). La plupart des compagnies publient quelques partitions de musique de concert composées par des Canadiens de l'époque. C'est surtout le cas de BMI (aujourd'hui SDE) Canada, la Société de droits d'exécution du Canada, qui fait partie de la SOCAN depuis 1990. Sa filiale d'édition (1947) passe sous le contrôle de Berandol Music Ltd. en 1969. À la grande expansion des années 50 succède une période de repli, mais la publication de partitions destinées aux chorales et à l'enseignement continue de prospérer.

Œuvres contemporaines Les enregistrements sont devenus le principal mode de diffusion de la musique populaire et de nombreux facteurs économiques – sorties de fonds considérables, rareté des spectacles – font que les éditeurs sont incapables de suivre la tendance des compositeurs qui s'orientent vers la musique pour orchestre. La fondation, en 1959, du Centre de musique canadienne, un organisme à but non lucratif qui prête ou vend des reproductions de manuscrits et loue des partitions orchestrales, règle le problème en ce qui a trait aux concerts. Les jeunes entreprises Doberman (Saint-Nicolas, Qc) et les Éditions J. Ostiguy (Saint-Hyacinthe, Qc) publient néanmoins beaucoup d'œuvres contemporaines et certains compositeurs optent pour l'autoédition.

De plus, un nouveau type d'«éditeur» de musique fait son apparition: l'éditeur qui accorde le droit d'enregistrer de la musique populaire et les autres droits connexes, mais qui publie rarement des partitions. L'Association canadienne des éditeurs de musique (1949) est l'organisme ombrelle de l'industrie. Les entreprises sont affiliées aux sociétés de droits d'exécution, c.-à-d. à la CAPAC (aujourd'hui SOCAN) et à la SDE Canada. La plus importante collection de publications de musique canadiennes se trouve à la Bibliothèque nationale du Canada. Le gouvernement dresse la liste des droits d'auteur depuis 1868 et, depuis 1953, toutes les données bibliographiques sont publiées mensuellement dans *Canadiana* de la Bibliothèque nationale.

Helmut Kallmann

Édition, petites maisons d' Ce sont celles qui publient à petite échelle. Elles font leur apparition au Canada presque exclusivement à partir de la Seconde Guerre mondiale. Elles sont plus portées que les grandes maisons d'édition commerciales à suivre les traces de leurs fondateurs en publiant du matériel qui reflète leurs intérêts et points de vues particuliers. Leur rôle est avant tout critique et éducatif. Elles tentent de présenter des manières de penser, d'agir et de s'exprimer qui soient différentes de ce qu'on peut trouver dans les publications commerciales en cette époque de constants changements sociaux et technologiques et de fragmentation des styles de vie. Plusieurs de ces maisons d'édition sont issues de la publication de petits magazines (*voir* REVUES LITTÉRAIRES), alors que d'autres sont créées par des coopératives d'écrivains. Certaines se spécialisent dans un genre de publication, d'autres se limitent à la promotion d'un certain style. Certaines défendent des causes politiques, d'autres luttent pour conserver les particularités d'une région. Quelques-unes essaient d'avoir une portée commerciale limitée en imprimant à la main, sur papier fin, des éditions numérotées et à tirage limité.

Pour survivre, cette industrie marginale a besoin d'un financement adéquat, d'un public averti, et de moyens qui lui permettent d'atteindre son public. Durant les années d'après-guerre, la prolifération des universités et des collèges communautaires et la désillusion croissante des gens face aux ouvrages à gros tirage alimentent le lectorat potentiel de ces

maisons d'édition. De plus, le développement de techniques comme l'impression en offset et l'informatisation de la production rendent l'édition moins coûteuse tout en permettant de fabriquer un produit au design attrayant. La fondation en 1957 du CONSEIL DES ARTS DU CANADA prépare le terrain pour l'octroi de subventions aux propriétaires de petites maisons d'édition, et ils en profitent rapidement. Par coïncidence, c'est aussi durant les années d'après-guerre que les entreprises multinationales du livre arrivent au Canada, ce qui crée un choc en retour chez les auteurs, les enseignants, le public canadien et les quelques maisons d'édition canadiennes. En 1969, on fonde l'Independent Publishers Association qui est composée surtout de représentants de petites maisons d'édition. L'association défend cependant si bien son dossier qu'en une décennie seulement, la plupart des grandes maisons d'édition du Canada se joignent à elle. L'association devient alors l'Association of Canadian Publishers. Une subdivision de l'organisme, le Literary Press Group, est mis en place pour défendre les intérêts des petites maisons d'édition.

Les petites maisons d'édition sont maintenant éparpillées d'un bout à l'autre du pays. Dans la région Atlantique, les écrivains et leurs lecteurs sont desservis par Breakwater Books de St John's, Ragweed de Charlottetown, Lancelot Press de Windsor (Nouvelle-Écosse), et Les Éditions d'Acadie de Moncton. Ces éditeurs publient des manuels pédagogiques, des œuvres littéraires, des études régionales, et des livres illustrés. Fiddlehead Poetry Books de Frédéricton est surtout connue pour sa poésie, mais on y publie aussi des romans. À Montréal, Tundra Books acquiert une renommée mondiale grâce à sa LITTÉRATURE ENFANTINE, et Vehicule Press rejoint désormais, au-delà des auteurs locaux, des écrivains nationaux et américains. Guernica Editions publie des traductions anglaises et italiennes d'écrivains français et des traductions anglaises d'écrivains italiens. Les Éditions du Noroît et L'Intégrale de Nicole Brossard publient de la poésie. Au Québec, il y a aussi Québec-Amérique et VLB Éditeur.

Tecumseh Press d'Ottawa et ECW Press de Toronto se concentrent sur la publication de textes universitaires et de bibliographies. À Toronto, au cours des années 60, Coach House en tête des petites maisons d'édition intéressées à la poésie expérimentale et aux graphisme élégant. La House of Anansi publie des romans et de la critique; Playwrights Canada publie des pièces de théâtre qui ont déjà été jouées par des professionnels; Sixty Eight, sous la direction du romancier Joseph Skvorecky et de son épouse, publie des écrivains tchèques; Penumbra Press de Moonbeam, en Ontario, s'intéresse au Nord et Potlatch de Hamilton publie le *Canadian Children's Annual*.

La région des Prairies est parsemée de maisons d'édition dynamiques. À Winnipeg, Turnstone, Pegasus, et Mosaic Press éditent des romans, de la poésie et de la critique. Thisledown de Saskatoon et Longspoon d'Edmonton se concentrent sur les poètes des Prairies. La côte Ouest possède l'industrie la plus vivante et la plus diversifiée à l'extérieur de Toronto et de Montréal. Talonbooks de Vancouver est réputée pour son théâtre; Sono Nis Press de Victoria se spécialise dans la poésie d'avant-garde; Theytus Books s'intéresse aux peuples autochtones. Sur l'île de Vancouver, Oolican Books publie des œuvres de poésie et des romans.

Traditionnellement, les petites maisons d'édition et les revues littéraires publiaient les œuvres des nouveaux poètes et écrivains non commerciaux. C'était le cas, entre autres, de First Statement, CONTACT, Quarry, Alphabet Press, et Klanack Press durant les années 50 et 60. Aujourd'hui cependant, ces maisons d'édition attirent aussi des écrivains importants et populaires de la trempe de Hugh HOOD, Robert KROETSCH, Carol BOLT et Northrop FRYE. Plusieurs maisons d'éditions, notam-

ment Hurtig (Edmonton), Oberon (Ottawa), Simon & Pierre (Toronto) et Lester, Orpen & Denys (Toronto), ont grandi à un point tel qu'on ne peut plus maintenant les considérer comme des petites maisons d'édition.

Comparativement aux éditeurs commerciaux, les petits éditeurs ont plus de difficultés à distribuer leurs produits dans les bibliothèques et les librairies, à cause des circonstances entourant l'achat de livres par les bibliothèques et les pratiques commerciales des librairies. Toutefois, les petites maisons d'édition évitent les coûts élevés rattachés à une distribution nationale en concentrant leur distribution sur le marché régional et local. Nombre de petites maisons d'édition arrivent à rejoindre le marché national et étranger en annonçant leurs ouvrages dans le Literary Press Group Catalogue publié, depuis 1975, grâce à l'aide financière du Conseil des arts de l'Ontario. Les petites maisons d'édition ont besoin de subventions des gouvernements tant fédéral que provincial. Malgré la précarité de leur situation financière, elles réussissent à éveiller un nouvel intérêt pour la littérature régionale et montrent depuis 1980 la vigueur du phénomène de l'édition à l'extérieur de Toronto. (*Voir aussi* ÉDITION; RÉGIONALISME DANS LA LITTÉRATURE.)

Fred Cogswell et George L. Parker

Edmonton Capitale de l'ALBERTA et la plus grande ville de cette province (selon la région métropolitaine de recensement), est située sur la partie nord de la RIVIÈRE SASKATCHEWAN. Appelée communément «la porte d'entrée du Nord», elle est située stratégiquement au centre de la province entre les fermes très productives du centre de l'Alberta et l'arrière-pays vaste et riche en ressources au nord.

Peuplement À cause de son emplacement, la vallée d'Edmonton, où abondent eau, forêt et faune, attire l'homme depuis des millénaires. Les vestiges sont peu nombreux, mais on découvre, en 1976 un grand campement renfermant des outils de pierre de la période préhistorique moyenne (entre l'an 3000 et l'an 500 avant notre ère) sur un cap surmontant la partie nord de la rivière Saskatchewan. Il s'agit sans doute d'un endroit où des chasseurs et des cueilleurs semi-nomades se rencontraient régulièrement.

Les Européens commencent à explorer les plaines de l'Ouest au XVIIIe siècle. La colonisation suit en 1795, lorsque la COMPAGNIE DE LA BAIE D'HUDSON et la COMPAGNIE DU NORD-OUEST y construisent le premier d'une série de postes de traite fortifiés près de la ville actuelle de FORT SASKATCHEWAN. Après la fusion de ces deux entreprises (1821), le FORT EDMONTON devient le principal centre de commerce de la fourrure dans l'Ouest. Il semble que ce fort doive son nom à Edmonton, une partie de la ville actuelle de Londres en Angleterre, qui est le lieu de naissance d'un adjoint du gouverneur de la Compagnie de la Baie d'Hudson. En 1830, le fort est rebâti une dernière fois, là où se trouve maintenant l'immeuble de l'Assemblée législative de l'Alberta. Il est de moins en moins utilisé après l'abandon par la Compagnie de la Baie d'Hudson de ses droits sur la TERRE DE RUPERT (1870).

Croissance La colonisation permanente à l'extérieur du fort ne commence pas avant les années 1870 et, même alors, elle connaît une lente évolution. Le fait que le chemin de fer CANADIEN PACIFIQUE passe par CALGARY (1883) n'arrange pas les choses. On prolonge ce chemin de fer vers le nord en 1891 jusqu'à Strathcona, sur la rive Sud de la partie nord de la rivière Saskatchewan. Edmonton n'est raccordée au réseau transcontinental (Chemin de fer Canadien du Nord) qu'en 1905. À cette époque, elle est déjà la capitale de la jeune province de l'Alberta et le centre d'approvisionnement d'une immense région agricole en pleine expansion.

Parallèlement à Strathcona, Edmonton connaît une prodigieuse période de croissance. Au moment de la fusion des deux villes en 1912, la population totale s'élève à plus de 40 000 habitants, et atteint 75 000 peu après. Par contre, elle chute à 50 000 durant la Première Guerre mondiale. Pendant les 25 années suivantes, le sort d'Edmonton est intimement lié à celui de l'arrière-pays agricole. Elle grandit quand cette économie prospère, mais elle stagne et décline quand la conjoncture se détériore. En 1941, elle n'est encore qu'une petite ville de 92 409 habitants, la dixième en importance au Canada. Elle se voit alors confinée à une vocation locale et à une économie bâtie autour du commerce en gros, du transport et du traitement des produits agricoles, notamment l'emballage de la viande. À cette époque, le seul changement important est le nouveau rôle qu'assume Edmonton en tant que centre de transport aérien, pour les vols transcanadiens et de brousse (*voir* AVIATION DE BROUSSE) vers le Nord.

Au cours de la Seconde Guerre mondiale, Edmonton amorce une période de croissance continue et se donne un nouveau caractère, celui de centre stratégique des opérations militaires du Nord, y compris la construction de la ROUTE DE L'ALASKA et, plus tard, celui de centre d'entretien et de transformation de l'industrie pétrolière. Depuis, Edmonton est le centre le plus important de raffinage du mazout et de l'industrie pétrochimique dans l'Ouest du Canada et s'élève à un rang important, tant politiquement qu'économiquement.

L'essor moderne d'Edmonton, de même que celui de Calgary, éclipse complètement WINNIPEG, l'ancien centre commercial des Prairies. Aujourd'hui, Edmonton et Calgary se font de plus en plus concurrence, plus qu'avec Winnipeg, pour ce qui est du développement économique. Edmonton doit aussi concurrencer plus directement VANCOUVER à mesure qu'elle essaie d'étendre son pouvoir au sein des pays côtiers du Pacifique, pendant que Vancouver s'immisce dans la sphère d'influence traditionnelle d'Edmonton dans la vallée du Mackenzie et dans l'Ouest de l'Arctique.

Paysage urbain La croissance fait disparaître ce qui existait de la ville de 1941. Seule la rue principale Strathcona y échappe et fait aujourd'hui partie de la zone de conservation du vieux Strathcona. Le centre-ville, en particulier, est sans cesse reconstruit depuis les années 50. Quelques immeubles dignes de mention survivent, et plusieurs sont restaurés pour se conformer à la mode, mais ils sont écrasés par les tours qui dominent maintenant le ciel d'Edmonton. Seuls quelques édifices anciens donnant directement sur la rivière (l'immeuble de l'Assemblée législative, celui du gouvernement et l'hôtel Macdonald) restent encore bien en vue.

Les rives de la rivière, qui constituent l'attrait naturel exceptionnel d'Edmonton, ont une influence considérable sur le paysage. La rivière est à la fois une barrière, traversée par plusieurs ponts, et un site d'une grande beauté. Des tours d'habitation et des quartiers résidentiels s'y disputent la vue de chaque côté, et des parcs, des terrains de golf ainsi que des pistes boisées s'étendent sur son parcours. L'architecture moderne, dont les terrasses en gradins du Centre des congrès Shaw sont un exemple, complète le tableau. En aval (vers le nord-est) vers Fort Saskatchewan et au-delà, la vallée est devenue, au cours des 50 dernières années, le lieu d'implantation du plus grand complexe industriel en Alberta.

La structure industrielle de Fort Saskatchewan est particulière: la plupart des autres banlieues d'Edmonton servent de dortoirs aux travailleurs de la grande région métropolitaine. L'expansion métropolitaine coïncide avec la croissance de l'après-guerre et conduit, en 1950, à l'établissement du premier organisme de planification régionale au Canada. Un service de planification urbaine est créé en même temps et réussit à maîtriser efficacement l'expansion d'Edmonton qui se déroule de manière disciplinée. Edmonton ne peut cependant, pas plus que les autres villes canadiennes, éviter les problèmes d'étalement urbain. En 1941, le territoire de la ville couvrait

110 km². En 1996, il atteint 670,08 km², ce qui en fait la deuxième ville du pays quant à sa superficie. Malheureusement, la ville empiète sur quelques-unes des plus riches terres agricoles de l'Alberta.

Population Du début des années 40 au début des années 80, Edmonton est l'une des villes canadiennes dont la croissance est la plus rapide. Jusqu'en 1961 environ, l'accroissement naturel de la population est élevé, mais la migration en constitue le principal facteur. En effet, en Alberta, la migration de la campagne à la ville et l'immigration européenne atteignent toutes deux un sommet. Au cours des 10 années suivantes, l'immigration est en chute libre, tandis que l'accroissement naturel s'amplifie, comme en fait foi la jeunesse de la population d'Edmonton.

Le schéma change encore dans les années 70 avec la baisse des taux de natalité et la hausse de l'immigration. Cependant, la majorité des immigrants viennent maintenant des autres provinces. Cette tendance cesse dans les années 80, et Edmonton connaît son taux de croissance le plus bas des temps modernes. Néanmoins, de 1941 à 1991, la population d'Edmonton se multiplie par huit et l'on étend les limites de la ville à plusieurs reprises en prévision de cette croissance.

Économie et main-d'œuvre L'économie d'Edmonton repose depuis ses débuts sur la richesse de ses ressources. La ville est le centre principal d'approvisionnement et de services d'un territoire immense qui s'étend du centre de l'Alberta à l'océan Arctique. L'agriculture, le pétrole et le gaz naturel et, plus récemment, la foresterie sont les éléments de base sur lesquels reposent le commerce et les services d'Edmonton. Les entreprises de transformation et de fabrication augmentent aussi, surtout depuis qu'Edmonton a décidé d'élargir sa base économique. Une économie axée sur les ressources peut dépérir aussi vite qu'elle peut prospérer, ce dont Edmonton s'est rendu compte durant la dépression des années 80.

En ce qui concerne l'emploi, la plus grande croissance d'Edmonton depuis 1951 se produit dans le secteur tertiaire. C'est normal pour un centre d'administration publique (fédéral et provincial) et offrant des services éducatifs et médicaux de très haut calibre. En retour, ces activités engendrent l'établissement d'une quantité d'industries de pointe indispensables à la restructuration de l'économie d'Edmonton. On note aussi le regroupement récent des services militaires de l'Ouest canadien à une nouvelle «superbase» appelée Edmonton Garrison.

Transports Depuis les années 1830, Edmonton est le pivot du réseau des transports dans l'Ouest canadien. Comme centre moderne du rail, elle occupe une position clé dans le réseau transcontinental de transport de marchandises du CN et entretient également des liens étroits avec le réseau du CP. En tant que centre de transport routier, elle est la mieux située dans l'Ouest du Canada. Elle se trouve à l'intersection de la route Yellowhead et de la route 2, en direction sud vers Calgary et les États-Unis et en direction nord vers la route de l'Alaska. Elle domine aussi le transport des produits pétroliers de toutes sortes, position attribuable à la proximité des champs pétrolifères de Leduc, Redwater et Pembina. Dans les années 40 et 50, ces derniers sont les plus importants champs pétrolifères de l'Alberta.

C'est aussi à LEDUC que se trouve l'aéroport international d'Edmonton, ouvert en 1957. Il offre le service de lignes principales vers les villes canadiennes, américaines et européennes. Le premier aéroport, près du centre-ville, ne sert maintenant que pour les vols nolisés et non réguliers. Dans le domaine du transport urbain, Edmonton est la première ville canadienne de taille moyenne à construire un système de transport léger sur rail (TLR) en 1978.

Communications Edmonton possède deux quotidiens, l'*Edmonton Journal* et l'*Edmonton Sun*, ainsi que 6 stations de télévision et 17 stations de radio-

diffusion. Ensemble, ils couvrent une grande étendue dans le centre et le nord de l'Alberta, tandis que certains services de radiodiffusion atteignent toute la province. Ceux-ci comprennent l'*Access Network* et CKUA (exploités au départ par le gouvernement provincial mais aujourd'hui privatisés) et les services de radio et de télévision françaises de Radio-Canada.

La ville a sa page d'accueil sur INTERNET. On peut aussi y accéder par *Edmonton Freenet*, en exploitation depuis 1994. La ville compte aussi une industrie d'édition petite mais diversifiée, notamment un magazine régional important, l'*Alberta Report*, plusieurs éditeurs de livres et différentes publications communautaires et spécialisées.

Administration et politique Jusqu'en 1984, Edmonton avait une forme de GOUVERNEMENT MUNICIPAL reposant sur un conseil de commissions dotées chacune d'un mandat de trois ans. Le conseil de commissions est remplacé par un comité de direction dont le renouvellement des membres se fait par roulement. Le conseil municipal comprend un maire élu au suffrage universel et 12 conseillers représentant 6 circonscriptions électorales.

Quoique la plupart d'entre eux se présentent comme indépendants, l'élection de candidats appartenant à un même parti a, à l'occasion, connu un certain succès. Le plus connu de ces partis, l'Urban Reform Group of Edmonton (URGE), est issu des manifestations protestataires de citoyens pendant les années 70. Ce parti n'existe plus, mais il témoigne de la tendance des citoyens d'Edmonton à donner un appui important au Parti libéral et au Nouveau Parti démocratique en Alberta. De même, les membres des conseils municipaux ont tendance à se répartir entre groupes conservateurs et pro-entreprises et partisans d'un secteur public fort.

Edmonton a longtemps été propriétaire de divers services publics, notamment l'électricité locale, le téléphone et les réseaux d'aqueduc (privatisés en 1995 et en 1996). L'exploitation de ces service procurait beaucoup de revenus à l'administration municipale et lui permettait de maintenir les impôts fonciers parmi les plus bas au Canada. En outre, Edmonton a pu annexer des parcelles de territoire pour satisfaire ses besoins d'expansion, bien que cela ait souvent amené des conflits avec des municipalités de banlieue, où un quart de la population métropolitaine habite. La mise en place d'une ADMINISTRATION RÉGIONALE et l'unification de la région métropolitaine sous l'autorité d'Edmonton ont été proposées à quelques reprises, mais ni l'une ni l'autre ne s'est faite. Il existe plutôt diverses instances responsables de services régionaux.

Vie culturelle L'Edmonton Symphony Society, l'Edmonton Opera Association et le Citadel Theatre sont trois des plus grands organismes dans le domaine des arts d'interprétation au Canada, mais ce ne sont là que quelques-uns des éléments les plus visibles des prolifiques arts de la scène à Edmonton. On y présente des spectacles musicaux et théâtraux pour tous les goûts, et de nombreux peintres, potiers, acteurs, metteurs en scène, écrivains, poètes, cinéastes et artistes de talent y vivent. En août 1997, l'International Fringe Theatre Festival, manifestation de neuf jours consacrée aux artistes locaux, régionaux et internationaux, attire plus de 425 000 personnes, ce qui en fait le festival du genre le plus important au Canada et le troisième festival de théâtre en importance au monde.

Les nombreux groupes ethniques contribuent aussi à enrichir une culture populaire dynamique. Les festivals artistiques et folkloriques deviennent de plus en plus populaires. Citons, parmi les scènes et les salles d'exposition, le Northern Alberta Jubilee Auditorium, l'Edmonton Art Gallery, la Stanley A. Milner Library, le Citadel Theatre, le Francis Winspear Centre for Music (1997) et le Timms Centre for the Arts (1995) de l'U. DE L'ALBERTA, l'une des universités chefs de file du Canada.

Le Northern Alberta Institute of Technology et le Grant MacEwan Community College sont deux autres importants établissements d'enseignement. On peut ajouter à cette liste le Provincial Museum of Alberta, les Provincial Archives of Alberta, le Muttart Conservatory, le John Janzen Nature Centre, le parc historique de Fort Edmonton et le Space Sciences Centre.

Dans le domaine du sport, Edmonton compte cinq équipes professionnelles: les ESKIMOS D'EDMONTON de la Ligue canadienne de football, les OILERS D'EDMONTON de la Ligue nationale de hockey, les Trappers d'Edmonton de la Ligue de baseball de la Côte du Pacifique, les Ice d'Edmonton de la Western Hockey League et les Drillers d'Edmonton de la Ligue nationale de soccer professionnel. Les principales installations sportives sont le stade du Commonwealth (construit pour les JEUX DU COMMONWEALTH de 1978 et agrandi afin d'accueillir 60 000 spectateurs aux Jeux mondiaux universitaires de 1983), là où jouent les Eskimos, le centre aquatique Kinsmen (bâti aussi pour les Jeux du Commonwealth), l'Edmonton Coliseum, où jouent les Oilers et les Drillers, le complexe Edmonton Northlands, où l'on y retrouve une piste de course et des espaces pour accueillir des expositions, et le Telus Field, où jouent les Trappers. En 1996, Edmonton a accueilli les Championnats mondiaux de patinage artistique. En outre, les finales canadiennes de rodéo se tiennent chaque année à Edmonton et l'équipe nationale canadienne de SOCCER joue au stade du Commonwealth.

P.J. Smith

Edmonton Art Gallery (EAG) Elle a été fondée en 1924 sous le nom de Edmonton Museum of Arts. Sa première exposition, qui comprend 24 œuvres empruntées à la GALERIE NATIONALE DU CANADA (aujourd'hui le Musée des beaux-arts du Canada), a lieu dans la salle Palm du MacDonald Hotel, à Edmonton. Le musée déménage plusieurs fois avant de s'installer, en 1952, dans la maison Richard Secord, un manoir qui surplombe la vallée de la rivière Saskatchewan et dont la construction date du tournant du siècle. En 1956, le musée change officiellement son nom et devient la Edmonton Art Gallery.

Le désir de déménager dans un nouvel édifice pour entreposer la collection grandissante de la galerie devient réalité en 1962, lorsque Mme A.E. Condell lègue, au nom de son fils Arthur Blow Condell, des fonds permettant la construction d'un nouveau bâtiment. Les architectes Donald G. Bittorf et B. James Wensley dressent les plans de l'édifice qui ouvre ses portes en avril 1969. L'immeuble, qui comprend des salles d'exposition, des installations éducatives et des salles d'entreposage, est agrandi en 1977, lorsqu'on y ajoute une nouvelle aile à l'endroit où se trouvait auparavant une cour extérieure.

En 1976, la collection permanente d'œuvres d'art de la galerie est considérablement enrichie. En effet, la fondation Poole fait don de 100 importantes peintures et sculptures canadiennes à la EAG. On y trouve, entre autres, des œuvres d'Emily CARR, de J.W. Beatty, de Maurice CULLEN et de Paul PEEL. Depuis, les acquisitions d'œuvres d'art canadien et international, contemporain et ancien, n'ont cessé d'augmenter, de sorte que la collection compte à peu près 4000 œuvres, estimées raisonnablement à près de 12 millions de dollars. La galerie organise annuellement plus d'une trentaine d'expositions qui mettent en valeur les œuvres d'artistes de l'Alberta dans un contexte d'art canadien et international de ce siècle.

Edmonton Journal Fondé sous le nom de *The Evening Journal* le 11 novembre 1903, par John Macpherson, John W. Cunningham et Arthur Moore, tous de Portage La Prairie. Le premier numéro, tiré à 1000 exemplaires, est imprimé sur une presse manuelle et marque le premier service télégraphique de nouvelles d'Edmonton. En 1908, la situation du JOURNAL est cependant devenue précaire. En 1909, J.P. McConnell, éditeur du *Vancouver Sunset* et directeur fondateur du *Vancouver Sun*, possède un droit d'option sur le *Journal* et le cède à J.H. Woods, également propriétaire du *Lethbridge News*. Ce dernier proclame l'indépendance politique de ce journal jadis d'allégeance conservatrice et il embauche Milton Robbins Jennings à titre d'administrateur et de rédacteur. Ancien directeur de la publicité du *Times*, de Washington (DC), Jennings a déjà travaillé pour le *Herald* de Montréal, le *Toronto Mail and Empire* et le *The Toronto Telegram*.

Sous la direction de Jennings, le nombre de lecteurs monte en flèche. William SOUTHAM and Sons acquiert la majorité des parts en 1912. La même année, Jennings embauche comme directeur associé A. Balmer Watt, rédacteur et propriétaire du *Edmonton Capital*, qui est aux prises avec des difficultés financières. Watt et Jennings lancent une campagne éditoriale vigoureuse à la défense des droits des femmes. Jennings meurt soudainement en 1921, d'une maladie contractée quand il était correspondant à Cuba durant la guerre hispano-américaine. John Mills Imrie devient directeur administratif et nomme Watt rédacteur en chef. Leur bataille contre la loi sur la presse du gouvernement du CRÉDIT SOCIAL de William Aberhart lui mérite un prix Pulitzer spécial en 1938, le tout premier accordé à l'extérieur des États-Unis.

Le *Journal* poursuit sa tradition éditoriale et remporte plusieurs prix nationaux et des citations pour sa couverture des questions touchant les droits de la personne. Il démontre un intérêt marqué pour les affaires du Nord et possède un bureau permanent dans les Territoires du Nord-Ouest. Le *Journal* est l'un des journaux canadiens les plus avancés sur le plan technique, étant imprimé sur 27 presses Goss Metroliner, tout en couleurs, informatisées et automatisées. En 1984, il devient le premier journal canadien à utiliser des liens directs par satellite pour la transmission de photos en couleurs et, en 1987, il adopte une technologie avancée de conception et de composition. C'est le plus grand journal de l'Alberta, son tirage s'étend d'Innisfail, dans le sud, jusqu'en Saskatchewan et en Colombie-Britannique, et aussi loin dans le nord qu'Inuvik, sur la mer de Beaufort. En 1994, la moyenne de la diffusion payée du lundi au jeudi était de 168 207 exemplaires; le vendredi, de 193 318 exemplaires; le samedi, de 181 459 exemplaires, et le dimanche, de 153 775 exemplaires.

Stephen Hume

Edmundston, ville du N.-B.; pop. 11 033 (rec. 1996), 10 835 (rec. 1991), 1197 (rec. 1986); superf. 34,58 km²; const. en 1952; située sur la rive est du FLEUVE SAINT-JEAN, en face de Madawaska (Maine), et à 285 km en amont de FREDERICTON. D'abord connue sous le nom de Petit-Sault (par opposition à GRAND-SAULT, à 57 km en aval), elle est rebaptisée en 1848 en l'honneur du lieutenant-gouverneur sir Edmund Head. La localité est d'abord peuplée par des Acadiens qui, dès 1790, abandonnent Pointe-Sainte-Anne (Fredericton) devant l'arrivée des LOYALISTES.

Au cours du XIXe siècle, un petit nombre d'immigrants anglophones et une immigration prolongée de colons francophones du Québec contribuent à l'augmentation de la population. Depuis plusieurs années, Edmundston est la station de ski de l'ouest du Nouveau-Brunswick et le centre de la vitalité francophone de la région, symbolisé par la mythique «république du Madawaska». Depuis l'établissement d'une filiale à Edmundston en 1911, la société Fraser Inc. y exploite d'abord une scierie puis une usine de pâte, ce qui en fait le principal employeur de la ville. On y trouve aussi le Centre universitaire Saint-Louis-Maillet, affilié à l'U. DE MONCTON.

Fred Farrell

Edson, ville de l'Alb.; pop. 7399 (rec. 1996), 7323 (rec. 1991), 7323 (rec. 1986); superf. 25,89 km²; const. en 1911; située à 200 km à l'ouest d'Edmonton. Centre de distribution d'une région minière, forestière et pétrolifère et sise à quelque 100 km des montagnes, elle doit son nom à Edson J. Chamberlain, président du GRAND TRUNK RAILWAY de 1912 à 1917. Fondée en 1910 en tant que limite divisionnaire, elle sert de point de départ, jusqu'en 1916, vers la région de la RIVIÈRE DE LA PAIX par une piste passant par GRANDE PRAIRIE. En juillet de chaque année, Edson est l'hôte d'un tournoi de balle lente regroupant quelque 250 équipes, ce qui en fait la «capitale canadienne de la balle lente».

Eric J. Holmgren

Éducation Activité sociale de base commune à toutes les collectivités ou à toutes les catégories sociales, quelle qu'en soit la taille. Elle fait partie intégrante des interactions régulières au sein de la famille, du monde des affaires et de la nation. L'éducation correspond au processus qui permet à l'individu d'acquérir des connaissances, du discernement et des habiletés, ainsi que de s'imprégner de certaines valeurs. On utilise aussi ce terme pour désigner le résultat du processus d'apprentissage. Autrement dit, l'éducation correspond à la fois à ce que l'école, la télévision et les activités récréatives offrent à l'être humain, et à ce que les participants ou les téléspectateurs retirent de leur expérience éducative.

Importance de l'instruction et de l'apprentissage
Chez l'être humain, l'acquisition et l'enrichissement des connaissances, des compétences et des valeurs sont fonction de l'enseignement et de l'apprentissage. Une collectivité qui ne partage ni ne transmet son patrimoine social à ses descendants est vouée à la disparition. Ainsi, en ce qui a trait à la FAMILLE, qui constitue notre collectivité la plus élémentaire, les membres doivent trouver des moyens de cerner, de conserver, de communiquer et de mettre en commun leurs croyances, leurs traditions, leurs valeurs et leurs caractéristiques essentielles, sans quoi, avec le temps, les facteurs qui les unissent vont s'effriter. Les individus qui composent la famille ne se reconnaîtront alors plus de points communs ni même de sentiment d'appartenance au nom qui les unit et ils chercheront à former des liens avec d'autres personnes qui nourrissent des valeurs et des intérêts autres que ceux qui sont véhiculés par leur famille.

Tous les membres de la société, quels que soient les rôles et les responsabilités qui leur sont impartis, acquièrent et partagent des connaissances, des habiletés, des valeurs et des comportements. L'éducation se manifeste partout et elle est constamment transmise, que ce soit en élevant une famille, en gagnant sa vie, en étant à la tête d'une grande société ou en conversant avec des amis. Dans son sens le plus large, l'éducation comprend toute la gamme et la variété des processus observables qui permettent à une collectivité ou à une catégorie sociale d'assurer la conservation de son patrimoine social.

Les membres les moins bien informés et les moins expérimentés de la collectivité doivent vivre des expériences éducatives pour en venir à faire fructifier les connaissances et les habiletés transmises par leurs prédécesseurs. À défaut de ce faire, l'évolution stagnerait ou ne progresserait que très lentement. Dans les sociétés plus primitives ou aux structures moins complexes, le rôle de l'éducation est, somme toute, plus difficile à cerner. Moins la vie sociale est développée, plus les connaissances et les traditions à transmettre et à acquérir sont simples et moins l'entretien du patrimoine social nécessite d'efforts. Chez les groupes aux us et coutumes plus ou moins sophistiqués, il suffit habituellement aux membres les moins bien informés et les moins expérimentés de reproduire le comportement des aînés, d'obéir aux consignes, de se conformer aux suggestions et de respecter les interdictions pour perpétuer le patrimoine social.

Différences entre éducation formelle et éducation informelle
À mesure que la société se complexifie et que les connaissances, les traditions et les valeurs s'enrichissent, les distinctions entre les individus sensibilisés

au patrimoine et ceux qui ne le sont pas s'accentuent. Alors que les sociétés plus simples ne chargent aucun organisme de veiller à l'éducation de leurs membres, les plus sophistiquées se dotent d'établissements expressément conçus à cette fin. Toutefois, la création d'écoles, de collèges, d'universités et d'autres établissements connexes n'infirme pas les responsabilités des autres organismes sociaux en matière d'éducation. Il se forme plutôt une démarcation entre ce que l'on dit être l'éducation formelle et l'éducation informelle.

L'éducation formelle s'entend de gestes précis et systématiques posés par des individus aux rôles définis, gestes qui s'inscrivent dans la lignée de ceux qui étaient posés de façon plus conviviale au sein de la famille et dans le cadre de la vie en société. Le système d'éducation parfaitement défini et encadré qu'on appelle l'école est chargé de tâches et de responsabilités de plus en plus complexes. L'invention des lettres de l'alphabet a engendré un nouveau mouvement. En effet, l'éducation a alors dû être prise en charge par des spécialistes, d'où l'origine des enseignants et des écoles. Avec le temps, cet apprentissage s'est démocratisé et, n'étant plus l'apanage d'une certaine élite, il devient un droit acquis pour tous ceux qui possèdent les compétences intellectuelles nécessaires pour s'en prévaloir. C'est ainsi que l'éducation en milieu scolaire s'inscrit parmi les droits acquis de tout citoyen. La notion voulant que l'expansion économique et industrielle soit intimement liée à l'éducation est une raison aussi impérieuse de sa croissance et de sa popularité. Les grands pays industrialisés confient à leurs écoles le soin d'assurer à leurs citoyens la formation dont ils ont besoin pour permettre à la nation de poursuivre son ascension économique et politique.

Réalisation du potentiel humain Aussi importants et aussi officiels que soient devenus les SYSTÈMES SCOLAIRES dans la société moderne, on ne saurait passer outre l'influence et l'action réciproques qu'exercent toutes les autres formes d'éducation. La Commission royale d'enquête sur l'avancement des arts, lettres et sciences du Canada (1949-1951) définit l'éducation comme l'épanouissement graduel de toutes les facultés intellectuelles, physiques, esthétiques et morales de l'individu. Selon la Commission, une telle croissance dirigée produit une personne éduquée qui réalise pleinement ses possibilités humaines.

Trois moyens ou instruments susceptibles de parvenir à cette fin sont identifiés: les expériences de la vie courante; les diverses sources d'information et de culture populaire, comme la télévision, la radio, les journaux, les revues et les livres; et l'éducation formelle qu'offrent les écoles, les collèges et les universités. Penchons-nous sur chacun de ces volets afin de mieux comprendre l'éducation au Canada.

Selon la Commission, les expériences de la vie courante englobent l'ensemble des activités qui se déroulent dans un cadre social comme la famille, l'Église, le gouvernement et la communauté. Traditionnellement, la famille était le milieu d'éducation le plus influent de tous. Toutefois, les transformations de la société changent radicalement cet état de choses. Compte tenu du nombre de plus en plus élevé de femmes mariées qui travaillent à l'extérieur du foyer, de séparations, de divorces, de familles monoparentales et de couples en union de fait, le rôle de la famille comme agence de socialisation diminue. On s'en remet alors de plus en plus aux écoles pour combler le vide. En outre, des questions comme l'éducation sexuelle, les dépenses de consommation et la préparation à la vie active relèvent maintenant des écoles qui doivent aussi assumer d'autres responsabilités comme guides et conseillères. L'effritement de la cohésion et de la solidarité des familles canadiennes contemporaines s'accompagne d'une diminution de l'efficacité et de l'influence de cet organe d'éducation.

Église et instruments de socialisation

L'Église, une autre institution sociale qui jouait autrefois un rôle de premier plan dans la socialisation des citoyens, voit aujourd'hui baisser son influence dans la vie des Canadiens. Jusque dans les années 50, les trois grandes Églises du Canada, l'Église catholique, l'Église unie du Canada et l'Église anglicane, exerçaient en effet une profonde influence sur l'éthique et la moralité des Canadiens et apportaient un soutien évident aux valeurs sociales, économiques et politiques. Mais de nos jours, pour bien des Canadiens, l'appartenance à une Église se résume à une appellation. On ne saurait plus, en effet, définir les Canadiens en fonction de l'Église à laquelle ils appartiennent. Les autorités religieuses et cléricales sont remises en question dans une société dont le matérialisme croissant détourne les gens des préoccupations religieuses, et où de nouvelles confessions, de tradition chrétienne ou autres, gagnent en popularité.

Les tensions et les conflits qui accompagnent les grands bouleversements démographiques de la société contribuent aussi à l'augmentation du pluralisme dans la société canadienne, ainsi qu'aux difficultés qu'éprouvent les Canadiens à se trouver des intérêts sociaux communs. À l'époque où la plupart des Canadiens vivaient en milieu rural, leurs collectivités étaient considérées comme relativement homogènes. Ils entretenaient des liens étroits et appuyaient les mêmes principes et les mêmes valeurs. Les efforts et les buts éducatifs des divers organismes qui régissaient la vie sociale visaient les mêmes objectifs.

Toutefois, depuis quelques dizaines d'années, cette caractéristique de la vie des Canadiens s'est de beaucoup réduite. En 1991, l'urbanisation croissante ramène à seulement 23 p. 100 la proportion des Canadiens habitant en région rurale. Le détachement et l'anonymat font disparaître les manifestations de rapprochement personnel et de soutien mutuel. De nouveaux organismes et de nouveaux rôles sociaux font leur apparition, alors que les institutions traditionnelles comme les écoles et les Églises se chargent de nouvelles responsabilités dans une tentative d'adaptation aux changements sociaux et à la multiplication des perspectives.

Nouvelles réalités culturelles

Un autre facteur à l'origine de la diversification de plus en plus évidente des croyances, des pratiques et des valeurs au Canada est l'arrivée d'un grand nombre d'immigrants à la fin du XIXe siècle et au début du XXe siècle. Depuis 1901 plus particulièrement, la proportion de citoyens issus de groupes ethno-religieux autres que les peuples fondateurs anglais et français, est passée d'environ 12 p. 100 à près de 27 p. 100. L'adoption, en octobre 1971, d'une politique canadienne officielle de multiculturalisme dans un cadre bilingue témoigne en termes concrets d'une réalité culturelle incontournable. Le pluralisme faisant dès lors partie des règles du jeu, tous les Canadiens qui le désirent peuvent assurer la protection de leur patrimoine ethnique et linguistique. Comme conséquence de cette montée du pluralisme au Canada, on s'attend, entre autres, à ce que le système d'éducation fasse désormais figure de point de ralliement culturel afin de pallier l'effritement progressif de la famille, de l'Église et de la collectivité.

La Commission Massey exprime aussi sa préoccupation devant les conséquences de la grande proximité géographique des États-Unis. Ses membres soulignent l'importance du rôle des médias de masse dans l'éducation et s'inquiètent particulièrement de l'engouement que semblent manifester un nombre sans cesse croissant de Canadiens envers la culture américaine (*voir* POLITIQUE CULTURELLE). Alors que l'influence des organismes traditionnels de socialisation disparaît progressivement au Canada, on assiste à une augmentation considérable des pouvoirs des médias de masse.

Influence des médias

Dès leur tout jeune âge, les enfants subissent l'influence des médias. Tout particulièrement la télévision, qui leur inculque des valeurs, des croyances et des connaissances. Alors qu'ils sont de plus en plus laissés à eux-mêmes, ils passent devant la télévision les heures autrefois consacrées aux discussions, aux jeux ou à la lecture. En 1994, on estime que le Canadien moyen regarde la télévision 22,7 heures par semaine. Les services de télévision par câble ou par satellite offrent un plus grand choix d'émissions, dont la grande majorité sont d'origine américaine. Conscient de l'influence de la télévision sur l'éducation, le Conseil de la radiodiffusion et des télécommunications canadiennes s'est donné le mandat, en 1986, de protéger, d'enrichir et de renforcer le tissu culturel, politique, social et économique du Canada.

L'un des effets de toutes les formes de médias de masse est d'élargir les horizons des gens. Dans les pays qui valorisent et protègent l'accès à l'information, le pouvoir éducatif des médias est encore plus prononcé et favorise l'ouverture d'esprit, le pluralisme et le relativisme. Mais, en prenant le pouls de l'opinion publique, les médias servent aussi à l'influencer et à la façonner. À cet égard, les médias écrits, notamment les livres et les journaux, sont une source d'éducation importante (*voir* ALPHABÉTISME).

Le cinéma contribue aussi à l'éducation des Canadiens. Là encore, la plupart des productions cinématographiques disponibles au Canada sont d'origine américaine. Constatant cela, le Parlement canadien a adopté une loi qui donne naissance à l'OFFICE NATIONAL DU FILM (ONF) en 1939, dont le mandat consiste à lancer et à promouvoir la production de films répondant aux intérêts nationaux. Produits dans les deux langues officielles du Canada, les films de l'ONF illustrent des événements qui marquent l'histoire du Canada et la diversité des intérêts et des réalisations de ses habitants. Les efforts déployés par l'ONF témoignent de l'importance que revêt ce moyen de communication en tant qu'instrument d'éducation, en formulant un point de vue commun à tous les Canadiens. Toutefois, la popularité et la croissance rapide de la télévision éclipsent l'industrie cinématographique canadienne, alors que la production de cassettes vidéo dépasse aujourd'hui celle des films destinés au grand écran.

Pourtant, quelle que soit la popularité ou l'importance des agences de socialisation et des instruments d'éducation parallèles comme les médias de masse, le système d'enseignement régulier demeure la principale source d'apprentissage de la grande majorité des Canadiens. D'ailleurs, des hommes et des femmes de tous les âges et de tous les milieux fréquentent aujourd'hui l'école, le collège ou l'université. Depuis le début de la colonie, les Canadiens ont toujours fait en sorte que leurs enfants puissent fréquenter l'école sous une forme ou sous une autre.

Origines de l'enseignement moderne

Les premiers enseignants, quatre prêtres, arrivent au Canada en 1616 avec Champlain. À mesure que s'établissent des communautés, les «petites écoles», dirigées par des prêtres de paroisses, se font plus nombreuses. Les origines du système d'éducation actuel remontent au XIXe siècle et sont en grande partie redevables aux efforts d'Egerton RYERSON dans le Canada-Ouest (aujourd'hui l'Ontario) où il crée un régime scolaire gratuit, universel, non confessionnel et obligatoire.

Toutefois, l'étendue considérable du territoire à desservir et la faible densité de la population font que la prestation de services d'enseignement coûtent très cher aux Canadiens, tant en efforts qu'en argent. Cependant, grâce à ces efforts, se multiplient les écoles de rang avec leurs élèves regroupés dans une seule salle, que l'on retrouve à la campagne jusqu'au début de la Seconde Guerre mondiale, et la création de nouvelles méthodes d'enseignement, comme les écoles sur rails (wagons de train convertis en salles de classe mobiles) et les cours par correspondance, qui permettent de toucher le plus grand nombre possible d'enfants. L'importance qu'accordent les Canadiens à l'éducation au fil des ans se reflète dans les sommes d'argent qu'ils y consacrent. En fait, le Canada est le pays occidental industrialisé qui investit le plus gros pourcentage de son produit national brut à l'éducation, soit 8,1 p. 100 en 1992.

Le système d'éducation canadien s'inspire des découvertes américaines. L'éducation nouvelle et les notions et techniques élaborées par des pédagogues américains comme John Dewey, W. H. Kilpatrick et George Counts, qui sont adoptées aux États-Unis entre la Première et la Seconde Guerre mondiale, suscitent aussi l'intérêt des Canadiens à cette même époque. Toutes les provinces modifient alors leurs programmes et méthodes d'enseignement pour faire place à l'apprentissage par l'action, à l'intégration de disciplines spécialisées, à l'apprentissage individuel et à la formation de l'enfant dans son ensemble. Bien que la popularité de cette tendance se résorbe quelque peu après la Seconde Guerre mondiale, le mouvement est irrémédiablement lancé. Les écoles répondent aux besoins de la grande majorité des élèves en offrant des programmes des plus diversifiés, en étant moins autoritaires et en acceptant d'assumer de plus en plus de fonctions et de responsabilités, dont bon nombre leur sont confiées à la suite du déclin d'autres institutions sociales, comme la famille.

Le système d'éducation formelle se met aussi au diapason de l'évolution rapide de l'environnement technologique. Les modifications apportées aux programmes font en sorte que les diplômés posséderont les connaissances dont ils auront besoin pour travailler efficacement dans des milieux où la technologie sera, à coup sûr, omniprésente. La technologie informatique, qui permet de donner les cours traditionnels de façon plus sophistiquée et efficace, entre aussi de plein droit dans le cadre des programmes d'études (*voir* ORDINATEUR, APPRENTISSAGE ASSISTÉ PAR). Au même moment, cette technologie et ses structures auxiliaires de soutien permettent d'offrir des programmes d'études de niveau très avancé à un nombre restreint d'étudiants disséminés un peu partout au pays, que ce soit à titre individuel ou en petits groupes. L'enseignement à distance, que rendent possible l'informatique et ses technologies accessoires, permet à de petites écoles en région éloignée d'offrir des programmes d'études renforcés auxquels seuls les étudiants de grandes écoles mieux situées avaient accès auparavant (*voir* TÉLÉENSEIGNEMENT).

Idéologie du choix Le système scolaire canadien s'adapte aussi à l'évolution de l'idéologie populaire qui soutient, à bien des égards, le libre choix comme un droit fondamental. Le fait que les parents puissent envoyer leurs enfants à l'école de leur choix force les administrateurs à faire valoir, plus que jamais, les avantages de leurs établissements. Alors que le financement des écoles est fonction du nombre d'inscriptions, l'idéologie du choix force souvent les établissements scolaires à se livrer concurrence pour s'attirer le soutien et l'engagement des parents. Les gouvernements affirment que cette concurrence force les écoles à rendre des comptes et à améliorer la qualité de l'enseignement.

L'enseignement à domicile est un volet de plus en plus populaire de notre régime d'éducation qu'on peut relier au concept de la liberté de choix des parents. Depuis une dizaine d'années environ, on assiste en effet au Canada à une augmentation marquée du nombre de parents qui choisissent d'éduquer eux-mêmes leurs enfants à domicile (*voir* ÉDUCATION NON TRADITIONNELLE). À l'heure actuelle, près de 1 p. 100 des enfants d'âge scolaire fréquentent «l'école à domicile». La plupart de ces élèves sont de niveau élémentaire. Les innovations technologiques permettent aux systèmes d'éducation de fournir un soutien considérable à ces parents et à leurs enfants. Mais l'enseignement à domicile n'en est qu'à ses balbutiements. On ne sait pas encore

quelles mesures les gouvernements et les systèmes d'éducation vont prendre pour s'adapter à cette tendance et l'appuyer comme il se doit.

Le nombre de plus en plus élevé d'élèves qui poursuivent leurs études après le niveau secondaire témoigne bien de la valeur et de l'importance que les Canadiens accordent à l'éducation. La baisse du taux de natalité et de l'immigration contribue à la diminution progressive du nombre d'inscriptions dans les écoles primaires et secondaires pendant les années 70 et au début des années 80. Mais, vers le milieu des années 80, la situation s'est quelque peu redressée avec l'arrivée des enfants issus de la génération du baby-boom. De 1971 à 1985, alors que le nombre d'élèves inscrits au primaire et au secondaire diminue de 14 p. 100, celui des étudiants inscrits à temps plein aux établissements d'enseignement postsecondaire est en hausse de près de 62 p. 100, une montée qui se poursuit pendant les neuf années suivantes. Ce n'est qu'en 1995 que l'on observe une légère diminution du nombre d'inscriptions dans les établissements d'enseignement postsecondaires, bien que l'on compte aujourd'hui au moins 70 p. 100 de plus d'étudiants de ce niveau qu'en 1971.

En 1995, plus de 940 000 étudiants fréquentent des établissements postsecondaires à temps plein. De ce nombre, plus de 574 000 (61 p. 100) sont inscrits à l'université. Environ 64 p. 100 des étudiants universitaires sont inscrits à temps plein, contre 62 p. 100 des étudiants du niveau collégial. Depuis une quinzaine d'années, le nombre des inscriptions à temps partiel dans les universités a augmenté de plus de 90 p. 100 et a atteint un sommet en 1992, en franchissant quelque peu la barre des 316 000. Toutefois, de 1993 à 1995, on assiste dans toutes les provinces à une diminution régulière du nombre d'étudiants universitaires à temps partiel, jusqu'à environ 260 000. On doit aussi souligner l'augmentation continue et appréciable, depuis une trentaine d'années, du nombre de femmes qui fréquentent les institutions postsecondaires au Canada, et mentionner qu'elles constituent maintenant la majorité de la clientèle des collèges et des universités (*voir* FEMMES ET ÉDUCATION).

Depuis toujours, ce sont des raisons d'ordre social et économique qui incitent les gens à poursuivre des études supérieures. Les postes de niveau supérieur sont habituellement confiés à des diplômés collégiaux et universitaires. Du point de vue économique, une étude a démontré que les diplômés de ces établissements gagnaient en 1961 environ 30 p. 100 de plus qu'en 1911 (*voir* ÉDUCATION, ACCÈS À L').

Bien que le nombre croissant de programmes d'enseignement témoigne d'une confiance continue envers les avantages du système d'éducation formelle, on ne saurait désormais plus affirmer que les études supérieures sont automatiquement synonymes de débouchés professionnels ou de l'obtention d'un emploi plus lucratif. De nos jours, nombre de diplômés collégiaux et universitaires garnissent les rangs des chômeurs et des travailleurs sous-employés. Certains futurologues prévoient même qu'un nombre sans cesse croissant de personnes ne jouiront jamais des conditions de travail que la société a connues pendant les années 80. Cependant, les réformes de l'éducation et les études entreprises au Canada continuent d'insister sur la nécessité pour les écoles de mettre plus que jamais l'accent sur la préparation des étudiants au marché du travail.

Mandats Le mandat des établissements d'enseignement est devenu si vaste qu'il est maintenant difficile de définir les thèmes et les matières que l'on pourrait ou devrait exclure légitimement. Par contre, on ne semble pas accorder beaucoup d'attention aux questions relatives à l'écologie, à la paix dans le monde et aux problèmes de malnutrition, de pauvreté et d'alphabétisation dans le monde.

L'UNESCO a dressé une liste des problématiques internationales importantes sur lesquelles les systèmes d'éducation devraient se pencher: les inégali-

tés flagrantes entre les pays et les peuples; les risques de déshumanisation croissante qui affectent tant les pays riches que les pays pauvres; la nécessité pour les êtres humains de comprendre les conséquences, à l'échelle mondiale, des gestes posés par chacun d'entre eux, de se fixer des priorités et d'accepter une part de responsabilité à l'égard du destin de l'humanité; la nécessité d'appuyer, par tous les moyens possibles, la démocratie comme la seule façon d'éviter de devenir esclave de nos machines et comme la seule véritable condition sociale respectueuse de la dignité de tout être humain. L'UNESCO est consciente du caractère permanent de l'éducation, de même que du fait qu'elle soit présente dans plusieurs contextes dans la société. Il nous incombe de profiter de la multitude de moyens qui s'offrent à nous pour former et éduquer, en dehors du cadre scolaire, les élèves de tous les âges, y compris les adultes. Toutefois, il faut aussi reconnaître que le milieu scolaire permet d'acquérir des connaissances et des schèmes de pensée qui aident l'individu à interpréter lui-même la foule de renseignements auxquels il est exposé chaque jour et à les assimiler de la façon la plus rentable pour lui, ce qui en fait donc un élément essentiel de notre société.

L'orientation que devrait prendre l'éducation dans l'avenir se résume en une observation que l'on retrouve dans une publication de l'UNESCO, intitulée *Apprendre à être*, et qui affirme que pour que l'éducation en vienne à englober tous les aspects de la vie de l'individu, tant en termes de durée que de diversité, et tous les aspects de la société, y compris ses ressources autant sociales et économiques qu'éducatives, nous devons alors aller au-delà des simples mises au point que nous apportons à notre système d'éducation jusqu'à former une société où l'apprentissage fera partie intégrante de notre être et de notre devenir.

R. S. Patterson et N. Kach.

Éducation, accès à l' Avant l'apparition de l'école élémentaire publique obligatoire au début du XIXe siècle, l'accès à l'éducation dans les sociétés de l'Europe de l'Ouest se limite généralement à certaines classes sociales. Pendant des siècles, l'éducation de base se donne principalement à la maison. La formation poussée, destinée à un groupe choisi de garçons, est la chasse gardée des guildes médiévales, des monastères et des universités élitistes. Le HAUT-CANADA et le BAS-CANADA reproduisent des formes similaires d'éducation.

L'émergence du mode capitaliste de fabrication manufacturière, qui s'accompagne d'une demande grandissante de travailleurs industriels et professionnels et de conflits de plus en plus manifestes entre les classes sociales, présente des défis de taille pour l'ordre civil et éducationnel établi. Ce sont surtout les biens nantis qui demandent à l'État d'accroître les possibilités de formation par la création d'écoles publiques élémentaires, et cela tant pour répondre à la demande que pour contribuer à l'harmonie sociale.

Vision canadienne Selon A. Egerton RYERSON, principal artisan du réseau d'écoles publiques du Haut-Canada, on verra dans les écoles publiques «les enfants des riches et des pauvres... partir dans la vie sur un pied d'égalité et entretenir des sentiments de respect mutuel et de sympathie de nature à dépouiller la propriété de sa connotation de mesquinerie et de haine, et la richesse, de son arrogance et de son égoïsme». Les revendications selon lesquelles les écoles doivent offrir des possibilités égales et, partant, assurer un ordre social démocratique tout en répondant aux besoins exprès de perfectionnement des habiletés, sont depuis ce temps au cœur du discours public dominant sur l'accès à l'éducation.

Réalisation de cette vision Dans la réalité, les choses se passent quelque peu différemment. Si les possibilités d'accès à l'éducation augmentent de manière presque constante à partir des années 1830, les progrès sont plutôt chimériques sur le plan de l'égalité entre les classes sociales, les sexes ou les ethnies.

Au milieu du XXe siècle, la plupart des enfants canadiens terminent l'école élémentaire. Seule une minorité d'entre eux poursuivent et terminent leurs études secondaires et moins de 5 p. 100 fréquentent l'UNIVERSITÉ. L'arrivée de la génération du BABY-BOOM dans une économie marquée par une croissance rapide de la demande de main-d'œuvre qualifiée entraîne une poussée massive de la scolarisation postsecondaire durant les années 60. On assiste alors à la création des COLLÈGES COMMUNAUTAIRES, à l'agrandissement des universités existantes et à la construction de nouvelles universités. Le taux de fréquentation dans les établissements postsecondaires continue de progresser de manière constante.

Dès le début des années 90, la grande majorité des jeunes Canadiens terminent leurs études secondaires. Plus de la moitié de ces jeunes entrent au collège ou à l'université, soit un taux de fréquentation que seuls les États-Unis peuvent égaler. Le taux de participation aux programmes organisés d'ENSEIGNEMENT AUX ADULTES connaît lui aussi une croissance rapide. Il est passé d'environ 4 p. 100, en 1960, à près du tiers de la population adulte dans les années 90.

Dans ce contexte de croissance économique et de changements technologiques, le mot d'ordre de l'accès à l'éducation devient «l'apprentissage permanent». Toutefois, plus le niveau de scolarité et la classe ou le statut social du père sont élevés, plus le nombre d'années de scolarité des enfants risque d'être élevé. Les chances d'atteindre le niveau postsecondaire demeurent au moins deux fois plus grandes pour ceux dont les parents ont fait des études postsecondaires que pour ceux dont les parents n'ont pas dépassé la dixième année.

Bon nombre de minorités visibles, comme les AUTOCHTONES et les NOIRS, affichent encore des taux de décrochage scolaire beaucoup plus élevés que la moyenne. Les femmes, quant à elles, reviennent de loin. Leur champ d'études, d'abord centré principalement sur les arts ménagers, s'est élargi si bien que leur niveau de fréquentation des établissements postsecondaires égale celui des hommes. Toutefois, elles demeurent sous-représentées dans bien des programmes d'études supérieures. De manière générale, celles qui terminent des études postsecondaires sont beaucoup plus susceptibles de s'inscrire à des programmes d'éducation des adultes que celles qui ont mis fin à leurs études au secondaire ou avant. Celles qui sont plus scolarisées cherchent à poursuivre leur apprentissage.

Transitions Depuis les années 50, le centre du débat public sur l'accès à l'éducation a évolué, passant de la promotion de «l'égalité des chances» pour les personnes de toutes origines sociales à une préoccupation pour «l'égalité des conditions» des personnes dont les origines sociales sont différentes lorsqu'elles commencent l'école, à «l'égalité dans la réussite» des études secondaires, puis à «l'égalité d'accès» aux études postsecondaires. Comme davantage de gens terminent les études des niveaux inférieurs, le centre du débat se déplace maintenant vers les niveaux supérieurs, où les inégalités d'exclusion demeurent plus évidentes.

Rétrospective Les critiques de l'école officielle allèguent souvent que le bagage acquis pendant les études formelles a peu à voir avec les connaissances qui sont véritablement nécessaires pour vivre et travailler dans les sociétés industrielles à économie de marché. Des recherches sur l'éducation des adultes révèlent que peu importe leur niveau de scolarité, la grande majorité des Canadiens s'adonnent à une forme quelconque d'apprentissage autodirigé.

Toutefois, la perception voulant que les études postsecondaires soient nécessaires pour réussir dans la vie est maintenant largement répandue au Canada,

et pendant que la demande populaire d'accès à un tel niveau d'éducation ne cesse d'augmenter, les gouvernements, préoccupés par la réduction de la dette publique, cherchent à faire payer directement par les étudiants une part plus grande des frais de scolarité. L'étendue de l'accès à l'éducation a radicalement changé depuis le début du XIXe siècle, mais la lutte pour l'égalité d'accès se poursuit.

D.W. Livingstone

Éducation artistique Au cours de l'histoire, le terme «éducation artistique» s'est rapporté à la formation intensive donnée aux artistes à des fins professionnelles ou personnelles. Cette formation s'inscrivait dans trois contextes principaux, soit dans le système d'apprentissage, dans les institutions spécialisées comme les académies ou les écoles des beaux-arts et, plus récemment, en tant qu'élément d'un programme plus large offert dans les collèges, les écoles d'arts et métiers, les universités et les établissements d'enseignement privés.

Au XXe siècle, grâce à un plus grand accès du public aux procédés artistiques et à l'évolution de la définition de ce qu'est une œuvre d'art, deux autres changements sont survenus dans le domaine de l'éducation artistique: d'abord l'instauration de spécialisations pédagogiques et de diplômes professionnels dans la pratique, l'histoire et la théorie de l'art, et la formation des enseignants par les universités; puis l'évolution des programmes mis en place par les établissements à vocation artistique comme les musées et les galeries, et ayant pour but d'éduquer le public et de l'aider à comprendre et à apprécier les changements survenus dans le domaine artistique.

Au Canada, pendant la colonisation, l'éducation artistique reposait largement sur le système d'APPRENTISSAGE. La première école d'arts et métiers connue est celle de Saint-Joachim, fondée en Nouvelle-France vers 1668. L'apprentissage a été introduit dans les colonies dans les domaines des arts décoratifs et des métiers du bois (comme l'ébénisterie), la ferblanterie, la ferronnerie et l'orfèvrerie. Ces métiers étaient en grande demande dans les communautés nouvellement établies, entre autres pour la réparation des objets importés d'Europe. On enseignait aussi dans ces premiers ateliers la hucherie de même que la SCULPTURE sur bois destinée à la décoration des églises.

L'apprentissage, formule selon laquelle un maître artisan veille à la formation d'un jeune élève en échange de son aide, est par définition un système conservateur. En effet, le savoir, les traditions, les techniques et les procédés y sont transmis à l'apprenti par des méthodes ayant peu varié au fil des générations. Bien que ces artistes-artisans aient rarement été innovateurs, ils présentaient parfois de nouvelles techniques et des variations stylistiques par rapport aux œuvres européennes.

Le système d'apprentissage poursuivait un objectif: il établissait les traditions et les conventions de la pratique tout en préservant les valeurs culturelles et esthétiques transmises aux colonies par l'Europe. Certains des premiers centres de création les plus importants doivent leur existence au système d'apprentissage. Au Québec, des membres de dynasties familiales comme les LEVASSEUR et les BAILLAIRGÉ ont dominé pendant plus d'un siècle la production de sculptures, la conception et la construction de projets architecturaux. En orfèvrerie, métier essentiel à la décoration des églises au Québec, on peut voir chez François Sasseville et Pierre Lespérance l'influence de Laurent Amyot. Dans les Maritimes, la référence culturelle était les pièces d'argenterie produites en Angleterre et dans les colonies américaines.

On peut percevoir cette influence dans les œuvres de Peter Norbeck, de Michael Septimus Brown et de Thomas Brown. En peinture, dans le Québec du XIXe siècle, on trouve une prestigieuse lignée de maîtres à apprentis, de Joseph LÉGARÉ à Antoine PLAMONDON et à Louis-Philippe HÉBERT, qui se

poursuit avec Théophile HAMEL et ses élèves Napoléon BOURASSA et Eugène Hamel. En photographie, le studio de William NOTMAN a assuré la formation de plusieurs des photographes importants du milieu du XIXe siècle, dont John Fraser, qui a ouvert plus tard une filiale à Toronto. Ces premiers photographes ont appris les techniques de la photographie, mais aussi celles du coloriage de clichés, et plusieurs d'entre eux ont poursuivi une carrière en peinture. Le studio montréalais de Notman est un exemple du système maître-apprenti qui a conduit à un commerce où non seulement les élèves obtenaient une formation en photographie, mais acquéraient également des compétences qui leur permettaient de gagner leur vie.

Aux XVIIe et XVIIIe siècles, nombreux étaient les premiers peintres travaillant au Canada qui avaient été formés en Europe ou en Angleterre et qui ont apporté avec eux des traditions établies depuis longtemps (*voir* PEINTURE): le FRÈRE LUC, Louis Dulongpré, William von Moll BERCZY, Thomas DAVIES et George Heriot. Certains des artistes formés en Europe ont voyagé dans différentes parties des colonies et souvent en ont profité pour prodiguer aux colons des conseils sur le dessin et la peinture. Cependant, au XIXe siècle, avec la croissance des villes, les artistes qui avaient immigré dans les colonies ont été en mesure de mettre sur pied des systèmes d'éducation artistique ouverts au public et d'annoncer dans les journaux leurs cours et leurs compétences en tant qu'instructeurs d'art.

La plupart des artistes comptaient sur les commandes pour assurer leur subsistance, mais d'autres comme William Eager, à Halifax, et George Theodore Berthon, à Toronto, sont devenus des professeurs de renom, bien que l'on trouve peu de renseignements sur le contenu de leurs cours de dessin et de peinture. Chacun des cours annoncés était désigné par le support, le genre et le style, et tout enseignement exigeait au préalable un cours de dessin. Suivant l'approche utilisée dans les académies, les élèves devaient reproduire les œuvres d'artistes connus. De cette façon, ils apprenaient les conventions picturales à partir de gravures d'œuvres célèbres ou d'exemples fournis par le professeur. Dans la plupart des cas, l'éducation artistique n'était accessible qu'aux classes privilégiées qui pouvaient s'offrir une telle éducation, que ce soit sous forme de cours particuliers ou par les soins d'établissements d'enseignement.

Toutefois, vers le milieu du XIXe siècle, des programmes d'éducation artistique ont été implantés dans les écoles du Haut et du Bas-Canada, selon le principe qu'il était aussi essentiel de savoir dessiner que de savoir lire et écrire, et qu'il fallait enseigner le dessin à tous les enfants afin d'élargir leur vocabulaire visuel. On utilisait alors les *Dominion Drawing Books*, qui systématisaient et normalisaient les méthodes d'enseignement et le matériel utilisé.

Au XIXe siècle, la révolution industrielle a entraîné une nouvelle prise de conscience de la relation entre la forme et la fonction des objets manufacturés. L'influence du mouvement Arts and Crafts, populaire en Angleterre et en Europe dès 1860, s'est traduite au Canada par la fondation d'un certain nombre d'écoles spécialisées dans les arts appliqués et la technologie comme le Conseil des arts et manufactures et l'Institution nationale Joseph-Chabert dans le Montréal des années 1870. De tels collèges visaient à intégrer les techniques artistiques et l'application des principes esthétiques à l'environnement de travail urbain et comportaient des cours de dessin à main levée, de dessin technique, de peinture décorative, de lithographie, de sculpture sur bois et de sculpture en céramique.

De façon générale, ces cours mettaient l'accent sur la précision et les qualités techniques plutôt que sur l'expression et l'imagination individuelles, ce qui a contribué à élargir le fossé entre les beaux-arts et les arts appliqués. Deux établissements, l'École du meuble, fondée en 1937 à Montréal, et le Provincial Institute of Technology and Art, fondé à Calgary en 1926, ont tous deux mis l'accent sur les liens entre le design et l'art, soutenus par le Conseil national de l'esthétique industrielle, établi en 1946, sous la direction de Donald Buchanan. Dans la plupart des écoles d'art professionnel qui ont vu le jour au cours du XXᵉ siècle, des cours de design ont été intégrés au programme, parallèlement aux cours d'art en atelier.

À la fin du XIXᵉ siècle, une autre forme d'éducation artistique est apparue dans les écoles fondées et dirigées par des sociétés artistiques comme l'Ontario Society of Artists, l'Art Association of Montreal et l'Académie royale des arts du Canada. Les cours, dispensés tant aux artistes qu'aux amateurs, étaient conçus selon l'approche académique européenne, attachée au respect de la tradition, à la hiérarchie des différents genres et techniques et, surtout, à la suprématie du dessin comme fondement de toute pratique artistique.

Les chefs-d'œuvre majeurs étant hors de leur portée, les écoles d'art appuyaient leur enseignement sur des moules de plâtre, des photographies et des gravures d'œuvres européennes. Même la Toronto Normal School, dirigée par Egerton RYERSON, rassemblait des copies de ce genre pour instruire les futurs enseignants. Certains des professeurs formés en Europe comme William BRYMNER, de l'école de l'Art Association of Montréal; George REID, du Collège des beaux-arts de l'Ontario; et John Hammond, du Owens Art Institute de Saint-Jean et de Sackville (Nouveau-Brunswick), étaient des maîtres reconnus et ont influencé plusieurs générations d'élèves. Dans l'espoir d'atteindre un statut professionnel, de nombreux aspirants artistes sont partis en Europe et aux États-Unis pour y étudier et fréquenter les grandes œuvres d'art des musées et des collections privées.

La première partie du XXᵉ siècle a vu naître de nombreuses écoles d'art professionnel dans tout le pays, dont certaines offraient des programmes novateurs dans un effort pour encourager la croissance de la culture canadienne et cultiver l'intérêt du public. Le Collège des beaux-arts de l'Ontario (1912), le Nova Scotia College of Art (1925), devenu le NOVA SCOTIA COLLEGE OF ART AND DESIGN, la Winnipeg School of Art (1913), la Banff School of Fine Arts (1933), maintenant appelée le BANFF CENTRE, et la Vancouver School of Decorative and Applied Arts (1925), connue désormais sous le nom d'Emily Carr Institute of Art and Design, sont aujourd'hui quelques-uns des principaux centres qui offrent des cours en art, en design et en d'autres champs artistiques (p. ex., la photographie, la performance et l'animation par ordinateur) dans leurs programmes actuels.

Suivant les changements et les virages survenus dans les pratiques de l'art moderne après la Seconde Guerre mondiale, qui favorisaient l'expression individuelle et subjective de l'artiste, la plupart des écoles d'art du pays ont eu tendance à accorder moins d'importance aux procédés traditionnels et davantage aux approches personnelles, novatrices et exploratoires. Des séminaires, des colloques et des ateliers ont rassemblé des artistes de tous les coins du pays afin qu'ils partagent leurs idées. Les EMMA LAKE ARTISTS' WORKSHOPS, créés en 1955 par l'U. de la Saskatchewan, et le Banff Centre ont procuré aux artistes professionnels l'occasion de travailler avec d'autres artistes dans leur domaine.

Grâce à des subventions de la Carnegie Corporation dans les années 20 et pendant la Crise, les universités canadiennes ont pu se doter de départements offrant à la fois des cours d'art et d'histoire de l'art. Le premier baccalauréat en arts visuels a été décerné, en 1941, par l'U. Mount Allison, de Sackville, au Nouveau-Brunswick. De nos jours, de nombreuses universités offrent des programmes d'études supérieures pour les artistes et les historiens d'art, dans

une structure classique très riche, de tradition humaniste.

L'éducation artistique en tant que SCIENCE SOCIALE, un système fondé sur le développement psychologique de l'enfant, s'est aussi développée au cours des années 30 et 40. Les premières séances expérimentales d'éducation artistique auprès des enfants ont été réalisées par Arthur LISMER lors des cours du samedi matin à l'Art Gallery of Toronto dès 1919, et au Musée des beaux-arts de Montréal à partir de 1941. L'artiste montréalaise Anne Savage a intégré plusieurs de ces idées dans ses cours d'art à la Byng High School, au début des années 30. Recourant à des concepts développés par le pédagogue et philosophe John Dewey, ce système encourageait les enfants à définir leur propre approche de l'expression créative plutôt que de copier les techniques et les sujets des adultes. Cette spécialisation s'est érigée en un véritable domaine professionnel alimenté par une abondante recherche pédagogique menée dans les universités, dont bénéficieront les professeurs qui enseigneront l'art aux enfants dans les écoles ou aux étudiants dans les collèges. On y étudie les aspects philosophique et psychologique de l'enseignement de l'art, autant que les pratiques et les procédés artistiques.

Les musées et les galeries d'art sont aussi devenus des centres d'éducation artistique. Lorsque Lismer a lancé ses cours du samedi matin pour les enfants dans le cadre des programmes de l'Art Gallery de Toronto, le mouvement a fait boule de neige au pays. À Montréal, Irène Sénécal a utilisé cette approche à l'École des beaux-arts, et la Vancouver Art Gallery ainsi que la Winnipeg Art Gallery ont donné des cours aux enfants après 1940. Des visites d'expositions dans les musées et les galeries, de même que des conférences données par des artistes et des experts dans différents domaines de l'histoire de l'art sont devenues partie intégrante de tout établissement à vocation artistique d'importance et ont permis au grand public d'avoir accès aux concepts changeants de l'art. Aujourd'hui, l'éducation artistique dans les galeries et les musées a acquis un statut professionnel, avec d'importantes contributions à la recherche et aux études de pointe menées par des membres de départements d'éducation comme ceux du Musée des beaux-arts de l'Ontario, du Musée des beaux-arts du Canada, du Musée des beaux-arts de Montréal et de la Vancouver Art Gallery.

Ann Morrison

Éducation, histoire de l' Élément important de l'histoire sociale, économique et politique du Canada. Au XVIIᵉ siècle, l'éducation était habituellement un processus informel où les compétences et les valeurs se transmettaient d'une génération à l'autre par les parents, par les proches, ainsi que par les sœurs et frères plus âgés. Trois siècles plus tard, cet apprentissage non structuré est devenu un ensemble de vastes réseaux d'instruction publique régis par les gouvernements provinciaux.

Pour comprendre l'évolution du phénomène de l'instruction au Canada, on doit se pencher particulièrement sur les politiques officielles et sur les changements survenus dans la vie des enfants.

Enseignement au XVIIᵉ siècle Au cours du régime français au Canada, le processus d'apprentissage fait partie intégrante de la vie de tous les jours. Tandis que le gouvernement colonial soutient l'Église catholique dans ses efforts de scolarisation, la FAMILLE demeure l'unité de base de l'organisation sociale et la presque totalité des apprentissages se font dans cet environnement. Dans le contexte de l'économie de main-d'œuvre des XVIIᵉ et XVIIIᵉ siècles, les familles comptent sur l'apport économique d'enfants engagés dans des activités productives. Ceux-ci apprennent à jardiner, à filer et à défricher la terre avec l'aide d'autres membres de la famille. Les garçons apprennent divers métiers par le biais du système d'APPRENTISSAGE.

Par ailleurs, la population étant peu nombreuse et dispersée sur le territoire, c'est la famille qui s'occupe de l'éducation religieuse et, parfois, de l'apprentissage de la lecture et de l'écriture. Il arrive que des curés de paroisse mettent sur pied de petites écoles. Quelques maîtres ambulants et des précepteurs dispensent aussi des rudiments d'instruction. Toutefois, la majeure partie de la population rurale de la Nouvelle-France ne sait ni lire ni écrire.

Dans les villes de la Nouvelle-France, l'éducation formelle prend plus d'importance. Les Jésuites, les Récollets, les Ursulines et la Congrégation de Notre-Dame offrent une formation élémentaire en matière de catéchisme, de lecture, d'écriture et d'arithmétique. Les garçons qui se destinent à la prêtrise ou à des professions libérales peuvent bénéficier d'une éducation supérieure. Au milieu du XVIIᵉ siècle, on offre en effet un programme d'études classiques, de grammaire et de théologie au COLLÈGE DES JÉSUITES, fondé en 1635. Au cours des années 1660, Mᵍʳ de LAVAL fonde le SÉMINAIRE DE QUÉBEC, qui deviendra l'UNIVERSITÉ LAVAL.

L'instruction destinée aux femmes est plutôt limitée et ne dépasse pas, en règle générale, une formation religieuse et l'acquisition de compétences comme les travaux d'aiguille. Cependant, les filles qui vivent à la campagne sont souvent plus instruites que les garçons grâce aux efforts des sœurs de la Congrégation de Notre-Dame qui ouvrent des écoles dans les campagnes comme dans les villes et assument le rôle d'institutrices itinérantes.

Les missionnaires catholiques jouent un rôle éducatif important auprès des autochtones. Les Récollets espèrent affaiblir l'influence de la culture traditionnelle et des systèmes de valeurs des peuples autochtones en éduquant les jeunes garçons et filles dans la religion catholique et en leur enseignant les coutumes françaises. Les Jésuites, qui se lancent aussi dans un ambitieux programme de francisation et de christianisation des autochtones, dressent des lexiques des langues indigènes et n'hésitent pas à œuvrer en plein milieu amérindien.

D'autres communautés religieuses, telles que les Ursulines, concentrent leurs efforts sur les jeunes filles autochtones qu'elles accueillent dans leurs petits pensionnats parmi la clientèle blanche. Toutefois, les efforts des missionnaires de l'Église catholique ont un succès restreint et leurs initiatives dans le domaine de l'éducation, une influence limitée sur les sociétés autochtones, dans lesquelles l'apprentissage est perçu comme une partie intégrante des activités quotidiennes. (*Voir* AUTOCHTONES, ÉDUCATION DES.)

XVIIIᵉ et début du XIXᵉ siècle Au cours du XVIIIᵉ siècle et au début du XIXᵉ siècle, la famille demeure le cadre incontesté de l'éducation et peu d'enfants, dans ce qui s'appelle alors l'Amérique du Nord britannique, reçoivent une instruction officielle assurée par des tuteurs ou dans des écoles. Les choses commencent toutefois à changer pendant cette période à mesure que le gouvernement britannique s'intéresse à l'éducation comme outil de promotion culturelle favorisant l'identification au protestantisme, à la langue anglaise et aux coutumes britanniques.

Au cours des années qui suivent la Conquête de 1759-1760, les autorités britanniques sont «obsédées» par la forte présence des Canadiens français au sein de la colonie et tentent, à plusieurs reprises, d'ouvrir des écoles qui échapperaient au contrôle des autorités religieuses. Ces efforts sont minés par l'Église catholique et, plus encore, par le manque d'intérêt des collectivités locales qui associent davantage l'éducation au foyer familial qu'aux salles de cours.

Cependant, l'idée d'instruction se répand parmi les leaders sociaux du début du XIXᵉ siècle. À cette époque, les députés canadiens-français, les ecclésiastiques et les éducateurs débattent de la question du financement et du contrôle de l'éducation, ainsi que de la participation de l'État à celle-ci. Les premiers systèmes scolaires publics sont ainsi établis dans le Bas-Canada en 1801 puis en 1829; il s'agit de l'Institution royale et des écoles dites «de syndics». Ces premiers systèmes remportent un succès incontestable. Mais, le véritable élan est donné dans les années 1840, au cours desquelles on constate l'émergence d'un consensus social en faveur de SYSTÈMES SCOLAIRES publics, organisés et permanents.

Milieu du XIXᵉ siècle Si des différences notables, liées à d'importantes distinctions sociales, culturelles et politiques caractérisent les systèmes scolaires mis sur pied au Canada, au cours du XIXᵉ siècle, on observe néanmoins que ceux-ci suivent finalement des modèles d'organisation et des calendriers assez semblables.

Grâce au dynamisme des chefs de file dans le domaine de l'éducation (les historiens les appellent à juste titre «les promoteurs de l'école») et à la volonté de nombreux parents (pas tous cependant) d'envoyer leurs enfants à l'école, partout où c'est physiquement possible, des systèmes scolaires comparables voient le jour, au milieu du XIXᵉ siècle.

La cohérence de vues des éducateurs ne surprend pas si l'on tient compte du fait qu'ils ne se contentent pas de se lire les uns les autres, mais qu'ils communiquent aussi souvent entre eux. Ainsi, le surintendant de l'éducation de l'Ontario, Egerton RYERSON, travaille en collaboration avec ses homologues Jean-Baptiste MEILLEUR du Québec et John Jessop de la Colombie-Britannique. De plus, ces mêmes promoteurs évoluent à l'échelle internationale. P. ex., Egerton Ryerson visite plus de 20 pays en 1844 et 1845, alors qu'il élabore ses propositions pour un système d'écoles publiques.

Les promoteurs de l'école ont la conviction profonde que la scolarisation des masses est indispensable au bonheur et au progrès de l'individu et, partant, de la société toute entière. À leurs yeux, l'école peut aussi s'avérer un outil efficace pour communiquer des modes de pensée et des comportements appropriés aux enfants. Dans leur esprit, l'objectif de l'instruction publique ne réside pas uniquement dans l'acquisition de connaissances théoriques. Les systèmes scolaires sont conçus pour résoudre une vaste gamme de problèmes allant de la criminalité à la pauvreté, en passant par l'inactivité et le vagabondage.

Les éducateurs relient ces problèmes réels et potentiels à trois causes principales: l'influence d'une immigration constante et importante, la transition du capitalisme agraire au capitalisme industriel et le processus de formation de l'État, dans lequel les citoyens sont appelés à exercer un pouvoir politique. Alors que ces trois causes jouent toutes un rôle important dans l'esprit des promoteurs de l'instruction au Canada, l'importance relative que chaque éducateur leur accorde relève du contexte régional et culturel dans lequel les promoteurs respectifs évoluent.

Ainsi, au Québec, on assiste, en 1845-1846, à la création des commissions scolaires qui avaient notamment pour but de favoriser l'apprentissage politique chez les élites locales. En Ontario, la population est surtout concentrée dans les campagnes (il n'existe que quelques petites villes industrielles) et l'incidence de changements économiques considérables n'est pas encore une expérience vécue. Toutefois, la province enregistre une immigration massive et la formation de l'État à l'échelle locale revêt une grande importance.

Le Canada n'est pas né d'une révolution comme c'est le cas des États-Unis même si, pendant les RÉBELLIONS DE 1837, des leaders ruraux actifs dans différentes collectivités du centre de l'Amérique du Nord prennent les armes pour faire aboutir des exigences cohérentes de changement politique. Ces divers soulèvements fournissent des arguments de poids aux chefs de file qui affirment que des écoles sont nécessaires pour former la nouvelle génération de citoyens.

Les promoteurs de l'école en Ontario adoptent souvent une attitude antiaméricaine et antirépublicaine qui s'oppose à l'emploi d'instituteurs ou de livres de classe américains. De leur point de vue, on doit envisager avec circonspection une société issue d'une révolution. Ils se mettent plutôt à importer certains éléments des écoles irlandaises, notamment les programmes de lecture irlandais qui ont été conçus pour répondre aux besoins d'une population protestante et catholique. Cette stratégie comporte aussi une bonne dose de pragmatisme, puisque, au milieu du XIXᵉ siècle, en Ontario, les immigrants irlandais sont majoritaires.

Au Québec, les rébellions sont encore plus importantes qu'en Ontario; par conséquent, les préoccupations politiques prennent énormément de place dans l'esprit des promoteurs de l'éducation. À la suite de l'affirmation croissante de l'Église catholique, la mise en œuvre de l'instruction publique est freinée. Au cours des années 1870, la primauté du pouvoir ecclésiastique dans le domaine de l'éducation est confirmée. Le Québec devient la seule province sans ministre de l'Éducation, et cela, jusque dans les années 1960.

On peut assurément voir des immigrants un peu partout sur les bords du Saint-Laurent à partir du port de Québec, mais plusieurs ne font que passer et se dirigent plutôt vers des régions situées plus à l'ouest. Parallèlement, l'économie du Québec subit des changements importants, mais il n'y a qu'à Montréal que les éducateurs peuvent affirmer de façon réaliste que des écoles sont nécessaires pour contrer les aspects négatifs de phénomènes tels que la prolétarisation.

Fin du XIXᵉ siècle et première moitié du XXᵉ siècle Plus tard, au cours du siècle, l'importance relative de l'immigration, les changements économiques et la formation de l'État continuent à se traduire dans les projets officiels de construction d'écoles un peu partout au Canada. Sur la côte du Pacifique, l'immigration nourrit principalement le mouvement d'instruction de masse, tandis que les manifestations de ce phénomène sont très différentes à l'est du continent.

Dans le cas de la Colombie-Britannique, la différence essentielle réside dans l'arrivée massive d'Asiatiques, d'abord des Chinois qui travaillent dans les mines de Cariboo, puis à la construction des chemins de fer. Au début du XXᵉ siècle, les immigrants japonais constituent un groupe important dans le secteur des pêches et, à un moindre degré, dans le commerce et les exploitations agricoles.

Au sein d'une population surtout d'origine britannique, l'importante immigration asiatique alimente les peurs au sujet de l'avenir de la Colombie-Britannique comme «province blanche» et font craindre une concurrence économique directe. Des émeutes antiasiatiques, ainsi que des pressions exercées par des groupes tels que l'Asiatic Exclusion League, donnent lieu à partir de 1923 à la promulgation de lois visant à limiter l'immigration asiatique (y compris une politique de «porte fermée» à l'égard des Chinois). Au cours de la Seconde Guerre mondiale, la poursuite de l'application de mesures nativistes permet de «vider» de leurs occupants des villages côtiers qualifiés de «japonais», dont certains habitants sont des citoyens d'ascendance japonaise nés au Canada, et facilite leur internement forcé dans des camps.

Dans ce contexte, le processus de scolarisation se met en place dans l'Ouest du Canada d'une façon particulière. Une différence de taille par rapport au reste du pays réside dans un goût marqué pour les examens, et surtout pour les premiers «tests d'intelligence» uniformisés au début du XXᵉ siècle. Les enseignants de la Colombie-Britannique utilisent bien davantage que leurs collègues des autres provinces des tests «scientifiques» comme outil de classement des étudiants.

Les dirigeants de la Colombie-Britannique accordent beaucoup d'attention aux étudiants asiatiques et étudient soigneusement les résultats en tenant compte de l'origine de chaque étudiant. Les très bonnes notes constamment obtenues par les étudiants d'origine asiatique étonnent les responsables scolaires et les persuadent non seulement d'élaborer des hypothèses fondées sur la nature «sélective» de l'immigration, mais aussi de poursuivre les tests pour assurer le «progrès» scolaire de la population d'origine britannique de la province.

Famille, pratiques culturelles et éducation Même si l'importance relative des motivations respectives des promoteurs de l'instruction publique varie d'un bout à l'autre du Canada, l'implantation d'institutions de scolarisation de masse dépend surtout du soutien des parents. Cet appui est largement conditionné par un changement d'attitude au sujet de la procréation.

L'attitude adoptée par les familles en matière de procréation repose sur leur perception de l'avenir, et notamment sur l'angoisse qu'elles ressentent face au changement social et économique. Cette angoisse se nourrit d'une crainte de régression sociale intra et intergénérationnelle. Il est évident qu'une telle peur hante bien des familles avant le XIXᵉ siècle, et explique pourquoi celles-ci voient dans la terre l'élément central traditionnel de la stabilité matérielle et de la cohésion familiale non seulement en Nouvelle-France, mais dans toute l'Amérique du Nord. Au cours du XIXᵉ siècle, la terre continuera d'être perçue comme le fondement le plus solide des économies familiales.

Cependant, le développement du capitalisme agraire, marchand et industriel alimente les impressions d'insécurité économique. Tout le monde prend conscience que, si l'on peut amasser de grandes fortunes, on peut les perdre aussi très rapidement. L'évidente insécurité ressentie, même envers des emplois pourtant bien rémunérés et à l'égard d'entreprises prospères, finit par envahir l'esprit des parents qui planifient l'avenir de leurs enfants, ainsi que leurs vieux jours, dans un contexte de raréfaction des terres disponibles.

Une réponse à cette situation consiste à avoir moins d'enfants et à investir davantage dans leur éducation. Au milieu du XIXᵉ siècle, plusieurs parents canadiens (mais en nombre plus modeste au Québec, pour des raisons exposées plus loin) pratiquent la contraception pour faire de leurs descendants moins nombreux une progéniture de meilleure «qualité».

Les modifications des stratégies parentales expliquent pourquoi les parents envoient un plus grand nombre d'enfants à l'école, et pendant des périodes plus longues, à mesure que le XIXᵉ siècle avance. Lentement, pour les familles, l'instruction en vient à s'ajouter à la propriété terrienne comme facteur essentiel de conservation des acquis matériels. Lorsque, plus tard au XIXᵉ siècle et au XXᵉ siècle, l'adoption de lois scolaires rend l'école obligatoire dans les provinces canadiennes, la majorité des parents envoient déjà leurs enfants en classe.

Une certaine résistance à l'école se manifeste cependant, particulièrement chez ceux qui rejettent le principe et le fardeau d'impôts supplémentaires, chez ceux qui n'acceptent pas l'instituteur proposé par les autorités scolaires locales et ceux qui désirent maintenir des liens entre l'enseignement religieux officiel et l'instruction de masse. Dans les villes, des «préfets» de discipline «ramassent» aussi des enfants (surtout les enfants des ouvriers et des immigrants) et les envoient dans des pensionnats industriels. Toutefois, cette résistance porte surtout sur la forme et les coûts, plutôt que sur la nécessité d'une scolarisation de masse. Des compromis tels que l'autorisation d'écoles paroissiales contribuent donc à résoudre un certain nombre de conflits.

Le prestige attribué à la formation scolaire constitue la principale motivation des parents qui veulent assurer un meilleur sort à leurs enfants. Contrairement à l’importance accordée par les promoteurs de l’école à la formation du caractère, à l’acquisition de valeurs, à l’assimilation de principes politiques et sociaux, ainsi qu’à l’apprentissage de comportements appropriés, plusieurs parents sont en faveur de l’instruction parce qu’ils veulent que leurs enfants apprennent à lire, écrire et compter.

Fait à noter, on accorde à la formation scolaire une valeur qui n’est pas nécessairement liée au niveau d’études terminé. Alors que certains parents envoient leurs enfants à l’école pour qu’ils obtiennent un diplôme, plusieurs ne les y laissent aller que lorsque les autres priorités familiales le permettent. P. ex., la fréquentation de l’école par les garçons baisse dans les collectivités où les débuts de l’industrialisation créent un plus grand nombre d’emplois.

Parallèlement, l’assiduité des élèves varie d’une saison à l’autre, surtout dans les zones rurales où les exigences du travail au sein de l’entreprise familiale sont prioritaires. Dans cette optique, le lien entre l’instruction et le marché du travail est informel et complexe. Il n’y a pas de transition très nette de l’école au marché du travail, à quelque âge que ce soit. Au contraire, plusieurs enfants travaillent et vont à l’école à des fréquences variées pendant l’année, ainsi que d’une année à l’autre, et, dans la plupart des cas, leur départ de l’école n’est pas lié à l’obtention d’un diplôme.

L’idée selon laquelle l’école joue un rôle croissant dans la perpétuation de la famille est assez répandue en Amérique du Nord, mais le phénomène prend différentes formes, selon les endroits et les groupes. L’importance de l’école varie énormément à cet égard en fonction des conditions matérielles et des valeurs culturelles.

P. ex., les Canadiens français du Québec et des autres provinces accordent, en règle générale, moins d’importance à l’école. L’instruction ne devient obligatoire au Québec qu’en 1942. Même si les Québécois commencent à utiliser des méthodes contraceptives au milieu du XIXe siècle, cette pratique est moins répandue chez eux que dans tous les autres groupes, les élites religieuses et laïques s’y opposant par crainte de voir diminuer l’importance de la population francophone. Les jeunes francophones se mettent à fréquenter de plus en plus l’école, mais de façon beaucoup moins marquée que dans d’autres groupes. Les taux d’alphabétisation chez les francophones demeurent très en deçà de la moyenne nationale jusqu’au début du XXe siècle. Dans l’ensemble, les francophones ne cherchent pas à avoir moins d’enfants pour leur offrir une «qualité de vie» supérieure, comme la plupart des autres groupes le font entre 1850 et le milieu du XXe siècle.

Les stratégies différentes de renouvellement des générations des francophones résultent sans doute de plusieurs facteurs, l’apport du travail des enfants à l’activité économique de la famille demeurant un élément incontournable pendant plusieurs décennies. Le lien de cause à effet entre l’instruction et le marché du travail est particulièrement peu perçu chez les francophones pour qui l’instruction n’est pas un gage de réussite professionnelle ou financière. On peut alors fort bien réussir une vie d’agriculteur sans instruction et on a longtemps eu sous les yeux l’exemple des membres des professions libérales, des avocats surtout, qui avaient peine à vivre malgré tout leur savoir. Dans une plus grande mesure que d’autres groupes, les francophones continuent à compter sur le travail des différents membres de la famille pour assurer leur survie et leur sécurité matérielles. Cette stratégie n’est pas la norme uniquement dans les zones rurales en expansion (au Québec et en Ontario), mais aussi dans les milieux de travail salarié des villages et des municipalités. La nécessité d’une éducation plus poussée n’apparaît chez les francophones qu’au début du XXe siècle et, surtout, lors de la Révolution tranquille.

Révolution tranquille Le point de départ d’un changement en profondeur dans le domaine de l’éducation au Québec est en effet la mise sur pied, au début des années 60, d’une importante commission, la Commission d’enquête Parent, au moment où s’amorce ce que l’on a appelé par la suite la RÉVOLUTION TRANQUILLE au début des années 1960. Tenant compte des recommandations formulées par cette commission, le gouvernement du Québec modernise le système scolaire dans l’espoir d’améliorer le niveau d’instruction de l’ensemble des francophones et de produire une main-d’œuvre plus qualifiée. On rejette le leadership de l’Église catholique dans le domaine de l’éducation, en recréant le ministère de l’Éducation aboli depuis 1875. On introduit plus de cohérence entre les différents niveaux d’études, qui sont d’ailleurs revus. L’école devient publique et gratuite de la maternelle à l’université. Les budgets accordés aux commissions scolaires de la province sont substantiellement accrus.

Ces changements importants en matière d’éducation sont au cœur de la Révolution tranquille. Malgré certaines réticences de la part des responsables de l’Église catholique, le gouvernement du Québec envisage le progrès en matière d’éducation comme une stratégie essentielle pour devenir «maîtres chez nous». Il promeut le concept d’une scolarisation plus institutionnalisée au rang de projet «national». Une meilleure instruction amènerait un renouveau économique et social, et les francophones du Québec feraient partie d’une société tout à fait moderne.

Dans le prolongement des aspirations liées à la Révolution tranquille, on justifie l’importance de l’instruction pour les Québécois de plusieurs manières. D’abord, les dirigeants insistent sur la nécessité de se débarrasser d’un héritage d’analphabétisme élevé et de basse fréquentation scolaire si l’on veut atteindre un niveau de modernité sociétale approprié. Leur objectif est de rendre les études accessibles à tous les échelons, à toutes les clientèles. Une telle démocratisation de l’enseignement est vue comme un gage de plus grande égalité sociale.

L’adaptation du système scolaire a aussi pour but de contribuer à l’avènement d’une société québécoise moderne par le truchement de la compétitivité économique. L’acquisition de capacités supérieures en mathématiques et en sciences fait partie d’une stratégie importante visant à se libérer de l’oppression d’origine britannique qui remonte à la Conquête de 1763. L’importance historique accordée à la religion et aux humanités dans les écoles francophones n’est pas abandonnée sur-le-champ, mais elle faiblit progressivement après le début des années 60.

La restructuration scolaire recueille un vaste soutien populaire. En effet, à partir des années 60, les enseignants et les parents du Québec appuient le projet d’un système d’instruction mieux adapté et plus accessible avec beaucoup d’enthousiasme, malgré les hausses considérables d’impôts que le financement de tels changements entraîne.

Des familles moins nombreuses permettent aux parents francophones du Québec de mieux soutenir l’instruction de leurs enfants. À partir des années 60, ils s’intéressent davantage aux affaires scolaires. À la suite de cette nouvelle orientation, le Québec a aujourd’hui comblé son retard en matière de scolarisation et ses structures scolaires ressemblent à celles du reste du Canada.

L’adoption au Québec, au cours des années 70, de lois linguistiques (*voir* POLITIQUES LINGUISTIQUES DU QUÉBEC), qui imposent la fréquentation de l’école française aux immigrants, se révèle toutefois une stratégie controversée en matière d’éducation. De telles lois veulent renverser le modèle traditionnel d’intégration des immigrants à la population anglophone plutôt qu’à la population francophone du Québec, un processus qui faisait craindre, dans certains milieux, l’affaiblissement de la composante francophone au point de la rendre minoritaire.

Idéologies éducatives La mise en place de systèmes scolaires publics au XIXe siècle se caractérise par l’uniformisation des manuels scolaires, la formation des maîtres, l’organisation des lieux d’enseignement et l’élaboration de programmes d’études. On voyait les enfants comme de la glaise à modeler mais, avec les années, on en est venu à les percevoir comme des individus uniques, dotés de capacités variées (c.-à-d. comme des pousses que l’on doit nourrir en respectant les besoins de leurs natures respectives).

Ce changement de mentalité à l’égard des enfants inspire la conception des nouveaux programmes scolaires (surtout au niveau secondaire) conçus pour accommoder les capacités divergentes et le potentiel varié des élèves. En outre, on élabore des programmes de formation professionnelle et technique pour les étudiants inaptes aux études théoriques. Hélas, les critères utilisés pour répartir les étudiants dans différents programmes reflètent davantage les préjugés culturels et sociaux que les évaluations intellectuelles. Des instruments tels que les tests de mesure du quotient intellectuel, élaborés au cours des années 20, en disaient plus long sur la mentalité des administrateurs scolaires que sur les aptitudes des étudiants; on les utilise néanmoins pour répartir les étudiants dans différents programmes après le cours élémentaire.

Cette approche est constamment modifiée au cours du XXe siècle, surtout après la Seconde Guerre mondiale, quand l’expansion des institutions postsecondaires permet d’élaborer de nouvelles méthodes d’orientation des étudiants dans des programmes variés. Pendant toutes ces années, les débats en matière d’éducation portent surtout sur le contenu des PROGRAMMES D’ÉTUDES convenant aux différents groupes d’âge. Les discussions entourant les questions d’administration, de financement, de formation des maîtres, ainsi que d’autres éléments structurels des systèmes scolaires, ne s’écartent pas du modèle de fonctionnement général élaboré au cours du XIXe siècle.

Religion et langue d’enseignement Une bonne partie des conflits et des controverses en matière d’éducation concernent la religion et la langue. L’ouverture d’écoles soumet les pratiques locales à une surveillance officielle et oblige les collectivités à se conformer à des normes d’instruction officielles qui ne correspondent pas toujours aux réalités d’une société diversifiée.

P. ex., les groupes religieux n’ont pas toujours apprécié l’idée d’un programme d’études laïques et leur opposition a engendré la naissance de systèmes scolaires parallèles catholiques et protestants au Québec, la mise sur pied d’ÉCOLES SÉPARÉES dans des provinces comme l’Ontario, ainsi qu’un système scolaire entièrement confessionnel à Terre-Neuve. Ces changements font l’objet de garanties juridiques dans la Constitution de 1867, qui ne se limite pas à stipuler que la compétence juridique en matière d’éducation revient aux provinces, mais enchâsse la légitimité des écoles confessionnelles déjà en place dans les provinces au moment où celles-ci adhèrent à la Confédération.

L’histoire de l’éducation au Canada se caractérise par des conflits incessants au sujet de la langue d’enseignement des minorités. La plupart des controverses concernent les francophones hors du Québec mais, depuis une période récente, la question linguistique touche aussi les anglophones du Québec et déborde même du côté de l’enseignement des langues d’origine des enfants des immigrants (*voir* LANGUES SECONDES, ENSEIGNEMENT DES). Ces conflits sont révélateurs de visions éducatives divergentes et persistantes tant chez les concepteurs de projets éducatifs que chez les parents, et ce, même dans une contexte de généralisation et d’uniformisation de l’instruction publique.

Éducation des filles, des autochtones et des minorités culturelles Parallèlement, dans la conception même de l’instruction uniformisée, a toujours existé une distinction très nette entre les garçons et les filles. L'école publique idéale du milieu du XIXe siècle comprend des entrées, des classes et des lieux séparés pour les garçons et les filles. En outre, à la redéfinition de la famille comme association fondée sur les liens émotionnels plutôt que comme une unité de production économique, s'ajoute l'idée que les filles doivent être éduquées en vue des tâches ménagères et que les garçons doivent être formés à leur futur rôle de pourvoyeurs. Vers la fin du XIXe siècle, les filles prennent des cours d'ÉCONOMIE DOMESTIQUE pour apprendre à cuisiner et à tenir maison, tandis que les garçons, surtout ceux de familles ouvrières, apprennent des métiers manuels liés à la production manufacturière.

L'idéalisation des femmes comme mères et épouses, de même que la rareté relative du choix des emplois offerts aux femmes, contribuent à la féminisation du personnel enseignant du niveau primaire. Bien que le foyer fût considéré comme le lieu par excellence pour les femmes, les jeunes femmes célibataires sont alors perçues comme les plus aptes à enseigner aux jeunes enfants qui ne peuvent que profiter de leurs présumées qualités innées d'éducatrices. Les institutrices sont mal payées et dirigées par des responsables masculins qui se perçoivent comme les vrais éducateurs. Même à la fin du XXe siècle, plusieurs de ces modèles établis antérieurement subsistent. L'histoire de l'éducation diffère par conséquent pour les filles et les garçons.

L'introduction de systèmes d'éducation a aussi des incidences différentes pour les Canadiens d'origine autre qu'européenne. Les projets assimilateurs des éducateurs à l'égard des autochtones persistent, même après le régime français en Nouvelle-France. Au cours des XIXe et XXe siècles, les pensionnats constituent un outil privilégié pour séparer les enfants autochtones de leurs peuples respectifs, mais cette méthode n'a servi qu'à engendrer en eux une confusion culturelle et à les heurter.

Récemment, des responsables de l'enseignement ont tenté d'élaborer, en collaboration avec les peuples autochtones, des programmes d'enseignement qui respectent leur identité culturelle mais, jusqu'à maintenant, le contexte politique, social et économique des RELATIONS ENTRE AUTOCHTONES ET BLANCS empêche une coopération efficace.

Parallèlement, l'histoire de l'éducation au Canada inclut aussi la mise en place d'écoles séparées pour les Noirs en Ontario et en Nouvelle-Écosse au cours du XIXe siècle, ainsi que l'application de règlements spéciaux pour les Asiatiques en Colombie-Britannique. De telles mesures discriminatoires ne constituent plus des politiques officielles au Canada, mais on retrouve encore des allusions racistes plus subtiles et informelles dans certains programmes d'enseignement et certains manuels scolaires.

Conclusion L'histoire de l'éducation au Canada, comme dans les autres pays occidentaux, est liée à la croissance de l'instruction officielle financée par les impôts et supervisée par l'État. Cet accroissement résulte de préoccupations culturelles, morales et politiques et de l'émergence d'une économie fondée sur le travail salarié, de changements de mentalité à l'égard de l'enfance et de la famille, ainsi que de la réorganisation générale de la société en institutions.

En cette fin de XXe siècle, l'instruction fait partie d'un réseau institutionnel qui comprend les hôpitaux, les entreprises, les prisons et les organismes sociaux. Divers groupes font l'expérience de cette croissance de bien des manières, que ce soit par des voies officielles ou de leur propre chef. En fin de compte, il existe plusieurs versions de l'histoire de l'éducation au Canada, et on peut faire d'importantes distinctions à l'intérieur des grandes tendances.

Chad Gaffield et Andrée Dufour

Éducation juridique Dans toutes les provinces, à l'exception du Québec, qui a hérité de la COMMON LAW anglaise, l'éducation juridique au Canada (formation menant à la pratique du droit) était calquée, à l'origine, sur le modèle anglais. Cependant, en Angleterre, la profession était et est divisée en deux branches mutuellement exclusives: les BARRISTERS et les SOLICITORS. Les *solicitors* traitent directement avec les clients, mais, dès qu'il doit y avoir un procès devant la Haute Cour, un *barrister* doit être retenu pour agir comme conseiller juridique. Les *barristers*, qui ont le droit exclusif de représenter l'une des parties dans un procès ou en appel, forment la branche aînée de la profession, mais, jusqu'à très récemment, la scolarité requise était très peu élevée. Bien que la plupart des *barristers* soient titulaires d'un diplôme universitaire (pas nécessairement en droit), ce diplôme n'est pas obligatoire, les étudiants pouvant toujours devenir *barristers* sans jamais avoir été en cour. En revanche, les *solicitors* doivent avoir suivi un stage auprès d'un avocat en exercice et doivent subir des examens. La durée de base a été récemment ramenée de cinq à quatre ans, laquelle peut encore être réduite jusqu'à deux ans si le candidat réussit certains examens d'admissibilité et s'il est titulaire d'un diplôme universitaire.

Au Canada (sauf au Québec), la profession ne s'est pas divisée en deux branches mutuellement exclusives. Aujourd'hui, un praticien dans les provinces de la *Common law* est invariablement à la fois *solicitor* et *barrister*, même si, en pratique, plusieurs n'occupent qu'en l'une ou l'autre qualité.

Avant la création des facultés de droit modernes, la loi provinciale type, régissant la profession juridique, prévoyait que les candidats devaient suivre un stage de cinq ans et subir des examens périodiques, le stage pouvant être réduit à trois ans pour les candidats titulaires d'un diplôme universitaire. Après l'établissement des facultés de droit modernes, la période de stage a été généralement réduite à un an après l'obtention du diplôme. En Ontario et au Manitoba, il était possible à une certaine époque de combiner les études juridiques à temps partiel avec un stage à temps partiel, mais cette pratique est depuis abolie, et toutes les provinces disposent d'un système uniforme.

Au Canada comme aux États-Unis, par opposition à l'Angleterre, les étudiants ne passent pas directement de l'école secondaire à la faculté de droit. Généralement, ils doivent avoir complété deux ans d'études universitaires, et la plupart sont titulaires d'un diplôme universitaire.

Facultés de droit L'histoire des facultés de droit de la *Common Law* peut se diviser en deux périodes: à compter de la création de la faculté de droit de Dalhousie en 1883 jusqu'à 1945, puis de 1945 à aujourd'hui. Dalhousie a établi un programme à temps plein de trois ans peu de temps après sa création. Elle avait toujours eu des liens avec la faculté de droit de Harvard et, à la fin de la Première Guerre mondiale, son programme d'enseignement ressemblait à celui de Harvard. À la suite des recommandations de l'ASSOCIATION DU BARREAU CANADIEN en 1920, ce programme d'études a été largement accepté par les autres facultés de droit de la *Common Law*.

En Ontario, le Barreau du Haut-Canada a créé sa propre école de droit, Osgoode Hall, en 1862, bien qu'elle ait fermé ses portes et qu'elle les ait rouvertes deux fois avant de devenir une école permanente en 1889. Plus tard, les universités du Nouveau-Brunswick, du Manitoba, de la Saskatchewan, de l'Alberta et de la Colombie-Britannique ont établi des facultés de droit.

Peu de temps après la Seconde Guerre mondiale, le Barreau du Haut-Canada a transformé Osgoode Hall en une faculté de droit à temps plein. L'U. de Toronto décernait depuis longtemps des diplômes en droit. En 1949, la faculté a été réorganisée sous l'égide du doyen C.A. Wright et Bora LASKIN de façon à transformer le programme de baccalauréat en droit en un programme professionnel qui mènerait à l'admission au barreau. Cependant, le Barreau du Haut-Canada attendra jusqu'en 1957 pour reconnaître pleinement les autres facultés de droit de l'Ontario. En 1968, le Barreau du Haut-Canada a abandonné sa faculté, et Osgoode Hall est devenue une composante de l'U. York. Il existait alors six facultés de droit en Ontario, aux universités d'Ottawa, de Toronto, de Western Ontario, de Windsor, de Queen's et de York. Dans d'autres provinces, des facultés de droit ont également été établies aux universités de Victoria, de Calgary et de Moncton (où l'enseignement se fait en français), et un programme de la *Common Law* a été mis sur pied à McGill. En 1987, le nombre d'enseignants à temps plein était passé de 20 à environ 450, et le nombre d'étudiants atteint aujourd'hui les milliers. L'admission dans la plupart des facultés de droit est contingentée. Une tendance remarquable depuis la fin de la Seconde Guerre mondiale a été l'augmentation marquée du nombre d'étudiantes et du nombre de professeures de droit.

Programme d'études Le programme d'études type de 1920 est demeuré virtuellement inchangé jusqu'en 1945. En 1957, le Barreau du Haut-Canada a déterminé les cours qu'il exigerait des facultés «agréées». La liste sera modifiée en 1969. Toutes les facultés de droit étant agréées, il est clair que les exigences de l'Ontario ont influencé le programme d'études dans toutes les facultés de droit de la *Common Law*. Le programme se divise en 25 matières, dont 6 cours «fondamentaux» obligatoires. L'objet est d'offrir une éducation générale qui permet d'acquérir un certain degré de spécialisation. Certaines facultés de droit mettent un accent particulier sur certains sujets, p. ex., la fiscalité ou le droit du pétrole et du gaz.

La méthode d'enseignement dans les facultés de droit de la *Common Law* s'inspirait à l'origine de l'«étude de cas», méthode créée dans les années 1870 par le doyen Langdell, de la faculté de droit de Harvard, qui estimait que le droit était une science composée de principes que l'on pouvait apprendre en lisant les arrêts des cours d'appel. Les cours magistraux ont été remplacés par des discussions d'arrêts choisis ainsi que par la vérification des connaissances suivant la méthode socratique. Dès les années 20, toutes les facultés de droit de la *Common Law* au Canada employaient l'une ou l'autre variante de la méthode d'étude de cas.

Depuis la Seconde Guerre mondiale, l'utilisation de l'étude de cas, du moins après la première année en droit, a été critiquée parce qu'elle n'est pas efficace et donne une fausse idée du droit en action. On tend à ignorer la loi dans la lecture des arrêts, bien que l'on reconnaisse maintenant sa place prépondérante. On a également mis l'accent sur la résolution de problèmes et la rédaction juridique ainsi que sur le droit public par rapport au droit privé. Depuis le rapatriement de la Constitution canadienne en 1982, une attention plus grande est accordée à la jurisprudence croissante portant sur la *Charte canadienne des droits et libertés*. Les cours de droit criminel et de preuve, de DROIT ADMINISTRATIF et de DROIT CONSTITUTIONNEL ont tous été considérablement modifiés et transformés pour permettre l'examen des arrêts fondamentaux portant sur la Charte. Une autre tendance est l'établissement de liens entre le droit et d'autres disciplines (p. ex., l'économie, l'histoire, la psychologie et la sociologie) et, pour répondre à la critique voulant que les études dans les facultés de droit ne tiennent pas compte des problèmes sociaux pressants, on donne des cours sur le droit de la pauvreté, sur les femmes et le droit (*voir* FEMMES ET LOI) et sur les LIBERTÉS CIVILES. Des efforts ont été faits pour renforcer les cours portant sur la théorie juridique, la philosophie du droit et la sociologie du droit, généralement sous le nom de JURISPRUDENCE. Deux perspectives dominantes sur la théorie juridique traditionnelle, les études du féminisme et les études critiques du droit sont apparues ces dernières années et ont animé les débats dans les facultés de droit. Des efforts ont également été faits pour enseigner la déontologie et la responsabilité professionnelle.

Formation clinique pratique Le développement de ces nouveaux sujets n'est pas toujours vigoureux et doit faire face à la concurrence que leur font d'autres sujets. Par suite de la critique reprochant aux facultés de droit de ne pas enseigner les aptitudes nécessaires à la pratique du droit (la rédaction de documents et d'avis juridiques, la préparation en vue du procès et du contre-interrogatoire, l'entrevue et la négociation) on met de plus en plus l'accent sur la formation clinique. De nombreuses facultés de droit mettent, à leur programme, des cours qui feront connaître aux étudiants de nouvelles méthodes de résolution des différends telles que la médiation et l'arbitrage. Cette tendance traduit le recours de plus en plus grand aux méthodes de résolution des différends dans la pratique. Des efforts considérables ont été faits pour répondre à cette demande, généralement avec l'aide de praticiens et de juges. Cependant, comme pour toute innovation, sa place dans les facultés de droit fait toujours l'objet de débats.

La production de revues juridiques a ostensiblement augmenté. Elles offrent de façon utile des articles de doctrine et un forum pour la critique et les propositions de réforme. L'informatique est devenue indispensable pour l'avocat moderne, et de nombreuses facultés ont établi des laboratoires d'informatique à l'intention des étudiants et les forment à l'acquisition d'aptitudes à la recherche assistée par ordinateur. Certains cours sont maintenant offerts sur Internet, et les bibliothèques électroniques d'information juridique deviendront vite des ressources vitales pour l'étude et la pratique du droit.

Le rapport *Legal Education, Law and Learning* présenté en 1983 par le comité Arthurs déclare que les facultés de droit sont «éclectiques» et continuent à mettre beaucoup trop l'accent sur la formation professionnelle plutôt que sur la formation académique. Il favorise la recherche à un niveau élevé pour aider au développement d'une discipline «scientifique» qui ne sera pas exclue de la formation professionnelle. Il recommande expressément l'expansion et l'intensification des études de deuxième cycle (plusieurs facultés offrent un programme de maîtrise et, quelques-unes, un programme de doctorat) en vue de former de futurs professeurs de droit et des chercheurs en droit, et ajoute que ces programmes devraient se concentrer sur les matières qui font la force de la faculté. Malheureusement, l'appui à la recherche des niveaux maîtrise et doctorat est freiné par le manque de fonds consacrés aux bourses d'études.

Stages en droit L'avènement de la faculté de droit n'a pas mis fin au système des stages en droit. L'objet du stage est d'offrir une formation «pratique», c.-à-d. une introduction à la pratique que la faculté de droit n'a pas fournie. Le succès du stage dépend du «directeur» du stage et de l'étudiant. Le directeur du stage a l'obligation de s'assurer que l'étudiant reçoit une instruction sur les fondements de la pratique, mais la supervision est pratiquement inexistante. Pendant de nombreuses années après la Seconde Guerre mondiale, l'expansion du commerce a créé une demande d'étudiants et il était relativement facile d'obtenir un bon stage. Ces dernières années, le nombre des diplômés a dépassé la capacité d'absorption de la profession, et l'efficacité du système de stage a été mise en question. Pour compléter le stage, la plupart des barreaux ont créé un cours d'admission au barreau, le plus remarquable étant celui de l'Ontario, créé en 1957. À la fin de leur stage, les étudiants doivent suivre un cours de six mois sur des questions telles que les règles de procédure, la constitution de compagnies, les successions et les transactions immobilières. Dans les autres provinces, à l'exception de l'Île-du-Prince-Édouard, la loi prévoit la création d'un cours d'admission au barreau. Cependant, ces cours

sont moins ambitieux que ceux de l'Ontario et varient beaucoup. Certains sont enseignés pendant toute la période de stage, alors que d'autres sont offerts vers la fin de la période de stage, la durée du cours variant de une à six semaines.

Au milieu des années 80, la Colombie-Britannique a remplacé son programme d'admission au barreau par un cours de formation juridique professionnelle. Il s'agit d'un cours de 10 semaines offert 3 fois par année aux stagiaires en droit. Ceux-ci participent à des opérations simulées qu'ils effectueront probablement dans leur pratique et reçoivent une formation sur l'acquisition des aptitudes principales. Ce programme pourrait fort bien représenter une amélioration par rapport au cours d'admission au barreau typique, et d'autres provinces étudient la possibilité d'adopter ce genre de programme.

Aux États-Unis, le stage en droit n'est pas pratiquement pas exigé. En théorie, l'admission au barreau relève de la Cour suprême de l'État. En fait, la Cour délègue ses fonctions aux examinateurs du barreau, qui organisent des examens généraux à l'intention des candidats au barreau et qui effectuent des vérifications de moralité. Une autre différence entre les deux pays est que l'Association du Barreau américain publie une liste de facultés de droit agréées, bien que certaines facultés non agréées existent toujours. L'Association du Barreau canadien ne joue pas ce rôle, et il n'existe pas de catégorie de facultés de droit non autorisées. Enfin, le système canadien de barreaux provinciaux, à qui la loi accorde le contrôle sur l'admission et la discipline, est très différent du système de barreau aux États-Unis.

Éducation juridique permanente Après l'admission au barreau, il importe de se tenir à jour. Les revues juridiques de même que les conférences et les rencontres spéciales des associations du barreau sont utiles, mais ne couvrent pas tous les sujets et ne rejoignent pas toujours ceux qui en ont le plus besoin. Au cours des dernières années, on a demandé l'établissement d'un programme d'éducation juridique permanente beaucoup plus vaste et systématique. En 1978, la Fédération des barreaux du Canada a organisé une conférence sur la qualité des services juridiques et, en 1980, un atelier sur le même sujet. Elle a conclu que l'éducation juridique permanente devrait être encouragée, mais qu'elle n'était pas prête à recommander qu'elle fût obligatoire. En fait, des efforts organisés visant à établir des programmes de formation juridique permanente s'intensifient dans la plupart des provinces.

La profession juridique (à l'extérieur du Québec) n'a jamais reconnu des spécialités, contrairement à la profession médicale, bien que dans certaines provinces les praticiens puissent maintenant annoncer leur domaine de pratique préféré. Fait important, la «profession juridique» n'est pas une profession homogène, et les variations vont bien au-delà des différences entre le *barrister* et le *solicitor*. En outre, les avocats travaillent non seulement en pratique privée, mais également dans le secteur public et dans les entreprises.

W.F. Bowker et Timothy J. Christian

Au Québec

Au Québec, seule province de juridiction de droit civil en matière de droit privé, six facultés de droit (en incluant la section de droit civil de l'U. d'Ottawa en Ontario) offrent une formation du meilleur niveau et de plus en plus diversifiée.

L'enseignement du droit s'est développé dans les universités, d'abord à McGill (1948) et ensuite à Laval (1852) à partir du milieu du XIXe siècle. La faculté de droit de l'U. de Montréal a ensuite été créée en 1878.

Une deuxième vague de facultés est apparue au milieu du XXe siècle: Ottawa (1953), Sherbrooke (1954) et enfin l'U. du Québec à Montréal (1974).

Pendant plus d'un siècle, les enseignements ont été dispensés par des membres éminents du Barreau,

de la Chambre des NOTAIRES ou de la magistrature. Depuis 1950 environ, les enseignements ont été assumés, à des rythmes différents pour chaque faculté, par des universitaires de carrière.

Si les facultés offrent en général un curriculum classique, McGill se distingue dès 1920 par un programme dit national abandonné puis rétabli et l'UQAM par une orientation plus sociale. Aujourd'hui l'ensemble des facultés offrent un programme 3 + 1 en collaboration avec d'autres institutions, et McGill offre depuis 1999 un programme national intégré de trois ou quatre ans.

Les études de deuxième cycle et de doctorat qui ont été développées dans toutes les facultés mettent l'accent sur le droit commercial, notamment international, et la recherche dans des secteurs spécialisés: droit et biotechnologie, droit des technologies de l'information, droit de la santé, droit aérien et spatial, et droit social et du travail, à titre d'exemple.

Plusieurs facultés offrent également des programmes conjoints en administration, en fiscalité ou en travail social. En 2000, les départements de sciences juridiques et de sciences politiques de l'UQAM ont mis sur pied un programme conjoint innovateur.

Si les programmes des facultés répondent tous aux exigences du BARREAU DU QUÉBEC et, pour certains, à celles de la Chambre des notaires, on assiste à une déprofessionnalisation des programmes d'étude et à la reconnaissance du rôle des facultés de droit comme instrument de critique de l'organisation et du fonctionnement de la société, tant dans une perspective historique que comparatiste.

André Poupart

Éducation non traditionnelle Les racines philosophiques de l'«éducation non traditionnelle» proviennent de deux traditions pédagogiques à la fois reliées et opposées.

Tradition progressiste La tradition progressiste moderne est représentée aux États-Unis par le philosophe américain John Dewey et ses disciples, en Grande-Bretagne par le mouvement des écoles nouvelles d'après la Première Guerre mondiale, sur le continent européen par les écoles Steiner (Waldorf) et, plus récemment, par les rapports Hall-Dennis (comité sur les buts et les objectifs de l'éducation) et Worth (comité sur la planification scolaire), l'un sur l'Ontario, l'autre sur l'Alberta. Cette tradition insiste à la fois sur la nécessité d'adapter le programme d'études et l'enseignement aux stades de l'épanouissement de l'enfant et sur l'intégration graduelle de ce dernier à la société adulte par une formation planifiée basée sur l'apprentissage par l'expérience. Selon cette tradition, l'éducation est aussi perçue comme un outil de réforme sociale et de diffusion des principes et des pratiques démocratiques.

Tradition libérale La seconde tradition, très libertaire, met l'accent sur les droits des parents et des enfants de faire leurs propres choix en matière d'éducation et de mode de vie. Les auteurs de cette tradition, tels A.S. Neill en Grande-Bretagne et John Holt aux États-Unis, soutiennent la liberté individuelle et la bonté naturelle de l'enfant contre le conformisme institutionnel et social, et les influences corruptrices de la société moderne. Les écoles «libres» indépendantes qui voient le jour au Canada et aux États-Unis au milieu et à la fin des années 60 (et qui disparaissent rapidement) sont issues de cette tradition libertaire.

Différences et similitudes Les deux traditions ont des points en commun, comme la prise en compte des besoins et intérêts individuels et l'attitude critique à l'égard de la société moderne. La tradition progressiste tend vers l'intervention et la planification minutieuse des exercices et activités pédagogiques de l'enfant, alors que la tradition libertaire met l'accent sur la non-intervention dans la croissance «naturelle» et dans le processus d'apprentissage ainsi que sur l'importance des choix personnels et de la liberté en matière d'éducation. Au Canada, les deux traditions se confondent dans le mouvement d'éducation ouverte de l'école primaire publique à la fin des années 60 et dans les écoles parallèles publiques (communément appelées «écoles alternatives») qui apparaissent dans les années 70.

Origines Au Canada, le terme «école parallèle» est introduit dans le langage courant avec l'établissement, au début des années 70, de plusieurs petites écoles primaires et secondaires sous la juridiction de conseils publics d'éducation. À Toronto, on établit des écoles primaires parallèles, dirigées par des parents et des professeurs et organisées selon le modèle des British Infant Schools, qui regroupent des élèves de différentes années dans une même classe et qui laisse une large place aux activités. Le terme «parallèle» est adopté en partie pour distinguer ces écoles des écoles «libres» indépendantes, dirigées par des comités parents-élèves-enseignants, qui les précèdent (et dont, en fait, certaines d'entre elles sont issues) et pour mettre en valeur l'engagement des conseils envers les options au sein du système public. Avec l'expansion du pluralisme et du choix dans l'éducation au cours des années 70, l'étiquette d'école parallèle est adoptée par plusieurs nouvelles écoles indépendantes privées qui souhaitent s'identifier comme solution de rechange aux écoles publiques.

Types d'écoles Au début des années 80, l'attention se tourne vers les écoles et les programmes destinés aux élèves doués pour les arts et les études ainsi que vers les programmes rattachant l'école au marché du travail (système coopératif). Dans la plupart des écoles parallèles de niveau secondaire du secteur public, on trouve des programmes d'études indépendants, des programmes destinés à développer des aptitudes de base, des mini-écoles dont le programme est un mélange de cours traditionnels et non traditionnels et des écoles axées sur les arts. Les écoles parallèles offrent aussi des classes moins nombreuses, des relations directes et dénuées de formalité avec les enseignants et une plus grande souplesse dans le choix des cours et des horaires.

Pour répondre aux besoins des élèves du système public dont les résultats sont médiocres ou qui quittent l'école, de plus en plus de programmes parallèles sont instaurés par les COMMISSIONS SCOLAIRES: des programmes de retour aux études, des programmes d'éducation permanente à l'intention de la communauté et des programmes d'études indépendants pour les élèves brillants et motivés du niveau secondaire. Dans les années 90, alors que l'économie canadienne stagne, l'apparition d'écoles publiques parallèles et conservatrices, inspirées du modèle privé, vient modifier la combinaison progressiste-libérale. Ces écoles, en plus d'offrir un programme de base en lettres et sciences humaines et de soumettre les étudiants à de fréquentes évaluations, passent des contrats d'engagement avec les parents, édictent des règles de conduite et imposent même le port d'un uniforme.

En plus de permettre aux parents de choisir la philosophie des programmes, les écoles coopératives parallèles de niveau élémentaire leur permettent de participer de plus près à la scolarisation de leurs enfants. Les parents peuvent aussi siéger au sein de divers comités de gestion internes, aider dans les salles de classe, agir à titre de personnes ressources et maintenir un contact direct avec les enseignants. Ces écoles sont parmi les premières à élargir l'éducation préscolaire en offrant des programmes de maternelle à temps plein et un service de garderie après l'école aux enfants dont les deux parents travaillent (en particulier pour répondre aux besoins des mères célibataires).

Personnel Si l'on évalue les écoles d'après les programmes, la pédagogie et même d'après la taille dans le cas des écoles parallèles élémentaires, il y a peu de différences entre les écoles parallèles et traditionnelles. Les enseignants des écoles parallèles publiques viennent des mêmes universités et suivent les mêmes programmes de formation que les professeurs des écoles traditionnelles, et la plupart enseignent dans des écoles traditionnelles avant de le faire dans des écoles parallèles. Le programme d'étude et le matériel de base sont aussi semblables dans les deux types d'écoles parallèles. Les méthodes varient probablement davantage d'un enseignant à un autre que d'une école à l'autre. En raison de la baisse du nombre d'inscriptions, certaines écoles élémentaires publiques sont maintenant de la même taille que les écoles parallèles. Au niveau secondaire en particulier, des exigences d'admission universitaires plus élevées et une tendance générale vers une normalisation des programmes d'études menacent de réduire encore davantage les différences entre les écoles traditionnelles et les écoles parallèles.

Administration Le sentiment d'appartenance, d'autonomie et de contrôle des enseignants, des parents et des étudiants envers leur école sont les éléments qui différencient les écoles parallèles des autres écoles. De leur côté, les gouvernements et les commissions scolaires visent à exercer une supervision administrative plus stricte sur ces écoles et à la conserver. Si les tendances actuelles se maintiennent, l'éducation non traditionnelle pourrait bien être intégrée à un réseau élargi d'«éducation spécialisée» à l'intérieur du réseau scolaire. Selon un scénario plus optimiste, les écoles parallèles pourraient être les précurseurs d'un système d'enseignement plus décentralisé, pluraliste et communautaire.

Développements actuels Ce que l'on appelle le mouvement des écoles à charte aux États-Unis reflète cette orientation. Plusieurs États ont édicté des lois permettant à leurs ministères de l'Éducation ou à leurs commissions scolaires locales d'accorder des «chartes» directement aux écoles voulant une administration autonome. Les chartes peuvent aussi être accordées aux universités ou aux entreprises privées qui veulent administrer des écoles. Nées du mouvement «Schools of Choice», les ÉCOLES À CHARTE pourraient être financées directement par l'État, assujetties aux modalités de leur charte. Si ce modèle est adopté par les provinces au Canada (l'Alberta l'a déjà fait), il pourrait avoir des répercussions importantes sur l'avenir des commissions scolaires, qui servent actuellement d'intermédiaires entre les écoles et les ministères provinciaux de l'Éducation.

Malcolm Levin

Éducation, organisation de l' La grande diversité qui caractérise l'organisation des établissements scolaires canadiens reflète le fait que le Canada n'a jamais eu de politique coordonnée sur l'éducation (*voir* ÉDUCATION, POLITIQUE EN MATIÈRE D') et, selon toute vraisemblance, n'en aura pas dans l'avenir. L'action coordonnée en éducation s'est trouvée contrecarrée par les différences historiques, culturelles et démographiques des diverses régions. La Constitution accorde à chaque province le pouvoir de mettre en place et d'administrer son propre système éducatif, et ce pouvoir est exercé assidûment. Cependant, le gouvernement fédéral a aussi introduit plusieurs politiques qui influent sur les structures provinciales (*voir* SYSTÈMES SCOLAIRES).

Fondements

Il existe quatre principaux fondements en matière d'éducation au Canada. La *Loi constitutionnelle de 1867* (autrefois L'ACTE DE L'AMÉRIQUE DU NORD BRITANNIQUE), avec les clauses relatives à l'admission d'autres provinces dans la Confédération après 1867, est la plus importante d'entre elles. Ces lois attribuent aux provinces l'administration exclusive de l'éducation, à l'exception de certaines juridictions où cette autorité est limitée par des droits déjà inscrits accordés à des groupes religieux spécifiques.

La législation provinciale sur les établissements primaires, secondaires et postsecondaires ainsi que les règlements associés à ces lois ont aussi une importance fondamentale. Les règles et les lignes d'action mises en place par les établissements postsecondaires et les COMMISSIONS SCOLAIRES en vertu de la législation provinciale peuvent être considérées comme le troisième fondement de l'éducation canadienne, le quatrième étant la jurisprudence et les décisions quasi judiciaires.

Administration publique Les écoles élémentaires et secondaires au Canada relèvent de l'administration publique, fédérale ou privée. Les écoles publiques dans toutes les provinces sont dirigées par des conseils scolaires assujettis à l'autorité provinciale. Dans six provinces, les conseils scolaires sont entièrement financés par le gouvernement provincial. Dans les quatre autres, en plus de recevoir des subventions provinciales, les conseils scolaires tirent leurs revenus de taxes foncières municipales dans différentes proportions.

Ces méthodes de financement s'appliquent généralement à toutes les écoles publiques de la province, qu'elles soient confessionnelles ou non. Toutefois, en Alberta, les écoles séparées ont acquis le droit de se retirer du programme de subventions provincial et de continuer à percevoir des taxes auprès de leurs propres communautés. Ce droit n'a pas été attribué aux réseaux d'écoles publiques non confessionnelles. De par la Constitution, quatre provinces ont protégé les systèmes scolaires catholique romain et protestant. Terre-Neuve, pour sa part, possède actuellement un système d'éducation entièrement confessionnel. Au Canada, près d'un tiers de tous les élèves des écoles publiques fréquentent des écoles confessionnelles, surtout des écoles catholiques romaines. En 1993-1994, environ 95 p. 100 des quelque 5,36 millions d'élèves inscrits dans toutes les écoles fréquentent des écoles publiques.

Administration fédérale En vertu de la section 91 de la *Loi constitutionnelle de 1867,* le gouvernement fédéral est responsable des Amérindiens et de leur éducation (*voir* AUTOCHTONES, ÉDUCATION DES). Jusqu'à la fin des années 40, cette responsabilité est largement assumée par des écoles qu'administrent des organismes religieux agissant au nom du gouvernement fédéral qui les finance. Bien que la LOI SUR LES INDIENS ait été amendée, en 1951, afin de faciliter l'intégration des élèves autochtones et non autochtones dans les écoles provinciales, l'initiative a connu peu de succès.

Au cours des 25 dernières années, les demandes croissantes des autochtones pour gérer leurs propres écoles amènent graduellement le ministère des Affaires indiennes à se retirer de toute participation directe à l'éducation des autochtones, sauf dans le cas de quelques écoles de réserves. À la suite des accords conclus entre les bandes des PREMIÈRES NATIONS et le ministère, le gouvernement n'agit plus que comme agent de financement des programmes, entièrement gérés par des secteurs de la communauté autochtone.

Dans la plupart des régions, les responsables de l'éducation au sein de la bande prennent les décisions concernant l'engagement du personnel, le programme d'études, la langue d'enseignement, la durée de l'année scolaire et l'allocation des ressources. Les chefs des Premières nations considèrent l'administration de leur propre système d'éducation et de leurs propres écoles comme un aspect important de leur droit inhérent à l'autonomie gouvernementale.

Le gouvernement fédéral s'est aussi largement désengagé de l'administration des écoles situées sur les bases des forces armées régies par le ministère de la Défense nationale. Des ententes ont été prises afin que l'école locale, relevant du gouvernement provincial, dispense l'enseignement aux enfants du personnel des forces armées, tout en étant financée par le gouvernement fédéral. Toutefois, près de 3000 élèves fréquentent des écoles canadiennes d'outremer qui suivent le programme scolaire de l'Ontario.

Dans les Territoires du Nord-Ouest et du Yukon, l'éducation reste entièrement financée par le gouvernement fédéral, mais est régie par des ordonnances des assemblées de ces deux régions.

Administration privée Dans toutes les provinces du Canada, il existe des ÉCOLES PRIVÉES ou indépendantes. Elles doivent recevoir l'approbation du gouvernement provincial en ce qui a trait à leur programme d'études et à la sécurité de leurs installations. Même si cinq provinces apportent un soutien financier à ce type d'écoles, cette aide n'est en rien comparable à celle qu'elles accordent aux écoles publiques.

Les écoles privées tirent la majeure partie de leurs revenus des droits de scolarité. Toutefois, en 1991, le gouvernement fédéral a fait une contribution de 5 millions de dollars, principalement par le biais de programmes de subventions aux minorités et pour l'apprentissage d'une LANGUE SECONDE. Au Canada, près de la moitié des écoles privées ou indépendantes sont gérées par des communautés religieuses. Le nombre de ces écoles s'est accru de façon constante au cours des 25 dernières années. En 1996, on compte près de 1500 écoles indépendantes ou privées, fréquentées par quelque 262 000 élèves, un nombre qui ne dépassait pas 135 000 en 1971.

Administration locale À l'échelle locale, les provinces sont divisées en commissions scolaires publiques, régies par des conseils formés d'administrateurs élus et administrées par les directeurs et leur personnel. Les commissions scolaires appliquent la politique provinciale d'éducation; évaluent les élèves et autorisent leur passage à une classe supérieure; engagent, mutent et démettent de leurs fonctions enseignants et administrateurs; élaborent des programmes scolaires particuliers; choisissent les manuels; et, dans quelques provinces, recueillent des fonds supplémentaires au moyen de l'impôt foncier (habituellement incorporé sans révision aux taxes municipales). Elles assument également certaines fonctions comme l'ÉLABORATION DES PROGRAMMES D'ÉTUDES, qui peut être décentralisée par les gouvernements provinciaux.

Étant donné la conjoncture actuelle, chaque province songe à réduire le nombre des commissions scolaires et à centraliser une certaine partie des fonctions déléguées traditionnellement aux conseils scolaires. Il existe aussi des projets pour susciter une coopération interprovinciale dans l'élaboration des programmes d'études et d'un programme d'examens national. Par l'intermédiaire du conseil des ministres de l'Éducation, les ministères provinciaux de l'Éducation ont conclu un accord pour implanter un programme d'indicateurs du rendement scolaire qui permettrait, à l'intérieur d'un échantillonnage par âge, de faire passer aux élèves un examen sur différents sujets, suivant un cycle de trois ans. La possibilité que les normes d'enseignement diffèrent de façon significative d'une province à l'autre s'en trouverait ainsi considérablement réduite.

Éducation postsecondaire L'éducation postsecondaire relève aussi de l'autorité des provinces, de sorte qu'il existe des écarts dans les modes de gestion de ce secteur d'une province à l'autre. Toutes les provinces ont un système d'enseignement postsecondaire de deux ordres, dans lequel on fait une nette distinction entre les universités et les établissements qui n'offrent pas de diplômes d'études de cycle supérieur. Le Canada compte 70 universités en 1996 et près de 200 écoles techniques et COLLÈGES COMMUNAUTAIRES. Un certain nombre d'universités ont des collèges affiliés qui offrent un diplôme universitaire ou agissent comme établissements de recrutement pour l'université. De même, il n'est pas rare que les collèges aient plus d'un campus, souvent situés dans d'autres villes.

En 1995, les inscriptions d'étudiants à temps plein dans les établissements postsecondaires dépassent 940 000, dont 574 000 dans les universités. Pour ces dernières, cela représente une augmentation de plus de 70 p. 100 entre 1971 et 1995. Toutefois, l'année 1995 connaît la première baisse dans cette catégorie depuis 1978. Au total, on note une diminution d'un peu plus de 2000 inscriptions à temps plein, surtout parmi les étudiants des 2e et 3e cycles. Ce chiffre équivaut à une baisse de 0,4 p. 100 par rapport à 1994. Les inscriptions à temps plein représentent près de 64 p. 100 de toutes les inscriptions dans les universités et près de 62 p. 100 dans les collèges. De 1978 à 1994, la fréquentation des universités à temps plein augmente de quelque 57 p. 100, alors que, pendant la même période, la fréquentation à temps partiel s'accroît de plus de 90 p. 100. Le nombre d'étudiants à temps partiel dans les universités atteint un sommet en 1992, avec un peu plus de 316 000.

Toutefois, le taux de croissance total semble baisser considérablement ces dernières années, et le nombre d'étudiants universitaires à temps partiel décline en 1993, 1994, et 1995. Ce déclin se produit dans toutes les provinces, et ce, pour les études postsecondaires et supérieures. À la fin du XXe siècle, 266 000 étudiants à temps partiel fréquentent les universités au Canada. On estime que la baisse des inscriptions à temps partiel est due à l'augmentation des droits de scolarité et aux conditions du marché du travail. En règle générale, les étudiants à temps plein sont plus jeunes que leurs homologues à temps partiel, la moyenne d'âge étant respectivement de 21 ans et de 30 ans. Dans les collèges, la moyenne d'âge des étudiants à temps plein est de 20 ans contre 30 ans pour celle des étudiants à temps partiel. Au cours des 30 dernières années, on assiste à une augmentation soutenue et régulière du nombre de femmes inscrites dans les collèges et les universités. À présent, les femmes forment la majorité des étudiants dans les deux types d'établissements, tant pour les études à temps partiel que pour les études à temps plein (*voir* FEMMES ET ÉDUCATION). En 1991, on estimait que 23 p. 100 de l'ensemble des 18-24 ans étaient inscrits à temps plein dans des établissements postsecondaires au Canada.

En plus des collèges, il existe un nombre substantiel d'organismes de service comme des syndicats, des associations professionnelles, des bibliothèques, des Églises, des sociétés privées et des musées qui s'occupent de l'ENSEIGNEMENT AUX ADULTES.

Systèmes provinciaux d'enseignement

Selon la *Loi constitutionnelle de 1867*, les provinces sont responsables de l'éducation, d'où la mise en place de 12 systèmes d'enseignement autonomes pour les 10 provinces et les 2 territoires. Chaque province compte au moins un ministre de l'Éducation, qui est un membre élu du corps législatif (ou, au Québec, de l'Assemblée nationale). Actuellement, quatre provinces ont un ministre responsable du secteur de l'enseignement postsecondaire, mais ce nombre a varié au cours des dernières décennies. Chaque ministre est secondé par un sous-ministre adjoint et de hauts fonctionnaires qui gèrent leur ministère et agissent à titre de conseillers. En ce qui concerne l'école publique, le ministre et, par son intermédiaire, le ministère de l'Éducation établissent ou approuvent les programmes d'études, sanctionnent la formation du personnel administratif et enseignant, approuvent les manuels scolaires, autorisent les investissements et allouent l'essentiel des fonds de fonctionnement aux commissions scolaires.

Financement Le plan typique de financement provincial consiste en un programme par lequel la province garantit les fonds de base pour chaque enfant de l'école publique. Dans certaines provinces, les autorités scolaires locales ajoutent à cette subvention des sommes recueillies au moyen d'une taxe foncière municipale. Toutefois, le pourcentage du revenu total reçu du gouvernement par une commission scolaire diffère d'une province à l'autre et d'une commission scolaire à l'autre. En 1991, en Ontario, une moyenne de quelque 40 p. 100 des fonds des conseils scolaires provenaient de la province, mais la proportion variait considérablement en fonction de la capacité de taxation de chaque municipalité.

Le York Regional Board of Education obtient près de 90 p. 100 de ses fonds par le biais d'une taxe municipale, alors que les subventions provinciales n'en représentent qu'environ 10 p. 100. Au Manitoba et en Saskatchewan, les conseils scolaires tirent respectivement quelque 70 p. 100 et 50 p. 100 de leurs revenus de la province. Une variété de mécanismes de subventions spéciales pour combler les besoins particuliers de certaines commissions scolaires et de certains élèves complètent ce tableau. Des changements significatifs interviennent dans les modes de financement de l'éducation par les provinces. En 1996, l'Ontario a terminé une étude de ses pratiques de financement et l'Alberta a retiré aux systèmes scolaires le droit de prélever des taxes à l'échelle municipale. L'Alberta collecte aujourd'hui toutes les taxes imposées aux sociétés et aux industries pour les distribuer aux commissions scolaires suivant la formule provinciale. Cette initiative vise à annuler les disparités entre les commissions scolaires, à la merci d'un système basé sur les avoirs et la capacité de taxation.

Enseignement confessionnel Chaque province a résolu à sa façon le problème du soutien des écoles confessionnelles. En Ontario, un accord antérieur à la Confédération a conduit à la reconnaissance constitutionnelle d'écoles élémentaires séparées, organisées au sein du système scolaire public, pour les protestants et les catholiques. En 1986, la Cour suprême du Canada appuie le gouvernement ontarien dans sa tentative d'étendre le financement public complet aux écoles secondaires catholiques et indique qu'en agissant ainsi la province ne fait que redonner à la communauté catholique les droits constitutionnels qu'on lui a injustement retirés par décisions judiciaires à la fin des années 20. Au moment de la Confédération, le Québec a déjà un double système (catholique et protestant) d'enseignement, qui est administré par le ministère de l'Éducation à partir de 1964. En 1993, une décision de la Cour suprême permet au gouvernement du Québec de réorganiser son système d'éducation selon une structure essentiellement linguistique, mais permettant aux protestants et aux catholiques d'établir leurs écoles distinctes à l'intérieur de celle-ci. La Saskatchewan et l'Alberta ont adopté l'organisation de l'Ontario en 1905, au moment où elles sont devenues des provinces, une structure spécifiée d'ailleurs par les ordonnances des Territoires du Nord-Ouest de 1901. Toutefois, l'Alberta continue d'assurer entièrement le financement des écoles secondaires catholiques, un droit qui n'est rétabli en Saskatchewan que dans les années 60. Dans les Maritimes, des ententes non officielles existent à l'échelle locale dans nombre de communautés pour le soutien des écoles confessionnelles au moyen de fonds publics, même s'il n'existait aucune disposition juridique pour les écoles séparées au moment où ces provinces se sont jointes à la Confédération.

Au cours des 30 dernières années, le regroupement d'un grand nombre de commissions scolaires entraîne la disparition quasi totale de ces ententes officieuses. Le Manitoba a rejeté les propositions juridiques et politiques visant à rétablir le soutien de l'État aux écoles catholiques au cours des années 1890 (*voir* ÉCOLES DU MANITOBA, QUESTION DES). Toutefois, dans les années 1960, une aide modeste de l'État est consentie à ces écoles aussi bien qu'aux écoles privées. On estime qu'à la fin du XXe siècle, les écoles indépendantes de cette province recevront à peu près 80 p. 100 du financement alloué aux écoles publiques. La Colombie-Britannique possède un réseau scolaire public unique, mais apporte aux écoles privées une aide sous forme de mesures d'allègement fiscal depuis 1977. À Terre-Neuve, le système des écoles publiques est entièrement organisé selon une structure confessionnelle. Au moment de son adhésion à la Confédération (1949), une clause de la Constitution protège les écoles de sept confessions différentes. Cette protection s'étend par la suite à celles de l'Église pentecôtiste. En 1996, ce ne sont pas toutes les confessions qui possèdent des écoles à Terre-Neuve et le gouvernement procède à une restructuration importante afin de réduire les coûts et le dédoublement des services et d'assurer une qualité supérieure d'enseignement pour tous. En 1995, à l'occasion d'un référendum provincial, une légère majorité accepte le projet gouvernemental de réorganisation du système d'enseignement. Par la suite, le gouvernement approuve une proposition d'amendement à la Constitution, au Terme 17 des termes de l'Union avec le Canada, puis soumet cette requête au gouvernement fédéral pour examen. Les détails relatifs à la forme que prendra le système d'éducation de Terre-Neuve après la restructuration ne sont pas connus à ce jour.

Niveaux d'enseignement Les systèmes d'éducation des provinces diffèrent sur bien d'autres plans. Il existe ainsi des écarts notables dans la manière d'organiser les niveaux d'enseignement. Aujourd'hui, toutes les provinces soutiennent financièrement les maternelles à l'intérieur des écoles élémentaires. L'Alberta a diminué son soutien aux maternelles de presque 50 p. 100 au cours des dernières années, pour le rétablir à 100 p. 100 en 1996-1997. On note aussi des différences dans la division des cycles scolaires. Ainsi, cinq des provinces et les deux territoires ont un cycle élémentaire qui couvre les 6 premières années, alors qu'une province le limite à 5 années et que d'autres le prolongent jusqu'à la 7e année. L'enseignement élémentaire des trois provinces restantes s'étend sur 8 années avant le cycle du secondaire. En Colombie-Britannique, le cycle du secondaire commence à la 8e année, tandis que dans les autres provinces et les territoires, les 6 années (7 en Saskatchewan) du secondaire sont réparties en 2 cycles. La 12e année correspond à la classe la plus élevée dans la plupart des provinces. Au Québec, cependant, il s'agit du 5e secondaire (11e année). En Ontario, on prévoit éliminer la 4e année du cycle secondaire supérieur; les élèves pourront donc, après avoir suivi un programme d'études de 3 ans dans un *high school,* obtenir tous les crédits nécessaires pour entrer dans les universités de la province. Quant au Québec, l'élève qui termine son secondaire doit suivre un programme de deux ans dans un COLLÈGE D'ENSEIGNEMENT GÉNÉRAL ET PROFESSIONNEL (CEGEP) avant d'être admis dans une université de la province.

Scolarité obligatoire Dans toutes les provinces, la fréquentation scolaire, sous une forme ou une autre, est obligatoire entre 6 et 16 ans. Toutefois, la manière de délimiter l'âge scolaire diffère sensiblement de l'une à l'autre. P. ex., Terre-Neuve décrète que tous les enfants qui ont 6 ans au 31 décembre doivent aller à l'école; pour le Nouveau-Brunswick et la Colombie-Britannique, l'âge est de 7 ans au 31 décembre; et pour l'Île-du-Prince-Édouard, de 7 ans au 31 janvier. Une autre province fixe la limite d'âge à 6 ans au jour de la rentrée scolaire en septembre, tandis qu'une autre exige 7 ans à cette date.

Il existe autant de confusion en ce qui concerne l'âge auquel les élèves ne sont plus obligés d'aller à l'école. Selon la province, un élève peut être libéré de son obligation le jour de ses 16 ans, à la fin de la session où il a eu 16 ans, ou encore à la fin de l'année scolaire où il a eu 16 ans.

Enseignement postsecondaire

Au Canada, le système d'enseignement postsecondaire est presque exclusivement public. Il existe certaines ambiguïtés au sujet du terme postsecondaire. Pour certains, il désigne le niveau d'enseignement qui fait suite à l'obtention d'un diplôme d'études secondaires, alors que pour d'autres, il fait référence à l'âge de l'étudiant plutôt qu'à un programme. Au milieu des années 60, la demande de places dans les universités du pays s'accroît de façon spectaculaire, ce qui va conduire à la création et à l'expansion du système collégial.

Système collégial Le système collégial existe dans toutes les provinces et les autorités provinciales veillent de près à son fonctionnement. Au cours des 30 dernières années, son expansion est l'un des faits les plus marquants de l'évolution de l'enseignement postsecondaire au Canada. Le nombre d'inscriptions à temps plein dans les collèges passe de 21 000 en 1951 à plus de 365 000 de nos jours.

Universités À partir des années 60, la plupart des universités canadiennes commencent à dépendre de façon plus directe des gouvernements provinciaux, à mesure que déclinent le pouvoir et les ressources des communautés religieuses qui les dirigent. De nos jours, les universités canadiennes, sauf deux d'entre elles, sont régies par des chartes et des lois provinciales. Elles reçoivent une grande part de leur financement et de leurs revenus d'exploitation des gouvernements provinciaux. Toutes les provinces exercent de plus en plus leur autorité sur la planification générale, le développement et les programmes des universités. De plus, leurs dépenses sont soumises à un examen rigoureux de la part du gouvernement.

En 1992-1993, 15,56 milliards de dollars sont investis dans l'enseignement postsecondaire au Canada, dont 67 p. 100 par les provinces, territoires et municipalités et 12 p. 100 par le gouvernement fédéral. Les droits de scolarité versés par les étudiants correspondent à 11 p. 100 de cette somme, tandis que d'autres sources comme les dons ou les revenus de placements en représentent 10 p. 100. Cette somme de 15,56 milliards de dollars équivaut à 2,25 p. 100 du produit intérieur brut (PIB). Les chiffres ne reflètent pas l'aide financière allouée aux provinces par l'intermédiaire du financement des programmes établis, mis en application en vertu de la *Loi sur les accords fiscaux entre le gouvernement fédéral et les provinces* en 1977. Suivant cette loi, le gouvernement fédéral accorde une aide financière aux provinces pour les coûts des soins de santé et de l'enseignement postsecondaire. Les sommes versées aux provinces sous forme de subventions inconditionnelles vont dans les revenus généraux et peuvent être transférées aux collèges et universités pour défrayer en partie la contribution de la province, établie à 67 p. 100.

Les inscriptions et les dépenses ayant trait à l'enseignement postsecondaire augmentent rapidement au cours des trois dernières décennies, tout comme la proportion des femmes inscrites dans les universités et les collèges. Entre 1981 et 1991, la proportion des diplômes décernés aux femmes passe de 58 p. 100 à 59 p. 100 dans les collèges et de 50 p. 100 à 56 p. 100 au 1er cycle universitaire. L'augmentation est encore plus sensible aux cycles supérieurs, passant de 39 p. 100 à 47 p. 100 pour la maîtrise et de 24 p. 100 à 32 p. 100 pour le doctorat. Bien que les femmes constituent une grande partie de l'effectif étudiant dans les collèges et les universités, elles sont encore minoritaires au sein du corps professoral, représentant seulement 18 p. 100. De plus, même si ces chiffres indiquent une augmentation de plus de 30 p. 100 au cours des 10 dernières années, les femmes occupent surtout les rangs inférieurs du corps professoral universitaire. Elles représentent à peine 8 p. 100 des professeurs titulaires, 20 p. 100 des professeurs agrégés et 33 p. 100 des professeurs adjoints. L'écart est moins prononcé dans les collèges, même si les femmes n'y forment que 40 p. 100 de l'effectif enseignant. En outre, si le nombre de femmes diplômées augmente régulièrement, elles tendent à se cantonner dans les domaines de l'éducation, des arts appliqués, des beaux-arts et des sciences humaines, là où le taux de sous-emploi et de chômage est en général le plus élevé.

Rôle du gouvernement fédéral Le Canada est le seul pays industrialisé à ne pas avoir de bureau fédéral ou de ministère de l'Éducation, et cela, tant au chapitre des écoles publiques qu'au chapitre des établissements postsecondaires. Néanmoins, à partir de 1912, le gouvernement fédéral contribue souvent indirectement au soutien financier d'initiatives en éducation. Il intervient dans le secteur de l'éducation au moyen d'une variété de programmes gérés par une multitude de ministères et d'organismes.

Réseau d'écoles publiques Dans le réseau des écoles publiques, en plus des secteurs déjà mentionnés dont le gouvernement fédéral est responsable, le rôle du fédéral consiste surtout à financer l'enseignement de la langue pour les minorités officielles et pour les programmes d'immersion en français (*voir* ENSEIGNEMENT DES LANGUES SECONDES). Bien que les programmes les plus remarqués soient parrainés par la Commission canadienne de l'emploi et de l'immigration et le Secrétariat d'État, la présence du fédéral en éducation se manifeste également dans le caractère éducatif d'organismes comme l'OFFICE NATIONAL DU FILM et la SOCIÉTÉ RADIO-CANADA.

Réseau postsecondaire Dans le réseau postsecondaire, presque tous les ministères et les organismes fédéraux interviennent en apportant un soutien financier. Les interventions les plus notables comprennent la garantie des prêts étudiants auprès des banques et d'autres prêteurs désignés, en vertu de la *Loi canadienne sur les prêts aux étudiants* (*voir* ÉTUDIANT, AIDE FINANCIÈRE À L'), et les activités du CONSEIL NATIONAL DE RECHERCHES DU CANADA et de trois conseils de subvention de recherche. Le programme d'enseignement postsecondaire géré par le ministère des Affaires indiennes et du Nord canadien accorde aux étudiants admissibles une aide financière pour les droits de scolarité, les frais de voyage et de subsistance liés à la fréquentation d'un collège ou d'une université. Le ministère de la Défense nationale dirige trois collèges militaires, tous autorisés à délivrer des diplômes universitaires. De plus, il finance les études universitaires destinées à former le personnel des forces armées et fournit des fonds de recherche en sciences physiques et sociales comme en sciences humaines.

En 1867, l'éducation était l'un des services les plus simples du gouvernement, facile à administrer et financer localement. Toutefois, le temps ont changé, la question est devenue plus complexe et malgré l'énoncé clair de la section 93 de la *Loi constitutionnelle de 1867,* le gouvernement fédéral s'est vu obligé d'intervenir souvent dans l'organisation de l'éducation pour satisfaire à de nombreuses demandes en matière d'éducation à l'échelle nationale, sur le plan financier ou autres. Son engagement dans un domaine qui ne relève pas de sa juridiction débute en 1912 avec de très modestes subventions à l'agriculture et aux écoles d'agriculture provinciales et se poursuit par la *Loi sur l'enseignement technique* de 1919, qui alloue des subventions aux provinces pour l'enseignement professionnel, technique et industriel (*voir* ENSEIGNEMENT TECHNIQUE). De nos jours, ses interventions revêtent plusieurs formes, comme le financement du programme de formation professionnelle établi en vertu de la *Loi sur l'assistance à la formation technique et professionnelle* (1960), de la *Loi sur la formation professionnelle des adultes* (1967) et de la *Loi nationale sur la formation* (1982). Le gouvernement fédéral assure aussi le financement du programme des langues officielles destiné à soutenir l'application de la LOI SUR LES LANGUES OFFICIELLES (1969) et celui du programme «l'école avant tout» de 1990, conçu pour réduire le décrochage scolaire.

Par certaines de ces interventions, le gouvernement fédéral tente de répondre aux demandes constantes visant l'amélioration de la formation de la main-d'œuvre. D'autres, comme les projets sur les langues et le programme d'études du Canada, veulent garantir que l'intérêt du pays et l'identité nationale soient pris en considération dans les volets culturels et des sciences humaines des programmes d'études.

Les chiffres les plus récents indiquent que le coût total de l'éducation au Canada s'élève, en 1992, à 55,8 milliards de dollars. De cette somme, près de 12 milliards représentent la contribution du gouvernement fédéral. Celle-ci comprend les transferts fiscaux aux provinces et territoires pour le soutien de l'éducation postsecondaire et des programmes des langues officielles, le financement de la recherche universitaire, l'aide financière aux étudiants et les coûts des programmes dans les domaines relevant de la juridiction du fédéral. Depuis, les montants transférés aux provinces selon cette entente ont été réduits, d'où des coûts plus élevés pour les provinces et l'augmentation des droits de scolarité pour les étudiants.

Conseil des ministres de l'Éducation du Canada En 1967, le CONSEIL DES MINISTRES DE L'ÉDUCATION DU CANADA (CMEC) est créé par les ministres provinciaux de l'Éducation, en partie en réaction à ce qu'ils considèrent comme un interventionnisme croissant du gouvernement fédéral dans ce domaine. Le CMEC se compose de tous les ministres provinciaux de l'Éducation et agit selon un mode de prise de décisions par consensus. En conséquence, même si le conseil se révèle utile au chapitre de l'échange des idées, il a peu d'influence sur l'éducation à l'échelle nationale. Récemment, il a contribué au lancement d'un certain nombre d'initiatives cogérées, parmi lesquelles l'élaboration d'un ensemble de tests de connaissances ou d'indicateurs destinés à évaluer les apprentissages de la population étudiante dans tout le pays. Le CMEC a aussi travaillé avec Statistique Canada à la compilation de statistiques pancanadiennes fiables sur l'enseignement élémentaire, secondaire et postsecondaire. Le conseil est formé d'une petite équipe et travaille en collaboration avec le gouvernement fédéral pour la révision de la législation fédérale en matière d'éducation ou de financement des programmes d'enseignement. Un représentant du gouvernement fédéral assiste aux réunions du CMEC, mais il n'a pas le droit de vote.

Évaluation En 1976, le rapport sur l'éducation au Canada, réalisé par l'Organisation de coopération et de développement économiques (OCDE), conclut qu'il n'existe pas au pays un débat réel sur les objectifs de l'éducation. Selon le rapport, «la politique canadienne en matière d'éducation est sans doute la moins politisée au monde». Pour certains, l'absence de controverse sérieuse à cet égard renforce l'idée selon laquelle il existe un fort consensus dans la société au sujet des buts de l'éducation et du rôle des écoles. Il reste à déterminer si c'est l'absence de débat politique public qui favorise le maintien du statu quo en éducation ou si c'est la satisfaction suscitée par le statu quo qui élimine les besoins d'un débat. Toutefois, il ne fait pas de doute que l'un des points saillants de l'éducation canadienne jusqu'à tout récemment demeure la quasi-absence de changements significatifs dans la manière de gérer l'éducation et de la dispenser.

Vagues de changement Après la publication du rapport de l'OCDE, des changements notables se sont produits dans la structure sociale canadienne. Le pluralisme est devenu la caractéristique qui décrit le mieux le pays, d'où l'importance accordée à la diversité et à la tolérance à l'égard de cette diversité. Dans l'ensemble du Canada, le pluralisme se manifeste souvent comme une tentative pour renforcer et maintenir les identités locales et régionales. Les perspectives s'assombrissent à mesure que progresse la tendance vers la mondialisation qui marque de nombreux aspects de la vie, comme le démontrent les envahissantes forces culturelles transnationales, ainsi que la création d'alliances commerciales à l'échelle mondiale et la prolifération rapide d'immenses sociétés multinationales. Les tensions créées par la nécessité pour le Canada de demeurer viable et compétitif dans ce monde en transformation, tout en nourrissant la nature pluraliste et multiculturelle de sa communauté, forcent les gouvernements provinciaux à réexaminer les systèmes d'éducation du point de vue de leurs structures et des méthodes d'enseignement. Les tensions sont d'autant plus fortes qu'on dispose de moins d'argent pour tous les services publics, y compris l'éducation.

Perspectives d'avenir C'est en réaction à ces tensions qu'une commission, soit entreprendre une vaste étude les 10 provinces et les territoires ont soit formé pour analyser la performance de leur système d'éducation. Cet examen a mis l'accent sur l'identification d'un nouveau mode d'organisation qui permettrait d'offrir un enseignement plus efficace. Dans le cas des écoles publiques, on entend réduire de façon significative le nombre de commissions scolaires et le nombre des membres des conseils scolaires au pays. Il s'agit de favoriser une plus grande concurrence entre les écoles et les systèmes scolaires et de faciliter la création et la gestion d'ÉCOLES À CHARTE. Les parents seront appelés à faire leur part à l'échelle locale et les enseignants devront préciser clairement les résultats des apprentissages et exiger un rendement élevé de la part de leurs élèves. Le financement de l'éducation est en cours de modification afin de garantir qu'une plus grande proportion du revenu du système scolaire soit allouée à l'enseignement. Nombre de ces mesures suscitent d'énormes controverses et les initiatives du gouvernement provincial sont souvent contestées devant les tribunaux. Le domaine de l'éducation au Canada est nettement plus politisé de nos jours qu'il ne l'était il y a 20 ans.

Lionel Orlikow

Éducation physique (kinésiologie) Discipline faisant partie du programme scolaire de chaque province du Canada et qui a débuté par une variété de formes d'activité et de concepts, tels que les exercices militaires, la callisthénie, la gymnastique, les exercices physiques et la culture physique. Le terme «éducation physique» désigne l'entraînement physique délibérément ou assidûment effectué dans une salle de cours ou durant les heures normales de cours plutôt qu'un concept englobant qui peut comprendre toutes les formes de jeu et de sport interscolaire ou périscolaire pratiqués dans les établissements d'enseignement. Ces derniers temps, le terme «kinésiologie» remplace l'expression «éducation physique» dans le but de définir ce domaine avec plus de précision.

Histoire variée Étant donné que l'ÉDUCATION relève du gouvernement provincial, l'histoire de l'éducation physique varie d'une province à l'autre. Les personnes qui s'occupaient d'éducation dans le centre du Canada furent responsables des premières influences et initiatives dans le domaine, en particulier, le premier commissaire en chef (ministre) de l'éducation en Ontario, Egerton RYERSON. Après plusieurs voyages en Europe dans les années 1840, ayant pour but l'étude de divers systèmes d'éducation, Ryerson essaie d'imposer de nouvelles disciplines pratiques telles que la musique, l'art et l'éducation physique dans les programmes scolaires existants du Canada-Ouest.

Au milieu du XIXe siècle, l'éducation se fonde sur les disciplines classiques (latin, grec) et s'adresse principalement aux fils de familles bien nanties qui fréquentent les ÉCOLES PRIVÉES et les écoles secondaires. Ryerson cherche à remodeler la pyramide de l'enseignement depuis la base, à savoir les écoles primaires ou «publiques».

En Europe, l'entraînement physique est alors ancré dans des systèmes d'exercices institutionnels tels que le système Ling en Suède, le système danois et les sociétés de gymnastique allemande (Turnverein), mais le Canada ne possède pas de tradition de la sorte. Lorsqu'en 1852, Ryerson publie une série d'articles, accompagnés de gravures, sur l'entraînement physique dans les écoles, dans *The Journal of Education for Upper Canada*, organe de son administration, il préconise effectivement l'intégration de l'entraînement physique dans les écoles.

Avant 1880, seuls 17 p. 100 des enseignants de l'Ontario reçoivent une certaine formation pédagogique, et la Toronto Normal School, principal centre de formation de la province, est la seule à pouvoir se targuer de posséder les installations pour enseigner l'entraînement physique, qu'elle qu'en soit la forme. Cependant, le premier professeur d'éducation physique à la Normal School, un instructeur militaire à la retraite, le colonel Henry Goodwin, n'enseigne alors probablement que des exercices militaires et la callisthénie (exercices au sol) au petit nombre de futurs professeurs inscrits. Le seul guide d'éducation physique que le bureau d'éducation met à la disposition des professeurs est un guide d'exercices militaires.

Exercices militaires et callisthénie stricte Le plaidoyer de Ryerson en faveur d'une forme d'entraînement physique et les menaces militaristes de la Guerre de sécession des années 1860 entraînent l'instauration des exercices militaires et de la callisthénie stricte comme forme d'éducation physique dans les écoles. Pendant le dernier tiers du XIXe siècle, les écoles catholiques françaises et protestantes anglaises du Québec avaient insuré en utilisant une sorte d'équipement de gymnastique introduit dans les écoles de Montréal par Frederick Barnjum, propriétaire d'un gymnase à Montréal et premier professeur d'éducation physique à McGill. L'idée de former et de discipliner le corps au moyen des exercices militaires est également adoptée dans les Maritimes, où l'on embauche des instructeurs militaires pour donner des cours d'éducation physique. Dans les provinces de l'Ouest, qui sont peuplées à la fin du XIXe siècle, les exercices militaires et la callisthénie constituent l'unique forme d'entraînement physique adoptée par les professeurs ou les conseils scolaires. Les jeux et les sports ne sont acceptés dans les programmes d'études nulle part au Canada.

Matériel pédagogique Au tournant du siècle, la tendance de nombreuses provinces à rendre obligatoire l'éducation publique et les méthodes de formation des professeurs favorise la normalisation des programmes d'études (du moins, en théorie). À cet égard, la création de manuels d'enseignement et le fait que la majorité y ait désormais accès sont très importants. Les manuels contiennent des consignes concernant les plans de cours de nombreuses matières. En éducation physique, les manuels d'enseignement renferment des sections sur le matériel pédagogique. De plus, des manuels anciens, p. ex., *Blackie's Sound Bodies for Boys and Girls* au Nouveau-Brunswick et *Houghton's Physical Culture* en Ontario, tous deux publiés à la fin des années 1880, présentent des plans de cours pour les professeurs d'exercices militaires, de callisthénie et de gymnastique. Les rapports ministériels sur le nombre d'élèves dans chaque discipline font ressortir des augmentations importantes du nombre d'élèves suivant des cours d'éducation physique, ce qui coïncide avec la disponibilité des manuels.

En 1909, le premier programme national d'éducation physique, le Fonds Strathcona, est mis sur pied dans les écoles primaires et secondaires grâce à une association des ministères provinciaux de l'Éducation et du ministère fédéral de la Milice. Sir Frederick W. BORDEN, ministre de la Milice, convainc sir Donald SMITH (Lord Strathcona), magnat des chemins de fer et mécène, de faire don de 500 000 $ pour financer l'organisation de l'enseignement des exercices physiques et militaires dans les écoles canadiennes. Ce capital est investi et les intérêts courus financent le programme. Le Fonds Strathcona permet d'élaborer trois plans de cours ou manuels largement utilisés dans les écoles canadiennes. Ces manuels classent l'éducation physique parmi les matières régulières d'enseignement. Leurs auteurs encouragent la formation des professeurs en éducation physique. Toutefois, les ministères de l'Éducation s'appuient entièrement sur le Fonds et offrent très peu d'avantages significatifs ou financiers pour promouvoir l'éducation physique. Comme ce programme est d'inspiration militaire, il n'évolue pas de pair avec les tendances américaines et européennes en éducation physique. Les modèles américains et européens commencent en effet à percevoir le jeu et le sport comme des compléments à l'entraînement systématique du corps.

Opposition farouche Les éducatrices, avec à leur tête la directrice de l'éducation physique à l'U. McGill, Ethel Mary Cartwright, s'opposent farouchement au caractère militariste du Fonds Strathcona et aux «exercices d'assouplissement» préconisés, qui vont à l'encontre du penchant naturel de l'enfant pour le jeu. Les professeures d'éducation physique reçoivent au départ une formation à la Margaret Eaton School of Physical Culture (à l'origine, la Margaret Eaton School of Literature and Expression) de Toronto, puis à la McGill School of Physical Education. Pour obtenir leur diplôme, elles doivent suivre des cours d'anatomie, de physiologie, d'hygiène, de premiers soins ainsi qu'une formation en sport.

Bien que le dernier plan de cours du Fonds Strathcona, publié en 1933, comprend une section complète sur l'amusement et les jeux, dans les faits, l'enseignement demeure strict, traditionnel et axé sur la discipline. Le directeur du Département d'éducation physique à l'U. McGill, celui qu'on appelle le «père» de l'éducation physique au Canada, Arthur Stanley Lamb, ne manque pas une occasion de s'opposer aux méthodes prônées par le Fonds Strathcona. Lamb cherche à imposer une nouvelle forme d'éducation physique en créant, en 1933, une association professionnelle nationale d'éducation physique, l'Association canadienne d'éducation physique, rebaptisée en 1947 sous le nom d'Association canadienne pour la santé, l'éducation physique et le loisir, puis à nouveau en 1994, l'Association canadienne pour la santé, l'éducation physique, le loisir et la danse (ACSEPLD). Cette dernière est un organisme bénévole national sans but lucratif qui rassemble les spécialistes intervenant pour la santé, l'éducation physique et d'autres domaines connexes. L'ACSEPLD encourage et incite les éducateurs et les professionnels de domaines connexes, ainsi que le grand public, à promouvoir de manière éclairée et proactive les avantages d'une vie active et saine. Parmi les programmes de cet organisme citons l'Éducation physique de qualité (EPOQ) pour contrer le peu de temps (une heure par semaine environ) que consacrent les écoles à l'activité physique. En effet, les enfants marchent de moins en moins, passent 26 heures devant la télévision et de 25 à 30 heures sur les bancs de l'école. Quelque 847 écoles canadiennes, qui s'efforcent de prévoir 150 minutes d'activités physiques par semaine, ont reçu un prix de l'ACSELPD.

Premiers programmes universitaires Combinés avec les premiers programmes universitaires d'éducation physique offerts au Canada à l'U. de Toronto (1940), à l'U. McGill (1945), à l'U. de la Colombie-Britannique, à l'U. Queen (1946) et à l'U. de Western Ontario (1947), l'Association canadienne tente d'intégrer les sports et les jeux dans les programmes d'études, pour faire en sorte que l'éducation physique soit un moyen d'enseignement plutôt qu'une forme de discipline et essaie de donner à l'éducation physique un rôle significatif et reconnu dans le programme d'études. (Dans les années 20 et 30, certaines universités exigent que tous les étudiants suivent un minimum d'heures de cours d'éducation physique ou prennent part à des activités sportives internes ou intercollégiales.) En ce qui concerne la deuxième exigence, la *Loi établissant un Conseil national en vue de développer l'aptitude physique*, adoptée par le gouvernement fédéral en 1943, est l'un des éléments clés qui stimulent la formation universitaire de professeurs en éducation physique et ce, partout au Canada. Cette loi offre 250 000 $ à chaque province qui consacrera une somme équivalente au développement de l'éducation physique.

Lutte continuelle pour le budget De nos jours, bien que la santé préoccupe plus que jamais la population, l'éducation physique semble faire l'objet de constantes restrictions budgétaires. Au cours des années, elle fait des pas de géant vers son institution à tous les niveaux du système d'éducation, de l'école primaire aux programmes universitaires. Maintenant, alors que les commissions et les conseils scolaires de tout le pays font face à des compressions budgétaires énormes, l'existence même des programmes d'éducation physique fait souvent l'objet de remises en question. Ironiquement, à une époque où les coûts de santé montent en flèche et où les gens occupent de plus en plus des emplois sédentaires à l'«âge de l'information», le besoin d'une éducation centrée sur le corps est primordial.

L'Association canadienne pour la santé, l'éducation physique, le loisir et la danse joue un rôle important puisqu'elle considère l'éducation physique comme matière devant faire partie intégrante des programmes de base. Elle tente d'atteindre son objectif par ses efforts de sensibilisation, l'élaboration de ressources, ses activités et occasions de perfectionnement professionnel. L'appui continu des médias, des organismes de santé, d'éducation et de recherche ainsi que le soutien des associations de parents sont nécessaires pour maintenir l'éducation physique ou la kinésiologie comme partie intégrante des programmes d'études. Peut-être qu'Internet deviendra l'outil de promotion d'un mode de vie actif. (*Voir aussi* SPORTS, HISTOIRE DES.)

Don Morrow

Éducation, politique en matière d' Dans chaque province, elle a pour objectif de mettre en place une infrastructure qui favorisera l'épanouissement de chaque personne. L'éducation doit aussi faciliter l'acquisition de compétences utiles à la société, en plus d'inculquer les valeurs prônées par la communauté. La nature distincte de ces objectifs suscite des controverses sur divers aspects de la structure des systèmes d'ÉDUCATION, notamment sur les programmes (particulièrement en ce qui a trait aux sujets délicats comme l'enseignement religieux et l'éducation sexuelle); les droits des minorités ethniques, linguistiques et religieuses; l'étendue et les formes d'aide financière aux niveaux national, provincial et local; et la question de l'autorité gouvernementale en ce qui a trait aux droits des élèves, des étudiants, des parents et des enseignants.

Pendant très longtemps, l'éducation a relevé essentiellement du domaine privé et local (*voir* ÉDUCATION, HISTOIRE DE L'), et l'initiative en revient principalement aux parents et au clergé. Le gouvernement colonial, et plus tard le gouvernement provincial, adoptent un cadre de travail général visant à aider les municipalités, les organismes de bienfaisance et les institutions religieuses à fonder des écoles et à en assurer le fonctionnement, particulièrement là où les impôts locaux servent de contribution publique. La loi prévoit l'accès pour tous aux écoles subventionnées par les deniers publics, même s'il s'agit d'institutions confessionnelles. Les gouvernements provinciaux s'occupent aussi de délivrer des permis au personnel enseignant et d'approuver des manuels scolaires, pour veiller à ce que les fonds publics ne soient pas consacrés uniquement aux écoles d'une confession religieuse particulière. Dans certains cas, une disposition spéciale est prévue pour les minorités religieuses et, implicitement, pour les minorités linguistiques, afin de permettre la création d'écoles confessionnelles ou dissidentes.

La LOI CONSTITUTIONNELLE DE 1867 et les lois portant sur la création du Manitoba (1870), de la Saskatchewan (1905) et de l'Alberta (1905) tentent de constitutionnaliser le droit à l'éducation pour les minorités religieuses, qu'elles soient protestantes ou catholiques. Cette protection s'élargit à un nombre de confessions beaucoup plus élevé dans la loi portant sur la création de Terre-Neuve (1949). L'histoire de l'éducation au Canada est truffée de controverses au sujet des écoles séparées, qui éclatent dans une province après l'autre: au Nouveau-Brunswick, en 1871; au Manitoba, de 1891 à 1896; en Alberta et en Saskatchewan, en 1905; en Ontario, en 1912; au Québec, en 1969; et récemment en Ontario et à Terre-Neuve. Dans la majorité des cas, les droits sur l'éducation inscrits dans la Constitution n'arrivent pas à protéger des minorités de plus en plus préoccupées par les questions linguistiques et religieuses.

Cependant, depuis quelques années, les initiatives d'intérêt public en matière d'éducation accordent une importance prépondérante aux questions d'ordre linguistique, au détriment des questions religieuses. Depuis le début des années 70, l'enseignement de la langue minoritaire et, en particulier, les programmes d'immersion française, sont devenus monnaie courante dans toutes les provinces, à l'exception du Québec. La *Loi constitutionnelle* de 1982 protège le droit des minorités de langue officielle à un enseignement dans leur langue pour leurs enfants. Les tribunaux ont passablement forcé la main des gouvernements en ce sens lorsqu'on le leur a demandé, de sorte qu'aujourd'hui, toutes les provinces sont dotées des infrastructures propres à rendre ce service accessible à tous ceux qui y ont droit.

La protection des droits des minorités a toujours été l'aspect le plus visible de la politique en matière d'éducation. Cependant, le rôle du gouvernement en ce qui a trait au soutien et au contrôle des établissements d'enseignement est une démarche tout aussi importante, sinon plus fondamentale encore. Les autorités provinciales et le gouvernement fédéral se sentent responsables de garantir l'universalité d'accès à un enseignement de haute qualité. La fréquentation scolaire est obligatoire pour tous les enfants âgés de 5 à 16 ans. Le Nouveau-Brunswick se démarque actuellement de cette constante. Une mesure législative déposée en 1997 propose de rendre obligatoire la fréquentation de la maternelle et de prolonger la période de fréquentation obligatoire jusqu'à l'âge de 18 ans. Cette politique vise principalement à augmenter le taux de fréquentation et le nombre d'années de scolarité de la population.

Dans toutes les provinces, les nouvelles orientations politiques en matière d'éducation traduisent l'intention des gouvernements de mieux régir leur système scolaire et ses opérations. Le nombre de systèmes scolaires et d'administrateurs connaît une forte baisse. Les conseils scolaires n'exercent plus qu'un pouvoir très restreint au plan des finances. En même temps, les autorités provinciales réduisent l'aide financière généralement accordée aux institutions d'enseignement postsecondaire tout en accroissant leur emprise dans ce domaine. La dernière décennie est marquée par une centralisation accrue des systèmes d'éducation. Cette initiative date de plus d'un siècle, mais son essor est plutôt récent. C'est le prolongement du rôle de l'État qui a eu le plus de portée sur les changements que connaissent les politiques canadiennes en matière d'éducation depuis un siècle, en transformant les rouages qui mettent en œuvre les politiques en matière d'éducation.

Élaboration et mise en œuvre des politiques Dans toutes les provinces, à l'exception du Nouveau-Brunswick, les conseils scolaires, dont les membres sont élus à l'échelle locale, sont tenus par la loi d'offrir un enseignement gratuit au moyen d'un système d'écoles publiques jusqu'au niveau collégial et universitaire exclusivement. Le Nouveau-Brunswick a aboli les conseils scolaires pour les remplacer par un système de comités et de conseils consultatifs composés de parents. Le système scolaire se divise en deux niveaux: le primaire et le secondaire. La plupart des programmes d'enseignement se terminent à la douzième année, bien qu'au Québec, on obtienne un diplôme d'études secondaires après la onzième année. Le système ontarien vient d'abolir la treizième année.

La *Loi constitutionnelle* de 1867 confie l'éducation «de chaque province» aux assemblées législatives provinciales exclusivement, à l'exception du pouvoir fédéral de législation corrective, qui n'a encore jamais été invoqué, mais qui existe au cas où on ne tiendrait pas compte des droits des minorités religieuses. La compétence provinciale est jalousement gardée, ce qui explique les écarts considérables entre les provinces en ce qui a trait à l'infrastructure scolaire. C'est généralement le ministère provincial de l'Éducation qui établit les politiques globales. Les directives et règlements ministériels prescrivent les éléments essentiels des programmes d'études (*voir* PROGRAMMES D'ÉTUDES, ÉLABORATION DE) ainsi que l'éventail de cours que peuvent offrir les commissions scolaires et les écoles.

De plus, c'est le gouvernement provincial qui approuve le matériel didactique, établit les titres de compétence des enseignants, énonce les droits des parents et des étudiants (p. ex., dans le cas des enfants surdoués ou atteints d'un handicap) et, enfin, détermine le plafond des dépenses par étudiant. Dans les limites parfois étroites prescrites par la réglementation provinciale et les contraintes financières, les représentants élus aux conseils scolaires de comté ou de district exercent des pouvoirs discrétionnaires en ce qui a trait aux programmes d'études, à l'embauche, au placement et à la rémunération des enseignants, à l'emplacement des écoles et à la variété des programmes offerts. Le degré de centralisation du système scolaire varie d'une province à l'autre.

La prise de contrôle de l'éducation par les gouvernements provinciaux ne s'est pas toujours réalisée sans embûches. C'est au Québec que se produit le conflit le plus sérieux. Dans cette province, avant la réforme de 1960, la plupart des étudiants qui se destinent aux études universitaires fréquentent un certain moment des institutions privées, parrainées et administrées pas l'Église, qui dispensent l'enseignement classique (*voir* COLLÈGES CLASSIQUES). Le point de vue traditionnel à ce sujet est que le rôle de l'État dans le domaine de l'éducation devrait se limiter au soutien financier d'un système scolaire constitué d'établissements privés et publics, sur lequel l'Église catholique a un droit de regard dans tous les domaines importants. Dans les structures chargées de l'orientation des politiques, la supervision du système scolaire relève de deux comités consultatifs, soit un comité catholique (le Conseil des évêques) et un comité protestant. Dans les faits, le système scolaire protestant est non confessionnel et dessert toute la population anglophone de la province sauf les catholiques.

Vers la fin des années 1950, les lacunes du système catholique deviennent évidentes. En effet, très peu de jeunes suivent des études secondaires, et les programmes de sciences et de techniques sont de qualité médiocre. Paul GÉRIN-LAJOIE, ministre de la Jeunesse dans le gouvernement nouvellement élu de Jean LESAGE, a l'intention de créer un ministère de l'Éducation (1964) et de moderniser tout le système, mais il se bute à l'opposition de nombreux meneurs traditionnels de la société québécoise. Ceux-ci croient avec raison que la transformation du système scolaire ne peut qu'entraîner des bouleversements sociaux. Par ailleurs, les personnes provenant de milieux ruraux ou défavorisés ont aussi tendance à s'opposer à l'idée de payer pour un système qui, dans leur esprit, ne servira que la classe moyenne des milieux urbains. De plus, l'idée d'envoyer ses enfants à une «polyvalente» éloignée ne plaît pas beaucoup au citoyen vivant en milieu rural. Les gouvernements qui se succèdent réussissent néanmoins à remodeler le système de la maternelle à l'université, en modernisant les programmes d'études et en créant un réseau de polyvalentes et d'établissements d'enseignement postsecondaire, celui des COLLÈGES

D'ENSEIGNEMENT GÉNÉRAL ET PROFESSIONNEL (CEGEPS).

Ces changements controversés au Québec, qui suscitent toujours des disputes virulentes à propos des programmes d'études ou de la structure administrative, ressemblent d'une certaine manière à ceux qui se sont produits plus tôt et sur une période plus longue dans le reste du Canada. Quoi qu'il en soit, la situation au Québec demeure unique, notamment en raison de la position minoritaire des francophones au Canada et de la domination économique exercée autrefois par la communauté anglophone (qui constitue une minorité du point de vue tant religieux que linguistique dans cette province). Le Québec a donc toutes les raisons du monde de vouloir garder la mainmise sur tous les paliers de son système d'éducation. En 1993, le gouvernement provincial obtient l'approbation de la Cour suprême du Canada pour transformer le système public confessionnel en système linguistique. Ainsi, les commissions scolaires sont désormais francophones ou anglophones, et les minorités religieuses peuvent créer au besoin des écoles confessionnelles à l'intérieur de ces systèmes linguistiques.

Le gouvernement de Terre-Neuve, mettant en application les recommandations de la commission Williams de 1992, décide alors d'abolir l'essentiel du système confessionnel qui sert de cadre à toutes les écoles de cette province. Il propose d'établir un système interconfessionnel ou non confessionnel. Afin de légaliser ces modifications, le gouvernement a recours à l'article 43 de la *Loi constitutionnelle* de 1982 pour modifier la clause 17 des Conditions de l'union de Terre-Neuve au Canada (1949) sur l'éducation. Cette modification reçoit l'approbation du gouvernement fédéral, malgré les efforts du Sénat pour tempérer certains éléments de cette nouvelle clause.

Après le succès de cette intervention constitutionnelle du gouvernement de Terre-Neuve, le gouvernement québécois manifeste à son tour l'intention d'obtenir un amendement constitutionnel en vue d'instaurer ses politiques linguistiques dans son système d'éducation.

Le Canada est la seule de toutes les nations industrialisées à ne pas posséder de bureau fédéral en matière d'éducation. Bien que l'autonomie provinciale dans ce domaine soit reconnue par la Constitution et sans cesse revendiquée, il faudrait être naïf pour croire que le gouvernement fédéral ne joue pas pour autant un rôle significatif en cette matière. Aux niveaux primaire et secondaire, ses intérêts se limitent aux droits scolaires des minorités linguistiques, pour lesquels il prévoit l'octroi de subventions au bilinguisme. Cependant, au cours des dernières années, le gouvernement fédéral a financé et mis sur pied des programmes de formation de la main-d'œuvre, encouragé les initiatives visant à aider les élèves «à risque», et tenté d'élargir l'accès aux études postsecondaires et d'augmenter le taux de fréquentation de ces institutions. Les programmes les plus connus sont parrainés par la Commission de l'emploi et de l'immigration du Canada et par le Secrétariat d'État. Tous les ministères et organismes fédéraux assument cependant une certaine responsabilité financière directe ou indirecte au niveau postsecondaire.

Depuis 30 ans, Ottawa encourage vivement ces objectifs de politique en affectant directement des budgets à certains programmes (aide financière aux étudiants, achat de cours de recyclage de la main-d'œuvre auprès d'établissements de formation professionnelle et, de 1951 à 1967, subventions directes aux universités) et des transferts fiscaux aux provinces. En 1992-1993, le gouvernement fédéral accorde sans condition une somme d'environ 1,9 milliard de dollars devant essentiellement servir aux études supérieures. Par ailleurs, les provinces se voient octroyer quelque 3,7 milliards de dollars sous forme de «points d'impôt» (leur part de l'impôt sur

le revenu) en 1977. À cette époque, il s'agit de «transferts fiscaux», composés de points d'impôt et de paiements en espèces, qui permettent aux provinces d'offrir des subventions considérables aux institutions d'enseignement supérieur. Dans ce contexte, les gouvernements fédéral et provinciaux se partagent les dépenses liées aux études postsecondaires. Au départ, le gouvernement fédéral assume la moitié des subventions. Ce pourcentage connaît une hausse jusqu'en 1986 mais, depuis, cette formule a été révisée à la baisse et les subventions fédérales ont diminué de façon considérable (*voir* FINANCES INTERGOUVERNEMENTALES).

La politique en matière d'éducation est formulée de façon parallèle aux autres politiques gouvernementales et suit comme elles l'évolution des métapolitiques appuyées par les gouvernements. Vers la fin des années 1980, les affectations budgétaires en éducation stagnent, alors que pendant les années 1990, elles diminuent radicalement. La grande préoccupation à l'égard de la réduction de la dette et du déficit entraîne une diminution des subventions accordées aux institutions d'enseignement supérieur et une augmentation des frais de scolarité aux niveaux collégial et universitaire. On estime qu'entre 1990 et 1996, les subventions de fonctionnement accordées aux universités ont été réduites de presque 800 $ par étudiant. Ces subventions représentent actuellement 70 p. 100 du budget de fonctionnement, par rapport à 80 p. 100 en 1990.

La diminution des subventions gouvernementales destinées à l'enseignement supérieur est accompagnée d'une augmentation continue des frais de scolarité universitaires. Plusieurs provinces ont cessé de limiter l'augmentation des frais de scolarité par les universités. La grande variabilité des frais de scolarité d'une province à l'autre n'est qu'une autre manifestation de l'autonomie des provinces en matière d'éducation. Aucune province, cependant, n'a pu échapper à des augmentations massives. On estime même qu'en moyenne, les frais en dollars constants ont doublé au cours des 15 dernières années.

Un autre indice de ce changement d'orientation des études postsecondaires, plus particulièrement des études universitaires, est que le gouvernement s'attend à ce que ces institutions acceptent un plus grand nombre d'étudiants, bien qu'aucune aide financière supplémentaire ne soit prévue à cette fin.

Ces changements ont de très graves répercussions sur le fonctionnement des établissements d'enseignement postsecondaire. Plusieurs institutions s'interrogent sur la qualité des services offerts aux étudiants et sur l'entretien du matériel et des bâtiments. Par ailleurs, le niveau d'endettement des étudiants et leur incapacité de rembourser sont des réalités de plus en plus inquiétantes. On commence même à penser que cette hausse des frais de scolarité peut décourager de bons candidats à poursuivre des études supérieures, et à craindre que les études supérieures ne deviennent accessibles qu'aux mieux nantis.

Critique des politiques en matière d'éducation
Dans tous les domaines, les politiques doivent être évaluées en fonction de leurs objectifs. En éducation, il y a de grandes variations dans les préférences individuelles comme dans celles de la collectivité. En ce qui a trait aux programmes d'études, certains estiment que les élèves et les étudiants devraient pouvoir suivre les cours qui les intéressent et étudier à leur rythme, alors que d'autres soutiennent qu'il faut revenir à un enseignement plus classique et moins libéral. En outre, certains favorisent le respect des différences religieuses et linguistiques, tandis que d'autres entendent créer et préserver un sentiment d'identité collectif en offrant un enseignement conforme aux valeurs de la majorité. Une grande question est à la base de tous ces conflits: l'éducation doit-elle contribuer à l'épanouissement des personnes ou plutôt former leur caractère et leur donner les compétences dont la société a besoin afin de faciliter leur intégration sociale? Cette question s'ap-

plique aux controverses sur le niveau des subventions gouvernementales en éducation (particulièrement pour les institutions postsecondaires), l'importance à donner aux institutions privées et le degré de contrôle gouvernemental sur l'ensemble du système.

Néanmoins, tous s'entendent sur certains points: il faut encourager l'obtention d'un diplôme d'études secondaires par le plus grand nombre de citoyens possible, et l'enseignement supérieur doit être accessible à tous. En fait, la comparaison du niveau d'instruction des Canadiens avec celui d'autres pays est clairement à l'avantage du Canada, celui-ci occupant peut-être le premier rang dans le monde. En 1991, plus de 44 p. 100 de la population de plus de 15 ans avait déjà fait des études postsecondaires, tandis que le nombre moyen d'années de scolarité pour ce groupe était de 12,5 ans. Bien que le taux de fréquentation scolaire varie encore d'une province à l'autre, les grandes disparités du passé ont été pratiquement éliminées (le taux de fréquentation scolaire des plus de 15 ans en 1991 était de 15,3 p. 100 en Nouvelle-Écosse, de 18,5 p. 100 en Ontario et de 20 p. 100 au Yukon).

Il est souvent question de moyens financiers lorsqu'on parle d'accès à l'enseignement supérieur (*voir* ÉDUCATION, ACCÈS À L'). Il ne fait pas de doute que ce facteur est important, et c'est pour cette raison que les autorités provinciales doivent imposer aux universités un plafonnement des frais de scolarité. En 1955, environ le quart des frais d'exploitation des universités étaient couverts par les frais de scolarité, un chiffre qui a diminué au cours des 30 années suivantes pour se stabiliser à environ 13 p. 100, bien que les universités présentent d'importants écarts à ce chapitre.

L'augmentation des frais de scolarité au cours de la dernière décennie est telle que, dans certaines provinces, les étudiants doivent maintenant assumer le tiers ou le quart des frais relatifs à leur instruction. L'accès aux prêts et bourses est donc crucial. Cependant, malgré l'augmentation des sommes allouées aux prêts étudiants et l'aplanissement des obstacles à l'obtention d'un prêt, on s'interroge de plus en plus sur le taux d'endettement des étudiants et sur le fait qu'ils doivent souvent déclarer faillite pour s'en sortir. À l'exception du Québec, les prêts sont financés par Ottawa dans le cadre du Programme canadien des prêts aux étudiants, administré par les provinces. De plus, les provinces offrent des bourses en fonction des besoins individuels de chaque étudiant, bien que certaines provinces soient beaucoup plus généreuses que d'autres.

Peter M. Leslie

Éducation préscolaire Elle englobe une variété de programmes de services de garde et d'éducation destinés aux jeunes enfants et à leurs parents. L'importance traditionnelle accordée aux programmes de SERVICES DE GARDE, de PRÉMATERNELLE et de MATERNELLE s'est récemment élargie aux enfants en bas âge et aux écoliers du niveau primaire, mais les programmes conçus pour les enfants âgés entre deux et huit ans dépassent en nombre ceux destinés aux enfants plus jeunes et plus âgés.

Divers programmes de services de garde et de maternelle sont conçus pour les besoins de garde et d'éducation des enfants d'âge préscolaire. Bien qu'il existe plusieurs sortes de services de garde, la demande croît pour les programmes de groupes dispensés dans un centre. Dans les écoles, les niveaux de la maternelle et de la première année du primaire sont considérés comme les débuts de l'apprentissage. Pour certains enfants canadiens, l'entrée à la maternelle ou en première année représente la première expérience d'éducation encadrée.

Bien que les programmes soient axés, selon l'âge et l'expérience des enfants, sur les soins ou l'enseignement, toute l'éducation préscolaire repose sur le principe du respect de la personnalité de l'enfant et de l'importance accordée à son développement complet. La pratique de l'éducation préscolaire reflète la

pensée de Johann Pestalozzi (1746-1829), éducateur suisse renommé dont le travail auprès des jeunes orphelins est généralement reconnu pour avoir donné naissance à l'éducation préscolaire.

L'influence des éducateurs européens tels Friedrich Froebel, Maria Montessori et Margaret McMillarn, est évidente dans l'éducation préscolaire nord-américaine et européenne. Au Canada, les écoles Montessori en sont l'exemple concret, mais leur influence à long terme se manifeste surtout dans les pratiques en classe fondées sur le développement et le respect de la personnalité de l'enfant. Au cours de la seconde moitié du XXᵉ siècle, l'éducation préscolaire est fortement influencée par les théories du psychologue suisse Jean Piaget. Ses recherches sur la pensée enfantine, en particulier, suscitent une vague de recherches sur le développement intellectuel de l'enfant et donnent lieu à plusieurs innovations dans les programmes préscolaires.

Il existe une controverse à propos de ce qui constitue le meilleur enseignement donné à un enfant en bas âge, bien que ce soient généralement les moyens qui sont discutés plutôt que les buts. Ces dernières années, les approches ludiques appliquées à l'enseignement et à l'apprentissage ont fait l'objet de critiques de la part des parents et de la population, qui réclament une responsabilité éducationnelle et un retour à un enseignement strict. Les convictions s'opposent: quel est le moment propice où les enfants pourraient et devraient diriger leur propre apprentissage? À quel degré un enseignant ou tout autre adulte peut-il intervenir dans l'apprentissage d'un enfant? Cette question est discutable, particulièrement lorsque l'intervention prend la forme d'un enseignement direct.

Un deuxième point faisant l'objet de controverse concerne l'utilité des objectifs fixés à l'avance. Une bonne part du débat touche les programmes scolaires pour les enfants âgés entre cinq et huit ans, mais il s'étend également aux programmes préscolaires, probablement en raison du nombre élevé d'enfants qui fréquentent des établissements préscolaires pendant un à deux ans avant de commencer l'école.

L'éducation compensatoire pour les enfants d'âge préscolaire, offerte principalement aux États-Unis grâce à un financement public massif, est destinée à répondre aux besoins des enfants socialement et économiquement défavorisés. Certains programmes conçus par des équipes de chercheurs remettent en question l'importance que l'éducation préscolaire donne depuis longtemps au développement social et émotif et mettent plutôt l'accent sur le développement intellectuel. Le conflit entre les programmes plus traditionnels et les programmes expérimentaux et l'effet de ces programmes sur les enfants deviennent alors partie intégrante du débat sur les tenants et les aboutissants de l'enseignement préscolaire. Au Canada, le débat porte surtout sur les enfants «à risque», c.-à-d. ceux qui, en raison de leurs antécédents, sont susceptibles de faire face à des difficultés à l'école et dans la société.

Au Canada, certaines de ces questions sont associées à l'apprentissage d'une langue seconde et concernent les enfants ayant des troubles particuliers d'apprentissage ou de développement. Les enfants d'immigrants arrivés souvent entrent en maternelle ou en première année avec peu de connaissance (ou aucune) du français ou de l'anglais. Les opinions diffèrent quant à la meilleure technique pour leur enseigner l'une des langues. Le dépistage précoce adopté par plusieurs commissions scolaires a pour but de déceler les besoins particuliers et les aptitudes de l'enfant au moment où il entre à l'école.

Le dépistage précoce sert à déterminer les troubles physiques, sociaux, émotionnels et d'apprentissage chez les enfants d'âge préscolaire et du niveau primaire. On a élaboré des méthodes à cette

fin, et on encourage un certain suivi afin de déterminer les besoins de chaque enfant.

C'est probablement la philosophie et les pratiques britanniques qui ont exercé la plus grande influence sur l'éducation préscolaire au Canada. Souvent qualifiée d'«informelle» ou d'«ouverte», cette démarche est perçue par plusieurs comme l'incarnation de la philosophie de l'éducation «axée sur l'enfant». Les efforts pour implanter une éducation «parallèle» au Canada et aux États-Unis se sont dirigés en particulier vers les maternelles et les programmes du niveau primaire. En Ontario, près de 400 écoles à aires ouvertes ont été construites entre 1967 et 1972. Même dans les écoles où les aires ouvertes n'existent pas, on utilise des tables à colorier, du matériel de création et des accessoires utilisés en Angleterre. On tente également, au Canada, de regrouper des enfants d'âges différents, comme cela se fait en Angleterre.

D'autres changements dans l'éducation et la société influencent aussi la portée et l'orientation de l'éducation préscolaire. Pendant plusieurs années, les recherches sur le développement de l'enfant et les pratiques en éducation préscolaire sont dominées par les spécialistes du domaine qui s'opposent à l'intervention directe des enseignants. Cependant, depuis les années 60, des spécialistes et des chercheurs appartenant à d'autres disciplines et professions s'intéressent à l'étude des enfants et à l'élaboration de l'enseignement préscolaire. Aujourd'hui, au Canada, un certain nombre de départements d'éducation et de psychologie universitaires sont engagés dans des recherches sur le développement et l'apprentissage de l'enfant ainsi que sur l'étendue et les perspectives des pratiques préscolaires. La recherche en linguistique, p. ex., fournit une nouvelle compréhension de l'évolution du langage et de ses relations avec la pensée. Ces découvertes suscitent de nouvelles discussions sur le rôle de l'enseignant dans l'apprentissage du langage.

L'évolution du mode de vie et les changements sociaux touchent également l'éducation préscolaire en raison des exigences et des besoins changeants en matière de soins et d'éducation de l'enfant. Le nombre croissant de femmes actives, dont plusieurs d'entre elles sont mères de jeunes enfants, donne lieu à une demande accrue de services de garde. Au Canada, cette demande et le financement de ces services retiennent l'attention de plusieurs groupes de pression et des décideurs, et la réponse de l'école à ces besoins est devenue un sujet de débat.

Le plus grand défi des praticiens et des chercheurs d'aujourd'hui consiste sans doute à déterminer si l'éducation préscolaire atteint ses objectifs. L'élaboration de mesures valables et fiables pour évaluer l'efficacité des programmes ou même pour définir les critères d'efficacité s'avère difficile parce que certains éducateurs ne sont pas disposés à appuyer l'évaluation normative des effets d'un programme sur les enfants. Cette réticence semble venir du fait que toute évaluation normative s'oppose à la notion de respect des différences individuelles. Quoi qu'il en soit, les progrès que l'on enregistre dans la conception et la méthodologie de la recherche, conjugués à la conscience de la nécessité d'appuyer les revendications avec des preuves, viennent étayer un nombre croissant de recherches dans le domaine. Celles-ci démontrent de plus en plus que l'on se soucie des résultats immédiats et à long terme des programmes d'éducation préscolaire, et de la relation entre les programmes et entre les perspectives d'apprentissage.

Ellen M. Regan

Edwards, Henrietta Louise, née Muir, militante des droits des femmes et réformatrice (Montréal, 18 déc. 1849—Fort Macleod, Alb., 10 nov. 1931). Issue d'une famille riche, elle affiche très tôt sa sympathie pour la cause féministe. En 1875, elle fonde la Working Girls' Association, qui offre des cours de formation professionnelle, et devient rédactrice en chef de la revue *Women's Work in Canada*. Elle aide lady

ABERDEEN à fonder le Conseil national de la femme (1893) et participe à la fondation des INFIRMIÈRES DE L'ORDRE DE VICTORIA. Edwards est l'une des «Famous Five» de l'Alberta dans l'AFFAIRE PERSONNE et partisane du divorce sur base égalitaire, de la réforme carcérale et des allocations familiales. À ce titre, elle vise à augmenter les droits des femmes dans le domaine politique et particulièrement dans la sphère juridique. Elle publie *The Legal Status of Women in Alberta* (1921) et force l'adoption de la loi sur le DOUAIRE en 1917.

Eliane Leslau Silverman

Edwards, Robert Chambers, «Bob», directeur de journal (Édimbourg, Écosse, 12 sept. 1864—Calgary, 14 nov. 1922). Parent des Chambers, une famille d'éditeurs, il immigre dans l'ouest du Canada en 1894. En 1897, il lance le *Wetaskiwin Free Lance*, précurseur du *Calgary Eye Opener*, journal itinérant d'abord publié à High River en 1902, qui acquiert une réputation d'originalité et de bon sens. Raillant la société et les personnalités politiques, le *Eye Opener* fait l'objet de poursuites judiciaires dont l'une intentée par le premier ministre A.L. SIFTON. Le journal avait qualifié de plus gros menteurs de l'Alberta les trois personnalités suivantes: «Robert Edwards, gentilhomme; l'honorable A.L. Sifton, premier ministre; et Bob Edwards, directeur du *Eye Opener*. Le premier ministre abandonne sa poursuite quand Edwards entreprend une procédure semblable de la part de Robert Edwards, gentilhomme, et de Bob Edwards, directeur du journal.

Alcoolique et le plus souvent endetté, R.C. Edwards déménage à Toronto en 1909, puis à Montréal, à Port Arthur (Ontario) et à Winnipeg, avant de revenir à Calgary, en 1911. Foncièrement anticonformiste, il appuie la PROHIBITION lors du référendum de 1916, puis se fait élire député indépendant lors des élections provinciales de 1921. Il ne peut toutefois assister qu'à une seule séance avant son décès. Il jouit alors d'une telle réputation que des policiers en tenue de cérémonie portent son cercueil. Aujourd'hui, son image de marque comme directeur de journal rebelle est devenue une légende de l'Ouest.

John Patrick Gillese

Effort de guerre au Canada Les deux conflits mondiaux du XXᵉ siècle ont un caractère universel et impliquent l'ensemble du pays. Au Canada, le front «intérieur» devient un aspect essentiel de l'effort de guerre. Durant la PREMIÈRE GUERRE MONDIALE, les fermiers défrichent des nouvelles terres avec l'aide financière de l'État. Ils entreprennent aussi de mécaniser leurs travaux agricoles afin de compenser la pénurie de main-d'œuvre agricole dans les campagnes causée par l'enrôlement et l'exode vers les villes des travailleurs en quête d'un emploi dans les industries de guerre. On met sur pied des programmes consistant à envoyer des jeunes citadins à la campagne pour aider aux récoltes (un secours parfois discutable). Parallèlement, les usines de guerre fonctionnent à plein régime ont désespérément besoin d'ouvriers qualifiés, dont un trop grand nombre ont été enrôlés avant que l'on se rende compte qu'ils étaient plus utiles au pays même. Entre autres conséquences, un grand nombre de femmes trouvent du travail dans les usines d'armement tandis que des étrangers, souvent inadmissibles dans le service militaire en raison de leur nationalité, sont employés en usine. La rareté de la main-d'œuvre a aussi pour effet d'entraîner une hausse des salaires, qui cependant n'augmentent pas autant que le coût de la vie. Vu les conditions de travail souvent terribles qui règnent dans les usines, le mécontentement gronde parmi les travailleurs.

L'atmosphère de serre chaude de temps de guerre stimule étrangement d'autres phénomènes. La PROHIBITION est acceptée par la population parce qu'elle lui apparaît comme un sacrifice susceptible de contribuer à l'effort de guerre. Beaucoup estiment que le DROIT DE VOTE DE LA FEMME est une

récompense accordée aux Canadiennes pour leur contribution à l'effort de guerre. L'impôt sur le revenu, une mesure inconcevable en 1914, apparaît nécessaire en 1917 pour permettre à l'État de financer les coûts astronomiques de la guerre totale. Même les contrôles sur les prix et les mesures de rationnement du charbon et de l'acier peuvent se justifier pour des raisons de nécessité.

La guerre bouleverse bien des choses, notamment les attitudes de la population. Même si la prohibition est bien acceptée au Canada, les gens trouvent mesquin que l'on tente de l'imposer aux militaires au front. Certaines conceptions ont cependant la vie dure. P. ex., la moralité puritaine de l'époque s'accommode mal de la prolifération des maladies transmises sexuellement (MTS) causée par la guerre. Selon une étude, la propagation des MTS s'expliquerait du fait que les travailleuses d'usine, voyant que les femmes prédominent largement dans les villes, seraient alors portées à pousser la romance pour ne pas perdre la chance de vivre une idylle. À la suite de ces mœurs relâchées, ces filles seraient devenues un facteur de désintégration sociale en propageant des maladies aux hommes de la classe moyenne qui, à leur tour, risquent d'infecter leur épouse. À l'époque, on a tendance à blâmer la femme plutôt que l'homme, attitude encore observée durant la Seconde Guerre mondiale.

Au cours de la SECONDE GUERRE MONDIALE, le front intérieur est beaucoup mieux organisé que durant le conflit précédent. À la fin de 1941, la COMMISSION DES PRIX ET DU COMMERCE EN TEMPS DE GUERRE, créée en septembre 1939, se voit confier la gestion d'un système radical de CONTRÔLE DES SALAIRES ET DES PRIX. Cette mesure rend impossible la flambée des coûts observée durant la Première Guerre mondiale et, bien que ces contrôles ne plaisent pas à tout le monde, la population en général en admet le bien-fondé. Il en va de même pour l'utilisation de la main-d'œuvre nationale. Le Service sélectif national, mis en place au début de 1942, régit efficacement le destin de l'ensemble des hommes et des femmes, dictant qui peut s'enrôler et qui est exclu, prescrivant aux gens l'endroit où ils doivent travailler et le moment où ils peuvent changer d'emploi. La Commission de contrôle applique aussi des plans de rationnement sur une grande échelle pour la distribution des viandes, du beurre, de l'huile et de l'essence ainsi que d'autres denrées rares. Inévitablement, le marché noir fait son apparition, mais la plupart des gens considèrent cela comme un délit social.

Vu la pénurie de biens de consommation, les travailleurs, qui gagnent enfin de bons salaires après dix ans de crise économique, n'ont pas grand chose à acheter, d'autant plus que l'État s'emploie à soutirer le maximum d'épargne possible. Lors du premier conflit mondial, le ministre des Finances avait été étonné de voir les sommes récoltées dans les campagnes de souscription des obligations de la Victoire. Durant la Seconde Guerre mondiale, les montants recueillis sont beaucoup plus importants, étant donné que les particuliers et les entreprises, en plus de payer des taxes plus élevées que jamais auparavant, consacrent leur argent à l'effort de guerre. Même les écoliers sont priés d'acheter des timbres de souscription, chacun représentant un tank ou un avion, au coût de 0,25 $. Les enfants font aussi leur petite part en faisant la collecte de graisse de cuisson, d'os ou d'asclépiades, produits indispensables à l'effort de guerre, tandis que leurs parents cultivent des jardins de la Victoire sur des terrains vagues ou remettent leurs vieilles casseroles destinées à être fondues pour la fabrication d'armements.

Les sondages indiquent que, en 1944, les Canadiens sont maintenant en faveur d'un maintien des mesures de contrôle même une fois la paix revenue. Cela reflète indubitablement leurs préoccupations face à l'avenir et leur crainte d'une nouvelle récession, mais il s'agit également d'une marque de

confiance remarquable quant au bien-fondé du système mis en place par le gouvernement fédéral. La transition vers la paix, qui s'effectue de façon relativement harmonieuse, témoigne aussi d'une bonne planification de la part des autorités fédérales.

J.L. Granatstein

Eggleston, Wilfrid, journaliste (Lincoln, Angl., 25 mars 1901—Ottawa, 13 juin 1986). Élevé dans une ferme familiale de l'Alberta, il obtient un baccalauréat ès arts de Queen (1926) avant de devenir journaliste pendant une courte période à Lethbridge, puis à Toronto. Il est le correspondant d'Ottawa pour le *Toronto Star* et pour Reuters de 1929 à 1936, membre de la Commission royale sur les RELATIONS FÉDÉRALES-PROVINCIALES de 1937 à 1939, censeur en chef de la presse au cours de la Seconde Guerre mondiale et fondateur de l'école de journalisme de l'U. Carleton, dont il assume la direction de 1947 à 1966. Il est considéré comme le père de la formation journalistique au Canada, qui, sous son impulsion, fait une plus large place aux sciences humaines et sociales. Son œuvre littéraire comprend deux romans, des critiques littéraires, des histoires sur Ottawa, l'énergie nucléaire au Canada et le Conseil national de recherche du Canada, ainsi que deux autobiographies, *While I Still Remember* (1968) et *Literary Friends* (1980).

D.M.L. Farr

Église catholique (*voir* CATHOLICISME)

Église chrétienne (Disciples du Christ) Cette confession compte 35 régions en Amérique du Nord. L'une d'elles est l'Église chrétienne (Disciples du Christ) du Canada, qui compte 30 églises et environ 3500 membres au milieu des années 90 (ce qui constitue une diminution par rapport aux années 80 pendant lesquelles on peut dénombrer 38 Églises). La région du Canada est la seule à avoir le statut d'Église nationale et de confession à part entière aux niveaux national et international, notamment auprès du Conseil œcuménique des Églises et auprès du CONSEIL CANADIEN DES ÉGLISES, dont elle est membre fondateur.

L'Église chrétienne, fondée en 1804 aux États-Unis, fusionne avec les Disciples du Christ en 1832. Sa première communauté canadienne se constitue en 1810 près de Charlottetown (Île-du-Prince-Édouard). Après une restructuration qui aboutit à la publication d'un document constitutionnel intitulé *Designin 1978*, la direction générale de l'Église est assurée par l'assemblée générale biennale, dont les décisions sont communiquées aux assemblées et aux autres cellules d'Église pour y être appliquées. Pendant l'année où il n'y a pas d'assemblée, chaque région a son propre congrès. Les communautés locales, dirigées de façon autonome par des conseils élus, nomment des membres qui votent à l'assemblée générale et aux congrès régionaux.

Les disciples n'ont pas d'opinions sectaires et travaillent à unir tous les chrétiens par le rétablissement de l'autorité du Nouveau Testament. Ils s'intéressent activement aux questions sociales et à la vie culturelle à l'échelle nationale et internationale, auxquelles ils participent par obéissance aux enseignements, à la vie, au ministère, à la mort et à la résurrection de Jésus. Cette même obéissance inspire la vie sacramentelle des Disciples, qui comprend le baptême des fidèles par immersion et la célébration hebdomadaire de la Cène. Les disciples font une distinction fonctionnelle, mais non sacramentelle entre clergé et laïcs. Les communautés sont dirigées par des anciens et des diacres qui ne sont ni ordonnés, ni nommés à vie. Les laïcs plus âgés, qui sont souvent des femmes, sont les plus souvent responsables de la célébration de la Cène. Les régions ordonnent les membres du clergé comme ministres pour toute l'Église et leur confèrent leurs titres de compétence.

Russell D. Legge

Église mormone Elle est fondée en 1830 dans le nord de l'État de New York. L'Église de Jésus-Christ des

Saints des Derniers Jours, de loin la plus importante des confessions mormones, est la seule digne de mention au Canada. Ses membres la considèrent comme l'ancienne Église du Christ, détruite à cause de l'apostasie, mais restaurée par une révélation divine. Contrairement aux catholiques et aux protestants, les Saints des Derniers Jours accordent une valeur sacrée aux relations écrites, tenues à jour, des révélations reçues par les chefs de l'Église aussi bien qu'à la Bible; ils considèrent aussi le *Livre de Mormon* comme la traduction inspirée des récits concernant l'immigration de descendants de la maison d'Israël dans l'hémisphère occidental et la visite du Christ ressuscité aux descendants de ces derniers peu avant son ascension.

Croyances et pratiques Les mormons soutiennent que Dieu a marié Adam et Ève dans le jardin d'Éden; leurs croyances et leurs pratiques sont axées sur la famille. Ils maintiennent que les hommes qui vivent vertueusement en tant que chefs de famille deviendront des dieux comme leur Père du ciel. Pour que les générations puissent être réunies durant l'éternité, les mormons pratiquent des rites des temples sacrés pour les vivants et les morts. Ils compilent une immense collection de dossiers généalogiques qu'ils utilisent pour leurs rites. Ils nient le péché originel et voient un bon côté à la désobéissance qui a entraîné l'expulsion d'Adam et d'Ève du jardin d'Éden, croyant que les hommes peuvent en conséquence faire la preuve de leur valeur morale dans l'espérance de retrouver la présence de Dieu au jour de la résurrection.

La première communauté mormone croît rapidement et entreprend une migration vers l'ouest. Le fondateur, Joseph Smith fils, est assassiné en 1844, et les persécutions religieuses forcent la majorité des membres à faire un pénible voyage de l'Illinois à l'Utah sous la conduite de Brigham Young. En Utah, la doctrine de la polygamie masculine, ouvertement adoptée, provoque un conflit entre les mormons et les autorités des États-Unis jusqu'à ce que cette pratique soit officiellement abandonnée en 1890.

Mormons au Canada Dès les premières années, l'Église mormone cherche à faire des conversions en Amérique du Nord. C'est au Haut-Canada que Smith fait son seul voyage missionnaire et Young est l'un des premiers missionnaires à s'y rendre. La plupart des Canadiens convertis émigrent vers le sud et vers l'ouest pour rejoindre les autres mormons en Illinois, puis en Utah. Dans les années 1880, les chefs de l'Église en sont venus à considérer l'ouest du Canada comme un endroit propice à la colonisation et, du moins pour les polygames fugitifs, comme un refuge. En 1887, les premiers colons mormons, dirigés par Charles Ora Card, arrivent dans les Territoires du Nord-Ouest (Alberta) et y fondent CARDSTON. Après la fin des conflits sur la polygamie, l'Église mormone envoie d'autres immigrants dans le sud de l'Alberta. Ceux-ci aménagent le premier grand système d'irrigation de la région et y implantent l'industrie de la betterave à sucre. En 1910, l'immigration mormone au Canada avait pratiquement cessé et les Saints des Derniers Jours formaient (c'est encore le cas aujourd'hui) la majeure partie de la population rurale au sud et au sud-ouest de Lethbridge. Bien que la majorité des 113 000 mormons du Canada habitent les villes, Cardston demeure un lieu important, car c'est là que se trouve le premier temple mormon du Canada. Un deuxième temple canadien est établi à Toronto en 1990.

Keith Parry

Église orthodoxe Également appelée Église orientale, grecque ou byzantine, l'Église orthodoxe est une famille d'Églises chrétiennes établies de longue date en Europe de l'Est, au Proche-Orient, en Afrique et en Asie (*voir* CHRISTIANISME). D'après le recensement de 1991, cette Église possède environ 387 000 fidèles au Canada. Cependant, les chiffres fournis par les Églises sont plus élevés.

Histoire ancienne

Au Ve siècle, les anciennes provinces patriarcales de Rome, de Constantinople, d'Alexandrie, d'Antioche et de Jérusalem sont bien établies. Par la suite, des divergences théologiques, liturgiques et canoniques ainsi que des conflits politiques apparaissent entre Rome et les autres provinces.

Le grand schisme de 1054 sépare Rome (l'Église catholique romaine) de Constantinople et de la majeure partie des fidèles des trois autres territoires, qui formeront l'Église orthodoxe. Les divergences qui provoquent ce schisme, et qui séparent toujours les Églises romaine et orthodoxe, touchent notamment la théologie de la Trinité et l'organisation ecclésiale. Les Églises orthodoxes contestent les enseignements de l'Église romaine sur le Saint-Esprit et sur la nature de l'autorité dans l'Église, en particulier la primauté du pape. Les orthodoxes considèrent la mentalité légaliste du CATHOLICISME romain et du protestantisme comme le problème central de la pensée et des institutions chrétiennes occidentales.

Église orthodoxe actuelle

L'Église orthodoxe contemporaine comprend les anciens patriarcats de Constantinople, d'Alexandrie, d'Antioche et de Jérusalem; les Églises orthodoxes «nationales» de Russie, de Serbie, de Roumanie, de Bulgarie, de Chypre, de Grèce, d'Albanie, de Pologne et de Tchécoslovaquie; des Églises affiliées à ces dernières et formées relativement récemment en Europe et en Amérique du Nord; ainsi que les Églises autonomes du Sinaï, de la Finlande et du Japon.

En théorie, l'unité de ces Églises byzantines réside dans leur reconnaissance mutuelle d'une foi et d'un culte commun plutôt que dans une autorité visible ou une structure administrative. En pratique, toutefois, les patriarches des diverses sections, quoique indépendants, ont tendance à reconnaître la primauté du patriarche œcuménique de Constantinople. Un deuxième groupe, celui des Églises orthodoxes orientales (non chalcédoniennes), comprend les Églises orthodoxes arménienne, copte, syrienne, éthiopienne et de l'Inde du Sud. Ces Églises, qui n'adhèrent pas officiellement à la doctrine de la double nature du Christ adoptée en 451 par le concile de Chalcédoine, font néanmoins partie de la grande famille des Églises orthodoxes.

La construction des églises orthodoxes Elle est conçue pour révéler la présence de Dieu parmi les hommes. Elle s'inspire de l'image du ciel tel qu'il est décrit dans l'Apocalypse. Le point de convergence est la sainte table. Une iconostase unit le sanctuaire et le lieu d'assemblée. Tout ce qui est dans l'église ou qui en provient est considéré comme sacramentel, c.-à-d. que tout contribue à manifester le mystère du salut et à faire entrer les fidèles dans la vie du royaume de Dieu. Parmi les nombreux rites et pratiques, la place centrale revient aux saints mystères: initiation par le baptême (donné par triple immersion) et la chrismation (onction), liturgie eucharistique, mariage, tonsure monastique, réconciliation, onction des malades ou des mourants, ordres sacrés et sépulture.

Les icônes (images religieuses) sont considérées comme des témoins spirituels nécessaires à l'unité de l'Église dans le temps et l'espace, car elles rendent présent le royaume de Dieu en la personne des saints. La prière et le culte suivent des cycles quotidien, hebdomadaire et annuel. Le temps fort de l'année liturgique, qui commence le 1er septembre, est la fête de Pâques. Chaque dimanche, le jour du Seigneur, est un prolongement de Pâques.

Affiliations à la tradition byzantine La plupart des chrétiens orthodoxes au Canada sont affiliés à des Églises de tradition byzantine (russe, grecque, antiochienne, ukrainienne, biélorusse, estonienne, bulgare, serbe, macédonienne et roumaine). Malgré une tentative antérieure des chrétiens orthodoxes qui voulaient s'établir en Floride, l'arrivée de moines

missionnaires russes parmi les peuples aléoutes d'Alaska en 1794 marque vraiment le début de l'orthodoxie en Amérique du Nord (la première église orthodoxe du Canada est probablement celle de Wostok, en Alberta, fondée en 1898). Un diocèse est fondé à Sitka en 1799 et se ramifie dans d'autres régions de l'Amérique du Nord. En 1905, à la suite de vagues successives d'immigration en provenance de Russie, des Carpates russes, d'Ukraine et de Biélorussie, il devient un archidiocèse et son siège est à New York.

Après la révolution russe de 1917, l'Église russe entre en conflit avec le nouveau gouvernement communiste. En 1924, la plupart des paroisses russes ou associées de l'Amérique du Nord proclament leur autonomie administrative, fondant une nouvelle métropole: l'Église autocéphale d'Amérique. Les relations irrégulières et tendues qu'elle entretient avec l'Église mère s'améliorent en 1970 lorsque le patriarche de Moscou et de toutes les Russies lui accorde le statut d'Église autocéphale (autonome). Maintenant appelée Église orthodoxe d'Amérique (EOA), elle reconnaît le patriarche comme son père spirituel tout en gardant son autonomie administrative. Le diocèse canadien de l'EAO et ses 32 prêtres servent environ 20 000 fidèles regroupés en 49 paroisses. La liturgie de saint Jean Chrysostome est célébrée en slavon (ou vieux slave), en roumain, en anglais ou en français. Certaines assemblées suivent le calendrier julien (ancien style), d'autres le calendrier grégorien (nouveau style). L'Église dirige des programmes catéchistiques et missionnaires dynamiques.

Certaines paroisses russes ont décidé de demeurer sous l'autorité du patriarche de Moscou et de toutes les Russies. On les appelle les paroisses patriarcales de l'Église orthodoxe russe au Canada. En Alberta et en Saskatchewan, 7 prêtres sont au service de 17 paroisses et leur évêque réside à Edmonton. L'anglais y est utilisé, mais le slavon demeure la langue liturgique. Les autres fidèles orthodoxes russes appartiennent à l'Église russe hors frontières, fondée en Yougoslavie en 1920 par des réfugiés fuyant la révolution russe et dont le siège est maintenant à New York. Cette Église, conservatrice et monarchiste, ne se considère plus en communion avec les Églises canoniques et soutient d'autres groupes ethniques traditionalistes. Elle possède un diocèse canadien, dont le siège se trouve à Montréal, et compte 25 paroisses ainsi que plusieurs monastères de type scétiote. Sa liturgie est généralement célébrée en slavon et elle suit le calendrier julien.

L'archidiocèse orthodoxe grec d'Amérique du Nord et du Sud, qui est la principale Église rattachée à l'Église de Constantinople, compte 74 paroisses au Canada. Son siège est à Toronto et il est membre du CONSEIL CANADIEN DES ÉGLISES. Une forte immigration grecque pendant les années 60 et les années 70 fait augmenter ses effectifs et elle compte aujourd'hui plus de 250 000 fidèles et 55 prêtres. Le grec est la langue principale de cette Église, qui garde des liens étroits avec la culture grecque. Le calendrier grégorien y est en usage depuis 1923, sauf dans cinq paroisses de Montréal et de Toronto, qui ont gardé le vieux calendrier et ont rompu avec l'Église grecque parce qu'elle a adopté le calendrier révisé et qu'elle participe au Conseil œcuménique des Églises.

La majorité des chrétiens d'ascendance syrienne, libanaise et palestinienne au Canada appartient à l'Archidiocèse orthodoxe chrétien antiochien, affilié au patriarcat d'Antioche (dont le siège à Damas, en Syrie). Celui-ci a eu pour prédécesseurs une mission fondée en 1892 par l'Église orthodoxe russe et une autre fondée en 1914 pour les immigrants syriens par le patriarcat d'Antioche. En 1936, ces deux missions fusionnent et le nom actuel est adopté en 1969. L'Église antiochienne, qui maintient des liens étroits avec l'EOA, a fait un effort concerté pour faire usage de l'anglais, qui est maintenant la principale langue liturgique. Elle compte 11 paroisses éparpillées entre l'Île-du-Prince-Édouard et Vancouver.

L'Église orthodoxe ukrainienne du Canada, qui s'appelait auparavant «Église ukrainienne grecque orthodoxe du Canada», compte 278 assemblées et environ 140 000 paroissiens. Une grande partie de ses membres sont des descendants d'immigrants de la Galicie ukrainienne, qui se sont établis dans les Prairies entre le début du siècle et 1929, et d'autres Ukrainiens, qui se sont établis dans les villes de l'Ontario après la Seconde Guerre mondiale. En 1932, cette Église a fondé le St. Andrew's College, qui est affilié à l'U. du Manitoba en 1962. La paroisse St. Michael, à Gardenton au Manitoba, première Église ukrainienne du Canada, accueille un PÈLERI-NAGE annuel.

Traditionnellement, la Galicie observait le rite ruthène de l'Église catholique romaine. Des tensions apparaissent entre les fidèles canadiens et la hiérarchie catholique au sujet du droit historique des Galiciens à avoir des prêtres mariés et à célébrer la liturgie dans la langue vernaculaire. L'envoi de prêtres oblats dans diverses paroisses amène les Galiciens à craindre de se faire occidentaliser. En réponse à ceci, l'Ukrainian Greek Orthodox Brotherhood est fondée en 1918, ce qui incite beaucoup de catholiques ukrainiens à adhérer à l'Église orthodoxe. Un évêque orthodoxe antiochien syrien en devient le chef spirituel et ordonne trois prêtres. En 1951, l'élection d'Ilarion Okienko en tant que métropolite confirme l'autonomie de l'Église. Mgr Ilarion, spécialiste réputé des langues slaves, traduit la Bible en ukrainien grâce au soutien de la British and Foreign Bible Society. L'Église est gouvernée par un consistoire (conseil regroupant des laïcs et des prêtres) qui en est l'autorité suprême. La liturgie est célébrée surtout en ukrainien vernaculaire. L'Église se considère comme la gardienne de la culture ukrainienne et soutient en conséquence les écoles et les groupes folkloriques, qui font partie intégrante de la vie communautaire. Depuis 1990, elle est en communion avec le patriarche œcuménique et est membre du Standing Council of Orthodox Bishops of the Americas.

L'Ukrainian Orthodox Church of America (affiliée au patriarcat œcuménique), fondée en 1928, compte quatre paroisses au Canada. Elle est devenue métropole en 1983. La sainte Église orthodoxe ukrainienne autocéphale, qui compte deux paroisses au Canada, a été fondée en 1954 par des prêtres et des laïcs fuyant l'Ukraine lorsque le pays est retombé sous l'influence soviétique en 1944. Cette Église est issue de l'Église orthodoxe de Pologne, qui a été érigée en Église autocéphale en 1924.

L'Église orthodoxe bulgare (diocèse de l'Amérique du Nord et du Sud et de l'Australie) est à l'origine une mission du saint-synode de Sofia auprès des immigrants bulgares et macédoniens d'Amérique du Nord, puis devient métropole après la Seconde Guerre mondiale. Ses liens avec le saint-synode sont rompus de 1947 à 1962, alors qu'elle s'interroge sur ses liens avec l'Église mère, tombée sous l'empire communiste. En 1962, certains Bulgares adhèrent de nouveau à l'Église mère, mais d'autres condamnent leur geste. D'abord affiliés à l'Église russe hors frontières en tant que diocèse des États-Unis et du Canada de l'Église orthodoxe bulgare, les dissidents se joignent à l'EOA et se dotent d'un diocèse dont le siège est à Toledo, en Ohio. L'Église patriarcale et l'Église russe hors frontières ont chacune une communauté bulgare au Canada. La présence de l'Église orthodoxe macédonienne, diocèse d'Amérique, du Canada et de l'Australie, dont le siège est à Toronto, complique davantage la situation. Formée de fidèles macédoniens et bulgares, elle résulte du rétablissement de l'ancien siège d'Ohrid, en Macédoine, comme Église indépendante nationale.

Fondée au XIVe siècle, l'Église orthodoxe de Biélorussie (ancien nom du Belarus) a presque toujours été en lutte pour obtenir son autonomie par rapport

au patriarche de Moscou. Le gouvernement du pays s'étant aligné sur celui de Moscou en 1946, les Biélorusses fondent des Églises en exil. En 1968, le diocèse de l'Église orthodoxe autocéphale biélorusse, dont le siège est à Toronto, obtient son premier évêque. Le diocèse possède une Église qui comprend plusieurs missions dans les régions industrielles du centre du Canada. La liturgie sacrée a été traduite en biélorusse au Canada. En 1951, une église biélorusse de Toronto adhère à l'ensemble des paroisses orthodoxes biélorusses, lesquelles relèvent du patriarche œcuménique qui exerce son autorité par l'entremise de l'archevêque grec de Toronto.

L'histoire de l'Église orthodoxe estonienne, Église nationale depuis 1920, est marquée par une lutte semblable pour l'autonomie. À plusieurs reprises, cette Église est sous l'autorité du patriarche œcuménique ou du patriarche de Moscou. Lorsque l'URSS occupe l'Estonie en 1944, l'archevêque de Tallinn, Aleksander, s'enfuit en Suède et fonde l'Église en exil, rattachée au patriarche de Constantinople. Cette Église est introduite au Canada par des immigrants estoniens après la Seconde Guerre mondiale. Les paroisses estoniennes de Toronto, de Montréal et de Vancouver comptent 1500 fidèles.

Les premiers immigrants serbes s'établissent en Colombie-Britannique dans les années 1850. Des communautés serbes se forment dans les Prairies au début du XXe siècle et dans la région de Hamilton, en Ontario, dans les années 20. Au début, elles sont desservies par une mission serbe de l'Église orthodoxe russe. Lorsque le saint-synode de Belgrade est rétabli en 1921, les Églises nord-américaines sont transférées sous son autorité pour former l'Église orthodoxe serbe aux États-Unis et au Canada. Les tentatives de faire de l'Amérique du Nord un siège de métropolite échouent et, en 1963, le saint-synode de Belgrade établit trois diocèses sur le continent. Les 17 églises du Canada comptent 12 prêtres à leur service. Elles célèbrent en slavon et suivent le calendrier julien. Le Serbian Orthodox Free Diocese in the USA and Canada est créé en 1963 par suite d'un schisme, l'assemblée législative de l'Église ayant voté le maintien à son poste d'un évêque suspendu par le saint-synode. L'assemblée proclame son autonomie par rapport à l'Église yougoslave en affirmant que celle-ci est asservie au gouvernement communiste. Les communautés serbes maintiennent des liens avec plusieurs Églises autocéphales, quoique certaines organisations canoniques ne les reconnaissent pas. On compte sept paroisses au Canada. Peu après l'éclatement de la Yougoslavie, les deux branches de l'Église serbe se réunissent.

Les Roumains se convertissent au christianisme au IVe siècle, mais ce n'est qu'en 1859 que leur Église nationale est constituée. Elle forme un saint-synode en 1885. Les premières paroisses roumaines au Canada sont fondées vers 1909 dans les Prairies par des immigrants des provinces de Bucovine et de Transylvanie. En 1930, le patriarcat constitue le Romanian Orthodox Missionary Episcopate in America, qui devient un archidiocèse en 1973. Celui-ci est autonome, mais il garde des liens avec l'Église mère de Bucarest. Les 20 paroisses canadiennes, dont la plupart se trouvent dans les Prairies, suivent le calendrier grégorien et célèbrent leur liturgie en roumain. En 1951, beaucoup de Roumains d'Amérique du Nord rejettent l'évêque nommé par l'Église de Roumanie et le schisme qui s'ensuit donne naissance à l'Épiscopat orthodoxe roumain en Amérique. Un évêque est sacré par l'entremise de l'Église ukrainienne orthodoxe aux États-Unis et, en 1960, il place son Église sous la juridiction de la métropole russe (la future EOA). Au Canada, ce diocèse compte 13 Églises en Ontario et dans les Prairies. Il suit le calendrier grégorien et sa liturgie est célébrée en roumain et en anglais.

Les chrétiens orthodoxes orientaux Les chrétiens orthodoxes orientaux (non chalcédoniens) au Canada sont d'origine arménienne, copte, syrienne, éthio-

pienne, et de l'Inde du Sud. Le diocèse canadien de l'Armenian Church of North America, fondé en 1898, est dirigé par une assemblée de laïcs et de prêtres, qui élisent un primat pour un mandat de quatre ans. Il est membre du Conseil canadien des Églises. L'Église relève du patriarche d'Ecmiadzine (en République d'Arménie), chef de l'Église arménienne, laquelle est historiquement rattachée aux patriarcats de Jérusalem et de Constantinople. La communauté arménienne du Canada a été fondée après la Première Guerre mondiale. Dans les années 50 et les années 60 s'ajoute une deuxième vague d'immigration provenant surtout de la Turquie, de l'Égypte, de la Syrie, du Liban et de l'Iran. Elle compte maintenant 50 000 fidèles répartis dans huit paroisses. Les deux plus anciennes sont celles de St. Catharines et de Hamilton en Ontario, les autres ont été formées à Toronto, à Montréal, à Ottawa, à Edmonton et à Vancouver. On y célèbre habituellement la liturgie de saint Basile en arménien classique. L'emploi du pain azyme pour la communion remonte à une brève période d'union avec l'Église romaine aux XIIIe et XIVe siècles. Les Arméniens suivent le calendrier julien, mais ils ont gardé l'antique coutume qui consiste à célébrer la nativité du Christ dans le cadre de la fête de l'Épiphanie.

L'Église copte Elle forme, en 1961, un diocèse nord-américain à l'intention des immigrants égyptiens récemment arrivés et établis surtout à Montréal, à Toronto, à Kitchener et à Ottawa. Les fidèles de l'Église copte d'Éthiopie et ceux de l'Église de saint Thomas de l'Inde du Sud participent à ses célébrations liturgiques. Les origines de l'Église copte remontent à l'évangéliste Marc, qui, selon la tradition, aurait évangélisé l'Égypte. Dans les débuts de l'Église, le patriarcat d'Alexandrie avait une grande importance, comparable à celle de Rome et de Jérusalem. Le diocèse d'Amérique du Nord est soumis directement au patriarche copte. On y célèbre ordinairement la liturgie de saint Basile en arabe moderne, avec psalmodie en copte ancien. Le français et l'anglais sont utilisés à l'occasion. L'Église canadienne a récemment traduit cette liturgie. Elle publie également une revue trimestrielle, *Coptologia Studia Coptica Orthodoxa*, et est membre du Conseil canadien des Églises.

L'Église orthodoxe syrienne d'Antioche Souvent appelée jacobite, du nom de son organisateur Jacques Baradée, au VIe siècle, elle a formé une branche aux États-Unis et au Canada, laquelle est rattachée à l'antique patriarcat antiochien de Damas. En plus de célébrer la liturgie syriaque de saint Jacques, cette Église se distingue par sa piété et une rigoureuse discipline de prière personnelle. Elle possède deux églises au Canada, à Montréal et à Toronto, fréquentées par des immigrés syriens arrivés dans les années 50.

D'autres organisations Deux autres organisations se considérant comme orthodoxes se trouvent au Canada. Le diocèse de Saskatoon de l'Evangelical Orthodox Church s'est séparé de l'Evangelical Mennonite Brethren Church et s'est associé à des mouvements analogues des États-Unis pour former, au début, le New Covenant Apostolic Order. Les membres ont adopté un modèle d'administration de type presbytérien (*voir* ÉGLISES PRESBYTÉRIENNES ET RÉFORMÉES) et une forme de ministère de type apostolique en plus d'élaborer un culte liturgique. Ce mouvement a formé l'Evangelical Orthodox Church of America, dont une partie adhère, en 1987, à l'Église orthodoxe antiochienne. L'Église orthodoxe africaine, dont l'unique paroisse canadienne a été fondée en 1921 à Sydney, en Nouvelle-Écosse, s'est formée dans le contexte d'un mouvement d'affirmation des Noirs au début du siècle. Elle adhère aux enseignements des sept conciles œcuméniques et observe les pratiques orthodoxes normales.

Un petit mouvement L'Église orthodoxe canadienne a également pris naissance dans les années

70, au Monastery of All Saints of North America, à Dewdney, en Colombie-Britannique. D'abord affilié aux Églises grecques qui suivent le vieux calendrier, ce petit mouvement est devenu en 1994 l'Église orthodoxe canadienne, un archidiocèse affilié à l'Église orthodoxe ukrainienne de Kiev. Le monastère possède une maison d'édition, Synaxis Press, et publie deux revues théologiques. L'Église orthodoxe canadienne se consacre à diverses paroisses dans l'ouest du Canada et aux États-Unis. Elle refuse d'utiliser le calendrier grégorien pour son année liturgique. Elle prêche le «traditionalisme» et a pour but une Église orthodoxe canadienne non cloisonnée selon les groupes ethniques.

Les Églises orthodoxes au Canada, tout en s'inscrivant dans l'orthodoxie mondiale, ont subi l'influence des activités politiques et des divisions ethniques de leurs pays d'origine. Certaines autorités affirment que ces divisions sont contraires au principe canonique d'unité de l'Église et de rassemblement de tous les fidèles sous un épiscopat commun. Des efforts sont entrepris en Amérique du Nord pour que ce principe devienne réalité. Les Églises du Canada continuent de servir leur clientèle traditionnelle, formée par les premiers immigrants, mais elles doivent aujourd'hui s'adresser à de nouvelles générations dont la formation linguistique et culturelle a été entièrement acquise au Canada. Les questions d'actualité dans l'Église d'aujourd'hui sont la langue et la pratique liturgiques, ainsi que la mission de l'Église dans la société canadienne. (*Voir aussi* CHRISTIANISME.)

David J. Goa

Église unie du Canada Constituée le 10 juin 1925, elle résulte de la fusion de l'Église presbytérienne du Canada (*voir* ÉGLISES PRESBYTÉRIENNES ET RÉFORMÉES), de l'Église méthodiste (*voir* MÉTHODISME) du Canada, de Terre-Neuve et des Bermudes, des ÉGLISES CONGRÉGATIONALISTES du Canada et du General Council of Local Union Churches, lequel représente un groupe d'assemblées, surtout en Saskatchewan, qui se rassemblent en prévision de la grande union qui doit suivre. Quelques groupes congrégationalistes et environ un tiers des presbytériens votent pour ne pas adhérer à l'union. En 1968 se joint à l'Église unie la conférence de l'est du Canada de l'Evangelical United Brethren Church (issue d'un mouvement de réveil de style méthodiste qui apparaît à la fin du XVIIIe siècle chez des colons américains de langue allemande), alors que la conférence de l'ouest du Canada reste à l'écart.

L'Église unie du Canada est la plus importante Église protestante du Canada, comptant environ 774 392 membres confirmés en 1994. Ce nombre diminue sensiblement depuis le milieu des années 60. Par choix la plus canadienne des Églises, elle accueille en principe tous les groupes ethniques. La grande majorité de ses membres est d'ascendance britannique, mais elle comprend depuis peu des modérateurs autochtones, de race noire et d'origine coréenne.

Croyances et pratiques

Selon son principe directeur, exprimé dans sa déclaration d'union et réaffirmé en 1935, l'Église unie se veut «une Église non seulement unie, mais aussi unificatrice». Des pourparlers en vue d'une union avec l'Église anglicane (*voir* ANGLICANISME) du Canada sont entamés en 1944 et élargis en 1969 pour inclure l'ÉGLISE CHRÉTIENNE (DISCIPLES DU CHRIST), mais ils sont rompus avec la première en 1975 et avec la seconde en 1984. Un autre comité mixte explore les possibilités de rapprochement avec le CATHOLICISME. L'Église unie s'engage en faveur de l'œcuménisme depuis ses débuts et participe activement au CONSEIL CANADIEN DES ÉGLISES et au Conseil œcuménique des Églises depuis leur formation. Elle participe également à l'Alliance réformée mondiale et au Conseil

méthodiste mondial. Ces dernières années, elle dialogue activement avec des représentants d'autres groupements religieux.

La partie doctrinale de la déclaration d'union, avec laquelle les candidats à l'ordination doivent se déclarer «essentiellement d'accord», est rédigée dans le style traditionnel du protestantisme évangélique (*voir* MOUVEMENTS ÉVANGÉLIQUE ET FONDAMENTALISTE). En 1940, l'Église publie une confession de foi non officielle qui insiste davantage sur les relations personnelles que sur les relations juridiques avec Dieu. En 1969, elle diffuse un credo qui n'est pas conçu pour remplacer les déclarations plus traditionnelles, mais pour exprimer la foi chrétienne en des termes à la fois acceptables dans un contexte œcuménique et faciles à comprendre à notre époque. En pratique, l'Église unie réunit une grande diversité de croyances. Les opinions «libérales» ont eu un certain crédit, mais les dernières années sont marquées par un retour en force de l'évangélisme conservateur. Le RENOUVEAU CHARISMATIQUE exerce également une nette influence.

Les assemblées sont libres de décider du style de leurs offices religieux, qui sont généralement informels, parfois expérimentaux, mais rarement improvisés. De la documentation est publiée de temps à autre et peut inclure l'ordinaire du service religieux. *Voices United* (1996) contient des hymnes composés récemment dont beaucoup sont originaires de pays en voie de développement. Compte tenu de l'évolution liturgique du XXe siècle, on a aujourd'hui tendance à se soucier davantage de l'ordonnance logique des offices et à accorder plus d'importance aux sacrements. Quant à la robe noire de l'officiant, elle est souvent remplacée par divers vêtements plus colorés. Ces dernières années, l'emploi d'un lectionnaire est devenu quasi universel.

L'Église est dotée d'un gouvernement conciliaire formé de corps législatifs ou «cours», à savoir, au palier inférieur, 1575 responsabilités pastorales, 94 presbytérats et 13 conférences, et un conseil général biennal. Les assemblées élisent leurs propres dirigeants: des anciens pour les questions spirituelles et des économes pour les questions d'ordre financier. Les organismes régionaux et nationaux comptent un nombre à peu près égal de laïcs et de ministres. Les cours supérieures établissent les politiques de l'Église et légifèrent sur les questions dont l'importance dépasse le palier local, mais les assemblées ont beaucoup d'autonomie. Par contre, l'administration, dont le siège est à Toronto, est fortement centralisée.

Une tendance à la décentralisation se manifeste actuellement. Chaque conférence a maintenant son personnel et détermine ses priorités financières. Certains ministres sont ordonnés alors que d'autres reçoivent le mandat de s'occuper de l'éducation ou d'autres genres de service. Les assemblées choisissent normalement leurs propres ministres, quoique l'Église ait voix au chapitre quant aux nominations. Les femmes peuvent exercer n'importe quelle charge et peuvent notamment, depuis 1936, être ordonnées ministres. On compte actuellement plus de 610 femmes ordonnées, et Lois M. Wilson est la première femme élue au poste de modérateur (1980). Robert B. MCCLURE, qui est longtemps missionnaire médical en Chine, au Proche-Orient et en Inde, est le premier modérateur laïc.

Les organisations bénévoles attirent toujours une forte participation féminine. En 1962, la Woman's Missionary Society, une ancienne organisation, fusionne avec la Woman's Association, qui se spécialise dans la collecte de fonds à l'échelle locale, pour former le Comité des femmes de l'Église Unie du Canada. Celui-ci, lors de sa fondation, est l'organisation féminine la plus importante du Canada, mais l'abandon pour la ségrégation fondée sur le sexe diminue fortement son attrait. Son pendant masculin, United Church Men, n'a jamais eu autant de succès.

L'enseignement théologique est donné dans 11 centres et collèges, généralement en étroite collabo-

ration avec d'autres confessions. D'autres établissements aident à former les laïcs à des postes de direction ou donnent une éducation permanente aux ministres. L'Église unie maintient une tradition (qui provient surtout des méthodistes) de participation à l'éducation laïque. Elle a aujourd'hui certaines relations officielles avec six universités et collèges postsecondaires. La maison THE RYERSON PRESS qui encourage pendant nombre d'années, sous la direction éditoriale de Lorne PIERCE, l'essor de la littérature canadienne, tant religieuse que profane, constitue un autre héritage méthodiste.

Aperçu

Dans une large mesure, l'Église doit son existence à la conviction que seuls des effectifs nombreux et solides peuvent répondre aux besoins d'une population canadienne diverse et dispersée. En conséquence, elle se charge toujours d'œuvres qui ne semblent appartenir spécifiquement à aucune autre confession. Ainsi, elle soutient des maisons de refuge, des aumôneries dans les ports, des navires missionnaires, des hôpitaux en régions isolées et des ministères dans divers groupes ethniques, autochtones en particulier. De plus, elle apporte une aide financière à un nombre considérable d'assemblées isolées en milieu rural. À l'étranger, l'ancienne pratique voulant que les terres de mission soient dotées en ressources et dirigées à partir du Canada est remplacée par un partenariat avec les Églises locales, dont aucune n'a d'antécédents confessionnels correspondant exactement à ceux de l'Église unie. Les missionnaires œuvrent dans divers pays en fonction des besoins, toujours à la demande et sous la supervision de l'Église qui les accueille.

La majorité de la population canadienne connaît probablement l'Église unie, surtout pour la franchise de ses prises de position sur des questions morales et sociales, qui lui font souvent perdre des membres. James R. Mutchmor, secrétaire de l'évangélisation et du service social de 1938 à 1963, fait beaucoup de tapage en dénonçant l'alcoolisme, le jeu et la pornographie, mais il amène également l'Église à prendre des positions progressistes sur des questions comme les RELATIONS DE TRAVAIL et le traitement des prisonniers. Après lui, le centre d'intérêt se déplace de la morale personnelle à la justice sociale, à laquelle l'Église travaille généralement en collaboration avec d'autres confessions. Une décision prise en 1988, à savoir que l'orientation homosexuelle ne serait pas un empêchement automatique à l'ordination, suscite une forte opposition qui ne s'est pas entièrement apaisée. Le Renewal Fellowship, un groupe conservateur au sein de l'Église, est le noyau dur d'une opposition tenace. L'un des problèmes persistants de l'Église unie est la façon de concilier l'évangélisation et le service social, qui font tous deux partie de sa tradition historique. Dans l'ensemble, elle réussit mieux à élaborer une critique prophétique de la société qu'à formuler une théologie constructive, malgré des signes indiquant un intérêt renouvelé pour les ressources offertes par ses traditions. (*Voir aussi* MISSIONS ET MISSIONNAIRES; MOUVEMENT SOCIAL GOSPEL.)

John Webster Grant

Églises congrégationalistes Certaines des Églises issues du puritanisme sont appelées congrégationalistes en raison de leur principe d'organisation, selon lequel chaque assemblée (ou congrégation) doit être autonome. Des colons venus de la Nouvelle-Angleterre forment des assemblées en Nouvelle-Écosse à partir de 1751 et au Nouveau-Brunswick par la suite. Il n'en reste plus que deux en 1800, en raison de l'influence déstabilisatrice de Henry ALLINE qui incite un grand nombre de ces assemblées à devenir BAPTISTES, et parce que la plupart des ministres sont considérés comme des partisans de la Guerre d'Indépendance américaine, et donc comme des ennemis. Au cours du XIXe siècle toutefois, soutenue surtout par la British Congregational Union jusqu'en 1861, cette confession prospère surtout dans les classes moyennes des villes du centre du Canada.

Les congrégationalistes pénètrent dans l'ouest du Canada après 1879 et se lancent à fond dans le travail missionnaire auprès des immigrants allemands et suédois du pays, mais aussi à l'étranger, en Angola. En 1925, l'Union congrégationaliste du Canada, fondée en 1906, compte 17 églises en Nouvelle-Écosse et au Nouveau-Brunswick, 20 au Québec, 50 en Ontario, 24 (si l'on compte 14 groupes d'étudiants) dans l'Ouest, ainsi que 26 églises de mission russo-suédoises, pour un total de 31 012 membres. Cette année-là, par un vote de 118 contre 8, l'union se joint à l'ÉGLISE UNIE DU CANADA.

J.P.B. Kenyon

Églises de l'Illumination (Holiness Churches) Ensemble d'une vingtaine de confessions protestantes canadiennes qui interprètent généralement la Bible de façon conservatrice, sinon fondamentaliste, ont une tendance arminienne en théologie (elles rejettent le CALVINISME de la prédestination et professent l'espoir du salut pour tous) et préconisent une vie austère et disciplinée. Le terme «illumination» désigne la poursuite personnelle de la perfection chrétienne, laquelle est également appelée seconde bénédiction ou sainteté. Cet état, qu'il soit atteint instantanément ou graduellement, est obtenu par l'action de l'Esprit de Dieu grâce à la conversion évangélique (*voir* MOUVEMENTS ÉVANGÉLIQUE ET FONDAMENTALISTE). Un certain nombre de différences secondaires touchant les croyances et la pratique s'expliquent par la diversité des origines (piétisme allemand et réveil américain).

La sanctification est un souci primordial des débuts du méthodisme en Angleterre et aux États-Unis, et certains groupes (l'ARMÉE DU SALUT, les Méthodistes libres et les Méthodistes wesleyens) sont formés après que des méthodistes schismatiques aient tenté de faire revivre des éléments de cette tradition. D'autres groupes sont issus des mouvements de réveil religieux qui sont à l'œuvre chez les colons allemands de Pennsylvanie. Ainsi, la pratique du lavement des pieds, le baptême des adultes par immersion et une tradition de PACIFISME chrétien reflètent l'origine MENNONITE, dunker ou baptiste d'assemblées comme la Fraternité chrétienne et l'Église de Dieu.

Le réveil issu du mouvement de l'Illumination Marqué par l'apparition de plusieurs groupes (particulièrement l'Église nazaréenne), le réveil issu du mouvement de l'Illumination de la deuxième moitié du XIXe siècle influence à divers degrés toutes les Églises de l'Illumination. Les rassemblements et les déploiements de ferveur religieuse qui leur sont typiques ont chez elles un regain de vie au moment où ils tombent en discrédit au sein du méthodisme officiel. Comme d'autres mouvements évangéliques de l'époque, les Églises de l'Illumination fondent des ÉCOLES BIBLIQUES qui enseignent la tradition de leurs confessions respectives en plus de dispenser des cours de niveau secondaire. Elles organisent et soutiennent de vastes entreprises missionnaires à l'étranger et plusieurs participent à la croisade évangélique pour l'observation du dimanche et la PROHIBITION. La primauté de l'expérience religieuse personnelle favorise une plus grande participation des femmes à l'exercice de l'autorité. Au début du siècle, quelques Églises ordonnent déjà des femmes ministres.

Le pentecôtisme moderne (*voir* MOUVEMENT PENTECÔTISTE) prend naissance vers 1900 dans les Églises de l'Illumination des États-Unis. La croyance des pentecôtistes en une nouvelle bénédiction appelée «baptême du Saint-Esprit» déclenche une controverse qui aboutit à des schismes dans plusieurs Églises. La méfiance des Églises de l'Illumination envers le néo-pentecôtisme, qui persiste malgré les ressemblances évidentes entre ces deux traditions, s'explique autant par ses origines historiques que par leurs divergences théologiques. Dans

les deux courants, le culte est centré sur l'explication de la Bible et encourage la participation de l'assemblée sous forme de chants, d'exhortations («témoignages») et de prières libres.

Histoire canadienne

Dans le passé, les Églises de l'Illumination se trouvaient surtout dans le sud-ouest et l'est de l'Ontario et dans les provinces des Prairies. Les statistiques récentes confirment cette tendance, bien qu'on trouve ces Églises dans toutes les régions du Canada. Les schismes y ont toujours été nombreux, mais on a fait beaucoup d'unions depuis la Seconde Guerre mondiale. Selon les données du recensement de 1991, les confessions les plus nombreuses sont l'Armée du salut (environ 112 345 membres adultes), l'Église nazaréenne (environ 14 950) et l'Église méthodiste libre (environ 14 720), mais on compte aussi des groupes de quelques centaines de membres. Comme pour les autres mouvements évangéliques, ces chiffres seraient beaucoup plus élevés si on y ajoutait les adhérents actifs.

Les établissements d'enseignement se sont améliorés, conformément à la tendance voulant que les ministres soient plus instruits. Les codes vestimentaires distinctifs et les normes de comportement sont devenus beaucoup moins contraignants. L'enseignement des Églises de l'Illumination insiste maintenant sur le progrès vers la sainteté plutôt que sur son acquisition instantanée. Plusieurs confessions (notamment l'Église missionnaire et l'Alliance chrétienne et missionnaire) nieraient aujourd'hui leur appartenance à la catégorie des Églises de l'Illumination, malgré leurs origines et leur histoire ancienne.

Principaux membres Les membres qui suivent sont les plus importants de ce courant religieux au Canada. Les groupes germanophones comprennent LA FRATERNITÉ CHRÉTIENNE (anciennement nommée Dunkers ou River Brethren), au Canada depuis 1788, l'Église de Dieu (Anderson, Indiana), l'Association évangélique (ou Église évangélique) et la Fraternité chrétienne unie. Ces deux dernières s'unissent en 1946 pour former l'Evangelical United Brethren (EUB). En 1968, la section ontarienne de l'EUB se joint à l'ÉGLISE UNIE DU CANADA. La conférence de l'Ouest demeure indépendante et porte le nom d'Église évangélique du Canada, puis fusionne en 1982 avec l'Église évangélique de l'Amérique du Nord pour former l'Église évangélique.

Deux ministres méthodistes de l'Ontario, Nelson Burns et Ralph Cecil HORNER, préconisent activement la sanctification dans leur confession en organisant des associations de sanctification autonomes avant de se voir interdire l'exercice de leur ministère méthodiste (en 1894 et 1895, respectivement). Par la suite, quatre groupes exclusivement canadiens se forment dans la mouvance de Horner: la Holiness Movement Church (HMC, 1897), la Standard Church of America (née en 1916 d'un schisme au sein de la HMC), la Gospel Workers Church (fondée vers 1902 par Frank Delaney Goff, un converti de Horner) et le mouvement biblique de la sanctification (1949). Parmi les confessions d'origine américaine, l'Église méthodiste libre et l'Église nazaréenne connaissent beaucoup de succès depuis leur arrivée au Canada (1880 et 1908, respectivement). En 1958, la HMC fusionne avec l'Église méthodiste libre. La même année, la plupart des Gospel Workers se joignent à l'Église nazaréenne.

Contrairement à toutes les Églises précédentes, la majorité des membres de l'Alliance baptiste réformée, née en 1888 d'un schisme au sein de l'Église baptiste libre, se trouvent au Nouveau-Brunswick et en Nouvelle-Écosse. En 1966, elle s'unit à la Wesleyan Methodist Church of America. Deux ans plus tard, la Pilgrim Holiness Church fusionne avec cette dernière pour former la Wesleyan Church. Depuis 1943, la plupart des Églises de l'Illumination adhè-

rent de façon assez informelle à la Canadian Holiness Federation. Actuellement, la plupart sont engagées dans l'œcuménisme en tant que membres de l'EVANGELICAL FELLOWSHIP OF CANADA. L'Église méthodiste libre et la Wesleyan Church sont également membres du Conseil méthodiste mondial.

R. Gerald Hobbs et Helen Hobbs

Églises presbytériennes et réformées Toutes les Églises chrétiennes de la tradition dite «réformée» tirent leur origine de la Réforme protestante du XVIe siècle et du CALVINISME. Leur fonctionnement est assuré par un système d'instances électives représentatives ou presbytériennes composées d'anciens et souvent qualifiées d'«épiscopat collégial». La hiérarchie des instances est la suivante, par ordre ascendant: assemblées paroissiales, consistoires, synodes et, pour l'Église presbytérienne du Canada, l'assemblée générale annuelle. Au début, malgré la participation de calvinistes français (*voir* HUGUENOTS) à la TRAITE DES FOURRURES, la présence des non-catholiques est officiellement interdite en Nouvelle-France jusqu'à la CONQUÊTE britannique. Les premiers colons de l'Écosse et d'ailleurs introduisent le presbytérianisme dans les Maritimes et dans le centre du Canada à la fin du XVIIIe siècle. Les Églises d'Écosse, d'Irlande et des États-Unis échouent d'abord dans toutes leurs tentatives pour mettre sur pied des assemblées dans les colonies et pour fonder une Église presbytérienne proprement canadienne. Au début du XIXe siècle, des filiales de l'Église d'Écosse et de ses ramifications «sécessionnistes» sont cependant finalement établies. Leurs relations mutuelles sont compliquées par des désaccords quant aux relations Église-État. En 1844, elles s'embrouillent davantage lorsque des membres de l'Église d'Écosse au sein de la colonie organisent des Églises «libres» par sympathie pour le mouvement contestataire de l'Église d'Écosse, également occasionné par des conflits entre l'Église et l'État.

En 1860 et 1861 respectivement, l'Église sécessionniste et l'Église libre des Maritimes et du centre du Canada forment deux unions régionales. En 1875, celles-ci fusionnent avec ce qui reste de l'Église d'Écosse pour former l'Église presbytérienne du Canada, qui est, d'après le recensement de 1891, la confession protestante la plus considérable au Canada. Avant la Première Guerre mondiale, la nouvelle Église connaît une expansion rapide dans l'Ouest et établit des missions en Chine, en Corée, à Taiwan et en Inde, en plus de celles qu'elle avait déjà aux Antilles et à Vanuatu. Ces missions étrangères mènent une intense activité médicale et éducative à laquelle participent des centaines de Canadiens. Pendant cette période, les presbytériens du Canada, clercs comme laïcs, appuient activement les idéaux du MOUVEMENT SOCIAL GOSPEL dans le cadre de campagnes pour l'intégrité morale et politique, la TEMPÉRANCE et la justice sociale.

À l'aube du XXe siècle, le nationalisme, un climat de collaboration en matière religieuse et les visées expansionnistes des principales Églises protestantes du Canada amènent l'Église presbytérienne à chercher à s'unir à ces dernières pour former une seule Église canadienne. Parmi les presbytériens, une minorité s'oppose à ce mouvement; lorsque l'ÉGLISE UNIE DU CANADA est formée en 1925, environ le tiers des presbytériens (surtout à Montréal et dans le sud de l'Ontario) refusent d'y adhérer. Ceux qui demeurent presbytériens perdent la plupart de leurs établissements d'enseignement, de leurs œuvres de bienfaisance ainsi que de leurs missions au pays et à l'étranger. De 1925 à 1981, le nombre de membres et d'adhérents (qui sont relativement mieux nantis et plus instruits que la moyenne nationale) est stable à environ 800 000; il diminue ensuite à 636 295 membres d'après les derniers chiffres connus (recensement de 1991). L'Église presbytérienne occupe ainsi le quatrième rang en importance parmi les confessions protestantes du Canada.

En raison de la structure collégiale du presbytérianisme, le leadership personnel n'est pas particulièrement apparent dans la vie ecclésiale, mais des figures bien connues ont appartenu à cette Église: l'ardent nationaliste G.M. GRANT, recteur de l'U. Queen de 1877 à 1902; le premier ministre Mackenzie KING; le romancier Charles W. GORDON (Ralph Connor); George BROWN, éditeur de *The Globe*; Cairine WILSON, la première sénatrice au Canada; Thomas MCCULLOCH, pionnier de l'éducation en Nouvelle-Écosse; Oliver MOWAT, longtemps premier ministre de l'Ontario.

Les origines calvinistes et écossaises de l'Église presbytérienne du Canada sont encore très visibles dans son organisation et sa vie ecclésiale, car la prédication et la lecture des Écritures y occupent une place centrale, tandis que le culte et le décor des églises sont empreints d'une simplicité austère. L'Église presbytérienne a toutefois abandonné des éléments plus rebutants de la théologie et des usages calvinistes, notamment la double prédestination et l'observation rigoureuse du repos dominical. Bien que son histoire la rattache surtout à l'Écosse, l'Église presbytérienne canadienne comprend des assemblées de Français, de Suisses, de Hongrois, de Coréens et de Chinois. Elle entretient des relations actives avec des organismes chrétiens de collaboration comme le Conseil œcuménique des Églises, l'Alliance réformée mondiale et le Conseil canadien des Églises.

Au Canada, la tradition réformée est également représentée par les calvinistes hollandais. Les LOYALISTES de la colonie qui appartiennent à l'Église réformée hollandaise se joignent aux assemblées presbytériennes après la GUERRE DE 1812, mais un schisme ultérieur de cette Église (qui devient l'Église réformée d'Amérique en 1867) fait naître l'Église du Christ réformée (dont le siège social se trouve à Grand Rapids, au Michigan), qui fonde plusieurs missions dans l'Ouest canadien avant 1920. Pendant les 15 ans qui suivent la Seconde Guerre mondiale, près de 150 000 Hollandais émigrent au Canada, et de nouvelles assemblées sont fondées en Ontario et en Colombie-Britannique. La croissance de l'Église du Christ réformée se poursuit, et le nombre de ses membres dépasse 100 000 en 1991 (derniers chiffres connus). Il y a aussi quatre confessions calvinistes hollandaises plus petites (l'Église protestante réformée, les Églises réformées canadiennes, les Églises libres réformées d'Amérique du Nord et les Assemblées réformées des Pays-Bas) qui remontent toutes aux années 50 et à la même vague d'immigrants hollandais. Les membres âgés de ces Églises ethniques conservent leur patrimoine hollandais grâce à leur religion, mais les membres nés au Canada s'adaptent plus facilement au style de vie du pays.

John S. Moir

Egoyan, Atom, cinéaste (Le Caire, Égypte, 19 juillet 1960). Aucun des scénaristes-réalisateurs qui émergent dans les années 80, dont Bruce McDonald, Patricia ROZEMA, Guy Maddin et Jean-Claude LAUZON, n'est aussi reconnu ou influent que ce cinéaste intellectuel et peu conventionnel.

Né en Égypte de parents arméniens, il s'établit très jeune avec sa famille à Victoria, en Colombie-Britannique. Il s'ensuit un choc culturel qu'il a souvent cité comme une influence profonde sur sa vie et son œuvre. Certains thèmes reviennent fréquemment dans celle-ci: l'aliénation, le voyeurisme et le sentiment que l'on n'atteindra jamais de satisfaction émotionnelle. On peut les interpréter comme des tentatives par lesquelles le réalisateur exprime son déracinement culturel.

Après des études secondaires à Victoria, Egoyan déménage à Toronto où il étudie les relations internationales à l'U. de Toronto. Il participe acivement au théâtre universitaire à titre de dramaturge et, tout comme David CRONENBERG avant lui, il réalise ses premiers films.

L'œuvre d'Egoyan, aussi personnels que puissent être ses motifs profonds, touche cependant une corde sensible auprès d'un public important, au niveau national comme au niveau international. Depuis la première de son long métrage initial, *Next of Kin* (1984), au Festival international du film de Toronto, sa réputation internationale ne cesse de grandir. *Family Viewing* (1985; sous-titré en français) est salué publiquement par le réalisateur allemand Wim Wenders au Festival de nouveau cinéma et vidéo en 1986. *Speaking Parts* (1989; v.f. *Rôles parlants*) et *The Adjuster* (1991; v.f. *L'Expert en sinistres*) sont tous deux projetés à l'inauguration du Festival de Cannes en France. *Exotica* (1994; v.f. *Exotica*) a l'honneur d'être mis officiellement en nomination dans la catégorie des Sélections officielles à Cannes et devient le film canadien-anglais dont l'exportation est la plus réussie depuis la médiocre comédie *Porky's* (v.f. *Chez Porky*) en 1981. En 1997, seul Cronenberg, dont l'influence sur l'œuvre d'Egoyan est évidente et profonde, peut prétendre avoir une réputation internationale aussi grande que celle du jeune cinéaste.

Stylistiquement et narrativement, l'œuvre d'Egoyan a été influencée par le détachement clinique de Cronenberg, le minimalisme et un parti pris intellectuel. Cependant, la manière dont Cronenberg met à distance les émotions sous-jacentes de ses personnages est à l'opposée de la passion réelle d'Egoyan pour les causes, les effets et les permutations de relations humaines réduites à une époque électronique. Tous les films d'Egoyan finissent par des épiphanies où les émotions se révèlent. Ils sont enracinés dans une quête romantique où l'individu cherche à se réaliser dans l'intimité. Il peut aussi surgir dans ces films des moments profondément comiques.

En plus d'avoir réalisé sept long métrages, Egoyan réalise également plusieurs épisodes pour des séries télévisées et un téléfilm. En 1996, il dirige à Toronto la production de *Salomé* par la Canadian Opera Company.

Geoff Pevere

Ehattesahts Peuple indien NOOTKA de la côte ouest de l'île de Vancouver, les Ehattesahts formaient jadis trois groupes qui, décimés par les épidémies et la guerre, se sont regroupés avec le temps. En 1996, on dénombrait environ 200 Ehattesahts inscrits. Leurs territoires traditionnels englobent la rive nord du bras de mer Esperanza et la côte océanique, le bras Zeballos et une partie du bras Espinosa. Leurs principaux villages étaient Oke et Tatchu, mais la bande est maintenant regroupée à Chenahkint, dans l'anse Queen's. Ils étaient traditionnellement d'importants fournisseurs de coquilles de dentales, objets de troc de grande valeur chez les peuples autochtones de la côte du Nord-Ouest. (*Voir aussi* AUTOCHTONES: LA CÔTE DU NORD-OUEST.)

John Dewhirst

Eiriksson, Leifr, explorateur norvégien (Islande), fils d'ÉRIK LE ROUGE. Il grandit au GROENLAND et, vers 999, se rend en Norvège où, selon une source, il se serait converti au christianisme et aurait reçu du roi Olav Tryggvason la mission d'implanter la foi au Groenland. La *Saga des Groenlandais* raconte qu'il organise une expédition, vers l'an 1000, pour explorer les parties de la côte nord-américaine que le traiteur islandais Bjarni HERJOLFSSON a découvertes 15 ans plus tôt. Il établit un camp de base dans l'extrême sud de ces régions, explore plusieurs endroits et y découvre d'abondantes ressources. Parmi celles-ci, les plus intéressantes sont le bois et la vigne sauvage, et il baptise la plus riche de ces régions *Vinland*, soit Pays du vin.

De récentes découvertes archéologiques laissent croire que ce Vinland était vraisemblablement la côte du golfe du Saint-Laurent. La *Saga d'Érik le Rouge* mentionne Leifr, mais on considère généralement que cette version est en faveur de l'Islandais Thorfinnr Karlsefni Thordarson. Leifr succède à son père

comme chef suprême du Groenland et, vers 1018, son fils Thorkell lui succède à son tour. (*Voir aussi* EXPÉDITIONS VIKINGS.)

Birgitta Wallace

Eisler, Lloyd (*voir* BRASSEUR, Isabelle)

El Niño Réchauffement important des courants marins de l'océan Pacifique au large des côtes de l'Amérique du Sud. Pendant des siècles, les pêcheurs péruviens ont utilisé le terme El Niño, qui signifie en espagnol petit garçon ou enfant Jésus, pour désigner un COURANT MARIN faible et chaud qui faisait son apparition chaque année autour de Noël et nuisait à leurs prises. Certaines années, toutefois, une inversion de la circulation atmosphérique au-dessus du Pacifique Sud et de l'océan Indien provoque un réchauffement plus important de ce courant, de 2 à 5 °C de plus que la température maximale moyenne de surface de la mer qui est habituellement de 28 °C. Le courant s'étend alors sur une surface trois fois plus grande que la superficie du Canada. Aujourd'hui, les scientifiques réservent le nom de El Niño à ces événements d'amplitude exceptionnelle.

Au Canada et dans le nord des États-Unis, l'excédent de chaleur renforce le COURANT-JET et en modifie la trajectoire. Le courant-jet est un courant d'air qui se déplace très rapidement à haute altitude et influe sur les systèmes météorologiques de la planète. Le temps, en Amérique du Nord, dans les semaines qui suivent l'apparition d'El Niño, dépend fortement de la dynamique du courant-jet, c.-à-d. s'il reste unique ou s'il se sépare en deux courants. Un courant-jet unique détourné vers le nord au-dessus de la Colombie-Britannique, puis plongeant vers le sud au centre du continent provoque un refroidissement de température dans les Grands Lacs et la partie est de l'Amérique du Nord. En même temps, un système à haute pression stationnaire au-dessus des montagnes Rocheuses empêche l'air humide du Pacifique de se déplacer à l'intérieur des terres. Un temps doux et sec domine alors l'ouest du Canada et le nord-ouest des États-Unis. Si le courant-jet se divise, sa branche qui se trouve à l'extrême nord tend à créer des tempêtes dans le golfe de l'Alaska et réchauffe les températures dans l'Ouest canadien. La branche plus au sud prvoque davantage de tempêtes en Californie, au Texas et en Floride avant de remonter la côte est de l'Amérique du Nord.

El Niño étant un événement très variable en termes de force et d'impact, il est difficile de prévoir les répercussions qu'il aura sur le temps en Amérique du Nord. À l'hiver 1982-1983, de l'air très doux du Pacifique a envahi les régions de l'Est jusqu'aux Grands Lacs et au-delà. Pourtant six ans plus tôt, le sud de l'Ontario avait enduré un hiver froid, alors que l'Ouest du pays avait joui d'un temps doux au cours d'un phénomène El Niño plus faible.

El Niño a à la fois des effets bénéfiques et des effets indésirables pour les gens dont le gagne-pain dépend du temps. Pour les pêcheurs de saumons de Colombie-Britannique, ce sont de bonnes nouvelles puisque le saumon sockeye du fleuve Fraser se déplace encore plus vers les eaux froides; le poisson devient alors disponible pour les seuls pêcheurs canadiens. Par contre, des bancs de maquereaux affamés remontent plus au Nord le courant chaud El Niño et peuvent dévorer les stocks de jeunes saumons sockeyes. Pour les fermiers des Prairies, impatients que le sol regorge de nouveau d'humidité, un hiver sous le signe d'El Niño est habituellement sans neige, ce qui ne constitue donc pas une bonne nouvelle. Par contre, une année El Niño correspond également à un printemps plus chaud, plus humide, ce qui augmente les rendements de blé de printemps.

David Phillips

Élan (*voir* WAPITI)

Elder, James, cavalier (Toronto, Ont., 27 juill.1934). Cavalier de renommée internationale pendant plus d'un quart de siècle, Elder fait partie de l'équipe équestre canadienne qui remporte une médaille de bronze lors des Jeux olympiques de 1956 et décroche la médaille d'or aux Jeux panaméricains de 1959. Membre de l'équipe équestre du Canada depuis 1952 (à titre de capitaine pendant plusieurs années), il forme un trio, avec James DAY et Thomas GAYFORD, qui fait la renommée des cavaliers canadiens vers la fin des années 60. Il remporte, entre autres, le Grand Prix des Jeux olympiques de Mexico en 1968, le Championnat du monde en 1970 et la médaille d'or aux Jeux panaméricains de 1971. Elder représente le Canada aux Jeux olympiques de 1972, 1976 et 1984, en plus de faire partie des équipes gagnantes lors des épreuves de la Coupe des nations à Rotterdam en 1980 et de la Coupe des nations du Concours du Saut International Officiel (CSIO) à Sydney (Australie) en 1982. Il est trois fois champion du monde aux épreuves individuelles du Royal Horse Show. En 1983, il est nommé officier de l'Ordre du Canada et, en 1985, est honoré pour sa contribution exceptionnelle à l'essor des SPORTS ÉQUESTRES.

Barbara Schrodt

Elder, Richard Bruce, cinéaste et critique (Hawkesbury, Ont., 12 juin 1947). Ses films d'avant-garde ainsi que ses écrits sur le cinéma, la philosophie canadienne et la technologie informatique lui valent une renommée internationale. Après avoir obtenu une maîtrise en philosophie de l'U. de Toronto (1970), Elder étudie le cinéma à Ryerson et au University Film Study Centre.

Son film *Barbara is a Vision of Loveliness* lui vaut, en 1976, le trophée du film canadien comme meilleur film expérimental, et *The Art of Worldly Wisdom* (1979), film autobiographique, est consacré meilleur film expérimental indépendant par le Los Angeles Critics Circle. Dans ses œuvres *1857: Fool's Gold* (1980) et *Illuminated Texts* (1982), Elder intègre à la bande des textes écrits et des effets visuels et sonores, produits par ordinateur. Un procédé qui deviendra la marque de ses films ultérieurs. Son long métrage de 8 heures, *Lamentations* (1985), et *Consolations* (*Love is an Art of Time*, 1987), qui dure 14 heures, bousculent les durées conventionnelles de projection.

Dans les années 90, il entreprend de regrouper ses films antérieurs et ses œuvres en chantier – *Flesh Angels* (1990), *Newton and Me* (1990), *Azure Serene* (1992), *Exultations: In the Light of the Great Giving* (1993), *Burying the Dead Into the Light* (1993) et *Et Resurrectus Est* (1994) – en un seul programme de 40 heures qui aura pour titre *The Book of All the Dead*. Le programme est projeté dans son intégralité à trois reprises : en 1995 dans le cadre des Anthology Film Archives (New York), en 1996 au Senzatitolo (Trento, Italie) et à Image 97 (Toronto).

Parmi les nombreux écrits d'Elder ressortent son manifeste très controversé, *The Cinema We Need* (1985), et son livre *Image and Identity: Reflections on Canadian Film and Culture* (1989). Ses plus récentes études consistent en des monographies sur le cinéma américain d'avant-garde, *A Body of Vision: The Image of the Body in Recent Film and Poetry* et *The Films of Stan Brakhage*.

Seth Feldman

Eldorado Gold Mines Limited Devient Eldorado Mining & Refining Limited et, encore plus tard, Eldorado Nucléaire Limitée. C'est une société minière d'uranium ayant des propriétés en Saskatchewan et en Ontario. Eldorado débute en tant que mine d'or au Manitoba. Quand elle fait faillite, ses propriétaires, les frères LABINE, prennent ce qui reste du capital et l'investissent dans un projet de prospection aux environs du Grand lac de l'Ours, dans la région subarctique. En 1930, Gilbert LaBine découvre un filon de pechblende et d'argent à Port Radium (Baie Écho). Les frères y ouvrent une mine et le minerai est raffiné en radium à Port Hope, en Ontario.

La société Eldorado ne prospère pas dans le marché du radium, mais elle est sauvée d'une quasi-faillite par la soudaine popularité, en 1942, de son produit résidu, l'uranium, après la décision des Alliés

de fabriquer une bombe atomique. En raison de son importance stratégique, l'Eldorado est acheté secrètement par le gouvernement canadien en 1942 et nationalisée en 1944. À cause de leur gestion incompétente, les frères LaBine sont remplacés par W.J. BENNETT, président choisi par C.D. Howe en 1947. Bennett transforme la société en un fournisseur extrêmement prospère de la Commission d'énergie atomique américaine. En 1948, il étend ses activités à Beaverlodge (Uranium City) en Saskatchewan, où la production commence en 1953.

Eldorado fait office d'agent obligatoire de mise en marché pour toutes les entreprises privées canadiennes d'uranium durant les années 50. Avec l'effondrement du marché mondial de l'uranium en 1959, elle connaît une période difficile, surtout depuis que, en tant que société de la Couronne, elle ne peut pas être entièrement compétitive face à ses concurrents privés. Elle se redresse au moment du boom de l'uranium du milieu jusqu'à la fin des années 70, mais, quand le prix du produit baisse à nouveau dans les années 80, elle est obligée de fermer sa mine de Beaverlodge et de se concentrer sur les filons de minerai plus abondants situés plus au sud en Saskatchewan.

En octobre 1988, le gouvernement fédéral commence à privatiser la société. Il fonde Eldor Inc. pour garder 38,5 p. 100 des actions de la société et vend le reste au gouvernement de la Saskatchewan. La nouvelle entité, CAMECO, commence à rationaliser ses activités et à exploiter une mine au Nebraska et une mine d'or au Kirghizistan. En février 1995, la compagnie Eldor Inc. se départit de tous ses intérêts dans Cameco, alors que la Saskatchewan garde 30 p. 100 du capital de la société. Le reste appartient à des intérêts privés. En 1994, Cameco a un chiffre d'affaires de 348 millions de dollars, un actif de 1,4 milliard de dollars et un personnel de 1200 employés. La société fournit 10 p. 100 de l'uranium du monde occidental.

Robert Bothwell

Eldridge (1997), affaire L'arrêt de cette affaire porte à la fois sur le pouvoir fédéral de dépenser et sur les droits à l'égalité garantis par l'article 15 de la *Charte canadienne des droits et libertés*.

Dans cette affaire, la Cour suprême du Canada déclare que la Colombie-Britannique doit fournir dans les hôpitaux de la province des services d'interprétation gestuelle aux personnes atteintes de surdité, afin de respecter les droits à l'égalité garantis par le paragraphe 15 (1) de la Charte. Le juge Gérard La Forest, au nom de la Cour, dit quelques mots au sujet du pouvoir fédéral de dépenser en matière de santé. Ainsi, bien que les hôpitaux relèvent de la compétence des provinces en vertu du paragraphe 92(7) de la *Loi constitutionnelle de 1867* et que les programmes d'assurance-hospitalisation et d'assurance-maladie tombent sous la compétence exclusive des provinces en vertu des paragraphes 92(7), 92(13) et 92(16) de la *Loi constitutionnelle de 1867*, le juge La Forest remarque que cela n'a pas empêché le législateur fédéral de jouer un rôle important dans la fourniture des soins médicaux gratuits à tous dans les diverses régions du pays. Pour ce faire, il a utilisé son pouvoir inhérent de dépenser pour fixer des normes nationales à l'égard des programmes provinciaux d'assurance-maladie. Aux termes de la *Loi canadienne sur la santé*, le gouvernement fédéral doit contribuer au financement des programmes provinciaux d'assurance-maladie qui satisfont à certaines conditions d'octroi spécifiées. Le juge La Forest souligne «que la constitutionnalité de ce genre de subventions conditionnelles a été confirmée par la Cour suprême dans le renvoi relatif au Régime d'assistance publique du Canada de 1991».

Élections Les élections canadiennes se tiennent selon un processus qui reflète des principes bien assimilés et fait partie intégrante de la culture politique du pays. En dépit de différences régionales souvent amplifiées par le système électoral, le processus lui-

même reste national. Les mêmes règles de base sont en vigueur d'un océan à l'autre. Les premières élections fédérales se sont tenues selon des modalités issues de lois provinciales disparates, mais, dans les années 1870, les premières dispositions électorales nationales sont promulguées, posant les fondations du système actuel. On répartit d'abord les sièges entre les provinces, puis des commissions constituées en vertu de la loi fédérale tracent les frontières des circonscriptions.

Entre les élections, des élections partielles peuvent avoir lieu pour pourvoir à des postes vacants à la CHAMBRE DES COMMUNES. L'un des devoirs du DIRECTEUR GÉNÉRAL DES ÉLECTIONS est de faire une évaluation continue de tout le système en cherchant constamment à l'améliorer. La stabilité apparente de ce processus peut s'avérer trompeuse. Un parti politique peut récolter plus de voix que son rival mais perdre quand même les élections, comme le PARTI CONSERVATEUR en 1896.

Un parti peut garder presque exactement la même part du vote populaire dans des élections successives et perdre la première de façon désastreuse pour mieux triompher dans la seconde, comme ce fut le cas du PARTI LIBÉRAL en 1930 et en 1935. Un parti peut être faible dans l'ensemble du pays mais faire élire plusieurs députés si ses appuis sont concentrés dans une région. C'est ce qui est arrivé au CRÉDIT SOCIAL en Alberta à plusieurs reprises à partir de 1940, de même qu'au PARTI RÉFORMISTE et au BLOC QUÉBÉCOIS en 1993. Un parti peut avoir un appui national stable, mais si ses votes sont dispersés dans l'ensemble du pays, sa part de victoires dans n'importe quelle élection restera loin derrière sa part des suffrages, comme la CO-OPERATIVE COMMONWEALTH FEDERATION et son successeur, le NOUVEAU PARTI DÉMOCRATIQUE, le savent bien. Les progressistes conservateurs font la même expérience en 1993.

Le déséquilibre que montrent de nombreux résultats d'élections est d'abord imputable au système uninominal (*voir* SYSTÈMES ÉLECTORAUX), selon lequel un candidat n'a besoin que d'un vote de plus que son adversaire pour remporter le siège, peu importe combien les autres candidats obtiennent de suffrages, de même qu'à la répartition fédérale des sièges à la Chambre des communes (*voir* REMANIEMENT). Non seulement cette répartition rend plus facile à un parti concentré dans une seule région d'y remporter plusieurs sièges, mais la taille disproportionnée de l'Ontario et du Québec (qui, à eux deux, ont toujours disposé de plus de la moitié des sièges à la Chambre des communes) permet qu'un parti ait d'assez bons résultats dans une de ces provinces sans nécessairement remporter plusieurs sièges. Le cas classique est celui du Parti conservateur fédéral au Québec avant l'élection de 1984, mais les libéraux connaissent des problèmes semblables dans l'Ouest depuis les années 1950.

Une élection fédérale peut être provoquée pour plusieurs raisons. La Chambre des communes cesse d'exister cinq ans après les résultats de la dernière élection, et une élection peut devenir nécessaire lorsque la Chambre des communes arrive à expiration au sens constitutionnel, comme en 1896 et (presque) en 1935. La même chose aurait pu arriver en 1916 si la CONSTITUTION n'avait pas été modifiée pour prolonger la vie du Parlement élu en 1911. Le PREMIER MINISTRE FÉDÉRAL a l'autorité de prononcer la dissolution du Parlement lorsqu'il considère comme sage ou approprié de le faire, et des élections ont eu lieu à des dates aussi rapprochées que 1872 et 1874, 1925 et 1926, 1957 et 1958, 1962 et 1963, et 1979 et 1980. Un changement de premier ministre peut motiver une élection. P. ex., lorsque John Turner est devenu premier ministre en 1984, l'une de ses premières initiatives officielles a été de prononcer la dissolution du Parlement. La défaite du gouvernement à la Chambre des communes peut provoquer une élection (1926, 1963 et 1979): si le gouvernement perd l'élection, il est remplacé; s'il la gagne, il continue simplement son travail.

Malgré la corrélation entre élection et changement de premier ministre ou de tout un gouvernement, les élections et les changements à l'exécutif ne sont pas nécessairement liés. Les conservateurs ont gagné l'élection de 1872, mais leur chef, sir John A. MACDONALD, démissionne en 1873 parce qu'il est convaincu d'avoir perdu l'appui d'un trop grand nombre de députés de son propre parti à la Chambre des communes pour pouvoir continuer. L'élection suivante, déclenchée par son successeur libéral, Alexander MACKENZIE, n'a lieu qu'en 1874. Macdonald, qui meurt après l'élection de 1891, est suivi de quatre premiers ministres conservateurs consécutifs, dont l'un meurt aussi en poste, mais il n'y a pas d'autre élection avant 1896. Les conservateurs remportent plus de votes et de sièges que les libéraux en 1925, mais ils demeurent sur les banquettes de l'opposition. Le chef conservateur Arthur MEIGHEN devient premier ministre en 1926 sans tenir d'élection, mais, lorsqu'il déclenche une élection cette année-là, il la perd et perd aussi le poste de premier ministre. Il peut donc y avoir un lien entre élection et changement de gouvernement, mais il peut aussi ne pas y en avoir.

Tous les premiers ministres mentionnés ci-dessus sont des chefs de parti, et le système électoral repose entièrement sur les partis (voir SYSTÈME DE PARTIS). Le Parlement a prévu un ensemble complexe de lois régissant la façon dont sont tenues les élections, mais aucune loi n'exige que quiconque se porte volontaire pour tenir une élection. Chaque parti assume cette fonction dans son propre intérêt en recrutant des candidats, en planifiant et en finançant sa campagne, en choisissant les enjeux sur lesquels portera l'élection et en proposant un chef qui, comme chaque parti l'espère, deviendra premier ministre ou à tout le moins chef de l'opposition (voir CONGRÈS À LA DIRECTION). Quoiqu'il ne soit pas impossible à des indépendants de se faire élire au Parlement, la chose est plutôt rare. En effet, les partis présentent des candidats à chaque élection et utilisent une machine administrative complexe et bien réglementée, financée par l'État, en plus de récolter de leur côté et de dépenser de grosses sommes d'argent. Les sommes qu'un parti peut amasser et l'usage qu'il peut en faire sont maintenant réglementés (voir LOI SUR LES DÉPENSES D'ÉLECTION), mais les sommes autorisées demeurent généreuses et pour les candidats et pour les partis. La *Loi électorale du Canada*, qui régit le financement et le déroulement des élections, est sous l'autorité du Directeur général des élections.

Chaque élection générale est unique. Bien que les principes de base qui régissent les élections aient remarquablement peu changé depuis leur instauration, les personnes qui s'y engagent et les questions qui y sont débattues ne sont jamais tout à fait les mêmes d'une élection à l'autre. Certaines élections se jouent sur un seul enjeu, net et clair: en 1911, p. ex., les libéraux au pouvoir appuient un accord commercial de réciprocité complète avec les États-Unis; les conservateurs s'y opposent et remportent l'élection. À l'élection de 1988, le même débat oppose les conservateurs aux libéraux (et au NPD), mais cette fois, ce sont les conservateurs qui appuient l'Accord de LIBRE-ÉCHANGE Canada–États-Unis, qui a constitué l'enjeu le plus important de l'élection.

En 1917, les conservateurs appuient la CONSCRIPTION pour le service outre-mer, et cette question divise les libéraux à un point tel qu'ils s'avèrent incapables de mener une campagne homogène pour ou contre la conscription. Le chef libéral, LAURIER, est contre la conscription, et, même si, en 1917, la question réduit la force libérale au Parlement à son plus bas niveau depuis la CONFÉDÉRATION, les conservateurs se heurtent par la suite pour plusieurs décennies à un Québec qui leur est résolument fermé. Si un gouvernement exerce le pouvoir

depuis longtemps, comme c'est le cas des conservateurs jusqu'en 1891 sous Macdonald ou des libéraux jusqu'en 1957 sous KING et SAINT-LAURENT, ses réalisations deviennent invariablement un enjeu à chaque élection.

Les périodes d'accroissement de la prospérité sont généralement bénéfiques pour le parti au pouvoir, ce qui a aidé les libéraux après 1896 et 1945. À l'opposé, une dépression peut hanter un parti pour des décennies, comme l'ont vécu les conservateurs après 1935. L'essor de l'électronique moderne fait intervenir de nouveaux enjeux, puisque la crédibilité d'un parti à la télévision, en particulier l'image du chef, devient pour les électeurs un facteur d'attraction ou de répulsion. Les anciens meneurs d'élections, comme Macdonald, Laurier, BORDEN et King, seraient peu enclins à approuver ce produit de l'élection moderne, la série de campagnes publicitaires qui commercialisent le parti et son chef dans un emballage aussi séduisant que possible. Le chef d'un parti peut devenir l'enjeu d'une élection moderne, comme l'ont découvert Trudeau en 1979 et Mulroney en 1988.

Il n'est guère tentant pour les partis politiques canadiens de faire des principes fondamentaux des enjeux électoraux, ce qui s'explique par deux vérités tout aussi fondamentales. Au-delà de la difficulté de rendre des abstractions compréhensibles et utilisables dans une campagne électorale, il y a le fait que l'électorat canadien est si diversifié qu'une question fondamentale pourra susciter des réactions très variées, voire opposées, dans les différentes régions du pays. L'histoire en offre l'exemple le plus frappant en 1917 avec la question de savoir s'il faut imposer la conscription aux Canadiens pour combattre dans des guerres à l'étranger: le gouvernement a répondu oui en 1917 et le parti responsable au premier chef en paiera le prix électoral pendant des décennies. Pendant la Seconde Guerre mondiale, le gouvernement croit impossible d'arriver à un consensus national en faveur du oui ou du non et lance un slogan qui, au Canada, passe pour un modèle du genre: «La conscription si nécessaire, mais pas nécessairement la conscription».

La diversité du pays mène à l'autre considération fondamentale: tout parti qui désire obtenir un succès électoral au Canada doit attirer un large éventail d'électeurs, ce qui a pour effet que les partis diffèrent rarement d'opinion sur des questions fondamentales. Tous les partis qui remportent des succès électoraux comptent dans leurs rangs des personnes aux opinions très contrastées. Aux élections, cependant, les partis ont tendance à présenter un front uni, ce qui n'encourage pas l'expression des opinions extrêmes. Tous les partis s'entendent pour conserver la monarchie, le Parlement, le système de partis et les élections libres. Tous s'engagent à appuyer une vaste gamme de programmes de santé et de programmes sociaux, de même qu'une variété d'entreprises publiques et privées. En fait, aucun parti «extrême» n'a jamais réussi à faire élire un contingent stable de députés au Canada.

L'élection de 1993 bouleverse plusieurs de ces traditions. Même si le Parti libéral, en s'en tenant aux politiques fédérales traditionnelles, remporte la majorité, deux partis de protestation, le Bloc québécois au Québec et le Parti réformiste dans l'Ouest, font élire un grand nombre de représentants ayant des priorités strictement régionales. Ces événements font s'effondrer la coalition conservatrice entre l'Ouest et le Québec, et le NPD fédéral est réduit à sa plus simple expression. Le Bloc promet d'œuvrer à la souveraineté du Québec et le Parti réformiste se voue à un «fédéralisme renouvelé» qui, de toute évidence, exclut le Québec. Les analyses post-électorales ne permettent pas de déterminer s'il s'agit d'une tendance de fond ou d'un vote de protestation passager. (*Voir aussi* COMPORTEMENT ÉLECTORAL; REPRÉSENTATION PARLEMENTAIRE.)

Norman Ward

Élections en temps de guerre, Loi des En 1917, le premier ministre conservateur sir Robert Borden craint que l'impopularité de la CONSCRIPTION, adoptée en mai pour renforcer les Forces canadiennes engagées dans la PREMIÈRE GUERRE MONDIALE, n'incite les Canadiens d'origine autre que britannique à se coaliser pour vaincre le gouvernement à l'élection générale suivante. Le 20 septembre, après un débat acrimonieux, le Parlement ratifie la *Loi des élections en temps de guerre* qui révoque le droit de vote des citoyens issus d'un pays ennemi naturalisés après le 31 mars 1902, sauf ceux ayant un fils, un petit-fils ou un frère en service dans les forces armées. De plus, la loi accorde le droit de vote à l'épouse, à la mère et aux sœurs des militaires en service, de même qu'aux femmes qui servent dans les forces armées. Cette loi vient sans nul doute renforcer le soutien populaire du parti de Borden, mais elle n'a pas d'influence sur l'élection de 1917. À long terme, la faveur du parti conservateur auprès de certains groupes ethniques en souffrira.

John English

Élections locales La population d'une collectivité choisit son GOUVERNEMENT MUNICIPAL grâce à un processus d'élections locales. Les systèmes électoraux fédéral et provinciaux sont généralement organisés par un organisme indépendant et non partisan, ce qui réduit les possibilités de remaniement arbitraire de la carte ou de règles électorales en faveur des politiciens au pouvoir (voir REMANIEMENT). Au Canada, par contre, c'est au conseil municipal qu'il appartient normalement d'apporter les remaniements voulus en vue des élections municipales.

La délimitation des circonscriptions, appelées «quartiers» dans le cas des élections municipales, peut être de trois genres. Dans les plus petits centres urbains, il est courant que l'unique circonscription soit toute la municipalité et que les conseillers soient élus par la population générale. Vancouver est la plus grande ville à utiliser ce système qui favorise les gens d'affaires, les professionnels et les groupes représentant l'élite. Pour réduire le coût des campagnes électorales couvrant toute la ville, d'autres grandes villes comme Edmonton, ou Winnipeg avant 1971, ont délimité un petit nombre de grands quartiers en forme de bandes, sans tenir compte des regroupements géographiques ou sociaux naturels. Les quartiers peuvent aussi être délimités de façon assez compacte, en fonction des voisinages. C'est le système préféré des politiciens de gauche et des chefs d'associations communautaires ou de certains groupes minoritaires. C'est le système utilisé à Montréal, à Toronto et, maintenant, à Winnipeg.

Les élections locales au Canada sont nominalement non partisanes. Autrement dit, les candidats n'ont aucune désignation de parti accolée à leur nom sur le bulletin de vote. Ces élections, contrairement aux élections fédérales et provinciales, ont lieu à des dates fixes prescrites par la loi régissant les élections municipales. Les noms des candidats figurent sur les bulletins de vote par ordre alphabétique et les élus sont généralement indépendants ou ont un lien plus ou moins officiel avec un parti strictement local. La participation au scrutin est faible (si elle est de 30 p. 100, c'est habituellement jugé bon), et les maires et les conseillers sortants sont fortement avantagés, parce que les votants reconnaissent leur nom. L'élection par la population générale amplifie ces deux phénomènes, parce que le votant doit faire un grand nombre de choix. Pour être candidat, il suffit en général de procéder au dépôt d'une somme d'argent symbolique et d'une demande portant un petit nombre de signatures d'électeurs appuyant la candidature. Dans la plupart des provinces, les contributions à la campagne ne sont pas déductibles du revenu imposable. Autrefois, pour avoir le droit de vote, il fallait être un homme et un propriétaire foncier, et le bien-fonds devait avoir une valeur suffisante. Cette restriction est toutefois devenue moins importante au XXᵉ siècle, car on ne corrigeait pas les valeurs en fonction de l'inflation. Le locataire d'une maison est un propriétaire foncier, mais le pensionnaire ne l'est pas. Le locataire d'un appartement peut être considéré ou non comme un propriétaire foncier. Les lois provinciales varient sur ce point. La coutume des votes multiples, qui permet de voter dans chaque municipalité ou chaque quartier (et parfois même dans chaque section de vote) où l'on possède des biens-fonds, demeure répandue pendant longtemps après la Seconde Guerre mondiale.

Depuis le milieu des années 60, les provinces ont beaucoup élargi le DROIT DE VOTE, si bien qu'il est un droit quasi universel découlant de la citoyenneté. De nos jours, un recensement municipal est souvent effectué avant l'élection. Le scrutin est normalement majoritaire uninominal (ou plurinominal, si les quartiers sont eux-mêmes plurinominaux ou si les conseillers sont élus par la population générale) et le ou les candidats qui obtiennent le plus de voix sont élus. Dans le passé, pour augmenter artificiellement le nombre de voix obtenu par les candidats élus, plusieurs provinces, comme l'Alberta et le Manitoba, permettaient aux municipalités d'adopter une forme de représentation proportionnelle selon un système de vote transférable.

Enfin, contrairement aux politiciens fédéraux et provinciaux, les conseillers municipaux sont élus pour un mandat préétabli de deux ou trois ans, ce qui peut influencer leurs décisions d'intérêt public. Ainsi, on ne s'attend pas d'ordinaire à ce que le conseil prenne des décisions impopulaires ou controversées pendant les mois qui précèdent la date fixe du scrutin. (*Voir aussi* POLITIQUE MUNICIPALE.)

James Lightbody

Électricité Propriété de la structure atomique de la matière. Elle se manifeste par l'attraction entre deux corps de charge opposée et la répulsion entre deux corps de même charge. Les particules subatomiques peuvent avoir une charge positive (proton), une charge neutre (neutron) ou une charge négative (électron). Les électrons sont mobiles et peuvent être mis en mouvement pour créer un courant électrique si l'on fournit un chemin (conducteur) de faible résistance. Ce courant peut offrir une ÉNERGIE propre, contrôlable et à usages multiples, qui a grandement et profondément changé la qualité de vie des Canadiennes et des Canadiens, p. ex., en réduisant les travaux pénibles dans les foyers, les fermes et les usines. Des formes incontrôlées d'électricité (la foudre, p. ex.) surviennent dans la nature. L'abondance et le prix modique de l'énergie électrique (et en particulier de l'HYDROÉLECTRICITÉ), grâce aux énormes réseaux de distribution d'énergie intégrés, ont engendré d'importants développements industriels dans tout le Canada. De nombreuses industries canadiennes telles que celles de l'aluminium, des pâtes et papiers, du fer et de l'acier, et de produits chimiques consomment de grandes quantités d'électricité.

L'énergie gravitationnelle, l'ÉNERGIE SOLAIRE et ses dérivés (le CHARBON, le PÉTROLE, la BIOMASSE, et le VENT, p. ex.), l'énergie marémotrice, l'énergie nucléaire, etc., sont des sources d'énergie primaire. Par contraste, on considère généralement l'électricité comme une source d'énergie secondaire, puisqu'elle doit être générée par la conversion de l'énergie gravitationnelle (chute d'eau), de l'énergie chimique (combustibles fossiles) ou de l'énergie nucléaire. Le rendement énergétique de conversion d'une énergie primaire (p. ex., combustion du charbon ou chute d'eau) en énergie électrique est d'environ un tiers; les deux tiers de l'énergie primaire sont perdus sous la forme de chaleur dégradée.

Histoire

Les inventions non protégées qui ont conduit à la PRODUCTION D'ÉLECTRICITÉ sont la roue hydraulique (utilisée du temps des Romains pour moudre le blé), la machine à vapeur et la dynamo ou génératrice. La maîtrise de l'énergie hydraulique au XIXᵉ siècle, notamment pour actionner les machines textiles, les moulins à grain, les machines à travailler le bois et celles à travailler le métal, a largement contribué à faire du Canada un pays industrialisé (*voir* TECHNOLOGIE). La mise au point, durant les années 1870, de génératrices électriques fiables de capacité convenable a conduit, de façon logique, à la génération d'électricité à partir de l'énergie hydraulique et de machines à vapeur alimentées avec du bois ou du charbon. Au début, cette électricité sert à l'éclairage et, plus tard, à toutes les applications qui caractérisent une société moderne. En 1881, une génératrice électrique à vapeur de 1,86 kW est installée au centre-ville de Toronto et la première patinoire est éclairée par des lampes à arc. Les lumières à arc électrique sont installées à l'EXPOSITION NATIONALE CANADIENNE en 1882 et l'éclairage des voies publiques est installé en 1883 à Montréal et à Toronto.

Les bâtiments du Parlement d'Ottawa et de l'U. d'Ottawa sont éclairés électriquement pour la première fois en 1884, à l'aide de génératrices entraînées par des machines à vapeur. Toutes les rues d'Ottawa sont éclairées électriquement pour la première fois en 1885; elle est la première ville au monde éclairée de la sorte. Plusieurs autres villes canadiennes, dont Montréal, Québec et Sherbrooke, sont alimentées en énergie électrique à divers degrés avant 1900, mais le transport d'énergie électrique des CHUTES NIAGARA vers des localités avoisinantes en 1906 annonce l'ère de l'énergie électrique au Canada.

Puis, en 1910, l'Hydro-Electric Power Commission of Ontario, une des premiers SERVICES PUBLICS D'ÉLECTRICITÉ intégrés au monde, termine l'installation des premières lignes de transport massif d'énergie électrique, sous 110 000 V, destinées à alimenter plusieurs municipalités du sud-ouest de l'Ontario. Cette importante réalisation place le Canada au premier rang des pays pionniers de l'énergie électrique. En 1920, plus de 97 p. 100 de la production totale d'électricité du Canada est d'origine hydroélectrique.

La première centrale thermique canadienne au charbon, d'une puissance nominale de un million de kilowatts, est mise en service en 1951 à Toronto. La première CENTRALE NUCLÉAIRE canadienne, à Rolphton, en Ontario, commence à alimenter le réseau en 1962, à l'aide d'un réacteur canadien à deutérium-uranium (CANDU) qui est ensuite utilisé dans les centrales de Pickering et de Bruce, en Ontario, réputées comme étant les centrales nucléaires commerciales les plus fiables du monde.

Capacité et consommation En 1994, la production totale d'électricité du Canada est de 533 508 GWh (gigawatt-heures). Soixante et un pour cent de cette énergie est d'origine hydroélectrique; 19 p. 100 provient de l'énergie nucléaire; 15 p. 100, du charbon; 3 p. 100, du gaz naturel; 1 p. 100, du pétrole; 1 p. 100, d'autres sources.

Pour respecter toutes les exigences, un réseau de distribution d'énergie doit avoir une capacité de génération qui puisse satisfaire à la demande de pointe pour l'ensemble du réseau. En 1994, la capacité totale du Canada est de 113 877 MW. Cinquante-six pour cent de cette capacité provient de l'énergie hydraulique; 18 p. 100, du charbon; 14 p. 100, de l'énergie nucléaire; 7 p. 100, du pétrole; 4 p. 100, du gaz naturel; 1 p. 100, d'autres sources.

L'énergie électrique représente une part importante du marché canadien de consommation des énergies primaire et secondaire. La part de l'électricité dans la consommation d'énergie primaire totale a constamment augmenté, de 14 p. 100 en 1960 à 34 p. 100 en 1994. En volume, la consommation d'énergie primaire fournie sous forme d'électricité est passée de 463 petajoules en 1960 à 3350 petajoules en 1994, soit une croissance annuelle moyenne de 5,9 p. 100.

C'est plus du double de la croissance annuelle moyenne de la consommation d'énergie primaire non électrique de 2,5 p. 100 durant la même période.

L'électricité représente une part beaucoup plus faible du marché de la consommation d'énergie secondaire que de celui de la consommation d'énergie primaire en raison des pertes de conversion. La part de l'électricité dans la consommation canadienne d'énergie secondaire est de 11 p. 100 en 1960 et de 25 p. 100 en 1994. Le taux de croissance de consommation d'électricité est 4,5 p. 100 de 1960 à 1994.

On peut diviser la consommation totale d'électricité du Canada durant les 34 dernières années en deux périodes distinctes: la première période, de forte croissance, va de 1960 à 1974; la deuxième, de faible croissance, va de 1975 à 1994. Ce changement brusque coïncide avec la première crise pétrolière de 1973-1974. Cette diminution spectaculaire de la consommation d'électricité est surtout due à une croissance économique moindre, au prix élevé de l'énergie et aux efforts de CONSERVATION d'énergie.

En 1994, la consommation d'électricité au Canada grimpe de 1,3 p. 100 et passe à 490 776 GWh en raison d'une croissance économique lente. La gestion de la demande et un temps relativement doux sont les deux autres principaux facteurs qui ont contribué à faire diminuer la consommation intérieure d'électricité. En 1994, le secteur industriel consomme environ 42 p. 100 de la consommation totale d'électricité; le secteur résidentiel, 28 p. 100; le secteur commercial, 23 p. 100; le transport et les pertes en ligne comptent pour 7 p. 100.

Exportation La production canadienne d'électricité couvre les besoins du marché intérieur; le surplus est exporté aux États-Unis. En 1994, les exportations vers les États-Unis augmentent de 53 p. 100 par rapport à 1993, atteignant environ 44 822 GWh, tandis que les importations, de seulement 938 GWh, baissent de 65 p. 100. En 1994, les exportations représentent 9,2 p. 100 de la production totale d'électricité du pays, en hausse de 5,8 p. 100 par rapport à 1993. Le revenu des exportations augmente aussi fortement; il passe de 858 millions de dollars en 1993 à 1332 millions en 1994, soit une hausse de 55 p. 100, tandis que le coût des importations passe de 85 millions à 45 millions de dollars.

Les exportations d'électricité sont une partie importante du commerce extérieur du Canada. En 1994, le revenu total des exportations d'électricité ne représente que 0,6 p. 100 du revenu total des marchandises exportées et 5,9 p. 100 du revenu de toutes les exportations d'énergie; en 1994 toujours, le revenu net des exportations d'électricité représente 5 p. 100 de la balance commerciale du Canada et 8,2 p. 100 de toute la balance commerciale de l'énergie du pays.

Impact économique L'importance de l'industrie de l'énergie électrique dans l'économie canadienne est grande. En 1994, cette industrie emploie directement presque 91 000 personnes, soit environ 1 p. 100 de la main-d'œuvre totale du pays. En 1994 toujours, son revenu total est de 27 milliards de dollars. Environ 1,3 milliard de dollars, soit environ 4,8 p. 100 de ce revenu total, provient du gain des exportations. L'industrie de l'énergie électrique a constamment augmenté sa contribution au produit intérieur (PIB) du pays. Elle passe de 2,3 p. 100 en 1960 à 2,5 p. 100 en 1970, à 3 p. 100 en 1980 et à 3,6 p. 100 en 1994.

En 1994, la part des investissements de l'industrie de l'énergie électrique au Canada dans le secteur de l'énergie est considérable: elle s'élève à 7,2 milliards de dollars, soit 33 p. 100 de tous les investissements dans le secteur de l'énergie et 6 p. 100 de tous les investissements dans l'économie. En 1994 toujours, les biens de l'industrie s'élèvent à environ 143 milliards de dollars, soit environ 8,3 p. 100 des actions de l'économie.

En 1994, l'industrie de l'énergie électrique du Canada investit en tout 7,2 milliards de dollars, soit 33 p. 100 de tous les investissements dans le secteur de l'énergie. Environ 41 p. 100 de cet investissement de 7,2 milliards sont consacrés à la génération; 24 p. 100, au transport; 20 p. 100, à la distribution; 15 p. 100, à d'autres activités. Comme pour les sources de financement, l'industrie de l'énergie électrique du Canada a graduellement emprunté sur le marché financier intérieur. Au 31 décembre 1994, la dette à long terme impayée totale des principales usines électriques canadiennes est d'environ 90 milliards de dollars. Environ 63 p. 100 de ce total (soit 57 milliards de dollars) ont été empruntés sur le marché intérieur et 37 p. 100 (soit 33 milliards de dollars) sur les marchés internationaux. Environ 85 p. 100 du montant emprunté sur les marchés internationaux (soit 28 milliards de dollars) l'ont été aux États-Unis.

Règlements gouvernementaux Selon la CONSTITUTION canadienne, l'électricité est essentiellement de juridiction provinciale. L'industrie électrique du pays est donc organisée selon des dispositions provinciales. L'industrie de la plupart des provinces est fortement intégrée: quelques usines dominantes génèrent, transportent et distribuent. Même si quelques-unes de ces usines appartiennent à des investisseurs privés, à des municipalités ou à des consortiums industriels, la plupart d'entre elles sont des SOCIÉTÉS DE LA COURONNE appartenant aux provinces. Dans le domaine de l'électricité, le gouvernement fédéral se limite à l'ÉNERGIE NUCLÉAIRE et au commerce international et interprovincial (*voir* COMMISSION DE CONTRÔLE DE L'ÉNERGIE ATOMIQUE et OFFICE NATIONAL DE L'ÉNERGIE).

Recherche et Développement L'industrie de l'énergie électrique du Canada a, la première, apporté plusieurs innovations importantes en énergie nucléaire, dans la conception de centrales électriques et dans la production de génératrices, de transformateurs, de lignes de transport et de systèmes de conservation d'énergie. HYDRO-QUÉBEC, HYDRO ONTARIO et les laboratoires nationaux de l'Énergie atomique du Canada ltée, ainsi que le CONSEIL NATIONAL DE RECHERCHES ont mené des programmes de recherche importants.

Parmi les domaines de recherche dignes d'être signalés, on trouve la sécurité, la fiabilité et le rendement des centrales nucléaires; la gestion et le stockage du combustible nucléaire épuisé; l'impact de la combustion du charbon sur l'environnement (p. ex., les PLUIES ACIDES) et les façons de le minimiser (p. ex., en utilisant des épurateurs de SO_2); la conception des lignes de transport de courant à très haute tension; le développement de sources renouvelables d'énergie pour la génération d'énergie électrique et de petites centrales hydroélectriques. Le budget national pour le secteur recherche-développement des projets consacrés à l'énergie électrique dépasse chaque année un total de 100 millions de dollars.

Prévisions La croissance économique et démographique du Canada durant les 16 prochaines années sera nettement inférieure à celle des 34 dernières années. On estime que le PIB réel n'augmentera en moyenne que de 2,5 p. 100 durant la période 1994-2010, ce qui est beaucoup moins que la moyenne historique de 3,9 p. 100 obtenue durant la période 1960-1994. On prédit que la population croîtra en moyenne de 1,1 p. 100 de 1994 à 2010, moins, donc, que la croissance de 1,5 p. 100 relevée durant la même période 1960-1994. De plus, on estime que la structure économique du pays ne passera pas grandement, durant la même période, des industries prédominantes de production de services aux industries de production de biens. Toutes ces prédictions et estimations laissent croire que la demande globale de l'électricité au Canada croîtra en moyenne de 1,9 p. 100 de 1994 à 2010.

Po-Chih Lee et Arthur Porter

Électricité, mise en valeur de l' L'historique des premiers usages de l'énergie électrique au Canada est très complexe, et sa documentation, incomplète. Comme c'est souvent le cas pour toute nouvelle technologie, divers aspects des phénomènes scientifiques mis en jeu sont utilisés pour la mise au point d'applications pratiques avantageuses sur les plans économique ou social, pour l'industrie et le grand public.

La mise à l'essai de ces inventions sur le terrain donne toujours lieu à de nouvelles découvertes, ce qui modifie constamment le tableau. De plus, si la nouvelle technologie vient concurrencer celle d'entreprises déjà bien établies, son acceptation et son développement peuvent s'en trouver affectés. Ce qui complique encore les choses, c'est que la nouvelle technologie va habituellement de pair avec une nouvelle terminologie qui s'introduit lentement, se modifie graduellement et peut même tomber en désuétude.

Les premières expériences sur le courant électrique (et non sur l'électricité statique) s'effectuent avec différentes sortes de batteries produisant de l'électricité chimiquement. L'énergie est appelée courant continu (c.c.). Le c.c. a des caractéristiques techniques très spécifiques et constitue, à bien des égards, la forme la plus simple de l'énergie électrique.

Les premières dynamos (génératrices), qui produisent de l'électricité à l'aide de l'énergie mécanique, donnent un courant qui s'inverse périodiquement (aujourd'hui appelé courant alternatif ou c.a.). Les expérimentateurs ne savent pas comment utiliser le c.a. et doivent munir leurs dynamos d'un collecteur afin de produire du c.c.

Les nouvelles dynamos et batteries procurent désormais aux scientifiques et aux ingénieurs une source fiable d'énergie pour leurs expériences. Ils ne tardent pas à appliquer cette technologie aux télécommunications (le télégraphe) et à l'éclairage (la lampe à arc), qui nécessitent tous deux un appareillage très simple. Les lampes à arc créent de la lumière en faisant jaillir une étincelle qui passe d'une électrode à l'autre. Cette lumière brille bien plus que toutes les sources d'illumination jamais inventées auparavant, mais l'éclairage à arc présente quelques inconvénients, dont celui de nécessiter une tension assez élevée pour créer l'étincelle. Les lampes montées en série doivent être alimentées avec une tension constante, d'où la difficulté de les allumer et de les éteindre individuellement. Finalement, pour démarrer les premières lampes, il faut les court-circuiter et donc mettre les électrodes en contact, puis les séparer après la création de l'étincelle. Comme le fonctionnement des lampes provoque l'usure d'une électrode, il faut les régler manuellement presque chaque jour. Ces inconvénients rendent les lampes à arc très peu pratiques pour l'intérieur, mais elles conviennent bien pour l'éclairage extérieur des rues ou de secteurs.

En Europe et en Amérique du Nord, on effectue des démonstrations d'éclairage à arc. À Montréal, en 1878, et à Toronto, en 1879, on monte de petites installations d'essai. À Toronto, en 1881, J.J. Wright conçoit et installe un des premiers systèmes d'éclairage à arc permanent dans plusieurs magasins, dont celui de Timothy Eaton, mais les lampes sont bien plus efficaces que dans les rues adjacentes. Plusieurs entreprises installent à titre d'essai des lampes à arc fonctionnant avec des génératrices activées à la vapeur, puis, finalement, le droit exclusif de fournir l'éclairage électrique à Toronto est accordé à la Toronto Electric Light Co., société issue de la fusion de ces entreprises. À Ottawa, on installe l'éclairage à arc dans plusieurs usines, et, plus tard, l'Ottawa Electric Co. fournit l'éclairage à arc à l'aide de trois dynamos entraînées par une roue hydraulique.

En 1883, des systèmes d'éclairage à arc permanents fonctionnent déjà dans les rues de Toronto, Montréal et Winnipeg, et, en 1890, de nombreuses autres villes, dont Ottawa, Hamilton, Pembroke, London, Victoria, Vancouver, Halifax, Saint-Jean, St. John's, Moncton et Sherbrooke, sont déjà, elles aussi, éclairées à l'arc. Durant cette période d'expérimentation, de nouveaux types de lampes à arc sont mis au point, tels que les systèmes Jablochkov Candle, Brush, Hochhausen-Vandepœle et Thomson-Houston, qui donnent un éclairage beaucoup plus constant.

Entre-temps, plusieurs inventeurs s'emploient à perfectionner une lampe pour l'intérieur qui produirait une lumière moins éblouissante. L'éclairage au gaz reste à la mode pendant des années. On produit différents manchons qui donnent une flamme incandescente brillante et, en introduisant un bâton de chaux dans la flamme, on augmente sa brillance (lumière oxhydrique). Thomas Edison, aux États-Unis, et J.W. Swan, au Royaume-Uni, mettent à l'essai des lampes incandescentes électriques enfermées dans des ampoules de verre. À titre expérimental, on installe des systèmes d'éclairage Edison à Montréal dès 1879, puis en 1882, et à Toronto en 1883. Comme ils ne fonctionnent pas très bien, ils sont retirés. La première installation réussie est celle de la Canada Cotton Co. Mill à Cornwall, en Ontario, à l'automne 1882. Au Québec, la Montreal Cotton Co. Mills de Valleyfield (aujourd'hui Salaberry-de-Valleyfield) se dote d'un système Edison en septembre 1883 (l'éclairage électrique est un don du ciel pour les filatures et les scieries poussiéreuses, car il réduit le risque d'incendie).

En 1886, on met en place une petite centrale d'éclairage par incandescence dans l'édifice du Parlement d'Ottawa, et, en janvier 1887, à Victoria en Colombie-Britannique, on termine la construction d'une centrale considérée comme la première centrale d'éclairage public par incandescence au Canada. Edison devient bientôt le principal promoteur de l'éclairage par incandescence à courant électrique continu aux États-Unis et au Canada. Les ampoules d'éclairage utilisent généralement des filaments en carbone à vie brève et à faible rendement. Des filaments en tungstène et de meilleurs câblages et systèmes de commande les améliorent. Dans divers secteurs, on met à l'essai des lampes à incandescence pour éclairer les rues, mais les premières ampoules ne brillent pas suffisamment pour concurrencer les lampes à gaz ou à arc. Les génératrices à c.c. ont aussi l'avantage de pouvoir charger les batteries d'accumulateurs.

Toutes ces installations sont conçues pour ne fournir de l'énergie qu'à une zone restreinte d'un rayon d'au plus 400 m. Edison imagine un système triphasé de 220/110 V qui double ce rayon, mais, au-delà, la résistance des conducteurs fait trop chuter la tension.

Les expériences sur le courant alternatif se poursuivent durant cette période. Les ingénieurs découvrent qu'ils peuvent remédier à l'inconvénient de l'énergie alternativement croissante et décroissante du c.a. monophasé en modifiant le câblage dans la génératrice, de manière à obtenir un courant diphasé ou triphasé qui, lui, fournit une énergie plus uniforme. Ils adaptent aussi le c.a. à l'éclairage à arc et à incandescence et construisent des moteurs à c.a. qui rivalisent avec les moteurs à c.c. L'invention du convertisseur (aujourd'hui appelé transformateur) marque alors un tournant dans ce domaine. Cet appareil comprend deux enroulements de dimensions différentes. La tension dans le premier enroulement (ou enroulement primaire) induit une tension plus grande ou plus faible (selon le nombre de spires dans les enroulements) dans le deuxième enroulement (ou enroulement secondaire), avec une intensité (ampérage) de courant correspondante plus faible ou plus grande. Les ingénieurs découvrent que plus la tension est élevée, plus les pertes d'énergie sont réduites. Ainsi, en transformant (en élevant) la tension de sortie de 2 200 V d'une génératrice à 11 000 V, 50 000 V ou davantage (aujourd'hui

750 000 V), on réduit fortement les pertes d'énergie. Les ingénieurs peuvent donc, pour la première fois, transporter efficacement de l'énergie sur de longues distances.

Ces découvertes donnent lieu à une vive concurrence entre les partisans du c.c. (Edison) et ceux du c.a. (Westinghouse). Entre autres choses, les tenants du c.c. qualifient la tension alternative du c.a. de «meurtrière». En 1888, on monte la première installation permanente enregistrée au Canada d'un système à c.a. Westinghouse à Cornwall, en Ontario. Deux ans plus tard, des installations similaires sont déjà en place dans d'autres endroits du Canada. Les statistiques montrent que plusieurs entreprises ont adapté leurs centrales à c.c. de façon qu'elles puissent aussi produire du c.a., surtout pour éclairer les demeures des clients qui en font la demande.

Un autre utilisateur important de l'énergie électrique apparaît dans les années 1880: le tramway pourvu d'un moteur électrique, lequel s'est rapidement répandu dans les zones urbaines. En général, les sociétés de tramways génèrent et distribuent leur propre énergie. En 1893, on utilise pour la première fois l'énergie des chutes du Niagara, au Canada, afin de produire de l'électricité. Une société de chemin de fer (qui deviendra l'International Railway Co.) y installe deux génératrices de 740 kW pour faire fonctionner son tramway électrique et aussi pour distribuer de l'énergie. La transmission du courant se fait à la tension des génératrices et non sur de grandes distances.

La rivalité entre partisans du c.a. et partisans du c.c. atteint son paroxysme durant l'aménagement des chutes du Niagara aux États-Unis. Le projet prévoit la génération et le transport d'énergie pour les industries et, en particulier, pour les nouvelles industries électrochimiques et électrométallurgiques de la région de Buffalo, dans l'État de New York. Les tenants du c.c. proposent de générer de l'énergie électrique et de la convertir en énergie mécanique pour la transporter hydrauliquement ou encore au moyen d'air comprimé ou de câbles et de poulies. De leur côté, les partisans du c.a. suggèrent d'utiliser le nouveau transformateur (qui ne fonctionne pas avec du c.c.) pour élever la tension de 2 200 à 11 000 V, puis de transporter l'énergie par des fils jusqu'à Buffalo. Le système à c.a. de George Westinghouse finit par l'emporter, ce qui donne naissance, en 1895, à l'un des aménagements électriques les plus importants au monde.

Le transport de l'énergie électrique sur de grandes distances revêt une importance cruciale pour le Canada, où de nombreux emplacements hydroélectriques dans des régions éloignées peuvent être aménagés pour l'industrie. En 1897, la centrale électrique de la rivière Batiscan, au Québec, est reliée à Trois-Rivières, à 25 km. C'est probablement la première fois au Canada que le transport de l'électricité s'effectue sur une longue distance. Cette ligne transporte alors 11 000 V. En 1901, on entreprend d'exploiter l'énergie des chutes de Shawinigan pour l'industrie des pâtes et papiers et la nouvelle industrie de l'aluminium. En 1903, une ligne de 50 000 V partant de ces chutes atteint Montréal. En moins d'une décennie, elle transporte 100 000 V.

L'ensemble de l'industrie de l'appareillage électrique se développe presque aussi rapidement. Cette nouvelle source d'énergie a besoin de génératrices, d'alternateurs, de moteurs, de lampes, d'appareils de mesure, de commutateurs et surtout de fils de cuivre de qualité à bon marché. Il faut normaliser tout cela pour rendre l'équipement interchangeable mondialement. Il faut modifier les codes du bâtiment de telle sorte que les installations et l'utilisation de l'équipement électrique soient sécuritaires. La majeure partie de cette technologie est importée au Canada lorsque la Westinghouse Co. et la General Electric (auparavant Edison Electric) construisent des usines à Hamilton et à Peterborough, respectivement. Cependant, de nombreuses sociétés canadiennes fabriquent

une partie de leur équipement. La demande du fil de cuivre stimule l'exploitation minière canadienne. Les sociétés minières ainsi que celles des pâtes et papiers, grandes consommatrices d'énergie électrique, ont aussi participé à l'évolution de la technologie. Le développement de l'énergie hydroélectrique et l'exploitation des ressources naturelles au Canada se sont ainsi effectués de concert.

W.G. Richardson

Électricité, production d' Au Canada, l'ÉNERGIE ÉLECTRIQUE est générée de deux façons: par le procédé hydraulique, qui exploite l'énergie de l'eau en mouvement, et par le procédé thermique, qui exploite la vapeur produite par le chauffage de l'eau. Le procédé thermique traditionnel repose sur l'utilisation des produits du CHARBON et du PÉTROLE, tandis que le procédé thermique nucléaire repose sur la fission thermonucléaire de l'URANIUM (*voir* ÉNERGIE NUCLÉAIRE). Le Canada possède d'abondantes réserves de la plupart des ressources nécessaires à la production d'électricité et figure parmi les pays où la production et la consommation d'électricité par habitant sont les plus élevées.

En 1994, la puissance installée de production d'électricité au Canada atteignait 114 gigawatts (1 GW = 10^9 W) dont 56 p. 100 provenaient de l'HYDROÉLECTRICITÉ, 18 p. 100 du charbon, 14 p. 100 du nucléaire, 7 p. 100 du pétrole, 4 p. 100 du gaz naturel et 1 p. 100 d'autres sources. La puissance installée correspond à la quantité d'énergie maximale qui serait produite si toutes les centrales fonctionnaient simultanément à plein régime.

La production réelle dépend de la durée de fonctionnement de chaque centrale et de la charge (appareils électriques, moteurs, etc.) alimentée par le système. Les services publics d'électricité (*voir* ÉLECTRICITÉ, SERVICES PUBLICS D') produisent de 10 à 25 p. 100 plus de puissance que celle qu'exige la charge maximum prévue. Cette réserve sert à répondre à la demande dans les cas d'urgence et lorsque le fonctionnement est interrompu par les travaux de maintenance. En 1994, la production réelle totale du Canada était de 533 508 GWh. De ce total, 61 p. 100 provenaient de l'hydraulique, 19 p. 100 du nucléaire, 15 p. 100 du charbon, 3 p. 100 du gaz naturel, 1 p. 100 du pétrole et 1 p. 100 d'autres sources. La différence entre la capacité des différentes sources et la production réelle (c.-à-d. que les productions hydraulique et nucléaire sont proportionnellement plus élevées que la production des combustibles fossiles) découle de l'aspect économique de la production électrique et des impératifs de CONSERVATION qui visent à restreindre la production thermique à partir du pétrole.

Production hydroélectrique Les centrales hydroélectriques transforment l'énergie des RIVIÈRES en électricité qui alimente les industries, les commerces et les foyers. Bien que la construction d'un barrage nécessite un investissement considérable, cette méthode offre des avantages importants: aucune pollution, exploitation d'une source d'énergie renouvelable et aucun combustible coûteux. Les principales centrales hydrauliques du Canada et leur puissance installée sont les suivantes: LG-2, sur la rivière La Grande (Québec), 5328 MW; Chutes Churchill, sur la rivière Churchill (Labrador), 5225 MW; Gordon M. Shrum, sur la rivière de la Paix (Colombie-Britannique), 2416 MW. La centrale LG-4, construite sur la rivière La Grande en 1986, offre une capacité de production de 2650,5 MW.

Production thermique Les centrales thermiques utilisent l'énergie calorifique des combustibles fossiles ou de l'uranium pour produire de la vapeur, qui actionne une turbine à vapeur reliée à une génératrice. En plus des combustibles nécessaires, une centrale thermique doit disposer d'une source d'alimentation en eau pour refroidir et condenser la vapeur d'échappement de la turbine afin qu'elle puisse servir de nouveau dans le cycle de génération de vapeur. Les centrales thermiques traditionnelles requièrent

une mise de fonds relativement peu élevée mais sont coûteuses à exploiter. Les désavantages qui leur sont associés sont la pollution produite par le rejet des gaz de combustion (*voir* PLUIES ACIDES; POLLUTION DE L'AIR) et leur faible rendement. Le rendement de toute machine utilisant la chaleur est limité. Ce principe est illustré par le cycle de Carnot sur la thermopropulsion, selon lequel moins de 40 p. 100 de l'énergie calorifique du combustible se transforment en électricité, le reste se perdant en chaleur résiduelle.

Plusieurs projets de recherche sont en cours pour trouver des moyens d'utiliser cette chaleur résiduelle, dans l'AQUACULTURE et dans l'industrie. Au Canada, les principales centrales thermiques alimentées au charbon sont celles de Nanticoke (Ontario), 4000 MW; de Lakeview (Ontario), 2400 MW; de Lambton (Ontario), 2000 MW et de Sundance (Alberta), 2200 MW. En Ontario, une centrale alimentée en partie au gaz et en partie au charbon, la Richard L. Hearn, a été fermée, tout comme la centrale au pétrole de Lennox (2295 MW).

Une CENTRALE NUCLÉAIRE est une centrale thermique qui exploite une réaction nucléaire pour produire de la vapeur, qui sert ensuite à actionner une turbine à vapeur traditionnelle. Par contre, du point de vue économique, elle exige un investissement beaucoup plus important et sa construction est beaucoup plus longue que dans le cas d'une centrale traditionnelle. La complexité des centrales nucléaires contribue aussi à l'augmentation des coûts d'exploitation.

Ces dépenses sont toutefois compensées par le prix peu élevé du combustible et l'absence de pollution atmosphérique, facteurs qui rend intéressante la production d'énergie nucléaire avec le système canadien CANDU dans certaines régions du pays, comme en Ontario et dans les Maritimes. Des inquiétudes persistent au sujet du stockage à long terme du combustible radioactif épuisé. Les principales centrales nucléaires au Canada sont celles de Bruce A et B (6400 MW) et de Pickering A et B (4300 MW). La centrale de Darlington (Ontario) est une centrale nucléaire de 4 unités qui offrait une puissance installée de 3600 MW à la fin de sa construction en 1992.

Contrairement à la plupart des autres formes d'énergie, l'électricité ne peut pas être emmagasinée de manière économique en grande quantité. Il faut plutôt emmagasiner l'énergie dans le combustible ou l'eau qui se trouve au-dessus du niveau des barrages hydroélectriques et adapter la production à la demande. Comme celle-ci fluctue de façon importante selon l'heure, la saison et l'activité économique en général, le nombre de génératrices en marche et la charge de chacune des centrales varient.

Afin de mieux satisfaire à cette demande changeante, il faut deux types de centrales: l'une pour répondre à la charge de base et l'autre pour répondre à la charge de pointe. La charge de base correspond à la demande de puissance minimale, tandis que la charge de pointe correspond à la demande de puissance maximale. Les centrales thermiques sont plus aptes à satisfaire la charge de base, car elles sont longues à réchauffer et à mettre en service, et elles fonctionnent plus efficacement à charge constante. Les centrales nucléaires offrent un autre avantage pour répondre à la charge de base parce qu'elles exigent un investissement initial élevé et que les coûts du combustible sont peu élevés; elles sont donc plus économiques lorsqu'elles fonctionnent à haut régime de façon constante.

Les centrales hydroélectriques peuvent être conçues comme des centrales de base ou de pointe en fonction du rapport qui existe entre la capacité de production et la vitesse du courant et la capacité du barrage. Lorsqu'une centrale hydraulique est exploitée parallèlement à une centrale thermique, c'est la centrale hydraulique qui joue le rôle de la centrale de pointe, car elle peut entrer en service rapidement. Les turbines à gaz conviennent aussi à la production de pointe puisqu'elles démarrent rapidement, qu'elles exigent un investissement initial minime et qu'elles utilisent un combustible dont le prix est élevé.

L'emplacement d'une centrale d'énergie électrique représente toujours un compromis entre les villes à desservir et la source d'énergie, car plus la ligne de transport est longue, plus le coût réel de la centrale est élevé. L'emplacement d'une telle centrale doit comporter une base solide pour le barrage et un relief qui permette d'en réduire la taille ainsi que celle des structures régulatrices. Il faut aussi prendre en considération les conséquences possibles d'un débordement. Pour les centrales thermiques, le point essentiel reste la disponibilité de l'eau de refroidissement. La proximité d'une source de combustible ou d'un moyen de transport bon marché sont les facteurs importants dans le choix de l'emplacement d'une centrale alimentée au charbon, car l'électricité coûte moins cher à transporter que le charbon. La question de la sécurité de la population avoisinante peut influer sur le choix de l'emplacement d'une centrale nucléaire.

L'utilisation des diverses sources de production électrique varie considérablement selon les régions du pays. En 1980, presque toute l'électricité de Terre-Neuve, du Québec, du Manitoba, de la Colombie-Britannique et du Yukon provenait de l'énergie hydraulique; celle de la Nouvelle-Écosse, de la Saskatchewan et de l'Alberta provenait du charbon; celle du Nouveau-Brunswick, de l'Île-du-Prince-Édouard et des Territoires du Nord-Ouest provenait du pétrole. Les centrales nucléaires fournissaient environ 28 p. 100 de l'électricité en Ontario, suivant de près l'énergie hydraulique et le charbon. La production nucléaire a commencé au Nouveau-Brunswick en 1983.

Substituts Un nombre important de nouvelles méthodes de production sont à l'étude. Parmi celles-ci, on compte l'ÉNERGIE MARÉMOTRICE, l'ÉNERGIE ÉOLIENNE, l'ÉNERGIE SOLAIRE photovoltaïque, l'énergie thermique des mers, l'ÉNERGIE DES VAGUES OCÉANIQUES, l'ÉNERGIE GÉOTHERMIQUE, les générateurs magnétohydrodynamiques, l'énergie provenant de la FUSION NUCLÉAIRE, les petits barrages hydroélectriques peu élevés et les centrales thermiques alimentées par la biomasse (*voir* BIOMASSE, ÉNERGIE DE LA) et la TOURBE. La coproduction, soit la production de chaleur et aussi d'électricité, peut augmenter de façon notable la rentabilité des centrales thermiques.

Deux de ces substituts sont actuellement à l'essai à petite échelle: les éoliennes à axe vertical et l'énergie marémotrice. Il faudra cependant quelques années avant qu'elles ne représentent une solution de remplacement aux sources exploitées aujourd'hui. Le Canada participe de façon limitée aux recherches sur la fusion nucléaire, car celle-ci ne devrait pas être disponible pour la production commerciale d'électricité avant plusieurs décennies.

M.M.C. Collins

Électricité, services publics d' Les entreprises de production d'électricité sont des organismes gouvernementaux ou privés engagés dans la production, le transport, la distribution, la mise en marché et la vente d'ÉLECTRICITÉ. Au Canada, les SERVICES PUBLICS de production d'électricité gèrent environ 92 p. 100 de la production totale d'électricité. Des industries des domaines de l'EXPLOITATION MINIÈRE, de la métallurgie et des PÂTES ET PAPIERS produisent les 8 p. 100 qui restent pour leur propre usage.

L'industrie de l'électricité débute dans les années 1880, au moment où une multitude d'entreprises privées fournissent de l'ÉNERGIE électrique à des municipalités ou à des régions spécifiques. Nombre d'entre elles s'occupent aussi de la distribution du gaz et gèrent des réseaux de tramways. À mesure que la demande en électricité augmente, plusieurs de ces

sociétés sont achetées par des entreprises privées plus importantes. Dans la plupart des cas, celles-ci délaissent les activités autres que l'électricité et les municipalités prennent en charge les TRAMWAYS. Au début du siècle, des municipalités acquièrent certaines sociétés de production et de distribution d'électricité. La création d'une entreprise appartenant à un gouvernement provincial en 1906, aujourd'hui HYDRO ONTARIO, marque un tournant en ce qui concerne la propriété publique dans le secteur de l'électricité (*voir* RÉGIE PUBLIQUE).

Propriété provinciale La demande croissante pour une alimentation adéquate en électricité à des tarifs relativement uniformes incite les provinces à s'engager dans cette industrie. Le rachat des réseaux municipaux et privés par les gouvernements provinciaux s'accélère après la Seconde Guerre mondiale. Ces réseaux provinciaux sont créés dans le but de fournir de l'électricité aux consommateurs à un coût moindre, grâce à des facteurs comme la garantie de la province sur l'emprunt en capitaux, la coordination de la planification et l'absence de profit et de fardeau fiscal. De son côté, le gouvernement fédéral limite ses activités dans ce domaine à l'énergie nucléaire et au commerce international et interprovincial.

Au début des années 90, l'industrie canadienne de la production d'électricité appartient à des intérêts privés, municipaux et provinciaux. Dans toutes les provinces, sauf en Alberta et dans l'Île-du-Prince-Édouard, des entreprises provinciales gèrent la majeure partie de la capacité de production, des réseaux de transmission et des actifs: BC Hydro and Power Authority (BC HYDRO), Saskatchewan Power Corporation (SPC), Manitoba Hydro Electric Board (Manitoba Hydro), la Commission hydroélectrique de l'Ontario (Ontario Hydro), HYDRO-QUÉBEC, New Brunswick Electric Power Commission (NB Power), Nova Scotia Power Corp. (NS Power) et Newfoundland and Labrador Hydro. En 1994, le Canada compte 16 grandes entreprises de production d'électricité, dont 7 entreprises provinciales, 7 entreprises privées, 2 entreprises municipales et 2 SOCIÉTÉS DE LA COURONNE dans les territoires. La même année, les entreprises provinciales de production d'électricité gèrent environ 83 p. 100 de la puissance installée du pays et produisent près de 78 p. 100 de la quantité totale d'électricité.

Dans les territoires du Nord, une société de la Couronne fédérale, la Commission d'énergie du Nord canadien, est la principale entreprise publique de production d'électricité des Territoires du Nord-Ouest depuis 1948, et du Yukon depuis 1952. Sur ce territoire, un réseau privé exploite plusieurs centrales équipées de génératrices diesel, qui alimentent des localités isolées, et achète de l'électricité à la Commission pour la distribuer à Whitehorse et dans plusieurs localités plus petites. En 1987, le gouvernement fédéral transfère au gouvernement du Yukon la propriété et la gestion des actifs que possède la Commission sur ce territoire. Le Yukon crée ensuite la Société d'énergie du Yukon pour assurer la gestion de la nouvelle entreprise. Dans les Territoires du Nord-Ouest, la Commission demeurera le principal fournisseur d'électricité jusqu'à ce que soit négocié le transfert des actifs de la Commission au gouvernement des Territoires. Cette région compte aussi une entreprise privée de production d'électricité qui alimente trois municipalités non alimentées par le réseau de la Commission, et une deuxième entreprise privée dont la production alimente la ville de Yellowknife.

Les entreprises privées de production d'électricité dominent en Alberta et dans l'Île-du-Prince-Édouard et occupent une place mineure, mais non négligeable, en Colombie-Britannique, en Ontario et à Terre-Neuve. Les entreprises municipales jouent un rôle mineur en Colombie-Britannique, au Québec et dans l'Île-du-Prince-Édouard, mais elles sont très importantes en Alberta, au Manitoba et en Ontario.

Les cinq entreprises privées de production d'électricité possèdent 7 p. 100 de la capacité de production totale du Canada et produisent 9,5 p. 100 du total de l'électricité générée. Les municipalités détiennent 1,6 p. 100 de la capacité et produisent 1,4 p. 100 du total de l'électricité générée. Les deux sociétés de la Couronne territoriales détiennent 0,3 p. 100 de la capacité et produisent 0,2 p. 100 du total de l'électricité générée.

Petites entreprises de production d'électricité Outre les grandes entreprises de production d'électricité et les établissements industriels, il y a près de 364 petites entreprises de production d'électricité au Canada, dont 87 p. 100 sont établies en Ontario. La plupart appartiennent à des municipalités, qui ne disposent toutefois pas de la puissance produite et qui achètent leur électricité à la grande entreprise de leur province. Par contre, plusieurs petites entreprises privées ont leur propre capacité de production. En 1994, ces petites entreprises de production d'électricité représentaient 1,3 p. 100 de la puissance installée au Canada et produisaient 1,4 p. 100 de l'électricité totale générée.

Au cours des dernières années, des producteurs d'électricité indépendants se sont établis partout au Canada. Ils vendent la totalité de leur production aux grandes entreprises de production d'électricité. En général, ces producteurs indépendants ne desservent pas de région particulière. En 1994, les producteurs d'électricité indépendants représentaient 0,9 p. 100 de la puissance installée au Canada et produisaient 1,3 p. 100 de l'électricité totale générée.

Bien que la structure de l'industrie de l'électricité soit provinciale, des interconnexions entre les réseaux permettant l'échange d'énergie existent entre toutes les provinces voisines, sauf entre la Saskatchewan et l'Alberta, où les travaux se sont terminés en 1989. Des interconnexions avec les réseaux américains ont aussi été réalisées par NB Power, Hydro-Québec, Hydro Ontario, Manitoba Hydro, SPC et BC Hydro. Ces connexions transfrontalières sont surtout destinées à l'exportation vers les États-Unis, mais, au besoin, elles peuvent aussi servir à l'importation. L'exportation et les installations d'exportation d'électricité sont régies par l'OFFICE NATIONAL DE L'ÉNERGIE.

L'Association canadienne de l'électricité, fondée en 1891, joue un rôle important dans l'industrie de l'électricité. Elle regroupe tous les réseaux privés, provinciaux et certains réseaux municipaux, de même que de nombreux fabricants d'équipement électrique qui n'ont pas de droit de vote. Cet organisme coordonne l'échange d'information générale et technique et assure la liaison avec les gouvernements provinciaux et fédéral. Il subventionne et coordonne aussi des études qui complètent celles qui sont effectuées par Hydro-Québec, Hydro Ontario, SPC et BC Hydro, les quatre entreprises de production d'électricité qui disposent d'un service de recherche.

Au Canada, les entreprises de production d'électricité fixent les tarifs selon le coût moyen de production, qui est généralement inférieur au coût marginal de production. Bien que les prix fixés au coût marginal de l'électricité soient économiquement avantageux (réduction de l'écart coût-prix), cette méthode n'a pas été adoptée par les entreprises provinciales à cause de sa complexité et parce que la méthode du coût moyen permet d'offrir l'électricité à meilleur marché et d'encourager le développement économique régional.

E.W. Humphrys et Po-Chih Lee

Électricité, transport de l' Les lignes de transport d'électricité amènent l'électricité produite dans les centrales (*voir* ÉLECTRICITÉ, PRODUCTION D') jusqu'aux réseaux de distribution qui alimentent les consommateurs industriels, commerciaux et résidentiels. Dans un environnement urbain, les lignes de transport peuvent s'étendre sur quelques kilomètres seulement, tandis que celles qui transportent l'énergie à partir des centrales hydroélectriques éloignées mesurent parfois plus de 1000 km. Ces lignes se distinguent par la quantité d'électricité qu'elles transportent. Les exigences n'étant pas toujours les mêmes, plusieurs facteurs techniques, économiques et environnementaux influent sur la planification des nouvelles lignes de transport.

Il existe deux modes de transport: le courant continu (c.c.), où le courant ne circule que dans une seule direction, et le courant alternatif (c.a.), où le courant change de direction plusieurs fois par seconde. Comme il est difficile de modifier la tension du courant continu, il doit être transmis à la basse tension à laquelle il est généré et utilisé. Cette caractéristique restreint son utilisation. En effet, lorsqu'il faut transporter une grande quantité d'énergie ou lui faire parcourir une longue distance, les coûts du conducteur (fil de cuivre) deviennent prohibitifs. En revanche, le c.a. peut être généré à une basse tension, laquelle est ensuite augmentée par un transformateur, transportée et reconvertie à une basse tension avant l'utilisation. Par conséquent, depuis l'invention du transformateur dans les années 1890, presque toute l'électricité est transmise en c.a.

La transmission en c.c. présente néanmoins plusieurs avantages et son utilisation tend à se répandre. Une ligne de transport en c.c., p. ex., qui n'exige que deux conducteurs alors qu'une ligne en c.a. en exige trois, ne coûte que les deux tiers du prix. De plus, la tension efficace de la transmission en c.c. est égale à la tension maximale, alors que la tension maximale de la transmission en c.a. est supérieure de 40 p.100 à la tension efficace. Les perturbations radioélectriques s'accroissant avec la tension maximale et diminuant avec l'augmentation de la taille du conducteur, un circuit c.c. peut transporter une tension efficace plus grande que celle d'une ligne de transmission en c.a. équivalente, tout en conservant un niveau de perturbations radioélectriques acceptable. Ainsi, sur certaines lignes transportant l'énergie en bloc à partir des centrales éloignées, l'énergie est générée en c.a., puis la tension est augmentée et convertie en c.c. pour la transmission; elle est ensuite reconvertie en c.a. et réduite à une tension propre à l'utilisation. Le coût des stations de transformateurs installées aux deux extrémités est compensé par la réduction du coût de la ligne. La ligne de transmission en c.c. du fleuve Nelson (Manitoba) illustre cet exemple: elle transporte l'énergie des centrales du fleuve Nelson jusqu'à Winnipeg, près de 1000 km plus au sud. Un autre avantage de la transmission en c.c. tient au fait qu'elle permet l'utilisation de câbles sous-marins, comme dans le cas de la ligne entre la partie continentale de la Colombie-Britannique et l'île de Vancouver.

Les tensions c.a. et c.c. peuvent être transportées par des lignes aériennes ou souterraines. Bien que le coût des câbles souterrains soit beaucoup plus élevé que celui des câbles aériens, cette augmentation peut être acceptable dans les secteurs urbains où l'espace est insuffisant ou l'esthétique très importante. La traversée des plans d'eau exige aussi l'utilisation de câbles souterrains lorsque la distance à parcourir dépasse celle qui peut être franchie par les lignes aériennes.

Les lignes aériennes comportent trois éléments principaux: les supports, les isolateurs et les conducteurs. Les supports peuvent être des poteaux en bois, des pylônes autoportants en acier ou haubanés en acier ou en aluminium. Des isolateurs d'alignement en verre ou en porcelaine isolent les conducteurs sous tension des pylônes mis à la masse. Les isolateurs sont formés d'un capot métallique sur la partie supérieure et d'une tige métallique sous le capot. La tige et le capot sont séparés par l'isolant en verre ou en porcelaine. Ces isolateurs forment des chaînes dont la longueur varie selon le niveau de tension et les applications. Plusieurs chaînes d'isolateurs peuvent être installées parallèlement pour supporter le poids des conducteurs. Une tension de 735 kV exige l'installation d'environ 30 isolateurs. Les essais sur le terrain et l'utilisation à grande échelle de nouveaux types d'isolateurs en polymère se sont accentués dans les années 80. À l'origine, le transport de l'électricité reposait essentiellement sur les conducteurs en cuivre, alors que de nos jours, ceux-ci sont presque totalement en aluminium. Les conducteurs, formés d'un ensemble de fils (de 1 à 5 mm de diamètre), atteignent un diamètre de 4 à 50 mm. Pour augmenter leur solidité, l'âme des conducteurs est souvent faite d'acier ou d'un alliage d'aluminium hautement résistant. Un maximum de quatre conducteurs peuvent être regroupés pour former un faisceau de conducteurs dans une ligne de transport.

Les tensions de transmission varient considérablement. Au début du XXe siècle, les lignes de transport de la nouvelle industrie de l'énergie canadienne transportent quelques dizaines de kilowatts (kW) à une tension de quelques dizaines de kilovolts. De nos jours, une seule des lignes de transport de la baie James d'HYDRO-QUÉBEC peut transmettre plus de 2000 mégawatts (MW) à une tension de 735 kV sur plus de 1000 km. À mesure que la quantité d'énergie et les distances s'accroissent, il faut augmenter la tension afin de réduire les pertes et augmenter l'énergie transportée par une seule ligne. Les pertes sont proportionnelles à la distance et au carré de l'intensité du courant. Pour la même puissance, si la tension est doublée, l'intensité du courant est divisée par deux et la distance peut être multipliée par quatre sans augmenter les pertes. Les coûts grimpent malheureusement avec l'augmentation de la tension: la taille de presque tous les éléments doit être augmentée et les problèmes d'isolation deviennent plus complexes. L'électricité est générée à des tensions relativement basses de 25 kV ou moins. Il faut la faire passer à une tension élevée pour le transport et la reconvertir ensuite aux tensions de distribution qui sont en général inférieures à 25 kV. Puisque le coût des transformateurs augmente avec la tension, la tension optimale doit être choisie avec soin. Pour des raisons techniques complexes, l'utilisation de tensions de transmission élevées favorise la stabilité du réseau électrique.

En raison des longues distances de transmission du Canada, les services publics d'électricité (*voir* ÉLECTRICITÉ, SERVICES PUBLICS D') canadiens innovent souvent dans le domaine de la technologie du transport électrique. Depuis 1982, le réseau du fleuve Nelson, propriété de Manitoba Hydro et mis en service en 1972, est le réseau de transport en c.c. le plus important du monde. En 1965, Hydro-Québec inaugure sa ligne de transport de Manicouagan (735 kV) et devient la première entreprise de production d'électricité à dépasser le niveau de transmission en c.a. de 500 kV. Comme des tensions plus élevées seront probablement nécessaires dans l'avenir, les entreprises de production d'électricité encouragent la recherche dans le domaine de la transmission de tensions supérieures à 1000 kV.

M.M.C. Collins

Électronique, industrie de l' Elle compte plus de 1000 sociétés fabriquant des produits tels que des téléphones perfectionnés, des systèmes informatiques (*voir* INFORMATIQUE, APPLICATIONS DE L') et des accessoires connexes, des téléviseurs et d'autres équipements de loisirs, ainsi que des satellites de communication (*voir* SATELLITE, COMMUNICATION PAR) et d'autres systèmes de TÉLÉCOMMUNICATION, des dispositifs de contrôle et de surveillance servant aux industries et à la science.

En 1993, l'industrie canadienne de l'électronique est évaluée à près de 15 milliards de dollars et représente 2 p. 100 du marché mondial. Elle fournit plus de 5 p. 100 des emplois dans le secteur de la fabrication.

À l'échelle mondiale, d'après une étude de la Banque mondiale de 1993, on prévoit que la production de cette industrie atteindra environ 1,3 million de millions de dollars, pour représenter à peu près 4 p. 100 du PIB mondial et 14 p. 100 de la valeur ajoutée en l'an 2000. La valeur ajoutée dans le secteur manufacturier par l'industrie de l'électronique a une croissance annuelle d'environ 6 p. 100, alors qu'elle est de 3,8 p. 100 pour toutes les industries manufacturières.

Impact sur les autres industries L'industrie de l'électronique est non seulement une des industries à croissance la plus forte, mais elle a un impact important sur les autres industries, car les produits qu'elle fabrique peuvent augmenter la productivité, modifier la structure des coûts et permettre d'envisager de nouveaux produits et services. La compétitivité d'une industrie repose surtout sur sa capacité d'incorporer l'électronique. Celle-ci remplace les pièces mécaniques et électromécaniques dans beaucoup de produits, tels que l'équipement de commutation en télécommunication, les régulateurs de vitesse de moteurs électriques, les systèmes d'allumage d'automobiles et les dispositifs de commande.

P. ex., l'électronique représente 3 p. 100 du coût d'une automobile en 1988. On estime que ce chiffre a atteint 13 p. 100 en 1997 et près de 17 p. 100 en l'an 2000. L'avionique, ou l'électronique appliquée au domaine de l'aviation, représente déjà environ 20 p. 100 du coût d'un avion civil, un pourcentage encore en augmentation. L'électronique permet de concevoir de nouvelles machines-outils et d'améliorer les outils déjà existants. Elle touche ainsi des industries traditionnelles telles que celles du textile et de la transformation des aliments.

Secteurs de l'industrie L'industrie canadienne de l'électronique se répartit entre trois secteurs principaux: les COMMUNICATIONS et ses composants, 71,5 p. 100 (9,84 milliards de dollars); le matériel de bureautique, 26,5 p. 100 (3,66 milliards de dollars); les produits électroniques de consommation, 2 p. 100 (273 millions de dollars). Le secteur des communications, considéré depuis longtemps comme particulièrement fort au Canada, représente une bien plus petite partie de l'industrie sur le plan mondial qu'au Canada, alors que les secteurs du matériel de bureautique et des produits électroniques de consommation sont plus importants, les ordinateurs composant presque un tiers de l'industrie internationale. Les semiconducteurs, fabriqués au Canada principalement par les fabricants d'appareils de télécommunication pour l'utilisation dans leurs propres produits, constituent un quatrième secteur important de l'industrie sur le plan international.

Alors que l'industrie peut être divisée plus ou moins selon ces grandes lignes, les limites ne sont pas vraiment étanches. En effet, le secteur des communications, p. ex., fabrique des commutateurs utilisés pour faire fonctionner les réseaux téléphoniques qui sont essentiellement des ordinateurs spécialisés. Une grande partie de la production du secteur des semiconducteurs est utilisée dans les ordinateurs, l'équipement de communication et les appareils électroniques grand public. Les contrôleurs et les logiciels mis au point pour les ordinateurs sont utilisés dans l'électronique de grande consommation, alors que les techniques de fabrication en série mises sur pied dans l'industrie électronique sont mises aussi en application dans d'autres secteurs. Fondamentalement, la même technologie de stockage optique est utilisée pour la reproduction vidéo et audio dans l'électronique de grande consommation ainsi que pour le stockage de données informatiques.

Recherche et développement En 1993, l'industrie canadienne de l'électronique emploie environ 70 200 personnes. Elle est le plus important employeur de scientifiques et de techniciens au Canada et, d'après Statistique Canada, on y effectue en 1995 plus de 27 p. 100 de toute la recherche et développement (R-D) au pays, plus que dans toute autre industrie. En 1995, le total des dépenses en R-D en électronique est d'environ 1,9 milliard de dollars, comprenant le secteur de l'équipement de télécommunication qui représente légèrement plus de la moitié de ces dépenses, soit 1,06 milliard de dollars. L'industrie de l'électronique investit une plus grande proportion de son chiffre d'affaires en R-D que ne le fait réellement n'importe quel autre secteur de l'industrie.

Rythme de l'évolution Cet accent mis sur la R-D va de pair avec le fait que tout change rapidement dans l'industrie de l'électronique et que les cycles de vie de produits spécifiques sont courts et continuent de raccourcir. Le cycle de vie d'un ordinateur personnel, de son arrivée sur le marché à son remplacement par un nouveau modèle, peut être d'un an ou moins puisque certains fabricants lancent régulièrement de nouvelles gammes complètes à intervalles aussi courts que six mois. Les cycles de vie des produits de l'électronique de grande consommation ont été raccourcis à environ un an, alors que ceux des secteurs des instruments de mesure et des microprocesseurs sont évalués à environ trois ans.

L'impact des propres créations de l'industrie électronique sur l'industrie elle-même en est en partie responsable. P. ex., on utilise de plus en plus des systèmes de conception et d'ingénierie assistées par ordinateur (CIAO) dans la conception de nouveaux dispositifs, ce qui permet de mettre au point et de fabriquer de plus en plus de nouveaux produits complexes plus rapidement et à meilleur coût qu'auparavant.

La plus grande partie de la fabrication canadienne s'effectue en Ontario et au Québec, le plus souvent dans les grandes villes comme Montréal, Ottawa et Toronto, où l'on trouve l'apport technologique nécessaire et les travailleurs qualifiés voulus. Vancouver est le centre principal de l'Ouest.

Télécommunications canadiennes Le Canada reste réellement un importateur de tous les types de produits électroniques, quoique certaines compagnies canadiennes soient importantes sur le marché international de l'électronique. Il est particulièrement fort dans le secteur des télécommunications, un fait souvent lié à la géographie du pays et à sa faible densité de population, deux éléments qui ont rendu les télécommunications véritablement nécessaires pour les Canadiens. Le Canada est l'un des pays les plus développés en matière d'infrastructures: en 1993, plus de 98 p. 100 des foyers ont le téléphone et 74 p. 100 ont la télévision par câble.

Quelques sociétés canadiennes connaissent du succès à l'étranger dans certains autres domaines. Alors que le Canada est un participant peu important dans la majorité des secteurs du marché international de l'électronique de grande consommation p. ex., ses haut-parleurs audio y jouissent d'une bonne réputation.

En 1992, les exportations canadiennes de produits de l'industrie électronique totalisent 9,9 milliards de dollars, soit une augmentation de 59,9 p. 100 par rapport à 1988. Au cours de la même période, les importations passent de 14,1 à 19,2 milliards de dollars, soit une augmentation de 35,4 p. 100. Malgré un taux de croissance plus élevé des exportations, le déficit commercial dans l'industrie électronique augmente de 8 milliards de dollars en 1988 à 9,3 milliards de dollars en 1992.

Principales sociétés canadiennes Northern Telecom Limitée, de Mississauga, en Ontario, une société cotée en bourse dont 52 p. 100 des parts appartiennent à ENTREPRISES BELL CANADA INC., est la plus grande société d'électronique et de télécommunication du pays. Elle se spécialise dans la technologie de la téléphonie et de la commutation. En 1995, son chiffre d'affaires dépasse les 13 milliards de dollars et son actif approche les 5,5 milliards de dollars, sans compter que 39 p. 100 de ses ventes se font à l'extérieur du pays. Elle compte 63 715 personnes à son service, ce qui la place parmi les employeurs les plus importants au pays. Sa gamme d'appareils de télécommunication est très vaste.

La filiale de recherche de Northern est Bell-Northern Research Ltd., d'Ottawa. Northern affecte, en 1995, une somme équivalente à presque 15 p. 100 de ses ventes, soit à peu près 2 milliards de dollars, à la R-D (dont une bonne partie à l'extérieur du Canada), comprenant des recherches poussées sur les semiconducteurs (puces de circuits intégrés). Elle se trouve parmi les 10 principaux utilisateurs de semiconducteurs au monde et est l'une des seules sociétés canadiennes à fabriquer des microplaquettes (*voir* SEMICONDUCTEURS ET TRANSISTORS).

Spar Aérospatiale Limitée, de Toronto, est une autre société importante dans l'industrie canadienne de l'électronique. Fondée en 1968, cette société se livre à la conception, à la mise au point, à la fabrication et à la révision de dispositifs et de produits destinés aux industries de l'aérospatiale, de l'aviation, des communications, de la défense et de la manipulation à distance. En 1995, elle emploie environ 2700 personnes et atteint un chiffre d'affaires de 527,2 millions de dollars. Elle est célèbre pour la mise au point du BRAS SPATIAL CANADIEN, le dispositif de manipulation à distance utilisé dans les navettes spatiales américaines. Spar est aussi un important fournisseur de systèmes de télécommunication par satellite et elle a mis au point une technique de captation à distance de la chaleur destinée à la détection de navires, de missiles et d'avions pour la défense et la navigation.

Mitel Corporation, de Kanata en Ontario, est un fabricant d'appareils de télécommunication et de semiconducteurs d'envergure internationale. En 1995, cette société atteint un chiffre d'affaires de 589 millions de dollars et emploie environ 3600 personnes. Elle consacre près de 7 p. 100 de ses recettes à la R-D. Mitel est aussi l'une des rares sociétés canadiennes à concevoir et à fabriquer des circuits microélectroniques perfectionnés, dont la toute dernière génération de circuits intégrés à très grande échelle (VLSI).

CAE Électronique Ltée, de Montréal, une filiale à part entière de CAE Industries Limited de Toronto, est un important concepteur et fabricant de simulateurs de vol numériques pour les avions civils et militaires (utilisés surtout pour l'entraînement des pilotes). Elle fabrique des simulateurs de salles de commande pour l'entraînement des opérateurs de réacteurs nucléaires, des dispositifs de supervision et d'acquisition de données pour les centrales nucléaires et au mazout, les sous-stations électriques, les oléoducs et les gazoducs. Elle fabrique aussi un système de visualisation et de traitement de l'information pour le CONTRÔLE DE LA CIRCULATION AÉRIENNE et a contribué à la mise au point du BRAS SPATIAL CANADIEN.

L'une des sociétés qui croît le plus rapidement dans ce secteur est Newbridge Network Corporation, dont le siège social se trouve à Ottawa et qui a été fondée en 1986 par Terry Matthews qui avait d'abord fondé Mitel avec Michael Cowpland. En 1995, Newbridge a enregistré un chiffre d'affaires de 800,5 millions de dollars, une croissance de 45 p. 100 par rapport à l'année précédente, et une augmentation des bénéfices de 19 p. 100, ce qui lui a permis de se placer au 26ᵉ rang dans le classement annuel des sociétés canadiennes à croissance la plus rapide du journal *The Globe and Mail*. Elle conçoit et fabrique de l'équipement de réseau local et de réseau étendu. Elle occupe une place importante dans le marché de l'équipement de réseau pour le mode de transfert asynchrone (MTA), qui peut transmettre des données, la voix et un signal vidéo à haute vitesse et qui est de plus en plus en demande en raison de l'usage croissant d'Internet à l'échelle mondiale et d'autres réseaux.

Impact environnemental Bien que l'industrie de l'électronique soit généralement considérée comme une industrie propre, à la différence des industries aux cheminées crachant la fumée, qui constituent une grande partie du secteur manufacturier, elle sou-

lève quelques questions en matière d'environnement. Une des questions qui ont retenu l'attention concerne l'utilisation du chlorofluorocarbure (CFC) dans la fabrication des plaquettes de circuit. La majorité des entreprises de l'électronique se sont engagées à ne plus utiliser les CFC, qui représentent une menace pour la couche d'ozone de la planète. Certains autres produits chimiques toxiques et réactifs utilisés par le secteur électronique dans le nettoyage et la fabrication soulèvent des questions sur la pollution. La législation et des programmes correctifs permettent de se pencher sur certains de ces problèmes.

Associations Parmi les associations commerciales et les sociétés techniques dont les membres font partie du secteur de l'électronique, on trouve l'Association canadienne de technologie de pointe, l'Association des manufacturiers d'équipement électrique et électronique du Canada, l'Association des Industries aérospatiales du Canada, la Société canadienne de génie électrique, l'Association canadienne de la technologie de l'information, l'Association canadienne de l'informatique et l'Institute of Electrical and Electronics Engineers. (*Voir aussi* INDUSTRIE DE L'INFORMATIQUE; GÉNIE ÉLECTRIQUE; SATELLITE, COMMUNICATION PAR; TECHNOLOGIE SPATIALE.)

Grant Buckler

Élevage laitier Les bovins laitiers (famille des bovidés, genre *Bos*) sont des races de bovins élevés pour leur aptitude à produire de grandes quantités de lait à teneur élevée en matière grasse, en matière azotée, en calcium, en caséine et en sucre. En 1992, le Canada compte environ 1,9 million de vaches laitières et de génisses pour le lait, dont environ 73 p. 100 en Ontario et au Québec. Entre 1951 et 1971, le nombre d'exploitations laitières chute de 451 000 à 55 400 et à 28 900 en 1991. En même temps, la taille des troupeaux et la production par vache augmentent. Par conséquent, la production se maintient.

Environ 60 p. 100 du lait produit est transformé en beurre, en fromage et en lait écrémé en poudre, le reste étant consommé sous forme liquide. Les produits laitiers canadiens destinés à la consommation intérieure ou à l'exportation doivent respecter des normes sanitaires, sécuritaires et de qualité strictes imposées par Agriculture et Agroalimentaire Canada et Santé Canada.

La consommation par habitant de beurre et de lait concentré a graduellement diminué, mais celle de produits tels que les fromages de spécialités et les yogourts a augmenté. Les offices de commercialisation du lait assurent une production stable et limitée et commercialisent le lait, ce qui profite au producteur et au consommateur. Les producteurs peuvent planifier, adopter une gestion du troupeau, des techniques d'amélioration génétique animale (*voir* ANIMAUX, ÉLEVAGE DES) et des méthodes de financement modernes. Les consommateurs disposent d'une vaste gamme de produits laitiers à des prix stables toute l'année.

L'INDUSTRIE LAITIÈRE canadienne utilise sept races de bovins: les races Holstein, Ayrshire, Jersey, Guernsey, Canadienne, Shorthorn et Suisse brune. Ces races laitières se distinguent des bovins de boucherie (*voir* BOVINS, ÉLEVAGE DES) par leur grande taille et leur forme allongée et triangulaire.

La race bovine Holstein Les bovins de race Holstein proviennent de la Hollande. Ils sont introduits au Canada en 1881 et constituent plus de 85 p. 100 des bovins laitiers canadiens. La race est caractérisée par la couleur de sa robe (noire et blanche, luisante), sa grande corpulence et son exceptionnelle production laitière. Les taureaux adultes pèsent jusqu'à 1200 kg, et les vaches adultes, jusqu'à 750 kg. Les vaches adultes produisent annuellement en moyenne 8000 kg de lait contenant 3,7 p. 100 de matière grasse et 3,2 p. 100 de matière azotée.

La race bovine Ayrshire Les bovins de race Ayrshire proviennent de l'Ayrshire, en Écosse. Ils sont introduits au Canada vers 1821. Leur robe est rouge et blanche, pâle ou foncée et en diverses proportions. Le Québec possède environ 70 p. 100 des Ayrshires du Canada. Les taureaux pèsent jusqu'à 910 kg, et les vaches, jusqu'à 570 kg. En moyenne, les vaches produisent annuellement environ 6400 kg de lait contenant 4,0 p. 100 de matière grasse et 4,0 p. 100 de matière azotée.

La race bovine Jersey Les bovins de race Jersey proviennent de l'île de Jersey. Ils sont amenés à Montréal en 1868. Les Jerseys sont de couleur fauve, sauf le long de l'épine dorsale, autour du museau et sur la partie intérieure des pattes, où ils sont plus pâles. Les taureaux sont plus foncés que les vaches, et quelques souches produisent des veaux marqués de blanc. Les taureaux pèsent jusqu'à 725 kg, et les vaches, jusqu'à 500 kg. La production laitière moyenne annuelle des vaches est d'environ 5400 kg.

La race bovine Guernsey Les bovins de race Guernsey proviennent, comme les Jerseys, de races bretonnes et normandes. Développés dans l'île de Guernesey, ils sont introduits au Canada en 1876. De taille comparable à celle des Ayrshires, ils sont de couleur chamois avec des taches blanches distinctives. Les vaches adultes produisent annuellement environ 5800 kg de lait contenant 4,6 p. 100 de matière grasse et 3,6 p. 100 de matière azotée.

La race bovine Canadienne Les bovins de race Canadienne sont développés au Québec à partir de vaches importées de Bretagne et de Normandie par les colons français au début de la colonisation de la Nouvelle-France. Cette race est presque entièrement limitée au Québec. La couleur de la robe est noire ou brune. Le dos, le museau et le pis ou le scrotum sont généralement plus pâles, parfois jaunes. Les taureaux pèsent jusqu'à 770 kg, et les vaches, jusqu'à 545 kg. Les vaches produisent annuellement environ 3800 kg de lait contenant 4,4 p. 100 de matière grasse et 3,6 p. 100 de matière azotée.

La race bovine Shorthorn Les bovins de race Shorthorn proviennent d'Angleterre et sont d'abord importés en 1832. On en fait l'élevage à deux fins (lait et viande). Au Canada, toutes les souches sont inscrites dans le même livre généalogique. Les Shorthorns sont rouges, blancs, rouans ou d'un mélange de rouge et de blanc. Les taureaux pèsent jusqu'à 1045 kg, et les vaches, jusqu'à 770 kg. Les vaches produisent annuellement environ 4250 kg de lait contenant 3,8 p. 100 de matière grasse.

La race bovine Suisse brune Les bovins de race Suisse brune proviennent de l'Asie, sont développés en Europe, surtout en Suisse, et sont introduits au Canada en 1888. Il est facile d'effectuer des croisements entre ces bovins et les races de bovins à viande. Les taureaux pèsent jusqu'à 1135 kg, et les vaches, jusqu'à 700 kg. Les vaches adultes produisent environ 6600 kg de lait contenant 4,1 p. 100 de matière grasse et 3,5 p. 100 de matière azotée.

Une bonne alimentation, une gestion saine et la sélection sont les principaux critères d'une amélioration réussie d'un troupeau. Au Canada, ces critères ont entraîné une augmentation moyenne de la production de plus de 50 kg de lait par vache annuellement durant la dernière décennie. Généralement, les éleveurs favorisent principalement la production laitière, puis les caractéristiques de conformation corporelle associées à la production et à la longévité. Sous la direction du Conseil canadien du contrôle laitier, sept organisations de producteurs implantent un programme d'enregistrement du lait.

Des critères comme la quantité de lait produit par chaque vache, sa teneur en matière grasse et en matière azotée sont enregistrés périodiquement et comparés aux normes de conformation établies par diverses associations d'éleveurs. Ces renseignements sont officiellement enregistrés dans des livres généalogiques pour chaque race et servent à l'évaluation génétique des vaches et des reproducteurs. Comme la plupart des producteurs laitiers recourent à l'insé-

mination, l'évaluation des taureaux est d'une importance cruciale. Un fichier détaillé de la production et de la conformation est conservé pour chaque taureau utilisé dans les centres d'insémination. L'insémination a joué un rôle clé dans l'amélioration de la productivité des bovins laitiers.

De récents progrès dans la reproduction animale auront un grand impact. La transplantation d'embryon est déjà pratiquée commercialement. On force les meilleures vaches laitières à «surovuler» (produire un nombre exceptionnels d'œufs au même moment) et on les féconde avec le sperme de taureaux exceptionnels. De plus, on congèle des embryons et on clone des tissus embryonnaires. Le Canada est réputé internationalement pour la qualité de ses bovins laitiers et exporte maintenant du sperme de taureau et des bovins sur pied. En 1992, p. ex., 15 000 bovins laitiers de race pure ont été exportés, la plupart au Mexique.

La congélation d'embryons facilite le commerce international de bovins canadiens. Le sexage du sperme et des embryons offre aussi un énorme potentiel. De rapides progrès en BIOTECHNOLOGIE accroîtront encore davantage la productivité par la production de vaccins, d'hormones et de certains nutriments.

L'alimentation représente environ 10 p. 100 du coût de la production laitière. Dans les troupeaux à hautes performances, la gestion de la nutrition et de l'alimentation sont les facteurs qui favorisent la plus haute production. Les bovins sont des ruminants, c.-à-d. qu'ils ont un estomac à quatre compartiments dans lesquels des bactéries et des protozoaires rompent la substance végétale fibreuse en nutriments utilisables. Une très bonne vache laitière consomme annuellement environ 75 p. 100 de ses nutriments sous forme d'herbes riches en fibres. Le climat canadien complique la production et l'entreposage d'aliments, et l'utilisation optimale de foin représente un véritable défi. La production laitière augmente dans toutes les régions du pays où il est possible de produire les aliments nécessaires aux bovins.

L'augmentation de la productivité a entraîné un accroissement des désordres mammaires, de digestion et de reproduction. L'infertilité et la stérilité sont les deux principales causes de l'abattage sélectif de bovins laitiers. Les causes de ces désordres sont complexes, et une grande partie des recherches porte sur les problèmes de reproduction et les désordres mammaires. La détection adéquate des chaleurs est encore une grande préoccupation pour les producteurs.

Gaston J. Saint-Laurent

Élevage porcin Le porc (famille des suidés) est amené pour la première fois au Canada en 1598 par le marquis de La Roche-Mesgouez dans le cadre de son expérience infructueuse de l'ÎLE DE SABLE. À l'exception du gibier, la viande de porc est la plus appréciée des premiers colons. On peut la conserver dans la saumure et la consommer pendant les longs hivers. Aujourd'hui, il y a à peu près 12 millions de porcs dans les fermes canadiennes (et approximativement 60 millions aux États-Unis). Les termes «cochon», «porcin» et «porc» sont habituellement interchangeables, bien que certains éleveurs réservent le terme «porc» aux animaux élevés pour le marché.

En 1995, environ 16 millions de porcs provenant de 10 000 fermes sont mis sur le marché. Ils rapportent à peu près 2 milliards de dollars en recettes monétaires agricoles, soit environ 7 p. 100 du total national. Le Canada exporte plus de 600 000 porcs en 1995. L'industrie du porc est plus importante dans certaines provinces que dans d'autres. En 1994, la Colombie-Britannique fournit 2,2 p. 100 de la production nationale; l'Alberta, 15,8 p. 100; la Saskatchewan, 7 p. 100; le Manitoba, 15,4 p. 100; l'Ontario 26,4 p. 100; le Québec, 29,8 p. 100; le Nouveau-Brunswick, 0,8 p. 100; la Nouvelle-Écosse, 1,4 p. 100; et l'Île-du-Prince-Édouard, 1,2 p. 100.

Les exploitations porcines varient des grandes exploitations spécialisées, qui envoient à l'abattoir plusieurs milliers de porcs chaque année, aux petites fermes mixtes, qui en envoient 100 ou moins. Au Canada, on élève principalement cinq races de porcs. On recommande les programmes de croisement entre races, car ils permettent d'obtenir de grandes portées de porcs plus vigoureux et des animaux de marché ayant une croissance plus rapide et plus efficace.

Yorkshire Originaires de l'Angleterre, les Yorkshire sont entièrement blancs et ont des oreilles droites. C'est la race la plus nombreuse au Canada et elle est réputée pour sa vigueur, sa prolificité et son indice de transformation. Les truies ont ordinairement des portées de plus de 10 petits.

Landrace Originaires de la Scandinavie, les Landrace sont réputés pour leur prolificité, les aptitudes maternelles des truies et leur carcasse maigre à grande proportion de jambon. Ils sont souvent croisés avec d'autres races afin de produire des petits porcelets vigoureux.

Lacombe Les Lacombe constituent la première race de bétail créée au Canada. C'est un hybride du Landrace, du Berkshire et du Chester White. Créée dans une STATION DE RECHERCHE EN AGRICULTURE d'Agriculture Canada, à Lacombe, en Alberta, cette race est enregistrée en 1957 et se retrouve dans 24 pays. Les animaux sont entièrement blancs avec des oreilles pendantes et une ossature un peu plus forte que celle du Landrace. Une croissance rapide et une proportion élevée de viande maigre caractérisent la progéniture des croisements entre le Lacombe et les autres races.

Duroc Originaires des États-Unis, les Duroc sont rouges (de doré à acajou) et ont des oreilles pendantes. Ils ont une bonne carcasse et un bon indice de transformation. Ce sont des animaux rustiques, reconnus pour leurs grosses portées.

Hampshire Originaires du Kentucky, les Hampshire sont noirs avec une rayure blanche autour des épaules. Ils sont exceptionnellement musclés, mais ils sont un peu plus courts que les Yorkshire et ont des portées plus petites. Lorsqu'ils sont utilisés correctement dans un programme de croisements, ils produisent une progéniture ayant des carcasses de qualité supérieure.

Une truie de reproduction ou un verrat nécessite environ une tonne de nourriture par année. Le porc de marché a un indice de transformation se situant à environ 3 pour 1, c.-à-d. qu'il est supérieur à celui des bovins, mais inférieur à celui des poulets à griller. Le porc du marché, pesant 100 kg, produit généralement une carcasse d'environ 80 kg après l'abattage et l'éviscération.

La qualité de la carcasse et le prix payé au producteur sont déterminés par un préposé au classement du gouvernement qui utilise un index basé sur la proportion de viande maigre. Les animaux abattus ne doivent pas avoir de maladie et sont inspectés par des vétérinaires du gouvernement. La production de porc au Canada est régie par des normes rigoureuses du programme national d'hygiène vétérinaire (*voir* INSPECTION ET CLASSEMENT DES PRODUITS AGROALIMENTAIRES; ALIMENTS, LÉGISLATION SUR LES; MÉDECINE VÉTÉRINAIRE) et, en conséquence, il n'y a pas de maladies graves du bétail (fièvre aphteuse, peste porcine) au Canada.

Depuis 1937, l'industrie a accès à un système national uniforme d'évaluation, le Programme national d'évaluation génétique du porc, qui permet aux producteurs d'évaluer leurs animaux reproducteurs. Le programme a été privatisé en 1995 et s'appelle maintenant le Centre canadien pour l'amélioration des porcs inc. Il a quatre bureaux régionaux au pays.

Le Conseil canadien du porc, établi en 1966, représente les producteurs de porc. La transformation du porc crée plus d'emplois que celle des bovins, car près des deux tiers de la viande sont vendus après une transformation plutôt que comme viande fraîche. Chaque Canadien a consommé en moyenne 28 kg de viande de porc (porc, bacon, jambon, saucisses, etc.) en 1995.

R. Blair

Elgin, James Bruce, 8ᵉ comte d', gouverneur général du Canada de 1847 à 1854 (Londres, Angl., 20 juill. 1811—Dharmsala, Inde, 20 nov. 1863). Alors qu'il est étudiant à Eton et à Oxford, Elgin fait déjà preuve de cette intelligence qui fera plus tard sa réputation de brillant orateur, d'humaniste et d'administrateur. Nommé gouverneur de la Jamaïque en 1842, Elgin est ensuite nommé GOUVERNEUR GÉNÉRAL du Canada en 1846 et arrive à Montréal le 30 janvier 1847. À l'époque, l'Office des colonies a déjà rejeté l'idée de GOUVERNEMENT RESPONSABLE suggérée par les réformistes canadiens, mais Elgin et le nouveau secrétaire de la colonie, le comte Grey, voient en elle le meilleur moyen de régler les conflits politiques canadiens. Lorsque le gouvernement Draper-Viger perd les élections en 1848 devant une majorité réformiste, Elgin mandate Louis-Hippolyte LAFONTAINE afin qu'il mette sur pied le premier véritable gouvernement responsable.

En 1849, le nouveau gouvernement adopte le BILL DES INDEMNITÉS, devant une féroce opposition de la part des loyalistes. Quand Elgin donne son assentiment, il est attaqué par des émeutiers en colère et les édifices du Parlement à Montréal sont incendiés. Elgin surmonte cette crise sans compromis, convaincu que le gouvernement responsable remportera la victoire. Elgin est également reconnu pour la diplomatie avec laquelle il a amené, en 1854, les membres du Sénat américain à ratifier le traité de RÉCIPROCITÉ, une mesure sur laquelle les Canadiens comptent à l'époque pour mettre fin au marasme économique.

Après avoir quitté le Canada en 1854, Elgin devient commissaire spécial en Chine de 1857 à 1859 et de 1860 à 1861. Entre ces mandats, il porte le titre de ministre des Postes au sein du gouvernement Palmerston. En 1862, il est nommé vice-roi et gouverneur général de l'Inde.

Jacques Monet, s.j.

Élite du monde des affaires Au Canada, le rôle des membres de l'élite du monde des affaires n'a jamais été aussi franchement défini que celui des membres de l'ÉLITE des nations pétries d'histoire, dont les classes sociales sont nettement délimitées. L'*establishment* canadien (connu aussi comme l'élite économique, l'élite des chefs d'entreprise et l'élite du monde des affaires) est en réalité un groupe aux liens plus ou moins étroits de prétendants aux pouvoirs économique, politique et culturel. Bien que sa structure et ses centres d'autorité fluctuent sans cesse, ses membres exercent un contrôle étroit sur le processus décisionnel du pays.

Au Canada, le pouvoir économique se déplace suivant la rentabilité des secteurs économiques: fourrures, puis chemins de fer, banques, exploitation minière, pétrole, micro-ordinateurs et restauration-minute. En même temps, le centre de gravité de l'économie canadienne est passé de Montréal à Toronto, où il demeure en grande partie malgré quelques mouvements mineurs vers l'Ouest.

L'existence même d'un *establishment* (une clique de courtiers du pouvoir résolus à «produire les effets visés», comme le disait Lord Russell) est contraire à la conception traditionnelle du Canada comme un pays où les occasions sont à la portée de tous. Même les plus affirmés parmi les détenteurs du pouvoir nieront énergiquement tirer le moindre profit réciproque du fait d'appartenir à l'élite. Comme ils sont rarement en conflit d'intérêt, ils ont en effet rarement besoin de comploter entre eux.

La majorité des Canadiens sont portés (pour peu qu'ils y pensent) à concevoir les classes sociales comme une façon de vivre ou un certain degré de raffinement. Il existe une idée fausse, largement répandue, selon laquelle tout le monde appartient à ce que George Orwell appelle «la classe moyenne à la fois supérieure et inférieure», une classe pouvant offrir à ses enfants les avantages de l'éducation, mais pas grand-chose en terme d'héritage de fortune ou de statut social. Ce concept ne sera remis en question qu'après 1965, date à laquelle John PORTER publie son monumental ouvrage intitulé MOSAÏQUE VERTICALE, qui étudie en détail la structure de pouvoir canadienne des années 50.

Porter y révèle d'incroyables inégalités de revenu et de chances de réussite chez les Canadiens. Il montre que 10 p. 100 seulement des familles canadiennes peuvent se permettre le style de vie de la classe moyenne, considéré alors comme le lot commun. Il soutient que l'élite des chefs d'entreprises (dont seulement 6,6 p. 100 sont des Canadiens français) est branchée sur 183 compagnies puissantes qui contrôlent la majeure partie de l'activité économique. Le pouvoir est aux mains d'une centaine d'individus constituant l'élite économique anglo-saxonne. À cet égard, l'origine ethnique est en 1951 un facteur pratiquement aussi important pour déterminer l'adhésion d'un individu à l'élite qu'elle ne l'était en 1885 et en 1910.

Porter met aussi en lumière le fait que la majorité des dirigeants politiques canadiens sont issus de la classe moyenne. Il écrit: «La classe supérieure ne semble pas être attirée par l'agitation de la vie politique et, dans bien des cas, ses privilèges ne sont pas menacés par les dirigeants politiques. De plus, il n'est pas de tradition dans la classe ouvrière de participer à la vie politique. Je pense que ce qui constitue le vrai problème du Canada est l'inefficacité de son système politique pour résoudre les problèmes nationaux. En laissant à l'élite économique le droit de définir les priorités, on lui laisse le pouvoir […]. Bien qu'il ait développé une structure de classe en fonction de son histoire et de sa géographie, le Canada ne diffère vraisemblablement pas des autres nations industrielles occidentales lorsqu'il compte sur ses élites pour prendre les décisions majeures et pour déterminer la nature et l'orientation de son développement […]. Le pouvoir naît du besoin d'ordre généralement répandu dans une société. Tout individu a une série d'attentes envers le comportement des autres membres. Il est dans l'ordre de ces rapports que des individus accordent à certaines personnes le droit de prendre des décisions au nom du groupe.»

La thèse originale de Porter est reprise et mise à jour 10 ans plus tard par Wallace Clement, qui conclut que «le Canada a été et reste un pays dominé par l'élite. La concentration croissante du pouvoir économique durant les 20 dernières années a produit un cloisonnement de la structure des classes, de sorte qu'il est plus difficile à ceux qui évoluent à l'extérieur des cercles du pouvoir d'y pénétrer».

Du fait de cette mise en retrait volontaire du monde politique, le mandat des membres de l'élite du monde des affaires canadien ne comporte pratiquement pas de responsabilité sociale. Bien des gens, parmi les plus riches, tirent avantage d'un paradis fiscal. D'autres s'acharnent à faire du lobbying pour défendre leurs privilèges (*voir* GROUPE DE PRESSION) et leurs efforts ne manquent pas de porter leurs fruits. Le Canada est en effet l'un des pays industrialisés où les compagnies paient le taux d'imposition le moins élevé. Même si l'élite des chefs d'entreprise fait des dons aux universités, conserve les monuments historiques, donne des œuvres d'art et recueille de l'argent pour les bonnes œuvres, son élan de générosité n'a rien de contraignant: les dons de charité des compagnies représentent seulement 2 p. 100 de leurs profits.

L'*establishment* canadien se compose de cercles de pouvoir qui se recoupent. Sans contrat social, comme tel, l'ensemble des gens regroupés sous la bannière de l'élite locale (aux liens vagues, mais qui s'entrecroisent) forme une entité psychologique. Ces membres ont des façons de penser, des valeurs et des ennemis communs.

Contrairement au pouvoir de l'élite politique et culturelle, le pouvoir économique se transmet habituellement d'une génération à l'autre. Longtemps gardés dans l'euphorie dorée de leur adolescence, fils et filles des nantis apprennent vite que la fortune de famille (avec son armée de serviteurs légaux, de comptables agréés et de conseillers en placements) ne doit pas être dépensée en bagatelles, mais plutôt destinée à influencer la position sociale et les événements.

Au début des années 80, une nouvelle race de princes ambitieux occupe les fauteuils des héritiers de l'*establishment*: Conrad BLACK s'empare de l'empire ARGUS à la mort de John Angus «Bud» MCDOUGALD en 1978. «On présume généralement que le Canada est une société égalitaire, mais il est surprenant de constater à quel point les fils des riches défraient la chronique financière durant les années 70», écrit Alexander Ross dans *Canadian Business*. «On aurait presque cru que les familles qui contrôlaient d'importants secteurs de l'économie se passaient le gâteau comme s'il s'agissait d'une adhésion héréditaire au Granite Club.»

Ceux qui prennent les décisions au Canada nient posséder quelque pouvoir, tout comme les membres en règle de chaque élite, même s'ils savourent le fait de l'exercer. Ils ont l'habitude de gérer leurs affaires en donnant de l'avancement aux hommes (et très sporadiquement aux femmes) sur qui ils savent pouvoir compter. Ce processus fonctionne en majeure partie par des sanctions négatives: l'individu trop ambitieux ou incompétent se heurte à des barrières invisibles et infranchissables. Ce système de sanctions fonctionne par l'entremise des cercles fermés, des écoles privées et d'autres institutions dont les portes s'ouvrent ou se ferment en fonction de groupes de valeurs implicites que l'on qualifierait de canadiennes, à défaut de pouvoir les décrire autrement.

Il y a des gens qui, peu importe le nombre de marchés conclus avec les entreprises de l'*establishment* ou le nombre de victoires remportées sur leurs concurrents, ne feront jamais partie de cette élite. Comme bien d'autres, ils sont victimes de l'arme la plus puissante de l'*establishment*: le pouvoir d'exclure. Ce pouvoir de refuser des faveurs s'exerce le plus souvent par l'intermédiaire des cinq grandes banques à charte: Royale, de Commerce, de Montréal, Toronto-Dominion et de Nouvelle-Écosse (*voir* ACTIVITÉ BANCAIRE). Même au plus fort de la récession du début des années 80, et malgré la situation précaire affichée par leurs propres bilans, les banquiers continuent d'exercer un contrôle absolu sur l'économie canadienne.

Les réunions du conseil d'administration de ces cinq banques représentent la plus grande source de pouvoir non gouvernemental. Durant les discussions se forment, se renforcent et se multiplient les relations personnelles qui consolident l'existence de l'élite économique et accroissent son autorité.

C'est le pouvoir d'un cercle relativement restreint de détenteurs de pouvoir qui assure l'union du Canada. Mais au sein de la société canadienne, le pouvoir est une chose difficile à cerner. La définition du pouvoir comme «la capacité d'imposer l'obéissance» n'est pas assez large pour décrire la façon dont il s'exerce dans ce pays. Il en va de même de la conception du pouvoir de Max Weber, à savoir «la possibilité qu'a un homme, un groupe ou un certain nombre de personnes de réaliser ce qu'ils veulent par une action commune et ce, malgré l'opposition des autres qui y participent aussi».

La théorie de «l'élite au pouvoir» de C. Wright Mills ne s'applique pas vraiment au Canada, car ce pays n'a pas de complexe militaro-industriel important, donc pas de groupes de centurions qui entrent et sortent du Pentagone, du département d'État et de la Maison-Blanche, et pas d'équivalent de la fondation Ford ou du *Council on Foreign Relations*. Il n'existe pas non plus de coterie aussi forte que celle des Mellon de Pittsburgh pour contrôler une région, bien que les McCain et les Irving aient presque cette importance dans le duché fermé du Nouveau-Brunswick.

L'élite du monde des affaires se distingue aussi par le fait que beaucoup de décisions importantes sont prises par des fondés de pouvoir. Les deux tiers des cent plus grandes compagnies canadiennes sont des propriétés étrangères. Même si les gestionnaires locaux ont une autonomie manifeste, leur autorité n'est pas suprême: ils doivent répondre devant des conseils d'administration étrangers. Les principaux administrateurs qui dirigent ces compagnies doivent agir comme des administrateurs coloniaux. La plupart des compagnies américaines – mais pas toutes – considèrent le Canada comme une zone légèrement en banlieue de leur territoire de vente nord-américain, reflétant ainsi le commentaire de Jacques Maisonrouge, directeur de la IBM World Trade Corporation, selon lequel, «en affaires, la frontière séparant les deux nations n'existe pas plus que celle de l'équateur».

Peu de membres de l'élite du monde des affaires canadien opposent la moindre résistance à l'américanisation du Canada. Il s'agit probablement, en fait, du seul cas dans l'histoire où une élite collabore de bon gré à sa propre disparition. À cet égard, E.P. TAYLOR, l'un des entrepreneurs canadiens les plus prospères de son temps est représentatif lorsqu'il déclare: «Si les États-Unis n'étaient aux prises avec la question raciale et leurs problèmes politiques, je penserais que nos deux pays pourraient se réunir [...]. Je m'oppose à la tendance cherchant à réduire la propriété américaine au sein des compagnies canadiennes. Je pense que la nature doit suivre son cours.»

Ce syndrome de la capitulation acceptée moyennant profit a empêché la classe des capitalistes canadiens de voir clair sur elle-même et sur son rôle à long terme. Northrop FRYE décrit cette attitude de colonisés comme la morsure du gel sur les racines de l'imagination canadienne. Selon ses termes, «le colonialisme engendre une maladie qui, selon moi, peut être le mieux décrite comme de la pudibonderie. Je n'entends pas par là des réticences d'ordre sexuel, mais la tendance instinctive à rechercher une expression conventionnelle ou banale d'une idée».

La description que fait Frye de la pudibonderie mentale, du snobisme de la modestie et de l'aversion devant les risques à prendre caractérise bien l'élite canadienne. À part dans les Maritimes, les réseaux de pouvoir tissés à l'échelle nationale par d'énormes compagnies remplacent la mainmise qu'exerçaient traditionnellement certaines familles sur la richesse et le pouvoir. Parmi les hommes les plus influents de nos grandes villes et autres agglomérations, nombreux sont ceux qui n'appartiennent plus à des cercles de pouvoir locaux, mais sont les ambassadeurs de grandes compagnies multinationales ou transnationales. Leur loyalisme envers le Canada est au mieux ambivalent; leurs dollars recherchent les taux de rendement les plus élevés sans tenir compte des conséquences de cette politique pour le pays.

La confiance en soi de la plupart des membres de l'élite des grandes compagnies est tellement intégrée à leur subconscient qu'ils sont rarement capables de distinguer l'intérêt public du leur. Cependant, pour être libre de ses mouvements, le monde des affaires a besoin du genre de pouvoir politique complaisant que la population canadienne n'a pas toujours élu. C'est pourquoi les dirigeants du secteur privé demandent à leurs représentants parlementaires de «maintenir la confiance des investisseurs» en passant des lois dont le contenu et l'application servent les intérêts de la communauté des affaires. Pour l'élite de cette communauté, le seul bon gouvernement est celui qui est prêt à lui laisser la bride sur le cou. Cela arrive occasionnellement, p. ex., durant la Seconde Guerre mondiale avec le tandem gouvernement-gens d'affaires forgé par C.D. HOWE.

Les années 80 voient s'aggraver le conflit entre le gouvernement et le secteur privé. Ce dernier réagit aux initiatives du gouvernement TRUDEAU avec une rage hypocrite. Le PARTI LIBÉRAL fédéral est alors bien décidé à prendre des initiatives susceptibles de le maintenir au pouvoir et abandonne, pour ce faire, sa position traditionnelle qui lui avait permis dans le passé de trouver l'équilibre politiquement le plus rentable entre élitisme et égalitarisme. Son nouvel état d'esprit se concrétise sous la forme du PROGRAMME ÉNERGÉTIQUE NATIONAL qui vise à récupérer une partie du contrôle dans le secteur industriel le plus important pour les Canadiens (voir POLITIQUE ÉNERGÉTIQUE). L'élite des gens d'affaires, qui voit dans cette initiative une intrusion massive dans le libre cours des forces du marché, réagit violemment par des menaces d'exode. Le nouveau gouvernement de Mulroney renverse sans délai ce programme.

Le capitalisme se veut avant tout à la promotion de l'efficacité économique, mais les démocraties sociales y ajoutent d'autres objectifs tels qu'une répartition plus équitable de la richesse. Avec des gouvernements moins disposés à subventionner aveuglément les grandes entreprises et des gens d'affaires de plus en plus réticents à répondre aux demandes d'extension des services sociaux, le fossé entre les deux systèmes de valeurs continue de se creuser.

Peter C. Newman

Élites Au sens le plus répandu, le terme «élite» réfère à l'échelon supérieur de toute activité, p. ex., les athlètes d'élite ou les militaires d'élite. Employé comme substantif, dans un sens plus analytique, le terme désigne ceux qui détiennent des postes de décision, qui occupent des fonctions importantes dans une hiérarchie structurée. Les personnes qui occupent de telles positions ont du pouvoir, en raison des postes clés qu'elles détiennent, et pas nécessairement parce qu'elles sont «les meilleures». L'analyse des élites, qui constitue depuis longtemps une tradition universitaire, diffère de celle qui touche des notions plus populaires, comme celle de l'«establishment», dont la signification a une connotation sociale liée à la réputation. Le *Debrett's Illustrated Guide to the Canadian Establishment*, publié par Peter C. Newman, p. ex., dérive du *Debrett's Peerage*, fondé en Angleterre en 1769, mais comme il n'existe pas d'aristocratie canadienne, on y trouve plutôt une liste des «Debrett's Six Hundred», dressée à partir des milieux universitaire, religieux, artistique et médiatique, du monde des affaires, des services publics et militaires, du monde juridique, scientifique et médical. Ces «Six Cents» ont la réputation d'être «les gens qui ont le plus d'influence et de pouvoir parmi la population canadienne», mais ils ne sont pas choisis en raison de la position de pouvoir qu'ils occupent. Ce genre de publication tend à souligner les pièges sociaux découlant du pouvoir, plutôt que d'en faire l'analyse, comme le fait l'étude des élites.

Pour étudier les élites d'une société, il faut d'abord repérer les activités qui confèrent le plus de pouvoir dans la société. Il faut ensuite identifier les postes les plus influents, ou ceux des décideurs, à l'intérieur de ces activités. Finalement, il faut spécifier les caractéristiques des personnes qui occupent de tels postes. Le pouvoir peut se définir comme une capacité à mobiliser les ressources de la société, qu'il s'agisse de personnes, de ressources financières, de forces militaires, d'opinions ou de biens et services. Selon les époques, les personnes les plus puissantes de la société peuvent être les militaires, les politiciens, les chefs religieux ou ceux qui dirigent l'économie. Pour déterminer quelle est l'activité (ou les activités) qui détient le plus de pouvoir, il faut étudier l'organisation de la société. Dans une perspective matérialiste, l'institution qui détient le plus de pouvoir politique n'a que peu d'importance. Une société se reproduit en produisant des moyens de subsistance (nourriture, vêtement, gîte), ce qui fait de

l'économie une activité fondamentale, qu'elle soit dirigée par des chefs religieux, politiques, militaires ou économiques. Ceux qui contrôlent l'économie constituent toujours une élite puissante à l'intérieur de toute société moderne.

Pour déterminer quels sont les postes les plus influents à l'intérieur de ces activités qui confèrent le plus de pouvoir, les chercheurs examinent comment ces activités, telles celles de l'Église, des syndicats, de l'armée, des entreprises ou de l'État, sont organisées. Dans le gouvernement, p. ex., les PREMIERS MINISTRES FÉDÉRAUX ou les PREMIERS MINISTRES PROVINCIAUX et leurs CABINETS occupent les postes les plus influents; dans les entreprises, c'est l'exécutif (le chef de la direction ou le président) et le conseil d'administration; dans l'armée, les généraux; dans le monde syndical, la direction de chaque syndicat et des centrales syndicales, dans l'Église, les archevêques.

Les «postes les plus influents» se rattachent à deux phénomènes, tous deux liés à l'idée de hiérarchie. Dans le monde des affaires, des entreprises telles que la Banque Royale du Canada (22 fois plus importante que General Motors du Canada) sont très importantes, tandis que d'autres, p. ex., B.C. Bancorp, sont relativement petites. Les banques les plus puissantes peuvent être identifiées par leurs avoirs ou leurs profits. En 1995, les cinq banques les plus importantes du Canada ont toutes enregistré des profits de plus d'un milliard de dollars. Les banques les plus importantes ont un rang nettement plus élevé que celui des autres banques.

Dans le cas du Canada, les banques dominantes sont la BANQUE ROYALE DU CANADA, la BANQUE CANADIENNE IMPÉRIALE DE COMMERCE, la BANQUE DE MONTRÉAL, la BANQUE DE NOUVELLE-ÉCOSSE et la BANQUE TORONTO-DOMINION. À elles seules, ces cinq banques possèdent plus de 90 p. 100 des avoirs, des revenus et des profits de l'ensemble des banques canadiennes. La Banque Toronto-Dominion est la plus petite de ces cinq banques dominantes, mais ses avoirs sont deux fois supérieurs à ceux de sa rivale la plus proche, la BANQUE NATIONALE DU CANADA. Ces entreprises dominantes constituent le fondement du pouvoir de l'élite économique canadienne.

Une autre hiérarchie apparaît dans la structure interne de l'entreprise. Ceux qui occupent les postes les plus élevés (p. ex., l'exécutif et les directeurs) dirigent l'entreprise. Dans le cas des banques, la direction et le conseil d'administration établissent les objectifs, revoient la performance de la direction et approuvent ou désapprouvent des prêts et des investissements importants.

L'élite de l'ACTIVITÉ BANCAIRE canadienne est constituée par le personnel de direction et les directeurs des cinq banques dominantes. Il arrive fréquemment qu'une personne occupe plus d'un poste au sein des entreprises dominantes. Dans le cas des banques, cependant, le directeur d'une banque ne peut siéger au conseil d'une autre banque canadienne, même s'il, ou elle, peut siéger aux conseils d'autres entreprises (ce qui est souvent le cas). Le fait de siéger aux conseils de plus d'une entreprise dominante est connu sous le nom d'imbrication des conseils d'administration.

Dans son étude *The Canadian Corporate Elite*, Wallace Clement découvre que les directeurs des cinq banques occupent 41 p. 100 des postes les plus influents au sein des compagnies d'assurance-vie dominantes au Canada, et que 28 p. 100 des plus hauts postes des banques dominantes sont occupés par des gens qui occupent ces mêmes postes dans l'une des compagnies d'assurance-vie dominantes. Il s'agit d'un type particulièrement étroit d'imbrication.

Parmi les 113 entreprises dominantes (chacune contrôlant plusieurs autres entreprises ou des filiales) qui sont connues pour être aux commandes de l'économie canadienne, il y a 1848 postes imbriqués, dont 56 p. 100 sont imbriqués avec des postes importants dans des entreprises américaines.

Statistique Canada identifie six conglomérats contrôlant 723 compagnies canadiennes axées sur des familles clés: les Weston (123), les Black (123), les Desmarais (121), les Irving (121) et deux branches de la famille Bronfman (Charles Rosner avec 118 et Edward et Peter avec 117).

Élite économique Plus les membres des élites tendent à se ressembler et à constituer des types sociaux particuliers, distincts de l'ensemble de la société, plus il est possible d'en conclure que l'accès à une élite est exclusif et favorable à certains types sociaux. De toutes les élites canadiennes, l'élite économique est la plus exclusive. Elle est très majoritairement masculine puisque seulement 8 de ses 798 membres (ou 1 p. 100) sont des femmes. En 1990, seulement 7 des 1169 chefs de la direction répertoriés dans le répertoire des directeurs du *Financial Post* sont des femmes. Les personnes d'origine britannique représentent environ 87 p. 100 de l'élite économique, mais seulement 45 p. 100 de l'ensemble de la population. Par contraste, les Canadiens français ne représentent que 8 p. 100 de cette élite mais 29 p. 100 de la population. Des groupes ethniques «non fondateurs» (ni français ni britanniques), seuls les Juifs canadiens dépassent leur proportion au sein de la population (4 p. 100 de l'élite et 1 p. 100 de la population), tandis que tous les autres groupes ethniques sont sérieusement sous-représentés (1 p. 100 de l'élite, mais 25 p. 100 de la population).

Moins de 41 p. 100 des membres de l'élite économique ont fréquenté les écoles privées. Les parents de l'élite économique peuvent s'offrir un tel luxe, parce qu'ils occupent eux-mêmes une place privilégiée dans la société (*voir* MOBILITÉ SOCIALE).

La classe supérieure ne représente qu'environ 1 p. 100 de la société, mais, en 1972, 61 p. 100 de l'élite était originaire de cette classe; 33 p. 100 venait de la classe moyenne, qui compte pour environ 15 p. 100 de la population; et 6 p. 100 venait de la classe ouvrière, qui compte pour environ 85 p. 100 de la population. Depuis, les origines sociales de l'élite sont de plus en plus exclusives. L'étude classique de John PORTER, LA MOSAÏQUE VERTICALE, révèle qu'en 1951, 50 p. 100 de l'élite économique appartient à la classe supérieure, 32 p. 100 à la classe moyenne et 18 p. 100 à la classe ouvrière (*voir aussi* ÉLITE DU MONDE DES AFFAIRES).

Élite des médias L'élite des médias, qui contrôle la majorité des complexes médiatiques privés du Canada, est comparable à l'élite économique. Près de 50 p. 100 de ses membres appartiennent aussi à l'élite économique. Ces deux élites sont si amalgamées que l'on peut en faire une seule catégorie, celle de l'«élite des affaires». L'élite des médias provient probablement encore plus souvent de la classe supérieure que l'élite économique. Elle compte un pourcentage de femmes et de Canadiens français légèrement plus important (respectivement 4 p. 100 et 13 p. 100).

Élite de l'État Les membres de l'élite étatique partagent certaines des caractéristiques de l'élite des affaires, mais avec cependant des différences importantes. Dans *The State Elite*, une version remaniée de l'ouvrage de Porter, Dennis Olsen partage l'élite gouvernementale en élites politique, bureaucratique et juridique. La première comprend les premiers ministres, les membres du Cabinet fédéral et des Cabinets provinciaux qui détiennent les postes clés dans les provinces les plus importantes (Québec, Ontario, Alberta et Colombie-Britannique). Une fois de plus, les femmes sont sérieusement sous-représentées, comptant pour seulement 2 p. 100 des détenteurs de ces postes entre 1961 et 1973.

Les Canadiens français sont mieux représentés dans l'élite politique que dans l'élite des affaires. De 1961 à 1973, leur proportion grimpe de 22 p. 100

qu'elle était entre 1940 et 1960, à 25 p. 100. Seulement 8 p. 100 proviennent des groupes ethniques non fondateurs. Les individus d'origine britannique représentent 68 p. 100 de l'élite politique, qui, à l'instar de toutes les élites gouvernementales, est originaire de la classe moyenne par une majorité écrasante (69 p. 100). Néanmoins, la classe supérieure y est encore sur-représentée (22 p. 100), et la classe ouvrière sous-représentée (9 p. 100).

L'élite bureaucratique (les sous-ministres et les sous-ministres adjoints, ou leurs équivalents dans les ministères, les entreprises publiques, les offices de réglementation et les commissions, au niveau fédéral et dans les quatre plus grandes provinces) est originaire de la classe moyenne dans une proportion importante (75 p. 100) et elle compte moins de membres qui viennent de la classe supérieure (10 p. 100). Seulement 2 p. 100 de ses membres sont des femmes.

Sur le plan ethnique, l'élite bureaucratique ressemble à l'élite politique: au sein de l'appareil gouvernemental fédéral, le nombre de Canadiens français a augmenté, de 13 p. 100 en 1953 à 24 p. 100 en 1973. L'élite juridique (p. ex., les juges de la Cour suprême et les juges en chef des cours fédérale et provinciales) est surtout issue des deux groupes fondateurs, presque entièrement de sexe masculin et davantage originaire de la classe moyenne supérieure que ne le sont les autres élites gouvernementales.

Élites ouvrière et religieuse Bien que Porter ait tenté d'identifier des élites ouvrière, intellectuelle et religieuse au Canada, aucune d'entre elles n'a été étudiée aussi intensivement que l'élite gouvernementale ou l'élite des affaires, et il est difficile de soutenir qu'elles exercent autant de pouvoir. Le milieu syndical n'est pas organisé selon une hiérarchie similaire à celle des entreprises et de l'État. Le Congrès du Travail du Canada, la principale centrale syndicale du pays, ne peut diriger ses membres de façon stricte et les syndicats membres y jouissent d'une autonomie considérable. L'étude des chefs syndicaux, que Porter a menée au début des années 50, révèle qu'ils sont plus représentatifs d'une variété de groupes, et plus représentatifs de la classe ouvrière.

Les élites les plus puissantes, celles qui dirigent les ressources les plus importantes du Canada d'aujourd'hui, sont l'élite des affaires et l'élite gouvernementale. Les études démontrent que l'entrée dans ces élites dépend en grande partie des origines sociales, du lieu de naissance et de résidence, de l'origine ethnique et du sexe. En conséquence, ceux qui détiennent les plus hauts postes de décideurs au Canada ne sont pas représentatifs d'une grande partie des Canadiens.

Wallace Clement

Elk Island, Parc national Établi en 1913, (194 km²), ce sanctuaire composé de forêts et de prairies, de lacs, de tourbières et d'étangs est situé à 48 km à l'est d'Edmonton. L'intérêt général en faveur de la protection de la faune mène à la création d'une réserve pour les élans en 1906, réserve qui deviendra par la suite le Parc national Elk Island, le seul PARC NATIONAL complètement clos au Canada. À l'intérieur se trouvent les restes des Alberta's Beaver Hills.

Histoire naturelle La banlieue d'Edmonton, avec ses champs et ses pâturages, est à l'extérieur des limites clôturées. En raison des clôtures, les techniques de gestion des ressources ont été nécessaires pour maintenir et augmenter l'intégrité écologique du parc et sa BIODIVERSITÉ. Des feux contrôlés créent des mosaïques de trembles et de forêts mixtes, de prairies et de terres humides, qui fournissent un habitat idéal pour la faune, dont font partie les orignaux, les élans, les cerfs et plus de 500 BISONS des plaines et 300 bisons des forêts, ainsi qu'un grand nombre de petits mammifères et au moins 230 espèces d'oiseaux. Les cygnes trompettes ont été réintroduits dans le parc. Le régime de feux naturels a été interrompu depuis la création du parc parce que,

en raison de sa petite taille, tous les gros prédateurs, sauf le coyote, ont disparu.

Histoire humaine Dans la période qui précède l'établissement des colonies, les Cris habitent cette région où ils font le troc des fourrures de castors et chassent le bison des plaines. Les Européens s'établissent vers la fin des années 1800 et attendent la construction du chemin de fer. La publicité pour les propriétés attire les groupes ethniques vers l'Ouest et l'influence ukrainienne reste très présente dans ce secteur.

Installations Les routes panoramiques sillonnent le parc et les sentiers mènent les marcheurs vers les lacs et les étangs où se trouvent les castors. Errer dans le parc offre une excellente occasion de voir la faune et la plupart des gens ne quitteront pas le parc sans avoir vu au moins un bison. On peut y faire du camping, du canot, du golf, du ski de fond et de la randonnée pédestre.

Maxwell W. Finkelstein

Ellef Ringnes, île D'une superficie de 11 295 km², elle fait partie des îles SVERDRUP qui bordent l'océan Arctique. La plus grande partie de l'île est composée de vastes couches de roches sédimentaires, à l'exception d'un segment de plaine côtière arctique à l'extrémité nord-ouest. La topographie reflète les limites structurales et lithologiques et est caractérisée par de vastes plaines et des plateaux découpés. Des structures en forme de dôme, tel le dôme Isachsen, haut de 250 m, sont les traits du paysage les plus saisissants. Malgré les conditions généralement arides, la surface y est détrempée en été, le mollisol étant associé à un schiste qui retient l'eau au-dessus du PERGÉLISOL qui lui, reste imperméable.

Doug Finlayson

Ellesmere, île d' D'une superficie de 196 236 km², elle est la troisième plus grande île du Canada et l'île la plus au nord de l'ARCHIPEL ARCTIQUE. Elle est séparée du Groenland par le bassin Kane et le passage Kennedy, qui n'a que 30 km de large à certains endroits, et de l'île Devon, par le détroit de Jones. Le cap Columbia (83° 06' 41" de latitude Nord) constitue la pointe de terre la plus au nord du Canada.

Description L'île entière est entrecoupée de fjords et la côte nord est prolongée par des banquises de glace, soit des nappes de glace de mer fusionnées au rivage. Le Nord est dominé par les montagnes Grant Land, une chaîne irrégulière de roches sédimentaires vieille de quelque 100 000 ans et enveloppée d'une épaisse couche de glace de près de 2000 m, vestige de la dernière ÉPOQUE GLACIAIRE. Des flèches rocheuses émergent de la glace, Barbeau Peak (2616 m) étant le plus haut sommet de l'est de l'Amérique du Nord. Les terres plongent vers le sud jusqu'au plateau de Hazen, presque entièrement recouvert par le lac Hazen, le plus grand lac de la région polaire. Au centre de l'île, les montagnes de la ceinture orogénique atteignent 2000 m.

Le paysage d'Ellesmere est spectaculaire et l'environnement y est exceptionnel, bien que fragile. De petits troupeaux de BŒUFS MUSQUÉS sont dispersés çà et là sur le plateau de Hazen. On trouve de même des vestiges d'un troupeau de CARIBOUS détruit par Robert E. Peary lorsqu'il a tenté d'atteindre le PÔLE NORD en 1909. De nombreuses espèces d'oiseaux et plusieurs autres mammifères terrestres y vivent, mais les GLACES MARINES côtières découragent la présence de mammifères marins. On trouve 13 espèces d'ARAIGNÉES sur l'île d'Ellesmere. Bien que le climat y soit extrême, l'étrange microclimat du lac Hazen produit des étés étonnamment chauds. La période exempte de gel du fjord Tanquary dure en moyenne de 50 à 60 jours. L'île d'Ellesmere est un véritable désert polaire où certains endroits ne reçoivent que des précipitations annuelles de 2,5 cm. La végétation y est donc plutôt clairsemée.

Histoire L'un des endroits les plus isolés du monde, l'île d'Ellesmere est peu fréquentée (*voir* ARC-

TIQUE, EXPLORATION DE L'). Des observations archéologiques démontrent toutefois que les fjords du plateau de Hazen furent habités il y a quelque 4000 ans. De nombreux artefacts SCANDINAVES ont été retrouvés sur la presqu'île Bache (au centre de l'île) lors des fouilles des maisons d'hiver de la culture THULÉ datant de 1250 à 1350 ap. J.-C. L'île est aperçue en 1616 par William BAFFIN, mais elle n'est explorée qu'au XIXᵉ siècle. John ROSS découvre une partie du littoral en 1818, mais l'île reçoit son nom du comte d'Ellesmere au cours de l'expédition d'Inglefield en 1852.

Sir George NARES mène des recherches approfondies dans la région en 1875-1876. Dans le cadre des activités de la première ANNÉE POLAIRE INTERNATIONALE, un groupe d'Américains dirigé par A.W. Greely explore à fond la partie nord de l'île depuis une base installée à Discovery Harbour (1881-1884). L'expédition se termine de façon tragique, les navires de ravitaillement n'arrivant pas à destination; seulement 7 des 26 membres de l'équipe survivent.

La plus grande partie de l'exploration de l'île se fait en marge d'autres expéditions pour découvrir le pôle Nord. Entre 1898 et 1902, Otto SVERDRUP dresse la carte de plusieurs îles de la région de l'île d'Ellesmere. En 1903 et 1904, le gouvernement canadien y envoie A.P. LOW pour établir la souveraineté canadienne; il érige un cairn au point le plus septentrional et y plante un drapeau.

Un camp de recherche est installé au lac Hazen pendant l'Année géophysique internationale (1957-1958). De nos jours, on trouve un poste saisonnier de la Gendarmerie royale du Canada à Alexandra Fjord. Grise Fjord, en outre, est une importante collectivité autochtone. Des STATIONS MÉTÉOROLOGIQUES DE L'EXTRÊME-ARCTIQUE sont établies à Eureka et à ALERT, la station la plus au nord de l'Arctique canadien (82° 30' de latitude nord). En 1988, on aménage la RÉSERVE DE PARC NATIONAL DE L'ÎLE D'ELLESMERE dans le nord de l'île.

James Marsh

Ellice, Edward, traiteur de pelleteries, marchand, politicien (Londres, Angl., 23 ou 27 sept. 1783—près de Glengarry, Écosse, 17 sept. 1863). Fils d'un marchand de Londres très en vue, Ellice fait ses études au Marischall College à Aberdeen, avant d'être envoyé au Canada où il participe à la fusion de la XY COMPANY et de la COMPAGNIE DU NORD-OUEST (CNO). Comme partenaire de la CNO, Ellice (toujours surnommé «Bear») participe activement à la guerre pamphlétaire contre lord SELKIRK, et il joue un rôle important dans les négociations concernant la fusion de la CNO et de la Compagnie de la baie d'Hudson, lesquelles se terminent en 1821. Par la suite, il est impliqué dans le litige sur les réclamations contre la CNO. À partir de 1818 et pendant presque tout le reste de sa vie, il est député de Coventry à la Chambre des communes et, une fois les Whigs au pouvoir en 1830, il occupe divers postes ministériels de 1830 à 1834. Il supervise de près le développement des grandes propriétés foncières qu'il possède au Canada, dont la seigneurie de Beauharnois, et influence fortement en coulisse la politique britannique.

J.M. Bumsted

Elliott, Andrew Charles, avocat, juge, politicien et premier ministre de la Colombie-Britannique (Irlande, vers 1828—San Francisco, Calif., 9 avril 1889). Avocat chez Lincoln's Inn à Londres, Elliott occupe plusieurs postes dans la magistrature et l'administration en Colombie-Britannique coloniale. Il est membre du conseil législatif (1865-1866) et, en 1875, il est élu à l'Assemblée législative provinciale, où il remplace William SMITHE comme chef de l'opposition. Après la défaite du gouvernement de G.E. WALKEM (1876), il devient premier ministre, mais il n'est pas de taille à lutter contre Walkem qui attaque ses tentatives de conciliation dans le conflit

avec Ottawa à propos du chemin de fer du Pacifique. De fortes augmentations des impôts et l'anéantissement des espoirs de Victoria de devenir le terminus transcontinental font perdre à Elliott son siège lors de la défaite électorale de son gouvernement en 1878.

H. Keith Ralston

Elliott, George Alexander, économiste, professeur et fonctionnaire (Napier, Ont., 22 juill. 1901). Homme dont l'imagination, la rigueur et l'humanité ont inspiré ses étudiants, Elliott a contribué de façon significative à la théorie économique en publiant des articles dans des revues spécialisées lorsqu'il était professeur à l'U. de l'Alberta de 1929 à 1946 et à l'U. de Toronto de 1946 à 1957. On trouve encore des références à ses travaux dans la documentation scientifique. Portant son attention sur les politiques commerciales canadiennes, il publie *Tariff Procedures and Trade Practices* en 1954 et est engagé à la Commission du tarif du Canada de 1957 à 1971. Il est élu à la Société royale du Canada en 1947 et est élu président de l'Association canadienne de sciences politiques en 1957. L'U. Queen lui décerne un doctorat en droit *honoris causa* en 1965.

H.C. Eastman

Elliott, Kenneth Allan Caldwell, biochimiste et neurochimiste (Kimberley, Afrique du Sud, 24 août 1903—Montréal, 28 avril 1986). Pionnier de l'étude de la chimie du cerveau, Elliott est le premier à porter officiellement le titre de neurochimiste à l'Institut neurologique de Montréal (1944). Il est le premier directeur du laboratoire Donner de neurochimie expérimentale, puis président du département de biochimie de McGill et titulaire de la chaire Gilman Cheney de biochimie. Il poursuit des recherches novatrices sur l'œdème cérébral résultant d'un traumatisme, les neurotransmetteurs inhibiteurs et excitateurs, la biochimie de l'épilepsie, et ils effectue l'analyse de la composition chimique du liquide dans lequel baigne le cerveau. Son analyse chimique du liquide céphalo-rachidien a permis d'élaborer la «solution d'Elliott», couramment utilisée par les neurochirurgiens. Il publie plus de 140 articles et est le rédacteur en chef de deux numéros de *Neurochemistry*. Après sa retraite de McGill, il se joint au Service universitaire canadien outre-mer (CUSO) et enseigne la biochimie aux étudiants en médecine à Enugu, au Nigeria. Il est le premier professeur d'échange Norman Bethune entre McGill et le collège chinois de médecine à Beijing.

Leonhard S. Wolfe

Elliot Lake, ville de l'Ont.; pop. 13 588 (rec. 1996), 14 089 (rec. 1991), 17 984 (rec. 1986); superf. 756,79 km²; const. en 1991; située à 156 km à l'ouest de SUDBURY. Elliot Lake est fondée officiellement en 1955, deux ans seulement après la célèbre découverte d'URANIUM de J.H. HIRSHHORN, qui met l'industrie minière au courant du potentiel de la région. Stimulée par la demande militaire américaine, Elliot Lake connaît une vague de prospérité de 1956 à 1963.

Vers 1959, neuf compagnies minières sont en activité et près de 25 000 personnes résident dans cette communauté créée par le gouvernement selon un plan d'urbanisme élaboré. Cette année-là, la décision du gouvernement américain de ne plus renouveler ses contrats porte un dur coup à l'économie. Vers 1965, la population d'Elliot Lake chute à 6600, et vers 1970, seules les mines de la Denison Mines et de la Rio Algom sont encore exploitées.

Vers la fin des années 60 et dans les années 70, l'industrie de l'uranium connaît un regain de vitalité en raison de la création de centrales nucléaires. Au début des années 80, des ventes à long terme conclues avec HYDRO ONTARIO déclenchent une seconde vague de prospérité, mais vers le milieu de la décennie, la chute des prix provoque encore une fois un déclin de la population.

Matt Bray

Elmira, localité non const. de l'Ont.; pop. 7497 (rec. 1996), 7657 (rec. 1992), 6972 (rec. 1986); située à

quelque 17 km au nord-ouest de KITCHENER-WATERLOO. Fondée sur les berges de la rivière Canagagigue, elle fait partie de la réserve originale des Six-Nations et est une halte sur la route Guelph-Goderich de la CANADA COMPANY. Ses premiers colons sont des Anglais et des Irlandais, puis surtout des Allemands à partir des années 1850. Centre d'approvisionnement de tout l'arrière-pays agricole de Kitchener, Elmira est constituée en tant que ville en 1923, mais perd son statut à la suite de l'instauration du gouvernement régional de Waterloo en 1973. Elle fait maintenant partie du canton de Woolwich. Son populaire festival du sirop d'érable, qui a lieu chaque année en avril, attire des visiteurs de tout l'Ontario. Elmira sert aussi de centre de services à l'importante communauté mennonite de la région environnante.

Kenneth McLaughlin

Eloul, Kosso, sculpteur (Mourom, URSS, 22 janv. 1920—Toronto, Ont., 8 nov. 1995). Eloul entreprend des études d'arts à Tel Aviv en 1938 et les poursuit en 1939 à l'Art Institute of Chicago, où il est l'élève de Frank Lloyd Wright, puis à la Chicago School of Design, où il étudie avec Laszlo Moholy-Nagy. Après avoir servi dans l'armée pendant la Seconde Guerre mondiale et la guerre d'indépendance en Palestine, il revient à l'art en 1948. En 1959, il représente Israël à la 29ᵉ biennale de Venise. À la suite du premier Symposium de sculpture organisé en Yougoslavie, en 1961, il organise un événement semblable dans le désert du Néguev, en 1962. C'est là qu'il commence à travailler à la première d'une longue série de conférences internationales sur la SCULPTURE. Il s'installe de façon permanente à Toronto en 1969 et est l'élément moteur de la 10ᵉ Conférence sur la sculpture qui y a lieu en 1978.

Les sculptures monumentales caractéristiques d'Eloul ornent les places publiques de nombreuses villes canadiennes. Ses rectangles brillants d'aluminium ou d'acier inoxydable poli sont placés en équilibre instable selon des angles inusités, défiant les lois de la pesanteur. Bien qu'on qualifie généralement ses sculptures de minimalistes, leur énergie inhérente et leur potentiel cinétique sans fin transcendent la sensibilité contemplative minimaliste.

Clara Hargittay

Émancipation Ce terme désigne le processus juridique le plus courant qui pouvait amener des autochtones à perdre leur statut d'INDIEN sous le régime de la LOI SUR LES INDIENS. Il pouvait s'appliquer tant aux personnes qui renonçaient volontairement à leur statut qu'aux femmes autochtones, beaucoup plus nombreuses que le premier groupe, qui perdaient automatiquement leur statut en épousant des hommes non autochtones (*voir* Jeannette LAVELL). Seules les personnes de la première catégorie pouvaient garder leur part des terres de réserve appartenant à leur bande ainsi que leur part du financement qui s'y rattachait. Les deux catégories perdaient cependant les droits que les traités et les lois leur conféraient en tant qu'autochtones ainsi que le droit de vivre dans les réserves.

Parmi les prétendus avantages de la perte de statut, le droit de vote, souvent confondu avec l'émancipation parce que l'équivalent anglais *enfranchisement* veut aussi dire «admission au suffrage», a été le seul point positif véritable jusqu'à ce que les autochtones obtiennent le droit de vote au fédéral en 1960. Depuis 1857, date d'adoption de cette mesure, jusqu'aux années 60 au moins, l'émancipation volontaire a été la pierre angulaire de la politique canadienne sur les Amérindiens (*voir* AUTOCHTONES, POLITIQUE GOUVERNEMENTALE CONCERNANT LES).

En s'émancipant, une personne était censée consentir à abandonner son identité autochtone et sa société communautaire (ainsi que les incapacités juridiques artificiellement imposées) pour faire partie de la majorité non autochtone «libre» et individualiste. En fait, les cas d'émancipation ont été relativement peu nombreux au fil des ans. Une loi impopulaire prévoyant l'émancipation forcée des autochtones que le gouvernement jugeait à propos de radier des listes des bandes (en vigueur de 1920 à 1922 et de 1933 à 1951) a été un échec.

Une modification apportée en 1985 à la *Loi sur les Indiens* a éliminé la notion d'émancipation décrite ci-dessus. En plus de retrancher de la loi le contenu discriminatoire, le gouvernement a donné à chaque bande le droit de fixer les conditions d'appartenance.

Bennett McCardle

Emblèmes du Canada Lors de la Confédération, en 1867, le nouveau Dominion du Canada n'est pas doté d'armoiries. En 1868, les premières provinces (Nouvelle-Écosse, Nouveau-Brunswick, Québec et Ontario) reçoivent des armoiries en vertu d'un brevet royal qui confère aussi au Canada un grand sceau, qui consiste en un écu écartelé portant les armes des quatre provinces. Cet écu n'est pas conçu pour servir d'armes d'autorité fédérale, mais il finit par être considéré comme les armes du Dominion.

À mesure que les provinces adhèrent à la Confédération, les armoiries qui leur sont conférées sont ajoutées à l'écu fédéral, ce qui donne un ensemble insatisfaisant. Un comité canadien constitué en 1919 prend moins d'un an pour déterminer les éléments essentiels du nouveau modèle, qu'il envoie au collège héraldique d'Angleterre, à Londres, pour le faire examiner. Le 21 novembre 1921, le roi George V confère les armoiries au Canada par proclamation royale.

La description héraldique des armoiries du Canada est la suivante: «tiercées en fasces, les deux premières parties formant l'écartelé suivant, savoir: au 1, de gueules, à trois léopards d'or, l'un sur l'autre; au 2, d'or, à un lion de gueules dans un double trescheur fleuré, contrefleuré du même; au 3, d'azur, à une harpe d'or, cordée d'argent, au 4, d'azur, à trois fleurs de lys d'or; la troisième fasce, d'argent, à trois feuilles d'érable tigées, au naturel. Timbré d'un casque royal, au mantelet d'argent doublé de gueules; pour cimier, sur un tortil d'argent et de gueules, un léopard d'or à la couronne impériale, tenant de sa patte dextre une feuille d'érable de gueules nervée d'or. Supports: à dextre un lion d'or tenant une lance d'argent, pointée d'or, déployant à dextre la bannière du Royaume-Uni, et, à sénestre, une licorne d'argent, armée, onglée et à la crinière d'or, accolée d'une couronne de croix pattées et fleur-délisée, attachée d'une chaîne du même, et tenant une lance déployant à sénestre une bannière d'azur à trois fleurs de lys d'or.» (Pour une explication de ce vocabulaire spécialisé, *voir* EMBLÈMES PROVINCIAUX ET TERRITORIAUX et HÉRALDIQUE.)

Le modèle est traditionnel: l'écu porte les armes de l'Angleterre, de l'Écosse, de l'Irlande et de la France, qui symbolisent les races fondatrices du pays. Sous l'écartelé, sur un fond blanc, trois feuilles d'érable sur une même tige représentent la nouvelle nation formée d'un grand nombre de peuples. Ces feuilles étaient vertes à l'origine. En 1957, elles sont officiellement devenues rouges, prenant ainsi une couleur automnale et s'harmonisant aux couleurs nationales du Canada, le rouge et le blanc. Le cimier et les supports de l'écu ressemblent de façon frappante aux armoiries royales de la Grande-Bretagne. La devise A MARI USQUE AD MARE («D'un océan à l'autre») est tirée du psaume 72, verset 8: «Qu'il domine de la mer à la mer, et du Fleuve jusqu'au bout de la terre.» (traduction œcuménique de la Bible).

Drapeau

Le drapeau rouge et blanc portant une feuille d'érable stylisée est proclamé drapeau national du Canada le 15 février 1965 par la reine Élisabeth II. Il est adopté à la suite de longues années de discussions, de centaines de propositions de modèles et des vives controverses du DÉBAT SUR LE DRAPEAU au Parlement. Son blason est de «gueules sur pal argent canadien, une feuille d'érable de la première couleur». Ses proportions sont de deux longueurs sur une largeur. Il comporte en son centre un carré blanc de la même largeur que le drapeau.

Le Canada n'a pas de drapeau officiel avant 1965. Pendant le Régime français, le drapeau en usage est la bannière royale de France: «d'azur à trois fleurs de lys d'or, posées 2 et 1». Les lys d'or symbolisent la sainte Trinité. Après la Conquête (1760), les drapeaux les plus couramment utilisés sont l'Union Flag (ou Union Jack) de la Grande-Bretagne et le Red Ensign canadien. Ce dernier est le drapeau de la marine marchande britannique: c'est un drapeau rouge portant l'Union Jack au guindant (c.-à-d. près du mât). En 1892, l'amirauté britannique autorise les navires immatriculés à hisser ce drapeau, auquel doit être ajouté l'écu du Canada au battant.

En 1924, un décret en conseil du Canada permet d'arborer ce drapeau sur les bâtiments du gouvernement canadien à l'étranger. Plus tard, le Red Ensign est porté par les athlètes canadiens aux Jeux olympiques et par les troupes canadiennes pendant la Seconde Guerre mondiale. En 1945, un autre décret en conseil permet d'installer le drapeau au-dessus des bâtiments fédéraux du pays. Beaucoup de Canadiens considèrent le Red Ensign comme le drapeau national, c'est pourquoi l'émotion est vive lorsque le Parlement propose de le remplacer par un nouveau drapeau.

Emblèmes

Castor Étant l'animal le plus recherché à l'époque de la TRAITE DES FOURRURES, il est rapidement considéré comme un emblème convenable pour représenter des parties des vastes territoires qui formeront le Canada au XIXᵉ siècle. En 1621, le roi Jacques Iᵉʳ concède la Nouvelle-Écosse à sir William Alexander. Lorsque celui-ci devient comte de Stirling et obtient le titre de «Viscount Canada», ses nouvelles armes affichent un castor pour symboliser son fief du Nouveau Monde.

La COMPAGNIE DE LA BAIE D'HUDSON, qui obtient sa charte en 1670, possède à partir de 1678 un sceau héraldique représentant quatre castors et divisé en quartiers par une croix de Saint-Georges. À la même époque, Frontenac, gouverneur de la NOUVELLE-FRANCE, suggère le castor comme emblème qui conviendrait à la colonie, mais les armoiries souhaitées ne sont jamais autorisées. En 1690, pour commémorer la victoire de Frontenac, qui a défendu la CITADELLE DE QUÉBEC contre l'attaque navale de sir William Phips, on frappe la MÉDAILLE Kebeca Liberata, qui représente une femme assise symbolisant la France et ayant à ses pieds un castor, symbole du Canada.

Pendant la seconde moitié du XIXᵉ siècle, le castor est moins utilisé comme emblème du Canada, peut-être parce que Montréal a cessé d'être un important entrepôt de fourrures. Sir Sandford FLEMING redonne de l'importance à l'emblème du castor lorsqu'il crée le modèle du premier timbre-poste canadien, le castor de trois sous de 1851. Le castor, réputé pour sa diligence et sa persévérance, qualités jugées bonnes à proposer en exemple au pays, illustre le revers de la pièce de monnaie canadienne de cinq cents.

Feuille d'érable Le long du Saint-Laurent, la feuille de l'ÉRABLE commun du pays, en raison de sa forme caractéristique et de ses belles couleurs d'automne, semble avoir été considérée comme un emblème dès 1700. La première SOCIÉTÉ SAINT-JEAN-BAPTISTE, lors de sa fondation en 1834, adopte la feuille d'érable comme emblème. À Toronto, la publication littéraire annuelle du révérend John McCaul, intitulée *Maple Leaf,* indique en 1848 que la feuille d'érable est l'emblème choisi par le Canada. En 1860, la feuille d'érable est ajoutée à l'insigne du 100ᵉ Régiment (Royal Canadians) et est abondamment utilisée comme décoration pour la visite du prince de Galles.

En 1867, Alexander Muir compose *The Maple Leaf Forever,* qui sera considéré comme un hymne national pendant des dizaines d'années. Les modèles des armoiries attribuées à l'Ontario et au Québec par le mandat royal du 26 mai 1868 contiennent chacun trois feuilles d'érable sur une même tige. La feuille d'érable est l'insigne du Corps expéditionnaire canadien pendant la Première Guerre mondiale. Lorsque des armoiries nationales sont attribuées en 1921, les feuilles portées par une même tige en sont un élément important. Enfin, la feuille d'érable est l'élément central du nouveau drapeau national adopté en 1965.

Bruce Peel

Emblèmes floraux des provinces Ils sont généralement tirés de la flore du pays, de la nation, de l'État, du territoire ou de la province qu'ils représentent. La tradition veut que la plante choisie soit populaire et répandue dans toute la région; à cet égard, les emblèmes floraux diffèrent des armoiries et des drapeaux, qui ont un caractère plus symbolique (*voir* HÉRALDIQUE). Toutefois, des raisons historiques peuvent expliquer le choix d'une plante non indigène ou d'une plante associée à la nation fondatrice, à une industrie ou à un certain paysage. Toute la plante peut servir d'emblème, ou la fleur seulement, qui constitue alors un emblème floral proprement dit. L'emblème peut aussi représenter les branches ou les feuilles d'un arbre. Certains pays ont à la fois une fleur et un arbre emblématiques. Certains emblèmes sont adoptés officiellement ou légalement; d'autres sont reconnus de façon non officielle par la population pour des raisons historiques, religieuses ou autres. (*Voir aussi* EMBLÈMES DU CANADA; EMBLÈMES PROVINCIAUX ET TERRITORIAUX.)

Céline Arseneault

Emblèmes provinciaux et territoriaux Chaque province ou territoire du Canada a choisi ou reçu à quelque moment des emblèmes officiels symbolisant entre autres son histoire, sa flore et sa faune, ses caractéristiques géographiques et son existence comme entité souveraine. Ces emblèmes sont les armoiries, les drapeaux, les EMBLÈMES FLORAUX DES PROVINCES et parfois un tartan, un animal ou un minéral. Pour décrire correctement les armoiries, il faut employer le vocabulaire technique de l'HÉRALDIQUE, qui dérive surtout du français médiéval avec des emprunts au latin et à d'autres langues. Leur description étant verbale, la réalisation graphique des emblèmes peut varier d'un artiste à l'autre, mais les éléments de base doivent toujours être en relation exacte les uns par rapport aux autres. Le glossaire qui suit vise à faciliter l'interprétation des descriptions héraldiques du présent article et de l'article EMBLÈMES DU CANADA.

Glossaire Accostés: placés côte à côte; adossé: qui se tournent le dos; argent: blanc; armé: se dit d'un carnassier ayant les griffes d'une certaine couleur; arraché: se dit d'une branche ou d'un rameau qui n'est pas tranché net; azur: bleu; battant (au): du côté opposé au mât; besant: rondelle d'or; billeté: semé de billettes (rectangles verticaux); bourrelet: ruban torsadé placé comme ornement sur un heaume; brochant: se dit d'un objet passant sur un autre et le recouvrant en partie; brochant sur le tout: recouvrant plusieurs objets; burèle: fasce réduite à la moitié de son épaisseur; burelé: divisé par des lignes horizontales; cantonné: se dit d'une croix qui divise un écu ou un drapeau en quatre parties (appelées cantons) portant des objets; cantonné au premier: portant un objet au premier, au deuxième canton; carnation: couleur de chair; champ: fond de l'écu; champagne: bande horizontale occupant le tiers inférieur de l'écu; chargé: portant une figure héraldique; chef: bande horizontale occupant le tiers supérieur de l'écu (le point du chef en est le centre); cimier: ornement placé au-dessus du heaume; colleté: qui porte un collier; corné: ayant les cornes d'une certaine couleur; couchant: couché; couleur: émail ou métal; criné: doté d'une crinière d'une certaine couleur; croix pattée: croix dont les branches s'élargissent aux extrémités; denché: dont les bords sont dentés; dextre: côté droit de l'écu par rapport à celui qui le porte, côté gauche pour le spectateur; divise: bande horizontale étroite; écusson: petit écu; émail: couleur, sauf argent et or; émail (du dernier): du dernier émail mentionné dans la description; embouté: muni d'une petite bague de métal; englanté: portant des glands; fasce: bande horizontale occupant le tiers central de l'écu; fasce (en): disposé horizontalement; feuillé: garni de feuilles; filet: pièce héraldique réduite à sa moindre épaisseur; fleuré, contre-fleuré: orné de fleurs de lys alternativement debout et renversées; foi: deux mains jointes; gueules (masculin): rouge; guindant (au): près du mât; heaume: casque; lambrequins: bandes d'étoffe descendant du heaume; lampassé: ayant la langue d'une certaine couleur; léopard: lion passant dont la tête est vue de face; mantelé: portant des lambrequins; métal: argent ou or; mouvant: se dit d'objets qui semblent sortir d'autres objets ou des bords de l'écu; naturel (au): de la couleur naturelle; ondé: ayant des vagues; onglé: ayant les sabots, les ongles ou les griffes d'une certaine couleur; pal: bande verticale occupant le tiers central de l'écu; pal (en): se dit d'un poisson ou d'un autre animal marin en position verticale, la tête vers le haut; passant: marchant; pointe: pièce héraldique en forme de triangle isocèle allongé montant de la base de l'écu; posé: debout; rencontre (masculin): tête d'animal posée de face; sable: noir; sénestre: côté gauche de l'écu pour celui qui le porte, côté droit pour le spectateur; sinople: vert; socle: base sur laquelle repose l'écu, surtout si celui-ci a des supports; sommé: surmonté; tiercé: divisé en trois parties de couleurs différentes; tourteau: figure circulaire; tranché: division de l'écu, de l'angle dextre du chef à l'angle sénestre de la pointe; trescheur: bordure rétrécie, souvent double; vair: petite pièce blanche et bleue en forme de cloche; vergette: pal rétréci d'environ un tiers de sa largeur.

Alberta

Armoiries Elles ont été assignées par le roi Édouard VII, le 30 mai 1907. Augmentées d'un timbre (casque, lambrequins, torque, cimier), de supports et d'une devise par décret de la reine Élisabeth II, le 30 juillet 1980. Armes: d'azur à une chaîne de montagnes enneigées au naturel derrière une chaîne de collines de sinople soutenue d'une prairie mouvante d'un champ de blé en pointe, le tout au naturel, au chef d'argent chargé d'une croix de Saint-Georges. Casque: un heaume d'acier. Lambrequins: de gueules doublés d'argent. Torque: d'argent et de gueules. Cimier: un castor couchant soutenant sur son dos la couronne royale, le tout au naturel. Supports: à dextre, un lion d'or, armé et lampassé de gueules; à senestre, une antilope d'Amérique (*Antilocapra americana*), les supports debout sur un monticule herbeux où pousse l'emblème floral de la province d'Alberta, la rose aciculaire (*Rosa acicularis*). Devise: *Fortis et Liber* (Forte et libre).

Drapeau Il porte l'écu des armes de la province sur champ bleu outremer; il a été utilisé en 1967, sanctionné par la reine Élisabeth II le 1er mai en 1968 et proclamé officiellement le 1er juin 1968. Les proportions sont de deux de largeur sur un de longueur; l'écu occupe sept onzièmes du guindant au centre du drapeau.

Colombie-Britannique

Armoiries Elles ont été assignées par décret du roi Édouard VII, le 31 mars 1906; augmentées d'un timbre (casque, lambrequins, torque, cimier) et de supports par proclamation de la reine Élisabeth II, le 15 octobre 1987. Enregistrées par l'Autorité héraldique du Canada, le 23 novembre 1994. Armes: d'argent à trois burelles ondées d'azur et un demi-soleil

d'or mouvant de la pointe et brochant sur le tout, à un chef du drapeau de l'Union chargé au centre d'une couronne à l'antique d'or. Heaume: d'or taré de trois quarts. Lambrequins: de gueules doublés d'argent. Torque: d'argent et de gueules. Cimier: le cimier royal de Sa défunte Majesté la reine Victoria brisé d'un collier de fleurs de cornouiller (*Cornus muttallii*) feuillées, le tout au naturel, pour représenter Sa Majesté régnante et ses successeurs. Supports: à dextre un wapiti (*Cervus canadensis*) au naturel; à senestre, un mouflon à grosses cornes (*Ovis canadensis*) d'argent ancorné et onglé d'or. Devise: *Splendor sine occasu* (Éclat sans tache) sur un listel posé sous l'écu et entrelacé de fleurs du cornouiller du Pacifique tigées et feuillées au naturel.

Drapeau Le décret royal de 1906 y autorise l'usage des armes. La province s'est prévalue de cette autorisation par le décret en conseil du 27 juin 1960. Les proportions sont de cinq de longueur sur trois de largeur.

Île-du-Prince-Édouard

Armoiries Elles ont été assignées par décret du roi Édouard VII, le 30 mai 1905. Armes: d'argent à un chêne englanté accompagné à dextre de trois chêneaux, le tout au naturel et soutenu d'un îlot de sinople, au chef de gueules chargé d'un léopard d'or, armé et lampassé d'azur. Devise: *Parva sub ingenti* (Les grands protègent les petits).

Drapeau Le décret de 1906 y autorise l'usage des armes provinciales. Le 24 mars 1964, la province adopte par une loi un modèle représentant les armes et orné d'une bordure rouge et blanc. Les proportions sont de 6 pi (183 cm) de long sur 4 pi (122 cm) de large, y compris la bordure de 3 po (7,6 cm) de large. Les bandes alternantes de la bordure ont chacune 10 po (25 cm) de long.

Manitoba

Armoiries Elles ont été assignées par le roi Édouard VII, le 10 mai 1905. Augmentées d'un timbre, de supports et d'une devise par mandat vice-royal du gouverneur général Ramon John Hnatyshyn, le 23 octobre 1992. Armes: de sinople à un bison arrêté sur un roc, le tout au naturel, au chef d'argent chargé de la croix de Saint-Georges. Heaume: d'or taré de trois quarts. Lambrequins: de gueules doublés d'argent. Torque: d'argent et de gueules. Supports: à dextre, une licorne d'argent cornée, crinée et onglée d'or, colletée d'une couronne murale de sinople maçonnée d'argent encerclée de feuilles d'érable du même et arborant comme pendentif une rose de charrette de la rivière Rouge de sinople; à senestre, un cheval d'argent criné, caudé et ancorné d'or, colleté d'un collier de perles des Indiens des Plaines au naturel arborant comme pendentif le médaillon des cycles de la vie de sinople, les supports debout sur un monticule orné de sept anémones pulsatilles tigées au naturel, accostées à dextre d'un champ de blé d'or et à senestre d'une forêt d'épinettes blanches (*Picea glauca*) au naturel, le tout soutenu d'un burelé-ondé d'argent et d'azur.

Drapeau Le Red Ensign, avec l'écu des armes provinciales au battant, a reçu la sanction royale le 11 mai 1965 et a été proclamé le 12 mai 1966. Les proportions sont de deux de longueur sur un de largeur.

Nouveau-Brunswick

Armoiries Elles ont assignées par décret de la reine Victoria, le 26 mai 1868. Le cimier, les supports et la devise ont été assignés par décret de la reine Élisabeth II le 15 juillet 1984. Enregistrés par l'Autorité héraldique du Canada, le 5 avril 1989. Armes: d'or, à une galère antique munie de rames voguant sur un burelé-ondé d'azur et d'argent, au chef de gueules chargé d'un léopard d'or. Heaume: d'or taré de trois quarts. Lambrequins: de gueules doublés d'or. Cimier: un saumon de l'Atlantique (*Salmo salar*) soutenant sur son dos la couronne royale, le

tout au naturel et soutenu d'un burelé-ondé d'azur et d'argent mouvant d'une couronne érablée d'or. Supports: deux cerfs de Virginie (*Odocoileus virginianus*) colletés chacun d'un collier de wampoum au naturel d'où pend un écusson, celui de dextre portant l'insigne de l'Union, celui de senestre, les armes de France modernes qui sont d'azur à trois fleurs de lys d'or, les supports debout sur un monticule herbeux où croissent l'emblème floral de la province du Nouveau-Brunswick, la violette cucullée (*Viola cuculate*) et des pousses de fougère (*Matteuccia struthiopteris*), le tout au naturel. Devise: *Spem reduxit* (L'espoir renaît).

Drapeau Le décret royal de 1868 y autorise l'usage des armes. La province s'est prévalue de cette autorisation par proclamation le 24 février 1963. Les proportions sont de quatre de longueur sur deux et demie de largeur. La bande rouge ornée du léopard occupe un tiers de la surface.

Nouvelle-Écosse

Armoiries Elles ont été assignées une première fois par le roi Charles Ier vers 1626, puis rétablies par décret du roi George V, le 19 janvier 1929, remplaçant des armoiries assignées le 26 mai 1868 par la reine Victoria. Armes: d'argent à une croix de Saint-André d'azur à un écusson aux armes d'Écosse sur le tout. Heaume: d'or posé de front. Lambrequins: d'azur doublés d'argent. Torque: d'argent et d'azur. Cimier: une branche de laurier et un chardon mouvants d'une foi composée à dextre d'une main armée et à senestre d'une main nue. Supports: à dextre, une licorne d'argent cornée, crinée et onglée d'or, ceinte de la couronne royale au naturel et colletée d'une couronne rehaussée de croix pattées et de fleurs de lys, munie d'une chaîne passant entre ses pattes de devant et par-dessus son dos, le tout d'or; à senestre, un Sauvage tenant une flèche en sa main gauche, le tout au naturel. Devise: *Munit hæc et altera vincit* (L'une défend, l'autre conquiert).

Drapeau Le décret royal de 1929 y autorise l'usage des armes. Il est de forme rectangulaire. C'est le plus ancien drapeau au Canada.

Ontario

Armoiries Les armes ont été assignées par la reine Victoria, le 26 mai 1868; le cimier, les supports et la devise ont été assignés par le roi Édouard VII le 27 février 1909. Armes: de sinople à trois feuilles d'érable sur une tige d'or, au chef d'argent chargé de la croix de Saint-Georges. Torque: d'or et de sinople. Cimier: un ours passant de sable. Supports: à dextre, un orignal; et à senestre, un cerf du Canada, le tout au naturel. Devise: *Ut incepit fidelis sic permanet* (Fidèle elle a commencé, fidèle elle demeure).

Drapeau Le Red Ensign, avec l'écu des armes provinciales au battant, a reçu la sanction royale à titre de drapeau provincial le 14 avril 1965 et a été proclamé le 21 mai. Les proportions sont de deux de longueur sur un de largeur.

Québec

Armoiries Elles ont été assignées par décret du Conseil des ministres provincial, le 9 décembre 1939. Les armes ressemblent à celles qui ont été accordées par la reine Victoria en 1868, sauf que le chef porte trois fleurs de lys d'or sur champ bleu plutôt que deux fleurs de lys bleues sur champ d'or. Le même décret a approuvé l'usage de la couronne royale au-dessus de l'écu. La devise, adoptée en 1883, a été suggérée par Eugène Taché, architecte de l'Hôtel du Parlement. Les armes sont tiercées en fasce: d'azur, à trois fleurs de lys d'or, de gueules, à un léopard d'or armé et lampassé d'azur, d'or, à un rameau d'érable à sucre à trois feuilles, le tout de sinople. Devise: *Je me souviens*, en lettres d'azur, dans un listel d'argent bordé d'azur.

Drapeau Adopté le 21 janvier 1948 par décret et par une loi sanctionnée le 9 mars 1950, le fleurdelisé est ainsi décrit: «D'azur à une croix cantonnée de quatre fleurs de lys blanches.» Les proportions sont de six de longueur sur quatre de largeur, la croix ayant une unité de largeur.

Saskatchewan

Armoiries Elles ont été assignées par le roi Édouard VII, le 25 août 1906; le cimier, les supports et la devise ont été assignés par la reine Élisabeth II, le 16 septembre 1986. Armes: de sinople à trois gerbes de blé d'or posées en fasce, au chef d'or chargé d'un léopard de gueules armé et lampassé d'azur. Heaume: d'or taré de trois quarts. Lambrequins: d'argent doublés de gueules. Torque: d'argent et de gueules. Cimier: un castor assis soutenant sur son dos la couronne royale et tenant dans ses griffes de devant un lys rouge orangé (*Lilium philadelphicum andinum*) tigé, le tout au naturel. Supports: à dextre, un lion d'or portant un collier de wampoum des Indiens des Prairies au naturel, d'où pend une étoile à six rais bordée et garnie d'or chargée d'une feuille d'érable de gueules; à sénestre, un cerf de Virginie (*Odocoileus virginianus*) au naturel, portant le même collier et le même pendentif chargé d'un lys rouge orangé tigé et feuillé, le tout au naturel. Devise: *Multis e gentibus vires* (Nos peuples, notre force).

Drapeau Adopté par une loi provinciale le 31 mars 1969 qui est proclamée le 22 septembre 1969. Il est divisé horizontalement, le segment supérieur étant vert, et le segment inférieur, jaune. Les armes provinciales figurent sur le segment vert au guindant; au battant figure l'emblème floral chevauchant les deux couleurs.

Terre-Neuve

Armoiries Elles ont été assignées par lettres patentes du roi Charles Iᵉʳ, le 1ᵉʳ janvier 1637. Armes: de gueules à une croix d'argent cantonnée au premier et au quatrième, d'un léopard d'or ceint de la couronne royale du même, au deuxième et au troisième, d'une licorne passante d'argent cornée, crinée, onglée et colletée d'une couronne munie d'une chaîne passant entre ses pattes de devant et par-dessus son dos, le tout d'or. Torque: d'or et de gueules. Cimier: un élan passant au naturel. Tenants: deux Sauvages du pays armés et portant leur costume de guerre. Devise: *Quaerite prime regnum Dei* (Cherchez d'abord le royaume de Dieu).

Drapeau Adopté par une loi de l'Assemblée législative, sanctionnée le 28 mai 1980. Le drapeau est blanc. Au guindant, quatre triangles rectangles bleus, séparés par le champ, sont disposés en paires et forment des rectangles horizontaux. Au battant, une flèche d'or bordée de rouge, entre deux triangles rectangles rouges complètement vides au centre, pointe dans la direction opposée à la hampe.

Territoires du Nord-Ouest

Armoiries Elles ont été autorisées par la reine Élisabeth II, le 24 février 1956. Armes: tranché-ondé de gueules à un rencontre de renard arctique d'argent sur sinople à pointe d'or, au chef denché d'argent, chargé d'une burèle ondée d'azur. Torque: d'argent et de gueules. Cimier: une rose des vents d'argent accostée de deux narvals adossés d'or.

Drapeau Adopté par le conseil territorial en janvier 1969, il est divisé verticalement dans les proportions de un bleu au guindant, de deux blancs au centre et de un bleu au battant. La bande blanche porte en son centre l'écu des armes territoriales.

Yukon

Armoiries Elles ont été autorisées par la reine Élisabeth II, le 24 février 1956. Armes: d'azur à une vergette ondée d'argent chargée d'un filet ondé d'azur, et mouvante d'entre deux pointes accostées de gueules, lisérées d'argent et chargées chacune de deux besants d'or un sur l'autre; au chef d'argent chargé d'une croix de gueules et d'un tourteau de vair brochant. Torque: d'or et de gueules. Cimiere: un husky arrêté au naturel sur un monticule d'argent.

Drapeau Adopté par le conseil territorial en 1967, il est divisé verticalement en trois parties d'égales largeurs: vert au guindant, blanc au centre et au battant. Sur le champ blanc, les armes sont entourées de l'emblème floral du territoire, l'épilobe.

Auguste Vachon

Emerson, John Norman, professeur et archéologue (Toronto, 13 mars 1917—*id.* 18 nov. 1978). Spécialiste des civilisations huronne et iroquoise, Emerson est le premier à instituer un programme de formation continue à l'intention des archéologues au Canada. Diplômé de l'U. de Chicago et de l'U. de Toronto, il dirige pendant 30 ans les études archéologiques à l'U. de Toronto. Emerson est un homme de science socialement engagé et un professeur très humain. Il croit fermement en «l'apprentissage par l'expérience». Menées sur plus de 50 sites, ses fouilles prodigieuses ont permis à de nombreux étudiants, de même qu'au grand public, de découvrir l'archéologie ontarienne. Fondateur de l'Ontario Archeological Society, il contribue, en 1968, à la création de l'Association canadienne d'archéologie.

W.C. Noble

Emery, John, bobeur (Montréal, 4 janv. 1932). Gagné par l'enthousiasme contagieux de son frère, Vic EMERY, pour le BOBSLEIGH, John fait équipe avec lui, Doug Anakin et Peter Kirby. Ensemble, ils remportent une médaille d'or lors des Jeux olympiques d'Innsbruck dans un sport que peu de Canadiens osent pratiquer à cause de son coût élevé et du manque d'installations adéquates pour s'entraîner.

Bob Ferguson

Emery, Victor, «Vic», bobeur (Montréal, 28 juin 1933). La voile et le ski sont ses sports préférés, mais Emery se passionne pour le BOBSLEIGH et la luge en voyant les Jeux olympiques de Cortina d'Ampezzo en 1956. Il forme une équipe, dont fait partie son frère John EMERY, et remporte des médailles d'or aux Jeux olympiques d'Innsbruck de 1964 et lors des championnats mondiaux de 1965.

Bob Ferguson

Émeute Selon l'article 64 du Code criminel, une «émeute» est un «attroupement illégal» qui a commencé à troubler la paix «tumultueusement». Le terme «tumultueusement» a été interprété de manière à impliquer un certain élément de force ou de violence manifestée par des menaces. Il y a «attroupement illégal» lorsqu'il y a réunion de trois individus ou plus qui, dans l'intention d'atteindre un but commun, s'assemblent ou, une fois réunis, se conduisent de manière à faire craindre, pour des motifs raisonnables, à des personnes se trouvant dans le voisinage de l'attroupement, soit qu'ils troublent la paix tumultueusement, soit que, par cet attroupement, ils provoquent inutilement et sans cause raisonnable d'autres personnes à troubler tumultueusement la paix. Quiconque participe à un attroupement illégal est coupable d'une infraction punissable sur déclaration de culpabilité par procédure sommaire. Quiconque prend part à une émeute est coupable d'un acte criminel et passible d'un emprisonnement maximal de deux ans.

Par application de l'article 67 du Code criminel, lorsque 12 émeutiers ou plus sont réunis, un juge de paix, un maire, le shérif ou tout autre fonctionnaire désigné est autorisé à leur ordonner de se disperser au nom de la Reine. En termes populaires, on parle de la «lecture de la proclamation» (ou lecture du *Riot Act*). Le *Riot Act*, qui comportait à l'origine des dispositions en tout point semblables à l'article 67, a été adopté en 1714 en Angleterre au cours de la rébellion des Jacobites. Cette proclamation est utilisée de nombreuses fois dans l'histoire du Canada, p. ex., à Montréal, en 1832, lorsqu'une émeute est déclenchée au cours d'une élection partielle, et à Winnipeg, en 1919, pendant la GRÈVE GÉNÉRALE DE WINNIPEG.

Pour de nombreux spécialistes des sciences sociales, la violence collective du genre, appelée «émeute» (ou «insurrection»), doit être comprise comme un acte de résistance collective à l'autorité établie et à l'injustice perçue (p. ex., les ÉMEUTES DE MONTRÉAL de 1849 au cours desquelles des Loyalistes outragés attaquent lord Elgin et mettent le feu au Parlement), mais d'autres font valoir que la notion d'«émeute» ne constitue pas une notion légitime, mais une notion idéologique utilisée par ceux qui sont au pouvoir pour dénigrer les opposants à leur autorité.

Sur le plan juridique, le terme «émeute» revêt un sens beaucoup plus large et n'est pas nécessairement lié à la notion de résistance à l'autorité ou à l'injustice perçue. Même si l'on utilise souvent ce terme pour décrire le comportement de gens qui entendent recourir à la violence collective pour réaliser quelque dessein illégal, il s'applique aussi aux défilés publics, aux fêtes et aux manifestations bruyantes qui répondent aux critères de l'«attroupement illégal» et qui troublent la paix tumultueusement.

C.D. Shearing et Wayne Renke

Émeutes de Montréal Elles culminent dans l'incendie du Parlement le 25 avril 1849 après être survenues au cours d'une grave crise économique et politique dans la province du Canada. Les Réformistes avaient formé le gouvernement en 1848. Les Loyalistes, largement anglophones et partisans de l'autorité britannique et des liens économiques avec la Grande-Bretagne, qui se retrouvent relégués à l'opposition, se sentent alors menacés par l'influence des Canadiens français au gouvernement. Le ressentiment est particulièrement vif dans la capitale, Montréal, où la population est mi-francophone mi-anglophone.

En février et mars 1849, quand le gouvernement Lafontaine-Baldwin (*voir* LAFONTAINE, SIR LOUIS-HIPPOLYTE) vote le BILL DES INDEMNITÉS, l'opposition dénonce violemment la loi. Le 25 avril, à l'instigation des Loyalistes, une foule de protestataires s'oppose à la sanction de la loi par le gouverneur général, lord ELGIN, lançant des pierres et des œufs pourris sur son carrosse. Le soir, la manifestation tourne à l'émeute: la foule envahit le Parlement et met le feu à l'édifice. L'émeute implique des milliers de personnes, dure deux jours et comporte des attaques aux propriétés de plusieurs chefs réformistes, y compris LaFontaine et HINCKS. Mais la ratification de la décision de la majorité du Parlement par lord Elgin – une reconnaissance de fait du GOUVERNEMENT RESPONSABLE – a l'appui de la majorité de la population ainsi que du gouvernement britannique. Moins d'un mois après les émeutes, cependant, on décide que Montréal, considérée comme trop sujette à des tensions ethniques, ne sera plus le siège du gouvernement.

Jean-Paul Bernard

Émeutes de Regina (*voir* MARCHE SUR OTTAWA)

Émeutes du jour de la Victoire Survenues les 7 et 8 mai 1945 à Halifax et Dartmouth, en Nouvelle-Écosse, elles commencent par une célébration mal organisée de la victoire des Alliés, à la fin de la SECONDE GUERRE MONDIALE. Ces festivités dégénèrent rapidement. Plusieurs milliers de militaires (surtout des forces navales), de marins et civils ivres se livrent au vandalisme et au pillage au cœur de Halifax. La ville de Dartmouth est moins touchée. Une enquête fédérale subséquente rejettera commodément le blâme sur le laxisme des autorités navales. Ce dérapage s'explique en fait par la confusion bureaucratique, le manque de policiers et l'antipathie entre civils et militaires, attisée par la présence de 25 000 militaires qui ont épuisé les ressources de temps de guerre de Halifax.

Lois Kernaghan

Émigration On entend par «émigration» l'action de quitter sa région ou son pays pour aller s'établir dans un autre pays. Dans les pays démocratiques comme le Canada, où l'émigration n'est soumise à aucune restriction et où les émigrants ne sont pas tenus d'aviser les autorités gouvernementales de leur départ, il est difficile d'évaluer le volume de l'émigration et son incidence sur la croissance et la structure de la population. Toutefois, on a vraiment essayé d'estimer le nombre annuel de départs à l'aide de diverses méthodes indirectes. Bien que les estimations du nombre de départs varient dans une certaine mesure, elles correspondent aux chiffres portant sur le solde migratoire, soit la différence entre l'IMMIGRATION et l'émigration. Au Canada, cette différence est le plus souvent positive, c.-à-d. qu'il y a plus d'arrivées que de départs. De plus, toutes les estimations coïncident en ce qui a trait aux périodes de solde migratoire négatif.

Pour bien comprendre les tendances de l'émigration, il convient de diviser l'histoire en quatre périodes: 1861-1895, 1896-1913, 1914-1945 et de 1946 à nos jours.

Première période, 1861-1895 Cette période est marquée par un solde migratoire négatif. Pendant ces années, l'économie canadienne est dans un état de crise générale, et l'absence de débouchés entrave la mobilité sociale. Par contre, aux États-Unis, l'expansion économique et la prospérité exercent un attrait puissant sur les nouveaux immigrants déçus du Canada et sur les Canadiens sans emploi.

Deuxième période, 1896-1913 Au cours de cette époque, la société canadienne se présente sous un tout autre aspect. Son économie est florissante, offre une foule d'occasions de promotion économique et sociale et procure à la population un gage de sécurité. L'émigration vers les États-Unis n'est plus la seule façon de gravir les échelons de la société. Elle se poursuit, mais son incidence démographique n'est plus négative, en raison d'un afflux d'immigrants sans précédent. D'ailleurs, les nombres records d'immigrants enregistrés au cours de cette période, soit de 300 000 à 400 000 en 1912-1913, sont encore inégalés.

Troisième période, 1914-1945 En 1914, le début de la Première Guerre mondiale met fin abruptement à la vague d'immigration. Par la suite, l'émigration comme l'immigration connaissent une baisse constante. Comme la crise économique précédente, la Grande dépression des années 30 occasionne plus de départs que d'arrivées. L'immigration atteint son niveau le plus bas, tandis que l'exode vers le Sud se maintient avec constance, ce qui produit encore une fois un solde migratoire négatif.

Quatrième période, de 1946 à nos jours Elle est aussi caractérisée par une forte immigration. Bien que le niveau d'émigration ait augmenté depuis 1946, avec quelques fluctuations, le solde migratoire positif est un élément clé de la croissance démographique du pays. Pour bien comprendre la composition du flot d'émigrants canadiens vers les États-Unis, il est utile de faire la distinction entre les émigrants selon leur lieu de naissance. En effet, une grande proportion d'entre eux (27 p. 100 dans les années 50, 31 p. 100 dans les années 60 et 35 p. 100 dans les années 70) sont nés à l'étranger et ont immigré au Canada, l'utilisant en fait comme un tremplin vers les États-Unis. Ce pourcentage a diminué dans les années 80, atteignant les 30 p. 100. Si l'on tient compte de la destination de tous les émigrants, le pourcentage des citoyens nés à l'étranger au sein du flux d'émigrants est beaucoup plus considérable, s'élevant à 80 p. 100 pour la période s'étendant de 1851 à 1951. Toutefois, au cours de la quatrième période, il accuse une baisse. De 1961 à 1971, il se situe aux environs de 50 p. 100. Depuis 1971, selon diverses estimations, il se chiffre entre 30 et 60 p. 100.

La plupart des gens qui émigrent au Canada finissent par retourner dans leur pays d'origine. La proportion des retours est la plus élevée chez les natifs des États-Unis (entre 50 et 70 p. 100 de 1950 à 1971) et la plus basse chez les natifs de l'Asie (entre 1 et 17 p. 100). Les données correspondant aux émigrants qui retournent en Grande-Bretagne, en Europe et en Amérique latine sont respectivement de 30 à 40 p. 100, de 19 à 32 p. 100 et de 5 à 12 p. 100. Les valeurs relatives aux émigrants d'Afrique sont trop faibles pour être notées. Depuis 1951, bien que le nombre d'émigrants ait diminué, les diverses estimations indiquent que, entre 1961 et 1971, il y a environ 50 émigrants ou plus par tranche de 100 immigrants; les chiffres correspondants pour la période postérieure à 1971 se situent entre 30 et 60 p. 100.

En chiffres absolus, le nombre annuel de départs du Canada au cours des 95 dernières années varie de 24 100 à autant que 108 900. On observe le plus petit nombre de départs pendant la grande Crise, de 1931 à 1941, et le plus grand entre 1911 et 1920. Après 1946, le nombre de départs augmente graduellement, passant de 37 900 à 108 462 en 1967. Par la suite, la tendance est inverse jusqu'en 1990, où ce chiffre atteint 37 587. Cette baisse constante survenue après 1967 pourrait être attribuable à la mise en place, en 1968, d'une nouvelle loi aux États-Unis limitant l'immigration et à la prospérité relative du Canada, entre autres facteurs.

De 1991 à 1995, le nombre de départs du Canada grimpe de 37 587 à une moyenne de plus de 44 000. Cette hausse est tributaire, en partie, de la hausse des niveaux d'immigration et de l'augmentation du nombre d'immigrants canadiens qui retournent dans leur pays d'origine en raison d'une intégration sociale insatisfaisante, surtout chez les personnes âgées appartenant à des minorités visibles. On pourrait aussi avancer que l'accord de LIBRE-ÉCHANGE entre le Canada et les États-Unis a peut-être entraîné une émigration temporaire vers les États-Unis, surtout chez les professionnels. C'est aussi pendant cette période que Hong-Kong a connu un exode de ses habitants vers le Canada à cause de l'incertitude entourant la rétrocession de la colonie britannique à la souveraineté chinoise en 1997. Toutefois, de nombreux nouveaux immigrants au Canada se trouvent aux prises avec la stagnation économique, et des obstacles structurels qui discréditent leurs compétences et ne tiennent pas compte de leur expérience professionnelle. Par conséquent, ils sont réduits au chômage et au sous-emploi. En revanche, à Hong-Kong, en raison du manque de main-d'œuvre, les travailleurs jouissent de la sécurité d'emploi et d'une excellente rémunération. C'est pourquoi bon nombre d'immigrants retournent à Hong-Kong pour y travailler, laissant leur famille au Canada.

Shiva S. Halli

Émissions éducatives La diffusion d'émissions éducatives fait référence à la PROGRAMMATION TÉLÉVISUELLE et à la PROGRAMMATION RADIOPHONIQUE qui englobent des cours ou qui sont axées sur les études. Le terme «pédagogique» s'applique parfois aussi à d'autres émissions particulièrement instructives, informatives ou stimulantes sur le plan intellectuel. On peut regarder ou écouter des émissions éducatives à la maison ou dans un établissement d'enseignement. On emploie souvent le terme «enseignement à distance» pour désigner l'apprentissage par soi-même à domicile. Au Canada, la programmation éducative à la radio a une histoire intéressante qui remonte à la fin des années 20. L'U. de l'Alberta est probablement le premier établissement d'enseignement à obtenir un permis de radiodiffuseur au Canada (CKUA, en 1927).

Traditionnellement, l'organisme le plus actif dans la production et la diffusion d'émissions de radio éducatives est la SOCIÉTÉ RADIO-CANADA (SRC), dont les activités commencent en 1936. La SRC a acquis une renommée internationale pour ses émissions destinées aux enfants d'âge préscolaire et scolaire, ainsi que pour son émission TRIBUNE RADIOPHONIQUE AGRICOLE (1941-1953). Cette émission abordait les questions primordiales et les sujets d'intérêt propres aux communautés rurales. Le concept de «tribune agricole», repris abondamment par des pays en développement à partir des années 50, constitue un excellent moyen d'informer les populations rurales isolées au sujet des dernières nouveautés dans le domaine de l'agriculture et de les encourager à échanger de l'information et des idées. Au moment de l'apparition de la télévision au Canada dans les années 50, la SRC ne peut produire d'émissions éducatives plus coûteuses et de même envergure que celles qu'elle produit à la radio. En outre, le fait que la SRC est une société de la Couronne fédérale alors que l'éducation relève des provinces, complique sa position comme diffuseur national d'émissions éducatives.

Dans les années 60, certaines provinces réclament les moyens de produire leurs propres émissions de télévision éducative. En 1969, un accord est conclu entre les provinces et le gouvernement fédéral qui permet à une province de fonder une société ayant pour objectif particulier l'éducation dans la province et détenant les permis de diffusion émis par le Conseil de la radiodiffusion et des télécommunications canadiennes (CRTC). Au début, chaque diffuseur provincial dépend entièrement des fonds alloués par la législature provinciale. Toutefois, ils dépendent tous maintenant, au moins en partie, des dons du public ou des commandites des sociétés. Certains recherchent aussi des revenus de publicité pour compléter leur financement.

Les diffuseurs provinciaux d'émissions éducatives établis sont: Radio-Québec, en 1969; l'Office de la télécommunication éducative de l'Ontario (TVOntario et la chaîne française), en 1970; l'Alberta Education Communications Corporation (ACCESS), en 1973; et le BC's Knowledge Network of the West Communications Authority (KNOW), en 1980. En 1995, les installations de télédiffusion d'ACCESS sont vendues à une société privée et CKUA est réorganisée en station de radio à but non lucratif.

Les diffuseurs d'émissions éducatives utilisent tous des technologies de communication variées pour diffuser leurs émissions. La transmission aérienne, la câblodistribution et la distribution par satellite sont les technologies les plus courantes. Dans les années 80, les provinces entament des discussions au sujet du développement d'un réseau de télévision éducative d'envergure nationale qui utiliserait les ressources des diffuseurs existants et les contributions des autres provinces pour le financement et les programmes. Toutefois, les compressions des années 90 dans le financement des gouvernements provinciaux ont rendu plus vraisemblable le développement d'un réseau de télévision éducative par des sociétés privées.

Jean McNulty

Emma Lake Artists' Workshops, The Au cours de l'hiver de 1954-1955, les artistes de Regina, Arthur McKay et Kenneth LOCHHEAD, lancent l'idée d'organiser un atelier d'été pour les artistes professionnels dans un lieu isolé appelé Emma Lake, dans le nord de la Saskatchewan. Les deux artistes, qui seront reconnus plus tard à l'échelle nationale en tant que membres du groupe de peintres REGINA FIVE, voient l'atelier comme un moyen de briser l'isolement qu'ils ressentent comme artistes à Regina, où ils enseignent à la School of Art.

Ils considèrent qu'en réunissant des critiques et des artistes importants de l'extérieur, ils peuvent établir un contact plus étroit avec le monde artistique en général et, de cette façon, enrichir leur propre art. Le premier atelier d'Emma Lake a lieu en août 1955 sous les auspices de la School of Art et grâce à une subvention de 450 dollars du Saskatchewan Arts Board. Les ateliers suivants sont patronnés par le College of Art (devenu plus tard l'UNIVERSITÉ DE REGINA) jusqu'en 1975, alors que la responsabilité des ateliers d'été annuels passe à l'U. de la Saskatchewan, à Saskatoon. Un dernier atelier annuel a lieu en 1995.

Quelque 80 artistes et critiques ont animé les ateliers au cours des quatre décennies de leur existence, à commencer par l'artiste de Vancouver, Jack SHADBOLT, lors de la session inaugurale. Kenneth Noland (1963), Jules Olitski (1964) et Anthony Caro

(1977) sont au nombre des animateurs les plus remarquables des ateliers, mais les plus célèbres sont bien sûr Barnett Newman (1959) et Clement GREENBERG (1962). C'est sans doute leur association avec l'art moderniste américain de l'après-guerre qui les a amenés à conférer une orientation moderniste aux ateliers d'Emma Lake. Le fait que l'art moderniste ait été confiné aux Prairies n'a pas nécessairement résulté de l'influence d'Emma Lake et de ses animateurs; la géographie, de même que l'esprit de coopération qui caractérise les Prairies, particulièrement le milieu artistique de Saskatoon, y ont certainement été pour quelque chose.

On considère que les ateliers sont directement responsables de l'attention portée par la critique aux travaux d'artistes des Prairies comme Dorothy KNOWLES, William PEREHUDOFF, Douglas BENTHAM et Robert Christie, et à des groupes artistiques comme le Regina Five et le Western Canadian Landscape Movement, mais leur influence s'est étendue bien au-delà de la scène régionale. En veillant à favoriser un cadre de travail intense où les animateurs travaillent aux côtés des autres participants plutôt que d'agir simplement comme des professeurs dans le sens traditionnel des écoles d'art, le Emma Lake Artists' Workshop est devenu un modèle pour de nombreux autres ateliers. C'est le cas du Triangle Artists Workshop du nord de l'État de New York et de Barcelone, en Espagne, de même que du Hardingham Sculpture Workshop de Hardingham, en Angleterre.

Russell Bingham

Emmerson, Henry Robert, avocat, homme d'affaires et premier ministre du Nouveau-Brunswick (Maugerville, N.-B., 25 sept. 1853—Dorchester, N.-B., 9 juill. 1914). Emmerson est député à l'Assemblée législative de 1880 à 1890 et conseiller législatif de 1891 à 1892. Il est de nouveau député de 1892 à 1900, tout en occupant le poste de commissaire des travaux publics. Il est premier ministre du Nouveau-Brunswick de 1897 à 1900 et occupe le poste de procureur général. Élu député à la Chambre des communes en 1900, il est nommé ministre des Chemins de fer et des Canaux, au sein du Cabinet de sir Wilfrid LAURIER, de 1904 à 1907. À ce titre, il joue un rôle important dans la construction de gares de chemins de fer, de quais et de canaux. Obligé de démissionner à la suite d'un scandale dans sa vie privée, il continue de siéger à la Chambre des communes jusqu'à son décès.

Arthur T. Doyle

Empire Day Jour férié observé chaque année le dernier jour ouvrable précédant le 24 mai, en l'honneur de l'anniversaire de la reine Victoria. Il a été le rite patriotique le plus important pour les enfants canadiens anglophones au cours des 50 années qui ont suivi sa première célébration, le 23 mai 1899. L'idée est de Clementina Fessenden, à Hamilton, et a été répandue dans tout le pays par George Ross, alors ministre de l'Éducation de l'Ontario. Les célébrations de l'Empire Day évoquent l'IMPÉRIALISME, le militarisme et l'assimilation des immigrants. Elles perdent leur popularité dans les années 30 et la retrouvent durant la Seconde Guerre mondiale. Plus tard, différentes provinces renommeront cette fête Jour du Commonwealth ou Jour de la citoyenneté. (*Voir aussi* JOUR DE VICTORIA.)

Robert M. Stamp

Emploi et le revenu, livre blanc sur l' Déposé en 1945, le livre blanc sur l'emploi et le revenu formule les politiques fiscales et économiques du gouvernement canadien pour la période qui suit immédiatement la guerre. Présenté au Parlement par le ministre de la Reconstruction, l'honorable C.D. HOWE, il énonce l'intention du gouvernement d'adopter des politiques économiques keynésiennes pour maintenir un niveau élevé d'emploi et de revenu. Le document suggère des budgets déficitaires et une augmentation de la dette nationale lorsque le chômage se fait menaçant, mais des excédents en période de prospé-

rité pour compenser. Le livre blanc a amené des changements d'orientation et a précédé la plus grande période de prospérité de l'histoire du Canada. Il a contribué également à définir l'ambiance des relations fédérales-provinciales pendant les 15 années suivantes.

C.E.S. Franks

Empress of Ireland Paquebot transatlantique du Canadien Pacifique qui a sombré dans le Saint-Laurent près de Rimouski, au Québec, le 29 mai 1914. Heurté dans un épais brouillard par le *Storstad*, un charbonnier norvégien, il coule en seulement 14 minutes. Mille quatorze passagers et membres de l'équipage sombrent, et 465 personnes réussissent à quitter le navire. Les corps retrouvés sont réunis dans le village de Sainte-Luce et enterrés près de Métissur-Mer, où se dresse un monument commémoratif. Plus tard, le capitaine Anderson du *Storstad* sera tenu responsable de ce DÉSASTRE.

James Marsh

Emprunts de la Victoire Contractés par le gouvernement canadien, ils visaient à récolter de l'argent pour financer les dépenses durant les deux guerres mondiales. Le premier emprunt du genre au pays date de novembre 1915, mais c'est seulement lors de la quatrième campagne de souscription, en novembre 1917, qu'apparaît l'expression «emprunt de la Victoire». Le premier emprunt de la Victoire, totalisant 150 millions de dollars, sous forme d'obligations payables en or (certaines atteignant à peine 50 dollars), à un taux de 5,5 p. 100, étalées sur 5, 10 et 20 ans, dépasse rapidement les attentes et permet de recueillir 398 millions de dollars, soit environ 50 dollars par habitant. Les deuxième et troisième emprunts de la Victoire, lancés en 1918 et 1919, rapportent encore 1338 millions de dollars. Durant la Seconde Guerre mondiale, comme le deuxième emprunt en 1940 trouve difficilement preneurs, on recourt de nouveau à la panoplie d'affiches colorées, aux appels au sens patriotique et aux moyens de vente considérables employés pour les emprunts de la Victoire pendant la Première Guerre mondiale. Du 15 juin 1941 au 1er novembre 1945, on lance successivement neuf emprunts de la Victoire qui rapportent près de 12 milliards de dollars, dont 52 p. 100 sont achetés par des entreprises, le reste des obligations étant acquises par des particuliers.

Norman Hillmer

Encyclopédie Ouvrage écrit comptant de nombreux articles, classés généralement par ordre alphabétique, et visant à couvrir tous les domaines du savoir ou tous les aspects d'un sujet donné. Le mot vient du latin tardif, qui renvoie à la déformation d'une expression grecque signifiant «instruction embrassant tout le cycle du savoir». Dans les temps anciens, plusieurs tentatives furent faites pour regrouper tout le savoir en un seul ouvrage. La première encyclopédie moderne, englobant une vaste gamme de sujets et comportant un système complexe de renvois, est la *Cyclopaedia* (Londres, 1728), écrite par Ephraim Chambers. *L'Encyclopédie*, sous la direction de Denis Diderot (Paris, vol. 1, 1751), marque l'apogée de l'excellence littéraire et d'influence sociale de ce type d'ouvrage. L'*Encyclopaedia Britannica*, la plus renommée des encyclopédies de langue anglaise, paraît d'abord en 3 volumes en 1768; en 1910-1911, la 11e édition de l'ouvrage savant atteint 29 volumes.

Les premiers efforts visant à produire un ouvrage encyclopédique consacré au Canada aboutissent à *Canada: An Encyclopaedia of the Country* (Toronto, 1898-1900, 6 vol.), publié sous la direction de J. Castell HOPKINS. *The Encyclopedia of Canada* (Toronto, 1935-1937, 6 vol.), publiée sous la direction de W.S. WALLACE, est plus détaillée, suit l'ordre alphabétique et offre de nombreuses biographies et descriptions de lieux. Un volume supplémentaire sur Terre-Neuve, colligé par Robert Blackburn, est publié en 1949. L'encyclopédie est alors vendue à la maison d'édition américaine Grolier Society et sert

de base à l'*Encyclopedia Canadiana* (Toronto, 1957, 10 vol.), publiée sous la direction de John ROBBINS. *The Canadian Encyclopedia* (Edmonton, 1985, 3 vol.; rév. 1988), publiée en traduction française sous le titre *L'encyclopédie du Canada* (Montréal, 1987), est un ouvrage tout nouveau, qui se distingue par son grand nombre de collaborateurs et de conseillers (plus de 3000). Hurtig Publishers publie aussi *The Junior Encyclopedia of Canada* (1989) à l'intention des jeunes. James Marsh est le rédacteur en chef des deux encyclopédies.

Plusieurs ouvrages de nature encyclopédique sur des aspects du Canada ont vu le jour. L'*Index and Dictionary of Canadian History* (1911) est colligé par sir Arthur Doughty et L.J. Burpee pour accompagner la collection *Makers of Canada*, tandis que *Canada and Its Provinces* (1913-1917, 23 vol.) est publié sous la direction de Doughty et d'Adam SHORTT. Norah Story publie en 1967 *The Oxford Companion to Canadian History and Literature*, auquel vient s'ajouter en 1970 un supplément écrit par William Toye. Un nouvel ouvrage, *Oxford Companion to Canadian Literature*, est publié en 1983 sous la direction de Toye. L'exhaustive ENCYCLOPÉDIE DE LA MUSIQUE AU CANADA (*Encyclopedia of Music in Canada*) est publiée en anglais en 1981 (rév. 1992) et en français en 1983 (rév. 1993).

L'avènement de l'informatique transforme complètement la façon de publier les encyclopédies et redonne vie au genre. Les encyclopédies Grolier, Compton, Britannica, Larousse, Encarta (anciennement Funk and Wagnalls) et bien d'autres sont désormais offertes sous forme de disque optique compact ou en direct. Les instruments de recherche des versions électroniques donnent un accès presque instantané aux vastes mines de renseignements que ces encyclopédies contiennent.

L'intégration de l'accès direct promet de régler le cauchemar habituel que présentent les ouvrages de référence: la mise à jour. L'insertion de sons, de musique et de séquences vidéo ajoute à l'effet visuel. L'énorme capacité du disque optique compact permet aux éditeurs d'inclure avec l'encyclopédie une masse de dictionnaires, de thésaurus et d'autres ouvrages de référence; la programmation informatique favorise l'intégration de ces ouvrages de diverses façons qui n'avaient encore jamais été vues auparavant. À vrai dire, les encyclopédies sont jusqu'ici les formes de multimédia qui ont connu le plus de succès. La première version de la *Canadian Encyclopedia Plus* est parue sur disque optique compact en septembre 1995. D'autres versions mises à jour ont suivi.

James Marsh

Encyclopédie de la musique au Canada Publiée sous la direction de Helmut KALLMANN, Gilles POTVIN et Kenneth Winters, et comptant plus de 3100 articles et plus de 500 illustrations, l'*Encyclopédie de la musique au Canada* est la première encyclopédie de la musique à paraître au Canada. Les entrées comprennent des biographies et l'histoire d'organismes dans tous les domaines de la musique au Canada. Elles traitent de sujets nationaux, tels que la musique inuite, la fabrication de pianos et les prix, de sujets régionaux, tels que l'enseignement, les collections d'instruments et la musique folklorique, ainsi que des activités musicales dans les villes canadiennes et des rapports du Canada avec les autres pays dans le domaine de la musique. L'encyclopédie comprend des bibliographies, des discographies, des listes de compositions, des filmographies et des renvois à d'autres articles. Les 15 000 entrées dans l'index repèrent les sujets mentionnés dans les articles.

En 1971, Floyd S. CHALMERS propose l'idée de cette encyclopédie dont les travaux préparatoires commenceront en 1973. Sous la direction des rédacteurs, un personnel comptant au maximum 23 personnes aidées de conseillers, traite les articles originaux rédigés par 400 collaborateurs. Chaque domaine de la musique reçoit une attention égale. L'information est tirée des dossiers de particuliers et d'organismes, d'entrevues personnelles et de recherches sur des documents connexes. L'encyclopédie est publiée en anglais par la University of Toronto Press (1981) et en français par les Éditions Fides (1983). Une seconde édition de l'énorme volume est publiée en 1992 sous la direction de Kallmann et de Potvin.

Mabel H. Laine

Endive (*Cichorium endivia*) Plante herbacée bisannuelle de la famille des composées. En Europe, le terme désigne une espèce apparentée de près: la *C. intybus* ou chicorée (endive belge ou française). La culture de l'endive ressemble beaucoup à celle de la LAITUE. Toutefois, elle est parfois vendue blanchie; on la prive alors des rayons du soleil, avant la récolte, afin d'atténuer son goût amer.

Adriana A. Davies

Énergie Les termes «énergie» et «puissance» sont souvent utilisés à tort comme des synonymes. En effet, l'énergie est la capacité d'effectuer un travail, mesurée en joules (J) ou en wattheures (1 Wh = 360 J), tandis que la puissance est la quantité de travail effectué par unité de temps, mesurée en watts (W), c.-à-d. en joules par seconde.

Il y a deux catégories d'énergie: primaire et secondaire. L'énergie primaire provient de ressources naturelles comme le rayonnement solaire, les chutes d'eau, le vent, le charbon, les produits pétroliers et l'uranium. Elle est utilisée par les industries consommatrices d'énergie primaire comme les centrales produisant de l'ÉLECTRICITÉ et les raffineries de pétrole. Une quantité importante d'énergie primaire est perdue par le stockage, la transformation et le transport, avant de parvenir aux consommateurs sous forme d'énergie secondaire. D'autres pertes d'énergie ont lieu au cours de la transformation de l'énergie secondaire en travail utile à cause du rendement non idéal des appareils de conversion (automobiles, appareils électroménagers, appareils de chauffage, etc.).

Sources d'énergie primaire On qualifie souvent les sources d'énergie primaire de renouvelables ou de non renouvelables. Les sources d'énergie renouvelables comprennent la chaleur géothermique, les chutes d'eau, la force des marées, l'action éolienne, l'énergie solaire, la matière animale et végétale et les gradients thermiques océaniques. Les sources d'énergie non renouvelables reposent sur les substances composées d'hydrocarbures comme le gaz naturel, le pétrole brut, le bitume et le charbon, et sur les isotopes dont on peut extraire de l'énergie par fission nucléaire ou FUSION NUCLÉAIRE. Au XXe siècle, l'exploitation des sources d'énergie primaire et leur utilisation, directe ou après transformation en énergie secondaire, sont à l'origine du perfectionnement de la technologie et des systèmes. L'exploitation des ressources, l'exploitation minière, le raffinage, la conception et le fonctionnement des machines, le transport par pipeline, le transport d'électricité et la vente d'énergie ont connu des développements rapides. Depuis 1900, la consommation d'énergie annuelle mondiale a plus que décuplé. Répondre à d'aussi grands besoins représente tout un défi pour l'ingéniosité humaine.

Sources non renouvelables Elles fournissent actuellement l'essentiel de l'énergie secondaire achetée. En 1985, environ 89 p. 100 de la consommation d'énergie produite commercialement, soit un total de 330 exajoules (EJ = 10^{18} J), provenait du pétrole brut, du charbon et du gaz naturel. Le reste était produit par des centrales hydroélectriques et des CENTRALES NUCLÉAIRES. Environ 30 EJ d'énergie additionnelle provenait de sources renouvelables non commerciales comme les déchets de bois et d'animaux (*voir* BIOMASSE, ÉNERGIE DE), l'ÉNERGIE SOLAIRE, l'action éolienne et la vapeur géothermique (*voir* ÉNERGIE ÉOLIENNE; ÉNERGIE GÉOTHERMIQUE). Les formes d'éner-

gie renouvelables sont particulièrement importantes dans les pays en développement, où le pétrole brut et le gaz naturel sont à la fois inexistants dans le sous-sol et chers à l'importation, et où les modes de production, de transport et de distribution modernes de l'énergie ne sont pas encore utilisés. Dans plusieurs de ces régions, la pression exercée par la population entraîne une hausse de la demande en énergie et en ressources naturelles, à l'origine du déboisement rapide des forêts tropicales et subtropicales du globe. Par conséquent, on se préoccupe de plus en plus des changements climatiques et écologiques à l'échelle mondiale qui pourraient découler de l'exploitation, souvent sauvage, des forêts.

Au cours des 40 dernières années, la dépendance mondiale à l'égard du pétrole brut comme source d'énergie a tellement augmenté qu'il fournit maintenant près de 40 p. 100 de toute l'énergie primaire consommée. La production atteint probablement un sommet en 1979 (10,5 millions de m³ par jour). En 1985, elle tombe à 9,1 millions m³ par jour, en partie à cause de la surabondance de pétrole découlant du doublement des prix imposés en 1979 et en 1980 par l'Organisation des pays exportateurs de pétrole. L'autre facteur de cette diminution est l'augmentation des coûts de développement de réserves pour remplacer les ressources consommées à un rythme aussi rapide. À la fin de 1985, les réserves connues ne représentaient que 33 fois la consommation de l'année courante. Plusieurs analystes pensent que les réserves mondiales de pétrole brut et de gaz naturel seront épuisées vers le milieu du XXIe siècle. À ce moment-là, la population mondiale aura peut-être plus que doublé.

Dépendance accrue à l'égard des sources Même en supposant que les réserves seront utilisées et conservées avec prudence au cours des prochaines décennies, il semble qu'il faudra compter dans une plus grande mesure sur le charbon, l'énergie nucléaire et les sources d'énergie renouvelables. Malheureusement, l'exploitation de chacune de ces trois ressources risque d'être entravée. L'exploitation, le transport et la combustion du charbon représentent de graves dangers pour l'environnement et peuvent limiter le taux de croissance de cette industrie. On craint surtout que la combustion du charbon ne fasse augmenter considérablement la quantité de gaz carbonique dans l'atmosphère et ait des conséquences importantes sur le climat de la planète.

Les dommages directs causés à l'environnement par l'implantation et l'exploitation de centrales nucléaires sont beaucoup moins graves. En fait, plusieurs experts techniques pensent que l'énergie nucléaire est l'énergie la moins nuisible de toutes à long terme. Cependant, les activistes antinucléaires protestent contre l'utilisation de cette énergie à cause de la perception des risques liés aux faibles niveaux de radioactivité, aux accidents nucléaires, à la gestion du combustible épuisé et à la prolifération des armes nucléaires.

Le développement des sources d'énergie renouvelables est ralenti par les contraintes économiques. P. ex., les sources importantes de vapeur géothermique sont peu nombreuses et situées pour la plupart loin des grands centres de consommation. Des restrictions semblables s'appliquent au petit nombre de sites hydroélectriques importants qui restent encore à développer. La perspective d'avenir la plus prometteuse dans ce domaine est l'utilisation de l'énergie solaire pour le chauffage, la conversion en hydrocarbures et la production d'électricité. Toutefois, il faudra relever de nombreux défis techniques et économiques avant que l'énergie solaire puisse faire concurrence aux sources d'énergie non renouvelables traditionnelles. On s'attend à ce que la plupart des pays industrialisés n'atteignent pas l'autosuffisance énergétique à long terme à cause du manque de ressources internes. Le Canada est l'exception à la règle en raison de sa grande superficie, de sa faible population et de la profusion des sources de pétrole

brut, de gaz naturel, de sable bitumineux, de charbon, de sites hydroélectriques non développés, de gisements importants d'uranium et d'une technologie nucléaire hautement perfectionnée. Le partage des compétences entre le gouvernement fédéral et les provinces relativement à la gestion des ressources, la propriété et le système d'imposition font obstacle à un développement efficace, mais l'abondance des richesses devrait être suffisante pour surmonter ces obstacles créés par l'homme.

O.J.C. Runnalls

Énergie atomique du Canada limitée (EACL) Constituée en société d'État en 1952, afin de prendre en main le projet de Chalk River, où a eu lieu en 1945 la première réaction nucléaire en chaîne contrôlée à l'extérieur des États-Unis (*voir* ÉNERGIE NUCLÉAIRE, CENTRES DE RECHERCHE EN). Elle fait rapport au Parlement par l'entremise du ministre des RESSOURCES NATURELLES. Elle participe à un éventail d'activités et d'applications relatives à l'ÉNERGIE NUCLÉAIRE au Canada.

EACL a traditionnellement pris en charge plus de 90 p. 100 de la recherche-développement dans le domaine de l'énergie atomique au Canada. Elle met au point, commercialise et construit des réacteurs nucléaires CANDU (au deutérium-uranium) et des réacteurs de recherche Maple (*voir* CENTRALES NUCLÉAIRES). En partenariat avec des intérêts commerciaux canadiens et internationaux, elle a conçu, fabriqué et fourni les composants pour la construction de réacteurs CANDU en Europe, en Asie, ainsi qu'en Amérique du Nord et en Amérique du Sud.

Le Canada compte 22 réacteurs CANDU, qui produisent 20 p. 100 de l'électricité du pays. De ce nombre, 20 sont situés en Ontario, où ils produisent 60 p. 100 de l'électricité. À l'échelle mondiale, un total de 32 réacteurs CANDU sont en exploitation ou en construction.

EACL a un effectif de plus de 3500 personnes dans des installations en Ontario, au Québec et au Manitoba.

Terrence J. Downey

Énergie des vagues océaniques Elle est sans doute la plus visible des diverses formes d'énergie présentes dans les masses d'eau de la planète. L'observation des vagues qui se brisent n'importe où sur une plage ou contre une falaise sur les milliers de kilomètres de côtes le long d'étendues d'eau douce ou d'eau de mer semble avoir incité plusieurs personnes à inventer un moyen d'exploiter cette source d'énergie apparemment abondante. De vastes programmes de relevé ont fourni les niveaux moyens annuels de l'énergie des vagues des océans en eau profonde, un peu au large du plateau continental: environ 80 kW/m (kilowatts par mètre) pour le front des vagues de la côte de l'Atlantique et environ 100 kW/m pour celui de la côte du Pacifique. À proximité du rivage, l'exploitation de cette énergie renouvelable serait plus facile, mais les moyennes annuelles sont nettement inférieures, soit près de 20 kW/m pour les deux côtes. Les niveaux d'énergie des vagues dans les Grands Lacs et dans l'océan Arctique sont encore moindres et, l'hiver, la glace les annule. La moyenne des Grands Lacs durant la période sans glace est de 3 à 5 kW/m.

Les moyennes relativement élevées de l'énergie des vagues le long des côtes est et ouest ne permettraient pas malgré tout de rentabiliser à ce jour son exploitation commerciale. Le niveau réel de cette énergie varie du simple au triple dans le courant de n'importe quelle année.

Durant la majeure partie de l'été, le niveau d'énergie des vagues serait inférieur à 5 kW/m mais, au cours d'une grande tempête hivernale, il peut facilement dépasser les 1000 kW/m, d'où la grande difficulté de concevoir un extracteur efficace capable de résister aux tempêtes hivernales et aussi capable d'extraire l'énergie à un niveau beaucoup moindre d'activité des vagues, une difficulté souvent sous-estimée. Des centaines de brevets d'extracteurs d'énergie des vagues ont été déposés ces 100 dernières années, mais aucun n'a atteint le stade du développement commercial.

De 1976 à 1979, le Canada collabore avec le Royaume-Uni, les États-Unis, l'Irlande et le Japon dans le cadre du projet Kaimei, un projet d'exploitation à grande échelle de l'énergie des vagues au large du Japon, sous les auspices de l'Agence internationale de l'énergie. Cette étude a confirmé le rendement relativement faible de l'extracteur d'énergie et le prix élevé du kilowatt-heure. Le Canada dispose de nombreuses autres sources d'énergie renouvelable lui permettant de produire de l'énergie à un coût moindre.

J. Ploeg

Énergie éolienne C'est l'ÉNERGIE extraite de l'air en mouvement. Puisque les réchauffements et les refroidissements de la Terre sont à l'origine des déplacements de l'air, on considère que l'énergie éolienne est une forme indirecte d'ÉNERGIE SOLAIRE. C'est l'exploitation de l'action du VENT sur des surfaces mobiles, comme les voiles d'un navire ou les pales d'un moulin, qui permet de produire ce type d'énergie. C'est l'une des formes d'énergie les plus anciennes utilisées pour suppléer à la force humaine.

Au VIIᵉ siècle, les moulins à vent et d'autres appareils rotatifs mûs par le vent, appelés plus précisément éoliennes, servent à moudre le grain. Au Moyen Âge, ils sont couramment utilisés pour moudre le grain et pomper l'eau. Introduits au Canada au XVIIᵉ siècle par les Français, on les utilise alors pour moudre le grain. Les navires utilisent des voiles depuis au moins 3000 à 4000 ans. Avant la mise en place des réseaux électriques en milieu rural, les fermes en Amérique du Nord, particulièrement celles des Prairies, produisent de l'électricité à l'aide d'éoliennes.

L'avantage des moulins à vent repose sur le fait qu'ils sont alimentés par une source d'énergie inépuisable qui n'a aucun autre usage. Il n'y a donc pas de dépense liée au combustible. Par contre, le vent est de nature imprévisible. Il peut souffler par rafales et tomber, varier quotidiennement et selon les saisons et la topographie locale. Pour répondre à une demande constante comme l'éclairage et le chauffage, il faut intégrer l'énergie éolienne à d'autres sources d'énergie ou prévoir un système d'emmagasinage qui servira lors des périodes calmes. Par contre, si la demande n'est pas constante, p. ex., l'alimentation des réseaux d'irrigation agricole ou le déplacement occasionnel d'eau, l'énergie éolienne peut être très utile.

L'augmentation de la demande en énergie et le coût relativement élevé des sources d'énergie conventionnelles sont à l'origine du regain d'intérêt pour les convertisseurs d'énergie éolienne. Les nouveaux convertisseurs comportent des composants AÉRODYNAMIQUES perfectionnés, leurs structures sont modernes et ils sont faits de matériaux nouveaux. Cette renaissance touche autant les systèmes terrestres que les applications commerciales maritimes. De nouvelles formes de voiles améliorent de façon spectaculaire la performance des navires. Cependant, les efforts les plus importants portent sur la production terrestre d'ÉLECTRICITÉ à l'aide d'éoliennes rapides.

Applications Les régions du Canada où l'exploitation de l'énergie éolienne est la plus prometteuse sont celles où l'on trouve des sites venteux propices à proximité de consommateurs d'énergie. On peut ainsi réduire la taille de l'éolienne pour une production donnée afin de minimiser les coûts d'investissement dans un système de transport et les pertes liées au transport. Au Canada, on trouve les plus grands vents sur les côtes est et ouest, dans une région du nord du Manitoba et dans le sud de l'Alberta et de la Saskatchewan.

Le plus grand potentiel semble être la PRODUCTION D'ÉLECTRICITÉ pour alimenter les villes et les villages avoisinants. Lorsque cela est possible, l'électricité est absorbée par les réseaux de distribution existants. Ce type de système est à l'essai par la Newfoundland and Labrador Hydro et la Saskatchewan Power Corporation. Des installations de pompage d'une assez grande capacité peuvent également être envisagées pour l'irrigation en Alberta et en Saskatchewan. L'utilisation de l'énergie éolienne semble particulièrement appropriée dans les régions très isolées, comme dans les villages du Nord, où le coût de l'énergie conventionnelle est très élevé. Dans ces endroits, l'énergie des éoliennes serait probablement combinée avec, p. ex., l'énergie de moteurs à combustion interne pour assurer une alimentation constante. L'autre option, qui consiste à utiliser des éoliennes pour charger des batteries, semble trop coûteuse pour convenir à des installations de grande envergure. L'exportation d'éoliennes peut offrir de nouveaux débouchés aux industries canadiennes.

En raison des nombreux réseaux électriques qui existent déjà dans plusieurs régions et de la nature pratique et souple de l'électricité, les plus récentes innovations dans l'utilisation de l'énergie éolienne s'appliquent à la production d'énergie électrique. L'énergie mécanique produite par les éoliennes est principalement destinée au pompage. Présentement, les pompes éoliennes sont de petites machines qui servent principalement à abreuver le bétail. Dans l'avenir, des appareils plus gros seront peut-être conçus pour l'IRRIGATION et d'autres applications. On peut penser à des systèmes dans lesquels une turbine hydroélectrique serait actionnée par l'eau provenant de réservoirs élevés remplis à l'aide de pompes.

Caractéristiques des turbines Elles varient selon les diverses utilisations. La plupart des génératrices, appelées aussi alternateurs, exigent une vitesse de rotation relativement grande. Par conséquent, les turbines qui sont assez rapides, c.-à-d. celles dont les extrémités du rotor se déplacent à une vitesse de 3 à 10 fois celle du vent, sont généralement préférables aux turbines lentes parce qu'elles nécessitent un engrenage moins complexe entre l'arbre de l'éolienne et l'induit de la génératrice. L'éolienne lente est généralement préférable lorsque l'éolienne est directement reliée à une pompe ou à un autre dispositif mécanique. Les éoliennes rapides surprennent par le faible coefficient de plénitude du rotor, c.-à-d. la faible superficie des pales comparativement à la superficie totale projetée du rotor. Les éoliennes lentes ont, par contre, un coefficient de plénitude élevé, avec un petit nombre de pales relativement larges ou un grand nombre de pales étroites.

Les pales de toutes les éoliennes modernes rapides et de la plupart des éoliennes lentes sont des pales à profil aérodynamique. Certaines éoliennes lentes peu efficaces fonctionnent grâce à la traînée différentielle, comme un voilier gréé avec une voile carrée. Ces observations s'appliquent à toutes les éoliennes dont l'axe de rotation est horizontal ou vertical.

Les éoliennes rapides dont l'axe de rotation est horizontal sont munies de deux ou trois pales et font penser à des hélices d'avion. Généralement, les pales de ces éoliennes sont à pas variable, ce qui leur permet de s'adapter automatiquement aux changements de vitesse du vent et de conserver ainsi un rendement optimal. Le rotor Darrieus, nommé en l'honneur de son inventeur, est l'éolienne rapide à axe vertical la plus répandue. On la surnomme aussi le «batteur à œufs» en raison de l'allure de sa partie mobile.

L'éolienne lente la plus répandue est l'éolienne multipale à axe horizontal, couramment utilisée dans les fermes. Elle est habituellement reliée à une pompe à mouvement de va-et-vient par une bielle. L'éolienne multipale à «roue de vélo» lui ressemble et constitue un exemple d'éolienne relativement lente utilisée pour la production d'électricité. Le rotor Savonius, qui porte le nom de son inventeur, est une éolienne simple à axe vertical faite de deux demi-cylindres. Elle est souvent utilisée pour le pompage. Chacune des deux ou trois pales de la Savonius est un demi-cylindre décalé de l'axe de rotation. Cette éolienne n'est pas très efficace parce que son fonctionnement repose en partie sur l'effet de traînée, mais elle est facile à construire.

Les principaux avantages des éoliennes sont l'absence totale de pollution atmosphérique et une grande efficacité de conversion d'énergie. Une éolienne bien conçue peut transformer de 60 p. 100 à 80 p. 100 de l'énergie cinétique transportée par le vent passant dans son rotor. Cependant, en raison de la faible densité énergétique du vent, la production d'électricité se situe entre 0,1 kW/m^2 et 0,8 kW/m^2 (kilowatts par mètre carré) de la surface projetée de l'éolienne. La machine doit, par conséquent, avoir des dimensions imposantes par rapport à sa puissance. P. ex., le diamètre du rotor d'une éolienne qui produit 5 MW (MW = 10^6 W), un rendement élevé pour une éolienne, peut atteindre 100 m. Pour obtenir un rendement élevé et contourner le problème de dimension, plusieurs éoliennes sont regroupées dans ce qu'on appelle un parc d'éoliennes. Les variations de la vitesse du vent constituent un autre problème parce qu'elles provoquent des fluctuations importantes de la puissance qui est à peu près proportionnelle au cube de la vitesse du vent. De plus, la construction des éoliennes exige des dépenses supplémentaires pour qu'elles soient en mesure de résister aux tempêtes.

En Amérique du Nord, les principaux organismes de promotion de l'énergie éolienne sont l'American Wind Energy Association de Washington et l'Association canadienne de l'énergie éolienne d'Ottawa. La Solar Energy Society of Canada de Winnipeg appuie également les recherches dans ce domaine. Le CONSEIL NATIONAL DE RECHERCHES DU CANADA (CNRC) encourage la recherche sur l'énergie éolienne depuis les années 60. En 1984, on entreprend la construction de la plus grande éolienne Darrieus au monde à Cap-Chat, sur la péninsule gaspésienne. Le projet, baptisé Éole et exécuté conjointement par HYDRO-QUÉBEC et le CNRC, aboutit à l'érection d'une éolienne de 110 m au coût de 35 millions de dollars, conçue et fabriquée par des entreprises canadiennes. Avant la construction d'Éole, une éolienne expérimentale de 230 kW a été érigée aux Îles-de-la-Madeleine (Québec) par Indal Technologies Inc. de Mississauga (Ontario). Cette entreprise a par la suite mis au point une version commerciale pouvant produire 500 kW.

J.A.C. Kentfield

Énergie et société L'ÉNERGIE joue un rôle unique et crucial dans le monde. Sans transport ou sans conversion d'énergie, aucune activité (aucun «travail») ne peut avoir lieu. L'utilisation de l'énergie dans la société est un processus qui débute avec une source (p. ex., le CHARBON, l'URANIUM, le PÉTROLE, le soleil), puis qui met en jeu plusieurs processus intermédiaires de raffinage ou de conversion en une forme d'énergie différente (p. ex., en électricité, en carburant diesel ou en méthane) et qui est destinée à prendre place dans une maison, un véhicule ou une usine, à l'intérieur d'un appareil de consommation (p. ex., une chaudière ou un moteur).

Entre la source et l'appareil de consommation, il y a des importations, des exportations et des pertes de différentes sortes, dont l'énergie nécessaire pour faire fonctionner le système énergétique lui-même. Le consommateur en bout de ligne ne veut pas de l'énergie en tant que telle mais seulement les services qu'elle peut fournir, des services qui ne se mesurent pas en litres ni en joules, mais en chaleur, en mouvement, en son, etc. Même si les pays, les provinces et les personnes ayant un revenu élevé ont tendance à consommer plus d'énergie, cela ne signifie pas nécessairement que consommation d'énergie et niveau de vie vont de pair. Une consommation d'énergie efficace produit davantage de services pour une quantité de ressources donnée.

Deux principes thermodynamiques régissent tous les aspects de la consommation d'énergie. Le premier stipule qu'un système donné contient toujours la même quantité d'énergie. Le deuxième stipule que chaque fois qu'une quantité d'énergie est consommée, sa qualité se dégrade. Nous consommons l'aptitude de l'énergie à effectuer un travail utile et non une quantité d'énergie. En conséquence, nous devons nous préoccuper de la quantité et de la qualité de l'énergie que nous consommons. Une quantité se mesure en unités bien connues telles que le litre (l) pour le pétrole, le kilowattheure (kWh) pour l'électricité et la tonne (t) pour le charbon. Toutes ces unités peuvent être converties en une unité standard d'énergie, le joule (J).

La qualité est plus difficile à mesurer: des mesures scientifiques existent mais, bien souvent, pour dire qu'une source d'énergie est de qualité supérieure, il suffit de constater qu'elle donne plus de chaleur ou qu'elle est plus dense (c.-à-d. que sa valeur énergétique par unité de volume est plus grande, comme l'essence) ou plus souple d'emploi (comme l'électricité). La valeur commerciale d'une énergie de haute qualité est généralement plus élevée. Conserver l'énergie consiste non seulement à économiser sur la quantité, mais aussi à n'utiliser les formes de haute qualité que si c'est nécessaire. Les combustibles denses sont donc plus utiles pour le transport; l'électricité convient mieux pour l'éclairage, l'électronique et les moteurs; une énergie de faible qualité convient pour chauffer des bâtiments parce qu'on n'élève que très peu leur température.

Mesure du rendement de la consommation d'énergie

Elle peut s'effectuer d'un grand nombre de façons. Le rendement découlant du premier principe indique la quantité d'énergie consommée par rapport au service fourni (p. ex., pour une voiture, la consommation d'essence en litres par 100 km parcourus). Les calculs employant cette mesure montrent que le rendement de l'économie canadienne doit se situer autour de 40 p. 100. Une deuxième mesure, le rendement découlant du second principe, met en relation la consommation d'énergie pour obtenir un service et le minimum théorique nécessaire dans des conditions idéales. Des estimations montrent que le rendement de l'économie canadienne est inférieur à 10 p. 100 (et n'est que de 1 à 2 p. 100 si l'on prend en compte la consommation et le RECYCLAGE des matériaux).

Une troisième mesure du rendement ne dépend pas directement de la thermodynamique mais des sciences économiques. La rentabilité relie la valeur monétaire des entrées aux services que l'énergie fournit. Ce type de mesure est nécessaire pour pouvoir prendre des décisions mettant en jeu un équilibre entre l'énergie et d'autres activités économiques (p. ex., acheter plus de combustible pour chauffer un bâtiment ou améliorer son isolation). Des calculs montrent que la plupart des secteurs de l'économie dépensent deux fois trop pour l'énergie (autrement dit, leur rentabilité n'est que la moitié de ce qu'elle devrait être).

Détermination de la consommation d'énergie

Quatre ensembles de facteurs déterminent la quantité d'énergie consommée par une société. Le premier ensemble est constitué de facteurs démographiques et géographiques: toutes choses étant égales par ailleurs, plus la population et la région sont grandes et le climat est froid, plus la consommation d'énergie est grande. La population canadienne étant relativement peu nombreuse et dispersée, le transport consomme beaucoup d'énergie. Il fait plus froid au Canada que dans la plupart des autres pays. Des nouvelles techniques de construction permettent néanmoins d'économiser l'énergie.

Le deuxième ensemble de facteurs influençant la consommation d'énergie est d'ordre économique. Il n'y a aucune relation directe entre le revenu national et la consommation d'énergie: des pays à revenu par habitant similaire peuvent consommer des quantités d'énergie différentes. Les pays plus industrialisés à revenu plus élevé consomment toutefois plus d'énergie que les pays plus pauvres et moins industrialisés.

L'industrie canadienne est concentrée dans le secteur primaire (pâtes et papiers, métallurgie et raffinerie, agriculture), lequel a tendance à consommer plus d'énergie par dollar de production que les secteurs secondaire (fabrication) et tertiaire (services). La consommation d'énergie reflète aussi la disponibilité et le prix des ressources énergétiques. P. ex., historiquement, le Canada et les États-Unis ont toujours eu des ressources énergétiques à moindre prix et en plus grande abondance (telle que de plus grandes chutes d'eau facilement accessibles et, naturellement, du pétrole) que la plupart des autres pays industrialisés et les consomment donc sans mesure.

Les consommateurs, privés ou industriels, ont tendance à moins consommer d'énergie quand son prix augmente. Cet effet, appelé élasticité de la demande par rapport au prix, est compris entre -0,5 et -1,2 selon certaines estimations, ce qui signifie que la consommation d'énergie diminue de 5 à 12 p. 100 chaque fois que son prix augmente de 10 p. 100. Plus une certaine quantité d'énergie est essentielle, plus l'élasticité de la demande pour cette quantité d'énergie par rapport au prix est faible. P. ex., l'élasticité de la demande par rapport au prix est très faible pour la quantité d'énergie nécessaire pour amener la température dans une maison à, disons, 60 °F, mais elle est probablement beaucoup plus grande pour les quantités d'énergie additionnelles nécessaires pour garder la maison plus chaude.

Le troisième ensemble de facteurs est d'ordre technologique. Durant la majeure partie de l'ère industrielle, la consommation d'énergie par dollar de production a diminué. Cependant, pendant environ 25 ans, de la fin de la Seconde Guerre mondiale jusqu'aux années 70, les prix associés à l'énergie ont été exceptionnellement bas et la technologie sous-tendant la consommation d'énergie n'a guère retenu l'attention. Des exemples de cette négligence se remarquent dans le domaine de l'habitat et de l'automobile américaine, ainsi que dans l'industrie en général. L'augmentation des prix et les fausses craintes de pénuries ont réintroduit de nombreuses techniques anciennes plus rentables sur le plan énergétique et ont lancé la recherche de nouvelles techniques (*voir* RECHERCHE SCIENTIFIQUE ET DÉVELOPPEMENT). P. ex., les Canadiens sont devenus les chefs de file mondiaux en construction de bâtiments à rendement énergétique élevé. Il fallait une énergie d'environ 175 gigajoules (1 GJ = 10^9 J, en gros l'énergie contenue dans 4500 l de mazout) par an pour chauffer une maison unifamiliale type construite vers 1973.

Les maisons construites conformément à la norme R-2000 du gouvernement fédéral consomment de 40 à 50 GJ par an. Les plus efficaces, construites sur le modèle de la Saskatchewan Conservation House (maison des économies d'énergie de la Saskatchewan) ne consomment que 15 GJ. En 1973, il fallait compter 600 kWh/m² par an pour l'exploitation des immeubles de bureaux atteignant de grande hauteur, tandis que 200 kWh/m² suffisent dans de nombreux immeubles construits depuis lors. La tour de Gulf Canada Square, à Calgary, ne consomme que 125 kWh/m² et un immeuble à bureaux fédéral de Scarborough, à emmagasinage souterrain et à panneaux solaires, ne consomme que 20 kWh/m².

Le quatrième ensemble de facteurs concerne le mode de vie. Certaines personnes, p. ex., choisissent de vivre dans une plus petite maison ou un plus petit appartement, d'acheter une voiture plus économique ou d'utiliser les transports en commun, d'acheter des marchandises dans des emballages consignés ou recyclables et donc de consommer moins d'énergie. En Amérique du Nord, le style de vie penche plutôt vers une «consommation ostentatoire» bien que certaines habitudes semblent changer.

Mesure de la consommation d'énergie

La consommation d'énergie est un flux qui se mesure en différents points et de diverses façons. On mesure la consommation d'énergie primaire au point de production. Cette mesure comprend l'énergie nécessaire à la production, mais sa définition cause des difficultés. La consommation tertiaire, quant à elle, indique la quantité d'énergie finalement disponible pour, p. ex., chauffer une pièce ou faire tourner les roues d'un véhicule, déduction faite des pertes de rendement de la chaudière ou du moteur. La consommation d'énergie tertiaire est un concept important, mais sa mesure reste difficile. Pour de nombreuses raisons, la mesure de la consommation d'énergie secondaire (qui s'effectue au point d'achat du consommateur) donne les résultats les plus utiles et les plus simples.

Les statistiques sur la consommation d'énergie secondaire sont habituellement réparties selon la forme d'énergie consommée (p. ex., essence, électricité) et selon le secteur d'utilisation (p. ex., secteurs résidentiel, commercial, industriel et des transports). La consommation dans le secteur de l'apport d'énergie, visant à compenser la consommation d'électricité ou de combustible utilisé ou perdu lors de la production, la conversion et le transport d'énergie, est complètement distincte de l'énergie secondaire. Au cours des dernières années, la consommation d'énergie du secteur de l'apport d'énergie correspondait à environ 20 p. 100 de celle du reste de l'économie (consommation d'énergie secondaire). Toutefois, avec le passage à des ressources pétrolières et gazières plus éloignées, à des huiles plus lourdes et à du gaz naturel plus acide (plus grande teneur en SOUFRE), les besoins énergétiques pour la production d'énergie augmentent. Selon la valeur attribuée à l'électricité primaire (principalement l'HYDROÉLECTRICITÉ et l'énergie nucléaire), la consommation d'énergie par le secteur de l'apport d'énergie est maintenant plus près du tiers de la consommation d'énergie secondaire.

Les techniques modernes d'analyse de l'énergie et la méthode la plus efficace de prévision énergétique dépendent d'un inventaire des utilisations de l'énergie. Les opérations de chauffage et de refroidissement comprennent toutes les procédures de chauffage d'air et d'eau, et les échanges de chaleur à basse température. La production de chaleur à température plus élevée n'est utilisée que dans l'industrie. Les utilisations spécifiques à l'électricité comme l'électronique, l'éclairage ou l'électroménager dépendent des propriétés de l'électricité. Les combustibles liquides conviennent seulement à des utilisations mobiles telles que les véhicules de transport.

Cette analyse détaillée tient compte de la qualité et montre, p. ex., que les Canadiens consomment surtout de l'énergie pour le chauffage à diverses températures (55 p. 100 de la consommation totale, 75 p. 100 de la consommation industrielle) et que la consommation pour des utilisations strictement électriques représente un peu plus de 13 p. 100 de la consommation totale. Toutefois, deux corrections sur les données énergétiques s'imposent. Il faut d'abord tenir compte de la production de matériaux non énergétiques (p. ex., plastiques, engrais, matériaux de construction, lubrifiants) à partir de matières premières énergétiques. Pour le pétrole et le gaz, la correction requise est de 10 à 15 p. 100 de la consommation intérieure totale, mais elle augmente avec le temps. Pour le charbon, elle est de 15 à 20 p. 100, la majeure partie étant employée comme charbon à coke dans les fours à fusion et dans les hauts fourneaux. Le Canada exporte aussi beaucoup de charbon à coke, mais les exportations sont exclues de ces statistiques de consommation. La deuxième correction concerne l'énergie qui reste en dehors de tout marché organisé, comme le bois vendu sur un terrain à la campagne. Les statistiques ne relèvent généralement que l'énergie commerciale. Ainsi, p. ex., l'utilisation du bois comme combustible résidentiel n'a jamais autant baissé que les statistiques canadiennes l'ont indiqué. Mieux encore, cela signifie surtout que la consommation d'énergie des pays en développement, dont un grand nombre utilisent surtout des combustibles traditionnels tels que des brindilles et des branches, des déchets agricoles et des excréments d'animaux, est nettement supérieure à celle de la plupart des statistiques.

L'ÉLECTRICITÉ présente un problème statistique particulièrement important au Canada: c'est une forme d'énergie qu'on peut obtenir à partir de diverses sources telles qu'une chute d'eau, la combustion du charbon ou des réactions nucléaires contrôlées. Chacune de ces sources a son propre taux de conversion (différence entre le contenu en énergie de la source et celui de l'électricité sortante). La façon la plus simple de dresser des statistiques sur la consommation d'électricité consiste à ne pas tenir compte de la source d'électricité et à convertir directement l'électricité sortante en joules (3,6 MJ = 1 kWh).

Cependant, dans la plupart des statistiques internationales et dans certaines sur le Canada, on convertit l'électricité en unités énergétiques qui s'expriment par la quantité de charbon ou de pétrole nécessaire pour la produire, quantité qui, pour des raisons de thermodynamique, est environ trois fois plus grande. On en déduit que 35 p. 100 de l'énergie consommée au Canada l'est sous forme électrique, alors qu'en réalité c'est environ 17 p. 100. Si, au Canada, l'électricité ne servait que pour les applications spécifiques où elle est vraiment rentable, ce pourcentage diminuerait jusqu'à atteindre les 13 p. 100 décrits ci-dessus.

Consommation d'énergie secondaire en 1994

La consommation d'énergie secondaire totale au Canada, en 1994, est d'environ 7,0 exajoules (1 EJ = 10^{18} J) en incluant le bois et divers déchets de bois utilisés comme combustibles dans l'industrie forestière, mais en excluant la consommation de combustible et d'électricité par l'industrie pétrolière et les pipelines. L'Ontario et le Québec sont responsables des trois cinquièmes environ de cette consommation. Le niveau de consommation d'énergie par habitant de chacune des deux provinces est sensiblement égal, mais la consommation d'énergie par dollar de produit provincial en Ontario est bien inférieure à celle du Québec et à la plupart des autres provinces (parce que l'Ontario a relativement plus d'industries légères que d'industries primaires). Les autres variations provinciales découlent surtout de différences géographiques et économiques. La Colombie-Britannique consomme plus d'énergie dans l'industrie forestière et moins pour le chauffage que le reste du pays. La consommation par habitant la plus basse se trouve dans les provinces maritimes et la plus grande, dans les provinces des Prairies.

Consommation domestique Elle s'élève à 20 p. 100 de la consommation secondaire totale du Canada. Près de 85 p. 100 de ce montant sert à chauffer l'air et l'eau. Les 15 p. 100 restants servent à faire fonctionner, le plus souvent à l'électricité, les autres appareils ménagers. Le charbon et le bois, les anciennes sources traditionnelles d'énergie pour le chauffage domestique, ont diminué en faveur de combustibles plus commodes. La consommation de charbon reste maintenant négligeable, mais celle du bois a grimpé à 6 p. 100 du total. Les autres sources d'énergie pour le chauffage domestique sont le mazout avec 12 p. 100 (46 p. 100 en 1980), le gaz naturel avec 47 p. 100 (38 p. 100 en 1980) et l'électricité avec 34 p. 100 (14 p. 100 en 1980). Visiblement, la consommation de produits pétroliers a fortement diminué, en raison de leur prix plus élevé et des programmes gouvernementaux qui subvention-

nent d'autres formes d'énergie. Il est difficile de départager les consommations d'énergie domestique et agricole. À cause de cela, elles sont souvent combinées même si l'agriculture est plutôt une industrie. Selon ces statistiques, la consommation d'énergie sur les fermes s'élève à 3 p. 100 de la consommation d'énergie secondaire au Canada, ce chiffre étant doublé pour les Prairies.

Consommation commerciale Elle comprend l'énergie consommée dans les bureaux, les écoles, les hôpitaux, les magasins et les hôtels, et s'élève à 13 p. 100 de la consommation d'énergie au Canada. Les deux tiers (les trois quarts en 1980) de ce montant servent à chauffer et à refroidir les bâtiments ainsi qu'à chauffer l'eau. Le tiers restant sert à des utilisations électriques bien déterminées. Le gaz naturel et l'électricité fournissent une part croissante d'énergie à ce secteur, soit environ 43 p. 100 chacun.

Consommation industrielle Elle comprend celle des industries primaires, de la fabrication et de la construction, dépasse celle des autres secteurs avec 36 p. 100 (37 p. 100 en 1980) du total. Bien que la part de cette consommation n'ait pratiquement pas changé depuis 15 ans, la plupart des prévisions indiquent qu'elle devrait tendre vers les 50 p. 100.

Contrairement aux autres secteurs, l'industrie consomme de l'énergie de toutes les qualités et sous toutes les formes. Près des trois quarts de l'énergie industrielle est utilisée pour la production de chaleur, dont quelque 40 p. 100 pour atteindre des températures supérieures à 260 ℃. Les formes d'énergie sont divisées entre les produits pétroliers avec 18 p. 100 (36 p. 100 en 1980), le gaz naturel avec 34 p. 100 (28 p. 100 en 1980) et l'électricité avec 25 p. 100 (21 p. 100 en 1980). En dehors des services publics d'électricité et du chauffage domestique, le secteur industriel est le seul consommateur important d'énergie tirée du charbon et du bois (6 p. 100 et 17 p. 100 respectivement, 8 p. 100 chacun en 1980).

En 1994, seulement sept industries (pâtes et papiers, produits chimiques, métaux de première fusion, alimentation et boissons, exploitation minière, minéraux industriels et construction) consommaient près de 75 p. 100 de l'énergie utilisée dans le secteur industriel. Les trois premières consomment à elles seules environ la moitié de l'énergie du secteur industriel, les deux tiers de toute la production de haute température et peut-être les trois quarts de toute l'eau utilisée par les industries. Les sous-secteurs emploient un vaste éventail de formes d'énergie: p. ex., les industries chimiques et pétrochimiques consomment de grandes quantités de pétrole et de gaz comme combustible et aussi comme matières premières pour produire du plastique et d'autres produits non énergétiques; l'industrie de l'aluminium consomme des quantités particulièrement énormes d'électricité; l'industrie forestière consomme ses déchets comme sources d'énergie (réduisant ainsi simultanément la quantité de déchets solides et la POLLUTION DE L'EAU).

Consommation liée aux transports La consommation canadienne dans le secteur des transports dépasse celle de la plupart des pays avec 29 p. 100 de la consommation totale (un niveau pratiquement constant depuis 1980) et, fait plus important, près de 70 p. 100 (50 p. 100 en 1980) de la consommation de pétrole. Les voitures et les fourgonnettes consomment 53 p. 100 de l'énergie liée aux transports (14 p. 100 de toute l'énergie consommée au Canada); les gros camions, 27 p. 100; les autobus, 1 p. 100. Les véhicules routiers consomment donc en tout 81 p. 100. Les autres moyens de transport consomment beaucoup moins: transports aériens, 9 p. 100; transports maritimes, 5,5 p. 100, transports ferroviaires, 4,5 p. 100. Cependant, dans quelques provinces, l'ordre d'importance varie quelque peu: p. ex., les transports maritimes à Terre-Neuve sont, sur le plan de la consommation, deuxièmes derrière les transports routiers.

C'est dans les zones urbaines qu'on consomme environ la moitié de l'énergie liée aux transports. Le reste est consommé entre les villes. Seul le secteur des transports dépend presque entièrement d'une forme d'énergie, le combustible liquide (surtout l'essence, le carburant diesel et le carburéacteur), tiré d'une seule source, soit le pétrole. Un minuscule pourcentage provient de l'électricité, qu'on utilise en ville pour le transport en commun. Peu de véhicules roulent au propane ou au gaz naturel comprimé, et moins encore roulent au méthanol (alcool dérivé principalement du gaz naturel). Il faut adapter les moteurs des voitures à ces combustibles. D'un autre côté, de nombreuses stations-service offrent aussi aux automobilistes de l'essence contenant, selon la saison, de 5 à 10 p. 100 d'éthanol (autre alcool tiré du gaz naturel, du maïs ou d'autres céréales renfermant beaucoup de sucre). Tous les moteurs à essence peuvent consommer ce mélange.

Consommation d'énergie dans le monde

En 1994, la consommation mondiale d'énergie et la consommation moyenne par habitant sont respectivement de 365 EJ et de 69 GJ, une augmentation d'environ 15 p. 100 chacune par rapport à la décennie précédente. La consommation moyenne par habitant varie fortement: elle est généralement de 150 à 200 GJ par habitant dans les pays industrialisés. Au Canada, elle est de 228 GJ, une baisse d'environ 10 p. 100 par rapport aux 15 dernières années. Elle est de 20 à 25 GJ dans les pays en développement et, dans les pays les plus pauvres d'Afrique, elle est de 2,5 GJ. Ce chiffre ne tient compte que de l'énergie commerciale. La consommation moyenne par habitant dans ce cas est environ cinq fois plus élevée si l'on inclut les formes traditionnelles. Dans les pays moins développés, la consommation domestique d'énergie domine et emploie surtout des combustibles traditionnels. Le transport, quant à lui, absorbe la majeure partie de l'énergie commerciale. À l'extérieur des villes, l'électricité assure un minimum d'éclairage et de pompage pour l'alimentation en eau de la population, ce qui représente 2 p. 100 de la consommation mondiale. On affirme souvent que les Canadiens consomment plus d'énergie par habitant ou par dollar de produit intérieur brut que dans tout autre pays, mais les statistiques internationales ont tendance à exagérer la consommation réelle d'énergie au Canada. P. ex., la méthode de calcul de la consommation d'électricité surévalue notre consommation d'énergie. Nos exportations non énergétiques contiennent, pour chaque dollar, 25 p. 100 plus d'énergie que nos importations.

De plus, le Canada exporte beaucoup d'énergie sous forme de matières premières ou de produits semi-finis. En principe, cette énergie «incorporée» devrait être portée sur le compte des pays qui utilisent l'acier, le papier ou l'aluminium. Quoi qu'il en soit, le Canada est l'une des plus grandes nations consommatrices d'énergie au monde.

Changements dans la consommation d'énergie

La population, l'économie et le revenu croissant, les Canadiens prennent l'habitude de consommer de plus en plus d'énergie. Avant la Seconde Guerre mondiale, la consommation d'énergie secondaire canadienne grimpe d'environ 3 p. 100 par année mais, après la guerre, l'énergie bon marché fait grimper ce taux à 5 p. 100 et plus. Ces taux de croissance sont freinés par la crise énergétique de 1973. Depuis, le taux chute, surtout en raison du gain en rendement. Entre 1974 et 1980, la consommation d'énergie croît en moyenne de 2,3 p. 100 par année. Depuis 1980, cette augmentation a régressé jusqu'à 1,5 p. 100 par année. La consommation de pétrole chute davantage: la crainte d'une pénurie et des prix élevés restreignent sa consommation sauf dans le transport et dans les régions où d'autres combustibles de chauffage ne sont pas disponibles ou bien sont beaucoup plus chers.

Les prévisions en matière de consommation future d'énergie sont nombreuses. Toutefois, les prédictions concernant la consommation future d'énergie font apparaître une baisse constante. Un rapport de 1973 du ministère fédéral de l'Énergie, des Mines et des Ressources prévoit une croissance annuelle de 4,5 p. 100. En 1976, un autre rapport prévoit 3,7 p. 100. Le PROGRAMME ÉNERGÉTIQUE NATIONAL de 1980, quant à lui, s'attend à une croissance de 1,9 p. 100 et un rapport de 1986 de l' Office national de l'énergie en prédit une de 1,5 à 1,9 p. 100. En 1994, le ministère fédéral de l'Énergie (rebaptisé Ressources naturelles Canada) projette une croissance de la demande d'énergie secondaire de seulement 1,2 p. 100 par année entre 2000 et 2020. Cette diminution reflète en partie les prévisions d'une croissance économique moindre, mais surtout la prise de conscience de plus en plus grande du potentiel disponible en matière d'efficacité énergétique.

Depuis 1973, au Canada, l'énergie nécessaire pour produire 1 $ de PIB a chuté d'environ 30 p. 100, un revirement important comparativement à la période antérieure. Bien que cette diminution se soit arrêtée au cours de ces dernières années, dans tous les secteurs de l'économie, on porte une attention constante à la technologie destinée à l'utilisateur final, aux moyens d'utiliser les déchets et la chaleur perdue comme sources d'énergie, et à des techniques telles que la redistribution et la cogénération, dans lesquelles la même quantité d'énergie est employée pour accomplir une série de tâches à mesure que sa qualité se détériore (p. ex., d'abord pour générer de l'électricité, ensuite pour fournir de la chaleur par un procédé à haute température et pour finalement chauffer l'air).

Même les prévisions officielles les plus modestes peuvent s'avérer trop élevées. Certaines analyses récentes commencent par la demande des utilisateurs en services énergétiques (plutôt que par l'apport, comme dans les analyses classiques) et essaient d'accorder la qualité de l'énergie fournie avec les exigences des utilisateurs. Ces études sont appelées études sur l'énergie dite «douce», car elles mettent l'accent sur des moyens de production à plus petite échelle, décentralisée et moins destructrice de l'environnement. Selon les études sur l'énergie douce, le quart ou le tiers de notre consommation actuelle suffirait pour satisfaire tous nos besoins. Il en résulterait d'importantes économies et l'arrêt à l'état actuel du CHANGEMENT DE CLIMAT. Plusieurs pays, dont le Canada, ont participé à l'élaboration de ces études. Même dans les pays en développement, où l'on est évidemment forcé de consommer plus d'énergie (ou, plus précisément, de consommer davantage de formes d'énergie de haute qualité) pour améliorer la qualité de vie, les analyses sur l'énergie douce montrent des augmentations beaucoup plus modérées que les études classiques.

Ce seront non seulement les lois physiques et la technologie mais aussi, et même davantage, les choix personnels et les politiques gouvernementales qui détermineront le taux de consommation énergétique des Canadiens. La physique et la géologie fixent les limites de la production et de la consommation d'énergie bien que ces limites soient larges: à l'intérieur de ces limites, les taux réellement atteints dérivent surtout de la politique et de l'économie. Alors que les valeurs changent, la CONSERVATION occupe une place de plus en plus grande dans la POLITIQUE ÉNERGÉTIQUE. La demande croissante du public pour protéger l'ENVIRONNEMENT tient une place importante dans ce changement de valeur. La consommation d'énergie, aussi efficace soit-elle, entraîne nécessairement la dégradation de l'environnement. Ces dernières années, ses effets nocifs, qui vont du smog local au changement climatique planétaire, sont devenus des problèmes graves au Canada et dans la plupart des autres pays. La capacité de la Terre d'assimiler les déchets énergétiques, beaucoup plus que sa capacité restreinte de fournir des ressources énergétiques, sera probablement la plus grande limite à la consommation d'énergie. Il est clair que ces préoccupations environnementales joueront un plus grand rôle dans la politique énergétique de l'avenir, mais jusqu'à quel point? C'est là où se trouve la grande incertitude.

David B. Brooks et Ralph D. Torrie

Énergie géothermique C'est la chaleur exploitable présente dans les profondeurs de la Terre. L'intérieur de la planète se maintient à une température élevée grâce à un immense réservoir de chaleur. Une partie de cette chaleur provient de l'énergie jadis libérée lors de la formation de la Terre et le reste est généré continuellement par la désintégration d'éléments radioactifs. En gros, la chaleur produite et la chaleur qui s'échappe par conduction jusqu'à la surface, par les geysers, par les SOURCES d'eau chaude et par l'activité volcanique s'équilibrent. Une partie de cette ÉNERGIE se concentre dans des gisements que l'on peut exploiter. La recherche dans le domaine de l'énergie géothermique est axée sur la découverte de nouveaux gisements thermiques et l'amélioration des technologies d'exploration et d'exploitation. L'extraction de l'énergie géothermique fait appel à une technologie relativement récente comparativement à celle mise au point pour des combustibles comme le pétrole ou le gaz, p. ex.. Toutefois, la diminution de ces ressources finies et leur coût croissant donnent à l'énergie géothermique une place de plus en plus importante.

Dans la plupart des gisements géothermiques, on trouve la présence simultanée d'eau et de chaleur. L'eau de surface pénètre dans le sol. Une partie s'infiltre profondément dans des fentes ou des roches poreuses et peut s'accumuler en formant d'énormes réservoirs qui durent très longtemps. Dans les parties stables et non volcaniques de l'écorce terrestre, la température augmente avec la profondeur à un taux moyen d'environ 25 °C/km. Les réservoirs de chaleur ne se trouvent qu'aux endroits où les roches poreuses descendent à des profondeurs où la température est élevée dans des conditions normales. Ces réservoirs se situent habituellement dans de grands bassins sédimentaires, dans les roches qui contiennent parfois des gisements pétroliers. Dans les zones volcaniques, l'eau est fortement réchauffée à faible profondeur et certains réservoirs forment de grands gisements d'énergie exploitable. Quelques réservoirs, tel celui de Larderello, en Italie, contiennent de la vapeur à environ 235 °C, mais la plupart contiennent de l'eau sous haute pression à des températures pouvant aller jusqu'à 400 °C. Si la température des réservoirs dépasse 200 °C, on peut les percer et amener leur vapeur vers des turbines productrices d'électricité. Les eaux géothermales moins chaudes peuvent avoir de nombreuses applications directes telles que le chauffage d'immeubles ou le séchage des récoltes. Si les rochers chauds ne possèdent pas de courant d'eau pratique permettant d'extraire leur chaleur, on crée alors un système de circulation artificiel. C'est ce qui a été fait à Los Alamos, aux États-Unis, où l'on a creusé deux puits puis fracturé la roche les séparant pour fermer le circuit et produire de l'énergie électrique.

Au Canada, les ressources géothermiques sont dans les roches sédimentaires des Prairies et dans une large bande le long des océans. La zone centrale de la masse continentale canadienne, le BOUCLIER, est trop vieille et trop froide pour receler de la chaleur utile. La quantité totale de chaleur potentiellement utilisable dans l'eau chaude des sédiments des Prairies équivaut à 300 fois la somme des besoins énergétiques du Canada de 1987, mais seule une petite fraction de cette chaleur est facilement exploitable au prix actuel de l'énergie et avec la technologie actuelle. Les montagnes de la Colombie-Britannique contiennent environ une dizaine de centres volcaniques pouvant posséder des gisements géothermiques exploitables pour produire de l'énergie électrique. On trouve aussi des gisements de roches sèches chaudes dans des centres volcaniques et des zones plus étendues de roches intrusives, ainsi que dans de petits bassins sédimentaires parfois anormalement chauds. En 1981, BC HYDRO fore un de ces centres volcaniques, le mont Meager, pour exploiter sa vapeur géothermale. La température y est d'environ 250 °C, mais le projet de construction d'une centrale de 50 MW est mis de côté jusqu'à la prochaine pénurie d'énergie. Au milieu des années 90, des sociétés industrielles s'efforcent de relancer le projet et de produire de l'énergie pour l'exportation. Dans l'archipel Arctique, le bassin de Sverdrup contient probablement un vaste gisement géothermique, mais ses possibilités d'exploitation sont faibles. Les sous-sols de l'Île-du-Prince-Édouard et du golfe du Saint-Laurent abritent un profond bassin sédimentaire, mais on connaît peu de choses sur sa température et sur son contenu en eau. Le rivage atlantique du Canada contient aussi de gros amas granitiques, dont certains contiennent suffisamment de chaleur produite par radioactivité pour fournir des températures élevées à une profondeur d'environ 3 km. La ville de Springhill, en Nouvelle-Écosse, a instauré l'utilisation de l'énergie géothermique de l'eau des mines de charbon inondées sous son territoire. L'eau est pompée de parties peu profondes des anciennes mines et émerge à environ 18 °C. Elle est ensuite acheminée vers des pompes à chaleur, qui chauffent des bâtiments industriels durant l'hiver et qui les refroidissent durant l'été, avant d'être ramenée vers les mines. En 1994, les huit utilisateurs de cette énergie installés dans le parc industriel de Springhill déclarent de grandes économies sur les coûts de l'énergie et de meilleures conditions de travail.

Les États-Unis, le Japon, l'Italie, la Nouvelle-Zélande, l'Islande, la France, la Hongrie et d'autres pays utilisent déjà l'énergie géothermique pour la production d'électricité, le chauffage des immeubles résidentiels et commerciaux, et les procédés industriels et agricoles. Dans les régions volcaniques, l'énergie géothermique semble renouvelable si l'on contrôle soigneusement les vitesses d'extraction. Celle des bassins sédimentaires n'est pas renouvelable à un rythme suffisant. Des parties du réservoir peuvent alors être refroidies à un niveau tel qu'elles ne se réchaufferont qu'après plusieurs siècles seulement. Les effets environnementaux nuisibles sont rares et résultent habituellement de l'absence d'injection d'eau refroidie.

Alan M. Jessop

Énergie marémotrice Importante source d'ÉNERGIE renouvelable et pratiquement inexploitée produite par la gravité lunaire plutôt que par le rayonnement solaire. On connaît depuis longtemps le potentiel d'HYDROÉLECTRICITÉ des marées. Toutefois, ce type d'énergie est beaucoup plus coûteux que l'énergie produite par les barrages en rivière parce que ces projets exigent la construction de structures imposantes dans un environnement salin hostile. En raison de la faible hauteur d'eau au-dessus des turbines, ces dernières ne produisent que de 25 à 50 MW (10^6 W). Par conséquent, il faut aligner un grand nombre de machines pour produire une quantité suffisante d'énergie. De plus, ces dernières doivent être en mesure de fonctionner tout en résistant aux rigueurs de l'eau de mer.

Cet investissement fait, le flux et le reflux des marées biquotidiennes ne limitent pas moins sévèrement la production moyenne d'énergie électrique, puisque cette dernière est inférieure à 40 p. 100 de la capacité totale des génératrices, tandis que celle des barrages se situe habituellement entre 70 p. 100 et 100 p. 100. Finalement, en raison du cycle lunaire de 24 h 50 min, la production brute d'énergie marémotrice ne reste pas en phase avec la fluctuation normale de la consommation quotidienne d'énergie qui repose sur le cycle solaire. Contrairement à l'énergie produite par les barrages, la quantité quotidienne, mensuelle et annuelle d'énergie marémotrice est complètement prévisible. Elle doit cependant être emmagasinée ou intégrée à d'autres sources d'énergie qui peuvent être ajustées pour compenser ses fluctuations.

Les endroits où l'amplitude de la marée, c.-à-d. la différence entre la marée haute et la marée basse, est assez importante pour justifier l'exploitation de l'énergie marémotrice sont plutôt rares. Pour que la construction d'une installation soit économiquement viable, le site doit offrir des amplitudes d'au moins 5 m, comporter une baie naturelle pouvant retenir une quantité importante d'eau à marée haute et l'installation doit se situer de telle façon que son fonctionnement ne modifie pas de façon significative le système de résonance des marées (*voir* MARÉE).

Les plus fortes marées du monde, dont les amplitudes atteignent assez fréquemment 17 m, se produisent dans le cours supérieur de la baie de FUNDY. On trouve aussi des marées assez importantes dans la BAIE D'UNGAVA et dans les estuaires qui longent les côtes de la Colombie-Britannique. Les côtes de l'Argentine, du nord-ouest de l'Australie, du Brésil, de la France, de l'Inde, de la Corée, de la Grande-Bretagne, de l'ex-URSS, de la Californie, du Maine et de l'Alaska sont d'autres endroits où les littoraux et l'amplitude des marées offrent des sites qui conviennent à l'exploitation de l'énergie marémotrice. On évalue la capacité totale d'énergie marémotrice potentielle dans le monde à un milliard de kilowatts, ce qui correspond à une production annuelle d'énergie de 2 à 3 billions de kWh, soit 10 fois la production totale annuelle d'électricité au Canada.

L'idée d'exploiter l'énergie marémotrice n'est pas nouvelle. Dès le XIIᵉ siècle, on trouve des moulins à marée en Grande-Bretagne, en France et en Espagne. En 1607, à PORT-ROYAL, en Nouvelle-Écosse, on construit un moulin qui fonctionne partiellement avec la marée. Ces moulins ne produisaient que l'équivalent de 20 à 75 kW, soit moins que la puissance disponible dans une voiture compacte moderne. Certains de ces premiers moulins sont maintenant classés monuments historiques.

Installations canadiennes Selon des études détaillées sur les ressources marémotrices de la baie de Fundy, la méthode de production la plus efficace serait de produire de l'énergie pendant environ cinq heures, deux fois par jour, pendant le jusant. Le projet le plus rentable serait situé dans le BASSIN MINAS, à l'embouchure de la baie de Cobequid, dans le cours supérieur de la baie de Fundy. Ce projet aurait la capacité de générer plus de 5300 MW, soit une capacité de production égale à celle de toutes les installations utilisées dans les Maritimes en 1980. Le projet est évalué à 7 milliards de dollars.

Un projet plus modeste est envisagé au bassin de Cumberland, à la frontière du Nouveau-Brunswick et de la Nouvelle-Écosse. Sa capacité de production est d'environ 1400 MW, soit le quart de celle du projet de la baie de Cobequid, mais avec un investissement trois fois moindre. Bien qu'on prévoit que le réseau électrique des Maritimes puisse absorber l'énergie produite, l'importance de l'investissement requis pour réaliser même ce projet plus modeste rend les questions de financement décourageantes. En août 1984, la Société d'énergie marémotrice de la Nouvelle-Écosse a pourtant construit une centrale d'une seule unité de 20 MW dans la partie supérieure de la rivière Annapolis, près d'ANNAPOLIS ROYAL, en Nouvelle-Écosse. Ce projet a été réalisé en grande partie pour illustrer le fonctionnement d'une turbine d'un type particulier (connue sous le nom commercial de Straflo) spécialement conçue pour la marée et d'autres applications de basse chute. Les machines Straflo se distinguent des turbogénérateurs hydroélectriques conventionnels par l'intégration de la turbine et du générateur. Bien que l'amplitude de la marée du bassin d'Annapolis ne soit que de 6,4 m, la centrale, qui n'est munie que d'une grosse turbine de 7,6 m de diamètre, fournit annuellement environ 50 millions de kWh au réseau électrique de la Nouvelle-Écosse.

Technologie La façon la plus pratique de produire l'énergie marémotrice demeure le vieux moulin à marée qui consiste à isoler de la mer un estuaire ou un bassin de marée à l'aide d'une installation comportant une centrale électrique, une section d'écluses et une section de digues résistantes. À marée haute, les écluses sont fermées et la marée descendante crée une différence entre le niveau du bassin et celui de la mer. Lorsque cette différence devient suffisante, on laisse l'eau circuler dans les turbogénérateurs jusqu'à ce que la différence entre les niveaux soit trop faible pour actionner les turbines. Lorsque la marée change et que le niveau de la mer recommence à monter, on ouvre les écluses pour que le bassin se remplisse et on passe ainsi à un autre cycle de production électrique. Ces cycles se produisent deux fois par jour puisque chaque jour lunaire compte deux marées montantes et deux marées descendantes. Grâce à de nouvelles technologies, on peut concevoir des turbines qui produisent de l'électricité ou qui agissent comme des pompes pendant les deux phases de la marée.

Les grands réseaux électriques modernes peuvent facilement absorber la production intermittente d'une usine marémotrice. La production électrique des centrales conventionnelles qui fonctionnent aux combustibles fossiles est réduite lorsque la centrale marémotrice est en phase de production et restaurée lorsque la centrale marémotrice ne produit pas d'énergie. On peut ainsi réaliser des économies substantielles en charbon et en pétrole et, par la même occasion, réduire de façon significative la pollution engendrée par ces combustibles.

Le gouvernement de la Nouvelle-Écosse s'attend à ce que l'énergie marémotrice fournisse, à long terme, suffisamment d'énergie pour répondre aux besoins de la province et de l'exportation. Cependant, en raison de l'incertitude au sujet des coûts et du marché d'exportation de ce type d'énergie, seul le projet pilote d'Annapolis Royal figure dans le programme de développement de la production d'électricité de la Nouvelle-Écosse. Les gouvernements du Nouveau-Brunswick et de la Colombie-Britannique ont aussi envisagé la production d'énergie marémotrice. Par contre, ni l'un ni l'autre ne l'ont incluse dans leurs plans. L'Office considère que le développement éventuel de l'énergie marémotrice n'a pas encore été justifié de façon satisfaisante.

R.H. Clark

Énergie nucléaire C'est l'ÉNERGIE produite par le noyau d'un atome. Sur des étoiles comme le soleil, des paires d'atomes légers (surtout de l'hydrogène) fusionnent et produisent un rayonnement qui atteint la Terre sous forme d'ÉNERGIE SOLAIRE. La FUSION NUCLÉAIRE, c.-à-d. l'union des noyaux atomiques, est une forme d'énergie nucléaire. Une autre forme vient de la division (fission) des atomes lourds comme l'URANIUM. La probabilité que les atomes d'uranium naturel subissent une fission spontanée est très faible. Le cas échéant, une paire d'atomes plus légers, appelés produits de fission, se forme et deux ou trois neutrons (des particules subatomiques provenant du noyau d'origine) sont émis. Les réactions nucléaires sont fondamentalement différentes des autres réactions énergétiques. En effet, la combustion d'un combustible conventionnel ou le passage de l'eau dans un générateur hydroélectrique ne modifie pas les atomes, bien que, dans le cas des combustibles, ils se combinent chimiquement de nouveau. Par conséquent, la quantité de matière ne change pas. Dans le cas des réactions nucléaires, les atomes eux-mêmes sont modifiés et une petite quantité de matière est convertie en énergie.

Pour comprendre comment les processus opposés que sont la fusion et la fission peuvent tous deux produire de l'énergie, il faut une connaissance du principe de la «courbe d'énergie de liaison» et de l'équation «E = mc²» d'Einstein. Les noyaux de tous les atomes sont formés de nucléons. Un nucléon peut être un proton, une particule subatomique possédant une charge électrique positive, ou un neutron, dont la charge est neutre. La masse de tout noyau est légèrement inférieure à la masse totale des nucléons qui le constituent. Cette différence, ou «défaut de masse», représente l'énergie de liaison des nucléons. D'après l'équation d'Einstein, selon laquelle l'énergie (E) égale la masse (m) multipliée par le carré de la vitesse de la lumière (c), même une très petite masse représente une énergie importante. Une masse de 100 kg entièrement convertie en énergie répondrait à l'ensemble des besoins énergétiques des Canadiens pendant un an. Si l'on trace la courbe de l'énergie de liaison par nucléon en fonction du nombre de nucléons d'un noyau, on obtient la courbe arquée de l'énergie de liaison. La courbe débute avec l'hydrogène (un nucléon) et elle monte ensuite brusquement jusqu'à l'oxygène (16 nucléons). Elle monte ensuite moins rapidement jusqu'à l'arsenic (75 nucléons) avant de descendre lentement vers l'uranium (238 nucléons). Ainsi, la fusion de deux noyaux légers en un noyau plus lourd produit une certaine quantité d'énergie de liaison, tandis que la fission d'un noyau très lourd en deux noyaux intermédiaires produit un peu moins d'énergie par nucléon, mais implique un plus grand nombre de nucléons.

Radioactivité C'est la forme d'énergie nucléaire que l'on trouve dans les minerais radioactifs naturels (p. ex., le RADIUM) et dans les radio-isotopes artificiels utilisés à des fins médicales ou industrielles. La plupart des noyaux qui résultent d'une fission sont radioactifs. Tous les noyaux radioactifs sont instables et, tôt ou tard, ils se désintègrent en émettant des particules subatomiques accompagnées de rayons gamma (similaires aux rayons X). La particule émise peut être une particule alpha, une combinaison particulièrement stable de deux neutrons et de deux protons, ou une particule bêta (aussi appelée électron), une particule subatomique de charge négative formée lors de la transformation d'un neutron en proton. Après l'émission, le noyau peut demeurer radioactif ou être stable. Il est impossible de connaître le moment où un noyau radioactif se désintégrera. Toutefois, parmi un grand nombre de noyaux du même genre, la moitié se désintégrera pendant la période propre à ce type de noyau, que l'on appelle période radioactive. La moitié des noyaux qui restent se désintégreront pendant la seconde période radioactive, et ainsi de suite. Par conséquent, après 10 périodes radioactives, il ne restera plus qu'environ un millième de la matière radioactive totale. L'ÉNERGIE GÉOTHERMIQUE, la chaleur qui provient du centre de la Terre et qui atteint la surface, résulte de la désintégration radioactive de noyaux lourds comme l'uranium et est une autre forme d'énergie nucléaire.

Les radio-isotopes sont des sources de chaleur extrêmement fiables pour certaines applications. Un isotope du plutonium (plutonium 238), un sous-produit des réacteurs à fission nucléaire, sert à l'alimentation des stimulateurs cardiaques et des satellites. Le cobalt 60 peut servir à alimenter les bouées de navigation. Les appareils qui utilisent des radio-isotopes émettant des rayons gamma doivent être munis d'un blindage protecteur contre le rayonnement. Il y a une contrainte fondamentale propre aux sources radioactives: plus la radioactivité est intense (donc, plus la chaleur produite est élevée), plus la période radioactive de la source est brève. P. ex., la période radioactive du cobalt 60 est de 5,27 ans. Après cette période, il produit deux fois moins de chaleur et de radiation qu'au début.

Fission nucléaire Ernest RUTHERFORD et Frederick Soddy, de l'U. McGill à Montréal, ont fourni une contribution vitale à la compréhension de la radioactivité au début du XXᵉ siècle. Ce sont eux qui décrivent pour la première fois de quelle façon un noyau d'un élément se transforme pour devenir le noyau d'un autre élément, c.-à-d. par émissions radioactives. En 1904, Rutherford suppose «qu'une énorme réserve d'énergie latente réside dans les atomes des radioéléments» et que cette énergie pourrait être emmagasinée si l'on pouvait maîtriser la vitesse de la désintégration radioactive. Bien qu'il n'ait pas réussi à maîtriser la vitesse de la désintégration, Rutherford a quand même réussi à maîtriser la fission nucléaire. Ce fait, démontré pour la première fois par Enrico Fermi dans un court de squash à l'U. de Chicago en 1942, a donné une grande importance à cette réaction nucléaire.

La maîtrise de la fission repose sur l'existence d'une réaction en chaîne. L'uranium naturel se compose de 99,28 p. 100 d'isotopes d'uranium 238, de 0,71 p. 100 d'uranium 235 et de très petites quantités d'autres isotopes. Lorsque le noyau d'un atome d'uranium 235 est touché par un neutron, les probabilités de fission sont très élevées. Cette probabilité est très faible dans le cas de l'uranium 238. Ce procédé de fission nucléaire induite a été découvert en 1938 par deux Allemands, Otto Hahn et Fritz Strassmann. Lorsqu'un atome d'uranium 235 subit une fission, il émet deux ou trois neutrons. Si l'un de ces neutrons frappe un autre atome d'uranium 235 et en provoque la fission, d'autres neutrons pouvant induire d'autres fissions sont émis, et ainsi de suite. C'est la réaction en chaîne. Ainsi, une fois enclenché, le processus de fission s'entretient lui-même. Si, en moyenne, un seul neutron de chaque fission produit une autre fission, le processus est équilibré et un niveau constant de chaleur est produit. Les autres neutrons s'échappent de la masse d'uranium ou sont absorbés par la matière autre que l'uranium 235 contenue dans la masse. C'est ce qui se produit dans un réacteur nucléaire fonctionnant à un régime stable.

Pour augmenter la puissance, on retire certains absorbeurs de neutrons en compétition pour permettre à la réaction en chaîne de diverger jusqu'à ce que le niveau de puissance requise soit atteint. La production équilibrée de neutrons est ensuite rétablie pour stabiliser le niveau de puissance. Pour diminuer la puissance ou fermer le réacteur, on augmente la quantité d'absorbeurs de neutrons.

Peu importe la quantité d'uranium naturel accumulée, aucune fission significative n'aura lieu parce que l'uranium 235 ne contient pas suffisamment d'atomes fissiles pour alimenter une réaction en chaîne. Les quelques neutrons produits sont absorbés par les atomes d'uranium 238, dont le nombre est beaucoup plus important, et ne sont donc plus disponibles pour provoquer d'autres fissions. Une solution consiste à augmenter artificiellement la proportion d'atomes d'uranium 235, comme c'est le cas dans les usines d'enrichissement de l'uranium qui exploitent les petites différences de propriétés physiques existant entre les deux isotopes d'uranium. Une solution plus ingénieuse consiste à partager l'uranium en petits groupes et à entourer chaque groupe d'un «modérateur» dont le rôle est de ralentir les neutrons émis par un groupe avant qu'ils ne frappent le groupe suivant. Les neutrons lents induisent la fission de l'uranium 235 beaucoup plus facilement que les neutrons rapides. Généralement, les éléments comportant des atomes légers constituent de bons modérateurs. L'eau ordinaire n'a pas la capacité de soutenir une réaction en chaîne d'uranium naturel, le graphite très pur (le carbone) fonctionne beaucoup mieux et l'eau lourde, un mélange de deutérium et d'oxygène, est le meilleur modérateur. Le deutérium, l'isotope lourd de l'hydrogène, est naturellement présent dans l'hydrogène à raison d'une partie pour 7000. On obtient l'eau lourde en enrichissant le contenu en deutérium de l'eau naturelle dans des usines d'eau lourde.

Un neutron absorbé par un atome d'uranium 238 n'est pas perdu, il est simplement emmagasiné. Le noyau composé obtenu se transforme ensuite spontanément par désintégration radioactive en un isotope d'un autre élément, le plutonium 239. Bien que l'uranium 238 ne soit pas fissile, le plutonium 239 l'est. C'est pourquoi on dit de l'uranium 238 qu'il est fertile. Tout comme l'uranium 235, le plutonium 239 peut alimenter une réaction de fission nucléaire. Le thorium, un autre combustible nucléaire naturel qui ressemble un peu à l'uranium 235, est presque entièrement composé de thorium 232, un isotope fertile qui peut produire, par l'absorption d'un neutron, l'uranium 233 fissile. On peut combiner ces combustibles nucléaires de remplacement et les différents modérateurs pour produire de la chaleur et de l'électricité dans les CENTRALES NUCLÉAIRES.

Historique Des réacteurs nucléaires naturels existaient déjà il y a deux millions d'années environ. À cette époque, des réactions nucléaires en chaîne dégageant une chaleur considérable se produisent dans d'importants gisements d'uranium à Oklo au Gabon, dans l'ouest de l'Afrique. Cet événement préhistorique, qui a été découvert récemment à la suite de l'analyse chimique de l'uranium restant, illustre les principes de base de la radioactivité et de la fission. Puisque l'uranium 235 est radioactif et que sa période radioactive est de 0,7 milliard d'années, l'uranium naturel à l'origine de la réaction en aurait contenu plus de 5 p. 100, une concentration fissible suffisante pour alimenter une réaction en chaîne avec l'eau ordinaire comme modérateur.

La réaction nucléaire a probablement commencé à la suite de l'infiltration d'eau souterraine dans le gisement. Lorsque la chaleur produite par la réaction en chaîne et la fission a atteint un niveau suffisant pour faire bouillir l'eau et l'expulser, la réaction s'est arrêtée par le fait même en raison de l'absence de modérateur. Ce cycle s'est probablement répété plusieurs fois, comme un gigantesque percolateur fonctionnant pendant des centaines de milliers d'années. Selon les analyses, le plutonium produit dans ces réacteurs naturels est demeuré prisonnier des gisements d'uranium jusqu'à ce que sa propre radioactivité le désintègre complètement, en dépit de l'absence de dispositifs de rétention intentionnels.

Depuis les premiers travaux réalisés par Rutherford et Soddy, le Canada a contribué de façon significative aux sciences et aux applications reliées à l'énergie nucléaire. En 1933, Gilbert LABINE inaugure la première mine de radium du Canada à Port Radium, dans les Territoires du Nord-Ouest, au Grand lac de l'Ours. L'uranium, que l'on trouve toujours avec le radium, est alors considéré comme un déchet. En 1940, George LAURENCE entreprend des expériences avec l'uranium et le graphite comme modérateur dans les laboratoires du Conseil national de recherches à Ottawa. S'il avait utilisé des matériaux plus purs, il aurait peut-être obtenu une réaction en chaîne avant Fermi. On rouvre la mine de l'ELDORADO GOLD MINES LIMITED à Port Radium en 1942 pour extraire de l'uranium.

En 1943, à titre d'effort de guerre des Alliés, on met sur pied à Montréal une équipe regroupant des chercheurs du Canada et du Royaume-Uni, secondée par une importante participation française, pour développer le concept du réacteur nucléaire à eau lourde. La même année, on produit de l'eau lourde pour la première fois au Canada, à l'usine d'engrais ammoniacal synthétique de la Consolidated Mining and Smelting Corp. de Trail, en Colombie-Britannique, grâce à un processus norvégien. En 1944, C.J. MACKENZIE, alors responsable du programme canadien, écrit avec prévoyance au ministre C.D. HOWE, son supérieur: «Je crois que le Canada a la chance unique de s'engager dans un projet qui non seulement est extrêmement important à court terme du point de vue militaire, mais qui peut révolutionner le monde autant que l'invention de la machine à vapeur et la découverte de l'électricité.»

En 1944, on construit les laboratoires de Chalk River en Ontario et, en 1945, le premier réacteur hors des États-Unis, la pile expérimentale d'énergie zéro. En 1946, W. Bennett LEWIS, qui sera plus tard le principal responsable du développement technique du réacteur nucléaire canadien CANDU, devient le directeur technique de Chalk River, remplaçant John Cockcroft qui prend la direction du programme du Royaume-Uni. Les premiers radio-isotopes produits par le réacteur NRX de Chalk River sont mis en marché en 1949. En 1951, Harold Johns et d'autres mettent au point les premiers appareils de radiothérapie utilisés pour le traitement du cancer dans le monde. Ces appareils fonctionnent avec le COBALT produit par le réacteur NRX et sont installés au Victoria Hospital de London, en Ontario, et à l'University Hospital de Saskatoon, en Saskatchewan.

Depuis lors, le Canada a exporté plus de 1300 appareils et le cobalt nécessaire à leur fonctionnement à plus de 80 pays. On évalue que ces appareils ont épargné 13 millions d'années-personnes en espérance de vie. En 1962, on inaugure la première centrale d'énergie nucléaire au Canada, l'usine pilote de démonstration de l'énergie nucléaire de Rolphton, en Ontario. Cette centrale illustre tous les principes essentiels de la conception du réacteur CANDU.

Avenir Bien qu'il soit encore impossible de maîtriser la fusion, les conditions requises sont assez bien connues. On sait que la fusion des atomes d'hydrogène ordinaire (la réaction qui se produit sur le soleil) serait extrêmement difficile à réaliser. On utilise plutôt les isotopes de l'hydrogène, le deutérium et le tritium dans les expériences sur la fusion. Il semble que la fusion du deutérium avec le tritium soit plus facile à réaliser que la fusion du deutérium avec le deutérium. Il faut d'abord que les atomes de deutérium et de tritium atteignent une température très élevée, environ 100 millions °C. Les atomes doivent ensuite demeurer ensemble assez longtemps pour que la fusion se produise. Ces rencontres se produisent d'autant plus souvent que la population des atomes est plus dense. Les exigences minimales nécessaires pour produire la densité et le temps requis pour la fusion du deutérium et du tritium sont généralement de 10 atomes s/cm^3.

Puisque aucun matériau structural ne peut supporter les températures élevées nécessaires à la réaction de fusion, il fallait découvrir d'autres moyens pour contenir les atomes en réaction. À ces températures, les atomes sont ionisés, c.-à-d. chargés d'électricité, et soumis à des forces lorsqu'ils sont en mouvement dans un champ magnétique. Par conséquent, on peut utiliser des champs magnétiques pour contenir les atomes chauds dans un confinement magnétique. Dans un confinement par inertie, une petite pastille de deutérium-tritium solide est bombardée de tous les côtés par des rayons LASER à haute énergie ou par des particules chargées. Ces rayonnements intenses réchauffent la pastille et, en provoquant des ondes de choc, compriment son volume initial à environ 1/1000. L'augmentation de la densité permet de diminuer la période de confinement nécessaire.

Il est présentement impossible d'en évaluer les coûts, puisque la faisabilité du processus de fusion contrôlée n'est pas prouvée et qu'aucun réacteur à fusion pratique n'existe. Comme dans le cas de l'énergie solaire et de la fission nucléaire, le combustible est abondant et peu coûteux, mais les coûts des installations nécessaires pour obtenir une forme d'énergie utilisable sont appréciables. Bien avant que la fusion ne devienne une source d'énergie de remplacement de la fission, les deux réactions pourraient se compléter dans un système hybride. Tout en produisant de l'énergie, la réaction de fusion fournirait des neutrons à haute énergie qui, par d'autres réactions nucléaires, pourraient être multipliés en plusieurs neutrons de plus faible énergie. Ceux-ci pourraient ensuite être absorbés par des matières fertiles, comme l'uranium 238 ou le thorium, pour produire des matières fissiles qui alimenteraient des réacteurs à fission conventionnels. À cette fin, une autre réaction nucléaire, la spallation, doit être envisagée comme une solution de rechange à la fusion. Dans cette réaction, les atomes lourds (p. ex., le plomb) bombardés de particules légères (p. ex., des noyaux d'hydrogène) émettent des neutrons à haute énergie qui peuvent être utilisés de la même manière pour alimenter le réacteur. Contrairement à la fusion, la spallation a déjà été mise à l'épreuve en laboratoire.

L'énergie nucléaire offre une nouvelle source d'énergie juste au moment où l'on prend conscience des limites des combustibles chimiques (pétrole, gaz naturel et charbon). S'ils sont recyclés, les combustibles nucléaires sont pratiquement inépuisables. Toutefois, le rayonnement de l'énergie nucléaire, comme la chaleur de l'énergie chimique, comporte des avantages et des inconvénients.

Le rayonnement, comme le feu, doit être respecté et non redouté. La vie a évolué dans un milieu où le rayonnement existe depuis la nuit des temps. Le gouvernement fédéral assure la sécurité du public et des travailleurs, et protège l'environnement en réglementant les SERVICES PUBLICS D'ÉLECTRICITÉ, les hôpitaux, les universités et les autres organismes qui utilisent l'énergie nucléaire et les radio-isotopes. Ces règlements reposent sur des normes internationales et, au Canada, leur application relève de la Commission de contrôle de l'énergie atomique. En outre, il y a eu plus de 10 enquêtes publiques au Canada au cours desquelles on a étudié différents aspects de l'industrie nucléaire, allant de la PROSPECTION et de l'EXPLOITATION MINIÈRE de l'uranium à la sécurité des réacteurs nucléaires jusqu'au traitement des déchets nucléaires dangereux (*voir* DÉCHETS DANGEREUX). Toutes ces enquêtes ont indéniablement conclu qu'il était dans l'intérêt du public de poursuivre l'exploitation de l'énergie nucléaire tout en la soumettant à une réglementation appropriée.

J.A.L. Robertson

Énergie nucléaire, centres de recherche en L'agence de recherche d'ÉNERGIE ATOMIQUE DU CANADA LIMITÉE (ÉACL) exploite deux centres de recherche principaux en ÉNERGIE NUCLÉAIRE au Canada: les Laboratoires nucléaires de Chalk River (L.N.C.R.), fondés pendant la Seconde Guerre mondiale sur la rivière des Outaouais à environ 200 km au nord-ouest d'Ottawa, et l'Établissement de recherches nucléaires de Whiteshell, ouvert en 1963 à côté du PARC PROVINCIAL WHITESHELL à 105 km au nord-est de Winnipeg, au Manitoba. Ces deux centres réalisent des programmes de recherche et de développement sur un large éventail de projets liés à l'énergie, au nom d'ÉACL et sous contrat pour des entreprises extérieures et pour des organismes gouvernementaux. Ils étudient aussi la sécurité des réacteurs et les effets du rayonnement sur les cellules vivantes. Des bancs d'essai simulent les conséquences des défaillances du système pour s'assurer de l'exactitude des codes de sécurité et de l'efficacité des caractéristiques techniques liées à la sécurité. Des études sur l'interaction entre le rayonnement et les cellules donnent l'assurance que les codes et les règlements protègent bien les humains.

Le premier grand réacteur de recherche canadien, le NRX, un réacteur de 10 MW qui se sert de l'uranium naturel comme combustible et du deutérium comme ralentisseur, se trouve à Chalk River. Exploités d'abord comme un projet du CONSEIL NATIONAL DE RECHERCHES, les L.N.C.R. deviennent le principal laboratoire d'ÉACL, la société de la Couronne fondée en 1952 pour mettre au point des applications pacifiques de l'énergie nucléaire. Les Alliés ont conçu le NRX pour qu'il produise efficacement du plutonium 239 afin de fabriquer des armes nucléaires. Cependant, après la Seconde Guerre mondiale, les L.N.C.R. orientent leurs recherches vers d'autres domaines. Le NRX est un outil de recherche particulièrement puissant qui attire l'attention du monde entier sur Chalk River dans la période de l'après-guerre. Le NRX et, plus tard, son compagnon encore plus puissant, le NRU, donnent naissance à une technologie. Les concepteurs du système canadien à énergie nucléaire, le CANDU, s'appuient largement sur l'expérience de Chalk River pour former les ingénieurs et les technologues des compagnies du secteur privé qui fourniront le combustible

et les composants pour le CANDU (*voir* CENTRALES NUCLÉAIRES).

Ces réacteurs produisent aussi des radio-isotopes qu'on utilise en médecine pour les diagnostics et les thérapies. W. Bennett LEWIS, directeur technique des L.N.C.R. de 1946 à 1976, a profondément marqué les Laboratoires et le CANDU. Sous sa direction, les Laboratoires passent d'un projet devant durer le temps d'une guerre et être doté d'un personnel professionnel et de soutien de 200 à 300 personnes à un centre scientifique de niveau international qui fait grandement progresser la physique, la chimie, la biologie ainsi que la technologie et l'ingénierie nucléaires. Le nouveau cyclotron supraconducteur à accélérateur tandem (TASCC), qui est conçu et construit dans les Laboratoires de Chalk River, deviendra une installation canadienne importante pour la recherche en physique nucléaire. La recherche en génétique a mis en lumière les processus de réparation des cellules vivantes endommagées et éclaire d'un jour nouveau la base génétique de la susceptibilité au cancer. On trouve d'anciens scientifiques et ingénieurs de Chalk River dans les universités, dans l'industrie et dans les services gouvernementaux au Canada et aux États-Unis. Des techniques et des dispositifs mis au point à Chalk River, tels que ceux pour la thérapie du cancer, l'analyse par activation neutronique et la mesure du rayonnement, sont utilisés dans le monde entier.

L'Établissement de recherches de Whiteshell emploie environ mille scientifiques, ingénieurs et employés de soutien. Une des premières réalisations du centre est le WR-1, un réacteur de recherche de 40 MW ralenti avec de l'eau lourde, mais refroidi par un liquide organique non corrosif spécial: l'OS-84 qui peut atteindre une température de 400 ºC sans bouillir. Un petit réacteur de démonstration conçu pour être un simple groupe électrogène nucléaire pour chauffer des immeubles et des institutions fonctionne maintenant à l'Établissement de recherches. Il servira à chauffer les immeubles du centre. De tels réacteurs pourraient aussi produire de l'électricité pour les communautés isolées. En collaboration avec des universités et les autorités fédérales et provinciales, l'Établissement de recherches évalue diverses solutions pour le rejet de DÉCHETS DANGEREUX tels que les sous-produits radioactifs de la production d'énergie nucléaire. À proximité, le Laboratoire de recherche souterrain est un centre qui se consacre à la recherche en sciences de la Terre et qui est utilisé pour mettre au point des technologies relatives à l'élimination des déchets des combustibles nucléaires.

F.H. Krenz et D.K. Evans

Énergie solaire Rayonnement électromagnétique (comprenant les lumières infrarouge, visible et ultraviolette) libéré par les réactions thermonucléaires dans le noyau du soleil. L'énergie solaire est la source de toute forme d'ÉNERGIE consommée par les humains, sauf dans quelques exceptions telles que l'ÉNERGIE NUCLÉAIRE et l'ÉNERGIE GÉOTHERMIQUE. Les formes d'énergie indirectes comprennent l'HYDROÉLECTRICITÉ, l'énergie thermique des océans, l'ÉNERGIE MARÉMOTRICE et l'ÉNERGIE ÉOLIENNE. Le soleil alimente aussi le procédé de la photosynthèse, la source initiale de l'énergie contenue dans la BIOMASSE, la TOURBE, le CHARBON et le PÉTROLE. Cependant, on réserve habituellement l'expression «énergie solaire» à la partie de l'énergie rayonnée par le soleil et utilisée dans un but particulier grâce à des dispositifs créés par l'homme.

On fait une distinction plus poussée entre les systèmes solaires «actifs» et les systèmes solaires «passifs»: les premiers captent l'énergie grâce à des dispositifs mécaniques (p. ex., des collecteurs sur le toit ou des miroirs focalisants); les seconds intègrent des principes liées au soleil (p. ex., dans la conception d'immeubles à fenêtres tournées vers le sud) sans système mécanique particulier. La plupart des statis-

tiques sur l'énergie ne considèrent que les systèmes d'énergie solaire actifs et minimisent donc grandement l'importance de l'énergie solaire. L'énergie solaire active ne constitue qu'une minuscule fraction de l'énergie consommée au Canada, mais certaines études prévoient qu'elle pourrait satisfaire jusqu'à 5 p. 100 des besoins énergétiques du pays en 2025.

La faible intensité et la grande variabilité de l'énergie solaire active ont restreint sa consommation au Canada. La plupart des applications exigent que l'énergie soit concentrée en quantités suffisantes et qu'un système permette de l'emmagasiner (ou qu'une source d'énergie auxiliaire prenne la relève) lorsqu'il fait nuit ou que le ciel est nuageux. Des technologies ont été créées pour cela mais, jusqu'à maintenant, la plupart d'entre elles sont trop coûteuses et trop peu éprouvées pour une utilisation à grande échelle. Au Canada, les principales applications de la technologie de l'énergie solaire sont le chauffage ambiant et le chauffage domestique de l'eau ainsi que le séchage des récoltes et du bois.

Des cellules photovoltaïques sont utilisées dans certaines régions reculées du Canada pour alimenter les émetteurs radio et les aides à la navigation, mais leur coût trop élevé empêche de les utiliser à grande échelle. Ces cellules servent aussi dans de nombreux dispositifs électroniques grand public tels que les calculatrices et les montres. D'autres pays ont conçu des systèmes solaires produisant de la vapeur pour faire fonctionner des génératrices électriques classiques, mais le Canada n'exploite pas cette voie. Aux latitudes nordiques, la ressource solaire varie trop d'une saison à l'autre pour qu'on exploite les nombreuses applications mises au point ailleurs. Au nord du CERCLE ARCTIQUE, le soleil reste en effet au-dessous de l'horizon durant certaines périodes hivernales.

L'avenir Le soleil fournit de l'énergie solaire à toutes les régions du Canada. La consommation directe de cette énergie ambiante réduit de beaucoup les besoins en systèmes coûteux et inefficaces de transport et de distribution. Les immenses zones reculées du Canada, où le prix de l'énergie non renouvelable classique est élevé, offre des possibilités de mise au point et d'utilisation de nombreuses technologies solaires rentables. Bien que le soleil fournisse sans cesse une énergie gratuite, le coût en capital de l'équipement de captage est élevé; toutefois, si on le compare au coût marginal des sources classiques, il est moindre. De simples systèmes de chauffage passif n'augmenteraient pas le coût des immeubles que de 1 à 5 p. 100.

Habituellement, la récupération des frais d'exploitation initiaux des systèmes actifs grâce aux économies de carburant ne se fait qu'au bout de plusieurs années. Tant que ses structures de soutien économiques n'égaleront pas celles des sources d'énergie classiques, l'énergie solaire aura du mal à faire sa place de manière concurrentielle, sauf dans les endroits reculés ou dans certaines petites applications. Cependant, une fois le système installé, le coût de livraison de l'énergie est stable et à l'abri des fluctuations commerciales des ressources énergétiques non renouvelables classiques. Associée à la Société internationale d'énergie solaire, la Société d'énergie solaire du Canada est une organisation technique nationale. Elle encourage la sensibilisation relative aux aspects de la consommation de l'énergie solaire et la diffusion d'information sur cette énergie. L'Association des industries solaires du Canada est un regroupement de fabricants qui fait la promotion de son développement industriel.

Richard Kadulski

Energy Resources Conservation Board Fondé par le gouvernement de l'Alberta en 1938, l'agence, d'abord nommée Petroleum and Natural Gas Conservation Board, a alors comme rôle de faire respecter les bonnes procédures de développement et de production du gaz et du pétrole dans toute la province, et de faire cesser le brûlage en pure perte du gaz naturel de Turner Valley. Cet organisme indépendant et presque judiciaire établit et fait appliquer des politiques pour la conservation efficace des ressources pétrolières et gazières de l'Alberta. Depuis la période d'excès de capacité de production à la suite de l'importante découverte de LEDUC en 1947, il réglemente les taux de production, ce qui permet à tous les producteurs d'accéder équitablement aux marchés. Il s'assure aussi que seul le gaz naturel produit en excès par rapport aux besoins à long terme de l'Alberta est vendu à l'extérieur de la province.

En 1971, l'organisme voit son mandat étendu aux pipelines, au charbon et à l'électricité, et il est renommé Energy Resources Conservation Board. Il est composé d'au plus six membres désignés par le Cabinet et des lois provinciales précisent ses responsabilités. Soutenu par un important personnel technique et professionnel, il doit réglementer le fonctionnement des installations de production d'énergie existantes, évaluer les nouveaux projets de production d'énergie ou les projets d'expansion existants et statuer à leur sujet. Ses décisions, sans appel dans de nombreux domaines, doivent néanmoins être accompagnées de recommandations adressées au gouvernement quand elles portent sur des sujets ayant des conséquences d'une grande portée. Les audiences publiques font partie du processus lorsque les questions sont complexes ou controversées. L'organisme fournit également des statistiques et des renseignements détaillés au public, au gouvernement et aux industriels sur tous les aspects du secteur des ressources énergétiques de l'Alberta.

David H. Breen

Enfance, histoire de l' La biologie ainsi que les lois et les coutumes des diverses cultures régissent la situation de l'être humain dans son enfance. Les façons dont la biologie et la culture s'allient chez les enfants changent avec le temps: l'histoire de ces changements constitue l'histoire de l'enfance. Le nouveau-né est sans ressources, et ce n'est que graduellement qu'il apprend à prendre soin de lui-même. Au cours de la petite enfance et de l'enfance, il est exposé à une multitude de maladies. On estime que, jusqu'au début du XXe siècle, au moins un enfant sur sept au Canada mourait avant d'atteindre l'âge d'un an et que le même nombre succombait à la maladie avant l'âge de sept ans.

L'hérédité compte dans la croissance physique des enfants, mais cette croissance est largement tributaire des conditions matérielles de vie. L'amélioration des conditions de vie et de l'alimentation ont permis au Canada de se rapprocher plus que jamais des conditions optimales de croissance physique des enfants. Ainsi, au milieu du XIXe siècle, il arrivait que des jeunes garçons de milieux ouvriers n'atteignent pas leur taille adulte, relativement petite d'ailleurs, avant l'âge de 25 ans. De nos jours, les jeunes Canadiens grandissent plus rapidement, arrivent à la puberté beaucoup plus tôt, la terminent plus vite et atteignent une taille plus grande que les générations précédentes.

Au point de vue biologique, les caractéristiques de l'enfance sont presque identiques partout, mais les coutumes et les lois de chaque société font que l'enfance est très différente d'un endroit à l'autre, ainsi que dans un même lieu à des époques différentes. Le premier bébé né dans ce qui est aujourd'hui le Canada est probablement l'enfant d'un couple qui se dirigeait vers l'est le long des côtes de l'océan Arctique, il y a plus de 30 000 ans. Bien que nous ignorions tout de l'enfance chez les premiers habitants du pays, nous avons de meilleures connaissances de l'enfance chez les autochtones, qui en sont les successeurs. Les enfants des familles autochtones devaient apprendre les coutumes de sociétés complexes. Ces coutumes variaient au moins autant d'un groupe linguistique ou d'une nation à l'autre que les techniques de puériculture dans les nations modernes. Les modes de subsistance des tribus constituaient une dimension importante de l'enfance chez les autochtones: il fallait être chasseur chez les Pieds-Noirs, agriculteur chez les Hurons, pêcheur chez les Kwakiutl, et pêcheur, cueilleur et chasseur chez les Micmacs.

Au centre de la côte ouest, les Kwakiutl vivent dans des *numaym*, maisonnées comptant jusqu'à 100 personnes. Des sages-femmes aident aux accouchements. Quatre jours après sa naissance, le nouveau-né reçoit un premier nom et passe la première année de sa vie dans un panier que sa mère porte sur le dos. À son premier anniversaire, il reçoit un nouveau nom. On roussit les cheveux des garçons et on leur perce nez et oreilles. Plus tard, les enfants issus de la meilleure société reçoivent d'autres noms qui appartiennent à leur famille et qui semblent correspondre au caractère qu'ils ont commencé à manifester. On souligne chaque nouveau nom par un POTLATCH, cérémonie au cours de laquelle on remet des cadeaux. Chaque *numaym* déménage plusieurs fois par année dans un des cinq à sept emplacements que possède le chef. Dans une société très consciente des droits de propriété, on enseigne aux enfants à repérer les endroits propices à la pêche ou à la cueillette de comestibles, et l'emplacement des villages d'hiver. Par l'observation et l'apprentissage, les enfants deviennent habiles dans certains travaux: fabrication d'outils en bois, en pierre, en os et en métal; construction de maisons longues, de canots et de coffres de bois à l'épreuve de l'eau; conservation et entreposage de la nourriture; sculpture de totems et de masques; tissage de tabliers, de capes et de couvertures. Les enfants d'un CHAMAN (guérisseur) se soumettent à un cycle d'apprentissage rigoureux pour maîtriser les rituels, sorts et danses propres à leur famille. Chez les Kwakiutl, les enfants des familles aisées de la haute société apprennent le protocole complexe de la cérémonie du potlatch, les danses et les chants qui leur sont réservés, et le récit de leur arbre généalogique. Tous les enfants apprennent les concepts religieux, la mythologie, les tabous, les noms familiers et les noms d'hiver des personnes de leur *numaym* et de celles des environs.

À l'âge de la puberté, le jeune garçon s'isole et jeûne avant la cérémonie au cours de laquelle il recevra un nom qui correspond à ses talents. Les jeunes filles, pour leur part, sont soumises à un régime complexe régi par les tabous et comportant des périodes de réclusion et de jeûne.

L'enfance chez les autochtones subit des transformations à chaque génération. Conséquemment à l'acquisition de chevaux vers 1730, le mode de vie des Pieds-Noirs se transforme de façon spectaculaire. Les garçons en particulier doivent développer de nouveaux talents et apprendre des rituels et des tabous associés aux soins des chevaux, à la chasse et à la guerre à cheval monté à cru. De plus, le contact avec divers groupes de marchands et de colons européens modifie à nouveau la vie des enfants autochtones.

En Nouvelle-France, la mère accouche à la maison, assistée d'une sage-femme. En général, elle allaite son bébé ou le fait allaiter par une nourrice jusqu'à l'âge de 14 mois environ. Trois ou quatre jours après la naissance, les parents accompagnés du parrain et de la marraine font baptiser le nouveau-né par le prêtre le plus proche. Les nourrissons sont emmaillotés ou langés. L'enfant dort dans un berceau en bois et on lui donne un hochet pour jouer. Une famille moyenne en Nouvelle-France a six enfants. Un peu avant d'avoir sept ans, l'enfant est censé atteindre l'âge de raison et entre dans la phase de la tendre jeunesse. À peu près à la même époque, il commence à contribuer au bien-être de la famille en prenant soin de ses frères et sœurs plus jeunes, en éloignant les oiseaux des récoltes et en rassemblant les vaches.

À mesure que l'enfant grandit, ses parents lui confient d'autres responsabilités. Les enfants travaillent souvent du lever du jour jusqu'à la tombée de la nuit: ils commencent par allumer les feux le matin, vident les pots de chambre dans les cabinets à l'extérieur, rentrent le bois et l'eau, balaient les planchers et lavent les bottes salies par la boue. Ils nettoient les étables et s'occupent des animaux. Ils aident aux semailles et à l'entretien du jardin. À la fin de l'été et durant l'automne, toute la famille participe aux récoltes, qui constituent un travail ardu. À l'adolescence, la plupart des filles et des garçons savent déjà comment tenir une maison et s'occuper de la ferme, capacité reconnue par le droit légal qu'ils ont de se marier à l'âge de la puberté (12 ans pour les filles, 14 ans pour les garçons). En pratique, ils sont très peu nombreux à le faire. On reconnaît leur plus grande maturité en leur confiant des responsabilités accrues. Ainsi, à 16 ans, les garçons s'enrôlent dans la milice et commencent l'apprentissage d'un métier. Même si la plupart des jeunes gens de la Nouvelle-France attendent d'avoir 25 ans pour se marier (l'âge moyen du mariage entre 1700 et 1730 est de 22,4 ans chez les femmes et de 26,9 ans chez les hommes), ils deviennent des adultes autonomes vers l'âge de 20 ans. Le taux élevé de mortalité est un facteur qui accélère la maturité, la moitié des adolescents de la colonie n'ayant qu'un parent vivant.

À la fin du XVIIIe siècle et au début du XIXe siècle, l'enfance chez les loyalistes, puis chez les colons anglais se déroule sensiblement de la même manière qu'à l'époque de la Nouvelle-France: le travail des enfants est nécessaire et très apprécié. Puisqu'il est facile de les nourrir et de les vêtir à même les produits de la propriété familiale, les enfants deviennent vite une aide plutôt qu'une charge économique. Des voyageurs observent que les enfants canadiens, tant français qu'anglais, semblent plus indépendants et autonomes que les enfants européens.

Au XIXe siècle, l'école devient un élément primordial de l'enfance. Vers 1800, seulement un petit nombre, surtout des garçons, peut acquérir une certaine instruction. Vers 1900, la majorité des enfants fréquentent l'école publique et gratuite pendant quelques années; bon nombre vont à l'école de 5 à 16 ans. Ce changement bénéfique est attribuable en partie aux nouvelles attitudes qui prévalent en Europe occidentale et en Amérique du Nord, où l'enfance est vue comme un stade de la vie pendant lequel il faut améliorer la protection, l'hébergement, l'apprentissage et l'éducation. Les nouvelles attitudes touchent tous les enfants, mais nous en voyons la preuve surtout dans le cas des enfants pris en charge. Les Canadiens fondent des établissements spécialisés pour les orphelins et les enfants dont les parents sont incapables de s'occuper. La mentalité évolue avec les conditions économiques. Plusieurs facteurs permettent aux enfants d'aller à l'école, dont la stabilité et la densité de la population, ainsi que l'amélioration des routes. De plus, comme les fermes sont mieux organisées, on peut davantage se passer de l'aide des enfants pour au moins une partie de l'année. Par ailleurs, les parents prennent conscience de l'importance croissante de l'éducation et de l'alphabétisation, qui ne sont pas un luxe mais pratiquement une nécessité pour beaucoup d'emplois, dans une société où le commerce et l'industrie prennent leur essor.

La croissance des villes et des industries change le rythme des cycles saisonniers des travaux (agriculture, pêche, coupe du bois, piégeage). La maison n'est plus le lieu principal de production. La hausse du niveau de vie permet aux familles de consacrer une plus grande partie de leurs revenus à l'amélioration de la qualité de vie. Elles emménagent dans des maisons plus vastes, améliorent leur alimentation et gardent les enfants plus longtemps hors du marché du travail. Les pères occupent des emplois qui les retiennent à l'extérieur 60 heures par semaine et les mères, à la maison, doivent assumer seules et plus longtemps la plupart des responsabilités inhérentes à l'éducation des enfants.

Le public se préoccupe davantage d'améliorer l'éducation et les soins des enfants. Vers les années 20, un peu plus tard au Canada français, des politiques et des programmes sociaux nouveaux sont proposés au Canada anglais. Des travailleurs sociaux essaient d'abord d'apporter un soutien aux familles qui élèvent déjà assez bien leurs enfants. Par leur travail d'hygiène publique, ils tentent d'augmenter les chances de survie des enfants, s'efforcent d'établir un système d'éducation qui, en plus de l'enseignement élémentaire, préparera les jeunes filles à leur rôle de mère et de maîtresse de maison, enseignera aux garçons sobriété et honnêteté, et fera d'eux de bons pères et de solides soutiens de famille. Des réformateurs cherchent à améliorer le milieu matériel et social de la famille et des écoles; ils aménagent et surveillent aussi des parcs et des terrains de jeux, et donnent leur appui à de nouvelles organisations comme les scouts (*voir* SCOUTS CANADA) et les GUIDES.

Les réformateurs sociaux s'efforcent aussi d'aider les enfants et les familles qui connaissent des problèmes particuliers. Pour que certaines familles qui hésitent à envoyer leurs enfants à l'école bénéficient du système scolaire, ils militent en faveur de la réglementation du travail des enfants (*voir* ENFANTS AU TRAVAIL), de la fréquentation scolaire obligatoire et de la nomination d'agents chargés du contrôle des absences. Pour prévenir la rupture des familles lorsque le père meurt ou devient invalide, ils mènent des campagnes pour que les travailleurs blessés au travail soient indemnisés et pour que les mères reçoivent une pension. Des lois sur le travail en usine et des lois contre les ateliers de misère sont adoptées pour protéger la santé des mères et des enfants de la classe ouvrière, et quelques SERVICES DE GARDE sont organisés. On fournit du lait ou des repas chauds dans certaines écoles, et on recueille des fonds pour procurer aux enfants pauvres et à leurs parents des vacances hors de leur milieu une fois par an.

Les réformateurs sociaux expérimentent aussi de nouvelles façons de venir en aide aux jeunes dont les parents ne veulent pas ou ne peuvent pas s'occuper. Ils commencent à contester la pertinence des longs séjours des enfants dans des établissements construits au XIXe siècle. On met lentement fin à la pratique odieuse du «parcage d'enfants» dans des hospices pour enfants trouvés. On institue plutôt des services d'ADOPTION des enfants illégitimes par des familles et on légitime les enfants des parents qui se marient après coup. Certains législateurs, soucieux du mieux-être de la société, retirent aux établissements, pour les confier aux familles, le soin des enfants errants, orphelins, négligés, attardés, «incorrigibles» ou délinquants (*voir* DÉLINQUANCE JUVÉNILE). Ils adoptent à l'ordre fédéral la *Loi sur les jeunes délinquants* et établissent un réseau de tribunaux juvéniles, de foyers de détention et d'agents de probation pour détourner les jeunes délinquants d'une vie de criminel. Entre 1920 et 1970, les Canadiens s'efforcent de rendre tous ces programmes efficaces, propres à influer sur la vie de tous les jeunes. (*Voir aussi* ENFANTS MALTRAITÉS et ENFANCE, SERVICE D'AIDE À L'.)

Neil Sutherland

Enfant de Taber En 1961, des fragments du crâne d'un jeune enfant sont découverts sur la rive de la rivière Oldman, près de TABER (Alberta). Cette découverte suscite une controverse archéologique, puisque les os sont supposés provenir de dépôts géologiques qui datent de 20 000 à 40 000 ans. Si tel est le cas, le site de l'Enfant de Taber serait beaucoup plus ancien que la date d'arrivée des premiers humains dans le Nouveau Monde, généralement évaluée à 10 000 ans avant notre ère.

Les fouilles subséquentes de ce site n'ont pas permis de découvrir d'autres ossements humains. Toutefois, deux analyses récentes (évaluation des protéines osseuses et datation par la nouvelle technique de l'accélérateur du carbone 14) montrent que les

spécimens osseux remontent plus probablement à 4000 ans, donc à une époque où les peuples préhistoriques sont déjà bien établis dans les plaines canadiennes.

Jack Brink

Enfants au travail L'attitude envers le travail des enfants (emploi régulier de garçons et de filles de moins de 15 ou 16 ans) a changé radicalement depuis la fin du XVIIIe siècle. À l'époque, on admettait généralement qu'à partir de sept ans l'enfant devait contribuer au revenu familial (*voir* ENFANCE, HISTOIRE DE L'). Dans la plupart des cas, cela signifiait participer aux travaux ménagers, mais il pouvait aussi s'agir d'occuper un emploi rémunéré à l'extérieur du foyer. Une telle activité pouvait aussi inclure l'acquisition de techniques utiles pour l'âge adulte et même la possibilité d'un apprentissage formel. Le travail des enfants a apporté une contribution considérable à la civilisation autochtone et aux sociétés de la Nouvelle-France et du Canada anglais à leurs débuts.

Au XIXe siècle et au début du XXe siècle, la plupart des enfants canadiens, qui représentaient autrefois des biens économiques, deviennent des fardeaux financiers pour leur famille. Les garçons et les filles consacrent de plus en plus de temps à l'acquisition d'une formation scolaire. Dès 1911, au Canada, environ 85 p. 100 des enfants de 10 à 12 ans vont à l'école. Le pourcentage des enfants de 13, 14 et 15 ans qui sont en classe est respectivement de 78, 63 et 42 p. 100. Quant à celui des garçons âgés de 10 à 14 ans qui occupent un emploi rémunéré, il chute de 25 p. 100 en 1891 à 5 p. 100 en 1911, quoique celui des filles demeure stable à 2 p. 100. Un indice important de la baisse du pourcentage d'enfants au travail est l'augmentation constante du pourcentage des enfants qui fréquentent l'école.

Les possibilités de décrocher un emploi rémunéré sont probablement plus nombreuses pour la minorité des enfants qui ne vont pas à l'école. À partir du milieu du XIXe siècle, le Canada entre dans l'ère de l'industrialisation et de l'urbanisation. Avec l'augmentation du pourcentage de la population urbaine d'environ 17 p. 100 lors de la Confédération, en 1867, à plus d'un tiers en 1901 et à près de 50 p. 100 vers 1921, de nouveaux emplois sont offerts aux enfants dans les filatures de Montréal, les entreprises de Hamilton, les mines du Cap-Breton et de la Colombie-Britannique et les petites usines des Maritimes. Tandis que le nombre des enfants de 10 à 14 ans qui sont employés en agriculture chute de 62 700 en 1891 à 5 400 en 1911, le total des enfants employés dans d'autres secteurs, surtout dans le commerce et l'industrie, passe de 13 000 à environ 20 000.

Une combinaison de plusieurs facteurs met fin au travail des enfants au Canada. Nombre d'emplois étaient sans avenir; il s'agissait de postes inférieurs, mal payés, sans aucune possibilité d'avancement. Certains, comme les emplois de messager ou de vendeur de journaux, ne mènent pas à des emplois pour adultes. De plus, la plupart des enfants qui travaillent viennent de la classe ouvrière et constituent donc une clientèle de choix pour les réformateurs de la classe moyenne bien décidés à améliorer la société canadienne. Tout en encourageant la fréquentation scolaire obligatoire et la prise de mesures visant à combattre la délinquance juvénile, les réformateurs cherchent à faire interdire le travail des enfants. En dépit de l'adoption, dans les années 1870 et 1880, des premières lois provinciales réglementant le travail des enfants dans les usines et les mines, il faut attendre au siècle suivant pour voir l'entrée en vigueur de l'interdiction du travail des enfants.

En 1929, les enfants de moins de 14 ans ne peuvent plus accéder à un emploi dans les usines et dans les mines de la plupart des provinces. Puis vient la CRISE DES ANNÉES 30, pendant laquelle beaucoup d'adultes recherchent des emplois auparavant occupés par des enfants dans une large mesure. En

1931, entre 96 et 97 p. 100 des enfants de 9 à 12 ans fréquentent l'école, et le pourcentage de ceux qui sont âgés de 13, 14 et 15 ans connaît une hausse spectaculaire par rapport aux deux décennies précédentes, atteignant 93 p. 100, 83 p. 100 et 67 p. 100. Durant la Seconde Guerre mondiale, de nombreux enfants entrent sans doute sur le marché du travail, contrevenant ainsi à la loi sur la fréquentation scolaire. On estime cependant que, depuis la guerre, les femmes remplacent les enfants comme participantes à temps partiel au revenu familial.

L'emploi des enfants existe encore au XXe siècle, sous des formes moins visibles. Entre l'année de la Confédération et le milieu des années 20, quelque 80 000 enfants britanniques, âgés pour la plupart de moins de 14 ans, sont amenés au Canada par des organismes humanitaires désireux de leur donner un nouveau départ loin de leur milieu ouvrier d'origine. La plupart sont engagés comme apprentis dans des familles rurales et deviennent habituellement des journaliers plutôt que des enfants adoptés. La sensibilisation croissante à leur situation aboutit à l'interdiction de l'immigration des enfants en 1925. (*Voir aussi* ENFANTS IMMIGRANTS.)

Jean Barman

Enfants immigrants Le 14 avril 1826, un magistrat de police londonien peu connu, Robert Chambers, fait part à un comité d'émigration du Parlement britannique de l'observation suivante: «Je trouve qu'il y a trop d'enfants à Londres.» Chambers se dit préoccupé par le nombre de jeunes, victimes de la pauvreté chronique sévissant dans la partie est de Londres, qui mendient dans les rues et couchent dans les caniveaux. Il formule une recommandation à laquelle d'autres avaient peut-être déjà pensé et qui deviendra réalité quelques décennies plus tard au cours de l'un des mouvements les plus radicaux de l'histoire de l'émigration. Chambers recommande que les enfants britanniques excédentaires soient envoyés au Canada pour aller travailler dans des fermes.

Quatre décennies plus tard, en 1859, quatre femmes, que l'on considère comme les visionnaires sociales de l'époque, se tiennent prêtes à réaliser ce projet et ouvrent des refuges à Londres et à Liverpool. En fait, ces refuges servent à regrouper les enfants avant de les envoyer outre-mer afin, pense-t-on, qu'ils puissent trouver au Canada un avenir meilleur.

La plus connue de ces quatre femmes est Annie Macpherson qui, avec l'aide de ses sœurs Rachel et Louisa, envoie près de 14 000 enfants au Canada pendant plusieurs décennies. Il y a aussi Maria Rye, femme de tête, dont les enfants, toutes des filles, sont envoyés de Londres à leur «foyer occidental» situé à Niagara-on-the-Lake, en Ontario. C'est de là que l'on répartit les filles qui sont censées aller travailler comme aides domestiques, mais qui finissent habituellement comme main-d'œuvre agricole dans les fermes du sud de l'Ontario.

À son apogée, dans les années précédant et suivant immédiatement l'année 1900, des dizaines de personnes et de petites organisations envoient des enfants au Canada. La plupart sont des jeunes dont les parents vivent dans la pauvreté ou que leurs parents ont abandonnés, enveloppés dans des couvertures ou dans des paniers, et qui sont trouvés là où leurs parents les ont laissés avec l'espoir que quelqu'un puisse en prendre soin.

La personne la plus connue de l'histoire de l'émigration enfantine est Thomas John Barnardo, dont l'œuvre, commencée en 1870, prend de l'envergure grâce à un inlassable travail. N'ayant pu réaliser son rêve d'aller travailler comme missionnaire en Chine, Barnardo, diplômé en médecine et en théologie, crée plusieurs refuges pour les enfants dans les quartiers pauvres et populeux de la partie est de Londres. Dans toute l'histoire de ce type d'émigration, l'organisation de Barnardo envoie quelque 30 000 enfants au Canada, dans des foyers qu'il a établis à Peterborough et à Toronto et, pendant un certain temps, dans une ferme qu'il ouvre à Russell, au Manitoba.

Ces enfants (dont la majorité ont en moyenne entre 8 et 16 ans, malgré que bon nombre d'entre eux soient arrivés au Canada âgés de 4 et 5 ans à peine) sont presque toujours accueillis en Ontario, dans des foyers situés à Belleville, à Stratford, à Niagara-on-the-Lake et à Toronto. Leur arrivée par bateau est signalée par des annonces publiées dans les journaux locaux afin d'inviter les fermiers de la région à visiter le foyer d'accueil pour y trouver un «garçon de ferme» ou une «fille de ferme».

L'enfant est rarement adopté, il est plutôt engagé sous contrat. Quant au fermier, il doit lui fournir, en retour, le logement, une modeste allocation (déposée dans un compte en fiducie jusqu'à ce que l'enfant atteigne sa majorité) et lui permettre d'aller à l'école. Très souvent, ces engagements ne sont pas ou sont très peu respectés. Il y a, comme on peut s'y attendre, de très nombreux cas d'abus de toutes sortes: physiques, psychologiques et cruauté mentale. On retourne souvent des enfants au foyer sous prétexte qu'ils sont trop petits, trop lents ou ont un caractère trop difficile.

Dans de nombreux cas, ceux qui envoient les enfants et ceux qui surveillent leur placement sont poussés par des intentions nobles. Ils croient que la vie au grand air, le travail exigeant et une discipline saine assureront à ces enfants un plein épanouissement. Souvent, trop souvent même, ces gens se créent des chimères, n'ayant aucune idée des besoins d'un enfant et ignorant les conditions dans lesquelles ces enfants sont placés.

Dès les premières années, cette pratique, qui consiste à envoyer des enfants de l'Angleterre au Canada, fait l'objet d'une enquête et est un sujet très controversé. Quatre ans seulement après sa mise en œuvre, un commissaire britannique vient séjourner pendant plusieurs semaines au Canada pour visiter les foyers d'accueil et les fermes où ces enfants sont placés. Il se montre très critique à l'égard du caractère aléatoire de toute l'opération, tant en ce qui a trait au choix des familles qui accueillent ces enfants sur leur ferme qu'à la surveillance ultérieure de leur placement par les foyers d'accueil, surveillance qui, dans le cas de Maria Rye, est totalement inexistante. La demande pour une main-d'œuvre à bon marché exerce toutefois une forte influence sur cette pratique qui se poursuit pendant les premières décennies du XXᵉ siècle, malgré les critiques vives dont elle fait l'objet.

Certains jeunes s'en tirent passablement bien. Dans la plupart des cas, il s'agit d'enfants qui, étant trop jeunes pour travailler, sont accueillis dans des familles simplement comme des enfants, non pas comme des ouvriers. Outre le fait que de nombreux jeunes souffrent d'abus physique ou psychologique graves (ils se retrouvent isolés sur des fermes avec pratiquement aucune surveillance, où les ouvriers agricoles adultes sont souvent des vagabonds indésirables), la pratique d'émigration des enfants en soi doit être considérée avec un profond scepticisme. Elle déracine des enfants pendant la période la plus cruciale de leur vie, les envoie comme de la marchandise, les place dans un milieu étranger afin de les faire travailler. En somme, ces enfants se font voler leur enfance.

Dès le début des années 20, des voix importantes au Canada commencent à se faire entendre et à remettre en question le principe de l'immigration enfantine. Au cours de l'été de 1924, Charlotte WHITTON, directrice du Conseil canadien pour la sauvegarde de l'enfance, affirme que ces pratiques sont inhumaines. James S. WOODSWORTH, député fédéral respecté et par la suite premier chef de la Co-operative Commonwealth Federation (CCF), prend position à la Chambre des communes et affirme: «Nous amenons des enfants au Canada sous le couvert de la philanthropie, et nous en faisons une main-d'œuvre à bon marché.»

Aussi en 1924, la Bondfield Commission vient d'Angleterre avec les mêmes objectifs que ceux de la British Commission, composée d'un seul homme qui, dès les premières années de l'émigration enfantine, était venu inspecter les foyers et s'assurer du bien-être des enfants. En novembre de la même année, elle est d'avis que seuls les enfants de plus de 14 ans (âge légal pour quitter l'école) peuvent obtenir la permission d'émigrer.

Pour le reste des années 20, le Canada accueille seulement des adolescents plus âgés. Par la suite, avec le déclin de l'économie du pays et le renforcement du mouvement ouvrier, qui s'oppose à cette immigration, le nombre d'enfants immigrés commence à diminuer. En fin de compte, alors que l'immigration de ces enfants est remise en question par des hommes et des femmes du Canada qui en saisissent ses nombreuses failles et son attitude condamnable à l'égard des enfants, ce n'est pas la compréhension éclairée qui met fin à cette longue pratique de l'histoire canadienne, c'est la Crise des années 30. (*Voir aussi* ENFANTS AU TRAVAIL.)

Kenneth Bagnell

Enfants maltraités De tout temps, des enfants ont été maltraités et exploités. Des sources archéologiques laissent même supposer que des enfants étaient maltraités au cours de la période préhistorique. On a longtemps considéré les enfants comme étant la propriété de la famille. Dans les temps anciens, les pères pouvaient vendre, mutiler ou tuer leurs enfants. Plusieurs religions recouraient au sacrifice d'enfants pour plaire aux dieux ou les apaiser. L'infanticide était courant. Les enfants nés avec des infirmités, des retards mentaux ou des difformités étaient tués dans le but de maintenir et de renforcer la société. Dans la plupart des cultures, on croyait que les punitions sévères et les traitements rudes étaient nécessaires pour éduquer les enfants.

Au Canada, on considère les enfants comme une main-d'œuvre agricole à bon marché jusqu'à la fin du XIXᵉ siècle. On les traite comme des biens économiques, au même titre que les vaches, les poulets et les chevaux. Il reste encore un fond de ce passé historique dans les attitudes courantes au Canada envers le recours aux punitions corporelles, ainsi que dans l'approbation légale des punitions physiques infligées par les parents que renferme le *Code criminel* du Canada.

De nos jours, on considère la violence faite aux enfants comme un problème social d'envergure mondiale. Bien qu'on la condamne largement, elle demeure une menace persistante.

Les formes de violence envers les enfants De façon générale, sur le plan pratique, la violence se définit comme tout obstacle au développement social, affectif, cognitif et physique de l'enfant dressé par des individus ou des institutions. Le plus souvent, la violence s'exprime de façon plus précise à travers certains actes ou l'omission de certains actes: violence physique, violence sexuelle, violence psychologique et négligence. Il y a violence physique lorsqu'une personne en charge d'un enfant lui inflige ou laisse lui infliger une blessure physique sous forme de contusion, de brûlure, de fracture, de blessure interne ou de lésion cutanée. La violence sexuelle désigne tout acte sexuel commis par un adulte sur un enfant. Il y a violence psychologique quand la personne en charge utilise la menace, la terreur, le rejet ou le dénigrement, qui réduisent l'estime de soi chez l'enfant ou contribuent à son insécurité. Enfin, il y a négligence lorsque les soins prodigués à un enfant sont insuffisants pour répondre à ses besoins. Toutes les provinces canadiennes utilisent des définitions similaires pour désigner de façon juridique «un enfant ayant besoin de protection», mais seulement quelques-unes définissent dans la loi les termes «violence faite aux enfants».

L'incidence et la fréquence de la violence Les statistiques portant sur l'ampleur de la violence à l'égard des enfants sont controversées et défient les méthodes d'enquête courantes. L'incidence réfère au nombre de nouveaux cas de mauvais traitements enregistrés chaque année. La fréquence réfère au pourcentage d'enfants qui sont victimes de mauvais traitements dans une population. Il est nécessaire de consigner périodiquement des données sur l'incidence et la fréquence de la violence pour évaluer l'efficacité des politiques gouvernementales et des efforts de prévention. Les désaccords concernant la définition de la violence, la fiabilité de l'information obtenue dans d'autres pays et la diversité qui caractérise la société canadienne entravent cependant les efforts visant à obtenir un portrait exact de la violence faite aux enfants au Canada. Cette situation commence à changer avec la parution des deux enquêtes qui sont examinées ci-dessous.

Dans une étude sur l'incidence menée à l'échelle provinciale en Colombie-Britannique (*Adolescent Health Survey*, 1993), près d'une fille sur quatre et un garçon sur cinq en 8ᵉ ou en 9ᵉ année rapportent avoir été victimes de violence physique. Chez les enfants de 9ᵉ année, 20 p. 100 des filles et 3 p. 100 des garçons affirment être victimes de violence sexuelle.

Trocmé et ses collègues (1994) produisent une étude exemplaire de cas d'enfants victimes de sévices en Ontario. Ils découvrent parmi les enfants inclus dans leur enquête une incidence de 21 pour 1000, ce qui représente près de 47 000 enfants. Ils démontrent la présence de mauvais traitements dans 27 p. 100 de ces cas, tandis que les soupçons visent 30 p. 100 des cas et les allégations non fondées, 42 p. 100 des cas. Près de 41 p. 100 des cas comportent de la violence physique, 21 p. 100 de la violence sexuelle, 30 p. 100 de la négligence et 10 p. 100 des mauvais traitements psychologiques. Une évaluation prudente, fondée sur la présomption d'un nombre égal de cas non rapportés, porte à environ 94 000 le nombre annuel d'enfants ontariens qui vivent peut-être des situations de violence. Ces chiffres concordent avec des statistiques obtenues récemment aux États-Unis. Le Department of Health and Human Services des États-Unis (1994) rapporte qu'en 1992 les États américains dans leur ensemble ont ordonné une enquête sur 1,89 million de cas touchant quelque 2,8 millions d'enfants que l'on présume victimes de mauvais traitements. De ce nombre, 46 p. 100 étaient victimes de négligence, 22 p. 100 de violence physique et 13 p. 100 de violence sexuelle. Le National Committee for the Prevention of Child Abuse, dont le siège social se trouve aux États-Unis, estime, pour 1992, à 1 160 400 les cas démontrés d'enfants victimes de sévices. Cette incidence se répartit comme suit: 45 p. 100 de négligence, 27 p. 100 de violence physique, 17 p. 100 de violence sexuelle et 7 p. 100 de violence psychologique. Le comité rapporte aussi que le taux de mortalité résultant de cette violence est passé de 1,3 pour 100 000 enfants, en 1985, à 1,94 en 1992. Dans le groupe des 1261 enfants qui sont vraisemblablement décédés cette année-là des suites de sévices, 87 p. 100 avaient moins de 5 ans et 46 p. 100 avaient moins de 1 an.

Ces résultats aident à mieux situer dans son contexte le calcul selon lequel 1 enfant canadien sur 8 fait l'expérience de la violence sous l'une ou l'autre de ses formes, ce qui représente 900 000 enfants. En outre, c'est un fait démontré que les blessures qui auraient facilement pu être évitées sont la principale cause de décès chez les enfants au Canada.

La prévention de la violence envers les enfants Ces statistiques indiquent que la violence à l'endroit des enfants constitue un problème social sérieux et répandu au point qu'il est peu probable que l'on parvienne jamais à l'éliminer. Une approche plus réaliste consiste à réduire son incidence par la prévention.

Cependant, il est extrêmement difficile de prévenir la violence faite aux enfants. Les premiers efforts déployés en ce sens partaient souvent du postulat que l'on peut prévenir les sévices aux enfants de la même façon que l'on prévient des pathologies en santé publique. Bien que les maladies contagieuses soient maîtrisées de cette façon, il en va autrement de la violence envers les enfants. Il n'y a pas de bactérie à combattre au moyen d'un vaccin.

De nos jours, on conçoit la violence à l'égard des enfants comme un problème davantage lié à l'aliénation, à l'anomie et à l'abus de pouvoir qu'à une maladie à enrayer. D'un concept de maladie, l'accent est passé au besoin de transformation sociale et au fonctionnement de la société. L'appauvrissement social et économique sont vraisemblablement les principaux facteurs qui peuvent aider à expliquer la violence envers les enfants.

Les récentes initiatives de prévention portent à la fois attention aux besoins individuels tels que l'apprentissage d'aptitudes sociales et aux questions de structures sociales telles que la pauvreté chez les enfants. Dans cette perspective, les problèmes personnels sont considérés à la fois dans leurs dimensions interpersonnelles et socioculturelles. Cette conception du développement humain et des questions sociales contribue à engendrer un certain optimisme quant à ce qui peut être fait pour résoudre le problème de la violence envers les enfants, particulièrement si les communautés travaillent ensemble et de façon concertée pour résoudre les problèmes qu'elles partagent.

Richard Volpe

Engel, Howard, romancier, bédéiste (sous le pseudonyme de «Foo»), nouvelliste et poète (Toronto, 2 avril 1931). Engel grandit à St. Catharines, en Ontario, et fait des études à l'U. McMaster et au Ontario College of Education. Il publie quelques nouvelles et poèmes alors qu'il travaille comme producteur d'émissions littéraires et culturelles à la Société Radio-Canada. Toutefois, il ne commence à écrire sérieusement qu'au moment où il s'intéresse au roman policier.

Membre fondateur de Crime Writers of Canada, Engel admet que le Canada a produit quelques auteurs de romans policiers, mais il estime que la littérature n'accorde pas une place suffisante aux petites villes canadiennes ordinaires. Décidé à remédier à cette lacune, il dépeint de manière vivante la sud de l'Ontario en situant à Grantham, lieu fictif inspiré de sa ville natale, l'action d'œuvres telles que *The Suicide Murders* (1980), *The Ransom Game* (1981), *Murder on Location* (1982), *Murder Sees the Light* (1984; trad. *Un privé dans les Algonquins*, 1991) et *A City Called July* (1986; trad. *Benny Cooperman, détective privé*, 1991). Son détective privé, Benny Cooperman, Juif et célibataire, n'a rien du détective, mais l'humour avec lequel il se moque de lui-même et son air gêné en font le modèle type du détective privé canadien. Une série radiophonique a été réalisée à partir de *Murder on Location* et le réseau anglais de Radio-Canada a adapté *The Suicide Murders* et *Murder Sees the Light* pour la télévision.

Donna Coates

Engel, Marian, née Passmore, écrivaine (Toronto, 24 mai 1933—*id.,* 16 févr. 1985). Elle grandit à Galt, à Sarnia et à Hamilton, en Ontario. Après des études aux universités McMaster et McGill, ainsi qu'à l'U. d'Aix-en-Provence, en France, elle enseigne aux États-Unis, au Canada et à Chypre. Elle épouse Howard ENGEL dont elle divorce par la suite. Marian Engel est très connue et respectée comme écrivaine, en particulier pour son roman *Bear* (1976; trad. *L'ours*, 1984), qui lui vaut le prix du Gouverneur général. Elle joue un rôle déterminant dans le mouvement de revendication pour que les écrivains canadiens puissent traiter collectivement avec les maisons d'éditions et autres institutions. Enfin, elle est la première présidente de la Writers' Union of Canada (1973-1974).

Ses romans et nouvelles décrivent avec intelligence et élégance la vie quotidienne de personnages contemporains, en particulier de femmes. Parmi ses

six romans, notons *No Clouds of Glory* (1968), *Monodromos* (1974) et *Lunatic Villas* (1981). Elle a aussi écrit deux livres pour la jeunesse et deux recueils de nouvelles intitulés *Inside the Easter Egg* (1975) et *The Tattooed Woman* (1985). Un numéro spécial de *Room of One's Own* (vol. 9, n° 2, 1984) est consacré à Marian Engel et contient une entrevue, des articles sur son œuvre, des extraits de ses manuscrits ainsi qu'une bibliographie.

Jean Wilson

Englehart, Jacob Lewis, industriel (Cleveland, Ohio, 2 nov. 1847—Toronto, 6 avril 1921). À l'âge de 19 ans, il fonde l'Englehart and Co., l'un des producteurs qui réussit le mieux dans les champs de Petrolia, en Ontario, où a commencé la première production de pétrole commercial en 1857. Englehart débute en acquérant les restes d'une raffinerie incendiée qui distille du pétrole brut pour obtenir du kérosène. Il fait partie des 16 exploitants de Petrolia qui fusionnent leurs activités en 1880 pour former l'Imperial Oil (*voir* COMPAGNIE PÉTROLIÈRE IMPÉRIALE LIMITÉE), qui va bientôt exporter du kérosène dans le monde entier. Englehart est actionnaire majoritaire et vice-président de l'Imperial. En 1898, ne pouvant réunir les fonds nécessaires à son expansion géographique, l'Impérial passe la main à la Standard Oil Co., propriété de John Rockefeller, qui en achète la majorité des actions. En 1905, Englehart est nommé président du conseil de la Temiskaming and Northern Ontario Railway (*voir* COMMISSION DE TRANSPORT ONTARIO NORTHLAND), qu'il administre avec un succès remarquable pendant 15 ans.

Earle Gray

Engoulevent Oiseau de taille moyenne appartenant à la famille des caprimulgidés (nom qui signifie «qui tète les chèvres», ce qui réfère à la croyance ancienne voulant que cet oiseau s'alimente au pis des chèvres). On le distingue à son bec très court, exceptionnellement large, et garni de vibrisses aux commissures chez certaines espèces, ce qui les aide à capturer des insectes en vol. Il a de grands yeux, de petits pieds fragiles, des ailes longues et pointues et un plumage soyeux tacheté de noir, de brun, de gris et de blanc.

Comportement Surtout actif au crépuscule et pendant la nuit, l'engoulevent passe la journée posé sur une branche, ou un tronc d'arbre tombé, ou caché dans des cavités naturelles du sol. Il compte sur son plumage pour se dissimuler. Il est aussi caractérisé par ses battements d'ailes apparemment irréguliers, son cri monotone qu'il répète pendant de longues périodes et par le vrombissement produit par ses ailes lors de vols en piqué.

Répartition et habitat L'engoulevent d'Amérique (*Chordeiles minor*) niche partout au Canada, sauf en Arctique. Il pond généralement ses deux œufs directement au sol. L'engoulevent bois-pourri (*Caprimulgus vociferus*), qui habite l'est et le centre du Canada, pond ses deux œufs au sol, sur une épaisse litière d'aiguilles ou de feuilles. Il se nourrit près du sol.

L'engoulevent de Nuttal (*Phalaenoptilus nuttallii*), qui habite les régions semi-arides du sud de la Colombie-Britannique et niche aussi possiblement localement en Alberta, pond ses deux œufs blancs sur le sol nu, souvent sous un arbuste. C'est la première espèce d'oiseaux dont l'hibernation fut attestée. Si on le dérange alors qu'il est sur son nid, il produit parfois un sifflement qui rappelle celui d'un serpent et il feint d'être blessé.

Philip H.R. Stepney

Enlèvement Désigne à l'origine le fait de se saisir d'un enfant et de l'emmener de force afin d'en faire un esclave, un serviteur ou pour tout autre but inavouable, p. ex., le mariage d'une héritière mineure afin de revendiquer un droit sur ses biens. Le terme s'applique aujourd'hui au fait de s'emparer de quelqu'un contre sa volonté, soit en le transportant hors du pays, soit en le détenant dans le pays en vue

d'obtenir une rançon ou quelque autre concession pour sa mise en liberté.

Infractions punissables Le Code criminel du Canada réprime expressément l'enlèvement. Quiconque enlève une personne dans l'intention soit de la faire séquestrer ou emprisonner contre son gré, soit de la détenir contre son gré (c'est là la conception habituelle et populaire de l'infraction), soit de la faire illégalement envoyer ou transporter hors du Canada, en vue d'une rançon ou de services, est coupable d'une infraction et passible de l'emprisonnement à perpétuité. Constitue également une infraction le fait d'emprisonner illégalement une autre personne sans autorisation légitime, sans nécessairement la mettre dans une prison, mais, p. ex., en la détenant sans autorisation légitime, même sans réclamer une rançon ou quelque autre concession pour sa mise en liberté (*voir* LIBERTÉS CIVILES). L'auteur d'un tel acte criminel est passible d'un emprisonnement maximal de 5 ans. Selon le Code criminel, l'enlèvement d'une personne de sexe féminin ou d'un enfant de moins de 14 ans est une infraction distincte appelée RAPT, l'hypothèse étant qu'un tel acte est généralement commis à des fins sexuelles. En 1985, on signale 1327 cas d'enlèvement: 284 accusations sont portées contre 168 hommes, 80 femmes et 9 jeunes.

Le cas d'enlèvement le plus célèbre des dernières années au Canada est peut-être l'enlèvement en 1970 de James Cross (attaché commercial britannique) et de Pierre LAPORTE par le Front de libération du Québec (*voir* CRISE D'OCTOBRE). En 1973, la Convention sur la prévention et la répression des infractions contre les personnes jouissant d'une protection internationale, y compris les agents diplomatiques, fait de l'enlèvement de diplomates un crime en droit international. Le Canada est signataire de ce traité et le Code criminel canadien (art. 381.1) fait de l'enlèvement de diplomates une infraction distincte.

Terrorisme En ce qui concerne les mesures prises contre le terrorisme, de nombreux pays modifient leur code criminel pour leur permettre de juger les terroristes pour les actes touchant leurs ressortissants, quels que soient la nationalité du terroriste ou le lieu où l'acte de terrorisme se produit. Ainsi, il arrive que le contrevenant soit illégalement appréhendé par les autorités du pays en question et que les arguments du contrevenant condamnant son enlèvement soient rejetés, puisque le droit international considère que seul un État peut porter plainte s'il est porté atteinte de quelque façon que ce soit à l'intégrité de son territoire ou de ses navires se trouvant en haute mer.

La question est réglée par une série de traités internationaux élaborés par l'Organisation de l'aviation civile internationale dont le siège est à Montréal. Conformément à ces traités, tout acte de violence commis à l'endroit d'un aéronef, particulièrement un détournement, constitue un acte criminel. Les passagers qui sont enlevés de cette façon doivent être libérés par le pays où l'avion atterrit et les contrevenants doivent être jugés par ce pays ou renvoyés pour subir leur procès dans tout pays qui est directement touché. Le Canada est partie à tous ces traités.

Durant des guerres civiles récentes, des rebelles enlèvent souvent des civils qu'ils détiennent en otage à la manière de nombreux terroristes. Les Nations Unies adoptent la Convention internationale contre la prise d'otages, dont le Canada est signataire, qui prévoit que les ravisseurs peuvent être jugés dans tout pays où ils sont trouvés.

L.C. Green

Enquête criminelle Elle porte sur l'investigation des violations relatives au DROIT CRIMINEL. En pareil cas, l'État prend à sa charge toutes les dépenses de l'enquête menée et de la présentation en justice des éléments de preuve recueillis, à l'exception de celles qu'entraîne la défense de l'accusé. Cependant, l'État paiera un avocat pour défendre l'accusé dont le revenu est inférieur à un seuil donné. Cette responsabilité comprend l'obligation de s'assurer que tous les témoins (à charge comme à décharge) comparaissent au procès. La victime de l'acte criminel est considérée comme un témoin et peut être contrainte à témoigner dans presque tous les cas.

C'est l'État qui décide si une affaire sera soumise aux COURS DE JUSTICE, et, en prenant cette décision, il n'est pas lié par les souhaits de la victime ou du plaignant. Par contraste, en matière civile, la personne qui s'estime lésée doit engager l'action, réunir ses propres témoins, signifier tous les actes de procédure et être responsable des frais et dépens de l'audience.

Les deux procédures diffèrent aussi quant au genre de pénalité qui peut être infligée. En matière criminelle, le condamné purge une peine d'emprisonnement ou paie une amende à l'État ou subit les deux peines. En matière civile, il ne peut y avoir d'emprisonnement et il peut être ordonné à l'une des parties de verser une somme d'argent à la partie lésée. Par ailleurs, le fardeau de prouver la culpabilité ou l'innocence n'est pas le même. En matière criminelle, la preuve doit être établie hors de tout doute raisonnable, alors qu'en matière civile il suffit d'établir la preuve selon la prépondérance des probabilités.

Sur le plan constitutionnel, le gouvernement fédéral est chargé de légiférer dans tous les domaines touchant le droit criminel, alors que les provinces doivent légiférer dans des domaines touchant la police (*voir* SERVICE DE POLICE) et l'administration de la justice dans les limites de leur territoire. À cet égard, chaque province a adopté une loi sur les services de police pour s'acquitter de ces responsabilités.

Genres de crime Historiquement, tous les CRIMES découlaient soit d'une atteinte à l'intégrité personnelle, soit d'une atteinte aux droits de propriété. Aujourd'hui, on parle communément de crimes contre la personne et de crimes contre les droits de propriété. Les générations récentes ont connu une explosion énorme de la criminalité, principalement parce que la société canadienne est devenue très diversifiée et très riche sur le plan matériel. Aujourd'hui, la distinction est moins nette entre les infractions contre la personne et les infractions contre les droits de propriété en raison de l'augmentation de nombreux crimes dits sans victime. En ce qui concerne les crimes sans victime, l'auteur comme le consommateur de l'acte illégal sont des participants volontaires. Généralement, ces genres de crimes ont trait à la lutte contre l'illégalité des drogues, du sexe et du jeu.

Dans une grande mesure, le crime qui fait l'objet d'une enquête en dicte le cours. Cependant, pour obtenir une déclaration de culpabilité, l'accusation doit répondre au même critère de preuve: la preuve doit être établie hors de tout doute raisonnable que l'accusé a commis intentionnellement le crime. Certains crimes sont prémédités et commis de propos délibéré, alors que d'autres sont des actes spontanés et non prémédités. Les divers mobiles du crime sont la cupidité, la vengeance, le gain ou la fierté. Certains sont commis par des personnes atteintes d'anomalies psychologiques, tandis que d'autres sont l'œuvre d'êtres exceptionnellement brillants. Dans la plupart des cas, les gens qui commettent des crimes se situent entre ces deux extrêmes.

Preuve L'objet de l'enquête criminelle est de déterminer, de recueillir et de conserver les éléments de preuve. Presque tout peut constituer un élément de preuve, suivant les circonstances particulières de l'affaire. La définition légale de la preuve (tout moyen par lequel un fait peut être prouvé ou non devant une cour de justice) est nécessairement très large (*voir* DROIT DE LA PREUVE). La preuve doit être factuelle ou être fondée sur des moyens factuels. La preuve d'opinion est admissible, dès lors que le témoin qui la présente peut convaincre le tribunal qu'il est un expert dans le domaine en cause.

La preuve peut également être classée selon les formes qu'elle prend et l'objet qu'elle sert, p. ex., des objets réels, des documents ou un témoignage oral.

Presque tous les individus, y compris les enfants, sont habilités à témoigner pour autant qu'ils puissent offrir des éléments de preuve utiles sur la question dont le tribunal est saisi. Un témoin doit cependant satisfaire au critère de compétence. La preuve testimoniale est celle que le témoin produit sous serment au procès. Toute la preuve, y compris les éléments de preuve réels et les preuves documentaires, doit être présentée oralement de manière à donner l'occasion à la partie adverse de contre-interroger le témoin sur cette preuve (*voir* DROIT DE LA PREUVE pour ce qui concerne le critère d'admissibilité).

Bien que des règles de preuve et d'admissibilité prévues par la loi et la *Common Law* se soient développées au cours des siècles, il n'existe aucune règle obligeant un agent de la paix à mener une enquête d'une façon particulière. Autrement dit, la loi (ou la jurisprudence) ne prévoit aucune règle régissant de manière générale les enquêtes criminelles.

L'agent de la paix peut interroger toute personne qu'il croit capable de fournir des renseignements utiles, mais cette personne n'est pas obligée de répondre à ses questions. Cependant, dès que l'agent de police a décidé d'accuser une personne d'une infraction criminelle, il doit l'avertir immédiatement que la loi ne l'oblige pas à répondre aux questions qui lui sont posées. Elle doit également être informée sans délai qu'elle a le droit d'appeler un avocat pour obtenir son avis.

La preuve peut également être classée en fonction de l'objet qu'elle sert. Elle peut être directe ou circonstancielle. On appelle preuve directe le témoignage du témoin oculaire de tout ou d'une partie d'un crime. La preuve circonstancielle appuie l'une des circonstances formant une partie de l'ensemble du crime.

P. ex., B empoisonne A, qui meurt, mais seul B est témoin oculaire de l'infraction et on ne peut l'obliger à s'incriminer. Cependant, l'enquête révèle certaines circonstances qui l'impliquent dans le meurtre: A le faisait chanter, il a acheté une quantité du même genre de poison qui a été découvert dans le corps de A, le véhicule de B a été vu dans les environs de la maison de A la nuit du meurtre. Aucun de ces faits pris individuellement ne suffirait à faire déclarer B coupable du meurtre, mais leur effet cumulatif le pourrait vraisemblablement.

Éléments du crime Tous les crimes comportent des éléments essentiels qui doivent tous être prouvés hors de tout doute raisonnable avant qu'une personne ne puisse en être déclarée coupable. P. ex., le recel ou la possession d'un bien volé se compose de quatre éléments essentiels: le bien a été volé par quelqu'un (pas nécessairement l'accusé), l'accusé était en possession du bien, l'accusé savait que quelqu'un l'avait volé et l'identité de l'accusé est connue. L'enquêteur doit connaître les éléments d'un crime avant de commencer une enquête de façon à recueillir les éléments de preuve à l'appui de chaque élément.

Enquête criminelle Définie simplement, l'enquête criminelle est la recherche de témoins et d'éléments de preuve à l'appui d'une accusation en justice pour prouver hors de tout doute raisonnable que le crime a été commis et que c'est l'accusé qui en est l'auteur. Pour bien faire une enquête, l'enquêteur doit connaître les éléments essentiels de l'infraction en cause, autrement il ne peut savoir quels éléments de preuve rechercher à l'appui de chacun de ces éléments essentiels.

Les crimes sont, de par leur nature, soit des actes de confrontation soit des actes de découverte. Les agressions et les infractions d'ordre sexuel illustrent la première catégorie, alors que le vol de voiture et la fraude sont des exemples de la seconde catégorie. Le crime peut être découvert par la victime, un témoin ou un agent de la paix.

Bien que tous les agents dans un service de police n'occupent pas le même rang, ils sont tous, de par la loi, des agents de la paix, la loi ne conférant à aucun d'eux par rapport aux autres plus de pouvoir de mener une enquête criminelle. Le rôle de l'agent de la paix est défini à l'article 2 du Code criminel du Canada. P. ex., la loi n'accorde pas plus de pouvoir à un chef de police qu'à un agent de la paix débutant. Au Canada, on appelle constables les agents de police en uniforme sur le terrain. Le type de crime et sa gravité déterminent cependant le rang et les connaissances spécialisées de l'agent ou des agents enquêteurs.

Lorsque la police apprend qu'un crime a été commis, un constable est presque toujours le premier agent de la paix à intervenir. Dans la majorité des cas, le premier constable arrivé sur les lieux mène l'ensemble de l'enquête, mais fait appel à toute aide spécialisée dont il a besoin. P. ex., dans tous les cas d'introduction par effraction, de tous genres de vols ainsi que de voies de fait simples et graves, le constable qui a commencé l'enquête la dirige, même si des agents de la paix de rang supérieur lui procurent aide et assistance. Dans d'autres cas, comme l'homicide et le viol, le premier constable fait appel à des agents de la paix spécialisés (p. ex., des détectives spécialisés en homicides ou en crimes d'ordre sexuel) qui viennent sur les lieux du crime et prennent la responsabilité de l'enquête dès le début. Dans ces circonstances, les spécialistes font appel à toute l'aide spécialisée nécessaire, tels les agents d'identification. Pour ce qui est des autres genres de crime, le premier constable fait avancer l'enquête le plus loin possible, en produisant un rapport écrit qui peut être remis à une unité spécialisée qui se charge de la suite de l'enquête.

Tous les agents de police reçoivent une formation qui leur permet de s'occuper de divers aspects du crime de façon séquentielle et par ordre d'importance, compte tenu des circonstances particulières de chaque cas. L'ordre normal est le suivant: prendre soin des besoins physiques de toute personne se trouvant sur les lieux, arrêter ou identifier le ou les suspects, identifier et retrouver les témoins et recueillir tout élément de preuve matériel trouvé sur les lieux.

P. ex., le constable qui se présente sur les lieux d'un vol qualifié dans un dépanneur voit le suspect s'enfuir. Il le poursuit, l'arrête et trouve enfoui dans ses vêtements de l'argent correspondant à la somme volée. Il aurait alors clairement le pouvoir d'arrêter le suspect et de l'accuser de vol qualifié. Il n'est pas nécessaire de faire appel à de l'aide spécialisée de la part de détectives ou d'autres spécialistes, mais il continue à effectuer l'enquête pour recueillir plus d'éléments de preuve.

Par contre, si le constable envoyé à un restaurant où une personne a été poignardée constate à son arrivée que la victime est morte, que l'agresseur s'est enfui et que deux personnes sur les lieux ont été témoins du crime, il fait immédiatement appel à de l'aide spécialisée et ferme toutes les portes pour que le lieu du crime demeure intact. Il garde également les témoins sur les lieux jusqu'à ce que les détectives et les agents d'identification arrivent. À l'arrivée des enquêteurs spécialisés, il leur procure toute l'aide nécessaire, dont la rédaction d'un compte rendu détaillé de tout ce qu'il a fait et vu.

Il est de règle que les détectives et autres spécialistes reçoivent une formation leur permettant d'enquêter sur trois catégories générales d'infractions: celles qui sont très graves (p. ex., l'homicide ou le viol), celles qui sont très compliquées (p. ex., le trafic international de drogues et les crimes en col blanc) et celles qui exigent une enquête approfondie et prolongée.

Les crimes sont très souvent commis par des gens qui connaissent leur victime, comme dans le cas de la violence familiale, des mauvais traitements envers les enfants et des agressions sexuelles. L'histoire montre qu'au Canada, dans la majorité des cas, les homicides sont commis chaque année par des personnes qui connaissent leur victime. Règle générale, il est plus facile d'enquêter et de régler ces crimes, car il y a un point de départ pour l'enquête.

L'aide de la collectivité est absolument nécessaire pour pouvoir appréhender et condamner des criminels, mais il n'existe aucune obligation légale d'aider la police. Pour cette raison, la police doit travailler en étroite collaboration avec la collectivité dans un commun effort de lutte contre la criminalité. Cependant, si la police connaît l'identité d'une personne qui peut offrir des éléments de preuve utiles au procès, cette personne peut être obligée de témoigner: le devoir du citoyen le commande dans l'intérêt du maintien de la paix et de la prévention de la criminalité.

La preuve matérielle (p. ex., tout objet transféré de la victime ou du lieu à l'agresseur, tout objet transféré de l'agresseur à la victime ou au lieu), la possibilité et le mobile constituent également des éléments de première importance dans une enquête criminelle. Le détective d'expérience cherchera à comprendre le *modus operandi* du malfaiteur. Les bons enquêteurs acquièrent aussi beaucoup de connaissances et une grande expertise à l'égard de ceux qui commettent régulièrement divers types de crimes dans leur collectivité et ils gardent à l'œil les personnes qui ont déjà été condamnées, mais qui sont en liberté conditionnelle ou en probation.

Indicateurs Il serait impossible de résoudre certains crimes sans l'aide d'indicateurs. Souvent, les meilleurs indicateurs sont des criminels eux-mêmes. Le vieil adage qui dit qu'on ne connaît bien que ses semblables s'applique très bien ici. L'indicateur est celui qui vend ou qui donne à la police des renseignements à propos d'un crime. Les meilleurs enquêteurs se sentent très à l'aise en compagnie de malfaiteurs parce que c'est avec eux qu'ils se trouvent dans leur milieu de travail. Est assimilée, toutefois, à l'indicateur toute personne qui peut fournir des renseignements à propos d'un crime. Par conséquent, les enquêteurs expérimentés font en sorte de bien connaître les personnes qui ont des bons contacts, tels que les chauffeurs de taxi, les commis d'hôtel, les gérants d'immeubles, etc.

Échec au crime Le programme Échec au crime montre bien comment la police et la collectivité peuvent travailler ensemble pour lutter contre la criminalité. La plupart des grands services de police au Canada ont des numéros de téléphone bien connus où les gens qui désirent conserver l'anonymat peuvent appeler pour fournir gratuitement ou moyennant paiement des renseignements sur des crimes. P. ex., le programme Échec au crime du service de police d'Edmonton est financé par le milieu des affaires, mais les services sont assurés par le personnel de la police. Chaque semaine, ces derniers reconstituent la commission d'un crime non résolu qui est diffusée sur les ondes de la télévision locale et sollicitent des appels téléphoniques fournissant des renseignements à propos du crime. La plupart des dénonciateurs hésitent à témoigner en cour et, généralement, ne sont pas obligés de le faire, à moins que ce ne soit pour prouver l'innocence de l'accusé.

Protection des éléments de preuve Tous les enquêteurs doivent enregistrer et conserver les éléments de preuve pour s'assurer qu'ils seront disponibles au procès. Ils doivent aussi pouvoir prouver que les articles produits au procès sont ceux qui ont été saisis au moment de l'enquête. P. ex., dans un procès concernant des stupéfiants, si la continuité de la possession par l'enquêteur ne peut être prouvée, la défense pourrait alléguer qu'il y a eu substitution de la substance entre l'enquête et le procès et ainsi créer un doute raisonnable à propos de ce qui aurait été réellement saisi sur la personne de l'accusé.

Il est essentiel que toutes les déclarations des victimes ou des témoins soient consignées par écrit le plus tôt possible après l'incident afin que les gens puissent, avant de témoigner, rafraîchir leur mémoi-

re à l'aide de ces déclarations écrites. L'enquêteur doit également consigner par écrit le plus tôt possible le compte rendu de son enquête.

Techniques d'investigation La médecine légale, la pathologie et d'autres découvertes technologiques ont connu de grands progrès ces dernières années. En elles-mêmes, ces technologies suffisent rarement à résoudre des crimes. Aux États-Unis, deux causes récentes ont mis en évidence la nécessité de disposer d'éléments de preuve de bonne qualité produits par des êtres humains et d'une preuve scientifique. Dans le procès et l'acquittement de O.J. Simpson en 1995, la quantité d'éléments de preuve scientifiques et matériels présentés par la partie civile aurait dû suffire pour obtenir une déclaration de culpabilité, mais elle n'a pas réussi à elle seule à vaincre le peu de confiance qu'avait le jury dans les membres de la police de Los Angeles et de leur preuve. Par ailleurs, pendant 18 ans, l'Unabomber a fait échec à l'enquête criminelle la plus intensive jamais effectuée par le FBI jusqu'à ce que ce dernier reçoive un renseignement informel qui l'a conduit à Ted Kachynski.

Agents d'identification La plupart des services de police ont leurs propres spécialistes en matière d'identification ou ont accès à ceux d'un service de police voisin. Ces gens (souvent des civils) reçoivent une formation spécialisée dans les diverses méthodes permettant de recueillir des éléments de preuve, p. ex., les empreintes digitales et la photographie.

Généralement, l'enquêteur fait appel à ces spécialistes lorsqu'il n'y a aucun témoin utile du crime et que l'enquêteur n'a pas été capable de trouver suffisamment d'éléments de preuve pour identifier un sujet. Dans tous les cas de crime grave, on fait appel à eux.

Mandats de perquisition La police doit obtenir un mandat de perquisition avant de pouvoir entrer dans des maisons, des bâtiments ou des terrains privés. En règle générale, un juge décerne un mandat de perquisition si des motifs raisonnables permettent de croire que les articles décrits se trouvent dans le bâtiment ou dans les lieux mentionnés relativement à un crime en particulier. Le mandat de perquisition autorise la police à pénétrer dans des habitations ou dans d'autres endroits privés, en employant la force si nécessaire, dans le but de perquisitionner les lieux à la recherche des articles énumérés dans le mandat. Dans certaines circonstances, il est permis de fouiller les personnes qui se trouvent dans les lieux. Si des éléments de preuve sont découverts, ils pourront être saisis et conservés jusqu'à la date du procès.

Conclusion

L'expérience du dernier demi-siècle montre nettement que les bons enquêteurs criminels ne se caractérisent pas seulement par leur bonne forme physique, leur formation et leur éducation, mais aussi par des caractéristiques personnelles: ils possèdent des qualités comme la curiosité, l'intuition, la patience et la capacité de juger le caractère d'une personne et d'analyser des éléments de preuve. L'enquêteur criminel débutant apprend vite que ces qualités, bien plus que les aptitudes techniques ou juridiques apprises pendant sa période de formation, sont des éléments essentiels de l'enquête criminelle. Les meilleurs enquêteurs savent également que, laissés à eux-mêmes et n'ayant recours qu'aux connaissances et à l'expertise de leur service de police, leur taux de réussite demeure très bas. Les services de police canadiens ont appris ces dernières années qu'en travaillant seuls ils sont relativement impuissants à lutter contre la criminalité ou à résoudre les crimes et que, dans la mesure où ils reçoivent l'aide de leur communauté, leur taux de réussite augmente d'autant plus.

Chris Braiden

Enseignement agricole Au Canada, l'enseignement agricole se fait à différents niveaux du système scolaire: primaire, secondaire, CEGEP (Québec), écoles décernant un diplôme technique préuniversitaire, et

université (baccalauréat, maîtrise et doctorat). Il existe aussi un niveau non officiel (activités de vulgarisation) qui permet de communiquer les découvertes scientifiques et les développements technologiques aux agriculteurs. Au primaire et au secondaire, l'enseignement agricole a pour but de familiariser l'élève avec les complexités de l'agriculture moderne. Un cours, généralement donné au secondaire, vise à sensibiliser l'élève au rôle de l'agriculture dans la société. Au Canada, l'accent est mis surtout sur l'enseignement postsecondaire et les activités de vulgarisation.

L'enseignement de l'agriculture débute en Nouvelle-France en 1670 au Petit Séminaire de Saint-Joachim, une école «technique» qui offre une certaine formation en agriculture. Cette formation, surtout orientée vers l'expérience pratique, se donne sur la ferme de l'école qui, selon la description qu'on en fait, comprend de bons pâturages, des bois, une superficie de terres cultivables et 150 têtes de bétail. Ce programme, instauré par Mgr LAVAL, se poursuit jusqu'en 1715. Deux autres écoles sont fondées au Québec au début du XIXe siècle, mais ferment au bout d'un an. En 1859, l'École d'agriculture de Sainte-Anne-de-la-Pocatière, sous l'égide de l'abbé Pilote, ouvre ses portes avec Émile Dumais comme professeur d'agriculture. Elle décerne un diplôme et, plus tard, propose un programme universitaire. Elle sera intégrée à la Faculté d'agriculture de l'U. Laval en 1962.

En 1874, la première école anglophone d'agriculture est créée à Guelph, en Ontario, et présente alors un programme d'un an orienté vers les travaux pratiques. En 1880, elle crée un programme de deux ans et décerne un diplôme. L'école abandonne le nom de Ontario College of Agriculture et devient le Collège d'agriculture et ferme expérimentale de l'Ontario. En 1887, une troisième année est ajoutée au programme et, en 1888, le collège s'affilie à l'U. de Toronto et peut ainsi décerner un diplôme universitaire. En 1902, le programme s'enrichit d'une quatrième année et, en 1964, le collège fait partie de l'U. de Guelph.

En 1885, une école d'agriculture est installée à Truro, en Nouvelle-Écosse et, huit ans plus tard (1893), une école d'horticulture voit le jour à Wolfville. Les deux écoles sont absorbées par le Collège d'agriculture de la Nouvelle-Écosse qui ouvre officiellement ses portes à Truro en février 1905. Le Collège attribuera des grades universitaires en 1980.

La dernière école d'agriculture mise au pied au XIXe siècle est l'École d'agriculture d'Oka, fondée en 1893 par les pères trappistes de l'abbaye d'Oka, au Québec. En 1908, elle est affiliée à l'U. Laval et devient l'Institut agricole d'Oka. En 1962, l'Institut est intégré à la nouvelle faculté d'agriculture de l'U. Laval.

Universités contemporaines

Les écoles d'agriculture diffèrent grandement sur les plans de l'affiliation et du financement. Il n'existe pas d'équivalent canadien du US Land Grant Act qui permet l'établissement, partout aux États-Unis, d'écoles d'agriculture subventionnées. Au Québec, les premières écoles sont financées par les groupes religieux, tandis que le Macdonald College de McGill est doté par sir William MACDONALD. Les collèges d'agriculture de la Nouvelle-Écosse, de l'Ontario et du Manitoba sont créés par les ministères provinciaux de l'Agriculture, alors que les facultés d'agriculture de la Saskatchewan, de l'Alberta et de la Colombie-Britannique font partie des universités provinciales. Or, les écoles établies comme facultés universitaires n'offrent pas de cours de base en art ou en sciences (littérature, chimie, physique et mathématiques); les étudiants suivent plutôt des cours hors programme dans les facultés des arts et des sciences. À l'origine, les collèges du Manitoba et de l'Ontario donnent ces cours de base, mais les suppriment lorsque l'université s'établit sur le campus du collège d'agriculture du Manitoba et qu'une université est fondée sur le campus de celui de l'Ontario. Bien qu'il fasse partie de McGill, le collège Macdonald propose des cours en sciences fondamentales dispensés par ses propres professeurs spécialisés, et ce, du fait de la séparation physique des deux campus.

Les matières jugées importantes dans l'enseignement de l'agriculture ont changé considérablement. Les premières écoles offrent toutes des cours de techniques culturales et d'élevage. Les SCIENCES DES SOLS, le génie agricole et l'ÉCONOMIE AGRICOLE font aussi partie de plusieurs programmes. En outre, avec le développement de la RECHERCHE AGRICOLE et des disciplines connexes, les facultés donnent une plus grande variété de cours. De nos jours, la transformation des produits agricoles et le secteur primaire sont inclus dans la plupart des programmes universitaires. Certains comprennent même des cours sur la FAUNE et la FORESTERIE dans la formation en gestion des ressources naturelles ou dans les études de l'environnement.

Collège agricole de la Nouvelle-Écosse Cet établissement interprovincial propose des cours d'agriculture aux étudiants de la Nouvelle-Écosse, du Nouveau-Brunswick, de l'Île-du-Prince-Édouard et de Terre-Neuve. En 1980, le Collège est autorisé à présenter un programme de quatre ans menant à un baccalauréat ès sciences en agriculture (phytologie, sciences animales, agro-économie et protection des végétaux). Avant 1980, le Collège a un programme de niveau universitaire de deux ans qui prépare l'étudiant à la dernière année du programme du Collège d'agriculture de l'Ontario, du Collège Macdonald ou de l'U. du Maine; il a encore des programmes de deux ans permettant aux étudiants de s'inscrire dans des champs de spécialisation offerts à ces institutions mais non chez lui. En association avec la Technical University of Nova Scotia, le Collège propose un autre diplôme de premier cycle: le baccalauréat en génie agricole. Les étudiants doivent suivre des cours dans les deux établissements. En 1993, une entente officielle entre l'U. Dalhousie et le Collège permet à ce dernier de donner le programme de maîtrise en agriculture. C'est l'U. Dalhousie qui décerne le diplôme. Il y a des programmes de deuxième cycle en agrobiologie, en agrochimie, en sciences animales, en phytologie et en sciences des sols.

Université Laval La Faculté des sciences de l'agriculture et de l'alimentation a actuellement un programme de huit trimestres (quatre ans) pour les étudiants sortant du CEGEP (COLLÈGE D'ENSEIGNEMENT GÉNÉRAL ET PROFESSIONNEL). Ces derniers peuvent choisir parmi trois baccalauréats: un baccalauréat ès sciences (agriculture) avec spécialisation en économie agricole, en agronomie, en sciences de la consommation, en génie alimentaire, en sciences et en technologie des aliments ou en génie rural; un baccalauréat ès sciences en DIÉTÉTIQUE; ou un baccalauréat en économie rurale. Les programmes de maîtrise portent sur huit champs d'intérêt: MICROBIOLOGIE agricole, sciences animales, sciences et technologie des aliments, nutrition, biologie végétale, économie rurale, génie rural et sciences des sols. Les programmes de doctorat touchent les domaines suivants: sciences animales, économie (conjointement avec la Faculté des sciences sociales), sciences et technologie des aliments, microbiologie, nutrition, biologie végétale et sciences des sols.

Collège Macdonald de l'Université McGill Le collège Macdonald, situé à Sainte-Anne-de-Bellevue, au Québec, a reçu un don de sir William Macdonald qui a permis sa construction en 1905 et l'embauche du personnel. Le Collège accueille ses premiers étudiants à l'automne 1907. Antérieurement, un programme en agriculture avait été mis sur pied par le directeur J.W. DAWSON qui, en 1864, publie *First Lessons in Scientific Agriculture for Schools*. La Faculté d'agriculture et des sciences de l'environnement du collège Macdonald est la seule faculté en Amérique du Nord à faire partie d'une université largement soutenue par des dotations privées. Le diplôme d'études collégiales est un préalable aux trois programmes de baccalauréat échelonnés sur trois ans (six trimestres). Les domaines de spécialisation du baccalauréat ès sciences (agriculture) sont: agro-économie, sciences animales, ZOOLOGIE appliquée, BOTANIQUE, ENTOMOLOGIE, BIOLOGIE de l'environnement, agriculture générale, microbiologie, gestion des insectes nuisibles, phytologie, CONSERVATION des ressources, sciences des sols et ressources fauniques. Les champs de spécialisation du baccalauréat ès sciences (sciences des aliments) sont les sciences des aliments et l'agrochimie. Il y a aussi un baccalauréat ès sciences en génie agroalimentaire. La Faculté d'agriculture et des sciences de l'environnement collabore avec celle de l'éducation pour décerner un baccalauréat en commerce (administration de la distribution alimentaire).

Tous les départements offrent des programmes de maîtrise et de doctorat par l'entremise de l'École des études supérieures et de la recherche. Les programmes d'études et de recherche dirigée sont les suivants: agrochimie, physique agricole, génie agricole, sciences animales (dont GÉNÉTIQUE, physiologie et nutrition animales), entomologie, microbiologie, phytologie (dont agronomie, sélection des plantes, horticulture, génétique et pathologie végétales), sciences des sols et biologie de la faune.

Collège d'agriculture de l'Ontario De 1888 à 1964, le baccalauréat ès sciences (agriculture) du Collège d'agriculture de l'Ontario est remis par l'U. de Toronto. Depuis 1964, il est décerné par l'U. de Guelph. Après avoir réussi sa 13e année, un élève peut s'inscrire au programme de quatre ans du baccalauréat en agriculture.

La première année, tous les étudiants suivent les mêmes cours; par la suite, ils peuvent se spécialiser dans les secteurs suivants: agro-économie, gestion des agroécosystèmes, agronomie, sciences animales et aviculture, phytotechnie, biologie de l'environnement, sciences des aliments, horticulture, ressources en terres, ARCHITECTURE PAYSAGÈRE et développement rural.

Il y a également quatre programmes interdisciplinaires de deuxième et de troisième cycles: une maîtrise ès science en aquaculture, une maîtrise ès sciences en aménagement et développement rural, un doctorat en études rurales et un doctorat en économie des ressources et de l'environnement.

Collège d'agriculture du Manitoba À sa fondation, en 1906, le Collège d'agriculture du Manitoba est l'extension d'une école de laiterie administrée, depuis 1894, par le ministère de l'Agriculture du Manitoba. En 1924, le Collège passe du ministère de l'Agriculture au Bureau des gouverneurs de l'U. du Manitoba. La Faculté d'agriculture et des sciences des aliments offre quatre baccalauréats: un baccalauréat ès sciences en agriculture avec des champs de spécialisation suivants: agronomie, systèmes de production animale, systèmes de production végétale; un baccalauréat ès sciences en industrie agroalimentaire dont les champs de spécialisation sont l'agro-économie et l'INDUSTRIE AGROALIMENTAIRE; un baccalauréat ès sciences en agro-écologie; et un baccalauréat ès sciences en sciences des aliments. La Faculté de génie propose un baccalauréat ès sciences en génie des écosystèmes. Des programmes de maîtrise et de doctorat regroupent les champs d'intérêt suivants: agro-économie et gestion agricole, agronomie, sciences animales, entomologie, sciences des aliments, horticulture, phytologie et sciences des sols.

Université de la Saskatchewan La Faculté d'agriculture de la Saskatchewan est fondée en même temps que l'Université. L'emplacement de cette dernière, à Saskatoon, a été choisi en raison de la possibilité d'y établir un collège d'agriculture (la superficie se prête à l'établissement d'une ferme et aux travaux pratiques). Les premiers cours en agriculture ont lieu en 1912. La faculté offre un baccalauréat ès sciences en agriculture. Les programmes s'étendent sur quatre ans, et les élèves sont admissibles après la 12e année. La première année, tous les étudiants suivent les mêmes cours, par la suite, ils peuvent se spécialiser dans les secteurs suivants: agrobiologie, agrochimie, agro-économie, agronomie, sciences animales, microbiologie appliquée, phytotechnie, sciences des aliments, sciences de l'environnement, horticulture, mécanique agricole, écologie végétale, ressources sylvicoles et sciences des sols. L'École des études supérieures et de la recherche propose divers programmes de deuxième et de troisième cycles: une maîtrise ès sciences en vulgarisation agricole; une maîtrise ès sciences et un doctorat en horticulture; une maîtrise en agriculture (avec essai), une maîtrise ès sciences et un doctorat en agro-économie, en sciences animales et aviculture, en microbiologie appliquée, en phytotechnie, en sciences des aliments, en écologie végétale et en sciences des sols. En outre, l'École d'ingénieurs décerne une maîtrise en génie de même qu'une maîtrise ès sciences et un doctorat en génie agroalimentaire et bioalimentaire.

Université de l'Alberta La Faculté d'agriculture de l'U. de l'Alberta commence à dispenser des cours en 1915. Comme dans le cas de l'U. de la Saskatchewan, elle fait partie intégrante de la nouvelle université. En 1970, un programme de FORESTERIE est ajouté, de sorte qu'elle devient la Faculté d'agriculture et de foresterie. En 1993, elle fusionne avec la Faculté d'économie domestique: elle est désormais la Faculté d'agriculture, de foresterie et d'économie domestique. Deux autres écoles d'agriculture sont fondées en Alberta en 1913: la Vermilion et la Olds.

La Faculté propose actuellement aux étudiants ayant réussi la 13e année des programmes de quatre ans menant au baccalauréat en agriculture, en sciences de l'environnement et de la conservation, en foresterie, en écologie humaine et en nutrition et sciences des aliments. Une première année modifiée est aussi offerte à l'U. de Calgary, à l'U. de Lethbridge et à des collèges préuniversitaires affiliés. Les étudiants inscrits au programme d'agriculture et à celui de nutrition et sciences des aliments se spécialisent, après la première année, dans un des secteurs suivants: sciences agricoles, sciences animales, économie appliquée, phytotechnie, sciences et technologie des aliments, aliments et nutrition, sciences des ressources en sols ou nutrition.

La Faculté, conjointement avec la Faculté de commerce, confère un baccalauréat ès sciences en agriculture et en gestion agroalimentaire avec des spécialisations en industrie agroalimentaire, en techniques de transformation agroalimentaire et en gestion de la distribution alimentaire. Il y a aussi une maîtrise en agriculture (avec essai) dans plusieurs disciplines et une maîtrise en génie agricole (avec essai) de même que des maîtrises (avec mémoire) et des programmes de doctorat en sciences animales, en sciences des aliments, en sciences forestières, en nutrition, en phytologie, en économie rurale, en sciences des sols et en gestion et productivité de la faune.

Université de la Colombie-Britannique La Faculté d'agriculture accueille ses premiers étudiants en 1915 et reçoit l'aide du professeur L.S. Klinck du collège Macdonald pour sa mise en œuvre. Les élèves ayant réussi la 12e année peuvent s'inscrire au programme de quatre ans de la faculté. On y offre un baccalauréat ès sciences en agriculture dans les disciplines suivantes: agro-économie, génie des bio-ressources (par la Faculté des sciences appliquées), sciences animales, sciences des aliments, phytologie et sciences des sols. Il y a aussi un baccalauréat en architecture paysagère. Les études de deuxième cycle mènent à une maîtrise ès sciences en agro-économie et en vulgarisation agricole. Les programmes de maîtrise et de doctorat portent sur ces domaines: sciences animales, sciences des aliments, phytologie, aviculture, GESTION DES RESSOURCES (interdisciplinaire) et sciences des sols.

Établissements non universitaires

Parmi les écoles ayant débuté avec des programmes pratiques ne menant pas à un grade, il en reste quatre qui fonctionnent toujours et proposent un programme d'études menant à l'obtention d'un diplôme: les collèges d'agriculture de la Nouvelle-Écosse et de l'Ontario, le collège Macdonald et l'U. du Manitoba. Par ailleurs, 21 institutions offrent des activités post-secondaires en agriculture; 5 d'entre elles donnent des programmes en français (1 au Nouveau-Brunswick, 3 au Québec, 1 en Ontario); les 16 autres ont des programmes en anglais (1 en Nouvelle-Écosse, 1 au Québec, 1 au Manitoba et 1 en Saskatchewan; 2 en Colombie-Britannique, 4 en Alberta et 6 en Ontario). Toutes ces écoles sont indépendantes des facultés d'agriculture de leur université provinciale, à l'exception de cinq écoles.

Il s'agit des collèges de la Nouvelle-Écosse et de l'Ontario, ainsi que du collège Macdonald et les facultés d'agriculture de l'U. du Manitoba et de l'U. de la Saskatchewan. Leurs cours sont orientés vers la production afin de préparer les agriculteurs aux techniques agricoles modernes. Un grand nombre d'entre elles a aussi des programmes visant à préparer les diplômés à des emplois de techniciens dans diverses industries agricoles. La plupart des programmes sont de deux ans bien que certains s'échelonnent sur trois ans.

Les matières enseignées reflètent les changements survenus dans le domaine de l'agriculture. Les cours traitant de production, qui mettaient antérieurement l'accent sur le labourage ou l'abattage domestique du bétail ou de la volaille, se sont enrichis pour fournir de l'information sur les produits chimiques agricoles pour la lutte contre les insectes nuisibles, la comptabilité appliquée à la ferme, l'utilisation de l'ordinateur pour la formulation des rations destinées au bétail ainsi que le réglage et la gestion des machines agricoles très complexes.

Vulgarisation agricole

Le processus qui consiste à transmettre aux agriculteurs les progrès dans le domaine de la technologie ou des techniques agricoles s'appelle «vulgarisation». Au Canada, les personnes responsables de ce processus sont appelées représentants agricoles (*agrologists* en anglais) ou, au Québec, agronomes. L'importance des activités de vulgarisation est reconnue depuis longtemps. L'ancien Collège agricole du Manitoba organise des «Better Farming Trains» qui parcourent la province. Ainsi, le public bénéficie de démonstrations, de conférences et d'expositions, sans compter l'assistance des conseillers et des membres du personnel enseignant. Le collège Macdonald utilise une formule semblable à laquelle il ajoute des étudiants diplômés, nommés «démonstrateurs» et postés dans les régions rurales. Cette fonction est éventuellement assumée par le service de vulgarisation de la province.

Les activités d'enseignement, de vulgarisation et de service-conseil constituent une importante responsabilité des ministères de l'agriculture provinciaux. L'enseignement se fait, dans de nombreux cas, par des cours intensifs ou des ateliers ainsi que par des bulletins explicatifs et des communiqués de presse à l'intention des agriculteurs. Le personnel des services de vulgarisation se compose de professionnels de l'agriculture et de spécialistes des problèmes de production agricole. Les représentants agricoles peuvent jouer un rôle clé dans l'identification des problèmes à l'échelon régional et la transmission de ceux-ci aux chercheurs scientifiques. Il arrive souvent que représentants et chercheurs collaborent pour mettre de nouvelles technologies à l'épreuve à l'échelle locale.

Howard A. Steppler

Enseignement aux adultes Au Canada, ce type d'éducation est à la fois un champ d'activité et, depuis les années 60, un domaine d'études. Selon l'UNESCO, l'enseignement aux adultes en tant que champ d'activité possède toutes les structures d'un système d'éducation organisé, quels qu'en soient le contenu, le niveau ou la méthode. Cet enseignement se fait ou non à l'intérieur du cadre scolaire. Il prolonge ou remplace l'enseignement régulier des écoles, des collèges, des universités et des centres de formation. Le terme «adulte» désigne généralement les gens qui ont dépassé l'âge de la fréquentation scolaire obligatoire. À part cette contrainte, il n'y a aucune limite d'âge pour apprendre.

L'enseignement aux adultes est à l'origine interdisciplinaire, touchant la psychologie, la sociologie, l'histoire, la philosophie et les sciences médicales. Comme les autres disciplines, elle possède un ensemble particulier de connaissances, ainsi que des domaines de spécialisation. Les programmes universitaires d'enseignement aux adultes se préoccupent autant d'enseignement que de recherche. Au Canada, huit universités offrent la maîtrise en enseignement aux adultes, et trois (Colombie-Britannique, Toronto et Montréal) offrent le doctorat. Ces cours et ces programmes forment professeurs, conseillers, animateurs communautaires, administrateurs, évaluateurs, formateurs et coordonnateurs du perfectionnement professionnel. Par conséquent, l'enseignement aux adultes est un terme générique, utilisé diversement pour désigner un programme, un mouvement, une discipline et parfois même une méthode. D'autre part, c'est aussi le reflet d'une conception particulière de l'apprentissage et de l'enseignement qui s'appuie sur ces éléments: les adultes peuvent et désirent apprendre, ils sont prêts à assumer la responsabilité de cette éducation, le contenu doit répondre à leurs propres besoins.

Origines

Les adultes sont toujours désireux d'apprendre: pour assurer leur propre survie, développer leurs talents, échanger avec les autres et avec leur milieu ou tout simplement pour leur croissance personnelle. Au XIXe siècle, les INSTITUTS D'ARTISANS de l'Ontario, du Québec et de la Nouvelle-Écosse offrent de l'information et des possibilités d'apprentissage aux travailleurs. Avant la Confédération (1867), l'U. Queen s'intéresse à l'enseignement hors faculté et à la vulgarisation et organise des conférences à l'intention du public, tandis que le YMCA offre des cours du soir aux adultes et met sur pied des programmes scolaires pour l'armée. Des écoles d'agriculture voient le jour, et à la fin du XIXe siècle, est fondé le Conseil national des femmes. Les groupes d'échange entre les milieux scolaires et familiaux se multiplient, et l'on organise des conférences dans de nombreuses collectivités. Les écoles d'enseignement pour femmes sont établies et des groupes, religieux ou laïcs, mettent sur pied des programmes pédagogiques. Toutes ces réalisations répondent aux besoins et aux intérêts manifestés par la population adulte.

Là où ils n'existent pas, on crée de nouveaux organismes en vue d'offrir des programmes adéquats, et d'autres structures déjà en place réorientent leurs objectifs en ce sens. Un progrès important s'ensuit concernant l'établissement de bibliothèques publiques dont le nombre va croissant.

En 1899, Alfred Fitzpatrick fonde le Frontier College dans le but de rendre l'enseignement accessible aux collectivités éloignées, principalement aux hommes vivant et travaillant, p. ex., dans des chantiers et campements forestiers, miniers ou ferroviaires (*voir aussi* ALPHABÉTISME). Beaucoup plus tard, le Frontier College ainsi que d'autres organismes étendent leurs services pédagogiques aux prisonniers, aux ouvriers des manufactures, aux fermiers, aux pêcheurs, aux paysans et aux immigrants.

Les programmes pour adultes continuent à se multiplier de 1900 à 1925. En Angleterre, après la Première Guerre mondiale, on met sur pied l'UNIVERSITÉ KHAKI pour le personnel militaire canadien qui attend sa démobilisation. À la même époque, un organisme anglais offrant des possibilités de formation aux travailleurs, la Worker's Education Association, fait son apparition au Canada. Certains services universitaires (conférences, débats oratoires, concerts, films) sont offerts aux collectivités rurales et éloignées de l'ouest du pays, qui se développe alors très rapidement. D'ailleurs, les U. de l'Alberta et de la Saskatchewan sont mises sur pied à l'origine pour offrir des cours de vulgarisation. Au milieu des années 20, l'U. de l'Alberta présente des ÉMISSIONS ÉDUCATIVES à la radio et crée au début des années 30 le BANFF CENTRE.

Les efforts de l'UNIVERSITÉ ST. FRANCIS XAVIER à Antigonish, en Nouvelle-Écosse, sont particulièrement efficaces pour venir en aide aux victimes de la crise des années 30 et se soldent par la formation d'un mouvement coopératif d'envergure (*voir* ANTIGONISH, MOUVEMENT D'). Plus tard, l'International Coady Institute est mis sur pied afin d'offrir aux représentants des pays en voie de développement des cours de formation sur la philosophie et la pratique de la coopération.

Dès cette époque, des études expérimentales de diffusion auprès du grand public, la fondation de l'Institut canadien des affaires publiques (*voir* CONFÉRENCE DE COUCHICHING) et de l'OFFICE NATIONAL DU FILM (1939), deux tribunes radiophoniques nationales, le Citizen's Forum (1943) et la TRIBUNE RADIOPHONIQUE AGRICOLE (1941), font appel à la technologie des médias à des fins éducatives. De nouveaux progrès permettent ensuite l'utilisation de la télévision et des satellites.

En 1935 est créée la Canadian Association for Adult Education, dont le premier directeur général est E.A. CORBETT. Avant d'occuper ce poste, ce dernier était le directeur du service de l'enseignement postscolaire de l'U. de l'Alberta, en plus d'être responsable du Citizen's Forum, de la Tribune radiophonique agricole et du Banff Centre.

En 1958, l'établissement, dans le nord-ouest de l'Ontario, du Quetico Residential Conference and Training Centre apporte aux adultes de nouvelles possibilités d'instruction. Des années 30 jusqu'aux années 60, la Chambre de commerce du Canada met sur pied de nombreux programmes d'éducation, et le Collège canadien des travailleurs ouvre ses portes à Montréal (1962). La participation gouvernementale à l'éducation et à la formation va en s'accroissant, notamment grâce à la *Loi sur l'assistance à la formation technique et professionnelle* (1960) et à la *Loi sur la remise en valeur et l'aménagement des terres agricoles* (1961) (*voir* ENSEIGNEMENT TECHNIQUE).

Au niveau international, le Canada contribue au développement de l'enseignement aux adultes par le truchement d'organismes tels le Centre international de l'éducation permanente universitaire et l'UNESCO. C'est grâce à l'appui des participants à la conférence de l'UNESCO à Tokyo (1972) et de J. Roby KIDD, éducateur postscolaire, qu'est fondé le Conseil international d'éducation des adultes (CIEA). Depuis le décès de celui-ci (1982), cet organisme décerne annuellement le prix Roby Kidd, qui souligne l'innovation et l'importance des travaux des lauréats dans le domaine de l'enseignement aux adultes. Le CIEA publie depuis 1968 la revue *Convergence*, maintenant offerte en quatre langues. De ses bureaux torontois, le CIEA expédie sa revue dans plus de 100 pays.

Quatre associations nationales pour l'enseignement aux adultes voient le jour au Canada: la Canadian Association for Adult Education (CAAE, 1935); l'Institut canadien d'éducation des adultes (ICEA, 1952), destiné principalement aux adultes des secteurs francophones du Canada; la Canadian Association for University Continuing Education (CAUCE, 1954); et la Canadian Association for the Study of Adult Education (CASAE, 1981).

Structures et établissements

L'éducation permanente est de nos jours partie intégrante de la vie d'un grand nombre d'adultes canadiens. On trouve des groupes organisés en vue de parfaire l'éducation non scolaire à tous les ordres de gouvernement ainsi que dans les syndicats, les coopératives, les entreprises industrielles et commerciales, les hôpitaux, les établissements de détention, les regroupements tant religieux que culturels et les programmes de santé et de conditionnement physique. L'enseignement aux adultes est donné dans les usines, les bureaux, les gymnases, les salles de conférences et les salles de classe, les bibliothèques, les musées, les résidences et les églises, grâce à une multitude de méthodes d'enseignement et d'apprentissage.

L'enseignement aux adultes est aussi établi en milieu scolaire, soit dans le cadre de programmes crédités dans les écoles, les collèges et les universités, soit dans ces mêmes établissements, par l'entremise des départements d'éducation permanente ou de l'enseignement postsecondaire. La rapide croissance des COLLÈGES COMMUNAUTAIRES et des CEGEPS dans les années 60 et 70 contribue grandement à multiplier les ressources éducatives pour les adultes. Habituellement, la coordination de l'enseignement aux adultes relève d'un instructeur ou d'un planificateur. Au gouvernement ou dans l'entreprise, c'est la tâche du responsable du perfectionnement professionnel. Ces personnes se considèrent de plus en plus comme des formateurs d'adultes.

Participation

La première enquête d'envergure nationale sur l'enseignement aux adultes (1934) fait ressortir la grande variété des activités et le nombre important de personnes inscrites à un quelconque programme d'études. Des recherches plus récentes effectuées par TVOntario révèlent que plus de 75 p. 100 des adultes interrogés poursuivent ou désirent poursuivre leur apprentissage. Un sondage Gallup effectué en 1982 pour le compte de la CAAE et du CIEA auprès de Canadiens de 18 ans et plus indique que 34 p. 100 d'entre eux participent à un programme d'éducation, scolaire ou non scolaire. Un autre sondage mené en 1984 à la grandeur du pays révèle un taux de participation semblable. Toutefois, la plupart des enquêtes ne tiennent compte que des étudiants adultes qui fréquentent des institutions publiques ou reconnues, telles que les écoles et les collèges, alors qu'un grand nombre d'adultes participent à un apprentissage sérieux à l'extérieur de ces établissements. Quoi qu'il en soit, un grand nombre d'adultes canadiens ne participent à aucun programme d'études. Les conséquences de cette situation sont tout particulièrement importantes pour le Canada, qui a l'un des taux les plus élevés d'adultes analphabètes parmi les pays industrialisés. Des efforts supplémentaires sont donc fournis pour élargir les possibilités d'instruction de ce groupe de citoyens.

Problèmes et perspectives

Les tentatives visant à instituer une législation gouvernementale et institutionnelle pour appuyer financièrement l'enseignement aux adultes se déroulent parallèlement à la participation croissante des adultes aux programmes d'éducation. De plus, à cause de nombreux obstacles comme les distances et les handicaps physiques, certains groupes comme les personnes handicapées, isolées, âgées, très peu instruites, certaines collectivités culturelles et les femmes ayant de jeunes enfants sont incapables de participer aux programmes offerts. (Voir TÉLÉEN-SEIGNEMENT.)

L'enseignement aux adultes prenant de plus en plus d'ampleur comme champ d'activité et comme outil de recherches et d'études, la participation et l'appui des pouvoirs publics et des citoyens devront également augmenter. Dans le contexte même de l'enseignement aux adultes, les diverses méthodes pédagogiques mises au point atténuent la rigidité traditionnelle des rôles d'enseignant et d'étudiant. Ce fait prouve que tout adulte, professeur ou élève, non seulement a des choses à apprendre des autres, mais peut également enseigner en communiquant ses propres connaissances, qu'elles proviennent de sa formation ou de son expérience de la vie. En considérant les adultes comme des apprenants responsables, les instigateurs de leurs propres processus d'apprentissage et des ressources de grande valeur, l'enseignement aux adultes fournit à la société une contribution inestimable.

James A. Draper

Enseignement des langues secondes La langue que l'enfant apprend d'abord de façon naturelle à la maison se nomme la langue première (ou encore «langue maternelle»). Toute langue apprise après la langue première est une langue seconde. La plupart des enfants semblent apprendre leur langue première sans interventions spécialisées ou enseignement formel. Certains linguistes attribuent cette habileté à une capacité innée spécifique à l'apprentissage de la langue. D'autres l'inscrivent plutôt dans le contexte plus vaste des capacités cognitives générales. Cependant, même en langue première, il faut enseigner à lire et à écrire. L'enseignement et l'apprentissage de la langue première et de la langue seconde ont donc beaucoup en commun.

Langues au Canada

On compte trois catégories principales de langues au Canada: les langues officielles ou langues de la charte (le français et l'anglais), reconnues au fédéral par la LOI SUR LES LANGUES OFFICIELLES (1969) dans les législations provinciales (cependant, seuls le Québec et le Nouveau-Brunswick confèrent au français le statut de langue officielle); les langues des immigrants, qui ne bénéficient d'aucun statut officiel au Canada, mais qui sont parlées ailleurs comme langues nationales ou régionales; les langues ancestrales des autochtones qui ne sont pas protégées légalement au niveau fédéral (*voir* AUTOCHTONES, LANGUES DES). Les questions linguistiques d'importance particulière au Canada incluent l'apprentissage du français comme langue seconde (FLS) par les Canadiens anglophones et par les immigrants au Québec, l'apprentissage de l'anglais comme langue seconde (ALS) par les francophones du Québec, par les autochtones et par les immigrants au Canada anglais et le maintien des autres langues ethniques, c.-à-d. les langues des immigrants et des autochtones.

Français langue seconde

L'importance accordée à l'enseignement du français reflète des changements dans la longue histoire des RELATIONS FRANCOPHONES-ANGLOPHONES. La puissance économique ayant été jusqu'à récemment dans les mains des anglophones, la langue française ne jouit pas du même statut que l'anglais au Canada, malgré son importance historique, son poids démographique et le fait que le français est une des principales langues parlées dans le monde. Cela s'avère vrai même au Québec où la vaste majorité de la population est francophone. En réponse au mécontentement face à cette situation, les gouvernements québécois ont, depuis les années 60, instauré des mesures destinées à protéger la langue française, mesures qui devaient mener à la LOI 101 adoptée pour promouvoir l'emploi du français. Les positions relatives du français et de l'anglais demeurent toutefois une question litigieuse au Québec malgré les gains significatifs réalisés par le français dans ce nouveau contexte.

Au début des années 60, quelques membres de la communauté anglophone de Saint-Lambert, au Québec (le Groupe d'étude de l'École bilingue de Saint-Lambert) réagissent à l'importance grandissante du français et à l'isolement toujours présent des communautés francophone et anglophone par un réexamen des méthodes d'enseignement du FLS dans les écoles anglaises. Dans ses recherches pour de meilleures méthodes, ce groupe en vient à consulter Wallace Lambert de l'U. McGill qui a étudié les aspects socio-psychologiques et cognitifs du BILINGUISME et Wilder PENFIELD de l'Institut neurologique de Montréal qui a travaillé sur les mécanismes cérébraux sous-jacents aux fonctions langagières. En 1965, l'initiative de ces parents mène à la création d'un programme expérimental d'immersion française au niveau de la maternelle à Saint-Lambert. Dans un tel programme, les enfants participants reçoivent le même type d'éducation qu'ils recevraient dans leur programme régulier en anglais, sauf que les matières sont toutes enseignées en français. Les enseignants sont généralement des locuteurs natifs du français qui comprennent l'anglais et, de façon générale, ils traitent les élèves comme s'ils étaient également des locuteurs natifs. Après un départ relativement lent vers la fin des années 60 et le début des années 70, l'inscription dans les programmes d'immersion décuple pratiquement entre la fin des années 70 et 1999, atteignant quelque 300 000 élèves dans plus de 2 000 écoles canadiennes. Il y a 3 types principaux de programmes d'immersion.

Programmes d'immersion totale hâtive

Les programmes d'immersion totale hâtive peuvent durer jusqu'à 11 ans. On les divise habituellement en 3 étapes: l'étape monolingue (normalement de la maternelle à la 2e ou 3e année) où le professeur présente tous les contenus du programme dans la langue seconde (mais les enfants peuvent parler anglais entre eux ou lorsqu'ils s'adressent à lui); l'étape bilingue (normalement de la 2e ou 3e jusqu'à la 6e année) au cours de laquelle l'enseignement se fait également en français et en anglais; l'étape de maintien (normalement de la 7e année jusqu'à la fin du secondaire) alors qu'on utilise le français dans 3 à 5 disciplines.

Programmes d'immersion retardée Dans ces programmes, l'emploi du français comme langue principale d'enseignement ne commence qu'au milieu du programme primaire (normalement en 4e année).

Programmes d'immersion tardive Ces programmes reportent l'emploi intensif du français jusqu'à la fin de l'école primaire ou le début de l'école secondaire.

Le Canada joue un rôle de pionnier dans l'enseignement par immersion désormais reconnu à l'échelle internationale comme une des trop peu nombreuses expériences fructueuses en didactique de la langue seconde. Cette démarche pédagogique présente d'ailleurs une caractéristique particulière, celle de la participation active de parents dans tout le Canada. En 1977, une nouvelle association nationale, Canadian Parents for French (CPF), se donne comme objectif de promouvoir la multiplication des occasions de tous types d'utiliser le FLS. Le CPF constitue maintenant un groupe de pression important à tous les ordres de gouvernement.

Même si le niveau d'inscription dans les programmes d'immersion augmente considérablement au cours des années, la vaste majorité des élèves anglophones du primaire et du secondaire continue d'apprendre le français de façon plus traditionnelle, alors qu'on l'enseigne comme une matière scolaire à apprendre plutôt que de l'utiliser comme moyen d'enseignement. En 1999, il y a quelque 2 470 000 élèves inscrits dans de tels programmes au Canada. On nomme souvent ces programmes «Programmes de base» et ils souffrent de la popularité de l'immersion qui se voit confiée aux meilleurs enseignants et qui reçoit le gros des fonds de recherche disponibles. Vers le milieu des années 80, l'Étude nationale sur les programmes-cadres de français effectue une vaste enquête sur l'état de l'enseignement du français dans les programmes de base au Canada et sur les changements nécessaires à son amélioration. Ses nombreuses recommandations suscitent un intérêt renouvelé dans l'enseignement du français dans les programmes de base depuis le début des années 90.

Anglais langue seconde

Si les POLITIQUES LINGUISTIQUES relatives au français sont sources de remise en question de l'unité canadienne et des relations francophones-anglophones, le débat sur l'anglais comme langue seconde est moins politisé. Pour les immigrants au Canada anglais, p. ex., l'apprentissage de l'anglais constitue un moyen de survie. Ce n'est qu'après la Seconde Guerre mondiale que les gouvernements provinciaux mettent sur pied des programmes de langue et de citoyenneté pour les arrivants adultes, que les commissions scolaires établissent des cours de langue pour les enfants des immigrants et que la croissance des collèges communautaires mène à l'élaboration de programmes d'ALS au niveau postsecondaire. Dès le début des années 70, les enseignants d'anglais langue seconde créent plusieurs associations provinciales d'ALS, et, en 1978, une fédération d'associations nationales engagées dans l'enseignement de l'ALS, TESL Canada, voit le jour.

Il n'existe toujours pas de stratégie nationale face à la question de l'adaptation des immigrants, et les services offerts le sont toujours par un réseau complexe de commissions scolaires, d'universités et de collèges communautaires et par des agences des gouvernements fédéral et provinciaux. Il faut cependant noter dans ce domaine la contribution du programme CLIC (Cours de langues pour les immigrants au Canada) aux questions épineuses de la certification de la compétence linguistique et de l'établissement de normes de performance. Les étudiants d'ALS ont à leur disposition un vaste éventail d'approches pour répondre à leurs besoins, mais le domaine (comme celui du FLS, d'ailleurs) doit toujours faire face à des difficultés, telles un nombre insuffisant d'enseignants et de conseillers, des programmes inadéquats de formation d'enseignants, une pénurie de programmes et de matériel pédagogique appropriés et l'absence d'objectifs précis.

Vers la fin des années 70, lors de la vague de réfugiés de l'Asie du Sud-Est, les faiblesses du système de formation linguistique et des services d'intégration deviennent apparentes. En 1981, après une rencontre nationale sur les problèmes des réfugiés adultes, le Comité d'action TESL Canada demande avec insistance l'établissement d'une politique nationale d'intégration des réfugiés. Le comité recommande une approche en deux étapes au cours desquelles un programme de base de trois mois serait suivi d'un éventail d'options à caractère pratique faisant une place spéciale à l'alphabétisation, à l'enseignement de l'anglais dans le milieu du travail et comme deuxième langue, et à des groupes ciblés comme les jeunes adultes, les personnes âgées, les femmes et les personnes en régions éloignées.

Programme fédéral de formation linguistique

La loi stipule que les services publics fédéraux doivent être disponibles dans les deux langues officielles, ce qui oblige plusieurs fonctionnaires fédéraux à être bilingues. La fonction publique fédérale crée son propre service de formation linguistique. Entre le début des années 70 et celui des années 90, quelque 2500 fonctionnaires peuvent bénéficier annuellement de formations linguistiques en français et en anglais dans des centres dans tout le Canada. Au cours des dernières années, cependant, on assiste à une réduction substantielle des services offerts directement par la fonction publique fédérale au pro-

fit de contrats en sous-traitance confiés à l'entreprise privée.

Les méthodes d'enseignement

Il y a un siècle, la méthode la plus populaire d'enseignement de la langue seconde était la grammaire-traduction, c.-à-d. l'enseignement et la pratique des règles de grammaire par des exercices de traduction. Puis, vers 1900, la méthode directe fait son apparition et connaît un certain succès. Il s'agissait alors d'enseigner sans recours à la traduction ni à la langue première. Dans les années 60, la méthode audio-linguale (apprendre à parler et à écouter au moyen d'exercices répétitifs rapides) devient populaire. Depuis ce temps, plusieurs nouvelles méthodes voient le jour. Une de celles-là met l'accent sur l'entraînement à l'écoute par le mouvement (la Méthode par le mouvement), une autre sur la relaxation psychologique (la Suggestopédie) et une troisième sur l'emploi de techniques propres à la thérapie de groupe (la Méthode communautaire). Au cours des années 70, d'autres novateurs de l'enseignement des langues secondes suggèrent de porter une plus grande attention au programme de même qu'aux besoins pratiques et aux objectifs spécifiques des apprenants. Cela donne lieu à des efforts en vue de fonder l'enseignement de la langue seconde plus directement sur les sciences du langage, p. ex., la linguistique, la psycholinguistique, la sociolinguistique et la linguistique appliquée. L'approche la plus populaire depuis le début des années 80 est l'approche communicative qui a comme objectif l'emploi de la langue seconde dans des situations réelles de communication. On utilise souvent le projet, c.-à-d. la production d'un produit concret (la production d'un jeu, p. ex.), dans cette approche car l'apprenant se trouve alors contraint d'employer la langue pour communiquer plutôt que de l'étudier comme matière scolaire.

Il n'est cependant pas toujours facile d'atteindre ce but et les enseignants ont de plus en plus souvent recours aux nouvelles technologies pour tenter d'améliorer leur enseignement. Dans les années 50, il s'agit du laboratoire de langue. Dans les années 80, le micro-ordinateur et le magnétoscope servent de ressources pour l'enseignement et l'apprentissage. Plus récemment, l'évolution vers le multimédia et les technologies de la communication semble offrir de nouvelles possibilités aux enseignants et aux apprenants. On pense pouvoir, à l'aide de ces nouvelles technologies, offrir à l'étudiant plus de moyens de devenir autonome et être mieux équipé pour répondre au défi que constitue l'apprentissage d'une langue. Si la popularité de l'utilisation de tels moyens est en pleine croissance, il y a lieu de noter au passage la quantité encore restreinte de données de recherche sur leur efficacité et il faudra attendre encore pour déterminer si ces innovations vont résulter en un changement radical dans l'enseignement de la langue seconde.

Le maintien des langues non officielles

La COMMISSION ROYALE D'ENQUÊTE SUR LE BILINGUISME ET LE BICULTURALISME (1963) soutient que la diversité linguistique constitue une ressource sociale et personnelle importante. En 1977, l'Ontario crée son programme des langues patrimoniales (Heritage Language Program) qui fournit des fonds pour l'enseignement des langues patrimoniales, c.-à-d. les langues autres que le français et l'anglais. Des programmes semblables existent également au Québec, au Manitoba, en Alberta, en Colombie-Britannique et dans les Territoires du Nord-Ouest.

Les langues autochtones

La linguistique reconnaît en général 11 groupes principaux de langues autochtones canadiennes et certains d'entre eux comprennent plusieurs langues et dialectes. Certains autochtones (surtout dans le Grand Nord) maintiennent très bien leurs propres langues mais la langue d'enseignement dans leurs écoles est habituellement

le français ou l'anglais (que la majorité des élèves doit apprendre comme langue seconde). Dans ce contexte, l'élaboration de programmes et de matériel pédagogique en FLS et en ALS adaptés aux besoins des élèves autochtones et la recherche sur les conditions qui prévalent lors de l'apprentissage de la langue seconde par ces derniers suscitent beaucoup d'intérêt. Il reste que trop peu des enseignants ont une formation en enseignement de la langue seconde et que les méthodes appropriées ne sont toujours pas très répandues. Quelques programmes d'éducation bilingue sont élaborés pour maintenir les langues ancestrales tout en permettant aux enfants natifs d'acquérir la connaissance du français et de l'anglais. Mais là encore, tout comme dans d'autres domaines de l'enseignement de la langue seconde, il reste beaucoup à faire pour assurer des programmes satisfaisants.

H.H. Stern

Enseignement forestier À la fin des années 80 et dans les années 90, on assiste à une formidable évolution de la foresterie tant au Canada qu'à travers le reste du monde. Cette science a joué un rôle de plus en plus important pour l'économie et l'environnement des pays développés ou en développement. La pratique de la foresterie est devenue de plus en plus complexe, et ses exigences, plus rigoureuses. L'avenir de la foresterie est façonné autant par les préoccupations régionales que par la problématique internationale.

Le système canadien d'enseignement forestier

À la mesure de l'importance et de la diversité du secteur forestier canadien, le système d'enseignement forestier comprend plusieurs institutions qui varient par leurs objectifs, leurs tailles relatives et leur localisation.

À l'échelle nationale, les universités possédant une faculté de foresterie sont unies par l'Association des écoles forestières universitaires du Canada (AEFUC). Il n'existe cependant pas d'association pour les écoles professionnelles et pour les collèges techniques. Ces institutions sont principalement axées sur les besoins de chaque province et sont généralement situées dans chacune des principales régions forestières. Le rôle joué par les distances à l'échelle de l'immensité du pays ne peut être mis de côté, mais l'absence d'une association nationale pour les écoles professionnelles et les collèges techniques provient à la fois des différences régionales qui doivent être prises en compte et du fait que l'éducation à tous les niveaux tombe sous la responsabilité des provinces.

Une enquête réalisée par R.A. Woods, en 1991, sur les universités et les écoles offrant des programmes liés au secteur forestier, a démontré que 53 institutions réparties dans tout le pays offraient plus de 63 programmes d'éducation postsecondaire dans ce domaine. Ces programmes embrassent toute la gamme des sujets touchant plus ou moins directement à la foresterie: l'aménagement forestier, le génie forestier, la science du bois, le travail du bois, les ressources renouvelables, la récréation forestière, le bois d'œuvre et le contreplaqué, ainsi que la faune aquatique et terrestre. Bien que quelques changements soient survenus depuis l'enquête de 1991, le plus important étant l'ouverture de l'U. Northern British Columbia, le tableau général reste d'actualité.

Une telle information à l'échelle nationale n'est pas disponible pour les écoles professionnelles de foresterie. Cependant, au Québec p. ex., on trouve neuf écoles professionnelles offrant un total de huit programmes de formation différents au niveau secondaire: la sylviculture, la récolte, le traitement du bois, les pâtes et papiers, l'affûtage des scies, l'aménagement forestier, la classification du bois et la coupe. Ces neuf écoles se spécialisent souvent dans trois ou quatre de ces programmes et sont réparties dans la plupart des régions du Québec.

Si l'on entre dans les détails de l'enseignement traditionnel de la foresterie au niveau universitaire (c.-à-d. celui qui exclut les pâtes et papiers), la liste ci-dessous fait état du nombre des étudiants et de leurs professeurs des institutions membres de l'AE-FUC.

U. du Nouveau-Brunswick: 425 étudiants de premier cycle (5 ans), 70 étudiants diplômés, 25 professeurs.

U. de Moncton: 73 étudiants de premier cycle (5 ans), 10 professeurs.

U. Laval: 287 étudiants de premier cycle (3,5 ans), 136 étudiants diplômés, 38 professeurs.

U. de Toronto: 29 étudiants de premier cycle (4 ans), 66 étudiants diplômés, 12 professeurs.

U. Lakehead: 186 étudiants de premier cycle (4 ans), 35 étudiants diplômés, 19 professeurs.

U. de l'Alberta: 187 étudiants de premier cycle (4 ans), 55 étudiants diplômés, 16 professeurs.

U. de la Colombie-Britannique: 525 étudiants de premier cycle (4 ans), 189 étudiants diplômés, 45 professeurs.

U. Northern British Columbia: 210 étudiants de premier cycle (4 ans), 20 étudiants diplômés, 10 professeurs.

Les chiffres pour l'U. Laval, l'U. de l'Alberta et l'U. Northern Bristish Columbia ne reflètent que les effectifs des facultés associées à la foresterie. La durée des programmes de premier cycle varie d'une province à l'autre en fonction de la durée de l'enseignement préuniversitaire (le diplôme de fin d'études secondaires après 11 ou 12 ans d'éducation dans toutes les provinces, suivi de deux ans d'éducation collégiale au Québec). En fait, dans toutes les universités, les étudiants suivent la même formation forestière au cours du premier cycle.

Toutes ces universités offrent un baccalauréat général en foresterie (aménagement forestier, gestion des écosystèmes forestiers, gestion des ressources forestières ou gestion de la forêt et de son environnement), à l'exception de Toronto qui a supprimé son programme de premier cycle en 1996. Certaines universités proposent également des programmes spécialisés au niveau du baccalauréat.

Génie forestier (exploitation forestière): U. du Nouveau-Brunswick, U. Laval, U. de la Colombie-Britannique.

Sciences du bois (transformation du bois): U. Laval, U. de la Colombie-Britannique.

Sciences de l'environnement et conservation des ressources: U. de l'Alberta.

Conservation des ressources naturelles: U. de la Colombie-Britannique.

Sciences forestières: U. de la Colombie-Britannique.

Certains de ces programmes sont dits coopératifs, les étudiants passant alternativement de l'enseignement universitaire à la formation en cours d'emploi. Toutes ces universités offrent des programmes de deuxième cycle au niveau de la maîtrise (à l'exception de l'U. de Moncton) et de troisième cycle au niveau du doctorat (à l'exception de l'U. de Moncton, de l'U. Lakehead et de l'U. Northern Bristish Columbia). Au deuxième cycle, toutes les universités proposent des programmes en aménagement forestier ou en sciences forestières, et certaines offrent aussi des cours de biologie forestière, de préservation des forêts, de génie forestier (exploitation forestière), de sciences du bois et d'agroforesterie.

En foresterie, comme dans n'importe quelle autre profession, les programmes sont continuellement ajustés afin de suivre l'évolution de la société qu'elle dessert. De plus, on doit consulter de nombreuses parties intéressées, et la conception des programmes est toujours un équilibre subtil entre les besoins, les ressources et les règlements. Une attitude adaptée aux besoins est récompensée par un enseignement forestier non seulement pertinent, mais aussi perçu comme tel par toutes les parties extérieures intéressées, par le corps professoral et par les étudiants.

Claude Godbout

Enseignement secondaire Créées à l'origine pour offrir un programme restreint d'études classiques aux fils des gentilshommes, les écoles secondaires sont devenues des établissements mixtes qui offrent un éventail plus varié de programmes et de cours à tous les enfants qui ont terminé leur école élémentaire. Au Canada anglais, les premières écoles secondaires, calquées sur les lycées anglais, sont habituellement dirigées par des membres du clergé de l'Église anglicane, qui étaient relativement bien instruits. La classe dirigeante estime que ces écoles, destinées à former les futurs chefs, sont plus importantes pour la colonie que des écoles pour les enfants des gens ordinaires. Cette vision «officielle» trouve écho dans les premières dispositions concernant l'établissement et le généreux financement public de telles écoles pour l'élite. Ces écoles sont cependant obligées de fournir aussi de l'instruction élémentaire, car beaucoup des élèves inscrits ne sont pas prêts à entreprendre des études secondaires. Avec la création des écoles élémentaires financées par les fonds publics, existent alors deux types d'écoles qui offrent de l'instruction élémentaire, un dédoublement «nécessaire» à une époque où peu d'aristocrates sont disposés à envoyer leurs enfants à l'école publique.

Malgré l'avantage financier dont ils jouissent, les lycées ne prospèrent pas, surtout parce qu'ils sont perçus comme des établissements élitistes et qu'ils ne conviennent pas à des régions au peuplement dispersé. Les académies, institutions mixtes qui offrent un programme plus varié à un plus vaste segment de la société, sont jugées plus acceptables par un nombre croissant de personnes. Elles progressent parce qu'elles répondent à ce qu'un nombre grandissant de parents désirent pour leurs enfants, c.-à-d. des programmes accordant moins d'importance aux classiques et mettant l'accent sur les études commerciales et reliées au monde du travail.

En Ontario, Egerton RYERSON, surintendant de l'instruction publique pendant une période cruciale de l'histoire du Canada (1844-1876), concentre ses efforts sur la mise en place d'un système d'écoles publiques (élémentaires) avant d'aborder le problème des écoles secondaires. Constatant la persistance d'un faible nombre d'inscriptions dans les lycées et le fait que plusieurs établissements de petite taille sont plus intéressés à trouver les moyens d'obtenir des subventions gouvernementales plus élevées qu'à chercher des façons d'améliorer l'enseignement, Ryerson centralise le contrôle de ces écoles (1853). Dans le cadre de cette centralisation, il établit un système d'inspections régulières (1855) et un système – qui n'a pas duré longtemps – de «paiement en fonction des résultats» (en vigueur de 1875 à 1882), selon lequel la subvention gouvernementale se fonde en partie sur les résultats obtenus par les étudiants aux examens. De plus, Ryerson introduit un examen d'entrée aux écoles secondaires (1853), ce qui élimine le problème du dédoublement des programmes entre les écoles publiques (élémentaires) et les écoles secondaires. L'école élémentaire devient ainsi le premier palier du système d'enseignement allant de la première année jusqu'à l'université.

Même après le regroupement des écoles élémentaires et secondaires en un seul système public dans chaque province, le rôle à jouer par l'école secondaire reste un sujet très controversé. Pour ceux qui la considèrent comme un prolongement de l'école élémentaire, il est évident que le programme de l'école secondaire ne doit pas essentiellement s'orienter vers l'université. À mesure que les gouvernements augmentent l'âge de fréquentation scolaire obligatoire (en Ontario, p. ex., on passe de 12 ans en 1871 à 16 ans en 1919), la nécessité d'offrir divers programmes en plus du programme de formation générale orienté vers l'université se fait sentir avec plus d'acuité, d'autant plus quand on se rend compte qu'une grande proportion des étudiants qui entrent à l'école secondaire ne terminent pas leur programme ou ne poursuivent pas d'études universitaires.

Le programme de l'école secondaire et ses méthodes tendent à refléter son orientation universitaire. P. ex., à l'époque où les examens de fin d'études du secondaire sont une pratique généralisée, ils sont élaborés pour chaque matière par un comité habituellement dominé par des professeurs d'université. La grande importance que les autorités scolaires et le public accordent à ces examens contribue à renforcer le rôle de l'université dans la composition du programme des écoles secondaires, une situation qui résulte en grande partie du fait que les écoles «enseignent en vue des examens», ce qui est de moins en moins le cas dans les dernières années. Cette association étroite entre les écoles secondaires et les universités se traduit aussi par les dispositions, longtemps attendues, prise relativement à la formation professionnelle des enseignants du secondaire. Parce que les professeurs d'université appuient volontiers la croyance populaire voulant que l'enseignant du secondaire n'ait pas besoin d'une formation en méthode d'enseignement, mais seulement d'une préparation intensive dans son domaine spécifique, les mesures visant la formation des candidats à l'enseignement secondaire ont tendance à venir beaucoup plus tard que pour les enseignants de l'élémentaire. L'Ontario Provincial School of Pedagogy est fondée en 1890 pour assurer la formation des enseignants du secondaire, alors que la première ÉCOLE NORMALE ontarienne pour la formation des enseignants du primaire a ouvert ses portes en 1847.

En raison d'une formation universitaire toujours plus pointue exigée des enseignants du secondaire, leurs échelles salariales sont généralement considérablement plus élevées que celles des enseignants du primaire, ce qui crée des barrières entre les deux groupes.

Un des changements survenu récemment dans les écoles secondaires au Canada résulte des efforts des autorités provinciales pour abattre le mur qui, depuis longtemps, sépare les écoles élémentaires et secondaires. La décision de confier à des facultés universitaires d'éducation les programmes de formation de tous les enseignants entraîne des progrès significatifs en ce sens. Il s'agit là d'un changement notable par rapport aux dispositions précédentes, selon lesquelles les enseignants du primaire étaient formés dans des écoles normales (ou instituts pédagogiques), alors que les enseignants du secondaire étaient inscrits à l'université dans les facultés d'éducation.

Ce changement et l'obligation pour tout enseignant de détenir un diplôme universitaire ne manqueront pas d'atténuer les anciennes distinctions de formation et de salaires entre les enseignants. Un autre changement touchant les écoles secondaires en Ontario survient en 1985, quand la province étend le financement public des ÉCOLES SÉPARÉES aux 11e, 12e et 13e années, mettant fin à une politique plus que centenaire de ne pas subventionner les années supérieures de ces écoles. L'un des problèmes les plus sérieux dans l'enseignement secondaire au Canada est d'assurer l'égalité des chances d'accès à l'éducation entre les régions rurales et urbaines. Parce qu'un programme de formation générale coûte moins cher qu'un programme nécessitant des ateliers équipés à grands frais, les plus petites écoles secondaires rurales sont dans l'incapacité d'offrir des programmes orientés vers le marché du travail, plus coûteux, et par conséquent offrent des programmes de formation générale fréquentés par une proportion relativement faible d'élèves. Le plus souvent, on règle le problème en élargissant l'unité administrative des écoles secondaires afin de pouvoir offrir des programmes et des cours variés à un plus grand éventail d'étudiants du secondaire.

Dans l'ouest du Canada, p. ex., avant l'avènement des grandes unités scolaires dans les années 40, les écoles secondaires des zones rurales sont souvent des écoles d'une seule pièce, avec un seul professeur, qui offrent un programme limité et largement de formation générale. La création de grandes unités d'administration scolaire a cependant permis d'établir de grandes écoles secondaires régionales dont les programmes conviennent à la fois aux élèves qui souhaitent aller à l'université et à ceux qui désirent une formation professionnelle ou technique. À cet égard, comme dans d'autres domaines, les provinces de l'Ouest montrent plus d'empressement que les provinces de l'Est à introduire des changements.

Un autre moyen mis en place pour rendre l'enseignement secondaire plus aisément disponible aux élèves des petites communautés consiste à légiférer pour permettre aux écoles publiques (élémentaires) d'ajouter des années d'études du niveau secondaire selon une combinaison appelée école complémentaire dans certaines provinces (en Ontario, p. ex.). Dans certaines régions, en particulier les provinces de l'Atlantique, des écoles rurales d'une seule pièce assurent l'enseignement de la 1re à la 10e année et quelquefois jusqu'à la 11e et la 12e année, dans les plus grandes communautés.

Bien que, selon la Constitution, l'enseignement relève de la responsabilité provinciale (avec certaines exceptions, *voir* AUTOCHTONES, ÉDUCATION DES), il y a des périodes dans l'histoire du Canada où le gouvernement fédéral verse de grandes sommes dans l'éducation, particulièrement dans des domaines jugés d'importance nationale (p. ex., l'enseignement agricole et la formation professionnelle et technique). De telles injections de capitaux se produisent souvent en temps de crise nationale. Ainsi, afin de répondre à un besoin urgent d'ouvriers qualifiés au sein de la main-d'œuvre canadienne, le gouvernement fédéral lance en 1960 un programme qui procure aux provinces plusieurs millions de dollars pour la construction et l'équipement d'écoles secondaires professionnelles et techniques.

L'enseignement secondaire au Québec affiche plusieurs différences marquées, particulièrement en ce qui concerne la création précoce des COLLÈGES CLASSIQUES, qui combinent l'enseignement secondaire et l'enseignement collégial en un programme de huit ans. Durant la majeure partie de leur existence, ces institutions, affiliées aux universités de langue française, sont réservées aux garçons. Contrairement au modèle anglais d'écoles secondaires, les collèges classiques acceptent des garçons de toutes les couches sociales et ont ainsi un impact considérable sur tous les secteurs de la société canadienne-française.

La réforme de l'éducation pendant la RÉVOLUTION TRANQUILLE a pour effet que le Québec, qui avait alors le plus bas taux de rétention des élèves du secondaire au Canada, se hisse parmi les provinces où ce taux est le plus élevé. Ce grand bond en avant résulte de l'introduction en 1967 d'un nouveau genre de collèges communautaires postsecondaires d'enseignement général et professionnel (les collèges d'enseignement général et professionnel ou cégeps). Élément des plus importants de la démocratisation planifiée de l'éducation au Québec, les CEGEPS ont facilité l'accès à l'enseignement postsecondaire à un plus grand nombre, augmentant ainsi le taux de rétention des élèves dans les écoles secondaires. Parallèlement, on réduit le contrôle de l'Église sur l'éducation à tous les niveaux. Désormais, les collèges classiques ne sont plus la seule voie d'accès aux universités de langue française, et les étudiants n'ont plus à payer des droits de scolarité dans les écoles secondaires publiques.

Dans toutes les provinces canadiennes, l'éducation secondaire vise à former les élèves pour l'enseignement de troisième niveau de l'université ou du collège communautaire, et à les préparer à vivre et à travailler dans la société.

L'enseignement civique est depuis longtemps l'un des objectifs des écoles secondaires au Canada. C'est pourquoi les concepteurs des programmes d'études, les administrateurs et les enseignants des écoles des niveaux élémentaire et secondaire prêtent une grande attention à l'analyse de A.B. Hodgetts sur les lacunes des programmes d'éducation civique au Canada, une analyse abondamment commentée. Parmi les carences signalées par Hodgetts, on note le manque de portée contemporaine du programme d'études en histoire du Canada, l'étroitesse du programme («qui se bornait à l'histoire constitutionnelle et politique»), le manque de débats («un consensus fade et irréaliste sur notre passé») et l'utilisation de méthodes d'enseignement peu stimulantes. Le rapport de cette enquête, *What Culture? What Heritage?* (1968), provoque un examen de conscience national qui mène à la création en 1970 de la Fondation des études canadiennes, un organisme sans but lucratif qui vise à améliorer la qualité des études canadiennes dans les écoles élémentaires et secondaires.

Pour diverses raisons, un certain nombre d'étudiants jugent que le programme traditionnel de l'école secondaire ne répond pas à leurs besoins. Dans certains cas, ce sentiment se traduit par le «problème du décrochage» dont on fait grand cas à différentes périodes, en particulier à la fin des années 50 et dans les années 60. En vue surtout de corriger la situation, on instaure certains types d'éducation non traditionnelle, habituellement à l'intention des élèves des régions urbaines en quête d'une approche de l'enseignement et de l'apprentissage qui soit différente de celle normalement pratiquée dans les écoles plus grandes et plus traditionnelles. Depuis plusieurs années, ces écoles parallèles sont subventionnées par des fonds publics, ce qui démontre qu'on reconnaît qu'elles répondent à un besoin important dans l'enseignement au Canada.

Willard Brehaut

Enseignement spécial Enseignement correcteur conçu pour aider les enfants et les jeunes adultes qui se distinguent des autres par une intelligence réduite, une détérioration visuelle ou auditive ou encore des difficultés d'apprentissage particulières ou d'ordre affectif. Une personne peut être affligée de plus d'un handicap. À l'autre extrémité du spectre, on trouve les enfants surdoués dont l'intelligence ou la créativité est exceptionnelle. Les techniques correctrices ou de renforcement peuvent comprendre l'utilisation d'écoles ou de classes spéciales, l'enseignement individualisé et des programmes conçus spécialement pour la lecture, le langage ou d'autres domaines. Jusqu'à 40 p. 100 des jeunes peuvent éventuellement avoir besoin d'une aide spécialisée, mais en tant que domaine, l'enseignement spécial est lié aux 10 à 15 p. 100 de la population qui souffrent de handicaps importants ou chroniques (*voir* INCAPACITÉ).

Le comportement des enfants en difficulté varie, mais une des caractéristiques les plus communes associées à un handicap est l'instabilité. p. ex., la motivation à apprendre peut augmenter ou décroître de façon marquée d'une journée à l'autre ou même au cours d'une même journée. Les enseignants, les psychologues, les travailleurs sociaux et les médecins collaborent fréquemment en équipe multidisciplinaire, évaluant les problèmes de ces enfants et concevant des programmes adaptés à leurs problèmes individuels.

Catégories d'élèves en difficulté La plus importante catégorie comprend les élèves qui ont une intelligence et un facteur de réussite sociale et scolaire au-dessous de la moyenne. La majorité d'entre eux souffrent de handicaps légers, mais ils peuvent également être affligés de handicaps physiques bien que des handicaps multiples soient plus courants chez ceux dont l'intelligence est gravement réduite. Les enfants légèrement ou moyennement handicapés suivent souvent des cours spéciaux, mais d'autres fréquentent des écoles traditionnelles. Certains, très handicapés, fréquentent des écoles spéciales.

Il existe un groupe important de personnes possédant une capacité d'apprentissage et une constitution apparemment normales mais qui apprennent difficilement à lire, à épeler, etc. Il s'agit de personnes en difficulté d'apprentissage, comme on les désigne fréquemment. On ne s'entend pas sur les causes de leur handicap, mais on évoque souvent les lésions cérébrales et les facteurs génétiques. La preuve est établie qu'une lésion cérébrale légère mais critique peut expliquer certains cas. On croit aussi que les facteurs liés à l'environnement ont leur importance. Des techniques précises et des centres d'apprentissage spécialisés sont conçus pour pallier ces problèmes. Les centres d'apprentissage peuvent être dirigés soit par une commission scolaire, soit par un organisme privé. Ils sont parfois rattachés à des universités, tel celui de l'U. McGill instauré par le Dr S. Rabinovitch. En général, on y évalue les problèmes d'apprentissage et on y donne un enseignement intensif individuel ou par petits groupes (de trois à cinq personnes). Les enfants y assistent habituellement de deux à trois fois par semaine. Le personnel du centre appuie et conseille parfois le professeur de l'enfant. De nouveaux centres, tels les Response Centres en Alberta, ouvrent leurs portes pour venir en aide aux enfants en difficulté. Les spécialistes en éducation commencent à reconnaître qu'il importe moins d'étiqueter ou de classer par catégories les déficiences que de les évaluer et d'y remédier, étant donné que les principes généraux d'intervention s'appliquent à la majorité, sinon à tous les types d'incapacité. P. ex., on cherche de plus en plus à éliminer la catégorisation dont fait l'objet la déficience mentale à mesure qu'on reconnaît que les personnes peuvent changer et que leurs performances peuvent varier.

Les troubles affectifs et les problèmes de comportement sont aussi courants, mais leur durée varie. Leur taux de prévalence va de 2 à 20 p. 100, mais les autorités ne s'entendent pas sur la façon de définir un trouble affectif. Les facteurs personnels et environnementaux jouent un rôle important dans leur apparition et donnent souvent lieu à des difficultés d'apprentissage. Dans bien des cas, il est difficile de savoir si le trouble affectif est causé par la difficulté d'apprentissage ou l'inverse. Néanmoins, l'autisme est considéré comme une incapacité distincte, qui fait son apparition au cours des trois premières années de la vie et découle d'une anomalie dans le développement du cerveau. On trouve partout au Canada des établissements spécialisés dans le traitement de l'autisme, dont certains sont dotés d'internats. Il arrive que d'autres enfants ayant un comportement violent ou délinquant soient aussi placés en internat.

Le taux de fréquence élevé (qui atteint jusqu'à 25 p. 100 selon certains) de violence physique et d'agressions sexuelles dont sont victimes les personnes handicapées est très préoccupant. En ce domaine, le Canada fait figure de chef de file dans les études effectuées et les mesures adoptées.

Les déficiences visuelles et auditives sont des handicaps moins courants. La majorité des personnes touchées jouissent d'une vue ou d'une ouïe partielle et suivent souvent des cours spéciaux en recourant à des supports technologiques comme l'opticon et l'induction par boucle magnétique. Un opticon, utilisé par les personnes dont la vue est très réduite, grossit la taille des caractères. L'induction par boucle magnétique, conçue pour aider les personnes souffrant de troubles de l'ouïe, consiste à transmettre aux appareils acoustiques des signaux amplifiés par un fil entourant la classe. Les handicaps physiques comprennent les troubles du système moteur et des maladies comme le diabète. De nombreuses personnes souffrant d'un handicap physique ou sensoriel ont une intelligence moyenne ou supérieure à la moyenne et fréquentent les écoles ordinaires. (*Voir* AUDITION, PERTE D'; SOURDS, CULTURE DES; CÉCITÉ ET AMBLYOPIE.)

Les enfants surdoués, qui représentent environ 5 p. 100 de la population, peuvent être autorisés à suivre des classes plus avancées que ne le permettrait normalement leur âge (accélération). Des programmes de renforcement particuliers sont élaborés à leur intention et quelques-uns entrent à l'université très jeunes. Les enfants surdoués sont quelquefois démotivés face aux programmes offerts dans une école ordinaire et ont besoin d'un plus grand défi pédagogique. Il n'est pas rare que des problèmes de développement et d'expérience d'ordre affectif surgissent, auquel cas il faudra avoir recours aux services d'un conseiller ou autre spécialiste.

Services éducatifs Dans bien des cas, la gravité du handicap de l'enfant décroît avec le temps par l'usage de techniques correctrices et par suite d'une modification de la situation personnelle et sociale. P. ex., à l'âge adulte, ces personnes font face à des exigences différentes, et il peut y avoir alors un changement dans la perception de ce qui constitue la «normalité». Le savoir appris à l'école (comme la lecture, les mathématiques) n'est pas nécessairement d'une grande importance dans certains emplois. L'intelligence augmente souvent de façon substantielle à la fin de l'adolescence et au cours des premières années de l'âge adulte.

Les gouvernements provinciaux disposent de programmes d'études à l'intention des enfants en difficulté. Maintenant, l'éducation spécialisée n'implique pas seulement l'enseignement correctif des matières de base. Elle insiste aussi sur l'éducation sociale, p. ex., le développement du langage de base et de l'autonomie, et peut comprendre une préparation et une formation professionnelles. Les connaissances quotidiennes utilisées à la maison (préparation des repas, entretien ménager) et celles qui sont utilisées dans les loisirs, qui ne comprennent pas seulement les aptitudes acquises en pratiquant des sports mais aussi celles qu'il faut pour choisir et planifier ses loisirs, sont également enseignées dans le cadre de l'éducation spécialisée et considérées comme très importantes pour l'adaptation à la vie adulte. Cette méthode commence déjà à changer la conception de l'atelier protégé.

Bien que les écoles et les classes spéciales soient destinées aux enfants en difficulté, ceux-ci sont intégrés autant que possible dans des classes normales où on dispense un enseignement correctif. Toutefois, les exigences varient d'une province à l'autre. Les élèves en difficulté peuvent être intégrés aux groupes de leur âge pour certaines matières mais pas pour d'autres. On encourage maintenant l'intégration des très jeunes enfants handicapés au niveau primaire. On admet à présent qu'un mode de vie le plus normal possible convient à toutes les formes de déficience et qu'il est souhaitable d'intégrer les personnes handicapées dans un milieu scolaire et social normal; c'est ce qu'on appelle l'enseignement intégré.

Évaluation des enfants en difficulté On se sert de procédés d'évaluation impliquant un diagnostic et des tests d'acquisition pour établir si un enfant souffre de graves difficultés liées à une déficience visuelle ou auditive, à son degré de motricité ou à ses capacités scolaires (lecture ou mathématiques) ou cognitives. Les tests d'intelligence ont été utilisés fréquemment à des fins administratives et ont entraîné une ségrégation injustifiée des enfants. Les tests d'adaptation sociale pour évaluer les aptitudes sociales, professionnelles et domestiques existent depuis peu. Le personnel, les parents et parfois l'enfant discutent des buts, des méthodes et des progrès. Il arrive, et c'est l'idéal, qu'un programme individuel (parfois appelé plan d'enseignement individuel) soit élaboré pour atteindre des objectifs très précis, notamment ce que l'enfant a besoin d'apprendre et dans quel ordre, les techniques d'éducation spéciale utilisées pour aider l'enfant, le choix de l'enseignant et l'endroit où est donné l'enseignement. On a maintenant recours, au Canada, à des techniques d'évaluation axées sur les mécanismes d'apprentissage des enfants et sur les méthodes qu'ils utilisent pour résoudre des problèmes. On estime qu'il est très important de mettre au point des stratégies d'apprentissage si l'on veut élaborer des programmes d'enseignement correctif appropriés.

On reconnaît aussi l'importance de la qualité de vie. Contrairement aux autres enfants, les enfants handicapés font face à des choix restreints et à des environnements où ils ne peuvent se prendre en charge. La qualité de vie recouvre une foule d'aspects qui, pris individuellement, n'ont pas de conséquences graves mais dont l'addition peut avoir un effet dévastateur. Mentionnons, entre autres, la difficulté de se faire des amis, de faire des choix sur le plan social ou de l'éducation ou simplement de maîtriser le milieu physique.

Les programmes de transition (passage de la maison à l'école, de l'école au monde du travail) sont destinés à fournir le soutien intensif et l'éducation adaptative que nécessitent ces importants passages.

Le processus de «normalisation» (appelé maintenant valorisation du rôle social), conçu pour aider une personne handicapée à vivre aussi normalement que possible, prend racine au Canada au début des années 70. L'Association canadienne pour les déficients mentaux (devenue l'Association canadienne pour l'intégration communautaire) joue un rôle important dans ce développement. L'application de ces idées à l'éducation mène à des changements de l'environnement, p. ex., un environnement à accès facile pour les handicapés physiques, et à la reconnaissance des connotations sociales associées à un handicap.

La nécessité de rendre l'éducation obligatoire dans d'autres pays au milieu des années 70 conduit à l'élaboration d'un plan de cours individuel qui est maintenant une méthode exigée dans de nombreux établissements d'enseignement au Canada. Au début du XIXe siècle, certains établissements sanitaires sont mis à la disposition des enfants handicapés, mais les maisons d'enseignement veillent de plus en plus à leur bien-être. Jusqu'aux années 70, les enfants handicapés sont isolés dans des écoles spéciales, souvent dirigées par des organismes privés. D'autres sont envoyés dans des institutions ou demeurent à la maison.

Avec la venue du plan d'enseignement individuel, l'étiquetage s'atténue et on commence à comprendre que les tests d'aptitude standardisés sont de peu de secours dans l'évaluation et la conception de méthodes éducatives adaptées aux besoins de ces enfants. Denis Stott, de l'U. de Guelph, joue un rôle important dans l'élaboration de programmes scolaires spécialisés et dans le changement des concepts en ce domaine. À l'échelon provincial, on compte parmi les pionniers Christine Meikle de l'Alberta, qui inaugure une école et un centre de formation pour les enfants handicapés mentalement et qui est l'instigatrice du Vocational and Rehabilitation Research Institute de Calgary, reconnu dans le monde entier. John Dolan est responsable d'initiatives semblables en Saskatchewan, notamment du Alvin Buckwold Centre.

Éducation professionnelle Beaucoup d'universités offrent des cours en enseignement spécial. Les baccalauréats en éducation comprennent souvent des majeures en éducation spécialisée, et de telles études peuvent être poursuivies aux 2e et 3e cycles. Dans un certain nombre d'universités canadiennes, les professeurs doivent suivre un cours en éducation spécialisée parce qu'ils seront tous tôt ou tard forcés de s'occuper de personnes handicapées à mesure que l'intégration s'accélère. En marge du système scolaire, le Canada conçoit, par le truchement de l'Institut national pour la déficience mentale (sous la direction d'Allan Roeder), le modèle de la main-d'œuvre nationale, connu dans le monde entier. Ce modèle sert à la formation du personnel en réadaptation à l'aide de programmes sanctionnés par un diplôme, qui sont offerts dans les collèges communautaires et qui peuvent être poursuivis au-delà de ce niveau, aux 1er, 2e et 3e cycles universitaires. Les cours des collèges communautaires sont en place depuis le début des années 70 dans plusieurs provinces.

Avenir de l'enseignement spécial Les professeurs des classes ordinaires savent en général très peu de choses au sujet des difficultés d'apprentissage et des indices de comportement habituels propres aux enfants handicapés. Ces enfants ont besoin d'un mode d'apprentissage très bien structuré. Du matériel de lecture utilisant des techniques spécialisées, des programmes sociaux et d'autres programmes apparentés sont maintenant disponibles. L'enseignement assisté par ordinateur aide considérablement les personnes handicapées physiquement, qui peuvent utiliser des terminaux modifiés. On peut se servir des micro-ordinateurs pour enseigner, d'une manière structurée, diverses formes de communication verbale et non verbale. L'apprentissage de la lecture, des mathématiques et de la sociabilité fait partie des programmes offerts par ordinateur, qui se prêtent bien à l'éducation de tous les enfants en difficulté, y compris des enfants surdoués. Le développement de l'INFOROUTE est aussi appelé à jouer un rôle crucial en ce domaine.

L'intégration, dans le système d'éducation ordinaire, des enfants ayant des besoins particuliers (enseignement intégré) fait l'objet d'une évaluation plus poussée. Les résultats de cette évaluation se répercuteront sur tous les enfants et exigeront, surtout, que les parents participent au processus éducatif. L'intervention précoce (c.-à-d. avant l'âge de six ans), qu'on considère maintenant comme cruciale, est aussi une importante question sociopolitique. Les grands progrès de l'avenir sont liés à la qualité de vie des personnes handicapées et à l'examen qu'on en fait. Cette qualité de vie passe par le développement des technologies de l'information, qui favorisent, grâce aux réseaux de télécommunication, les échanges et l'éducation. L'interface de terminaux modifiés en fonction des besoins des personnes souffrant d'incapacités diverses rend la chose possible. On met l'accent sur le développement d'une image de soi positive et sur les changements à apporter à l'environnement pour que les handicapés fonctionnent le mieux possible dans la société. Les établissements d'enseignement supérieur adaptent leurs installations pour qu'elles conviennent mieux aux handicapés physiques, mais elles reconnaissent aussi que bien des étudiants très capables ont des difficultés d'apprentissage précises qui nécessitent l'intervention de spécialistes.

Les personnes handicapées vivent beaucoup plus longtemps et celles qui subissent des blessures physiques ont aussi un taux de survie plus élevé. P. ex., en 1900, les enfants atteints du syndrome de Down vivaient en moyenne 9 ans, alors qu'aujourdhui, plus de la moitié d'entre eux dépassent les 50 ans. Voilà qui modifie le rôle de l'éducation pour ces enfants. Les soins sont insuffisants et on a de plus en plus besoin d'une nouvelle forme d'éducation pour les personnes inadaptées, qui tienne compte des questions liées à la durée de vie. Les organismes qui offrent des services aux personnes en difficulté comprennent notamment le Council for Exceptional Children, l'Institut national canadien des aveugles, le Conseil canadien pour la réadaptation des handicapés, l'Institut national pour la déficience mentale (devenu l'Institut Allan G. Roeder) et l'Institut national canadien-français pour la déficience mentale. Il existe nombre d'autres associations apparentées à ces organismes.

Roy I. Brown

Enseignement technique Issu des «ateliers» de formation manuelle et les arts industriels, il a toujours consisté en une formation pratique et appliquée reflétant les pratiques de la société actuelle. Bien qu'il touche essentiellement l'enseignement de méthodes adéquates et sécuritaires de manipulation et d'application de matériaux et de techniques modernes, y compris les théories s'y rattachant, l'enseignement technique est destiné à être intégré à l'éducation générale de tout étudiant. Comme les cours techniques permettent le développement d'aptitudes et leur mise en pratique, les étudiants sont mieux outillés pour comprendre la technologie de la société d'aujourd'hui et peuvent en outre acquérir des connaissances et des habiletés propres à certains carrières.

Les termes «enseignement technique» et «enseignement professionnel» sont souvent utilisés de façon interchangeable, étant donné que, depuis le début du XXᵉ siècle, la plupart des cours en enseignement technique comportent des manipulations de matériaux ou d'équipement mécanique et les principes appliqués de l'ingénierie. Ces cours peuvent faire partie de l'enseignement général ou constituer une préparation à une carrière et sont offerts dans des établissements secondaires et postsecondaires. De nos jours, l'enseignement technique consiste, en général, en un programme d'études, offert surtout au niveau secondaire, englobant un large éventail de matières destinées à enrichir les connaissances générales de l'étudiant et ne débouchant pas nécessairement sur une carrière.

L'enseignement professionnel, par contre, désigne un programme pluriannuel ou une série de cours offrant une formation spécialisée visant à développer une aptitude ou à apprendre un métier, et conçu pour mener l'étudiant sur le marché du travail ou dans un programme d'apprentissage fondé sur cette aptitude ou ce métier.

Contenu Les cours en enseignement technique enseignent comment manipuler des matériaux de façon sécuritaire, les propriétés des matériaux et des composants, les méthodes de fabrication d'articles utiles à partir de ces matériaux et composants, l'identification et l'utilisation appropriée d'outils à des fins utilitaires et récréatives, la théorie de base et les principes des diverses technologies (en faisant souvent des liens avec d'autres matières comme la physique et la chimie), l'analyse des systèmes et des procédés de fabrication, ainsi que de ceux utilisés dans l'industrie, et l'application de la technologie au travail et à la maison.

Historique Les débuts de l'enseignement technique au Canada remontent à 1668, lorsque des religieux catholiques ouvrent des écoles techniques à Québec et à Saint-Joachim. Dans ces écoles, la sculpture et la peinture sont enseignées à la fois comme art et comme métier, et on dispense également un enseignement de base en ébénisterie, en menuiserie, en maçonnerie, en construction et réparation de toits, en cordonnerie et en confection de vêtements. L'enseignement technique se répand dans tout le Québec au XVIIIᵉ siècle à mesure que l'on se rend compte que la formation pratique permet d'obtenir un emploi et de répondre aux besoins de la société contemporaine.

Il faudra toutefois attendre au XIXᵉ siècle pour voir des développements plus importants, c.-à-d. lorsque les Européens et les Américains incluront les cours techniques aux programmes des écoles, en partie grâce aux effets de l'immigration. Au Canada, ces développements se traduisent par la fondation des INSTITUTS D'ARTISANS à Saint-Jean (Nouveau-Brunswick) en 1838 et à Victoria (Colombie-Britannique) en 1864.

Rôle des gouvernements La constitution du Canada en 1867 permet de définir les responsabilités administratives en matière d'éducation au pays, et l'enseignement technique connaît un essor. À la suite de l'ACTE DE L'AMÉRIQUE DU NORD BRITANNIQUE de 1867, l'éducation relève uniquement des gouvernements provinciaux, bien qu'à l'occasion, le gouvernement fédéral finance des programmes d'enseignement technique et professionnel, si le coût de l'équipement est trop élevé et s'il y a une forte demande pour une main-d'œuvre possédant des qualités spécifiques. Parmi les écoles ayant vu le jour grâce au financement provincial, mentionnons la Halifax Marine School en 1872 (à présent la Nova Scotia Nautical Institute), l'Ontario Society of Artists' School (par la suite, l'Ontario College of Art)

en 1876, 13 écoles de métiers créées au Québec en 1880 et des écoles industrielles pour les autochtones des Territoires du Nord-Ouest en 1884 (dans les régions appelées aujourd'hui la Saskatchewan et l'Alberta).

Le développement des programmes et des installations s'intensifie pendant les premières années du XXᵉ siècle à la suite d'une hausse de l'immigration, de l'influence d'autres pays industrialisés et de la création de nouvelles provinces dans l'ouest du Canada. En 1900, un centre de formation manuelle est mis sur pied au Manitoba et, en 1909, des cours de formation manuelle sont offerts dans la plupart des écoles secondaires de la Colombie-Britannique. À cette époque, l'enseignement technique, sous une forme ou une autre, existe dans la plupart des provinces.

Influencé par les programmes d'enseignement technique des États-Unis et des pays industrialisés de l'Europe et préoccupé par la nécessité d'avoir un enseignement technique uniforme dans tout le pays, le gouvernement fédéral met sur pied en 1910 la Commission royale sur l'enseignement industriel et technique. Bien que les conclusions de cette commission n'obligent en rien les provinces, elles donnent naissance à une loi importante en 1911: l'*Ontario Industrial Education Act*. Cette loi institue une politique visant la création de programmes d'enseignement technique offrant une formation générale et théorique et faisant partie du programme d'études de l'Ontario. En 1914, des lois semblables sont adoptées au Manitoba, en Saskatchewan et en Alberta, où les programmes d'enseignement technique des écoles secondaires sont étendus aux écoles des villages et villes.

En 1919, le gouvernement fédéral édicte la *Loi d'enseignement technique*, par laquelle il accepte de partager jusqu'à 50 p. 100 des dépenses effectuées par les provinces pour développer l'enseignement technique, ce qui donne lieu à des subventions fédérales de 10 millions de dollars répartis sur une période de 10 ans. *La loi sur la formation de la jeunesse*, instaurée en 1939, de laquelle découle le Programme de formation d'urgence de guerre (1940-1946), développé en tant que programme spécial, prévoit une formation technique pour ceux qui travaillent dans les industries de guerre et pour les membres des forces armées. Ce programme a engendré des coûts de près de 24 millions de dollars, et plus de 300 000 personnes ont pu en bénéficier.

L'appui du gouvernement fédéral à l'enseignement technique se poursuit après la Seconde Guerre mondiale. La *Loi sur l'assistance à la formation technique et professionnelle* promulguée en 1960 permet au gouvernement fédéral de consacrer davantage de fonds à l'éducation. Elle vise à aider les provinces à remplacer et à accroître l'équipement des écoles secondaires et à construire de nouvelle écoles secondaires professionnelles et de nouveaux instituts de technologie et centres de formation pour adultes. L'apport du fédéral a été de plus de 2 milliards de dollars, sur une période de 10 ans. Les nouveaux programmes ont permis d'accueillir et de former plus de 600 000 étudiants.

Programmes postsecondaires

Bien que les programmes d'enseignement technique offerts dans certaines universités canadiennes fassent partie des baccalauréats en enseignement, ces programmes sont essentiellement conçus pour apprendre aux futurs enseignants les méthodes et le contenu nécessaires à l'enseignement des cours techniques dans les écoles secondaires. Quelques facultés d'éducation offrent aussi des programmes avancés en étude des technologies de la société et en étude de la pédagogie de l'enseignement technique. Certaines universités canadiennes mettent sur pied des méthodes innovatrices d'enseignement. Ainsi, l'U. de l'Alberta crée l'Alberta Plan, qui consiste à

enseigner les arts industriels et l'enseignement technique en tant qu'approche multidisciplinaire.

De nombreux COLLÈGES COMMUNAUTAIRES et instituts de technologie dispensent une formation postsecondaire en enseignement technique et professionnel. Parmi ceux-ci figurent le Ryerson Institute of Technology (*voir* RYERSON POLYTECHNIC UNIVERSITY) à Toronto, l'École polytechnique de Montréal, le Red River College au Manitoba, le NORTHERN ALBERTA INSTITUTE OF TECHNOLOGY, le SOUTHERN ALBERTA INSTITUTE OF TECHNOLOGY et le British Colombia Institute of Technology.

Jusqu'au milieu des années 80, les cours techniques sont presque exclusivement suivis par des hommes, mais, depuis, un nombre grandissant de femmes s'inscrivent aux cours techniques des écoles secondaires et postsecondaires. En réponse à des innovations comme l'Alberta Plan et à la nature évolutive du marché du travail, de nombreux ministères de l'Éducation cessent d'encourager le développement d'aptitudes spécifiques, préférant plutôt mettre l'accent sur des programmes qui offrent un ensemble de matières liées entre elles et enseignées dans une optique de «technologies polyvalentes». Cette approche concorde avec les objectifs traditionnels de l'éducation technologique, soit l'acquisition d'aptitudes spécifiques à l'intérieur d'une formation générale pour préparer l'étudiant à bien se débrouiller en tant que membre d'une société.

G. H. Buck

Ententes de développement économique et régional (EDER) Accords bilatéraux, en vigueur de 1984 à 1994, et conclus entre le gouvernement fédéral et chacune des 10 provinces. Pendant cette période, le système des EDER est un élément important de la politique économique fédérale-provinciale. Essentiellement, une EDER est un accord type qui définit des objectifs généraux, un plan d'action prioritaire et un mécanisme de coordination, avec une entente auxiliaire selon laquelle les deux gouvernements conviennent de prendre certaines mesures et, d'habitude, de partager les frais. Au cours de cette période, les deux paliers de gouvernement engagent quelque 5 milliards de dollars par la voie de 93 ententes auxiliaires. Les EDER tombent sous la responsabilité commune du ministre fédéral de l'Expansion industrielle régionale (MEIR) et de ses homologues provinciaux. À partir du début des années 90, le gouvernement fédéral se retire des programmes de développement économique régional, ce qui se traduit par une forte baisse des subventions accordées à l'industrie. L'expérience des EDER n'a pas été reconduite. Le MEIR a été démantelé et la plupart de ses fonctions, y compris la négociation de nouvelles ententes comparables aux EDER, ont été confiées à quatre agences régionales de développement économique (*voir* ÉCONOMIE RÉGIONALE).

Mario Polese

Entomologie Discipline de la ZOOLOGIE qui traite des INSECTES, quoique la définition précise de l'ensemble des animaux qui font l'objet de cette science est sujette à interprétation. Il convient d'inclure les animaux désignés par le mot grec *entomon* (sectionné, segmenté), soit en fait une variété d'arthropodes. Toutefois, les CRUSTACÉS (sauf quelques espèces terrestres) et quelques petits groupes d'arthropodes marins, ainsi que les araignées de mer et les limules, ne sont généralement pas considérés comme des insectes.

Les entomologistes s'intéressent généralement aux groupes d'organismes suivants: les insectes, les myriapodes (p. ex., les MILLIPÈDES et les CENTIPÈDES) et les arachnides (p. ex., les SCORPIONS, les ARAIGNÉES, les MITES et les TIQUES). L'entomologie couvre donc l'étude de la majorité des espèces d'animaux connues sur terre.

Science entomologique L'entomologie a apporté sa contribution à presque toutes les sciences de la vie, de l'écologie et la taxinomie à la GÉNÉTIQUE, la BIOLOGIE MOLÉCULAIRE et la MÉDECINE. Elle comprend plusieurs sous-domaines dont les plus fondamentaux sont la morphologie, la taxinomie, l'écologie, l'éthologie, la physiologie et la biochimie des insectes.

Ses domaines d'application sont, entre autres, l'agriculture, la foresterie, la médecine et la médecine vétérinaire (lutte contre les insectes nuisibles et les maladies infectieuses) et les domaines apparentés (p. ex., les sciences de l'environnement, la pollinisation, les services de la quarantaine et la criminologie). L'ethnoentomologie étudie le rôle des insectes dans les sociétés humaines.

Histoire Au Canada, l'entomologie a commencé comme une science appliquée. En 1856, le Bureau de l'Agriculture et des Statistiques de la Province du Canada a ouvert un concours de rédaction à propos de diverses espèces d'insectes nuisibles au BLÉ dont les gagnants sont des amateurs. En fait, plusieurs des premières contributions dans ce domaine sont faites par des amateurs, entre autres par H.H. CROFT, le premier président de la Société entomologique du Canada (vers 1863), qui est professeur de CHIMIE au King's College de l'U. de Toronto.

En 1884, James FLETCHER devient le premier à occuper le poste d'entomologiste du Dominion. Il est officiellement nommé entomologiste et botaniste du Dominion en 1886. En 1887, il est transféré à la FERME EXPÉRIMENTALE fédérale nouvellement créée, à Ottawa.

En 1914, la Division de l'entomologie de la Direction des fermes expérimentales devient une branche du ministère de l'Agriculture, le Service d'entomologie, laquelle est ultérieurement intégrée au Centre de recherches biosystématiques d'Agriculture Canada.

Au cours des 100 dernières années, la demande de services professionnels d'entomologistes a énormément augmenté, en grande partie à cause de la conscientisation accrue du public au nombre d'insectes, aux dommages qu'un faible pourcentage d'entre eux causent aux cultures et à d'autres produits et aux problèmes liés à la transmission de maladies aux humains et au bétail. Cette demande, surtout adressée au gouvernement, crée la nécessité de mettre sur pied des programmes universitaires de formation en entomologie.

Au Canada, les départements universitaires indépendants d'entomologie qui, jusqu'à la fin des années 50, forment la moitié des entomologistes professionnels canadiens, sont établis à l'U. du Manitoba, à l'U. de l'Alberta et au Collège Macdonald de l'U. McGill. En 1994, seule l'U. du Manitoba a encore un département distinct d'entomologie. Le département de biologie environnementale de l'UNIVERSITÉ DE GUELPH est aussi principalement orienté vers l'entomologie.

Plusieurs autres universités canadiennes possèdent des départements de zoologie et de biologie où l'entomologie prend une place importante (et souvent traditionnelle) et offrent d'excellents services d'éducation et de recherche. Parmi celles-ci, on compte l'U. de Colombie-Britannique, l'U. Simon Fraser, l'U. de la Saskatchewan, l'U. de Toronto, l'U. McMaster, l'U. Carleton, l'U. de Montréal, l'U. Laval, l'U. du Nouveau-Brunswick et la Memorial University of Newfoundland. Des projets ponctuels de recherche entomologique sont aussi réalisés dans la plupart des autres universités canadiennes.

Carrières et emplois La majorité des entomologistes professionnels sont employés par le gouvernement fédéral au ministère de l'Agriculture et de l'Agroalimentaire et au ministère des Ressources naturelles. Ces deux ministères ont des laboratoires de recherche et des services consultatifs partout au pays. Le MUSÉE CANADIEN DE LA NATURE (anciennement le Musée national des sciences naturelles) a du personnel qui s'intéresse à l'entomologie, dirige des projets de recherche dans le domaine et garde des collections d'insectes. Les gouverne-

ments provinciaux, incluant la plupart des musées provinciaux, emploient des entomologistes de diverses compétences, et les grandes municipalités en embauchent aussi quelques-uns.

Certaines firmes industrielles ont également des entomologistes à leur emploi et, bien sûr, les universités et les musées en emploient aussi. Les entomologistes peuvent aussi enseigner ou travailler dans des entreprises privées qui réalisent des études environnementales. Plusieurs sont associés à des organisations gouvernementales et internationales ou participent à des programmes d'échange concernant des problèmes plus ou moins directement reliés à l'entomologie.

Collections d'insectes Les principales collections entomologiques du Canada sont celles du ministère de l'Agriculture à Ottawa (la Collection nationale canadienne d'insectes), du Campus Macdonald de l'U. McGill (Laboratoire de recherche et Musée Lyman), du MUSÉE ROYAL DE L'ONTARIO, du Musée canadien de la nature et celles associées au département d'entomologie de l'U. du Manitoba, au département des sciences biologiques de l'U. de l'Alberta et au département de zoologie de l'U. de Colombie-Britannique. Les quatre premières ont une importance internationale. On trouve également des collections d'insectes dans des musées provinciaux, entre autres à Halifax, à Edmonton et à Victoria.

Sociétés Parmi les sociétés entomologiques canadiennes, on compte la Société d'entomologie du Canada (la plus ancienne société scientifique nationale canadienne) qui, depuis 1868, publie le *Canadian Entomologist*, l'Acadian Society of Entomology (qui dessert les provinces de l'Atlantique et le Nord de la Nouvelle-Angleterre), la Société d'entomologie du Québec et les sociétés entomologiques de l'Ontario, du Manitoba, de la Saskatchewan, de l'Alberta et de la Colombie-Britannique ainsi que quelques sociétés d'amateurs régionales.

D.K. McEwan Kevan

Entreprises Bell Canada inc. BCE Inc. (anciennement Entreprises Bell Canada Inc.) est une société de portefeuille transnationale dont les filiales sont surtout actives au Canada dans les domaines des communications, des répertoires, de la fabrication de matériel de télécommunications ainsi que de la recherche et du développement. En 1995, BCE enregistre des revenus de 24,6 milliards de dollars et un bénéfice de 782 millions, contre un bénéfice de 1,2 milliard de dollars en 1994. (En 1985, l'entreprise est la première à dépasser le milliard en bénéfice annuel.) Formée en 1983 à la suite d'une réorganisation d'entreprises, BCE est devenue la société mère de près de 80 compagnies anciennement connues sous le nom de Groupe Bell, dirigé par Bell Canada, la plus importante compagnie de téléphone du pays. Cette réorganisation visait à éliminer des restrictions contenues dans sa charte, qui empêchaient certaines acquisitions et certains placements. Bell Canada, qui est aujourd'hui une filiale en propriété exclusive dans le domaine de la téléphonie, représente toujours environ 40 p. 100 des produits de la société de portefeuille et entre 60 et 65 p. 100 de ses bénéfices.

Constituée en 1880 par une loi fédérale, la Compagnie de Téléphone Bell du Canada (aujourd'hui Bell Canada) reçoit, en vertu de sa charte, le droit de construire des lignes téléphoniques le long des droits de passage publics du Canada, ce qui est un privilège des plus précieux. Depuis 1906, divers tribunaux réglementaires fédéraux régissent Bell, dont le plus récent est le CONSEIL DE LA RADIODIFFUSION ET DES TÉLÉCOMMUNICATIONS CANADIENNES (CRTC). L'entreprise dessert la majorité de l'Ontario et du Québec et certaines parties des Territoires du Nord-Ouest.

Parmi les autres entreprises dans lesquelles BCE détient une participation, mentionnons les membres de STENTOR qui desservent l'Est du Canada (Newfoundland Telephone Company, Maritime Telegraph and Telephone Company, New Brunswick Telephone

Company et Island Telephone Company), Télébec Ltée, Radiocommunications BCE Mobile Inc., Téléglobe Inc., Alouette Communications Inc., Bell Canada International Inc., Télé-Direct (Publications) Inc., Northern Telecom Ltée (récemment renommée Nortel) et Recherches Bell-Northern Ltée (BNR).

Bell Canada envisage de se lancer dans l'industrie de la CÂBLODISTRIBUTION, étant donné la nouvelle politique du gouvernement fédéral sur la convergence. Le cas échéant, l'entrée de Bell aurait pour effet de mettre fin à une politique de longue date selon laquelle l'entreprise et ses sociétés affiliées ne peuvent détenir des licences de radiodiffusion, y compris de câblodistribution. En 1998, l'entreprise compte 58 000 employés, des produits de 27,5 milliards $ et un actif de plus de 32 milliards $. Elle a réalisé un bénéfice de référence de 367 millions $.

Robert E. Babe

Environnement Milieu physique, social et psychologique dans lequel nous vivons, qui nous influence et que nous influençons à notre tour. Tout au long de l'histoire de 4 milliards d'années de la Terre, de profonds changements sont survenus au sein de ses systèmes géologiques et écologiques. Tant que les populations humaines étaient peu nombreuses et que les communautés faisaient partie des ÉCOSYSTÈMES locaux, la majorité des changements se produisaient lentement et apparemment sans perturber énormément le système planétaire.

Le déboisement, l'érosion et l'augmentation en sels des sols et, dans certains cas, le changement climatique ont contribué à l'effondrement de nombreuses civilisations anciennes partout dans le monde. L'augmentation géométrique de la population humaine et l'industrialisation généralisée des 200 dernières années ont cependant des effets négatifs sur les processus complexes qui maintiennent la stabilité de la biosphère (couche relativement mince mais très complexe incluant la surface de la planète et ce qui se trouve au-dessus comme l'atmosphère, l'eau, les minéraux et les organismes).

Les effets des perturbations qui surviennent dans une partie de la biosphère ne demeurent pas nécessairement localisés. Ils peuvent en effet toucher la composition et la stabilité de la biosphère à un autre endroit (*voir* BIOGÉOGRAPHIE). Ainsi, le rejet d'hydrocarbures chlorofluorés (CFC) dans l'hémisphère Nord a aminci la COUCHE D'OZONE au-dessus du pôle Sud (*voir* OZONE, APPAUVRISSEMENT DE L'), les composés sulfurés produits par l'activité industrielle au Royaume-Uni et sur le continent européen sont responsables de la diminution marquée de la productivité biologique des lacs de la Suède, les changements néfastes apparus dans les lacs ontariens sont attribuables aux polluants des États-Unis et de l'Ontario (*voir* PLUIES ACIDES).

Enjeux

Accroissement de la population La taille et le taux de croissance de la population mondiale suscitent des inquiétudes environnementales très sérieuses partout dans le monde. Avec une population qui atteint presque les 30 millions et un taux de natalité inférieur à celui nécessaire au remplacement de la population, le Canada se trouve dans une position relativement bonne. Toutefois, la superficie de 9,97 millions de km² du Canada (TERRE et eaux) et ses grands espaces ouverts renforcent le mythe selon lequel les ressources sont illimitées. Ainsi, la notion selon laquelle il faut augmenter la population en augmentant le taux de natalité et l'IMMIGRATION perdure. Il faut cependant analyser ces politiques en sachant que le climat et les caractéristiques topographiques du Canada rendent difficilement habitable la majeure partie de son vaste territoire. Seulement 13 p. 100 des terres sont propices à l'agriculture: 7 p. 100 peuvent être cultivées et les autres 6 p. 100 ne conviennent qu'à l'élevage.

Ressources naturelles Le mythe des espaces infinis et des ressources illimitées a jusqu'à récemment tellement dominé la pensée canadienne qu'il était difficile d'assurer la protection de l'environnement et la conservation des RESSOURCES renouvelables et non renouvelables.

L'EAU constitue un excellent exemple de ce type d'illusion persistante: plusieurs auteurs affirment que le Canada possède le cinquième de l'eau douce de la terre sans preuve à l'appui. En fait, dans la mesure où une moyenne signifie quelque chose, le Canada ne possède que légèrement plus que la moyenne mondiale d'eau douce courante par unité de surface. La moyenne n'est guère significative si l'on ne tient pas compte de la distribution de l'eau. On comprend très bien l'utilité de l'IRRIGATION dans les quatre provinces de l'Ouest. Cependant, les débits importants des fleuves des autres régions du pays (Mackenzie, Saint-Laurent et Fraser) ne peuvent pas beaucoup servir à accroître l'accessibilité de cette ressource, qui est limitée dans les Prairies.

Le Canada a la chance d'être doté de services d'aqueducs et d'égouts dans presque toutes les régions urbaines. Mais le faible coût de l'alimentation en eau et de l'élimination des eaux usées combiné à la politique populaire de remettre à plus tard les impôts impopulaires et les frais de service a créé deux graves problèmes. Le premier problème est que les Canadiens consomment une grande quantité d'eau: des statistiques préliminaires évaluent la consommation quotidienne à 450 litres par personne. De modestes efforts de conservation pourraient facilement réduire ce chiffre de 20 à 25 p. 100. Cela permettrait de réduire les dépenses d'investissement pour les réseaux d'aqueducs et de traitement des eaux usées, et les coûts d'exploitation. Le deuxième problème est le coût de remplacement des réseaux vieillissants qui pourraient exiger des travaux de réparations et de modernisation évalués à 7 milliards de dollars. Tant que les Canadiens bénéficieront d'eau à un prix inférieur à son coût de production en raison des généreuses subventions cachées, il sera difficile d'en assurer la conservation.

La POLLUTION DE L'EAU constitue un problème dans de nombreux bassins versants en raison du principe et de la pratique bien implantés de considérer la capacité d'assimilation des nappes d'eau comme une ressource à exploiter. Étant donné qu'il est difficile d'évaluer cette capacité, qui varie selon les conditions, l'heure de la journée, la saison, le débit et qui est généralement très mal gérée, les problèmes de pollution persistent.

De plus, on ne peut pas complètement maîtriser la pollution de l'eau avant d'avoir réussi à gérer efficacement la qualité de l'air, particulièrement le problème des pluies acides. L'ampleur de certains problèmes de pollution de l'eau a été réduite au cours des deux dernières décennies. Les métaux lourds comme le mercure et le plomb diminuent graduellement dans les réserves d'eau partout dans le pays. Les BPC, les DIOXINES et les furanes ont diminué chez de nombreuses populations de poissons, mais la concentration de ces substances toxiques a augmenté pour les niveaux trophiques supérieurs de l'Arctique canadien.

Même si on commence à utiliser les ressources comme l'air, l'eau et les forêts à des fins multiples, les pratiques implantées d'utilisations abusives et d'utilisations à une seule fin persistent car ces ressources sont largement sous-évaluées et il n'existe aucun mécanisme efficace et coercitif pour régler les conflits entre les utilisateurs. C'est ce qui se produit dans les régions où les ressources en eau sont réservées à la production d'HYDROÉLECTRICITÉ ou à l'irrigation. Dans ces secteurs, la construction des réservoirs, des ouvrages de détournement et des réseaux de distribution est de plus en plus soumise à des ÉVALUATIONS ENVIRONNEMENTALES officielles. Mais les autres utilisations, en particulier pour les loisirs, les poissons, la faune, les oiseaux aquatiques et l'esthétique, peuvent rarement rivaliser.

L'EXPLOITATION MINIÈRE (minéralurgie et industrie de la fusion) contribue de façon appréciable à l'économie canadienne, mais à un coût élevé pour l'environnement. Le plomb, le zinc, le cuivre et le nickel contribuent aux pluies acides et à d'autres problèmes de POLLUTION DE L'AIR et de l'eau. L'extraction et l'affinage de l'or contribuent à des problèmes de pollution de l'eau extrêmement graves et à la dévastation des bassins versants par l'exploitation des placers. L'utilisation de l'uranium se caractérise par tous les problèmes liés à l'exposition des travailleurs et aux déchets radioactifs. La production de l'aluminium pollue l'air et détruit des environnements naturels pour satisfaire à ses demandes élevées en énergie hydroélectrique à coût modique.

L'industrie minière a récemment pris des mesures pour réduire ses effets sur l'environnement et améliorer son image. L'Association minière du Canada a adopté un nouveau code déontologique environnemental pour ses membres et elle a publié les résultats des efforts fructueux déployés pour réduire volontairement la POLLUTION en vertu du programme Accélération de la réduction et de l'élimination des toxiques (ARET). L'industrie chimique dispose d'un programme volontaire semblable, le Programme de gestion responsable, qui débute au Canada en 1984 et qui est maintenant en place dans plus de 30 pays.

Les industries qui reposent sur l'exploitation des ressources renouvelables (agriculture, FORESTERIE, PÊCHE, TOURISME, CHASSE et trappage) sont primordiales pour l'économie canadienne, mais elles font face à de sérieux problèmes. L'agriculture, l'exploitation forestière et la pêche souffrent des pratiques et des politiques anciennes qui favorisent le rendement à court terme au détriment de la stabilité à long terme axée sur un rendement équilibré. Les industries des ressources renouvelables ne sont pas soumises aux mêmes pressions gouvernementales que les industries minières, chimiques et de l'énergie et elles sont beaucoup plus lentes à adopter des restrictions visant la conservation des ressources et une gestion efficace de l'environnement.

L'agriculture canadienne est confrontée à la dégradation des sols, à la perte de terres de haute qualité consacrées à d'autres fins et à des demandes de restrictions de pesticides et d'engrais chimiques en raison de problèmes de santé réels et imaginaires. L'industrie forestière canadienne est gérée comme une exploitation minière non renouvelable: environ 25 p. 100 de la superficie coupée est reboisée (*voir* REFORESTATION). Les forêts d'arbres feuillus de l'Atlantique ont pour ainsi dire entièrement disparues et 90 p. 100 des ressources du sud-ouest de l'Ontario ont été coupées. Les deux tiers de la forêt ombrophile de la côte ouest ont été coupés et la majeure partie de ce qui reste est difficile d'accès ou est exigée pour des fins de conservation ou pour d'autres utilisations ou utilisateurs. Plusieurs provinces ont réduit les possibilités annuelles de coupe. Sur les côtes est et ouest, des zones de pêches ont été fermées ou les quotas de prises ont été réduits.

L'utilisation des sources d'énergie renouvelable et non renouvelable est soumise à des pressions croissantes pour réduire leurs effets sur l'environnement. L'Association canadienne des producteurs pétroliers et l'Association pétrolière du Canada (CAPP) ont établi des codes de conduite environnementaux à l'intention de leurs membres. L'Association canadienne du charbon et de nombreuses sociétés de production d'électricité déploient beaucoup d'efforts pour régler les problèmes environnementaux, mais il reste encore beaucoup à accomplir.

Espèces en voie de disparition La disparition des espèces est non seulement déplorable pour des raisons morales, mais également parce qu'elle entraîne la disparition de la diversité du bassin écologique et génétique (*voir* BIODIVERSITÉ). La disparition des espèces est encore plus inquiétante car elle témoigne d'une perte de contrôle sur le changement. Lorsque les travailleurs des mines de charbon utilisaient des canaris pour vérifier la qualité de l'air, la mort d'un oiseau leur lançait un avertissement. D'une manière similaire, la disparition d'espèces doit être considérée comme un avertissement de la détérioration de la qualité de l'environnement.

Au Canada, plus de 180 espèces de végétaux ou d'animaux sont maintenant disparues, déracinées ou en voie d'extinction à cause de la chasse, de la perte de leur habitat, ou des deux. Il existe des programmes de rétablissement de populations viables d'espèces déracinées (RENARD véloce) ou en voie de disparition (GRUE BLANCHE D'AMÉRIQUE), mais un tel rétablissement nécessite de la nourriture et un habitat adéquats, une protection contre les prédateurs, la chasse, la maladie et la pollution ainsi qu'un patrimoine génétique suffisamment vaste pour que les espèces puissent se développer. Ces programmes de protection des espèces peuvent s'avérer fructueux, comme l'a montré le retrait de certaines espèces, comme le PÉLICAN blanc d'Amérique, de la liste des espèces en voie de disparition.

Même si la chasse contribue à la menace d'extinction des espèces au Canada, le facteur le plus déterminant est maintenant la protection de l'habitat. Le RÉCHAUFFEMENT PLANÉTAIRE pourrait introduire certains facteurs critiques si les habitats changent et que la faune ne peut pas se déplacer dans un autre habitat convenable parce qu'il n'en existe tout simplement pas, que la migration est impossible (particulièrement dans le cas des végétaux) ou qu'il n'existe aucun corridor de migration. Il pourrait s'agir là de la conséquence la plus difficile et la plus déplorable du CHANGEMENT DE CLIMAT induit par l'homme.

Les problèmes liés à la pollution et aux habitats comportent tous deux des dimensions internationales pour les espèces migratoires, car les polluants atmosphériques et hydriques traversent les frontières. À l'échelle nationale, il faut assurer la protection de l'habitat au moyen d'un réseau de PARCS PROVINCIAUX et nationaux et en protégeant d'autres zones par mesures législatives. Cependant, ces réseaux ne sont pas encore assez étendus pour fournir la protection nécessaire. Le processus d'évaluation et d'examen en matière d'environnement du gouvernement fédéral, qui devrait délimiter les habitats importants menacés par les projets d'aménagement d'envergure et recommander leur protection, jouera également un rôle clé (*voir aussi* ANIMAUX EN VOIE DE DISPARITION; PLANTES EN VOIE DE DISPARITION).

Parcs et zones protégés Des efforts, déployés très tôt pour protéger les régions les plus pittoresques du Canada, résultent des tentatives du CANADIEN PACIFIQUE de développer une industrie touristique dans les Rocheuses au milieu des années 1890. En 1887, le Parlement adopte officiellement le décret de 1885 établissant les parcs nationaux des Rocheuses (plus tard BANFF et JASPER). Le décret reçoit ensuite la sanction royale.

Les PARCS NATIONAUX du Canada jouent un rôle clé dans la protection des zones naturelles pour les générations futures, mais certains secteurs en sont retranchés pour être exploités à des fins commerciales. Des ministres fédéraux recommandent occasionnellement qu'on ouvre des terres des parcs à l'exploitation forestière et aux activités minières et qu'on accroisse l'aménagement des installations récréatives commerciales. Le réseau des parcs prend toutefois constamment de l'expansion et résiste généralement aux efforts à grande échelle qui tentent de compromettre son mandat.

Les réseaux des parcs provinciaux protègent, à divers degrés, les terres forestières. La Colombie-Britannique pourrait être l'une des premières à atteindre la recommandation de la Commission Brundtland selon laquelle 12 p. 100 du paysage doit être protégé par des lois. En effet, depuis 1991, la

Colombie-Britannique a créé, ou ajouté à des zones existantes, 246 nouvelles zones protégées pour porter la superficie protégée totale de la province à 9,41 p. 100.

Il reste beaucoup à faire au Canada pour que toutes les RÉGIONS NATURELLES soient représentées dans le réseau national des parcs et que l'objectif de la Commission Brundtland soit atteint. Les compressions budgétaires des années 90 limitent fortement la capacité des deux ordres de gouvernement à gérer et à protéger les réseaux existants ainsi qu'à établir de nouvelles zones. Par contraste avec les parcs naturels, il y a ceux des grandes villes canadiennes. La majorité des grandes villes sont dotées de parcs naturels (*voir* PARCS URBAINS) très étendus: le parc Stanley et les terres en dotation de Vancouver, la vallée de la rivière Saskatchewan Nord d'Edmonton, les parcs Fish Creek et Nose Hill de Calgary, les ÎLES DE TORONTO et le mont Royal de Montréal. Il est important de disposer d'espaces naturels aussi étendus à l'intérieur des centres métropolitains pour fournir sur place des aires récréatives de détente aux résidants. Ces espaces procurent aussi des possibilités éducatives essentielles.

Déchets solides Des statistiques sommaires révèlent que les Canadiens produisent environ deux kilogrammes de DÉCHETS SOLIDES par personne par jour. Ce taux est le deuxième après celui des États-Unis. De plus, seulement 2 à 3 p. 100 des déchets de consommation (déchets non produits par l'industrie) sont recyclés. Ce niveau extrêmement élevé de déchets est causé par divers facteurs: l'abondance relative des déchets; les salaires élevés qui rendent onéreux les procédés de recyclage nécessitant une nombreuse main-d'œuvre; une faible densité de population et les grandes distances qui séparent les centres où sont produits les déchets; de faibles coûts de l'élimination des déchets, des matières premières peu coûteuses et le mythe de l'existence de ressources inépuisables; l'économie soutenue par des politiques et des stratégies gouvernementales mettant l'accent sur l'exploitation des ressources naturelles avant toute autre chose.

Les dirigeants fédéral et provinciaux ont convenu que les canadiens réduiront, d'ici l'an 2000, les déchets solides à 50 p. 100 du niveau de 1990. Cependant, les méthodes de calcul de la quantité des déchets réduits et les moyens techniques et économiques utilisés pour atteindre les objectifs fixés pourraient être inadéquats.

L'absence d'industries et de marchés du RECYCLAGE bien établis pour la récupération des matériaux recyclés empêchent la population de donner suite à sa volonté déclarée de réduire les déchets par le recyclage. En fait, le recyclage permettrait non seulement de réduire le problème des déchets solides, mais il répondrait aussi aux besoins en énergie et préviendrait les dommages causés à l'environnement par l'exploitation des matières premières.

De nombreuses études identifient la disparition des matières organiques des sols comme un problème de plus en plus grave pour l'agriculture au Canada. Malheureusement, on n'a pas encore établi de lien entre ce problème et le volume substantiel de déchets compostables qui causent des problèmes économiques et environnementaux à de nombreuses municipalités. Les progrès réalisés dans les techniques et les technologies de compostage par les centres de recherches, comme celui d'Olds College en Alberta, permettent de transformer les déchets organiques en amendements des sols et autres produits.

Déchets dangereux La nouvelle *Loi canadienne sur la protection de l'environnement* classe 44 catégories de produits chimiques dans sa liste des substances prioritaires exigeant une surveillance stricte. Des dépotoirs sont aménagés partout au Canada (en particulier en Ontario et au Québec), sans compter les dépotoirs militaires dans l'Arctique. Le centre de traitement des déchets spéciaux à Swan Hills, en

Alberta, reçoit son permis de fonctionnement à pleine capacité en novembre 1988. Ce centre unique au Canada a récemment été accusé de rejeter des polluants. Les programmes volontaires comme ARET, le Programme de gestion responsable et le programme du gouvernement fédéral National Toxic Release Inventory (NTRI) enregistrent une réduction des rejets de polluants.

L'entreposage des déchets nucléaires constitue une préoccupation environnementale de première importance quant à l'élimination des DÉCHETS DANGEREUX. La façon de traiter les déchets nucléaires au Canada fait l'objet d'un débat houleux et persistant, surtout si l'on continue à produire de tels déchets. Bien sûr, même si la réponse à la dernière question était négative, il faudrait s'occuper des déchets existants.

La protection de l'environnement pourrait être assurée par l'adoption d'un objectif à long terme de «rejet zéro» des substances toxiques rémanentes (STR). Les STR sont des produits chimiques toxiques qui ne se décomposent pas ou qui se décomposent très lentement dans l'environnement naturel. Le terme rejet zéro signifie qu'on cesserait de rejeter des STR dans l'environnement en les éliminant des déchets et des produits.

Initiatives

Opinion publique Les sondages d'opinion et les sondages politiques réalisés au Canada révèlent que si les problèmes environnementaux ont été relativement importants parmi les préoccupations des Canadiens dans ces deux dernières décennies, ils représentent maintenant la priorité absolue du tiers des Canadiens; 90 à 100 p. 100 d'entre eux ont entendu parler du problème et pensent qu'il s'agit d'un dossier sérieux. Cette forte opinion publique se reflète dans certains gestes des consommateurs, une législation plus musclée et une mise en application comportant de lourdes amendes et des peines d'emprisonnement. Dans les années 90, l'économie et les emplois deviennent une question capitale pour la majorité des Canadiens en raison du repli de l'économie et des incertitudes en matière d'emploi, mais les inquiétudes au sujet de l'environnement persistent. L'évaluation de l'opinion publique sur les questions environnementales dépend souvent de la façon dont les questions sont posées.

Des changements surviennent dans les valeurs des dirigeants d'entreprises et des employés. Les entreprises qui reconnaissent la nécessité de changements modifient certains aspects ou l'ensemble de la structure de leur organisation. P. ex., certaines adoptent des mesures de gestion judicieuse de l'environnement et des ressources comme des objectifs organisationnels; d'autres les intègrent dans la philosophie organisationnelle; d'autres combinent ces deux manières; certaines s'efforcent de consulter le public et les groupes de défense des intérêts publics qui pourraient être affectés par l'activité de l'entreprise. Les sociétés et les organisations industrielles travaillent de concert avec l'Association canadienne de normalisation et l'Organisation internationale de normalisation (ISO) dans le cadre d'un processus de consultation visant à l'établissement de normes de gestion de l'environnement, de prévention de la pollution, d'éco-étiquetage, etc.

Gestion de l'environnement Pendant presque toute l'histoire canadienne, l'environnement naturel est considéré comme un lieu hostile et le «mythe des ressources infinies» domine les attitudes quant à sa gestion. Malgré les inquiétudes soutenues du public concernant les problèmes environnementaux et les récents engagements du gouvernement à l'égard d'un «développement durable», les industries axées sur les ressources renouvelables n'ont pas encore vraiment réalisé que les pratiques de gestion à court terme sont en train de saper ces ressources.

Même s'il est reconnu que les pratiques actuelles détruisent les ressources primaires de ces industries,

on n'a pas encore implanté de systèmes de gestion pour assurer le maintien à perpétuité des avantages économiques tirés de ces ressources. Les fermetures ou les réductions des pêches sur les côtes est et ouest du pays et les réductions des possibilités de coupe annuelle des ressources forestières témoignent de l'échec de la gestion de ces ressources en vertu du principe de la mise en valeur durable.

Il est de plus en plus évident que les mandats et les ressources des organismes responsables des questions environnementales sont insuffisants pour empêcher la détérioration continue de la qualité de l'environnement et l'utilisation abusive des ressources renouvelables. Des améliorations substantielles sont apportées dans quelques domaines, mais la nature persistante de certains problèmes (érosion des sols, pollution de l'eau, déchets dangereux, espèces en voie de disparition, pluies acides) et la reconnaissance de nouveaux problèmes urgents (réchauffement de la planète et couche d'ozone) permettent de comprendre qu'il faut s'attaquer à des problèmes plus fondamentaux.

De nombreux rapports des gouvernements fédéral et provinciaux et travaux d'organisations non gouvernementales (ONG) et d'universitaires ont établi la nécessité de mettre en place des mesures de protection de l'environnement et de gestion des ressources. Le Canada, les États-Unis et le Mexique ont signé l'Accord de libre-échange nord-américain (ALENA) et un accord environnemental parallèle. Le siège social du secrétariat chargé de surveiller l'application des dispositions de l'accord parallèle se trouve à Montréal.

Après avoir fourni un solide appui au rapport des Nations Unies de la Commission mondiale sur l'environnement et le développement (Commission Brundtland), le Canada donne suite à l'une de ses recommandations en mettant sur pied le Groupe de travail national sur l'environnement et l'économie. Il établit, par la suite, aux échelons fédéral et provinciaux des «tables rondes» pour discuter des problèmes et des solutions liés au développement durable. À l'ordre fédéral, 13 tables rondes sont mises sur pied, 10 aux ordres provinciaux et 2 aux ordres territoriaux. Certains gouvernements locaux utilisent ce mécanisme pour éviter et résoudre des conflits ainsi que pour formuler des politiques de développement.

À l'échelon provincial, la majorité des gouvernements commencent à élaborer des stratégies de conservation détaillées. Toutefois, ces stratégies ne constituent encore une fois pas des politiques officielles: ce sont surtout des documents théoriques plutôt que pratiques dont la mise en œuvre n'est assujettie à aucun calendrier.

En juin 1989, un groupe de 28 ONG environnementales et autochtones préparent le rapport intitulé «Créer un Canada vert». Ce rapport analyse les dossiers de gestion de l'environnement et des ressources du pays et énonce des propositions réalistes pour aider à résoudre les problèmes identifiés. En 1991, le gouvernement fédéral adopte le Plan vert du Canada après une consultation publique poussée, mais sa mise en œuvre est gênée par les restrictions budgétaires et parce qu'on croit qu'il ralentirait la croissance économique.

Organismes de protection de l'environnement Le mouvement écologique de la fin des années 60 conduit à la création d'organismes gouvernementaux et de ministères responsables des dossiers environnementaux. L'Environment Conservation Authority (ECA) de l'Alberta, est le premier organisme du genre au Canada. Fondé en vertu de l'*Environment Conservation Act* (1970), il a toutefois été démantelé depuis. Le ministère fédéral de l'Environnement (maintenant Environnement Canada) est mis sur pied en 1971 en vertu de la *Loi de 1970 sur l'organisation du gouvernement*.

Au cours des quatre années suivantes, toutes les provinces adoptent des lois établissant des ministères responsables des questions environnementales, et la majorité d'entre elles mettent sur pied des organismes responsables de la consultation du public. Dans les années 70 et 80, elles y apportent des changements et des modifications qui, à quelques exceptions près, renforcent la législation et la réglementation protégeant l'environnement. Le Réseau canadien de l'environnement, la FÉDÉRATION CANADIENNE DE LA NATURE, la FÉDÉRATION CANADIENNE DE LA FAUNE, le Comité canadien des ressources arctiques et l'Association canadienne du droit de l'environnement constituent d'excellentes sources de renseignements dans leurs champs respectifs. Plusieurs organisations industrielles, comme l'Association canadienne des producteurs pétroliers, l'Association canadienne du charbon, l'Association des pâtes et papiers et l'Association canadienne des fabricants de produits chimiques, s'occupent explicitement de questions environnementales ou établissent d'importants départements environnementaux.

Coopération internationale Le Canada participe à de nombreuses initiatives internationales visant à régler les problèmes environnementaux. Les Canadiens jouent des rôles déterminants lors de la Conférence des Nations Unies sur l'environnement de 1972, à Stockholm, et de la Conférence des Nations Unies sur l'environnement et le développement qui se tient au Brésil en 1992. Maurice STRONG est secrétaire général de la conférence de 1992.

Le Canada participe à la Conférence sur le DROIT DE LA MER, même si le gouvernement n'a pas encore ratifié l'accord. Il participe à la Stratégie de conservation de l'Union mondiale pour la nature (EUCN) et est l'un des pays signataires de la Convention sur le commerce international des espèces menacées d'extinction (CCIEE).

En 1988, le Canada signe le Protocole de Montréal relatif aux substances qui réduisent la couche d'ozone (1987). Les pays industrialisés s'engagent à réduire, d'ici 1999, les niveaux de production de CFC à 50 p. 100 de ceux de 1986. Le Canada annonce l'élimination complète des CFC contrôlés au cours de la décennie. Certaines sociétés canadiennes qui constituent de très gros utilisateurs de CFC dominent cette élimination graduelle.

Le Protocole de Montréal est suivi par la «Résolution de Malte» de l'Assemblée générale des Nations Unies (janvier 1989) et par la déclaration des 24 pays de La Haye qui crée le Groupe intergouvernemental d'experts sur l'évolution du climat (GIEC). Le GIEC est conjointement conçu par l'Organisation météorologique mondiale et le Programme des Nations Unies pour l'environnement (PNUE) en réponse à la demande grandissante pour l'établissement d'un organisme international efficace. Cette initiative pourrait constituer un exemple exceptionnel de coopération internationale pour lutter contre un problème planétaire. Toutefois, la coopération de l'industrie découle peut-être autant des prévisions de profits énormes liés au changement que d'un enthousiasme organisationnel à anticiper et éviter des problèmes environnementaux.

Toronto est l'hôte d'une conférence sur le réchauffement de la planète qui aboutit, en 1988, à un accord selon lequel les pays industrialisés s'engagent à réduire, d'ici l'an 2005, leurs émissions de dioxyde de carbone de 20 p. 100 par rapport aux niveaux de 1988. On penserait qu'à titre d'hôte de la conférence, le Canada se devrait d'atteindre ces objectifs, mais les dirigeants fédéral et provinciaux responsables de l'énergie discutent encore de la possibilité concrète d'une réduction. Il semble que le gouvernement et l'industrie soient beaucoup moins disposés à adopter des stratégies efficaces pour atteindre l'objectif de Toronto sur le dioxyde de carbone qu'à adopter celles destinées à réduire et éliminer les CFC.

Le Canada est un pays signataire de la Convention cadre des Nations Unies sur les changements climatiques de 1992. Cette convention vise à stabiliser la concentration des gaz à effet de serre dans l'atmosphère à un niveau qui ne perturbe pas le système climatique planétaire. Elle a été signée par 154 pays et elle deviendra juridiquement exécutoire une fois ratifiée par 50 pays.

Le Canada est un pays signataire de la Convention des Nations Unies sur la pollution atmosphérique transfrontalière à longue distance de 1979 et il a ratifié le Protocole connexe d'Helsinki de 1985 ainsi que le Protocole de Sofia de 1987. Les mesures prises par le Canada par rapport au Protocole d'Helsinki mettent l'accent sur les réductions des émissions de dioxyde de soufre dans les sept provinces de l'Est et elles imposent un plafond national permanent sur les émissions totales de dioxyde de soufre d'ici l'an 2000. Le Protocole de Sofia est une entente internationale visant à limiter les émissions d'oxyde d'azote aux niveaux de 1987. Le Conseil canadien des ministres de l'environnement (CCME) formule en 1990 un plan de gestion des oxydes d'azote et des composés organiques volatils, qui est suivi d'un rapport de situation en 1994.

En août 1992, le Canada ratifie la Convention de Bâle sur le contrôle des mouvements transfrontaliers de déchets dangereux et de leur élimination de mars 1989. En février 1997, 109 pays ont ratifié cette entente. En mars 1994, les parties signataires de la Convention conviennent d'imposer une interdiction totale sur l'exportation de déchets dangereux destinés au recyclage des pays membres de l'OCDE à des pays non-membres à partir du 31 décembre 1997. On modifie plus tard la Convention pour qu'elle tienne compte de cette décision, mais on en modifie le libellé pour inscrire pays développés (au lieu de «membres de l'OCDE») et pays non développés (au lieu de «non-membres de l'OCDE»). Le Canada n'a pas ratifié la modification.

La Convention de Bâle permet à un pays membre de faire du commerce avec un pays non-membre comme les États-Unis (qui a signé la Convention mais qui ne l'a pas encore ratifiée) lorsqu'un accord bilatéral est en place. L'accord signé entre le Canada et les États-Unis sur les déplacements transfrontaliers de déchets dangereux illustre un de ces accords bilatéraux. Le Canada est également signataire d'un accord multilatéral (Décision C[92] 39/final du Conseil de l'OCDE) sur le déplacement des déchets entre le Canada et les États-Unis.

Le 4 décembre 1992, le Canada devient le premier pays industrialisé à ratifier la Convention sur la diversité biologique. La Convention est entrée en vigueur le 29 décembre 1993 avec la signature du 30e pays, la Mongolie.

Lors de la Conférence des premiers ministres d'août 1989 (qui réunit le premier ministre du pays et les premiers ministres des provinces), les provinces exercent des pressions considérables pour que le Canada accroisse les mesures de surveillance de la qualité de l'air et les rendent équivalentes à celles de la Californie, qui sont les plus strictes. Une telle mesure suivrait l'exemple américain d'utiliser la norme californienne comme norme nationale et pourrait marquer le début de l'établissement de normes uniformes au nord de Rio Grande. La mesure s'inscrirait dans l'esprit de l'accord signé en mars 1991 entre le Canada et les États-Unis sur la qualité de l'air.

Dixon Thompson

Environnement, aménagement de l' Les activités visant la protection de l'ENVIRONNEMENT et la conservation des RESSOURCES constituent l'aménagement de l'environnement. Ces activités peuvent être entreprises par des particuliers, des institutions, des industries ou des gouvernements et constituent des mesures de gestion comparables à d'autres formes de gestion (p. ex., gestion financière). Elles incluent la planification de stratégies et l'établissement d'objectifs de mise en œuvre, de surveillance et de modification d'un ensemble d'options définies. Les décideurs ne tiennent pas toujours compte des facteurs écologiques parce qu'ils sont submergés par la quantité de données scientifiques et ne savent pas comment réagir. Trop souvent, les données abondent mais les informations sont rares. Les spécialistes de l'environnement ont dû perfectionner leurs compétences et mettre au point des techniques pour transformer les données, provenant habituellement de diverses disciplines, en informations utiles aux décideurs. Les gestionnaires de l'environnement jouent un rôle qui se situe entre celui des dirigeants, des techniciens et des spécialistes.

Éléments moteurs

La plus importante mesure dans la mise en œuvre d'un aménagement environnemental efficace est probablement de convaincre les décideurs de sa nécessité. Malheureusement, les arguments éthiques et biophysiques pour un environnement sain et le maintien de la BIODIVERSITÉ ne sont pas assez forts pour persuader les gouvernements, les institutions et les industries d'effectuer des changements substantiels. La législation (*voir* ENVIRONNEMENT, DROIT DE L'), la réglementation et l'application des lois sont des éléments moteurs de l'aménagement environnemental. Au Canada, les lois, règlements et arrêtés fédéraux, provinciaux et municipaux relatifs à l'environnement sont plus stricts et entraînent des peines plus sévères que par le passé. On peut prononcer des peines d'emprisonnement et condamner à des amendes allant jusqu'à 1 million de dollars par jour d'inaction. Ces peines peuvent être infligées aux décideurs des secteurs public et privé, et c'est cette menace même qui constitue un important facteur de changement.

La plupart des infractions à des lois et à des règlements sur l'environnement concernent la responsabilité stricte. On peut ainsi présenter une défense basée sur la diligence raisonnable. Ceci signifie que l'accusé a agi selon des pratiques généralement acceptées, ce qui aurait dû prévenir l'infraction, ou a commis l'erreur de croire en des faits supposés, ce qui a entraîné des actions inappropriées.

Des procès comme l'affaire Bata en Ontario et l'affaire Northern Badger en Alberta peuvent avoir des répercussions importantes. La lutte qu'a remporté GREENPEACE contre Shell et le Royaume-Uni qui voulaient se défaire de la plateforme de forage Brent Spar en mer, au printemps 1995, est un autre événement significatif.

La compagnie de chaussures Bata avait été poursuivie pour la contamination de l'environnement par des produits toxiques. L'entreprise avait tardé à investir les quelque 60 000 dollars nécessaires pour corriger la situation. Un des dirigeants de l'entreprise s'en est tiré avec une défense basée sur la diligence raisonnable, mais deux autres ont dû payer une amende. L'entreprise s'est vue imposer une amende et une obligation d'effectuer une décontamination dont les coûts s'élevaient à environ 450 000 dollars. Le juge a aussi imposé plusieurs autres conditions à la compagnie.

Cette expérience a sensibilisé les dirigeants et les membres des conseils d'administration d'entreprises à l'importance d'un aménagement de l'environnement adéquat. Dernièrement, des cadres supérieurs d'institutions publiques et du gouvernement ont été confrontés à des situations semblables.

Depuis l'affaire Northern Badger en Alberta, une entreprise sous séquestre doit utiliser ses fonds pour dépolluer avant d'acheminer quelque capital que ce soit vers les institutions financières détenant ses actifs. Les banques ont tout de suite réagi à cette situation en effectuant des enquêtes sur les responsabilités environnementales des entreprises auxquelles elles avaient prêté de l'argent et en exigeant des vérifications environnementales de celles qui voulaient emprunter.

Système d'aménagement de l'environnement

Le système global de gestion de l'environnement (SGE) qui régit l'utilisation et l'application des outils d'aménagement de l'environnement a évolué dans le secteur privé au cours des 25 dernières années. Récemment, divers groupes ont pris des mesures visant la normalisation de ces systèmes afin que les institutions aient à leur disposition des directives généralement acceptées pour effectuer un aménagement efficace de l'environnement.

La British Standards Association a été la première à établir des directives pour les systèmes d'aménagement de l'environnement dans son rapport BS7750, en 1994.

Le Global Environmental Management Initiative, un organisme dont le siège social est à Washington, regroupe des représentants de 28 pays favorisant l'excellence environnementale en affaires. Comme résultat de leur travail de collaboration, une série de directives facultatives pour un SGE a été publiée.

L'Union européenne a élaboré des directives pour le projet Eco-Management and Auditing Scheme (EMAS).

L'organisation internationale de normalisation a approuvé un projet de directives pour un SGE (ISO 14001) en juin 1995. Plusieurs autres pays ont produit des documents semblables.

L'Association canadienne de normalisation, dans le cadre de son programme environnemental, a publié le CSA Z750-94 *A Voluntary Environmental Management System*, un des nombreux documents d'information et de directives. On y donne les éléments clés d'un SGE et des conseils pratiques sur la mise sur pied d'un tel système. Les directives présentent quelques-uns des avantages d'un SGE, entre autres une amélioration de l'image et des parts de marché, une réduction des responsabilités légales et des coûts, un accroissement de la rentabilité, une conservation des produits auxiliaires et une amélioration de l'état de l'environnement et de la santé humaine.

Il y a eu des difficultés à harmoniser les différents systèmes de gestion de l'environnement, la principale étant que les SGE de l'Union européenne exigent des entreprises qu'elles rendent publiques leurs rapports d'activités liées à l'environnement et demandent une vérification externe de leur SGE. Ailleurs, une telle vérification n'est pas exigée.

Outils d'aménagement de l'environnement

Depuis le début des sciences de l'environnement à la fin des années 60, on a élaboré et perfectionné les outils de gestion afin de maximiser le processus de conservation des ressources et de protection de l'environnement. De plus en plus, on utilise ces outils comme un ensemble, ce qui augmente l'efficacité de chacun.

Planification et évaluation stratégiques de l'environnement Le but de la planification stratégique de l'environnement est d'intégrer la conservation des ressources et la protection de l'environnement dans le processus de planification d'un projet, d'un produit ou d'une activité spécifique. L'évaluation stratégique de l'environnement assure que les facteurs environnementaux ont été correctement pris en considération au cours du processus de planification.

Une déclaration de principe sur l'environnement précise l'action ou l'activité qu'un organisme allait entreprendre pour atteindre chacun des buts fixés relativement à la protection de l'environnement et à la protection des ressources. Lorsque c'est possible, la déclaration définit également les conséquences ou les résultats attendus.

Idéalement, à chaque politique environnementale correspond un indicateur de l'état de l'environnement qui permet de mesurer les progrès réalisés dans l'application des politiques. Les indicateurs seraient présentés dans un rapport rendant compte des effets des processus de planification stratégique et qui permettrait d'ajuster les politiques et leur mise en application.

L'évaluation d'impact environnemental (EIE) est parmi les outils d'aménagement de l'environnement

les plus anciens et les plus perfectionnés. Afin d'éviter les problèmes, on effectue une évaluation avant la mise en application de politiques ou de projets environnementaux.

Les évaluations d'impacts environnementaux sont critiquées pour leur subjectivité (ce qui est crucial ou significatif) et parce qu'elles exigent des prédictions (les impacts de certaines actions sur l'environnement). Ces critiques, qui n'invalident pas le processus, sont valables et servent à améliorer continuellement ledit processus. Une EIE peut inclure des évaluations d'impacts sur les ressources visuelles, sociales et historiques.

Les EIE par catégorie sont des examens plus rapides et moins coûteux de petits projets dont les effets sont facilement prévisibles et qui ne justifient pas une évaluation de grande envergure. Ce processus suit une liste de vérification courante.

L'analyse coût-avantage est un outil étroitement lié aux EIE dont il fait souvent partie intégrante. Récemment, le gouvernement de l'Alberta a décidé que les décisions relatives aux EIE doivent tenir compte des avantages économiques.

L'analyse des impacts environnementaux après l'application des politiques ou après une construction est une forme de vérification et est souvent appelée revue des effets environnementaux.

Le gouvernement fédéral exige des EIE des politiques et des programmes qu'il appelle évaluation stratégique de l'environnement. Les gouvernements fédéral et provinciaux spécifient les exigences des EIE dans les secteurs où leur législation s'applique. Les administrations municipales mettent au point des processus semblables adaptés à leurs besoins et à leur emplacement. La Banque mondiale a établi des politiques, des procédures et des directives pour des projets internationaux.

Vérification environnementale La vérification environnementale est une évaluation des éléments d'aménagement de l'environnement d'une organisation, incluant son SGE, sa conformité avec les lois, les règlements, les arrêtés, etc. Les vérifications doivent être faites régulièrement à un intervalle de 1 à 3 ans. Elles indiquent à un organisme si la politique est bien exécutée et comment elle devrait être corrigée. Elles fournissent des données qui permettent de mettre au point des indicateurs.

L'évaluation de produits et de technologies tente de prédire les impacts négatifs sur l'environnement, la santé et la sécurité et trouve ensuite des moyens efficaces de réduire ces impacts à des niveaux acceptables.

Certaines activités intègrent quelques éléments de l'évaluation des produits et des technologies et créent des précédents dans le domaine. Parmi ces activités, on compte la réglementation automobile sur la sécurité et sur les émissions; les exigences de santé et de sécurité pour les jouets, les vêtements, les sièges d'auto pour les enfants; la réglementation régissant les médicaments et les additifs alimentaires; la réglementation sur la vente et l'utilisation des pesticides.

Évaluation des produits et des technologies L'évaluation des produits et des technologies sert de base à l'élaboration de normes informant les consommateurs sur les produits dont l'impact sur l'environnement est réduit. Le document des normes de l'ACNOR sur l'évaluation des produits et des technologies s'intitule *Environmentally Responsible Procurement* (Z766-95).

Le consommateur ne peut faire sa propre évaluation des produits et des technologies. C'est pourquoi l'ACNOR a élaboré un ensemble de directives intitulé *Guidelines on Environmental Labelling* (Z761-93) qui détermine les demandes qui peuvent être faites sur les caractéristiques environnementales des produits. D'autres pays ont élaboré des directives semblables, et l'ISO (Organisation internationale de normalisation) essaie d'obtenir une entente interna-

tionale, mais les détails font l'objet de débats énergiques.

Le programme Choix environnemental est une autre forme d'évaluation des produits et des technologies actuellement mise en œuvre au Canada pour aider les consommateurs. Un groupe de spécialistes inspecte les produits et appose le logo du programme, l'Écologo, aux produits qui ont un cycle de vie nettement supérieur aux autres produits disponibles. Le programme Blue Angel en Allemagne est semblable à celui du Canada, mais dans d'autres pays, on accepte les affirmations non vérifiées des manufacturiers.

Évaluation du cycle de vie (ECV) L'évaluation du cycle de vie (ECV) forme une part très importante de l'EIE et de l'évaluation des produits et des technologies. L'ECV analyse l'utilisation de la ressource, la production de déchets, la consommation d'énergie et les impacts du produit sur l'environnement, de la matière première jusqu'à la mise au rebut. Le coût du cycle de vie, de concert avec l'ECV, permet de déterminer le coût réel de l'investissement dans la prévention de la pollution et comment les améliorations de l'efficacité de la ressource se répartissent pendant toute la durée de vie d'un SGE.

Les évaluations des cycles de vie coûtent cher et sont difficiles à réaliser. En 1993, lors d'un congrès au Massachusetts Institute of Technology, on a estimé qu'une évaluation détaillée du cycle de vie pouvait coûter plus de 100 000 dollars.

Indicateurs environnementaux et indicateurs environnementaux à déclaration obligatoire Les indicateurs environnementaux et les indicateurs environnementaux à déclaration obligatoire sont des évaluations objectives et fiables de l'environnement et de la façon dont celui-ci est touché. Ils sont une mesure de la façon dont l'aménagement de l'environnement réduit les impacts d'une organisation sur l'environnement.

Les rapports environnementaux jouent un rôle important dans l'élaboration des fondements pour la création ou la modification des politiques ou pour les données de base pour les EIE. Ils fournissent des éléments pour la planification stratégique et pour l'attribution des ressources limitées aux endroits où elles sont le plus nécessaires et où elles seront le plus efficacement utilisées.

L'ACNOR a commencé à élaborer des directives pour les rapports sur l'environnement en publiant son *Reporting on the Environmental Performance* (PLUS 1131), en collaboration avec l'Institut Canadien des Comptables Agréés et d'autres collaborateurs.

Environnement Canada et l'Organisation de coopération et de développement économiques ont étudié les indicateurs et les rapports. Le modèle Pressure State Response de l'OCDE utilise des indicateurs des pressions exercées sur l'environnement et de la capacité de la société à modifier ces contraintes quand elles ne sont pas souhaitables pour l'environnement.

Instrument économique L'instrument économique est une adaptation, incitative, dissuasive ou autre, du marché qui oriente les comportements ou internalise les coûts qui seraient autrement assumés par le public et les générations futures ou l'environnement plutôt que par la partie qui a causé les impacts négatifs. Les instruments économiques comprennent les systèmes de subventions-impositions, les redevances sur les effluents et les émissions polluants (échangeables ou non transférables), le principe de l'usager-payeur, les frais d'élimination des déchets et crédits de recyclage, etc.

Autres outils Parmi les autres outils d'aménagement de l'environnement, on trouve la structure de gestion de l'environnement, la gestion des risques, les nouveaux systèmes de comptabilité, l'éducation et la formation qui est particulièrement importante puisque les outils sont constamment améliorés.

Conclusion

Les outils d'aménagement de l'environnement permettent aux institutions de prévoir et d'éviter les problèmes, agissant ainsi de façon préventive plutôt que trop tardivement. Ils aident à l'analyse et aux bilans de rendement ainsi qu'à l'aménagement quotidien qui doit s'adapter en réagissant rapidement au moment opportun. Ces outils sont utiles dans l'attribution de ressources limitées.

On uniformise peu à peu les nombreuses approches de gestion. L'ACNOR et l'ISO jouent des rôles très importants aux niveaux national et international en développant des outils d'aménagement de l'environnement et des directives de prévention de la pollution.

On doit coordonner les termes et les méthodologies si on veut obtenir les avantages de l'application universelle, et ce, indépendamment de la juridiction, de l'emplacement, de la ressource ou de l'environnement concernés. Le Canada, le Mexique et les États-Unis, par l'accord environnemental parallèle à l'ALENA, s'engagent à effectuer un développement harmonieux et à appliquer la plupart des outils.

Le problème engendré par l'adoption très rapide des outils est préférable à la très lente acceptation qui s'est manifestée au début du processus. Les outils sont maintenant utilisés, malgré leurs défauts, et les utilisateurs apprennent à les améliorer.

L'amélioration continue démontre que les spécialistes de l'environnement doivent eux aussi perfectionner leur mode de gestion et leurs compétences scientifiques. Ils devront être capables de synthétiser les résultats des recherches et l'ensemble des données de diverses disciplines, d'intégrer l'information dans les sphères sociales, politiques et économiques et de communiquer clairement les résultats de cette synthèse aux dirigeants.

Dixon Thompson

Environnement, droit de l' Domaine juridique relativement nouveau, les lois qui en relèvent sont conçues pour protéger le milieu naturel.

Compétences constitutionnelles Au Canada, le pouvoir d'adopter des lois concernant l'environnement est réparti entre le gouvernement fédéral et les gouvernements provinciaux. La Constitution confère au gouvernement fédéral le pouvoir d'adopter des lois en matière de pêcheries, de navigation, de commerce interprovincial et de droit criminel. Il a le pouvoir résiduel d'adopter des lois générales pour «la paix, l'ordre et le bon gouvernement du Canada». Ce pouvoir justifie aussi l'adoption de lois concernant l'environnement.

Les lois fédérales adoptées en vertu de ces pouvoirs comprennent la *Loi canadienne sur la protection de l'environnement*, la *Loi canadienne sur l'évaluation environnementale*, la *Loi sur les produits antiparasitaires*, la *Loi sur la marine marchande*, la *Loi sur la prévention de la pollution des eaux arctiques*, la *Loi sur les pêches* et la *Loi sur le transport des marchandises dangereuses*.

Les pouvoirs provinciaux s'étendent aux matières de nature locale ainsi qu'à la propriété et aux droits civils dans la province. Les provinces ont également compétence prépondérante en matière d'agriculture, de foresterie, d'exploitation minière et d'aménagement hydroélectrique. Ces pouvoirs leur accordent suffisamment d'autorité pour adopter la plupart des lois concernant l'environnement.

Les gouvernements provinciaux sont également «propriétaires» d'une grande partie des ressources naturelles. Les dispositions législatives provinciales visant l'exploitation de ces ressources peuvent comprendre des mesures destinées à protéger l'environnement. Toutes les provinces ont maintenant adopté des lois concernant la POLLUTION DE L'EAU et la POLLUTION DE L'AIR. Les mesures législatives provinciales comprennent aussi la plupart des règlements concernant la CONSERVATION ET L'AMÉNAGEMENT DE LA FAUNE, la création de réserves écologiques et de réserves naturelles. Les parcs nationaux et la réglementation des oiseaux migrateurs relèvent cependant du gouvernement fédéral, qui prépare actuellement une nouvelle loi sur la protection des espèces menacées. D'autres mesures de réglementation de la faune sont de nature interprovinciale.

Common law Historiquement, le droit laissait aux particuliers le soin de régler, par voie de négociation ou, en cas d'échec, par des poursuites judiciaires devant les tribunaux de la COMMON LAW, les problèmes que l'on considère aujourd'hui comme des problèmes de pollution. Les tribunaux ont élaboré deux principes clés pour traiter ces problèmes. Le premier délit civil (*voir* RESPONSABILITÉ CIVILE DÉLICTUELLE) d'importance pour le droit de l'environnement est l'action en nuisance, qui remonte aux origines de la *Common Law*, longtemps avant la Confédération. Le propriétaire foncier a le droit de poursuivre toute personne qui lui porte préjudice en créant une «nuisance», c.-à-d. le fait d'utiliser son propre bien-fonds de nature à causer un préjudice matériel au bien-fonds de son voisin ou à entraver substantiellement et déraisonnablement l'usage et la jouissance de biens-fonds voisins.

Le deuxième type de délit civil, un raffinement du premier, découle de la règle de l'arrêt Rylands c. Fletcher, arrêt de principe rendu par la Chambre des lords britannique en 1866. Selon cet arrêt, la personne qui apporte des substances dangereuses sur son bien-fonds et leur permet de s'échapper est strictement responsable des dommages en résultant. Ces deux genres d'actions demeurent les mécanismes juridiques clés par lesquels les justiciables peuvent saisir les tribunaux de problèmes de POLLUTION, bien que les actions en négligence (à savoir la poursuite en justice de la personne qui, du fait de sa négligence, cause un préjudice au bien d'autrui) sont de plus en plus fréquentes. Cependant, ces délits civils n'offrent pas un mécanisme efficace de lutte contre la pollution.

La pollution de l'air dans votre quartier est peut-être causée par plusieurs usines. Pour poursuivre l'une d'elles, il vous faudra déterminer le préjudice précis que celle-ci a causé et prouver que c'est bien elle qui l'a causé. Dans la plupart des cas, pareille preuve serait très difficile à établir et le coût en serait très élevé. Par ailleurs, le recours normal est de réclamer un dédommagement financier plutôt que d'ordonner aux responsables de mettre fin aux activités polluantes.

Depuis la fin des années 60 et le début des années 70, le Parlement et les assemblées législatives provinciales ont adopté de nombreuses lois destinées à protéger le milieu naturel. P. ex., un ouvrage de référence juridique compte neuf volumes consacrés exclusivement aux lois fédérales et provinciales concernant l'environnement. Cet ouvrage dénombre des centaines de lois et de règlements différents concernant l'environnement (*voir* ENVIRONNEMENT, ORGANISMES DE PROTECTION DE L'). La réglementation de la qualité de l'environnement est, certes, une question complexe.

Lutte contre la pollution de l'eau Une loi déterminante au Canada concernant la pollution de l'eau est la *Loi sur les pêches*, loi fédérale qui interdit le déversement ou le dépôt de substances nocives aux poissons si ces substances peuvent contaminer les eaux où se trouve le poisson. Le terme «poisson» est défini de façon suffisamment large pour comprendre tous les animaux aquatiques, y compris ceux qui se trouvent à leur étape d'immaturité. Des peines sévères sont prévues (une amende maximale de 1 million de dollars et une peine d'emprisonnement maximale de 3 ans) chaque jour pendant lequel la violation continue est considérée comme une infraction distincte. Les entreprises qui sont déclarées coupables d'avoir enfreint cette loi sont strictement responsables, c.-à-d. que leur culpabilité est établie indépendamment de l'intention. Cependant, une entreprise ne sera pas reconnue coupable si elle établit qu'elle a fait preuve de «diligence raisonnable», c.-à-d. si elle a pris des mesures raisonnables pour éviter de causer la pollution.

Ces dispositions jouent un rôle prépondérant en matière de droit de l'environnement canadien en raison de leur application vigoureuse par le ministère fédéral de l'Environnement. La *Loi sur les pêches* confère également certains pouvoirs de réglementation au cabinet fédéral, lequel peut prendre des règlements établissant des normes pour certaines industries. Ces normes ont été établies pour les industries suivantes: les fabricants du chlore, les raffineries de pétrole, les usines de pâtes et papiers, les industries d'exploitation minière et les usines de finition, les usines de traitement et de transformation de la viande et de la volaille et les usines de transformation de la pomme de terre.

D'autres lois fédérales portent également sur la pollution de l'eau. La *Loi canadienne sur la protection de l'environnement*, qui régit la fabrication, l'utilisation et l'élimination de substances toxiques, réglemente le déversement des déchets en mer, la pollution causée par les substances phosphoreuses, réglemente l'utilisation des démousseurs, des copeaux de bois, la présence des dioxines et des furans dans les effluents des usines de pâtes et papiers.

La *Loi du Traité des eaux limitrophes internationales* (Canada) met en œuvre un traité entre les États-Unis et le Canada (conclu par la Grande-Bretagne pour le Canada). Ce traité établit la COMMISSION MIXTE INTERNATIONALE, qui est habilitée à faire rapport sur les questions relatives à la qualité de l'eau qui lui sont renvoyées par les deux nations. Cette commission a contribué largement à l'établissement des normes de qualité de l'eau et des programmes d'assainissement de l'eau dans le Bassin des Grands Lacs. Elle joue également un rôle sous le régime du Traité canado-américain sur les pluies acides.

La *Loi sur la marine marchande du Canada* interdit le déversement de certains polluants, dont le pétrole, par les navires naviguant dans les eaux canadiennes et comporte des normes détaillées de sécurité (*voir* DÉCHETS DANGEREUX). La *Loi sur la prévention de la pollution des eaux arctiques* accomplit le même objectif pour ce qui est des eaux de l'Archipel arctique.

Toutes les provinces ont adopté des lois concernant la pollution de l'eau. Essentiellement, elles utilisent un système de permis ou licence pour lutter contre la pollution: les entreprises ne peuvent déverser de contaminants que si elles ont reçu un permis d'un organisme compétent. L'entreprise doit décrire le système de lutte contre la pollution qu'elle entend mettre en œuvre. Le permis fixe des limites par rapport à ce que l'entreprise peut déverser et précise habituellement le genre d'équipement de lutte contre la pollution qu'elle doit utiliser. La plupart des entreprises qui polluent grandement l'eau, notamment les systèmes municipaux des eaux usées et les usines de pâtes et papier, relèvent de la compétence provinciale.

Lutte contre la pollution de l'air Le gouvernement fédéral réglemente les émanations des polluants atmosphériques qui peuvent avoir des incidences internationales ou les émanations qui constitueraient un grave danger pour la vie ou violeraient les clauses d'un traité international. La loi principale est la *Loi canadienne sur la protection de l'environnement*.

En vertu de cette loi, le gouvernement a pris des règlements régissant les industries suivantes: les fonderies de plomb de seconde fusion, les mines et usines d'extraction d'amiante, les usines de traitement de chlore et de soude caustique, les fabricants de chlorure de vinyle et de polychlorure de vinyle. Il réglemente également les substances menaçant l'ozone et interdit l'utilisation du plomb dans l'essence.

C'est l'autorité provinciale qui a la responsabilité principale de lutter contre la pollution de l'air local et interne. Les mesures provinciales de lutte contre la pollution aérienne sont semblables aux mesures de lutte contre la pollution de l'eau. L'entreprise qui désire construire une usine qui déversera des contaminants dans l'air doit obtenir un permis avant le début de la construction. D'autres permis sont nécessaires avant qu'elle puisse commencer son exploitation. Les normes ou les lignes directrices en matière de pollution de l'air sont fixées par les autorités provinciales. Elles incorporent d'habitude les normes fédérales. La plupart des autorités provinciales ont également le pouvoir d'établir des ordonnances de réglementation visant à empêcher le déversement d'importantes quantités de substances polluantes dans l'air.

Écotoxicité et évaluation des incidences environnementales L'écotoxicité à long terme pose elle aussi des problèmes difficiles pour les gouvernements. Plus de 100 000 produits chimiques existent actuellement sur le marché et, chaque année, des centaines de nouveaux produits sont fabriqués. La plupart n'ont jamais été mis à l'essai et nous en connaissons très peu à leur sujet, mais ils finissent invariablement par se trouver dans le milieu naturel. Beaucoup de ces produits sont à la fois toxiques et persistants (c.-à-d. qu'ils maintiennent leur structure pendant longtemps) et se trouvent dans la chaîne alimentaire. Le défi pour le gouvernement consiste à détecter et à réglementer les produits chimiques dangereux avant qu'ils ne deviennent un problème.

Les PESTICIDES et les herbicides sont réglementés par le gouvernement fédéral sous le régime de la *Loi sur les produits antiparasitaires*. Essentiellement, cette loi impose des mesures de contrôle applicables à la fabrication, à l'importation, à l'étiquetage, à l'utilisation, à l'exportation et à la distribution de ces produits. D'autres substances toxiques sont réglementées sous le régime de la *Loi canadienne sur la protection de l'environnement*, laquelle autorise le gouvernement à désigner des substances (p. ex., les BPC) qui sont susceptibles de créer un risque grave pour l'environnement. Le gouvernement peut aussi interdire à quiconque de déverser des produits chimiques dans l'environnement. La Loi établit également un processus d'évaluation des risques de nouveaux composés chimiques.

Les lois provinciales réglementent généralement l'élimination des ordures et des déchets dangereux; les lois tant fédérales que provinciales réglementent le transport des marchandises dangereuses. Le gouvernement fédéral réglemente l'élimination des déchets radioactifs.

L'évaluation des incidences environnementales est un autre outil que le gouvernement utilise pour empêcher ou réduire les problèmes environnementaux. Une telle évaluation est habituellement nécessaire lorsqu'une entreprise désire construire une mine, un barrage ou toute autre installation qui aura vraisemblablement des répercussions appréciables sur le milieu. La source législative de cette exigence varie. La plupart des provinces ont adopté des lois prévoyant des mécanismes d'évaluation des incidences environnementales. Le Parlement a également adopté une loi imposant de telles évaluations, mais la réalisation de ce genre d'évaluation nécessite l'adoption d'un décret du Cabinet pour les projets relevant de la réglementation fédérale: la *Loi canadienne sur l'évaluation environnementale*.

Le droit de l'environnement a accompli des progrès remarquables, mais de nombreux défis demeurent. De plus en plus, des problèmes de pollution se mondialisent, et il devient impératif de réaliser des progrès à l'égard des questions telles que le changement climatique, la surpopulation, la déforestation et l'extinction massive des espèces. Très peu de branches du droit sont complètement statiques. Cependant, le droit de l'environnement continuera probablement d'évoluer avec une rapidité inhabituel-

le à mesure que les gouvernements mettront en œuvre de nouvelles solutions aux problèmes environnementaux créés par le développement et les nouvelles technologies. Il continuera à poser un défi pour les juges, les législateurs et les avocats.

Robert T. Franson et Elaine. L. Hughes

Environnement, organismes de protection de l' Au Canada, les problèmes liés à l'environnement peuvent nécessiter des mesures de la part de quatre échelons de gouvernement: international, national, provincial et municipal. Au plan international, les activités comprennent la protection des baleines, la réduction des PLUIES ACIDES et le travail de la COMMISSION MIXTE INTERNATIONALE sur les questions liées à la qualité des eaux. En ce qui a trait aux trois autres niveaux de gouvernement, les pouvoirs et les responsabilités sont partagés, mais la répartition est fréquemment ambiguë et incertaine. Il faut une bonne dose de coopération et de coordination. Trois niveaux de gouvernement, des services administratifs différents à chaque niveau, et parfois de nombreuses prescriptions de la loi pour chaque service ou organisme représentent un véritable labyrinthe pour les industries lors de leurs demandes d'approbation de projets. Cette situation entraîne coûts et pertes de temps. Certains gouvernements, tant provinciaux que fédéral, essaient de réduire les coûts sans compromis sur les normes en créant une approche de guichet unique selon laquelle un seul organisme gouvernemental serait responsable de la coordination de toutes les prescriptions liées aux demandes de projets.

De plus, les mesures législatives et les responsabilités pour diverses questions environnementales appartiennent souvent à d'autres ministères gouvernementaux, comme l'agriculture, la culture, la santé, les pêches et la faune, les transports, l'habitation, les affaires municipales et les loisirs, ainsi que d'autres organismes et tribunaux. Souvent, l'autorité est transférée d'un organisme à un autre ou met en cause des organisations interministérielles ou intergouvernementales. (*Voir aussi* ENVIRONNEMENT, DROIT DE L'.)

Dixon Thompson

Éperlans Ils forment une famille (osméridés) de petits poissons iridescents de la classe des ostéichthyens, que l'on trouve dans les mers côtières, les cours d'eau et les lacs de l'hémisphère Nord. Dans le monde, on en connaît 6 genres qui comprennent 11 espèces nommées et 2 ne portant pas encore de noms. Au Canada, on en compte 6 genres qui incluent 9 espèces. On rencontre l'éperlan arc-en-ciel et le capelan sur les 3 côtes; l'éperlan à petite bouche, sur la côte arctique et son bassin hydrographique; l'éperlan nain, dans les lacs du Québec et du Nouveau-Brunswick; et les autres espèces, sur la côte du Pacifique et son bassin hydrographique. Certaines espèces d'éperlans sont marines, d'autres sont dulcicoles et d'autres encore vivent dans la mer et fraient en eau douce (anadromes). Leur nom vernaculaire anglais «smelt» provient de leur forte odeur caractéristique rappelant celle du concombre.

Description Les éperlans ont une forme et des nageoires semblables à ceux d'un SAUMON mince, mais ils n'ont pas la minuscule structure triangulaire que possèdent les salmonidés, juste au-dessus des nageoires pelviennes. Comme les saumons, les éperlans sont pourvus d'une petite nageoire adipeuse (gras) sur le dos, juste devant la nageoire caudale. Les éperlans mesurent rarement plus de 41 cm.

Reproduction À l'époque de la fraie, des tubercules se développent sur les écailles et les nageoires du mâle et lui permettent de rester en contact avec la femelle pendant la fertilisation des œufs sur le sable ou le gravier. La membrane des œufs tombe et l'œuf, rendu adhésif, colle au fond. Le frai a lieu au printemps ou à l'automne, et les œufs sont laissés sans surveillance.

Importance biologique Les éperlans sont excellents à manger et ils sont recherchés par les pêcheurs

qui les capturent à la ligne sur la glace, à l'épuisette, à la seine ou au filet maillant pendant la fraie et au chalut à des fins commerciales. Ils constituent également une source importante de nourriture pour plusieurs espèces animales dont la morue franche, le béluga et les oiseaux aquatiques. Le fameux eulakane était et est encore utilisé par les autochtones de la côte ouest de la Colombie-Britannique comme nourriture, particulièrement pour son huile nutritive. Autrefois on s'en servait aussi comme chandelle. La plupart des jeunes éperlans mangent du PLANCTON et les adultes de certaines espèces (p. ex., l'éperlan arc-en-ciel) se nourrissent de petits poissons et de crevettes.

D.E. McAllister

Éphémère ou mouche de mai. Noms communs donnés à de petits insectes frêles à corps mou formant l'ordre des éphéméroptères (du grec, «qui dure un jour»). On en connaît environ 2000 espèces dans le monde, dont plus de 400 au Canada.

Reproduction et développement Elles pondent leurs œufs sur de l'eau courante propre. Elles ont un stade larvaire aquatique qui dure de quelques mois à deux ans, selon l'espèce. Les larves obtiennent de l'oxygène par des branchies abdominales. La plupart se nourrissent d'algues et de détritus, et quelques-unes sont prédatrices. Leur métamorphose en adulte terrestre se fait généralement à la surface de l'eau.

Parmi les insectes ailés, les éphémères sont uniques, car elles ont habituellement deux stades adultes: le subimago, un animal plutôt terne aux ailes translucides qui, après quelques minutes ou 24 heures d'existence, mue et devient un adulte sexuellement mature. Celui-ci ne se nourrit pas, et ne vit généralement qu'une ou deux journées.

Structure Le corps long et brillant des éphémères se termine par deux longs appendices (cerques). Leurs ailes sont membraneuses: les antérieures sont grandes, tandis que les postérieures sont petites ou absentes.

Relations avec les humains Ces insectes constituent une importante ressource alimentaire pour les poissons et servent de modèles aux pêcheurs qui fabriquent des mouches artificielles (leurres pour la pêche sportive).

G. Pritchard

Épidémie Augmentation significative du nombre de cas d'une maladie infectieuse dans une population à un moment donné. Le Canada n'a pas échappé aux dévastations épidémiques même s'il n'est pas surpeuplé et qu'il jouit d'une alternance de saisons chaudes et de saisons froides. Il y a deux raisons principales à cela: le surpeuplement des navires assurant la liaison Europe-Amérique et l'ignorance des causes et des modes de transmission de ces maladies favorisaient leur éclosion dans les villes portuaires. Un autre facteur concerne la population amérindienne qui n'avait jamais été en contact avec les germes de ces maladies et ne possédait aucun moyen de défense naturelle. Les épidémies ont eu un impact social important forçant les communautés à composer avec la crise en développant des mesures prophylactiques pour en assurer le contrôle. La recherche a mené au développement de médicaments ou de vaccins contre plusieurs maladies contagieuses. En 1953, 481 Canadiens moururent de poliomyélite et un nombre beaucoup plus grand en fut atteint, mais l'année suivante, grâce à l'administration étendue du vaccin Salk, le nombre de décès se limita à 157.

Variole Les Amérindiens souffrirent sporadiquement, depuis 1616, de maladies contagieuses comme la variole peu après leur contact avec les Européens. La première manifestation épidémique apparut en 1635. La variole emporta 3000 vies dans la ville de Québec en 1702-1703 et sans doute plusieurs Indiens parmi les morts (le nombre des victimes est approximatif lors des premières épidémies au Canada). En 1736, la variole avait atteint la partie occidentale du Manitoba actuel affectant les Sioux (Dakota) et les

Assiniboines. Il y eut une recrudescence de la maladie à Québec, Montréal, Niagara et dans la Nouvelle-Angleterre en 1755-57. Les populations indiennes de la baie d'Hudson furent atteintes en 1780. En 1783, ce fut au tour des populations indiennes de l'Ouest d'être atteintes et les morts furent nombreux.

Cette année-là 1100 habitants de la ville de Québec moururent de la variole. Vers la fin du siècle, l'inoculation (introduction sous la peau de pus variolique) était pratiquée en Europe mais il fallut attendre plus d'une décennie pour voir apparaître la vaccination – méthode plus efficace et moins dangereuse – en Amérique du Nord.

En 1814, la variole toucha les villes de Halifax et de Dartmouth et la population noire de cette région en souffrit beaucoup; en 1823, la maladie apparut à Sault Ste-Marie. En plusieurs occasions entre 1830 et 1854, des vaisseaux mouillant en rade de Québec apportèrent à nouveau le germe de la maladie. Montréal n'échappa point à cette calamité, surtout de 1872 à 1885. En cette dernière année, la vaccination devint obligatoire, mais certains médecins refusèrent de vacciner. Ils n'étaient pas toujours aptes à bien vacciner et leurs techniques propageaient parfois la maladie. Les Montréalais, terrifiés, refusèrent d'être vaccinés et il y eut même une émeute le 28 septembre 1885. Devant cette catastrophe qui prit 3164 vies, les esprits finirent par s'apaiser et on se plia aux conseils des autorités. Par la suite, la variole n'évolua plus qu'à l'état endémique. L'isolement des malades, la vaccination obligatoire et l'amélioration des conditions sanitaires empêchèrent l'éclosion d'autres épidémies varioliques dans la province de Québec. Signalons d'autres épidémies à Winnipeg en 1882, en Colombie-Britannique en 1892, à Galt en 1902 et à Windsor en 1924. De toutes les provinces, c'est le Québec qui souffrit le plus de la variole.

Typhus Il apparut pour la première fois au Canada en 1659; en 1685, 20 personnes moururent parmi 300 victimes. Il peut avoir frappé encore en 1718, et de 1740 à 1759 survinrent neuf épidémies à Québec dont certaines pourraient correspondre au typhus. En 1746, des 3150 militaires français envoyés pour reprendre Port-Royal, 2400 moururent du typhus.

La maladie tua aussi plus du tiers des Micmacs de la région. Halifax fut frappé par une épidémie de typhus qui emporta 800 des 1100 habitants de la ville. La maladie s'étendit à travers la Nouvelle-Écosse, Terre-Neuve et le Nouveau-Brunswick.

L'année 1847 est considéré comme celle du typhus quand 9293 immigrants britanniques moururent durant la traversée de l'Atlantique. Au total, 10 037 autres succombèrent à Grosse-Isle, station de quarantaine dans le Saint-Laurent en bas de Québec ou dans les hôpitaux de Québec, de Montréal, de Kingston et de Toronto. Des monuments rappellent les 5424 morts à Grosse-Isle, les 3862 à Montréal et ceux qui moururent en mer à Cap-des-Rosiers en Gaspésie. De plus, 2000 moururent à Saint John, N.-B. Le gouvernement canadien adressa une requête à l'Angleterre afin qu'on cessât de diriger vers le Canada de tels immigrants malades.

Choléra En 1831, le choléra asiatique dévasta l'Europe et le gouvernement canadien craignait son introduction au Canada par des immigrants européens. De nouveaux règlements défendirent les visites de bateaux dans les ports. On créa un comité sanitaire en 1832. Les lois de la quarantaine furent renforcées et Grosse-Isle fut placée sous l'autorité militaire. Le lendemain de l'arrivée à Québec du navire le «Voyageur» le premier cas de choléra apparut dans la ville le 9 juin 1832. Une semaine plus tard, on comptait 259 malades. L'épidémie prit fin au mois de septembre laissant 3451 morts à Québec et 2000 à Montréal. Le choléra s'étendit aussi dans le Haut-Canada. Plus de 6000 personnes y moururent. Deux ans plus tard, des immigrants irlandais réintroduirent le choléra à Québec, 913 personnes moururent à Montréal, 342 dans le Haut-Canada et d'autres dans les Maritimes.

En 1849, le choléra réapparut au Canada venant, cette fois, des États-Unis, par Kingston, et tua plusieurs centaines d'habitants. Il frappa de nouveau en 1851, 1852 et 1854. Cette année-là, il y eut une épidémie à Saint John, N.-B. Ce foyer épidémique fut rapidement jugulé. Dans toute l'Amérique britannique, plus de 5000 personnes moururent en 1854. Dans les années 1880, quelques éclosions sporadiques de choléra réapparurent.

Influenza Cette maladie fut responsable de quelques épidémies au début de la colonie et l'influenza fut à l'état épidémique en même temps que le typhus ou une autre maladie. William Osler mentionne 4 épidémies au XIXᵉ siècle: 1830-32, 1836-37, 1847-48 et 1880-90, chacune durant de 6 à 8 semaines. La mortalité était peu élevée, à peu près une personne sur mille, sauf pour l'épidémie de la fin du siècle, où des complications pulmonaires emportèrent un grand nombre de malades. À la fin de la Première Guerre mondiale, une grave épidémie d'influenza (grippe espagnole) affecta plusieurs pays. À la fin de 1919, Québec devait enregistrer 530 704 cas dont 13 880 furent mortels. On estima à 300 000 le nombre de cas en Ontario dont 8705 décès. Au Nouveau-Brunswick, l'épidémie laissa 1394 morts, en Saskatchewan, 3906 morts. Le taux de mortalité fut plus faible en Alberta et en Colombie-Britannique. L'épidémie perdit de son intensité puis disparut en 1921. Depuis lors, les découvertes scientifiques rendirent moins meurtrières les maladies infectieuses. À preuve, les épidémies d'influenza récentes font beaucoup de victimes, mais peu de morts.

Marcel Cadotte

Épidémiologie Branche de la médecine qui étudie la répartition et les causes des maladies touchant la population d'un territoire déterminé. L'épidémiologie d'observation regroupe l'épidémiologie descriptive et l'épidémiologie analytique tandis que l'épidémiologie clinique est de nature expérimentale. L'épidémiologie descriptive sert à repérer les populations menacées par un risque de maladie ou de mortalité croissant ou décroissant, alors que l'épidémiologie analytique sert à découvrir les facteurs de risque ou de protection contre les maladies.

Les études descriptives comprennent la collecte de données, l'analyse et la distribution des résultats sur l'incidence des maladies (cas nouveaux), leur prévalence, leur morbidité, ainsi que la survie et la mortalité. Les études analytiques comprennent les études cas-témoins qui comparent un groupe de malades et un groupe-témoin de personnes en bonne santé à l'égard de leur exposition à un agent potentiellement dangereux, et les études de cohortes dans lesquelles les individus atteints d'une maladie après une exposition à un agent sont comparés avec ceux d'une population non exposée. L'épidémiologie expérimentale se limite à des essais cliniques.

Les programmes d'études supérieures en épidémiologie sont offerts dans 10 universités canadiennes: les U. de l'Alberta, du Manitoba, de la Colombie-Britannique, de Western Ontario, de Toronto, d'Ottawa et les universités McGill, Queen, Dalhousie et McMaster. Deux seulement, l'U. McGill et l'U. de Toronto, offrent depuis longtemps des programmes de doctorat; les autres écoles préparent au diplôme de maîtrise. Les programmes d'épidémiologie font généralement partie des facultés de santé publique et de médecine communautaire, et développent souvent des programmes mixtes avec les bio-statistiques. Il n'existe pas de programme de premier cycle en épidémiologie mais des cours sont offerts à l'intérieur des programmes de premier cycle en sciences de la santé. Les étudiants des 2ᵉ et 3ᵉ cycles en épidémiologie ont généralement acquis en biologie, en statistiques, en médecine, en soins infirmiers ou en sciences sociales.

La recherche en épidémiologie est dirigée par les universités, les gouvernements et l'industrie privée. Les gouvernements fédéral et provinciaux (y compris les organismes de recherche sur le cancer) participent à la surveillance épidémiologique et à la découverte des facteurs de risque, alors que les départements de santé locaux se concentrent généralement sur la surveillance des maladies et la promotion de la santé. L'industrie pharmaceutique procède à des essais cliniques pour vérifier l'efficacité de nouveaux agents thérapeutiques.

Jusque dans les années 60, la majeure partie de la recherche en épidémiologie portait sur les flambées de maladies infectieuses. L'importance croissante des maladies chroniques et les progrès méthodologiques ont amené une augmentation substantielle des études épidémiologiques de maladies chroniques comme le CANCER et les CARDIOPATHIES. Ces études ont mis en évidence l'importance des facteurs reliés aux habitudes de vie comme le tabagisme et le régime alimentaire dans l'étiologie de ces maladies. L'apparition du SIDA et le réveil de «vieilles» maladies comme la TUBERCULOSE ont provoqué un intérêt renouvelé pour l'épidémiologie des maladies infectieuses.

Howard Morrison

Épilobe à feuilles étroites Nom commun donné à *Epilobium angustifolium*. Cette plante fait partie d'un genre comprenant des plantes herbacées ou frutescentes et appartient à la famille de l'onagre (onagracées). On trouve environ 160 espèces d'épilobes dans les régions tempérées, et 12 sont indigènes du Canada. Elles ont des feuilles alternes ou opposées et des fleurs régulières ou légèrement irrégulières. Le calice forme un tube divisé en quatre parties, et la fleur à quatre pétales. L'ovaire composé est entouré de huit étamines, et le fruit est une capsule longue et étroite. Les graines sont nombreuses et munies d'aigrettes au sommet. Le territoire du Yukon adopte l'épilobe à feuilles étroites comme emblème floral en 1957. Les fleurs de cette espèce sont arrangées en une longue grappe située au bout d'une tige de 50 à 200 cm de longueur et pourvue de feuilles alternes lancéolées. Les grandes fleurs pourpres, magenta ou parfois blanches s'ouvrent du bas vers le haut. L'épilobe à feuilles étroites se propage rapidement après un feu de forêt, ce qui lui vaut le nom anglais de *fireweed*. Elle a tendance à envahir les endroits où elle pousse, et on devrait la cultiver dans un sol sec et assez pauvre. On peut la faire pousser à partir de graines, de tiges ou de boutures de racines. (*Voir aussi* EMBLÈMES FLORAUX DES PROVINCES.)

Céline Arseneault

Épinard (*Spinacia oleracea*) Légume-feuille des climats frais qui appartient à la famille des chénopodiacées. Cultivé en Perse il y a plus de 2000 ans, l'Épinard a été introduit en Europe au XIIᵉ siècle. La plante consiste en une rosette feuillue, formée autour d'une couronne (pédoncule comprimé). Une des variétés, formée de feuilles lisses, est utilisée dans l'industrie de transformation; une autre, dotée d'un feuillage ridé, est destinée exclusivement au marché des LÉGUMES frais. Semé au début du printemps, l'épinard arrive à maturité en seulement 40 jours et produira plusieurs récoltes si l'ensemencement est échelonné. On le récolte habituellement à l'aide d'un outillage mécanique. L'épinard est exposé aux maladies virales (*voir* VIRUS), à la moisissure et aux attaques des insectes fouisseurs. Il est riche en fer et contient les vitamines A et C. Traditionnellement utilisé dans les salades, l'épinard sert de plus en plus à diverses préparations alimentaires (p. ex., les purées). Au Canada, seuls quelques centaines d'hectares sont consacrés à la production commerciale. L'épinard est cependant très prisé dans les petits potagers.

Pierre Sauriol

Épinette CONIFÈRE à feuillage persistant du genre *Picea* de la famille du PIN (pinacées). Il en existe une quarantaine d'espèces dans le monde, distribuées dans la région circumpolaire de l'hémisphère Nord; cinq sont indigènes du Canada. L'épinette blanche (*P. glauca*) et l'épinette noire (*P. mariana*) se trouvent pratiquement d'un océan à l'autre dans la forêt boréale. L'épinette de Sitka (*P. sitchensis*) croît dans une zone étroite de la côte ouest. L'épinette d'Engelmann (*P. engelmannii*) se trouve de l'intérieur de la Colombie-Britannique jusqu'aux Rocheuses. L'épinette rouge (*P. rubens*) pousse dans la région des Grands Lacs et du Saint-Laurent ainsi que dans celle de la forêt acadienne. L'épinette de Norvège, ou épicéa commun, (*P. abies*) et l'épinette bleue, ou épinette du Colorado, (*P. pungens*) ont été naturalisées.

L'épinette possède un tronc long et droit; un houppier dense et étroit. Les feuilles persistantes sont aciculaires, habituellement quadrilatérales, souvent très pointues et portées par des segments ligneux. Les cônes, non ligneux, mesurent de 2 à 10 cm de long, portent des écailles arrondies et de petites bractées. La pollinisation a lieu au printemps. Les graines ailées se dispersent à l'automne. Utilisée pour la pâte, le papier, et le bois d'œuvre, l'épinette est le conifère le plus important sur le plan commercial. Au Canada, le plus grand spécimen connu est le «géant de Carmanah», une épinette Sitka de 95 m dans la vallée Carmanah, sur la côte ouest de Vancouver.

John N. Owens

Épinette rouge (*voir* MÉLÈZE)

Épinoche (gastérostéidés) Appartient à une famille de poissons que l'on trouve dans les lacs et les cours d'eau, ainsi que le long des côtes septentrionales de l'hémisphère nord. On en compte cinq genres et environ huit espèces dans le monde, dont quatre genres et cinq espèces se trouvent au Canada. Les épinoches canadiennes sont plus communes dans les Maritimes, mais on les rencontre dans toutes les provinces et presque partout dans les Territoires du Nord-Ouest. L'épinoche à cinq épines et l'épinoche à neuf épines sont communes des Prairies au Québec. L'épinoche à trois épines, bien connue en Europe, se rencontre le long des côtes du Pacifique et de l'Atlantique. Certaines populations vont dans l'océan, tandis que d'autres vivent uniquement en eau douce, à l'intérieur des terres, à une courte distance de la côte. Les deux autres espèces se trouvent seulement sur la côte est.

Description Les épinoches tirent leur nom commun d'une rangée d'épines situées le long de leur dos et leur nom scientifique d'une plaque osseuse située sous la région de l'estomac, qui supporte deux épines pelviennes. Dans quelques régions de leur aire de répartition (notamment dans l'Ouest du Canada), certaines épinoches n'ont pas d'épines pelviennes. L'épinoche à trois épines peut adopter une grande variété de formes. Dans certains lacs et cours d'eau de la Colombie-Britannique, on en trouve différentes formes dans une même région ou dans des régions voisines, ce qui laisse penser qu'il y a plus d'une espèce. Les épinoches atteignent rarement plus de huit centimètres de longueur. Leur coloration varie du vert au noir et leur bas-ventre est argenté. Pendant la période de reproduction, la plupart des épinoches à trois épines mâles se distinguent par leurs parties inférieures d'un rouge éclatant.

Reproduction Les mâles sont territoriaux pendant la période de reproduction. Ils construisent des nids faits de matière végétale dans lesquels les femelles pondent leurs œufs. Les mâles fertilisent les œufs, créent des courants d'eau pour les oxygéner et gardent le nid.

Importance biologique Malgré leurs épines, qui dans certaines situations servent à décourager les prédateurs, les épinoches peuvent être un élément important du régime alimentaire d'autres poissons et d'oiseaux. Elles se nourrissent de petits crustacés et d'insectes. Bien connues comme sujets d'étude sur le comportement, la physiologie et l'ÉVOLUTION, elles peuvent servir à évaluer la POLLUTION DE L'EAU.

Joseph S. Nelson

Éponges (Porifères) Forment un embranchement d'organismes aquatiques qui vivent dans les fonds marins, fixés à un substrat. Sous leur forme adulte, elles génèrent de forts courants d'eau à travers leur corps poreux en actionnant des champs internes de flagelles microscopiques (structures en forme de fouet). Les éponges sont les plus primitifs des animaux multicellulaires. On en connaît entre 5000 et 10 000 espèces réparties dans les milieux marins et dulçaquicoles du monde (dans une proportion de 98 p. 100 et de 2 p. 100, respectivement). Elles sont communes dans les eaux canadiennes, mais aucun inventaire exhaustif n'a été réalisé. Cet embranchement est généralement divisé en quatre classes (les Hexactinellides, les éponges calcaires, les démosponges et les sclérosponges) selon la forme et la nature chimique de leur squelette formé de spicules. Les tissus des éponges communes des eaux peu profondes sont constitués de cellules lâchement organisées. Les hexactinellides (éponges à spicules siliceux) des eaux profondes ont une organisation en syncitium, c.-à-d. que les tissus ne sont pas divisés en cellules distinctes. Dans ces deux types d'éponges, l'eau aspirée par de petits pores et distribuée par des canaux internes fournit l'oxygène et la nourriture (capturée par filtration), permet l'évacuation des déchets (l'eau sort par le plus gros pore) et la distribution du sperme et des œufs. Les éponges sont importantes pour l'industrie des éponges de bain. Elles sont également connues en tant qu'organismes qui endommagent les huîtres et les côtes calcaires. Elles sont une source de composés bioactifs pour l'INDUSTRIE PHARMACEUTIQUE. Elles sont utilisées dans l'étude de la spécialisation cellulaire et de la communication intercellulaire.

H.M. Reiswig

Époque glaciaire Dans l'échelle des temps géologiques, l'époque glaciaire correspond au pléistocène, une période caractérisée par d'importantes glaciations dans plusieurs parties du monde. On estime généralement que la période du pléistocène a commencé il y a 1,65 million d'années et s'est terminée il y a 10 000 ans. (*Voir aussi* GLACIATION; ÉVOLUTION GÉOLOGIQUE.)

N.W. Rutter

Epp, Arthur Jacob, «Jake», politicien (Saint-Boniface, Man., 1er sept. 1939). Fils d'un prédicateur mennonite, Epp obtient son diplôme de l'U. du Manitoba en 1961, puis enseigne à l'école secondaire pendant 11 ans à Steinbach (Manitoba), où il est aussi conseiller municipal (1970-1971). Élu député fédéral de Provencher en 1972, il est ministre des Affaires indiennes et du Nord canadien du gouvernement CLARK (1979-1980). Parmi ses alliés parlementaires, Epp est celui en qui Clark a le plus confiance au cours des luttes pour la direction à la suite de la défaite électorale de 1980, et il est un adversaire important du projet du gouvernement Trudeau de rapatrier unilatéralement la Constitution.

En 1984, le premier ministre Brian MULRONEY nomme Epp ministre de la Santé et du Bien-être social et président du Comité du Cabinet chargé du développement social. Au sein du gouvernement Mulroney, Epp est un ministre efficace et respecté, s'engageant dans des questions comme la garde des enfants et la campagne antitabac du gouvernement. En 1988, il est muté au ministère de l'Énergie, des Mines et des Ressources. Il demeure ministre jusqu'en janvier 1993, date où il annonce son départ de la politique. À l'automne 1993, il devient vice-président de TransCanada PipeLines Ltd.

Norman Hillmer

Equal Rights Association de l'Ontario (ERA) est créée en juin 1889, à Toronto, en réponse à l'ACTE RELATIF AU RÈGLEMENT DE LA QUESTION DES BIENS DES JÉSUITES du Québec. L'ERA dénonce l'ingérence de l'Église catholique dans la politique, et ce qu'elle perçoit comme la servilité des politiciens envers l'Église catholique romaine. Elle manifeste d'abord pour faire désavouer la loi, puis, sur l'ordre du député tory, D'Alton MCCARTHY, elle dirige aussi ses attaques contre la minorité confessionnelle catholique et le système d'éducation en français tant dans les Territoires du Nord-Ouest et au Manitoba qu'en Ontario. Une telle escalade, ayant lieu à la veille des élections ontariennes de 1890, provoque l'aliénation de plusieurs libéraux, dont le président de l'ERA, le révérend William Caven. Bien que l'ERA ne gagne qu'un seul siège en Ontario, elle force les deux partis à adopter des éléments de son programme. Affaiblie par cette élection, l'ERA n'a pas d'influence sur l'issue du scrutin fédéral de 1891, bien que le discours enflammé de McCarthy alimente l'acrimonie autour de la QUESTION DES ÉCOLES DU MANITOBA. Plus tard, quelques membres appuient la PROTESTANT PROTECTIVE ASSOCIATION.

J.R. Miller

Érable (*Acer*) Genre d'arbres ou d'arbustes de la famille de l'érable (*Aceraceae*). Dans le monde, on compte environ 125 espèces d'érable dont les deux tiers poussent en Chine. Des dix espèces indigènes au Canada, cinq sont présentes seulement dans l'Est (érable à sucre, érable rouge, érable noir, érable argenté et érable de Pennsylvanie) et trois en Colombie-Britannique (érable grandifolié, érable circiné et érable nain). L'érable négundo pousse principalement au Manitoba et en Saskatchewan. Il a aussi été planté dans l'Est, et on le trouve maintenant fréquemment près des habitations. Les érables sont les composantes majeures des forêts décidues, principalement dans l'Est du Canada. Selon les espèces, ce sont de grands, de moyens ou de petits arbres. Les feuilles, toujours opposées, sont ordinairement simples et lobées. Les fruits, groupés par deux et ailés, constituent une bonne source de nourriture pour les oiseaux et les petits mammifères, alors que les chevreuils et les orignaux s'attaquent plutôt aux jeunes rameaux et aux feuilles. Les érables poussent dans une grande variété de types de sol et à différentes altitudes. Ils croissent ordinairement mieux dans les sols profonds, humides et riches. Le bois, très dur, a une grande valeur commerciale, mais il est beaucoup moins renommé que le sirop et le sucre d'érable, ces produits étant connus dans le monde entier. De longue date, la feuille d'érable a été considérée comme un emblème approprié pour le Canada. Dès 1868, elle apparaît sur les uniformes des militaires du Québec et de l'Ontario. Lors des deux dernières guerres mondiales, elle est utilisée comme insigne des régiments canadiens. En 1965, avec l'adoption du drapeau canadien, elle est reconnue comme emblème national.

Estelle Lacoursière

Erasmus, Georges, politicien (Fort Rae, T.N.-O., 8 août 1948). Dans les années 70 et 80, il joue un rôle capital dans la politique territoriale des Indiens des Territoires du Nord-Ouest (*voir aussi* REVENDICATIONS TERRITORIALES des peuples autochtones). Après avoir travaillé quelque temps avec la Compagnie des Jeunes Canadiens, il se tourne vers la politique autochtone et devient président de la NATION DÉNÉE (1976-1983). Il demeure ensuite un membre actif d'organisations autochtones des Territoires du Nord-Ouest et d'associations nationales, telles que l'ASSEMBLÉE DES PREMIÈRES NATIONS, dont il est élu chef national en 1985. Il est fait Membre de l'Ordre du Canada en 1987 et, en 1991, le premier ministre Brian Mulroney le charge de diriger, avec le juge René Dussault de la Cour d'appel du Québec, la Commission royale sur les peuples autochtones.

Bennett McCardle

Erasmus, Peter, interprète (colonie de la rivière Rouge, Man., 27 juin 1833—Whitefish Lake, Alb., 28 mai 1931). D'origine crie-danoise, il étudie en vue de devenir pasteur anglican, puis se laisse attirer par la liberté de la vie plus à l'Ouest. En 1855, il accepte de servir d'interprète à un missionnaire méthodiste dans la région de Fort Edmonton en 1858 à 1859, il est interprète et guide de l'EXPÉDITION PALLISER, travaillant surtout avec James HECTOR.

De retour chez les méthodistes, il aide à construire une mission à Smoky Lake, puis travaille pendant trois ans avec G.M. et J.C. MCDOUGALL. En 1865, il devient négociant en fourrures, trappeur et chasseur indépendant dans la région de Whitefish Lake. Ayant agi comme interprète dans les négociations du Traité nº 6 aux forts Carlton et Pitt en 1876, il sera souvent appelé par la suite à remplir ce rôle pour le compte du ministère des Affaires indiennes. Homme très en vue, il encourage les autochtones de Saddle Lake à demeurer loyaux durant la RÉBELLION DU NORD-OUEST de 1885.

Hugh A. Dempsey

Erickson, Arthur Charles, architecte (Vancouver, C.-B., 14 juin 1924). Il étudie à l'U. de la Colombie-Britannique et à l'U. McGill, et termine sa formation en 1950. Le service militaire le mène en Asie. Après avoir obtenu son diplôme, il sillonne l'Europe et le Moyen-Orient. En 1953, il ouvre une agence à Vancouver en association avec Geoffrey Massey. Ils acquièrent une réputation internationale après avoir remporté le concours de design pour l'U. Simon Fraser en 1963.

S'ensuit une série de commandes importantes, notamment certains pavillons thématiques d'EXPO 67 à Montréal; la tour de bureaux MacMillan Bloedel à Vancouver (1969); le pavillon canadien d'Expo 70 à Osaka, au Japon; l'U. de Lethbridge (1971); le Museum of Anthropology de l'U. de la Colombie-Britannique (1971-1977); le complexe abritant les bureaux du gouvernement provincial, le palais de justice et le Musée des beaux-arts de Vancouver, dont la construction a débuté en 1973; la Banque du Canada à Ottawa (1980), en association avec Marani, Rounthwaite & Dick; et, enfin, le Roy Thomson Hall à Toronto (1982).

Erickson a aussi obtenu de nombreuses commandes de pays du Moyen-Orient, d'Amérique du Sud et des États-Unis, alors qu'il était l'architecte de l'ambassade canadienne à Washington, qui a ouvert ses portes en 1989. Il a reçu de nombreuses récompenses, dont le Prix de la Banque Royale (1971) et le Chicago Architectural Award (1984), avec Philip Johnson et Joan Burgee, ainsi que des médailles d'or de l'Institut royal d'architecture du Canada (1984) et de l'American Institute of Architects (1986).

Sans doute le premier architecte canadien de réputation internationale, il s'attire l'admiration populaire par sa capacité de créer des bâtiments spectaculaires avec apparemment peu de moyens. Un thème récurrent dans un grand nombre de ses œuvres est le portail encadré de poutres horizontales appuyées sur des colonnes verticales, motif accueillant et protecteur qu'on trouve dans les habitations autochtones de la côte Ouest, mais aussi dans l'architecture de la Grèce antique. Il emploie des matériaux épurés aux couleurs discrètes dans ses bâtiments les mieux réussis afin de créer un sentiment d'appartenance et d'à-propos. Ces matériaux lui offrent aussi le moyen de créer des édifices qui s'intègrent totalement au paysage.

Certaines œuvres des années 80 expriment une réaction catégorique envers les formes et les précédents historicistes. La retenue et la sensibilité du projet de la Puget Sound House (1983-1986) est un exemple de cette réaction, tout comme l'ambassade canadienne à Washington (1983-1988), là où les traditions néoclassiques de la ville ont suggéré d'importants thèmes. En 1988, sa proposition (refusée) pour la bibliothèque de Chicago s'éloigne de cette norme élevée, ce qui reflète peut-être un sentiment d'égarement au plus fort des attaques des tenants du «postmodernisme» envers le modernisme, dont Erickson avait été un ardent défenseur.

La réussite internationale d'Erickson repose sur sa capacité d'attirer et de diriger des associés talentueux répartis partout dans le monde (Vancouver, Toronto, Los Angeles, Abu Dhabi). La gestion de ses affaires n'est toutefois pas une réussite. À la fin des années 80, des problèmes financiers l'obligent à fermer ses agences (en 1989 et en 1991). Il habite toujours Vancouver et y travaille en association avec des agences reconnues de la ville.

Michael McMordie

Érié, lac D'une superficie de 25 700 km² (y compris les îles) dont 12 800 km² se trouvent au Canada, il est situé à 173,3 m au-dessus du niveau de la mer, mesure 388 km de long et 92 km de large, et a une profondeur de 64 m. Le moins profond des cinq GRANDS LACS, il est alimenté surtout par la RIVIÈRE DÉTROIT dans laquelle se déverse le LAC HURON. Parmi les autres affluents importants, notons les rivières Maumee et Cuyahoga, en Ohio, et la rivière Grand, en Ontario. Le lac s'écoule dans la RIVIÈRE NIAGARA, à la hauteur de FORT ÉRIÉ, et fait une descente brusque de presque 100 m dans le lac Ontario; plus de la moitié de cette dénivellation se produit à la hauteur des CHUTES NIAGARA. Il est également relié au lac Ontario par le CANAL WELLAND.

Son bassin de drainage occupe une superficie de 58 800 km² et plus de 15 millions de Canadiens et d'Américains y habitent, ce qui en fait le bassin le plus peuplé de tous les Grands Lacs. Du côté américain se dressent les grandes villes très industrialisées de Buffalo (New York), d'Erie (Pennsylvanie), de Toledo et de Cleveland (Ohio). NANTICOKE représente la seule collectivité d'importance de la rive canadienne.

Le lac Érié est le plus méridional des Grands Lacs (avec une latitude semblable à celle du nord de la Californie). En outre, ses eaux relativement peu profondes, l'afflux important de substances nutritives provenant des régions urbaines et l'abondance de terres agricoles cultivées à l'intérieur de son bassin hydrographique contribuent au niveau très élevé de productivité biologique. La productivité excessive a toutefois causé la prolifération d'algues peu esthétiques qui coulèrent plus tard au fond du lac et se décomposèrent pendant l'été. La couche inférieure mince et froide de l'eau (hypolimnion) fut ainsi privée d'oxygène. Les substances nutritives diminuèrent progressivement après que le Canada et les États-Unis eurent établi, en 1972, puis en 1978, des mesures de réglementation sur l'emploi des substances phosphorées. Dès 1987, les eaux du large sont limpides en été et la visibilité atteint jusqu'à huit mètres. On y surveille de près la concentration en oxygène.

Malgré la pollution et les infestations de LAMPROIES, la pêche commerciale y est plus florissante que dans tous les autres Grands Lacs; on y pêche plus de 20 000 t de poisson par année, surtout de la perchaude. Les étés chauds, les magnifiques plages et les marais côtiers bien conservés en font un lieu de villégiature très populaire chez les adeptes de plein air et les amateurs de la faune et de la flore (*voir* POINTE-PELÉE, PARC NATIONAL DE LA). Les ornithologues viennent en masse dans cette région pour profiter de l'emplacement du lac sur les voies migratoires principales. Bien que le lac gèle généralement en hiver, il n'en demeure pas moins une partie importante de la VOIE MARITIME DU SAINT-LAURENT.

Comme la plupart des autres Grands Lacs, le lac Érié occupe un bassin fluvial surcreusé par les glaciers. L'érosion différentielle du schiste et du calcaire paléozoïques, roches peu résistantes, a mené à la création d'immenses cuvettes allongées où se sont formés les lacs. Ces glaciers, de centaines de mètres d'épaisseur, datent de l'époque pléistocène. Ils ont périodiquement occupé la plus grande partie du bassin et laissé dans leur sillage d'immenses dépôts d'argile et de silt dont se compose actuellement le rivage en voie d'érosion rapide. Seuls les rivages des extrémités est et ouest du lac sont composés de dolomies plus résistantes.

Sa rive nord fut fréquentée de façon intermittente par des peuples autochtones NEUTRES qui vivaient près de la péninsule du Niagara et le long de l'escarpement du Niagara. Étienne BRÛLÉ (1592-1633) fut probablement le premier Européen à apercevoir le lac. Au cours de la guerre de 1812, une bataille navale décisive y est livrée à PUT-IN-BAY. D'abord appelé lac du Chat par les explorateurs français, le lac prend ensuite le nom d'Érié, une tribu iroquoise vivant sur la rive sud.

J.P. Coakley et M.N. Charlton

Érik le Rouge, Eirikr Thorvaldsson, explorateur (actif vers 985). Selon la saga d'Érik le Rouge, celui-ci passe trois ans de mise hors la loi à explorer la côte du Groenland. En 985, il y fonde deux colonies: l'Établissement de l'Ouest (Vesterbygd), dans le Nord, et l'Établissement de l'Est (Österbygd), dans le Sud, où il s'approprie le domaine de Brattahild (aujourd'hui près de Narssarssuaq). La population de la colonie atteint plus de 3000 âmes, puis disparaît graduellement au XVᵉ siècle. Le fils d'Érik, LEIFR EIRIKSSON, est selon toute vraisemblance le premier Européen à avoir foulé le sol de l'Amérique du Nord.

Birgitta Wallace

Ermine, Hermine (*voir* BELETTE)

Escarpement Versant en pente raide ou paroi verticale qui s'étend généralement sur une distance considérable. Le type d'escarpement le plus commun prend naissance quand des couches de roche dure forment un toit rocheux sur des couches de roche tendre. Sous l'action de l'érosion, la couche inférieure s'érode plus rapidement, de sorte que la pente demeure très abrupte. L'ESCARPEMENT DU NIAGARA s'étend de Tobermory, en Ontario, jusque dans l'État de New York. Son toit de roche dure, formée par la dolomie de Lockport, recouvre plusieurs couches tendres de schiste et de grès.

On trouve des escarpements formés par l'action tectonique (c.-à-d. des mouvements déformants de la croûte terrestre ou du volcanisme), particulièrement par le soulèvement d'un bloc le long d'une faille, et on les appelle escarpements de faille. On en trouve un bel exemple dans la vallée Aspy, dans le nord de l'île du Cap-Breton, en Nouvelle-Écosse. L'angle de l'escarpement de faille est déterminé par l'inclinaison du plan de la faille et est souvent plus faible que celui de l'escarpement classique formé par des couches de résistance différente, d'où les trois catégories suivantes: structure tabulaire à paroi verticale (escarpement du Niagara p. ex.), relief de cuesta (avec un front raide et un revers en pente douce), et crête monoclinale symétrique avec deux parois d'inclinaison semblable. (*Voir aussi* TECTONIQUE DE PLAQUES.)

R.B. Bryan

Esclavage Quelques tribus indiennes, en particulier celles de la côte nord-ouest, ont pratiqué l'esclavage dans ce qui est aujourd'hui le Canada. L'esclavage par les Européens commence peut-être avec l'explorateur portugais Gaspar CORTE-REAL, qui asservit 50 hommes et femmes amérindiens en 1500 à Terre-Neuve. Les Français amènent des esclaves noirs dès 1608. Le premier esclave transporté directement d'Afrique est vendu en 1629. Les bases légales de l'esclavage sont établies en NOUVELLE-FRANCE au cours des années 1689 à 1709 et, en 1759, on y enregistre 3604 esclaves, dont 1132 esclaves noirs. Alors que les Français préfèrent les panis (les Amérindiens, du nom Pawnee, un peuple de nature souvent docile), les colons anglais font venir des esclaves africains. L'esclavage se répand rapidement après 1783, les LOYALISTES américains amenant leurs esclaves avec eux. Le nombre d'esclaves ne sera toutefois jamais élevé, car l'esclavage est mal adapté à l'agriculture et au commerce qui se pratiquent au Canada, et la plupart des NOIRS qui s'installent en Nouvelle-Écosse immédiatement après la GUERRE D'INDÉPENDANCE AMÉRICAINE sont libres. L'esclavage demeure légal en théorie presque partout au Canada jusqu'à son abolition dans tout l'Empire britannique en 1834 (loi de 1833), bien que, dans les faits, l'esclavage décline rapidement après 1793, lorsque John Graves SIMCOE met en doute sa légalité dans le Haut-Canada. La loi du Haut-Canada visant à abolir l'esclavage n'affranchit cependant aucun esclave, puisqu'elle ne propose que leur émancipation graduelle.

Au Canada, les esclaves travaillent en général comme serviteurs personnels ou sur les quais. Quelques colons possèdent beaucoup d'esclaves, mais avoir plus de 20 esclaves est considéré comme inhabituel. Une telle situation rend la lutte contre l'esclavage beaucoup plus simple que dans les économies axées sur les plantations, où leur travail a une valeur considérable. L'attaque la plus efficace et la plus soutenue contre l'esclavage vient du Nouveau-Brunswick en 1800, où Ward CHIPMAN prépare une déclaration légale, historique et morale particulièrement minutieuse contre l'esclavage. En général, l'esclavage n'est pas dur physiquement, surtout à l'Île-du-Prince-Édouard, bien qu'on ait signalé des cas de punition sévère et de nombreuses annonces demandant le retour d'esclaves en fuite. Le «CHEMIN DE FER» CLANDESTIN aide les esclaves fugitifs à passer au Canada avant l'abolition de l'esclavage aux États-Unis durant la GUERRE DE SÉCESSION. Au Canada, le dernier esclave affranchi est décédé à Cornwall, en Ontario, en 1871.

Robin W. Winks

Esclaves (aussi connus sous le nom anglais de «Slaveys») Il s'agit d'un important groupe de langue athapascane (ou DÉNÉE) habitant la forêt boréale dans l'ouest de la zone subarctique canadienne. Le mot «slavey» n'a pas d'équivalent dans les langues des Dénés, mais ces derniers l'ont adopté pour désigner leur peuple en anglais. Ils habitent une région de montagnes, de lacs et de cours d'eau qui, du côté ouest, s'étend le long des bassins des rivières des Esclaves et Athabasca et du fleuve Mackenzie au sud de Fort Nelson, en Colombie-Britannique, et, à l'est, à partir des lacs Hay, en Alberta, en montant vers le nord jusqu'à une région près de Tulita et de la rive sud du Grand Lac de l'Ours, dans les Territoires du Nord-Ouest. Sur les plans linguistique et culturel, ils s'apparentent étroitement aux LIÈVRES, aux KUTCHINS et aux PLATS-CÔTÉS-DE-CHIEN. Le nom «slavey» est peut-être une traduction d'un mot cri signifiant «captif» ou encore, comme l'a suggéré le père Petitot au XIXᵉ siècle, il peut être associé à la timidité. Le recensement de 1996 a dénombré 6969 Esclaves.

Anciens systèmes économique et social Des fouilles archéologiques portent à croire que la région des Esclaves est habitée depuis au moins 3000 ans av. J.-C. (*voir* PRÉHISTOIRE). Avant l'arrivée des Européens, leur économie repose sur la pêche, la chasse au petit gibier, à l'orignal et au caribou, ainsi que sur la cueillette de baies. Ils passent l'hiver en bandes familiales de 10 à 30 personnes, et, l'été, ces différents groupes se rassemblent pendant quelque temps près d'un grand lac pour constituer une BANDE régionale d'environ 200 personnes.

Les premiers Européens qu'ils rencontrent sont ceux de l'expédition d'Alexander MACKENZIE en 1789. Peu après, des postes de traite sont établis partout dans la région. Après 1821, la Compagnie de la baie d'Hudson fait de Fort Simpson son principal point d'aboutissement pour la région du Mackenzie et, en 1858, des missions anglicane et catholique s'y installent. Les Esclaves de l'Alberta, de la Colombie-Britannique et de certaines régions des Territoires du Nord-Ouest sont intégrés au Traité N° 8 entre 1899 et 1911, et ceux des autres régions des Territoires du Nord-Ouest au Traité N° 11, en 1921-1922 (*voir* TRAITÉS INDIENS). Malgré l'arrivée massive de non-Dénés, des preuves démontrent que, depuis leurs premiers contacts avec les Blancs jusqu'à la fin de la Seconde Guerre mondiale, les Esclaves ont continué de vivre la majeure partie de l'année dans de petites communautés familiales, de récolter leurs aliments traditionnels, de parler leurs propres langues et d'élever leurs enfants à la manière de leurs parents.

Transformations Après la Seconde Guerre mondiale, les nouveaux programmes gouvernementaux destinés à faire profiter les Esclaves de certains avantages, dont l'enseignement et les soins de santé, conjugués aux conditions économiques qui entraînent la chute de la traite des fourrures transforment radicalement leur mode de vie et les poussent à se déplacer vers les villes et à envoyer leurs enfants à l'école. Cependant, des études récentes révèlent qu'ils continuent dans une large mesure à assurer leur subsistance par les moyens traditionnels.

Michael I. Asch

Esclaves, Grand lac des D'une superficie de 28 568 km² et d'une altitude de 156 m, il est le cinquième plus grand lac en Amérique du Nord et le dixième au monde. Situé au centre-sud des Territoires du Nord-Ouest, il est nommé par Samuel HEARNE, d'après les ESCLAVES.

Le Grand lac des Esclaves de même que le GRAND LAC DE L'OURS, le lac ATHABASCA et un enchevêtrement de lacs entre ceux-ci sont des vestiges d'un seul bassin postglaciaire. Les rives sud et est taillent les bords granitiques du bouclier canadien; au nord et à l'ouest s'étend la toundra. Le Grand lac des Esclaves, très froid, très profond (614 m) et gelé huit mois par année, est un immense réservoir pour un grand nombre de rivières et de cours d'eau qui dévalent du bouclier, dont Yellowknife, Snare, Emile, Beaulieu, Snowdrift, Taltson et Hay (*voir* HAYES RIVER). La rivière des Esclaves transporte les eaux de la RIVIÈRE DE LA PAIX au-delà des forêts denses dans les marais plats et herbeux du delta, sur la rive sud du lac. Le grand FLEUVE MACKENZIE prend sa source à l'extrémité ouest.

Historique Alexander MACKENZIE découvre l'embouchure en 1789, mais c'est Hearne qui traverse le lac le premier à l'hiver de 1771. Les CHIPEWYAN de la région transportent des fourrures à la baie d'Hudson dès les années 1730 et le commerce domine l'économie à peu près jusqu'à la Seconde Guerre mondiale. Les premiers établissements de la région sont les comptoirs de la Compagnie de la baie d'Hudson: Fort Resolution, Fort Rae (maintenant RAE-EDZO), Fort Providence et FORT RELIANCE.

Robert BELL effectue le premier levé de terrains en 1899 et décrit le potentiel minier de la région. Les voyageurs en route pour le Klondike prospectent dans la région, mais la ruée vers l'or n'a lieu qu'en 1934, lorsque l'or est découvert dans les roches volcaniques, à l'ouest de la baie de Yellowknife. L'année suivante, on fonde la ville de YELLOWKNIFE. L'exploitation minière des immenses gisements de plomb et de zinc au sud-ouest du lac, de 1964 à 1988, commence après l'achèvement du chemin de fer, qui se rend du Grand lac des Esclaves jusqu'à Hay River et Pine Point, et la construction d'une centrale hydroélectrique sur la rivière Taltson. Une entreprise de pêche commerciale prospère aux abords de la rivière Hay date de 1945; la principale prise est le corégone.

Les travaux de construction de la ROUTE DU MACKENZIE, ouverte à l'année, commencent en 1945; elle est pavée jusqu'à Hay River et se termine à Yellowknife. Le Grand lac des Esclaves a longtemps fait partie de la voie navigable Peace-Mackenzie; remorqueurs et barges sont toujours en service sur le lac malgré les dangers de violentes tempêtes. Des parties du bras est du lac des Esclaves ont été réservées afin d'en faire un parc national.

James Marsh

Esclaves, Petit lac des D'une superficie de 1168 km², il est situé à 577 m d'altitude, au centre de l'Alberta, à environ 200 km au nord-ouest d'Edmonton. Il est alimenté par de nombreuses petites rivières, dont la Swan, la Driftpile, la Prairie Est et la Prairie Ouest, et se déverse à l'est par la Petite rivière des Esclaves dans la RIVIÈRE ATHABASCA. On lui a donné le nom de la tribu indienne des Esclaves, et on a ajouté «petit» pour le distinguer de son homonyme situé dans les Territoires du Nord-Ouest. Grouard, autrefois une étape animée sur la route du Klondike, est la plus ancienne colonie de peuplement de la région. Le site du lac des Esclaves (pop. 5429, rec. 1986) constituait un lieu de rassemblement pour la chasse et les expéditions guerrières des Indiens. La ville est un centre pour les bateaux à vapeur de 1900 à 1915, année de l'arrivée du chemin de fer. Des plages de sable sur les rives sud et nord-est ont fait envisager des activités touristiques, mais c'est le pétrole qui a redonné de l'importance à la région. Plusieurs réserves indiennes occupent la rive sud et le parc provincial du Petit lac des Esclaves se trouve au nord-est.

James Marsh

Esclaves, rivière des D'une longueur de 434 km, elle relie la RIVIÈRE DE LA PAIX et le drainage des lacs CLAIRE et ATHABASCA vers le GRAND LAC DES ESCLAVES, formant ainsi la partie supérieure du système rivière des Esclaves – FLEUVE MACKENZIE dans les Territoires du Nord-Ouest. La rivière compte de nombreux bras et suit un parcours sinueux à travers la région plate et granite archéen du BOUCLIER canadien, région fortement touchée par la dernière glaciation. Elle est principalement utilisée pour le transport et c'est un habitat important pour la faune. Le gouvernement de l'Alberta évalue la possibilité de construire un barrage hydroélectrique d'envergure (2000 MW) à la hauteur des rapides Pelican près de Fort Smith. Ce projet controversé pourrait détruire les aires de nidification des pélicans blancs d'Amérique, mettre en danger les aires de couvaison de la grue blanche d'Amérique, une espèce rare, et inonder le delta Peace-Athabasca.

Ian A. Campbell

Escrime ou duel à l'épée en fonction de règles établies. Activité pratiquée autrefois comme passe-temps mais également en temps de guerre. Le maniement habile d'armes tranchantes et légères apparaît au XIVᵉ siècle, à l'époque où la poudre noire rend les armures lourdes désuètes. À mesure que les DUELS sont interdits, les escrimeurs parfont leur technique pour donner naissance à l'art élégant de l'escrime.

C'est à la fin du XIXᵉ siècle que l'escrime devient un sport structuré, sous la forme de compétitions dans lesquelles le nombre de touches est compté pour déterminer le gagnant d'un combat. En 1896, l'escrime est intégrée aux premiers Jeux olympiques modernes. Aujourd'hui, les escrimeurs combattent dans diverses catégories déterminées selon le type d'épée utilisé. Le fleuret est léger et flexible, l'épée est aussi longue que le fleuret, mais elle est plus lourde et moins flexible; et le sabre est une arme d'estoc et de taille. Les zones corporelles ciblées varient selon le type d'arme (en général, la cible au fleuret est le tronc de l'escrimeur; au sabre, c'est le tronc et les bras; et à l'épée, c'est tout le corps). Désormais, les femmes participent aux trois épreuves, ce qui n'a pas toujours été le cas. En effet, le sabre vient d'y être ajouté. Un système électrique, créé pour la première fois dans les années 30, permet de compter les touches lors des combats de fleuret et d'épée. Les fleurettistes portent une veste conductrice couvrant la surface ciblée. Un masque protecteur, des gants et une veste constituent l'équipement des escrimeurs. L'escrime est donc un sport qui comporte peu de dangers et qui requiert des tactiques subtiles, du maintien, de la vitesse et de l'équilibre.

Au Canada, à la fin du XVIIIᵉ siècle et au début du XIXᵉ siècle, les écoles d'escrime sont relativement fréquentées et le sport connaît un renouveau de popularité à la fin du XIXᵉ siècle. Le Toronto Fencing Club et le club d'escrime pour femmes du Toronto University College sont créés en 1895. Au cours de la décennie suivante, des clubs d'escrime sont formés dans les universités de l'est du pays. En 1902 ont lieu les premiers championnats canadiens.

Dans les années 30, la popularité de ce sport continue à s'accroître et, après la Seconde Guerre mondiale, la vague d'immigration européenne amène des escrimeurs et des maîtres éminents. La Fédération canadienne d'escrime régit ce sport.

Depuis 1932, les escrimeurs canadiens, autant les hommes que les femmes, participent aux Jeux olympiques, mais c'est aux Jeux du Commonwealth et aux Jeux panaméricains qu'ils connaissent le plus de succès. Plusieurs médailles d'argent et de bronze sont remportées aux Jeux du Commonwealth et, en 1954, l'équipe masculine de sabre remporte la médaille d'or. Aux Jeux panaméricains, les Canadiens remportent plusieurs médailles de bronze et, en 1975 et en 1979, l'équipe féminine de fleuret remporte la médaille d'argent. Aux Jeux du Commonwealth de 1986, les escrimeurs canadiens raflent l'or, l'argent et le bronze aux épreuves individuelles de sabre et d'épée, ainsi que l'or en équipe. Aux Jeux panaméricains de 1987, Jean-Paul Banos de Montréal gagne la médaille d'or au sabre. Le Canada remporte également deux médailles d'argent et quatre de bronze. Ces résultats témoignent des progrès réalisés par les escrimeurs canadiens dans les années 70 et 80. En 1991, les équipes masculines d'épée et de sabre finissent toutes deux sixièmes aux championnats mondiaux. En 1992, l'équipe d'épée termine septième aux Jeux olympiques de Barcelone. Ces résultats sont les meilleurs que le Canada ait obtenus depuis des décennies.

En 1994, aux championnats du Commonwealth, le Canada remporte cinq médailles d'or, une d'argent et cinq de bronze. Il obtient au moins deux médailles dans chacune des cinq épreuves disputées. En 1995, lors du Championnat du monde cadet, à Paris, Alexandra Wawryn finit deuxième. Cette même année, aux championnats du monde, à Paris, Don Nowosielski termine en septième position. Ces deux athlètes sont des épéistes, ce qui est représentatif de l'importance accordée à cette arme au Canada.

Barbara Schrodt

Esker Construction alluviale sinueuse de gravier et de sable qui s'est formée durant le retrait glaciaire à la suite du dépôt de sédiments charriés par des ruisseaux d'eau de fonte coulant sur la glace ou dans des tunnels sur la glace ou, le plus souvent, sous la surface glaciaire. Les eskers se sont déposés par segments, chacun aboutissant dans le delta d'un lac proglaciaire (formé en périphérie d'un GLACIER). À mesure que fond la muraille de glace, les sédiments formant l'esker s'effondrent en angle de repos, c.-à-d. en un talus dont l'angle d'inclinaison maximal permettra à un matériau meuble de demeurer stable sans glisser, soit environ 30°. Habituellement, les côtés sont couverts de sédiments proglaciaires lacustres, de texture plus fine. Les eskers, qui atteignent généralement une largeur de 1 à 2 km, peuvent s'étendre sur une distance de plusieurs dizaines de kilomètres. Dans les dépressions, les sédiments peuvent former une couche d'une hauteur de 50 m. Les sédiments sont parfois de texture sableuse, parfois graveleuse, ce qui laisse supposer que l'eau de fonte circulant à l'intérieur du tunnel de glace était exposée à de fortes pressions.

La région minière du nord-ouest du Québec constitue l'un des meilleurs sites au monde pour l'observation d'eskers. Adoptant généralement un alignement nord-sud, nombre d'entre eux se sont formés au cours de la dernière déglaciation. En général, les eskers ne subsistent pas entre deux périodes de GLACIATION. Parce qu'ils résultent d'une phase de déglaciation, ils disparaissent habituellement lorsqu'ils sont bousculés à nouveau sous la poussée des glaces. Divers facteurs déterminent leur orientation mais, dans l'ensemble, leur position est parallèle à celle de l'écoulement glaciaire et à celle de la pente générale du terrain sous-glaciaire. Toutefois, comme ils auraient traversé la ligne de partage des vallées, la pression exercée par l'eau de fonte a peut-être aussi joué un rôle dans leur orientation.

Lorsqu'ils sont couverts d'une couche sédimentaire fine et imperméable, les eskers forment d'excellents aquifères captifs (strates aquifères). Les sédiments d'esker sont d'une grande utilité pour localiser les dépôts de minerai en amont à partir des traces de minerai qu'on y retrouve (*voir* PROSPECTION).

Pierre Lasalle

Eskimos d'Edmonton Équipe de FOOTBALL. Ses joueurs commencent leur carrière en 1910 et participent aux deux premiers matchs de la COUPE GREY entre l'Est et l'Ouest, perdant contre Toronto en 1921 et contre l'U. Queen's l'année suivante. Au cours des années 1920 et 1930, les Eskimos participent d'une manière sporadique au championnat et, à partir de 1948, maintenant de propriété publique, ils participent à plus de coupes Grey – et obtiennent plus de victoires – que toute autre équipe canadienne de football des temps modernes. En 1952, ils s'inclinent devant Toronto à la finale du Dominion mais, deux ans plus tard, avec l'aide de joueurs comme Jackie PARKER, Johnny BRIGHT et Normie KWONG, ils remportent trois coupes Grey consécutives contre les Alouettes de Montréal (1954, 1955 et 1956). En 1960, les joueurs restants de cette excellente équipe subissent la défaite contre Ottawa à la finale de la coupe Grey et, au cours de la décennie suivante, l'équipe connaît un déclin. Au début des années 70, grâce à l'entraîneur Ray Jauch, les Eskimos retrouvent leur puissance et gagnent le championnat de l'Ouest trois années de suite (1973, 1974 et 1975) de même que la coupe Grey en 1975.

Hugh Campbell succède à Jauch et, en 1978, les Eskimos déménagent au Commonwealth Stadium (agrandi pour recevoir plus de 60 000 spectateurs) et deviennent l'une des plus grandes formations du sport canadien. Ils remportent le titre de l'Ouest toutes les années où Campbell est en fonction (1977 à 1982) et gagnent cinq coupes Grey consécutives, de 1978 à 1982. Jackie Parker, entraîneur en chef de 1983 à 1987, est remplacé par Joe Faragalli. En 1986, Campbell revient comme directeur général. La finale de la coupe Grey de 1987, où Toronto s'incline devant les Eskimos, est sans doute le match le plus excitant jamais joué. En 1990, à la suite d'une défaite contre Winnipeg dans un match inégal de la coupe Grey, Campbell engage Ron LANCASTER, ancien quart-arrière pour la Saskatchewan, comme entraîneur en chef.

Derek Drager

Espagnols Les relations du Canada avec l'Espagne remontent à plusieurs siècles, aux expéditions des pêcheurs BASQUES vers la côte de l'Atlantique et à l'exploration de la côte du Pacifique par les Espagnols. Les expéditions des Basques trouvent des échos dans des noms tels que Channel-Port aux Basques et l'île aux Basques. Les archéologues ont mis à jour à Red Bay, au Labrador, les traces d'une station basque de dépeçage de baleine datant du XVIe siècle. Les nombreuses explorations espagnoles sur la côte du Pacifique entre 1542 et 1792 trouvent leur écho dans des noms comme Laredo, détroit Laredo, détroit Carmelo, détroit Mazaredo, mont Bodega, rochers Quadra et baie Narvaez. À une certaine époque, l'île de Vancouver s'appelait l'île Quadra-Vancouver pour commémorer l'amitié entre le navigateur espagnol BODEGA Y QUADRA et le capitaine anglais George VANCOUVER.

Migration et peuplement Aucune immigration espagnole significative ne se produit au Canada avant le XXe siècle. Entre 1913 et 1914, près de 2000 Espagnols arrivent au Canada. Entre 1920 et 1945, il n'en vient que 408. Les immigrants espagnols arrivent massivement dans les années 60 et 70 (16 184 entre 1961 et 1989), près de 1 300 personnes débarquant chaque année au plus fort des années d'immigration, en 1966, en 1967 et en 1968. Après 1977, l'immigration ralentit considérablement.

Outre les motifs économiques invoqués par la majorité jusqu'en 1975, des Espagnols en petit nombre, mais actifs, arrivent au Canada en quête de la liberté dont ils étaient privés dans leur pays d'origine. Depuis lors, le climat économique et politique en Espagne s'étant beaucoup amélioré, l'immigration a considérablement diminué. Le recensement de 1996 estime que 69 p. 100 des 204 360 personnes d'origine espagnole vivent en Ontario et au Québec. Le reste de la population est disséminée un peu partout au pays, avec une concentration en Alberta, en Colombie-Britannique et au Manitoba. Au Canada, les Espagnols s'installent surtout (86,5 p. 100) dans les villes, en particulier à Montréal, à Toronto et à Vancouver.

Vie sociale et culturelle Plusieurs immigrants espagnols sont des travailleurs spécialisés (soudeurs, techniciens, professionnels). Quelques-uns sont des agriculteurs ayant immigré en 1957 en vertu d'un accord entre le Canada et l'Espagne, d'autres sont de simples ouvriers. La plupart des immigrants sont catholiques, mais il y a aussi un très petit groupe de protestants pratiquants. Parmi les quelque 30 organisations culturelles, sociales et récréatives espagnoles existantes, la plupart sont concentrées à Montréal et à Toronto. Très souvent, elles partagent leurs activités avec d'autres groupes de langue espagnole. Le large groupe de membres de professions libérales (dont plusieurs médecins) qui font partie de cette communauté ne participent généralement pas à ces activités.

Plusieurs journaux espagnols sont publiés à Toronto et à Montréal. Là où la concentration d'immigrants est moindre, les Espagnols et les LATINO-AMÉRICAINS font des publications conjointes. Plusieurs groupes de danse, surtout ceux qui se spécialisent dans le flamboyant flamenco, sont en plein essor dans plusieurs centres, et le soccer est un sport populaire.

Maintien de l'identité ethnique Les immigrants espagnols ont tendance à garder vivace leur allégeance à leur région d'origine. Bien des Basques expriment ouvertement des idées de sécession et gardent une certaine distance par rapport au reste de la communauté espagnole. Les Catalans, les Valenciens et les Galiciens, qui ont leur propre dialecte, tentent de le conserver. Les Andalous, les Aragonais, les Asturiens, les Castillans, notamment, encouragent également la sauvegarde de leur héritage culturel, riche et diversifié. De petites communautés espagnoles de Juifs séfarades, établies à Montréal et à Toronto, constituent des groupes à part.

L'espagnol n'est généralement plus utilisé après la deuxième génération, mais des cours d'espagnol sont régulièrement offerts. Les immigrants s'assimilent volontiers aux communautés francophones, avec lesquelles ils s'identifient plus facilement qu'avec les communautés anglophones.

Grace M. Anderson

Espanola, ville de l'Ont.; pop. 5454 (rec. 1996), 5527 (rec. 1991), 5491 (rec. 1986); superf. 17,66 km²; const. en 1958. Située à 69 km à l'ouest de Sudbury, le long de la rivière Spanish, elle est fondée en 1899 par la compagnie Spanish River Pulp and Paper. Selon certaines sources, le nom découle des contacts des autochtones avec les Espagnols à l'époque où ceux-ci revendiquent le centre des États-Unis (utilisé comme nom, *Espanola* veut dire Espagnole)

En 1928, la société Abitibi Power & Paper achète l'usine, mais la ferme l'année suivante en raison de la dépression économique qui sévit. Pendant 10 ans, Espanola est à toute fin pratique une «ville fantôme». En 1940, on convertit l'usine en camp de prisonniers de guerre, fonction qu'elle conserve jusqu'en 1943. Cette année-là, la société Kalamazoo Vegetable Parchment Co. achète l'usine et le site de la ville, et remplace l'épinette par le pin gris comme principale source d'approvisionnement en bois de l'usine. En 1958, la ville patronale et sa zone périphérique s'unissent pour se constituer en municipalité.

La société canadienne E.B. Eddy Forest Products y exploite l'usine. Même si elle est fondamentalement une ville à industrie unique, Espanola est au cœur d'une région touristique dynamique et constitue le centre de plusieurs activités minières.

George R. Morrison

Espérance de vie (*voir* POPULATION)

Espionnage (*voir* RENSEIGNEMENT ET ESPIONNAGE)

Espoir, baie d' Bras de la baie de l'Hermitage, semblable à un fjord, située près de la côte Sud de Terre-Neuve, nichée entre West Head et Dawson Point, à 3 km à l'intérieur des terres. La baie d'Espoir, d'une longueur de plus de 50 km de l'entrée à la tête, est non englacée. Elle a des falaises à pic et des collines aux versants abrupts d'une altitude de 180 à 300 m. Elle se divise en deux bras principaux vers le nord et le nord-est au-delà de l'île Bois, d'une longueur de 14 km. En raison de l'immense ligne de partage des eaux du plateau glaciaire environnant, la région a été choisie comme site d'une exploitation d'énergie hydroélectrique de 600 mW construite entre 1964 et 1977, la plus importante de la partie insulaire de Terre-Neuve.

Jusqu'en 1964, la baie d'Espoir compte une population éparse de Terre-Neuviens venus de la BAIE DE PLAISANCE, au début du XVIIIᵉ siècle, et de MICMACS qui établissent la colonie de Conne River, vers le milieu du XIXᵉ siècle. Aujourd'hui, les principales sources d'emploi sont la pêche, l'exploitation forestière et la construction.

Janet E.M. Pitt

Esposito, Philip, dit Phil, joueur de hockey (Saut Sainte-Marie, Ont., 20 févr. 1942). Il commence sa carrière dans la Ligue nationale de hockey (LNH) en 1963 en jouant au centre pour les Black Hawks de Chicago, avant de passer aux Bruins de Boston en 1967. Avec Bobby ORR, il mène les Bruins à la COUPE STANLEY en 1970 et en 1972, mais il connaît sa meilleure saison en 1970-1971 alors qu'il compte 76 buts, un record qui ne sera battu que par Wayne GRETZKY, en 1981-1982, avec 92 buts. Même s'il n'est pas un patineur rapide ou gracieux, sa taille, sa détermination et la qualité de ses tirs lui méritent le TROPHÉE ART ROSS (championnat des compteurs) à cinq reprises (1969, 1971-1974), ainsi que le TROPHÉE HART (joueur le plus utile) en 1969 et en 1974.

Esposito est le leader qui inspire Équipe-Canada au cours de la fameuse SÉRIE DU SIÈCLE CANADA – URSS de 1972. Il est échangé aux Rangers de New York en 1975 et il prend sa retraite en 1982, alors que seul Gordie HOWE le devance au chapitre des buts et des points en carrière, Esposito en ayant accumulé respectivement 717 et 1590. Il devient ensuite le directeur général des Rangers de New York en 1986, et transforme rapidement l'équipe en échangeant plusieurs joueurs. Il est congédié à la suite de la saison 1988-1989, mais, en 1991, il est nommé président et directeur général du Lightning de Tampa Bay, une équipe de l'expansion qui évolue pour la première fois dans la LNH en 1992-1993. Il est Officier de l'Ordre du Canada.

Derek Drager

Esprit Orchestra Ensemble de Toronto spécialisé dans le répertoire contemporain et fondé en 1983 par Alex PAUK. L'orchestre s'appelle Esprit Contemporain jusqu'en 1986, année où il commence à présenter une série de trois à cinq concerts par année, habituellement au St. Lawrence Centre. Pauk demeure le directeur musical et chef de cet orchestre de 45 musiciens. Esprit Orchestra remporte le Jean A. Chalmers National Music Award (prix national de musique Jean A. Chalmers) en 1995 pour sa contribution à la musique canadienne. En avril 1996, l'orchestre a déjà commandé ou exécuté en première 55 œuvres de 40 compositeurs canadiens, joué 65 œuvres de compositeurs étrangers, enregistré trois disques compacts d'œuvres du répertoire canadien pour CBC Records et paru dans quatre films de Rhombus Media.

Robin Elliott

Esquimalt, municipalité de district de la C.-B.; pop. 16 151 (rec. 1996), 16 192 (rec. 1991), 15 972 (rec. 1986); superf. 6,68 km2; const. en 1912; située sur la rive sud-est de l'ÎLE DE VANCOUVER, à côté de VICTORIA. Elle est l'une des premières régions résidentielles à se développer dans l'agglomération urbaine de Victoria. Grâce à son excellent havre, elle est un important établissement naval de la côte du Pacifique. Dirigée par un maire et six conseillers, Esquimalt partage certaines responsabilités avec le District régional de la capitale.

Historique Les SALISH DE LA CÔTE CENTRALE habitent la région avant l'arrivée des premiers Européens. Le mot Esquimalt, emprunté à *Eswhoy-malth* en langue salish, signifie «lieu de battures». En 1843, James DOUGLAS visite le havre et conclut plus tard avec les autochtones des traités permettant la construction de trois installations d'approvisionnement de la Compagnie de la baie d'Hudson. La RUÉE VERS L'OR DU FLEUVE FRASER (1858) vient rompre la quiétude de la localité d'Esquimalt lorsque son quai devient le principal point d'arrivée de milliers de mineurs en route vers Victoria.

Bien que la Marine royale ait construit dès 1855 des bâtiments à Duntze Head, Esquimalt devient officiellement le quartier général de sa station du Pacifique en 1865. Dès les années 1880, la construction de cales sèches de la Marine royale en 1887, la construction du chemin de fer d'Esquimalt et Nanaimo en 1886 et la création d'une base militaire à Work Point en 1887 entraînent une croissance rapide de la localité. La situation géographique d'Esquimalt en fait un lieu de résidence idéal pour de nombreux chefs d'entreprise et dirigeants politiques de Victoria. En 1905, la base navale est abandonnée par l'amirauté, mais elle devient, en 1910, la base de la côte ouest de la toute nouvelle Marine royale du Canada (*voir aussi* FORCES ARMÉES).

Situation actuelle Des deux secteurs de l'économie locale d'origine, l'agriculture et l'armée, seul le second demeure important. Une base importante des Forces armées canadiennes à Esquimalt, une cale sèche fédérale et d'autres industries légères constituent les principales activités économiques. Plusieurs bâtiments à l'intérieur ou à proximité du chantier maritime sont désignés édifices du patrimoine. L'église anglicane St. Paul (1866) expose des reliques et des plaques couvrant plus d'un siècle d'histoire navale. Quelques-uns des quartiers résidentiels agréables d'Esquimalt exploitent efficacement l'important secteur riverain agrémenté de baies, de plages et de parcs.

Alan F.J. Artibise

Esquimaux Groupe d'autochtones nord-américains formant une partie de la famille linguistique esquimaude. Ils habitent les côtes et les îles de l'Amérique du Nord arctique, depuis l'est du Groenland et du Labrador jusqu'à l'ouest de l'Alaska et la Sibérie. Le nom «eskimo ou esquimau» vient d'une des langues algonquiennes, probablement du montagnais ou du naskapi. Les Esquimaux du Canada arctique utilisent le terme INUIT pour se désigner, ce qui signifie «les hommes». Ils constituent un type physique dont la langue, l'inuktitut, et les coutumes sont relativement homogènes dans toutes les zones arctiques et subarctiques. Les groupes ethnologiques différenciés en fonction du territoire sont cependant reconnus par les Inuits. (*Voir aussi* AUTOCHTONES: L'ARCTIQUE.)

René R. Gadacz

Essais de langue anglaise Un essai consiste en un court écrit discursif, rédigé en prose, dans lequel l'auteur traite d'un seul thème, qu'il aborde d'un point de vue personnel, en suivant le modèle établi par l'essayiste français Michel de Montaigne (1533-1592). Au Canada, les premiers essais font leur apparition au XIXᵉ siècle, dans les Maritimes. À cette époque, les textes d'écrivains comme Joseph HOWE et George Stewart relèvent surtout de la description

ou du discours. Le JOURNALISME a toujours encouragé la rédaction d'essais. *The Week* (Toronto, 1883-1896) publie des articles qui débattent des questions politiques ou religieuses de l'époque. Les «réflexions» sans prétention et personnelles de Sara Jeannette Duncan sont plus proches des essais traditionnels que ne le sont les essais de Goldwin SMITH, ou de son secrétaire privé Theodore A. Haultain.

Cependant, Archibald MacMechan est le seul qui mérite vraiment le nom d'essayiste. Dans ses recueils, *The Porter of Bagdad, and Other Fantasies* (1901) et *The Life of a Little College, and Other Papers* (1914), il recrée une époque où l'innocence, la nature et l'art occupent la première place. Cette époque ressemble à celle évoquée dans les essais de John Ruskin et Matthew Arnold, deux écrivains victoriens que MacMechan admire.

Premières influences

Le docteur sir William OSLER, qui s'inquiète de ce que ses étudiants en médecine ne connaissent pas «ces douces influences qui rendent la vie agréable», expose dans *Aequanimitas* (1903) la nécessité d'harmoniser les lettres et les sciences. Dans *The Kinship of Nature* (1904), Bliss CARMAN aborde deux thèmes didactiques qui lui sont chers: l'amélioration de soi et l'harmonie personnelle. Sir Andrew MACPHAIL, professeur de médecine à l'Université McGill et rédacteur en chef du THE UNIVERSITY MAGAZINE, publie *Essays in Puritanism* (1905), *Essays in Politics* (1909) et *Essays in Fallacy* (1910), des écrits caustiques, plein de vitalité et de charme. Les articles moralisateurs du journaliste Thomas O'Hagan, qui paraissent d'abord dans le *Catholic Register* et sont publiés par la suite sous le titre de *Chats by the Fireside* (1911), sont de moindre intérêt littéraire.

In Pastures Green (1915), *The Red Cow and her Friends* (1919) et *Around Home* (1925) sont des recueils de textes rédigés par un autre journaliste, Peter McArthur, dans le cadre de sa chronique agricole pour le *Toronto Globe*. La description humoristique et souvent décousue qu'il fait de la vie rurale en Ontario reflète la fraîcheur et le pittoresque de la campagne. Les décors naturels sont également célébrés par l'avocat torontois William Hume Blake, qui décrit des scènes de pêche à la ligne dans les Laurentides dans *Brown Waters, and Other Sketches* (1915) et *A Fisherman's Creed* (1923).

Essays and Literary Studies (1916) de Stephen LEACOCK, bien qu'humoristique avant tout, traite parfois de thèmes sérieux. Ses écrits satiriques reflètent les progrès réalisés par les essais de langue anglaise au Canada depuis leurs débuts. Le *Canadian Forum*, fondé en 1920, encourage l'essai journalistique. Son collaborateur le plus éloquent est peut-être Douglas Bush, homme érudit doué pour l'écriture et qui se moque avec génie des préoccupations de certains de ses collègues à la recherche d'une littérature et d'une identité nationales. W.D. Woodhead et John D. Robins ont un humour encore plus évident. D'autres essayistes, comme Barker FAIRLEY, Margaret Fairley, John Macnaughton, Frederick Philip GROVE, E.K. Broadus, B.K. Sandwell, Frank UNDERHILL et A.J.M. SMITH abordent sur un ton plus sérieux des thèmes comme les arts, les lettres, la critique, la poésie contemporaine, l'éducation et la politique sociale.

Le titre de l'anthologie de Malcolm ROSS, qui couvre une grande partie de cette époque, *Our Sense of Identity: A Book of Canadian Essays* (1954), montre bien que l'esprit critique domine encore cette forme littéraire. P. ex., William Arthur Deacon passe de l'humour et la fantaisie dans *Pens and Pirates* (1923) à la critique dans *My Vision of Canada* (1933). Maurice Hutton, John Charles Robertson et Gilbert Norwood, professeurs à l'U. de Toronto, publient aussi des essais lucides et savants dans lesquels ils parlent des gens et débattent sur des livres et des idées. Les textes écrits par des grands reporters sont moins objectifs et fouillés que les essais, mais beaucoup se rapprochent de l'essai par l'utilisation de la description, de l'anecdote, du souvenir et de l'humour. Il convient de signaler, entre autres, *One Thing After Another* (1948) de C.B. Pyper et *From Our Town* (1959) de Jack Scott. Les humoristes sont les chroniqueurs les plus lus. Les articles de Peter Donovan, qui paraissent dans le *Saturday Night*, sont réunis dans *Imperfectly Proper* (1920). Newton Mac-Tavish du *Canadian Magazine* publie *Thrown In* (1923), dans lequel il évoque son enfance à la campagne. Ce thème sera développé dans *Newton Mac-Tavish's Canada* (1965), publié après sa mort. Les anecdotes amusantes de Gregory Clark, publiées dans le *Weekend Magazine*, sont réunies dans *The Best of Gregory Clark* (1959). Eric Nicol publie des anecdotes satiriques. Certaines, provenant des ses chroniques rédigées pour le *Province* de Vancouver, sont rassemblées dans des livres illustrés, notamment dans *The Roving I* (1950) et *Canada Cancelled Because of Lack of Interest* (1977). Dans leurs écrits, ces journalistes font preuve de bon sens, de tolérance et se moquent avec gentillesse des faiblesses humaines.

Thèmes principaux

Le retour à la nature est un thème journalistique important à l'époque. Dans *Sunlight and Shadow* (1928), Cecil Francis Lloyd décrit l'attrait exercé par la nature sur les gens. Dans *Malvern Essays* (1930), inspirés des essais de Montaigne, il parle avec nostalgie et lassitude de la nécessité d'accepter le fardeau de l'existence. Davantage dans la tradition de l'auteur américain Henry David Thoreau, Harry Lutz Symons publie *Friendship* (1943), et E.K. Broadus et John D. Robins, collaborateurs au *Canadian Forum* et universitaires, écrivent respectivement *Saturday and Sunday* (1935) et *The Incomplete Anglers* (1943). Roderick HAIG-BROWN, un pêcheur dans la tradition waltonienne, décrit les joies de la nature et ce qu'elles apportent à l'individu dans *A River Never Sleeps* (1946) et *Measure of the Year* (1950). Ses ouvrages *Fisherman's Spring* (1951), *Fisherman's Winter* (1954), *Fisherman's Summer* (1959) ainsi que son livre posthume *Writings and Reflexions* (1982) décrivent un mode de vie contemporain. Kenneth McNeil Wells rassemble dans quatre livres une série d'articles écrits pour le *Telegram* de Toronto dans *The Owl Pen* (1947), qui raconte la vie à la ferme, et dans *Up Medonte Way* (1951), où il réussit à transcrire le parler rustique de l'Ontario.

De nombreux écrivains se servent des essais pour conscientiser le lecteur moyen et l'aider à mieux comprendre certaines réalités. Ainsi, B.K. Sandwell, rédacteur en chef du *Saturday Night*, emploie le même style ironique que Swift dans *The Privacity Agent and Other Modest Proposals* (1928) afin de mettre en parallèle le XXᵉ siècle et des époques passées plus heureuses. F.P. Grove, dans *Over Prairie Trails* (1922), décrit les implications surnaturelles du paysage en relatant ses émotions et ses changements d'humeur au cours de sept voyages sur une route du Manitoba. Son ouvrage *The Turn of the Year* (1923) est plus rébarbatif et moins personnel. Morley CALLAGHAN publie dans une rubrique mensuelle du *New World Magazine* (1940-1948) et dans le *Saturday Night*, ainsi que dans *Maclean's* et d'autres revues, des textes qui abordent des sujets d'actualité d'un point de vue imaginaire. Dans *Cross-Country* (1949), Hugh MACLENNAN traite de l'identité canadienne dans un style raffiné, marqué par des souvenirs et des penchants personnels. Dans *Thirty and Three* (1954), *Scotchman's Return* (1960) et *The Other Side of Hugh MacLennan* (1978), l'auteur tente de dresser un portrait du monde contemporain et de se réconcilier avec lui.

Robertson DAVIES, écrivain, dramaturge et rédacteur, ignore le lecteur moyen qu'il juge incapable de comprendre un débat soutenu. Dans *Diary* (1947) et *Table Talk* (1949), il décrit les goûts et les opinions de son personnage, Samuel Marchbanks. Ce dernier, à l'instar du docteur Samuel Johnson, «aime le thé, la conversation et les belles femmes et n'a pas beaucoup de patience pour les imbéciles.» Dans *A Voice from the Attic* (1960), Davies présente la lecture comme un art individuel et privé qui serait la preuve d'un esprit cultivé et l'activité principale d'une vie intéressante. *Almanack* (1967) de Samuel Marchbanks continue d'examiner la société canadienne. Les essais de l'explorateur de l'arctique, Vilhjalmur STEFANSSON, sont quelque peu différents. Derrière la structure logique, voire philosophique, de ses textes réunis dans *Adventures in Error* (1936), se cache une vision voltairienne du fonctionnement mental de l'homme. Selon Stefansson, les «erreurs» de l'imagination sont vraies et les désirs sont importants, même s'ils sont auto-illusoires.

Northrop FRYE suit l'exemple des essayistes érudits dans *The Educated Imagination* (1963), *The Modern Century* (1967), *The Bush Garden* (1971) et *Spiritus mundi* (1976). Ses écrits provocateurs traitent de la littérature, de l'éducation et d'autre aspects de la société contemporaine. George WOODCOCK, un écrivain moins intellectuel qui s'adresse à un public plus large, fait preuve d'une grande aisance pour la rédaction d'essais avec *The World of Canadian Writing* (1980). Eli MANDEL, dans *A Passion for Identity: An Introduction to Canadian Studies* (1987), approfondit ce qu'il avait commencé à développer dans *Contexts of Criticism* (1971). David Staine poursuit dans la même veine avec *The Canadian Imagination: Dimensions of A Canadian Culture* (1977). La plupart des écrivains de fiction considèrent l'essai comme un défi de taille. Avec *Hunting Tigers Under Glass* (1968), *Shovelling Trouble* (1972) et *The Great Comic Book Heroes: And Other Essays* (1978), Mordecai RICHLER s'étend sur des sujets tels que l'expérience juive, les raisons pour lesquelles il écrit et les changements sur la scène politique nationale. Hugh HOOD, dans *The Governor's Bridge Is Closed* (1973), exprime avec clarté et humour sa croyance à la vie et à la culture canadiennes. Margaret LAURENCE dans *Heart of a Stranger* (1976) et Margaret ATWOOD, dans *Second Words* (1982) réunissent des écrits personnels qui, à l'instar de *Fragiles lumières de la Terre* (1978; trad. *The Fragile Lights of Earth*, 1982) de Gabrielle ROY, proposent un regard sensible sur le monde de l'écrivain et l'histoire de la société.

Running to Paradise (1962) de Kildare Dobbs, bien que largement autobiographique, *Reading the Time* (1968) et *Pride and Fall* (1981) se démarquent par un style diversifié qui s'adapte aux nombreux sujets traités. Dans *Mice in the Beer* (1960) et *The Fully Processed Cheese* (1964), Norman Ward fait preuve de tolérance et promène un regard amusé sur l'actualité et sur ses collègues d'université. Le recueil posthume de Ralph ALLEN réunit un certain nombre de ses écrits parus dans le *Toronto Star* et *Maclean's* sous le titre de *The Man from Oxbow* (1967). *Crisis at the Victory Burlesk* (1968) est un recueil de textes rédigés par Robert FULFORD au début de sa carrière de journaliste, dans lesquels la réflexion est moins poussée que dans ses essais pour le *Saturday Night*. Des textes au ton acerbe, écrits par Richard Needham pour le *Globe and Mail*, sont réunis et publiés dans plusieurs recueils, notamment dans *Needham's Inferno* (1966) et *The Wit & Wisdom of Richard Needham* (1977). Le chroniqueur Allan FOTHERINGHAM regroupe un certain nombre de ses essais politiques, sarcastiques et irrévérencieux, dans *Malice in Blunderland* (1982). Harry Bruce est un autre journaliste qui centre ses articles sur sa personnage. Son recueil de chroniques rédigées pour *Toronto Star*, *The Short Happy Walks of Max MacPherson* (1968), allie l'histoire à la description.

Dans *The Second Career* (1964) et *Second Thoughts* (1970), le neurochirurgien Wilder PENFIELD, imitant son mentor Osler, réfléchit sur la nécessité d'une «vigilance continue et d'une action résolue» dans un monde en changement. L'économiste John Kenneth GALBRAITH dresse un tableau ironique et acerbe de sa jeunesse dans *The Scotch* (1964) et présente le point de vue d'un diplomate sensible aux nombreux talents dans *A Contemporary Guide to Economics, Peace, and Laughter* (1971). George GRANT (philosophie), John BECKWITH (musique) et Greg CUROE (art) sont d'autres exemples d'auteurs qui débattent d'un point de vue discursif de sujets qui les intéressent.

Les souvenirs nostalgiques d'une vie simple à la campagne sont le thème principal de nombreux livres de H. Gordon Green, dont *A Time to Pass Over* (1962) et *With My Sock Feet on the Oven Door* (1975). Dans la même veine, Harry J. BOYLE écrit *Mostly in Clover* (1961) et plus tard *Memories of a Catholic Boyhood* (1973). *The Battle of Mole Run and Other Offenses* (1967), de Howard T. Mitchell, est un autre livre sur la vie en milieu rural. *Western Windows* (1967) de Bruce HUTCHISON dresse un portrait, toujours actuel, de la vie à la campagne. Dans *The Far Side of the Street* (1976), l'auteur relate, dans un style informel, 50 années de changements au Canada.

The Medium is the Message (1967) de Marshall MCLUHAN représente un type d'essai concret dans lequel le lecteur découvre une mosaïque de matériel verbal, visuel, spatial et temporel: ce que l'auteur appelle une «mise en opposition d'éléments regroupés». Cette technique unique en son genre sera assimilée plutôt qu'imitée par d'autres écrivains.

Depuis les années 50, l'essai canadien continue de subir l'influence du journalisme. Cependant la télévision et sa prédilection pour l'uniformité permettent difficilement au chroniqueur de conserver sa fraîcheur. Le rythme accéléré et le caractère pragmatique de la vie technologique ont nui à une littérature non dogmatique et à un discours plus souple. Le lecteur retrouvera cette fraîcheur dans les livres où sont décrites des époques passées plus calmes. (*Voir* NOUVELLES DE LANGUE ANGLAISE.)

A.B. Conron

Essais de langue française L'essai canadien-français se distingue par son caractère personnel (ou subjectif) et créatif. Contrairement à d'autres genres littéraires, l'essai ne prétend pas proposer une explication objective de la réalité, ni analyser une vérité objective et préétablie qui serait considérée comme valable en tout temps et en tout lieu. L'essayiste n'est pas au service de la vérité, d'une cause ou d'une classe. Il affirme et défend son irréductible sincérité. En même temps, il reconnaît que son vécu et le récit qu'il en fait ont beau être subjectifs, ils peuvent servir de modèles à autrui. L'essai peut aborder son sujet de la manière la plus populaire ou la plus érudite et porter sur des thèmes très divers (scientifiques autant que théologiques, littéraires ou politiques), et le ton peut en être polémique ou discursif. La qualité littéraire de l'essai repose, comme pour tout autre genre, sur la qualité de l'écriture et sur la capacité de l'auteur à interpréter le monde qui l'entoure, à le reconstruire et à susciter chez son lecteur autant d'admiration et d'émerveillement envers la façon d'interpréter qu'envers la réalité interprétée.

André Girouard

Pamphlets et écrits polémiques Aux confins de l'essai littéraire, philosophique ou politique, le pamphlet, le manifeste et les échanges polémiques sont des formes outrées du discours argumentatif. On trouve dans la littérature de la NOUVELLE-FRANCE un certain courant polémique dans les récits de voyages, la correspondance privée et administrative, les écrits des ordres religieux. Ces textes recèlent une double contradiction, exprimant la réalité du Nouveau Monde avec les codes culturels de la mère patrie, codes eux-mêmes pétris d'antagonismes (p. ex., Récollets versus Jésuites ou, sur un autre plan, l'opposition entre défenseurs de l'évangélisation et partisans de l'exploitation). Il importe de lire les textes de Cartier, de Champlain, de Lescarbot, de

Biard et de Sagard, ainsi que les RELATIONS DES JÉSUITES en gardant à l'esprit les circonstances dans lesquelles ils furent écrits (luttes à peine voilées pour l'obtention de crédits, de privilèges ou de pouvoirs locaux).

On continue, après la Conquête et jusqu'à la fin du XIXᵉ siècle, à écrire des lettres ouvertes, des pétitions et des essais en guise de protestation, ou des pamphlets dénonçant individus ou institutions. Avec le régime anglais, les débuts de l'imprimerie offrent un nouvel espace public où «nouveaux et anciens sujets» ne manquent pas d'exprimer leurs désaccords (voir la *Gazette de Montréal* en 1778-1779, *l'Appel à la Justice de l'État*, de Pierre du Calvet et *La Bastille septentrionale*). Plus tard, les luttes parlementaires dans le Haut-Canada et le Bas-Canada donnent aussi lieu à des joutes oratoires reprises et amplifiées dans les controverses entre journaux francophones et anglophones (p. ex., le *Quebec Mercury* versus *Le Canadien*, les *Anti-Gallic Letters*, etc.). Sous l'Union, ce sera l'AFFAIRE GUIBORD (1869 à 1875) et la polémique qui oppose Mᵍʳ Ignace BOURGET et l'INSTITUT CANADIEN. Des écrivains ou des orateurs comme Joseph Doutre, Louis-Antoine Dessaulles, Étienne Parent, Arthur Buies, Jules-Paul Tardivel, puis, dans les années 20, Victor Barbeau et ses *Cahiers de Turc* s'illustrent alors. Des exemples notoires de l'utilisation du pamphlet à des fins politiques sont ceux des débats autour de la QUESTION DES ÉCOLES DU MANITOBA, de 1890 à 1896; des campagnes anticommunistes des années 30; des *Pamphlets de Valdombre* de 1936 à 1943; et des controverses sur la CONSCRIPTION au cours des deux guerres mondiales. En 1960, Jean-Paul DESBIENS, dans LES INSOLENCES DU FRÈRE UNTEL, et Gilles Leclerc, dans *Journal d'un inquisiteur*, abordent avec véhémence divers sujets dont celui de la langue. Les auteurs commentent l'actualité avec passion en vue de disqualifier leurs ennemis, de convaincre. Au moment de la RÉVOLUTION TRANQUILLE, des écrivains, des groupements et des revues de gauche publient de nombreux écrits polémiques au sujet de l'indépendance, du syndicalisme et des autochtones. Depuis la polémique autour de la pièce de théâtre *Les fées ont soif* (1968) de Denise Boucher, le féminisme mobilise les esprits et les plumes, tout comme les débats de 1983-1984 au sein de l' «avant-garde» poétique (entre *Les herbes rouges* et *La nouvelle barre du jour*). Les années 90 voient resurgir les grands débats autour de la question nationale, avec la réélection du Parti Québécois (1994) et le deuxième référendum sur la souveraineté. Pressés de prendre position, les intellectuels québécois ne réagissent pas avec le même enthousiasme que dans les années 60. En 1991-1992, ils sont pourtant piqués au vif par les déclarations et écrits de Mordecai Richler sur le nationalisme québécois et la thèse d'Esther Delisle sur Lionel Groulx. Des textes virulents sont échangés par les partisans des uns et des autres, notamment en 1996-1997, dans une polémique autour de Marc Angenot. Ses articles et prises de position fédéralistes en faveur de Guy Bertrand et sa dénonciation du «silence des intellectuels» sont relayés par Nadia Khouri et par René-Daniel Dubois, alors que l'essai de Monique Larue *L'arpenteur et le navigateur* (1996) déclenche l'ire de la journaliste Ghila B. Sroka. Le poète François Charron s'en mêle et l'on s'oppose allègrement sur les thèmes de la «pure-lanité», des «intégrismes culturels» et du «fascisme soft». On trouve des échos de ces fougueux débats dans la polémique entre Marc Angenot et Jacques Pelletier (qui avait déjà croisé la plume avec Jean Larose sur des questions relevant de l'éducation et de la culture). Par essais interposés, les irréductibles tournent et retournent la question du «ressentiment» qui entacherait ou non la mentalité québécoise. C'est dire qu'au terme de ce siècle, les problèmes de la nation et de l'identité font plus que jamais florès dans le petit monde des polémistes, alors que le «discours agonique» devient même un objet d'étude universitaire.

Bernard Andrès

Essai politique

Ce qui distingue les essais politiques d'autres travaux dans les domaines de l'histoire, de la sociologie ou de la science politique, c'est leur liberté de pensée et l'implication d'un sujet dans l'écriture. Les mémoires, souvenirs, notes, journaux personnels peuvent se rapprocher plus ou moins de l'essai politique, tel le *Journal tenu pendant la Commission royale d'enquête sur le bilinguisme et le biculturalisme* par André Laurendeau, publié en 1990, où l'on retrouve les qualités de l'éditorialiste du *Devoir* doublé d'un écrivain. Mais les mémoires politiques sérieux sont rares: les plus lucides et toniques sont ceux d'un artisan, d'un artiste de la Révolution tranquille, Georges-Emile Lapalme (3 vol., 1969-1973), coincé entre Duplessis et Louis Saint-Laurent.

Les essais politiques ou idéologiques les plus lisibles du XIXᵉ siècle ne sont pas dus à des leaders et orateurs, mais à l'historien François-Xavier Garneau et aux observations, discussions, rêves ou constructions de journalistes professionnels: Étienne Parent, Louis-Antoine Dessaulles, Arthur Buies, dont on a recueilli les conférences, les chroniques, accessibles dans les éditions critiques de la «Bibliothèque du Nouveau Monde» (PUM). *L'Avenir du peuple canadien-français* (1896), d'Edmond de Nevers, formé en Europe, lui aussi, est un essai critique et prophétique, pessimiste et idéaliste. Au XXᵉ siècle, les essais politiques les plus originaux sont encore l'œuvre de journalistes cultivés (Olivar Asselin, Jules Fournier, Laurendeau) et d'historiens engagés (Lionel Groulx, Michel Brunet). Conservateurs ou libéraux, ils sont tous nationalistes en ce sens qu'ils posent et repensent radicalement les problèmes d'identité et de développement des Canadiens-français.

La fondation par de jeunes intellectuels de revues sociopolitiques indépendantes des partis officiels – *Cité libre* (1950-66), *Parti pris* (1963-68) – favorise une éclosion d'essais diversifiés, à la fois libres et engagés dans l'action, nationalistes (ou nationaux) et ouverts sur le monde. Le recueil d'articles, études et témoignages, *la Grève de l'Amiante* (1956), avec une introduction substantielle de Pierre Elliott Trudeau, est le prototype de la collaboration qui s'organise entre les chercheurs, les communicateurs, les agents sur le terrain. Plusieurs ouvrages collectifs sont le fruit de colloques, tel celui de Cerisy-la-Salle, France, *le Canada au seuil du siècle de l'abondance* (1969). Les indépendantistes produisent des manifestes, déclarations, programmes, et aussi des essais denses, structurés, tels que *Le Colonialisme au Québec* (1966), d'André d'Allemagne, ou *Le Canadien français et son double* (1972), de Jean Bouthillette.

Une théorie de la décolonisation, teintée de psychanalyse, de marxisme et des expériences du Tiers-Monde, marque certains essais du début de la Révolution tranquille, p. ex., *Nègres blancs d'Amérique* (1968), de Pierre Vallières, terroriste repenti, champion de toutes les bonnes causes. Les néo-fédéralistes, du côté de Trudeau, rigide, ou de Claude Ryan, modéré, combattent les thèses néo-nationalistes par des arguments apparemment plus rationnels, mais où les statistiques et les textes de loi servent aussi bien de symboles que d'exemples. Les politologues pèsent le pour et le contre: Gérard Bergeron, *Le Canada français après deux siècles de patience* (1967); Denis Monière, *Le Développement des idéologies au Québec* (1977). Le sociologue Marcel Rioux pose clairement *La Question du Québec* (1971). Mais ce sont des écrivains comme Vadeboncœur, Jacques Ferron, Hubert Aquin, qui vont le plus loin dans l'évocation et l'analyse des aspects existentiels, personnels et collectifs, de l'horizon politique. Le partage des pouvoirs n'est pas seulement un problème constitutionnel entre Ottawa et Québec, il touche Montréal et les régions, les communautés ethniques, les femmes, les jeunes, les minorités de la (nouvelle) majorité québécoise.

La collaboration entre les premiers ministres Mulroney et Bourassa permet un temps de repos, d'espoir, propice aux Mémoires (*Attendez que je me souvienne...*, René Lévesque, 1986), au *Bilan du nationalisme au Québec* (Louis Balthazar, 1986), aux bilans de la diplomatie québécoise et du référendum – Claude Morin, *l'Art de l'impossible* (1987), *Lendemains piégés* (1988) –, ainsi que du terrorisme (Marc Laurendeau, *les Québécois violents*, 1990). L'ALENA provoque cependant une rupture entre le Québec et l'intelligentsia *canadian* nationaliste, le plus souvent de gauche. Les échecs de Meech et de Charlottetown durcissent les positions idéologiques.

La pensée libre, créatrice, a peine à se manifester après le retour de Jean Chrétien au pouvoir et le référendum *fifty-fifty* de 1995. Le passage à la politique active de politologues et de constitutionnalistes (Gérald Beaudoin, Stéphane Dion, Daniel Turp, Benoît Pelletier) enlève quelque influence à l'Université sans favoriser l'action. Le temps est aux avocats, à la Cour suprême, aux journalistes partisans, à l'activisme agressif (partitionnisme municipal, etc.). Le retrait ou la mort de plusieurs penseurs respectés (Gérard Bergeron, Léon Dion, Claude Ryan) sont compensés par l'émergence de nouveaux analystes professionnels: Christian Dufour (*La Rupture tranquille*, 1992), Alain Gagnon, Guy Laforest et surtout Lise Bissonnette (*Toujours la passion du présent*, 1998), qui quitte Le Devoir pour créer la nouvelle Bibliothèque nationale du Québec à Montréal.

En histoire politique, une tendance importante, qualifiée de révisionniste, s'applique à montrer que le Québec d'avant la Révolution tranquille était déjà largement intégré à la modernité nord-américaine: p. ex., Claude Couture, *Pierre Elliott Trudeau et le libéralisme canadien* (1996). L'ex-PM fut aussi «monolithique» dans ses dénonciations que Duplessis dans ses discours. Ce débat est mieux fondé, plus utile que les polémiques sur le «racisme» lancées par l'école sectaire de la nouvelle *Cité libre* (Esther Delisle, Nadia Khouri).

Un siècle et demi plus tard, on redécouvre (éditions, biographies, études) la pensée politique originelle du Canada français: Louis-Joseph Papineau et sa femme, Julie, Étienne Parent, François-Xavier Garneau. Voir à ce sujet l'œuvre majeure du regretté Fernand Dumont: *Genèse de la société québécoise* (1993). La question essentielle, existentielle, demeure posée: mémoire ou inconscience, survivance (individuelle) ou épanouissement (collectif), dépendance ou autonomie, confédération rééquilibrée ou État unitaire? Un autre sociologue, Roger Bernard, montre toujours menacé, inconfortable, *Le Canada français: entre mythe et utopie* (1998), entre le bilinguisme canadien officiel et l'indépendantisme québécois, dans un climat d'incompréhension réciproque et de lutte à finir.

L. Mailhot

L'essai littéraire

Contrairement à la critique littéraire, qui porte un jugement sur l'œuvre écrite, l'essai littéraire la considère librement et propose des réflexions personnelles et non définitives sur sa valeur esthétique. C'est au milieu du XIXᵉ siècle qu'il paraît pour la première fois dans les journaux et les revues, mais aussi lors de conférences données dans des cercles littéraires, comme à l'Institut canadien ou dans des groupes de lecture du même genre. Ces premières tentatives pavent la voie aux véritables essayistes littéraires: Étienne Parent, Napoléon Aubin, l'abbé Henri-Raymond CASGRAIN, Octave CRÉMAZIE, Arthur Buies et d'autres, que des préoccupations religieuses et morales incitent à aborder les questions d'ordre esthétique.

Au Québec, l'essai littéraire prend son essor au début du XXᵉ siècle selon deux axes nationaliste et régionaliste, grâce à Camille ROY, professeur à l'U. Laval, qui a étudié la «nationalisation» de la littérature canadienne-française dans une trentaine d'essais. À sa suite viendront Olivier Maurault et Émile Chartier, de l'U. de Montréal, et d'autres ténors du nationalisme, comme Lionel Groulx, dont la réflexion porte essentiellement sur la terre, la paroisse, la famille, la religion, les coutumes et les traditions. Suivra une vague d'auteurs régionalistes associés aux journaux *Le Pays laurentien, La Revue nationale* et L'ACTION FRANÇAISE (rebaptisée *L'Action canadienne-française,* puis *L'Action nationale*).

Les *parisianistes* (aussi appelés les *exotistes*) s'opposent souvent farouchement au groupe précédent et s'inscrivent dans la mouvance de la pensée française moderne, pour leurs thèmes comme pour leur écriture. Ce sont, notamment, Paul Morin, Marcel Dugas, Jean Charbonneau, Robert de Roquebrune, Olivar Asselin, Victor Barbeau et ses *Cahiers de Turc* (1921-1922, 1926-1927) ainsi que les auteurs associés au NIGOG, aux *Cahiers des Jeunes-Canada* et à LA RELÈVE. Les désaccords souvent vigoureux entre les deux groupes ont débouché en définitive sur l'affirmation d'une littérature canadienne-française autonome, mais toujours fortement influencée par la France.

Une fois cette querelle idéologique calmée, les écrivains peuvent enfin s'intéresser de plus près aux différents genres. De 1940 à 1960, l'essai occupe une place privilégiée dans le paysage littéraire. Les publications sont nombreuses: textes sur des écrivains canadiens aussi bien que français; études générales de la littérature canadienne-française proposées par des critiques comme Roger Duhamel, Benoît Lacroix et Séraphin Marion; études spécialisées portant sur le THÉÂTRE (signées Léopold Houlé et Jean Béraud), la poésie (Jeanne Crouzet) et le roman (Dostaler O'Leary); et les histoires de la littérature (Samuel Baillargeon, Berthelot Brunet, Auguste Viatte).

La Révolution tranquille a considérablement dynamisé l'enseignement de la littérature québécoise et, partant, la multiplication des essais littéraires (*Voir* LITTÉRATURE DE LANGUE FRANÇAISE: ÉRUDITION ET ENSEIGNEMENT DE LA). Outre les études de la littérature et des mouvements qui la forment (le roman historique, le roman du terroir, le nationalisme littéraire, *Parti pris,* les AUTOMATISTES, le surréalisme), de nombreux essais abordent les différents genres littéraires: le roman (Gérard Bessette, Yves Dostaler, Jacques Blais, Maurice Lemire, Gilles Marcotte, Mireille Servais-Maquoi, Henri Tuchmaïer), le théâtre (Michel Bélair, Beaudoin Burger, Jacques Cotnam, Martial Dassylva, Jan Doat, Jean-Cléo Godin et Laurent Mailhot, Chantal Hébert, Édouard-G. Rinfret), la poésie (Paul Gay, Philippe Haeck, Jeanne d'Arc Lortie, Axel Maugey) et l'essai littéraire (Jean Terrasse). Les publications sont diverses: réflexions sur des thèmes précis (la famille, l'hiver, etc.), nombreuses monographies consacrées aux écrivains canadiens-français, études générales de la littérature québécoise (Guy Laflèche, Gilles Marcotte, Jean Ménard, Guy Robert) et histoires de la littérature (Pierre de Grandpré, Laurent Mailhot, Gérard Tougas). On note aussi la parution de plusieurs essais littéraires collectifs (p. ex., les *Archives des lettres canadiennes*) et d'anthologies (entre autres, l'*Anthologie de la littérature québécoise,* dirigée par Gilles Marcotte, et le *Dictionnaire des œuvres littéraires du Québec,* dirigé par Maurice Lemire). Ce sont là des ouvrages éminemment utiles, même si leur teneur les apparente plus à la critique littéraire qu'à l'essai. Il est bien rare que les essayistes québécois se penchent sur des problématiques générales à la manière des Européens. Enfin, même s'ils sont parfois conçus pour un public assez vaste, la plupart des essais littéraires québécois sont destinés aux étudiants et aux professeurs des collèges et des universités du Québec et de l'extérieur.

Gilles Dorion

Estevan, ville de la Sask.; pop. 10 752 (rec. 1996), 10 240 (rec. 1991), 10 161 (rec. 1986); superf. 17,67 km²; const. en 1957; située aux abords de la RIVIÈRE SOURIS, à 210 km au sud-est de Regina et à 16 km au nord de la frontière américaine. Estevan est la capitale canadienne de l'ensoleillement et bénéficie en moyenne de 2499,9 heures d'ensoleillement par année, soit plus que toute autre ville du pays.

L'emplacement de la ville est arpenté en 1892, à l'endroit où la ligne Soo du chemin de fer du Canadien Pacifique traverse la rivière. Par la suite, la ville grandit de façon constante, grâce surtout à son double rôle de centre commercial et de centre énergétique. Les vastes gisements de lignite de la région apparaissent très tôt comme une source précieuse de combustible dans ces plaines déboisées, de sorte que l'exploitation minière se développe rapidement et garde encore toute son importance. Vers la fin des années 50, la construction par la Saskatchewan Power Corporation de la centrale du Boundary Dam, alimentée au lignite, confirme la position d'Estevan comme «capitale énergétique» de la Saskatchewan. Pour sa part, la centrale électrique de Shand est construite entre 1988 et 1992. Ces deux centrales occupent respectivement les premier et troisième rangs parmi les centrales électriques de la province. Les deux barrages controversés de Rafferty et d'Alameda sont érigés en partie pour alimenter la centrale électrique de Shand. Ils servent aussi à l'irrigation et à la lutte contre les inondations. On y découvre du pétrole dans les années 50, et l'industrie pétrolière joue un rôle important dans l'économie locale.

Don Herperger

Estoniens Ils n'appartiennent pas au groupe linguistique des langues indo-européennes, mais à celui des langues finno-ougriennes. Entre 1900 et 1944, moins de 3000 Estoniens émigrent au Canada. Sur les 72 000 réfugiés politiques estoniens qui fuient leur pays en 1944 pour gagner la Suède ou l'Allemagne, près de 14 000 émigrent au Canada entre 1946 et 1955. De 1947 à 1949, près de 1600 d'entre eux traversent l'Atlantique sur des «vikings» de 9 à 20 m de longueur, achetés en Suède. Depuis 1960, il n'y a pratiquement plus d'immigration estonienne. D'après le recensement de 1996, il y aurait 22 695 Canadiens d'origine estonienne au pays (réponse simple et multiple).

Migration et établissement Quelques petites communautés agricoles estoniennes émergent dans le sud de l'Alberta au cours de la première moitié du siècle, mais la plupart des immigrants estoniens d'avant-guerre s'établissent dans les zones urbaines. Les immigrants d'après-guerre se fixent dans les villes industrielles, surtout Toronto, qui compte plus de 50 p. 100 de la population estonienne du Canada depuis 1960. On trouve également une communauté estonienne importante à Montréal, à Vancouver et à Hamilton.

Vie sociale et culturelle Grâce à leurs compétences professionnelles, les immigrants estoniens s'adaptent assez facilement, même s'il est rare qu'ils puissent continuer à exercer leur ancienne occupation. Aujourd'hui, les Canadiens d'origine estonienne comptent parmi les groupes ethniques dont le niveau moyen de scolarisation et les revenus sont les plus élevés. Les Estoniens ont contribué en particulier au développement du sport amateur, et surtout à Toronto et à Vancouver, à l'architecture et à l'industrie de la construction.

Survivance du groupe Depuis les années 50, la communauté estonienne maintient un réseau étendu d'organisations ethniques, surtout à Toronto, et entretient des liens étroits avec les communautés de la diaspora estonienne aux États-Unis, en Suède, en Australie, en Angleterre et en Allemagne de l'Ouest. Tous les quatre ans, ces communautés organisent un festival mondial estonien d'une durée d'une semaine qui se tient en alternance au Canada (à Toronto), aux États-Unis, en Suède et en Australie.

Les communautés estoniennes à l'étranger entretiennent une forte tradition de chant choral, de théâtre, de danse folklorique, de sport amateur et de scoutisme. Toutefois, comme les Estoniens se sont bien intégrés à la société canadienne, c'est uniquement à Toronto qu'un nombre important d'Estoniens des deuxième et troisième générations parlent leur langue au foyer.

K. Aun

Esturgeons Grands poissons primitifs osseux de la classe des actinoptérygiens et de la famille des acipenséridés. Il en existe 24 espèces appartenant à 4 genres qui vivent dans les eaux douces et les eaux côtières de l'hémisphère Nord. Au Canada, on en compte 5 espèces qui appartiennent toutes au genre acipenser: l'esturgeon blanc et l'esturgeon vert vivent dans les eaux et les cours d'eau côtiers du Pacifique; l'esturgeon jaune se trouve dans les eaux douces à l'est des ROCHEUSES; et l'esturgeon noir ainsi que l'esturgeon à museau court se rencontrent dans les eaux et les cours d'eau côtiers de l'Atlantique. Quelques populations de chacune des espèces canadiennes s'aventurent parfois en eau saumâtre ou en eau salée.

Description Les esturgeons forment un groupe ancien et certains fossiles remontent au crétacé supérieur (il y a 98,9 à 65 millions d'années). Ils se distinguent par leur long museau sous lequel se trouvent quatre barbillons (des appendices allongés), leur bouche sans dent et, sur leur corps, cinq rangées de plaques osseuses semblables à des boucliers. Le lobe supérieur de la nageoire caudale est plus long et plus mince que le lobe inférieur.

La croissance des esturgeons est généralement lente, mais ils peuvent atteindre de très grandes tailles. En 1897, on capture un esturgeon blanc de 629 kg dans le Fraser, à New Westminster, en Colombie-Britannique. Dans le Saint-Laurent, on pêche un esturgeon noir de 160 kg qui mesure 267 cm et est âgé de 60 ans. Un esturgeon noir femelle doit avoir au moins 10 ans avant de se reproduire. Le frai a généralement lieu dans des cours d'eau où le courant est fort. Ils grandissent de 22 cm en 1 an, de 49 cm en 5 ans et de 90 cm en 10 ans.

Régime alimentaire Les esturgeons se nourrissent habituellement d'invertébrés de fond (p. ex., des larves d'insectes, des amphipodes, des mollusques et des vers marins), mais certaines espèces mangent aussi des poissons. Ils se nourrissent au fond en utilisant leurs lèvres suceuses saillantes et localisent probablement leur nourriture à l'aide de leurs barbillons.

Importance de la pêche Les esturgeons sont des poissons de grande importance commerciale. La chair, délicieuse fraîche ou fumée, ainsi que le caviar ont une valeur marchande élevée. Les populations connaissent une diminution considérable. En effet, en 1845, on pêche 800 000 kg d'esturgeon jaune dans le lac des Bois, en Ontario, et en 1957, les prises représentent seulement 0,005 p. 100 des captures maximales. La pollution, les barrages (*voir* BARRAGES ET DÉRIVATIONS) infranchissables et la surpêche ajoutés à une maturité naturellement tardive en sont tous responsables.

L'esturgeon blanc, qui est populaire auprès des pêcheurs à la ligne des fleuves Fraser, Kootenay et Columbia, est protégé depuis 1993, et seule la pêche avec remise à l'eau est permise. L'esturgeon à museau court est classé comme une espèce vulnérable par le COMITÉ SUR LE STATUT DES ESPÈCES MENACÉES DE DISPARITION AU CANADA comme une espèce menacée aux États-Unis. Les autres espèces d'esturgeons du Canada, entre autres l'esturgeon jaune également recherché par les pêcheurs à la ligne, connaissent aussi des diminutions de population dans certaines parties de leur aire de répartition. (*Voir aussi* ANIMAUX EN VOIE DE DISPARITION.)

D.E. McAllister

Établissements sportifs Au Canada, les établissements sportifs (patinoires, stades, pistes de curling, piscines et aménagements olympiques) sont parmi les bâtiments culturels les plus importants au pays. En effet, on peut penser que les règles du sport (qui sont les mêmes de St. John's à Victoria et qui sont reconnues par tous ceux qui utilisent ces lieux d'exercice et d'entraînement) ont rapproché les Canadiens bien plus que la langue, la politique ou le patrimoine national. Les arénas, d'une capacité de 21 000 personnes, et les stades, qui peuvent contenir jusqu'à 65 000 spectateurs, sont parmi les lieux de rassemblement intérieur les plus grands au Canada. Au cours de l'histoire, ces édifices ont été les hôtes des COUPES STANLEY, des COUPES GREY, des Séries mondiales et de concerts de musique pop. Ils concrétisent les espoirs, les rêves, les triomphes et les plus précieux souvenirs d'un grand nombre de Canadiens.

Les arénas et les stades ont un statut de sanctuaire pour certains. Lorsque le grand Howie MORENZ, joueur de l'équipe de hockey des CANADIENS DE MONTRÉAL, est décédé en 1937, le service funèbre a eu lieu au Forum de Montréal devant 15 000 fans. Et, lorsque le vénérable Forum a fermé ses portes en 1996 (après 72 ans), l'événement a été caractérisé par tout l'apparat et le symbolisme des cérémonies généralement associées à la désacralisation d'un édifice religieux. Cela illustre bien le statut mythique du Forum. Combien d'autres édifices ont fait l'objet d'un enthousiasme partagé par autant de personnes? Il semble que les établissements consacrés aux sports des ligues majeures ne sont pas les seuls à être portés aux nues. Dans son livre *Home Game*, Ken DRYDEN montre comment les petits arénas très répandus de type Quonset, dont le Canada est parsemé, ont été de véritables centres culturels ayant servi de lieu de rassemblement pour nombre de petites collectivités.

En dépit de leur popularité et de la dévotion de ceux qui les utilisent, l'architecture des établissements sportifs a rarement fait l'objet d'études. C'est pour cela que l'importante contribution du Canada, principalement au niveau du design et de la construction des premières patinoires et arénas, est passée presque inaperçue. La première patinoire couverte et le premier aréna au monde sont construits en 1902, respectivement à Québec et à Montréal, à l'époque où les nombreuses pistes de curling intérieures suscitent l'envie des visiteurs écossais.

Cependant, l'architecture n'est pas un préalable pour pratiquer le sport. En effet, le sport a existé et continuera d'exister en l'absence d'édifices. Au Canada, c'est vers le milieu du siècle dernier que les premiers édifices destinés au sport sont construits pour l'utilisation privée des membres du club qui ont de l'argent et du temps à consacrer à de telles activités. Vers la fin du siècle, plusieurs facteurs influencent la demande d'installations sportives, notamment la professionnalisation du sport et l'augmentation d'une population urbaine mieux nantie disposant de temps de loisir. On construit alors des édifices commerciaux où l'on peut s'adonner aux sports ou assister à des matchs. Les autorités municipales construisent aussi des établissements sportifs et récréatifs pour leurs citoyens et dans le but d'embellir la ville.

Les établissements sportifs sont presque toujours situés à proximité de ceux qui les utilisent, que ce soit les membres d'un club ou les fans. Dans les villes du XIXe siècle, les premières patinoires et les premières pistes de CURLING sont situées au centre-ville, généralement le long des circuits empruntés par le transport en commun. Cette tendance se poursuit de nos jours. Cependant, dans la période d'après-guerre, la prolifération des voitures et la croissance des banlieues poussent certains propriétaires à construire des arénas et des stades à l'extérieur du centre-ville, plus près des utilisateurs de classe moyenne qui sont heureux de pouvoir s'y rendre aisément en voiture et de n'avoir aucun problème de stationnement.

De nos jours, les arénas et les stades comprennent généralement une surface de jeu entourée de rangées de gradins disposées en quinconce à un angle de 30 à 35 degrés pour permettre aux spectateurs de mieux voir. La structure du toit varie ainsi que les matériaux utilisés. La forme et la fonction de tels édifices s'inspirent des arènes construites par les Romains il y a plus de 2000 ans. Les petites et les grandes collectivités continuent d'utiliser de simples structures composées d'une estrade et d'une aire de jeu, couvertes ou en plein air. Par contre, les installations destinées aux sports des ligues majeures sont devenues de plus en plus imposantes et sophistiquées. En effet, elles ont dû s'adapter à la popularité croissante du sport professionnel et à sa commercialisation afin d'offrir une variété d'événements sportifs, ce qui d'ailleurs n'a fait que rendre la frontière entre le sport et le spectacle de plus en plus floue.

Les historiens qui s'intéressent à l'économie et à l'urbanisme soulignent que la présence d'une concession sportive (et du stade ou de la patinoire qui l'accompagnent) est devenue la marque distinctive de chaque grande ville en Amérique du Nord. De plus en plus de villes canadiennes sont maintenant identifiées par les palais des sports qu'elles construisent. Citons, à titre d'exemples, le Stade olympique de Montréal, le Skydome de Toronto et le Saddledome de Calgary. Ainsi, les bénéfices économiques, réels ou imaginaires, résultant de la présence d'installations accueillant des équipes des ligues majeures sont maintenant l'argument de taille utilisé par les propriétaires d'équipes pour convaincre les gouvernements d'affecter des fonds publics à leurs opérations sportives lorsque celles-ci sont menacées ou en difficulté. Tout récemment, ce discours a pris des couleurs nationalistes, particulièrement à l'égard du HOCKEY SUR GLACE, le sport «national» du Canada.

De leur côté, les sociologues du sport soutiennent que les nouveaux arénas et les nouveaux stades qui ont remplacé les édifices traditionnels sont fondamentalement différents de ces derniers qui avaient été construits en fonction des mordus du sport. Selon eux, les nouveaux édifices ne sont pas construits pour les loyaux partisans, mais pour un consommateur bien nanti et capable de se déplacer facilement. L'homogénéité de l'expérience vécue dans ces nouveaux édifices par les fervents du sport est, selon eux, symptomatique des changements qui ont lieu dans le sport (particulièrement au hockey), et, en général, elle démontre que le sport ne se rattache plus à un lieu précis ou à l'histoire d'une municipalité.

Baseball Le premier terrain de baseball au Canada est le Tecumseh Park, construit à London (Ontario) en 1877 pour les London Tecumsehs, équipe de baseball locale. Sa construction a coûté plus de 3000 dollars et le *Canadian Illustrated News* déclare qu'il s'agit «sans aucun doute du meilleur terrain de tout le Dominion». Le terrain n'est rien de plus qu'une clôture délimitant l'aire de jeu et empêchant le bétail errant de s'aventurer sur le terrain, une estrade couverte où peuvent s'asseoir 600 personnes et une place réservée à la presse équipée d'un fil à télégraphe qui permet d'annoncer les scores des matchs se disputant ailleurs. Comme c'est le cas de plusieurs autres de ces premières structures, elles sont faites de bois, soit parce qu'elles ne sont pas destinées à durer soit parce qu'elles sont construites ainsi pour faciliter le démontage et le transport vers un nouveau lieu d'accueil. D'ailleurs, c'est un fait notoire que les clubs de baseball de cette époque ne sont pas fiables: ils changent de ville facilement et fréquemment. Ainsi, dans les années 1860 et 1870, les terrains de baseball ne durent pas plus de cinq ou six ans. Des terrains du même genre sont construits à Toronto (Sunlight Park, 1866), à Montréal (Atwater Park, 1890), probablement sans l'aide d'architectes.

Le Hanlan's Point Ball Field est utilisé par l'équipe de ligue mineure des Maple Leafs de Toronto de 1897 à 1901, puis de 1909 à 1925. Le propriétaire du terrain, Lol Solman, a aussi des intérêts dans le Toronto Island Ferry Service que les fans doivent utiliser pour se rendre aux matchs. Solman a tout simplement adapté une pratique courante aux États-Unis par laquelle les compagnies de trolleys achètent des équipes de baseball afin de bénéficier des tarifs des trolleys transportant les gens au terrain (évidemment situé le long du circuit) et des recettes provenant de la vente de billets.

En 1926, les MAPLE LEAFS DE TORONTO déménagent au Maple Leaf Stadium situé sur Lakeshore Drive à Toronto: c'est bien loin de Hanlan's Point. Le stade, conçu par les architectes Chapman, Oxley et Bishop au coût de 300 000 dollars, consiste en une tribune couverte de deux étages pouvant accueillir 20 000 spectateurs. Le niveau supérieur comprend une arcade qui trace les lignes du premier et troisième buts formant ainsi un «V» dont la pointe arrive au marbre. Un autre étage est planifié mais n'est jamais construit, car il n'y a pas d'équipe dans les ligues majeures capable d'attirer les foules nécessaires pour le remplir.

Les composantes de base de cet édifice sont reproduites à Montréal au stade De Lormier Downs (Stade Hector Racine). Conçu par l'architecte John S. Archibald en 1927, les matériaux comprennent du béton armé, recouvert à l'extérieur de briques et de pierres, et des poutres d'acier triangulées supportant un toit en porte-à-faux qui recouvre une partie des estrades. Ces édifices qui peuvent recevoir un plus grand nombre de spectateurs et qui sont construits à l'aide de matériaux permanents témoignent de la stabilité et de la popularité du baseball à cette époque.

Il faut attendre jusqu'en 1969 pour que le baseball majeur arrive au Canada avec l'équipe des EXPOS DE MONTRÉAL. L'équipe des Expos commence à jouer au Parc Jarry, terrain qui existait déjà mais qui est réaménagé pour recevoir 28 000 spectateurs. On peut également mesurer la popularité du baseball au Canada par la quantité de terrains destinés aux équipes des ligues mineures qui se trouvent dans chaque ville pouvant se le permettre. Citons le Stade municipal de Québec, le Foothills Baseball Stadium de Calgary, le John Ducey (Telus) Park d'Edmonton et le Nat Bailey (Capilano) Stadium de Vancouver. D'une capacité d'environ 7000 spectateurs, ces petits stades favorisent généralement les rapports entre les spectateurs tout en leur permettant d'être près du jeu et d'avoir une vue de la ville environnante ou du paysage. On tient compte de ce dernier aspect dans le design des nouveaux stades comme celui du Camden Yards de Baltimore et celui proposé en 1997 pour le centre-ville de Montréal.

Football Un grand nombre de stades de FOOTBALL au Canada comme le Empire Stadium de Vancouver (1954), le Stade olympique de Montréal (1976) et le Commonwealth Stadium d'Edmonton (1978) ont été construits, à l'origine, pour les Jeux olympiques ou les Jeux du Commonwealth et, à la fin des jeux, ont trouvé d'autres fonctions. De son côté, le Automotive Stadium, connu sous le nom d'Autostade de Montréal, domicile temporaire des Alouettes de la Ligue canadienne de football, a été conçu par Victor Prus et Maurice Desnoyers et achevé en 1966 pour l'EXPO 67. Afin de pouvoir démonter le stade et le déménager vers un autre lieu, les architectes ont utilisé une structure en segments comprenant 19 tribunes individuelles mais reliées entre elles, chacune pouvant accueillir 40 personnes. BC Place à Vancouver (architectes de la firme Phillips Barratt, 1983) fait partie d'un plan de renouveau urbain anticipant en vue de l'EXPO 86 (exposition internationale sur les transports et les communications). C'est le premier stade couvert au Canada et il possède le plus grand toit de plastique gonflable au monde. La structure des quatre étages du stade est de béton armé et mesure 236 m sur 195 m. Le dôme qui la recouvre est fait d'un matériau à haute résistance renforcé par des câbles. C'est un édifice étanche qui, grâce à la pression interne de l'air, demeure gonflé au-dessus de l'aire de jeu faite de gazon synthétique. Le Vélodrome de Montréal, à l'origine une infrastructure olympique pour les cyclistes, est devenu le Biodôme, un écomusée de l'environnement.

Le Stade olympique de Montréal, conçu par l'architecte français Roger Taillibert, est probablement le stade le plus décrié de tous. Le coût astronomique final (qui s'élève à plus d'un milliard de dollars), les scandales politiques et les défauts de structure liés à cette grosse masse de béton ne le rendent pas très populaire auprès des Montréalais. Bien que le stade ait réussi à recevoir les dizaines de milliers de spectateurs qui ont assisté à une grande variété d'épreuves sportives lors des Jeux olympiques de 1976, il n'a toutefois pas bien servi les utilisateurs après les jeux. Les deux équipes des ligues majeures qui le louent, les Expos de Montréal et les ALOUETTES DE MONTRÉAL, recherchent ou ont déjà trouvé des stades plus intimes et plus près du centre-ville. Cela étant dit, il demeure que très peu de stades au Canada peuvent s'enorgueillir d'avoir une beauté structurelle ou un dynamisme comparable.

Le Skydome de Toronto est le premier stade au Canada à être conçu pour le baseball des ligues majeures et le premier qui ait un toit complètement escamotable. (C'est le Houston Astrodome, construit en 1965, qui est le premier stade couvert à posséder une surface en gazon synthétique.) Le Skydome, conçu par l'architecte Rod Robbie et l'ingénieur Michael Allen, ouvre ses portes en 1989 et sert aussi de site aux Argonauts de la Ligue canadienne de football. Le toit, en forme de dôme, protège plus de 60 000 spectateurs des intempéries et peut être escamoté en 20 minutes pour permettre à la lumière naturelle de pénétrer dans le stade. Construit au coût de près de 500 millions de dollars, le complexe comprend un hôtel de 11 étages et 360 chambres (dont 71 ont une vue sur le terrain), un restaurant pouvant asseoir 600 personnes, un club de santé, une station de télévision et une aire destinée aux sports et aux activités récréatives. Selon l'architecte, «Ce n'est plus un stade de baseball, c'est un palais des plaisirs».

Natation Au cours du XIXᵉ siècle, des aménagements temporaires en bois pour les bains publics sont construits en différents lieux. Ce n'est qu'au début du XXᵉ siècle qu'on construit des structures plus permanentes pour les baigneurs. Elles sont de deux types: des piscines généralement situées près des bassins d'eau naturels et des bains publics (des bassins qui se trouvent dans des bâtiments construits à cet effet) situées dans les villes.

Les pavillons de bain consistent généralement en des bâtiments longs et bas qui comprennent une ou plusieurs tours. En 1909, un tel bâtiment est construit en béton le long de la English Bay près de Vancouver pour remplacer l'ancienne structure faite de bois. Le Sunnyside Bathing Pavilion situé le long de Lakeshore Drive à Toronto est conçu par Chapman, Oxley et Bishop (1922) dans un style italien; le stucco coloré recouvre béton et brique. En plus de fournir un abri et un endroit pour se changer ou se rafraîchir, ces bâtiments servent aussi de théâtre pour des activités agréables auxquelles ils ajoutent une ambiance particulière.

Des années 1910 aux années 1930, plusieurs bains publics sont construits au cœur de Montréal. Ils sont conçus par certains des plus éminents architectes de l'époque et constituent un cadeau remarquable de la ville à ses citoyens. Du Bain Maisonneuve (1914-1916), conçu par Marius Dufresne dans le style classique et grandiose des Beaux-Arts, jusqu'au plus modeste Bain Généreux (1926-1927) avec son intérieur remarquable de béton armé conçu par Jean-Omer Marchand, non seulement ces bains servent de lieu d'exercice et d'hygiène mais ils embellissent également la ville.

Curling Les hivers longs et froids font du Canada un lieu naturel pour la pratique du curling, du patinage et du hockey sur glace. Les patinoires couvertes

sont d'abord construites pour protéger du froid et pour la tenue de matchs et d'activités sociales en soirée. Les premières pistes de curling intérieures voient le jour en 1837. Toutefois, plusieurs d'entre elles sont aménagées dans des granges ou des hangars existant déjà. En 1870, il n'est pas rare de trouver des pistes construites spécialement pour le curling. Elles consistent en deux à huit surfaces de glace à l'intérieur de hangars dont les fenêtres situées sur un ou deux côtés laissent passer la lumière. En fait, beaucoup de ces lieux sont utilisés à des fins diverses notamment le patinage, puis plus tard, le hockey. Les mêmes bâtiments comprennent parfois des salles de quilles, des aires pour le tir à l'arc ou des salles de réceptions pour le confort des membres privés bien nantis.

La façon de disposer la surface de glace et l'espace réservé aux spectateurs varient. P. ex., l'intérieur du Thistle Curling Club de Montréal, construit en 1870, consiste en un toit plat soutenu sur toute sa longueur par des colonnes séparant deux surfaces de glace. Les spectateurs peuvent regarder la partie soit de l'une des extrémités de la glace, soit à partir d'une étroite bande surélevée divisant les deux surfaces de glace. Les utilisateurs entrent par le pavillon à deux étages qui abrite les bureaux, les vestiaires et des salles de réception d'où l'on peut voir la glace.

Les grandes salles sans colonnes sont d'abord construites à partir d'armatures de bois recourbées. Parfois, elles imitent les granges traditionnelles dont l'espace se prête aux tribunes élevées en porte-à-faux comme au Toronto Curling Club Rink (1877). Les patinoires pour le curling atteignent des dimensions assez spectaculaires à la fin du XIXᵉ siècle. Le Granite Club Rink de Toronto, conçu par l'architecte Norman B. Dick en 1880, comprend un hangar avec six surfaces de glace et un *club house* de briques de deux étages. Le bâtiment est construit 50 pieds au-dessus d'une surface de glace de 20 000 pieds carrés. Il a la forme d'une basilique, des allées en contrefort de chaque côté, des fenêtres de lanterneau et six hautes fenêtres en forme d'arc. À l'époque, c'est un bâtiment très imposant, car Toronto, au XIXᵉ siècle, comprend très peu d'édifices de cette taille.

Patinage sur glace La première patinoire couverte au monde est construite à Québec en 1852. Située du côté sud de la Grande-Allée, le Quebec Skating Club est un édifice à deux étages au toit en pente. Sa longue et rectangulaire surface de glace est divisée par une rangée de colonnes supportant un toit relativement bas qui lui donne l'apparence d'une piste de curling, fonction que le club a probablement eu à un moment donné.

De 1850 à 1900, deux autres types de patinoires sont construits au Canada. Le premier type est celui du Victoria Skating-Rink, construit à Montréal en 1862 et conçu par la firme d'architectes Lawford et Nelson. Il s'agit d'un long édifice de briques (252 pieds sur 113 pieds) de deux étages recouvert d'un toit en pente de 52 pieds de hauteur soutenu à l'intérieur par d'élégantes fermes de bois recourbées qui partent du sol et occupent toute la largeur. La surface de glace mesure 200 pieds sur 85 pieds (dimensions approuvées par la Ligue nationale de hockey). Elle est entourée d'une plate-forme ou promenade de 10 pieds de largeur, construite environ un pied au-dessus de la glace, sur laquelle les spectateurs se tiennent et les patineurs se reposent. De hautes fenêtres aux formes arrondies, disposées sur toute la longueur des murs de côté, laissent filtrer la lumière tandis que le patinage de soirée est possible grâce à des centaines de lampes à gaz qui seront remplacées, plus tard, par des projecteurs électriques. À la base, ce type de bâtiment requiert un hangar couvert par un long toit s'étalant en largeur. Parmi les modèles qui ont pu servir d'inspiration aux architectes, on trouve les hangars militaires de manœuvre construits pour la première fois à Toronto, Hamilton et London à partir de 1863, et les quais couverts des gares qui, vers 1850, s'étendent sur une surface de près de 100 m.

Vers 1880, le Victoria Skating-Rink, la patinoire qui surpasse, selon certains, toutes les autres patinoires d'Europe et d'Amérique, tant par sa taille que par la qualité de ses installations, compte 2 000 membres dont la plupart appartiennent à la bourgeoisie de Montréal et peuvent se permettre d'assister aux bals masqués qui y ont lieu régulièrement. Le 3 mars 1875, la patinoire est l'hôte du premier match de hockey disputé selon des règlements qui ressemblent à ceux d'aujourd'hui; deux équipes de l'U. McGill s'y affrontent. Lorsqu'en 1893, la patinoire accueille pour la première fois les finales de la Coupe Stanley, le bâtiment comprend alors un balcon surélevé pour recevoir un plus grand nombre de spectateurs et une loge en saillie. La forme de cet édifice sera reprise des dizaines de fois dans tout le pays. Citons à titre d'exemples, le Skating Club Rink de Québec (1877), conçu par l'architecte William Tutin Thomas, le Granite Club Ice Rink de Toronto (1880) conçu par William B. Dick, architecte et, en 1904, le Sherman (Calgary Auditorium) Rink. Le modèle a ensuite été adapté et consacré dans les centaines de patinoires de type Quonset qui continuent à être construites dans tout le pays.

Le deuxième type de patinoire couverte, un bâtiment au toit en forme de dôme circulaire ou octogonal et de plan centré, ressemble davantage à une salle de concert comme celle du Royal Albert Hall à London (1867-1871) et semble plus populaire dans l'Est du Canada. Le Victoria Skating Rink de Saint-Jean (au Nouveau-Brunswick), conçu par Charles Walker et construit en 1864-1865 constitue un des exemples les plus spectaculaires de ce type de patinoire. Un dôme monumental surmonté d'une coupole et une entrée en forme d'arc de triomphe caractérisent cet édifice de plus de 160 pieds de diamètre et quelque 80 pieds de hauteur. À l'intérieur, se trouve une structure conique en bois qui part du centre du toit et descend en spirale décroissante jusqu'à la glace. Cette structure comprend des plates-formes pour les spectateurs et une scène pour les musiciens qui, parfois, accompagnent les patineurs. Un article du *Saint John Morning News*, publié le lendemain de l'ouverture, permet de mieux comprendre la forme inhabituelle de l'édifice. On y explique que: «Le style du bâtiment et son excellente ventilation ont été ainsi conçus pour libérer l'air de cette atmosphère dense et désagréable qui, parfois, envahit les patinoires construites différemment». Quoi qu'il en soit, les patinoires de ce genre ne se sont pas multipliées, probablement à cause des possibilités limitées qu'elles offrent pour d'autres usages, notamment le hockey.

Hockey La construction du Wesmount (Montréal) Arena, probablement conçu par l'architecte montréalais R.M. Rodden (ou par Cajetan Dufort, un des investisseurs), se termine en 1898. C'est la première patinoire au monde construite pour le hockey. Les patinoires construites antérieurement avaient été utilisées pour les matchs de hockey disputés à l'intérieur et pouvaient offrir jusqu'à 3000 places debout. Toutefois, les spectateurs, à l'étroit sur les promenades entourant la glace, avaient une vue très limitée. Or, le Westmount Arena peut asseoir 6000 spectateurs dans une estrade en pente entourant toute la surface de jeu. Cette dernière est limitée par une bande de quatre pieds de hauteur (les patinoires à Ottawa et à Kingston avaient déjà introduit une bande de 12 pouces de hauteur). On peut dire que la patinoire est conçue pour le hockey car la Montreal Arena Company, qui en a la propriété, a été fondée spécialement dans le but de tirer profit de l'intérêt grandissant pour le hockey amateur en construisant une patinoire où auraient lieu les matchs.

Du fait qu'elles protègent les joueurs et les spectateurs des rigueurs du climat, les patinoires intérieures jouent un rôle important dans la popularité grandissante du hockey. Elles ont aussi un effet direct sur le jeu lui-même. Comme elles offrent une surface plus petite que celles des étangs ou des lacs gelés, le nombre de joueurs par équipe passe de huit ou neuf en 1875 à six en 1913. La rondelle remplace la balle de caoutchouc et l'introduction de la bande autour de la glace pour protéger les spectateurs influence à son tour l'évolution du hockey. Certains joueurs innovent en introduisant le contrôle de la rondelle, la passe à un coéquipier en faisant glisser la rondelle et la passe par la bande. Ces innovations permettent au hockey de se distinguer davantage des autres sports à partir desquels il aurait évolué: le *shinty*, le *bandy*, le *hurling* et le hockey sur gazon.

La génération suivante de patinoires destinées au hockey suit la création de la LIGUE NATIONALE DE HOCKEY (LNH) en 1917. Comme ce fut le cas pour les stades de baseball, les patinoires pouvant recevoir un plus grand nombre de spectateurs illustrent la popularité grandissante du hockey. Le Forum de Montréal, conçu par John S. ARCHIBALD en 1923-1924, contient 10 300 sièges recouverts d'un toit en appentis soutenu par des colonnes intérieures; ces dernières ont été enlevées lors des rénovations de 1968. Le Maple Leaf Gardens de Toronto, conçu par Ross et Macdonald en 1929-1931, loge, à l'origine, 13 000 spectateurs sous un toit en dôme et chaque siège offre une vue libre de tout obstacle. Ces deux derniers bâtiments sont situés au centre-ville et sont desservis par les transports en commun; ils offrent d'autres attraits tels que des salles de quilles, des restaurants et des boutiques au rez-de-chaussée. Le Maple Leaf Gardens est également digne de mention pour avoir réservé un espace aux médias. La diffusion nationale des matchs à la radio par Foster HEWITT se fait à partir d'une cabine (nommée ainsi à cause des cabines des dirigeables) suspendue à une hauteur de 56 pieds au-dessus du centre de la patinoire. Cette cabine fait partie intégrante du bâtiment dans les plans originaux.

Dès 1895, aux États-Unis, on installe dans les patinoires des appareils pour fabriquer la glace artificielle, mais il faudra attendre 1911 pour que Frank et Lester Patrick introduisent ces appareils au Canada dans leurs deux nouveaux arénas de Victoria et Vancouver. Cet élément joue un rôle important dans l'essor toujours plus grand du hockey, car il permet de rallonger la saison et assure la tenue des matchs quelle que soit la température. Le Forum de Montréal et le Maple Leaf Gardens se pourvoient d'appareils pour la fabrication de la glace. Cela consiste en plusieurs «kilomètres» de petits serpentins de métal encastrés dans le plancher et par lesquels on fait passer un flot continu de saumure à basse température qui refroidit le plancher et fait geler l'eau que l'on étend à la surface, généralement jusqu'à un pouce d'épaisseur pour le hockey. Au début des années 40, l'arrivée de la resurfaceuse de glace, qui porte le nom de son inventeur Frank Zamboni, contribue à l'entretien de la glace et à l'augmentation de la cadence du jeu. À la fin des années 20, des dispositifs électriques de chronométrage, comme celui installé au Maple Leaf Gardens, sont mis au point et permettent aux spectateurs de mieux suivre le match.

La méthode de construction des toits est un aspect important de la conception des patinoires. La firme d'architectes Graham McCourt utilise un système innovateur pour le Saddledome de Calgary. Achevé en 1983 pour être utilisé lors des Jeux olympiques d'hiver de 1988 (et maintenant le domicile des FLAMES DE CALGARY), la forme intéressante du Saddledome évoque l'héritage western de Calgary tout en offrant une structure fonctionnelle. Des panneaux de béton manufacturés sont suspendus à partir de câbles d'acier qui suivent les contours des gradins. Les lignes de vision sont excellentes, la concavité du toit réduit le volume intérieur et, par conséquent, le coût du chauffage.

Le GM Place à Vancouver (1995), le Centre Corel à Ottawa (1996) et le Centre Molson à Montréal (1996) font partie du boum nord-américain de construction d'arénas. De la fin des années 80 à l'an 2000, plus de 20 patinoires seront construites pour satisfaire aux besoins de la LNH. Ces installations, à la fine pointe de la technologie, dont certaines coûteront plus de 200 millions de dollars, témoignent de leurs origines, les patinoires couvertes et les pistes de curling construites au Canada vers 1850. Elles partagent encore certaines caractéristiques de ces dernières. Un grand nombre de ces nouveaux bâtiments remplacent des installations dont le défaut majeur était de ne pouvoir générer suffisamment de revenus (nécessaires, selon certains, pour payer les salaires astronomiques des joueurs), car elles ne comprennent pas de loges privées, de sièges réservés, ni de publicité à l'intérieur. Les nouveaux établissements s'adaptent à des fonctions multiples et offrent une acoustique de qualité supérieure. Ils sont aussi parmi les premières patinoires conçues pour offrir les meilleures lignes de vision à la fois aux spectateurs et aux caméras de télévision. (*Voir aussi* SPORTS, HISTOIRE DES.)

Howard Shubert

Étalon-or Système monétaire selon lequel la valeur de l'unité monétaire (p. ex., le dollar canadien) est déterminée par rapport à la valeur de l'or. L'autorité monétaire du pays (le ministère des Finances jusqu'en 1935, année de fondation de la Banque du Canada, soit la banque centrale du pays) s'engage à acheter et à vendre l'or au prix fixé. Le montant de l'or acheté détermine alors les réserves monétaires qui servent de couverture à la monnaie fiduciaire (billets de banque). La loi fixe quel pourcentage du volume de la circulation de monnaie fiduciaire doit ainsi être couvert par de l'or. En fixant de la sorte un plafond à ce volume, le système garantit la convertibilité des billets en or et donc leur valeur aux yeux du public. Si d'autres pays ont le même système, leurs monnaies sont déterminées les unes par rapport aux autres, si bien que les flux d'or, en suivant les fluctuations des capitaux servent alors à équilibrer les comptes entre ces pays.

Le dollar canadien devient la monnaie officielle de la province unie du Canada le 1er janvier 1858 et sa valeur est déterminée à 15/73 du souverain-or britannique. Le taux de change entre la livre britannique et le dollar est ainsi fixé à 4,867 $. En 1910, la valeur du dollar canadien est officiellement établie par rapport à l'or fin au lieu du souverain-or, devenant ainsi l'équivalent or exact du dollar américain. Quand éclate la Première Guerre mondiale, le Canada comme le Royaume-Uni abandonnent l'étalon-or et ce, jusqu'au 1er juillet 1926, où ils l'instaurent de nouveau. Puis, en janvier 1929, le Canada cesse de convertir les billets du Dominion en or et met donc fin à son adhésion à l'étalon-or. Depuis, il laisse le dollar canadien flotter ou l'arrime au dollar américain, comme c'est le cas de 1962 à 1970. (*Voir aussi* TAUX DE CHANGE.)

Bruce W. Wilkinson

État Le concept d'État est large. Il comprend le gouvernement en tant que détenteur de l'autorité légitime sur un territoire, mais aussi la bureaucratie, le pouvoir judiciaire, les FORCES ARMÉES et la POLICE intérieure, les structures des assemblées législatives et de l'administration, les sociétés publiques, les organismes de réglementation ainsi que les organes d'influence idéologique comme les hautes structures de l'éducation et les médias de propriété publique. Le monopole de l'usage de la force sur un territoire donné constitue la caractéristique distinctive de l'État.

Le concept d'État a longtemps été jugé peu pertinent par les politicologues occidentaux (*voir* SCIENCES SOCIALES). Ce phénomène est attribuable en grande partie à la conception du «pluralisme libéral», qui a été prédominante pendant une vingtaine d'années après la Seconde Guerre mondiale. D'après cette conception, les questions clés traditionnelles, surtout celles qui concernent l'État en tant que structure de pouvoir sur la société, ont été résolues dans les démocraties occidentales. Il était admis que le pouvoir dans la société était désormais concurrentiel, fragmenté et divisé entre presque tous les groupes sociaux, et que le «système politique» constituait un mécanisme neutre et impartial permettant de satisfaire ou d'harmoniser les demandes antagonistes.

Dans les années 70, l'État est devenu un concept fondamental des sciences sociales au Canada et ailleurs. Cette tendance s'explique par l'incapacité des conceptions «pluralistes» à justifier la croissance de la taille et du champ d'activité de l'État dans les sociétés capitalistes avancées entre la Seconde Guerre mondiale et les années 60 ainsi qu'à expliquer la persistance de la domination de l'État sur la société dans les pays communistes. Un autre facteur tient à la volonté de comprendre le paradoxe de la dépendance dans les États du Tiers-Monde qui ont remplacé les anciens empires et leurs colonies. Ces États avaient tous les attributs officiels de la souveraineté et le pouvoir était fortement concentré aux mains de nouvelles élites politiques, mais ils restaient économiquement (et souvent politiquement) dépendants, surtout face au capitalisme américain et au pouvoir mondial des États-Unis. Ce problème s'avérait particulièrement pertinent au Canada, qui pouvait être considéré à ce titre comme une «riche colonie».

Dans l'Europe médiévale, le concept d'État se rattachait au rang et au statut de la royauté et de la noblesse. L'État était considéré comme l'incarnation du pouvoir et de la souveraineté, mais pas d'une manière qui l'aurait distingué de l'organisation hiérarchique de la société féodale. Avec l'émergence du capitalisme, le concept d'État a pris un sens plus spécifiquement politique. Les relations sociales entre la classe des propriétaires et celle des non-propriétaires ont cessé d'être codifiées officiellement par l'État, qui s'est plutôt présenté comme l'unique classe politique et le garant de l'égalité juridique des personnes. La souveraineté et le pouvoir sont devenus des concepts strictement politiques, et les domaines du public et du privé se sont séparés de façon généralisée et officielle.

Les sciences sociales modernes se sont fondées sur une conscience grandissante de cette séparation qui s'est produite du XVIIe au XIXe siècle. Alors que la philosophie politique d'autrefois s'interrogeait sur ce qui constitue l'art de la politique, on a plutôt tenté de définir le rôle de l'État face à la société. Des traditions philosophiques diverses ont continué de fournir des réponses diverses. La tradition conservatrice, particulièrement forte au Canada, a gardé la conception médiévale de l'État comme incarnation des droits et obligations mutuelles de segments sociaux hiérarchisés. La tradition libérale a fluctué, décrivant l'État tantôt comme un mal nécessaire qui sert à la défense contre les ennemis extérieurs, à la protection des biens et à l'exécution des contrats dans une société de marché, mais contre lequel les libertés individuelles et la «société civile» autonome doivent être protégées, tantôt comme l'organisation sociale primordiale qui sert à favoriser l'épanouissement des personnes dans une société de marché. Selon la tradition socialiste, et surtout le MARXISME qui en constitue le ferment intellectuel, l'État est perçu comme le fruit de la division entre les classes sociales, qui a pour rôle de perpétuer les relations de classe et de modérer ou de réprimer les conflits entre les classes (*voir* CLASSES SOCIALES). Selon les anarchistes, l'État est la cause première de l'inégalité et de l'aliénation entre les hommes.

Une nouvelle théorie marxiste de l'État, élaborée pendant les années 70, a tenté d'expliquer le développement et la dynamique de certains genres d'États au milieu de certains genres de sociétés. Ses travaux les plus fructueux ont porté sur les États démocratiques libéraux des sociétés capitalistes avancées: la croissance de la taille de ces États et l'élargissement de leurs activités au XXe siècle n'y sont pas considérés comme un «socialisme occulte» plus ou moins défini, mais comme une partie intégrante du développement du capitalisme contemporain. L'État a réagi aux transformations sociales et aux crises économiques causées par le capitalisme en assumant une large part des risques d'entreprise et des coûts sociaux de la production au moyen de politiques et d'organismes qui réglementent et facilitent encore davantage l'accumulation du capital et qui institutionnalisent la lutte des classes de façon à en garder la maîtrise.

La démocratie des États capitalistes n'a pas abouti au socialisme comme l'avaient craint ceux qui refusaient aux travailleurs le droit de voter et celui de former des syndicats. Elle n'a même pas mené au «pluralisme». Cependant, elle a changé le rôle de l'État. La nouvelle théorie de l'État a examiné les relations entre État et structure des classes pour tenter de comprendre le lien entre la façade d'égalité politique de la démocratie libérale et l'inégalité socioéconomique persistante dans la société capitaliste. À cet égard, le concept de l'«autonomie relative de l'État» a été formulé pour nuancer la notion marxiste classique qui présente l'État comme le «conseil de direction de la bourgeoisie» et pour encourager la recherche sur la gamme complète des forces sociales représentées au sein de l'État et sur les compromis de toutes sortes que les classes dominantes imaginent afin de maintenir leur position dominante.

L'un des mérites des sciences sociales au Canada est d'avoir reconnu depuis longtemps que l'ampleur du rôle de l'État n'est pas contraire au développement de l'économie capitaliste au Canada. La tradition de l'ÉCONOMIE POLITIQUE souligne que, dans une économie dépendante et orientée sur les produits générateurs (ou *staples*) comme celle du Canada, l'État, à la fois par nécessité économique et en raison de ses liens étroits avec la classe capitaliste, met en place une grande partie de l'infrastructure technique et de la réglementation économique nécessaires pour assurer la viabilité du capitalisme. L'État tente de créer les conditions fiscales et monétaires favorables à la croissance économique. Il prend en charge les risques de production du secteur privé aux frais des contribuables par voie de subventions, de crédits et de fonds d'amortissement. Il joue un rôle vital dans le développement du marché du travail grâce à des politiques d'aménagement du territoire et d'immigration. Plus récemment, il s'est mis à assumer les coûts sociaux de la production au moyen notamment des services d'hygiène publique, de l'assurance-maladie, de l'assurance-emploi, des établissements d'enseignement. Très souvent, il a construit directement les infrastructures de développement économique (canaux, chemins de fer, aéroports, services publics) qui étaient trop coûteuses ou trop risquées pour l'entreprise privée.

L'élaboration de la nouvelle théorie de l'État au Canada a montré que les liens étroits entre les fonctionnaires et les capitalistes du secteur privé, bien qu'ils aient empêché qu'un ÉTAT PROVIDENCE soit organisé de façon aussi innovatrice et à aussi grande échelle que dans la Suède de l'après-guerre, sont loin d'entraver ce genre d'activités aussi fortement qu'aux États-Unis. La différence de l'État canadien à cet égard tient à une conscience de classe plus vive dans le mouvement syndical ainsi qu'à une tension créatrice pendant la période de l'après-guerre entre les ordres provincial et fédéral de gouvernement, un fait qui peut s'expliquer par la vigueur des orientations sociales-démocrates des gouvernements formés par la Co-operative Commonwealth Federation en Saskatchewan et par les libéraux fédéraux et, plus tard, par les gouvernements libéraux et péquistes du Québec dans les années 60 et 70.

Cette tension exprime le caractère binational de la société canadienne, sa diversité géographique et culturelle ainsi que les disparités régionales sur le plan du développement économique. Toutefois, les mêmes facteurs contribuent aussi à maintenir l'autonomie relative de l'État par rapport à la classe capitaliste, car des segments régionaux de cette classe peuvent se servir de l'État provincial pour représenter leurs intérêts devant le gouvernement fédéral et d'autres capitalistes régionaux (*voir* GROUPE DE PRESSION).

Si on dit qu'un État démocrate libéral comme celui du Canada est en même temps un État capitaliste, il ne s'ensuit pas que les institutions du gouvernement parlementaire, la tenue régulière d'élections entre partis politiques opposés et la liberté d'association, de parole, de réunion et de presse ne représentent que de façon éphémère une très grande variété de forces sociales. Le degré d'autonomie relative de l'État par rapport aux pressions capitalistes immédiates, qu'elles soient intérieures ou internationales, ne peut être jugé de façon abstraite. On ne peut l'évaluer qu'au moyen d'analyses concrètes de l'équilibre des forces dans chaque circonstance. À cet égard, une restructuration majeure des activités de l'État a été de plus en plus apparente après les années 70. Au début, les idéologies du marché libre n'ont pas été aussi marquées au Canada qu'aux États-Unis ou en Grande-Bretagne dans le contexte de la résurgence des crises économiques et de la restructuration mondiale du capital et du travail qui en a résulté. Pourtant, l'élaboration des politiques de l'État canadien a quelque peu délaissé les principes de l'État providence et de la réglementation pour se rapprocher davantage des principes explicites du marché libre. Le LIBRE-ÉCHANGE avec les États-Unis est un aspect important de cette évolution, supprimant en partie la justification historique et matérielle d'une vaste intervention de l'État dans la mise en place de l'infrastructure et la coordination d'un espace économique spécifiquement canadien, quoique dépendant, au nord du 49e parallèle.

Ces faits nouveaux ne signifient pas forcément que la taille de l'État sera susceptible de diminuer au lieu d'augmenter, comme le laisse souvent entendre le langage politique à la mode. En réaction à la théorie de l'État formulée dans les années 70, un courant «institutionnaliste» insistait sur la capacité de certains États à résister aux tendances du marché mondial et aux pressions de la classe capitaliste. Cette tendance ne s'est pas concrétisée dans les faits. Les événements ont plutôt démontré que la théorie des années 70 avait raison de souligner à quel point l'État n'est que relativement autonome.

Cependant, la mondialisation du capitalisme n'a pas fait des États des intervenants négligeables. Elle a seulement provoqué une restructuration de leur rôle. La chute des régimes communistes, la transition de certains régimes capitalistes autoritaires vers la démocratie et la montée de nouveaux mouvements sociaux ont fait naître un discours qui souligne l'importance de l'autonomie de la «société civile» par rapport à l'État. Toutefois, la promotion très active des marchés libres par l'État a réduit l'autonomie de la société civile sous plusieurs aspects importants. C'est ainsi que l'État canadien a aboli les libertés syndicales dans le secteur public depuis une vingtaine d'années, ce qui a ravivé l'inquiétude de voir un État fort limiter les libertés démocratiques libérales en même temps qu'il favorise les libertés du marché.

Ces activités de contrainte ouverte de l'État canadien constituent en vérité l'un de ses aspects traditionnels. À ce chapitre, on a souvent mentionné le rôle historique de la Gendarmerie royale du Canada (GRC) en vue d'étouffer les grèves et les protestations politiques radicales; la violation des droits de la personne et des libertés fondamentales en temps de guerre (p. ex., l'internement des Canadiens d'origine japonaise pendant la Seconde Guerre mondiale); la discrimination à l'endroit des communistes pendant la guerre froide; et la suppression des libertés civiles pendant la crise felquiste de 1970. À cela s'ajoute, dans les années 70 et 80, la révélation d'activités illégales menées par la GRC et, plus récemment, par le SERVICE CANADIEN DU RENSEIGNEMENT DE SÉCURITÉ, au cours d'opérations routinières de surveillance ou d'infiltration de partis politiques radicaux, de groupes pacifistes et de syndicats, opérations commandées par l'État.

Qui plus est, certaines de ces activités découlent des impératifs de la collaboration militaire étroite du Canada avec les États-Unis et de l'échange de renseignements de sécurité pour maintenir l'ordre politique mondial. Malgré l'inscription de la CHARTE CANADIENNE DES DROITS ET LIBERTÉS dans la *Loi constitutionnelle de 1982*, il est loin d'être clair, d'après les dispositions de la charte elle-même ou d'après les tendances de la jurisprudence, que la nouvelle Constitution prévienne efficacement la croissance d'un État fort dans le contexte des pressions intérieures et internationales en faveur de la liberté du marché.

En cette fin du XXe siècle, la pertinence des questions classiques posées sur la nature de l'État depuis l'époque de la montée du capitalisme augmente au lieu de diminuer. Plus que jamais, il incombe aux Canadiens de déterminer le sens et la portée non seulement de la souveraineté de l'État, mais aussi des libertés individuelles et sociales au sein du capitalisme mondial.

Leo Panitch

État providence Expression apparemment utilisée pour la première fois en 1941, dans un livre de William Temple, archevêque de York, Angleterre. Pendant bien des années, elle est fréquemment utilisée pour qualifier (souvent de façon péjorative) la société britannique de l'après-guerre. Dès les années 60, cependant, le terme État providence désigne communément une société industrielle capitaliste, où le pouvoir de l'État est «délibérément utilisé, tant sur le plan politique qu'administratif, pour modifier le jeu des forces du marché».

Selon Asa Briggs, qui lui a donné cette définition dans un article paru dans *The Welfare State* (1967), trois types d'activités caractérisent l'État providence: il assure un revenu minimum; il prévient l'insécurité résultant de ces «éventualités» que sont la maladie, la vieillesse et le chômage; il offre à tous les membres de la société un vaste choix de services sociaux. Vu sous cet angle, le Canada est un État providence depuis les réformes intervenues en matière de sécurité sociale dans les années 60 (*voir* SÉCURITÉ SOCIALE).

Richard Titmuss, l'un des auteurs les plus influents à avoir écrit sur l'État providence, fait remarquer dans *Essays on the Welfare State* (1959) que le système d'assistance sociale peut aller plus loin que l'État providence. Cette distinction revêt une importance particulière au Canada, où les programmes d'aide sociale de l'État providence ne sont pas particulièrement développés. En plus de l'assistance dont bénéficient les salariés, divers services sont offerts par des organismes parapublics, des syndicats, des groupes confessionnels et des établissements sans but lucratif. Ils sont souvent financés à la fois par l'État et par des sources privées.

Bien-être social et philosophie sociale

Selon certains auteurs, l'expansion de l'État providence est le thème politique central de la SOCIAL-DÉMOCRATIE, parce que les principes et les programmes de l'État providence contribuent à la diminution des inégalités, à une plus grande liberté, à la promotion des associations, de la démocratie et du mouvement humanitaire. Cette image de l'État providence se reflète dans *Social Planning for Canada* (1935) de la LEAGUE FOR SOCIAL RECONSTRUCTION et dans les rapports publiés par les réformateurs sociaux, notamment celui, devenu classique, de Leonard MARSH, *Report on Social Security for Canada* (1943), qui est écrit pour le Comité consultatif sur la restauration, mis sur pied en temps de guerre. Ce point de vue sert de base au programme politique du NOUVEAU PARTI DÉMOCRATIQUE (NPD) comme il l'a fait pour celui de son prédécesseur, la CO-OPERATIVE COMMON-

WEALTH FEDÉRATION (CCF). Après la guerre, il est mis en pratique en Saskatchewan par la CCF.

Aujourd'hui, les idées des sociaux-démocrates sur la sécurité sociale continuent d'être une source d'inspiration pour le Congrès du travail du Canada (la plus importante fédération syndicale canadienne, alliée au NPD depuis 1961), pour le Centre canadien des politiques alternatives (étroitement allié aux deux organismes), et pour le magazine *Canadian Forum*. Linda McQuaig, journaliste d'enquête, vulgarise ces idées dans divers ouvrages, tels *The Wealthy Banker's Wife*.

C'est cependant la conception libérale moderne du rôle de l'État canadien dans l'aide sociale qui domine, et non la conception sociale-démocrate. Dans le libéralisme du XXᵉ siècle tel qu'il se pratique au Canada et ailleurs, la responsabilité du bien-être incombe à l'individu, à la FAMILLE, ou aux deux. Parallèlement, il est admis sans discussion que les économies capitalistes ne peuvent se réglementer d'elles-mêmes et qu'elles exigent une considérable intervention de l'État pour atteindre la stabilité. Si l'on se rapporte à la définition de Briggs, le libéralisme met l'accent sur deux des trois secteurs d'activité de l'État providence: le revenu minimum et l'assurance sociale.

La nécessité de créer un système d'assistance sociale plus parcimonieux et destiné surtout à la fraction irréductible des besoins primaires est le thème central d'un grand nombre de déclarations et de rapports importants de la part des auteurs britanniques J.M. Keynes et William Beveridge, ainsi que du *Rapport canadien de la Commission royale sur les relations entre le Dominion et les provinces* (1940), du *Livre blanc sur la main-d'œuvre et le revenu* (1945) et, plus récemment, du *Document de travail sur la sécurité sociale au Canada* (1973). La même démarche avait été formulée par Mackenzie KING dans *Industry and Humanity* (1918), par Harry Cassidy dans *Social Security and Reconstruction in Canada* (1943) et également par Tom Kent dans *Social Policy for Canada* (1962), prélude aux grandes réformes sociales instaurées de 1963 à 1968. À l'époque contemporaine, ces idées continuent de s'exprimer dans les travaux de l'Institut de recherche en politiques publiques et dans sa revue, *Policy Options*, dirigée par Tom Kent.

La conception conservatrice moderne de l'État providence s'inspire des principes du libéralisme du XIXᵉ siècle suivant lesquels moins il y a d'interventions de la part de l'État, plus la liberté est grande. Cette conception prône la poursuite des intérêts personnels et le libre fonctionnement des forces de la concurrence qui opèrent sur les marchés privés (*voir* CONSERVATISME). La diminution des inégalités, souvent considérée comme un objectif, sinon un résultat de l'État providence, est l'antithèse de la recherche de la liberté et du progrès matériel.

L'État providence moderne est donc fort critiqué par les conservateurs. Le principal argument en sa défaveur repose sur le fait que les dépenses sociales sont devenues un fardeau trop lourd pour l'État moderne et que les sommes allouées aux programmes sociaux détournent des ressources du marché privé, entravant ainsi la croissance économique. De l'avis des conservateurs, l'État providence incite les gens à ne pas chercher du travail et crée un énorme appareil bureaucratique centralisé, incontrôlé et improductif. Les défenseurs de cette théorie prétendent que l'État providence doit être rationalisé et qu'il doit réduire ses dépenses en se déchargeant de bon nombre de ses responsabilités sur les organismes de charité et les sociétés privées. Si l'on se réfère à la définition de Briggs de l'État providence, les conservateurs ne sont en faveur que du secteur d'activité lié au revenu minimum.

Cette opinion est défendue au Canada par le Parti conservateur et le Parti réformiste. Dans son livre *The Dawn of Ampler Life* (1943), Charlotte WHITTON exprime clairement les vues des conservateurs

sur l'État providence. Écrit à la demande de John BRACKEN, alors chef du Parti conservateur, ce livre critique le point de vue des sociaux-démocrates exprimé dans le *Report on social security for Canada* de Marsh. Les écrits de E.C. Manning, ancien premier ministre de l'Alberta, défendent également cette opinion dans l'Ouest, de même que les *Semaines sociales du Canada* (publié au Québec). Pour le moment, c'est cette doctrine qui prédomine dans les ouvrages et les mémoires des chercheurs en gestion et des groupes de pression tels l'INSTITUT FRASER, l'Institut C.D. Howe et le Conseil canadien des chefs d'entreprises, qui représente les plus importantes entreprises canadiennes. L'ouvrage de l'économiste Tom Courchene intitulé *Social Canada in the Millenium* et publié par l'institut C.D. Howe en est une bonne illustration.

Le réexamen des sociétés capitalistes contemporaines entamé dans les années 60 produit une interprétation marxiste de l'État providence. Selon cette interprétation, dans une société comme le Canada, dominée par les marchés privés, c'est l'exploitation de la main-d'œuvre qui permet la croissance toujours plus forte du capital détenu par les entreprises privées. Dans cette optique, le rôle principal de l'État moderne est de fournir une main-d'œuvre qualifiée, instruite, bien logée et disciplinée, soumise aux besoins des employeurs au lieu et à l'endroit où ces besoins se manifestent. Pour atteindre cet objectif, l'État providence entreprend d'agir sur ces facteurs que sont les femmes, les enfants et la famille en légiférant sur le mariage, le divorce, la contraception, la séparation, l'adoption et l'aide à l'enfance, puisque la famille est l'institution directement chargée de préparer les générations actuelles et futures de travailleurs, et en prenant des dispositions en matière d'emploi, d'éducation, de logement et de santé, tant publique qu'individuelle.

Au Canada, ces idées se sont quelquefois exprimées autrefois dans les publications du PARTI COMMUNISTE DU CANADA. Elles s'expriment toujours dans les travaux des universitaires et dans les pages de revues telles *This Magazine* et *Canadian Dimension*. *Voir*, p. ex., *Family, Economy and State*, Dickinson et Russell (dir.), 1986.

Point de vue des femmes Le féminisme moderne évalue l'État providence du point de vue des femmes. Bien qu'il englobe une multitude de théories, l'idée centrale qui s'en dégage est que les femmes constituent un groupe opprimé de la société canadienne. Le travail qu'accomplissent les femmes, que ce soit à la maison ou sur le marché du travail, est sous-évalué. Les femmes demeurent les principales dispensatrices de soins au foyer pour leurs conjoints, leurs enfants et leurs parents vieillissants. Elles accomplissent ce travail sans contrepartie financière, dans un monde qui n'accorde de valeur qu'au travail rémunéré. Un pourcentage élevé de femmes, y compris des mères de jeunes enfants, font maintenant partie de la population active, mais elles se retrouvent surtout dans un petit nombre de professions souvent reliées à leur rôle de principales dispensatrices de soins. Les femmes sont sous-payées par rapport aux hommes et ont plus difficilement accès aux postes supérieurs bien rémunérés (*voir* FEMMES DANS LA POPULATION ACTIVE).

De ce point de vue, l'État providence, tout en offrant de nombreux avantages, contribue également à l'oppression des femmes en adoptant des lois qui, fondées sur leur rôle traditionnel, ont pour effet de réduire plutôt que d'élargir le choix qui s'offre à elles. Le droit de la famille n'oblige pas le père séparé ou divorcé à payer sa juste part des coûts reliés à la garde des enfants, ce qui force de nombreuses femmes monoparentales à compter sur l'aide sociale et à vivre dans la pauvreté (*voir* FAMILLE, DROIT DE LA; MARIAGE ET DIVORCE et PAUVRETÉ). L'absence de services de garde de qualité limite souvent les femmes dans leur recherche d'emplois rémunérés (*voir* SERVICES DE GARDE). L'insuffi-

sance des services offerts aux personnes âgées fait retomber un fardeau de plus en plus lourd sur les femmes qui les soignent tout en occupant un emploi rémunéré. Ces idées sont exprimées depuis plusieurs années par certaines organisations, comme le COMITÉ CANADIEN D'ACTION SUR LE STATUT DE LA FEMME, qui est une fédération d'organisations féministes, dans les magazines tels *Horizons and Resources for Feminist Research* et dans des publications telles que *Women's Caring: Feminist Perspectives on Social Welfare*, de Baines, Evans et Neysmith (dir.), 1991.

Évolution de l'État providence au Canada

L'aide sociale au Canada a connu en gros quatre stades d'évolution qui correspondent aux quatre phases de développement économique, politique et national du pays.

Première phase: 1840-1890 Dans les débuts du capitalisme, l'intervention de l'État en matière de PAUVRETÉ et de maladie est essentiellement de nature réglementaire. L'assistance sociale, généralement considérée du ressort des localités, sinon des particuliers, consiste à offrir des secours et à soigner les handicapés physiques et mentaux ainsi que les enfants privés de soins, de même qu'à incarcérer les malfaiteurs. Après la Confédération, les dispositions relatives aux services d'assistance sociale continuent à s'appliquer irrégulièrement et sans plan véritable. Elles dépendent en partie des inclinations de philanthropes et de l'altruisme de la haute bourgeoisie, en particulier des femmes de la classe dominante, qui considèrent la charité comme le prolongement de leur rôle de mère et comme un engagement socialement admis.

La réforme de ce système découle du principe suivant lequel la famille constitue la base de la sécurité financière. L'institutionnalisation de la famille et de la reproduction sociale de la population active, qui commence par l'adoption de lois pour imposer le versement de pensions alimentaires, pour réglementer la propriété matrimoniale et le mariage, et pour limiter le divorce et la contraception, s'intensifie quand on limite les heures de travail des femmes et des enfants. Les lois sur l'ÉDUCATION obligatoire et les règlements sur la SANTÉ PUBLIQUE sont adoptés avant tout pour éviter la propagation des maladies et les soulèvements sociaux. Les gouvernements provinciaux commencent par ailleurs à offrir des subventions régulières aux organismes de charité.

Phase transitoire: 1891-1940 Bien que la principale préoccupation de l'État canadien reste la promotion du développement économique du secteur privé rentable, plus particulièrement par le soutien des institutions qui lui servent d'infrastructure, il finit par jouer un rôle dans l'existence d'une main-d'œuvre abondante et qualifiée en réglementant les relations entre le capital et le travail et en veillant au maintien de la famille. Pour atteindre cet objectif, il fait essentiellement appel à des mécanismes étatiques pour préserver la stabilité économique et familiale avec des coûts et des risques moindres. Pendant cette période, les bénévoles et les organismes privés de bienfaisance commencent à unir leurs forces pour essayer de s'emparer, par la voie de l'idéologie, et généralement en vain, des rênes du bien-être social.

L'état intervient de façon croissante dans les questions de sécurité sociale comme semblent le démontrer les lois visant à inciter les enfants à aller à l'école et à fournir aux autorités le pouvoir décisionnel en matière d'enfants «négligés». La législation en matière de RELATIONS INDUSTRIELLES, qui permet à l'État d'intervenir dans les relations entre le travail et le capital, fait également son apparition dans la première décennie du XXᵉ siècle.

La première loi canadienne sur l'assurance sociale à participation obligatoire, la *Loi sur les accidents du travail*, est adoptée en Ontario en 1914. Au cours de la Première Guerre mondiale, deux événements importants accélèrent l'apparition d'un État providence interventionniste: les demandes d'aide pour les blessés de guerre et les demandes d'aide pour les familles laissées dans le deuil. C'est ainsi que se crée un régime fédéral de pensions et de réadaptation et que le Manitoba adopte en 1916 la première loi sur les allocations maternelles.

Plusieurs provinces lui emboîtent le pas, en se bornant toutefois à accorder une pension alimentaire minimale aux veuves et aux femmes abandonnées. Une fois la paix revenue, les milliers de femmes qui s'étaient intégrées pendant la guerre au marché du travail sont invitées à céder leur place aux chefs de famille.

L'après-guerre marque également le début d'un premier programme canadien de construction de logements qui ne dure toutefois que de 1919 à 1924. Bien qu'on discute beaucoup dans les années 20 de l'opportunité d'établir des programmes permanents d'assurance-chômage, de secours et de pensions, une seule loi est adoptée en 1927, la Loi sur les PENSIONS DE VIEILLESSE, en partie grâce aux efforts de J.S. WOODSWORTH et d'un petit groupe de députés travaillistes indépendants. En vertu de cette loi, le gouvernement fédéral partage les coûts d'un régime de retraite lié aux ressources et administré par les provinces, à l'intention des personnes démunies âgées de plus de 70 ans. C'est un début modeste. Par ailleurs, la loi exclut expressément les autochtones des prestations de pension.

Les conséquences économiques dramatiques de la CRISE DES ANNÉES 30 obligent à changer les doctrines sociales et le mode d'intervention de l'État. En 1930, devant la situation des centaines de milliers de Canadiens sans emploi, le nouveau gouvernement conservateur dirigé par R.B. BENNETT fait adopter la Loi sur l'assurance-chômage qui accorde aux provinces des subventions pour accorder des secours à la population. Le gouvernement ouvre ensuite des CAMPS DE SECOURS POUR LES CHÔMEURS gérés par le ministère de la Défense nationale, généralement dans des endroits isolés, pour donner du travail, au salaire minimum, à des chômeurs célibataires et les tenir loin des régions urbaines.

En 1935, la résistance opiniâtre qu'oppose le Parti conservateur à toute réforme sociale se relâche devant la conjoncture catastrophique et un taux de chômage évalué à 25 p. 100 de la population active. Les pressions continuelles exercées par les syndicats, les travailleurs des camps d'assistance et les réformateurs sociaux, qui réclament du travail, de meilleurs salaires et l'assurance-chômage, parallèlement à la baisse de popularité du Parti conservateur, conduisent Bennett à remettre en question le pouvoir «de restauration» prétendument naturel du capitalisme et à entreprendre des réformes sociales qui sont présentées au public sous le nom de NEW DEAL DE BENNETT au cours d'une série d'émissions radiophoniques en 1935. Cette même année, la Loi fédérale du logement est adoptée, instaurant un premier programme permanent d'aide au logement.

Les provinces s'opposent aux réformes du travail et de l'assurance sociale contenues dans le «New Deal» et les tribunaux déclarent par la suite que le gouvernement fédéral n'a pas le pouvoir de légiférer à ce chapitre, mais la Commission royale sur les relations entre le Dominion et les provinces créée par le gouvernement libéral de Mackenzie King afin d'examiner les questions constitutionnelles et sociales soulevées par la crise réaffirme la nécessité d'une réforme importante. Cette commission recommande par ailleurs que la responsabilité du chômage et des chômeurs passe au gouvernement fédéral et que les provinces s'occupent des services sociaux et des personnes jugées inaptes au travail, p. ex., les mères célibataires, les retraités et les personnes handicapées.

La Loi fédérale sur l'assurance-chômage est adoptée en 1940, après signature d'une entente avec les provinces et modification de l'Acte de l'Amé-

rique du Nord britannique, autorisant le gouvernement fédéral à instaurer un régime d'assurance-chômage. Les conventions entre le Dominion et les provinces en matière de location des domaines fiscaux qui interviennent après de longues négociations engagées dès le début de la guerre donnent au gouvernement fédéral le droit de lever un impôt sur le revenu des particuliers et des sociétés pendant la durée du conflit, droit qu'il conserve encore aujourd'hui.

Phase interventionniste: 1941-1974

La phase interventionniste marque le début de ce qu'il est convenu d'appeler l'État providence. Au début de la Seconde Guerre mondiale, les leçons économiques et politiques tirées de la crise des années 30 portent fruit. L'expansion du rôle de l'État dans la vie économique et sociale est bien acceptée de la population qui s'attend à la voir se poursuivre une fois la guerre terminée. Pour favoriser l'effort de guerre canadien, le gouvernement fédéral institue un large éventail de mesures, y compris la construction de logements, la réglementation des loyers, des prix, des salaires, des matériaux et des relations industrielles, l'octroi de pensions aux anciens combattants, la mise sur pied de programmes de colonisation rurale, de réadaptation et d'éducation, ainsi que des services de garderie, et enfin, l'intégration d'un grand nombre de femmes au marché du travail.

Des études réalisées pendant la guerre, qui promettaient emploi et sécurité économique après le conflit, tels le rapport du Britannique Beveridge publié en décembre 1942, et le Canadian Report on social security de Leonard Marsh, paru en mars 1943, sont largement diffusés et exercent une influence considérable. Le gouvernement libéral ne tient cependant guère compte de ces rapports ni de plusieurs autres, tels le rapport Heagerty sur la santé et l'assurance-hospitalisation et le rapport Curtis sur le logement (également rédigé par Marsh).

King opte plutôt pour un compromis politique qui commence par l'instauration d'un programme d'allocations familiales en 1944, afin de saper la soudaine popularité de la CCF et les pressions exercées par les syndicats pour obtenir des hausses salariales, à l'intention, en particulier, des travailleurs faiblement rémunérés.

Réélu en 1945, le gouvernement libéral d'après guerre veut démanteler une bonne partie de l'appareil interventionniste de l'État échafaudé pendant la guerre. Le Livre blanc sur la main-d'œuvre, publié la même année, exprime la foi du gouvernement dans la formule de gestion économique inspirée des travaux de l'économiste J.M. Keynes. Dans cette optique, l'économie doit être gérée de manière à assurer le plein emploi par l'octroi d'une aide à l'entreprise privée, plutôt que par l'intervention directe dans l'activité économique ou par l'adoption de nouvelles mesures d'assistance sociale. Cette même année, à la conférence fédérale-provinciale, le gouvernement King présente néanmoins un Livre vert dans lequel il propose des mesures d'aide sociale et une assurance-hospitalisation, afin d'obtenir des concessions des provinces au chapitre de l'impôt sur le revenu des particuliers et des sociétés. Les provinces refusent, et ces mesures ne referont surface que 10 ans plus tard.

Sous le gouvernement d'après-guerre de Louis Saint-Laurent, la population continue de réclamer une réforme sociale et l'on met sur pied des programmes de logements publics, d'aide aux hôpitaux fédéraux et d'assistance aux handicapés et aux aveugles. Une campagne syndicale organisée en vue de modifier le régime de retraite conduit en 1951-1952 à l'établissement d'un régime universel de pension de vieillesse pour les personnes de plus de 70 ans et d'un régime de pension de vieillesse lié aux ressources pour les personnes entre 65 et 70 ans. En 1951, une modification à la Loi sur les Indiens étend pour la première fois l'application des lois provinciales sur le bien-être social aux autochtones. Enfin,

le premier programme permanent de financement de l'assistance sociale est mis sur pied en 1956 en vertu de la Loi sur l'assurance-chômage, à la suite des pressions exercées par les organismes privés de bienfaisance, ainsi que par les provinces, qui n'ont plus les moyens d'assurer les secours.

En 1957, le gouvernement libéral est battu par le Parti progressiste conservateur de John Diefenbaker. Au cours de son mandat, celui-ci instaure ou élargit des programmes permanents pour le financement de l'hospitalisation, de l'enseignement supérieur et de la réadaptation professionnelle.

Le Parti libéral de L.B. Pearson revient au pouvoir en 1963, sous forme de GOUVERNEMENT MINORITAIRE favorable aux réformes, dans un contexte de forte croissance économique. Influencé par les Américains alors en «guerre contre la pauvreté», de même que par la nécessité de conserver le soutien politique du NPD qui vient de se créer et par les réformes entreprises par les provinces, le gouvernement libéral de Pearson préside à l'adoption de trois grandes mesures législatives qui représentent en fait la dernière étape de l'édification de l'État providence canadien: le Régime de pensions du Canada qui rend la cotisation à un régime de retraite national obligatoire; le Régime d'assistance publique du Canada, qui fait fusionner la Loi sur l'assistance-chômage avec les lois sur l'aide sociale offerte aux personnes physiquement handicapées et aux parents célibataires, et qui prévoit des fonds fédéraux pour les parents célibataires et divers autres services, notamment de garderie; et enfin un régime national d'assurance-maladie.

S'ajoutent à ces mesures le Supplément de revenu garanti, l'abaissement progressif, au cours des cinq années suivantes, de l'âge d'admissibilité au régime universel de pension, qui sera finalement fixé à 65 ans, l'augmentation du budget accordé à l'enseignement postsecondaire, le regroupement du financement des hôpitaux, de l'assurance-maladie et de l'enseignement postsecondaire sous le régime d'une seule et même loi, la Loi sur le financement des programmes établis (voir FINANCES INTERGOUVERNEMENTALES).

La Loi nationale sur l'habitation est modifiée elle aussi en 1964, en vue d'accorder des prêts à des taux d'intérêt avantageux aux sociétés d'habitation provinciales, ce qui donne un élan à la construction de logements sociaux. Au cours de cette même année, une simple décision du Conseil du Trésor transforme les programmes de secours aux autochtones en un système parallèle d'assistance sociale fondé sur les lois provinciales, mais à des taux réduits. Le système de points d'appréciation, introduit dans la Loi canadienne sur l'immigration dans les années 60, ouvre la voie à une forte augmentation de l'immigration, plus particulièrement en provenance de l'Asie et des Caraïbes. Enfin, d'importantes réformes sociales sont apportées à la fin des années 60 à la Loi sur le divorce (voir MARIAGE ET DIVORCE), ainsi qu'aux lois sur l'AVORTEMENT et sur les contraceptifs (voir CONTRÔLE DES NAISSANCES), qui, en devenant plus accessibles, ont des répercussions considérables sur les femmes, la famille et la société canadienne en général.

En 1968, le Parti libéral, maintenant dirigé par P.E. Trudeau, est réélu et forme un gouvernement majoritaire. Le champ d'application de l'assurance-chômage s'élargit en 1971 et protège désormais la majorité des travailleurs. De nouvelles dispositions incluent pour la première fois les travailleurs saisonniers dans le régime et prévoient des congés de maternité payés. Réélu, mais minoritaire cette fois (1972-1974), le gouvernement libéral remanie le régime fiscal, étend la portée de la Loi nationale sur le logement aux groupes coopératifs et aux organisations sans but lucratif et augmente substantiellement, pour la première fois, les allocations familiales qui n'avaient pas été modifiées depuis 1945.

La réforme des programmes sociaux lancée en 1973, après la diffusion du *Document de travail sur la sécurité sociale au Canada*, a comme objectif d'unir les efforts des gouvernements fédéral et provinciaux pour élargir les services sociaux et accroître l'aide accordée aux travailleurs à faible revenu. Cette réforme se heurte à l'impossibilité de trouver un terrain d'entente et se laisse submerger par le recul économique. Le seul autre remaniement sera l'adoption du crédit d'impôt pour enfants (en 1978), qui a ceci de novateur que le régime fiscal servira pour la première fois à fournir un avantage collectif, même si les fonds utilisés pour l'assurer correspondent à une baisse équivalente de la valeur des allocations familiales.

Quatrième phase: érosion et avenir de l'État providence, 1975

Dans les années 70, la diversité et le nombre croissant des programmes sociaux entraînent une augmentation des dépenses sociales. L'augmentation des budgets permet d'améliorer la sécurité du revenu, en particulier pour les personnes âgées qui bénéficient désormais des prestations de la Sécurité de la vieillesse et du Supplément de revenu garanti, pour les personnes handicapées, pour les chefs de famille monoparentale qui bénéficient de programmes d'aide sociale à frais partagés entre le fédéral et le provincial, de même que pour les chômeurs qui sont admissibles à l'assurance-chômage et à l'aide sociale. L'allocation familiale versée aux parents est plus élevée. Les services sociaux, plus particulièrement l'aide sociale à l'enfance et les services de garde sont améliorés, tant du point de vue de la quantité que de la qualité, grâce au régime d'assurance publique du Canada. L'éducation postsecondaire est accessible à une plus grande partie de la population et, pour la première fois, des soins de santé sont dorénavant offerts à l'ensemble de la population.

L'augmentation du taux de chômage, dans les années 70, entraîne une expansion des programmes d'assurance-chômage et d'aide sociale. Ceux qui sont temporairement dans l'impossibilité de subvenir à leurs besoins reçoivent une plus grande part des deniers publics. Les conséquences de ces augmentations sur les dépenses publiques se font particulièrement sentir à partir de 1975, alors que l'économie entre dans une période de déclin après 10 années de croissance.

Dans les années 70 et au début des années 80, la hausse du taux d'inflation et les exigences croissantes des fonctionnaires, syndiqués depuis peu, entraînent elles aussi une augmentation des dépenses publiques. Cette situation marque le début d'une nouvelle démarche politique conservatrice qui va à l'encontre des théories keynésiennes. La réduction des dépenses gouvernementales, plus particulièrement au chapitre des programmes sociaux, est jugée indispensable au retour de la prospérité. Le chômage ainsi créé doit avoir pour effet de limiter les demandes de hausses salariales, de ralentir l'inflation et de stimuler l'entreprise privée. On assiste effectivement à une baisse de l'inflation, mais le taux de chômage encore assez élevé ne permet pas de réduire les dépenses des programmes sociaux.

Nombre des méthodes inaugurées au début des années 80 pour restreindre les dépenses sont utilisées depuis, tant au fédéral qu'au provincial. Parmi ces méthodes, citons la modification des critères d'admissibilité et des prestations, surtout en matière d'assurance-chômage et d'aide sociale, la «privatisation» des programmes sociaux provinciaux (surtout ceux qui visent les enfants et les personnes âgées) par impartition de la responsabilité des services, les tentatives des provinces d'accroître leurs revenus par la perception de cotisations d'assurance-maladie et l'imposition de tickets modérateurs, la diminution, en chiffres relatifs, sinon dans l'absolu, du budget de certains programmes sociaux, l'érosion des prestations d'aide et l'abolition de certains pro-

grammes sociaux, notamment les allocations familiales fédérales. L'adoption de la *Loi canadienne sur la santé* en 1984 interdit désormais aux médecins de se désengager du régime d'assurance-maladie pour pouvoir exiger des honoraires plus élevés, comme certains l'avaient fait dans certaines provinces.

En 1984, le nouveau gouvernement conservateur de Brian Mulroney répudie les engagements que l'État avait pris après la guerre vis-à-vis du plein emploi et renie le rôle du gouvernement dans le maintien de l'aide sociale. Peu après les élections, il s'engage à réduire l'inflation, la taille de la fonction publique, le déficit budgétaire et la dette accumulée ainsi qu'à favoriser «l'initiative privée». Le nouveau gouvernement reçoit plusieurs rapports sur les politiques sociales et entreprend plusieurs examens en la matière. On peut citer à ce chapitre les recommandations de la Commission royale sur le développement économique, la Commission d'enquête sur l'assurance-chômage (Commission Forget), le rapport du Groupe d'étude sur le Régime d'assistance publique du Canada dirigé par Neilson et le Comité spécial de la Chambre des communes sur la garde d'enfants.

Entre 1984 et 1993, les conservateurs qui ont pris les rênes du gouvernement fédéral inaugurent une série de mesures pour réduire les dépenses des programmes sociaux; entre autres choses, ils réduisent graduellement les prestations de la Sécurité de la vieillesse pour les moyens et les hauts salariés, diminuent et finalement suppriment les allocations familiales; limitent le nombre de travailleurs protégés par l'assurance-chômage et réduisent les prestations offertes par ce régime et, en 1990, abolissent les programmes à frais partagés du Régime d'assistance publique du Canada dans trois provinces.

L'élection de Jean Chrétien et de ses libéraux au fédéral porte au pouvoir un gouvernement dont on espère qu'il rétablira l'équilibre entre les principes économiques et les principes sociaux. Dès son entrée en fonction, ce nouveau gouvernement annonce la tenue d'un examen de la sécurité sociale. Un document de travail intitulé *La Sécurité sociale dans le Canada de demain*, rendu public en octobre 1994, fait des recommandations dans quatre secteurs: les services de placement; l'assurance-chômage; les prêts étudiants et le Régime d'assistance publique du Canada. Le budget de 1995 annonce l'abolition du Régime d'assistance publique pour l'année 1996 et des réductions considérables au chapitre de l'aide sociale, de l'enseignement postsecondaire et des soins de santé sur une période de deux ans.

Depuis 1975, bien que les dépenses sociales n'aient cessé de croître, les services n'ont pas cessé de s'éroder. Le nombre croissant de soupes populaires et de BANQUES D'ALIMENTATION apparues partout au Canada dans les années 80 en témoignent, tout comme le nombre croissant des sans abris. Les programmes sociaux traitent encore le chômage comme s'il s'agissait d'une situation inhabituelle, d'un «imprévu», et non de la réalité économique et sociale qu'il est devenu. Cet état de choses continuera sans doute à exercer des pressions considérables sur l'avenir de l'État providence.

Allan Moscovitch

États généraux du Canada français

Ces débats, qui se sont tenus de 1966 à 1969, marquent une continuité avec des rassemblements francophones similaires qui avaient eu lieu, à Québec, en 1912, 1937 et 1952. Appelés congrès de la langue française, ces rencontres, à l'instar des États généraux du Canada français, avaient permis de réfléchir sur l'expérience francophone en Amérique du Nord.

Du 23 au 27 novembre 1967, 1075 délégués territoriaux du Québec, 167 représentants des réseaux associatifs et 364 francophones de l'extérieur du Québec participent aux travaux des assises nationales des États généraux du Canada français. Ils répondent ainsi à l'appel des organisateurs de l'événement dont plusieurs, par la suite, sont demeurés

actifs dans la société québécoise tels que le professeur de droit et ancien ministre du gouvernement québécois, Jacques-Yvan MORIN, Rosaire MORIN, directeur de la revue L'ACTION NATIONALE ou encore le professeur d'économie, François-Albert ANGERS. Plusieurs de ces participants ont déjà pris part aux assises préliminaires de novembre 1966 mais, cette fois, ils sont à Montréal pour discuter du destin politique de la nation canadienne-française. Rappelons que les assises de novembre 1967 se déroulent dans un contexte particulier: celui de l'année du centenaire de la Confédération canadienne, de l'Exposition universelle à Terre des Hommes, des bouleversements sociopolitiques provoqués par la RÉVOLUTION TRANQUILLE, du développement du mouvement indépendantiste et du passage remarqué du président français, Charles de Gaulle, au Québec.

Les assises nationales des États généraux de novembre 1967 marquent une rupture dans les rapports entre les francophones d'Amérique et particulièrement entre les francophones du Canada. Les États généraux deviennent un point de repère pour comprendre la transformation des paramètres qui définissent désormais la nation québécoise à savoir une identité construite sur la promotion de la langue française, un territoire géographique précis - celui du Québec - et le rôle déterminant de l'État québécois dans la promotion du fait français en Amérique du Nord. Ces changements radicaux à ce qui était alors appelé le nationalisme canadien-français sont rapidement interprétés par les représentants des communautés francophones de l'extérieur du Québec comme un abandon du Canada français et des francophones résidant à l'extérieur du territoire national québécois (voir NATIONALISME CANADIEN-FRANÇAIS ET NATIONALISME QUÉBÉCOIS). Ces changements, approuvés par les délégués des assises nationales, donnent lieu à des débats lors de la discussion de la résolution sur le droit à l'autodétermination des Canadiens français. Reconnaissant, entre autres, le Québec comme territoire national du Canada français, la résolution conduit quelques représentants hors Québec à manifester leur dépit lors des interventions et du vote. Les Franco-Ontariens rejettent la résolution tandis que les francophones de l'Ouest divisent également leurs suffrages entre l'acceptation, le rejet et l'abstention. La majorité des Acadiens (52%) et 98 % des délégués québécois appuient cependant la résolution.

Les États généraux permettent d'observer les tensions qui existent entre les Canadiens français et deviennent l'événement symbolique de la transformation du Canada français, de l'émergence du nationalisme québécois territorial et des difficultés qui caractérisent le dialogue entre les représentants des groupes francophones minoritaires au Canada et l'État du Québec, surtout sur la question de l'avenir du Québec au Canada.

Marcel Martel

Etcheverry, Sam, joueur de football (Carlsbad, Nouveau-Mexique, 20 mai 1930). Etcheverry joint les rangs professionnels avec les ALOUETTES DE MONTRÉAL en 1952, et hérite, par la suite, du surnom de «The Rifle» (le fusil) à titre de quart-arrière. Les statistiques de ses prouesses au sein de la LIGUE CANADIENNE DE FOOTBALL indiquent un total de 1630 passes complétées sur 2829 pour des gains de 25 582 verges, incluant 163 interceptions et 174 touchés. En 1956, il réussit des gains de 4723 verges au cours d'une seule saison, et complète 276 passes sur 446. Au cours de la même année, il établit le record de la plus longue passe complétée, soit 109 verges, à Hal PATTERSON lors d'un match contre Hamilton, à Montréal. Etcheverry joue dans trois matchs de la Coupe Grey, en plus de piloter les Alouettes en 1970 lors de leur victoire de la Coupe Grey. Il mérite plusieurs honneurs, dont le trophée

Schenley en 1954, attribué au joueur de l'année, et est élu au Temple de la renommée du football canadien en 1969.

Gerald Redmond

Été indien Expression courante qui désigne une période de temps doux, ressemblant à celui de l'été, qui survient à l'automne, habituellement après la première gelée. L'origine de cette expression est obscure, mais elle est déjà usitée au début du XIXᵉ siècle au Canada et même plus tôt aux États-Unis. Le Toronto Meteorological Observatory (fondé en 1839) enregistre la date de certains événements périodiques, tels que l'été indien, jusqu'en 1871. Ses enregistrements montrent presque toujours que ce phénomène survient tard en octobre ou pendant la première moitié de novembre et dure de quelques jours à environ une semaine. Bien qu'on ne puisse le définir précisément, l'été indien revient la plupart du temps au moment où les souvenirs de l'été font place aux pensées de l'hiver qui arrive.

Michael J. Newark

Éthier-Blais, Jean, professeur, écrivain et critique littéraire (Sturgeon Falls, Ont., 15 nov. 1925–Montréal, 12 déc. 1995). Il effectue ses études supérieures au Collège de Sudbury (id; B.A., 1946), à l'Université de Montréal (Licence de Lettres, 1948), et est fortement influencé par les historiens Lionel GROULX (1878-1967) et Guy FRÉGAULT (1918-1978).

Après un séjour en Europe (1948-1950), où il suit les cours de l'École normale supérieure, de l'École pratique des hautes études de Paris et fréquente l'intelligentsia de l'après-guerre, il devient diplomate au ministère des Affaires extérieures du Canada (1953-1960: Paris, Varsovie, Hanoi). En 1960, il est nommé professeur de littérature française à l'U. Carleton, à Ottawa (Ont.), puis à l'U. McGill (Montréal; 1962-1971) où, de 1971 à 1973, il assumera les fonctions de directeur du département de français.

Romancier (*Mater Europa*, 1968; *Les pays étrangers*, 1982; *Entre toutes les femmes*, 1988), nouvelliste (*Le manteau de Ruben Dario*, 1974), poète (*Asies*, 1969; *Petits poèmes presque en prose*, 1978; *Le Prince Dieu*, 1984) et essayiste (*Dictionnaire de moi-même*, 1976; *Voyage d'hiver*, 1986), ce moraliste profondément pétri de culture française et canadienne-française mêle à ses dons d'observation une ironie acerbe, voltairienne, et une passion exaltée. Docteur ès lettres (1971), membre de l'Académie canadienne-française, récipiendaire des prix France-Canada (1967), de la Province de Québec (1968) et Ludger Duvernay (1983), et du prix Athanase-David, la plus haute récompense littéraire au Québec, il s'est toujours attaché à défendre, à travers ses chroniques littéraires parues dans le journal *Le Devoir,* puis réunies sous le titre *Signets* (1967-1973), une certaine idée de la qualité de la langue française.

Ismène Toussaint

Ethnies, études sur les Elles s'intéressent aux groupes partageant le sentiment de constituer un peuple distinct du fait de leur origine, de leur culture ou de leurs traits physiques communs. Elles recouvrent un large éventail de disciplines, notamment l'histoire, la sociologie, l'anthropologie et autres sciences sociales, l'éducation et les sciences humaines. Le développement des études ethniques influence fortement la société, la politique gouvernementale et les autres disciplines de recherche au Canada.

La composition ethnique de la société canadienne a toujours été hétérogène, mais ce n'est qu'à partir des années 20 que l'on s'intéresse aux études ethniques. Par la suite, John PORTER critique le concept de «mosaïque culturelle», qu'il considère comme une mosaïque stratifiée ou une MOSAÏQUE VERTICALE. L'émergence, au cours des années 60 et 70, du concept de pluralisme culturel, ou MULTICULTURALISME, est inspirée du mouvement de «réveil ethnique» des États-Unis, de l'essor des sciences sociales dans les universités canadiennes, de l'influence croissante de chercheurs issus de communautés non fondatrices et de la COMMISSION

ROYALE D'ENQUÊTE SUR LE BILINGUISME ET LE BICULTURALISME.

Au cours des années 70, le gouvernement fédéral adopte une politique de multiculturalisme dans un contexte bilingue et établit une nouvelle LOI SUR LA CITOYENNETÉ ainsi qu'une nouvelle LOI SUR L'IMMIGRATION. Plusieurs provinces adoptent également une politique de multiculturalisme. À partir de 1972, plusieurs programmes fédéraux instaurent ou encouragent les études ethniques. Les ministères de l'Éducation de chaque province multiplient les possibilités d'étudier non seulement les langues maternelles et les origines culturelles, mais aussi la diversité ethnique en tant que dimension de la société canadienne.

Les recherches et les publications en études ethniques prennent de l'essor, surtout depuis les années 60, avec la création de la Société canadienne d'études ethniques et de la revue *Études ethniques du Canada*. Dans le cadre des conférences nationales de la Société, la plupart des débats portent sur le rapport de force entre les deux groupes fondateurs, soit les Britanniques et les Français, et leurs préoccupations autour de la préservation de leur langue officielle. Pendant la RÉVOLUTION TRANQUILLE, les Québécois se préoccupent de plus en plus de la préservation de la LANGUE FRANÇAISE et de la culture au sein d'une «nation» québécoise. Cet élan des années 60 incite d'autres minorités ethniques à se pencher davantage sur leur identité et la façon de la préserver. Ainsi, de nombreux ouvrages portant sur l'harmonisation des besoins centrés sur l'identité ethnique des groupes fondateurs européens et des nouveaux groupes sont publiés et largement utilisés dans les universités. Pendant les années 70 et 80, plus de 20 ouvrages historiques sur les minorités canadiennes sont publiés dans la collection Ethnic Heritage, portant notamment sur le patrimoine culturel et l'évolution communautaire des Arabes, des Grecs, des Japonais, des Portugais, des Écossais, des Ukrainiens et des Chinois.

Avant 1970, 95 p. 100 de la population canadienne était de race blanche et d'origine européenne, et la plupart des nouveaux immigrés venaient d'Europe. Par contre, avec les changements en matière de POLITIQUE D'IMMIGRATION canadienne vers la fin des années 60, de plus en plus de nouveaux immigrés de pays non européens arrivent. Ainsi, à partir des années 90, la plupart des 10 principaux pays sources d'immigrants sont asiatiques et on compte seulement un ou deux pays européens. Au cours des deux décennies allant de 1971 à 1991, la proportion de minorités visibles non européennes passe de 5 p. 100 à 10 p. 100 et, par conséquent, les années 80 et 90 sont marquées par une production accrue de recherches et de publications sur la race, le RACISME et les minorités visibles. Les textes utilisés pour les cours universitaires dans les années 90 s'adressent à la fois aux principales préoccupations des blancs et des minorités visibles, car ils traitent plus globalement des préoccupations d'identité ainsi que de la race et du racisme. De fait, de nombreux ouvrages axés sur la race et le racisme ont été publiés. (*Voir aussi* PRÉJUGÉS ET DISCRIMINATION.)

Leo Driedger

Ethnies, langues des Alors que les mouvements d'immigration du XIXᵉ siècle amènent au Canada surtout des personnes d'origine britannique, la population immigrée du XXᵉ siècle est d'origines incroyablement diverses.

Populations variées Une première vague commence dans les années 1880 et atteint son apogée vers 1910. Parmi les milliers d'immigrants venus d'Écosse, d'Irlande, mais aussi d'autres pays comme l'Allemagne, l'Italie, la Scandinavie et l'Ukraine, plusieurs sont recrutés comme fermiers pour exploiter les vastes terres à blé des Prairies, provinces nouvellement ouvertes, ou vont travailler dans les villes ontariennes en cours d'industrialisation et à Mont-

réal. Une autre vague commence en 1946 et culmine vers 1960, amenant une population beaucoup plus diversifiée. La diaspora d'après-guerre en Europe a forcé des milliers d'Italiens, de Portugais, de Hollandais, de Belges, de Grecs, d'Ukrainiens, de Polonais, de Finlandais et de Yougoslaves à émigrer. Plus tard arrivent des immigrants de toutes sortes de pays, comme de Hongrie, de Tchécoslovaquie, de Corée, de Chine, du Viêt-nam, et des États-Unis, qui fuient l'agitation politique.

Depuis 1980, le Canada a reçu une autre vague importante d'immigrants de divers horizons, composée souvent de réfugiés politiques venant de pays comme le Pakistan, le Chili, le Brésil, le Cambodge, la Somalie et le Salvador, mais aussi de pays anglophones des Caraïbes et de Hong-Kong. Aujourd'hui, ces Canadiens qui ne sont ni d'origine britannique ni d'origine française représentent plus de 35 groupes ethniques différents et constituent plus de 30 p. 100 de la population du pays.

En conséquence, le Canada jouit d'un riche multilinguisme. Même s'ils sont libres de s'installer là où ils le veulent, une forte proportion d'immigrants ont choisi de vivre en Ontario. En 1961, sur une population totale de 7,7 millions vivant en Ontario, plus d'une personne sur six parle encore sa langue maternelle étrangère. Près de 42 p. 100 des habitants de Toronto sont nés en dehors du pays. Ailleurs, les proportions sont également significatives. Les provinces des Prairies et la Colombie-Britannique comptent respectivement 58 et 21 p. 100 d'immigrants dans leur population. Une génération plus tard, le recensement de 1991 montre que cette proportion demeure élevée en Ontario et a augmenté dans le reste du pays. À Toronto, sur une population d'environ 3 millions, près d'une personne sur trois (32 p. 100) parle une langue de son pays d'origine. Ces pourcentages sont de 27 p. 100 à Vancouver, de 21 p. 100 à Winnipeg et de 17 p. 100 à Montréal.

Stabilité des communautés d'immigrants Sous le poids du nombre, les communautés immigrées dans les plus grandes villes du Canada sont relativement stables. Installées depuis plus longtemps que les générations présentes, elles sont souvent solidaires. La politique officielle encourage également la conservation de la langue et de la culture d'origine. La Commission royale d'enquête de 1961 sur le BILINGUISME ET LE BICULTURALISME montre clairement que les Canadiens d'origine autre qu'anglaise et française choisissent de préférence l'intégration à l'assimilation. À leurs yeux, l'assimilation équivaut à une «absorption presque totale par un autre groupe linguistique et culturel. Un individu assimilé renonce à son identité culturelle et peut même […] changer de nom». Par contre, l'intégration «ne veut pas dire la perte de l'identité d'un individu et de ses caractéristiques d'origine ou celle de sa langue et de sa culture d'origine». Partout au Canada, les systèmes éducatifs offrent de plus en plus aux groupes ethniques l'occasion de garder leur langue maternelle. Des programmes d'immersion dans des langues autres que les langues officielles sont largement disponibles (*voir* LANGUES SECONDES, ENSEIGNEMENT DES). Dans les villes du Canada, on peut ainsi entendre couramment l'anglais utilisé comme langue seconde, par des gens dont ce n'est pas la langue, et dans certaines familles, la langue d'origine est conservée jusqu'à la troisième ou la quatrième génération, voire plus longtemps.

Modèles de bilinguisme En 1991, dans une réaction unique et ingénieuse à la réalité multilingue du Canada, le Bureau du Recensement a demandé aux personnes interrogées de faire la distinction entre leur «langue maternelle», la langue parlée en premier, et la «langue de la maison», celle qu'ils utilisent chaque jour dans des situations domestiques avec leurs familles immédiates. La langue maternelle est autre que l'anglais ou le français pour plus de 4 millions. Parmi eux, plus de 50 p. 100 gardent aussi leur langue maternelle comme langue domestique.

Alors que les premiers immigrants étaient rapidement assimilés en une génération dans un des groupes de langues officielles, leur descendance a abandonné ce modèle au profit d'un autre schéma de bilinguisme. Elle maîtrise une langue officielle tout en conservant son héritage ethnique linguistique.

Bernard Saint-Jacques et J.K. Chambers

Ethnologie d'urgence Recueille des bandes sonores, des films, des photographies et des écrits des peuples inuits, amérindiens et métis du Canada dont la culture et la langue se perdent rapidement. Au cours des dernières décennies, nous avons assisté à la croissance dramatique des changements culturels et sociaux, ce qui a pour conséquence que la culture traditionnelle des premiers habitants du Canada est plus que jamais menacée de disparition. La priorité en recherche est accordée aux aspects de la langue et de la culture qui subissent les changements les plus rapides et qui nécessitent une documentation immédiate afin d'éviter qu'ils ne se perdent. Ces connaissances ont une importance particulière pour les descendants autochtones qui désirent conserver leur identité culturelle. Ces connaissances sont essentielles à la compréhension de la PRÉHISTOIRE et de l'histoire du Canada.

Des contrats de recherches menées par le Musée national de l'Homme (*voir* MUSÉE CANADIEN DES CIVILISATIONS) ont reçu une attention spéciale après 1960 de la division d'ethnologie, qui a mis en œuvre un programme d'ethnologie d'urgence en 1972. Les projets de recherche couvrent toutes les régions culturelles du Canada dont les Prairies, les régions boisées du Nord-Est et la région subarctique. L'ethnomédecine, l'ethnobotanique (*voir aussi* PLANTES, UTILISATION PAR LES AUTOCHTONES DES), le matériel culturel et la mythologie sont les priorités des travaux sur le terrain. Il existe aussi des projets en art, en écologie culturelle, en musique, en biographie et en généalogie. L'ethnolinguistique a une importance particulière. Nulle part ailleurs la transgression de l'acculturation ne s'est fait sentir autant que dans la tradition orale et le langage lui-même.

Les langues autochtones qui ont survécu au Canada sont estimées à 50, bien que seulement trois d'entre elles soient parlées par plus de 5000 personnes (*voir aussi* AUTOCHTONES, LANGUES DES). Certaines des autres langues ont quelques chances d'être sauvegardées dans un avenir proche, mais la majorité d'entre elles sont en danger et au moins sept avaient déjà presque disparu au milieu des années 90, puisque seule une poignée de personnes âgées parlaient ces langues à cette époque.

Un programme d'ethnologie d'urgence exige non seulement un travail ethnographique sur le terrain, mais aussi le soutien du personnel technique et d'archivistes chevronnés. Le programme du Musée canadien des civilisations inclut la conservation de la correspondance volumineuse et la collection d'archives d'Edward SAPIR et de Diamond JENNESS, des pionniers en ethnologie au Canada. Au niveau technique, les travaux scientifiques comprennent la conservation et la restauration de films qui se détériorent rapidement, dont les films de la vie des Esquimaux de Copper filmée entre 1913 et 1918 par l'EXPÉDITION ARCTIQUE CANADIENNE. Chaque année, la migration de plus en plus importante des autochtones vers les larges communautés modernes (*voir* AUTOCHTONES, MIGRATION URBAINE DES) entraîne la diminution du nombre de campements et du nombre d'hommes et de femmes qui vivent selon les traditions, accroissant ainsi l'importance de l'ethnologie d'urgence.

René R. Gadacz

Étoile de mer Animal commun sur les rivages comme dans les grandes profondeurs. On en connaît 1600 espèces dans le monde. Ce sont des INVERTÉBRÉS qui font partie de l'embranchement des ÉCHINODERMES. Elles ont habituellement une symétrie radiaire et ont en général cinq branches ou bras qui

rejoignent un disque central. Leur bouche est située sous le corps tandis que l'anus est sur la face supérieure de ce disque. Une autre caractéristique importante de ces animaux est leur appareil aquifère ou ambulacraire, un ensemble de canaux et de tubes qui actionnent des ambulacres par pression hydraulique. Ces ambulacres situés sur la face inférieure des bras constituent leur principal moyen de locomotion et de fixation.

Bien que leurs habitudes alimentaires soient variées, les étoiles de mer sont généralement de redoutables prédateurs qui provoquent des comportements frénétiques de fuite chez les gastéropodes et les bivalves. On rencontre plusieurs espèces d'étoiles de mer sur les côtes canadiennes et leur taille varie de 50 mm, chez la minuscule *Leptasterias hexactis*, à un mètre de diamètre, chez l'énorme *Pycnopodia helianthoides* qui peut avoir jusqu'à 24 bras.

R.D. Burke

Étourneau Nom commun donné à certaines espèces d'oiseaux d'une famille de l'Ancien Monde, les sturnidés, qui compte 114 espèces réparties principalement sous les tropiques. Deux de ces espèces ont été introduites au Canada: l'étourneau sansonnet (*Sturnus vulgaris*) et le martin huppé (*Acridotheres cristatellus*).

Étourneau sansonnet Au début de l'automne, les nouvelles plumes de l'étourneau sansonnet portent des marques de couleur chamois à leur extrémité. Au fur et à mesure que le bout des plumes s'use durant l'automne et l'hiver, ces taches disparaissent et, au printemps, l'étourneau revêt alors un plumage iridescent. Cette espèce, qui a été introduite depuis l'Europe, s'est implantée avec succès partout dans le monde, probablement grâce à son régime alimentaire omnivore et à sa capacité de s'adapter à la vie à proximité des hommes.

Les étourneaux sansonnets de l'Amérique du Nord sont issus de deux groupes, l'un de 60 individus et l'autre de 40, introduits à New York en 1890 et en 1891 respectivement. Ils se sont disséminés par la suite et ont étendu leur aire vers la côte du Pacifique et jusqu'au centre du Canada.

Martin huppé Introduite à Vancouver vers 1900 depuis le Sud-Est asiatique, cette espèce ne s'est pas largement répandue. C'est un oiseau trapu, presque entièrement noir sauf le bout de la queue, qui est blanc, et les ailes, qui portent des taches blanches. Des plumes hérissées à partir de la base de son bec jaunâtre forment une huppe frontale, qui est plus grande chez les mâles.

A.J. Baker

Etrog, Sorel, sculpteur, écrivain et philosophe (Iasi, Roumanie, 29 août 1933). Après une enfance mouvementée et traumatisante, Etrog entreprend une formation en art à Tel-Aviv, après l'émigration de sa famille en Israël. Une heureuse rencontre avec le collectionneur torontois Samuel J. Zacks a pour résultat une exposition individuelle en 1959 à Toronto, où Etrog déménage en 1963. Il se bâtit rapidement une réputation de sculpteur intense et dynamique, et il est choisi, en 1966, comme l'un des trois artistes représentant le Canada à la Biennale de Venise. Etrog possède à son actif de nombreuses et importantes commandes privées et publiques, dont certaines, comme *Ritual Head* (Calgary, 1976), sont de dimensions monumentales. Exécutées principalement en bronze et plus récemment en feuilles de métal laminées, les sculptures d'Etrog rappellent les structures du corps humain ou les énormes boulons et charnières de la machinerie lourde, évoquant toujours un potentiel cinétique latent.

Clara Hargittay

Études canadiennes L'emploi de cette expression pour désigner une approche interdisciplinaire distinctive de la recherche et de l'enseignement sur le Canada est largement tributaire de l'évolution du NATIONALISME canadien des années 60 et 70. En 1968, inspiré par les fêtes du Centenaire, A.B. Hodgetts publie *Quelle culture? Quel héritage?*. Hod-

getts enquête sur l'enseignement qui se pratique dans des centaines d'écoles et en conclut que: «Nous enseignons une version terne, irréaliste et consensuelle de notre passé; une chronologie aride de progrès politiques et économiques ininterrompus qui gomme les controverses qui font pourtant partie intégrante de l'histoire.»

Cette analyse est suivie en 1969 d'un rapport (*The Struggle for Canadian Universities*, de R. Mathews et J. Steele) sur le grand nombre de professeurs non canadiens dans les universités du pays. Ensuite, en 1972, l'Association des universités et collèges du Canada (AUCC) demande à T.H.B. SYMONS «d'enquêter, de faire rapport et de formuler des recommandations sur l'état de l'enseignement et de la recherche dans les différents domaines d'études portant sur le Canada». Paru en 1976, le rapport Symons, intitulé *Se connaître*, préconise une grande variété d'activités au sein des universités et des organismes gouvernementaux, des associations professionnelles et des organisations des secteurs public et privé.

L'étude initiale de Symons entraînera des changements à tous les niveaux de l'éducation, de nouveaux programmes gouvernementaux et de nombreux autres rapports, études et commissions. Hodgetts, Symons et d'autres auteurs soulèvent des questions touchant non seulement l'éducation, mais aussi, entre autres, l'industrie de l'ÉDITION, la science et la technologie, les archives, les relations internationales.

Le débat public sur la notion d'«identité canadienne» aura sa plus grande incidence sur l'éducation et contribuera à la création de plusieurs organisations et organismes nouveaux voués à la promotion des «études canadiennes». En 1970, la FONDATION D'ÉTUDES DU CANADA, une organisation autonome à but non lucratif, sera créée avec l'appui de l'Institut d'études pédagogiques de l'Ontario. Son objectif: proposer des moyens d'améliorer la qualité des études canadiennes dans les écoles primaires et secondaires.

Parmi les nombreuses réalisations de la fondation, on compte la publication en 1978 d'un modèle de programme d'études intitulé *Perspectives nouvelles en enseignement du Canada*. Mais, face à la diminution du financement public et au manque de soutien extérieur, la Fondation d'études du Canada est dissoute en 1986. Au début des années 70, par l'entremise d'un projet pour le développement des études canadiennes, l'Association des collèges communautaires du Canada entreprend des initiatives semblables dans les collèges.

Le projet, financé dans un premier temps par la Fondation Kellogg et ensuite par le gouvernement fédéral, vise à augmenter le contenu canadien dans les cours des COLLÈGES COMMUNAUTAIRES et à accroître le nombre de programmes interdisciplinaires. Il connaîtra un grand succès grâce aux subventions à l'ÉLABORATION DE PROGRAMMES D'ÉTUDES, aux bourses de voyages pour étudiants, professeurs et administrateurs, aux publications et à d'autres initiatives.

Dans les années 70, des professeurs d'universités intéressés par les études canadiennes créent l'ASSOCIATION D'ÉTUDES CANADIENNES, une organisation interdisciplinaire qui se voue à la promotion de l'enseignement, des publications et des recherches sur le Canada au niveau postsecondaire au moyen de différents programmes nationaux et régionaux (en 1987, plus de 35 universités canadiennes offrent divers programmes d'études canadiennes). Certains des programmes et certaines des publications, dont un bulletin trimestriel, s'adressent au grand public. En 1993, l'Association d'études canadiennes, dont le siège est à Montréal, comptait au-delà de 750 membres (plus de 600 particuliers et 155 institutions).

Le Conseil international des études canadiennes (CIEC) est né en 1981. Il a, entre autres, pour objectif de fournir un moyen d'échanger de l'information entre un nombre grandissant d'associations d'études canadiennes nationales ou multinationales à l'étranger. En 1994, le CIEC comptait quelque 20 pays membres, plusieurs membres associés et 18 associations d'études canadiennes non membres, mais affiliées au ICCS. Les associations membres proviennent des États-Unis, de la Chine, du Japon, de l'Inde et d'Israël ainsi que d'un certain nombre d'autres pays d'Europe, d'Asie et d'Amérique Latine.

Le financement des études canadiennes au Canada et à l'étranger provient de différentes sources: des cotisations des membres, de fondations (privées et publiques), d'organismes subventionnaires et, surtout, des ministères fédéraux des Affaires étrangères et du Patrimoine canadien. Toutefois, au cours des années 80, l'intérêt des organismes de financement public pour les études canadiennes commence à diminuer. À sa création en 1984, le budget du Service des études canadiennes au Secrétariat d'État (devenu Patrimoine canadien) s'élevait à 3,1 millions de dollars, dont 2,8 millions étaient versés en subventions et contributions.

Le niveau de financement annuel varie considérablement au fil des ans, surtout en raison des sommes allouées aux projets spéciaux (p. ex., sur une période de trois ans vers le milieu des années 80, 2,5 millions pour *L'encyclopédie du Canada* et 5,2 millions pour *Horizon Canada*). En 1987-1988, l'enveloppe budgétaire ne s'élevait plus qu'à 2 millions, soit un tiers de moins que la somme initialement allouée au programme, et plusieurs activités cessent. En 1992-1993, le budget des subventions et des contributions se chiffre à 1,45 million, ce qui représente une diminution de 60 p. 100 par rapport à 1983-1984, sans tenir compte de l'inflation.

Depuis 25 ans, les études canadiennes formelles ont fait des progrès considérables. En 1984, quand le professeur Symons (en collaboration avec J.E. Page) publie le troisième et dernier tome de son rapport sur les études canadiennes, il peut faire état de nombreux progrès réalisés au cours de la décennie précédente en création et enrichissement de programmes d'enseignement et en recherche, publication, collecte et préservation de matériel canadien. Le défi maintenant est de trouver des façons nouvelles et novatrices de financer les programmes d'études canadiennes. À cette fin, de nombreuses organisations scolaires et universitaires ont commencé à solliciter le soutien du secteur privé. En 1994, David Cameron de l'U. de Toronto a procédé à un examen approfondi de l'état des études canadiennes au Canada. L'ouvrage devait être publié par le ministère du Patrimoine canadien en 1995. (*Voir aussi* POLITIQUE CULTURELLE.)
S. McMullin

Études commerciales Pour l'année scolaire 1992-1993, on dénombre, dans les programmes menant à l'obtention d'un baccalauréat en administration des affaires et en sciences commerciales des universités canadiennes, 54 118 étudiants à temps plein et 16 571 étudiants à temps partiel, soit 11,6 p. 100 et 11,9 p. 100 respectivement de la clientèle de premier cycle. En 1991-1992, les collèges communautaires comptent quant à eux 43 394 étudiants à temps plein inscrits en gestion et administration, soit 18 p. 100 de leur clientèle (ces chiffres ne comprennent pas les étudiants inscrits aux programmes qui mènent à l'université).

Les programmes d'éducation permanente offrent aussi une grande variété de cours dans tous les domaines reliés aux affaires, dispensés tant par des établissements d'enseignement postsecondaire et des centres d'études professionnelles (comme l'Institut des comptables agréés et l'Association des banquiers canadiens) que par des sociétés de conseil en gestion et des organismes internes, qui s'adressent aux gestionnaires des secteurs public et privé.

Au cours des 20 dernières années, le nombre de femmes inscrites aux programmes d'administration des affaires et de sciences commerciales s'est accru

de façon significative. En 1970-1971, p. ex., les femmes ne constituent que 9,5 p. 100 de la clientèle des écoles de sciences commerciales. En 1992-1993, cette proportion est de 47 p. 100 (une augmentation de 8 p. 100 par rapport à 1981). Ces chiffres démontrent la transformation progressive, bien que lente, de la composition sexuelle du personnel de direction des entreprises.

Au Canada, la plupart des diplômes universitaires de premier cycle en administration des affaires sont appelés baccalauréats en commerce (B.Com.). Le premier baccalauréat en commerce canadien est décerné par l'U. Queen en 1919, deux ans après l'établissement de son programme de sciences commerciales. De nos jours, la plupart des universités canadiennes offrent un programme de sciences commerciales de premier cycle et, en 1992-1993, 57 universités comptaient plus de 250 étudiants au baccalauréat en commerce.

Jusqu'au milieu des années 60, la plupart des étudiants inscrits au baccalauréat en commerce se destinent à la COMPTABILITÉ, et plus précisément à devenir des comptables agréés. Bien que de nombreux étudiants inscrits à ces programmes se destinent toujours à cette profession, le profil académique des cours évolue beaucoup depuis la parution, en 1959, de deux rapports (le rapport Gordon-Howell et le rapport Pierson, commandés respectivement par les fondations Ford et Carnegie) qui indiquent que les programmes d'études supérieures doivent avant tout permettre aux étudiants d'acquérir des compétences en matière de gestion d'entreprise.

Nouveaux programmes De nos jours, les programmes visent l'identification et la résolution des problèmes, ainsi que leur incidence sur les décisions que les gestionnaires sont appelés à prendre. Aussi, nombre de facteurs extérieurs, comme les politiques fiscales et monétaires, l'évolution économique internationale (la fluctuation des marchés tarifaires et du taux de change) et les modifications apportées aux lois et règlements, ainsi que les nouvelles interprétations de la loi constitutionnelle, exercent une influence considérable sur les choix qui s'offrent aux gestionnaires. L'examen de ces facteurs révolutionne les études commerciales, en amenant une réforme importante des programmes, en exigeant que les enseignants possèdent une formation encore plus poussée et que l'on accorde une plus grande place à la recherche jusque-là pratiquement inexistante.

Les étudiants inscrits aux programmes de premier cycle en administration des affaires sont tenus de suivre les cours d'un tronc commun de pair avec une formation plus spécialisée. Les cours du tronc commun, comme ceux qui ont trait aux sciences humaines, aux sciences sociales (y compris les cours d'économie), à l'analyse quantitative et au raisonnement analytique, constituent habituellement de 40 p. 100 à 60 p. 100 du programme d'études.

Cependant, l'essence même de la formation tient à des domaines de spécialité comme la psychologie du comportement dans les entreprises, la conception et la structure organisationnelle, la comptabilité administrative et générale, les finances, la commercialisation et la gestion de la production. L'étudiant peut se spécialiser dans l'un ou l'autre de ces domaines ou choisir une formation commerciale générale. Les cours de droit, de relations entre les secteurs public et privé, de politique commerciale et de planification stratégique sont obligatoires. En outre, un nombre sans cesse croissant d'universités inscrivent aussi le commerce international parmi les cours obligatoires.

Durant l'année scolaire 1992-1993, 292 universités canadiennes offrent des programmes de maîtrise en administration (MBA) auxquels sont inscrits 5918 étudiants à temps plein et 5744 étudiants à temps partiel, soit respectivement 14,5 p. 100 et 20,2 p. 100 des étudiants du niveau de la maîtrise. Ces chiffres témoignent d'une augmentation substantielle du nombre d'inscriptions depuis 1985-1986, alors que

l'on compte 4079 étudiants à temps plein et 4856 étudiants à temps partiel, soit respectivement 12,7 p. 100 et 15,2 p. 100 de la population étudiante, ainsi que de la popularité soutenue des programmes de maîtrise au cours des années 80, alors que l'on croit qu'une telle formation est pratiquement garante de l'obtention d'un poste de cadre intermédiaire à salaire élevé.

En 1992-1993, les femmes constituent 33,6 p. 100 des inscriptions aux études commerciales, ce qui représente une légère augmentation par rapport à 1985-1986, alors qu'elles en constituent 29 p. 100. La formation reçue dans le cadre du programme de maîtrise en administration se veut plus professionnelle que théorique. Elle est conçue pour des étudiants provenant de divers programmes d'études, que ce soit du domaine des sciences humaines, des sciences, ou du génie, qui désirent se lancer dans une carrière en administration.

Le programme de maîtrise dure deux ans. La première année est consacrée aux disciplines de base et aux secteurs fonctionnels de la formation en gestion (raisonnement quantitatif, structure organisationnelle, comportement dans l'entreprise, macroéconomie, économie de l'entreprise, comptabilité, finances et commercialisation). La deuxième année comporte habituellement des cours obligatoires en élaboration et en mise en œuvre des politiques, ainsi que des cours sur les conséquences des politiques gouvernementales sur l'organisation auxquels se greffent nombre de cours facultatifs.

Depuis quelques années, on a modifié les programmes de baccalauréat et de maîtrise dans le but de les mettre au diapason des nouvelles réalités du monde des affaires. À l'heure où les entreprises réajustent sans cesse leur tir pour se faire plus concurrentielles et composer avec la métamorphose de plus en plus rapide du marché, il y a une demande grandissante de diplômés qui ont une approche «plus humaine» en matière de direction du personnel, et des aptitudes en communication, qui savent travailler en équipe et gérer les changements, et qui peuvent composer avec des situations exigeant une grande souplesse et beaucoup d'ingéniosité. En outre, alors que les postes de cadre intermédiaire se font de plus en plus rares, on met davantage l'accent sur les cours en entrepreneuriat et en gestion de nouvelles et de petites entreprises.

Le nombre sans cesse croissant de cours sur le commerce international, sur la mise en marché outremer, sur les finances internationales et sur la gestion commerciale à l'étranger, de même que ceux qui portent sur l'étude comparative des différents systèmes de production, de gestion des ressources humaines et des structures organisationnelles témoignent bien de la mondialisation à la fois des grosses et des petites entreprises. Même si ces cours sont, pour la plupart, facultatifs, on recommande fortement aux étudiants de s'y inscrire. Quoi qu'il en soit, cet enrichissement des programmes d'études reflète les pressions actuellement exercées sur les écoles commerciales tant de la part des employeurs que des étudiants.

L'avenir des études commerciales Les écoles commerciales sont encore renommées pour produire d'excellents analystes et théoriciens du monde des affaires qui savent appliquer les règles de l'analyse rationnelle au processus décisionnel, mais on leur reproche de ne pas encourager la pensée innovatrice et expérimentale, de ne pas élargir les horizons et les perspectives de l'étudiant, de ne pas s'efforcer de résoudre le processus décisionnel et, en règle générale, de ne pas reconnaître que l'administration est à la fois une discipline et un art.

Bien que les améliorations dont nous venons de traiter constituent un pas dans la bonne direction, les défis que réserve l'avenir forceront les écoles commerciales à entretenir des rapports encore plus étroits avec le monde des affaires et à se préparer à réagir plus rapidement aux besoins engendrés par l'évolution toujours plus rapide de l'environnement interne, national et international des grosses et des petites entreprises partout au Canada.

Edward J. Chambers

Études urbaines Elles portent sur tous les aspects de l'aménagement urbain au Canada, y compris l'évolution des collectivités (histoire urbaine), les processus d'aménagement des villes (géographie urbaine, économie urbaine, planification, architecture), la politique urbaine et le gouvernement (sciences politiques urbaines) et la société urbaine (sociologie urbaine et anthropologie, démographie urbaine). Avant les années 60, les géographes dominaient ce champ d'études. Au Québec, Raoul Blanchard et ses étudiants publient de nombreuses études urbaines des années 30 aux années 50, tandis que Jacob Spelt, Donald Kerr, J. Wreford Watson et d'autres chercheurs analysent l'aménagement urbain en Ontario. La plupart de ces études portent spécifiquement sur des collectivités ou des régions particulières selon l'une ou l'autre des deux approches suivantes. Certaines études mettent à part les aspects urbains du système d'interaction entre l'homme et son milieu, ce qui en fait des études systématiques de phénomènes précis (géographie économique et urbaine). D'autres sont de type synthétique, c.-à-d. qu'elles visent à fournir une vue complète des nombreux phénomènes interdépendants qui évoluent avec le temps et qui finissent par donner au paysage un caractère urbain particulier (histoire de la géographie urbaine).

Dès le début des années 70, de nombreuses autres disciplines se vouent aux études urbaines, et il en ressort rapidement des sous-disciplines distinctes. Cette tendance est marquée par l'établissement, p. ex., du Centre for Urban and Community Studies à l'U. de Toronto, de l'Institute of Urban Studies à l'U. de Winnipeg et de l'Institut national de la recherche scientifique (INRS) – urbanisation au sein du réseau de l'U. du Québec. Les centres de recherche ne constituent pas le seul champ d'activité des universités. Celles-ci mettent en place ou développent des cours en études urbaines et des programmes d'enseignement. De plus, les écoles d'AMÉNAGEMENT URBAIN ET RÉGIONAL connaissent une croissance considérable.

Au niveau gouvernemental, des ministères des affaires urbaines voient le jour ou prennent de l'ampleur à l'échelle provinciale, et le gouvernement fédéral institue le département d'État chargé des Affaires urbaines en 1971. Ces ministères appuient la recherche et servent de compléments aux programmes de recherche déjà bien établis d'organismes comme la SOCIÉTÉ CANADIENNE D'HYPOTHÈQUES ET DE LOGEMENT (SCHL) et le Conseil canadien de recherches urbaines et régionales (CCRUR). Plusieurs projets d'envergure sont entrepris au cours des années 70, dont la publication des «Urban Profiles Series» (1974-1975) et des «Urban Prospects Series» (1975-1976).

Le monde des études urbaines profite de la parution d'une variété de nouveaux bulletins, revues et magazines, dont *Urban Focus* (1972), une publication de l'Institute of Local Government; *Urban History Review/Revue d'histoire urbaine* (1972), une publication du Musée national de l'homme; *Urban Reader* (1973), une publication de la Ville de Vancouver; *Urban Forum* (1975), une publication du CCRUR et *City Magazine* (1974), une entreprise commerciale lancée par l'éditeur torontois James Lorimer. En 1977, la société Micromedia de Toronto commence la production d'un index trimestriel des publications du domaine des études urbaines intitulé *Urban Canada/Canada urbain*.

Les municipalités manifestent elles aussi une préoccupation croissante à l'égard des questions urbaines. La Fédération canadienne des municipalités entreprend elle-même des projets de recherches urbaines ou parraine de telles études, tandis que les collectivités s'occupent d'organiser leurs archives municipales officielles. La préservation du patrimoine urbain artificiel est une autre des caractéristiques

des années 70, tandis que de nombreuses collectivités créent des comités et des services voués à la préservation et à la conservation et adoptent des règlements connexes (*voir* PATRIMOINE, CONSERVATION DU; HÉRITAGE CANADA).

Malgré toute cette activité dans les années 70 et au début des années 80, aucune tendance dominante, de nature théorique ou explicative, n'émerge des études urbaines. Des centaines d'ouvrages et d'articles sont publiés, surtout à l'échelle communautaire et régionale. Paraissent, entre autres, *Urban Canada: Problems and Prospects* (1970) de N.H. Lithwick, *Urban Canada* (1974) de J. et R. Simmons, *Cities of Canada* (2 vol., 1975-1976) de G. Nader, *The Canadian City: Space, Form, Quality* (1973) de J.N. Jackson, *Urban Development in Canada* (1967) de L. Stone, *Urban Canada: Its Government and Politics* (1977) de D.J.H. Higgins, *The City Book* (2 vol., 1976-1977) de J. Lorimer et E. Ross, *Planning the Canadian Environment* (1968) de L. O. Gertler, *The Canadian City* (1977) et *Canada's Urban Past* (1981) de G.A. Stelter et A.F.J. Artibise.

Au début des années 80, l'attention portée aux questions urbaines s'atténue par suite de la récession et du fait que beaucoup d'initiatives antérieures n'ont pas, du moins aux yeux des politiciens, répondu complètement aux attentes à leur égard. Ainsi, le département fédéral des Affaires urbaines est dissous en 1979, plusieurs provinces réduisent leur ministère des Affaires urbaines, les instituts de recherches urbaines s'effondrent, et plusieurs revues et bulletins d'études urbaines cessent de paraître. Toutefois, malgré le déclin général de l'intérêt envers les études urbaines, un noyau solide de spécialistes poursuivent leurs travaux. (*Voir aussi* VILLE; DESIGN D'ENVIRONNEMENT; RÉFORMES URBAINES; URBANISATION.)

A.F.J. Artibise

Étudiant, aide financière à l' Depuis de nombreuses années, il existe au Canada des programmes d'aide financière pour les étudiants défavorisés de niveau post-secondaire. Jusqu'en 1939, cette aide financière se présente essentiellement sous forme de fonds privés provenant des universités et des collèges et elle est accordée aux étudiants qui obtiennent d'excellents résultats. En 1939, l'adoption, par le gouvernement fédéral, du Programme fédéral-provincial d'aide aux étudiants (PFPAE) donne le coup d'envoi à la création d'un programme national d'aide financière. En 1944, toutes les provinces font partie de ce programme.

Bien que la LOI CONSTITUTIONNELLE DE 1867 accorde aux gouvernements provinciaux le droit exclusif de légiférer en matière d'éducation, la mise sur pied, par le gouvernement fédéral, d'un programme d'aide financière national semble tout à fait justifiée puisque ce dernier concerne certains secteurs de juridiction fédérale, p. ex., la croissance économique, la formation et la mobilité de la main-d'œuvre. Ainsi, le PFPAE est intégré à la *Loi sur la formation de la jeunesse*, qui régit la politique économique nationale.

Contributions des gouvernements fédéral et provinciaux

Conformément au PFPAE, le gouvernement fédéral accorde des fonds à chacune des provinces participantes. En retour, celles-ci doivent fournir une aide d'un montant équivalent. Certaines n'accordent que des prêts, d'autres uniquement des bourses. De façon générale, on estime que le gouvernement fédéral a accordé moins de 5 millions de dollars au PFPAE et que, en moyenne, moins de 3000 étudiants par année ont reçu une aide financière par le biais de ce programme.

La mise en œuvre du PFPAE modifie, sur trois plans, l'octroi d'une aide financière aux étudiants. Premièrement, étant donné que les provinces administrent tous les fonds indépendamment de leur provenance, une variété de programmes sont créés.

Deuxièmement, l'importance accordée aux critères change, c.-à-d. qu'on se base davantage sur le réel besoin d'aide financière que sur les résultats scolaires, si bien que les bourses d'études se transforment en bourses d'entretien. Troisièmement, le rôle du gouvernement fédéral prend de l'importance en ce qui a trait au financement et à la coordination. En 1954, le Québec se retire du programme conjoint, appuyant sa décision sur la *Loi constitutionnelle de 1867*, qui accorde aux provinces la suprématie et l'autonomie en matière d'enseignement supérieur.

Au cours des années 60, l'éducation post-secondaire connaît une croissance rapide, et on note, par conséquent, un urgent besoin de réforme des programmes d'aide financière. En 1964 est créé le Programme canadien de prêts aux étudiants (PCPE), qui remplace le PFPAE, qui sera aboli en 1967. Conformément au PCPE, le gouvernement fédéral garantit un prêt à tout étudiant à temps plein qui prouve son besoin d'aide financière au gouvernement d'une province ou d'un territoire, à condition que ce prêt soit remboursé dans un délai ne dépassant pas neuf ans et demi, selon un taux d'intérêt fixé annuellement. Les intérêts commencent à courir dès que l'étudiant termine ses études à plein temps, mais en fait, l'étudiant dispose de six mois à compter de la date de fin d'études à plein temps pour commencer à rembourser.

Financement étendu Lorsqu'un étudiant fait une demande d'aide financière à une province ou à un territoire, il doit fournir les renseignements demandés sur ses ressources financières et ses besoins. Par la suite, la province ou le territoire détermine le montant auquel l'étudiant a droit. Le PCPE fournit 60 p. 100 du montant nécessaire jusqu'à concurrence d'un maximum de 105 dollars par semaine. De son côté, la province (ou le territoire) décide si elle comble la différence et de quelle manière.

En 1994, la *Loi fédérale sur l'aide financière aux étudiants* entraîne une révision intégrale du PCPE pour la première fois depuis sa création. En vertu de cette loi, le montant maximum passe de 105 dollars à 165 dollars par semaine pour les étudiants à temps plein, et le montant global maximum, de 2500 dollars à 4000 dollars pour les étudiants à temps partiel. Un programme national de bourses est mis sur pied pour les étudiants qui présentent des handicaps permanents, les étudiants à temps partiel qui ont des besoins financiers élevés et les étudiantes au doctorat dans certains domaines. Désormais, l'exemption d'intérêts ne s'applique plus aux seuls emprunteurs sans emploi, mais également à ceux qui ont un faible revenu. Ce programme prévoit également la réduction ou l'annulation de la dette pour un certain nombre d'emprunteurs, mais cette disposition n'est pas encore en vigueur. Chaque province gère ce programme en fonction de critères administratifs communs. Conformément au PCPE, chacune d'entre elles résout à sa manière les cas individuels résultant de circonstances imprévisibles lors du processus d'enquête.

Le 1ᵉʳ août 1995, on implante de nouvelles politiques de financement. Plutôt que de garantir un prêt, le Canada continue de couvrir les intérêts pendant que l'emprunteur est aux études. Au moment de la consolidation de la dette, un établissement de crédit transforme le prêt en un prêt personnel, moyennant le versement d'une prime de risque de 5 p. 100. Le gouvernement fédéral ne garantit plus le montant accordé à l'étudiant au long de la période de remboursement de neuf ans et demi.

Dans toutes les provinces, excepté au Québec et dans les Territoires du Nord-Ouest, les programmes d'aide aux étudiants combinent l'aide financière du PCPE et celle des fonds provinciaux complémentaires. L'étudiant ne peut adresser sa demande de prêt du PCPE directement au gouvernement fédéral. Le Québec et les Territoires du Nord-Ouest ont choisi de ne pas faire partie du PCPE. Pour pouvoir jouir des privilèges d'autonomie et de suprématie, ils reçoivent chaque année une compensation du gouvernement fédéral. Quant aux autres provinces, si elles ne peuvent resserrer les critères d'admissibilité, elles peuvent accorder des montants plus substantiels. L'évaluation des besoins se fait à l'aide d'une banque de données nationale comportant des tables régionales des coûts et des allocations. Ces tables sont mises à jour annuellement selon une formule basée sur l'indice des prix à la consommation.

Les programmes d'aide régis par le PCPE varient d'une province à l'autre. Bien que chacune d'elles se base sur des critères administratifs mis à jour chaque année par des fonctionnaires fédéraux, provinciaux et territoriaux et approuvés par leurs gouvernements, il existe des écarts, puisque ces critères nationaux ne fixent que des montants maximaux. Certaines provinces peuvent resserrer ces critères et réduire ces montants maximaux, et elles ont créé leurs propres méthodes de calcul du montant total accordé à chaque étudiant. Les prêts et bourses sont émis par la province où l'étudiant habite et non celle où il étudie. Chacune désigne les établissements post-secondaires que l'étudiant peut fréquenter, qu'ils soient à l'intérieur ou à l'extérieur de ses frontières. Dans les années 80, dans un contexte généralisé de contraintes budgétaires, la plupart des provinces resserrent leurs critères d'admissibilité.

Le PCPE fait l'objet de critiques, notamment sur les plans suivants:

Équilibre prêts-bourses La Fédération canadienne des étudiantes et étudiants, qui représente près de 500 000 étudiants de niveau post-secondaire, soutient que l'endettement des étudiantes et étudiants à la fin des études représente un fardeau trop lourd. Bien que quelques provinces soient en voie d'instaurer un programme de remises sur les prêts destiné à alléger ce fardeau, il semble qu'on accorde plus de prêts que de bourses, c.-à-d. qu'on convertit l'ensemble de l'aide non remboursable en programmes de prêts.

Groupes défavorisés Il semble que les programmes actuels d'aide financière ne répondent pas aux besoins de groupes défavorisés tels que les autochtones, les familles monoparentales et les familles à faible revenu. Les problèmes financiers, l'hésitation des familles à faible revenu à assumer un prêt et le manque d'information limitent le recours à l'aide financière chez les Canadiens faisant partie des catégories susmentionnées. L'endettement élevé des étudiants dans le besoin continue à alimenter la controverse étant donné qu'on voit de plus en plus de dettes de l'ordre de 30 000 à 40 000 dollars contractées sur 4 à 5 ans.

Resserrement des critères Les provinces ont déploré le fait qu'on ne puisse plus tenir compte de situations exceptionnelles depuis que le «processus d'appel» n'est plus accessible aux étudiants ou à leur famille. Finalement, le fédéral s'est résolu à accorder un pouvoir discrétionnaire aux provinces.

Privatisation L'interaction entre les gouvernements provinciaux et fédéral en matière de finances s'étant profondément modifiée, on assiste à une réduction substantielle des transferts fédéraux par le biais du financement des programmes établis, ce qui signifie des bourses provinciales moins élevées pour les études supérieures. Cela entraîne, entre autres, une augmentation considérable des frais d'inscription et de l'ensemble des besoins financiers des étudiants. En 1994, le gouvernement fédéral suggère que le remboursement des prêts se fasse selon le revenu annuel, proposition qui se heurte à de fortes résistances, surtout de la part de la Fédération canadienne des étudiantes et étudiants. Cette suggestion était jumelée à une proposition visant à augmenter de près de 100 p. 100 les frais d'inscription.

Le Programme Bourses Canada (1988-1994) représente la première tentative du gouvernement fédéral afin de stimuler l'intérêt des étudiants de premier cycle faisant partie de catégories spéciales et surtout d'encourager les femmes à obtenir un diplô-

me en science, en ingénierie et en agriculture. Cette initiative n'est toutefois jamais entrée en vigueur.

Depuis la mise sur pied du PCPE, en 1964, jusqu'au 31 mars 1996, le gouvernement fédéral a consenti 10,6 milliards de dollars en prêts accordés à 2,4 millions d'étudiants à temps plein. Au cours de l'année 1994-1995, quelque 307 014 étudiants à temps plein et à temps partiel ont reçu plus d'un milliard de dollars.

L'une des difficultés inhérentes aux programmes d'aide financière est qu'ils poursuivent plusieurs objectifs, c.-à-d. permettre l'accès à la formation postsecondaire aux étudiants défavorisés et soutenir indirectement les établissements d'enseignement postsecondaire, qui sont sous la responsabilité financière des provinces.

Programmes complémentaires d'aide financière La majorité des provinces offre des programmes complémentaires d'aide financière à des groupes particuliers comme les personnes handicapées, les autochtones et les familles monoparentales vivant de l'aide sociale. Quelques provinces offrent des programmes de remise de créance aux diplômés. Au Québec, on peut obtenir des prêts sans intérêts pour étudier dans certaines institutions postsecondaires. En Colombie-Britannique et en Ontario, les étudiants particulièrement défavorisés peuvent se prévaloir d'un programme travail-études. La Saskatchewan, quant à elle, consent des prêts spéciaux aux étudiants qui s'inscrivent à des cours non admissibles au PCPE.

Autochtones En vertu de la Constitution, l'éducation des Indiens et des Inuits inscrits relève du gouvernement fédéral. Ceux qui sont admissibles à une aide peuvent fréquenter des universités et des collèges provinciaux. Le ministère des Affaires indiennes et du Nord canadien leur fournit toute l'aide nécessaire, financière ou autre. D'autres provinces ont également mis sur pied des programmes spéciaux.

Différentes priorités d'intérêt national ont favorisé l'implantation d'autres programmes fédéraux importants. En 1945, la *Loi sur la réhabilitation des anciens combattants* accorde une aide financière aux anciens combattants qui reviennent au pays. De 1957 à 1967, le Conseil des arts du Canada offre un programme complet de bourses d'études en arts ainsi qu'en sciences humaines et sociales, et, dix ans plus tard, le Conseil de recherches en sciences humaines et le Conseil de recherches en sciences naturelles et en génie deviennent responsables des programmes de bourses d'études du Conseil des arts du Canada.

Le gouvernement fédéral offre aussi un soutien sous forme de réductions d'impôts sur le revenu des étudiants ou de leur famille. Les étudiants bénéficient d'un crédit d'impôt fédéral correspondant à 17 p. 100 de leurs frais d'inscription dans un établissement post-secondaire, et de plus, les étudiants à temps plein bénéficient d'un crédit de 13,60 dollars par mois d'étude.

Programmes d'emploi Les programmes d'emploi d'été des étudiants et les programmes d'emploi des jeunes encouragent les emplois d'été, comme les programmes coopératifs, qui permettent aux étudiants d'alterner les périodes d'études universitaires et de travail. Ces programmes éclipsent les premières initiatives fédérales, qui visaient à accorder des prêts aux blessés de guerre (1919) et à permettre au Conseil national de recherches d'octroyer des bourses d'études et de recherche (1916).

Le gouvernement du Canada prévoit instaurer, pour remplacer l'achat direct de places de stagiaires, un «système de coupons» afin d'encourager les stagiaires. Il procédera également à la révision approfondie des fonds de l'Assurance-chômage, ce qui entraînera des changements dans les programmes actuels de formation et de réinsertion.

Lionel Orlikow

Étudiant, droit de l' Les étudiants ont essentiellement deux sortes de droits: les droits fondamentaux, soit

les droits à proprement parler dont les étudiants doivent bénéficier, et les droits procéduraux qui sont les méthodes suivant lesquelles ils réclament leurs droits. Cet article traite des étudiants des écoles publiques, quoique ceux des écoles privées puissent faire valoir leurs droits visés par la *Common law* et les lois provinciales en matière d'éducation.

Droit fondamental à l'éducation Les gouvernements provinciaux affirment le droit fondamental à l'éducation en acceptant de financer les écoles primaires et secondaires. Les gouvernements étendent aussi ce droit du fait qu'ils absorbent une partie des dépenses des collèges et des universités. Lors des débats sur les budgets de l'éducation, des arguments se font parfois entendre en faveur d'un élargissement de ce principe. P. ex., certains réclament que les classes de petite taille soient un droit moral ou que l'accès à l'éducation postsecondaire soit garanti pour tous les diplômés qualifiés du secondaire. Habituellement, les tribunaux sont réticents à s'engager dans ce genre de débats, se refusant à devoir définir ce qu'est un «bon» enseignement ou à statuer sur les dépenses gouvernementales.

Égalité des chances d'accès à l'enseignement La garantie de l'égalité d'ACCÈS À L'ÉDUCATION est un deuxième droit fondamental qui s'avère particulièrement important pour les groupes minoritaires. Dans l'esprit de cette disposition, qui reflète le principe selon lequel les gouvernements doivent traiter également toutes les personnes, les décideurs tentent de réduire les déséquilibres entre les écoles et entre les régions. L'équité est garantie jusqu'à un certain point par les articles 15 et 23 de la CHARTE CANADIENNE DES DROITS ET LIBERTÉS. Toutefois, les provinces ne progressent pas au même rythme vers une égalité des sexes quant à la formation professionnelle, aux sports, au contenu des programmes d'études et à l'aide financière.

Autres droits en matière d'équité Récemment, les décisions de diverses instances sont venues affirmer d'autres droits visant l'équité. Ainsi, les élèves célibataires enceintes ne sont plus obligées de quitter l'école. Elles doivent jouir du même accès à l'éducation que les autres. Par ailleurs, si leur présence représente un danger pour la santé de leurs camarades, les élèves peuvent se voir refuser le droit de participer aux activités scolaires régulières, mais ils ont le droit d'obtenir un programme d'enseignement de rechange. Finalement, toujours au nom de l'équité de traitement, les élèves de toutes les religions ont le droit de porter des symboles religieux, y compris le kirpan (qui ressemble à une dague) dans son fourreau. Toutefois, dans le cas où le risque de violence dans l'école atteint un degré potentiellement dangereux, certaines restrictions peuvent temporairement s'appliquer au port du kirpan.

Les assemblées législatives exigent également que les conseils scolaires mettent en place des programmes d'enseignement spéciaux pour les étudiants atteints d'un handicap ou de troubles d'apprentissage. En général, ces étudiants ont le droit de développer leurs capacités dans le cadre d'une éducation publique gratuite et dans un environnement qui dispose de toutes les ressources possibles. Les parents et les intercesseurs pour les enfants tentent de s'assurer que les élèves ne sont pas lésés dans leurs droits par une négligence professionnelle, un diagnostic erroné ou un placement inadéquat dans des groupes de rattrapage. Comme le stipule la Charte, tout programme d'études séparé ou dont il est démontré qu'il se situe en deçà des normes, toute méthode d'enseignement ou toute philosophie de l'enseignement destinés aux enfants handicapés peuvent être contestés devant les tribunaux. Ceux-ci rejettent certaines de ces requêtes en se rangeant du côté des conseils scolaires aux prises avec de sérieuses contraintes budgétaires. Les dispositions relatives à l'éducation spéciale doivent donc s'appliquer dans les limites des ressources disponibles.

Légalement, les administrateurs ont le pouvoir de punir les élèves qui perturbent le milieu scolaire. Les infractions peuvent comprendre l'opposition répétée à l'autorité, la négligence habituelle de ses obligations, l'usage d'un langage blasphématoire ou inapproprié et une conduite qui heurte le sens moral. En réaction à des actes de violence ou à toute autre inconduite à l'école, les directeurs peuvent suspendre ou expulser les élèves. Le cas échéant, les élèves peuvent néanmoins suivre leurs cours en dehors des salles de classe régulières, peut-être à un autre endroit. Cette mesure vise à faire ressortir que les contrevenants subissent les conséquences de leurs actes. Certains critiquent cette approche punitive. Selon eux, l'expulsion prive les contrevenants, les victimes et les membres de la communauté scolaire de la possibilité de se réconcilier et d'apprendre à se soucier les uns des autres en recevant une formation en résolution de conflits.

Certains établissements postsecondaires ont reconnu aux étudiants le droit à l'application régulière de la loi, selon lequel les administrateurs doivent préciser de manière détaillée les raisons de la suspension ou de l'expulsion. Dans un délai de quelques jours, les étudiants et leurs parents peuvent en appeler de ces décisions administratives devant des tribunaux impartiaux, et les autorités peuvent par la suite renverser ou modifier toute sanction qui ne peut être justifiée ou étayée par des faits. Dans les écoles postsecondaires, les étudiants peuvent obtenir de l'aide auprès du protecteur des étudiants ou de la direction des services aux étudiants pour régler des problèmes comme le harcèlement sexuel, des pratiques non déclarées de notation ou un accès trop restreint à leurs propres dossiers. Ces étudiants sont aussi en droit de s'attendre que leur dossier scolaire, leur dossier de counselling ou leur DOSSIER MÉDICAL soient traités en toute confidentialité.

À divers degrés, les écoles réforment leurs codes de conduite de façon à ce que les étudiants puissent confronter leurs accusateurs, prendre conseil, nier les éléments de preuve, procéder au contre-interrogatoire des témoins, faire appel au-delà des superviseurs immédiats et participer à des audiences où chaque partie expose le bien-fondé de ses arguments en présence de la partie adverse. Ils ont également droit à ce que les controverses soient résolues selon des règles connues de tous au préalable et que toute erreur dans leur dossier soit corrigée. Le caractère formel des audiences disciplinaires peut s'accroître en fonction de la gravité des sanctions applicables.

Écoles élémentaires C'est dans les écoles primaires et secondaires de premier cycle que les élèves ont le moins de latitude en matière scolaire et politique. Dans ces établissements, les enseignants ont le pouvoir d'exercer la discipline comme un parent bienveillant, ferme et judicieux. Cette délégation du pouvoir *in loco parentis* («à la place du parent») remonte à une pratique européenne selon laquelle les parents riches engageaient volontairement et individuellement des tuteurs pour assurer la formation de leurs enfants. En Amérique du Nord, ce concept de l'enseignant comme parent de substitution est profondément ancré dans le système d'éducation obligatoire de masse. C'est pourquoi les conseils scolaires et les corps administratifs des écoles privées hésitent à remettre en question les contraintes que des éducateurs de l'élémentaire peuvent imposer aux libertés d'expression, d'association, d'opinion et de réunion pacifique des élèves.

Par le passé, tenant leur autorité de la COMMON LAW, les enseignants administraient des châtiments corporels. Depuis quelques années, les représentants des ministères de l'Éducation condamnent l'usage d'une lanière de cuir pour corriger un enfant. Pour maîtriser un enfant, les enseignants doivent agir dans les limites définies par leur conseil. Des enseignants accusés d'agression ont le *Code criminel du Canada* pour leur défense, mais toute la question repose sur la définition des limites raisonnables en ces circonstances.

Écoles secondaires Les adolescents sont plus susceptibles de recourir à un langage provocant pour «faire valoir» leurs droits. Pendant la contestation des années 60, des élèves portent des brassards, font du piquetage et affrontent les représentants officiels pour obtenir l'entière liberté d'expression, de rassemblement et de presse que réclament les étudiants universitaires. Dans la foulée, les élèves du secondaire au Canada obtiennent des gains en ce qui concerne l'usage du tabac (dans des zones désignées) et leur apparence (tant que la longueur des cheveux et la tenue vestimentaire ne perturbent pas la bonne marche de l'école). Beaucoup de directeurs autorisent les organisations étudiantes à inviter des intervenants de l'extérieur à venir à leurs écoles, moyennant une autorisation préalable. Au Canada, comme ailleurs dans le monde industrialisé, les litiges subséquents relatifs à la liberté de l'enseignement et aux libertés politiques des étudiants sont moins répandus et moins intenses.

Dans les années 80 et 90, la vie étudiante fait l'objet d'une plus grande réglementation. Les écoles secondaires adoptent des codes de comportement qui précisent les obligations en matière d'assiduité, de préparation pour les cours, d'honnêteté scolaire, d'accès au terrain de l'école, de ponctualité et de respect d'autrui. En Saskatchewan et en Alberta, les tribunaux donnent raison à des conseils scolaires pour avoir expulsé des étudiants pour violation du code vestimentaire. De même, on interdit les t-shirts qui arborent un message portant atteinte aux droits des autres personnes ou qui trouble le climat d'apprentissage à l'école. Certains conseils scolaires interdisent à leurs étudiants de recueillir des signatures pour des pétitions à caractère politique au sein de leur communauté scolaire.

La Charte des droits garantit à l'étudiant la protection contre les fouilles déraisonnables et les saisies abusives, mais cette protection a pour contrepartie les responsabilités qui depuis longtemps incombent aux éducateurs de protéger les élèves contre l'incitation à une conduite illicite, de garantir la sécurité des personnes et des biens et d'assurer un environnement propice à l'apprentissage. À cet effet, si l'éducateur a des motifs raisonnables (pas seulement une vague intuition) de soupçonner que des biens volés ou des articles de contrebande, comme des drogues ou des armes, sont cachés dans le pupitre d'un élève, dans son casier ou son sac d'école, il peut avoir le droit de fouiller les lieux ou l'élève sans mandat et sans son consentement préalable. De plus, les directeurs ne sont pas obligés de permettre à l'élève d'obtenir conseil avant de procéder à la fouille. Les éducateurs doivent cependant agir après avoir bien pris en compte l'âge du suspect, ses antécédents, son dossier scolaire et la gravité immédiate de la situation.

Les éducateurs des écoles secondaires estiment que la participation des élèves au choix des activités liées au programme d'études n'est guère ou pas souhaitable. En revanche, des critiques soutiennent que les élèves devraient avoir davantage leur mot à dire dans cet aspect de la formulation des politiques, soulignant que leur participation les prépare à l'exercice de la démocratie et peut les éloigner d'un «modèle passif d'apprentissage». À leur avis, c'est à l'école que les jeunes acquièrent les rudiments de la politique. Ils avancent que la possibilité de participer aux décisions de l'école se répercute sur toute la vie, car les élèves apprennent ainsi ce qu'ils sont en mesure d'attendre de la société et ce qu'ils doivent lui donner en retour. Plusieurs éducateurs répondent que le rapport entre le groupe des élèves et le corps enseignant est trop inégal pour qu'ils aient une voix égale dans la gestion des écoles. Certains éducateurs craignent que les élèves n'optent pour des programmes moins exigeants. Récemment, cependant, certaines provinces ont permis aux élèves de siéger aux conseils des écoles, où ils ont la possibilité, du moins en théorie, d'influencer les éducateurs et les autres adultes, qui y sont majoritaires.

Établissements postsecondaires Ce sont les étudiants des collèges et des universités qui ont fait le plus grand pas en obtenant le droit à la protection de leur vie privée. Ainsi, les fouilles (des casiers, des chambres, des accompagnateurs lors des rencontres entre amis, etc.) sont acceptées (et menées avec précaution) seulement dans les cas d'urgence ou avec une autorisation de haut niveau et dans des circonstances qui posent une menace sérieuse à la sécurité. Les étudiants d'université ont également acquis le droit à la liberté d'association. À la suite des protestations des années 60 et du début des années 70, les étudiants du postsecondaire sont relativement libres de mener leur vie comme ils l'entendent en dehors des salles de classe, sans être soumis à des réglementations. Il leur est cependant interdit d'interrompre l'éducation d'autrui, p. ex., en occupant les édifices universitaires pour dénoncer l'augmentation de droits de scolarité.

Les étudiants universitaires siègent aux comités départementaux et aux niveaux intermédiaires des conseils d'administration de leurs établissements, mais peu d'entre eux participent en fait à cette forme d'administration. Comme les provinces autorisent la hausse des droits de scolarité et s'attendent que les étudiants paient davantage pour leur éducation, ceux-ci réclament plus qu'un nombre symbolique de sièges aux conseils des gouverneurs. Grâce à une représentation accrue à ce haut niveau, ils espèrent être en mesure d'exercer une plus grande influence sur les priorités des établissements postsecondaires, en vue spécialement d'améliorer l'enseignement et d'augmenter l'aide financière. Dans certaines provinces, les étudiants des cycles supérieurs qui sont employés à temps partiel comme assistants d'enseignement ont acquis le droit à la négociation collective pour de meilleurs salaires et conditions de travail.

En un sens, les droits des étudiants du postsecondaire et ceux des étudiants du secondaire ont été confrontés dans une affaire judiciaire impliquant un groupe d'étudiants universitaires de l'Ontario. Ces étudiants étaient retournés à leur ancienne école secondaire dans le but d'informer les étudiants des problèmes liés à l'enseignement secondaire. Selon eux, les étudiants du secondaire ont le droit de connaître les inquiétudes des anciens de leur école. Après que le directeur eut tenté d'empêcher la diffusion de cette critique, un tribunal décrète que les visiteurs se sont rendus coupables de violation du droit de propriété, puisqu'ils n'ont pas obtenu l'autorisation des autorités d'entrer dans l'école et d'y distribuer leurs documents.

Richard G. Townsend

Eugénique (ou eugénisme) Ce terme est dérivé du mot grec qui signifie «bien né». Il est utilisé pour la première fois en 1883 par sir Francis Galton, qui fonde le mouvement eugénique en Angleterre en 1904. D'abord axé sur l'eugénique positif et négatif, le mouvement se préoccupe surtout du second. L'eugénique positive vise entre autres choses à favoriser la procréation par des individus et des groupes considérés comme porteurs de caractères et de gènes désirables, et à améliorer de cette façon le patrimoine génétique de la société. L'eugénique négative cherche à décourager et à diminuer la procréation par des individus et des groupes considérés comme possédant des caractères ou des gènes inférieurs ou non désirables. L'eugénique négative tente d'arriver à ses fins par différentes méthodes visant à limiter la capacité et l'opportunité de procréer, entre autres par la stérilisation sexuelle, l'interdiction du mariage, la ségrégation et le placement en établissement.

Postulats scientifiques et sociaux Au cœur du mouvement eugénique se trouvent certains postulats sociaux et scientifiques. L'un d'eux, inspiré des travaux de Mendel, soutient que certains traits et caractères sont héréditaires. Selon un autre postulat, ces traits et caractères seraient socialement indésirables. De là vient la croyance que la société a intérêt à réduire la propagation de ces traits indésirables par la limitation du potentiel reproductif des individus et des groupes qui en sont porteurs. Au nombre des caractères considérés comme presque exclusivement héréditaires par plusieurs tenants de l'eugénique figurent l'arriération mentale, la maladie mentale, l'indigence, la criminalité et diverses tares sociales dont la prostitution, la perversion sexuelle et d'autres types de comportement immoral. Les partisans de l'eugénique croient aussi que ces groupes ont un taux de reproduction plus élevé que chez les autres. S'il est un sujet important et constamment repris dans la philosophie eugénique de la fin du XIXe et du début du XXe siècle, c'est la relation entre l'arriération mentale et la criminalité, d'où la «menace» que cette arriération fait planer sur la société. Plusieurs Canadiens importants, y compris le Dr E.W. McBride, la professeure Carrie Derick et la Dre Helen Mac-Murchy, prônent cette philosophie et la stérilisation eugénique. Dans les années 20, plusieurs Albertaines importantes, dont Emily MURPHY, Louise MCKINNEY et Nellie MCCLUNG, manifestent leur appui à la stérilisation eugénique.

Au début du XXe siècle, la philosophie eugénique influence fortement la promulgation de lois visant à la stérilisation sexuelle en Amérique du Nord. De nombreux États américains adoptent une loi de ce type et deux provinces canadiennes font de même: l'Alberta (en 1928) et la Colombie-Britannique (en 1933). La Commission de l'eugénique, constituée par la loi albertaine, est dotée du pouvoir d'autoriser la stérilisation sexuelle de certaines personnes, dont celles déclarées «psychotiques» ou «déficientes mentales», de manière à éliminer «le risque de multiplier le mal par la transmission de l'incapacité à la descendance» ou le risque «de dommage d'ordre mental, soit pour la personne, soit pour sa descendance». Cette loi est abrogée en 1972. Durant ses 44 ans d'existence, la Commission de l'eugénique a approuvé 4725 cas de stérilisation parmi lesquels on a effectué 2822 stérilisations. Abrogée en 1973, la loi de la Colombie-Britannique fut beaucoup moins utilisée que celle de l'Alberta. En 1996, un tribunal albertain attribue une somme d'environ 750 000 $ à une femme stérilisée injustement en vertu de la loi de l'Alberta.

Gerald Robertson

Évaluation de l'impact sur l'environnement Analyse minutieuse et systématique des projets de développement proposés en vue de définir leur incidence éventuelle sur l'environnement, notamment leurs effets possibles sur les gens et sur leurs collectivités. Une évaluation de l'impact sur l'environnement définit les effets néfastes d'un projet avant qu'ils ne surviennent, de manière à ce qu'on puisse prendre les mesures indiquées pour les empêcher ou les atténuer. Ces mesures peuvent comporter un remaniement du projet, son déménagement ou son annulation complète.

Législation et programmes fédéraux Les gouvernements de toute la planète reconnaissent qu'une évaluation de l'impact sur l'environnement (EIE) peut constituer un outil précieux dans les efforts déployés pour encourager un développement écologique et durable, et ils ont mis en place des lois et des politiques qui exigent que les projets de développement proposés soient assujettis à une EIE. Au Canada, les premières exigences adoptées à cet égard l'ont été en 1973 lorsque le Cabinet fédéral a mis sur pied le Processus d'évaluation et de révision environnementales (PERE).

En 1993, cherchant à raffermir son approche par rapport aux EIE, le gouvernement fédéral remplace le PERE par une nouvelle loi, la *Loi canadienne sur l'évaluation environnementale*. Presque toutes les provinces sont dotées d'une législation ou de politiques semblables, mais le gouvernement fédéral, avec sa loi, a été le premier à faire du développement

durable un objectif fondamental de son processus d'évaluation environnementale.

La Loi canadienne sur l'évaluation environnementale s'applique aux projets sur lesquels le gouvernement fédéral possède un pouvoir décisionnel, p. ex., un projet proposé par un ministère fédéral ou des propositions de projets visant des terres que le gouvernement fédéral administre, qu'il subventionne, ou sur lesquelles il assume une certaine responsabilité réglementaire. Le ministère doit évaluer les incidences environnementales du projet avant de poser des gestes qui permettront au projet d'aller de l'avant. Les genres de projets visés comprennent la construction d'un aéroport, le financement d'une mine ou d'un projet pétrolier et d'exploitation de gaz, le dragage d'un port, la construction d'une échelle à poissons, l'extraction de plantes marines dans des eaux côtières ou l'utilisation de brise-glace dans l'Arctique.

Processus d'évaluation de l'impact sur l'environnement Le processus d'évaluation de l'impact sur l'environnement ressemble à un processus judiciaire du fait que l'on soumet et considère dans le cadre du processus des témoignages et des preuves directes (notamment des rapports d'évaluation de l'impact social). La participation du public au processus est considérée comme essentielle et la *Loi canadienne sur l'évaluation environnementale* offre au public de nombreuses possibilités de participation. Pour faciliter une telle participation, le gouvernement fédéral a mis sur pied un programme d'aide financière à l'intention des participants. Plusieurs provinces ont instauré des programmes similaires.

Audrey M. Armour

Evangelical Fellowship of Canada (EFC) Organisation religieuse nationale fondée en 1964 qui vise à promouvoir la collaboration entre les confessions chrétiennes évangéliques (conservatrices) et entre leurs fidèles. Son bureau central est à Markham (Ontario), il regroupe 24 confessions et de nombreux organismes de services inter-Églises. La plus importante des confessions évangéliques qui en sont membres est celle des Assemblées de la Pentecôte du Canada. Parmi les autres, mentionnons l'ARMÉE DU SALUT, la Mennonite Brethren Church, la Christian Reformed Church, les Églises de l'Alliance chrétienne et missionnaire et la Convention and Fellowship Baptists.

Les confessions membres comptent plus d'un million de fidèles en tout, et les membres à titre individuel sont des chrétiens évangéliques qui appartiennent à des confessions traditionnelles ou à d'autres confessions qui n'adhèrent pas à l'EFC. Des membres de toutes les confessions protestantes siègent au conseil général, dont trois présidents ont été ministres dans des confessions protestantes traditionnelles.

L'EFC vise à promouvoir le renouveau au sein des Églises et à constituer un organe d'interaction et de stimulation pour les 2,5 millions de chrétiens évangéliques du Canada, qu'il représente également auprès des médias, des gouvernements, des tribunaux et du grand public. Ces tâches sont effectuées par un effectif de 36 personnes, 2 commissions (d'action sociale et de libertés religieuses) et 4 groupes de travail (sur l'éducation, les autochtones, les missions internationales et l'exercice des ministères par des femmes). Les publications officielles de l'EFC sont une revue bimestrielle, *Faith Today* (auparavant *Faith Alive*), et un bulletin, également bimestriel, appelé *Canada Watch*. (*Voir aussi* MOUVEMENTS ÉVANGÉLIQUE ET FONDAMENTALISTE.)

Joe Couto

Évangéline Poème de l'Américain Henry Wadsworth Longfellow et publié à Boston en 1847. L'auteur avait entendu, en 1841, l'histoire de deux jeunes amoureux séparés au moment de la déportation des Acadiens (*voir* ACADIE), et qui ne s'étaient retrouvés qu'à la fin de leur vie. Son texte puise essentiel-

lement dans l'imagination du poète, mais celui-ci s'est également inspiré des travaux de l'abbé Raynal (l'un des collaborateurs de l'*Encyclopédie* de Diderot) et de T.C. HALIBURTON comme matière de base. Ce poème acquiert rapidement une renommée mondiale. C'est Pamphile Le May qui, en 1865, fait la première traduction nord-américaine en français. Cependant, l'œuvre est déjà disponible en allemand et en polonais depuis 1851, et une traduction française avait été publiée à Londres en 1853. Pour Longfellow, ce récit constituait «le plus bel exemple de fidélité et de constance féminines dont j'ai entendu parler ou que j'ai lu». Toutefois, pour nombre d'Acadiens, et plus particulièrement ceux de l'élite de la fin du XIXe siècle, son poème raconte l'histoire véritable de leurs ancêtres, «ces simples fermiers acadiens qui baignent dans l'amour de Dieu et de leurs prochains. Ils sont également libérés de la peur qui règne sous la tyrannie et de l'envie, qui est le vice des républiques». Pour eux, ce texte constituait la quintessence poétique de leur histoire, la véritable histoire de leur passé.

N.E.S. Griffiths

Évangélisme et évangélistes Le mot «évangélisme» dérive à la fois de deux mots grecs: *euangelion* (bonne nouvelle ou évangile) et *euangelizômai* (annoncer, proclamer ou porter la bonne nouvelle). Au cours de l'histoire, la proclamation de l'évangile pour convertir les gens, et donc l'évangélisme, a été le travail de tous les chrétiens. Aujourd'hui, le terme «évangélique» sert à qualifier les Églises qui professent une théologie conservatrice, ainsi que des organisations interconfessionnelles para-ecclésiales.

Le mouvement évangélique apparaît au XVIIIe siècle et remet à l'honneur la conversion, la piété personnelle et un nouveau mode de vie maintenant fondé sur cette parole de Jésus: «À moins de renaître, nul ne peut voir le Royaume de Dieu» (Jean 3:3). Cette spiritualité enracinée dans l'expérience creuse un fossé entre le clergé établi, qui déplore le sentimentalisme, et les laïcs «nés de nouveau», qui se tournent vers des prédicateurs itinérants appelés évangélistes. Les membres de ce mouvement populaire ne tardent pas à s'appeler «évangéliques».

Au Canada, le mouvement évangélique est introduit par Henry ALLINE, dont la prédication déclenche le GRAND RÉVEIL de 1776 en Nouvelle-Écosse. Les talents musicaux d'Alline contribuent grandement à propager la piété évangélique. De nos jours encore, la musique populaire de groupes comme Petra ou encore Striper continue de jouer un rôle important dans la propagation de la piété évangélique.

Pendant tout le XIXe siècle, le mouvement évangélique canadien se résume surtout à la croissance des Églises baptistes et méthodistes, dont la plupart des prédicants sont des autodidactes prêts à se sacrifier pour la propagation de l'Évangile. À partir des Maritimes, la prédication évangélique gagne le Québec et le Haut-Canada. Un évangéliste méthodiste, Ralph HORNER (1853-1921), innove en commençant à tenir des assemblées dans des tentes en 1886. Expulsé de l'Église méthodiste, il fonde la Holiness Movement Church en 1897 et la Standard Church of America en 1916.

La popularité de l'ARMÉE DU SALUT se répand rapidement dans tous les centres urbains du Canada, où elle aime célébrer les offices dans la rue, ce que les autorités municipales essaient d'interdire. Afin de neutraliser ce mouvement, les méthodistes appuient les efforts de Hugh T. Crossley et de John E. Hunter, qui parcourent l'Ontario et l'Ouest de 1887 à 1889. Ces évangélistes forment le mouvement Gospel Band, qui donne naissance à la Epworth League. Les anglicans, quand à eux, mettent sur pied l'Armée de l'Église.

Le mouvement pentecôtiste de l'Angleterre et des États-Unis arrive au Canada en 1907 à la suite du réveil de la rue Azuza, à Los Angeles. Plusieurs pasteurs de l'Église anglicane ou d'autres Églises protestantes adhèrent au mouvement, notamment J.E. Purdie (1880-1977), qui devient plus tard directeur du Western Bible College (*voir* MOUVEMENT PENTECÔTISTE). Dans le sillage du pentecôtisme, des NOUVEAUX MOUVEMENTS RELIGIEUX comme LA NOUVELLE PLUIE des années 40, le mouvement charismatique des années 60, le mouvement Vineyard des années 80 et la «bénédiction de Toronto» des années 90 influencent beaucoup d'Églises canadiennes.

La spiritualité évangélique suscite une forme d'œcuménisme et de culture mondiale. Ainsi, des évangélistes américains ont une influence profonde sur la vie religieuse des Canadiens, et ceux-ci obtiennent pareillement beaucoup de succès aux États-Unis. Dwight L. Moody (1837-1899) tient de gigantesques rassemblements à Toronto en 1884. Billy Graham attire de grandes foules pendant ses campagnes des années 50 au Canada. D'ailleurs, ses émissions de télévision ont toujours conservé leur grande popularité jusqu'à nos jours. Le gendre canadien de Billy Graham, Leighton Ford, dirige des croisades de réveil dans les années 60 et accueillera par la suite une école d'évangélisme au Château Lac Louise.

La Canadienne Aimee Semple MCPHERSON (1890-1944), fondatrice de l'International Church of the Foursquare Gospel, attire des foules énormes à son Angelus Temple, à Los Angeles. Elle écrit plusieurs livres et anime sa propre émission de radio en plus de diriger une ÉCOLE BIBLIQUE et une revue. Un autre Canadien, A.B. Simpson (1843-1919), s'établit aux États-Unis où il fonde, en 1897, l'Alliance chrétienne et missionnaire. Auteur prolifique de cantiques et de livres, il fonde également le Nyack College. D'autres Canadiens qui contribuent de façon importante à la croissance de l'évangélisme international sont les auteurs d'ouvrages pieux Oswald J. Smith (1889-1986) et les théologiens W.H. Griffith-Thomas (1861-1924), A.B. Winchester (1858-1943), John McNicol (1869-1956), Dyson Hague (1857-1935), William Cavan (1830-1904) and T.T. Shields (1873-1955).

Durant tout le XIXᵉ siècle, les évangéliques entretiennent des liens étroits avec divers mouvements de réforme sociale. En Angleterre, William Wilberforce (1759-1833), à l'instar de Charles Finney (1792-1875) aux États-Unis, dirige la croisade anti-esclavagiste. Des évangéliques participent à diverses campagnes de réforme sociale. Plus tard, l'Albertain William ABERHART dirige le parti du CRÉDIT SOCIAL. Son successeur, Ernest MANNING, est le père de Preston MANNING, ancien chef du PARTI RÉFORMISTE. Le Committee for Public Justice, organisme de centre gauche, présente souvent à des organismes gouvernementaux des mémoires de recherche sur des questions sociales importantes. À l'autre extrémité des tendances politiques, le Christian Reconstruction Movement, qui adhère à un programme d'extrême droite dont les idées sont inspirées de celles de l'économiste américain Gary North et de la philosophie de R.J. Rushdoony, gagne en popularité. Par ailleurs, Ken Campbel fonde Renaissance International en 1974 pour lutter contre une «société permissive».

La plupart des évangéliques sont plutôt modérées et s'accordent bien avec les vues centristes de Brian Stiller et de l'Evangelical Fellowship of Canada. Cet organisme parraine une émission de télévision régulière, publie la revue mensuelle *Faith Today* et tente de faire pression sur le gouvernement en ce qui concerne certaines questions sociales.

Les MENNONITES canadiens, ainsi que les immigrants hollandais et asiatiques, ont enrichi l'évangélisme canadien. Le Comité central et l'Economic Development Agency mennonites contribuent grandement aux projets canadiens de développement et d'aide dans les pays en voie de développement.

Les mennonites participent aussi à la fondation du journal national interconfessionnel *Christian Week*. La contribution hollandaise touche surtout le Toronto Institute for Christian Studies, un grand nombre d'écoles chrétiennes et deux excellents établissements universitaires de premier cycle: King's College (Edmonton) et Redeemer College (Ancaster). Les évangéliques asiatiques apportent une piété profonde et des façons dynamiques d'évangéliser.

En général, les évangéliques canadiens appuient fortement les projets humanitaires et sont de très grands donneurs aux œuvres de bienfaisance. Les Églises évangéliques participent aussi à toutes sortes de programmes sociaux au pays et de projets d'aide internationale (*voir Christian Resources Handbook: A Directory of Christian Organizations in Canada*).

La fin des années 60 est marquée par un regain de vie éducatif des évangélistes canadiens grâce à la fondation du Regent College et de l'Université Trinity Western à Langley (C.-B.). Plus récemment, le Winnipeg Bible College devient le Providence College, et le Prairie Bible College ouvre une école d'études supérieures à Calgary. Au même moment, le Christian School Movement connaît une croissance phénoménale au Canada. Bien que certaines «écoles chrétiennes» semblent être de très bas niveau, la plupart constituent un choix très intéressant comparativement aux écoles publiques (*voir* ÉCOLES À CHARTE).

Les évangéliques sont très présents dans les médias depuis que William Aberhart a animé des émissions religieuses à la radio dans les années 20. Jusqu'en 1987, plus de 60 émissions religieuses américaines ont été vendues au Canada. Beaucoup moins d'émissions religieuses ont été produites au pays. L'émission *100 Huntley Street*, de David Mainse, est la plus connue. Depuis 1987, environ 18 groupes interconfessionnels collaborent à Vision TV. Plus récemment encore, la Lethbridge Victory Church a obtenu le droit de diriger une station locale de télévision chrétienne. D'autres stations du genre sont prévues partout au Canada.

Le pays compte beaucoup de troupes théâtrales ou artistiques évangéliques, notamment le Rosebud Theatre (Drumheller), Brookstone Productions (Toronto) et le Pacific Theatre (Vancouver). Divers artistes canadiens se déclarent également évangéliques.

Environ 5 p. 100 de la population canadienne appartient à des confessions évangéliques et 3 p. 100 de la population membre d'Églises traditionnelles se considère évangélique. Donc, environ 8 p. 100 des Canadiens sont évangéliques. Si l'on considère la pratique plutôt que l'appartenance, le tableau est différent. Pour un dimanche ordinaire, 810 000 membres des Églises traditionnelles vont à l'office contre 1 016 000 membres des Églises évangéliques. Le montant des dons par personne pour les confessions suivantes est également significatif. En ce qui concerne les Églises traditionnelles, les membres de l'Église unie du Canada donnent 283,04 \$; les anglicans, 299,92 \$; et les presbytériens, 350 \$. Pour ce qui est des Églises évangéliques, les membres de l'Association des Églises évangéliques donnent 993,86 \$; la Baptist Union of Western Canada, 1100,57 \$; et l'Alliance chrétienne et missionnaire, 1891,22 \$.

D'autres mesures de l'engagement religieux (p. ex., l'emploi du temps et la participation communautaire) confirment que les évangéliques sont beaucoup plus engagés que les protestants traditionnels et les catholiques, comme le signalent les sociologues Marlene Mackie et Merlin Brinkerhoff. Donc, si on évaluait la conviction religieuse au Canada en fonction de la participation effective, les évangéliques constitueraient le principal groupe religieux au Canada. (*Voir aussi* MOUVEMENTS ÉVANGÉLIQUE ET FONDAMENTALISTE.)

Irving Hexham

Evans, Arthur «Slim» (Toronto, 1890—Vancouver, 1944). Socialiste original et organisateur syndical, il joue un rôle de premier plan dans l'organisation de la MARCHE SUR OTTAWA de 1935. Il apprend le métier de charpentier et s'installe en 1911 dans l'Ouest, où il ne tarde pas à se mêler aux mouvements radicaux de l'époque. Actif au sein des INDUSTRIAL WORKERS OF THE WORLD, il passe en 1912 plusieurs mois dans une prison du Kansas pour avoir prononcé des discours radicaux sans permis préalable de la ville. De retour au Canada, il se décroche un emploi dans les mines de charbon de Drumheller et milite au sein de la ONE BIG UNION. Plus tard, à titre de secrétaire de la section locale de Drumheller du Syndicat des mineurs unis d'Amérique, il autorise l'octroi de fonds pour une grève sauvage en 1923. Poursuivi par les dirigeants américains du syndicat pour «détournement de fonds», il est condamné à trois ans au pénitencier. En 1926, il adhère au Parti communiste et en devient le principal organisateur auprès des chômeurs de la Colombie-Britannique durant la crise des années 30. Il est arrêté et accusé d'appartenir à une organisation illégale (National Unemployed Workers Association) en raison de son rôle dans la Marche sur Ottawa. Ces accusations sont par la suite retirées. Au cours des dernières années de sa vie, il syndicalise les mineurs de métaux de Trail, en Colombie-Britannique, et les travailleurs des chantiers navals de cette province durant la guerre.

Alvin Finkel

Evans, Thomas Dixon Byron, militaire (Hamilton, Ont., 22 mars 1860—Battle Creek, Mich., 23 août 1908). Dans sa génération, il fait figure de militaire remarquable. Il se joint au 43ᵉ Bataillon de fusiliers (d'Ottawa et de Carleton) en 1880 et est promu capitaine, puis capitaine-adjudant en 1884. Après avoir servi dans le Bataillon Midland lors de la RÉBELLION DU NORD-OUEST de 1885, il entre dans la Force permanente en 1888, sert dans l'infanterie, chez les fusiliers à cheval et dans la cavalerie, et commande le contingent canadien de cavalerie envoyé en Angleterre pour le jubilé de diamant de la reine Victoria en 1897. Il est promu lieutenant-colonel de la TROUPE DE CAMPAGNE DU YUKON en 1898 et commande le 2ᵉ Bataillon, le 1ᵉʳ Bataillon canadien de fusiliers à cheval en Afrique du Sud en 1900 et le 2ᵉ Bataillon canadien de fusiliers à cheval en 1901-1902. En 1907, il est nommé officier commandant de district à Winnipeg, mais il tombe soudainement malade l'été suivant et meurt.

Brereton Greenhous

Evans, William, journaliste et agronome (Carana, Irl., 22 nov. 1786—Côte Saint-Paul, Montréal, Qc, 1ᵉʳ févr. 1857). Il est considéré comme un des pionniers du journalisme agricole et de l'agronomie au Canada. Après avoir dirigé des exploitations agricoles en Irl., il émigre au Bas-Canada en 1819. Très rapidement, il s'installe sur une ferme à Côte Saint-Paul, en banlieue de Montréal, et s'intéresse à tout ce qui touche à l'agriculture. C'est en 1835 qu'il publie son premier ouvrage: *A Treatise on the Theory and Practice of Agriculture in Canada*. Le livre est traduit en français l'année suivante. Il publiera par la suite d'autres ouvrages; on lui doit aussi la publication de revues agricoles, dont la première en langue française (1844). Réformateur des pratiques agraires du Bas-Canada, Evans cherchera, par ses articles et son exemple, à changer les habitudes des cultivateurs.

Jean-Claude Robert

Evanshen, Terrance Anthony, joueur de football (Montréal, 13 juin 1944). Ses 14 saisons dans la LIGUE CANADIENNE DE FOOTBALL (LCF) en font l'un des receveurs de passe les plus habiles de l'histoire de la Ligue. Renommé pour sa grande capacité de concentration, Evanshen attrape 600 passes pour le compte de quatre équipes différentes de la LCF, réalise des gains de 9697 verges et marque 80 touchés, tout en n'échappant le ballon que trois fois. Lorsqu'il prend sa retraite, seul Tommy-Joe Coffey le surpasse pour le nombre de passes complétées et de verges gagnées. Ses 80 touchés sur des passes constituent un record sans précédent dans l'histoire de la LCF. Il commence sa carrière en 1965 avec les Alouettes de Montréal en dominant la division de l'Est au chapitre des passes complétées et est nommé recrue de l'année au sein de cette division. Il remporte deux fois le TROPHÉE SCHENLEY à titre de joueur de l'année, soit avec Calgary en 1967, puis avec Montréal en 1971. Il détient le record du plus grand nombre de parties jouées avec au moins une passe complétée (181) et du plus grand nombre de parties consécutives où il a compté un touché sur une passe (10), en plus de partager, avec Hal PATTERSON, le record de la plus longue passe attrapée dans l'histoire de la LCF (109 verges). Avec Calgary en 1967, il établit un record de 96 passes complétées en une saison et il égale le record du plus grand nombre de touchés réussis par une passe. Toutefois, ces deux records ont depuis été battus. Il se retire après la saison 1978 et est nommé au Temple de la renommée du football canadien en 1985.

Peter Wons

Evergon, artiste (Niagara Falls, Ont., 1946). Cet artiste abandonne son nom de famille au début de sa carrière professionnelle. Il obtient un baccalauréat en beaux-arts de l'UNIVERSITÉ MOUNT ALLISON à Sackville, au Nouveau-Brunswick, en 1970, et une maîtrise en beaux-arts du Rochester Institute of Technology en 1974. Depuis lors, Evergon a acquis une réputation internationale en tant qu'artiste et enseignant. Il est particulièrement reconnu pour son utilisation d'une gamme complète de techniques photographiques traditionnelles et innovatrices. Il explore en effet diverses techniques d'impression abandonnées depuis longtemps et utilise de façon avant-gardiste la photocopie couleur, la photographie au Polaroïd et l'holographie. Ses œuvres font partie des collections des principaux musées du Canada et de l'étranger.

Accessoires exotiques Parmi les diverses explorations des procédés photographiques d'Evergon, la constante que l'on trouve est son intérêt pour leurs possibilités imaginaires plutôt que documentaires. Dans ses œuvres, Evergon dispose des modèles et des accessoires exotiques, ou fait des collages, afin de créer des tableaux s'approchant davantage des traditions de la peinture européenne que des conventions de la photographie. Tel un peintre, son intérêt pour la couleur est marqué. C'est d'ailleurs ce qui le caractérise pendant une bonne partie de sa carrière. Comme bon nombre d'artistes, Evergon travaille à des motifs successifs, réalisés à l'aide de techniques spécifiques ou dans des formats définis. Ces motifs sont regroupés au sein d'ensembles d'œuvres connexes, dont la production s'étale souvent sur plusieurs années.

L'artiste entame sa carrière en utilisant des procédés d'impression photographique sans sels d'argent, comme la cyanotypie, puis il passe ensuite au collage avec des photocopies couleur. Après avoir travaillé avec des images polaroïd composites au début des années 80, il utilise pour la première fois, au Boston Museum of Fine Arts, un appareil Polaroïd grand format lui permettant de produire des tirages de 40 po sur 80 po. Ce format le conduit à des agencements de plus en plus théâtraux de la lumière, des costumes, des modèles et des accessoires dans ses retouches de peintures de styles Renaissance et baroque. Il explore ensuite les motifs du cirque. Plus récemment, il a créé des tableaux illustrant par des détails réalistes une race imaginaire de «Ramboys», mi-satyres, mi-aventuriers urbains. Dans ses œuvres

les plus récentes, il continue à explorer le thème des Ramboys dans des tirages en noir et blanc.

Diversité sexuelle L'une des préoccupations de l'artiste est d'exprimer avec franchise son homosexualité, ce qu'il faisait d'abord avec audace. Participant dès les débuts au mouvement canadien pour les droits des homosexuels, Evergon joue un rôle important en tentant de créer un climat positif et ouvert face à la représentation de la diversité sexuelle au sein des institutions culturelles canadiennes. Même si l'on considère qu'une bonne partie de son œuvre est caractérisée par l'homoérotisme, l'exploration de sa propre sexualité l'a conduit à constamment étudier la manière dont la société établit et impose une identité sexuelle, surtout en ce qui a trait à la masculinité, bien qu'il ait régulièrement travaillé avec des modèles féminins. Sa représentation directe des sujets sexuels lui a mérité un public enthousiaste tant au sein du milieu gai qu'à l'extérieur de celui-ci, de même que des détracteurs qui voient dans son œuvre, et à juste titre, une attaque portée aux valeurs conservatrices qu'ils chérissent.

En 1989, Evergon et ses images ont été au centre d'un débat passionné sur la liberté artistique, les normes sociales et l'autonomie des institutions culturelles recevant des deniers publics. Ce débat a été soulevé par la présentation d'une rétrospective itinérante de ses œuvres de 1971 à 1987, organisée par le Musée canadien de la photographie contemporaine la même année à Saskatoon. Fortement idiosyncratique, l'œuvre d'Evergon n'en demeure pas moins très accessible. Populaire sans être populiste, elle explore en permanence les problèmes sociaux contemporains dans le cadre d'un discours d'une imagination profondément subjective.

Bruce Russell

Évolution On a commencé à comprendre l'évolution avec la publication, en 1859, du livre de Charles Darwin, *On the Origin of Species by Means of Natural Selection* (trad. *De l'origine des espèces par voie de sélection naturelle*). Dans cet ouvrage révolutionnaire, Darwin utilise une longue liste d'arguments pour démontrer que tous les êtres vivants descendent d'ancêtres différents d'eux-mêmes. Il propose également un mécanisme naturel dynamique, qu'il appelle «sélection naturelle», pour expliquer l'évolution des lignées.

À la même époque, A.R. Wallace élabore la théorie de la sélection naturelle de façon indépendante, et les deux scientifiques présentent conjointement leur théorie à la Linnaean Society of London, en 1858. Au cours des décennies suivantes, des biologistes tels que T.H. Huxley améliorent cette théorie, la défendent contre les critiques des antiévolutionnistes, la font connaître et apportent d'autres arguments à son appui. On présente ci-dessous trois arguments probants.

Fossiles Les êtres vivants n'ont pas toujours été tels que nous les connaissons actuellement. Les fossiles montrent qu'il y a eu une succession exceptionnelle de formes de vie, des plus simples aux plus complexes, et que certains groupes en ont remplacé d'autres, qui se sont éteints et n'ont jamais réapparu. Les fossiles des roches anciennes ressemblent moins aux organismes actuels que ceux des roches récentes, et plus on remonte vers les ancêtres fossiles de groupes que l'on considère comme de lointains parents, plus il y a de ressemblances entre ces groupes.

Dans les endroits où la roche sédimentaire n'a pas été remaniée, les strates inférieures contiennent des fossiles plus anciens que les supérieures (p. ex., le SITE DES SCHISTES DE BURGESS, en Colombie-Britannique, et le PARC PROVINCIAL DINOSAUR, en Alberta). Certaines successions permettent l'observation directe des changements évolutifs chronologiques, c.-à-d. d'espèces donnant directe-

ment naissance à de nouvelles espèces au fil des générations.

Anatomie et embryologie comparées La seule façon d'expliquer la similarité entre les développements anatomique et embryonnaire d'organismes de différentes espèces est que celles-ci descendent d'une seule espèce différente de tous ses descendants. P. ex., les membres antérieurs des chauves-souris, des taupes, des chevaux et des humains sont en apparence très dissemblables et fonctionnent de différentes façons selon leur structure particulière. L'anatomie et le développement de leurs os, de leurs muscles, de leurs nerfs et de leurs vaisseaux sanguins sont cependant identiques. Ils diffèrent seulement dans les proportions. L'anatomie originale des mammifères qui sont leurs ancêtres a été modifiée pour répondre aux divers besoins adaptatifs de chaque groupe.

Biogéographie Les organismes se distribuent géographiquement selon leurs liens et non pas selon leur rôle écologique. Ainsi, des environnements similaires, s'ils sont grandement séparés, n'abritent pas nécessairement les mêmes espèces. P. ex., la plupart des mammifères australiens sont des MARSUPIAUX (ils ont un placenta différent des mammifères placentaires et les jeunes se développent dans une poche externe), mais on ne trouve pas de marsupiaux en Afrique ou dans le sud-est de l'Asie, où le climat est pourtant semblable à celui de l'Australie.

Il n'y a rien dans le climat ou la géographie de l'Australie qui laisse croire que le développement dans une poche représente plus d'avantages là qu'ailleurs. La diversité des marsupiaux australiens provient des modifications subies par leur ancêtre, un animal semblable à un opossum qui serait arrivé en Australie depuis l'Amérique du Sud, il y a au moins 50 millions d'années. Lorsque les liens terrestres entre les continents sont coupés, les marsupiaux australiens évoluent dans des milieux isolés et remplissent les niches écologiques occupées ailleurs par des mammifères placentaires. Ils ne peuvent se disperser en Afrique et en Asie en raison des océans, qui constituent une barrière.

Sélection naturelle Comment se fait l'évolution? Darwin se rend compte, et la BIOLOGIE évolutive actuelle le confirme, que la sélection naturelle est le principal mécanisme régissant les changements évolutifs. Puisque les organismes changent, aucun membre d'une même espèce (l'unité évolutive fondamentale) n'est identique. Plusieurs modifications peuvent être transmises de façon héréditaire, des parents à leurs petits.

La taille de la population de tout organisme est limitée par les ressources environnementales. À chaque génération, le nombre de naissances surpasse le nombre d'individus qui peuvent survivre ou se reproduire, et certains individus survivent plus longtemps et produisent plus de jeunes que les autres. Si l'augmentation des taux de survie et de reproduction est causée par des changements héréditaires, les jeunes qui ont hérité de ces caractères avantageux survivront eux aussi plus longtemps et auront un meilleur taux de reproduction.

Par conséquent, à moins que ces caractères ne deviennent neutres ou défavorables en raison de changements environnementaux, les individus qui en ont hérité représenteront une proportion croissante de l'espèce, c.-à-d. que des changements évolutifs auront lieu. La tendance sera inévitablement l'accumulation de caractères favorables. Des facteurs environnementaux (physiques et biologiques) agissant directement sur les individus détermineront la sélection des modifications (ce qui veut dire que la sélection ne se fait pas au hasard). Si les organismes ne s'adaptent pas aux changements environnementaux, de moins en moins d'individus survivront et se reproduiront, et l'espèce finira par s'éteindre.

À une certaine époque, on croyait que la sélection était soit «naturelle» et contribuait à prolonger la vie reproductrice d'un organisme, soit «sexuelle» et menait à une attraction plus forte des partenaires. On croyait que les caractéristiques physiques, comme la taille du panache ou la couleur du plumage ainsi que certains comportements héréditaires, découlaient de la sélection sexuelle. Aujourd'hui on considère simplement cette dernière comme une forme de sélection naturelle.

Différents points de vue Ces dernières années, particulièrement en Amérique du Nord, l'évolution et son mécanisme ont fait l'objet de critiques de la part de certains groupes chrétiens adeptes du créationnisme, une croyance qui veut que la Terre et ses habitants aient été créés miraculeusement il y a seulement 6000 ans. Les créationnistes n'ont aucune explication scientifique sur l'adaptation des plantes et des animaux ou sur l'histoire et la diversité de la vie, et ils n'ont donc aucune crédibilité auprès de la communauté scientifique. (*Voir aussi* BIOGÉOGRAPHIE; DARWINISME SOCIAL [NÉO-DARWINISME].)

Richard C. Fox

Évolution géologique La connaissance de la position relative des différentes formations rocheuses est le principe fondamental qui mène à l'ordonnance des événements qui se sont succédé au cours de l'évolution de la Terre. Ainsi, dans les séquences de roches stratifiées, les couches les plus récentes se superposent aux couches les plus anciennes. De la même façon, les ROCHES SÉDIMENTAIRES stratifiées renfermant des intrusions de ROCHES IGNÉES sont plus anciennes que le magma qui s'y est introduit. L'étude du rapport de position des roches permet au géologue d'établir la séquence relative des événements. C'est la base même de toute interprétation de l'évolution géologique. Elle permet, au XIXe siècle, d'élaborer une chronologie relative appuyée sur des séquences de fossiles qui fournissent également des éléments à la théorie de l'ÉVOLUTION.

À la fin du XVIIIe siècle, James Hutton apporte une contribution importante à la compréhension de l'âge des roches en soutenant la théorie de l'actualisme qui postule que les lois régissant les phénomènes géologiques actuels étaient également valables dans le passé. Cette théorie suppose que l'on se fonde sur les phénomènes, les mesures et les produits géologiques actuels pour interpréter l'histoire des roches. Sur une grande échelle, trois phénomènes géologiques présentent des modifications systématiques indispensables à l'élaboration d'une chronologie des temps géologiques: l'évolution de la vie, la désintégration radioactive des isotopes instables et le paléomagnétisme des roches et des minéraux.

Les premières tentatives d'interprétation de l'évolution de la Terre sont axées sur des types de roches bien précis, les roches ignées cristallines étant tenues pour anciennes et les roches sédimentaires pour plus jeunes. Toutefois, l'identification de FOSSILES distincts dans les roches plus récentes permet de faire de rapides progrès. La plupart des grandes divisions du phanérozoïque (du grec, signifiant «vie visible», expression qui désigne une période s'étendant sur les dernières 570 millions d'années) sont déterminées au XIXe siècle et fondées sur les fossiles que renferment les couches correspondantes.

Le cambrien, le permien, le trias et la plupart des autres divisions du phanérozoïque servent, avant 1900, à désigner des roches et des périodes riches en certains organismes. L'identification des ères et des périodes géologiques permet d'effectuer une datation relative des roches en partant de subdivisions locales fondées sur la position des couches pour aboutir à une datation régionale, puis mondiale. Néanmoins, la chronologie des temps géologiques demeure relative.

Le calibrage de la chronologie géologique établie au XIXe siècle doit attendre deux réalisations majeures du XXe siècle: la découverte de la radioactivité naturelle et la mise au point d'instruments pouvant la mesurer de manière précise (*voir* DATATION GÉOLOGIQUE). Les techniques radiométriques de datation ont permis ce calibrage et sont indispensables à la subdivision de la longue ère précambrienne, dépourvue de fossiles à carapace dure.

Les ères géologiques

Le précambrien occupe approximativement cinq sixièmes des temps géologiques et a pris fin il y a environ 570 millions d'années. On sait peu de choses sur cette ère si on la compare avec le phanérozoïque (dernières 570 millions d'années), en grande partie conservé et qui comprend la plupart des fossiles.

Le nom des trois ères qui composent ce dernier, paléozoïque (ancien et *zôon* qui veut dire «animal» en grec), mésozoïque (moyen) et cénozoïque (nouveau), s'inspire de la ressemblance des fossiles avec les êtres vivants actuels.

Chaque ère est caractérisée par des êtres vivants bien précis qui servent à identifier les roches du phanérozoïque dans le monde entier. Les arthropodes et les coraux à squelette externe qui vivaient dans les océans du paléozoïque cèdent la place aux REPTILES marins du mésozoïque et plus particulièrement aux DINOSAURES qui vivent sur la Terre. Ceux-ci sont à leur tour remplacés au cénozoïque par les MAMMIFÈRES, animaux à sang chaud et mieux adaptés au milieu.

Les Rocheuses sont l'une des grandes vitrines de roches sédimentaires datant du paléozoïque inférieur et moyen (*voir* BURGESS, SITE DES SCHISTES DE). Les îles de l'Extrême-Arctique renferment des roches du paléozoïque supérieur. Le bassin sédimentaire des Prairies, les îles du nord de l'Arctique et le plateau continental de la façade atlantique contiennent de vastes séquences datant du mésozoïque (*voir* BADLANDS; RECHERCHE DE DINOSAURES DANS L'OUEST CANADIEN) et, dans l'ARCHIPEL ARCTIQUE et sur le plateau continental au large des PROVINCES ATLANTIQUES, du cénozoïque.

Les roches du précambrien sont si vieilles et si pauvres en fossiles qu'il est difficile de subdiviser cette ère avec précision. Cependant, depuis peu, on le fait avec beaucoup de précision (normalement avec une marge d'erreur de deux millions d'années à quatre millions d'années dans le cas de roches ayant jusqu'à trois milliards d'années) grâce à une récente technique de datation à l'uranium et au plomb des isotopes-mères et des isotopes-filles de ces éléments, emprisonnés dans de minuscules cristaux de zircon. Les datations au zircon sont aujourd'hui la norme pour déterminer avec précision l'évolution géologique du précambrien.

Au fil du temps, il se produit des changements globaux importants dans la nature des roches. Les roches archéennes, celles qui ont plus de 2,5 milliards d'années environ, composent généralement des zones de roches volcaniques (roches vertes) entourées de masses granitiques. La province structurale du Supérieur, du BOUCLIER canadien, est le plus grand affleurement d'âge archéen du monde et l'un des mieux connus.

Les roches du protérozoïque abondent également sur le Bouclier et ont entre 570 millions d'années et 2,5 milliards d'années. Elles adoptent un air plus familier. On peut distinguer de longues séquences sédimentaires continentales et marines de même que des zones montagneuses rappelant les zones montagneuses actuelles sur la marge des continents.

On ne sait pas si la tectonique des plaques jouait à l'archéen, mais on pense qu'il existait des plaques lithosphériques au protérozoïque. Cette hypothèse s'appuie sur la grande ressemblance qu'il y a entre la zone de Wopmay, datant du protérozoïque, dans la région des Esclaves sur le Bouclier, et les zones montagneuses récentes.

Perfectionnement du calibrage de la chronologie géologique

Techniques modernes Au XXe siècle, les techniques de datation isotopiques se développent et se perfectionnent. Elles permettent aussi de perfectionner le calibrage de la chronologie géologique, y compris celui de l'ère du phanérozoïque. Ces dernières années, la mesure du champ magnétique de la Terre, troisième phénomène géologique marqué par des changements systématiques, contribue de plus en plus au calibrage de la chronologie géologique et à la résolution de problèmes de nature géologique. Depuis plusieurs années déjà, on sait que le champ magnétique a subi plusieurs inversions dans le passé. La découverte du patron de ces inversions dans l'histoire de la Terre procure un nouvel outil de datation des phénomènes géologiques. De laborieuses études effectuées ces dernières décennies ont permis de mettre au point un système de calibrage perfectionné des séquences de polarités normales et inverses pour la période s'étendant d'aujourd'hui remontant jusqu'au milieu du mésozoïque, il y a 160 millions d'années environ.

Trois techniques permettent le calibrage perfectionné de la chronologie géologique: la biostratigraphie, reposant sur le registre fossile; la datation radiométrique de matériaux appropriés, y compris les nappes de cendres volcaniques; et l'étude des inversions magnétiques. Les inversions du champ magnétique de la Terre au cours des temps géologiques sont inscrites dans de minuscules cristaux de minéraux magnétiques qui ont conservé leur polarité d'origine. Depuis le temps des dinosaures au crétacé le plus récent, il y a 66,4 millions d'années, on compte 58 inversions magnétiques majeures, ou en moyenne une inversion à chaque million d'années et plus.

Comme chaque inversion magnétique ne représente qu'un moment dans l'évolution géologique, et qu'elle se produit à l'échelle de la Terre entière, elle fournit aux géologues une série d'étalons chronologiques universels, un outil inestimable pour mieux comprendre l'évolution de la Terre. Néanmoins, chaque période géologique caractérisée par des pôles magnétiques comme ceux d'aujourd'hui (polarité normale), ou dirigés en sens contraire (polarité inversée), n'est pas en soi unique. Les empreintes individuelles laissées par les temps géologiques de polarité «normale» ou «inversée» se ressemblent et se comparent au temps géologique enregistré par une série de zéro et de un. Le problème que pose l'application des changements de polarité aux problèmes de temps est qu'il faut trouver un moyen de reconnaître les zéro et les un individuels.

Il existe deux méthodes pour résoudre le problème. On sait que la durée entre les polarités individuelles varie fortement. À certains moments de l'évolution, la polarité est demeurée très stable, tandis qu'à d'autres moments, elle a subi des inversions fréquentes. On peut déterminer de façon très plausible l'âge d'un profil topographique inscrit dans la roche d'une région donnée en comparant celui-ci avec un profil standard de polarité.

L'autre méthode consiste à superposer sur le profil des inversions magnétiques l'âge absolu déterminé par la datation radiométrique, les données de l'âge relatif obtenues à partir du registre fossile, ou les deux types de données relatives à l'âge. Chacune de ces méthodes de datation enregistre le temps géologique de manière unidirectionnelle, bien qu'un peu imprécise. Elles permettent cependant de différencier une série de zéros d'une série de uns.

Événement survenu au contact du crétacé et du tertiaire

La méthode multidisciplinaire servant à mesurer les temps géologiques de façon précise et universelle s'applique à la période du contact entre le crétacé et le tertiaire (C/T), période connue en raison de sa coïncidence avec l'extinction des dinosaures. En comparant cette période de bouleversements biologiques à un étalon mondial, on conclut qu'elle survient durant un important intervalle d'inversion du champ magnétique, soit le 29ᵉ calculé à partir d'aujourd'hui. Ces événements sont inscrits dans les roches du bassin occidental du Canada où est établie une chronologie multidisciplinaire très précise.

Cette chronologie repose sur le registre fossile des bouleversements biologiques du C/T illustrés par une végétation différente ou par des changements globaux de la flore, sur l'âge absolu (en millions d'années) des minéraux d'origine volcanique et sur un registre très détaillé du champ magnétique.

La chronologie des inversions du champ magnétique terrestre établit de façon précise qu'un court intervalle (50 000 ans) de polarité normale (N) chevauche le contact C/T à l'intérieur de la 29ᵉ inversion (d'une durée de 500 000 ans). Ensemble, ces événements constituent quatre niveaux étalons chronologiques marquant: le passage de la partie inférieure de la 29ᵉ inversion au court intervalle N; le contact C/T, un niveau aux caractéristiques physiques et paléontologiques bien définies; le passage du court intervalle N à la partie supérieure de la 29ᵉ inversion; et le passage de la partie supérieure de la 29ᵉ inversion à un intervalle N et à une flore appartenant au paléocène.

Cette division détaillée et précise du temps géologique, obtenue avec certitude à partir de ces différents types d'information, constitue un outil essentiel pour trouver réponse à une question fondamentale de l'évolution géologique. Quelles sont les relations de cause à effet entre les changements biotiques de la Terre et l'événement physique survenu à la rencontre du C/T, événement que de nombreux scientifiques attribuent à une collision entre un corps d'origine extra-terrestre et la Terre? Le même principe s'applique aussi bien à plusieurs autres problèmes de nature géologique.

Techniques modernes Depuis les années 60, l'accord qui s'est fait sur la théorie de la tectonique des plaques, a suscité un intérêt marqué pour la reconstitution détaillée de l'écorce terrestre au cours des temps géologiques. Les scientifiques canadiens sont des chefs de file dans ce domaine. Ils s'intéressent depuis très longtemps à la géologie régionale dans un pays où la géologie est diversifiée et fort complexe: énorme bouclier précambrien, vaste plateau sédimentaire de l'intérieur, chaînes de montagnes aux marges est, ouest et nord du continent et séquences sédimentaires de marges continentales bien développées.

Leur travail dépend essentiellement du perfectionnement des subdivisions et des méthodes de datation des roches au moyen d'études paléontologiques, de la datation radiométrique, de la chronologie par inversion magnétique et d'autres méthodes. Ainsi, le choix de terrains de qualité pouvant servir de normes ou de points de référence pour les temps géologiques (p. ex., le dévonien) est essentiel. Les spécialistes du gouvernement, ceux de la COMMISSION GÉOLOGIQUE DU CANADA en particulier, jouent un rôle important dans l'étude géologique des régions, surtout des régions isolées du Nord du Canada (*voir* RÉGIONS GÉOLOGIQUES; TECTONIQUE DES PLAQUES).

R.W. Macqueen

Évolution territoriale L'évolution du CANADA en tant qu'entité politique commence avec l'arrivée des colons français et anglais au début du XVIIᵉ siècle et la création de la COMPAGNIE DE LA BAIE D'HUDSON en 1670. En vertu du TRAITÉ DE PARIS (1763), l'est de l'Amérique du Nord devient britannique, à l'exception des îles Saint-Pierre-et-Miquelon. La Grande-Bretagne met en place des gouvernements en NOUVELLE-ÉCOSSE (qui comprend alors le Nouveau-Brunswick et l'Île-du-Prince-Édouard), à Terre-Neuve (*voir* TERRE-NEUVE ET LABRADOR) (qui comprend le Labrador, l'île d'Anticosti et les Îles-de-la-Madeleine) et dans la PROVINCE DE QUÉBEC, 1763-1791 (la ligne de partage des eaux du Bas-Saint-Laurent). Tous les autres territoires sont dévolus à la Couronne ou à la Compagnie de la Baie d'Hudson (CBH). En 1769, l'île Saint-Jean (ÎLE-DU-PRINCE-ÉDOUARD) est séparée administrativement de la Nouvelle-Écosse et, en 1774, le territoire du Québec est agrandi pour inclure l'île d'Anticosti, les Îles-de-la-Madeleine et le territoire situé au sud-ouest, entre les fleuves Ohio et Mississippi. Après l'indépendance américaine, le Québec est confiné au territoire situé au nord des Grands Lacs et, en 1784, le NOUVEAU-BRUNSWICK est créé pour y accueillir les LOYALISTES. De 1784 à 1820, l'ÎLE DU CAP-BRETON a aussi le statut de colonie distincte. Après l'acquisition de la LOUISIANE, qui appartenait à la France, par les États-Unis en 1803, il devient nécessaire de déterminer ses frontières avec les possessions britanniques situées à l'ouest des Grands Lacs. En vertu de la CONVENTION DE 1818, cette frontière s'étend le long du QUARANTE-NEUVIÈME PARALLÈLE jusqu'aux Rocheuses. Le territoire situé à l'ouest des Rocheuses est occupé par les deux pays, la Grande-Bretagne et les États-Unis. Les limites respectives du territoire britannique et de l'Alaska russe sont fixées en 1825. Quant au territoire sous juridiction américano-britannique, il est divisé par le TRAITÉ DE L'OREGON de 1846. En 1842, le TRAITÉ ASHBURTON-WEBSTER règle la question de la frontière Maine-Nouveau-Brunswick et fixe la frontière entre les colonies britanniques du Nord et les États-Unis depuis le lac Huron jusqu'au lac des Bois. Dans l'Ouest, les colonies britanniques de l'île de Vancouver (fondée en 1849) et de la Colombie-Britannique (fondée en 1858) sont réunies en 1866. En 1867, 3 provinces de l'AMÉRIQUE DU NORD BRITANNIQUE (le Canada, la Nouvelle-Écosse et le Nouveau-Brunswick) s'unissent dans la CONFÉDÉRATION. L'ancienne PROVINCE DU CANADA est divisée pour former l'Ontario et le Québec. En 1870, la TERRE DE RUPERT et le Territoire du Nord-Ouest, que le gouvernement fédéral achète à la CBH en 1869-1870, sont officiellement transférés au Canada. Afin de faire place aux collectivités agricoles qui y sont établies depuis 1812, on soustrait à ces territoires une petite portion qui devient la province du Manitoba (*voir* COLONIE DE LA RIVIÈRE ROUGE). En 1871, la Colombie-Britannique entre dans la fédération, suivie de l'Île-du-Prince-Édouard en 1873. En 1876, on crée le district de Keewatin à même les Territoires du Nord-Ouest afin de régler les problèmes administratifs issus de la colonisation du nord du Manitoba. Les Territoires sont agrandis en 1880, lorsque la juridiction britannique sur les îles de l'Arctique est cédée au Canada, mais on les réduit à nouveau quand le Manitoba, l'Ontario et le Québec sont agrandis en 1881, 1889 et 1898. Pour des fins d'administration et de service postal, on divise les territoires restants en districts provisoires: Athabaska, Alberta, Saskatchewan et Assiniboine en 1882, Yukon, Mackenzie, Franklin et Ungava en 1895 (le district du Yukon devient en 1898 un territoire séparé, de sorte que le gouvernement puisse exercer son autorité sur les chercheurs d'or qui envahissent la région; *voir* RUÉE VERS L'OR DU KLONDIKE). En 1905, le développement de l'agriculture mène à la création des provinces de l'Alberta et de la Saskatchewan. Leur expansion au nord du 60ᵉ parallèle entraîne des revendications analogues de la part du Manitoba, de l'Ontario et du Québec. En 1912, ces provinces atteignent leurs limites actuelles et les districts des Territoires du Nord-Ouest disparaissent, à l'exception de Mackenzie, de Keewatin (territoire contesté, d'abord sous la juridiction du Manitoba puis concédé à l'Ontario en 1912) et de Franklin. La dernière addition territoriale survient lorsque Terre-Neuve adhère à la Confédération en 1949, nantie d'un territoire déterminé par le Conseil privé du Royaume-Uni en 1927. Une zone maritime du Canada est récemment délimitée: elle couvre les eaux entourant son archipel arctique, autour duquel des lignes de base droites ont été établies en 1985. Le Canada revendique la pleine souveraineté sur toutes ces eaux, y compris sur les détroits du PASSAGE DU NORD-OUEST.

N.L. Nicholson

Ewart, John Skirving, avocat et écrivain politique (Toronto, 11 août 1849—Ottawa, 21 févr. 1933). Après avoir fait ses études au Upper Canada College et à Osgoode Hall, à Toronto, il déménage à Winnipeg en 1882 pour y pratiquer le droit. Il est conseiller de la minorité francophone dans le conflit au sujet des ÉCOLES DU MANITOBA (1890-1896). En 1904, il s'installe à Ottawa, car il doit souvent plaider en Cour suprême du Canada et devant le Comité judiciaire du Conseil privé de Londres. Il écrit une série d'essais préconisant l'indépendance constitutionnelle du Canada, ainsi que d'autres ouvrages sur le droit, sur l'évolution du gouvernement canadien et sur les origines diplomatiques de la Première Guerre mondiale.

D.M.L. Farr

Ewen, William Paterson, peintre (Montréal, 7 avril 1925). Après des études à l'U. McGill et à l'École d'art de la Société des Arts de Montréal à la fin des années 40, Ewen se tourne vers l'art abstrait sous l'influence des mouvements AUTOMATISTE et PLASTICIEN. En 1968, il s'établit à London, Ont., où ses peintures sur contreplaqué cannelé précèdent son retour à l'art figuratif et le choix des phénomènes météorologiques comme nouveau sujet. Il participe à de nombreuses expositions collectives au Canada. Ses œuvres font l'objet de plusieurs rétrospectives et, en 1982, il représente le Canada à la Biennale de Venise. Avec ses dessins volontairement maladroits, ses images chargées d'émotions et un traitement exceptionnel des matériaux, il donne un nouveau souffle à la peinture canadienne de paysages. En 1987, il obtient le Banff Centre School of Fine Arts National Award et remporte le prix Jean Chalmers en 1995. L'U. Concordia lui a aussi décerné un doctorat honorifique.

Sandra Paikowsky

Ewert, Arthur, agent communiste de la première heure au Canada (All., 1890—*id.*, 1959). Il immigre au Canada avec sa femme Elise en 1914, est arrêté à Toronto le 23 mars 1919 sous le pseudonyme d'Arthur Brown, puis expulsé comme étranger subversif. En Allemagne, il devient membre du Politburo communiste et est élu au Reichstag. Il vient aux États-Unis en 1927 pour imposer les doctrines de Staline aux communistes américains et il est plus tard agent en Chine, où il est censé avoir rencontré des membres du groupe britannique «Fifth Man» en 1935, puis arrêté et expulsé. À partir de 1947, il est hospitalisé en Allemagne pour des tortures subies au Brésil. À part l'information du MI5 britannique publiée par l'auteur britannique Chapman Pincher, le public connaît peu de choses sur sa vie au Canada ou ailleurs.

Donald J.C. Phillipson

Ewing, Walter Hamilton, tireur au pigeon d'argile (Montréal, 11 févr. 1878, sa carrière culminant en 1908). Les dossiers de l'Amateur Athletic Union of Canada prétendent, à tort, qu'il aurait gagné une médaille d'or aux Jeux olympiques de Paris en 1900. Il existe très peu de documents étayant la carrière d'Ewing, quoique certaines indications laissent croire qu'il fut l'un des meilleurs tireurs de précision du Canada au tournant du siècle. Même s'il est membre de l'équipe olympique canadienne lors des Jeux de 1908, il livre compétition dans une obscurité relative, l'attention des médias étant dirigée vers le coureur canadien Tom LONGBOAT. Malgré le fait qu'il doive s'adapter à un style de tir plus difficile, les règlements britanniques s'appliquant alors à ce sport, Ewing démontre qu'il est le meilleur. Il obtient un pointage de 72 sur 80 au cours des différentes épreuves d'une durée de trois jours, 12 points de plus que son rival le plus proche, et il remporte la médaille d'or.

J. Thomas West

Ex-voto (*Voir* PEINTURE VOTIVE)

Exégèse biblique Elle consiste à examiner les origines, l'authenticité et l'interprétation des textes bibliques en recourant aux grandes méthodes critiques. Cette discipline tire son origine de l'Europe du XVIIIᵉ siècle, surtout de l'Allemagne, et tente d'expliquer par l'expérience historique profane des événements jusqu'alors considérés comme d'inspiration divine. Les autorités religieuses l'accueillent souvent avec méfiance en raison de son apparente remise en question de la nature inspirée et prophétique des révélations chrétiennes.

Le Canada n'a pas apporté de contribution importante à l'exégèse biblique, mais de nombreux adeptes l'enseignent dans les universités anglophones entre 1890 et 1930. Certains d'entre eux se heurtent à de graves problèmes avec leurs supérieurs. P. ex., au Victoria College, dirigé par les méthodistes, les révérends George Coulson Workman (dans les années 1890) et George Jackson (entre 1910 et 1913) doivent affronter de vives résistances. Workman est congédié pour avoir remis en question l'opinion généralement répandue sur la prophétie messianique. Au cours des années 20, les universitaires qui expriment de telles idées à l'U. de Toronto font l'objet d'attaques publiques dans les quotidiens et ne peuvent compter sur l'appui de leurs supérieurs. En raison de cette situation, au Canada, l'exégèse biblique trouve davantage sa place dans le cadre de la LIBERTÉ D'ENSEIGNEMENT que dans celui de la théologie.

A. Brian McKillop

Expatriés canadiens de l'industrie du spectacle Il n'est vraiment pas nécessaire de rappeler à quel point la culture populaire américaine a envahi les salles de cinéma, la télévision, les kiosques à journaux et, en vérité, l'imaginaire des Canadiens. En outre, l'image colorée et homogène que projettent les Américains à la télévision et dans les films hollywoodiens s'étant juxtaposée à celle, assez piètre et floue, que nous avons de nous-mêmes dans le monde du *show business*, nous avons été conduits à nous tailler indirectement une place dans l'univers américain, tout en nous sentant vaguement exclus de la scène.

La conscience que nous avons de l'indifférence des États-Unis pour ce qui vient du Canada, et plus particulièrement l'intérêt que nous portons à l'industrie américaine du spectacle et le rôle que nous y jouons, aggrave ce sentiment d'exclusion, qui fait naître en nous le désir de revendiquer une participation réelle, bien que marginale, à cette industrie. D'où l'enthousiasme avec lequel nous soulignons les origines canadiennes de beaucoup d'«Américains» célèbres dans le *show business*, surtout quand les Américains semblent considérer que tous les grands noms de l'industrie du spectacle non immédiatement assimilables à des étrangers sont automatiquement américains.

De ce point de vue, il nous est intéressant de constater que deux des plus célèbres portraits que le cinéma nous ait donnés d'Abraham Lincoln, l'idole américaine par excellence, aient été incarnés par des acteurs nés au Canada (Walter Huston en 1930 et Raymond MASSEY en 1939), que la «petite fiancée de l'Amérique», Mary Pickford, ait été une jeune Torontoise et que le capitaine Kirk de Star Trek, l'incarnation mythique du libéralisme cent pour cent américain, soit interprété par le Canadien William Shatner.

Néanmoins, la vie des grands personnages de l'industrie du spectacle nés au Canada et devenus célèbres à l'étranger ne semble pas se dérouler selon le schéma traditionnel. Sur ces hommes et ces femmes qui ont grandi au Canada, ou du moins qui y ont vécu assez longtemps pour y nourrir des ambitions professionnelles, les États-Unis ont agi comme un aimant parce qu'ils leur offraient un public infiniment plus vaste, des cachets considérablement plus élevés, des débouchés beaucoup plus nombreux et une diffusion beaucoup plus grande. Il n'empêche qu'en grande partie, cette migration vers le Sud semble plus attribuable à la chance ou aux caprices du hasard qu'à un courant économique ou culturel irrésistible, et cette tendance n'est qu'une manifestation parmi d'autres des grands mouvements d'échange qui se sont toujours opérés de part et d'autre de la frontière entre le Canada et les États-Unis.

Beaucoup de grands noms ont quitté le Canada pendant leur enfance, avec leurs parents qui immigraient pour diverses raisons, et ce sont donc pas des Canadiens dans le vrai sens du terme. Bien entendu, nous persistons à voir en eux des compatriotes, et le pourcentage des Canadiens qui savent que Mary Pickford (ou même Deanna Durbin) est née au Canada dépasse probablement celui des autres pays dont les fils et les filles ont connu une réussite comparable. Quoi qu'il en soit, presque tous les Canadiens sont curieux de savoir quelles sont les célébrités nées au Canada. Ils trouveront dans le répertoire qui suit quelques statistiques démographiques et des biographies de personnalités les plus célèbres.

Beatty, Robert, acteur (Hamilton, 1909—1992). Après des études à l'U. de Toronto et une formation à la Royal Academy of Dramatic Arts, au Royaume-Uni, c'est en Grande-Bretagne qu'il fait ses premières apparitions au théâtre et au cinéma, en 1938. Au cours des années 40 et 50, il interprète des rôles de durs dans beaucoup de pièces de théâtre et le premier rôle dans différentes productions hollywoodiennes.

Blue, Ben, comédien, acteur comique et danseur (né Benjamin Bernstein, Montréal, 1901—1975). Comédien de vaudeville et acteur de cinéma et de télévision célèbre pour son visage triste et ses numéros de mime. Tête d'affiche des vaudevilles au cours des années 20 et 30, Blue tourne pour la MGM pendant les années 40. Par la suite, ses apparitions au cinéma sont sporadiques (il y a lieu de mentionner une dernière apparition éclair dans *It's a Mad, Mad, Mad, Mad World* en 1963). Il se produit fréquemment à la télévision au cours des années 50, dans des spectacles de variétés. Il vit sa première expérience de la scène à l'âge de 15 ans, comme choriste dans la comédie musicale de George M. Cohan, *Irene*.

Burr, Raymond, acteur (New Westminster, C.-B., 1917—1993). Après des études à Stanford et à Columbia, il travaille au théâtre et à la radio pendant plusieurs années avant d'interpréter un rôle dans un premier film en 1946; il y est enfermé dans le rôle du perfide mielleux. Il est le plus souvent confiné à de petits rôles (notamment celui de l'assassin dans *Rear Window*, en 1954), où sa forte carrure et sa douceur le rendent néanmoins très efficace. Il fait une réelle percée en 1957, quand il décroche le rôle titre de la populaire télésérie «Perry Mason» (1957-1966). C'est surtout pour ce rôle et pour celui de la série suivante, «Ironside» (1967-1975), dans laquelle il joue un détective en fauteuil roulant, qu'il est célèbre.

Cameron, Rod, acteur (né Roderick Cox, Calgary, 1910—1983). Héros de westerns dans les années 40 et 50, il débute comme cascadeur et obtient peu à peu des premiers rôles dans des westerns de série B et des feuilletons.

Carson, Jack, acteur (né John Elmer Carson, Carmen, Man., 1910—1963). Après ses études au Carleton College (Minnesota), il obtient des rôles au cinéma à partir de 1937 et se fait surtout connaître pour une grande variété de rôles de soutien dans des comédies, des comédies musicales et des drames. Sa carrure imposante et ses manières directes (souvent tapageuses) font de lui l'interprète idéal pour jouer les rustres joyeux dans les comédies et les brutes dans les œuvres dramatiques, mais l'apparente naïveté de nombre de personnages qu'il interprète dissimule une grande intelligence faite de subtilité et rendue avec beaucoup de talent. Il fait plusieurs apparitions remarquées, notamment dans *The Male Animal* (1942), *The Hard Way* (1943), *Hollywood Canteen* (1944, où il incarne son propre personnage), *Mildred Pierce* (1945) et *A Star is Born* (1954).

Clark, Susan, actrice (Sarnia, Ont., 1940). Après une formation à la Royal Academy of Dramatic Arts de Londres, elle obtient ses premiers rôles féminins au cinéma à partir de 1967, avant de faire des téléromans (*Webster*) dans les années 80. Son interprétation toujours impeccable est souvent teintée d'une pointe d'ironie, même si la plupart des spectateurs ne voient d'abord que sa chevelure flamboyante, son regard intense et son charme irrésistible. Elle fait des apparitions remarquées dans *Coogan's Bluff* (1968), *Tell Them Willie Boy is Here* (1969), *Night Moves* (1976) et *Murder By Decree* (1979). Elle remporte un Emmy pour son interprétation de Babe Zaharias dans le téléfilm *Babe*, en 1983.

Cloutier, Suzanne, comédienne (10 juill. 1927). Après quelques petits rôles, sa carrière prend son envol quand elle joue dans *Juliette ou la clé des songes* (Marcel Carné, 1950) et, surtout, interprète Desdémone dans le film d'Orson Welles, *The Tragedy of Othello: the Moor of Venice* (1952). Elle rencontre par la suite le comédien Peter Ustinov, qu'elle épouse, et poursuit, dès lors, une carrière très épisodique. François GIRARD lui consacre un film, *Souvenirs d'Othello* (1995).

David, Pierre, producteur, distributeur et réalisateur (Montréal, 1944). Fils du cardiologue et sénateur Paul DAVID, David commence sa carrière dans les médias à la radio et dans l'organisation de spectacles. Il fonde en 1972 une maison de distribution, Les films Mutuels, puis se lance dans la production de films commerciaux, en 1974. On le retrouve partenaire de Jean-Claude Lord ou de Denis HÉROUX. En 1979, il se tourne vers le marché anglophone et est associé à la création de Filmplan international à Toronto, qui produira notamment deux films de David CRONENBERG. En 1982, il s'implante à Los Angeles d'où il finance notamment la production de films canadiens et sert d'agent de commercialisation. Il y œuvre toujours. Il compte plus de 65 titres à son palmarès de producteur.

DeCarlo, Yvonne, actrice (née Peggy Yvonne Middleton, Vancouver, 1922). Elle fait ses débuts au cinéma en 1942 et est rapidement confinée dans les rôles de séductrice exotique ou d'entraîneuse de bar dans les westerns. Elle mène une carrière prolifique comme actrice dans nombre de films médiocres pendant les années 50 et continue à faire des apparitions dans des rôles secondaires au cinéma et dans des téléséries (p. ex., «The Munsters») au cours des années 90.

Dmytryk, Edward, réalisateur (Grand Forks, C.-B., 1908). Fils d'immigrants ukrainiens, il débute dans le cinéma à l'âge de 15 ans comme garçon de courses chez Paramount. Au cours des années 30, il est monteur, et c'est à la fin de la décennie qu'il commence à consacrer son temps à la mise en scène. Il réalise quelques bons films noirs (*Murder, My Sweet* [v.f. *Adieu ma belle*, 1944], *Crossfire*) avant d'être condamné, en 1949, pour activités communistes en même temps que neuf autres cinéastes de Hollywood par la Commission des activités antiaméricaines. Après un an de prison, il poursuit sa carrière en Angleterre, puis de nouveau aux États-Unis, où il supervise des films comme *The Caine Mutiny* (1954), *Raintree Country* (1957) et *The Carpetbaggers* (1964). Dmytryk commence à donner des cours de cinématographie à l'U. du Texas dans les années 70 avant d'aller s'établir à la University of Southern California en 1981.

Dressler, Marie, actrice (née Leila von Koerber, Coburg, Ont., 1869—1934). Fille d'un professeur de musique émigré, elle quitte la maison familiale à l'âge de 14 ans pour jouer dans des troupes itinérantes. Elle arrivera finalement à Broadway en 1892. Elle devient extrêmement populaire dans le vaudeville et par la suite au cinéma. À la fin de sa vie, elle aura été pendant quatre ans l'actrice de cinéma la plus populaire. Dotée d'une forte ossature et d'une mâchoire carrée, elle met adroitement à profit son manque de grâce dans la comédie en misant sur sa gaucherie, son enthousiasme, sa physionomie expressive et un magnifique sens de l'à-propos. Elle joue ses rôles les plus célèbres dans *Min and Bill* (1930, qui lui vaudra l'oscar de la meilleure actrice), *Anna Christie* (1930), *Tugboat Annie* (1933) et *Dinner at Eight* (1933).

Durbin, Deanna, actrice et chanteuse (née Edna Mae Durbin, Winnipeg, 1921). Élevée en Californie depuis sa tendre enfance, elle devient chanteuse vedette chez Universal en 1936, quand elle n'est encore qu'une adolescente. Elle passe sans heurt de l'innocence à une maturité séduisante en 12 ans d'une carrière qui feront d'elle l'actrice la mieux payée au moment de sa retraite prématurée, en 1948. Ses films dignes de mention incluent *Three Smart Girls* (1936), *100 Men and a Girl* (1937), *Mad About Music* (1938).

Dwan, Allan, réalisateur (Toronto, 1885—1981). Fils d'un marchand de vêtements, il déménage aux États-Unis avant d'avoir atteint l'âge de 10 ans et il y fait ses études à Notre Dame. Même s'il n'est pas très connu, Dwan est un des grands pionniers du film muet, d'abord comme assistant technique, puis comme scénariste et monteur, et finalement (après 1911) comme réalisateur. Il dirige plusieurs films à grand spectacle, notamment *Robin des Bois* (1922), et travaille beaucoup avec Douglas Fairbanks. Jusqu'en 1958, il réalise encore quelques films, mais à un niveau beaucoup plus modeste. Ses films ont été appréciés par les critiques et les cinéphiles pour diverses raisons. Il est mentionné dans *Le Livre de records Guinness* comme le réalisateur ayant réalisé plus de 400 films.

Ford, Glenn, acteur (né Gwyllyn Ford, Québec, Qc, 1916). Fils d'un administrateur des chemins de fer, il déménage en Californie à l'âge de 7 ans, quand son père y trouve du travail. Il fait du théâtre à l'école secondaire et avec différentes troupes de théâtre. Il signe un premier contrat avec la Columbia en 1939 et obtient des premiers rôles au cinéma ainsi qu'à Broadway. Après la Seconde Guerre mondiale, il acquiert une grande notoriété, surtout après avoir joué dans *Gilda* aux côtés de Rita Hayworth et dans *A Stolen Life* avec Bette Davis (les deux films datent de 1946). Interprète aux facettes multiples, il est particulièrement convaincant dans les rôles dramatiques puissants (p. ex., *The Big Heat*, 1953, *The Blackboard Jungle*, 1955, *3:10 to Yuma*, 1957), bien qu'il se débrouille aussi fort bien dans la comédie. En 1958, il est la vedette qui a le plus de succès au box-office.

Fox, Michael J., acteur (Edmonton, 1961). Fils d'un répartiteur de l'armée, il déménage d'une ville à l'autre jusqu'à ce que sa famille s'établisse à Burnaby, en Colombie-Britannique, au début des années 70. À 15 ans, il joue dans une comédie à la Société

Radio-Canada, *Leo and Me*, puis il accepte des rôles occasionnels au théâtre et à la télévision. En 1979, il s'installe à Los Angeles pour y poursuivre sa carrière, qui prend son envol en 1982 lorsqu'il décroche le rôle d'Alex Keaton dans le populaire feuilleton télévisé *Family Ties*. Ce feuilleton durera quelques années. Il devient vraiment une vedette en 1985 grâce à deux films, *Teen Wolf* et surtout *Back to the Future*. Petit et débordant de charme et de gentillesse, il devient une des vedettes les plus populaires du grand et du petit écran aux États-Unis. Il se montre également à l'aise dans des rôles dramatiques comme dans *The Light of Day* (1986). À ce jour, il est toujours citoyen canadien.

Hall, Monty, personnalité de la télévision (Winnipeg, 1923). Après avoir travaillé comme comédien à la radio dès 1940, il réside au Canada jusqu'en 1955, tout en faisant des incursions occasionnelles dans le circuit de la télévision américaine pour remplacer l'animateur Warren Hull dans le jeu télévisé *Strike It Rich*, de CBS. En 1958, CBS lui donne sa propre émission, *Keep Talking*, mais il faudra attendre 1964 pour qu'il devienne vraiment une grosse vedette de la télévision en animant *Let's Make a Deal* pour le réseau NBC (puis, de 1968 à 1976, pour le réseau ABC).

Henning, Doug, illusionniste (Fort Garry, Man., 1947). Élevé à Oakville, en Ontario, il est diplômé en psychologie de l'U. McMaster. Il étudie la PRESTIDIGITATION auprès de l'artiste américain Dai Vernon, né à Ottawa, et, en 1973, participe au spectacle de magie et de rock «Spellbound». Il se hisse au statut de vedette l'année suivante quand le Magic Show ouvre sur Broadway et obtient un énorme succès. Son allure décontractée (cheveux longs et jean) lance une nouvelle mode dans la profession. Son spectacle a fait des tournées internationales.

Huston, Walter, acteur (né Walter Houghston, Toronto, 1884—1950). Fils d'un ébéniste dont la famille a quitté l'Irlande pour le Canada en 1840. À la fin de son adolescence, il prend la route avec des compagnies itinérantes interprétant des pièces du répertoire classique. En 1902, il s'établit définitivement aux États-Unis (démontre ses talents de joueur de hockey dans une équipe de Brooklyn, en 1902-1903), et devient une vedette du répertoire vaudevillesque et dramatique. En 1929, il part pour Hollywood et entreprend une carrière brillante au cinéma, ne retournant à Broadway qu'occasionnellement. Impressionnant à la fois par sa présence physique et son charisme, il donne à ses rôles une puissance dramatique inégalable. Au cinéma, il a joué ses plus grands rôles dans *Abraham Lincoln* (1930), *American Madness* (1932), *Rain* (1932), *Dodsworth* (1936), *All That Money Can Buy* (1941) et *Treasure of the Sierra Madre* (1948), sans doute le film le plus important de sa carrière, pour lequel il remporte un Oscar sous la direction de son fils, John Huston.

Ireland, John, acteur (Vancouver, 1914—1992). Il arrive à New York encore enfant. Après quelques expériences de la scène, il commence une carrière au cinéma en 1946. Véhément et passionné, il est petit à petit relégué dans des rôles secondaires, surtout celui du dur, et à la fin des années 60, il apparaît essentiellement dans des films de série B. Il a cependant interprété dans sa carrière quelques rôles mémorables, notamment dans *A Walk in the Sun* (1946), *Red River* (1948) et *All the King's Men* (1949, gagnant d'un Oscar).

Jory, Victor, acteur (Dawson City, Yn. 1902—1982). Après des études à l'U. de la Californie, il fait ses débuts de comédien au théâtre en 1929, passe au cinéma en 1932 et y interprète souvent des rôles de composition. Un regard brûlant et son allure sinistre le caractérisent. Ses rôles sont variés, allant de celui d'Oberon dans *A Midsummer Night's Dream* (1934; v.f. *Le Songe d'une nuit d'été*, 1934) à de plus petits rôles dans *Gone the Wind* (v.f. *Autant en emporte le*

vent, 1939), *The Miracle Worker* (1967), *Papillon* (1973) et dans *With* son dernier film, *The Mountain Men* (1980).

Keeler, Ruby, actrice, chanteuse et danseuse (Halifax, 1909—1993). Sa famille s'installe à New York lorsqu'elle a trois ans. Elle débute comme danseuse de music-hall en 1923. Mariée à Al Jolson en 1928, elle demeure célèbre en tant qu'héroïne douce et quelque peu fade de plusieurs comédies musicales des années 30 produites par la Warner Brothers, pour la plupart réalisées et chorégraphiées par le génial et excentrique Busby Berkeley. Ses films les plus connus sont *42nd Street, Gold Diggers, Footlight Parade* (tous trois de 1933) et *Dames* (1934).

Knox, Alexander, acteur (Strathroy, Ont., 1907). Après des études à l'U. de Western Ontario, il fait ses débuts sur scène à Boston, en 1929, et, après 1938, il mène une carrière remarquable au cinéma, partageant son temps entre Hollywood et le Royaume-Uni, surtout dans des rôles de composition. Il fait son apparition la plus célèbre dans le rôle titre du président dans *Wilson* (1944), qui lui vaut d'être mis en nomination pour un Oscar.

Linkletter, Art, personnalité de la télévision (né Arthur Brown, Moose Jaw, Sask., 1913). Fils adoptif de John et Mary Linkletter, il déménage au Massachusetts avec sa famille quand il est enfant. Il devient citoyen américain en 1942. Au cours de la Seconde Guerre mondiale, il anime deux émissions de radio, *People Are Funny*, puis *House Party*, qui est diffusée pendant plusieurs années. En 1950, il fait ses débuts dans les feuilletons télévisés. Sa facilité d'élocution et son style décontracté contribuent à son énorme succès comme intervieweur de «Monsieur Tout le monde» et des enfants pendant plus d'un quart de siècle. Il est également l'auteur d'un essai fort populaire (*Kids Say the Darndest Things*), qui lutte contre la consommation de drogues chez les jeunes.

Lockhart, Gene, acteur (London, Ont., 1891—1957). Il fait ses débuts professionnels à l'âge de 6 ans avec le Kilties Band of Canada et, à l'âge de 15 ans, se produit dans des sketches aux côtés de Beatrice Lillie. Ayant fait ses études au Canada et à la Brompton Oratory School, en Angleterre, il fait carrière dans le vaudeville et, après 1916, à New York, sur Broadway.

Sa carrière cinématographique débute en 1935, et pendant les deux décennies suivantes, il joue dans plus de 300 films, où il interprète habituellement des rôles de composition, comme dans *His Girl Friday* (1940), *The House on 92nd Street* (1945), *Miracle on 34th Street* (1947; v.f. *Le Miracle de la 34e Rue*, 1947), *The Inspector General* (1949) et *Carousel* (1956). À Broadway, il joue ses grands rôles dans *Ah, Wilderness* (1932) et (comme remplaçant de Lee J. Cobb dans le rôle de Willy Loman) dans *Mort d'un commis voyageur* (1949). Dans la dernière partie de sa vie, il fait de fréquents passages à la télévision. C'est aussi un écrivain, un chanteur et un compositeur de talent. Père de l'actrice June Lockhart, il prend la nationalité américaine en 1939.

MacKenzie, Gisèle, chanteuse (née Gisèle La Flèche, Winnipeg, 1927). Elle étudie le violon au Royal College of Music, de 1941 à 1945, mais c'est en tant que chanteuse qu'elle se fait connaître, d'abord au Canada (lors de sa propre émission de radio, *Meet Gisèle*, de 1946 à 1949, à la SRC, et ensuite aux États-Unis. Jack Benny la présente aux auditeurs américains en 1953 et, la même année, le réseau NBC lui confie l'animation de l'émission *Your Hit Parade*, qui se poursuit jusqu'en 1957. En 1955, elle devient citoyenne américaine.

Mayer, Louis B., réalisateur de films (né Eliezer Mayer, Minsk, Russie, 1885—1957). Né dans une famille ouvrière qui émigre à New York pendant sa tendre enfance pour par la suite s'installer en 1890 à Saint-Jean, au Nouveau-Brunswick, où son père devient brocanteur. Pendant sa jeunesse, il travaille dans l'entreprise familiale. Par la suite, il se plaît à rappeler les manifestations grossières d'antisémitisme dont il a été l'objet alors qu'il fouillait dans les poubelles canadiennes à la recherche de rebuts recyclables. En 1899, devenue rentable, l'entreprise s'oriente vers la récupération des navires et Mayer parcourt de nombreuses villes américaines pour y vendre de la ferraille. S'étant établi à Boston, il achète une petite salle de cinéma en 1907 et commence à y projeter des films. Il achète plus tard d'autres salles et, en 1915, réalise des profits énormes en obtenant les droits de distribution aux États-Unis de *Birth of a Nation* (v.f. *Naissance d'une nation*, 1914), de D.W. Griffith.

En 1917, il possède sa propre compagnie de production et, en 1924, il fusionne avec Metro et Goldwyn pour former la MGM, dont il demeure le vice-président et le directeur général jusqu'en 1951. Au cours des années 30 et 40, pendant «l'âge d'or» de Hollywood, Mayer est l'un des hommes les plus puissants de l'industrie, du moins sur le plan de la production, et l'incarnation du nabab tyrannique du cinéma.

Nielsen, Leslie, acteur (Regina, 1926). Fils d'un immigrant britannique devenu policier dans la GRC (et frère du politicien Erik NIELSEN), il passe son enfance à Fort Norman, au Yukon, et, plus tard, dans les environs d'Edmonton. Après avoir servi dans l'armée de l'air au cours de la Seconde Guerre mondiale, il est annonceur à la radio pendant une courte période, après quoi il suit une formation à l'Academy of Radio Arts (Toronto), au Neighborhood Playhouse (New York) et à l'Actors Studio (New York). Après avoir travaillé un peu pour la radio et la télévision américaines, il s'installe à Hollywood, où il conclut un engagement avec MGM en 1954. C'est vers cette époque qu'il prend la nationalité américaine. Dès lors, il poursuit une carrière extrêmement prolifique au cinéma, à la télévision et occasionnellement au théâtre. Comédien d'une grande santé morale et physique, il est indémodable et polyvalent et il se produit entre autres dans des films de série B (*Forbidden Planet*, 1956), des films catastrophes (*L'aventure du Poséidon*, 1972), un grand nombre de téléséries (*The New Breed, Peyton Place, Police Squad*) et dans quelques productions canadiennes (p. ex., *Riel*, pour la télévision de la SRC), pour ne parler que de ceux-là. Depuis quelques années, il est surtout connu pour deux de ses incarnations, celle du médecin d'*Airplane!* (1980), si prompt à gifler les bonnes sœurs, et celui du maladroit lieutenant Frank Drebbin dans l'immense succès *Naked Gun* (v.f. *L'agent fait la farce*).

Pickford, Mary, actrice (née Gladys Smith, Toronto 1893—1979). À la mort de son père, en 1898, elle devient membre de la Cummings Stock Company de Toronto, alors qu'elle n'est encore âgée que de 5 ans, et par la même occasion, soutien de famille pour sa mère et deux enfants plus jeunes encore. Trois ans plus tard, la famille émigre aux États-Unis et Mary (ou «Baby Gladys», dans sa publicité) gravit les échelons jusqu'à Broadway, où elle joue dans une pièce de David Belasco à l'âge de 14 ans. En 1909, elle fait du charme à D.W. Griffith pour qu'il lui accorde un emploi et elle joue dans un grand nombre de ses films à deux bobines pour ensuite devenir l'une des premières stars du cinéma. En 1917, elle gagne 350 000 $ par film pour la First National et elle est devenue, tout comme Chaplin, l'actrice de cinéma la plus célèbre au monde. Pendant des années, elle est «la petite fiancée de l'Amérique», une jeune fille espiègle, aux boucles blondes, dont l'innocence réchauffe le cœur. En 1919, avec Griffith, Chaplin et Douglas Fairbanks, elle est membre fondatrice de la United Artists, et, l'année suivante, épouse Fairbanks, le couple devenant célèbre sous le nom de «la famille royale de Hollywood». Parmi ses innombrables films à succès, on

peut citer *Stella Maris* (1916), *Daddy Long Legs* (1919) et *Sparrows* (1926). Son seul nom sur une affiche fait recette jusqu'à la fin des années 20, mais elle subit inévitablement le contrecoup du film parlant et ne peut échapper au fait qu'elle est devenue trop vieille pour les rôles dans lesquels le public aimait la voir.

Pidgeon, Walter, acteur (East Saint John, N.-B., 1897—1984). Il fait ses études à l'U. du Nouveau-Brunswick et au New England Conservatory of Music (Boston). Il joue dans ses premiers films au moment où le cinéma muet tire à sa fin (1926) et se fait une notoriété durant les années 30 en tant qu'interprète solide et polyvalent (il interprète aussi bien des rôles de composition que des premiers rôles, allant même jusqu'à chanter dans des comédies musicales). Sa carrière atteint un sommet durant les années 40, particulièrement dans *Qu'elle était verte ma vallée* (1941), réalisé par John Ford, et dans *Madame Miniver* (1942), un film de William Wyler, dans lequel il donne la réplique à Greer Garson, avec qui il a souvent travaillé. Homme d'une stature imposante, doté d'une voix profonde au débit lent, il dégage une grande assurance et beaucoup de sérieux. Au total, il a participé à plus de 100 films jusque dans les années 70, jouant également à Broadway à l'occasion.

Qualen, John, acteur (né John Oleson, Vancouver, 1899—Los Angeles, 12 sept. 1987). Il est né dans une famille norvégienne. Après avoir obtenu son diplôme à la Northwestern University, il entre dans une société à capital-actions. En 1931, il débute sa carrière cinématographique, et pendant 40 ans il joue dans plus de 100 films, toujours des rôles de composition. Sa voix aiguë et son physique malingre en font le comédien idéal pour interpréter les faibles et les victimes. Il est impossible d'oublier son interprétation dans *His Girl Friday* (1940), *Les raisins de la colère* (1940) et bien d'autres films. Ironiquement, peut-être, il joue le rôle du père des JUMELLES DIONNE dans les films où les quintuplées se produisent au cours des années 30.

Robson, Mark, réalisateur (Montréal, Qc, 1913—1978). Après ses études à l'U. de la Californie à Los Angeles, il réalise son premier travail important comme comonteur de *Citizen Kane* (1941). Au milieu des années 40, il réalise des films d'horreur pour Val Lewton et vers la fin des années 50, il commence à produire ses propres films, dont plusieurs sont des adaptations ambitieuses de livres à succès tels *Peyton Place* (1957), *From the Terrace* (1960), *Von Ryan's Express* (1965) et *Valley of the Dolls* (1967), pour finir avec des films catastrophes (*Earthquake*, 1974, *Avalanche Express*, 1979).

Sahl, Mort, acteur comique (Montréal, Qc, 1926). Élevé en Californie, il est surtout connu comme monologuiste acerbe et engagé. Sa célébrité des débuts, jamais égalée depuis, lui vient dans les années 50, alors qu'il présente des monologues humoristiques dans les boîtes de nuit, écorchant au passage la politique américaine dans une perspective qui n'est pas sans rappeler celle de la Beat Generation. Sur scène, à la télévision, sur disque ainsi qu'au cinéma, il ne cesse de s'en prendre à la politique, son style cynique et pince-sans-rire laissant deviner un idéalisme blessé.

Sarrazin, Michael, acteur (Québec, vers 1940). Formé à l'Actors Studio de New York, il joue dans quelques documentaires produits par l'OFFICE NATIONAL DU FILM, puis va s'établir aux États-Unis pour travailler à la télévision. En 1967, avec le film *On achève bien les chevaux* (1969), il fait figure d'étoile montante. Depuis, sa carrière stagne, mais il demeure un interprète tout à fait remarquable, en grande partie grâce à ses yeux d'un bleu profond et à sa grande sensibilité.

Sennett, Mack, réalisateur, producteur et acteur (né Mikall Sinnott, Danville, Qc, 1880—1960). Ses

parents sont des immigrants irlandais de la classe ouvrière qui s'installent au Connecticut quand il a 17 ans. Il espère d'abord faire carrière comme chanteur d'opéra, mais alors qu'il travaille comme ouvrier agricole, il rencontre en 1902 Marie Dressler (également née au Canada), dont il obtient une lettre d'introduction destinée au metteur en scène David Belasco. Cette démarche ne le conduit nulle part, mais il reste à New York pour devenir comédien. En 1908, il commence à travailler pour les Biograph Studios et se produit dans beaucoup de films réalisés par D.W. Griffith, et il en arrive graduellement à faire lui-même de la réalisation.

En 1912, il est l'un des cofondateurs de la société cinématographique Keystone et, quelques années plus tard, y crée la comédie burlesque qui rend son nom synonyme de bouffonnerie délirante, dépourvue de toute inhibition. Parmi les vedettes de sa compagnie, on trouve des acteurs de talent tels Mabel Normand, «Fatty» Arbuckle, Chester Conklin et, pendant une année, Charlie Chaplin, qui fait ses débuts à l'écran sous la direction de Sennett. Le groupe échevelé de danseurs de music hall que forment les «Keystone Kops» (les flics de la Keystone) est un autre trait caractéristique de ces films que Sennett a souvent montés lui-même avec un art consommé de la comédie.

Après 1917, Sennett fonde sa propre compagnie et continue de produire des comédies jusqu'à la fin du cinéma muet. Dans les années 30, sa carrière commence à décliner et, en 1935, il se retire pendant quatre ans au Canada, où il vit presque dans la misère. Il retourne en 1939 à Hollywood où il exerce différents emplois, peut-être parce qu'il y a été incité par l'Oscar spécial qu'on lui décerne en 1937.

Shatner, William, acteur (Montréal, 1931). Il fait ses études à l'U. McGill. Avant d'entreprendre une carrière américaine sur la scène et à l'écran, en 1958, il fait du théâtre de répertoire et se produit au FESTIVAL DE STRATFORD. Ses passages au cinéma et son travail à Broadway sont incontestablement éclipsés par sa carrière à la télévision, laquelle est surtout marquée par son interprétation du capitaine Kirk, dans la télésérie *Star Trek*. Avec son air d'idéaliste, sans originalité, mais solide, énergique et intègre, il incarne à la perfection le conformiste plein de bon sens égaré parmi une pléthore d'extra-terrestres et de personnages secondaires de différentes origines ethniques. Sans avoir jamais été un acteur extraordinaire, Shatner, en la personne du capitaine Kirk, est néanmoins devenu un de ces héros mythiques qu'adorent singer les monologuistes comiques et dont l'image se retrouve sur les affichettes que les automobilistes de tout le continent collent sur leurs pare-chocs. Plus récemment, Shatner a joué dans les films de *Star Trek* et dans une autre télésérie, *T.J. Hooker*. Il a également écrit plusieurs romans de science-fiction pour sa collection *Tek*, dont on a ensuite fait une télésérie.

Shearer, Norma, actrice (Montréal 1900—1983). Fille d'un riche homme d'affaires, elle se rend à New York avec sa mère pendant la Première Guerre mondiale, après la faillite de l'entreprise paternelle, espérant percer dans le *show business*. On peut la voir dès 1920 dans les films tournés à New York. En 1923, son futur mari, le génial directeur de production de la Metro Goldwyn Mayer, Irving Thalberg, la fait entrer chez MGM. En 1927, elle est devenue une vedette et, au début des années 30, MGM l'appelle «la Première dame de l'écran». Elle est nominée pour un Oscar à cinq reprises et les studios lui donnent les rôles les plus savoureux, mais en 1936, à la mort de Thalberg, sa carrière commence à décliner pour se terminer en 1942. Actrice sensible et compétente sans être vraiment exceptionnelle, elle a joué ses meilleurs rôles dans *The Divorcée* (1930), *The Barretts of Wimpole Street* (1930), *Romeo and Juliet* (1936) et *The Women* (1939).

Smith, Alexis, actrice (Penticton, C.-B., 1921—1993). Adolescente, elle se produit dans des théâtres d'été en Colombie-Britannique. Elle fréquente le Los Angeles City College quand elle est «découverte» par un dénicheur de vedettes au service de la Warner Brothers. Elle tourne son premier film en 1940 et joue bientôt des premiers ou des seconds rôles, ce qu'elle continue à faire pendant toutes les années 50. Sa froide intelligence et son charme la rendent toujours agréable à regarder. Elle prend sa retraite à la fin des années 50, mais effectue un retour à Broadway au début des années 70. Elle recommence à jouer au cinéma en 1975 et fait pendant un an partie de la distribution du feuilleton populaire *Dallas*.

Steinberg, David, acteur comique (Saint-Boniface, Man., 1941). Fils d'un rabbin roumain, il se produit avec la Second City Revue après ses études à l'U. de Chicago. Il a du succès en tant que monologuiste à la scène et au petit écran et est souvent invité comme présentateur de comédies ou animateur de talk-shows. Steinberg est devenu l'un des premiers réalisateurs de comédies à Hollywood.

Wiseman, Joseph, acteur (Montréal, 1918). Grand, mince et autoritaire, cet acteur incarne surtout les grands maîtres du crime (*Dr No*, 1962, *The Valachi Papers*, 1972) ou les patriarches en tous genres. Sa carrière à la scène débute en 1936, et pendant les années 60, il se produit fréquemment avec la Lincoln Centre Repertory Company.

Wray, Fay, actrice (Medicine Hat, Alb., 1907). Élevée à Los Angeles. Son premier film vraiment important est *La Symphonie nuptiale* (1929), réalisé par Erich von Stroheim. Jusqu'en 1958, on peut la voir dans un grand nombre d'œuvres cinématographiques. On se souvient de cette frêle petite blonde aux grands yeux, fort talentueuse dans son rôle d'héroïne hurlante emportée par un gigantesque gorille amoureux dans la version originale de *King Kong* (1933).

William Beard

Expédition arctique canadienne (1913-1918) Financée par le gouvernement canadien et commandée par l'explorateur controversé Vilhjalmur STEFANSSON, elle fut à la fois un accomplissement et un désastre. L'expédition mena à la découverte des îles Lougheed, Borden, Meighen et Brock, et à la réalisation d'une somme appréciable de travaux scientifiques de valeur par le zoologiste R.M. Anderson, commandant adjoint, et par l'ethnographe Diamond JENNESS.

Mais de violentes dissensions éclatèrent au sein de l'expédition; son bateau, le KARLUK, se prit dans la glace au large de l'Alaska, et 11 hommes finirent par y périr. L'expédition renforça les revendications du Canada à l'égard de sa souveraineté sur l'Arctique et établit la réputation de Stefansson, génie pour ses admirateurs et charlatan pour ses ennemis. (*Voir aussi* ARCTIQUE, EXPLORATION DE L'; ARCTIQUE, SOUVERAINETÉ DANS L'.)

Kenneth S. Coates

Expédition canadienne de recherche sur les pêches, 1915 Mémorable à titre de première étude océanographique du golfe du SAINT-LAURENT et de la plate-forme scotian, l'expédition voit le jour grâce à E.E. PRINCE, commissaire fédéral des pêches. Prince et d'autres membres de l'Office de biologie du Canada espèrent développer l'exploitation d'autres espèces (*voir* PÊCHE), en particulier le HARENG, pour compenser la surpêche du homard et des huîtres. On demande alors à Johan Hjort, directeur des pêches en Norvège, d'étudier les populations de hareng et leur environnement.

Arrivé à Toronto vers la fin de 1914, Hjort analyse d'abord les résultats de pêches de hareng avant d'entreprendre une série de voyages océanographiques en mai 1915 à bord des navires gouvernementaux *Princess* et *Acadia* ainsi que d'un harenguier écossais. Les résultats, notamment les analyses

des collectes de PLANCTON, des prises de poisson, de la température et des relevés de salinité établis par plusieurs spécialistes, dont Hjort, sont publiés en 1919. Ces résultats révèlent la présence de quatre populations de hareng distinctes, définissent les propriétés septentrionales des eaux et comportent des calculs quantitatifs des courants.

L'expédition permet au Canada de bénéficier pour la première fois d'analyses européennes poussées des populations de poisson et de L'OCÉANOGRAPHIE physique mathématique. Elle ne mène néanmoins pas directement à de nouvelles pêches, probablement en raison des conditions économiques, et ses constatations océanographiques physiques sont ignorées jusqu'aux travaux de H.B HACHEY dans les années 30.

Eric L. Mills

Expédition Challenger Première expédition océanographique mondiale qui parcourt 127 633 km sur les océans Atlantique, Austral, Indien et Pacifique entre décembre 1872 et mai 1876. Le but du voyage du HMS *Challenger*, une corvette de 69 m spécialement modifiée pour effectuer des recherches en OCÉANOGRAPHIE, est d'étudier la distribution des animaux pélagiques (particulièrement représentatifs d'anciens groupes) et d'élucider la question de la circulation de l'eau dans les OCÉANS.

Le voyage est organisé par Charles Wyville Thomson et W.B. Carpenter avec le soutien financier du gouvernement britannique et sous le patronage de la Royal Society. Les travaux scientifiques du *Challenger* sont dirigés par Thomson, assisté d'un petit personnel dont fait partie, notamment, John MURRAY, un Écossais né à Cobourg, en Ontario, qui complétera plus tard le rapport en 50 volumes de l'expédition. Le capitaine du *Challenger* est George S. NARES qui deviendra célèbre par son exploration de l'Arctique.

L'expédition du *Challenger* fournit de très nombreux renseignements sur les océans. Des centaines d'espèces animales auparavant inconnues sont décrites. Mais malgré la découverte d'animaux dans les fonds marins les plus profonds qui ont été échantillonnés (5500 m), preuve que les océans sont habités à toutes les profondeurs, on ne trouve pas de «fossiles vivants» comme l'espérait Wyville Thomson.

L'espoir de Carpenter de découvrir les mécanismes de la circulation océanique ne se concrétise pas, malgré les nombreux renseignements recueillis sur la température, la salinité et la densité de l'eau de mer durant la croisière de trois ans.

William Dittmar, de l'U. de Glasgow, établit la composition de l'eau de mer, et Murray et Alphonse Renard dressent la carte des sédiments océaniques, qui s'avèrent très différents des sédiments terrestres. Les longs rapports de l'expédition contiennent des renseignements encore utiles aux océanographes.

Le *Challenger* mouille à Halifax durant 10 jours en mai 1873 avant de partir pour l'Afrique et l'Amérique du Sud. Sa visite est soulignée par le Nova Scotian Institute of Science et suscite un intérêt de courte durée pour la faune abyssale, en particulier chez David Honeyman, le secrétaire de l'institut et géologue de la province. Le Nova Scotia Museum of Science possède une petite collection d'animaux ramenés de l'expédition et la bibliothèque de l'U. Dalhousie a quelques volumes originaux sur les résultats de l'expédition.

L'expédition Challenger produit un effet de courte durée sur la SCIENCE canadienne, mais elle aura le mérite d'inciter bien des pays de l'Europe de l'Ouest, plus tard au cours du siècle, à effectuer des voyages d'exploration dans le monde entier. (*Voir aussi* COQUILLAGE.)

Eric L. Mills

Expédition de la rivière Rouge Force militaire envoyée au Manitoba après la cession au Canada du

territoire de la Compagnie de la baie d'Hudson, en 1870. Le colonel Garnet WOLSELEY est à la tête de 400 militaires des forces régulières britanniques et de 800 miliciens de l'Ontario et du Québec. Le gouvernement essaie de donner l'impression qu'il ne s'agit pas d'une mesure punitive contre le gouvernement provisoire de Louis RIEL, mais les miliciens veulent venger l'exécution de Thomas SCOTT. Les troupes quittent Toronto en mai 1870 pour atteindre Fort Garry le 24 août. Elles trouvent le fort déserté, car Riel s'est enfui à leur approche. Les Britanniques regagnent rapidement l'Ontario laissant les miliciens en garnison dans la communauté. Le harcèlement des Métis par les miliciens exacerbe les sentiments déjà intenses et cause au moins une mort.

Bob Beal

Expédition Hudson 70 En 1970, le n.s.c. *Hudson* termine la première circumnavigation des Amériques lors de l'expédition Hudson 70. Le bateau quitte Halifax en novembre 1969 et vogue vers le sud de l'Atlantique en direction des fjords chiliens et du cap Horn où il séjourne deux mois pour y effectuer des travaux. Il remonte le Pacifique du sud au nord et arrive à Vancouver en juin 1970. Après avoir passé quelque temps à faire des recherches au large de la côte canadienne et dans la mer de Beaufort, le *Hudson* traverse le passage du Nord-Ouest pour rentrer à Halifax en novembre 1970.

L'expédition a été entreprise pour donner aux scientifiques du Canada et d'autres pays l'occasion d'approfondir leurs études sur l'océanographie et la biologie de l'Atlantique Sud, du Pacifique et de l'Arctique. Plus de 120 scientifiques prennent part à l'expédition et recueillent une foule de renseignements. L'expédition permet de décrire d'une manière exhaustive l'océanographie et la biologie des fjords chiliens, puis d'établir une comparaison avec les fjords de la Colombie-Britannique et de la Norvège. Elle vise aussi à mesurer l'intensité du courant circumpolaire antarctique à son passage entre l'Amérique du Sud et l'Antarctique, à étudier la structure géophysique du fond de la mer au large de la côte Ouest canadienne, travaux dont l'ampleur s'intensifiera considérablement au cours des années subséquentes, et à effectuer la première description complète de la géologie marine de la mer de Beaufort.

C.R. Mann

Expédition Palliser L'idée de cette expédition d'exploration de l'Amérique du Nord Britannique (1857-1860) vient de Jean PALLISER. Ce dernier soumet à la Société royale de géographie son plan de voyage: il prévoit partir de la COLONIE DE LA RIVIÈRE ROUGE, traverser les Rocheuses pour ensuite longer la frontière américaine, qui n'est pas encore délimitée. La société reprend le projet et lui donne de l'envergure en en faisant une expédition scientifique et en demandant une subvention de 5000 livres au gouvernement impérial, qui s'interroge alors sur l'avenir des territoires de la COMPAGNIE DE LA BAIE D'HUDSON et qui a un grand besoin de renseignements à leur sujet. En plus de l'exploration des plaines situées au sud de la Rivière Saskatchewan Nord et des passages du sud traversant les Rocheuses, le MINISTÈRE DES COLONIES ajoute un examen du vieil itinéraire de canot de la COMPAGNIE DU NORD-OUEST à l'ouest du lac Supérieur. Sous les ordres de Palliser, le Dr James HECTOR est nommé géologue et naturaliste, Eugène BOURGEAU, botaniste, et John W. Sullivan, secrétaire et astronome. Le lieutenant Thomas W. BLAKISTON, observateur magnétique, apporte ses fragiles instruments par la baie d'Hudson pour se joindre au groupe dans les Prairies.

Les explorateurs accumulent des données astronomiques, météorologiques, géologiques et magnétiques, et décrivent le pays, sa faune et sa flore, ses habitants ainsi que ses possibilités en matière de colonisation et de transport. Ils concluent que l'établissement d'un lien de communication situé entièrement en territoire britannique, soit de la province du Canada jusqu'à la rivière Rouge, serait difficile et coûteux. Il serait en effet plus facile de passer par le territoire américain. Bien qu'une région semi-aride (maintenant connue comme le triangle de Palliser) s'étende à travers la frontière américaine jusqu'aux Prairies du Canada moderne, elle est entourée d'une ceinture fertile, terres propices à l'agriculture et à l'élevage. On y trouve aussi des gisements de charbon et d'autres minéraux.

L'expédition traverse six passages dans le sud des Rocheuses, certains d'entre eux pouvant convenir au tracé d'un chemin de fer, mais les montagnes plus à l'ouest se révèlent un obstacle redoutable. Le chemin de fer du Canadien Pacifique sera construit plus tard à travers l'un d'entre eux, le COL KICKING HORSE, dont le nom a été trouvé par Hector. Les rapports de l'expédition (publiés en 1859, 1860 et 1863) et une carte détaillée (1865) constituent, pour bien des années, la source majeure d'information sur la vaste région qui va du lac Supérieur à la vallée de l'Okanagan en Colombie-Britannique. Elles sont encore valables de nos jours.

Irene M. Spry

Expédition sur le mont Everest Le mont Everest, plus haute montagne au monde (8847,7 m), se situe à la frontière entre le Népal et le Tibet. Le Néo-Zélandais Edmund Hillary et le sherpa Tenzing Norgay sont les premiers à en faire l'ascension en 1953. Depuis, des alpinistes de nombreux pays ont tenté d'atteindre son sommet. En 1982, l'expédition canadienne du mont Everest relève le défi sous la conduite d'Air Canada. L'équipe, dirigée par Bill March de Calgary, est composée de 20 Canadiens et de 39 sherpas népalais.

L'expédition demande 5 ans de préparation et plus d'une centaine de compagnies canadiennes y participent en fournissant environ 20 tonnes d'équipement et de nourriture. Des équipements spéciaux doivent être conçus et fabriqués, notamment des tentes en nylon balistique. De la nourriture équivalant à 6000 jours-personnes est emballée au Canada en boîtes contenant des rations quotidiennes. Cette nourriture doit, elle aussi, être transportée au sommet. De plus, on met sur pied un système permettant de transmettre des signaux de télévision au Canada par le biais de trois satellites. C'est la première fois qu'une expédition sur le mont Everest est diffusée en direct à la télévision. Le 15 août 1982, après une marche de 240 km à partir de Katmandou, capitale du Népal, l'expédition arrive au pied de l'Everest. Au cours des deux semaines qui suivent, l'ascension progresse rapidement au-delà de la terrifiante cascade de glace, jusque dans la vallée glaciaire occidentale. À la fin août, l'expédition parvient au camp 2, situé à 6545 m. Cependant, le 31 août, un tragique événement se produit: une énorme avalanche tue trois sherpas. Deux jours plus tard, un sérac s'écrase et tue le cameraman Blair Griffiths.

Cette double tragédie interrompt l'expédition et la moitié de l'équipe retourne au pays. Deux semaines plus tard, l'expédition reprend et, le 22 septembre, les alpinistes établissent le camp 2 et commencent l'ascension vers la partie supérieure de la montagne. Le camp 3 est établi à 7155 m et, le 4 octobre, l'expédition occupe le camp 4, le dernier camp, sur le col sud, à 7980 m. Le 5 octobre, la première équipe à négocier l'ascension vers le sommet, composée de Laurie Skreslet (32 ans), de Calgary, et des sherpas Sungdare et Lhakpa Dorje quitte le col sud à 4 h pour atteindre le sommet à 9 h 15, après une ascension rapide. Deux jours plus tard, Pat MORROW (29 ans), de Kimberley en Colombie-Britannique, et les sherpas Pema Dorje et Lhakpa Tshering atteignent à leur tour le sommet. Ainsi, l'expédition canadienne permet à deux Canadiens et à quatre sherpas d'atteindre le sommet de l'Everest dès la première tenta-

tive et ce, au cours d'une année marquée par de très mauvaises conditions météorologiques. (*Voir aussi* VOYER, Bernard.)

John Amatt

Expédition sur le Nil Au début de l'année 1884, le général britannique Charles Gordon se rend au Soudan pour secourir les garnisons égyptiennes isolées par une insurrection musulmane menée par Mahdi. Il est cependant capturé à Khartoum, la capitale. En mars 1884, la Grande-Bretagne organise une expédition de secours commandée par Garnet WOLSELEY, chef des troupes canado-anglaises envoyées en 1870 pour mater la RÉBELLION DE LA RIVIÈRE ROUGE. Wolseley croit que le Nil présente la seule route fiable pour se rendre à Khartoum et que les VOYAGEURS canadiens pourraient aider à faire passer une grande expédition.

Puisqu'il est clair que les 386 «voyageurs» (pour la plupart des bûcherons) sont des volontaires inscrits sur la feuille de paie britannique, le gouvernement du premier ministre Macdonald ne s'oppose pas au recrutement effectué par le gouverneur général, le marquis de LANSDOWNE. Pendant six mois, les hommes recrutés rament et pagayent à bord des bateaux d'expédition sur le Nil, bateaux qu'ils traînent ou font parfois avancer à l'aide d'une perche. Tous ces efforts sont vains. Deux jours avant que l'expédition n'arrive à Khartoum le 26 janvier 1885, la ville tombe aux mains des mahdistes, qui avaient exécuté Gordon entre-temps. L'expédition est un échec, mais, pour les Canadiens, elle a constitué une expérience teintée d'exotisme et une occasion de faire leurs preuves aux yeux des autres membres de l'Empire britannique, qui est en pleine expansion.

Roy MacLaren

Expéditions vikings Au milieu de l'année 985 ou 986, une flottille islandaise conduite par ÉRIK LE ROUGE part coloniser le sud-ouest du Groenland. Vers la fin de l'été, le commerçant BJARNI HERJOLFSSON fait voile tardivement pour la rejoindre, mais le vent l'emporte loin de sa course. Il longe la côte vers le nord jusqu'à la latitude du sud du Groenland puis, tourne à l'est pour terminer le voyage prévu, devenant le premier Européen à atteindre l'Amérique continentale de façon attestée. La première côte aperçue était probablement celle de Terre-Neuve, qu'il longe vers le nord, au moins jusqu'à l'extrémité du Labrador. Les terres les plus méridionales qu'il découvre sont boisées. Vers le tournant du siècle, son fils aîné, LEIFR EIRIKSSON, décide d'exploiter la découverte de Bjarni.

Reprenant la route de celui-ci en sens inverse, Leifr explore trois régions distinctes. Au nord est situé le Helluland, pays des dalles, où on ne trouve que glaciers, montagnes et rochers. Il s'agit sans doute du territoire allant des monts Torngat à l'île de Baffin. Plus au sud se trouve le Markland, pays des bois, probablement une grande région autour de Hamilton Inlet dans le centre du Labrador. Au sud se trouve le Vinland. C'est là que Leifr installe son camp principal, d'où il entreprend l'exploration systématique des régions avoisinantes. C'est au cours de ses expéditions qu'il tombe sur des vignes sauvages enroulées autour de grands arbres. Enchanté, il appelle la région Vinland, pays du vin, et rapporte du vin et du bois de construction au Groenland.

Il y aura d'autres expéditions après le voyage de Leifr, toutes conduites par des membres de sa famille. La première le sera par son frère Thorvald, qui sera tué lors d'une escarmouche avec des autochtones; la seconde, par son frère Thorstein qui, ballotté par la tempête, n'atteindra jamais la terre. Une troisième expédition se fera sous le commandement de Thorfinnr KARLSEFNI, époux de Gudrid, veuve de Thorstein. Elle sera grandement embellie et exagérée dans la version donnée par la *Saga d'Érik le Rouge* de la série des sagas du Vinland. La dernière

expédition connue se déroule sous la conduite de Freydis, sœur de Leifr, en association avec deux commerçants islandais. Cette équipée finit de façon désastreuse et brutale lorsque Freydis ordonne à ses hommes de tuer ses partenaires islandais et leur équipage.

Bien que la *Saga d'Érik le Rouge* ait été déformée et qu'elle incorpore des éléments de la *Saga des Groenlandais*, les deux sagas se complètent quant aux détails des différentes expéditions. Le camp principal s'appelait Straumfjord, qui signifie «fjord où il y a du courant» et était situé dans la partie nord du Vinland, probablement dans le détroit de Belle-Isle, à la baie des Épaves à la pointe nord de Terre-Neuve (*voir* ANSE AUX MEADOWS, L'). Hop, qui signifie lagune, était un autre camp, utilisé seulement l'été. Il était situé dans le sud du Vinland. C'est là que les raisins et le bon bois étaient récoltés pour être expédiés au Groenland. C'est là aussi que les Vikings se heurtent aux autochtones. Les combats violents qui les opposent convainquent les Vikings de partir. Ils passaient l'hiver à Straumfjord. L'été, ils faisaient de la reconnaissance et exploitaient les ressources devant être envoyées au Groenland. Un troisième endroit, qui n'est que mentionné dans la *Saga des Groenlandais*, est Leifsbuxir ou camp de Leifr. Ce territoire comprend des parties de Hop et de Straumfjord, mais est essentiellement synonyme de Straumfjord.

Les expéditions vikings au Vinland n'ont duré que quelques années, probablement parce que la colonie naissante du Groenland, ne comptant que quelques centaines de personnes, n'avait pas besoin de territoires supplémentaires. Les ressources du Vinland étaient trop éloignées pour être utiles. Vinland était aussi loin du Groenland que la Norvège, et les mêmes produits étaient disponibles en Europe où on trouvait aussi d'autres produits de première nécessité comme le fer, les céréales, le sel et les épices. Cependant, la connaissance du Nouveau Monde s'est perpétuée parmi les Vikings du Groenland qui se rendaient occasionnellement au Markland (Labrador) pour se procurer du bois.

Birgitta Wallace

Exploitation forestière Désigne les différentes méthodes d'abattage des ARBRES et de transport du bois jusqu'aux scieries, aux usines de pâtes et aux autres usines de transformation des produits forestiers. Elle comprend également la pratique du génie forestier, la construction des chemins forestiers, l'exploitation forestière et le transport du bois en forêt.

Le génie forestier est la branche de l'ingénierie qui s'occupe de planifier l'exploitation forestière (*voir* ENSEIGNEMENT FORESTIER). Un ingénieur forestier travaillant dans une forêt à l'état naturel doit planifier l'emplacement et la construction de chemins forestiers permanents qui répondent aux objectifs à long terme de l'aménagement forestier et qui, plus tard, pourront devenir des voies publiques et des autoroutes. Il adopte des méthodes d'exploitation compatibles avec les objectifs écologiques et financiers, dresse les plans des réseaux routiers secondaires, surveille la construction des routes et sélectionne la machinerie appropriée à l'exploitation.

Un ingénieur forestier possède les connaissances voulues en FORESTERIE, en ARPENTAGE, en GÉOLOGIE et connaît la SCIENCE DES SOLS (pédologie) ainsi que la machinerie utilisée en forêt. Son programme d'exploitation mis au point, l'ingénieur met en branle le plan d'aménagement à long terme habituellement préparé par le gouvernement et les forestiers de l'industrie en collaboration avec les spécialistes des habitats fauniques, de la récréation et de la qualité de l'eau et des sols. Ce plan indique les aires de coupe, leur intensité et les besoins particuliers des autres usagers de la forêt.

Construction des chemins forestiers

L'industrie forestière canadienne construit, tous les ans, environ 15 000 km de chemins forestiers. La moitié d'entre eux sont des chemins d'hiver temporaires sur neige durcie, ou des chemins d'été, sans revêtement. L'édification de ces chemins demande une planification et un arpentage. Ils doivent tous être construits afin de minimiser l'érosion, de préserver la qualité de l'eau et de nuire le moins possible au milieu forestier. Les chemins permanents sont revêtus afin de faciliter les déplacements en toutes saisons. Les ponts, les caniveaux et les fossés doivent être construits avec soin afin de résister aux grosses tempêtes et d'éviter ainsi d'avoir constamment à être remis en état. En Colombie-Britannique, les chemins temporaires sont réhabilités après la coupe afin de favoriser la croissance des arbres sur le site, de réduire l'entretien des chemins et les risques d'une éventuelle érosion.

On utilise des bulldozers pour construire des chemins sur les terrains secs et sablonneux et des houes mécaniques dans les terrains humides des forêts boréales. Les chemins construits sur la côte de la Colombie-Britannique coûtent très cher en raison des difficultés auxquelles on fait face pour enlever le roc des montagnes. Des houes mécaniques sont d'abord utilisées pour atteindre le terrain de fondation, puis le roc est foré et dynamité. Sur les terrains escarpés, on doit traîner les débris de roche dynamitée le long du chemin à un endroit où elle ne pourra pas glisser, provoquer d'érosion et endommager les cours d'eau où vivent des poissons.

Coupe du bois

Les méthodes de coupe comprennent la coupe à blanc progressive, la coupe par blocs et la coupe sélective. La coupe à blanc est généralement pratiquée dans les forêts naturelles non encore aménagées. Elle nécessite peu de chemins forestiers et permet aux bûcherons de concentrer leurs opérations et aux forestiers de préparer les terrains de coupe et d'entreprendre la REFORESTATION après la coupe. Des terrains de coupe à blanc trop vastes sont mal vus du public. Le bûcheronnage par blocs épars demande la construction de plusieurs routes et expose la lisière des terrains exploités aux méfaits du vent. La coupe par blocs est habituellement utilisée pour tirer des récoltes successives d'une forêt. La coupe sélective vise à éclaircir une forêt de densité excessive qui n'a pas atteint sa maturité, à couper des feuillus ou d'autres espèces qui croissent à l'ombre et à conserver un couvert végétal le long des cours d'eau et dans les terrains secs exposés au sud au plein soleil.

Le terme «exploitation forestière» désigne parfois l'ensemble des opérations qui accompagnent la récolte, ou s'applique d'autres fois uniquement aux activités reliées à l'abattage de l'arbre jusqu'à son transport aux abords de la route.

Coupe La tronçonneuse est l'instrument auquel on a généralement recours pour abattre les arbres. L'abatteur pratique une entaille et y enfonce un coin pour diriger la chute. L'abattage est une opération dangereuse qui requiert de l'habileté, surtout quand les arbres sont gros, partiellement pourris ou que les branches sont entrelacées. Des abatteuses mécanisées utilisant des tronçonneuses ou des scies circulaires montées sur des tracteurs ou des excavatrices sont utilisées pour abattre les arbres de plus de 80 cm de diamètre. Des abatteuses multifonctionnelles sont utilisées là où les arbres sont petits. Elles coupent, écorcent et éciment les arbres, les transportent jusqu'au chemin ou effectuent une combinaison de plusieurs de ces fonctions. L'abattage mécanique est moins dangereux que l'abattage à la tronçonneuse, mais les abatteuses mécaniques coûtent cher, et leur rendement est meilleur dans les forêts denses.

Débusquage Le débusquage consiste à traîner les billes ou les arbres au sol jusqu'aux abords de la route à l'aide d'un cheval, d'une débusqueuse à roues ou d'un tracteur. Les chevaux et les tracteurs de ferme sont utilisés sur les petites terres à bois privées, mais les débusqueuses à roues et à châssis articulé (conçues au Canada dans les années 50) sont utilisées dans la plupart des opérations. L'abatteur, muni d'une tronçonneuse portative, et le conducteur de débusqueuse travaillent souvent en équipe; ils «débardent directement» c.-à-d. qu'ils débardent chaque arbre peu après la coupe. Si des abatteuses mécaniques son utilisées, les arbres sont abattus des jours, voire des semaines, avant le débusquage. Les arbres abattus et rassemblés en piles avec une abatteuse-empileuse sont souvent débusqués par un débardeur à pince qui peut saisir une pile entière. Dans les terrains escarpés où l'on doit ouvrir des sentiers, on se sert de chenillards (tracteurs à chenilles) munis de lames de bulldozer pour débusquer.

Débardage Le débardage est le traînage des billes au sol, depuis la souche jusqu'aux abords de la route, à l'aide de câbles et d'un treuil de débardage. Les méthodes les plus utilisées sont le téléphérage relevé, qui consiste à relever suffisamment une extrémité des billes de façon que l'autre extrémité traîne au sol, et le câble aérien, qui permet de transporter les billes au-dessus du sol. La distance normale de débardage n'excède habituellement pas 300 m, mais des systèmes spéciaux permettent de débarder sur une distance de 500 m et, dans certains cas, de 700 m. À l'aide d'hélicoptères, on débarde les bois d'œuvre de grand prix dans des endroits inaccessibles par route ou en cas de risque d'endommagement causé par la construction de routes.

Façonnage et triage Le façonnage est l'opération qui consiste à enlever les grosses branches et la cime des arbres, puis à les découper en billes marchandes. Le triage est l'opération qui consiste à classer les billes par qualité et par espèce afin de s'assurer que chaque bille est acheminée vers l'usine qui saura en tirer la valeur maximale. L'ébranchage et le tronçonnage peuvent avoir lieu au point d'abattage de l'arbre ou au chantier de façonnage en utilisant des machines spécialement adaptées. Le triage a lieu au chantier de façonnage, soit au point de transfert des billes entre le premier et le second transport, soit à l'usine, au moyen de chargeuses frontales, d'empileuses de billes et de grues. Il est essentiel d'entretenir des communications fréquentes entre l'endroit de coupe et l'usine afin de s'assurer que les billes soient coupées à la longueur requise et expédiées à l'usine à laquelle elles sont destinées.

Transport des billes

Au Canada, la plupart des arbres coupés sont transportés par camions. Des chargeuses frontales, des grues et des chargeuses spéciales chargent les camions aux premiers dépôts transitoires. Les bois à pâte sont fréquemment transportés de travers jusqu'au carrefour par des camions semi-remorques à plate-forme. En Colombie-Britannique et en Alberta, les longues billes sont transportées par des semi-remorques à poutres télescopiques. Bon nombre de nouvelles configurations de camions et de remorques ont été élaborées pour permettre le transport de charges maximales en toute sécurité et en étant conforme au code de la route.

Le transport secondaire par voie d'eau est souvent utilisé sur les lacs, sur les rivières et sur la côte du Pacifique, mais dans l'Est on a délaissé cette méthode pour des raisons écologiques et à cause des pertes causées par l'engloutissement. Sur la côte de la Colombie-Britannique, les billes sont transportées par camion jusqu'au bord de l'eau où on les assemble pour former des radeaux de billes et ainsi les acheminer vers l'usine. De cette façon, on réduit la possibilité de perdre des billes. Les billes des îles de la Reine-Charlotte et de la côte ouest de l'île de Vancouver sont transportées par mer mauvaise sur des barges ou des bateaux conçus pour le transport des grumes. Le transport par voie d'eau est peu coûteux et constitue la seule méthode permettant de transporter les billes provenant des îles et des criques côtières isolées. L'industrie forestière de la Colombie-Britannique fait vivre une importante industrie de transport maritime, remorqueurs et barges, qui s'occupe non seulement du transport des billes, mais aussi du transport de la pâte, des copeaux à pâte, du bois d'œuvre et d'autres produits.

Produits forestiers

Les forêts canadiennes fournissent une grande variété de produits commerciaux, le Canada est d'ailleurs le premier exportateur mondial de bois d'œuvre, de pâte et de papier journal. Le bois de grande qualité, BOULEAU, ÉRABLE, CHÊNE, DOUGLAS TAXIFOLIÉ et ÉPINETTE de Sitka, est transformé en placages de luxe et en bois de construction ouvré. L'épinette blanche, la PRUCHE occidentale et le PIN de Murray (pin lodgepole) sont employés comme petit bois d'œuvre et contreplaqué. L'épinette noire, le pin de Banks, la pruche et le TREMBLE donnent un excellent papier journal. Le bois de moindre qualité de toutes les espèces est réservé à la fabrication de la pâte. On a apporté des améliorations aux scieries afin de façonner des produits de très grande qualité et de récupérer le maximum de fibre de chaque bille. Les petits morceaux de bois sont joints par entures multiples et collés ou laminés en gros bois d'œuvre grâce à une colle spécialement conçue à cet effet. La sciure de bois et le bois de moindre qualité ne convenant pas à la fabrication de la pâte sont transformés en panneaux composites. Au Canada, la production et la vente de produits forestiers sont de plus en plus intégrées et spécialisées afin de tirer de chaque arbre le meilleur produit. De cette façon, le Canada peut conserver les peuplements de qualité qui lui restent et tirer de ses forêts les plus grands bénéfices.

G.V. Wellburn

Exploitation minière Regroupe les activités visant à extraire de la Terre les roches et les MINÉRAUX solides qui ont une valeur économique. Les matériaux extraits comprennent les minerais métallurgiques (FER, CUIVRE, PLOMB, ZINC), les minéraux industriels (CALCAIRE, SEL, gemme, POTASSE, GYPSE), les métaux natifs (principalement l'OR et l'ARGENT), le CHARBON, les sables bitumineux, le minerai d'URANIUM et les pierres précieuses. L'extraction de SABLE ET GRAVIER fait partie des activités minières, tout comme l'extraction dans les carrières (*voir* CARRIÈRES, EXPLOITATION DES) de la pierre de taille ou à monuments. Cependant, la production de liquides et de gaz, comme celle de l'INDUSTRIE PÉTROLIÈRE, n'est normalement pas considérée comme une activité minière.

L'exploitation minière est une industrie primaire importante, au même titre que l'agriculture, l'exploitation forestière et la pêche, mais, à la différence de ces dernières, les minéraux et la roche ne peuvent pas être remplacés ou renouvelés après avoir été extraits et utilisés. Cependant, les métaux ont une caractéristique unique: une fois recyclés, ils conservent leurs propriétés élémentaires. Les minéraux et les métaux extraits et utilisés aujourd'hui sont recyclés et réutilisés plusieurs fois, assurant la viabilité de l'industrie minière pour les prochaines générations.

Bon nombre des substances et des objets utilisés quotidiennement ont été obtenus par l'exploitation minière de la Terre. Pour se faire une idée de l'importance de l'industrie minière, il suffit d'imaginer un monde sans minéraux et sans métaux: plus d'acier, de béton, de verre pour la construction; plus d'électricité, de plomberie et d'appareils électroménagers; plus d'avions, de trains et d'automobiles; plus d'ordinateurs, de disques compacts, de satellites de communication; sans compter bon nombre des produits d'usage quotidien, y compris les boîtes de conserve, les ustensiles de cuisine et de table, le dentifrice et la poudre de talc.

Historique

L'exploitation minière remonte à l'ère préhistorique, quand l'être humain a commencé à creuser le sol à la recherche de roches, d'armes et de pigments. L'homme préhistorique trouvait des morceaux de cuivre, d'or et d'argent natifs et des pierres précieuses dans les ruisseaux et dans le sol. L'exploitation des carrières était déjà une activité courante quand Stonehenge et les pyramides d'Égypte ont été construits.

Les progrès de la technologie et de la civilisation, dont témoignent les expressions «âge de la pierre», «âge du cuivre», «âge du bronze» et «âge du fer», ont nécessité des quantités de matériaux qui n'ont pu être obtenus que par l'exploitation minière. Il a donc fallu creuser des tranchées, des cavernes et des carrières. Plus tard, les activités se sont étendues à l'excavation de puits, de galeries et de chambres souterraines. Les anciennes activités n'étaient limitées que par la TECHNOLOGIE dont on disposait et par le fait que la principale source d'énergie était la main-d'œuvre humaine. La difficulté que constituait l'évacuation de l'eau empêchait l'exploitation souterraine des endroits humides, et les minerais durs ne pouvaient être brisés que par le martelage ou le coinçage, ou en les chauffant et en les arrosant d'eau.

Au Moyen Âge, l'exploitation minière et la MÉTALLURGIE avaient fait des progrès, mais ces activités demandaient encore une très grande main-d'œuvre. L'utilisation d'explosifs, qui commence vers 1627, réduit de beaucoup le pénible travail nécessaire pour briser les roches. La vapeur, comme source d'énergie industrielle, est d'abord utilisée vers 1700 à Cornwall, en Angleterre, pour faire fonctionner des pompes d'évacuation d'eau. La locomotive à vapeur et le treuil de mine seront inventés quelques années plus tard.

Dans l'hémisphère occidental, aucune exploitation minière en roche dure du sous-sol n'avait eu lieu avant l'arrivée des Espagnols. L'exploitation minière ne consiste qu'à exploiter les placers, surtout pour l'or et l'argent, les carrières pour la pierre de construction et à extraire le cuivre natif, l'obsidienne et le silex des affleurements. La recherche de l'or est l'objectif principal des voyages de plusieurs explorateurs et des campagnes des conquistadores. Le pillage des collections des autochtones a été suivi par l'exploitation des placers, puis par l'exploitation minière de gisements filoniens d'or, d'argent, d'étain, de plomb, de mercure et de cuivre, souvent en ayant recours au travail forcé.

En Amérique du Nord, le maître-mineur Simon, un ingénieur minier voyageant avec Samuel de CHAMPLAIN, signale la découverte d'argent et de fer en Acadie en 1604, tandis que les affleurements de charbon le long des côtes de l'île du Cap-Breton sont connus des premiers marins et des colons. En 1643, on rapporte qu'un chargement de charbon a été envoyé du Grand Lac, au Nouveau-Brunswick, vers la Nouvelle-Angleterre. En 1672, Nicolas DENYS rédige un rapport pour Louis XIV décrivant les ressources en charbon de la région des Maritimes.

Dans l'Est de l'Amérique du Nord, on procède à des activités d'exploitation minière et de métallurgie en même temps qu'à la colonisation. On ouvre de petits gîtes minéralisés contenant du plomb (pour les balles) et du cuivre, et on exploite aussi des dépôts de fer. Au début des années 1700, plusieurs fonderies de fer sont déjà en activité dans les États de l'Est de

même qu'aux FORGES SAINT-MAURICE à Trois-Rivières (Québec).

Les commerçants de fourrures se dirigeant vers l'ouest remarquent que les autochtones de la région du lac Supérieur troquent beaucoup d'ornements et de petits outils de cuivre. Ce cuivre provenait de fragments détachés et d'affleurements contenant du cuivre natif. Des traiteurs ont cherché la source du métal, mais n'ont pas réussi à ouvrir de mines productives. En 1771, Samuel Hearne s'aventure le long du fleuve Coppermine espérant découvrir la source du cuivre utilisé par les autochtones du Nord, mais n'y trouve que de petites quantités de minerai. Les premières mines importantes dans le Nord de l'Amérique du Nord sont ouvertes vers 1845 pour exploiter les gîtes cuprifères du Michigan près du lac Supérieur.

La découverte de placers aurifères près de Sacramento (1848) déclenche la ruée vers l'or de la Californie (1849). Le flot de mineurs déferlant vers les champs aurifères atteint d'autres régions de l'Ouest des États-Unis et du Canada, ce qui mènera à la découverte de nombreux autres gisements minéraux. La découverte de placers aurifères dans le fleuve Fraser en 1858 entraîne une RUÉE VERS L'OR (1858) dans l'intérieur de la Colombie-Britannique. En 1896, on trouve de l'or au Yukon, ce qui déclenche la fabuleuse RUÉE VERS L'OR DU KLONDIKE.

Lorsque la Colombie-Britannique se joint à la Confédération, on lui promet une liaison ferroviaire transcontinentale. Au cours de la construction du CANADIEN PACIFIQUE, on découvre du minerai de nickel et de cuivre près de Sudbury, en Ontario (1883). Les prospecteurs affluent vers la région et ont tôt fait de revendiquer les droits sur de nombreux gisements. Peu après le début du siècle, la découverte de filons riches en argent à Cobalt, en Ontario, amène l'ouverture des premières exploitations minières d'envergure au Canada. Ce camp minier fournit le financement et la motivation qui mèneront à la découverte et à la mise en production des filons d'or de Porcupine et de Kirkland Lake, qui comptent aujourd'hui parmi les régions productrices d'or les plus importantes au monde. La PROSPECTION se poursuit au Québec où on découvre des gîtes cuprifères et plombo-zincifères à Rouyn-Noranda et à Val-d'Or.

On extrait du charbon en Nouvelle-Écosse et au Nouveau-Brunswick depuis les débuts de la colonisation. Dans l'Ouest canadien, on trouve du charbon pour la première fois à Drumheller (Alberta) en 1793, mais l'extraction ne débutera que dans les années 1830 quand on commencera à exploiter les filons de charbon de l'île de Vancouver près de Nanaimo afin d'alimenter le marché côtier. Quand le chemin de fer amène des colons dans les Prairies, les filons de charbon des plaines sont exploités afin de fournir de l'énergie servant à la consommation locale, et les filons des contreforts et des montagnes sont exploités afin de fournir de l'énergie aux compagnies de chemin de fer et aux colons. Le développement de l'industrie pétrolière (1947-1960) fait perdre des marchés au charbon et entraîne la fermeture de nombreuses mines de l'Ouest. Cependant, la croissance récente des marchés d'exportation, particulièrement vers le Japon, et l'utilisation accrue de charbon pour la PRODUCTION D'ÉLECTRICITÉ a ravivé l'industrie. Elle exploite moins de mines, mais celles-ci sont plus importantes et plus de 90 p. 100 de la production provient d'exploitations à ciel ouvert.

L'exploitation minière au Canada

L'exploitation minière se fait dans toutes les provinces et tous les territoires du Canada, y compris l'Île-du-Prince-Édouard où on exploite le sable et le gravier. L'industrie minière du Canada donne une soixantaine de produits minéraux différents: 26 types

de métaux, 22 types de non-métaux et 5 types de minéraux industriels dans ses quelque 300 mines et 3000 carrières, gravières et sablières. Le Canada est un chef de file mondial dans la production de nombreuses ressources minérales, se classant, en 1994, premier producteur de potasse, d'uranium et de zinc; deuxième producteur d'amiante, de cadmium, de soufre en fleur et de nickel; troisième producteur d'aluminium (métal de première fusion), de cuivre, de métaux du groupe des platineux, de concentrés de gypse et de titane; quatrième producteur de cobalt et de molybdène; et cinquième producteur d'or et de plomb.

Le Yukon Au Yukon, où a eu lieu, il y a plus de 100 ans, la plus grande ruée vers l'or au monde, celle du Klondike, l'exploitation des placers contribue toujours de façon significative à l'économie du territoire. Les revenus de la production d'or, provenant de plus de 200 exploitations de placers, se sont élevés à près de 78 millions de dollars en 1995. La valeur estimée de la production minérale totale en 1995 s'élevait à 185 millions de dollars, une nette hausse sur l'année précédente, en raison de la réouverture de l'importante mine Faro où on extrait du zinc, du plomb et de l'argent.

Les Territoires du Nord-Ouest Dans ces territoires, la célèbre mine ELDORADO, près du Grand lac de l'Ours, est exploitée depuis 1933 et produit de l'argent et du radium. On y a suspendu les activités en 1940, puis on les a reprises en 1942 afin de répondre aux besoins du temps de guerre en uranium. Fermée en 1960 et réouverte en 1964 en tant que mine d'argent, elle a été fermée de nouveau en 1981.

Six mines d'or et deux mines de plomb et zinc étaient en exploitation en 1995 et ont produit des revenus de près de 540 millions de dollars. La mine de plomb et zinc Polaris sur la Petite île Cornwallis, située à plus de 1000 km à l'intérieur du cercle polaire arctique, est la mine de métaux communs la plus au nord au monde. La mine Lupin près du lac Contwoyto, à environ 89 km au sud du cercle polaire arctique, est la mine d'or la plus au nord au monde à l'extérieur de la Russie. La première découverte d'or importante dans les Territoires du Nord-Ouest a eu lieu en 1935 dans la mine Con-Rycon. Ce gisement, sur la côte Ouest de la baie de Yellowknife, est toujours exploité. La découverte de diamants dans les Territoires du Nord-Ouest par la Dia Met Minerals Ltd. en 1991 a marqué le début de l'une des ruées les plus importantes de l'histoire récente du Canada. Il semble que le Canada aura sa première mine de diamant en exploitation dès le tournant du siècle.

La Colombie-Britannique est un important producteur de métaux communs, de métaux précieux, de charbon et de minéraux industriels. En 1995, la valeur de la production minérale (à l'exception du pétrole et du gaz naturel) a été estimée à près de 3,5 milliards de dollars. Le minerai de cuivre et de molybdène est extrait de plusieurs mines à ciel ouvert importantes, dont la plus grande est celle de Highland Valley près de Kamloops. La mine souterraine Sullivan à Kimberley, où l'on extrait du plomb, du zinc et de l'argent, est exploitée depuis 1909 et a été l'une des plus productives au monde. La mine d'Eskay Creek, ouverte en 1995, exploite l'un des gisements à plus haute teneur en or et en argent en Amérique du Nord. On extrait du charbon des grandes mines à ciel ouvert dans les régions de Crowsnest et de Tumbler Ridge.

L'Alberta est le principal producteur de charbon au Canada. Il y a 50 ans, le charbon était produit par quelques centaines de petites exploitations minières souterraines, mais aujourd'hui, à l'exception d'une seule petite exploitation souterraine, tout le charbon provient de grandes mines à ciel ouvert et de carrières, relativement peu nombreuses.

Environ la moitié de la production de charbon du Canada est produite en Alberta dans sa quinzaine de mines situées dans les montagnes Rocheuses, à l'ouest de Lethbridge et dans les contreforts, à l'ouest d'Edmonton. Les sables bitumineux sont extraits de deux grandes exploitations de surface dans le Nord de l'Alberta. En 1995, la valeur de la production minérale (à l'exception de la production du pétrole et du gaz naturel, qui s'élevait à près de 95 p. 100 de la production totale) oscillait autour de 1,2 milliard de dollars.

La Saskatchewan Pour l'année 1995, la valeur de la production des métaux, des non-métaux et des minéraux industriels en Saskatchewan est évaluée à 1,95 milliard de dollars. Cette province est le chef de file mondial de la production d'uranium, et les principales exploitations sont celles de Rabbit Lake, de Key Lake et de Cluff Lake. L'extraction en profondeur de la potasse dans le centre de la province a fourni près de 30 p. 100 de la production mondiale en 1995. Le Canada est le premier producteur de potasse au monde, et la Saskatchewan, la première au Canada. L'extraction du charbon, qui a débuté avant 1900, est l'une des plus anciennes industries de la Saskatchewan. Aujourd'hui, le charbon est extrait dans plusieurs exploitations de surface dans le sud de la province.

Le Manitoba L'exploitation minière à grande échelle y a débuté en 1930, avec l'ouverture de la mine de cuivre et zinc de Flin Flon à la frontière du Manitoba et de la Saskatchewan. Depuis, Thompson, Lynn Lake et Leaf Rapids sont devenus des centres importants de production de cuivre, de zinc, de nickel et de métaux précieux. Le nickel provenant de l'immense zone de nickel de Thompson, où la production a commencé en 1960, représente près de 40 p. 100 de la production minérale totale du Manitoba et le cuivre et le zinc, 18 p. 100 chacun. En 1995, la valeur de la production minérale du Manitoba (à l'exception de la production de pétrole et de gaz naturel) s'élevait à 958,8 millions de dollars.

L'Ontario est un producteur important de métaux communs, d'or et de métaux précieux. En 1995, la valeur de la production minérale (à l'exception de la production de pétrole et de gaz naturel) s'élevait à 5,7 milliards de dollars. La région de Sudbury, où les premiers gîtes minéralisés ont été découverts entre 1883 et 1885, est la plus importante région d'extraction et de traitement de nickel au monde. Une importante quantité de cuivre et d'autres métaux de valeur y sont aussi produits. La mine Kid Creek près de Timmins, où on extrait du cuivre, du zinc, du plomb et de l'argent, est la plus importante du nord de l'Ontario. La production des mines d'or des districts de Timmins et de Kirkland Lake, où l'extraction a commencé au début du siècle, a atteint un plafond, mais des découvertes récentes ont plus que compensé les pertes. La plus importante de ces découvertes est celle de l'énorme gisement d'Hemlo qui, en 1982 et 1983, a été découvert littéralement sous la route transcanadienne près de Marathon dans le nord de l'Ontario.

Le Québec Les mines du nord-ouest du Québec ont grandement contribué à la richesse minérale du Canada depuis 1926, année où on a commencé à exploiter les mines de cuivre de Noranda. Le minerai de plusieurs des premiers gîtes minéralisés découverts est épuisé, mais d'autres ont été découverts et la production se maintient. En plus du cuivre, de grandes quantités de zinc, de plomb et d'autres métaux sont produites dans la région. Ces dernières années, de nombreuses mines d'or ont été ouvertes. Des exploitations à ciel ouvert à Thetford Mines et à Asbestos, dans le sud de la province, produisent près de 20 p. 100 de la production mondiale d'AMIANTE. Le Québec produit environ 42 p. 100 de la production de minerai de fer du Canada et on y trouve la seule mine de titane au Canada. En 1995, la valeur des exportations de minéraux du Québec s'élevait à 3,1 milliards de dollars.

Le Nouveau-Brunswick L'exploitation du camp minier de Bathurst a commencé dès 1837, mais la plupart des activités d'exploitation minière ont débuté plus récemment, à l'ouverture de la mine Heath Steele à la fin des années 50, et des mines Brunswick n° 6 et Brunswick n° 12 dans les années 60. La mine Brunswick n° 12 possède l'un des gisements de métaux communs les plus importants au monde. Ses deux mines de potasse font du Nouveau-Brunswick le sixième producteur de potasse au monde. En 1995, la valeur totale de sa production minérale a dépassé pour la première fois le milliard de dollars.

La Nouvelle-Écosse L'exploitation de la houille est une industrie importante pour l'île du Cap-Breton depuis plus de 200 ans. Les visiteurs du musée minier de GLACE BAY peuvent descendre dans une ancienne mine de charbon. Le Laboratoire de recherches sur le charbon du Cap-Breton, situé à Sydney, a été créé par le gouvernement canadien en 1981. En étroite collaboration avec l'industrie, les chercheurs y mènent des recherches et des études visant à améliorer la santé et la sécurité des mineurs sous terre. En plus du charbon, le gypse et le ciment sont d'importants produits minéraux pour la province. En 1995, la production minérale s'élevait à 360 millions de dollars.

L'Île-du-Prince-Édouard Dans cette île, l'extraction de sable et de gravier contribue de façon significative à l'économie de la province. En 1995, la valeur de la production de sable et de gravier s'élevait à 1,2 million de dollars.

Terre-Neuve et le Labrador L'extraction de fer dans des mines à ciel ouvert au Labrador est la principale source de production minérale de la province, estimée à 906,1 millions de dollars en 1995. Elle produit près de 57 p. 100 de la production totale de minerai de fer du Canada. Les autres produits minéraux importants sont les non-métaux et des matériaux structuraux comme l'ardoise, le ciment, l'amiante, la pierre et les produits argileux. La mine Hope Brook sur la côte sud-ouest de la province est une importante productrice d'or. En 1994, on a découvert à Voisey Bay, au Labrador, le plus important gisement de nickel-cuivre-cobalt au monde. L'annonce de la découverte par la Diamond Fields Resources Inc., en novembre 1994, a provoqué une fièvre de piquetage et près de 250 000 concessions minières ont été enregistrées dans les régions avoisinantes.

L'importance économique de l'industrie minière

L'industrie minière est la principale source d'activité économique dans plus de 115 communautés canadiennes. L'exploitation minière tend à se faire dans des régions où d'autres activités économiques sont moins développées. En 1995, la production de minéraux et de produits minéraux (à l'exception de la production de pétrole et de gaz naturel) s'élevait à 23 milliards de dollars, soit environ 4,3 p. 100 du PIB du Canada. L'industrie minière a fourni 341 000 emplois directs au Canada en 1995, soit 2,5 p. 100 de tous les emplois. En raison de la population relativement faible du Canada, près de 80 p. 100 de la production minérale est exportée. En 1995, l'exportation de minéraux et de produits minéraux (à l'exception du pétrole et du gaz naturel) s'élevait à 40,7 milliards de dollars, soit 16,2 p. 100 des exportations totales, et a ajouté 9,8 milliards de dollars à l'excédent sur marchandises du Canada.

T.H. Patching et Frank Penton

Exploitation minière en mer On sait qu'il existe plusieurs types de gisements MINÉRAUX de grande valeur sous les océans ou autres grandes étendues d'eau. Là où l'eau est peu profonde, des placers peuvent être exploités à l'aide de grandes dragues (comme les mineurs d'étain au large des côtes de Java et de Bornéo). Lorsque les dépôts gisent dans les eaux peu profondes situées près du rivage, des digues peu-

vent êtres construites autour de sections du littoral. Ces zones sont pompées et on peut excaver la matière avec des pelles ou des grattoirs, comme cela se fait pour les graviers diamantifères le long de la côte sud-ouest de l'Afrique.

Les techniques traditionnelles d'exploitation minière Les techniques traditionnelles d'EXPLOITATION MINIÈRE souterraine peuvent être utilisées pour suivre les gisements minéraux qui s'étendent au-delà du littoral si les strates rocheuses qui recouvrent les gîtes minéraux ou les couches de CHARBON sont épaisses et solides sans être poreuses ni fracturées. P. ex., on extrait du charbon sous l'océan Atlantique près de l'ÎLE DU CAP-BRETON. Les premiers filons ont été découverts sur terre, et on a aménagé des installations minières, des puits et des entrées en pente sur la terre ferme. Les méthodes d'exploitation par chambres et piliers et par longue taille ont permis de suivre les couches houillères qui plongent sous l'océan. Une mine, aujourd'hui fermée, avançait plus de 8 km au-delà du littoral. Bien que les strates rocheuses se soient affaissées dans les zones excavées après l'extraction du charbon, l'eau n'a pas pénétré dans ces mines. L'extraction du MINERAI DE FER s'est aussi étendue à 5,5 km au-delà du rivage à Wabana (Terre-Neuve). Les chambres vides sont demeurées au sec et peuvent servir à l'entreposage.

L'exploration des grands fonds océaniques a mené à la découverte de jets et de sources d'eau chaude (350 °C) jaillissant de fissures et d'orifices. Ces émissions semblent apparaître surtout le long des principales dorsales océaniques et des zones de fracture de la croûte terrestre, comme celles de la mer Rouge et celles au large de la Colombie-Britannique. Elles peuvent transporter divers métaux et autres éléments en solution qui, au contact des eaux froides de l'océan, précipitent sous forme de boues, de couches, de croûtes ou de cheminées. Des sulfures de cuivre, de zinc, de fer et d'autres minéraux ont été trouvés dans ce genre de gisements. Ces découvertes fournissent de nouvelles données aux géologues sur l'origine des gisements hydrothermaux. Elles deviendront peut-être aussi de nouvelles sources de minéraux récupérables pour le marché, si les gisements sont suffisamment importants, de bonne qualité et si on arrive à les repérer.

Il sera difficile de récupérer ce type de gisements et les autres dépôts miniers qui sont enfouis à une certaine profondeur sous l'océan et à une distance éloignée de la terre ferme. Là où la distance est trop grande pour permettre le forage de longs tunnels à partir de puits installés sur la terre ferme, il sera peut être nécessaire d'adapter les techniques utilisées pour l'extraction du PÉTROLE en mer. Les difficultés se compliquent par la nécessité d'établir des contrôles de juridiction nationale et internationale. La récupération des nodules minéralisés, comme ceux qui existent sur le fond marin du centre du Pacifique à des profondeurs atteignant 5 km, représente un défi pour l'avenir. Ces nodules de la taille d'un poing contiennent du manganèse, du cuivre, du nickel et du cobalt. Leur récupération dépendra de la mise au point de technologies adéquates et de l'établissement d'ententes internationales pour réglementer les opérations. Plusieurs groupes multinationaux étudient des méthodes de récupération, dont des chaînes à godets, des dragues racleuses et des dispositifs de succion. On poursuit aussi des recherches en vue de développer des méthodes efficaces permettant de traiter les nodules à bord de bateaux ou de barges en mer.

T.H. Patching

Exploitation sexuelle des enfants L'Ontario définit l'exploitation sexuelle dont sont victimes les enfants comme tout rapport sexuel, mauvais traitement sexuel, exhibitionnisme ou exploitation sexuelle au détriment d'un enfant, qui peut s'inscrire en violation du *Code criminel* ou nécessiter la protection de l'enfant en vertu de la *Loi sur la protection de l'enfance*. Y sont inclus les incidents entre membres d'une même famille ou entre personnes non apparentées. Plus simplement, il y a exploitation sexuelle d'un enfant lorsqu'un adulte le soumet à de mauvais traitements pour satisfaire ses propres besoins sexuels. Il n'y a de vrai consentement que si deux conditions prévalent: la personne doit savoir ce à quoi elle consent et elle doit être libre de dire oui ou non. Selon cette définition, l'enfant ne peut consentir en pleine connaissance de cause à une activité sexuelle.

Selon le *Code criminel*, «commet un inceste quiconque, sachant qu'une autre personne est, par les liens du sang, son père ou sa mère, son enfant, son frère, sa sœur, son grand-père, sa grand-mère, son petit-fils ou sa petite-fille, selon le cas, a des rapports sexuels avec cette personne». Le cas le plus souvent rapporté concerne l'inceste entre père et fille, alors que l'inceste entre frère et sœur serait pourtant cinq fois plus fréquent. La pratique de l'inceste n'est pas qu'un acte criminel, mais elle peut être un symptôme de graves problèmes familiaux. Elle engendre en effet peur et humiliation chez la victime et une ambiance de secret et de honte dans la famille. Un sentiment de peur et de culpabilité envahit l'enfant à l'idée de condamner un parent à la prison en révélant les faits. L'épouse peut craindre que la mise au jour de l'inceste de son conjoint ruine son mariage et la laisse seule et sans appui avec ses enfants. Ces facteurs sont un solide obstacle qui empêche de découvrir l'ampleur du problème et de le corriger. Si l'accusé est poursuivi devant les tribunaux, ces mêmes réactions émotives ont un effet dévastateur sur l'enfant qui devra témoigner de la conduite incestueuse de l'un de ses parents.

On estime qu'environ 20 p. 100 à 30 p. 100 de l'exploitation sexuelle est commise par des individus étrangers à la famille et que la plupart des victimes sont des filles. La grande majorité des violeurs sont des hommes. Les méthodes d'exploitation incluent l'exhibitionnisme et les caresses des organes génitaux de l'enfant. Il est rare qu'il y ait relation sexuelle complète ou violence. Les pédophiles utilisent généralement la menace ou la coercition sous l'emballage de cadeaux, de jouets, de bonbons, d'argent ou de marques d'affection. Certains spécialistes s'appuient sur un nombre limité de preuves pour affirmer qu'on ne connaît pas la fréquence réelle des actes d'exploitation sexuelle, mais qu'ils pourraient bien être chose courante pour 1 fille sur 4 et 1 garçon sur 10, si l'on tient compte de toutes les formes de comportement sexuel inconvenant envers les enfants de moins de 17 ans.

Peu de preuves existent qui démontreraient que beaucoup d'enfants font délibérément de fausses déclarations ou interprètent mal des contacts appropriés entre eux et des adultes en les présentant comme de l'exploitation sexuelle. L'évolution des attitudes de la population permet maintenant de reconnaître publiquement et cliniquement l'existence de l'exploitation sexuelle des enfants dans la société canadienne.

B. Schlesinger

Exploits, rivière des Coulant sur 246 km, elle est la plus longue de l'île de Terre-Neuve. Ses affluents, les rivières Lloyds et Victoria, prennent leur source dans le sud-ouest de l'île et s'écoulent vers le nord-ouest jusqu'au lac Red Indian (250 km²). La rivière des Exploits prend naissance à la décharge nord-est du lac, où un barrage permet la régularisation de son débit. Elle coule, large et peu profonde, dans une vallée au relief plat. À GRAND FALLS – WINDSOR, elle se dirige vers le nord-est et se jette dans la baie des Exploits, qui donne sur la BAIE NOTRE DAME. Sur la rivière, on trouve de nombreuses digues et des aménagements hydroélectriques, particulièrement à Grand Falls et à Bishop's Falls. L'origine du nom, qui remonte aussi loin que les cartes de 1774 de James COOK, est inconnue. En 1810-1811, une expédition menée par David Buchan a remonté la rivière en raquettes et croisé un campement BÉOTHUK au lac Red Indian.

James Marsh

Exploration Jusque vers la fin du XVIᵉ siècle, les connaissances européennes sur la partie du continent américain la plus proche, l'extrémité est de Terre-Neuve, sont floues et incertaines. Sachant qu'avec des moyens de fortune et de frêles embarcations, la traversée par le Nord jusqu'à cette région est possible en été en naviguant d'île en île et en passant par les îles Féroé, l'Islande et le Groenland, les historiens prétendent que la découverte de l'Amérique est antérieure à ce que l'on connaît. Au VIᵉ siècle, un moine irlandais, saint Brendan, aurait vu des parties du littoral atlantique du Canada, et à la fin du Xᵉ siècle et au début du XIᵉ siècle, ce qui est plus plausible (*voir* EXPÉDITIONS VIKINGS) des aventuriers vikings auraient même foulé le sol du continent.

Des fouilles archéologiques effectuées à L'ANSE AUX MEADOWS, près de la pointe nord de Terre-Neuve, accordent un certain fondement aux témoignages ambigus des sagas. Elles montrent que le premier à apercevoir le continent a sans doute été BJARNI HERJOLFSSON en 985 ou en 986, et que vers l'an 1000, LEIF ERICSSON a foulé le sol lors de la première d'une série d'expéditions qui se termineront par l'établissement de courte durée d'une colonie viking. Mais les sagas sont loin d'être claires quant à sa position exacte, et on n'a jamais vraiment trouvé de réponse à la question cruciale de l'emplacement du *Vinland* (pays des vignes) dont parlent les marins vikings.

De plus, si l'exploration comprend non seulement la découverte, mais aussi l'enregistrement et la transmission des terres jusqu'ici inconnues, notons que les preuves des expéditions scandinaves n'apparaissent qu'à la fin du XVIᵉ siècle. Lorsque les Européens se dirigent vers le nord-est de l'Amérique, à la fin du XVᵉ siècle, ils ignorent sans doute la route et les découvertes de leurs prédécesseurs.

Il faudrait sans doute faire un bond en avant de 500 ans pour fournir des preuves plus solides de ces tentatives de voyages et de ces découvertes. Au contraire, des documents disponibles se rapportant au demi-siècle avant 1520 sont épars et obscurs. On pense avec quelque assurance que les marins venant de Bristol auraient atteint Terre-Neuve ou ses environs vers 1480, donc avant les voyages de Colomb en 1492. Mais, la seule preuve tangible est celle de l'expédition de l'Anglais John CABOT, en 1497, qui fait le premier voyage connu vers le continent américain à l'époque des grandes découvertes.

Cabot a probablement accosté au Maine, en Nouvelle-Écosse, à Terre-Neuve et au Labrador. Il en voit certainement assez pour organiser l'année suivante une entreprise plus ambitieuse, mais qui se termine par un désastre. Les activités de la famille portugaise CORTE-REAL dans cette région vers 1500-1503 sont aussi difficiles à préciser, et la rumeur, au sujet de l'expédition vers 1508-1509 du fils de John Cabot, Sebastian, peut simplement avoir été une supercherie.

Les cartes de l'époque montrent un contour sommaire et hésitant provenant des découvertes espagnoles autour du nord-est des Carolines jusqu'aux régions de pêche à la morue, mais on ne voit pas encore que Terre-Neuve est une île, et l'on n'a pas d'idée claire sur la côte séparant les découvertes espagnoles et les régions de pêche, à 3000 km au nord, où les Anglais, les Portugais et les Bretons sont présents.

Bien que Giovanni da VERRAZZANO, au service de la France, navigue de la Caroline du Nord jusqu'à Terre-Neuve en 1524, il reste trop éloigné de la côte pour voir le détroit séparant le Cap-Breton de cette île, ce qui le prive de la découverte du golfe du Saint-Laurent.

Cette importante découverte revient au Français Jacques CARTIER, qui, lors de ses trois voyages en 1534, en 1535-1536 et en 1541-1542 (ce dernier ayant trait à la colonisation plutôt qu'aux découvertes), commence à donner une forme reconnaissable à l'Est du Canada. Lors de son premier voyage, il entre par le détroit de Belle-Isle et le golfe du Saint-Laurent. Lors de son deuxième voyage, il remonte le Saint-Laurent jusqu'aux villages indiens de Stadacona (Québec) et d'Hochelaga (Montréal). À Hochelaga, situé à plus de 1600 km à l'intérieur des terres, ses guides indiens lui affirment que le fleuve, qui se transforme maintenant en rapides, s'étend vers l'Ouest et qu'il faut encore trois mois pour le parcourir. Pour la première fois, les Européens ont une idée de l'immensité du continent au Nord de l'équateur.

Au cours de son voyage de retour, Cartier découvre le détroit de Cabot entre le Cap-Breton et Terre-Neuve: ayant utilisé les entrées Nord et Sud du golfe, il peut prouver que Terre-Neuve est une île. L'exploit est remarquable. Cartier a découvert le grand fleuve qui, avec ses affluents, va permettre aux Français d'explorer et de diriger une grande partie du nord-est du continent au XVIIᵉ siècle. Il découvre aussi les hivers canadiens lorsqu'en 1535-1536 le gel le force à passer l'hiver à Stadacona, et que près du quart de ses hommes meurent de froid et de scorbut.

À la fin de son dernier séjour, ses relations s'enveniment avec les Amérindiens qui habitent la vallée du Saint-Laurent. Les IROQUOIS, qui jouent un rôle si important dans l'histoire du Canada, figurent à partir de ce moment dans les carnets de voyage et l'univers des Français. Cartier ne trouve pas «les grandes quantités d'or et les matières précieuses» qu'on lui demandait de rapporter, mais aux pêches abondantes du golfe, il ajoute les fourrures pour attiser la convoitise des Européens. Bien qu'il n'atteindra pas le Pacifique, échouant dans ce projet obsédant, tout comme Cabot et Verrazzano, il aura néanmoins trouvé la route de l'Ouest.

Il n'y a pas de découverte importante pendant le restant du XVIᵉ siècle. Les Européens continuent d'exploiter la PÊCHE et la TRAITE DES FOURRURES, mais, après Cartier, les expéditions françaises ne dépassent pas TADOUSSAC. Les nouvelles explorations, qui débutent vers 1570, se font plus au Nord (*voir* ARCTIQUE, EXPLORATION DE L'), où les Anglais en particulier font plusieurs tentatives le long de la côte est de l'Arctique pour trouver une voie navigable vers le Pacifique à travers les glaces.

Martin FROBISHER, John DAVIS, William BAFFIN et Henry HUDSON sont parmi les explorateurs qui cherchent le PASSAGE DU NORD-OUEST, mais en vain. Ces recherches font découvrir à l'Europe la grande mer intérieure qu'est la baie d'Hudson, explorée par la suite en une série d'expéditions se terminant par celles de Luke FOX (1631) et de Thomas JAMES (1631-1632), et la domination anglaise sur ces eaux.

Une autre voie de pénétration est nécessaire si les Anglais veulent défier les Français. En effet, au début du XVIIᵉ siècle, les expéditions de Samuel de CHAMPLAIN corroborent et surpassent même les affirmations de Cartier. Le début du XVIIᵉ siècle prend une nouvelle orientation: en 1600, le premier poste de traite européen au Canada est construit à Tadoussac. En 1603, Champlain suit l'ancienne route de Cartier menant à Hochelaga et explore plus avant le Saguenay et le Richelieu. L'année suivante, il débarque en ACADIE, où il explore la baie de Fundy et, en 1605, il établit l'Habitation de PORT-ROYAL (Annapolis Royal).

En 1607, les Français traçaient les cartes de la côte atlantique du Cap-Breton au Cap Blanc (Cape Cod). Les écrits de Champlain et sa dernière grande carte de 1632 montrent l'étendue de son œuvre: l'ouverture du pays tourmenté situé au nord du Saint-Laurent par la voie du Saguenay et du Saint-Maurice, la découverte importante de la route qui remonte le Saint-Laurent jusqu'à l'Hudson en empruntant le lac Champlain, l'exploration d'une grande partie de la côte acadienne et, par-dessus tout, la description des Grands Lacs fondée sur les explorations européennes et les récits des autochtones.

Les RELATIONS DES JÉSUITES sont une source de renseignements unique pour les explorateurs pendant les 40 années qui suivent la mort de Champlain, survenue en 1635. L'intérêt premier des missionnaires est de noter le mode de vie des Amérindiens et surtout de les convertir, mais leurs voyages leur apportent une connaissance poussée du pays. Dans les *Relations*, ils décrivent en détail fleuves, rivières, forêts, marécages et portages, hivers rudes et étés courts infestés d'insectes. Pour la première fois peut-être, la nature canadienne prend forme pour les lecteurs européens.

De leur mission en HURONIE, les JÉSUITES s'étendent vers l'Ouest, vers 1640, jusqu'à Sault-Sainte-Marie et fondent un poste à VILLE-MARIE (Montréal), où la rivière des Outaouais offre une nouvelle route vers l'Ouest. Les descriptions faites par les autochtones et les missionnaires du lac Supérieur, que quelques-uns prennent pour la porte vers le Pacifique, dominent dans les récits des Jésuites. D'autres voyageurs français cherchent de nouvelles routes pour relier le lac Supérieur, la baie Georgienne et le lac Ontario, rejoignent le Niagara en partant du lac Ontario et hivernent au lac Érié (1669-1670).

Ces renseignements épars sont rassemblés par les Jésuites en une impressionnante carte, celle des Grands Lacs de 1672. Dans les *Relations*, on fait allusion aux COUREURS DE BOIS, ces aventuriers de l'expansion et des découvertes françaises, allant vers l'Ouest à la recherche de fourrures. L'importance des guides amérindiens ressort clairement des récits français.

Bien que les autochtones ne possèdent pas les moyens des Européens (*voir* CARTOGRAPHIE, HISTOIRE DE LA), leur connaissance du terrain, des gens, de la vie animale ainsi que leurs compétences à titre d'interprètes et de médiateurs ouvrent la voie à l'avance des Français. L'observation et l'adoption de leurs moyens de déplacement (canots d'écorce l'été, raquettes l'hiver), s'avèrent aussi précieux aux explorateurs européens que l'aide directe des autochtones.

Un des récits les plus authentiques et vivants de la vie parmi les HURONS et les Iroquois au milieu du XVIIᵉ siècle est écrit par Pierre-Esprit RADISSON, dont les expéditions avec Médard Chouart dit DES GROSEILLIERS, bien que souvent imprécises quant à la direction et à la position, sont d'une extrême importance pour le commerce. Pendant leurs voyages, qui peuvent très bien les avoir menés jusqu'au lac Supérieur, ils apprennent que les fourrures de qualité supérieure apportées aux Français proviennent des CRIS, qui vivent près de *la baie de la mer du Nord* (baie d'Hudson). Des Groseilliers et Radisson sont convaincus que la route la plus directe pour les acheminer n'est pas le long parcours en canot jusqu'au Saint-Laurent et à Montréal, mais plutôt celui du Nord jusqu'à la baie d'Hudson, puis vers l'Europe par bateau.

En 1670, cette idée ne conduisit pas à sa mise en œuvre par les Français, mais plutôt à la création de la COMPAGNIE DE LA BAIE D'HUDSON (CBH). Cela marque le début de 150 ans de rivalité entre commerçants pour la conquête des routes du pays des fourrures, celle du Saint-Laurent et celle de la

baie d'Hudson, et entraîne en même temps une course à l'exploration vers la côte du Pacifique.

Bien que les Français réussissent finalement vers 1670 à parvenir à la baie James par le Saguenay et le lac MISTASSINI, cette route tortueuse n'a pas la même faveur que le détroit d'Hudson. Vers 1690, la nouvelle compagnie dispose de postes de traite sur les rives de la baie James, mais elle fonde aussi YORK FACTORY aux embouchures du fleuve Nelson et de la rivière Hayes, voies navigables pénétrant loin dans l'Ouest du continent.

Jusqu'à maintenant, la CBH montre peu d'intérêt pour l'exploration à l'intérieur du continent, mais de 1690 à 1692, un de ses employés, Henry KELSEY, fait un périple remarquable. Voyageant avec les Cris, il atteint la rivière Saskatchewan, empruntée par les autochtones qui s'adonnent à la traite, et de là, les grandes plaines, où il aperçoit d'immenses troupeaux de bisons et où vivent les Assiniboines, qui parlent le sioux, et les PIEDS-NOIRS, qui parlent l'algonquin. Vers le Nord, la prairie cède la place à la forêt peuplée d'une multitude d'orignaux, de chevreuils et de castors: c'est un pays riche, comparativement à la région de York Factory.

Le succès de Kelsey tient au fait qu'il parle le cri, qu'il vit et voyage avec les Amérindiens. Il est le premier Européen à atteindre la rivière Saskatchewan et les Prairies canadiennes, et le premier à donner une description de l'ours gris et du bison. Ses voyages restent ignorés jusqu'au XXᵉ siècle, et bien longtemps après Kelsey, les seules expéditions intérieures anglaises connues partant de la baie d'Hudson sont celles, en direction du Nord-Ouest, de William Stuart (1715-1716) et de Richard Norton (1717-1718), chez les CHIPEWYANS.

Les Français prennent la tête des voies canotables à l'ouest du lac Supérieur. En 1688, Jacques de Noyon atteint le lac à la Pluie et, peut-être l'année suivante, le lac des Bois. Au cours de ces voyages, il entend des récits trompeurs au sujet de la rivière et du lac Winnipeg. À ce stade, le mouvement vers l'Ouest cesse jusqu'au TRAITÉ D'UTRECHT (1713), qui met fin aux guerres prolongées entre les Anglais et les Français en Amérique du Nord.

Les Français croient qu'il y a, pas très loin vers l'Ouest, une sorte de Méditerranée nord-américaine (*voir* MER DE L'OUEST), rejoignant le Pacifique par un détroit (prétendument découvert sur la côte ouest par Juan de FUCA en 1592) et relié par l'autre rive aux cours d'eau et aux lacs de l'est fréquentés par les Français. Cette opinion déforme toutes les conceptions géographiques de l'ouest du Canada, car elle ne peut pas coexister avec une chaîne de montagnes s'étendant du nord au sud. Les Rocheuses n'apparaissent sur les cartes qu'à la fin du XVIIIᵉ siècle.

La tâche des derniers grands explorateurs français, LA VÉRENDRYE et ses fils, est de chercher cette mer de l'Ouest et de trouver de nouvelles régions de traite. Ils parcourent surtout la partie «américaine» de l'Ouest, et avant la mort du père, remontent vers le Nord. En 1739, un des fils, Louis-Joseph, atteint l'embranchement de la rivière Saskatchewan. Comme on ne connaît pas les expéditions de Kelsey à cette époque, il est considéré comme le premier Européen ayant découvert la rivière.

Les autochtones lui parlent d'une grande chaîne de montagnes à l'Ouest, mais les géographes, obsédés par l'idée de mers intérieures, de rivières et de fleuves coulant vers l'Ouest et un océan Pacifique proche, n'en sont pas convaincus. Ce qui importe surtout, c'est l'érection de forts français d'Est en Ouest, près des lacs à la Pluie, Winnipeg, Cedar, et finalement, en 1753, celle du fort Saint-Louis, près de Forks.

Bien que les Français semblent sur le point de prendre possession de la traite des fourrures du Nord-Ouest, la réaction de la CBH est lente. Les ten-

tatives, faites par l'AMIRAUTÉ, par des groupes privés et par la compagnie (sans grand enthousiasme) pour trouver un détroit sur la côte ouest de la baie d'Hudson rejoignant la mer du Sud, suivant le concept traditionnel anglais du passage vers le Nord-Ouest, cessent autour de 1740, mais au cours de la décennie suivante, la compagnie change de stratégie.

Des efforts sont faits pour explorer les côtes mornes de la péninsule du Labrador et parcourir la rive est de la baie d'Hudson, mais à long terme, ce sont les voyages à l'intérieur du continent en provenance de York Factory qui revêtent le plus d'importance. Anthony HENDAY accomplit l'expédition la plus spectaculaire (1754-1755). Ses modes de déplacement et ses objectifs ressemblent beaucoup à ceux de Kelsey. Avec une Amérindienne, qu'il a prise pour compagne, il suit les Cris en canot de York Factory jusqu'aux basses-terres de la rivière Saskatchewan, en traverse les branches sud et nord, atteint les plaines où paissent d'immenses troupeaux de bison et où vivent les Pieds-Noirs, qui possèdent des chevaux.

Au point le plus à l'Ouest de son voyage, quelque part près de ce qui s'appelle aujourd'hui Innisfail, en Alberta, il aperçoit sans doute les Rocheuses. On se demande pourquoi ses récits de voyage ne font nulle part mention de la grande chaîne de montagnes. Tout comme dans les expéditions précédentes de la Vérendrye et de ses fils, on ne possède pas de preuve tangible quant au nom de l'Européen qui, le premier, a aperçu les Rocheuses.

La GUERRE DE SEPT ANS et la CONQUÊTE ont un effet sur l'expansion et l'exploration. La campagne contre Québec, en 1759, donne lieu, l'année suivante, à la publication d'une superbe carte du Saint-Laurent dessinée par James COOK et d'autres hydrographes. Ce travail, conjugué aux relevés hydrographiques ultérieurs de Cook autour de Terre-Neuve, établit de nouvelles normes et fournit aux Européens de nouvelles précisions sur la région.

Plus loin, à l'Ouest, la conquête mène à l'abandon des forts par les Français, mais pour peu de temps. En moins de 10 ans, ils sont réoccupés par des «traiteurs» de Montréal, commerçants dynamiques et énergiques soutenus par des capitaux anglais et américains, employant de nombreux interprètes et des coureurs de bois français. Une fois de plus, la CBH réagit, bien que lentement, en envoyant ses employés, en particulier Matthew Cocking (1772-1773), jusqu'à la rivière Saskatchewan et même plus loin; en 1774, la Compagnie installe son premier poste à l'intérieur du continent à CUMBERLAND HOUSE, soit à 100 km au-delà de Le Pas, au Manitoba.

Pour le commander, on choisit Samuel HEARNE revenant tout juste d'un impressionnant voyage par voie de terre, partant de Fort Churchill, descendant la rivière Coppermine avec un groupe de Chipewyans jusqu'au littoral de l'océan Arctique, devenu (17 juillet 1771) le premier Européen à voir la côte nord du continent. Bien que la latitude observée par Hearne (71° 54' N) dévie presque de 4° vers le Nord, cela donne une approximation de l'étendue du Canada dans cette direction et incite les explorateurs à rechercher un passage maritime dans le labyrinthe de glace qu'est l'ARCHIPEL ARCTIQUE.

À l'exception de Hearne, les explorations les plus poussées sont faites par des commerçants de la COMPAGNIE DU NORD-OUEST (CNO). Les compagnies rivales commencent à s'affronter dans leur conquête de l'Ouest, ce qui les mène en Athabasca, dans les Rocheuses, et finalement, sur la côte du Pacifique. Pendant ce temps, des expéditions navales sont organisées en Europe en direction de la CÔTE DU NORD-OUEST, qui est inconnue. En 1741, un Russe, Vitus Bering, accoste plusieurs fois le long de la côte de l'Alaska, mais personne ne se rend plus au sud avant 1770.

En 1774 et en 1775, des Espagnols venant du Mexique suivent la côte vers le Nord, en direction de l'Alaska (*voir* EXPLORATIONS ESPAGNOLES), et, en 1778, Cook entreprend une exploration plus poussée, mais incomplète, en direction du nord du détroit de NOOTKA jusqu'au détroit de Béring. Le contour et l'emplacement approximatifs de la côte sont enfin établis dans la décennie où Hearne atteint le littoral polaire, mais les Anglais et leurs prédécesseurs ne peuvent déterminer si ce qu'ils aperçoivent à travers la brume et la pluie, ce sont des îles ou de la terre ferme. Ces expéditions navales n'apportent aucune réponse au problème important de l'étendue des Rocheuses vers le nord.

En 1778, la Compagnie du Nord-Ouest, représentée par Peter POND, fait une percée importante vers l'Ouest. Utilisant le Grand Portage, situé à l'extrémité ouest du lac Supérieur plutôt que Montréal comme point d'approvisionnement, il se dirige vers le nord-ouest en traversant le terrain accidenté du portage Methye jusqu'à la région de l'Athabasca. Il traverse ainsi la ligne de partage des eaux entre la baie d'Hudson et l'océan Arctique, ouvre une région magnifique, riche en fourrures, et rapproche les entreprises européennes des montagnes et du Pacifique.

En situant le lac Athabasca 1100 km trop à l'Ouest, Pond sous-estime grandement la distance qui le sépare du Pacifique et commet la même erreur lorsqu'il découvre le Grand lac des Esclaves sur la côte du Nord-Ouest. Ne possédant pas la compétence voulue pour l'exploration, Pond est l'un des derniers explorateurs de l'ancienne génération, des hommes moralement et physiquement forts, mais souvent incapables de reproduire fidèlement sur des cartes les endroits qu'ils ont visités.

En 1789, Alexander MACKENZIE suit la rivière de Fond, qui part du Grand lac des Esclaves, pour finalement s'apercevoir qu'elle se jette dans l'océan Arctique et non dans le Pacifique. Il a le même pressentiment qu'Hearne lors de son voyage dans l'Arctique : la glace permanente fait disparaître tout espoir d'un passage navigable vers le Nord-Ouest. En 1793, Mackenzie cherche encore la route vers le Pacifique. Partant du lac Athabasca, il suit la rivière de la Paix jusqu'aux Rocheuses, traverse la ligne de partage des Rocheuses, descend le Fraser aux eaux turbulentes, à l'Ouest des montagnes, pour finalement atteindre la côte à la rivière Bella Coola.

Ce magnifique voyage fait de Mackenzie le premier Européen à traverser les Rocheuses, mais la difficulté de la route qu'il a suivie signifie qu'on ne peut envisager d'en faire une voie commerciale. Les explorations côtières et celles de l'intérieur du continent peuvent maintenant se recouper pour établir une carte du Nord-Ouest, car l'endroit atteint par Mackenzie en juillet 1793 est indiqué sur la carte préparée sept semaines plus tôt par l'expédition navale de l'Anglais George VANCOUVER, parti depuis un an et demi pour un séjour d'exploration qui devait durer 3 ans.

Des explorateurs espagnols et des navires de commerce naviguent aussi le long de la côte, mais c'est le relevé méticuleux de Vancouver, publié en 1798, qui constitue le rapport définitif de ce littoral compliqué. Pour la première fois, les véritables contours du Canada moderne apparaissent sur les cartes, plus particulièrement sur celles d'Aaron Arrowsmith, qui a accès aux relevés de l'Amirauté britannique, de la CBH et de la CNO, dont les cartes représentant l'Amérique du Nord à partir de 1795 rendent compte du rythme accéléré des explorations sur tout le continent.

Les expéditions terrestres suivent de minces repères dans les Prairies, à travers les montagnes et jusqu'aux océans Pacifique et Arctique. Après Mackenzie, Duncan MCGILLIVRAY traverse en 1801 les Rocheuses en empruntant le col White Man, mais il s'arrête bien avant d'être rendu à la mer. En 1808, Simon FRASER suit le fleuve qui allait porter son nom jusqu'à l'océan, et en 1811, David THOMPSON fait une découverte d'une importance capitale pour le commerce lorsqu'il suit le fleuve Columbia jusqu'à son embouchure dans le Pacifique, qui appartient déjà aux Américains.

Mais, en dehors de ces chemins, tout n'est plus qu'incertitude, ignorance et supposition. L'exploration sérieuse, quoique sporadique, continue donc des deux côtés des montagnes. Pendant que les hommes de la CNO entreprennent des voyages plus spectaculaires, la CBH a, depuis la fin de la décennie 1770, formé et utilisé des explorateurs compétents (Philip TURNOR, Thompson, Peter FIDLER) qui, avec l'aide des guides indiens, relèvent sur cartes les cours d'eau du pays de la fourrure avec un soin et une précision auparavant inconnus.

Thompson, surtout, est un voyageur extraordinaire. Travaillant pour la CNO, il a, au début de siècle, entrepris l'exploration systématique des terres situées le long des rivières Saskatchewan-Nord et Sud, en Athabasca, du fleuve Churchill et autour du Petit lac des Esclaves. Il aurait parcouru approximativement, à pied, à cheval et en canot, 80 000 km.

Après l'union des deux compagnies rivales en 1821, la CBH, maintenant plus importante que jamais, continue à meubler ses cartes. La colonisation se limitant aux colonies de l'Atlantique, à la vallée du Saint-Laurent, au Haut-Canada et à la RIVIÈRE ROUGE, la traite des fourrures apporte la motivation et les ressources voulues pour l'exploration, découvrant de nouvelles régions pour les pelleteries et trouvant de meilleures routes dans celles qui sont explorées. À la frontière de la traite des fourrures, dans la vallée du Mackenzie et de l'autre côté des montagnes, dans ce qu'on appelait la NOUVELLE CALÉDONIE, l'exploration des cours d'eau continue.

Cheminant sur des terrains ardus même pour des coureurs expérimentés, Samuel BLACK, John McLeod et Robert Campbell empruntent, de chaque côté des Rocheuses, en amont de la rivière de la Paix, la rivière Liard se jetant dans le fleuve Mackenzie, les rivières Pelly et Lewes se dirigeant vers le Yukon et la rivière Stikine, qui rejoint l'océan en Alaska. Dans l'Est, des motifs commerciaux semblables amènent James Clouston, William Hendry et John McLean à traverser pour la première fois l'inhospitalière péninsule du Labrador, encore vierge.

Beaucoup plus au Nord, le gouvernement britannique et la CBH s'unissent pour tracer le littoral polaire. Après les guerres napoléoniennes, l'Amirauté organise des expéditions maritimes dans l'Arctique, en vue de trouver un passage vers le Nord-Ouest pendant que les commerçants de fourrures financent John FRANKLIN pour explorer les régions désolées, jusqu'à la rivière Coppermine, de Hearne, à partir de laquelle il parcourt la côte d'est en ouest, de 1819 à 1822 et de 1825 à 1827. De 1837 à 1839, Peter Warren DEASE et Thomas Simpson, de la CBH, couvrent de grandes étendues le long du littoral polaire, partant de Point Barrow à l'Ouest jusqu'au détroit de Rae à l'Est.

À partir de 1846, John RAE, un des explorateurs du Nord les plus indépendants, dont les moyens de transport et de survie lui viennent en grande partie des INUITS, sillonne de part en part la vaste région délimitée par le Grand lac de l'Ours, la presqu'île de Boothia et la côte nord-ouest de la baie d'Hudson, à l'occasion de voyages difficiles qui ont pour but de retrouver l'expédition Franklin.

Ces explorations ont lieu en grande partie à l'intérieur et même à l'extérieur des riches régions où se pratique la traite des fourrures, qui perd peu à peu son importance. Dans le Sud, l'intérêt porté à la colonisation surpasse la demande de pelleteries et, pour cette raison, un autre genre d'exploration s'avère nécessaire. L'agriculture, la colonisation, les lignes télégraphiques et les lignes de chemins de fer y deviennent très importantes. C'est dans ce contexte qu'il faut replacer les missions de S.J. DAWSON, de H.Y. HIND et, surtout, du capitaine John PALLISER au milieu du siècle.

Il s'agit moins alors d'explorer des territoires inconnus que d'explorer les nouvelles ressources d'une terre vue jusque-là par le petit bout de la lorgnette des commerçants de fourrures. L'exploration, au sens traditionnel, n'est pas terminée, en particulier dans l'Arctique, mais vers le milieu du XIXe siècle, les principales caractéristiques géographiques du Canada étaient connues et tracées.

Glyndwr Williams

Exploration espagnole Après la circumnavigation autour du monde de l'expédition de Magellan (1519-1522), Charles V, roi d'Espagne et empereur d'Allemagne, veut trouver un passage nord-américain vers les eaux asiatiques. Les renseignements que possèdent les Espagnols à propos des côtes de Terre-Neuve et du Labrador proviennent des voyages des Portugais et des pêcheurs et chasseurs de baleine BASQUES. En 1524, l'Espagne, qui avait jusque là concentré ses efforts sur l'Amérique centrale et l'Amérique du Sud, envoie Estêvão Gomes explorer la côte de la Nouvelle-Angleterre. Sur le Pacifique, dans les années 1540, les côtes de la Californie et de l'Oregon sont explorées à partir de ports mexicains, mais les revendications espagnoles sur tout le littoral de l'Amérique qui donne sur le Pacifique ne sont pas fondées sur leur exploration réelle. Pour ajouter à la confusion, des voyages apocryphes, tels que ceux de Juan de FUCA, de Lorenzo Ferrer MALDONADO et de Bartholomew de Fonte, font que les cartographes dessinent des passages imaginaires et des mers intérieures dans ce qui est aujourd'hui le Canada.

Dans les années 1770, des comptes rendus voulant qu'il y ait une expédition russe partant du Kamchatka vers l'Amérique du Nord forcent les Espagnols à explorer la CÔTE NORD-OUEST. Selon la structure administrative espagnole, le vice-roi du Mexique est chargé des opérations du Pacifique au nord de San Blas. En 1774, Juan PÉREZ HERNÁNDEZ navigue en direction nord à partir du Mexique et atteint les îles de la Reine-Charlotte, où les HAÏDAS viennent à sa rencontre en canot pour faire du commerce. Craignant de s'échouer, Pérez ne débarque pas pour prendre possession des terres, bien qu'il jette l'ancre dans la baie de Nootka, au large de l'île de Vancouver. Les résultats non concluants incitent le vice-roi mexicain à envoyer une autre expédition. En 1775, Juan Francisco de la BODEGA Y QUADRA atteint l'Alaska avec deux navires, à la latitude d'environ 58°30' N. Il en prend possession et repère d'excellents ports sur l'île du Prince-de-Galles. La civilisation des Amérindiens de la côte Nord-Ouest impressionne les Espagnols. Les observateurs espagnols familiers avec le nord du Mexique et la Californie ne s'attendent pas à de telles capacités maritimes, artistiques, commerciales, architecturales et militaires.

Lorsque les nouvelles du troisième voyage dans le Pacifique de James COOK (1776-1779) atteignent Madrid, le roi Charles III d'Espagne, qui s'intéresse à l'expansion impériale et aux découvertes scientifiques, ordonne que de nouveaux efforts soient déployés pour contrer les visées étrangères. À court de navires et d'hommes, les Espagnols manquent Cook complètement. En 1779, Ignacio de Arteaga et Bodega y Quadra naviguent jusqu'à la baie Bucareli et poussent leur exploration jusqu'au détroit Cook. L'expédition produit des graphiques scientifiques et des données ethnologiques que l'Espagne ne publiera pas. Le journal de Cook deviendra le guide des futurs explorateurs et marchands dans le Pacifique Nord.

En 1788, le controversé Esteban José Martínez dirige une nouvelle expédition en Alaska et se rend vers l'Ouest jusqu'à l'île Unalaska. Il visite des postes russes et retourne au Mexique en affirmant que les commerçants russes ont l'intention d'occuper la baie de Nootka en 1789. Ne sachant pas que les commerçants de FOURRURES britanniques et américains sont actifs dans la traite des loutres le long de la côte Nord-Ouest, le vice-roi mexicain ordonne à Martínez d'occuper la baie de Nootka. L'escarmouche qui s'ensuit donne lieu à la CONTROVERSE DU DÉTROIT DE NOOTKA avec la Grande-Bretagne. En 1791, l'expédition scientifique d'Alejandro MALASPINA est détournée vers le Pacifique Nord à la recherche du PASSAGE DU NORD-OUEST. D'autres expéditions espagnoles sont envoyées à partir du Mexique et à partir de Yuquot (l'anse Friendly) sur la baie de Nootka. Bodega y Quadra et d'autres explorateurs, dont Francisco de Eliza, Jacinto Caamano, Manuel Quimper, Dionisio Alcalá-Galiano et Cayetano Valdés, explorent la côte de l'Alaska à la Californie. À la résolution définitive des questions entourant la baie de Nootka en 1795, l'Espagne se retire du Pacifique Nord.

Christon I. Archer

Explosion du magasin de la marine de Bedford Elle s'est produite du 18 au 19 juillet 1945. Le feu s'est déclenché lorsqu'une barge de munitions a explosé à la jetée de la soute à munitions navale du bassin de Bedford, dans le port d'Halifax. Le feu s'est vite propagé à des piles de munitions adjacentes, qui avaient été entreposées temporairement à l'extérieur parce que l'entrepôt principal était rempli. Durant environ 24 heures, une réaction en chaîne d'incendies, d'explosions et de détonations a secoué la ville de Halifax.

Un plan d'urgence avait déjà été établi pour parer à un tel accident, de sorte qu'à la fin de la journée du 18 juillet, la plus grande partie de la moitié nord de Halifax avait été évacuée sans heurt. Aucune des explosions n'a eu la même envergure que l'Explosion de Halifax en 1917, mais on a signalé des fenêtres fracassées, du plâtre fissuré, quelques personnes légèrement blessées et un mort. La communauté éprouvait encore du ressentiment envers les forces navales à la suite des ÉMEUTES DU JOUR DE LA VICTOIRE, mais le fait que le personnel de la marine se porte volontaire pour combattre l'incendie au dépôt de munitions a largement contribué à neutraliser les sentiments négatifs.

Lois Kernaghan

Expo 67 L'exposition universelle Expo 67 est l'événement le plus important des célébrations du CENTENAIRE du Canada en 1967. Le sénateur québécois Mark Drouin lance l'idée de cette manifestation à Montréal pour en faire le pôle des célébrations du centième anniversaire du Canada. Avec le sénateur Sarto Fournier, ancien maire de Montréal, il présente l'idée au Bureau des expositions internationales (BEI) à Paris, mais l'organisme penche d'abord en faveur de Moscou. Toutefois, vers la fin de 1962, l'URSS se retire et le maire de Montréal, Jean DRAPEAU, revient à la charge auprès du BEI, qui choisit le Canada. Le choix du BEI assure la participation d'à peu près tous les pays. De plus, le BEI classe l'exposition dans la «première catégorie», ce qui en fait la première de son genre en Amérique du Nord. Ainsi classée, l'exposition doit couvrir toute la gamme des activités de l'homme contemporain.

La loi de mise en œuvre adoptée par la Chambre des communes à la fin de 1962 crée une société d'État, la Compagnie canadienne de l'Exposition universelle de 1967, qui a pour mandat de construire et d'organiser l'exposition. Trois partenaires doivent y contribuer: le gouvernement fédéral à 50 p. 100, celui du Québec à 37,5 p. 100 et la ville de Montréal à 12,5 p. 100. Comme le temps presse, les trois gouvernements convoquent une conférence d'éduca-

teurs, de personnalités de la littérature et d'intellectuels à Montebello (Québec) afin de choisir un thème central pour l'exposition et une philosophie pour l'accompagner. *Terre des hommes*, le thème choisi, reprend le titre de l'ouvrage du romancier, poète et aviateur français Antoine de Saint-Exupéry. Le plan directeur est terminé et présenté au Parlement à la fin de 1963, à l'échéance prévue. À la fin de 1966, la société, qui a recueilli des frais d'investissement d'environ 320 millions de dollars, prévoit des recettes de 138 millions de dollars, ce qui laisse entrevoir un déficit de 82 millions de dollars.

Le choix d'un site présente bien des difficultés, que l'échéancier serré ne fait qu'aggraver. On se penche sur plusieurs propositions pour finalement décider que l'île Sainte-Hélène, parc situé au centre du Saint-Laurent et relié à Montréal par le pont Jacques-Cartier, sera agrandie grâce à des techniques de récupération de terre, en utilisant la roche et le limon dragués du fond du fleuve. De plus, une nouvelle île, l'île Notre-Dame, sera créée à proximité de l'île Sainte-Hélène, le long de la voie maritime du Saint-Laurent. La terre de remblaiement provenant du fond du fleuve se révèle insuffisante et, pendant des mois, les camions défilent à longueur de journée en direction du site, transportant leur chargement de terre. Le coût de construction du site, qui devait être de 10 millions de dollars selon les prévisions, passe alors à 40 millions de dollars.

Malgré tout, le site est officiellement cédé à la société d'exposition le 1er juillet 1964. Dans sa version définitive, il comprend quatre grandes zones. L'entrée, qui se trouve à la Cité du Havre, est l'ancienne jetée Mackay qui faisait partie du port de Montréal. De la Cité du Havre, le nouveau pont Concordia, qui enjambe le Saint-Laurent, mène à la première zone d'exposition dans la section ouest de l'île Sainte-Hélène. La troisième zone est l'île Notre-Dame. La quatrième, La Ronde, à l'extrémité est de l'île Sainte-Hélène, regroupe la plupart des manèges et autres attractions.

Édifices et expositions

Le programme thématique se divise en cinq grands groupes: L'Homme et son génie créateur, L'Homme interroge l'Univers, L'Homme à l'Œuvre, L'Homme et l'Agriculture et L'Homme dans la cité. Ces groupes aussi se subdivisent en section. Pour respecter le thème, la compagnie investit près de 40 millions de dollars dans les pavillons thématiques stratégiquement situés autour du site, où ils servent de pôles d'attraction pour les groupes thématiques. Pour illustrer L'Homme et son génie créateur, quelque 160 peintures empruntées à des musées et à des collectionneurs du monde entier sont exposées. Ce sous-groupe réunit des expositions de sculptures, de photographies et de design industriel. Les sciences sociales et humaines sont regroupées sous le thème de L'Homme dans la cité.

Pavillons

Les pays qui acceptent de participer à Expo 67 construisent leur propre pavillon ou bien s'associent à d'autres pays dans des pavillons régionaux. Parmi eux, l'Union soviétique dépense environ 15 millions de dollars, la Tchécoslovaquie 10 millions de dollars et les États-Unis plus de 9 millions de dollars. La conception des pavillons est l'œuvre des plus grands architectes du monde. L'ensemble est varié, et certains pavillons sont à couper le souffle. La pyramide d'Arthur ERICKSON, *L'Homme dans la Cité*, est faite de charpentes hexagonales en sapin de Douglas. Le pavillon de l'Allemagne, sorte de tente en plastique à crêtes multiples aussi haute qu'un immeuble de 15 étages, montre que le concept et le choix des matériaux peuvent changer radicalement la conception des édifices comme les auditoriums. Le pavillon des États-Unis, dôme géodésique réalisé par Buck-

minster Fuller, devient le prototype d'une nouvelle tendance architecturale. L'intérieur des pavillons varie aussi beaucoup. Quelques-uns exposent de simples biens de consommation et des machines, tandis que d'autres présentent avec imagination l'histoire d'un pays et ses traditions. Le révolutionnaire Habitat 67 du Montréalais Moshe SAFDIE est la preuve que par l'industrialisation des procédés de construction, il est possible de bâtir de meilleurs logements à des coûts moindres. Expo 67 nous fait aussi découvrir les nouvelles techniques de projection du cinéma. Des écrans multiples, omniprésents, confèrent aux images et aux bruits quotidiens une nouvelle dimension.

Expo 67 encourage aussi la participation du secteur privé et de divers groupes. Ainsi, sept églises chrétiennes se réunissent pour présenter le pavillon Chrétien. Figurent aussi dans cette dernière catégorie les pavillons de l'Association canadienne pour les Nations Unies, de la Communauté économique européenne, du Judaïsme, parrainé par la communauté juive du Canada, et de la Jeunesse.

Les règles du BEI permettent aux pays participants de présenter leurs artistes. Le Festival mondial des arts peut donc intégrer à son programme des groupes de renommée internationale tels que la troupe d'opéra La Scala de Milan, le Sir Laurence Olivier's National Theatre de Grande-Bretagne, le New York Philharmonic, l'Amsterdam Concertgebouw et le théâtre classique de la Grèce. Expo 67 et le Festival des films du monde de Montréal présentent conjointement plus de 30 longs métrages au cours du mois d'août. Au nombre des épreuves sportives figurent un tournoi international de soccer, un tournoi de crosse et une compétition d'athlétisme opposant les Européens aux Américains. Divers spectacles, comme un rodéo western et la première apparition de la Gendarmerie française en Amérique du Nord, complètent ces festivités qui viennent couronner les fêtes de l'anniversaire du Canada.

En tout, 120 gouvernements répartis dans 60 pavillons sont représentés à l'Expo 67. Des milliers d'exposants et de commanditaires privés sont présents dans les 53 pavillons commerciaux des différentes installations du site. Le site avait été conçu pour accueillir 26 millions de visiteurs en 183 jours. En fin de compte, il se vend plus de 50 millions de billets d'entrée entre le 28 avril et le 27 octobre, et il faut ajouter à ce chiffre les 5 millions d'entrées accordées aux artistes, à la presse, aux dignitaires et aux employés. L'organisation et la tenue d'Expo 67 coûtent 283 millions de dollars au Canada, au Québec et à Montréal. Selon des études indépendantes, les retombées dont ont bénéficié les contribuables des gouvernements fédéral, provincial et municipal équivalent à près de deux fois ce montant. Ainsi, d'après les calculs, les recettes touristiques directement attribuables à Expo 67 auraient augmenté de 480 millions de dollars.

Expo 86 Elle est inaugurée le 2 mai 1986 par le prince et la princesse de Galles et prend fin le 13 octobre 1986 après avoir accueilli 20 111 578 visiteurs. Les deux sites de l'exposition couvrent 70 ha: le site principal de 67 ha longe les côtes nord et est de False Creek sur 4,5 km et le pavillon du Canada, situé en retrait du site principal, couvre 3 ha.

En 1978, le ministre provincial des Loisirs et de la Conservation Sam Bawlf propose, pour célébrer le centenaire de Vancouver, une exposition universelle inspirée d'une étude de concept de l'architecte Rand le Iredale. Une demande officielle pour une foire-exposition qui porterait le nom de Transpo 86 est présentée en juin 1979 au Bureau des expositions internationales (BEI) à Paris. Plusieurs sites et plans sont proposés. Le BEI approuve l'exposition en novembre 1980. Patrick Reid, ambassadeur et commissaire général, change le nom en Expo 86 en octobre 1981, supprimant ainsi toute connotation commerciale. À la différence d'EXPO 67, cet événement est classé dans une catégorie spéciale, ce qui en fait le plus grand à ce jour, et possède un seul thème: celui des transports et des communications. Le thème «Un monde en mouvement – un monde en contact» est symbolisé par un logo qui consiste en trois cercles concentriques où les chiffres 8 et 6 se croisent pour représenter les transports terrestres, maritimes et aériens. Après avoir connu des difficultés financières en 1980-1981, le projet est terminé et sera commandité par les gouvernements fédéral et provincial. L'organisme à but non lucratif Expo 86 Corporation est créé et a pour mandat de planifier et de gérer l'exposition. Il est dirigé par Jim PATTISON, président du conseil d'administration et plus tard président. Ron Woodall est directeur artistique; Bruno Freschi, architecte en chef; et Bob Smith, responsable de la production et de la conception.

Pavillons

La construction du premier pavillon commence en octobre 1983. Un conflit ouvrier de cinq mois interrompt les travaux en 1984, mais cinq pavillons sont terminés à temps et coûtent huit millions de dollars de moins. Expo Centre ouvre ses portes le 2 mai 1985 pour donner un aperçu de l'exposition. Le site se divise en six zones de couleurs différentes, chacune avec ses pavillons, ses salles de spectacle, ses promenades et ses restaurants. Occupant un espace de 4,5 ha, le BC Place, un stade couvert qui ne sera pas démantelé après l'événement, domine l'exposition. Celle-ci comprend en outre Expo Theatre et la Place des Nations, où les cérémonies nationales et les cérémonies officielles ont lieu. Sur 65 pavillons, 41 sont internationaux, et 7 provinces, 2 territoires, 3 États et 9 entreprises ont leur pavillon. On trouve de plus deux pavillons thématiques et un à vocation particulière (celui de Ramsès II, qui abrite des trésors illustrant la vie du pharaon).

Deux pavillons thématiques restent debout après l'exposition: la Roundhouse, consacrée à «l'Âge d'or de l'ingéniosité» dans les transports, est une rotonde de chemin de fer rénovée, vieille de 100 ans; et le Pavillon de l'avenir d'Expo Centre un dôme géodésique d'une hauteur de 17 étages où l'on trouve un cinéma Omnimax de 500 sièges, le Futures Theatre où l'on peut voter par boutons-poussoirs et une exposition de véhicules futuristes, Design 2000. L'Expo Centre rouvrira ses portes en 1990 sous le nom de Science World. L'un des pavillons les plus fréquentés est celui des Territoires du Nord-Ouest, conçu par l'architecte Bing Thom. Tout en plâtre bleu pâle et en verre bleu réfléchissant, il évoque les icebergs et les glaciers. Les expositions des Territoires du Nord-Ouest, où le cinéma s'allie à la photographie et aux textes, aux montages et aux maquettes, sont visuellement remarquables et suscitent la réflexion, car elles donnent au visiteur un aperçu de l'impact que les transports et les communications ont eu sur la vie et la culture des Canadiens du Nord.

Activités et expositions

La majorité des pavillons présentent surtout des films. Parmi les plus courus, citons *Carrying Things*, film IMAX tridimensionnel, *Rainbow War*, du Canadien Pacifique, *Portrait of Canada–Images du Canada* de Telecom Canada, en CircleVision, *A Freedom to Move*, *Zargon*, film de Showscan en 70 mm et *Northwest Passage*, diaporama de 69 photographies, spectacle qui transporte les spectateurs sur un trottoir roulant. Le film le plus populaire aura sans doute été *Spirit Lodge* de General Motors, réalisé par Bob Rogers. Le spectacle en direct auquel s'ajoutent des effets holographiques est préparé avec l'aide de la bande Nimpkish du peuple Kwagulth (*voir* KWAKIUTLS) d'Alert Bay, en Colombie-Britannique, et

présenté dans une «grande maison» plongée dans l'obscurité.

Neuf esplanades sont aménagées sur le site, dont trois consacrées au transport. L'Esplanade des transports terrestres (Land Plaza) est occupée par des véhicules de tous les pays gravitant autour d'une sculpture de Bill Lishman de 26 m de haut, *Transcending the Traffic*, qui représente un embouteillage. Le *Flight Dream* de l'Esplanade de l'aviation est un hommage aux voyages aériens et interplanétaires. Sur l'Esplanade de la Marine, des spécimens de véhicules marins de tous les coins du monde, dont un grand navire japonais, le *Nippon Maru*, avoisinent une sculpture de 33 m de hauteur, le *Dream Ship*, en acier peint de couleurs vives, ressemblant à un grand voilier.

Six salles de spectacles exploitées par Expo 86 procurent quotidiennement des spectacles gratuits. Les activités du Festival mondial Banque Royale-Expo 86 se déroulent en divers endroits de Vancouver, notamment à l'Expo Theatre. Des artistes de renommée internationale viennent s'y produire: troupes de ballet et d'opéra, danseurs, chanteurs, comédiens, musiciens et groupes rock.

Le transport est gratuit sur les lieux. Un monorail de 5,4 km traverse le site en 20 minutes et transportera 10,5 millions de passagers. Les deux télécabines transporteront en tout 9,75 millions de personnes. On peut se rendre directement au pavillon du Canada en prenant l'aérotrain, le train léger sur rail que Vancouver vient d'inaugurer. Sur le site principal, on accède à l'aérotrain en franchissant le Portail du Canada, où se trouve le mât le plus haut du monde (86 m), orné d'un drapeau du Canada de 12 m sur 24 m, et un bâton de hockey haut de 61 m.

Construit au coût de 145 millions de dollars, le pavillon du Canada, avec ses 10 800 m² d'espace d'exposition et de spectacles, s'avance dans le bras de mer Burrard sur une longueur de trois pâtés et demi de maisons. Avec ses cinq grandes «voiles» de tissu suspendu, ce splendide édifice blanc qui se détache sur un paysage montagneux, marin et urbain est conçu de manière à évoquer un navire. Le pavillon fait maintenant office de centre de congrès et de gare maritime. Un ancien canot de guerre haida prêté par le Musée canadien des civilisations d'Ottawa est la pièce maîtresse de la grande salle d'exposition. Juste à côté se trouve la «volante» *Hystar*, conçue pour transporter des articles lourds vers les régions éloignées, et qui fait le tour de la salle à toutes les heures.

Parmi les attractions les plus divertissantes on trouve les sculptures *Spirit Catcher*, un immense oiseau de fer réalisé par de Ron Baird; *Rowingbridge* de Geoffrey Smedley; *Locomotive People # 4* de Miho Saawada; et *UFO H2O* de John Gilbert, un parc d'amusements aquatique pour enfants haut en couleur et très populaire, qui ressemble à un vaisseau spatial martien. La sculpture la plus imposante est *Highway 86*, un tronçon d'autoroute pour piétons à quatre voies de 217 m, en acier ondulé et en béton, conçu par S.I.T.E. Project (N.Y.). De nombreux types de véhicules aériens, marins et terrestres, peints en gris, y sont fixés.

Les dépenses entraînées par l'exposition s'élèvent à 802 millions de dollars et les recettes, à 491 millions de dollars. La contribution du gouvernement fédéral est de 75 millions de dollars pour la construction du pavillon Canada, de 60 millions de dollars pour la construction de l'aérotrain et de 25 millions de dollars pour combler le déficit. Les sociétés commanditaires (plus de 36) engagent une somme globale de 173 millions de dollars. Les participants, pour leur part, dépensent 698 millions de dollars, ce qui porte les dépenses totales d'Expo 86 à 1,5 milliard de dollars. Le déficit total est de 311 millions de dollars. Toutefois, Expo 86 fait bénéficier l'économie canadienne de retombées de 3,7 milliards de dollars.

L'exposition est si courue que les restaurants et les clubs installés sur le site restent ouverts chaque soir après la fermeture des pavillons. On se souviendra d'Expo 86 grâce à l'ambiance chaleureuse et amicale qui régnait parmi les exposants, le personnel, les 8000 bénévoles et tous les visiteurs.

Kim Patrick O'leary

Exportations Ensemble des biens et des services qu'un pays vend à d'autres pays. Au cours de l'année 96, les ventes du Canada à l'étranger ont totalisé 330 milliards de dollars, répartis comme suit: 268 milliards de marchandises (81,2 p. 100), 39 milliards de services (11,8 p. 100) et près de 18 milliards de revenu de placement (5,4 p. 100).

Marchandises Au cours des décennies, les États-Unis sont devenus un destinataire de plus en plus important pour les exportations de marchandises canadiennes. La part des exportations vers ce pays, qui était de 36 p. 100 en 1928, est passée à 82 p. 100 en l996, les hausses ayant été plus marquées pendant les années 90 en raison de l'Accord de libre-échange nord-américain, entré en vigueur le 1er janvier 1989. Le Japon est devenu le deuxième marché en importance, même s'il représente seulement 4 p. 100 des expéditions canadiennes, ce qui le place loin derrière les États-Unis. L'ensemble des pays de l'Union européenne, le Royaume-Uni y compris, ne compte que pour 5,7 p. 100 des exportations.

Le reste des exportations, soit 9,2 p. 100, se fait vers tous les autres pays du monde. Cela comprend les expéditions de céréales (surtout de blé) vers la Chine et le Brésil; les envois de bois et de produits chimiques vers la Corée et Taïwan; différents produits agricoles, ainsi que du matériel de communication et autres équipements vers divers pays du Sud-Est asiatique, de l'Amérique latine et du Moyen-Orient.

Un groupe de marchandises domine les exportations canadiennes, celui des automobiles et des pièces d'automobile. En 1996, ce groupe, dont 98 p. 100 sont destinés aux États-Unis, représentait 62 milliards de dollars, soit 23 p. 100 de toutes les exportations de marchandises. Un autre groupe compte lui aussi pour 23 p. 100 des exportations. Il est constitué de trois sous-groupes: matériel agricole et industriel (5 p. 100); matériel de transport et d'aéronautique (4,6 p. 100); autres équipements et machines, y compris du matériel de communication et de bureau (13,5 p. 100).

Outre ces groupes, une grande partie du reste des exportations du Canada repose sur les abondantes ressources naturelles du pays. En 1996, celles-ci comprenaient, par ordre d'importance, les produits forestiers, comme le papier journal, le bois d'œuvre et la pulpe de bois (12,5 p. 100), les produits énergétiques, comme le pétrole, le gaz, le charbon et l'électricité (9,5 p. 100), les métaux bruts et transformés et les minéraux (8,9 p. 100), les produits alimentaires, comme les céréales, les viandes rouges et le poisson (8,4 p. 100), les engrais et les produits chimiques (5,2 p. 100) et divers biens et matériaux industriels (4 p. 100).

Au cours de la dernière décennie, la valeur des exportations de marchandises a augmenté à un taux moyen annuel composé de 8,3 p. 100. De ce pourcentage, 2,4 p. 100 environ reflète simplement la hausse des prix alors que le reste, soit 5,9 p. 100, représente la croissance du volume réel ou de la quantité des expéditions. Le groupe qui a connu la croissance la plus rapide en volume ou en dollars constants de 1986 est celui du matériel de bureau, dont les ventes ont été multipliées par 13. Les exportations de gaz naturel ont aussi connu une croissance assez rapide (coefficient atteignant jusqu'à 3,8), de même que celles des engrais, des produits chimiques et d'autres biens manufacturés (chaque groupe voyant son volume de ventes multiplié par 2,25).

Services Les recettes du Canada tirées des ventes de services aux non-résidents sont réparties en trois groupes principaux: recettes touristiques provenant des étrangers venant au Canada en voyage d'affaires ou d'agrément (31 p. 100), recettes découlant de l'utilisation de réseaux de transport exploités par des entreprises canadiennes, pour les exportations et les expéditions de biens et de services étrangers vers le Canada ou à l'étranger (31 p. 100), et les recettes tirées des services commerciaux, qui sont soit des services techniques ou des services de consultation vendus à l'étranger, soit des commissions, des assurances, des communications et autres (36 p. 100). Ce dernier groupe est celui dont la croissance a été la plus forte pendant les trois dernières décennies.

Le reste des recettes, soit 2 p. 100, consiste en revenus tirés des gouvernements étrangers au titre de leurs frais de représentation diplomatique au Canada et provient aussi d'autres sources diverses. La proportion de recettes totales provenant des États-Unis est inférieure (seulement 54 p. 100) à celle des marchandises.

Revenus de placement Les revenus de placement consistent en revenus tirés de l'exportation de services relatifs aux capitaux, c.-à-d. les revenus provenant des prêts et des placements canadiens à l'étranger, y compris la valeur des gains générés par les investissements directs dans d'autres pays et qui y sont réinvestis. Comme les placements en capital-actions à l'étranger augmentent, les dividendes représentent maintenant la plus grande composante (41,8 p. 100) des revenus de placement. Les gains réinvestis par les sociétés canadiennes à l'étranger ont augmenté de près de 12 p. 100 et les revenus d'intérêt forment le reste des revenus de placement. (*Voir aussi* BALANCE DES PAIEMENTS; LIBRE-ÉCHANGE; IMPORTATION; COMMERCE INTERNATIONAL.)

Bruce W. Wilkinson

Expos de Montréal Première équipe canadienne admise dans la ligue nationale de BASEBALL, les Expos commencent à jouer en 1969 au parc Jarry, dans le nord de Montréal. Le principal propriétaire de l'équipe, Charles Bronfman, engage John McHale pour superviser le fonctionnement du club. En 1977, les Expos déménagent au Stade olympique. En 1979, ils connaissent leur première saison gagnante avec une fiche de 96 victoires et 65 défaites. Ils terminent à 2 matchs seulement des Pirates de Pittsburgh. En 1981, ils obtiennent le championnat de la division est. Entre 1979 et 1983, les Expos attirent annuellement plus de deux millions de partisans, sauf pour la saison 1981 écourtée par une grève des joueurs. Au cours de ces cinq années, ils obtiennent le meilleur pourcentage de victoires au classement général (.548) de la Ligue nationale. L'équipe, comptant de nombreux jeunes joueurs talentueux, demeure compétitive jusqu'à la fin des années 80 et au début des années 90. Mais la diminution sensible de l'assistance impose des pressions financières supplémentaires à l'équipe. En 1991, après avoir rejeté l'offre d'acheteurs qui auraient déménagé l'équipe hors de Montréal, Charles Bronfman vend l'équipe à un consortium d'hommes d'affaires québécois dirigé par Claude Brochu et bénéficiant de l'appui du gouvernement.

Derniers du classement de leur division en 1991, les Expos engagent un nouvel entraîneur: Felipe Alou, qui donnera à la formation montréalaise une nouvelle vigueur. 87 victoires en 1992, 94 en 1993. En 1994, les Expos sont en tête quand l'Association des joueurs déclenche une grève, le 11 août. L'annulation du reste de la saison anéantit les espoirs d'un nouveau championnat. La flambée des salaires atteint alors le baseball majeur et oblige les Expos à se départir de plusieurs excellents joueurs afin de réduire la masse salariale de l'équipe. Les Expos demeurent tout de même compétitifs avec l'arrivée

de recrues de classe. Mais les Montréalais boudent de plus en plus le baseball. On parle alors de la nécessité de construire un nouveau stade de baseball au centre-ville répondant davantage aux exigences de ce sport. Claude Brochu quitte les Expos et le principal actionnaire devient, en 1999, l'américain Jeffrey Loria. Il est appuyé par plusieurs hommes d'affaires québécois désireux d'assurer la renaissance du baseball majeur à Montréal.

William Humber

Exposition nationale canadienne (CNE) Il s'agit de la plus grande exposition annuelle mondiale. Elle a lieu à Toronto chaque année à la fin du mois d'août et au début du mois de septembre. La CNE, ou «l'Ex» comme on l'appelle communément, était à l'origine une foire agricole qui circulait dans les villes de l'Ouest canadien au cours des années 1840 (*voir* EXPOSITIONS AGRICOLES). En 1878, la ville de Toronto aménage et loue un terrain de 20 ha sur les rives du lac où elle organise sa propre exposition l'année suivante sous le nom de Toronto Industrial Exhibition. Le site comprend 23 bâtiments de bois dont un seul, le Crystal Palace, n'est pas consacré à l'agriculture. En 1882, le terrain est le premier à être éclairé à l'électricité. Un an plus tard, en 1883, le Torontois J.J. Wright y présente le premier train électrique. Un incendie détruit le Crystal Palace en 1906. Un imposant bâtiment de brique et de pierre, le Horticultural Building, le remplacera. Ce n'est qu'en 1912 que la foire prend officiellement le nom d'Exposition nationale canadienne (Canadian National Exhibition).

Avec l'avènement de la société industrielle, la CNE fait de plus en plus de place à l'industrie, au détriment de l'agriculture. À partir de 1912, l'exposition occupe 141 ha. Elle abrite l'un des plus beaux parcs d'attractions au monde et c'est l'un des plus imposants centres d'expositions permanentes. La grande tribune permet de présenter des spectacles de qualité portant sur des thèmes canadiens. Durant les deux guerres mondiales, l'effort, la loyauté et la victoire sont à l'honneur. Des épreuves de longues distances sont organisées à travers le lac. En 1954, Marilyn BELL est la première personne à traverser le lac Ontario à la nage. Ces événements et d'autres, comme la diffusion de la première émission télévisée au Canada, s'avèrent très populaires. L'influence américaine est de plus en plus manifeste, particulièrement dans le choix des interprètes invités à participer aux spectacles de la grande tribune.

Dans les années 60, la CNE est devenue un vaste marché de consommation, où l'on expose les voitures les plus récentes, des appareils électriques, des ordinateurs et d'autres biens de consommation. Elle n'a pas toujours échappé aux critiques et, l'année d'EXPO 67, elle est restée au second plan. Néanmoins, en 1997, 1,7 million de personnes ont visité la CNE qui, avec Place Ontario, fait partie de l'important site récréatif installé sur le bord réaménagé du lac Ontario.

James Marsh

Expositions agricoles À l'origine, elles étaient sans doute des bazars et des foires. Au fil des siècles, ces rassemblements se sont éloignés quelque peu de leur vocation première et sont principalement devenus des lieux de concours pour le bétail et les produits agricoles, des occasions de présenter la nouvelle technologie agricole et de tenir des activités sociales et culturelles. Les expositions agricoles canadiennes ressemblent beaucoup aux foires agricoles de l'Angleterre et d'Écosse. La première foire nord-américaine de ce genre a eu lieu en Nouvelle-Écosse en 1765. Les foires sont un apport social et éducatif important pour la société rurale canadienne et contribuent à améliorer l'agriculture par ses concours.

Les expositions agricoles d'aujourd'hui sont très diversifiées: la majorité sont des foires qui durent un ou deux jours et présentent un échantillon représen-

tatif des produits agricoles et de l'artisanat local. Les expositions régionales, d'une durée de trois à quatre jours, sont moins courantes, couvrent les régions desservies par plusieurs foires locales et répondent à la demande pour des événements importants offrant une plus grande compétition. Un troisième type de foire, l'exposition provinciale, présente des éléments provenant d'une zone géographique encore plus grande et tend à être plus «commerciale» étant donné que les détaillants en machinerie agricole et autres technologies agricoles présentent leur marchandise. Sur le plan interprovincial ou national, la Royal Winter Fair de Toronto, probablement l'exposition agricole la plus connue au Canada, présente un échantillonnage représentatif de l'industrie. Les autres expositions bien connues sont la Royal Manitoba Winter Fair de Brandon et le STAMPEDE DE CALGARY. De grandes expositions spécialisées ont fait leur apparition tout récemment. P. ex., plus de 1000 têtes de bétail sont exhibées à l'Agribition annuelle de la Saskatchewan et à l'Ag-Ex du Manitoba. L'Annual Farm Progress Show de Regina illustre un autre domaine de spécialisation: on y expose de l'équipement agricole valant des millions de dollars et la technologie agricole la plus moderne.

Le bétail constitue le principal produit agricole exposé dans la plupart des expositions régionales, interprovinciales ou nationales, bien que le grain, les fruits, la volaille, les animaux domestiques, les légumes, les fleurs et l'artisanat en soient des éléments importants. L'esprit de compétition qui règne dans ces événements a contribué à améliorer les croisements chez le bétail. Les spectacles de chevaux y occupent une place importante en raison de leur caractère divertissant et de la beauté des bêtes que l'on y présente. Ces spectacles sont en grande partie responsables du développement d'une vive compétition équestre à l'échelle nationale et internationale. Les exigences à propos de la conformité du bétail (p. ex., le bœuf, l'agneau, le porc) destiné au commerce évoluent au fur et à mesure que les goûts culinaires des consommateurs changent. Le porc, p. ex., a fait pendant de nombreuses années l'objet de croisements visant à produire des spécimens longs et maigres, plutôt que courts et gras, et ce, afin de répondre à la demande des consommateurs pour des aliments moins gras. Parallèlement, la taille et la race des bovins ont changé pour tenir compte de la croyance selon laquelle l'efficacité de la production passe par une croissance plus rapide chez les animaux de grande taille.

Les expositions ont joué un rôle particulier dans le développement personnel en faisant la promotion des programmes des CLUBS 4-H. Le mouvement 4-H a vraiment pris son envol lorsque, au début du siècle, on a commencé à parrainer les concours de bétail pour les jeunes dans les expositions. Les expositions ne cessent d'évoluer parallèlement à la volonté du public de rester au fait des nouveaux développements en matière d'agriculture et d'alimentation, de conserver leur cote d'excellence et de profiter de l'occasion pour rencontrer des gens du même milieu. (*Voir aussi* EXPOSITION NATIONALE CANADIENNE; ENSEIGNEMENT AGRICOLE.)

R.E. Forbes

Eyre, Ivan Kenneth, peintre (Tullymet, Sask., 15 avril 1935). Avant de s'installer en 1942 à Saskatoon, en Saskatchewan, la famille Eyre vit à Red Deer, en Alberta, et dans les communautés saskatchewanaises de Turtleford, de Southey et d'Ituna. Entre 1946 et 1953, Eyre étudie de façon sporadique avec Eli BORNSTEIN, Wynona Mulcaster, Ernest LINDNER et George Swinton. De 1953 à 1957, il étudie à la University of Manitoba School of Art (BFA), puis de 1958 à 1959, à la University of North Dakota, à Grand Forks. En 1959, il se joint au corps professoral de la faculté de la University of Manitoba School of Art et ne prend sa retraite qu'en 1992. En 1965, le

Conseil des Arts du Canada lui décerne une bourse pour artiste établi, grâce à laquelle il travaille et étudie de façon intensive en Europe, de 1965 à 1967. Parmi les plus importantes rétrospectives de ses expositions, on compte «Ivan Eyre Exposition», organisée par la Robert McLaughlin Gallery à Oshawa en 1980, et «Ivan Eyre: Personal Mythologies / Images of the Milieu, Figurative Paintings, 1957-1988», organisée par la Winnipeg Art Gallery en 1988.

La mythologie personnelle d'Eyre et le paysage que lui inspire sa propre psyché sont au cœur de son œuvre. L'angoisse existentielle perceptible dans ses

peintures du début des années 60 fait place, à la fin de la décennie, à une remise en question délibérée des notions d'ambiguïté existentielle, de choix, de sens et de mythe; la nature de l'existence et de la réalité, de la conscience de soi qui découle de l'aliénation métaphysique d'un étranger. Sa propre écriture reflète l'individualité résolue de sa démarche, libre de l'influence des modes artistiques. Le dessin constitue la base du vocabulaire visuel d'Eyre et, à l'exception de ses paysages purs, toutes ses peintures en découlent. C'est le dessin qui détermine les tableaux mythologiques de ses peintures figuratives et rend les natures mortes soigneusement composées,

de même que les choses sans nom, objets trouvés dans l'atelier de l'artiste et qui apparaissent dans nombre de ses peintures. Les paysages possèdent des qualités surnaturelles et mnémoniques: ils expriment un sentiment profond d'appartenance à un lieu, de la présence de la prairie et des bois, mais en dépit de leur spontanéité comme œuvres figuratives, ils s'embarrassent encore des éléments de contradiction et d'incertitude qui imprègnent généralement l'ensemble de son œuvre. Le travail d'Ivan Eyre souligne la responsabilité inhérente au choix individuel parmi les possibilités qui s'offrent à nous.

Andrew Oko

Fabre, Édouard-Raymond, libraire, patriote et politicien (Montréal, 15 sept. 1799—*id.*, 16 juill. 1854). En tant que premier libraire important du Bas-Canada, Fabre est au cœur de la vie intellectuelle de la province dans les années 1820 et 1830, servant des clients membres de la hiérarchie catholique aussi bien que de nombreux disciples radicaux de L.-J. PAPINEAU. Il prend activement parti pour la cause des PATRIOTES et fournit une aide financière à diverses organisations dans lesquelles il occupe un poste, exerçant ainsi une influence importante sur le mouvement durant la décennie précédant les RÉBELLIONS DE 1837. Ardent admirateur et proche associé de Papineau, il est arrêté et emprisonné brièvement en 1838. Il travaille ensuite sans relâche à aider les patriotes en exil et à hâter leur retour au Canada. Dans les dernières années de sa vie, il participe activement à la politique municipale de Montréal, dont il est maire pendant deux mandats, de 1849 à 1851.

Stanley Gordon

Fabrication industrielle Au Canada, elle voit le jour au début du XVIIIe s., mais ce n'est pas avant le XIXe s. que cette activité connaît une croissance importante grâce à la découverte de l'électricité et à la poursuite d'un objectif de politique nationale. Tout au long du XXe s., la fabrication industrielle contribue de façon importante au bien-être et à la prospérité des Canadiens. Elle produit de l'équipement pour l'exploration, la mise en valeur, l'extraction, la transformation et la distribution des matières premières provenant du sol, des océans et de la forêt. On produit, p. ex., des génératrices hydroélectriques, des bateaux de pêche, les locomotives de chemin de fer, de la machinerie agricole, du matériel pour l'exploitation des mines, des machines pour produire le papier, ainsi que de l'outillage pour transformer le pétrole, le gaz naturel et le charbon en produits chimiques, en textiles, en peintures, etc. On fabrique des biens durables pour le logement, le transport, les communications, l'éducation, les loisirs, le divertissement, les soins personnels et de santé. Ces produits sont aussi divers que des réfrigérateurs, des automobiles, des téléphones, des pianos, des avions, des portes, des fenêtres et même des bouilloires. On produit des biens personnels pour l'habillement, les chaussures, les loisirs, le divertissement et les soins de santé, comme des robes, des chaussures, des costumes, des bottes, des bandages, des livres, des magnétoscopes, des jouets et des jeux, etc. Les produits alimentaires englobent les boissons, le beurre, le pain, le fromage, le lait, les fruits transformés, le poisson, les viandes et les légumes. La fabrication industrielle comprend aussi l'outillage et l'équipement pour l'emballage, la manutention, la distribution, l'entreposage et l'inventaire de tous les autres produits fabriqués.

L'exportation des produits manufacturés permet aux Canadiens d'obtenir des devises étrangères pour leurs voyages et leurs vacances et pour acheter des produits importés. En 1987, près d'un tiers de la production totale des usines canadiennes est exporté. La fabrication industrielle est un acheteur important de matières premières et de services. Les données de Statistique Canada démontrent que toutes les fois que trois emplois sont créés dans le secteur de la fabrication industrielle, trois autres le sont également, un dans le secteur des services, un dans le secteur des matières premières et un troisième dans une industrie manufacturière connexe. Ainsi, l'acier est produit à partir de minerai de fer, de charbon et d'autres matériaux extraits des mines et transportés par chemin de fer, par bateau, par camion et par convoyeur (tous des biens fabriqués). La direction, le personnel de vente, les ingénieurs et les autres membres du personnel des aciéries utilisent tous les modes de transport, ainsi que différents types d'hébergement et achètent beaucoup de services (p. ex., traitement de données, communications, services juridiques et comptables).

Au Canada, la fabrication industrielle débute avec les moulins à farine. Les premiers moulins à broyer le grain sont construits en Nouvelle-France au XVIIe siècle et, en 1840, on en compte 400 dans le HAUT-CANADA et le BAS-CANADA qui produisent de la farine pour des besoins domestiques et la vente à l'étranger (*voir* MEUNERIE). Le processus de fusion du fer existe depuis les années 1730 et s'effectue alors aux FORGES SAINT-MAURICE près de Trois-Rivières au Québec. Au milieu des années 1740, cette forge comble certains besoins: l'armement en Nouvelle-France, les poêles et certains articles d'usage domestique. L'ACCOMMODATION, le premier bateau à vapeur canadien, est construit en 1809 par la Eagle Foundry de Montréal, qui fabrique toutes les pièces pour ses moteurs, soit au-delà d'une centaine. Les moteurs du ROYAL WILLIAM, qui est en 1833 le premier bateau à traverser l'Atlantique presque uniquement au moyen de la vapeur, sort des chantiers de la St. Mary's Foundry de Montréal.

Dans la dernière moitié du XIXe s., plusieurs événements stimulent fortement la croissance de l'industrie manufacturière au Canada. Le premier est la CONFÉDÉRATION en 1867. L'unification politique et l'autonomie gouvernementale amènent l'expansion géographique, la construction du chemin de fer du CANADIEN PACIFIQUE et une nouvelle colonisation entraînant un accroissement de la population, des compétences et du capital. En 1871, un groupe de gens d'affaires fonde L'ASSOCIATION DES MANUFACTURIERS CANADIENS (AMC), qui se consacre à la promotion et au progrès du secteur de la fabrication industrielle. Huit ans plus tard, grâce à la POLITIQUE NATIONALE de John A. Macdonald, le Canada instaure des droits de douane protectionnistes pour favoriser la transformation des matières premières canadiennes à l'intérieur du pays. De nouvelles usines de transformation de produits de consommation intérieure (p. ex., bois d'œuvre, céréales, produits d'origine animale) survivent et prospèrent même pendant la crise économique de la fin des années 1870 et du début des années 1880. Pendant cette période, la découverte de l'électricité et l'aménagement ultérieur de certaines grandes ressources hydrauliques du Canada fournissent à l'industrie une énergie électrique efficace et à bon marché (*voir* HYDROÉLECTRICITÉ). En même temps, on commence à constater l'ampleur des richesses minérales du Bouclier canadien, ce qui suscite un grand intérêt pour le potentiel de croissance du Canada. La Première Guerre mondiale stimule le développement industriel et la diversification, particulièrement dans des secteurs comme l'acier, la construction navale, les métaux non ferreux et les pâtes et papiers.

En 1920, le secteur de la fabrication industrielle emploie directement 600 000 personnes, soit près de 17 p. 100 de la population active à cette époque. La crise économique mondiale des années 30 ralentit l'activité économique et étouffe le progrès industriel au Canada et dans les autres pays, mais l'industrie canadienne croît et se diversifie de façon importante pendant la Seconde Guerre mondiale. On assiste à une croissance rapide dans les industries lourdes (automobile, aéronautique, armement, construction navale et acier) et des développements impressionnants dans l'aluminium, l'appareillage électrique, l'équipement de communication, la fabrication d'outils et de produits chimiques. À la fin de la guerre, le secteur de la fabrication industrielle emploie plus d'un million de personnes, soit plus de 25 p. 100 de la population active.

Croissance d'après-guerre

Entre 1945 et les années 80, le secteur de la fabrication industrielle représente de 22 à 24 p. 100 de la production totale réelle de biens et de services au Canada. Le nombre d'emplois double presque, passant de 1 à 2 millions, ce qui représente toutefois une diminution par rapport à la proportion de l'emploi total, car la production par travailleur dans le secteur de la fabrication industrielle augmente d'environ deux tiers plus vite que la productivité nationale. En fait, les gains de productivité dans ce secteur assurent environ un tiers des gains du revenu réel par habitant à partir de la Seconde Guerre mondiale. À cette période, l'industrie de la fabrication canadienne est sérieusement touchée par les progrès en électronique (*voir* ÉLECTRONIQUE, INDUSTRIE DE L'), l'escalade des prix de l'énergie (surtout au milieu des années 70), la libéralisation du commerce à la suite de nouvelles négociations des membres signataires de L'ACCORD GÉNÉRAL SUR LES TARIFS DOUANIERS ET LE COMMERCE (GATT) et enfin, par des changements importants en matière de concurrence internationale.

Électronique Le premier ordinateur industriel est installé au Canada en 1957. Depuis, l'utilisation de la TECHNOLOGIE d'informatique s'est généralisée dans le secteur de la fabrication: pour la production et la planification des ventes, le contrôle des stocks, la comptabilité et les salaires, les dossiers personnels, l'analyse des marchés, la planification d'entreprise, les stratégies d'évaluation, etc. L'emploi des technologies de conception assistée par ordinateur (CAO), de fabrication assistée par ordinateur (FAO) et de ROBOTIQUE augmente rapidement. L'électronique stimule la croissance de l'industrie des TÉLÉCOMMUNICATIONS du Canada, qui devient un joueur de niveau international dans les années 80. Les fabricants canadiens travaillent pour l'INDUSTRIE AÉROSPATIALE en concevant et en produisant des satellites de communication et des éléments pour engins spatiaux et aéronefs (*voir* TECHNOLOGIE SPATIALE).

Énergie Dans les années 70, la hausse rapide des prix mondiaux du pétrole a un effet stimulant sur la mise en valeur des richesses énergétiques du Canada, c.-à-d. pétrole, bitume, gaz naturel, charbon, électricité et uranium. La demande augmente pour l'outillage et l'équipement d'exploration et de mise en valeur des ressources énergétiques, pour produire de l'énergie sous forme utilisable et la distribuer. L'augmentation permet aux fabricants canadiens d'atteindre le niveau d'activité des concurrents internationaux, et l'outillage ainsi que l'équipement fabriqués au Canada sont utilisés pour le développement et la production d'énergie partout dans le monde.

Commerce Quatre nouveaux éléments du domaine politique et des pratiques commerciales de cette période ont un impact sérieux sur les fabricants canadiens: le Pacte de l'automobile entre le Canada et les États-Unis, l'Accord général sur les tarifs douaniers et le commerce (GATT), l'environnement concurrentiel international, particulièrement l'émergence des pays en développement et l'accord de LIBRE-ÉCHANGE conclu entre les États-Unis et le Canada à la fin de 1987. L'ACCORD CANADO-AMÉRICAIN SUR LES PRODUITS DE L'INDUSTRIE AUTOMOBILE, en 1965 (connu comme le Pacte de l'automobile), crée une zone en franchise de droits, bien qu'avec certaines conditions, qui permettent aux industries canadiennes et américaines de rationaliser leurs opérations en fonction des économies d'échelle adéquates, ce qui rentabilise les entreprises qui desservent ce marché canado-américain. Le Pacte de l'automobile profite aux deux pays à différents moments. Le Canada en sort gagnant grâce à une production plus importante, une croissance du commerce et un accroissement de la productivité, une plus grande part de l'emploi dans l'automobile en Amérique du Nord et des prix à la consommation plus faibles.

Le Canada est l'un des 23 principaux pays signataires de l'accord du GATT en 1947. Cet accord multilatéral, signé par 85 pays et 30 signataires provisoires, prévoit l'élimination des traitements discriminatoires en commerce international afin de maximiser l'utilisation des ressources mondiales et d'élever ainsi les niveaux de vie. L'adhésion au GATT est un engagement national au principe de libéralisation des échanges commerciaux. Huit séries de négociations du GATT ont eu lieu (1947, 1949, 1951, 1956, 1961, 1967, 1979 et 1986). De 1966 à 1986, la part de la production canadienne exportée passe de 18,8 p. 100 à 39 p. 100, et des augmentations ont lieu dans presque toutes les catégories de produits. En 1986, la valeur des expéditions de biens manufacturés pour l'exportation s'élève à 98 milliards de dollars.

Avec la libéralisation des échanges commerciaux, le volume de biens fabriqués importés au Canada augmente. Celui-ci est très dépendant du commerce international, selon les normes internationales, bien que cette dépendance varie d'un secteur à l'autre. P. ex., des groupes d'industries qui mènent des activités sur une base locale (comme une partie des produits alimentaires et des boissons, des produits de minéraux non métalliques et de fabrication métallique) ont bien sûr une faible dépendance. Pour eux, l'activité économique intérieure est plus importante. Les secteurs axés sur les ressources naturelles, comme ceux des métaux primaires et des produits du bois et du papier, sont très orientés vers l'exportation et ont un faible niveau de pénétration du marché intérieur. Les secteurs tendanciellement plus rationalisés à l'échelle nord-américaine (p. ex., INDUSTRIE DE LA MACHINERIE LOURDE ET DE L'OUTILLAGE) compensent le niveau élevé de pénétration des importations par leurs succès sur les marchés d'exportation. Des secteurs comme le textile, les produits du cuir et les appareils électriques (*voir* APPAREILS ÉLECTRIQUES, INDUSTRIE DES) font face à une forte pénétration des importations sans compensation suffisante du côté de leurs exportations, malgré l'augmentation de celles-ci dans beaucoup de catégories.

Les données de la concurrence internationale changent sérieusement depuis la fin des années 50 et le début des années 60. La reconstruction de l'après-guerre et le développement des marchés intérieurs préoccupent alors beaucoup l'Europe et le Japon. La part du Canada des exportations internationales de produits manufacturés passe de 4,5 p. 100 à 6 p. 100. L'émergence du Japon et de l'Europe comme puissances industrielles signifie une concurrence générale plus forte pour les fabricants canadiens. Toutefois, comme ces économies progressent et que les coûts augmentent, la concurrence se fait de plus en plus sur la qualité des produits et la technologie plutôt que sur les prix (*voir* CONTRÔLE DE LA QUALITÉ DANS L'INDUSTRIE). Cette priorité mène à une concurrence accrue sur les marchés internationaux et intérieurs dans des secteurs comme les équipements de transport (y compris les automobiles), les machines et l'équipement électronique. En même temps, dans les pays moins développés, l'industrialisation est axée sur les secteurs à forte concentration de main-d'œuvre et de technologie rudimentaire qui produisent des biens facilement transportables. Ainsi, l'augmentation de la pénétration des importations des pays en développement crée des problèmes importants au Canada dans des secteurs comme le vêtement, certains textiles, le bas de gamme du marché de la chaussure et les produits électriques de consommation.

Structure de la fabrication industrielle au Canada

En 1986, la valeur des biens expédiés par les 47 000 établissements manufacturiers du Canada atteint presque 250 milliards de dollars. Pour produire ces biens, il en coûte 7,3 milliards de dollars pour le combustible et l'électricité, 136 milliards pour les matériaux et fournitures et 43 milliards pour les salaires et les traitements. Malgré une expansion remarquable de la fabrication industrielle dans les provinces de l'Ouest, l'Ontario et le Québec dominent encore la majorité des industries avec, respectivement, plus de la moitié et près du quart de la production totale de ce secteur au Canada. Beaucoup d'industries de biens de consommation sont concentrées dans ces deux provinces qui comptent plus de la moitié de la population du pays.

Dans ces industries, on trouve les aliments et les boissons, le TABAC, la chaussure et les produits du cuir, l'habillement, les meubles et les accessoires d'ameublement (*voir* MEUBLES ET ACCESSOIRES D'AMEUBLEMENT, INDUSTRIE DES), l'équipement de transport, les produits électriques et scientifiques ainsi que les produits de loisirs (*voir* SPORT, INDUSTRIE DES ARTICLES DE). Les industries de transformation des ressources naturelles sont réparties plus uniformément dans tout le pays, qu'il s'agisse de l'industrie du bois, du papier journal, des pâtes et papiers, de l'acier et des métaux primaires, des minéraux non métalliques, du raffinage du pétrole et, enfin, des produits chimiques. Comme la mise en valeur des ressources se poursuit dans les années 80, la fabrication industrielle reposant sur les ressources naturelles prendra de l'expansion dans les provinces de l'Ouest et de l'Atlantique. Les provinces de l'Ouest représentent maintenant une forte proportion, en croissance, de la fabrication métallique et de la production de machines. L'AMC soutenait fortement l'Accord de libre-échange proposé par le gouvernement Mulroney en affirmant qu'il créerait des investissements importants et des occasions d'emploi pour les fabricants canadiens.

Laurent J. Thibault

Fabuleux gang des sept, Le Film tourné en 1995. Sept femmes âgées de 65 à 88 ans et un chauffeur d'autobus de 27 ans sont laissés en plan dans la région du mont Tremblant, au Québec, lorsque leur petit autobus tombe en panne. Le groupe se réfugie dans une ferme déserte. Pendant trois jours et deux nuits, ces étrangers unissent leurs forces et leur ingéniosité afin de survivre dans cette région reculée pittoresque et enchanteresse. Situation de crise où le caractère d'urgence et le danger perdent de l'importance pour attirer l'attention du spectateur sur les conversations anodines des femmes qui se racontent leur vie. L'histoire de chacune d'elles s'accompagne de photos de famille et le fait que les comédiennes ne soient pas des professionnelles, mais des femmes ordinaires qui ont gardé leur vrai nom et qui parlent de leur vraie vie ajoute à l'authenticité du film. Dans la tradition du docudrame de l'OFFICE NATIONAL DU FILM, le contenu documentaire est mêlé à d'autres éléments fictifs: une histoire qui sert de point de départ, des dialogues improvisés et un cadre fictif.

Le Fabuleux gang des sept explore en détail le processus du vieillissement chez les femmes. Le rythme décousu et lent, ainsi que l'utilisation d'une histoire fictive masquent les nombreux détails hétérogènes et complexes utilisés pour tracer le portrait des personnes âgées. Le film accorde une place particulière à ces femmes qui refusent de devenir invisibles au sein de notre culture et qui sont représentées comme des êtres ambivalents parce que associées aux seuils, aux passages et à la marginalité. Il décrit le corps de la femme âgée comme une manifestation visible de la dégénérescence et de la mort imminente, mais il montre aussi la ténacité et la vitalité de ce corps.

Angela Stukator

Fackenheim, Emil Ludwig, philosophe, théologien (Halle, Allemagne, 22 juin 1916). Après ses études à l'Université de Halle, il est ordonné rabbin en 1939. Il fuit l'Allemagne après avoir été brièvement détenu dans un camp de concentration. Il étudie d'abord à l'Université de Aberdeen et plus tard à l'Université de Toronto (Ph.D., 1945), où il enseigne de 1948 à 1984. Profondément affecté par l'antisémitisme et le génocide de la période nazie, il développe, en puisant dans la pensée occidentale des XIXe et XXe siècles, et plus particulièrement dans les questions liées à la religion et à l'histoire, une réponse juive à l'holocauste et à la culture occidentale dans son ensemble. Discutant de la présence de Dieu dans l'histoire, il soutient que depuis Auschwitz, Dieu intime aux Juifs de survivre et de se battre pour la justice. L'œuvre de Fackenheim comprend *Metaphysics and Historicity* (1961), *Quest for Past and Future* (1968), *The Religious Dimension in Hegel's Thought* (1968), *God's Presence in History* (1970), *The Jewish Return into History* (1978) et *To Mend the World* (1982). Depuis 1986, il est membre de l'Institute of Contemporary Jewry de l'Université hébraïque de Jérusalem.

Thomas Mathien

Factory Theatre Situé à Toronto, il est le premier théâtre d'expression anglaise au Canada à se consacrer entièrement à des pièces canadiennes. Il est fondé en mai 1970 par Frank Trotz, qui le quitte au bout de quelques mois, et par Ken Gass, qui sent le moment venu pour le théâtre canadien de s'affranchir des influences colonialistes et de produire des œuvres canadiennes.

Gass emprunte 3000 $ pour lancer la compagnie, qui loge à ses débuts dans une ancienne manufacture de chandelles crasseuse, au-dessus d'un atelier de carrosserie, au 374, rue Dupont. L'intuition de Gass se confirme dès la première saison: les pièces *Creeps* de David Freeman, montée par Bill GLASSCO, et *Esker Mike And His Wife, Agiluk* d'Herschel Hardin assurent au théâtre une notoriété immédiate.

Pour Gass, le Factory Theatre est un laboratoire voué à la recherche et à la création de pièces canadiennes nouvelles qui place le dramaturge au centre de sa démarche. La compagnie forme des dramaturges comme George F. Walker, Larry Fineberg, Freeman et Bryan Wade, et des metteurs en scène comme Paul Bettis et Eric Steiner. Pendant la mémorable saison 1971-1972, le Factory Theatre présente deux pièces de Walker, *Ambush at Tether's End* et *Sacktown Rag*; *Stonehenge* de Fineberg, et deux pièces à guichets fermés, *Brussels Sprouts* de Larry Kardish et *Maybe We Could Get Some Bach* de Louis Del Grande.

En décembre 1972, un différend avec l'Actors' Equity Association concernant les cachets minimaux à verser aux comédiens membres de l'association et la suppression de la subvention à la création d'emplois entraînent la première crise financière importante de la compagnie. Grâce à une subvention spéciale, le théâtre peut monter en avril 1973 la pièce *Bagdad Saloon*, qui sera la dernière présentée rue Dupont. En septembre 1973, une subvention gouvernementale de 42 000 $ permet au théâtre de présenter *Bagdad Saloon* et *Esker Mike* à Londres. Après trois mises en scène dans des locaux loués, le Factory Theatre s'installe dans un entrepôt réaménagé au 207, rue Adelaide, où il reste jusqu'en 1980. Parmi les pièces importantes présentées au cours de ces six années, citons *Beyond Mozambique* (1974), *The Boy Bishop* (1976) et *Winter Offensive* (1977) de Walker; *Underground* de Wade (1975) et *Lucky Strike* de Hrant Alianak (1978). *Winter Offensive* est vivement critiquée pour ses scènes de sexe et de violence, et Gass démissionne en avril 1978. Le dramaturge de la compagnie, Bob White, devient directeur artistique pour la saison 1978-1979 et réaffirme l'engagement du théâtre vis-à-vis de la création de textes. En 1980, la troupe quitte l'édifice du 207, rue Adelaide, pour s'installer au Adelaide Court Theatre, situé tout près. En 1982, elle abandonne les lieux et reste sans adresse fixe pendant deux ans.

Au cours de cette période, Walker réalise une série de mises en scène, dont la comédie musicale punk-rock *Rumours Of Our Death* (1980), *Theatre Of The Film Noir*, le grand succès de 1981 au Toronto Theatre Festival, et *The Art Of War* (1983).

En novembre 1984, le Factory Theatre s'installe au 125, rue Bathurst, dans une maison bourgeoise victorienne de trois étages. Walker poursuit sa série de succès avec *Criminals In Love* (1984), qui tient l'affiche pendant six mois, et *Beautiful City* (1987). À ces réussites marquantes vient s'ajouter *Crossing Over* de Neil Munro (1986).

En juillet 1987, Jackie Maxwell succède à White à la direction artistique et ce n'est qu'après une importante campagne de financement, organisée à la fin de 1988, que la troupe retrouve un équilibre financier. Parmi les pièces chaudement accueillies pendant le mandat de Maxwell citons la comédie musicale *Girls in The Gang* (1988) de Raymond Storey et de John Roby, *Love And Anger* (1989) de Walker, qui tient l'affiche pendant huit mois, *Escape From Happiness* (1992) de Walker et *Bob's Kingdom* (1993) de Munro. Maxwell se porte par ailleurs à la défense du théâtre québécois et fait la promotion d'œuvres importantes, dont *La Trilogie des dragons* de Robert LEPAGE et *The Rez Sisters* de Tomson HIGHWAY.

Prenant la relève en 1995, Michael Springate remporte un succès artistique immédiat avec *Riot* d'Andrew Moodie. Les ennuis financiers refont cependant surface, et Ken Gass reprend son poste de directeur artistique à la fin de 1996, injectant 5000 $ de ses économies pour maintenir le théâtre à flot. Au cours de la saison 1997-1998, un cycle de six pièces de Walker est présenté sous le titre général *Suburban Motel*.

Avec son mandat résolument axé sur des pièces canadiennes, le Factory Theatre est le prototype des théâtres alternatifs, plus pauvres et de taille plus modeste, qui ont émergé au cours des années 70 un peu partout au Canada. Aujourd'hui, il continue de lutter dans un contexte difficile.

Robert Crew

Fafard, Joseph, sculpteur (Sainte-Marthe-Rocanville, Sask., 2 sept. 1942). En début de carrière, il fait de la sculpture cinétique, mais peu après sa nomination à l'U. de la Saskatchewan, en 1968, il se tourne vers le portrait satirique en plâtre. Il représente ainsi ses collègues et des personnalités du monde artistique. Il commence à travailler la céramique vers 1972 et élargit son éventail de sujets pour s'adapter aux gens de sa communauté et à leur vie. Les portraits en céramique de personnes et d'animaux qu'il réalise dans la tradition de l'ART POPULAIRE lui valent une reconnaissance nationale. En 1985, son œuvre *The Pasture*, composée de sept vaches en bronze aux patines diverses, est installée sur un site extérieur aux abords de la tour IBM du Toronto Dominion Centre, à Toronto. En 1987, il déménage son atelier à Regina. En 1996, le Musée des beaux-arts de Montréal lui consacre une perspective.

Marilyn Burnett

Fagundes, Joao Alvares, explorateur (actif vers 1521). En 1520, il explore les côtes sud et ouest de Cape Race, à Terre-Neuve, et gagne peut-être le fleuve Saint-Laurent. On croit qu'il aurait aperçu Saint-Pierre-et-Miquelon, l'île du Cap-Breton et l'île de Sable. Il aurait peut-être fondé une colonie portugaise, mais il n'en reste aucune trace.

James Marsh

Faillite Procédure légale qui offre un recours financier aux débiteurs et une protection aux créanciers. Lorsqu'un particulier ou une personne morale fait faillite, un comptable (appelé syndic de faillite) est désigné

pour prendre le contrôle des biens du débiteur et les distribuer aux créanciers impayés. À l'issue de cette procédure, le débiteur est libéré de toute autre obligation de payer ses dettes. La procédure de faillite peut être engagée soit par le débiteur lui-même, soit par l'un ou plusieurs de ses créanciers. Le débiteur dont les dettes deviennent trop lourdes peut déclarer faillite afin de se libérer de ses obligations et de remettre ses affaires en ordre. La faillite ne le libère pas de ses obligations alimentaires ni de l'obligation de payer les dettes découlant de manœuvres frauduleuses.

Le débiteur déclenche la procédure en faisant une «cession en faillite», qui est essentiellement une entente lui permettant de remettre tous ses biens à un syndic en vue de la vente et de la distribution du produit à ses créanciers. Ces derniers peuvent aussi présenter une «pétition» en vue de mettre le débiteur en faillite. Plusieurs raisons justifieraient leur décision. Les débiteurs sont parfois trop optimistes, dépensant tous les biens qui leur restent dans un espoir irréaliste de succès. Parfois, ils tentent de cacher ou de vendre des biens pour un profit personnel et faire échec aux revendications des créanciers. La nomination d'un syndic de faillite peut empêcher ces manœuvres, car celui-ci a le pouvoir de les annuler. Les créanciers peuvent présenter une pétition au tribunal de la faillite (une division de la Cour suprême ou de la Cour du Banc de la Reine dans les provinces de *common law* et de la Cour supérieure au Québec) et, s'ils établissent que le particulier ou la personne morale est insolvable, le tribunal rendra une «ordonnance de séquestre», c.-à-d. une ordonnance accordant au syndic de faillite le pouvoir de contrôle sur les biens du failli. Dès qu'est entamée la procédure de faillite, toute autre mesure d'exécution forcée à l'instance des créanciers non garantis prend automatiquement fin.

Si le failli est un particulier, le syndic prend le contrôle de tous ses biens, sauf ceux qui, sous le régime de la loi de la province en cause, sont insaisissables. S'il s'agit d'une personne morale, le syndic prend le contrôle de tous ses éléments d'actif. Les exemptions sont légèrement différentes dans chaque province, mais la plupart permettent à un débiteur de conserver un stock minimal de vêtements, de meubles et d'outils, et parfois une voiture ou un camion, ainsi qu'un capital de base.

Le salarié qui a déclaré faillite ou qui a été mis en faillite peut continuer de travailler et de gagner de l'argent, mais le syndic ou le tribunal peut exiger que certains paiements soient versés au syndic à l'intention des créanciers avant que sa libération définitive ne puisse être prononcée. Le montant de ces paiements dépendra du revenu du débiteur et de ses responsabilités familiales.

Une personne morale ne peut reprendre ses activités commerciales de façon indépendante avant d'avoir payé toutes ses dettes. La faillite ne porte que sur les créances non garanties. Les créanciers garantis au profit desquels des hypothèques ou des privilèges ont été constitués demeurent libres de faire valoir leur sûreté, le syndic n'étant habilité à prendre que ce qui reste pour le compte des créanciers non garantis.

Le nombre de faillites de consommateurs a dépassé les 3000 par mois pour l'ensemble du pays en septembre 1982. En 1995, la moyenne mensuelle se situait à 5453. De nos jours, la faillite a perdu un peu de son caractère humiliant dans la société canadienne. De plus, dans une conjoncture économique difficile, beaucoup plus de personnes ont été obligées de déclarer faillite comme solution de dernier recours à leurs problèmes d'endettement. Le nombre de faillites a tendance à varier selon l'ampleur des mauvaises récoltes, la fermeture d'usines ou de mines, ou l'effondrement des marchés locaux ou généraux. Il y a aussi une «réaction en chaîne» marquée, surtout dans les petites villes mono-industrielles et dans les

grandes villes qui dépendent principalement d'une seule forme d'activité économique.

La *Loi sur la faillite et l'insolvabilité* établit un régime de réhabilitation des consommateurs qui ne va pas jusqu'à la faillite et qu'on appelle le régime de «paiement méthodique des dettes». Dans le cadre de ce régime, les dettes non commerciales des particuliers sont gelées. Ces derniers établissent un budget en collaboration avec un conseiller et font un paiement mensuel unique qui est réparti entre leurs créanciers, lesquels reçoivent tout leur capital, mais sur une période plus longue, l'intérêt étant réduit à un taux peu élevé. Ce régime (ou un régime équivalent), offert par l'intermédiaire d'un ministère provincial de la Consommation, existe dans la plupart des provinces.

La *Loi sur la faillite et l'insolvabilité* prévoit aussi une procédure qui est de plus en plus utilisée, la «proposition concordataire». Le particulier ou la personne morale qui éprouve des difficultés financières peut faire une proposition concordataire formelle à ses créanciers de leur verser une somme moindre au cours d'une période plus longue en règlement de ses dettes. Si les créanciers acceptent, il n'y a pas de faillite, puisqu'on laisse au particulier le contrôle de ses biens. Si les créanciers n'acceptent pas ou si les paiements moins élevés ne sont pas effectués, la faillite devient automatique. Cette procédure permet à certaines entreprises de réorganiser leurs dettes et de continuer leurs activités sans faire faillite. Même si, à la suite des modifications apportées à la *Loi sur la faillite et l'insolvabilité* en 1992, la «proposition concordataire» est devenue une procédure de plus en plus utilisée, elle demeure la moins populaire des deux solutions. En 1995, 65 432 consommateurs ont fait faillite, alors qu'il n'y a eu que 2419 propositions concordataires émanant de consommateurs. Il y a également eu 13 258 faillites commerciales et seulement 838 propositions concordataires présentées par des entreprises.

Gail Starr et Lionel Smith

Fairclough, Ellen Louks, politicienne (Hamilton, Ont., 28 janv. 1905). Comptable agréée, elle est nommée secrétaire d'État dans le gouvernement DIEFENBAKER en 1957, ce qui en fait la première femme à devenir ministre au palier fédéral. Propriétaire d'un cabinet de comptables de Hamilton, elle est membre du conseil municipal de 1946 à 1949. Elle devient députée fédérale en remportant une élection partielle en mai 1950. Discrète et persuasive en tant que critique conservatrice en matière de travail, elle ne tarde pas à déposer un projet de loi prévoyant un salaire égal pour un travail équivalent et préconise l'égalité des chances ainsi que la création d'un bureau de la main-d'œuvre féminine au sein du ministère du Travail. Elle est mutée en 1958 au ministère de la Citoyenneté et de l'Immigration, devient ministre des Postes en 1962, puis est défaite aux élections de 1963.

Après avoir quitté la politique, elle est successivement cadre supérieur d'une société fiduciaire, présidente de Hamilton Hydro et trésorière de l'organisation féminine Zonta International. En 1985, on lui décerne le titre de Dame de grâce de l'Ordre des Chevaliers hospitaliers de Saint-Jean-de-Jérusalem, et elle reçoit en 1989 le prix du Gouverneur général en commémoration de l'affaire «personne». En 1992, la reine lui confère le titre de «très honorable» au cours d'une cérémonie célébrant le 125e anniversaire du Canada.

Patricia Williams

Faire surface, traduction française (Montréal, 1978) d'un roman de Margaret ATWOOD, *Surfacing* (Toronto, 1972, New York et Londres, 1973). L'œuvre tient son titre de la métaphore centrale au récit: une femme à l'identité fragile sombre momentanément dans la folie pour en ressortir avec une meilleure connaissance d'elle-même et une identité plus solide. *Faire surface* consiste en une puissante exploration poétique et politique de la conscience canadienne, individuelle et sociale, qu'il présente en opposition à un état d'esprit métaphoriquement américain. Être américain, c'est être violemment dépersonnalisé, désincarné, dépourvu de langue, de passé et de relation avec la nature. La femme se rend avec trois amis au chalet de son père, isolé dans le nord du Québec. Après quelques jours, leurs relations se détériorent et la sexualité devient une monnaie d'échange. L'héroïne recherche son père disparu et finit par découvrir son cadavre rejeté par les eaux. Elle sombre alors dans une folie passagère mais salvatrice, avant de refaire surface avec une vision moins américaine et plus saine de la vie.

Neil Besner

Fairley, Barker, intellectuel, critique littéraire et artistique, peintre (Barnsley, Angl., 21 mai 1887—Toronto, 11 oct. 1986). Fairley, un des plus éminents spécialistes de la littérature allemande du XXe siècle, auteur de deux ouvrages marquants sur Goethe (*Goethe as Revealed in His Poetry*, 1932; *A Study of Goethe*, 1947), est l'un des fondateurs de CANADIAN FORUM. En outre, il est l'ami du GROUPE DES SEPT qu'il encourage. Ses opinions très variées sur l'art et la littérature s'expriment toujours sur un ton provocant dans une prose élégante, qui plaît à la plupart des lecteurs. Après avoir obtenu un diplôme de l'U. de Leeds, il commence sa carrière d'enseignant à l'U. de Jena (1907-1910) et est invité par la suite à se joindre à l'U. de l'Alberta, à Edmonton, qui vient d'être fondée (1910-1915). À partir de 1915 jusqu'à sa retraite en 1957 (sauf de 1932 à 1936), il enseigne au University College de l'U. de Toronto. À sa retraite, il passe beaucoup de temps à peindre (voir son ouvrage, *Portraits*, publié en 1981) et devient de plus en plus connu en tant que portraitiste, paysagiste et peintre de natures mortes. Bien que spécialisé en littérature allemande, il rédige des articles et des livres sur de nombreux auteurs et il contribue, surtout par ses critiques dans le *Canadian Forum*, à attirer l'attention du public sur l'art canadien en général et sur le Groupe des Sept en particulier.

Rodney Symington

Fairweather, mont D'une altitude de 4663 m, il est situé à l'extrémité sud des monts St. Elias, à la frontière entre la Colombie-Britannique et l'Alaska, où un segment de la frontière de la Colombie-Britannique bifurque vers le sud-ouest, coupant presque la «Queue de poêlon» de l'Alaska. Nommé en 1778 par le capitaine James COOK et connu comme une des plus hautes montagnes côtières du monde, le mont Fairweather donne naissance sur ses versants à des glaciers qui s'étendent vers le golfe d'Alaska, à 35 km à l'ouest. Contrairement à ce que son nom laisse entendre, le mont et ses environs sont reconnus pour leurs mauvaises conditions climatiques. Il a été escaladé pour la première fois le 7 juin 1931 par les Américains Allen Carp et Terris Moore, et une équipe de huit Canadiens en a fait l'ascension en juin 1958 pour souligner le centenaire de la Colombie-Britannique.

Glen Boles

Faisan Nom commun donné à certains oiseaux appartenant à la famille des Phasianidés. Ils sont apparentés à d'autres espèces de gallinacés, telles que les gélinottes (*voir* GÉLINOTTES, LAGOPÈDES ET TÉTRAS), les dindons, les COLINS et au coq bankiva (*gallus gallus*), l'ancêtre de la poule domestique, une composante très importante de toute l'industrie de l'AVICULTURE.

Description Les faisans ressemblent aux poules quant à leur forme, et certaines espèces portent un ergot acéré à leurs pattes longues et fortes. La couleur de leur plumage varie du bleu métallique, du vert et du cuivre bruni à des bruns, des gris et des noirs qui produisent un effet saisissant. Des caroncules (excroissances charnues) colorées ou de la peau nue de couleur vive parent la tête. Ces oiseaux utilisent aussi leur queue au moment de la parade nuptiale, la déployant souvent avec beaucoup d'éclat comme le font d'ailleurs les paons (du genre *pavo*).

Répartition On peut faire l'élevage de nombreuses espèces, et plusieurs d'entre elles ont été largement introduites à l'extérieur de leur aire d'origine (en Asie et au Japon). Certaines espèces peuvent ainsi survivre malgré la menace de destruction qui pèse sur leur habitat. Des 48 espèces de faisans, au moins 16 sont en danger de disparition. Le faisan de Colchide (*phasianus colchicus*), qu'on a introduit, est résidant permanent au Canada. Il survit mieux dans les régions au climat doux, notamment dans le Sud de l'Ontario et de la Colombie-Britannique. (*Voir aussi* GIBIER À PLUME.)

S.D. MacDonald

Falardeau, Pierre, réalisateur, scénariste (Montréal, 28 déc. 1946). C'est au début des années 70 que Falardeau découvre la vidéo et sa souplesse d'intervention. Avec son collègue le comédien Julien Poulin, il réalise plusieurs documentaires engagés qui témoignent de sa formation anthropologique, dont *Le Magra* (1975), *À force de courage* (1976) et *Pea Soup* (1978). Il aborde aussi bien la formation fascisante des policiers qu'il dénonce l'aliénation culturelle et politique des Québécois. C'est peu après l'échec du référendum de 1980 qu'il tourne un court métrage interprété par Poulin, *Elvis Gratton* (1981). Ce personnage caricatural, prototype du Québécois aliéné, connaît un tel succès que Falardeau réalise deux autres courts métrages qui le mettent en vedette. Les trois films sont réunis en 1985 dans un long métrage, *Elvis Gratton*, qui devient une sorte de film culte. Avec l'aide d'un ex-felquiste, Francis Simard, il réalise un premier vrai long métrage, *Le Party* (1989), où il dépeint les conditions de vie en milieu carcéral. Après un long métrage documentaire consacré à un boxeur professionnel sur le déclin, *Le Steak* (1992, coréalisé avec Manon Leriche) et un pamphlet vidéo qui ridiculise la bourgeoisie canadienne, *Le Temps des bouffons* (1993, tourné en 1985), il réalise son film le plus ambitieux jusqu'alors, *Octobre* (1994), toujours coscénarisé avec Simard.

Pour évoquer la Crise d'octobre 1970, il choisit de suivre les ravisseurs, refuse la reconstitution historique et opte donc pour un huis clos. Cette décision lui permet d'approfondir les motivations de ses personnages. Il rencontre des difficultés pour monter son projet sur les PATRIOTES. Il en publie le scénario, *15 février 1839*, rédige d'autres ouvrages (*La Liberté n'est pas une marque de yogourt*, *Les Bœufs sont lents mais la terre est patiente*), puis cède à la pression en donnant une suite à Elvis Gratton, *Miracle à Memphis* (1999). Cette série de sketches montre un Gratton encore plus ridicule et abruti que précédemment. Ce portrait chargé obtient un réel succès populaire. Ceci permet à Falardeau de tourner enfin *15 février 1839* qui raconte les derniers instants du chevalier de Lorimier pendu par les Anglais. Falardeau est un des rares réalisateurs de fiction qui pratique un cinéma engagé, d'une forme résolument simple et accessible, et utilise son œuvre et les tribunes qu'on lui offre pour dénoncer le régime politique canadien et l'aliénation des Québécois.

Pierre Véronneau

Falcon, Pierre, dit «Pierriche», poète, chansonnier et magistrat (Elbow Fort, Man., 4 juin 1793—Grantown, *id.*, 26 oct. 1876). Fils d'un commerçant de fourrures français et d'une Indienne, il reçoit du premier, son don de chanteur, de la seconde, son don de conteur. Né à Fort-au-Coudre, près de Swan River (Man.), il est envoyé dès l'âge de cinq ans chez un oncle, à Lacadie (Bas Canada), pour parfaire son instruction. De retour à la Rivière Rouge dix ans plus tard, il se lance à son tour dans la traite des fourrures pour le compte de la Compagnie du Nord-Ouest qui fusionnera en 1821 avec celle de la Baie d'Hudson.

En 1812, il se marie avec la sœur de Cuthbert Grant qui se distinguera lors de la célèbre bataille de Seven Oaks (Man.,19 juin 1816), opposant Métis et anglophones. La victoire de ses frères, les «Bois Brûlés», lui inspire son premier chant, la *Chanson de la Grenouillère* – du nom du marais où se déroula l'INCIDENT DE SEVEN OAKS – qui deviendra l'hymne national métis. Ainsi la poésie orale naît-elle officiellement dans l'Ouest canadien.

En 1824, il acquiert un domaine à Grantown et participe à la chasse au bison. Il deviendra l'un des plus gros éleveurs et propriétaires terriens de la région et achèvera sa «carrière» comme juge de paix dans le district de White Horse.

Tout au long de sa vie, cet homme pieux, discret, animé d'un fort sentiment patriotique et nanti d'un bon brin d'humour, ne cessera de narguer les Anglais par la composition de chants «dérangeants», d'une ironie parfois grinçante, destinés autant à exhorter son peuple à la fierté nationale qu'à tourner l'ennemi en ridicule. Malheureusement, seuls quelques-uns d'entre eux sont parvenus jusqu'à nous: *Le Bal à Fort William* ou *La Danse des Bois Brûlés* (1816), *La Ballade du Général Dickson* (1837), *Les Tribulations d'un roi malheureux* (1869). Célébrant, sur des rythmes populaires, les hauts faits des héros maltraités de la Rivière Rouge, cette poésie de résistance – dont Louis Riel sera le plus digne continuateur – mérite de passer à la postérité à la fois comme «expression de l'identité métisse et témoignage de l'histoire d'un des peuples fondateurs de la province du Manitoba» (Tatiana Arcand: *Pierre Falcon, chantre de la Rivière Rouge* dans *Anthologie de la Poésie franco manitobaine*, éd. du Blé, 1990).

Ismène Toussaint

Falconer, sir Robert Alexander, ecclésiastique, universitaire, pédagogue (Charlottetown, 10 févr. 1867—Toronto, 4 nov. 1943). Falconer passe une bonne partie de sa jeunesse à Trinidad, où son père, un ministre presbytérien, est en mission. Il étudie surtout la philologie classique et la philosophie aux universités de Londres et d'Édimbourg, et poursuit ensuite des études de troisième cycle à Leipzig, à Berlin et à Marbourg, en Allemagne. En 1892, il devient ministre de l'Église presbytérienne au Canada et obtient un poste de chargé de cours en grec de l'époque du Nouveau Testament au Pine Hill Divinity Hall, à Halifax. Il devient professeur attitré à cet endroit en 1895, puis recteur en 1904.

Falconer laisse sa marque surtout à l'UNIVERSITÉ DE TORONTO, dont il est le recteur de 1907 à 1932. Les travaux d'une commission royale d'enquête sur l'ensemble du fonctionnement de l'U. de Toronto constatant un fouillis administratif et le peu de motivation du personnel, on recommande, en 1906, une réorganisation institutionnelle complète et, de façon implicite, la nomination d'un nouveau recteur. À la surprise générale, on demande au ministre Falconer, âgé de 40 ans seulement, de remplacer James LOUDON. Falconer consacre une bonne partie de son temps et de ses énergies durant les deux décennies qui suivent à mettre en œuvre les recommandations de cette commission. Il hérite d'une agglomération de collèges et il laissera une université unifiée qui jouera un rôle de chef de file au Canada en matière de recherche industrielle et scientifique, ainsi que dans le domaine des sciences humaines.

Ses qualités d'universitaire posé et cérébral font de Falconer un conférencier très recherché, spécialement lorsqu'il s'agit de thèmes comme l'importance de maintenir des liens avec l'Empire britannique, d'inculquer un «idéalisme dans la formation de l'identité nationale» (titre d'un recueil de conférences prononcées pendant la guerre et publié en 1920), et de préserver l'importance et la place des humanités dans un milieu universitaire de plus en plus axé sur la science et le pragmatisme. Actif au sein de l'Église presbytérienne au Canada, Falconer est de ceux qui préconisent l'unification des presbytériens, des méthodistes et des congrégationalistes au Canada pendant les années 20. Sa réputation est telle dans l'Empire britannique que l'U. d'Édimbourg rompt avec la tradition en 1929 pour lui offrir la direction de l'établissement, offre qu'il refuse.

A.B. McKillop

Fallon, Michael Francis, évêque catholique (Kingston, Canada-Ouest, 17 mai 1867—London, Ont., 22 févr. 1931). Après avoir obtenu son diplôme de l'U. d'Ottawa en 1889, il entre dans la congrégation des Oblats de Marie Immaculée, étudie aux Pays-Bas et à Rome, puis est ordonné prêtre en 1894. Il est professeur d'anglais, puis vice-recteur de l'U. d'Ottawa. Il est curé de diverses paroisses d'Ottawa (1898-1901) et de Buffalo (New York, 1901-1909), où il devient citoyen américain. Nommé supérieur provincial de son ordre, il est nommé évêque de London (Ontario) en décembre 1909. Il est le chef des Irlandais catholiques de l'Ontario qui s'efforcent de remettre les Franco-Ontariens «à leur place», c.-à-d. d'empêcher l'autorisation de l'éducation bilingue. Pendant son épiscopat, qui dure plus de 20 ans, Fallon est au cœur des querelles ethnolinguistiques suscitées par la QUESTION DES ÉCOLES DE L'ONTARIO (1912-1927). À sa mort, il est considéré comme un héros par beaucoup d'Irlandais catholiques, mais comme un démon par les Franco-Ontariens.

Robert Choquette

Famille On ne peut parler de «la famille canadienne» proprement dite. La composition d'une famille, les activités de ses membres à l'intérieur et à l'extérieur du ménage ainsi que leurs relations mutuelles varient selon les conditions économiques et selon la région, l'époque, la CLASSE SOCIALE, l'orientation sexuelle, la race et l'ethnie. Pourtant, c'est au sein de ce qu'il est convenu d'appeler une famille que la plupart des gens mangent, dorment, travaillent, procréent, se reposent, apprennent, aiment, rient, pleurent et meurent. Bien que leur forme puisse, à bien des égards, varier à l'infini, les familles présentent habituellement un modèle dominant qui caractérise davantage une région ou une époque. L'examen de ces modèles ne doit cependant pas nous induire à confondre ce qui est commun avec ce qui est nécessaire, normal ou naturel.

Familles autochtones d'autrefois

Avant l'arrivée des Européens, les premières nations ont des structures familiales très diverses, tout comme les interprétations qu'en donnent par la suite les spécialistes. Tandis que certains de ces nombreux groupes linguistiques et sociétés vivent en bandes de chasseurs nomades, d'autres comportent des organisations complexes adaptées à l'agriculture, à la pêche et à la chasse. Leurs structures familiales reflètent la diversité de leurs conditions économiques. Les sociétés agricoles adoptent souvent un mode coopératif de production et de préparation de la nourriture et assurent collectivement les soins aux enfants et les autres «activités familiales». L'essentiel du travail agricole incombe aux femmes, et les hommes, une fois mariés, vivent souvent dans la famille de leur épouse («résidence matrilocale»).

Par ailleurs, dans les communautés de pêcheurs de la côte du Pacifique, la propriété est individualisée, les différences sociales sont plus marquées au sein du groupe, les femmes vivent avec les parents de leur mari («résidence patrilocale») et les hommes pratiquent la pêche. Il existe une division du travail en fonction de l'âge et du sexe, mais les tâches imparties spécifiquement à chaque groupe varient d'une société à l'autre. Dans un grand nombre de ces familles, les femmes détiennent un pouvoir non négligeable et contribuent directement à la survie du groupe. Ce que l'on considère souvent comme des tendances modernes, à savoir les relations sexuelles prémaritales, l'adoption d'enfants, le divorce et le mariage à l'essai, n'a rien d'exceptionnel chez ces peuples autochtones, surtout s'ils sont semi-nomades.

Influences européennes

L'arrivée des Européens modifie le contexte économique et les structures familiales, mais la diversité subsiste. L'organisation de compagnies rivales dans la traite des fourrures provoque la formation de différentes relations familiales entre Blancs et autochtones. Les postes temporaires de la COMPAGNIE DU NORD-OUEST ne permettent souvent que des liaisons de courte durée, à la suite desquelles les femmes amérindiennes sont laissées avec la charge d'élever leurs enfants MÉTIS. La COMPAGNIE DE LA BAIE D'HUDSON, par contre, possède des postes permanents et permet, voire encourage l'établissement de relations relativement stables, du moins chez son personnel cadre. Ce qu'on appellerait aujourd'hui des unions de fait se produisent fréquemment, et à leur retour en Angleterre, les membres de ce personnel emmènent avec eux certains de leurs enfants, mais rarement leur femme. Ces pratiques, de concert avec l'introduction de la propriété privée, ont chambardé les structures familiales des sociétés amérindiennes, découragé le mode de production coopératif et créé des ménages monoparentaux.

Pendant que les trappeurs s'éparpillent dans l'Ouest, les Européens des régions centrale et orientale du pays fondent des communautés agricoles plus immuables et, par conséquent, des types de famille différents. Ils adaptent les modèles du vieux continent au nouveau contexte économique, social et géographique. Dès les débuts de la Nouvelle-France, certaines personnes survivent en travaillant pour le gouvernement, pour les compagnies de traite des fourrures, pour le clergé ou comme artisans indépendants. Elles sont cependant de plus en plus nombreuses à tirer en grande partie leur subsistance du travail de la terre. Femmes, hommes et enfants travaillent ensemble à cultiver un lopin de terre ou à produire les biens de première nécessité. Les hommes exercent l'essentiel du pouvoir légal au sein de la famille, mais l'interdépendance économique dans laquelle se trouvent la plupart des ménages renforce la position des femmes.

Le manque de femmes, combiné au fait que leur travail est indispensable à la survie du ménage et que, sauf pour les religieuses et les domestiques, le mariage s'avère leur seule planche de salut, explique qu'elles se marient presque toutes. La plupart des mariages sont d'assez courte durée à cause de la forte mortalité occasionnée par les guerres, les maladies, les accidents et les couches. Contrairement à la coutume française, les veufs et les veuves ne tardent pas à se remarier; c'est pourquoi de nombreux ménages comptent des enfants de deux lits ou plus et des enfants d'âge adulte des deux sexes. Les femmes nées au Canada se marient jeunes, surtout dans les familles pauvres, mais les immigrantes doivent souvent retarder leur mariage parce qu'elles sont liées par un contrat de longue durée comme servantes. De nombreux facteurs expliquent le taux de natalité élevé, en particulier en milieu agricole: nuptialité précoce, besoin de bras dans les communautés agricoles (*voir* MARIAGE ET DIVORCE), fort taux de mortalité chez les enfants à la naissance et en bas âge, absence de contraception (*voir* CONTRÔLE DES NAISSANCES), d'ailleurs proscrite par la religion.

Influences ultérieures

Les colons immigrant plus tard de Grande-Bretagne et de maints autres pays d'Europe arrivent avec leur ferme croyance en la propriété privée et en leur autonomie. Pourtant, les cultivateurs parmi eux forment des familles comparables à bien des égards à celles de la Nouvelle-France. Leur ménage est le lieu de production de la plupart des biens et services. C'est dire que pour la majorité des gens, même les salariés, le milieu familial et le milieu de travail ne font qu'un. Les ménages sont de grande taille et incluent fréquemment quatre ou cinq enfants en moyenne, des aides embauchés, des proches parents célibataires et des pensionnaires payants. On y trouve peu de grands-parents, car peu de gens vivent jusqu'à un âge aussi avancé et beaucoup d'enfants quittent le foyer alors qu'ils sont jeunes. Dans les premières communautés agricoles, les écarts sont plutôt faibles entre les familles sur le plan de leurs avoirs et de leurs ressources, car presque toutes travaillent la terre pour assurer leur subsistance.

Division historique du travail

Le travail se divise selon le sexe et l'âge. Les femmes concentrent leurs activités sur le soin de la maisonnée et réalisent des tâches d'une grande habileté et visibilité, comme la cuisson du pain, la conservation des aliments, la fabrication du savon, des chandelles et des vêtements. En plus d'assumer la plus grande part des responsabilités quant aux soins de santé de la famille et à l'enseignement de la lecture et de l'écriture aux enfants, elles s'occupent souvent du potager et de la basse-cour, traient les vaches et donnent un coup de main aux champs quand vient le temps des semailles et des récoltes. De leur côté, les hommes soignent le gros bétail, fabriquent les meubles et construisent les maisons, font boucherie, abattent les arbres et fendent le bois, sèment et récoltent les produits des champs. Les enfants travaillent aux côtés de leurs parents, accomplissant de menus travaux et acquérant les habiletés nécessaires à la survie. S'il est vrai que, ce faisant, les hommes participent activement à l'éducation de leur progéniture, les soins aux jeunes enfants sont prodigués avant tout par les femmes, les enfants plus âgés et des aides embauchées. Il arrive parfois aux femmes de faire des «travaux d'homme», mais la réciproque ne se produit jamais sauf quand les hommes s'occupent des enfants plus âgés. Selon la *common law* anglaise, c'est aux hommes qu'il revient de prendre les décisions, bien que les femmes et les enfants puissent prétendre à un certain pouvoir en raison de leur contribution évidente à l'entretien du ménage.

Comme les ménages vivent assez éloignés les uns des autres, les divertissements sont surtout une affaire de famille. Même dans les régions plus peuplées, les réunions mondaines regroupent habituellement l'ensemble de la famille, de sorte que les parents peuvent surveiller la plupart des rencontres que font leurs enfants. Dans ces ménages, le choix du conjoint donne moins souvent lieu à un arrangement formel. L'idée de l'amour romantique gagne en popularité, mais les considérations d'ordre économique et familial demeurent les facteurs déterminants dans les décisions relatives au mariage, mariage qui, surtout dans les familles nanties, requiert souvent l'assentiment des parents.

Changements sur le marché du travail

Même si la plupart des Canadiens vivent en milieu rural jusqu'au tournant du XXᵉ siècle, certains travaillent comme salariés dès les premiers temps de la colonisation. Tant les femmes que les hommes entament souvent leur vie au Canada en s'engageant pour le compte de quelqu'un d'autre, comme domestiques ou dans des fermes, des magasins, des hôtels et, un peu plus tard, dans des usines, mais seuls les hommes sont dans les emplois dans l'armée et l'administration publique. Au début, la disponibilité des terres offre un moyen de se sortir du salariat et, effectivement, les hommes une fois mariés quittent en grand nombre leur travail salarié pour s'établir à leur compte comme cultivateurs. Quand les bonnes terres viennent à manquer et que le progrès technique réduit la main-d'œuvre requise pour les travaux agricoles et forestiers, ce sont surtout les hommes qui perdent leur moyen de produire pour subvenir à leurs besoins et qui, dès lors, doivent s'engager au service d'autrui.

Beaucoup de femmes célibataires, de veuves ou de celles dont le mari est handicapé travaillent pour un salaire, mais pour la très grande majorité des femmes, le mariage signifie la fin de ce genre de travail, du moins de façon régulière. Jusqu'à une époque avancée du XXᵉ siècle, la plupart des femmes peuvent encore contribuer directement à la survie de leur famille en cultivant, en conservant et en préparant de quoi manger, en fabriquant des vêtements et en cuisant le pain. Plusieurs gagnent aussi de l'argent en vendant leurs produits, en confectionnant ou en réparant leurs vêtements, en faisant la lessive pour d'autres et en prenant des pensionnaires. À mesure que leurs possibilités d'emploi s'accroissent sur le marché du travail, beaucoup de femmes célibataires rejettent le travail domestique au profit d'un travail extérieur plus rémunérateur et assorti d'un peu plus de liberté. Le déclin du métier de domestique coïncide avec un changement dans la technologie ménagère, grâce auquel il devient de plus en plus facile pour la femme mariée de tenir seule son ménage.

Éducation et travail des enfants Certains enfants travaillaient autrefois dans les usines et les boutiques ou comme aides dans les fermes, bien que dès le XVIIe siècle, le gouvernement ait fixé des restrictions légales au TRAVAIL DES ENFANTS. La mise en application de ces lois, conjuguée avec une baisse de la demande de travail et le besoin accru d'une main-d'œuvre instruite (ce qui favorisera l'introduction de la fréquentation scolaire obligatoire), a pour effet de réduire progressivement le nombre de jeunes enfants au travail à partir de la seconde moitié du XIXe siècle. Le travail des enfants s'avère également moins nécessaire au sein du ménage, car de moins en moins de biens et de services y sont produits. C'est ainsi que les enfants apparaissent comme une charge économique plutôt que comme un actif. Ce contexte et l'amélioration des soins de santé, qui entraînent une baisse de la mortalité infantile, expliquent en partie la baisse de la natalité.

Ces changements se produisent dans le centre du Canada avant de s'étendre à l'ouest et à l'est du pays. De plus en plus, les familles se distinguent les unes des autres sur le plan du statut social et de la classe. Les fermiers plus riches et les dirigeants industriels ont les moyens d'envoyer leurs enfants dans des ÉCOLES PRIVÉES bien avant que la fréquentation des écoles publiques ne soit obligatoire, et certains ménages peuvent se payer des domestiques bien après la disparition des SERVICES DOMESTIQUES de la majorité des foyers.

La famille «traditionnelle»

Ce n'est qu'au début du XXe siècle que la famille dite «traditionnelle» apparaît comme la forme de famille dominante au Canada, c.-à-d. celle composée de la mère au foyer, du père faisant partie de la population active et des enfants à l'école et dépourvue de domestiques ou de l'aide de parents vivant sous le même toit. Elle a beau n'avoir duré qu'une cinquantaine d'années, cette forme de structure familiale s'est imposée parmi la population non seulement comme idéale, mais aussi comme universelle et conforme à ce que nous avons tous connu.

Familles contemporaines

Aujourd'hui, la plupart des femmes travaillent à l'extérieur ou cherchent activement un emploi. Même celles qui ont de très jeunes enfants retournent à leur travail rémunéré après la naissance de leur bébé, et ce sont leurs parents ou des personnes apparentées qui prennent soin de la grande majorité des jeunes enfants. De moins en moins de femmes peuvent contribuer directement aux ressources du ménage en gagnant de l'argent ou en fabriquant des biens chez elles. Par conséquent, la plupart d'entre elles se cherchent un emploi rémunéré, d'autant plus qu'il faut souvent deux revenus pour boucler le budget d'une famille.

Évolution du taux de natalité La légalisation des contraceptifs et leur plus grande accessibilité contribuent, tout comme la hausse des prix, à faire baisser le taux de natalité. Le plus souvent, les familles n'ont qu'un ou deux enfants nés à intervalle rapproché. Ces enfants fréquentent l'école plus longtemps et restent chez leurs parents jusqu'à un âge plus avancé, surtout quand le taux de chômage des jeunes est élevé. À leur tour, le taux de natalité à la baisse et le niveau d'instruction plus élevé encouragent une présence accrue des femmes sur le marché du travail. On se marie aujourd'hui plus jeune qu'au temps où la plupart des femmes restaient à travailler à la maison; c'est peut-être parce que la plupart d'entre elles conservent leur emploi rémunéré après le mariage et les naissances, de sorte que moins d'hommes s'attendent à être les seuls pourvoyeurs du ménage.

Liens entre famille et travail Les femmes réclament depuis longtemps plus d'équité en matière de régime matrimonial et de DROIT DES BIENS, et elles réussissent mieux à se faire entendre à partir du moment où elles entrent nombreuses sur le marché du travail et où les idées sur leur place dans le ménage évoluent également. Le fait de gagner un salaire leur procure du pouvoir dans certains secteurs, mais leurs responsabilités dans les tâches ménagères et les soins aux enfants les confinent dans des emplois à temps partiel ou mal rémunérés. En revanche, le taux élevé de chômage chez les hommes peut aussi, dans certains ménages, ébranler l'autorité masculine.

De tels changements peuvent créer des tensions familiales, et il n'est pas rare que celles-ci éclatent sous la forme d'actes de violence envers les femmes et les enfants. La violence dans la famille ne date pas d'hier et l'on ne sait trop dans quelle mesure elle peut s'être aggravée avec le temps. Par contre, il est clair que la structure de la famille nucléaire fait en sorte que peu de personnes sont témoins de cette violence ou peuvent l'arrêter, ou encore venir en aide à ses victimes (*voir* ENFANTS MALTRAITÉS).

Divorce Le divorce est certainement plus courant aujourd'hui au Canada qu'il ne l'était autrefois, surtout depuis l'adoption de la *Loi sur le divorce* de 1968. Il est maintenant plus facile et moins humiliant d'obtenir le divorce. Les gens vivent plus vieux et ont la possibilité de «vivre heureux pour le restant de leurs jours» pendant bien plus longtemps que jamais auparavant. Un couple sur quatre peut s'attendre à divorcer au moins une fois. La hausse du taux de divorce et l'augmentation de la proportion de séparations légales et du nombre de femmes non mariées qui ont des enfants se traduisent par un accroissement du nombre de ménages monoparentaux. Il en va de même pour les couples qui vivent ouvertement comme homosexuels tout en ayant des enfants. On ne peut pas en conclure pour autant que la proportion de ménages où les enfants vivent sans leurs deux parents biologiques soit à la hausse, car cette situation était autrefois courante au Canada en raison du taux de mortalité élevé. Dans le cas des couples homosexuels, beaucoup se réfugient dans la clandestinité à cause de lourds interdits, situation qui prévalait surtout dans le passé (*voir* HOMOSEXUALITÉ).

Revenu La présence accrue des femmes dans la population active aide les familles à conserver leur niveau de vie, du moins jusque dans les années 80. Elle n'empêche cependant pas certaines familles de vivre dans la PAUVRETÉ. Bien que les estimations varient selon la définition de la pauvreté, plus d'une famille canadienne sur cinq vit, en 1991, au niveau ou au-dessous du seuil de pauvreté (*voir* RÉPARTITION DES REVENUS). La majorité de ces ménages est constituée de deux parents. Près de 30 p. 100 d'entre eux comptent au moins un adulte détenteur d'un diplôme d'études postsecondaires, et près d'un tiers ont l'équivalent d'une personne recevant un revenu d'emploi à plein temps. Cependant, les faibles salaires des femmes et leurs responsabilités à l'égard des enfants expliquent pourquoi le taux de pauvreté est très élevé parmi les ménages dirigés par une femme. Dans les années 90, les femmes monoparentales ont deux chances sur trois d'être pauvres. La plus grande longévité des femmes, leurs salaires médiocres, leur manque de régimes privés de retraite et leur participation sporadique au marché du travail expliquent aussi pourquoi la majorité des personnes âgées pauvres sont des veuves. À l'autre bout de l'échelle des revenus, les 20 p. 100 de familles les mieux nanties reçoivent près de deux fois leur part de revenu familial total. Elles sont les plus susceptibles d'être constituées d'un couple marié (dont au moins l'un des deux conjoints a un diplôme universitaire), d'habiter une grande ville et de posséder une maison, ainsi qu'une voiture. Dans celles-ci, qui se conformeraient peut-être le mieux à l'image répandue mais fausse de la famille, les femmes occupent généralement des emplois de professionnelles ou de cadres très bien rémunérés, ou restent à la maison.

Conclusion

De nos jours, la plupart des Canadiens se marient et demeurent mariés avec le même conjoint durant toute leur vie. La majorité des hommes se marient au milieu de la vingtaine. Leurs épouses (généralement de deux à trois ans plus jeunes) partagent avec eux une éducation, une origine ethnique et une appartenance religieuse similaires. La plupart de ces couples ont des enfants. Qui plus est, la plupart des enfants naissent et grandissent dans des ménages à deux parents. Habituellement, les femmes sont âgées entre le milieu et la fin de la vingtaine à la naissance de leurs enfants. Comme leurs grossesses se suivent d'assez près, la différence d'âge entre ceux-ci n'est que de quelques années. On dispose de peu d'information sur les attitudes et les comportements sexuels de ces couples, mais le nombre et l'espacement des naissances indiquent clairement que la plupart pratiquent une forme quelconque de contraception. La grande majorité ne battent pas leurs enfants et la plupart des épouses ne subissent aucune violence physique de la part de leur époux. S'il est vrai que la majorité des femmes occupent maintenant un emploi rémunéré durant la plus grande partie de leur vie et que des progrès importants ont été accomplis et vers plus d'égalité dans les ménages, l'essentiel du TRAVAIL DOMESTIQUE revient encore aux femmes.

Nous sommes malheureusement trop souvent portés à présenter ces modèles prédominants comme les seuls acceptables. Pourtant, il a toujours existé des formes de familles très variées au Canada, et celles-ci procurent à leurs membres amour, soutien et sens de la famille, tout autant que le modèle le plus répandu. P. ex., des gens ont souvent vécu en union de fait, sans que personne ne sache s'ils avaient un certificat de mariage ou non. D'ailleurs, sous l'apparence d'un modèle matrimonial homogène se révèlent de fortes variations selon la culture et la langue, la race et la classe sociale ainsi que la région. En outre, dans de nombreuses familles correspondant aux modèles courants sévissent la cruauté et la négligence; beaucoup de ces familles sont tellement démunies qu'elles ne peuvent guère offrir de soutien à leurs membres. Enfin, il est maintenant plus fréquent que des enfants adultes retournent vivre chez leurs parents et que des gens prennent leur retraite bien avant l'âge de 65 ans, ce qui suscite l'émergence de nouveaux modèles. (*Voir aussi* POLITIQUE FAMILIALE AU QUÉBEC.)

Pat Armstrong

Famille, droit de la Branche du droit régissant les relations entre époux et entre parents et enfants ainsi que certaines autres matières. En droit de la famille, des questions telles que le mariage et le divorce (*voir* MARIAGE ET DIVORCE) (y compris la garde des enfants, les pensions alimentaires consécutives au divorce) sont de compétence fédérale, mais la plupart (dont l'adoption, la répartition des biens matrimoniaux, la garde et les aliments non liés au divorce) sont régies par des lois provinciales qui varient considérablement d'une province à une autre.

Cependant, même dans les champs de compétence provinciale, certaines questions (p. ex., l'occupation de la résidence familiale) ne peuvent être instruites que par des juges nommés en vertu de l'article 96 de la *Loi constitutionnelle de 1867*, c'est-à-dire nommés par le fédéral (*voir* MAGISTRATURE). La tendance actuelle au Canada favorise la création de tribunaux de la famille à juridiction regroupée devant lesquels toutes les questions de droit familial, qu'elles soient de compétence fédérale ou provinciale, relèvent du même juge.

Droit de la famille dans les provinces de common law

Mariage L'autorisation de la célébration d'un mariage valide et les formalités pertinentes sont régies par les lois provinciales, mais le Parlement a également compétence à l'égard du mariage (concernant p. ex., des questions comme l'âge auquel les gens peuvent se marier, les empêchements dirimants et le divorce).

Annulation Elle a pour effet de rendre légalement nul un mariage. Un mariage peut être annulé si les parties se trouvent dans les degrés interdits de consanguinité, pour cause d'impuberté au moment du mariage ou après (sauf si le consentement des deux parents a été obtenu), pour cause de bigamie, de vice de forme dans la célébration du mariage, de contrainte, d'incapacité mentale ou de non-consommation du mariage par suite de l'incapacité physique ou mentale de l'une des parties. (Cette dernière cause rend le mariage annulable plutôt que nul.)

Séparation Il y a séparation au regard du droit lorsque les deux époux ne vivent plus ensemble ou ont cessé de cohabiter. Elle peut être invoquée comme motif de divorce.

Divorce Rupture légale d'un mariage valide. Jusqu'à l'adoption par le gouvernement fédéral de la *Loi sur le divorce* en 1968, celui-ci était régi par les lois provinciales antérieures à la Confédération et héritées d'Angleterre. À Terre-Neuve et au Québec, où n'existait aucune loi en la matière, le divorce ne pouvait être obtenu qu'au moyen d'une loi fédérale d'intérêt privé. La *Loi sur le divorce* de 1968 était la première à établir un régime complet pour l'ensemble du pays. Elle a été abrogée et remplacée par la *Loi de 1985 sur le divorce*, qui prévoit que le seul motif de divorce est l'échec du mariage. Cet échec ne peut être établi qu'en prouvant que l'époux intimé a été coupable de cruauté ou d'adultère ou que les parties ont vécu séparément pendant au moins un an avant le prononcé de la décision sur l'action en divorce, et vivaient séparément à la date du dépôt de la requête en divorce. Par ailleurs, il n'est pas nécessaire que les parties aient vécu séparément pendant un an avant que la requête soit déposée. L'année doit cependant s'écouler avant le prononcé du jugement de divorce.

Aliments La question des aliments peut relever de la loi fédérale dans le cadre d'un divorce et des lois provinciales dans les autres cas. Les époux, les parents, les enfants (qui peuvent avoir une obligation alimentaire à l'égard de leurs parents) et les tuteurs des enfants ont tous l'obligation légale d'assurer le soutien des personnes dont ils sont responsables. Les ressources des parties constituent un facteur important dans l'établissement du montant de la pension alimentaire. La *Loi de 1985 sur le divorce* et certaines lois provinciales énoncent d'autres facteurs ou objectifs concernant le droit aux aliments au profit des enfants et de l'époux ainsi que le montant de ces aliments. Les femmes mariées peuvent devoir assumer l'entretien de leur mari et de leurs enfants et, dans certaines provinces, l'union de fait peut donner lieu à des obligations alimentaires.

Les ordonnances alimentaires rendues sous le régime de la *Loi de 1985 sur le divorce* sont valides partout au Canada dès qu'elles sont enregistrées, mais l'exécution des ordonnances rendues sous le régime de lois provinciales lorsque les époux vivent dans des provinces différentes dépend du régime d'exécution réciproque des ordonnances alimentaires, un mécanisme beaucoup plus difficile à appliquer. Les lois provinciales en matière d'exécution des ordonnances alimentaires ainsi que la loi et les initiatives fédérales ont considérablement amélioré l'exécution de celles-ci au cours des dernières années.

Biens matrimoniaux Sous le régime de l'ancienne COMMON LAW, le mari acquiert le droit d'être propriétaire des biens de sa femme ou de les gérer. La seule récompense à laquelle la femme a droit est son «douaire», soit un intérêt viager dans les biens de tenure franche de son mari au décès de ce dernier (*voir* DROIT DES BIENS). La capacité contractuelle de la femme mariée est limitée, sauf si elle agit comme mandataire de son mari. Dans les années 1890, les lois sur les biens de la femme mariée introduisent dans toutes les provinces canadiennes la notion de séparation des biens. Cette notion a pour effet d'accorder aux femmes des droits et des responsabilités en matière de contrat et de délit civil, même, si dans plusieurs provinces, les actions entre mari et femme sont toujours interdites.

Accorder aux femmes le pouvoir d'acquérir des biens ne change cependant pas le fait que les possibilités d'emploi pour elles sont restreintes et que la plupart des biens sont payés par le mari et achetés en son nom. La femme n'acquiert aucun droit de propriété par suite de son travail domestique ou de son travail relatif à l'éducation des enfants, bien qu'elle obtienne une certaine protection quant à son occupation du foyer matrimonial en vertu des lois intitulées *Dominion Lands Acts* dans l'Ouest canadien et, à un moindre degré, en vertu des lois sur le DOUAIRE dans l'Est canadien.

Selon les règles traditionnelles, une femme mariée ne peut être propriétaire de biens que s'ils sont achetés en son nom ou si elle fait une contribution directe à leur achat. Ainsi, des cas se sont présentés, comme celui de l'AFFAIRE MURDOCH dans laquelle la femme n'avait obtenu aucun droit de propriété sur ce qu'elle pensait constituer l'actif familial. La sévérité de cette règle incite toutes les provinces à modifier leurs lois et à accorder aux femmes mariées une part plus équitable dans la répartition de l'actif familial (*voir* DROITS DE L'HOMME), même si le tribunal a le pouvoir discrétionnaire de modifier les proportions d'après certains critères, p. ex., la date et le mode d'acquisition des biens, l'existence ou non d'une entente entre les époux à propos des biens, etc. Certaines lois provinciales sur les biens matrimoniaux distinguent l'actif familial de l'actif commercial. D'autres (comme celle de l'Alberta) ne le font pas. Toutes les lois prévoient une répartition beaucoup plus équitable de l'actif commun acquis pendant le mariage.

D'une façon générale, les unions «de fait» ne sont pas couvertes par les lois sur les biens matrimoniaux. La jurisprudence a cependant conféré un recours sous forme de fiducie par interprétation à ceux qui contribuent (en argent et par leur travail) aux éléments d'actif inscrits au nom de l'autre époux.

Garde Elle porte sur le droit légal des parents (et parfois d'autres personnes) de prendre des décisions concernant les enfants. Généralement, les soins et le contrôle quotidiens de l'enfant vont de pair avec le pouvoir décisionnel. Toutefois, si deux adultes se partagent la garde, les soins et le contrôle quotidiens peuvent n'appartenir qu'à l'un d'eux. L'accès comporte le droit de visite et est considéré comme un droit appartenant à l'enfant plutôt qu'aux adultes.

Il n'existe aucune règle de droit exigeant que la garde des jeunes enfants soit accordée à la mère, bien que la jurisprudence, en application de la règle de droit du meilleur intérêt de l'enfant, reflète une préférence en faveur de l'octroi de la garde à la mère dans le cas de jeunes enfants. Si les deux parents travaillent à plein temps, le nombre de pères qui obtiennent la garde ne cesse d'augmenter. Les tribunaux partent cependant des mêmes prémisses fondées sur le bon sens, p. ex., leur refus d'intervenir dans un *statu quo* satisfaisant et leur hésitation à séparer des frères et des sœurs.

Les tiers, comme les tantes ou les oncles, peuvent également solliciter la garde d'un enfant. La *Loi de 1985 sur le divorce* prévoit que le contact entre l'enfant et ses deux parents doit être plus fréquent sans

imposer expressément la garde conjointe. Elle prévoit aussi que des tiers (p. ex., les grands-parents) peuvent demander des droits de visite, ou même la garde, avec la permission du tribunal.

Illégitimité Historiquement, un enfant illégitime était *filius nullius* ou le «fils de personne». La mention d'un enfant dans un testament était généralement considérée comme ayant trait à un enfant légitime, mais la sévérité de cette règle s'est graduellement atténuée. Dans plusieurs provinces, l'enfant illégitime jouit des mêmes droits de succession intestat par rapport à sa mère ou du droit de demander une provision suffisante sur la succession de ses parents au titre des lois portant provision pour les personnes à charge du défunt. La notion selon laquelle une personne peut être illégitime a été abolie par voie législative dans plusieurs provinces et les effets légaux de l'illégitimité ont été grandement diminués ces dernières années. Les parents ont une obligation alimentaire à l'égard de leurs enfants illégitimes et les lois provinciales comportent des dispositions à cet égard. La procédure d'établissement de la paternité s'appelle établissement de la filiation.

Alastair Bissett-Johnson et Christine Davies

Droit de la famille au Québec

Le droit québécois de la famille est en grande partie d'origine française, mais le mariage et le divorce relevant de la compétence fédérale, il est largement influencé par la *common law*. De plus, le droit québécois ayant été profondément révisé au cours des 20 dernières années, les différences entre le droit de la famille du Québec et celui du reste du Canada ne sont pas aussi marquées qu'elles l'ont été dans le passé. Traditionnellement, le *Code civil* avait consacré la notion de «puissance paternelle», qui faisait du mari le chef de la famille et lui conférait des pouvoirs considérables à l'égard de sa femme et de ses enfants. La notion a depuis été remplacée par celle de l'autorité parentale qui est exercée conjointement par les pères et mères.

D'autres aspects du droit québécois de la famille ont aussi été considérablement modifiés. Ce droit était traditionnellement très influencé par l'Église. Le divorce était absolument interdit, la séparation et l'annulation du mariage difficiles à obtenir. Les femmes pouvaient se voir priver de leur part de la communauté des biens en guise de châtiment pour cause d'adultère. Les enfants illégitimes faisaient l'objet de toute une série de règles discriminatoires et même les enfants adoptés se voyaient refuser la pleine égalité. Cette situation a changé depuis, grâce à l'adoption de règles modernes et libérales. On s'est interrogé, toutefois, sur un aspect de la nouvelle loi québécoise, à savoir la tendance marquée à déléguer le pouvoir discrétionnaire aux tribunaux plutôt qu'aux individus eux-mêmes. P. ex., le mineur qui désire se marier devra dorénavant saisir les tribunaux d'une demande en ce sens au lieu de requérir la permission de ses parents.

Mariage Les principes du droit québécois du mariage sont semblables à ceux du droit du mariage dans les autres provinces: le mariage est strictement monogame, il exige la capacité et le consentement des deux parties et doit comprendre une cérémonie, civile ou religieuse.

Séparation et divorce La séparation peut maintenant être obtenue au Québec avec un minimum de formalités. Elle ne rompt pas les liens du mariage. Le divorce relève des lois fédérales. Dans le *Code civil du Québec* de 1982, le Québec adopte des dispositions très libérales en matière de divorce, mais elles n'ont jamais été déclarées inconstitutionnelles.

Enfants Le *Code civil du Québec* de 1982 abolit la notion d'illégitimité. Il sanctionne l'adoption et confère aux enfants adoptés le même statut que celui des enfants naturels. Il est illégal de faire le commerce des enfants et d'accepter un paiement dans le cadre d'une adoption privée. Il faut présumer que tout contrat visant à porter un enfant en vue de le donner à quelqu'un d'autre serait nul, inexécutable et illégal. Les parents et les enfants se doivent mutuellement des obligations alimentaires, même après que les enfants ont atteint la majorité, bien que les deux parties doivent s'efforcer le plus possible d'être indépendantes.

Biens matrimoniaux Le droit québécois a conservé la notion civiliste de régime matrimonial, soit le régime de séparation ou de communauté des biens entre époux. Sous le régime de la *Loi de 1985 sur le mariage*, les couples sont libres de choisir l'un des trois régimes et de le modifier. Les régimes les plus communs sont ceux de la séparation des biens et de la société d'acquêts.

Le couple qui ne choisit pas de régime dans son contrat de mariage est présumé avoir choisi le régime de la société d'acquêts. Selon ce système, chaque époux garde les biens dont il ou elle avait la propriété au moment du mariage et administre ses propres biens après le mariage. Cependant, lorsque le mariage ou le régime prend fin, les biens acquis après le mariage sont divisés également entre les parties.

Les contrats de mariage doivent être rédigés par un notaire. En plus du choix du régime, les contrats de mariage contiennent souvent des donations entre les époux, consenties soit entre vifs, soit pour cause de mort. Ces donations sont susceptibles d'exécution, malgré tout testament subséquent. En cas de divorce ou de séparation, le tribunal pourra réduire ou éliminer les donations, et il semble que les donations consenties pour cause de mort deviennent automatiquement caduques depuis les modifications législatives de 1982.

Depuis 1982, le *Code civil du Québec* protège les intérêts de chaque époux dans la résidence familiale et les meubles. Dans le cas d'une résidence appartenant à l'un des époux, les droits de l'autre ne sont pas protégés, à moins qu'une «déclaration de résidence familiale» ne soit inscrite au bureau de la publicité des droits compétent. Un époux n'a pas le droit d'aliéner les meubles garnissant la résidence familiale sans le consentement de l'autre époux. Cependant, les achats à titre onéreux, faits de bonne foi, sont protégés. Pour le moment, la jurisprudence est insuffisante pour déterminer ce qui constitue la «bonne foi».

Procédure Le *Code civil du Québec* et le *Code de procédure civile du Québec* ont été modifiés pour instituer des recours propres au droit de la famille. Les mesures les plus controversées sont celles qui prévoient une représentation distincte des enfants, l'adoption et le retour des enfants. En 1990, le législateur québécois a adopté la *Loi concernant l'adoption et modifiant le code civil du Québec, le code de procédure civile et la loi sur la protection de la jeunesse (L.R.Q., 1990, C-29)*, accordant une protection accrue aux enfants sujets à l'adoption internationale et rendant cette procédure à la fois plus simple et plus accessible.

Julius Grey

Famille, études sur la La majorité des gens accordent de l'importance à la famille et aux relations interpersonnelles. Cependant, parce que celles-ci semblent «naturelles» ou aller de soi, peu de personnes les perçoivent en tant que spécialité académique ou exercice professionnel. Les études sur la famille présentent un caractère multidisciplinaire et englobent ses caractéristiques, son comportement et ses rôles dans la société. On entend par caractéristiques la structure de la famille et ses membres, les modèles d'affiliation et d'inclusion, autant d'éléments qui distinguent les familles entre elles. Pour un autochtone du Canada, p. ex., la «famille» inclut les grands-parents, ce qui n'est pas le cas des autres familles canadiennes, qui se limitent à deux générations, les parents et leurs enfants.

Les comportements de la famille peuvent inclure le partage des tâches ménagères, l'administration du budget, les marques d'affection et de soutien accor-

dés à chacun de ses membres, ainsi que plusieurs activités reliées à la vie familiale. Depuis des décennies, les politiciens, les professionnels et les familles elles-mêmes débattent du rôle de la famille dans la société. Qui de la famille ou de l'État est responsable de l'éducation et du bien-être des enfants? La famille est-elle le fondement de la société ou l'une des nombreuses institutions qui pourvoient aux besoins des individus?

Au Canada, un grand nombre d'agences rassemblent et transmettent des informations portant sur la famille. Statistique Canada, par ses recensements, et les gouvernements provinciaux, par les statistiques d'état civil (naissances, décès, mariages, divorces), fournissent une multitude d'informations qui brossent le portrait de la vie de la famille canadienne. L'Institut Vanier de la famille a cumulé de nombreux dossiers sur les questions de fond qui affectent la famille canadienne. Plusieurs études portant sur divers aspects de la famille ou sur les relations familiales sont menées par des professeurs et des étudiants de collège ou d'université, par des agences professionnelles ou encore par des groupes de travail qui se concentrent sur des problèmes qui préoccupent les familles.

Récemment, les transformations familiales importantes résultant du taux croissant des divorces et des remariages sont au centre de l'intérêt que l'on accorde à la famille. La presse, les groupes de revendication et les universitaires abordent des questions telles que la situation financière des familles monoparentales, les conséquences d'un divorce pour les enfants, ou encore les droits et responsabilités des parents divorcés (*voir* MARIAGE ET DIVORCE). La famille subit de plein fouet l'influence des événements économiques aux plans local, régional et national; l'étude des conséquences qu'entraîneront pour la famille les nouvelles politiques gouvernementales axées sur le déficit zéro ne fait que commencer.

Plusieurs études scientifiques portant sur la famille trouvent une application concrète dans les programmes scolaires primaire et secondaire incluant l'éducation sexuelle, l'information sur la toxicomanie et la maîtrise de la dynamique professionnelle et familiale.

Certains collèges et universités offrent une spécialisation en études sur la famille dans le cadre, du moins au Canada, d'une discipline nouvelle, l'écologie humaine. Certains parmi les anciens programmes renvoyaient à une image traditionnelle de la vie familiale. Aujourd'hui, ils reflètent fidèlement la réalité familiale contemporaine des Canadiens: ils insistent davantage sur la compréhension de la violence familiale, sur les défis auxquels sont confrontées un grand nombre de familles, et sur les relations entre hommes et femmes au sein de la famille.

Le fait de reconnaître que c'est à l'intérieur même de la famille que prennent naissance plusieurs des troubles personnels et interpersonnels montre à quel point la compréhension du potentiel et des difficultés inhérents à la vie familiale moderne est importante. Cela entraîne aussi un regain d'intérêt pour les interventions thérapeutiques en milieu familial menées par les travailleurs sociaux (*voir* TRAVAIL SOCIAL), les psychologues (*voir* PSYCHOLOGIE), les psychiatres et les médecins de médecine familiale.

Nanci Langford

Famille Panet Établie à Québec par Jean-Claude Panet (1719-1778) en 1740, et à Montréal par le frère de celui-ci, Pierre-Méru Panet (1731-1804), en 1746. La famille Panet contribue de façon remarquable et pendant plusieurs générations à la vie judiciaire, politique, religieuse et, surtout, militaire du Canada. Peu après son arrivée au Canada, Jean-Claude Panet, militaire des TROUPES DE LA MARINE, devient notaire du roi et, plus tard, l'un des premiers juges catholiques de la Cour des plaids communs, sous le régime britannique. Son fils, Bernard Claude Panet (1753-1833), devient évêque de Québec en

1825. Un autre fils, Jean-Antoine Panet (1751-1815), notaire et seigneur de Bourg-Louis, devient le premier président de l'Assemblée législative du Bas-Canada (1791-1794; 1797-1814), membre du Conseil législatif (1815), juge de la Cour des plaids communs (1794-1797). En tant qu'officier de la milice, il participe à la défaite des troupes américaines en 1775-1776.

Petit-fils de Jean-Claude Panet et fils d'Elzéar-Alexandre Panet, Philippe Panet (1791-1855) est, lui aussi, avocat, membre de l'Assemblée législative (1816-1820; 1830-1832) et du Conseil exécutif (1831), juge de la Cour du Banc du Roi. Il est aussi capitaine des VOLTIGEURS canadiens, qui combattent contre les Américains pendant la guerre de 1812. Son deuxième fils, Louis Panet (1794-1884), est notaire, membre du Conseil spécial du Bas-Canada (1837-1841), membre du Conseil législatif (1852-1867), membre du Conseil législatif de Québec (1867-1884), sénateur (1871-1874) et lieutenant-colonel du 1er Bataillon de la Milice de Québec (1857-1869). Fils de Philippe Panet, Charles-Eugène Panet (1829-1898), avocat, sénateur (1875) et lieutenant-colonel du 9e régiment des Voltigeurs de Québec (1869-1880), est sous-ministre de la Milice (1875-1898). Six de ses sept fils, nés de trois mariages, occupent également un haut rang militaire: le colonel Antoine Chartier de Lobinière Panet (1865-1926); le brigadier-général Alphonse-Eugène Panet (1867-1950); le major-général Henri-Alexandre Panet (1869-1959); le colonel Charles-Louis Panet (1870-1955); le colonel Arthur-Hubert Panet (1877-1944); et le major-général Édouard de Bellefeuille Panet (1881-1977). Cette tradition militaire de distinction s'étend sur sept générations et vaut aux Panet la réputation d'être «la famille militaire la plus en vue du Canada».

La branche montréalaise de la famille Panet, issue de Pierre-Méru Panet, suit la même trajectoire. Pierre-Méru Panet devient lui-même notaire du roi, juge de la Cour des plaids communs (1778-1784), membre du Conseil exécutif en 1791 et officier de la milice, qui combat contre les Américains en 1775-1776. Son fils, Pierre-Louis Panet (1761-1812), est également notaire, membre de l'Assemblée législative (1792), membre du Conseil exécutif (1801) et juge de la Cour du Banc du Roi (1795-1812). Un second fils, Bonaventure Panet (1765-1846), est membre de la première Assemblée législative du Bas-Canada et participe à la guerre de 1812. Le fils de Pierre-Louis Panet, également nommé Pierre-Louis (1800-1870), devient juge de la Cour du Banc du Roi.

Les autres descendants de la famille Panet, par les lignées maternelles des familles Taschereau, de Bellefeuille, MacDonald, de Lobinière et Harwood, renforcent à leur tour la renommée distinguée des Panet dans la vie publique canadienne.

Carman Miller

Family Compact Qualificatif peu flatteur attribué par leurs contemporains à un petit groupe de fonctionnaires qui, jusqu'aux années 1830 environ, domine les Conseils législatif et exécutif, la haute administration publique et le pouvoir judiciaire du HAUT-CANADA. La formation de ce groupe remonte au moment où John Graves SIMCOE, premier lieutenant-gouverneur du Haut-Canada, tente de créer une aristocratie locale en confiant à ses amis loyalistes des postes gouvernementaux et en leur octroyant des terres.

La génération suivante, dont fait partie John Beverley ROBINSON, voit ses rangs grossir avec l'ajout de Britanniques, dont John STRACHAN, qui arrivent avant 1812 et qui s'intègrent à l'élite gouvernante TORY. Le «Family Compact», établi principalement à York (Toronto), doit son homogénéité aux liens familiaux, au favoritisme et au partage d'une même vision politique et sociale propre aux professionnels et aux marchands de la classe moyenne supérieure. Il est appuyé par des groupes conservateurs répartis dans toute la province.

Le «Family Compact» anime l'idéologie politique qui modèle le Haut-Canada. S'inspirant de la pensée loyaliste, les Tories envisagent un développement social basé sur l'appartenance à l'Empire britannique et sur l'hostilité qu'ils entretiennent envers les États-Unis. Ils modèlent leurs institutions sur celles de la Grande-Bretagne en se dotant d'une constitution équilibrée, d'une société hiérarchisée et d'une Église établie.

À partir de 1830, le «Family Compact» perd de son influence. Son caractère exclusif incite ses adversaires à prôner une réforme du système politique et contribue au mécontentement à l'origine des RÉBELLIONS DE 1837. Les rébellions sont rapidement matées, mais les membres du «Family Compact» qui en sont sortis vainqueurs sont bientôt évincés de la politique par un nouveau groupe de modérés qui reconnaît la légitimité d'une opposition politique et l'essor du MULTIPARTISME.

David Mills

Farnham, ville du Qc; pop. 7924 (2000), 6044 (rec. 1996), 6146 (rec. 1991); superf. 92,53 km²; const. en 1798; située à environ 65 km au sud-est de Montréal, sur les berges de la rivière Yamaska, à la limite séparant la plaine montréalaise et les Cantons de l'Est. Des LOYALISTES originaires du nord de la Nouvelle-Angleterre et surtout du Vermont, s'établissent au début du XIXᵉ s. dans le canton de West Farnham (créé le 22 octobre 1798). Plus tard, des francophones venus des environs des rivières Richelieu et Yamaska (comtés de Rouville et de Saint-Hyacinthe) s'y installent à leur tour. Le village de West Farnham est constitué en 1862. Les francophones y sont depuis longtemps majoritaires et forment aujourd'hui plus de 85 p. 100 de la population. La municipalité de Rainville et la Ville de Farnham ont été fusionnées le 8 mars 2000.

Durant les 40 premières années (1810-1850), l'exploitation de la potasse constitue la principale source de revenus. En 1858, la construction du chemin de fer de Stanstead, Shefford et Chambly déclenche la croissance remarquable de Farnham comme centre ferroviaire, grâce à sa position géographique et à la concurrence entre promoteurs ferroviaires. La compagnie South Eastern Railway construit une ligne ferroviaire qui va de West Farnham à Richford et qui atteint Newport, au Vermont, en 1873. Elle établit son siège social, sa rotonde et ses ateliers de réparation à Farnham. Pas moins de cinq lignes ferroviaires en viennent à converger dans la ville. Au début du XXᵉ s., le Canadien Pacifique emploie environ 500 salariés de Farnham (pop. 3114, rec. 1901). Cependant, ces activités périclitent au cours des décennies suivantes.

La croissance des transports routiers, le transfert à Montréal d'une bonne partie des activités de réparation et la suppression de plusieurs voies ferrées régionales tendent à limiter le développement de Farnham après 1925. Deux de ces lignes sont depuis converties en pistes cyclables (*voir* SENTIER TRANSCANADIEN, LE). Au fil des années, aux industries de Farnham s'ajoutent le raffinage du sucre de betterave, la transformation du bois, la fabrication de coffres-forts et de chambres fortes, la confection de vêtements et la fabrication de produits en caoutchouc. Aujourd'hui, les principales industries sont la production de textiles, de câbles d'acier, de linoléum, de tapis, de tables et de chaises.

Johanne Ledoux

Farnon, Robert Joseph, compositeur, arrangeur et chef d'orchestre (Toronto, 24 juill. 1917). Il est considéré comme l'un des plus importants compositeurs de trames sonores de sa génération en Europe et en Amérique du Nord. Au cours des années 30, il est trompettiste dans de nombreux orchestres de danse de Toronto et dans les orchestres de Percy Faith et de Geoffrey WADDINGTON de la Commission canadienne de radiodiffusion. Il est un membre fondateur de l'émission radiophonique de la Société Radio-Canada, *Happy Gang* (1937-1943).

Pendant la Seconde Guerre mondiale, il sert outre-mer en tant que directeur de la musique canadienne des Forces expéditionnaires alliées. Il s'installe ensuite en Angleterre où il acquiert une solide réputation en tant que chef d'orchestre, arrangeur et compositeur de musique de divertissement dans des émissions radiophoniques de la BBC, ainsi que par ses enregistrements pour Chappell and Company Mood Music. Des artistes aussi célèbres que Vera Lynn, Lena Horne, Frank Sinatra, Tony Bennett et George Shearing ont enregistré des interprétations de ses arrangements. En 1995, Farnon reçoit le prix Grammy du meilleur arrangement pour instruments (composé pour le tromboniste J.J. Johnson). Outre plus d'une quarantaine de trames sonores, ses compositions comprennent notamment la suite populaire *Canadian Impressions* et *Rhapsody* pour violon et orchestre (enregistrée par Steven STARYK).

En 1997, l'Orchestre du Centre national des Arts rend hommage à Farnon, un des grands musiciens du Canada, en exécutant ses œuvres pendant trois jours.

Ann Schau

Farquharson, Ray Fletcher, médecin, professeur de médecine (Claude, Ont., 4 août 1897—Ottawa, 1 juin 1965). Titulaire de la chaire de médecine Sir John and Lady Eaton à l'U. de Toronto (de 1947 à 1960), Farquharson devient le premier président du Conseil de recherches médicales (Canada), poste qu'il occupe de 1960 jusqu'à sa mort survenue au cours d'une réunion du Conseil. Il fait des recherches considérables sur l'anémie pernicieuse, la maladie de Simmonds, l'anorexie mentale et l'hyperparathyroïdie. Excellent professeur et conseiller remarquable, ses patients apprécient sa chaleureuse et sympathique personnalité. Il est conseiller auprès de l'Aviation royale du Canada au cours de la Seconde Guerre mondiale et préside le Collège royal des médecins et chirurgiens du Canada entre 1945 et 1947.

Robert B. Kerr

Farrally, Betty, née Hey, danseuse, professeure et directrice de ballet (Bradford, Angl., 5 mai 1915—Kelowna, C.-B., 9 avril 1989). Elle exerce une grande influence sur le développement du BALLET au Canada en tant que cofondatrice du ROYAL WINNIPEG BALLET et, plus tard, en tant qu'enseignante. Après avoir terminé ses études de danse en Angleterre, elle immigre au Canada en 1938, en compagnie de son ancienne professeure, Gweneth LLOYD. Elle contribue à la fondation du Winnipeg Ballet (Royal Winnipeg Ballet) avec Lloyd. En 1950, Farrally suit sa collègue et s'installe à Toronto. Elle continue cependant d'assumer ses fonctions de directrice artistique au Winnipeg Ballet jusqu'en 1957, année où elle fonde une nouvelle école à Kelowna, en Colombie-Britannique. Farrally est aussi pendant longtemps l'une des responsables du programme d'été en danse au BANFF CENTRE, dont elle deviendra conseillère artistique. Elle est nommée officier de l'Ordre du Canada en 1981 et reçoit le prix Danse au Canada en 1984.

Michael Crabb

Farrer, Edward, journaliste (près de Castlebar?, Irl.—Ottawa, 27 avril 1916). Il est un remarquable artisan et promoteur de l'union canado-américaine. Il aurait étudié à Rome en vue de devenir prêtre, avant de débarquer au Canada vers 1870. Il travaille pour divers journaux, dont le *Winnipeg Time* (1882-1884) et le *Sun* (1884). Rédacteur en chef du *Toronto Daily Mail* de 1885 à 1890, il en fait l'un des principaux journaux de l'époque et contribue à l'arracher à l'emprise du premier ministre sir John A. MACDONALD. Ce journal provoque habilement une flambée de sentiment anti-français et anti-catholique à la suite de la RÉBELLION DU NORD-OUEST. Farrer veut de toute évidence rendre le Canada anglais hostile à la Confédération.

En 1890, il passe au journal libéral *The Globe* comme rédacteur en chef et fait à nouveau subtilement la promotion de l'annexion aux États-Unis. Lors des élections de 1891, Macdonald dévoile une brochure prétendument écrite par Farrer, qu'il veut pour preuve du soutien des libéraux à l'annexion. Farrer quitte le *Globe* en 1892, travaille au sein du mouvement annexionniste, puis entre au service du premier ministre sir Wilfrid LAURIER comme propagandiste et agent parlementaire, fonction dont il s'acquitte en promouvant sans cesse des politiques anti-impériales.

Carman Cumming

Fascisme Ce terme désigne souvent, dans une acception large, les dictatures militaires et les gouvernements, organisations ou particuliers d'extrême droite réputés pour leur anticommunisme ou leur antisémitisme violent ou les deux. Dans le fascisme, ces éléments sont souvent importants (comme la répression sexuelle institutionnalisée et d'ardents préjugés anti-féministes, anti-homosexuels et profamiliaux), mais le terme devrait être réservé plus proprement aux mouvements de masse et aux partis politiques qui sont apparus à la fin du XIXᵉ et au début du XXᵉ siècle dans les pays d'Europe à économie capitaliste et qui ont atteint leur apogée dans l'Italie de Mussolini, l'Allemagne d'Hitler et le Portugal de Salazar. Le fascisme se caractérise par la haine du libéralisme, du socialisme, de la démocratie, de l'internationalisme et du régime parlementaire, par un patriotisme extrême, un nationalisme agressif et une hostilité à l'endroit des autres nations et des autres races, par la glorification du pouvoir, de la violence et de la guerre, par des rêves de conquête et d'expansion, par la nostalgie d'un passé prétendument glorieux, par des associations paramilitaires, par le mythe du chef à qui l'on attribue des qualités surhumaines et par le choix opportun d'un bouc émissaire (ordinairement les JUIFS) tenu responsable de tous les maux sociaux, nationaux et économiques.

Après la Première Guerre mondiale, les mouvements fascistes deviennent dominants dans les pays qui ont subi des défaites humiliantes, ont perdu de vastes territoires et se sont vu imposer de dures conditions de paix. Un grand thème de tous les mouvements fascistes est la reconquête des colonies et territoires perdus de même que le rétablissement de la situation antérieure à la guerre. Le fascisme n'attire pas que les militaires, mais aussi ceux qui ont perdu leur statut social traditionnel et envisagent l'avenir avec crainte, spécialement dans la petite bourgeoisie. Un facteur essentiel de la montée du fascisme est la crise économique dévastatrice qui fait perdre leur travail à des millions de personnes et menace la sécurité économique de millions d'autres. Différentes conditions sont également importantes: une classe capitaliste qui craint une organisation puissante de la classe ouvrière, des partis socialistes et communistes influents qui semblent sur le point de prendre le pouvoir ainsi que des gouvernements minoritaires faibles et éphémères dans des pays dont les institutions parlementaires et les valeurs socio-démocrates libérales sont chancelantes et dont les dirigeants sont largement discrédités par l'indécision, l'immobilité et la corruption.

Après avoir pris le pouvoir, les partis fascistes suppriment tous les partis d'opposition, interdisent les syndicats indépendants et les grèves, éliminent les médias indépendants, établissent des États à parti unique et réorganisent l'industrie selon un système corporatiste. En pratique, le CORPORATISME réduit grandement les droits des travailleurs tout en renforçant et en protégeant ceux des employeurs. Le fascisme est balayé par la défaite des puissances de l'Axe pendant la Seconde Guerre mondiale et la longue période de prospérité qui fait suite à la guerre, mais des éléments fascistes sont florissants dans certains pays et survivent dans d'autres.

Au Canada, avant la Seconde Guerre mondiale, le mouvement fasciste est puissant surtout au Québec avec la montée du Parti de l'unité nationale d'Adrien ARCAND, mais il est pratiquement éteint pendant les années prospères qui suivent immédiatement la fin de la guerre. Beaucoup de nouvelles organisations fascistes apparaissent à la fin des années 60 et au début des années 70. Bien qu'elles comptent très peu de membres, elles continuent d'être très actives pendant les années 80 et 90. Parmi les plus importantes, citons le Heritage Front, le Western Guard, les Aryan Nations, le Parti nationaliste et le KU KLUX KLAN. Ernst Zundel, John Ross Taylor, Paul Fromm et Wolfgang Droege comptent parmi les personnalités marquantes.

Cy Gonick

Faucher, Albert, économiste et historien (Qc, 20 juill. 1915—Québec, Qc, 19 mars 1992). Il étudie d'abord à l'U. Laval où il est de la première promotion de la nouvelle École des sciences sociales fondée en 1938. Diplômé de cette École en 1941, il poursuit ses études avec Harold INNIS et Vincent BLADEN à l'U. de Toronto jusqu'au moment (décembre 1944) où il est engagé comme professeur à l'U. Laval, poste qu'il gardera pendant 40 ans. En 1945, il obtient un M.A. en histoire économique de l'U. de Toronto. Après une période d'enseignement à Laval, durant laquelle il produit un grand nombre de travaux sur le mouvement coopératif (1953-1954), il part étudier en Angleterre, à la London School of Economics, comme boursier de la Fondation Nuffield.

Économiste historien et historien économiste, Faucher a commencé avant même son séjour en Angleterre à développer, avec Maurice LAMONTAGNE, une perspective plus globale. L'hypothèse Faucher-Lamontagne, publiée en 1953, qui replace l'expérience québécoise dans son cadre continental et explique les retards du Québec par des facteurs de localisation économique, d'innovation et de changement technique, transforme complètement notre manière de voir la province. Faucher utilise le même schéma, qui prend le continent nord américain comme unité d'analyse, dans ses travaux sur les déséquilibres entre les quatre régions qui se trouvent grosso modo autour des Grands Lacs (Québec, Nouvelle-Angleterre, Ontario et MidWest américain). Cette aire sert également de cadre à ses analyses des difficultés financières de la PROVINCE DU CANADA au milieu du XIXᵉ siècle et à l'examen de l'émigration massive des Canadiens français vers les États-Unis à la fin du XIXᵉ siècle (*voir* FRANCO-AMÉRICAINS).

Ces travaux sont consolidés dans un recueil de textes importants (1970) et dans un magistral ouvrage de synthèse (1973) qui vaut à Faucher le prix du Gouverneur général. Il reçoit de nombreuses autres distinctions (prix Léon-Gérin en 1985, prix Esdras-Minville en 1988, Médaille Innis-Gérin en 1989).

Faucher était timide et affable, mais ses travaux ont toujours eu un petit côté subversif et ont contribué à débouter les hypothèses conventionnelles qui attribuaient le retard économique du Québec à des causes politiques et culturelles. Il a aussi ouvert beaucoup de chantiers fort riches dans l'analyse économico-historique. Faucher disait modestement qu'il avait voulu ouvrir des «trails» et que son objectif était de construire une «histoire charnelle des institutions» de la socio-économie canadienne et québécoise. Pour ce faire, comme tout bon trublion, il savait poser des questions qui avaient l'heur de recadrer nos perceptions. C'est ce qu'il a fait dans tous les chantiers qu'il a arpentés.

Gilles Paquet

Faucher, Françoise, comédienne, metteur en scène et animatrice (Montmorency, France, 1929). Après une formation en art dramatique en France, auprès de René Simon et Bernard Bimont, elle immigre au Canada, au début des années 50, avec son mari, l'homme de théâtre Jean Faucher. Dès son arrivée, elle joue dans *Noces de sang* de Lorca avec Les Compagnons de Saint, quelques mois avant la dissolution de cette troupe semi-professionnelle, survenue en juin 1952. La comédienne participe ensuite aux premiers grands succès DU THÉÂTRE DU NOU-

VEAU MONDE, *Le Maître de Santiago* de Montherland (1955) et surtout *L'Échange* de Claudel (1956), où elle donne la réplique à Jean Gascon et Jean-Louis Roux, cofondateurs de l'établissement. Elle défend plusieurs rôles dans les téléthéâtres présentés à la télévision d'État naissante. Elle signe des textes d'émissions de radio ou de télé, amorce une fructueuse carrière d'animatrice (*Votre enfant Mesdames, Si santé m'était contée, Carrefour, Psychologie de la vie quotidienne...*) qui culmine avec l'émission d'affaires publiques *Femme d'aujourd'hui*, où elle passe une quinzaine d'années (1966-1981).

Parallèlement, Françoise Faucher poursuit sa carrière de comédienne au petit écran et sur les scènes montréalaises. Elle apparaît dans plusieurs téléromans célèbres des années 70 (*Les Mont-Joye, Les Bergers, La pension Velder* etc.). Au théâtre, elle touche à tous les genres: boulevard, théâtre intimiste, classiques, maîtres modernes (dont Beckett), et productions d'avant-garde; elle est même Prospéro dans *La Tempête* de Shakespeare, au Théâtre Expérimental des Femmes, en 1988. On lui doit aussi quelques mises en scène, notamment *Elvire Jouvet*.

En 1977, le gouvernement français lui décerne la médaille de Chevalier de l'Ordre des arts et des lettres. Françoise Faucher est la mère de la comédienne Sophie Faucher.

Stéphane Baillargeon

Faucon (famille des falconidés) Oiseau de proie de taille moyenne ou petite, réputé pour son vol rapide. On compte 63 espèces de faucons dont la taille varie de celle d'un moineau, chez les fauconneaux du Sud-Est asiatique, à celle d'un corbeau, chez le puissant faucon gerfaut qui habite l'Arctique.

Description Les faucons possèdent des caractéristiques de plumage qu'on ne retrouve pas chez la plupart des autres espèces d'OISEAUX DE PROIE. Ils arborent souvent des bandes faciales bien visibles ou d'autres motifs de coloration contrastants sur la tête. Ils diffèrent aussi par de grands yeux brun foncé, un bec crochu recouvert d'une membrane, nommée cire, à la base et marqué d'une entaille ressemblant à une dent sur la maxille. La majorité des espèces ont des ailes longues et pointues caractéristiques ainsi qu'une longue queue. Les femelles sont nettement plus grandes que les mâles.

Répartition et habitat Cinq espèces de faucons nichent au Canada. La crécerelle d'Amérique (*falco sparverius*), aux couleurs éclatantes, est de la taille d'un merle. Elle est assez commune d'un bout à l'autre du Canada et, sauf en hiver, on l'observe fréquemment le long des routes, qu'elle soit perchée ou qu'elle vole sur place à la recherche d'une proie. Le faucon émerillon (*f. columbarius*), plus discret que sa cousine, se rencontre également partout au pays. Depuis quelques années, on l'observe de plus en plus souvent dans les régions urbaines de l'Ouest du Canada.

Le faucon des prairies (*f. mexicanus*), de couleur sable et de la taille d'une corneille, vit uniquement dans les prairies. Bien qu'il soit assez répandu, on l'observe seulement dans des habitats très particuliers des provinces des Prairies ou dans certaines vallées de l'intérieur de la Colombie-Britannique. Le faucon pèlerin (*f. peregrinus*), de même taille que le faucon des prairies, se reproduisait autrefois partout où il y avait des sites propices à la nidification et des proies en abondance. Le nombre d'individus a grandement diminué à cause du DDT, qui amollit la coquille des œufs, entraînant ainsi la mort de nombreux petits. Le faucon gerfaut (*f. rusticolus*), qui vit dans l'Arctique canadien, se nourrit principalement de lagopèdes et de lièvres arctiques. Bien que ses populations varient selon l'abondance de proies, il n'a pas encore vraiment subi les effets des pesticides et autres polluants.

Relations avec les humains Parce qu'ils sont rapides, les faucons sont depuis longtemps très convoités par les fauconniers, qui les dressent à la chasse. Le faucon gerfaut et le FAUCON PÈLERIN

sont devenus des symboles de statut social pour les fauconniers du monde entier. (*Voir aussi* ANIMAUX EN VOIE DE DISPARITION.)

R.W. Fyfe

Faucon pèlerin (*falco peregrinus*) OISEAU DE PROIE de la taille d'une corneille. Le faucon pèlerin a de longues ailes et est généralement reconnu comme le plus rapide des oiseaux puisqu'il peut atteindre une vitesse, en piqué, de plus de 320 km/h. Son nom, qui signifie «voyageur», convient bien à cette espèce représentée par 18 races. Ce faucon niche sur tous les continents, sauf en Antarctique.

Description L'adulte est généralement gris-bleu (plus ou moins foncé selon les races puisque la couleur varie du bleuâtre au noirâtre) sur le dessus; le dessous du corps (dont la couleur varie de saumon à blanc) est rayé. Le motif, semblable à un casque et formé par la calotte, les joues et la nuque noires, est caractéristique. Les jeunes ont un plumage brunâtre et des rayures longitudinales plus foncées sur la poitrine. Les oiseaux des deux sexes ont sensiblement le même plumage, mais le mâle, plus petit que la femelle, a souvent la poitrine beaucoup plus pâle.

La femelle pond généralement de trois à cinq œufs sur une saillie de falaise, dans une petite dépression qu'elle a creusée dans la terre ou le gravier. Elle ne fait pas vraiment de nid. L'incubation, qui dure environ 33 jours, est principalement assurée par la femelle. Le rôle du mâle consiste surtout à protéger le territoire et à apporter la nourriture à la femelle et aux petits. Lorsque les jeunes ont atteint à peu près la moitié de leur taille adulte, la femelle participe parfois à la quête de nourriture.

Les jeunes quittent le nid vers l'âge de cinq semaines, mais restent à proximité. Ils dépendent des parents pour leur nourriture jusqu'à ce qu'ils soient capables de chasser eux-mêmes. Peu après, ils quittent le lieu de nidification et commencent leur MIGRATION. La première année est très difficile pour les jeunes. Les données provenant des programmes de baguage montrent que seulement environ un jeune sur quatre survit à cette première année et revient sur les territoires de reproduction.

Migration Elle dépend de l'abondance de nourriture et des conditions climatiques où l'oiseau niche. La race *f. peregrinus tundrius* niche dans l'Arctique et hiverne aussi loin que le sud de l'Amérique du Sud, tandis que la race *f. p. pealei*, que l'on retrouve sur la côte Ouest, est essentiellement sédentaire. La troisième race nicheuse au Canada, le *f. p. anatum*, est classée dans la catégorie des espèces «en danger de disparition». Au Canada, elle nichait auparavant partout où elle trouvait suffisamment de nourriture et des habitats appropriés. Elle hivernait depuis le sud des États-Unis, en Amérique centrale, jusqu'au nord de l'Amérique du Sud. Le faucon pèlerin se nourrit presque exclusivement d'oiseaux se trouvant dans la plus grande partie de son aire de répartition, où il vit près des falaises, tant le long des côtes qu'à l'intérieur des terres.

Espèce en voie de disparition La race *f. p. anatum* est presque éteinte dans la plus grande partie de son aire de reproduction. Son déclin est bien documenté et des études ont révélé qu'il est provoqué surtout par des problèmes de reproduction dus à la contamination par les PESTICIDES (surtout le DDT), qui entraînent l'amincissement de la coquille de l'œuf. Cet oiseau est devenu un symbole des problèmes liés à la dégradation de l'ENVIRONNEMENT sous l'action humaine. Au Canada et aux États-Unis, des programmes locaux de conservation ont obtenu d'excellents résultats et plusieurs jeunes faucons pèlerins de la race *f. p. anatum* élevés en captivité ont été relâchés avec succès dans la nature. (*Voir aussi* CONSERVATION ET AMÉNAGEMENT DE LA FAUNE; ANIMAUX EN VOIE DE DISPARITION.)

R.W. Fyfe

Faune, conservation et aménagement de la La faune comprend des espèces animales non domestiquées.

Les spécimens sauvages en captivité en font également partie étant donné leur patrimoine génétique commun avec le peuplement naturel. On entend par conservation et aménagement de la faune la protection et l'exploitation des populations d'animaux sauvages ainsi que du territoire nécessaire à leur maintien, en vue d'assurer à perpétuité la multiplication des espèces et l'équilibre écologique, sans renoncer aux avantages sociaux qu'ils procurent. L'activité humaine est devenue l'un des facteurs clés qui influe sur l'abondance et le bien-être de la faune.

Les premiers explorateurs et colons européens arrivés en Amérique du Nord y trouvent une faune abondante. Reconnue d'emblée pour sa valeur commerciale, cette ressource fait alors l'objet d'une exploitation à grande échelle, à commencer par la PÊCHE et la TRAITE DES FOURRURES. Au fur et à mesure que de nouvelles explorations dévoilent un territoire très vaste et peu peuplé, on tient pour acquis que ses ressources naturelles sont inépuisables et qu'il n'y a donc pas lieu de se préoccuper de CONSERVATION.

Faune, poissons et bois d'œuvre peuvent être exploités à qui mieux mieux à des fins personnelles ou commerciales. Les conséquences de ce comportement abusif deviennent évidentes dans la deuxième moitié du XIXe siècle. Le WAPITI, qui jadis errait jusqu'aux limites est de l'Ontario, disparaît de cette région vers 1850, à la suite de l'aménagement du territoire et d'une exploitation sauvage. Le dindon sauvage disparaît bien avant 1900. Toutefois, il faut attendre l'extinction de la TOURTE VOYAGEUSE, jadis abondante, pour voir s'amorcer une mobilisation suffisante en faveur des lois visant à protéger la faune. En effet, de telles lois sont élaborées, mais seulement dans l'est du Canada, l'ouest et le nord étant encore considérés comme des territoires sans bornes. En conséquence, le wapiti décline rapidement dans les Prairies et, vers 1890, il n'en reste plus que des populations éparses et résiduelles dans ce qui a été jusque-là son habitat occidental. Dans les années 1820, le BISON, dénombré par millions, erre à perte de vue dans les plaines nord-américaines. Cette population reste importante jusqu'à la fin des années 1870, mais on assiste, vers 1885, à sa quasi-extinction.

Cela n'empêche pas les habitants du Canada de s'attacher encore au mythe d'un pays sans frontières et aux ressources fauniques inépuisables, surtout à une époque où les pouvoirs publics et les citoyens se soucient davantage de la prospérité économique, des réseaux ferroviaires transcontinentaux et de la Confédération. D'ailleurs, l'ACTE DE L'AMÉRIQUE DU NORD BRITANNIQUE (1867), laissant aux gouvernements le soin de la gestion des ressources, fait peu de cas de la faune qui est associée à des «questions à caractère privé et local», ce qui autorise les amateurs à prédire solennellement dans les années 1880 la disparition de la plupart des grands mammifères d'Amérique du Nord. Les deux décennies suivantes marquent toutefois un tournant décisif dans l'histoire de la faune au Canada. En effet, après la Confédération et l'attribution aux provinces de la responsabilité du contrôle et de la gestion des ressources, on lance une initiative en faveur de lois protectrices de la faune. Le PARC NATIONAL BANFF, le premier parc national au Canada qui, à sa création en 1885, n'a pas la vocation de protéger la faune, en fait l'une des ses importantes fonctions. Cette initiative connaît également d'autres dénouements heureux: le Bison Recovery Park à Wainwright (Alberta) et le PARC NATIONAL WOOD BUFFALO (Alberta et Territoires du Nord-Ouest).

Devant les inquiétudes exprimées à l'échelle internationale à propos du bien-être des oiseaux migrateurs, la Grande-Bretagne (au nom du Canada) et les États-Unis signent la Convention concernant les oiseaux migrateurs (1916), précurseur de la *Loi sur la Convention concernant les oiseaux migrateurs* au Canada en août 1917. En 1919, le gouvernement du Canada organise la première conférence nationale sur la faune, à laquelle participent de nombreux représentants officiels. Le premier sanctuaire d'oiseaux (*voir* OISEAUX, SANCTUAIRES ET RÉSERVES D') en Amérique du Nord (et peut-être dans l'hémisphère occidental) est créé au lac de la Dernière-Montagne (Saskatchewan) en 1887. Il faut toutefois attendre la signature de la Convention concernant les oiseaux migrateurs pour que la déclaration qui l'établit soit officiellement reconnue.

La création des parcs et des refuges par les gouvernements fédéral et provinciaux dans des régions stratégiques du pays permet la protection d'espèces sauvages indigènes, même si cette approche commune n'est pas sans susciter des querelles et de vives discussions. Dans le golfe du Saint-Laurent, Rochers-aux-Oiseaux, l'île Bonaventure et le ROCHER PERCÉ sont désignés comme refuges côtiers destinés aux oiseaux marins. De nombreux refuges à l'intérieur des terres sont également reconnus. Créés au départ pour empêcher la surexploitation, ces refuges finissent par assurer aussi la protection des habitats naturels.

Entre 1900 et 1960, les programmes de conservation de la faune connaissent un succès considérable. L'interdiction de la chasse commerciale sur de vastes étendues ainsi que des variations climatiques favorables permettent un rétablissement spectaculaire. Le bison n'est plus une espèce menacée d'extinction. Protégée de la chasse, la GRUE BLANCHE D'AMÉRIQUE voit ses sites de nidification et ses gîtes d'hivernage sauvegardés. À présent, le CERF de Virginie connaît un regain de vigueur dans des forêts renouvelées et des régions périphériques destinées à l'agriculture. De même, à grand renfort de populations transplantées, le wapiti se rétablit dans les régions montagneuses et des zones localisées des prairies associées aux parcs. À son tour, la population des LOUTRES DE MER se rétablit, ayant évité le pire que représente la surexploitation commerciale. Le CASTOR, remonté des niveaux dangereusement bas jadis, pose toutefois des problèmes là où les populations ne sont pas limitées. Enfin, grâce aux programmes de conservation de la faune, le BŒUF MUSQUÉ de la toundra nordique, tout comme l'ANTILOPE D'AMÉRIQUE de la prairie herbeuse, présentent des signes de rétablissement impressionnants.

Gestion de la faune Au Canada, elle reflète la législation régissant, d'une part, la pêche et les mammifères marins et, d'autre part, les autres espèces sauvages. Conformément à la *Loi sur les pêches* du Canada, le ministère des Pêches et des Océans doit veiller à la protection et à la gestion de tous les poissons et mammifères marins (phoques, baleines, morses, etc.) des eaux canadiennes. Considérées avant tout comme une ressource économique, ces diverses populations, en particulier le homard, le saumon et les autres espèces, sont assujetties à des saisons de récoltes fixées par la loi et à des quotas qui tiennent compte des programmes de surveillance permanents. Comme les lois antipollution, ces programmes visent à garantir des stocks sains et viables et à favoriser le rendement soutenu de produits de qualité dont dépend l'industrie de la pêche.

En revanche, les gouvernements provinciaux et territoriaux sont responsables de la gestion active des poissons d'eau douce, sous réserve des lois fédérales. Source d'activités récréatives pour l'essentiel, ces pêches ont aussi une valeur commerciale non négligeable. P. ex., les Grands Lacs tout comme les lacs de grande superficie situés dans les régions du Nord et des Prairies constituent la base d'industries assez importantes, notamment le commerce d'exportation. Des recherches sur les pêches sont entreprises par les gouvernements fédéral et provinciaux avec la collaboration fréquente de diverses universités.

Les oiseaux, les mammifères terrestres, les amphibiens et les reptiles constituent entre autres le deuxième groupe important. En matière de conservation, les oiseaux migrateurs relèvent d'un programme inhabituel en ce sens qu'il est géré à la fois par les gouvernements fédéral et provinciaux en vertu de la *Loi sur la Convention concernant les oiseaux migrateurs*, loi qui permet également la coordination internationale. Les oiseaux migrateurs regroupent les OISEAUX AQUATIQUES, les grues, les oiseaux de rivage, les OISEAUX MARINS, sans oublier les oiseaux chanteurs et insectivores. En ce qui concerne les autres espèces de la faune terrestre, elles sont protégées et gérées par les gouvernements provinciaux en collaboration, le cas échéant, avec le gouvernement fédéral. Des organismes de conservation non gouvernementaux ainsi que des particuliers jouent de plus en plus un rôle déterminant dans la gestion de la faune et la sensibilisation générale aux questions concomitantes.

Un grand nombre d'espèces sauvages font régulièrement l'objet d'études afin de permettre aux organismes de conservation de suivre l'évolution des populations et d'en surveiller la répartition. Ces études peuvent se réaliser sur le terrain ou depuis un aéronef et souvent à l'aide de techniques photographiques. La chasse est contrôlée et répertoriée afin d'effectuer des comparaisons avec d'autres populations et de maintenir des populations optimales. Pour les espèces moins visibles qu'il est difficile de surveiller au moyen de techniques rigoureuses, les échantillons analysés par des organismes de conservation bénévoles donnent un aperçu de leur situation.

Les peuples autochtones du Canada détiennent, grâce à un écheveau de traités et de lois, des droits d'exploitation spéciaux de la faune (*voir* INDIENS, LOI SUR LES; REVENDICATIONS TERRITORIALES). Bien que l'exercice de ces droits soit réaffirmé dans la *Loi constitutionnelle de 1982*, les droits effectifs des particuliers résidant dans différentes réserves ou jouissant d'une ascendance multiple restent à préciser. Certes, les décisions de la Cour suprême du Canada les définissent mieux dans certains cas, mais d'autres questions demeurent non résolues, ce qui limite sérieusement la marge de manœuvre des particuliers et des organismes de conservation.

Tout comme les humains et le bétail, les diverses espèces fauniques ont besoin pour survivre de nourriture, d'abri et d'espace. Tous les organismes de conservation canadiens tentent de préserver et de protéger les importantes réserves d'espèces sauvages situées sur les terres publiques. En outre, des organismes gouvernementaux ou non gouvernementaux gèrent des programmes d'acquisition auprès des particuliers d'aires uniques d'un point de vue de la faune. Le maintien de nombreuses espèces à des niveaux souhaitables exige donc une stratégie propice à la gestion de toutes les aires conformément aux impératifs de la faune.

Les organismes de conservation gouvernementaux de même que des groupements d'intérêt public ont formé le Comité sur le statut des espèces menacées de disparition au Canada (CSEMDC). Sur la base des études consacrées aux ANIMAUX EN VOIE DE DISPARITION ou aux espèces de statut inconnu qu'il encourage ou commande, le comité fait des recommandations qui ont le mérite d'inciter à une protection accrue. Signataire de la Convention sur le commerce international des espèces de faune et de flore sauvages menacées d'extinction (1973) (CITES), le Canada multiplie ses contacts avec la plupart des pays soucieux de la conservation et de la protection des espèces en voie de disparition. Enfin, comme les Canadiens vivent de plus en plus dans de grands centres urbains et qu'ils ont peu de contact direct avec le milieu sauvage, il faut donc renforcer des initiatives en faveur aussi bien de la conservation et de la gestion que de la sensibilisation et des programmes d'interprétation.

Conclusion Le rétablissement de la faune, survenu notamment de 1920 à 1970, témoigne de l'ampleur des inquiétudes sociales et de la nécessité de mettre en place des programmes de gestion active. À cet égard, les administrations publiques et les organismes à but non lucratif, tant à l'échelle nationale que provinciale, comme la FÉDÉRATION CANADIENNE DE LA FAUNE, la FÉDÉRATION CANADIENNE DE LA NATURE, CANARDS ILLIMITÉS CANADA, le Fonds mondial pour la nature Canada et la Société canadienne pour la conservation de la nature jouent, de concert avec les organismes fédéraux (p. ex., SERVICE CANADIEN DE LA FAUNE d'Environnement Canada), un rôle clé. Force est de constater, toutefois, que les populations sont revenues uniquement dans les habitats qui demeurent propices à leur multiplication. Retrouver des milieux naturels, soit pour former une population apte à se reproduire, soit pour augmenter un peuplement naturel, est donc la raison d'être des programmes de conservation. Les animaux ne reviendront pas sur des terres ayant été aménagées à des fins d'exploitation agricole, d'industrialisation et d'urbanisme.

Bien que l'abondance de nombreuses espèces sauvages soit plus importante dans les années 1980 que dans les années 1870, le déclin d'un grand nombre d'entre elles se poursuit jusqu'à des niveaux inquiétants, quand elles ne sont pas carrément menacées d'extinction. Dans certains cas, l'assèchement des marais élimine complètement l'habitat de nombreuses espèces tout comme la POLLUTION des rivières et des estuaires rend ces derniers impropres à la faune. Par ailleurs, dans l'est du Canada, les PLUIES ACIDES provoquées par les effluents industriels, les automobiles et l'urbanisation continuent de rendre stériles de vastes étendues, y compris les cours d'eau. Parallèlement à cela, les oiseaux aquatiques et les mammifères marins sont de plus en plus menacés par les marées noires et la pollution générale des océans. Autrement dit, les dangers directs liés à l'exploitation sauvage et dévastatrice des ressources maritimes au XIXᵉ siècle sont remplacés par les menaces indirectes, insidieuses et permanentes nées de la dégradation environnementale caractéristique du XXᵉ siècle. Il faut donc prévoir, dans la planification de l'utilisation du territoire et la gestion de l'environnement, une place pour la faune afin de la préserver dans toute sa diversité et son abondance.

La faune présente de nombreux avantages pour la société. Avec la végétation et l'ENVIRONNEMENT non biotique, elle est constitutive de «l'équilibre naturel», à savoir un ensemble de processus naturels complexes dont dépend la survie des humains. Un pays débordant de faune est un lieu propice à la vie humaine. Pour beaucoup de Canadiens, la faune est une source directe de nourriture et d'autres produits dérivés. Bien qu'un tel avantage saute aux yeux dans les régions du nord, il n'est pas moins significatif dans le sud du Canada. Axée sur des stocks qui se renouvellent naturellement, la pêche commerciale, tant dans les eaux côtières que dans les eaux douces, y constitue une industrie importante. De même, forte du plus haut taux de rendement économique permanent comparativement à n'importe quelle autre ressource dans les régions mésopolaréennes, l'INDUSTRIE DE LA FOURRURE issue du piégeage représente une source de revenu directe pour des milliers d'habitants. À condition que leur gestion soit biologiquement rigoureuse, ces chasses pour la fourrure, outre leur rendement économique direct, permettent d'assurer l'équilibre entre les populations et les ressources vivrières, d'éviter la surpopulation et les pertes considérables dues à la famine et aux maladies.

Ingrédient de base dans les loisirs de plein air, la faune fait partie du patrimoine de tous les Canadiens. Elle témoigne de la santé de l'environnement et sert de «baromètre» de son évolution. La faune de tout le Canada appartient de droit à tous les Canadiens. Comme cette jouissance n'est pas simplement consacrée par la loi, mais que les pouvoirs publics ont de plus l'obligation d'y veiller, le souci et la responsabilité d'une conservation et d'une gestion saines de la faune incombent donc à chaque Canadien.

Gordon R. Kerr

Faute professionnelle Omission intentionnelle ou négligente d'un professionnel, p. ex., un médecin, un avocat ou un comptable, de se conformer aux normes de compétence raisonnable de sa profession. Ces normes sont établies en tenant compte des circonstances dans lesquelles le professionnel exerce son activité. Les spécialistes doivent respecter les normes plus élevées d'un spécialiste raisonnablement compétent, et les débutants doivent satisfaire à des normes ordinaires, l'inexpérience n'étant pas une excuse. On s'attend du professionnel qu'il se tienne à jour et qu'il se limite à son domaine de compétence. Celui qui agit autrement est jugé conformément aux normes des professionnels par qui la tâche aurait dû être accomplie. Le *Code civil du Québec* comporte une norme semblable à celle qui existe dans les provinces de *common law* dans le domaine de la RESPONSABILITÉ CIVILE DÉLICTUELLE qui, avec le droit des contrats, régit les fautes professionnelles. Les dommages-intérêts adjugés en matière de faute professionnelle varient énormément, compte tenu de la perte subie par la partie demanderesse. D'une façon générale, le quantum des dommages-intérêts en la matière est beaucoup plus élevé aux États-Unis qu'au Canada.

Margaret Somerville

Fauteux, André, sculpteur (Dunnville, Ont., 15 mars 1946). Il reçoit une formation de base en art à la Central Technical School, à Toronto, et travaille avec Anthony Caro (U. York, 1974-1975). Fauteux est reconnu pour l'élégance et la maîtrise de la ligne qui caractérisent ses sculptures abstraites. Profondément influencé par les peintures minimalistes de Kenneth Noland, Fauteux aborde avec succès les préoccupations picturales de Noland et les convertit dans ses sculptures. Les contours minces soigneusement articulés renferment le volume de chaque œuvre, mais la planéité de l'acier, la convergence des verticales et des horizontales aux angles aigus et dramatiques, ainsi que l'espace négatif environnant défient la masse et le poids des sculptures. Dans son approche, Fauteux utilise l'interaction de formes géométriques comme point de départ pour la construction d'une forme sculpturale. En 1987, le musée Guggenheim lui remet le Francis Greenberger Prize et la ville de Barcelone lui attribue une importante commande. Fauteux participe régulièrement à des expositions à Toronto, à New York, à Chicago, à Londres et à Barcelone, et on retrouve ses œuvres dans les collections de nombreux musées canadiens et étrangers.

Clara Hargittay

Favoritisme Le favoritisme politique désigne l'action par laquelle quelqu'un qui occupe un poste décisionnel attribue à quelqu'un d'autre des faveurs ou des récompenses, telles que des charges publiques, des emplois, des contrats, des subventions, du prestige ou d'autres avantages convoités, en contrepartie d'un service valorisé, tel qu'un vote pour un parti politique ou encore du financement ou du travail accordé pour une campagne électorale. La relation entre le favorisant et le favorisé est habituellement inégale, sélective et discrétionnaire. En général, le favorisant accorde des faveurs non pas à tous les favorisés potentiels, mais seulement à quelques-uns de son choix.

Il arrive que le favorisé soit en contact direct avec le favorisant responsable de l'attribution des récompenses. Ainsi, un ministre pourra récompenser les organisateurs de sa campagne électorale en les nommant membres de son cabinet personnel. Toutefois, il arrive aussi que les favorisants et les favorisés soient liés par un intermédiaire ou un courtier. Ainsi, un simple député ou un organisateur électoral pourra intervenir auprès d'un ministre ou du premier ministre pour obtenir une faveur pour son client. Qu'il intervienne directement entre les parties ou par l'intermédiaire d'une tierce personne, le favoritisme est une relation d'échange qui peut porter sur un éventail de produits et services. Le plus souvent, un poste ou un avantage matériel est accordé en échange de la loyauté ou du soutien politiques.

Contrairement au favoritisme, la CORRUPTION est une conduite illégale par laquelle une personne ou un groupe reçoit un avantage particulier qui va à l'encontre de l'intérêt public. Néanmoins, le favoritisme peut se transformer en corruption si, p. ex., la loi exige que les contrats du gouvernement soient attribués au plus bas soumissionnaire, mais qu'un favorisé use de son influence pour obtenir un contrat même si sa soumission n'est plus élevée que d'autres. Certaines pratiques de favoritisme sont généralement considérées comme de la corruption, mais pas par les personnes politiques et les favorisés. P. ex., il est pratique courante au Canada de nommer au Sénat des personnalités importantes qui ont appuyé le parti au pouvoir. Certaines personnes politiques prétendent que, si des candidats à un poste présentent des compétences égales, il n'y a rien de répréhensible à favoriser un ami plutôt qu'un adversaire ou un inconnu. Parmi les cas célèbres de favoritisme qui ont été perçus comme de la corruption figurent le SCANDALE DU PACIFIQUE dans les années 1870 et le scandale de Beauharnois dans les années 1930. Dans les deux cas, des personnes liées à des partis politiques ont personnellement bénéficié de projets de travaux publics d'envergure d'une façon généralement jugée contraire à l'intérêt public (*voir* CONFLIT D'INTÉRÊTS).

À la décharge du favoritisme, certains soutiennent parfois qu'il s'agit d'un procédé qui permet de réduire les coûts de l'attribution des postes, des contrats et des subventions et qui sert d'antidote à la bureaucratisation excessive du gouvernement. Des observateurs américains y voient même un moyen de renforcer l'unité et la discipline au sein du parti, mais la plupart des gens au Canada s'opposent aux pratiques de favoritisme, dont ils croient qu'elles portent atteinte aux principes du mérite et de l'égalité d'accès pour tous aux avantages qu'accorde l'État.

Les partis politiques canadiens ont traditionnellement recouru au favoritisme pour monter des machines politiques de façon à conserver leur avantage sur leurs adversaires. Le Parti libéral et le Parti progressiste-conservateur ont ainsi tous deux construit des appareils politiques complexes au XIXᵉ siècle ainsi que bon nombre de partis provinciaux. Depuis l'adoption de la *Loi sur les dépenses d'élection* en 1974, le Parlement et plusieurs assemblées législatives provinciales ont tenté de réglementer les contributions politiques et les dépenses électorales et ont resserré les lois portant sur les pratiques électorales et le FINANCEMENT DES PARTIS. Comme le principe du mérite régit d'habitude le recrutement et les promotions, la FONCTION PUBLIQUE est aussi devenue moins exposée au favoritisme et à la corruption. La résistance à de telles pratiques est encore plus grande là où les fonctionnaires sont syndiqués.

L'expansion de l'ÉTAT PROVIDENCE a multiplié le nombre d'avantages offerts à la population, réduisant ainsi les occasions de récompenses plus personnelles fondées sur des relations entre individus. L'affaiblissement des liens familiaux et des institutions religieuses a aussi érodé les fondements culturels et sociaux du favoritisme, surtout dans les milieux ruraux. Le caractère idéologique accru de la politique a aussi aidé à freiner la pratique.

Le favoritisme demeure néanmoins un aspect important de la vie politique au Canada. Bien qu'il ait été en grande partie éliminé dans les échelons inférieurs du système politique, sauf dans quelques provinces, il est encore très présent dans les échelons supérieurs, où les récompenses sont d'autant plus prisées qu'elles sont rares, telles les nominations au SÉNAT, à des postes d'ambassadeur ou à d'autres postes lucratifs au sein de divers organismes, conseils ou commissions. Ces récompenses sont principalement réservées à une élite d'organisateurs de parti, d'organisateurs de souscription, de sondeurs et de spécialistes des médias, qui jouent un rôle clé au sein des partis politiques modernes et dans l'entourage personnel des chefs de parti.

Vincent Lemieux

Favreau, Guy, avocat et politicien (Montréal, 20 mai 1917—*id.*, 11 juill. 1967). Avocat montréalais bien en vue, Favreau est élu à la Chambre des communes aux élections de 1963. Membre de la «nouvelle garde» des Libéraux québécois, Favreau s'illustre rapidement sous les auspices du premier ministre Lester PEARSON. Il est d'abord nommé ministre de la Citoyenneté et de l'Immigration le 22 avril 1963. Le 3 février 1964, Pearson le nomme ministre de la Justice et procureur général ainsi que leader parlementaire libéral. À cette époque, Favreau poursuit le travail de l'ancien ministre conservateur de la Justice, E.D. FULTON, en cherchant une formule de modification de la Constitution canadienne. La «formule Fulton-Favreau» est vivement débattue mais ne sera jamais approuvée. En avril 1964, Favreau devient également chef du Parti libéral du Québec.

Il cumule trop de fonctions, et la presse intensifie ses critiques à son endroit par suite du scandale de Lucien RIVARD. La commission Dorion critique sa manière de traiter le scandale, et il démissionne en tant que ministre de la Justice le 29 juin 1965. Le 7 juillet 1965, Pearson suscite la controverse en nommant Favreau président du Conseil privé. Sa réputation politique étant irréparablement ruinée, ce personnage tragique disparaît promptement de la scène publique. Sa santé fléchit et il meurt en 1967.

John English

Favreau, Marc, acteur, auteur et monologuiste (Montréal, Qc, 9 nov. 1929). En 1950, alors qu'il est dessinateur publicitaire, Favreau s'inscrit à l'école du THÉÂTRE DU NOUVEAU MONDE, puis étudie à Paris de 1955 à 1957. Par la suite, il obtient des rôles dans les séries télévisées canadiennes les plus populaires (*Jeunesse dorée*, *Le Survenant*, *Les Enquêtes Jobidon* et *Les Forges du Saint-Maurice*) et dans les séries télévisées pour enfants (*Le Courrier du roy*, *La Boîte à surprises* et, la plus importante, *Sol et Gobelet*). En 1958, Favreau conçoit le personnage de Sol le clown, pour l'émission *Bim et Sol* (qui deviendra *Sol et Bouton* et ensuite *Sol et Gobelet*). Il entame, en 1972, une carrière au théâtre, où il incarne un clown naïf. Bien qu'il présente une image de la société vue à travers sa pauvreté chronique, le personnage de Sol connaît les grandes vérités de la vie et les dévoile à travers ses monologues remplis de jeux de mots et d'imagination. Marc Favreau est non seulement acclamé par la critique et le grand public canadiens, mais a aussi un succès retentissant à l'étranger. En 1986, *L'Univers est dans la pomme* reçoit un accueil chaleureux au Québec et en France. Il a également écrit *Faut d'la fuite dans les idées* (1996) et *Comedia dell'arte* (1997), une pièce de théâtre. Son génie clownesque de la langue, sa manière unique de disloquer et de réassembler les mots lui ont valu de nombreux honneurs, parmi lesquels la médaille des francophones d'Amérique (1989), l'Ordre national du Québec (1995) et le prix Georges-Émile-Lapalme qui souligne sa contribution à l'amélioration de la langue française.

Carmen Langlois et Alain Létourneau

Fédéralisme Système politique dans lequel un corps législatif central ou fédéral et celui de provinces ou d'États se partagent le pouvoir législatif. Le GOUVERNEMENT FÉDÉRAL exerce ses compétences sur l'ensemble du territoire national et sa population, tandis que celles du GOUVERNEMENT PROVINCIAL se limitent à sa portion de territoire et de population. L'autorité de chaque gouvernement est délimitée par une CONSTITUTION écrite. Dans une fédération centralisée, le pouvoir des gouvernements provinciaux est relativement restreint alors que dans une fédération décentralisée, il est plus étendu.

Le fédéralisme se différencie du système à gouvernement unique, dans lequel les institutions locales reçoivent leurs pouvoirs du gouvernement central auquel elles sont, par conséquent, subordonnées. Il se distingue également de diverses formes d'associations comme les communautés économiques ou les alliances militaires, dans lesquelles les membres conservent leur souveraineté et peuvent se retirer quand bon leur semble. Au sens moderne du terme, une fédération est en théorie un ÉTAT composé de membres non souverains qui ne peuvent faire sécession légalement (*voir* DROIT CONSTITUTIONNEL).

Établissement d'une union fédérale Si de nombreuses recherches ont été menées afin de retracer l'histoire du fédéralisme depuis l'Antiquité, la Constitution des États-Unis (1787) constitue le premier exemple du fédéralisme moderne. Le regroupement des dernières colonies anglaises d'Amérique du Nord au sein d'une union fédérale avait été envisagé à quelques reprises au XIXᵉ siècle, mais n'est sérieusement considéré qu'à partir de 1857. Les négociations entre les chefs politiques de la PROVINCE DU CANADA, du Nouveau-Brunswick et de la Nouvelle-Écosse favorisent l'adoption, par le parlement britannique, de l'ACTE DE L'AMÉRIQUE DU NORD BRITANNIQUE (AANB), réunissant les trois colonies dans un État fédéral (1867).

La CONFÉDÉRATION marque le début du fédéralisme canadien. À l'époque, cette unification répond au désir, particulièrement exprimé par les milieux d'affaires, d'encourager croissance économique, expansion territoriale et défense militaire. Pour diverses raisons, certaines personnalités influentes souhaitaient conserver le *statu quo* relativement aux frontières et aux gouvernements. Les Canadiens français, qui ne sont majoritaires qu'au Québec, ne veulent pas remettre tous les pouvoirs entre les mains d'un gouvernement central les laissant minoritaires. Quant aux provinces de la Nouvelle-Écosse et du Nouveau-Brunswick, elles ont une forte identité provinciale. Le fédéralisme représente donc un compromis nécessaire. Le premier ministre, John A. MACDONALD, n'est pas un chaud partisan du fédéralisme et préférerait un État unifié. La guerre de Sécession renforce d'ailleurs l'idée que les gouvernements provinciaux dotés d'importants pouvoirs représentent une source d'instabilité. C'est pourquoi la Constitution canadienne, dont Macdonald est le principal auteur, regroupe certaines particularités incompatibles avec une théorie purement fédéraliste.

Le lieutenant-gouverneur de chaque province, nommé par le gouvernement central, peut ainsi retarder l'entrée en vigueur d'une loi jusqu'à ce que le gouvernement central l'ait entérinée. Il peut aussi désavouer toute loi provinciale dans un délai d'un an (*voir* DÉSAVEU). Le Parlement a le pouvoir de légiférer en matière d'éducation provinciale pour protéger les droits de certaines minorités religieuses et peut statuer que les «actions entreprises par une province» relèvent de sa juridiction, en dépit du PARTAGE DES POUVOIRS. Ces particularités étant propres à un régime unitaire, on a qualifié l'AANB de quasi fédéral plutôt que de fédéral au sens strict, même si ses traits quasi fédéraux sont tombés en désuétude.

Conceptions diverses Si les personnages politiques canadiens n'ont pas la réputation de s'intéresser à la théorie politique, ils ont pourtant énoncé diverses conceptions du fédéralisme canadien. Les divergences d'opinion sur le fédéralisme sont particulièrement accentuées au Canada, où elles persistent depuis plus longtemps que dans la majorité des fédérations. Aucun consensus, en pratique ou en théorie, n'a d'ailleurs jamais été établi en ce qui concerne les rapports entre les deux paliers de gouvernement. Les idées se confrontent selon que l'on se trouve sur la scène politique fédérale ou provinciale, et le débat prend l'allure d'un conflit partisan lors-

qu'un parti fédéral conserve longtemps le pouvoir, sans obtenir le même succès sur la scène provinciale. La conception quasi fédérale de Macdonald a été associée au PARTI CONSERVATEUR jusque vers 1900, époque où la génération de politiciens ayant pris part à l'élaboration de l'AANB perd son influence sur le parti. Depuis, ce quasi-fédéralisme a obtenu peu d'appui, même si l'idée d'un gouvernement central fort et actif jouit encore d'un soutien considérable. Aujourd'hui, les partisans de la centralisation ne prônent habituellement pas le recours aux pouvoirs quasi fédéraux de désaveu ou qui permettent d'imposer des conditions. Ils proposent plutôt une interprétation plus large des pouvoirs législatifs du Parlement et croient que le gouvernement central devrait établir les politiques relevant de sa compétence sans avoir à consulter les gouvernements provinciaux. Ils soutiennent également que le gouvernement central devrait avoir droit à la plupart des revenus de taxation et devrait pouvoir accorder des subventions conditionnelles aux provinces même dans des domaines qui ne relèvent pas strictement de sa compétence.

Perspectives centralisatrices En 1940, le rapport de la Commission royale d'enquête sur les RELATIONS FÉDÉRALES-PROVINCIALES (Rowell-Sirois), énonce une vision centralisatrice du fédéralisme. Depuis lors, celle-ci a influencé le PARTI LIBÉRAL. La position du NOUVEAU PARTI DÉMOCRATIQUE tend également vers la centralisation. Louis SAINT-LAURENT, F.R. SCOTT, Eugene FORSEY, David LEWIS, Bora LASKIN et Pierre Elliott TRUDEAU, au cours de ses dernières années comme premier ministre, sont les penseurs et politiques qui ont soutenu une conception centralisatrice du fédéralisme. Dès le départ, l'opinion de MACDONALD selon laquelle les gouvernements provinciaux devraient être subordonnés au gouvernement central soulève la controverse. Au début des années 1880, un juge du Québec, T.J.J. LORANGER, écrit que le gouvernement central a été créé par les gouvernements provinciaux et qu'aucune augmentation du pouvoir central et aucun changement significatif ne peuvent être apportés à la Constitution sans l'accord unanime des provinces. On appellera par la suite cette idée, exprimée lors de la conférence interprovinciale de 1887 organisée par le premier ministre du Québec, Honoré MERCIER, la théorie du pacte fédératif.

Certains premiers ministres provinciaux ont exprimé un point de vue semblable durant les pourparlers constitutionnels de 1980-1981. L'autonomie provinciale est, depuis 1939, un des thèmes du Parti progressiste-conservateur et de tous les partis politiques québécois. Le PARTI RÉFORMISTE a aussi tendance à appuyer cette position. Les partisans de la décentralisation croient que le gouvernement fédéral devrait s'en tenir aux fonctions que les gouvernements provinciaux ne peuvent remplir, et que ses revenus devraient être réduits en conséquence. Ils soutiennent également, surtout depuis quelques années, que le gouvernement central devrait consulter les provinces avant de mettre en application des mesures politiques importantes. En 1956, le rapport de la Commission royale d'enquête sur les PROBLÈMES CONSTITUTIONNELS du Québec recommandait la décentralisation. Une conception semblable, mais plus récente, se trouve dans le rapport de la Commission de l'UNITÉ CANADIENNE (1979).

Fluctuations En pratique, le fédéralisme canadien oscille entre deux extrêmes: la centralisation et la DÉCENTRALISATION, selon les différentes conditions politiques, économiques et sociales qui prévalent. La préférence de Macdonald pour un système fortement centralisé semble avoir prédominé pendant quelques années après la Confédération, mais dans les années 1880 les pouvoirs des gouvernements provinciaux étaient déjà devenus autant sinon plus étendus que ceux des États américains.

L'autorité des provinces sur les ressources naturelles, surtout après 1930, facilite le développement d'une économie provinciale largement indépendante, et en Ontario, la concentration de l'industrie manufacturière accorde à son gouvernement une grande importance et beaucoup d'influence. La détérioration des relations entre francophones et anglophones secoue le Parti conservateur de Macdonald et accentue la tendance décentralisatrice du Québec. La centralisation regagne du terrain durant la Première Guerre mondiale et, dans les années qui suivent, quand le gouvernement lève pour la première fois un impôt sur le revenu en 1917, impose la conscription et exerce une mainmise sans précédent sur l'économie.

La tendance se renverse après 1921 et la Crise des années 30 fait ressortir la faible autorité du gouvernement central pour amoindrir les effets d'une crise de cette ampleur. On fait en sorte que, lors de la Seconde Guerre mondiale, la centralisation ait des effets plus durables qu'au moment de la première. Le gouvernement central monopolise l'impôt sur le revenu des particuliers de 1941 à 1954, et certains amendements à la Constitution permettent au Parlement de créer l'ASSURANCE-CHÔMAGE (1940) et un régime universel de PENSIONS (1951). En 1949, on met fin aux travaux du COMITÉ JUDICIAIRE DU CONSEIL PRIVÉ sur l'interprétation de l'AANB, comité favorable à l'autonomie des provinces. Durant la période d'après-guerre, le gouvernement fédéral accorde d'importantes subventions conditionnelles aux provinces pour stimuler les dépenses dans les domaines de la santé et de l'aide sociale. Les universités bénéficient également de subventions directes.

Un changement de pouvoir Après 1960, l'élargissement du pouvoir des provinces devient évident avec l'avènement d'un gouvernement dynamique et interventionniste au Québec, dirigé par Jean LESAGE, et opposé à la centralisation. Parmi les autres facteurs qui y ont contribué, on note l'importance grandissante que prennent les ressources naturelles des provinces, le déclin de la traditionnelle élite commerciale et financière de Montréal, l'intégration économique liant le Canada et les États-Unis, et après la défaite du gouvernement libéral de Saint-Laurent (1957), la présence sur la scène fédérale de partis politiques plus équilibrés. C'est dans ces conditions que la part des provinces, en ce qui a trait à l'IMPOSITION et aux DÉPENSES PUBLIQUES, s'est considérablement accrue de 1960 à 1980. Les subventions directes aux universités sont remplacées par des subsides aux provinces. Le Québec se prévaut de son DROIT DE RETRAIT de certains programmes de subventions conditionnelles, en faveur de subventions inconditionnelles, et instaure son propre régime de retraite contributif, tandis que le gouvernement fédéral instaure le sien pour les habitants des autres provinces.

Les conférences entre le premier ministre canadien et ceux des provinces deviennent plus fréquentes, un phénomène appelé «fédéralisme exécutif». Les gouvernements provinciaux interviennent plus massivement dans l'économie provinciale et contestent le droit du gouvernement central d'établir une politique économique sans leur collaboration ou leur assentiment. Les relations des provinces avec les gouvernements étrangers prennent aussi de l'importance, surtout dans le cas du Québec, dont le mouvement nationaliste est encouragé par le général Charles de Gaulle, président de la France. Après 1972, la remarquable augmentation des revenus pétroliers de l'Alberta met le système fédéral à rude épreuve et rend le gouvernement de cette province de plus en plus froid envers l'autorité fédérale. L'émergence au Québec d'un parti politique important, le PARTI QUÉBÉCOIS (PQ), voué à la réalisation de l'indépendance de la province, laisse croire que la survie du fédéralisme canadien ne peut être tenue pour acquise. Dans l'Ouest, un mouvement sépara-

tiste attire également beaucoup l'attention en 1980-1982.

Une entorse à la centralisation La ratification des modifications apportées à la Constitution d'un pays suit plutôt qu'elle ne précède l'évolution du pouvoir politique et économique. Dès 1960, les forces entravant la centralisation du fédéralisme canadien sont déjà à l'œuvre, et c'est peu après que se généralisent au Québec les demandes de transfert aux provinces de pouvoirs constitutionnels. Puisque les autres provinces, à part l'Ontario dans une certaine mesure, sont peu intéressées à ce que l'on apporte des modifications à la Constitution, naît l'idée d'un «statut particulier» pour le Québec, par lequel celui-ci aurait des pouvoirs supplémentaires. Après 1972, la croissance des revenus des ressources naturelles pousse certaines provinces, particulièrement l'Alberta, à réclamer une révision de la Constitution qui leur accorderait plus de pouvoirs. En réponse à ces pressions, le gouvernement fédéral convoque, entre 1968 et 1981, un certain nombre de conférences intergouvernementales sur la Constitution. Il insiste toutefois pour que, en plus de la répartition des pouvoirs législatifs, un projet de charte des droits de la personne et une restructuration des institutions nationales fassent l'objet de discussions. L'absence d'une formule d'amendement dans l'AANB pose également un problème. Les négociations constitutionnelles visent l'élaboration d'une telle formule avant le rapatriement de la Constitution, sujet qui, depuis 1927, a fait sporadiquement l'objet de discussions stériles.

En 1980, le gouvernement Trudeau tente de rapatrier la Constitution avec une formule d'amendement qui stipule que l'appui de l'Ontario, du Québec, de deux provinces de l'Ouest et de deux provinces de l'Est est nécessaire afin d'apporter tout changement à la Constitution. Une CHARTE CANADIENNE DES DROITS ET LIBERTÉS est également enchâssée dans la Constitution. Cette initiative, qui fait suite à la rupture des négociations sur la répartition des pouvoirs, soulève l'opposition de huit provinces et est déclarée inconstitutionnelle au sens traditionnel du terme, mais non strictement illégale, par la Cour suprême du Canada. De nouvelles discussions posent des conditions à l'application de la Charte des droits et au remplacement de la formule d'amendement originale. La nouvelle formule requiert l'accord de sept provinces représentant au moins la moitié de la population canadienne et permet aux provinces dissidentes d'être exemptées de l'application des amendements réduisant leurs pouvoirs. Toutes les provinces, sauf le Québec, acceptent ce compromis, qui entre en vigueur au moment où la Constitution est officiellement «rapatriée», soit le 17 avril 1982. Le Québec considère les concessions du fédéral comme insuffisantes et s'oppose surtout au fait que les droits linguistiques de sa minorité anglophone soient enchâssés dans la Constitution. Même si, par la suite, la Cour suprême statuera que le consentement du Québec n'est pas nécessaire pour qu'on puisse modifier et rapatrier la Constitution, en 1986, on reprend les pourparlers en vue de trouver une solution satisfaisante pour le Québec.

Ces efforts aboutissent, en avril 1987, à l'élaboration d'une entente par les 11 premiers ministres, soit l'ACCORD DU LAC MEECH, par lequel le Québec aurait été reconnu à titre de société distincte. En vertu de cette entente, les provinces auraient aussi participé au choix des sénateurs et des juges de la Cour suprême, le pouvoir du fédéral de dépenser dans des domaines relevant des compétences provinciales aurait été limité. Enfin, on aurait ainsi reconnu le pouvoir des provinces en matière d'immigration, et des modifications secondaires à la formule d'amendement auraient été effectuées. Toutefois, en raison de l'opposition de plus en plus de groupes d'intérêt, des autochtones et du premier ministre de Terre-Neuve, Clyde WELLS, l'accord échoue en juin 1990.

Une deuxième série de négociations constitutionnelles donne lieu à un nouvel accord, l'ACCORD DE CHARLOTTETOWN, entre les premiers ministres provinciaux et le gouvernement fédéral. Néanmoins, il subit une défaite retentissante lors d'un référendum national tenu en 1992. Bien que les nombreux forums publics et commissions gouvernementales aient tenté d'établir un certain consensus parmi les Canadiens, il en est ressorti de plus importantes divisions. Le mouvement indépendantiste québécois, qui semblait avoir perdu son élan après le référendum du Parti québécois, refait surface après l'échec des ententes Meech et Charlottetown. Cette fois, il est présent au palier fédéral grâce au Bloc québécois. Dans l'Ouest, la protestation qui s'était atténuée après que le gouvernement Mulroney eut effacé les souvenirs de la politique nationale de l'énergie, est ravivée par la TPS et se concrétise par la formation du Parti réformiste. Bien que le Parti libéral remporte les élections de 1993 avec une vaste majorité, il est confronté à deux partis puissants aux Communes, tous deux embrassant des points de vue diamétralement opposés en matière de fédéralisme canadien. Après 1993, le gouvernement libéral laisse de côté les politiques centralisatrices de l'ère Trudeau, dont certaines ne seraient pas permises dans le cadre de l'Accord de libre-échange nord-américain. À la place, il concentre ses efforts sur la réduction du déficit fédéral au moyen de mesures comme la diminution des dépenses liées aux programmes sociaux et le transfert de fonctions fédérales aux provinces ou au secteur privé.

Peu importe ce que réserve l'avenir aux Canadiens, le rapatriement de la Constitution et deux longues séries de négociations constitutionnelles n'ont pas réussi à faire naître un consensus sur l'orientation de l'évolution du fédéralisme. En 1995, un deuxième RÉFÉRENDUM DU QUÉBEC sur la souveraineté révèle un mécontentement généralisé à l'endroit du fédéralisme. Les partisans de l'autonomie provinciale soulignent la diversité des intérêts provinciaux et soutiennent qu'un ordre politique plus stable et plus légitime découlerait d'une meilleure répartition des pouvoirs plus ajustée à la réalité sociopolitique. Par ailleurs, ceux qui appuient le maintien ou l'élargissement du pouvoir central croient qu'une décentralisation se veut plus la cause que la conséquence de la diversité entre les provinces et que cette dernière ne tient pas compte des intérêts communs importants de tous les Canadiens, qui ne peuvent être servis que par un gouvernement central fort. De plus, ils sont convaincus qu'une décentralisation excessive affaiblirait l'économie canadienne et minerait l'influence du pays à l'étranger. À court terme, il est peu probable que ces divergences d'opinion soient résolues, que le Québec choisisse ou non de se séparer de la fédération canadienne.

Garth Stevenson

Fédération canadienne de la faune (FCF) Organisme de CONSERVATION national, non gouvernemental et sans but lucratif, fondé en 1961 et constitué en 1962. La FCF est créée afin de favoriser la compréhension des ressources fauniques du Canada et d'assurer la conservation de toutes les espèces animales pour l'utilisation et l'agrément des Canadiens. À l'origine, les 10 fédérations provinciales de la faune en sont les seuls membres; au début des années 70, l'adhésion directe des Canadiens est permise.

La FCF représente aujourd'hui plus de 500 000 membres et adhérents d'un bout à l'autre du Canada et compte un organisme affilié de la faune dans chacune des provinces et chacun des territoires. De plus, elle est affiliée à l'International Bird Preservation Society et est membre votant de l'Union mondiale pour la nature. Elle est dirigée par un conseil d'administration composé de 40 bénévoles élus à chaque congrès annuel. Aux bureaux de la FCF à Ottawa, le personnel de la Fédération met en application les politiques et directives établies par le conseil.

Les programmes d'action vont de l'étude des répercussions environnementales à long terme des projets d'aménagement à la recommandation de modifications législatives visant à protéger les ressources fauniques et leur habitat (y compris les espèces EN VOIE DE DISPARITION et les espèces migratrices). La fédération organise des campagnes d'éducation publique et parraine des projets de recherche ayant pour but de mieux sensibiliser la population.

Pendant la Semaine nationale de la conservation de la faune et tout au long de l'année, les écoles reçoivent affiches, leçons, manuels, etc. Les élèves bénéficient en outre de documentation, d'orientation professionnelle, de bourses d'études, de prix et de renseignements sur l'aide financière qui leur est offerte. La fédération a reçu divers prix, dont le prix Ernest Thompson SETON de l'Association internationale des agences du poisson et de la faune sauvage, pour sa contribution exceptionnelle à l'éducation en matière de conservation de la faune canadienne.

Luba Mycio

Fédération canadienne de la nature (FCN) est une organisation nationale, bénévole et non gouvernementale vouée à la CONSERVATION. Issue en 1971 de la Canadian Audubon Society, la FCN est soutenue dans son œuvre par un réseau pancanadien de sociétés naturalistes et par sa participation à divers groupes nationaux et internationaux de protection de la nature, dont le COMITÉ SUR LE STATUT DES ESPÈCES MENACÉES DE DISPARITION AU CANADA (CSEMDC) et l'Union mondiale pour la nature.

Grâce à sa revue, *Nature Canada*, à son bulletin, *Nature Alert*, et à son sanctuaire de la nature, la FCN cherche à mieux faire comprendre et apprécier la vie sauvage et le patrimoine faunique du Canada. En outre, par son programme d'action environnementale, l'organisation présente mémoires, exposés et rapports à diverses commissions d'examen du gouvernement et agences de protection de la nature, ainsi qu'à l'occasion de conférences, pour s'assurer qu'on tient compte des préoccupations de ses membres dans les décisions cruciales en matière d'ENVIRONNEMENT.

L'organisation, dont le siège social est à Ottawa, est financée au moyen de cotisations et de dons.

Christine Van Zwamen

Fédération canadienne des études humaines (FCEH) Fondée en décembre 1943 sous le nom de Conseil canadien des recherches sur les humanités, c'est une organisation élue et non gouvernementale qui, en 1986-1987, représente 30 associations scolaires et 58 universités canadiennes. La fédération se consacre à la promotion des bourses d'études et de la recherche dans le domaine des sciences humaines. Par des rapports, des enquêtes et d'importants colloques, elle contribue activement à la création d'une bibliothèque nationale, à la mise en place d'un organisme subventionnaire fédéral et de congés sabbatiques réguliers pour les professeurs, ainsi qu'à l'augmentation de l'aide provinciale accordée aux universités et à la création d'organisations nationales de spécialistes universitaires (*voir* SOCIÉTÉS SAVANTES).

Au début, des fondations philanthropiques américaines subventionnent la Fédération. Depuis la création du CONSEIL DES ARTS DU CANADA, en 1957, la plus grande partie de son financement provient du gouvernement fédéral et le reste, d'universités et de sociétés savantes. Après la création du CONSEIL DE RECHERCHES EN SCIENCES HUMAINES DU CANADA, en 1978, le Conseil canadien des recherches sur les humanités est constitué en tant que fédération canadienne des études humaines. Celle-ci administre des programmes d'aide à la publication d'ouvrages savants canadiens, organise les campagnes de financement, coordonne les réunions de sociétés savantes et fait de la sollicitation auprès des gouvernements et des organismes

subventionnaires dans l'intérêt des sciences humaines.

Viviane F. Launay

Fédération canadienne des femmes diplômées des universités Fondée en 1919 sur le modèle de la Fédération internationale des femmes diplômées des universités, dont elle est membre. Elle vise à promouvoir la présence des femmes dans la reconstruction sociale et dans la prévention de la guerre. En 1995, le Canada compte plus de 130 associations de femmes diplômées, dont les quelque 11 000 membres, de tous les groupes d'âges, proviennent de toutes les disciplines. La fédération favorise l'intégration individuelle et collective des femmes à la vie professionnelle, économique et politique. Elle apporte son soutien aux chercheuses et protège les droits des femmes.

Les associations locales s'engagent dans des œuvres communautaires et de bienfaisance, et prennent part au travail de la fédération qui consiste à rassembler et à présenter aux divers groupes de travail et commissions mis sur pied par le gouvernement des soumissions, rapports et résolutions portant sur un grand nombre de questions intéressant les femmes, comme l'impôt sur les pensions alimentaires, les femmes à l'université, les questions internationales, les pensions, l'éducation, l'environnement et la paix.

Somer Brodribb

Fédération canadienne des sciences sociales (FCSS) Fondée en 1940 sous le nom de Conseil canadien de recherche en sciences sociales, elle est constituée en société en 1977. Cet organisme à but non lucratif, reconnu comme œuvre de bienfaisance enregistrée, regroupe des associations de sciences sociales scolaires et des organismes connexes qui représentent plus de 14 000 Canadiens œuvrant dans les diverses disciplines des SCIENCES SOCIALES. C'est grâce à la Fédération que bien des programmes éducatifs et culturels canadiens voient le jour. De 1940 à 1957, elle est la seule organisation à financer la recherche en sciences sociales. La fédération, de concert avec d'autres organismes, participe à l'établissement de la Commission Massey et, plus tard, du CONSEIL DES ARTS DU CANADA. C'est de cette initiative que naît le CONSEIL DE RECHERCHES EN SCIENCES HUMAINES (CRSH), l'organisme subventionnaire pour les sciences sociales que l'on connaît aujourd'hui.

Au cours des dernières années, la FCSS mène ses activités sur quatre fronts. Elle agit comme groupe de représentation, par lequel les spécialistes canadiens des sciences sociales communiquent leurs besoins au gouvernement et à ses organismes. Elle sert aussi d'organisme de collecte et de diffusion d'information auprès du gouvernement, des universités et des membres de la fédération et s'emploie à faire connaître au public l'importance des contributions des sciences sociales à la société canadienne. En organisant de nombreux colloques et rencontres, elle fournit une tribune aux associations qui se livrent à la recherche dans le domaine des sciences sociales. La FCSS joue également le rôle d'organisme de financement. C'est ainsi qu'elle subventionne le Programme d'aide à l'édition savante, qu'elle dirige en collaboration avec la Fédération canadienne des sciences humaines.

La FCSS est régie par un comité exécutif, un conseil d'administration et une assemblée générale. Son secrétariat permanent se trouve à Ottawa, où travaillent un petit nombre de professionnels.

Alan F.J. Artibise

Fédération canadienne du travail (FCT) C'est un organisme entièrement canadien, fondé en 1902 sous le nom de Congrès des métiers et du travail du Canada, nom qu'il conserve jusqu'en 1908. Cet organisme est voué à la syndicalisation nationale. Les organisations à l'origine de sa fondation sont les CHEVALIERS DU TRAVAIL et les syndicats nationaux des cordonniers, des fabricants de cigares, des peintres en bâtiment et des menuisiers, qui avaient

été expulsés du CONGRÈS DES MÉTIERS ET DU TRAVAIL en 1902 après que celui-ci, dominé par l'American Federation of Labour (AFL), avait rejeté la double appartenance syndicale en refusant de reconnaître un syndicat national là où un syndicat international existait. Cette décision entraîne d'amères divisions au sein du mouvement syndical canadien.

La FCT reste faible. P. ex., à sa conférence de 1911, seulement 17 syndicats sont représentés, les délégués venant surtout du Québec et de la Provincial Workmen's Association de la Nouvelle-Écosse. Cette situation est attribuable à plusieurs causes. Le conservatisme de la Fédération et son attitude envers les grèves aliènent des syndicalistes qui pourraient autrement lui apporter leur soutien. De plus, la Fédération se heurte à l'opposition farouche de l'AFL, qui condamne la double appartenance syndicale. Enfin, elle dépense toute son énergie à attirer les membres de syndicats rivaux plutôt qu'à promouvoir la syndicalisation parmi les travailleurs non organisés. En 1927, la FCT devient membre fondateur du CONGRÈS DES TRAVAILLEURS UNIS DU CANADA.

En 1982, plusieurs syndicats de la construction regroupant environ 200 000 membres s'unissent pour former une nouvelle Fédération canadienne du travail. Ces syndicats avaient été suspendus par le CONGRÈS DU TRAVAIL DU CANADA (CTC) pour ne pas avoir acquitté leurs cotisations. Les deux organisations diffèrent sur les questions de représentation aux congrès du CTC, du double syndicalisme et de la norme du CTC selon laquelle les dirigeants canadiens des syndicats affiliés sont élus par les membres canadiens. L'énoncé suivant du président de la FCT, James McCambly, résume bien la philosophie de la Fédération: «Nous nous engageons à laisser la politique aux politiciens et à nous employer à bien représenter les intérêts ouvriers à l'intérieur du système politique.» En 1996, les effectifs de la FCT ne comptent plus que 140 000 membres, certains de ses groupes affiliés ayant regagné les rangs du CTC. En 1997, les deux centrales syndicales sont en pourparlers.

C.D. Chorniawy

Fédération des communautés francophones et acadienne du Canada Fondée en 1975, la Fédération des francophones hors Québec est devenue, en juin 1991, la Fédération des communautés francophones et acadienne (FCFA) du Canada. Cet organisme s'est attaché à faire reconnaître sur le plan national l'existence des communautés francophones et acadienne du Canada, en exposant l'ensemble de leurs besoins, de leurs préoccupations et de leurs intérêts.

De plus, la Fédération a travaillé à l'intensification des échanges entre le gouvernement du Québec, les organismes québécois et les associations porte-parole des communautés francophones et acadienne avec l'ouverture d'un bureau au Québec, en janvier 1988.

La FCFA veut aussi accroître les échanges entre ses communautés et la francophonie internationale.

La FCFA du Canada regroupe neuf associations provinciales, trois associations territoriales et quatre associations nationales à vocation sectorielle d'expression française (femmes, jeunesse, presse et juristes). Ensemble, celles-ci veillent à promouvoir le développement et l'épanouissement global de la francophonie canadienne qui, en 2000, compte près de 1 million de personnes. La FCFA accomplit sa mission en favorisant la concertation et le partenariat, en agissant comme porte-parole de la francophonie canadienne aux niveaux national et international et en fournissant des services de soutien à ses membres. Elle entretient aussi des liens privilégiés avec le gouvernement fédéral ainsi qu'avec une variété d'organismes nationaux et internationaux.

Fédération des Instituts féminins du Canada (Women's Institutes) Organisme national qui coordonne les activités des instituts féminins provinciaux. Le premier institut est fondé en 1897 à Stoney

Creek, en Ontario, par Adelaide HOODLESS. En 1913, toutes les provinces en comptent un. En 1919, des représentantes des provinces créent, à Winnipeg, la FÉDÉRATION DES WOMEN'S INSTITUTES DU CANADA, dont le bureau national est aménagé à Ottawa en 1958.

La devise «Pour le foyer, pour la patrie» illustre bien les buts de la Fédération, qui sont la valorisation de la vie rurale, la formation des citoyennes par l'étude de questions d'intérêt national et international (en particulier celles qui touchent les femmes et les enfants) et le lancement de programmes nationaux permettant d'atteindre des objectifs communs. Chaque organisme provincial est représenté au conseil d'administration qui tient une réunion annuelle. Un nouvel exécutif est élu tous les trois ans.

Reflet de l'urbanisation de la société canadienne, le nombre des membres a diminué au cours des années: de 43 000 qu'elles étaient en 1987, elles ne sont plus que 29 000 en 1995.

Jean E. Dryden

Fédération des travailleurs du Québec La FTQ, la plus importante organisation syndicale au Québec en terme d'effectifs, est en fait l'aile québécoise du CONGRÈS DU TRAVAIL DU CANADA (CTC) et regroupait plus de 485 000 membres en 1999. Dans le passé, les syndicats qui en faisaient partie appartenaient principalement aux unions internationales affiliés à l'AFL-CIO et dont le siège social se trouve aux États-Unis. Toutefois, depuis les années 80, ses syndicats proviennent plutôt de grandes fédérations canadiennes comme le SYNDICAT CANADIEN DE LA FONCTION PUBLIQUE ou le Syndicat des postiers du Canada. La FTQ s'occupe d'information et d'éducation des syndiqués, mais sa principale fonction est de représenter ces derniers auprès du gouvernement du Québec et des administrations publiques provinciales.

La naissance de la FTQ résulte de la fusion, en 1957, de la Fédération provinciale du travail du Québec (FPTQ) et de la Fédération des unions industrielles du Québec (FUIQ). Cette fusion découle elle-même de l'union en 1955 des deux grandes centrales américaines, l'AFL et le CIO, et de celle de leur contrepartie canadienne, le CONGRÈS DES MÉTIERS ET DU TRAVAIL DU CANADA et le Congrès canadien du travail, qui forme le CTC. Au tournant des années 60, l'orientation de la nouvelle FTQ est davantage influencée par les unions industrielles de la FUIQ que par les syndicats de métier de la FPTQ. En effet, la fédération prend ses distances à l'égard du gouvernement DUPLESSIS, apporte son soutien au Nouveau Parti démocratique et manifeste un vigoureux militantisme (p. ex., GRÈVE DE MURDOCHVILLE, en 1957).

Depuis les années 60, la FTQ connaît un rayonnement beaucoup plus marqué, conséquence surtout de l'expansion du rôle du gouvernement québécois. Soumise au maraudage de ses syndicats affiliés par la CSN et critiquée parce que trop dépendante de l'extérieur du Québec, la fédération obtient plus d'autonomie de la part du CTC et, comme les autres centrales, accentue sa critique du système capitaliste en publiant, au début des années 70, des manifestes comme *L'État, rouage de notre exploitation* et *Le combat inévitable*. En outre, elle appuie ses syndicats affiliés dans des conflits d'envergure comme la GRÈVE DE LA PRESSE, en 1971, la grève de la United Aircraft en 1974-1975 et les GRÈVES DU FRONT COMMUN du secteur public.

De plus en plus encline à endosser l'option indépendantiste, elle appuie généralement, depuis 1976, le PARTI QUÉBÉCOIS aux élections provinciales et elle a suggéré à ses membres de voter pour la souveraineté du Québec lors des référendums de 1980 et 1995. Dans les années 80 et 90, son orientation change, elle adopte un discours moins critique envers le système économique et insiste pour créer un climat favorable à la création d'emplois. Elle prêche la col-

laboration avec le patronat et est fière de la création, en 1983, du Fonds de solidarité des travailleurs, qui investit du capital de risque dans les entreprises.

Jacques Rouillard

Fedoruk, Sylvia Olga, physicienne, professeure, lieutenante-gouverneure de la Saskatchewan (Canora, Sask., 5 mai 1927). Elle travaille au centre anticancéreux de Saskatoon en 1951, après avoir fait ses études à l'U. de Saskatoon, où elle obtient la médaille d'or du mérite scolaire du Gouverneur général. Elle assoit sa réputation en médecine nucléaire à la clinique de Saskatoon, où elle effectue des recherches d'avant-garde sur l'utilisation des isotopes radioactifs à des fins médicales. Elle contribue de façon déterminante à l'établissement d'une première unité de radiation au cobalt, dont l'usage est aujourd'hui largement répandu dans le traitement chimiothérapique du cancer. Elle enseigne à temps plein à l'U. de Saskatoon en 1973 et elle est la première femme nommée chancelière de l'université en 1986.

Tout au long de sa carrière, Fedoruk s'engage intensément dans la communauté internationale de médecine nucléaire et elle travaille à titre de consultante en médecine nucléaire auprès de l'Agence internationale de l'énergie atomique. Elle est la première femme canadienne à siéger au conseil d'administration de la Société de médecine nucléaire et, en 1973, elle est la première femme nommée à la COMMISSION DE CONTRÔLE DE L'ÉNERGIE NUCLÉAIRE, poste qu'elle occupe jusqu'en 1988.

Fedoruk est une femme très sportive qui adore la pêche et excelle au base-ball, en athlétisme et au curling. Elle est présidente de l'Association canadienne féminine de curling et membre de la Galerie de la Renommée du curling du Canada. Elle est nommée Officier de l'Ordre du Canada en 1986 et sa contribution à l'essor de la Saskatchewan et du Canada lui vaut la nomination de lieutenante-gouverneure de la Saskatchewan en 1988.

Feinberg, Abraham, né Nisselevicz, rabbin, chanteur et militant pour la paix (Bellaire, Ohio, 14 sept. 1899—Reno, Nevada, 5 oct. 1986). Feinberg grandit et fait ses études aux États-Unis, où il occupe des chaires rabbiniques dans les années 1920. Il quitte ses fonctions en 1930 et entreprend une carrière de chanteur sous le nouveau nom d'Anthony Frome. Il anime sa propre émission de radio à New York de 1932 à 1935 et est surnommé «le prince de la poésie radiophonique». Alarmé par l'ascension d'Hitler et de l'Allemagne nazie, Feinberg redevient rabbin. En 1943, il vient à Toronto, où il est rabbin du Holy Blossom Temple, la plus grande assemblée juive réformée du Canada.

À ce titre, il acquiert de 1943 à 1961 une réputation mondiale en travaillant à défendre les démunis, en appuyant des causes radicales et en s'efforçant de renverser les barrières entre juifs et non-juifs. Apôtre de la paix dans le monde et de la justice sociale, il proteste contre la GUERRE DU VIÊT-NAM. En tant que militant pour la paix, son plus grand jour de gloire est peut-être sa visite au Viêt-nam en 1967, lorsqu'il rencontre Hô Chi Minh. Dans les années 70, Feinberg retourne aux États-Unis, où il devient le rabbin interne de la Glide Memorial Church, à San Francisco. Il est l'auteur de trois livres: *Storm the Gates of Jericho* (1964), *Hanoi Diary* (1968) et *Sex and the Pulpit* (1981). Il écrit aussi pour *Saturday Night*, *Maclean's*, *The Globe and Mail* et le *Toronto Star*.

Sharon Drache

Feldbrill, Victor, (Toronto, 4 avril 1924) chef d'orchestre polyvalent et de réputation mondiale, Feldbrill est partout reconnu comme étant un promoteur enthousiaste de la musique canadienne et pour son appui aux jeunes musiciens. Après ses débuts comme chef d'orchestre avec l'ORCHESTRE SYMPHONIQUE DE TORONTO à l'âge de 18 ans, il mène une carrière active à titre de violoniste et de chef d'orchestre invité; il dirige l'Orchestre symphonique

de Winnipeg de 1958 à 1968. Il est associé à l'U. de Toronto en tant que chargé de cours et chef d'orchestre pendant 20 ans. À l'Orchestre symphonique de Toronto, il est chef d'orchestre résident (1973-1977), directeur des activités pour les jeunes (1968-1978), ainsi que chef et directeur musical de l'orchestre des jeunes (1974-1978).

En 1989, Feldbrill devient directeur et premier chef d'orchestre du Hamilton Philharmonic. Il dirige l'Orchestre du Centre national des arts lors d'une tournée transcanadienne célébrant le 125e anniversaire du Canada. Tous les concerts de Feldbrill comprennent au moins une œuvre canadienne. Officier de l'Ordre du Canada, il est aussi le premier récipiendaire du prix Roy Thomson Hall (1985).

Barclay McMillan

Feldspath Surtout utilisé dans la fabrication du verre et des céramiques telles que les tuiles pour murs et planchers et les articles sanitaires. Il est également utilisé pour produire les glaçures, les émaux et la porcelaine électrique. Le feldspath est souvent blanc, vert, ou brun-rougeâtre comme la brique. Un type spécial de feldspath est extrait en très petites quantités (50 à 100 t/an) de pegmatites dans une mine située près de Buckingham, au Québec. Ce feldspath a un aspect vitreux, est élevé en potasse (K_2O) et faible en sodium (Na_2O) et en oxyde de fer. Toute la production est exportée sous forme de morceaux (de 4 cm à 7 cm), principalement aux États-Unis où il est transformé en poudres de porcelaine dentaire. Le procédé de fabrication de porcelaine dentaire s'effectue en plusieurs étapes. Le feldspath est d'abord nettoyé de façon manuelle de ses impuretés de mica et de nodules de quartz. Il est broyé et nettoyé de ses impuretés de fer à l'aide d'un séparateur magnétique. Il est ensuite mélangé avec des poudres de verre et des oxydes de métaux et cuit dans des fours électriques. Le produit qui en résulte est alors broyé en poudre, mélangé à des pigments, tamisé en différentes grosseurs et mélangé. Les poudres sont chauffées à hautes températures pour produire la porcelaine dentaire de différentes transparences, teintes et nuances.

Michel Brau Boucher

Femmes autochtones, questions relatives aux Les femmes autochtones sont aux prises avec des problèmes issus de la conjoncture et d'événements de l'histoire coloniale du Canada, et de l'imposition d'un système patriarcal aux sociétés autochtones autrefois égalitaires. Un problème de taille, la LOI SUR LES INDIENS du gouvernement du Canada divise les femmes autochtones en créant des catégories légales, ce qui a pour effet d'aggraver les distinctions tribales et nationales qui existent déjà. Les différents groupes de femmes autochtones comprennent les premières nations (INDIENS inscrits et visés par un traité), les MÉTIS et les INUITS.

Préoccupations communes

Au-delà de leurs différences, les femmes autochtones partagent certaines préoccupations. Tout comme les hommes autochtones, elles s'inquiètent des nombreux effets de la colonisation sur leurs nations, leurs communautés, leurs familles et sur les individus. Bouleversés par la perte de leurs territoires, au cours du XIXe siècle, de leurs moyens de subsistance traditionnels et de leur autonomie, en raison de la grande marginalisation sociale, économique et politique, des préjugés raciaux, de la discrimination et de la perte de leur culture, de leur langue et, souvent, de leur fierté, les peuples autochtones du Canada se retrouvent dans un état de pauvreté et d'impuissance abject. Un manque d'éducation, d'emplois, de compétences et de possibilités sévit dans plusieurs collectivités autochtones, aussi bien urbaines que rurales, et blessent les femmes et leurs enfants. Les femmes autochtones expriment le besoin de recouvrer leur autodétermination, d'acquérir, de développer des ressources et de créer des occasions d'améliorer leur vie et le sort de leurs enfants. (*Voir*

AUTOCHTONES, CONDITIONS ÉCONOMIQUES DES; AUTOCHTONES, CONDITIONS SOCIALES DES.)

Préjugés et violence

Parmi les problèmes dont souffrent les femmes en général, ceux des femmes autochtones sont particuliers en ce sens qu'ils sont issus des préjugés à leur égard perpétués par les hommes européens depuis leur arrivée en Amérique. L'image de la princesse indienne a fait place à celle de la «squaw» aux mœurs faciles, situation qui rend les femmes autochtones vulnérables à la violence et au mauvais traitement et qui justifie leurs agresseurs.

Des taux élevés de violence familiale affligent les femmes autochtones partout en Amérique du Nord. L'Enquête auprès des peuples autochtones menée par Statistique Canada (1993) rapporte que 40 p. 100 des répondants estiment que la violence familiale est un problème dans leur communauté. Selon l'Aboriginal Justice Inquiry of Manitoba (1990), une femme autochtone sur trois est maltraitée par son conjoint.

Violence et système judiciaire

D'anciens témoignages et l'histoire orale indiquent que cette violence généralisée prévaut à l'époque de la colonisation de l'Amérique du Nord. Comme les autochtones sont évincés de leur territoire et placés dans des réserves, et comme les hommes perdent leurs rôles traditionnels en tant que chasseurs, pourvoyeurs et protecteurs, les conflits de rôles, la frustration et la colère qui s'ensuivent se manifestent souvent dans la violence que les maris exercent sur leurs femmes. La victimisation des femmes autochtones se concrétise ensuite dans les taux élevés de criminalité de celles-ci et dans la gravité des crimes pour lesquels elles sont incarcérées.

Les taux plus élevés d'ennuis avec la loi préoccupent toutes les femmes autochtones et sont le résultat non seulement de ce cycle de violence, mais aussi de la pauvreté et de la privation dont souffrent la plupart des peuples autochtones au Canada. Le simple fait de ne pas payer une amende donne lieu à de nombreuses incarcérations et le manque de ressources, ainsi que la précarité des choix laissent les femmes autochtones sans recours (voir AUTOCHTONES, DROIT DES).

Caractéristiques démographiques

Lors du recensement de 1996, des 799 005 personnes ayant déclaré être d'origine autochtone, 408 104 sont des femmes (51,1 p. 100). L'espérance de vie s'est accrue chez les peuples autochtones. En 1996, l'espérance de vie de la femme autochtone à la naissance était de 76 ans, comparée à 69 ans chez les hommes autochtones, à 69 ans chez les femmes inuites et à 81,3 ans dans la population féminine de l'ensemble du Canada. Les taux de mortalité et de fécondité chez les autochtones tendent à se rapprocher des taux observés au Canada (voir AUTOCHTONES, DÉMOGRAPHIE DES).

La mobilité est plus grande chez les femmes autochtones que chez les hommes, particulièrement dans les petites communautés nordiques. Les femmes autochtones émigrent vers les villes en plus grand nombre que les hommes, ce que l'on peut attribuer tant au manque de possibilités d'avancement et à l'insécurité dans les RÉSERVES et dans les régions rurales qu'à l'abondance apparente de possibilités, surtout en éducation, dans les centres urbains (voir AUTOCHTONES, MIGRATION URBAINE DES).

Au Canada, les femmes autochtones continuent de souffrir de la pauvreté, de leur situation monoparentale, du chômage et ont des logements insalubres. Ces problèmes sont souvent plus aigus dans le Nord, où les communautés rurales et isolées d'Inuits, de Métis et d'Indiens souffrent davantage des maux du sous-développement et jouissent de moins de services de bien-être et de protection des femmes et des enfants (voir AUTOCHTONES, SANTÉ DES).

Femmes autochtones et Loi sur les Indiens

Durant toutes les années 70 et 80, une question a attiré l'attention du monde entier: la discrimination exercée par la Loi contre les femmes autochtones qui perdent leurs droits ancestraux et issus de traités si elles épousent des non-autochtones ou des Indiens non inscrits. La Loi sur les Indiens du gouvernement canadien a en effet établi une telle discrimination contre les femmes autochtones de 1869 jusqu'à 1985, année où le projet de loi C-31 a modifié la Loi sur les Indiens afin d'en retirer les éléments de discrimination et de la rendre conforme à la CHARTE DES DROITS ET LIBERTÉS.

La modification de 1985 permet aux femmes mariées à des non-autochtones et à celles qui, pour toute autre raison, ont perdu leur statut d'Indien et les droits et avantages s'y rattachant, de demander le rétablissement de leur statut et de leurs droits, et permet à leurs enfants de demander d'être inscrits en tant qu'Indiens. La Loi permet aux femmes autochtones de conserver leur statut, que leur mari soit inscrit ou non, et de léguer leur statut d'Indienne à leurs enfants, comme les hommes l'ont toujours fait.

Si le projet de loi élimine une grande part de la discrimination exercée contre les femmes, il crée aussi certains problèmes. En inscrivant ces femmes, et souvent leurs enfants, sur les listes de membres des premières nations, le gouvernement exploite à l'extrême les terres et les fonds déjà limités afin d'accommoder plus de personnes. Ainsi, les bénéficiaires de cette modification font parfois face au ressentiment et aux représailles des autres membres de ces premières nations. Des litiges touchant les deux côtés de la question ont surgi.

En outre, puisque ce rétablissement de droits ne touche pas les enfants de la seconde génération, il se produira une diminution importante du nombre de personnes ayant droit au statut d'Indien en vertu de la Loi sur les Indiens d'ici deux générations. Depuis son entrée en vigueur, le projet de loi a donné lieu à une forte augmentation. Entre 1985 et 1997, plus de 100 000 autochtones ont été inscrits en vertu de l'amendement, ce qui porte à environ 593 000 le nombre d'autochtones inscrits au Canada.

Femmes autochtones et politique

Si plusieurs femmes autochtones appuient les objectifs d'avancement de leur peuple, leur voix sont ignorées par les dirigeants autochtones et par les organisations politiques à majorité masculine. Lors des pourparlers constitutionnels de 1992, l'Association des femmes autochtones du Canada (AFAC), un organisme national indépendant, n'a pas eu droit de parole dans les discussions entre le gouvernement fédéral, les premiers ministres provinciaux et les quatre principales organisations autochtones. Depuis lors, l'AFAC est réduite au silence, faute de fonds.

D'autres organisations de femmes autochtones ont été créées comme filiales dépendantes des organismes nationaux et régionaux, comme le National Metis Women's Council (qui fait partie du Metis National Council) et la Saskatchewan Treaty Indian Women's Association (qui fait partie de la Federation of Saskatchewan Indian Nations). Il existe plusieurs petits groupes régionaux et locaux axés sur les besoins de la base qui, étant peu financés, ont des difficultés à servir les communautés autochtones.

En 1998, les 623 premières nations comptaient environ 82 femmes chefs, élues pour la plupart en Colombie-Britannique et en Ontario. Plus de femmes sont élues conseillères des conseils de bande autochtones, mais peu remplissent des rôles de direction dans les organisations politiques régionales et nationales. Les exceptions sont Rosemarie Kuptana, présidente de l'Inuit Tapirisat du Canada, et Mary Simon, présidente de la Conférence circumpolaire inuite. La Chef Wendy Grant a dirigé, jusqu'à la fin du siècle dernier, l'Union des chefs indiens de la Colombie-Britannique. Encore moins nombreuses sont celles qui entrent dans le système politique de la société majoritaire. Deux l'ont fait: Nellie COURNOYER, députée de l'Assemblée législative des Territoires du Nord-Ouest, et Ethel BLONDIN-ANDREW, députée au Parlement canadien.

Guérison

Les femmes autochtones sont sans doute sous-représentées dans l'arène politique, mais nombreuses sont celles qui jouent un rôle clé dans la guérison des blessures causées par la colonisation. Dans de petits groupes informels et dans de grandes conférences, des femmes s'attaquent aux problèmes des PENSIONNATS, à toutes sortes de comportements violents et à l'abus des drogues, de l'alcool et d'autres substances. Leur enseignement est un exemple de mieux-être pour leurs compatriotes et ce mieux-être comprend, en partie, un retour aux coutumes égalitaires traditionnelles où les femmes sont respectées pour leurs contributions.

Miriam McNab

Femmes dans la population active Les femmes sont comptées parmi la POPULATION ACTIVE seulement lorsqu'elles travaillent à l'extérieur du foyer. Par le passé, on s'attendait à ce que la femme ne travaille pas après le mariage; cette attente reflète une vision idéaliste de la société où l'homme est soutien de famille et la femme, ménagère. Cette conception de la FAMILLE ne correspondait pas toujours à la réalité; c'est encore davantage le cas aujourd'hui, car plus de 50 p. 100 des femmes mariées occupent un emploi à l'extérieur du foyer. Cependant, l'idée que la place de la femme est à la maison a influé considérablement sur les conditions de sa participation à la main-d'œuvre (voir MARIAGE ET DIVORCE). Cette participation est caractérisée par la ségrégation et de bas salaires.

Ségrégation sur le marché du travail

La majorité des femmes au travail ont toujours été cantonnées dans des emplois dits féminins, désignés ainsi parce qu'ils sont souvent en continuité avec les tâches que les femmes accomplissent à la maison (voir CONDITION FÉMININE). Certains secteurs d'activité ont évolué avec le temps et d'autres se sont ajoutés, mais un grand nombre d'emplois sont encore définis comme propres aux femmes. De nos jours, les femmes ont un emploi non rémunéré à la maison et un emploi mal payé sur le marché du travail. Elles travaillent à l'extérieur tout en s'occupant des tâches domestiques, mais leurs salaires ont toujours été inférieurs à ceux des hommes. Elles sont moins bien payées non seulement lorsque les tâches sont différentes, pourtant jugées de valeur égale, mais aussi quand elles accomplissent les mêmes fonctions que les hommes (voir TRAVAIL). En 1911, le salaire des femmes correspondait à 52,8 p. 100 du salaire des hommes; ce pourcentage est passé à 58 p. 100 en 1971 et 72 p. 100 en 1993.

Historique de la main-d'œuvre féminine

Vers la fin du XIXᵉ siècle, les manufactures remplacent la famille comme unité principale de production. La vie en usine est synonyme de nombreuses heures de travail, de bas salaires et, souvent, de très dures conditions de travail. Ainsi, les jeunes ouvrières travaillent 60 heures par semaine pour un salaire de 80 cents, soit moins de 2 cents l'heure. En 1901, les femmes représentent 13 p. 100 de la main-d'œuvre totale et leur taux de participation (que l'on définit comme la proportion de la population de sexe féminin en âge de travailler qui possède un emploi ou en recherche un) est de 14 p. 100 (ce pourcentage comprend seulement les salariées; un grand nombre de femmes ne sont pas rémunérées pour leur travail).

La majorité des femmes se trouvent dans les emplois suivants: servante, couturière, institutrice, ouvrière du vêtement, gouvernante, blanchisseuse, chapelière et vendeuse. Pendant la première moitié du XXᵉ siècle, les emplois ouverts aux femmes sont peu nombreux et l'on se méfie des femmes mariées qui travaillent à l'extérieur du foyer. Les hommes craignent que cette main-d'œuvre bon marché fasse baisser leurs salaires. Employeurs et réformateurs moraux pensent que le travail hors du foyer porte atteinte à la féminité et à la moralité des femmes et les éloigne de leur vocation première de mère et d'épouse, et ils s'en inquiètent.

Pendant la Première Guerre mondiale, les femmes remplacent les hommes partis se battre, mais la pénurie de main-d'œuvre n'est pas assez importante pour permettre l'embauche massive de femmes. Celles-ci font alors un travail d'homme sans toutefois obtenir le même salaire. La guerre terminée, on incite fortement les femmes à abandonner leur travail. Le gouvernement adopte même une loi obligeant les femmes mariées à quitter leur emploi au sein du gouvernement. En 1921, 65 p. 100 des salariées travaillent comme employées de bureau, servantes et travailleuses professionnelles (surtout comme institutrices et infirmières).

Au début du XXᵉ siècle, les femmes luttent afin d'obtenir des droits égaux dans le domaine politique (le droit de vote, notamment). Au fédéral, le droit de vote est acquis en 1918, mais il faut attendre 1922 avant que les femmes n'obtiennent le droit de vote aux élections provinciales partout, sauf au Québec, qui ne leur accorde ce droit qu'en 1940. En 1929, les femmes se voient accorder le statut de «personnes», au sens juridique du terme, et peuvent désormais accéder au Sénat canadien (*voir* FEMMES NON RECONNUES CIVILEMENT, AFFAIRE DES).

Le mouvement d'expansion économique des années 20 est stoppé par la Crise des années 30, mais la Seconde Guerre mondiale stimule la production et favorise l'emploi. Les entreprises font de nouveau appel aux femmes célibataires puis aux femmes mariées pour exécuter des tâches masculines, mais à des salaires moins élevés encore une fois. Des avantages tels que réductions d'impôt et garderies gratuites sont offerts aux femmes mariées afin de les inciter à travailler hors du foyer. Ces avantages sont abolis à la fin de la guerre et, de nouveau, on pousse les femmes à se retirer du monde du travail par l'adoption de mesures, dans certains cas. Cette fois, cependant, de nombreuses femmes décident de rester sur le marché du travail et se trouvent un emploi dans le secteur alors en pleine expansion des métiers dits «féminins», soit le domaine des services.

La présence accrue des femmes sur le marché du travail pose certains dilemmes aux syndicats, organisations dominées par les hommes. Tout en se préoccupant du maintien des rôles traditionnels de la femme, les syndicalistes craignent la compétition venant de femmes «non qualifiées». Par ailleurs, leurs fonctions les appellent à défendre les intérêts de tous les travailleurs, y compris les femmes. Avec l'appui des syndicats ou non, les femmes mènent de leur côté des luttes incessantes afin d'obtenir de meilleurs salaires et de bonnes conditions de travail (*voir* TRAVAILLEURS, HISTOIRE DES).

Les années 50 sont une période de progrès économique rapide. Les changements survenus dans les modes de production, l'accent particulier que les gouvernements et les entreprises mettent sur la construction, la recherche et le développement, la mise en place de services sociaux, éducatifs et de santé ainsi que le besoin d'annoncer, de vendre et de financer de nouveaux produits sont autant de facteurs qui contribuent à la création d'un grand nombre d'emplois pour les femmes.

En 1951, les femmes représentent 22 p. 100 de la main-d'œuvre totale, et la proportion des femmes qui occupent et recherchent un emploi s'élève à 24 p. 100. Au fur et à mesure que l'économie se développe et que la productivité de la main-d'œuvre augmente, le prix des biens de consommation baisse et ceux-ci deviennent accessibles à un plus grand

nombre de personnes. La consommation de masse est désormais essentielle au bon fonctionnement du système économique. Vers le milieu du XXᵉ siècle, un grand nombre de foyers ont besoin de deux salaires pour se procurer de nouveaux biens et payer les frais d'éducation des enfants. Comme les enfants demeurent à l'école plus longtemps, la mère doit retourner sur le marché du travail pour aider la famille à augmenter son NIVEAU DE VIE.

Entre 1951 et 1994, la proportion de femmes mariées à la recherche d'un emploi ou qui en occupent un passe de 11 à 57,6 p. 100. Depuis les années 50, on constate une augmentation constante du nombre d'emplois à temps partiel et, en 1994, le nombre d'emplois à temps partiel offrant peu de sécurité et d'avantages sociaux atteint des proportions considérables; 69,4 p. 100 de ces emplois sont occupés par des femmes. Celles-ci gagnent toujours moins que les hommes et, en 1980, le salaire moyen des femmes occupant un emploi à temps plein correspond à 64 p. 100 de celui des hommes. En 1993, le salaire des hommes diminue et celui des femmes augmente, ce qui le porte à 72 p. 100 du salaire des hommes. En 1994, 70 p. 100 des femmes se trouvent toujours dans des emplois rattachés aux domaines du secrétariat, des ventes, des services, de l'enseignement et de la santé. Les femmes représentent 43 p. 100 de la main-d'œuvre totale et leur taux de participation à l'emploi atteint 52 p. 100.

Rôle du mouvement féministe

À partir de 1971, les femmes s'organisent afin d'exiger l'égalité des salaires et de meilleures conditions de travail tout en luttant pour obtenir un statut social, économique, juridique et politique correspondant à leur rôle dans la société. Le mouvement féministe des années 60 a suscité chez les femmes une prise de conscience de leurs droits à l'autonomie et au contrôle de leur vie. Elles joignent les rangs des syndicats et autres associations en plus grand nombre. Le mouvement féministe propose également de nouvelles mesures telles qu'un salaire pour l'accomplissement du TRAVAIL DOMESTIQUE, une pension pour les ménagères et des garderies publiques.

Un consensus assez large s'exprime sur divers points: lutte contre la discrimination dans les politiques d'embauche fondée sur le sexe ou la situation de famille, action positive, salaire égal pour un travail égal, congés de maternité et autres avantages sociaux, SERVICES DE GARDE, améliorations dans le domaine de la santé et de la sécurité au travail, mesures pour combattre le harcèlement sexuel sur les lieux de travail. En 1994, 57 p. 100 des mères ayant des enfants de cinq ans ou moins sont sur le marché du travail et les services de garde posent un important problème. Avec le besoin croissant de deux revenus dans les ménages, il devient nécessaire d'offrir des congés parentaux et des programmes de garde de qualité reconnaissant le rôle des femmes sur le marché du travail et celui des hommes dans l'éducation des enfants, ainsi que dans l'accomplissement des tâches ménagères.

Faibles salaires

Aucun changement n'est survenu dans la mentalité voulant que l'homme soit toujours le soutien de famille, d'où la ségrégation dans l'embauche et le salaire inférieur des femmes. En 1992, les deux conjoints de 61 p. 100 des familles travaillent. Sans le salaire des femmes, 16 p. 100 de ces familles vivraient sous le seuil de faible revenu (où plus de la moitié du revenu est consacré à la nourriture, au loyer et aux vêtements). Le salaire des femmes représente 31 p. 100 du revenu des familles à deux revenus. Un grand nombre de femmes monoparentales ne gagnent pas suffisamment pour assurer leur subsistance après avoir payé les frais de garde et les frais liés à leur emploi.

En 1993, le revenu de 60 p. 100 de toutes les familles dont la mère est le seul soutien s'avère inférieur au seuil de faible revenu. Cinquante-six pour cent des femmes âgées ont aussi de faibles revenus. Ayant en grande majorité travaillé toute leur vie comme ménagères, donc sans salaire, ces femmes ne bénéficient d'aucune prestation de retraite liée à l'emploi. Les régimes de retraite des maris décédés offrent rarement aux veuves une protection adéquate. Les restrictions budgétaires des gouvernements acculent un plus grand nombre de personnes au chômage et réduisent les services nécessaires de santé, d'aide sociale et d'éducation, rendant ainsi la vie plus difficile pour ces groupes (*voir* PAUVRETÉ).

Changements dans la main-d'œuvre

Depuis l'importante récession des années 80, les salaires réels et, par conséquent, le niveau de vie, ont diminué. Des reculs de l'économie et des restructurations par le gouvernement et le secteur privé ont entraîné une diminution des emplois à temps plein et une augmentation des emplois à temps partiel. En 1994, 23 p. 100 de tous les emplois étaient des postes à temps partiel occupés, de façon relativement constante, à 69 p. 100 par des femmes. Entre 1976 et 1994, le pourcentage d'emplois à temps partiel non volontaires est passé de 12 à 36 p. 100; 34 p. 100 des femmes ayant un emploi à temps partiel en 1994 auraient souhaité un emploi à plein temps. Cette situation oblige de plus un grand nombre de personnes à occuper plus d'un emploi afin de pouvoir gagner leur vie. En 1994, le pourcentage de femmes, surtout des jeunes, occupant plus d'un emploi était supérieur à celui des hommes (*voir* TRAVAIL).

Double charge de travail

En raison des compressions dans les services gouvernementaux, un grand nombre d'emplois bien rémunérés occupés par des femmes disparaissent. De nouveaux emplois basés sur les nouvelles technologies condamnent les femmes à exécuter à la maison des travaux dans des domaines de pointe, ce qui marque un retour à l'époque du travail à la pièce, secteur d'emploi fort peu réglementé. Sans services adéquats offerts par l'État, le soin des enfants, des personnes âgées, des handicapés et des sans-emploi retombera sur les épaules des femmes, que l'on considère généralement comme les responsables de ces tâches. Ainsi, il semble que la tâche des femmes s'alourdira dans le milieu familial à mesure qu'augmentera pour elles la nécessité d'avoir un revenu et ce, non seulement comme chargées de famille monoparentale, mais aussi comme mères de famille où le père travaille également. Dans ce contexte, la lutte des femmes pour l'égalité devient plus difficile. Malgré tout, cette lutte continue et de nombreuses femmes se sont fixé comme objectif le partage égal du travail et des responsabilités familiales entre les deux sexes.

Vers l'égalité

L'atteinte de l'égalité nécessiterait d'importants changements sociaux, politiques et économiques permettant la mise en place de structures comme des programmes de congés parentaux et des garderies, afin d'aider les femmes et de faire disparaître la ségrégation sur le marché du travail et les faibles salaires qui les désavantagent. Il faudrait aussi changer la perception que se font les gens du travail dit «masculin» et «féminin», autant à l'extérieur qu'au foyer.

M.P. Connelly

Femmes dans les forces armées Jusqu'à la Seconde Guerre mondiale, la place des femmes dans les Forces armées canadiennes se limitait aux services des SOINS INFIRMIERS. Les lourdes pertes subies par le Corps expéditionnaire canadien en Europe, au cours de la Première Guerre mondiale, ont exigé la mise sur pied d'un service médical très important. Ses effectifs comprenaient 3141 infirmières, dont

2504 ont servi outre-mer comme membres du personnel d'hôpitaux militaires en Angleterre, en Égypte, en Grèce, en France, sur le front occidental, et en Belgique où elles ont aussi œuvré dans des postes d'évacuation sanitaire situés immédiatement à l'arrière du front.

Le minuscule service militaire de soins infirmiers, maintenu en temps de paix durant les années 20 et 30, a connu un essor considérable au cours de la Seconde Guerre mondiale. En 1945, 4480 infirmières étaient sous les drapeaux au sein du Corps de santé royal canadien et des services médicaux de la Marine Royale du Canada (MRC) et de l'Aviation Royale du Canada (ARC). Durant la guerre, à la suite des revendications des femmes, qui souhaitaient jouer un rôle accru, et de la pénurie de main-d'œuvre, et sous l'influence de l'exemple des forces armées britanniques, on commence à enrôler des Canadiennes dans de nombreux corps de métiers militaires qui, jusqu'alors, avaient été des chasses gardées masculines. À la suite de l'instauration, en 1941, du SERVICE FÉMININ DE L'ARMÉE CANADIENNE, du Service de l'Aviation royale du Canada (Division féminine) et, l'année suivante, du Service féminin de la Marine royale canadienne, 45 423 femmes étaient intégrées aux forces armées en temps de guerre. Elles sont affectées aux postes de commis, d'administration, de communication ou à d'autres tâches de soutien au personnel, ce qui a facilité l'affectation d'hommes à des postes de combat. Le témoignage enthousiaste d'un officier supérieur de l'ARC, affirmant que la présence des femmes s'avérait tout aussi précieuse que celle des hommes et souhaitant pouvoir compter sur un maximum de candidates, est révélateur du succès remporté par les femmes. Comme dans le cas des membres des services médicaux, elles ont eu l'occasion de servir dans les zones sises à l'arrière du front.

En 1946, les trois services féminins sont dissous, ce qui ne laisse en uniforme qu'un nombre limité d'infirmières. À mesure que s'intensifie la Guerre froide et que s'accroissent à nouveau les effectifs des Forces canadiennes, cette situation se modifie. En 1951, les éléments de la Réserve des trois armes amorcent le recrutement de personnel féminin, comme dans la force régulière de l'ARC et, par la suite en 1954-1955, dans les forces régulières de l'armée de terre et la Marine, mais en nombre inférieur aux effectifs de l'armée de l'air qui compte alors 3000 femmes. Toutefois, en 1966, on ne compte plus au sein des forces régulières que 900 femmes. Cette situation découle des réductions imposées à la taille des effectifs des Forces canadiennes, à l'automatisation grandissante des métiers occupés par des femmes et aux difficultés de recrutement, attribuables en partie au nombre limité de carrières accessibles aux femmes. On atteint le creux de la vague. Dès lors, l'une des priorités du gouvernement, en raison de l'évolution de la place des femmes dans la société canadienne, a été d'accroître leur participation dans les Forces armées et de leur assurer l'égalité avec les hommes tant pour les perspectives de carrière que pour les modalités du service. En février 1988, on comptait 8099 femmes dans les forces régulières, à savoir 9,4 p. 100 des effectifs totaux (en outre, en décembre 1987, les 4391 femmes des forces de réserve représentaient 17,5 p. 100 de ses effectifs). À titre de comparaison, au cours de la Seconde Guerre mondiale, la main-d'œuvre féminine totalisait légèrement moins de 5 p. 100 des forces canadiennes. Même si les femmes ne sont pas toujours admises dans les unités de combat, on les a récemment admises à des postes de para-combattants sur des aéronefs de types divers, dans les unités de soutien naval et dans les unités de l'armée de terre dont le terrain d'opération se situe immédiatement à l'arrière des premières lignes. (*Voir aussi* FEMMES ET GUERRE.)

Roger Sarty

Femmes, droit de vote des Au XIXe siècle, les femmes propriétaires peuvent demander le droit de vote municipal selon le principe «pas de taxation sans représentation». Au Québec, les femmes propriétaires votent sans restriction entre 1809 et 1849, jusqu'au moment où le mot «mâle» est inséré dans la loi électorale. Ce que les Québécoises perdent, les Ontariennes le gagnent peu après; dès 1850, les femmes propriétaires, mariées ou célibataires, peuvent élire les commissaires d'école. Dès 1900, le droit de vote aux élections municipales est généralement accordé aux femmes propriétaires partout au Canada. Mais la plupart des Canadiens du XIXe siècle, les femmes comme les hommes, croient que les sexes ont été assignés à des «sphères distinctes» par les lois naturelles et divines qui prédominent sur les lois de l'homme, ce qui empêche les femmes d'obtenir le droit de vote en tant que droit démocratique.

Sur la scène provinciale, les membres du Toronto Women's Literary Club lancent le débat public en Ontario. Ce groupe, qui sert de couverture aux initiatives des suffragettes, a été créé en 1876 par le docteur Emily Howard STOWE, la première femme médecin au Canada. Elle et sa fille, le docteur Augusta STOWE-GULLEN, mènent la campagne ontarienne en faveur du vote des femmes pendant 40 ans. En 1883, le club devient la Toronto Women's Suffrage Association et, en 1889, la Dominion Women's Enfranchisement Association: un groupe qui n'a de national que le nom.

Malgré les nombreuses pétitions et les projets de loi, les législateurs ontariens, confiants qu'ils sont soutenus par l'opinion publique, s'opposent continuellement aux changements. Les groupes de suffragettes doivent donc faire l'«éducation» du public pendant de longues années. Dans les années 1890, le mouvement reçoit un appui important de la part de la WOMAN'S CHRISTIAN TEMPERANCE UNION (WCTU), dont les dirigeantes considèrent le vote des femmes nécessaire pour obtenir la PROHIBITION. En 1910, le très respecté et influent CONSEIL NATIONAL DES FEMMES se prononce en faveur du suffrage.

Figures dominantes La WCTU est aussi active au Manitoba, où le suffrage féminin a été proposé pour la première fois en 1870 par la communauté islandaise. Parmi les premières dirigeantes manitobaines figurent Mmes M.J. Benedictssen, A.V. Thomas, J.A. McClung et Amelia Yeomans. La bru de Mme McClung, Nellie MCCLUNG, deviendra par la suite une figure de proue du mouvement dans les Prairies. Entre 1912 et 1915, il y a une campagne mouvementée et concertée. Le 28 janvier 1916, les Manitobaines deviennent les premières Canadiennes à obtenir le droit de vote et celui d'occuper un poste électif au gouvernement provincial. La Saskatchewan suit le 14 mars et l'Alberta le 19 avril. La Colombie-Britannique sanctionne à son tour le vote des femmes le 5 avril 1917 et les suffragettes ontariennes, après de nombreuses années de lutte, célèbrent enfin une victoire chèrement acquise le 12 avril.

Pendant ce temps, la pression se fait sentir sur les politiciens fédéraux. En 1917, dans la controversée LOI DES ÉLECTIONS EN TEMPS DE GUERRE, le droit de vote fédéral est accordé aux femmes membres des forces armées et aux parentes de militaires. En même temps, des milliers de loyaux citoyens naturalisés après 1902 perdent leur droit de vote. Ce n'était pas une «victoire honorable» pour les Canadiennes.

Le 24 mai 1918, toutes les citoyennes, âgées de 21 ans et plus, obtiennent le droit de vote aux élections fédérales, peu importe si elles peuvent voter dans leur province. En juillet 1919, elles obtiennent le droit complémentaire d'être candidates à la Chambre des communes, bien qu'elles ne puissent être nommées au Sénat avant l'affaire «personne» (*voir* FEMMES NON RECONNUES CIVILEMENT, AFFAIRE DES) de 1929. Au cours de tous ces

débats, l'argument irréfutable en faveur des femmes faisait état de leur service, de leur sacrifice, et de leur compétence durant la Première Guerre mondiale, tout comme les femmes des Prairies ont obtenu le droit de vote provincial en grande partie à cause de leur contribution à la colonisation du pays. Bien que le droit démocratique ait joué un rôle dans l'argumentation, le service rendu était encore plus important.

Les Néo-Écossaises obtiennent le droit de vote provincial le 26 avril 1918, à la suite d'une campagne terne. La cause était encore moins populaire au Nouveau-Brunswick, qui approuve le vote des femmes le 17 avril 1919. L'Î.-P.-É., où l'agitation populaire est pratiquement nulle, modifie sa loi électorale le 3 mai 1922. Les Terre-Neuviennes obtiennent à leur tour le droit de vote le 13 avril 1925. Les femmes de la N.-É., de l'Î.-P.-É. et de Terre-Neuve obtiennent le droit de se présenter à un poste électif dans leur province en même temps que le droit de vote. Le Nouveau-Brunswick, pour sa part, retarde cette étape radicale jusqu'au 9 mars 1934. Au Québec, sous la direction courageuse de Thérèse CASGRAIN, la lutte se poursuit jusqu'au 25 avril 1940, alors que les femmes obtiennent finalement la contrepartie provinciale au vote fédéral qu'elles exerçaient depuis plus de 20 ans.

Bon sens et persévérance Comparée à la violence occasionnelle et à l'éclat des campagnes des suffragettes britanniques, françaises et américaines, celle du Canada a été paisible et urbaine, menée avec une touche d'humour, de bon sens et de persévérance. On trouve un nombre croissant de femmes en politique. En 1996, un nombre record de femmes sont élues à la Chambre des communes (52) et, par la suite, nommées au Cabinet (8). Au total, 24 femmes ont été nommées au Sénat. Les Canadiennes ont commencé à envisager sérieusement des carrières politiques seulement à partir des années 70. En effet, elles ont découvert, au cours des 50 années précédentes, que l'obtention du droit de vote n'était que la première étape d'un mouvement qui, loin d'être terminé, a pour but d'apporter des changements politiques et sociaux fondamentaux.

Susan Jackel

Femmes et éducation La femme est depuis toujours très présente dans le domaine de l'éducation, comme élève ou comme enseignante, mais une analyse de sa participation dans ce secteur montre qu'elle y occupe une position inférieure qui, à la fois, reflète et contribue à perpétuer son inégalité dans la société. Jusqu'au milieu du XIXe siècle, les familles de classe moyenne ont tendance à engager une gouvernante ou un précepteur pour faire instruire leurs enfants à la maison. Dès 1871, grâce à la création des écoles publiques et gratuites en Ontario, le pourcentage de filles et de garçons inscrits est sensiblement équivalent. L'enseignement postsecondaire pour filles est dispensé seulement dans des collèges privés, instruments de formation à la vie personnelle, sociale et domestique. Le programme est conçu de manière à apprendre les «arts et les raffinements de la vie» aux femmes et à les préparer à l'enseignement.

Historique

Depuis toujours, l'enseignement constitue une possibilité d'emploi pour les femmes qui désirent entrer sur le marché du travail (*voir* PROFESSION ENSEIGNANTE). Au début du XIXe siècle, les Canadiennes instruisent les enfants à la maison, dans les fameuses écoles «de dames». Certaines pionnières possèdent même leur propre école. Anne Langton (1804-1893), p. ex., fonde avec son frère une petite école privée à Fenelon Falls. Vers 1850, les écoles publiques commencent à employer des femmes et, dès 1900, l'enseignement primaire est dispensé presque entièrement par des institutrices. En 1872, le surintendant de l'instruction publique de Colombie-Britannique déclare que «la mission de la femme est d'être avant tout une éducatrice», surtout des nourrissons et des tout-petits. En fait, ce changement a lieu parce qu'on peut embaucher les femmes à des salaires inférieurs à ceux des hommes. L'économie est appréciable, car l'établissement d'un système scolaire public alors en pleine expansion pèse lourdement sur les épaules des contribuables. L'arrivée massive des femmes de classe moyenne dans le monde de l'enseignement signifie que l'on accepte de plus en plus qu'elles travaillent à l'extérieur du foyer, de même qu'elle reflète une idéologie qui met l'accent sur les aptitudes de la femme pour l'éducation des enfants.

L'enseignement offre donc aux femmes de nouvelles perspectives d'emploi (de nombreuses suffragettes éminentes entrent sur le marché du travail par le biais de l'enseignement) et révèle aussi le rôle subalterne qu'elles jouent dans la société. Moins bien rémunérées que les hommes, les institutrices sont cantonnées à des échelons inférieurs, alors que les postes de direction sont tenus par des hommes. Les maîtresses d'école sont pour la plupart des jeunes femmes qui doivent abandonner le métier ou sont congédiées au moment de leur mariage et qui n'accèdent que rarement aux fonctions administratives.

Enseignantes d'aujourd'hui

Aujourd'hui, les enseignantes ont généralement un salaire égal à celui de leurs confrères masculins et ne peuvent plus être licenciées sous le seul prétexte qu'elles se marient ou qu'elles ont des enfants. Elles comptent pour environ la moitié du personnel enseignant des écoles publiques, où elles sont concentrées surtout dans les classes du niveau débutant, plutôt que dans les classes du niveau supérieur. Alors que les femmes constituent 95 p. 100 du personnel enseignant au niveau préscolaire, plus de 90 p. 100 des professeurs titulaires des universités sont des hommes. Les femmes représentent plus de la moitié des enseignants au primaire et moins de la moitié au secondaire.

De nombreuses (plus de 32) études universitaires importantes sont effectuées au cours des années 70 et au début des années 80, afin d'examiner les problèmes auxquels les femmes doivent faire face. Selon un rapport (1984) de la Commission sur les études canadiennes, ces études restent en grande partie lettres mortes, et la discrimination qui s'exerce contre les femmes dans les universités canadiennes constitue une «honte nationale». Les professeurs d'université occupent des postes inférieurs et sont moins bien rémunérées à tous les échelons et à tous les âges. En 1986, le gouvernement fédéral adopte une loi sur l'équité en matière d'emploi qui doit présider à l'étude des problèmes relatifs à cette question dans les années 90. Les universités engagent alors des conseillères et des coordinatrices pour l'équité en matière d'emploi. Toutefois, ces postes et la situation des femmes sont de nouveau menacés parce que le financement des universités subit des coupures et la «rectitude politique» est remise en question.

L'école est accessible également aux garçons et aux filles. La mixité est implantée depuis longtemps dans les écoles publiques canadiennes, mais elle l'est surtout pour des raisons économiques ou de commodité plutôt que par conviction de la similarité des besoins des garçons et des filles. Celles-ci demeurent aux études plus longtemps que les garçons et réussissent mieux en classe. Ce n'est qu'en 1950 que le nombre des garçons âgés de 15 à 19 ans fréquentant l'école dépasse celui des filles. Pourtant, les femmes constituent toujours la majorité des femmes diplômées au niveau secondaire. Au collégial, elles représentent plus de la moitié des diplômés. Dans les universités, par contre, elles ne représentent que 16 p. 100 des étudiants du premier cycle en 1920, près de 20 p. 100 de 1930 à 1960, 35 p. 100 en 1970, 50 p. 100 en 1986 et plus de 50 p. 100 dans les années 90. Les femmes représentent 60 p. 100 des étudiants à temps partiel au niveau universitaire. Cette dernière

catégorie représente un pourcentage croissant de l'ensemble des effectifs étudiants. C'est à l'université que la situation des femmes progresse le plus.

Perspectives limitées

Malgré les progrès accomplis, il arrive trop souvent que les possibilités d'emploi dans l'éducation soient soumises à une conception voulant que la place de la femme soit à la maison ou dans des emplois traditionnellement féminins. Des études révèlent que les manuels scolaires et le matériel didactique (films, livres de lecture) sous-représentent la femme et la montrent toujours dans ses rôles traditionnels (*voir* PROGRAMMES D'ÉTUDES, ÉLABORATION DE). Les autorités gouvernementales et les éditeurs de manuels entreprennent, depuis 1980, d'analyser les nouvelles publications scolaires afin d'y déceler les stéréotypes sexistes. Toutefois, les anciens manuels sont encore utilisés et les bases des analyses sont encore discutées. L'essor des études sur les femmes et de la documentation connexe assurent à la femme la place équitable qui lui revient dans les programmes. À l'université, ces cours sont optionnels. Malheureusement, la documentation et le matériel didactique concernant l'expérience des femmes font souvent défaut dans les établissements élémentaires et secondaires.

Des études sur l'attitude des enseignants envers le rôle des hommes et des femmes, ainsi que sur leurs relations avec leurs élèves révèlent que ceux-ci sont traités différemment selon qu'il s'agit de garçons ou de filles. Les enseignants, p. ex., critiquent ou encouragent plus volontiers les garçons. Ils valorisent le comportement «masculin» chez les garçons et le comportement «féminin» chez les filles.

Dans les niveaux supérieurs, les garçons et les filles s'orientent généralement dans des disciplines différentes. Au chapitre des cours optionnels, les jeunes filles sont plus enclines que les garçons à délaisser les mathématiques, la physique et la chimie, ainsi que la technique. En 1984, un rapport présenté par le Conseil des sciences du Canada signale la faible représentation des jeunes filles chez les étudiants en physique et suggère de modifier les programmes d'études, les méthodes d'enseignement et l'ORIENTATION PROFESSIONNELLE, afin de promouvoir la participation des femmes dans l'enseignement des sciences et de la technologie. Les filles sont majoritaires dans les cours d'économie domestique, de techniques de secrétariat et de langues.

Dans les collèges communautaires, les filles comptent pour plus de 90 p. 100 des étudiants en nursing, en réadaptation médicale et en techniques de secrétariat ou administratives; plus de 80 p. 100 en bibliothéconomie et en TRAVAIL SOCIAL; et plus de 50 p. 100 en sciences de l'éducation, en beaux-arts et en arts appliqués. À l'université, les femmes sont en minorité dans les disciplines suivantes: ingénierie, sciences forestières, médecine dentaire, architecture, informatique, droit, administration, sciences pures et médecine. Un renversement de cette situation commence à se faire sentir au niveau universitaire, le pourcentage de femmes augmentant constamment dans certaines facultés professionnelles où les hommes sont majoritaires. Cependant, les femmes demeurent nettement minoritaires en ingénierie.

Cette répartition inégale des deux sexes dans les programmes universitaires contribue directement au maintien d'un monde du travail caractérisé par la ségrégation sexuelle. Par surcroît, les femmes détenant les mêmes diplômes que les hommes sont moins bien rémunérées quand elles entrent sur le marché du travail. Des critiques sont également formulées à l'endroit des orienteurs professionnels qui conseillent aux jeunes filles de choisir les carrières féminines traditionnelles. Les féministes œuvrant en orientation demandent que l'on tienne compte du fait qu'une grande partie des femmes aura à travailler

plusieurs années hors du foyer, qu'elle doit s'affirmer de plus en plus sur le plan professionnel et combattre les stéréotypes sexuels. L'attention qui est accordée à la place de la femme a entraîné des discussions et des changements. Parents, enseignants et administrateurs sont confrontés à des dilemmes d'un genre nouveau.

L'école doit être à l'image de la population qu'elle dessert, mais elle doit aussi offrir des chances égales à tous les élèves. Il en résulte des conflits. L'ensemble de la population canadienne n'accepte pas uniformément l'idée qu'hommes et femmes doivent recevoir la même éducation. Les écoles peuvent promouvoir l'égalité des sexes de deux façons, soit en reconnaissant la différence entre les sexes, soit en niant qu'il existe une différence. Les classes de sciences pures réservées aux filles et les cours d'éducation physique mixtes demeurent en 1990 des questions controversées, parce que les communautés en sont à décider quelle doit être l'égalité des chances pour les filles et les garçons.

Jane Gaskell

Femmes et guerre En temps de guerre, à cause de circonstances ou par volonté, les femmes ont coutume de défendre leur foyer et leur entourage, de soigner les blessés, de préparer le matériel de guerre et de fournir un soutien matériel, économique et moral. Leur contribution s'est avérée essentielle pour contrer les menaces extérieures ou favoriser les succès militaires. Des légendes orales évoquent des Amérindiennes guerrières, guérisseuses, stratèges et espionnes. Ces récits sont rendus crédibles par la description écrite du rôle de Molly BRANT en tant qu'espionne et conseillère des Anglais durant la Révolution américaine ainsi que par la description de la rencontre, en 1844, de John ROWAND avec la «Reine des plaines» et son armée composée de 1000 hommes et 200 femmes. En Nouvelle-France, des femmes telles que Françoise-Marie Jacquelin, mieux connue sous le nom de Madame de LA TOUR, et Marie-Madeleine Jarret de VERCHÈRES, dirigèrent la défense contre les attaques tandis que d'autres comme Jeanne MANCE prirent soin des blessés. Marie, l'épouse de Louis HÉBERT, a non seulement soigné les malades durant le siège de Québec par les Anglais en 1629, mais a aussi collaboré avec d'autres femmes pour assurer la survie de la colonie. Laura SECORD, pendant la guerre de 1812, et Cornelia De Grassi, au cours de la rébellion des Patriotes en 1837, portèrent des messages à travers les lignes ennemies.

La plupart du temps, ces femmes dynamiques sont demeurées anonymes. Celles qui accompagnaient les troupes françaises et anglaises au XVIIIe et XIXe siècles faisaient la cuisine et la lessive, cousaient et s'occupaient des malades, et participaient au besoin aux opérations militaires. Celles qui restaient chez elles protégeaient leurs biens contre les maraudeurs et quand la bataille faisait rage à leur porte, elles préparaient les munitions, la nourriture et les médicaments. Ce n'est seulement lors de la Rébellion du Nord-Ouest en 1885 que l'on a enfin intégré officiellement les femmes aux forces militaires engagées sur le terrain. Même là, on considérait que leur fonction la plus appropriée en temps de guerre consistait à soigner les blessés (*voir* SOINS INFIRMIERS). Les infirmières civiles ont aussi accompagné la Troupe de campagne du Yukon en 1898 et le contingent canadien dans la guerre des Boers.

Au XXe siècle, certains facteurs, comme l'éloignement des théâtres d'opérations et les préjugés quant aux capacités féminines, ont empêché les femmes de prendre directement part aux combats. Néanmoins, durant les deux guerres mondiales, les femmes organisent la défense au pays, revêtent l'uniforme et s'entraînent à tirer, à faire les exercices militaires et à développer d'autres compétences. En 1941, quand on met sur pied les deux premiers services féminins auxiliaires pour l'armée et les forces aériennes, beaucoup de nouvelles recrues proviennent de ces groupes qui comptent plus de 6000 membres au pays.

C'est l'essor de la bureaucratie pendant la guerre qui permet aux femmes d'obtenir un statut officiel dans les forces armées en dehors des fonctions d'infirmières. Au départ, des femmes en civil comblent les postes de commis dans les forces armées afin de libérer les hommes aptes à combattre, mais durant la Seconde Guerre mondiale, on se rend compte des avantages d'avoir des femmes soumises au contrôle et à la discipline militaires. À la fin de la guerre, la Division féminine de l'Aviation royale du Canada, le SERVICE FÉMININ DE L'ARMÉE CANADIENNE et le Service féminin de la Marine royale canadienne avaient fait leurs preuves.

Bien que quelques femmes aient travaillé dans des usines de munitions durant la guerre des Boers, c'est au cours des deux conflits mondiaux que l'on assiste à un avènement massif des femmes dans l'industrie de guerre. En 1917, environ 35 000 d'entre elles travaillent dans des usines de munitions en Ontario et au Québec. Vers 1943, quelque 261 000 femmes participent à la production de fournitures militaires. Elles constituent plus de 30 p. 100 des effectifs dans l'industrie aéronautique et près de 50 p. 100 du personnel dans beaucoup de fabriques de canons. De plus, elles sont nettement en majorité dans le domaine de l'inspection des munitions (*voir* FEMMES DANS LES FORCES ARMÉES).

Les femmes ont toujours travaillé de manière à assurer la prospérité ou, du moins, le maintien de l'économie au pays. Durant la Première Guerre mondiale, puis la Seconde Guerre mondiale, elles produisent et mettent en conserve des aliments, collectent des fonds pour financer les hôpitaux, les ambulances, les foyers et les avions, et offrent bénévolement leurs services tant à l'intérieur qu'à l'extérieur du pays. Elles conjuguent surtout leurs efforts dans le cadre de mouvements comme la FÉDÉRATION DES WOMEN'S INSTITUTES DU CANADA, l'IMPERIAL ORDER DAUGHTERS OF THE EMPIRE, la YOUNG WOMEN'S CHRISTIAN ASSOCIATION et la Société canadienne de la Croix-Rouge.

Quel que soit le rôle conventionnel des femmes dans l'ordre social, la guerre exige la mobilisation de toutes les ressources collectives et favorise une plus grande flexibilité des rôles. Parallèlement, surtout durant les deux conflits mondiaux, on insiste sur le caractère temporaire de leur contribution à l'effort de guerre afin que cela ne remette pas en cause le *statu quo* et que les participantes réintègrent les fonctions féminines après les hostilités. Pendant la guerre, la main-d'œuvre féminine devient indispensable, mais on peut s'en passer une fois la paix revenue.

Nancy Miller Chenier

Femmes et loi Les femmes voient dans la loi le moyen de changer leur condition, mais, en même temps, la loi figure parmi les instruments qui confirment leur dépendance sociale (*voir* CONDITION FÉMININE). En proclamant que les femmes ne sont pas seulement des génitrices et des mères nourricières mais qu'elles sont aussi douées de raison, le mouvement des femmes des débuts a revendiqué la place des femmes dans le domaine public, tout en s'appuyant sur l'idée de «sphères séparées» pour définir leur champ de compétences.

Bouleversements historiques

Au XVIIIᵉ siècle, les lois tiennent les femmes à l'écart de la vie publique. Celles-ci ne peuvent ni accéder à l'enseignement supérieur, ni occuper de poste électif, ni se prévaloir du droit de vote, ni être membre d'un jury, pour ne citer que cela. Dans le domaine du droit privé, il est entre autres interdit aux femmes mariées d'accéder à la propriété et aux mères de demander la garde de leurs enfants. Les principales victoires du MOUVEMENT DES FEMMES du début sont l'accession de celles-ci aux études supérieures, l'obtention du droit de vote pour de nombreuses femmes et la reconnaissance du statut

de personnes dans le cadre de la *Loi sur le Sénat*, ainsi que la prohibition de la vente de boissons alcoolisées. Quoique cette dernière victoire se révèle peu populaire et inapplicable dans les faits, pendant le MOUVEMENT POUR LA TEMPÉRANCE les femmes dénoncent l'association directe entre la violence familiale et la consommation d'alcool, ce qui a pour effet d'éveiller la conscience publique à la question de la VIOLENCE FAMILIALE.

Femmes et droit de vote

À la fin du XIXᵉ siècle, un grand nombre de femmes et quelques hommes remettent en cause les entraves sérieuses à l'exercice de leurs droits de citoyennes. En effet, dans les années 1850, l'échappatoire à la loi permettant à certaines femmes de se prévaloir de leur droit de vote, notamment dans le BAS-CANADA, est rendu inopérant dans tout le pays. Les féministes invoquent, d'une part, la notion de la justice et, d'autre part, les «vertus propres aux femmes», faisant valoir que la participation des femmes à la vie publique contribuerait grandement à la mise en vigueur de réformes utiles. Après une longue lutte, les femmes du Manitoba, de l'Alberta et de la, Saskatchewan obtiennent le droit de vote en 1916. L'Ontario et la Colombie-Britannique emboîtent le pas l'année suivante. Au plan fédéral, on accorde le droit de vote aux parentes des conscrits de 1917, puis, en 1918, on l'étend à toutes les femmes. Les autres provinces font de même avant 1922, à l'exception du Québec où les femmes sont privées de leur droit de vote jusqu'en 1940. Quant aux femmes des premières nations, elles n'obtiennent le droit de vote que dans les années 60.

Femmes et carrière juridique

Sous le régime français, les postes importants au sein de l'armée et du gouvernement sont traditionnellement réservés aux hommes. Sous le régime britannique, la loi interdit aux femmes d'occuper un poste dans l'administration publique jusqu'au début du XXᵉ siècle. À la suite de leurs premières victoires, les femmes commencent à se présenter aux postes électifs et, pendant la première moitié du XXᵉ siècle, certaines parviennent à se faire élire au Parlement fédéral ainsi que dans les assemblées législatives des provinces. Elles sont habituellement marginalisées, même quand elles occupent des postes d'influence. Irene PARLBY, p. ex., la première femme élue à l'Assemblée législative de l'Alberta, devient ministre sans portefeuille alors qu'elle a toutes les qualifications requises pour diriger d'autres ministères. Même si en 1929 les femmes sont reconnues comme des personnes pouvant de ce fait être nommées au Sénat, dans les années qui suivent, peu accèdent à cette fonction. Au cours de l'année 1995, 342 sénateurs sont des hommes et 38 des femmes, celles-ci représentant 10 p. 100 du nombre total. En 1996, 23 p. 100 des membres du Sénat sont des femmes (*voir* FEMMES, DROIT DE VOTE DES).

Clara MARTIN ouvre la voie de la profession juridique aux femmes du Commonwealth. En 1897, après une lutte acharnée, elle est admise au sein du Barreau du Haut-Canada. Comme la majorité des pionnières de sa profession, elle choisit de rester célibataire pour poursuivre sa carrière. Les femmes mettent du temps à percer dans la profession d'avocat. Dans les années 90, la moitié des diplômés des facultés de droit sont des femmes, mais elles ne comptent que pour 20 p. 100 du barreau actif. On dit qu'elles abandonnent la profession en plus grand nombre que les hommes et qu'elles travaillent davantage pour des sociétés ou pour les gouvernements. Dans les grands cabinets, elles ne représentent qu'un petit pourcentage des associés. Les femmes forment environ 19 p. 100 du corps professoral dans les facultés de droit des 19 écoles de droit canadiennes.

En 1916, Emily MURPHY est nommée magistrate par le gouvernement de l'Alberta, devenant ainsi la première femme juge du Commonwealth britan-

nique. Depuis lors, plusieurs femmes ont été nommées juges à tous les paliers du système judiciaire. En 1982, Bertha WILSON est la première femme à siéger à la Cour suprême du Canada, bientôt suivie par Claire L'Heureux-Dubé en 1987. En 1990, Catherine Fraser est nommée juge en chef de l'Alberta, et aujourd'hui, la moitié des juges de la Cour d'appel de cette province sont des femmes. Toutefois, l'accession des femmes à des postes d'influence au sein des corps décisionnaires, comme la fonction publique, a moins de succès.

Égalité et loi

Au cours des brefs 200 ans d'histoire du mouvement des femmes, celles-ci ont recherché l'égalité avec les hommes. Jusqu'à tout récemment, le terme «égalité» signifiait être traitées comme les hommes, jouir des mêmes droits qu'eux. Toutes les réalisations de la première période du féminisme tendent vers ce but. En 1970, le rapport de la COMMISSION ROYALE D'ENQUÊTE SUR LA SITUATION DE LA FEMME AU CANADA réaffirme ce désir et, jusqu'au milieu des années 80, les nouvelles mesures législatives confirment cette philosophie de «similitude».

Femmes et propriété

Les lois régissant les biens matrimoniaux, votées dans la majorité des provinces vers la fin des années 70, assurent un partage égal des biens en cas de dissolution du mariage. L'application de ces nouvelles mesures suit le tollé soulevé par l'AFFAIRE MURDOCH, dans laquelle Mᵐᵉ Murdoch s'est vue accorder peu de biens à la suite de ses 25 ans de mariage passés dans une ferme albertaine. Cette affaire illustre bien qu'en matière du droit de la famille les femmes sont clairement considérées comme des personnes à charge.

En Nouvelle-France, où l'âge de la majorité est fixé à 25 ans, la femme qui se marie passe de l'autorité du père à celle de l'époux. Elle doit demander la permission de son mari pour se lancer en affaires et même pour gérer ou vendre des biens qu'elle possédait avant le mariage. Toutefois, le droit français veut que la moitié des biens communs reviennent à la femme et à ses héritiers advenant la dissolution du mariage, alors que le droit anglais donne pleine autorité au mari concernant les biens de sa femme et ne prévoit aucune disposition au sujet de la division de l'actif. Au XIXᵉ siècle, bien que les provinces de *common law* adoptent des lois permettant aux femmes mariées d'exercer un droit sur leurs biens personnels, aucune disposition n'assure une répartition équitable des biens que possèdent les conjoints dans l'éventualité d'une séparation ou de la mort d'un des conjoints. Ces lois ne changent rien non plus à la situation économique de la femme et des enfants (*voir* FEMMES DANS LA POPULATION ACTIVE).

Ce n'est qu'une quinzaine d'années plus tard qu'on constate que ces lois sur les biens matrimoniaux privent les femmes, dans bien des cas, de revenus et de sécurité. Les statistiques révèlent que les femmes n'ont pas une situation économique égale à celle des hommes lors de la dissolution du mariage (*voir* MARIAGE ET DIVORCE). Bon nombre de raisons complexes peuvent expliquer ce phénomène, mais on voit maintenant que, lors du partage des biens, il faut tenir compte des conditions économiques inégales des hommes et des femmes, de la contribution non rémunérée de la femme au travail domestique et à l'éducation des enfants, de l'abandon de sa carrière pour éduquer ses enfants et du fait que les femmes ont souvent la garde des enfants après le divorce, et d'autres facteurs.

Femmes et marché du travail

Dans les années 70, la moitié des Canadiennes sont sur le marché du travail et malgré cela, dans l'ensemble, elles ne gagnent en 1996 que 66 p. 100

du revenu des hommes. Dans leur action en faveur de lois du travail plus équitables, les mouvements de femmes et les syndicats demandent non seulement une législation qui permettrait un salaire égal pour un travail égal, mais militent en vue d'obtenir des programmes d'action positive pouvant contrebalancer les politiques d'emploi qui sont volontairement ou accidentellement discriminatoires envers les femmes. Les congés parentaux et de maternité sont au nombre des plus importantes revendications, car de plus en plus, les femmes demeurent sur le marché du travail même lorsqu'elles sont en âge d'avoir des enfants.

À partir de 1971, la Commission d'assurance-chômage accorde une allocation réduite pendant la période de grossesse, mais l'affaire Bliss (1979) démontre les lacunes de ces revendications fondées sur la similitude entre les femmes et les hommes. Dans cette affaire, la Cour suprême décide qu'une travailleuse peut se voir refuser des allocations pendant une grossesse et que ce refus ne relève pas d'une discrimination en raison du sexe. La *Loi sur l'assurance-chômage* est amendée en 1983 afin de substituer des avantages parentaux aux avantages liés à la grossesse pour remédier à ce problème. Dans les années 90, la Cour suprême, aux prises de nouveau avec le cas d'une femme en congé de maternité, trouve que les revendications en matière d'équité n'ont pas besoin de se fonder sur le fait qu'un homme puisse ou non être en état de grossesse.

Droits juridiques des femmes

Dans les années 70, comme jamais auparavant, les femmes prennent conscience de leurs droits ou des lacunes en la matière. La majorité des femmes n'ayant pas les moyens financiers de s'engager dans les recours judiciaires, les commissions fédérale et provinciales des droits de la personne s'avèrent des instruments peu onéreux de défense de leurs droits. L'affaire Bliss, et, à une époque moins récente, les affaires LAVELL et Bédard, où des actes discriminatoires sont posés à l'endroit de femmes autochtones (*voir* INDIENS) en raison de leur sexe, font prendre conscience aux Canadiennes à quel point les garanties constitutionnelles sont fragiles au plan de la discrimination sexuelle. Ces affaires ainsi qu'une conscience accrue que des moyens légaux plus forts sont nécessaires afin de contrer la discrimination encourage l'action concertée des femmes en vue d'obtenir la pleine reconnaissance de leurs droits dans la nouvelle Charte canadienne des droits et libertés (1982).

L'article 15 de la Charte se veut la définition la plus libérale de l'égalité des droits. Les femmes espèrent que la Charte servira de modèle pour évaluer les lois du pays. En 1983, la *Loi constitutionnelle* protège les DROITS ANCESTRAUX des personnes des deux sexes. L'article 12 de la LOI SUR LES INDIENS (perte du statut d'Indien de la femme qui épouse un non-Indien) est abrogé en 1985. (*Voir aussi* AVORTEMENT; AUTOCHTONES, DROITS DES; PORNOGRAPHIE.)

Fonds d'action et d'éducation juridiques pour les femmes (FAEJ)

Il est mis sur pied pour intenter des poursuites et des contestations judiciaires fondées sur l'article 15 de la Charte. Il a pour but de défendre devant les tribunaux l'idée que l'égalité doit être considérée dans le contexte de l'expérience vécue par les plaignantes, et non être jugée d'après des critères neutres en apparence mais qui sont habituellement masculins. Le FAEJ intervient dans plusieurs cas controversés et influence la façon dont la loi considère l'égalité. En tant qu'intervenant devant la Cour suprême, le FAEJ fait valoir que les représentations pornographiques associées à la violence sont discriminatoires à l'endroit des femmes, et que les femmes qui assassinent le mari qui les avait battues peuvent l'avoir fait par-

ce qu'elles souffrent du syndrome de la femme battue.

Femmes et violence

Viol et agression sexuelle Au cours des années 70 et 80, le problème de la violence retient l'attention de l'opinion publique, surtout chez les femmes. La politique à deux mesures se reflète dans les dispositions du *Code criminel* concernant le VIOL: on peut mettre en doute la valeur du témoignage de la victime, mais non celle de l'accusé. En outre, la défense a toute latitude pour reconstituer la vie sexuelle de la victime et essayer de démontrer qu'elle était consentante. En 1982, des modifications majeures sont apportées au Code. La victime d'une agression sexuelle n'a plus à passer en justice au même titre que l'accusé. Le concept juridique du viol fait place à celui d'AGRESSION SEXUELLE accompagnée de violence.

Dans les années 90, les amendements au *Code criminel* clarifient la notion de consentement. La violence familiale qui s'exerce généralement contre les femmes et les enfants (*voir* ENFANTS MALTRAITÉS) est longtemps considérée comme une affaire privée au Canada. Bien que la violence conjugale soit une forme de voie de fait punissable en vertu du *Code criminel*, la police hésite à intervenir dans ces problèmes où pèsent lourdement les préjugés de l'opinion publique. Les tribunaux sont réticents à trouver le mari coupable sans le témoignage d'une tierce partie. Vers la fin des années 70, les associations de femmes mettent en lumière la violence exercée à l'endroit des épouses et des enfants, en signalant que les lois ne sont pas toujours appliquées. Dans l'ensemble du pays, des organismes spécialisés commencent à intervenir dans les cas de violence familiale. On se rend vite compte, cependant, que le fait de punir les coupables ne constitue pas une solution à long terme. Bien souvent, la femme est dépendante financièrement de son mari et s'inquiète du bien-être de la famille advenant l'emprisonnement du mari. Les refuges pour femmes battues et les campagnes de sensibilisation à la violence familiale apportent des éléments de solution à ce problème. Au milieu des années 90, paraissent des ouvrages axés sur l'agresseur qui détournent l'attention dont la victime fait jusque-là l'objet. En 1996, le gouvernement de l'Alberta adopte une loi sur la violence familiale.

Harcèlement sexuel La question du harcèlement sexuel au travail est d'abord examinée au cours des années 70 par les commissions fédérale et provinciales des droits de la personne. Au début des années 80, les syndicats commencent à exiger des employeurs la mise en œuvre de politiques dans ce domaine. Depuis 1984, le *Code canadien du travail* permet aux victimes de harcèlement sexuel d'obtenir réparation.

Conclusion

On croit souvent que la présence des femmes dans la pratique du droit, dans le système judiciaire et au gouvernement va contribuer à l'amélioration du statut juridique de la femme. Bien que beaucoup de changements aient eu lieu, il reste encore bien des lois qui désavantagent les femmes.

Jennifer Stoddart

Femmes et santé Si l'espérance de vie est représentative de l'état de santé, les Canadiennes sont, en moyenne, en bien meilleure santé qu'elles ne l'étaient il y a 70 ans. L'espérance de vie d'une fille née en 1921 était de 61 ans, alors que celle d'une fille née en 1993 est de 81 ans. L'espérance de vie des Canadiennes est semblable à celle des femmes des autres pays industrialisés.

Habitudes de soins de santé Bien que les femmes aient généralement tendance à être moins actives physiquement que les hommes, presque la moitié des Canadiennes affirment être modérément actives sur une base hebdomadaire. Les femmes contribuent aussi à leur propre santé en ne fumant pas ou en arrê-

tant de fumer. Selon les statistiques de 1994, seulement le tiers des Canadiennes n'ont jamais fumé. Même si 28 p. 100 des femmes de plus de 15 ans fument, ce pourcentage est à la baisse depuis 1978 alors que 37 p. 100 des femmes fumaient, toutes catégories d'âge confondues. Jusqu'à récemment, la cigarette connaissait une baisse de popularité chez les adolescentes. Entre 1979 et 1990, le nombre d'entre elles qui fument passe de 46 p. 100 à 21 p. 100. Cependant, au cours des dernières années, ce nombre a remonté pour passer de 21 p. 100 à 29 p. 100 en 1994. Puisque fumer peut provoquer divers problèmes de santé, une augmentation du nombre de fumeurs risque de provoquer une augmentation des problèmes de santé dans l'avenir (*voir aussi* CANCER, CARDIOPATHIE et TABAGISME).

Pour augmenter les probabilités de détection du cancer du sein au début de son développement, la Société canadienne du cancer recommande que les femmes de plus de 50 ans passent une mammographie tous les 2 ans et qu'elles s'examinent les seins tous les mois afin de détecter tout changement ou problème. Malgré ces recommandations, en 1990, 41 p. 100 des Canadiennes qui ont entre 50 et 59 ans et 46 p. 100 de celles qui ont entre 60 et 69 ans n'ont jamais fait d'auto-examen de leurs seins. Seulement le tiers des femmes considérées comme faisant partie du groupe à risque examinent leurs seins mensuellement.

Un autre problème important lié à la santé des femmes est le taux de stress qu'elles subissent dans leur vie. Des recherches récentes semblent indiquer que davantage de femmes estiment que leur vie est plus stressante qu'il y a cinq ans. Une partie de ce stress peut être mis sur le compte de l'augmentation de la participation des femmes au marché du travail, du nombre croissant de femmes qui travaillent et qui ont de jeunes enfants, des difficultés associées au fait de travailler à temps partiel (particulièrement si cet arrangement n'est pas désiré par la personne) et de la nécessité pour les femmes de s'absenter du travail pour s'occuper des responsabilités familiales. Comparativement aux hommes, les femmes qui travaillent à l'extérieur de la maison consacrent deux heures de plus par jour aux activités ménagères et deux fois plus de temps à s'occuper des enfants. En 1994, les femmes qui travaillent à l'extérieur du foyer s'absentent de leur lieu de travail en moyenne six jours à cause des responsabilités familiales, alors que les hommes manquent en moyenne moins d'un jour complet pour la même raison. Les femmes qui affirment subir un taux élevé de stress lié au temps sont celles qui ont un enfant de moins de 10 ans. Les hommes qui ont un enfant du même âge montrent un taux beaucoup moins élevé de stress lié au temps que les femmes (*voir* SERVICES DE GARDE; STRESS; FEMMES DANS LA POPULATION ACTIVE).

Utilisation des services de santé

Presque toutes les femmes vont chez un spécialiste de la santé au moins une fois par an. Le tiers des femmes de plus de 15 ans voient leur médecin de 3 à 9 fois par an. Ces chiffres ne tiennent pas compte des cas où elles accompagnent leurs enfants ou les autres membres de leur famille.

Généralement, les femmes risquent davantage que les hommes d'être hospitalisées pour des problèmes de santé, mais cette différence peut être mise sur le compte des besoins liés à la grossesse et du fait que la femme vit plus longtemps que l'homme. En 1995, 73 p. 100 des patients des institutions de soins de santé à long terme sont des femmes âgées de plus de 65 ans. La plupart d'entre elles sont veuves. De plus, les femmes sont plus susceptibles que les hommes d'être hospitalisées pour un problème lié à la santé mentale.

La cause principale de décès chez la femme, peu importe l'âge, est le cancer. Environ la moitié des femmes qui meurent entre 40 et 69 ans meurent du cancer, alors que les femmes de plus de 80 ans sont plus susceptibles de mourir d'une maladie de cœur. Il y a environ autant de femmes qui meurent d'un cancer du sein que de femmes qui meurent d'un cancer des poumons.

Cependant, il y a eu une hausse considérable du nombre de femmes qui meurent du cancer des poumons. Statistique Canada a remarqué une augmentation de 65 p. 100 entre 1981 et 1992. Le taux de cancer des poumons chez les hommes au cours de la même période a augmenté de seulement 6 p. 100. Un lien direct a été établi entre l'augmentation du taux de cancer des poumons chez la femme et le fait que de nombreuses femmes aient commencé à fumer après la Seconde Guerre mondiale. En 1995, 50 ans après la fin de la guerre, l'estimation du taux de cancer des poumons chez la femme est plus élevée dans le groupe des 70 à 79 ans.

En décembre 1994, les femmes de plus de 15 ans constituent 5 p. 100 des cas de sida connus au Canada. Près de 70 p. 100 des cas de sida ont été détectés chez des femmes de 20 à 39 ans. La source la plus courante d'infection chez la femme adulte est la relation sexuelle sans protection, avec un homme déjà infecté par le V.I.H.

Travailler dans le système de santé

En 1990, 79 p. 100 des Canadiens qui occupent des emplois liés à la santé sont des femmes; 27 p. 100 des médecins et des chirurgiens sont des femmes. La plupart des soins indirects sont donnés par des femmes. À cause des coupures budgétaires et de la facilité d'accès aux services de santé proprement dits, la demande en personnel féminin pour offrir ce type de soins pourrait augmenter encore davantage. (*Voir* SÉCURITÉ SOCIALE.)

Historiquement, les femmes ont toujours joué un rôle important dans les soins de santé au Canada. Traditionnellement, c'est la mère qui prodiguait les soins dans la famille. Les guérisseuses, qui détiennent leur savoir par apprentissage et par tradition orale, ont rendu des services essentiels à la population autochtone et non autochtone. Grâce à leurs connaissances des herbes et des plantes médicinales, ces femmes étaient souvent consultées en cas d'urgence médicale (*voir* AUTOCHTONES, SANTÉ DES). Les sages-femmes, qui prêtaient secours aux femmes durant la grossesse et l'accouchement, étaient des membres très importants des communautés pionnières du pays (*voir* ACCOUCHEMENT, MÉTHODES D'). Les religieuses venues d'Europe, qui aident à améliorer les conditions physiques et spirituelles des habitants du Canada (*voir* SOINS INFIRMIERS), jouent aussi un rôle significatif dans l'histoire médicale du Canada à ses débuts. Le premier hôpital au Canada (1639), l'HÔTEL-DIEU de Québec, a été fondé et administré par des religieuses de l'ordre des sœurs hospitalières des AUGUSTINES.

Emily STOWE, première femme à obtenir son diplôme en médecine (1867) et à pratiquer la médecine au Canada, a dû suivre sa formation au New York Medical College for Women, parce que les femmes n'étaient pas admises dans les facultés de médecine au Canada. La fille d'Emily Stowe, Augusta, a été la première femme à obtenir au Canada son diplôme en médecine (1883), puisqu'elle avait obtenu la permission d'étudier à la Toronto School of Medicine en 1879.

Anne Rochon Ford

Femmes, étude des Appelée aussi études féministes. Il s'agit d'un terme générique qui recouvre un vaste domaine de connaissances en plein essor. Les premiers cours sont dispensés dans les universités canadiennes au début des années 70. Depuis ce temps, le champ de recherche a pris tant d'expansion que la plupart des universités offrent des programmes complets, allant de l'intérieur de divers départements et des programmes de premier cycle (mineures, majeures), jusqu'au niveau des études supérieures. En 1984, le gouvernement fédéral sub-

ventionne 5 chaires d'étude de la condition féminine, une par région, lesquelles sont finalement octroyées à l'U. Mount St. Vincent, à l'U. Carleton et à l'U. d'Ottawa (chaire conjointe), à l'U. Laval, à l'U. de Winnipeg et à l'U. du Manitoba (chaire conjointe), ainsi qu'à l'U. Simon Fraser.

L'étude des femmes a adopté plusieurs caractéristiques des autres disciplines universitaires: elle a sa société savante (l'Association canadienne des études sur les femmes), plusieurs revues (p. ex., *Atlantis*, la *Revue juridique La Femme et le droit*, *Recherches féministes* et *Documentation sur la recherche féministe*) et des programmes avec diplôme dans plusieurs universités. Cependant, ce champ d'études présente une perspective qui débouche sur un grand nombre de disciplines revues d'un point de vue féministe, telles la sociologie, l'histoire, la littérature, l'urbanisme et la jurisprudence. Ces études se concentrent surtout dans les domaines des sciences sociales et des sciences humaines, mais il y a aussi des recherches féministes qui relèvent des sciences médicales ou des sciences naturelles ainsi que du génie, plus particulièrement du côté de la biologie et des sciences de la santé.

Centres d'intérêt et syndromes Les études de la condition féminine partagent, d'une discipline à l'autre, au moins deux centres d'intérêt: l'identification et l'analyse des aspects sexistes de la discipline à l'étude, ainsi que la suggestion de solutions de remplacement ayant un potentiel d'émancipation et pouvant conduire à une transformation de ce champ de la recherche. On a découvert que le sexisme dans la recherche consiste en une série de problèmes reliés sans pour autant être réductibles les uns aux autres. Il peut s'agir de l'adoption généralisée d'un point de vue masculin (l'androcentrisme); de la non-reconnaissance du sexe comme catégorie sociale pertinente (insensibilité au «genre»); de l'appréciation différente donnée à des traits, comportements ou caractéristiques identiques chez les hommes et chez les femmes; de la recherche menée sur des représentants d'un seul sexe, mais dont les résultats sont présentés comme s'ils s'appliquaient aux deux (l'hypergénéralisation); du fait de considérer comme innées des différences sexuelles acquises; et du fait d'exagérer les différences entre les sexes en pointant certains traits comme masculins ou féminins, alors qu'ils sont en fait des caractéristiques partagées par les deux sexes mais affichées différemment.

Sexisme dans la recherche Il peut se manifester à chaque étape du processus, depuis la formulation de la question de fond, le choix du titre, les termes utilisés, les concepts auxquels on réfère, la collecte de données, le choix de la méthode, l'interprétation des données et les politiques proposées. L'étude des femmes s'intéresse à l'identification minutieuse et à l'analyse de ce type de problèmes ainsi qu'à des solutions de remplacement. Elle demeure une source de critique vitale, renouvelant ainsi de façon créative plusieurs domaines scientifiques.

Lien avec le mouvement féministe L'étude des femmes est liée de plusieurs façons au MOUVEMENT DES FEMMES. Tous deux recherchent l'amélioration de la condition féminine et à terme l'élimination du sexisme. La plupart des chargées de cours se disent féministes. Il y a aussi des hommes qui enseignent la condition féminine et qui s'engagent dans des recherches féministes. Environ 10 p. 100 des chargés de cours sont des hommes. Le mouvement féministe sert de locomotive aux recherches dirigées par les tenants de cette cause. Il attire l'attention du public sur les questions féministes, ce qui en retour stimule davantage de cours et de recherche. Il y a eu, lors de l'introduction de l'étude des femmes, des résistances à vaincre. Ce sont souvent les pressions concertées des étudiants qui ont permis l'ouverture de cours.

L'étude des femmes est également accessible dans les collèges, les cégeps, ainsi que dans certaines écoles secondaires.

Margrit Eichler

Femmes non reconnues civilement, affaire des En 1928, la COUR SUPRÊME DU CANADA décide à l'unanimité que les femmes ne sont pas des «personnes» qui peuvent être titulaires de la charge de sénateur canadien. La LOI CONSTITUTIONNELLE DE 1867 et l'incapacité historique des femmes d'occuper des charges en vertu de la *common law* faisaient obstacle à la contestation judiciaire d'Henrietta Muir EDWARDS et de ses compagnes suffragettes de l'Alberta. En 1929, le Conseil privé britannique infirme la décision, faisant valoir que l'exclusion des femmes des charges publiques est une «survivance des temps plus barbares que les nôtres». Le Prix du Gouverneur général en commémoration de l'affaire des femmes non reconnues civilement est institué pour honorer le travail accompli par des femmes pour la promotion des Canadiennes.

David A. Cruickshank

Fenerty, Charles, inventeur (Upper Sackville, N.-É., janv. 1821—Lower Sackville, 10 juin 1892). Préoccupé par les difficultés encourues par une papeterie locale pour s'approvisionner adéquatement en chiffons pour produire du papier de qualité, Fenerty réussit, dès 1841, à produire du papier à partir de pâte de bois. On a attribué son inspiration soit à une étude des fibres de l'épinette, influencée par les rapports de Titus SMITH qui mentionnent leur potentielle utilité, soit à son observation des guêpes et à leur façon de faire une sorte de papier à partir des fibres végétales. Il est toutefois plus vraisemblable qu'il ait constaté que la matière fibreuse résultant de la friction constante du bois contre le bois dans les pièces mobiles des scieries pouvait servir à fabriquer du papier. Il omet cependant de rendre publique sa découverte jusqu'en 1844, au moment où d'autres ont déjà breveté des procédés de fabrication de papier à partir de la fibre ligneuse.

Terrence M. Punch

Fenians Nom donné aux membres d'une société fondée en 1857 par des Irlandais des États-Unis dans le but d'aider l'Irlande à se libérer de l'Angleterre. Leur chef, James Stephens, met sur pied un mouvement secret en Irlande grâce aux fonds recueillis par son représentant aux États-Unis, John O'Mahony. L'aile américaine devient une force puissante et, vers la fin de 1865, les Fenians disposent de près de 500 000 $ et comptent parmi leurs membres quelque 10 000 anciens combattants de la GUERRE DE SÉCESSION organisés en clubs militaires. Ils se scindent alors en deux factions, l'une menée par O'Mahony qui appuie un soulèvement en Irlande, et l'autre dirigée par William Roberts qui nourrit le dessein d'envahir le Canada.

Au début, un petit groupe de Fenians canadiens, avec à leur tête Michael Murphy de Toronto, appuie la faction de O'Mahony. Devant l'évidence de l'échec du soulèvement en Irlande, O'Mahony lance une attaque à la frontière du Nouveau-Brunswick en avril 1866. Un télégramme codé somme Murphy de joindre les rangs des forces de O'Mahony, mais ce télégramme est intercepté et décodé, ce qui mène à l'arrestation de Murphy à Cornwall. L'incursion dans les Maritimes échoue et a comme seule conséquence durable de rallier l'opinion dans les Maritimes en faveur de la CONFÉDÉRATION. Le 1er juin, la faction de Roberts franchit la frontière à Niagara, défait les troupes canadiennes à RIDGEWAY et se retire. Le 7 juin, un second groupe traverse la frontière du Québec à la baie Missisquoi et y demeure pendant 48 heures. Après l'échec du soulèvement irlandais en 1867, le mouvement se désagrège. Il semble cependant que ce soit un Fenian qui ait assassiné Thomas D'Arcy McGEE en 1868. En 1870, la faction menée par le «général» John O'Neill fait deux petites incursions au Québec.

Il en tente une autre à l'automne 1871, cette fois contre le Manitoba, en espérant recevoir l'appui de Louis Riel et des Métis. Cette attaque est repoussée par les Américains avant qu'elle n'atteigne la frontière canadienne. Au lieu de soutenir O'Neill, Riel recrute des volontaires loyalistes pour défendre la frontière. Après 1871, quelques sections du mouvement fragmenté des Fenians poursuivent la lutte et existent encore au moment du soulèvement irlandais de Pâques 1916 à Dublin. Les Fenians ont ajouté une page à l'histoire du folklore irlandais et contribué à l'unité des Canadiens en menaçant leurs frontières peu avant la Confédération.

Hereward Senior

Fennario, David, né Wiper, dramaturge, romancier (Montréal, 26 avril 1947). Fennario grandit à Pointe-Saint-Charles, un ghetto ouvrier anglophone de Montréal où il habite toujours. Au cours des années 60, il abandonne ses études et passe d'un emploi sans avenir à un autre. Il s'inscrit finalement au Collège Dawson à Montréal, où son professeur en création littéraire s'occupe de faire publier son journal sur la vie à «La Pointe» intitulé *Without a Parachute* (1972; trad. *Sans parachute*, 1977). C'est par hasard que le livre attire l'attention de Maurice Podbrey, directeur artistique du CENTAUR THEATRE, qui encourage Fennario à écrire des œuvres dramatiques; il le nomme par la suite premier dramaturge résident du théâtre. Podbrey produit aussi les premières de *On the Job* (1975; trad. *À l'ouvrage*, 1979), *Nothing to Lose* (1976), *Toronto* (1978), *Balconville* (1979), *Moving* (1983), *The Murder of Suzan Parz* (1989) et *The Death of René Lévesque* (1991). *Balconville*, dont le tiers du dialogue est en français, remporte le Prix Chalmers en 1979. La pièce est présentée à l'affiche comme étant la première œuvre bilingue canadienne. Elle est jouée au Old Vic Theatre de Londres et télédiffusée sur les ondes du réseau anglais de la Société Radio-Canada en 1985.

L'action des drames naturalistes de Fennario se déroule dans des usines sales, des tavernes enfumées ou des logements délabrés, dans lesquels évoluent des travailleurs ordinaires qui luttent contre l'injustice économique qui existe entre cadres et ouvriers. Parmi ses œuvres non publiées, notons *Changes* (1980), un monologue autobiographique adapté de *Without a Parachute*, et *Joe Beef* (1984), une pièce historique sur «La Pointe». *Blue Mondays* (1984), un journal en prose, reprend là où s'était arrêté *Without a Parachute*.

Donna Coates

Ferguson, George Howard, avocat, politicien conservateur, premier ministre de l'Ontario de 1923 à 1930 (Kemptville, Ont., 18 juin 1870—Toronto, 21 févr. 1946). Il représente l'Ontario des années 20: un amalgame des valeurs du XIXᵉ siècle et des ambitions du XXᵉ siècle. Convaincu de la nécessité de protéger l'industrie par des barrières tarifaires et d'exploiter les ressources naturelles pour que l'emploi et la prospérité soient accessibles à tous, son gouvernement tente d'instaurer un climat et des services propices aux investissements du secteur privé dans les forêts, les mines et les usines de l'Ontario. Toutefois, son administration n'exploite pas aveuglément les ressources. Des politiques de conservation sont mises en place et des réglementations sont adoptées. Les mesures prises pour régler les problèmes sociaux liés à l'industrialisation, lentes et peu nombreuses, bien que parfois innovatrices, visent à étendre l'éducation et les services de santé à l'ensemble des régions et des groupes sociaux. Ferguson élimine certaines restrictions imposées aux écoles bilingues de l'Ontario, en vertu de l'infâme Règlement 17 (1912). Ce règlement représentait une première riposte à la montée du NATIONALISME CANADIEN-FRANÇAIS et a aussi été un facteur de désunion nationale durant la Première Guerre mondiale. Passé maître dans l'art de faire de la politique de médiation, il maintient l'harmonie entre les classes et les régions de l'Ontario.

Barbara A. McKenna

Ferguson, Ivan Graeme, réalisateur de cinéma, directeur (Toronto, 7 oct. 1929). Étudiant, il occupe un emploi d'été à l'Office national du film en 1950, puis réalise quelques films aux États-Unis avant de revenir au Canada en 1970. Il fonde sa propre compagnie (maintenant IMAX SYSTEMS CORP.) qui met au point le système d'écrans multiples utilisé à la Place Ontario et ailleurs. Ses films en multivision comprennent, entre autres, *North of Superior* (1971) et *Snow Job* (1974). En 1984, lors de vols de navettes spatiales américaines, on se sert d'une caméra Imax/Omnimax pour filmer les images du film distribué sous le titre *The Dream is Alive*. Ferguson est président d'IMAX jusqu'en 1990. Lors de la remise des prix Génie, en 1986, l'Académie canadienne du cinéma et de la télévision lui décerne une récompense pour réalisations exceptionnelles. Il est nommé officier de l'Ordre du Canada en 1993.

Gayle Bonish

Ferguson, John Bright, dit «Fergie», chimiste et professeur (Londesborough, Ont., 2 nov. 1889—Toronto, 7 janv. 1963). Professeur adjoint de chimie physique à l'U. de Toronto de 1920 à 1948, il travaille aussi pendant sept ans au Laboratoire de géophysique du Carnegie Institute, à Washington, D.C., où il résout des problèmes de fabrication de verre optique pour le War Industry Board. Il travaille également brièvement pour la compagnie Western Electric, à New York. Pendant la Seconde Guerre mondiale, il entreprend avec ses étudiants des études pour l'Armée canadienne, notamment la mise au point d'une méthode pour tester différents types de charbons actifs utilisés dans les respirateurs. Il publie plus d'une centaine d'articles scientifiques.

Harry Sheffer

Ferguson, Maynard, trompettiste de jazz (Montréal, 4 mai 1928). Jazzman réputé pour sa virtuosité et un style aux notes aiguës, Ferguson travaille à Montréal avec Stan Wood et Roland David de 1943 à 1945 et avec son propre «big band» de 1945 à 1948. Installé ensuite aux États-Unis, il est musicien vedette des orchestres de Boyd Raeburn, Jimmy Dorsey, Charlie Barnet et, de 1950 à 1953, de Stan Kenton. En 1956, il forme le premier d'une série de «big bands» qui, dans les années 70, a déjà adopté un style fougueux d'influence rock qui lui permet d'exhiber son remarquable registre.

En 1987, il forme le septuor de jazz-fusion High Voltage, mais retourne en 1990 à la formule du «big band» avec l'ensemble de 10 musiciens Big Bop Nouveau. Ferguson commence à enregistrer en 1954 et réalise plus de 50 albums à son propre compte dont le très acclamé *Birdland Dreamband* (1956) et le populaire *Conquistador* (1976), vendu à plus de 500 000 exemplaires. Sa version de *Gonna Fly Now*, le thème du film américain *Rocky*, est un succès pop en 1977. Il est admis dans le Juno Hall of Fame en 1997.

Mark Miller

Ferguson, Robert, homme d'affaires (Logierait, Écosse, 17 avril 1768—Campbellton, N.-B., 10 août 1851). Il s'installe dans la région de la RIVIÈRE RESTIGOUCHE en 1796 et s'impose rapidement comme commerçant le plus prospère et propriétaire terrien le plus important de la région. Il cultive la terre, construit des bateaux et exporte du bois, ainsi que du poisson vers l'Europe. Sa grande maison avec son magasin devient le centre du commerce de la Restigouche. En 1826, il commence à vendre des lots à l'endroit qui deviendra la ville de CAMPBELLTON. Avec Hugh Munro, il domine le marché du nord du Nouveau-Brunswick jusqu'à la remise en question de sa suprématie par l'arrivée des immigrants irlandais à la fin des années 1820. Il participe à la fondation du comté de Restigouche en 1837. Il est un des commissaires à l'aménagement de la première route entre le Nouveau-Brunswick et le Bas-Canada; il est aussi actif dans le milieu agricole, la milice et la magistrature. Il est considéré comme «le fondateur et le père de Restigouche».

William A. Spray

Ferguson, Robert George, médecin (Joliette, 12 sept. 1883—Regina, 1ᵉʳ mars 1964). Ferguson étudie les arts, la théologie et la médecine à l'U. du Manitoba et devient, en 1917, directeur médical de la Saskatchewan Anti-tuberculosis League à Fort Qu'Appelle. Ses 31 années de gestion seront marquées d'innovations: examen préventif de la TUBERCULOSE dans les écoles (1921); diagnostic et traitement gratuits de la tuberculose dans toute la province (1929); vaccin B.C.G. (vaccin antituberculeux) à tous les nouveaux-nés (1930) et aux élèves infirmières (1938); et examen radiographique des poumons à l'échelle de la province (entre 1941 et 1947). Son livre, *Studies in Tuberculosis* (1955), fait état de la baisse importante de la mortalité provoquée par cette maladie. Il reçoit de nombreuses distinctions, dont la King's Medallion (1934), le titre d'Officier de l'Ordre de l'Empire britannique (1935) et un doctorat honorifique en droit de l'U. de la Saskatchewan (1946). Une île dans le lac Montréal et une chaire de l'U. de la Saskatchewan portent son nom.

C. Stuart Houston

Ferland, Jean-Pierre, auteur, compositeur, interprète et animateur (Montréal, 24 juin 1934). Débutant avec le groupe de chansonniers Les Bozos, en 1959, Jean-Pierre Ferland effectue une percée, en 1962, en remportant le premier prix d'un concours de la francophonie avec *Feuille de gui*. Les chansons *Les immortelles*, *Ton visage* et *Fleur de macadam* le font connaître d'un large public au Québec, alors que le Grand prix de l'Académie Charles-Cros pour *Je reviens chez nous* vient couronner, en 1968, ses nombreux séjours en France. Par la qualité de sa conception et son audace technologique, l'album *Jaune* (1970) demeure une œuvre de références. Tout en adaptant sa musique à des rythmes nouveaux, Jean-Pierre Ferland connaît d'importants succès comme animateur à la télévision tout au long des années 80. Il effectue un retour en force à la chanson en 1992, recevant la médaille Jacques-Blanchet en 1993, le Félix de l'auteur-compositeur en 1995 et un Félix témoignage en 1997 pour l'ensemble de sa carrière qui ne montrait aucun signe d'essoufflement à l'orée de l'an 2000. Outre celles déjà mentionnées, les chansons *Un peu plus loin*, *Le petit roi* et *T'es belle* émergent d'une production dont la qualité le classe parmi les plus grands auteurs-compositeurs de la francophonie du XXᵉ siècle.

Ferme expérimentale (*voir* AGRICULTURE, STATIONS DE RECHERCHE EN)

Ferme Motherwell, près d'Abernethy, en Saskatchewan. Est la résidence de William R. Motherwell pendant plus d'une soixantaine d'années. En 1882, celui-ci acquiert cette ferme (*voir* PEUPLEMENT DES TERRES) dans ce qui est aujourd'hui la Saskatchewan. Sa propriété est un excellent exemple de la façon de concevoir la ferme et l'agriculture scientifique des colons de l'Ontario dans les PRAIRIES OCCIDENTALES. Pour établir une distinction entre ses principaux éléments fonctionnels, Motherwell divise la ferme en quatre secteurs principaux: maison, jardin, approvisionnement en eau et enclos. Il conçoit un système élaboré de brise-vent pour assurer la protection contre les intempéries, un paysage attrayant et un moyen pour retenir l'eau de la fonte des neiges au printemps. En construisant une maison et une grange de style ontarien et en aménageant un terrain de tennis sur gazon et des plantes ornementales, Motherwell recrée la sensation d'un domaine rural ontarien. En 1966, le gouvernement du Canada désigne cette ferme comme LIEU HISTORIQUE national et, dès 1983, la rénove pour commémorer la carrière de Motherwell et l'histoire de l'agriculture scientifique dans les Prairies occidentales.

Lyle Dick

Ferme Ross Son établissement, à New Ross, en Nouvelle-Écosse, à 28 km au nord de Chester, remonte à 1816. À l'époque, le capitaine William Ross conduit 172 militaires licenciés à l'intérieur des terres pour y fonder une colonie agricole. Ayant pour centre une habitation familiale appelée Rosebank Cottage, la ferme Ross comprend des terres en culture, des pâturages et des terres boisées. La famille Ross continue d'y habiter jusqu'en 1970, lorsque la New Ross District Museum Society et le Musée de la Nouvelle-Écosse entreprennent de l'aménager pour en faire un musée vivant du patrimoine agricole de la Nouvelle-Écosse.

Aujourd'hui, on y laboure les terres avec des charrues à bœufs et on récolte les céréales à l'aide de faux et de faucilles, illustrant ainsi la technologie agricole du XIXᵉ siècle et l'importance de la Nouvelle-Écosse dans le développement de l'agriculture canadienne. On y fait aussi des démonstrations de techniques d'artisanat local comme la tonnellerie et le travail du bois. Des bâtiments anciens ont été conservés, notamment une forge, une tonnellerie, un atelier de douves et une école construite il y a 100 ans.

Debra McNabb

Fermiers unis de l'Alberta (FUA) Ils forment une organisation agricole, fondée à Edmonton en janvier 1909. Cette dernière est issue de la fusion de la Canadian Society of Equity et de l'Alberta Farmers' Association. Les FUA s'intéressent aux questions économiques, sociales et politiques en milieu rural. En 1913, ils incitent le gouvernement libéral provincial à organiser l'Alberta Farmers' Co-operative Elevator Co., qui s'unit en 1917 à la Grain Growers' Grain Co. pour former les United Grain Growers.

En 1915, les FUA organisent les United Farm Women of Alberta, qui mènent une campagne énergique en faveur du DROIT DE VOTE DE LA FEMME (obtenu en 1916 en Alberta) et luttent pour l'amélioration de l'éducation et des services de santé en milieu rural. En 1916, la NON-PARTISAN LEAGUE arrive des États-Unis et encourage l'action politique directe des agriculteurs. Cette ligue noue des liens étroits avec les FUA, qui entrent dans l'arène politique pendant l'agitation de l'après-guerre. Les FUA sont élus en 1921 et gardent le pouvoir jusqu'en 1935. Leur gouvernement est prudent et pragmatique. Il améliore les services d'éducation et de santé tout en s'efforçant de satisfaire aux besoins financiers des agriculteurs et d'aider à la mise en marché, mais il est incapable de faire face à la CRISE DES ANNÉES 30.

La personnalité charismatique dominante des débuts des FUA est Henry Wise WOOD, un agriculteur de Carstairs, qui préconise un gouvernement collégial, mais refuse de diriger les FUA lorsqu'ils arrivent au pouvoir. Les premiers ministres du parti des FUA sont Herbert GREENFIELD, John BROWNLEE (1925-34) et R.G. REID, délogé en 1935 par la victoire du CRÉDIT SOCIAL. Après 1935, les FUA ne font plus de politique proprement dite, mais continuent d'approvisionner les membres par l'entremise de coopératives locales. En 1948, ils deviennent les United Farmers of Alberta Co-operative Ltd., l'une des plus puissantes organisations albertaines appartenant à des agriculteurs.

Ian MacPherson

Fermiers unis de l'Ontario (FUO) Ils forment une organisation éducative, politique et sociale d'agriculteurs, fondée en mars 1914 à Toronto. Les FUO regroupent plusieurs petites coopératives de l'Ontario, ainsi que l'association agricole dite la Grange et la Farmers' Association. Tout de suite après avoir fondé les FUO, les mêmes agriculteurs constituent une compagnie qui en dépend, la United Farmers' Co-operative, chargée d'acheter des fournitures pour les agriculteurs ontariens et de vendre leurs produits. La croissance des FUO est lente jusque vers la fin de la Première Guerre mondiale, lorsque la pénurie de main-d'œuvre, la poussée inflationniste des coûts et le mécontentement général à l'endroit des partis politiques établis font augmenter rapidement le nombre de membres. Deux organisations auxiliaires, l'United Farm Women et l'United Farm Young People, contribuent à mobiliser les régions rurales.

Les FUO, qui comptent plus de 50 000 membres en 1919, se lancent en politique et remportent le plus grand nombre de sièges aux élections provinciales. E.C. DRURY, agriculteur de Barrie et chef de file du mouvement rural depuis longtemps, est nommé premier ministre. L'alliance entre les FUO et les syndicats forme un gouvernement honnête et efficace, quoique dénué d'imagination, qui améliore considérablement l'éducation, les transports et les services hydroélectriques en milieu rural. Défaits en 1923, les FUO déclinent rapidement: ils ont de la difficulté à maintenir l'enthousiasme des débuts, beaucoup des leaders agricoles les plus efficaces vont travailler à la United Farmers' Co-operative et la dissolution du PARTI PROGRESSISTE fédéral a un effet démobilisateur. Au cours des années 30, sous la direction idéaliste d'Agnes MACPHAIL, de H.H. HANNAM et de Leonard Harman, les FUO organisent des écoles populaires, appuient le *Farmer's Sun* et le *Rural Co-operator*, préconisent l'organisation méthodique du marché et soutiennent brièvement la CO-OPERATIVE COMMONWEALTH FEDERATION. En 1944, les FUO fusionnent avec d'autres groupements agricoles pour former la Fédération de l'agriculture de l'Ontario. En 1948, la United Farmers' Co-operative devient la United Co-operatives of Ontario, qui est maintenant l'une des plus grandes compagnies canadiennes appartenant aux agriculteurs.

Ian MacPherson

Fermiers unis du Canada (FUC) Ils forment une organisation agricole militante, fondée en 1926 sous le nom de United Farmers of Canada (section saskatchewanaise). Cette organisation résulte de la fusion de la radicale Union des agriculteurs du Canada et de l'ASSOCIATION DES PRODUCTEURS DE GRAIN de la Saskatchewan qui est plus conservatrice. À la fin des années 20, elle mène sans succès une campagne énergique pour le syndicat à 100 p. 100, système en vertu duquel les gouvernements feraient la mise en marché de tout le grain. Les FUC organisent des programmes éducatifs bien structurés pour les gens des régions rurales, luttent en faveur de l'organisation méthodique du marché et réclament une réforme en profondeur des systèmes de santé et d'éducation.

Pendant les années 30, les FUC de la Saskatchewan sont dominés par les radicaux, qui préconisent l'action politique. Ils s'engagent en politique en présentant un programme socialiste modéré en 1931 (*voir* PARTI SOCIALISTE DU CANADA); en 1932, ils s'allient au Parti travailliste indépendant pour former le Farmer-Labour Group, qui devient en 1934 l'aile saskatchewanaise de la CO-OPERATIVE COMMONWEALTH FEDERATION. En 1938, les membres radicaux des FERMIERS UNIS DE L'ALBERTA, une organisation en déclin, forment la section albertaine des FUC. L'association albertaine se réorganise en 1943 pour former la Alberta Farmers' Union afin d'obtenir de nouveaux appuis. Les FUC de la Saskatchewan sont une force puissante jusqu'à ce qu'elles se réorganisent en 1949 pour former la Saskatchewan Farmers' Union. En 1960, de concert avec les unions d'agriculteurs d'autres provinces, elles contribuent à la formation d'un syndicat national des cultivateurs, dont les unions provinciales sont membres. En 1969, les unions provinciales, sauf celle de l'Alberta, sont dissoutes, et le SYNDICAT NATIONAL DES CULTIVATEURS devient l'organisation nationale.

Ian MacPherson

Fermiers unis du Manitoba (FUM) Ils forment une organisation agricole ouverte, fondée en 1920, qui remplace la Manitoba Grain Growers' Association. Elle appuie les agriculteurs qui sont candidats aux élections provinciales de 1920 et contribue en 1922 à faire élire le gouvernement du FUM de John BRACKEN (1922-1942). En 1921, les FUM appuient 12 candidats victorieux du PARTI PROGRESSISTE fédéral, mais ils cessent de les appuyer

directement en 1924. L'organisation est financée par les membres et par des dons occasionnels de compagnies agricoles. Le nombre de membres du FUM passe de 15 700 en 1923 à 3700 en 1931. La croissance des organismes de vente coopérative conduit le FUM à absorber, avant 1928, la section manitobaine de l'Union des agriculteurs du Canada et à rejeter toute allégeance politique. Les Fermiers unis finissent par atteindre certains de leurs objectifs, soit la vente coopérative, l'intervention du gouvernement en matière de transport et la création d'une banque centrale. Par contre, ils ne parviennent pas à faire modifier en profondeur les tarifs protecteurs, l'exercice du pouvoir par le cabinet et le système partisan en politique. En 1939, l'organisme devient la Manitoba Federation of Agriculture. Elle porte aujourd'hui le nom de Manitoba Farm Bureau.

G.E. Panting

Fermiers unis du Québec Le mouvement des Fermiers unis du Québec a été fondé en 1920. La décision du premier ministre Borden d'enrôler les jeunes ruraux provoque une énorme manifestation de fermiers à Ottawa le 15 mai 1918 et permet aux fermiers québécois un premier contact avec le mouvement des Fermiers unis du Canada anglais. En juillet, quelque 20 associations locales naissent dans l'Ouest du Québec. En septembre, elles se regroupent au sein de l'Union interprovinciale des fermiers-unis du Canada. En janvier 1920, 300 fermiers réunis à Montréal votent en faveur de la transformation de l'union qui devient alors les Fermiers unis du Québec. En 1921, ceux-ci comptent quelque 5000 membres dans plus de 20 comtés. Cette année-là, ils se joignent à l'Union des cultivateurs du Québec, fondée en 1919, pour former le Parti fermier-progressiste du Québec. Ils ont le soutien de Joseph-Noé Ponton et de son *Bulletin des agriculteurs*. Leur programme détaillé suit les grandes lignes du mouvement progressiste, mais comprend aussi des éléments du mouvement nationaliste d'Henri BOURASSA.

Le Parti fermier-progressiste appuie 21 candidats aux élections fédérales de décembre 1921, mais aucun n'est élu. Les libéraux les traitent de conservateurs déguisés, de marionnettes d'Arthur MEIGHEN, symbole honteux de la CONSCRIPTION. Les libéraux balaient la province. Les fermiers n'obtiennent que 42 000 voix (à peine 11 p. 100): ils ne se remettront jamais de cette défaite. Apolitique, l'Union catholique des cultivateurs, fondée en 1924, deviendra l'association dominante des fermiers et marquera la fin du Parti fermier-progressiste.

René Durocher

Fernandes, Joao, explorateur (actif de 1486 à 1505). Portugais des Açores, il commerce avec Bristol à partir de 1486 et navigue probablement avec John CABOT en 1498 en tant que pilote. Le navire de Cabot coule, mais Fernandes retourne chez lui avec des relevés des découvertes effectuées aux environs de Terre-Neuve et du Groenland. On croit qu'il serait à l'origine du nom Labrador, car il aurait été le «labrador» (propriétaire terrien) des Açores dont font mention les documents d'époque. Il aurait ensuite participé aux expéditions des frères Corte Real (*voir* CORTE REAL, Gaspar).

James Marsh

Fernie, William, prospecteur, mineur et entrepreneur (Kimbolton, Angl., 2 avril 1837—Victoria, 15 mai 1921). Après avoir voyagé en Australasie et en Amérique du Sud, il arrive sur l'île de Vancouver en 1860. Peu après, il déménage dans le district de Kootenay, où il travaille comme mineur et éleveur de bétail, et occupe différents postes au gouvernement provincial, dont celui de commissaire de l'or de 1873 à 1882. Pendant l'été de 1887, avec son frère Peter, Fernie découvre du charbon, alors qu'ils tracent une piste qui traverse le COL CROWSNEST. Il devient le premier directeur de la Crow's Nest Pass Coal Co., promoteur de la BC Southern Railway et fondateur de la ville de Colombie-Britannique qui porte son nom. Célibataire, il se retire à Victoria en 1906, où il

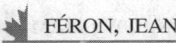
est connu pour sa splendide résidence d'Oak Bay et ses œuvres de bienfaisance.

Patricia E. Roy

Féron, Jean, pseudonyme de Joseph-Marc Lebel, auteur (Brunswick, É.-U., 1881— Park Zenon, Sask., 1955). On sait relativement peu de choses sur cet écrivain. À l'âge d'un an, il arrive à Saint-Louis-de-Kamouraska (Qc) et est élevé par son grand-père qui lui fait suivre des études dans toutes sortes de domaines (commerce, pharmacie, notariat, médecine, droit, sciences). Employé comme secrétaire au gouvernement, il découvre très rapidement que la carrière de fonctionnaire ne lui convient pas. En 1908, il part alors pour la Saskatchewan, se marie et en 1910, s'installe sur une ferme, à Arborfield, où il devient l'un des plus importants écrivains pionniers de l'Ouest.

Après la publication de son premier ouvrage, *La revanche d'une race* (1918), qui en appelait, dans le ton de l'époque, à la fierté nationale de ses compatriotes, il met sa plume au service des Éditions Édouard Garant, à Montréal, qui lancent une collection de romans en fascicules. Entre 1919 et 1944, il ne publie pas moins d'une quarantaine de récits à caractère historique (*L'aveugle de Saint-Eustache*, 1924; *Le patriote 1837-1838*, 1926; *Le siège de Québec*, 1926; *Le drapeau blanc*, 1927; *La prise de Montréal*, 1928) ou traitant de problèmes contemporains: les conflits linguistiques, les mariages mixtes (*La Petite Canadienne*, 1931), l'industrialisation, l'exode des Québécois aux États-Unis, etc. Son succès tient à une subtile alliance entre des thèmes exaltant le sentiment de la race et un style enlevé, se déployant aisément dans l'intrigue, le suspens et les rebondissements dramatiques. L'Ouest, en particulier, s'enorgueillit de deux de ses titres: *La Métisse* (1923), dramatique face à face entre un paysan écossais violent, inconséquent, et une servante sans défense, en qui les lecteurs ont voulu voir le symbole de la jeune nation métisse opprimée par le joug anglais; *Dans la terre promise* (1986; en collaboration avec Jules Lamy), qui décrit, avec un brin d'ironie désabusée, les enthousiasmes et les désenchantements des colons européens débarquant en terre «ouestrienne». La prodigieuse fécondité de Jean Féron lui a valu le surnom d'«Alexandre Dumas du Canada».

Ismène Toussaint

Ferrer Maldonado, Lorenzo, navigateur apocryphe et aventurier (Espagne—mort en 1625). En 1601, il soumet au roi Philippe III d'Espagne un document au sujet d'un voyage qu'il aurait effectué d'est en ouest par le PASSAGE DU NORD-OUEST en 1588. Bien que ses descriptions ressemblent peu à la réalité, certains géographes appuient sa relation de voyage. En 1791, le gouvernement espagnol détourne l'expédition d'Alejandro MALASPINA afin qu'elle recherche plutôt l'entrée du passage sur la CÔTE DU NORD-OUEST.

Christon I. Archer

Ferron, Jacques, médecin et écrivain (Louiseville, Qc, 20 janv. 1921—St-Lambert, Qc, 22 avril 1985). Très vite attiré par la politique, son père étant organisateur de comté pour le Parti libéral, il donne à ses premiers écrits, publiés vers 1950 dans les quotidiens montréalais et dirigés contre le régime répressif de Duplessis, le caractère profondément humaniste et socialiste qui caractérise son œuvre et qui contribue à le faire connaître comme le Voltaire des lettres québécoises. Son engagement socialiste, attribuable en partie à l'allégeance communiste de sa première femme, se concrétise par une participation active à des revues de gauche (*Situations, La Revue socialiste, Parti pris*) et par sa candidature sous la bannière du Parti social démocrate (devenu le NPD) à l'élection fédérale de 1958. Sollicité ensuite par le Rassemblement pour l'Indépendance nationale (RIN), il est candidat à l'élection provinciale de 1966. Entre-temps, en 1963, il fonde avec quelques amis le Parti Rhinocéros, dont l'arme principale, la dérision,

s'acharne à dénoncer le pouvoir de plus en plus dominateur du gouvernement central. Il en est l'Éminence de la Grande Corne jusqu'à l'élection de 1979.

Styliste remarquable et prolifique, Jacques Ferron aborde tous les genres littéraires. Son théâtre, peu joué, compte une vingtaine de titres où des œuvres intimistes, de facture très classique (*L'Ogre, La Sortie*), voisinent avec des pièces qui sont en elles-mêmes des réflexions théoriques sur le genre dramatique (*Le Cœur d'une mère*) ou des pièces à caractère résolument nationaliste (*Les Grands Soleils, La Tête du roi*). D'autre part, Ferron puise dans son expérience d'omnipraticien en milieu défavorisé la plupart des sujets de ses contes et romans. Toute son œuvre narrative traduit en fait la volonté de dénoncer l'aliénation sociale et culturelle dans laquelle on semble vouloir tenir la collectivité québécoise. Ces textes entremêlent rappels du passé et allusions à l'actualité, créant ainsi une fiction nouvelle peuplée de personnages historiques et d'êtres imaginaires qui atteignent parfois au mythe (*Le Ciel de Québec, Papa Boss, Le Saint-Élias*), redonnent au peuple une place privilégiée au sein de l'univers romanesque (*Les Roses sauvages, La Chaise du maréchal-ferrant*) ou privilégient tout simplement l'autobiographie (*Les Confitures de coings, L'Amélanchier*).

Chroniqueur attentif et lucide, Ferron fait appel à ses vastes connaissances de l'histoire dans un genre qu'il a tiré de l'oubli: l'historiette (*Historiettes, Du fond de mon arrière-cuisine, Escarmouches*). Dans près d'un millier de textes courts, percutants, souvent rédigés sur le ton du pamphlet, il mêle habilement ironie et sarcasme pour porter sur la vie politique, sociale et littéraire du Québec un témoignage d'une richesse et d'une justesse uniques.

Depuis 1985, de nombreux inédits de Ferron paraissent (*Les Lettres aux journaux, La Conférence inachevée, Le Contentieux de l'Acadie, Les Pièces radiophoniques, Papiers intimes, Laisse courir ta plume*), et quelques-unes de ses œuvres ont été rééditées avec soin par des chercheurs et des admirateurs. Ferron, qui laisse une quantité considérable de manuscrits dignes d'être publiés, est l'objet de plusieurs études et de colloques qui le présentent comme l'écrivain le plus important de sa génération.

Jacques Ferron a reçu plusieurs prix littéraires: prix du Gouverneur général en 1963 pour ses *Contes du pays incertain*; prix France-Québec, en 1972 pour *Les Roses sauvages*; prix Duvernay, la même année pour l'ensemble de son œuvre, ainsi que le prix David, en 1977.

Pierre Cantin

Ferron, Marcelle, artiste (Louiseville, Qc, 20 janv. 1924). Sœur de Jacques FERRON, elle participe activement au mouvement des AUTOMATISTES, animé par Paul-Émile BORDUAS et poursuit une carrière artistique novatrice, ses œuvres les plus célèbres étant des vitraux. Après des études à l'École du meuble de Montréal et à l'École des Beaux-Arts de Québec, Marcelle Ferron devient membre du groupe des Automatistes, dont elle signe le manifeste polémique, le REFUS GLOBAL. Ses toiles abstraites sont exposées dans toutes les expositions importantes du mouvement automatiste. Elle vit à Paris de 1953 à 1966 et continue à être présente dans les expositions avant-gardistes, dont la Biennale de Sao Paulo en 1961, où elle obtient la médaille d'argent.

Les tableaux de cette artiste dynamique acquièrent progressivement une plus grande vigueur. Ses toiles se distinguent par de larges touches de couleurs vibrantes et des formes fluides. Après 1964, son intérêt pour la lumière se manifeste de façon éclatante dans un nouveau moyen de création, le vitrail, dont on peut voir des exemples aux stations de métro montréalaises Champ-de-Mars et Vendôme. Des œuvres de Ferron font partie de collections étrangères et canadiennes, notamment celle du Musée des Beaux-Arts de Montréal. En 1983 Marcelle Ferron devient la première femme à obtenir le prix Paul-

Émile Borduas pour son engagement continu à promouvoir l'activité artistique et est faite Chevalier de l'Ordre national du Québec en 1985. Le Musée d'art contemporain de Montréal lui dédie une rétrospective durant l'été 2000.

Ann Davis et Alain Létourneau

Ferry Command Service aérien créé au début de la Seconde Guerre mondiale afin d'accélérer la livraison d'avions à destination de l'Angleterre depuis les usines des États-Unis, car la livraison par mer était trop lente, sans compter que les navires avaient d'autres cargaisons à transporter. Contre l'avis du ministère britannique de l'Air, lord Beaverbrook (Maxwell AITKEN), le ministre d'origine canadienne responsable de la production d'avions, demande à sir Edward BEATTY du Canadien Pacifique (CP) de mettre sur pied un groupe de pilotes capables de livrer des aéronefs multimoteurs par vols transatlantiques. Une poignée d'aviateurs expérimentés de la British Overseas Airways Corporation ont travaillé avec des militaires et des civils de presque tous les pays alliés depuis le bureau de la compagnie à Montréal. À l'époque, les vols transatlantiques en étaient à leurs débuts, mais la réussite du projet a donné tort aux observateurs dignes de foi pour qui le plan était irréalisable. Le département des Services aériens du CP, créé en juillet 1940, et ses successeurs, le Ferry Command de l'Aviation royale canadienne (ARC) et le Groupe n° 45 du Transport Command de l'ARC, ont réussi à livrer plus de 900 avions de guerre – en n'en perdant qu'une centaine – et ont ouvert la voie aux voyages aériens transatlantiques de masse après la guerre.

Carl A. Christie

Ferryland, site archéologique de Il est situé à Terre-Neuve, à 80 km au sud de St. John's, sur la côte est de la presqu'île Avalon. Le site est surtout connu en tant que lieu d'établissement de la colonie d'Avalon, fondée en 1621 par George Calvert (qui deviendra le premier lord Baltimore), 13 ans avant la fondation de la colonie (aujourd'hui État) du Maryland, dans la baie de Chesapeake, par le deuxième lord Baltimore.

Les fouilles archéologiques effectuées à Ferryland ont révélé beaucoup plus que les traces de la colonie d'Avalon. On a mis au jour des vestiges d'une occupation par les autochtones BEOTHUK, et des ruines de stations côtières de pêcheurs BASQUES, portugais, normands et bretons du début du XVIe siècle. Le site de la colonie d'Avalon est remarquablement bien préservé au-dessous de l'actuelle communauté. On y retrouve les vestiges d'une digue, et, sur les emplacements riverains, les restes d'une étable ou d'une vacherie, d'un grand entrepôt-atelier, et d'autres constructions, dont une toilette extérieure datant des années 1620 ainsi qu'une forge, dont la construction fut terminée au cours de l'été 1622.

Les fouilles ont aussi permis de découvrir les restes de maisons ainsi que les vestiges plus récents d'un puits de la Pool Plantation, dirigée par sir David KIRKE (et, après sa mort, par sa veuve lady Sara Kirke). Des preuves évidentes de destruction et d'incendie rappellent le raid des Hollandais de 1673 et la prise de Ferryland par les Français en 1696.

La Colony of Avalon Foundation a mis sur pied un centre pour les visiteurs et le site de fouilles est ouvert au public du 15 juin au 15 octobre.

James Tuck

Fertilité (*voir* POPULATION)

Fessenden, Reginald Aubrey, inventeur en radiophonie (Milton-Est, Canada-Est, 6 oct. 1866—Hamilton, Bermudes, 22 juill. 1932). Après avoir étudié à l'U. Bishop, il se joint au laboratoire de Thomas Edison en 1886. Il travaille ensuite pour Westinghouse, le US Weather Service et pour deux universités américaines. Il réalise plusieurs découvertes fondamentales en radio, dont le principe du superhétérodyne, à la base de toute la radiodiffusion moderne. En 1902, il fonde sa propre compagnie.

En 1906, Fessenden réussit une transmission bidirectionnelle de la voix par radio entre Machrihanish,

en Écosse, et Brant Rock, au Massachusetts (Marconi avait déjà transmis des signaux par radio d'Angleterre à Terre-Neuve en 1901, mais seulement dans un sens et en code morse). La veille de Noël 1906, il diffuse la première émission publique de musique et de voix. En 1910, il perd le contrôle de sa compagnie et, par la suite, vit plus ou moins retiré du monde, bien que poursuivant ses recherches. Plusieurs de ses inventions brevetées ont largement été adoptées (sans son consentement) pendant la Première Guerre mondiale, de sorte qu'en 1928 le US Radio Trust lui accorde 2,5 millions de dollars en reconnaissance de sa contribution à la technologie de la radio.

Donald J.C. Phillipson

Festival Antigonish Le plus ancien festival de théâtre de répertoire professionnel de la Nouvelle-Écosse. Il a lieu chaque année, depuis 1988, au Bauer Theatre situé sur le campus de l'UNIVERSITÉ ST. FRANCIS XAVIER. Il démarre avec un petit budget de 25 000 $, grâce à Ernie Curry et à Jim Lerikos, deux hommes d'affaires de la région travaillant dans le tourisme d'accueil, et à Addy Doucette, directeur artistique du Theatre Antigonish. Durant la première année, les pièces *Idle Gossip, Up and Under* et *It's the Berries* attirent 5000 spectateurs. Aujourd'hui, le festival accueille chaque année 16 000 personnes pour ses spectacles sur la scène principale, son théâtre pour enfants, ses concerts donnés par des célébrités, son théâtre expérimental de fin de soirée ou son camp de théâtre d'été.

Le Festival Antigonish présente surtout des comédies et des drames policiers. Des comédies canadiennes telles que *Ceili House* (1995), de Colleen Curran, et *The Affection of May* (1993), de Norm Foster, sont chaleureusement accueillies par le public, tout comme les drames policiers d'Agatha Christie: *The Mousetrap* (1989), *Ten Little Indians* (1990), *Black Coffee* (1991), *The Hollow* (1992), *The Unexpected Guest* (1993), *Witness for the Prosecution* (1995), *Towards Zero* (1996) et *Go Back For Murder* (1997). Le Festival présente aussi sur la scène principale des pièces plus audacieuses. Ainsi, *The Elephant Man* (1994) de Bernard Promerance, mise en scène par Richard Donat, et *The Glass Menagerie* (1996) de Tennessee Williams, mise en scène par David Renton, se sont avérées moins profitables financièrement. Le théâtre de fin de soirée, avec ses nouvelles œuvres écrites surtout par de jeunes dramaturges des Maritimes, connaît un grand succès et attire un public de plus en plus nombreux, constitué d'amateurs de théâtre original.

En 1996, devant la concurrence grandissante de l'ATLANTIC THEATRE FESTIVAL, le Festival Antigonish investit quelque 450 000 $ afin de rénover ses installations, un gymnase construit en 1916. Complètement réaménagé et remis à neuf, l'édifice ne conserve de son aspect original que les murs extérieurs. Les activités reprennent le 30 juin 1996 avec la présentation de *Same Time Next Year* de Bernard Slade, dans un édifice désormais muni d'un système de climatisation, d'une rampe d'accès pour les fauteuils roulants, d'une arrière-scène agrandie et d'une avant-scène en demi-cercle autour de laquelle se déploient 228 places. Avec ses 35 à 40 employés et un budget dépassant les 500 000 $, le Festival compte parmi les principales attractions touristiques de la Nouvelle-Écosse et engendre des retombées économiques de 2,1 millions de dollars dans l'économie de la région.

Patrick B. O'Neill

Festival de Granby Fondé en 1969 sous le nom de Festival de la chanson de Granby, ce concours est ouvert à tous les auteurs-compositeurs et interprètes francophones canadiens, non professionnels et âgés de plus de 16 ans, qui peuvent auditionner dans une dizaine de ville canadiennes. Au terme d'une grande finale, chacun des gagnants dans les catégories «interprète» et «auteur-compositeur» reçoit des prix en argent et une bourse décernée par Musication pour la production d'un démo d'album; le lauréat est également invité à participer au Festival de la chanson québécoise à Saint-Malo. Devenu le «Festival international de la chanson de Granby» en 1988, ce concours prestigieux a vu naître les carrières de Fabienne Thibeault, Marie Denise Pelletier, Jean LELOUP, Luc De Larochellière, Lynda Lemay, Isabelle Boulay et de nombreux autres artistes.

Festival de Lennoxville Se déroule pour la première fois en 1972 à l'UNIVERSITÉ BISHOP, dans les Cantons-de-l'Est, au Québec. Le directeur du département d'art dramatique, David Rittenhouse, et le metteur en scène William Davis le créent dans le but de présenter de grandes pièces canadiennes déjà montées par d'autres théâtres canadiens. La première saison met à l'affiche *Lulu Street* d'Ann Henry, *Captives of the Faceless Drummer* de George RYGA et *The Ottawa Man* de Mavor MOORE. Quatre anciennes pièces sont reprises: *A Jig for the Gypsy* et *Hunting Stuart* de Robertson DAVIES, *The Blood is Strong* de Lister SINCLAIR et *The Secret of the World* de Ted Allan. Le festival présente des œuvres de Michael COOK, de Sharon POLLOCK, de Betty Lambert, de David Freeman, d'Herschel Hardin et de Michel TREMBLAY. Richard Ouzounian, directeur artistique de 1978 à 1980, doit adopter une formule plus commerciale et inclure au répertoire davantage de comédies musicales et de comédies afin d'attirer un public plus nombreux et d'augmenter les recettes. Le Festival de Lennoxville annule sa saison en 1981 afin de réduire son déficit et de donner au nouveau directeur artistique, Scott Swan, le temps de se préparer pour la saison suivante. Toutefois, malgré les efforts de Swan pour choisir un répertoire qui plairait à la fois aux publics anglophone et francophone, le Festival de Lennoxville ferme définitivement ses portes après avoir écourté sa saison en 1982.

Ross Stuart

Festival de Stephenville En 1976, l'ancien membre invité du jury du Newfoundland Drama Festival, Maxim Mazundar, fonde la Provincial Drama Academy à Stephenville, petite ville de la côte Ouest de Terre-Neuve. Il vise ainsi à offrir sur place une formation théâtrale aux jeunes de Terre-Neuve. En 1979, une compagnie de théâtre professionnelle est créée afin que ses acteurs se produisent aux côtés de ceux de l'académie, qui grandit rapidement. C'est ainsi que le Festival de Stephenville voit le jour, avec cinq ou six personnes sur la feuille de paie et un budget minime. Après des présentations de *Macbeth* et de *The Man Who Came To Dinner* au Stephenville Arts and Culture Centre, le directeur artistique et fondateur Mazundar, appuyé par l'administratrice Cheryl Stagg et le directeur Edmund MacLean, travaille avec un comité local de bénévoles pour soutenir cette toute jeune compagnie de théâtre d'été et favoriser son essor. Dès 1984, huit productions très différentes prennent l'affiche, notamment la pièce musicale *Jesus Christ Superstar*, la pièce canadienne *Waiting for the Parade* et la pièce classique *Cyrano de Bergerac*, dont le rôle principal est tenu par Gordon Pinsent.

En plus de sa saison d'été en expansion, le Festival de Stephenville poursuit sa collaboration avec la Provincial Drama Academy. Les artistes engagés par le festival donnent aux étudiants de l'académie des ateliers de formation intensive en interprétation, en voix et en expression corporelle. Dès la fin de la saison du Festival de Stephenville, à la mi-août, on amorce une autre phase d'activités artistiques, soit la tournée des écoles. Les acteurs répètent des extraits des œuvres de Shakespeare qu'ils présentent ensuite en tournée dans toute la province, visitant parfois jusqu'à 19 écoles en une semaine. En 1984, ils effectuent une tournée promotionnelle à St. John's et à Halifax afin de rehausser le prestige du festival. Alors qu'un budget substantiel est prévu pour compenser les pertes financières importantes anticipées, le théâtre Neptune d'Halifax vend 97 p. 100 des sièges pour les représentations de *Jesus Christ Superstar* et de *Cyrano de Bergerac*, et les représentations de St. John's remportent un succès similaire. Les tournées se poursuivent au cours des trois années suivantes.

À la fin des années 80, le Festival de Stephenville subit une série d'échecs qui mettent son existence en péril. Les spectateurs ne sont plus aussi nombreux en raison, selon certains, de la programmation et, selon d'autres, des tournées de spectacles qui auraient détourné les touristes. En 1987, la ville de Stephenville réduit sa subvention à la brochure du festival. Quatre mois avant l'ouverture des célébrations du 10e anniversaire du festival, en 1988, Maxim Mazundar décède à l'âge de 36 ans. En 1989, sous la direction artistique de Sean Mulcahy, qui renonce à présenter du théâtre de répertoire comme lors des saisons précédentes, le festival enregistre un déficit de 48 000 $.

Cliff LeJeune, qui avait orchestré la mise en scène sous la direction de Mazundar, devient directeur artistique de 1990 à 1994 et demeure d'un précieux conseil jusqu'en 1995. Sous LeJeune, la compagnie parvient à prendre de l'expansion tout en s'attaquant aux problèmes de son déficit. Edmund MacLean, qui succède à LeJeune comme directeur artistique en 1994, réussit à monter une dizaine de pièces de théâtre, de comédies musicales, de spectacles de music-hall et de spectacles musicaux prêts à être présentés dès 1995. Alors que le gouvernement de Terre-Neuve évalue toutes les activités des centres artistiques et culturels de la province et du Labrador, l'avenir immédiat du Festival de Stephenville demeure incertain. Toutefois, après le succès qu'a obtenu MacLean avec la saison de 1997, il est à prévoir non seulement que le festival se poursuivra, mais aussi qu'il augmentera son potentiel en prenant le contrôle du Stephenville Arts and Culture Centre.

Denyse Lynde

Festival de Stratford En 1951, Tom Patterson, un homme d'affaires de Stratford, forme un comité afin d'étudier les chances de réussite d'un festival annuel de théâtre. L'année suivante, Tyrone GUTHRIE, célèbre metteur en scène britannique, accepte la direction artistique d'un festival consacré à Shakespeare dont les représentations auraient lieu sous un chapiteau. Le festival ouvre ses portes en juillet 1953. La saison s'étend sur six semaines et présente *Richard III* (v.f. *Richard III*), avec Alec Guinness dans le rôle-titre, ainsi que *All's Well That Ends Well* (v.f. *Tout est bien qui finit bien*). L'année suivante, la saison dure neuf semaines et comporte une pièce qui n'est pas de Shakespeare, *Œdipus Rex* (v.f. *Œdipe roi*).

En 1955, les programmes musicaux sont introduits avec des concerts de jazz et de musique pop, de la musique symphonique, de l'opéra, de l'opéra-comique et des récitals. Le Festival Theatre, conçu par l'architecte canadien Robert Fairfield, remplace le grand chapiteau en 1957. Son coût s'élève à plus de 2 millions de dollars. Michael LANGHAM (1956-1967) succède à Guthrie. Par la suite, Jean GASCON (1968-1974), Robin PHILLIPS (1975-1980), John HIRSH (1981-1985), John NEVILLE (1985-1989), David William (1990-1993) et Richard Monette (depuis 1994) en assurent successivement la direction artistique. Au cours de ses 43 années d'existence, le Festival de Stratford a révélé au public de nombreux acteurs, dont William HUTT, Tony Van Bridge, Douglas Campbell, Richard Monette, Martha HENRY, Frances Hyland, Douglas Rain, Kate REID, John COLICOS et Christopher PLUMMER. Il a aussi grandement contribué à la formation de comédiens, de scénographes, de techniciens et de metteurs en scène canadiens (*voir* SCÉNOGRAPHIE ET CONCEPTION DES COSTUMES).

La scène du théâtre principal, conçue par Tanya Moiseiwitsch en collaboration avec Guthrie, est révolutionnaire pour son époque. Guthrie veut une scène élisabéthaine, ouverte sur trois côtés, sans toutefois chercher à reproduire le modèle des théâtres anciens. L'amphithéâtre à pente raide entoure la scène dans un rayon de 220 degrés. Bien que la salle compte 2276 places, le spectateur n'est jamais à plus de 19,8 mètres de la scène. Le festival dispose aujourd'hui de deux scènes supplémentaires. Le Avon Theatre (1107 places), au centre-ville, acheté en 1963 et modifié par Moiseiwitsch, dispose d'une avant-scène conventionnelle. Depuis 1971, le festival présente aussi des pièces de théâtre et des spectacles de musique au Tom Patterson Theatre, un petit bâtiment modestement équipé, tout à fait adapté aux ateliers, aux œuvres expérimentales et à la formation des jeunes acteurs.

Le Festival de Stratford jouit d'une renommée internationale. Son répertoire comprend des pièces classiques et modernes, ainsi que des concerts. Si l'on inclut les avant-premières destinées aux écoles, en 1994, sa saison a duré 27 semaines et a comporté 497 représentations. Il dispose d'une administration permanente et fait travailler une centaine d'acteurs.

Bien qu'il soit subventionné par le CONSEIL DES ARTS DU CANADA et le gouvernement de l'Ontario, le festival tire le plus gros de ses revenus de ses ventes à la caisse et de dons de particuliers. Il possède un service d'archives où sont classés les dossiers concernant toutes les productions. Des tournées aux États-Unis, en Australie et en Europe confirment sa réputation de meilleur théâtre classique d'Amérique du Nord. (*Voir aussi* THÉÂTRE DE LANGUE ANGLAISE.)

Ralph Berry

Festival d'été international de Québec Événement annuel institué en 1968 sous le nom Festival d'été de Québec par un groupe de gens d'affaires et d'artistes de la ville de Québec afin de mettre en valeur le potentiel artistique, économique et touristique de la région. Dans le cadre des festivités du 370e anniversaire de la fondation de Québec en 1978, le Festival accueillit des groupes de francophones d'Amérique, d'Afrique et d'Europe. Cette dimension d'échanges culturels s'amplifia avec les années et le Festival d'été devint international en 1986. Tenu généralement en juillet, le Festival présente plus de 400 spectacles donnés par environ 800 artistes provenant d'une quinzaine de pays. En l'an 2000, l'événement avait lieu sur 14 scènes installées dans divers lieux de Québec. Parmi les prix attribués lors du Festival, mentionnons le Prix international de la chanson francophone et le prix Miroir de la chanson.

Robert Thérien

Festival de théâtre Terme générique attribué aux compagnies de théâtre qui présentent des pièces afin de célébrer un auteur ou un groupe d'auteurs, un genre ou une époque. La plupart des festivals de théâtre ont lieu l'été et contribuent, aux plans national et international, à sensibiliser le public à la tradition théâtrale tout en favorisant le TOURISME dans une région donnée.

Le terme «festival de théâtre» fait son apparition en Angleterre au XIXe siècle et désigne des représentations théâtrales particulières visant à célébrer des époques ou des auteurs exceptionnels. Le festival qui a lieu en 1864 à Stratford-Upon-Avon, en Angleterre, pour commémorer le 300e anniversaire de naissance de Shakespeare, en est l'un des premiers exemples. À partir de 1879, le festival shakespearien de Stratford-Upon-Avon devient un événement annuel. Au Canada, on utilise ce terme pour parler du Festival de Québec dans les années 20 et du FESTIVAL NATIONAL D'ART DRAMATIQUE (fondé en 1932), mais il ne s'impose dans l'usage qu'après la SECONDE GUERRE MONDIALE. Plusieurs compagnies canadiennes contemporaines, dont le FESTIVAL DE STEPHENVILLE (fondé en 1979) et le FESTIVAL ANTIGONISH (fondé en 1988), continuent de monter le répertoire des théâtres d'été traditionnels.

Avec l'essor des stations estivales, le théâtre d'été prospère après la Seconde Guerre mondiale et ce, jusqu'à la fin des années 50. Des professionnels du théâtre fondent des troupes pour l'été et présentent le plus souvent un programme varié avec lequel les directeurs espèrent attirer les vacanciers: comédies légères, pièces à suspens, spectacles populaires de Londres et de New York. Avec l'arrivée de la télévision et l'amélioration des transports, le théâtre d'été perd son public dans les années 60. À cette époque, des festivals de théâtre plus permanents et de plus grande envergure font leur apparition. Il s'agit de compagnies locales sans but lucratif qui ciblent leur public parmi les touristes, surtout les Américains.

Le Earle Grey Shakespeare Festival (1949-1958) et le FESTIVAL DE STRATFORD (fondé en 1953) sont créés dans le but de présenter des œuvres de Shakespeare, quoique le Festival de Stratford ne tarde pas à inclure dans son répertoire des chefs-d'œuvre du théâtre occidental, de Gilbert et Sullivan, et des classiques modernes. Le SHAW FESTIVAL (fondé en 1962) met l'accent sur les œuvres de George Bernard Shaw et de ses contemporains. L'ATLANTIC THEATRE FESTIVAL (fondé en 1994) présente des œuvres d'auteurs classiques anglais ou européens comme Shakespeare, Goldsmith, Molière et Tchekhov. Enfin, le FESTIVAL DE LENNOXVILLE (1971-1982) et le BLYTH FESTIVAL (fondé en 1975) se concentrent sur les nouvelles pièces canadiennes, et le FESTIVAL D'ÉTÉ DE CHARLOTTETOWN (fondé en 1965) monte des comédies musicales canadiennes. Le Québec peut se flatter de posséder deux festivals internationaux biennaux, la Quinzaine internationale de théâtre de Québec (fondée en 1984) et le Festival de théâtre des Amériques de Montréal (fondé en 1985). Par ailleurs, de nombreux festivals de théâtre d'avant-garde ont fait leur apparition un peu partout au Canada.

Patrick B. O'Neill

Festival d'été de Charlottetown Le Centre des arts de la Confédération de Charlottetown est construit en 1964 à l'occasion du centenaire de la CONFÉRENCE DE CHARLOTTETOWN (1864). Pour en marquer l'inauguration, Mavor Moore organise un festival d'été où des artistes canadiens sont invités à se produire. L'événement remporte un tel succès qu'on décide d'en faire un festival annuel. Sous la direction artistique de Moore, on fonde le Festival d'été de Charlottetown, destiné à encourager les écrivains et les artistes canadiens.

À sa première saison (1965), le festival présente la comédie musicale ANNE, LA MAISON AUX PIGNONS VERTS écrite par Don Harron, Norman CAMPBELL et Moore; *Laugh with Leacock* de John DRAINIE, qui met en vedette John Wayne et Frank Shuster (*voir* WAYNE ET SHUSTER); et *Spring Thaw*, un spectacle de variétés. En 1968, Allan LUND, metteur en scène et chorégraphe au festival depuis les débuts, remplace Moore à la direction artistique.

Sous l'égide de Lund, le festival modifie sa formule pour ne présenter que des comédies musicales canadiennes. Pendant 19 ans, il connaît beaucoup de succès avec des productions comme *Johnny Belinda* (1968), *Jane Eyre* (1970), *Mary* (1971), *Joey* (1973), *Kronberg: 1582* (1974), *By George!* et *Rowdyman* (1976), *The Legend of the Dumbells* (1977), *Windsor* (1978), *Fauntleroy* (1980), *Skin Deep* (1982), *Singin' and Dancin' Tonight* (1982), *Swing* (1985) et *Babies* (1986), le dernier spectacle de Lund. Pendant cette période, le Festival d'été de Charlottetown effectue 12 tournées régionales et nationales et devient la pierre angulaire de l'industrie du tourisme de l'Île-du-Prince-Édouard.

La pièce *Anne, la maison aux pignons verts*, présentée chaque été pendant le mandat de Lund, est intimement liée à la réputation du festival. Elle attire un public fidèle depuis 33 ans, en plus d'avoir été jouée à Londres (1969), sur Broadway (1972) et à Toronto (1979). Elle effectue trois tournées au Canada (1967, 1974 et 1981) et figure au programme des expositions universelles d'Osaka au Japon (1970) et de Vancouver (1986). En 1991, *Anne, la maison aux pignons verts* est présentée à Tokyo, à Kyoto, à Osaka et à Hiroshima dans le cadre du Great Canada 1991 Arts Festival organisé pour souligner l'ouverture de la nouvelle ambassade du Canada au Japon.

Sous la direction artistique de Walter LEARNING, qui succède à Lund en 1987, le festival perd de sa popularité. Le public réprouve le langage grossier d'*Are You Lonesome Tonight?*, la comédie musicale d'Alan Bleasdale inspirée de la vie d'Elvis Presley, ainsi que la présentation trop réaliste des personnages d'*Anne, la maison aux pignons verts*. Le programme de la saison 1990 reçoit donc un accueil mitigé. Certaines productions remportent du succès, comme *Don Messer's Jubilee* de John Gray et *A Strike at Putney Church* de Jane Wilson, première pièce dramatique à être présentée au festival depuis 1967. D'autres pièces, comme *Confessions of an Irish Rebel* de Brendan Behan, sont beaucoup moins appréciées. En 1991, la dette du festival s'élève à 3 millions de dollars et le CONSEIL DES ARTS DU CANADA lui retire sa subvention de 175 000 dollars. La dette est finalement supprimée grâce à une entente fédérale-provinciale, puis on confie la direction artistique du festival à Jacques Lemay, ancien metteur en scène et chorégraphe de jazz du ROYAL WINNIPEG BALLET.

Lemay décide de présenter *Anne, la maison aux pignons verts* avec d'autres comédies musicales comme *Puttin' on the Ritz* (1994) et *Guys and Dolls* (1995) qui, elles, ne sont pas canadiennes. L'initiative ne réussit ni à augmenter l'auditoire, ni à régler les difficultés financières. Curtis Barlow prend donc la relève en 1996. Le festival, dépourvu de l'appui du Conseil des Arts, voit décroître son auditoire en plus de subir la concurrence du ATLANTIC THEATRE FESTIVAL et du FESTIVAL ANTIGONISH (Nouvelle-Écosse). Barlow fait appel à des commanditaires pour rétablir l'équilibre financier et reprend l'ancienne formule artistique en montant des pièces comme *Johnny Belinda* et *Anne, la maison aux pignons verts*, un programme qui semble avoir gagné l'appui d'un plus grand public. (*Voir aussi* FESTIVAL DE THÉÂTRE et COMÉDIE MUSICALE.)

Patrick O'Neill

Festival folklorique de Mariposa (*voir* FESTIVALS FOLKLORIQUES)

Festival international de jazz de Montréal Créé en 1980 par Alain Simard et André Ménard, le FIJM est le plus important festival de musique du Canada. Modeste à ses débuts (7 concerts, 12 ensembles), il prend de l'envergure pour devenir l'un des événements de jazz les plus courus du monde. En 1995, on y présente plus de 350 concerts en l'espace de 11 jours. Ces concerts mettent en vedette quelque 2000 musiciens de 15 pays, dans un vaste assortiment de styles de jazz. Le FIJM se tient dans des salles de concert et sur des estrades situées du côté est de Montréal sur la rue Saint-Denis (de 1982 à 1989) et sur la rue Sainte-Catherine, dans le centre-ville (à partir de 1986). Ses activités en plein air se comparent aux festivités du Carnaval de Rio et du Mardi gras de La Nouvelle-Orléans. Au milieu des années 90, l'assistance dépasse le million et demi de personnes par année.

Mark Miller

Festival international de nouvelle danse L'aventure du Find débute en 1982, à l'initiative de Chantal Pontbriand, Diane Boucher et Dena Davida. Le but de cet événement biennal est multiple: témoigner de la vitalité de la danse dans le monde entier, faire connaître les artistes québécois et canadiens les plus intéressants sur la scène internationale, et amener le public du pays à découvrir les chorégraphes de nouvelle danse les plus en vue de la planète.

Le véritable coup d'envoi du Find, également créé dans le but de faire de Montréal une plaque tournante de la nouvelle danse à travers le monde, est donné en 1985. La première programmation est alléchante, réunissant certaines des plus grandes figures de la danse contemporaine mondiale, dont l'Allemande Pina Bausch, les Américains Merce Cunningham et

Trisha Brown et le Québécois Édouard LOCK. Cette première édition, l'une des plus flamboyantes que le festival ait connu à ce jour, fait place à neuf autres du genre. Parmi elles, on retient celle de 1987, avec un coup de cœur du public pour *Mammame Montréal*, du chorégraphe français Jean-Claude Gallotta et son Groupe Émile Dubois, et celle de 1989 avec la venue, pour la première fois à Montréal, de la compagnie japonaise dirigée par Saburo Teshigawara; cette troupe remportera trois fois le prix du public au Find. 1992 marque aussi l'histoire du festival, avec une édition spéciale consacrée au 350ᵉ anniversaire de la ville de Montréal. On y retrouve un grand nombre de compagnies et d'artistes québécois parmi les plus renommés des années 90, dont La La La Human Steps, O Vertigo, Marie CHOUINARD, Jocelyne MONTPETIT, William Douglas, Lynda Gaudreau.

À l'image de la première édition, celle de 1995 demeure l'une des plus impressionnantes avec la venue, pour la première fois en sol québécois, du célèbre Ballett Frankfurt, dirigé par William Forsythe. Une découverte pour le public montréalais, mais aussi un choc, avec la présentation de *Eidos: Telos*, une œuvre énigmatique, abyssale, de près de trois heures. À cette présence significative, s'ajoutent celle de La La La Human Steps, avec *2*, et de Karas, avec *Noiject*. Cette année-là, le Find remporte le Grand Prix du Conseil des arts de la Communauté urbaine de Montréal (CACUM), pour l'excellence de sa programmation.

Après avoir cherché à mettre un pays à l'honneur lord de chacune de ses éditions - la France en 1987, le Japon en 1989, la Belgique en 1991, etc. - le Find décide, en 1999, de se concentrer sur une thématique. Pour cette édition de fin de millénaire, les trois organisatrices choisissent le thème *Afrique - Aller/retour* comme symbole des croisements entre tradition et modernité et du métissage artistique caractéristique du XXᴱ siècle. Le Festival organise aussi à cette occasion un colloque international, réunissant quelques-uns des plus grands penseurs de la danse contemporaine.

Reconnu comme l'une des grandes manifestations du genre au monde, le Festival international de nouvelle danse cumule à ce jour plus de 350 représentations pour quelque 300 000 spectateurs et a constamment retenu l'attention des médias. À ce titre, deux documentaires ont été produits par la SOCIÉTÉ RADIO-CANADA: *Une heure très danse* en 1989 et *Danse, Dance, Dans, Tanz, Dansu* en 1995.

Andrée Martin

Festival international de Vancouver De 1958 à 1968, il a lieu chaque été pendant quelques semaines. Fondé et dirigé par Nicholas Goldschmidt, le festival se fait délibérément élitiste jusqu'en 1962, en ne cherchant à attirer que des artistes européens et américains. À l'instar des festivals d'Édimbourg et de Salzbourg, concerts et opéras prédominent. La première exécution est celle de *Don Giovanni*, avec la participation de Herbert von Karajan, Bruno Walter et Joan Sutherland. Dans le domaine théâtral, on invite la Comédie-Française et on présente *The World of the Wonderful Dark*, de Lister SINCLAIR. Parmi les faits saillants de 1960-1961, il y a l'exécution de *Noye's Fludde*, de Benjamin Britten, dans la cathédrale Christchurch, le récital de Glenn GOULD entièrement consacré à Schoenberg, qui attire 1200 personnes, et la cérémonie du tattoo à l'Empire Stadium, qui rapporte 25 000 $. Toutefois, les politiques financières et artistiques sont constamment critiquées.

Quatre hommes en sont directeurs artistiques pendant de courtes périodes, de 1963 à 1968: Dina Yannopoulos, William Crawford III, Hugh Pickett et Gordon Hilker. Le festival tente alors de façon maladroite et incohérente d'être plus local, plus populaire et moins cher: on abandonne la dimension internationale en 1965 et les productions de *West Side Story*, de *The Most Happy Fella* et d'*Oliver* ont un

certain succès. En 1968, le festival présente le Joffrey Ballet; la pièce *And Now*, de Noel Coward, avant qu'elle ne soit montée à Broadway; et un concert symphonique devant 8000 auditeurs au nouveau Colisée. Malgré ces succès, le déficit atteint 322 000 $ et c'est la fin du festival.

Malcolm Page

Festival national d'art dramatique (1932-1939, 1947-1978) Concours d'art dramatique amateur bilingue qui a servi de jonction entre deux époques dans l'histoire du théâtre: la disparition des tournées à l'étranger au cours des années 30 et l'apparition du THÉÂTRE professionnel au Canada après la guerre. Le 29 octobre 1932, 60 représentants du milieu du théâtre se rencontrent à RIDEAU HALL pour entendre la proposition du gouverneur général Bessborough de créer un Festival national d'art dramatique. La proposition est adoptée. Par la suite, les gagnants de concours régionaux participent tous les printemps à un festival national d'une semaine. Un membre du jury, britannique ou français, y décerne des prix pour l'interprétation, les décors, la mise en scène et les meilleurs scénarios et productions. Les cinq premiers festivals se tiennent à Ottawa (avril 1933 - avril 1937) et les suivants se déroulent à tour de rôle dans une ville différente.

Le Festival national d'art dramatique représente, pendant la Crise des années 30 et après, le théâtre national canadien. Il favorise l'écriture de pièces de théâtre originales et offre partout au Canada une formation à des centaines de comédiens, de metteurs en scène et de techniciens désireux de faire carrière dans le théâtre. La présence de juges européens distingués au festival encourage des normes de qualité très élevées et attire un public fidèle et de bon ton. Par contre, on accuse l'organisation de vouloir perpétuer des valeurs élitistes et coloniales. Au cours de la Seconde Guerre mondiale, les activités du festival sont suspendues et nombreux sont ceux qui pensent que cette interruption a mené à la disparition de l'institution. On est généralement d'avis que la Seconde Guerre mondiale marque la transition entre le théâtre amateur et le théâtre professionnel au Canada.

Au début, le festival ne présente que des pièces en un acte, mais en 1950, on y joue régulièrement des pièces en plusieurs actes. En raison de problèmes financiers quasi constants, le festival se voit obligé d'accepter le mécénat controversé de Calvert's Distillers (1952-1960) et de l'Association canadienne des radiodiffuseurs (1961-1965), ce qui permet d'établir un bureau à Ottawa et d'embaucher un directeur permanent. À partir de 1960, des juges canadiens sont recrutés pour les demi-finales et, en 1965, pour les finales.

Le festival fête l'année du Centenaire en présentant uniquement des pièces canadiennes (62 pièces, 29 premières) et ce, à une époque où l'on en joue peu. Les déficits s'accumulent en 1969 et en 1970, et les amateurs du Québec forment une association dissidente (ACTA), qui devient l'Association québécoise du jeune théâtre (AQJT, 1972-1986). Le festival prend le nom de Théâtre Canada (mai 1970) et parraine, en 1971 et en 1972, deux festivals où la place est aux spectacles et non aux concours. En 1973, on abandonne cette formule expérimentale pour des raisons financières. La même année, Betty Lee publie *Love and Whisky*, dans lequel elle raconte avec humour l'histoire du festival. En 1978, le bureau d'Ottawa a déjà fermé ses portes. Depuis la disparition du festival, le théâtre amateur canadien est représenté, sur la scène nationale et internationale, par l'Association nationale du théâtre multiculturel, créée en 1975. (*Voir aussi:* THÉÂTRE MULTICULTUREL, MOUVEMENT DU THÉÂTRE AMATEUR, THÉÂTRE DE LANGUE ANGLAISE.)

David Gardner

Festival Singers of Canada Fondée en 1954 par Elmer ISELER sous le nom de Festival Singers of Toronto, cette chorale atteint le statut professionnel en 1968 lorsqu'elle devient le noyau principal du

TORONTO MENDELSSOHN CHOIR. Les premiers concerts établissent la renommée des 25 chanteurs. Passée à 36 voix, la chorale se produit régulièrement au réseau anglais de Radio-Canada (CBC) et se taille rapidement une place sur la scène internationale. En 1967, un concert à la Maison-Blanche, à Washington, marque le début des tournées qui, en 1971, 1972 et 1977, conduisent la chorale en Grande-Bretagne, en France, en Allemagne, en Autriche, en Yougoslavie et en URSS. D'autres concerts sont donnés aux États-Unis en 1972, 1976 et 1977, dans l'Ouest canadien en 1974 et 1977 et dans l'est du Canada en 1975. Le répertoire comprend de la musique chorale de toutes les époques et de tous les styles avec un accent sur les œuvres chorales canadiennes. Les Festival Singers commandent des pièces à des compositeurs canadiens et les présentent pour la première fois. Ces œuvres inédites auront leur place dans la littérature chorale universelle grâce à la virtuosité avec laquelle elles sont interprétées. Les disques enregistrés par la chorale reflètent ce répertoire varié. En 1978, Giles Bryant succède à Iseler comme directeur, soit un an avant que la chorale ne cesse ses activités.

Isabelle Margaret Mills

Festivals Ils remontent à l'Antiquité. Ils sont alors des fêtes religieuses et rituelles en rapport avec les saisons et incluent souvent des repas et des festins communautaires sacrés. De nos jours, les festivals commémorent, célèbrent ou reconstituent des événements ou saisons. Au Canada, près de 200 festivals majeurs ou de moindre importance ont lieu chaque année. Leurs sources sont indigènes ou importées. Bien avant l'arrivée des Européens, les peuples autochtones marquaient le changement des saisons par des festivals religieux. Chez les OJIBWÉS, on célébrait deux fois l'Action de grâces: une fois au printemps, à la montée de la sève en remerciement de la fin de l'hiver, et une fois à l'automne, pendant la moisson.

Les POTLATCHS (festins cérémoniels marqués par des dons généreux) de la côte du Nord-Ouest et les POW-WOWS des Indiens des Plaines sont toujours considérés comme des événements sociaux destinés à conserver et à promouvoir la culture autochtone. Des observances religieuses font aussi partie de certains festivals importés d'Europe au XVIIᴱ siècle. Ainsi, dès le début de la colonisation, les colons francophones célèbrent le 24 juin la fête de Saint-Jean-Baptiste, qui est la superposition d'une fête chrétienne et d'anciennes célébrations païennes du solstice d'été.

Étant donné que le climat influence grandement la façon de vivre des Canadiens, il n'est guère surprenant de trouver d'anciens thèmes de ces célébrations saisonnières dans les festivals d'aujourd'hui. Le réveil de la nature, après l'hiver, justifie la tenue de nombreux festivals printaniers. Signalons en Nouvelle-Écosse, l'Annapolis Valley Apple Blossom Festival; dans la zone fruitière d'Ontario, le Niagara Falls Blossom Festival, avec expositions horticoles, et le Blossom Festival Parade; en Colombie-Britannique, le Creston Blossom Festival.

D'autres événements printaniers, dont le thème est le sirop d'érable, se tiennent en avril en Ontario, en Nouvelle-Écosse et au Québec. On en compte 32 dans le sud de l'Ontario seulement. À PLESSISVILLE, au Québec, le Festival du sirop d'érable se tient au cœur du pays de l'érable. De nombreuses parties de sucre y célèbrent la transformation du sirop d'érable en sucre. Le Festival du printemps (Festival des tulipes), ancré tant dans l'histoire que dans la saison, se tient tous les ans à Ottawa. Pour exprimer sa reconnaissance envers les Canadiens et les remercier de leur hospitalité au cours de son exil pendant la guerre, la reine Juliana des Pays-Bas a fait parvenir 10 000 bulbes de tulipes à la ville. La famille royale des Pays-Bas est les producteurs de tulipes perpétuent la coutume en envoyant 25 000 bulbes chaque année pour commémorer l'événement.

L'été canadien est court et les festivals y sont plus nombreux qu'en n'importe quelle autre saison. Dans bien des cas, des aliments dont on célèbre la culture ou la moisson en sont le prétexte: pommes de terre, fraises, saumon, crevettes, bleuets, huîtres et truite. À la mi-juillet, le Carnaval du homard à Pictou, en Nouvelle-Écosse, marque la fin de la saison de la pêche. Les courses de bateaux de pêche rappellent la façon traditionnelle de se défouler après des semaines éreintantes en mer et les repas de homard en plein air agrémentent les festivités.

À la fin juillet, à Altona, au Manitoba, a lieu chaque année le Sunflower Festival dont les expositions de graines de tournesol et les dégustations de cuisine mennonite célèbrent l'agriculture. En août, à L'Anse Amour, au Labrador, le Bakeapple Festival annuel célèbre la délicieuse plaquebière par des repas, des danses et des récits. À la mi-juin, à Pine Point, dans les Territoires du Nord-Ouest, les Pine Days portent sur un thème plutôt inhabituel. Pendant deux jours, résidants et visiteurs célèbrent le jour le plus long de l'année au pays du soleil de minuit, où des tournois de fer à cheval et des épreuves de canotage sont à l'honneur.

À l'automne, les festivals saisonniers sont moins nombreux et ont lieu en préparation des pénibles mois d'hiver ou en reconnaissance pour les récoltes. Selon la tradition européenne, des Oktoberfests ont lieu dans un grand nombre de collectivités, surtout dans des régions où des immigrants d'origine allemande se sont établis. L'Oktoberfest de Kitchener-Waterloo, en Ontario, est un événement remarquable. Il entraîne de nombreux étudiants à une dernière virée avant qu'ils ne se consacrent à leurs études. À Rimouski, au Québec, le Festival d'automne porte sur la relation entre l'humain et la terre. Les connaissances de survie en forêt sont mises à l'épreuve lors d'une chasse au faisan et un concours de tir au pigeon d'argile.

Plusieurs festivals sont tenus pour oublier les rigueurs de l'hiver et pour empêcher qu'on ne sente enfermé. Ils commencent habituellement à la fin janvier et peuvent même avoir lieu tard en avril dans les latitudes les plus nordiques. Le plus célèbre est le Carnaval de Québec, une fête d'avant-carême, qui a lieu d'abord de 1894 à 1900, puis qui est relancé dans les années 50. Le symbole du carnaval est un bonhomme de neige parlant, le «bonhomme Carnaval», qui tient sa cour dans un palais de glace et qui aime bien se mêler à la foule. À Ottawa, pendant 10 jours, a lieu le Winterlude Festival, le long du CANAL RIDEAU, l'une des patinoires les plus célèbres du monde.

À Whitehorse, au Yukon, à l'occasion du Sourdough Rendezvous, les fêtards portent des costumes et des barbes représentant l'époque de la ruée vers l'or. On y présente des courses de traîneaux à chiens et de raquettes (ainsi que des courses de motoneiges, plus modernes) et des courses où l'on doit porter des charges de farine sur le dos. Pour déjeuner, on sert des crêpes au levain (sourdough), aliment apporté dans le Nord par les prospecteurs. Des activités mettant à l'épreuve les techniques de survie, comme faire du thé ou dépecer des animaux dans des froids extrêmes, sont comprises dans la plupart des festivals du Grand Nord. Elles font ainsi partie des rassemblements tels le Ookpik Carnival à Hay River, dans les Territoires du Nord-Ouest, et le Caribou Carnival de Yellowknife.

Événements historiques

Alors que la nature est apprivoisée et que la civilisation européenne a pris racine, les Canadiens se tournent vers le passé et célèbrent les événements qui ont façonné le pays. Les célébrations du St. John's Day, à Terre-Neuve, commémorent le jour, le 24 juin 1497, où Jean Cabot atteint pour la première fois les eaux tranquilles au large de Terre-Neuve. Les Loyalist Days, à Saint-Jean, au Nouveau-Brunswick, rappellent l'arrivée, en 1783, de 4200 Loyalistes de

l'Empire-Uni fuyant les contrecoups de la Guerre d'Indépendance américaine. À l'Île-du-Prince-Édouard, le Charlottetown Natal Day, en juin, fête à la fois la naissance de la ville (1855) et celle du pays, puisque Charlottetown est le lieu de rencontre des PÈRES DE LA CONFÉDÉRATION.

En Ontario, en août, le Simcoe Day rend hommage au premier gouverneur de ce qui était alors le Haut-Canada et célèbre les débuts de la province dans les années 1790. La colonisation de l'Ouest canadien est célébrée dans le cadre de la Red River Exhibition de Winnipeg, en juin, des Pioneer Days de Saskatoon, en juillet, et des Klondike Days d'Edmonton, qui rappellent le départ des prospecteurs pour les régions aurifères du Nord à la fin des années 1890. Au Yukon, le Discovery Day, en août, commémore la fondation de DAWSON en 1896.

Festivals multiculturels

Le MULTICULTURALISME est un autre signe de l'évolution de l'identité canadienne. Il a favorisé la croissance de nombreux festivals ethniques et multiculturels célébrant le patrimoine et l'ascendance. Ainsi, dans tout le pays, les autochtones du Canada célèbrent différentes fêtes amérindiennes. En Ontario, le Brantford Six Nations Indian Pageant, en août, met en vedette des œuvres artisanales et théâtrales basées sur l'histoire autochtone. Les Opasquia Indian Days, à Le Pas, au Manitoba, sont organisés par les résidants de la réserve Opasquia et mettent l'accent sur des jeux associés à la forêt, sur les mets traditionnels et l'artisanat autochtone ainsi que sur des courses de canot. Dans les Territoires du Nord-Ouest, chaque année, les JEUX D'HIVER DE L'ARCTIQUE sont célébrés dans une communauté différente. Les Inuits et les Dénés s'adonnent alors à des danses et à des sports traditionnels, jouent du tambour, s'affrontent dans des compétitions et présentent des expositions.

La Fête acadienne, à l'Île-du-Prince-Édouard, célèbre la colonisation française de l'île Saint-Jean (l'ancien nom de l'île). Le caractère bien distinct de la culture acadienne ressort des festivités, qui comprennent du théâtre, des chants et des concours de violon et de gigue. De même, au Nouveau-Brunswick, la Foire brayonne est organisée à la fin juillet depuis 1979 pour valoriser la chanson populaire et la culture. Au Manitoba, en juin, la Fête franco-manitobaine a pour thème la présence française au Manitoba, qui remonte au milieu du XVIIIe siècle. Des spectacles de folklore dans le style des boîtes à chanson traditionnelles, des danses et des mets à saveur canadienne-française sont à l'honneur. Au Québec, on célèbre, entre autres, le Festival des Cantons, à Sherbrooke, et le Festival d'été de Québec.

D'autres groupes ayant participé à l'avènement du Canada rendent aussi hommage à leur patrimoine ancestral. En Nouvelle-Écosse, les descendants de colons écossais fêtent tout l'été. À Pugwash, le Gathering of the Clans, avec ses concours de tambours et de cornemuses, ainsi que ses épreuves de lancement de troncs, est le premier événement de la saison. Il est suivi des JEUX DES HIGHLANDS d'Antigonish, en juillet, et du Festival of Tartans, à New Glasgow, en août. L'influence des colons ukrainiens se fait sentir surtout dans les Prairies, et à Dauphin, au Manitoba, où le cinquième groupe ethnique en importance au Canada accueille le National Ukrainian Festival. À Gimli, au Manitoba, où un New Iceland autonome prospère de 1875 à 1881, l'Icelandic Festival, ou Islendingadagurinn, a lieu chaque année, agrémenté de défilés, de récitals de chansons et de poésie.

Les nouveaux venus au calendrier des célébrations sont les festivals multiculturels (le Caravan de Toronto, le Folklorama de Winnipeg, le Mosaic de Regina et les Heritage Days d'Edmonton) au cours desquels tous se rassemblent et partagent les repas et la culture des différents groupes ethniques. Le Festival du patrimoine canadien, portant sur les arts d'in-

terprétation, est un événement qui regroupe chaque année les amateurs de folklore. Il est parrainé conjointement par le gouvernement fédéral et la province hôtesse. Le Festival Mondial de Folklore de Drummondville, au Québec, grâce auquel la langue française est enrichie du mot «folklothèque», célèbre annuellement le folklore et la culture populaire, y compris ceux des Abénakis de la région. Les festivals du patrimoine se tiennent souvent en même temps que d'autres événements majeurs (les Jeux olympiques de Montréal, en 1976, le 75e anniversaire de la Saskatchewan, en 1980, ou le 400e anniversaire de Terre-Neuve, en 1983).

Autres thèmes

Au Canada, on célèbre aussi d'autres aspects de la culture comme l'art, la musique, le théâtre et le cinéma. Des festivals tels que le Guelph Spring Festival, en Ontario, mettent l'accent sur la musique. Le Banff Festival of the Arts, en Alberta, englobe la musique, le théâtre et les arts. Parfois sont à l'honneur des styles de musique particuliers: le Mariposa Folk Festival de Toronto, le Folk Festival de Winnipeg, le FESTIVAL INTERNATIONAL DE JAZZ DE MONTRÉAL et le Jazz City d'Edmonton en sont quatre exemples. D'autres festivals portent surtout sur des styles musicaux et des périodes de l'histoire musicale. Ainsi, chaque été, la musique baroque, classique et religieuse fait l'objet de plusieurs petits rassemblements en Ontario, tandis que le Festival international de Musique Actuelle de Victoriaville met en vedette le rock international, le ska et le techno, la musique électroacoustique, le jazz, la musique contemporaine, etc.

Des festivals de théâtre canadien ont aussi graduellement évolué à l'extérieur des grands centres urbains grâce à un public formé de vacanciers. D'autres constituent des traditions bien implantées et attirent un auditoire international comme le FESTIVAL DE STRATFORD en Ontario, créé en 1953, et le SHAW FESTIVAL, à Niagara-on-the-Lake, depuis 1962, qui marient des œuvres canadiennes et internationales. Un festival plus récent, le Fringe Festival d'Edmonton, présente des pièces courtes et du théâtre de rue. Pendant tout l'été, le FESTIVAL D'ÉTÉ DE CHARLOTTETOWN célèbre le théâtre (voir COMÉDIE MUSICALE), et le Summer Festival, à St. John's, est le rendez-vous des amateurs de théâtre. Au Québec, des festivals commémorent des formes d'arts connexes, comme le mime, au Festival international de mime, et l'humour, au Festival Juste pour rire. Le cinéma attire aussi ses amateurs et fait l'objet de célébrations. En août, le Festival des films du monde se tient à Montréal et, en septembre, le Festival of Festivals de Toronto présente les nouveaux films canadiens et internationaux et souligne, dans des rétrospectives, des genres cinématographiques et la carrière d'acteurs ou de réalisateurs.

D'autres festivités vont de l'EXPOSITION NATIONALE CANADIENNE à Toronto, l'exposition permanente la plus ancienne et la plus importante du monde, au STAMPEDE DE CALGARY, en juillet, qui se veut le «plus grand spectacle extérieur du monde» et au cours duquel ont lieu, pendant 10 jours, la Coupe du monde de rodéo et des courses de chariots. Il y a aussi, en juillet, dans l'île de Vancouver, l'All Sooke Day qui rappelle la mémoire des premiers bûcherons par des concours d'équilibre sur billots, d'abattage et d'écimage d'arbres ainsi que du lancer de la hache, et l'Annual Midnight Golf Tournament de Yellowknife, qui commémore la journée la plus longue de l'année. La quantité de festivals que célèbrent les Canadiens démontre bien que toutes les occasions sont bonnes pour faire la fête, peu importe la saison, le jour, l'occasion ou le peuple. (Voir aussi FESTIVALS FOLKLORIQUES.)
Deborah C. Sawyer

Festivals du film Comme c'est souvent le cas au Canada, les initiatives culturelles les plus novatrices viennent souvent des régions et non des métropoles.

Ainsi en est-il des festivals de cinéma, dont la toute première initiative revient à la petite ville de Yorkton, en Saskatchewan. Animé par l'esprit pionnier des Prairies, le Film Council de cette communauté agricole a tenu son premier Festival international de films documentaires en 16 mm en 1950. Depuis, cette rencontre annuelle rassemble le meilleur des œuvres de courts métrages et de la vidéo de tout le Canada et remet le prix Golden Sheaf aux meilleurs films dans plusieurs catégories. Les films gagnants font ensuite la tournée de la province.

Dix ans plus tard, en 1960, un groupe de cinéastes et de cinéphiles montréalais fonde le Festival international du film de Montréal. Cet événement annuel non-compétitif se tiendra pendant huit ans. Logé d'abord au Lœw's sur la rue Sainte-Catherine, il terminera ses jours à la salle de spectacle construite pour EXPO 67. En 1962, sous la direction de Rock Demers, on inaugure le Festival du cinéma canadien. Les films de Jean-Pierre LEFEBVRE, Alan KING, Gilles CARLE, Claude JUTRA, Larry Kent, Pierre PERRAULT, Michel BRAULT, Arthur LAMOTHE, Gilles GROULX et David Secter y remportent des prix. Le festival attire tous les intervenants de l'industrie cinématographique canadienne et québécoise ainsi que de la scène internationale. Il est le creuset des nouveaux projets et des théories de développement du cinéma canadien ainsi qu'un moyen de promouvoir la création des salles de répertoire de Montréal. Suite à sa disparition, 10 ans passent avant qu'un autre festival international de cinéma ne réapparaisse dans la ville.

En 1971, Claude Chamberlan et Dimitri Eipides, passionnés par le cinéma expérimental et «underground», fondent, à Montréal, le Festival international du film en 16 mm, qui devient, en 1980, le Festival international du nouveau cinéma. Mettant de l'avant une programmation qui cherche à refléter les tendances actuelles du cinéma mais explorant aussi toutes les marges du cinéma expérimental, ce festival hors compétition demeure le deuxième plus ancien festival au Canada. Lors de la 25e rencontre en 1997, le Festival international du cinéma et des nouveaux médias de Montréal fait peau neuve et prend un nouveau départ avec une programmation plus éclatée mais résolument tournée vers les nouvelles images.

En raison de l'expertise canadienne en matière de cinéma documentaire et en l'honneur de John GRIERSON, le fondateur de l'OFFICE NATIONAL DU FILM du Canada, l'Ontario Film Association crée, en 1975, le Séminaire du documentaire Grierson. Avant de disparaître en 1987, ce festival consacré au cinéma documentaire rassemble, au cours de ses éditions, des cinéastes, des éducateurs, des étudiants, des critiques et d'autres professionnels du cinéma documentaire venus de tous les pays du monde, autour de débats et d'échanges de haut calibre sur ce genre cinématographique.

En 1977, et ce dans un climat de controverse qui persiste encore aujourd'hui, deux événements sont mis sur pied à quelques semaines d'intervalle à Montréal. L'association québécoise de la critique de cinéma organise le Festival international du film de la critique québécoise, et Serge Losique, directeur du Festival du film étudiant canadien, organise le Festival canadien des films du monde. Le premier ne connaîtra que deux éditions en 1977 et en 1978. Le second, qui deviendra le Festival des films du monde (FFM) en 1978, réussit à obtenir la reconnaissance officielle de la Fédération internationale des associations de producteurs de films (FIAPF) comme festival international compétitif de première catégorie. Il célébrait en 1996 sa vingtième édition. Le FFM décerne le Grand Prix des Amériques et récompense les lauréats dans plusieurs des catégories habituelles.

En 1976, Bill Marshall, Henk van der Kolk et Dusty Cohl fondent le Festival of Festivals de Toronto. Dirigé successivement par Wayne Clarkson, Helga Stephenson et Piers Handling, cet événement non-compétitif est largement reconnu comme un rendez-vous essentiel pour l'industrie cinématographique canadienne. En créant Perspective Canada en 1984, section qui décerne le Prix de la ville de Toronto au meilleur film canadien, ce festival devient une fenêtre pour les meilleurs films produits au Canada chaque année. En 1994, l'événement prend le nom de Toronto International Film Festival.

Dans sa publicité, le Festival de télévision de Banff prétend à juste titre être l'équivalent pour la production télévisuelle du festival de cinéma de Cannes. Fondé en 1979, il acquiert une réputation internationale qui fait l'envie des festivals du même genre. Le décor prestigieux du Banff Springs Hotel dans les ROCHEUSES attire depuis près de 20 ans les gens les plus influents du monde de la production d'émissions de télévision. Tous les ans, le Grand Prix de Banff est décerné dans plusieurs catégories.

En raison de la très vaste étendue de son territoire, et de l'inévitable concentration de tels événements dans les grands centres que sont Montréal et Toronto, les deux grandes villes qui bordent le pays à ses extrémités est et ouest vont finalement se doter à leur tour d'un événement cinématographique à caractère international afin de faire connaître dans leur région le meilleur de la production mondiale. Halifax va créer l'Atlantic Film Festival en 1981, et Vancouver, le Vancouver International Film Festival en 1982. Des Prix du public sont remis dans chacun de ces festivals.

Également en 1981, René Rozon crée à Montréal le Festival international du film sur l'art, qui s'impose aujourd'hui comme l'événement international par excellence pour ce genre de productions. Un jury international décerne le Grand Prix du festival dans plusieurs catégories ainsi que des aides à la création.

C'est dans le cadre d'une grande manifestation dont l'histoire est parallèle à celle du cinéma québécois qu'on peut voir le plus vaste panorama de la production annuelle du Québec dans tous les catégories. La Semaine du cinéma québécois, fondée en 1973, doit son existence à Carl Mailhot. Son but de toujours est d'offrir aux cinéphiles et aux professionnels du cinéma le meilleur de la production annuelle québécoise. Sous le nom de Rendez-vous d'automne, l'événement prend un nouveau départ, en 1982, sous la direction de René Roy. Louise Carré (1983-1985) lui succède. Depuis 1986, Les Rendez-vous du cinéma québécois sont administrés par Michel Coulombe. En 1997, cet événement a fêté ses 15 ans. Le Prix de la critique québécoise de cinéma est remis dans plusieurs catégories. Depuis quelques années les Rendez-vous sont également présentés ailleurs au Québec ainsi qu'à Vancouver et à Toronto.

Nouvelle poussée du dynamisme des régions en 1982, alors que Jacques Matte fonde à Rouyn-Noranda le Festival du cinéma international en Abitibi-Témiscamingue. Reconnu pour son accueil jovial et chaleureux, et son public enthousiaste, l'événement est couru par les cinéastes d'ici tant que par les cinéastes étrangers. On y décerne le prix du Public Hydro-Québec.

Une initiative semblable, qui remonte à 1983, est le Carrousel international du film de Rimouski, consacré au cinéma pour le jeune public. Des ateliers, des rencontres avec des cinéastes de tous les coins du monde, animent ce festival. Un jury composé de jeunes Européens et Nord-Américains âgés de 10 à 15 ans décernent le prix Camérios dans plusieurs catégories.

En 1985, un groupe de femmes organise, à Montréal, le premier Festival international de films et vidéos de femmes. L'événement a lieu tous les ans jusqu'en 1990. Depuis 1991, il alterne avec La Mondiale des films et vidéos de femmes de Québec. Les rencontres de 1992, de 1994 et de 1996 se dérouleront toutes à Montréal sous le titre de *Silence elles tournent*.

Vues d'Afrique: Journées du cinéma africain et créole, fondées en 1985 par Gérard Le Chêne à Montréal, rassemble des films et des vidéos produits par des réalisateurs africains, arabes et des Antilles. Jumelée pendant quelques années aux Festival panafricain du cinéma de Ouagadougou (au Burkina Faso) ainsi qu'au Festival d'Amiens (en France), leur programmation est présentée, en partie, dans plusieurs villes canadiennes. Les prix de la Communication interculturelle sont remis dans plusieurs catégories.

Autre domaine où excelle le Canada et qui se devait d'y consacrer un grand événement international, depuis 1988, le ville d'Ottawa accueille tous les deux ans le Festival international de l'animation. Avec Zagreb en Croatie, Annecy en France et Hiroshima au Japon, ce festival s'inscrit dans le grand circuit mondial des Rencontres du Cinéma d'Animation. Le Prix Héritage Norman-McLaren est décerné de même que d'autres prix dans plusieurs catégories.

Au Canada, l'événement le plus récent est le Hot-Docs! Canadian International Documentary Festival and Awards de Toronto, fondé en 1994 par une équipe dirigée par Debbie Nightingale. Il rassemble des documentaires canadiens et internationaux de qualité et organise des colloques et des ateliers sur la production et le financement du documentaire. Sans affiliation directe avec son précurseur, ce festival pourrait bien combler un vide laissé par la disparition, il y a 10 ans, du Séminaire Grierson. En 1997, les Prix Vision TV et TÉLÉFILM CANADA sont décernés pour la première fois. Des prix sont également attribués par vote des participants aux meilleures productions canadiennes en présence.

Bien qu'il ne s'agisse pas strictement d'un festival, il existe un événement annuel qui consacre les meilleures des productions cinématographiques canadiennes et qui s'inspire des Academy Awards de Hollywood. Le Palmarès du film canadien (1949-1979) est remplacé, en 1980, par la cérémonie annuelle des Prix Génies, décernés aux gagnants dans de nombreuses catégories et administrés par les quelque 2000 membres de l'Académie canadienne du cinéma et de la télévision. Chaque année, l'Association des distributeurs de films canadiens remet le Prix de la Bobine d'Or au film canadien qui a enregistré les meilleures recettes au box-office. Depuis 1987, les Prix Gémeaux reconnaissent les meilleurs productions télévisuelles canadiennes selon des critères identiques. Le gala de remise des prix, organisé alternativement à Montréal et à Toronto, présente des films et des émissions de télévision à l'auditoire tout en récompensant ceux qui les créent et les réalisent.

André Pâquet

Festivals folkloriques Le répertoire du Festival canadien des arts populaires énumère 132 festivals, grands et petits, qui se déroulent l'été dans toutes les provinces canadiennes. Presque la moitié ont lieu en Ontario et un autre tiers dans les Maritimes. On compte aussi des centaines de concours de violoneux partout au Canada durant l'été et l'automne. Ces festivals sont le résultat de l'engouement populaire des années 50 et 60 pour la musique traditionnelle. Les premiers festivals, comme celui de Miramichi (créé en 1958) au Nouveau-Brunswick, visent à préserver l'authentique MUSIQUE FOLKLORIQUE des musiciens locaux qui se produisent rarement à l'extérieur de leur collectivité. Avec l'intérêt grandissant pour la musique folklorique et le développement des festivals, les artistes des villes, qui ont appris la musique dans les livres et avec les disques, deviennent populaires. Vers le milieu des années 60, lorsque le mouvement atteint son point culminant, les chanteurs urbains composent leurs propres paroles et musiques en s'inspirant du modèle folklorique. Des auteurs-compositeurs-interprètes comme Stan ROGERS participent à tous les festivals importants. À la fin des années 80, certains gros festivals, en raison de difficultés financières, ajoutent d'autres genres de musique à leur programme afin d'attirer un public plus nombreux et plus varié.

Quelques festivals atteignent une renommée internationale et attirent des artistes et un public venant de partout au Canada, et même des États-Unis et d'Europe. Le plus connu est le Mariposa Folk Festival, fondé en 1961. Il débute modestement à Orillia, en Ontario, mais quand il déménage aux ÎLES DE TORONTO en 1968, il est alors le plus grand festival d'Amérique du Nord. Il attire des artistes comme Joni MITCHELL, Joan Baez, IAN AND SYLVIA Tyson et Gordon LIGHTFOOT. Mariposa, avec ses ateliers et ses multiples scènes, ajoute à ses activités d'autres volets, notamment des expositions d'artisanat et des programmes pour enfants. Cette formule devient un modèle pour les autres festivals.

Le Winnipeg Folk Festival, le plus grand festival de musique folklorique, fait ses débuts en juillet 1974. Il offre une grande variété de musique, de chansons, de danses et de légendes venant de tout le continent. Les auteurs-compositeurs-interprètes urbains sont populaires, mais la musique traditionnelle est encore très présente. Des festivals folkloriques ont lieu en août à Vancouver (depuis 1979) et à Edmonton (depuis 1980). Ils attirent de 10 000 à 20 000 personnes de tout âge et de tous les milieux culturels. Des douzaines d'ateliers sont organisés le jour et les concerts ont lieu le soir.

Dans les Maritimes, de nombreux petits festivals invitent des chanteurs traditionnels plutôt que des chanteurs populaires urbains. D'autres festivals offrent à la fois des spectacles de musique traditionnelle et contemporaine. En Ontario, il existe des dizaines de festivals de taille moyenne parmi lesquels l'Owen Sound Summer Folk Festival en août et le Toronto Festival of Storytelling en février.

Kay F. Stone

Fête des morts Les HURONS célébraient cette fête chaque fois qu'un grand village changeait d'emplacement, soit tous les 10 à 15 ans. On retirait de leurs tombes temporaires les corps de tous ceux qui n'étaient pas décédés de mort violente et on les inhumait dans une fosse profonde, une fosse profonde tapissée de peaux de castor. La cérémonie était l'expression de la grande affection des Hurons pour leurs parents décédés et contribuait fortement à raffermir les alliances entre les bandes et les villages. Selon leur croyance, l'enterrement final libérait les âmes des morts, leur permettant ainsi de voyager vers l'ouest, pour gagner le pays où vivaient Iouskeha et Aataentsic.

James Marsh

Fête du Travail Instituée en l'honneur du mouvement ouvrier, c'est un jour férié légal qu'on célèbre le premier lundi de septembre dans tout le Canada. L'apport du mouvement ouvrier à la société canadienne est reconnu depuis 1872, année où des défilés et des rassemblements se tiennent à Ottawa et à Toronto. Aux États-Unis, les premiers défilés de travailleurs n'ont lieu qu'en 1882. En Europe, depuis 1889, on fait coïncider les festivités du Premier Mai avec les célébrations de la fête du Travail. On célèbre cette fête printanière pendant quelque temps au Canada, mais le besoin ressenti en Amérique du Nord de bénéficier d'une fin de semaine prolongée à la fin de l'été amène le Parlement à proclamer la fête du Travail en 1894.

John Robert Colombo

Fêtes religieuses Parallèlement à leur système de croyances, toutes les grandes religions pratiquées au Canada ont également une manière de marquer le passage du temps et de célébrer les événements sacrés. Deux principales unités de mesure permettent de délimiter les années et leurs subdivisions: le cycle solaire, auquel se rattache la durée des jours, des saisons et des années, et le cycle lunaire, qui sert surtout à définir les mois.

Hindouisme La tradition hindoue comporte une multitude de fêtes, dont les dates sont fixées d'après plusieurs calendriers lunisolaires. La date correcte d'une fête est fixée au moyen de calculs compliqués combinant le cycle de la lune et celui du soleil. La

fête du Nouvel An, ou *Divâlî*, tombe en octobre ou novembre. Krishna, une populaire divinité hindoue, est honoré en février dans l'ambiance de carnaval qui entoure la fête de *Holî*. Le Seigneur Râma est honoré à l'équinoxe de printemps, *Râma Nâvamî*, en mars ou en avril, et les déesses Sarasvatî et Lalitâ sont vénérées en même temps que les ancêtres familiaux à l'équinoxe d'automne, en septembre ou en octobre. En août ou en septembre, deux nativités sont célébrées pendant le mois hindou de *Bhâdrapada*: celles du Seigneur Ganesha et celle du Seigneur Krishna. Une *pûjâ* (service du culte) comportant des mantras (prières) appropriés est offerte à la divinité dont c'est la fête, et elle est agrémentée par des éléments empruntés à la tradition folklorique de l'Inde.

Bouddhisme Les fêtes bouddhistes commémorent le Bouddha historique, les fondateurs de certains mouvements bouddhistes et les enseignements bouddhistes inscrits dans les cycles de la nature. La communauté japonaise du Canada suit l'école bouddhiste du Jôdo-Shinshû. Le système de datation de cette école fixe la naissance du Bouddha au 8 avril, jour célébré sous le nom de *Wesak* ou *Hanamatsuri* (festival des fleurs). Son illumination, sur laquelle repose le fondement de la doctrine bouddhiste, est célébrée le 8 décembre sous le nom de jour du *Bodhi* (l'Éveil). Le 15 février, jour du Nirvana ou du *Parinirvâna*, on célèbre son décès, qui aurait eu lieu au Népal en 486 av. J.-C., d'après la tradition. Le mouvement du Jôdo-Shinshû a été fondé par Shinran Shonin (1173-1262), dont la naissance et la mort sont commémorées par des fêtes, le 21 mai et le 16 janvier respectivement. Aux équinoxes de printemps et d'automne, la plupart des bouddhistes célèbrent le jour de la Dévotion, qui met en valeur l'enseignement de Bouddha sur les six perfections, qui permettent de mener une vie équilibrée à l'image de l'univers au moment de l'équinoxe. Chez les bouddhistes japonais, la plus grande fête est le *O-Bon*, en juillet ou en août. Les fidèles visitent alors les cimetières et accomplissent divers rites pour commémorer les ancêtres de leur famille.

La tradition bouddhiste du Theravâda, répandue chez les ASIATIQUES DU SUD-EST, célèbre deux grandes fêtes. Le *Vaishâkha*, fête de la pleine lune de mai, commémore la naissance, l'illumination et la mort du Bouddha; le *Vas* (carême), période de claustration monastique commençant en juillet, est précédé par une fête et se termine en octobre par une plus grande fête, qui marque la fin du carême. Les bouddhistes de tradition Theravâda célèbrent également le *Dharmachakka*, qui rappelle la proclamation de la doctrine par Bouddha, le jour de la pleine lune en juillet. Le *Dharmavijaya* célèbre le travail missionnaire effectué par l'empereur indien Ashoka, qui a introduit la foi au Sri Lanka.

Sikhisme Les fêtes sikhes s'inscrivent dans le développement historique de la foi et suivent le calendrier lunaire. Elles commémorent notamment la naissance et le martyre des principaux gurus (professeurs): la naissance du guru Nânak (novembre) et celle du guru Govind Singh (décembre ou janvier), le martyre du guru Arjun Dev (mai ou juin) et celui du guru Tegh Bahâdur (décembre). Une grande fête est célébrée le 13 avril en l'honneur de la fondation de la fraternité sikhe du Khâlsâ.

Judaïsme Le cycle annuel des fêtes juives commence par la célébration de la fête de *Pourim*, d'allure carnavalesque, le 14 du mois d'*Adar* (février ou mars). Elle commémore l'histoire biblique d'Esther et son rôle dans la libération de la communauté juive contre l'oppression perse. *Pessah* (Pâque ou fête de la liberté) rappelle la libération des Juifs exilés en Égypte. Elle commence le 15 *Nisan* (mars ou avril) et dure huit jours. Les célébrations comportent surtout des repas rituels à la maison. En mai ou en juin, les 6 et 7 *Sivan*, *Shavououth* (fête des Semaines ou Pentecôte) commémore le don de la Torah à Moïse sur le mont Sinaï. *Roch Hachanah* (Nouvel An) tombe en septembre ou en octobre. Elle se prépare par 10

jours de pénitence et est célébrée pendant deux jours. *Yom Kippour* (Jour du Grand Pardon) est la fête la plus sainte, à l'exception du Shabbat. Elle consiste en une journée de jeûne rigoureux et de prières pénitentielles collectives. Cinq jours plus tard, une antique fête des récoltes est fusionnée à une commémoration des 40 ans passés par les Israélites dans le désert avant leur installation en Palestine: *Soukkoth* (fête des Tabernacles ou des Tentes), célébrée pendant huit jours en septembre ou en octobre. La dernière lecture du cycle des Écritures juives est marquée par la fête de *Simha Torah* (septembre ou octobre), pendant laquelle on exprime la joie donnée par la Révélation manifestée dans la Bible hébraïque.

Hannouka, ou fête des Lumières, célébrée pendant huit jours en décembre, rappelle la lutte pour la liberté menée par les Maccabées en 168 av. J.-C. contre les chefs gréco-syriens, qui dominaient la Palestine. Fête mineure en soi, elle a pris de l'importance en Amérique du Nord parce qu'elle est proche de Noël. La plus grande des fêtes juives est le Shabbat (sabbat ou samedi), le dernier jour de la semaine, qui célèbre le repos du Créateur après ses travaux.

Christianisme Les fêtes de tradition chrétienne suivent deux calendriers: le calendrier julien, établi en 46 av. J.-C. par Jules César, et le calendrier grégorien, calendrier réformé instauré par le pape Grégoire XIII en 1582. Une partie de l'ÉGLISE ORTHODOXE et des Églises catholiques de rite oriental continuent de suivre le calendrier julien, qui a environ 13 jours de retard sur le calendrier grégorien. La fête de Noël, qui tombe le 25 décembre selon le calendrier grégorien, célèbre la naissance de Jésus-Christ. Elle fait suite à une période de préparation de quatre semaines appelée l'avent. L'Épiphanie (6 janvier) rappelle le baptême de Jésus et, pour certains chrétiens, la visite des mages avant la Nativité. Pâques, la plus grande fête du christianisme, comporte une série de rites rappelant les souffrances, la mort et la résurrection du Christ. Sa date est fixée, suivant le calendrier lunaire juif, au premier dimanche après la pleine lune qui suit l'équinoxe de printemps (mars ou avril). Le carême, période de préparation pénitentielle qui dure 40 jours, commence par le mercredi des Cendres et atteint son sommet le dimanche des Rameaux, une semaine avant le dimanche de Pâques.

L'Ascension, célébrée 40 jours après Pâques, est une fête importante, qui rappelle la dernière apparition du Christ sur la terre et, comme son nom l'indique, l'ascension du Christ auprès de Dieu le Père. Le cycle des fêtes pascales se termine par le dimanche de la Pentecôte, 50 jours après Pâques. Selon la tradition, c'est le jour où le Saint-Esprit est descendu sur les disciples et où l'Église a été fondée.

Plusieurs Églises protestantes célèbrent la fête de leur fondateur; p. ex., le dimanche de la Réforme, le plus près possible du 31 octobre, commémore la protestation officielle lancée en 1517 par Martin Luther contre les pratiques et les croyances catholiques.

Islam L'année islamique est lunaire et dure 11 jours de moins que l'année solaire. Les musulmans célèbrent la grande fête du Sacrifice, ou *Id al-Adha*, à la fin du pèlerinage annuel à La Mecque. Cette fête comporte plusieurs rites entourant le sacrifice d'un animal consacré à Mina, près de La Mecque, et elle commémore la fondation de La Mecque et la foi monothéiste d'Abraham et de son fils Ismaël.

La petite fête, *Id al-Fitr* (fête de la rupture du jeûne), termine les 28 jours de jeûne du ramadan, qui est le neuvième mois du calendrier musulman. Elle commence au moment de la nouvelle lune. Les musulmans chi'ites ont une fête additionnelle qui porte le nom du premier mois islamique, le *muharram*, pendant lequel elle est célébrée. Un jeu de la passion rappelle le martyre de Hoseyn, fils d'Ali et petit-fils du prophète Muhammad, mort le 10 *muharram* de l'an 61 de l'hégire (10 octobre 680 apr. J.-C.) dans une bataille contre les califes de Damas. (*Voir aussi* HINDOUISME, BOUDDHISME, SIKHISME, JUDAÏSME, CHRISTIANISME, ISLAM.)

David J. Goa

Fetherling, Douglas, poète, écrivain, rédacteur, érudit et artiste visuel (1er janv. 1949). Fetherling est un homme de lettres réputé et largement publié. Ses livres de poésie paraissent régulièrement depuis la fin des années 60, le plus représentatif étant *Selected Poems* (1994). Ses travaux d'érudition sont divers, passant d'une histoire et d'une critique du cinéma, *The Crowded Darkness* (1988), à un discours culturel sur l'histoire canadienne, *The Rise of the Canadian Newspaper* (1990). Son roman politique, *The File on Arthur Moss* (1995), est d'une importance particulière.

Ses œuvres d'art visuel ont été exposées, entre autres, à Toronto, à Oshawa et à Vancouver.

Parmi ses ouvrages de prose, son autobiographie, *Travels By Night: A Memoir of the Sixties* (1994), a reçu un accueil favorable du public. Il collabore à la rédaction de *Saturday Night*, de *Books in Canada*, de *Canadian Art* et de *The New Brunswick Reader*, et est rédacteur en chef de la série monographique *New Views on Canadian Artists*. Il a été écrivain résidant à l'U. Queen en 1993 et en 1995. Son œuvre est représentée dans 50 anthologies internationales. En 1995, le prix du festival Harbourfront lui a été décerné pour souligner son apport considérable à la littérature canadienne.

T. Virginia Gillese

Feux Follets, Les Cette compagnie fait ses débuts comme ensemble folklorique amateur dans les années 50 et devient une compagnie professionnelle en 1964. Son répertoire, sur l'insistance de son directeur-fondateur, Michel Cartier, s'inspire des coutumes des autochtones du pays et des événements historiques. En 1972, sous la direction artistique d'Alan LUND, la troupe s'associe au FESTIVAL D'ÉTÉ DE CHARLOTTETOWN. Les Feux Follets, dont le nom signifie «feu qui danse» ou «lucioles», sont renommés pour leurs costumes somptueux, leurs décors et leurs effets spéciaux. La compagnie n'a présenté aucun spectacle public depuis 1975.

Carol Bishop

Fève ou féverole (*vicia faba* ou *faba vulgaris*) fait partie de la famille des légumineuses, bien que le fruit ne soit pas formellement une fève mais une VESCE FOURRAGÈRE. Elle est originaire d'Eurasie et des preuves archéologiques démontrent qu'elle était connue par plusieurs anciennes civilisations occidentales. La fève possède une forte teneur en protéines (25 p. 100) et elle a joué un rôle significatif dans l'histoire de l'alimentation humaine en étant employée verte, immature (comme légume vert en cosse) ou séchée et mise en réserve. Plante de saison froide, la fève résiste mal aux étés chauds et arides. Le PUCERON noir est l'organisme qui lui est le plus nuisible. La hauteur de la plante varie entre 59 et 118 cm parmi la demi-douzaine de cultivars existants (variétés commerciales). Les feuilles de cette plante sont pennées (c.-à-d. en forme de plumes) et noircissent avec l'âge. Les fleurs sont blanches avec des ailes ornées d'un grand point noir.

Le principal cultivar est la fève de Windsor, d'origine anglaise. Des sélections génétiques ont été accomplies afin d'améliorer la taille des plants et leur résistance à la chaleur. Les semences se font au printemps (à la mi-mai), puis la fève parvient à maturité en 65 à 68 jours, selon son emplacement et le cultivar. La fève, destinée à la consommation humaine, peut être produite dans pratiquement toutes les régions cultivables du Canada. La production commerciale a commencé au Canada en 1972; en 1980, 23 000 ha étaient déjà cultivés, mais la superficie consacrée à cette culture a connu un déclin considérable en 1987 en se retrouvant à 10 900 ha à cause des restrictions imposées par le marché de l'exportation. La féverole est cultivée comme fourrage et comme légume; l'intérêt envers les variétés à plus petites graines comme source d'huile végétale est

croissant. La recherche sur cette culture (*voir* CULTURES, RECHERCHE SUR LES) se fait surtout à Morden, au Manitoba, et à Lethbridge, en Alberta. (*Voir aussi* PLANTES OLÉAGINEUSES.)

I.L. Nonnecke

Fialkowska, Janina, pianiste (Montréal, 7 mai 1951). Après des études à Montréal, elle travaille d'abord à Paris avec Yvonne Lefébure en 1968 et se rend ensuite à New York, où elle poursuit ses études jusqu'en 1976 à la Juilliard School auprès de Sascha Gorodnitzki, dont elle devient l'assistante de 1979 à 1984.

Finaliste au CONCOURS INTERNATIONAL DE MONTRÉAL de 1971, Fialkowska se classe troisième à la première édition du Concours international de piano Arthur-Rubinstein, en 1974, et devient la protégée du maître. À l'époque, Rubinstein déclare dans *Le Figaro* que l'un des jurés avait pleuré d'émotion en écoutant la *Sonate* de Liszt, jouée à merveille par une Canadienne de 23 ans: Janina Fialkowska. Reconnue comme l'une des grandes interprètes de Liszt, en 1990, elle se voit confier, avec l'Orchestre symphonique de Chicago, la création mondiale de son *Concerto pour piano en mi bémol*, œuvre nouvellement découverte. Elle excelle aussi dans le répertoire de Chopin et a exécuté des concertos de Mozart, de Prokofiev et de Rachmaninov avec les plus grands orchestres du monde. D'une puissance et d'une technique prodigieuses, cette pianiste manifeste un rare sens poétique servi par un timbre chaleureux.

Claire Versailles

Fiddlehead, The REVUE LITTÉRAIRE fondée en 1945 par A.G. BAILEY, à Fredericton (Nouveau-Brunswick), en tant qu'organe maison ronéotypé de la *Bliss Carmen Poetry Society*. Parmi les collaborateurs de la revue durant ses premières années figurent les poètes Bailey, Elizabeth Brewster, Fred Cogswell, Frances Firth, Donald Gammon (le premier rédacteur en chef), Robert Gibbs, Desmond Pacey, Robert Richards et A. Robert Rogers. Au départ, le magazine reflète fortement les techniques poétiques de T.S. Eliot et de W.B. Yeats et le désir de ces maîtres d'unir le présent au passé traditionnel à l'aide de symboles et de mythes.

En 1952, voulant combler un manque parmi les publications canadiennes, *The Fiddlehead* se mue en une revue internationale de poésie et paraît en format imprimé. De 1952 à 1966, sous la direction de Cogswell, la revue devient trimestrielle, comprend une section de critiques de livres, publie de la prose de fiction et acquiert une réputation d'éclectisme. En 1967, elle devient officiellement la propriété de l'U. du Nouveau-Brunswick. Des personnes attachées à l'université se partagent les tâches de rédaction et de gestion. La revue, qui a été un mensuel pendant un court laps de temps, reprend son rythme trimestriel, mais en un format plus grand et amélioré.

Fred Cogswell

Fidler, Peter, commerçant de fourrures, cartographe et explorateur (Bolsover, Angl., 16 août 1769—Fort Dauphin, Man., 17 déc. 1822). Longtemps resté dans l'ombre de son contemporain, David THOMPSON, on a finalement reconnu sa contribution à la cartographie de l'Ouest canadien. Fidler entre à la COMPAGNIE DE LA BAIE D'HUDSON comme ouvrier en 1788 et est nommé arpenteur en chef et cartographe en 1796. Son travail le mène au lac Athabasca et au Grand lac des Esclaves (1790-1792), dans les contreforts des Rocheuses (1792-1793), dans le nord du Manitoba (1793-1795) et à la rivière Assiniboine (1795-1796). Après trois ans de traite à YORK FACTORY et sur la rivière Saskatchewan, il est envoyé pour mener la concurrence faite à la COMPAGNIE DU NORD-OUEST sur la rivière Beaver (1799-1800), la rivière Saskatchewan Sud (1800-1802) et au lac Athabasca (1802-1806). Après deux années de levés cartographiques dans la région du lac Winnipeg et du LAC REINDEER, il connaît trois années difficiles de rivalité avec la Compagnie du Nord-Ouest sur la rivière Churchill. De retour d'un

congé en Angleterre, il travaille pour la Compagnie de la baie d'Hudson dans la région de la rivière Rouge jusqu'à sa mort. Sa dernière tâche en tant qu'arpenteur a été de dresser les plans des lots riverains de la COLONIE DE LA RIVIÈRE-ROUGE.

John S. Nicks

Fiducie Elle tire ses origines du Moyen Âge dans la notion du *use*. Les biens étaient alors concédés à une personne *to the use of* ou au profit d'une autre. Par cette institution, le propriétaire foncier pouvait prendre des dispositions pour assurer la jouissance successive de son bien-fonds et éviter ainsi l'interdiction, valable jusqu'au XVIe siècle, de la transmission testamentaire des biens réels. Le *use* était également utilisé pour ne pas payer certaines redevances féodales telles que celles versées relativement à la tutelle, au mariage et à l'entraide. Il s'agissait d'un des premiers mécanismes de planification fiscale. Puisque la Couronne devenait le lord féodal à qui les redevances étaient ultimement payables, Henri VIII a persuadé le Parlement en 1535 d'adopter la loi intitulée *Statute of Uses*, dont l'objet était d'abolir le *use*. Les tribunaux ont toutefois décidé que cette loi ne mettait fin qu'au *use* de biens réels, dès lors que le fiduciaire n'avait aucune obligation positive, et ne visait pas les *uses* de biens personnels. Les *uses* qui n'étaient pas abolis par la loi sont devenus les «fiducies» et constituent le fondement du droit moderne des fiducies. Le droit des fiducies concrétise de façon unique la séparation historique des juridictions de *common law* et d'*equity*. Il n'existe aucune notion directement comparable dans le système civiliste du Québec, mais le droit civil connaît bien l'idée qui veut qu'une personne puisse être débitrice d'obligations fiduciaires.

La fiducie a surtout été utilisée pour administrer les fortunes personnelles. P. ex., un testateur peut, par voie testamentaire, créer une fiducie englobant tous ses biens, aux termes de laquelle il donne à titre viager tout le revenu à son conjoint survivant, le capital devant être réparti entre les enfants en parts égales au décès du conjoint survivant. Le testament peut également accorder le pouvoir d'entamer le capital si le revenu se révèle insuffisant pour l'entretien du conjoint. À des époques reculées, la plupart des fiducies étaient administrées par des amis de la famille ou par des avocats. Aujourd'hui, lorsque le bien placé en fiducie est important, un fiduciaire doté de la personnalité morale, une SOCIÉTÉ DE FIDUCIE, sera souvent choisi pour en assurer l'administration. Il est également possible de choisir un ou plusieurs particuliers comme fiduciaires, avec une société de fiducie. En outre, on utilise maintenant la fiducie dans plusieurs domaines du commerce et de la vie commerciale comme mécanisme de sûreté, pour détenir des fonds avant la constitution d'une société et administrer d'importants fonds de pension.

La fiducie est une obligation en *equity* qui oblige une personne, appelée le fiduciaire, à détenir ou à gérer des biens dont il a le contrôle au profit d'autres personnes appelées les bénéficiaires. Le créateur de la fiducie est le constituant. Le constituant peut faire partie du groupe des bénéficiaires et n'importe lequel des bénéficiaires peut voir à l'exécution des obligations en *equity* imposées au fiduciaire.

Les fiducies peuvent être classées suivant leur mode de création. Le type le plus important est la fiducie expresse qui naît de l'intention clairement exprimée du constituant de créer une fiducie. Elle peut être créée entre vifs (elle est créée par une personne vivante) ou par testament (elle est créée par le testament d'un défunt). Toutes les fiducies testamentaires doivent répondre aux formalités que prévoit la *Loi sur les testaments*; elles doivent par conséquent être constatées par un écrit. La plupart des fiducies expresses entre vifs sont elles aussi constatées par un écrit, mais une fiducie entre vifs touchant des biens personnels peut être créée oralement. S'il s'agit de bien-fonds toutefois, un document écrit est nécessaire.

À l'autre extrémité de la classification se trouve la fiducie par interprétation. Elle est imposée judiciairement, indépendamment de l'intention de quiconque, en tant que recours permettant généralement d'empêcher l'enrichissement sans cause qui se produirait si la conservation du bien était autorisée. P. ex., dans l'affaire Pettkus c. Becker, arrêt rendu en 1980 par la Cour suprême du Canada, une conjointe de fait a obtenu la moitié de l'intérêt dans les biens dont son mari était le propriétaire en *common law* en raison de sa contribution à l'acquisition et à l'entretien des biens. Selon la Cour, il eût été injuste de permettre au conjoint de fait de conserver tout l'intérêt foncier après avoir bénéficié des efforts de sa conjointe à l'amélioration des terres au cours de leurs 19 années de cohabitation.

La validité d'une fiducie expresse repose sur ce qu'on appelle les «trois certitudes»: la certitude quant à l'intention, la certitude quant aux biens placés en fiducie et la certitude quant aux bénéficiaires de la fiducie. En cas de contestation portant sur la validité d'une fiducie expresse, le tribunal doit être convaincu que le constituant entendait créer une fiducie. En outre, doivent être remplies des conditions de certitude quant aux biens placés en fiducie et de certitude quant aux bénéficiaires de la fiducie. Une fiducie est dite entièrement constituée lorsque les trois certitudes existent et que les biens ont été transférés au fiduciaire. Une fiducie peut également naître par suite de la déclaration du propriétaire se constituant lui-même fiduciaire de biens donnés en faveur de bénéficiaires en particulier. Dans ce cas, le constituant est également le fiduciaire, et il n'est pas nécessaire que le bien soit transféré pour que la fiducie soit entièrement constituée. Une telle fiducie est irrévocable en ce sens que le constituant ne peut reprendre possession des biens placés en fiducie, sauf s'il s'est réservé un pouvoir de révocation dans l'acte portant constitution de la fiducie.

Le fiduciaire est tenu de rendre compte aux bénéficiaires de la gestion des biens de la fiducie. Par ailleurs, il ne peut permettre que ses intérêts personnels entrent en conflit avec ses obligations envers les bénéficiaires. Par conséquent, il ne peut acheter les biens de la fiducie ni vendre ou louer ses propres biens à la fiducie. Il ne peut obtenir un avantage personnel des opérations qu'il effectue avec les biens de la fiducie. Une règle établie au XVIIe siècle interdisait au fiduciaire d'être rémunéré pour ses services. Cependant, la fiducie peut prévoir expressément la rémunération du fiduciaire; à défaut, la *Loi sur les fiduciaires* de toutes les provinces et des territoires de *common law* confère aujourd'hui aux tribunaux le pouvoir de lui accorder une rémunération «juste et raisonnable».

Un autre devoir important du fiduciaire est d'agir avec impartialité envers les bénéficiaires. Ce devoir est particulièrement important lorsque les revenus de la fiducie sont destinés à certains bénéficiaires, alors que le capital est destiné à d'autres. L'impartialité lui commande donc de choisir des placements convenables. Sauf disposition contraire de l'acte constitutif de la fiducie, de nombreuses provinces limitent à une «liste de placements autorisés» les placements que peut faire le fiduciaire. Cette liste privilégie les valeurs mobilières à intérêt fixe et la conservation du patrimoine quant à sa valeur nominale en dollar. L'inflation galopante des années 70 et des années 80 a permis de constater que les bénéficiaires peuvent ne pas être protégés par des règles rigides. En conséquence, un certain nombre de provinces et les deux territoires ont aboli la liste des placements autorisés et permettent maintenant aux fiduciaires de faire toutes sortes de placements à l'instar de ceux que ferait une personne prudente.

Les fiducies servent également à créer la plupart des intérêts fonciers futurs, ce qui fait naître un dilemme pour le droit: celui de déterminer l'équilibre entre les droits des générations actuelles et ceux des générations futures. Pour combien de temps faut-il permettre aux propriétaires actuels de rendre des biens inaliénables par la création d'intérêts futurs si pareille permission signifie que les biens seront à ce point grevés que les générations suivantes ne seront pas en mesure d'en disposer à leur guise? Le compromis établi par les tribunaux et modifié par bon nombre de provinces a pris la forme d'une règle appelée «règle interdisant les dévolutions à titre perpétuel», laquelle rend nuls tous intérêts futurs non dévolus pendant la vie d'une ou de plusieurs personnes vivantes, pendant plus 21 ans.

Gordon Bale

Fielding, William Stevens, journaliste, politicien et premier ministre de la Nouvelle-Écosse (Halifax, 24 nov. 1848—Ottawa, 23 juin 1929). De simple commis, Fielding devient rédacteur en chef du *Morning Chronicle* de Halifax en 1874 et conserve ce poste jusqu'à ce qu'il soit élu premier ministre, en 1884. Préoccupé par la situation économique précaire de la province et le refus du fédéral de lui venir en aide, il conduit son Parti libéral à la victoire en 1886, après avoir promis le retrait de la Nouvelle-Écosse de la Confédération. Il ne parvient pas à tenir sa promesse et tente alors de rétablir l'économie de la province en développant ses ressources en charbon.

En 1896, il démissionne de son poste de premier ministre provincial pour occuper les fonctions de ministre des Finances et de Receveur général, sous le gouvernement fédéral de LAURIER. Exception faite du tarif réduit sur les produits britanniques (appelé le tarif de Fielding ou le tarif préférentiel impérial), Fielding poursuit la politique des tarifs élevés de ses prédécesseurs conservateurs. En 1910, il négocie une entente de réciprocité avec les États-Unis, mais le Parlement s'y oppose et des élections sont déclenchées en septembre 1911. Fielding et son parti sont défaits et il accepte le poste de rédacteur en chef au *Daily Telegraph* de Montréal.

Il est pressenti comme successeur de Laurier, mais son appui à la CONSCRIPTION lui fait perdre la direction de son parti en 1919, et Mackenzie KING l'emporte par 38 votes au troisième tour de scrutin. Une fois King au pouvoir, en 1921, Fielding reprend son poste de ministre des Finances qu'il occupera pendant quatre ans.

Carman Miller

Fields, John Charles, mathématicien (Hamilton, 14 mai 1863—Toronto, 9 août 1932). Formé à l'U. de Toronto (B.A., 1884) et à l'U. Johns Hopkins (Ph.D., 1887), Fields enseigne les mathématiques pendant quatre ans en Pennsylvanie avant de poursuivre ses études à Paris, à Göttingen et à Berlin. À son retour à Toronto (1902), il est engagé comme chargé de cours par le département de mathématiques de l'U. de Toronto. Il y devient professeur distingué de mathématiques en 1923. Fields milite ardemment en faveur du soutien de la recherche scientifique par l'État et le milieu des affaires, notamment auprès de l'Association des manufacturiers canadiens et des chambres de commerce. Il participe activement à la création de l'École d'études supérieures de l'U. de Toronto et d'ORTECH INTERNATIONAL. Il joue un rôle important dans l'organisation de la première réunion, après la Première Guerre mondiale, du Congrès international des mathématiciens (1924) qu'il préside. Grâce aux surplus générés par cette manifestation, il tente de fonder un prix de mathématiques qui serait remis lors des réunions du congrès, tous les quatre ans. Ces efforts aboutissent à la Fields Medal, baptisée en son honneur et attribuée pour la première fois en 1932. Fields est Membre de la Société royale du Canada (1909), de la Royal Society de Londres (1913) et membre honoraire de presque toutes les sociétés mathématiques du monde, y compris de l'Académie des sciences de l'URSS. Il est président du Royal Canadian Institute de 1919 à 1925.

Margaret E. McCallum

Fife, David, fermier et sélectionneur de blé (Kincardine, Écosse, 1805—près de Peterborough, Ont., 9 janv. 1877). En 1820, Fife immigre à Otonabee, dans le Haut-Canada, avec ses parents. En 1842, il sème des graines de BLÉ obtenues d'un ami en Écosse, qui les a fait venir de Danzig (Gdansk, en Pologne). Toutes les plantes périssent durant l'hiver sauf une, mangée en grande partie par une vache. Les semences qui restent, identifiées plus tard comme étant originaires de la Galicie, produisent des plantes plus résistantes à la rouille, de meilleure qualité et de meilleur rendement, et qui donnent une farine de qualité supérieure à celle des variétés antérieures. D'abord distribuée localement, la souche est largement utilisée après 1848; elle devient la première en Ontario en 1851, remplaçant dès 1860 toutes les autres. La souche, finalement appelée Red Fife, est aussi en vogue aux États-Unis et elle est introduite au Manitoba vers 1870, où elle surpasse les autres variétés de 1882 à 1909. La Red Fife sert de parent mâle à la souche Marquis (*voir* BLÉ MARQUIS), qui résiste mieux au gel et est même moins sensible à la rouille, ce qui permet au Manitoba d'étendre la culture du blé plus loin vers l'ouest et vers le nord.

Martin K. McNicholl

Filiatrault, Denise, comédienne et réalisatrice (Montréal, 16 mai 1931). D'abord artiste de cabaret rompue aux pratiques du music-hall, elle atteint dans les années 60 un statut de vedette de la télévision, surtout grâce au tandem qu'elle forme avec Dominique MICHEL dans *Moi et l'autre* (1967-71) et dans de nombreux *Bye Bye*. Elle poursuit son succès dans *Chez Denise* (1978-1982), *Le 101, avenue des Pins* (1984-85) et *Denise… aujourd'hui* (1990-91). Parallèlement à cette carrière télévisuelle, elle joue à la scène, dans Michel TREMBLAY notamment, et au cinéma. Elle s'avère à l'aise à la fois dans des rôles comiques et dans des rôles dramatiques. On la remarque dans le film d'André Brassard tiré de Tremblay, *Il était une fois dans l'Est* (1973), dans celui de Denys ARCAND, *Gina* (1975), dans quelques coproductions franco-canadiennes et particulièrement chez Gilles CARLE (*La Mort d'un bûcheron*, 1973, *Fantastica*, 1980 et surtout *Les Plouffe*, 1981, où elle interprète une Cécile Plouffe tourmentée). Elle prend une pause cinématographique et on ne la retrouve qu'à l'occasion. C'est à cette époque qu'elle confirme son intérêt pour l'écriture et la mise en scène de théâtre où elle assure le succès de comédies estivales. Elle décide alors de faire le saut vers la réalisation cinématographique en adaptant un roman de Tremblay. *C't'à ton tour Laura Cadieux* (1998) présente un univers de femmes obèses en mal d'affection et d'amitié. Filiatrault a recours à une mise en scène simple et efficace qui donne toute la place aux comédiennes. Cette comédie dramatique connaît un tel succès que la cinéaste tourne immédiatement *Laura Cadieux… la suite* (1999) dans lequel elle développe davantage l'univers de ses personnages. Que ce soit à la télévision ou au cinéma, Filiatrault fait de l'acteur le pivot de son œuvre, table sur l'efficacité d'une mise en scène limpide et utilise tous les ressorts de la comédie de situation.

Pierre Véronneau

Filion, Gérard, éditeur de journal (L'Isle-Verte, Qc, 18 août 1909). Après ses études à l'U. Laval et à l'École des hautes études commerciales à Montréal, il devient éditeur de *Terre de chez nous* en 1935, puis secrétaire général de l'Union des cultivateurs catholiques, qui est propriétaire de cette revue. En qualité d'éditeur du *Devoir*, le quotidien indépendant le plus réputé du Canada français, de 1947 à 1963, Filion réussit, grâce à son équipe éditoriale dirigée par son ami intime André LAURENDEAU, à faire de son journal le critique le plus énergique du gouvernement québécois de l'Union nationale pendant les années 50. Prônant vigoureusement la modernisation de la société québécoise sur tous les plans, il contribue à redéfinir le NATIONALISME CANADIEN-FRANÇAIS en réclamant la création d'un État québécois militant et interventionniste qui aiderait la nouvelle bourgeoisie canadienne-française à prendre les commandes de l'économie québécoise au moyen d'une série de sociétés d'État. Pendant les années 60, Filion, alors membre de la Commission royale d'enquête sur l'enseignement au Québec, lutte pour la modernisation et la laïcisation de l'éducation; il a également été vice-président et directeur général de la Société générale de financement et a dirigé plusieurs entreprises d'État du Québec.

M. D. Behiels

Filion, Hervé, entraîneur et conducteur de courses sous harnais (Angers, Qc, 1 févr. 1940). Filion est le sixième d'une famille de conducteurs de chevaux et participe à sa première course à l'âge de 12 ans. Dynamique, compétent et s'y connaissant en matière de chevaux, il figure, à peine âgé de 17 ans, parmi les meilleurs conducteurs à la piste Connaught d'Aylmer. Il ne tarde pas à devenir une idole dans les pistes de course du Québec, de l'Ontario et du nord de l'État de New York. À 10 reprises, entre 1968 et 1978, il est le meilleur conducteur en Amérique du Nord. Ayant remporté plus de 1,5 fois le nombre de victoires de son plus proche compétiteur, il a amassé plus de bourses que tout autre conducteur. Il est membre du Temple de la renommée de courses sous harnais des États-Unis ainsi que du Temple de la renommée des sports et de la course de chevaux du Canada. Il a été nommé l'athlète francophone du monde et a remporté le TROPHÉE LOU MARSH décerné à la personnalité sportive canadienne.

Margaret Neal

Filles du roi Femmes en âge de se marier dont le roi favorise la migration en Nouvelle-France de 1663 à 1673. Comme les intérêts privés favorisent la migration d'engagés mâles, le gouvernement français et les communautés religieuses tentent de corriger la disproportion entre les sexes dans les colonies. Au Canada, même si les premières femmes commencent à arriver dans les années 1630, seules les quelque 800 qui débarquent au cours des 11 premières années du gouvernement royal sont appelées «filles du roi». Pourvues d'un trousseau et, dans certains cas, d'une petite dot, presque toutes se marient rapidement. Certaines sont des mendiantes et des orphelines de Paris, d'autres sont recrutées dans les régions de La Rochelle et de Rouen. Selon les rapports des administrateurs, bon nombre d'entre elles étaient mal préparées aux difficultés de la vie paysanne canadienne.

Tom Wien

Film documentaire (*voir* CINÉMA DOCUMENTAIRE)

Filmon, Gary Albert, ingénieur, homme d'affaires et premier ministre du Manitoba (Winnipeg, Man., 24 août 1942). Diplômé de l'U. du Manitoba (B.Sc. 1964, M.Sc. 1967), Filmon travaille comme ingénieur concepteur à l'Underwood McLellan & Assoc., à Winnipeg, de 1964 à 1969. Il est vice-président et président du Success Business College de Winnipeg, de 1969 à 1980. Après avoir siégé au conseil municipal de Winnipeg, de 1975 à 1979, il est élu député conservateur à l'Assemblée législative du Manitoba, en 1979, et il a toujours été réélu depuis. Membre du Cabinet en janvier 1981, il est ministre de la Consommation et des Affaires commerciales, et ministre de l'Environnement, avec des responsabilités supplémentaires, jusqu'à ce que le gouvernement perde le pouvoir en novembre.

En 1983, Filmon succède à Sterling LYON comme chef du Parti conservateur et, le 9 mai 1988, il forme un gouvernement minoritaire après avoir défait les néo-démocrates sortants.

Avec seulement 25 sièges sur 57 à l'Assemblée législative, Filmon est confronté à la difficile question de la ratification de l'ACCORD DU LAC MEECH qu'il hérite de son prédécesseur néo-démocrate, Howard PAWLEY. Les Libéraux s'opposent fermement à cet accord et Filmon suspend la première tentative de ratification, en décembre 1988, pour faire obstruction à la clause dérogatoire dite «nonobstant» (ou «indépendamment») invoquée par le gouver-

nement du Québec pour outrepasser le jugement de la Cour suprême qui rejetait sa loi linguistique, très controversée. En juin 1990, après une rencontre de dernière minute entre les premiers ministres, à la veille de la date de ratification, l'adoption de l'accord est contrecarrée par l'intervention de Elijah HARPER, député autochtone néo-démocrate, qui refuse de signer cet accord, alors que l'unanimité est requise. Filmon refuse de contourner les règlements qui lui auraient permis d'éviter ce blocus.

Il est réélu avec une mince majorité en septembre 1990 et il s'engage rapidement dans un programme d'austérité, augmentant les impôts et réduisant les emplois et les services gouvernementaux. Lors d'une seconde série de négociations constitutionnelles, il défend avec détermination un SÉNAT suivant la formule «des trois e» (égal, élu, efficace). Filmon est considéré comme un modérateur au cours de ces négociations et son rôle de pacificateur est déterminant dans l'obtention d'un consensus à l'ACCORD DE CHARLOTTETOWN. Cet accord est toutefois rejeté dans sa propre province à l'issue du référendum de 1992. Les succès qu'il remporte en matière de contrôle des dépenses le conduisent à un gouvernement majoritaire lors des élections générales tenues en avril 1995 et sept. 1999.

Films, distribution de Consiste à commercialiser les films et est un lien nécessaire, bien que contesté, entre la production et la diffusion. Parmi les trois secteurs que sont la production, la distribution et la diffusion, la distribution est celui dont les profits sont les plus prévisibles, tout au moins en ce qui concerne les grands conglomérats multinationaux qui dominent l'industrie à l'échelle mondiale. Depuis le début des années 20, le secteur canadien de la distribution est submergé par ces multinationales. Bien qu'il existe quelque 80 entreprises canadiennes de distribution, 8 d'entre elles (toutes des filiales de multinationales hollywoodiennes et membres de la Motion Picture Export Association of America) reçoivent environ 80 p. 100 des recettes de location. Le Canada constitue le principal marché d'exportation des États-Unis. Cependant, la majorité de ces revenus ne restent pas au Canada, ce qui a des répercussions importantes sur la viabilité du secteur canadien de la distribution (peu d'entreprises canadiennes sont rentables) et sur la production canadienne. Dans la plupart des pays, les entreprises de distribution représentent une source de financement privilégiée pour de nouvelles productions. Cette situation s'explique par les liens étroits établis entre la distribution et la production au début de l'industrie cinématographique.

Des trois secteurs de l'industrie cinématographique, la distribution a été la dernière à prendre son essor, mais elle y a pris une place de plus en plus importante. Au début des années 20, les principaux distributeurs américains financés à Wall Street acquièrent à la fois les entreprises de production et les chaînes de salles de cinéma, créant ainsi des associations d'intérêts à intégration verticale. Cela permet à huit grandes compagnies ou «majors» de dominer l'industrie cinématographique, d'abord aux États-Unis, puis au niveau international. Même si après la Seconde Guerre mondiale les premières associations d'intérêts à intégration verticale sont démantelées à la suite de l'adoption aux États-Unis de la loi antitrust, les principes directeurs restent les mêmes. Les *majors* continuent de contrôler et de financer la plus grande partie de la production hollywoodienne. Les petites compagnies comme Alliance, Norstar, Cinépix et Astral Communications ont tendance à s'inspirer du modèle à intégration verticale, souvent en finançant des productions télévisées ou en commercialisant leurs films par la voie des canaux de télévision spécialisés. Leur part de marché des revenus générés par la distribution en salle reste toutefois mince.

Ces deux types de fonctionnement successifs (d'abord l'intégration verticale, puis la production

contrôlée par les distributeurs) ont eu de graves conséquences sur la viabilité de l'industrie canadienne du film depuis le début des années 20. À l'époque, les *majors* hollywoodiens s'assurent un contrôle direct ou indirect sur l'industrie du film. Ils signent des contrats draconiens avec Famous Players et, depuis les années 40, avec Odeon (aujourd'hui CINEPLEX ODEON CORPORATION), et s'assurent ainsi en permanence la diffusion de films hollywoodiens dans les salles de cinéma canadiennes.

Les distributeurs canadiens indépendants, qui n'ont pas vraiment accès aux salles de Famous Players et d'Odeon ni aux films hollywoodiens importants, ont toujours mis l'accent sur la commercialisation de films indépendants, de films à petits budgets et de films d'art et essai. Ils sont aussi les principaux distributeurs de films canadiens. Depuis la fin des années 70, les *majors* ont étendu leurs activités afin d'y inclure les films indépendants (rarement des films canadiens), ce qui a fortement ébranlé la viabilité économique des distributeurs canadiens, tout en continuant de n'accorder aux films canadiens qu'un accès restreint. Par conséquent, rares sont les compagnies de distribution canadiennes qui survivent plus que quelques années. Celles qui font exception, comme Astral Bellevue-Pathé et Cineplex Odeon, suivent le modèle d'intégration verticale et le récent relâchement des lois antitrust américaines pourrait entraîner l'ensemble de l'industrie dans cette voie (l'achat massif d'actions de Cineplex Odeon par les Américains ne risque pas de freiner cette tendance).

En 1987, le gouvernement fédéral tente de remédier au problème. Il est proposé de permettre aux *majors* hollywoodiens de distribuer au Canada les films pour lesquels ils détiennent les droits mondiaux ou pour lesquels ils ont participé à la production. Quant aux compagnies canadiennes, elles pourraient faire des offres pour les droits de distribution des films indépendants. Ces propositions se heurtent à une forte opposition de la Motion Picture Export Association of America et engendrent de fortes pressions sur les gouvernements américain et canadien. Lorsque la *Loi sur l'importation des produits cinématographiques* est présentée, en juin 1988, la proposition originale est grandement «diluée» et, au cours des négociations qui suivent sur le libre-échange, le gouvernement fédéral semble même avoir oublié le peu qui en restait. Il est clair qu'avec l'Accord de libre-échange nord-américain, toute proposition similaire serait rejetée et que le secteur canadien de la distribution continuera de se voir refuser l'accès à des capitaux suffisants pour financer de nouvelles productions de longs métrages.

Peter Morris

Fils de la Liberté Association de 700 à 800 jeunes gens, fondée à Montréal le 5 septembre 1837 (*voir* PATRIOTES). Inspirés par les idéaux de la Révolution américaine, les Fils de la Liberté publient, le 4 octobre, un manifeste où ils affirment le droit pour un peuple de choisir son gouvernement et le droit à l'indépendance pour une colonie. André Ouimet dirige la section civile et politique de ce regroupement, tandis que Thomas Storrow Brown s'occupe de la section militaire. Le 6 novembre, les Fils de la Liberté et les membres du DORIC CLUB s'affrontent dans une violente bagarre à Montréal. L'éclatement des rébellions de 1837 met fin à l'association.

Fernande Roy

Financement des arts, du patrimoine et des industries culturelles Au Canada, les organismes à but non lucratif consacrés aux arts et au patrimoine ont trois sources principales de financement. La première comprend les recettes de la vente de billets ou des entrées, des concessions, de la location d'installations, des cartes de membre, de la vente ou de la location d'œuvres, des boutiques de cadeaux et d'autres activités. La deuxième vient des divers ordres de gouvernement et la troisième, issue du secteur privé, comprend individus, entreprises et fondations. Ces organismes culturels – compagnies d'arts de la scène, festivals, organisations d'activités artistiques pour les médias, musées et galeries d'art – dépendent aussi beaucoup du travail de leurs bénévoles pour leur conseil d'administration, leurs comités de collectes de fonds, leurs équipes chargées de l'organisation des événements, ainsi que leurs programmes d'éducation et de développement. Nombre d'entre eux sont enregistrés comme organismes de charité et sont donc autorisés à remettre des reçus aux fins de l'impôt pour les dons.

Les industries culturelles (enregistrement sonore, édition de livres, publication de revues, radiodiffusion, cinéma et télévision) reçoivent aussi du financement de sources diverses. La vente de produits et de services est une pratique commune, à laquelle s'ajoutent les revenus particuliers de telle ou telle industrie, sous forme d'octroi de licences et de distribution, de publicité, de vente de droits, d'investissements exigés des compagnies de câble et des radiodiffuseurs, de subventions et de prêts du gouvernement, du soutien indirect du gouvernement par des mesures d'exemption fiscale ou d'investissement.

Les organismes voués aux arts et au patrimoine tout autant que les industries culturelles reçoivent du financement direct du gouvernement, habituellement sous forme de subventions ou de contributions (et parfois, dans le cas des industries culturelles, de prêts ou de garanties d'emprunt). Mais au-delà du financement direct, ces secteurs sont touchés différemment par l'action et les politiques gouvernementales. Dans le cas des organismes voués aux arts et au patrimoine, les mesures fiscales relatives aux dons de bienfaisance sont de la plus haute importance. Quant aux industries culturelles, qui opèrent dans un environnement industriel ou d'affaires, elles tirent souvent profit d'avantages fiscaux à titre d'incitatifs aux investissements. Les règlements gouvernementaux en matière de propriété, de contrôle et de contenu canadiens, et en matière d'investissements étrangers, sont aussi très importants pour elles.

Appui du gouvernement

Depuis aussi loin que la Confédération, les gouvernements canadiens consacrent des fonds publics à la culture. Cela fait plus de 100 ans que les galeries d'art et les musées, souvent créés par des bienfaiteurs privés, reçoivent l'appui d'un ordre ou l'autre de gouvernement. Le MUSÉE DES BEAUX-ARTS DU CANADA a été fondée en 1880 et les ARCHIVES NATIONALES DU CANADA, en 1912.

Par contre, les activités des orchestres et des compagnies de théâtre d'avant la Première Guerre mondiale se sont poursuivies grâce à leurs propres recettes et à des dons privés. Il existait des orchestres, amateurs pour la plupart, à Montréal, à Halifax et à Hamilton avant le tournant du siècle et la création de la Société symphonique de Québec (aujourd'hui l'ORCHESTRE SYMPHONIQUE DE QUÉBEC) remonte à 1903. Les Manitobains avaient des troupes de théâtre avant la création de la province et le Cercle Molière a commencé à présenter des pièces en langue française à Saint-Boniface en 1925. À Toronto, un ensemble de musiciens semi-professionnels a commencé à donner des concerts en 1908, grâce à l'aide financière d'un groupe de gens d'affaires.

Mais le manque de salles de théâtre et de concert appropriées a nui au développement de groupes d'interprètes professionnels. Il suffisait souvent qu'un mécène fasse don d'un édifice à la communauté pour que son geste stimule des entreprises professionnelles, comme cela a été le cas avec le MASSEY HALL de Toronto.

Le financement gouvernemental est devenu de plus en plus important après la Seconde Guerre mondiale. En 1948, la Saskatchewan est la première administration publique en Amérique du Nord à mettre sur pied un conseil des arts autonome, le Saskatchewan Arts Board. Au fédéral, le CONSEIL DES

ARTS DU CANADA est créé en 1957. Le Québec forme son ministère des Affaires culturelles en 1961. Dans les années qui suivent, plusieurs gouvernements confient les dépenses culturelles, jusque-là dispersées, à un seul ministère responsable de la culture. Coordonnée pendant des années par le Secrétariat d'État, l'aide fédérale passe en 1980 sous la gouverne du ministère des Communications. En 1993, ce ministère, réorganisé, prend le nom de ministère du Patrimoine canadien.

Les années 70 et 80 ont été marquées par une croissance importante des dépenses gouvernementales pour la culture. Dans le sillage de l'engouement pour la culture suscité par l'EXPO 67 à Montréal, plusieurs installations, salles et musées ont pu être construits, rénovés ou agrandis grâce à des dons en capital, donnant au public canadien un accès meilleur et plus large aux événements culturels. Cela a permis l'augmentation du nombre des organismes culturels et des personnes qui y travaillent. Les emplois liés à la culture ont pratiquement doublé, un taux d'augmentation deux fois plus élevé que celui de l'ensemble de la main-d'œuvre canadienne.

Ces dernières années cependant, les gouvernements du pays, soucieux de réduire leurs déficits, ont comprimé les dépenses. Ainsi, les dépenses culturelles n'ont pas progressé au rythme de l'inflation, et dans plusieurs cas, il s'en est suivi une diminution des activités.

Actuellement, tous les ordres de gouvernement – fédéral, provincial, territorial et municipal – accordent du financement aux arts et à la culture. Les gouvernements fédéral, provinciaux et territoriaux ont tous un ministère responsable de la culture, et toutes les provinces et le gouvernement fédéral ont aussi un conseil des arts. Certains gouvernements ont en plus des organismes spécialisés pour le soutien d'industries culturelles particulières, comme la Société de développement de l'industrie cinématographique canadienne (Téléfilm Canada) au niveau fédéral et SaskFilm en Saskatchewan. Bien que la plus grande partie du financement des arts et des institutions culturelles provienne des conseils des arts et des ministères de la culture, d'autres ministères, comme le développement économique, le tourisme, l'éducation et les parcs et les loisirs, peuvent y contribuer. Dans certaines provinces, les revenus des loteries sont une source de financement pour les activités culturelles et de bienfaisance.

Au niveau fédéral, le ministère des Affaires étrangères et du Commerce international fait la promotion et assure la protection des intérêts culturels à l'échelle internationale. Il accorde des subventions aux artistes et aux organismes culturels pour les tournées et des expositions, et assure la promotion et le développement des marchés à l'étranger. Dans le domaine des industries culturelles, le Fonds de développement des industries culturelles, financé par le ministère du Patrimoine canadien et administré par la Banque de développement du Canada, contrôle et soutient les activités de firmes de propriété canadienne par un éventail de services financiers, notamment des prêts à terme.

En plus du financement direct, les gouvernements utilisent un certain nombre d'autres outils pour financer et promouvoir la culture canadienne, entre autres :

– la création d'organismes et de services publics, comme les entreprises publiques de diffusion, dont la SOCIÉTÉ RADIO-CANADA et TVO (en Ontario), la BIBLIOTHÈQUE NATIONALE DU CANADA et les bibliothèques et archives provinciales, les musées et les galeries qui sont la propriété des gouvernements et sont administrés par leurs soins;

– la législation, comme la *Loi sur le droit d'auteur* et celle sur le statut de l'artiste;

– des règlements, comme ceux relatifs à l'octroi de licences aux entreprises de radiodiffusion et à la surveillance de celles-ci par le CONSEIL DE LA RADIODIFFUSION ET DES TÉLÉCOMMUNICATIONS CANADIENNES, la protection fédérale

contre l'exportation d'artefacts de valeur qui font partie du patrimoine, les règlements provinciaux régissant l'achat de manuels et la distribution de films, les règlements sur la propriété, le contrôle et le contenu canadiens, et la révision obligatoire du taux d'investissement étranger dans la distribution du film, l'enregistrement sonore et l'édition de livres pour en déterminer les «bénéfices nets» pour le Canada;

– des mesures fiscales, comme l'imposition ou l'exemption de taxes à l'importation et de taxes d'accise sur les produits culturels, l'autorisation de déductions fiscales pour les dons de bienfaisance, l'octroi de crédits d'impôt à l'investissement pour les films et l'exemption des taxes d'amusement, de propriété ou de vente.

Dépenses gouvernementales pour la culture

En 1995-1996, indépendamment des dépenses liées aux sports, les gouvernements canadiens ont dépensé 5,8 milliards de dollars pour la culture. Ce montant, en tenant compte de l'inflation, représente une diminution d'environ 5 p. 100 par rapport à 1990-1991. La moitié de tout le financement gouvernemental de la culture (2,9 milliards) venait du gouvernement fédéral. Les gouvernements provinciaux et territoriaux ont fourni le tiers du total (1,8 milliard) et les municipalités, 1,4 milliard, une augmentation de près de 13 p. 100 au cours de l'année 1991.

La radiodiffusion et les bibliothèques sont de loin les bénéficiaires les plus importantes des dépenses culturelles gouvernementales. Dans les budgets alloués à la culture par le gouvernement fédéral, la moitié est destinée à la Société Radio-Canada, tandis que les bibliothèques obtiennent 37 p. 100 du financement provincial et territorial et 75 p. 100 du montant alloué aux municipalités.

Quelque 70 p.100 du financement fédéral de la culture sont consacrés aux industries culturelles, y compris la radiodiffusion. De 1990-1991 à 1995-1996, le montant total des dépenses fédérales pour les industries culturelles a augmenté de 5 p. 100, alors que les dépenses pour les arts, le patrimoine et autres activités culturelles ont décliné de presque 8 p. 100.

Les dépenses du gouvernement pour les arts de la scène ont baissé ces dernières années, surtout en raison des compressions fédérales. En 1994-1995, les gouvernements ont dépensé 279 millions de dollars pour les arts de la scène, soit 9 p. 100 de moins qu'en 1991-1992. La même année, ils ont dépensé 225 millions de dollars pour les musées et les galeries, une diminution de 4 p. 100 par rapport à 1991-1992. Pendant la même période, les dépenses du gouvernement pour les films et la télévision représentent 317 millions de dollars, ce qui constitue une baisse de 8 p. 100. Les dépenses pour les arts littéraires, y compris les éditeurs, ont chuté de 23 p. 100, pour atteindre 186 millions de dollars. L'unique exception à ces réductions se trouve dans les enregistrements sonores, où les dépenses totales du gouvernement ont augmenté de presque 12 p. 100, pour atteindre 9 millions de dollars.

Cette tendance à la baisse semble se renverser lorsque, dans son budget de 1998, le gouvernement fédéral annonce une augmentation annuelle de 25 millions de dollars pour le Conseil des Arts et de 15 millions de dollars de fonds nouveaux pour l'industrie de l'édition ainsi que le renouvellement du financement du Fonds de télévision et de câblodistribution pour un total de 200 millions de dollars par an.

Aide du secteur privé

L'aide du secteur privé comprend les dons et les commandites des sociétés, les dons individuels et les contributions des fondations. Le Centre canadien de philanthropie estime que 10 p. 100 seulement des dons privés au Canada vont aux arts et à la culture.

Une enquête menée en 1997 auprès de 143 gens d'affaires canadiens par le Conseil pour le monde des affaires et des arts du Canada montre que les dons aux arts avaient augmenté de 3,6 p. 100 par rapport à l'année précédente, mais ne représentaient que 11,7 p. 100 (15 millions) des 129 millions de dollars donnés aux groupes communautaires par les compagnies au cours de l'année. Les universités, les campagnes de Centraide et les hôpitaux recevaient tous beaucoup plus. Quelque 75 p. 100 des gens d'affaires ont indiqué qu'ils préféraient soutenir les arts par la commandite de programmes ou d'événements particuliers. Au cours de l'année, les commandites se sont élevées à 6,6 millions de dollars. L'enquête révèle également que c'est un petit pourcentage de compagnies qui fournit la plus grande partie de l'aide au milieu des arts au Canada. En plus de l'argent et des dons d'œuvres d'art, certaines compagnies offrent des biens et des services aux organismes culturels et leur consacrent du temps.

Dans ses budgets de 1996 et de 1997, le gouvernement fédéral a introduit de nouvelles mesures fiscales qui comportent des incitatifs accrus pour les donateurs. Ces mesures pourraient, le cas échéant, amener les individus et les compagnies à se montrer plus généreux.

Arts de la scène

Les 493 compagnies canadiennes du spectacle à but non lucratif recensées par Statistique Canada en 1994-1995, ont donné plus de 37 000 représentations devant près de 14 millions de spectateurs. La vente des billets, les concessions et autres ventes représentent leur source de revenus la plus importante, soit 187 millions de dollars ou 47 p. 100 de leurs revenus. Les subventions gouvernementales venaient en deuxième place avec 35 p. 100 (137 millions). L'aide du secteur privé (70 millions) représentait juste un peu moins de 18 p. 100.

Si le financement gouvernemental a diminué au cours des dernières années, l'aide privée et les recettes ont augmenté. En effet, 87 p. 100 des organismes des arts de la scène comptent sur les campagnes de financement et les dons. Plus d'un tiers de l'aide du secteur privé venait en 1994-1995 de dons et de commandites de l'entreprise, 25 p. 100 de dons individuels et 6 p. 100 de fondations. Les compagnies s'étaient montrées beaucoup plus généreuses en commandites (16,6 millions de dollars) qu'en dons (7 millions de dollars).

Une enquête menée en 1996 auprès de 179 organismes du spectacle par le Conseil pour le monde des affaires et des arts du Canada montre que l'aide du secteur privé a augmenté de 10 p. 100 par rapport à l'année précédente et représente alors 20 p. 100 de leurs revenus totaux. Les recettes provenant de la vente de billets comptent pour 50 p. 100 du total, les subventions du gouvernement pour 30 p. 100, une baisse par rapport aux 40 p. 100 accordés 20 ans plus tôt.

Par des crédits accordés par le Parlement au Conseil des Arts, le gouvernement fédéral finance les arts de la scène tout comme les autres formes d'art. Il attribue des crédits au CENTRE NATIONAL DES ARTS qui se trouve à Ottawa. Le ministère du Patrimoine canadien accorde aussi des fonds aux projets d'infrastructures culturelles dans les provinces, aux festivals et aux événements spéciaux ainsi qu'aux projets d'immobilisations. En collaboration avec les gouvernements provinciaux et municipaux et avec le secteur privé, le ministère soutient les projets de stabilisation des arts pour aider les organisations artistiques à éliminer des déficits d'opérations et à créer des réserves pour leurs fonds de roulement. En 1994-1995, les provinces et les territoires ont fourni 93 millions de dollars en subventions, contributions et transferts aux arts de la scène, le gouvernement fédéral 41 millions, et les municipalités 39 millions.

Organismes voués au patrimoine

Une enquête de Statistique Canada menée en 1993-1994 auprès de plus de 2000 organismes à but non lucratif qui se consacrent au patrimoine, y compris les musées et les galeries, les parcs, les sites his-

toriques, les archives, a révélé que cette année-là, ces derniers avaient reçu plus de 1 milliard de dollars des gouvernements, dont 56 p. 100 du gouvernement fédéral, 41 p. 100 des provinces et des territoires et le reste des municipalités. Plus de 60 p. 100 des organismes ont reçu des dons de compagnies, d'individus ou d'institutions, qui ont couvert 8 p. 100 de la totalité des dépenses d'exploitation. Quelque 33 p. 100 des organismes exigeaient des frais d'entrée et ont reçu plus de 111 millions de visiteurs au cours de l'année. Ils ont également pu compter sur l'aide de près de 60 000 bénévoles.

L'enquête de 1996 du Conseil pour le monde des affaires et des arts du Canada auprès de 142 musées publics et galeries montre que le financement gouvernemental représentait 71 p. 100 des revenus totaux, que les revenus d'activités fournissaient 21 p. 100 et le secteur privé, 6,3 p. 100. Les revenus de sources privées et d'activités étaient en hausse, ce qui compensait pour la baisse des subsides gouvernementaux.

Le gouvernement fédéral fournit une accréditation parlementaire au Musée des beaux-arts du Canada, au MUSÉE CANADIEN DE LA NATURE, au MUSÉE CANADIEN DES CIVILISATIONS, au MUSÉE NATIONAL DES SCIENCES ET DE LA TECHNOLOGIE, tous situés dans la région de la capitale nationale. Les musées et les galeries non fédéraux reçoivent du financement et d'autres formes d'aide du ministère du Patrimoine.

En 1993-1994, le financement provincial et territorial des musées, des galeries, des archives et des autres organismes voués au patrimoine s'élevait à près de 223 millions de dollars; les sources fédérales avaient fourni 177 millions et les municipalités, 107 millions.

Film et télévision

Le gouvernement soutient l'OFFICE NATIONAL DU FILM et ses installations. Téléfilm Canada, voué au développement et à la promotion d'une industrie canadienne du film et de la télévision indépendante, offre un éventail de programmes d'aide, dont le Fonds pour la production d'émissions et le Fonds de financement des longs métrages. Son budget de 1996-1997 dépassait les 123 millions de dollars. Le Fonds de télévision et de câblodistribution soutient la production d'émissions de télévision. Alimenté par les fonds provenant de l'industrie de la câblodistribution, de TÉLÉFILM CANADA et du gouvernement fédéral, il va offrir environ 200 millions de dollars par an jusqu'en 2001. Le programme fiscal pour la production de films et de vidéos canadiens verse environ 60 millions de dollars par an aux producteurs canadiens par le biais de crédits d'impôt remboursables. Le Canada a aussi des ententes avec plus de 30 pays étrangers pour la coproduction de films et d'émissions de télévision.

Les dépenses fédérales pour le film et la télévision (241 millions de dollars en 1994-1995) dépassent largement celles des provinces et des territoires (76 millions), mais plusieurs provinces ont des politiques, des programmes et une législation pour la promotion des films canadiens. Des programmes de crédits d'impôt existent en Colombie-Britannique, au Manitoba, en Ontario, au Québec, au Nouveau-Brunswick et en Nouvelle-Écosse; six provinces offrent du financement direct au film et à la télévision.

Enregistrement sonore

Le gouvernement fédéral administre le Programme d'aide au développement de l'enregistrement sonore pour la production audio et vidéo, le marketing et les tournées, ainsi que le développement du secteur. Son budget, pour l'année 1997, s'élève à 9 450 000 dollars. La contribution des provinces et des territoires à l'enregistrement sonore se chiffre à tout près de 4 millions de dollars en 1994-1995, le Québec comptant pour 2 535 000 du total. Les règlements sur le contenu canadien dans la radiodiffusion

ont eu une très grande influence sur le développement et le marketing des enregistrements réalisés par des techniciens canadiens.

Édition

Le Programme d'aide au développement de l'industrie de l'édition du gouvernement fédéral fournit une assistance financière aux éditeurs, aux associations de l'industrie du livre et à son marketing à l'échelle internationale. L'édition de livres reçoit en outre du financement du Conseil des Arts du Canada et des gouvernements provinciaux. Favorisés par la croissance des ventes dans le pays et à l'étranger, les éditeurs de livres ont réalisé des revenus totaux de plus de 1,8 milliard de dollars en 1994-1995. Les ventes au Canada, qui totalisent 1,4 milliard de dollars, ont été de loin leur source de revenus la plus importante.

En ce qui concerne les revues canadiennes, la source de revenus la plus importante vient de la vente de publicité (60 p. 100). Les abonnements et les ventes à l'unité comptent pour 33 p. 100. Suivant une entente renégociée en 1996, le gouvernement fédéral consent des tarifs postaux subventionnés pour la distribution dans le pays des revues canadiennes. En général, les subventions gouvernementales sont limitées aux périodiques spécialisés, comme les revues universitaires, littéraires et artistiques, et proviennent d'organismes comme le Conseil des Arts du Canada, les conseils des arts provinciaux et le CONSEIL DE RECHERCHES EN SCIENCES HUMAINES DU CANADA.

Conclusion

La croissance et le succès des industries des arts, du patrimoine et de la culture au Canada sont le fruit du travail et du talent des artistes canadiens, des travailleurs et des administrateurs culturels combinés au soutien des bénévoles, des consommateurs, des communautés locales, des divers gouvernements ainsi que de la générosité des Canadiens, de gens d'affaires et de groupes communautaires. Le «système» canadien de soutien culturel est complexe; il fait appel à de multiples niveaux et à un travail intensif, et il est fragile: la perte ou la réduction importante de n'importe quelle source de financement – recettes, secteur privé ou gouvernement – peut avoir un effet débilitant, voire fatal, sur les organismes culturels. Par contre, un appui fort et soutenu des consommateurs, des secteurs privé et public permet aux organismes culturels canadiens de prospérer, donnant accès au public à un ensemble impressionnant de produits artistiques et culturels qui reflètent la vie, l'histoire et les modes d'expression des Canadiens.

Jocelyn Harvey

Finances intergouvernementales Pour garantir le respect des différences régionales et culturelles dans la poursuite des intérêts et des politiques de la nation, un État fédéral répartit les responsabilités et les pouvoirs correspondants entre deux niveaux de gouvernement, dont chacun est autonome dans sa propre sphère de responsabilité telle qu'elle lui est attribuée (*voir* PARTAGE DES POUVOIRS). La LOI CONSTITUTIONNELLE DE 1867 assigne au gouvernement fédéral la responsabilité dans les domaines suivants: la régulation des échanges et du commerce, le service postal, la monnaie et les banques, la législation pénale et la PAIX, L'ORDRE ET LE BON GOUVERNEMENT en toute matière non réservée exclusivement aux provinces.

La Constitution autorise le gouvernement national à légiférer pour obtenir des fonds au moyen de tout système fiscal ou de «l'emprunt à même le crédit public», mais elle confère à chaque province le pouvoir exclusif de légiférer en matière de gestion et de vente de terres et de forêts publiques; de prisons, d'hôpitaux et de sociétés de bienfaisance; d'organismes municipaux; et, enfin, de travaux publics autres que ceux qui concernent le réseau des transports débordant les frontières de cette province ou que le Parlement déclare être «à l'avantage général du Canada ou à l'avantage de deux provinces et plus».

Les assemblées législatives provinciales sont aussi compétentes dans les domaines de la propriété et des droits civils à l'intérieur de leur territoire et pour toutes les affaires locales ou privées. Elles ont le pouvoir de se procurer des recettes à l'aide des impôts directs et par la gestion des terres publiques de leur ressort. L'agriculture et l'immigration sont de compétence à la fois fédérale et provinciale, mais les provinces ont compétence exclusive dans le domaine de l'éducation, sous réserve du droit du gouvernement fédéral d'adopter des lois correctives destinées à protéger les droits des minorités. La responsabilité des gouvernements locaux ou municipaux porte généralement sur les services de police et d'incendie, l'inspection en matière de santé et de sécurité, les travaux publics locaux et la gestion des sols, l'hygiène publique, etc. Bien qu'une bonne partie de ces services soient directement financés par les impôts fonciers ou à l'aide des transferts en provenance du gouvernement provincial et (dans une bien moindre mesure) du gouvernement fédéral, les municipalités, qui sont les créatures des gouvernements provinciaux, reçoivent leurs mandats et leur pouvoir d'imposition par le truchement des lois provinciales.

Jusqu'en 1937, le COMITÉ JUDICIAIRE DU CONSEIL PRIVÉ, chargé de l'interprétation de la Constitution de 1867, donnait une interprétation restrictive des pouvoirs résiduels du gouvernement fédéral associés à la paix, à l'ordre public et au bon gouvernement, mais interprétait au sens large des clauses touchant la propriété et les droits civils. Cependant, des modifications constitutionnelles récentes et explicites peuvent avoir élargi la portée des pouvoirs fédéraux. Les changements circonstanciels peuvent cependant rendre inadéquats les sources de revenus et les pouvoirs d'imposition conférés aux différents paliers de gouvernement. Dans ce cas, quatre solutions sont possibles. D'abord, le transfert par mesure législative des pouvoirs d'imposition (marge fiscale); deuxièmement, l'autorisation des paiements de transfert sous forme de dépenses directes; troisièmement, le transfert d'une responsabilité spécifique à un autre palier de gouvernement; enfin, le transfert par disposition réglementaire des dépenses engagées (ou des coûts d'observation) à des agents non gouvernementaux.

Sources de recettes Le système fédéral doit calibrer d'une manière ou d'une autre les pouvoirs de se procurer des recettes selon les responsabilités de dépenses de chaque palier de gouvernement, et il doit trouver comment les coordonner, car ce sont les mêmes contribuables qui supportent les deux fardeaux. La Constitution de 1867 réserve au seul gouvernement fédéral les droits de douane et d'accises et l'ensemble des impôts indirects. Elle assigne les impôts directs sur le revenu des particuliers, alors relativement modestes, aux gouvernements provinciaux, dont elle ne prévoit pas l'élargissement des responsabilités. De faibles subventions législatives sont en outre fixées pour compenser les éventuelles réductions de recettes des provinces.

Pendant le siècle qui suit la Confédération, l'expansion économique et le développement du pays viennent bouleverser de fond en comble ce bel équilibre financier. Les provinces, en quête de nouvelles recettes, réclament de nouvelles subventions et envahissent progressivement le champ fiscal avec des licences et des taxes, des droits de succession et, pour la première fois, l'impôt sur le revenu. Le gouvernement fédéral lève, à titre temporaire, un impôt sur le revenu pour financer la Première Guerre mondiale. L'industrialisation et l'urbanisation entraînent rapidement les provinces à assumer des responsabilités nouvelles et, donc, des dépenses accrues dans les 15 années suivantes, jusqu'à ce que la CRISE DES ANNÉES 30 accule plusieurs gouvernements provinciaux et municipaux au bord de la faillite et plonge le pays dans un imbroglio de mesures conflictuelles et redondantes d'IMPOSITION directe, décrites comme une «jungle fiscale».

En 1939, les impôts directs sont devenus une source cruciale de recettes pour l'État. En vertu d'accords anciens de location de domaine fiscal, c'est le gouvernement fédéral qui, jusqu'en 1962, perçoit les impôts sur le revenu des particuliers et des sociétés, tant pour lui-même que pour toutes les provinces, avant d'en retourner à celles-ci la part convenue. En 1947, le Québec choisit cependant de se retirer de cet accord pour créer son propre système de perception des impôts sur le revenu des particuliers et des sociétés, tandis que l'Ontario se réserve la perception des impôts sur le revenu des sociétés. Ces deux provinces maintiennent cependant leur adhésion volontaire à la définition fédérale du revenu imposable. En 1962, l'accord de location de domaine fiscal est remplacé par un accord de perception fiscale qui stipule que le gouvernement fédéral recouvre les impôts perçus par les gouvernements provinciaux conformément à leurs propres lois tout en les rétrocédant à ces derniers.

Pendant les 10 années suivantes, d'âpres débats se déroulent sur le partage approprié de l'assiette fiscale et, ensuite, sur le projet fédéral de réforme fiscale. Selon le nouvel accord de 1972, qui modifie celui de 1962, les taux d'imposition provinciaux représentent un pourcentage de l'impôt fédéral de base, étant bien entendu que les recettes fiscales des provinces découlent de leur législation respective plutôt que de simples accords sur des tranches d'une recette fiscale globale. Le principe consacrant l'accès conjoint à l'assiette fiscale que sous-tend le nouvel accord renforce la capacité des gouvernements provinciaux d'aller chercher de nouvelles recettes pour financer les dépenses. Il s'agit là d'une tentative pour passer du partage des recettes fiscales à la coordination de l'exploitation simultanée de la même assiette fiscale par les gouvernements fédéral et provinciaux.

Malheureusement, cette coordination établie à l'aide d'accords de perception fiscale est ébranlée du fait que le Québec, l'Ontario et (depuis 1981) l'Alberta se retirent des accords relatifs au recouvrement de l'impôt des sociétés et que l'Ontario, l'Alberta et la Colombie-Britannique menacent de rejoindre le Québec en créant leur propre système de perception de l'impôt sur le revenu des particuliers si le gouvernement fédéral refuse d'administrer un éventail suffisamment large de mesures provinciales spéciales en matière fiscale. Ce problème constitue, de concert avec les durs affrontements entre gouvernements sur le partage des revenus tirés de l'exploitation des ressources naturelles, une zone extrêmement sensible des finances intergouvernementales.

Subventions et programmes fédéraux-provinciaux En plus des transferts des pouvoirs fiscaux ou de l'assiette fiscale, les gouvernements se transfèrent aussi entre eux des paiements annuels directs (ou transferts de fonds). Il existe plusieurs types de transferts, parmi lesquels on distingue avant tout les subventions inconditionnelles ou à usage général et les subventions conditionnelles ou à usage spécifique. Les premiers transferts n'exigent aucun engagement particulier de la part des gouvernements bénéficiaires alors que les subventions conditionnelles doivent être dépensées à des fins précises, dans des programmes répondant à des conditions imposées par le gouvernement donateur. Citons, p. ex., les subventions d'encouragement (destinées à inciter le gouvernement récipiendaire à financer certaines activités); les programmes de contrepartie ou à frais partagés; et les formules de subventions de montants fixes ou non limitatifs (les premières avec paiements versés jusqu'à concurrence d'un plafond préétabli, les deuxièmes avec paiement d'une partie précise de dépenses approuvées et engagées à une fin spécifique, peu importe l'importance des dépenses).

La catégorie la plus importante est celle des programmes à frais partagés, une subvention de contrepartie non limitative dans laquelle le donateur s'engage à assumer une partie convenue des coûts approuvés de ces programmes. Cette forme de subvention diffère à la fois des arrangements de financement global (dans lesquels, nonobstant les conditions générales, les fonds transférés relèvent d'une formule indépendante des dépenses effectives) et des paiements compensatoires de déficit visant à combler une insuffisance estimée des recettes par rapport aux dépenses engagées. Les paiements inconditionnels reflètent la responsabilité du gouvernement fédéral, telle qu'elle est enchâssée dans la Constitution de 1982, «de faire des paiements de péréquation propres à donner aux gouvernements provinciaux des revenus suffisants pour les mettre en mesure d'assurer les services publics à un niveau de qualité et de fiscalité comparable». (*Voir* PÉRÉQUATION, PAIEMENT DE.)

Cette responsabilité figure implicitement dans la Constitution de 1867, dans la disposition stipulant que le gouvernement fédéral doit assurer à chacune des provinces fédérées des paiements par tête inconditionnels afin de leur permettre de faire face à leurs dépenses à l'aide des ressources qui leur sont dévolues. Ces subventions législatives sont à présent insignifiantes en comparaison du programme actuel des paiements de péréquation. Ces derniers, estimés à 5,9 milliards de dollars pour l'année financière 1987-1988, représentent plus du quart des 21,5 milliards de dollars de transferts de fonds du gouvernement fédéral vers les provinces, cette année-là, et jusqu'au quart des recettes totales de certains gouvernements provinciaux.

Une série d'autres transferts fédéraux-provinciaux destinés à encourager les dépenses provinciales dans des secteurs particuliers tels que la santé, l'éducation et les services sociaux, généralement perçus comme relevant de la compétence exclusive des provinces, sont matière à controverse. Dans ces transferts, figurent tout d'abord des contributions pécuniaires (d'environ 9,2 milliards de dollars en 1987-1988), en vertu de la *Loi sur les arrangements fiscaux entre le gouvernement fédéral et les provinces et sur les contributions fédérales en matière d'enseignement postsecondaire et de santé*, datant de 1977, versées sous forme de financement global destiné au soutien des programmes provinciaux d'assurance hospitalière et médicale, de services complémentaires de santé et d'enseignement postsecondaire. Le volet relatif à l'éducation postsecondaire est inconditionnel, et celui des soins de santé comporte une condition générale de conformité aux conditions prévues dans la *Loi canadienne sur la santé* de 1984 sans être directement relié aux dépenses des provinces.

Le deuxième type de transferts porte sur des programmes à frais partagés ou des subventions de contrepartie. C'est le cas du Programme d'aide du Canada (PAC), dans lequel le montant des transferts fédéraux aux programmes provinciaux de services sociaux et d'assistance sociale (environ 4,7 milliards de dollars en 1987-1988) est fonction directe des dépenses provinciales affectées à des services admissibles. En troisième lieu viennent les subventions à but particulier (ou subventions sous conditions), destinées, p. ex., au développement économique ou au bilinguisme en éducation. Viennent enfin les paiements fédéraux directs, tels ceux qui relèvent du Programme de formation de la main-d'œuvre du Canada, pour des services rendus par des organismes financés par les provinces.

Dans le cadre des Accords sur le financement des programmes établis (1977, modifiés en 1982), l'assurance hospitalière et médicale et l'éducation postsecondaire ne sont plus financées en fonction de trois programmes à frais partagés distincts. On considère en effet que ceux-ci empiètent trop nettement sur les prérogatives des provinces en matière de priorités et ne procurent pas une incitation adéquate à la baisse des coûts. Pourtant, en 1982, ces programmes sont à nouveau séparés. On craint en effet que leurs objectifs, et notamment l'intérêt national à l'égard de l'accès universel à des soins de niveau approprié, subissent les contrecoups des efforts de réduction des dépenses déployés par les provinces et de la volonté du gouvernement fédéral de freiner la croissance de ses propres dépenses et de corriger ce qu'il considère être un déséquilibre crucial entre son pouvoir d'imposition et celui des gouvernements provinciaux. La controverse relative aux subventions conditionnelles donne lieu à des affrontements qui fluctuent entre deux positions extrêmes: l'une réclame un contrôle total du gouvernement fédéral sur l'utilisation des fonds fédéraux dépensés dans l'intérêt national même en cas d'empiétement sur les compétences provinciales, et l'autre réclame pour les gouvernements provinciaux un pouvoir discrétionnaire complet dans l'affectation des fonds destinés aux programmes qui relèvent de leur compétence.

Les programmes à frais partagés risquent d'altérer les priorités des provinces, d'en réduire le contrôle des coûts et de créer des problèmes de prévision, du côté fédéral. Les programmes de financement global diminuent la responsabilité financière du gouvernement fédéral et son influence sur l'affectation de ses ressources aux divers programmes tout en renforçant son emprise sur le niveau des paiements. Plusieurs choix se présentent: réaffecter les sources de recettes jusqu'à ce que toutes les provinces disposent d'assez de fonds pour faire face à leurs obligations financières, accepter des transferts continus de recettes fédérales pour le financement des programmes administrés par les gouvernements provinciaux ou encore transférer au gouvernement fédéral les responsabilités jusque-là assumées par les provinces. De ces choix, ni le premier ni le troisième ne sont généralement acceptables, car dans les deux cas, il existe un équilibre précaire entre le désir du gouvernement fédéral d'étendre sa mainmise et celui des gouvernements provinciaux d'élargir leur pouvoir discrétionnaire. Les subventions conditionnelles représentent une tentative d'harmonisation entre les pouvoirs accordés aux provinces en 1867 et la réalité d'aujourd'hui, qui montre que la portée de ces pouvoirs déborde dorénavant les intérêts locaux et particuliers.

Problèmes économiques intergouvernementaux
Les transferts fiscaux et les transferts de fonds ne forment qu'un volet d'un appareil gouvernemental qui inclut aussi des pouvoirs de réglementation, des services directs et une foule d'activités de production. La question du pouvoir exercé sur l'économie affecte l'aspect fiscal du FÉDÉRALISME, tout d'abord parce que la répartition des pouvoirs d'imposition et de dépenser influe particulièrement sur la capacité du gouvernement fédéral de maintenir des niveaux appropriés d'activité économique globale. Bien que des études récentes concluent que les exigences fédérales en matière de POLITIQUE BUDGÉTAIRE n'excluent pas de nouveaux transferts de points d'impôt, les budgets provinciaux de ces dernières années s'orientent parfois à contre-courant des efforts de STABILISATION entrepris par le gouvernement fédéral, ce qui réduit sa marge de manœuvre sur le budget du secteur public dans son ensemble.

Le fédéralisme économique influe également sur les flux interprovinciaux de biens, de services et de ressources productives. Lorsque la concurrence pour les activités productives s'intensifie entre les provinces, celles-ci consentent couramment des allégements fiscaux afin d'encourager l'implantation d'une activité économique dans une province plutôt que dans une autre. De telles interventions directes risquent de réduire l'efficacité, voire de menacer l'existence d'un marché commun canadien. Les accords de perception fiscale conclus entre les gouvernements fédéral et provinciaux en vue d'harmoniser les impôts deviennent dès lors un élément essentiel de la préservation d'une union économique solide.

La structure des flux financiers entre gouvernements influence aussi leur organisation, p. ex., l'étendue de la décentralisation des prises de décision. Si l'on mesure cette décentralisation du point de vue des parts relatives des recettes totales de l'État ou des dépenses relatives après les transferts intergouvernementaux, il est clair qu'elle a nettement diminué entre la fin des années 20 et la fin des années 40 pour augmenter à nouveau fortement jusqu'à la fin des années 70. Pourtant, après le milieu des années 70, le gouvernement libéral déclare vouloir renverser cette dernière tendance et exercer un plus grand contrôle sur les affaires économiques et fiscales.

Le transfert de pouvoirs à des bureaux régionaux du gouvernement fédéral et à des organismes représentatifs des régions au sein d'institutions nationales influence aussi l'équilibre entre les régions ou le poids de celles-ci dans les affaires du pays. On ne peut cependant prétendre dans aucun des deux cas à l'existence, ces dernières années, d'une décentralisation significative.

Finalement, les finances intergouvernementales subiront sans doute l'effet de l'évolution du dossier constitutionnel dans les domaines suivants: la propriété, la gestion et la fiscalité des ressources au large des côtes, les mesures fiscales applicables aux entreprises publiques, les droits de mobilité, les déplacements de populations ou de matières entre provinces, et la représentation des régions dans les institutions économiques et financières nationales.
A.R. Dobell

Finances, ministère des Officiellement constitué par une loi en 1869, il garde le nom, la structure et le personnel qu'avait le petit ministère des Finances de la province du Canada avant la Confédération. À l'origine, sa principale fonction était de tenir la comptabilité en administrant la perception et la dépense des deniers publics, ainsi que le service de la dette. C'est pendant la Première Guerre mondiale que, pour la première fois, le gouvernement fédéral emprunte de l'argent aux particuliers et les impose directement, sous forme d'emprunts de la Victoire et d'impôts sur le revenu. Cette façon de faire complique la tâche du ministère, mais sans la modifier radicalement. La crise des années 1930 et la Seconde Guerre mondiale transforment le ministère en une confrérie de gestionnaires économiques nationaux. Pour la première fois, des économistes ayant une formation universitaire comme Clifford Clark, W.A. MACKINTOSH, R.B. BRYCE et Ken Eaton occupent des postes de direction.

L'expansion économique massive qui se produit pendant la guerre (le produit national brut double et les dépenses fédérales annuelles totales décuplent comparativement à celles de 1939) élargit l'influence du ministère et, plus généralement, celle de l'ensemble du gouvernement fédéral. Les structures financières sont définitivement modifiées pendant la Seconde Guerre mondiale par l'instauration de l'ASSURANCE-CHÔMAGE (1941) et des ALLOCATIONS FAMILIALES (1944). Fait plus important, en 1939 les fonctionnaires du ministère introduisent une nouvelle façon d'élaborer le budget fédéral. Au lieu de tenter simplement d'équilibrer les dépenses et les recettes, comme avant la guerre, ils commencent à utiliser leurs pouvoirs d'imposition et à dépenser les deniers publics dans le but d'influencer le développement économique en général. La gestion de l'économie, surtout au moyen de la POLITIQUE BUDGÉTAIRE, demeure aujourd'hui la fonction la plus importante du ministère. La BANQUE MERCANTILE DU CANADA et le VÉRIFICATEUR GÉNÉRAL DU CANADA rendent des comptes au Parlement par l'entremise du ministre des Finances.
David Fransen

Finances municipales Concernent les revenus et les dépenses des municipalités. Les revenus sont assurés par les taxes locales (*voir* IMPOSITION), par d'autres revenus locaux et par les subventions fédé-

rales et provinciales. L'impôt foncier comprend les taxes d'utilité générale pour la municipalité et les taxes scolaires. Celles-ci sont, dans certaines provinces, perçues directement par les COMMISSIONS SCOLAIRES et dans d'autres, par les municipalités. De même, les subventions du gouvernement comprennent des subventions destinées à l'éducation et d'autres qui sont réservées à la municipalité à des fins d'ordre général. L'impôt prélevé sur les biens immobiliers (terrain et immeubles) est la source principale et traditionnelle des recettes fiscales des municipalités. L'exactitude de l'évaluation de la valeur des biens immobiliers est de première importance, non seulement pour garantir le traitement équitable des contribuables dans chaque municipalité, mais aussi pour assurer que les citoyens de différentes municipalités soient traités d'une manière équitable, car beaucoup de subventions provinciales sont accordées en fonction de l'évaluation. Celle-ci repose principalement sur la valeur marchande de la propriété. En raison de l'importance d'une évaluation juste et uniforme, et de la difficulté inhérente à cette opération, toutes les provinces ont, ces dernières années, soit assumé entièrement la responsabilité de l'évaluation, soit imposé une supervision vigilante des évaluations municipales.

La plupart des provinces accordent aux propriétaires un remboursement d'impôt foncier ou un crédit d'impôt foncier lié à l'impôt provincial sur le revenu des particuliers. Le premier diminue le fardeau fiscal, le dernier atténue le caractère régressif de l'impôt foncier. On accorde couramment des exemptions d'impôt foncier aux communautés religieuses et aux œuvres de bienfaisance, et certaines provinces offrent des exemptions partielles aux veuves et aux personnes âgées. Des taxes particulières sont prélevées pour couvrir les frais supplémentaires d'amélioration locale. Pour les trottoirs, p. ex., les taxes sont normalement calculées en fonction de la longueur de façade. Des taxes professionnelles, calculées selon la valeur locative, la surface utile et l'évaluation des biens immeubles, sont imposées aux occupants d'immeubles commerciaux. Des subventions fédérales et provinciales remplacent les taxes et sont accordées aux municipalités pour les propriétés foncières fédérales et provinciales. Les recettes locales autres que fiscales sont tirées de la vente de services comme l'eau, les permis et les droits, les amendes et les contraventions. L'impôt sur les biens meubles et la taxe de capitation, quasi universels autrefois, ont été abolis dans la plupart des provinces, bien que la taxe de capitation soit encore prélevée à Terre-Neuve et autorisée dans les municipalités de la Saskatchewan, qui ne l'appliquent cependant pas. Quatre-vingt-dix pour cent des transferts (subventions) des gouvernements provinciaux et fédéral servent à des fins particulières (subventions conditionnelles), comme l'éducation et les services sociaux. Le reste, soit 10 p. 100, est utilisé à des fins d'ordre général (subventions inconditionnelles). Ces pourcentages peuvent varier grandement d'une province à l'autre. Les transferts sont surtout destinés à alléger le fardeau de l'impôt foncier et à assurer une certaine uniformité entre les municipalités.

Normalement, les immobilisations sont financées à l'aide d'un emprunt et la dette est amortie sur la durée de vie approximative du bien. Les municipalités n'ont en général pas le droit de déclarer des déficits dans leur budget d'exploitation. Bien que beaucoup d'entre elles empruntent encore de leur propre chef, il existe une tendance à consolider les emprunts en passant par un organisme provincial qui leur obtient des taux d'intérêt plus favorables et assure une meilleure gestion de la dette. Alors que l'enseignement primaire et secondaire constitue encore la principale dépense locale, les gouvernements provinciaux en assument de plus en plus les coûts, soit en accordant des subventions, soit en assumant l'entière responsabilité de l'éducation, comme au Nouveau-Brunswick et à l'Île-du-Prince-Édouard.

Les municipalités ont longtemps fait campagne pour avoir accès à l'impôt sur le revenu et aux taxes de vente afin de réduire leur dépendance à l'égard de l'impôt foncier. Toutefois, la difficulté d'administrer ces autres taxes à l'échelon local, l'inégalité des rendements par habitant qu'elles produiraient pour les municipalités et le peu d'enthousiasme des provinces à ajouter un autre niveau d'imposition font en sorte que les gouvernements provinciaux préfèrent partager les recettes tirées de ces sources de revenu au moyen de subventions. Néanmoins, le Manitoba et la Colombie-Britannique octroient aux municipalités une petite partie de leurs recettes d'impôt sur le revenu des sociétés et des particuliers.

John F. Graham

Finances publiques Ce terme désigne à la fois la façon dont les États obtiennent et gèrent leurs recettes et aussi cette branche des SCIENCES ÉCONOMIQUES qui étudie tout le secteur public de l'économie. L'État finance ses dépenses par l'IMPOSITION, l'emprunt de fonds par le secteur public (*voir* DETTE PUBLIQUE) et l'impression d'argent (*voir* POLITIQUE MONÉTAIRE). Le présent article s'intéresse à la configuration et au rôle des dépenses de l'État.

L'importance relative des dépenses de l'État dans l'économie canadienne s'accroît sensiblement au cours des 50 dernières années, passant de 15 p. 100 du produit intérieur brut (PIB) à la fin des années 20 à 40 p. 100 du PIB en 1980 et à 50 p. 100 du PIB au début des années 90. Cette hausse se fait graduellement jusqu'à la Seconde Guerre mondiale, les dépenses gouvernementales atteignant alors un sommet (45 p. 100 du PIB), attribuable en grande partie à l'effort de guerre. Les dépenses du gouvernement fédéral représentent 44 p. 100 du pourcentage de 1994, celles des gouvernements provinciaux et des administrations municipales, 40 p. 100 et 16 p. 100 respectivement.

Les dépenses gouvernementales globales appartiennent à deux catégories fondamentalement différentes: les dépenses en biens et services d'une part, et les PAIEMENTS DE TRANSFERT d'autre part. La première catégorie représente le déplacement des ressources productives du secteur privé vers le secteur public. Seules ces dépenses figurent dans le PIB. Les paiements de transfert, financés à même les impôts, constituent un déplacement du pouvoir d'achat d'un groupe de particuliers vers un autre. Les gouvernements d'ordre supérieur transfèrent aussi une partie de leurs revenus vers ceux de l'ordre inférieur pour les aider à remplir leurs obligations financières (*voir* FINANCES INTERGOUVERNEMENTALES).

En 1994, les dépenses faites par tous les paliers de gouvernement pour l'achat de biens et de services représentent 20 p. 100 du PIB (chiffre un peu inférieur à celui de 1970, mais bien supérieur à celui de l'immédiat après-guerre qui se situe à 14 p. 100). Le quart de ces dépenses sont celles du gouvernement fédéral, le reste étant divisé plus ou moins également entre les provinces et les municipalités et touchant principalement les secteurs de la santé et de l'éducation. Au cours des années 70 et 80, les dépenses gouvernementales de transfert (environ 20 p. 100 du PIB) comptent pour à peu près 80 p. 100 de la croissance des dépenses gouvernementales. En 1970, les paiements de transfert ne représentent que 13 p. 100 du PIB. En 1985, cette proportion est de plus de 20 p. 100. Cette croissance rapide tient surtout à la hausse des paiements d'allocations familiales, de pensions de vieillesse et d'ASSURANCE-CHÔMAGE.

Raison d'être des dépenses gouvernementales Dans les économies mixtes comme celle du Canada, le secteur privé est généralement perçu comme le «moteur» de la croissance et c'est à lui qu'il appartient de mettre en œuvre les activités qui conviennent théoriquement à son comportement orienté vers le profit. Le secteur public, quant à lui, est responsable des tâches dont la valeur ne devrait pas être jaugée uniquement en fonction des profits qu'elles peuvent générer. Les économistes établissent habituellement cinq composantes différentes qui justifient l'intervention de l'État dans l'économie, mais la raison d'être des dépenses gouvernementales n'est pas toujours de nature économique.

Prestation de biens publics Les biens produits et vendus par le secteur privé sont appelés «biens privés» (p. ex., nourriture, vêtements et logement). De par leur nature, les biens «publics» (p. ex., défense, services généraux de gouvernement, justice, affaires extérieures, protection policière, services liés au domaine pénal et communications) sont offerts simultanément à l'ensemble des ménages ou à bon nombre d'entre eux. Ces biens ne peuvent être fournis par le truchement des marchés et doivent donc être offerts d'une manière collective. Certains sont assurés par le gouvernement fédéral et d'autres, par les gouvernements provinciaux ou les administrations municipales.

«Externalités» Il s'agit d'un autre phénomène, lié de près à celui des biens publics, qui se produit quand les activités entreprises par les consommateurs ou les producteurs génèrent suffisamment d'effets non assortis d'un prix, c.-à-d. des «externalités», sur d'autres personnes qu'eux-mêmes. Même si ces activités peuvent être menées par l'intermédiaire des marchés, les personnes qui les entreprennent, faute de stimulants, n'en achèteraient pas en quantités suffisantes pour que leur consommation ou leur production profite à l'ensemble de la société. Ainsi, les avantages que retirerait un particulier en achetant un vaccin contre une maladie contagieuse seraient beaucoup moins grands que ceux que retirerait la société dans son ensemble. Le particulier se protégerait contre la maladie, mais ses semblables verraient les risques de contagion diminuer. De la même manière, la recherche et la formation de la main-d'œuvre assurées par les entreprises peuvent avoir des avantages (connaissances, main-d'œuvre qualifiée) qui profitent à d'autres entreprises que celles qui en assument les coûts. Les particuliers ou les sociétés qui agissent par intérêt ne seraient pas incités à consommer ou à produire la quantité socialement souhaitable. C'est pour cette raison, notamment, que les enfants sont tenus par la loi de se faire vacciner avant d'entrer à l'école.

Les gouvernements encouragent de deux façons la production et la consommation de biens producteurs d'externalités. D'une part, ils peuvent inciter le secteur privé à mettre en œuvre les activités nécessaires à la production de ces biens par des subventions (ou des abattements fiscaux) qui le stimuleront à jouer un rôle plus actif. P. ex., une aide financière est offerte au titre de la RECHERCHE ET DÉVELOPPEMENT INDUSTRIELS, de la formation de la main-d'œuvre et de l'expansion régionale. D'autre part, les gouvernements peuvent prendre sur eux d'offrir des biens comme certains services de santé et d'éducation. Cependant, le bien-fondé de la prestation de certains parmi ces biens par le secteur public est matière à débats.

Monopoles naturels Certains biens fournis par les SERVICES PUBLICS et les sociétés de transport et de communication peuvent être offerts à des prix plus bas par une seule ou quelques grandes entreprises plutôt que par plusieurs petites sociétés en concurrence. Cependant, si la responsabilité d'offrir ces services incombait seulement au secteur privé sur la base de ses critères de rentabilité, les prix pourraient être trop élevés et les quantités produites trop faibles, faute d'une concurrence qui inciterait les entreprises à offrir leurs biens aux consommateurs aux plus bas prix possibles. Pour répondre à ces monopoles naturels, les gouvernements peuvent créer des sociétés d'État ou SOCIÉTÉS DE LA COURONNE, comme la SOCIÉTÉ CANADIENNE DES POSTES et la SRC, p. ex., (*voir* RÉGIE PUBLIQUE). Ils peuvent aussi choisir de laisser ces entreprises entre les mains du secteur privé tout en réglementant le prix qu'elles pratiquent (*voir* ÉCONOMIE, RÉGLEMENTATION DE L'). Ces dernières années, on a privatisé de nombreuses sociétés d'État, dont Air Canada et le CN.

Redistribution des revenus Les gouvernements transfèrent également des revenus entre particuliers, en partie parce que la répartition des revenus serait beaucoup moins équitable si elle était assumée uniquement par le secteur privé. Les revenus sont redistribués en partie par le régime fiscal, principalement au moyen de l'impôt progressif et en partie par des transferts en faveur des détenteurs de faibles revenus. Ces transferts comprennent notamment les régimes d'aide sociale administrés par les gouvernements provinciaux et les municipalités (*voir* GOUVERNEMENT PROVINCIAL). De plus, ils englobent le paiement d'allocations familiales par le gouvernement fédéral et le paiement de pensions par le fédéral et les provinces en fonction des revenus des bénéficiaires. Sont également compris les transferts qui redistribuent de façon accidentelle des revenus d'abord destinés à d'autres fins. À titre d'exemples, mentionnons l'aide aux services de garderie pour les familles à faible revenu et les foyers d'hébergement pour personnes âgées dans le besoin.

Régimes d'assurance sociale Certains paiements de transfert visent à compléter les revenus d'un particulier pendant les périodes où ses revenus sont anormalement bas ou ses dépenses anormalement élevées. Ils constituent donc alors une sorte d'assurance. Ainsi, l'assurance-chômage, devenue l'assurance-emploi depuis 1998, représente un transfert de revenu par le gouvernement fédéral aux personnes temporairement sans travail. Les gouvernements provinciaux indemnisent les personnes qui ont cessé de travailler en raison de blessures consécutives à des accidents du travail. Les régimes publics de PENSIONS, y compris le versement universel de pensions aux personnes de 65 ans et plus par le gouvernement fédéral et les rentes versées par les gouvernements aux retraités et aux handicapés dans le cadre du RÉGIME DE PENSIONS DU CANADA et du RÉGIME DE RENTES DU QUÉBEC, sont des transferts aux personnes privées de revenu de travail à la suite de leur départ à la retraite. Ces pensions sont en partie fonction du revenu et des cotisations passés et elles sont versées aux cotisants et à leurs personnes à charge survivantes.

Un autre genre d'assurance sociale a trait aux soins de santé et à l'hospitalisation. Dans ces deux cas, les paiements sont accordés à tous les citoyens et les régimes sont financés conjointement par les gouvernements fédéral et provinciaux. Les gouvernements prévoient aussi d'autres formes d'assurance dans le secteur agricole, pour aider les agriculteurs dont le revenu diminue temporairement en raison de la conjoncture du marché.

La LOI CONSTITUTIONNELLE DE 1867 définit les champs de compétence fédérale et provinciale en matière de dépenses. De façon générale, les dépenses liées aux services à caractère national (défense, commerce, affaires extérieures, système monétaire et bancaire, droit criminel, pénitenciers, services postaux, pêches, assurance-emploi [ancien-nement assurance-chômage] et un certain nombre d'autres domaines moins importants, mais susceptibles de toucher les habitants de plus d'une province) relèvent du gouvernement fédéral, tandis que les dépenses qui visent les citoyens d'une province sont du ressort des gouvernements provinciaux. Par ailleurs, ces derniers délèguent certains pouvoirs aux municipalités qui relèvent de leur compétence.

Les plus importants secteurs de dépenses des gouvernements provinciaux sont la santé, l'éducation et le bien-être social (*voir* GOUVERNEMENT PROVINCIAL). Les provinces administrent divers programmes: santé, hospitalisation; enseignements primaire, secondaire et postsecondaire; et services sociaux, dont ceux du bien-être, prévus dans le Régime d'assistance publique du Canada, financé conjointement par les gouvernements fédéral et provinciaux. Ces derniers sont également responsables des domaines suivants: ressources naturelles situées sur leur territoire, administration de la justice, protection de la propriété et des droits civils, travaux publics et transports, municipalités et autres secteurs de nature purement provinciale ou locale.

Par ailleurs, les provinces ont tendance à déléguer aux municipalités les pouvoirs relatifs aux services locaux (cueillette des ordures, services d'incendie et de police, épuration des eaux et systèmes d'égouts, entretien des rues et services de loisirs). Les municipalités participent également à l'administration locale de programmes provinciaux comme l'enseignement primaire et secondaire, le bien-être social et les hôpitaux (voir ADMINISTRATION LOCALE).

Certains domaines, tels que l'agriculture, l'immigration et l'important secteur des PENSIONS DE VIEILLESSE, peuvent relever à la fois des gouvernements fédéral et provinciaux. En vertu d'un amendement constitutionnel datant de 1951, le gouvernement fédéral peut adopter des lois en cette matière, pourvu qu'elles n'empiètent pas sur celles déjà en vigueur dans les provinces.

Tous ces domaines de responsabilité des gouvernements fédéral et provinciaux donnent lieu à des dépenses gouvernementales, dont la majeure partie touche les services sociaux, l'éducation et la santé (environ 30 p. 100, 16 p. 100 et 15 p. 100 des dépenses totales respectivement). Près des deux tiers des dépenses en services sociaux sont faites par le gouvernement fédéral, principalement dans le cadre de l'assurance-emploi et des paiements de transfert effectués aux fins des régimes de sécurité de la vieillesse et des allocations familiales. Les paiements de transfert aux provinces constituent le quart environ des dépenses du gouvernement fédéral, et la défense à peine 10 p. 100. Le gouvernement fédéral assume aussi les importants débours en paiement des intérêts de la dette nationale, qui représentent environ le quart de l'ensemble des dépenses fédérales (voir DETTE PUBLIQUE).

Par ailleurs, la presque totalité des dépenses au chapitre de la santé et de l'éducation relèvent des gouvernements provinciaux, qui y consacrent près de la moitié de leurs dépenses. Les dépenses en matière de services sociaux comptent pour près de 18 p. 100 des dépenses provinciales et municipales. Le financement des dépenses considérables des provinces dans les secteurs de la santé, de l'éducation et du bien-être social est facilité par les transferts fédéraux aux provinces, en particulier à celles moins bien nanties que la moyenne. Les gouvernements provinciaux et les administrations municipales consacrent aussi une partie importante de leurs dépenses (14 p. 100 en 1995) au paiement d'intérêts sur la dette. (Voir aussi DÉPENSES PUBLIQUES.)

Robin W. Boadway

Financial Post, The Journal fondé par John Bayne MACLEAN, également fondateur de la revue MACLEAN'S. Il publie son premier numéro le 12 janvier 1912 avec comme but de fournir une information fiable aux investisseurs, surtout dans la communauté d'affaires de Toronto. En 1987, LE JOURNAL se transforme en un hebdomadaire publié par MACLEAN HUNTER LTÉE au 777, rue Bay, à Toronto. En octobre 1987, on annonce son rachat par la Toronto Sun Publishing Corp., une filiale de Maclean Hunter, et le lancement en 1988 d'un nouveau *Financial Post* quotidien, publié conjointement avec l'hebdomadaire national du même nom. Le tirage de l'hebdomadaire, qui était de 198 000 exemplaires à cette époque, baisse considérablement au moment du nouveau lancement.

Depuis lors, le tirage du quotidien est remonté à 81 000 exemplaires et celui de l'édition du samedi, à 160 000 exemplaires. L'éditeur du journal est Douglas W. Knight et la rédactrice en chef est Diane

Francis. *The Financial Post* reflète la pensée orthodoxe du milieu des affaires canadien, mais il n'est affilié à aucun parti politique.

D. McGillivray

Financial Times of Canada, The Hebdomadaire des affaires de format tabloïde, d'abord appelé *The Montreal Times*, dont le premier numéro paraît le 21 juin 1912. En 1961, il devient la propriété de Southam-Maclean Publications Limited, une filiale de la Southam Company Limited, maintenant SOUTHAM INC. Le siège social de la compagnie déménage de Montréal à Toronto le 1ᵉʳ juillet 1975. En 1989, Southam vend le journal à Thompson Corp. Parmi les anciens rédacteurs en chef renommés se trouvent Bernard Keble Sandwell, qui deviendra plus tard rédacteur en chef du *Saturday Night*, et Michael Barkway. Le *Financial Times* adopte le point de vue orthodoxe du monde des affaires et penche vers l'économie de marché libre. La concurrence que lui livrent la section financière de l'édition du samedi du *Globe and Mail* et le *Financial Post*, qui connaît un nouvel essor au cours des années 90, fait baisser son tirage au point qu'il finit par succomber et publie son dernier numéro le 18 mars 1995.

D. McGillivray

Findley, Timothy, écrivain et acteur (Toronto, 30 oct. 1930). Durant sa carrière de comédien, il est membre fondateur du Stratford Shakespearean Festival (1953) et joue dans la première production de Thornton Wilder, *The Matchmaker* (1954). En 1967, il publie son premier roman, *The Last of the Crazy People* (trad. *Le dernier des fous*, 1994), suivi de *The Butterfly Plague* en 1969. *The Wars* est publié en 1977 et fait l'objet d'un long métrage produit par l'Office national du film. Findley en rédige le scénario en 1983 et remporte le Prix du Gouverneur général pour le livre, ce qui le fait connaître sur la scène internationale. Il publie ensuite *Famous Last Words* (1981; trad. *Le grand Elysium hôtel*, 1986), *Not Wanted on the Voyage* (1984), *The Telling of Lies* (1986), *Headhunter* (1993; trad. *Le chasseur de têtes*, 1986 [France], 1996 [Québec]) et *The Piano Man's Daughter* (1995).

Certaines de ses pièces de théâtre, notamment *Can You See Me Yet?* (1976) et *The Stillborn Lover* (1993), ont été mises en scène. Il écrit aussi des scénarios pour la télévision parmi lesquels *The National Dream* (1974, en collaboration avec son ami de toujours, William Whitehead) et *The Whiteoaks of Jalna* (1971-1972, v.f. *Les Whiteoaks de Jalna*). *Inside Memory: Pages from a Writer's Workbook* (1990) consiste en un recueil d'extraits de son journal intime et de réflexions personnelles.

The Wars raconte les expériences d'un jeune Ontarien durant la Première Guerre mondiale; *Famous Last Words* décrit la vie d'un homme de lettres imaginaire durant la montée du fascisme et la Seconde Guerre mondiale. *Not Wanted on the Voyage* traite, avec beaucoup d'intelligence et d'imagination, du mythe de Noé et *The Telling of Lies* est un roman policier. Enfin, *Headhunter* dresse un portrait de Toronto dominé par la violence et la cruauté de la classe supérieure; *The Piano Man's Daughter*, dont l'action se déroule en 1939, met en scène un jeune accordeur de piano confronté aux problèmes de l'identité de son père et de la folie de sa mère.

Son œuvre lui vaut de nombreuses récompenses: il est fait officier de l'Ordre du Canada en 1986 et le gouvernement français le nomme chevalier de l'Ordre des Arts et des Lettres en 1996. Il reçoit le City of Toronto Book Award, le prix Trillium (de l'Ontario), un «Edgar» des Mystery Writers of America, deux prix de la Canadian Authors Association, le Toronto Arts Award in Writing and Publishing, ainsi que plusieurs doctorats honorifiques. En 1986-1987, il est président de la division canadienne de PEN International. En plus de sa carrière d'écrivain, il a lutté contre la censure et s'est battu pour d'autres causes.

Dennis Duffy

Finlandais Les premiers immigrants finlandais d'Amérique du Nord font partie d'un groupe de colons qui fondent, entre 1641 et 1655, la colonie de la Nouvelle-Suède sur les rives du Delaware. Peu nombreux, ils ont tôt fait de s'assimiler aux autres colons américains. Entre 1835 et 1865, plusieurs centaines de Finlandais s'établissent en Alaska (qui fait alors partie de la Russie) et un grand nombre d'entre eux descendent la côte jusqu'en Colombie-Britannique. Quelques-uns des premiers immigrants finnois d'Ontario travaillent à la construction du premier CANAL WELLAND, terminé en 1829. Le recensement de 1996 dénombre 108 720 habitants d'origine finlandaise au Canada (réponses uniques et multiples).

Origines La Finlande fait partie de la Suède jusqu'en 1808, alors qu'elle est cédée à la Russie. En décembre 1917, son Parlement déclare l'indépendance. Il s'ensuit une violente guerre civile en 1918, à l'issue de laquelle la Garde blanche, conservatrice, l'emporte sur les travailleurs de la Garde rouge. Un grand nombre de Finlandais s'établissent en Amérique du Nord avant la Première Guerre mondiale et le mouvement se poursuit pendant la première décennie suivant l'indépendance finlandaise, principalement pour des raisons économiques. Une importante explosion démographique dans les régions rurales survient en même temps qu'une pénurie de terres arables, contraignant de nombreux habitants à s'installer ailleurs. La migration outre-mer se fait surtout à partir des provinces de Vaasa, Oulu et Turku-Pori au sud-est de la Finlande, et plus tard d'Helsinki. Parmi les autres facteurs à l'origine de cette émigration, on compte la liberté religieuse et le désir d'échapper au service militaire obligatoire de l'armée russe.

Migration et peuplement Jusqu'en 1914, la plupart des émigrants finnois s'installent aux États-Unis, encore qu'une minorité appréciable arrive directement au Canada. D'autres passent par les États-Unis avant de s'établir au Canada, à l'époque où son économie est florissante. Dans les années 20, le Canada devient la principale destination des Finlandais après que les États-Unis ont fixé des quotas d'immigration. Des groupes de gens dépourvus de terre, sans espoir économique dans leur pays, forment la majeure partie de ces immigrés.

De 1950 à 1960, là encore des Finnois immigrent en grand nombre (20 000) au Canada en quête de conditions économiques meilleures que celles offertes par la Finlande d'après-guerre. Provenant généralement de milieu urbain, ils sont mieux formés et mieux éduqués, et davantage enclins à s'établir dans les régions urbaines que les immigrants d'avant 1930. Depuis 1960, avec la relance de l'économie finnoise, peu de Finlandais ont immigré au Canada.

L'Ontario et la Colombie-Britannique ont traditionnellement attiré les plus grands groupes d'immigrants finnois. Ils s'établissent comme défricheurs à Thunder Bay, à Sault Sainte-Marie, à Sudbury, à Kirkland Lake et à Timmins, en Ontario. Avant la Première Guerre mondiale, un petit nombre s'établit à Toronto et leur population augmente après la Seconde Guerre mondiale. Dans les années 50, Windsor, Hamilton et St. Catharines comptent chacune une petite communauté finnoise. Il existe à Montréal une communauté finnoise active depuis les années 20, mais très peu d'immigrants d'origine finlandaise se sont établis ailleurs au Québec. Quelques petites communautés rurales se sont établies en Alberta et en Saskatchewan.

Vie économique Beaucoup de colons, parmi les premiers venus, travaillent à la construction du CP et, plus tard, dans les mines et les camps de bûcherons. D'autres travaillent d'abord dans l'industrie puis s'établissent ensuite sur de petites terres à l'extérieur des centres urbains, surtout dans le nord de l'Ontario. De nombreuses femmes célibataires viennent au Canada et s'engagent comme employées de maison (voir TRAVAIL DOMESTIQUE). Les enfants des fermiers finnois commencent à quitter la terre pour travailler dans l'industrie seulement après la Seconde Guerre mondiale. Les immigrants des années 50 s'établissent immédiatement dans les centres urbains où certains se lancent en affaires ou occupent des professions.

Vie sociale et communautaire Les Finlandais fondent des sociétés de tempérance, des centres sportifs, des églises, des troupes de danse, de théâtre, de chant choral, de musique et de danse folklorique pour répondre aux besoins de leur communauté et de leur culture. Bon nombre de ceux qui sont arrivés avant 1930 sont en âge de travailler mais ne parlent que le finnois. Ils ont donc un réel besoin de cette activité sociale, et un lien solide unit tous les membres de ces groupes. La Finnish Organization of Canada (FOC), fondée en 1911 (à l'origine, la Finnish Socialist Organization of Canada), est la plus ancienne société canadienne nationale pour Finlandais. Dans les années 1920-1930, l'activisme pro-travailliste de certains de ses dirigeants est parfois source de confrontation avec les autorités canadiennes et soulève en même temps certaines dissensions au sein de la communauté finnoise elle-même. De nos jours, les quelques sections locales de la FOC encore en place organisent des activités pour leurs membres qui, pour la plupart, sont des personnes âgées.

En 1940, quelques églises luthériennes et clubs non affiliés à la FOC organisent le premier des grands festivals finnois qui servent à recueillir des fonds destinés à la Finlande au cours de la Seconde Guerre mondiale. Ces festivités, marquées par des épreuves d'athlétisme, des compétitions de gymnastique, des danses folkloriques, du chant choral et du théâtre sont devenues un événement estival annuel. La Fédération culturelle finno-canadienne (qui compte une quarantaine de groupes membres) est fondée en 1971 pour organiser les activités du grand festival et pour chapeauter la promotion de la culture finnoise à l'échelle du Canada.

Religion et vie culturelle La plupart des Finlandais du Canada sont luthériens, même si peu d'entre eux pratiquent. Des congrégations luthériennes finnoises se sont établies à Montréal, à Toronto, à Timmins, à Sudbury, à Sault Sainte-Marie, à Thunder Bay et à Vancouver. Quelques Finlandais appartiennent à l'Église unie, d'autres à la Finnish Pentecostal Church qui compte quelques congrégations de langue finnoise, principalement en Ontario. Plusieurs journaux importants de langue finnoise ont été fondés au Canada, dont le journal indépendant *Vapaa Sana* (1931) publié à Toronto, le *Vapaus*, journal de gauche publié à Sudbury de 1917 à 1975, et le journal indépendant *Canadian Uutiset*, publié à Thunder Bay depuis 1915. Cependant, vu le petit nombre d'immigrants finnois au Canada depuis 1960, la presse de langue finnoise est probablement appelée à avoir de moins en moins de lecteurs.

Éducation Les enfants des immigrants finnois se sont rapidement adaptés au système d'éducation canadien, mais la crise des années 30 a empêché bon nombre d'entre eux de gravir l'échelle sociale. Les enfants des premiers immigrants finnois établis dans les régions rurales du nord de l'Ontario ont pour la plupart conservé langue et coutumes finnoises. Au cours des années 70, grâce à une conscience culturelle de plus en plus forte et à l'aide apportée par des organismes gouvernementaux, quelques écoles de langue finnoise sont mises sur pied.

Politique De nombreux Finlandais jouent un rôle majeur dans le mouvement travailliste canadien et dans la création de coopératives. Au cours des années 30, quelques dirigeants de la FOC sont poursuivis par le gouvernement pour avoir favorisé le communisme. Un grand nombre de membres de la FOC s'opposent alors à cet activisme et quittent l'organisation pour former de nouveaux clubs sociaux. Chacun des trois principaux partis politiques a proposé des candidats finlandais aux dernières élections fédérales et provinciales.

Lennard Sillanpaa

Finta (crimes de guerre; 1993 et 1994), affaire Dans la première décision, en 1993, la Cour suprême du Canada permet qu'interviennent trois groupes d'intérêt, soit la Ligue des droits de la personne de B'Nai 'Brith Canada, le Congrès juif canadien et InterAmicus.

Dans cette affaire, qui porte sur les crimes de guerre et sur la compatibilité de certaines dispositions du *Code criminel* avec divers articles de la *Charte canadienne des droits et libertés*, la Cour suprême du Canada estime que le délai de 45 ans antérieur à l'accusation ne doit pas être inclus dans la notion de délai raisonnable. Ce n'est qu'à partir de la date du dépôt des accusations que le délai commence à courir.

De plus, le délai de 45 ans tend à favoriser l'accusé étant donné que la mémoire des témoins s'efface avec le temps. Le délai d'un an entre l'entrée en vigueur des nouvelles dispositions et le dépôt des accusations est raisonnable, compte tenu du travail d'enquête qui doit être fait.

Dans la deuxième décision, en 1994, la Cour suprême décide que les articles du Code criminel qui portent sur les crimes de guerre et les crimes contre l'humanité (articles 7(3.74) et 7(3.76)) ne briment pas les dispositions de la Charte relatives aux principes de justice fondamentale (article 7), au droit d'être informé dans les plus brefs délais de l'infraction reprochée (alinéa 11*a*), au droit d'être jugé dans un délai raisonnable (alinéa 11*b*), au droit d'être présumé innocent (alinéa 11*d*), à l'exigence qu'une action ou une omission constitue une infraction (alinéa 11*g*), à la protection contre les peines cruelles et inusitées (article 12), et aux droits à l'égalité (article 15).

Plus particulièrement, c'est l'alinéa 11*g* de la Charte qui permet, de façon exceptionnelle, que soient intentées des poursuites fondées sur la violation des principes généraux reconnus par l'ensemble des nations.

Fischer, Sarah, soprano, professeur (Paris, France, 23 févr. 1896—Montréal, 3 mai 1975), devient citoyenne canadienne en 1912. Elle a 12 ans lorsque sa famille déménage à Montréal. Elle étudie avec J.J. Goulet, Céline Marier et Jeanne Maubourg, et fait ses débuts sur la scène dans le rôle de Micaela dans *Carmen*. Après la guerre, elle étudie à Londres et devient la protégée d'Emma ALBANI. Elle chante à Covent Garden, notamment dans le rôle de Pamina dans *La flûte enchantée* de Mozart (1923), le premier opéra retransmis à partir de ce célèbre théâtre, puis elle étudie à Rome avec Vincenzo Lombardi.

À Paris, elle chante d'abord à l'Opéra-Comique en 1925, dans le rôle de Mélisande, dans *Pelléas et Mélisande* de Debussy, et on la sollicite rapidement de partout pour jouer ce rôle. Elle y chante également le rôle-titre de la 1600e représentation de *Mignon* (1927). En 1934, elle chante le rôle-titre des extraits de *Carmen* de Bizet, dans le premier opéra retransmis à la télévision par la BBC. Elle est aussi acclamée en récital et se produit fréquemment au Wigmore Hall de Londres. Elle est reçue membre honoraire du Royal College of Music à Londres en 1928. Fischer retourne à l'occasion à Montréal pour des engagements et, en 1940, elle y établit sa résidence permanente et y ouvre un studio. En 1941, elle fonde les Concerts Sarah Fischer, qu'elle dirige jusqu'à sa mort et qui ont permis à nombre de jeunes artistes canadiens de faire leurs débuts.

Claire Versailles

Fisher, Charles, avocat, politicien, juge et premier ministre du Nouveau-Brunswick (Fredericton, 15 août au 16 sept. 1808—*id.*, 8 déc. 1880). À la tête du premier GOUVERNEMENT RESPONSABLE du Nouveau-Brunswick, de 1854 à 1861, Fisher est l'avocat constitutionnel le plus influent de son époque. Il étudie au King's College (U. du Nouveau-Brunswick) et est élu à l'Assemblée législative en 1837. Il se convertit un peu tardivement au principe du gouvernement responsable, considérant les Néo-

Brunswickois «trop fidèles et trop ignorants» pour rejeter la clique au pouvoir. Il fait partie du Conseil dit du «compact» de 1848 à 1850 avant de mener l'opposition au pouvoir en 1854, alors qu'il est procureur général. Son Cabinet, peut-être le plus talentueux que la province ait connu, instaure alors des réformes administratives, électorales et pédagogiques. Évincé de son poste par S.L. TILLEY, qui devient premier ministre en 1861 à la suite d'un scandale lié aux terres de la couronne, Fisher, de même que Tilley, est au nombre des Pères de la Confédération à la CONFÉRENCE DE QUÉBEC et à la CONFÉRENCE DE LONDRES. Élu à la Chambre des communes en 1867, Fisher démissionne de ce poste lorsqu'il est nommé juge de la Cour suprême du Nouveau-Brunswick, le 3 octobre 1868.

Carl M. Wallace

Fisher, Hugh, canoéiste (Nouvelle-Zélande, 1er oct. 1955). Il termine premier dans le K-2 sur 500 m et le K-4 sur 500 m aux championnats nationaux de 1976 et est champion mondial d'*outrigger* en 1979 et en 1980. Il rate la saison 1981 en raison d'une blessure, mais parvient à se classer deuxième (K-2 sur 1000 m, 3 min 37,45 s) aux championnats du monde de 1982, troisième à ceux de 1983 (K-2 sur 500 m, 1 min 49,58 s) ainsi que deuxième (K-2 sur 500 m) et troisième (K-2 sur 1000 m) aux Régates de Brandenbourg en 1984. Aux Jeux olympiques de 1984 à Los Angeles, en équipe avec Alwyn MORRIS, il remporte l'or au K-2 sur 1000 m (3 min 24,22 s) et le bronze au K-2 sur 500 m (1 min 35,41 s). Aux championnats du monde de 1985, il termine premier dans le K-4 sur 1000 m (3 min 12,136 s), mais deuxième aux épreuves du K-1 sur 500 m et du K-2 sur 500 m en 1986. Déçu de ne pas se rendre en finales aux Olympiques de 1988, Fisher prend sa retraite, mais Morris le convainc de revenir pour essayer encore une fois aux Jeux de 1992. Toutefois, les anciens champions ne réussissent pas les épreuves de qualification. Fisher reçoit l'Ordre du Canada en 1985.

James Marsh

Fisherman Lake Site archéologique situé sur les contreforts des monts Mackenzie, à l'extrémité sud-ouest des T.N.-O. Depuis 1952, les fouilles archéologiques ont permis de mettre au jour l'histoire longue et problématique des occupations humaines successives, du début de l'holocène à la période historique. On a fouillé 10 des 154 sites découverts et évalués. Les occupations les plus anciennes sont très mal représentées et très difficiles à interpréter. Il semble toutefois qu'avant 6000 ou 5000 av. J.-C., la région est habitée par des peuples de culture Plano de la Cordillère du Nord, qui se déplacent vers le nord dans des conditions climatiques optimales. Il peut s'agir de chasseurs de bisons, bien qu'aucun vestige d'ossements n'ait été conservé. Vers 4000 av. J.-C., de nouveaux groupes viennent dans la région, en provenance de l'Alaska et du Yukon. Ces groupes se distinguent par l'utilisation de petites lames de pierre («micro lames»). Par la suite, plusieurs des aspects les plus distinctifs de cette technique disparaissent, mais ces peuples pourraient être les ancêtres des ESCLAVES qui habitent encore Fisherman Lake aujourd'hui. (*Voir aussi* ARCHÉOLOGIE et PRÉHISTOIRE.)

David A. Morrison

Fishermen's Life Museum De nombreux LIEUX HISTORIQUES de la Nouvelle-Écosse mettent en valeur les richesses tirées de la mer. Le Fishermen's Life Museum raconte l'histoire de ces hommes et de ces femmes qui ont gagné leur vie grâce à la pêche. Ce lieu historique, situé à Jeddore Oyster Pond, en Nouvelle-Écosse, a été construit en 1875 par le pêcheur James Myers. Le fils de Myers, Ervin, et sa femme, Ethelda, ont occupé ensuite la modeste maison et y ont élevé leurs 13 enfants. Comme un grand nombre de pêcheurs côtiers, la famille Myers suppléait à ses revenus de la pêche en pratiquant une agriculture de subsistance et la coupe du bois en hiver. Les visiteurs peuvent avoir un aperçu de ce mode de vie axé sur l'autosuffisance et l'indépendance, mais qui permettait tout de même quelques luxes comme l'orgue à soufflerie manuelle que l'on trouve au salon. Le musée est ouvert au public du début de juin à la mi-octobre.

Deborah Welch et Michael Payne

FitzGerald, Lionel LeMoine, peintre (Winnipeg, 17 mars 1890—id., 7 août 1956). FitzGerald passe une bonne partie de sa vie à Winnipeg à peindre, à dessiner et à faire des esquisses de scènes empreintes d'une sérénité contemplative. Il reçoit sa formation à Winnipeg, à Pittsburgh et à New York. Directeur de la Winnipeg School of Art de 1929 à 1947, il expose avec le GROUPE DES SEPT en 1930 et se joint officiellement au groupe en 1932. Il demeure néanmoins un solitaire. FitzGerald passe d'un style décoratif et impressionniste à une technique pointilliste. *Williamson's Garage* (1927), *Doc Snider's House* (1931) et *Farm Yard* (1931) illustrent bien la texture fine qu'il obtient en utilisant de la peinture sèche et en peignant par petites touches, avec des tons délavés et des couleurs subtiles. *The Pool* (1934) explore des rapports géométriques. Dans *The Jar* (1938), il recourt à des empâtements de peinture brillante pour éclairer le bocal de l'intérieur.

Dans les années 40, FitzGerald se tourne vers la craie de couleur, l'encre et parfois la peinture à l'huile étalée au couteau. Après sa mort, on a découvert une série d'autoportraits et des dessins de nus, trouvaille surprenante chez un peintre aussi timide. Il sait peindre les pommes par toutes sortes de techniques différentes, et ses séjours sur la côte Ouest le stimulent. Il prend sa retraite en 1949 et peint, en 1951, *From an Upstairs Window,* un de ses meilleurs tableaux. À l'occasion d'un voyage en Colombie-Britannique, il rencontre Lawren HARRIS et se consacre par la suite à des études à la plume et à l'encre dans lesquelles des milliers de points minuscules et de traits donnent forme au sujet. *Still Life with Hat* (1955) est une représentation typique de son monde mystérieux, fait de hachures entrecroisées. À partir d'*Autumn Sonata* (1954) et d'*Abstract in Blue and Gold* (1955), FitzGerald devient totalement abstrait. Les rythmes de surface font place à des touches lisses au pinceau. Toute son œuvre se distingue par une manière originale et soigneuse de manier la brosse, la plume, le pastel, la craie ou le pinceau pour créer un style et une texture uniques.

Anne McDougall

Fitzpatrick, sir Charles, ministre de la Justice et juge en chef du Canada (Québec, Canada-Est, 19 déc. 1853—id., 17 juin 1942). Après avoir étudié le droit à l'U. Laval, il est admis au barreau en 1876. Il se forge rapidement une réputation de criminaliste émérite et il est l'avocat en chef de Louis RIEL en 1885, ainsi que d'Honoré MERCIER, après que celui-ci a été démis de ses fonctions en 1891. Fitzpatrick est député libéral à l'Assemblée législative du Québec de 1890 à 1896 et à la Chambre des communes de 1896 à 1906. Nommé solliciteur général en 1896 et ministre de la Justice en 1902 au sein de l'administration LAURIER, il renonce au poste de ministre en 1906 pour devenir juge en chef du Canada. Au moment de prendre sa retraite, il est lieutenant-gouverneur du Québec, un poste qu'il a occupé de 1918 à 1923.

David Evans

Fjord Longue baie étroite formée par l'érosion glaciaire de vallées fluviales pendant une ÉPOQUE GLACIAIRE et consiste en un ou plusieurs bassins séparés par des seuils. On trouve des fjords sur les côtes de la Colombie-Britannique et de l'est du Canada, en Alaska, au Chili, en Nouvelle-Zélande, au Groenland et en Norvège. Leur coupe transversale, en U, a souvent un fond plat. Les fjords de la côte du Pacifique ont une longueur de 300 à 400 km, une largeur de 0,6 à 15 km et une profondeur moyenne de 20 à 500 m. La profondeur des seuils va de quelques mètres à 500 m au-dessous de la surface de l'eau. L'eau des fjords se compose de l'eau salée de l'océan, qui, en raison de sa densité, remplit la majeure partie du bassin du fjord, et de l'eau douce plus légère provenant des rivières, qui forme une couche au-dessus de l'eau salée. Les cours d'eau qui se déversent dans les fjords sont alimentés par l'eau de pluie s'écoulant de leurs bassins hydrologiques et, en été, par l'eau de fonte venant des champs de neige des montagnes et des glaciers. L'eau de fonte glaciaire transporte habituellement des roches finement broyées (poudre de roche), qui lui donnent une apparence laiteuse. La majeure partie de cette matière se dépose pour former le fond plat qui caractérise tellement de fjords.

Dans la terminologie océanographique, les fjords sont des estuaires, c.-à-d. des masses d'eau semi-fermées dans lesquelles de l'eau de mer est diluée d'une façon mesurable par de l'eau douce venant du continent. Comme l'alimentation des cours d'eau est continuelle et se fait d'habitude à la tête du fjord, la couche supérieure de cette eau (épaisse de quelques mètres) s'écoule vers la mer, prélevant au passage de l'eau salée de la couche inférieure. L'eau salée qui pénètre dans le fjord équilibre ce flux. On appelle circulation d'estuaire la combinaison du débit provenant de la couche superficielle, constituée d'eau de faible salinité, et du débit plus profond de l'eau océanique, à la salinité plus élevée. Cette circulation sert à échanger ou à ventiler les eaux du bassin. Si le seuil extérieur est très peu profond et se projette vers la couche supérieure, la ventilation des eaux est entravée. Dans ce cas, l'eau du bassin stagne et la majeure partie ou la totalité de son oxygène dissous est utilisé par les processus bactériens. Les poissons ne peuvent alors y vivre. Dans quelques fjords à seuil peu profond, la stagnation peut persister durant des années, alors que dans d'autres, il y a un cycle annuel au cours duquel un afflux d'eau salée survient de façon saisonnière à l'occasion d'une remontée d'eau profonde et plus dense à l'embouchure du fjord. Le degré de ventilation du bassin d'un fjord est important quand il s'agit pour les experts de déterminer si l'on peut ou non y rejeter des eaux résiduelles industrielles ou des résidus d'extractions minières. Des nombreux fjords qui ont été analysés, seule une infime minorité présente une stagnation prononcée. La plupart des fjords de la côte ouest ont été étudiés.

On a observé, en particulier, les variations saisonnières des propriétés de l'eau de la pénétration de Bute pendant plus de 30 ans, et d'intenses études menées dans la pénétration de Knight depuis 1977 ont révélé de nombreuses caractéristiques des mouvements profonds et des ondes internes. Sur la côte Est, peu de fjords ont été analysés, mais la physique, la chimie et la géologie du fjord du Saguenay, d'une longueur de 110 km et d'une profondeur de 275 m, débouchant sur la côte Nord de l'estuaire du Saint-Laurent, ont été étudiées en détail. (*Voir aussi* SAGUENAY, RIVIÈRE.)

G.L. Pickard

Flamborough, ville de l'Ont.; pop. 34 037 (rec. 1996), 29 616 (rec. 1991), 26 142 (rec. 1986), superf. 489,9 km²; const. en tant que municipalité de canton en 1974, puis en tant que ville en 1985; située à environ 50 km au sud-ouest de Toronto, à environ 25 km au nord-ouest d'Hamilton. Cette ville porte le nom de Flamborough Head, dans le Yorkshire, en Angleterre. Le canton est arpenté pour la première fois en 1797, à l'arrivée des premiers colons. Il compte dès 1850 un moulin à provende, des scieries, une distillerie, une fabrique de papier, une fabrique de lainage et une tannerie. L'agriculture est la principale industrie de Flamborough, sans oublier de nombreuses carrières de pierre. Les principaux attraits de la ville sont le parc African Lion Safari, l'observatoire de la Société royale d'astronomie, l'hippodrome Flamboro Downs et le village d'antan Waterdown.

Deborah Welch et Michael Payne

Flames de Calgary D'abord appelée les Flames d'Atlanta, cette équipe de hockey est formée au moment de l'expansion de la LIGUE NATIONALE DE HOCKEY (LNH), en 1972. En mai 1980, un homme d'affaires de Vancouver, Nelson Skalbania, installe les Flames à Calgary. Un an plus tard, il vend ses parts dans l'équipe à un groupe de gens d'affaires de Calgary parmi lesquels Byron et Daryl Seaman, Harry Hotchkiss, Norman Green, Ralph Scurfield et Normie KWONG. En 1990, Green cède ses parts pour acheter les North Stars du Minnesota. Le directeur général, Cliff Fletcher, met sur pied une équipe gagnante qui rivalise avec les Oilers d'Edmonton à la fin des années 80. En effet, les Flames défont les Oilers à l'occasion de la finale Smythe de 1986, puis ils gagnent la COUPE STANLEY en 1989. Fletcher quitte l'équipe pour Toronto après la saison 1990-1991 et, pour la première fois en 16 ans, les Flames ratent les séries éliminatoires. Dans la confusion, ils n'arrivent pas à donner leur plein rendement. Depuis 1983, les Flames occupent l'Olympic Saddledome, d'une capacité de 16 700 places.

Derek Drager

Flavelle, sir Joseph Wesley, exploitant d'abattoir, financier, philanthrope (Peterborough, Canada-Ouest, 15 févr. 1858—Palm Beach, Flor., 7 mars 1939). Flavelle est inspiré par les préceptes méthodistes qui lui commandent de se sanctifier en pratiquant l'oubli de soi et une honnête gestion. Il est issu d'un milieu humble et devient un des hommes d'affaires le plus compétent, le plus influent et le plus respecté du Canada. Il est président du plus important abattoir de porcs de l'Empire britannique, la William Davies Co. of Toronto, et est président du conseil de la Banque de Commerce, de la Compagnie Trust National et de Simpsons ltée.

Cet homme prospère consacre après 1900 une grande partie de sa fortune et de son temps aux œuvres de bienfaisance, aux personnes dans le besoin et aux services publics. Il tient un rôle important dans les activités de l'U. de Toronto, de l'Église méthodiste, du Toronto General Hospital et du Canadien National. Président de la Commission impériale des munitions pendant la Première Guerre mondiale, Flavelle convertit cet organisme ébranlé par les scandales et inefficace en une vaste exploitation bien organisée. En 1917, il reçoit un titre de baronnet; il est le dernier citoyen résidant du Canada à recevoir un titre héréditaire. Peu après, lui-même et la William Davies Co. sont accusés d'avoir profité du temps de guerre pour s'enrichir par le commerce du bacon; malgré une enquête qui le disculpe, cet épisode détruit la réputation de Flavelle.

J. Lindsey

Fleming, Donald Methuen, avocat et politicien (Exeter, Ont., 23 mai 1905—Toronto, 31 déc. 1986). En tant que ministre des Finances du gouvernement DIEFENBAKER (1957-1962), il se fait surtout remarquer par sa querelle avec le gouverneur de la Banque du Canada, James COYNE. Élu à la Chambre en 1945, il brigue la direction du Parti progressiste-conservateur en 1948, en 1956 et en 1967. En mai 1956, pendant le DÉBAT SUR LE PIPELINE, le président de la Chambre (à tort, comme l'histoire le démontrera) déclare irrecevable une question posée par Fleming et l'expulse de la Chambre. La forte publicité qui entoure son débat avec Coyne au sujet de la politique monétaire et financière éclipse son travail acharné à titre de ministre des Finances. En 1962, Fleming devient ministre de la Justice et procureur général; en 1963, il quitte la vie publique, sauf pour une brève période durant laquelle il tente de devenir chef conservateur en 1967.

Patricia Williams

Fleming, Robert James Berkeley, compositeur et enseignant (Prince Albert, Sask., 12 nov. 1921—Ottawa, 28 nov. 1976). Un des compositeurs canadiens les plus prolifiques de sa génération, Fleming se taille une réputation internationale par son travail de compositeur (1946-1958) et de directeur musical (1958-1970) à l'Office national du film. Outre ses quelque 250 trames musicales, Fleming compose de la musique pour ballet, orchestre, ensemble de musique de chambre, harmonie, orgue, piano et voix. Son ballet *Shadow on the Prairie* (1952) et le cycle de chants *The Confession Stone*, composé pour Maureen FORRESTER en 1966, œuvres toutes deux enregistrées, sont des exemples typiques de l'heureux mélange de techniques traditionnelles et modernes qui caractérisent son style. Fervent pratiquant, il est organiste et maître de chorale de plusieurs paroisses. Bon nombre de ses hymnes, noëls et arrangements pour les offices religieux anglicans ont été publiés. Fleming enseigne à l'U. Carleton de 1970 jusqu'à sa mort.

Barclay McMillan

Fleming, sir Sandford, ingénieur civil (Kirkcaldy, Écosse, 7 janv. 1827—Halifax, 22 juill. 1915). En plus d'être l'un des plus grands arpenteurs de chemin de fer et ingénieurs civils du Canada au XIXᵉ siècle, Fleming est un scientifique et un inventeur remarquable. Il arrive au Canada en 1845 après avoir étudié les sciences et le génie et après avoir fait son apprentissage professionnel en Écosse. Il se joint à l'équipe d'ingénieurs de l'Ontario, Simcoe and Huron Railway, puis devient, en 1857, ingénieur en chef de la compagnie qui en est issue, la Northern Railway. En 1863, le gouvernement canadien le nomme arpenteur en chef de la première section du chemin de fer prévu reliant Québec à Halifax et à Saint-Jean. Par la suite, il deviendra ingénieur en chef de ce chemin de fer qu'on a nommé CHEMIN DE FER INTERCOLONIAL.

Fleming est l'ardent défenseur d'un chemin de fer entièrement britannique de l'Atlantique au Pacifique. En 1863, il présente aux autorités de l'Empire, à Londres, une pétition des colons de la rivière Rouge, qui réclament d'urgence la construction d'un chemin de fer reliant cette communauté aux colonies d'Amérique du Nord britannique situées plus à l'est (*voir* ROUGE, COLONIE DE LA RIVIÈRE). On ne peut rien faire dans l'immédiat, puisque la TERRE DE RUPERT est alors gouvernée par la Compagnie de la baie d'Hudson (CBH). En 1871, peu de temps après le transfert de la gestion des territoires de l'Ouest de la CBH au gouvernement canadien nouvellement constitué, Fleming est nommé ingénieur du nouveau chemin de fer canadien prévu de Montréal à la côte du Pacifique. On le charge des principaux levés à effectuer dans les Prairies et les Rocheuses, traçant ainsi de nombreux itinéraires possibles pour le nouveau chemin de fer. Il recommande la construction du chemin de fer à travers le Nord des Prairies – région indiquée dans certains rapports d'exploration comme la zone fertile – puis par le COL YELLOWHEAD pour traverser les Rocheuses et, de là, vers le sud jusqu'à Burrard Inlet sur le Pacifique.

Le CANADIEN PACIFIQUE n'est pas construit selon l'itinéraire recommandé par Fleming, qui avait d'ailleurs relevé plusieurs itinéraires possibles. Il est tout de même consulté lors de la construction du chemin de fer qui traverse les Rocheuses au COL KICKING HORSE, découvert par le major A.B. Rogers. Les deux chemins de fer transcontinentaux construits au cours des 20 premières années du XXᵉ siècle suivent l'itinéraire par le col Yellowhead, recommandé par Fleming, mais le chemin de fer du GRAND TRUNK PACIFIC RAILWAY est alors construit jusqu'au port de la côte Nord de la Colombie-Britannique, à Prince Rupert, alors que le CANADIAN NORTHERN RAILWAY, qui traverse l'intérieur de la Colombie-Britannique, suit l'itinéraire recommandé par Fleming.

Fleming quitte le Canadien Pacifique lorsque le gouvernement canadien transfère le projet à une société privée en 1880, mais il continue à faire de la consultation dans le domaine des chemins de fer. Au cours de sa vie, il s'est également intéressé à de nombreux autres projets. Il devient le fervent promoteur d'un câble de télécommunications entre le Canada et l'Australie, car il pense qu'il pourrait créer un lien de communication indispensable pour tout l'Empire

britannique. Le câble du Pacifique est installé avec succès en 1902.

Fleming joue également un rôle primordial dans la mise au point d'un système international satisfaisant pour mesurer le temps. Le chemin de fer avait rendu obsolète le vieux système selon lequel chaque centre important règle son horloge selon les conditions astronomiques locales. Fleming prône l'adoption d'un temps standard ou moyen, avec des variations d'une heure selon les fuseaux horaires établis. Il joue un rôle important dans la convocation de l'International Prime Meridian Conference à Washington en 1884, où le système international d'heure normale est adopté et toujours en usage actuellement (*voir* FUSEAUX HORAIRES ET HEURE LÉGALE). Il a également dessiné le premier timbre-poste canadien, le castor de trois pence émis en 1851. Il est fait Commandeur de l'Ordre de St-Michel et de St-Georges en 1877, puis chevalier commandeur de cet ordre en 1897.

T.D. Regehr

Flemming, Hugh John, bûcheron, politicien et premier ministre du Nouveau-Brunswick (Peel, N.-B., 5 janv. 1899—Fredericton, 16 oct. 1982). Élu conseiller municipal de Carleton en 1921, Flemming est élu député conservateur à l'Assemblée législative en 1944, pour la circonscription de Carleton. Il dirige le Parti conservateur en 1951 et le conduit à la victoire en 1952, mettant ainsi fin à un règne de 17 ans du gouvernement libéral. Il est premier ministre provincial de 1952 à 1960, ainsi que ministre des Travaux publics et ministre des Affaires municipales, et il modernise le système hydroélectrique du Nouveau-Brunswick avec la construction du complexe de Beechwood. Son gouvernement est défait à la suite d'une taxe imposée aux hôpitaux. Nommé ministre fédéral des Forêts en 1960 par le premier ministre John Diefenbaker, il représente la circonscription de Royal. En 1962, il est élu député fédéral dans la circonscription de Victoria-Carleton et il est nommé ministre du Revenu national. Il conserve son titre de député à la Chambre des communes jusqu'en 1972 et siège à l'Office de l'expansion économique de la région atlantique.

Della M.M. Stanley

Flétan (*voir* POISSON PLAT)

Fletcher, James, entomologiste et botaniste (Ashe, Angl., 28 mars 1852—Montréal, 8 nov. 1908). Fletcher est commis de banque de 1874 à 1876 et commis de bibliothèque de 1876 à 1886. Il n'avait pas de formation officielle en biologie avant d'être nommé premier entomologiste et botaniste officiel du Dominion du Canada en 1886. Après deux ans au poste d'entomologiste honoraire à Ottawa, il devient un spécialiste reconnu de l'identification des papillons de nuit, des papillons de jour et des mauvaises herbes. Avec l'aide de correspondants, il détermine le type et le nombre d'insectes nuisibles au Canada et les dommages qu'ils causent. La loi de 1898 sur la cochenille de San José, permettant les restrictions d'importation et la fumigation de matériel infesté par les insectes, est la première loi fédérale se rapportant aux insectes et est édictée sous sa gouverne. Il incite le gouvernement à soutenir la recherche en entomologie, cherche à éduquer le public sur les méthodes de lutte contre les mauvaises herbes et les insectes, puis crée l'Insectarium national canadien. Les rapports annuels (1886-1908) et de nombreux bulletins du ministère de l'Agriculture, ainsi que beaucoup d'articles scientifiques soulignent ses réalisations. (*Voir aussi* ENTOMOLOGIE.)

P.W. Riegert

Flett, John A., charpentier, organisateur syndical (Hamilton, 1860—*id.*, 19 mars 1941). Au sein de son syndicat local, Flett amorce sa longue et remarquable carrière de syndicaliste. À la fin des années 1890, il a déjà occupé plusieurs postes importants au sein du mouvement ouvrier de Hamilton et il fait figure de chef dans le tout nouveau CONGRÈS DES MÉTIERS ET DU TRAVAIL DU CANADA

(CMTC), où il se distingue comme le franc défenseur de l'action politique indépendante des travailleurs. En 1900, la Fédération américaine du travail (FAT) le choisit comme organisateur de la section canadienne, ce qui mène Flett à se déplacer aux quatre coins du pays pour recruter de nouveaux membres. À son assemblée de 1902, le CMTC décide de raffermir le syndicalisme international au Canada et expulse de ses rangs tout syndicat «binational» en concurrence directe avec les syndicats affiliés à la FAT. Cette dernière confirme également, à cette assemblée, son engagement envers le regroupement continental en choisissant Flett comme président. Ce dernier reste organisateur de la FAT au Canada jusqu'en 1925.

Craig Heron

Fleur de mai Plante ligneuse rampante (épigée rampante, *epigaea repens*) à feuilles persistantes de la famille des bruyères (éricacées) et indigène de l'est de l'Amérique du Nord. Le seul autre membre de ce genre (*e. asiatica*) est indigène du Japon. Son nom provient de ses fleurs blanches ou roses en forme de clochette qui sont très odoriférantes et qui apparaissent en mai et parfois en avril. Ses fruits globulaires en forme de capsule attirent les fourmis. La fleur de mai croît dans les sables acides ou dans les sols tourbeux depuis Terre-Neuve jusqu'au Manitoba. Elle est l'emblème floral provincial de la Nouvelle-Écosse (*voir* EMBLÈMES FLORAUX DES PROVINCES) depuis 1901. On la cultive à partir de graines parce que l'on obtient peu de résultats en la transplantant.

Céline Arseneault

Fleurimont, ville du Québec; pop. 16 262 (rec. 1996), 14 727 (rec. 1991), 12 519 (rec. 1986); superf. 34,77 km²; const. en 1993; située dans la région des Cantons-de-l'Est (Estrie), à environ 150 km à l'est de Montréal et 240 km au sud de Québec.

Cette banlieue de Sherbrooke, limitée par Sherbrooke au sud et par la rivière Saint-François à l'ouest, est entourée par quatre municipalités rurales, soit le canton de Brompton, le canton de Stoke, Ascot Corner et le canton d'Ascot.

À l'origine, Fleurimont fait partie du canton d'Ascot, mais les propriétaires terriens, lassés de devoir se rendre à Lennoxville pour payer leurs taxes, décident de créer leur propre municipalité. Le 7 août 1937, une part appréciable du canton d'Ascot, avec une population de 800 habitants, devient Ascot Nord. À la suite de problèmes de livraison du service postal desservant les municipalités d'Ascot et d'Ascot Corner, on décide de renommer l'endroit Fleurimont.

Celui-ci doit son nom au chevalier de Fleurimont, officier de l'armée canadienne au début du XIXᵉ siècle. Ce nom convient aussi parce que le territoire est bordé de montagnes fleuries et que les premiers habitants de la région étaient jardiniers et fleuristes. Le 11 août 1971, Ascot Nord prend officiellement le nom de Fleurimont.

Économie La population de la ville augmente lentement et demeure inférieure à 5000 habitants jusqu'au début des années 70. L'aménagement de réseaux d'aqueducs et d'égouts favorise alors un essor démographique considérable.

Le Centre hospitalier universitaire de Sherbrooke (CHUS) accueille ses premiers patients en janvier 1969. Le CHUS abrite la Faculté de médecine de l'U. de Sherbrooke. Il entraîne des retombées économiques de plus de 150 millions de dollars par année et procure 250 emplois permanents.

Près du CHUS, on a construit, au coût de plus de 30 millions de dollars, l'Institut de pharmacologie de Sherbrooke, destiné à la formation et à la recherche, ainsi que le Centre de recherche clinique voué aux recherches médicales. Le Parc biomédical, aménagé sur le terrain de 120 acres entourant le CHUS, sert à la production, à la recherche et à la mise au point de produits liés à la santé.

Loisirs En 1980, on construit l'aréna local, puis, en 1985, le Centre Julien-Ducharme, où logent 35 associations sportives et culturelles. Le tournoi de balle molle Yvon «Pif» Dépatie est organisé à la mémoire d'Yvon Dépatie, un jeune athlète réputé comme personnalité marquante du sport dans la région. Ce tournoi prestigieux a pris de l'expansion au point d'attirer des équipes américaines.

L'exposition automobile Americana se tient chaque année au parc Central de Fleurimont. Des gens viennent de tous les coins du Québec et des États-Unis pour faire admirer leurs voitures anciennes.

Vie communautaire En plus des écoles, il y a à Fleurimont la Commission de formation professionnelle, un organisme qui s'occupe de tous les aspects liés au perfectionnement professionnel des adultes.

La ville de Fleurimont s'est vu décerner le «Prix de reconnaissance» en 1994 pour sa distribution annuelle d'arbres, l'aménagement des parcs publics et son programme de compostage.

Fleurs cultivées Les fleurs sont cultivées tant par les floriculteurs professionnels que par les amateurs. Au Canada, la majeure partie de la production commerciale est conduite sous le verre ou le plastique, à quelques rares exceptions (p. ex., le glaïeul, le gysophile, la grande marguerite). La production en serre de l'œillet, de la ROSE et du chrysanthème s'avère une entreprise annuelle tandis que la culture du poinsettia (Noël) et du lys de Pâques est plutôt saisonnière. Les plantes d'intérieur (p. ex., le cyclamen, la cinéraire, le géranium, la violette africaine) sont cultivées dans beaucoup de serres commerciales, mais le volume produit est faible comparativement aux cultures susmentionnées. En 1986, la production commerciale de fleurs et de légumes au Canada occupait 9,8 millions de mètres carrés sous verre ou plastique, et les ventes de fleurs de cette même année se chiffraient aux environs de 299 millions de dollars.

Pour les floriculteurs amateurs, la culture des vivaces offre la plus grande satisfaction. Des sociétés régionales, nationales et internationales ont été créées afin de susciter l'intérêt et l'amélioration de variétés spéciales telles que le lys, le dahlia, la pivoine et le glaïeul. La brochure intitulée *Canadian Specialist Plant Societies*, écrite par T.J. Cole de la station de recherche d'Agriculture Canada à Ottawa, énumère quelque 47 sociétés répondant aux intérêts des floriculteurs cultivant 17 variétés de plantes. L'intérêt du public est également nourri par différentes expositions florales parrainées par des sociétés locales.

On retrouve une grande variété de fleurs cultivées dans toutes les régions du Canada, et ce, dès la disparition des dernières neiges jusqu'aux premières gelées meurtrières de l'automne. Les premières fleurs à apparaître sont celles à petit bulbe (p. ex., le crocus, le puschkinia, le chionodoxe, la scille) et les espèces à plus gros bulbe, comme le narcisse et la tulipe, suivent peu après. Dans beaucoup de régions du Canada, la primevère (*primula*) et sa cousine (*primula cortusa*) sont devenues des fleurs printanières très populaires. Les plantes courtes comme le phlox, l'aubriette et l'arabette enjolivent également les parterres par leurs couleurs en cette période de l'année. Durant l'été, les jardiniers choisissent généralement de cultiver seulement des fleurs annuelles ou une combinaison de vivaces à floraison prolongée et d'annuelles. La première option limite le jardinier à un étalage constant et invariable de couleurs à partir de la pleine floraison, à la fin juin (dans la plupart des régions du Canada), jusqu'au gel de l'automne. La deuxième option offre plus de possibilités par l'utilisation de vivaces plus éphémères en complément avec des annuelles. Les vivaces les plus utilisées sont la grande marguerite, la pivoine, le pavot oriental, la capucine, le lisymaque, la rose-trémière, la camomille, le lys d'un jour et le pied-d'alouette. La gueule-de-loup, le pétunia, l'aster, la verveine, l'impatiente et le souci sont les plantes annuelles les plus fréquentes.

Il existe d'abondantes sources d'information pour les floriculteurs amateurs. Les ouvrages de vulgarisation sont très nombreux et la validité de l'information est reconnue dans le monde entier. Les floriculteurs impliqués dans la culture commerciale sont aussi généralement bien encadrés par les spécialistes d'Agriculture Canada, (p. ex., dans les STATIONS DE RECHERCHE EN AGRICULTURE partout au pays), les ministères provinciaux de l'agriculture et les départements d'horticulture de certains collèges et universités. (*Voir aussi* JARDINS BOTANIQUES.)

R.H. Knowles

Fleurs sauvages Incluent toutes les PLANTES à fleurs qui poussent sans être cultivées. Dans la terminologie populaire, le terme se réfère principalement aux nombreuses plantes herbacées et aux plus petits arbrisseaux à fleurs. Les plantes à fleurs discrètes sans pétales comme les GRAMINÉES et le CAREX qui, à première vue, se ressemblent ne sont pas considérées comme des fleurs sauvages.

Au Canada, il existe environ 4000 espèces de plantes à fleurs, dont près de 3000 considérées comme des fleurs sauvages. Environ un quart de celles-ci ont été importées d'ailleurs dans le monde. Ces PLANTES NUISIBLES introduites diffèrent de la plupart des fleurs sauvages indigènes, principalement par leur rapidité de propagation dans les habitats perturbés et les terres agricoles.

Leur croissance prolifique et leurs propriétés nocives ou désagréables les rendent indésirables. On considère certaines fleurs sauvages indigènes comme mauvaises lorsqu'elles poussent en grand nombre dans les prés et les pâturages, ce qui est le cas de l'ASCLÉPIADE (*asclepias*) et de l'OXYTROPIS DE LAMBERT (*oxytropis*). Elles causent parfois l'empoisonnement du bétail.

Noms communs Nombre de fleurs sauvages (p. ex., l'oxytropis de Lambert) font référence à certaines propriétés de la plante ou à son utilisation par les AUTOCHTONES et dans les remèdes populaires. Les noms tels que pomme de mai (*podophyllum*), claytonie tubéreuse (*claytonia*), gingembre sauvage (*asarum*) et montia de Cuba (*montia*) font allusion à la nature comestible de la plante ou d'une de ses parties. D'autres noms, comme prunelle vulgaire, healall en anglais, (*prunella*), hépatique d'Amérique (*epatica*) et dentaire (*dentaria*), comportent le nom d'une partie spécifique du corps qu'on croit pouvoir soigner avec cette plante.

Répartition Au Canada, certaines des fleurs sauvages indigènes les plus répandues sont les plantes de la FORÊT BORÉALE. À l'intérieur de cette large ceinture qui s'étend de Terre-Neuve au Yukon, on trouve des fleurs sauvages aussi communes que la linnée boréale, la mitrelle, le cornouiller du Canada et le THÉ DU LABRADOR. En raison de l'uniformité relative du couvert forestier à feuillage persistant durant la saison de croissance, on n'observe aucune apparence évidente de floraison saisonnière.

Dans les FORÊTS décidues et mixtes (feuillusconifères) des GRANDS LACS et de la vallée du FLEUVE SAINT-LAURENT, un ensemble impressionnant de fleurs sauvages se trouvant dans les sous-bois annonce l'arrivée de chaque nouvelle saison de croissance. Ces herbacées vivaces qui comprennent les familles du lis, du bouton d'or et de la saxifrage éclosent et produisent leurs graines avant que l'ouverture complète des feuilles de la canopée ne vienne assombrir le sous-bois. À l'arrivée de l'été, les espèces sauvages des clairières, des prés, des bords des lacs et des rivières fleurissent progressivement. Durant les courtes journées d'automne, nombre de représentants de la famille de la marguerite (astéracées ou composées), comme les ASTERS et les verges d'or, recouvrent les champs et les pâturages de grandes taches de couleur.

Dans le centre du Canada, presque toutes les plantes indigènes des PRAIRIES ont maintenant disparu à cause des labours pratiqués pour les besoins de la culture extensive. Les graminées communes et les fleurs sauvages caractéristiques, comme le LIS des prairies, la bermudienne et la rudbeckie, se trouvent maintenant surtout au bord des routes et des voies ferrées, ou dans les coulées et les endroits sablonneux. Les anémones des prairies, les lis des prairies et les ROSES sauvages se sont adaptés.

Les forêts de conifères des montagnes de l'Ouest possèdent beaucoup de fleurs sauvages semblables à celles de la forêt boréale. D'autres fleurs, telles que la SAXIFRAGE de Lyall et l'arnica à feuilles cordées, sont strictement alpines, alors que certaines, comme la pédiculaire laineuse, ont une distribution arctique-alpine. Elles se trouvent surtout dans l'Arctique, mais s'étendent vers le sud dans les habitats adéquats des montagnes.

Bien qu'on trouve des espèces distinctes de fleurs sauvages dans le milieu sec de la montagne alpestre de l'intérieur et dans le milieu humide de la forêt côtière de la Colombie-Britannique, on trouve probablement les fleurs sauvages les plus remarquables de l'Ouest dans les prairies alpines. De grandes herbacées à fleurs attirantes croissent sur les pentes abritées et dans les dépressions humides alimentées par la fonte des neiges, tandis que sur le rocher plus sec et les pentes herbeuses ou les saillies bien exposées, des rosettes naines et des plantes «formant des coussins» tapissent le sol et poussent sous la lumière du soleil de haute altitude au cours du bref été alpin.

Au-delà de la LIMITE FORESTIÈRE, le nombre de fleurs sauvages diminue rapidement à quelque 300 espèces pour toutes les îles de l'ARCHIPEL ARCTIQUE. On trouve la plus forte croissance de fleurs sauvages arctiques dans les habitats abrités et humides de la TOUNDRA, où la couche de sol mince est saturée d'eau de la fonte qui n'a pas été drainée en raison du PERGÉLISOL situé juste sous les racines des plantes. Parmi l'ensemble des touffes d'herbes de la toundra et des carex, on trouve des plantes comme le LUPIN arctique, le rhododendron de Laponie et le cassiope de Mertens arctique.

En raison des faibles précipitations annuelles, la plupart des îles de l'Extrême-Arctique sont des déserts rocheux. Là, les plantes à rosettes ou formant des coussins (p. ex., le pavot d'Islande, la saxifrage à feuilles opposées, la DRYADE et la PYROLE à feuilles rondes) fleurissent dans les endroits suintants, des champs de pierre et sur des lits de gravier où le niveau d'humidité est adéquat.

Les fleurs sauvages de l'Arctique, où le climat est rigoureux et les étés sont courts, survivent en profitant pleinement de la lumière quasi perpétuelle fournie par le soleil, qui reste bas à l'horizon. Elles survivent aussi grâce à la température chaude de l'air au ras du sol. Malgré cela, nombre de plantes ne produisent pas toujours de fleurs et ont une croissance végétative avec formation de bulbes à la place de graines pour assurer la continuité de l'espèce, comme c'est le cas pour la saxifrage penchée.

Erich Haber

Flin Flon, ville du Man.; pop. 6572 au Manitoba et 289 en Saskatchewan (rec. 1996), 7119 au Manitoba et 330 en Saskatchewan (rec. 1991), 7243 au Manitoba et 348 en Saskatchewan (rec. 1986); superf. 11,55 km², 5,28 km² en Saskatchewan; const. en 1970; située à cheval sur la frontière du Manitoba et de la Saskatchewan, à 743 km au nord-ouest de Winnipeg. Le secteur de Flin Flon situé en Saskatchewan est dirigé conjointement par les deux provinces. Le nom de Flin Flon vient du professeur Josiah Flintabbatey Flonatin (un personnage créé par J.E.P. Murddock, l'aventurier-explorateur du roman *The Sunless City*, 1905).

D'importants gisements minéraux découverts en 1915 ne seront exploités que plus d'une décennie plus tard. L'expansion de Flin Flon profite de la construction d'un lien ferroviaire avec THE PAS en 1928 et de l'aménagement d'une source d'énergie à Island Falls sur le fleuve Churchill (1929). Les bons procédés d'extraction et l'engagement de H.P. Whitney, de New York, qui déjà en 1927 avait fondé la Compagnie Minière et Métallurgique de la Baie d'Hudson Ltée, contribuent aussi à l'essor de Flin Flon.

En 1930, la production démarre dans ce qui deviendra la plus importante raffinerie de zinc et la troisième plus grande fonderie de cuivre au Canada. Durant les années 30, de nombreuses familles des Prairies s'installent à Flin Flon dans l'espoir d'une vie meilleure. Aujourd'hui, les mines constituent encore l'industrie principale, mais le travail forestier gagne en importance. Ces dernières années, la Compagnie minière et métallurgique a ouvert des mines-satellites dans la région, y compris à Snow Lake, une localité située à l'est. Flin Flon est aussi un centre régional de tourisme, de loisirs et de services.

À l'origine, la localité se développe au hasard à proximité de la mine et de l'usine. Le coût des matériaux et le terrain rocailleux obligent la construction de petites maisons et d'entreprises aux commodités rudimentaires. Aujourd'hui, les aménagements et les quartiers résidentiels nouveaux embellissent le paysage urbain. Chaque année, en juillet, la ville célèbre son Festival de la truite. On y produit aussi d'excellents hockeyeurs.

D.M. Lyon

Flore marine côtière (*voir* VÉGÉTATION, RÉGIONS DE)

Flore, publications sur la Avant 1900, une «flore» sous forme d'ouvrage publié est une description complète et détaillée des PLANTES d'une région géographique donnée. Généralement, plus qu'une simple liste, elle se doit d'être une description analytique, traitant de l'habitat et de la distribution des plantes, et citant les sources précédentes. Cette définition ne s'applique pas aux récits de voyage, aux histoires naturelles, aux livres d'art de botanique ou aux manuels populaires, que l'on trouve en grand nombre au Canada à la fin du XIXᵉ siècle.

Auparavant, les publications sur la flore traitant de la région comprenant le Canada actuel étaient écrites et publiées ailleurs par des explorateurs botanistes et des savants sédentaires qui identifiaient les spécimens fournis par des résidents des colonies, des voyageurs et des collectionneurs professionnels.

Publications avant le XIXᵉ siècle Jusqu'au XIXᵉ siècle, les seuls ouvrages publiés traitant principalement des plantes du Canada sont ceux de Jacques Phillipe Cornut, en 1635 (*Canadensium Plantarum Historia*) et de Pierre-François-Xavier de CHARLE-VOIX, en 1744 (*Histoire et description générale de la Nouvelle-France*). Les manuscrits sur la flore canadienne que l'on sait avoir été entrepris au XVIIIᵉ siècle par Michel SARRAZIN, Jean-François GAULTIER et Pehr KALM n'ont pas été publiés.

Publications au XIXᵉ siècle Au début du XIXᵉ siècle, André MICHAUX et Frederick PURSH incluent plus de 400 plantes du Canada dans leurs flores nord-américaines, et Auguste Jean Marie Bachelot de la Pylaie écrit une modeste flore de Terre-Neuve, mais ne termine jamais la suite prévue. En 1815, Pursh commence à rassembler les spécimens d'une flore canadienne, mais meurt à Montréal en 1820, peu après la destruction de sa collection lors d'un incendie.

L'ère du visiteur botaniste itinérant ou du savant éloigné atteint son apogée au Canada avec William Jackson Hooker, qui assemble les collections d'explorateurs, de collectionneurs et de résidents d'un océan à l'autre pour sa monumentale *Flora Boreali Americana* (1833-1840). Parmi ses fournisseurs du Québec figure un petit groupe de botanistes, parmi lesquels Harriet et William Sheppard, encouragés par Pursh, qui envoient aussi des spécimens à John Torrey et Asa Gray pour leur *Flora of North America* (1838-1843).

Flores dans les revues canadiennes Sheppard, marchand de bois, ne limite pas ses communications aux professionnels étrangers. En 1829, la première revue savante du Canada, *Transactions of the Literary and Historical Society of Quebec*, publie l'identification et la description populaire par Sheppard des plantes de Charlevoix et, en 1831 et 1837, ses articles intitulés «Notes on some of the plants of Lower Canada». Bien que destinée aux amateurs locaux, cet ouvrage de pionnier classe et indique les synonymes linnéens, traduit les précisions descriptives écrites en latin par Pursh et fournit des détails sur l'habitat, l'usage et certaines particularités des plantes.

Des articles sur la botanique comprenant des listes de plantes paraissent dans les journaux suivants: *Canadian Journal* (fondé en 1852, à Toronto); *Canadian Naturalist and Geologist* (fondé en 1856, à Montréal); *Annals of the Botanical Society of Canada*, de courte durée (fondé en 1861, à Kingston); et *Proceedings and Transactions of the Nova Scotian Institute of Science* (fondé en 1863, à Halifax). Leurs pages annonçaient fréquemment des intentions de compiler des flores régionale ou nationale, mais aucune n'a été publiée.

Le crédit pour la première flore de grande envergure par un Canadien appartient à un autre amateur québécois, l'abbé Léon PROVANCHER, dont la *Flore canadienne*, en deux volumes, sort en 1862. Comme il avait ouvertement emprunté de nombreuses illustrations des deux livres de l'influent Asa Gray, cette flore a rarement été citée par les botanistes contemporains. Par la suite, l'abbé Provancher a orienté, avec succès, ses recherches scientifiques vers l'entomologie, dont bon nombre ont été publiées dans son «Naturaliste canadien» (fondé en 1868).

Plus tard, des périodiques régionaux comme le *Transactions of the Ottawa Field-Naturalists' Club* (créé en 1880) et le *Bulletin of the Natural History Society of New Brunswick* (créé en 1882) comportent des flores locales détaillées ainsi que des notes de botanique. Les botanistes canadiens les plus professionnels, tels que George LAWSON à Halifax, continuent de publier des articles de grande qualité à l'étranger ou dans les *Transactions of the Royal Society of Canada* (créé en 1882). Pendant cette période, des flores abrégées étaient annexées à beaucoup de livres ou de manuels de botanique publiés au Canada, et les listes des plantes des régions lointaines étaient incluses dans les rapports de la COMMISSION GÉOLOGIQUE DU CANADA écrits par des hommes de terrain infatigables comme Robert BELL et John MACOUN.

Parmi les nombreux et très beaux livres de fleurs sauvages illustrés publiés au XIXᵉ siècle, le livre de Catherine Parr TRAILL, *Studies of Plant Life in Canada* (1885), pourrait se qualifier comme une flore détaillée avec ses descriptions en langue courante de quelques 260 fleurs indigènes, arbustes, arbres et fougères.

La meilleure publication de l'histoire des flores canadiennes et la première qui pourrait se comparer favorablement aux meilleures publications étrangères était le *Catalogue of Canadian Plants*, compilé par Macoun et publié en sept parties (1883-1902). Ce livre, malgré ses milliers d'espèces, certaines avec descriptions, synonymes, habitats, situations et sources, Macoun le considérait modestement comme seulement un préliminaire à une «Flore du Canada» qui a dû attendre le XXᵉ siècle.

Néanmoins, le développement de la description botanique canadienne pourrait être considéré comme adulte, après les affres de l'adolescence marquée par des pertes catastrophiques, des espoirs déçus et des négligences déplorables. Cette lente maturation mérite la reconnaissance en tant que processus de découverte dans des conditions difficiles. (*Voir aussi* BOTANIQUE, HISTOIRE DE LA.)

J.M. Neelin

Flynn, Edmund James, premier ministre du Québec en 1896-1897 (Percé, Canada-Est, 16 nov. 1847—Québec, 7 juin 1927). Ce politicien à l'esprit méticuleux se révèle un ministre des Ressources naturelles très compétent, mais quand on lui confie la succession du premier ministre TAILLON, il est incapable de redonner vie au Parti conservateur moribond. Il occupe le poste de premier ministre de mai 1896 à mai 1897. Toutefois, son parti est défait aux élections de 1897, de 1900 et de 1904, amorçant ainsi une longue période d'hégémonie libérale qui se prolongera jusqu'à l'élection de Maurice DUPLESSIS, en 1936.

Daniel Latouche

Foglia, Pierre, journaliste et chroniqueur (Italie, 1940). Pierre Foglia a vécu une grande partie de son enfance en France avant d'émigrer à l'âge de 15 ans en Californie, puis au Québec où il s'enracine. Il exerce plusieurs métiers avant de commencer à pratiquer le journalisme dans la presse hebdomadaire québécoise.

En 1972, il entre au journal *La Presse*, où il se spécialise d'abord dans la couverture d'événements sportifs, avant d'y tenir une chronique régulière plus généraliste. L'originalité de ses chroniques aux thèmes les plus divers est telle que Foglia s'attire un public d'inconditionnels qui ne cessera de grossir au fil des ans. Il fait preuve d'une grande indépendance d'esprit et de beaucoup d'audace dans les sujets qu'il traite; ses textes sont souvent à contre-courant de l'opinion générale. Foglia maîtrise magistralement l'art de raconter et son style est incisif, voire virulent.

Grand amateur de sports, Foglia continue de couvrir des événements sportifs internationaux tel le Tour de France. La direction de *La Presse* en fait également un envoyé spécial qu'elle dépêche, avec régularité, aux quatre coins de la planète. Plusieurs de ses reportages réalisés à l'étranger sont jugés exceptionnels, citons ses séries consacrées à la Russie ou aux effets de l'embargo économique sur Bagdad (Irak).

Un sondage CROP, effectué en 1998, le consacrait journaliste de la presse écrite le plus connu et le plus apprécié par la population québécoise.

Robert Maltais

Fogo, île D'une superficie de 254 km² et située à 15 km de la côte nord-est de Terre-Neuve, l'île a été nommée *fuego*, soit feu, par les Portugais. De forme irrégulière et fortement boisée au sud, elle repose sur les hauts-fonds du banc Fogo qui attire saumon, morue et autres espèces. Des moratoires ont été décrétés sur la pêche au saumon et à la morue. Cependant, une pêche au crabe lucrative est en pleine expansion. Jusqu'à la fin du XVIIIᵉ siècle, elle sert de campement d'été aux BÉOTHUKS. Des pêcheurs européens mouillent dans les eaux environnantes dès le début du XVIᵉ siècle et on commence à habiter l'été à Fogo Harbour (aujourd'hui Fogo), un avant-poste des commerçants de Devon et de Dorset dans les années 1680. L'endroit est habité de façon continue depuis 1738. L'île, qui est reliée à Farwell par un traversier, compte aujourd'hui neuf villages, mais en a déjà compté 26.

Réinstallation Les tentatives de réinstallation des habitants de l'île Fogo, entreprises dans les années 60, sont contrées par un mouvement en faveur du développement rural, soutenu par l'Office national du film, dont les courts métrages documentaires aident à unir les habitants par-delà les obstacles sociaux, culturels et religieux. La «méthode Fogo», qui désigne l'usage interactif de films et de documents vidéo pour stimuler la conscience et l'identité collectives, est maintenant utilisée dans le même but dans les pays en développement. La réinstallation des habitants de l'île Fogo a été abandonnée et une coopérative de pêcheurs, des installations scolaires et une industrie de pêche semi-hauturière et palangrière y ont vu le jour.

Situation actuelle Depuis le début des années 90, avec le déclin de l'industrie de la pêche, l'île Fogo continue de faire la promotion de ses attraits touristiques, entre autres des musées, des sentiers de randonnée, des villages abandonnés, des icebergs, des baleines et du mode de vie caractéristique d'un petit port isolé. Brimstone Head, un point de repère important de la ville de Fogo, a été reconnu comme étant l'un des quatre coins de la Terre par la Flat Earth Society.

Janet E.M. Pitt

Folch-Ribas, Jacques, romancier et critique d'art (Barcelone, 4 nov. 1928). Sa famille quitte l'Espagne pour fuir le régime de Franco et s'installe en France en 1939. Il y obtient un baccalauréat en mathématiques et en philosophie, reçoit un diplôme d'urbaniste dans une université de Paris, travaille avec l'équipe de Le Corbusier, termine un diplôme d'études supérieures en architecture grâce à des bourses de l'Unesco. En 1961, il devient citoyen canadien. Professeur, journaliste, critique d'art, en plus d'être romancier, il mène ces carrières en parallèle. Auteur d'un ouvrage sur le peintre et sculpteur Jordi Bonet (1964), édité en quatre langues, il est chroniqueur littéraire à *La Presse* de Montréal. À titre de romancier, il publie *Le démolisseur* (1970), *Le greffon* (1971) et *Une aurore boréale* (1974). En 1989, avec *Le silence ou le parfait bonheur*, il remporte le prix du Gouverneur général et, à Paris, le prix France-Québec. Ses derniers romans sont *La chair de pierre* (1989) qui réunit les deux pays d'adoption, le Québec et la France, ainsi que deux passions, l'architecture et l'écriture, *Premier nocturne* (1991), *Marie Blanc* (1994) et *Un homme de plaisir* (1997). Ce méditerranéen des neiges est membre de l'Académie des lettres du Québec, de l'Ordre des architectes du Québec et de l'Association internationale des critiques d'art. Il reçoit en 1989 le prix Duvernay pour l'ensemble de son œuvre.

Robert Charette

Folklore Ce terme est utilisé pour la première fois en Angleterre en 1846. Il sert maintenant à désigner les renseignements, la sagesse et les formes d'expression propres aux humains qui sont transmis de génération en génération, généralement de façon anonyme, ou encore propagés comme traits traditionnels de la culture populaire. Le matériel folklorique se retrouve partout et sous toutes les formes même si les études sur le folklore favorisaient autrefois le folklore verbal ou la littérature orale, soit les chansons et contes folkloriques, les épopées, les mythes, les légendes, les drames populaires, les énigmes, les proverbes, les dictons et diverses poésies. Le folklore non verbal comprend l'architecture populaire, l'art populaire et l'artisanat, la danse, la musique, les coutumes, les rites et croyances, les traditions populaires et les divertissements.

Avant de devenir folklorique, la chanson, le récit, la coutume ou la croyance doit passer par un processus de «folklorisation» en plus de satisfaire aux critères et de recevoir l'approbation de la collectivité concernée. Pendant ce processus de filtration, l'élément en question peut subir une ou plusieurs modifications avant d'être intégré de façon permanente dans l'héritage culturel de la collectivité.

En plus de la reconnaissance et de l'acceptation générale, l'anonymat et les variantes sont aussi des traits caractéristiques du processus folklorique. Ainsi, les plaisanteries, les chansons et les motifs d'œufs de Pâques sont toujours rendus en plusieurs versions. On utilise parfois le terme général «vie traditionnelle» pour désigner le folklore, ou encore la culture et la tradition populaires, comme si ces termes étaient interchangeables, alors que chacun possède une histoire et des influences qui lui sont propres.

Origines du folklore

Le folklore vise principalement à enseigner, à soutenir, à amuser et à exprimer les goûts et la créativité artistiques des personnes et des collectivités. Les travaux de chercheurs actuels démontrent que le folklore constitue un aspect important de toutes les cultures, parce qu'il permet aux gens de comprendre leur environnement social et naturel et de s'y adapter. Les mythes des Amérindiens et des Inuits illustrent bien le rôle essentiel que joue la nature (p. ex., les saisons et les cycles de la vie) chez de nombreux peuples en fournissant un cadre dans lequel s'insèrent leurs éléments folkloriques.

Le besoin de voir et de vivre des situations inusitées explique en partie le renouveau d'intérêt périodique pour le folklore et les traditions populaires, comme en témoigne la popularité de manifestations comme Caravan à Toronto, Folklorama à Winnipeg, Heritage Festival à Edmonton et d'autres événements du même genre. Le nouvel intérêt que suscite aujourd'hui le folklore relève de phénomènes sensoriels et non verbaux: le goût et l'arôme de mets qui ne nous sont pas familiers, les couleurs chatoyantes et l'excitation visuelle associées aux DANSES FOLKLORIQUES, les particularités de l'ART POPULAIRE et de l'artisanat, ainsi que l'expérience auditive singulière produite par les chansons et la MUSIQUE FOLKLORIQUE.

Ces manifestations du folklore prospèrent bien dans un contexte moderne, comme le prouve la participation à l'événement annuel que constitue le Winnipeg Folk Festival. Des techniques de commercialisation raffinées permettent de présenter un éventail très dense d'interprètes de talent, allant des chanteurs de folklore contemporains aux démonstrations de tissage traditionnel.

Le folkloriste expérimenté perçoit le lien entre les dieux ailés de la mythologie classique et le «Superman» nord-américain. Le folklore peut établir un pont entre le passé et le présent en choisissant et en réinterprétant des éléments de celui-là afin qu'ils répondent aux besoins de celui-ci.

Folklore canadien La géographie et la composition variée sur les plans linguistique et ethnoculturel ne permettent pas une description brève du folklore canadien. La plupart des ouvrages présentent le folklore dans un ordre chronologique, avec quatre principaux groupes de traditions reflétant les cultures des principaux ensembles de population du Canada, soit les autochtones (Amérindiens et Inuits), les Canadiens français, les Canadiens anglais (Anglais, Irlandais, Écossais et Gallois) et les autres groupes ethniques.

Divers facteurs ont favorisé la conservation et l'évolution du folklore partout au pays, qu'il s'agisse de la prédominance de la population rurale (au moins jusqu'à la fin de la Seconde Guerre mondiale), du pourcentage élevé d'analphabétisme au sein de certains groupes à une époque antérieure et de l'utilisation du folklore pour nourrir un sentiment d'appartenance, tant d'un point de vue local que national. Le Canada français, p. ex., a vécu «l'âge d'or» de la littérature orale jusqu'au début du XXᵉ siècle. Cette situation était due en grande partie à la politique coloniale française qui ne permettait pas l'établissement d'une presse écrite en Nouvelle-France et, plus tard, aux politiques instaurées par les autorités anglaises qui, sans relâche, ont utilisé la langue anglaise pour répandre son usage ainsi que celui de la religion protestante.

Le manque de publications en français et la pénurie d'écoles françaises ont contribué au maintien d'une culture enracinée dans le folklore. Les premiers écrivains canadiens-français ont intégré de nombreuses coutumes et légendes à leurs œuvres et ont ainsi contribué à la reconnaissance et à l'admiration de l'héritage folklorique.

Le contact enrichissant du Canada français avec la population autochtone et la préférence marquée du Canada anglais pour la vie maritime ont permis de distinguer encore davantage l'ensemble des traditions des deux collectivités. Depuis le XIXᵉ siècle, les vagues intermittentes d'immigrants et de réfugiés de toutes les parties du monde ont élargi de façon marquée les horizons du folklore canadien en y introduisant de nouveaux éléments.

Le folklore canadien a toujours été influencé par les États-Unis aussi bien que par d'autres pays et vice versa (p. ex., l'effet des grandes régions sauvages du Canada et du héros de la Police montée sur l'imagination des Américains). Dans d'autres pays, l'exode vers le Canada des fils et des filles et leurs premières expériences en tant qu'immigrants sont à l'origine de cycles complets de chansons et de récits sur l'immigration en terre canadienne, cycles qui, à leur tour, sont intégrés au folklore du pays d'origine.

Les notes de voyage et les comptes rendus des explorateurs, commerçants et missionnaires du XVIIᵉ siècle constituent les premières sources écrites du folklore canadien. Les premiers efforts réfléchis de transcription et de publication du folklore remontent au XIXᵉ siècle dans le Canada français. La recherche d'une identité nationale et la réaction correspondante contre les influences étrangères sur la vie et la littérature canadiennes suscitent, après la Seconde Guerre mondiale, un intérêt renouvelé pour le passé de la nation et les traditions populaires.

Les transcriptions et les publications ayant trait au folklore, sous une forme originale ou partiellement remaniée, commencent alors à se multiplier. Deux nouvelles et fort importantes publications périodiques, *Les Archives de folklore* (publiées par l'U. Laval depuis 1946) et la *Collection Mercure* (publiée par le Centre canadien d'études sur la culture traditionnelle au Musée national des civilisations à Ottawa depuis 1972) ont enrichi le domaine de la recherche sur le folklore. Les festivités du Centenaire en 1967 ont éveillé encore plus l'intérêt des Canadiens pour le folklore et ont mis en valeur la richesse de l'héritage folklorique national.

L'urbanisation a également contribué à l'émergence de formes transitoires. La télévision et les autres moyens de diffusion de masse ont aussi joué un rôle important dans ce processus bien que leur influence sur le folklore canadien n'ait pas encore été complètement analysée ou évaluée. Toutes les catégories et tous les genres de folklore sont présents au Canada, mais leur répartition varie d'une culture à l'autre. Le manque de données pertinentes et comparatives à ce sujet complique d'ailleurs tout effort d'identification convenable des traditions ainsi que tout effort d'évaluation et de caractérisation de la nature de leur répartition. L'état particulièrement riche et multiforme du folklore au sein des peuples autochtones s'explique en grande partie par l'effet tardif de l'influence européenne.

Cette situation attire depuis longtemps l'attention des chercheurs et des passionnés du folklore autochtone. Les collectes de données et les études des traditions des autochtones tendent à se concentrer sur les récits oraux et les gestes rituels. La DANSE DU SOLEIL, les cérémonies liées au guérisseur (CHAMAN) et l'exercice de la médecine populaire (comme le rite de la TENTE TREMBLANTE) sont parmi les mieux décrits.

Les mythes des populations amérindiennes et inuites constituent des aspects uniques et importants du folklore canadien. Ils racontent souvent le vol de la lumière et du feu et mettent en scène un héros mythique qui réussit à obtenir diverses choses pour son peuple. On compte parmi ces mythes sur la création et sur les héros les cycles de la côte Ouest du CORBEAU et de l'OISEAU-TONNERRE ainsi que les récits sur NANABOZO des Algonquins. Ceux-ci constituent d'ailleurs deux des plus importants groupes de mythes chez les Amérindiens. Les légendes sacrées comprennent des éléments de l'histoire de la tribu et, à un degré moindre, des fables ou des contes merveilleux. Ces légendes forment une partie importante du folklore amérindien et inuit (*voir* AUTOCHTONES, RELIGION DES).

Le document oral, qu'il s'agisse du chant ou du discours, est la principale composante du folklore canadien-français, qui comprend, en plus de celui du Québec, celui des collectivités acadiennes des Maritimes et des collectivités francophones du nord de l'Ontario et de certaines parties de l'Ouest canadien. L'influence du catholicisme est particulièrement marquée dans de nombreuses légendes religieuses sur les saints du Moyen Âge, des guérisons et des sauvetages miraculeux, la création et le déluge.

Parmi ces récits populaires figurent également des contes merveilleux internationaux, dont beaucoup remontent à des sources d'avant l'ère chrétienne. Leur intrigue illustre les caractéristiques des contes typiques: répétition par groupes de trois, accent mis sur les épreuves et les exploits chevaleresques, triomphe du fils cadet, objets magiques et alliés surnaturels, transformations miraculeuses et dénouements heureux.

En plus d'un répertoire actif de contes-à-rire, d'anecdotes, de contes énumératifs et de randonnées, le folklore narratif traditionnel comprend aussi un nombre important de légendes locales reflétant le style de vie propre à des métiers traditionnels, tels que l'agriculture, la chasse, la pêche et la coupe du bois. Les sujets les plus souvent traités sont les trésors cachés, les feux follets, la chasse-galerie, les loups-garous, les sorciers et les rencontres avec le diable.

Les principaux personnages des récits traditionnels du Canada français sont le populaire Ti-Jean, personnage héroïque, un chasseur extraordinaire nommé Dalbec et Jean CADIEUX, un voyageur dont la mort tragique est le sujet de la première chanson folklorique canadienne-française vraiment caractéristique (voir LITTÉRATURE ORALE DE LANGUE FRANÇAISE). Le folklore canadien-anglais ne suscite pas un aussi vif intérêt que celui manifesté pour les folklores autochtone et canadien-français. La documentation disponible pour l'étude est donc relativement rare bien qu'un nombre important de données puissent être relevées dans les ouvrages d'histoire locale ou d'autres sources semblables (voir LITTÉRATURE ORALE DE LANGUE ANGLAISE).

Beaucoup de types de chansons folkloriques ont été bien documentés, surtout ceux qui ont trait aux enfants, aux bûcherons et aux marins, y compris un nombre important de chansons sur les naufrages de la côte Est et des Grands Lacs. Les exemples de contes merveilleux internationaux sont rares au sein de la collectivité canadienne-anglaise bien que les contes-à-rire et les anecdotes soient monnaie courante et qu'elles comprennent des contes de mensonge et des facéties ethniques, telles que celles sur les «Newfies», qui sont particulièrement répandues. Il existe certaines collections de superstitions et de récits surnaturels, surtout de la Nouvelle-Écosse.

Le dynamique département de folklore de la Memorial University of Newfoundland à St. John's fournit la meilleure documentation sur le folklore canadien-anglais. Les formes de folklore les plus importantes qui ont été retracées, étudiées et enregistrées à Terre-Neuve sont le MUMMING, les énigmes et d'autres formes, bien que la documentation à leur sujet soit négligeable ailleurs au Canada. Les annonces de l'animateur des danses carrées, les poèmes écrits par des enfants et les légendes concernant le SASQUATCH, l'OGOPOGO et d'autres monstres du même genre de l'Ouest canadien sont aussi recueillis.

La culture populaire matérielle du Canada anglais a suscité beaucoup d'intérêt à la suite des célébrations du Centenaire en 1967. Un grand nombre d'albums et de livres grand format attrayants sont parus et étaient consacrés aux maisons canadiennes, aux GRANGES, aux MAISONS DE RONDINS, aux clôtures, aux églises, aux PHARES, aux toilettes extérieures, aux MEUBLES, à la poterie, aux COURTEPOINTES et aux tapis crochetés (voir TAPIS, CONFECTION DE).

Les comptes rendus des manifestations des esprits anglais en terre canadienne indiquent l'influence soutenue du folklore de la mère patrie anglaise. Le nombre important de légendes urbaines modernes, sous forme de récits de croyance migratoires transmises par les adolescents et présentant des thèmes tels que «La gardienne qui prend l'enfant pour une dinde», «La petite amie à la jambe amputée» et «Le foie du grand-père» fait voir l'effet prononcé des nouveaux modèles folkloriques américains sur le folklore canadien-anglais.

Le folklore canadien de la seconde moitié du XXᵉ siècle tire ses racines dans plus de 70 traditions différentes, représentant toutes les parties du monde (voir MULTICULTURALISME) Ainsi, des études préliminaires montrent entre autres l'existence dans le sud de l'Ontario d'un vaste nombre de croyances et de rites populaires associés à la médecine traditionnelle des Allemands venant de Pennsylvanie, d'un nombre assez considérable et varié de traditions chez les Ukrainiens des Prairies, de formes de narration anciennes des «Vieux Pays» chez les Islandais du Manitoba et chez les juifs de langue yiddish de Montréal.

Viennent s'ajouter à ces groupes les études folkloriques concernant les autres communautés ethniques qui ont été entreprises auprès des Canadiens noirs, doukhobors, bohémiens ainsi que ceux d'origine polonaise, norvégienne, coréenne, danoise, hongroise, suédoise, italienne, grecque, chinoise, roumaine et finlandaise. Dans les années 60, les FESTIVALS FOLKLORIQUES à saveur ethnique sont devenus des phénomènes particulièrement féconds partout au pays et font se porter l'attention sur la richesse du patrimoine folklorique canadien.

Études folkloriques Des programmes d'études folkloriques sont offerts à tous les cycles d'études dans deux universités canadiennes, soit en français à l'U. Laval, à Québec, depuis 1944, et en anglais à la Memorial University of Newfoundland, à St. John's, depuis 1962. Luc Lacourcière de l'U. Laval et Herbert Halpert de la Memorial University ont contribué à la mise en œuvre et au bon fonctionnement de ces deux programmes. Les Archives de folklore de l'U. Laval et la MUNFLA (Memorial University of Newfoundland Folklore and Language Archive) de la Memorial University ont amassé des documents d'archives concernant le folklore de leur province respective.

Parmi les autres universités qui offrent des cours sur le folklore canadien, il faut citer l'U. de Moncton, l'U. du Québec à Trois-Rivières, l'U. York, l'U. Laurentienne, l'U. de Winnipeg, l'U. du Manitoba, l'U. de la Saskatchewan, l'U de Calgary et l'U. de l'Alberta. Le Centre franco-ontarien de folklore de l'U. Laurentienne de Sudbury, fondé par Germain Lemieux, possède une collection importante de documents folkloriques franco-ontariens et le Centre de documentation en civilisation traditionnelle à Trois-Rivières, fondé en 1970 par Robert-Lionel Séguin et Maurice Carrier, possède un important ensemble de documents d'archives photographiques et écrits sur la culture matérielle du Québec.

Le Centre canadien d'études sur la culture traditionnelle est le centre le plus important de recherches sur la culture au Canada. Il s'agit d'une division du Musée canadien des civilisations à Ottawa. Le centre possède des collections importantes concernant le Canada français, les Amérindiens de la côte Ouest et les Hurons, ainsi que les ethnies minoritaires du pays. Le Musée manitobain de l'homme et de la nature de Winnipeg compte un programme explorant le caractère ethnique de la population manitobaine d'origine étrangère et ses collections reflètent l'identité ethnique de ces divers groupes.

Le programme de vie traditionnelle du Provincial Museum of Alberta, fondé en 1975, est chargé de l'acquisition, de la documentation, de la recherche et de l'interprétation de documents sur la vie culturelle des Albertains d'origine étrangère. Sa collection d'artefacts comprend plus de 3000 pièces.

En 1964, le gouvernement canadien crée le Conseil canadien des arts folkloriques qui, grâce à son réseau de centres qui lui sont affiliés, sert de point de ralliement aux nombreux groupes d'interprètes folkloriques, amateurs et semi-professionnels. Le Conseil a deux bureaux principaux, un à Toronto et un à Montréal, et publie la revue trimestrielle *Troubadour*. Les autres organismes nationaux sont la Société canadienne de musique folklorique (fondée en 1957) et l'Association canadienne d'ethnologie et de folklore (fondée en 1975).

Le principal pionnier de la recherche folklorique au Canada au XXᵉ siècle est sans contredit Charles Marius BARBEAU, dont la plupart des ouvrages ont été publiés par le Musée national. Cependant, il n'existe aucune technique vraiment canadienne pour l'étude du folklore, et presque tous les folkloristes importants ont reçu une bonne partie de leur formation universitaire à l'étranger.

En 1980, chacun des trois principaux centres d'études folkloriques du pays avait officiellement ses responsabilités propres, même si certaines se chevauchent à l'occasion: Laval s'occupe du folklore canadien-français, Memorial, du folklore canadien-anglais, et Ottawa, des groupes ethniques minoritaires.

La plus importante bibliographie du folklore canadien est l'œuvre conjointe d'Edith FOWKE et de Carole Henderson Carpenter, *A Bibliography of Canadian Folklore in English* (1981). Parmi les ouvrages d'ordre général, on compte la monographie de *Carpenter Many Voices: A Study of Folklore Activities in Canada and Their Role in Canadian Culture* (1979), *Canadian Folklore Perspectives* de K.S. Goldstein (1978), *A Life in Folklore* (1975) d'Helen Creighton, la seule autobiographie écrite par un folkloriste important; l'étude photographique multiculturelle *Everyman's Heritage: An Album of Canadian Folk Life* de Magnus Einarsson (Musées nationaux, 1978), et *Folklore of Canada* (1976) d'Edith Fowke, l'une des premières anthologies du domaine.

En 1972, la revue *Ethnomusicology* (vol. 16, nᵒ 2), éditée par Israel J. Katz, consacre un numéro spécial au Canada. Les collections régionales comprennent *Folklore of Nova Scotia* de Mary L. Fraser, *Folklore from Nova Scotia* d'Arthur Huff Fauset, *Folklore of Lunenburg County, Nova Scotia* d'Helen Creighton, *Christmas Mumming in Newfoundland*, édité par H. Halpert et G.M. Story, et *Folklore of Waterloo County, Ontario* de W.J. Wintemberg.

Parmi les différentes publications sur le folklore canadien-français, la collection *Les Archives de folklore* jouit d'une renommée internationale, tout comme les nombreux ouvrages de C. Marius Barbeau.

Des livres de Leonard Bloomfield sur les Cris, de Franz BOAS sur les Amérindiens de la côte Nord-Ouest et de Barbeau sur les Hurons et les Amérindiens de la côte Ouest sont d'un intérêt particulier pour les études folkloriques de peuples autochtones du Canada. Parmi les autres chercheurs, il faut nommer Marie-Françoise Guédon, Diamond JENNESS, Gertrude P. Kurath et Paul Radin. Le numéro spécial de *Canadian Ethnic Studies* (nᵒ 7, 1975, éd. Robert B. Klymasz), intitulé *Ethnic Folklore in Canada*, est d'un intérêt particulier pour le folklore des groupes ethniques.

Le Centre canadien d'études sur la culture traditionnelle du Musée canadien des civilisations à Ottawa a aussi mis en circulation dans sa *Collection Mercure* un certain nombre de rapports intéressants. En plus des publications *Les Archives de folklore* et *Troubadour*, quatre autres périodiques sur le folklore ont vu le jour depuis les années 70: *Bulletin de l'Association canadienne pour les études du folklore* (créée en 1976) plus tard *Bulletin de l'Association canadienne d'ethnologie et de folklore, Revue de musique folklorique canadienne* (créée en 1973), *Canadian Folklore canadien* (créée en 1979) et *Culture et Tradition* (Memorial et Laval).

Le domaine des traditions des enfants au Canada a aussi attiré l'attention de chercheuses telles que Barbara Cass-Beggs, Edith Fowke et Kay Stone. Parmi les publications les plus importantes, il faut citer une compilation effectuée par Peter B. Michalyshyn, *Tic-Tac Togetherness: A Collection of Intercultural Games for Children* (1979). Des trousses d'étude et des expositions conçues par plusieurs musées partout au Canada sensibilisent les auteurs de programmes scolaires à la richesse de notre patrimoine folklorique. *Oracle*, bulletin publié par le Musée national des civilisations, est aussi utile au personnel enseignant.

Les documents non imprimés sur le folklore canadien comprennent plusieurs œuvres produites ou distribuées par l'Office national du film (ONF). Les arts et l'artisanat populaires sont bien représentés par trois films: *Maud Lewis, In Praise of Hands* (v.f. *Maud Lewis-sans ombre, Hommage aux mains*) et *Inventors of Thingumajigs* (v.f. *Les Petits Inventeurs*). Trois autres films, *Pen-Hi Grad, Wedding Day* et *Pleasure Faire* explorent le monde des festivals, des célébrations et des rites folkloriques. La religion populaire a aussi fait l'objet de deux films de l'ONF: *The Hutterites* (v.f. *Les HUTTÉRITES*) et *The Living Book*, fondé sur la vie des DOUKHOBORS.

The Sunny Munchy Crunchy Natural Food Shop démontre, d'une façon humoristique, les répercussions qu'ont les recettes et les ingrédients traditionnels sur nos habitudes alimentaires modernes. Le documentaire *The Songs of Chris Cobb*, lui, traite des chants folkloriques d'un port de pêche à Terre-Neuve, alors que *Hinchinbrook Diary* et *Bekevar Jubilee* décrivent le système global que constitue le folklore d'une collectivité particulière. *Canadians Can Dance* (v.f. *Les Canadiens savent danser*) présente un tableau des styles et des traditions actuels de danse folklorique au Canada.

Parmi les nombreux documents sonores qui ont été produits jusqu'à maintenant, les plus importants sont *Canadian Folk Songs* (éd. C. Marius Barbeau, vol. 8 de la Columbia World Library of Folk and Primitive Music); plus de 20 disques présentés sous l'étiquette Folkways; et *Canadian Folk Songs: A Centennial Collection*, neuf disques mettant en vedette des interprètes novateurs (RCA Victor, 1967).

Robert B. Klymasz

Fonction publique Bureaucratie de l'État qui comprend au Canada des organisations ministérielles qui secondent les dirigeants politiques dans l'élaboration, la réalisation et la mise en application des politiques gouvernementales. Elle compte près de 70 ministères et organisations (et environ 200 000 employés) généralement créés par des lois du Parlement qui définissent les fonctions du ministre, du chef politique et du fonctionnaire principal ou ministre adjoint, et qui délimitent les pouvoirs, les devoirs et les buts de l'organisation. Les organisations non ministérielles telles que SOCIÉTÉS DE LA COURONNE, commissions de réglementation et tribunaux administratifs (*voir* PROCESSUS RÉGLEMENTAIRE) font aussi partie de la fonction publique. Elles sont créées pour remplir certaines tâches du gouvernement pour lesquelles apparaît nécessaire un certain degré d'autonomie vis-à-vis des ministres ou des dispositions administratives qui régissent la fonction publique. Ce sont des mandataires de l'État qui font rapport au Parlement par l'intermédiaire d'un ministre.

La tradition veut que le premier ministre choisisse les ministres et leur confie des responsabilités législatives, même si c'est le gouverneur général qui les nomme officiellement. Le Cabinet dirige la fonction publique dans la mise en application et la surveillance des politiques existantes ainsi que dans l'élaboration de nouvelles politiques. Il est aussi responsable de son administration devant l'assemblée législative. Les comités du Cabinet et le CABINET DU PREMIER MINISTRE dictent les orientations politiques.

Le Cabinet est secondé dans la coordination des politiques gouvernementales et dans la direction et la gestion de la fonction publique par des organisations centrales comme le Bureau du Conseil privé (BCP) et le Secrétariat du Conseil du Trésor, ainsi que par des ministères comme ceux des Finances, de la Justice et des Affaires extérieures qui ont toujours joué un rôle important dans l'élaboration des politiques d'ensemble. Des programmes et politiques spécifiques sont élaborés et réalisés par de nombreux ministères, comme l'Agriculture, Santé et Bien-être social Canada, la Défense nationale, Développement des ressources humaines et le Transport. Quelques ministères sont également chargés de fournir des services administratifs aux autres ministères gouvernementaux, comme les Travaux publics, Services gouvernementaux et Revenu Canada.

La réforme gouvernementale au Canada, influencée par la tendance néo-conservatrice répandue dans les démocraties occidentales, a modifié le Cabinet et remanié considérablement les ministères. Des actions visant la réduction du déficit et de la dette ont eu pour résultat la réduction de la taille des ministères et des organisations, la privatisation de nombreuses tâches gouvernementales et l'élimination de certains programmes. Simultanément, des mesures visant une gestion de la qualité et un rendement accru ont été mises en œuvre pour fournir de meilleurs services à moindre coût. Cette nouvelle gestion publique s'est attachée à améliorer le contrôle politique et l'imputabilité de l'administration gouvernementale et à ramener le rôle général du gouvernement à ses tâches essentielles.

Les droits et les devoirs des fonctionnaires sont définis par des législations comme la *Loi sur l'emploi dans la fonction publique*, la *Loi canadienne sur les droits de la personne*, la *Loi sur les relations de travail dans la fonction publique* et par des règlements et des directives adoptés dans le cadre de ces lois. L'embauche dans la fonction publique et les promotions ultérieures sont fondées sur le principe du mérite qui, bien qu'il ne soit pas défini par la loi, est vu comme «la sélection à un poste des candidats les mieux qualifiés par leurs connaissances, leur expérience et leurs capacités, sans discrimination ni favoritisme».

Le régime du mérite comprend les règlements, politiques, procédures et directives ayant trait au recrutement, à l'embauche et à l'avancement des fonctionnaires. Il a été modifié selon les circonstances. Après l'adoption de la LOI SUR LES LANGUES OFFICIELLES (1969), p. ex., le bilinguisme est devenu une norme de mérite pour combler les postes. De plus, des mesures spéciales de recrutement et de dotation ont été mises sur pied pour augmenter l'embauche de membres des groupes sous-représentés comme les femmes, les francophones, les autochtones et les personnes handicapées. Des programmes d'égalité d'accès à l'emploi ont visé à éliminer les pratiques discriminatoires dans l'embauche et dans l'avancement, et des programmes d'action positive ont directement tenté d'augmenter la présence de membres de ces groupes.

Le résultat de la révision globale des programmes et des modifications structurelles de la fonction publique, ces dernières années, a été une diminution draconienne du nombre de fonctionnaires fédéraux. Une directive juridique visant l'adaptation de la main-d'œuvre a été adoptée en 1995 afin de permettre cette réduction. Les dispositions sur la sécurité d'emploi ont été modifiées pour y ajouter des indemnités de retraite et de départ anticipé pour les employés des ministères les plus affectés par la réduction. Des comités mixtes d'adaptation de la main-d'œuvre formés de représentants de l'employeur et des employés ont travaillé à la mise en œuvre de cette politique.

La tradition de neutralité politique de la fonction publique est garantie par le principe d'embauche sur la base du mérite plutôt que sur des opinions politiques. La séparation traditionnelle entre l'administration, le politique et l'anonymat des fonctionnaires signifie que les fonctionnaires peuvent théoriquement rester neutres face au gouvernement au pouvoir, mais la reconnaissance, ces dernières années, des liens entre le politique, les politiques, et leur administration a modifié le *statu quo*. Les fonctionnaires sont, dans le cadre de leurs fonctions, activement concernés par l'élaboration des politiques, et on s'attend souvent à ce que, au nom de leur ministre, ils défendent ces politiques face au public.

Les droits politiques des fonctionnaires sont limités au vote et aux autres formes passives de participation, c.-à-d. p. ex., assister à des réunions politiques ou contribuer financièrement aux partis. Il est interdit de critiquer les politiques gouvernementales publiquement ou de divulguer des informations confidentielles. Les fonctionnaires désirant se porter candidats ou participer à une élection à un poste national ou provincial doivent demander un congé sans solde qui peut leur être refusé s'il y a conflit avec les mandats qui leur sont confiés. Toutefois, ils peuvent prendre une part active à la politique municipale.

La NÉGOCIATION COLLECTIVE dans la fonction publique laisse à la majorité de ses employés (sauf ceux qui occupent des postes de gestion et des fonctions confidentielles, ou encore les membres de la GRC et des forces armées) le droit d'appartenir à l'un des syndicats et de participer au processus mixte de détermination du salaire et des avantages sociaux. L'employeur, représenté par le Conseil du Trésor, se garde le privilège de définir la classification des postes, les normes de discipline et autres conditions de travail. La Commission des relations de travail dans la fonction publique, qui administre la *Loi sur les relations de travail dans la fonction publique*, choisit les négociateurs et les unités de négociation, entend les griefs et est globalement responsable de l'administration de la législation sur les conventions collectives qui tombe sous le coup de la Loi. Elle fait rapport au Parlement par l'intermédiaire d'un ministre, le président du BCP, qui ne siège pas au Conseil du Trésor.

La négociation se fait entre le Conseil du Trésor et ses représentants et des agents de négociation agréés représentant les employés. Le règlement des différends peut se faire par l'arbitrage obligatoire et la conciliation, qui accorde parfois le droit de grève. La négociation collective, comme les autres droits des fonctionnaires, est accordée par le Parlement et peut être modifiée ou annulée par cette même autorité. Les législations parlementaires visant à ramener les fonctionnaires au travail ou à imposer le contrôle des salaires peuvent court-circuiter le processus des négociations collectives. Il est également arrivé que le gouvernement légifère pour imposer des gels temporaires de salaire aux fonctionnaires dans le cadre de ses stratégies de réduction du déficit et de la dette.

La responsabilité de la gestion du personnel est partagée entre les organisations ministérielles, le Conseil du Trésor et la COMMISSION DE LA FONCTION PUBLIQUE. Les fonctionnaires sont des employés de leur propre ministère et de la fonction publique dans son ensemble. Le Conseil du Trésor a la responsabilité globale des politiques de gestion du personnel et représente l'employeur dans les négociations collectives, mais c'est la Commission de la fonction publique, en vertu de la *Loi sur l'emploi dans la fonction publique* (1967), qui détermine les critères d'embauche pour les ministères et les seconde dans la formation et le perfectionnement. Elle a pleine autorité en ce qui a trait aux nominations pour les principales fonctions, sauf pour celle de ministre adjoint. Elle entend les appels sur les nominations, enquête sur les allégations de discrimination, tranche dans les cas d'influences politiques et vérifie les pratiques d'embauche des ministères. Mise sur pied pour éliminer le favoritisme politique dans la fonction publique, elle est restée depuis une organisation autonome centrale de dotation vouée à la défense du principe du mérite.

Variantes provinciales La structure et l'organisation fondamentales des fonctions publiques provinciales sont semblables à celles du gouvernement fédéral. Certains gouvernements provinciaux ont entrepris ces dernières années de restructurer et de réorganiser leurs fonctions publiques. Les privatisations et les partenariats avec le secteur privé pour l'exécution de tâches antérieurement confiées à la fonction publique sont des pratiques courantes, y compris dans des secteurs comme les services sociaux, l'éducation et le développement des ressources. Un accent particulier a aussi été mis sur le service à la clientèle et sur une gestion de la qualité dans la plupart des secteurs de juridiction provinciale. L'importance du rôle des commissions de la fonction publique provinciales dans la dotation et la formation du personnel varie énormément. Des régimes de négociations collectives ont également été instaurés au niveau provincial, mais encore là, des différences existent dans les droits accordés aux employés de chaque province. Dans certaines provinces, les fonctionnaires ne possèdent pas le droit de grève.

Audrey R. Doerr

Fonctionnalisme Théorie relative à l'ordre mondial élaborée au début du XXe siècle par différents auteurs, dont Leonard Woolf et David Mitrany, qui soutiennent que si les nations s'unissaient en une interdépendance économique et sociale et que si le bien-être d'un pays dépendait du maintien de la paix, il y aurait moins de risques de guerre. Cette théorie influence ceux qui ont fondé l'ORGANISATION DES NATIONS UNIES, de même que ses agences fonctionnelles spécialisées, ses organes de paix et de sécurité, et ses organismes s'occupant de questions économiques et sociales. Le Canada étend cette théorie à celle de la représentation fonctionnelle. Selon cette théorie, la participation et l'influence des pays dans les divers organismes des Nations Unies seraient fonction de l'intérêt que portent ces pays aux sujets dont ces organismes sont responsables et de la contribution qu'ils peuvent y apporter.

John W. Holmes

Fondation d'études du Canada Créée en 1970, à la suite des conclusions du Projet national d'histoire (1965-1968) qui avait révélé l'ignorance profonde de l'élève canadien moyen du secondaire au sujet du pays. Grâce à ce projet, A.B. Hodgetts comprendra aussi que les cours dispensés sur le Canada constituent eux-mêmes une source de division. Il cherchera donc à créer des occasions permettant aux Canadiens de différents niveaux d'instruction et de différentes régions de faire équipe dans des projets d'études canadiennes transcendant les barrières linguistiques, culturelles et régionales. Au cours de la période expérimentale initiale de cinq ans, Walter L. GORDON agira à titre de président et de collecteur de fonds auprès du secteur privé, et Hodgetts et George S. Tomkins, de codirecteurs des activités. Les dépenses de la première année dépassent 500 000 $.

Dès 1974, la fondation peut compter sur un solide noyau de participants actifs; elle est soutenue par les ministères provinciaux de l'Éducation et par le Secrétariat d'État. Elle reçoit aussi des contributions en nature (enseignants, écoles et instances scolaires locales. Le budget de l'année 1975-1976 s'élève à 600 000 $.

De 1978 à 1986, le soutien direct proviendra quasi exclusivement du Secrétariat d'État, les dépenses annuelles atteignant alors moins de 300 000 $. Pendant 15 ans, la fondation sera le seul producteur sans but lucratif de matériel didactique sur le Canada. Elle introduit de nouvelles approches de l'enseignement sur le Canada. Quelque 30 000 enseignants canadiens seront formés en la matière. Autres réalisations à mettre à son actif: production et publication de quelque 150 guides pédagogiques, stimulation d'un nouveau marché du manuel scolaire canadien, mise sur pied d'un réseau de plus de 2000 enseignants à travers le pays, distribution d'un bulletin bilingue très populaire (*Contact*) et promotion d'une approche structurée des études canadiennes (décrite dans *Perspectives nouvelles en enseignement du Canada*, publié en 1978). Ses objectifs initiaux atteints, la fondation se dissout en 1986. (*Voir aussi* ÉTUDES CANADIENNES.)

Paul Gallagher

Fondations canadiennes F. Emerson Andrews, premier président du Foundation Centre de New York, définit les fondations comme suit: «[...] des organisations non gouvernementales et sans but lucratif disposant de fonds (provenant habituellement d'une source unique, que ce soit un particulier, une famille ou une société), et dont les programmes sont gérés par leurs propres fiduciaires ou administrateurs. Leur objectif est de maintenir ou d'appuyer des activités sociales, éducationnelles, charitables, religieuses ou autres qui servent le bien commun, principalement à l'aide de subventions».

Une série de règles et de règlements régissent les fondations, qui doivent notamment verser leurs subventions à des organismes de bienfaisance reconnus. Une fois l'argent versé dans une fondation, il en devient la propriété et ne peut être utilisé à l'avantage personnel du donateur.

La fondation moderne

Même si les fondations remontent au temps de la Grèce ancienne, c'est aux XIXe et XXe siècles qu'elles acquièrent une importance particulière. Ce changement tire son origine de la montée de la nouvelle élite industrielle, de façon plus visible mais non exclusivement aux États-Unis. Les Fondations Rockefeller, Carnegie et Ford en sont les exemples les plus connus; parmi les dirigeants industriels d'autres pays qui s'adonnent à cette «redistribution volontaire de la richesse», on compte lord Nuffield en Angleterre, Calouste Gulbenkian qui dépense une fortune pour aider les communautés arméniennes du monde entier, Jamsetji Tata en Inde, dont on présente la famille comme les «Rockefeller d'Asie», ainsi qu'Eugenio Mendoza en Argentine.

Fondateurs passés et présents de fondations canadiennes

Le Canada compte un certain nombre d'anciens dirigeants d'entreprise et leurs familles qui sont identifiés aux fondations qu'ils ont créées: J.W. McConnell (St. Lawrence Sugar, Montreal Star), R. Samuel McLaughlin (General Motors du Canada), Samuel Bronfman (distillateur), Beaverbrook (industriel et magnat de la presse), Kahanoff (Voyager Petroleum), Max Bell (homme d'affaires de Calgary), Eaton (propriétaire d'un grand magasin) et Molson (brasseur), pour n'en nommer que quelques-uns. Parmi les dirigeants d'entreprise actuels, on trouve Edward Bronfman (investisseur), Peter Munk (industrie minière) et Charles Bronfman (distillateur).

La réduction du rôle des gouvernements fédéral et provinciaux attire bien davantage l'attention sur les dons philanthropiques faits par des particuliers, des sociétés et des fondations. Dans ce contexte, il est inévitable que les fondations canadiennes se trouvent de plus en plus sous les feux de la rampe. Ces fondations n'ont pourtant pas les moyens de combler le vide que ressentent les organismes de bienfaisance depuis que l'État diminue son aide financière, dont elles dépendent jusque-là.

Nombre de fondations canadiennes et leurs avoirs financiers

La dernière édition du Répertoire canadien des fondations et organismes subventionnaires (Centre canadien de philanthropie, 1994) dénombre en tout 994 fondations dont les actifs atteignent près de 4 milliards de dollars et dont les subventions à des œuvres de charité frôlent les 350 millions de dollars. Sur le plan géographique, l'ouest du Canada compte 29 p. 100 de la population et reçoit 29 p. 100 des subventions en argent; l'Ontario, avec 37 p. 100 de la population, obtient 43 p. 100 des subventions; le Québec a 25 p. 100 de la population et reçoit 25 p. 100 des subventions; tandis que les provinces atlantiques, où vit 9 p. 100 de la population canadienne, récoltent 3 p. 100 des subventions en argent.

Principales fondations canadiennes

Les 50 principales fondations ont des actifs de 2,7 milliards de dollars, soit 68 p. 100 de l'ensemble des actifs des fondations du pays. Elles distribuent 50 p. 100 des dons en argent. La principale fondation, domiciliée à Montréal, est la J.W. McConnell Family Foundation, établie en 1937 et dont les avoirs approchent des 375 millions de dollars.

Les fondations se regroupent dans les catégories suivantes:

Fondations familiales La plupart des fondations canadiennes sont l'œuvre de particuliers ou de familles. Le Richard and Jean Ivey Fund en offre un bon exemple. Richard Green Ivey crée cette fondation en 1965. Depuis lors, elle reçoit au cours des années quelque 10,5 millions de dollars en contributions et dépense pendant 30 ans un total de 18 335 730 dollars en dons à des œuvres de bienfaisance. Grâce à ses placements, ses avoirs augmentent pour atteindre 20 millions de dollars.

Fondations communautaires Elles sont établies dans les communautés dont elles portent le nom et sont habituellement financées grâce aux legs de leurs citoyens. William F. Alloway, qui lègue 100 000 dollars pour la création de la Winnipeg Foundation en 1921 (la plus ancienne fondation communautaire du Canada) explique pourquoi des personnes comme lui font de tels dons: «Je dois tout à ma communauté. Je pense qu'elle devrait profiter un peu de ce que j'ai pu accumuler.»

Pendant de nombreuses années qui voient les fondations de Vancouver et de Winnipeg amasser d'importants capitaux, près de 356 millions de dollars et 81 millions de dollars respectivement, la plupart des autres fondations communautaires ne connaissent au mieux qu'une croissance modérée. Cette situation est en train de changer de façon remarquable dans certaines communautés. La Calgary Foundation, créée en 1967 avec des avoirs de 2,5 millions de dollars, en compte maintenant 21 millions. La Edmonton Community Foundation, créée seulement en 1989, voit ses avoirs grimper rapidement jusqu'à 32 millions de dollars en 1993. Les avoirs des 10 principales fondations communautaires augmentent de 42 p. 100.

Fondations de société Les sondages réalisés auprès de la population, dont l'un des derniers en 1995 par la firme Goldfarb, pour analyser ses attitudes envers les entreprises révèlent tous que les gens préfèrent acheter des biens et des services de sociétés qui se montrent généreuses plutôt qu'égoïstes. À la question posée en 1995 par Goldfarb quant à l'importance qu'accordent les gens aux dons des sociétés, 48 p. 100 répondent «très important» et 44 p. 100 «assez important».

Alors que les fondations de société sont reconnues depuis longtemps pour être une source de dons très populaire aux États-Unis, leur nombre n'augmente guère au Canada. Les choses changent cependant avec l'attention grandissante portée au rôle que jouent les entreprises dans la société. Imperial Oil, la Banque Royale, Labatt et le Canadien Pacifique sont quelques-unes des compagnies qui créent des fondations de société ces dernières années.

Ces fondations de société offrent aussi un autre avantage éventuel d'importance. Le mécanisme d'une fondation lui permet en effet d'accroître ses actifs pendant les années où les bénéfices de l'entreprise sont intéressants, ce qui lui permet de maintenir en place son programme de dons en périodes de ralentissement économique.

Fondations d'intérêt particulier Des façons innovatrices de mettre sur pied des fondations apparaissent dans les domaines médical et juridique. Lorsque les gouvernements de l'Ontario, du Manitoba et de l'Alberta y remplacent les régimes privés d'assurance-maladie, les médecins décident d'affecter les fonds de réserve de ces régimes à des fondations plutôt que de les répartir entre eux. Ces fondations utilisent maintenant leurs avoirs à des fins médicales. La Physician's Services Incorporated Foundation, p. ex., déclare en 1983 des actifs de 54 millions de dollars et des subventions d'un peu moins de 3 millions. La Law Foundation of British Columbia et ses homologues d'autres provinces alimentent leurs caisses à même les intérêts des comptes en fiducie des avocats. Les industries de l'immobilier et du camionnage de l'Ontario ont, elles aussi, trouvé le moyen d'amasser des fonds en vue de créer des fondations.

Fondations de clubs philanthropiques Le Canada a une longue tradition de clubs philanthropiques. Un nombre croissant de ceux-ci mettent sur pied des fondations grâce aux fonds qu'ils récoltent à l'occasion d'événements spéciaux et, dans certains cas, à l'aide des dons et des legs de leurs membres.

Fondations gouvernementales Tout en ne correspondant pas à la définition d'une fondation donnée par Andrews, ces fondations méritent d'être signalées parce qu'elles revêtent plusieurs autres caractéristiques propres aux fondations, comme celle d'avoir des comités de bénévoles et des programmes de subventions. Elles tirent habituellement leurs ressources de la vente de billets de loteries provinciales. Citons comme exemples la Wild Rose Foundation en Alberta et la Trillium Foundation en Ontario.

Fondations avec personnel

Une étude des activités des fondations fait aisément ressortir que celles qui disposent d'un personnel pour gérer leurs activités quotidiennes se distinguent des autres fondations dans leur manière d'attribuer leurs dons. Elles ont souvent des champs d'intérêt plus spécifiques et y consacrent des fonds importants, souvent étalés sur des périodes de trois ans et plus. Leurs programmes de subventions ont aussi tendance à avoir une portée nationale ou, au moins, provinciale, plutôt que de se limiter à des régions plus petites. Beaucoup d'entre elles publient régulièrement des rapports qui décrivent leurs domaines d'intérêt et la liste de leurs subventions passées. Cela explique qu'elles ont, plus que les autres fondations qui n'ont pas de personnel, très bonne réputation et sont dès lors beaucoup plus sollicitées. Elles accordent aussi plus d'importance à la réception régulière de rapports de leurs bénéficiaires sur l'état d'avancement des projets financés et à l'évaluation chiffrée des résultats obtenus. Elles développent aussi la pratique d'une communication plus soutenue entre leur personnel et les fondations de société.

Domaines d'intérêt des fondations

L'augmentation des demandes de subventions faites aux fondations s'explique notamment par le nombre croissant d'organismes de charité, par la facilité accrue avec laquelle l'informatisation permet de monter des projets de demande de subventions et par les compressions budgétaires des gouvernements. La conséquence en est que de plus en plus de fondations cherchent à rationaliser leurs politiques de subventions. Elles s'orientent progressivement, et c'est surtout le cas des fondations avec personnel, vers des programmes de subventions ciblées. Néanmoins, il reste de nombreuses fondations de moindre envergure qui, de façon non surprenante, orientent leurs dons selon les intérêts de leurs bienfaiteurs. Les programmes plus spécifiques sont plutôt mis sur pied après le décès du bienfaiteur, surtout dans le cas des fondations plus importantes.

L'apport des fondations à la société La santé, la médecine, l'éducation, les arts et la culture, la science, les services sociaux, la religion et d'autres secteurs d'importance vitale pour la société sont les bénéficiaires de l'aide fournie par les fondations canadiennes. Les changements qui surviennent dans les modes de l'aide gouvernementale vont probablement accroître à la fois l'importance et la visibilité de ces fondations.

Allan Arlett

Fonds communs de placement (FCP) Ce sont des portefeuilles appartenant à des sociétés d'investissement ou de fiducie qui recueillent des capitaux en vendant des parts ou des unités au grand public. Ils placent ces produits dans des actifs financiers comme des actions, des obligations, des hypothèques, des options, des contrats à terme et des actifs du marché monétaire. Les FCP s'appellent aussi fonds à capital variable, car leurs investisseurs se partagent un portefeuille dont la valeur n'a pas de limite fixe. Ils constituent la forme de société de placement la plus populaire, les autres étant les fonds à capital fixe et les fonds distincts.

Une société d'investissement peut offrir beaucoup de fonds communs de placement différents, possédant chacun des catégories d'actifs et des objectifs différents. Les objectifs, les activités boursières et les catégories d'actifs des fonds communs de placement varient beaucoup, mais ils doivent être clairement expliqués aux investisseurs au moyen d'un prospectus. Les fonds peuvent se spécialiser dans des catégories d'actifs mixtes ou spécialisés, ce qui favorise un grand choix de fonds de placement. Les objectifs et les politiques des fonds sont généralement établis en fonction du rendement et du risque et s'appuient sur des termes comme revenu, croissance, équilibre, actif, passif, répartition de l'actif, secteur de spécialisation, international, mondial, capital de risque, haute technologie, biens et services marchands, entreprises à faible capitalisation, financement syndical et indice.

Un fonds commun de placement occasionne des frais d'exploitation, de gestion et de marketing. Ces frais sont déduits des produits reçus par les investisseurs ou du revenu généré par les actifs du fonds. Le revenu est distribué sous forme de dividendes, d'intérêts, de coupons et gains en capital découlant des actifs du fonds. Toutefois, un revenu de fonds distribué n'est pas assujetti à la double imposition.

Les parts ou les unités de FCP s'achètent directement auprès d'une société d'investissement ou de ses agents. Chaque part donne à son propriétaire droit à une part proportionnelle des actifs du portefeuille et de leur revenu moins les dettes et les frais. Sur demande, un fonds rachètera et vendra des parts aux investisseurs, à un prix égal à la valeur nette des parts du fonds plus les frais. Ce prix varie quotidiennement, puisque la valeur de l'actif du fonds change. Dans le cas des fonds du marché monétaire, le prix (ordinairement 10 $) ne varie pas, car le revenu de ces fonds est sans cesse payé sous forme de parts supplémentaires. Un fonds peut facturer des honoraires, prélever des frais, soit au moment de l'achat (frais d'entrée), soit à la vente (frais de sortie), mais la majorité des fonds sont sans frais.

Chaque FCP est doté d'un conseil d'administration ou de fiduciaires qui supervisent les activités de gestion du portefeuille, lesquelles peuvent être sous-traitées à une société d'investissement agissant comme consultant et à ses gestionnaires de portefeuille. Les FCP sont assujettis aux lois fédérales et provinciales sur les valeurs mobilières. La majorité des fonds sont membres de l'Institut des fonds d'investissement du Canada.

La forte croissance enregistrée récemment dans les actifs gérés par les sociétés canadiennes de fonds communs de placement reflète l'intérêt du public investisseur pour cette catégorie d'investissement financier. Les fonds communs offrent divers avantages comme, entre autres, la diversification du portefeuille moyennant un investissement minime, l'absence de commissions, une liquidité de placement accrue et des services professionnels de gestion de portefeuille. Parmi les désavantages, mentionnons notamment un rendement relativement faible en raison de l'important ratio des frais du fonds, un risque assez élevé dû à la rotation excessive des fonds, et la perte de contrôle dans le choix d'actifs spécifiques.

R.M. Korkie

Fonds du patrimoine de l'Alberta (Alberta Heritage Savings Trust Fund) Établi en 1976 par une loi provinciale et doté de 1,5 milliard de dollars en espèces et en actifs, provenant du fonds des recettes générales, il a comme objectif d'épargner et d'investir les recettes tirées du pétrole et du gaz de l'Alberta. Entre 1976 et 1982-1983, il s'accroît grâce au transfert annuel de 30 p. 100 des recettes tirées des ressources non renouvelables de l'Alberta et à la rétention du revenu d'investissement du fonds. Entre 1983-1984 et 1986-1987, on ramène à 15 p. 100 le transfert des recettes tirées des ressources puis, à compter d'avril 1987, on suspend ce transfert. En 1985-1986, le fonds obtient 15 p. 100 de ces recettes, qui s'élèvent à 685 millions de dollars. En 1987, il atteint 12,7 milliards de dollars, sa valeur maximale jusqu'ici.

À compter du milieu de 1982, le revenu d'investissement du fonds est transféré au budget provincial. En 1985-1986, le transfert s'élève à 1,67 milliard de dollars, soit l'équivalent des dépenses budgétaires de deux mois. En 1992-1993, le transfert se chiffre à 785 millions, soit l'équivalent de moins d'un mois de dépenses budgétaires. On investit l'argent provenant du fonds dans des projets d'immobilisations qui procurent à l'Alberta des avantages à long terme, notamment le Bureau de recherche et de technologie des sables bitumineux de l'Alberta (Alberta Oil Sands Technology and Research Authority), pour une valeur de 419 millions de dollars en date de 1992-1993, le Walter C. Mackenzie Health Sciences Centre (391 millions), le Kananaskis Country Recreation Development (225 millions) et d'importants projets d'irrigation (503 millions). D'autres investissements comprennent des obligations non garanties de sociétés provinciales de la Couronne, telles que la Société d'exploitation des possibilités offertes par l'Alberta (Alberta Opportunity Company), pour une valeur de 128 millions de dollars en date de 1992-1993, l'Alberta Agricultural Development Corporation (1013 millions) et l'Alberta Mortgage and Housing Corporation (1661 millions). Les investissements dans des projets de développement comprennent la participation au projet Syncrude (499 millions) et des prêts pour le terminal céréalier de Prince Rupert (134 millions), l'usine de pâte Millar Western à Whitecourt (74 millions) et l'usine de pâte ALPAC à Athabasca (129 millions). Avant 1982-1983, le fonds fournit aussi des prêts à d'autres provinces canadiennes (des obligations non garanties d'une valeur de 1,2 milliard de dollars sont détenues à la fin de 1991-1992).

Le 1er janvier 1997, une nouvelle loi du Fonds du patrimoine de l'Alberta entre en vigueur. Elle réorganise le fonds en un portefeuille de transition qui vise à rapporter des revenus à la province et en un portefeuille de dotation consacré aux rendements à long terme. Par ailleurs, moyennant certaines conditions, le fonds peut désormais retenir suffisamment de revenus d'investissement pour être protégé contre l'inflation. À la fin de 1996, l'actif du fonds se chiffre à environ 12 milliards de dollars.

Norman Hillmer

Fonds du souvenir Un jour de l'hiver 1909, un vieux militaire de la guerre des Boers, souffrant d'engelures et mourant de faim, est amené à l'Hôpital général de Montréal. Il meurt quelques heures plus tard et son corps, conformément à la coutume de l'époque, doit être inhumé dans la fosse commune réservée aux pauvres. Un préposé aux soins, Arthur Hair, lui-même ancien combattant, décide d'intervenir et amasse suffisamment d'argent pour inhumer dignement le corps. Il s'adresse ensuite aux riches montréalais et, grâce à leur aide, met sur pied le Last Post Imperial Naval and Military Contingency Fund, institué officiellement le 19 avril 1909 dans la fabrique de l'église Trinity, située au carré Viger, à Montréal.

Jusqu'en 1921, le Fonds, financé exclusivement par des dons et limité à la province du Québec, permet d'offrir les funérailles, l'inhumation et une pierre tombale de granit à 276 vétérans indigents. Il change de nom et devient le Fonds du souvenir en 1921, lorsque l'organisation se voit attribuer une charte du Dominion et une subvention gouvernementale annuelle de 10 000 $ afin d'étendre le service au reste du Canada. Le Fonds paie une partie ou l'ensemble des frais funéraires, au Canada ou à l'extérieur du pays, pour tout ancien membre des forces armées ou de la marine marchande canadiennes tombé dans l'indigence. Les anciens membres des forces alliées qui meurent dans de telles circonstances au Canada ont également droit à ce service. L'organisation possède son propre cimetière militaire, à Pointe-Claire, au Québec. Le quartier général est situé à Montréal et il existe 11 bureaux au Canada, un en Grande-Bretagne et trois aux États-Unis.

Dave McIntosh

Fonds mondial pour la nature Canada Une des 28 organisations affiliées à la famille du Fonds mondial pour la nature (FMN), qui compte maintenant plus de quatre millions de membres à l'échelle de la planète. Surtout préoccupé par la perte de l'habitat et la destruction des espèces, le Fonds a pour ultime objectif d'assurer la conservation de la nature et d'autres processus écologiques.

Le FMN essaie d'accomplir cette mission en protégeant la diversité biologique, en assurant une utilisation durable des RESSOURCES naturelles et en encourageant les humains à réduire le gaspillage des ressources de la terre. Le FMN a recours à un éventail d'outils pour réaliser ses buts, notamment les travaux scientifiques sur le terrain, l'éducation, le LOBBYING et les initiatives de sensibilisation du public.

Mission au Canada Au Canada, le FMN poursuit la mission de l'organisation par le biais de quatre programmes. Les programmes relatifs aux espèces menacées de disparition, aux espaces en danger et à la toxicologie faunique sont axés sur les problèmes qui touchent la faune et l'habitat. Le programme international vise à stopper la disparition de la forêt dense tropicale, principalement en Amérique latine. Les travaux du FMN sont rendus possibles grâce aux contributions personnelles de Canadiens ainsi qu'à celles de sociétés, de gouvernements et de fondations.

Les victoires dans les domaines de la CONSERVATION auxquelles le Fonds a contribué comprennent le retrait du PÉLICAN blanc d'Amérique de la liste des espèces menacées de disparition et l'amélioration du statut d'un certain nombre d'autres espèces, p. ex., le FAUCON PÈLERIN de la toundra canadienne et la BELETTE à longue queue. Parmi ses autres réalisations, on compte la création de nouvelles aires protégées un peu partout au Canada. En Amérique latine, le Fonds mondial pour la nature Canada s'est chargé de la protection de centaines de milliers d'hectares de forêts denses tropicales. (*Voir aussi* BIODIVERSITÉ; CSEMDC; ANIMAUX EN VOIE DE DISPARITION; PARCS NATIONAUX; PARCS PROVINCIAUX; et FAUNE, CONSERVATION ET EXPLOITATION DE LA.)

Pegi Dover

Fonds monétaire international (FMI) Principale agence financière internationale indépendante; elle s'occupe de veiller à la gestion du système monétaire international. Elle est fondée en 1944 par 45 nations participant à une Conférence monétaire et financière destinée à promouvoir la coopération internationale en vue d'éliminer les pratiques commerciales protectionnistes et les dévaluations concurrentielles des TAUX DE CHANGE durant la CRISE DES ANNÉES 30. Le Royaume-Uni est représenté par John Maynard Keynes, un économiste de renom. Jusqu'au début des années 70, le FMI a remarquablement réussi à établir un cadre de travail permettant de gérer la stabilité et les ajustements du système monétaire international. Plus récemment, il a conçu des mécanismes visant à soutenir les pays aux prises, à court terme, avec de graves problèmes de BALANCE DES PAIEMENTS.

Ayant son siège social à Washington, le FMI compte 179 pays membres volontaires. Il est dirigé par un conseil de direction composé de 24 membres qui représentent chacun un groupe de pays. Chaque pays membre contribue aux réserves du Fonds en versant un montant proportionnel à son rôle dans l'économie mondiale, y compris les membres de l'ancien bloc soviétique; p. ex., la part des États-Unis est de 17,84 p. 100, celle du Canada, de 3,73 p. 100. Le FMI doit d'un service de secrétariat professionnel; il analyse les politiques économiques de chaque pays membre, tient annuellement des conférences des ministres conjointement avec les réunions de la Banque mondiale et possède un programme de publications et de recherches.

T.K. Shoyama

Fontaine, Nicolas, skieur acrobatique (Magog, Qc, 5 oct. 1970). Il commence à s'intéresser à la compétition de ski acrobatique à l'âge de 16 ans. Quatre ans plus tard, en 1990, il trouve place au sein de l'équipe nationale de sauts, un secteur largement dominé par les skieurs québécois. Il démontre rapidement qu'il entend contribuer à cette suprématie. Aux Jeux olympiques d'Albertville en 1992, il surprend en terminant au 2e rang des sauts qui sont en démonstration. Il participe aux 2 éditions suivantes des Jeux. Il est 6e en 1994 à Lillehammer et 10e en 1998 à Nagano.

Sa première victoire internationale remonte à décembre 1993, à Piancavallo en Italie. Par la suite, il marque de sa présence l'histoire de la Coupe du monde. Après des places d'honneur au classement final de 1993 à 1996, il se hisse au premier rang de sa spécialité en 1997, place qu'il conserve lors des 3 saisons suivantes, un record dans l'histoire de la Coupe du monde de ski acrobatique.

Au début de la saison 1994-95, il subit une fracture à une jambe. Il participe, quelques mois plus tard, aux championnats du monde où il termine 4e. Le plus beau souvenir de sa carrière demeure sa victoire aux championnats du monde de 1997, à Nagano au Japon.

Yvon Dore

Fonyo, Stephen Charles, dit «Steve», coureur handicapé (Montréal, 29 juin 1965). Bien que le cancer des os lui ait coûté presque la totalité de sa jambe gauche à l'âge de 12 ans, Fonyo traverse le Canada à la course dans son «Journey for Lives» afin de recueillir des fonds pour la recherche sur le cancer. Son remarquable marathon de 7924 km débute à Saint John's le 31 mars 1984, quand il baigne sa jambe artificielle dans l'océan Atlantique, et se termine le 29 mai 1985 par une immersion similaire dans l'océan Pacifique à Victoria. Fonyo avait été inspiré par son compatriote de la Colombie-Britannique, Terry FOX, qui avait attiré l'attention mondiale sur sa tentative d'accomplir un marathon semblable en 1980. D'entrée de jeu, Fonyo reçoit peu de publicité et de soutien, mais il se démarque de Fox quand il franchit le point symbolique à l'extérieur de Thunder Bay, en Ontario, où Fox avait mis fin à son marathon. Des milliers de personnes suivent son parcours et remplissent des auditoriums pour l'encourager et versent des dons de plus en plus généreux à son fonds, qui finira par atteindre près de 13 millions de dollars. En 1986, après un repos, il entreprend un autre marathon de financement de la recherche sur le cancer, parcourant cette fois la distance entre la pointe nord et la pointe sud de la Grande-Bretagne. Fonyo achève son exploit en mai 1987, et annonce qu'il ne prévoit pas d'entreprendre d'autres marathons pour la recherche sur le cancer.

Barbara Schrodt

Football Pendant de nombreuses années, le terme football s'applique à l'activité qui consiste à botter un objet, généralement un ballon rond, et à le diriger vers une zone de but. Selon la croyance populaire, c'est en 1823 que William Webb Ellis, élève du British Public School of Rugby, s'empare du ballon et court, contrairement aux règles du jeu. Naturellement, les autres joueurs se mettent à sa poursuite afin de le plaquer. Il s'ensuit alors un nouveau code de règles et le «jeu de rugby» est adopté et joué partout où l'on trouve des élèves provenant de cette école. Le RUGBY est introduit au Canada par divers immigrants, fonctionnaires, membres du clergé et militaires ayant pratiqué ce sport pendant leurs études.

Vers les années 1870, à Montréal, le personnel de garnison, les citoyens et les étudiants de l'U. McGill pratiquent une forme hybride du rugby. En 1874, McGill est invitée à Cambridge, au Massachusetts, pour disputer un match de «football» contre Harvard. Une fois sur place, l'équipe de McGill se rend compte que Harvard joue une version du jeu utilisant les coups de pieds (soccer). On résout alors le problème en jouant deux matches, chacun selon les règles de l'autre équipe. C'est ainsi que la version de McGill est introduite aux États-Unis. Harvard prend immédiatement goût à ce nouveau jeu et fait venir d'Angleterre les règles du rugby prévalant à l'époque. En l'espace d'un an, Harvard persuade d'autres équipes de l'est des États-Unis, connues sous le nom d'Ivy League, d'adopter le jeu.

Même si le rugby se caractérise par une certaine spontanéité dans le jeu, les Américains cherchent néanmoins à l'organiser selon des plans plus précis. P. ex., au rugby, le ballon est mis en jeu dans une mêlée et revient à celui qui le récupère. Les Américains créent le système de «remise en jeu par le joueur de centre» et introduisent un certain nombre d'essais pour faire avancer le ballon d'une distance déterminée, sous peine d'en perdre possession. Le jeu canadien suit l'évolution et le développement continuel du jeu américain, d'autant plus que l'influence britannique s'estompe au pays.

Le football canadien

Tel qu'on le connaît aujourd'hui, le football canadien ressemble d'assez près au football américain avec toutefois quelques différences majeures. Ainsi, au Canada, le terrain est beaucoup plus grand (plus long de 9 m, plus large de 6 m et 13 m plus profond dans la zone de but). Les équipes canadiennes comptent 12 joueurs de chaque côté (comparativement à 11 aux États-Unis) et le jeu permet plus de mouvement de la part des joueurs avant la mise en jeu. L'équipe offensive n'a que 3 essais (4 aux États-Unis) pour gagner 10 verges et garder possession du ballon. Celle qui reçoit le botté de dégagement doit porter le ballon vers le but adverse (il n'y a pas d'immunité accordée au receveur de ballon). Tout joueur du champ arrière offensif peut bouger avant la mise en jeu du ballon.

Il existe d'autres différences mineures. Ainsi, il y a une zone neutre d'une verge entre les lignes offensive et défensive. Les amateurs de football canadien soutiennent que le jeu canadien est plus excitant et plus imprévisible que le football américain.

Marquer des points On pratique le football dans la plupart des universités canadiennes et sa popularité dans les écoles secondaires lui confère certains avantages par rapport à d'autres sports d'équipe comme le baseball. Malgré certaines variantes régionales dans les règles des diverses ligues canadiennes, la façon de marquer les points reste la même: six points pour un toucher (lorsqu'un joueur transporte le ballon ou capte une passe dans la zone de but adverse), trois points pour un placement (botté du ballon entre les poteaux dans la zone de but adverse), deux points pour un toucher de sûreté (lorsque le porteur de ballon, de son propre gré, pénètre dans sa propre zone de but où il est plaqué), un point (certaines ligues en accordent deux) pour une transformation (botté du ballon entre les poteaux but après un toucher) et un simple, point marqué lorsque le ballon est botté à travers la zone de but et qu'il n'est plus en jeu ou lorsque l'équipe ne réussit pas à sortir le ballon de sa zone de but après un botté (ce qu'on appelait auparavant un «rouge»). Dans les mêmes circonstances, on accorde aussi un point pour un placement raté. Ces points accordés lors des bottés sont particuliers au football canadien.

Au cours des premières années, divers organismes régionaux régissant les sports proclament un champion parmi les équipes de football canadien. Ces organismes établissent aussi les règlements pour les équipes membres. La Quebec Rugby Football Union (QRFU) et la Canadian rugby Football Union (CRFU) sont fondées en 1882. L'Ontario Rugby Football Union (ORFU) l'est en 1883, la Canadian Intercollegiate Rugby Football Union (CIRFU), en 1898, et l'Interprovincial Rugby Football Union, en 1907. De son côté, la Western Canada Rugby Football Union (WCRFU), qui regroupe les associations du Manitoba, de la Saskatchewan et de l'Alberta, voit le jour en 1911. Chaque association proclame un champion, sauf la CRFU dont la responsabilité se limite à organiser le «Championnat du Dominion».

Histoire

Graduellement, le prestige associé au titre de champion du Dominion entraîne une plus grande uniformité des règles. Le match de la COUPE GREY, disputé pour la première fois en 1909, devient un championnat canadien. Le premier match oppose l'U. de Toronto, représentant la CIRFU, et le Toronto Parkdale Canoe Club représentant l'ORFU. L'U. de Toronto l'emporte 26 à 6.

En 1921, les équipes de l'Ouest rivalisent une première fois pour l'obtention du trophée. Les ESKIMOS D'EDMONTON s'inclinent alors par la marque de 23 à 0 devant les ARGONAUTS DE TORONTO. Malgré tout, au cours des premières années de la coupe Grey, il est clair que le meilleur football est joué par les équipes universitaires. Sous Harry Griffith, «entraîneur honoraire» (à l'époque, un entraîneur professionnel rémunéré est inconcevable en milieu sportif régi par les règles et les conventions du sport amateur), et avec des joueurs comme Smirle «Big Train» Lawson et Hughie Gall, l'U. de Toronto remporte la coupe pendant trois années consécutives (1909, 1910 et 1911). L'équipe de McGill est probablement la meilleure de 1912 à 1919. Toutefois, les joueurs refusent de délaisser leurs études pour participer à la coupe Grey. L'équipe est dirigée par Frank Shaughnessy dont l'embauche à titre «d'entraîneur professionnel» – le premier – suscite beaucoup de controverses.

En 1922, 1923 et 1924, l'équipe de l'U. Queen, conduite par Harry «Red» Batstone et Frank «Pep» Leadley, remporte trois coupes Grey consécutives. Le score final du match de 1923 illustre bien la puissance de cette équipe dirigée par Bill Hughes: l'U. Queen l'emporte sur les Roughriders de Regina (voir ROUGHRIDERS DE LA SASKATCHEWAN) par 54 à 0.

À partir de 1925, l'Intercollegiate Union cède la place à des équipes et à des associations rattachées à des grands centres urbains. Le football commence à attirer un nombre croissant de spectateurs et les équipes cherchent à le rendre de plus en plus attrayant. Les clubs s'efforcent de s'approprier les meilleurs joueurs et l'amateurisme perd progressivement son emprise. En 1931, lorsque la passe avant (depuis longtemps autorisée au football américain) est approuvée par toutes les ligues canadiennes, l'équipe du Montreal Amateur Athletic Association (voir ALOUETTES DE MONTRÉAL), connue sous le nom de «Winged Wheelers», engage Warren Stevens de l'U. de Syracuse pour occuper la position de quart-arrière.

Les conquêtes de la coupe Grey par cette équipe incitent les équipes de l'Ouest, en particulier, à intensifier leur recherche de talents américains. Elles espèrent ainsi augmenter le nombre de leurs spectateurs, malgré un bassin de population restreint. Joe

Ryan, directeur général des BLUE BOMBERS DE WINNIPEG, réussit à mettre sous contrat neuf Américains pour la saison 1935, au coût de 7500 dollars. La stratégie porte fruit lorsque Winnipeg défait les Tigers de Hamilton, 18 à 12 (voir TIGER-CATS DE HAMILTON), et devient la première équipe de l'Ouest à remporter la coupe Grey. De plus, ce geste a pour effet d'envenimer le conflit entre la Canadian Rugby Union (créée en 1891) et les ligues participant à la coupe Grey.

La CRU veut maintenir un semblant d'amateurisme, mais les ligues veulent présenter les meilleures équipes possible. Ce différend perdure jusqu'en 1956, époque où la CRU est contrôlée par les ligues représentant les neuf meilleures équipes au Canada. Grâce au financement d'une compagnie pétrolière, une équipe de Sarnia, membre de l'ORFU, connaît aussi du succès. Connue sous le nom d'«Imperials», l'équipe développe le talent local en s'adjoignant des joueurs comme «Bummer» Stirling, Norm Perry et le géant Orm Beach. Elle remporte la coupe Grey en 1934 et en 1936.

Dans ses efforts pour stopper l'influx de joueurs américains, la CRU tente d'imposer une règle de résidence. Cependant, on s'aperçoit assez vite que les membres des clubs et des ligues ne sont pas aussi intransigeants, d'autant plus que la coupe Grey gagne en prestige et en popularité auprès du public. Avec la fin de la Seconde Guerre mondiale et la reprise des activités des diverses ligues, la CRU, lors d'une réunion tenue en 1946, stipule que chaque équipe peut s'adjoindre cinq joueurs américains. Cependant, certaines équipes, notamment les Argonauts de Toronto, préfèrent une équipe formée uniquement de Canadiens. Jusqu'en 1950, l'équipe entièrement canadienne des Argonauts, entraînée par Teddy Morris, remporte trois coupes Grey consécutives (1945, 1946 et 1947).

Le match de la coupe Grey de 1948, remporté par les STAMPEDERS DE CALGARY (12 à 7) contre les ROUGH RIDERS D'OTTAWA, joue, à plusieurs égards, un rôle catalyseur. D'abord, l'excitation engendrée par l'équipe représentant l'Ouest transforme la finale en célébration nationale, mais tout aussi important pour l'essor du football, la finale de 1948 marque une augmentation du nombre de joueurs de qualité intéressés à venir jouer au Canada. Auparavant, les joueurs américains recrutés par les clubs avaient acquis leur expérience dans une université américaine, mais avec le démantèlement de l'American Football Conference, un grand nombre de joueurs sont maintenant disponibles pour venir au Canada.

Il devient bientôt évident que les plus petits clubs de l'ORFU (Toronto Balmy Beach, Kitchener, Sarnia et Brantford) ne sont plus à la hauteur. En fait, aux yeux de la Western Interprovincial Football Union (1936) et aux yeux des équipes de l'Est, connues sous le nom de «Big Four», ils ne sont plus un obstacle. Le match de 1954, opposant Edmonton et Kitchener (une «équipe-école», selon les Eskimos), est le dernier où l'ORFU participe à la coupe Grey. En 1956, le Canadian Football Council est créé. Il deviendra la LIGUE CANADIENNE DE FOOTBALL (LCF) en 1958.

Les équipes professionnelles

La ligue professionnelle est maintenant responsable de ses propres activités et entreprend de modifier la loi selon ses besoins. La CRU existe toujours, mais elle est maintenant sous l'autorité de la LCF. En 1966, la CRU remet l'administration de la coupe Grey à la LCF et prend le nom d'Association canadienne de football amateur (ACFA). Depuis 1966, l'ACFA s'occupe du football joué à l'extérieur de la LCF et des universités. Elle organise les championnats canadiens et des ligues de football récréatif, le «touch-football». Ce type de sport permet à ceux qui s'y adonnent de pratiquer certains aspects du jeu,

notamment les lancers, les bottés, la course et les attrapés de ballon.

Entre-temps, la LCF augmente le nombre de joueurs par équipe, autorise le blocage illimité, introduit les «réservistes», dont le nom apparaît sur une «liste de réserve» composée de joueurs qui s'entraînent et qui peuvent jouer en cas d'urgence, et, finalement, permet l'embauche de 15 joueurs américains. Par ailleurs, avant la saison 1987, l'équipe des Alouettes de Montréal cesse d'exister. Pour compenser cette perte, la LCF transfère les Blue Bombers de Winnipeg dans la conférence de l'Est. En 1970, une règle controversée, connue sous le nom de «règle du joueur américain désigné», permet à deux joueurs américains d'occuper la position de quart-arrière et de jouer en tout temps. Cette règle entrave considérablement le développement de joueurs de quart-arrière canadiens. En février 1986, un changement à la règle autorise l'utilisation de trois quarts par équipe. Malgré cela, très peu de joueurs canadiens ont, jusqu'à maintenant, occupé le poste de quart-arrière.

Étant donné que la plupart des entraîneurs et des directeurs généraux des huit équipes de la LCF sont des Américains, il est naturel qu'ils engagent des diplômés des universités américaines pour occuper la position stratégique de quart-arrière plutôt que de consacrer du temps à préparer les Canadiens qui démontrent un certain talent. En fait, cette omniprésence américaine dans la LCF explique les pressions pour rendre le football canadien de plus en plus similaire au football américain. D'ailleurs, bien plus de joueurs et d'entraîneurs connaissent le style de jeu de ce dernier. À cet égard, certains critiques estiment que le football joué dans la LCF reflète de moins en moins la culture canadienne. Cela est devenu encore plus évident en 1993 lorsqu'une concession américaine (Sacramento) a été acceptée dans la ligue.

Les joueurs clés Même si des Canadiens comme Russ JACKSON ont été d'excellents joueurs de quart-arrière, la plupart des joueurs clés de la LCF sont américains. On peut même dire que le football canadien est un sport joué par des Américains se disputant un championnat canadien dont l'emblème est une coupe britannique. On concède d'admettre six des neuf équipes en séries éliminatoires, quoique ces six équipes ne soient pas nécessairement les meilleures des conférences de l'Est et de l'Ouest. Ainsi, en 1986, quatre équipes de l'Ouest et deux de l'Est se qualifient pour les éliminatoires. Toutes ces équipes ont remporté la coupe Grey depuis le milieu des années 50. Dans les années 70, la puissante formation d'Edmonton s'impose en remportant cinq coupes consécutives, de 1978 à 1982, ce qui constitue un précédent.

Football interuniversitaire

Il a évolué de façon autonome, régi par sa propre association, l'Union sportive interuniversitaire canadienne (USIC). La dernière équipe de l'USIC à disputer un match de la coupe Grey est celle de l'U. de Toronto, en 1932. À partir du moment où l'USIC décide de se retirer de ce championnat, les associations régionales attirent un nombre croissant d'universités. En novembre 1959, le premier championnat universitaire canadien est disputé au Varsity Stadium de Toronto. Les Mustangs de l'U. Western Ontario remportent la victoire par la marque de 33 à 7 contre les Thunderbirds de l'U. de la Colombie-Britannique et reçoivent ainsi le trophée sir Winston Churchill, une sculpture originale de R. Tait Mckenzie, intitulée *Onslaught*.

Les championnats universitaires se dérouleront de façon régulière à partir de 1965, année où le gouverneur général, Georges VANIER, prête son nom à un trophée, la COUPE VANIER. Ce championnat sera disputé annuellement. Compétition invitation lors des deux premières années, la coupe Vanier devient, en 1967, le championnat canadien de l'USIC. Les demi-finales sont habituellement jouées dans les Maritimes et dans l'Ouest du Canada afin de déterminer les deux finalistes. Les quatre associations admissibles sont la Western Intercollegiate Football

League (WIFL), l'Association sportive des universités d'Ontario (ASPO), la Conférence de football interuniversitaire Ontario-Québec (CFIOQ) et l'Association sportive interuniversitaire de l'Atlantique (ASIA).

Le Temple de la renommée et le musée du football canadien (fondés en 1962) possèdent leur propre édifice, à Hamilton, depuis novembre 1972. Le temple retrace l'histoire du football canadien au cours du siècle dernier et rend hommage aux joueurs qui se sont distingués et aux bâtisseurs de ce sport. Le musée comprend un cinéma, des moniteurs vidéo, une boutique de cadeaux et des expositions, notamment une série de bustes de métal représentant les personnes élues au Temple de la renommée. La coupe Grey et le trophée Schenley font partie d'une exposition permanente. Les membres du Temple de la renommée sont choisis par un comité composé de journalistes, de chroniqueurs sportifs (actifs ou à la retraite) ainsi que d'anciens joueurs de football. (*Voir aussi* LIONS DE LA COLOMBIE-BRITANNIQUE.)

Chronologie du football canadien

1865 Première mention d'un match de rugby disputé au Canada entre des officiers britanniques et des civils de l'U. McGill.

1867 Le 16 septembre, un match opposant les Rough Riders aux Senators est disputé à Ottawa.

1868 Création du Montreal Football Club.

1874 Les règles d'une forme hybride du rugby anglais joué à McGill sont utilisées pour la première fois à Boston, aux États-Unis, lors d'un match entre McGill et Harvard. Le 14 mai, Harvard l'emporte 3 à 0 lors d'un match joué selon les règles de Harvard. Le jour suivant, le match joué selon les règles canadiennes se termine 0 à 0. Naissance des Argonauts de Toronto.

1879 L'U. du Michigan dispute un match contre l'U. de Toronto.

1882 Création de la Quebec Rugby Football Union (QRFU), première ligue au Canada. Le 21 octobre, la Canadian Rugby Football Union (CRFU) est fondée.

1883 Le 4 janvier, création de l'Ontario Rugby Football Union. Les Argonauts de Toronto l'emportent contre Ottawa (9 à 7) lors du premier match de championnat.

1884 Premier match de championnat disputé entre la QRFU et la ORFU. Montréal remporte la victoire 30 à 0.

1886 L'ORFU se sépare de la CRFU qui, par la suite, cesse d'exister.

1891 Création de la Canadian Rugby Union (CRU).

1892 Premier championnat de la CRU joué à Toronto. Osgoode Hall l'emporte sur Montréal.

1895 La durée des matches passe à deux demies de 40 minutes chacune. Edmonton, Fort Saskatchewan et Strathcona participent aux premières séries de matches réguliers dans les Prairies.

1897 Le 24 novembre, la Canadian Intercollegiate Rugby Football Union est créée à Kingston, en Ontario.

1898 Premier match interuniversitaire: McGill rencontre l'U. de Toronto.

1902 Les matches consistent en quatre quarts de 15 minutes.

1904 Les points accordés pour un toucher passent de 4 à 5.

1905 L'ORFU réduit le nombre de joueurs par équipe à 12. Adoption de la remise vers l'arrière pour mettre le ballon en jeu. L'équipe offensive doit gagner 10 verges en trois essais.

1906 La grosseur du ballon doit se conformer aux normes suivantes: 11 pouces de longueur, 23 pouces de circonférence et un poids de 14 onces à 15 onces. Les placements valent maintenant 4 points au lieu de 5.

1907 L'Interprovincial Rugby Football Union est créée et regroupe les Tigers de Hamilton, les Argo-

nauts de Toronto, les Rough Riders d'Ottawa et Montréal.

1908 Création des Tigers de Calgary. Le placement passe de quatre à trois points.

1909 Lord Earl Grey, gouverneur général du Canada, fait don d'un trophée couronnant les champions du football canadien. Le premier match est disputé à Toronto, le 4 décembre. L'U. de Toronto l'emporte sur Parkdale (26 à 6) devant une foule de 3807 spectateurs.

1910 Création des Roughriders de Regina.

1911 Création de la Western Canada Rugby Football Union.

1912 Les Eskimos d'Edmonton, première équipe de l'Ouest à disputer un match de la coupe Grey, s'inclinent devant les Argonauts de Toronto, 23 à 0.

1925 Frank Shaughnessy, entraîneur à McGill, introduit le «caucus» dans le football canadien.

1927 La CRU limite l'usage de la passe avant.

1931 La CRU approuve la passe avant pour l'ensemble des ligues.

1935 Une équipe de l'Ouest remporte la coupe Grey pour la première fois alors que Winnipeg vainc les Tigers de Hamilton.

1936 Le nombre de joueurs américains est limité à cinq. Création de la Western Interprovincial Football Union. Les équipes universitaires cessent de participer à la coupe Grey.

1945 Les Bronks de Calgary deviennent les Stampeders.

1946 Formation des Alouettes de Montréal. Les Roughriders de Regina s'appellent maintenant les Roughriders de la Saskatchewan.

1948 Les Tigers de Hamilton redeviennent membres de la IRFU, le «Big Four». Grâce aux Stampeders de Calgary, le match de la coupe Grey devient une célébration.

1949 Les Eskimos d'Edmonton redeviennent membres de la WIFU.

1950 Fusion des Tigers de Hamilton et des Wildcats de Hamilton pour former les Tiger-Cats de Hamilton.

1952 Première diffusion en direct à la télévision d'un match de la coupe Grey.

1953 Billy Vessels est le premier récipiendaire du trophée Schenley.

1954 Les Lions de la Colombie-Britannique deviennent membres de la WFIU.

1956 La valeur d'un toucher passe de 5 à 6 points.

1960 L'IRFU, le «Big Four», devient l'Association de football de l'Est.

1961 La WIFU change de nom et devient l'Association de football de l'Ouest. Établissement d'un calendrier mixte partiel entre les conférences.

1962 Le brouillard met fin à un match de la coupe Grey. On jouera les 9 dernières minutes et 29 secondes le lendemain.

1965 Création de la Canadian Football Players Association.

1966 Le placage illimité lors de course est accepté.

1970 Un gazon synthétique recouvre le terrain de l'Empire Stadium de Vancouver.

1972 Inauguration du Temple de la renommée du football à Hamilton.

1974 L'Association de football de l'Est adopte le calendrier de 16 matches.

1975 Première finale de la coupe Grey dans les Prairies, à Calgary. Introduction de la possibilité de faire la transformation d'après toucher valant deux points.

1981 Un calendrier mixte est instauré pour tout le championnat.

1982 Les Concordes de Montréal remplacent les Alouettes qui connaissent des difficultés. Edmonton remporte la coupe Grey pour la cinquième fois consécutive.

1983 Premier match de la coupe Grey joué à l'intérieur, au BC Place de Vancouver.

1986 Nouveau calendrier de 18 matches par saison pour chaque équipe.

1987 Les Alouettes de Montréal cessent leurs activités.

1988 Schenley ne parraine plus les trophées remis par la ligue.

1989 La ligue plafonne le salaire des joueurs à trois millions de dollars par équipe.

1991 Les camions GMC deviennent les commanditaires des trophées remis par la ligue. Le groupe communautaire de propriétaires de l'équipe d'Ottawa est dissous. La ligue prend la direction de l'équipe.

Frank Cosentino

Force de réserve du Canada Composée de membres à temps partiel des FORCES ARMÉES, son rôle est de renforcer les effectifs de la Force régulière et d'apporter un soutien à cette dernière. Le service militaire obligatoire généralisé, qui était imposé aux premiers colons, s'est finalement transformé en service militaire volontaire à temps partiel. Malgré la création d'une force terrestre régulière permanente, l'image traditionnelle d'une force de réserve (milice) est demeurée l'un des aspects prédominants du service militaire canadien. Il faut attendre les années 50 pour voir les effectifs des unités de l'armée régulière dépasser ceux des unités de milice. La Réserve des volontaires de la Marine royale est créée en 1914, même si les milices coloniales comportaient des compagnies navales depuis longtemps déjà. L'Aviation canadienne, qui voit le jour en 1920, était à toute fin pratique une milice de l'air jusqu'à ce que soit formée, en 1924, l'Aviation royale du Canada, laquelle dispose dès le départ d'unités de réserve.

La Force de réserve actuelle est divisée en quatre sections: la Première réserve, le Cadre supplémentaire, le Cadre des instructeurs des cadets et les Canadian Rangers. La Première réserve se compose de la Réserve navale, de la Milice, de la Réserve aérienne et de la Réserve des communications, dans lesquelles on retrouve des volontaires qui s'entraînent le soir et les fins de semaines, ou encore lors de courts séjours dans des camps militaires. Le Cadre supplémentaire regroupe des individus ayant quitté la Force régulière ou la Première réserve, mais qui sont toujours disponibles en cas de besoin. Les officiers formant le Cadre des instructeurs des cadets ont pour rôle de superviser, encadrer et former les CADETS. Les Canadian Rangers sont des réservistes habitant des régions inhospitalières où la population est clairsemée et dont la contribution est la connaissance approfondie de l'environnement local. Le *Livre blanc sur la défense*, déposé en 1987, propose une restructuration et une modernisation profondes des forces de réserve.

Norman Hillmer et O.A. Cooke

Forces armées Constituent l'ensemble des forces militaires navales, terrestres et aériennes, destinées à défendre un pays et à faire la guerre. À partir des toutes premières unités de milice, les forces armées du Canada ont graduellement évolué, de la naissance de forces terrestres, navales et aériennes régulières à la formation des Forces armées canadiennes contemporaines.

Milice et armée

L'origine de la milice, force temporaire destinée à la défense d'un territoire, remonte au début du Moyen Âge. En Angleterre, on l'associe à la *fyrd* anglo-saxonne (milice nationale avant la conquête normande). Au XVIIIe siècle, les quelques milices qui subsistent en France jouent un rôle presque exclusivement cérémonial mais, en Nouvelle-France, on redonne vie à cette organisation pour contrer la menace que font peser les Indiens et les Anglais sur le pays. Au Canada, jusqu'à la Seconde Guerre mondiale, le terme «milice» s'applique à la fois aux forces régulières et aux troupes qui servent à temps partiel. Dans les années 50, la milice, engagée dans un service intermittent, devient la FORCE DE RÉSERVE. De 1883 à 1940, l'armée régulière est appelée Force permanente ou Milice permanente. Par la suite, et jusqu'à l'unification en 1968, on la désigne sous le nom d'Armée canadienne.

En 1669, Louis XIV ordonne la formation de compagnies de milice dans toute la Nouvelle-France, en se fondant sur l'expérience déjà acquise à Québec, à Montréal et à Trois-Rivières. Plus tard, le gouverneur FRONTENAC nomme un capitaine de milice dans toutes les paroisses et astreint à un service militaire, de un ou de deux mois par année, tous les hommes de 16 à 60 ans. Les habitants respectent hautement les capitaines de milice, qui exercent leurs fonctions à titre bénévole, qu'ils considèrent comme des chefs de file dans les domaines civil et militaire. La milice de la Nouvelle-France fait montre d'une plus grande efficacité que celles des colonies anglaises. Elle est passée maître dans l'art de la *petite guerre*, caractérisée par des tactiques empruntées aux Indiens: grande rapidité de mouvement dans les bois et attaques surprises. Elle lance même quelques célèbres attaques contre des établissements de la Nouvelle-Angleterre.

Avec l'aide des TROUPES DE LA MARINE ou troupes régulières coloniales, la milice défend la colonie jusqu'à la GUERRE DE SEPT ANS, alors qu'arrivent, tant de France que d'Angleterre, des régiments réguliers. La milice fournit également des hommes de CORVÉE pour la construction de routes, de ponts et de FORTIFICATIONS. En 1759, le général James WOLFE menaçant Québec, on procède à une levée en masse de plusieurs milliers de miliciens, lesquels sont incorporés dans les unités de l'armée régulière arrivées de France sous les ordres de Montcalm. Après la capitulation de Montréal (1760), les Britanniques font appel aux capitaines de milice pour assurer l'administration du pays. Ils forcent la milice canadienne à reprendre du service lors du soulèvement de PONTIAC (1763) et de l'invasion américaine (1775).

En Nouvelle-Écosse, dès 1710, on nomme des capitaines de milice, et en 1749 une milice est instaurée à Halifax. Toutefois, les garnisons britanniques des Maritimes, pendant la GUERRE D'INDÉPENDANCE AMÉRICAINE, sont appuyées principalement par des régiments formés pour la défense locale ou par des troupes territoriales (*fencibles*) pouvant servir n'importe où en Amérique du Nord.

En 1793, on forme des régiments provinciaux à Montréal et à Québec. Dissoutes en 1802, ces unités du Bas-Canada sont remplacées, en 1803, par l'instruction périodique de 1200 miliciens dans des bataillons de service. En 1791, le lieutenant-gouverneur du Haut-Canada, John Graves SIMCOE, lève un corps permanent d'anciens combattants, les «Queen's Rangers», pour défendre le territoire et effectuer des travaux publics. Il est dissous en 1802 et remplacé, en 1811, par un régiment de territoriaux. Simcoe tente également de former une milice obligatoire, subdivisée en fonction des comtés, mais on ne peut obtenir les ressources nécessaires à son instruction avant 1808.

Pendant la GUERRE DE 1812, on affecte la milice canadienne au transport et à diverses tâches. Des volontaires combattent aux côtés des militaires réguliers britanniques et des régiments provinciaux. Le Canada sera sauvé par les militaires britanniques, mais les miliciens joueront un rôle important et, au Canada, la légende leur attribuera plus tard le crédit de la victoire (*voir* VOLTIGEURS).

Des miliciens volontaires aident à réprimer les RÉBELLIONS DE 1837 et, pendant plusieurs années, on conservera intactes certaines compagnies. En 1841, lors de l'unification des deux Canadas, le gouvernement britannique lève un régiment d'anciens combattants, les «Royal Canadian Rifles», pour un service de garnison. Des unités de cavalerie levées par la famille Denison de Toronto, la Montréal Fire Brigade (qui sert également de bataillon d'infanterie), la Halifax Militia Artillery et les Uniform Companies of Artillery au Nouveau-Brunswick, s'entraînent en temps de paix sans qu'il en coûte beaucoup au gouvernement.

En 1855, les LOIS DE MILICE maintiennent le principe de l'enrôlement obligatoire au sein de la Milice sédentaire, tout en autorisant toutefois la formation d'unités de volontaires rémunérés. Le principe du volontariat devient donc la caractéristique fondamentale de la défense du Canada. Il connaît tellement de succès qu'un grand nombre d'unités sont formées, dont beaucoup marqueront l'histoire du Canada. Cependant, l'enrôlement obligatoire n'est pas appliqué pendant les 20 années suivantes.

Au moment où la GUERRE DE SÉCESSION soulève des inquiétudes quant à l'éventualité d'une attaque américaine, on tente en vain de réintroduire le service obligatoire. En 1863, on augmente à 10 000 le nombre de miliciens volontaires rémunérés et à 35 000, celui des volontaires sujets à l'entraînement, mais ne touchant aucune solde. À la fin de la guerre, aucune formation n'a été dispensée dans les deux Canadas. Toutefois, 34 800 hommes ont reçu 5 jours d'instruction dans les Maritimes et des écoles de formation d'officiers ont été fondées. En 1865, 1100 officiers canadiens séjournent durant 3 semaines dans un camp de formation à La Prairie, au Québec. En 1866, 20 000 volontaires font face aux raids des FENIANS, et certains connaissent un baptême du feu à RIDGEWAY. Des unités d'infanterie de la milice sont présentes à des camps d'instruction à Thorold, en Ontario, où elles sont incorporées au sein d'unités régulières britanniques. La cavalerie et l'artillerie campent à Toronto.

Après la Confédération, on maintient le système de la milice en vigueur: 40 000 volontaires au sein d'unités de cavalerie, d'infanterie, de fusiliers et d'artillerie sont tenus d'effectuer des périodes d'instruction (8 à 17 jours par an). En 1870, deux bataillons de la milice accompagnent les troupes régulières britanniques envoyées pour étouffer la RÉBELLION DE LA RIVIÈRE ROUGE. En 1871, des écoles d'artillerie sont fondées à Kingston et à Québec. En 1874, un officier général commandant (OGC) britannique est affecté à la milice et, en 1876, on fonde le «Royal Military College» à Kingston. En 1883, les bases de ce qui deviendra la Force permanente (FP) se résument à trois écoles d'artillerie, dont l'une est située à Victoria, en Colombie-Britannique; à une école de cavalerie, à Québec; à des écoles d'infanterie à Fredericton (Nouveau-Brunswick), à Saint-Jean (Québec), à Toronto et plus tard à London; ainsi qu'à une école d'infanterie à cheval, située à Winnipeg.

En 1885, sous le commandement de l'officier général commandant (OGC) britannique Frederick MIDDLETON, près de 8000 militaires canadiens accompagnent les réguliers britanniques qui matent la RÉBELLION DU NORD-OUEST. Les lacunes observées concernant l'instruction, l'équipement et l'organisation, découlent de l'incapacité du gouvernement à prendre les dispositions qui s'imposent pour la défense, sauf en temps de crise comme lors de la menace russe de 1878, alors que l'éventualité d'une guerre entre la Grande-Bretagne et la Russie laissait entrevoir la possibilité d'une attaque contre des ports canadiens.

Le major-général Ivor Herbert, OGC (1890-1895), réussit à obtenir la réforme dont la milice a grand besoin: on accroît les effectifs du personnel du quartier général, des officiers sont envoyés en Angleterre pour y parfaire leur formation. En 1895, au moment de la crise du Venezuela, alors que les États-Unis menacent de déclarer la guerre à la Grande-Bretagne à propos de la délimitation de la frontière entre le Venezuela et la Guyane britannique, l'infanterie de la FP est dotée d'un nouveau fusil, le Lee-Enfield modèle long. C'est la dernière fois que la crainte d'une attaque américaine entraîne, au Canada, des préparatifs militaires.

En 1898, lors de la RUÉE VERS L'OR DU KLONDIKE, 200 volontaires de la FP sont envoyés au Yukon pour aider la police et les douaniers à maintenir l'ordre. Avant le retour de la TROUPE DE CAMPAGNE DU YUKON, en 1900, des Canadiens anglais persuadent le premier ministre sir Wilfrid Laurier d'envoyer un millier d'hommes à la GUERRE DES BOERS. Des miliciens volontaires, auxquels s'ajoutent des militaires de la force régulière, constituent un bataillon de service spécial des «Royal Canadians», commandé par le lieutenant-colonel W.D. OTTER, officier de la force permanente (FP). Pour former un second contingent, on recrute une grande partie des effectifs permanents de l'école de cavalerie et de la POLICE À CHEVAL DU NORD-OUEST. Le Canada lève aussi un bataillon d'infanterie, afin de remplacer, pour service en temps de guerre, la garnison britannique de Halifax.

Le favoritisme politique règne au sein de la milice canadienne. Trois OGC réformateurs qui luttent contre cette pratique, Herbert, E.T.H. HUTTON et le comte de Dundonald, voient leur période de service au Canada brusquement interrompue. Néanmoins, sir Frederick BORDEN, ministre de la Milice et de la Défense entre 1896 et 1911, souhaite ardemment qu'une réforme soit entreprise. En 1904, l'OGC britannique est remplacé par un Conseil de la milice, ce qui ouvre la voie à la nomination d'un chef d'état-major général canadien. Otter sera le premier à occuper ce poste en 1908. On met sur pied des services auxiliaires: des unités médicales, des unités d'intendance militaire, un service du matériel, une section de guides (service de renseignements militaires), un service de génie et un autre de transmissions. On dote l'infanterie d'un nouveau fusil fabriqué au Canada, le Ross.

En 1909, lors d'une conférence impériale sur la défense, le Canada accepte d'uniformiser son matériel et l'organisation de ses forces en fonction du modèle britannique et de reconnaître l'autorité des officiers d'état-major généraux impériaux. Vers 1914, la FP canadienne compte 3000 hommes et quelque 60 000 miliciens partiellement entraînés. On a déjà élaboré un plan de mobilisation. Toutefois, lors de la PREMIÈRE GUERRE MONDIALE, plutôt que de s'en prévaloir, le ministre de la Milice, sir Samuel HUGHES, crée le CORPS EXPÉDITIONNAIRE CANADIEN, en faisant un appel aux volontaires.

Vers la fin de la guerre, le Canada a formé cinq divisions pour le service outre-mer. Le Corps canadien est commandé par un Canadien, le lieutenant-général sir Arthur CURRIE, et tous les postes d'état-major, à l'exception de quelques postes clés, sont occupés par des Canadiens. Après la guerre, le nombre de régiments d'infanterie de la FP passe de un à trois, et les effectifs globaux de la FP totalisent 10 000 membres. Par la suite, les effectifs réels chutent à environ 4000 personnes. Le Canada ne possède ni chars ni canons modernes. Sur le plan du financement et du matériel, les unités de la milice sont laissées à leurs propres moyens. Au plus fort de la Crise des années 30, à peine plus de 2000 hommes fréquentent les camps d'instruction, qui ne durent que quatre jours.

En 1936, la détérioration de la situation internationale entraîne une réorganisation de la milice. Les effectifs théoriques de la Milice active non permanente (MANP) sont réduits de 15 divisions à 7 divisions, et de 134 000 membres à 86 557. On mécanise certaines unités de cavalerie et, vers 1939, le nombre d'unités d'artillerie est passé de 97 à 155. On commence à fournir à la milice de nouveaux uniformes et du matériel neuf pour remplacer ceux de la Première Guerre mondiale et, pour la première fois, les miliciens reçoivent des bottines réglementaires.

Au cours de la SECONDE GUERRE MONDIALE, le Canada met sur pied une armée de trois divisions d'infanterie et deux divisions blindées et lève trois divisions pour la défense territoriale. Près de 750 000 hommes et femmes ont servi sous les dra-

peaux. En juin 1940, la LOI SUR LA MOBILISA-
TION DES RESSOURCES NATIONALES
(LMRN) permet au gouvernement de réquisitionner
les services des Canadiens pour la défense du territoire. Après novembre 1944, lors de l'amendement
de la LMRN visant à autoriser la CONSCRIPTION
pour le service outre-mer, quelque 2500 conscrits
serviront dans des unités opérationnelles pendant les
derniers mois de la guerre.

En 1946, on établit les effectifs de l'armée canadienne à 25 000 personnes. En 1951, lors de la
GUERRE DE CORÉE, le Canada y envoie des
troupes pour appuyer les forces des NATIONS
UNIES et, au cours de ce conflit, près de 22 000 militaires participeront aux combats. En 1952, pour remplir les obligations du Canada à l'égard de l'OTAN,
l'effectif est porté à 52 000 militaires. Dans les
années 50, la milice, qui se compose de six divisions,
est rebaptisée armée de réserve. On l'affecte à des
tâches touchant la sécurité intérieure et la protection
civile. Ce changement de mission, ainsi que la dissolution de certaines anciennes unités, démoralise les
miliciens. Vers 1987, ils ne sont plus que 16 000, soit
un chiffre à peine supérieur aux effectifs de 1977.

Dans les années 90, les effectifs totaux de la Force mobile regroupent un personnel militaire, qui
atteint environ 23 500 personnes, et une Première
réserve forte de 21 000 membres. Aujourd'hui, les
effectifs de l'Armée ont beaucoup diminué. Elle se
compose de trois groupes de brigades motorisées;
chacun d'entre eux pouvant, grâce aux renforts de la
milice, devenir une division. (*Voir aussi* RÉGI-
MENT.)

Richard A. Preston

Marine

La présence de forces navales en Amérique du
Nord remonte à la période coloniale. Jusqu'à la fin
du XIXe siècle, on fait appel à des flottilles armées
pour répondre à des besoins spécifiques d'ordre
colonial, provincial ou national, tant au large des
côtes que dans les Grands Lacs. La rivalité navale
anglo-allemande alimente l'idée de regrouper, à l'intérieur d'une entité distincte, les vedettes garde-
pêche du ministère de la Marine et des Pêcheries et,
le 29 mars 1909, le Parlement approuve l'octroi de
crédits pour la formation d'une force navale canadienne, laquelle œuvrera de concert avec la marine
royale britannique. Le 4 mai 1910, la LOI DU SER-
VICE NAVAL crée la Marine royale du Canada
(MRC). La marine constitue un enjeu majeur, sur le
plan politique, et sous le règne des conservateurs,
entre 1911 et 1914, elle connaîtra des déboires
sérieux. Divisée entre Halifax en Nouvelle-Écosse et
Esquimalt en Colombie-Britannique, elle reçoit ses
ordres d'un lointain quartier général installé à Ottawa. Issus du ministère de la Marine et des Pêcheries,
L.P. Brodeur, le premier ministre en titre, George J.
Desbarats, sous-ministre, et le contre-amiral Charles
E. KINGSMILL, retraité de la Royal Navy, qui occupe le poste de directeur, connaissent les problèmes de
la marine. Cependant, l'état-major de la marine ne
réussit pas toujours à évaluer correctement les
besoins de la flotte et se révèle souvent incapable
d'en expliquer la teneur au gouvernement.

Après la Première Guerre mondiale, les gouvernements libéraux et conservateurs compriment tour à
tour le budget de la marine. Le commodore Walter
HOSE, directeur des Forces navales de 1921 à 1928,
puis chef d'état-major de la marine entre 1928 et
1934, s'oppose aux efforts de la milice visant à subordonner et même à dissoudre la marine. Placé
dans l'obligation de fermer le Collège naval royal du
Canada en 1922, Hose crée en 1923 la Réserve des
Volontaires de la Marine Royale Canadienne.
Lorsque, enfin, l'aggravation de la tension internationale vers la fin des années 30 sensibilise Ottawa à
la nécessité de pouvoir compter sur une marine efficace, le contre-amiral Percy NELLES, aux com-

mandes des Forces navales entre 1934 et 1943, pourra bâtir sur ces fondations. Ce sera presque trop tard.

Lors des deux guerres mondiales, la menace que
représentaient les U-BOATS dans l'Atlantique Ouest
suscite une croissance imprévue de la MRC. En
1917-1918, on se contente d'affecter sur la côte est
du Canada le personnel et le matériel préalablement
prêtés à la Royal Navy. Mais, en 1941, une flotte de
haute mer importante est constituée, dans le cadre
d'un programme massif de recrutement et de
construction de navires. Cependant, en 1943, à cause
d'engagements prévus dans le Pacifique, la situation
s'aggrave. Les ressources de la MRC passent de 13
navires de guerre et 3000 personnes en 1939 à
quelque 365 navires et 100 000 personnes en 1945.
Au début, l'expansion s'effectue au prix de l'efficacité, particulièrement en matière d'escorte de
convois, ce qui constitue la tâche principale de la
marine. En 1943, alors que l'état-major de la marine
semble de plus en plus dépassé par les besoins opérationnels changeants de la flotte, le ministre de la
Défense nationale pour les Forces navales de 1940 à
1945, Angus L. MACDONALD, remplace Nelles
par le contre-amiral G.C. JONES.

La Grande-Bretagne et les États-Unis s'entendent
pour créer un nouveau théâtre d'opérations, la zone
canadienne du Nord-Ouest de l'Atlantique, décision
prise pour deux raisons: d'abord, le quartier général
du service naval a établi des bases côtières qui
contrôlent efficacement la navigation, l'interception
des messages radio et les opérations de renseignements militaires et, ensuite, le Canada fournit la moitié des escortes qui circulent dans l'Atlantique Nord
(*voir* BATAILLE DE L'ATLANTIQUE). Le 1er mai
1943, le contre-amiral L.W. MURRAY qui, à l'instar
d'autres officiers, s'était indigné du fait que les
Canadiens étaient subordonnés à la Marine américaine dans cette région, devient le commandant en chef
de la zone, nomination unique dans toute l'histoire
canadienne. De 1943 à 1945, la MRC devient la troisième plus importante flotte alliée et mène de façon
satisfaisante un éventail varié d'opérations sur un
grand nombre de théâtres de combat.

Les Canadiens ont longtemps considéré la MRC
comme une pâle imitation de la Royal Navy. Le Premier ministre Mackenzie KING soupçonnait la
Marine canadienne de n'être qu'un instrument de
l'AMIRAUTÉ britannique. Néanmoins, en 1945,
pour permettre le maintien en haute mer d'une flotte
permanente, son gouvernement approuve la constitution d'une petite marine comprenant 2 porte-avions,
2 croiseurs et 12 destroyers. Toutefois, on ne se bouscule pas pour s'enrôler dans la marine régulière, et il
s'avère nécessaire de prolonger la durée du service
de certains effectifs de réserve, qui se sont engagés
au cours de la guerre. Les rapports entre les officiers
et le personnel d'équipage se détériorent en raison de
la tension créée par l'adaptation au service en temps
de paix, qui signifie, pour un grand nombre d'anciens combattants, le retour à des tâches purement
routinières. En 1949, après trois mutineries, le
contre-amiral E. Rollo Mainguy préside une commission qui préconise l'élimination de certaines coutumes britanniques dépassées. Son rapport, qui suscite des réactions mitigées dans la marine, deviendra
la Magna Carta de la MRC.

Entre 1950 et 1953, lors de la guerre de Corée, la
MRC déploie dans les eaux coréennes une force pro-
fessionnelle de qualité composée de trois destroyers.
Vers 1964, en raison des tensions suscitées par la
GUERRE FROIDE, la marine, qui a pris de l'importance, compte alors un porte-avions (le BONAVEN-
TURE), 22 destroyers conçus et fabriqués au Canada,
17 navires d'escorte océaniques datant de la
Deuxième Guerre, 10 dragueurs de mines côtiers et
un effectif de 21 500 personnes affectées, en grande
partie, aux opérations anti-sous-marins de l'OTAN.
En 1968, survient l'unification. Les officiers de la
marine s'y opposent avec acharnement et bon
nombre d'entre eux démissionnent. Le contre-amiral

W.M. LANDYMORE se montre si bavard et indis-
cret à ce propos qu'il est renvoyé.

Le Commandement maritime des Forces armées
canadiennes, malgré une considérable réduction de
ses moyens et de ses capacités dans les années 70 et
bien qu'on soit moins facilement porté à associer la
MRC à son origine britannique, demeure pourtant
encore redevable d'une grande part de son savoir-faire à la Royal Navy. Dans le livre blanc sur la défense de 1987, on souligne la nécessité d'un programme
de construction de sous-marins à propulsion nucléaire, afin de permettre au Commandement maritime de
jouer un rôle plus important sous la calotte glaciaire
de l'Arctique.

W.A.B. Douglas

Ce document perdra tout son sens avec la fin de la
guerre froide et les sous-marins à propulsion nucléaire ne sont jamais venus. En 2000 et après le livre
blanc de 1994, quatre sous-marins conventionnels
s'apprêtent à entrer en opération au Canada, remplaçant ceux obtenus en 1960. La flotte de surface de
haute mer et côtière a été totalement mise à jour
depuis le début des années 1980.

Armée de l'air

L'Aviation royale du Canada voit le jour le 1er
avril 1924 et, en 1968, lors de l'unification des
Forces armées canadiennes, elle perd son identité
propre. Avant 1914, l'aviation militaire n'existe pas
au Canada; il s'agit d'une chasse gardée des puissances mondiales les plus importantes. En août 1909,
à Petawawa en Ontario, J.A.D. MCCURDY et F.W.
«Casey» Baldwin, membres de l'Alexander Graham
BELL'S Aerial Experiment Association, effectuent
des essais en vol sur les appareils SILVER DART et
Baddeck-1, mais ils ne suscitent que peu d'intérêt au
sein du ministère de la Milice et de la Défense. Après
le début de la Première Guerre mondiale, l'aviation
militaire et l'aéronautique navale connaissent un
essor extraordinaire, mais la réticence du gouvernement canadien à lui accorder un statut distinct persiste jusque vers la fin de la guerre. Plus de 20 000
Canadiens serviront en tant que pilotes, observateurs
et membres du personnel de soutien au sol dans le
ROYAL FLYING CORPS et le ROYAL NAVAL
AIR SERVICE britanniques et, après le 1er avril
1918, dans la Royal Air Force (RAF), et ce, sur tous
les théâtres d'opérations.

La publicité qui entoure la participation canadienne dans la guerre aérienne, particulièrement les
exploits de pilotes exceptionnels tels que W.A.
BISHOP, W.G. BARKER, Raymond COLLISHAW
et D.R. MACLAREN, contribue à multiplier les
pressions en faveur de la mise sur pied d'une aviation canadienne distincte. Le fait que des sous-
marins allemands à long rayon d'action menacent le
transport maritime sur la côte est du Canada y
contribue également. Par conséquent, le gouvernement Borden autorise la création de deux forces
réduites: le Service aéronaval de la Marine royale du
Canada (RCNAS), pour la défense côtière, et l'Aviation canadienne (CAF), qui doit appuyer le Corps
expéditionnaire canadien sur le front ouest. Les deux
organismes seront éphémères: le RCNAS sera dissous en décembre 1918 et la CAF, vers le milieu de
1919.

Avant la dissolution de la jeune CAF, des mesures
ont déjà été prises en vue de formuler une politique
nationale en matière d'aviation. Une Commission de
l'aviation, présidée par le ministre des Douanes, A.L.
SIFTON, est formée en juin 1919 et reçoit le mandat
de conseiller le gouvernement en prévision de l'élaboration d'une politique future en matière d'aviation.
La Commission jette les bases de l'organisation et de
la réglementation de l'aviation civile et, tenant pour
acquis que la force de l'aviation militaire dépend
réellement de l'existence d'un secteur commercial
vigoureux, elle envisage la formation d'une force
aérienne militaire, d'envergure réduite et provisoire.
C'est ainsi qu'est créée, en avril 1920, l'aviation

canadienne (AC), mais il devient vite évident qu'une force permanente se révélera nécessaire.

En vertu de la Loi de la Défense nationale de 1922, la Commission de l'aviation est absorbée par le nouveau MINISTÈRE DE LA DÉFENSE NATIONALE, et on procède à l'unification de ses éléments civils et militaires sous le commandement du directeur de l'AC, qui relève du chef d'état-major de l'armée (plus tard le chef d'état-major général). L'AC est maintenant une force permanente. Il faudra attendre jusqu'en novembre 1938 pour que l'officier le plus haut gradé de l'aviation se voit accorder le titre de chef de l'état-major des Forces aériennes, relevant directement du ministre de la Défense nationale. En 1923, on ajoute le qualificatif «royal» à l'appellation Aviation canadienne et, le 1er avril 1924, avec l'adoption des Règlements et ordonnances royales pour l'Aviation royale du Canada, elle adopte la devise, les UNIFORMES, la structure hiérarchique et même la date officielle de la création de la RAF.

Malgré la persistance de ces liens d'allure coloniale, l'ARC se présente comme un service typiquement canadien par son personnel et par son rôle. Jusqu'au début des années 30, environ la moitié de ses effectifs est engagée dans des opérations aériennes de nature civile qui constituent la majorité des tâches confiées à l'ARC: épandage et surveillance des forêts pour la prévention des incendies, surveillance de la pêche et surveillance douanière sur les deux côtes, missions de sauvetage et photographie aérienne, laquelle a grandement contribué à la cartographie et à l'inventaire géologique dans les régions éloignées. Ses aéronefs, comme les hydravions Vedette de la Canadian Vickers, sont conçus pour de telles missions.

En 1928, en vue de remplacer ses appareils militaires depuis longtemps retirés du service, l'armée de l'air achète de la Grande-Bretagne quelques avions de chasse Siskin et quelques avions multi-rôles Atlas. Aucune acquisition importante ne sera effectuée au cours de la période qui suit la Crise des années 30. En conséquence, pendant la première moitié de l'entre-deux-guerres, le Canada possède une armée de l'air dont l'existence demeure purement nominale, bien que les rapports entretenus avec la RAF (échanges, personnel de liaison, affectation d'officiers canadiens à des écoles d'état-major britanniques) assurent un certain degré de professionnalisme et un approfondissement des connaissances sur la doctrine en vigueur dans l'aviation militaire.

En 1939, lors du déclenchement de la Seconde Guerre mondiale, l'ARC ne dispose d'aucun avion de première catégorie ni d'autres appareils, à l'exception de quelques Hawker Hurricanes. Néanmoins, on a mis au point les grandes lignes d'un programme d'expansion. Les commandements aériens de l'Est et de l'Ouest sont chargés de la défense aérienne des côtes, et le commandement de l'instruction est établi à Trenton, en Ontario. Huit escadrilles permanentes et 12 escadrilles auxiliaires ont été formées.

À toutes fins utiles, c'est le PROGRAMME D'ENTRAÎNEMENT AÉRIEN DU COMMONWEALTH qui assurera la croissance de l'ARC en temps de guerre. À la fin de ce vaste programme, on aura décerné un diplôme à 131 553 membres d'équipage d'aéronef, dont 72 835 Canadiens. Malgré l'engagement du gouvernement canadien d'assurer l'instruction des membres du personnel navigant du Commonwealth, l'ARC n'obtient pas, durant la guerre, un statut indépendant comparable à celui de l'armée canadienne. Bien que les accords du Programme d'entraînement aérien du Commonwealth fassent état d'un engagement britannique selon lequel les membres d'équipage du Commonwealth «seront [...] identifiés à leur Dominion respectif», le gouvernement canadien néglige d'assurer le soutien financier du personnel de piste, des équipages servant à l'étranger ou même des unités aériennes canadiennes déployées outre-mer. De ce fait, les pilotes,

navigateurs, mitrailleurs de bord et autres membres d'équipage canadiens doivent se disperser au sein de la RAF, plutôt que d'être regroupés à l'intérieur d'unités de l'ARC. Au cours de la guerre, le ministre de la Défense nationale (Aviation), C.G. POWER, assisté d'officiers supérieurs de l'ARC, réussit à convaincre la RAF de permettre la formation d'escadrilles supplémentaires de l'ARC.

Parmi les 250 000 hommes et femmes qui formeront les effectifs de l'ARC durant la guerre, 94 000 serviront à l'étranger. La plupart des membres du personnel navigant combattront dans les rangs de la RAF, mais 48 escadrilles canadiennes distinctes prendront part à des opérations dans le monde entier, qu'il s'agisse de l'escadrille n°1 (plus tard la 401e) qui s'illustrera lors de la bataille D'ANGLETERRE, ou des missions que conduiront les 435e et 436e escadrons de transport en Inde et en Birmanie au cours des derniers jours du conflit avec le Japon. Après des combats en Afrique du Nord avec la 331e escadre, la 417e escadrille s'illustrera en Italie.

Les escadrilles canadiennes jouent un rôle au sein de tous les commandements opérationnels de la RAF. Elles forment leur propre groupe de bombardement (le 6e de l'ARC) à l'intérieur du Bomber Command et elles fournissent la moitié des effectifs du 83e Groupe mixte de la Deuxième force aérienne tactique de la RAF. Des aviateurs tels que les *Air Vice-Marshals* C.M. «Black Mike», MCEWEN et G.E. Brookes, les *Group Captains* W.R. MacBrien et G.R. McGregor ainsi que les *Wing Commanders* George Keefer et Stan Turner deviennent d'illustres chefs. Wallace McLeod, «Buck», McNair et George «Buzz» BEURLING marchent dans les traces de Bishop, Barker, Collishaw et MacLaren.

Dès le début, l'ARC est engagée à fond dans la bataille de l'Atlantique. Des escadrilles provenant des bases de la côte est, composées de Hudsons et de Venturas de Lockheed, de Catalinas, de Cansos et de Liberators, escortent les convois et effectuent des patrouilles anti-sous-marins. D'autres escadrilles de l'ARC participent, de concert avec les forces américaines, à la défense de l'Alaska contre les incursions japonaises. De plus, certaines patrouillent les eaux d'Extrême-Orient dans le cadre de missions anti-sous-marins.

Le Bomber Command est le plus important commandement opérationnel de la RAF. Des milliers de diplômés canadiens du Programme d'entraînement aérien du Commonwealth y servent pour participer aux campagnes massives de bombardement. Bien que les Canadiens y participent dès le début, la première unité canadienne à voir le jour sera la 405e escadrille, membre du groupe d'élite Pathfinder, qui deviendra opérationnelle au milieu de 1941. En janvier 1943, le 6e groupe devient opérationnel. Commandé d'abord par Brookes, il passe ensuite aux mains de McEwen (il s'agit là des deux plus importants commandements opérationnels détenus par des aviateurs canadiens pendant la Seconde Guerre mondiale). Le «Wing Commander» J.E. FAUQUIER se révèle le meilleur pilote canadien de bombardiers. Les pertes sont considérables: sur plus de 17 000 décès enregistrés par l'ARC au cours de la Seconde Guerre mondiale, près de 10 000 surviendront parmi le personnel du Bomber Command.

Vers la fin de 1946, les effectifs de l'ARC dégringolaient pour atteindre 13 000 militaires de tous grades. La force permanente reprend d'anciennes fonctions: transport, recherche et sauvetage, patrouille et photographie aérienne. Ce n'est qu'en 1948, avec l'acquisition de quelques Vampires britanniques, que les avions à réaction font leur apparition au sein de l'armée de l'air. Durant la guerre de Corée, la contribution officielle des Forces aériennes canadiennes se limite à des missions de transport effectuées par la 426e escadrille, bien que certains pilotes de l'ARC voleront avec l'armée de l'air américaine. La menace que fait peser la guerre froide renverse la tendance à la diminution des effectifs de

l'ARC. En février 1951, dans le cadre des engagements souscrits à l'égard de sa participation à l'OTAN, le gouvernement canadien dépêche une division aérienne de 12 escadrilles de combat en Europe. En 1958, le Canada et les États-Unis s'associent pour créer le Commandement de la défense aérienne de l'Amérique du Nord (NORAD). Outre les engagements considérables sur le plan de la défense intérieure que cela représente, cette nouvelle orientation de la politique canadienne de défense entraîne la nomination d'un commandant-adjoint canadien. Le premier à remplir ce rôle sera le maréchal de l'air C.R. SLEMON.

La défense aérienne du Canada, après 1945, est assurée en grande partie par des avions fabriqués à l'étranger. L'annulation, en 1959, de la production du AVRO ARROW constitue un remarquable exemple de cette réalité politique. La tendance à réagir aux initiatives venues de l'extérieur, depuis toujours une caractéristique de l'ARC, ne s'éteint pas après la disparition de l'armée de l'air en 1968, au moment de l'unification des forces armées. Dans les Forces armées canadiennes d'aujourd'hui, il reste des traces de l'ARC, que ce soit dans la numérotation des escadrilles ou simplement dans la disposition d'esprit des gens qui la composent, qui demeure bel et bien vivante, même s'il s'agit d'une réalité moins palpable. La défense aérienne du Canada, après 1945, est assurée en grande partie par des avions fabriqués à l'étranger, y compris les 138 chasseurs CF-18 d'avant-garde utilisés actuellement, dont la durée de service prévue s'étend jusqu'en l'an 2004. En raison des restrictions budgétaires et de l'évolution du climat politique en Europe de l'Est, le Canada a procédé au redéploiement sur son territoire des 42 avions de chasse CF-18, basés en Allemagne, et ferme, en 1994 et 1995, les bases de Baden-Soellingen et de Lahr. En septembre 1990, une escadrille de CF-18 est envoyée sur le théâtre d'opérations du golfe Persique, afin de soutenir les mesures prises par l'ONU à l'encontre de l'Irak. Basée au Qatar, elle entre en action le 7 octobre. En tout, l'escadrille sera chargée de 2700 missions, y compris les premières actions offensives de bombardement menées par les Forces canadiennes depuis la Seconde Guerre mondiale. Dix ans plus tard, contre la Serbie, une autre escadrille démontrera la souplesse de ses appareils et de ses équipages, s'accaparant environ 10 p. cent des missions aériennes menées par l'OTAN au sujet du Kosovo.

S.F. Wise

De l'unification à nos jours

Le projet de loi sur la réorganisation des forces canadiennes, adopté le 1er février 1968, abolit la MRC, l'Armée canadienne et l'ARC, et crée une force unique, les Forces armées canadiennes, comprenant des forces régulières et de réserve, ainsi qu'une force spéciale, pouvant être mise sur pied afin de répondre aux besoins de l'OTAN, des Nations Unies ou à tout autre engagement extérieur du Canada. L'unification est unique à ce pays et cette expérience n'a été imitée nulle part ailleurs dans le monde. En moins d'une décennie, on a assisté à une résurgence, jusqu'à un certain point, de l'identité propre à chacune des trois entités.

Depuis la création, en 1922, d'un quartier général de la Défense unifié, l'intégration est une mesure qui, sur le plan politique, revient périodiquement sur le tapis. Alors que Brooke CLAXTON occupe le poste de ministre, entre 1946 et 1954, on procède à l'unification des COLLÈGES MILITAIRES et des codes de droit militaire, comme cela avait été fait dans d'autres domaines de l'administration militaire. Le gouvernement conservateur de John Diefenbaker, au pouvoir de 1957 à 1963, intègre certains services (médical, juridique, aumônerie).

En 1963, les Forces armées s'attendent à de profonds bouleversements lors du retour au pouvoir des Libéraux. Les chefs militaires ont une certaine part de responsabilité dans l'indécision et la confusion qui entourent les politiques de la défense, ce qui contribue au renversement du gouvernement Diefenbaker. La Commission Glassco, en 1963, critique abondamment l'inefficacité et le triplement des services administratifs militaires. Il semble justifié d'attribuer au gaspillage administratif une partie de la diminution rapide des dépenses en matériel et infrastructures prévues dans le budget de la défense, qui passent de 42,4 p. 100 en 1954 à 18,9 p. 100 en 1962. L'opposition libérale, qui a abandonné ses prises de position antérieures sur les ogives nucléaires, promet toutefois d'effectuer une révision minutieuse de la politique de défense et de s'efforcer d'obtenir le retrait du Canada des engagements impliquant le recours aux armes nucléaires.

À titre de ministre, l'homme d'affaires torontois Paul HELLYER, qui a été le critique de la défense dans l'opposition, entreprend la révision promise. Dans son rapport, paru en mars 1964, les mots «mobilité», «souplesse» et «imagination» reviennent avec régularité et on y fait abondamment état de la préoccupation favorite du premier ministre Lester Pearson, le MAINTIEN DE LA PAIX. Toutefois, le désir de respecter les engagements pris envers l'OTAN, la défense aérienne du continent et la sécurité du pays demeurent. On y mentionne à peine la promesse de créer «une seule force unifiée de défense».

Au début, l'unification ne constitue pas une politique de Hellyer. Cette idée s'incruste progressivement chez lui, alors qu'il s'efforce de composer avec trois chefs, dont chacun lutte en fonction des intérêts de son propre service. La Commission Glassco avait relevé l'existence de plus de 200 comités interarmes, dont seuls quelques-uns semblent coopérer. Hellyer est persuadé qu'à l'avenir, les Forces armées devront travailler en étroite collaboration. Le 7 juillet 1964, le Parlement adopte sa première mesure: l'intégration complète du Quartier général de la Défense nationale sous la direction d'un seul chef d'état-major de la Défense. On répartit les fonctions d'état-major en quatre branches: les opérations, le personnel, les finances et les services de la logistique. Ces mesures suscitent peu de critiques. Même les membres des Forces armées approuvent cette rationalisation, si cela peut faciliter l'achat de nouveaux équipements dont on a grand besoin.

Le 7 juin 1965, les commandements de la marine, de l'armée et de l'aviation sont remplacés par six commandements fonctionnels, dont la plupart se voient accorder des responsabilités à caractère régional. Le Commandement maritime prend en charge les navires de la MRC et les escadrilles anti-sous-marins de l'ARC sur les deux côtes. Le contrôle des groupes-brigades de l'armée, de la milice et des escadrilles d'appui tactique de l'ARC est confié à la force mobile, située à Saint-Hubert au Québec. On intègre les fonctions interarmes au sein du Commandement de l'instruction et du Commandement du matériel, tandis que les Commandements de la défense aérienne et du transport aérien conservent les mêmes responsabilités que dans l'ARC. Plus tard, on ajoute le Commandement des communications, et les Forces aériennes et terrestres canadiennes stationnées en Europe relèvent directement d'Ottawa. Le 1er mai 1966, les camps, les stations et les navires terrestres de la marine deviennent des bases des Forces canadiennes, au nombre de 39. L'unification des écoles d'instruction et l'instauration d'un seul système de rémunération prennent forme.

Bon nombre d'officiers supérieurs s'attendent alors à un moment de répit, mais l'engagement de Hellyer à l'égard de l'unification tient bon. Les changements institutionnels ont été très profonds afin que l'unification semble aller de soi. Hellyer associe les protestations des officiers supérieurs à une remise en question de la mainmise du pouvoir civil sur les militaires. Politiciens, journalistes et caricaturistes tournent en ridicule les objections des officiers. On rap-

pelle au public que plusieurs de ceux qui ont démissionné en guise de protestation reçoivent de généreuses pensions. En nommant le général Jean-Victor ALLARD au poste de chef d'état-major de la Défense, Hellyer s'assure du soutien d'un partisan enthousiaste de l'unification et de la disparition, du paysage des Forces armées, de nombreuses caractéristiques typiquement britanniques.

Même si le débat entourant le projet de loi sur la réorganisation s'éternise et s'accompagne parfois de déclarations acrimonieuses, la mesure législative est adoptée aux Communes avec l'appui du NPD et du Crédit social. Moins d'un an après, les membres des Forces canadiennes portent de nouveaux uniformes verts, modelés sur ceux de l'armée de l'air américaine, avec des insignes de grade pouvant être identifiés tant par les militaires américains que par le personnel canadien.

Le cirque médiatique qui entoure l'unification et l'intégration relègue au second plan les efforts déployés par le gouvernement en vue de trouver de nouveaux rôles et des équipements neufs pour son organisation militaire renouvelée. Au lieu d'atténuer ses engagements internationaux pour l'adapter à des effectifs réduits, le gouvernement engage, en 1964, une force importante pour le maintien de la paix à Chypre, dans le cadre d'une «brève» mission qui, en 1984, dure toujours. Sa quête d'un rôle non nucléaire au sein de l'OTAN amène le gouvernement à promettre d'envoyer des hommes en Norvège, au cas où le flanc nord (non nucléaire) de l'OTAN serait menacé.

Le groupe-brigade canadien en Allemagne, mal équipé, ne reçoit pas de transports de troupes blindées avant 1967, et ce n'est qu'en 1977 qu'on le dote de chars modernes. Lorsque des conseillers de l'armée de l'air réclament des Phantoms F-4 fabriqués aux États-Unis, le gouvernement choisit plutôt le CF-5, un avion moins cher, mais moins perfectionné. On annule un programme d'achat de huit frégates polyvalentes pour la marine et on le remplace par la construction de quatre destroyers porte-hélicoptères, destinés à des opérations anti-sous-marins, et par une coûteuse remise en état du seul porte-avions, le Bonaventure.

Conscient du fait que l'opinion publique et la plupart de ses collègues favorisent des réductions en matière de défense, Hellyer a négocié pour son ministère un budget annuel fixe de un milliard et demi de dollars. C'est au prix de la modernisation qu'a lieu la réorganisation radicale qu'il impose, avec la réduction de personnel qui s'ensuit. L'inflation absorbe la plupart des économies réalisées. Un destroyer qui valait 20 millions de dollars en 1960 en coûte 50 millions vers 1967. Le désintéressement des Canadiens à l'endroit des dépenses militaires augmente à mesure que progresse la décennie et que s'accentuent les critiques contre les Américains pour leur participation à la guerre du Viêt-nam. Les Canadiens sont préoccupés par les problèmes d'ordre interne: l'inflation, le chômage et le SÉPARATISME québécois.

Le 26 juin 1968, les électeurs canadiens accordent leur confiance à un nouveau chef libéral, P.E. Trudeau, qui promet une prise de décision rationnelle et un remède à la «crampe des stratèges», qui handicape la défense canadienne depuis la Seconde Guerre mondiale. Le 3 avril 1969, le premier ministre annonce de nouvelles priorités pour la défense: la surveillance du territoire et des zones côtières canadiennes (protection de la souveraineté), la défense de l'Amérique du Nord en collaboration avec les États-Unis, le respect des engagements pris à l'égard de l'OTAN et la participation du Canada aux opérations internationales de maintien de la paix auxquelles il pourrait être convié.

Avec cette liste, les priorités définies par Hellyer en 1964 se trouvent inversées. Les opérations de maintien de la paix, dont Hellyer s'était servi pour justifier l'unification, arrivent désormais en dernière

place, et la protection de la souveraineté se retrouve en première position. Le successeur de Hellyer au poste de ministre de la Défense nationale, Léo Cadieux, se rend à Bruxelles informer les alliés d'une réduction draconienne des effectifs du contingent canadien de l'OTAN. En août 1969, les effectifs canadiens, qui totalisent 10 000 personnes, sont réduits de moitié, et les Forces terrestres restantes passent du commandement britannique au commandement américain. Au Parlement, Cadieux annonce que les effectifs des Forces armées passeront de 110 000 à 80 000 ou 85 000 hommes et femmes. Cinq régiments réguliers disparaissent de la liste des effectifs. Le Bonaventure, récemment réarmé avec un équipement moderne, est envoyé à la ferraille et la plupart des chasseurs CF-5 sont remisés.

Ces nouvelles politiques se révèlent onéreuses, et on en rejette la responsabilité sur les chefs militaires. L'élimination du très coûteux porte-avions, la mise au rancart d'un hydroptère expérimental et la livraison de nouveaux destroyers, devenus entre-temps inadéquats, ridiculisent le Commandement maritime. Parmi les gestes qui seront faits à la suite de ces critiques, on note une politique de transfert de responsabilités aux civils au sein du QGDN en 1972.

Les politiques du gouvernement, résumées en 1970 dans un document intitulé La Défense dans les années 70, définissent le rôle des militaires en ce qui a trait à la protection de la souveraineté canadienne, non seulement dans l'Arctique et sur les océans, mais aussi dans l'AIDE AU POUVOIR CIVIL. Ce rôle traditionnel des Forces armées était presque oublié. Mais la violence urbaine qui sévit aux États-Unis et d'éventuelles opérations de maintien de la paix en justifient la planification et l'instruction. En octobre 1969, on envoie d'urgence des militaires à Montréal lorsqu'une grève des policiers entraîne des émeutes.

Une intervention beaucoup plus vaste a lieu durant la CRISE D'OCTOBRE. Le 14 octobre 1970, on ordonne à des militaires de se rendre à Ottawa pour y protéger des édifices publics et des personnages importants. Le 16 octobre, le premier ministre proclame la LOI SUR LES MESURES DE GUERRE et plus de 10 000 militaires, en attirail de combat, sont bientôt déployés à Montréal, à Québec et à Ottawa. Il s'agit là d'un exercice du pouvoir spectaculaire et dangereux. Certains officiers rendent compte du fait qu'une telle activité présente, sur le plan institutionnel, un grand danger pour les Forces armées. Dès le 12 novembre, les troupes ont la chance de pouvoir se retirer sans avoir subi ou occasionné de pertes de vies.

La Crise d'octobre provoque une extraordinaire prise de conscience sur l'importance qu'il y a à rendre les Forces canadiennes plus représentatives d'un pays fondamentalement biculturel. La Commission royale d'enquête sur le BILINGUISME ET LE BICULTURALISME avait constaté que les Forces armées s'assimilaient, de façon typique, aux institutions fédérales, lesquelles suscitaient un sentiment de frustration chez les Canadiens de langue française. À l'exception d'un petit nombre d'unités de l'armée, les Forces avaient fonctionné presque toujours exclusivement en anglais, et peu de Canadiens français avaient atteint les niveaux hiérarchiques les plus élevés. Au cours de deux guerres mondiales, l'unilinguisme de l'armée avait contribué, lors des conscriptions, à l'éclatement de crises déchirantes. Le gouvernement Trudeau est résolu à implanter le bilinguisme au sein des organismes fédéraux, et il semble que les Forces armées puissent constituer un excellent endroit pour débuter le processus.

Parmi les nouvelles politiques, on trouve un essor de l'enseignement des langues, une politique de recrutement et d'avancement visant à atteindre une représentation proportionnelle des deux groupes linguistiques dans la structure hiérarchique, un programme distinct d'instruction pour le personnel francophone pour la plupart des 300 métiers spécialisés et la désignation d'unités où le français est la langue d'usage (navires, escadrilles aériennes et unités des Forces terrestres). Ce programme, qui coïncide avec une importante réduction de l'ensemble des effectifs des Forces, un maigre budget et des allégations d'ingérence politique, se révèle extrêmement impopulaire auprès de la majorité anglophone. L'existence d'unités de langue française donne souvent l'impression que les Forces armées sont aussi désunies que le pays qu'elles servent. Avec le temps, de la patience et l'arrivée de nouvelles générations sous les drapeaux, on se dit que le bilinguisme, tout comme l'unification, finira bien par paraître naturel.

Les deux expériences se déroulent d'autant plus facilement que dans le pays on éprouve des difficultés à déterminer avec clarté le rôle qui pourrait être confié aux Forces canadiennes dans un monde qui semble évoluer vers la détente. Mais, dans les années 70, la situation mondiale devient soudainement plus précaire. La création de l'Organisation des pays exportateurs de pétrole, qui s'octroie le pouvoir d'augmenter le prix du pétrole, révèle la surprenante vulnérabilité des pays industrialisés de l'Occident. La croissance de la puissante flotte soviétique, et sa capacité éventuelle d'atteindre une cible n'importe où dans le monde, ajoutent à la menace, jusqu'alors limitée, que présentent des forces blindées massives et de puissantes batteries de missiles.

Le gouvernement canadien, désireux d'améliorer ses relations commerciales avec l'Europe, se rend compte des conséquences de la décision prise en 1969 de diminuer de moitié le contingent de l'OTAN. Non seulement les effectifs qui restent ne peuvent-ils être retirés, mais il faut remplacer leurs chars et leurs avions désuets pour calmer la colère des partenaires de l'Alliance. Malgré de coûteux et pénibles délais, le Canada entreprend de se réarmer (*voir* ARMEMENT). Au cours des sept années consacrées au choix d'un avion de patrouille maritime, son coût bondit de 300 millions à plus d'un milliard de dollars. La recherche d'un nouvel avion de chasse se solde par le choix du F-18D de McDonnell-Douglas, un appareil qui, essentiellement, n'a pas fait ses preuves. La principale préoccupation consiste à établir la nature des retombées commerciales de ce contrat pour les industries du Québec et de l'Ontario. Alors que les navires et les aéronefs vieillissants du Commandement maritime séjournaient au port de plus en plus longtemps, en attente de réparations, on apprenait que les six nouvelles frégates de patrouille ne seraient livrées qu'à partir de la fin des années 80 et même au-delà.

La décision peu enthousiaste du gouvernement de se réarmer reflète une prise de conscience tardive du fait que l'influence du Canada dans le monde n'est aucunement avantagée par l'extrême faiblesse de ses Forces armées. L'achat de chars allemands Leopard et d'avions américains sert donc à des fins aussi bien diplomatiques que militaires. Au pays, même l'opinion publique semble pencher vers un modeste affermissement des Forces. Avant les élections de 1979, le gouvernement Trudeau promet d'ajouter 4700 hommes et femmes à des effectifs totaux qui ont dégringolé à 78 000 militaires et d'implanter un programme de dépenses en matériel représentant au moins 20 p. 100 du budget de la défense. Cet engagement est repris par le gouvernement conservateur de Joe Clark, vainqueur aux élections. Le gouvernement Clark forme également un groupe de travail chargé d'étudier la possibilité d'une remise en question du processus d'unification.

Le groupe de travail remet ses conclusions à un nouveau gouvernement, libéral celui-là. On y recommande le maintien de l'unification. D'ailleurs, la rigidité initiale qui l'a caractérisée a déjà commencé à s'estomper. Dès 1975, des modifications ont été apportées aux commandements fonctionnels, qui recréent certaines caractéristiques des anciens services: le Commandement maritime, la Force mobile et le Commandement aérien. Les officiers responsables, isolés à Halifax, à Saint-Hubert et à Winnipeg, se voient accorder un accès plus facile au QGDN. Des différences se développent en ce qui a trait à l'instruction et à la planification de la carrière des membres de chaque commandement, mais il faudra attendre la victoire des conservateurs, en 1984, et un nouveau ministre, Robert Coates, pour assister à la réapparition de trois uniformes distincts où, toutefois, on maintient les mêmes insignes et grades.

Lorsque Coates démissionne en 1985, son successeur intérimaire, Erik Nielsen, est préoccupé par la diminution des coûts des dépenses gouvernementales. Ce n'est que pendant l'été de 1986 que l'on affecte à la Défense nationale un ministre efficace à temps plein, Perrin BEATTY. En juin 1987, il dépose le livre blanc sur la défense promis depuis belle lurette par les conservateurs.

Dans l'ensemble, le document reflète les grandes tendances qui, au cours des années 80, ont marqué la POLITIQUE DE DÉFENSE. Comme pour bon nombre de leurs alliés européens, plusieurs dirigeants canadiens considèrent avec appréhension le style agressif et axé sur l'affrontement que manifeste Ronald Reagan à la Maison-Blanche. Et pourtant, il apparaît évident, tant aux libéraux qu'aux conservateurs, que le Canada se doit d'accroître ses forces militaires conventionnelles pour exercer une certaine influence à Washington et démontrer sa solidarité avec ses alliés européens. Lors de la première visite de Reagan à Ottawa, en mars 1981, on profite de l'occasion pour renouveler, pour une troisième fois, l'accord du NORAD. En mars 1985, à Québec, au cours d'une première longue rencontre au sommet entre le président américain et le premier ministre Brian Mulroney, on annonce un projet considérable de modernisation et d'amélioration du Système d'alerte du Nord, afin de le rendre apte au repérage de la nouvelle menace que posent les missiles de croisière.

Dans le livre blanc de Beatty, rendu public en 1987, le Canada réitère son engagement à l'égard des deux alliances militaires dont il fait partie et fait état de ses traditionnelles attentes pour une paix durable. Après qu'un exercice, tenu en 1986, en eut confirmé le manque de réalisme, le Canada décide de résilier son engagement concernant sa participation à la défense de la Norvège, mais il promet d'affecter les mêmes ressources, soit une brigade d'infanterie et deux escadrons de chasse, au front central de l'OTAN où les Canadiens assurent une présence depuis 1951.

Cependant, la principale orientation de la nouvelle politique réside dans l'importance renouvelée qui est accordée à la défense du Canada, en particulier l'espace aérien du Nord et les voies maritimes. Lorsque Beatty propose de moderniser la marine canadienne en la dotant d'une douzaine de sous-marins à propulsion nucléaire, en mesure d'effectuer des missions sous les glaces de l'Arctique, il ne propose rien de moins que de propulser la flotte canadienne des années 50 dans la réalité des années 90. Cette proposition qui ne manque pas d'audace, de même que les prévisions de coûts qui l'accompagnent, suscite beaucoup d'opposition et ne verra finalement pas le jour.

Les forces armées du Canada comprennent alors 85 000 hommes et femmes en service à temps plein ainsi qu'environ 22 000 réservistes; les effectifs de ces derniers, selon l'énoncé de politique de 1987, étaient appelés à croître, mais ils resteront sensiblement les mêmes après le livre blanc de 1994. La flotte opérationnelle du Canada, qui consiste, au milieu des années 1980, en 23 frégates et destroyers désuets, dont plusieurs sont porteurs d'hélicoptères, et 3 sous-marins, sera rajeunie par l'ajout des frégates de patrouille, livrées au cours des années 90, et en 2000, dotée d'un plus grand potentiel de quatre sous-marins à propulsion à l'électricité formée par des générateurs. Trois groupes-brigades mécanisés font l'objet d'une modernisation de leur matériel et de leur équipement. Les chasseurs d'avant-garde CF-18 demeurent le fer de lance des Forces aériennes canadiennes, que ce soit au pays ou en Europe, alors que la surveillance maritime est assurée par une flotte moderne, mais trop sollicitée, de 18 avions patrouilleurs Aurora de Lockheed.

Même si les Forces armées canadiennes ne constituent plus une cause d'embarras en raison de la désuétude de leur équipement, elles demeurent tout de même modestes, lorsqu'on les compare aux forces de ses Alliés. Alors que moins de 1 p. 100 de la population active au Canada porte l'uniforme, ce pourcentage atteint 2,8 p. 100 chez nos partenaires de l'OTAN. Par habitant, les dépenses de défense au Canada sont inférieures à celles de n'importe lequel des pays les plus riches de l'Alliance. Toutefois, sur le plan des efforts consentis en vue d'assurer sa sécurité, le Canada n'a jamais accepté de miser sur la carte de la force militaire. Ottawa a plutôt préféré concentrer ses efforts à la promotion de la paix entre ses voisins, deux superpuissances méfiantes. De plus, le Canada s'est efforcé, tant pour assurer sa sécurité que pour éviter de se retrouver isolé, de chercher de nouvelles alliances. L'autodéfense, à tout le moins en temps de paix, est un objectif auquel on n'a jamais vraiment accordé beaucoup de considération. Même le livre blanc de 1994 reconnaît qu'un effort intérieur en matière de défense n'aurait pour but que de garantir la souveraineté du pays dans le cadre d'une stratégie continentale. Depuis la signature de l'entente d'Ogdensburg en 1940, rien n'a fondamentalement changé en ce qui a trait à la stratégie canadienne même si, depuis, le monde et le domaine des armements sont devenus méconnaissables.

Desmond Morton

Forcier, Marc-André, réalisateur (Montréal, 19 juill. 1947). Après un court métrage tourné en 1967, il réalise, de façon artisanale, un premier long métrage, *Le Retour de l'Immaculée Conception* (1971), qui révèle son enthousiasme pour le cinéma. Il perfectionne son style et précise le genre de personnages qu'il veut mettre en scène: un univers composé de marginaux qui refusent, par leur comportement, la société où ils vivent, surtout le monde adulte, mais qui n'en demeurent pas moins profondément enracinés.

On peut diviser l'œuvre de Forcier en deux périodes. La première, qui va de *Bar salon* (1973) à l'étonnant *Au clair de la lune* (1982) en passant par son film-phare, *L'Eau chaude, l'eau frette* (1976), se signale par un mélange de réalisme et de fantaisie assez unique dans le cinéma québécois. On y trouve des personnages singuliers marqués au coin de l'ironie et de la tendresse. *Kalamazoo* (1988), une histoire d'amour fou, où se côtoient sirène androgyne et écrivain de pacotille, ouvre la deuxième période tout en proposant une synthèse de la première. On y retrouve un univers dans lequel le trivial est transfiguré par l'imagination, la poésie et le mythe. Il obtient le prix du meilleur long métrage de l'année décerné par l'Association québécoise des critiques de cinéma.

En pleine possession de ses moyens artistiques, Forcier atteint maintenant un plus large public. Il consolide son succès avec *Une histoire inventée* (1990), curieux cocktail où se mélangent drame shakespearien, spectacle de cabaret, artiste sur le déclin et amour impossible. *Le Vent du Wyoming* (1994) nous amène dans un univers analogue, fait de poésie, d'allégorie et de surréalisme. En 1997, Forcier réalise *La Comtesse de Bâton rouge*, un film aux allures autobiographiques où, pour la première fois, il fait référence à son métier de cinéaste sur le mode de la métaphore en plongeant au cœur de son propre imaginaire. L'œuvre de Forcier est l'une des plus originales du cinéma québécois.

Pierre Véronneau

Ford (chaussures Brown; 1988), affaire Dans cette affaire, la Cour suprême du Canada déclare que les articles 58 et 69 de la *Charte de la langue française* (Loi 101), qui imposent l'exclusivité du français en matière d'affichage commercial et de raison sociale, sont incompatibles avec l'alinéa 2*b*) de la *Charte canadienne des droits et libertés* et l'article 3 de la *Charte des droits et libertés de la personne* (Québec). La liberté d'expression comprend la liberté de choisir la langue dans laquelle on veut s'exprimer. Le discours commercial fait partie de la liberté d'expression. Cette prohibition et cette exclusivité ne peuvent se justifier en vertu de l'article 9.1 de la *Charte des droits et libertés de la personne* et de l'article 1 de la *Charte canadienne des droits et libertés*. On n'a pas prouvé qu'il y avait nécessité d'imposer l'exclusivité.

Cependant, ajoute la Cour suprême, une nette prédominance du français pourrait se justifier tant sous l'article 9.1 de la *Charte des droits et libertés de la personne* que sous l'article 1 de la *Charte canadienne des droits et libertés*.

Ford du Canada limitée Important constructeur et distributeur de véhicules automobiles au Canada, dont le siège social se trouve à Oakville, en Ontario. Tout d'abord constituée en société en Ontario en 1904, la compagnie canadienne est de nouveau constituée en 1911. Dans les années 60, à la suite de la mise en application de l'ACCORD CANADO-AMÉRICAIN SUR LES PRODUITS DE L'INDUSTRIE AUTOMOBILE, on réorganise les activités de fabrication et d'assemblage de Ford pour permettre la fabrication de plus longues séries de produits moins nombreux. L'entreprise fabrique du vitrage de sécurité pour l'industrie automobile et, en association avec la compagnie Essex Manufacturing (créée en 1978), des moteurs et des pièces moulées. Les activités d'assemblage des automobiles et des camions se font à Oakville. La société importe aussi des véhicules de sa maison mère américaine. En 1994, elle a, dans l'industrie automobile, un chiffre d'affaires net de 3,1 milliards de dollars, un actif total de 72,7 millions de dollars et un personnel de plus de 7500 employés. La Ford Motor Company of Detroit, au Michigan, détient 94 p. 100 de son capital.

Deborah C. Sawyer

Ford, Robert Arthur Douglas, diplomate et poète (Ottawa, 8 janv. 1915). Il se joint au ministère des Affaires extérieures en 1940. En 1946, il est deuxième secrétaire à l'ambassade canadienne à Moscou où il passe la plus grande partie de sa carrière, occupant diverses fonctions dont celle d'ambassadeur (1964-1980). Il est aussi envoyé en poste en Yougoslavie et en République arabe d'Égypte. Enfin, de 1980 à 1985, il est conseiller spécial du gouvernement canadien en matière de relations Est-Ouest. Il est l'auteur de quatre recueils de poésie parmi lesquels figurent des traductions: *A Window on the North* (Prix du Gouverneur général, 1956), *The Solitary City* (1969) et *Holes in Space* (1979). Tous ses écrits se distinguent par une description «clinique» du désespoir, de même que par une grande précision dans la langue et la forme. On pourrait dire de Ford, comme on l'a dit de Lester PEARSON ou de Charles RITCHIE, qu'il appartient à cette catégorie de diplomates canadiens de tradition humaniste, hélas disparue aujourd'hui. Parmi ses plus récentes publications figurent *Needle in the Eye: Poems New and Old* (1983), *Russian Poetry: A Personal Anthology* (1985) et *Doors, Words and Silence* (1985).

Douglas Fetherling

Forest, Georges, politicien et patriote. (La Salle, Man., 1924—1990). Il grandit sur une ferme, dans une atmosphère pénétrée des valeurs chrétiennes et traditionnelles. Fortement enraciné dans la communauté franco-manitobaine, soucieux de son développement économique et révolté contre les injustices que le gouvernement provincial lui fait subir, il devient, en 1958, un des membres fondateurs et le premier président de la Caisse populaire du Précieux Sang.

À partir des années 60, il milite en faveur du Crédit social du Canada et lutte pendant huit ans contre le *Metropolitan Corporation of Greater Winnipeg* qui planifie le développement de la capitale par l'annexion de Saint-Boniface, «bastion et symbole de la vie française au Manitoba», selon ses propres termes. Candidat défait à la mairie (1968), il poursuit néanmoins son action qui se solde, malheureusement, par un échec: la même année, Saint-Boniface perd son statut de ville indépendante.

En 1976, il refuse cette fois d'acquitter une contravention unilingue anglaise et porte l'affaire jusqu'en Cour. Celle-ci connaît un retentissement tel que, trois ans plus tard, la Cour suprême du Canada déclare inconstitutionnelle la loi Greenway de 1990 qui faisait de l'anglais la seule langue officielle de la province. Ce sera la plus belle victoire du Franco-Manitobain.

Avocat idéaliste et passionné par la cause de l'Ouest francophone, Georges Forest a combattu jusqu'à l'épuisement pour faire triompher sa vision d'un Canada plus juste, bilingue, pour libérer un peuple qui ne le reconnut pas de son vivant et commence seulement aujourd'hui à faire valoir ses mérites.

Digne fils spirituel de Louis Riel, il est représenté en tenue de voyageur sur un panneau du boulevard Lagimodière, baptisé ainsi en souvenir de Jean-Baptiste Lagimodière (1778-1855), premier pionnier de l'Ouest et grand-père du chef métis. Une rue porte également son nom. Georges Forest était le père de Claude Forest, actuel président de l'Union nationale métisse Saint-Joseph du Manitoba.

Ismène Toussaint

Foresterie Elle peut se définir comme la science, l'art et la pratique de l'exploitation et de l'utilisation, au profit de l'être humain, des RESSOURCES naturelles offertes par les vastes terrains boisés. Les ressources forestières revêtent une importance sociale et économique primordiale pour la société canadienne. En 1995, l'exploitation forestière, les industries du bois et du papier ainsi que les industries connexes du Canada ont employé directement 369 000 personnes. Une étude effectuée sur les municipalités à vocation forestière a établi qu'au début des années 90, chaque emploi dans les forêts et les usines de conversion avait pour effet d'en créer 1,4 autre dans la même région et ailleurs, dans l'économie nationale. Ainsi, le secteur forestier fournit, à lui seul, de l'emploi à plus de 517 000 travailleurs. En d'autres mots, environ un emploi sur 15 au Canada dépend de la forêt et de l'industrie forestière. En 1994, les travailleurs des principales industries forestières gagnaient collectivement quelque 10 milliards de dollars en traitements et salaires.

En 1994, également, les exportations de produits forestiers atteignaient 32,4 milliards de dollars, soit environ 15,2 p. 100 de la valeur totale des exportations du pays. Les revenus nets de 27,7 milliards de dollars réalisés en 1994 par le secteur des produits forestiers firent plus pour le maintien d'une balance commerciale positive de 23,3 milliards de dollars que tout autre groupe important de produits. Aussi remarquable que soit la contribution des produits forestiers sur le plan de l'économie, ils sont cependant loin de refléter entièrement l'importance que revêtent les ressources forestières et leur exploitation. Débit des cours d'eau, érosion des sols, sédimentation, faune aquatique et faune sauvage peuvent être profondément touchés par la façon dont ces ressources sont exploitées.

Les forêts demeurent le milieu de vie d'un grand nombre de peuples autochtones et offrent à tous, Canadiens comme touristes, des lieux agréables pour s'adonner au camping, à la chasse, à la randonnée pédestre, à la pêche à la ligne, à la photographie et à l'observation de la nature. Ces occupations génèrent une grande partie des nombreux milliards de dollars injectés dans l'économie nationale par l'industrie du tourisme et des loisirs. Les forêts offrent également un avantage supplémentaire, bien qu'intangible, soit l'occasion pour l'être humain de retourner à ses sources.

Propriété forestière et administration

La superficie des terres du Canada (à l'exclusion des eaux) est de près de 922 millions d'hectares, dont 420 millions d'hectares sont des terres boisées. De cette superficie, 235 millions d'hectares, soit un peu plus de la moitié, consistent en une forêt commercialisable capable de produire des arbres de qualité marchande dans un laps de temps raisonnable et non réservée à des fins particulières, comme pour en faire un parc. La plupart des terres boisées du Canada sont administrées par les gouvernements provinciaux, qui sont responsables d'environ 80 p. 100 des terrains forestiers d'intérêt commercial non réservés, le gouvernement fédéral, responsable de 10 p. 100, et les propriétaires privés, responsables de 10 p. 100.

L'Acte de l'Amérique du Nord britannique de 1867 confie «la gestion et la vente des terres publiques appartenant à la province et du bois et des forêts qui s'y trouvent» à la juridiction exclusive de chacune des législatures provinciales, indépendamment de la date de leur entrée dans la Confédération. Néanmoins, le gouvernement fédéral continua jusqu'en 1930 à administrer les forêts du Manitoba, de la Saskatchewan et de l'Alberta ainsi qu'une bande de terrain d'une largeur de 64 km sur toute la longueur du réseau de chemin de fer du Canadien Pacifique en Colombie-Britannique.

Chaque province possède son propre organisme forestier, habituellement une division ou un service du ministère responsable des Ressources naturelles. Cet organisme s'occupe en général d'une foule de sujets: aménagement forestier et SYLVICULTURE, REFORESTATION et recherche forestière, protection des forêts contre les INCENDIES DE FORÊTS, protection contre les insectes et les maladies, récolte du bois, conservation de la faune, inventaire forestier et services de vulgarisation et d'information. Les ressources forestières des terres de l'État (réserves indiennes, bases militaires et parcs nationaux) sont sous la responsabilité des autorités fédérales. Les forêts privées, dont 80 p. 100 sont situées à l'est du Manitoba, sont administrées par leurs propriétaires, mais les gouvernements provinciaux, parfois avec l'aide du fédéral, peuvent, dans certaines régions, en subventionner l'aménagement et exercer une certaine influence par le biais des politiques fiscales, des règlements de protection, etc.

Principales industries forestières

Selon une étude effectuée sur une période de quatre ans (1990-1993), le volume de bois coupé annuellement s'élevait en moyenne à 167,5 millions de mètres cubes (comparé à 187 millions de mètres cubes pour la période 1986-1989). La récolte de bois de 1994 atteignait 176 millions de mètres cubes pour une superficie d'environ un million d'hectares, ce qui ne représente qu'environ 0,25 p. 100 de la totalité des terres forestières du Canada. En ce qui concernait la production, les principales provinces productrices de bois (Colombie-Britannique, Québec, Ontario) se classaient respectivement comme suit: 44 p. 100, 20 p. 100 et 15 p. 100 de la production totale. La production de bois se composait de 91 p. 100 de bois tendre et de 9 p. 100 de bois dur. En 1994, les exportations de produits forestiers rapportaient au Canada 32,4 milliards de dollars (une augmentation par rapport aux 17 milliards de dollars de 1986), dont 70 p. 100 provenaient des exportations aux États-Unis, 12 p. 100 au Japon (une augmentation par rapport à 4 p. 100 en 1986) et 9 p. 100 en Europe, le reste étant réparti entre de nombreux autres partenaires commerciaux.

Les entreprises canadiennes d'exploitation produisent des billes, des piquets, du bois à pâte, des copeaux de bois à pâte, des poteaux et des étais. En 1993, ces entreprises expédiaient des produits évalués à 9 milliards de dollars, la plupart de ces produits ayant été fabriqués au Canada. Les exportations de bois brut n'atteignaient que 5 p. 100 du total des exportations des produits forestiers. Le Japon et les États-Unis sont nos principaux clients pour les billes et les copeaux de bois à pâte. La majeure partie des bois à pâte est exportée aux États-Unis.

L'industrie du bois du Canada comprend les SCIERIES et les ateliers de rabotage ainsi que les usines de produits suivants: bardeaux, placages, contreplaqués, châssis, portes et autres bois ouvrés, boîtes, cercueils, cassettes, panneaux de particules agglomérées, panneaux gaufrettes et tonneaux. En 1993, la valeur des produits expédiés atteignait 21 milliards de dollars, et les exportations totalisaient 11,5 milliards de dollars. Le bois d'œuvre représentait 9 milliards de dollars de ventes à l'étranger, 72 p. 100 de ces exportations étant faites aux États-Unis (une baisse par rapport à 80 p. 100 en 1986). Le Japon, le Royaume-Uni, la Belgique, l'Italie, l'Australie et l'Allemagne sont aussi d'importants clients pour le bois d'œuvre.

L'industrie du papier et les industries connexes englobent les produits suivants: pâtes et papiers, bardeaux asphaltés, boîtes et sacs en papier, papier paraffiné, papiers-mouchoirs, papier hygiénique et papier à lettres. En 1994, la valeur globale des exportations était de 21,2 milliards de dollars (une baisse par rapport aux 25,8 milliards de dollars en 1989), et les exportations locales de pâte de bois, de papier, de carton et d'autres produits du papier s'élevaient à 15 milliards de dollars.

Les principaux produits exportés étaient la pâte de bois et le papier journal. Les États-Unis étaient le principal client pour chacun de ces produits par l'achat de 47 p. 100 de la production de pâte de bois et de près de 77 p. 100 de celle du papier journal en 1993. Le Japon, l'Allemagne, l'Italie et le Royaume-Uni importaient également des quantités considérables de pâte de bois canadienne. De leur côté, le Royaume-Uni, la France, le Japon, l'Allemagne, le Brésil et le Venezuela étaient de gros clients pour le papier journal.

On ne peut parler des industries forestières sans mentionner deux entreprises plus modestes: l'industrie des arbres de Noël et l'ACÉRICULTURE. Les principales essences utilisées comme arbres de Noël sont le SAPIN baumier, l'ÉPINETTE, le PIN sylvestre, le pin de Murray et le DOUGLAS TAXIFOLIÉ. Certains de ces arbres croissent naturellement et d'autres, notamment le pin sylvestre, sont produits en plantation. En 1994, la production était de 4,25 millions d'arbres, et les exportations s'élevaient à 2,1 millions d'arbres évalués à 25,5 millions de dollars. Les États-Unis ont acheté presque la totalité de la production (97 p. 100). Les principales provinces productives d'arbres de Noël sont la Nouvelle-Écosse, le Nouveau-Brunswick et le Québec.

En 1994, la production de sirop d'érable atteignait 20 600 litres. Près de 90 p. 100 du volume produit provenait du Québec. L'Ontario et le Nouveau-Brunswick produisait la majeure partie du reste, exception faite d'une contribution mineure de la Nouvelle-Écosse, de l'Île-du-Prince-Édouard et du Manitoba. La valeur brute de la production de 1994 était de 106 millions de dollars. La même année, les exportations étaient évaluées à 65 millions de dollars, et le principal acheteur était les États-Unis (voir ACÉRICULTURE).

Ennemis de la forêt

Les forêts du Canada sont constamment menacées par les incendies, les INSECTES NUISIBLES et les MALADIES DES PLANTES. Afin d'en réduire les pertes, tout est mis en œuvre dans les domaines de la recherche, de l'aménagement et de la protection. Entre 1990 et 1994, annuellement, environ 9025 incendies détruisent plus de deux millions d'hectares, soit plus de deux fois la superficie du territoire exploité chaque année, et les pertes (arbres ainsi que biens immobiliers et personnels) atteignent des cen-

taines de milliers de dollars annuellement. Durant la saison des feux de 1994, un total de 9763 incendies brûlaient près de 6 millions d'hectares et 7,25 millions d'hectares en 1995. Les coûts de la lutte contre les incendies atteignaient 270 millions de dollars en 1989 et 150 millions de dollars en 1994. Cette même année, 43 p. 100 des incendies forestiers étaient causés par l'homme, et 54 p. 100, par la foudre. Les autres incendies sont d'origine inconnue.

Au cours de la période de 1982 à 1987, la moyenne annuelle des pertes causées par les principaux insectes nuisibles était évaluée à 102,7 millions de mètres cubes de bois. Pour la même période, la récolte totalisait annuellement environ 164,8 millions de mètres cubes. De cette perte, qui représente une combinaison de la mortalité des arbres et de la diminution de leur croissance, 51 p. 100 est attribuable aux insectes et 49 p. 100 aux maladies. La tordeuse des bourgeons de l'épinette est de loin l'insecte le plus nuisible, suivie des défoliateurs du TREMBLE, du dendroctone du pin argenté (voir COLÉOPTÈRE) et du typographe. La carie cause un peu plus de la moitié des pertes attribuées aux maladies, les autres pertes relevant en grande partie du chancre hypoxylonien et du faux-GUI. Habituellement, le total des pertes causées par les incendies, les insectes et les maladies excèdent la quantité de bois récolté annuellement.

Recherche forestière

Le gouvernement fédéral, par l'intermédiaire du Service canadien des forêts (SCF), joue un rôle de premier plan dans le domaine de la recherche forestière. Le SCF a fait partie du ministère de l'Environnement jusqu'en 1990, année de l'établissement du ministère des Forêts. Il a ses quartiers permanents dans la région de la capitale nationale. Il dirige six centres de recherche forestière répartis dans les diverses régions du pays et deux instituts de recherche, tous deux en Ontario: l'Institut de recherche en répression des ravageurs de Sault Sainte-Marie et l'Institut forestier national de Petawawa, à Chalk River. Plus récemment, le SCF a été intégré au ministère des Ressources naturelles qui a été formé à partir de l'ancien ministère de l'Énergie, des Mines et des Ressources (voir RESSOURCES NATURELLES CANADA). Un centre de recherche forestière à St. John's, à Terre-Neuve, et deux instituts nationaux ont été fermés en 1995. Une partie de leurs programmes de recherche ont été repris par les cinq centres de recherche toujours existants.

Par le truchement des ministères responsables des forêts, les gouvernements de la Colombie-Britannique, de l'Ontario et du Québec soutiennent d'importants programmes de recherche. De façon générale, les programmes de recherche des autres provinces sont de moindre envergure. Les organismes provinciaux de recherche et les corporations de recherche créées par l'industrie, comme le CENTRE DE RECHERCHE INDUSTRIELLE DU QUÉBEC (CRIQ), le Fortech International (Ontario), la BRITISH COLUMBIA RESEARCH COUNCIL, l'Institut canadien de recherches sur les pâtes et papiers, l'Institut canadien de recherches en génie forestier et la Forintek Canada Corporation, poursuivent différents projets de recherche dans le domaine de la foresterie. Les principales industries forestières et les fournisseurs de ces industries apportent aussi une contribution substantielle à la recherche.

La recherche universitaire en foresterie est étroitement liée aux six écoles de foresterie professionnelles du Canada situées à l'U. du Nouveau-Brunswick, à l'U. Laval, à l'U. de Toronto, à l'U. Lakehead, à l'U. d'Alberta et à l'U. de la Colombie-Britannique. Un travail considérable est également accompli dans d'autres départements et facultés universitaires du pays.

Aménagement forestier

Au Canada, l'aménagement forestier concerne l'EXPLOITATION FORESTIÈRE, la préparation et

l'amélioration des sites, la régénération des forêts, les soins sylvicoles et la conversion des peuplements, l'amélioration de la qualité des arbres et la protection des forêts contre les incendies, les insectes et les maladies. Dans un contexte plus large, l'aménagement forestier intègre à ces activités les objectifs économiques, sociaux et écologiques de la nation.

De la naissance du commerce de bois équarri jusqu'à nos jours, l'accent a été mis sur l'exploitation des forêts publiques pour la valeur du bois. En dépit des efforts déployés au cours des dernières années dans le domaine de l'aménagement pour soutenir le rendement, le pays se trouve actuellement au seuil d'une grave pénurie de bois. De nombreux facteurs, dont le plus important est la négligence manifestée en matière de renouvellement forestier, ont entraîné une diminution grave des réserves de bois. Des pertes plus lourdes que prévues, attribuables aux incendies, aux insectes et aux maladies, associées à la création de parcs, de zones de nature protégée et aux contraintes imposées par l'environnement sur les coupes de bois ont également accentué ce problème.

L'accroissement substantiel de la consommation mondiale de papier et de carton, de panneaux dérivés du bois et de bois d'œuvre prévu pour les années à venir fait ressortir encore davantage la nécessité de s'attaquer au problème des réserves de bois. Des consultations de grande envergure, auxquelles participent quelques ministères du gouvernement fédéral, les provinces, l'industrie forestière, le Conseil canadien des ministres des forêts, les écoles de foresterie et divers organismes non gouvernementaux, ont récemment eu lieu. On en est venu à une entente sur les conclusions en matière de réserves de bois, de possibilités du marché, de besoins en recherche et en main-d'œuvre, de l'urgence du renouvellement forestier et sur la formulation d'une nouvelle conception à l'égard des questions forestières avec, comme élément clé, l'application d'un aménagement forestier intensif.

L'aménagement des forêts sur une base durable signifie que des efforts intensifs devront être déployés afin d'aménager la forêt en tant qu'écosystème. L'expérience semble indiquer qu'il est possible d'augmenter de 50 p. 100 à 100 p. 100 le volume du bois par l'application des méthodes d'aménagement intensif des forêts dans des aires sélectionnées, mais qu'une attention toute particulière est requise afin de prévenir les pertes à long terme dans la productivité de l'écosystème et dans sa capacité à offrir ses avantages (production de bois d'œuvre, faunes aquatique et sauvage et loisirs). On croit que l'amélioration de la protection contre les incendies et les insectes nuisibles peut réduire d'environ 15 p. 100 la moyenne des pertes annuelles.

Le Canada sort, sans contredit, de l'ère de l'exploitation forestière pour entrer dans celle du renouvellement intensif et soutenu des forêts. Les exigences sur les terrains forestiers se sont accrues pour satisfaire des besoins légitimes comme les zones de nature protégée, les parcs, l'expansion urbaine ainsi que la construction de voies publiques et de barrages. Cependant, si les Canadiens, dont le territoire forestier économiquement exploitable n'est pas sans limite, veulent continuer de récolter les bénéfices d'une industrie forestière forte, ces exigences ne peuvent être maintenues indéfiniment et, surtout, elles ne doivent pas empiéter sur des territoires considérés comme les meilleurs pour la production forestière.

Il est possible d'aménager le territoire forestier en fonction de valeurs diverses (loisirs, production du bois, protection des eaux, cueillette de fruits, faunes aquatique et sauvage et préservation du sol), ce n'est toutefois pas une tâche facile. Une foule de facteurs d'ordre technique accentue la difficulté de l'entreprise et souligne l'extrême importance de développer un programme de recherche solide afin de partir d'une base scientifique valable dans l'aménagement des ressources.

Indiscutablement, la majeure partie du territoire forestier du Canada appartient aux Canadiens. Ce n'est que justice que leurs opinions et leurs désirs concernant son utilisation soient pris en considération. Il faut les adapter de manière à obtenir la combinaison la plus souhaitable des objectifs économiques, sociaux et écologiques, tout en tenant compte de la durabilité des ressources à long terme. C'est aux gouvernements qu'il appartient de prendre de telles décisions. Lorsque ces décisions se seront avérées essentiellement justes, sages et pratiques, l'aménagement de l'écosystème forestier servira les intérêts à long terme de tous les Canadiens. (*voir aussi* BOIS, HISTOIRE DU COMMERCE DU.)

R.J. Bourchier et C.R. Stanton

Forestiers et voyageurs (1863), de Joseph-Charles Taché, est un mélange incomparable de réel et d'imaginaire. Il tient tout autant du conte folklorique que du roman à épisodes et raconte avec humour les histoires et les aventures du «père Michel», un VOYAGEUR canadien typique. Les descriptions réalistes de parties de chasse et de pêche avec des Amérindiens et des seigneurs de l'époque se transforment peu à peu en récit des escapades du père Michel aux confins du pays. Notre voyageur veut aider la COMPAGNIE DU NORD-OUEST à mettre en échec les commerçants de la COMPAGNIE DE LA BAIE D'HUDSON. L'auteur décrit les lieux avec nostalgie comme étant à l'origine des légendes et des chansons françaises et autochtones qui font partie de l'héritage national. Le manuscrit de Taché, qui fourmille de détails étymologiques et anthropologiques, paraît sous forme de feuilleton dans les SOIRÉES CANADIENNES (1863) et dans *Le Foyer domestique* (1878-1879). Il est édité pour la première fois en 1884.

Michèle Lacombe

Forêt Écosystème qui se caractérise par une étendue plus ou moins dense d'arbres. Selon cette définition, la forêt est beaucoup plus qu'un ensemble d'arbres et inclut, de ce fait, arbustes, plantes grimpantes, herbacées, mousses, micro-organismes, insectes et animaux supérieurs qui interagissent entre eux et avec leur environnement. Ce système écologique fort complexe constitue un ensemble dont l'équilibre est fragile. Les phénomènes naturels ou l'initiative humaine peuvent provoquer des modifications considérables et parfois même désastreuses.

Principaux types de forêts

Il existe dans le monde trois principaux types de forêts selon les zones climatiques: la forêt des régions équatoriales et tropicales, la forêt des zones tempérées et la forêt des régions froides. La plus grande partie de la forêt canadienne se trouve dans les régions boréales qui comprennent également l'Alaska, la Sibérie, la Finlande, la Suède et la Norvège. La forêt boréale se compose surtout de conifères. La forêt de la zone tempérée canadienne couvre les régions au climat plus clément, le long de la côte du Pacifique et dans le sud-ouest de l'Ontario. En Colombie-Britannique, le climat maritime doux et tempéré favorise la prédominance du CONIFÈRE. Dans le sud de l'Ontario, aux étés chauds et humides, on trouve une forêt de feuillus. Entre cette forêt de feuillus et la forêt boréale se trouve la forêt mixte où conifères et feuillus existent en nombre à peu près égal.

Parmi les 34 espèces de conifères de la forêt canadienne, on compte 9 espèces de PINS, 5 d'ÉPINETTES, 4 de GENÉVRIERS, 3 de PRUCHES, 3 de MÉLÈZES, 4 de SAPINS, 1 de THUYA (CÈDRE), 2 d'IFS et 1 de CYPRÈS. Le conifère se définit comme un arbre à bois tendre et à feuilles persistantes. Arrivé à maturité, il possède généralement un tronc droit et de courtes branches formant une cime effilée. À l'exception du mélèze, tous les conifères gardent leurs aiguilles pendant au moins deux ans; ils ne perdent pas toutes leurs aiguilles d'un coup.

Il existe au Canada plus de 100 espèces de feuillus: 10 espèces d'ÉRABLES, 10 de CHÊNES, 6 de BOULEAUX, 5 de PEUPLIERS, 5 de caryers, 4

de FRÊNES, 3 d'ORMES et 32 autres genres. Les feuillus, désignés comme des arbres à bois dur et à feuilles caduques, sont de formes variées, mais présentent souvent une houppe (couronne) arrondie ayant des branches aussi longues, sinon plus, que leur tronc fuselé. À l'exception de l'arbousier, tous les feuillus canadiens perdent leurs feuilles annuellement.

Les premiers arbres font leur apparition d'innombrables siècles avant que ne viennent les graminées et l'ère des dinosaures. Selon les paléobotanistes, la vie végétale est née dans les fonds marins il y a plus de trois milliards d'années. Les plantes apparaissent à la surface de la terre vers la fin de la période silurienne et le début de la période dévonienne (il y a de 387 à 421 millions d'années). Les premières plantes terrestres, qui ont moins de 1m de hauteur sont des cryptogames issus des zones humides. Au cours de la brève période dévonienne (il y a de 360 à 408 millions d'années), naissent les premières forêts. Celles-ci sont densément peuplées de LYCOPODES aux troncs minces et aux branches affaissées. Les premiers fossiles de graines de gymnospermes datent de la fin du dévonien. Les gymnospermes, dont les conifères modernes sont des exemples, produisent des graines qui ne sont pas entourées d'un ovaire.

Transformations de la forêt

À la fin du dévonien, de grandes crues inondent le continent nord-américain. Des fleuves déversent des sédiments dans la mer, formant de vastes marécages d'où sortiront les gigantesques forêts de la période carbonifère (il y a de 286 à 360 millions d'années). Des ancêtres arbustifs de certaines de nos espèces contemporaines et réduites de PRÊLE côtoient la FOUGÈRE, la fougère à graine et les lycopodes, qui dominent, pouvant atteindre 30 m de hauteur. À la fin de la période carbonifère, ces forêts, semblables à des jungles, dépérissent en raison d'importants changements climatiques et sont ensevelies pour devenir le CHARBON, qui alimente une grande partie de l'industrie moderne. Durant le carbonifère, les gymnospermes prédominent en haute altitude, et cette période prépare le terrain à leur prolifération intense. Parmi eux, on trouve les conifères primitifs et des cycas à la forme de palmiers. La fougère et la prêle, par contre, diminuent en nombre.

Un avènement de plus grande importance survient au cours de l'ère triasique (il y a de 208 à 245 millions d'années), lorsque des plantes commencent à produire des fleurs et des graines contenues dans un ovaire ou dans un fruit. Ce sont les angiospermes (*voir* PHANÉROGAMES). De nombreux arbres à fleurs (SAULE, peuplier, érable, magnolia, etc.) et plantes herbacées à fleurs font leur apparition. Vers la fin du crétacé (il y a 66,4 millions d'années), les angiospermes dominent la flore. Parallèlement, la vie animale se développe rapidement: insectes, oiseaux et mammifères tirent leur subsistance de la forêt tout en contribuant à son renouvellement et à son expansion.

La forêt nord-américaine subit des transformations à cause du climat. Il y a environ 55 millions d'années, durant «l'ère moderne» du cénozoïque, commence une longue période de refroidissement. À mesure que le froid s'intensifie, la forêt, qui s'étend bien au-delà du CERCLE ARCTIQUE, est repoussée vers le Sud. Ainsi, il y a un peu moins de deux millions d'années, presque tout le territoire actuel du Canada se trouve petit à petit recouvert par quatre couches successives de glace, parfois de 3 km d'épaisseur. De grands glaciers s'avancent également jusque dans le nord-est des États-Unis (*voir* GLACIATION). Les glaciers détruisent la forêt, mais leur lente progression ne peut empêcher celle-ci de subsister dans les régions chaudes situées plus au sud.

Après le retrait des derniers glaciers (il y a environ 10 000 ans), la forêt recommence à s'étendre. En tête de la progression vers le Nord, se trouvent

l'ALGUE et le CHAMPIGNON, suivis des plantes plus complexes, comme la mousse, le LICHENS et le lycopode qui ont pu survivre dans les contrées froides et humides évacuées depuis peu par la glace. Ensuite, viennent les vaillants gymnospermes: épinette, sapin, pin et mélèze. Enfin, apparaissent les feuillus: chênes, frênes, érables et autres. Cette distribution progressive de la végétation constitue le portrait de la forêt canadienne actuelle. Peut-être se dirige-t-on à présent vers une nouvelle période interglaciaire ou encore vers le début d'une nouvelle ère tropicale. Les siècles à venir sauront nous apporter les réponses. (*voir aussi* BIOGÉOGRAPHIE.)

C.R. Stanton

Forêt boréale Elle est la zone forestière la plus septentrionale et la plus froide de l'hémisphère Nord. Elle forme, du nord au sud, une ceinture continue de 1000 km de largeur qui s'étend en Amérique du Nord, en Europe et en Asie. Il s'agit de la plus vaste zone de végétation du Canada, et elle couvre de grandes étendues dans chacun des provinces et territoires. Au Canada, la forêt boréale et ses boisés sont généralement peuplés de conifères, dont l'épinette noire, l'épinette blanche, le pin gris, le pin de Murray et le sapin baumier, et de mélèzes ou d'essences à petites feuilles caduques, comme le bouleau, le tremble et le peuplier baumier.

Sous-zones La forêt boréale est bordée, au nord, par la toundra arctique et, au sud, par la forêt tempérée ou la prairie et compte trois sous-zones écologiques distinctes: le boisé boréal du Nord, parsemé de conifères épars, d'arbustes rustiques nains sur un tapis de lichen; la forêt boréale principale, formée d'un peuplement serré de conifères, de feuillus et d'arbustes de sous-bois sur un tapis d'herbes et d'hypnes; et la forêt boréale méridionale, semblable à la dernière, mais comptant quelques essences de la forêt tempérée et d'autres espèces de plantes.

Il existe aussi deux sous-zones de transition: la forêt-toundra semi-arctique, une mosaïque de taïga et de toundra qui longe la lisière septentrionale, et la forêt-parc de trembles semi-boréale, à l'ouest, et une forêt septentrionale de conifères et de bois dur, à l'est, des mosaïques de végétation boréale et tempérée à la limite méridionale. Ces sous-zones et sous-zones de transition sont en corrélation avec des climats plus chauds du nord au sud, mais comportent aussi de grandes variations des précipitations annuelles d'est en ouest.

Dans les Appalaches, à l'est, et la Cordillère, à l'ouest, la forêt boréale se mêle à la forêt subalpine, qui s'étend vers le sud à des latitudes climatiques similaires, puis cède la place aux toundras non boisées en altitude. Les incendies causés par la foudre et la négligence humaine dévastent une bonne partie de la forêt de conifères très inflammable durant les étés secs, mais la plupart des espèces végétales sont adaptées pour survivre aux incendies ou pour repeupler très rapidement les zones brûlées. Après les incendies, la végétation se succède dans un ordre déterminé. La repousse commence souvent par les espèces vivaces comme l'épilobe, suivi par un stade de durée égale caractérisé par des espèces arbustives de saule. Vient ensuite pour une durée plus longue la forêt claire, où dominent le tremble, le pin ou le bouleau. Le dernier stade est celui de la forêt dense de pins et d'épinettes, qui persiste jusqu'à l'incendie suivant. Ces peuplements successifs sont souvent interrompus par un autre incendie, ramenant ainsi la végétation au stade de l'épilobe bien avant que le stade ultime ne soit atteint.

Terres humides Les milieux humides boisés ou non se rencontrent dans les zones mal drainées. Habituellement formés de fens, de bogs aux eaux acides et de marais riches en éléments nutritifs reposant sur des quantités variables de matières organiques non décomposées, ils sont très étendus dans certaines régions, comme les basses-terres de la baie d'Hudson. Plusieurs bassins hydrographiques préglaciaires ont été bloqués par les dépôts glaciaires du pléistocène. Le PERGÉLISOL apparaît en petites plaques dans la partie méridionale de cette zone, mais il s'étend sur presque toute sa partie septentrionale, ce qui empêche le drainage souterrain et favorise une végétation de milieu humide.

Faune Parmi les mammifères importants, on trouve l'orignal, le caribou, l'OURS NOIR, le loup, le castor, le rat musqué, plusieurs espèces de lièvre, l'écureuil roux, la souris sylvestre et le campagnol à tête rouge. Les principaux oiseaux sont la bernache du Canada, le huard à collier, le grand héron, de nombreux éperviers, hiboux et canards, la gélinotte huppée et le tétras des savanes, le martin-pêcheur d'Amérique, le geai gris, le merle d'Amérique et autres grives, la mésange à tête noire et la mésange à tête brune, plusieurs sittelles, viréos et gros-becs et de nombreuses espèces de parulines et de bruants. On compte parmi les insectes détestés, avec raison, les maringouins, les mouches noires et les brûlots.

Étendue Il y a 12 000 ans, la presque totalité de la zone occupée aujourd'hui par la forêt boréale au Canada était recouverte de glace. Ainsi, la topographie et la géologie de surface de la forêt boréale résultent en grande partie de la glaciation, et la plupart de ses sols sont jeunes comparés à ceux des zones qui n'ont pas connu la glaciation. Les réchauffements et les refroidissements de la planète ont historiquement causé des migrations importantes de la forêt boréale, tantôt vers le sud, tantôt vers le nord. Nombre d'espèces de la flore et de la faune de la forêt boréale ont disparu ou ont migré au cours des avancées et des retraits glaciaires, surtout pendant la période du wisconsinien.

Certains climatologues prévoient que le RÉCHAUFFEMENT PLANÉTAIRE, causé par la production croissante par l'homme de gaz à effet de serre (comme le monoxyde de carbone et le méthane), forcera la forêt boréale et ses industries connexes à se déplacer très rapidement vers le nord au cours du troisième millénaire. Elle cédera une grande partie de son territoire actuel à la forêt tempérée, à la prairie, à la végétation de steppes arides et à leur type d'agriculture correspondant.

George H. La Roi

Forêts tempérées de l'Est (*voir* VÉGÉTATION, RÉGIONS DE)

Forge, ouvrage de Les artisans du fer qui s'installent dans les villes et les campagnes sous le Régime français sont serruriers, armuriers, cloutiers, couteliers, taillandiers, maréchaux-ferrants ou forgerons. Tous ces travailleurs exercent un métier spécialisé. Ils pratiquent une TECHNOLOGIE issue de la grande tradition artisanale française, un art semi-savant reposant sur la tradition du compagnonnage européen.

Jusqu'au milieu du XVIIIe siècle, un certain nombre de ces artisans du fer venus de France, ou leurs descendants installés en Nouvelle-France, sont attirés par le genre de vie des coureurs des bois. Ils s'occupent surtout de la réparation des armes et des outils dans les forts de défense et de traite, mais ils font également le commerce des fourrures en les échangeant contre des objets en fer ou des pièces de vêtements et de la nourriture.

À la fin du XVIIe siècle, plusieurs associent déjà l'agriculture et l'élevage des animaux à l'exercice de leur métier du fer, et vers le milieu du XVIIIe siècle, le quart de ces artisans ont changé de métier pour devenir charpentiers, maçons, négociants ou entrepreneurs.

L'APPRENTISSAGE de ces métiers, d'une durée moyenne de trois ans, auprès de maîtres artisans est alors rigoureux. L'admission dans les métiers est surtout réservée aux fils d'artisans du fer, aux descendants de gens d'autres métiers que ceux du fer, aux orphelins sous la tutelle de religieux et aux fils d'HABITANTS protégés par des personnes en autorité.

Leurs productions sont de qualité aux points de vue esthétique et technologique. Ils réalisent des formes décoratives remarquables tant par la symétrie des parties que par les motifs constitués, de même que par la complexité des assemblages à tenons et à mortaises raffermis au moyen d'agrafes et de collets. Ils travaillent pour répondre aux besoins de leurs concitoyens, mais surtout pour les communautés religieuses, les fabriques, les administrateurs, les commerçants et les familles à l'aise.

Au début du XIXe siècle, dans les villes, la plupart de ces spécialités du fer tendent à s'intégrer dans un seul métier, celui de ferronnier. Vers 1850, dans les campagnes, la boutique de forge constitue une nouvelle réalité. Sous un même toit, le forgeron s'acquitte de tous les travaux qui ont fait l'objet auparavant de spécialisations du fer et qui ne font plus vivre leurs artisans. Le forgeron remplace le maréchal-ferrant, le taillandier, le serrurier, etc., mais il arrive à moins de perfection que ses prédécesseurs dans ses pratiques. Il s'est constitué une technologie du fer à partir du savoir des divers métiers spécialisés de jadis, des secrets empruntés de forgerons immigrés – Irlandais, Écossais, Anglais – et d'ouvriers du fer ayant travaillé aux États-Unis ou en Ontario dans les petites industries ou dans des carrières et des briqueteries. La succession du père au fils ou à un membre de la parenté, comme c'est la coutume depuis le début de la colonie, est aussi un moyen de transmettre le savoir. Cependant, à partir du milieu du XIXe siècle, il existe peu d'apprentissage officialisé par un contrat auprès d'un maître, comme cela se pratiquait auparavant.

Pour transformer le fer, les moyens élémentaires d'action sur la matière demeurent toujours les mêmes jusqu'à la fin des années 40: l'air du soufflet, le feu et la forge, l'eau de trempe et les outils manuels de frappe et de préhension. Les procédés de transformation sont ceux de la chaude, du martelage et du trempage. Le forgeron fabrique des objets nécessaires à l'agriculture, à l'élevage, à la pêche, à la foresterie, au chauffage, au transport, etc. De même, il façonne des pièces décoratives ornées de motifs comme la fleur de lys, la queue-de-rat, le rinceau, le cœur, la croix, le soleil, le coq, etc.

C'est dans les boutiques de forge des campagnes au XIXe siècle et au XXe siècle que se pratique surtout la médecine populaire magico-religieuse. Les maréchaux de métier n'étant plus là pour soigner ou guérir selon un enseignement transmis par des maîtres, il se développe une médecine populaire faite de restes de pratiques scientifiques, mais aussi de croyances populaires. À côté des quelque 10 p. 100 des forgerons pratiquant encore une thérapeutique scientifique, les autres, beaucoup plus nombreux, exercent une médecine à base d'éléments naturels tirés des minéraux, des végétaux ou des animaux, ou de la magie et des superstitions magico-religieuses. De nombreuses médications découlent de rituels d'initiation en usage chez les Compagnons du tour de France, une institution qui repose déjà sur d'autres sociétés plus anciennes, telles que les collèges d'artisans, les guildes et les corporations. Cette propension à associer la science, la magie et la religion pour guérir les animaux (*voir* MÉDECINE VÉTÉRINAIRE), et parfois aussi les humains, se veut sincère, mais elle répond aussi à un désir de se valoriser en mystifiant l'entourage. Issus du peuple qu'ils desservent, ces artisans en partagent aussi le folklore.

Certains forgerons exercent aussi le métier de maquignon, cet art de rafraîchir de mauvais chevaux pour les revendre ensuite à bon prix. Le maquignon a développé une science populaire faite de performances gestuelles et verbales et c'est toujours à ses risques et périls qu'un acheteur fait affaire avec ce brocanteur.

En majorité installés dans les grands centres et souvent regroupés dans le même quartier, les artisans du fer jouent un rôle social assez important. La fin du XIXe siècle et la première moitié du XXe siècle marquent un essor pour les forgerons de campagne. On note alors, en moyenne, un forgeron par 100 familles, soit trois à cinq dans chaque paroisse.

Il s'agit d'un métier d'économie communautaire. Souvent, le forgeron ferre à raison, c.-à-d. que les habitants s'abonnent à la boutique, en payant un prix déterminé pour l'année, qui leur permet de lui amener leurs chevaux aussi souvent qu'ils le désirent. De même, les clients échangent du temps et paient avec des produits de la ferme ou de la forêt; il arrive même que le forgeron prête de l'argent moyennant des intérêts annuels et qu'il revende du grain, des légumes ou de la viande reçus en paiement de son travail.

La forge du village déborde d'activités: occasions de rencontres et lieu de réjouissance où l'on fait, entre autres, des enterrements de vie de jeunesse. On y sert des leçons aux buveurs, on y pratique des jeux de force et de société, on y discute de politique, etc.

Le forgeron, généralement un homme fort physiquement, est souvent celui qu'on vient chercher pour rétablir l'ordre dans la communauté. Comme il s'y connaît dans l'entretien du feu, c'est lui qui allume le feu nouveau du Samedi saint dans sa boutique et qui le transporte ensuite à l'église. Il est aussi le chef de corvée et d'entretien des feux lors du broyage du lin et il mène ses propre chevaux attelés au corbillard lorsqu'il y a un décès dans l'environnement qu'il dessert.

À travers le temps, on a voulu instaurer des associations semblables à celles qu'on retrouve en France, mais tout au plus a-t-on réussi à faire inscrire certains artisans dans des sociétés plus symboliques que corporatives. Ces associations n'exercent aucun contrôle sur la qualité et les conditions de travail. De même, le chef-d'œuvre nécessaire à l'entrée dans le métier en France ne constitue jamais une tradition au Québec. On se contente, à partir des débuts du régime français, de faire rédiger par un notaire les clauses de l'entente intervenue entre le maître et son apprenti. Au XIXe siècle et au XXe siècle, les termes de l'engagement sont moins officialisés ou ils sont inexistants. Le forgeron qui reçoit un apprenti se contente souvent de ne faire apparaître dans son livre de comptes que les sommes monétaires et les pièces de vêtements remises occasionnellement au jeune homme en cheminement d'apprentissage.

Le folklore fait une place de choix au forgeron à travers des contes, des légendes et des chansons qui le valorisent physiquement, moralement et sexuellement. Des airs de musique folklorique accompagnant la danse lui sont aussi dédiés.

La fin des activités du forgeron de type traditionnel se situe au début des années 50. Certains artisans du fer trouvent encore leur place au soleil, mais leur occupation principale n'est plus l'artisanat du fer forgé sur l'enclume. Elle consiste plutôt en une technologie moderne d'atelier où l'on forge à l'électricité ou à l'acétylène.

Depuis le dernier quart du XIXe siècle, des machines productrices d'objets ont commencé à remplacer les forgerons, et les véhicules sur roues caoutchoutées et les instruments agricoles ne font que peu appel aux forgerons. Petit à petit, les forgerons tentent alors de se faire garagistes ou forgerons ambulants, se rendant ferrer les chevaux dans les chantiers forestiers au Québec, en automne et en hiver, ou chez les fermiers de l'Ouest canadien durant les semailles ou les récoltes. D'autres encore s'installent dans le voisinage où se retrouvent des chevaux de course ou d'équitation.

Si le forgeron des campagnes est un personnage central et un bastion de la tradition dans la société rurale, celui de la ville, d'abord intégré à l'atelier, puis ensuite à l'industrie, appartient plutôt à une ère marquée par la connaissance scientifique, et s'il a persisté dans son métier, il a dû l'adapter à l'évolution industrielle de la transformation et au travail de la fonte et de l'acier (*voir* SIDÉRURGIE).

Le forgeron de la boutique de forge de campagne a laissé le souvenir d'un homme fort, hâbleur, bruyant, surtout habitué à côtoyer des hommes. Sa boutique a joué un rôle social qu'il faudrait réinventer de nos jours, dans les régions rurales, pour accueillir les retraités et chômeurs qui n'ont plus de lieux de rencontre pour passer le temps depuis que le magasin général, comme la forge, est disparu.

J.C. Dupont

Forges Saint-Maurice, Les (dites Forges du Saint-Maurice) Elles constituent la première industrie lourde au Canada. Les dépôts de minerai de fer de la région du Saint-Maurice près de TROIS-RIVIÈRES sont développés par la deuxième compagnie dotée d'une concession de monopole (25 mars 1730) et profitent de subventions de l'État, après l'échec de la première. La production de fer commence en 1738 et se poursuit de façon plus ou moins ininterrompue jusqu'à la fermeture des forges à la fin du XIXe siècle. La faillite de F.E. Cugnet, directeur de la compagnie, amène l'État à en reprendre le contrôle en 1742. Après le TRAITÉ DE PARIS de 1763, la Couronne britannique en devient le propriétaire. L'entreprise métallurgique est alors dirigée par des preneurs à bail, dont le plus important sera Matthew Bell dans les années 1800-1845.

Les Forges, qui étaient la fonderie la plus avancée du point de vue technologique en Amérique au cours de leurs cent premières années d'existence, étaient depuis longtemps dépassées au moment de leur fermeture en 1883. L'entreprise employait plus de 100 artisans spécialisés et de 300 à 400 ouvriers et produisait du fer forgé et des produits moulés comme des marmites, des casseroles et des poêles. En 1747, des expériences de fabrication d'acier et de fonte de canon avaient échoué. La main-d'œuvre, d'abord venue des régions productrices de fer de la Bourgogne, se développe en communauté distincte, vivant dans la première VILLE FERMÉE au Canada. En 1973, les Forges du Saint-Maurice sont devenues un parc historique national et des recherches archéologiques se poursuivent sur le site. (*Voir aussi* SIDÉRURGIE.)

Dale Miquelon

Forget, sir Joseph-David-Rodolphe, courtier en valeurs mobilières, politicien (Terrebonne, Canada-Est, 10 déc. 1861—Montréal, 19 févr. 1919). En qualité d'associé dans la maison de courtage de son oncle, Louis-Joseph FORGET, Rodolphe Forget s'implique activement dans les activités de la Montreal Street Railway Co. (plus tard les Tramways de Montréal), et de la Compagnie de navigation Richelieu et Ontario, de la Montreal Light, Heat and Power Co, de la Canada Cement et d'autres sociétés. Après la rupture de son association avec son oncle en 1907, il réorganise lui-même des sociétés de service public et de transport dans la ville de Québec et essaie, malgré la controverse, de vendre des actions de la Quebec Railway, Light and Power Co. en France. Bien que cette société soit modelée sur la Montreal Light, Heat and Power, elle est bien moins rentable, et Forget doit demander de l'aide au gouvernement pendant la Première Guerre mondiale. Il est président du conseil de la Bourse de Montréal de 1908 à 1911, député conservateur de 1904 à 1917 et fait chevalier en 1912.

T.D. Regehr

Forget, Louis-Joseph, courtier en valeurs mobilières, politicien (Terrebonne, Canada-Est, 11 mars 1853—Nice, France, 7 avril 1911). En 1873, Forget ouvre sa propre maison de courtage à Montréal, négociant principalement des titres des compagnies de service public et de transport. Ses principaux intérêts commerciaux comprennent la Compagnie de navigation Richelieu et Ontario, la Montréal Street Railway Co et plusieurs compagnies de service public qui fusionnent pour former la Montreal Light, Heat and Power Co. Dans les deux dernières entreprises, Forget est étroitement associé à sir Herbert HOLT. Jusqu'en 1907, il travaille en association avec son neveu, Joseph-David-Rodolphe FORGET. Il est président de la Bourse de Montréal en 1895 et en 1896. Il est nommé au Sénat en 1896.

T.D. Regehr

Forillon, Parc national Établi en 1974 (240,4 km²), il est situé à l'extrémité de la PÉNINSULE GASPÉSIENNE.

Histoire naturelle Le parc comprend une zone aquatique de 160 m de large qui s'étend le long de la côte. Le parc, à la fois sauvage et magnifique, résulte de l'érosion. Sa côte est formée de falaises de calcaire, de grèves de galets et de sculptures de roches créées par la mer déferlante. À l'intérieur des terres se trouvent des montagnes accidentées coupées par des gorges sinueuses et des rivières tumultueuses. La FORÊT BORÉALE couvre principalement le parc, mais ce sont les plantes de toundra qui dominent dans les falaises de calcaire.

Outre des animaux sauvages tels que cerfs, orignaux, lynx, OURS NOIRS et renards roux, on trouve à l'intérieur du parc environ 245 espèces d'oiseaux, dont le guillemot à miroir, le petit pingouin, le cormoran à aigrettes et la mouette tridactyle qui niche au sommet des falaises le long de la côte. Le macareux moine, le fou de Bassan, l'océanite culblanc et le guillemot marmette viennent se nourrir dans les eaux fertiles. Le phoque gris et le phoque commun nagent jusqu'aux hauts-fonds et aux rochers, alors que beaucoup d'espèces de baleines (globicéphale, petit rorqual, bleue, rorqual commun et rorqual à bosse) et de marsouins communs sont souvent visibles de la côte.

Histoire humaine L'endroit servait autrefois de camp de chasse et de pêche durant l'été pour les MICMACS et les IROQUOIS. Jacques CARTIER explore la région en 1534. Les colons français et anglais arrivent 200 ans plus tard et pêchent la morue, le hareng, le maquereau et le saumon. Au XVIIIe siècle, des villages de pêcheurs s'établissent le long de la côte, dans le but d'exporter de la morue séchée vers l'Europe et les Caraïbes. Le style de vie traditionnel des pêcheurs de morue de la région fait partie des nombreux thèmes exploités par le programme d'interprétation du parc.

Installations Le parc offre différentes activités extérieures dont des randonnées à cheval, à vélo ou à pied.

Maxwell W. Finkelstein

Formation de capital Le capital social est un des éléments de base qui déterminent la capacité d'une économie d'un pays à créer des revenus pour ses membres. Composé d'équipements, de bâtiments et de biens intermédiaires non directement consommés, le capital social produit un flux de services qui, lorsque combinés avec le travail, créent de la valeur ajoutée, dont la somme est la valeur de tous les biens et services produits dans l'économie. C'est ce qui constitue le PRODUIT NATIONAL obtenu par cette économie. La formation de capital n'est autre que l'agrandissement du capital social. Plus le niveau de formation de ce capital est élevé, plus rapide est la croissance de la capacité de production d'une économie, d'où une plus grande rapidité de la croissance du revenu global.

La formation de capital peut être envisagée de plusieurs manières. Premièrement, puisqu'une partie du capital social s'épuise ou perd de son potentiel économique chaque année (dépréciation), une provision doit être faite pour son remplacement. Un certain montant de capital social doit être alloué à la dépréciation pour maintenir le capital social constant. Deuxièmement, après déduction des amortissements, les ajouts au capital social constituent l'«investissement net» ou la «formation nette du capital». Troisièmement, puisque la formation de capital peut être financée à la fois par l'épargne intérieure et l'épargne étrangère, et parce que les Canadiens peuvent investir leur épargne à l'étranger, on fait une distinction similaire à celle qu'on trouve dans les comptes nationaux du Canada: la formation nationale brute de capital mesure le flux réel du nouveau capital créé par les Canadiens, alors que la formation intérieure brute de capital mesure le nouveau capital créé au Canada tant par les Canadiens que par

des étrangers. Les flux du revenu global correspondant à ces deux formations sont le PRODUIT NATIONAL BRUT (PNB) et le produit intérieur brut (PIB) respectivement; le premier est le revenu reçu par les Canadiens de toutes sources et le deuxième est le revenu global de l'économie intérieure du Canada attribué à tous les particuliers, qu'ils soient Canadiens ou étrangers. La composition de la formation du capital réel a changé de façon spectaculaire dans l'histoire moderne. Les principales catégories d'investissement sont: la construction industrielle et résidentielle, l'équipement de production et les redressements d'inventaire. Dans une économie de marché simple, comme celle du Canada au début du XIXe siècle, les stocks des marchandises exportées, telles que les céréales et les bois constituaient, à eux seuls, la majeure partie de la formation de capital. Comme l'économie s'est élargie et industrialisée, l'importance des stocks a diminué alors que l'importance relative de la construction et des biens d'équipement a augmenté. Aussi, la valeur des biens d'équipement s'accroît dans le secteur manufacturier, alors que l'agriculture et le secteur des ressources primaires ont diminué en importance relative.

Dans le Canada contemporain, la construction compte pour environ les deux tiers de toute la formation de capital; la machinerie et l'équipement en représentent à peu près 28 p. 100 et les stocks moins de 3 p. 100. La création du capital réel est financée par recours à l'épargne. Puisque celle-ci représente une réserve de fonds disponibles pour le prêt, des mécanismes sont mis au point pour la collecter et la canaliser vers les différents types de formation de capital. Ces processus de mobilisation du capital font généralement appel à des intermédiaires financiers spécialisés qui tirent évidemment profit de leur arbitrage financier.

Donald G. Paterson

Formation médicale L'enseignement se fait en trois étapes distinctes. Après au moins deux ans d'études universitaires, les étudiants suivent un programme d'entraînement qui leur enseigne les connaissances, les techniques et les attitudes de base du médecin. À la fin de ces études, ils obtiennent le diplôme de docteur en médecine (DM).

Ensuite, pour avoir le droit d'exercer, tous les détenteurs de ce diplôme doivent faire au moins une année d'internat au cours de laquelle ils travaillent sous supervision dans un hôpital ou une clinique, acquérant ainsi une expérience pratique et assumant de plus en plus de responsabilités dans le traitement des patients. Bon nombre de diplômés décident de suivre un programme de formation d'une durée minimale de deux ans qui leur donne droit à une attestation du Collège des médecins de famille du Canada, tandis que d'autres s'inscrivent à des programmes de quatre ou cinq ans menant à l'une des 44 spécialités reconnues par le Collège royal des médecins et chirurgiens du Canada.

La troisième étape, apparue plus récemment, est celle de l'enseignement médical permanent qui comprend tous les programmes d'études individualisés ou supervisés grâce auxquels les médecins se tiennent au courant des dernières découvertes dans leur spécialité.

En 1987, la formation médicale universitaire et postdoctorale est fournie exclusivement par les 17 facultés de médecine des universités canadiennes. La formation permanente est assurée par les facultés de médecine, par diverses associations professionnelles nationales, régionales ou locales, par des hôpitaux ou des compagnies pharmaceutiques ainsi que par d'autres organismes ou groupes.

Historique de la formation médicale au Canada Le premier programme d'études médicales est offert en 1824 à la Montreal Medical Institution, qui devient cinq ans plus tard la Faculté de médecine de l'U. McGill. Au début du siècle, il y a des écoles de médecine aux universités McGill, Queen, Dalhousie, Laval, ainsi qu'aux universités de Toronto, de Western Ontario, et du Manitoba. L'U. Laval possède d'ailleurs une école à Québec et une à Montréal, la seconde école devenant par la suite la faculté de médecine de l'U. de Montréal. En 1913, une autre école s'ouvre à l'U. de l'Alberta, à Edmonton. En 1950, de nouvelles écoles se sont créées dans les universités de la Saskatchewan, de la Colombie-Britannique et d'Ottawa, et la section montréalaise de l'U. Laval était devenue indépendante.

Au début du XXe siècle, deux événements bouleversent profondément la qualité de l'enseignement médical au Canada. Le premier est la publication, en 1910, par la Fondation Carnegie pour l'avancement de l'enseignement, d'un rapport sur la formation médicale aux États-Unis et au Canada. Ce rapport, rédigé par Abraham Flexner, s'appuie sur des visites effectuées dans les 155 écoles de médecine qui existent alors dans les deux pays. L'auteur y avance que, pour être satisfaisantes, les écoles de médecine doivent fixer des critères élevés d'admission pour les étudiants, relever d'une université et appliquer les mêmes normes rigoureuses de qualité qu'une université. De plus, elles doivent asseoir leur programme sur une approche scientifique de la médecine et encourager la recherche théorique de la part du corps enseignant.

L'effet de ce rapport est si profond que, au cours des 15 années qui suivent, la plupart des écoles qui ne répondent pas aux normes de qualité (près de la moitié) ferment définitivement leurs portes. Si aucune école canadienne n'est fermée, la qualité des plus médiocres est grandement améliorée. Le second événement majeur est la formation du Conseil médical du Canada en 1912, qui met sur pied un examen normalisé unique pour les diplômés de toutes les écoles de médecine du Canada. Cet examen sera accepté par les autorités médicales des provinces comme critère d'admissibilité à l'exercice de la profession. Grâce à cet examen, la qualité de l'enseignement médical s'uniformise et, conséquence tout aussi importante, les médecins peuvent se déplacer d'une province à l'autre avec l'espoir de voir leurs titres de compétence reconnus et acceptés.

La publication, en 1964, du rapport de la Commission royale d'enquête sur les services de santé influence à son tour la formation médicale. La Commission, sous la présidence du juge Emmet Hall, est créée pour enquêter sur la prestation des services de santé. Elle conclut que le nombre de médecins issus des 12 écoles de médecine demeure insuffisant pour répondre aux besoins du pays, à moins qu'on ne continue à faire appel à une immigration massive de médecins formés à l'étranger. La réaction est presque immédiate: de nouvelles écoles se créent à l'U. McMaster, à la Memorial University et à l'U. de Calgary, et l'on accélère le développement de celle de l'U. de Sherbrooke. Parallèlement à la création de ces quatre nouvelles écoles, le nombre d'inscriptions augmente dans les facultés déjà en place. C'est ainsi que le nombre total d'étudiants inscrits en première année passe de 1133 en 1964 à 1882 en 1982, avant de descendre à 1767 en 1987.

Méthodes d'enseignement de la médecine Avant la Seconde Guerre mondiale, le programme d'études des facultés de médecine canadiennes s'inspire du modèle de McGill, qui lui-même s'inspire de celui d'Édimbourg. Au cours des années 1880, William OSLER implante à McGill une formule plus axée sur la formation clinique. Le programme d'études consiste en deux années de cours magistraux et de cours pratiques en laboratoire dans ces disciplines de base que sont l'anatomie, la physiologie, la biochimie, la bactériologie, la pathologie et la pharmacologie (avec plus ou moins d'insistance), suivies de deux années de formation clinique dans un hôpital. La tradition issue du rapport Flexner, qui met l'accent sur les fondements théoriques des sciences médicales de base, façonne l'enseignement des sciences fondamentales. À l'opposé, la formation clinique insiste sur les aspects pratiques des soins médicaux et repose presque entièrement sur la mise en présence des étudiants et des patients hospitalisés.

Les connaissances scientifiques, qui ne tardent pas à se répercuter sur l'exercice de la médecine, augmentent phénoménalement au cours de la Seconde Guerre mondiale et dans les années qui suivent. Le programme d'études médicales, déjà chargé, s'en trouve encore alourdi. À peu près à la même époque, une nouvelle classe d'enseignants cliniques fait son apparition dans les écoles de médecine. Attirés par le soutien croissant dont bénéficie la recherche et par les possibilités de faire carrière comme chercheur en médecine, les étudiants des deux sexes ne se satisfont plus d'une simple formation dans les disciplines cliniques et veulent asseoir leurs connaissances sur des bases théoriques plus larges et plus profondes dans une ou plusieurs des sciences fondamentales. Ils sont les précurseurs de la nouvelle génération d'enseignants cliniques et scientifiques qui exerce aujourd'hui une très grande influence dans toutes les facultés de médecine.

À la fin des années 50 et au début des années 60, les facultés de médecine canadiennes ont peine à intégrer au programme d'études alors en vigueur la masse des connaissances qui ne cesse de s'accroître. Les étudiants en médecine protestent de plus en plus contre le volume de connaissances qu'ils doivent assimiler et dont la pertinence n'est pas toujours évidente. Pour corriger la situation, la plupart des écoles décident de mettre les étudiants en présence des patients dès la première année plutôt qu'en troisième année, pour les mettre immédiatement dans le cadre où s'inscrivent les sciences fondamentales qu'ils doivent encore apprendre. En contrepartie, les cours pratiques en laboratoire sont moins nombreux, voire supprimés.

Beaucoup d'écoles adoptent des programmes d'études intégrés, ou «systémiques», où l'on initie l'étudiant par modules aux caractéristiques fondamentales et cliniques des appareils cardiovasculaire, locomoteur, respiratoire et digestif. L'étudiant étudie dans un ordre logique les sciences fondamentales qui correspondent à l'appareil particulier dont il apprend à connaître les modalités d'extériorisation, le diagnostic clinique et le traitement. On espère que cette méthode donnera aux étudiants un cadre conceptuel sur lequel ils pourront s'appuyer pour poser un diagnostic et prescrire un traitement. Dans ce «nouveau» programme, la formation ne repose plus essentiellement sur les cours magistraux et les cours pratiques en laboratoire, mais aussi sur les séminaires et le tutorat. Pour faire face à la masse croissante de connaissances qui doivent être assimilées, les écoles encouragent les étudiants à assumer davantage la responsabilité de leur propre formation et à développer leurs aptitudes à résoudre des problèmes.

C'est l'U. McMaster qui adopte le nouveau programme le plus audacieux, qui retient l'intérêt du monde entier et repose sur la formule de «l'apprentissage par problèmes». Selon cette formule, les étudiants, par petits groupes et sous la supervision d'un professeur, recueillent des données dans des livres et des revues spécialisées ou auprès de conseillers pédagogiques et les regroupent pour résoudre les problèmes imaginés pour eux par les professeurs. Cette démarche insiste sur la collaboration entre les étudiants et le corps enseignant. Ce dernier n'a pas la prétention de fournir à l'étudiant des connaissances médicales encyclopédiques, mais suppose qu'après avoir suivi un programme d'apprentissage par problèmes, l'étudiant aura acquis l'habileté et l'autonomie nécessaires pour résoudre les problèmes cliniques qu'il rencontrera dans l'exercice de sa profession.

Les détracteurs de ce programme soutiennent que ses diplômés obtiennent régulièrement des résultats inférieurs à la moyenne de ceux des autres écoles canadiennes et que leur taux d'échec est plus élevé. Par contre, des diplômés de McMaster sont admis dans certains programmes de formation postdoctorale les plus prestigieux de l'Amérique du Nord et y obtiennent d'ailleurs d'excellents résultats. Les programmes offerts à McMaster et à Calgary comprennent trois années d'études de premier cycle entrecoupées par seulement un mois de vacances par an. Ces deux facultés admettent des étudiants plus âgés que la moyenne, généralement entre 25 et 30 ans, considérés comme assez mûrs et assez expérimentés pour venir à bout de ces programmes fort exigeants.

Par contre, l'U. de Montréal et l'U. de la Saskatchewan admettent des candidats plus jeunes que la moyenne. Leur programme d'une durée de cinq ans est conçu de façon à donner aux étudiants de plus grandes chances de «mûrir». Les autres écoles de médecine offrent des programmes qui s'échelonnent sur quatre ans, comme c'est le cas pour presque toutes les autres universités nord-américaines.

Accréditation des écoles de médecine Depuis 1934, les écoles canadiennes sont normalement agréées par un organisme américain qui porte aujourd'hui le nom de Liaison Committee on Medical Education. Avec l'avènement du régime universel d'assurance-maladie au Canada en 1970, les contextes respectifs des États-Unis et du Canada en matière de soins médicaux et d'exercice de la médecine commencent à diverger, et le Canada doit adopter un système d'accréditation mieux adapté aux besoins du pays. Par conséquent, le Comité d'agrément des facultés de médecine du Canada est créé en 1979. Cet organisme indépendant supervise les cours offerts dans les écoles canadiennes de médecine et en atteste la qualité. Les écoles de médecine canadiennes sont maintenant accréditées par les deux organismes mentionnés, et on a ainsi l'assurance que les écoles canadiennes répondent aux critères du pays.

Nouveaux défis En cette fin du XXe siècle, les professeurs de médecine vont devoir adapter de plus en plus leur enseignement au milieu, en constante évolution, dans lequel les médecins exercent leur profession. Les progrès techniques réalisés dans certains domaines, p. ex., la TRANSPLANTATION d'organes, la dialyse, le GÉNIE GÉNÉTIQUE et la reproduction, vont permettre à un nombre croissant de personnes d'atteindre un âge plus avancé dans un monde où les coûts de la santé risquent d'être plus élevés que jamais. Les étudiants doivent non seulement se familiariser avec les nouvelles technologies, mais ils doivent aussi savoir ce que supposent, sur le plan social et éthique, les soins à prodiguer à des patients dont la vie, plus précaire, a été prolongée. Les étudiants de demain devront être en mesure de fournir aux autres dispensateurs de soins et aux législateurs des avis sur les coûts économiques et sociaux des nouvelles technologies, et sur l'intégration des progrès médicaux au régime de soins de santé du Canada. De plus, au tournant du siècle, les étudiants en médecine ont de plus en plus besoin de connaissances théoriques et pratiques en informatique, connaissances qu'ils vont devoir acquérir dans le cadre de leurs études et mettre à contribution comme outils d'aide au diagnostic, au pronostic et au soin des patients.

L'épidémie mondiale de SIDA (syndrome d'immunodéficience acquise) qui s'est déclarée dans les années 80 montre bien qu'il faut inclure dans les études de médecine l'épidémiologie et la virologie. Les enseignants doivent donc être prêts à tirer parti rapidement des progrès réalisés dans ces disciplines, non seulement pour lutter contre le sida, mais aussi pour traiter d'autres maladies virales comme la grippe et le rhume banal dont les coûts, en termes de productivité, sont énormes.

Bien qu'on ne puisse prévoir avec précision les besoins médicaux à venir, il est certain que tous ceux qui gravitent autour du système de santé vont devoir être capables de s'adapter à des exigences inattendues. Sous ce rapport, les troubles que peuvent engendrer les changements de comportement attribuables au «mode de vie» (consommation abusive d'alcool et d'autres drogues, obésité, multiplication des partenaires sexuels, etc.) sont particulièrement préoccupants. Les engouements et les modes en matière d'habitudes de vie peuvent prendre de l'ampleur rapidement et de façon imprévisible, et il est fort possible que beaucoup de ces courants entraînent des problème de santé qui demandent une intervention médicale ou politique rapide.

Douglas Waugh

Formes littorales Les deux principales formes littorales sont la plage, une forme de sédimentation côtière, et la falaise, une forme d'érosion. Une plage est une accumulation de sédiments formés par l'action des vagues et qui se situe au-dessus et en dessous de la ligne des eaux vives, le long du rivage. Sur le plan dynamique, elle est constituée de trois zones parallèles: la zone supérieure, qui n'est que rarement affectée par les vagues océaniques; la zone moyenne (zone d'estran), qui est continuellement soumise au flux et au reflux des vagues; et la zone basse (avant-côte), zone peu profonde et submergée, où les vagues en provenance du large déplacent des quantités substantielles de sédiments.

La largeur de la zone d'estran dans les zones de marée peut être de plusieurs centaines de mètres, la zone d'avant-côte s'étendant généralement vers le large jusqu'à des profondeurs de plus de dix mètres. Le profil général d'une plage dépend de la taille des matériaux qui la constituent, mais les variations (quotidiennes et saisonnières) de l'hydrodynamique des vagues peuvent entraîner des modifications importantes à court terme. Les plages de graviers et de galets sont habituellement abruptes; les plages de sable sont plus plates et présentent souvent une série de barres ou de crêtes intertidales ou infratidales. Les plages varient en taille, des petites plages nichées entre des caps rocheux aux plages rectilignes et continues de plusieurs kilomètres.

Une falaise littorale est une paroi abrupte, souvent verticale, produite par l'érosion du roc par les vagues. En anglais, le terme *bluff* désigne une falaise dont les matériaux sont non consolidés. La base de la falaise est fréquemment usée par l'érosion et l'abrasion des vagues, et des cavernes peuvent y être creusées. L'effritement et l'effondrement des talus constituent des processus efficaces de modelage des pentes côtières et les facteurs géologiques (comme la composition des roches, le litage et la fissuration) sont des éléments importants pour le contrôle du rythme d'érosion et de la forme de la falaise. Les plates-formes des plages intertidales sont créées à mesure que la ligne de falaise recule et elles sont continuellement abaissées par l'abrasion et l'effritement des roches. Les côtes rocheuses qui présentent une vaste diversité morphologique de falaises et de plates-formes de plages dominent une grande partie du littoral canadien (*voir* ZONES DE GÉOGRAPHIE PHYSIQUE). Ces caractéristiques topographiques et les processus qui les produisent ont été peu étudiés.

Le littoral de la partie continentale du Canada, qui comprend Terre-Neuve, le Cap-Breton et l'Île-du-Prince-Édouard, mesure 71 261 km et baigne le Pacifique Nord, l'Arctique et l'Atlantique Nord. Si on y ajoute toutes les îles mesurables, le littoral marin atteint 243 797 km. On relève en outre 3 800 km supplémentaires de littoral d'eau douce autour des Grands Lacs.

Les caractéristiques des côtes dépendent de la combinaison de divers facteurs, comme le relief et la structure géologique des terres à l'arrière du littoral, la disponibilité des sédiments côtiers et les conditions dominantes des marées et des vagues. P. ex., on trouve en Colombie-Britannique et aux îles de Baffin et d'Ellesmere des FJORDS profonds aux parois abruptes, qui sont caractéristiques des côtes montagneuses à modelé glaciaire âgé ou récent. Les estuaires, qui sont souvent des sections plus basses et submergées des vallées fluviales, caractérisent les côtes des basses terres. Les provinces de l'Atlantique comptent de nombreux petits estuaires.

Au Nouveau-Brunswick et à l'Île-du-Prince-Édouard, où le sable est abondant dans les zones de plages, de nombreux cordons et flèches littoraux étroits et longs se sont développés à travers les embouchures des estuaires. Le sable provient de l'érosion des falaises de grès friable et des dépôts glaciaires sableux. Des DELTAS peuvent se former dans les endroits où les rivières transportent des volumes importants de sédiments jusqu'à la côte.

Les littoraux se transforment continuellement, non seulement à court terme, en raison des effets facilement observables de l'érosion et de la sédimentation, mais également à long terme, en réponse aux changements relatifs du niveau terrestre et du niveau de la mer. Au cours des deux derniers millions d'années, des fluctuations importantes du niveau des mers de la planète se sont produites pendant les glaciations du pléistocène, lorsque d'immenses volumes d'eau ont été, tour à tour, emmagasinés dans les glaciers continentaux, puis libérés. Les positions des littoraux se sont déplacées de façon spectaculaire à la suite de ces changements. L'élévation la plus récente du niveau de la mer a débuté il y a environ 18 000 ans. Bien qu'au début elle ait été très rapide, elle se poursuit aujourd'hui à un rythme très lent. Cette élévation lente et continue est l'un des facteurs qui explique l'érosion et le recul des rivages de sédiments sableux partout dans le monde.

Les grands volumes de glaces qui se sont accumulés sur les continents au cours des périodes de glaciation ont non seulement abaissé le niveau de la mer à l'échelle de la planète, mais ont aussi provoqué un affaissement des terres se trouvant sous les glaces. Avec le retrait glaciaire, les terres ont été libérées de ce poids: les matériaux rocheux dans et sous la croûte terrestre se sont donc ajustés à la diminution de la pression gravitationnelle (relèvement isostatique). Les régions côtières, qui avaient été inondées par l'élévation rapide du niveau de la mer au cours de la déglaciation, se sont relevées, créant des plages et d'autres caractéristiques côtières qui se sont progressivement élevées jusqu'à être hors de portée de l'action de la mer. Ce phénomène a touché une grande partie du littoral canadien, les rivages relevés étant typiques de nombreuses régions, en particulier dans les basses terres de la baie d'Hudson et des îles de la Reine-Élisabeth, où l'évolution du littoral a été dominée par un relèvement isostatique au cours des 7000 dernières années.

Les processus côtiers les plus déterminants sont associés aux mouvements des eaux dans l'environnement d'avant-plage causés par les MARÉES et les vagues produites par le vent. L'énergie du déferlement des vagues peut éroder les roches les plus solides. De plus, la vitesse des courants océaniques littoraux provoqués par les vagues dans la zone d'avant-plage peut déplacer des quantités abondantes de sable le long du rivage. Les marées causent une variation périodique et habituellement semi-diurne du niveau de la mer, ce qui influence la largeur de la zone touchée par l'action des vagues. Les courants de marée transportent de la boue en suspension et, dans les passages étroits et les secteurs à amplitude de marée prononcée, ils atteignent des vitesses suffisantes pour transporter d'énormes quantités de sable. Les sections régressives de la baie de FUNDY, dont l'amplitude de marée est la plus considérable au monde, sont dominées par des phénomènes de marées similaires à ceux qui touchent les sables intertidaux étendus du bassin de Minas.

En présence d'amplitudes de marée prononcées, les vasières et les marais salés deviennent des éléments clés de l'environnement côtier, en particulier dans les estuaires et les baies protégés. L'action éolienne se fait sentir partout où le sable est assez abondant pour favoriser la formation de dunes (*voir* RELIEF ÉOLIEN). Les marais salés et les dunes illustrent le rôle de la végétation dans le développement des formes littorales sédimentaires. La GLACE MARINE constitue un facteur déterminant et parfois prépondérant dans les zones situées près de l'Arctique ou de la région subarctique et dans certaines parties de la côte atlantique canadienne. La présence de glace marine limite l'action des vagues et des marées sur la plage. La morphologie de la plage est parfois dominée par les effets des poussées des glaces, de l'érosion des glaces et du transport glaciel.

S.B. McCann

Formule Rand Clause de sécurité syndicale en vertu de laquelle l'employeur prélève sur la paie de chaque salarié au sein d'une unité de négociation, qu'il soit syndiqué ou non, une somme à titre de cotisation syndicale pour la verser au syndicat. La formule est appelée ainsi à la suite d'une décision rendue le 29 janvier 1946 par le juge Ivan RAND, de la Cour suprême du Canada, dans le cadre de l'arbitrage de la GRÈVE DE WINDSOR (du 12 septembre au 20 décembre 1945). À l'origine, la formule était fondée sur le principe que le syndicat est essentiel pour tous les travailleurs et qu'il doit être responsable d'eux. Il en résultait donc deux conséquences corrélatives: la garantie au syndicat des moyens financiers lui permettant de réaliser ses programmes et l'établissement de sanctions financières contre les employés et les syndicats recourant à des arrêts de travail ou à des grèves illégales. Pour les employés, ces sanctions pourraient aller d'amendes quotidiennes à la perte de l'ancienneté, tandis que pour le syndicat, elles pourraient entraîner la suspension du versement des cotisations syndicales. Une formule Rand modifiée s'est répandue partout au Canada dans les conventions collectives. Certaines provinces l'ont inscrite dans leurs lois. (*Voir aussi* TRAVAIL, RELATIONS DE.)

Gérard Dion

Forrester, Maureen, contralto et professeure (Montréal, 25 juill. 1930). Forrester étudie d'abord le piano puis commence à chanter dans des chorales d'église à Montréal. Élève de Bernard Diamant à l'âge de 20 ans, elle fait ses débuts professionnels à 21 ans avec la Chorale Elgar de Montréal. Boursière du Ladies' Morning Musical Club et protégée de J.W. MCCONNELL, qui finance les deux premières années de sa carrière, elle chante avec l'ORCHESTRE SYMPHONIQUE DE MONTRÉAL, à la radio et à la télévision de Radio-Canada, l'ORCHESTRE SYMPHONIQUE DE TORONTO, et fait des tournées en Ontario et au Québec pour les JEUNESSES MUSICALES DU CANADA.

À la suite de son premier engagement au New York Town Hall en 1956, Forrester devient l'une des contraltos les plus en demande en Amérique du Nord et, au cours des années suivantes, elle chante avec les plus grands orchestres symphoniques et donne des récitals partout en Amérique du Nord, en Europe, en Australie, en Israël, en URSS, en Chine et au Japon. De 1965 à 1974, elle chante avec Lois MARSHALL dans le célèbre Bach Aria Group. Sa carrière dans l'opéra, bien que couronnée de succès, s'exerce surtout au Canada et aux États-Unis.

Musicienne accomplie, Forrester exécute avec aisance la plupart des compositions pour contralto et mezzo-soprano, particulièrement les œuvres des compositeurs allemands. Le compositeur canadien Harry SOMERS s'inspire de la voix sombre et riche de Forrester pour créer à son intention *Five Songs for Dark Voice*. Plus tard dans sa carrière, ses interprétations de personnages d'opéras et son spectacle solo *Interpretations of Life* (avec le pianiste-accompagnateur David Warrack) révèlent un remarquable talent pour la comédie.

En 1984, Forrester est nommée présidente du CONSEIL DES ARTS DU CANADA. Récipiendaire de nombreux prix et distinctions, elle est nommée Compagnon de l'Ordre du Canada en 1967 et reçoit le prix Molson en 1971. En 1990, elle est la seule artiste classique, outre Glenn Gould, à être admise dans le Juno Hall of Fame. En 1994, l'U. Wilfrid Laurier donne son nom à une de ses salles de récitals et, en 1995, Forrester reçoit le prestigieux prix de la Banque Royale. Son autobiographie, *Out of Character*, paraît en novembre 1986.

Barbara Norman

Forsey, Eugene Alfred, intellectuel et sénateur (Grand Bank, T.-N., 29 mai 1904—Victoria, 20 févr. 1991). Boursier de la fondation Rhodes, Forsey fait ses études à l'U. McGill et à Oxford, où il étudie la philosophie, la politique et l'économie. Lorsqu'il devient chargé de cours au Département d'économie et de science politique de l'U. McGill, il démontre déjà une ferme attitude conservatrice en matière constitutionnelle et radicale en matière sociale. Forsey travaille pour le CONGRÈS DU TRAVAIL DU CANADA et devient réputé pour ses politiques socialistes; paradoxalement, il est également proche du Conservateur Arthur MEIGHEN, dont il partage les opinions sur l'AFFAIRE KING-BYNG. Il publie une étude marquante, *The Royal Power of Dissolution of Parliament* (1943), mais il est surtout connu pour ses innombrables débats ainsi que ses articles et ses lettres acerbes sur les affaires publiques.

Forsey est deux fois candidat pour la Fédération du commonwealth coopératif, mais lorsque ce parti devient le NOUVEAU PARTI DÉMOCRATIQUE (N.P.D.), il refuse d'y adhérer, car il rejette le principe des deux nations du N.P.D. Nommé au Sénat, Forsey siège en tant que Libéral de 1970 à 1979, mais quitte le parti en 1982 à la suite de désaccords sur les modifications constitutionnelles. Forsey publie également *Trade Unions in Canada: 1812-1902* (1982) et, en collaboration avec J.A. Richardson et G.S. Kealey, *Perspectives on the Atlantic Canadian Labour Movement and the Working Class Experience* (1985). Il est nommé membre du Conseil privé du Canada en 1985 et Compagnon de l'Ordre du Canada en 1989.

Robert Bothwell

Forst, Judith Doris, née Lumb, mezzo-soprano (New Westminster, C.-B., 7 nov. 1943). Chanteuse de renommée internationale, Forst étudie le chant à l'U. de la Colombie-Britannique, d'où elle obtient son baccalauréat en musique en 1966. Elle prend ensuite part au programme de formation de la Vancouver Opera Association jusqu'en 1968 et, plus tard, elle poursuit avec Robert Keys son étude du répertoire de colorature. Elle remporte également le Concours national de la Société Radio-Canada en 1968 et réussit une audition pour le Metropolitan Opera (New York), qui lui vaut un contrat et ses débuts officiels. Forst reste à New York jusqu'en 1975, jouant au Metropolitan dans divers rôles et étudiant avec Hans Joachim Heinz.

Elle fait partie de la production de *Hansel et Gretel* présentée par la SRC en 1970 et fait ses débuts avec la COMPAGNIE D'OPÉRA CANADIENNE (dans *Eugene Onegin*) en 1972. En 1973, elle fait sa première apparition au Festival du printemps de Guelph, et, en 1974, elle fait ses débuts au San Francisco Opera. Elle continue de tenir des rôles importants dans diverses productions de la COC, l'un des moments les plus mémorables étant son rôle en 1984 (en tant que Jane Seymour) avec Joan Sutherland jouant Anne Boleyn. Ses débuts parisiens (*Les Contes d'Hoffmann*) ont lieu en 1985. L'année suivante, elle chante au Avery Fisher Hall (New York) dans la série *Live from Lincoln Centre* de la PBS; en 1986, elle fait ses débuts à Munich dans *La Forza del Destino*.

Forst joue plusieurs rôles importants avec des compagnies d'opéra dans les principales villes de l'Amérique du Nord, et, en tant que soliste, dans des oratorios, avec divers orchestres à Toronto, à Vancouver et à Seattle. Forst possède non seulement une brillante technique, avec une voix radieuse et un vaste registre, mais également un précieux sens de la scène qui en fait l'une des personnalités importantes de l'opéra. Elle est reçue Officier de l'Ordre du Canada en 1992.

Bryan N.S. Gooch

Forsyth, Malcolm, compositeur et éducateur (Pietermaritzburg, Afrique du Sud, 8 déc. 1936, naturalisé canadien en 1974). Arrivé au Canada en 1968, il enseigne à l'U. de l'Alberta, à Edmonton. Trombone et chef d'orchestre, il est principalement reconnu comme l'un des compositeurs les plus joués au Canada. Rejetant la musique au langage guindé et trop intellectuel au profit d'un style plus intuitif qui permet de mieux communiquer avec les auditeurs contemporains, Forsyth compose une musique très expressive faisant appel à un large éventail d'instruments et de voix. Les pièces les mieux connues de Forsyth sont *Three Métis Songs from Saskatchewan* et ses concertos pour trompette et piano. *Electra Rising*, un concerto pour violoncelle composé pour sa fille Amanda, a été interprété pour la première fois par l'ORCHESTRE SYMPHONIQUE D'EDMONTON en 1995. Il reçoit trois PRIX JUNO: un en 1987 pour la suite orchestrale *Atayoskewin*; un en 1995 pour *Sketches from Natal* (œuvre destinée aux orchestres à cordes); et un autre en 1998 pour *Electra Rising*.

Barclay McMillan

Fort Amherst Situé du côté ouest du port de Charlottetown, sur l'Île-du-Prince-Édouard, il a été construit par les Anglais à la fin de 1758. L'établissement a d'abord été connu sous le nom de Port-la-Joye, fondé en 1720 à titre de capitale de la colonie française de l'Île Saint-Jean. Pendant la GUERRE DE SEPT ANS, les troupes britanniques se sont emparées de Port-la-Joye à la mi-août 1758, après la capitulation de LOUISBOURG. Les hostilités terminées, fort Amherst est bientôt tombé en ruine. En 1768, la garnison s'est définitivement retirée à Halifax, centre de la défense maritime. En 1799, on a érigé un fortin près de fort Amherst et on lui a affecté une batterie, bien que les principaux ouvrages défensifs se soient trouvés à Charlottetown. Le lieu historique du Fort-Amherst-Port-la-Joye a été créé en 1967.

Robert S. Allen

Fort Anne Situé à la jonction de la rive sud de la rivière et du bassin Annapolis (Annapolis Royal, Nouvelle-Écosse), le fort Anne est, à l'origine, le site de la deuxième communauté française (acadienne) de PORT-ROYAL. Envahis par des troupes de la Nouvelle-Angleterre et de l'Angleterre en 1710, le fort et la ville sont rebaptisés fort Anne et Annapolis Royal en l'honneur de la reine Anne. L'un des plus vieux sites occupés en permanence en Amérique du Nord, cette colonie devient la première capitale de la péninsule néo-écossaise après le TRAITÉ D'UTRECHT (1713).

Pendant les 40 années qui suivent, les Anglais de fort Anne vivent une situation précaire dans une province en majorité acadienne, et se voient constamment menacés par les Français et les Amérindiens. Le statut du fort décline avec la fondation de Halifax (1749) et la déportation des Acadiens (1755). En très mauvais état, le fort Anne est transféré au Service des parcs nationaux en 1917, devenant ainsi l'un des premiers parcs historiques nationaux du Canada.

Robert S. Allen

Fort Assiniboine, localité non const. de l'Alb.; pop. 3699 (rec. 1996), 3244 (rec. 1991), 214 (rec. 1986), superf. 7603,36 km². Fort Assiniboine se trouve au confluent des rivières Freeman et Athabasca, à 150 km au nord-ouest d'Edmonton. Il y aurait eu plusieurs comptoirs de TRAITE DES FOURRURES dans cette région, mais celui de Fort Assiniboine, établi entre 1823 et 1824, est le premier à être recensé. Fort Assiniboine est devenu un centre de transport pour les marchandises acheminées à dos de cheval depuis FORT EDMONTON jusqu'aux postes du Petit lac des Esclaves, de Jasper House et de Dunvegan, après que George Simpson eut ouvert une piste menant de fort Edmonton à fort Assiniboine. Cette piste a été utilisée jusque dans les années 1870 et a connu un regain de vie en 1897 et 1898 comme tronçon de la piste Chalmers. Cette dernière a été aménagée afin d'aider les voyageurs qui tentaient d'atteindre les gisements d'or du Klondike en passant par le Canada. Quelques colons sont arrivés avant la PREMIÈRE GUERRE MONDIALE et un traversier a été mis en service à Holmes Crossing dès 1906-1907. Un pont enjambant la rivière Athabasca a été construit en 1956 et on a terminé en 1959 la construction d'une route qui mène dans les collines Swan (aujourd'hui connue sous le nom de route Grizzly Trail).

Cette route a contribué à ouvrir la région des collines Swan à la prospection et à l'exploitation du pétrole et du gaz naturel. Un certain nombre de scieries sont en activité depuis le début du XXᵉ siècle. Les résidants de la localité pratiquent l'agriculture et certains ont trouvé de l'emploi dans le secteur touristique. Constitué en village en 1958, fort Assiniboine a abandonné ce statut en 1991 et fait maintenant partie du district municipal de Woodlands.

Deborah Welch et Michael Payne

Fort Battleford Quand la colonie de BATTLEFORD, située dans la région actuelle du centre ouest de la Saskatchewan, devient la capitale des Territoires du Nord-Ouest en 1876, la POLICE À CHEVAL DU NORD-OUEST y établit un poste en prévision de problèmes avec les autochtones. Jouxtant les édifices gouvernementaux du territoire et la ville en pleine expansion, le fort comprend près de 10 bâtiments, dont les résidences des officiers, une caserne, un entrepôt, un atelier et des écuries. En 1880, une palissade entoure les bâtiments, formant une superficie de 145 m sur 155 m. Pendant la RÉBELLION DU NORD-OUEST au printemps de 1885, le fort Battleford sert d'abri aux colons de race blanche et de base d'opérations aux troupes, pendant que les insurgés métis et amérindiens saccagent le lotissement urbain et les fermes environnantes. Le poste sert de quartier général divisionnaire et de caserne jusqu'en 1924. En 1951, Battleford devient un lieu historique national, la plupart des bâtiments étant restaurés ou reconstruits pour le plaisir des visiteurs.

Mark Rasmussen

Fort Beauséjour Il se trouve sur la rive ouest de la rivière Missaguash, près de l'emplacement actuel de Sackville, au Nouveau-Brunswick. Il a été construit de 1751 à 1755 par les Français pour faire contrepoids à son voisin britannique, le fort Lawrence (près d'Amherst, en Nouvelle-Écosse). Le fort Beauséjour était en piteux état quand des troupes assaillantes composées de volontaires du Massachusetts et de troupes régulières britanniques l'ont assiégé en juin 1755. Moins de deux semaines plus tard, et après qu'un abri «à l'épreuve des boulets» eut été atteint sévèrement, le commandant français Louis Du Pont Duchambon de Vergor a capitulé. Les Britanniques ont rebaptisé l'endroit Fort Cumberland et consolidé les bâtiments.

Pendant la GUERRE D'INDÉPENDANCE AMÉRICAINE, en novembre 1776, le fort Cumberland, alors sous les ordres du lieutenant-colonel Joseph Goreham des Royal Fencible Americans, a repoussé une attaque de rebelles des colonies de la Nouvelle-Angleterre. Au début de la GUERRE DE 1812, on a effectué des réparations au fort qui a abrité une présence militaire jusqu'en 1833. Le lieu historique national du Fort-Beauséjour a été établi en 1926.

Robert S. Allen

Fort Calgary Il était situé à la jonction des rivières Bow et Elbow, à l'emplacement actuel de la ville de Calgary. Il est établi en 1875 comme poste de la Police à cheval du Nord-Ouest par Ephrem-A. Brisebois, l'un des premiers agents de ce corps policier. Appelé au début Fort Brisebois, il prend le nom de Fort Calgary en juin 1876. Comme il s'agit de l'un des postes de police les plus actifs du sud de l'Alberta, il devient un quartier général de district. Toutefois, avec l'arrivée du chemin de fer en 1883 et l'expansion rapide de Calgary, le poste perd sa raison d'être. Le fort Calgary est aujourd'hui enfoui sous le béton de la ville.

Robert S. Allen

Fort Carlton Appelé à l'origine Carlton House, il est situé sur le bras sud de la rivière Saskatchewan Nord près de Duck Lake (Saskatchewan). Il a été construit en 1810 comme poste de ravitaillement et de pelleterie de la COMPAGNIE DE LA BAIE D'HUDSON. Deux postes avaient été érigés ailleurs dans la région en 1795 et en 1804 avant d'être définitivement abandonnés pour l'emplacement actuel. Le fort Carlton demeure un dépôt de pelleterie particulièrement important de l'Ouest canadien jusqu'en 1882. C'est près de ce lieu que les Cris des Plaines et les Cris des Bois signent le traité N° 6 de 1876 avec le gouvernement fédéral. En mars 1885, durant la Rébellion du Nord-Ouest, le poste est détruit par un incendie. De nos jours, le Fort Carlton, partiellement reconstruit, est un parc historique provincial de la Saskatchewan.

Robert S. Allen

Fort Chambly Construit en 1665 sous le nom de Fort Saint-Louis par les militaires français du RÉGIMENT DE CARIGNAN-SALIÈRES, il s'élève sur les bords de la rivière Richelieu près de Chambly (Québec). En 1709, pour des raisons d'ordre stratégique, la première structure de bois fait place à une construction de pierre. Le fort sert par la suite d'entrepôt et de dépôt de ravitaillement pour les autres postes construits le long du Richelieu. En septembre 1760, le fort décrépit et, faiblement défendu est abandonné aux mains des Anglais sans qu'un seul coup de feu ne soit tiré. Au début de la GUERRE D'INDÉPENDANCE AMÉRICAINE, des rebelles de la colonie s'emparent du fort Chambly, mais en juin 1776 les Anglais en reprennent possession et le fort tient bon jusqu'à la fin du conflit.

En 1813, au cours de la GUERRE DE 1812, on entreprend la construction d'un vaste complexe militaire. Mal entretenu et délabré, le fort Chambly est abandonné en 1851. En 1882-1883, des particuliers restaurent le site, qui deviendra le parc historique national du Fort Chambly en 1921.

Robert S. Allen

Fort Chipewyan, localité non const. de l'Alb.; pop. 435 (rec. 1996), 537 (rec. 1991), 922 (rec. 1986); superf. 7,51 km². Le fort est construit en 1788 par Roderick Mackenzie, cousin d'Alexander MACKENZIE, pour le compte de la COMPAGNIE DU NORD-OUEST (CNO). Situé au carrefour du réseau hydrographique du FLEUVE MACKENZIE (rivières ATHABASCA, DE LA PAIX et DES ESCLAVES), il devient une base pour l'exploration du Nord et de l'Ouest et un centre du commerce florissant des fourrures. Paradis du commerce des fourrures, le Fort Chipewyan est la scène de la lutte acharnée que se livrent la CNO, la COMPAGNIE XY et la COMPAGNIE DE LA BAIE D'HUDSON (CBH) et qui se termine par la prise de contrôle du commerce des fourrures par la CBH en 1821. L'importance de son rôle dans ce domaine diminue avec l'arrivée des bateaux à vapeur (le *SS Grahame* est construit au fort Chipewyan en 1882-1883).

Les oblats de Marie-Immaculée y fondent une mission en 1851, suivis des anglicans en 1874. En 1898, la Police à cheval du Nord-Ouest y établit un poste et le traité N° 8 y est signé en 1899. Le plus ancien établissement permanent de l'Alberta, Fort Chipewyan, devient un point de convergence dans le cadre des études sur le projet du delta des rivières de la Paix et Athabasca après la construction du barrage W.A.C. Bennett.

Inaccessible par la route, la communauté locale dépend, pour sa subsistance, du trappage et de la pêche, suppléés par l'emploi dans les usines de traitement de sables pétrolifères à proximité et dans le PARC NATIONAL WOOD BUFFALO. Le 1ᵉʳ avril 1995, la communauté est incluse dans la fusion de la ville de FORT MCMURRAY et du district constitué n° 143 (auparavant les parties nord et centrale du district constitué n° 18) pour former la municipalité de Wood Buffalo.

James M. Parker

Fort Churchill (*Voir* FORT PRINCE-DE-GALLES; CHURCHILL)

Fort Duquesne Il se trouve au confluent des rivières Allegheny et Monongahela, à l'emplacement actuel de Pittsburgh, en Pennsylvanie. Ce sont les Britanniques qui en ont commencé la construction en 1753. En avril 1754, le fort est saisi par le sieur de Contrecœur et les Français en terminent la construction. En 1755, le général Edward Braddock et son armée puissante subissent une défaite écrasante en tentant de le reprendre. Les Britanniques s'emparent finalement du site en 1758, mais les Français détruisent la fortification avant de battre en retraite. Le site est renommé Fort Pitt et rebâti par les Britanniques après 1761. PONTIAC l'attaque en vain en 1763.

James Marsh

Fort Edmonton Il est établi sur la rivière Saskatchewan Nord en 1795 par la COMPAGNIE DE LA BAIE D'HUDSON comme poste de traite fortifié tout près de celui de sa rivale, la COMPAGNIE DU NORD-OUEST. Après la fusion des deux compagnies en 1821, le fort Edmonton devient le principal centre du commerce de la fourrure dans la région de la Saskatchewan. À la suite de graves inondations, le fort est rebâti en 1830 sur des terres plus élevées, près de l'édifice actuel de l'Assemblée législative de l'Alberta. De 1826 à 1853, le fort prospère sous la direction de John ROWAND, un personnage haut en couleurs. Paul KANE immortalise le fort sur toile en 1846. Quand la compagnie de la baie d'Hudson cède la TERRE DE RUPERT en 1869-1870, le fort tombe graduellement en désuétude pour être finalement démoli en 1915. Aujourd'hui, le parc du Fort Edmonton, situé au sud-ouest d'Edmonton, offre une reconstitution de l'ancien fort et, étant un véritable musée vivant, celui-ci illustre le développement de la ville à ses débuts. Le parc est géré par la ville d'Edmonton et reçoit environ 170 000 visiteurs chaque année.

Jan Switzer

Fort Ellice Poste de traite de la COMPAGNIE DE LA BAIE D'HUDSON (CBH) situé sur les bords du ruisseau Beaver, au confluent des rivières Assiniboine et Qu'Appelle, immédiatement à l'est de l'actuelle frontière entre le Manitoba et la Saskatchewan. Érigé en 1831 par C.T. William Todd, le fort est destiné à protéger les terres de la CBH contre toute revendication américaine, ainsi qu'à approvisionner les négociants en fourrures de passage en pemmican, outils et pièges. Le poste tient son nom d'Edward ELLICE, député britannique et membre senior du comité londonien de la CBH. En 1862, la petite installation est remplacée par une structure plus grande et plus élaborée, à 2 km plus à l'est. Ce deuxième poste provisoire entouré d'une palissade et qui porte le même nom que le premier, comprend un bâtiment de deux étages servant de résidence aux officiers et de salle de réception, une rangée de maisons plus petites, des magasins et un atelier. Après le *Deed of Surrender* (contrat de cession) de 1870 transférant plusieurs droits de la CBH au nouveau gouvernement national, la traite des fourrures commence à faire place dans l'Ouest à la colonisation, et le fort, comme bien d'autres, perd sa raison d'être. Aujourd'hui, un panneau historique indique le site de ce poste, jadis si animé.

Mark Rasmussen

Fort Erie, ville de l'Ont.; pop. 27 183 (rec. 1996), 26 006 (rec. 1991), 23 253 (rec. 1986); superf. 168,3 km²; const. en 1931; située à l'entrée sud de la RIVIÈRE NIAGARA, en face de Buffalo, dans l'État de New York.

Historique Des loyalistes s'établissent dans la région en 1784, suivis d'immigrants allemands. Toutefois, le fort Erie – à l'origine un poste de traite français et, ensuite, un fort britannique – veille déjà sur ce lieu stratégique depuis 1764. En 1931, le village, situé près du fort britannique du même nom, fusionne avec la ville ferroviaire de Bridgeburg et devient la ville de Fort Erie. Deux des premiers forts sont détruits par les glaces du lac Érié et la puissante rivière Niagara; un troisième est partiellement détruit

en 1814 par des militaires américains, les dernières troupes étrangères à occuper le sol canadien. La forêt et les terrains, restaurés de 1937 à 1939, relèvent aujourd'hui de la Commission des parcs du Niagara.

Situation actuelle La ville, en collaboration avec Buffalo, dans l'État de New York, est l'hôte du Festival de l'amitié. Celui-ci ainsi que le pont de la Paix et le parc Mather Arch symbolisent les décennies de paix et d'amitié entre le Canada et les États-Unis. Le pont international, construit en 1873 par le Canadien National, est le premier à franchir la rivière. Suit ensuite le pont de la Paix (1927) qui s'élève au-dessus de la rivière et fait de Fort Erie l'un des passages frontaliers les plus achalandés entre les deux pays.

L'hippodrome de Fort Erie figure parmi les plus anciens et les plus attrayants de l'Amérique du Nord. On trouve des chalets d'été et des localités résidentielles et récréatives le long du lac Érié, et notamment à Crystal Beach et dans les localités intérieures de Ridgeway et de Stevensville. Fort Erie donne accès par le sud à la Niagara River Recreational Trail et à la Niagara River Parkway. Elle est aussi la dernière ville située sur l'AUTOROUTE QUEEN ELIZABETH qui part de Toronto.

John N. Jackson

Fort Frances, ville de l'Ont.; pop. 8790 (rec. 1996), 8891 (rec. 1991), 8870 (rec. 1986); superf. 26,05 km²; const. en 1903; située dans le nord-ouest ontarien à l'extrémité ouest du LAC À LA PLUIE, où la rivière à la Pluie prend sa source. La ville sert de frontière avec les États-Unis, et un pont relie Fort Frances à International Falls, au Minnesota. Située le long de l'ancienne route de canotage menant au pays des fourrures de l'Ouest, elle est bâtie sur l'ancien emplacement du fort Saint-Pierre, érigé en 1731 par La Jemerais, neveu de LA VÉRENDRYE.

On ne peut déterminer la date de fondation du fort Lac la Pluie, mais la COMPAGNIE DU NORD-OUEST l'utilise à partir de 1776. Par la suite, la COMPAGNIE DE LA BAIE D'HUDSON y établit aussi un poste qui porte le nom de fort Frances en l'honneur de la femme du président de la Compagnie de la baie d'Hudson, sir George SIMPSON.

Au fur et à mesure que les plaines de l'Ouest attirent des colons, l'endroit devient une halte sur la route de Dawson, inaugurée en 1870 et composée de lacs, de rivières et de voies terrestres reliant le lac Supérieur à la rivière Rouge. Les chutes puissantes y attirent de nouvelles industries et la ville devient un centre de sciage à la fin du XIXᵉ siècle. Un barrage hydroélectrique y est érigé entre 1905 et 1910 pour approvisionner l'usine de papier en électricité. Fort Frances est au cœur d'une région de pêche et de chasse, et l'industrie touristique y représente la deuxième plus importante source d'emplois.

Daniel Francis

Fort Frances, affaire En 1917, en vertu de la LOI SUR LES MESURES DE GUERRE, le gouvernement canadien détermine le prix et la quantité du papier journal mis en circulation. À cet effet, on crée ensuite une commission de contrôle, laquelle opère jusqu'en 1919 même si la guerre est terminée. Dans l'affaire Fort Frances Pulp and Power Co Ltd. *c.* Manitoba Free Press Co Ltd. (1923), et conformément à la clause PAIX, ORDRE ET BON GOUVERNEMENT de l'art. 91 de la Loi constitutionnelle de 1867, le Conseil privé autorise le Parlement à adopter une Loi sur les mesures de guerre et le gouverneur en conseil à passer des arrêtés concernant le contrôle et l'approvisionnement du papier journal. Ce pouvoir d'urgence qui est implicite dans la Constitution peut excéder la durée du conflit qui lui a donné naissance et faire appel à des mesures relevant en temps normal de la compétence des provinces.

Gérald-A. Beaudoin

Fort Frontenac Situé à l'embouchure de la rivière Cataraqui, à l'emplacement actuel de KINGSTON (Ontario), sa construction commence pendant les négociations entre le gouverneur FRONTENAC et une délégation iroquoise, en juillet 1673. De toute évidence, d'abord appelé Fort Cataraqui, le fort Frontenac doit assurer la protection de Ville-Marie (Montréal), mais aussi étendre la traite des fourrures dans la région des Grands Lacs et la vallée de l'Ohio. Après l'attaque de Lachine par les Iroquois en 1689, le gouverneur DENONVILLE ordonne d'abandonner le fort. Frontenac, à son retour en Nouvelle-France, révoque l'ordre: le fort continue à servir les intérêts français au lac Ontario et fait contrepoids au fort Oswego des Anglais, situé sur la rive opposée du lac. En 1756, au début de la GUERRE DE SEPT ANS, il sert d'arsenal et de base navale aux troupes françaises des Grands Lacs. Renforcé par François-Charles de Bourlamaque et, plus tard, par MONT-CALM, le fort tombe néanmoins aux mains des troupes britanniques de John Bradstreet en août 1758.

James Marsh

Fort Garry, Lower Il est construit sur la rivière Rouge, à 30 km en aval de fort Garry (Winnipeg), entre 1830 et 1840, pour servir de centre administratif de la COMPAGNIE DE LA BAIE D'HUDSON (CBH), dans la TERRE DE RUPERT. On espère que le nouveau fort sera protégé des inondations printanières qui ont assailli l'ancienne communauté et attirera des citoyens plus respectables. Mais le premier établissement, judicieusement situé à la jonction des rivières Assiniboine et Rouge, continue de se développer et demeure le centre naturel de la COLONIE DE LA RIVIÈRE ROUGE.

Le Lower Fort Garry n'atteint jamais le statut qu'on lui destinait, mais il joue quand même un rôle mineur à différentes reprises. Pendant la crise de l'Oregon (*voir* TRAITÉ DE L'ORÉGON) dans les années 1840, un contingent de l'armée britannique y est stationné. En 1871, certains adversaires de Louis RIEL s'y rallient autour de Stoughton Dennis et, pendant l'hiver 1873-1874, la POLICE À CHEVAL DU NORD-OUEST y entraîne ses premières recrues. Il servira plus tard de premier pénitencier provincial et d'asile d'aliénés.

Au début du XXᵉ siècle, Lower Fort Garry sert de résidence aux administrateurs de la CBH. Il est ensuite loué à un club social et sportif. En 1951, la CBH cède la propriété au gouvernement fédéral. Le fort est classé lieu historique national et restauré au cours des années 60 et 70. C'est aujourd'hui l'un des principaux LIEUX HISTORIQUES de Parcs Canada.

C.J. Taylor

Fort George Situé sur la côte ouest de la rivière Niagara, à NIAGARA-ON-THE-LAKE, en Ontario, ce fort est construit par les Anglais entre 1796 et 1799 pour remplacer le FORT NIAGARA situé sur la rive opposée, qui a été évacué conformément aux termes du TRAITÉ DE JAY. Le nouveau poste servira aussi de siège au British Indian Department pour le Haut-Canada. Le 27 mai 1813, pendant la GUERRE DE 1812, le fort est capturé, après une résistance féroce, par une force navale et militaire américaine écrasante, mais il est repris en décembre suivant. À la fin de la guerre, il tombe presque en ruines, aussi les Britanniques concentrent-ils leurs défenses de la région de Niagara tout près, au fort Mississauga. À la fin des années 1930, la Commission des parcs du Niagara entreprend de reconstruire le fort George qui est officiellement inauguré en 1950. Désigné lieu historique national en 1969, il reçoit 125 000 visiteurs par année.

Robert S. Allen

Fort George et Buckingham House Situés à 13 km au sud-est de Elk Point, en Alberta, ils étaient des postes de traite concurrents, gérés respectivement par la Compagnie du Nord-Ouest et la Compagnie de la baie d'Hudson. Exploités entre 1792 et 1800, ces postes étaient établis côte à côte sur un emplacement situé aux abords de la RIVIÈRE SASKATCHEWAN Nord, tout juste à l'ouest de l'actuelle frontière entre l'Alberta et la Saskatchewan. Les postes étaient à la

fois des postes de traite et de stockage de provisions, particulièrement pour la viande de bison et le PEM-MICAN nécessaires aux brigades en canot. Les deux postes entretenaient une forte rivalité commerciale, mais les documents qui subsistent démontrent que les employés des deux compagnies collaboraient régulièrement.

On a mis au jour les vestiges archéologiques des deux postes de traite, et les emplacements des principaux bâtiments et de leurs palissades sont indiqués par des marques au sol et par des panneaux d'interprétation. Le centre d'accueil présente diverses expositions sur la vie quotidienne dans ces postes et sur le rôle des autochtones, plus particulièrement celui des femmes dans la société de l'époque et dans le commerce des fourrures. Le site est ouvert au public de la mi-mai au début de septembre.

Deborah Welch et Michael Payne

Fort Good Hope, peuplement des T.N.-O; pop. 644 (rec. 1996), 602 (rec. 1991), 562 (rec. 1986); superf. 48,21 km²; situé sur la rive est du FLEUVE MAC-KENZIE, à 805 km à vol d'oiseau au nord-ouest de Yellowknife. Construit en 1805 par la COMPAGNIE DU NORD-OUEST, il s'agit du plus ancien poste de traite des fourrures de la basse vallée du Mackenzie. La localité est connue pour son église pittoresque et originale, dédiée à Our Lady of Good Hope (Notre-Dame-du-Bon-Espoir). Les peintures murales qu'on y trouve ont été exécutées par un prêtre catholique en 1878 et restaurées en 1993. Au cours des dernières années, la localité est surtout connue comme patrie de plusieurs leaders politiques dénés. Elle est dotée d'une école et d'un hôtel géré par les résidents qui, pour la plupart, continuent d'assurer leur subsistance en s'adonnant au trappage, à la chasse et à la pêche. Il s'agit du plus ancien poste de traite des fourrures de la basse vallée du Mackenzie. (*Voir aussi* LIÈVRE.)

Annelies Pool

Fort Haldimand Il s'élève sur le promontoire ouest de l'île Carleton, à l'extrémité est du lac Ontario, à environ 16 km au large de Kingston (Ontario). Le fort est construit en 1778 par les Britanniques durant la Guerre d'Indépendance américaine. Il sert alors de base militaire et commerciale pour les forces britanniques et particulièrement pour leurs alliés autochtones. En 1782, cependant, le fort Haldimand est remplacé dans une large mesure par celui d'Oswego, situé au sud. Au lendemain de la guerre, l'activité des Britanniques et des loyalistes dans la région se déplace à Cataraqui (Kingston), et le fort Haldimand tombe bientôt en ruine. On y maintient néanmoins une présence britannique symbolique, et trois vétérans se rendent aux troupes américaines dans les premiers mois de la guerre de 1812. L'île Carleton est cédée officiellement aux États-Unis en 1817.

Robert S. Allen

Fort Henry Situé à Kingston, Ont., il est d'abord construit pendant la GUERRE DE 1812 sur la pointe Henry, près du lac Ontario. Il sert à surveiller l'entrée du fleuve Saint-Laurent et le chantier naval de Kingston. Sa position stratégique augmente après l'ouverture du CANAL RIDEAU, un itinéraire d'approvisionnement militaire entre Montréal, Bytown (Ottawa) et Kingston. Le fort est reconstruit en 1836 pour mieux défendre la sortie du canal la plus vulnérable, advenant une attaque américaine. C'est la forteresse la plus importante et la plus imposante du HAUT-CANADA où sont stationnées les troupes de l'armée anglaise jusqu'en 1870, puis les unités de la milice canadienne jusqu'en 1890, année où on cesse de l'utiliser.

Pendant les deux guerres mondiales, il abrite des PRISONNIERS DE GUERRE. Au cours des années 30, le gouvernement de l'Ontario en fait un parc historique. C'est un des nombreux travaux effectués en période de crise économique. Aujourd'hui, le vieux fort Henry constitue une importante attraction historique dans une ville fière de ses nombreux bâtiments anciens et de ses musées d'armes et d'équipement

militaires. En été, la «Garde du fort Henry» se livre à de nombreuses manœuvres de précision.

C.J. Taylor

Fort Kitwanga, un village amérindien de la côte Nord-Ouest, situé le long de la rivière Kitwankul en Colombie-Britannique, a déjà fait partie d'un réseau commercial complexe. En 1979, les recherches menées sur le terrain à Kitwanga et l'étude des récits de la tradition orale montrent la prédominance de la guerre et du commerce dans les relations entre les tribus de la côte. Les épisodes de guerre impliquant Kitwanga Fort commencent avant 1700 et se poursuivent jusque dans les années 1830. On a retracé 22 sentiers dans le bassin des rivières Skeena, Nass et Stikine, où se sont déroulées ces activités commerciales et guerrières. Les découvertes archéologiques montrent qu'après 1741 le commerce se fait principalement avec des marchands russes. Les guerres ont pour enjeu le contrôle des nouvelles ressources, particulièrement les métaux et les armes. Les exploits de Nekt, un guerrier devenu l'archétype des héros de légendes, illustrent la lutte pour la suprématie économique et l'honneur le long de la côte Nord-Ouest. D'abord désigné parc historique, le site porte aujourd'hui le titre de lieu historique national. (*Voir aussi* ARCHÉOLOGIE.)

Lillian Stewart

Fort Langley Établi en 1827 sur les rives du fleuve Fraser, à 32 km à l'est de Vancouver, près de l'emplacement actuel de la ville de LANGLEY (Colombie-Britannique). Ce fort joue un rôle important dans le développement de la province jusqu'à ce qu'il soit abandonné en 1886. Il fait partie du réseau de postes de traite mis sur pied par la COMPAGNIE DE LA BAIE D'HUDSON sur le versant du Pacifique, mais devient vite un centre de ravitaillement et d'administration pour le district de la Columbia. Le vieux fort est abandonné en 1839 au profit d'une nouvelle installation, à 35 km en amont. En mai 1840, on rebâtit le fort après un incendie. On y exploite une grande ferme et une conserverie de poisson, et le fort devient un centre commercial pour la colonie de la Colombie-Britannique. Lorsqu'il est déclaré LIEU HISTORIQUE national en 1923, ses bâtiments tombent en ruine. En 1955, on entreprend de reconstruire plusieurs d'entre eux. Le fort Langley est depuis lors une importante attraction touristique.

C.J. Taylor

Fort la Reine Nom employé pour désigner une série de premiers postes de traite des fourrures utilisés par les Français à l'ouest de Winnipeg, sur la rivière Assiniboine. Le fort originel est ouvert en 1738 par Pierre Gaultier de Varennes et par de LA VÉREN-DRYE et ses fils, explorateurs et marchands de fourrures indépendants. Ce fort de rondins sert de quartier général à La Vérendrye pour ses expéditions dans les Prairies canadiennes en quête de la légendaire «mer de l'Ouest». C'est aussi un point naturel de portage sur la route fluviale du sud pour les autochtones et les commerçants français se dirigeant vers le lac Manitoba et le nord. Si les documents historiques indiquent que le fort est abandonné, brûlé et rebâti au moins deux fois en quelques décennies, ils ne fournissent aucun renseignement quant aux dates et aux emplacements précis. Certains indices laissent croire que le premier poste se trouvait près de l'actuelle communauté de Poplar Point, mais on estime généralement qu'il se trouvait plutôt près de Portage la Prairie, soit 25 km au sud-ouest. En 1928, le gouvernement fédéral y érige une plaque commémorative et on construit une reconstitution de fort la Reine immédiatement à l'est de Portage la Prairie.

Mark Rasmussen

Fort Liard, localité des T.N.-O.; pop. 512 (rec. 1996), 485 (rec. 1991), 395 (rec. 1986); superf. 148,39 km²; const. en 1987; située sur la rive sud de la RIVIÈRE LIARD, à 544 km à vol d'oiseau au sud-ouest de Yellowknife et à environ 25 km au nord de la frontière de la Colombie-Britannique. L'un des lieux d'habitation permanents les plus anciens des autochtones des Territoires du Nord-Ouest, il leur a servi de camp de pêche pendant environ 9000 ans. Jusqu'en

1966, la plupart des résidents DÉNÉS maintiennent leur style de vie traditionnel et passent les mois d'hiver sur leur territoire de trappage. Aujourd'hui, le travail rémunéré s'ajoute au trappage et à la pêche. La communauté a vécu dans l'isolement jusqu'à l'ouverture de la ROUTE LIARD en 1983.

Annelies Pool

Fort Macleod, ville de l'Alb.; pop. 3034 (rec. 1996), 3112 (rec. 1991), 3123 (rec. 1986); superf. 23,08 km²; const. en 1892; située le long de la RIVIÈRE OLDMAN, à 165 km au sud de Calgary. En octobre 1874, 150 membres de la Police à cheval du Nord-Ouest (P.C.N.-O.) établissent leur premier poste dans une île de la rivière Oldman, dans la province actuelle de l'Alberta. Ils lui donnent le nom du commissaire-adjoint, James F. MACLEOD. Dix ans plus tard, les crues annuelles obligent à déménager le poste sur l'emplacement actuel. Il sert de quartier général de 1876 à 1878, d'état-major divisionnaire jusqu'en 1919, et d'état-major sous-divisionnaire jusqu'à nos jours.

En plus de servir à mettre fin au commerce illicite du whisky dans les plaines du sud, le fort Macleod est le siège d'un tribunal judiciaire qui préside plusieurs procès retentissants, dont celui de CHARCOAL, accusé du meurtre d'un sergent de la P.C.N.-O. Même s'il perd son importance en tant que quartier général de la police, Fort Macleod continue d'être le centre de services des agriculteurs et des éleveurs de l'arrière-pays.

Aujourd'hui, le tourisme en est la principale industrie. Le musée du fort, une reconstitution de l'ancienne forteresse, et les bâtiments historiques de la rue principale, attirent chaque année 60 000 visiteurs.

Frits Pannekoek

Fort McMurray (aujourd'hui Wood Buffalo), municipalité rurale de l'Alb.; pop. (ville) 35 213 (rec. 1996), 36 771 (rec. 1991), 34 949 (rec. 1986); const. en tant que ville en 1947, puis en tant que cité en 1980; située au confluent des rivières ATHABASCA et CLEARWATER dans le nord-est de l'Alberta. Le 1er avril 1995, le fusionnement de la ville et du district constitué 143 (anciennement les parties centrale et nord du district constitué n° 18) crée la plus grande superficie municipale de toute l'Amérique du Nord. En effet, avec sa superficie de 67 164 km², la municipalité de Wood Buffalo est plus grande que la Nouvelle-Écosse et l'Île-du-Prince-Édouard réunies.

Historique Ancien poste de la COMPAGNIE DU NORD-OUEST, Fort McMurray est reconstruit en 1870 et reçoit le nom de l'agent de la COMPAGNIE DE LA BAIE D'HUDSON, William McMurray. Il sert surtout de poste de traite des fourrures et de poste de transport entre EDMONTON et la région de l'Athabasca. Le cheval et le bateau à aubes assurent sa survie jusqu'en 1922, année où la voie ferrée se rend jusqu'à Draper, à 12,8 km au sud. Par la suite, plusieurs usines de transformation du poisson s'y installent et on y développe une industrie d'extraction du sel. Pendant la Seconde Guerre mondiale, la ville sert de base importante au projet CANOL.

Fort McMurray est située au milieu de 41 000 km² de sables bitumineux, ou BITUME, pouvant contenir quelque 4,5 milliards de m³ de pétrole brut synthétique récupérable. Les premières expériences de récupération du pétrole et son impact sur l'économie de la ville datent du début du XXe siècle. En 1964, les responsables du projet de la Great Canadian Oil Sands (maintenant Suncor) reçoivent la permission d'aller de l'avant. C'est alors que naît la ville actuelle de Fort McMurray. Elle passe de 1303 à 9542 habitants en 1974, année où Syncrude Canada débute la construction d'une usine d'extraction, ouverte officiellement quatre ans plus tard. La population a plus que triplé de 1974 à 1986.

L'effondrement des prix mondiaux du pétrole en 1986 frappe durement la région. Cette année-là, même si elle est confrontée à des conflits de travail, à des grèves et à des lock-out, l'industrie pétrolière

réussit à maintenir, voire à améliorer, son niveau de production. Enfin débarrassée de son image de ville-champignon, Fort McMurray est aujourd'hui une ville moderne et pleine de vitalité, dotée d'établissements de niveau collégial, et où la communauté culturelle et artistique est florissante.

Frits Pannekoek

Fort McPherson, hameau des T.N.-O.; pop. 878 (rec. 1996), 759 (rec. 1991), 760 (rec. 1986); superf. 62,63 km²; const. en 1986; situé sur la rive est de la rivière Peel, à 1107 km à vol d'oiseau au nord-ouest de Yellowknife. Baptisée du nom d'un commerçant de la Compagnie de la baie d'Hudson, cette communauté n'en est pas moins un village DÉNÉ Gwich'in depuis 1852, quand les Dénés choisissent de s'y installer parce que le site domine le delta du FLEUVE MACKENZIE. C'est la patrie du chef John Tetlichi, le premier membre déné du Conseil des Territoires du Nord-Ouest en 1967, et de Wally Firth, premier autochtone élu député fédéral en 1972. Même si la communauté a subi l'influence de la construction de la ROUTE DE DEMPSTER et de l'exploitation pétrolifère, les Gwich'in ont continué d'y perpétuer la vie d'hommes des bois jusque dans les années 60.

Annelies Pool

Fort Malden Connu autrefois sous le nom de Fort Amherstburg, il est situé sur la rive est de la rivière Détroit à AMHERSTBURG (Ontario). Construit par les Britanniques entre 1796 et 1799, il sert de poste de garnison principal, de base navale et de centre stratégique pour le département britannique des Affaires indiennes dans l'ouest du Haut-Canada. Pendant la GUERRE DE 1812, le fort Malden devient le quartier général de la Right Division de l'armée britannique. Le fort est abandonné en septembre 1813, en raison de la mainmise des Américains sur la partie supérieure des Grands Lacs à l'issue de la BATAILLE DE PUT-IN-BAY (lac Érié). Occupé de nouveau et partiellement reconstruit par les Britanniques après la guerre, le fort Malden perd graduellement de son importance. Bien qu'on y enregistre une certaine activité au cours de la période d'agitation politique de 1837-1838, on en retire les troupes régulières en 1851. Devenu parc historique national en 1941, le fort Malden reçoit environ 100 000 visiteurs par année.

Robert S. Allen

Fort Michilimackinac (Michigan) Ce fort désigne trois postes militaires distincts sur le détroit de Mackinac. Les explorateurs français, arrivés en 1634, construisent un fort sur la rive nord du détroit en 1690 (St. Ignace, Michigan). Ils érigent une nouvelle forteresse sur la rive sud (Mackinaw City, Michigan) vers 1715, qu'ils occupent jusqu'à l'arrivée de troupes anglaises en 1761, pendant la GUERRE DE SEPT ANS. Conquis par les Chippewas pendant le soulèvement de PONTIAC en 1763, Michilimackinac est repris un an plus tard. Au cours de la guerre d'Indépendance américaine, pour plus de sécurité, le poste est déplacé non loin dans l'île Mackinac (Michigan) avant d'être cédé aux États-Unis en 1796. Les forces anglaises du FORT ST. JOSEPH, sur l'île St. Joseph (Ontario) s'emparent de Michilimackinac pendant la GUERRE DE 1812, s'assurant ainsi le contrôle du Nord-Ouest jusqu'à ce que le poste soit à nouveau cédé aux États-Unis en 1815. Fort Mackinac, comme on appelle le plus souvent ce poste de l'île, est un centre important de la traite des fourrures jusque dans les années 1830 et sert de garnison jusqu'en 1895. Aujourd'hui, transformés en musées, les second et troisième forts sont ouverts au public.

Brian Leigh Dunnigan

Fort Nelson, ville de la C.-B.; pop. 4401 (rec. 1996), 3804 (rec. 1991), 3729 (rec. 1986); superf. 9,22 km²; const. en 1987. Située dans le nord-est de la Colombie-Britannique, à 387 km au nord de FORT ST. JOHN, la ville doit son nom à Horatio Nelson, amiral britannique que la bataille de Trafalgar a rendu célèbre. W.F. Wentzell de la COMPAGNIE DU

NORD-OUEST envoie George Keith y fonder un poste en 1805; la COMPAGNIE DE LA BAIE D'HUDSON le reprend en 1865.

La construction d'un aéroport en 1941 et celle de la ROUTE DE L'ALASKA en 1942, et l'ouverture, en 1971, d'un embranchement du chemin de fer de la BC Rail la reliant à Fort St. John, permettent à la région de se développer. Fort Nelson en devient le centre de services et de transport. Son économie croît rapidement au cours des dernières années à la suite du développement de nouvelles industries forestières et de l'intérêt que suscitent à nouveau l'exploration et l'exploitation des ressources pétrolières et gazéifères de la région. Le tourisme, l'agriculture et les mines sont aussi d'importantes activités de l'économie locale.

Alan F.J. Artibise

Fort Niagara Situé sur la rive est de la rivière Niagara à la tête du lac Ontario, il appartient aux Français entre 1678 et 1759. Le fort se distingue par une construction en pierre de style «château français» datant de 1726. En juillet 1759, le fort est cédé aux Anglais après un siège et la terrible bataille de La Belle Famille. Pendant la guerre d'Indépendance américaine, le fort Niagara sert de principal dépôt de ravitaillement pour les corps provinciaux des Loyalistes, les *rangers* de John Butler et leurs alliés autochtones. Les troupes américaines l'occupent à partir de 1796, puis les forces anglaises et canadiennes s'en emparent en décembre 1813, au cours de la GUERRE DE 1812. Le fort est remis aux Américains en 1815 et demeure un poste frontalier paisible. Le vieux fort Niagara, restauré entre 1927-1934, est un lieu historique de l'État de New York géré par l'Old Fort Niagara Association. Le fort accueille annuellement quelque 120 000 visiteurs.

Robert S. Allen

Fort Pitt Fondé en 1830, il est le principal poste de traite de la COMPAGNIE DE LA BAIE D'HUDSON entre les forts Edmonton et Carlton (Saskatchewan), là où la rivière Saskatchewan Nord effectue une grande boucle juste à l'est de l'actuelle frontière entre l'Alberta et la Saskatchewan. Il s'agit de l'un des deux principaux lieux où le traité N° 6 a été signé en 1876. Les 14 et 15 avril 1885, au cours de la RÉBELLION DU NORD-OUEST, la bande crie du chef BIG BEAR assiège le fort. Après une escarmouche au cours de laquelle un agent de police est tué, les autochtones laissent s'enfuir en aval de la rivière le détachement de la Police à cheval du Nord-Ouest, retiennent les occupants civils prisonniers et pillent le fort.

Bob Beal

Fort Prince of Wales (*voir* FORT PRINCE-DE-GALLES).

Fort Prince-de-Galles En 1686, les hommes de la COMPAGNIE DE LA BAIE D'HUDSON (CBH) naviguent sur la RIVIÈRE CHURCHILL, mais ce n'est qu'en 1717 que James Knight y construit un poste permanent, à environ 11 km de l'embouchure. On appelle le poste Churchill River, Churchill ou Churchill Factory jusqu'en 1719, date où on lui donne le nom de fort Prince-de-Galles. La compagnie ne s'intéresse pas qu'aux fourrures; elle souhaite aussi entreprendre la chasse à la baleine. Par crainte des attaques maritimes des Français, la CBH entreprend la construction d'un fort de pierre pour commander l'entrée de la rivière Churchill. Dès août 1731, les négociants clôturent l'emplacement du fort (91,4 m²) sur la pointe Eskimo. Les murs des premiers remparts sont terminés en 1739, et le gouverneur Richard Norton, de la CBH, emménage dans le fort l'année suivante. Les travaux de construction du fort semblent s'être poursuivis presque sans interruption jusqu'en 1771.

En août 1782, trois navires français et environ 300 hommes commandés par le comte de La Pérouse arrivent à l'embouchure de la rivière Churchill. Ils capturent facilement le fort, car sa maçonnerie est faible et son gouverneur, Samuel HEARNE, n'a pas assez d'hommes pour faire feu avec les 42 canons. Hearne et ses hommes sont faits prisonniers. Avant de reprendre la mer, La Pérouse encloue les canons et fait sauter les bâtiments. Le navire de la compagnie arrive l'année suivante et Hearne rebâtit le poste de traite des fourrures à 7 ou 8 km en amont. Il le nomme fort Churchill Factory et Prince of Wales Factory. Le fort Prince-de-Galles est abandonné jusqu'en 1934-1935, lorsque le gouvernement du Canada fait déterrer et remonter les canons et fait réparer les murs. Aujourd'hui, le fort partiellement restauré est l'une des principales attractions touristiques de CHURCHILL (Manitoba). (*Voir aussi* LIEU HISTORIQUE.)

Shirlee Anne Smith

Fort Reliance Poste abandonné, fondé en 1874 sur la rive est du FLEUVE YUKON, à 13 km en aval de DAWSON (Yukon). Pendant plus d'une décennie, il demeure au cœur de la TRAITE DES FOURRURES et de l'exploitation minière dans la région supérieure du fleuve Yukon. En 1886, la découverte d'un gisement aurifère attire les mineurs à l'embouchure de la rivière Stewart. Lorsqu'on construit un nouveau poste à cet endroit, les bâtiments du fort Reliance sont démantelés et leurs matériaux servent à alimenter les bateaux à roues. Bon nombre de petits cours d'eau et d'établissements le long du Yukon, comme FORTY MILE, ont été nommés en fonction de leur distance du fort Reliance.

H. Guest

Fort Saskatchewan, ville de l'Alb.; pop. 12 408 (rec. 1996), 12 092 (rc 1991), 11 983 (rec. 1986); superf. 45,1 km²; const. en 1985; située à la limite de la partie nord-est d'EDMONTON dans la prairie-parc le long de la RIVIÈRE SASKATCHEWAN Nord. Même si le commerce de la fourrure s'étend à toute la région dès les années 1790, et que des pionniers canadiens-français y pratiquent l'agriculture en 1872, ce n'est qu'en 1875, avec l'établissement d'un poste de la POLICE À CHEVAL DU NORD-OUEST, que cette communauté prend vraiment naissance. On attribue le choix de l'emplacement à l'inspecteur W.D. Jarvis qui l'aurait préféré à Edmonton en raison de ses berges plus douces qui devaient faciliter la traversée de la rivière au futur chemin de fer, et éviter les terrains de la Compagnie de la baie d'Hudson. À l'origine, le fort porte le nom de Sturgeon Creek Post, et ce n'est que plus tard qu'on le rebaptise fort Saskatchewan.

Pendant les années 1880, on procède à l'arpentage systématique du territoire urbain en expansion et des terres agricoles riveraines des environs. Un an après sa constitution en tant que ville (1904), Fort Saskatchewan est reliée au chemin de fer du CN et on construit alors le pont que Jarvis avait envisagé des années plus tôt. La ville demeure un petit centre agricole rural jusqu'à la fin de la Seconde Guerre mondiale.

En 1952, la Sheritt Gordon Mines Ltd (aujourd'hui Sherritt Inc.) crée la première industrie importante de la localité, une raffinerie de nickel de plusieurs millions de dollars. Dans les années suivantes, l'arrivée de l'INDUSTRIE PÉTROCHIMIQUE dans la région assure à la ville une croissance continue. En 1966, Sherritt commence à produire des pièces de monnaie et des médailles; aujourd'hui, on y produit le flan de la pièce d'un dollar canadien.

Il y a maintenant plus de 20 complexes industriels de classe mondiale dans la ville et les environs, dont Dow Chemical Canada Inc., Chevron Standard, Prazair et Liquid Carbonic. Aujourd'hui, ces industries, la prison provinciale (dans la localité depuis 1914) et un secteur de service en pleine croissance contribuent à assurer la vitalité de l'une des plus anciennes communautés de l'Alberta.

Mark Rasmussen

Fort Selkirk Aujourd'hui abandonné, ce fort est situé au confluent du FLEUVE YUKON et de la rivière Pelly (Yukon). Fondé en 1848 par Robert Campbell, le fort est d'abord le siège de la COMPAGNIE DE LA BAIE D'HUDSON au Yukon. Après 1898, il tient lieu de quartier général pour la TROUPE DE CAMPAGNE DU YUKON. Le fort est abandonné définitivement après l'achèvement des autoroutes de l'Alaska et du Klondike, qui mettent un terme à la circulation commerciale sur le fleuve Yukon.

H. Guest

Fort Selkirk, lieu historique du Situé le long de la rivière Yukon, à l'embouchure de la rivière Pelly, le FORT SELKIRK a été construit par Robert Campbell en 1848 pour servir de poste de traite à la COMPAGNIE DE LA BAIE D'HUDSON. Toutefois, des fouilles archéologiques ont permis de déterminer que cet endroit servait déjà de poste de traite bien avant que Campbell ne s'y installe. En effet, les TUTCHONIS du Nord y pêchaient et y faisaient du troc avec les Tlingit de la côte. La communauté, qui n'était pas desservie par la route reliant Whitehorse à Dawson, a été abandonnée dans les années 60. Le gouvernement du Yukon, qui assure l'entretien des quelque 40 bâtiments de l'ancienne communauté, a transformé la localité en un LIEU HISTORIQUE où on explique l'évolution des communautés des PREMIÈRES NATIONS au Yukon. Pendant l'été, des représentants des premières nations de Selkirk offrent un programme d'interprétation au fort Selkirk. On peut se rendre sur les lieux par bateau à partir de Minto, situé sur la route du Klondike.

Deborah Welch et Michael Payne

Fort Simpson, village des T.N.-O.; pop. 1257 (rec. 1996), 1142 (rec. 1991), 987 (rec. 1986); superf. 95,33 km²; const. en 1973; situé sur une île au confluent du fleuve MACKENZIE et de la rivière LIARD, à 378 km à vol d'oiseau au sud-ouest de Yellowknife. En 1804, la COMPAGNIE DU NORD-OUEST construit le premier fort qui porte alors le nom de Fort of the Forks; en 1821, il est rebaptisé en l'honneur du président de la COMPAGNIE DE LA BAIE D'HUDSON, sir George SIMPSON. Il s'agit du plus ancien poste de traite occupé en permanence le long du Mackenzie. À la fin des années 60, le village devient une base d'exploration pétrolière et un centre administratif du gouvernement des Territoires du Nord-Ouest. C'est le terminus de la ROUTE DU MACKENZIE jusqu'en 1994, alors qu'on la prolonge jusqu'à Wrigley.

De nos jours, les travailleurs blancs et autochtones sont employés du gouvernement ou de l'industrie du transport, ou vivent du trappage et de la chasse. Le village loge également les services administratifs de la RÉSERVE DE PARC NATIONAL NAHANNI. Trois ans après sa première visite au Canada, le pape Jean-Paul II a visité Fort Simpson le 20 septembre 1987.

Annelies Pool

Fort St. John, ville de la C.-B.; pop. 15 021 (rec. 1996), 14 156 (rec. 1991), 13 370 (rec. 1986); superf. 21,73 km²; const. en 1975; située dans le nord-est de la Colombie-Britannique, à environ 459 km au nord de PRINCE GEORGE. L'origine de son nom est inconnue.

Historique En 1793, Alexander MACKENZIE atteint un point au sud de Fort St. John, sur la RIVIÈRE DE LA PAIX. À partir de 1794, soit à l'époque de la traite des fourrures, une série de forts sont construits et, au cours des années, la collectivité se déplace d'une rive à l'autre. Vers la fin de la Première Guerre mondiale et au cours des années 20, les colons s'établissent plus à l'est sur les terres agricoles fertiles des deux rives de la rivière de la Paix. La population s'accroît considérablement en 1942 après l'achèvement de l'Alcan Military Road, maintenant connue sous le nom de ROUTE DE L'ALASKA. En 1951, la découverte de pétrole et de gaz naturel au sud de la ville l'attire encore plus de gens.

Situation actuelle La ville de Fort St. John est depuis devenue le plus grand centre de la province au nord de Prince George grâce à une zone commerciale de 25 000 habitants. L'agriculture, la foresterie et l'industrie du gaz naturel constituent les bases de son économie locale et régionale en expansion. Le district agricole de Fort St. John produit 85 p. 100 de toute la culture céréalière et de tout le CANOLA de la province.

À Taylor, collectivité constituée en corporation et située à 16 km au sud de la ville, on trouve une raffinerie, une usine de soufre, une grande scierie et une usine de pâte à papier. On compte parmi les installations de la ville le campus de Northern Lights Community College et le Centre culturel régional, construit en 1992.

Alan F.J. Artibise

Fort St. Joseph Il se trouve à la pointe sud-est de l'île Saint-Joseph, à l'entrée est du canal reliant les lacs Huron et Supérieur. Les Britanniques le construisent en 1796 à un emplacement stratégique de manière à pouvoir préserver à la fois leurs intérêts dans la traite des fourrures et la loyauté de leurs alliés autochtones du Nord-Ouest. En juillet 1812, pendant les premières semaines de la GUERRE DE 1812, les Britanniques lancent depuis le fort St. Joseph une attaque surprise qui leur permet de se saisir du poste américain de Michilimackinac (Mackinac I). Pendant que les Britanniques sont postés à Michilimackinac pour la durée de la guerre, leurs ennemis en profitent pour incendier le fort St. Joseph, laissé vacant. Après la guerre, les Britanniques abandonnent le fort, mais l'île ne sera pas officiellement évacuée avant 1829. Depuis le début des années 60, un programme archéologique et historique est en cours au fort St. Joseph.

Robert S. Allen

Fort Ticonderoga (Carillon) Ce fort, dont le nom signifie «endroit au milieu des eaux», occupe un emplacement stratégique au confluent des lacs Champlain et George, dans le nord de l'État de New-York. Construit par les Français en 1755 pour protéger CROWN POINT et la route menant au Canada, c'est là que se déroule en juillet 1758 la bataille de Ticonderoga, au cours de laquelle le marquis de MONTCALM repousse l'attaque des Britanniques, pourtant supérieurs en nombre. Les Français abandonnent le fort l'année suivante. En mai 1775, au début de la guerre d'Indépendance américaine, des rebelles de la colonie prennent possession du fort sans combattre. En 1775, les Britanniques réoccupent brièvement les lieux, mais se retirent l'année suivante après la reddition du général John BURGOYNE à Saratoga (New-York). Depuis les années 1820, la famille Pell possède et administre le Fort Ticonderoga et l'a restauré pour lui rendre son aspect général du XVIII siècle.

Robert S. Allen

Fort Vancouver Poste de traite des fourrures de la COMPAGNIE DE LA BAIE D'HUDSON (CBH), il est d'abord construit en 1825 par le Dr John McLoughlin, à 150 km à l'intérieur des terres, sur la rive nord du fleuve Columbia, et à 8 km en amont de l'embouchure de la Willamette. En 1829, on déplace le fort à environ 2 km à l'ouest, pour le rapprocher du fleuve Columbia. La nouvelle structure constitue le fort Vancouver, dont les ruines ont été excavées et forment aujourd'hui un monument historique à Vancouver, dans l'État de Washington. Situé stratégiquement pour protéger les intérêts anglais, le fort abrite le bureau central de la CBH pour le district de Columbia, et toutes les opérations commerciales et toutes les expéditions à l'ouest des Rocheuses y transitent. Le fort, entouré d'une grande palissade, est autosuffisant, car l'agriculture, la pêche et un moulin à bois se développent à proximité. Le TRAITÉ DE L'ORÉGON de 1846 place le fort en territoire américain et force l'entreprise à transférer ses opérations au FORT VICTORIA en 1849, avant de l'abandonner en 1860.

Dennis F.K. Madill

Fort Victoria En 1842, James DOUGLAS, de la COMPAGNIE DE LA BAIE D'HUDSON, établit un nouveau poste de commerce des fourrures au port de Camosack, site actuel de Victoria. Ce poste supplantera plus tard celui de FORT VANCOUVER en tant que poste central de la compagnie sur le Pacifique et renforcera les revendications britanniques sur l'île de Vancouver. Les gens de l'endroit l'appellent d'abord fort Albert; puis on avait l'intention de le nommer fort Adelaïde, mais il reçoit officiellement le nom de fort Victoria le 10 juin 1843. À la suite du TRAITÉ DE L'OREGON, en 1846, le fort Vancouver perd son statut de poste central du district de Columbia, et le fort Victoria le supplante en 1849. La colonie de la Couronne sur l'île de Vancouver est également fondée en 1849, et Richard Blanshard, qui en devient le premier gouverneur en 1850, réside au fort Victoria. Le tracé de la future ville de Victoria est arpenté près du fort en 1851-1852, et la population augmente très rapidement pendant la ruée vers l'or du fleuve Fraser en 1858. Le fort Victoria en vient à perdre toute raison d'être, et il n'en reste déjà plus de traces en 1864.

Dennis F.K. Madill

Fort Walsh Situé dans les COLLINES DE CYPRÈS, à 170 km au sud-ouest de la ville actuelle de Swift Current, en Sask., le fort Walsh a été l'un des premiers postes de la Police à cheval du Nord-Ouest (plus tard la Gendarmerie royale du Canada ou GRC). Construit en 1875 par les hommes sous le commandement de l'inspecteur James WALSH, qui lui a donné son nom, le fort Walsh est devenu le quartier général de la force policière de l'Ouest en 1878. Jusqu'à ce qu'il soit démantelé et abandonné en 1883, il a contribué de façon cruciale à préparer l'Ouest canadien à une colonisation pacifique. Une ville frontalière active a surgi à proximité.

Après le massacre des troupes de Custer en 1876, la Police à cheval installée au fort Walsh a été appelée à négocier avec les réfugiés sioux arrivés des États-Unis sous la conduite du chef SITTING BULL, ce qui a provoqué un incident international. La construction du chemin de fer, la signature de traités et le retour des Sioux aux États-Unis en 1881 ont entraîné l'abandon du fort Walsh. En 1942, la GRC y a aménagé un ranch destiné à la reproduction et à l'élevage de ses chevaux. En 1986, l'endroit est devenu la propriété de Parcs Canada, qui en a fait un parc historique national.

Garth Pugh

Fort Whoop-Up Situé à la jonction des rivières Oldman et Ste. Mary, près de la ville actuelle de Lethbridge (Alberta). Il est fondé en 1869 par John J. Healy et Alfred B. Hamilton, du Montana, dans le seul but de faire des gains rapides par la vente illicite de whisky aux autochtones du sud des Prairies, où il n'existe aucune force policière.

Appelé d'abord fort Hamilton, le fort est incendié par les Pieds-Noirs après une saison de traite. En 1870, on en construit un deuxième plus vaste, que l'on nomme Whoop-Up. Parmi les nombreux postes de vente de whisky établis par les Américains dans le sud de l'Alberta, ce fort est le plus imposant et le plus fameux de toute la région, connu sous le nom de «Whoop-Up» (lieu où l'on fait la fête). En 1874, avec l'arrivée de la Police à cheval du Nord-Ouest, les postes de vente de whisky sont abandonnés. Au cours des années suivantes, le fort Whoop-Up sert d'avant-poste au régiment. (*Voir aussi* WHOOP-UP.)

Robert S. Allen

Fort William En 1803, la COMPAGNIE DU NORD-OUEST (CNO) construit un nouveau fort à son poste central du lac Supérieur pour remplacer GRAND PORTAGE, qui relève désormais de la juridiction des États-Unis. Le poste est situé à l'embouchure de la rivière Kaministiquia, à environ 50 km au nord de la frontière américaine. Jusqu'en 1821, les représentants et les HIVERNANTS de la CNO s'y rassemblent chaque été, et c'est le principal lieu de transbordement des fourrures et autres marchandises.

Nommé en l'honneur de William MCGILLIVRAY, surintendant principal de la CNO, le fort William est la plaque tournante du vaste réseau commercial de la compagnie. En 1816-1817, lord SELKIRK occupe le fort William pendant 10 mois à la suite de l'INCIDENT DE SEVEN OAKS. Cette occupation, ajoutée à de graves difficultés financières, amène la CNO et la COMPAGNIE DE LA BAIE D'HUDSON (CBH) à fusionner en 1821. À la suite de l'abandon du système de transport de Montréal en faveur de celui de la CBH, le fort William perd son importance dans la TRAITE DES FOURRURES; le poste décline graduellement en tant que centre de commerce et de pêche de la CBH, et est finalement fermé en 1883.

En 1902, le dernier bâtiment restant, le magasin Stone de la CNO est démoli pour faire place à l'expansion des installations de transport du grain et d'autres marchandises du Canadien Pacifique. Sur ce site, les seuls signes qui rappellent aujourd'hui le rôle du fort William dans le commerce des fourrures sont le cairn de la société historique locale, inauguré en 1916, la plaque commémorative de la Commission des lieux et monuments historiques du Canada, érigée en 1981, et les plaques indicatrices des rues du voisinage, qui portent les noms de marchands de fourrures célèbres de la CNO et de la CBH.

Incité par l'intérêt manifeste de la population pour le rôle du fort William comme lieu d'échange entre l'est et l'ouest du Canada ainsi que par le potentiel touristique reconnu des attractions à caractère patrimonial, le gouvernement de l'Ontario décide en 1971 de reconstruire le fort William tel qu'il était à l'époque de la CNO, mais à la pointe de Meuron, à Thunder Bay (Ont.), à 14 km en amont de l'ancien site. Au Vieux Fort William, le personnel en costumes d'époque fait revivre l'histoire en reconstituant le rassemblement annuel des commerçants écossais, des VOYAGEURS canadiens-français et des trappeurs autochtones. Les activités illustrent aussi l'ambiance sociale du commerce des fourrures et les conditions matérielles du début du XIXe siècle. Le vieux fort comprend également un centre d'interprétation, une bibliothèque de documentation, une boutique de souvenirs, un magasin d'alimentation de l'époque. On y organise aussi des programmes spéciaux pour les écoles et les groupes.

Jean Morrison

Fort York Établi sur la rive nord du lac Ontario (Toronto), il est construit en 1793 par les Queen's Rangers, sous les ordres du lieutenant-colonel John Graves SIMCOE, premier lieutenant-gouverneur du Haut-Canada. Le fort est conçu pour défendre l'arsenal naval de la nouvelle ville d'York, qui remplace Newark (Niagara-on-the-Lake) comme capitale provinciale. Pendant la GUERRE DE 1812, les forces amphibies américaines attaquent le fort le 27 avril 1813 et de nouveau en août, le laissant à l'état de ruine. À la fin des années 1830, on commence la construction d'un nouveau fort juste à l'ouest de l'emplacement initial, au centre duquel se trouve les «Stanley Barracks». Le «vieux» Fort York reste tout de même en activité pendant cette période, pour être finalement restauré en 1934 à l'occasion du centenaire de la ville de Toronto. Le Toronto Historical Board administre le lieu historique, qui attire environ 90 000 visiteurs par année.

Robert S. Allen

Fortier Danse Création Lancée officiellement comme une compagnie de fortune sous le nom de Théâtre Danse Paul-André FORTIER, la compagnie prend officiellement le nom de Fortier Danse Création en 1983. Les premières créations, *Parlez-moi donc du cul de mon enfance* (1979) et *Violence, décadence et indécence* (1980) sont provocantes, théâtrales, troublantes et iconoclastes. Ces œuvres collectives démontrent combien cette troupe entend se démarquer de la danse traditionnelle.

Les œuvres de Fortier sont présentées partout au Canada et en Europe. En 1984, la compagnie s'était déjà produite à la Riverside Church de New York. Les critiques sociales et les insinuations d'ordre sexuel présentes dans les diverses œuvres de Fortier donnent le ton à la plupart des expérimentations chorégraphiques réalisées à Montréal à cette période, ce qui atteste de l'intérêt grandissant pour la danse théâtre.

En tant que directeur artistique et principal chorégraphe de sa nouvelle compagnie, Fortier dispose de très peu de temps pour danser. En 1987, il participe à la fondation de MONTRÉAL DANSE, une petite compagnie à répertoire dont l'objectif est de monter les œuvres originales de divers chorégraphes. Il danse dans *Fortier en Solo*, une soirée de pièces courtes commandées par des confrères chorégraphes du Québec et produite par Fortier Danse Création. Fortier Danse Création devient par la suite un véhicule pour des œuvres en solo créées et exécutées par Fortier lui-même. *Les males heures* (1989) met fin à ce cycle créatif de danse théâtre iconoclaste où domine l'humour noir.

Les chorégraphies de Fortier durant les années 90 marquent un rapprochement des arts visuels et un éloignement du théâtre. Il réalise *La tentation de la transparence* (1991) et *Bras de plomb* (1993) en collaboration avec Betty Goodwin, une artiste visuelle renommée de Montréal. Les œuvres de Fortier sont devenues plus rationnelles et moins théâtrales, et mettent en valeur son grand talent d'interprète. Elles sont suggestives et subtiles, les mouvements grotesques des caricatures sociales ayant fait place à des mouvements simples, beaux et plastiques. Avec *La part des anges* (1996), Fortier poursuit ces tendances vers la douceur et le minimalisme et revient aux pièces de groupe pour quatre danseurs.

Iro Valaskakis Tembeck

Fortier, Paul-André, danseur, chorégraphe et administrateur (Waterville, Qc, 30 avril 1948). Sa présence intense et inquiétante, ainsi que sa fascination pour des thèmes comme la mort, la sexualité et la violence ont laissé la place, ces dernières années, à une profonde introspection à la recherche de la beauté et de valeurs spirituelles. Fortier est issu du Groupe Nouvelle Aire qui, au milieu des années 70, permet à de nouvelles formes novatrices de danse de s'exprimer à Montréal. Il vient tardivement à la danse et fonde sa propre compagnie, la Fortier Danse Création en 1979, après avoir obtenu un diplôme en études littéraires et enseigné plusieurs années au niveau collégial. Deux ans plus tard, il remporte le prix Jean A. Chalmers pour la chorégraphie.

En 1987, il crée, avec Daniel Jackson, une compagnie de répertoire, la Montréal Danse, où il est chorégraphe et codirecteur jusqu'en 1989, date à laquelle il accepte un poste de professeur de chorégraphie à l'U. du Québec à Montréal. À la même époque, il relance sa compagnie afin de présenter ses propres solos. Depuis, il s'est beaucoup produit en tournée et s'est imposé tant au niveau national qu'international.

Fortier a créé 30 œuvres pour lui-même et pour d'autres, dont les GRANDS BALLETS CANADIENS, Danse Partout, Margie GILLIS et Susan Macpherson. Ses créations les plus récentes relèvent de l'introspection et sont le fruit de sa collaboration avec l'artiste visuelle Betty Goodwin, avec laquelle il a réalisé *La tentation de la transparence* (1991) et *Bras de plomb* (1993).

En 1996, il présente sa première œuvre collective en huit ans, *Entre la mémoire et l'oubli*. Luc Marcel l'interprète sur une musique jouée en direct par la Société de musique contemporaine du Québec dans le cadre du 10e anniversaire de Montréal Danse. Cette même année, Fortier crée aussi une œuvre pour lui-même, ainsi que pour Peggy BAKER, Robert Meilleur et Gioconda Barbuto. La première de *La Part des anges* est présentée par sa compagnie, FORTIER DANSE CRÉATION.

Deux ans plus tard, c'est *Jeux de fous*, un trio où il explore l'énergie de la jeunesse, à travers la présence de trois jeunes interprètes en début de carrière. Au printemps 1999, après 10 années d'enseignement, l'artiste quitte définitivement l'U. du Québec à Montréal (UQAM).

La reprise, à l'Agora de la danse au cours de l'hiver 2000, du triptyque de solos, *Les Males Heures*, *La Tentation de la transparence* et *Bras de Plomb*, confirme la grande maturité de Paul-André Fortier l'interprète, et de Paul-André Fortier le chorégraphe. Enfin, la création, en mai 2000, de *Loin, très loin*, un solo doux et éclaté, pour l'interprète canadienne Peggy Baker, montre un chorégraphe qui n'a dorénavant plus rien à prouver, et tout à donner.

Linde Howe-Beck et Andrée Martin

Fortification Ouvrage défensif séparant un défenseur de son assaillant. Son aménagement dépend surtout des techniques du défenseur ou des armes dont dispose l'assaillant et diffère selon qu'il s'agit d'une structure permanente ou temporaire. Les premières fortifications étaient probablement faites d'arbres abattus, de branches entrelacées et d'amas de pierres. Avant l'arrivée des Européens, les Hurons et d'autres peuples iroquois utilisaient ce genre de fortifications. En Europe, ce type d'ouvrage défensif se perfectionne pour prendre la forme de remparts de terre, de bois, de pierre ou de brique.

Même s'il arrive qu'on renforce les remparts en creusant une tranchée extérieure, cette conception plutôt primitive de la fortification n'évolue pas avant le XVIᵉ siècle. Un solide rempart demeure pendant longtemps la défense la plus efficace contre les attaques d'infanterie, principale technique d'assaut, et des armes comme le bélier ou la catapulte ne représentent pas une véritable menace. Toutefois, à la fin du XVᵉ siècle, l'innovation technique que constitue l'artillerie exige le développement des fortifications pour répondre à cette nouvelle menace. La poudre à canon apparaît en Europe au XIVᵉ siècle, mais ce n'est pas avant le XVᵉ siècle que des dispositifs permettant de lancer des projectiles sont mis au point. À la fin du XVᵉ siècle, plusieurs forteresses italiennes s'écroulent sous le feu de l'artillerie française, ce qui entraîne rapidement une modification des systèmes de défense.

Même si les premières forteresses modernes utilisent des systèmes de défense moyenâgeux, les constructeurs en assurent la protection contre les tirs d'artillerie en ancrant profondément les fondations dans le sol. Un fossé profond devant une muraille peu élevée fait obstacle à l'infanterie et représente une cible moins facile pour l'artillerie. La terre excavée est empilée du côté extérieur de la tranchée pour former une longue pente, réduisant ainsi la surface exposée du rempart et ralentissant l'approche de l'infanterie. Hormis certains perfectionnements qu'on y apporte ensuite, ce sont là les principales caractéristiques des fortifications modernes. La structure en forme d'étoile du bâtiment central de la forteresse permet la défense de tout son périmètre.

Au Canada, on construit des fortifications de style médiéval et d'autres plus modernes, selon qu'elles doivent ou non faire face à l'artillerie. Seuls les Européens utilisent cette dernière et, en raison du poids des premiers fusils, les fortifications qui doivent être défendues contre les tirs d'artillerie se trouvent généralement près des voies fluviales. Ainsi, l'habitation de PORT-ROYAL, construite en 1605 en Acadie (Nouvelle-Écosse) par CHAMPLAIN, représente la première fortification de type européen en Amérique, au nord des colonies espagnoles. Il s'agit simplement d'une série de bâtiments interreliés construits autour d'une cour et présentant à l'extérieur des murs aveugles. Face au cours d'eau, la structure possède en outre une batterie fortifiée pour le tir à l'arme légère. Champlain érige une habitation semblable à Québec en 1608. C'est le lieu plus que l'époque de la construction qui détermine le style de la fortification: dans l'Ouest, même au XIXᵉ siècle, de simples palissades servent encore de défense, alors que dans l'île du Cap-Breton, la forteresse de LOUISBOURG, édifiée au milieu du XVIIIᵉ siècle, est considérée comme le meilleur exemple des premières fortifications modernes en Amérique du Nord.

La plupart des forts de la NOUVELLE-FRANCE sont élevés le long de la rivière Richelieu, à partir du lac Champlain, voie qu'empruntent de nombreux envahisseurs (*voir* FORT CHAMBLY), même si on construit des postes de traite fortifiés loin à l'intérieur des terres (*voir* FORT DUQUESNE). Plus tard, dans le HAUT-CANADA, c'est la frontière menacée du Niagara (*voir* NIAGARA, FRONTIÈRE HISTORIQUE DU) qui retient l'attention. Les Britanniques érigent, vers 1800, de hautes tours de pierre afin de renforcer la défense des ports d'Halifax et de Saint-Jean, au Nouveau-Brunswick (*voir* MARTELLO, TOUR). Dans le Nord-Ouest, de simples palissades de bois assurent une protection suffisante, sauf au FORT PRINCE-DE-GALLES, sur la baie d'Hudson, à LOWER FORT GARRY et à UPPER FORT GARRY, sur la rivière Rouge, où l'on a érigé des murailles de pierre.

La GUERRE DE 1812 débouche sur une impasse, en partie à cause de la puissance navale britannique dans l'Atlantique et le lac Ontario. En outre, l'ACCORD RUSH-BAGOT de 1817 limite strictement la présence de navires de guerre dans les Grands Lacs et le lac Champlain. Comme les États-Unis, déjà avantagés par une population 10 fois plus nombreuse que celle de l'Amérique du Nord britannique, sont mieux équipés pour la construction navale à l'intérieur de leur territoire, le gouvernement britannique fait construire le canal RIDEAU pour permettre aux navires de guerre provenant de l'Atlantique d'atteindre le point stratégique du lac Ontario. On entreprend également la construction de forteresses de pierre en forme d'étoile à Kingston (FORT HENRY), où le canal Rideau rejoint le lac Ontario, à l'île-aux-Noix, où le lac Champlain donne naissance à la rivière Richelieu, dans la ville maintes fois assiégée de Québec (*voir* QUÉBEC, CITADELLE DE), ainsi qu'à Halifax, base de la marine royale en Amérique du Nord (*voir* CITADELLE D'HALIFAX).

Une révolution technologique dans l'attirail de guerre vient bouleverser les idées depuis longtemps établies sur la force relative de l'attaque et de la défense. Les cuirassés à vapeur ennemis, dont les canons lancent des projectiles coniques, peuvent à tout moment détruire les bases de la marine royale. La Grande-Bretagne renforce donc la défense côtière, d'abord à Portsmouth et à Plymouth, puis en Amérique du Nord britannique. Lorsque la GUERRE DE SÉCESSION ranime le spectre de la guerre avec les États-Unis, le gouvernement britannique ordonne aussitôt la construction de puissantes forteresses aux Bermudes, à Halifax et à Lévis, en face de Québec.

Avec ses six nouvelles batteries, le port d'Halifax peut résister aux forces combinées des flottes du monde entier. On peut constater une grande évolution dans la conception des forts. Ainsi, vers 1860, on réorganise la batterie inférieure (donc, la plus vulnérable) de l'île George en protégeant à l'aide de plaques de fer les canons chargés par la bouche et on les fait tirer à travers des meurtrières pratiquées dans l'épais mur de la forteresse. Vers la fin des années 1880, les fusils de la redoute York sont placés en cercle dans une série de trous aux parois bétonnées pour permettre de tirer dans toutes les directions à la fois. Ils sont protégés par des parapets légèrement inclinés destinés à dévier plutôt qu'à arrêter le tir des obus. Au début des années 1890, on introduit les canons qu'on charge par la culasse et on effectue le réarmement complet d'Halifax entre 1898 et 1906.

En 1905-1906, le gouvernement fédéral prend en charge le fort d'Halifax et celui d'Esquimalt, en Colombie-Britannique, équipé de façon similaire. À mesure qu'avance le XXᵉ siècle, les batteries d'artillerie ne constituent plus qu'un des nombreux éléments d'un système de défense portuaire intégré comprenant mines, filets anti-sous-marins et aviation. Au cours de la Seconde Guerre mondiale, le Canada construit un nouveau réseau de forts côtiers à Esquimalt, à Prince-Rupert, à Vancouver, à Halifax, à Sydney, à Saint-Jean (Nouveau-Brunswick), ainsi que dans de nombreux ports de Terre-Neuve. Depuis la fin de la guerre, missiles et ogives nucléaires ont engendré une révolution technologique nécessitant un réexamen du système de défense. (*Voir aussi* ARMEMENTS.)

G.A. Rothrock et C.S. MacKinnon

Fortin, Marc-Aurèle, peintre et graveur d'art (Ste-Rose, Qc, 14 mars 1888—Macamic, Qc, 2 mars 1970). L'œuvre de Fortin, entièrement consacrée au paysage, démontre son goût pour la nature somptueuse et généreuse. Sous son pinceau, les nuages lourds, les feuillages touffus et les collines se transforment en formes amples, libres et aux couleurs vibrantes. Bien qu'il étudie dans le cadre plutôt conservateur de l'École du Plateau avec Ludger Larose, au Monument national avec Edmond DYONNET (1904-1908) et au Chicago Art Institute (1908-1914), il développe une façon moderne de traiter les sujets ruraux. Les basses terres laurentiennes, la banlieue de Montréal, la région de Charlevoix et la Gaspésie attirent tour à tour son attention. Ce peintre solitaire ne sera reconnu, et sous réserve, qu'assez tard dans sa vie. Il reçoit le Jessie Dow Award (Société des arts de Montréal, 1938), est membre associé de l'Académie royale des arts du Canada (1942) et fait l'objet d'une rétrospective au Musée du Québec (1944). Fortin reste insondable pour la plupart de ses contemporains. Ses nombreuses productions, ses expériences de différentes techniques et sa vision personnelle de la nature en font un pionnier de l'art moderne au Québec.

Laurier Lacroix

Fortin, Maxime, prêtre, rédacteur en chef, organisateur syndical catholique (Saint-Aubert, Qc, 17 mars 1881—Saint-Jean-Port-Joli, Qc, 4 août 1957). Personnalité dominante du syndicalisme catholique au Québec, Fortin est un des membres fondateurs et le premier aumônier (1921-1932) de la Confédération des travailleurs catholiques du Canada (CTCC). En outre, il est aumônier du Conseil des travailleurs catholiques de Québec et professeur au Collège Sainte-Anne-de-la-Pocatière. Il participe au processus de résolution des problèmes sociaux et économiques du Québec. Il est directeur et rédacteur en chef de *L'Action catholique* et de l'Association catholique de la jeunesse canadienne. Fortin met sur pied les Cercles d'études des ouvriers à Québec afin de préparer l'élite qui propagera la DOCTRINE SOCIALE DE L'ÉGLISE CATHOLIQUE chez les travailleurs et d'organiser les syndicats confessionnels nationaux. Il s'occupe des travailleurs et aide la CTCC dans l'obtention de sa charte fédérale. Fortin appuie de façon pragmatique les grèves, les caisses de grève et les ateliers fermés. Il signale toutefois que les travailleurs ne sont pas de «gentils moutons» et il s'oppose à la lutte des classes, aux conventions alléchantes et à l'intransigeance du patronat à l'égard de la syndicalisation. (*Voir aussi* CONFÉDÉRATION DES SYNDICATS NATIONAUX.)

F.J.K. Griezic

Fortin, Pierre-Étienne, politicien, chirurgien, défenseur de l'environnement (Verchères, Bas-Canada, 14 déc. 1823—La Prairie, Qc, 15 juin 1888). Diplômé du Petit Séminaire de Montréal (1841) et du McGill College (1845), il pratique la médecine à GROSSE ÎLE (1847-1848). Premier magistrat responsable de la protection des pêches dans le golfe du Saint-Laurent de 1852 à 1867, il prend les premières initiatives de conservation, réalise les premières études sur la faune, fait la promotion de nouvelles initiatives marines et cherche à développer les droits des pêcheurs canadiens. Il représente la Gaspésie aux Communes (1867-1874 et 1878-1887) et à l'Assemblée législative du Québec (1867-1878). Il est également commissaire des terres publiques (1873-1874) et orateur (président) de l'Assemblée (1875-1876). Il contribue à la protection contre les incendies, à la conservation de la forêt, au développement du chemin de fer de la baie des Chaleurs et de portions du service de télégraphe, des postes et des phares en Gaspésie. Il est nommé au Sénat en 1887.

Martin K. McNicholl

Forty Mile (Yukon) Établissement abandonné situé sur le FLEUVE YUKON et nommé en fonction de sa distance du FORT RELIANCE. En 1887, après la découverte d'un gisement aurifère dans la région, A. Harper et L. McQuesten construisent un magasin à l'embouchure de la rivière Forty Mile. La même année, William C. BOMPAS fonde une mission anglicane, et un magasin concurrent ouvre ses portes en 1893. Les deux postes forment le noyau d'une agglomération prospère qui dessert plusieurs milliers de mineurs jusqu'au moment de leur départ massif vers le KLONDIKE, en 1896.

H. Guest

Forward, Frank Arthur, ingénieur, éducateur et inventeur (Ottawa, 9 mars 1902—Vancouver, 6 août 1972). Connu mondialement pour ses découvertes de procédés métallurgiques, Forward est aussi un éminent professeur et un administrateur scientifique. Il enseigne et mène des recherches à l'U. de la Colombie-Britannique de 1935 à 1964, et est directeur technique du War Metals Research Board pendant la Seconde Guerre mondiale. Dans les années 50, il invente et met au point un procédé très efficace pour la lixiviation du NICKEL et d'autres métaux contenus dans le minerai sulfuré, un effort qui lui vaut une renommée internationale et plusieurs distinctions. Dans les années 60, il est directeur de la Fondation canadienne de recherches sur l'uranium, de même que président du Conseil canadien des ingénieurs et de l'Institut canadien des mines et de la métallurgie. En 1964, il devient le premier directeur du Secrétariat des sciences du Canada (un bureau du Conseil privé), où il contribue à l'élaboration d'une POLITIQUE SCIENTIFIQUE pour le Canada.

John Lund

Fosheim, péninsule D'une superficie d'environ 10 230 km², elle est située à l'extrémité ouest de l'ÎLE ELLESMERE. Elle est bordée du sud au nord-est par la baie Fjord, le détroit d'Eureka et les fjords Greely et Canon. Le nord-ouest est bas et vallonné, mais, à l'est, les chaînes de montagnes atteignent 1295 m, et sont entrecoupées de petits champs de glace et de glaciers. Cernée complètement par des chaînes de montagnes, la péninsule est relativement bien protégée et abrite un semi-désert polaire que parcourent périodiquement de nombreux lièvres arctiques. Les bœufs musqués y vivent en grand nombre et les caribous sont rares. A. Greely, de l'armée américaine, est le premier à apercevoir la péninsule en 1881, mais elle ne sera explorée qu'en 1899 par l'expédition d'Otto SVERDRUP, qui lui donne le nom d'un membre de son groupe, Ivar Fosheim.

S.C. Zoltai

Fossile (lat. *fossilis*, «extrait du sein de la terre») C'est l'empreinte d'un animal ou d'une plante préhistorique conservée dans la croûte terrestre. La PALÉONTOLOGIE est l'étude moderne et scientifique des fossiles, quoique les traces d'êtres vivants dans la roche suscitent de l'intérêt depuis les temps les plus reculés. À l'origine, les avis étaient partagés quant à savoir si les fossiles étaient des restes de créatures ayant déjà vécu ou s'ils n'étaient que le fruit du hasard. Quelques rares penseurs concluaient qu'ils étaient non seulement des restes de vies anciennes, mais aussi des indices de ce qu'avait autrefois été la distribution des terres et des mers. Selon le philosophe grec Hérodote, la présence de coquillages marins dans les terres intérieures de l'Égypte prouvait que la région avait déjà été recouverte d'eau. Au XVIᵉ siècle, Léonard de Vinci affirmait que, si les fossiles étaient des restes d'une vie ancienne, leur présence dans le haut des montagnes indiquait également que le niveau de la mer avait subi des variations considérables. La véritable nature des fossiles sera en partie révélée au XVIIᵉ par le physicien anglais Robert Hooke, qui émet l'hypothèse que les fossiles sont les témoins de changements climatiques et de l'évolution de la vie.

La grande découverte qui consacre les fossiles comme témoins de l'ÉVOLUTION GÉOLOGIQUE est faite simultanément au début du XIXᵉ siècle, d'une part, par William Smith en Angleterre et, d'autre part, par Georges Cuvier et Alexandre Brongniart en France. Ils découvrent que les types de fossiles se succèdent d'une façon distincte à l'intérieur de couches stratifiées de ROCHES SÉDIMENTAIRES et observent qu'à une époque donnée correspondent les mêmes types de fossiles. L'étude de la succession des fossiles dans les strates rocheuses (biostratigraphie) est le fondement même sur lequel on établit l'histoire de la Terre. Ainsi, en 1842, les grandes ères géologiques de l'Europe et de l'Amérique du Nord sont établies, et l'examen des formations rocheuses de même que de leurs fossiles apporte de nombreux renseignements.

L.S. Russell

Foster, David Walter, musicien, auteur de chansons, arrangeur et producteur (Victoria, 1ᵉʳ nov. 1949). En 1966, après des études de piano, Foster déménage en Angleterre où, influencé par les Beatles, il poursuit une carrière en musique populaire. Il s'installe brièvement à Toronto en 1967, où il joue avec Ronnie HAWKINS, puis à Edmonton en 1969 avant de retourner à Vancouver, où il forme l'orchestre Skylark. Après la dissolution de l'ensemble à Los Angeles, il reste aux États-Unis où sa carrière aux multiples facettes lui fait exercer une importante influence sur le son de la musique populaire contemporaine américaine. En 1995, la revue *Time* parle de lui comme du «véritable roi du pop».

On retrouve la griffe de Foster dans le son de dizaines de ballades et de chansons populaires plus ou moins lentes, des chansons invariablement construites sur de multiples pistes de voix, de riches orchestrations et de points culminants en crescendo. Sa première œuvre importante est la chanson au succès foudroyant «After the Love Is Gone» qu'il écrit pour Earth, Wind & Fire (1979). Depuis, il produit des albums et des enregistrements simples pour des artistes comme Madonna, Michael Jackson, Kenny G, Paul McCartney, Michael Bolton, All-4-One, Chicago, Kenny Rogers, Barbra Streisand, Neil Diamond et Toni Braxton. Dans les années 90, ses enregistrements simples à succès les plus connus mondialement sont «I Will Always Love You» de Whitney Houston, «Unforgettable» de Natalie Cole et «Because You Loved Me» de Céline DION. En 1985, Foster est coauteur et producteur de «Tears Are Not Enough», interprétée par Northern Lights, et qui est la contribution du Canada au secours d'urgence à l'Éthiopie.

Foster reçoit plus de trente-cinq nominations pour des prix Grammy (É.-U.) et en remporte 14, les deux derniers en 1997 pour les enregistrements de Cole et de Dion. Les producteurs de Hollywood lui commandent régulièrement des chansons de bande originale de film qui, en général, servent aussi de publicité radiophonique à succès. Depuis *Urban Cowboy* (1980), il a écrit la musique des films *The Bodyguard, Sleepless in Seattle, Evita, The Mirror Has Two Faces, Footloose, Ghostbusters* et *St. Elmo's Fire*. Vice-président de Atlantic Records, il lance sa propre maison d'enregistrement, 143 Records, et au cours des années 90, il produit, entre autres, les albums de Jordan Hill, de The Corrs et de Beth Hart.

Jeff Bateman

Foster, John Stuart, physicien (Clarence, N.-É., 30 mai 1890—Berkeley, Calif., 9 sept. 1964). Après un doctorat à Yale, il est nommé professeur adjoint de physique à l'U. McGill en 1924 et fait des recherches postdoctorales sous la supervision de Niels Bohr en 1926. Spécialiste de la spectroscopie expérimentale, il apporte d'importantes contributions à l'étude de «l'effet Stark» (effet d'un champ électrique appliqué à un atome), qui joue un rôle important dans la transformation de la PHYSIQUE moderne. Élu membre de la Société royale du Canada en 1929, il reçoit la médaille Levy du Franklin Institute en 1930 et, en 1935, est nommé membre de la Royal Society of London.

Durant la Seconde Guerre mondiale, il est officier de liaison pour le CONSEIL NATIONAL DE RECHERCHES au Radiation Laboratory du Massachussets Institute of Technology, point central de la recherche américaine sur le développement des radars. Sa plus grande contribution à l'effort de guerre est la création d'un scanner rapide (Foster scanner). Il revient à l'U. McGill en 1944 et travaille à la construction d'un accélérateur de protons (cyclotron), qu'il termine en 1949. En 1964, on donne son nom à son laboratoire.

Yves Gingras

Foster, Walter Edward, homme d'affaires, politicien et premier ministre du Nouveau-Brunswick de 1917 à 1923 (St. Martins, N.-B., 9 avril 1873—Saint-Jean, 14 nov. 1947). Chef de l'opposition libérale en 1916 et premier ministre après la victoire des Libéraux en 1917, il représente la circonscription de Victoria en 1917 et celle de Saint-Jean, en 1920. Défenseur du MOUVEMENT DES DROITS DES MARITIMES, son gouvernement crée le ministère de la Santé en 1918, accorde le droit de vote aux femmes en 1919 et crée la Commission hydroélectrique du Nouveau-Brunswick en 1920. Des problèmes financiers personnels l'obligent à démissionner en 1923. Il est nommé Secrétaire d'État en 1925, mais il est défait lors d'une élection fédérale la même année. Il est nommé au Sénat en 1928 et en assume la présidence de 1936 à 1940.

Della M.M. Stanley

Foster, William Alexander, avocat et essayiste (Toronto, 16 juill. 1840—*id.*, 1ᵉʳ nov. 1888). Il est un grand porte-parole d'un groupe d'intellectuels et d'hommes publics de Toronto qui, dans le sillage de la Confédération (1867), en arrivent à croire que, s'il ne vise pas précisément l'unification, l'esprit national canadien succombera face à l'hostilité des États-Unis, à l'indifférence de l'Angleterre, à l'animosité raciale et à l'activité politique partisane. Dans *Canada First* (1871), il décrit une identité nationale canadienne forgée dans le processus de développement du pays et, plus particulièrement, dans la confrontation continuelle des Canadiens à un environnement nordique inhospitalier. La fierté de leurs réalisations et la foi en leur destinée permettraient aux Canadiens de faire échec aux forces de désunion et de démembrement de la nation. En 1874, à la suite du SCANDALE DU PACIFIQUE, Foster et ses amis lancent la Canadian National Association en vue de donner une voix politique aux objectifs du mouvement CANADA FIRST. Ils comptent entrer en politique avec un programme préconisant une administration intègre, la réforme politique, des tarifs protectionnistes et le patriotisme, mais aucun de leurs candidats n'est élu.

David Gagan

Fotheringham, Allan, né Murray Allan Scott, chroniqueur, auteur, humoriste (Hearne, Sask., 31 août 1932). Chroniqueur politique le plus lu au Canada, alliant un sens aigu du comique au flair d'un journaliste remarquable, il signe des commentaires politiques parmi les plus drôles et les plus pénétrants de sa génération. Après avoir obtenu son diplôme de l'U. de la Colombie-Britannique en 1954 (où il dirige le journal étudiant, le Ubyssey), il entre au *Vancouver Sun* comme rédacteur sportif. En 1959, il entreprend une chronique quotidienne. Il s'intéresse d'abord à la politique municipale, mais son esprit acerbe l'amène bientôt à choisir de plus grosses cibles: les personnalités politiques de la province, d'Ottawa et de Washington. Il quitte le *Sun* après s'être disputé avec le rédacteur en chef et entre au *Southam News Services* comme correspondant à Ottawa. En 1984, il devient le correspondant de *Southam* à Washington, mais continue de commenter la politique canadienne dans sa populaire chronique du magazine *Maclean's*. Il est l'auteur de trois livres à succès: *Malice in Blunderland* (1982), *Look Ma... No Hands* (1983) et *Capitol Offences: Dr Foth Meets Uncle Sam* (1986). Il est un participant attitré de *Front Page Challenge*, émission télévisée du réseau anglais de la Société Radio-Canada. (*Voir* ESSAIS DE LANGUE ANGLAISE.)

Alexander M. Ross

Fou de Bassan (*Morus bassanus*) Il s'agit d'un grand OISEAU MARIN aux longues ailes blanches, marquées de noir aux extrémités, au plumage presque entièrement blanc et à la tête jaunâtre. Il pèse un peu plus de 3 kg et peut atteindre jusqu'à 100 cm de longueur. Il appartient à la famille des sulidés, qui compte neuf espèces de fous vivant principalement sous les tropiques. Ce sont des oiseaux trapus, au bec fort et pointu, aux pattes et au cou assez courts et à la queue effilée. Ils se nourrissent de poissons qu'ils capturent en plongeant du haut des airs, souvent d'une hauteur de 20 à 30 m. L'été, ils mangent du maquereau, du hareng et du capelan. On connaît peu leur régime alimentaire hivernal.

Répartition et habitat Le fou de Bassan se rencontre exclusivement dans l'Atlantique Nord. Il se reproduit dans des colonies fort populeuses (il y en a six au Canada), habituellement sur des falaises littorales abruptes, au sommet des falaises ou sur des parois rocheuses situées autour dans des îles.

Nidification Le fou de Bassan se reproduit pour la première fois à l'âge de cinq ou six ans. La femelle pond un seul œuf blanchâtre. L'incubation dure environ 44 jours, et les parents nourrissent leur petit pendant environ 90 jours. En automne, les adultes et les oiseaux immatures sont observés assez régulièrement à l'intérieur des terres. L'hiver, les fous se déplacent vers le sud et ils hivernent au large des côtes de la Floride et dans le golfe du Mexique.

Population Environ 75 p. 100 de la population nord-américaine, qui compte 56 000 couples reproducteurs (1994), niche à trois endroits dans le golfe du Saint-Laurent (l'ÎLE BONAVENTURE, la pointe est de l'ÎLE D'ANTICOSTI, et les Rochers-aux-Oiseaux, aux ÎLES DE LA MADELEINE). On compte aussi trois colonies sur la côte sud-est de Terre-Neuve (ÎLE FUNK, île Baccalieu et CAP STE. MARY'S). La plus grande colonie, à l'île Bonaventure, compte un peu plus de 24 000 couples. La population y croît régulièrement et on estime qu'elle pourrait dépasser le cap des 30 000 couples au tournant du siècle. Cette colonie constitue un sanctuaire fédéral d'oiseaux migrateurs et l'île Bonaventure fait partie du Parc de conservation de l'Île-Bonaventure-et-du-Rocher-Percé.

D.N. Nettleship

Fous de bassan, Les (1982) Ce roman d'Anne HÉBERT, pour lequel elle a reçu le prestigieux prix littéraire français Femina, raconte l'histoire d'une petite communauté protestante isolée, qui se trouve ébranlée par la disparition mystérieuse de deux jeunes filles. Durant l'été de 1936, à Griffin Creek, petit village imaginaire situé sur la Côte Nord, Nora et Olivia Atkins s'éveillent au monde de la sensualité, que le rigorisme religieux ambiant condamne avec force, alors qu'un jeune homme du nom de Stevens retourne au village et suscite chez elles de premiers émois qu'elles ont peine à dissimuler. Violant et tuant les deux filles de 15 et 17 ans, qu'il rejette à la mer d'où l'une des deux raconte son aventure, Stevens est par la suite jugé et acquitté. Écrit dans une langue aux accents poétiques, comme c'est souvent le cas dans l'œuvre romanesque d'Anne Hébert, le livre donne à lire un ensemble de récits composés à deux époques (1982 et 1936) par différents personnages, faisant ainsi valoir une multiplicité de voix narratives qui tournent toutes, de façon à la fois singulière et obsessionnelle, autour de l'événement de la disparition des deux jeunes filles, qui ne cesse depuis l'été de 1936 de hanter les habitants de Griffin Creek. Yves Simoneau a porté le roman à l'écran en 1986.

François Rochon

Fougère Nom commun d'un groupe divers (division *Polypodiophyta*), généralement vivaces, de PLANTES à spores, à feuilles (frondes) décidues ou persistantes, vivant sur de fins rhizomes horizontaux (tiges souterraines) ou de robustes rhizomes ascendants. Les fougères arborescentes tropicales et subtropicales peuvent atteindre plusieurs mètres de haut. Des espèces apparentées datant de la période du dévonien (il y a de 410 à 353 millions d'années) et atteignant un développement optimal pendant la période du carbonifère (il y a de 353 à 300 millions d'années) font partie de la végétation qui a formé les lits de charbon (*voir* FOSSILES). Des progrès récents en botanique ont rendu nécessaire la réorganisation de la taxonomie des fougères: 20 familles comprenant 65 genres et 345 espèces sont maintenant identifiées en Amérique du Nord, au nord du Mexique; on a recensé 13 familles, 31 genres et 114 espèces au Canada.

Reproduction Les fougères montrent une alternance de générations, c.-à-d. qu'une phase sexuée (gamétophytique) succède à une phase asexuée au cours de laquelle des spores sont produites (sporophytique). Il y a une plante indépendante à chaque phase. Les spores produites dans les sporanges, reposent nues sur la branche dépourvue de feuille (aphylle), comme chez les genres primitifs *Ophioglossum* et *Botrychium*; elles sont groupées (sores) au dos ou aux marges des frondes, modifiant parfois de façon importante les folioles (pinnae), comme dans plusieurs familles, dont les polypodiacées et les schizeacées. On peut y retrouver des capsules renfermant les fructifications (sporocarpes), comme chez l'azolla et la marsilée.

Les spores germent pour former de petites plantes (prothalles) souvent en forme de cœur qui portent des anthéridies (structures produisant l'organe mâle) et les archégones (structures produisant les oosphères ou «cellules reproductrices femelles»). Les prothalles sont de la génération gamétophytique. La fécondation de l'oosphère, et son développement subséquent, produit la plante que l'on connaît, la fougère ou sporophyte, la génération sporophytique, et complète le cycle de vie. Beaucoup de fougères se reproduisent par multiplication végétative (par bourgeons sur les racines ou les frondes).

Distribution et habitat La plupart des fougères sont tropicales ou subtropicales. Les *Woodsia* de l'île d'Elbe, *W. alpina*, *W. glabella*, *Cystopteris fragilis* et *Dryopteris fragrans*, poussent dans l'archipel Arctique canadien. Les fougères sont en général terrestres, mais certaines, comme le *Polypodium glycyrrhiza* de la côte de la Colombie-Britannique, sont partiellement ou complètement épiphytes (qui croissent sur d'autres plantes). D'autres, comme la marsilia et l'azolla sont aquatiques, cette dernière flottant librement. Les habitats sont en général humides. La plupart des fougères canadiennes poussent en régions boisées, mais la fougère grand aigle (*Pteridium aquilinum*) et la fougère foin (*Dennstaedtia punctilobula*) se développent en terrain découvert. Des espèces de *Pellaea*, à limbes qui ressemblent au cuir, poussent dans les crevasses sèches des escarpements.

La plupart des fougères ont une distribution relativement grande au Canada. Quelques-unes se limitent à certains terrains: la schizée naine (*Schizaea pusilla*) pousse dans la sphaigne ou dans les dépressions humides en Nouvelle-Écosse et à Terre-Neuve; la woodwardie tachée (*Woodwardia areolata*) dans le sud de la Nouvelle-Écosse; la scolopendre officinale (*Asplenium scolopendrium*), est associée au CALCAIRE de l'ESCARPEMENT DU NIAGARA; la fougère de cuir (*Polypodium scouleri*) pousse le long de la côte de la Colombie-Britannique, souvent à la recherche des embruns; l'hyménophyllée (*Hymenophyllum wrightii*) tapisse les versants ombragés et les sous-bois depuis l'enclave de l'Alaska jusqu'à l'île de Vancouver.

Rôle biologique Les fougères possèdent peu de valeur commerciale, même si beaucoup sont très belles. La CROSSE DE FOUGÈRE ou fougère-à-l'autruche (*Matteuccia struthiopteris*) est comestible et on la cueille à des fins commerciales au Nouveau-Brunswick. Cette espèce est aussi utilisée en plantation destinée à dissimuler les fondations. La fougère de Boston (*Nephrolepis exaltata*), variété bostoniensis, est une plante d'intérieur très courante. Certaines fougères des bois s'adaptent très bien aux jardins ombragés, humides et frais. Par ailleurs, la fougère grand aigle, parfois consommée comme légume, s'est révélée cancérigène chez le rat et responsable de certaines maladies du bétail. Il n'est donc pas recommandé d'en consommer.

W.J. Cody

Foulis, Robert, ingénieur civil (Glasgow, Écosse, 5 mai 1796—Saint-Jean, N.-B., 26 janv. 1866). Il étudie la médecine, le génie et la peinture à Glasgow et à Édimbourg. En 1818, il est peintre à Halifax et, en 1821, il déménage à Saint-Jean. Il installe les machines des deuxième et troisième navires à vapeur naviguant sur le fleuve Saint-Jean, établit la Saint John Foundry, enseigne la chimie, crée une «School of Arts» et est un membre fondateur de l'INSTITUT D'ARTISANS.

En 1853, il soumet son plan de sifflet de brume à vapeur aux Commissaires des phares. On installe un tel avertisseur à la vapeur dans l'île Partridge en 1860. Cependant, Foulis est reconnu comme l'inventeur du premier avertisseur de brume à vapeur au monde seulement lorsqu'un rapport du gouvernement vient attester sa contribution première. Il invente aussi une «machine à marées» conçue pour exploiter les marées de la baie de Fundy, une machine à vapeur «amphocratique» destinée aux scieries, un «appareil à gaz d'éclairage» pour produire du gaz de houille et du gaz à l'eau, ainsi qu'une méthode pour télégraphier au moyen de sifflets à vapeur.

Harold E. Wright

Foulque La foulque est un oiseau aquatique de la famille des RÂLES.

Répartition et habitat On compte 11 espèces de foulques dans le monde, mais une seule, la foulque d'Amérique (*Fulica americana*), se rencontre en Amérique du Nord. La foulque, souvent appelée «poule d'eau», se reproduit dans les marais d'eau douce, les étangs et les terrains marécageux du sud du Canada et aussi loin au Nord qu'au Grand lac des Esclaves. Bien qu'elle vive dans les marais, on peut facilement l'observer puisque, sauf lors de la mue, elle nage, plonge et se nourrit dans les zones d'eau libre plutôt que de rester confinée dans la végétation dense des marais. Elle migre à la faveur de l'obscurité et hiverne sur les lacs, les étendues d'eau saumâtre et les estuaires côtiers du sud et de l'est des États-Unis.

Description La foulque d'Amérique a un bec blanc, quelque peu semblable à celui d'une poule, un plumage noir ardoisé et elle nage en hochant la tête de façon caractéristique. Elle se nourrit de particules végétales, d'insectes et d'invertébrés qu'elle saisit à la surface de l'eau. Elle plonge aussi occasionnellement pour se nourrir. Ses doigts lobés montrent bien son adaptation à la vie aquatique. Son comportement agressif contribue à son succès biologique.

Nidification La foulque niche sur des plates-formes flottantes construites à l'aide des plantes qui poussent dans les marais. Elle pond de 8 à 12 œufs brun pâle, mouchetés de brun foncé. Les poussins sont noirs et ont du duvet orangé, semblable à du poil, sur la tête et les épaules.

E. Kuyt

Four Seasons Hotels Ltd Cette société, dont le siège social se trouve à Toronto, possède et exploite des hôtels et des immeubles. Constituée en société en 1968, l'entreprise possède et exploite l'hôtel Inn on the Park de Toronto. En 1969, on ouvre le Four Seasons Israël et la société démarre une entreprise conjointe avec les hôtels Sheraton pour ouvrir le Four Seasons Sheraton à Toronto. Une expansion internationale plus importante débute en 1970, quand

Four Seasons ouvre l'hôtel Inn on the Park à Londres en Angleterre.

Après son achat de Regent International Hotels Inc. en 1992, la société possède 37 hôtels et complexes de villégiature répartis au Canada, aux États-Unis, au Royaume-Uni et dans 13 autres pays. Elle exploite le plus grand réseau au monde d'hôtels et de lieux de villégiature cinq étoiles. En 1995, 12 autres propriétés étaient soit en construction, soit aménagées dans 9 pays. En 1995, elle a un chiffre d'affaires ou des recettes d'exploitation sous sa direction de 1,8 milliard de dollars, un actif de 388,4 millions de dollars et un personnel de 21 500 employés. La famille Isadore Sharp a vendu la moitié de la société à un prince saoudien en 1994, mais elle garde la majorité des voix en matière d'exploitation.

Deborah C. Sawyer

Fourmi Nom commun de petits INSECTES sociaux qui vivent généralement au sol, de la famille des Formicidés, de l'ordre des hyménoptères. Les fourmis sont les insectes les plus abondants: on en compte environ 12 000 espèces dans le monde dont environ 186 au Canada. Elles sont noires, rouges, brunes ou jaunes, et leurs téguments sont nus, poilus ou épineux. Elles se distinguent à leur taille fortement amincie à la base de l'abdomen pour former un pédoncule muni d'une ou deux protubérances arrondies. La tête relativement grosse porte des antennes coudées et des pièces buccales bien en évidence. Les ouvrières n'ont pas d'ailes alors que, normalement, les reproductrices en sont pourvues et se reproduisent lors du vol qui suit leur émergence. Après l'accouplement, la reine gagne le sol, se départit de ses ailes et creuse une logette où elle pond ses œufs. Elle s'occupe de ses premières larves, mais ce sont ses filles ouvrières qui s'occupent du couvain.

Les fourmis sont les insectes sociaux les plus diversifiés et les plus spécialisés. On les rencontre des tropiques à la toundra arctique et sur la plupart des îles. Le nid de certaines espèces primitives rassemble au maximum 12 individus, tandis que celui d'espèces au caractère social évolué peut en contenir des millions. Les fourmis se nourrissent d'autres insectes et de graines, élèvent des pucerons pour collecter leur miellat sucré et cultivent des champignons. Certaines espèces attaquent le nid d'autres fourmis et capturent des esclaves qu'elles transportent dans leur propre nid où elles les exploitent. Certaines espèces sont des parasites sociaux hautement spécialisés, vivant seulement dans le nid d'autres espèces.

M.V. Smith

Fourrure, élevage d'animaux à Au Canada, les principales espèces de mammifères élevés pour la fourrure sont le VISON (*Mustela vison*), le RENARD (genre *Vulpes*) et, en nombre beaucoup plus restreint, le chinchilla (*Chinchilla laniger*). Avant 1890, au Canada, les animaux à fourrure étaient capturés au moyen de pièges. De nos jours cependant, 40 p. 100 des fourrures canadiennes proviennent d'élevages.

Vison Le vison, un carnivore, est élevé pour sa fourrure depuis le début du siècle. Cet élevage a commencé comme une activité secondaire de l'élevage du renard. Le Canada produit seulement 6 p. 100 de la pelleterie mondiale, mais le vison «majestic» est fort réputé. Aujourd'hui, quelque 600 Canadiens sont engagés dans l'élevage du vison, surtout en Ontario, en Colombie-Britannique, en Nouvelle-Écosse et au Québec. Ils appartiennent à l'Association des éleveurs de visons du Canada. En 1985, le Canada a vendu environ un million de peaux, au prix moyen de 35,07 $, pour un profit net d'un peu plus de 5 $ par peau.

Les croisements et la sélection ont permis de produire plus de 200 teintes de fourrure (dans les gammes de blanc, noir, brun et bleu) parmi les différents types de visons: standard, jais, blanc, pastel, perle, lavande, chamois, semi-chamois, aléoutien, bleu argent, bleu saphir, violet, etc. Les visons sont

des animaux agressifs qui doivent être manipulés avec soin.

Une ferme d'élevage standard possède des abris séparés pour les petits et pour les adultes reproducteurs. Chaque abri comporte plusieurs rangées de cages individuelles. La mise sur pied d'une ferme d'élevage de vison demande un investissement d'environ 275 $ par femelle reproductrice. Un travailleur peut s'occuper de 500 à 600 femelles, mais la vaccination et la préparation des peaux exigent une main-d'œuvre supplémentaire.

Le vison est tué par injection, par électrocution ou au gaz, pour être ensuite dépiauté. La fourrure est écharnée et dégraissée puis mise à sécher sur des planches, le côté peau habituellement vers l'extérieur. Les peaux sont ensuite expédiées à un centre de pelleterie pour y être classées («Majestic», «Canada», «Sans marque») puis vendues aux enchères. La plupart des peaux sont classifiées et vendues par la COMPAGNIE DE LA BAIE D'HUDSON.

Renard Carnivore de la famille des canidés, élevé depuis les années 1890. Dans le passé, l'élevage des renards a énormément fluctué mais, au cours de la dernière décennie, la demande du marché et les prix ont augmenté. En 1985-1986, le Canada a produit 135 997 peaux de renard. Le prix moyen du renard canadien était alors de 127 $ la peau et les coûts de production se chiffraient autour de 100 $. En 1985, le Canada comptait 938 éleveurs de renards, la majeure partie en Ontario, en Nouvelle-Écosse, au Nouveau-Brunswick et à l'Île-du-Prince-Édouard.

Une ferme représentative comprend des abris d'élevage et un bâtiment de service, mais certains éleveurs gardent leurs renards reproducteurs dans des enclos extérieurs. La mise sur pied d'une ferme de renards demande entre 800 $ et 1100 $ par femelle reproductrice. Une seule personne peut s'occuper d'une centaine de femelles. Les peaux de renard font l'objet de la même préparation que les peaux de vison; la peau est toujours séchée en donnant vers l'extérieur. La classification et la vente aux enchères s'effectuent aux mêmes centres de pelleterie que celles du vison.

René Belzile

Fourrure, industrie de la Cette industrie se compose d'entreprises qui achètent des peaux aux trappeurs, aux négociants ou aux sociétés de commercialisation de la fourrure (comme lors des ventes aux enchères de la COMPAGNIE DE LA BAIE D'HUDSON). Elles les expédient ensuite chez les apprêteurs et les teinturiers de Toronto avant de les assortir, de les tailler et de les assembler pour confectionner des vêtements. La majorité des manufacturiers font des manteaux et se spécialisent la plupart du temps dans deux ou trois sortes de fourrures. Avant leur achèvement, les manteaux doivent être nettoyés par un procédé particulier, dont certaines entreprises se font une spécialité. Certains de ces nettoyeurs possèdent des pièces réfrigérées pour l'entreposage durant l'été, bien que beaucoup de détaillants possèdent aussi leurs propres pièces. Les entreprises de fourrures sont généralement petites: en 1986, 279 des 280 entreprises emploient moins de 50 personnes et une seule d'entre elles en emploie plus de 100. La même année, on compte 3700 fourreurs, dont 2950 au Québec, 675 en Ontario et 75 au Manitoba. La majorité des entreprises de fourrure sont canadiennes et très peu appartiennent à des étrangers, sauf quelques-unes appartenant surtout à des Américains dans le commerce de détail, et certains investissements japonais dans la fabrication.

Pendant 100 ans, on a recours à des techniques manuelles séculaires pour la confection des vêtements de fourrure, même si de nouvelles technologies sont apparues au cours de la dernière décennie. Ces innovations comprennent des machines de coupe, un guide pour insérer la fourrure dans les machines à coudre, une invention allemande pour la finition des manteaux, p. ex., la pose de la doublure, ainsi que des machines allemandes et japonaises qui

coupent et cousent la peau de vison en bandes allongées. Presque toute la recherche-développement se fait en Allemagne et au Japon, mais au Canada il se fait beaucoup d'innovations en matière d'apprêtage, de teinture et de coupe.

Le Canada est reconnu mondialement comme le producteur des plus belles fourrures au monde. En 1534, Jacques CARTIER rencontre sur les rives du Saint-Laurent des chefs amérindiens qui portent des vêtements d'apparats faits de peaux de castor et d'ours cousues à la main. Les Européens de l'Ouest passant l'hiver au Canada trouvent essentiel de tanner et de coudre en vêtements les peaux obtenues par le trappage ou le troc. Ces vêtements n'ont guère l'allure de manteaux, faute d'une coupe précise. Puis un modeste commerce de vêtements de fourrure sur mesure se crée, afin de répondre aux demandes des voyageurs et des négociants qui désirent des vêtements mieux coupés. Les peaux exportées servent principalement à la fabrication de chapeaux pour hommes, mais la fourrure s'attire petit à petit la faveur des femmes en Europe et au Canada.

Cette demande crée un marché pour les fourreurs qui dessinent, confectionnent et entreposent des vêtements de fourrure. La Compagnie de la baie d'Hudson (CBH) fondée en 1670 pour exploiter les peaux de la Terre de Rupert, se lance graduellement dans la confection des vêtements de fourrure. De 1880 à 1920, beaucoup d'immigrants ukrainiens, polonais, et autrichiens, ainsi que des jeunes Anglais et Écossais qui avaient acquis de l'expérience dans la couture en Europe, prennent les magasins de fourrures et les ateliers d'assaut. Les premiers fourreurs sont anglo-saxons, mais en 1930, des immigrants juifs avaient déjà développé une industrie de fabrication en gros pour desservir le commerce du vêtement sur mesure et celui du commerce de détail en pleine expansion.

En 1933, alors que la CRISE DES ANNÉES 30 provoque un chaos financier, des manufacturiers fondent la Fur Trade Credit Association of Canada qui devient plus tard l'Association canadienne du commerce de la fourrure. Les détaillants fondent le Conseil des détaillants en fourrures. Chaque année, au mois de mai, l'Association canadienne du commerce de la fourrure et des organisateurs de foires commerciales parrainent de grandes foires de la fourrure et des expositions internationales à Toronto et à Montréal, où les détaillants commandent les manteaux pour les ventes du mois d'août. Pendant les années 50 et 60 arrivent de nombreux fourreurs grecs expérimentés, qui proviennent en majorité de la petite ville de Kastoria, dont toute la population travaille dans la confection d'articles en fourrure depuis 2000 ans. Les fourreurs grecs se rassemblent à Montréal, à Toronto et à New York, et acquièrent beaucoup d'influence dans le domaine de la fabrication canadienne de fourrure. Ils ont fondé leur propre association à Toronto.

Les travailleurs du secteur de la fabrication de fourrures peuvent faire leur apprentissage en entreprise ou recevoir une formation au George Brown College à Toronto pour devenir coupeurs (ceux qui coupent les peaux sur patron avec un tranchet pointu), opérateurs (ceux qui cousent les pièces), brodeurs (ceux qui attachent ou agrafent les peaux cousues aux contours du patron) et finisseurs (ceux qui ferment le manteau et posent la doublure, les boutons, etc.). Comme une grande partie du travail se fait à la main, l'industrie de la fourrure consomme relativement peu d'énergie. La fabrication de fourrures synthétiques nécessite une plus grande consommation d'énergie et cause de la pollution chimique.

L'industrie canadienne de la fourrure est un exportateur important de peaux et de vêtements. Ses plus gros clients sont les États-Unis, l'Europe de l'Ouest et, depuis peu, le Japon, un marché en rapide expansion. Selon Statistique Canada, dans l'industrie de la fourrure, les ventes en gros sont passées de 51 millions de dollars en 1970 à 170 millions de dollars en 1978 (dont 81 millions de dollars en exportations) et à près de 320 millions de dollars en 1992 (dont 207 millions de dollars en exportations). En 1919, on comptait 107 manufactures, 642 en 1949, mais seulement 200 en 1986. Entre 1949 et 1986, le nombre d'employés passe de 6700 à 2350. L'industrie de la fourrure ne bénéficie d'aucune protection douanière, mais les droits d'importation aux États-Unis ont baissé. En 1986, le prix des peaux brutes, déjà très élevé, atteint de nouveaux records partout dans le monde. Toutefois comme la demande a diminué, surtout à cause des groupes de pression, on assiste à une baisse sensible des prix de la fourrure dans les années 90.

Sidney S. Schipper

Fourrure, trappage d'animaux à Entre trois et cinq millions d'animaux à fourrure au moins sont piégés chaque année au Canada, surtout pour leur fourrure et, à l'occasion, pour servir d'appâts ou de nourriture destinée aux humains, aux chiens ou aux animaux sauvages. Étant donné son importance économique et culturelle pour ceux qui en font leur gagne-pain d'une part, et la souffrance des animaux qui est invoquée d'autre part, le trappage est devenu un enjeu controversé.

Aspects traditionnels et culturels Avant l'arrivée des Européens en Amérique du Nord, le trappage faisait partie intégrante de la vie des autochtones, fournissant nourriture, vêtements et abri. Par la suite, la TRAITE DES FOURRURES vient toutefois bouleverser profondément l'économie autochtone. Le trappage devient alors une fin en soi, à tel point que la survie de certaines espèces est menacée. Le déclin de l'INDUSTRIE DE LA FOURRURE au cours du XIXᵉ siècle et l'adoption d'un nouvel ensemble de valeurs axées sur la souffrance des animaux ont entraîné des difficultés économiques et sociales parmi les groupes autochtones, et certains ont même l'impression que leur mode de vie est menacé.

Quoi qu'il en soit, en vertu de la PROCLAMATION ROYALE DE 1763 (et des autres modifications constitutionnelles qui ont suivi), les droits de chasse, de trappage et de pêche autochtones visant l'apport de nourriture en toute saison sur des terres inoccupées sont garantis et peuvent avoir préséance sur les lois provinciales en matière de gibier.

Économie Au Canada, quelque 80 000 personnes, surtout des hommes, font du trappage commercial. On pense généralement que de 15 à 30 p. 100 sont des autochtones, bien que certaines sources estiment leur proportion à 50 p. 100. Le trappage commercial est une activité saisonnière en raison de la qualité supérieure de la fourrure en hiver et des restrictions provinciales, territoriales et fédérales en matière de trappage. On trouve des territoires de trappage enregistrés, dont certains couvrent une vaste étendue, en Colombie-Britannique, au Yukon, en Alberta, au Manitoba et en Ontario. De nombreux trappeurs occupent un emploi à temps plein ou à temps partiel et pratiquent le trappage dans leurs temps libres. Il est obligatoire de suivre un programme d'éducation sur le trappage et la manipulation des peaux pour obtenir un permis de trappage en Colombie-Britannique et en Ontario, tandis que d'autres provinces, telles que l'Alberta, l'y encouragent.

Sur le plan mondial, les ventes canadiennes de peaux d'animaux sauvages ne constituent qu'une petite part du marché. L'Ontario est la principale province productrice de fourrure, suivie, en ordre décroissant, de l'Alberta, du Québec, du Manitoba, de la Saskatchewan, de la Colombie-Britannique, des Territoires du Nord-Ouest, du Nouveau-Brunswick, de la Nouvelle-Écosse, du Yukon, de Terre-Neuve et de l'Île-du-Prince-Édouard. Les provinces où le trappage est une activité importante perçoivent des redevances sur la vente de fourrures. En Ontario, ces redevances peuvent atteindre 750 000 $ par année. Les redevances et les permis de trappage peuvent contribuer à financer les programmes axés sur la faune. Pour la saison 1985-1986, la vente de fourrures d'animaux sauvages au Canada a été évaluée à 50,2 millions de dollars. De ce total, 423 198 peaux de castor ont rapporté 14,8 millions de dollars, et 182 088 peaux de martre ont rapporté près de 9 millions de dollars. Bien que le revenu annuel brut de certains trappeurs atteigne au moins 20 000 $, la moyenne canadienne se situe à environ 700 $ bruts, ou 350 $ nets.

Nécessité biologique du trappage La nécessité biologique du trappage se fonde sur le caractère désirable d'un contrôle de la taille des populations pour éviter la famine et la destruction des habitats: le danger de maladies parmi les populations fauniques (p. ex., la gale sarcoptique, la maladie de Carré) et le danger de transmission de maladies aux animaux domestiques ou à l'humain (p. ex., la rage, la tularémie). Toute tentative pour atténuer de telles préoccupations comporte sa part d'impondérables. Ainsi, des cycles de population bien définis d'une durée de 10 ans ont été observés pour les prises canadiennes de coyote, de lièvre d'Amérique, de vison, de pékan et de martre.

Les cycles du lynx du Canada et des renards colorés s'étendent respectivement sur les 200 et les 100 dernières années, mais les causes de ces changements cycliques sont mal connues. Il se peut que les taux de reproduction (notamment chez le castor et le rat musqué) s'accroissent au lieu de chuter en réaction au trappage. Le trappage d'espèces particulières peut être dicté par le marché de la mode ou l'engouement du moment. Les espèces les plus rares peuvent ainsi devenir les plus recherchées. Les prises non visées (y compris d'animaux domestiques) peuvent compter pour au moins 10 p. 100 du total des animaux piégés sur terre, mais ce pourcentage baisse pour les animaux semi-aquatiques. Réduire une population peut ou non réduire l'incidence de maladies. Dans certaines régions où l'on a banni le piège à ressort, on n'a observé aucune augmentation notable du nombre d'animaux malades.

Parmi les espèces les plus couramment piégées, mentionnons les suivantes (qui varient selon les régions): le blaireau, le castor, le lynx roux, le couguar, le coyote, la belette, le pékan, le renard, le lièvre, le lynx, la martre, le vison, le rat musqué, la loutre, le lapin, le raton laveur, la mouffette, l'écureuil, le loup et le carcajou. Dans certaines provinces, on piège aussi l'ours.

Considérations morales sur le trappage L'évolution continuelle des attitudes envers les animaux au Canada, au profit d'une approche plus compatissante, touche deux domaines de préoccupation: premièrement, le bien-être et le traitement sans cruauté des animaux et, deuxièmement, les intérêts des animaux, leurs droits à être libérés et la protection juridique à leur accorder. Un groupe d'action, y compris les organismes qui l'appuient, s'occupe principalement du premier domaine de préoccupation. Devant les mauvais traitements infligés à certains animaux en particulier, ce groupe réagit en tentant d'atténuer ou d'empêcher le geste cruel: la chasse au phoque (où il est arrivé que des phoques aient été écorchés vifs); le trappage (où les animaux peuvent souffrir pendant de longues périodes); et des pratiques de l'industrie alimentaire (où les animaux sont parfois entassés dans des conditions cruelles et où leur abattage peut provoquer la peur, le stress, la souffrance et la panique). Un autre groupe, tout en étant informé ou actif relativement au premier domaine de préoccupation, a élaboré et propagé des positions morales et éthiques cohérentes et générales qui proposent des lignes de conduite pour l'humain envers tous les animaux, de sorte que, dans la mesure du possible, aucun animal ne soit maltraité ou exploité inutilement.

Ce sont de tels principes qui, en général, régissent le comportement de chacun et peuvent servir de guide conceptuel aux autres. Les concepts de protection, de droits, d'intérêts et de libération des animaux incitent un nombre croissant de Canadiens à refuser d'utiliser sciemment des produits ayant entraîné le mauvais traitement, l'exploitation ou la mise à mort inutile d'animaux, p. ex., les vêtements faits de fourrures obtenues par trappage.

La base conceptuelle du mouvement en faveur des droits des animaux va directement à l'encontre de l'activité du trappage. De plus, comme dans le cas de la chasse au phoque, l'objection croissante que suscite en Europe et ailleurs le manque de compassion du trappage en Amérique du Nord pourrait exercer une influence déterminante sur la poursuite du trappage au Canada, étant donné sa grande dépendance à l'égard des marchés d'exportation.

Il existe des pièges pour retenir (à lacet, à ressort, boîte) et des pièges pour tuer (assommoir, collet, Conibear, piège sous-marin). Les boîtes servant de pièges pour retenir sont encombrantes à transporter et peuvent occasionner du stress, mais elles n'entraînent généralement pas de blessures. Certaines espèces, quand elles sont prises dans un piège à ressort, vont se mutiler pour y échapper, à moins que le piège ne soit muni d'un dispositif qui l'en empêche. Les pièges à mâchoires d'acier sont toujours fabriqués aux États-Unis (1986), mais sont interdits en Colombie-Britannique, en Alberta, en Ontario et en Nouvelle-Écosse.

Le collet peut lentement étrangler l'animal, qui se débat pour s'échapper, ou l'attraper par une autre partie du corps, ce qui peut provoquer des blessures importantes et prolonger sa souffrance. Le piège Conibear ne tue pas toujours rapidement si l'animal n'y entre pas correctement ou que la force d'impact du piège à la fermeture est insuffisante. Si l'on ne visite pas régulièrement les pièges, des animaux capturés peuvent souffrir de froid, de stress, de soif, de faim et de gangrène ou être à la merci des prédateurs. Seuls la Colombie-Britannique, l'Ontario, l'Alberta, le Nouveau-Brunswick et l'Île-du-Prince-Édouard exigent une inspection des pièges à intervalles de un à trois jours. Pour éviter des trous de balle dans la fourrure, le trappeur achève l'animal en l'assommant, en l'étranglant à l'aide d'un lacet ou en lui écrasant la poitrine.

L'Association for the Protection of Fur-Bearing Animals (APFA) et l'Association canadienne du piégeage humanitaire (ACPH) ont joué un rôle important en informant la population ainsi que les représentants gouvernementaux (y compris par des présentations de films) sur les questions d'ordre moral que soulève le trappage et sur la souffrance des animaux piégés, en finançant la recherche sur la mise au point de pièges moins cruels et en exerçant des pressions pour que soient retirés les pièges cruels (les pièges à ressort qui retiennent l'animal par une patte sont maintenant interdits pour le trappage sur terre d'un certain nombre d'espèces en Colombie-Britannique et en Ontario).

L'ACPH s'est jointe à la Fédération des sociétés canadiennes d'assistance aux animaux pour former le Programme de recherche et de développement portant sur les pièges non cruels. La définition d'une mort sans cruauté selon le Programme est une mort où l'animal ne subit ni panique, ni douleur. L'Institut de la fourrure du Canada (IFC), fondé en 1983, est une société privée financée en majeure partie par le gouvernement fédéral. Elle a pour objectif d'informer la population au nom de l'industrie de la fourrure et du programme de recherche et de développement des pièges.

Les ministères de l'Environnement et des Affaires étrangères du Canada ont parrainé des articles décrivant des moyens possibles de défendre l'industrie de la fourrure contre les activistes anti-fourrure. Une campagne énergique financée par le gouvernement a défendu l'industrie en invoquant comme principal argument la question des droits des autochtones. La campagne a également souligné la dépendance historique du Canada à l'égard de la traite des fourrures et déclaré que le trappage contribue à maintenir l'équilibre naturel. Les efforts du lobby de la fourrure visant à discréditer les personnes qui prennent moralement position pour la défense des animaux illustrent bien la tension qui existe entre les deux groupes antagonistes.

Le Code criminel du Canada (parag. 402(1) a) stipule que: «Commet une infraction quiconque volontairement cause ou, s'il en est propriétaire, volontairement permet que soit causée à un animal ou un oiseau, une douleur, souffrance ou blessure, sans nécessité». Il n'existe cependant aucun précédent de l'application de cette disposition aux animaux sauvages piégés. Un projet de loi d'initiative parlementaire (le projet de loi C-208) visant à modifier le Code criminel en faveur de pièges non cruels a mené à la présentation de preuves en 1977, mais il a été rejeté. (voir aussi FOURRURE, ÉLEVAGE D'ANIMAUX À; FOURRURE, INDUSTRIE DE LA; TRAITE DES FOURRURES.)

Bruce Gordon Cumming

Fowke, Edith Margaret, née Fulton, folkloriste, collectionneuse, écrivaine et professeure (Lumsden, Sask., 30 avril 1913—Toronto, 28 mars 1996). Diplômée de l'U. de la Saskatchewan (M.A.), Fowke s'installe à Toronto et s'intéresse au FOLKLORE ontarien. Au cours de nombreuses recherches menées dans le sud de la province, elle recueille et enregistre bon nombre des chansons qu'elle présentera sur les ondes du réseau anglais de Radio-Canada dans le cadre d'émissions hebdomadaires, telles que *Folk Song Time* (1950-1963), *Folk Sounds* (1963-1974), *Folklore and Folk Music* (1965) et *The Travelling Folk of the British Isles* (1967). De 1971 à 1993, elle enseigne le folklore à l'U. York.

Collectionneuse passionnée d'enregistrements de chansons folkloriques et écrivaine intarissable sur la musique folklorique canadienne, Edith Fowke est membre fondatrice de la Société canadienne de musique folklorique et devient rédactrice en chef du *Canadian Folk Music Journal* en 1973 (voir MUSIQUE FOLKLORIQUE CANADIENNE-ANGLAISE). *Explorations in Canadian Folklore* (1985), *Tales Told in Canada* (1986) et *Legends Told in Canada* (1994) figurent parmi les derniers travaux qu'elle codirige. Elle est présidente de l'Association canadienne d'ethnologie et de folklore (1985-1986).

Mabel H. Laine

Fowke, Vernon Clifford, historien de l'économie, professeur (Parry Sound, Ont., 5 mai 1907—San Francisco, Cal., 24 févr. 1966). Il est diplômé de l'U. de la Saskatchewan en 1929 et se joint immédiatement au corps professoral. Il poursuit ses études supérieures à l'U. de Chicago et à l'U. de Washington, où il reçoit son doctorat en 1942. Sa thèse de doctorat, publiée sous le titre de *Canadian Agricultural Policy* (1946), reste une étude clé et le consacre comme l'historien le plus influent de l'agriculture canadienne. Il publie ensuite *The National Policy and the Wheat Economy* (1957) et, avec George BRITNELL, *Canadian Agriculture in War and Peace* (1962), ainsi que de nombreux articles. Fowke est aussi conseiller pour de nombreuses commissions royales, dont la Commission Rowell-Sirois (voir COMMISSION ROYALE D'ENQUÊTE SUR LES RELATIONS FÉDÉRALES-PROVINCIALES). Après 1946, il travaille au Conseil consultatif des transports, où il tient un rôle clé en défendant la CONVENTION DU NID-DE-CORBEAU. Il est un des économistes les plus influents du Canada de son époque et est élu membre de la Société royale du Canada en 1954.

Paul Phillips

Fowler, Robert MacLaren, avocat, gestionnaire (Peterborough, Ont., 7 déc. 1906—Hawkesbury, Ont., 13 juill. 1980). Il exerce de nombreuses fonctions, mais on le connaît surtout pour avoir été président d'une commission royale et d'un comité fédéral sur la radiodiffusion. Après avoir étudié à l'U. de Toronto et à Osgoode Hall, il devient président de l'Association canadienne des pâtes et papiers. Ami de politiciens et de fonctionnaires libéraux, il est

nommé chef de la COMMISSION ROYALE D'ENQUÊTE SUR LA RADIO ET LA TÉLÉVISION en 1955. Son rapport, déposé en mars 1957, soutient vigoureusement Radio-Canada, mais prône l'instauration d'un nouvel organisme de réglementation pour administrer la radiodiffusion publique et privée. Le gouvernement conservateur de DIEFENBAKER n'accepte pas toutes ses recommandations et, en 1965, Fowler dirige un nouveau comité d'enquête. Sa remarque selon laquelle la seule chose qui compte en radiodiffusion est le contenu des émissions, le reste n'étant que gestion ménagère, a un grand retentissement. Il recommande à nouveau des modifications, ce qui suscite la création du Conseil de la radio-télévision canadienne (voir CONSEIL DE LA RADIODIFFUSION ET DES TÉLÉCOMMUNICATIONS CANADIENNES).

J.L. Granatstein

Fox, Francis, avocat et politicien (Montréal, 2 déc. 1939). Il étudie au collège Jean-de-Brébeuf, à l'U. de Montréal (LL. L.), à la Harvard Law School (LL. M.) et à Oxford (M.A.). Il est admis au Barreau du Québec et pratique le droit de 1965 à 1968. Il est élu député libéral fédéral de Montréal pour la première fois en 1972, et il est réélu en 1974, en 1979 et en 1980. Solliciteur général du Canada de 1976 à 1978, il démissionne à la suite d'une controverse. Il revient au Cabinet en tant que secrétaire d'État et ministre des Communications (1980-1982), puis seulement ministre des Communications (1982-1984). Il dirige une profonde réorganisation des deux ministères et contribue à lancer de nombreuses initiatives culturelles fédérales, y compris la création de Téléfilm Canada, le Fonds pour la production d'émissions et des ententes de coproduction de films et d'émissions de télévision.

Fox exerce pendant peu de temps les fonctions de ministre du Commerce international dans le Cabinet Turner, étant défait aux élections de l'automne 1984. Il retourne au secteur privé comme associé du cabinet d'avocats Martineau, Walker; il est aussi président du conseil d'administration de Télé-jeunesse Canada (1985). Il est invité à siéger au Groupe de travail fédéral sur l'autoroute électronique (voir INFOROUTE) en 1994.

James Marsh

Fox, Irving Kingsbury, professeur, planificateur des ressources et défenseur de l'environnement (Bolton, Michigan, 7 déc. 1916). Après avoir obtenu une maîtrise ès arts de l'U. du Michigan, Fox travaille pour le gouvernement des États-Unis. En 1955, il est nommé vice-président de Resources for the Future Inc. et se consacre à l'étude des ressources en eau. Il occupe ensuite le poste de directeur du Water Resources Center de l'U. du Wisconsin avant d'être nommé directeur du Westwater Research Centre et professeur de planification urbaine et régionale à l'U. de la Colombie-Britannique. Par son travail d'enseignement, de recherche et de sensibilisation du public, il devient le pionnier, au Canada, d'une étude des bassins fluviaux qui intègre les aspects sociaux et environnementaux. L'influence remarquable de Fox sur l'utilisation des ressources au Canada s'est matérialisée par le biais de ses nombreuses publications, dont une monographie sur le Yukon, et sa coordination des études liées à l'estuaire du fleuve Fraser.

Ian McTaggart-Cowan

Fox, John Richard, peintre (Montréal, 26 juill. 1927). Formé par Goodridge ROBERTS, Fox travaille aussi sous la direction de John LYMAN à l'U. McGill. En 1952, il entre à la Slade School of Art de Londres, puis passe deux ans en Italie et en France avant de revenir enfin à Montréal en 1957. En 1964, il réalise une fresque pour le Centre de la Confédération à Charlottetown. Fox a déjà une réputation enviable pour ses tableaux intimistes de personnages et de paysages quand, en 1972, il commence à peindre de grands tableaux abstraits influencés davantage par le modernisme américain et européen que par une sensibilité proprement québécoise.

Sans être distrait par une imagerie reconnaissable, Fox poursuit son exploration centrée sur l'ambiguïté de la forme même et évolue de l'impressionnisme abstrait à l'abstraction symbolique inspirée du collage. Depuis 1987, sa production traite de la forme dans un contexte qui évoque le narratif. Son œuvre est abondamment exposée au Canada.

Sandra Paikowsky

Fox, Luke, aussi épelé Foxe, explorateur (Kingston-upon-Hull, Angl., 20 oct. 1586—vers le 15 juill. 1635). Il part pour l'Arctique en 1631, deux jours après Thomas JAMES, qui a entrepris un voyage similaire. Il explore la côte ouest de la BAIE D'HUDSON et rencontre James par hasard près du cap Henrietta Maria. Se dirigeant vers le nord, il est le premier à dépasser le détroit de Foxe (nommé en son honneur par la suite par W.E. PARRY) et à naviguer dans le BASSIN FOXE et le long de la péninsule Foxe. Il signale la présence d'obstacles infranchissables, ce qui mettra un terme aux espoirs de découvrir un PASSAGE DU NORD-OUEST et étouffera la fureur de l'exploration arctique durant près de 200 ans. Fox répond à la critique qui l'accuse d'avoir abandonné trop facilement par un ouvrage remarquable intitulé *North-West Fox* (1635), un précieux document sur l'exploration arctique.

James Marsh

Fox, Terrance Stanley, «Terry», coureur du «Marathon de l'espoir» (Winnipeg, 28 juill. 1958—New Westminster, C.-B., 28 juin 1981). Bon athlète, Terry Foy étudie la kinésiologie quand il apprend, en 1977, qu'il est atteint d'un sarcome ostéogénique, une forme rare de cancer des os. Il doit se faire amputer presque toute une jambe. Durant sa convalescence, il pense à organiser un «marathon de l'espoir», une course à pied d'un bout à l'autre du Canada pour recueillir des fonds et faire connaître la recherche sur le cancer. Après un entraînement intensif, il commence son marathon à St. John's le 12 avril 1980 et l'interrompt le 1ᵉʳ septembre à Thunder Bay, en Ontario, après qu'on ait découvert que le cancer avait atteint ses poumons. Durant cette période, il avait parcouru 5373 km au rythme de près de 40 km par jour. Inspirant des millions de personnes partout dans le monde, il a attiré l'attention de toute la population canadienne et a recueilli 1,7 million de dollars. Bouleversés, les Canadiens ont versé 23 millions de dollars additionnels au fonds. Les efforts que Fox a déployés lui ont valu d'être nommé Compagnon de l'Ordre du Canada. Une montagne de la Colombie-Britannique a également été baptisée en son honneur. Chaque année, des milliers de personnes participent à la course de la campagne de financement qui porte son nom.

J. Thomas West

Foxe, bassin Il est bordé à l'est et au nord par l'ÎLE DE BAFFIN, et à l'ouest par la PRESQU'ÎLE MELVILLE. Il a été baptisé ainsi d'après l'explorateur du XVIIᵉ siècle, Luke FOX. Cette dépression enfermée dans le BOUCLIER canadien rappelle en plus petit la BAIE D'HUDSON. Ses eaux peu profondes recouvrent un socle ancien préservé sous des calcaires sédimentaires. Le bassin atteint par endroit 90 m de profondeur, mais ses eaux peu profondes et ses rives en pente douce restent dangereuses pour la navigation. À cause de sa faible profondeur, il reste souvent couvert de glace pendant de longues périodes. La glace marine échouée sur le fond remue le limon qui s'y mélange et lui donne une couleur brune particulière. La forme du bassin limite le mouvement de l'eau et on trouve à ses sorties certains des plus hauts marnages de l'Arctique, pouvant atteindre 3,5 m à Fury et Hecla et 7 m dans le détroit de Foxe. En raison de la glace, de la hauteur des marées et des hauts fonds, les navigateurs ont préféré l'éviter comme chemin vers l'Arctique.

Douglas Finlayson

Fraise (Voir BAIES DE CULTURE; BAIES SAUVAGES)

Franca, Celia, née Celia Franks, danseuse, chorégraphe, administratrice et professeure (Londres, Angl., 25 juin 1921). Fondatrice du BALLET NATIONAL DU CANADA, Franca, une femme dynamique dotée d'une volonté de fer, joue un rôle de premier plan dans l'essor du BALLET au Canada. Elle reçoit sa formation en Angleterre, à la Guildhall School of Music de Londres et à la Royal Academy of Dancing. Elle danse en Angleterre avec de nombreuses compagnies, telles que le Ballet Rambert et le Sadler's Wells Ballet, et y crée ses premières chorégraphies.

En 1950, en raison de ses dons artistiques manifestes et de son sens poussé de l'organisation, Franca est pressentie par un groupe de Torontois passionnés de ballet pour fonder une compagnie de danse classique au Canada. Franca accepte le poste de directrice artistique fondatrice du Ballet national du Canada en 1951 et reste à sa direction jusqu'en 1974. En dépit du manque d'aide financière et de la pénurie de danseurs rompus à la danse classique, Franca réussit à mettre sur pied une compagnie de danse classique au solide répertoire qui, dès le début des années 70, s'était acquis une réputation sur la scène internationale.

Franca continue de danser les premiers rôles jusqu'en 1959, puis figure à titre de danseuse invitée dans des spectacles où elle joue des rôles de composition, jusqu'au début des années 80. Elle monte des chorégraphies ou met en scène de mémoire plusieurs œuvres établies du répertoire classique, de même qu'elle crée un grand nombre de ses propres chorégraphies. Franca favorise également la carrière de chorégraphes canadiens tels que David Adams et Grant STRATE.

Après son départ du Ballet national, Franca s'installe à Ottawa, où elle siège au Conseil des arts du Canada et mène une vie active comme enseignante et conférencière. Parmi les nombreux prix et récompenses qu'elle reçoit, mentionnons l'Ordre du Canada en 1967 (on la fait Compagnon en 1985), le PRIX MOLSON en 1974, le diplôme d'honneur du Conseil des arts du Canada en 1986 et le prix du Gouverneur général pour les arts de la scène en 1994.

Michael Crabb

Français, rivière des Longue de 290 km, elle va jusqu'à la source de la rivière Sturgeon et prend naissance dans le LAC NIPISSING. Elle se divise en deux embranchements à l'île Eighteen Mile, se réunit à nouveau après l'île et, par un canal étroit, plonge dans la BAIE GEORGIENNE. Son rivage rocheux est un labyrinthe de canaux et de baies, et son cours suit un ensemble de fissures et de failles naturelles dans le BOUCLIER canadien. Pour les VOYAGEURS, la rivière représentait un parcours rapide d'une journée. Dès 1615, alors que CHAMPLAIN l'emprunte déjà, elle joue un rôle dans la TRAITE DES FOURRURES. Elle est encore populaire auprès des amateurs de canot et regorge de maskinongés, de dorés jaunes, d'achigans et de brochets. Des artefacts et des ustensiles autochtones de l'époque de la traite des fourrures ont été découverts dans la région. En particulier, au cours de l'été de 1987, on y découvre trois récipients pour la cuisson de fabrication huronne qu'on croit vieux de quatre siècles. On peut voir des peintures rupestres indiennes près de Keso Point.

James Marsh

Franchère, Joseph-Charles, peintre, illustrateur, décorateur d'intérieurs d'églises (Montréal, 4 mars 1866—id., 12 mai 1921). Après des études au Conseil des arts et manufactures, à l'école dirigée par l'abbé Chabert et un stage au studio du peintre-décorateur F.-X.-E. Meloche, Franchère part pour Paris en 1888, afin d'y parfaire sa formation. Il travaille pendant deux ans au studio de Colarossi et à l'Académie Julian. De retour à Montréal en 1890, on lui commande trois grands tableaux pour la chapelle Notre-Dame du Sacré-Cœur de l'église NOTRE-DAME. Il retourne à Paris où il peint *La Vierge de*

l'apocalypse (1892), *La multiplication des pains* (1893) et *Le Christ consolateur des affligés* (1895). Pendant son séjour, il est admis à l'École des beaux-arts et expédie quelques œuvres aux expositions annuelles de l'Association des arts de Montréal et de l'ACADÉMIE ROYALE DES ARTS DU CANADA. Ses œuvres sont exposées lors des expositions universelles de Chicago (1893), Buffalo (1901) et St-Louis (1904). Pendant toute cette période, il peint aussi des murales d'église à Québec, enseigne au Conseil des arts et manufactures et au Monument national, fait l'illustration de plusieurs livres dont *Chansons canadiennes* (1907) de P. E. Prévost et *Les rapaillages* (1916) de l'abbé Lionel GROULX. Formé selon la tradition académique, Franchère se spécialise dans les thèmes idéalisant la vie champêtre et dans les pièces inspirées par le symbolisme.

Laurier Lacroix

Franc-maçonnerie Mouvement fraternel international semi-secret d'organisations regroupées en fédérations régionales ou nationales, qui compte 200 000 membres au Canada. La mythologie franc-maçonne fait remonter l'origine du mouvement à la construction du temple du roi Salomon. Selon les historiens, elle remonterait plutôt aux guildes médiévales de maçons anglais, dont les membres étaient les artisans qualifiés qui ont construit des cathédrales, des châteaux et d'autres constructions de pierre. Le terme «loge maçonnique» désigne les quartiers que les maçons se construisaient pour loger près des chantiers de construction.

Rareté des grands projets de construction L'évolution de la conjoncture économique et religieuse après la période gothique amène la diminution du nombre de grands projets de construction. Au XVIIᵉ siècle, les loges ne peuvent subsister qu'en admettant comme membres, en plus des maçons actifs, des «maçons acceptés», qui ne sont pas maçons. Ceux-ci sont probablement attirés vers l'organisme en raison de ses coutumes, de ses traditions intellectuelles, de ses secrets et de sa fraternité.

Maçonnerie moderne La maçonnerie moderne, dite «spéculative», commence avec la fusion de quatre loges qui constituent la Grande Loge d'Angleterre (*Maçons modernes*) le 24 juin 1717. La Grande Loge d'Irlande se constitue vers 1725, celle d'Écosse en 1736, et une organisation rivale de la Grande Loge d'Angleterre (*Maçons anciens*) est formée en 1751, mais fusionne avec les *Maçons modernes* en 1813. Ces quatre organismes sont à l'origine de toutes les loges maçonniques du monde; de nos jours, des loges existent également aux États-Unis, en France et dans d'autres pays d'Europe ainsi qu'en Amérique latine et dans la plupart des anciennes colonies britanniques.

On trouve des maçons parmi les militaires britanniques en service dans le futur Canada, mais la première loge maçonnique formée de civils est celle d'Annapolis Royal, en Nouvelle-Écosse, qui reçoit ses patentes de la loge des *Maçons modernes* de Boston en juin 1738. On délivre par la suite des patentes pour l'établissement de loges à St. John's (1746 et 1766), à Halifax (1750 et 1751) et à Québec (1764). Des déclarations anciennes, mais invérifiables indiquent que les maçons étaient à Québec dès 1721; toutefois, la franc-maçonnerie française n'a pas contribué aux activités maçonniques au Canada. Lorsque le Québec est divisé en 1791 pour former le Haut et le Bas-Canada, seulement quatre loges maçonniques sont en activité dans le Haut-Canada (Brockville, Cornwall et deux à Niagara).

Augmentation du nombre de membres Le nombre de membres francs-maçons augmente en fonction de la population jusqu'à ce que le mouvement subisse un recul temporaire à la suite d'un scandale qui éclate dans le nord de l'État de New York en 1826: des maçons sont soupçonnés d'avoir tué un ancien membre, William Morgan, qui dénigrait publiquement le mouvement. Des loges maçonniques locales se forment plus tard dans d'autres

futures provinces: en Colombie-Britannique (1859), au Manitoba (1864 et 1870), en Alberta (1882) et en Saskatchewan (1883). En 1855, 30 loges de l'Ouest canadien et du Québec se regroupent pour former la Grande Loge du Canada, et les loges maçonniques anciennes forment leur propre grande loge deux ans après.

Les deux organismes s'unissent en 1858, à l'exception de quelques loges qui continuent d'adhérer aux Grandes Loges d'Angleterre, d'Irlande et d'Écosse. Le Québec forme sa propre Grande Loge en 1869, et d'autres Grandes Loges provinciales sont constituées en fonction de la situation. En 1887, la Grande Loge du Canada change de nom pour tenir compte de la nature provinciale de la franc-maçonnerie canadienne; elle s'appelle dorénavant «The Grand Lodge of Ancient and Accepted Masons of Canada in the Province of Ontario», et son bureau central se trouve à Hamilton. Ses membres constituent environ la moitié des francs-maçons du pays.

Héritière idéologique du siècle des Lumières La maçonnerie intègre à ses rituels et à sa symbolique les idées newtoniennes sur Dieu conçu comme le «Grand Architecte de l'univers». Les candidats à l'initiation doivent professer la croyance de base en un être suprême, sans être nécessairement chrétiens. Les serments secrets, l'anticléricalisme, les emprunts extérieurs au christianisme ainsi que des tendances politiques et religieuses antagonistes donnent d'abord lieu à une interdiction papale en 1751 et à plus d'une douzaine d'autres par la suite.

Les membres sont admis au premier des trois grades ou degrés d'initiation (maçonnerie corporative). S'ils dépassent le troisième degré (seule une minorité y parvient), ils peuvent atteindre d'autres degrés en suivant soit un système à 6 degrés (7 en Angleterre) appelé rite d'York, soit un système à 30 degrés appelé rite écossais. Pour progresser, les candidats doivent étudier les rituels qui sont censés inculquer les préceptes moraux, puis participer à ces rituels.

La crainte de la franc-maçonnerie se manifeste à l'occasion au Canada comme dans d'autres pays. En 1794, le lieutenant-gouverneur du Haut-Canada, John Graves SIMCOE, craint une insurrection des francs-maçons de Montréal à cause des relations de ceux-ci avec des maçons de l'État du Vermont, qui ont, à l'époque, une attitude belliqueuse. L'idéologie du crédit social de l'Alberta associe faussement les francs-maçons aux juifs pendant la crise des années 30.

Francs-maçons canadiens célèbres Malgré tout, la franc-maçonnerie peut être fière de compter en ses rangs une longue liste de membres illustres, entre autres, des membres de la famille royale britannique, George Washington ainsi que beaucoup d'autres présidents des États-Unis, Mozart, Voltaire, Goethe et Winston Churchill. Parmi les francs-maçons canadiens de marque, citons sir Allan N. MACNAB, John R. Robertson, Joseph BRANT, sir John ROSE, John D. EATON, John M. BUCHANAN (ancien premier ministre de la Nouvelle-Écosse), 16 premiers ministres de l'Ontario (dont William G. DAVIS) et 6 premiers ministres du Canada: sir John A. MACDONALD, sir John J.C. ABBOTT, sir Mackenzie BOWELL, sir Robert L. BORDEN, le vicomte R.B. BENNETT et John G. DIEFENBAKER.

Stephen A. Kent

Franco-Américains De la moitié du XIXᵉ siècle jusqu'à 1930 environ, plus de 900 000 Québécois francophones émigrent aux États-Unis. Partis par vagues, surtout après la GUERRE DE SÉCESSION, vers 1890, ils se sentent chez eux et, en quelques générations, adoptent les us et coutumes de leur nouveau milieu. On appelle leurs descendants des Franco-Américains, quoique le terme ne soit pas apparu avant la fin du XIXᵉ siècle. Les quelque cinq millions de Franco-Américains constituent l'élément le plus important de la diaspora québécoise en Amérique du Nord.

Cet exode massif, «La Grande Hémorragie», ébranle la société québécoise et réveille un sentiment de xénophobie chez les habitants de la Nouvelle-Angleterre, où près de la moitié des émigrants canadiens-français s'établissent. La plupart viennent des régions rurales du Québec en quête de sécurité financière et d'emplois permanents, particulièrement dans les fabriques de textiles et de chaussures. Leurs aptitudes professionnelles se diversifient cependant aux cours des ans. Bon nombre deviennent commerçants et accèdent aux professions libérales. Lorsque la CRISE DES ANNÉES 30 met fin à l'émigration, les États de la Nouvelle-Angleterre ont acquis une importante population franco-américaine, dont la plus grande partie se retrouve dans des villes comme Lowell, Lawrence et New Bedford au Massachusetts; Woonsocket au Rhode Island; Manchester et Nashua au New Hampshire; Biddeford et Lewiston dans l'État du Maine.

Dans certains quartiers de grandes villes américaines, ces Franco-Américains catholiques créent de «petits Canadas» où ils perpétuent la vie culturelle et les institutions religieuses des Canadiens français. Bien qu'ils s'américanisent, les descendants des émigrants québécois réussissent néanmoins, jusqu'à la Seconde Guerre mondiale, à préserver leur identité probablement mieux que tous les autres groupes ethniques. Plusieurs figures importantes de l'histoire du Québec ont des racines franco-américaines: le journaliste Olivar Asselin, l'écrivain Honoré Beaugrand, l'essayiste Edmond de Nevers et le penseur ultramontain Jules-Paul TARDIVEL. Au début du XXᵉ siècle, certains Franco-Américains reviennent au Canada et forment le noyau de plusieurs colonies francophones dans l'Ouest (*voir* CANADIENS FRANÇAIS DANS L'OUEST).

Toutefois, étant donné qu'ils vivent surtout en milieux urbains, la majorité des Franco-Américains en vient, avec le temps, à adopter la langue anglaise et le mode de vie américain. Certains d'entre eux, bien qu'anglicisés, s'intéressent aujourd'hui encore à leurs racines et entretiennent un réseau de relations ethniques de même que certaines traditions folkloriques et gastronomiques. Quelques-uns, comme l'écrivain Jack Kerouac et le joueur de baseball Napoléon Lajoie, ont eu une influence majeure aux États-Unis. Les profonds changements qu'a connus la société québécoise à la suite de sa laïcisation et de sa RÉVOLUTION TRANQUILLE font que les Franco-Américains et les Québécois ont moins en commun qu'autrefois.

Pierre Anctil

L'accession à l'indépendance de nombreux pays francophones du tiers-monde, tout comme l'enseignement des littératures et des civilisations francophones dans les écoles américaines ont entraîné, depuis la dernière décennie du XXᵉ siècle, la constitution d'une nouvelle catégorie de Franco-Américains. D'origine non québécoise, mais africaine, moyen-orientale, européenne ou asiatique, ces Francophones de passage ou installés depuis peu se sentent de plus en plus impliqués. Ils représentent une certaine élite, cultivée et influente qui tend à prendre le relais des Franco-Américains traditionnels. Il faudrait ajouter les HAÏTIENS qui ont quitté leur pays pour s'installer en Floride ou à New York. Ces nouveaux émigrés ne se définissent toutefois pas nécessairement comme Franco-Américains mais plutôt comme des Francophones des États-Unis, la première expression étant davantage réservée aux francophones issus de l'immigration d'avant la Première Guerre.

Michel Tétu

Franco-Ontariens Appelés parfois Ontarois, ils sont à l'origine des Ontariens de langue maternelle française ou du moins de tradition française se raccrochant aux souches francophones du Canada. Il ressort du recensement de 1996 (le dernier dans lequel ils ont été dénombrés) que 499 689 Ontariens (4,7 p. 100 de la population) ont le français comme langue mater-

nelle et qu'environ 306 790 d'entre eux parlent français à la maison. Environ quatre Franco-Ontariens sur 10 vivent dans l'est de la province entre Ottawa et la frontière du Québec, près de 30 p. 100 sont disséminés dans les villes et villages du nord de l'Ontario et plus du quart d'entre eux vivent dans les principaux centres industriels et dans des communautés rurales établies depuis longtemps dans le centre et le sud de la province.

Histoire Les Français sont installés en Ontario depuis le début du régime français. En 1610, Étienne BRÛLÉ, envoyé en mission de reconnaissance par Samuel de CHAMPLAIN, est le premier homme blanc à fouler le sol de ce qui est aujourd'hui l'Ontario. Des militaires français sont mis en garnison au fort Pontchartrain (Detroit) et au FORT FRONTENAC (Kingston), à proximité desquels vivent des colons, tandis que des COUREURS DE BOIS, des missionnaires et des VOYAGEURS parcourent la province.

La première colonie agricole est établie dans la région de Detroit en 1710, mais, une fois le territoire cédé à l'Angleterre, les officiers et les administrateurs coloniaux français retournent en France. La population des petites communautés francophones de l'Ontario ne progresse pas jusqu'à ce que dans les années 1840, la population en accroissement rapide du Québec commence à se déverser dans l'est de l'Ontario, puis, après 1880, dans la région de Sudbury et enfin, au tournant du siècle, dans les «ceintures d'argile» du nord (Haileybury-Hearst). Depuis plus d'un siècle, les villes industrielles du sud attirent les Québécois et les Franco-Ontariens du nord. Des Acadiens (*voir* ACADIE) ainsi que des Belges, des Français, des Suisses et des francophones de l'Afrique du Nord se sont joints à plusieurs de ces communautés.

Recréation La grande majorité des Franco-Ontariens ont tenu à recréer en Ontario leurs institutions culturelles traditionnelles, telles que les paroisses et les écoles catholiques francophones, les coopératives et les CAISSES POPULAIRES. En 1910, ils fondent l'Association canadienne-française de l'Ontario (ACFO) et, trois ans plus tard, le quotidien d'Ottawa *Le Droit*. Depuis 1910, les Franco-Ontariens luttent, parfois avec acharnement, pour maintenir et encourager l'enseignement en français dans les écoles, tout particulièrement pendant la crise causée par le Règlement 17 (*voir aussi* POLITIQUE LINGUISTIQUE; ÉCOLES DE L'ONTARIO, QUESTION DES).

Politique Si, en raison de leur nombre restreint, les Franco-Ontariens ne jouent pas, en tant que collectivité, un rôle important dans la politique fédérale et provinciale, ils peuvent cependant se faire entendre à Ottawa et à Toronto grâce à l'influence considérable qu'ils exercent dans quelques circonscriptions du nord et de l'est. Ils défendent énergiquement leur langue à l'aide d'instruments comme l'ACFO et diverses organisations bénévoles régionales et communautaires.

En tant que groupe, ils sont fortement représentés dans le secteur primaire (exploitation forestière, agriculture, mines), dans le secteur public et dans le domaine de l'éducation.

Religion et culture Les quelque 200 paroisses catholiques francophones de la province sont encore au cœur de la vie d'un grand nombre de Franco-Ontariens. Des dizaines de centres culturels rassemblent des artisans et des artistes. Amateurs ou professionnels, ils se distinguent en particulier dans le théâtre et la poésie. Grâce surtout à la Société Radio-Canada et, dans une certaine mesure, au réseau de télévision éducative de l'Ontario, la communauté franco-ontarienne a accès à la radio et à la télévision francophone.

En émigrant de plus en plus vers les grandes villes anglophones, les Franco-Ontariens s'éloignent de la religion qui a constitué un puissant bastion de la culture française. Les mariages entre anglophones et

francophones sont plus courants que dans le passé et la langue parlée au foyer par ces familles est habituellement l'anglais. Cependant, un nombre important de Franco-Ontariens semblent déterminés à préserver leur culture. En outre, la LOI SUR LES LANGUES OFFICIELLES (1969) et la décision du gouvernement de l'Ontario de leur fournir des services en français ont appuyé leurs efforts.

Pierre Savard

Les nouveaux Franco-Ontariens Au cours des deux dernières décennies du XXᵉ siècle, des modifications notables sont intervenues dans le paysage francophone de l'Ontario. Après la création de l'UNIVERSITÉ LAURENTIENNE à SUDBURY au début des années 60, puis celle du collège Glendon à Toronto-York et l'organisation en réseau de toutes les institutions universitaires francophones, on constate un rajeunissement et une consolidation des communautés franco-ontariennes malgré les pertes importantes qu'accusent les statistiques. On assiste à des modifications démographiques et à de nouvelles influences. La région de WINDSOR est beaucoup moins française, mais, en revanche, la grande région de la métropole torontoise le devient davantage par l'arrivée d'émigrants de France ou de pays francophones qui s'impliquent dans les associations locales. Les ressortissants de la francophonie internationale tendent à dynamiser les groupes traditionnels issus du vieux fond québécois. Les revendications sont différentes, les valeurs ont évolué, mais l'affirmation du fait français est, à l'occasion, beaucoup plus forte. Le gouvernement Harris, qui prétendait ne pas s'en soucier, préoccupé qu'il se voulait de fortifier avant tout l'économie de la province, a dû revoir certaines de ses priorités. Ainsi, après avoir envisagé de fermer l'hôpital Montfort d'OTTAWA par mesure d'économie, il s'est heurté à très forte partie et a dû reconsidérer ses positions pour maintenir ouvert un hôpital francophone dans la capitale nationale. Cette dernière a d'ailleurs grandi, Ottawa est devenue une vaste agglomération urbaine, et on verrait mal qu'elle échappe au bilinguisme officiel du pays d'autant plus qu'elle est située à la lisière du Québec. Quant à TORONTO, il s'agit d'une sphère d'influence à grande échelle pour les émigrés francophones qui tiennent à la fois à s'établir et à garder l'usage du français. Soulignons enfin le fait que, depuis les années 80, les francophones issus d'autres pays que le Canada (Maroc, Cameroun, Europe centrale, France, Belgique et autres) sont de plus en plus nombreux à jouer des rôles majeurs dans la vie ontarienne.

Michel Tétu

Francophones de l'Ouest (*voir* CANADIENS FRANÇAIS DANS L'OUEST)

Francophonie Le terme «francophonie» créé, comme l'adjectif «francophone», par le géographe français Onésime Reclus, en 1880, pour désigner les locuteurs du français hors de France en particulier en Algérie et en Afrique du nord, fut longtemps dédaigné. Il paraissait d'une part dévalorisant pour ceux qui auraient souhaité être considérés à l'égal des Français, d'autre part trop englobant pour les Africains de langue maternelle autre que le français qui souhaitaient être définis davantage par leur langue africaine d'appartenance que par une langue occidentale acquise dans le processus de la colonisation. Il faudra attendre la fin des années 80 pour que, la politique récupérant le terme au niveau le plus élevé des chefs d'État, il se banalise et devienne aujourd'hui courant.

Selon la graphie, la francophonie (avec un *f* minuscule) désigne l'ensemble des individus et des collectivités utilisant assez normalement le français (langue nationale, officielle, de communication internationale ou de culture), tandis que la Francophonie (avec un *F* majuscule) désigne l'institution politique officielle regroupant une cinquantaine d'États et de gouvernements. Le Canada et le Québec ont été parmi les auteurs les plus actifs de ce regroupement institutionnel. On notera qu'à la fin du XXe siècle, l'adjectif francophone s'est progressivement substitué à français pour qualifier les Canadiens de langue française. Les statistiques officielles relèvent désormais le nombre de «francophones hors Québec»: le terme canadien français n'est plus que très rarement employé. (Cette acception de francophone par rapport à français reprend la distinction connue entre *english* et *british*.)

Le regroupement des francophones au niveau international s'est d'abord fait sur une base privée, non gouvernementale, à l'initiative de personnalités impliquées, à la fois, dans les échanges internationaux et la promotion du français. Ainsi en est-il de Jean-Marc LÉGER, juriste, ancien rédacteur en chef du quotidien *Le DEVOIR*, un des membres fondateurs de l'Union canadienne des journalistes de langue française, puis Secrétaire général fondateur de l'Association des universités partiellement ou entièrement de langue française (AUPELF) fondée à Montréal, en 1961. Dans les années 60, de nombreuses associations naissent, ainsi l'Institut international de droit et d'expression française (1964), le Conseil international de la langue française (1967), la Fédération internationale des professeurs de français (1967), etc. La même année est créée, à Luxembourg, l'Association internationale des parlementaires de langue française. Ce courant associatif entraîne la fondation d'une bonne vingtaine d'organisations qui existent toujours pour la plupart, sous une forme parfois un peu modifiée.

Après l'indépendance en cascade des pays africains de langue française dans les années 60, le président du Sénégal d'alors, Léopold Sédar Senghor rêve, avec ses homologues Hamani Diori du Niger et Habib Bourguiba de Tunisie, de la constitution d'un organisme officiel, une sorte de «communauté organique» qui relierait les anciennes colonies de la France avec cette dernière ainsi qu'avec d'autres pays bénéficiant également de l'usage du français et participant à un même système de valeurs humanistes nées de la grande tradition française. Il s'en ouvre aux politiciens de l'heure. Reçu par Jean DRAPEAU à Montréal, lors de l'exposition universelle en 1967 (*voir* EXPO 67), il trouve là un interlocuteur enthousiaste; mais l'entreprise n'est pas sans difficulté. De Gaulle ne veut pas s'impliquer personnellement dans une sorte de «Commonwealth à la française» dont il reconnaît pourtant l'utilité, échaudé qu'il a été dans ses projets africains de 1960. Quant au Canada, le gouvernement de L.B. PEARSON, puis surtout celui de P.E. TRUDEAU sont globalement favorables, mais ils veulent l'entière responsabilité de la représentation canadienne, sans la partager avec le Québec (*voir* FRANCE ET LE QUÉBEC, RELATIONS ENTRE LA).

Une réunion internationale a lieu à Niamey (Niger) en 1969, qui jette les bases de la première organisation intergouvernementale née l'année suivante au même endroit: l'Agence de coopération culturelle et technique (ACCT). On a trouvé une solution, le Québec et le NOUVEAU-BRUNSWICK seront «gouvernements participants»; ils pourront intervenir dans leurs domaines de compétence. Jean-Marc Léger est élu Secrétaire général.

Très vite, pour des raisons de financement et d'efficacité, il paraît important aux fondateurs d'aller plus loin et d'impliquer les chefs d'État en Sommet pour donner une impulsion politique supplémentaire à l'organisation. Mais Trudeau s'oppose formellement à la participation du Québec tandis que la France, après la visite du général de Gaulle et la signature d'une convention de coopération franco-québécoise, ne peut lâcher le Québec. Il faut attendre le départ de Trudeau et son remplacement par Brian MULRONEY pour que se débloque la situation et que François Mitterrand puisse convoquer enfin, à Paris, le premier Sommet, en février 1986. Sur le modèle de l'ACCT, le Canada y compte trois sièges (Canada, Canada-Québec, Canada-Nouveau-Brunswick). Les délégations prennent l'habitude de travailler ensemble et malgré quelques problèmes occasionnels, l'organisation se met à fonctionner à la satisfaction de tous, des pays africains en particulier, qui voient ainsi la Francophonie dépasser nettement l'axe Nord-Sud/Europe-Afrique, pour inclure une dimension américaine.

Les objectifs et l'évolution de la Francophonie

En 1987, le 2e Sommet a lieu à QUÉBEC et est un très grand succès. Après Dakar (1989), Paris (Chaillot, 1991), Maurice (1993), Cotonou (1995) et Hanoi (1997), le Nouveau-Brunswick accueille le dernier Sommet du siècle, à Moncton, en 1999. La Francophonie a été fondée dans un but premier de coopération et de partage. Le discours prononcé par André Malraux en 1969, à Niamey, est resté fameux: «Dans l'ordre de l'esprit, il n'y a que des nations égales, complémentaires et fraternelles.»

L'article 1er de la charte de l'ACCT est très clair: «L'Agence a pour fin essentielle l'affirmation et le développement entre ses membres d'une coopération multilatérale dans les domaines ressortissant à l'éducation, à la culture, aux sciences et aux techniques, et par là au rapprochement des peuples.» Après la décision du Sommet de Cotonou de donner un rôle politique à la Francophonie, l'orientation de l'organisation va fatalement se trouver modifiée. Tout en maintenant «la plus stricte neutralité dans les questions de politique intérieure», celle-ci se donne dorénavant pour objectifs «d'aider à l'instauration et au développement de la démocratie, la prévention des conflits et le soutien à l'État de Droit et aux droits de l'Homme; l'intensification du dialogue des cultures et des civilisations, le rapprochement des peuples par leur connaissance mutuelle; le renforcement de leur solidarité par des actions de coopération multilatérale en vue de favoriser l'essor de leurs économies.»

L'évolution du titre officiel du Sommet «Conférence des chefs d'État et de gouvernement des pays ayant en commun l'usage du français» en « ...*ayant le français en partage*» (Maurice 1993) pourrait être considérée comme révélatrice d'une attitude non hégémonique et plus égalitaire. Toutefois, la structure pyramidale de la Francophonie est renforcée pour lui donner un rôle politique. Le Sommet de Hanoi, mettant en application les résolutions de Cotonou, nomme Boutros Boutros-Ghali, ancien Secrétaire général de l'ONU, Secrétaire général de la Francophonie. Son rôle consiste à représenter la Francophonie à l'échelle mondiale et à faire appliquer les décisions du Sommet par l'Agence de la Francophonie et quelques grandes organisations relevant directement du Sommet, les «opérateurs directs»: l'AUPELF (devenue l'Agence universitaire de la Francophonie), TV5, l'U. Léopold Sédar Senghor d'Alexandrie, l'Association internationale des maires francophones. L'AIMF devenue Assemblée parlementaire de la Francophonie acquiert le statut d'assemblée consultative du Sommet. S'ajoutent à cela environ 600 organisations non gouvernementales (OING) dédiées à la francophonie, d'importance inégale, bénéficiant généralement d'assez peu de moyens en dehors de leur bonne volonté. Le fossé s'est d'ailleurs apparemment creusé entre la francophonie populaire et la Francophonie institutionnelle, la seconde étant assez éloignée des préoccupations de ces dernières associations. Alors qu'à l'origine de la Francophonie on ne mentionnait même pas la défense de la langue française, le Secrétaire général insiste aujourd'hui davantage sur le soutien qu'on doit lui porter. «Je le dis clairement: la diffusion et la promotion du français restent la vocation première de notre organisation ! C'est notre mission essentielle et, pour moi, elle passe notamment par le renforcement de son rôle dans les organisations internationales et un meilleur ancrage dans la société civile.» (Discours au Sénat français, 3 mai 2000).

Quoi qu'il en soit, l'avenir de la Francophonie dépend en large part de l'évolution de l'Afrique, dans sa quête d'une économie plus performante et d'une réelle scolarisation en français. Les réalisations de la Francophonie sont importantes. Elles ont permis au Sud de se faire mieux entendre, d'avoir une meilleure formation pour ses cadres et gestionnaires (École internationale de Bordeaux), de bénéficier plus facilement de l'accès à Internet ainsi qu'à de nouvelles sources d'énergie (Institut de l'énergie). Mais il reste encore beaucoup à faire, plusieurs pays francophones d'Afrique étant parmi les plus pauvres du monde. Après Jean-Marc Léger, le Canada a donné un autre Secrétaire général à l'Agence, Jean-Louis ROY, ancien directeur du *Devoir* et ancien délégué général du Québec à Paris. Le Canada est impliqué dans toutes les opérations de la Francophonie; il s'est doté d'un ministre de la francophonie; le Québec et le Nouveau-Brunswick en ont fait autant. Le Québec a vu très vite le parti qu'il pouvait tirer de cette ouverture internationale sur les plans politique et économique. Le Nouveau-Brunswick, après s'être un peu fait tirer l'oreille, s'est vigoureusement impliqué depuis 1993. Il fournit maintenant de nombreuses expertises aux pays défavorisés, en particulier grâce à l'UNIVERSITÉ DE MONCTON, très active.

En 1986, le Canada a doté l'Académie française d'un fonds spécial pour qu'elle puisse créer le Grand Prix de la Francophonie. Au cours des années, les initiatives québécoises et canadiennes ont été nombreuses et appréciées. Parmi ces réalisations, il faut retenir la création, en 1991, à l'UNIVERSITÉ LAVAL de *L'Année francophone internationale*, devenue la publication annuelle incontournable pour suivre la francophonie à l'échelle mondiale dans les principaux domaines (politique, social et économique, culturel et artistique) ainsi que l'évolution de la francophonie institutionnelle. (*Voir* ACADIE; FRANCO-AMÉRICAINS; FRANCO-ONTARIENS et FRANCOPHONES DE L'OUEST; RELATIONS FRANCE-QUÉBEC.)

Michel Tétu

Francq, Gustave, typographe, imprimeur et dirigeant syndical (Bruxelles, Belgique, mars 1871—Montréal, 2 janv. 1952). Considéré comme le père du syndicalisme international au Québec, il immigre dans la ville de Québec en 1886 et y apprend le métier de typographe. Établi à Montréal en 1900, il devient membre de l'Union typographique Jacques-Cartier, où il assume plusieurs fonctions de direction. Par la suite, il est élu président du Conseil des métiers et du travail de Montréal en 1909, et vice-président du CONGRÈS DES MÉTIERS ET DU TRAVAIL DU CANADA, de 1909 à 1911. Dans le journal *Le Monde ouvrier / The Labor World*, qu'il fonde en 1916 et qui est encore l'organe officiel de la Fédération des travailleurs du Québec (FTQ), il se porte à la défense du syndicalisme international qui subit les attaques du clergé et des syndicats catholiques. Ayant flirté dans sa jeunesse avec les idées socialistes, il se présente comme candidat du Parti ouvrier aux élections provinciales de 1908. Durant la Première Guerre mondiale, il est partisan de la conscription, ce qui lui attire bien des reproches. Par la suite, il se range du côté du PARTI LIBÉRAL, à qui il fait confiance pour adopter des lois favorables aux travailleurs. De 1925 à 1937, il devient président de la Commission du salaire minimum des femmes du Québec et, de 1939 à 1944, vice-président de la Commission du salaire minimum. En 1937-1938, il est un des artisans principaux de la création de la Fédération provinciale du travail du Québec, qui le fait président honoraire à vie pour sa contribution exceptionnelle au développement du syndicalisme international.

Jacques Rouillard

Frank Slide Interpretive Centre Il est situé sur les lieux du glissement de terrain de Frank, dans la municipalité de CROWSNEST PASS, en Alberta. Le 29 avril 1903, une portion du mont Turtle se détache et ensevelit une partie de la région minière de Frank. La controverse règne encore quant à la cause exacte de ce désastre. Certains disent qu'il résulte de pratiques minières dangereuses, tandis que d'autres croient qu'il s'agit tout simplement d'une catastrophe naturelle. Quelle qu'en soit la cause, 70 personnes ont perdu la vie dans ce glissement de terrain qui a laissé des millions de tonnes de roches éparpillées dans la vallée de la rivière Crowsnest.

Le Frank Slide Interpretive Centre, qui est ouvert toute l'année, fait connaître aux visiteurs l'histoire du glissement de terrain ainsi que la fascinante histoire des communautés minières du col Crowsnest. On peut également se promener sur de nombreux sentiers balisés et visiter d'autres lieux historiques de la région tels que Bellevue Mine ou la ville abandonnée de Lille, et le cimetière Hillcrest, où sont enterrées les victimes de la plus importante catastrophe minière du Canada.

Deborah Welch et Michael Payne

Franklin, à la recherche de La disparition de sir John FRANKLIN et de son équipage dans ce qui est maintenant l'Arctique canadien déclenche l'une des plus vastes opérations de sauvetage dans l'histoire de l'exploration. Les deux navires de Franklin partent d'Angleterre le 19 mai 1845 et sont aperçus la dernière fois à la fin de juillet, naviguant en direction du détroit de Lancaster. En 1848, des recherches à trois volets sont organisées: sir James Clark ROSS entre par le détroit de Lancaster, le capitaine Henry Kellet passe par le détroit de Béring, tandis que John RAE et sir John RICHARDSON voyagent sur la terre ferme à partir du fleuve Mackenzie.

Ils ne trouvent aucune trace concluante de l'expédition et, en 1850, d'autres expéditions de secours sont envoyées. L'Amirauté envoie Richard Collinson et Robert MCCLURE par le détroit de Béring et Horatio Austin et William Penny qui partent de l'est. La Compagnie de la baie d'Hudson envoie sa propre expédition sous le commandement de sir John ROSS et la première expédition américaine le Nord est dirigée par E.J. De Haven. Lady Franklin finance une expédition sous le commandement de Charles Forsyth.

Le campement de Franklin pendant l'hiver de 1845-1846 sur l'île Beechey est découvert, mais le sort de l'explorateur demeure inconnu. En 1851, lady Franklin envoie une autre expédition de secours. En 1852, l'Amirauté envoie sa dernière expédition, la plus vaste, sous le commandement de sir Edward BELCHER, car, en plus de Franklin, on est aussi inquiet à propos de McClure et de Collinson, dont on n'a aucune nouvelle. En août 1853, le bateau ravitailleur BREADALBANE coule pendant une tempête au large de l'île Beechey. En 1854, Belcher y revient honteusement, après avoir abandonné inutilement quatre navires. Même si l'on n'apprend rien de nouveau sur le sort de Franklin, l'expédition retrouve néanmoins McClure qui, avec son équipage, se voit attribuer le prix de l'Amirauté pour avoir franchi le PASSAGE DU NORD-OUEST.

En 1854, John Rae reçoit la récompense de 10 000 livres offerte à quiconque découvrirait le sort de Franklin. S'appuyant sur les indications des Inuits et sur un examen des effets personnels de l'équipage, il conclut que tous les membres de l'expédition ont péri sur l'ÎLE DU ROI-GUILLAUME ou dans les environs. Non convaincue, lady Franklin y envoie, en 1857, Leopold MCCLINTOCK. L'expédition explore l'île du Roi-Guillaume et, en 1859, découvre d'autres objets, des squelettes, ainsi que le seul compte rendu écrit du désastre.

En 1869, l'explorateur américain Charles Francis HALL mène de brèves recherches dans le sud-est de l'île du Roi-Guillaume. En 1879, un autre Américain, le lieutenant Frederick Schwatka, mène les premières recherches estivales sur l'île et sur la terre ferme avoisinante. La recherche des membres de l'expédition Franklin se poursuit au XXᵉ siècle. En 1930, une expédition parrainée par le gouvernement du Canada, dirigée par le major L.T. Burwash et transportée par Walter Gilbert, un pilote de

brousse, découvre des artefacts dans le nord-ouest de l'île du Roi-Guillaume, mais en quantité trop négligeable pour avoir de l'importance. En 1931, William Gibson, de la Compagnie de la baie d'Hudson, mène des recherches sur la côte sud de l'île du Roi-Guillaume et découvre quelques squelettes et artefacts.

Les recherches menées au XIXᵉ siècle et au début du XXᵉ siècle pour retrouver Franklin accroissent grandement les connaissances sur les diverses îles et les multiples tracés du passage du Nord-Ouest. Les recherches plus récentes des traces de Franklin abordent le problème de façon systématique et scientifique. Lors de fouilles archéologiques menées en 1981 et en 1982, des anthropologues de l'U. de l'Alberta découvrent sur l'île du Roi-Guillaume les dépouilles éparpillées et fragmentaires d'au moins sept membres non identifiés de l'équipage de l'expédition Franklin.

L'analyse des dépouilles révèle la présence du SCORBUT et un cannibalisme probable, question controversée et non tranchée, d'abord soulevée par Rae en 1854, au sujet de l'expédition Franklin. En 1984 et en 1986, des chercheurs de l'U. de l'Alberta exhument provisoirement et autopsient trois membres de l'équipage de l'expédition Franklin, dont les cadavres ont été préservés dans le pergélisol depuis leur enterrement en 1846 dans l'île Beechey. Les analyses des tissus mous révèlent que les hommes étaient atteints de saturnisme, une intoxication grave et potentiellement létale, et que la source du plomb était la brasure utilisée pour sceller les boîtes de conserves fournies aux membres de l'expédition. Une analyse plus poussée des os recueillis antérieurement sur l'île du Roi-Guillaume révèle aussi des taux dangereusement élevés de plomb. Les résultats de la recherche démontrent que les effets physiologiques et neurologiques graves du saturnisme ont contribué au désastre.

En 1992, en 1993 et en 1994, des chercheurs découvrent sur la côte ouest de l'île du Roi-Guillaume les restes d'au moins 11 hommes de l'expédition Franklin. L'analyse de ces ossements révèle aussi des taux élevés de plomb, ainsi que des preuves généralisées de cannibalisme.

James Marsh et Owen Beattie

Franklin, sir John, officier de marine, explorateur arctique (Spilsby, Angl., 16 avril 1786—11 juin 1847 à bord du *HMS Erebus*, détroit de Victoria, T.N.-O.). De 1801 à 1804, Franklin acquiert des compétences en arpentage et un goût pour les sciences naturelles qui seront déterminants pour sa future carrière, puisqu'il deviendra le plus connu et sans doute le plus grand explorateur de l'Arctique britannique et américain. Il doit sa célébrité aux nombreuses recherches qui ont eu lieu pour le retrouver, lui et ses navires perdus. Il a mérité cette célébrité grâce à ses expéditions de découverte, vers l'ouest à partir de l'Atlantique, et à sa cartographie de la côte arctique canadienne. On dit qu'il a découvert le PASSAGE DU NORD-OUEST, mais aucun témoin n'a survécu pour rendre compte de son exploit, révélé neuf ans seulement après l'annonce de sa découverte par Robert MCCLURE.

En 1818, Franklin est commandant adjoint lors d'un voyage manqué vers les glaces de Spitsbergen. En 1819, l'AMIRAUTÉ britannique le charge de dresser la carte de la côte arctique de l'Amérique du Nord, alors inconnue. Il doit descendre la turbulente rivière COPPERMINE, jugée non navigable, et explorer vers l'est en canot. En 1821, il arpente quelque 340 km de côtes sinueuses et hérissées de glace. Environ 10 de ses hommes périssent à cause du froid et de la faim sur le chemin du retour par terre, car les canots sont inutiles dans les glaces à la dérive et l'expédition connaît mal les commerçants, les VOYAGEURS et les conditions nordiques. Au cours de sa seconde expédition (1825-1827), mieux organisée, il s'approche de la côte sur des bateaux en état de navigabilité en empruntant le fleuve Macken-

zie. De son embouchure, il envoie deux navires vers l'est pour cartographier le territoire jusqu'à la rivière Coppermine, tandis qu'il navigue vers l'ouest. Gêné par les glaces et par la brume, il arpente 640 km de côte avant de rebrousser chemin arrivé à un détroit qu'il nomme baie Prudhoe. Le groupe qu'il avait dépêché vers l'est termine sa tâche et revient rapidement par terre, comme l'avait prévu Franklin, prudent.

Thomas Simpson, de la Compagnie de la baie d'Hudson, enrichit ces relevés d'arpentage, et des navires explorent les îles au nord. En 1845, Franklin est envoyé avec deux navires, le *Erebus* et le *Terror*, pour participer aux découvertes et franchir le passage du Nord-Ouest. Il ne reviendra jamais. Après des recherches faites par de nombreux navires qui dureront 12 ans, on apprend qu'il a été retenu dans les glaces à l'ouest de l'île King William, presque au but. Franklin est mort le 11 juin 1847, et le capitaine Francis Crozier a pris le commandement de l'expédition, ordonné l'abandon des navires et entrepris avec les 105 membres survivants de l'équipage de revenir vers le sud en direction de la rivière Back. Tous ont péri, la plupart près de la pointe Victory. La «célébrité du mystère» de Franklin et des nombreux voyages voulant le percer ont obscurci les exploits réels de l'explorateur. Il a fait preuve de hardiesse et de débrouillardise en étant le précurseur d'une nouvelle méthode de découverte de l'Arctique et il a contribué plus que tout autre explorateur, à l'exception de George VANCOUVER, à l'établissement de la carte de la côte canadienne. *(voir aussi* FRANKLIN, À LA RECHERCHE DE.)

L.H. Neatby

Franklin, Ursula Martius, physicienne, formatrice (Munich, Allemagne, 16 sept. 1921). Spécialiste de la structure des métaux et des alliages, Franklin est une pionnière du développement de l'archéométrie, qui applique les techniques modernes d'analyse des matériaux à l'ARCHÉOLOGIE. Elle étudie à l'université technique de Berlin et fait ses études postdoctorales à l'U. de Toronto. Après avoir travaillé pour la Fondation de recherches de l'Ontario de 1952 à 1967, elle devient membre du département de métallurgie et de science des matériaux à l'U. de Toronto en 1967.

Grâce à ses activités au sein du Conseil des sciences du Canada et du Conseil de recherches en sciences naturelles et en génie du Canada, Franklin participe au développement des directives pour la science. Elle rassemble et analyse des données sur l'accumulation de strontium 90 dans les dents d'enfants vivant au Canada, une conséquence des retombées atmosphériques consécutives aux essais d'armes nucléaires. Elle effectue également la datation d'artefacts en cuivre, en bronze, en métal et en céramique qui proviennent de cultures préhistoriques du Canada et d'ailleurs. Elle tente aussi de sensibiliser le public et la communauté scientifique aux effets de la science et de la technologie sur la survie de l'espèce humaine et sur la qualité de vie. Elle défend sans relâche Science et paix.

Le travail de Franklin est reconnu mondialement et lui rapporte de nombreuses distinctions honorifiques dont le titre de docteur ès sciences de l'U. Queen (1985) et celui de docteur ès lettres (humanités) de l'U. Mount Saint Vincent (1985). Elle reçoit également le titre de Compagnon de l'Ordre du Canada en 1992. En 1984, elle devient la première femme à être nommée professeure distinguée à l'U. de Toronto.

Rose Sheinin

Franks, Wilbur Rounding, chercheur médical, inventeur de la combinaison anti G (Weston, Ont., 4 mars 1901—Toronto, 4 janv. 1986). Après l'obtention d'un diplôme en médecine à l'U. de Toronto, il reçoit une formation en recherche sur le cancer sous la direction de F.G. BANTING. Après le décès de ce dernier, Franks prend en charge la recherche médicale en temps de guerre de l'Aviation royale canadienne (ARC). Il invente la combinaison pressurisée qui permet aux pilotes d'effectuer des manœuvres à grande vitesse sans perdre conscience et que les pilotes de chasseurs des forces alliées utilisent à partir de 1942. Les combinaisons pressurisées actuelles des astronautes sont de simples raffinements de la conception de Franks. Pour ce projet, il a construit en temps de guerre la première centrifugeuse humaine canadienne. Le laboratoire de temps de guerre de Franks est devenu l'Institut de médecine aéronautique de l'ARC, maintenant l'Institut militaire et civil de médecine environnementale, à Toronto.

Donald J.C. Phillipson

Franquelin, Jean-Baptiste-Louis, cartographe, hydrographe royal et professeur de navigation (Saint-Michel de Villebernin, France, 1651—France, après 1712). Premier cartographe officiel du Canada, Franquelin dessine quelque 50 cartes richement illustrées de la Nouvelle-France entre 1674 et 1708. Même si elles ne sont pas publiées, elles servent de référence de premier choix aux cartographes français, dont Guillaume Delisle (*Carte du Canada*, 1703). C'est en tant que négociant qu'il arrive au Canada en 1671. Remarquant son talent, le gouverneur Frontenac l'emploie pour dresser des cartes (*voir* CARTOGRAPHIE, HISTOIRE DE LA). Entre 1674 et 1684, il consigne les explorations de Louis JOLLIET et de Cavelier de LA SALLE, puis, en 1686, il est nommé hydrographe du roi. En 1692, il retourne en France pour terminer une série de cartes de la côte de la Nouvelle-Angleterre. Son épouse et 10 de ses 13 enfants, qui tentent de le rejoindre l'année suivante, périssent dans un naufrage. Bien qu'il conserve sa charge au Canada de 1686 à 1697 et de 1701 à 1703, il n'y retourne pas. De 1694 à 1707, il semble qu'il ait travaillé pour Vauban, l'ingénieur militaire de Louis XIV.

C.E. Heidenreich

Frappier, Armand, médecin et microbiologiste (Salaberry-de-Valleyfield, Qc, 26 nov. 1904—Montréal, 17 déc. 1991). Après son diplôme de médecine (1930) et sa maîtrise ès sciences (1931) de l'U. de Montréal, Frappier se voit offrir une bourse d'études de la Rockefeller Foundation (1931-1932). Il étudie la tuberculose et le vaccin BCG (bacille Calmette-Guérin) aux États-Unis et à l'Institut Pasteur à Paris, où il travaille dans les laboratoires Calmette, Guérin et Nègre. En 1937, il revient à l'Institut afin d'étudier les applications de l'immunologie et des anatoxines.

En 1933, Frappier devient chef des laboratoires de l'Hôpital Saint-Luc et professeur de bactériologie à l'U. de Montréal. En 1938, il fonde l'Institut de microbiologie et d'hygiène de Montréal (rebaptisé INSTITUT ARMAND-FRAPPIER en 1975), dont les buts sont la recherche, la formation continue, la prestation de certains services de santé et l'aide à l'industrie dans la production de produits biologiques. En 1945, il fonde, à l'U. de Montréal, la première école francophone d'hygiène au monde. Il en est le doyen de 1945 à 1965.

Frappier est un des premiers Nord-Américains à confirmer la sécurité et l'efficacité du BCG et à mener des recherches originales sur les méthodes d'utilisation du vaccin. Avec son collègue Paul Lemonde et sa fille, Lise Davignon, ils sont les premiers à démontrer l'effet préventif non spécifique du vaccin dans les cas de leucémie infantile. Pendant de nombreuses années, il étudie les mécanismes sous-jacents de l'infection et de la résistance (spécifique ou non spécifique) à certaines infections. Il encourage la recherche internationale sur la lèpre à l'Institut et contribue à y établir un des rares laboratoires se consacrant à ce genre de travail.

En 1974, Frappier prend sa retraite, mais il demeure consultant et professeur émérite à l'U. de Montréal. Associé étranger de l'Académie nationale de médecine de France, Frappier est aussi président du comité BCG de l'Union internationale contre la tuberculose (maintenant Union internationale contre la tuberculose et les maladies respiratoires) et

membre d'un comité d'experts sur la tuberculose pour l'Organisation mondiale de la santé. Il reçoit d'autres distinctions honorifiques, notamment il est fait Compagnon de l'Ordre du Canada, Officier de l'Ordre de l'Empire britannique et reçoit des doctorats honorifiques de l'U. Laval et des universités de Paris, de Montréal, de Québec et de Cracovie.

Claude Vézina

Frappier, Roger, réalisateur et producteur (Sorel, Qc, 14 avril 1945). Bien qu'il ait été monteur et réalisateur au début de sa carrière, Roger Frappier est surtout connu comme producteur. À ce titre, son nom est associé à d'importants longs métrages québécois depuis le milieu des années 80: *Anne Trister* (Léa POOL, 1986); Le DÉCLIN DE L'EMPIRE AMÉRICAIN (Denys ARCAND, 1986); *Pouvoir intime* (Yves Simoneau, 1986); *Un zoo la nuit* (Jean-Claude LAUZON, 1987); *Jésus de Montréal* (Denys Arcand, 1989); *Ding et Dong, le film* (Alain Chartrand, 1990); *La Vie fantôme* (Jacques LEDUC, 1992); *L'enfant d'eau* (Robert Ménard, 1994); *Sous-sol* (Pierre Gang, 1996); *La Comtesse de Bâton Rouge* (André FORCIER, 1997).

À l'exception de *Dernier glacier* (1984), réalisé en collaboration avec Jacques Leduc, qui mêle des éléments documentaires et la fiction, les documentaires réalisés par Frappier (p. ex., *Le Grand Film ordinaire*, 1970, et *L'Infonie inachevée…*, 1973) témoignent d'un grand intérêt pour les processus de création artistique.

En 1974, Frappier s'initie à la production en collaborant avec Bernard Lalonde au documentaire *On a raison de se révolter*. L'année suivante, il s'en va aux États-Unis et collabore avec Robert Altman à la production de *Nashville*. À son retour, il se joint à une équipe de l'OFFICE NATIONAL DU FILM (ONF) qui travaille à une coproduction avec le Mexique, puis produit de nombreux films pour l'ONF, notamment *La Fiction nucléaire* (Jean Chabot, 1979) et *Cordélia* (Jean BEAUDIN, 1979).

Frappier quitte l'ONF en 1986 pour fonder Max Film avec Pierre Gendron. Cette compagnie ne tarde pas à asseoir sa réputation grâce au succès d'*Un zoo la nuit*. Les deux producteurs mettent fin à leur collaboration en 1991. Frappier poursuit sa carrière en coproduisant un film avec l'Argentine (*El Lado Oscuro Del Corazon*, Eliseo Subiela, 1992; v.f. *Le Côte Obscur du Cœur*) et en produisant un long métrage pour Denys Arcand (*Love & Human Remains*, 1994; v.f. *De l'amour et des restes humains*).

Par ses nombreuses prises de position pour défendre les droits des producteurs, pour protester contre l'abolition des abris fiscaux et exhorter les gouvernements à investir davantage dans la culture, Frappier a acquis une réputation de militant qui, ajoutée à la qualité de ses productions, fait de lui une vedette de l'industrie cinématographique.

Il se tourne dès lors vers les jeunes cinéastes et produit *Cosmos* (1996), un collectif qui réunit six cinéastes prometteurs qu'il a lui-même sélectionnés (Jennifer Alleyn, Manon Briand, Marie-Julie Dallaire, Arto Paragamian, André Turpin et Denis Villeneuve). Le film est sélectionné à Cannes. Sur cette lancée, il produit le premier long métrage de deux de ses protégés, *2 secondes* de Manon Briand et *Un 32 août sur terre* de Denis Villeneuve, ainsi que le deuxième de Villeneuve, *Maelström* (2000). En 1998, le festival de Cannes rend hommage à son travail de producteur.

Marcel Jean

Fraser, basses terres du fleuve Il s'agit d'une région en forme de triangle située dans le sud-ouest de la Colombie-Britannique, à l'embouchure du fleuve. Le sommet oriental du triangle se trouve à Hope, à l'intérieur des terres à environ 160 km du DÉTROIT DE GEORGIA, et les basses terres s'élargissent vers l'ouest, sur une largeur de 50 km environ. La frontière internationale entre la Colombie-Britannique et l'État de Washington traverse la partie sud-ouest des

basses terres. La CHAÎNE CÔTIÈRE forme la frontière septentrionale des basses terres du delta. Les basses terres représentent la plus grande étendue de terrains plats dont les sols sont propices à l'agriculture dans la région côtière de la Colombie-Britannique.

Les basses terres sont formées de dépôts glaciaires et alluviaux vieux de plus de 10 000 ans et qui formaient un delta à l'époque un delta à l'embouchure d'un fleuve Fraser postglaciaire beaucoup plus grand qu'il ne l'est aujourd'hui. À la suite du soulèvement postglaciaire des terres et de l'érosion des dépôts par le FLEUVE FRASER actuel, les dépôts plus anciens du delta se trouvent maintenant à 100 m au-dessus du niveau de la mer. Les basses terres de niveau inférieur, presque au niveau de la mer, sont le résultat de dépôts alluviaux récents le long de la plaine inondable des chenaux actuels du fleuve Fraser et sont protégées des inondations par des digues. L'exploitation de fermes laitières est typique des sols alluviaux des terres les plus basses, tandis que les sols plus pauvres de la partie supérieure du delta postglaciaire servent à la culture de petits fruits et de baies, à l'élevage des volailles et à l'exploitation forestière.

Plus de la moitié de la population de la Colombie-Britannique se concentre dans les basses terres, connues localement comme la vallée basse du Fraser ou le bas continent. La ville de VANCOUVER fait aussi partie des basses terres, à leur limite nord-ouest. L'étalement des terrains résidentiels, commerciaux et industriels du Vancouver métropolitain couvre la majeure partie de la section ouest des basses terres du delta. Dans d'autres parties des basses terres, les terres agricoles sont protégées de la prolifération urbaine par des règlements de zonage. Avant que le FORT LANGLEY ne soit fondé en 1827, des Amérindiens ont habité, durant quelques milliers d'années, des campements de pêche situés à l'embouchure du fleuve. Des colonies agricoles ont vu le jour après les RUÉES VERS L'OR du Fraser (1858) et de Cariboo (1862), mais il a fallu attendre l'amélioration du drainage et la construction de digues, au début du XX\ :superscript:`e` siècle, pour exploiter à fond le potentiel agricole des meilleurs sols des basses terres.

J. Lewis Robinson

Fraser, Blair, journaliste (Sydney, N.-É., 17 avril 1909—rivière Petawawa, Ont., 12 mai 1968). L'un des journalistes les plus influents des années 50 et 60. Rédacteur en chef du magazine *Maclean's* à Ottawa de 1943 à 1960, il a l'occasion unique d'influencer un lectorat pancanadien. Après des études à l'U. Acadia, il collabore à différents quotidiens anglophones de Montréal de 1929 à 1943 et entre au *Maclean's*, où il est affecté à la politique du temps de guerre. Ses relations avec des politiciens et de hauts fonctionnaires lui ouvrent un accès privilégié aux secrets gouvernementaux sous le régime libéral et presque autant sous les conservateurs. Il quitte Ottawa en 1960 pour devenir rédacteur en chef du *Maclean's* pendant deux ans, puis correspondant à Londres. Il revient à Ottawa en 1963. Il se noie lors d'un accident de canot.

J.L. Granatstein

Fraser, Brad, dramaturge (Edmonton, 28 juin 1959). Fraser écrit et met en scène sa première pièce en 1980, à Edmonton. Il obtient un certain succès dans sa région et devient par la suite un pilier de la scène théâtrale à Edmonton et à Calgary durant de nombreuses années, avec ses pièces traitant des mœurs et des orientations sexuelles.

Grâce à sa pièce *Unidentified Human Remains and The True Nature of Love*, Fraser devient une vedette internationale. Œuvre noire et apocalyptique, *Unidentified Human Remains…* fait sensation à Toronto, Chicago et Londres. Les critiques britanniques font l'éloge de la pièce et, en 1993, Fraser est nommé «nouvel auteur le plus prometteur», tandis que son œuvre est qualifiée de meilleure nouvelle pièce de l'année à Londres. En 1994, le cinéaste

Denys Arcand en tire un film (*Unidentified Human Remains*; v.f. *De l'amour et des restes humains*) qui est projeté dans les principaux festivals du monde, où il est acclamé par la critique. Sa pièce *The Ugly Man*, écrite en 1992, est montée pour la première fois en Écosse lors du célèbre Edinburgh Fringe Festival. Après son déménagement à Toronto en 1993, Fraser produit une version théâtrale du film de Craig Russell, *Outrageous*. Sa pièce *Poor Superman*, écrite en 1994, est jouée pour la première fois à Edmonton devant des salles combles et elle obtient des critiques très élogieuses.

Fraser, canyon du fleuve Il s'est formé durant le Miocène (il y a de 23,7 à 5,3 millions d'années), lorsque le fleuve s'est encaissé dans la partie méridionale du plateau intérieur de la Colombie-Britannique, au cours d'une période de soulèvement. La partie centrale du FLEUVE FRASER, ayant les caractéristiques du canyon, s'étend à environ 270 km au nord de Yale. Au sud de Lytton, les parois du canyon HELL'S GATE s'élèvent à 1000 m environ au-dessus du fleuve étroit et impétueux. Deux lignes ferroviaires transcontinentales et la ROUTE TRANSCANADIENNE ont été creusées à même les parois du canyon. Des échelles à poissons ont été aménagées le long du fleuve afin de permettre aux saumons migrateurs (*voir* SAUMON DU PACIFIQUE) de franchir un ancien glissement rocheux qui bloquait partiellement le cours d'eau.

J. Lewis Robinson

Fraser, Frank Clarke, médecin, généticien médical (Norwich, Conn., 29 mars 1920). Après avoir reçu un diplôme en biologie de l'U. Acadia en 1940, Fraser obtient une maîtrise ès sciences en 1941 et un doctorat en 1945 à l'U. McGill. Attiré par la GÉNÉTIQUE appliquée aux humains et par la génétique des malformations chez la souris, il entre à l'école de médecine de l'U. McGill et en sort diplômé en 1950. Il fonde la première clinique de génétique médicale dans un hôpital canadien, l'Hôpital pour enfants de Montréal, est président de l'American Society of Human Genetics (1961-1962), de la Teratological Society (1962-1963) et du Collège canadien de généticiens médicaux (1980-1983), et siège à de nombreux comités sur la génétique humaine. Il est professeur émérite de l'U. McGill depuis 1985, année où il est nommé Officier de l'Ordre du Canada. Auteur prolifique et de grande valeur, il a publié plus de 200 œuvres sur la génétique des malformations congénitales chez la souris et les humains, et a influencé grandement toute une génération de médecins et de généticiens.

P.A. Baird

Fraser Institute C'est un organisme sans but lucratif fondé en 1974 avec charte fédérale, dont les bureaux se trouvent à Vancouver (siège social) et à Toronto. L'institut, connu pour ses opinions conservatrices, est un organisme de recherche et d'enseignement qui soutient la libre entreprise. Il recommande généralement des politiques qui font confiance au marché pour résoudre les problèmes sociaux et économiques de la société. Il essaie d'influer sur la politique gouvernementale par divers moyens: publication d'études d'économistes et d'universitaires membres de son personnel, publication d'un magazine mensuel, le *Fraser Forum*, et d'un bulletin d'information bimensuel, le *Canadian Student Review*; diffusion de renseignements dans les écoles, les universités et les églises; entrevues avec les médias; ainsi que discours et symposiums. Le Fraser Institute tente en particulier d'atteindre les étudiants universitaires au moyen de séminaires et de programmes de stage. Il est financé par des dons privés, des cotisations et la vente de ses publications.

Gordon W. Stead

Fraser, John James, avocat, premier ministre (1878-1882) et lieutenant-gouverneur (1893-1896) du Nouveau-Brunswick (Miramichi, N.-B., 1er août 1829—Italie, 24 nov. 1896). Éminent avocat, Fraser se fait élire à l'Assemblée législative du Nouveau-Bruns-

wick en 1865, en tant que candidat s'opposant à la Confédération. De 1871 à 1872, il est président du Conseil exécutif, et, de 1872 à 1878, secrétaire provincial. Il est premier ministre provincial et procureur général de 1878 à 1882. Il est nommé à la Cour suprême du Nouveau-Brunswick en 1882 et est lieutenant-gouverneur de 1893 à 1896. Être doux, il est populaire même auprès de ses adversaires. Ce sont cependant ses collègues qui semblent avoir assuré l'administration de la province et peu de lois importantes sont adoptées pendant son mandat.

Arthur T. Doyle

Fraser River Ce fleuve est long de 1368 km et son bassin de drainage est de 233 000 km². Il prend sa source sur le versant ouest des ROCHEUSES, près du parc national Jasper, à une altitude de 1109 m. Il s'écoule ensuite lentement vers le nord-ouest en chenaux méandriques qui suivent la vallée du SILLON DES ROCHEUSES jusqu'à Prince George, en Colombie-Britannique, où il change de cap vers le sud. Les berges de gravier du fleuve atteignent alors de 50 à 100 m, là où il a entaillé les dépôts glaciaires du plateau Intérieur central. Sa vitesse de passage augmente au sud de Prince George, où plusieurs affluents viennent s'y jeter, le plus important étant la RIVIÈRE NECHAKO en provenance du nord-ouest.

Le Fraser pénètre dans le CANYON DU FLEUVE FRASER au sud de Quesnel. Là où le rejoint la rivière Chilcotin, en provenance de l'ouest, il a érodé le sous-sol rocheux du plateau Intérieur jusqu'à des profondeurs atteignant de 300 à 600 m. À l'extrémité sud du canyon, près de Yale, le fleuve coule entre l'extrémité nord de la CHAÎNE DES CASCADES à l'est, et la CHAÎNE CÔTIÈRE, à l'ouest. D'importants tributaires rejoignent alors le cours moyen du Fraser, dont les rivières Quesnel et THOMPSON venant de l'est et les rivières West Road et Chilcotin venant de l'ouest.

À Hope, le fleuve n'est plus qu'à 5 m au-dessus du niveau de la mer, mais son élévation varie selon les saisons. Son débit annuel moyen est de 269 000 m³/s à cet endroit, avec un minimum moyen de 70 800 m³/s en mars et un débit de pointe moyen de 850 000 m³/s en juin. Le cours inférieur du Fraser dévie vers l'ouest à la hauteur de Hope et sa vallée s'évase en un delta d'une largeur d'environ 50 km à l'endroit où le fleuve se déverse dans le détroit de GEORGIA. La partie sud-est du delta du Fraser se trouve dans l'État de Washington, aux États-Unis.

Le Fraser est nommé par David THOMPSON en l'honneur de Simon FRASER de la Compagnie du Nord-Ouest, le premier Européen à en suivre le cours jusqu'à son embouchure en 1808. Jusqu'à la découverte de gisements d'or sur les bancs de sable situés au nord de Yale en 1857, la partie centrale du fleuve est peu exploitée en raison de ses courants dangereux. La RUÉE VERS L'OR DE CARIBOO qui s'ensuit vers le nord favorise la construction de la première route étroite (ROUTE CARIBOO), creusée à même les parois du canyon. Plus tard, le Canadien Pacifique suit la tranchée des rivières Thompson et Fraser pour y construire la seule route à ce niveau traversant la barrière de la chaîne des Cascades et de la chaîne côtière vers le sud-ouest de la Colombie-Britannique.

Les parties centrales du bassin du Fraser sont très boisées, mais le sud-ouest offre une végétation de pâturage favorable à l'élevage bovin en liberté le long de la rivière Chilcotin et dans les secteurs plus secs de basse altitude, près d'Ashcroft p. ex., L'économie des grandes agglomérations urbaines de Kamloops, de Prince George et de Quesnel repose sur de nombreuses scieries et usines de pâtes et papiers importantes. L'exploitation de l'or, du cuivre, du molybdène et du mercure a été prospère à différentes époques et à divers endroits du bassin. Les cours supérieurs des nombreux affluents du fleuve servent de frayères au SAUMON DU PACIFIQUE, que l'on pêche plus tard à l'embouchure du fleuve.

J. Lewis Robinson

Fraser, Simon, explorateur et commerçant de fourrures (Mapletown, Hoosick Township, N. Y., 20 mai 1776 —St. Andrews West, Ont., 18 août 1862). Le dernier des 10 enfants de Simon Fraser de Culbokie et Guisachan (une branche cadette de la noble lignée des Fraser de Lovat, des Highlands) et d'Isabel Grant de Daldreggan. En septembre 1773, sa famille fait partie du groupe d'immigrants en Amérique venant des Highlands d'Écosse, et s'établit dans le hameau de Mapletown. Son père s'enrôle dans les troupes loyalistes, est fait prisonnier lors de la bataille de Bennington et meurt dans la prison d'Albany. Harcelée sans arrêt par les rebelles, même après la déclaration de paix, sa veuve se réfugie au Canada en 1784 avec sa jeune famille, puis finalement s'installe près de Cornwall.

À partir de 1790, Simon vit à Montréal avec son oncle, le juge John Fraser, qui veille sur l'éducation de son neveu et qui le place en apprentissage en 1792 à la COMPAGNIE DU NORD-OUEST, engagée dans la traite des fourrures. En 1793, Fraser est envoyé dans le lointain Nord-Ouest pour apprendre à faire la traite dans les postes isolés d'Athabasca. En 1801, Fraser est élu associé de la Compagnie, l'un des plus jeunes. En 1805, il est choisi pour étendre les activités de la Compagnie au-delà des Rocheuses. Il fonde les premiers établissements européens dans une région sauvage qu'il appelle NEW CALEDONIA (centre de la Colombie-Britannique): le fort McLeod en 1805, le fort St. James et le fort Fraser en 1806, puis le fort George (aujourd'hui PRINCE GEORGE) en 1807.

Fraser est passé à l'histoire surtout pour son exploration audacieuse du FLEUVE FRASER (qu'il croit être le Columbia). Le 28 mai 1808, espérant découvrir une nouvelle voie de transport jusqu'au Pacifique, Fraser quitte Fort George avec 2 commis, 16 voyageurs et 2 guides autochtones. Cette expédition exténuante de 520 milles (832 km) figure parmi les plus grandes explorations du Canada. Pénétrant dans un territoire inconnu des Européens, il réussit la dangereuse traversée du canyon du fleuve Fraser. Grâce à l'aide des autochtones et à la persévérance, le groupe survit aux eaux turbulentes et aux portages au bord de falaises à donner la chair de poule.

À l'embouchure du fleuve, Fraser fait des relèvements et se rend compte qu'il ne peut s'agir du Columbia. Menacé par les populations locales et extrêmement déçu, il se retire. David THOMPSON, qui a exploré le véritable Columbia, nomme le fleuve nouvellement découvert le «Fraser». Simon avait déjà baptisé la RIVIÈRE THOMPSON en l'honneur de David.

De 1810 à 1814, Fraser est responsable du district du fleuve Mackenzie. Las de la vie de la TRAITE DES FOURRURES et de la concurrence de plus en plus féroce de la COMPAGNIE DE LA BAIE D'HUDSON, Fraser se résout à prendre sa retraite en 1815, mais on le persuade de retourner à Athabasca pour un dernier hiver. Il se trouve parmi les associés que lord SELKIRK arrête à FORT WILLIAM, accusés de complicité dans l'INCIDENT DE SEVEN OAKS en 1816. Le cas est jugé en 1818 et tous sont acquittés.

Fraser prend sa retraite immédiatement et s'installe à St. Andrews West, où il cultive la terre et exploite des moulins. La fin de sa vie se passe paisiblement, sauf au moment de sa participation à la RÉBELLION DE 1837, au cours de laquelle il subit une blessure au genou qui le handicape sérieusement. Bien que le gouvernement lui octroie une maigre pension, il vit désormais dans les embarras pécuniaires.

Fraternité chrétienne, La Au XIXe siècle, elle est représentée au Canada par les «Dunkers». Elle est une communauté chrétienne adepte de la pratique ANABAPTISTE du baptême de l'adulte. Son origine remonte à 1770, alors que des membres des Églises MENNONITE, luthérienne (*voir* LUTHÉRIENS) et BAPTISTE du comté de Lancaster, en

Pennsylvanie, rompent avec le formalisme de leurs Églises mères. L'organisation du nouveau mouvement est très souple et divers petits groupes indépendants naissent, dont le plus important est probablement celui connu sous le nom de «River Brethren».

Après la Révolution américaine, un bon nombre de membres de la Fraternité, qui s'étaient déclarés pacifistes (*voir* PACIFISME) durant le conflit, émigrent dans ce qui est aujourd'hui l'Ontario, où leurs principes pacifistes sont officiellement reconnus et respectés en vertu de la *Loi de Milice*, adoptée en 1793. Les quelque 2500 membres adultes de la Fraternité chrétienne du Canada participent aux activités de secours international du Comité central mennonite, mais leur Église garde une identité confessionnelle distincte au Canada et aux États-Unis.

T.D. Regehr

Fraternité des Indiens du Canada (*voir* ASSEMBLÉE DES PREMIÈRES NATIONS)

Fraude Elle intéresse de nombreux domaines du droit tant au civil qu'au criminel.

Sur le plan civil, la fraude peut être réelle, par interprétation ou d'origine législative. Elle est réelle lorsqu'il y a déclaration erronée, délibérée ou téméraire, de faits, par la parole, le comportement ou le silence en violation d'une obligation de divulgation, en vue de tromper autrui et de lui causer un préjudice en droit. Celui qui, s'étant fié à une déclaration erronée et frauduleuse a été lésé, peut obtenir réparation en intentant une action en DÉLIT CIVIL. Le contractant qui a été amené à conclure un contrat par des manœuvres frauduleuses peut résilier le contrat et demander des dommages-intérêts en réparation des pertes résultant de la fraude. La doctrine de la fraude par interprétation protège les parties vulnérables dans certains rapports. Un comportement est réputé frauduleux et la partie lésée peut éviter l'opération qui en découle et réclamer des dommages-intérêts restitutoires s'il y a eu influence indue, abus de confiance, opérations exorbitantes ou manœuvres frauduleuses. Diverses lois, comme les lois sur les droits des créanciers et les titres fonciers, comportent des définitions particulières de la fraude et établissent les mesures de redressement qu'emporte un tel comportement et les conséquences qui en découlent.

Le *Code criminel* sanctionne un grand nombre de manœuvres frauduleuses. La disposition principale qui traite de la fraude est le paragraphe 380(1), lequel prévoit que quiconque, par supercherie, mensonge ou tout autre moyen dolosif (des actes qu'une personne raisonnable considérerait comme malhonnêtes), frustre le public ou toute personne de quelque bien, argent ou valeur est coupable d'une infraction. Le contrevenant est passible d'un emprisonnement maximal de 10 ans si l'objet de l'infraction est un titre testamentaire (un testament, p. ex.) ou si la valeur de l'objet de l'infraction dépasse 5000 dollars. Autrement, le poursuivant peut choisir de procéder soit par acte d'accusation et demander un emprisonnement maximal de deux ans, soit sur déclaration de culpabilité par procédure sommaire. Le *Code criminel* établit diverses infractions de fraude, dont les manipulations frauduleuses d'opérations boursières, l'emploi de la poste pour frauder, les opérations frauduleuses concernant les biens, la contrefaçon des marques de commerce, l'aliénation de biens en vue de frauder des créanciers, la falsification de livres et de documents, la supposition de personne et la violation criminelle de contrat.

Wayne Renke

Frazee, Rowland Cardwell, banquier (Halifax, 12 mai 1921). De 1979 à 1986, il est chef de direction à la BANQUE ROYALE DU CANADA, la banque à charte la plus importante du pays. Entré à la banque en 1939 à St. Stephen, au Nouveau-Brunswick, Frazee y fait toute sa carrière, sauf pendant son service dans l'Armée canadienne en Europe durant la guerre et ses études universitaires en vue de l'obtention d'un baccalauréat en commerce à l'U. Dalhousie en 1948. Une progression régulière dans les bureaux locaux et régionaux de la Banque Royale le conduit au poste de vice-président en 1970.

Deux ans plus tard, Frazee devient directeur général principal, puis est nommé président en 1977. Il occupe le poste de directeur général à partir de 1979 et celui de président du conseil de 1980 jusqu'à sa retraite en 1986, et il est directeur de banque jusqu'en 1992. Si la progression de sa carrière de banquier est conventionnelle, il n'en va pas de même de ses interventions qui traduisent sa volonté de discuter de sujets d'importance nationale, tels que la politique fiscale et monétaire. Il occupe le poste de président du Conseil canadien des chefs d'entreprises, un groupe prestigieux de lobby dans le domaine des affaires, et celui de président de l'Association des banquiers canadiens. Directeur de nombreuses sociétés, Frazee est aussi actif comme directeur de nombreuses organisations et œuvres de bienfaisance. Il est fait Compagnon de l'Ordre du Canada en 1991.

Duncan McDowall

Fréchette, Louis-Honoré, poète et dramaturge (région de Lévis, Qc, 16 nov. 1839—Montréal, 31 mai 1908). Il a été l'homme de lettres le plus important dans le Québec du XIXᵉ siècle. Fils d'un entrepreneur analphabète, il fait d'abord des études sous la tutelle des frères des Écoles chrétiennes, puis dans trois collèges classiques: le petit séminaire de Québec, le collège de Sainte-Anne-de-la-Pocatière et le collège de Nicolet. Par la suite, il étudie le droit à l'U. Laval. Déjà à cette époque, il écrit des poèmes et sa première dramatique, *Félix Poutré* (1862); il publie son premier recueil de poésie, *Mes loisirs,* en 1863.

Après quelques tentatives infructueuses pour exercer la profession d'avocat et fonder des journaux libéraux, il émigre à Chicago. Il y demeure cinq ans (1866-1871) et travaille pour l'Illinois Central Railway. Durant son séjour à Chicago, il fonde d'autres journaux et écrit des pièces de théâtre, mais ses manuscrits sont détruits dans l'incendie de Chicago en 1871. La seule œuvre qui ait survécu à cette époque, *La Voix d'un exilé* (1866-1869), consiste en une virulente polémique poétique dans laquelle l'auteur dénonce la Confédération canadienne de 1867 et ses partisans conservateurs.

À son retour au Canada, il se lance en politique et siège comme député fédéral de Lévis de 1874 à 1878. Après son mariage, en 1876, avec une femme issue d'une famille riche, il se consacre davantage à la littérature; son deuxième recueil de poésie, *Pêle-mêle* (1877), reçoit un accueil chaleureux. La distribution d'exemplaires gratuits en France lui permet de se faire reconnaître par l'Académie française qui lui octroie le prix Montyon en 1880 pour les *Fleurs boréales*. Dès lors, bien que de façon non officielle, il devient le poète officiel du Canada français, compose des odes pour les cérémonies publiques, publie des recueils de poésie et adapte pour la scène des œuvres d'autres auteurs.

La Légende d'un peuple (1887), une suite de tableaux retraçant l'histoire du Québec depuis Jacques CARTIER jusqu'à Louis RIEL, est son recueil de poésie le plus connu. Par la suite, il écrit surtout en prose: lettres polémiques sur l'éducation au Québec (1893); réponses aux attaques de son rival, William Chapman (1894); contes de Noël en anglais (1899) et en français (1900); un recueil de portraits, *Originaux et détraqués* (1892), et des *Mémoires intimes* (1900). Fréchette est décoré en France et en Angleterre, quatre universités canadiennes lui décernent des doctorats honorifiques et il est nommé président de la Société royale du Canada (1900-1901). Il est le personnage littéraire de son époque le plus honoré au Canada.

David M. Hayne

Fréchette, Sylvie, athlète de nage synchronisée (Montréal, Qc, 27 juin 1967). Elle commence à nager très jeune et s'initie à la nage synchronisée au club Synchro de Montréal sous la direction de Julie Sauvé. Celle-ci remarque le talent de l'adolescente et voit en elle la remplaçante de Carolyn Waldo alors meilleure athlète canadienne de nage synchronisée.

Après la retraite de Waldo, le talent de Fréchette se révèle dans toute son ampleur. Elle prend d'assaut la scène mondiale; elle gagne le championnat du monde en solo en 1991 et elle est favorite pour remporter l'or aux Jeux olympiques de 1992. Un juge se trompe en entrant sa note sur l'ordinateur et elle est reléguée au 2ᵉ rang. Les responsables de la nage synchronisée refusent la correction de l'erreur, ce qui soulève une forte controverse. Le Comité olympique canadien va en appel. Un an plus tard, le Comité international olympique, conscient de l'injustice, lui remet sa médaille d'or. Elle quitte la compétition après Barcelone 1992 et devient porte-parole de la Banque Nationale. Mais elle y revient en 1995 et, lors des Jeux olympiques de 1996, à Atlanta, aide les Canadiennes à obtenir la médaille d'argent à la compétition par équipes.

Yvon Doré

Fredeen, Howard, scientifique, chercheur en agriculture (Macrorie, Sask., 10 déc. 1921). Il reçoit une maîtrise ès sciences de l'U. de la Saskatchewan en 1947 et se joint au personnel de la Lacombe Research Station, en Alberta. En 1952, il obtient un doctorat en élevage des animaux et en génétique de l'Iowa State College. Fredeen passe toute sa carrière à la Direction générale de la recherche d'Agriculture Canada et prend sa retraite le 6 juillet 1984. Avec le regretté J.G. Stothart, il développe la race porcine de Lacombe, toujours réputée pour son excellence.

Fredeen joue un rôle important dans l'élaboration des politiques sur l'amélioration génétique du bétail canadien, dans l'introduction de pratiques d'amélioration génétique novatrices et dans les nouvelles techniques d'évaluation des carcasses. Auteur de plus de 300 articles scientifiques et techniques, il acquiert une réputation internationale en représentant fréquemment Agriculture Canada à l'étranger. Il reçoit de nombreux honneurs, dont le titre de Membre de l'Institut agricole du Canada, le Prix d'excellence de l'Administration publique fédérale et le Prix d'excellence de la Société de génétique du Canada. Fredeen a publié une histoire à propos du district de Lacombe et, à ce titre, a été nommé citoyen de l'année.

Adriana A. Davies

Fredericton, ville du Nouveau-Brunswick; pop. 46 507 (rec. 1996), 46 466 (rec. 1991), 44 352 (rec. 1986); superf. 129,58 km²; const. en 1848. Capitale provinciale, elle est située au centre du Nouveau-Brunswick en bordure du FLEUVE SAINT-JEAN, juste en aval de la ligne extrême des eaux de marée et à 135 km de la baie de FUNDY.

Fondation La fondation de la «ville de Frederick», entre 1783 et 1785, est inextricablement liée aux tentatives des LOYALISTES et de leurs sympathisants pour créer en Amérique du Nord britannique une nouvelle province et «un refuge pour les amis du roi». Faisant l'objet de plans soigneusement dressés avant toute colonisation permanente, Fredericton (du nom du prince Frederick, second fils du roi George III) serait leur capitale et le centre de leur nouvelle société.

En plus d'être le siège du Parlement provincial lors de la création du NOUVEAU-BRUNSWICK en 1784, la ville allait devenir un quartier général de l'armée britannique, un centre éducatif et culturel, ainsi qu'un bastion de l'Église anglicane. Comme capitale, elle revêtirait à juste titre «un aspect aristocratique» et contrasterait avec l'entrepôt commercial trop récent de SAINT-JEAN, déjà désagréablement dominé par les hommes d'affaires.

Avant l'arrivée des loyalistes, les Indiens et les Acadiens avaient déjà remarqué les avantages et les désavantages du futur site de la «ville de Frederick». Les MALÉCITES reconnaissaient la valeur de la plaine alluviale pittoresque formée autour de ce confluent central, situé à l'intérieur des terres, qui marque le terminus d'une importante route de portage depuis la RIVIÈRE MIRAMICHI. C'est là que, pendant plusieurs générations, ils établissaient leurs camps et enterraient leurs morts.

Les avantages stratégiques de la Pointe Sainte-Anne (son premier nom) ne sont cependant pleinement reconnus qu'en 1691, lorsque le gouverneur Joseph Robinau de Villebon décide d'y établir la capitale de l'ACADIE, à l'embouchure de la rivière Nashwaak, en face de la plaine alluviale. Ce lieu offre un excellent mouillage en eau profonde sur la principale artère fluviale de la région et il est plus facilement défendable contre les attaques des Britanniques ou des Américains de la Nouvelle-Angleterre qu'un emplacement situé aux environs de la baie de Fundy.

Toutefois, pas plus tard qu'en 1698, de Villebon abandonne fort Nashwaak qui offre une sécurité exceptionnelle en temps de guerre, mais reste en temps de paix trop isolé des principales routes commerciales pour prospérer. Dans les années 1730, les fermiers acadiens s'installent à Ste. Anne sur les riches terres de la plaine. Moins de 20 ans plus tard, on les dit d'une «extrême pauvreté» et «à moitié sauvages en raison de leur isolement». Ce qui reste de cette tentative de colonisation est violemment balayé en 1759 lors de la Conquête qui laisse libre cours aux Loyalistes à leur «projet».

Développement Après 1783, pendant 200 ans, Fredericton se développe comme ses fondateurs le souhaitaient. En plus de son rôle de capitale provinciale, la ville devient le chef-lieu du comté de York (1785). D'importants terrains y sont réservés pour le gouvernement, une université, l'Église anglicane et l'armée. Le King's College reçoit une charte royale en 1828 et se développe sur la colline, surtout après la construction d'un bâtiment en pierre de taille cette même année.

D'imposantes casernes de pierre et un bâtiment militaire sont aussi construits dans le centre de la ville. En 1845, le choix du site par l'évêque John MEDLEY comme emplacement de la CATHÉDRALE CHRIST CHURCH dans l'évêché anglican nouvellement créé dans la province, contribue directement à donner à Fredericton un statut de ville en 1848. La magnifique cathédrale est construite de 1846 à 1853.

Avec le temps, le projet des loyalistes subit quelques modifications. King's College se réorganise pour devenir, en 1859, une institution non confessionnelle, l'U. du NOUVEAU-BRUNSWICK. À cette époque, les méthodistes et les non conformistes de Saint-Jean et de tous les coins de la province s'en prennent à Fredericton et à son élite anglicane.

La garnison britannique la quitte en 1869, peu après l'avènement de la CONFÉDÉRATION. À l'époque, immigrants irlandais, presbytériens et catholiques modifient la composition démographique et religieuse de la population. L'exploitation forestière et, dans une moindre mesure, l'agriculture ajoutées au rôle de Fredericton comme point de transbordement entre le haut et le bas de la rivière Saint-Jean lui apportent la prospérité tout au cours du siècle.

Population La ville se développe lentement pour n'atteindre que 7117 habitants en 1901 et seulement 10 062, en 1941. Les immigrants apportent de la diversité, des divisions et des tensions dans la communauté telles que les émeutes Orange-Green de 1847 (entre Orangistes et Irlandais). Des conflits politiques moins violents entre la haute ville plus pauvre et la basse ville mieux nantie et bien en place divisent la population au sujet de l'horloge de la ville, de la place du marché et de l'emplacement des quais.

Malgré tout, des relations correctes prévalent dans la ville. C'est à la société distinguée de Fredericton que l'on doit notamment les écrivains Bliss CARMAN et sir Charles G.D. ROBERTS. Au XXᵉ siècle, Max AITKEN fait cadeau d'un excellent musée d'art (BEAVERBROOK ART GALLERY) et du théâtre,

situés tous deux dans la basse ville, près de la cathédrale Christ Church et de l'Assemblée législative.

Paysage urbain Au cours du XIXᵉ siècle, une nouvelle sorte de société naît sur la rive nord de la rivière. En 1862, Alexander dit «Boss» Gibson entreprend la construction de son empire industriel à Marysville, avec une scierie en bordure de la Nashwaak. Celle-ci n'est pas encore terminée qu'il a mis sur pied une des plus importantes filatures de coton du Canada (1883-1885) et les installations nécessaires à la communauté qui y travaille. Il construit des rangées de maisons en brique pour ses travailleurs, des pavillons pour les cadres, une pension de famille, un magasin de la compagnie, une magnifique église méthodiste et un chemin de fer faisant la liaison avec Chatham.

Même s'il est obligé de vendre en 1908, sous les pressions d'un consortium de coton du Canada central auquel il a refusé d'adhérer, la filature poursuit ses activités tant bien que mal jusqu'en 1973. Marysville ajoute une communauté ouvrière différente dans la région de Fredericton. Maintenant connue sous le nom de Marysville Place, l'ancienne filature est l'un des édifices les plus renommés de Fredericton.

Au cœur du centre-ville, sur la rive sud de la rivière, se trouvent d'autres bâtiments historiques: l'hôtel de ville, l'édifice du parlement, l'église Wilmot United, la prison du Comté de York, le palais de justice, l'ancienne caserne et le quartier des officiers, ainsi que la cathédrale Christ Church. Certains ensembles de logements existants remontent au début de la période loyaliste à la fin des années 1700. On le remarque particulièrement dans la partie est du centre historique.

À la suite d'une fusion, Fredericton double sa superficie en 1973. Actuellement, elle dessert une zone qu'on appelle la région du Grand Fredericton avec une population de plus de 123 500 personnes, qui comprend deux villes (OROMOCTO et Nackawic) et 11 villages.

Dans son livre *The Unknown Country* (1942), l'auteur canadien renommé Bruce HUTCHISON, écrit un chapitre sur Fredericton, «The Hometown». La ville reste telle qu'il l'a décrite, même aujourd'hui avec ses rues à trois voies et les vestiges d'une atmosphère d'antan.

Économie De nos jours, Fredericton est aussi une ville dynamique. Elle devient un centre des technologies de l'information et des télécommunications, en partie grâce à sa main-d'œuvre bilingue. L'U. du Nouveau-Brunswick, NB Tel, le gouvernement provincial et des entrepreneurs privés se sont alliés pour renforcer et alimenter la croissance dans ce secteur de l'économie.

Les deux principaux employeurs de la région du Grand Fredericton sont la base militaire de Gagetown et le gouvernement provincial. Viennent ensuite le Dr. Everett Chalmers Hospital, le gouvernement fédéral et l'U. du Nouveau-Brunswick. Fredericton a l'un des revenus par habitant les plus élevés pour une ville de sa catégorie de population au Canada. On le voit dans le niveau de son commerce de détail, le deuxième en importance au Canada en 1996.

Vie culturelle En 1964, l'UNIVERSITÉ SAINT THOMAS élargit le secteur de l'enseignement de la ville en quittant Chatham pour emménager sur le campus de l'U. du Nouveau-Brunswick. On retrouve aussi le New Brunswick College of Craft and Design. Le Theatre New Brunswick, l'unique troupe de théâtre professionnel anglophone de la province, a son siège au Playhouse, mais se produit aussi dans toute la province. La Galerie d'art Beaverbrook présente dans ses collections permanentes beaucoup d'œuvres d'artistes du Canada atlantique, d'autres Canadiens et de Britanniques. Le *The Daily Gleaner* est le quotidien de Fredericton. L'équipe-école des CANADIENS DE MONTRÉAL réside à Fredericton.

Néanmoins, Fredericton reste telle que ses fondateurs l'ont souhaitée: petite, intimiste et particulière, cultivée et raffinée, prospère et importante au milieu du Nouveau-Brunswick.

Alan Brookes

Freedman, Harry, compositeur et corniste anglais (Lodz, Pol., 5 avril 1922). Il est un des premiers compositeurs de réputation nationale presque entièrement formés au Canada. Tout jeune, il est plutôt attiré par les beaux-arts et, à l'âge de 13 ans, il s'inscrit à la Winnipeg School of Art. Après s'être intéressé au jazz de big band, ce qui l'amène à suivre des cours de clarinette à 18 ans, il rencontre Arthur Hart qui lui fait connaître le répertoire classique pour orchestre. Il étudie aussi le hautbois avec Perry Bauman et la composition avec John WEINZWEIG de 1945 à 1951. Freedman est corniste anglais dans l'ORCHESTRE SYMPHONIQUE DE TORONTO de 1946 à 1971. En 1971, il est nommé le premier compositeur en résidence de l'orchestre et, par la suite, il se consacre surtout à la composition.

L'influence de Weinzweig est manifeste dans l'usage que fait Freedman de divers aspects de la technique dodécaphonique, de façon stricte dans *The Tokaido* (1964) pour ensemble de chambre et de façon plus informelle dans *Tangents* (1967) pour orchestre. *Tableau* (1952), *Images* (1958) et *Klee Wyck* (1970) sont des compositions inspirées par des tableaux d'artistes canadiens. Au sujet d'*Images*, Freedman dit avoir tenté de «traduire en musique le style de chacun des trois artistes».

Freedman s'attire d'abord la faveur de la critique pour la superbe orchestration, héritage de son expérience symphonique, de *Symphony No 1* (exécutée en première en 1961). Il fait preuve d'esprit et d'humour dans *The Explainer* (1976), qui est une satire du jargon du professeur d'éducation musicale. En 1980, le Conseil canadien de la musique le nomme compositeur de l'année. Ses œuvres plus récentes comprennent, entre autres, *Touchings* (1989), commande de l'ensemble de percussions NEXUS (exécutée en première avec l'ESPRIT ORCHESTRA en 1992), et *Town* (1991), hommage orchestral au peintre canadien Harold TOWN. Il écrit aussi de la musique pour le théâtre et la télévision, ainsi que des trames musicales, notamment pour *Act of the Heart* de Paul ALMOND. Il collabore avec Brian MACDONALD à *Rose Latulippe*, une commande du ROYAL WINNIPEG BALLET pour lequel il collabore aussi à plusieurs autres ballets.

Il est fait Membre de l'ORDRE DU CANADA en 1984 et nommé professeur de la chaire Jean A. Chalmers à la Faculté de musique de l'U. de Toronto en 1990-1991, succédant au compositeur John BECKWITH.

Ann Schau

Frégault, Guy, historien, haut fonctionnaire (Montréal, 16 juin 1918—Sillery, Qc, 13 déc. 1977). Bachelier en arts (1938), puis licencié en lettres de l'U. de Montréal (1940), il reçoit sa formation doctorale en histoire à l'U. Loyola de Chicago où il obtient son Ph.D. en 1942.

Destiné à une brillante carrière universitaire à la Faculté des lettres de l'U. de Montréal, Frégault y débute son enseignement au cours de l'automne 1943. Dès l'année suivante, la publication de ses deux premiers ouvrages (*Iberville le Conquérant*, puis *La civilisation de la Nouvelle-France (1713-1744)* lui confère la réputation d'un historien formé aux exigences méthodologiques de la recherche historique et lui vaut de devenir, à 26 ans, membre fondateur de l'Académie canadienne-française. Et lorsque, de 1947 à 1959, il assume la direction de l'Institut d'histoire de l'U. de M., c'est avec la ferme détermination de favoriser le développement d'une « culture historique » au Canada français. En 1950, il devient premier titulaire de la chaire Lionel-Groulx et vice-doyen de la Faculté des lettres. De 1959 à 1961, il dirige le département d'histoire de l'U. d'Ottawa.

L'insigne contribution de Guy Frégault à l'institutionnalisation de l'enseignement de l'histoire et de la recherche historique à l'U. de M. sera marquée par la production de trois importants ouvrages qui le consacreront comme spécialiste renommé de la NOUVELLE-FRANCE: *François Bigot, administrateur français*, volumineuse étude en 2 tomes (1948); *Le Grand Marquis: Pierre de Rigaud de Vaudreuil et la Louisiane* (1952) et *La Guerre de la Conquête*, son *Magnum opus* (1955) qui lui vaut le prix David (1959) et est traduit en anglais (1969). La SOCIÉTÉ ROYALE DU CANADA lui décerne la médaille Tyrrell (1961) pour son œuvre d'historien aux grandes qualités littéraires et scientifiques.

La RÉVOLUTION TRANQUILLE du Québec conduit Frégault à de hautes fonctions au sein de l'administration publique. En 1961, il est nommé sous-ministre du ministère des Affaires culturelles nouvellement créé. Il occupe ce poste à deux reprises jusqu'en 1975. Il exerce d'autres fonctions administratives, reliées au développement culturel de l'État québécois, qui l'amènent à superviser la fondation de la Bibliothèque nationale et du MUSÉE D'ART CONTEMPORAIN DE MONTRÉAL. Dans l'accomplissement de ses diverses hautes fonctions publiques, il témoigna d'une constante rigueur intellectuelle et d'une grande responsabilité professionnelle.

Pierre Tousignant

Frelon (vraie guêpe) Nom commun donné aux frelons et autres GUÊPES de la famille des vespidés et de l'ordre des hyménoptères. La guêpe à taches blanches (*Vespula maculata*), remarquable à sa livrée noire et blanche, est commune partout au Canada. Le frelon (*Vespa crabro*), une très grosse guêpe jaune et noire, a été introduite d'Europe et se rencontre dans le sud de l'Ontario. Les reines de diverses espèces de guêpes jaunes, beaucoup plus grosses que les ouvrières, sont parfois confondues avec les frelons.

Colonies Tous les vespidés sont des guêpes sociales. Elles construisent leur nid avec des fibres de bois mastiquées servant à confectionner un papier grossier de couleur grisâtre. Le nid est attaché aux arbres ou aux arbustes ou suspendu aux avant-toits. D'autres guêpes, incluant le frelon, construisent leur nid dans des cavités de murs, d'arbres creux ou du sol. À l'automne, les ouvrières et les mâles meurent, mais les jeunes reines fécondées hivernent, fondant de nouvelles colonies au printemps.

M.V. Smith

Frémont, Donatien, journaliste et essayiste. (Erbray, France, 1881—Montréal, 1967). Il effectue des études classiques tout en travaillant comme journaliste à *L'Express de l'Ouest*. En 1904, il séjourne un an à Montréal puis émigre en Saskatchewan, où il acquiert une concession à Saint-Albert. Mais se sentant peu de goût pour les travaux de la ferme, il reprend ses activités de journaliste à partir de 1909: *Le Courrier de l'Ouest* (Edmonton, Alb.); *Le Patriote de l'Ouest* (Regina, Sask., 1916-1923); *La Liberté et le Patriote* (Saint-Boniface, Man.), qu'il dirige de 1923 à 1941 et dont il fera le meilleur journal du pays.

Rédacteur à la Commission d'information en temps de guerre à Ottawa (Ont., 1941-1947), il fonde le *Bulletin des nouvelles catholiques* (1943-1945), devient rédacteur en chef de *France-Canada* et collabore aux émissions sur ondes courtes pour la France. Élu à la Société royale du Canada (1942), membre de la Société des Écrivains canadiens et de nombreuses associations franco-canadiennes de l'Ouest, il est décoré à plusieurs reprises pour son dévouement à la cause de la langue française: officier d'Académie (1926), officier de l'Instruction publique (1936), chevalier de la Légion d'honneur (1939), médaille de la Reconnaissance française (1946).

Essayiste (*Mgr Provencher et la naissance du Manitoba*, 1930; *Les Français dans l'Ouest canadien*, 1959), historien (*Les secrétaires de Louis Riel*, 1953), biographe (*Pierre Radisson, roi des coureurs de bois*, 1933; prix Lévesque, 1934; *Mgr Provencher et son temps*, 1935), conférencier, ce grand journaliste de l'Ouest est l'un des tout premiers à s'être intéressé aux minorités et à leurs origines françaises. Son essai, *Sur le ranch de Constantin-Weyer* (1932), dénote néanmoins une secrète jalousie à l'égard de l'écrivain pionnier (1881-1964), dont les débuts au Canada furent similaires aux siens. Sœur Hélène Chaput (1913-), de Saint-Boniface, lui a consacré une excellente biographie: *Donatien Frémont, journaliste de l'Ouest canadien* (éd. Du Blé, 1977). Une Fondation Donatien Frémont a également été créée en son honneur pour encourager la formation de jeunes journalistes francophones hors Québec.

Ismène Toussaint

French, David, dramaturge (Coley's Point, T.-N., 18 janv. 1939). Il déménage à Toronto avec sa famille, à l'âge de six ans. Après l'école secondaire, il étudie l'art dramatique, puis fait du théâtre professionnel (1960-1965) avant de se consacrer à l'écriture de dramatiques. Ses premières pièces sont des dramatiques d'une demi-heure diffusées à Radio-Canada, la première s'intitulant *Beckons the Dark River* (1963). *Leaving Home* (1972), sa première pièce pour le théâtre, est produite et dirigée par Bill GLASSCO au TARRAGON THEATRE de Toronto. Elle dépeint avec humour et beaucoup d'émotion le conflit des générations et l'aliénation culturelle d'une famille originaire de Terre-Neuve, exilée à Toronto. La suite de cette pièce, *Of the Fields, Lately* (1973), lui vaut le prix Jean A. Chalmers pour la meilleure œuvre dramatique et le consacre auteur dramatique réaliste le plus en vue au Canada. La troisième pièce, *Salt-Water Moon* (1985), intitulée par la suite *The Mercer Trilogy*, met en scène les fréquentations amoureuses des personnages, qui seront les parents dans les deux autres pièces. *Jitters* (1979), une comédie d'arrière-scène, est l'une des pièces les plus souvent jouées dans l'histoire du théâtre canadien.

Jerry Wasserman

French, sir George Arthur, militaire (Roscommon, Irl., 19 juin 1841—Londres, Angl., 7 juill. 1921). Officier de la Royal Artillery, French établit l'école de tir au canon de la Milice canadienne à Kingston, en 1871. Commissaire de la POLICE À CHEVAL DU NORD-OUEST (1873-1876), il organise les forces et leur donne un caractère militaire.

A.B. McCullough

Frêne (*Fraxinus*) Genre d'arbres ou d'arbustes de la famille de l'olivier (*Oleaceae*). Il existe environ 60 espèces de frênes dans le monde, répandues principalement dans les régions tempérées froides. Quatre espèces (blanc, rouge, bleu et noir) sont indigènes au Canada, et leur aire de distribution est limitée à l'est du pays à l'exception du frêne rouge qui atteint la Saskatchewan. Ce sont des arbres de taille moyenne, au tronc généralement droit et élancé. Les feuilles, composées de 5 à 11 folioles, sont insérées par paire sur les rameaux. Les frênes produisent un très grand nombre de fruits ailés (samares) qui persistent longtemps sur les arbres et qui constituent une source importante de nourriture pour les oiseaux et les écureuils. Les frênes préfèrent les sols riches et humides des bords de rivières et des marécages. Le bois des frênes, à l'exception du frêne noir, est lourd, dur, résistant et fort. Il est recherché pour la fabrication d'articles de sport, de manches d'outils et de meubles.

Estelle Lacoursière

Frenkel, Vera, artiste multidisciplinaire, vidéaste indépendante et écrivaine (Bratislava, Tchécoslovaquie, 10 nov. 1938). D'abord reconnue internationalement pour ses estampes et ses sculptures, Frenkel, depuis 1974, est à l'avant-garde de l'utilisation visuelle, spatiale et narrative de la vidéo et de l'art médiatique. Sa première création vidéo, *String Games: Improvisations for Inter-City Video* (1974), une transmission directe entre Toronto et Montréal, explore le langage, les codes, les signes et la construction du sens. L'installation vidéo *Signs of a Plot: A Text, True Story & Work of Art* (1978) et la trilogie vidéo «The Secret Life of Cornelia Lumsden: A Remarkable Story» (1979), écrite, réalisée et jouée par l'artiste, se situent à la limite du documentaire et de la fiction. *The Last Screening Room: A Valentine* (1984) et *Ruling Fictions* (1984) poursuivent son œuvre par l'exploration des propriétés mythiques de la culture populaire.

La prise de position de Frenkel contre la censure est au cœur de *The Business of Frightened Desires: Or the Making of a Pornographer* (1985), une installation avec son et diapositives. *Attention: Lost Canadian*, une œuvre à l'ordinateur pour moniteurs multiples conçue pour le pavillon du Canada à Expo 86, a été par la suite transmise électroniquement au pavillon de l'Italie à la Biennale de Venise en 1986. Avec *Lost Art: A Cargo Cult Romance* (1986), son œuvre entreprend un nouveau cycle sur l'attribution du sens, les faux messies et les fantaisies associées au millénaire. Ces explorations se poursuivent avec *This is your Messiah Speaking* (1990-1991), présenté à Toronto et à Newcastle, en Angleterre, comme une vidéo à canal unique et une animation par ordinateur conçue pour le Piccadilly Circus Spectacolor Board de Londres.

Son œuvre la plus récente, qui commence avec *...from the Transit Bar* (1992), consiste en des histoires individuelles d'exil, d'asile, d'immigration et d'autres déplacements géographiques et culturels racontés sur plusieurs moniteurs dans une installation vidéo / piano-bar. Cette œuvre attire l'attention internationale à Documenta IX, l'événement majeur pour l'art contemporain tenu tous les cinq ans en Allemagne. Une extension de ce projet est exposée à la galerie d'art de l'U. York (1993). Depuis, cette œuvre sert de base à des expositions-installations à la galerie Power Plant de Toronto (1994), au MUSÉE DES BEAUX-ARTS DU CANADA à Ottawa (1996) et au Riksutstallningar à Stockholm (1997). C'est à partir de cette œuvre que se développe *The Body Missing*, une vidéo et un site Internet qui découlent de la recherche de Frenkel sur la politique culturelle du Troisième Reich, le pillage des œuvres d'art et le destin des objets perdus après la Seconde Guerre mondiale.

Son œuvre fait l'objet d'une rétrospective à l'U. York en 1994. Par ailleurs, elle expose et donne des conférences au Canada et à l'étranger (Angleterre, France, Pologne, Japon, Autriche, Allemagne, Hongrie et États-Unis). À l'U. de Toronto, de 1970 à 1972, et à l'U. York depuis 1972, Frenkel a acquis une réputation de professeure innovatrice ainsi que d'essayiste, d'auteure de fiction et de poésie. Frenkel a reçu, entre autres honneurs, le prix Molson pour les Arts du Conseil des arts du Canada (1989), le prix en arts visuels de la Toronto Arts Foundation (1991) et le prix Gershon-Iskowitz (1993).

Joyce Zemans

Frères des Écoles chrétiennes L'Institut des frères des Écoles chrétiennes est une congrégation religieuse fondée à Reims, en France, par saint Jean-Baptiste de La Salle, pour «*procurer une éducation humaine et chrétienne aux jeunes, spécialement aux pauvres*» (*Règle*, 1, 3). Une première école est fondée en 1679, puis, assez rapidement, les fondations se répandent à travers toute la France. En 1837, l'Institut essaiera au Canada où il connaîtra une croissance rapide. Ce sont les Frères canadiens qui établiront les premières fondations aux États-Unis.

Les frères des Écoles chrétiennes sont actuellement répandus dans 80 pays à travers le monde et leur maison générale est à Rome. Au Canada, les frères de langue française sont regroupés en un seul district depuis 1992 — le district du Canada francophone — et comptent 286 frères en 1999. Ceux de langue anglaise forment le district de Toronto et comptent 50 Frères. Les frères canadiens ont des missions au Cameroun, au Japon, en Haïti et au Nigéria.

Certains frères se sont fait remarquer en littérature et en science, le plus connu d'entre eux étant le frère MARIE-VICTORIN, célèbre botaniste, auteur de la *Flore laurentienne* et fondateur du Jardin botanique de Montréal.

Gaston Dubé, f.é.c.

Fretin Beaucoup de personnes utilisent le mot «fretin» pour désigner tous les petits poissons. Toutefois, les véritables fretins sont des poissons d'eau douce de petite à grande taille, de la familles des cyprinidés, de l'ordre des cypriniformes et de la classe des actinoptérygiens. Avec plus de 1500 espèces (incluant entre autres les carpes, les sauvagesses, les mulets, les naseux, les chattes et les fretins proprement dits), les cyprinidés constituent la plus grande famille de poissons. On les trouve dans le monde entier sauf en Amérique du Sud, en Australie et dans le Grand Nord. On en compte 53 espèces au Canada. Certaines ont une répartition limitée (le méné long, *Clinostomus elongatus*, du bassin hydrographique du lac Ontario) et d'autres se distribuent d'un océan à l'autre. La carpe (*Cyprinus carpio*) et le carassin (*Carassius auratus*) sont des cyprinidés asiatiques communs qui ont été introduits et se sont établis dans plusieurs provinces. Les fretins affectionnent les eaux des marais, des grands lacs et des rivières partout au Canada sauf sur l'île de Terre-Neuve et ils sont souvent les poissons les plus abondants, que ce soit en terme d'espèces ou d'individus.

Description Plusieurs espèces de cyprinidés sont assez petites et atteignent seulement 60 mm de longueur lorsqu'elles sont adultes, p. ex., le ventre rouge du nord (*Phoxinus eos*). La sauvagesse du nord (*Ptychocheilus oregonensis*), de taille inhabituellement grande pour un cyprinidé, peut atteindre 120 cm de longueur. Les cyprinidés se caractérisent par leurs mâchoires sans dents, mais ils sont par contre munis de dents pharyngiennes (dans le fond de la bouche), ils présentent des nageoires à rayons mous (la carpe et le carassin ont des rayons rigides dans la nageoire dorsale et anale) et des écailles cycloïdes (lisses) qui leur donnent généralement un éclat argenté. Une série d'os, appelée appareil de Weber, relie la vessie natatoire à l'oreille interne. Cela les rend exceptionnellement aptes à détecter les sons et contribue certainement de façon importante à leur succès. Lorsqu'ils sont blessés, les fretins sécrètent dans l'eau une substance qui effraie les autres membres de leur espèce.

Reproduction Les mâles reproducteurs sont parfois aussi brillamment colorés que les espèces tropicales d'aquarium, et il leur pousse parfois des tubercules ou nodules bien visibles sur la tête, les écailles et les nageoires. Pendant la saison de reproduction, quelques espèces (p. ex., le tête à taches rouges, *Nocomis biguttatus*) construisent des nids d'un mètre de diamètre en empilant des cailloux avec leur bouche.

Régime alimentaire Le régime alimentaire varie selon l'espèce. Le bouche coupante (*Acrocheilus alutaceus*) de la Colombie-Britannique a une mâchoire inférieure dont la bordure est comme un ciseau et il l'utilise pour gratter les algues sur les roches. Des espèces avec de long intestins enroulés se nourrissent d'algues et de vase dans le fond. Celles qui ont des intestins courts mangent des insectes, des crustacés et des mollusques. La sauvagesse du nord chasse les autres poissons.

Importance biologique Les fretins ne sont pas considérés comme bons à manger, mais quelques-uns sont assez grands pour intéresser les pêcheurs à la ligne. Ils sont une importante source de nourriture pour des espèces de poissons plus recherchées et sont utilisés comme appât. Certaines espèces comme le petit-bec (*Notropis emiliae*) sont sensibles à l'urbanisation et à l'agriculture qui augmentent la charge sédimentaire des cours d'eau. L'abondance et la distribution de telles espèces sert d'indicateur des conditions environnementales.

Brian W. Coad

Frey, Paul, ténor (Heidelberg, Ont., 20 avril 1941). Frey quitte l'école à 14 ans pour diriger l'entreprise de camionnage de son père. Plus jeune, il chante dans la chorale de son église mennonite et auditionne pour être accepté à la Faculté de musique de l'U. de Toronto, où il sera l'élève de Louis QUILICO. Il chante pendant deux ans avec la Compagnie d'opéra canadienne et, lorsqu'on ne lui offre plus de rôles, il déménage en Suisse en 1978. En 1986, on lui demande de remplacer le ténor étoile Peter Hofmann, qui est malade, dans le rôle de Lohengrin. Après avoir entendu Frey, Wolfgang Wagner l'amène à Bayreuth, où il joue Lohengrin en 1987. Il est depuis sollicité partout en Europe dans un grand nombre de rôles de ténor lyrique et de «heldentenor». Il fait ses débuts au Metropolitan Opera à New York en 1987 et revient au Canada en 1989 pour chanter dans *Le Vaisseau fantôme* que dirige Charles Dutoit à Montréal et dans *Die Walküre* à Toronto. Il enregistre *Ariadne auf Naxos* de Strauss. Les critiques vantent son énergie et l'éclat argenté de sa voix.

Frezenberg, crête de Le Princess Patricia's Canadian Light Infantry, formé principalement d'anciens militaires de carrière britanniques, fait partie de la 27e Division britannique envoyée dans les Flandres en décembre 1914, en avant-garde de la Première division canadienne. Quand les Allemands lancent leur importante attaque sur le saillant d'YPRES, par-dessus la crête de Frezenberg, le 8 mai 1915, le Princess Patricia's Canadian Light Infantry défend le contre-fort sud de la brèche. Malgré la perte de 392 hommes, tués ou blessés, sur 546, le bataillon tient bon et empêche les Allemands de repousser les lignes britanniques au sud vers Armentières, en France. (*Voir aussi* PREMIÈRE GUERRE MONDIALE.)

Brereton Greenhous

Friedman, Sydney Murray, scientifique, universitaire, médecin (Montréal, 17 févr. 1916). Diplômé en médecine de l'U. McGill en 1940, Friedman sert dans l'Aviation royale canadienne (ARC) pendant la Seconde Guerre mondiale. Il revient ensuite à l'U. McGill, obtient un doctorat en anatomie en 1946 et commence une carrière remarquable en médecine universitaire. On le nomme premier professeur et chef du département d'anatomie de l'U. de la Colombie-Britannique (1950-1981). Ses recherches scientifiques sur les effets du sodium et des hormones sur les vaisseaux sanguins dans l'hypertension s'étalent sur 40 ans. Il est connu à l'échelle internationale comme auteur scientifique et conférencier. Parmi les nombreux honneurs qu'il a reçus, citons sa nomination à la Société royale du Canada, le prix J.C.B. Grant et les prix pour service exceptionnel de la Fondation du cœur et de la fondation Ciba. Il est aussi membre fondateur de la BC Heart Foundation. Depuis 1985, il est professeur émérite à l'U. de la Colombie-Britannique.

C.E. Slonecker

Fringillidés L'une des plus grandes familles d'oiseaux, représentée partout dans le monde (des espèces de cette famille ont été introduites en Australie). On y retrouve des GROS-BECS, des becs-croisés, des sizerins, des tarins, des roselins, des chardonnerets, et des drépanidés ou oiseaux endémiques aux îles Hawaï. Au Canada, la famille des fringillidés est représentée par environ 14 espèces de tailles variées. Les tailles varient de 11 cm de longueur chez les sizerins (*Carduelis hornemanni* et *C. flammea*), le tarin des pins (*Carduelis pinus*) et le chardonneret jaune (*Carduelis tristis*), jusqu'à 25 cm de longueur chez le durbec des sapins (*Pinicola enucleator*).

Description Toutes les espèces de cette famille fort diversifiée ont un bec conique et robuste, au bord tranchant. Cette particularité est très utile pour broyer les grains, qui constituent la principale nourriture de la majorité des espèces, bien que les insectes fassent aussi partie de leur régime alimentaire, notamment pour nourrir les jeunes. La taille et la forme du bec varient beaucoup selon les espèces: chez les durbecs, il est large et épais; chez les chardonnerets et les sizerins, il est plutôt mince; et chez les becs-croisés, les mandibules sont croisées. Les plumages et les chants présentent aussi une très grande diversité. Le plumage des mâles est éclatant et les couleurs forment souvent des motifs marqués et caractéristiques. La plupart des espèces ont des chants élaborés et mélodieux.

Nidification Dans le nord du Canada, certaines espèces ont une seule nichée par année, mais puisque la saison de reproduction est plus longue dans le sud du pays, la plupart des espèces entreprennent deux nichées. Quelques espèces, notamment le roselin familier (*Carpodacus mexicanus*), habitent dans le sud du Canada durant toute l'année et ne migrent pas. D'autres effectuent des MIGRATIONS en altitude: p. ex., le roselin à tête grise niche au sommet des montagnes en Alberta, en Colombie-Britannique et au Yukon, et il hiverne dans les basses terres et aux pieds des montagnes de l'Ouest canadien.

Le sud du Canada constitue une aire d'hivernage pour des espèces nichant plus au nord, comme les sizerins, les becs-croisés (*Loxia curvirostra* et *L. leucoptera*) et le durbec des sapins. Toutefois, leur abondance fluctue énormément d'une année à l'autre, selon la disponibilité de nourriture dans les régions situées plus au nord. Seules quelques espèces très résistantes peuvent survivre à l'hiver dans le nord du Canada. P. ex., à Churchill, au Manitoba, il n'y a que le sizerin blanchâtre qui tente d'hiverner à cet endroit, mais certains hivers, on ne le voit même pas.

Richard W. Knapton

Fritz, Madeleine Alberta, paléontologue (Saint-Jean, 3 nov. 1896). Elle fait ses études à l'U. McGill et à l'U. de Toronto. En tant qu'étudiante de William Arthur PARKS et, plus tard, en tant que codirectrice du Musée royal de l'Ontario de paléontologie, elle devient un chef de file dans l'étude nord-américaine des bryozoaires ordoviciens. Professeure de géologie pendant de nombreuses années à l'U. de Toronto, elle est la deuxième femme à être élue membre de la Société royale du Canada. Ses études sur la PALÉONTOLOGIE et la stratigraphie de Toronto et les environs constituent un ouvrage de référence.

Joan Burke

Frobisher, baie Profonde échancrure de plus de 230 km de long, située à l'extrémité du littoral sud-est de ÎLE DE BAFFIN. Son embouchure est de 40 km de large et rapetisse à 20 km vers la tête de la baie. La configuration de la baie crée un effet d'entonnoir et c'est pour cette raison que la marée, qui baigne deux fois par jour la ville d'IQALUIT située à la tête de la baie, possède une amplitude variant entre 7 et 11 m.

La géographie physique de l'ensemble de la baie est le résultat d'épisodes tectoniques associés à l'ouverture de l'Atlantique Nord au début de l'ère tertiaire, période au cours de laquelle cette partie du bouclier précambrien dans la région de la baie Frobisher s'est affaissée alors que les blocs rocheux de chaque côté étaient soulevés et basculés vers le nord-est. Le contact très net entre ces terrains se traduit par de hautes falaises s'élevant de la baie qui, en raison du basculement, mesurent 330 m de haut sur la côte nord et deux fois cette hauteur sur la côte sud. Le surcreusement s'est produit durant l'époque pléistocène, quand le fossé tectonique de la baie Frobisher était occupé par un important glacier émissaire provenant d'un champ de glace centré sur le BASSIN FOXE.

La baie a été nommée ainsi en l'honneur de sir Martin FROBISHER, qui l'a découverte en 1576. Il croyait alors que la baie était un détroit et c'est ainsi qu'on l'identifie d'abord sur les cartes géographiques.

Douglas Finlayson

Frobisher Bay (*Voir* IQALUIT)

Frobisher, Benjamin, commerçant de fourrures (Halifax, Angl., vers 1742—Montréal, 14 avril 1787), frère de Joseph et de Thomas FROBISHER. Arrivé dans la province de Québec vers 1763, il entreprend avec ses frères la TRAITE DES FOURRURES dans le Nord-Ouest. Il gère principalement les affaires de l'entreprise à Montréal et en Angleterre, tandis que ses frères pratiquent la traite sur le terrain. La famille est la première actionnaire de la COMPAGNIE DU NORD-OUEST.
Daniel Francis

Frobisher, Joseph, traiteur de pelleteries et marchand (Halifax, Angl., 15 avril 1740—Montréal, 12 sept. 1810). Partenaire avec ses frères Benjamin et Thomas FROBISHER, Joseph Frobisher est l'un des «des colporteurs de Québec» engagés dans la FROBISHER TRAITE DES FOURRURES dans l'Ouest canadien après 1770. Il passe l'hiver de 1774-1775 sur la rivière Churchill pour tenter d'intercepter les transporteurs de fourrures allant en aval à destination de la Compagnie de la baie d'Hudson. Cette expédition d'avant-garde mène quelques années plus tard les traiteurs de Québec à pénétrer la région du lac Athabasca. En 1776, il s'installe à Montréal et y devient l'un des grands marchands de fourrures. Il compte parmi les premiers partenaires de la COMPAGNIE DU NORD-OUEST (CNO) et fonde en 1787 avec Simon MCTAVISH la McTavish, Frobisher and Co., principal pourvoyeur et agent des ventes de la CNO. Après avoir pris sa retraite en 1798, il s'installe à Beaver Hall, son château.
Daniel Francis

Frobisher, sir Martin, navigateur (près de Wakefield, Angl., 1539—Plymouth, Angl., 22 nov. 1594). En 1576, il cherche à l'ouest du Groenland un passage vers l'Asie, découvre la BAIE FROBISHER et revient avec du minerai qui semble contenir de l'or. Il entreprend un deuxième voyage en 1577, rapportant avec lui d'autres échantillons de terre. Au cours de sa dernière expédition (1578), il commande une flotte de 15 navires. Poussé à l'entrée du DÉTROIT D'HUDSON par les tempêtes, il met pied à terre à l'île Kodlunarn dans le détroit de Warwick, où ses hommes extrayaient des tonnes de minerai, qui s'avère sans valeur. On voit encore aujourd'hui des dépressions causées par l'excavation et une maison de pierre. Son mécène, Michael Lok, est ruiné, mais la carrière maritime de Frobisher se poursuit. Il accompagne DRAKE aux Antilles et est fait chevalier en reconnaissance de son héroïsme contre l'Invincible Armada (1588). Il meurt des suites des blessures subies au combat contre les Espagnols à Crozon, près de Brest, en France.
James Marsh

Frobisher, Thomas, commerçant de fourrures (Halifax?, Yorkshire, Angl., 1744—Montréal, 12 sept. 1788). Arrivé dans la province de Québec en 1769, il se joint à ses frères Joseph et Benjamin FROBISHER dans la TRAITE DES FOURRURES dans l'Ouest. En 1776, il fonde le premier poste de traite à l'ÎLE-À-LA-CROSSE, point de départ pour se rendre dans la région du lac Athabaska.
Daniel Francis

Fromage et fabrication des fromages En 1986, le Canada produisait 327 730 t de fromage et la consommation totale par habitant était de 11,02 kg, dont 2,64 kg de cheddar, 1,28 kg de cottage et 7,10 kg d'autres variétés. Depuis 1950, la consommation a plus que triplé, favorisée par une plus grande sélection de variétés, une nette amélioration de la mise en marché, des conditions de transport, de la réfrigération et de l'emballage. Le fromage, source importante de protéines, d'énergie, de vitamines et de minéraux est un aliment qui peut remplacer avantageusement la viande dans le régime alimentaire. Le cheddar, entre autres, contient 26 p. 100 de protéines, 33 p. 100 de matières grasses et 36 p. 100 d'eau; un fromage cottage en crème, en contient respectivement 12,5 p 100, 4,5 p. 100 et 79 p. 100.

Depuis des milliers d'années, la fabrication du fromage est le meilleur moyen de conserver les nutriments utiles du lait. Le premier fromage a probablement été fait simplement de lait caillé naturellement, par l'égouttement du petit-lait au travers d'un sac, procédé qu'on peut employer maintenant pour les fromages de type cottage. Ensuite, on a trouvé qu'une enzyme présente dans le quatrième estomac des veaux, des chevreaux ou des chèvres pouvait coaguler le lait. Pendant des siècles, on a utilisé cette enzyme ou présure pour fabriquer la plupart des fromages connus. Les colons canadiens fabriquaient du fromage pour eux-mêmes ou pour le vendre au marché. En 1864, Harvey Farrington implante la première fromagerie industrielle du Canada dans le comté d'Oxford, au Canada-Ouest (aujourd'hui l'Ontario); celle-ci utilise le lait des fermes environnantes. On peut retrouver une reconstitution complète de cette toute première fromagerie à UPPER CANADA VILLAGE à Morrisburg, en Ontario.

Les fromageries prolifèrent rapidement: au tournant du siècle, on compte déjà 2300 fromageries et 570 beurreries et fromageries combinées. À ce moment-là, environ 10 000 t sont exportées annuellement en Angleterre. De nos jours, la majorité des fromages sont fabriqués dans des grandes fromageries automatisées; la plus grande, construite en 1973 à Notre-Dame-du-Bon-Conseil, au Québec, fabrique 100 t par jour. Les «fromages Mammouth» servaient à des fins promotionnelles, et le cheddar canadien vieilli s'est vite acquis une réputation de grande qualité et de goût raffiné qui perdure jusqu'à aujourd'hui. Le plus gros fromage, le «Canadian Mite», fabriqué à Perth, en Ontario, pesait 10 t. Il était exposé à la World Columbian Exposition de Chicago en 1893, puis à Londres, en Angleterre, où il fut finalement coupé et vendu.

Dans la fabrication du fromage, la bactérie de «démarrage» est ajoutée au lait pour en augmenter le taux de sucre (lactose) et le transformer en acide lactique; la présure, ajoutée ensuite, provoque la coagulation du lait. La bactérie et la présure favorisent aussi l'affinage et le développement de la saveur typique de chaque variété. Le lait caillé est coupé et généralement chauffé à une température variant de 30 et 60 ºC. Le caillé épuré du petit lait qui s'égoutte est ensuite pressé dans des moules. On y ajoute le sel soit avant le pressage, soit à la surface du fromage pressé.

Les variétés de fromage diffèrent en fonction des nombreux procédés de fabrication. Les différences de quantité d'eau, de matières grasses et de sel donnent un goût et une fermeté propres à chacun des fromages. La durée et la température de l'entreposage, ainsi que le type de bactéries employé, LEVURE ou MOISISSURE, influent également sur la saveur et l'apparence. P. ex., la moisissure blanche, *Penicillium camemberti* ou *P. candidum*, est utilisée pour le camembert et la moisissure bleu-vert, *P. roqueforti*, pour le fromage bleu; la bactérie *Propionibacterium shermanii* provoque les trous dans les fromages de type suisse.

La majorité des fromages sont affinés pendant une période de deux semaines à deux ans pour développer leur propre saveur. Ainsi, le cheddar doux est affiné de un à deux mois, le cheddar mi-fort, de cinq à huit mois, et le cheddar fort, de 10 à 24 mois. Quelques fromages ne sont pas affinés et sont consommés frais comme le cottage, les fromages en crème et la ricotta. Pour obtenir le fromage fondu, on chauffe le fromage naturel moulu à une température de 70 et 80 ºC, puis on le refroidit et on lui additionne des émulsifiants (citrate, phosphate) ce qui lui donne sa consistance lisse caractéristique.

Des centaines de variétés de fromages sont fabriquées dans le monde. Au Canada, on produit du cheddar, du mozzarella, du cottage, du pizza, du ricotta, du brick, du brie, du caciocavallo, du camembert, du colby, du fromage en crème, de l'edam, du feta, du furlano, du gouda, du marbré, du monterey

jack, du munster, du parmesan, du provolone, du romano, du scamorza, du trecca, du fromage épicé, du suisse et de l'emmental. Le fromage «Île d'Orléans» a été l'un des tout premiers fromages fabriqués par les colons français au Canada. Mis à part le cheddar, le fromage d'Oka, fabriqué à l'origine par les moines à la Trappe d'Oka près de Montréal, est le fromage canadien le plus connu. (*Voir aussi* INDUSTRIE LAITIÈRE.)
D.B. Emmons

Front de libération du Québec (FLQ) Mouvement révolutionnaire qui utilisait la propagande et l'action terroriste (*voir* TERRORISME) pour promouvoir la création d'un Québec indépendant et socialiste. Le mouvement est fondé en mars 1963, alors que le Québec connaît une période de changements remarquables (expansion industrielle, modernisation de l'État), mais il est également stimulé par des facteurs internationaux tels que la décolonisation de l'Algérie. Pierre Vallières, auteur de l'ouvrage intitulé NÈGRES BLANCS D'AMÉRIQUE, adhère au FLQ en 1965 et est généralement considéré comme le théoricien de l'organisation.

En 1963, des militants felquistes clandestins, dont certains sont arrêtés, placent des bombes dans les boîtes à lettres de trois manèges militaires fédéraux et à WESTMOUNT, riche quartier de Montréal habité par des anglophones de la classe moyenne supérieure. En 1964, un autre groupe de felquistes vole 50 000 dollars en espèces et de l'équipement militaire, puis commet un vol à main armée à l'International Firearms. Au cours de ce vol, le vice-président de la compagnie est tué par le FLQ et un autre employé est abattu par la police, qui le prend pour un des voleurs. De 1965 à 1967, le FLQ s'associe aux activités de travailleurs en grève. Il est impliqué dans plus de 200 attentats à la bombe entre 1963 et 1970 et commence en 1968 à utiliser des bombes plus grosses et plus puissantes. Des bombes sont posées dans une librairie du gouvernement fédéral, à l'U. McGill, au domicile de Jean DRAPEAU, au ministère provincial du Travail et à la Bourse de Montréal, où 27 personnes sont blessées. À l'automne 1969, le mouvement se scinde en deux cellules distinctes comptant environ 12 membres chacune: la bande de la Rive-Sud, dirigée par Paul Rose, qui devient la cellule Chénier, et la cellule Libération, dirigée par Jacques Lanctôt et établie à Montréal.

Au cours de l'automne 1970 (*voir* CRISE D'OCTOBRE), le FLQ kidnappe Pierre LAPORTE et le délégué commercial britannique James Cross. Laporte est ensuite assassiné. En vertu de la LOI SUR LES MESURES DE GUERRE, plus de 450 personnes sont arrêtées, y compris 150 membres «présumés» du FLQ. Paul Rose et Francis Simard sont condamnés à la prison à perpétuité pour le meurtre de Laporte, Bernard Lortie est déclaré coupable de l'avoir kidnappé, et Jacques Rose est condamné en tant que complice. Cinq des ravisseurs de Cross s'enfuient à Cuba, puis en France, et reviennent enfin au Canada. L'un d'entre eux reste à Montréal, mais il est arrêté en 1980 et condamné en 1981. Le mouvement cesse ses activités en 1971.
Marc Laurendeau

Frontenac (navire) Il est le premier vapeur lancé sur les Grands Lacs. Il est construit par des entrepreneurs américains en 1816 à Ernesttown (Bath, Ontario) pour le compte d'une compagnie d'investisseurs dont la plupart sont de Kingston (Ontario). Le printemps suivant, le navire entreprend son service régulier entre Kingston, York (Toronto) et Niagara-on-the-Lake sur le lac Ontario. Le *Frontenac* jauge près de 700 t, mesure 51,8 m de longueur et 9,1 m de largeur et a une calaison de 3,5 m (en profondeur). Son moteur à vapeur Boulton & Watt de 50 cv le propulse à près de 10,6 km/h. Ayant coûté plus de 15 000 livres et en exploitation dans une province de quelque 100 000 habitants, le *Frontenac* fait rarement des profits. Au bout de huit ans, il est vendu à l'encan pour 1550 livres à John Hamilton qui, avec son frère Robert, l'exploite pendant encore deux ans. En 1827, il est remorqué à Niagara où, mis à la ferraille, il est brûlé par un incendiaire.

Walter Lewis

Frontenac (voiture) William Durant, après voir perdu à deux reprises la mainmise sur GENERAL MOTORS, lance Durant Motors avec une filiale canadienne à Leaside, dans la banlieue de Toronto. Celle-ci s'avère si profitable, en dépit des problèmes graves de l'entreprise principale, qu'elle devient indépendante et se transforme en Dominion Motors Ltd en 1931. Ses voitures portent le nom du comte de FRONTENAC, un gouverneur de la Nouvelle-France. La première Frontenac est semblable à la Durant Six, avec démarrage automatique dès l'allumage et embrayage à roue libre (la compression du moteur ne ralentissant pas la voiture lorsqu'elle marche sur l'erre). La gamme des Frontenac s'enrichit plus tard de la petite DeVaux américaine 4-cylindres et de la Continentale, plus grosse. La production prend fin en 1933 à cause de la crise des années 30. Deux ans plus tard, Durant Motors doit fermer.

R. Perry Zavitz

Frontenac, Louis de Buade, comte de, gouverneur général de la Nouvelle-France (Saint-Germain, France, 22 mai 1622—Québec, 28 nov. 1698). Ce comte autoritaire est d'abord officier dans les armées française et vénitienne. En 1672, il obtient le poste de gouverneur du Canada, en partie afin de dérouter ses créanciers. En l'absence de l'intendant (1672-1675), il étend son autorité vice-royale et militaire aux affaires civiles. Ses prétentions, comme celle de présider le Conseil souverain, suscitent l'opposition d'autres dirigeants qu'il condamne parfois à l'exil ou place en détention. Il offense le clergé en approuvant la vente de l'eau-de-vie aux Indiens. Après 1675, il est en conflit avec l'intendant Jacques DUCHESNEAU, qui a sa propre faction dans la TRAITE DES FOURRURES. À cause de leurs querelles, ils sont tous deux rappelés en France en 1682.

Frontenac donne à la France un empire territorial, en agissant à l'encontre de ses directives. Les ordres du roi et du ministre des Colonies aux administrateurs français au Canada sont de limiter la colonisation aux régions ayant des liens maritimes directs avec la France, de regrouper les colons dans des communautés faciles à défendre et de les employer dans l'agriculture et dans les métiers manuels. On impute à la traite des fourrures la dispersion de la main-d'œuvre et la faiblesse militaire et économique de la Nouvelle-France. Frontenac se sert de son autorité pour organiser des expéditions de reconnaissance et pour construire des forts, qui sont en réalité des postes de traite des fourrures pour ses complices traiteurs. Un réseau de forts apparaît autour des Grands Lacs et le long des affluents du Mississippi. Le refus d'accorder l'accès à ce territoire aux colonies anglaises en plein essor mène inévitablement à la guerre et, finalement, à la fin de l'empire français en Amérique du Nord.

Frontenac est rétabli dans ses fonctions de gouverneur en 1689, au moment où les nations de la confédération iroquoise attaquent la Nouvelle-France. Il a l'ordre de s'emparer de la colonie de New York, base de ravitaillement des Iroquois. Il envoie plutôt des détachements attaquer les établissements frontaliers de la région new-yorkaise et de la Nouvelle-Angleterre. En guise de représailles, une expédition par mer sous le commandement de sir William PHIPS assiège Québec. Sommé de capituler, Frontenac rétorque: «Allez dire à votre maître que je répondrai par la bouche de mes canons.» La maladie et le froid forcent les envahisseurs à se retirer. Frontenac croit, à tort, pouvoir mettre fin à l'hostilité des Iroquois par la diplomatie. En 1696, conformément aux décrets ministériels, il commande une expédition punitive qui détruit les villages et les récoltes des ONEIDAS et des ONONDAGAS (*voir* GUERRES IROQUOISES). Bien que moins querelleur au cours de son deuxième mandat, il continue d'utiliser ses pouvoirs pour tirer profit de la traite des fourrures qu'il est accusé de soutenir avec des fonds militaires. Frontenac aurait peut-être été destitué s'il n'était pas mort en 1698.

Peter N. Moogk

Frontière, thèse de la Elle est formulée en 1893 quand l'historien américain Frederick Jackson Turner élabore la théorie selon laquelle la disponibilité de terres non encore colonisées pendant la plus grande partie de l'histoire des États-Unis constitue le facteur le plus déterminant pour le développement national. La vie dans les régions pionnières et les nouvelles possibilités qui en découlent entraînent la modification des vieilles traditions, obligent les institutions à s'adapter au changement et amènent la société à devenir plus démocratique, alors que les distinctions de classe s'effondrent. Il en résulte une société américaine unique, distincte des sociétés européennes dont elle est issue. Au Canada, entre les deux guerres mondiales, la thèse de la frontière jouit de la faveur de plusieurs historiens dont A.R.M. LOWER et Frank UNDERHILL et du sociologue S.D. CLARK. Cela s'explique en partie par la prise de conscience du caractère nord-américain du Canada.

Après la Seconde Guerre mondiale, la thèse de la frontière perd de sa popularité parce qu'on reconnaît d'importantes différences sociales et culturelles entre le Canada et les États-Unis. On assiste à l'émergence d'une «école de pensée métropolitaine», qui met l'accent sur les liens historiques beaucoup plus étroits avec l'Europe. En outre, des centres urbains tels que Montréal, Toronto et Ottawa jouent un rôle majeur dans la colonisation des régions pionnières canadiennes. Peu importe le point de vue que l'on adopte, il reste que toute conclusion réaliste ne peut nier que les deux éléments, soit la frontière et les liens avec les centres établis, ont été fondamentaux dans le développement du Canada. (*Voir aussi* METROPOLITAN-HINTERLAND, THÈSE.)

D.R. Owram

Frontières Les frontières politiques qui concernent de nos jours le Canada sont les frontières internationales (principalement celles qui le séparent des États-Unis et du Groenland) ainsi que les frontières des provinces et des territoires, parce qu'elles ont plus qu'une importance purement locale. Ces deux ordres de démarcations ont évolué en deux étapes distinctes. Dans la foulée des décisions politiques sur la constitution du territoire, les frontières ont été établies et définies dans des documents d'État. Par la suite, habituellement après un certain temps, on a procédé à des levés de délimitation des frontières et l'on a fixé des bornes sur le terrain (processus de démarcation).

Les débuts de la délimitation des frontières internationales et intérieures remontent au TRAITÉ DE PARIS (1763), qui a profondément modifié les frontières de l'Amérique du Nord. C'est pour cela que la GUERRE DE SEPT ANS (1756-1763) entre la Grande-Bretagne et la France, qui a précédé le traité, est parfois appelée la «guerre des frontières». Tout l'est de l'Amérique du Nord, à l'exception de SAINT-PIERRE-ET-MIQUELON, est cédé à la Grande-Bretagne, et les frontières des diverses colonies sont redéfinies en conséquence.

Plus tard, conséquence de la GUERRE D'INDÉPENDANCE AMÉRICAINE, la Grande-Bretagne perd ses colonies situées au sud de Terre-Neuve, de la Nouvelle-Écosse et du Québec, tout comme la portion du Québec qui s'étendait de la rivière Ohio jusqu'au fleuve Mississippi. C'est ainsi que, après le TRAITÉ DE PARIS (1783), la frontière entre le Canada et les États-Unis commence à prendre la forme qu'elle a aujourd'hui.

Frontières internationales En 1783, la frontière entre les États-Unis et l'AMÉRIQUE DU NORD BRITANNIQUE est définie comme s'étendant de l'embouchure de la rivière Sainte-Croix, dans la baie de Fundy, jusqu'à sa source, puis le long d'une ligne franc nord jusqu'à «l'angle nord-ouest» de la Nou-

velle-Écosse (aujourd'hui le nord-ouest du Nouveau-Brunswick), de là le long de la ligne de crête entre l'Atlantique et le Saint-Laurent jusqu'à la source nord-ouest de la rivière Connecticut, puis le long de cette rivière jusqu'à 45° de latitude N. et suivant ce parallèle jusqu'au Saint-Laurent. La frontière continue ensuite en remontant le fleuve, traverse le lac Ontario, la rivière Niagara, les lacs Érié, Sainte-Claire, Huron et Supérieur jusqu'à la rivière Pigeon, puis atteint le lac des Bois. Du nord-ouest du lac, la frontière devait s'étendre tout droit vers l'ouest jusqu'au Mississippi.

Cette délimitation, faite d'après une carte de l'Amérique du Nord publiée pour la première fois en 1755 par John Mitchell, et inexacte à bien des égards, a entraîné des problèmes frontaliers en neuf endroits au moins. En 1794, le TRAITÉ DE JAY commence à clarifier ces problèmes.

La première controverse surgit au sujet de l'emplacement exact de la rivière Sainte-Croix, car il existe trois rivières là où la carte de Mitchell n'en montre que deux. Les arbitres optent pour celle qui se nomme maintenant rivière Schoodic. Or, celle-ci a deux bras: le choix se porte sur le bras est, mais la ligne tracée en direction nord à partir de cet embranchement coupe presque entièrement les provinces Maritimes du Bas-Canada. Les commissions et les arbitrages de 1814 et de 1831 ne parviennent pas à trouver une solution acceptable. Au cours de la période de tensions qui suit, un affrontement a lieu entre des bûcherons du Nouveau-Brunswick et d'autres du Maine sur le territoire contesté. Le conflit ne prend fin que par le compromis élaboré par le TRAITÉ ASHBURTON-WEBSTER, en 1842.

Un autre problème surgit lorsqu'on découvre qu'une ligne frontière partant du nord-ouest du lac des Bois et allant plein ouest ne traverse pas le Mississippi, qui prend sa source plus au sud que ne l'indique la carte de Mitchell. Ce problème est réglé lors de la CONVENTION DE 1818: le QUARANTE-NEUVIÈME PARALLÈLE, déjà considéré comme la frontière sud des territoires de la COMPAGNIE DE LA BAIE D'HUDSON (CBH), entre le lac des Bois et les Rocheuses, longeait très approximativement la ligne nord du bassin hydrographique du Mississippi et du Missouri, qu'englobait le territoire de la Louisiane, acheté à la France par les États-Unis en 1803.

À l'ouest des Rocheuses, les Britanniques hésitent à abandonner le contrôle du territoire de l'Oregon, alors enter les mains de la CBH. Par conséquent, la Grande-Bretagne et les États-Unis conviennent d'occuper ensemble l'Oregon durant dix ans. En 1827, le compromis est reconduit pour une période indéterminée. Cependant, dans les années 1840, un grand nombre de colons américains s'installent dans cette région et réclament que l'autorité américaine exclusive s'étende aussi loin vers le nord que 54° 40' de latitude N., ce qui correspond à la frontière sud du territoire russe, sur la côte du Pacifique.

Même si «Fifty-four forty or fight» («54-40 ou la bagarre») devient un slogan de la campagne électorale américaine en 1844, la proposition britannique de diviser le territoire contesté en prolongeant la frontière le long du 49e parallèle jusqu'à la côte ouest, puis à travers le détroit de Juan de Fuca, est incorporée au TRAITÉ DE L'OREGON deux ans plus tard. Ce traité n'indique pas précisément les limites des eaux territoriales, de sorte qu'une nouvelle controverse doit être réglée par arbitrage en 1872 (*voir* TRAITÉ DE WASHINGTON).

La frontière séparant les territoires russe et britannique est définie en 1825, bien avant que les Américains n'achètent l'Alaska en 1867. La partie nord de la frontière est fixée au 141e méridien, probablement parce que celui-ci passe au nord du mont St. Elias, l'un des rares éléments de relief qu'on puisse aussi facilement distinguer dans cette région assez peu connue, et aussi parce qu'il délimite les intérêts maritimes des Russes et les intérêts terrestres de la CBH.

Au sud du mont St. Elias, jusqu'à l'île Prince-de-Galles, le territoire russe s'étendait dans les terres sur 10 lieues marines (55,6 km).

L'interprétation de l'emplacement exact de cette frontière pose des difficultés après la RUÉE VERS L'OR DU KLONDIKE. La question cruciale est de savoir si la Conférence anglo-russe de 1825 a conclu que la frontière contournerait le fond des baies (option soutenue par les États-Unis) ou qu'elle suivrait la crête des montagnes parallèlement à la côte en traversant tous les fjords et les baies (option soutenue par le Canada).

Ce litige est soumis à une commission mixte et plus tard à un tribunal qui définit la frontière telle qu'elle existe aujourd'hui (voir ALASKA, AFFAIRE DES FRONTIÈRES DE L'). La frontière est donc établie à la satisfaction des États-Unis. Le prolongement méridional de l'Alaska ferme au Canada tout accès à l'océan Pacifique dans le Nord et est perçu comme l'un des facteurs qui limitent l'expansion de l'exploitation minière et hydroélectrique dans le nord-ouest de la Colombie-Britannique. Depuis le règlement de ce contentieux, le Canada et les États-Unis partagent une frontière de 6420 km, soit la plus longue du monde.

De 1870 à 1880, la frontière nord du Canada coïncide avec les limites des anciens territoires de la CBH. Puis la Grande-Bretagne cède au gouvernement fédéral ses droits sur les îles de l'Arctique. La revendication du territoire s'étendant entre 141° et 60° de longitude O. est formulée pour la première fois en 1907, mais elle ne reçoit un appui officiel qu'en 1925. Par ailleurs, la ligne de division, ou «ligne de répartition» entre le Canada et le Groenland à partir de 61° de latitude N. est établie avec le Danemark en 1974.

Les frontières maritimes du Canada englobent les eaux territoriales et, depuis l'adoption en 1970 de la *Loi modifiant la Loi sur la mer territoriale et les zones de pêche*, s'étendent sur 12 milles marins (24,2 km) de la base des côtes. L'exception la plus notable se trouve dans l'Arctique, où la souveraineté canadienne s'exerce dans les eaux situées entre les îles. Les zones de pêche côtière canadiennes s'étendent vers le large sur 200 milles marins (environ 371 km), comme c'est le cas pour beaucoup d'autres nations.

Frontières interprovinciales et interterritoriales

Les frontières actuelles de la Nouvelle-Écosse, de l'Île-du-Prince-Édouard et du Nouveau-Brunswick résultent de circonstances qui n'ont eu d'importance que lorsque ces régions sont devenues des colonies britanniques aux XVIIIe et XIXe siècles. À partir de 1763, la Nouvelle-Écosse comprend les provinces actuelles de l'Île-du-Prince-Édouard et du Nouveau-Brunswick. L'Île-du-Prince-Édouard, presque totalement désertée à cette époque par les Français, est recolonisée, mais puisqu'il faut référer les affaires judiciaires à Halifax et que l'île était d'accès difficile, surtout en hiver, un gouvernement y est créé en 1769.

Après la guerre d'Indépendance américaine, des milliers de LOYALISTES s'installent dans la vallée du fleuve Saint-Jean et le long de la côte nord de la baie de Fundy. Leur arrivée entraîne des problèmes judiciaires et administratifs, de sorte que le Nouveau-Brunswick est déclaré province indépendante en 1784. Sa frontière sud passe à travers l'isthme de Chignectou, depuis le bassin de Cumberland jusqu'à Baie Verte.

Presque tout le LABRADOR relève de la compétence de Terre-Neuve depuis 1763, sauf de 1774 à 1809, où il est gouverné depuis Québec. Cependant, ses frontières terrestres ne sont jamais délimitées de façon précise, et, en 1902, lorsque Terre-Neuve accorde des concessions forestières dans la région située entre le lac Melville et Grand Falls (maintenant Churchill Falls), le Québec soutient que, dans les faits, cette région relève de lui. Le gouvernement fédéral croyait que le Labrador ne s'étendait à l'inté-

rieur des terres que sur un mille (1,6 km) à partir du niveau de la marée haute.

En 1927, le COMITÉ JUDICIAIRE DU CONSEIL PRIVÉ établit que la frontière suit en grande partie la ligne de partage des eaux des rivières qui se jettent dans l'océan Atlantique. Dans le Sud, cependant, la frontière commence juste à l'est de Blanc-Sablon et se dirige vers le nord jusqu'à 52° de latitude N., puis bifurque vers l'ouest jusqu'à la ligne de partage des eaux de la rivière Romaine. Ainsi, les rivières Romaine, Natashquan, Petit-Mécatina, Saint-Augustin et Saint-Paul, qui traversent le Québec pour se jeter dans le golfe du Saint-Laurent, prennent leur source à Terre-Neuve (voir LABRADOR, QUESTION DES FRONTIÈRES DU).

Puis, Québec, à l'instar de la Nouvelle-Écosse, devient la patrie de milliers de réfugiés loyalistes. La plupart d'entre eux s'installent le long de la rive nord du Saint-Laurent et des lacs Érié et Ontario, dans la région qui s'étend de Montréal à ce qui est maintenant Windsor en Ontario. Ces nouveaux arrivants ne connaissent pas le RÉGIME SEIGNEURIAL français de possession des terres, car ils sont habitués à un mode de propriété en franc et commun socage (p. ex., location à bail ou fermage). Ils s'irritent de l'absence d'un gouvernement populaire, des retards administratifs causés par la grande distance entre Montréal et Windsor, de l'absence d'une voie de communication terrestre et du caractère pénible et précaire (et, en hiver, inexistant) du lien les unissant par voie navigable.

On tient compte de leurs requêtes visant l'obtention d'un gouvernement et, en 1791, la province est divisée en deux pour créer le HAUT-CANADA et le BAS-CANADA. La frontière entre les deux part du Saint-Laurent vers le nord en suivant les limites ouest des seigneuries, remonte la rivière des Outaouais jusqu'au lac Témiscamingue, puis va plein nord jusqu'aux territoires de la CBH. Cependant, cet arrangement ne se révèle pas entièrement satisfaisant, surtout parce que le commerce des deux provinces s'effectue par le Saint-Laurent et que la répartition des revenus provoque le mécontentement.

En 1841, les deux provinces fusionnent et forment la PROVINCE DU CANADA. À la suite de l'ACTE DE L'AMÉRIQUE DU NORD BRITANNIQUE de 1867, la Province du Canada est scindée de façon à créer les provinces du Québec et de l'Ontario, leur frontière étant la même que celle qui avait été fixée en 1791. Au nord, les limites suivent la ligne de partage des eaux des rivières qui s'écoulent vers les Grands Lacs et le Saint-Laurent. Lorsqu'en 1870 le gouvernement fédéral fait l'acquisition de la TERRE DE RUPERT et crée la province du Manitoba à l'intérieur de celle-ci, le Manitoba et l'Ontario revendiquent le territoire entre le lac des Bois et ce qui est maintenant Thunder Bay.

Cette controverse n'est réglée qu'en 1889, lorsque la frontière de l'Ontario est prolongée vers le nord pour suivre une série de lacs et de voies navigables et la rivière Albany jusqu'à la baie James. De la même façon, la frontière nord du Québec est repoussée en 1898 pour longer la rivière Eastmain et une suite de voies navigables de moindre importance jusqu'à la frontière du Labrador.

L'île de Vancouver est érigée en colonie en 1849. Peu de temps après, les RUÉES VERS L'OR sur le continent entraînent la fondation de la colonie de la COLOMBIE-BRITANNIQUE en 1858 et du TERRITOIRE STIKINE en 1862. Ces trois colonies s'unissent pour former la Colombie-Britannique en 1866, délimitée par les mêmes frontières qu'aujourd'hui. Les frontières sont destinées à englober toutes les rivières et tous les ruisseaux au fond desquels on pense trouver de l'or alluvial, afin non seulement de surveiller l'exploitation minière, mais aussi de soumettre les mineurs aux lois appropriées.

Des considérations similaires conduisent à l'établissement des frontières du Yukon, qui sont définies pour la première fois en 1895. La frontière est de la

Colombie-Britannique et du Yukon suit en de nombreux endroits la ligne de crête à partir de laquelle les rivières coulent vers l'océan Pacifique.

Entre-temps, les Territoires du Nord-Ouest se peuplent. Pour des raisons administratives et de service postal, une part grandissante de la région est provisoirement divisée en districts: le district de Keewatin en 1876, ceux de Saskatchewan, d'Assiniboine, d'Alberta et d'Athabaska en 1882, suivis des districts d'Ungava, du Yukon, du Mackenzie et de Franklin en 1895. Leurs frontières, presque toujours des lignes droites, sont définies dans le cadre du Système d'arpentage des terres du Canada, conçu pour faciliter la colonisation.

Dès 1905, on juge qu'une grande partie de ce territoire est prête à assumer des responsabilités provinciales. Comme les terres au nord du 60e parallèle sont impropres à l'agriculture, il y a peu d'espoir qu'elles connaissent un peuplement «dense et permanent», facteur indispensable à l'établissement d'un gouvernement provincial stable. D'autre part, le territoire situé au sud du 60e parallèle est trop vaste pour y constituer une seule province, comparativement aux autres provinces. Par conséquent, en 1905, la majeure partie de la portion sud est divisée à 110° de longitude O. en deux provinces de superficie à peu près égale, l'Alberta et la Saskatchewan.

Étant donné que ces provinces s'étendent vers le nord jusqu'au 60e parallèle, le Manitoba, l'Ontario et le Québec demandent une expansion de leur territoire vers le nord. Le Manitoba et l'Ontario revendiquent tous deux le territoire situé entre les rivières Albany et Churchill. En 1912, la frontière partage entre eux cette région de façon plus ou moins égale. Leur expansion territoriale vers le nord entre alors en vigueur. Il en est de même pour le Québec, dont la frontière est repoussée jusqu'aux côtes septentrionales du détroit et de la baie d'Hudson.

La délimitation des frontières du Canada commence en 1771, année où l'on décide que le 45e parallèle séparerait le Québec de l'État de New York. Cependant, cette démarcation est établie de façon expéditive, et il apparaît nécessaire de procéder à de nouveaux levés topographiques après la guerre d'Indépendance américaine, lorsque cette frontière, initialement entre deux provinces britanniques, devient internationale. En 1913, la plus grande partie des frontières internationales du Canada est fixée. Les méthodes de démarcation varient d'une région à l'autre.

Dans les zones forestières, les premières frontières sont marquées par des encoches sur les arbres ou par des tas de pierres. Dans les prairies de l'Ouest, elles le sont plutôt par des monticules de sable ou des mottes de gazon et, plus tard, des poteaux métalliques. Là où une frontière traverse un terrain boisé, on pratique un chemin ou une «trouée» de chaque côté de la ligne arpentée. Les frontières provinciales sont marquées de façon similaire. Leur démarcation se fait cependant plus lentement, le plus souvent seulement en cas de nécessité administrative. Dès 1962, elle est essentiellement terminée, à l'exception de la frontière entre le Québec et Terre-Neuve.

N.L. Nicholson

Frost, Leslie Miscampbell, avocat, politicien, premier ministre de l'Ontario de 1949 à 1961 (Orillia, Ont., 20 sept. 1895—Lindsay, Ont., 4 mai 1973). Après son service militaire durant la Première Guerre mondiale, et après avoir été en convalescence à la suite d'une grave blessure, il obtient son diplôme de l'Osgoode Hall en 1921. Avec son frère, il achète un cabinet d'avocat à Lindsay et devient membre actif du PARTI CONSERVATEUR. Élu à l'Assemblée législative en 1937, il est nommé trésorier provincial et ministre des Mines au sein du Cabinet de George DREW, en 1943. Six ans plus tard, il devient chef du Parti conservateur et hérite du poste de premier ministre. Grand virtuose des politiques pragmatiques qui personnifient les valeurs des petites villes de l'Ontario, il conduit son parti à trois éclatantes victoires électorales. Au cours de ses trois mandats, il instaure des lois progressistes en matière de santé, d'éducation et de droits de la personne. Il favorise également la croissance du secteur privé au moyen de politiques fiscales et d'investissements dans le secteur public. Il démissionne comme chef de parti et comme premier ministre en 1961.

Roger Graham

Fruits et légumes, industrie des Cet important secteur de l'INDUSTRIE DES ALIMENTS ET BOISSONS du Canada est formé d'entreprises qui transforment les fruits et les LÉGUMES. Leurs principaux produits sont des fruits et des légumes en conserve, surgelés ou conservés d'autres manières, des jus de fruits et de légumes, des soupes, des marinades, des confitures, des gelées et des marmelades, du cidre, des sauces et du vinaigre. L'industrie emploie plus de 17 300 travailleurs permanents, mais au cours des saisons de récolte et de transformation, des employés temporaires viennent gonfler sensiblement les effectifs. En 1985, l'industrie achète pour plus de 1,3 milliard de dollars de produits agricoles bruts, d'articles d'emballage et d'autres fournitures. Ses livraisons de produits finis dépassent 2,4 milliards de dollars.

L'industrie débute à la fin des années 1880, avec l'installation par George Dunning de la première conserverie de fruits et légumes du pays dans le comté Prince Edward au sud-est de l'Ontario. En 1900, huit conserveries sont en activité dans le comté, soit la moitié du total canadien de l'époque. Au début des années 1900, l'industrie est solidement implantée dans toutes les principales régions de production de fruits et légumes au Canada. En raison de fusions et de réorganisations d'usines, il ne restait plus en 1985 que 222 conserveries de fruits et légumes; ce nombre reste sensiblement le même pendant les années suivantes. En 1985, ces 222 usines en activité se répartissent comme suit: 1 à Terre-Neuve; 3 à l'Île-du-Prince-Édouard; 11 en Nouvelle-Écosse; 4 au Nouveau-Brunswick; 61 au Québec; 95 en Ontario; 5 au Manitoba; 2 en Saskatchewan; 8 en Alberta; et 32 en Colombie-Britannique.

Avant le milieu des années 40, les principales techniques de conservation des aliments sont le séchage, la marinade et la mise en conserve à haute température. Ce dernier procédé, de loin le plus important, consiste à remplir des contenants en verre ou en métal d'un produit partiellement cuit, puis à sceller le contenant et à le chauffer à haute température pendant un laps de temps variable. Cette méthode stérilise complètement le contenu et permet l'entreposage à température ambiante pendant de longues périodes. La première usine canadienne de fruits et légumes surgelés est fondée par William H. Heeney. En 1932, sa société, la Heeney Frosted Foods Ltd établie à Ottawa et à Montréal, produit le premier aliment surgelé commercial au Canada, des fraises. Après un début lent, le marché des fruits et légumes surgelés prend beaucoup d'expansion au cours des 10 à 15 dernières années. En 1985, au Canada, on comptait 35 usines de fruits et légumes surgelés, réparties comme suit: 1 à l'Île-du-Prince-Édouard; 1 en Nouvelle-Écosse; 2 au Nouveau-Brunswick; 5 au Québec; 14 en Ontario; 2 au Manitoba; 2 en Alberta; et 8 en Colombie-Britannique. Cette année-là, l'expédition des fruits et légumes surgelés atteint une valeur de 587 millions de dollars. La production de fruits et légumes en conserve dépasse de beaucoup celle des surgelés, mais cette dernière devrait augmenter à l'avenir aux dépens des produits en conserve.

L'industrie des fruits et légumes est soumise à de nombreux règlements municipaux, provinciaux et fédéraux, mais Agriculture Canada (*voir* ALIMENTS, LÉGISLATION SUR LES) est le principal organisme de réglementation. Toutes les entreprises de transformation de fruits et légumes détiennent un permis fédéral et doivent se conformer aux réglementations imposées par les inspecteurs de la section des fruits et légumes d'Agriculture Canada. Les pro-

duits expédiés par les usines au-delà des frontières provinciales ou internationales sont obligatoirement inspectés par les autorités fédérales.

À la différence de l'industrie de transformation de certains autres pays, l'industrie canadienne ne dispose pas de nombreuses terres pour la production agricole. Toutefois, elle exerce un contrôle important sur les variétés cultivées. Dans la plupart des cas, les agriculteurs canadiens s'engagent par contrat à cultiver certains fruits ou légumes pour une entreprise de transformation particulière ou pour un groupe d'entreprises particulier. La plupart des fruits et légumes destinés à la mise en conserve ou à la congélation sont récoltés par des cueilleuses mécaniques appartenant en général aux entreprises de transformation. On récolte de plus en plus les fruits mécaniquement, comme c'est le cas pour les raisins en Ontario, et les cueilleuses mécaniques appartiennent aux entreprises de transformation. Pour satisfaire aux normes du gouvernement fédéral, les fruits et les légumes surgelés ou mis en conserve sont classés dans les catégories suivantes: de fantaisie (qualité supérieure), de choix (bonne qualité) et régulier (qualité inférieure). Au Canada, la majorité des fruits et légumes sont de qualité supérieure ou de bonne qualité. Le secteur de transformation est représenté par l'Institut des aliments du Canada, basé à Ottawa, et ses pendants provinciaux; l'institut résulte de la fusion récente de l'Association canadienne des manufacturiers de produits alimentaires et de l'Association de l'industrie des aliments surgelés du Canada.

Robert F. Barratt

Frum, Barbara, née Rosberg, journaliste de la radio et de la télévision (Niagara Falls, N.Y., 8 sept. 1937—Toronto, 26 mars 1992). Formée à l'U. de Toronto, elle collabore à de nombreux magazines, travaille à la télévision et à la radio à la fin des années 60 et mène des entrevues réfléchies, perspicaces et souvent acerbes avec des personnalités internationales à la populaire tribune téléphonique *As It Happens*, diffusée sur les ondes de la radio anglaise de Radio-Canada de 1971 à 1981. Intervieweuse la plus respectée et la mieux connue au Canada, elle remporte plusieurs prix de journalisme. De janvier 1982 jusqu'à sa mort, elle est présentatrice de *The Journal*, émission d'actualités qui passe tous les soirs à la télévision anglaise de Radio-Canada.

Elle meurt prématurément de leucémie en 1992, à l'âge de 54 ans. On lui rend alors hommage et on célèbre sa mémoire de plusieurs façons. L'U. de Toronto lui décerne un diplôme *honoris causa* à titre posthume (mai 1992) et, en 1993, l'Académie canadienne du cinéma et de la télévision lui attribue le John Drainie Award pour sa contribution remarquable à la radio et à la télévision. À North York, en banlieue de Toronto, une bibliothèque publique porte maintenant son nom. Dans le nouvel édifice de la SOCIÉTÉ RADIO-CANADA, au centre-ville de Toronto, se trouvent le Barbara Frum Atrium et, à l'intérieur, une impressionnante sculpture rendant hommage à sa mémoire et reflétant à la fois sa carrière et son influence sur la radio et la télévision. Elle fait aussi l'objet d'une conférence annuelle, parrainée conjointement par l'U. de Toronto et le réseau anglais de Radio-Canada. En 1996, sa fille Linda Frum publie *Barbara Frum – A Daughter's Memoir*.

Allan M. Gould

Fry, Frederick Ernest Joseph, écologiste aquatique (Woking, Angl., 17 avril 1908). Fry est professeur titulaire de zoologie à l'U. de Toronto de 1936 à 1974, y compris durant les quatre ans (1941-1945) qu'il passe dans l'Aviation royale canadienne où il effectue des recherches médicales dans le domaine de l'aviation. Depuis 1974, il est professeur émérite et collaborateur de l'Institut pour l'étude de l'environnement. Brillant scientifique et professeur influent, on le connaît surtout à l'étranger pour ses travaux en écologie physiologique, qui suscitent une nouvelle compréhension du rôle de l'environnement

physique et chimique sur les activités des poissons. Sa principale contribution à la dynamique des populations, l'«analyse des populations virtuelles», demeure un des principaux outils utilisés dans le monde entier pour gérer les grandes pêches. Il devient Membre de l'Ordre de l'Empire britannique en 1944. Il est ensuite élu à la Société royale du Canada en 1948 et reçoit de nombreuses médailles et de nombreux prix. Il est président de l'American Society of Limnology and Oceanography en 1951, de l'American Fisheries Society et de la Société canadienne de zoologie en 1966 et de l'American Institute of Fishery Research Biologists en 1972. En 1974, la Société canadienne de zoologie crée la Médaille Fry en reconnaissance de sa contribution à la science canadienne.

S.R. Kerr

Frye, Herman Northrop, critique littéraire, professeur d'université et éditeur (Sherbrooke, Qc, 14 juill. 1912—Toronto, 23 janv. 1991). Professeur d'anglais au Victoria College de l'U. de Toronto depuis 1939, il s'est taillé une renommée internationale grâce à ses théories littéraires, exposées dans son étude des prophéties de William Blake, *Fearful Symmetry* (1947), dans sa grammaire de la forme mythique, *Anatomie de la critique: quatre essais* (1957), et dans son étude en deux volumes sur l'influence du symbolisme biblique dans la littérature occidentale, *The Great Code* (1982). Ces ouvrages, et tout particulièrement *Anatomy*, ont fait de lui l'un des plus importants théoriciens littéraires du XXᵉ siècle et lui ont valu de recevoir des grades honorifiques de plusieurs grandes universités occidentales. Au nombre des hommages qui lui ont été rendus, figure sa nomination comme professeur de poésie titulaire de la chaire Charles Eliot Norton à Harvard (1974-1975).

Élevé à Moncton, il se rend à Toronto pour la première fois en 1929 afin de participer à un concours national de dactylographie. Il s'inscrit au Victoria College et, sauf pendant deux années d'études au Merton College d'Oxford, il demeure associé toute sa vie à cette institution dont il devient chancelier en 1978. Encore étudiant, Frye rédige une étude définitive des poèmes prophétiques de Blake, alors jugés incohérents, voire aberrants. Dans *Fearful Symmetry*, il démontre que Blake a délibérément suivi un modèle bien défini inspiré de Milton, voire de la Bible. Dans *Anatomy of Criticism*, il développe cette théorie en soulignant l'ensemble des archétypes, des symboles et des procédés rhétoriques itératifs qui unit les genres littéraires en un univers cohérent. Cet ensemble se compose de situations désirées, qui s'expriment par la comédie et la romance, ou abhorrées, que traduisent la tragédie ou l'ironie.

«Hiver pourri» Éduqué dans la religion évangélique méthodiste, Frye pense qu'il y a dans la culture un besoin inhérent d'affirmer une vision heureuse et de la transposer dans la réalité. Paradoxalement, sa perception de la littérature canadienne est reconnue pour être teintée de pessimisme. Selon Frye, à l'instar de la poésie de son mentor E.J. PRATT, la littérature canadienne est née de la «mentalité de garnison» de pionniers assiégés qui se serrent les coudes face au vide hostile et dévorant des vastes étendues sauvages. Elle est le fruit d'un «hiver pourri» plutôt que d'un printemps radieux.

Malgré son insistance sur l'imaginaire, qui sous-tend les études littéraires, Frye exige la même discipline dans les études littéraires que celle qu'il a lui-même expérimentée avec la musique et qui comporte une théorie durement intégrée. Il enseigne que la littérature n'est pas un sac où l'on fourre des milliers d'ouvrages individuels, mais plutôt un univers global constitué de formes reconnaissables. Il a toujours établi un lien étroit entre la reconnaissance disciplinée d'une forme et le grand talent littéraire comme celui de ses sujets d'études préférés: Spenser, Shakespeare, Milton, Blake, Yeats et Eliot. Il rejette l'approche de la critique littéraire axée sur l'évaluation, faisant valoir que l'évaluation tend à renseigner davantage sur le critique que sur l'ouvrage étudié. Cette théorie l'a d'ailleurs placé au centre d'interminables controverses internationales, qui ont entravé la réalisation de son objectif fondamental: la mise en place d'une terminologie objective et universelle pour l'étude littéraire.

Tendance mythique L'influence de Frye s'est surtout fait sentir au milieu des années 60, lorsqu'une nouvelle génération d'universitaires américains, notamment Harold Bloom et Geoffrey Hartman, influencés par les idées avancées dans *Anatomy*, se sont sentis attirés par la théorie selon laquelle la critique littéraire ne serait pas le parent pauvre de la PHILOSOPHIE, de la PSYCHOLOGIE, de la LINGUISTIQUE ou de l'esthétique, mais une discipline symboliquement coordonnée qui façonne l'imagination elle-même. À ce titre, elle détient un pouvoir qui lui est propre et peut être utile à l'étude d'autres formes d'art ou aux sciences sociales. Quoique Frye estime que ses idées puissent par ailleurs servir aux écrivains dans leur processus créateur, les écrivains canadiens ont souvent malmené cette notion. Sa pensée a néanmoins renforcé une tendance mythique importante dans la poésie canadienne des années 50 et 60, surtout dans l'œuvre de certains de ses anciens étudiants, comme Jay Macpherson, James Reaney et Margaret Atwood. *The Educated Imagination* (1962) constitue une approche plus facile de ses exposés qui, dans l'ensemble, sont très théoriques.

John Ayre

Fuca, Juan de, pilote et explorateur apocryphe de la CÔTE DU NORD-OUEST (Valeriano, île de Céphalonie, Grèce—*id.*, v. 1602). On sait peu de choses sur de Fuca en dehors de ce qu'a rapporté en 1596 Michael Lok, un promoteur anglais de la découverte géographique. Selon sa propre histoire, de Fuca est un pilote au service de l'Espagne au sein de la division maritime du Pacifique. Il prétend avoir dirigé en 1592 un voyage d'exploration au nord du Mexique, au cours duquel il aurait découvert un passage menant à «la mer du Nord» (peut-être l'océan Arctique), entre 47° et 48° de latitude. Il déclare à Lok avoir navigué dans le large passage avant de faire demi-tour vers le Mexique. Beaucoup plus tard, la découverte du détroit qui porte aujourd'hui son nom à 48° 30' de latitude ajoute foi à son histoire et laisse croire que les Espagnols auraient atteint la côte du Nord-Ouest au XVIᵉ siècle. Il semble plus vraisemblable que de Fuca ait raconté une histoire sensationnelle à Lok en vue d'obtenir une rémunération, ce que n'attestent toutefois ni les documents des archives espagnoles ni les ouvrages publiés.

Christon I. Archer

Fulford, Robert Marshall Blount, rédacteur en chef, essayiste, critique (Ottawa, 13 fév. 1932). Rédacteur en chef du magazine SATURDAY NIGHT de 1968 à 1987, il se fait l'apôtre du libéralisme, s'inspirant en partie de J.W. DAFOE et de Frank UNDERHILL. Autodidacte, il entre au GLOBE AND MAIL de Toronto comme garçon de courses en 1949, puis occupe différents postes de journaliste jusqu'en 1953. Il devient alors rédacteur en chef et collaborateur de plusieurs magazines, dont MACLEAN'S, mais c'est au TORONTO STAR, où il entre en 1958, qu'il fait ses preuves comme critique, d'abord de livres, d'art et de jazz, puis d'idées.

Pendant son mandat au *Saturday Night* (qu'il quitte après la prise de contrôle du magazine par Conrad BLACK en juin 1987), il passe du continentalisme au nationalisme. Au cours des années 80, il glisse vers l'aile plus conservatrice du libéralisme. Son attitude à l'égard de la culture populaire, qu'il a déjà chérie en la considérant comme un kaléidoscope démocratique, change également, bien que les ouvrages qu'il signe sur le sujet (*This Was Expo*, 1968; *Marshall Delaney at the Movies*, 1974; et *An Introduction to the Arts in Canada*, 1977) demeurent valables et intéressants en raison de l'esprit subtil et intelligent, du style égal et de la capacité de l'auteur à traiter d'une manière éclairée de notions vagues.

En novembre 1987, il devient l'invité distingué de la chaire Barker Fairley en culture canadienne au collège universitaire de l'U. de Toronto. En 1992, il se joint au *Globe and Mail* et au magazine *Toronto Life* comme commentateur et rédacteur. Il est devenu Officier de l'Ordre du Canada en 1984.

Douglas Fetherling

Fuller, Thomas, architecte (Bath, Angl., 8 mars 1823—Ottawa, 28 sept. 1898). En 1857, Fuller quitte l'Angleterre pour ouvrir une agence à Toronto avec Chilion Jones. L'agence, dans laquelle Fuller est responsable de la conception, se spécialise dans la réalisation d'églises anglicanes de style néogothique et remporte deux concours importants: celui pour les ÉDIFICES DU PARLEMENT d'Ottawa, en 1859, et celui pour le New York State Capitol d'Albany, en 1867. En 1881, Fuller devient architecte en chef du Dominion et, durant ses 15 ans de service, il dirige la conception de plus de 140 édifices dans tout le pays.

C'est peut-être à cet architecte, plus qu'à tout autre, qu'on doit la définition de l'architecture fédérale du Canada. Ses petits bureaux de poste, où se mêlent formes gothiques et romanes, sont caractérisées par leur image pittoresque, leurs murs à pignons de pierre et leurs grandes tours à horloge. Ils sont des symboles aisément identifiables du gouvernement fédéral et créent un style qui persistera jusque dans les années 1930.

Janet Wright

Fuller, William Albert, écologiste, conservationniste (Moosomin, Sask. 10 mai 1924). Fuller est mieux connu dans les milieux universitaires pour ses travaux de longue durée sur les populations de petits mammifères ainsi que leur fluctuation, notamment dans la forêt boréale. Après 12 ans au SERVICE CANADIEN DE LA FAUNE (1947-1959) étudiant les grands mammifères et explorant des régions du nord, il entre au Département de zoologie de l'U. de l'Alberta en 1959, où il demeure jusqu'à sa retraite en 1984. En tant que spécialiste de la faune, il est le premier biologiste à se rendre aux dernières aires de nidification de la GRUE BLANCHE D'AMÉRIQUE.

Fuller applique des principes écologiques aux problèmes de conservation. Président d'un sous-comité chargé du Programme biologique international et du Comité associé sur les réserves écologiques relevant du Conseil national de recherches du Canada, Fuller siège également au conseil d'administration de l'Union mondiale pour la nature et de la Commission d'évaluation environnementale des bisons malades du Nord.

Martin K. McNicholl

Fullerton, Douglas H., économiste et conseiller financier (St. John's, 3 sept. 1917). À titre de directeur des investissements au CONSEIL DES ARTS DU CANADA (1957-1968), Fullerton assure au conseil une position financière solide. À titre de président de la COMMISSION DE LA CAPITALE NATIONALE (1969-1973), il dirige le programme gouvernemental de réaménagement du centre-ville de HULL. Il conseille les gouvernements sur diverses questions, dont la réforme des pensions, les services de transport en commun, les industries du charbon et de l'acier du Canada atlantique ainsi que la nationalisation des entreprises hydroélectriques du Québec et des mines de potasse de la Saskatchewan.

Fullerton se distingue par son approche populaire de l'urbanisme, insistant toujours sur le fait que les gens passent en premier. Il rédige aussi une chronique journalistique sur les questions d'affaires urbaines. Il est l'auteur de *The Bond Market in Canada* (1962), *The Capital of Canada: How Should It Be Governed?* (1974; trad. *La Capitale du Canada: comment l'administrer*, (1974) *The Dangerous Delusion: Quebec's Independence Obsession* (1978) et *Graham Towers and his Times* (1986). De 1979 à 1985, il est professeur honoraire d'urbanisme à l'U. de Calgary. En 1987, il est nommé Officier de l'Ordre du Canada.

William T. Perks

Fulmar boréal (*Fulmarus glacialis*) Il appartient à la famille des procellariidés qui constitue un ensemble de l'ordre des procellariiformes dans lequel on trouve aussi les albatros. Le fulmar est un oiseau marin de taille moyenne (environ 50 cm de longueur), au bec robuste orné de narines tubulaires bien visibles. On remarque différentes formes de coloration allant du foncé au pâle chez cette espèce. Les fulmars qui vivent dans les régions chaudes de l'Atlantique sont généralement blancs avec les ailes grises, tandis que ceux qui vivent dans les régions froides sont entièrement bruns. On remarque l'inverse dans le Pacifique, où prédominent toutefois les fulmars appartenant à une sous-espèce au plumage foncé.

Répartition À l'origine, confiné aux régions arctiques, le fulmar boréal a commencé, vers 1820, à étendre son aire plus au sud dans l'est de l'Atlantique, profitant probablement des restes de poissons provenant des pêches commerciales en haute mer pour se nourrir. Au Canada, il a commencé à se reproduire dans la région de l'Atlantique vers 1970 et quelques couples nichent maintenant à Terre-Neuve. La plupart des fulmars du Canada, au nombre d'environ 400 000 couples, se reproduisent dans l'est de l'Arctique, au nord du 67ᵉ parallèle. Dans l'Ouest, des oiseaux qui nichent en Alaska fréquentent les eaux de la Colombie-Britannique en hiver, tandis que, dans l'Est, les fulmars du Groenland et de l'est de l'Atlantique hivernent au large de Terre-Neuve.

Nidification Les fulmars nichent sur des falaises abruptes et pondent un seul œuf blanchâtre directement sur le sol. Ils ne construisent pas de véritable nid, mais ils défendent leur emplacement en régurgitant une huile nauséabonde sur les intrus.

R.G.B. Brown

Fulton, Edmund Davie, avocat, politicien et juge (Kamloops, C.-B., 10 mars 1916). Fils de député et petit-fils d'un ancien premier ministre de la Colombie-Britannique, il se distingue en tant que boursier de la fondation Rhodes, député fédéral, ministre et juge. Élu à la Chambre pour la première fois en 1945, Fulton se porte candidat à la direction du Parti progressiste-conservateur en 1956. En juin 1957, il est nommé ministre de la Justice, poste où il jouit une grande réputation. Pendant cette période, Fulton participe aux efforts de rapatriement de la CONSTITUTION (la formule Fulton-Favreau est l'énoncé de sa position en matière de relations fédérales-provinciales) et aux négociations concernant le TRAITÉ DU FLEUVE COLUMBIA.

En 1963, il est élu chef des conservateurs de la Colombie-Britannique, mais il revient à la politique fédérale en 1965. Il est juge à la Cour suprême de la Colombie-Britannique de 1973 à 1981. En 1986, il est désigné commissaire de la section canadienne de la Commission mixte internationale. Il prend sa retraite en 1992 et est nommé Officier de l'Ordre du Canada la même année. (*Voir aussi* Guy FAVREAU.)

Patricia Williams

Fundy, golfe du Maine et baie de D'une superficie totale d'environ 180 000 km² et d'une profondeur n'excédant généralement pas 200 m, ils font partie du plateau continental de la côte est du Canada et de la Nouvelle-Angleterre. La superficie de la baie de Fundy est d'environ 16 000 km². Il semblerait que son nom soit une déformation du mot français «fendu». Pendant un certain temps, l'endroit est connu sous le nom de baie Françoise.

Lors de la dernière époque glaciaire, il y a environ 10 000 à 15 000 ans, le recul des glaciers a provoqué l'immersion des terres qui forment aujourd'hui le BANC GEORGES et d'autres zones de hauts-fonds. Il arrive encore aux pêcheurs de trouver dans leurs chaluts des fragments d'arbres et des dents de mammouths datant de cette période. Depuis, l'élévation du niveau de la mer est à l'origine du régime actuel de même que de l'inondation de ces bancs du large.

Marées Les marées de la baie de Fundy sont les plus fortes au monde: elles possèdent une amplitude de plus de 16,1 millions dans le BASSIN MINAS, à la tête de la baie. La marée la plus haute jamais enregistrée (6,1 m) s'est produite à Burntcoat Head, en Nouvelle-Écosse. Au plus fort de la marée montante, le débit entre le bord du plateau continental et le golfe du Maine atteint un volume de 25 millions m^3/s, soit 2000 fois le débit moyen du FLEUVE SAINT-LAURENT. Le débit au-delà du cap Split jusque dans le bassin de Minas est 40 fois supérieur à celui du Saint-Laurent.

Ces fortes marées sont principalement dues à la forme, à la dimension et à la profondeur de la baie de Fundy et du golfe du Maine qui entraînent une période naturelle d'oscillation d'environ 13 heures. Les eaux réagissent donc fortement à la poussée qu'elles reçoivent des marées de l'Atlantique Nord toutes les 12,4 heures, un phénomène connu techniquement comme une réaction quasi résonante. Les Chutes réversibles, situées à SAINT-JEAN, au Nouveau-Brunswick et les mascarets, qui se trouvent dans les rivières situées près de la pointe de la baie, sont des phénomènes naturels bien connus associés aux marées.

Les fortes marées ont d'importantes conséquences sur l'état océanographique de toute la région. L'action des forts courants de marée conserve aux eaux des grandes surfaces (le banc Georges, une grande partie de la baie de Fundy et la région au large des côtes, au sud-ouest de la Nouvelle-Écosse) des couches verticales homogènes, ce qui donne des eaux de surface froides et de fréquents brouillards, plutôt que des eaux de surface chaudes comme c'est le cas dans les eaux moins homogènes pendant l'été. Les marées contribuent aussi aux configurations moyennes de circulation de la région.

Ces phénomènes ont en général une influence positive sur la productivité biologique, car ils ramènent des substances nutritives dans les couches supérieures où elles peuvent être utilisées. Par conséquent, les eaux au large du sud-ouest de la Nouvelle-Écosse constituent, en été, la zone d'alimentation du hareng, une importante réserve de centaines de milliers de tonnes. Au large des îles BRIER et GRAND MANAN, où les courants de marée se heurtent à un relief escarpé, des essaims de copépodes et d'euphausiacés (krill) affleurent souvent à la surface, ce qui attire le rorqual commun, le rorqual à bosse et de grandes volées d'oiseaux planctonophages, tels que le phalarope, le puffin et le goéland.

Dans les zones supérieures de la baie, les forts courants de marée maintiennent tellement de boue à la surface que la pénétration de la lumière et, par conséquent, la productivité biologique en sont grandement réduites. La majeure partie de la productivité biologique est concentrée sur les laisses de vase, qui constituent d'importantes zones d'alimentation pour de nombreuses volées d'oiseaux de rivage migrateurs, dont le bécasseau semipalmé.

Ressources La pêche (pétoncles et poissons de fond sur le banc Georges, hareng et homard au large du sud-ouest de la Nouvelle-Écosse et hareng dans la baie de Fundy) est d'une très grande importance pour bon nombre des petites localités, de même que pour toute l'économie de la Nouvelle-Écosse, du Nouveau-Brunswick et de la Nouvelle-Angleterre. Le développement économique est axé sur la pêche et l'énergie. Des efforts considérables sont consacrés à la recherche et aux relations internationales dans le but d'améliorer la réglementation relative à la pêche. Ce problème est tout particulièrement épineux au banc Georges, où le Canada et les États-Unis se disputent la démarcation de la frontière internationale ainsi que l'établissement et le partage des quotas de pêche, et là où l'on a commencé l'exploration pétrolière et gazière, avec les dangers que cela comporte pour la pêche. Même le jugement rendu en octobre 1984 par le tribunal international de La Haye sur le tracé de la frontière ne supprime pas la nécessité d'une cogestion des bancs de poissons migrateurs.

Énergie marémotrice Il est fort possible qu'on finisse par exploiter l'énergie marémotrice à l'amont de la baie de Fundy. Des projets d'une puissance égale à celle de plusieurs centrales nucléaires sont techniquement réalisables; un prototype de centrale marémotrice a été construit dans le bassin de l'Annapolis, en Nouvelle-Écosse (*voir* ÉNERGIE MARÉMOTRICE). Fait étonnant, ces grands projets pourraient provoquer une légère augmentation de la zone d'activité de la marée dans la majeure partie de la baie de Fundy et du golfe du Maine, à l'extérieur du barrage. Dans le bassin principal, situé derrière le barrage, l'exploitation de la centrale provoquerait un changement substantiel du niveau de l'eau à marée basse et une diminution de la zone d'activité de la marée, donc des débits avoisinant le facteur 3. On connaît encore mal les effets qu'aurait un tel changement sur les slikkes et leur productivité biologique, et, de ce fait, sur les oiseaux de rivage migrateurs.

Chris Garrett et Tony Koslow

Fundy, Parc national Établi en 1948 (205,9 km^2) il est reconnu pour ses marées très hautes d'une moyenne de 9 m. Il s'étend sur 13 km le long de la baie de FUNDY et vers l'intérieur des terres jusqu'aux collines recouvertes par les forêts et coupées par des vallées profondes et des rivières tumultueuses.

Histoire naturelle Le côté mer est caractérisé par des falaises façonnées par les vagues et par des plages de galets. À marée basse, on trouve sur les rochers et les algues des anatifes, des crabes et d'autres invertébrés marins. Vers la fin de l'été, les oiseaux de rivage se regroupent sur la vasière.

Les forêts côtières de conifères et celles de bouleaux et d'érables à l'intérieur des terres servent d'habitat aux cerfs de Virginie, aux orignaux, aux ratons laveurs, aux OURS NOIRS, aux castors et aux lynx. Récemment, les coyotes se sont joints à eux. La martre américaine, le faucon pèlerin et le saumon de l'Atlantique, d'anciens résidants de la région, ont été réintroduits.

Histoire humaine Au XVIIIe siècle, l'exploitation forestière et la construction navale sont les activités principales des colons irlandais et anglais.

Installations Le parc possède quatre terrains de camping accessibles aux véhicules, des chalets et un petit motel. Les gens peuvent se rendre, en suivant les sentiers d'interprétation, jusqu'à la plage ou se balader en forêt.

Maxwell W. Finkelstein

Funk, île Ile de granit d'une superficie de 25 ha et de 800 sur 400 m. Elle est aplatie, en forme de coin et se trouve à 15 m au-dessus du niveau de la mer. Elle est située à 60 km au large de la côte nord-est de Terre-Neuve, à l'est de l'ÎLE FOGO. L'origine du nom est inconnue, bien qu'il ait pu être inspiré par l'odeur provenant du guano qui recouvre la majeure partie de l'île. L'extrémité ouest est couronnée par un cairn de 15 m, construit par d'anciens visiteurs de cet endroit presque stérile. Jacques CARTIER a visité l'île, tout comme un nombre incalculable d'autres navigateurs, attiré par les nombreux œufs et oiseaux qu'on y trouve. Autrefois, terrain de chasse favori des résidents de la côte, tant autochtones qu'européens, l'île Funk est la dernière aire de reproduction connue du GRAND PINGOUIN, *Pinguinis impennis* disparu depuis 1840 environ. C'est là qu'on ébouillantait les oiseaux afin de leur enlever leurs précieuses plumes et qu'on se débarrassait ensuite des corps. C'est pourquoi l'île est devenue la principale source d'approvisionnement en squelettes du grand pingouin pour les musées du monde qui en font la conservation. De nos jours, l'île est toujours habitée par des milliers de guillemots, de sternes et de macareux et est un refuge d'oiseaux protégé par la loi.

Robert D. Pitt

Furie, Sidney, réalisateur (Toronto, 1933). Après une formation au Carnegie Institute of Technology à Pittsburgh, en Pennsylvanie, il se joint en 1954 au réseau anglais de la Société Radio-Canada où il travaille comme rédacteur, puis comme réalisateur pour la télévision. Il devient ensuite cinéaste indépendant avec deux longs métrages à petits budgets, *A Dangerous Age* (1957) et *A Cool Sound from Hell* (1958). Ces drames audacieux sur des adolescents angoissés sont louangés à l'étranger, mais ne sont pas distribués au Canada. Cela pousse Furie à partir en Grande-Bretagne, où il souscrit pendant un court moment au naturalisme dans *The Leather Boys* (1964) et remporte un grand succès avec *Ipcress File* (1965; v.f. *Ipcress – danger immédiat*), un film au style provocant. Sa réussite le mène à Hollywood, où il réalise de nombreux films. Son style baroque s'assagit pour entrer dans la lignée plus conventionnelle des productions commerciales à gros budgets. Parmi ses films américains les plus remarquables, citons *The Appaloosa* (1966; v.f. *The Appaloosa*), *Lady Sings the Blues* (1972; v.f. *Billie Holiday chante le blues*), *Gable and Lombard* (1976; v.f. *Gable and Lombard*), *The Entity* (1982; v.f. *L'emprise*), *Superman IV* (1987; v.f. *Superman IV: le face à face*), *Ladybugs* (1992) et *The Rage* (1996; v.f. *La rage*).

William Beard

Fury and Hecla, détroit de Situé à l'extrémité nord de BASSIN FOXE, il relie le bassin au GOLFE DE BOOTHIA et sépare la péninsule de Melville, sur la terre ferme, de l'île de Baffin, au nord. Il mesure 190 km de long et seulement 50 km de large environ. Il est souvent bloqué par les glaces. Le détroit est découvert en juillet 1822 par William Parry et éveille tout naturellement l'intérêt en tant que lien possible avec le PASSAGE DU NORD-OUEST; le chemin emprunté par Parry est bloqué par les glaces, mais une reconnaissance par voie de terre confirme que le détroit mène bien en mer libre. Parry nomme le détroit du nom de ses navires, le *HMS Fury* et le *HMS Hecla*. En 1911, Joseph Bernier tente de traverser le détroit, mais il en est aussi empêché par les glaces denses.

James Marsh

Fuseaux horaires et heure légale Au Canada, le CONSEIL NATIONAL DE RECHERCHES DU CANADA (CNRC) donne l'HEURE officielle, mais, sauf en temps de guerre, les provinces et les municipalités établissent légalement les frontières officielles de leurs fuseaux. Le Canada s'étend sur presque 90° de longitude et possède six fuseaux horaires qui couvrent 4 h et 30 min.

Fuseaux horaires Jusque dans les années 1880, chaque municipalité possède sa propre heure solaire moyenne locale. P. ex., à une latitude de 49°, les heures de deux municipalités peuvent différer de 1 min par écart est-ouest de 18 km, la municipalité la plus à l'est ayant l'heure la plus avancée. Cet écart ne dérange personne, car à cette époque un voyage de 18 km semble long, pénible, incertain ou rare. Mais, avec l'avènement des chemins de fer, la multitude des heures municipales gêne grandement les voyageurs. La confusion entraînée par des heures différentes de changements de train oblige sir Sandford FLEMING, avant qu'il ne devienne ingénieur en chef au CANADIEN PACIFIQUE, à passer une nuit désagréable dans une gare. De nombreux autres voyageurs vivent probablement aussi une telle mésaventure, mais cette nuit incite Fleming à chercher une façon de diminuer ces ennuis causés par les différences d'heure.

Les sociétés de chemins de fer nord-américaines décident d'expérimenter une heure uniforme sur chaque ligne. Pour diminuer la confusion encore présente dans les gares des carrefours ferroviaires, l'Américain Charles Ferdinand Dowd recommande d'utiliser les fuseaux horaires géographiques pour les chemins de fer. Fleming préconise fortement l'usage généralisé des fuseaux horaires. En 1883, les sociétés nord-américaines de chemins de fer adoptent de larges fuseaux horaires. Fleming plaide brillamment en faveur des fuseaux horaires en 1884, à une conférence internationale à Washington, sur la sélection d'un premier méridien pour la NAVIGATION. Les participants à cette conférence choisissent Greenwich

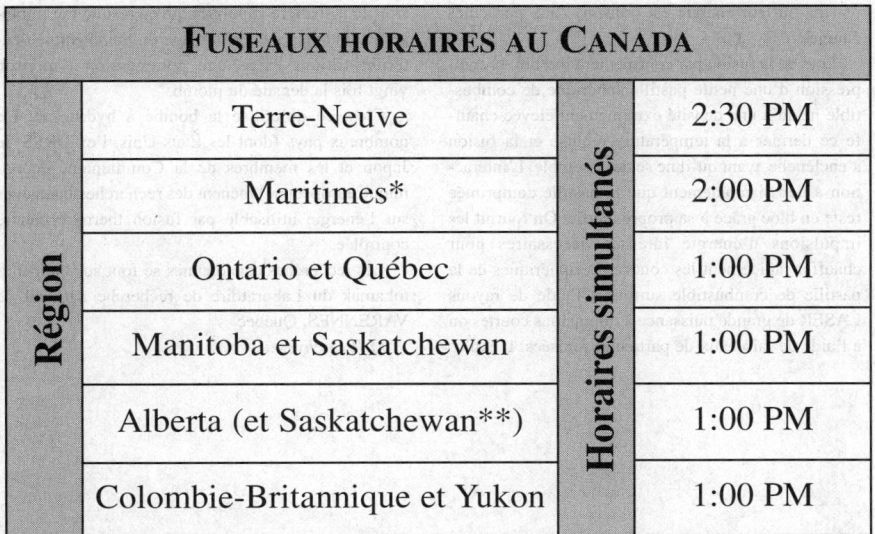

FUSEAUX HORAIRES AU CANADA		
Région	Terre-Neuve	2:30 PM
	Maritimes*	2:00 PM
	Ontario et Québec	1:00 PM
	Manitoba et Saskatchewan	1:00 PM
	Alberta (et Saskatchewan**)	1:00 PM
	Colombie-Britannique et Yukon	1:00 PM

(colonne centrale intitulée verticalement : **Horaires simultanés**)

* Nouvelle-Écosse, Nouveau-Brunswick, Île-du-Prince-Édouard
** Pendant l'heure d'été, la plupart des horloges ne changent pas. Donc l'heure en Saskatchewan est la même qu'en Alberta pendant la période de l'heure d'été.

comme référence commune pour la longitude et l'heure. Les pays participants exécutent rapidement le plan de Fleming de partager le monde en 24 fuseaux horaires d'une largeur longitudinale de 15º chacun, le premier étant centré sur le méridien de Greenwich.

Comme le reste du monde, le Canada utilise maintenant une version modifiée des fuseaux horaires de Fleming. Leurs frontières se confondent maintenant avec les frontières géographiques et politiques les plus commodes. À certains endroits tels que TERRE-NEUVE, le fuseau horaire diffère de 30 min de celui escompté; à d'autres, la différence est de 1 h ou même de 2 h. Certains pays n'ont qu'un fuseau horaire; le Canada actuel et les États-Unis en ont 6. Le Canada en avait 7 jusqu'au moment où, en 1973, le TERRITOIRE DU YUKON a commencé à utiliser l'heure du Pacifique. La Russie en a 11.

Heure d'été Le Canada et la plupart des pays de latitude moyenne utilisent généralement l'heure d'été. Elle permet d'utiliser après le souper l'heure «gagnée» avant le déjeuner, simplement en «avançant» sa montre d'une heure au printemps et en la «reculant» d'une heure en automne. Le gouvernement fédéral canadien introduit l'heure d'été en 1918, pour augmenter la production du matériel de guerre. Son exemple est suivi par l'Allemagne et la Grande-Bretagne.

Le règlement du gouvernement fédéral sur l'heure d'été devient caduc à la fin de la Première Guerre mondiale. Les avantages de l'heure d'été, fort appréciés, ne se limitent pas aux bénéfices d'une productivité accrue et d'une consommation d'énergie moindre. Les municipalités canadiennes réglementent l'usage de l'heure d'été pour diminuer la confusion qu'entraîne l'usage d'heures différentes par des entreprises différentes établies sur la même rue. Les provinces emboîtent le pas et légifèrent sur l'heure. Depuis 1987, les fuseaux horaires et l'heure d'été officiels sont réglementés par les provinces et les territoires. L'usage de l'heure d'été est généralisé au Canada, sauf dans la majeure partie de la Saskatchewan et en certains endroits de la Colombie-Britannique et du Québec.

La plupart des lois provinciales sur l'heure réglementent l'heure officielle seulement dans la mesure où elles établissent quelle est l'heure légale par défaut à l'intérieur d'un fuseau horaire. Un fuseau horaire non spécifié dans un acte authentique doit être interprété selon la loi sur l'heure. Seulement

deux lois provinciales sur l'heure pourraient servir à réglementer l'heure qui doit être utilisée et respectée. Dans de nombreux endroits du Canada, les fuseaux horaires officiels et les fuseaux horaires respectés diffèrent et coexistent paisiblement. Pour déterminer le fuseau horaire d'une municipalité donnée à une certaine date et pour savoir si l'heure d'été a été utilisée ou non, dans les registres des naissances, p. ex., on utilise de préférence l'heure du lever du soleil et celle de son coucher, publiées par un journal local ce jour-là. C'est ce que font les astronomes et les navigateurs, professionnels ou amateurs, pour résoudre les ambiguïtés sur l'heure d'été dans les documents historiques.

Depuis 1988, les Canadiennes et les Canadiens qui utilisent l'heure d'été suivent généralement le modèle nord-américain de l'heure avancée à partir du premier dimanche d'avril et du retour à l'heure normale à partir du dernier dimanche d'octobre. L'utilisation de l'heure d'été varie d'un pays à l'autre et d'une année à l'autre, avec parfois un bref préavis de changement. Pour effectuer leur travail, les agents de voyages aériens modernes consultent une liste mondiale de l'utilisation éventuelle de l'heure d'été et des fuseaux horaires aux principaux aéroports. Le voyageur non renseigné par un expert sera légèrement dérangé par un changement d'heure à son point de départ ou à son point d'arrivée et fortement dérangé quand il traversera la ligne de changement de date (le méridien 180º). Pour éviter toute confusion quand on téléphone de l'autre côté de cette ligne, il est conseillé de faire semblant que l'appel est acheminé en sens inverse autour du monde, esquivant ainsi la ligne. Ainsi tout changement de date nécessaire semblera naturel. (*Voir aussi*: FUSEAUX HORAIRES AU CANADA.)
Robert Douglas

Fusion nucléaire Elle est la combinaison des noyaux de deux atomes légers pour en former un plus lourd. La masse du nouvel atome est inférieure à la somme des masses des atomes originaux. La fusion nucléaire est donc une façon de transformer une masse en ÉNERGIE. Les étoiles, en particulier le soleil, tirent leur énergie de cette réaction. À masse de matériau égale, le processus de la fusion produit huit fois plus d'énergie que la fission de l'uranium (*voir* ÉNERGIE NUCLÉAIRE) et plus d'un million de fois que la combustion de combustibles fossiles. La fusion est une source d'énergie très intéressante non seulement parce qu'elle fournit une quantité énorme d'énergie,

mais aussi grâce à l'abondance presque illimitée de ses combustibles et parce que son principal sous-produit, l'hélium, est inerte, contrairement aux sous-produits radioactifs des réacteurs à fission classiques. La source de l'un des principaux combustibles, le deutérium, un isotope d'hydrogène présent dans l'eau de mer ordinaire, est pratiquement inépuisable. L'autre combustible principal, le tritium, s'obtient à partir du lithium que l'on trouve dans des gisements terrestres et dans l'eau de mer, lesquels abritent des réserves pouvant tenir des milliers d'années.

Il n'y a aucun danger d'émission incontrôlée d'énergie ni de réactions d'emballement, car le réacteur contient toujours une très petite quantité de combustible. Les problèmes de radioactivité, de manipulation des combustibles, de contamination et d'élimination des déchets sont minimes comparativement à ceux des réacteurs à fission des CENTRALES NUCLÉAIRES. La première réaction de fusion artificielle a eu lieu dans la bombe thermonucléaire à hydrogène américaine essayée en 1952. Malheureusement, il est très difficile de confiner cette réaction et de la maîtriser à des fins pacifiques. Les expériences contrôlées ont à peine atteint le point où l'énergie libérée est supérieure à l'énergie d'entrée, mais, si la recherche et le développement sont couronnés de succès, la fusion pourrait être une importante source d'énergie commerciale au début du XXIᵉ siècle.

Les réactions de fusion importantes sont celles qui impliquent les isotopes de l'HYDROGÈNE: l'hydrogène (H), consistant en un proton et en un électron; le deutérium (D), un proton, un neutron et un électron; et le tritium (T), un proton, deux neutrons et un électron. Les produits de ces réactions sont l'hélium (He⁴), aussi appelé particule alpha, et les neutrons (n) ou les protons (p) de grande énergie. Les réactions de fusion sont difficiles à lancer, car les noyaux qui interagissent se repoussent fortement puisqu'ils possèdent chacun une charge électrique positive. Il n'y a fusion que si la vitesse à laquelle les noyaux s'approchent l'un de l'autre est assez grande pour surmonter les forces de répulsion électrostatique.

Libérer de l'énergie à un niveau pratique en employant un mélange gazeux de deutérium et de tritium comme combustible exige le réchauffement du milieu réactif jusqu'à des températures d'au moins 100 millions de degrés Celsius. Le gaz commence à s'ioniser lorsque les électrons se détachent des atomes, même à des températures plus basses. Dans cet état, appelé plasma, les électrons séparés, de charge négative, et les noyaux de charge positive se déplacent librement et donnent au mélange des propriétés différentes de celles d'un gaz normal. Pour libérer une énergie plus grande que celle qui est fournie, il faut confiner le plasma pour qu'il y ait un nombre suffisant de réactions. Dans le Soleil, le champ de gravitation chauffe et confine le combustible, soit l'hydrogène, ce qui permet la formation d'hélium et d'autres éléments plus lourds. Sur Terre, il y a deux façons de contenir et de réchauffer le plasma: par confinement magnétique et par confinement inertiel.

Étant donné que le plasma est un très bon conducteur de l'électricité, il peut être influencé par les champs magnétiques. À l'intérieur de ceux-ci, les particules de plasma doivent suivre des trajets en spirale le long des lignes du champ. Ces champs magnétiques peuvent donc confiner les particules chargées du plasma à haute température et les empêchent de frapper les parois du réacteur qui les contient. De nombreux modèles de confinement magnétique sont suggérés et essayés expérimentalement. Le tokamak est un très grand succès: c'est un appareil pourvu d'une enclave torique autour de laquelle les champs magnétiques s'enroulent pour confiner le plasma.

Ces champs sont produits par des bobines magnétiques extérieures et par des courants électriques qui traversent le plasma.

Le chauffage initial s'obtient souvent en faisant passer un courant dans le plasma ou en changeant rapidement le champ magnétique de confinement, mais on ne peut obtenir les températures requises de ces façons. On utilise donc des techniques de chauffage auxiliaires: p. ex., chauffage par injection au moyen d'un faisceau de neutres (ces atomes neutres à haute énergie pénètrent dans le plasma chaud où ils sont immédiatement ionisés et piégés par le champ magnétique) ou chauffage à haute fréquence (des ondes électromagnétiques à haute fréquence produites par des oscillateurs externes pénètrent dans le plasma où leur énergie est transmise aux particules chargées).

Lors de la fusion par confinement inertiel, la compression d'une petite pastille sphérique de combustible jusqu'à une densité extrêmement élevée chauffe ce dernier à la température requise et la fusion s'enclenche avant qu'il ne se désassemble. L'interaction a lieu si rapidement que la pastille comprimée reste en bloc grâce à sa propre inertie. On fournit les impulsions d'énergie intenses nécessaires pour chauffer rapidement les couches périphériques de la pastille de combustible surtout à l'aide de rayons LASER de grande puissance à impulsions courtes ou à l'aide de faisceaux de particules ionisées. L'explosion de la matière vaporisée qui en résulte fait imploser le combustible. L'allumage du combustible deutérium-tritium exige une compression d'environ vingt fois la densité du plomb.

C'est ce qu'utilise la bombe à hydrogène. De nombreux pays (dont les États-Unis, l'ex-URSS, le Japon et les membres de la Communauté économique européenne) mènent des recherches intensives sur l'énergie utilisable par fusion thermonucléaire contrôlée.

Les recherches canadiennes se font sur l'appareil tokamak du Laboratoire de recherche national de VARENNES, Québec

M.P. Bachynski

Gaboury, Étienne-Joseph, architecte (Swan Lake, Man., 24 avril 1930). Les liens solides qui attachent Gaboury au paysage des Prairies et à la communauté franco-manitobaine de sa jeunesse se reflètent dans son architecture. Il étudie au collège de Saint-Boniface, à l'U. du Manitoba (B. Arch., 1958) et à l'École des Beaux-Arts de Paris (où l'œuvre tardif de Le Corbusier l'influence fortement). Après avoir fait son apprentissage au Manitoba, Gaboury fonde une agence à Winnipeg avec Denis Lussier et Frank Sigurdson, mais, depuis 1976, il en est le seul directeur. Tôt dans sa carrière, il conçoit à Saint-Boniface l'église du Précieux Sang (1968), un bâtiment remarquable en raison de sa double spirale de poutres en bois atteignant un œil-de-bœuf. Une occasion en or se présente d'elle-même en 1969: la reconstruction de l'intérieur de la cathédrale incendiée de Saint-Boniface, construite en 1907 par J. Marchand. Cette reconstruction crée un parallèle entre Winnipeg et l'Angleterre, où la cathédrale de Coventry, bombardée pendant la Seconde Guerre mondiale, est aussi en restauration.

Gaboury a recours à un vaste éventail d'idiomes, dont le high tech de la Monnaie royale canadienne (1978) à Winnipeg, le régionalisme hybride canado-mexicain de l'ambassade du Canada (1982) à Mexico et la rénovation urbaine du Provincial Remand Centre (1992). La Nelson House School (1986) est, en raison de sa forme, considérée comme un emblème communautaire. Nichée sur une colline, au bord d'une forêt, elle s'intègre bien dans son milieu nordique. Les réalisations de Gaboury témoignent d'une préoccupation vis-à-vis du paysage, de la texture et de l'identité culturelle, ainsi qu'envers l'utilisation de la lumière du soleil et sa célébration.

Trevor Boddy

Gaglardi, Philip Arthur, politicien (Mission City, C.-B., 13 janv. 1913—Kamloops, 21 sept. 1995). Politicien très en vue en Colombie-Britannique, Gaglardi est d'abord élu député de Kamloops à l'Assemblée législative en juin 1952. Ministre des Travaux publics de 1952 à 1955, il est ensuite ministre de la Voirie de 1955 jusqu'à sa démission du Cabinet en mars 1968. Ministre de la Réadaptation et du Progrès social de 1969 jusqu'à sa défaite aux élections de 1972, il est ensuite maire de Kamloops de 1988 à 1990.

Ses années en tant que ministre de la Voirie marquent une époque de développement. On lui doit la mise sur pied du service de traversier de la Colombie-Britannique et la construction de nombreuses autoroutes sillonnant toute la province. Au cours de son mandat, la Colombie-Britannique construit la première autoroute de sciure au monde. Ses autres réalisations comprennent le tunnel de l'île Deas, le col Rogers sur la ROUTE TRANSCANADIENNE, le pont suspendu à Hudson Hope, le premier tablier à dalle orthotrope utilisé dans la construction de ponts et la première déneigeuse mue par moteur à réaction au monde. Gaglardi lance aussi la campagne publicitaire axée sur le slogan «Beautiful British Columbia» et met sur pied le système de communications du ministère de la Voirie.

Gagliano, Alfonso, homme politique (Italie, 1942). Élu commissaire d'école en 1977, il accède au poste de président de la Commission scolaire Jérôme-Le Royer en 1983. Pendant plusieurs années, il exerce la profession de comptable général licencié. Élu député fédéral de Saint-Léonard–Anjou en 1984, il est d'abord porte-parole de l'opposition officielle en matière de petites et moyennes entreprises, de Revenu Canada et de la Société canadienne des postes.

Élu député de la nouvelle circonscription de Saint-Léonard en 1988, il accède au Comité permanent des Finances. En 1990, il devient porte-parole de l'opposition en matière d'immigration et en 1991, whip en chef de l'opposition officielle. De 1988 jusqu'à février 1991, il préside le caucus libéral du Québec. Réélu pour un troisième mandat lors de la victoire des libéraux en 1993, Alfonso Gagliano devient whip en chef du gouvernement. En 1994, il est promu Secrétaire d'État aux Affaires parlementaires et Leader adjoint du gouvernement à la Chambre des communes. En janvier 1996, Alfonso Gagliano devient ministre du Travail et leader adjoint du gouvernement en même temps qu'il assume la fonction de président de la Commission électorale du Parti libéral du Canada (Québec). Réélu député de Saint-Léonard–Saint-Michel en 1997, l'honorable Alfonso Gagliano est nommé ministre des Travaux publics et des Services gouvernementaux. Monsieur Gagliano est également responsable de la Société canadienne des postes, de la Société canadienne d'hypothèques et de logement, de la Monnaie royale canadienne et de la Société immobilière du Canada ltée.

Jean Chartier

Gagnon, André pianiste, compositeur, chef d'orchestre et arrangeur (Saint-Pacôme-de-Kamouraska, Qc, 2 août 1939). En dépit de l'éclectisme de ses compositions et interprétations, Gagnon s'est créé un style facilement identifiable: un mélange de musique classique et de musique de détente. Il étudie la théorie avec Léon Destroismaisons, le piano avec Germaine Malépart (et à Paris, avec Yvonne Loriod), et la composition avec Clermont PÉPIN. Au début de sa carrière, il travaille comme accompagnateur, chef d'orchestre ou arrangeur pour des artistes comme Claude LÉVEILLÉE, Pauline JULIEN, Renée CLAUDE et Monique LEYRAC.

Après 1969, il se consacre à la composition, aux arrangements et à sa carrière de soliste. Il remporte des prix Juno pour ses albums *Saga* (1974), *Neiges* (1975) et en tant que meilleur instrumentiste (1977 et 1995). Yehudi Menuhin et Jean CARIGNAN exécutent son *Petit concerto pour Carignan et orchestre* (1976). *Mad Shadows* (1977) qu'il compose pour le Ballet national d'après un roman de Marie-Claire Blais est présenté, notamment, à Covent Garden et au Metropolitan. Quatre de ses enregistrements lui valent le prix du meilleur album de musique instrumentale aux galas de l'ADISQ de 1979, 1981, 1987 et 1993.

En 1978, il est nommé Officier de l'Ordre du Canada, et en 1980, il jouit déjà d'une popularité mondiale. Ses compositions couvrent un large éventail de musiques, dont un opéra, *Nelligan*, présenté par l'OPÉRA DE MONTRÉAL, en 1990. La SOCAN lui décerne le prix William Harold Moon en 1993. En plus d'avoir reçu, en 1989, le prix Félix de l'artiste québécois s'étant le plus illustré hors Québec, André Gagnon a remporté sept autres Félix décernés par l'ADISQ, entre autres pour *Noël* (1993), *Romantique* (1994), *Twilight Time* (1996) et *Éden* (1998).

Hélène Plouffe

Gagnon, Charles, peintre, photographe et cinéaste (Montréal, 23 mai 1934). De 1955 à 1960, il étudie à New York (Parsons, New York School et New York University), peint dans un style expressionniste abstrait et photographie des quartiers de la ville mal entretenus et abandonnés. Il rentre à Montréal en 1960. Il réalise ses premiers films au milieu des années 60 et poursuit son travail dans des techniques variées. Il entreprend une importante commande pour le Pavillon de la chrétienté à l'EXPO 67 de même qu'une murale pour l'édifice Lester B. Pearson, à Ottawa. Cette murale, intitulée *Screenspace*, est une composition textuelle, basée sur les écrits du défunt premier ministre.

Vers la deuxième partie des années 60, la peinture de Gagnon se dépouille de son aspect expressionniste libérant ainsi la toile à de vastes espaces abstraits où le travail de la lumière (non sans rapport avec l'expérience photographique) révèle la grande maîtrise de l'artiste; c'est le cas de la fameuse série *Espace Écran*, où la reprise du motif en subtiles superpositions suggère l'impression d'espaces distincts, ou encore de celle intitulée *Cassation*. Le Musée des beaux-arts de Montréal lui consacre une importante rétrospective en 1978-1979: *Charles Gagnon, œuvres/works 1956-1978*.

Il enseigne au Département des communications de l'U. Concordia de 1967 à 1975 à titre de professeur associé et est, depuis, professeur titulaire au Département d'arts visuels de l'U. d'Ottawa. En 1991, il est reçu Chevalier de l'Ordre national du Québec et obtient un doctorat *honoris causa* de l'U. de Montréal. En 1995, le gouvernement du Québec lui décerne le prix Paul-Émile Borduas, la plus haute distinction accordée en arts visuels au Québec.

David Burnett et Alain Létourneau

Gagnon, Clarence, peintre et graveur (Montréal, 8 nov. 1881—*id.*, 5 janv. 1942). Après avoir fréquenté l'école du Plateau de Montréal, Gagnon reçoit sa formation artistique du peintre William BRYMNER, à l'Art Association of Montreal, de 1897 à 1900. La générosité du mécène James Morgan lui permet de s'installer à Paris et d'y poursuivre ses études à l'académie Julian dans l'atelier du peintre Jean-Paul Laurens. Au début de sa carrière, Clarence Gagnon se distingue par la qualité de ses gravures en remportant une médaille d'or à l'exposition de Saint-Louis en 1904, ainsi qu'une mention honorable l'année suivante au Salon des artistes français de Paris. Il revient au pays en 1909 et partage son temps entre Montréal et Baie-Saint-Paul. Membre de la Société royale du Canada et reçu à l'Académie royale des arts du Canada (ARAC), il obtient, en 1923, le prix Trevor du Salmagundi Club de New York. Il illustre *Le Grand Silence blanc* en 1929 et *Maria Chapdelaine* en 1933. Au retour d'un second séjour en France, de 1922 à 1936, l'Université de Montréal lui décerne un doctorat honorifique.

Peu après sa mort, en 1942, le Musée du Québec, le Musée des beaux-arts de Montréal, l'Art Gallery of Toronto et la Galerie nationale du Canada organisent une importante rétrospective de ses œuvres. En 1970, Hugues de Jouvancourt lui consacre un ouvrage et, en 1974, les Postes canadiennes reproduisent sur un timbre une œuvre de l'artiste. En 1988, René Boissay publie, aux Éditions Marcel Broquet, un ouvrage remarquable et, par la suite, réalise un film important sur la vie et l'œuvre de l'artiste. Le nouveau Centre d'exposition de Baie-Saint-Paul, ouvre ses portes au cours de l'automne de 1992 par une imposante rétrospective.

Michel Champagne

Gagnon, Ernest, né Frédéric-Ernest-Amédée, folkloriste et organiste (Rivière-du-Loup-en-haut [auj. Louiseville, près de Trois-Rivières], Qc, 7 nov. 1834—Québec, 15 sept. 1915). Membre d'une éminente famille de musiciens de Québec, Gagnon est surtout connu pour son travail de collectionneur de MUSIQUE FOLKLORIQUE canadienne-française. Ses transcriptions de chansons, publiées en 1865-1867 sous le titre de *Chansons populaires du Canada*, contribuent non seulement à la conservation d'un riche patrimoine, mais éveillent l'attention du monde musical à la dignité et à la beauté des chansons québécoises de tradition orale. Il porte un grand intérêt à la musique de First Peoples et compose une musique pour piano, *Stadaconé*, en 1858, qui semble être la première composition annotée basée authentiquement sur la culture autochtone en Amérique du Nord. Expert accompagnateur de plain-chant, Gagnon est l'organiste virtuose de l'église Saint-Jean-Baptiste (1853-1864) et de la Basilique de Québec (1864-1876). Un certain nombre de ses compositions pour piano, voix et chorale ont été publiées dans les volumes du *Patrimoine musical canadien*.

Barclay McMillan et Elaine Keillor

Gagnon, Jean-Louis, journaliste, écrivain, militant politique et fonctionnaire (Québec, 21 févr. 1913). Il fait des études classiques aux collèges Sainte-Marie et Brébeuf, à Montréal, et à l'U. d'Ottawa. En tant que journaliste pendant les années 30, il expose des idées anticléricales, puis un séparatisme de droite dans *La Nation*, le journal de Paul Bouchard, puis un socialisme international. Toutefois, sous l'influence de la guerre, Gagnon devient un libéral-démocrate pour toujours et un fédéraliste convaincu. Il favorise la participation du Canada à la Seconde Guerre mondiale et appuie la CONSCRIPTION lors du plébiscite de 1942. Il est journaliste au Ghana (1942-1943) et directeur de l'agence de presse France-Afrique à Montréal (1943-1946), puis passe trois ans à Rio de Janeiro.

Revenu au Canada en 1949, Gagnon travaille pour la station de radio CKAC, où il organise une section locale d'un syndicat de journalistes et noue des liens avec le Parti libéral du Québec. Il est l'un des membres fondateurs de la Fédération libérale provinciale, formée en 1955 pour démocratiser la structure du Parti libéral provincial et permettre la modernisation de sa politique. En 1958, Gagnon accepte de devenir rédacteur en chef de *La Presse*, le plus grand quotidien francophone de Montréal. Il réunit une équipe éditoriale dynamique, dont l'appui à la modernisation de la société québécoise contribue à la victoire du Parti libéral de Jean LESAGE, remportée de justesse en juin 1960, période qui marque le début de la RÉVOLUTION TRANQUILLE.

Craignant la montée du séparatisme, Gagnon accepte en 1963 de siéger à la Commission royale d'enquête sur le BILINGUISME ET LE BICULTURALISME et, après la mort prématurée d'André Laurendeau en juin 1968, il le remplace à titre de coprésident. En 1970, Gagnon est nommé directeur général d'Information Canada, organisme qui vient d'être créé pour mener la lutte afin de préserver l'unité canadienne. De 1972 à 1976, il est ambassadeur et délégué permanent du Canada auprès de l'UNESCO, à Paris. À la fin de sa carrière, il est membre du Conseil de la radiodiffusion et des télécommunications canadiennes (1976-1983). Gagnon a reçu maintes distinctions soulignant ses nombreuses réalisations en journalisme et son appui enthousiaste pour les arts; il est nommé Membre de la Société royale du Canada (1971) et Officier de l'Ordre du Canada (1980). Le premier tome de ses mémoires, *Les Apostasies: Les Coqs de village*, paraît en 1985, suivi du deuxième tome en 1988, «Les Dangers de la vertu», et du troisième tome en 1990, «Les Palais de glace». Il est aussi l'auteur d'une essai publié en 1994, *Les Enfants de McLuhan*.

M.D. Behiels

Gagnon, Wilfrid, homme d'affaires (Montréal, 15 sept. 1898—*id.*, 10 juin 1963). Diplômé du collège Sainte-Marie, Gagnon entre dans l'entreprise familiale de fabrication de chaussures Aird and Son Ltd. En 1926, il en devient président. En 1936, il est ministre de l'Industrie et du Commerce dans le gouvernement libéral du premier ministre GODBOUT.

Pendant la Seconde Guerre mondiale, il devient un COLLABORATEUR BÉNÉVOLE au ministère des Munitions et des Approvisionnements d'Ottawa, jouant un rôle important dans la mobilisation industrielle. En 1948, il est fait Chevalier de l'Ordre de l'Empire britannique. Grâce à son expérience des affaires et à ses relations avec E.P. TAYLOR pendant la guerre, il occupe des postes supérieurs dans plus de 25 entreprises, dans les secteurs des ressources naturelles, du détail, de la fabrication et des finances.

Il a été président du conseil de la Banque canadienne nationale, de la Dow Brewery Ltd. et de la Canadian Aviation Electronics. Il a également été président des compagnies Narwil Shoes Ltd. et Wilmont Shoes Ltd., ainsi que directeur du Canadien National, des Lignes aériennes Trans-Canada et de l'Argus Corp., entre autres, et gouverneur de l'U. de Montréal.

J. Lindsey

Galbraith, John Kenneth, économiste et écrivain (Iona Station, Ont., 15 oct. 1908). Diplômé du Collège d'agriculture de l'Ontario à Guelph en 1931, Galbraith obtient un doctorat en économie rurale de l'U. de la Californie à Berkeley. Une grande partie de sa vie active est liée à Harvard, où son travail postdoctoral à Cambridge, en Angleterre, l'habilite à remplacer Robert BRYCE comme résident spécialisé en économie keynésienne.

Libéral militant, Galbraith est le conseiller personnel de chaque candidat du Parti démocrate à la présidence des États-Unis, au cours de la période qui couvre la candidature de F.D. Roosevelt jusqu'à celle de L.B. Johnson. Il occupe donc plusieurs postes gouvernementaux, entre autres celui de contrôleur des prix pendant la Seconde Guerre mondiale et celui d'ambassadeur des États-Unis en Inde de 1961 à 1963. Il s'engage dans Americans for Democratic Action, un groupe d'éminents intellectuels libéraux, particulièrement lors de l'opposition du groupe à la guerre du Viêt-nam.

La contribution de Galbraith aux sciences sociales est une alternative à la conception néoclassique prédominante du capitalisme. Dans bon nombre d'ouvrages, dont *American Capitalism* (1952; trad. *Le capitalisme américain*, 1956), *The Affluent Society* (1958; *L'ère de l'opulence*, 1986) et *The New Industrial State* (1967; trad. *Le nouvel État industriel*, 1979), il fonde la politique libérale sur les idées «de pouvoir d'opposition», de «sagesse populaire», «de technostructure» et «de convergence institutionnelle» des systèmes communiste et capitaliste. En 1956, il témoigne devant la Commission royale d'enquête sur les PERSPECTIVES ÉCONOMIQUES DU CANADA et, à la demande du CANADIEN PACIFIQUE, il supervise l'étude de R.E. Caves et R.H. Holton sur l'économie canadienne: *Prospect and Retrospect* (1959).

The Scotch, un témoignage amusant de Galbraith sur l'environnement de son enfance dans le sud de l'Ontario, est publié en 1964. Son *Age of Uncertainty* (1977) fait l'objet d'une série télévisée à la BBC. Il publie aussi *Anatomy of Power* et *A View from the Stands: Of People, Military Power and the Arts* (1986).

Les théories interventionnistes libérales de Galbraith sont rejetées dans les années 80, quand le fondamentalisme conservateur devient à la mode. *A Journey Through Economic Time* (1994) et *The Culture of Contentment* (1992) constituent l'expression de ses réfutations vis-à-vis des politiques économiques conservatrices qui ne réussissent pas à revitaliser les économies occidentales engagées dans des tendances récessionnistes. Ces deux livres ont ramené plusieurs de ses théories sur l'avant-scène.

Robin F. Neill

Gale verruqueuse de la pomme de terre Champignon qui se développe sur les pousses, les yeux et les stolons de la pomme de terre. Elle est aussi appelée gale noire de pomme de terre. C'est surtout une maladie des jardins potagers. Elle se répand par la manutention de sols et de pommes de terre contaminés, d'excréments d'animaux qui se sont nourris de pommes de terre infectées, d'outils de creusage, de bottes et de souliers, etc. En ce sens, c'est une maladie propagée en grande partie par les humains. Les premiers cas ont été rapportés en Amérique du Nord, à Terre-Neuve, en 1909, par le directeur du Service fédéral de botanique H. Güssow. D'ailleurs, cette maladie persiste toujours à Terre-Neuve, où environ 94 p. 100 des petits ports isolés contiennent des poches de sol contaminé. En 1912, Ottawa interdit le transport de la terre et des produits de Terre-Neuve dans le reste du Canada. Cette quarantaine est toujours en vigueur, et les transporteurs routiers qui partent de Terre-neuve sont lavés et inspectés. Le champignon en cause est un organisme unicellulaire, le *Synchytrium endobioticum*, un champignon inférieur (phycomycète) dont le cycle de vie est complexe. En se décomposant, les chancres causés par l'infection libèrent les spores qui, une fois retournées dans le sol, peuvent vivre pendant 40 ans. La répression chimique est extrêmement difficile et on développe des croisements pour obtenir des variétés de pommes de terre résistantes à la maladie.

Michael C. Hampson

Galerie d'art Beaverbrook Située en face de l'édifice de l'Assemblée législative du Nouveau-Brunswick, à FREDERICTON, elle a été fondée en 1959 grâce aux fonds offerts par lord BEAVERBROOK. La plus récente aile, la Galerie Marion McCain Atlantic, a été construite en 1994 à la mémoire de Mme Marion (Billie) McCain, une bienfaitrice qui a soutenu la cause des artistes du Canada atlantique. La nouvelle galerie présente des expositions itinérantes d'œuvres d'art du Canada atlantique choisies à même sa collection permanente.

Mary PRATT et Christopher PRATT, Molly Lamb BOBAK et Bruno BOBAK, Tom Forrestall, Alex COLVILLE, Avery Shaw, Fred Ross, Jack Humphrey et Miller Brittain figurent parmi les artistes représentés dans la collection permanente. On y trouve aussi des œuvres d'artistes acadiens contemporains tels que Francis Coutellier, Ghislaine McLaughlin, Nancy Morin, Yvon Gallant et Romeo Savoie.

La galerie conserve une importante collection de peintures de Cornelius KRIEGHOFF (1815-1872) et du peintre postimpressionniste canadien expatrié James Wilson MORRICE (1865-1924). Des peintures du paysage du Nouveau-Brunswick ainsi que des œuvres sur papier d'artistes tels que Anthony Flower (1792-1875), George T. Taylor (1838-1913) et George Neilson Smith (1789-1875) représentent une partie importante de la collection d'œuvres d'art canadien du XIXe siècle.

Des créations d'autres artistes canadiens figurent aussi dans la collection notamment celles de certains membres du GROUPE DES SEPT, Emily CARR et David MILNE, de même que celles d'artistes contemporains tels que Paul-Emile BORDUAS, Jean-Paul RIOPELLE, Jack BUSH, Harold Feist, Harold Klunder et John Boyle.

La galerie a acquis une réputation internationale grâce à sa remarquable collection de peintures britanniques allant de l'époque élisabéthaine jusqu'à l'époque moderne, incluant des peintures de Thomas Gainsborough, de sir Joshua Reynolds, de J.M. Turner et de John Constable. L'art moderne britannique est représenté par les œuvres d'Augustus John, de sir Stanley Spencer, de Walter Richard Sickert et de Graham Sutherland, incluant pour ce dernier les croquis de son célèbre portrait de Winston Churchill.

Une collection de porcelaine anglaise des XVIIIe et XIXe siècles, une autre de peintures de la fin de la Renaissance, des tapisseries d'Aubusson et de Gobelin, ainsi que des meubles et objets d'art décoratif européens font partie des expositions permanentes de la galerie. À l'extérieur, on peut voir un jardin de sculptures comprenant une œuvre de l'artiste britannique contemporain Jonathan Kenworthy, une autre de l'artiste acadienne contemporaine Marie-Hélène Allain, ainsi que des figurines sculpturales d'après Watteau.

Galiano, île Elle possède une superficie de 5787 ha et une population de 909 habitants, selon le recensement de 1991. Il s'agit de l'une des ÎLES GULF de la Colombie-Britannique, nommée ainsi en l'honneur de Dionisio Galiano, commandant de marine espagnol, qui explore la région en 1792. De toutes les îles Gulf, c'est celle qui possède le climat le plus sec. Les amoncellements de coquillages qu'on trouve à Montague Harbour laissent supposer que les Salish ont fréquenté l'île durant plusieurs milliers d'années. Colonisée par des immigrants durant la RUÉE VERS L'OR DU FLEUVE FRASER de 1858, l'île est connue sous le nom de «Petite Angleterre» parce que des familles britanniques y envoient leurs fils pour qu'ils apprennent à cultiver la terre. La plupart s'installent à l'extrémité sud de l'île, une grande section de la partie étroite de l'île étant réservée à la production du bois d'œuvre. Aujourd'hui, l'île est renommée surtout pour la colonie d'écrivains, d'artisans et d'artistes qui l'habitent.

Peter Grant

Gallagher, John Patrick, dit «Jack», géologue et industriel (Winnipeg, 16 juill. 1916). Après avoir travaillé comme étudiant en géologie dans les Territoires du Nord-Ouest et reçu son diplôme de l'U. du Manitoba, il passe 11 ans, à partir de 1938, comme géologue pétrolier, faisant de la prospection de pétrole pour les compagnies Shell Oil, Standard Oil du New Jersey et Imperial Oil, en Californie, en Égypte, en Amérique du Sud et dans l'Ouest canadien. En 1950, il fonde une entreprise qui deviendra la DOME PETROLEUM, avec une mise de fonds de 250 000 $ de capitaux propres et de 7,7 millions de dollars en prêts garantis par la Dome Mines et les fonds de dotation de plusieurs universités américaines.

Grâce à la Dome, des découvertes prometteuses de pétrole à Drumheller et de gaz dans les champs de Provost en Alberta sont faites, mais le véritable intérêt de Gallagher se trouve dans l'Arctique canadien où, avec ses associés, il investit dans la Dome des centaines de millions de dollars en forages dans la MER DE BEAUFORT; ils y trouvent plusieurs gisements de pétrole et de gaz, dont l'exploitation coûterait cependant des milliards de dollars. À la fin des années 70, Dome vit une expansion sans précédent et, après avoir accumulé des dettes de quelque 7 milliards de dollars, voit une grande part de ses actifs vendus. La vente de la société elle-même est en négociation à la fin de 1987. Gallagher démissionne de son poste de président du conseil et de directeur général en 1983. À partir de 1984, il est président du conseil de la société Parma Petroleum Ltd, qui porte maintenant le nom de Prime Energy.

Earle Gray

Gallant, Mavis Leslie, née Young, écrivaine (Montréal, 11 août 1922). Enfant unique de parents désunis, son enfance ressemble pour beaucoup à celle d'une orpheline. Elle entre à l'école dès l'âge de 4 ans et fréquentera 17 institutions d'enseignement (écoles publiques, couvents et pensionnats). Le bouleversement et le traumatisme du rejet marquent son enfance et son adolescence. Son père meurt quand elle est petite fille, et sa mère se remarie rapidement. Celle-ci l'envoie vivre chez un tuteur dans l'est des États-Unis. À la fin de ses études, Gallant retourne au Canada, où elle fait un bref séjour à la salle de montage de l'Office national du film avant de devenir chroniqueuse au *Montreal Standard*, en 1944. C'est à cette époque qu'elle épouse John Gallant, un musicien de Winnipeg, dont elle ne tarde pas à divorcer.

Gallant commence à écrire de la fiction au Canada, où elle publie des récits dans *Preview* (1944), *Standard Magazine* (1946) et *Northern Review* (1950). En 1950, résolue à se consacrer entièrement à l'écriture romanesque, elle part cependant pour l'Europe et finit par s'installer à Paris où elle réside encore aujourd'hui.

Elle réalise rapidement son objectif: depuis 1951, elle a publié plus de 100 récits dont la plupart sont d'abord parus dans le magazine *New Yorker* qui publie toujours ses textes. Ils sont réunis, avec plusieurs romans courts, dans *The Other Paris* (1956), *My Heart Is Broken* (1964; trad. *L'été d'un célibataire*, 1996), *The Pegnitz Junction* (1973; trad. *Voyageurs en souffrance*, 1995), *The End of the World and Other Stories* (1974) et *From the Fifteenth District: A Novella and Eight Stories* (1979; trad. *Les 4*

saisons, nouvelles, 1989). En 1983 et 1984, elle revient au Canada comme écrivaine résidente à l'U. de Toronto. Elle reçoit le prix littéraire Canada-Australie en 1984.

Sa prose, au style vivant et impeccable et au ton ironique et détaché, est extrêmement imagée et ses personnages bien campés évoluent habituellement à une époque et dans des lieux décrits avec réalisme. Peut-être à cause de son enfance perturbée, Gallant traite souvent de la misère d'enfants ou d'adolescents seuls et effrayés, et parle avec compassion de leur angoisse.

Les expatriés constituent une autre préoccupation importante de l'artiste: Anglais, Américains ou Canadiens, ils sont enlevés à leur milieu culturel par choix ou par la force des choses. Sans attache, leur errance en fait d'éternels touristes, traînant leur existence misérable en Europe dans des hôtels et des pensions de seconde classe. Dans ses deux romans, *Green Water, Green Sky* (1959) et *A Fairly Good Time* (1970), elle évoque ce thème de l'errance avec des personnages éternellement en transit. Fascinée par les exilés de tous genres et passionnée de politique, elle écrit des récits convaincants sur des Allemands devenus étrangers dans leur propre pays après la Seconde Guerre mondiale.

Longtemps ignorée au Canada, Gallant a fini par s'y faire reconnaître comme écrivaine. En 1981, elle est nommée Officier de l'Ordre du Canada et, en 1993, est promue au rang de Compagnon, la plus haute distinction de l'Ordre. Sa première pièce, *What Is To Be Done?*, est présentée au Tarragon Theatre de Toronto en 1982. La même année, *Home Truths: Selected Canadian Stories* (1981; trad. *Voix perdues dans la neige*, 1991) lui vaut le prix du Gouverneur général. Ce recueil de récits sur la vie de jeunes Canadiens, tant au Canada qu'à l'étranger, s'achève par six contes intitulés «Montreal Stories». L'auteure y évoque, plus fidèlement que jamais, son enfance et sa jeunesse dans le Montréal des «deux solitudes» pendant la guerre. Quatre des onze récits qui composent *Across the Bridge* (1993; trad. *De l'autre côté du pont*, 1994) racontent l'histoire de la famille Carette de Montréal, un autre se passe dans le Montréal de l'après-guerre et le reste à Paris.

Les propos de Gallant sur son pays d'adoption font autorité. Dans son recueil *Overhead in a Balloon: Stories of Paris* (1985; trad. *Rue de Lille*, 1988), elle dépeint la vie française de l'après-guerre. Très douée pour les écrits documentaires, elle produit un nombre impressionnant d'ouvrages critiques et d'essais sur la culture et la société françaises, notamment une introduction lucide et remplie de compassion pour *The Affair of Gabrielle Russier* (1971) et le témoignage imagé des émeutes estudiantines de Paris en 1968. Ces derniers ouvrages documentaires, d'abord publiés dans le *New Yorker*, sont maintenant réunis dans *Paris Notebooks: Essays and Reviews* (1986; trad. *Chroniques de Mai 68*, 1988).

Donna Coates

Gallicanisme Il constitue avant tout une théorie sur les rapports entre l'Église et l'État. À l'époque de la NOUVELLE-FRANCE, ces rapports suivent le fil des traditions et des usages qui définissent le statut de l'Église de France tant au sein du royaume que de l'Église universelle. Il se caractérise surtout par une certaine méfiance à l'égard du Saint-Siège, par la défense des libertés gallicanes (qui écartent l'idée d'autorité pontificale absolue – temporelle et spirituelle – sur le roi de France et l'Église) et par la plénitude de l'autorité royale, même dans le domaine spirituel.

Après la CONQUÊTE, au cours du XIXe siècle en particulier, le gallicanisme reçoit l'appui de deux groupes: ceux qui ne croient pas à l'infaillibilité pontificale ou ne veulent pas qu'on l'érige en dogme, et ceux qui acceptent sans enthousiasme une certaine intervention de l'État dans des domaines habituellement du ressort de l'Église, tels que l'éducation, le mariage et la tenue des registres.

En Nouvelle-France, le gallicanisme connaît ses plus beaux jours durant la seconde moitié du XVIIe siècle, à l'époque où l'intendant Jean TALON et le gouverneur FRONTENAC s'efforcent de réduire l'influence écrasante de la religion et de soumettre le pouvoir spirituel au pouvoir temporel. Un arrangement s'établit rapidement, par lequel l'Église garde une certaine autonomie tout en permettant à l'État d'intervenir dans quelques domaines, même purement religieux, comme la vie des communautés religieuses. Après 1760, un changement d'attitude se produit. En effet, le CATHOLICISME canadien qui a assuré sa survie et gardé une certaine liberté remet en cause les limites des pouvoirs religieux et étatiques.

Après 1840, deux tendances se manifestent: en premier lieu, les ultramontains (*voir* ULTRAMONTANISME), tenants de la suprématie de l'Église et de son droit prioritaire en éducation et en législation sur le mariage ainsi que dans tous les domaines communs à l'Église et à l'État; en second lieu, les Gallicans, appelés ainsi parce qu'ils nuancent les prétentions précédentes ou défendent plus ou moins les droits de l'État. Dans leurs rangs, on retrouve des communautés comme les sulpiciens, des avocats comme George-Étienne CARTIER, Rodolphe Laflamme et Joseph DOUTRE, des professeurs de l'U. Laval comme Jacques Crémazie et Charles-François Langelier. Cependant, des extrémistes ultramontains ne tardent pas à étiqueter comme «Gallicans» tous ceux qui ne partagent pas leurs opinions; le gallicanisme comme tel continue à vivoter, puis il s'assimile au libéralisme catholique, dénoncé de la même manière jusqu'à la fin du XIXe siècle.

Nive Voisine

Gallie, William Edward, chirurgien et éducateur (Barrie, Ont., 29 janv. 1882—Toronto, 25 sept. 1959). Il passe l'examen d'entrée de Barrie Collegiate Institute en 1899 et obtient son diplôme de médecine à l'U. de Toronto en 1903. Il fait deux années d'internat au Hospital for Sick Children et au Toronto General Hospital, et une troisième année au Hospital for the Ruptured and Crippled, à New York.

Les travaux et recherches portant sur la fixation des tendons, la réduction des fractures osseuses et la greffe de tissus comme «sutures vivantes» du Dr Gallie et de ses associés sont reconnus. Il travaille au Hospital for Sick Children et au Toronto General Hospital, et devient chirurgien en chef dans ces deux institutions. Il est président du département de chirurgie (de 1929 à 1947) et doyen de la faculté de médecine (de 1936 à 1946) à l'U. de Toronto. À titre de président du département de chirurgie de l'U. de Toronto, il instaure un programme de formation pour les chirurgiens au Canada en 1931, lequel est connu sous le nom de Cours de chirurgie Gallie.

Donald R. Wilson

Gallinule Nom commun donné à certaines espèces d'oiseaux de marais de la famille des rallidés (*voir* RÂLE ET MAROUETTE). Les gallinules sont parfois appelées aussi poules-d'eau. Elles se répartissent en deux groupes, les gallinules et les talèves, qui comptent une quinzaine d'espèces dans le monde. Plusieurs espèces insulaires sont de plus en plus rares.

Répartition La gallinule poule-d'eau (*Gallinula chloropus*) niche principalement dans le sud-est de l'Ontario et dans le sud-ouest du Québec. Elle niche localement dans les marais de l'isthme de Chignectou dans les Maritimes et elle a aussi été observée au Manitoba. La talève violacée (*Porphyrio martinicus*), auparavant appelée gallinule violacée, habite le sud-est des États-Unis et les régions situées plus au sud. Au Canada, sa présence est occasionnelle.

Description La gallinule poule-d'eau ressemble aux FOULQUES, mais elle a le bec et le front d'un rouge éclatant, des pattes vertes et des doigts dépourvus de lobes. À l'instar des foulques, elle nage en hochant la tête d'un mouvement caractéristique.

Nidification Comme les foulques, les gallinules vivent souvent en colonies, et leurs nids ressemblent à ceux des foulques. Les gallinules pondent de 9 à 12 œufs chamois tachés de brun foncé. La gallinule poule-d'eau trahit souvent sa présence par de forts caquètements.

E. Kuyt

Gallois Le pays de Galles (annexé à l'Angleterre par l'Acte d'union de 1536) a toujours été dans l'ombre de l'Angleterre, de l'Irlande et de l'Écosse. Un historien écrit que les Gallois, «exception faite de leur langue, n'avaient pratiquement aucun des attributs d'une nation, à part la conviction perverse et persistante qu'ils en étaient une». La population du pays de Galles (moins de 3 millions d'habitants en 1988) s'est tournée vers l'émigration pour améliorer sa situation.

En ne tenant aucun compte du voyage improbable de Madoc (le prince gallois quasi historique qui aurait découvert l'Amérique du Nord vers 1170), mais en acceptant la probabilité que les Gallois aient navigué avec Jean CABOT à partir de Bristol, lors de son voyage épique de 1497, on peut admettre qu'il existe un lien vieux de 500 ans unissant les Gallois à Terre-Neuve et à l'île du Cap-Breton. Selon un autre point de vue non attesté, le navigateur gallois John Lloyd (John l'Habile) aurait atteint la baie d'Hudson dès 1475. En 1612, sir Thomas BUTTON, un officier naval gallois qui commande l'HMS *Resolution*, recherche en vain le PASSAGE DU NORD-OUEST et l'explorateur Henry HUDSON. Sir William Vaughan, un ardent défenseur de l'expansion coloniale, fonde une colonie galloise dans la partie sud de la péninsule d'Avalon en 1617. En dépit de l'échec de cette entreprise, Vaughan écrit deux livres pour promouvoir Terre-Neuve. Il s'agit des livres les plus anciens portant sur l'Amérique du Nord anglaise. En 1759, pendant le siège de Québec, un certain major Gwillim sert sous les ordres du général James WOLFE. Sa fille (Elizabeth SIMCOE) épouse plus tard le premier lieutenant-gouverneur du Haut-Canada. L'explorateur David THOMPSON, bien qu'il soit Anglais, a des ancêtres gallois. Au début du XVIIIe siècle, Bartholomew ROBERTS, pirate puritain et esclavagiste gallois, hante les eaux territoriales de la côte est, tandis que la population acadienne instable de la Nouvelle-Écosse fait l'expérience de l'autorité britannique avec un gouverneur sincère et pragmatique, Richard PHILIPPS.

Migration et peuplement Les Gallois qui servent dans les forces britanniques en Amérique du Nord britannique, pendant la GUERRE D'INDÉPENDANCE AMÉRICAINE, la GUERRE DE 1812 et les RÉBELLIONS DE 1837, y restent. Ils peuplent une région précise le long du lac Érié, laquelle absorbe les immigrants des XVIIIe et XIXe siècles. En 1862, la ruée vers l'or de la région de Cariboo (Colombie-Britannique) entraîne une deuxième vague d'immigration. Les chiffres de l'immigration galloise sont plus détaillés pour le XXe siècle et, comme dans le cas de leurs cousins ANGLAIS, IRLANDAIS et ÉCOSSAIS, ils reflètent le flux et le reflux des récessions économiques et des tensions internationales. Après la visite de David Lloyd George, en 1899, l'ouest du Canada a la réputation d'être prometteur pour les nouveaux arrivants. En 1902, une troisième vague d'immigrants, les «Gallois de Patagonie» (appelés ainsi parce qu'ils fondent une colonie en Argentine où ils restent 35 ans), sont relocalisés en Saskatchewan. Le record absolu de l'immigration galloise date de 1906, à l'arrivée de 5018 colons. L'immigration s'accroît après la Première Guerre mondiale, et à nouveau de 1926 à 1929. Elle est également importante en 1946 (1294), ainsi qu'après la crise du canal de Suez, en 1957 (2629). Globalement, entre 1900 et 1950, plus de 50 000 Gallois sont venus au Canada.

Depuis 1960, l'immigration galloise est demeurée faible mais constante, représentant un mince pourcentage de l'immigration britannique. Dans le recensement de 1961, 143 942 personnes se disent d'ascendance galloise. En 1971, ces chiffres baissent à 74 415, peut-être parce que beaucoup de Gallois d'origine sont inscrits en tant qu'Anglais. En 1981, il n'y a plus que 46 620 personnes (0,2 p. 100) qui se disent d'ascendance galloise. Les Gallois ne sont pas enregistrés séparément dans le recensement de 1986, mais celui de 1991 estime leur nombre à 28 190 (réponse unique). Le recensement de 1996 dénombre 27 915 Gallois (réponse unique) et 310 990 autres personnes ayant une certaine ascendance galloise (réponse multiple). C'est en Ontario (140 030) que les Gallois s'avèrent les plus nombreux (chiffres de 1996). Viennent ensuite dans l'ordre la Colombie-Britannique (82 815), l'Alberta (52 775), la Saskatchewan (14 510), le Manitoba (13 425), la Nouvelle-Écosse (13 310), le Québec, (8100), le Nouveau-Brunswick (7655), Terre-Neuve (3375), l'Île-du-Prince-Édouard (1535), le Yukon (725) et les Territoires du Nord-Ouest (660). Si les Gallois se sont un tant soit peu regroupés, c'est dans les régions minières de l'Ontario, de la Colombie-Britannique, de l'Alberta et des Maritimes. Leur présence est attestée par des toponymes comme Newport et Pontypool (Ontario), Cardiff (Alberta) et Bangor (Saskatchewan).

Religion et langue La religion (le MÉTHODISME et le presbytérianisme) et la langue ont de l'importance pour les premiers colons gallois. Certaines communautés s'organisent autour d'un petit groupe et d'un prédicateur de langue galloise. Cependant, ces caractéristiques se maintiennent rarement passée la deuxième génération. La plupart des activités culturelles galloises ont lieu dans la communauté locale. Il n'y a pas de société nationale vouée à la conservation de la culture galloise. Cependant, les Gallois gardent certains de leurs organismes culturels et festivals historiques. La plupart des villes canadiennes ont une société Saint-David (du nom du saint patron du pays de Galles) et quelques-unes ont des chorales galloises, dont Montréal, Ottawa, Toronto et Edmonton. Les Canadiens d'origine galloise célèbrent la Saint-David, le 1er mars, ainsi que les festivals traditionnels du *Gymanfa Ganu* et de l'*Eisteddfod*, consacrés à la musique, à la chanson et à la poésie.

La contribution des Gallois au développement du Canada est impressionnante. Parmi les Gallois et les Canadiens d'origine galloise qui marquent le Canada d'hier et d'aujourd'hui, citons les missionnaires Peter JONES et James Evans, l'artiste Robert HARRIS, les scientifiques Stanley J. HUGHES et George L. PICKARD, le philosophe George S. BRETT, les écrivains sir Charles G.D. ROBERTS et Robertson DAVIES, l'administrateur Leonard W. BROCKINGTON, l'athlète Diane Jones KONIHOWSKI et le dessinateur Yardley Jones.

David Evans

Galloway, James Bradie, surnommé «Jim», musicien de jazz (Kilwinning, Ayrshire, Écosse, 28 juill. 1936). Il commence sa carrière comme saxophoniste et clarinettiste à Glasgow, puis déménage à Toronto en 1964. Il y travaille d'abord avec l'ensemble de style traditionnel Metro Stompers (dont il prend la direction en 1968) et passe ensuite au jazz classique en jouant avec des artistes renommés que sont Jay McShann et Buddy Tate, d'abord localement puis, dès 1976, à l'étranger. Il se distingue particulièrement par son talent de saxophoniste soprano au style à la fois joyeux et lyrique, dans la veine de Sidney Bechet et de Johnny Hodges.

On peut entendre Galloway dans des enregistrements qu'il a faits avec McShann, Tate, Art Hodes, Doc Cheatam et Ralph Sutton, de même que dans plusieurs albums à son nom, dont deux avec son orchestre de 17 musiciens, le Wee Big Band, qui interprète depuis 1979 le grand répertoire jazz. Il s'occupe aussi d'administration en tant que directeur artistique d'une série de boîtes de Toronto (dont le Café des Copains et le Montréal Bistro et), à partir de 1987, du festival du Maurier Ltd. Downtown Jazz, à Toronto.

Mark Miller

Galt, sir Alexander Tilloch, politicien et promoteur (Londres, Angl., 6 sept. 1817—Montréal, 19 sept. 1893). Galt émigre au Canada en 1835 pour travailler à la British American Land Co., qui ouvre des terres à la colonisation dans les Cantons de l'Est, au Québec. À mesure qu'il gravit les échelons de la compagnie, Galt prend conscience des avantages d'une liaison de cette région avec l'océan par chemin de fer et devient président du ST. LAWRENCE AND ATLANTIC RAILROAD en 1849. Il ne fait pas exception à la règle voulant que les promoteurs de chemins de fer, en quête de subsides et de cautionnements du gouvernement, entrent souvent en politique. Il représente Sherbrooke à l'Assemblée législative de la PROVINCE DU CANADA (de 1849 à 1850 et de 1853 à 1867).

D'allégeance libérale, Galt vote contre le BILL DES INDEMNITÉS et appuie la demande d'ANNEXION aux États-Unis (1849). En 1858, il dépose une motion en faveur d'une union fédérale de toutes les colonies de l'Amérique du Nord britannique et devient la même année ministre des Finances du gouvernement reconstitué de Cartier et Macdonald, auquel on réfère par l'expression de DOUBLE REMANIEMENT. Il accepte ce poste après avoir obtenu la promesse que celui-ci appuierait sa proposition. Son tarif fiscal de 1859, qui fournit une protection «accessoire» aux fabricants canadiens, soulève les protestations des fabricants britanniques, mais il soutient que, sans le droit de fixer ses propres tarifs, une colonie ne peut jouir d'un gouvernement autonome.

Membre du cabinet de la GRANDE COALITION, Galt assiste à la CONFÉRENCE DE QUÉBEC en 1864 et fait partie de la délégation canadienne en Angleterre de 1865 à 1866. N'ayant pas réussi à obtenir les garanties qu'il a promises aux protestants du Québec en matière d'éducation, il démissionne du Cabinet en 1866. Après la Confédération, il fait partie du premier Cabinet fédéral à titre de ministre des Finances, mais, en novembre 1867, il est forcé de démissionner en raison de la faillite de la Commercial Bank of Kingston.

Galt quitte le Parlement en 1871, car il refuse d'appuyer les libéraux après s'être opposé aux conservateurs. Il est fait chevalier pour ses services au sein de la commission chargée de régler la question du droit que les Américains doivent payer pour avoir accès aux zones de pêche canadiennes, tel que stipulé par le Traité de WASHINGTON. De 1880 à 1883, il est le premier haut-commissaire du Canada à Londres avec mission de promouvoir le financement des chemins de fer canadiens, l'achat de produits canadiens et l'émigration dans le nord-ouest du Canada.

Pendant son séjour à Londres, Galt poursuit ses propres plans d'exploitation des terrains carbonifères découverts dans le sud de l'Alberta par son fils Elliott, qui occupe alors le poste de commissaire adjoint des Indiens. Fort de l'appui d'hommes d'affaires de Londres et de concessions de terres par le fédéral, Galt fonde la North Western Coal and Navigation Co. et entame ses activités près de Lethbridge. L'entreprise prospère est vendue au CANADIEN PACIFIQUE en 1910. En vérité, «la vie d'Alexander Galt est l'histoire du Canada au XIXe siècle».

Margaret E. McCallum

Galt, John, romancier et promoteur de la colonie (Irvine, Écosse, 2 mai 1779—Greenock, Écosse, 11 avril 1839). Alors qu'il lutte pour survivre en tant qu'homme de lettres, Galt en vient à s'occuper d'affaires canadiennes, d'abord comme agent des personnes réclamant d'être indemnisées des pertes subies pendant la GUERRE DE 1812 et, par la suite, en 1824, comme secrétaire du conseil d'administration de la CANADA COMPANY.

Galt se rend à plusieurs reprises dans le Haut-Canada et y reste de 1826 à 1829 où il devient directeur de la compagnie et fonde la ville de GUELPH en 1827. La ville de Galt (aujourd'hui CAMBRIDGE) lui doit son nom. Il est continuellement en conflit avec les directeurs et finalement rappelé en Angleterre, où il vit ses dernières années dans la maladie. Ses romans les plus connus traitent surtout de la vie en Écosse, et ses écrits, à l'exception de son *Autobiography* (1833) et de *Literary Life* (1834), révèlent le peu d'influence de son implication au Canada. Deux de ses romans incarnent sa conception des émigrants les plus susceptibles de réussir aux États-Unis (*Lawrie Todd*, 1830) et au Canada (*Bogle Corbet*, 1831).

J.M. Bumsted

Gamache, Louis-Olivier, habitant de l'île d'ANTICOSTI qui avait la réputation d'avoir vendu son âme au diable et d'être doté de pouvoirs surnaturels. On disait de lui que c'était un pirate et qu'il échappait à ses poursuivants en transformant son navire en boule de feu.

Nancy Schmitz

Gananoque, ville de l'Ont.; pop. 5219 (rec. 1996), 5209 (rec. 1991), 4939 (rec. 1986); superf. 9,01 km²; const. en 1890; située au confluent du fleuve Saint-Laurent et de la rivière Gananoque, à 29 km à l'est de Kingston. L'endroit est connu sous le régime français, mais il n'est arpenté qu'en 1784. Les LOYALISTES John Johnson et Joel Stone obtiennent des terres dans la région, mais se disputent quant à leur emplacement. À la suite d'un compromis réalisé en 1789, Johnson obtient les meilleures terres situées à l'est de la rivière Gananoque, mais Stone continue d'y demeurer. Il construit une scierie et développe l'endroit avec l'aide de la famille McDonald. En septembre 1812, les forces américaines dirigées par Benjamin Forsyth attaquent la localité. Dès les années 1830, les industries métallurgiques y occupent une place importante. Connue comme la «Porte d'entrée des Mille-Îles», Gananoque est un important centre touristique. Un pont situé à Ivy Lea donne accès aux États-Unis.

K.L. Morrison

Gander, ville de T.-N.; pop. 10 364 (rec. 1996), 10 339 (rec. 1991), 10 207 (rec. 1986); superf. 101,16 km²; const. en 1954; située sur le lac Gander, dans le centre Est de la province. La ville et le lac tirent leur nom de la RIVIÈRE GANDER.

En 1935, les gouvernements britannique et canadien choisissent cet endroit sans brouillard pour y construire un aéroport destiné à accueillir les vols transatlantiques réguliers, en expansion dans les années 30. En 1938, l'achèvement de la construction de ce qui était alors l'un des plus gros aéroports au monde entraîne la naissance de la communauté de Gander.

Pendant la Seconde Guerre mondiale, Gander est un lien stratégique dans le réseau de défense nord-américain et dans le FERRY COMMAND, un service essentiel de transports transocéaniques de la RAF. En 1940, l'Aviation royale du Canada (ARC) y installe une base, qu'elle partage avec la USAF. Peu après la guerre, en 1951, la population augmente à environ 3000 âmes en raison de l'utilisation de l'aéroport par l'aviation civile et de son agrandissement. Les travaux d'aménagement de la ville commencent en 1954.

Bien que l'importance de l'aéroport de Gander en tant que point de ravitaillement en carburant ait diminué, il accueille toujours de nombreux vols internationaux, surtout en provenance d'Europe de l'Est, ce qui explique qu'il ait accueilli bon nombre des transfuges des anciens pays communistes. Le Centre de contrôle de la circulation aérienne (CCCA) de Gander, seule unité océanique du genre au Canada, gère l'espace aérien national et international, de l'Ouest de Terre-Neuve jusqu'au milieu de l'Atlantique et, vers le Nord, jusqu'au Groenland.

En décembre 1985, Gander a été le centre d'attention du monde entier quand un DC-8 transportant 256 passagers, dont 248 militaires américains de retour du Moyen-Orient, s'est écrasé après le décollage. Tous les passagers et les membres de l'équipage ont péri dans ce qui est considéré comme le pire DÉSASTRE aérien en sol canadien.

Situation actuelle La place que prend l'AVIATION dans la ville se manifeste partout. Toutes les rues portent des noms d'aviateurs de renommée locale ou mondiale, et les bâtiments, ceux d'avions célèbres. Partout dans la ville se trouvent des avions miniatures faits de béton et de tuyaux, et, durant l'été, tout le monde peut admirer les avions hors service qui y sont exposés. Au cours des dernières années, la ville est aussi devenue un centre de service important et ses deux parcs industriels attirent les investisseurs.

Janet E.M. Pitt et Robert D. Pitt

Gander, rivière Elle est la principale rivière du nord-est de Terre-Neuve et se déverse dans la baie du même nom. Elle mesure 175 km de long et son bassin de drainage est de 6400 km². Nommée ainsi en raison des nombreuses oies qui l'habitent, elle prend ses sources dans le plateau central pour éventuellement rejoindre l'Atlantique 427 m plus bas. La Gander du nord-ouest, qui a 97 km de long, se déverse dans l'extrémité ouest du lac Gander, là où la rejoint la Gander du sud-ouest, qui mesure 77 km de long. L'embranchement principal de la rivière commence sur la rive nord du lac et zigzague sur une distance de 44 km en direction nord-est, vers la mer. Les BÉOTHUKS s'en servaient comme voie navigable et, en 1725, les Européens y pêchaient déjà le saumon. Elle traverse de riches peuplements forestiers et a servi longtemps à des fins d'exploitation forestière.

Robert D. Pitt

Ganong, William Francis, historien régional, cartographe, botaniste et linguiste (Carleton, N.-B., 19 févr. 1864—Saint-Jean, 7 sept. 1941). Ganong consacre sa vie à des études sur le Nouveau-Brunswick, province qu'il aime passionnément. Après des études à l'U. du Nouveau-Brunswick (B.A. en 1884 et M.A. en 1886), à Harvard (B.A. en 1887) et à Munich (Ph.D. en 1894), il enseigne la botanique au Smith College, à Northampton (Massachusetts), jusqu'à sa nomination comme professeur émérite au moment de sa retraite en 1932. Il passe ses étés à explorer le Nouveau-Brunswick en canot, à cartographier les cours d'eau de la province et à rédiger l'histoire des Micmacs et des Malécites, dont il apprend la langue. Il publie plus de 150 articles et ouvrages, et s'emploie à ranimer le Musée du Nouveau-Brunswick à Saint-Jean, auquel il fait don de ses écrits. Il est nommé membre à vie de la Natural History Society of New Brunswick (1915), reçoit la médaille Tyrrell de la Société royale du Canada (1931) et deux doctorats de l'U. du Nouveau-Brunswick, l'un en 1898, et l'autre en 1920. De 1918 à 1939, il dirige activement l'entreprise familiale de confiserie Ganong Bros Ltd., fondée par son père James Harvey Ganong et son oncle Gilbert White Ganong.

Margaret E. McCallum

Garant, Serge, compositeur, chef d'orchestre, pianiste, professeur et critique (Québec, 22 sept. 1929—Sherbrooke, Qc, 1er nov. 1986). Musicien audacieux et novateur, Garant est connu comme champion de la musique du XXe siècle, particulièrement celle du Canada. À Montréal, il étudie le piano avec Yvonne Hubert et la composition avec Claude CHAMPAGNE et, à Paris, avec Olivier Messiaen et Andrée Vaurabourg-Honegger. De retour à Montréal, il étudie le contrepoint avec Jocelyne Binet et suit plus tard des cours d'été avec Boulez en Suisse.

En combinant bandes magnétiques et instruments dans *Nucléogame* (1955) et en utilisant la technique aléatoire dans *Trois pièces pour quatuor à cordes* (1958), Garant apporte à la musique canadienne deux processus innovateurs. C'est toutefois avec *Anerca*, exécutée en première par Mauricio Kagel en

1961, qu'il se fait connaître en tant que musicien de premier plan au Canada.

Il travaille pour la radio de SRC comme arrangeur, accompagnateur, chef d'orchestre et critique. Il est aussi directeur musical de la Société de musique contemporaine du Québec, coprésident du comité national de la Société internationale pour la musique contemporaine, et professeur à l'U. de Montréal. Il remporte la médaille du Conseil canadien de la musique (1971), le trophée William Harold Moon de la Société de droits d'exécution du Canada (1978), le prix de musique Calixa-Lavallée (1979) et le prix de musique du Conseil des arts du Canada (1984). Il est nommé membre de la Société royale du Canada en 1986.

Hélène Plouffe

Garapick, Nancy Ellen, nageuse (Halifax, 24 sept. 1961). Même si elle excelle dans plusieurs styles qui sont le dos, le papillon, le libre et le quatre nages individuel, elle connaît ses plus grands succès en dos, établissant un record mondial de 2 min 16,33 s au 200 m (1975) ainsi qu'un record canadien et olympique de 1 min 3,28 s au 100 m (1976). Déployant son talent partout dans le monde au sein de l'équipe canadienne de natation, Garapick remporte un éventail impressionnant d'honneurs et brise de nombreux records. Elle représente le Canada aux Jeux olympiques de 1976 à Montréal, obtenant 2 médailles de bronze. Elle est aussi membre de l'équipe canadienne aux Jeux olympiques de Moscou, boycottés en 1980. À l'âge de 14 ans, en 1975, elle est nommée athlète féminine canadienne de l'année.

Bob Ferguson

Garde côtière canadienne (GCC) Elle est fondée en 1867 à titre de «direction générale de la marine» du ministère de la Marine et des Pêcheries. En 1936, elle passe sous la juridiction des Services de la marine du ministère des Transports et devient officiellement la Garde côtière canadienne en 1962. Son budget est de 700 millions de dollars et elle compte 6200 employés. Les bateaux de la flotte de la GCC, qui se distinguent par leur extérieur rouge et blanc, sont stationnés aux cinq bureaux régionaux (Ouest, Centre, Saint-Laurent, Maritimes et Terre-Neuve) dont les sièges sociaux se trouvent respectivement à Vancouver, Toronto, Québec, Darthmouth et St. John's. On compte également 11 bases situées dans des endroits stratégiques et 5 bases secondaires. La flotte se compose de 56 navires, de 35 hélicoptères et d'un aéronef à voilure fixe. En plus des navires de plus gros tonnage, il y a 74 vaisseaux de sauvetage et 4 aéroglisseurs.

En vertu de la *Loi sur les transports nationaux* et d'autres lois applicables, la GCC est responsable du bris des glaces, des opérations de recherche et de sauvetage (ORS), de l'aide à la navigation et du réapprovisionnement des régions du Nord. En vertu de la *Loi sur la marine marchande du Canada*, la GCC a aussi une responsabilité réglementaire en ce qui concerne l'inspection et les normes des navires. Elle fournit et entretient quelque 13 000 bouées et, sur terre, 10 000 éléments d'aide à la navigation, dont 266 sont des PHARES importants, 33 des stations de radio côtières et 15 des centres de contrôle de la circulation maritime, qui offrent des conseils sur la météo et sur les dangers liés à la navigation.

La puissante flotte de BRISE-GLACES aide à la navigation le long de la côte Est, dans la région du Nord et sur l'ensemble des Grands Lacs et du fleuve St-Laurent. En plus de permettre aux navires d'opérer de façon plus économique et plus sûre, l'activité des brise-glaces contribue à limiter les inondations et à protéger le littoral. Les 55 stations de ORS, permanentes et saisonnières, offrent des services de recherche et de sauvetage tout au long de l'année; le personnel de ces stations compte 750 spécialistes de la GCC, assistés d'un corps auxiliaire de bénévoles formés aux techniques de recherche et de sauvetage. Les activités de réapprovisionnement dans l'Arctique et le long du fleuve MacKenzie assurent un soutien aux régions éloignées du Nord.

La GCC fait respecter les normes et les règlements de sécurité, enquête sur les accidents maritimes et répond aux appels d'urgence lors de déversements accidentels de pétrole. Le personnel responsable de la sécurité nautique offre chaque année des inspections gratuites et des conférences sur la sécurité à des milliers de plaisanciers et de pêcheurs. (*Voir aussi* NAVIGATION.)

Garde forestier Le terme de «garde» tire vraisemblablement son origine des guerres des XVIIIe et XIXe siècles en Amérique du Nord. En ce temps-là, comme le territoire était largement recouvert de forêts, les armées formèrent des unités de combat spéciales d'hommes des bois et de tireurs de précision pour mener à bien des missions de reconnaissance ainsi que des attaques-surprise et des raids de diversion. Au Canada, les hommes des bois possédant les mêmes talents se rencontraient parmi les piégeurs de fourrures et les COUREURS DE BOIS, qui, plus tard, informèrent les industriels et les fonctionnaires du gouvernement de l'existence et de l'emplacement de peuplements forestiers intéressants. La plupart de ces hommes étaient capables de supporter de longues périodes d'isolement et avaient appris des autochtones l'art de la survie en forêt. À l'avènement de la FORESTERIE à grande échelle, plusieurs de ces forestiers autodidactes accédèrent à des fonctions de supervision et de haute administration. Leur remplacement au moment de la retraite devait entraîner, au début des années 20, la création au Canada d'écoles de gardes forestiers (la première est établie dans la province de Québec en 1923), qui offraient une formation spécialisée, d'abord de niveau secondaire et, plus tard, de niveau technique (*voir aussi* ENSEIGNEMENT FORESTIER). L'École des gardes forestiers des Maritimes, au Nouveau-Brunswick, est la seule du genre qui perpétue le nom de garde forestier.

Dans le réseau des forêts nationales des États-Unis, le garde forestier (*ranger*) est responsable d'une unité administrative forestière dont la superficie peut atteindre 200 000 ha, et est le gestionnaire de toutes les ressources renouvelables qu'on y trouve. Au Canada, la nature et la spécialisation du travail forestier s'étant modifiées, le terme a été remplacé par d'autres plus précis (tels que technicien forestier ou gestionnaire de la faune). En dépit du fait que le rôle et les responsabilités du garde forestier se sont grandement transformés avec les années, le cinéma et la télévision continuent à projeter une image sympathique du garde comme protecteur de la forêt et des êtres qui y vivent. Des groupes tels que le Club de gardes forestiers juniors de l'Ouest canadien et les CLUBS 4-H au Québec stimulent l'intérêt des jeunes pour ce domaine.

Marcel Lortie

Garden Island Rafting and Shipbuilding Enterprises Dileno Dexter Calvin (1798-1884), un commerçant en bois de Clayton dans l'État de New York, déménage son entreprise à Garden Island (26,3 ha, à l'extrémité est du lac Ontario) en 1836. En 1880, il possédait l'île, qui est devenue la propriété exclusive de ses descendants. L'activité principale de Calvin était le transport de bois par trains de flottage, surtout du pin et du chêne, qui était recueilli par bateaux dans tout le bassin des Grands Lacs et livré à Québec, où il était transbordé pour être expédié vers la Grande-Bretagne. De Garden Island, Calvin, qui devint rapidement conservateur et monarchiste, pouvait mener des activités à l'intérieur du système commercial britannique.

L'entreprise de Calvin employait jusqu'à 700 hommes pour le transport de bois par trains de flottage et la construction des bateaux. En 1865 et pendant d'autres années, Calvin était le plus important exploitant de bois à Québec. Ses TRAINS DE BOIS pouvaient atteindre un kilomètre de long et emporter 165 000 pi³ (4680 m³) de bois. Ils faisaient partie des

plus grandes structures construites par l'homme au XIXe siècle. Calvin construisait des bateaux durant l'hiver pour garder sa main-d'œuvre et avait pour politique de construire un bateau par an. Au moins l'un d'entre eux, le *Garden Island*, un trois-mâts, a été construit pour le commerce maritime. Le transport par train de flottage et la construction navale ont pris fin avec la Première Guerre mondiale. Garden Island, où beaucoup de bâtiments à pans de bois ont été construits au XIXe siècle, subsiste comme témoin de la belle époque du bois pour une vingtaine de familles propriétaires de chalets.

Donald Swainson

Garderie (*voir* SERVICES DE GARDE)

Gardiner, barrage Situé à 100 km au sud de SASKATOON, c'est un ouvrage d'art remblayé de terre mesurant 5 km de long et s'élevant à 64 m au-dessus du lit de la rivière Saskatchewan-Sud. En 1858, Henry HIND est le premier à suggérer la construction d'un barrage près du «coude» de la rivière, mais la construction ne commence pas avant 1958, lorsqu'une entente à frais partagés est signée par les gouvernements de J.G. DIEFENBAKER (fédéral) et de T.C. DOUGLAS (provincial).

Le barrage a été nommé ainsi en l'honneur de James G. GARDINER, un ancien premier ministre de la Saskatchewan. L'étendue d'eau située derrière le barrage s'appelle le LAC DIEFENBAKER, d'après l'homme qui, en tant que premier ministre, a mis en œuvre le projet (bien que Diefenbaker et Gardiner aient été des adversaires féroces). Le barrage a été construit dans le but de mieux utiliser les ressources hydrauliques de la rivière Saskatchewan-Sud pour l'irrigation, les activités récréatives, l'approvisionnement des villes en eau et la production électrique. Il a officiellement été inauguré en 1967.

Don Herperger

Gardiner, Frederick Goldwin, avocat et politicien (Toronto, 21 janv. 1895—*id.*, 22 août 1983). Diplômé en droit d'Osgoode Hall (1920), Gardiner entre en politique en 1936 en tant que sous-préfet de Forest Hill, village de la banlieue nord de Toronto. Ardent partisan du fusionnement des municipalités, il se laisse convaincre en 1953 de devenir le premier président de la Communauté urbaine de Toronto.

Surnommé «Big Daddy», il domine la politique municipale de Toronto pendant une période où «le centre-ville rétrécit et la ville déborde de toutes parts». Il quitte la présidence en 1961 et, en 1965, est nommé commissaire de Toronto Hydro, poste qu'il occupe jusqu'en 1979. Redoutable dans les débats et orateur pittoresque, il a aussi de l'influence au sein du Parti conservateur tant au provincial qu'au fédéral, et il siège à la direction de plusieurs grandes entreprises.

James Marsh

Gardiner, James Garfield, surnommé «Jimmy», enseignant, cultivateur, politicien et premier ministre de la Saskatchewan (Hibbert Township, Ont., 30 nov. 1883—Lemberg, Sask., 2 janv. 1962). D'ascendance écossaise, Gardiner quitte l'Ontario pour les Territoires du Nord-Ouest. Témoin de la création de la Saskatchewan en 1905, il y demeure et se fait champion des intérêts des Prairies. Un roman autobiographique, *The Politician: or, The Treason of Democracy*, écrit en 1910 quand Gardiner enseignait au Manitoba Teacher's College, est publié à titre posthume en 1975.

C'est en tant que député à l'Assemblée législative (1914-1935), ministre (1922-1926), premier ministre provincial (1926-1929, 1934-1935), et chef de l'opposition (1929-1934) qu'il défend sans relâche les politiques libérales. Il est ministre fédéral de l'Agriculture, de 1935 à 1957 (un record de longévité pour un ministre canadien avec portefeuille), et il a une telle manie de se porter à la défense des intérêts de l'Ouest que ses collègues en sont souvent exaspérés. Il met sur pied l'ADMINISTRATION DU RÉTABLISSEMENT AGRICOLE DES PRAIRIES pour venir en aide aux cultivateurs victimes de la séche-

resse dans les Prairies. Il est également ministre des Services nationaux de guerre, de 1940 à 1941. Il se porte candidat, sans succès, à la tête du parti national, en 1948.

Le rôle que Gardiner joue comme porte-parole de l'Ouest est motivé par la pauvreté qu'il a connue dans sa jeunesse et par la formation doctrinaire d'allégeance libérale qu'il a reçue au Manitoba College. Sa confiance dans les efforts individuels et dans un gouvernement restreint au service des citoyens n'a jamais fléchi, et il n'a jamais cessé de mettre ses idées au service de la province et de ses habitants, en période de crise économique, comme en période de guerre et de reconstruction. Partisan notoire de la responsabilité ministérielle, il croit franchement au bien-fondé du favoritisme.

Le BARRAGE GARDINER, construit sous les Conservateurs fédéraux et la Co-operative Commonwealth Federation, après la défaite de Gardiner aux élections générales de 1958, est nommé en son honneur lors de son inauguration en 1967.

Norman Ward

Gare ferroviaire L'histoire du transport ferroviaire au Canada remonte à la mise en service, en 1836, de la première ligne de chemin de fer, la CHAMPLAIN AND SAINT LAWRENCE RAILROAD, à l'est de Montréal. Ce nouveau moyen de TRANSPORT entraîne la création d'un nouveau type de bâtiment, la gare, vouée à héberger les passagers et recevoir les marchandises. La gare du St. Lawrence and Atlantic (vers 1848), à LONGUEUIL au Québec, est un simple bâtiment rectangulaire, aux allures de grange, coiffé d'un toit à pignon débordant et pourvu d'une large ouverture en forme d'arc par laquelle le train peut entrer. Par la suite, les gares seront conçues pour abriter les gens et non plus les trains.

Les «relais» construits entre 1855 et 1857 le long de la ligne du GRAND TRUNK RAILWAY, qui relie Montréal et Sarnia en passant par Toronto, sont mieux connus. La plupart de ces relais sont, à l'instar de celui de St. Marys Junction en Ontario, de petits bâtiments rectangulaires en pierre, de plainpied, pourvus de combles à pignons et de portes et fenêtres en plein cintre. À Kingston et à Belleville, en Ontario, il s'agit de bâtiments à étage et à toit mansardé.

Leur conception est attribuée à A.M. Ross, l'ingénieur en chef du Grand Trunk Railway, ou à Thomas S. SCOTT, devenu par la suite architecte du gouvernement fédéral, mais qui fut un temps associé au Grand Trunk Railway. Les premières gares sont souvent construites en bois, comme celles qui sont probablement l'œuvre de sir Sandford FLEMING et qui jalonnent, en 1867, la ligne du CHEMIN DE FER INTERCOLONIAL entre Truro et New Glasgow, en Nouvelle-Écosse.

Le CANADIEN PACIFIQUE (CP) utilise sur sa ligne transcontinentale des gares faites sur mesure ou selon un certain nombre de modèles. Le premier modèle, construit en bois (comme à Indian Head en Saskatchewan, en 1882), est une «gare combinée», prévue pour accueillir passagers et marchandises. Il s'agit alors d'un bâtiment rectangulaire qui comprend au rez-de-chaussée une salle d'attente et un bureau, à l'étage, le logement du chef de gare, et qui est flanqué d'un hangar à marchandises. Les quelques gares qui sont construites sur mesure, en briques, comme celle de Peterborough en Ontario (T.C. Sorby, 1883), sont faites selon un plan semblable. L'avant-toit plus long et la fenêtre en saillie donnant sur le bureau du chef de gare deviennent caractéristiques de l'architecture des gares. Celle de Vancouver (Paul Marmette, 1886, à charpente de bois) est conçue selon ce plan, de même que celles de Calgary (1893, en pierre) et de Banff, en Alberta (1889, construite en pièce sur pièce), conçues par Edward Colonna.

Cet aménagement devient la base des plans standards adoptés par le CP et les autres sociétés ferroviaires. La taille de la gare et de ses installations dépendent de l'importance de la localité où elle se trouve. La gare du Canadien Nord à Boston Bar, en Colombie-Britannique (1915), une localité de limite divisionnaire, est conçue selon un plan typique de «deuxième classe» qui comprend des logements supplémentaires, des bureaux et un restaurant. L'appartement du chef de gare, à l'étage, avec son toit en croupe, est conçu comme un élément distinctif, ce qui devient une caractéristique des gares du Canadien Nord, surtout dans les petites gares de «troisième classe», plus nombreuses, qui jalonnent le pays (p. ex., Roseisle au Manitoba, 1903).

Comme les gares des villes font souvent office de terminus, elles sont beaucoup plus grandes que les autres. La plupart d'entre elles sont représentatives du style architectural à la mode de l'époque où on les a construites. Tout d'abord, la deuxième Union Station de Toronto (E.P. Hannaford, 1871-1873), avec ses trois grandes tours à toit mansardé, est italianisante; ensuite à Halifax, le North Street Terminal de l'Intercolonial (ministère des Travaux publics, 1874-1877) présente un très bel exemple de Second Empire; enfin, la gare Windsor du CP, à Montréal (Bruce Price, 1888-1889), est de style «richardsonien» romanesque. Toutes sont pourvues de spacieux hangars couverts pour les trains en fer ou en acier et situés à l'arrière du bâtiment des voyageurs.

La gare Union, à Winnipeg (Warren and Wetmore, 1911), et la troisième UNION STATION (Ross and Macdonald, Hugh G. Jones et John M. LYLE, 1915-1920) de Toronto restent dans la tradition du «grand style» des gares urbaines, soit le classicisme beaux-arts. La gare de Toronto est remarquable pour sa grande salle des pas perdus.

La modernité architecturale dans les gares fait son apparition avec la construction de la gare de la Toronto, Hamilton & Buffalo Railway et de ses bureaux à Hamilton, en Ontario (Fellheimer et Wagner, 1931-1933). Cette gare constitue peut-être le premier bâtiment de style international au Canada. Les CHEMINS DE FER NATIONAUX DU CANADA (CN) reprennent un peu ce style moderniste pour leur Gare centrale, à Montréal (John Schofield, 1938-1943). Cette construction de brique, moins simple qu'il n'y paraît, devient le cœur d'un vaste développement commercial d'où émerge le complexe de bureaux de la PLACE VILLE-MARIE (I.M. Pei; Affleck, Desbarats, Dimakopoulos, Lebensold, Michaud et Sise, 1958-1966). De même, des gares de style international commencent à apparaître le long des lignes de chemins de fer, comme celle du CP à Field (1953), en Colombie-Britannique.

Après 1960, des lignes sont abandonnées, le service aux passagers est éliminé sur certains trajets, et de nombreuses gares, jugées trop vieilles, sont démolies. Quelques-unes sont remplacées par de petits abris (comme le CP le fait à Arnprior, en Ontario, 1981), en raison de la baisse d'achalandage. Les nouvelles gares, comme celles du CN à Dorval, au Québec, et à Kingston, en Ontario, sont généralement conçues dans un style contemporain dépouillé.

La création de Via Rail Canada Inc., en 1977, qui vise à gérer les services aux passagers, provoque un regain d'intérêt, éphémère toutefois, pour la conception de nouvelles gares. À la fin des années 80, l'architecte Yves Roy dessine plusieurs projets pour de petites gares et des abris sur mesure ou standards. Il présente, entre autres, la «stationnette», qui comprend une salle d'attente carrée, à toit en croupe, et dont la billetterie et les toilettes sont conçues comme des ailes surbaissées (p. ex., Springhill Junction en Nouvelle-Écosse, 1987).

L'intérêt manifesté par le public pour la préservation des gares à titre de patrimoine architectural de grande valeur permet à bon nombre d'entre elles d'être transformées en musées (High River, Alberta), en centres de services communautaires (Theodore, Saskatchewan) ou en gares intermodales (Regina et Vancouver). L'ancienne gare d'Ottawa est aujourd'hui un centre de conférences gouvernemental. Les compagnies de chemin de fer se montrent de plus en plus disposées à coopérer avec les collectivités qui désirent conserver les gares désaffectées, en bonne partie grâce à la *Loi sur la protection des gares ferroviaires patrimoniales* (1990), bien que la fermeture de gares se poursuive.

Harold D. Kalman

Garibaldi, Parc provincial Établi en 1920, 1946,5 km², c'est une montagne à l'état sauvage située à 64 km au nord de Vancouver. Il est accessible par un sentier à partir de l'autoroute 99, au nord de Squamish.

Histoire naturelle Les montagnes, d'origine volcanique récente, dominent le parc et s'élèvent à 2678 m au mont Garibaldi. De la lave provenant de la montagne Price a causé un barrage, créant le lac Garibaldi, d'une profondeur de 300 m. Par la suite, l'érosion, particulièrement celle causée par les glaciers d'ailleurs encore présents en altitude, sculpte les sommets, dont Black Tusk, et creuse les vallées. Il en résulte un paysage d'une beauté sauvage à couper le souffle.

Au-dessous de 1500 m d'altitude se trouve une forêt dense de sapins de Douglas, de thuyas géants et de pruches de l'Ouest. Au-dessus de cette limite poussent la pruche subalpine, le CYPRÈS jaune, le sapin subalpin et le pin albicaule. Il pousse dans les régions alpines, souvent recouvertes par la neige éternelle, de la bruyère et des fleurs sauvages. Les gros mammifères se font rares, mais il y a beaucoup de marmottes, d'écureuils, de lagopèdes alpins, de mésanges du Canada et d'aigles royaux.

Histoire humaine En 1860, le mont Garibaldi reçoit son nom du capitaine de la Marine royale, George Richards, en l'honneur d'un révolutionnaire italien, Giuseppe Garibaldi. L'endroit étant difficile d'accès, l'homme n'exploite pas cette région. La station de ski de Whistler est située juste un peu au nord-ouest.

John S. Marsh

Garneau, François-Xavier, notaire, fonctionnaire, poète et historien (Québec, 15 juin 1809—*id.*, 3 févr. 1866). Étant le plus grand écrivain du Canada français du XIXᵉ siècle et son historien le plus important, Garneau exerce une influence considérable sur la pensée et les lettres de son temps. Né d'un père illettré et pauvre, le jeune François-Xavier manifeste très tôt sa vive intelligence.

Excellent élève à l'école primaire, il ne peut cependant suivre un cours classique, faute d'argent. Sa formation autodidacte et sa réserve naturelle expliquent la «fière indépendance» qui impressionne ses contemporains. En 1825, il décide de devenir notaire et travaille cinq ans comme stagiaire pour l'étude d'Archibald Campbell. Celui-ci possède une bibliothèque remarquable et encourage Garneau à étudier l'histoire et la littérature de l'Angleterre et de la France. Il l'aide aussi à faire un voyage aux États-Unis où il découvre la démocratie à l'américaine et se reconnaît comme Nord-Américain.

En 1831, le jeune notaire se rend à Londres où il travaille deux ans comme secrétaire pour Denis-Benjamin Viger, envoyé en Angleterre afin de défendre les droits des Canadiens français. Il apprend beaucoup sur la politique et sur la société britannique et visite Paris deux fois. De retour à Québec en 1833, il exerce sa profession sans enthousiasme, écrit des poèmes, lance une revue culturelle et suit avec passion les débats de la Chambre d'assemblée et du Conseil législatif, dominés respectivement par les nationalistes canadiens français et l'élite anglo-canadienne.

Il amorce son œuvre d'historien à la fin des années 1830, travaillant surtout à sa vaste synthèse de l'histoire des Canadiens français, l'HISTOIRE DU CANADA DEPUIS SA DÉCOUVERTE JUSQU'À NOS JOURS en trois volumes, publiée entre 1845 et 1848. Un supplément publié en 1852 étend la période étudiée à 1840. Garneau présente l'histoire des Canadiens français comme un combat pour la survie, d'abord contre les autochtones et les Anglo-Américains sur le champ de bataille, puis contre l'oligarchie anglo-canadienne dans l'arène parlementaire. Son ouvrage remporte un immense succès et lui vaut d'être acclamé de son vivant en tant qu'«historien national».

Pendant plus d'un siècle, romanciers, poètes et penseurs politiques s'inspirent de sa documentation et de ses interprétations. Son style fougueux et passionné assurent à l'*Histoire du Canada depuis sa découverte jusqu'à nos jours* un succès durable. Après 1845, certains aspects gallicans et libéraux de son œuvre commencent à inquiéter le clergé, si bien que Garneau adopte des vues nationalistes plus conservatrices sur les questions religieuses. Pendant 100 ans, l'interprétation historiographique du Canada français est une synthèse de son interprétation de la politique et, pour les historiens catholiques tels que l'abbé Ferland, de son interprétation de la religion.

Il mène une vie tranquille, d'abord comme notaire et, plus tard, comme secrétaire municipal de 1844 à 1864. Bien que pacifiste et timide, il défend fermement ses opinions. Sa capacité de travail est légendaire. Malgré sa passion pour la politique, il n'en fera jamais activement. Selon lui, l'Église doit ou bien se soumettre à l'autorité de l'État ou bien ne pas s'immiscer dans les affaires sociopolitiques, mais il considère que le catholicisme fait partie intégrante de l'identité nationale des Canadiens français. Par son interprétation nationaliste de l'histoire et pour son style imprégné de l'amour de sa patrie, Garneau demeure une figure marquante de la littérature canadienne-française.

Pierre Savard

Garneau, Hector de Saint-Denys, poète (Montréal, 13 juin 1912—Sainte-Catherine-de-Fossambault, Qc, 24 oct. 1943). Son œuvre marque un point tournant dans l'histoire de la poésie québécoise. Arrière-petit-fils de l'historien François-Xavier GARNEAU, petit-fils du poète Alfred Garneau et cousin de la poète et romancière Anne HÉBERT, il est issu d'une famille aisée de la classe moyenne.

Tout en faisant des études classiques chez les jésuites à Sainte-Marie, à Loyola et à Jean-de-Brébeuf, il étudie à l'École des beaux-arts de Montréal. En 1934, atteint d'une cardite rhumatismale, il abandonne cependant ses études, se consacre à la poésie, à la peinture et à la musique. Il fréquente pendant trois ans les jeunes intellectuels catholiques de la revue *La Relève*. Au cours des années 30, il tient son *Journal* (publié à titre posthume en 1954 et traduit en anglais par John Glassco en 1962 sous le titre *The Journal of Saint-Denys Garneau*) et compose les poèmes qui paraîtront dans son unique recueil, *Regards et jeux dans l'espace* (1937). Déçu par l'accueil réservé à son ouvrage, il se retire dans le manoir familial de Sainte-Catherine-de-Fossambault, près de Québec, où il meurt en 1943, apparemment d'une crise cardiaque, pendant une promenade en canot en solitaire.

Bousculant la forme, avec des vers libres, affranchis de tout rythme, d'inégale longueur, sans ponctuation, et une syntaxe éclatée, sa poésie est tout aussi originale par les thèmes qu'elle aborde (l'aventure spirituelle du poète, la nature de la création artistique, la recherche de pureté, le poids de la solitude et de l'isolement, le paradis perdu de l'enfance) que par son ironie. Ses poèmes hermétiques, sa correspondance cérébrale et la recherche incessante de réponses à l'angoisse de son existence, l'assouvissement de son besoin d'amour et d'absolu dont témoigne son journal font de lui une figure unique dans l'histoire intellectuelle du Québec et son premier véritable poète moderne. Il a contribué à faire évoluer la métrique en lui imprimant «le rythme de son moi inquiet et la couleur perçue par son regard de peintre» (Réginald Hamel). Son dernier recueil, *Les Solitudes* (1949) exprimait au paroxysme son drame mental et spirituel, son incapacité à harmoniser les aspirations de son moi. Homme à la conscience meurtrie, aux rêves brisés, il a incarné, à son époque, le malaise de tout le peuple canadien-français, incapable de se forger une identité. Éternel adolescent, en perpétuel état de «crise intérieure», il continue d'exercer une influence considérable sur les jeunes poètes québécois du XXIe siècle, qui se reconnaissent encore en lui.

En 1971, Jacques Brault et Benoît Lacroix ont procédé à une édition de ses œuvres complètes.

David M. Hayne

Garneau, Marc (Québec, le 23 févr. 1949). Premier astronaute canadien à recevoir le baptême de l'espace en octobre 1984, lors de la mission STS-41G de la navette américaine Challenger. Il a fait ses études primaires et secondaires à Québec et à Saint-Jean, au Québec, pour ensuite aller au Royal Military College de Kingston, en Ontario, préparer un baccalauréat en génie physique qu'il obtient en 1970. Il fréquente à Londres l'Imperial College of Science and Technology où il obtient un doctorat en génie électrique. Au cours des années 1982-83, Marc Garneau étudie au Collège d'État-major et de Commandement des Forces armées canadiennes, à Toronto.

Expérience militaire Officier de marine dans les Forces canadiennes, il occupe les fonctions d'ingénieur des systèmes de combat pendant 10 ans, alors qu'il conçoit un simulateur permettant aux officiers de s'entraîner à l'utilisation de missiles à bord des destroyers de la classe Tribal. Il collabore également à la mise au point d'une cible remorquée par avion et qui sert à évaluer la précision de tir de l'artillerie navale. Promu au grade de commandant en 1982, il est muté à Ottawa où il est reconnu comme une autorité en matière de conception d'équipements et de systèmes de communication électronique de combat.

Premier Canadien dans l'espace En décembre 1983, Marc Garneau est choisi pour faire partie du groupe des six premiers astronautes canadiens. Il est alors détaché du ministère de la Défense nationale pour entreprendre son entraînement en astronautique. Quelques mois plus tard, il est désigné pour participer à la mission STS-41G en tant que spécialiste de charges utiles. Avec l'astronaute de relève, le docteur Robert (Bob) Thirsk, il s'entraîne pour cette mission qui comporte des expériences de cinq chercheurs canadiens. C'est au cours de ce vol que Marc Garneau effectue les premiers tests du Système de Vision spatial canadien destiné à donner des yeux au bras manipulateur de la navette, le bras spatial canadien.

Spécialiste de mission à la NASA En 1989, le Parlement canadien adopte une loi créant l'Agence spatiale canadienne (ASC), pour coordonner toutes les activités spatiales du pays. Le capitaine Garneau décide de quitter la Marine pour se consacrer entièrement à sa carrière d'astronaute. Il est nommé directeur adjoint au Programme des Astronautes canadiens. Il assure un support technique lors de la préparation d'expériences destinées aux missions canadiennes.

En juillet 1992, Garneau est choisi par la NASA pour suivre l'entraînement de spécialiste de mission au Johnson Space Center (Houston, Texas). Après un an de cet entraînement rigoureux, il est en mesure de commander les systèmes de l'orbiteur, dont le bras spatial canadien souvent employé pour déployer et récupérer des charges utiles en orbite. Il est aussi entraîné dans le cadre des activités extravéhiculaires (EVA).

Fonctions de CAPCOM à la NASA Marc Garneau se voit confier les fonctions de CAPCOM (communication vocale avec l'équipage de la navette). Il est le premier astronaute non américain à assumer cette fonction. Vétéran de 2 missions (la STS-41G, avec la navette Challenger en 1984, et la STS-77, à bord de la navette Endeavour en 1996), Marc Garneau cumule plus de 437 heures de vol dans l'espace.

En 2000, il doit effectuer une 3e mission, la STS-97 également à bord d'Endeavour, qui fera le 4e vol d'assemblage américain pour la Station spatiale internationale (ISS). Cette mission doit livrer le premier module d'énergie solaire américain ainsi que des panneaux et des batteries solaires, le tout désigné sous le nom de module photo-voltaïque (PV).

Françoise Côté

Garneau, Michel, poète, dramaturge, musicien et comédien (Montréal, 25 avril 1939). Même s'il vient d'une famille aisée, il est surtout autodidacte, ayant quitté l'école à 14 ans, peu après le suicide de son frère, le poète Sylvain Garneau (1930-1953). Annonceur de radio à 15 ans, il est connu dans les années 1950 et 1960 comme animateur de différentes émissions à Radio-Canada où il est également réalisateur et scripteur. Garneau écrit surtout de la poésie jusqu'à son emprisonnement pendant la crise d'Octobre 1970. Cet événement jouera un rôle fondamental dans son éveil politique (un recueil important, *Les Petits Chevals amoureux*, paraît en 1977). En 1978, il remporte le prix du Gouverneur général qu'il refuse pour des raisons politiques. Ses *Poésies complètes* regroupant 10 recueils de poèmes écrits entre 1955 et 1987 paraissent en 1988.

Garneau enseigne pendant plus de vingt ans à l'École nationale de théâtre du Canada à Montréal. En 1986, il est nommé directeur artistique de la section française de l'École. Il a rédigé quelque 50 pièces, parmi lesquelles des traductions et des adaptations majeures d'œuvres de Shakespeare, de Garcia Lorca et d'autres grands auteurs. La plupart de ses pièces ont été montées et publiées. Parmi les plus connues figure *Quatre à quatre* (1973), souvent présentée à Montréal, à Toronto, en France, en Belgique, en Italie, en Espagne, en Allemagne et aux États-Unis. Exploration poétique de la vie mouvementée de quatre générations de Québécoises, c'est la première pièce canadienne à faire partie du répertoire régulier d'une compagnie de théâtre française. *Émilie ne sera plus jamais cueillie par l'anémone* (1981), traduite en anglais, en allemand et en espagnol, brosse un portrait sensible et imaginatif de la poétesse américaine Emily Dickinson. *Mademoiselle Rouge*, jouée pour la première fois à Genève en 1989, est une vision fantaisiste du Petit Chaperon Rouge qui, devenu adulte, réfléchit à l'événement le plus important de son enfance perturbée, tandis qu'*Héliotropes* présente un autre voyage à la découverte de soi, dans un bar de ragtime.

Toutes les pièces de Garneau font appel au langage populaire québécois, structuré dans des vers souples et non rimés. Plusieurs sont écrites sur commande pour des établissements d'enseignement (École nationale de théâtre du Canada, Conservatoire d'art dramatique de Montréal, Théâtre de l'U. de Montréal, etc.) ou pour de grands théâtres (Théâtre d'Aujourd'hui et THÉÂTRE DU RIDEAU VERT).

Garneau compose aussi de la musique, chante et se produit sur scène. Il a interprété des rôles importants au théâtre, en particulier dans des pièces de Michel TREMBLAY et de Jovette MARCHESSAULT. Souvent qualifié de «touche-à-tout», il est certainement passé maître dans la plupart des disciplines artistiques.

L.E. Doucette

Garneau, Raymond, politicien (Plessisville, Qc, 3 janv. 1935). Habituellement considéré comme l'un des cerveaux du Parti libéral, Garneau se taille une réputation en tant que ministre des Finances du Québec (1970-1976). Après des études en économie à l'U. Laval et à l'U. de Genève, il devient chef de cabinet du premier ministre Jean LESAGE (1965), auprès duquel il demeure jusqu'en 1970. Cette année-là, il est élu à l'Assemblée nationale, et Robert BOURASSA le nomme immédiatement ministre des Finances et président du Conseil du Trésor. Garneau occupe ces postes (en plus du ministère de l'Éducation en 1975-1976) jusqu'à la défaite du gouvernement Bourassa en 1976, pratiquant une ges-

tion efficace durant une période difficile. Il travaille ensuite dans les milieux d'affaires, pour le Groupe La Laurentienne et la Banque d'épargne de la Cité et du District de Montréal, jusqu'à ce qu'il soit candidat aux élections fédérales de 1984; il est alors élu député de Laval-des-Rapides malgré la vague conservatrice.

Au Parlement, Garneau exerce avec discrétion mais distinction les fonctions de critique financier de l'opposition et de président du caucus libéral du Québec. En pratique, il est le chef de l'aile québécoise. En 1987, le chef libéral John Turner en fait son lieutenant québécois. Garneau décide de ne pas se représenter aux élections de 1988 et devient président-directeur général de L'Industrielle-Alliance, Compagnie d'assurance vie.

J.L. Granatstein

Garner, Hugh, écrivain (Batley, Angl., 22 févr. 1913—Toronto, 30 juin 1979). Ses parents immigrent au Canada en 1919 et son père abandonne sa famille peu après. Garner passe sa jeunesse dans les quartiers les plus pauvres du centre-ville de Toronto et fait son entrée dans le monde de l'édition en tant que commis dans un journal. Il vagabonde pendant la crise des années 30, participe à la Guerre civile espagnole et à la Seconde Guerre mondiale.

Issu d'une classe sociale protestante, pauvre et citadine, ses origines sont rares pour un écrivain canadien et influencent toute son œuvre. Il s'intéresse essentiellement à la classe ouvrière ontarienne et son genre préféré est le roman réaliste. *Cabbagetown* (1950) en est l'exemple le plus connu. L'ouvrier victime des luttes de classes est dans son œuvre un thème récurrent et reflète bien son ancienne association avec le socialisme radical.

Sa légende s'est construite sur la vie déréglée qui anime son écriture. Buveur, fumeur, il affiche un franc-parler caustique et volontairement choquant. On a souvent critiqué sa volumineuse contribution littéraire (100 nouvelles, 17 livres, des centaines d'articles et des textes pour la radio et la télévision) pour sa banalité et la description imparfaite des caractères. Il adore cependant raconter des histoires et fait preuve d'un réel talent et d'une grande détermination. En 1963, un recueil de ses nouvelles lui vaut le prix du Gouverneur général.

Marlene Alt

Garnison, villes de Villes où les militaires vivent dans des casernes. Habituellement, ils sont là pour défendre la ville en question, mais il arrive qu'ils s'y trouvent pour des raisons de prestige, comme les CAPITALES, où ils font partie de l'entourage du gouverneur. Les premières villes de garnison sont Placentia et St. John's (Terre-Neuve), Port-Royal et Canso (Nouvelle-Écosse), et Québec. Au XVIIIe siècle, LOUISBOURG, Halifax et Montréal s'ajoutent aux premières. De petites troupes sont mises en garnison périodiquement dans des centres moins importants tels que Saint-Jean. Dans certains cas, une ville se développe autour d'un fort ou d'une caserne, et les troupes continuent d'y être en poste même après que les fortifications sont en ruines. Montréal et Kingston font partie de cette catégorie en 1870, une fois que les garnisons impériales sont retirées du Canada, ne laissant que de petits contingents à Halifax et Esquimalt.

En 1662, Plaisance (Placentia) a une garnison de 25 militaires français. Dès 1704, ils sont déjà 150, en raison de l'importance croissante de Plaisance à titre de centre de la flotte de pêche française. C'est la crainte qu'inspire cette ville de garnison qui provoque l'arrivée de la première garnison britannique à St. John's en 1696. Dès 1713, les militaires et les pêcheurs de Placentia forment le noyau de la première garnison et de la population civile de Louisbourg. À cette époque, Québec était devenue la plus importante ville de garnison au Canada depuis l'arrivée, en 1665, des quelque 1100 militaires du RÉGIMENT CARIGNAN-SALIÈRES. Plus tard, ces derniers sont remplacés par les TROUPES DE LA

MARINE, qui servent aussi en Acadie. La croissance de Louisbourg, tant comme garnison que ville autour de la forteresse, entraîne la fondation de Halifax qui devient ville de garnison britannique en 1749.

Les principales villes de garnison britanniques qui apparaissent après 1760 et se multiplient après la GUERRE D'INDÉPENDANCE AMÉRICAINE sont Québec, Montréal, Kingston, Niagara, York, London et Amherstburg. Avec les garnisons de St. John's, Halifax et Fredericton, elles comptent généralement 7000 militaires, leur nombre demeurant à peu près égal à celui des forces permanentes en temps de paix des États-Unis, perçus comme ennemis potentiels du Canada jusqu'en 1871.

Non seulement les villes de garnison attirent des agriculteurs, des commerçants et des professionnels pour pourvoir aux besoins des militaires, mais les troupes impériales laissent des traces permanentes dans ces villes. Des marques d'autant mieux accueillies qu'elles résultent de la largesse des fonds militaires qui, souvent, dépassent les revenus annuels du gouvernement provincial. Ces dépenses militaires servent à la nourriture, au carburant, aux fortifications, à la construction de canaux, ainsi qu'aux boissons et autres agréments des troupes. Dans leurs rapports culturels, religieux et fraternels avec les citoyens, les officiers et les militaires s'adonnent aussi à une myriade d'activités. À Montréal, p. ex., ce sont les militaires de la garnison qui lancent le sport de l'aviron sur le Saint-Laurent et encouragent l'escrime, le curling, le cricket, le hockey et la course d'obstacles. Ils fréquentent les loges maçonniques et orangistes, construisent les premières églises presbytérienne et anglicane de la ville, et aident à la mise sur pied de la première force policière de Montréal.

Elinor Kyte Senior

Garratt, Phillip Clarke, aviateur (Toronto, 13 juill. 1894—*id.*, 16 nov. 1975). Au service du Royal Flying Corps durant la Première Guerre mondiale, Garratt est par la suite pilote commercial et entre au service de la société DE HAVILLAND AVIATION en 1936, où il sera responsable de la conception d'avions pour le transport aérien dans le Nord canadien (*voir* AVIATION DE BROUSSE). Après la Seconde Guerre mondiale, il fait la promotion du Chipmunk, un avion d'entraînement, et de divers avions à atterrissage et à décollage courts (ADAC) d'une grande efficacité, notamment le DE HAVILLAND BEAVER et le DE HAVILLAND OTTER. On lui décerne le TROPHÉE MCKEE en 1951 et 1966.

James Marsh

Garrett, Christopher John Raymond, physicien et océanographe (Bude, Angl., 30 juill. 1943). Formé à Cambridge, Garrett entre au Département d'océanographie à l'U. Dalhousie en 1971. Connu pour ses travaux antérieurs avec W.H. Munk sur la description des caractéristiques des ondes internes, il est estimé aussi pour sa recherche sur les processus frontaux, le brassage des eaux océaniques, la dynamique du milieu sur la plate-forme continentale, et, au Canada, pour son explication du fonctionnement des marées hautes de la baie de Fundy. Il travaille aussi sur diverses questions pratiques, dont la prédiction de la trajectoire des icebergs et le problème du rejet d'effluents radioactifs dans les eaux profondes des océans. En 1982, il remporte le prix A.G. Huntsman en océanographie physique.

A.J. Bowen

Garson, Stuart Sinclair, avocat, politicien et premier ministre du Manitoba (St. Catharines, Ont., 1ᵉʳ déc. 1898—Winnipeg, 5 mai 1977). Enfant, Garson déménage à Winnipeg et s'inscrit plus tard à la Manitoba Law School. Il est admis au barreau en 1919 et pratique le droit à Ashern et à Eriksdale, au Manitoba, jusqu'en 1936. Député provincial libéral-progressiste de Fairford de 1927 à 1948, il occupe le poste de Trésorier provincial de 1936 à 1948 et devient premier ministre de 1943 à 1948. En 1937, il joue un rôle déterminant dans la création de la COMMIS-SION ROYALE D'ENQUÊTE SUR LES RELATIONS FÉDÉRALES-PROVINCIALES. Sa plus grande réalisation à titre de premier ministre est la mise en place d'un programme d'électrification accéléré dans les régions rurales. De 1948 à 1957, il est ministre fédéral de la Justice, procureur général et député libéral fédéral de la circonscription de Marquette. Il abandonne ensuite la politique et pratique le droit jusqu'à sa retraite, en 1965. Il est nommé Compagnon de l'Ordre du Canada en 1971.

Donald Swainson

Gascon, Jean, acteur et metteur en scène (Montréal, Qc, 21 déc. 1921—Stratford, Ont., 20 avril 1988). Pendant leurs études au Collège Sainte-Marie, Jean Gascon et Jean-Louis ROUX attirent l'attention en jouant dans plusieurs pièces. En 1942, ils obtiennent un rôle dans la pièce *L'Échange*, mise en scène par Ludmilla Pitoëff et présentée par les Compagnons de Saint-Laurent. Ils s'inscrivent à des cours de médecine, mais continuent à jouer avec les Compagnons. En 1946, Ludmilla Pitoëff revient à Montréal avec sa compagnie. Elle fait jouer Jean Gascon et Jean-Louis Roux à ses côtés dans *Phèdre* et *Le Pain dur*. Elle parvient à les convaincre d'aller suivre des cours professionnels en France. Jean-Louis Roux reçoit une bourse et part en 1946, Jean Gascon le suit l'année suivante. Gascon étudie avec le professeur Julien Bertheau à l'École du Vieux-Colombier, située à Copeau, part en tournée avec la compagnie de Ludmilla Pitoëff, et joue pendant une saison au Centre dramatique de Rennes, puis avec la compagnie parisienne Grenier Hussenot.

En 1951, de retour au Canada, Jean Gascon, Jean-Louis Roux, Éloi de GRANDMONT et quelques autres fondent le THÉÂTRE DU NOUVEAU MONDE (TNM), dont Jean Gascon est le directeur. Au début de l'année 1952, ils ouvrent l'École du TNM, remplacée ensuite par l'École nationale de théâtre du Canada. Jean Gascon en sera le directeur de 1960 à 1963. Il dirige le TNM jusqu'en 1966, tout en continuant à jouer des rôles majeurs dans plusieurs pièces, parmi lesquelles *L'Avare*, *Don Juan* et *Richard II*. En même temps, il met en scène plusieurs pièces, notamment *Tartuffe*, *Venise sauvée*, *L'Opéra de quat'sous* et *Klondyke*. Sous sa direction, la compagnie participe à plusieurs festivals et, en 1958, elle fait une tournée en Europe, aux États-Unis et au Canada.

En 1956, Jean Gascon joue dans *Henry V* au FESTIVAL DE STRATFORD. Il y retourne pour mettre en scène *Othello* (1959) et *The Comedy of Errors* (1964; v.f. *La Comédie des erreurs*). En 1968, il succède à Michael Langham en tant que directeur artistique du Festival de Stratford, poste qu'il occupera jusqu'en 1974. En 1977, il quitte le festival et devient directeur du CENTRE NATIONAL DES ARTS à Ottawa. Il met en scène le *Barbier de Séville*, en 1986, et *Tosca*, en 1987, à l'Opéra de Montréal. De retour à Stratford pour y mettre en scène *My Fair Lady*, il meurt d'une crise cardiaque. Jean Gascon a été nommé compagnon de l'Ordre du Canada et a reçu de nombreux prix honorifiques, dont le prix Victor-Morin, le prix de la Banque Royale, le PRIX MOLSON et le prix du Québec.

André G. Bourassa

Gaspé, ville du Qc; pop. 16 517 (rec. 1996), 16 402 (rec. 1991); superf. 1 446,94 km²; const. en 1873; située sur la baie du même nom, à 650 km au nord-est de Québec. Le nom, dont l'origine est contestée, s'étend à toute la région, la GASPÉSIE. La fusion de 12 localités voisines, entre Anse-Valleau et Pointe-Saint-Pierre, en 1970, fait de Gaspé l'une des plus grandes municipalités du Québec.

Gaspé est l'une des plus anciennes colonies d'Amérique du Nord: le 24 juillet 1534, Jacques CARTIER en prend possession au nom du roi de France et y plante une croix. Cet endroit devient bientôt un port de pêche et un centre d'approvisionnement de la NOUVELLE-FRANCE.

Entre 1628 et 1760, Gaspé est le théâtre de plusieurs escarmouches entre Français et Anglais. En 1690, les troupes de sir William PHIPS incendient le village, et les Anglais y construisent un fort juste avant la Conquête. Après la guerre d'Indépendance américaine, de nombreux LOYALISTES s'installent dans la région. Depuis, les anglophones y constituent une importante minorité. Pendant de nombreuses années, l'économie repose surtout sur la pêche à la morue et au saumon, mais, aujourd'hui, la sylviculture, le commerce et le tourisme y jouent un rôle important. Un musée sur l'histoire et le folklore régional ouvre ses portes en 1976, et on érige non loin un monument commémorant l'arrivée de Cartier. Au-delà de la baie de Gaspé se trouve le PARC NATIONAL FORILLON.

Antonio Lechasseur

Gaspésie La Gaspésie et les Îles-de-la-Madeleine forment une région administrative de 20 621 km² peuplée de 105 200 habitants (densité de 5,2 hab/km²). Seules GASPÉ et SAINTE-ANNE-DES-MONTS font figure de centres urbains, quoique MATANE, bien que rattachée à la région voisine, soit une ville gaspésienne.

Géographie La péninsule est remarquable par sa géographie physique et la beauté de ses paysages qui attirent des touristes venus de partout, surtout en période estivale. Cette péninsule massive appartient à la formation appalachienne dont elle constitue une sorte de «Finistère». C'est une structure vieille de 400 millions d'années dont les plissements relevés forment des falaises sur la côte du Saint-Laurent. L'ensemble du massif s'incline vers la BAIE DES CHALEURS où se trouve le site de Miguasha datant de 370 millions d'années. Ce site paléontologique contient une vingtaine d'espèces de poissons primitifs, la plupart uniques au monde.

Le sommet de la péninsule suscite encore des débats quant aux effets de la glaciation. Bien des auteurs ont soutenu que le massif gaspésien a été un «nunatak», terme inuit qui désigne une masse rocheuse émergeant d'un glacier. Le haut plateau de cette péninsule est une suite de reliefs plats qui forment les monts Chic-Chocs où se trouvent les montagnes les plus élevées du Québec méridional: monts Jacques-Cartier (1268 m), Les Cônes (1198 m), La table, Albert et Logan, qui tous culminent à plus de 1100 m. Ce haut plateau est couvert de blocs éclatés par le gel; on y trouve un paysage de toundra à 1200 km plus au sud que la toundra véritable. Un troupeau de rennes, le plus méridional au monde, y vit. La présence de blocs erratiques et les nombreux cirques glaciaires sur les versants témoignent que la glace a exercé son action partout, ce qui fait dire à d'autres auteurs que le massif en entier a été recouvert de glace.

La haute plate-forme du sommet a sa réplique a un niveau beaucoup plus bas, vers 200 m, où se trouvent les seuls endroits cultivables sur d'étroites banquettes le long de la baie de Chaleurs.

C'est dans cet espace restreint que la population se cantonne; à peine 15 p. 100 du territoire gaspésien est occupé en permanence. Peuplement linéaire bordant le rivage, les Gaspésiens ont toujours tiré leurs ressources de la mer et de l'immense forêt qui occupe presque tout le territoire de la péninsule. La seule exception est la mine de cuivre, en voie d'épuisement, de Murdochville. La pêche, ressource traditionnelle, est aussi en difficulté. Depuis le moratoire décrété par le gouvernement fédéral le nombre des embarcations pour la pêche a diminué du tiers. Malgré le manque d'énergie hydroélectrique, les usines de pâtes et papiers se sont installées en Gaspésie en raison de la matière première d'excellente qualité qu'on y trouve. Hélas, les coûts de production et la vétusté des équipements menacent l'usine de Chandler de fermeture permanente. Le tourisme reste donc la seule ressource encore florissante étant donné la beauté des paysages. Mais cette activité est saisonnière et ne saurait donner de l'emploi à tous les jeunes qui quittent la Gaspésie en grand nombre. C'est une région où la population va en diminuant.

Maurice Saint-Yves

Histoire Le nom de Gaspésie vient probablement du mot MICMAC signifiant «le bout des terres». Lorsque Jacques CARTIER arrive dans la baie de Gaspé en 1534 pour y planter une croix et prendre possession des terres au nom du roi de France, la région est occupée par des Amérindiens parlant la langue iroquoise. Déjà, au début du XVIIe siècle, lorsque Samuel de CHAMPLAIN navigue le long de ses côtes, la péninsule est habitée par des Micmacs. Bien qu'ils n'aient jamais été plus que quelques centaines, ceux-ci ont toujours continué à y vivre. Au cours du XVIIe siècle, ils sont convertis au christianisme par les missionnaires français. Les riches stocks de morue, qu'on trouve en grande quantité à seulement quelques kilomètres de la rive, sont depuis longtemps le pilier de l'économie; chaque année, depuis des siècles, des centaines de tonnes de poissons sont expédiées en Europe, en Amérique du Sud et aux États-Unis. Les grandes plages de galets, le soleil et le vent de la Gaspésie sont les éléments parfaits pour le séchage de la morue. Jusqu'à l'arrivée de la réfrigération au XXe siècle, c'est le seul moyen de conserver le poisson pendant toute la durée du transport jusqu'aux marchés.

Durant le régime français, seuls quelques pêcheurs s'installent en permanence en Gaspésie. Lorsque James WOLFE et ses militaires arrivent en 1758, ils trouvent environ 400 résidents permanents sur la côte. Ils détruisent leurs maisons et leurs biens et renvoient la plupart d'entre eux en France. Malgré tout, quelques-uns se réfugient dans les bois et continuent de vivre en Gaspésie après que la péninsule est devenue territoire britannique, en 1763. Plusieurs familles d'Acadiens (*voir* ACADIE), ayant échappé à la déportation organisée par les Britanniques en Nouvelle-Écosse, les y rejoignent. En 1784, environ 400 LOYALISTES anglophones, réfugiés de la Guerre d'indépendance américaine, s'installent en Gaspésie. Après cela, l'immigration est rare et la forte croissance de la population est simplement due à la natalité.

Les Gaspésiens mettent du temps à s'affranchir de l'industrie de la pêche. Dans le comté de Bonaventure, on pratique une agriculture mixte à petite échelle, mais ce n'est qu'au XXe siècle qu'on exploite sérieusement les ressources forestières et minières de l'intérieur. La construction d'un lien ferroviaire ne commence que dans les années 1890. À la fin du siècle, le tourisme est devenu une importante source d'emploi en raison de l'arrivée de milliers de visiteurs venus admirer le ROCHER PERCÉ, les colonies d'oiseaux de l'ÎLE BONAVENTURE, le Parc provincial de la Gaspésie dans la région intérieure accidentée et le PARC NATIONAL FORILLON.

David Lee

Gaspésie, parc de conservation de la Créé en 1981, 802 km², il se trouve au cœur de la GASPÉSIE, à 196 km à l'est de Rimouski. Initialement créé en 1937 au moyen d'une loi spéciale, le parc fut par le passé soumis aux pressions des industries minière et forestière. Il jouit aujourd'hui d'une protection complète en vertu de la *Loi sur les parcs*.

Histoire naturelle Le parc est constitué en grande partie de l'un des éléments naturels les plus impressionnants de la région, c.-à-d. les monts Chic-Chocs (qui font partie des Appalaches). Renommées pour leurs qualités esthétiques et panoramiques, ces montagnes ne sont entrecoupées que par les vallées de la Cap-Chat et de la Sainte-Anne. Les monts Chic-Chocs comptent plusieurs sommets qui se dressent bien au-delà de 900 m, parmi lesquels les plus connus sont les monts Logan, Albert et Jacques-Cartier (1268 m).

La variation d'altitude contribue à une riche végétation, allant de peuplements d'érables parsemés de bouleaux jaunes et d'épinettes blanches aux sapins baumiers et à la toundra alpine sur les sommets les plus élevés. On trouve par ailleurs quelques plantes rares dans le parc. C'est le seul endroit au Québec où se côtoient caribous, orignaux et cerfs de Virginie. L'OMBLE de fontaine est présente partout dans le parc.

Le parc offre une vaste gamme d'activités, de services et d'installations pour toutes les catégories de passionnés de la nature.

Gastéropodes Classe de MOLLUSQUES comptant plusieurs groupes d'animaux semblables à des escargots. On les trouve dans tous les milieux humides, mais la majorité des espèces sont marines. Les gastéropodes possèdent généralement une coquille protectrice spiralée sécrétée par le manteau, un pied musculaire servant à se déplacer, une région céphalique assez bien définie portant deux organes sensoriels et une langue râpeuse couverte de minuscules dents chitineuses (la radula) afin de s'alimenter. La plupart des espèces ont des branchies (ordres des prosobranches et des opisthobranches). Chez les espèces à poumons (ordre des pulmonées), la cavité du manteau forme la surface d'échanges respiratoires. Les escargots terrestres communs (du genre *Helix*) sont comestibles et s'apprêtent avec du beurre à l'ail assaisonné. Parmi les autres espèces comestibles de gastéropodes, on compte les HALIOTIDES et les strombes. Les espèces d'eau douce sont particulièrement abondantes dans la région des Grands Lacs. Sous les latitudes nordiques, où les températures atteignent des extrêmes, le nombre d'espèces est réduit. Les gastéropodes ont un mode d'alimentation varié: ils filtrent, broutent ou s'attaquent à des organismes beaucoup plus grands qu'eux (p. ex., certains nudibranches se nourrissent d'anémones de mer). Les sexes sont généralement séparés, mais des espèces telles que les crépidules (du genre *Crepidula*) peuvent changer de sexe au cours de leur vie: un mâle deviendra mâle-femelle et ensuite femelle.

Peter V. Fankboner

Gatineau, ville du Qc; pop. 100 702 (rec. 1996), 92 284 (rec. 1991); superf. 140,62 km²; const. en 1975; située au confluent de la rivière Gatineau et de la RIVIÈRE DES OUTAOUAIS, et voisine de HULL. Cette ville est le résultat de la fusion de sept municipalités situées à l'est de la rivière Gatineau (Pointe-Gatineau, Touraine, Templeton-Est, Templeton-Est, partie Est, Templeton-Ouest, village de Templeton et Gatineau). Il s'agit de la plus grande municipalité francophone de la région d'Ottawa, et de la cinquième plus grande ville du Québec. La population est en majorité francophone et surtout catholique. Gatineau est maintenant le siège du diocèse de Hull, connu sous le nom de diocèse Gatineau-Hull, depuis son transfert à Gatineau. La ville doit son nom à Nicolas Gastineau, commerçant de fourrures dans la région au XVIIe s.

D'une superficie de plus de 140 km², la ville a connu une croissance impressionnante au cours des 20 dernières années et est en train de devenir un centre urbain. Des bureaux gouvernementaux, comme les ARCHIVES NATIONALES DU CANADA, des édifices à logements et à bureaux, un centre culturel et un campus du Collège de l'Outaouais sont déjà en place au centre-ville. Gatineau possède également un hôpital et un aéroport relié à un vaste parc industriel, que l'on peut atteindre facilement grâce à une autoroute (A-50), qui traverse la ville pour toute sa largeur, la reliant à l'est à la région de Buckingham-Masson-Angers, et à l'ouest, à Hull, à AYLMER et au sud OTTAWA, en Ontario.

Durant la fin de semaine de la fête du Travail, la ville accueille le plus grand rassemblement de montgolfières au Canada, le Festival de montgolfières de Gatineau.

Pierre-Louis Lapointe et Michel Bédard

Gauche au Québec, La Avant les années 60, la gauche «politique» québécoise se retrouve pour l'essentiel soit dans le PARTI COMMUNISTE DU CANADA (PC) où elle constitue une «fraction», soit dans la section provinciale du Parti social démocrate (PSD) qui deviendra plus tard le NOUVEAU PARTI DÉMOCRATIQUE (NPD). La gauche «sociale», elle, milite dans les syndicats, en particulier à la Confédération des travailleurs catholiques du Canada (CTCC), ancêtre de la CSN, qui anime de dures grèves contre les patrons, eux-mêmes soutenus par le gouvernement d'UNION NATIONALE (U.N.) de Maurice DUPLESSIS (*voir* LOI DU «CADENAS»).

Entre ces deux gauches, il n'y a guère de relations. La gauche «sociale» intervient essentiellement sur le terrain des luttes syndicales et populaires, ses actions se situant rarement sur le plan immédiatement politique. La gauche «politique», pour sa part, reprend les revendications traditionnelles du mouvement ouvrier – transformation révolutionnaire de la société pour le P.C., réformes sociales et économiques pour le PSD – sans parvenir à opérer une réelle jonction avec les militants des organisations syndicales et des groupes populaires.

Cette situation va changer au tournant des années 60 avec l'apparition d'une «nouvelle gauche» qui va surgir et se développer sur des bases différentes. Celle-ci naît en effet dans le contexte mondial de la décolonisation. C'est ainsi qu'un nouveau nationalisme s'affirme bruyamment avec, entre autres, la création du Rassemblement pour l'indépendance nationale (RIN), en 1960. D'abord mouvement, le RIN se transforme en parti en 1963 et se présente aux élections de 1966 où ses candidats obtiennent environ 10 p. 100 des suffrages. En 1968, le RIN procédera à son autodissolution au profit du PARTI QUÉBÉCOIS (PQ) créé cette année-là par René LÉVESQUE.

C'est dans ce contexte effervescent qu'à l'automne 1963 un groupe de jeunes écrivains et intellectuels, dont Paul CHAMBERLAND, Pierre Maheu et Jean-Marc Piotte, fondent la revue PARTI PRIS. S'inspirant des théoriciens de la décolonisation et des philosophes marxistes contemporains, celle-ci propose une analyse de la conjoncture québécoise et formule un programme politique que synthétise le triple mot d'ordre: indépendance, socialisme, laïcisme.

Parti pris va donner naissance à un éphémère Mouvement de libération populaire (MLP), animé notamment par Pierre VALLIÈRES, en 1964-1965. Les militants qu'elle influence vont se retrouver par ailleurs soit dans la tendance de gauche du RIN dirigée notamment par Andrée Ferrette et Luc Racine, soit au Parti socialiste du Québec (PSQ), dont Michel CHARTRAND est un dirigeant, soit dans le FRONT DE LIBÉRATION DU QUÉBEC (FLQ), soit encore dans le Front de libération populaire (FLP), groupe d'agitation qui organise de nombreuses manifestations au cours des années qui précèdent immédiatement la CRISE D'OCTOBRE, en 1970.

Toutes ces organisations poursuivent, dans des proportions variables, un double objectif: l'indépendance et le socialisme, associant de manière étroite lutte de libération nationale et révolution sociale. Elles pratiquent toutes des formes d'intervention directe (manifestations, lignes de piquetage, sit-in, etc.) et se méfient de l'action électorale. À l'exception du RIN, qui se maintient pendant huit ans, elles ont toutes une existence éphémère, connaissant, après un début fulgurant et une période d'agitation frénétique, une fin prématurée et souvent mystérieuse.

La crise d'octobre 1970 conclut, d'une certaine manière, la période d'ébullition néonationaliste des années 60 et interpelle la gauche radicale sur un double plan: celui du programme politique et celui de l'organisation.

En ce qui concerne le programme, la liaison de la question nationale et du projet socialiste, incontournable jusque-là, est remise en question. Pour les groupes qui font leur apparition, la révolution prolétarienne doit devenir l'objectif fondamental de la gauche et la lutte contre l'oppression nationale lui est désormais subordonnée. Sur le plan organisationnel, l'action spontanée de naguère est remplacée par un dirigisme d'inspiration léniniste.

La nouvelle extrême gauche incarnée par le journal *En Lutte!*, devenu groupe par la suite et mis sur pied en 1972-1973, ainsi que par la Ligue communiste (marxiste-léniniste) du Canada (LCMLC), fondée à l'automne 1975, est d'orientation fédéraliste et son action emprunte les méthodes classiques du léninisme: agitation, propagande et «entrisme» (que d'autres appellent «noyautage») dans les syndicats et les organisations populaires.

La gauche «sociale», par ailleurs, se radicalise au cours de ces années-là. De longues et dures luttes sont menées sur le terrain, donnant lieu à de nouvelles formes d'action syndicales, tant dans le secteur privé, comme l'illustreront certains conflits majeurs (Canadian Gypsum à Joliette, United Aircraft à Montréal, Québec-Téléphone dans le Bas Saint-Laurent), que dans le secteur public dans le cadre des «fronts communs» des centrales syndicales contre l'État en 1972 et 1976. Ces luttes, souvent spectaculaires, sont inspirées par ce que l'on a appelé le «syndicalisme de combat» et trouveront leur expression idéologique dans les célèbres manifestes publiés par les grandes centrales syndicales: «L'école au service de la classe dominante» de la Centrale de l'enseignement du Québec (CEQ), «Ne comptons que sur nos propres moyens» de la CONFÉDÉRATION DES SYNDICATS NATIONAUX (CSN) et «L'État, rouage de notre exploitation» de la FÉDÉRATION DES TRAVAILLEURS DU QUÉBEC (FTQ). Cette rhétorique militante caractérisera le discours, puis les pratiques syndicales, jusqu'au début des années 80 où elle sera progressivement remplacée par le langage de la «concertation», puis du «partenariat», qui désigne désormais l'action du mouvement ouvrier organisé.

Durant la deuxième moitié des années 70, un nouveau courant se dessine en parallèle avec les groupes gauchistes et se développe, dans une grande mesure, contre eux. Celui-ci propose un socialisme démocratique et révolutionnaire qui s'incarne d'abord dans le Regroupement pour le socialisme (RPS), un réseau de militants syndicaux et politiques ayant pour objectif le «pouvoir populaire», puis dans le Mouvement socialiste (MS), fondé notamment par l'ancien président de la CSN, Marcel PEPIN, et qui défend un programme social-démocrate sans toutefois exclure certaines positions plus radicales.

Au tournant des années 80, une nouvelle conjoncture s'amorce avec la défaite du projet péquiste lors du référendum tenu en mai. Les organisations marxistes-léninistes disparaissent et le nouveau courant porté par le RPS et le MS ne parvient pas à s'imposer, s'évaporant à son tour dans les années qui suivent. Le mouvement syndical connaît une réorientation réformiste, renonçant dans le discours et la pratique au «syndicalisme de combat». Si bien que la gauche dans son ensemble, tant sociale que politique, se retrouve pour ainsi dire en veilleuse, en proie à une longue léthargie à laquelle elle s'efforce d'échapper depuis quelques années.

C'est dans ce contexte plutôt morose qu'est créé de manière spontanée, en 1997, le Rassemblement pour une alternative politique (RAP). Existant jusqu'ici comme mouvement, celui-ci compte se transformer en parti politique. Son grand défi sera de réunir, dans un même cadre organisationnel, la gauche «sociale» – syndicale et populaire – et la gauche «politique» – des groupes militants –, et d'ainsi offrir une véritable alternative aux «vieux» partis sur le terrain de la politique institutionnelle. Ce défi, la gauche québécoise n'a jamais réussi à le relever au cours des dernières décennies ni même durant toute son histoire qui couvre presque tout le XXe siècle. C'est dire l'envergure qu'il a pour la nouvelle génération.

Jacques Pelletier

Gaucher, Yves, peintre et graveur (Montréal, 3 janv. 1934). Depuis le début des années 60, il est l'un des artistes abstraits les plus importants de Montréal. C'est la qualité de ses estampes qui attire d'abord l'attention. Les principes de sa peinture sont déjà apparents dans une série d'estampes, «En Hommage à Webern» (1963), inspirées par une visite à Paris, pendant laquelle il découvre d'ailleurs que ses affinités artistiques recoupent l'art de New York et non pas celui de l'Europe. Bien que son œuvre se développe parallèlement à la technique du champ coloré des peintres américains, ses choix formels sont plus proches de l'esprit de ses contemporains montréalais.

Les surfaces et les formes de Gaucher sont abstraites et réalisées au *hard-edge*, et il ne cesse de répondre aux défis de la composition «relationnelle» en cherchant l'équilibre de composants structuraux (consistant, depuis 1973, en de grands plans colorés de valeurs et d'intensité inégales) pour atteindre un équilibre de surface où pointe une tension. Ses tableaux «Gris sur Gris» (1967-1969), destinés à être vus individuellement, selon leur mouvement basé sur la ligne, et ensemble comme une expérience environnementale de la couleur, constituent l'une des plus remarquables réussites de l'art abstrait.

En simplifiant considérablement, on pourrait dire que le problème majeur de Gaucher a consisté en la synthèse de l'ensemble des expériences de la série des «Gris» en un seul tableau. Il a relevé ce défi avec une égale ampleur et une gamme d'émotions, surtout dans les tableaux «Pâles» qui font leur apparition en 1988-1989. Tout au long de cette expérience, il envisage les problèmes formels comme une métaphore des difficultés existentielles et réaffirme la tradition de la peinture abstraite en tant que recherche éthique et spirituelle. Au milieu des années 90, parallèlement à ses responsabilités d'enseignant à l'U. Concordia à Montréal, Gaucher expose de nouveaux tableaux régulièrement. En 1992, l'Olga Korper Gallery, à Toronto, offre une rare occasion de voir une présentation d'ensemble des tableaux «Gris sur Gris».

Roald Nasgaard

Gaudard, Pierre, journaliste de presse (Marvelise, France, 6 oct. 1927). Il arrive à Montréal en 1952 et acquiert une renommée nationale à la fin des années 60 grâce à un long photo-reportage sur les cols bleus, diffusé et publié par l'Office national du film. En 1972, il se joint au Groupe d'action photographique, dont l'existence est éphémère, et qui cherche à capter la vie des Québécois en milieu urbain et rural. En 1974, la revue *Time* lui commande des photos pour illustrer un article sur le système pénal canadien, travail qui lui vaut une bourse de travail libre du Conseil des arts du Canada et une exposition itinérante de l'ONF, en 1977.

Pierre Gaudard passe l'année 1980 dans son pays d'origine, la France, pour faire de la photographie. Ses images caractérisées par un humour discret teinté d'ironie sont diffusées par l'Office national du film dans différentes régions du Canada.

En 1984, il publie *Retours en France* et, en 1985, il expose ses œuvres au Centre international d'art contemporain de Paris.

Louise Abbott

Gaudreault, Laure, institutrice, syndicaliste et journaliste, (La Malbaie, Qc, 25 oct. 1889—Clermont, Qc, 19 janv. 1975). Gaudreault fréquente l'École normale Laval à Québec et, à 16 ans, en 1906, commence à enseigner dans les écoles de rang de sa région. Elle publie également des articles pour divers périodiques, notamment sur les pénibles conditions de travail des institutrices rurales.

En 1936, après que le gouvernement a gelé les salaires des institutrices rurales, elle mobilise les institutrices de sa région, fonde le premier syndicat d'institutrices et réussit à mettre sur pied la Fédération catholique des institutrices rurales en 1937. À partir de cette date, elle travaille à temps plein pour organiser leurs revendications. Elle obtient le droit à l'arbitrage, ce qui permet aux institutrices d'obtenir de meilleurs salaires annuels et un meilleur plan de pension. Elle publie *La Petite feuille*. À titre de présidente de la Fédération, elle participe à la fusion qui rassemble divers syndicats d'enseignants en 1946: la Corporation générale des instituteurs et institutrices catholiques de la province de Québec (CIC), ancêtre de la présente Centrale de l'enseignement du Québec. De 1946 à 1965, elle participe, à titre de vice-présidente de la CIC, aux principales batailles syndicales des enseignants au Québec.

Micheline Dumont

Gaufres RONGEURS de taille moyenne de la famille des géomyidés. Ils sont solitaires, vivent sous terre et n'hibernent pas. On en compte environ 31 espèces en Amérique du Nord et en Amérique centrale, dont deux au Canada. Le gaufre gris (*Thomomys talpoides*) se rencontre dans le sud du Manitoba, de la Saskatchewan et de l'Alberta et dans le centre sud de la Colombie-Britannique. De plus grande taille, le gaufre brun (*Geomys bursarius*) a une aire de répartition qui s'étend à peine au Canada, soit dans la vallée de la RIVIÈRE ROUGE, au Manitoba.

Description Les gaufres ont un corps trapu, de petits yeux et oreilles, une queue courte et des pattes antérieures munies de grandes griffes recourbées qui servent à creuser. La couleur de leur pelage varie du gris au brun, et leurs poils courts sont orientés dans toutes les directions. Ils transportent leur nourriture ou les matériaux de leur nid dans des abajoues doublées de fourrure qui s'ouvrent vers l'extérieur et qu'ils vident à l'aide de leurs pattes de devant. Leur bouche se ferme derrière leurs dents, qui poussent sans arrêt, ce qui leur permet de récolter de la végétation souterraine et de creuser des réseaux de tunnels dans les PRAIRIES et les prés alpins sans avaler de terre.

Ils construisent des monticules en forme d'éventail, qui sont des sorties de terrier, et qu'ils ferment habituellement au moyen de bouchons de terre ronds. Les gaufres sont des animaux solitaires, sauf durant la courte période de reproduction et au moment où la femelle élève ses petits. Chaque année, elle met au monde 1 ou 2 portées de 2 à 11 petits dans un terrier profond.

Importance biologique Les gaufres sont nuisibles aux récoltes, mais ils aèrent aussi le sol et l'enrichissent d'éléments nutritifs.

J. Mary Taylor

Gauld, Bella Hall, éducatrice syndicale et militante politique (Lindsay, Ont., 31 déc. 1878—Montréal, 21 août 1961). Élevée dans une ferme au Manitoba, elle obtient un diplôme d'enseignement avant d'étudier le piano en Allemagne. À son retour, (1905), elle travaille avec des immigrants allemands près de Brandon et devient membre de l'All People's Mission de J.S. WOODSWORTH à Winnipeg (1911). Sur la recommandation de ce dernier, elle est engagée comme première administratrice des terrains de l'U. de Montréal (1914).

Elle s'inscrit à la Rand School of Social Science (1919) et retourne à Montréal fonder le Collège canadien des travailleurs (1920). Après sa fermeture (1924), elle travaille pour la Women's Labour League, qui finance des camps pour les enfants pauvres. Gauld adhère au PARTI COMMUNISTE DU CANADA (1922) et assume la présidence du bureau de Montréal des Friends of the Soviet Union/Amis de l'Union Soviétique (1926-39). Dans les années 30, elle dirige une soupe populaire et joue du piano lors de collectes de fonds de plusieurs communautés ethniques. Au cours de la Seconde Guerre mondiale, elle est souvent soliste dans les concerts pour la Ligue navale du Canada. Elle demeure active au sein du Parti communiste jusqu'à sa mort.

Margaret E. McCallum

Gaultier, Jean-François, médecin du roi et naturaliste (La Croix-Avranchin, France, 6 oct. 1708—Québec, 10 juill. 1756). Nommé médecin du roi en Nouvelle-France, il arrive à Québec en 1742. Il assume alors les responsabilités médicales et scientifiques de

M. SARRAZIN et devient membre correspondant de l'Académie royale des sciences en 1745.

En 1747, encouragé par LA GALISSONIÈRE, il obtient des commandants du poste qu'ils cueillent pour lui des spécimens de plantes. En 1749, Gaultier et Pehr KALM herborisent autour de Québec et à l'est de la ville, jusqu'aux Éboulements. Kalm baptise le *genus Gautheria* ou PYROLE en l'honneur de Gaultier.

Chaque année, Gaultier expédie des plantes en France. On trouve dans son manuscrit de 1749 une liste de 134 espèces, dont 61 sont décrites par Sarrazin, mais pour lesquelles Gaultier a ajouté des précisions; les 73 autres ne sont pas mentionnées par Sarrazin. Dans son travail, Gaultier se concentre surtout sur les plantes ligneuses et identifie quatre espèces de pins. Il met au point la première station météorologique au Canada et en consigne les données de 1742 à 1756. De plus, il expédie en France des minéraux et des spécimens d'animaux préservés. Toutefois, c'est surtout la botanique et les propriétés médicinales des plantes qui l'intéressent. Son mémoire sur le sirop d'érable (*voir* ACÉRICULTURE) est publié dans les mémoires de l'Académie.

Bernard Boivin

Gauvin, William Henry, ingénieur, professeur et planificateur des politiques scientifiques (Paris, France, 30 mars 1913). Diplômé de l'U. McGill (Ph.D., 1945), il demeure attaché à cette université comme professeur adjoint de génie chimique (1947-1962) et attaché de recherche (1961). Membre du Conseil des gouverneurs de McGill, du Conseil national de recherches (1964-1970) et du Conseil des sciences du Canada (1966-1970), il est aussi plusieurs fois conseiller auprès des gouvernements du Canada et du Québec. Homme d'une énergie et d'un enthousiasme inépuisables, Gauvin est consultant, puis directeur de la division de génie chimique de l'Institut canadien de recherches sur les pâtes et papiers (1951-1961). Ses travaux de recherche avec le Centre de recherche Noranda (1961-1983) sont une source d'inspiration pour certains.

Il publie plus de 150 articles sur l'électrochimie, les transports de matière et de chaleur à haute température, la mécanique des fluides et la technologie des plasmas. De plus, en tant que membre et président d'associations professionnelles au Canada et à l'étranger, il contribue généreusement à l'évolution de la profession de génie chimique. Il est fait Compagnon de l'Ordre du Canada en 1975, et, en 1986, la Société royale du Canada lui remet la Médaille Thomas W. Eadie.

Gauvreau, Claude, écrivain et artiste (Montréal, Qc, 19 août 1925—*ibid.*, 7 juill. 1971). Fils du major Lucien Gauvreau et de Julienne Saint-Mars, il est élevé par sa mère, issue d'une famille d'esprit libéral. Il entreprend un baccalauréat en arts chez les jésuites du collège Sainte-Marie (Montréal), mais se fait renvoyer de l'institution au cours de ses derniers mois d'études pour avoir soutenu que la notion d'enfer est absurde. Il obtient plutôt un baccalauréat en philosophie à l'U. de Montréal en mai 1947. Son frère, Pierre Gauvreau, comédien au Montreal Repertory Theatre de Mario Duliani, danseur à la compagnie de Gérald Crevier et étudiant à l'École des beauxarts, était devenu disciple du peintre Paul-Émile BORDUAS en 1941. Il convainc quelques amis du collège Sainte-Marie et de l'École des beaux-arts de faire partie du groupe que l'on nommera plus tard les AUTOMATISTES.

Claude Gauvreau s'intègre au groupe en 1942: il y participe à titre d'écrivain, d'abord comme dramaturge et poète (vers 1944), puis comme critique (vers 1945). La présentation en 1947 de *Bien-être* et la publication en 1948 de cet «objet dramatique» dans REFUS GLOBAL sont parmi les premiers signes de modernisme dans le théâtre québécois. Son «amour fou» pour l'actrice Muriel Guilbault est l'un des thèmes majeurs de son œuvre. Deux de ses œuvres ont été publiées intégralement de son vivant: les

recueils de poésie intitulés *Brochuges* (1957) et *Sur fil métamorphose*. *Étal mixte*, un recueil préparé en 1968, a été mis de côté en faveur de la publication en un seul volume de ses *Œuvres créatrices complètes* qui ne paraissent qu'en 1977. Au cours des dernières années, certains de ses textes ont été publiés séparément: *Beauté baroque* (un roman), *La Charge de l'orignal épormyable* et *Les Oranges sont vertes* (du théâtre), *Correspondance, 1949-1950, Écrit sur l'art* et *Étal mixte et autres poèmes*. Chez lui, la notion de «langage exploréen» est capitale. Celui-ci doit être systématiquement mis en pièces, réduit à son message essentiel, parfois à un son, une note, une suite de révélations sonores proches de la musique concrète contemporaine.

André G. Bourassa

Gauvreau, Pierre, peintre (Montréal, 23 août 1922). En 1941, alors étudiant à l'École des beaux-arts de Montréal, il découvre le modernisme français dans des magazines qui publient des reproductions d'œuvres. Ses travaux, réalisés sous cette influence, attirent l'attention de Paul-Émile BORDUAS, qui invite Gauvreau à se joindre aux jeunes artistes radicaux et aux intellectuels qui se rencontrent de façon conviviale dans son atelier. Comme eux, Gauvreau et son frère Claude GAUVREAU, qui est poète, s'intéressent à l'aspect surréaliste de l'automatisme comme moyen de libérer la créativité.

En 1943, Gauvreau et d'autres artistes sont invités à exposer avec la Société d'art contemporain, qui encourage la création artistique la plus avant-gardiste au Québec. Gauvreau reste associé à ce cercle et devient membre du groupe connu sous le nom des AUTOMATISTES qui, avec d'autres, publie en 1948 le manifeste du REFUS GLOBAL. Vers le milieu des années 50, Gauvreau utilise dans son travail une imagerie plus libre, plus gestuelle et œuvre aussi pour le nouveau média qu'est alors la télévision en tant qu'écrivain, directeur et producteur. Il arrête de peindre au début des années 60 pour ne recommencer qu'en 1975. Sa production récente perpétue son exploration du geste et de la calligraphie.

Karen Wilkin

Gavazzi, affaire Le 6 juin 1853, Alessandro Gavazzi, un patriote italien récemment débarqué, prononce un discours à l'Église presbytérienne libre, à Québec. Une émeute s'ensuit dont les principaux protagonistes sont des Irlandais catholiques qui réagissent violemment aux attaques de Gavazzi contre le catholicisme. Ce dernier attribue l'échec du mouvement national italien de 1848-1849 à la défection du pape Pie IX et renie le catholicisme. Le 9 juin, il reprend sa diatribe au temple Zion de Montréal. Les policiers n'arrivent pas à maîtriser l'émeute qui en découle et le maire, Charles Wilson, aurait fait appel à un détachement de la garnison locale. Les militaires ouvrent le feu, tuant 10 personnes et en blessant une cinquantaine d'autres. Les émeutes causées par les prédications incendiaires de Gavazzi à Québec et à Montréal illustrent les épisodes de fanatisme religieux qui avaient cours au XIXᵉ siècle.

Philippe Sylvain

Gayford, Thomas, cavalier (Toronto, Ont., 21 nov. 1928). Compétiteur international hors pair, Gayford est membre de l'équipe canadienne de course à obstacles de la fin des années 40 jusqu'au début des années 70, époque où il devient entraîneur de l'équipe. Il représente le Canada pour la première fois aux Jeux olympiques de Helsinki, en 1952, au concours complet. En 1959, il contribue à la conquête de l'or à ces mêmes épreuves, aux Jeux panaméricains. Avec James DAY et James ELDER, il forme l'équipe gagnante de course à obstacles aux Jeux olympiques de Mexico, en 1968. Cette équipe a par la suite remporté de nombreuses épreuves internationales. Gayford est aussi capitaine de l'équipe championne aux Jeux panaméricains de 1971. Il est trois fois champion individuel au saut d'obstacles en hauteur au NY National Horse Show et champion de la course

se à obstacles au concours hippique national (1972). Depuis 1978, il dirige l'équipe nationale de saut.

Barbara Schrodt

Geai Oiseau de taille moyenne appartenant à la famille des corvidés (*voir* CORNEILLE). Plusieurs espèces ont une huppe et arborent des couleurs éclatantes.

Répartition et habitat On reconnaît plus de 45 espèces de geais parmi lesquelles trois nichent au Canada: le geai bleu (*Cyanocitta cristata*), le geai de Steller (*C. stelleri*) et le mésangeai du Canada (*Perisoreus canadensis*). Toutes ces espèces vivent de façon permanente au pays. Le mésangeai du Canada se reproduit depuis le nord du Yukon jusqu'à TerreNeuve, mais il est généralement absent du sud-est de l'Alberta, du sud de la Saskatchewan et du sud-ouest du Manitoba. Le geai bleu habite les provinces du centre des Prairies et, vers le sud, de l'Ontario jusqu'à Terre-Neuve. Le geai de Steller niche exclusivement dans l'ouest et le sud-est de la Colombie-Britannique ainsi que dans le sud-ouest de l'Alberta.

Les geais sont essentiellement forestiers et fréquentent les forêts de conifères et mixtes. Ils nichent habituellement dans les conifères et leur couvée compte de deux à six œufs. Le geai bleu est aussi très commun dans les grands arbres qui poussent en milieu urbain.

Régime alimentaire Les geais sont omnivores et ils se nourrissent de fruits variés, d'insectes et de grains. Ils ont l'habitude de cacher de la nourriture dans les fissures des arbres. Les scientifiques croient que ce comportement leur permet de s'assurer des réserves constantes de nourriture.

Lorraine G. D'agincourt

Gee, Fred Melsom Edward, imprésario (Cardiff, pays de Galles, 21 juill. 1882—Winnipeg, 8 juin 1947). Immigré au Canada en 1902, Gee travaille surtout comme organiste d'église, accompagnateur et professeur à Winnipeg. Encouragé par le succès que remportent les concerts de musiciens réputés qu'il présente à l'occasion, il décide de se faire imprésario. En 1927, il lance la Celebrity Concert Series, véritable parade de musiciens étoiles qui, jusqu'à la mort de Gee, enchanteront les grands auditoires de Winnipeg. En 1938, la série compte 3500 abonnés et passe pour la plus importante en Amérique du Nord. Il étend son entreprise à Brandon, Regina, Saskatoon, Calgary et Edmonton. Après sa mort, son fils aîné Arthur K. Gee gère l'organisation de concerts jusqu'au 1968.

Barclay McMillan

Gélinas, Gratien, homme de théâtre (Saint-Tite, Qc, 8 déc. 1909—16 mars 1999). Acteur, metteur en scène, producteur, dramaturge, cinéaste, scripteur pour la télévision et traducteur-adaptateur (*Rita Joe*, de George Ryga, 1969), Gélinas a donné ses bases au théâtre québécois contemporain. En 1937, il crée à la radio le personnage et les monologues de Fridolin, gamin montréalais déluré et malicieux, à partir desquels se conjuguent, se développent les revues annuelles *Fridolinons* (1938-1946), publiées sous le titre de *Fridolinades* à partir de 1980 (4 vol.). Ces spectacles professionnels, à la fois légers et engagés (contre la misère, la guerre), sont composés de musique, danse, mime, chansons, tableaux burlesques, saynètes réalistes, parodies de la vie sociale et de ses représentations.

Tit-Coq (1948), drame en trois actes né des *Fridolinades*, est l'histoire d'un conscrit en chômage, d'un militaire exilé en Angleterre et jamais vraiment rapatrié, d'un bâtard qui refuse d'engendrer d'autres bâtards. Sa rage solitaire, impuissante, contraste avec la chaleur et les couleurs d'une famille canadiennefrançaise campagnarde où il séjourne, où il aime. *TitCoq* triompha partout au Canada, malgré son échec à Broadway. *Un simple militaire*, de Marcel DUBÉ, s'en inspire. *Bousille et les justes* (1959) est plus forte et plus complexe que *Tit-Coq*. Bousille, orphelin un peu demeuré, sert de domestique et de bouc émissaire à une famille d'entrepreneurs véreux, hypocrites, représentants typiques des parvenus choyés par le régime de Maurice DUPLESSIS. *Hier, les enfants dansaient* (1966) est une étude plutôt conventionnelle des tensions familiales provoquées par le débat politique entre Ottawa et Québec, l'indépendantisme et le fédéralisme. *La Passion de Narcisse Mondoux* (1987) est une décevante enfilade de jeux de mots sur la vieillesse et l'amour.

Gélinas travailla à l'occasion pour le Festival de Stratford et pour la télévision. Il fonda en 1957 et dirigea jusqu'en 1976 la Comédie-Canadienne. Il présida la Société de développement de l'industrie cinématographique canadienne (1969-1978). Ecrivain scénique polyvalent, il a travaillé à l'intérieur d'une tradition culturelle populaire tout en la transformant. Une de ses arrière-petites-filles, Anne-Marie Sicotte, a publié une biographie utile de *Gratien Gélinas. La Ferveur et le doute* (2 vol., 1995, 1996).

Laurent Mailhot

Gélinottes, lagopèdes et tétras Oiseaux de la sous-famille des tétraoninés, qui regroupent 18 espèces d'oiseaux quelque peu semblables à des poules, réparties dans l'hémisphère nord, au-delà du 26e parallèle. Cette sous-famille comprend les gélinottes, les LAGOPÈDES et les tétras. Selon les espèces, leur poids varie de 340 à 6360 g.

Répartition Des 10 espèces nord-américaines, 9 nichent au Canada: le tétras sombre (*Dendragapus obscurus*), le tétras du Canada (*Falcipennis canadensis*), la Gélinotte huppée (*Bonasa umbellus*), le tétras à queue fine (*Tympanuchus phasianellus*), le tétras des armoises (*Centrocercus urophasianus*), le tétras des prairies (*T. cupido*), aujourd'hui disparu du Canada, et trois espèces de lagopèdes. On les rencontre dans les forêts, la toundra ainsi que dans les prairies en Amérique du Nord.

Description Les adultes ont un plumage brun, gris et noir sur le dessus du corps et plutôt pâle ou blanc en dessous, qui leur permet de se camoufler aisément. Le plumage subit de nombreuses modifications associées au comportement de parade. P. ex., les plumes de la queue sont courbées ou dressées en pointe, les oiseaux portent de longues plumes autour du cou, ces plumes forment un collier, et les rémiges primaires se hérissent en pointe. Toutes les espèces ont des pattes entièrement ou partiellement emplumées. Chez les espèces dont les doigts ne sont pas emplumés on retrouve, sur le bord des doigts, deux rangées d'écailles étroites semblables aux dents d'un peigne, qui servent en quelque sorte de raquettes à neige. Les narines sont recouvertes de plumes.

Pendant la saison de reproduction, les mâles se livrent, seuls ou en groupe (leks), à des parades élaborées au cours desquelles ils se pavanent, battent bruyamment des ailes et émettent parfois des vocalises. Certaines espèces ont, au-dessus des yeux, une excroissance érectile rouge ou jaune et, sur le cou, des parties de peau nue et colorée qu'ils mettent en évidence en gonflant leur œsophage.

Relations avec les humains Les gélinottes, les lagopèdes et les tétras sont chassés annuellement par plus de 10 millions de chasseurs (*voir* GIBIERS À PLUME). La gélinotte huppée est l'espèce la plus convoitée.

S.D. MacDonald

Gellman, Steven, compositeur et pianiste (Toronto, 16 sept. 1947). Après de premières études comme élève de Samuel Dolin à Toronto, Gellman attire l'attention en 1964 comme soliste lors de son concerto pour piano avec l'Orchestre symphonique de Radio-Canada et en tant que premier lauréat du BMI Award pour étudiants en composition. Il poursuit ses études avec Berio, Persichetti et Sessions à la Juilliard School (1965-1968), avec Milhaud à Aspen, au Colorado (1965-1966), et avec Messiaen au Conservatoire de Paris (1973-1976). Il enseigne à l'U. d'Ottawa depuis 1976.

La musique de Gellman a des sonorités évocatrices et colorées, parfois d'une humeur contemplati-

ve d'inspiration orientale «à la louange du transcendantal». Ses œuvres comprennent des commandes du Festival de musique de Stratford (*Mythos II*, 1968), de Radio-Canada (*Symphony in Two Movements*, 1971; *Symphony II*, 1972; *Chori*, 1974; *Musica Eterna*, 1991; *Child Play*, 1992), de l'Orchestre philharmonique de Hamilton (*Odyssey*, 1971; *The Bride's Reception*, 1983), du Festival de Besançon (*Deux Tapisseries*, 1978), de l'U. McGill (*Trikaya*, 1981), de l'Orchestre symphonique de Toronto (*Awakening*, 1982; *Universe Symphony*, 1985), des pianistes Angela HEWITT (*Fantasia on a theme of Robert Schumann*, 1983), Jon Kimura PARKER (*Keyboard Triptych*, 1986) et Christina Petrowska (*Piano Concerto*, 1989), de l'Ensemble Pierrot (*Chiaroscuro*, 1988), des Cantata Singers of Ottawa (*Canticles*, 1989) et de l'Opera Lyra (*Gianni*, 1997).

Patrick Cardy

Gellner, John, écrivain et journaliste (Trieste, Italie, 18 mai 1907). Diplômé de l'U. Masaryk à Brno en Tchécoslovaquie, où il pratique le droit jusqu'en 1939, Gellner sert dans l'Aviation royale du Canada de 1940 jusqu'à ce qu'il prenne sa retraite comme lieutenant-colonel d'aviation en 1958, pour devenir journaliste indépendant. Ses souvenirs amers de la Seconde Guerre mondiale le mènent à étudier l'histoire et les rapports de forces internationaux, ce qui le convainc que seule la force a toujours préservé les nations contre la guerre. Il exerce aussi beaucoup d'influence sur la politique de défense des libéraux au début des années 60.

Il publie notamment *The Czechs and Slovaks in Canada* (1968), *Canada in NATO* (1970) et *Bayonets in the Streets* (1974), ainsi que des centaines d'articles sur la défense et sur les relations internationales. Il est professeur de science politique à l'U. York de 1972 à 1982, rédacteur en chef du *Canadian Defence Quarterly* de 1971 à 1987 et membre du conseil d'administration de l'Institut canadien des affaires internationales, de l'Institut canadien des études stratégiques et de l'Institut international d'études stratégiques (Royaume-Uni). Il est nommé Membre de l'Ordre du Canada en 1983.

Norman Hillmer

Gendarmerie royale du Canada Dotée d'un effectif de plus de 20 000 personnes, la Gendarmerie royale du Canada (GRC) est le corps de police national qui assure le maintien de l'ordre dans toutes les provinces, sauf en Ontario et au Québec, et dans les territoires. La GRC maintient huit laboratoires judiciaires, le Centre d'information de la police canadienne à Ottawa et le Collège canadien de police, situé à Regina. Elle possède aussi une importante section de la marine, dotée d'une flotte de bateaux de patrouille et une section de l'aviation qui possède un parc d'avions et d'hélicoptères de divers modèles. Des agents de liaison de la GRC sont en poste dans 27 capitales étrangères. Ce corps policier imposant et complexe a des débuts modestes et n'est censé être que temporaire. Vers la fin des années 1860, le gouvernement du Canada, qui négocie l'acquisition de la TERRE DE RUPERT, doit envisager des moyens d'administrer pacifiquement ce vaste territoire. La Compagnie de la baie d'Hudson en est maître depuis près de deux siècles et il n'y a pas de graves frictions entre les commerçants de fourrures et les autochtones. La compagnie ne tente aucunement de gouverner la population autochtone.

L'assujettissement du territoire à l'autorité du gouvernement du Canada vient perturber systématiquement le mode de vie des autochtones pour la première fois. Des milliers de colons arrivent pour occuper les terres où les Cris et les Pieds-Noirs chassent le bison sans entrave. Si les choses tournent mal, les tensions créées peuvent entraîner des guerres semblables à celles que connaît l'ouest des États-Unis. Sans compter les pertes de vie de part et d'autre, le gouvernement canadien ne peut envisager les dépenses qu'entraînerait une grande guerre contre les Amérindiens, qui pourrait facilement mettre le pays

en faillite. Le gouvernement canadien craint aussi que des actes de violence dans les nouveaux territoires ne fournissent aux expansionnistes des États-Unis le prétexte à une invasion.

Le Canada des années 1870, comme la plupart des pays dont le système juridique est fondé sur la *Common Law* britannique, n'a pas beaucoup de corps policiers. Les grandes villes ont des services de police locaux rudimentaires. Les petites villes et les campagnes n'ont pas de police du tout. Dans ces régions, le maintien de l'ordre public est assuré par les tribunaux, que les forces armées viennent appuyer en cas d'urgence.

Cependant, le gouvernement britannique a déjà acquis, en Inde et en Irlande, une certaine expérience dans l'utilisation de corps policiers centralisés, et ceux-ci sont d'une efficacité indiscutable. Le premier ministre du Canada, sir John A. MACDONALD, adopte donc au Canada le modèle de la Royal Irish Constabulary. Le corps policier des Territoires du Nord-Ouest est censé être une organisation temporaire chargée de maintenir l'ordre pendant les premières années difficiles de la colonisation qui disparaîtra après avoir accompli sa mission. En 1869, William MCDOUGALL, envoyé à titre de premier lieutenant-gouverneur canadien des Territoires du Nord-Ouest, est porteur de directives prescrivant l'organisation d'un corps de police dirigé par le capitaine D.R. Cameron et dont la moitié de l'effectif sera composé de Métis de la région. Ce projet doit être abandonné lorsque la RÉBELLION DE LA RIVIÈRE ROUGE (1869-1870) aboutit à la création de la province du Manitoba, car l'application des lois est un domaine de compétence provinciale selon l'ACTE DE L'AMÉRIQUE DU NORD BRITANNIQUE.

L'idée d'un corps de police ne réapparaît qu'en 1873, au moment où Ottawa établit une structure administrative pour le reste des territoires. Le Parlement adopte en mai une loi constituant un corps de police, et 150 recrues sont envoyées en août pour passer l'hiver au Fort Garry. Le printemps suivant, 150 autres s'y ajoutent. Le nouveau corps de police, plus tard appelé la POLICE À CHEVAL DU NORD-OUEST, est structuré à la manière d'un régiment de cavalerie et est armé de pistolets, de carabines et de quelques pièces d'artillerie légère. Plusieurs rapports sur la situation des Territoires du Nord-Ouest insistent sur l'importance symbolique que revêt pour les Amérindiens l'uniforme traditionnel de l'armée britannique. Les policiers portent donc une tunique écarlate et un pantalon bleu. Le commandant reçoit le titre de commissaire.

L'organigramme comprend un commissaire adjoint et deux grades d'officiers: surintendant et inspecteur. Les sous-officiers ont les grades de sergent d'état-major, de sergent, de caporal et d'agent de sûreté. Les officiers brevetés sont dotés des pouvoirs judiciaires des juges de paix. Le premier commissaire est le lieutenant-colonel George Arthur FRENCH, commandant de l'école d'artillerie de la Force permanente (Kingston, Ontario).

Le 8 juillet 1874, les 300 membres de la Police à cheval partent de Dufferin (Manitoba) pour aller vers l'ouest. Ils se dirigent vers ce qui forme actuellement le sud de l'Alberta, car on sait que des commerçants de whisky du Montana font des affaires chez les Pieds-Noirs. En juin de l'année précédente, lors d'un grave incident, plusieurs Assiniboines ont été massacrés par des Blancs à un poste de traite des monts Cypress. Après une marche épuisante de plus de deux mois, le corps de police découvre à son arrivée que la plupart des commerçants se sont enfuis, et les Pieds-Noirs sondent presque immédiatement ses intentions en lui signalant les activités de certains des commerçants de whisky qui restent. L'arrestation et la condamnation immédiates des commerçants plaisent au chef CROWFOOT et l'amènent à avoir de bonnes relations avec la police. Le commissaire adjoint James F. MACLEOD et 150 hommes construisent un poste permanent à FORT MACLEOD. L'autre moitié du corps est envoyé à Fort Edmonton, et le reste de la troupe, sous la conduite du commissaire, retourne l'est, à Fort Ellice (près de St-Lazare au Manitoba), où la direction générale de la Police à cheval est établie.

L'été suivant est marqué par l'établissement de FORT CALGARY sur la rivière Bow et de FORT WALSH dans les monts Cypress. En 1876, un autre poste important est construit à Battleford. Tel est le début du réseau de postes et de patrouilles, qui est élargi chaque année jusqu'à ce qu'il couvre tous les territoires.

Pendant la quinzaine d'années qui suit, la Police à cheval s'applique à nouer des relations étroites avec les Amérindiens. Elle contribue à les préparer à la négociation de traités et à la médiation des conflits avec les rares colons. Son succès se manifeste par la signature de traités couvrant la majeure partie du Sud des Prairies en 1876 et 1877 (*voir* TRAITÉS INDIENS), par le fait que la police n'a que rarement à effectuer des interventions armées avant 1885 et par le petit nombre d'Amérindiens qui participent à la RÉBELLION DU NORD-OUEST cette année-là. Au début des années 1880, par suite de l'agitation croissante suscitée par la disparition du bison et les mauvaises récoltes dans la vallée de la Saskatchewan, l'effectif est porté à 500 hommes en 1882. Toutefois, cela ne suffit pas à la police pour faire face à ses responsabilités croissantes. La construction du chemin de fer du CP amène la police à jouer un rôle limité dans le sud de la Colombie-Britannique ainsi que dans les Prairies. Le corps de police est particulièrement préoccupé par la situation dans la vallée de la Saskatchewan et avertit Ottawa que des troubles sérieux sont inévitables si l'on ne répond pas aux doléances des gens. Il n'est pas tenu compte de ces avertissements, et la rébellion éclate, avec des conséquences tragiques. Le gouvernement augmente enfin l'effectif de la Police à cheval du Nord-Ouest, le portant à 1000 hommes, et nomme un nouveau commissaire, Lawrence W. Herchmer, qui est chargé de moderniser le corps.

Herchmer améliore la formation et établit une méthode plus systématique de prévention des actes criminels, préparant ainsi la police à faire face à la forte augmentation de la colonisation après 1885. À mesure que les souvenirs de la rébellion s'estompent, les critiques s'élèvent: au Parlement, l'opposition rappelle au gouvernement que la Police à cheval est censée être dissoute une fois que les dangers d'agitation dans l'Ouest auront disparu. L'abolition de la Police à cheval paraît certaine lorsque les libéraux de Wilfrid Laurier sont élus en 1896, car leur programme électoral en prévoit expressément la dissolution.

Une fois au pouvoir, les libéraux ne tardent pas à constater que l'Ouest s'oppose fortement à leur projet. Le meurtre du sergent C.C. Colebrook par ALMIGHTY VOICE en 1895, événement qui fait beaucoup de bruit, puis la chasse à l'homme qui dure plus d'une année font renaître la crainte d'un soulèvement général des Amérindiens.

Au milieu des années 1890, la Police à cheval commence aussi à s'établir plus au nord. Des rumeurs de découvertes d'or au Yukon incitent le gouvernement à envoyer l'inspecteur Charles CONSTANTINE faire un rapport sur la situation dans cette région éloignée. Les recommandations de l'inspecteur amènent 20 policiers supplémentaires au Yukon en 1895. Ce petit groupe suffit à peine pour faire face à la grande ruée vers l'or qui commence lorsque le monde extérieur apprend la nouvelle d'importantes découvertes en 1896. En 1899, le nombre de policiers à cheval stationnés au Yukon atteint 250. Grâce à leur présence, la RUÉE VERS L'OR DU KLONDIKE est celle où l'ordre est le mieux maintenu dans l'histoire. Une stricte application des règlements empêche beaucoup de prospecteurs mal préparés de mourir de faim ou de froid.

En 1900, la ruée vers l'or est terminée, et la police commence à s'occuper de gérer d'autres régions du Nord. En 1903, le premier poste de la Police à cheval au nord du cercle polaire est établi à Fort McPherson, puis le corps policier commence la même année à percevoir des droits de douane des baleiniers à l'île Herschel, dans la mer de Beaufort. En même temps, un détachement dirigé par le surintendant J.D. Moodie construit un poste au cap Fullerton, sur la rive ouest de la baie d'Hudson. La présence policière dans l'Arctique s'accroît régulièrement après ces débuts, surtout après que la goélette *St. Roch* commence à être utilisée par un détachement maritime dans les îles de l'Arctique pendant les années 20.

Au début du XXᵉ siècle, tous admettent tacitement que la Police à cheval est devenue permanente. En 1904, elle est rebaptisée Royale gendarmerie à cheval du Nord-Ouest, ayant obtenu le titre de «Royale» en reconnaissance du service distingué fourni par beaucoup de ses hommes pendant la GUERRE DES BOERS. Lorsque les nouvelles provinces de l'Alberta et de la Saskatchewan sont créées en 1905, les services de la gendarmerie à cheval leur sont loués, en quelque sorte: elles concluent des ententes en vertu desquelles ce corps policier devient leur police provinciale.

L'arrangement donne de bons résultats jusqu'à la Première Guerre mondiale. La guerre entraîne une grave pénurie d'effectifs et oblige le corps policier à assumer de nouvelles fonctions dans les domaines de la sécurité et du renseignement. Lorsque l'Alberta et la Saskatchewan décident d'adopter la PROHIBITION en 1917, le commissaire A. Bowen PERRY, jugeant les nouvelles lois sur l'alcool impossibles à appliquer, résilie les contrats. Pendant la quinzaine d'années qui suit, ces deux provinces maintiennent leurs propres corps de police provinciaux.

Lorsque les besoins en sécurité diminuent à la fin de la guerre en 1918, l'avenir de la gendarmerie à cheval est très incertain. Vers la fin de l'année, le président du Conseil privé, N.W. ROWELL, fait une tournée de l'Ouest canadien pour sonder l'opinion sur ce qu'il faut faire de la RGCNO. En mai 1919, il propose au Cabinet que la gendarmerie soit absorbée par l'armée ou élargie pour devenir un corps de police national. Le gouvernement choisit la deuxième possibilité. En novembre 1919, on adopte une loi fusionnant la RGNCO et la POLICE DU DOMINION, constituée en 1868 pour garder les édifices gouvernementaux et appliquer les lois fédérales. Lorsque la loi entre en vigueur le 1ᵉʳ février 1920, le corps policier prend le nom de Gendarmerie royale du Canada, et sa direction générale est transférée de Regina à Ottawa. Pendant les années 20, ses principales fonctions sont l'application des lois sur les stupéfiants et les activités de sécurité et de renseignement. Elle exerce ces dernières en raison de la crainte de menées subversives qui s'est répandue parmi la population à la suite de la révolution russe de 1917 et de la GRÈVE GÉNÉRALE DE WINNIPEG en 1919. En 1928, la Saskatchewan renégocie une entente de maintien de l'ordre dans la province avec la GRC, qui recommence ainsi à exercer des fonctions policières plus normales.

En août 1931, le major général sir James H. MACBRIEN devient commissaire, et les sept années à la direction de la GRC sont une période de changements rapides. La Gendarmerie double presque ses effectifs, qui passent de 1350 à 2350 hommes. Elle devient le corps de police provinciale de l'Alberta, du Manitoba, du Nouveau-Brunswick, de la Nouvelle-Écosse et de l'Île-du-Prince-Édouard et prend en charge le Service de répression du ministère du Revenu national. Avant de mourir en 1938 dans l'exercice de ses fonctions, MacBrien met en place une politique prévoyant l'envoi chaque année de plusieurs membres de la GRC dans les universités, afin de suivre une formation avancée. Il ouvre le premier laboratoire judiciaire à Regina et organise la section

de l'aviation. Une force de réserve de la GRC est constituée en 1937 en prévision de la guerre, qui impose de lourdes obligations au corps de police. Au début de la Seconde Guerre mondiale, la GRC a des plans détaillés visant à protéger les installations stratégiques, et aucun acte de sabotage n'a effectivement lieu. Les sympathisants nazis sont capturés et internés (*voir* INTERNEMENT). Malgré des soupçons d'espionnage soviétique, toutefois, la GRC est aussi surprise que la plupart des Canadiens par les révélations d'Igor GOUZENKO en 1945.

En raison des tensions internationales accrues de l'époque de la GUERRE FROIDE qui commencent à se manifester au moment de l'affaire Gouzenko, les activités de sécurité et de renseignement continuent d'être une préoccupation majeure de la GRC. Ces activités n'attirent pas l'attention de la population jusqu'au milieu des années 60, au moment où l'on découvre qu'un commis des postes de Vancouver, George Victor Spencer, recueille des renseignements pour le compte de l'URSS. Le consensus tacite du milieu politique selon lequel les questions de sécurité ne doivent pas faire l'objet de débats publics est rompu lorsque l'opposition conservatrice de John Diefenbaker accuse le gouvernement Pearson d'avoir mal géré l'affaire.

Les libéraux répliquent en divulguant les détails d'un scandale impliquant une Allemande du nom de Gerda Munsinger, qui avait avec certains ministres du Cabinet conservateur et avec des agents d'espionnage soviétiques des liens apparemment tus par l'ancien gouvernement Diefenbaker. À la suite de ces affaires, la Commission royale d'enquête sur la sécurité est constituée en 1966 et présente son rapport en 1968, mais sa recommandation voulant qu'un organisme civil de renseignements remplace la GRC est rejetée par le nouveau premier ministre Pierre Trudeau.

En 1969, on note que la montée du séparatisme au Québec fait prendre un tournant majeur aux activités de sécurité et de renseignement: on se préoccupe alors davantage d'une présumée menace intérieure que des menaces étrangères. La CRISE D'OCTOBRE (1970), marquée par l'enlèvement de James Cross et le meurtre de Pierre LAPORTE, donne un énorme élan aux opérations d'infiltration anti-séparatistes au Québec.

On découvre par la suite que la GRC s'est adonnée à des activités illégales comme l'incendie d'une grange et le vol d'une liste des membres du Parti québécois. Ces révélations soulèvent des questions fondamentales sur le rôle de la police au pays. Y a-t-il des situations où les policiers peuvent enfreindre la loi? S'ils le font, quelle est l'instance ultime qui doit répondre de leurs actes? Afin de répondre à ces questions, la COMMISSION D'ENQUÊTE SUR CERTAINES ACTIVITÉS DE LA GENDARMERIE ROYALE DU CANADA est constituée sous la présidence du juge David McDonald. À son tour, cette commission recommande que les activités de renseignements soient transférées de la GRC à un organisme civil. Une loi créant cet organisme, appelé SERVICE CANADIEN DU RENSEIGNEMENT DE SÉCURITÉ (SCRS), est proclamée le 1ᵉʳ juillet 1984. Toutefois, le SCRS est aux prises avec des problèmes pendant ses trois premières années d'existence parce que sa nature est mal définie, et le gouvernement conservateur annonce à la fin 1987 que son mandat sera modifié.

Pendant l'après-guerre, la GRC continue aussi d'élargir ses activités en tant que corps de police provincial. En 1950, elle assume les activités policières provinciales de Terre-Neuve et absorbe la police provinciale de la Colombie-Britannique. C'est en 1959 qu'a lieu le plus grave conflit au sujet du partage fédéral-provincial des compétences relatives à la GRC: une grève des bûcherons à Terre-Neuve amène le surintendant provincial de la GRC à demander au procureur général de la province de réclamer à Ottawa un renfort de 50 hommes. Le ministre de la

Justice, E. Davie FULTON, refuse, et le commissaire L.H. Nicholson démissionne en guise de protestation. La question de savoir quel ordre de gouvernement dirige la GRC dans une situation donnée demeure sans réponse et provoque des tensions entre les gouvernements fédéral et provinciaux. Ces derniers menacent à bon nombre d'occasions de résilier leur contrat avec la GRC pour constituer un corps de police provincial.

Depuis 1945, trois domaines d'enquête criminelle constituent une part importante et grandissante du travail de la GRC: le CRIME ORGANISÉ, les stupéfiants et les FRAUDES commerciales. Les deux premiers sont étroitement liés, et des signes de plus en plus évidents, depuis la fin des années 40, indiquent que le trafic illégal des drogues est contrôlé par des filiales canadiennes des associations ou «familles» criminelles des États-Unis. En 1961, la GRC constitue partout au Canada des unités afin de recueillir des renseignements sur le crime organisé et améliorer la collaboration avec d'autres corps policiers. Par ailleurs, le nombre croissant de faillites frauduleuses et de fraudes en valeurs mobilières incite la GRC à constituer dès 1966 des sections de lutte contre les fraudes commerciales, dont le personnel a acquis une formation spéciale.

Depuis 1886, toutes les recrues de la GRC ont acquis leur formation de base à la Division «Dépôt», à Regina. De nos jours, le cours dure six mois et porte sur divers sujets allant des éléments de droit criminel à la conduite automobile et au tir. La Division «Dépôt» donne aussi des cours à l'intention des agents responsables de l'application des règlements de pêche, du personnel des services correctionnels, des gendarmes spéciaux autochtones et des services de police amérindiens. Depuis 1974, la GRC recrute des femmes, qui suivent la même formation que les hommes et qui, une fois diplômées, sont affectées aux mêmes fonctions et se trouvent sur un pied d'égalité: elles peuvent aussi bien se trouver dans des localités éloignées du Nord ou faire de la patrouille routière qu'occuper des emplois de bureau.

Dès ses premières années d'existence, la Police à cheval, puis la Gendarmerie, inspire les écrivains: depuis un siècle, des centaines de romans, de récits et de films, dont les auteurs sont surtout américains et britanniques, imposent l'image de l'agent de police intrépide et infaillible.

Le gouvernement canadien comprend l'utilité de cette image dès les années 1880: l'agent de police à tunique écarlate commence alors à figurer sur les brochures canadiennes d'immigration, puis dans la publicité touristique. Les agents eux-mêmes reconnaissent depuis toujours l'importance de bonnes relations publiques, éveillent l'intérêt du grand public. Les anciens exercices d'équitation donnent rapidement naissance aux spectacles publics d'habileté équestre avec accompagnement musical. L'origine du fameux Carrousel de la GRC remonte aux années 1870. Bien que l'entraînement à l'équitation, autrefois obligatoire pour toutes les recrues, ait cessé de l'être depuis longtemps, le Carrousel demeure une attraction publique extrêmement populaire au Canada et ailleurs. L'importance symbolique de la «police montée» contribue peut-être à expliquer pourquoi la GRC conserve sa popularité malgré la mauvaise publicité des dernières années.

R.C. MacLeod

Généalogie La généalogie est l'étude de l'histoire d'une famille comprenant habituellement un arbre généalogique accompagné d'un récit historique. La généalogie, comme l'HÉRALDIQUE, était traditionnellement réservée aux érudits, aux gens à l'aise et à la noblesse, mais ce passe-temps connaît une expansion phénoménale depuis les années 60. Les célébrations du CENTENAIRE en 1967 et le célèbre roman *Racines* (1976), d'Alex Haley, adapté ensuite pour la télévision, éveillent l'intérêt du grand public. Toutefois, des pionniers de la généalogie canadienne comme Cyprien Tanguay (1819-1902), Edward Marion Chadwick (1840-1921), Placide Gaudet

(1850-1930), Pierre-Georges Roy (1870-1953) et William D. Reid (1905-1969) étudiaient les lignées de nos ancêtres bien avant que ce loisir devienne populaire. Aujourd'hui, de plus en plus de Canadiens ont le temps et les moyens d'entreprendre une recherche de leurs origines.

Le chercheur qui entreprend une étude généalogique commence par prendre note de tout ce qu'il sait sur sa famille immédiate. Il y ajoute les renseignements obtenus oralement des membres âgés de sa parenté. Pour confirmer ces souvenirs, il peut consulter des lettres, des actes notariés, des journaux intimes et de vieilles photos. Lorsqu'il a épuisé ces sources, il doit recourir aux fonds des archives publiques, aux bibliothèques, aux organismes gouvernementaux et à d'autres sources de renseignements. Ces dépôts d'archives sont des mines de renseignements étonnantes: registres paroissiaux, journaux, plans de cimetière, recensements, rôles d'évaluation, testaments, revues et monographies historiques, listes de passagers, pétitions, cartes et atlas, statistiques de l'état civil, documents de naturalisation, revendications territoriales des autochtones et autres.

Manuels de généalogie et autres ressources Une foule de manuels, revues et bulletins généalogiques peuvent aider les débutants. Un très bon manuel élémentaire, le *Guide des sources généalogiques au Canada* (12e éd., 1996, rév., par Lorraine Saint-Louis-Harrison et Mary Munk), est diffusé par les ARCHIVES NATIONALES DU CANADA. Chaque province a au moins une société généalogique qui diffuse des publications ou donne des cours, des ateliers et des conférences sur l'art de retrouver ses ancêtres. Des associations spécialisées peuvent parfois fournir des renseignements utiles.

Une autre option, si l'on hésite à entreprendre cette recherche, consiste à faire appel à un généalogiste professionnel. L'amateur peut aussi avoir besoin d'engager à l'occasion un expert canadien ou étranger pour surmonter certaines difficultés (p. ex., consultation de registres écrits dans une langue étrangère), mais la plupart tirent plus de satisfaction à retracer eux-mêmes leur ascendance. On peut mener une recherche sans payer des honoraires élevés ou faire de longs voyages. Les bibliothèques publiques locales peuvent souvent emprunter à d'autres bibliothèques ou aux archives les livres et microfilms nécessaires. D'autres ressources se trouvent dans les bibliothèques des universités et les centres d'histoire familiale de l'Église mormone; dans ces centres, situés à Salt Lake City (Utah), on peut consulter sur microfiches ou sous forme électronique la plus grande collection généalogique du monde. Une grande variété de sources utiles est aussi accessible dans Internet.

Préservation des découvertes Une fois les données recueillies, il est important de les préserver pour la postérité. Idéalement, une généalogie ne devrait pas se limiter à l'arbre généalogique, mais inclure aussi une histoire de famille documentée. Certains généalogistes y ajoutent des illustrations. D'autres publient même leurs travaux. Si modeste qu'en soit le contenu ou la présentation, il vaut la peine d'en distribuer des exemplaires à des parents, à des bibliothèques ou à des services d'archives pour que d'autres chercheurs en bénéficient et diffusent leurs travaux à leur tour. Certains généalogistes donnent maintenant accès à leurs récentes découvertes au moyen de leur page d'accueil du *Web* pour que d'autres chercheurs du monde entier puissent consulter ces renseignements instantanément.

La généalogie est un loisir captivant auquel on peut s'adonner toute sa vie. Chaque recherche, chaque famille possède sa propre histoire. La patience et le flair du chercheur sont souvent mis à l'épreuve, mais un généalogiste curieux et ingénieux est rarement déçu. La recherche de son histoire familiale lui permet de nouer un lien personnel avec le pas-

sé et rehausse la conscience de son identité personnelle.

John D. Blackwell et Laurie C.C. Stanley

General Motors du Canada Limitée La compagnie General Motors du Canada Limitée est un important constructeur et distributeur d'automobiles et de camions dont le siège social se trouve à OSHAWA en Ontario. Elle naît en 1918 de la fusion de la McLaughlin Motor Company Ltd. et de la Chevrolet Motor Company of Canada Ltd., et elle a été constituée en société filiale de la compagnie américaine General Motors Corporation. En 1921, l'entreprise fabriquait des véhicules de marque Buick, Oldsmobile et Oakland.

Depuis lors, la compagnie GM s'est agrandie grâce à diverses acquisitions et expansions pour devenir le plus grand manufacturier au Canada. De 1942 jusqu'à la fin de la Seconde Guerre mondiale, elle suspend la production d'AUTOMOBILES pour la population afin de construire des chars d'assaut, des mitrailleuses et d'autres équipements militaires. En 1995, GM a un chiffre d'affaires de 30,77 milliards de dollars, un actif de 10,9 milliards et un personnel de près de 35 000 employés. La General Motors Corp. de Détroit détient 100 p. 100 de son capital.

Deborah C. Sawyer

Généreux, affaire (cours martiales et justice militaire: indépendance judiciaire; 1992) Dans un premier temps, la Cour suprême traite de l'indépendance judiciaire en général dans l'arrêt Valente (*voir* VALENTE, AFFAIRE). Dans un second temps, elle rend en 1980 l'arrêt Mackay (*voir* MACKAY, AFFAIRE) sur la justice militaire, mais c'était avant la *Charte canadienne des droits et libertés.*

Dans l'arrêt Généreux, la Cour suprême arrive à la conclusion qu'un système de justice militaire peut exister en parallèle avec le système judiciaire qui s'applique à tous. Le Parlement peut créer des cours martiales. Cependant, à la lumière des trois conditions élaborées dans l'arrêt Valente, la Cour conclut que les juges militaires ne jouissent pas de l'inamovibilité, que leur sécurité financière n'est pas protégée et que l'autonomie administrative n'est pas suffisamment respectée.

À la suite de l'arrêt Généreux, les autorités militaires canadiennes apportent des changements significatifs au système de justice militaire. De plus, elles donnent suite aux deux rapports du défunt juge en chef de la Cour suprême, le très honorable Brian Dickson, qui, après sa retraite, avait été mandaté par le gouvernement canadien afin d'améliorer le système des cours martiales. Une nouvelle *Loi sur la défense nationale* est adoptée par le Parlement du Canada en décembre 1998. Le système parallèle des cours martiales est dorénavant substantiellement modifié et d'autres réformes doivent suivre. L'affaire Généreux aura été très utile sur le plan de la justice militaire au Canada.

Genereux, George Patrick, tireur aux pigeons d'argile et médecin (Saskatoon, 1er mars 1935—*id.*, 10 avril 1989). À l'âge de 13 ans, il remporte la palme des Internationaux avec handicap du Mid-West, puis trois championnats junior consécutifs lors de la compétition Manitoba-Saskatchewan. Il remporte aussi le titre de champion junior d'Amérique du Nord à Vandalia, en Ohio, et partage la deuxième place aux championnats du monde à Oslo. En 1952, ce grand jeune homme de 17 ans aux nerfs d'acier et au regard perçant atteint le sommet de la carrière de tireur en remportant la médaille d'or aux Jeux olympiques d'Helsinki. Il est alors désigné athlète masculin de l'année au Canada. En 1960, il reçoit son diplôme en médecine de l'U. McGill.

Bob Ferguson

Genest, Jacques, médecin et chercheur médical, (Montréal, 29 mai 1919). Fondateur de l'Institut de recherches cliniques de Montréal, Genest étudie d'abord au collège Jean-de-Brébeuf et fait sa médecine à l'U. de Montréal avant de se spécialiser en anatomie chirurgicale et en physiologie à la Harvard

Medical School. Il passe six ans aux États-Unis, à Harvard puis au Rockefeller Institute à New York. Dès son retour au Québec, le gouvernement provincial lui confie une enquête sur les centres de recherche européens. En 1952, il exerce la médecine à l'Hôtel-Dieu et y établit son premier laboratoire. Dix ans plus tard, avec une équipe de recherche, il fonde l'Institut de recherches cliniques.

Grâce à son approche interdisciplinaire, l'institut devient un exemple unique d'applications directes de la biologie moléculaire à l'étude des problèmes médicaux cliniques. Une de ses équipes, dirigée par le Dr Marc Cantin, isole l'hormone du cœur, ou ANF/FNA (facteur natriurétique auriculaire), sécrétée par les granules situées dans certaines cellules des auricules du cœur. Cette hormone joue un rôle essentiel dans le contrôle du volume sanguin et de la pression artérielle. Il reçoit, entre autres prix, le prix de la Banque Royale (1980) et le Prix commémoratif Killam (1986). En décembre 1987, il est nommé professeur honoraire à l'Académie des sciences médicales de Beijing. Le gouv. du Québec lui décerne le prix ARMAND-FRAPPIER. Il est grand officier de l'Ordre national du Québec (1991).

Françoise Coté

Génétique Branche de la BIOLOGIE qui se consacre à l'étude de l'hérédité, qui est le phénomène par lequel les organismes transmettent leurs caractères à leur descendance. L'espèce humaine a toujours manifesté de l'intérêt pour l'hérédité, on estime généralement que la pratique de cette science a commencé en 1865 avec les travaux d'un moine autrichien, Gregor Mendel. En étudiant les pois, Mendel a pu établir les principes de l'hérédité qui s'appliquent à la plupart des caractères transmis héréditairement par les êtres vivants (p. ex., taille, forme, couleur, pilosité, odeur, comportement, résistance aux maladies). Mendel a formulé le concept de gène pour définir les unités fondamentales de l'hérédité qui déterminent ces propriétés.

Génétique moderne La génétique peut se diviser pour des raisons de commodité en trois domaines d'études: la génétique formelle, la génétique moléculaire et la GÉNÉTIQUE DES POPULATIONS. La génétique formelle s'intéresse à l'identification des gènes qui déterminent un caractère particulier ainsi qu'aux lois selon lesquelles ces gènes sont transmis d'une génération à la suivante ou d'une cellule à une autre. La génétique moléculaire se concentre sur la structure et le fonctionnement des unités génétiques, c.-à-d. sur la composition chimique des gènes et leur expression telles qu'elles se traduisent dans la structure des protéines, les composantes fonctionnelles les plus importantes de la cellule. Pour sa part, la génétique des populations analyse les lois de la distribution des gènes dans des populations d'organismes et les changements dans la structure génétique des populations.

Génétique formelle On appelle génome l'ensemble des déterminants héréditaires d'une cellule ou d'un organisme, et génotype l'expression du génome chez un individu (son patrimoine génétique propre). La réalisation du génotype, soit l'ensemble de ses caractères apparents, constitue le phénotype. Les gènes individuels peuvent être identifiés grâce aux modes de transmission phénotypique, mais seulement s'il existe une certaine variation du phénotype. Certaines variations phénotypiques sont discontinues: graines de pois jaunes et graines de pois vertes, p. ex. La variation discontinue peut souvent s'expliquer génétiquement par les différentes formes d'un même gène qu'on appelle allèles: dans l'exemple des pois, Y est l'allèle du phénotype jaune et y du phénotype vert. Les plantes et les animaux portent une paire de chaque gène, de sorte que dans l'exemple du pois, un individu peut être YY, Yy ou yy. L'allèle Y étant dominant (et donc écrit en majuscule), l'individu Yy est du phénotype jaune.

Certaines variations phénotypiques prennent la forme d'une échelle continue de valeurs (p. ex., d'une très petite taille à une très grande taille, en passant par toutes les tailles intermédiaires). La variation continue peut souvent s'expliquer par l'action d'un grand nombre de gènes (polygènes); plus le nombre de gènes en jeu est grand, plus la plage de variation est étendue. Comme la variation environnementale contribue également à la variation continue, l'un des problèmes, qui se pose sur le plan analytique en étudiant ces phénotypes, consiste à distinguer dans la variation continue, les parts respectives de la variation génétique et de la variation environnementale.

La génétique formelle trouve un usage généralisé dans les pratiques agricoles traditionnelles, notamment dans l'amélioration génétique des végétaux et des animaux. En effet, nombre de plantes et d'animaux qu'on trouve sur le marché ont été créés grâce à des programmes de sélection. En outre, il est désormais admis que les gènes influent fortement sur le bon ou le mauvais état de santé des représentants de notre espèce. On sait que de nombreuses maladies sont d'origine génétique et résultent d'une mutation qui a pour effet de produire un allèle pathogène. Il existe des exemples bien connus de ce genre de MALADIES HÉRÉDITAIRES: la phénylcétonurie, la mucoviscidose ou fibrose kystique et la maladie de Tay-Sachs (causées par de simples allèles récessifs mendéliens), la chorée de Huntington et le syndrome de Marfan (causés par de simples allèles dominants mendéliens), et enfin l'hémophilie et la myopathie de Duchenne (causées par des allèles récessifs sur un chromosome X).

En ce qui concerne ces maladies, le conseil génétique nécessite une évaluation des risques qui s'appuie sur l'analyse des arbres généalogiques et la connaissance de la structure d'une population. Les anomalies chromosomiques causent un autre type fréquent de maladies héréditaires: la trisomie ou syndrome de Down est attribuable à la présence d'un chromosome 21 surnuméraire. La plupart des cas de trisomie 21 surgissent spontanément à chaque génération, à la suite d'erreurs de la nature dans la production des ovules ou des spermatozoïdes.

Génétique moléculaire Les gènes sont agencés en structures appelées chromosomes (les humains possèdent deux jeux de 23 chromosomes, chaque parent en fournissant un, ce qui leur en fait 46 en tout). Chaque chromosome contient une substance chimique, l'ADN (acide désoxyribonucléique), en forme de filament de 5 mm de longueur. Chaque chromosome mesurant moins de 0,005 mm de longueur, l'ADN doit donc y être très fortement compacté et enroulé en superhélices. Un gène n'est qu'un segment fonctionnel du filament. Il renferme un message codé, sous la forme d'une séquence d'unités chimiques appelées nucléotides.

La séquence de la plupart des gènes détermine l'ordre des acides aminés qui constituent la molécule d'une protéine donnée. Les protéines jouent un rôle décisif dans l'expression phénotypique, car tout organisme est, soit une protéine, soit le produit d'une protéine. Certaines protéines (appelées enzymes) président aux réactions chimiques qui se produisent dans les cellules tandis que d'autres, comme les microtubules ou les myofilaments musculaires, constituent d'importants éléments de la structure des cellules.

L'ADN possède la propriété remarquable de pouvoir se répliquer (c.-à-d. de se reproduire continuellement sous la même forme). Les BACTÉRIES sont des microorganismes unicellulaires dépourvus de noyau limité par une membrane. Chaque cellule est porteuse d'un seul chromosome à ADN circulaire qui se reproduit par scission binaire, avant la division cellulaire, afin de produire des cellules filles qui sont une copie génétique exacte de la cellule mère. Les plantes, les animaux et les CHAMPIGNONS sont constitués d'une ou plusieurs cellules pourvues d'un noyau limité par une membrane. Les cellules somatiques des plantes et des animaux contiennent deux exemplaires de chromosomes linéaires par noyau, tandis que les cellules des champignons n'en comportent qu'un seul jeu par noyau. Ces chromosomes se répliquent avant la division cellulaire, et les copies des chromosomes sont distribuées également entre les cellules filles au cours d'un processus ordonné de division cellulaire appelé mitose.

Les végétaux, les animaux et les champignons subissent également une division nucléaire spécialisée (méiose) au cours du cycle sexué. Chez les végétaux et les animaux, la division méiotique produit les spermatozoïdes et les ovules, qui ne contiennent qu'un exemplaire de chaque chromosome par cellule. Lorsque le spermatozoïde et l'ovule s'unissent, il en résulte une cellule (le zygote) qui constitue la première cellule somatique du nouvel individu et qui contient les deux jeux complets de chromosomes. Au cours de la méiose, différentes paires d'allèles peuvent s'apparier pour former de nouvelles combinaisons: il existe donc des zygotes de nombreux génotypes, tous différents de ceux des deux parents. Chez les champignons, deux noyaux doivent s'unir pour que la méiose puisse se produire, mais les cellules qui résultent de cette méiose (spores sexuelles) possèdent elles aussi un seul jeu de chromosomes. Chaque spore donne naissance à un nouvel individu. Étant donné le réappariement des allèles, les génotypes des spores diffèrent de ceux des noyaux originaux fusionnés.

Quelquefois, mais rarement, l'ADN subit un changement de séquence, appelé mutation, qui modifie le génotype et le phénotype. Il s'agit de la principale source de variation génétique. Certaines mutations sans cause apparente sont qualifiées de mutations spontanées; d'autres, les mutations induites, résultent principalement de dommages causés aux gènes par les rayonnements du milieu et les agents chimiques présents dans l'environnement.

C'est par les mutations que le milieu agit pour provoquer l'évolution. Ainsi, une mutation qui confère un avantage à un organisme peut lui permettre de produire plus de descendants qui, à leur tour, contiendront le gène muté. Avec le temps, une population entière peut se modifier. La mutagenèse environnementale, c.-à-d. la production de mutations sous l'effet de facteurs ambiants, constitue une préoccupation particulière pour les populations humaines. Les taux croissants de substances chimiques et de rayonnements dans l'environnement peuvent causer des mutations qui, si elles touchent les cellules germinales, augmenteront avec le temps le nombre de maladies héréditaires transmises ou, si elles affectent les cellules somatiques, provoqueront un CANCER.

L'invention des techniques de l'ADN recombinant a provoqué une véritable révolution en génétique moléculaire. La maîtrise de cette technologie a permis d'isoler des gènes par clonage, de les caractériser en détail par le séquençage de l'ADN et de les manipuler expérimentalement en éprouvette (mutagenèse *in vitro*). Les progrès réalisés au chapitre de la technologie de l'ADN recombinant ont permis de caractériser des génomes entiers dans le cadre du Projet génome humain, p. ex.. Cette technologie permet également de prélever des gènes d'un organisme et de les fixer sur les chromosomes d'un autre afin de créer des organismes transgéniques.

Ces innovations du GÉNIE GÉNÉTIQUE ont déjà trouvé leur application en BIOTECHNOLOGIE. Mentionnons le développement de nouvelles lignées de bactéries, d'une importance majeure pour l'industrie, l'agriculture et la médecine (p. ex., dans la production de l'INSULINE humaine, des hormones de croissance humaine, de l'interféron pour le traitement de maladies virales et d'enzymes utilisées comme agents de décomposition de l'huile et du bois). Dans d'autres techniques, de nouveaux gènes utiles, comme ceux de la résistance aux herbicides, sont introduits dans des plantes cultivées, et des gènes qui favorisent la croissance et améliorent d'autres aspects sont insérés dans l'ADN des animaux d'élevage. Les techniques transgéniques ont également conduit à la mise au point de la thérapie génique appliquée à l'être humain grâce à laquelle on peut corriger un génotype responsable d'une maladie par le transfert d'un gène normal dans le génome.

Génétique des populations La fréquence de certains allèles varie selon les populations d'organismes. La génétique des populations vise à mesurer cette fréquence pour comparer le patrimoine génétique des différentes populations. Des études écologiques ou la recherche des changements évolutionnistes au sein d'une population peuvent constituer l'objectif de ces mesures. Un des outils de base de cette branche est la loi de Hardy-Weinberg, selon laquelle si les unions se font au hasard et si la fréquence des allèles ne change pas, la structure d'une très grande population correspond aux relations suivantes: p2 pour le génotype AA, 2pq pour Aa et q² pour aa, où p et q sont les fréquences (proportions) d'allèles A et a dans cette population. La structure de la population sera alors stable. Les proportions de Hardy-Weinberg peuvent être modifiées par mutation, sélection, changement de la fréquence des allèles attribuables au hasard (dérive génétique) et migration. Tous ces facteurs peuvent être considérés comme des causes de l'évolution.

Génétique au Canada

Il s'effectue au Canada des recherches dans tous les domaines de la génétique moderne. La plupart des travaux sont réalisés dans les universités et sont financés surtout grâce aux subventions fédérales. Le gouvernement fédéral joue aussi un rôle direct dans la recherche par le biais de sa propre structure administrative (ainsi, de nombreuses directions d'Agriculture Canada se consacrent à la recherche). L'industrie, et surtout les entreprises de production agricole et médicale, participent de plus en plus à la recherche en génétique, surtout dans le domaine de la technologie moléculaire. Les études de génétique médicale se font dans les universités et les hôpitaux. Dans cette discipline, le Health Surveillance Registry de la Colombie-Britannique a constitué un registre très complet, presque unique au monde en son genre, de toutes les anomalies congénitales constatées dans la province depuis 1952. Grâce à ces données, on peut évaluer les risques de diverses affections d'origine génétique et étudier les tendances démographiques des maladies héréditaires.

Le rôle des généticiens dans la vie canadienne est considérable du fait des professions qu'ils exercent: chercheurs scientifiques dans des laboratoires universitaires, gouvernementaux ou industriels et conseillers en génétique dans les hôpitaux. La majeure partie des cours de génétique sont donnés par des chercheurs universitaires en génétique. La Société de génétique du Canada, dont le siège se trouve à Ottawa, est l'association professionnelle des généticiens canadiens. Elle tient des assemblées annuelles et publie la revue *Genome*, diffusée à l'échelle internationale.

Ceux qui aspirent à faire carrière comme généticien ou généticien médical peuvent acquérir la formation professionnelle voulue dans les universités ou les écoles de médecine. À la fin de leurs études de premier cycle, les étudiants obtiennent un baccalauréat ès sciences (B.Sc.) en biologie, en botanique, en zoologie, en génétique, en microbiologie, en biochimie ou en biologie moléculaire. Les études de deuxième et troisième cycles sont couronnées par un diplôme de maîtrise ou de doctorat ès sciences (M.Sc.) ou (D.Sc.). Le titulaire d'une M.Sc. a la qualification requise pour travailler dans un établissement de recherche dans un poste subalterne ou pour enseigner, et, avec un D.Sc., il peut travailler comme chercheur autonome en génétique dans un département universitaire ou dans un autre établissement de

recherche. Les médecins peuvent suivre une formation spécialisée en génétique par l'entremise du Collège canadien de généticiens médicaux (CCGM, Alberta Children's Hospital, Calgary), première institution de ce genre au monde. Les candidats désireux de faire carrière en génétique médicale (p. ex., en conseil génétique) doivent passer l'examen du CCGM.

La contribution exceptionnelle à la génétique de certains Canadiens a été reconnue par la Société de génétique du Canada, qui leur a décerné son prix d'excellence: Howard B. NEWCOMBE (pionnier dans le domaine des mutations), Howard T. FREDEEN (amélioration génétique des animaux, sélection du porc Lacombe), Len Butler (génétique fondamentale des tomates), F. Clarke FRASER (génétique du développement des mammifères), Clayton O. PERSON (génétique des rapports hôte-parasite), R.C. (Jack) von Borstel (mutations chez les levures), Bruce Chown (génétique humaine), Peter B. Moens (cytogénétique de la méiose), Alan P. James (génétique des levures), Etta Kafer (génétique des moisissures ASPERGILLUS), Michael SMITH (mutagenèse dirigée), John Kuspira (génétique et cytogénétique du blé), Lap-Chee TSUI (génétique humaine; clonage du gène de la mucoviscidose), Ford Doolittle (évolution), Charles R. Scriver (maladies héréditaires humaines), Robert H. Haynes (mutations), Ken J. Kasha (génétique de l'orge) et Diane W. Cox (maladies héréditaires humaines).

D'autres contributions canadiennes sont dignes d'être mentionnées. En 1944, le biochimiste canadien Oswald Avery prouve que l'ADN est le matériel héréditaire de la cellule, découverte qui permettra à James Watson et à Francis Crick de dégager la structure de l'ADN en 1953. L'apparition de la génétique des cellules somatiques au Canada doit beaucoup à Lou SIMINOVITCH. Le BLÉ MARQUIS, qui a connu un grand succès, a été mis au point au début du XXᵉ siècle par Charles E. SAUNDERS dans le but de disposer d'une plante résistant au dur climat des Prairies. La TRITICALE, nouvelle variété de céréale, a été sélectionnée par Leonard H. Shebeski et Edward N. Larter.

La sélection du CANOLA, c.-à-d. de variétés améliorées de colza pour la production d'huile végétale, a été entreprise par des groupes de recherche dirigés par R.K. DOWNEY et Baldur STEFANSSON. David T. SUZUKI a d'abord acquis sa renommée grâce à son travail sur la génétique des mouches à fruits (*Drosophila melanogaster*) avant de faire carrière dans les émissions scientifiques. En 1993, Michael SMITH a remporté la plus grande distinction scientifique. Il a partagé le PRIX NOBEL de chimie avec le scientifique Kary Mullis. Smith a mis au point une technique de génie génétique, la mutagenèse dirigée, qui permet d'apporter *in vitro* des modifications extrêmement spécifiques à la structure des gènes.

A.J.F. Griffiths

Génétique des populations Partie de la GÉNÉTIQUE qui étudie les lois de la distribution des gènes (unités de l'hérédité) et des génotypes (le complément génétique qui occupe un ou plusieurs loci) ainsi que les mécanismes déterminant la variabilité génétique au sein d'une population. Une population est un groupe d'individus parmi lesquels des mariages sont possibles. Ainsi, les Canadiens français, les Canadiens japonais et les tribus d'Amérindiens constituent des populations. Les grandes populations sont habituellement subdivisées en groupes plus petits constituant des unités géographiques, religieuses ou ethniques. En plus de contribuer à notre compréhension de l'ÉVOLUTION, la théorie de la génétique des populations peut servir à évaluer les conséquences à long terme des programmes de dépistage génétique et des services de conseil génétique. La variabilité génétique est fixée par les facteurs d'évolution: mutation, sélection naturelle, dérive génétique aléatoire et migration.

Mutation La mutation est une modification spontanée ou induite de l'information encodée dans le matériel génétique d'une cellule. Quand le chromosome se reproduit, de nombreux types d'erreurs peuvent intervenir: substitution, insertion, délétion ou transposition de nucléotides de l'ADN. La mutation est la source ultime de variation génétique, bien que la plupart des nouvelles mutations, lorsqu'elles deviennent homozygotes (la situation se présente lorsque chaque parent apporte des allèles identiques, c.-à-d. des formes appariées d'un gène qui occupent le même locus d'un chromosome) soient nuisibles dans des environnements normaux. Un équilibre entre mutation récurrente et perte par sélection contribue à garder l'allèle nuisible à une fréquence très faible. Les radiations ou les agents chimiques mutagènes qui augmentent les taux de mutation peuvent, à long terme, avoir des conséquences graves pour une population.

Sélection naturelle «L'adaptation» d'un individu consiste en sa capacité de survivre jusqu'à la maturité et à se reproduire. Si une modification de l'environnement favorise la survie et la reproduction d'un individu porteur d'un allèle rare (peut-être une nouvelle mutation), cet individu engendrera une descendance plus importante dans la génération suivante. Avec le temps, la fréquence de cet allèle particulier se multipliera au sein de la population. Ce processus constitue le principe de la sélection naturelle. Une sélection favorisant les hétérozygotes (individus porteurs de deux allèles différents au même locus sur une paire de chromosomes) constitue une façon de conserver les allèles au sein d'une population à des fréquences intermédiaires (polymorphisme).

La structure d'une population interagit avec les facteurs de l'évolution pour fixer la distribution des génotypes à l'intérieur de celle-ci. Les effets causés par la structure d'une population comprennent les écarts par rapport à l'accouplement aléatoire qui résultent, p. ex., de mariages entre parents ou de la subdivision de la population en groupes plus petits. La consanguinité a pour effet d'augmenter les chances que les descendants héritent de deux copies identiques d'un gène présent chez un ancêtre commun. En conséquence, les accouplements consanguins augmentent les chances d'apparition d'un caractère récessif rare s'il est présent dans la population.

Dérive génétique aléatoire et migration Les fluctuations aléatoires, appelées dérive génétique aléatoire, ont pour conséquence la dispersion, avec le temps, des fréquences géniques dans les isolats restreints. Plus la taille d'une population est petite, plus ces effets dispersifs sont importants. Les migrations entre sous-populations contrebalancent la différentiation génétique causée par la dérive génétique aléatoire. Les isolats génétiques sont habituellement fondés par un petit groupe d'ancêtres et ainsi certains allèles sont perdus par hasard alors que d'autres sont retenus. Si un fondateur se trouve porteur d'un allèle par ailleurs rare, et a de nombreux descendants, l'allèle, qu'il soit nuisible ou non, peut atteindre une fréquence importante à la suite d'une dérive génétique aléatoire. Dans diverses régions du monde, des chercheurs étudient des populations endogames qui possèdent en apparence des fréquences élevées d'une ou plusieurs MALADIES HÉRÉDITAIRES récessives. P. ex., la tyrosinémie héréditaire, une anomalie innée du métabolisme, est étudiée chez les Canadiens français du Québec. Il est important de reconnaître qu'un trouble héréditaire particulier peut avoir une fréquence élevée, mais que d'autres peuvent être relativement moins courants, sinon totalement absents.

Un des aspects de la variation génétique humaine s'exprime par une susceptibilité héréditaire à une maladie causée par des facteurs environnementaux. En Colombie-Britannique, on estime que près de 6 p. 100 des individus seront atteints au cours de leur vie d'une invalidité ou d'un handicap déterminés par un seul gène, par une anomalie chromosomique, une autre malformation congénitale ou un trouble multifactoriel.

Il existe une documentation sur la variabilité ethnique des maladies héréditaires. La thalassémie (une anémie souvent mortelle associée à une dilatation du foie et à une altération des os et de la peau) est relativement plus fréquente, et la fibrose kystique du pancréas, relativement moins fréquente chez les sujets d'ascendance méditerranéenne que dans d'autres types de populations caucasiennes. La maladie de Tay-Sachs, la phénylcétonurie et l'albinisme représentent des anomalies innées du métabolisme peu fréquentes. La maladie de Tay-Sachs est relativement plus courante et la phénylcétonurie, moins courante chez les Juifs ashkénazes. L'albinisme est relativement plus fréquent chez certains groupes d'Amérindiens.

La variation génétique humaine totale n'est pas connue exactement mais elle doit être élevée. Des études sur la variation génétique de l'ADN, des enzymes et des marqueurs des groupes sanguins semblent indiquer que tous les êtres humains (à l'exception des jumeaux identiques) sont génétiquement uniques. De plus, la plus grande partie de la diversité génétique humaine est celle qui se produit entre les individus formant un groupe «racial» (les variantes visibles habituellement utilisées pour définir une «race» ne constituent qu'une proportion plutôt faible de la variabilité génétique totale).

Les anthropologues tentent d'établir les affinités entre populations en analysant les différences dans les fréquences géniques. Les groupes autochtones d'Amérique du Nord peuvent être regroupés en fonction de distances génétiques. Les types de similarité génétique sont corrélés à divers degrés avec les liens linguistiques et culturels. Toutefois, l'interprétation évolutionniste des similarités et des différences génétiques parmi les groupes de descendants des populations autochtones suscite encore la controverse.

Kenneth Morgan

Génétique, la déontologie et le droit, La Les progrès vertigineux des connaissances en génétique humaine, résultant en grande partie d'un programme international de recherches appelé «Projet sur le génome humain», ont donné lieu à de multiples préoccupations juridiques et déontologiques. P. ex., la recherche génétique étant si coûteuse et la possibilité de profits commerciaux considérable, une question est devenue particulièrement troublante: à qui appartient le matériel génétique humain?

Cette question s'est posée le plus manifestement en matière de brevet. Le brevet accorde à son titulaire le contrôle commercial exclusif sur des créations nouvelles, utiles et originales. Doit-on permettre aux chercheurs et aux investisseurs de breveter l'ADN humain? Même si la plupart des préoccupations déontologiques et juridiques qui portent sur la question sont loin d'être résolues (p. ex., celle du droit des patients à contrôler l'utilisation qui est faite de leur ADN), le Bureau canadien des brevets considère l'ADN humain comme un objet brevetable. Ainsi, le brevetage du matériel génétique humain se poursuit-il avec la même intensité. Il faut cependant noter la façon dont différents pays abordent la question générale de la «propriété des tissus humains». Ainsi, aux États-Unis, il y a une très grande tendance favorable au brevetage, alors qu'en Europe la tendance est plutôt à la prudence. La position du Canada, comme c'est souvent le cas, semble se situer entre ces deux extrêmes. Nous ne permettons pas le brevetage de tissus provenant d'animaux d'espèces supérieures comme cela se fait aux États-Unis, mais nous considérons les lignées cellulaires, l'ADN et les organismes unicellulaires, entre autres, comme des matières brevetables. Cette approche intermédiaire guidera vraisemblablement dans l'avenir les politiques canadiennes en matière de brevetage.

Préoccupations juridiques et déontologiques Les nouvelles technologies génétiques sont à la source de nombreuses autres préoccupations juridiques et éthiques. P. ex., certains craignent que les nouvelles expertises génétiques et les techniques de dépistage soient utilisées par les compagnies d'assurances et les organismes publics, ce qui pourrait donner lieu à une forme de «discrimination génétique». C.-à-d. qu'on se fondera sur le profil génétique d'un individu pour prendre des décisions relatives à sa capacité d'être assuré p. ex. À ce jour, rien ne laisse croire que c'est là une réalité ou que cela en sera une au Canada un jour. Néanmoins, compte tenu de la nature unique et personnelle, familiale et sociale de l'information génétique, cette préoccupation est sans doute justifiée. Bien que certains États américains aient déjà adopté des lois qui limitent la façon dont les organismes comme les compagnies d'assurances peuvent utiliser l'information génétique, aucune loi en matière «génétique» n'a encore été adoptée au Canada.

Utilisation de la génétique en droit de la preuve La génétique joue également un rôle de plus en plus important en matière de preuve devant les tribunaux canadiens. L'ADN est une molécule très stable que l'on trouve dans presque toutes les cellules humaines (p. ex., dans les cheveux, les globules blancs, la salive, la peau et le sperme). En conséquence, étant donné qu'un profil génétique donné est pour ainsi dire tout à fait unique, les échantillons d'ADN se révèlent actuellement être une forme particulièrement utile de preuve en droit criminel. L'ADN a été utilisé pour la première fois en 1986, en Grande-Bretagne, pour capturer un meurtrier et l'est depuis lors par les tribunaux criminels dans le monde entier. Au Canada, il a servi dans plusieurs cas célèbres, y compris une affaire dans laquelle la preuve à caractère génétique a servi à blanchir un individu qui avait été emprisonné pour le meurtre d'une fillette.

Rôle de la génétique dans les litiges en droit de la famille Les empreintes génétiques peuvent également jouer un rôle clé dans des litiges en droit de la famille (pour établir la paternité des enfants dans des causes portant sur la pension alimentaire ou la garde), en matière d'immigration (pour déterminer si un individu est vraiment parent d'un immigrant) et en matière de succession (pour établir qui a des liens avec le testateur).

Timothy Caulfield

Genévrier CONIFÈRE à feuillage persistant du genre Juniperus de la famille des cyprès (*Cupressacées*). Il en existe une soixantaine d'espèces dans le monde, surtout dans l'hémisphère Nord. Le Canada en compte quatre espèces indigènes: le genévrier de Virginie (*J. virginiana*) de la région des Grands Lacs et le genévrier des Rocheuses (*J. scopulorum*) des régions arides de la Colombie-Britannique atteignent la taille d'un arbre; le genévrier commun (*J. communis*) et le genévrier horizontal (*J. horizontalis*) sont des arbustes de la forêt boréale et des prairies.

Ses feuilles sont squamiformes ou subulées et possèdent habituellement une glande résineuse en surface. Ses cônes bacciformes sont composés de bractées charnues (feuilles modifiées) soudées aux écailles. Ses cônes mâles contiennent le pollen et les femelles, les graines. Ils poussent généralement sur des arbres différents. La pollinisation (*voir* APICULTURE) a lieu au printemps. Les cônes parviennent à maturité après deux ou trois ans et deviennent alors bleus. On s'en sert, entre autres, comme aromate pour le gin. Ses petites graines sont ailées et son bois est dur, lourd, odorant, d'un rouge pourpré et résistant à la pourriture. Le genévrier est habituellement trop petit pour que son bois ait une valeur marchande au Canada, mais on l'emploie beaucoup comme PLANTE ORNEMENTALE.

John N. Owens

Génie chimique Technique qui consiste à exploiter à une échelle commerciale des réactions chimiques dont l'efficacité a été démontrée en laboratoire. Les branches de l'INGÉNIERIE mises à contribution dans la conception d'usines chimiques sécuritaires et rentables reposent sur la CHIMIE, la PHYSIQUE, la BIOLOGIE et les MATHÉMATIQUES. Le principal objectif du génie chimique est de concevoir les réacteurs chimiques et les appareils de transformation physique de manière à ce que les réactions se poursuivent de manière continue au lieu d'être mises en jeu de façon discontinue. Pour la même raison, les industries chimiques sont assez dépendantes du facteur d'échelle, c.-à-d. que le prix unitaire des produits chimiques dépend de la dimension de l'unité de production et de la durée correspondante à la phase de production.

L'enseignement du génie chimique au Canada commence en 1878 avec le lancement du programme d'études en chimie analytique et appliquée de l'École des sciences appliquées de l'U. de Toronto. En 1904, on offre un cours de génie chimique et, en 1906, l'école des sciences appliquées devient la faculté des sciences appliquées et du génie. Vingt universités canadiennes offrent maintenant des programmes de génie chimique à tous les niveaux. L'*Annuaire des programmes d'études avancées en génie chimique dans les universités canadiennes* donne tous les ans les détails concernant les axes de recherche spécialisés.

L'économie canadienne dépend encore fortement de l'industrie primaire (*voir* RESSOURCES), c.-à-d. de la FORESTERIE, de l'EXPLOITATION MINIÈRE, de la MÉTALLURGIE et de l'ÉNERGIE. Le rôle du génie chimique dans ces industries témoigne de l'ampleur de la profession. L'INDUSTRIE DES PÂTES ET PAPIERS exige la séparation de la lignite de la cellulose et la fabrication, à de très hautes vitesses, de feuilles pour de multiples applications, dont la plus importante relève du secteur de la communication. Les ingénieurs chimistes participent à chaque phase: réacteurs pour le processus de digestion, comportement des fibres en suspension, application d'agents tensioactifs et de revêtements, filtration et dessiccation à grande échelle. Comme l'industrie du papier est une grande consommatrice d'énergie, de grands progrès ont été réalisés pour économiser celle-ci. La mise au point d'adhésifs a été d'une importance capitale pour l'immense industrie du contreplaqué.

Dans l'industrie des métaux, le procédé de flottation repose sur la connaissance de la chimie de surface et de la conception de machines capables de mettre en pratique cette connaissance pour le traitement des minerais. La révolution dans l'industrie de l'acier, basée sur la préparation basique à l'oxygène, dépendait de la mise au point d'usines pouvant produire de l'oxygène en grande quantité (plusieurs tonnes). Les procédés hydrométallurgiques utilisés pour récupérer le COBALT et le NICKEL à Sherritt Gordon se fondent sur les résultats des recherches portant sur les vitesses de réaction, la diffusion et les échanges thermiques et de matière.

La stabilité du monde moderne repose sur un apport énergétique et alimentaire suffisant. Grâce à la disponibilité de l'hydroélectricité, le Canada occupe un rôle mondial important en électrochimie, dans le raffinage des métaux et dans la production d'hydrogène, et se présente comme un candidat potentiel pour le stockage de l'énergie et l'approvisionnement en énergie destinée aux transports. Les technologies de raffinage du PÉTROLE et de la production PÉTROCHIMIQUE (la base de l'INDUSTRIE DE LA TRANSFORMATION DES MATIÈRES PLASTIQUES canadienne) sont l'œuvre des ingénieurs chimistes qui ont mené à la création de raffineries dans tout le Canada et à une forte concentration d'industries pétrochimiques en Ontario et en Alberta. L'industrie canadienne de l'ÉNERGIE NUCLÉAIRE extrait de l'uranium et le concentre; elle a également mis au point le réacteur CANDU. Ceci a été rendu possible grâce à un investissement au niveau du génie chimique à grande échelle, pour la production d'eau lourde et d'oxyde d'uranium purifié, ainsi que pour la réalisation de transferts thermiques dans des conditions extrêmes.

La responsabilité de la productivité de l'INDUS-TRIE DES ALIMENTS ET DES BOISSONS incombe aux agriculteurs, aux ingénieurs mécaniciens et aux ingénieurs chimistes. Ces derniers ont participé à l'élaboration des technologies utilisées dans l'industrie des engrais, une contribution essentielle à la poursuite des tendances actuelles en matière de consommation d'aliments. Dans l'avenir, la production de protéines et de glucides sera un défi pour les ingénieurs chimistes, car la transformation des aliments recourt de plus en plus aux techniques de la cryogénie, à la conservation par irradiation et à la technologie du vide poussé. Le génie chimique se rapproche donc du domaine nouveau des BIOTECH-NOLOGIES et de leurs techniques prometteuses d'épissage de gènes, leur technologie des enzymes et leurs nouveaux intérêts pour la synthèse chimique.

En plus des exemples précités, les ingénieurs chimistes contribuent efficacement au développement des technologies utilisées dans les domaines de l'IN-DUSTRIE PHARMACEUTIQUE, des peintures, du TEXTILE TISSÉ, des colles, des soins de santé et de l'environnement, ces technologies étant le lien entre le laboratoire et l'usine de production.

Sociétés La Société canadienne du génie chimique est la principale organisation technique des ingénieurs chimistes professionnels canadiens. Elle fait partie de l'Institut de chimie du Canada et comptait plus de 1500 membres en 1996. La même année, on estimait à 10 000 le nombre d'ingénieurs chimistes au Canada. La société publie le *Canadian Journal of Chemical Engineering* (fondé en 1957) et organise deux colloques par an, une exposition sur le génie chimique et des programmes de perfectionnement professionnel. En 1981, en collaboration avec l'Interamerican Congress of Chemical Engineering, la société accueille à Montréal le deuxième Congrès mondial de génie chimique (Second World Congress of Chemical Engineering) auquel assistent 6500 ingénieurs chimistes venus du monde entier. En 1987, la société participait, à Montréal, avec d'autres sociétés de génie, à la Conférence sur le centenaire de l'ingénierie (Engineering Centennial Conference).

J.W. Hodgins

Génie civil Un très vaste domaine du GÉNIE, qui touche à la planification, la conception, la construction et l'exploitation d'une grande partie de l'infrastructure du monde moderne, telle que les bâtiments, les systèmes de transport, les systèmes sanitaires, etc. Le génie civil s'intéresse également à la mécanique des sols et aux ressources en eau, à la construction urbaine, à l'ARPENTAGE et à la cartographie.

Avant la multiplication des disciplines du génie à la fin du XIXᵉ et au début du XXᵉ siècle, les ingénieurs sont militaires ou civils. Les ingénieurs civils construisent des ouvrages non militaires, les ingénieurs militaires se concentrent sur les FORTIFICA-TIONS. Les premiers ingénieurs sur le territoire qui deviendra le Canada sont presque tous militaires. En Nouvelle-France, les ingénieurs militaires arpentent, construisent des routes et des fortifications. Après la Conquête, les ingénieurs militaires britanniques reprennent leurs ouvrages et les développent. Les ingénieurs civils entrent en scène peu avant 1800.

La construction de CANAUX est d'abord une spécialité militaire, mais la première écluse du canal de Sault Sainte-Marie est construite en 1797-1798 par la Compagnie du Nord-Ouest. Les ingénieurs civils s'occupent, p. ex., de la construction de bateaux à vapeur et de chemins de fer, de routes, d'édifices public, de ports, etc.

Les premiers ingénieurs apprennent leur métier chez des professionnels chevronnés comme Samuel KEEFER, son frère, Thomas KEEFER, ingénieur hydraulicien de premier plan de son époque, ou sir Casimir GZOWSKI, ingénieur du pont international

de la rivière Niagara. La découverte de richesses naturelles et l'essor fulgurant du chemin de fer nécessitent des programmes de formation structurés pour former des experts en génie.

Les premiers cours sont dispensés en 1854 au King's College (aujourd'hui l'U. du Nouveau-Brunswick), mais la formation ne prend son essor que dans les années 1870 alors qu'en l'espace de cinq ans, des programmes sont dressés à l'U. McGill, à l'École Polytechnique de Montréal, à la School of Practical Sciences de Toronto et au Collège militaire royal de Kingston. Depuis, la profession prend de l'expansion. En 1987, 25 universités offrent des programmes accrédités en génie civil à quelque 5000 étudiants.

Être ingénieur civil aujourd'hui

De nos jours, l'ingénieur civil se spécialise de plus en plus et couvre tous les aspects imaginables de la construction d'ouvrages publics et privés.

Arpentage L'arpentage permet de tracer la position et la forme des caractéristiques naturelles ou artificielles d'un terrain. L'arpentage doit précéder la construction afin d'identifier les bornes, les pentes, les risques, etc.

Mécanique des sols ou génie géotechnique Le génie géotechnique est une branche du génie civil qui étudie les caractéristiques du substrat (terre ou roche) pour déterminer si un terrain convient à une certaine forme de construction (sollicitation au cisaillement dans les pentes, plasticité du sol, infiltrations dans le sol). Il aide également à choisir les ouvrages périphériques (fondations, systèmes de drainage) nécessaires à une construction sécuritaire adaptée à un type de sol sécuritaire. La mécanique des sols procure une exploitation sécuritaire et économique d'un milieu connu mais aussi des environnements fragiles ou hostiles (p. ex., le PERGÉLI-SOL).

Technique de la construction La technique de la construction est étroitement liée à l'architecture. Elle a pour objet la conception des bâtiments. Les ingénieurs en construction transposent les plans des architectes en consignes précises de construction, de matériaux, de configuration de la charpente (p. ex., la disposition des colonnes et des poutres), etc. Des bâtiments novateurs, tels que la Tour du CN de Toronto, sont des témoins de la compétence des ingénieurs en construction.

Étude des matériaux Les praticiens de cette branche déterminent les spécifications des matériaux de construction (p. ex., asphalte pour les chaussées, aciers de construction) et font des recherches pour les améliorer (*voir* MÉTALLURGIE).

Technique des transports Elle comprend la planification, la conception et la construction des installations de transport, dont les routes, les chemins de fer, les aéroports et les ports, les gares routières, les aménagements pour un transit rapide et les parcs de stationnement.

Hydrotechnique ou génie hydro-économique Cette discipline s'intéresse à l'irrigation, au drainage, au contrôle des risques dus à l'eau (p. ex., les inondations), à l'aménagement des ports et des voies fluviales de transport, à l'amélioration des ressources en eau et à la protection d'ouvrages contre les eaux (p. ex., les vagues océaniques, le débit normal de cours d'eau).

Génie de l'environnement L'ingénieur de l'environnement tente de minimiser les répercussions des projets de génie sur l'environnement. Le génie de l'environnement comprend habituellement le génie sanitaire, une partie importante de l'AMÉNAGE-MENT URBAIN ET RÉGIONAL, et l'ingénieur de l'environnement conçoit les réseaux d'aqueducs et d'égouts afin de fournir une eau potable à l'abri des eaux usées.

À la fin du XIXᵉ siècle, un ingénieur civil peut concevoir différentes constructions: p. ex., Thomas Keefer commence à arpenter Kingston pour gérer la

liaison ferroviaire avec Toronto, puis conçoit des ouvrages de purification de l'eau pour Hamilton (1859), en Ontario, et Ottawa (1874) et de nombreux autres ouvrages publics.

Aujourd'hui, les ingénieurs civils doivent collaborer avec des spécialistes de nombreuses disciplines autres que celles du génie et de sous-domaines du génie pour mener à bien un simple projet. P. ex., les ingénieurs spécialisés en planification et transport urbains aident les architectes et les urbanistes dans la conception initiale d'un centre d'achats.

Après le choix de l'emplacement et des dimensions du centre, vient une conception plus détaillée du projet. Les ingénieurs spécialisés en transport conçoivent les entrées, les sorties et les parcs de stationnement; les ingénieurs en construction conçoivent les bâtiments avec les architectes; d'autres ingénieurs conçoivent les systèmes de chauffage, de ventilation, de plomberie et d'électricité et s'unissent pour tracer les plans techniques et rédiger des spécifications. L'ingénieur en construction chargé des coûts se base sur ces documents pour dresser un devis de construction du centre. Ces plans et ces spécifications font partie d'un contrat qui précise les droits et les obligations de l'entrepreneur, des ingénieurs et du propriétaire, en accord avec des avocats spécialisés en loi du génie.

Formation et sociétés

Les études universitaires en génie civil durent de quatre à cinq ans. Le Bureau canadien d'accréditation des programmes d'ingénierie revoit périodiquement les programmes d'études. Après l'obtention de son diplôme, l'étudiant doit parfois passer un examen relatif à la pratique professionnelle pour devenir membre d'une association provinciale d'ingénieurs à titre de stagiaire. Deux ans plus tard, il peut, sur recommandation de son employeur, devenir membre à part entière et acquérir le grade d'ingénieur.

La première société canadienne de génie, la Société canadienne des ingénieurs civils, est fondée en 1887 et devient l'Institut canadien des ingénieurs (ICE) en 1918. Un groupe indépendant, la Société canadienne des ingénieurs civils, naît en 1986. Le Conseil canadien des ingénieurs (fondé en 1936) représente aussi les ingénieurs civils, qui constituent environ un quart de ses quelque 130 000 membres en 1986. (*Voir aussi* INGÉNIERIE, HISTOIRE DE L'.)

Frank Navin

Génie électrique Discipline de l'INGÉNIERIE qui s'occupe des applications de l'électricité, de l'électronique et de l'informatique afin de satisfaire aux besoins de la société. La gamme d'activités des ingénieurs électriciens est vaste: elle va de la conception et de la fabrication des ordinateurs et des systèmes de COMMUNICATION à la planification et à la surveillance de grandes centrales génératrices d'ÉLEC-TRICITÉ. Le champ s'est étendu rapidement et, durant la dernière décennie, de nombreuses universités ont modifié leurs programmes pour offrir de nombreuses possibilités de spécialisations. La plus grande modification a été l'inclusion d'un grand nombre de sujets en génie informatique, à tel point que la plupart des départements de génie électrique des universités canadiennes sont devenus des départements de génie électrique et informatique.

Une fois diplômés, de nombreux ingénieurs électriciens fondent leur propre entreprise de fabrication de produits électriques ou leur propre bureau d'ingénieurs-conseil. D'autres deviennent des salariés et s'occupent de recherche, de conception, de fabrication, de vente ou d'entretien de matériel électrique. Les multiples applications du génie électrique touchent nos activités quotidiennes.

Systèmes de télécommunications Les ingénieurs électriciens s'occupent de la conception, de la fabrication et de l'exploitation de dispositifs et de systèmes permettant la transmission, la réception et l'enregistrement de la voix, d'images et de données. Les systèmes de télécommunications comprennent des émetteurs qui utilisent la voix ou une autre forme d'information pour moduler un signal «porteur» aussi appelé «porteuse». La porteuse est transmise dans l'espace ou par des conducteurs, et l'information est extraite à l'extrémité réceptive. La transmission des ondes radio dans l'espace est la clé des systèmes de télécommunications mondiaux et interplanétaires.

Les ingénieurs électriciens œuvrent dans bon nombre de ces applications, en particulier dans les installations de COMMUNICATION PAR SATELLITE. Le premier satellite canadien, Alouette I, est lancé en 1962 et le premier satellite de télécommunications, Anik A-1, est mis sur orbite en 1972 par Telesat Canada (*voir* TECHNOLOGIE SPATIALE). Les satellites de télécommunications relayent les signaux des stations terrestres émettrices vers les stations terrestres réceptrices. Les satellites canadiens relayent maintenant les signaux radio, les signaux de télévision, les signaux téléphoniques et les données informatiques vers les stations réceptrices terrestres, mais les satellites du futur pourront servir à la défense du pays, à la cartographie des gisements minéraux, à la surveillance des récoltes, etc.

Ordinateurs Les ingénieurs électriciens conçoivent et fabriquent des composants d'ordinateur et des appareils périphériques (tels que les imprimantes et les terminaux vidéo). Ils travaillent aussi dans les nombreux domaines où l'on exige une connaissance plus approfondie du matériel informatique, comme la conception des ordinateurs de gestion et des ordinateurs personnels. Les ingénieurs électriciens résolvent des problèmes techniques ou surveillent et commandent des processus compliqués à l'aide d'ordinateurs. Dans d'autres situations, comme en ROBOTIQUE et pour l'asservissement des systèmes, ils utilisent les micro-ordinateurs et le matériel connexe comme parties d'un système intégré (*voir* INTELLIGENCE ARTIFICIELLE).

Logiciels La plupart des premiers logiciels étaient conçus de façon déstructurée. La complexité des systèmes de logiciels modernes a nécessité des méthodologies de conception hautement structurées et a créé une nouvelle discipline: le génie logiciel. À titre d'exemple, citons le Système canadien automatisé de la circulation aérienne, dont le logiciel est en cours d'élaboration chez MacDonald Dettwiler and Associates, à Richmond, en Colombie-Britannique. Ce logiciel comprend plus d'un million de lignes de programmation et est créé par une équipe de 100 spécialistes en logiciels. La sûreté et le fonctionnement en temps réel qui sont les exigences clés de la conception, nécessitent des méthodologies minutieuses de conception et de contrôle de la qualité. Il n'y a actuellement pas plus de 10 spécialistes en logiciels par concepteur de matériel informatique.

Énergie électrique Avant de construire de nouvelles centrales, les ingénieurs électriciens ont recours à des simulations pour déterminer la taille des génératrices, vérifier les caractéristiques des appareils de commande et obtenir d'autres informations pertinentes. Durant la mise en service des grosses génératrices et, plus tard, durant leur fonctionnement, les ingénieurs électriciens analysent les problèmes d'utilisation et déploient tous leurs talents pour maintenir et améliorer la qualité du service offert aux particuliers et aux industries.

Les génératrices et leurs sources d'énergie, les turbines à vapeur et les turbines hydrauliques, sont commandées par des modules électroniques constitués de transistors, de microprocesseurs et de dispositifs électromagnétiques. Les élèves ingénieurs électriciens doivent étudier la théorie de la régulation, l'INFORMATIQUE et les principes des réseaux de distribution d'énergie.

Les progrès récents en supraconduction – lorsque, p. ex., la résistance d'un conducteur est abaissée par réfrigération – sont appliqués à la conception des génératrices. La magnétohydrodynamique (M.H.D.), dans laquelle un fluide conducteur conduit un courant électrique par interaction avec un champ magnétique, est une autre façon de générer de l'électricité. Les ingénieurs électriciens participent à ces innovations et au développement de sources d'énergie de rechange comme l'énergie éolienne, l'énergie solaire et l'énergie marémotrice.

Transport Au début, les ingénieurs électriciens s'intéressaient, en matière de transport, aux commandes par moteur électrique, mais leur champ d'intérêt s'est élargi. La planification et le contrôle de la circulation par ordinateur augmentent la sécurité et le bien-être du public, comme le fait aussi l'électronique dans les systèmes de télécommunications des tours de contrôle des aéroports et des aéronefs. On s'attend à ce que le transport de charges utiles dans l'espace à l'aide de fusées perdues et de véhicules récupérables (comme la navette spatiale) continue d'être très actif.

Domaine biomédical L'utilisation de l'électronique et des micro-ordinateurs destinés à la RECHERCHE MÉDICALE, pour soigner les patients et pour les opérer, est une autre application. Les ingénieurs électriciens conçoivent et construisent aussi des dispositifs de surveillance et d'analyse des électrocardiogrammes et des électro-encéphalogrammes et de contrôle des équipements de soins intensifs. Les ingénieurs électriciens exercent leurs talents dans l'application des LASERS à la médecine et dans l'utilisation des rayons X, de la résonance magnétique et des scanners ultrasoniques qui permettent de visionner en trois dimensions les organes corporels.

Télédétection Le Canada est devenu un chef de file mondial pour la technologie touchant à la TÉLÉDÉTECTION. Il arpente périodiquement de grandes zones de terre ferme et d'océans à l'aide de capteurs montés à bord d'aéronefs ou de satellites. Ce sont des capteurs optiques et des capteurs radar qui peuvent mesurer des paramètres relatifs à la météorologie, aux forêts, au sol, aux vagues des océans et à la glace marine. Les ingénieurs électriciens et informaticiens sont les concepteurs et les constructeurs clés de ces systèmes très importants pour le Canada, car, sans eux, il serait difficile de surveiller une grande partie de ce vaste territoire. Le bijou du programme de télédétection du Canada est le satellite RADARSAT. Lancé en novembre 1995, il peut arpenter quotidiennement toute la glace du Nord canadien, surveiller les récoltes et détecter les catastrophes naturelles.

Domaine militaire et de la défense L'utilisation de systèmes de guidage de fusées commandés par microprocesseurs et de dispositifs électroniques sophistiqués permettant de détecter et d'intercepter des missiles assaillants rend les militaires plus dépendants du génie électrique. La Seconde Guerre mondiale a hâté le développement du RADAR pour orienter les canons vers les aéronefs assaillants. Depuis lors, les établissements militaires de nombreux pays ont accéléré le développement de nombreux dispositifs renfermant des micro-processeurs et d'autres composants électroniques. Une de ces nouvelles technologies habilitantes est le traitement numérique des signaux par lequel les ordinateurs améliorent les performances des stations radar et des stations sonar modernes.

Formation L'U. McGill élabore un des premiers programmes de génie électrique en 1891. En 1907, trois professeurs de l'U. du Nouveau-Brunswick enseignent le génie électrique. Depuis lors, les effectifs ont augmenté dans les universités canadiennes. Ils sont de 6675 en 1982 et de 8170 en 1991. Le programme d'études est fixé par le Conseil canadien des ingénieurs. Le Bureau canadien d'accréditation des programmes d'ingénierie passe en revue périodiquement celui de chaque université. Des sociétés savantes telles que l'Institut des ingénieurs électriciens et électroniciens parrainent des conférences et des réunions, au Canada et aux États-Unis, pour échanger des informations techniques. D'autres organismes, comme l'Association canadienne de l'électricité, financée par de nombreux SERVICES PUBLICS D'ÉLECTRICITÉ canadiens, organisent des conférences techniques et financent des projets de recherche liés à l'industrie de l'énergie électrique.

K.E. Bollinger et Ian Cumming

Génie génétique Ensemble des concepts, méthodes et techniques permettant de modifier artificiellement la composition génétique (le «génome») des cellules ou des organismes. Le génome se transmettant aux descendants, la modification se perpétue. Comme c'est le génome qui préside aux activités biologiques, sa manipulation peut modifier sérieusement les fonctions biologiques. Dans son sens le plus large, la définition de génie génétique englobe la sélection artificielle de PLANTES et d'ANIMAUX, pratiquée volontairement ou non depuis la préhistoire pour créer des variétés domestiques. La sélection artificielle délibérée des êtres humains (EUGÉNIQUE) se heurte généralement à la désapprobation pour de multiples raisons sociologiques, éthiques et biologiques. Le terme génie génétique a été introduit à la suite de la mise au point, au milieu des années 70, de moyens artificiels pour transférer des gènes (facteurs génétiques, segments d'ADN) entre des espèces apparentées de façon éloignée.

Transfert génique interespèce Ce transfert se produit à l'état naturel. Les hybrides interespèces issus de la reproduction sexuée peuvent conduire à l'apparition de nouvelles espèces dotées des caractères génétiques des deux espèces de départ. L'hybridation interespèce a joué un rôle important dans la sélection des plantes cultivées. On peut également produire des hybrides interespèces entre des espèces sexuellement incompatibles. On peut fusionner des cellules végétales et animales pour produire des lignées de cellules hybrides viables. Comme les cellules végétales hybrides de culture peuvent, par régénération, produire des plantes entières, la fusion cellulaire permet des croisements entre des espèces sexuellement incompatibles. La plupart des cellules animales ne peuvent se régénérer pour reconstituer des spécimens complets, mais la fusion des cellules productrices d'anticorps (difficiles à cultiver) et de cellules «transformées» (cancériformes) donne naissance à des souches de cellules immortelles, chacune produisant un anticorps particulier, appelé anticorps monoclonal. Ces lignées cellulaires peuvent servir à la fabrication commerciale de produits de diagnostic et d'anticorps utilisés dans le traitement de maladies. Les fusions mettant en jeu des cellules humaines jouent un grand rôle dans les recherches sur l'hérédité humaine et les MALADIES HÉRÉDITAIRES.

Dans la nature, le transfert génique entre des espèces sexuellement incompatibles se produit également. Ainsi, des gènes peuvent être transmis d'une espèce à l'autre au cours d'une infection virale. Dans son sens le plus restreint, le génie génétique exploite la possibilité de ces transferts entre des espèces peu apparentées. Il existe deux principales méthodes. Dans la première, on implante les gènes d'un organisme dans un autre de telle sorte qu'ils fonctionnent chez l'hôte. Dans la seconde, le nouvel hôte (souvent un micro-organisme) produit une certaine quantité du segment d'ADN qui contient le gène étranger, qu'on peut ainsi analyser et modifier en éprouvette avant de le rendre à l'espèce d'où le gène est issu. Le Dr Michael SMITH de l'U. de la Colombie-Britannique a été le cotitulaire du PRIX NOBEL de chimie en 1993 pour avoir inventé l'une des méthodes les plus directes pour modifier la structure d'un gène en éprouvette, soit la technique connue sous le nom de mutagenèse *in vitro*.

Le progrès soutenu du génie génétique moderne repose sur un certain nombre de découvertes techniques importantes: le clonage, le clonage des gènes et le séquençage de l'ADN.

Clonage On entend par clonage la production d'un groupe de cellules ou d'individus génétiquement identiques issus d'une cellule unique. Tous les clones ont effectivement le même patrimoine génétique. La plupart des organismes monocellulaires, de nombreuses plantes et quelques animaux multicellulaires se reproduisent par clonage (reproduction asexuée). Chez les humains, les vrais jumeaux sont des clones, car ils se développent après la séparation des premières cellules formées à partir d'un seul ovocyte fécondé.

Le clonage ne fait pas partie à proprement parler du génie génétique puisque le génome demeure normalement inchangé, mais c'est une méthode pratique pour multiplier des organismes créés par manipulation génétique.

Alta Genetics, de Calgary, est un leader mondial en génie génétique du bétail. Cette entreprise utilise la polyembryonnie artificielle conjuguée à la fécondation in vitro et à la transplantation d'embryons. La manipulation d'hormones végétales dans les cultures de cellules végétales peut produire des clones, en l'occurrence des millions de plantules dont on peut faire de la semence artificielle.

Le clonage d'animaux obtenus par les techniques du génie génétique est généralement difficile. On a produit des clones de grenouilles en transplantant dans plusieurs œufs sans noyau des noyaux identiques prélevés au sein d'un même embryon. Cette technique ne s'applique pas aux mammifères. On peut cependant utiliser des cellules clonées de très jeunes embryons de mammifères (cellules souches embryonnaires) afin de reconstituer des animaux entiers. On recourt énormément à cette technique pour produire des souris par génie génétique. Il n'existe aucun exemple connu de clonage d'êtres humains par des moyens artificiels, ce qui n'empêche pas la population de réclamer fréquemment la réglementation du clonage humain et du génie génétique, pour les mêmes raisons qui poussent la plupart des commentateurs à rejeter l'eugénisme.

Clonage des gènes Ce type de clonage est une composante fondamentale du génie génétique. Un segment d'ADN provenant de n'importe quel donneur est combiné in vitro à une autre molécule d'ADN, appelée vecteur, pour former une molécule d'ADN «recombinant».

La conception de vecteurs appropriés constitue une importante branche pratique du génie génétique. L'insertion d'ADN nécessite la médiation de vecteurs différents selon le type de cellule. Pour les BACTÉRIES, les vecteurs proviennent de molécules d'ADN qui se transposent d'une cellule à une autre dans la nature (c.-à-d. des VIRUS bactériens et des plasmides). Les vecteurs mammaliens proviennent habituellement de virus mammaliens. Chez les plantes supérieures, le système privilégié est l'agent infectieux des tumeurs du collet.

Le clonage des gènes chez les microbes a atteint le stade des applications commerciales, dont l'une des plus remarquables est la mise en marché de l'INSULINE humaine produite par des bactéries. On peut se procurer maintenant de nombreux produits semblables comme les hormones de croissance, les facteurs de coagulation sanguine et les interférons antiviraux. Le clonage des gènes a révolutionné notre connaissance des gènes, des cellules et des maladies, et surtout du CANCER. Outre qu'il a porté le diagnostic des maladies héréditaires au plus haut niveau scientifique et nous a fourni des outils diagnostiques précis pour les maladies infectieuses, il est essentiel aux tests d'empreintes génétiques utilisés en médecine légale.

Séquençage de l'ADN C'est à la capacité de cloner les gènes qu'on doit directement la découverte d'une technique destinée à analyser avec précision la structure chimique de l'ADN, c.-à-d. le séquençage de l'ADN. Un projet de collaboration mondiale, le Projet génome humain, est en cours de réalisation avec comme but le clonage et le séquençage de la totalité de l'ADN humain, qui contient environ 100 000 gènes. Cependant, il est clair qu'il faudra encore des décennies, sinon des siècles, pour déchif-

frer la signification biologique de la structure de l'ADN.

Pour éviter les risques potentiels que recèle le génie génétique, le clonage des gènes, même ceux des bactéries, est, au Canada et aux États-Unis, réglementé par l'État par l'intermédiaire des organismes scientifiques dispensateurs de subventions et, dans certains autres pays, régi par la loi. Le confinement biologique, autrement dit l'affaiblissement délibéré de la transmission des caractères héréditaires des cellules hôtes et des vecteurs, est obligatoire. Une réglementation particulièrement stricte s'applique dans les cas d'utilisation de mammifères et de plantes supérieures, exigeant un isolement physique.

Un travail considérable reste à accomplir, à la fois dans la mise au point de techniques et l'acquisition des connaissances de base nécessaires pour leur mise en application convenable. Néanmoins, le génie génétique laisse présager un monde de plantes de CULTURE et d'animaux de ferme taillés sur mesure, la guérison de maladies héréditaires grâce à la thérapie génique, une connaissance analytique du cancer et de son traitement, et un monde où la technologie chimique lourde que nous connaissons aujourd'hui sera en grande partie remplacée par des procédés plus doux de fermentation dépendant d'organismes.

Recherche au Canada Au Canada, la recherche en génie génétique s'effectue dans les laboratoires des universités, des entreprises et des organismes de recherche fédéraux et provinciaux. Dans le secteur industriel, des applications médicales sont mises au point, p. ex., aux Laboratoires Ayerst à Montréal, aux CONNAUGHT LABORATORIES LIMITED à Toronto et à l'INSTITUT ARMAND-FRAPPIER à Laval-des-Rapides, au Québec.

Dans le domaine de l'EXPLOITATION MINIÈRE et de la MÉTALLURGIE, l'Inco cherche des applications, et la brasserie JOHN LABATT LTÉE a adapté des techniques de l'ADN recombinant aux technologies brassicoles. Un grand nombre de compagnies canadiennes sont actives en recherche-développement de produits mis au point par génie génétique, notamment dans les domaines de l'INDUSTRIE PHARMACEUTIQUE et des produits de diagnostic. La moitié des instituts de recherche exploités par le gouvernement fédéral du CONSEIL NATIONAL DE RECHERCHES DU CANADA consacrent une part importante de leurs activités au génie génétique; mentionnons entres autres l'Institut de recherche en biotechnologie (Montréal) et l'Institut de biotechnologie des plantes (Saskatoon) dont la mission touche en grande partie ce domaine. La Veterinary Infectious Disease Organization, établie à l'U. de la Saskatchewan, utilise les technologies de recombinaison de l'ADN pour produire de nouveaux vaccins contre les maladies du bétail. (*Voir aussi* ANIMAUX, ÉLEVAGE DES; PLANTES, SÉLECTION DES; BIOTECHNOLOGIE; TRANSPLANTATION.)

B.H. Lesser et David Nash

Génie mécanique Branche de l'INGÉNIERIE qui s'occupe de la conception, de la construction et du fonctionnement des machines. L'éventail d'utilisations pour lesquelles sont conçues les machines est très vaste, mais on peut les classer en trois grandes catégories: tout d'abord les machines de conversion d'énergie (qui comprennent les propulseurs, les échangeurs de chaleur, les réfrigérateurs, les thermopompes, les chaudières, les moteurs, les freins, les moulins à vent et les turbines); ensuite la machinerie de fabrication (qui comprend les tours, les perceuses, les laminoirs, les robots de chaîne de montage et les outils à main) et les appareils de transport (qui comprennent tous les véhicules, les convoyeurs et les pipelines, avec leurs compresseurs et leurs pompes). Enfin le génie mécanique intervient aussi dans la production de tous les biens et de tous les articles utilitaires. De plus de nombreux biens de consommation (tels que les appareils électroménagers) sont des machines.

Historique Le génie mécanique est né au moment de la révolution industrielle avec l'avènement de la machine à vapeur. Le domaine a évolué à mesure que les progrès dans les matériaux, la technologie de commande et de contrôle, et les méthodes de conception ont mené à des améliorations constantes au niveau des types de machines. Cette évolution s'est accélérée au cours des trente dernières années: les machines sont devenues plus efficaces, plus rapides, plus précises, plus économiques et davantage capables d'effectuer plusieurs fonctions. La croissance des usages industriels des ordinateurs durant la dernière décennie a encore plus accru cette accélération. Aujourd'hui, apparemment, le génie mécanique est sur le point de vivre une autre révolution, due, cette fois, à l'apparition de dispositifs microélectroniques bon marché et fiables, en particulier celui de capteurs de divers types et de microprocesseurs.

Les ingénieurs mécaniciens canadiens ont apporté plusieurs contributions technologiques de niveau international, dont des moissonneuses-batteuses automotrices, de l'équipement d'abattage pour les industries forestières, de l'outillage de production de pâtes et de papiers, et des génératrices hydroélectriques à turbine. Parmi les réalisations récentes, on compte le système de génération CANDU d'énergie nucléaire (*voir* CENTRALES NUCLÉAIRES), les moteurs d'aéronefs de la famille PT-6 mis au point par Pratt & Whitney Canada Inc., les MOTONEIGES et les trains légers-rapides-confortables (LRC) conçus par Bombardier Inc., et le BRAS SPATIAL CANADIEN élaboré pour la navette spatiale de la NASA et mis au point par Spar Aérospatiale Ltée.

Étant donné que le génie mécanique est une très vaste branche de l'ingénierie, il a fait naître de nombreuses spécialités.

Formation et sociétés Au Canada, la formation technique a probablement commencé dans les ateliers des chemins de fer, des usines et dans quelques écoles. Les cours magistraux en génie mécanique suivent la fondation d'écoles et de collèges de génie ou de science appliquée dans l'Est du Canada à la fin du XIXe siècle. En 1985, 24 universités canadiennes offrent des programmes reconnus, s'étalant sur quatre ans et conduisant à un baccalauréat spécialisé. La plupart des programmes de cycles supérieurs mènent à la maîtrise et au doctorat. Des instituts de technologie et de nombreux collèges communautaires offrent des programmes d'une durée de deux à quatre ans couronnés par des certificats et des diplômes en technologie du génie mécanique.

Les ingénieurs mécaniciens canadiens possèdent deux organisations professionnelles et techniques principales: la section du génie mécanique de leur association provinciale d'ingénieurs et la Société canadienne de génie mécanique. Cette société est fondée en 1970, tout comme une partie de l'Institut canadien des ingénieurs. Les associations provinciales et la Société organisent des réunions techniques et publient des périodiques diffusant des nouvelles techniques et professionnelles. La Société fait aussi état des progrès de la recherche dans sa publication *Transactions*. Une conférence technique biennale, le Canadian Congress of Applied Mechanics, offre une tribune afin d'échanger leurs idées sur la recherche en cours. Les ingénieurs mécaniciens canadiens sont aussi des membres actifs de nombreuses sociétés techniques internationales et étrangères. (*Voir aussi* INGÉNIERIE, HISTOIRE DE L'.)

T.A. Brzustowski

Génie minier Branche du GÉNIE qui traite de l'application des connaissances scientifiques et techniques de recherche portant sur les MINÉRAUX utiles, et leur production à partir de gîtes affleurants, souterrains ou sous-marins. Le génie minier, partie essentielle du génie minéral, s'intéresse aux travaux publics, tels que les tunnels, les métros, les centrales électriques et les abris, et est donc relié au GÉNIE CIVIL et au GÉNIE MÉCANIQUE. Les minéraux sont des substances inorganiques, mais les ingénieurs et les économistes les font habituellement dériver de matières organiques (p. ex., du CHARBON, du pétrole et du gaz naturel [*voir* PÉTROLE ET GAZ NATUREL]) dans leur classification. Une accumulation de minéraux s'appelle un gisement minéral si l'on peut en extraire avec profit des minéraux utilisables.

Histoire au Canada Les autochtones du Canada utilisaient déjà des minéraux (du CUIVRE, p. ex.) avant l'arrivée des Européens. Les premiers explorateurs de l'Amérique du Nord s'intéressent fortement au potentiel minéral du Nouveau Monde. Toutefois, on n'établit scientifiquement l'ampleur des richesses minérales canadiennes qu'à partir de la création de la COMMISSION GÉOLOGIQUE DU CANADA en 1842. Au milieu des années 1850 (surtout pendant la RUÉE VERS L'OR) commence une série d'importantes découvertes de minéraux utiles. Pour répondre aux besoins de personnel qualifié pour exploiter cette nouvelle richesse, on fonde des écoles de génie offrant des cours communs en génie civil, mécanique et minier. Ces écoles comprennent le King's College (Fredericton, au Nouveau-Brunswick, 1854); McGill (Montréal, 1871); la School of Practical Science (Toronto, 1873); l'École polytechnique (Montréal, 1873); le Royal Military College (Kingston, 1876) et la School of Mining and Agriculture (Queen's University, à Kingston, 1893). L'Institut canadien des mines et de la métallurgie est fondé en 1898 et comptait environ 11 000 membres en 1987.

L'économie canadienne reposant encore sur ses ressources, les ingénieurs minéraliers et miniers et leurs collègues qui découvrent et exploitent des minéraux utiles (géologues, géophysiciens, géochimistes et ingénieurs électriciens, mécaniciens, chimistes et métallurgistes) continuent de jouer un rôle indispensable dans le bien-être économique du pays. Des améliorations continuelles dans la technologie minière diminuent grandement les risques pour les employés des mines (*voir* MINES, SANTÉ ET SÉCURITÉ DANS LES). Les progrès canadiens en logistique de l'extraction minérale, tels le transport par eau d'une usine préfabriquée de traitement des minerais vers un endroit éloigné, élargissent la gamme des ressources utilisables. Les technologies d'extraction du roc des minerais requis progressent également beaucoup.

Applications L'ordre normal des activités du génie minéral est l'exploration (c.-à-d. la PROSPECTION), l'évaluation, le financement, la mise en exploitation et l'extraction du minerai, puis la séparation, la concentration et l'affinage des minéraux désirés à l'aide de procédés chimiques, physiques, électriques et métallurgiques. L'élimination écologique des déchets fait partie intégrante de ces procédés. L'exploration peut encore se faire par les prospecteurs traditionnels qui cherchent les affleurements ou autres preuves apparentes de la présence d'un gisement minéral. L'exploration minière moderne recourt toutefois de plus en plus aux techniques de TÉLÉDÉTECTION hautement organisées et spécialisées. Les avantages de la cartographie géologique de la surface augmentent considérablement grâce à la photographie aérienne ou au satellite. La géophysique traite de la détection d'anomalies des mesures gravitationnelles, sismiques, magnétiques, électromagnétiques, de la radioactivité et de la conductivité électrique de la croûte terrestre. Ces variations peuvent révéler la présence de grands gisements souterrains de minéraux. La géochimie (*voir* GÉOLOGIE) permet de déceler des concentrations inhabituelles de produits chimiques dans les sols, l'eau et la végétation de surface, indices de la proximité d'un gisement de minerai.

L'évaluation de la présence de minéraux, visant à déterminer leur valeur potentielle et à établir des quantités confirmées, probables ou possibles de minerai, exige un échantillonnage détaillé de trous creusés à l'aide de foreuses au diamant. Même lorsqu'un forage approfondi a révélé la présence d'un corps minéralisé, il peut être nécessaire de prélever des échantillons des puits, des galeries, des chambres et des travers-bancs souterrains, afin de calculer précisément la valeur du gisement et de déterminer les coûts de l'EXPLOITATION MINIÈRE. Des installations-pilotes peuvent être montées pour confirmer ou modifier les méthodes d'exploitation et les systèmes de traitement. En raison de la haute compétitivité des industries minières, l'évaluation de gisements de minerai relativement pauvres devient de plus en plus rigoureuse. Les méthodes de financement de la production minérale dépendent du risque et des capitaux nécessaires aux procédures de récupération. Habituellement, la création d'une société à responsabilité limitée et la vente d'actions participatives sont nécessaires. Une partie ou la totalité du financement peut également venir d'emprunts garantis par le minerai et dont la présence a été confirmée au stade de l'évaluation.

Certains minéraux (p. ex., le PÉTROLE) peuvent être extraits de la terre par des trous forés, en utilisant la pression induite et les solvants. Le dragage est pratiqué pour extraire des matériaux sous-marins non consolidés. La récupération de minéraux provenant des fonds marins nécessite un perfectionnement de la méthode de dragage (*voir* EXPLOITATION MINIÈRE EN MER). Les minéraux peuvent aussi être lixiviés à partir de gisements souterrains ou de surface par le passage de solvants ou de liquide microbien, suivi d'une précipitation ou d'une autre élimination adéquate des matières lixiviées. Les gisements de surface ou souterrains peuvent être exploités avec des méthodes d'extraction à ciel ouvert ou souterraine.

Dans l'étape préparatoire de l'exploitation, les ingénieurs miniers prendront des décisions complexes sur la vitesse d'extraction du minerai, les méthodes d'extraction et le traitement du minerai cassé. Un calendrier d'une importance cruciale est établi, sur lequel on se base pour acheter l'équipement et solliciter la main-d'œuvre. Ces décisions étant souvent reliées, le planificateur de l'exploitation participe au choix du matériel destiné au forage, au minage, à l'élimination des déchets, au transport, au pompage, à l'alimentation, à l'aérage, au soutènement et à la sécurité du personnel. La conception et la construction des installations d'extraction et de traitement, les logements et toutes les autres infrastructures nécessaires dépendent de l'emplacement de la mine et des moyens de transport accessibles.

La plupart des opérations d'extraction nécessitent une forme de traitement du minerai cassé. Ce traitement peut être le concassage et le lavage ou comprendre d'autres étapes (p. ex., broyage, criblage, flottation, séparation par gravité, cyanuration, lixiviation, précipitation, filtration, grillage), le but final étant de séparer les déchets de la matière utile, qui sera concentrée selon les exigences du client ou préparée en vue d'autres traitements, comme la fonte ou l'électroraffinage (*voir* MÉTALLURGIE).

Les considérations environnementales exigent qu'une grande attention soit portée à l'élimination des déchets. Les émissions atmosphériques doivent être traitées afin d'éliminer les substances chimiques et les particules solides inadmissibles. L'eau traitée devrait être recyclée dans le circuit de traitement du minerai et, avant son déversement, retraitée dans le but d'éviter que des substances indésirables n'aboutissent dans les cours d'eau. Les solides en suspension sont filtrés ou déposés dans des bassins à accès limité. Lorsque les réserves de minerai ont été entièrement extraites, l'emplacement doit être restitué dans un état respectant l'environnement. Ainsi, les installations doivent être démantelées, les accès aux installations souterraines scellés, les fondations des bâtiments détruites et enterrées et les terrils aplanis, épousant le relief local, semés ou plantés.

T.W. Kierans et W.G. Wegenast

Gens-du-Sang ou Kainahs Ils forment une des trois tribus qui composent la NATION DES PIEDS-NOIRS. Dans leur langue, ils se nomment Kainahs, une déformation du mot *a-kainah*, signifiant «plusieurs chefs». Ils sont de souche linguistique algonquine et parlent la même langue que les Pieds-Noirs et les PEIGANS, avec de légères variations dialectales (*voir* AUTOCHTONES, LANGUES DES).

Les Gens-du-Sang occupaient jadis les territoires de chasse compris entre les rivières Red Deer et Belly, mais, au milieu du XIXᵉ siècle, ils se déplacent plus au sud, dans les régions du lac Pakowki et des rivières Belly et Teton. Ils pénètrent souvent loin à l'intérieur du Montana et commercent aussi fréquemment avec l'American Fur Co. qu'avec la COMPAGNIE DE LA BAIE D'HUDSON. Nomades et chasseurs de bisons (*voir* BISON, CHASSE AU), ils ont des sociétés religieuses complexes et la réputation d'être de redoutables guerriers. Leurs ennemis comprennent les tribus CRIES, KOOTENAYS, shoshonies et crows. Pendant la période nomade, la population des Gens-du-Sang compte de 2500 à 3500 âmes, tombe à 1750 après l'épidémie de variole de 1837 et, en 1996, remonte à 8338.

À la fin du XVIIIᵉ siècle, le grand chef de la tribu est Bull Back Fat, auquel succèdent deux descendants du même nom. Le second Bull Back Fat fait la paix avec les Américains en 1831, leur permettant d'ouvrir des postes de traite dans la région de la rivière Missouri supérieure. En 1855, sous Father of Many Children, Bull Back Fat et Seen From Afar, les Gens-du-Sang signent un traité avec les Américains. En 1877, RED CROW, neveu de Seen From Afar, est le chef signataire du traité nº 7 avec le gouvernement canadien et demeure le leader de la tribu jusqu'à sa mort, en 1900.

À l'origine, les Gens-du-Sang reçoivent une réserve adjacente à celle des Pieds-Noirs (Siksikas) sur la rivière Bow. Mais, en 1880, ils déménagent dans un nouveau lieu situé entre les rivières St. Mary et Belly, où ils établissent la plus grande RÉSERVE INDIENNE au Canada. Au cours des années 1890, ils lancent une industrie d'élevage prospère et deviennent, au tournant du siècle, des agriculteurs d'importance. Au fil des ans, ils acquièrent la réputation d'être un peuple fier et travailleur qui a conservé bon nombre de ses valeurs culturelles. Comme les autres tribus, ils ont subi les tensions de l'intégration et de la rupture sociale, mais semblent avoir mieux réussi à composer avec ces problèmes que d'autres peuples des Premières nations. (*Voir aussi* AUTOCHTONES: LES PRAIRIES et des articles généraux sous AUTOCHTONES.)

Hugh A. Dempsey

Gentiane Ce terme englobe plusieurs plantes de la famille des gentianacées, du genre *Gentiana*. Le genre comprend environ 400 espèces d'herbacées vivaces, dont certaines ont un aspect malingre, tandis que d'autres portent de belles grandes fleurs en forme de trompette, souvent de couleur bleue. Présent surtout sous des températures nordiques et dans les écozones arctiques, le genre se développe mieux dans les montagnes d'Europe et d'Asie, d'où provient un nombre important d'excellentes plantes de jardin. On en retrouve au moins 16 espèces au Canada, principalement en terrains humides. La plupart se trouvent à l'ouest de l'Ontario, mais certaines sont arctiques. Aucune n'a été recensée à l'Île-du-Prince-Édouard et en Nouvelle-Écosse.

Utilisation médicinale En Europe, la racine de la gentiane jaune (*G. lutea*) était couramment employée comme tonique pour stimuler l'appétit et favoriser la digestion. La gentiane d'Andrews (*G. andrewsii*), indigène de l'est du Canada, est renommée pour les mêmes propriétés. Les Amérindiens et les colons européens utilisaient toutes les espèces de gentiane pour faire un tonique amer qui se préparait en faisant infuser les feuilles et les racines. Les colons amélioraient l'infusion en y ajoutant une dose de brandy.

Gillian Ford

Geoffrion, Bernard, dit Boum Boum, joueur de hockey (Montréal, 16 févr. 1931). En 1950, il se joint aux CANADIENS DE MONTRÉAL avec lesquels il joue pendant 14 ans. Grâce à sa persévérance, à son tir foudroyant et à son jeu fougueux, il figure parmi les plus grands marqueurs de l'histoire du hockey. Il remporte le TROPHÉE CALDER (1951-1952), le TROPHÉE ART ROSS (1954-1955 et 1960-1961) et le TROPHÉE HART (1960-1961). En 1961, il est le 2ᵉ joueur (après Maurice RICHARD) à réussir 50 buts dans une saison. Après une courte retraite, il se joint aux Rangers de New York (1966-1968). Il a marqué 393 buts et 429 aides en 16 saisons et 58 buts et 60 aides en séries éliminatoires. Membre du Temple de la renommée du hockey depuis 1972, Geoffrion est élu au Temple de la renommée des sports du Canada en 1994.

James Marsh

Géographie Science qui a pour objet premier de décrire et d'analyser les phénomènes physiques et environnementaux, ainsi que leurs relations réciproques, de même que l'évolution des POPULATIONS humaines et l'impact de leurs activités sur la terre. Tout comme l'histoire interprète les séquences temporelles, ainsi la géographie interprète les séquences et associations spatiales.

Champs d'étude La géographie se subdivise en de nombreux champs d'étude qui mettent l'accent sur des aspects divers. La GÉOGRAPHIE PHYSIQUE décrit et analyse les phénomènes physiques, leur répartition et leurs relations avec les éléments du milieu physique : relief, CLIMAT, VÉGÉTATION, SOLS et drainage. Les principaux champs d'étude correspondant à ces éléments sont la GÉOMORPHOLOGIE, la CLIMATOLOGIE, l'HYDROLOGIE et la BIOGÉOGRAPHIE.

La géographie humaine s'intéresse davantage aux humains et cherche à déterminer les raisons qui sous-tendent le lieu d'implantation des activités humaines et l'impact de ces activités sur le bien-être et la qualité de vie des habitants. Ses champs d'étude sont la géographie culturelle, historique, économique, politique et urbaine. La géographie permet également d'établir un lien essentiel entre les sciences physiques et les SCIENCES SOCIALES, particulièrement en ce qui a trait aux études environnementales. Cette discipline est enseignée à la fois dans une perspective thématique (géomorphologie, géographie économique, etc.) et dans une perspective régionale, c.-à-d. en tant qu'étude des relations réciproques entre les divers modes et processus touchant une région ou une localité donnée.

De nouveaux champs de spécialité ont également vu le jour, tels que l'analyse des politiques d'aménagement de l'espace, la géographie de la commercialisation, les études portant sur la répartition des sexes, et la méthodologie (SYSTÈMES D'INFORMATION GÉOGRAPHIQUE ou SIG). Des programmes de collaboration ont également été mis sur pied en matière de planification, d'études ethnoculturelles, d'études sur les zones étrangères ainsi qu'en sciences de la terre et de l'environnement.

Historique de la discipline La géographie est l'une des plus anciennes disciplines qui soit. Son origine remonte à l'époque des Grecs érudits il y a 2000 ans (du grec *geo*, terre, et *graphos*, écrire). La géographie moderne est née en Allemagne au cours de la seconde moitié du XIXᵉ siècle et s'est répandue en France et en Angleterre au début du XXᵉ siècle. Avant 1940, la géographie était dans la plupart des pays une discipline essentiellement académique. L'utilisation des connaissances relatives à l'environnement et aux ressources physiques et humaines a pris beaucoup d'importance au cours de la Seconde Guerre mondiale, et les possibilités de carrière en géographie appliquée sont devenues beaucoup plus intéressantes après 1945. La philosophie et les méthodes de la géographie moderne ont été en grande partie introduites au Canada par des Canadiens formés dans des universités américaines et britan-

niques au cours des années 1950 et 1960. Les autres géographes sont venus d'Allemagne, de France, des Pays-Bas et de Scandinavie.

En 1922, l'U. de la Colombie-Britannique a été la première université canadienne à se doter au moins partiellement d'un département de géographie, avec la création d'un département conjoint de géologie et de géographie. L'enseignement était donné par des professeurs de géologie. Les premiers géographes universitaires viennent de France au milieu des années 20 afin d'enseigner à l'U. de Montréal. En 1935, l'U. de Toronto crée le premier véritable département de géographie, dirigé par T. Griffith TAYLOR, un géographe britannique qui a enseigné en Australie et a effectué des recherches en Antarctique. Au cours des années 50, la plupart des universités canadiennes mettent sur pied un département de géographie. Plus de 45 collèges et universités comptent désormais un département de géographie ou offrent des programmes dans cette discipline.

Avant 1940, le terme «géographe» est utilisé par les gouvernements fédéral et provinciaux pour désigner les personnes qui dressent des cartes (*voir* CARTOGRAPHIE) et sont souvent spécialisées en dessin technique ou en ARPENTAGE. En 1943, le gouvernement engage son premier géographe professionnel, J. Lewis Robinson, et, dès le début des années 1950, la plupart des provinces emploient des géographes pour effectuer des études sur l'aménagement et l'UTILISATION DES RESSOURCES.

Organismes et revues En 1951, une cinquantaine de géographes, principalement originaires du Québec et de l'Ontario, se réunissent à l'U. McGill de Montréal afin de créer l'Association canadienne des géographes. Son premier président est Donald Putnam, de l'U. de Toronto. L'association compte maintenant plus d'un millier de membres et publie deux revues trimestrielles, *Le géographe canadien* et The CAG *Newsletter /Bulletin*. Des sociétés géographiques, non professionnelles et ouvertes au public, existent dans certaines régions du pays. Le plus ancien organisme de ce genre est la Société géographique du Québec qui a été créée en 1877. Le plus important est la Société géographique royale du Canada, fondée en 1929, qui publie la très populaire revue CANADIAN GEOGRAPHIC.

Applications Les géographes sont appelés à travailler dans des champs d'activité de plus en plus diversifiés. Pour bien des étudiants, la géographie fait encore partie de la formation générale qui leur permet ensuite de s'intéresser de plus près à des domaines comme la mise en valeur du milieu naturel, l'étude des ressources naturelles ou encore l'étude des activités humaines en milieu rural ou urbain. De nombreux étudiants choisissent toutefois de se diriger vers des domaines comme la planification urbaine ou rurale, les études environnementales, l'architecture, le droit, le commerce, l'administration ou encore l'enseignement. Au milieu des années 1970, un nombre toujours croissant de diplômés en géographie trouvent de l'emploi au sein du gouvernement ou dans l'industrie, dans des domaines en pleine expansion comme la commercialisation de détail, l'ÉVALUATION ENVIRONNEMENTALE, le développement économique local et l'implantation industrielle. D'autres œuvrent dans des domaines plus techniques, tels que la lecture de données spatiales, la conception, l'établissement et la lecture des cartes, activités qui exigent des connaissances en matière de systèmes d'information géographique et de méthodes statistiques.

Chaque année, les universités canadiennes décernent au-delà de 200 maîtrises en géographie. La plupart de ces géographes deviennent professeurs au collégial, planificateurs, chercheurs et administrateurs dans les secteurs public et privé, ou encore géographes dans l'entreprise et l'industrie. Des doctorats en géographie sont décernés chaque année à environ 45 personnes, qui deviennent pour la plupart professeurs à l'université.

J. Lewis Robinson et Larry S. Bourne

Géographie historique Elle s'intéresse à la géographie du passé de même qu'aux changements survenus dans les modèles géographiques au fil du temps. Les spécialistes en géographie historique étudient soit un ou plusieurs aspects de la GÉOGRAPHIE d'une région, tels que la population ou l'utilisation des terres au cours d'une période donnée de l'histoire (étude du profil d'une région ou approche synchronique), soit une seule facette ou un seul élément de l'évolution d'une région (approche diachronique). L'approche synchronique révèle les corrélations entre plusieurs éléments qui se trouvent dans un même lieu à une période donnée, ainsi que la vie d'une région à un moment précis. L'approche diachronique met l'accent sur les processus et sur la pensée et l'activité humaine qui sous-tendent les changements dans les modèles géographiques.

Champ d'études distinct Au Canada, la géographie historique n'est reconnue comme champ d'étude, d'enseignement et de recherche universitaires qu'à partir des années 1950. Toutefois, l'expression «géographie historique» est utilisée dès 1749 dans une brochure britannique décrivant la Nouvelle-Écosse. La première étude d'envergure de géographie historique portant sur le Canada est celle de J.D. Rogers, intitulée *A Historical Geography of the British Colonies – Canada – Part III Geographical* (1911). Cet ouvrage, publié en Angleterre, présente une description et une analyse de la colonisation du Canada. En 1936, le géographe allemand Carl Schott analyse la colonisation agricole dans le sud de l'Ontario.

Évolution de la spécialisation Au cours des années 1950 et 1960, les départements de géographie des universités canadiennes prennent de l'ampleur au moment où les jeunes géographes historiques établissent des cours et publient leurs recherches. Un champ d'études distinct s'est développé, sous la poussée des travaux d'historiens et d'historiens de l'économie, tels que H.A. INNIS. Toutefois, les travaux des géographes portent plus particulièrement sur les configurations spatiales de la Terre et sur leur évolution, ce qui les distingue des historiens. Un nombre considérable de spécialistes en géographie historique ont fait des études supérieures aux États-Unis. Andrew H. CLARK (natif du Canada et influencé par Innis) de l'U. du Wisconsin est d'ailleurs une figure de proue dans le domaine. D'autres ont reçu leur formation universitaire en Grande-Bretagne.

Spécialistes canadiens en géographie historique Les spécialistes en géographie historique concentrent généralement leurs études sur le Canada, mais quelques-uns portent une attention particulière à d'autres parties du monde et ont publié des recherches sur la Chine, l'Europe, l'Amérique latine, l'URSS, l'Afrique du Sud et les États-Unis. Au Canada, quelques chercheurs ont adopté l'approche synchronique et ont ainsi reconstruit la géographie d'une région à une époque donnée, mais la plupart d'entre eux s'intéressent plutôt aux changements géographiques au fil du temps. Ils abordent des sujets comme la géographie historique culturelle des peuples autochtones en rapport avec l'économie de la TRAITE DES FOURRURES, le profil spatial de l'IMMIGRATION et le transfert des cultures de l'Ancien au Nouveau Monde, l'établissement rural, l'utilisation des terres et les modèles de peuplements en fonction du développement des ressources primaires, l'établissement d'agglomérations urbaines, et leur développement fonctionnel et leur évolution par rapport aux ressources principales et aux axes d'échanges, de même que les origines et l'évolution de paysages ruraux et urbains distinctifs, y compris les édifices.

Facteurs importants Si l'on reconnaît de plus en plus l'importance de la culture en ce qui a trait au développement géographique, la recherche en est encore à ses débuts quant aux attitudes de la population face à son environnement et à l'influence qu'elle exerce sur lui. Il en va de même pour la géographie historique de la fabrication. On étudie l'histoire de la cartographie du Canada et on produit des atlas facsimilés pour montrer comment les cartes peuvent être utilisées afin d'interpréter l'évolution géographique d'une région. À la fin des années 70 et au début des années 80, des géographes historiques, cartographes et autres spécialistes ont uni leur forces pour préparer un énorme atlas historique du Canada en 3 volumes, couvrant la période allant de l'époque glaciaire jusqu'au milieu du XXᵉ siècle. Le premier volume a été publié en 1987.

Les spécialistes de la géographie historique ne sont pas les seuls à faire de la recherche dans ce domaine. Il arrive que les géographes qui étudient normalement la période contemporaine adoptent l'approche historique dans l'étude d'un phénomène particulier. De même, des géographes historiques peuvent se pencher parfois sur des problèmes contemporains, mais ils se concentrent habituellement sur le passé et connaissent bien les archives, les ressources sur le terrain et la documentation scientifique liées à une période et à un lieu précis.

J. Warkentin

Géographie physique Grande division de la GÉOGRAPHIE qui décrit et analyse la répartition des éléments physiques et biochimiques de l'environnement, interprète les données des systèmes environnementaux situés tout près ou à la limite de l'atmosphère, de la lithosphère (partie rigide de la croûte terrestre), de la biosphère ou de l'hydrosphère (la réserve d'eau de la terre), et détermine la capacité de ces systèmes à supporter l'activité humaine à la surface de la terre ou près de cette dernière. En Europe, la GÉOMORPHOLOGIE relève de la géographie physique, tandis qu'en Amérique du Nord elle relève surtout de la GÉOLOGIE. Les deux écoles de pensée sont représentées dans les universités canadiennes.

Historique Au Canada, la géographie physique est née de l'exploration scientifique. Aux XVIIᵉ et XVIIIᵉ siècles, les explorateurs ont fourni des descriptions de l'environnement physique local et régional, mais la première contribution importante dans ce domaine est l'œuvre de David THOMPSON. Il procède à de minutieux relevés topographiques, note régulièrement ses observations météorologiques et astronomiques, traite d'hydrologie et d'écologie, et enfin évalue les ressources et décrit les cultures et caractéristiques du peuplement de l'Ouest canadien. La carte de l'ouest du Canada, dressée par Thompson en 1814, constitue un point tournant dans le développement de la géographie physique au Canada (*voir* CARTOGRAPHIE, HISTOIRE DE LA). John RICHARDSON participe aux expéditions FRANKLIN de 1819 à 1822 et de 1825 à 1827. Ses relevés de la géologie et de la physiographie de la vallée du Mackenzie et du littoral arctique sont les premiers d'une longue série de relevés physiographiques en milieu nordique.

La création de la COMMISSION GÉOLOGIQUE DU CANADA (CGC) en 1842 marque une autre étape importante dans cette discipline. L'EXPÉDITION PALLISER (1857 à 1860), financée par la Royal Geographical Society, et l'expédition Hind-DAWSON (1857 à 1858), appuyée par le gouvernement du Canada, permettent de recueillir des informations sur le climat, la végétation, la géologie et le relief dans l'Ouest canadien. Henry Y. HIND démontre l'influence considérable de la GLACIATION au Canada. En 1848, paraît en Angleterre l'ouvrage de Somerville intitulé *Physical Geography*, premier livre à porter un tel titre. En 1853, Herschel fait pour la première fois référence à la géographie physique dans l'*Encyclopædia Britannica*. La plus grande partie de l'information recueillie lors des expéditions scientifiques au Canada est intégrée à la géographie physique européenne. Au cours des années 1860, on met sur pied le Service météorologique du Canada, et en 1870 la juridiction de la CGC est étendue à l'Ouest canadien.

Ceci entraîne la publication de descriptions détaillées du milieu physique et l'extension du réseau météorologique à l'Ouest et au Nord. En 1894, John MACOUN traite des FORÊTS du Canada et de leur répartition (*voir* SOL). En 1914, le Collège d'agriculture de l'Ontario à Guelph procède à l'un des premiers relevés pédologiques complets au Canada. À partir de 1890, le Service fédéral des forces hydrauliques du ministère de l'Intérieur publie régulièrement des rapports sur les INONDATIONS.

En tant que discipline En 1915, le département de géologie et de minéralogie de l'U. de la Colombie-Britannique (UBC) offre le premier cours de niveau universitaire en géographie physique. En 1920, on y ajoute un cours de météorologie et de climatologie. En 1921, E. Miller, premier professeur en géographie formé dans cette discipline, est nommé à la Faculté des sciences sociales de l'U. de Montréal afin d'y enseigner la géographie physique et humaine. En 1922, le département de géologie prend le nom de département de géologie et géographie. Au cours des années 20 et des années 30, de longs séjours des Français J. Brunhes et R. Blanchard font de Montréal le centre canadien des études en géographie. En 1935, Griffith TAYLOR fonde à l'U. de Toronto le premier véritable département de géographie au Canada.

Dès les années 50, on offre des cours généraux de géographie physique à l'UBC, à l'U. Laval, à l'U. McGill, à l'U. McMaster, à l'U. de Montréal, à l'U. de Toronto ainsi qu'à l'U. Western Ontario, mais la place donnée à la géographie physique dans les départements de géographie diminue. Ce changement est principalement lié à l'afflux, dans les universités, de géographes formés aux États-Unis dans des facultés de SCIENCES SOCIALES. En 1995, on dénombre 40 départements de géographie dans les universités canadiennes, dont 27 comptent plus de 15 professeurs.

Applications Les organismes du gouvernement fédéral au sein desquels travaillent la plupart des géographes donnent une idée des nombreuses applications de la géographie physique. Ce sont le Service de l'environnement atmosphérique, la Division des recherches sur le bâtiment, le CONSEIL NATIONAL DE RECHERCHES, l'Institut national de recherches en hydrologie, le ministère des Ressources naturelles du Canada, la CGC, le ministère des Affaires indiennes et du Nord, la Direction générale des eaux intérieures, la Direction générale des terres, et Environnement Canada. Les établissements d'enseignement, les organismes consultatifs et les organismes gouvernementaux provinciaux emploient également un grand nombre de spécialistes en géographie physique.

Cette science est appliquée aux questions relatives au PERGÉLISOL, à la neige, aux GLACIERS, aux montagnes, aux climats urbains, à l'ÉNERGIE SOLAIRE, aux CHANGEMENTS DE CLIMAT, aux GLISSEMENTS DE TERRAIN, aux inondations, au relief et à l'environnement. Parmi les techniques employées pour recueillir et gérer l'information, on note la TÉLÉDÉTECTION, la photographie aérienne à l'infrarouge et par satellite, le SYSTÈME D'INFORMATION GÉOGRAPHIQUE, l'informatique pour les analyses, etc.

Institutions et publications L'Union géographique internationale (UGI) est l'un des huit organismes membres du Conseil international des unions scientifiques (CIUS). Le Canada est l'un des 90 pays membres de l'UGI. Au Canada, l'Association canadienne des géographes (ACG), l'Association des géographes du Québec, la Société géographique royale du Canada et la Société de géographie de Québec sont les organismes auxquels appartiennent la plupart des géographes. Les spécialistes de la géographie physique participent également au Conseil géoscientifique canadien (en tant que représentants de l'ACG), au Canadian Geomorphological Research Group, à l'Union géophysique canadienne, à la

Revue canadienne de géotechnique, à la Revue canadienne des sciences du sol, à la Société canadienne de météorologie et d'océanographie, à l'Association canadienne pour l'étude du quaternaire et à l'Association québécoise pour l'étude du quaternaire et à l'Association géologique canadienne.

Parmi les revues scientifiques qui publient la plus grande partie des recherches en géographie physique, on note *Le Géographe canadien*, CANADIAN GEOGRAPHIC, le *Journal canadien des sciences de la terre*, *Géographie physique et quaternaire*, *Atmosphère-Océan*, les *Cahiers de géographie du Québec*, la *Revue de géographie de Montréal* et l'*Ontario Geography*.

Olav Slaymaker

Géologie Chacun de nous est, tous les jours, en interaction avec la Terre. L'interaction est habituellement subtile et imperceptible, et on considère que le milieu est stable (*voir* ENVIRONNEMENT), mais il se produit parfois des phénomènes qui nous rappellent que la planète change constamment. Ainsi, un VOLCAN fait éruption dans un pays lointain, et ses émanations réduisent la lumière solaire de 5 p. 100 durant quelques années, ou un TREMBLEMENT DE TERRE fait des milliers de morts et de sans-abri. Nous sommes forcés de prendre conscience des limites et de la fragilité de la Terre, et de problèmes tels que les pluies acides et la pollution par les déchets toxiques. La géologie a essentiellement pour objet l'étude de la planète, de sa superficie, de sa forme et de sa composition depuis sa formation. Elle traite également de l'origine et de l'évolution de la vie, ainsi que des ressources et des effets éventuels de leur diminution sur la survie et l'évolution de l'humanité.

La terre est recouverte à 70,8 p. 100 d'eau, et ce n'est qu'avec la découverte de techniques acoustiques qu'il est devenu possible de décrire les couches terrestres existant sous les profondeurs océaniques. Grâce aux satellites perfectionnés, on observe des structures de détail comme les zones d'activité volcanique. Les techniques actuelles permettent aussi aux géologues d'observer la Terre à presque n'importe quelle échelle: la planète dans son ensemble à l'échelle de 10 millions de mètres, ou un atome de diamètre de 1/10¹⁰ mètre avec le microscope électronique.

L'augmentation de la population mondiale, au rythme d'environ 100 millions de personnes par année, entraîne des problèmes accrus d'approvisionnement en EAU, de CONSERVATION DES SOLS, d'approvisionnement en ÉNERGIE (plus de 90 p. 100 de notre énergie provient du pétrole, du gaz et du charbon), d'utilisation des matières, depuis le cuivre jusqu'aux engrais phosphatés (nous utilisons 20 tonnes de roche par personne par année) et de l'élimination des déchets, du plutonium jusqu'aux plastiques. Ces problèmes ne seront résolus que si nous développons une grande connaissance de la Terre. Il est de plus en plus important de connaître davantage les facteurs responsables des changements de CLIMAT aux diverses échelles de temps, puisque le climat n'est jamais constant.

Les sciences géologiques au Canada

En superficie, le Canada est le deuxième pays en importance après la Russie. Il a le littoral le plus long et possède un vaste plateau continental. Sa population est peu nombreuse, mais ses richesses naturelles sont considérables. La géologie y naît sans doute avec Jacques CARTIER. Dans les années 1530, il retourne en France avec une cargaison de cristaux sans valeur qu'il croit être des diamants. Martin FROBISHER fait la même erreur 40 ans plus tard. Il rapporte de l'île de Baffin des quantités de pierres inutiles. En Europe, au début du XIXᵉ siècle, l'élaboration systématique de cartes géologiques devient une science. La révolution industrielle exige du charbon, du minerai de fer et autres minéraux. Les premières techniques expérimentales de PROSPECTION se révèlent coûteuses. L'intérêt du public pour la géologie s'accroît avec les progrès de l'étude des roches et au fur et à mesure que les dogmes relatifs au temps et à la vie sont mis en cause. L'étude systématique de la géologie au Canada prend vraiment son essor en 1842 avec la fondation de la COMMISSION GÉOLOGIQUE DU CANADA (CGC).

Les premiers géologues canadiens ont fait beaucoup plus que réaliser des études stratigraphiques et des cartes géologiques précises, ils ont été aussi de véritables naturalistes, décrivant chacun des aspects du milieu naturel et humain. Les grandes traditions établies à l'époque se poursuivent et la CGC demeure un chef de file en géologie. L'industrie minière, par contre, a pris un certain temps à se faire connaître dans le monde. Ce n'est qu'en 1945 que les industries sidérurgiques, pétrolières et du gaz naturel prennent de l'ampleur. En 1949, le Canada exporte du pétrole pour la première fois, et l'essor des industries minières et pétrolières favorise l'augmentation du nombre de géologues. Le Canada se classe aux premiers rangs pour les techniques de TÉLÉDÉTECTION, les techniques géophysiques fondées sur la gravitation et les méthodes sismiques, magnétiques et électriques d'élaboration de cartes géologiques. Le perfectionnement dans la création des cartes permet d'acquérir une meilleure connaissance des roches les plus propices à l'exploitation.

Les techniques canadiennes de prospection sont reconnues dans le monde entier, et les géologues canadiens prennent part, dans les pays en voie de développement, aux programmes d'exploration. L'exploitation des ressources prenant de l'importance, les provinces mettent sur pied des commissions géologiques plus spécialisées qui travaillent en collaboration avec la CGC. Les divers niveaux auxquels se situent les organismes (gouvernemental, universitaire et industriel) illustrent bien la force de la communauté des géologues.

Au début du XIXe siècle, l'enseignement de la géologie s'amorce avec l'abbé Jean Holmes au SÉMINAIRE DE QUÉBEC (devenu par la suite l'U. Laval). En 1853, on instaure le premier département de géologie à l'U. de Toronto. Afin d'offrir une formation aux jeunes géologues, William LOGAN devient professeur de géologie et de paléontologie à l'U. McGill. En 1855, J.W. DAWSON devient le recteur de l'U. McGill. Vers la fin du XIXe siècle, il y a six départements de géologie dans les universités canadiennes. Entre 1949 et 1970, leur nombre passe de 15 à 30. On dispense également l'enseignement des sciences de la terre dans les départements de géographie, de physique, de génie minier, de génie civil (géotechnique) et de pédologie. La géochimie et la géomorphologie tiennent également compte de la géologie.

Liens avec les autres sciences et avec la société

Pour bien des gens, l'étude de la géologie se justifie surtout par la nécessité de produire des matières premières. Au Canada, l'aspect économique de cette science est important. En 1993, les MINÉRAUX représentent le quart des exportations. Aujourd'hui, les sciences de la terre ne sont plus confinées au domaine de la production minérale et énergétique. Les géochimistes se spécialisent dans l'analyse des traces de métaux. On fait donc appel à eux dans l'étude de certains aspects de la pollution minérale (comme celle des métaux lourds). D'autre part, les projets de barrages, d'autoroutes, d'aéroports, de centrales nucléaires, d'expansion urbaine ou même de mise en valeur agricole nécessitent les services de géologues. Tout problème lié à l'action de l'homme sur l'environnement intéresse les spécialistes des sciences de la terre.

Les sciences de la terre entretiennent des liens étroits avec les autres sciences. Ainsi, la physique des matériaux supportant de très hautes pressions et de très fortes températures est étroitement liée à l'étude des profondeurs de la Terre et à celle des objets dans l'espace. Les théories sur la synthèse des

nuclides dans les étoiles s'inspirent des données de la géochimie. Quant à la biologie, les études des fossiles de matière organique sont essentielles à la compréhension des origines de la vie et de son évolution face aux changements environnementaux. Les géologues puisent leurs connaissances dans les sciences connexes. Le paléontologue a recours à la biologie, le géophysicien à la physique et aux mathématiques appliquées, le spécialiste en géologie structurale, à la mécanique des solides et à la dynamique des fluides.

Organismes canadiens

Au Canada, les commissions géologiques fédérale et provinciales sont les organismes privilégiés qui permettent d'approfondir les connaissances géologiques. C'est grâce à leur travail que sont réalisées des cartes géologiques et géophysiques essentielles. Les géologues universitaires contribuent eux aussi largement à la compréhension des phénomènes fondamentaux en géologie. Les principales associations et leurs publications sont les suivantes: Association of Exploration Geochemists/*Journal of Geochemical Exploration*; Association canadienne des géographes/*Le géographe canadien*; Société canadienne d'exploration géophysique, Union géophysique canadienne, Société canadienne de géotechnique, Institut canadien des mines, de la métallurgie et du pétrole/*CIM Bulletin*, *Journal of Canadian Petroleum Technology*, *Canadian Metallurgical Quarterly*; Association canadienne pour l'étude du quaternaire, Canadian Society of Exploration Geophysicists/*Canadian Journal of Exploration Geophysics*; Canadian Society of Petroleum Geologists/*Bulletin of Canadian Petroleum Geology;* Canadian Society of Coal and Organic Petrology, Canadian Well Logging Society/*The CWLS Journal*; Association géologique du Canada, Geoscience Canada, Geolog, International Association of Hydrogeologists/*Canadian Chapter*, Mineralogical Association of Canada/*Canadian Mineralogist*.

Le conseil géoscientifique du Canada, formé de membres des associations susmentionnées, coordonne l'information provenant de toutes les sous-disciplines. Il publie aussi des études spécialisées (notamment une brochure sur les carrières dans le domaine). La CGC ainsi que les commissions géologiques provinciales publient des bulletins et des cartes, et diffusent de l'information sur la géologie régionale ou générale. La SOCIÉTÉ ROYALE DU CANADA, par le biais de son Programme canadien sur les changements à l'échelle du globe (PCCG), coordonne la recherche au niveau national pour le Programme international concernant la géosphère et la biosphère, et pour d'autres projets internationaux.

W.S. Fyfe

Géomorphologie Traite de la forme du relief terrestre. Elle effectue l'analyse, l'interprétation et l'histoire géologique des formes de paysages, de leurs caractéristiques internes ainsi que du processus d'érosion, de transport et d'accumulation des glaciers, des rivières, du vent, et également des glissements de terrain causés par la gravité et de l'ALTÉRATION CLIMATIQUE. L'étude des failles dans la croûte terrestre et de l'activité volcanique sont également à l'étude. La majeure partie du Canada était autrefois recouverte de glace, et c'est pourquoi les géomorphologues canadiens accordent beaucoup d'importance aux reliefs et aux sédiments glaciaires. Ils s'intéressent également à la géomorphologie périglaciaire, fluviale, côtière et karstique. La plupart des processus géomorphologiques sont issus du CLIMAT. C'est pourquoi le CHANGEMENT DE CLIMAT est un thème récurrent, particulièrement en matière de géologie du quaternaire, qui étudie l'environnement formé au cours des deux derniers millions d'années.

Historique On traite de géomorphologie dans la plupart des rapports d'exploration depuis les années 1850. Les dépôts de surface font l'objet d'études par la COMMISSION GÉOLOGIQUE DU CANADA (CGC) depuis sa création en 1842. Les premières

discussions portent sur le mode de transport des blocs erratiques: sont-ils transportés par des glaces flottantes ou par des glaciers continentaux? Aux environs de 1875, la plupart adoptent l'hypothèse du transport par les glaciers, à l'exception de J.W. DAWSON, de l'U. McGill, auteur d'un ouvrage intitulé *The Canadian Ice Age*, publié en 1894. Son fils, G.M. DAWSON, explore presque tout l'Ouest canadien et publie le premier ouvrage exhaustif sur la physiographie du Canada en 1884.

Avant 1850, la plupart des relevés géomorphologiques n'occupaient qu'une petite place dans les rapports sur le substratum rocheux. Toutefois, plusieurs géologues attachés à la CGC apportent une contribution plus intéressante: Robert Chalmers dans le Sud du Québec et au Nouveau-Brunswick; J.B. TYRRELL dans le nord du Manitoba; W.A. Johnston en Ontario, dans l'est des Prairies et en Colombie-Britannique; J.W. Goldthwait dans la vallée du Saint-Laurent et en Nouvelle-Écosse; et E.M. Kindle, qui étudie les processus récents de sédimentation. Après la Seconde Guerre mondiale, la CGC forme une équipe comptant une douzaine de spécialistes de la géologie glaciaire, qui devient par la suite la Division de l'étude des terrains, la plus importante équipe de géomorphologues canadiens de l'époque.

D'autres géologues, qui ne sont pas attachés à la CGC, y vont également de leur contribution: David Honeyman en Nouvelle-Écosse, de 1862 à 1888; J.W. Spencer, F.B. Taylor et G.M. Stanley, qui étudient les Grands Lacs à l'époque glaciaire, de 1894 à 1945; A.P. Coleman, qui a travaillé partout au Canada et a écrit sur les GLACIATIONS du Précambrien et du Pléistocène, dont est tiré l'ouvrage intitulé *The Last Million Year*, paru en 1941. George et William S. Vaux entreprennent l'étude des glaciations en Alberta et en Colombie-Britannique en 1899, travaux qui sont ensuite poursuivis par A.O. Wheeler jusqu'en 1931. A.W.G. Wilson et 1903 et H.C. Cooke de la CGC de 1929 à 1933 traitent pour leur part de l'érosion des surfaces du BOUCLIER précambrien.

Arrivée des géographes européens La physiographie fait son apparition dans les départements de GÉOGRAPHIE universitaires au cours des années 30. Raoul Blanchard au Québec et Thomas Griffith TAYLOR à l'U. de Toronto en assurent la promotion. L'ajout de la GÉOGRAPHIE PHYSIQUE aux départements de géographie (3 en 1947, 31 en 1995) entraîne un afflux de géographes européens. En 1995, cinq autres universités offrent au moins un baccalauréat en géomorphologie. En 1986, 22 universités offrent un programme de maîtrise; 19, un programme de doctorat. Probablement un peu plus de la moitié de ces diplômes sont décernés en géomorphologie. Une croissance similaire s'observe aussi au sein des départements de géologie, qui offrent des programmes d'études supérieures en géomorphologie et des grades supérieurs en géomorphologie et en géologie du Quaternaire.

La Direction de la géographie, un organisme parallèle de la CGC, est créé en 1947 et axe son travail sur la géomorphologie de l'Arctique. L'organisme est dissout en 1967 et sa revue, le *Geographical Bulletin*, cesse de paraître. La plupart des membres se joignent à d'autres équipes. De 1950 à 1970, on assiste à une prolifération des publications traitant de géomorphologie. C'est ainsi que sont publiées des monographies régionales sur la Cordillère canadienne par H.S. Bostock (1948), sur le sud de l'Ontario par L.J. Chapman et D.F. Putnam (1951), sur la Colombie-Britannique par S.S. Holland (1964), sur l'Arctique par J.B. Bird (1967), et sur l'ensemble du Canada par Bird (1972).

Applications En plus de s'appliquer à la pédologie, la géomorphologie s'étend à la géologie appliquée et au génie civil dans des projets touchant le choix de l'emplacement des routes, les problèmes de fondation, les matériaux de construction, la stabilité des pentes et les risques naturels liés à la nature géologique du terrain. Elle s'applique également aux études relatives à l'environnement et aux nappes d'eau souterraines. Le repérage d'indicateurs transportés est une technique importante dans la prospection minière. La TÉLÉDÉTECTION nécessite une certaine connaissance de la géomorphologie. Au Canada, on travaille beaucoup à l'élaboration de cartes portant sur la géologie de surface, les caractéristiques du terrain et les ressources comme le sable et le gravier (*voir* CARTOGRAPHIE, HISTOIRE DE LA). Une grande partie des recherches appliquées sont effectuées sur le comportement des sols gelés et sur la stabilité des pentes (*voir* GLISSEMENTS DE TERRAIN). Le gouvernement fédéral et la plupart des gouvernements provinciaux possèdent des organismes spécialisés en géomorphologie.

Institutions et publications Beaucoup de géomorphologues canadiens sont membres de la Geological Society of America et publient des articles dans ses revues mensuelles, qui sont *Bulletin* et *Geology*. L'Association géologique canadienne, qui publie *Le Journal canadien des sciences de la terre*, est une tribune importante. La revue *Le géographe canadien*, de l'Association canadienne des géographes, traite un peu de géomorphologie. L'Association québécoise pour l'étude du Quaternaire et la Canadian Quaternary Association publient la revue *Géographie physique et quaternaire*. En 1987, à Ottawa, la communauté des géomorphologues canadiens accueille le 12ᵉ congrès international de l'Union internationale pour l'étude du Quaternaire. À l'occasion de la Troisième Conférence internationale sur la géomorphologie, tenue à Hamilton (Ontario) en 1993, on organise de nombreuses excursions sur le terrain en Amérique du Nord.
J.A. Elson

Géopolitique Il s'agit d'une stratégie d'identité nationale et de développement basée sur les caractéristiques géographiques et les ressources naturelles d'un pays. Les stratégies industrielles, les politiques de défense et une formule de surveillance permanente des usines locales des sociétés multinationales, appartenant à des intérêts étrangers, peuvent découler de l'élaboration d'une stratégie géopolitique.

L'étude de l'influence des réalités géographiques sur la politique nationale et internationale date du début du XXᵉ siècle. En 1919, un éminent géographe britannique, sir Halford J. Mackinder, émet l'hypothèse que la domination du «centre» eurasiatique par un seul pays (p. ex., l'Allemagne) bouleverserait l'équilibre des forces dans le monde. Des géographes allemands se serviront de la thèse de Mackinder pour justifier l'expansionnisme territorial des Nazis. La géopolitique sert également d'explication à l'idée de «destin manifeste» adoptée par les États-Unis au XIXᵉ siècle.

Le Canada constitue un excellent exemple de «région géostratégique». Celle-ci est définie par le géographe politique américain Saul B. Cohen comme une région «assez étendue pour posséder certaines caractéristiques et fonctions pouvant avoir une influence dans le monde». Toutefois, la pensée géopolitique est absente de la planification de l'État et des dirigeants du secteur privé du Canada, surtout parce que les décideurs politiques la considèrent comme étant déterministe et autoritaire. On pourrait décrire certains programmes du gouvernement fédéral, dont la Politique nationale du pétrole de 1961 et la Politique nationale de l'énergie de 1980, comme des programmes «géopolitiques». Toutes deux représentent en effet des efforts de «canadianisation» de nos industries du pétrole et du gaz naturel, qui ont une position stratégique, mais appartiennent en grande partie à des étrangers.

Cette longue quête d'une stratégie industrielle nationale échoue en partie parce que les Canadiens n'ont pas su élaborer une vision géopolitique préalable et globale de leur pays, et parce que la planification du développement des régions arctiques se fait de façon peu systématique.

À titre de comparaison, d'autres grands États comme les États-Unis, l'ex-URSS et le Brésil, qui disposent d'un potentiel énorme de ressources naturelles et d'une situation géographique dominante dans leur région respective, ont déjà défini leur propre doctrine géopolitique. Leur position géopolitique bien établie favorise leur croissance, l'utilisation militaire et commerciale de leur puissance maritime, la maîtrise des ressources naturelles et l'orientation de leurs dirigeants et main-d'œuvre vers l'atteinte des objectifs nationaux.
John D. Harbron

George, Dan, dit «Teswahno», acteur et orateur public (réserve indienne de Burrard nº 3, C.-B., 24 juill. 1899—Vancouver, 12 sept. 1981). Ses rôles dans des films et ses apparitions en public contribuent à améliorer l'image des autochtones, souvent représentés de manière défavorable au cinéma. Jusqu'à l'âge de 60 ans, il est débardeur, bûcheron et musicien itinérant. De 1951 à 1963, il est chef de la Bande indienne de Squamish du bras de mer Burrard, en Colombie-Britannique. Devenu acteur en 1959, il joue différents rôles d'aînés autochtones sympathiques à la télévision et au théâtre, notamment dans l'émission *Cariboo Country* (1961), produite par le réseau anglais de la Société Radio-Canada, et dans *The Ecstasy of Rita Joe,* de George RYGA (1967, publiée en 1970).

On a beaucoup parlé de sa «Lamentation sur la Confédération», qui traite de la défaite et de la renaissance des autochtones, et qu'il déclame lors des célébrations du centenaire de la Confédération canadienne à Vancouver en 1967. Au cours de sa carrière à Hollywood, il joue dans au moins huit longs métrages, dont *Smith* (1969), *Little Big Man* (1970), *Harry and Tonto* (1974) et *The Outlaw Josey Wales* (1976). Refusant le militantisme autochtone, il n'appuie pas leurs causes politiques, mais il n'accepte au cinéma que des rôles de «bons» autochtones. Il est l'auteur de *My Heart Soars* (1974; trad. *De tout mon cœur*, 1979) et de *My Spirit Soars* (1982; trad. *Les Plaines du ciel*, 1996), deux recueils de poèmes en prose.
Bennett McCardle

George, Gloria Mary, politicienne et fonctionnaire (Hubert, C.-B., 24 juill. 1942, parmi les Wet'-Suwet'En, Athapascans de la région de Skeena). Son père ayant officiellement renoncé à son statut, elle est élevée comme Amérindienne non inscrite. En 1969, elle est l'une des premières à adhérer à la British Columbia Association of Non-Status Indians, dont elle devient secrétaire-trésorière en 1971. En 1972, elle devient secrétaire-trésorière du Conseil national des autochtones du Canada (CNAC), puis vice-présidente en 1974 et présidente l'année suivante; elle est ainsi la première femme (et la seule jusqu'ici) à diriger une importante organisation politique autochtone. Pendant sa présidence en 1975-1976, elle obtient pour le CNAC plus d'attention de la part des gouvernements et prône des programmes visant à sensibiliser les policiers et d'autres éléments du système juridique aux besoins des autochtones. Elle est membre de la Commission canadienne des droits de la personne (1978-1980) et de celle de la Colombie-Britannique (1980-1982).
Paul Tennant

George, rivière La rivière George, dans le nord du Québec, mesure 560 km de long; elle s'écoule vers le nord dans la partie est de la BAIE D'UNGAVA. Ses lignes de partage des eaux au sud et à l'est, de même que celles des rivières tributaires Ford et De Pas, s'étirent le long de la majeure partie de la frontière entre le Québec et le Labrador (Terre-Neuve). Le bassin de 41 700 km² de la rivière comprend, parmi les nombreux lacs offrant un débit moyen de 881 m³/s, le lac de la Hutte-Sauvage et le lac aux Goélands. Sur le gneiss granitique de la région géologique de Churchill, la végétation passe de la forêt boréale, au sud et à l'ouest, à la toundra, à l'est et au nord.

La rivière alimente la pêche sportive au saumon et le bassin recouvre une grande partie du territoire du troupeau de CARIBOUS de la rivière George. Les MONTAGNAIS-NASKAPIS et les INUITS DU LABRADOR occupent la région. En 1811, des missionnaires moraves lui donnent ce nom en l'honneur de George III, mais l'exploration de la rivière en entier par les Européens se fait seulement lorsque John McLean tente de tracer une route de transport pour la Compagnie de la baie d'Hudson, de Fort Chimo au LAC MELVILLE. McLean traverse la région pour la première fois en 1838. C'est durant cette expédition qu'il découvre les CHUTES CHURCHILL.
Ian MacCallum

George Weston Limited Cette grande entreprise canadienne de produits alimentaires a son siège social à Toronto. En 1928, Williard Garfield WESTON prend la direction de l'entreprise déjà constituée par son père en 1910 et l'ouvre au marché international, d'abord aux États-Unis, en 1929, puis au Royaume-Uni, en 1933, pour ensuite l'étendre à l'Australie, l'Afrique du Sud, la Nouvelle-Zélande, l'Allemagne et l'Irlande. Entre 1938 et 1980, elle prend de l'expansion grâce à l'acquisition de divers actifs dans l'industrie alimentaire, dont les compagnies Loblaw Groceterias Co. Ltd. et Donlands Dairy Ltd.

George Weston Limited intervient dans deux secteurs distincts: le traitement des aliments, avec les produits de boulangerie, frais et surgelés, les confiseries et les produits laitiers ainsi que la transformation du poisson; et la distribution, en gros et en détails, des aliments et autres produits. Plus de 80 p. 100 des ventes de Weston, aussi bien aux États-Unis qu'au Canada, proviennent des Compagnies Loblaw Limited, le plus grand marché de distribution alimentaire au Canada lui appartenant à 63 p. 100. Une autre filiale, Weston Resources, œuvre dans les produits de la pêche, du bois, de pâtes et de papier spécial. En 1999, elle a un chiffre d'affaires de 14 352 milliards de dollars, un profit net de 242 millions et emploie 119 000 personnes. Elle est la plus grande société de distribution alimentaire au Canada. W. Galen Weston, président de la compagnie, détient plus de 60 p. 100 de l'entreprise fondée par son grand-père en 1882.
Deborah C. Sawyer

Georges, banc Grand banc sous-marin (250 km sur 150 km) en bordure du plateau continental de l'Atlantique, entre Cape Cod et la Nouvelle-Écosse. En général, la profondeur de l'eau varie entre 50 et 80 m, mais à certains endroits elle est de 10 m ou moins.

Courants Le banc Georges fait partie du système de marée de la BAIE DE FUNDY ET GOLFE DU MAINE. De forts courants de marée oscillatoires, en général de 80 à 100 cm/s (de 1,6 à 2,0 nœuds), passent au-dessus du sommet du banc et gardent la masse d'eau bien mélangée, même en été. Cependant, les courants moyens contournent le banc, formant ainsi un tourbillon dans le sens horaire (un important courant marin de surface), et l'eau qui submerge le banc y demeure en moyenne plusieurs mois durant l'été.

Productivité Le banc Georges est considéré, du point de vue biologique, comme l'une des régions les plus productives de tous les océans, surtout grâce à la rencontre des marées, qui fait remonter à la surface un flot continu de nutriments. La production primaire élevée, ajoutée au séjour prolongé de l'eau, mène à l'accumulation de fortes concentrations de PLANCTON sur le banc. Par conséquent, le banc Georges abrite de nombreuses populations de poissons, dont le HARENG, l'Aiglefin et la MORUE, ainsi que le Pétoncle (*voir* PÉTONCLE ET PEIGNE).

Pêche Traditionnellement, les pêcheurs canadiens et américains pêchent au banc Georges. Grâce à une saine gestion, il est possible d'y pêcher 420 000 t de poissons. Dans les années 60 et 70, le banc est surexploité par des flottes de chalutiers étrangers, venant surtout de l'Union soviétique et de la Pologne. Au cours de cette période, le hareng du banc Georges, l'une des plus grosses populations de harengs au monde, avec une biomasse d'environ un million de tonnes, disparaît presque.

En octobre 1984, une décision de la cour internationale de La Haye concernant la délimitation accorde les cinq sixièmes du banc aux États-Unis. Le Canada obtient la partie le plus à l'est, riche en poissons de fond et en pétoncles.

Exploration pétrolière Entre 1976 et 1984, 10 puits sont forés dans la partie américaine du banc Georges. Cependant, l'impact de l'exploitation de ces ressources sur la pêche n'est pas encore connu. En 1988, afin de protéger l'industrie de la pêche, la gouvernement fédéral et celui de la Nouvelle-Écosse ont imposé un moratoire jusqu'à l'an 2000 sur le forage dans la partie canadienne, décision à laquelle les Américains ont répliqué par l'instauration d'un moratoire similaire.

Chris Garrett et Tony Koslow

Georgia, détroit de Bras de mer séparant l'ÎLE DE VANCOUVER de la terre ferme de la Colombie-Britannique, au sud de l'île Quadra. Partie d'un bassin entre deux chaînes de montagnes, le lit du détroit a été surcreusé à la période glaciaire par des glaciers descendant vers le sud.

Historique Les Salish du littoral ont vécu dans la région entre 5000 et 10 000 ans. En 1791, deux navires espagnols sous le commandement de Francisco Eliza explorent ses rives. En 1792, le capitaine George VANCOUVER suit et donne à l'endroit le nom de golfe de Georgia, en l'honneur du roi George III d'Angleterre. En 1865, l'appellation «golfe» est changée pour celle de «détroit».

Situation actuelle La majorité de la population de la Colombie-Britannique est concentrée autour du détroit de Georgia, surtout dans la région métropolitaine de Vancouver. On trouve des ports d'embarquement en eau profonde ouverts toute l'année dans le bras de mer Burrard, dans l'estuaire du fleuve Fraser, sur le banc Roberts, sur la côte est de l'île de Vancouver, à Howe Sound et sur la rivière Powell. Il sont généralement reliés à des terminus de chemins de fer, à des usines de produits forestiers et à d'autres usines de fabrication. Le détroit est le principal centre de la pêche au SAUMON DU PACIFIQUE. En été, son climat doux et sans pluie en fait une destination recherchée pour la navigation de plaisance.

Peter Grant

Georgienne, baie Formant un bras au nord-est du LAC HURON, elle est située au centre sud de l'Ontario. Elle est protégée du lac par l'arête calcaire de l'ESCARPEMENT DU NIAGARA, qui s'allonge dans un grand arc vers le nord-ouest jusqu'à la PÉNINSULE BRUCE. La baie est alimentée par le lac Supérieur, par la voie du chenal Nord, entre l'île Manitoulin et la rive nord et, indépendamment, par les rivières Mississagi, Spanish, des Français, Magnetawan, Muskoka, Severn et Nottawasaga. Le détroit entre la péninsule Bruce et l'ÎLE MANITOULIN s'appelle le chenal Main (25 km de largeur).

Contrastant avec les douces falaises de calcaire de la côte ouest, la côte est, taillée dans le dur rebord du BOUCLIER canadien, est découpée en myriades de baies, d'anses et de criques, sans compter les milliers d'îles éparpillées le long du littoral. À l'intérieur, dans la courbe sud-ouest de la baie Nottawasaga, il y a de nombreuses plages de sable, dont la plus longue est celle de Wasaga. Autour de la baie (du sud-ouest au nord-est) se trouvent OWEN SOUND, COLLINGWOOD, Wasaga Beach, MIDLAND, Port McNicoll, Victoria Harbour et PARRY SOUND. En été, la population de touristes dépasse celle des résidants.

Étienne BRÛLÉ est le premier Européen à découvrir la baie (peut-être vers 1610), et CHAMPLAIN y vient par la RIVIÈRE DES FRANÇAIS (1615) pour rendre visite aux Hurons qui vivent sur une petite péninsule le long de la côte sud-est (*voir* HURONIE). Les missionnaires jésuites arrivent dans cette région vers les années 1620, et, en 1634, BRÉBEUF est chargé d'y fonder une mission permanente (SAINTE-MARIE-DES-HURONS).

La baie a aussi une liaison naturelle par eau avec le lac Ontario, parfois appelée le passage Toronto, qui traverse le lac Simcoe et la rivière Nottawasaga. Cette voie est d'abord utilisée par les Indiens et plus tard, pendant la guerre de 1812, alors qu'on ouvre la base militaire de Penetanguishene. Le peuplement se fait à la suite de la construction d'un chemin de fer de Barrie à Collingwood, en 1855. Des concessions gratuites de terres favorisent le développement de la région en 1868, quoique le sol soit généralement impropre à la culture. La principale industrie de la fin du XIXe siècle est l'exploitation forestière. En 1890, Midland se classe au second rang dans la production, après Ottawa. Dès 1900, la plupart des forêts sont ravagées, et l'industrie du bois meurt, laissant derrière elle un territoire rasé et quelques usines locales. L'industrie de la pêche dure plus longtemps. Jusque dans les années 50, des quantités énormes de corégones, de truites et de brochetons sont expédiées par train. Vers 1960, l'industrie est pratiquement ruinée par la LAMPROIE.

Aujourd'hui, on trouve diverses industries secondaires autour de la baie: textile, équipement photographique, construction navale. Celle de la manutention du grain, autrefois profitable, s'affaiblit rapidement après l'ouverture de la VOIE MARITIME DU SAINT-LAURENT. Le tourisme, que favorise la splendeur naturelle de la région de la baie Georgienne, s'amorce dans les années 1850 avec l'arrivée du chemin de fer et constitue aujourd'hui la principale industrie. Quelque 30 ans plus tard, des maisons de vacances se construisent le long du littoral nord, et, après 1900, des milliers de touristes assidus viennent par train à Parry Sound et à Midland, et de là, par bateau jusqu'aux îles pour pêcher, naviguer et camper. Les régions les plus connues sont les îles de la côte nord, les «trente milles îles» sur la côte est, l'île Manitoulin, la plage de Wasaga et son parc d'attractions, la marina de Tobermory ainsi que le Sanctuaire des martyrs et les reconstructions de Sainte-Marie et du village huron près de Midland.

Appelée lac Manitoulin par le capitaine William Fitzwilliam Owen, qui dresse la carte de la région en 1815, la baie est plus tard reconnue comme une partie du lac Huron. Elle est nommée à la mémoire de George IV par le capitaine H.W. Bayfield, au service du ministère de la Marine entre 1819 et 1822. Presque aussi étendue que le lac Ontario, c'est une des plus vastes nappes d'eau douce du monde.

James Marsh

Georgina, ville de l'Ont.; pop. 34 777 (rec. 1996), 29 746 (rec. 1991), 22 486 (rec. 1986); superf. 286,27 km². Les cantons de North Gwillimbury et de Georgina fusionnent en 1971 et forment la ville de Georgina, constituée en 1986. Située sur la rive sud du LAC SIMCOE, à 50 km au nord de Toronto, Georgina comprend les municipalités de Udora, de Keswick, de Sutton et de Jackson's Point. Elle porte le nom du roi George III. Lors de son arpentage en 1817, quelques colons sont déjà établis dans la région, et la richesse du sol en attire d'autres. La construction du chemin de fer qui relie Toronto et Nipissing, et dont le terminus se situe à Jackson's Point, favorise l'utilisation du lac Simcoe à des fins récréatives. Ce lac devient un lieu de villégiature populaire dès les premières années.

La pêche sur glace et le Festival d'hiver de Georgina font du tourisme la principale activité économique de la ville en toutes saisons. L'agriculture et la culture du gazon en tapis jouent aussi un rôle important. La ville compte plusieurs bâtiments historiques: le moulin Sutton Mill, la Maison Thomas Mossington, l'église presbytérienne St. Andrews, le moulin Udora et The Manor. Ce dernier est la résidence de J. O'Brien Bourchier, un des premiers colons. Il était un citoyen bien en vue et propriétaire d'un moulin. Le moulin Udora a quant à lui été l'un des derniers moulins en fonction en Ontario, soit des années 1870 jusqu'aux années 1970.

Deborah Welch et Michael Payne

Géranium Plante annuelle, bisannuelle ou vivace, du genre *Geranium*, de la famille des Géraniacées [du grec *geranos*, «grue»] à feuilles opposées, palmées et souvent divisées. Toutes les parties des fleurs sont en groupe par multiple de cinq: cinq sépales verts, cinq pétales roses ou rouges, rarement blancs; dix étamines, etc. Son nom commun, bec-de-grue, fait allusion au fruit en forme de bec qui explose à maturité en cinq parties qui restent attachées à l'axe central, mais libèrent chacune une graine unique.

On en connaît environ 275 espèces dans le monde, dont 7 sont indigènes du Canada, et 5 ou 6 ont été introduites. Le géranium de Bicknell (*G. bicknellii*), disséminé partout au Canada dans les bois ouverts et sur les sols remaniés, est une plante délicate, de 10 à 50 cm de haut, à petites fleurs jumelées de couleur rose. Le géranium maculé (*G. maculatum*), plante vivace, de 20 à 60 cm de haut, se trouve dans les bois, les taillis et les prés, en Ontario et au Québec. Il est remarquable par ses feuilles larges et palmées, et ses fleurs d'un rose-pourpre. La tige souterraine (rhizome), riche en tannin et en acide gallique, produit un astringent. Elle est à l'origine du nom commun, racine d'alun. Les autochtones en utilisaient le rhizome pour soigner la diarrhée, la dysenterie, les saignements internes ou externes, les ulcères de la bouche et les maux de gorge.

Le géranium de Richardson (*G. richardsonii*) se distingue par ses fleurs blanches veinées violacées. Il a une hauteur de 40 à 80 cm et occupe la forêt claire humide, les taillis et les prairies alpines, du Yukon à la Colombie-Britannique, jusqu'à l'est de la Saskatchewan. Le géranium visqueux (*G. viscosissimum*) est remarquable. Il est une plante glandulaire aux grandes feuilles larges, divisées, et aux fleurs d'un rouge violacé et atteint jusqu'à 60 cm. On le trouve dans les prairies humides de montagne ou de contrefort, et dans les herbages humides de la Colombie-Britannique, de l'Alberta et de la Saskatchewan. L'espèce familière des jardins n'est pas un véritable géranium, mais appartient au genre *Pelargonium*, de la famille des géraniacées. Cette espèce est originaire de l'Afrique du Sud.

Beryl Hallworth

Gérin, Léon, avocat, cultivateur, fonctionnaire fédéral et sociologue (Québec, 17 mai 1863—Montréal, 15 janv. 1951). Fondateur des SCIENCES SOCIALES empiriques au Canada français, il s'est fait une éminente réputation par ses nombreuses études fouillées sur la société rurale québécoise. Après avoir obtenu un diplôme de l'école de droit de l'U. de Montréal en 1885, il part pour Paris où il s'inscrit au Musée d'histoire naturelle. Après avoir rencontré Edmond Demolins et le révérend de Tourville, deux fidèles disciples de Frédéric Le Play, il quitte le musée et passe six mois à l'École de sciences sociales. En 1887, de retour au Canada, il achète une ferme et devient fonctionnaire à Ottawa. Ses nombreuses et méticuleuses publications sur la vie rurale au Québec en font bientôt un auteur reconnu. En 1898, il devient membre de la Société royale du Canada (SRC), puis, en 1900, accède à la présidence de la section francophone. En 1933, il est nommé président de la SRC et reçoit en 1941 la médaille Lorne-Pierce.

Marc-Adélard Tremblay

Gérin-Lajoie, Antoine, journaliste, avocat (1848), fonctionnaire et écrivain (Yamachiche, 4 août 1824—Ottawa, 4 août 1882). Collégien à Nicolet, il écrit le poème «Un Canadien errant» (1842) et *Le jeune Latour* (1844), première tragédie canadienne. Membre fondateur (1844), président et illustre conférencier de l'INSTITUT CANADIEN, il est journaliste à *la Minerve* (1844-1849), auteur d'un très utile *Catéchisme politique* (1851), puis fonctionnaire. Traducteur remarqué à l'Assemblée législative de la PROVINCE DU CANADA (1852-1856), il devient bibliothécaire adjoint (1856-1880) et principal compilateur du *Catalogue de la Bibliothèque du Parlement* (2 vol., 1857-1858). Il participe à la fondation des SOIRÉES CANADIENNES (1861) et du *Foyer canadien*, dont il sera le grand artisan (1862-1865). Son œuvre la plus célèbre est un roman: *Jean Rivard, le défricheur* (1862) et *Jean Rivard, économiste* (1864), qui prône le défrichement des terres incultes du Québec comme un moyen d'assurer la survie de la nation canadienne-française. Après sa mort paraîtront une partie de ses *Mémoires* (1885) et un important ouvrage historique: *Dix ans au Canada, de 1840 à 1850* (1888-1891).

René Dionne

Gérin-Lajoie, Marie, née Lacoste, auteure, éducatrice et organisatrice (Montréal 19 oct., 1867—*id.,* 1er nov. 1945). Elle combine catholicisme et vie familiale avec son travail de réforme. Elle développe un intérêt pour les droits des femmes, après avoir découvert leur inégalité sur le plan juridique en lisant les livres de droit de son père.

Cofondatrice de la Fédération nationale Saint-Jean-Baptiste (1907), qui rassemble les femmes francophones d'organismes professionnels et de bienfaisance, elle en dirige les activités pendant 20 ans et travaille en étroite collaboration avec les sections locales du Conseil national des femmes du Canada. Elle est conférencière à l'U. de Montréal et écrit un *Traité de droit usuel* (1902) et *La Femme et le code civil* (1929). En 1922, elle abandonne son poste de directrice de la section francophone du Comité provincial pour le suffrage féminin, lorsque l'évêque de Montréal exprime sa désapprobation du vote des femmes (1922), mais continue toutefois à se battre pour les droits des femmes. Elle témoigne devant la Commission Dorion (1929), dont les recommandations ont servi à la modification du Code civil du Québec.

Margaret E. McCallum

Gérin-Lajoie, Paul, avocat et politicien (Montréal, Qc, 23 févr. 1920). Gérin-Lajoie est l'une des grandes figures politiques de la RÉVOLUTION TRANQUILLE au Québec, en tant que ministre de la Jeunesse (1960-1964) et de l'Éducation (1964-1966) sous le régime libéral de Jean LESAGE. Homme cultivé, boursier de la fondation Rhodes et titulaire d'un doctorat de l'U. d'Oxford, éminent spécialiste du droit international et constitutionnel, Gérin-Lajoie est bien armé pour lutter contre Ottawa dans les fréquentes querelles fédérales-provinciales de l'époque.

En tant que premier titulaire du ministère de l'Éducation, il démantèle le vieux système dominé par l'Église et met sur pied une administration laïque et centralisée, qui met l'accent sur les études postsecondaires. Il est ensuite président d'une organisation fédérale, l'AGENCE CANADIENNE DE DÉVELOPPEMENT INTERNATIONAL (1970-1977), où il apparaît comme un président libre d'esprit, très présent et controversé, donnant au Canada une place d'avant-garde dans la coopération avec les pays en voie de développement. Il a siégé au conseil des gouverneurs de la Banque mondiale et de chacune des grandes banques de développement pour l'Afrique, l'Amérique latine, les Caraïbes et l'Asie. Depuis 1987, il préside la Fondation Paul Gérin-Lajoie qui contribue à l'éducation primaire en Afrique et en Haïti. En 1990, Gérin-Lajoie appuie l'ACCORD DU LAC MEECH qu'il considère comme une étape nécessaire dans l'évolution des relations entre le Canada et le Québec.

Auteur de plusieurs livres et articles, il s'est vu décerner le prix David du Québec, en plus de plusieurs doctorats *honoris causa* d'universités canadiennes et étrangères. Il reçoit aussi le Prix de la paix du Mouvement canadien pour une fédération mondiale. Officier de l'Ordre national du Québec depuis 1987, Gérin-Lajoie est nommé Grand officier en 1998. Il pratique aujourd'hui le droit dans le cabinet Gérin-Lajoie Laberge.

Norman Hillmer et Alain Létourneau

Germain, Jean-Claude, écrivain et metteur en scène (Montréal, 18 juin 1939). Tout en étudiant à l'U. de Montréal (1957-1959), il fonde le Théâtre Antonin-Artaud, en 1958, et entreprend la production d'*Ubu roi*, projet qu'il doit abandonner faute d'argent. Dans les années 60 et 70, il est critique de théâtre pour des revues connues comme *Le Petit-Journal, Dimensions, Digeste-Éclair* et *Maclean.*

En 1969, il fonde le Théâtre du même nom (TMN), un théâtre expérimental où il affiche clairement sa volonté de s'éloigner des théories du «Cartel» adoptées par le THÉÂTRE DU NOUVEAU MONDE (TNM). Les comédiens de la troupe de Germain, connus sous le nom des Enfants de Chénier (1969-1971), puis, par la suite, des P'tits Enfants Laliberté (1971-1973), se joignent à la troupe d'André Brassard (Mouvement contemporain) et à la compagnie de Jean-Pierre Saulnier (Apprentis-Sorciers) pour former le Centre du Théâtre d'aujourd'hui, dont Germain est le directeur général de 1972 à 1982.

Depuis 1969, Germain a produit de nombreuses adaptations et créations collectives et, depuis 1973, il met en scène ses propres textes. Il publie des poèmes dans *L'Action nationale* (1966-1967), ainsi qu'une dizaine de pièces, d'adaptations et de projets dans le cadre de créations collectives. Il publie de courts essais sur le théâtre dans *Le Pays théâtral* (1977-1980) et enseigne la création dramatique à l'École nationale de théâtre du Canada (1972-1987).

Sa grande connaissance de l'histoire du théâtre québécois lui sert d'inspiration pour certaines de ses meilleures œuvres, parmi lesquelles *L'École des rêves, Les Faux Brillants de Félix-Gabriel Marchand, Les Hauts et les bas d'la vie d'une diva, Les Nuits de l'indiva, Si Aurore m'était contée deux fois, Un autre grand spectacle d'adieu* et *Un pays dont la devise est «Je m'oublie».* Il est président d'honneur du Salon du livre de Montréal depuis 1990. En 1993, la Société Saint-Jean-Baptiste de Montréal le nommait Patriote de l'année.

André G. Bourassa

Gérontologie Étude scientifique du vieillissement et de ses conséquences. C'est l'étude des transformations psychologiques, biologiques et sociales résultant du vieillissement chez les humains et les autres espèces animales, ainsi que l'étude des questions socio-économiques découlant de l'accroissement du nombre de personnes âgées parmi la population.

Les recherches canadiennes débutent en 1944 avec la fondation du Centre de recherche en gérontologie de l'U. McGill. Pendant les années 50, le Conseil canadien du bien-être social instaure un comité sur les personnes âgées qui entreprend des recherches en gérontologie sociale. La Société de recherche en gériatrie de l'Ontario (1955) devient en 1975 la Société canadienne de recherche en gériatrie. Cependant, elle ralentit ses activités en 1990.

La recherche profite des conférences qui s'organisent dans plusieurs provinces de 1957 jusqu'au début des années 60. En 1966, le Comité sénatorial spécial sur le vieillissement publie son rapport final à la suite duquel le premier bureau provincial sur le vieillissement entre en fonction, tandis que se déroule en Ontario la Conférence canadienne sur le vieillissement. La participation croissante des gérontologues canadiens aux associations internationales de gérontologie suscite la fondation de l'Association canadienne de gérontologie (ACG) en 1971.

Cette dernière compte 1500 membres en 1987, et ce nombre est demeuré stable depuis lors. L'Association est divisée en cinq sections: sciences sociales, psychologie, biologie, sciences de la santé et politiques de bien-être social. L'ACG constitue au Canada la tribune privilégiée de la recherche en gérontologie grâce à son congrès annuel, à la publication d'un bulletin d'information et d'une revue scientifique fondée en 1982. Chaque province, ainsi que le Yukon, a une association provinciale de gérontologie affiliée à l'ACG. Dans les années 80, deux autres

associations sont fondées, soit la Société canadienne de médecine gériatrique en 1981 et l'Association canadienne des infirmiers et des infirmières en gérontologie en 1984. Il existe plusieurs autres associations nationales ou régionales qui se consacrent à la recherche, à l'éducation ou à la pratique en gérontologie.

À partir de la fin des années 70 et jusqu'au milieu des années 80, le Programme de subventions stratégiques du Conseil de la recherche en sciences humaines du Canada apporte une aide considérable à la recherche et à la formation à la recherche sur le vieillissement de la population. Ce soutien inclut un appui destiné aux nouveaux centres de recherche de l'U. Simon-Fraser, des U. du Manitoba, de Guelph et de Moncton, ainsi qu'au centre déjà existant de l'U. de Toronto. Ces centres poursuivent leurs activités, mais plusieurs autres s'ajoutent d'ouest en est, de Victoria à St John's. En conséquence, les travaux de recherche prennent une grande expansion, avec l'appui des trois bailleurs de fonds publics du Canada, du Programme fédéral de recherche sur l'indépendance des aînés et d'autres sources de financement fédéral, provincial et privé. En outre, Statistiques Canada et le Conseil économique du Canada mènent d'importants travaux de recherche en gérontologie.

La nécessité des recherches en gérontologie est évidente: la preuve en est des aspects économiques et particulièrement de la politique en matière de PENSIONS et du recours plus fréquent des personnes âgées aux services médicaux. L'âge devenant un critère important de définition des droits et des obligations aussi bien que des attentes au niveau du comportement, le vieillissement de la population va exiger l'adaptation de plusieurs institutions, depuis l'aménagement urbain et les transports en commun, jusqu'à la réforme du FAMILY LAW et du régime de retraite. L'espérance de vie prolongée concerne à la fois les aînés et les jeunes avec lesquels ils entretiennent des relations familiales et sociales. Pour toutes ces raisons, l'intérêt général pour le vieillissement et la recherche en gérontologie est en plein essor depuis cinquante ans.

Victor W. Marshall

Gerussi, Bruno, acteur (Medecine Hat, Alb., 1928—Vancouver, C.-B., 21 nov. 1995). Il est bien connu pour avoir incarné Nick Adonidas dans *The Beachcombers,* l'une des séries les plus populaires, et avoir tenu l'affiche le plus longtemps dans l'histoire de la télévision anglaise de Radio-Canada. Avant de jouer dans *The Beachcombers* en 1972, il anime pendant quatre ans *Gerussi!* à la radio anglaise de Radio-Canada. Il passe sa petite enfance à Exshaw, en Alberta, et à New Westminster, en Colombie-Britannique. Une bourse d'études lui donnant accès à la Banff School of Fine Arts sera décisive dans la préparation de sa carrière d'acteur.

En 1954, il se joint au Festival de Stratford, qui en est à sa deuxième saison, et joue dans les pièces *The Taming of the Shrew* et *Œdipus Rex,* toutes deux mises en scène par Tyrone GUTHRIE, ainsi que dans *Measure for Measure.*

Gerussi s'impose comme l'un des principaux comédiens de la troupe de Stratford, où il interprète Romeo dans *Juliet* de Julie Harris en 1960, Ariel dans *The Tempest* en 1962 et Mark Antony dans *Julius Caesar* en 1965. Son interprétation de Feste dans la création de *Twelfth Night* en 1957 est portée aux nues par Robertson DAVIES qui y voit «une interprétation magistrale dominant toute la pièce et lui donnant le ton».

Il fait ses débuts à New York en tenant le rôle de Launce dans *Two Gentlemen of Verona.* La saison suivante, il participe à une tournée aux États-Unis avec le National Phoenix Theatre, où il incarne sir Edward Mortimer dans *Mary Stuart.*

Outre son rôle continu de Nick, on le voit apparaître à la télévision dans le rôle d'un immigrant italien dans *The Newcomers 1978* (1980) et dans *Moving Day* (1987) de Bernard Slade. Il revient au théâtre pour jouer le rôle de Lou dans *Breaking Legs* de Tom Dulack au Stage West de Calgary, au Stage West d'Edmonton et au Arts Club Theatre de Vancouver (1994). En plus d'être comédien, Gerussi est considéré comme un sculpteur sur bois doué. Il meurt des suites d'une crise cardiaque.

James Defelice

Gesner, Abraham, géologue, auteur, chimiste et inventeur (près de Cornwallis, N.-É., 2 mai 1797—Halifax, 29 avril 1864). Gesner invente l'huile de kérosène et, grâce aux brevets qu'il obtient pour la distillation de la matière bitumineuse, il devient l'un des pionniers de l'industrie moderne du pétrole. Il étudie et décrit la répartition des formations rocheuses de la Nouvelle-Écosse, du Nouveau-Brunswick et de l'Île-du-Prince-Édouard, en plus d'en dresser des cartes. Son père, le colonel Henry Gesner, avait quitté une grande ferme de l'état de New York pour venir s'installer dans la vallée de l'Annapolis.

Après des études primaires en Nouvelle-Écosse, Abraham entreprend des études en médecine à Londres en 1825 et obtient un diplôme de médecin et de chirurgien. Il retourne à Parrsboro (Nouvelle-Écosse) où il commence à pratiquer la médecine et poursuit son exploration de la Nouvelle-Écosse en bateau, à cheval et à pied. En 1838, il déménage à Saint-Jean (Nouveau-Brunswick). Les cinq rapports sur la géologie du Nouveau-Brunswick qu'il publie annuellement de 1839 à 1843 font de lui le premier géologue au service du gouvernement dans une colonie britannique. Au cours de cette période, il redécouvre, dans le comté d'Albert, des veines de bitume solide qu'il utilisera pour faire des essais de distillation. Il se servira des échantillons qu'il a prélevés sur le terrain pour ouvrir le premier musée d'histoire naturelle au Canada, au Mechanics' Institute de Saint-Jean en 1842, avant de retourner en Nouvelle-Écosse en 1843.

Vers 1846, il commence à faire ses essais de distillation à partir d'hydrocarbures solides pour produire du pétrole lampant, une huile à lampe qu'il appellera kérosène et qu'il mettra au point dès 1853. Il en obtient les brevets en 1854 et dirige la mise sur pied d'une usine à Long Island, dans l'état de New York, pour la fabrication du kérosène, qui remplacera l'huile à lampe traditionnelle dans les maisons. En 1863, il vend ses brevets et retourne à Halifax, où il a été engagé comme professeur à l'U. Dalhousie.

Gesner a écrit de nombreux articles et rapports scientifiques de même que plusieurs livres, le plus important étant *A Practical Treatise on Coal, Petroleum and Other Distilled Oils* (1861). Parmi ses autres inventions, on compte le premier produit efficace de préservation du bois, un procédé pour le revêtement des autoroutes en asphalte, des briquettes fabriquées à partir de poussière de charbon compressée et une machine pour le revêtement isolant des fils électriques. Imperial Oil lui a rendu hommage en faisant graver une épitaphe sur sa tombe à Halifax, rappelant qu'il a offert au monde un meilleur éclairage.

L.M. Cumming

Gestion des affaires La gestion d'une entreprise consiste en les processus de planification, de coordination et de supervision de cette entreprise. La survie à long terme d'une entreprise dépend de sa rentabilité et de ses liquidités. Pour ce faire, l'entreprise doit créer pour ses clients une valeur telle que ses revenus dépassent ses coûts. Globalement, la gestion a comme tâche de résoudre avec succès les problèmes que l'entreprise doit affronter à titre d'organisation créatrice de valeurs.

Les dirigeants d'une entreprise doivent avoir non seulement les capacités et les qualifications pour résoudre ces problèmes, mais aussi les connaissances et l'expertise dans les sept secteurs fonctionnels de leur entreprise: production, commercialisation, finance, comptabilité, ressources humaines, systèmes d'information de gestion, recherche et développement. En outre, la haute direction doit être capable de coordonner ces activités de manière à maximiser la valeur de l'entreprise pour ses actionnaires et pour les autres protagonistes, tels que le personnel, les fournisseurs, les clients et la communauté environnante.

Secteurs de la gestion d'une entreprise Les responsables de la production achètent et mettent en stock les matières premières et les intrants semi-finis, en gèrent l'utilisation tout au long du processus de production, contrôlent le stock des produits finis et en gèrent l'expédition, le transport et la distribution.

Les directeurs de la commercialisation effectuent des études de marché pour découvrir quels produits créeront de la valeur pour les consommateurs et en déterminer le prix, la quantité et les caractéristiques. Ils orchestrent également la publicité, la promotion et les ventes-réclames des produits de l'entreprise.

Les directeurs des finances alimentent l'entreprise en capitaux externes provenant du marché boursier (*voir* MARCHÉ DES VALEURS MOBILIÈRES ET DES OBLIGATIONS), des banques (*voir* ACTIVITÉ BANCAIRE), de particuliers et du marché de la DETTE PUBLIQUE. Ils gèrent l'allocation de ces fonds au sein de l'entreprise et doivent aussi évaluer les dépenses en capital qui sont nécessaires du point de vue de l'équipement, de la recherche et du développement.

Les directeurs de la comptabilité rassemblent et évaluent les données relatives aux coûts des salaires et traitements du personnel, des intrants en équipement et fournitures, et des entrées de capitaux d'origine variée. Ils confrontent ces données avec celles des recettes pour calculer les profits de l'entreprise, dresser le bilan, connaître ses besoins en fonds de roulement et calculer les impôts à payer (*voir* COMPTABILITÉ).

Les directeurs des ressources humaines décident de l'embauche, veillent à la formation, coordonnent les systèmes d'évaluation et de stimulation au sein de l'entreprise et, enfin, dressent et gèrent les plans de carrière du personnel.

Les directeurs du secteur recherche et développement mettent au point de nouvelles technologies de production dans le but d'améliorer la productivité, ainsi que de nouvelles technologies de produits destinées à élargir la gamme, la qualité et le rendement des produits de l'entreprise (*voir* RECHERCHE ET DÉVELOPPEMENT INDUSTRIELS; RECHERCHE ET DÉVELOPPEMENT SCIENTIFIQUES).

Les gestionnaires des systèmes d'information sont responsables de la circulation de l'information au sein de l'entreprise de même qu'entre celle-ci et ses fournisseurs et clients. Ils assurent aussi de plus en plus l'accès à la masse d'informations disponibles sur INTERNET.

La réussite de l'entreprise dépend de façon cruciale de sa stratégie d'affaires globale et de la mise en œuvre de celle-ci. La haute direction doit connaître les atouts et les faiblesses de son entreprise par rapport aux autres entreprises du même ou des mêmes secteurs industriels, tant au sein du pays en question qu'à l'étranger. Elle doit fixer les objectifs à atteindre, formuler et mettre en œuvre la stratégie de l'entreprise, évaluer dans quelle mesure l'entreprise réussit à imposer une certaine valeur pour ses partenaires, comparativement à ses concurrents, et, si nécessaire, réviser au fil du temps ses stratégies concurrentielles de base.

Une des tâches prioritaires de la gestion d'entreprise consiste à veiller à ce que tous les employés possèdent l'information, les compétences, les attitudes et la motivation requises pour une contribution maximale à la poursuite d'objectifs stratégiques. C'est la haute direction qui décide du style de gestion de l'entreprise, de la culture organisationnelle dans le cadre des relations interpersonnelles et des valeurs qui y prévalent. Cette haute direction, parfois assistée de services de relations avec le gouvernement et la communauté, assume également la responsabilité des relations de l'entreprise au niveau des échelons de l'administration étatique et avec le grand public.

Importance de la gestion des affaires pour l'économie canadienne La gestion des affaires joue un rôle très important dans l'ÉCONOMIE canadienne. Au milieu des années 90, on compte 80 p. 100 des 15,5 millions de travailleurs canadiens dans le secteur privé. Les entreprises de ce secteur comptent pour près de 80 p. 100 de la formation brute de capital fixe non foncier et pour plus de 90 p. 100 des exportations et des importations canadiennes. Une bonne gestion des affaires est également importante pour assurer le fonctionnement efficace des entreprises publiques telles que la SOCIÉTÉ CANADIENNE DES POSTES, les compagnies hydroélectriques (BC HYDRO, ONTARIO HYDRO, HYDRO-QUÉBEC), la Société Radio-Canada (SRC) et AIR CANADA.

Si le secteur des affaires canadien n'est pas efficace et compétitif à l'échelle internationale, l'économie du Canada va stagner et le niveau de vie diminuer. Les succès et les échecs de la gestion des affaires au Canada se reflètent dans son classement en termes de PIB par habitant (à pouvoir d'achat égal). Il tombe du quatrième rang vers 1985 et au huitième vers 1995. Les Nations Unies le placent en tête des pays pour sa qualité de vie; il occupe le huitième rang parmi les pays exportateurs; il affiche une performance plutôt médiocre sur le plan de l'amélioration de sa productivité dans le temps ainsi que sur le plan de la création de nouveaux produits et de nouveaux processus de production, grâce au secteur de recherche et développement (R-D). Au cours des prochaines décennies, les entreprises et les gestionnaires canadiens seront soumis à des pressions accrues de la part de leurs concurrents des États-Unis, d'Europe, d'Amérique du Sud et des PAYS CÔTIERS DU PACIFIQUE.

Malgré l'importance de toutes ces formes de gestion, c'est la stratégie concurrentielle, le secteur industriel et le pays d'exploitation qui déterminent l'importance à accorder à chacune d'elles. Ainsi, les banques, les COMMERCES DE DÉTAIL et les entreprises manufacturières (*voir* FABRICATION INDUSTRIELLE) gèrent leurs affaires différemment et leur mode de gestion varie selon qu'elles se situent au Canada, aux États-Unis, au Japon ou en Chine. La gestion des affaires au Canada présente des caractéristiques uniques, façonnées par sa géographie, son économie, ses systèmes politique, social et culturel ainsi que son histoire.

Gestion des affaires au Canada Si le Canada est un vaste pays, sa population est peu nombreuse et dispersée. Le gouvernement est donc intervenu largement pour développer des infrastructures – routes, chemins de fer, TRANSPORT aérien, ÉLECTRICITÉ– de même que l'industrie. Le gouvernement canadien intervient davantage que le gouvernement américain dans les affaires de l'entreprise, de l'industrie et de l'économie. Les gestionnaires canadiens sont plus circonscrits par les lois canadiennes dans leurs décisions, mais ils sont vraisemblablement plus enclins que leurs homologues américains à demander l'aide de l'État.

Le fait que les marchés canadiens soient relativement petits, dispersés, mais très protégés jusqu'à récemment, tout en étant voisins du vaste et lucratif marché américain, explique certaines caractéristiques du mode de gestion canadien. Les gestionnaires canadiens sont en général plus réticents que leurs collègues américains à prendre des risques. Les investissements étrangers directs sont substantiels dans les industries canadiennes (*voir* INVESTISSEMENT ÉTRANGER).

Certains des opposants à la forte participation étrangère dans les entreprises canadiennes estiment qu'elle réduit le dynamisme, l'indépendance, l'autorité et la souplesse des gestionnaires canadiens de filiales de sociétés étrangères lorsqu'ils doivent prendre des décisions clés pour leur entreprise. Ces réfractaires expliquent aussi le faible niveau des dépenses en recherche et développement dans ces filiales canadiennes par la concentration des activités de R-D dans les pays d'origine des sociétés multinationales propriétaires de ces filiales. Les dirigeants d'entreprises canadiens peuvent d'ailleurs voir d'un mauvais œil ces filiales qui les menacent grâce à leur expertise technologique et commerciale, leur taille, la dimension de leurs marchés et leurs énormes réserves financières (*voir* SOCIÉTÉS MULTINATIONALES).

En comparaison avec leurs consœurs américaines, les firmes canadiennes disposent d'un pourcentage plus faible de gestionnaires de formation universitaire, munis d'un baccalauréat ou d'une maîtrise en administration des affaires. Dans le passé, les critères de promotion aux postes clés des compagnies de propriété canadienne reposaient sur les liens de famille et les années d'expérience au sein de l'entreprise plutôt que sur les diplômes, le rendement et les initiatives (*voir* ÉLITE DU MONDE DES AFFAIRES).

Bien que cette situation se transforme depuis quelques décennies, le Canada a encore au milieu des années 90, toutes proportions gardées, un nombre plus faible de cadres possédant un diplôme de baccalauréat, de maîtrise ou de doctorat en administration des affaires que les États-Unis (*voir* ÉTUDES COMMERCIALES).

Les RELATIONS INDUSTRIELLES forment un autre volet du caractère distinct de la gestion des affaires au Canada. Le bilan est assombri par le nombre élevé de journées perdues à cause des grèves (*voir* GRÈVES ET LOCK-OUT). Un pourcentage relativement élevé de salariés, surtout dans le secteur public (*voir* SYNDICATS DE LA FONCTION PUBLIQUE), sont syndiqués au Canada, et les syndicats y sont plus militants qu'aux États-Unis. Dans leurs relations avec leurs employés, les dirigeants d'entreprises canadiens se montrent plus formalistes, rigides et agressifs, moins progressistes que les dirigeants américains, européens (Royaume-Uni excepté) et japonais. Cette situation est responsable non seulement de grèves plus nombreuses et plus fréquentes, mais aussi d'une rigidité plus forte des protocoles de travail, d'un suremploi, d'une productivité moindre, et de coûts salariaux élevés dans certaines industries (*voir* RELATIONS DE TRAVAIL; TRAVAILLEURS, HISTOIRE DES).

Avenir de la gestion des affaires Le Canada est une nation commerçante, qui exporte environ 30 p. 100 de son PIB. Depuis la dernière décennie, le contexte du COMMERCE INTERNATIONAL de ce pays a subi trois changements d'envergure. Tout d'abord, il y a eu la signature de l'accord canado-américain de LIBRE-ÉCHANGE; puis celle de l'accord de libre-échange nord-américain (ALENA), et enfin la création de l'ORGANISATION MONDIALE DU COMMERCE (OMC) qui englobe l'ACCORD GÉNÉRAL SUR LES TARIFS DOUANIERS ET LE COMMERCE (GATT) et en élargit les objectifs et les pouvoirs. Chacun de ces trois événements a déjà réduit la protection commerciale dont jouissaient le Canada et ses principaux partenaires étrangers, et va continuer ce mouvement à l'avenir. Un système de concurrence internationale s'applique progressivement à l'ensemble des entreprises du monde.

Ces événements lancent des défis catégoriques aux entreprises canadiennes et à leurs dirigeants. Ordinairement, les gestionnaires d'entreprise ne peuvent lancer qu'un projet d'envergure à la fois. Cependant, les gestionnaires canadiens ne pourront survivre et prospérer qu'en prenant des initiatives sur trois fronts: ils doivent d'abord augmenter l'efficacité et réduire les coûts, souvent par une expansion permettant de réaliser des économies d'échelle et de rationaliser la production en la concentrant sur un nombre moindre de produits; il leur faut ensuite lancer de nouveaux produits et de nouveaux processus de fabrication pour devenir concurrentiels sur les marchés internationaux; ils doivent enfin pénétrer les marchés internationaux de biens manufacturés et de services. C'est une attitude qu'ils élaborent depuis une dizaine d'années et qu'ils devront poursuivre encore à l'avenir.

En réponse à ces défis, les entreprises canadiennes et leurs dirigeants établissent des alliances stratégiques avec des firmes étrangères et se joignent à des consortiums stratégiques. Ils restructurent des entreprises et des pans entiers de l'industrie canadienne de manière à jouer le jeu de la concurrence à l'échelle planétaire. Les filiales de multinationales étrangères ont dû s'intégrer elles-mêmes aux activités internationales de leurs maisons mères plutôt que d'agir comme entités autonomes tournées exclusivement vers le marché intérieur canadien.

En général, on ne peut évaluer le succès final de ces initiatives. Pour l'année 1997, le Canada affiche des taux de CHÔMAGE supérieurs à ceux des États-Unis, mais inférieurs à ceux de l'Europe. La croissance de l'économie canadienne reste en deçà des prévisions et de ses performances des années 70 et 80. Par contre, les EXPORTATIONS canadiennes de biens et de services sont en plein essor, au point que la balance des comptes courants du Canada affiche en 1996 un surplus pour la première fois depuis de nombreuses années. Non seulement les exportations ont augmenté rapidement, mais leur diversification est spectaculaire (avec une baisse de 50 p. 100 de leur concentration entre les années 80 et 90). De plus, la part des produits manufacturés dans les exportations canadiennes augmente de 40 p. 100 entre 1980 et 1996. Cette performance commerciale représente un exploit remarquable pour les entreprises canadiennes et leurs gestionnaires.

Maintenant que le Canada en a terminé avec les difficultés de son intégration à l'économie mondiale, l'Organisation pour la Coopération et le Développement économique (OCDE) prévoit une expansion de son économie à un taux relativement rapide, au fur et à mesure que les dirigeants de ses entreprises acquerront l'expertise assurant à celles-ci une plus-value à l'échelle de l'économie mondiale.

Donald J. Lecraw

Gestion des ressources On appelle habituellement gestion des ressources la responsabilité des gouvernements de s'assurer de l'utilisation judicieuse ou de la préservation des ressources naturelles relevant de leur autorité. Une «utilisation judicieuse» signifie l'élimination du gaspillage et, dans le cas des ressources renouvelables, un usage contrôlé qui garantisse leur disponibilité à long terme. Quand l'utilisation d'une ressource nuit à d'autres, p. ex., quand les opérations de FORESTERIE gênent le frai des saumons, une saine gestion des ressources exige des politiques qui reconnaissent les avantages d'usages multiples et de contrôle sur les usages à but unique et nuisibles pour les autres ressources. Parfois, les gouvernements interdisent l'utilisation de ressources naturelles à des fins de consommation. Les réserves écologiques, qui maintiennent indéfiniment des terres à leur état naturel, sont l'un des outils de préservation de telles ressources.

Des conflits surgissent souvent entre des personnes et des groupes ayant des intérêts particuliers dans l'utilisation d'une ressource naturelle. Des conflits peuvent survenir entre les utilisateurs industriels des FORÊTS, des MINES et des POISSONS. L'industrie des loisirs, qui dépend des lacs, des ruisseaux et des forêts, peut entrer en conflit avec les idéaux naturalistes, qui préconisent la conservation des régions sauvages et la préservation de la faune et de la flore. De telles oppositions peuvent survenir à divers niveaux, allant de conflits à grande échelle (industrie contre région sauvage) à des conflits entre industries (barrages contre foresterie), entre utilisateurs de lieux récréatifs (motoneigistes contre excursionnistes) ou entre des naturalistes et leurs objets d'étude (p. ex., dans les cas où une trop grande perturbation nuit à la nidification). Les peuples autochtones, dont les droits ancestraux n'ont pas encore été reconnus, revendiquent des droits aux ressources naturelles (*voir* RESSOURCES NATURELLES, PARTAGE DES COMPÉTENCES LÉGISLATIVES CONCERNANT LES) en raison de leur rapport historique à la terre.

Ces conflits et d'autres exigent que les gouvernements adoptent des stratégies de gestion prudentes. Au Canada, la propriété gouvernementale des ressources naturelles constitue le fondement des stratégies et des politiques de gestion. Les quatre premières provinces de la Confédération ont conservé la propriété et le contrôle de leurs ressources naturelles. La Colombie-Britannique et l'Île-du-Prince-Édouard en ont aussi conservé la propriété en adhérant à la fédération. Quand le Manitoba, l'Alberta et la Saskatchewan ont été formés, le gouvernement fédéral a conservé la propriété des ressources naturelles, en partie pour fournir les revenus nécessaires à la colonisation et à la construction du chemin de fer transcontinental. En 1930, un amendement constitutionnel a transféré la propriété et le contrôle de ce qui restait du domaine public du gouvernement fédéral aux gouvernements de l'Alberta, de la Saskatchewan et du Manitoba. Les provinces canadiennes sont maintenant propriétaires des ressources naturelles, bien que l'autorité sur les oiseaux et les poissons migrateurs soit en grande partie de compétence fédérale. Dans le NORD, au Yukon et dans les Territoires du Nord-Ouest, le gouvernement fédéral a conservé le contrôle des ressources naturelles. En 1984, la Cour suprême du Canada a tranché en faveur du gouvernement fédéral dans le conflit opposant ce dernier aux gouvernements provinciaux, relativement aux ressources des zones extracôtières. Dans plusieurs régions du Canada, territoriales et extracôtières, les autochtones ont des revendications qui n'ont pas encore été réglées.

Dans le passé, les gouvernements provinciaux suivaient des politiques d'aliénation totale des terres agricoles et urbaines, et même des forêts et des terres sauvages. Plus récemment, particulièrement dans l'Ouest et le Nord, la politique gouvernementale a été de n'accorder que des titres limités sur les territoires forestiers et miniers. Ainsi, les gouvernements agissent comme propriétaires des sociétés forestières et pétrolières et, à un moindre degré, minières. Il s'ensuit que la gestion gouvernementale des ressources naturelles est, dans ces cas, duale: le gouvernement agit alors comme locateur/propriétaire et régulateur de l'utilisation de la ressource.

À titre de locateur/propriétaire, un gouvernement provincial peut être copromoteur avec l'industrie. À ce titre, les politiques de gestion du gouvernement peuvent être axées sur la création d'investissements et d'emplois (comme c'est le cas pour le développement du charbon dans le nord-est de la Colombie-Britannique), la maximisation des loyers et des redevances (p. ex., sur les ressources pétrolières et gazières de propriété publique), le maintien d'une production continue (p. ex., dans le cadre des forêts et de la PÊCHE), où elles peuvent chercher à influencer la structure de participation de l'industrie (p. ex., la «canadianisation» de l'INDUSTRIE PÉTROLIÈRE).

En tant que régulateur, un gouvernement contrôle l'UTILISATION DES RESSOURCES naturelles par l'entremise de lois autorisant la gestion de la ressource par différents ministères, directions ou organismes. Au Canada, la Loi constitutionnelle de 1982 divise les pouvoirs entre les gouvernements provinciaux et fédéral. Les assemblées législatives provinciales sont autorisées à adopter des lois pour la gestion et la vente des ressources naturelles, et pour la réglementation de la production primaire. Quant au Parlement fédéral, il détient le pouvoir législatif de réglementation des pêcheries intérieures et côtières, du commerce interprovincial et de l'exportation des biens et des services marchands que sont les ressources naturelles. Chaque niveau de gouvernement peut taxer les revenus des ressources naturelles. Par conséquent, une province peut adopter et mettre en application des politiques de gestion des ressources, à condition que celles-ci soient en accord avec les politiques nationales adoptées par le Parlement. Ces pouvoirs et responsabilités qui se chevauchent entraînent des conflits entre les gouvernements provinciaux et fédéral tels que les marchés, la fixation des prix et le partage des revenus des ressources naturelles, et peuvent, à l'occasion, nuire à la gestion à grande échelle. Les conflits intergouvernementaux sont compliqués davantage dans les zones urbaines, où les gouvernements municipaux peuvent posséder des terres. Dans le passé, les lois sur les ressources naturelles ont conduit à la mise en place d'instances nombreuses intéressées à la gestion d'une même ressource, en désignant un ministère ou une direction pour chaque ressource particulière, p. ex., le ministère fédéral des pêches, un ministère provincial des mines et des minéraux, un service provincial des forêts ou une direction provinciale de la faune et de la flore. Aujourd'hui, les ministères du secteur des ressources naturelles ont habituellement des mandats plus larges et doivent adopter des politiques qui tiennent compte des multiples demandes dont les ressources font l'objet. On fait plus souvent appel à des stratégies d'intégration, comme la planification régionale des ressources et les groupes de travail à fonctions multiples, dans un effort pour parvenir à une gestion des ressources mieux coordonnée. Les évaluations d'impacts environnementaux, les audiences publiques sur l'utilisation des ressources et les projets en la matière sont maintenant communs.

Ces tendances gouvernementales viennent en grande partie de l'émergence des planificateurs et des gestionnaires professionnels des ressources naturelles. L'industrie, le gouvernement et des firmes de consultants font souvent appel à ces professionnels qui possèdent une formation et une éducation adaptées aux programmes de gestion des ressources naturelles. Les nouvelles exigences légales sur l'évaluation et la révision officielles des projets de développement peuvent avoir un impact négatif sur l'ENVIRONNEMENT et contribuent au fait qu'on ne tient plus pour acquis l'utilisation judicieuse des ressources naturelles. Le fait qu'on se préoccupe des limites des ressources, de la possibilité de dommages irréversibles à l'environnement et de l'obtention d'une efficience et d'avantages optimaux dans l'utilisation des ressources entraîne un recours plus fréquent aux services de ces professionnels.

Si l'on a accordé beaucoup d'attention aux questions d'usages multiples, de coûts et de bienfaits sociaux, on pourrait faire beaucoup plus si l'on reconnaissait certaines des caractéristiques inhérentes à la gestion des ressources naturelles et si l'on arrivait à orienter la recherche plus précisément vers les priorités de la gestion. La gestion des ressources se caractérise maintenant par de hauts degrés d'incertitude en ce qui a trait aux causes et aux effets, aux mesures d'atténuation et aux coûts et avantages de divers moyens pour résoudre les conflits liés à l'utilisation des ressources. P. ex., si l'on reconnaît largement que les PLUIES ACIDES sont une menace majeure pour l'environnement global, il est par contre très difficile d'amener les experts et les chefs politiques à s'entendre sur des programmes de réduction et de correction, même entre des pays voisins comme le Canada et les États-Unis. Ces incertitudes exigent que les priorités de la recherche portent sur les principales inconnues et que les stratégies de gestion fournissent des moyens plus flexibles et capables d'être adaptés à l'avenir. Les ressources naturelles ont une telle importance dans l'économie et la vie des Canadiens que de meilleures pratiques de gestion des ressources devraient être une priorité nationale.

Andrew R. Thompson

Getty, Donald Ross, athlète, homme d'affaires et premier ministre de l'Alberta (Westmount, Qc, 30 août 1933). En 1955, Getty obtient un diplôme en administration de l'U. de Western Ontario, avant de se joindre à l'équipe de football des ESKIMOS D'EDMONTON comme quart-arrière. On le nomme le «Canadien exceptionnel» dans la Ligue canadienne de football de l'Ouest en 1959. Il travaille pour la Compagnie pétrolière impériale en 1955 et devient gérant de la Midwestern Industrial Gas en 1961. En 1964, il fonde la Baldonnel Oil and Gas et, en 1967, il s'associe à la société d'investissements Doherty, Roadhouse and McCuaig. Il est l'un des six premiers députés élus au sein du Parti conservateur de Peter LOUGHEED en 1967 et il est nommé ministre des Affaires intergouvernementales en 1971. Il est réélu en 1975 et réintègre des fonctions au Cabinet à titre de ministre de l'Énergie et des Ressources naturelles.

Il quitte la politique en 1979 et devient président de la compagnie D. Getty Investments Ltd. Il siège aussi aux conseils de plusieurs sociétés, dont la Brinco et NOVA, ainsi qu'au conseil de la Banque Royale. En 1985, il est élu à la tête du Parti conservateur provincial et est assermenté premier ministre le 1er novembre 1985, puis remporte un siège aux élections complémentaires de décembre. Dans un contexte économique de plus en plus difficile, il voit son parti passer d'une majorité de 75 sièges sur 79 à une majorité de 61 sièges sur 79 aux élections du 8 mai 1986. Il fait face à des problèmes de gestion, alors que la valeur à la baisse des ressources entraîne une sévère diminution de revenus dans la province.

Getty est un fervent défenseur du traité du LIBRE-ÉCHANGE avec les États-Unis, mais son adoption n'a que peu d'effets sur l'économie chancelante de la province. Aux élections provinciales du 20 mars 1989, les forces conservatrices sont à nouveau réduites, récoltant 59 sièges, et Getty subit la gêne d'être battu dans sa propre circonscription. Il se présente et est élu aux élections complémentaires dans une circonscription qui lui convient mieux et, pour tenter de réduire les dépenses, il impose le gel des salaires dans la fonction publique. En raison des pertes massives de deniers publics dans des compagnies soutenues par l'État, comme Novatel, notamment, la popularité de Getty s'effrite encore davantage. Il cherche à se donner un regain de popularité en offrant son appui énergique à un Sénat selon la proposition «des trois E» et aux pierres de touche traditionnelles des protestations de l'Ouest, telle que l'opposition au bilinguisme officiel.

Les efforts consacrés par Getty à la réforme du Sénat mènent à la première élection sénatoriale au Canada. Getty propose Stanley Waters, le vainqueur de cette élection, pour occuper le siège vacant de la province de l'Alberta. Le premier ministre Brian Mulroney nomme Waters à contrecœur au Sénat. Getty continue à réclamer une réforme du Sénat et il est récompensé dans sa lutte par l'inscription dans l'ACCORD DE CHARLOTTETOWN d'un Sénat comportant un nombre égal de membres pour chaque province. C'est le couronnement de la carrière politique de Getty, et il annonce qu'il se retire de la vie politique après la signature de l'Accord, le 9 septembre 1992, six semaines avant qu'un référendum ne rejette l'Accord en Alberta et dans presque tout le Canada.

Ghiz, Joseph A., premier ministre de l'Île-du-Prince-Édouard (Charlottetown, 27 janv. 1945—*id.*, 9 nov. 1996). Ghiz commence ses études à Charlottetown et les poursuit à Dalhousie (baccalauréat en sciences commerciales, 1966; baccalauréat en droit, 1969) et à Harvard (maîtrise en droit, 1981). En 1970, il est admis au barreau et devient membre du Parti libéral. Il est procureur de la couronne de 1970 à 1972, chargé de cours à mi-temps en droit des affaires à l'U. de l'Île-du-Prince-Édouard de 1969 à 1972, associé principal de Scales, Ghiz, Jenkins et McQuaid, et président de l'Association du Barreau canadien – Division de l'Île-du-Prince-Édouard.

Ghiz est élu président du Parti libéral de l'Île-du-Prince-Édouard en 1977 et devient chef du parti en 1981. Son manque d'expérience contribue à l'échec des libéraux aux élections de 1982. En tant que député provincial, il devient un excellent chef d'opposition et de parti, et son parti a le temps de bien préparer les élections de 1986. Les libéraux accusent alors le gouvernement conservateur d'avoir pris de piètres décisions financières et de ne pas avoir défendu les droits des insulaires auprès de leurs homologues fédéraux, et ils remportent les élections avec une majorité de 22 sièges contre 10. Les origines libanaises du chef libéral sèment le doute et la controverse chez les insulaires, mais la question tombe dans l'oubli lorsque Ghiz est assermenté premier ministre le 2 mai 1986.

L'appui de Ghiz à l'ACCORD DU LAC MEECH et son opposition au LIBRE-ÉCHANGE le maintiennent très présent sur la scène publique tout au long de 1987. Son parti est réélu avec une écrasante majorité aux élections de 1989. Les libéraux obtiennent 30 sièges sur 32 et certains voient dans ces résultats une protestation contre la décision du gouvernement conservateur fédéral de fermer la Base des Forces canadiennes à Summerside, un important moteur de l'économie provinciale. Au cours des discussions constitutionnelles qui suivent l'échec de l'Accord Meech, Ghiz défend sans répit les concessions accordées au Québec et critique la position rigide des premiers ministres Don Getty de l'Alberta et Clyde Wells de Terre-Neuve.

Ghiz s'oppose à un Sénat selon la proposition des «trois E» et son appui sans réserve à la position de Québec fait de lui un solide allié du premier ministre du Québec Robert Bourassa au cours de ces négociations. Il annonce qu'il abandonne la politique quelques jours seulement après la défaite référendaire de l'ACCORD DE CHARLOTTETOWN.

Le retour de Ghiz à la pratique privée en 1993 est de courte durée. Il est immédiatement nommé doyen de la Faculté de droit de l'UNIVERSITÉ DE DALHOUSIE et, au cours de l'année suivante, il est choisi pour diriger un comité d'enquête sur le bureau des procureurs de la Couronne de la Nouvelle-Écosse. En avril 1995, à l'âge de 50 ans, il laisse le décanat pour assumer le poste de juge de la Cour suprême de l'Île-du-Prince-Édouard (division de première instance).

De façon tragique, c'est la dernière étape d'une brève, mais brillante carrière. Ghiz est atteint du cancer l'année suivante et meurt à Charlottetown. Un nombre impressionnant de personnages politiques canadiens d'hier et d'aujourd'hui assistent à son service funèbre.

La carrière de Joseph Ghiz fut extraordinaire. Fils d'immigrants libanais, d'une grande fierté, il est le premier Canadien d'origine non européenne à occuper les fonctions de premier ministre provincial. Il en a toujours été très reconnaissant et, pour lui, cette tolérance et cette ouverture étaient le symbole de la promesse d'avenir du Canada.

W.S. Keizer et David A. Milne

Gibbon, John Murray, écrivain et promoteur culturel (Ceylan, 12 avril 1875—Montréal, 2 juill. 1952). Formé dans les universités d'Aberdeen, d'Oxford et de Göttingen, Gibbon vient au Canada en 1913 en tant que directeur de la publicité pour le Canadien Pacifique. Président fondateur de la CANADIAN AUTHORS ASSOCIATION en 1921, il s'enthousiasme pour la culture folklorique et organise une série de festivals folkloriques et d'artisanat qui débute en 1927. Avec sir Ernest MACMILLAN, il publie les *French Canadian Folk Songs* en quatre volumes (1928) et un grand nombre d'autres collections. Ses ouvrages historiques comprennent *Scots in Canada* (1911), *Steel of Empire: The Romantic History of the Canadian Pacific* (1935), *Canadian Mosaic* (1938), plusieurs romans et deux manuels sur l'histoire des soins infirmiers. Apparemment oublié des érudits actuels intéressés par le folklore, Gibbon a été une figure importante dans l'évolution de la culture nationale bilingue et multiculturelle.

Donald J.C. Phillipson

Gibier à plume Le regroupement d'espèces dans la catégorie des «gibiers à plume» n'est pas scientifique puisqu'elle désigne plutôt toute espèce qui est chassée. Il en existe deux catégories au Canada: les oiseaux migrateurs et les oiseaux qui ne migrent pas selon la définition employée dans la loi. Les saisons de chasse aux oiseaux migrateurs sont réglementées par le gouvernement fédéral selon la *Loi sur la Convention concernant les oiseaux migrateurs* (1917) (*voir aussi* OISEAUX AQUATIQUES). Même si elles ne sont pas considérés comme des oiseaux migrateurs au sens de la Convention, deux espèces de GUILLEMOTS (le Guillemot marmette et le guillemot de Brünnich) relèvent de la juridiction fédérale. Ces OISEAUX MARINS peuvent seulement être chassés par les résidants de Terre-Neuve et du Labrador.

Les provinces et les territoires ont le pouvoir de légiférer en matière de chasse d'oiseaux considérés comme étant non migratrices au sens de la Convention, même si certaines populations de gélinottes peuvent se déplacer sur de grandes distances. Le présent article traite des oiseaux gibiers considérés comme étant non migratrices, au sens de cette réglementation.

Espèces non migratrices

Au Canada, on compte neuf espèces dans la famille des GÉLINOTTES (tétraonidés): le tétras du Canada (*Falcipennis canadensis*), qui habite les forêts de conifères partout, sauf à l'Île-du-Prince-Édouard, a été introduit à Terre-Neuve; le tétras sombre (*Dendragapus obscurus*), qui niche dans les forêts de conifères et dans les tourbières de l'Alberta, de la Colombie-Britannique, du Yukon et du sud-ouest des Territoires du nord-ouest; le tétras des armoises (*Centrocercus urophasianus*), qui vit dans le sud de l'Alberta et de la Saskatchewan et que l'on trouvait autrefois en Colombie-Britannique dans les endroits où croît l'armoise; la gélinotte huppée (*Bonasa umbellus*), que l'on voit partout dans les forêts de feuillus et qui a été introduite à Terre-Neuve; le tétras à queue fine (*Tympanuchus phasianellus*), qui vit dans les milieux ouverts, les buissons des fondrières et les prairies depuis la BAIE JAMES, au Québec, jusqu'en Colombie-Britannique; le LAGOPÈDE à queue blanche (*Lagopus leucurus*) des régions alpines de l'Ouest; le lagopède alpin (*L. mutus*), qui habite dans la toundra, les régions subarctiques et les régions alpines de la Colombie-Britannique, du Yukon, des Territoires du Nord-Ouest, du Québec et de Terre-Neuve et, l'hiver, dans le nord de la Saskatchewan, du Manitoba et de l'Ontario; le lagopède des saules (*L. lagopus*), que l'on rencontre dans la toundra, les régions subarctiques et les milieux alpins de la Colombie-Britannique, du Yukon, des Territoires du nord-ouest, de l'Alberta, du Manitoba, de l'Ontario, du Québec, de Terre-Neuve et dans le nord de la Saskatchewan en hiver. Le tétras des prairies (*T. cupido*), que l'on trouvait autrefois dans les Prairies et en Ontario, est disparu localement (*voir* ANIMAUX EN VOIE DE DISPARITION et COMITÉ SUR LE STATUT DES ESPÈCES MENACÉES DE DISPARITION AU CANADA).

Famille du faisan Au Canada, on compte sept espèces apparentées au FAISAN (phasianidés). Le colin de Virginie (*Colinus virginianus*), que l'on rencontre dans les buissons à proximité des terres agricoles en Ontario, où il est actuellement en danger de disparition, a été introduit avec succès en Colombie-Britannique. Les tentatives d'introduction ont cependant échoué au Manitoba et en Alberta. Le colin de Californie (*Callipepla californica*) et le colin des montagnes (*Oreortyx pictus*) habitent quant à eux dans les endroits boisés et buissonneux. Ils ont été introduits dans le sud de la Colombie-Britannique depuis les États-Unis.

Originaires de l'Europe et de l'Asie, le faisan de Colchide (*Phasianus colchicus*) et la perdrix grise (*Perdix perdix*) habitent maintenant certaines régions agricoles dans toutes les provinces, sauf à Terre-Neuve. La perdrix choukar (*Alectoris chukar*) est établie en certains endroits arides de l'intérieur de la Colombie-Britannique et du sud de l'Alberta. Le dindon sauvage (*Meleagris gallopavo*) a disparu de l'Ontario vers 1902, mais il a été introduit à une échelle locale en Ontario, au Manitoba, en Saskatchewan et en Alberta. Il niche aussi dans l'extrême sud du Québec.

Famille des grues La GRUE du Canada (*Grus canadensis*, de la famille des Gruidés) niche dans la toundra et les fondrières depuis L'ÎLE DE BAFFIN et la région de la baie James, au Québec, et vers l'ouest jusqu'en Sibérie et dans certaines régions des Prairies. Lors des migrations, elle traverse l'Ouest de l'Ontario, les Prairies et la Colombie-Britannique. La grue blanche d'Amérique (*G. americana*) niche dans le PARC NATIONAL WOOD BUFFALO et hiverne aux États-Unis. C'est une espèce entièrement protégée.

Famille du râle Au Canada, six espèces de RÂLES (rallidés) sont considérées assez nombreuses pour être chassées dans les marais, et sept autres espèces appartiennent à la catégorie des visiteurs occasionnels. La foulque d'Amérique (*Fulica americana*), que l'on rencontre à l'ouest du Nouveau-Brunswick, et la gallinule poule-d'eau (*Gallinula chloropus*), qui niche dans le sud de l'Ontario et dans le sud-ouest du Québec, sont les espèces les plus chassées. Le râle de Virginie (*Rallus limicola*), qui est de plus petite taille et que l'on trouve dans toutes les provinces, bien qu'il soit plutôt rare à l'Île-du-Prince-Édouard, et la marouette de Caroline (*Porzana carolina*), présente dans toutes les provinces, sont rarement chassés. Le minuscule râle jaune (*Coturnicops noveboracensis*), qui niche dans toutes les provinces sauf à Terre-Neuve, à l'Île-du-Prince-Édouard et en Colombie-Britannique, est lui aussi rarement abattu. Dans le sud de l'Ontario, le râle élégant (*Rallus elegans*) est considéré en danger de disparition et il est entièrement protégé.

Famille du bécasseau La bécasse d'Amérique (*Scolopax minor*, de la famille des Scolopacidés), que l'on rencontre dans les jeunes forêts, du Manitoba jusqu'à Terre-Neuve, vers l'est, et la BÉCASSINE des marais (*Gallinago gallinago*), qui niche dans toutes les provinces ainsi qu'au Yukon et dans les Territoires du nord-ouest, sont chassées dans les marais et dans les pâturages humides.

Famille du pigeon Deux espèces de la famille du PIGEON (columbidés) sont chassées: le pigeon à queue barrée (*Columba fasciata*) des forêts de l'ouest de la Colombie-Britannique et la tourterelle triste (*Zenaida macroura*), que l'on rencontre dans les terres agricoles de toutes les provinces, sauf à Terre-Neuve. Le pigeon voyageur (*Ectopistes migratorius*), ou TOURTE voyageuse, que l'on trouvait autrefois en abondance, est aujourd'hui disparue.

Récolte La chasse aux espèces mentionnées dans ce texte n'est pas légale dans toutes les régions où on les rencontre. On en contrôle la récolte en limitant les prises et en déterminant la saison et la durée de la chasse. Au Canada, la récolte s'élève à plus de 2,8 millions d'oiseaux. Des chiffres précis sur la récolte des espèces qui relèvent de la législation provinciale ne sont pas disponibles. Le bilan approximatif des prises d'oiseaux migrateurs est le suivant: 100 000 bécasses d'Amérique, 45 000 bécassines des marais, 10 000 foulques d'Amérique, 5500 grues du Canada, 600 tourterelles tristes, 1300 pigeons à queue barrée et 800 râles.

Au XIXᵉ siècle, la chasse a probablement causé l'extinction du pigeon voyageur et mis en danger de disparition la grue blanche d'Amérique. La dégradation de l'habitat de nidification a entraîné la disparition, au Canada, du tétras des prairies et menace la survie du râle élégant et du colin de Virginie.

H.G. Lumsden

Gibson, George, dit «Mooney», joueur de baseball (London, Ont., 22 juill. 1880—*id.*, 25 janv. 1967). En 1903, Gibson signe un contrat chez les professionnels et se joint aux Pirates de Pittsburgh deux ans plus tard. Il possède un lancer puissant et reçoit à plusieurs reprise le titre de meilleur receveur défensif de la Ligue nationale. Il est membre de l'équipe de Pittsburgh qui remporte la Série mondiale en 1909 et joue dans les ligues majeures jusqu'en 1918. Connu comme formateur de jeunes lanceurs, Gibson dirige par la suite les Pirates (1920-1922 et 1932-1934) et les Cubs de Chicago (1925). Il est nommé meilleur joueur de baseball de la première moitié du XXᵉ siècle au Canada et, en 1958, il est le premier joueur de baseball élu au Temple de la renommée des sports du Canada.

William Humber

Gibson, Graeme, écrivain, activiste culturel et professeur (London, Ont., 9 août 1934). Diplômé de l'U. de Western Ontario, il contribue à la mise sur pied de plusieurs organisations nationales. Il participe à la création de la Writers' Union of Canada qu'il préside en 1974 et 1975. Il entreprend, en 1973, la production d'un guide de ressources littéraires tout en travaillant au Book and Periodical Development Council. Enfin, il participe aussi au lancement du Writers' Development Trust. En 1961, Gibson commence à Ryerson une carrière de professeur qui durera huit ans, et devient ensuite écrivain résident aux universités de Waterloo et d'Ottawa (1985). Il écrit un scénario de film, des chroniques de voyages et un ouvrage d'entrevues sous le titre *Eleven Canadian Novelists* (1973). Ses romans s'intitulent *Five Legs* (1969), *Communion* (1971), *Perpetual Motion* (1982; trad. *Mouvement sans fin*, 1985) et *Gentleman Death* (1993). Ce dernier ouvrage ambitieux connaît un grand succès. L'auteur y cherche le sens de la vie moderne. La thématique porte autant sur l'écriture, occupation du personnage principal, que sur l'omniprésence de la mort.

Marlene Alt

Gibson, sir John Morison, homme d'affaires, avocat, politicien et lieutenant-gouverneur de l'Ontario (Toronto, 1ᵉʳ janv. 1842—Hamilton, Ont., 3 juin 1929). Politicien provincial libéral connu pour ses idées réformistes, Gibson est l'inspirateur de la *Loi de 1893 sur la prévention de la cruauté envers les enfants*, qui aboutit à la création d'associations d'aide à l'enfance en Ontario. Ses affaires, centralisées à Hamilton, englobent la promotion industrielle, le développement immobilier, la fourniture de services urbains tels que les services publics, les tramways, l'administration et le fonctionnement de chemins de fer électriques interurbains. Au début du XXᵉ siècle, les sociétés dans lesquelles il est majoritaire dominent le système d'approvisionnement en hydroélectricité et le réseau de chemin de fer de la région de Hamilton-Niagara. Gibson est un tireur d'élite à la carabine et un partisan de la milice. Il est le premier président de la Croix-Rouge canadienne de 1896 à 1910 et lieutenant-gouverneur de l'Ontario de 1908 à 1914.

Carolyn Gray

Gibson, William Ford, romancier, nouvelliste (Conway, S.C., 17 mars 1948) et important auteur de science-fiction. Il grandit en Virginie et déménage au Canada en 1969, où il fréquente l'U. de la Colombie-Britannique. Ses récits, qui se déroulent souvent dans un proche avenir, dépeignent un monde réaliste et décadent, composé de mégaconglomérats de réseaux informatiques. Ces œuvres sont associées étroitement au mouvement *cyberpunk* de la science-fiction contemporaine. Ses prévisions détaillées des technologies cybernétiques et de bio-ingénierie révèlent toutefois une ambivalence profonde envers ces technologies, comme si ses personnages se vidaient de leur individualité dans des machines informatisées.

L'un de ses romans les plus connus, *Neuromancer* (1984), une trilogie, dont le personnage principal est un voleur de données pouvant établir des liens entre son esprit et le réseau mondial des ordinateurs, a reçu les prix Hugo, Nebula et Philip K. Dick. Ce roman a été suivi par *Count Zero* (1986) et par *Mona Lisa Overdrive* (1988). Une grande partie de l'action de cette trilogie prend place dans un paysage virtuel numérique du cyberespace. Dans le roman anti-utopique *The Difference Engine* (1990, écrit en collaboration avec Bruce Sterling), il évoque une Angleterre parallèle du XIXᵉ siècle, dominée par le calcul, les mesures et la logique pratique, conséquences de l'invention d'un ordinateur. *Virtual Light* (1993), son roman le plus récent, prend place dans la Californie du XXIᵉ siècle, un pays dévasté où la technologie côtoie la pauvreté, la violence et la cupidité.

Colin Boyd

Giguère, Roland, poète, peintre, éditeur (Montréal, 4 mai 1929). Il va jouer un rôle capital dans le développement de la vie artistique québécoise. Fondateur des Éditions Erta (1949), il publie dix recueils de poèmes – dont *Faire naître* (1949), *Les nuits abat-jour. Poème* (1950), *Midi perdu* (1951), *Les armes blanches* (1954), *Adorable femme des neiges* (1959) – avant d'accéder à la reconnaissance avec *L'âge de la parole* (1965), qui reçoit le prix France-Québec, le Grand Prix littéraire de la Ville de Montréal et, en 1982, le prix Paul-Emile-Borduas. En 1974, il refuse le prix du Gouverneur général pour raisons politiques (*La main au feu, 1949-1968,* 1973). Il fait successivement paraître *Forêt vierge folle* (1988), *Le cœur dans l'aile* (1980), *Paroles visibles* (1983), *10 cartes postales* (1984), *La main au feu* (1987). Profondément influencé par le surréalisme, il a été un des premiers poètes à faire triompher le monde intérieur de l'homme sur l'extérieur. Obéissant aux mystérieuses voix du rêve et de l'inconscient, il atteint paradoxalement les profondeurs de l'âme de son lecteur en le ramenant à la surface des images mystérieuses et envoûtantes, mêlées à des références au monde de la nature. Refusant de limiter la poésie à l'écrit, il en a fait une manière de vivre et de traduire sa révolte. En 1999, il a reçu le prix David pour l'ensemble de son œuvre.

Jean-Marcel Duciaume

Gilbert, sir Humphrey, explorateur (près de Dartmouth, Angl., vers 1537—en mer, 9 sept. 1583). Gilbert est l'un des premiers à faire courir l'idée d'un PASSAGE DU NORD-OUEST en publiant un ouvrage influent sur le sujet intitulé *Discourse* (1576). Ses expériences relatives à la colonisation de l'Irlande ouvrent la voie à des entreprises semblables vers des pays plus lointains. Le 11 juin 1578, il reçoit de la reine Élisabeth les lettres patentes qui l'autorisent à coloniser la côte de l'Amérique du Nord.

À sa première tentative en 1578, une organisation médiocre, des désertions et des tempêtes mènent à un échec. Gilbert se ressaisit et part de nouveau le 11 juin 1583 avec cinq navires (*Delight, Raleigh, Golden Hind, Swallow* et *Squirrel*). La reine tente de le retenir en lui disant qu'il est un homme malchanceux en mer. Le *Raleigh* rebrousse chemin, mais les quatre autres navires arrivent à St. John's le 3 août. Brandissant ses lettres patentes, connues sous le nom de Charte de Gilbert, il entre dans le havre le 5 août et prend officiellement possession de Terre-Neuve. Il dépêche le *Swallow* en Angleterre avec les malades et les insatisfaits, et quitte St. John's le 20 août, perdant le *Delight* sur les hauts-fonds au large de l'île de Sable et naviguant vers l'Angleterre dans une mer déchaînée. Le soir du 9 septembre, il serait installé à l'arrière du *Squirrel* en répétant: «Nous sommes aussi près du Ciel sur mer que sur terre». Un peu avant minuit, lui et son navire sont emportés par la mer. Le *Golden Hind* atteint Dartmouth le 22 septembre.

Vaniteux, colérique et même cruel, Gilbert est typique des premiers aventuriers qui se passionnent pour l'Amérique. Il a échoué dans ses propres projets, mais il a su susciter à propos du passage du Nord-Ouest, même s'il se trompait, une fascination qui durera. De plus, sa prise de possession de Terre-

Neuve, qui semblait une formalité, ne fut pas sérieusement remise en cause et la colonie devint la première possession anglaise du Nouveau Monde.

James Marsh

Gilbert, Kenneth, claveciniste, organiste et musicologue (Montréal, 16 déc. 1931). Lauréat du Prix d'Europe pour orgue du gouvernement du Québec en 1953, Gilbert devient un virtuose et un érudit de premier plan. Ses nouvelles éditions de musiques anciennes pour clavier (dont les œuvres complètes pour clavecin de Couperin et de Rameau, et les sonates de Scarlatti) lui valent l'admiration de musicologues du monde entier. Fervent partisan de l'orgue de conception classique, il préconise le retour à l'orgue mécanique lors de plusieurs nouvelles installations de cet instrument au Canada.

Depuis 1965, Gilbert joue presque exclusivement du clavecin comme soliste et chambriste dans des concerts et récitals en Amérique du Nord et en Europe. Ses nombreux enregistrements ont été fortement acclamés par la critique internationale, dont les œuvres complètes pour clavecin de Couperin (1970-1971) et de Rameau (1976), et les *Variations Goldberg* de J.S. Bach (1987). Gilbert est nommé Officier de l'Ordre du Canada en 1986.

Barclay McMillan

Gill, Charles, peintre, poète et professeur (Sorel, 21 oct. 1871—Montréal, 16 oct. 1918). Élève indiscipliné, Gill étudie à Montréal tour à tour au collège Sainte-Marie de même qu'à ceux de Nicolet et de Saint-Laurent. C'est à Nicolet qu'il s'initie au dessin avec l'abbé Thomas Maurault. Il poursuit ses études en arts à Montréal avec William Raphaël avant de s'inscrire aux cours de William BRYMNER, à l'école de la Art Gallery. Encouragé par le peintre américain Georges Forest de Brush, il entreprend en 1889, à l'âge de 18 ans, un long séjour à Paris. Il s'inscrit alors, en octobre 1890, à l'École des beaux-arts de Paris et à l'atelier du peintre Gérôme. Il fréquente les milieux littéraires de Montmartre et du Quartier latin, et se lie d'amitié avec Alphonse Allais et Paul Verlaine. En 1892, il revient au pays et réalise une grande toile, *La Visitation,* destinée à la décoration de la chapelle du Sacré-Cœur de l'église Notre-Dame de Montréal. Il ne revient définitivement à Montréal qu'en 1894 pour occuper le poste de professeur de dessin à l'École normale Jacques-Cartier. Il enseigne au Monument national et à l'École des arts et métiers.

Vers 1895, il participe à la fondation de l'École littéraire de Montréal, avec Louvigny de Montigny. Tout en poursuivant sa carrière de peintre et de professeur d'art, il publie des nouvelles, des poèmes, des critiques d'art et des chroniques dans différents journaux de l'époque: *Le Canada, La Presse, le Terroir, Débats, Le Nationaliste.* Il meurt en 1918, victime de l'épidémie de GRIPPE espagnole. En 1919, la bibliothèque Saint-Sulpice de Montréal organise une importante rétrospective de ses œuvres. Sa sœur, Marie Gill, publie, en 1919, sa poésie en un volume intitulé: *Cap Éternité* et *Les étoiles filantes.* Le Musée du Québec possède quelques-unes de ses œuvres.

Michel Champagne

Gill, Nicolas, judoka (Montréal, 27 avr. 1972). Il prend son premier cours de judo à six ans et participe à sa première compétition quelques semaines plus tard. Il franchit rapidement les étapes et demande toujours à être surclassé. En 1986, à 14 ans, il remporte le premier de ses trois titres canadiens chez les jeunes, prélude à une brillante carrière nationale. De 1990 à 1999, il amasse 8 titres nationaux dans trois catégories différentes: 86 kg jusqu'en 1996, puis 95 kg avant de passer au 100 kg en 1998. Dès sa première année au sein de l'équipe nationale, il termine au 3ᵉ rang des JEUX DE LA FRANCOPHONIE au Maroc. Les Championnats panaméricains, les Jeux panaméricains sont quelques-unes des compétitions qu'il domine au cours de sa carrière. Médaillé d'argent des Championnats mondiaux juniors en 1992, il

obtient le même honneur en 1993 chez les seniors (86 kg). Il décroche aussi 2 médailles de bronze à ces championnats: en 1995 (86 kg) et en 1999 (100 kg).

Aux Jeux olympiques de Barcelone, en 1992, alors qu'il est encore d'âge junior, il s'assure la médaille de bronze des 86 kg devenant le 3ᵉ Canadien médaillé olympique en judo. Une décennie de succès pour Nicolas Gill, tête d'affiche de l'équipe canadienne de judo.

Gill, Robert, metteur en scène et professeur (Spokane, Wash., 19 juill. 1911—Toronto, 10 août 1974). Gill étudie, puis enseigne à la Carnegie Tech de Pittsburgh. Il participe activement aux activités de la Pittsburgh Playhouse and Opera Society et du Woodstock (N.Y.) Playhouse. De 1945 à 1965, il est directeur du Hart House Theatre de l'U. de Toronto et forme toute une génération de comédiens et de metteurs en scène qui contribueront à développer le théâtre professionnel au Canada. Parmi ceux-ci, citons William HUTT, Kate REID, Charmion King, Donald SUTHERLAND et Barbara Hamilton. Gill est aussi l'un des fondateurs du Straw Hat Players de Muskoka (1947) et du Crest Theatre de Toronto (1954). Il enseigne au Conservatoire royal de musique (Toronto), à la Banff School of Fine Arts (Banff, Alberta) et à l'U. de la Colombie-Britannique.

David Gardner

Gillis, Margie, danseuse et chorégraphe (Montréal, Qc, 9 juill. 1953). En 1975, elle fait une apparition fracassante sur scène avec son premier spectacle en solo à Vancouver. Depuis lors, on la compare à Isadora Duncan pour le caractère grave et cathartique de son interprétation, dû à sa profonde sensibilité à la musique, ainsi que pour son activisme social et politique. Danseuse en solo acclamée sur la scène internationale, elle choisit fréquemment son frère, le regretté Christopher Gillis, pour partenaire. Après quelques prestations avec le groupe Shango de Montréal, un intermède dans la production *Garden of Earthly Delights* (1984) de Martha Clarke, à New York, et des tournées avec LES GRANDS BALLETS CANADIENS à titre d'artiste invitée dans *Dracula* (1985), elle danse rarement avec quelqu'un d'autre que Christopher.

Son style, simple, soigné et direct, se caractérise par de grandes descentes au cœur des émotions, parfois traduites par des plongeons et des sauts comme en font les dauphins. Ses cheveux châtains qui lui tombent sur les hanches et ses costumes volumineux sont sa marque personnelle. *Mercy,* qu'elle crée en 1977 à la Conférence Danse au Canada, à Winnipeg, s'avère l'un des plus grands moments de l'histoire de la danse au Canada en raison de sa présence physique sauvage et du tournoiement de ses cheveux et de sa jupe.

Le style inimitable de Gillis et son personnage de scène sont connus de Moncton à la Malaisie. En 1979, elle fait découvrir la danse moderne au public chinois en étant la première artiste de la scène, professeur et conférencière en arts à s'y rendre depuis la Révolution culturelle. Elle est nommée Ambassadrice de la culture canadienne en 1981, puis Ambassadrice de la culture québécoise en 1986. Elle devient Membre de l'Ordre du Canada en 1988.

En 1991, elle inaugure la nouvelle ambassade du Canada à Tokyo. Elle se produit régulièrement au Gala des Étoiles de Montréal, où elle est la seule représentante de la danse moderne parmi des étoiles de la danse classique de réputation internationale. En 1992, Gillis danse à titre d'artiste invitée avec la Paul Taylor Dance Company de New York. Elle danse aussi avec les orchestres symphoniques de Québec et de Montréal, se produit régulièrement à New York pour des périodes d'une semaine et continue à faire des tournées de l'Asie à Israël. En 1996, elle célèbre ses 20 ans de carrière comme artiste en solo et enregistre une émission spéciale produite par le réseau anglais de Radio-Canada, *Margie Gillis Performance Special.*

Linde Howe-Beck

Ginger Group Groupe indépendant de députés qui, en 1924, se séparent du PARTI PROGRESSISTE parce qu'ils s'opposent à sa structure qui empêche un député d'agir uniquement comme représentant de ses électeurs. Nommé ainsi en mémoire des députés tories qui se sont opposés à la LOI DU SERVICE MILITAIRE en 1917, le Ginger Group est formé à l'origine de représentants des FERMIERS UNIS DE L'ALBERTA (G.C. Coote, Robert Gardiner, E.J. Garland, D.M. Kennedy et Henry Spencer) et d'une représentante des FERMIERS UNIS DE L'ONTARIO, Agnes MACPHAIL. (Le mot *ginger* [gingembre] signifie aussi énergie, dynamisme et vitalité.)

Plus tard, le groupe collabore avec les députés travaillistes J.S. WOODSWORTH, William IRVINE, A.A. HEAPS et Angus MacInnis. Il compte alors dans ses rangs les députés ontariens W.C. GOOD et Preston Elliott, le député indépendant Joseph Shaw, de l'Alberta, ainsi que les députés progressistes Milton Campbell, de la Saskatchewan, et W.J. Ward, du Manitoba. Le Ginger Group décline en même temps que le Parti progressiste. Quelques-uns de ses membres participent par la suite à la fondation de la COOPERATIVE COMMONWEALTH FEDERATION.

Ginseng Plante herbacée vivace, du genre *Panax*, de la famille du ginseng (Araliacées), découverte en Amérique du Nord par Joseph-François LAFITAU. On en connaît six espèces, dont deux en Amérique du Nord et quatre en Asie orientale. La plante atteint 30 cm et possède de grandes racines charnues et souvent fourchues.

Utilisation médicinale Bien que ses vertus médicinales ne soient pas prouvées scientifiquement, le ginseng a une longue histoire d'utilisation à des fins médicales, qui se poursuit encore. Les Chinois, en particulier, considèrent que ses racines séchées sont très précieuses pour prolonger la vie et améliorer la vitalité et la puissance sexuelle. Le ginseng à cinq folioles, ou ginseng américain (*P. quinquefolius*), se trouve dans les bois de l'est et du centre de l'Amérique du Nord. Toutefois, la demande locale l'a rendu rare à l'état sauvage. Il a été exporté en Chine, mais les Chinois le trouvaient de qualité inférieure à leur propre produit. Le ginseng à trois folioles ou petit ginseng (*P. trifolius*) pousse dans les bois humides de l'Ontario et des Maritimes. Le ginseng de Tartarie (*P. pseudo ginseng*), plante indigène de la Corée et de la Mandchourie, est maintenant cultivé de façon assez intensive dans l'est du Canada.

Gillian Ford

Girard, François, réalisateur, scénariste (Saint-Félicien, Qc, 12 janv., 1963). Après des études en musique, il se tourne vers l'audiovisuel et commence, au milieu des années 80, une carrière de vidéaste sans toutefois tourner le dos au vidéoclip et à la publicité. Ses œuvres ont souvent pour sujet la musique ou la danse. Pour réaliser ce qui l'intéresse, il doit fréquemment se rendre à Toronto. Ainsi, en 1990, son adaptation en vidéo du spectacle de la troupe Carbone 14, *Le Dortoir*, lui vaut d'être remarqué par un plus large public. La même année, il tourne, au Québec, *Cargo*, un film d'une écriture formelle élaborée et déroutante par ses ambitions quasi symboliques que le public et la critique reçoivent fraîchement. Il retourne à Toronto pour son second long métrage, *32 Short Films about Glenn Gould* (1993). Cette évocation sous forme de sketches de la vie du célèbre pianiste canadien obtient plusieurs prix au Canada et à l'étranger. Il produit ensuite pour la télévision, en français ou en anglais, de nombreux moyens métrages sur des sujets culturels. Mentionnons *Le Jardin des ombres* (1993) sur l'architecte Ernest CORMIER, *Souvenirs d'Othello* (1995) avec la comédienne Suzanne Cloutier, une des EXPATRIÉS CANADIENS DE L'INDUSTRIE DU SPECTACLE, et *The Sound of Carceri* (1997) avec le violoncelliste Yo-Yo Ma. Sa passion pour la musique et le cinéma l'amène à réaliser son œuvre la plus ambitieuse, *Le Violon rouge* (1998). Il s'agit d'une fresque qui retrace, sur cinq siècles et dans autant de pays, l'histoire d'un violon et le destin de ses propriétaires. Ce thème induit une structure narrative complexe et poétique. Au-delà de l'anecdote même, le film parle de la puissance de la créativité, de la passion, de l'amour et surtout de la beauté. Dans le paysage cinématographique et vidéographique québécois, Girard développe une œuvre singulière et exigeante dont l'art et la culture forment le noyau. Pour réussir, Girard doit avoir recours à des ressources ontariennes et québécoises, et tourner souvent en anglais. La qualité des produits offerts par le cinéaste est à ce prix.

Pierre Véronneau

Girard, Marc-Amable, notaire, politicien et premier ministre du Manitoba (Varennes, Bas-Canada, 25 avril 1822—Saint-Boniface, Man., 12 sept. 1892). Girard, un conservateur disciple de George-Étienne CARTIER, gagne le Manitoba en 1870 pour défendre les droits linguistiques, religieux et politiques des francophones, garantis en vertu de la *Loi sur le Manitoba*. Il siège au Conseil exécutif de 1870 à 1872 et à l'Assemblée de 1870 à 1883. En 1871, il est nommé au Sénat. Girard devient premier ministre du Manitoba en juin 1874, premier Canadien français à occuper cette charge, mais il démissionne au cours de la même année. Il fait partie du Cabinet de John NORQUAY entre 1879 et 1883. Homme de compromis, Girard est respecté pour son charme personnel et son intégrité, mais il ne possède pas les qualités de chef nécessaires pour promouvoir les intérêts politiques des Canadiens français durant une période de transition critique.

Diane Payment

Girard, Rodolphe, auteur (Trois-Rivières, Qc, 24 avril 1879—*id.*, 1956). Il effectue des études commerciales à l'Académie commerciale du Plateau de Montréal, puis au Collège de la même ville, où il obtient un baccalauréat ès Arts en 1898. Dès cette époque, il envoie des contes au *Trifluvien*, puis devient journaliste à *La Patrie* (1899) et à *La Presse* (1900). Suite au scandale que provoque son second roman, *Marie Calumet* (1904), une farce villageoise un tantinet égrillarde, il perd son emploi et devient successivement rédacteur du *Temps*, à Ottawa (Ont.), commis au Secrétariat d'État (1905) et traducteur des *Débats* à la Chambre des communes. À partir de 1914, il s'engage dans l'armée: officier de liaison, il achève sa carrière comme commandant du Régiment de Hull (Qc) et prend sa retraite en 1941 à Richelieu.

Ses lourdes charges professionnelles ne l'empêcheront pas de produire une œuvre abondante et variée: romans (*Florence,* 1900; *Rédemption,* 1906; *L'Algonquine,* 1910), contes (*Contes de chez nous,* 1912), pièces de théâtre (*Les ailes cassées,* 1921), articles, etc. Inspiré d'un fait divers repris dans une chanson, l'histoire de *Marie Calumet,* vieille fille haute en couleur qui bouleverse la vie austère d'un curé de campagne en montrant accidentellement ses fesses à tout le village, lui valut une réputation sulfureuse. Roman subversif en ce qu'il ridiculisait le conformisme puritain et le traditionalisme sclérosé des Canadiens français, il fut mis à l'index par l'archevêque de Montréal et réhabilité seulement en 1946.

Ismène Toussaint

Gisborne, Frederick Newton, ingénieur télégraphiste (Broughton, Angl., 8 mars 1824—Ottawa, 30 août 1892). À 32 ans, Gisborne termine la première ligne télégraphique sous-marine en Amérique du Nord, reliant Terre-Neuve au continent à travers le détroit de Cabot. Il immigre au Canada en 1845, devient télégraphiste et bientôt gérant de la Nova Scotia Telegraph Co. Il crée une compagnie pour relier St. John's au Nouveau-Brunswick. En 1853, presque ruiné par les coûts de construction d'une ligne terrestre de 640 km à travers les régions sauvages de Terre-Neuve, il obtient de nouvelles subventions de l'industriel américain Cyrus Field. Ensemble, ils terminent, en 1856, l'installation du télégraphe de Terre-Neuve, de Cape Ray au Cap-Breton. Field s'attaque ensuite à l'installation d'une ligne sous l'Atlantique Nord et y parvient finalement en 1866, après le bris de trois câbles. En 1879, Gisborne devient surintendant du service télégraphique du gouvernement canadien. En 1882, il est membre fondateur de la Société Radio-Canada et possède plusieurs brevets pour ses propres inventions.

Donald J.C. Phillipson

Gitksans («peuple de la Skeena») Ils vivent le long de la rivière Skeena dans le nord-ouest de la Colombie-Britannique dans six villages: Hazelton, Kispiox et Glen Vowell (les Gitksans de l'Est), et Kitwanga, Kitwankool et Kitsegukla (les Gitksans de l'Ouest). En 1996, leur population inscrite était de 6222 habitants.

Langue Leur langue, une forme de la langue nassgitksane de la famille linguistique tsimshienne (*voir* TSIMSHIANS), est apparentée au tsimshian de la côte et aussi, probablement, aux langues penutiennes de la Californie et de l'Oregon. Peuple matrilinéaire, les Gitksans naissent dans l'une de quatre lignées ou phratries (auxquelles le conjoint ou la conjointe n'appartient pas forcément du fait de son mariage). La vie contemporaine des Gitksans demeure centrée autour des obligations et privilèges du *li'ligit,* soit les fêtes communautaires du POTLATCH, au cours desquelles on annonce les funérailles, les mariages, les désignations, les adoptions et autres cérémonies marquant un changement d'identité et où les invités en tant que témoins reçoivent des présents. La langue gitksane est remplacée par l'anglais dans la vie quotidienne, bien qu'elle soit enseignée dans les écoles communautaires.

Culture Les Gitksans ne brûlent plus les corps de leurs morts, un trait culturel qu'ils partageaient avec leurs voisins, les Porteurs (Wet'suwet'en), mais non avec les groupes tsimshians ou nishgas (nisga'a) auxquels ils sont apparentés. Ils sont renommés pour leur art traditionnel qui va des couvertures chilkat de confection complexe aux cuillères en cornes de mouflon de montagne minutieusement ouvrées en passant par les mâts totémiques que les héritiers des chefs sont tenus d'ériger comme monuments commémoratifs. Les programmes du Ksan (le village gitksan reconstitué qui sert de centre culturel), les conseils et les écoles de bande encouragent l'artisanat traditionnel.

Organisation sociale et politique Le conseil tribal des Gitksans-Wet'suwet'ens (autrefois Gitksans-Porteurs) coordonne les programmes sociaux et est engagé dans un processus judiciaire concernant les revendications territoriales. Dans l'historique affaire Delgamuukw et autres contre La Reine (8 mars 1991), les chefs héréditaires des deux groupes ont revendiqué des droits ancestraux sur 22 000 milles carrés de leurs territoires traditionnels dans le nord-ouest de la Colombie-Britannique, soit une superficie à peu près égale à celle du Nouveau-Brunswick. Dans son jugement, le juge MacEachern de la Cour suprême de la Colombie-Britannique a déclaré que les Gitksans-Wet'suwet'ens n'ont ni souveraineté ni compétence sur le territoire ni non plus de titre autochtone, de tels droits ayant cessé d'exister durant la période coloniale parce que les lois coloniales manifestaient clairement l'intention de les éteindre, même si elles ne le faisaient pas expressément et qu'elles ne mentionnaient même pas les droits ancestraux. Le juge a reconnu cependant que les Gitksans avaient le droit d'utiliser les terres inoccupées de la Couronne qui font partie du territoire revendiqué aux fins de leurs activités de subsistance. Dans un jugement rendu en cours d'appel (25 juin 1993), il a été déclaré qu'aucune extinction générale des DROITS ANCESTRAUX n'avait eu lieu, ni avant ni après l'arrivée des Européens. Le conseil tribal poursuit son travail de consignation et de promotion des traditions gitksanes.

J.V. Powell et Vickie D. Jensen

Glace La glace, y compris la neige, est la phase solide de l'eau. Ce concept est préférable à celui d'«eau gelée», puisque l'eau peut passer en phase solide de deux manières, soit par congélation de la phase liquide ou par déposition (condensation) directe de la phase gazeuse. Ces différents processus produisent des types de glace distincts dans l'atmosphère, à la surface de la Terre ou sous terre. La forme prise par la glace à l'état solide a généralement des conséquences sur le rôle qu'elle joue dans l'environnement et ailleurs. La neige est un type distinct de glace. Les autres types de glace sont la glace des GLACIERS, des rivières, des lacs, la GLACE MARINE, la glace terrestre de différents types, ainsi que la GRÊLE, les cristaux des nuages, la gelée blanche et le givre. Les cristaux de glace ont généralement une forme hexagonale, en raison de la symétrie interne découlant du regroupement régulier de la molécule d'eau triatomique (H₂O). Le diamètre de ces cristaux varie beaucoup: moins de 1 mm pour les cristaux des nuages et plus de 10 cm dans certains glaciers.

La neige est un type de précipitation atmosphérique solide qui atteint la surface de la Terre. À -40 °C, les cristaux de glace peuvent se former dans l'atmosphère à partir de gouttelettes d'eau qui passent spontanément de l'état liquide à l'état solide. Si la température est inférieure, l'eau peut passer spontanément de l'état gazeux à l'état solide. Les minuscules cristaux hexagonaux produits de cette façon forment les cirrus et les scintillements de «poussières de diamant» qu'on voit souvent par les froides journées ensoleillées.

Une fois qu'ils existent dans les nuages formés de gouttelettes d'eau surfondues, ces cristaux de glace peuvent grossir et devenir des cristaux de neige par condensation de la vapeur d'eau, car la capacité de l'air à retenir la vapeur d'eau est moindre en présence de glace. La forme hexagonale particulière prise par le cristal en formation est déterminée par le taux d'humidité et, plus particulièrement, par la température. Quand un cristal commence sa chute à travers le nuage, il continue à grossir par accrétion d'autres gouttelettes surfondues. Cette croissance par congélation se distingue de celle par condensation de la vapeur. Le grésil, une neige très «roulée», est l'ultime produit de ce processus. Le givre, de la glace produite par la congélation de minuscules gouttelettes surfondues, ne se produit pas uniquement dans l'atmosphère où il alourdit les avions en vol, mais aussi à la surface de la terre. Pendant leur chute, de nombreux cristaux de neige peuvent aussi se combiner et produire un flocon.

Les cristaux de glace peuvent fondre ou s'évaporer (se sublimer) lorsqu'ils passent dans la partie la plus chaude du nuage ou à l'extérieur du nuage lors de leur descente vers le sol. La majorité de la pluie qui tombe au Canada provient de la neige qui fond pendant sa descente. La grêle, un type de précipitation solide qui se caractérise par des couches de glace qui reflètent l'alternance de gel et de dégel dans les nuages orageux turbulents, est un bon exemple de la mise en jeu des différents changements d'état de l'eau dans la production d'un type particulier de glace. La plupart des expériences de PROVOCATION ARTIFICIELLE DE LA PLUIE, dont l'objectif est de faire tomber la pluie ou d'éviter la formation de grêle, consistent à produire de la glace dans les nuages chargés d'eau.

Lorsque la neige atteint le sol, elle forme souvent un manteau. Le manteau a généralement tendance à se compacter et à devenir plus dense avant de fondre et de s'écouler ou de se transformer en glace sur un glacier. La fonte et le gel peuvent rapidement produire des couches de «vraie glace» dans le manteau. Toutefois, dans les régions froides, il peut s'écouler de nombreuses années avant que ce dernier ne se compacte suffisamment pour finir en glace. La congélation des gouttelettes d'eau ou la nucléation de la vapeur d'eau, dans l'atmosphère ou

ailleurs, produit différents types de cristaux de glace qui peuvent se combiner pour former des amas de glace composés de nombreux cristaux. Sur et sous la surface de la terre, ces amas, produits par la congélation d'une grande quantité d'eau ou par le compactage du manteau de neige, forment la plus grande partie de la glace (voir PERGÉLISOL; RELIEF PÉRIGLACIAIRE).

La glace se forme sur les plans d'eau douce quand la température à la surface descend légèrement sous le point de congélation. Or, l'eau atteint sa densité maximale à environ 4 °C. Ainsi, lorsque l'eau de la surface d'un lac atteint cette température, elle devient plus lourde que l'eau plus chaude située en dessous d'elle et descend donc en profondeur. L'eau chaude, qui remonte à la surface, est à son tour refroidie avant de redescendre vers le fond. Donc, avant que l'eau du lac se transforme en glace, toute la colonne d'eau doit atteindre 4 °C par ce processus de brassage afin que la température de congélation puisse être atteinte à la surface. Quand la glace se forme, une grande partie du lac est toujours à 4 °C.

Dans les rivières, la turbulence du courant empêche la congélation jusqu'à ce que la température de toute l'eau atteigne 0 °C. Dans les lacs, l'orientation initiale aléatoire des cristaux de glace à la surface de l'eau tend à être remplacée, quand la glace s'épaissit, par des colonnes à six faces orientées verticalement. Ce processus forme une couche de «glace noire» transparente. Au printemps, les colonnes se libèrent et forment de remarquables chandelles de cristaux. Le détrempage des manteaux neigeux qui flottent sur les lacs produit une couche de neige partiellement fondue qui, si elle gèle à nouveau, forme un type distinct de glace blanche composé de cristaux orientés au hasard.

Ces deux types de glace illustrent bien les liens qui unissent le processus de production de la glace, sa forme et ses conséquences environnementales. Grâce à la disposition régulière de ses cristaux, la glace noire est transparente. Par contre, la glace blanche réfléchit ou absorbe la plus grande partie de la lumière qui l'éclaire.

La majorité des formes importantes de glace ont été retrouvées enfouies sous la surface de la terre. Il n'est pas rare que de larges morceaux de glaciers soient enterrés et préservés ou que des barres neigeuses soient ensevelies par des avalanches de pierres. La glace peut en fait se former et persister sous la surface de la terre. La glace présente sous la surface de la terre peut affecter le drainage, la topographie de surface et la croissance de la végétation. La glace permanente au sol proprement dite, est une caractéristique des régions où existe le PERGÉLISOL. Sa présence y est révélée par des caractéristiques comme les PINGOS (voir RELIEF PÉRIGLACIAIRE). Dans ces régions, le sol gelé pose un problème considérable pour la construction.

Au Canada, la glace, et particulièrement la neige, jouent un rôle important dans le débit des rivières. La plupart des rivières atteignent leur débit annuel maximum au printemps, alors que les précipitations accumulées sur plusieurs mois s'écoulent en quelques jours ou quelques semaines. Dans les régions froides, la plupart des précipitations annuelles s'écoulent à ce moment. Les rivières qui coulent des montagnes, comme c'est le cas de certaines rivières de prairies, peuvent, bien sûr, être alimentées par la neige et les glaciers pendant tout l'été.

La nature des précipitations hivernales contrôle aussi la phase de débit minimum de bon nombre de nos rivières. À l'exception des régions chaudes du Sud, où les taux élevés d'évaporation et d'évapotranspiration dépassent la quantité de pluie tombée et causent ainsi des sécheresses vers la fin de l'été, les rivières canadiennes tendent à atteindre leur débit minimum vers la fin de l'hiver. Elles ont alors été privées des eaux d'écoulement pendant des mois, puisque les précipitations étaient retenues par les amoncellements de neige. Dans le Nord et dans les

régions présentant un pergélisol, le débit peut être nul aux endroits où les rivières gèlent complètement. L'aufeis (équivalent allemand de «sur la glace») est un type de glace qui provient de situations statiques similaires. Vers la fin de l'hiver, même les chutes du Niagara sont presque entièrement gelées.

En tant que région tempérée du Nord, la partie peuplée du Canada est abondamment recouverte de glace et de neige, ce qui procure à la plupart des régions du pays suffisamment d'eau douce pour satisfaire leurs besoins. La neige offre d'autres avantages, que ce soit pour les sports d'hiver ou comme isolant pour le sol, et bien d'autres. Toutefois, il y a les intempéries et leurs répercussions. Les coûts de déneigement dépassent un milliard de dollars par année au Canada. Les coûts indirects, comme la consommation accrue d'essence et le retard dans les transports, sont encore plus élevés. Les endroits qui reçoivent le plus de neige annuellement au Canada sont Goose Bay, à Terre-Neuve, avec 409 cm; St John's, à Terre-Neuve, 364 cm; la ville de Québec, au Québec, 336 cm; Kapuskasing, en Ontario, 322 cm; et Charlottetown, à l'Île-du-Prince-Édouard, 305 cm. (Voir aussi GLACIATION et AVALANCHE.)

Peter Adams

Glace Bay, communauté urbaine de la N.-É.; pop. 23 038 (rec. 1996), 24 153 (rec 1991); située sur la côte Est de l'ÎLE DU CAP-BRETON. Le 1ᵉʳ août 1995, Glace Bay perd son statut de ville en raison de sa fusion avec SYDNEY et cinq autres villes de la région. Cette fusion forme la Cape Breton Regional Municipality. Parce que l'endroit fait face au soleil et à l'océan Atlantique, les MICMACS le surnomment *Wasokusegwom* (habitat éclairé) et les Français, qui extraient le charbon de ses falaises pour l'expédier à LOUISBOURG, l'appellent «Baie de glace», par référence à la dérive annuelle des glaces du golfe du Saint-Laurent.

Histoire La Dominion Coal Company (1893) fait de Glace Bay une ville-champignon et la localité se distingue des petites villes houillères du XIXᵉ siècle. Des travailleurs y arrivent de Grande-Bretagne et d'Europe, mais la plupart des habitants proviennent des régions rurales du Cap-Breton, des Maritimes et de Terre-Neuve. En 1901, plusieurs petites localités de la région fusionnent avec Glace Bay qui est alors constituée en tant que ville.

Afin d'extraire la houille bitumineuse des riches gisements souterrains de la région et du fond de l'océan, la Dominion Coal exploite 11 houillères dans la ville, dont certaines comptent parmi les plus grandes et les plus productives en Amérique du Nord. Bien que la compagnie houillère soit le pilier de l'économie locale, Glace Bay est considérée comme un bastion syndicaliste dans les années 20: les mineurs exercent une forte influence sur la vie communautaire et la «ville patronale» cède la place à la «ville des travailleurs».

La Dominion Coal ferme ses portes en 1967 en raison du déclin économique de la houille. Dans les années 80, la société de la Couronne Cape Breton Development Corporation ferme l'unique houillère de la ville. Elle y maintient cependant l'administration centrale et d'autres installations, en plus d'exploiter deux mines modernes dans le district houiller de Sydney. La pêche est également une industrie prospère pour la ville et la région avoisinante depuis le début du siècle. L'industrie subit cependant un recul à cause de l'épuisement des stocks de poisson à la fin des années 80 et au début des années 90.

Situation actuelle Malgré le chômage élevé et l'émigration, ainsi que des échecs économiques, comme la construction d'une usine d'eau lourde dans les années 70, Glace Bay tient bon, fière de ses réalisations et confiante en l'avenir. Le Miners' Museum rend hommage aux habitants de Glace Bay et des villes houillères avoisinantes. Le lieu historique national Marconi présente la station émettrice de radio de Guglielmo Marconi telle qu'en 1902.

David Frank

Glace marine GLACE faite d'eau de mer gelée qui flotte à la surface des océans polaires. L'étendue de son manteau varie avec les saisons; dans l'hémisphère Nord, elle varie d'un minimum d'environ 9 000 000 km² en septembre à un maximum d'environ 16 000 000 km² en mars; dans l'hémisphère Sud, la couverture varie de 3 000 000 km² (février) à 19 000 000 km² (septembre). Son épaisseur va de quelques centimètres pour la glace nouvelle dans les zones protégées à au moins 20 m sur les crêtes; les épaisseurs types sont d'environ 3 m dans l'Arctique et d'environ 1 m dans l'Antarctique.

Glace à la dérive Loin de la terre ferme, la glace marine se déplace presque sans arrêt, étant entraînée par le VENT et les COURANTS MARINS. On appelle souvent cette glace mobile de la «glace à la dérive». Sans cesse en mouvement, elle déforme le manteau de glace et crée des «passages» d'eau libre (de longues fissures d'une largeur allant de quelques mètres à au moins un kilomètre). Les crêtes sont des accumulations sinueuses de glace brisée; la partie supérieure, appelée «voile», peut avoir jusqu'à 5 m de haut, tandis que la partie submergée, appelée «quille», peut être profonde de quatre à cinq fois la hauteur de la voile. La dérive constante de la glace loin d'une côte crée une eau libre appelée polynie. Les passages et les polynies sont des voies d'accès dans le manteau de glace et sont une composante importante de l'habitat des mammifères marins tels que les baleines et les phoques.

Glace ferme Dans les EAUX CÔTIÈRES proches du rivage, la glace ne peut guère bouger, car elle est ancrée à la côte et les crêtes touchent le fond dans les eaux peu profondes. C'est principalement cette glace presque immobile, appelée «glace ferme», qu'on retrouve dans la majeure partie de l'ARCHIPEL ARCTIQUE canadien. Elle est plus uniforme que la glace à la dérive, car elle ne se déforme relativement pas. Son épaisseur peut atteindre 2,5 m au large des îles à l'extrême nord du Canada.

En gelant, l'eau de mer rejette la majeure partie du SEL dissout; par conséquent, la glace marine est beaucoup plus douce que l'eau de mer. Le sel extrait est retenu dans de petites poches salines. Celles-ci rendent la glace marine opaque et plus fragile que la glace d'eau douce. La glace marine de l'Arctique central est épaisse et ne fond pas complètement durant l'été. L'eau de la neige fondue sur la surface emporte une grande partie du sel restant et rend la glace plus douce et plus solide. Comme la structure et l'apparence de la glace marine changent avec le temps, on la classe souvent selon son âge. Durant son premier hiver, elle est appelée glace de l'année; après un été, elle est appelée glace de deuxième année; après au moins deux étés, elle est appelée glace pluriannuelle.

Facteurs environnementaux La glace marine est un facteur environnemental important dans le transport maritime, l'exploration pétrolière et gazière, et les industries de développement. Les crêtes épaisses et la glace pluriannuelle sont dangereuses pour la navigation. La nécessité de concevoir les bateaux pour qu'ils résistent aux chocs de la glace à la dérive augmente fortement leur prix. La GARDE CÔTIÈRE CANADIENNE gère une flotte de brise-glace, et le Service de l'environnement atmosphérique d'Environnement Canada fournit des renseignements et des prévisions au sujet de la glace.

La glace marine joue aussi un rôle important dans le système climatique (*voir* CLIMAT). En hiver, elle isole l'océan de l'atmosphère froide; en été, elle augmente l'albédo (le pouvoir réfléchissant) au-delà de celui des eaux libres de l'océan. Donc, une augmentation de la quantité de glace diminue la quantité de rayonnement solaire absorbé et la température de surface, et augmente la formation de glace. L'inverse est vrai et entraîne une diminution du manteau de glace. La réaction, appelée rétroaction glace-albédo, est positive puisqu'elle renforce la perturbation initiale. De plus, la dérive de la glace hors de l'océan

Arctique, une source d'eau douce pour l'Atlantique Nord, affecte la circulation océanique. (*Voir aussi* OCÉANOGRAPHIE ARCTIQUE; CLIMAT, CHANGEMENT DE; CLIMATOLOGIE; ICEBERG.)

Gregory M. Flato

Glaciation Elle se définit comme la formation, le mouvement et la récession des GLACIERS. Actuellement, les glaciers recouvrent environ 10 p. 100 de la surface terrestre (14,9 millions km²). La majorité de cette surface est située sous les glaciers continentaux de l'Antarctique et du Groenland. Dans le reste du monde, seulement 700 000 km² sont recouverts par des milliers de glaciers. Dans le passé, la glaciation a été beaucoup plus importante qu'aujourd'hui et s'est traduite par la formation d'épaisses couches de glaces sur d'immenses surfaces continentales. Durant l'expansion et la récession glaciaire, un phénomène d'érosion et de déposition peut se produire. L'érosion par les glaciers se produit principalement par abrasion et extraction. L'abrasion se produit quand de minuscules particules et fragments contenus dans la glace, à la base du glacier, se déplacent sur la couche sous-jacente, généralement le soubassement rocheux. Ce processus peut strier et polir les fragments présents dans la glace et dans le soubassement sous-jacent. De plus, l'abrasion peut former des sillons allongés, qui ressemblent à des gouttières (cannelures), dans le soubassement.

L'extraction, soit le retrait de blocs du soubassement par la glace en mouvement, se produit généralement aux endroits où le soubassement se fracture facilement ou encore, où il y a des joints ou des faiblesses dans la roche. Les roches moutonnées, de grosses protubérances du soubassement dont les affleurements rocheux sont polis en amont et débités en aval, proviennent de l'abrasion et de l'extraction. L'érosion et le retrait de matériel sont plus importants dans les vallées, où la topographie confine la glace, que dans les régions plus ouvertes où se trouvent les inlandsis et les CALOTTES GLACIAIRES. Les vallées en U (auges glaciaires), comme la Bow Valley dans les Rocheuses, sont formées quand l'érosion causée par la glace vient élargir une vallée fluviale préexistante.

L'érosion se produit à un endroit, alors que les dépôts peuvent s'accumuler ailleurs. Des formes telles que les DRUMLINS (éminence elliptique de forme aérodynamique d'une hauteur environ 15 m à 25 m et d'une longueur d'environ 1500 m) et certains types de MORAINES de fond (légère ondulation du sol d'une hauteur d'environ 6 m) peuvent se former sous la glace en mouvement. Cependant, la majorité des dépôts provenant des glaciers se produisent près des fronts glaciaires lors du retrait de la glace. Ces dépôts peuvent produire des moraines bosselées, des monticules d'une hauteur d'environ 10 m qui ressemblent à des crêtes et à des protubérances en forme de beignet, ainsi que des séries de crêtes lobées (en forme d'arc), de hauteur et de longueur variables, nommées selon leur forme, leur origine et leur position (moraines transversales de vallée, moraines de Rogen, moraines bosselées, moraines de De Geer, moraines de poussée, moraines de chevauchement et moraines de retrait). Ils produisent aussi des crêtes simples proéminentes, nommées moraines frontales, qui marquent la limite avant du glacier et des moraines de fond. La plupart de ces moraines contiennent un bon pourcentage de till. Le till, dans son sens le plus strict, est un matériau non stratifié, non classé, déposé directement par un glacier. Il est généralement composé d'un mélange hétérogène d'argile, de vase, de sable, de cailloux, de galets et de roches. Ces constituants sont le reflet de la composition du soubassement local. De façon générale, les grosses particules ont des formes angulaires ou arrondies, sont striées, et elles tendent à avoir un alignement préférentiel. Le till peut se diviser en plusieurs types selon l'endroit où sont situés les débris dans la glace et la manière dont ils ont été déposés.

Les glaciers sont aussi responsables, directement ou indirectement, de divers autres types de dépôts. L'eau de fonte, qui provient de la surface, de l'intérieur ou de la base du glacier, peut former des cours d'eau anastomosés au-delà de la limite du glacier. Ces rivières sont formées d'un réseau de chenaux peu profonds, liés les uns aux autres, qui transportent et déposent le gravier et le sable. Au Canada, le gravier représente une ressource industrielle importante et certains des dépôts les plus riches viennent des cours d'eau anastomosés issus des glaciers. Un exemple moderne et remarquable est la rivière Donjek au Yukon, dont la source est le glacier Donjek dans la chaîne des monts Saint-Élie. Les kames et les ESKERS, qui sont respectivement des collines arrondies et des crêtes sinueuses, proviennent de dépôts de SABLE ET DE GRAVIER laissés par les eaux de fonte des glaciers.

Les dépôts lacustres associés aux glaciers forment de larges plaines qui couvrent de grandes régions du Canada. Ces lacs ont été formés par des barrages créés par les glaciers ou par des obstacles du relief. Au Manitoba, le lac glaciaire AGASSIZ est un exemple remarquable de lac formé par un barrage glaciaire. La plupart des sédiments déposés dans les lacs glaciaires sont composés de silt et d'argile, qui forment couramment les varves, c.-à-d. des paires de couches fines et grossières déposées en une année. Des crêtes de plage, composées de gravier et de sable, se forment sur le rivage des anciens lacs glaciaires. L'absence de végétation dans les régions où le recul glaciaire est récent et l'exposition du silt et du sable non consolidé, comme dans le cas des rivières anastomosées et du lit d'anciens lacs, permettent au vent de former des dunes de sable et des dépôts de lœss. Le déplacement du sable par saltation ou par traction donne naissance aux dunes. Les dépôts de lœss, composés de sable fin et de silt, viennent de matériaux en suspension qui ont pu être transportés sur des centaines de kilomètres (*voir* RELIEF ÉOLIEN).

L'extension et la succession des dépôts glaciaires indiquent les limites et la fréquence de l'expansion des glaciers dans le passé. On a surtout documenté l'activité glaciaire des derniers deux ou trois millions d'années, bien qu'on possède des preuves qui montrent que les glaciations se sont produites à plusieurs reprises au cours de l'histoire géologique (*voir* ÉVOLUTION GÉOLOGIQUE). Durant le pléistocène, époque aussi dite ÉPOQUE GLACIAIRE, les glaciers ont occupé jusqu'à 30 p. 100 de la Terre. Les glaciers se forment et prennent de l'expansion dans les régions montagneuses partout dans le monde. Dans les régions nordiques (p. ex., le Canada et le nord de l'Europe), les calottes glaciaires se sont formées et sont devenues des inlandsis. Environ 97 p. 100 du Canada était recouvert. Ainsi, le Canada comporte plus de terrain qui a subi une glaciation que n'importe où ailleurs.

On ne sait pas exactement le nombre de glaciations majeures qui se sont produites au cours de l'époque glaciaire. Traditionnellement, on reconnaissait quatre glaciations, d'une durée d'environ 100 000 ans chacune et séparées par de longues périodes chaudes. De la plus vieille à la plus jeune, on les connaît en Amérique du Nord sous les noms de glaciation du Nebraskien, du Kansanien, de l'Illinoien et du Wisconsinien. À part ces glaciations majeures, on reconnaît aussi des avances et des retraits mineurs de glaciers. De nouveaux indices et la réinterprétation d'anciennes données suggèrent que la glace s'est étendue et s'est retirée de nombreuses fois, mais les données sont tellement complexes qu'il est impossible d'affirmer avec certitude qu'il y a bien eu quatre glaciations majeures.

Si on connaît bien la glaciation du Wisconsinien, on ne peut pas en dire autant des glaciations précédentes. Puisque la glaciation du Wisconsinien a été la dernière, les marques de son passage (p. ex., les moraines) sont relativement bien conservées. De plus, la durée de la glaciation du Wisconsinien peut être estimée, principalement à l'aide de la datation au carbone 14 de la matière organique qui vient du dessous, de l'intérieur et du dessus des dépôts glaciaires du Wisconsinien (*voir* DATATION GÉOLOGIQUE). Bien que la datation au carbone 14 soit de loin la méthode la plus efficace pour déterminer quand a eu lieu l'expansion des glaciers, elle ne peut servir que pour la matière qui a moins de 70 000 ans.

La glace a atteint ses limites les plus étendues au Canada principalement avant la fin de la glaciation du Wisconsinien. En fait, on ne sait pas si cela s'est passé durant le début de cette glaciation ou s'il s'agissait d'une glaciation majeure précédente telle que celle de l'Illinoien. Il est toutefois évident que durant le pléistocène, la glace n'a jamais été beaucoup plus loin que les limites du Wisconsinien et avait à peu près la même configuration que la plus récente glaciation. Les glaciers n'ont jamais recouvert le nord du Yukon et certaines parties des Territoires du nord-ouest. De plus, les plus hauts sommets de l'Ouest du Canada et les plus hautes collines des Prairies (p. ex., les COLLINES DE CYPRÈS) n'ont jamais été recouvertes par les glaciers (*voir* NUNATAK). Même si le climat était assez rigoureux pour permettre les glaciers, l'humidité était insuffisante pour les alimenter.

Il y a assez d'information disponible sur les dépôts glaciaires et associés et sur la datation au carbone 14 des échantillons organiques pour avoir une bonne idée du complexe glaciaire du Wisconsinien au Canada. Il y a un peu moins de 100 000 ans, les calottes glaciaires se sont formées et se sont étendues sur plusieurs régions du Canada. Parmi les régions d'accumulation importantes, il y avait les secteurs du Keewatin, du Labrador et de Foxe-Baffin. Des calottes glaciaires mineures se sont formées dans les provinces Atlantiques et les îles Arctiques. Avec le temps, ces calottes glaciaires se sont unies et ont formé l'inlandsis laurentidien. Apparemment, à peu près à la même période, les glaciers de vallée se sont étendus dans les montagnes de l'Ouest et, avec le temps, ont formé l'inlandsis cordillérien.

Les données se contredisent sur l'étendue initiale des inlandsis. Au moins un recul a eu lieu avant la poussée finale qui a probablement commencé il y a 25 000 ans et qui a atteint les régions illustrées sur la carte. Le débat se poursuit pour découvrir la limite maximale atteinte par les glaciers du Wisconsinien. De plus, des indices montrent que l'expansion maximale des inlandsis varie d'une région à l'autre. L'inlandsis laurentidien a probablement eu une épaisseur maximale de près de 4000 m. L'inlandsis cordillérien était peut-être de 2000 m.

Avec le retrait des glaciers s'est formée la majorité des formes de paysages glaciaires qu'on voit aujourd'hui partout au Canada. Il y a eu des réavancées mineures pendant la retraite générale, mais la récession a été plutôt rapide et il y a 10 000 ans, les glaces s'étaient en grande partie retirées du Canada. Depuis, le modelé glaciaire et les autres formes de paysage ont été modifiés par divers agents tels que l'eau et le vent. Toutefois, ces changements ont été mineurs et la conservation du paysage glaciaire actuel est assurée pour des milliers d'années.

N.W. Rutter

Glacier Vaste accumulation de glace formée au moins en partie sur le continent et qui porte la marque d'un mouvement présent ou ancien. Le glacier naît du tassement et de la transformation de la neige en cristaux de glace et renferme aussi généralement de l'air, de l'eau et des débris rocheux. Il progresse dans le sens de la pente ou de façon radiale en raison de la pression exercée par sa masse. La déformation interne et le glissement de la base du glacier sont des phénomènes courants. Les glaciers finissent soit sur le continent, soit dans la mer (banquise de glace), soit dans un lac. Les deux principaux types sont les glaciers de vallée et les calottes glaciaires. La progres-

sion des glaciers de vallée est déterminée par la topographie.

Bien que variable, leur vitesse de déplacement ne dépasse habituellement pas un mètre par jour en moyenne. Toutefois, certains glaciers de vallée, appelés glaciers en crue, peuvent avancer de plus de 60 m par jour. Il existe aujourd'hui dans le monde des dizaines de milliers de glaciers de vallée. Au Canada, on les trouve surtout dans les hautes terres des systèmes montagneux de l'Ouest et dans les montagnes et régions montagneuses de certaines îles de l'Arctique: AXEL HEIBERG, ELLESMERE, DEVON et BAFFIN. Si souvent leur longueur n'excède pas le kilomètre, certains glaciers sont bien plus longs. C'est le cas du glacier Hubbard au Yukon et en Alaska, qui s'étend sur plus de 100 km.

Les calottes glaciaires (ou nappes glaciaires, si elles excèdent 50 000 km²), en forme de dôme, sont peu entravées par la topographie et peuvent par conséquent progresser dans toutes les directions. En général, les calottes et les nappes glaciaires se déplacent plus lentement que les glaciers de vallée. Les calottes glaciaires du Canada se trouvent dans la Cordillère et dans les îles de l'Arctique (*voir* CALOTTE GLACIAIRE).

Plusieurs phénomènes généralement causés par des glaciers s'observent sur le glacier de l'Athabasca ou à proximité, dans la partie des Rocheuses se trouvant dans le PARC NATIONAL JASPER. En recul depuis plusieurs années, le glacier est alimenté par le CHAMP DE GLACE COLUMBIA. La surface du glacier présente diverses particularités: crevasses, fissures occasionnées par des contraintes de traction près de la surface du glacier, avalanches de glace résultant des crevasses formées là où le glacier est suspendu à une protubérance du substratum rocheux, et une MORAINE médiane, constituée de débris et de glace à la confluence de deux glaciers de vallée.

Entre autres marques témoignant du retrait du glacier et pouvant être observées à proximité, on compte les moraines latérales, issues du dépôt de débris à la bordure du glacier. De plus, l'eau de fonte des glaciers entraîne des débris qui s'amoncellent pour former des plaines d'épandage et des deltas composés de sable et de gravier. (*Voir aussi* GLACIATION.)

N.W. Rutter

Glaciers, parc national des Créé en 1886 (superf. 1349,3 km²), il fut sculpté dans les chaînes escarpées Selkirk et Purcell de la Colombie-Britannique par plus de 400 GLACIERS. Les parois abruptes de sa vallée portent les cicatrices d'innombrables AVALANCHES provoquées par de fortes chutes de neige. De la ROUTE TRANSCANADIENNE qui traverse le parc, on peut apercevoir plusieurs glaciers et couloirs d'avalanche. Les rivières souterraines forment des réseaux de grottes uniques.

Histoire naturelle La grotte Nakimu, qui se classe parmi les 10 plus grandes connues au Canada (elle est deuxième dans le réseau des parcs nationaux, tout juste après la grotte Castleguard, au PARC NATIONAL BANFF), offre un merveilleux monde souterrain de lacs sombres, de chutes d'eau cachées et de «mond-milchs». Le mond-milch est une formation extrêmement rare de carbonate de calcium en suspension partielle causée par l'action bactérienne. C'est à Nakimu que se trouve la plus importante source de mond-milchs connue. La moitié du parc est située au-delà de la limite forestière. La majeure partie de cette région est formée de roche et de glace, mais on y trouve aussi de grandes zones de TOUNDRA alpine, où les prés fleurissent quelques semaines par année seulement. En deçà des prés, des peuplements d'épinettes bleues et de sapins de l'Ouest descendent jusque dans la forêt pluviale de l'intérieur, peuplée de cèdres et de pruches de l'Ouest. Les hautes montagnes, la neige épaisse et les longs hivers en font un environnement hostile pour la faune. Certaines espèces, comme les chèvres de montagne, résistent toute l'année aux conditions dif-

ficiles; d'autres, comme la marmotte des Rocheuses, hibernent durant la saison froide. Le parc des Glaciers est reconnu pour ses ours noirs et ses grizzlis qui se nourrissent en abondance le long des couloirs d'avalanche.

Histoire humaine Des populations de grizzlis et de caribous des Selkirk sont menacées par la perte de vieux peuplements forestiers voisins leur servant d'habitat à l'extérieur du parc. Jusqu'à la découverte du COL ROGERS, en 1881, la chaîne Selkirk, escarpée, était un obstacle pour les voyageurs. Le col, qui fut aménagé comme lien au moment de la construction du premier chemin de fer transcontinental, et plus tard la Transcanadienne ont joué un rôle important dans l'histoire du parc. Les montagnes offrent une toile de fond impressionnante pour les campeurs et un défi pour les randonneurs et les alpinistes. Avec les plus grosses précipitations de neige au Canada, elles sont un paradis pour les skieurs de l'arrière-pays.

Maxwell W. Finkelstein

Gladstone, James, ou Akay-na-muka, signifiant «nombreux fusils», premier sénateur autochtone du Canada (Mountain Hill, T.N.-O., 21 mai 1887—Fernie, C.-B., 4 sept. 1971). Membre de la nation des GENS-DU-SANG, il consacre la majeure partie de sa vie à l'amélioration des conditions de vie des Indiens au Canada. Président de l'Indian Association of Alberta, il est trois fois délégué à Ottawa pour discuter des propositions d'amendements à la LOI SUR LES INDIENS. Il joue un rôle de premier plan dans la lutte pour une meilleure éducation, le respect des droits issus de traités et la participation des Indiens à leur administration. Le 1er février 1958, il est nommé au Sénat où, dans son premier discours, il s'adresse aux sénateurs dans la langue des Pieds-Noirs afin de placer dans les débats officiels quelques mots dans la langue de son peuple, les Pieds-Noirs, en hommage aux premiers Canadiens. Au sénat, Gladstone défend avec force la cause des autochtones et, en 1969, il fait partie du comité mixte chargé de faire enquête sur les Affaires indiennes.

James Dempsey

Glassco, John, poète et traducteur (Montréal, Qc, 19 déc. 1909—*id*., 29 janv. 1981). On se souvient surtout de Glassco pour sa brillante autobiographie, ses poèmes élégants et classiques et ses traductions. Issu d'une famille respectable de Montréal, il fuit à Paris à l'âge de 20 ans, où il vit trois années enivrantes et désordonnées. Il rentre au Canada en 1932, atteint d'une maladie qui lui sera presque fatale. Ce n'est que bien plus tard qu'il relate son expérience parisienne dans MÉMOIRES DE MONTPARNASSE. Ce livre, qui n'est publié qu'en 1970, est éblouissant. Élégant, plein d'esprit, novateur et extravagant, il évoque avec bonheur le Paris des années 20 en même temps qu'il nous révèle la fascinante personnalité de l'auteur. L'illusion sur l'époque de narration (le récit n'a été écrit qu'au milieu des années 60) ne fait qu'ajouter à l'intérêt de cet ouvrage autobiographique.

Glassco passe les dernières années de sa vie à Montréal et dans le Québec rural. Il écrit de la poésie (ses *Selected Poems* lui valent le prix du Gouverneur général en 1971) et quelques œuvres romanesques rassemblées dans *The Fatal Woman* (1974). Il signe aussi, avec son élégance et son humour habituel, des œuvres dont il dit qu'elles sont «aphrodisiaques… comme des articles de commerce». Ses traductions de poésies canadiennes-françaises sont, avec celles de F.R. SCOTT, les meilleures traductions jamais publiées. Sa plus belle réussite dans ce domaine est *Complete Poems of Saint-Denys Garneau* (1975; traduction de *Poésies complètes*, 1956).

Stephen Scobie

Glassco, William Grant, metteur en scène et producteur (Québec, 30 août 1935). Directeur artistique du TARRAGON THEATRE de Toronto (1971-1982), Glassco contribue à l'essor d'un théâtre national en montant les œuvres de nombreux dramaturges canadiens. Il présente les pièces d'auteurs connus tel James REANEY (*The Donnellys trilogy*), mais travaille aussi en collaboration étroite avec de jeunes dramaturges afin de mettre au point leurs textes. Glassco fait appel à des comédiennes et à des comédiens canadiens reconnus pour lancer de nouvelles pièces. Les premières pièces de David Freeman et de David FRENCH sont montées au Tarragon Theatre. Glassco y présente aussi de grands dramaturges québécois, notamment Michel TREMBLAY.

En 1985, il devient metteur en scène au Centre Stage Theatre. La troupe se taille une place importante parmi les compagnies de théâtre de Toronto et, en 1988, elle prend le nom de Canadian Stage Company. Glassco y monte des pièces comme *Jitters* (1985) et *1949* (1988) de David French, ainsi que la première de *Nothing Sacred* (1988) de George F. Walker. En 1991, il quitte la Canadian Stage Company. Depuis, il se consacre à la mise en scène de nouvelles œuvres et d'opéras au Canada anglais et au Québec.

Anton Wagner

Glenbow Museum Musée, galerie d'art, bibliothèque et centre d'archives, le Glenbow Museum se spécialise dans l'histoire de la colonisation de l'Ouest canadien. Le pétrolier et philanthrope Eric L. HARVIE, collectionneur d'objets et de souvenirs, fonde le musée en 1954. Il fait don de ses biens au peuple de l'Alberta en 1966 et le Glenbow-Alberta Institute est créé afin d'administrer ses immenses collections d'objets, de peintures, de livres et de documents. En 1976, le gouvernement de l'Alberta construit, au centre-ville de Calgary, un important édifice de huit étages et consacre trois étages (8361 m²) aux expositions. Vingt ans plus tard, en 1996, le Glenbow-Alberta Institute cesse d'être une société de la Couronne pour devenir une société indépendante à but non lucratif dont le mandat consiste à prendre soin des collections et à les rendre accessibles au grand public, en vertu d'un contrat sur les droits pour services rendus conclu avec le gouvernement provincial.

Le Glenbow Museum est le plus grand musée de l'Ouest canadien et organise des expositions et des événements variés tout au long de l'année. Ses collections d'œuvres d'art, exposées au deuxième étage, réunissent des œuvres contemporaines d'artistes albertains et des œuvres d'art canadiennes anciennes. Elles comprennent plus de 26 000 pièces, dont celles d'artistes réputés comme Paul KANE, Carl Rungius, Belmore Browne, W.J. PHILLIPS, F.A. VERNER, Albert Bierstadt et A.F. Kenderdine. Des expositions spéciales présentent des tableaux, des sculptures et des photographies provenant de collections du monde entier.

Le troisième étage fait revivre la colonisation de l'Ouest canadien. Les expositions y retracent la vie et les coutumes des peuples des premières nations, ainsi que la construction du chemin de fer et la vague d'immigration qu'elle a amenée. Elles illustrent aussi les joies et les misères de la vie des éleveurs et des agriculteurs dans la région de Calgary et de la vie dans l'Ouest, au cours des 100 dernières années. Les objets destinés à initier les visiteurs au patrimoine de l'Ouest vont d'un tipi pied-noir et d'élégantes broderies en piquants de porc-épic des Cris des Plaines, aux précieux effets personnels des premiers colons européens et aux menus objets de confort, durement acquis, d'une cabane de colon.

Le quatrième étage du musée Glenbow est consacré aux expositions internationales où trois expositions permanentes attestent de la diversité de ses collections: «Where Symbols Meet: A Celebration of West African Achievement» explique la situation et les exploits de l'Afrique occidentale; «Warriors: A Global Journey Through Five Centuries» dépeint les exploits des guerriers au fil des âges; «Treasures of the Mineral World» montre des roches, des minéraux et des pierres précieuses. L'ensemble des objets historiques et ethnologiques du musée compte plus de

192 000 pièces, auxquelles s'ajoutent quelque 28 800 pièces de la collection minéralogique.

Le sixième étage de Glenbow abrite des archives complètes comprenant plus de deux millions d'images et au-delà de 3,5 km de manuscrits non publiés (registres, documents, journaux, lettres et journaux personnels) relatifs à l'histoire de l'Ouest canadien. Au même étage se trouve une bibliothèque de référence de plus de 100 000 livres, périodiques, journaux, revues, catalogues et cartes géographiques rares traitant aussi de l'Ouest canadien.

Clare Cotton

Glenie, James, officier de l'armée, politicien (Fife, Écosse, 1750—Londres, Angl., 23 nov. 1817). Après son service au Québec durant la GUERRE D'INDÉPENDANCE AMÉRICAINE, Glenie démissionne de l'armée et s'installe au Nouveau-Brunswick (1787). À cette époque, il jouit déjà d'une réputation d'officier irritable aux idées arrêtées, mais doté d'aptitudes intellectuelles et de talent en génie. Son engagement dans le commerce des mâts de navire et le dépit que lui causent plusieurs projets territoriaux le font entrer en conflit avec le lieutenant-gouverneur Thomas CARLETON et l'élite LOYALISTE.

D'abord élu à l'Assemblée législative du Nouveau-Brunswick en 1789, Glenie, qui fait partie de l'aile droite de l'assemblée, devient un critique éloquent du gouverneur et du Conseil et contribue grandement à l'impasse politique qui s'étale de 1795 à 1799. Bien que ses attaques aident à adoucir la culture politique des Loyalistes, son opposition caustique et implacable finit par lui aliéner aussi bien ses amis que ses adversaires. Au début des années 1800, les députés modérés de l'Assemblée législative parviennent à s'entendre avec Carleton et avec le Conseil, mais Glenie continue ses critiques, bien que la majorité de l'assemblée ne le soutienne pas le plus souvent. En 1805, Glenie se retire en Angleterre. Il vivote quelque temps dans divers postes, puis il met à profit ses grands talents de mathématicien, mais il meurt dans la pauvreté.

William G. Godfrey

Glick, Srul Irving, compositeur, chef d'orchestre, réalisateur d'émissions musicales (Toronto, 8 sept. 1934). Glick a intégré dans ses propres compositions les idiomes de la musique religieuse juive et les traditions musicales de l'art occidental. La musique de Glick, à la fois directe et faisant appel aux émotions, est populaire tant auprès des musiciens que des auditoires, et on la retrouve sur 25 enregistrements. Sa vaste production touche tous les genres traditionnels, sauf l'opéra, et comprend également beaucoup de musique religieuse écrite pour la synagogue Beth Tikvah de Toronto, où Glick est devenu chef de chœur en 1969. Glick a également travaillé comme réalisateur d'émissions musicales à la Société Radio-Canada pendant 25 ans. Il a été nommé membre de l'Ordre du Canada en 1994.

Robin Elliott

Glissement de terrain Désigne le déplacement, vers le bas et l'extérieur, d'une masse de SOL provenant d'un terrain en pente. Même si l'on emploie souvent l'expression «glissement de terrain» dans un sens large, cette rubrique se rapporte seulement aux sols et n'englobe pas la reptation, les chutes et les AVALANCHES DE PIERRES. Un glissement de terrain peut s'accompagner ou non d'un bouleversement et s'appliquer à une masse de terre d'à peine quelques mètres cubes jusqu'à plusieurs millions de mètres cubes. La rupture de pente peut se produire en quelques minutes ou s'étendre sur plusieurs mois, voire des années. Des glissements de terrain surviennent dans toutes les provinces du Canada, tant dans les pentes naturelles que dans les talus aménagés. Les ruptures de pente ont non causé des pertes de vies, la destruction de propriétés, la diminution de la valeur de propriétés, des baisses de productivité de terres agricoles ou forestières et des interruptions des systèmes de transport.

Les formes courantes de glissement de terrain (rupture arquée et rupture non-arquée ou de translation) peuvent faire l'objet d'analyses afin d'estimer les risques d'une nouvelle rupture. Les principales causes de rupture de pente sont l'enlèvement de matériaux au pied de la pente, ou près de celui-ci, par le phénomène de l'érosion naturelle ou des travaux d'excavation d'origine humaine; l'accumulation de poids supplémentaire dans la partie supérieure de la pente par des agents naturels ou humains; un accroissement de la pression exercée dans la pente même par les eaux pluviales ou de la fonte des neiges; et l'irrigation locale ou la fuite de conduites d'égout ou de canalisations maîtresses. Des études relatives à l'utilisation des terrains, à l'étape de l'élaboration des plans d'un projet, peuvent éviter ou minimiser les risques d'un glissement de terrain éventuel.

Des sols argileux se sont accumulés dans la MER DE CHAMPLAIN qui, il y a entre 10 000 et 12 000 ans, recouvrait les basses terres des vallées du Saint-Laurent et de la rivière des Outaouais. Ces sédiments sont dits sensibles et peuvent, lorsqu'ils subissent un bouleversement suffisant, se transformer d'un sol cassant en un fluide visqueux. Cette transformation s'opère rapidement et presque sans avertissement, et la coulée de sol peut se déplacer sur de grandes distances.

À l'aide de photos aériennes, on a pu déceler des milliers de glissements de terrain. Au cours de 50 importants glissements de terrain documentés, survenus dans des zones d'ARGILE sensibles de l'est de l'Ontario et du Québec, plus de 100 personnes ont perdu la vie et 40 000 ha de terrains ont été détruits. Le glissement de terrain de la rivière Nation Sud (16 et 17 mai 1971) s'est produit à un emplacement situé à 48 km à l'est d'Ottawa et a détruit près de 28 ha. Les débris provenant de ce glissement ont été transportés en amont et en aval et ont rempli le lit de la rivière, d'une profondeur allant jusqu'à 11 m, sur près de 2,5 km. À Saint-Jean-Vianney (Québec), un autre glissement de terrain important en zones d'argiles sensibles a provoqué la mort de 31 personnes et détruit 27 hectares et 36 maisons en 5 minutes (4 mai 1971).

Les glissements de terrain contribuent au recul progressif des falaises d'argile rigide sur la rive nord du lac Érié de même que des falaises de Scarborough, sur les bords du lac Ontario, à l'est de Toronto. À Winnipeg, il y a longtemps que l'instabilité des berges le long des rivières Rouge et Assiniboine constitue un problème.

Sur une vaste portion des PRAIRIES canadiennes, un mince plaquage de sédiments, remontant à la fin du pléistocène, recouvre le roc tendre qui s'est formé durant la période du crétacé supérieur. Au cours de la déglaciation, il y a environ 10 000 ans, les RIVIÈRES ET FLEUVES ont été détournés de leurs cours préglaciaires et ont rapidement creusé de profondes vallées postglaciaires très escarpées (*voir* GLACIATION). Des observations de nature géologique indiquent que l'érosion latérale provoquée par les rivières dure depuis presque 6000 ans (*voir* RELIEF FLUVIAL). Cette érosion latérale, qui sape la base des pentes, a ranimé d'anciens glissements de terrain et a entraîné de nombreux autres plus récents. Étant donné que les strates des sols touchés s'étendent horizontalement, les masses en déplacement exécutent principalement un mouvement de translation. À un certain endroit de la rivière Saskatchewan Sud, au sud de Saskatoon, l'érosion qui s'exerce au pied de la pente provoque une rupture de pente. De nombreux cas semblables ont été documentés en Saskatchewan et en Alberta.

Un glissement de terrain, occasionné en grande partie par une érosion du pied de la pente, menace le pont qui traverse la rivière Little Smoky au nord de Valleyview, en Alberta. La construction du pont s'est terminée en 1957 et, l'année suivante, on a constaté la présence d'un mouvement. La répartition des glissements de terrain le long de rivières importantes du sud de l'Alberta indique que le substratum rocheux argileux que l'on trouve sur le site d'anciennes mers intérieures est particulièrement sujet à l'effondrement. Les ruptures de pente à Saskatoon semblent attribuables principalement à l'infiltration des eaux souterraines, qu'accentue l'arrosage des pelouses. Dans la région d'Edmonton, c'est l'activité humaine qui a provoqué de nombreux glissements de terrain.

Dans la région de Vancouver, les glissements de terrain les plus courants et les plus destructeurs sont en réalité des AVALANCHES de débris et des coulées de débris. Les pluies abondantes, qui saturent d'eau la couche superficielle du sol, agissent comme détonateur. À mesure que cette masse saturée d'eau dévale les pentes abruptes, elle gagne en volume et en vitesse. Il en résulte surtout que des propriétés situées au pied de la pente sont endommagées ou détruites. À Port Alice, sur l'île de Vancouver, on a érigé des digues afin de protéger la ville contre les coulées de débris semblables à celles qui se sont produites en 1973 et en 1975.

Dans les régions occidentales de l'Arctique canadien, au royaume du PERGÉLISOL, de nombreux glissements de terrain sont provoqués par la fonte de la glace de sol qui se trouve exposée par l'action de l'érosion fluviale ou maritime, ou par la destruction de la végétation sur les pentes à la suite d'incendies de forêt. Les sols qui reposent sur la glace s'affaissent quand celle-ci fond, durant l'été, et sont emportés par les eaux de fonte.

S. Thomson

Glissoire à billes Glissoire remplie d'eau ou piste construite pour permettre aux TRAINS DE BOIS de contourner les rapides et les chutes; les dispositifs semblables conçus pour transporter les pièces de bois une à une s'appellent glissoires hydrauliques. En 1829, Ruggles Wright de Hull affirmait avoir construit la première glissoire au Canada. Construites en bois et conçues pour étaler la chute de la rivière sur un kilomètre ou plus, les glissoires accéléraient le transport et réduisaient les risques d'entassement et, par conséquent, les dommages. Plus communes dans la vallée de l'Outaouais, les glissoires étaient à l'origine des installations privées à péage. En 1846, des glissoires publiques fonctionnaient déjà jusqu'à Lac Coulonge, dans la vallée de l'Outaouais et, en 1870, le gouvernement canadien entretenait depuis un certain temps de nombreuses glissoires publiques pour favoriser le COMMERCE DU BOIS dans la vallée de l'Outaouais. Lors de sa visite en Amérique du Nord en 1860, le Prince-de-Galles (plus tard Édouard VII) est descendu dans une glissoire à bois.

Graeme Wynn

Global Communications Limited Fondée en 1970 à Toronto, cette société est propriétaire et gestionnaire de Global Television Network. Le 21 juillet 1972, la société reçoit du CRTC un permis de diffusion pour le Sud de l'Ontario. Toutefois, en raison de faibles cotes d'écoute et de revenus insuffisants, une réorganisation s'impose. En 1974, Global Ventures Western Ltd. et IWC Communications Ltd. font l'acquisition de Global Communications Limited. En 1976, Global Ventures achète IWC. En 1978, elle fait l'acquisition de Tee Vee Records Inc., dont les activités se concentrent dans la distribution au détail de disques, et de Prosoccer Ltd., qui gère le Blizzard de Toronto, une équipe de soccer aujourd'hui dissoute. Les deux entreprises se révélant non rentables, elles sont liquidées. Par contre, les activités de diffusion se poursuivent et génèrent aujourd'hui des profits de plus de 60 millions de dollars, dont 50 millions proviennent de la vente de temps d'antenne et 12 millions, de la production et de la souscription. En 1986, Global Television Network est considérée comme un producteur important. Elle emploie environ 94 p. 100 de l'Ontario, diffuse dans près de 3 millions de foyers et rejoint 8,5 millions de téléspectateurs.

Globe and Mail En 1936, George McCullagh fonde le *Globe and Mail* de Toronto en unissant deux quotidiens influents et historiquement importants, le *Globe* et le *The Mail and Empire*. Dès le début, le nouveau journal prend les traits du vieux *Globe*. George BROWN avait lancé le *Globe* en 1844 avec l'appui d'un groupe de libéraux réformistes. D'abord journal de parti, le *Globe* est rapidement devenu une lecture obligatoire pour les gens cultivés et les gens d'affaires de Toronto et de la campagne environnante, grâce à un mélange astucieux de nouvelles, de chroniques, d'éditoriaux vigoureux et d'innovation technologique.

En 1853, le journal de quatre pages est devenu un quotidien, tout en publiant une édition hebdomadaire pour les abonnés de l'extérieur de la ville. En 1876, Brown retient les services de trains matinaux en direction de Hamilton, et plus tard de London, et assume les frais d'expédition du quotidien.

Comme les nouvelles presses et le papier à bon marché permettent au journal de grossir, on ajoute la première section féminine en 1882 et, en l'espace d'une décennie, des dessins et des photogravures. En 1900, le *Globe* est déjà reconnu comme un journal de qualité qui attire son public et possède un tirage global de 69 545 exemplaires pour toutes les éditions. Peu après le tournant du siècle, on ajoute à son bloc-générique les mots «Canada's National Newspaper» (le journal national du Canada) et on cherche à conquérir des lecteurs à la grandeur du pays. Pour sa part, le *Mail* avait été établi en 1872 comme organe du Parti conservateur et, en 1895, il avait absorbé un autre journal conservateur, *The Empire*. En 1900, le *Mail and Empire* se vantait de posséder un tirage de 61 720 exemplaires.

En tant que publication indépendante, le *Globe and Mail* devient en 1965 le principal journal de la chaîne de JOURNAUX de FP Publications et, en 1980, il est acheté par le GROUPE THOMSON. Il devient le journal de référence du milieu politique, culturel et des affaires. En tant que «journal d'écrivains», le *Globe and Mail* permet à des journalistes compétents comme Jeffrey Simpson et Michael Valpy d'exercer leur métier.

En 1996, le tirage est de 315 000 exemplaires. L'édition nationale, comprenant la section *Report on Business*, est transmise par satellite six jours par semaine à des imprimeries partout au pays. Le *Globe* publie le magazine *Report on Business* mensuellement, ainsi que *Fashion and Design* trimestriellement. *Gusto* est sa revue trimestrielle sur l'alimentation. Depuis 1977, les services de renseignements du *Globe* fournissent plusieurs bases de données financières par ordinateur, en plus de la base de données complète du *Globe*. Le journal a aussi obtenu, avec des associés, une licence de câblodiffusion pour ROBtv, une chaîne de nouvelles commerciales, diffusées 24 heures sur 24, entrée en ondes en 1998.

Des reporters rattachés au journal travaillent à partir de 10 villes canadiennes, et il existe maintenant des bureaux internationaux à Londres, Bruxelles, Berlin, Moscou, Beijing, New Delhi, New York et Washington.

Richard J. Doyle

Globe Theatre Ken Kramer (canadien) et Sue Richmond Kramer (née en Grande-Bretagne) fondent le Globe Theatre à Regina en 1966, grâce à une subvention de 3000 $ qu'ils ont reçue du Saskatchewan Arts Board pour monter une troupe itinérante visant un public d'âge scolaire. Il s'agit de la première compagnie professionnelle de théâtre éducatif de la Saskatchewan et, à l'époque, la seule troupe professionnelle de la province. Les Kramer sont à la fois comédiens et codirecteurs artistiques, et Ken Kramer assure par ailleurs la mise en scène de certaines pièces du Globe. Ils se sont rencontrés alors qu'ils travaillaient au Theatre Centre de Londres sous la direction de Brian Way, une personnalité importante du théâtre pour enfants et du théâtre éducatif. Au début, le répertoire du Globe comporte uniquement des pièces de Way et des adaptations de pièces de Shakespeare, montées dans un théâtre en rond afin de favoriser la participation des spectateurs. La compagnie fait de nombreuses tournées en Saskatchewan, où elle se produit dans de petites et grandes villes, devant des étudiants du primaire et du secondaire.

En 1968, le Globe monte la pièce *The Good Woman of Setzuan* (v.f. *La Bonne Âme de Setchouan*) de Bertolt Brecht qu'il présente en tournée. Devant le succès remporté par la pièce de Brecht et par les pièces pour adultes qui suivent, les Kramer fondent, en 1970, le Globe Repertory Theatre, qui s'installe d'abord dans le Jubilee Theatre, au Saskatchewan Centre of the Arts, puis dans des locaux loués au centre-ville de Regina. En 1981, la compagnie se dote d'un local bien à elle dans le Old City Hall, anciennement le Old Regina Post Office, un immeuble historique de la rue piétonnière Scarth. Le Globe adopte, comme dans ses anciens locaux, la formule du théâtre en rond, parfaitement intégrée à ses pièces itinérantes destinées aux écoles. Au cours des années 80, la troupe continue de présenter ses pièces pour adultes dans les principaux centres de la Saskatchewan et, publics adulte et jeunesse confondus, elle rejoint une partie importante de la population de la Saskatchewan, pouvant atteindre certaines années jusqu'à 10 p. 100.

Tout en présentant des classiques prémodernes et modernes ainsi que des œuvres étrangères contemporaines, le Globe commence dans les années 70 à offrir une ou deux pièces canadiennes par saison. En 1975, il embauche Rex DEVERELL comme dramaturge résident, affirmant ainsi sa volonté de créer des pièces qui s'inspirent du contexte de la Saskatchewan. Originaire de l'Ontario, Deverell écrit ses premières pièces pour enfants abordant des thèmes régionaux pour les tournées scolaires du Globe, en 1972. En 1977, il inaugure sa première pièce pour adultes, *Boiler Room Suite*, sur la scène principale du Globe. Une série de pièces collectives et de docudrames écrits par Deverell ont contribué pour beaucoup à la réputation du Globe comme étant un théâtre populiste gauchisant, désireux de refléter fidèlement l'histoire politique de la Saskatchewan. Parmi ces pièces citons *No. 1 Hard* (produite en 1978), qui traite de la politique agricole du gouvernement fédéral; *Medicare!* (produite en 1980), centrée sur la grève des médecins de 1962, et *Black Powder: Estevan, 1931* (produite en 1981), qui marque le cinquantième anniversaire de la grève des mineurs d'Estevan. En plus de présenter les pièces de Deverell, le Globe commande et met en scène des œuvres nouvelles de nombreux autres dramaturges, dont Carol BOLT, Rod Langley, Len PETERSON et Ken Mitchell.

Après le décès de Sue Kramer en 1978, Ken Kramer continue d'occuper le poste de directeur artistique au Globe jusqu'en 1990. Au milieu des années 80, Brian Way se joint à lui comme directeur associé pendant une courte période. En 1990, Kramer cède son poste à Susan Ferley, qui délaisse l'approche populiste, s'oriente davantage vers les spectacles légers à saveur commerciale et consacre moins d'effort à la création de pièces canadiennes, bien qu'elle favorise l'œuvre de Gail Bowen, une écrivaine de Regina. Connue surtout pour ses romans policiers, Bowen adapte pour le Globe des histoires pour enfants et sa nouvelle, *1919: The Love Letters of George and Adelaide*, écrite en collaboration avec Ron Marken et mettant en scène des militaires de la Saskatchewan au retour de la Première Guerre mondiale. Intitulée *Dancing in Poppies*, l'adaptation est présentée pour la première fois en 1993 et reprise en 1994 pour le prince Edward, commanditaire royal du Globe depuis 1992. Ferley termine son mandat comme directrice artistique en 1998 et Ruth Smillie lui succède.

Penny Farfan

Glooscap Héros mythique, il est le transformateur des Amérindiens des forêts de l'Est. D'une taille immense et doté de très grands pouvoirs, il serait le créateur d'éléments naturels tels que la vallée de l'Annapolis. Ce faisant, il devait souvent affronter son diabolique frère jumeau qui voulait y mettre des rivières sinueuses et des montagnes infranchissables. Il s'est étendu sur la Nouvelle-Écosse pour y dormir, se servant de l'Île-du-Prince-Édouard comme oreiller. Les autochtones appellent d'ailleurs cette province Abegweit, soit «bercée par les vagues».

Carole H. Carpenter

Gloucester Gloucester, cité de l'Ont.; pop. 104 022 (rec. 1996), 101 677 (rec. 1991); superf. 293,86 km²; const. en tant que canton en 1850, puis en tant que ville en 1981; située dans la région d'Ottawa-Carleton et délimitée au nord par la RIVIÈRE DES OUTAOUAIS.

Gloucester est nommée ainsi probablement en référence à un membre de la famille royale britannique et est arpentée pour la première fois en 1792. Le premier colon, Braddish Billings, y arrive en 1812. Au tout début, le bois de sciage est l'activité première de la région de Gloucester, mais cette ressource est épuisée dans les années 1830, après quoi l'agriculture devient la principale activité. Au cours des ans, Gloucester perd une bonne partie de son territoire, y compris les premiers établissements de Billings, dans des annexions de terres au profit de la ville d'OTTAWA.

Aujourd'hui, 40 p. cent des terres de Gloucester sont sous la juridiction du gouvernement fédéral; l'Aéroport international d'Ottawa et une grande partie de la ceinture de verdure sont sous la juridiction de la COMMISSION DE LA CAPITALE NATIONALE. Gloucester dispose d'une base économique diversifiée: entreprises de haute technologie, sièges sociaux d'associations nationales, compagnies d'entretien et d'approvisionnement dans le domaine de l'aviation.

Deborah Welch et *Michael Payne*

Gobemoucheron gris-bleu *Polioptila caerulea*, petit oiseau chanteur insectivore et migrateur de la famille des muscicapidés et de la sous-famille des sylviinés. Au Canada, c'est le seul représentant des polioptilinis (les gobemoucherons), une tribu d'oiseaux du Nouveau Monde qui compte 11 espèces, présentes surtout dans les régions plus chaudes des tropiques. De forme élancée, le gobemoucheron gris-bleu a le dessus du corps gris-bleu, le dessous blanchâtre et la queue noire. Son chant est aigu et grinçant. Il émet plus souvent un son bourdonnant.

Cette espèce est rare au Canada. Elle niche seulement dans le sud de l'Ontario et du Québec, dans les forêts clairsemées de feuillus où le sous-bois est buissonnant. La nidification a lieu de la fin mai à la mi-juillet. La femelle pond de quatre à cinq œufs.

J.C. Barlow

Godbout, Adélard, premier ministre du Québec (1936, 1939-1944), (Saint-Éloi, Qc, 24 sept. 1892—18 sept. 1956). Après ses études classiques au collège de Rimouski, ses brillantes études en agronomie à l'U. Laval lui valent d'être embauché dans cette institution comme professeur. Il se perfectionne à Amherst (Mass.), puis s'adonne à l'enseignement (1918-1930). Ses préoccupations professionnelles l'amènent à gérer l'exposition annuelle de chevaux à Sainte-Anne-de-la-Pocatière, à jouer le rôle d'agronome dans L'Islet et à conseiller des cultivateurs pour la formation de troupeaux de race. Il participe également à la vie politique locale, en particulier lorsque son père devient député (1921-1923). Le Premier ministre et chef du Parti libéral Louis-Alexandre TASCHEREAU apprécie le jeune politicien et le fait élire député de L'Islet en 1929. L'année suivante, Godbout devient ministre de l'Agriculture. À 38 ans, il est le plus jeune membre du cabinet. Après l'élection générale de 1931, le parti ministériel décline et, en 1934, de jeunes libéraux éminents fondent un nouveau parti, l'ACTION LIBÉRALE NATIONALE. Ils firent élire 26 députés en 1935. La session qui suivit fut désastreuse pour les libéraux. Des scandales éclatèrent. En juin, Taschereau démis-

sionnait. Godbout fut élu à l'unanimité chef du parti libéral.

DUPLESSIS remporte toutefois les élections de l'été 1936. Godbout, défait dans son comté, consacre les années 1936-1939 à réorganiser son parti. De son côté, Duplessis s'aliène les travailleurs syndiqués et provoque la bisbille dans son parti en ne réalisant pas certaines promesses concernant l'électricité. La Seconde guerre mondiale ayant éclaté et le Canada s'y étant engagé, Duplessis profite de la conjoncture pour lancer, à l'improviste, une élection générale qu'il perd.

Au pouvoir, Godbout va accomplir une œuvre impressionnante. D'abord, malgré l'opposition ouverte du cardinal Villeneuve, il accorde le droit de vote et d'éligibilité aux femmes, droits qu'elles réclamaient depuis 20 ans et qu'elles exerçaient sur la scène fédérale et dans les autres provinces. Godbout s'attaque également au problème de la fréquentation scolaire. Une loi sur l'instruction obligatoire menaçait de soulever l'opposition du clergé catholique. Aussi, son gouvernement fit obstacle à ce danger par une enquête qui révéla un abandon scolaire massif après la quatrième année primaire. Devant cette situation, le clergé accepta que le gouvernement impose la fréquentation scolaire jusqu'à l'âge de 14 ans.

Un autre problème se pose chez les travailleurs syndiqués: les patrons ne sont pas tenus de négocier avec le syndicat majoritaire. Aussi, en 1943, dans les papeteries du Price Brothers à Kénogami et Alma, les syndicats catholiques frustrés déclenchent une grève générale sur ce problème. Une commission d'enquête instituée par Godbout conclut à l'absence de liberté syndicale. Le gouvernement oblige les patrons à négocier avec le syndicat majoritaire.

Depuis plus de dix ans, des apôtres de la municipalisation de l'électricité et de la création d'une entreprise hydroélectrique d'État faisaient campagne pour déplorer notamment les tarifs élevés, l'électrification déficiente des régions rurales et l'absence de francophones dans les cadres supérieurs des entreprises. Dès 1940, Godbout dénonce la situation. En 1944, après étude, il étatise la puissante Montreal Light Heat and Power et sa filiale, la Beauharnois Power. Il crée l'Hydro-Québec, pour administrer ces entreprises et vote dix millions de dollars pour l'électrification rurale, ce qui provoque l'ire des financiers anglophones. L'entreprise d'État grandit et bâtit de nouvelles centrales. À l'heure de la RÉVOLUTION TRANQUILLE, en 1960, elle valait un milliard de dollars.

Dans ses relations avec Ottawa, Godbout permit au fédéral d'amender la constitution et d'établir l'assurance-chômage réclamée par les syndiqués depuis le début du siècle et suggérée par la Commission des affaires sociales de Québec au début des années 30.

Ses troupes sont défaites contre l'UNION NATIONALE de Duplessis en 1944 et il quitte la politique provinciale après l'élection en 1948. En 1950, il devient sénateur. Par la suite, il participera peu à la vie politique. Il décède accidentellement le 18 septembre 1956.

Jean-Guy Genest

Godbout (1997), affaire Dans cette affaire, la Cour suprême du Canada conclut à l'unanimité que l'obligation de résider dans les limites de la municipalité imposée par la ville de Longueuil (près de Montréal) à tous ses employés permanents est inconstitutionnelle.

Le choix de la résidence fait partie du droit à la vie privée, protégée par l'article 5 de la *Charte des droits et libertés de la personne* (Québec). Cette violation ne se justifie pas sous l'article 9.1 de la Charte. Le juge La Forest écrit que la Charte de 1982 s'applique aux municipalités parce que ces dernières relèvent des provinces et dit que l'article 7 de la Charte de 1982 traite du droit à la liberté, qui comprend le droit de choisir son lieu de résidence.

Godbout, Jacques, romancier, essayiste, cinéaste et poète (Montréal, 27 nov. 1933). L'un des écrivains les plus importants de sa génération, Godbout marque profondément la vie intellectuelle du Québec depuis 1960.

Après ses études au collège Brébeuf et à l'U. de Montréal, il séjourne en Éthiopie, où il enseigne le français. De retour au Canada, il entre à l'Office national du film en 1958 à titre de réalisateur et scénariste.

Cofondateur de la revue *Liberté* (1959), du Mouvement laïque de langue française (1962), de l'Union des écrivains québécois (1977), Godbout est très actif dans le Québec de la Révolution tranquille. Collaborateur à de nombreux périodiques, il ne cesse d'approfondir sa réflexion sur notre société. Ses principaux essais, qui révèlent un esprit pénétrant et soucieux des valeurs démocratiques, sont recueillis dans Le *Réformiste* (1975), *Le Murmure marchand* (1984) et *L'Écran du bonheur* (1990).

Godbout tourne aussi plus de 30 films (fictions et documentaires), parmi lesquels *À Saint-Henri le 5 septembre* (1962), *Yul 871* (1966), *IXE-13* (1971), *Comme en Californie* (1983), *Le Mouton noir* (1992) et *L'Affaire Norman William* (1994).

Enfin, il est l'auteur de poèmes (*Souvenirs Shop poèmes en prose*, 1956-1980-1984), d'un journal intime (*L'Écrivain de province: journal, 1981-1990*, 1991), de neuf romans qui se distinguent par l'originalité de leur écriture, la richesse de leur inspiration et surtout par leur volonté de se libérer de l'introspection maladive comme de l'humour noir, parfois masochiste, que l'on retrouve trop souvent dans la littérature québécoise traditionnelle *L'Aquarium* (1962), *Le Couteau sur la table* (1963), *Salut Galarneau!* (1967), *D'Amour, P.Q.* (1972), *L'Isle au dragon* (1976), *Les Têtes à Papineau* (1981), *Une Histoire américaine* (1986), *Le Temps des Galarneau* (1993) et *Opération Rimbaud* (1999).

André Smith

Godden, Mark, chorégraphe et danseur (Dallas, Texas, 21 sept. 1958). Considéré aujourd'hui comme l'un des nouveaux talents chorégraphiques canadiens les plus en vue, Godden étudie d'abord pour devenir acteur et ne commence ses études en danse (avec Hugh Nini à la Denton School of Ballet, à Dallas) qu'à l'âge de 20 ans. Il s'inscrit à la section professionnelle de l'école du ROYAL WINNIPEG BALLET en 1981 et devient membre de la troupe du Royal Winnipeg Ballet après avoir obtenu son diplôme, trois ans plus tard.

Golden devient danseur en solo pour la compagnie et interprète les premiers rôles dans des œuvres créées par des modernistes européens tels qu'Hans van Manen, Rudi van Dantzig et Jiri Kylian. Au milieu des années 80, il commence lui-même à créer des ballets et, tout en continuant de danser dans les années 90, il est très vite évident que son avenir est dans la chorégraphie. Bon nombre de ses premières créations sont mises en scène dans le cadre de Fast Forward, l'atelier annuel de chorégraphie du Royal Winnipeg Ballet.

En 1989, il reçoit le prix de chorégraphie Clifford E. Lee pour son œuvre *Sequoia*, qui fait maintenant partie du répertoire de nombreuses compagnies. Avec *Myth*, composée en 1990, il obtient le prix le plus prestigieux de l'année pour la nouvelle chorégraphie à la International Ballet Competition de Varna, et, en 1991, *La Princesse et le Militaire* remporte le deuxième prix pour la nouvelle chorégraphie à l'International Ballet Competition d'Helsinki.

En 1991, il devient le premier chorégraphe attitré du Royal Winnipeg Ballet et crée plusieurs œuvres importantes, dont *Angels in the Architecture, Dame aux fruits, A Darkness Between Us* et *Shepherd's Wake*. En 1993, il crée sa première œuvre pour une autre compagnie de danse (*Chambre*, pour LES GRANDS BALLETS CANADIENS), et, l'année suivante, il commence à travailler comme chorégraphe indépendant à Montréal, ville où sa femme,

Amy Brogan (ancienne danseuse du Royal Winnipeg Ballet), danse avec Les Grands Ballets Canadiens. Par la suite, il crée de nouvelles œuvres pour Les Grands Ballets Canadiens et le Toronto's Ballet Jürgen, et il réalise une nouvelle mise en scène de *Miroirs* (1995), de Ravel, ainsi que du *Sacre du printemps*, de Stravinski (1997), pour le Royal Winnipeg Ballet.

Max Wyman

Godin, Gérald, poète, romancier et politicien (Trois-Rivières, 13 nov. 1938—Montréal, 1994). Il étudie au Séminaire Saint-Joseph et s'intéresse tôt au journalisme. Il travaille au *Nouvelliste* de Trois-Rivières, au *Nouveau journal* de Montréal, puis comme recherchiste et chef des nouvelles à Radio-Canada (1963-1969). En 1963, il fonde avec d'autres écrivains la revue *PARTI PRIS* et dirige les éditions du même nom de 1969 à 1976. Candidat pour le PARTI QUÉBÉCOIS dans le comté de Mercier (Montréal) en 1976, il l'emporte sur Robert BOURASSA alors premier ministre sortant et chef du Parti libéral du Québec. Réélu en 1981, il est nommé à divers ministères, dont celui responsable de la loi 101 pour la protection du français au Québec. En 1985, il siège dans l'Opposition. En parallèle, il publie à partir de 1960 sept recueil de poésie, dont *Chansons très naïves* (1960), *Cantouques* (1967) et *Soirs sans atout* (1986), qu'il réunit en 1987 sous le titre *Ils ne demandaient qu'à brûler*. Il reçoit pour cette rétrospective plusieurs prix, dont le prix Duvernay. Il publie en 1990 un roman, *L'ange exterminé*, et en 1993 un recueil de poésie, *Les botterlots*. Amoureux des mots, le poète utilise la richesse des régionalismes, de l'anglais de tous les jours, du joual d'occasion, pour exprimer souvent avec violence le mal de vivre des petites gens. Fin observateur du quotidien, il transcrit un univers simple en apparence, où la révolte contre les injustices et l'expression de l'âme se manifestent à toutes les pages.

Robert Charette

Goélands et mouettes Oiseaux aux longues ailes et aux pieds palmés appartenant à la famille des laridés, dans laquelle on retrouve entre autres ces deux sous-familles: les larinés (les goélands et les mouettes, environ 50 espèces) et les sterninés (les STERNES ET GUIFETTES, 44 espèces).

Description Toutes les espèces de larinés, sauf une, ont la queue carrée. La majorité des adultes sont blancs, avec le dos gris et les ailes grises, souvent marquées de noir à l'extrémité. La plupart ont la tête blanche, mais chez certaines espèces de petite taille, la tête est noire. Chez presque toutes les espèces, les juvéniles sont brunâtres et deviennent blancs une fois adultes, ce qui survient à l'âge de deux, trois ou quatre ans, selon les espèces. Ils vivent assez longtemps (de 20 à 30 ans selon les données de baguage) et ils commencent à se reproduire vers l'âge de 3 ans, jusqu'à au moins 12 ans.

Répartition et habitat On rencontre les larinés partout dans le monde. Au Canada, on a recensé 23 espèces de goélands et de mouettes, dont 18 espèces nicheuses. Le goéland à ailes grises (*Larus glaucescens*) niche sur la côte ouest. Le Goéland argenté (*L. argentatus*), le goéland à bec cerclé (*L. delawarensis*), le goéland de Californie (*L. californicus*) et la mouette de Franklin (*L. pipixcan*) nichent dans les Prairies. Le goéland argenté et le goéland à bec cerclé nichent aussi dans la région des Grands Lacs. Ces deux espèces se reproduisent également dans le Saint-Laurent et dans les Maritimes, à l'instar du goéland marin (*L. marinus*) et de la mouette tridactyle (*Rissa tridactyla*).

La mouette de Bonaparte (*L. philadelphia*), le goéland cendré (*L. canus*) et le goéland argenté nichent dans la région de la FORÊT BORÉALE, tandis que le goéland bourgmestre (*L. hyperboreus*), le goéland arctique (*L. glaucoides*), le goéland de Thayer (*L. thayeri*), la mouette blanche (*Pagophila eburnea*), la mouette de Sabine (*Xema sabini*) et la mouette rosée (*Rhodostethia rosea*) nichent dans l'Arctique.

Les goélands et les mouettes fréquentent les rivages d'eau douce et d'eau salée. Ils sont omnivores, mais se nourrissent surtout de poisson.

Nidification La majorité des espèces nichent au sol, dans des îles ou des péninsules en milieu sauvage, rural ou urbain. La mouette de Franklin et la mouette rosée nichent dans les marais. La mouette de Bonaparte et, de façon moins régulière, le goéland cendré, font leur nid dans les arbres. Dans le sud du Canada, la nidification commence au milieu ou à la fin d'avril et, plus on remonte vers le nord, plus elle commence tardivement.

La majorité des espèces canadiennes pondent trois œufs vert olive tachetés de brun. Les nids sont faits de végétaux et de débris, et leur taille varie de petits amoncellements à des structures de 46 cm de diamètre, bien construites et bien entretenues au centre. Après trois ou quatre semaines d'incubation, les œufs éclosent. Les jeunes, couverts de duvet, ont déjà les yeux ouverts et marchent quelques heures plus tard.

Les adultes avalent leur nourriture tout rond et volent ensuite vers le nid pour la régurgiter à leurs petits. Six semaines après l'éclosion, les jeunes sont capables de voler. Sur les trois œufs de la couvée, les parents pourront élever un ou deux petits. Les jeunes meurent de faim, souvent parce qu'ils ne parviennent pas à lutter pour rechercher la nourriture, ou ils meurent à cause de l'exposition à des produits toxiques transmis à l'œuf par la femelle ou en succombant aux attaques perpétrées par des goélands adultes et par d'autres prédateurs.

Migration La plupart des espèces du Canada migrent vers des régions où l'eau est libre en hiver. Celles qui se reproduisent au Manitoba et plus à l'ouest migrent sur la côte du Pacifique et vers le sud. Celles qui nichent à l'est du Manitoba vont vers la côte atlantique et vers le sud. Parmi les laridés du Canada, la mouette de Franklin, qui hiverne en Amérique du Sud, est l'espèce qui effectue l'une des plus longues MIGRATIONS.

D.V. Weseloh

Goélette de pêche Ancien type de petit bateau à deux mâts verticaux qu'on retrouvait dans les colonies britanniques d'Amérique du Nord et qui était couramment utilisé dans les provinces Maritimes jusqu'au début des années 1900. Souvent d'une longueur de moins de 14 m, elle était peu coûteuse à construire et constituait une embarcation idéale pour la pêche. La courbure vers le haut, caractéristique du bastingage, protégeait le gouvernail extérieur et abritait l'homme à la barre. C'était là un avantage évident par rapport à la proue exposée de la plupart des navires coloniaux. Les goélettes de ce type étaient répandues en Nouvelle-Écosse pour la pêche au maquereau à la dandinette et ont servi durant la GUERRE DE 1812 comme navires corsaires. De nos jours, ce type de goélette se voit encore à l'occasion comme yacht de croisière. On ne connaît pas l'origine du nom anglais *Pinky Schooner*.

James Marsh

Goggin, David James, pédagogue (canton de Cartwright, comté de Durham, Canada-Ouest, 25 nov. 1849—Toronto, 18 déc. 1935). Généralement considéré comme le véritable architecte de l'établissement des réseaux d'enseignement centralisés et dotés de personnel compétent en Alberta et en Saskatchewan, Goggin suscite la controverse pendant son mandat de surintendant de l'éducation dans les Territoires du Nord-Ouest, de 1893 à 1902, lorsqu'il entreprend, avec le plein assentiment du gouvernement, d'utiliser les écoles pour assimiler les immigrants à la culture dominante de l'Ontario protestante et britannique. Il implante l'usage exclusif de l'anglais en classe et accorde plus d'importance à l'apprentissage de la citoyenneté qu'au développement des facultés intellectuelles des élèves. De cette façon, il espère favoriser l'unité nationale en imposant l'uniformité culturelle et en inculquant le sens des responsabilités sociales aux étudiants. L'opposition de certains catholiques francophones déclenche, en 1905, la QUESTION DES ÉCOLES DU NORD-OUEST, mais leur tentative de mettre fin à son entreprise est un échec.

Stanley Gordon

Golab, Anthony Charles, Tony, surnommé «Golden Boy», joueur de football (Windsor, Ont., 17 janv. 1919). Joueur solide et polyvalent, Golab se joint aux ROUGH RIDERS D'OTTAWA en 1939, après avoir évolué avec les Imperials de Sarnia (ORFU) l'année précédente. En 1941, il remporte le trophée Jeff-Russel, décerné au joueur le plus utile à son équipe. Capitaine et pilote dans l'Aviation royale du Canada durant la Seconde Guerre mondiale, il est blessé lorsque son avion est abattu. Il retourne à Ottawa et y joue jusqu'en 1949. Son style fougueux en fait un favori du public. Joueur offensif autant que défensif, Golab participe à quatre matches de la COUPE GREY. Il est membre du Temple de la renommée de la Ligue canadienne de football et est nommé Membre de l'Ordre du Canada en 1985.

Frank Cosentino

Golden, ville de la C.-B.; pop. 3968 (rec. 1996), 3721 (rec. 1991), 3584 (rec. 1986); superf. 10,81 km²; const. en 1957; située en bordure du FLEUVE COLUMBIA, le long de la route transcanadienne, à 260 km à l'ouest de Calgary (Alb.). Elle est nichée dans la chaîne Selkirk et le PARC NATIONAL DES GLACIERS à l'ouest, et entre les montagnes Rocheuses et le PARC NATIONAL YOHO à l'est. Au XIXᵉ siècle, l'endroit est connu sous le nom de Cache, ou Kicking Horse Flats, mais en 1883, durant la construction du chemin de fer du Canadien Pacifique, il devient Golden City, pour faire pendant à Silver City (Castle Mountain, en Alberta).

Le chemin de fer contribue de façon marquante à l'essor de la ville et y demeure un employeur important. La région compte également une usine de contreplaqué (le principal employeur), plusieurs scieries, en plus de quelques petites exploitations minières. Avant la construction du tronçon Rogers Pass de la route transcanadienne, au début des années 60, la route Big Bend, qui suivait la grande courbe de la Columbia entre Revelstoke et Golden, prenait fin, vers l'est, à Golden. Les touristes qui empruntent en grand nombre la route transcanadienne jouent également un rôle important dans l'économie locale.

John R. Stewart

Golden Boy Statue dorée de quatre mètres de hauteur placée au sommet du dôme du parlement du Manitoba. Elle a été sculptée par Charles Gardet, de Paris, et coulée en 1918 à la fonderie barbidienne, en France. La statue est en place à l'ouverture officielle du bâtiment, en 1929, et en 1970, lors du centenaire du Manitoba, la torche qu'elle porte est allumée électriquement. Le garçon est un coureur à pied, comme les messagers de la mythologie grecque. Il porte au bras gauche une gerbe de céréales dorées, et, à la main droite, la torche. On dit que le Golden Boy incarne l'esprit d'entreprise et la jeunesse, et il regarde vers le nord, promesse d'avenir de sa province.

Golden Dog (Le Chien d'Or), A Legend of Quebec, The, de William KIRBY, paraît en 1877 à New York et à Montréal. La première édition comporte plusieurs erreurs et la présumée édition «autorisée», *The Golden Dog (Le Chien d'Or), A Romance of the Days of Louis Quinze in Quebec* (Boston, 1897), est, selon Kirby, «tristement mutilée». Bon nombre d'autres éditions et abrégés sont aussi sujets à caution.

L'action du roman précède de peu la chute de la Nouvelle-France. Deux partisans de la célèbre maison de commerce Le Chien d'Or, dirigée par le bourgeois Philibert, luttent contre la Grande Compagnie, décadente et corrompue, de l'intendant BIGOT. Deux idylles malheureuses s'y entrecroisent: celle d'Amélie de Repentigny et de Pierre, fils de Philibert, et celle de Le Gardeur (frère d'Amélie) et de l'égoïste Angélique des Meloises qui finira par le persuader de tuer Philibert. Cette intrigue précipite l'effondrement de la colonie. L'œuvre, qui tient du roman noir et du roman historique, de l'histoire et de la légende québécoise, nous éclaire aussi sur la perception que les Canadiens anglais du XIXe siècle avaient du passé canadien-français. Léon-Pamphile Le May a traduit en français *The Golden Dog* sous le titre *Le Chien d'Or: légende canadienne* (Montréal, 1884; réédité en 1926).

Neil Besner

Golden Hinde, mont D'une altitude de 2200 m, c'est le plus haut sommet de l'ÎLE DE VANCOUVER. Il est situé près du centre de l'île, dans le parc Strathcona. Il est connu sous le nom de Rooster's Comb jusqu'à ce que R.P. Bishop propose le nom actuel à la Commission de géographie du Canada (confirmé en 1939), soit celui du bateau de sir Francis DRAKE qui, si on en croit la rumeur, aurait atteint cette latitude et aurait aperçu la montagne. Il a peut-être été découvert en juillet 1896, lors de l'arpentage de l'île par Bolton et Laing.

Glen Boles

Goldschmidt, Nicholas, chef d'orchestre et administrateur (Tavikovice, Moravie, aujourd'hui République tchèque, le 6 déc. 1908, naturalisé Canadien en 1951). Après avoir étudié le piano, le chant et la composition à l'Académie de musique de Vienne, puis dirigé des orchestres en Tchécoslovaquie et en Belgique, Goldschmidt émigre aux États-Unis en 1937, où il devient, en 1942, directeur du département d'opéra à l'U. Columbia. Il est invité par Arnold Walter à se joindre au conservatoire de musique de Toronto (aujourd'hui le CONSERVATOIRE ROYAL DE MUSIQUE) alors en pleine expansion et est nommé le premier au poste de directeur musical de l'école d'opéra en 1946, poste qu'il conserve jusqu'en 1957. Il agit également comme chef d'orchestre de la CBC Opera Company (1949-1957) et comme directeur musical de l'Opera Festival Association (qui deviendra la COMPAGNIE D'OPÉRA CANADIENNE) pour laquelle il assume la direction de 13 opéras. Il est aussi directeur musical (1950-1958) de l'école d'été de l'U. de la Colombie-Britannique.

Son jugement musical et ses talents administratifs remarquables ont fait de Goldschmidt, dont la vie a été consacrée à la production d'activités musicales, l'organisateur de festivals par excellence au Canada, en commençant par le FESTIVAL INTERNATIONAL DE VANCOUVER, qu'il a dirigé de 1957 à 1962, avant d'occuper pendant quatre ans le poste de chef de la division des arts d'interprétation de la Commission du Centenaire, où il était responsable de l'organisation de nombreuses activités nationales dans le cadre du Festival Canada. À l'occasion de ces festivités nationales, Goldschmidt a établi et dirigé le Chœur du Centenaire, composé de 200 choristes, qui a chanté à Ottawa en 1967. Il a ensuite été l'instigateur du Festival du printemps de Guelph en 1968, lequel a connu un succès durable, et en est resté le directeur artistique (et chef d'orchestre pour certaines de ses productions d'opéra) jusqu'en 1987. Il a été conseiller du Festival d'automne d'Algoma à Sault Sainte-Marie, puis y est nommé directeur artistique en 1975; enfin, il a fondé et dirigé l'Algoma Festival Choir.

En plus de participer à ces différentes initiatives sur une base continue, il a été conseiller artistique du Toronto International Festival en 1984, puis initiateur et directeur du Concours international Bach de piano en 1985 de même que du Festival choral international The Joy of Singing, en 1989 et en 1993. Ces trois événements ont eu lieu à Toronto, mais comportaient une forte composante internationale et bon nombre des activités ont été diffusées à l'échelle nationale. Une autre de ses initiatives, le festival Glory of Mozart, s'est tenu au Québec, en Ontario et à Terre-Neuve en 1991. En 1995, Goldschmidt a organisé et dirigé, pour le Canada, les festivités du 50e anniversaire des Nations Unies avec une production de *Noye's Fludde* de Benjamin Britten, qui a été présentée à Toronto, à Montréal, à Ottawa et à San Francisco.

Le Comité du Centenaire Healey Willan, la Bibliothèque nationale du Canada, la Edward Johnson Music Foundation, la Fondation Glenn Gould et le CONSEIL DES ARTS DU CANADA ont, entre autres, bénéficié de ses sages conseils ainsi que de sa participation enthousiaste et avisée. Goldschmidt, qui continue de travailler à de nouveaux projets au profit de la vie musicale canadienne, a fait l'objet d'une reconnaissance méritée pour sa contribution à la culture canadienne et a été récipiendaire de grades honorifiques, de la médaille du Conseil canadien de la musique, du prix national de l'U. de l'Alberta, en plus d'être reçu d'abord comme officier puis comme compagnon de l'Ordre du Canada.

Patricia Wardrop

Golf Sport de plein air qui se joue avec une petite balle dure et un ensemble de bâtons dont la tête est en fer ou en bois. Il consiste à faire le tour d'un parcours spécialement aménagé en frappant le moins de fois possible la balle posée sur un socle en forme de T, le tee, et de la faire pénétrer dans une cible constituée d'un trou creusé dans le sol. La plupart des parcours ont 18 trous. Le mot «golf» découle probablement de l'allemand *kolbe*, qui signifie «bâton».

Les origines du jeu demeurent nébuleuses, mais le golf tel que nous le connaissons aujourd'hui serait apparu en Écosse au cours de la dernière moitié du XVe siècle. Pourtant, en 1491, le Parlement écossais avait adopté trois décrets pour en bannir la pratique, sous prétexte qu'il empêchait ses adeptes de se livrer à des occupations plus utiles et qu'il nuisait aux activités militaires. Malgré tout, la pratique du golf va se répandre, et lorsque des Écossais émigrent au Canada, ils y introduisent ce «jeu ancien et royal».

Le premier club de golf du Canada, le Montreal Golf Club, est fondé en novembre 1873, à Montréal, par l'Écossais Alexander Dennistoun, qui en est aussi le premier président et le capitaine. Deux frères écossais qui ont émigré au Canada, John G. et David D. Sidey, l'aident dans son entreprise. Le parcours du club de Montréal est situé sur une propriété appelée Fletcher's Field, qui appartient à la ville. En 1884, la reine Victoria, par l'intermédiaire du comte de Derby, lui attribue l'épithète «royal». En 1874, le club de golf de Québec (aujourd'hui, le club de golf Royal Québec) voit le jour. Son parcours, le terrain Cove, s'étend entre la citadelle et les plaines d'Abraham. Le troisième parcours du Canada est celui du club de golf de Toronto, fondé en 1876.

Le club de golf de Brantford (Ontario), créé en 1879, constitue le quatrième parcours. L'un de ses membres, Ralph H. Reville, met sur pied la première revue canadienne de golf, *Canadian Golfer*, en 1915. Reville assume jusqu'en 1932 la direction du magazine, qui deviendra une source primordiale de renseignements sur l'histoire du golf au Canada. Le premier parcours de 18 trous du Canada est inauguré à Victoria en 1893. Jusque-là, les golfeurs n'avaient joué que sur des parcours de 9 trous. En 1894, on fonde le club de golf de Winnipeg, suivi du club de Calgary en 1895, puis du club de Halifax et du club sportif d'Edmonton en 1896. Au tournant du XXe siècle, le golf est solidement établi au Canada. Le premier parcours de golf municipal est créé en 1912 par la ville d'Edmonton, et, en peu de temps, presque chaque ville du Canada a le sien. À présent, le Canada compte de nombreux parcours remarquables, dont le club de golf national à Woodbridge (Ontario) et le club de golf Glen Abbey à Oakville (Ontario), tous deux considérés comme les meilleurs parcours pour la tenue de championnats.

Les membres des clubs de golf, dans un esprit de saine compétition et de camaraderie, commencent à jouer les uns contre les autres. La première compétition interclubs se déroule au parcours Cove, à Québec, en 1876. L'équipe hôtesse défait celle de Montréal par 12 trous. En 1882, la première confrontation interprovinciale a lieu à Montréal et oppose Québec et Ottawa. En 1895, sous l'impulsion d'A. Simpson, secrétaire du club de golf Royal Ottawa (anciennement le club de golf d'Ottawa), on crée l'Association canadienne de golf, devenue par la suite l'Association royale de golf du Canada (ARGC). L'ARGC, qui a pour mandat de promouvoir et de développer le golf au Canada, de protéger les intérêts mutuels de ses membres et de régir les championnats nationaux, établit un système uniforme de classement, ou handicap, des joueurs. En 1895, elle organise au parcours d'Ottawa le premier championnat canadien amateur, que va remporter Tom Harley, un Écossais établi à Kingston (Ontario).

Au début, l'ARGC organise des championnats masculins et féminins. Le premier championnat canadien féminin, tenu en 1901 au club Royal Montréal, se termine par la victoire de Lily Young. En 1913, une membre du club de golf de Hamilton, Florence Harvey, fonde la Canadian Ladies' Golf Union (CLGU), sur le modèle d'une association féminine de golf formée en Angleterre et dont elle avait pu admirer le travail à l'occasion d'une compétition de golf à laquelle elle avait participé. En 1924, la CLGU, aujourd'hui l'Association canadienne des golfeuses (ACG), est en mesure de s'occuper de son propre championnat, et l'ARGC lui en a cédé la pleine gestion. L'ACG a adopté des objectifs similaires à ceux de l'association masculine.

À mesure que des golfeurs débutants se joignent à des clubs partout au Canada, un grand nombre d'Écossais qui y travaillent et qui sont des adeptes du golf feront office d'instructeurs et transmettront leur savoir-faire. En 1911, les joueurs professionnels se trouvent en si grand nombre qu'ils forment l'Association des golfeurs professionnels du Canada. En 1912, l'association tient son premier championnat professionnel au club de golf de Mississauga, près de Toronto. Quelques années auparavant, en 1904, l'ARGC organisait son premier omnium canadien, remporté par J.H. Oke, un Anglais qui séjournait depuis un certain temps au Canada. Toutefois, ce sont des membres de clubs canadiens qui gagneront 8 des 10 omniums suivants. George Cumming, golfeur professionnel au club de Toronto (1900-1950), les frères Charles et Albert Murray du club Royal Montréal et du club d'Outremont (Québec) et Karl Keffer du club Royal Ottawa vont s'illustrer pendant ces 10 années de tournois. De toute évidence, les professionnels peuvent à la fois enseigner le golf et y jouer, mais bientôt ces rôles seront séparés. En effet, le nombre de membres ne cesse d'augmenter, et la compétition se fait de plus en plus vive, si bien que pour pouvoir vivre du golf, tout joueur doit consacrer beaucoup de temps à la pratique et aux compétitions.

Les golfeurs amateurs ne sont pas moins occupés que leurs homologues professionnels. Un ancien joueur de cricket, George S. LYON, qui joue au golf aux clubs de Rosedale et de Lambton à Toronto, remporte huit titres amateurs entre 1898 et 1914 ainsi que l'épreuve de golf olympique en 1904. C. Ross «Sandy» Somerville du Hunt Club de London gagne six fois le titre amateur entre 1926 et 1937, et Ada Mackenzie, fondatrice des clubs de golf et de tennis féminins à Thornhill (Ontario), est couronnée à cinq reprises championne amateure canadienne entre 1919 et 1935. Par la suite, d'autres amateurs de haut calibre font leur apparition, dont Marlene Stewart STREIT, 11 fois championne amateur, championne amateur de l'omnium britannique féminin (1953) et gagnante du championnat amateur américain chez les femmes (1956), et Gary Cowan de Kitchener (Ontario), gagnant du championnat amateur américain chez les hommes en 1966 et en 1971. Pendant que Somerville domine chez les amateurs (il remporte aussi le championnat amateur américain en 1932), les tournois interprovinciaux en équipes pour l'obtention de la coupe Willingdon sont inaugurés de concert avec le championnat canadien amateur. Les

LORENC DESIGN
724 Longleaf Drive NE
Atlanta, GA 30342 USA
FAX: 404/233-5619
TEL: 404/266-2711
E-MAIL: Lorenc@mindspring.com

MAXIMA NEW MEDIA
PO Box 1195
Kohav Yair 44864 ISRAEL
FAX: 011/9729/749-4479
TEL: 011/9729/749-4825
E-MAIL: aronst.maxnm.com

MIRES DESIGN Inc.
2345 Kettner Boulevard
San Diego, CA 92101 USA
FAX: 619/234-1807
TEL: 619/234-6631
E-MAIL: dara@miresdesign.com

MISHA DESIGN
1638 Commonwealth Ave., Suite 24
Boston, MA 02135 USA
FAX: 617/277-3538
TEL: 617/277-7765
E-MAIL: MishaLenn@aol.com

MOONDOG STUDIOS, Inc.
210-309 West Cordova Street
Vancouver, BC V6B 1E5 CANADA
FAX: 604/681-1662
TEL: 604/681-1944
E-MAIL: moondog@cyberstore.ca

GE NEISE DIGITAL COMMUNICATION
1402 West Superior Street, Suite 2
Chicago, IL 60622 USA
FAX: 312/829-0139
TEL: 312/829-6964
E-MAIL: geneise@interaccess.com

KIKU OBATA & Company
5585 Pershing Avenue, Suite 240
St. Louis, MO 63112 USA
FAX: 314/361-4716
TEL: 314/361-3110
E-MAIL: chanssen@kikuobata.com

PETERSON & COMPANY
2200 North Lamar, Suite 310
Dallas, TX 75202 USA
FAX: 214/954-1161
TEL: 214/954-0522
E-MAIL: cherylb@peterson.com

GIORGIO ROCCO COMMUNICATIONS
Via Domenichino 27
20149 Milano, ITALY
FAX: 011-39-2-461728
TEL: 011-39-2-461723
E-MAIL: 100724.3647@compuserve.com

ROGUEMEDIA
3C, 107-111 Wan Chai Road, Wan Chai
Hong Kong, HONG KONG
FAX: 011/852/2511-9921
TEL: 011/852/2893-2003
E-MAIL: bugsy@roguemedia.com.hk

SAGMEISTER, Inc.
222 West 14 Street, #15A
New York, NY 10011 USA
FAX: 212/647-1788
TEL: 212/647-1789
E-MAIL: sagmeis@interport.com

MIKE SALISBURY COMMUNICATIONS
2200 Amapola Court
Torrance, CA 90501 USA
FAX: 310/320-4779
TEL: 310/320-7660
E-MAIL: MikeSalcom@aol.com

SAYLES GRAPHIC DESIGN
308 Eighth Street
Des Moines, IA 50309 USA
FAX: 515/243-0212
TEL: 515/243-2922

SELBERT PERKINS DESIGN
2067 Massachusetts Avenue
Cambridge, MA 02140 USA
FAX: 617/661-5772
TEL: 617/497-6605
E-MAIL: spdeast@aol.com

MIREILLE SMITS DESIGN
8554 Moore Road
Indianapolis, IN 46278 USA
TEL: 317/299-4653

STEWART MONDERER DESIGN, Inc.
10 Thatcher Street, Suite 112
Boston, MA 02113 USA
FAX: 617/720-5558
TEL: 617/720-5555
E-MAIL: sm@monderer.com

TEAM ORACLE
503 Newfield Avenue
Stamford, CT 06905 USA
FAX: 203/967-4018
TEL: 203/967-4430
E-MAIL: levkoman@earthlink.net

UNIVERSITY of DELAWARE, DEPARTMENT of ART
104 Recitation Hall
Newark, DE 19716 USA
FAX: 302/831-0505
TEL: 302/831-2244
E-MAIL: martha.carothers@mvs.udel.edu

VAUGHN/WEDEEN CREATIVE
407 Rio Grande NW
Albuquerque, NM 87107 USA
FAX: 505/247-9856
TEL: 505/243-4000
E-MAIL: BWerling@vwc.com

SCOTT WEAVER PHOTODESIGN
4400 Weaver Trail
Las Cruces, NM 88012 USA
TEL: 505/382-3507
E-MAIL: sweaverphoto@lascruces.com

The WELLER INSTITUTE
FOR THE CURE OF DESIGN
PO Box 518
Oakley, UT 84055 USA
FAX: 801/783-5380
TEL: 801/783-5378

WONG WONG BOYACK, Inc.
450 Sansome St. (Penthouse)
San Francisco, CA 94111-3324 USA
FAX: 415/394-6633
TEL: 415/394-6636
E-MAIL: bwong@wongwong.com

WORKSIGHT
46 Great Jones Street
New York, NY 10012 USA
FAX: 212/475-9098
TEL: 212/777-3558
E-MAIL: wsight@interport.net

index

compétitions débutent en 1927 lorsque le gouverneur général, le vicomte Willingdon, offre la coupe à l'ARGC. Des équipes de quatre golfeurs s'affrontent annuellement pour l'obtention de la coupe après avoir remporté les finales provinciales. Comme les meilleurs golfeurs avancent en âge, des championnats seniors sont organisés pour répondre aux besoins de la compétition. Lyon remporte les six premiers tournois organisés par l'Association canadienne des golfeurs seniors entre 1918 et 1923.

Du côté des professionnels, l'omnium canadien devient l'un des titres les plus convoités. Des golfeurs du Canada, des États-Unis et d'ailleurs dans le monde se disputent des prix qui atteignent un million de dollars en 1992. De 1920 à 1935, la coupe Rivermead est en jeu; de 1936 à 1970, la coupe Seagram Gold prend le relais; suivie du trophée Peter Jackson après 1971. Sur le circuit américain professionnel, le Canadien Stan LEONARD gagne trois épreuves entre 1957 et 1960, tandis que George KNUDSON en remporte huit avant de devenir instructeur à la fin des années 70. Il a aussi obtenu la Coupe du monde en 1968 avec Al Balding. Sur le circuit féminin, Sandra POST d'Oakville (Ontario) domine le championnat de l'Association des golfeuses professionnelles à sa première année sur le circuit et gagne plus d'argent que tout autre golfeur professionnel, homme ou femme. En 1980, Dan Halldorson et Jim Nelford gagnent la Coupe du monde du golf professionnel pour le Canada. La même année, Halldorson remporte un tournoi du circuit américain, et en 1981, Dave BARR de Kelowna (Colombie-Britannique) fait de même. En 1984, Nelford, Halldorson et Barr figurent parmi les 100 golfeurs qui ont gagné le plus d'argent sur le circuit américain.

Aujourd'hui, les professionnels canadiens jouent partout dans le monde sur les circuits asiatiques, européens et américains et ils connaissent du succès. En 1992, on compte trois gagnantes canadiennes sur le circuit de la LPGA et un gagnant, Richard Zokol, sur le circuit lucratif de la PGA. Dans les années 80, on revitalise le circuit canadien de la PGA, qui comprend désormais plus de 15 épreuves et plus de 2 millions de dollars en prix. Des jeunes professionnels du monde entier jouent sur ce circuit, et un grand nombre passent au circuit de la PGA américai-

Toujours dans les années 80, on dénombre plus de [ ]0 clubs au sein de l'ARGC. Le golf junior est [ ]i bien implanté depuis la tenue des premiers [ ]mpionnats juniors en 1938. Les meilleurs gol[ ]es juniors participent au championnat canadien [ ] féminin depuis 1955. Stimulés par les prix en [ ] offerts partout dans le monde et encouragés [ ]ARGC, par l'ACG ainsi que par les associa[ ]rovinciales de golf, les golfeurs juniors com[ ]t à envisager le golf comme une carrière et à [ ]nter des universités grâce à des bourses [ ] par des associations de golf. Créée en 1979, [ ]lation canadienne du golf, une branche de [ ], se veut un organisme central où il est pos[ ]btenir des informations sur le golf canadien. [ ], elle accorde des bourses aux Canadiens [ ]les qui veulent poursuivre des études uni[ ]s.

[ ]gue tradition qui a fait du golf un sport de [ ]on, l'environnement agréable dans lequel [ ]ue et le fait qu'on puisse y jouer jusqu'à [ ]vancé lui garantissent une popularité [ ] golf possède quelque chose de particulier [ ] l'intérêt indéfectible des joueurs (peut-[ ]le test d'habileté personnel), et malgré [ ]on du coût des terrains, la hausse conti[ ]d'admission et la réputation injustifiée [ ] il serait réservé à la classe riche et oisi[ ]verse les siècles sans perdre son pou[ ]on.

[ ]nstein

[ ]e Un terrain de golf est un espace de [ ]e topographie variables spécialement conçu pour jouer au golf. En général, le parcours est divisé en 18 segments formés d'une aire de départ où le golfeur frappe la balle, posée sur un tee, dans la direction de la cible, un trou de 11 cm de diamètre creusé dans une pelouse bien rase appelée le vert (ou *green*). Il existe également des parcours de 9 trous. Un parcours bien conçu représente un défi pour le golfeur expérimenté, mais le golfeur du dimanche peut aussi avoir du plaisir à y jouer.

Au Canada, le Montreal Golf Club inaugure le premier parcours officiel en 1873. Il est situé dans le parc du Mont-Royal, sur le terrain Fletcher, propriété de la ville de Montréal. La popularité de ce sport est croissante et le club attire de plus en plus de membres, si bien qu'il devient nécessaire de trouver d'autres terrains. Aujourd'hui, le Club de golf royal Montréal est situé dans l'île Bizard, à quelque 30 km du terrain Fletcher.

Avec le développement urbain, les parcours de golf se trouvent maintenant à l'extérieur des centres villes. Le premier terrain de golf municipal voit le jour à Edmonton en 1912. L'Edmonton Golf Club, un club privé, étend son parcours sur les terrains de la compagnie de la Baie d'Hudson devant l'édifice du Parlement. La même année, la ville achète le terrain, de sorte que le parcours fait désormais partie du parc Victoria.

Le golf prend son essor dans les années 80 et un grand nombre de parcours apparaissent un peu partout au Canada. Depuis 1985, plus de 400 parcours ont été construits ou sont en voie de l'être. Le Canada compte actuellement plus de 2000 terrains de golf, répartis en 5 catégories: privés et d'accès interdit aux non-membres; semi-privés, offrant le statut de membre mais ouvert aux non-membres contre paiement d'un droit d'entrée quotidien; publics, ouverts à tous contre paiement d'un droit d'entrée quotidien; municipaux (appartiennent à la ville, au comté ou à la municipalité); et, finalement, lieux de villégiature.

Il est toujours arbitraire d'établir la liste des meilleurs parcours de golf. Cependant, aux dires de la plupart des golfeurs, le National Golf Club de Woodbridge (Ontario) et le Glen Abbey Golf Club d'Oakville (Ontario) ont les parcours les plus difficiles au Canada. La région de Kananaskis offre 2 parcours exceptionnels de 18 trous; ceux de Banff, Jasper et du Capilano Club (Vancouver) sont tout aussi remarquables. L'open canadien se déroule annuellement à Glen Abbey sous les auspices de l'Association royale de golf du Canada, propriétaire du parcours.

Lorne Rubenstein

Good, William Charles, agriculteur et chef du mouvement coopératif et agraire (près de Brantford, Ont., 24 févr. 1876—Paris, Ont., 16 nov. 1967). Fervent des questions sociales et religieuses et membre d'une famille longtemps intéressée par les associations agricoles, Good fait partie des cadres supérieurs de la Farmers' Association dès 1904. En 1907, il contribue à la fusion de cette association avec la Dominion Grange et devient président de la nouvelle association en 1912.

Partisan de l'unité agricole, Good, en collaboration avec E.A. PARTRIDGE et E.C. DRURY, rédige l'ébauche de la constitution du Conseil canadien de l'agriculture en 1909. En 1914, il contribue à la mise sur pied de la United Farmers of Ontario et de la United Farmers' Co-operative. Good est chef du PARTI PROGRESSISTE et siège comme progressiste indépendant aux Communes de 1921 à 1925. Il recommande alors une réforme électorale, une réforme bancaire, la tempérance et une réforme des tarifs. Élu président de la Co-operative Union of Canada en 1921, il occupe ce poste jusqu'en 1945. Sa philosophie lui donnant une vision coopérative mondiale, il encourage toutes les formes d'organisations coopératives (*voir* MOUVEMENT COOPÉRATIF).

Ian MacPherson

Goodis, Jerry, spécialiste du marketing et agent de publicité (Toronto, 25 juin 1929). On a appelé Goo-dis «le spécialiste du marketing le plus en vue au Canada» et ses campagnes publicitaires et ses slogans font partie de la culture populaire canadienne. Goodis est un membre fondateur du groupe de chanteurs de folklore canadien The Travellers, dont la chanson à succès est la version canadienne de *This Land Is Your Land* de Woody Guthrie. Même si le groupe est devenu une institution culturelle canadienne, le véritable impact de Goodis sur la société canadienne relève du domaine de la publicité. En mars 1956, Goodis se joint à Samuel L. Goldberg et à Albert Soren pour former une agence offrant un service publicitaire complet. En moins de 27 mois, la facturation de cette agence de publicité atteint 30 millions de dollars et elle devient l'entreprise à plus forte croissance au Canada.

Avec les années, les slogans créés par l'entreprise de Goodis deviennent des légendes de la publicité canadienne. Entre autres exemples, on trouve «We care about the shape you're in» (Wonderbra), «Never so good for so little» (Swiss Chalet) et «Harvey's makes your hamburger a beautiful thing» (Harvey's Hamburgers). Parmi les dix meilleures campagnes publicitaires des 25 années précédentes, le *Marketing Magazine* en choisit quatre produites par la firme de Goodis, Goldberg et Soren: Hush Puppies, Speedy Muffler King, London Life et Borden's of Canada.

Engagé en politique, Goodis travaille pour le Parti libéral du Canada à l'occasion de trois élections fédérales. Pendant 19 ans, Goodis exerce les fonctions de stratège, de rédacteur de discours, de conseiller en communications et de conseiller politique auprès de Pierre Elliott TRUDEAU, et est nommé émissaire spécial du Canada auprès du Secrétaire général des Nations Unies, U Thant. Il siège dans plusieurs comités, dont le Conseil canadien sur le statut de la femme et le Comité spécial du Sénat sur les moyens de communications de masse, et il est un témoin spécial à la direction anti-tabac de Santé et Bien-être social Canada. Goodis a systématiquement refusé de faire la publicité de trois catégories de produits: le tabac, les jouets ou jeux militaires, et les produits mal conçus et mal faits.

Il publie *Have I Ever Lied To You Before?* (1972), et *GOOD!S: Shaking the Canadian Advertising Tree* (1991). Il rédige également une autobiographie, *Battles of a Marketing Warrior* (1991). Il remporte d'innombrables prix dans son domaine et entre dans le monde de l'éducation en fondant The Jerry Goodis Business Education Group et en visitant des universités et des collèges communautaires.

Robert Wiznura

Goodwin, Betty, graveur et artiste multidisciplinaire (Montréal, 1923). Elle commence à exposer son travail dès le milieu des années 50, notamment au *Salon annuel du printemps* du MUSÉE DES BEAUX-ARTS DE MONTRÉAL, mais sa carrière commence véritablement au début des années 70, à la suite de ses études en eau-forte avec Yves GAUCHER à l'U. Sir George Williams à Montréal (aujourd'hui U. Concordia). Elle impose alors sa marque avec ses estampes et ses collages — notamment les séries des *Vests*, des *Notes*, des *Nests*, des grandes *Tarpaulins* — qui seront bientôt suivis de quelques installations majeures *in situ*, dont la plus célèbre a lieu, en 1979, dans un logement de la rue Mentana. Elle est rapidement reconnue comme une des plus grandes représentantes de l'art contemporain canadien.

La rétrospective des œuvres qu'elle a réalisées de 1971 à 1987, organisée par le Musée des beaux-arts de Montréal et présentée aussi à Toronto, Vancouver et New York, a marqué d'une pierre blanche l'histoire des expositions d'art actuel au Canada. Ses expositions importantes sont innombrables. Citons pour mémoire sa participation à la Biennale de Venise, en 1995, et aux Cent jours d'art contemporain de Montréal, en 1985, 1987 et 1990. Elle a également exposé au prestigieux Kunstmuseum de Berne, en 1989, et représenté le Canada à la Biennale internationale de

Sao Paulo, au Brésil. En 1986, elle reçoit le prix Paul-Émile-Borduas, la plus haute distinction en arts visuels accordée par le gouvernement du Québec. Depuis, ses personnages équivoques, en suspension dans des espaces improbables, n'en finissent pas de repousser à la fois les limites de la figuration et celles de la discipline même du dessin.

Gilles Daigneault

Gordon, Andrew Robertson, physico-chimiste et professeur (Toronto, 26 juin, 1896—*id.*, 29 juill. 1967). Officier de l'artillerie canadienne de campagne au cours de la Première Guerre mondiale, il entre au département de chimie de l'U. de Toronto en 1925. Reconnu pour ses recherches novatrices sur la prédiction des propriétés chimiques à l'aide de calculs basés sur la mécanique statistique quantique, il est décoré de l'Ordre de l'Empire britannique, en 1946, pour ses recherches et ses conseils pendant la Seconde Guerre mondiale. Il contribue de façon importante à la théorie des solutions électrolytiques.

Directeur du Département de chimie de 1946 à 1960, il est membre fondateur du Conseil de recherches pour la défense du Canada et directeur fondateur d'ÉNERGIE ATOMIQUE DU CANADA LTÉE. En tant que doyen des études supérieures de l'U. de Toronto (1953-1964), il rehausse grandement le calibre de ces études.

D.J. Le Roy

Gordon, sir Charles Blair, banquier et fabricant (Montréal, 22 nov. 1867—*id.*, 30 juill. 1939). Cinq ans après avoir commencé à travailler dans une mercerie, Gordon fonde la Standard Shirt Company et, en 1904, supervise la mise en place de la Dominion Textiles. Il en devient président en 1909 et est fondateur et président de la Dominion Glass. Reconnu comme un organisateur accompli et un financier habile, Gordon mène sa carrière en parallèle avec la consolidation des affaires canadiennes et l'ascension de Montréal comme centre bancaire du Canada. Son association de vieille date avec la BANQUE DE MONTRÉAL aboutit à sa nomination au poste de directeur en 1913 et de président en 1927. Pendant la Première Guerre mondiale, Gordon est membre de la COMMISSION IMPÉRIALE DES MUNITIONS à Ottawa et de la Mission de guerre britannique (British War Mission) à Washington. Ses prestations lui valent le titre de chevalier.

Peter E. Rider

Gordon, Charles William, pseudonyme Ralph Connor, pasteur et romancier (Comté de Glengarry, Canada-Ouest, 13 sept. 1860—Winnipeg, 31 oct. 1937). Romancier canadien le plus lu au début du XXe siècle, la littérature est pour lui une chaire du haut de laquelle il prêche un christianisme vigoureux. Diplômé des universités de Toronto et d'Édimbourg, il est ordonné ministre presbytérien en 1890. En mission pendant trois ans dans la région de Banff, en Alberta, il devient ensuite pasteur à Winnipeg.

En 1897, pour obtenir des fonds, il publie quelques nouvelles sur le travail de missionnaire dans l'Ouest. Encouragé par l'accueil qui leur est réservé, il se met à produire des romans à succès sur l'Ouest et publie *The Sky Pilot* (1899) et *The Prospector* (1904). Ces premiers romans sont des mélodrames sentimentaux au rythme haletant dont les personnages stéréotypés incarnent la lutte entre le bien et le mal dans des coins reculés, où des hommes d'Église exemplaires jouent le rôle de conseillers spirituels.

Le personnage qui l'influence le plus, après sa mère, est le Dr James ROBERTSON, directeur presbytérien des missions dans l'Ouest, dont il écrit la biographie en 1908. Il publie aussi plusieurs romans dont l'action se passe dans le comté de Glengarry. *Glengarry School Days* (1902) en fait partie et relate l'histoire de la colonisation de cette région.

Pendant la Première Guerre mondiale, après avoir servi comme aumônier en France dans les Forces armées canadiennes, le major Gordon parcourt les États-Unis afin d'encourager la participation du pays à l'effort de guerre. À cette époque, ses romans commencent à présenter des horizons plus larges et deviennent résolument didactiques dans l'analyse théologique de la société moderne, mais ils sont moins lus que ses romans sur l'Ouest. De retour à Winnipeg, il préside le Manitoba Council of Industry pendant quatre ans après la GRÈVE GÉNÉRALE DE WINNIPEG de 1919 et agit comme négociateur dans plusieurs conflits ouvriers. En 1921, il devient modérateur de l'Église presbytérienne du Canada et collabore à la création de l'ÉGLISE UNIE DU CANADA en 1925. Son autobiographie, *Postscript to Adventure*, est publiée à titre posthume en 1938.

Terrence Craig

Gordon, Crawford, dirigeant d'entreprise, fonctionnaire (Winnipeg, 26 déc. 1914—New York, N.Y., 26 janv. 1967). Après des études dans des écoles privées et à l'U. McGill, Gordon travaille au ministère des Munitions et des Approvisionnements pendant la Seconde Guerre mondiale. À la fin de la guerre, il devient directeur de la reconversion industrielle à la demande de C.D. HOWE. Après un bref intermède dans le secteur privé, il retourne au service de l'État en 1951, comme coordinateur de production au ministère de la Défense. Il est envoyé à l'usine d'avions A.V. Roe à Malton, en Ontario, pour améliorer la production de l'avion de combat AVRO CF-100; il en est président et directeur général de 1951 à 1959. Il préside aussi au développement du CF-105 (AVRO ARROW), annulé par le gouvernement en 1959.

Robert Bothwell

Gordon, Donald, banquier, dirigeant d'entreprise (Old Meldrum, Écosse, 11 déc. 1901—Montréal, 2 mai 1969). Gordon quitte l'Écosse quand il est jeune et entre à la Banque de Nouvelle-Écosse, gravissant les échelons alors qu'il fréquente l'école du soir. Il est récompensé par des promotions au siège social et finalement à la succursale de Toronto. En 1935, il est engagé comme secrétaire de la nouvelle Banque du Canada dont il devient vice-gouverneur en 1938. Quand la guerre éclate, il est assigné à la Commission de contrôle du change étranger et, en 1941, il devient président de la COMMISSION DES PRIX ET DU COMMERCE EN TEMPS DE GUERRE, un poste où il connaîtra une grande réussite.

En 1947, il revient à la Banque du Canada, avant de la quitter à nouveau en 1950 pour devenir président et président du conseil du Canadien National. Sa présidence se déroule pendant une période difficile, marquée par des conflits avec le personnel, une diminution des voyageurs, des dépenses de modernisation et des revendications visant l'ouverture des postes supérieurs de direction à un nombre accru de Canadiens français. Il affirme avoir fait de son mieux avec les moyens disponibles, mais comme réponse, on brûle son effigie à Montréal. Gordon se retire en 1967 pour devenir président de Brinco et président du conseil du projet hydroélectrique des CHUTES CHURCHILL.

Robert Bothwell

Gordon, John King, professeur et journaliste (Winnipeg, 6 déc. 1900—Ottawa, 24 févr. 1989), fils de Charles GORDON (nom de plume, Ralph Connor). Après avoir étudié à l'U. du Manitoba, à Oxford et au Union Theological Seminary, Gordon enseigne au United Theological College, à Montréal. Son départ du collège en raison de ses opinions socialistes provoque un débat notoire sur la LIBERTÉ UNIVERSITAIRE. Il est membre fondateur du Fellowship for a Christian Social Order, de la LEAGUE FOR SOCIAL RECONSTRUCTION et de la CO-OPERATIVE COMMONWEALTH FEDERATION.

À New York, il est directeur de rédaction du *Nation* de 1944 à 1947 et il se joint au personnel de l'ONU, où il sert pendant des périodes critiques en Corée, au Moyen-Orient et au Congo. Après 1962, il enseigne les relations internationales aux universités d'Alberta et d'Ottawa, est président du Service universitaire canadien outre-mer (CUSO) et de l'Association pour les Nations Unies, et conseiller du Centre de recherche pour le développement international.

John W. Holmes

Gordon, Walter Lockhart, fonctionnaire, politicien et écrivain (Toronto, 27 janv. 1906—*id.*, 25 mars 1987). Il étudie au Upper Canada College et au Collège militaire royal du Canada, puis devient associé du cabinet de comptables Clarkson, Gordon and Company (1935). Pendant la Seconde Guerre mondiale, Gordon travaille à la Banque du Canada et au ministère des Finances; il préside ensuite la Commission royale d'enquête sur les classifications administratives dans la fonction publique (1946) et la COMMISSION ROYALE D'ENQUÊTE SUR LES PERSPECTIVES ÉCONOMIQUES DU CANADA (1955-1957).

Son inquiétude au sujet de l'indépendance économique du Canada le fait adhérer au Parti libéral après que L.B. PEARSON en soit devenu chef (1958). En mai 1963, Gordon devient ministre des Finances dans le gouvernement Pearson. Dans son budget de 1963, il propose l'instauration d'un impôt sur les prises de contrôle d'entreprises canadiennes, mais les pressions l'amènent à faire marche arrière, et son influence dans le Cabinet diminue jusqu'à sa démission, qui a lieu après les élections générales de novembre 1965. Il revient au Cabinet en 1967 en tant que président du Conseil privé pour superviser le Groupe de travail sur la structure de l'industrie canadienne (groupe Watkins) et démissionne après la publication du rapport (1968). Au cours des années 70, il est l'inspirateur du COMITÉ POUR L'INDÉPENDANCE DU CANADA. Dans les années 80, il dirige le mouvement pour la limitation des armements nucléaires et le désarmement.

Denis Smith

Gore, Francis, administrateur colonial (Blackheath [Londres], Angl., 1769—Brighton, Angl., 3 nov. 1852). Troisième lieutenant-gouverneur du Haut-Canada, il arrive dans la colonie après avoir servi brièvement dans l'armée et après avoir été lieutenant-gouverneur des Bermudes. Son premier mandat (1806-1811) est marqué par de violentes querelles avec le juge Robert Thorpe et l'arpenteur général Charles B. Wyatt, qui sont suspendus. Il est en congé durant la Guerre de 1812. Son deuxième mandat (1815-1817) se termine par sa prorogation de l'Assemblée, qui s'était opposée à l'interdiction de concéder des terres à des immigrants américains, qui déplorait la lenteur de l'administration, et qui, surtout, s'élevait contre les délais imposés au versement des indemnités pour les dommages faits à la propriété privée pendant la guerre. Auparavant, les relations de Gore avec l'Assemblée avaient été bonnes et il avait fait adopter des projets de loi pour construire des routes, réorganiser la milice et fonder des écoles. Il retourne en Angleterre et devient caissier adjoint à la Trésorerie.

S.R. Mealing

Gosford, Archibald Acheson, 2e comte de, administrateur colonial (Irlande, 1er août 1776—Markethill, Irlande, 27 mars 1849). Descendant d'une éminente famille anglo-irlandaise, il s'oppose ouvertement à l'ORDRE D'ORANGE et défend avec ardeur la politique de conciliation en Irlande. En 1835, après une carrière parlementaire, il est nommé gouverneur général de l'Amérique du Nord britannique et placé à la tête d'une commission d'enquête sur la crise dans le BAS-CANADA. Certaines de ses recommandations font partie des Résolutions de Russell de 1837.

De 1835 à 1837, il tente en vain de satisfaire l'Assemblée du Bas-Canada sans s'aliéner la minorité anglophone de la colonie, mais ses efforts de conciliation ont malgré tout pour effet de diviser le Parti des PATRIOTES et contribuent à limiter l'appui accordé aux RÉBELLIONS DE 1837. Il démissionne en novembre 1837, après le début des hostilités, et rentre finalement en Angleterre en février de l'année suivante. Son drame a été d'être envoyé gouverner le Bas-Canada à un moment où il n'était plus possible de résoudre la crise pacifiquement.

P.A. Buckner

Gosling, William Gilbert, commerçant, politicien et écrivain (Paget, Bermudes, 8 sept. 1863—*id.,* 5 nov. 1930). Il arrive à Terre-Neuve en 1881 à titre de commis d'une entreprise d'exportation de poisson. Connu pour ses intérêts littéraires, Gosling organise en 1913 un mouvement de réforme urbaine à St. John's. Il en résulte le remplacement du conseil municipal électif par une commission de 12 hommes qui rédige une nouvelle charte municipale sous la présidence de Gosling. L'Assemblée de Terre-Neuve refuse d'abord d'adopter la charte, mais Gosling est quand même élu maire en juin 1916. Pendant son mandat, il favorise la création d'habitations à loyer modéré, des réformes fiscales et la Child Welfare Association. Il finit par convaincre l'Assemblée législative d'adopter la charte (1921), qui est encore aujourd'hui le fondement de l'administration municipale de St. John's, puis quitte la vie publique.

Il est l'auteur de *A History of Labrador* (1910) et d'une biographie de sir Humphrey GILBERT (1911). Sa vaste collection de livres est à l'origine de la première bibliothèque publique de la ville.

Melvin Baker

Gosse, Philip Henry, naturaliste, auteur religieux (Worcester, Angl., 6 avril 1810—St. Mary Church, près de Torquay, Angl., 23 août 1888). Il est le plus éminent de tous les vulgarisateurs d'histoire naturelle de l'Angleterre du milieu de l'époque victorienne. Directeur d'une communauté de Brethren dans le Devonshire, il décide de consacrer sa vie à l'étude de la nature et à la pratique du christianisme évangélique pendant le temps qu'il passe au Canada. Gosse quitte Poole, en Angleterre, en 1827 pour travailler 8 ans comme commis dans un bureau de comptabilité d'un commerce à Carbonear, à Terre-Neuve. En 1835, il tente sans succès de devenir fermier juste au nord de Compton dans le Bas-Canada et il décide alors de quitter le Canada en 1838.

Même si son séjour n'influence que très peu sa réussite, il joue malgré tout un rôle dans l'histoire de la science canadienne. Il est le premier à recueillir systématiquement et à enregistrer les données entomologiques de Terre-Neuve. Le *Canadian Naturalist* (1840; réimprimé en 1971) est le livre de vulgarisation de Gosse sur la flore et la faune des Cantons de l'Est. Cet ouvrage, précis et original dans ses descriptions écologiques, malgré sa faiblesse en taxonomie, enseigne les bases aux générations futures de naturalistes canadiens.

Douglas Wertheimer

Gosselin, Bernard, directeur de la photographie et réalisateur (Drummondville, Qc, 5 oct. 1934). Après avoir étudié à l'Institut des arts graphiques à Montréal et avoir travaillé comme imprimeur, Gosselin se joint à l'OFFICE NATIONAL DU FILM en 1956. Il obtient son premier crédit comme directeur de la photographie quand il travaille avec Georges DUFAUX sur *Alexis Ladouceur, Métis* (1962) de Raymond Garceau. Il est aussi directeur de la photographie sur certains des films les plus importants des années 60, dont *Seul ou avec d'autres* (Denis HÉROUX, Denys ARCAND et Stéphane Venne, 1962), *À tout prendre* (Claude JUTRA, 1963), *Entre la mer et l'eau douce* (Michel BRAULT, 1967) et *La Visite du Général de Gaulle au Québec* (Jean-Claude Labrecque, 1967).

Bien qu'il ait réalisé un film de fiction pour enfants, *Le Martien de Noël* (1970), Gosselin se fait surtout connaître pour sa contribution au développement du mouvement documentaire du «cinéma direct» au Québec. Il est le directeur de la photographie de nombreux films de Pierre PERRAULT, notamment *Le Règne du jour* (1966) et *Les Voitures d'eau* (1968), et manifeste un intérêt particulier pour la culture populaire et autochtone au Québec. Cet intérêt le pousse à tourner ses deux films les plus

importants en tant que réalisateur. Dans *César et son canot d'écorce* (1971), un film sans commentaire, avec des intertitres en français, en anglais et en cri, la caméra observe patiemment la fabrication traditionnelle de canots d'écorce. *Jean Carignan, violoneux* (1975) est un portrait du célèbre joueur de violon dans lequel Gosselin examine comment Carignan s'inspire des traditions de la musique folklorique québécoise.

De 1977 à 1979, Gosselin filme ou coréalise, avec Léo Plamondon, douze courts métrages sur les artisans traditionnels pour la série *La belle ouvrage.* Après avoir été président de la Cinémathèque québécoise de 1982 à 1983, il passe trois ans à filmer, monter et réaliser *L'Anticoste* (1986), un long métrage sur l'île d'Anticosti, une île peu peuplée du golfe du Saint-Laurent. Gosselin a aussi fait un film sur le Biodôme de Montréal, *L'Arche de verre* (1994).

Jim Leach

Gotlieb, Allan Ezra, fonctionnaire (Winnipeg, Man., 28 févr. 1928). Boursier de la fondation Cecil Rhodes et avocat en droit international reconnu pour sa rigueur intellectuelle, Gotlieb entre au ministère des Affaires extérieures en 1957, un an après avoir été admis au barreau d'Angleterre (Inner Temple). Il y est sous-secrétaire adjoint et conseiller juridique de 1967 à 1968. Membre du cercle intime de P. E. TRUDEAU, il est sous-ministre du nouveau ministère des Communications de 1968 à 1973 et du ministère de la Main-d'œuvre et de l'Immigration de 1973 à 1976.

Il retourne aux Affaires extérieures comme sous-secrétaire de 1977 à 1981 et est ambassadeur à Washington de 1981 à 1989, où il joue un rôle très actif sous deux premiers ministres, un libéral et un conservateur. Il est l'auteur de *Disarmament and International Law* (1965), *Canadian Treaty-Making* (1968), *Impact of Technology on International Law* (1982) et *I'll Be With You in a Minute, Mr. Ambassador* (1989).

Il est président du Conseil des arts du Canada de 1989 à 1994 et, en 1989, professeur invité de la Chaire W. L. Mackenzie à Harvard. Il reçoit le prix de grande distinction du gouvernement du Canada en 1983. Gotlieb est actuellement président de Burston Marsteller Canada et un consultant du bureau d'avocats Stikeman Elliott. Il est marié à Sondra GOTLIEB.

Anne Hillmer et Norman Hillmer

Gotlieb, Calvin Carl, «Kelly», professeur émérite d'ordinatique (Toronto, 27 mars 1921). Pionnier en informatique, Gotlieb reçoit un doctorat en physique de l'U. de Toronto en 1947. Membre fondateur du centre de calcul de l'université en 1948, il commence à enseigner l'ordinatique en 1951. Avec le temps, ses goûts passent du matériel aux applications sur ordinateur et aux logiciels, et finalement aux implications socioéconomiques de la technologie informatique. Il joue un rôle important dans la fondation de la Computing and Data Processing Association of Canada (maintenant l'Association canadienne de l'informatique) en 1958. Expert en applications mathématiques, économiques et scientifiques, on le consulte sur des questions sociales, sur des calendriers, sur la théorie des graphes, sur le développement international et sur les calculs relatifs au tracé des voies maritimes depuis 1950. Ses publications comprennent *Social Issues in Computing* (coauteur, 1973) et *Economics of Computers* (1985).

J. Knelman

Gotlieb, Phyllis Fay, née Bloom, auteure (Toronto, 25 mai 1926). Élevée et éduquée à Toronto, elle obtient un B.A. (1948) et une M.A. (1950) de l'U. de Toronto. Elle publie quatre recueils de poésie: *Within the Zodiac* (1964), *Ordinary Moving* (1969), *Doctor Umlaut's Earthly Kingdom* (1974) et *The Works* (1978). Dans son roman *Why Should I Have All the Grief?* (1969), elle examine ses origines juives.

Gotlieb commence à écrire de la littérature de science-fiction dans les années 60 et publie cinq romans de science-fiction: *Sunburst* (1964), *O Mas-*

ter Caliban (1976), *A Judgement of Dragons* (1980), *Emperor, Swords, Pentacles* (1982) et *The Kingdom of Cats* (1985). *Sunburst* a été traduit en hollandais, en français, en norvégien et en allemand; *O Master Caliban,* en japonais, en allemand et en italien.

Elle écrit aussi un grand nombre de nouvelles de science-fiction, qui seront reprises dans des anthologies, et publie un recueil de ses nouvelles, *Sun of the Morning* (1983). Sa poésie, mélange de fantaisie et de métaphysique, annonce sa future carrière d'auteure de science-fiction, qui en fera une écrivaine d'envergure internationale. Elle est aussi l'auteure de «Hasidic Influences in the Work of A.M. Klein» (*Klein symposium,* U. d'Ottawa, 1974), une analyse en profondeur de l'influence de l'hassidisme sur les écrits de Klein.

Sharon Drache

Gotlieb, Sondra, auteure (Winnipeg, 30 déc. 1936). Après des études à Winnipeg, elle publie deux romans: *True Confections* (1978), sous-titré *Or How My Family Arranged My Marriage,* qui remporte la Stephen Leacock Medal for Humour, et *First Lady, Last Lady* (1981), récit vivant sur la vie diplomatique. Elle écrit aussi des ouvrages d'ordre pratique: *The Gourmet's Canada* (1972), *Cross Canada Cooking* (1976), ainsi que des articles pour *Saturday Night, Maclean, Chatelaine* et le *New York Times.* En 1985, elle publie «Wife of…», un recueil de ses chroniques bimensuelles dans le *Washington Post.* Compte rendu irrévérencieux de la vie dans la capitale des États-Unis, cet ouvrage, rédigé avec l'humour propre à l'auteure, met à nu toutes les personnalités politiques.

Goudie, Elizabeth, née Blake, écrivaine (Mud Lake, Lab., 20 avril 1902—Happy Valley, Lab., 10 juin 1982). De descendance inuite, amérindienne, française et anglaise, elle épouse en 1920 Jim Goudie, trappeur du Labrador. Pendant 40 ans, elle élève sa famille et vit les conditions difficiles d'épouse de trappeur. Son mari meurt en 1963 et Goudie écrit son autobiographie, *Woman of Labrador* (1973). L'ouvrage allie l'histoire du Labrador au récit émouvant de la vie de l'auteure. Premier livre recensé sur la vie d'un trappeur et de sa famille dans la forêt du Labrador, il est accueilli avec enthousiasme par la critique et vaut à son auteure une notoriété internationale.

John Parsons

Gougeon, Denis, compositeur et professeur (Granby, Qc, 16 nov. 1951). Après avoir appris lui-même la théorie musicale et la guitare, il étudie la composition à Montréal avec André PRÉVOST et Serge GARANT. Influencé par la musique de Claude VIVIER et la recherche instrumentale des compositeurs français du XXᵉ siècle, Gougeon se décrit comme un compositeur «intuitif» qui désire communiquer avec l'auditeur par les émotions. Il a composé surtout des œuvres commandées, dont *Jardin secret* pour l'ORCHESTRE SYMPHONIQUE DE MONTRÉAL et le petit opéra comique *An Expensive Embarrassment* pour la COMPAGNIE D'OPÉRA CANADIENNE (présenté en première en 1989), deux ensembles pour lesquels il a été compositeur résident. *Argile* et *Éternité* sont deux autres de ses œuvres commandées. Il a aussi enseigné à l'U. de Montréal et à l'U. McGill.

Claire Versailles

Gouin, sir Jean-Lomer, avocat, politicien, premier ministre du Québec (Grondines, Qc, 19 mars 1861—Québec, Qc, 28 mars 1929). Il est le père de Paul GOUIN, le fondateur et le chef de l'ACTION LIBÉRALE NATIONALE. D'origine modeste, il est néanmoins bien apparenté après son mariage avec la fille du premier ministre Honoré MERCIER. Il entreprend sa carrière politique à Montréal, au niveau municipal, et il se joint au Cabinet provincial en 1900. Il devient premier ministre en 1905 et poursuit la politique de développement industriel de son prédécesseur S.N. PARENT, malgré l'offensive concertée d'Henri BOURASSA.

Bien que très ouvert aux investissements étrangers pour le développement des ressources du Québec, Gouin tient à ce que les Canadiens français profitent de l'industrialisation. Il s'engage activement dans la réforme de l'éducation, devient recteur de l'U. de Montréal et préside deux enquêtes menées dans le secteur de l'enseignement public dans les années 20.

À l'instar d'autres libéraux du Québec, Gouin se sent trahi lorsque le gouvernement fédéral impose la CONSCRIPTION durant la Première Guerre mondiale, mais il réaffirme son attachement à la Confédération au cours du «débat Francœur» en 1918 et il se présente aux élections fédérales de 1921, après avoir donné sa démission comme premier ministre en juillet 1920. Ministre de la Justice au sein du Cabinet de Mackenzie KING de 1921 à 1924, il est avant tout le porte-parole des industries bénéficiant d'une protection douanière et il donne ainsi l'impression d'être devenu l'instrument des magnats de la finance.

Désillusionné, l'auteur de la spectaculaire émergence du Québec dans le monde industrialisé se retire de la vie politique. Nommé lieutenant-gouverneur du Québec en 1929, il meurt en fonction moins de trois mois plus tard.

Bernard L. Vigod

Gouin, Paul, avocat et politicien (Montréal, 20 mai 1898—*id.*, 4 déc. 1976). Fils de Lomer GOUIN et petit-fils d'Honoré MERCIER, deux anciens premiers ministres du Québec, Gouin fonde en 1934 l'ACTION LIBÉRALE NATIONALE (ALN), qui attire les libéraux et les nationalistes de tendance réformiste qui s'opposent aux politiques du gouvernement TASCHEREAU. Avant les élections de 1935, Gouin noue une alliance avec le chef du Parti conservateur, Maurice DUPLESSIS; toutefois, il perd bientôt ses illusions au sujet de Duplessis et quitte la coalition avant les élections de 1936, que l'UNION NATIONALE de Duplessis gagne facilement. La plupart des partisans de Gouin l'abandonnent pour suivre Duplessis. Après la dissolution de l'ALN, Gouin participe à la fondation du BLOC POPULAIRE CANADIEN en 1942.

Richard Jones

Gouin, réservoir Étendu sur 1570 km², situé à une altitude de 404 m, d'une longueur maximale de 102 km et d'une profondeur moyenne de 5 m, il est le troisième «lac» en importance au Québec (c'est en fait un groupement de centaines de petits lacs parsemés d'îles innombrables). Situé dans la partie centre sud du Québec, le réservoir est équidistant d'Ottawa, de Montréal et de Québec. La Commission des eaux courantes du Québec le crée en 1918 dans le cours supérieur de la rivière SAINT-MAURICE afin de faciliter l'aménagement hydroélectrique de cette dernière grâce à la régulation de son débit. Le réservoir doit son nom à sir Jean-Lomer GOUIN, premier ministre du Québec de 1905 à 1920.

David Evans

Gould, Glenn Herbert, pianiste, écrivain, artiste du disque, auteur et réalisateur de documentaires radiophoniques et télédiffusés (Toronto, 25 sept. 1932—*id.*, 4 oct. 1982). Insatisfait du concert comme médium, Gould abandonne une florissante carrière internationale pour se consacrer à des exécutions enregistrées. Son travail revêt une importance exceptionnelle en musique et en communication.

Gould étudie la musique au CONSERVATOIRE ROYAL DE MUSIQUE, où son professeur de piano est Alberto Guerrero. À 14 ans, il est soliste avec l'Orchestre symphonique de Toronto. Ses récitals, sa participation à plusieurs orchestres canadiens, ses apparitions au réseau anglais de Radio-Canada de même que le répertoire inhabituel dont il se fait le champion (Bach, les compositeurs anglais de musique pour clavier du XVIe siècle, des modernes tels que Hindemith et Schoenberg) font de lui l'un des grands interprètes du Canada, alors qu'il entame la vingtaine. Il attire tout de suite l'attention par-

tout dans le monde dès ses débuts à Washington et à New York en janvier 1955 ainsi qu'avec son premier enregistrement aux États-Unis au cours de la même année (*Variations Goldberg* de Bach). Des concerts et des engagements comme soliste avec des orchestres étrangers le mènent aux États-Unis, en Angleterre, en Autriche, en Allemagne, en Israël et en URSS (où il est l'un des premiers Canadiens à effectuer une tournée). Entre-temps, il enregistre régulièrement et est codirecteur musical pour l'été au FESTIVAL DE STRATFORD de 1961 à 1964.

Personnage exceptionnel et non conformiste En 1964, Gould cesse de se produire en concert, préférant les possibilités inhérentes à l'enregistrement aux représentations en public qui, dit-il, «ne permettent pas de reprises» et dont l'atmosphère trop souvent compétitive lui déplaît. C'est là une résolution sans précédent, et rigoureusement tenue, qui étonne ou plus chez un personnage aussi exceptionnel et non conformiste. Le style de Gould est marqué par un mystérieux détail linéaire et par un puissant dynamisme. Ses interprétations classiques sont souvent provocantes et parfois excentriques dans le tempo et l'articulation. Pour lui, la trame contrapuntique de la musique est beaucoup plus importante que son attrait sensuel. Il enregistre presque tout le répertoire pour clavier de Bach et de Beethoven, beaucoup de Mozart et de musiques de la première moitié du XXe siècle, mais peu de grands classiques pour piano du XIXe siècle.

Son talent littéraire grandit Ses dernières apparitions en public sont rares, mais sa carrière s'étend à des émissions documentaires télévisées et radiophoniques où il traite aussi bien de musique (p. ex., son documentaire sur le chef d'orchestre Stokowski, l'une de ses idoles) que de tout autre sujet (p. ex., *The Idea of North*, inspiré par un voyage en train à Churchill, Man.). Son talent littéraire, déjà connu par ses textes pour la radio et ceux des pochettes de disques, grandit avec la rédaction d'articles et de critiques (*Globe and Mail*, *New York Times*, *High Fidelity*, *Piano Quarterly*) sur des sujets aussi variés que la vie de concertiste, la technologie et les étoiles populaires admirées (Barbra Streisand, Petula Clark). Il crée aussi la trame sonore de plusieurs films canadiens et américains. Il reçoit la médaille Harriet Cohen Bach (1959) et le prix Molson (1969).

En 1981, Gould enregistre les Variations Goldberg de Bach pour la seconde fois, et annonce qu'il délaisse pour de bon ses enregistrements en tant que soliste. Il commence des séances d'enregistrement expérimentales à la tête de petits ensembles et compte se consacrer désormais à cette nouvelle activité. Le lendemain de son 50e anniversaire, il est victime d'une embolie dont il ne se remet pas.

Indépendance esthétique Depuis sa mort, l'intelligence phénoménale et l'indépendance esthétique de cet artiste n'ont cessé de susciter l'intérêt, faisant de Gould l'une des figures culturelles canadiennes les plus appréciées de la fin du XXe siècle. Au début des années 90, Sony Classical se met à rééditer ses enregistrements, ses émissions de télévision et de radio, et ses films en disques compacts et en cassettes vidéo. Radio-Canada lance des disques compacts de ses documentaires radiophoniques et de ses premiers concerts diffusés; ses écrits publiés, ses lettres et ses premières compositions inédites sont colligés et publiés. Il est honoré par le dramaturge David Young dans sa pièce *Glenn: The Unheard Music* (1992) et dans le long métrage *Trente-deux courts métrages sur Glenn Gould* (Rhombus Media, 1994). Des conférences sur différents aspects de sa vie et de son œuvre se tiennent à Montréal, à Toronto et à Amsterdam. À l'étranger, les écrits biographiques critiques et populaires se multiplient et, en 1996, l'étude de Geoffrey Payzant sur les idées esthétiques de Gould est disponible en six langues. La Fondation Glenn Gould, dont le siège est à Toronto, gère le prix triennal Glenn Gould, déjà décerné à R. Murray SCHAFER, Yehudi Menuhin, Oscar PETERSON et Toru

Takemitsu en 1987, 1990, 1993 et 1996 respectivement. Elle commandite, depuis 1995, le journal semestriel *Glenn Gould*.

John Beckwith

Goulden, Cyril Harold, généticien (Bridgend, pays de Galles, 2 juin 1897—Ottawa, 4 févr. 1981). Fils d'un colon, Goulden suit le cours pour les fermiers à l'U. de la Saskatchewan et poursuit ses études jusqu'à l'obtention d'un doctorat sur la sélection des plantes, avant de devenir sélectionneur de céréales en chef au Laboratoire fédéral de recherche sur les rouilles de Winnipeg en 1925 (*voir* J.H. CRAIGIE). Il succède à L.H. NEWMAN comme spécialiste en céréales du Dominion en 1948 et devient plus tard sous-ministre adjoint à la recherche au ministère de l'Agriculture. Contrairement à la théorie génétique initiale, la résistance du blé à la rouille est régie non par un seul gène, mais par l'interaction de plusieurs, ce qui rend la génétique végétale plus complexe et son application à l'agriculture beaucoup plus difficile. Mathématicien né, Goulden adopte la nouvelle spécialité qu'est la biostatistique (et écrit le premier manuel scolaire en Amérique du Nord sur le sujet en 1937, pour ses étudiants de l'U. du Manitoba). Comme chef de la sélection de céréales à Winnipeg durant 23 ans, Goulden est responsable de la création des variétés de blé Renown, Regent et Redman, adaptées au climat canadien et diversement résistantes à la rouille. Il met aussi au point six variétés d'avoine résistantes à la rouille.

Donald J.C. Phillipson

Goulding, George Henry, athlète en piste et pelouse (Hull, Angl., nov. 1885—Toronto, 3 févr. 1966). D'abord attiré par les marathons, il porte les couleurs du YMCA central de Toronto, il a l'idée d'essayer les épreuves de marche. Il participe à sa première compétition internationale aux Olympiques de 1908 à Londres, où il se classe quatrième au 3500 mètres. En 1912, aux Olympiques de Stockholm, il remporte la médaille d'or à l'épreuve du 10 000 mètres. Il se tourne ensuite vers les compétitions sur invitation au Canada, en Grande-Bretagne et aux États-Unis et accumule 300 victoires dans les épreuves de 1 kilomètre à 65 kilomètres. Il participe à des compétitions sensationnelles. P. ex., il gagne contre un homme conduisant cheval et boghei, et contre une équipe américaine de relais de quatre hommes. Il attire toujours des milliers de spectateurs là où il concourt.

Ted Barris

Goulet, Michel, sculpteur (Asbestos, Qc, 1944). Après ses études à l'École des beaux-arts de Montréal en 1969, il se fait d'abord connaître lors d'une exposition au Musée d'art contemporain de Montréal en 1980 (avec Louise Robert), où il présente la série des *Édifications horizontales*. Constituées de lattes de métal tressé, ces sculptures se présentent comme des structures précaires ou instables. Tout en conservant ses procédés de fabrication, il réalise au début des années 80, des œuvres intégrant des objets familiers – fusils, jouets, poubelles, lits, chaises, etc. Critique possible du consumérisme, mais surtout opération de recyclage, de transformation ou de détournement de la fonction d'usage de ces objets.

C'est dans ce contexte que s'est créé une controverse, en 1990, autour de sa sculpture publique installée à la Place Roy (Montréal), intitulée *Les leçons singulières* – plusieurs chaises coulées dans le bronze et dispersées autour d'une fontaine représentant la carte géographique du Canada, complétée par une série de chaises ancrées sur un belvédère devant le Parc Lafontaine. Il collabore depuis le début des années 90 avec le Théâtre Ubu, en réalisant plusieurs scénographies avec le metteur en scène Denis Marleau, dont celle de *Roberto Zucco* de Bernard-Marie Koltès, pour laquelle il a obtenu le prix de la meilleure scénographie de l'Association québécoise des critiques de Théâtre (1994).

Son expérience scénique l'a amené, lors de sa dernière exposition (Galerie Occurrence et Centre culturel canadien à Paris, printemps 2000), à inviter plusieurs intervenants du milieu des arts (écrivains, poètes, historiens de l'art, metteurs en scène et artistes) pour réaliser une œuvre commune. Utilisant abondamment les outils électroniques dans cette exposition, sa démarche artistique a pris un nouveau virage. Il s'est mérité le prix Paul-Émile-Borduas du Gouv. du Québec en 1990 et, en 1988, était invité avec Roland BRENER pour représenter le Canada à la Biennale de Venise. Il enseigne les arts visuels à l'Université du Québec à Montréal depuis 1987.

Gaston St-Pierre

Goulet, Robert Gerard, baryton et comédien (Lawrence, Mass., 26 nov. 1933). Sa voix riche et son sens exceptionnel du spectacle ont été applaudis par la critique et l'ont rendu populaire au Canada et aux États-Unis. Formé à Edmonton et à Toronto, il chante dans des rôles mineurs à la COMPAGNIE D'OPÉRA CANADIENNE et fait ses débuts à la télévision de la Société Radio-Canada (SRC) en 1954. On le voit par la suite à quelques reprises dans l'émission du réseau anglais de la SRC «Theatre Under The Stars», puis au FESTIVAL DE STRATFORD. Son interprétation de sir Lancelot dans *Camelot* de Lerner et Loewe (Toronto et New York, 1960) est un triomphe immédiat et le mène à une brillante carrière sur Broadway au cours des années 60 et 70. En 1962, il remporte le prestigieux prix Grammy du meilleur nouvel artiste. Son interprétation de Jacques dans *Happy Time* lui vaut le prix Tony du meilleur comédien en 1970. Il commence à faire des apparitions à la télévision et au cinéma dans les années 70 ainsi qu'à monter des spectacles de cabaret qui remportent un immense succès, particulièrement à Las Vegas. Il joue notamment dans le succès écrasant *Atlantic City* (1981) et dans le rôle de l'ennemi de son compatriote Leslie Nielsen dans la comédie à succès *Naked Gun 2ᵗ* (1991; v.f. *L'agent fait la farce 21/2ᵗ*). Son interprétation dans *Camelot* demeure la plus remarquée et il reprend le rôle en 1990, 1992 et 1993.

Ann Schau

Gourlay, Robert Fleming, polémiste et réformiste (Craigrothie, Écosse, 24 mars 1778—Édimbourg, Écosse, 1ᵉʳ août 1863). Cultivateur et écrivain autrefois prospère qui se trouve aux prises avec des difficultés financières, il arrive au HAUT-CANADA en 1817 pour s'installer sur une terre, dans le canton de Dereham, dont il est propriétaire, et pour écrire un guide de l'immigrant. Le questionnaire qu'il met au point et les réunions du canton qu'il organise sont perçus comme radicaux. Il se voit donc refuser la concession des terres sur lesquelles il comptait installer des familles écossaises. Il attaque le FAMILY COMPACT et en devient la victime la plus célèbre. Acquitté deux fois de diffamation, il est expulsé pour sédition en 1819, après un procès durant lequel il devient évident qu'il souffre de troubles mentaux. Il publie plus de 80 ouvrages dans la plupart desquels il défend avec hargne sa propre conduite. *Statistical Account of Upper Canada* (2 vol., 1822) constitue la description de la province la plus systématique de l'époque. Dans l'introduction, il condamne le gouvernement du Haut-Canada et plus particulièrement John STRACHAN. Il considère la propriété générale des terres comme le seul fondement sain d'une société et propose l'instauration d'une taxe foncière pour financer les immigrants. Par la suite, il est interné dans un asile en Angleterre, où il revendique par écrit l'union de l'Amérique du Nord britannique. Aux États-Unis, en 1837, il condamne les rébellions de W.L. MACKENZIE. Il croit que les pétitions et les embargos sur l'approvisionnement sont des moyens constitutionnels de parvenir à une réforme. Sa condamnation à l'exil est annulée en 1839 et il retourne au Haut-Canada en 1856. Vaincu aux élections de 1858, il rentre en Écosse.

S.R. Mealing

Gouvernement Dans son sens strict, le gouvernement peut désigner un groupe de ministres qui forment le CABINET, comme le «gouvernement Chrétien» ou le «gouvernement McKenna». On entend aussi par gouvernement l'appareil d'ÉTAT au complet, y compris le Cabinet, l'assemblée législative, les tribunaux, la fonction publique, les forces armées et ainsi de suite, comme dans «Pourquoi le gouvernement ne fait-il rien à ce propos?» ou «Le gouvernement est trop présent dans nos vies».

Un troisième sens a trait à l'atteinte et à l'exercice du pouvoir. Le gouvernement diffère des autres organisations d'une société par sa capacité d'établir des règles pour l'ensemble de la société. S'il peut en être ainsi, c'est parce que le gouvernement contrôle la police et l'armée, mais aussi parce que la population reconnaît sa légitimité.

Organisation du gouvernement Au Canada, la légitimité du gouvernement est établie par la CONSTITUTION. Les pouvoirs du gouvernement sont répartis parmi ses trois organes: l'assemblée législative, le pouvoir exécutif et le système judiciaire (*voir* MAGISTRATURE). À l'assemblée législative, les représentants élus adoptent les lois et votent des mesures fiscales et autres mesures productrices de recettes. Le pouvoir exécutif propose des mesures législatives, présente des budgets à l'assemblée législative et met les lois en œuvre. L'ordre judiciaire est l'interprète ultime des lois.

Dans une démocratie, il ne suffit pas que les députés soient élus (le SÉNAT est l'exception à la règle). En effet, dans la tradition parlementaire héritée de la Grande-Bretagne, les ministres de l'exécutif doivent démissionner s'ils perdent la confiance de la majorité des députés. Les tribunaux doivent être libres d'interpréter les lois sans ingérence des ministres du Cabinet ou des députés.

Depuis quelques décennies, la croissance de l'exécutif menace cet équilibre, en partie en raison de la complexité des pouvoirs grandissants de l'État. Tant au plan fédéral que provincial, l'exécutif est composé de trois volets distincts. Le chef de l'État est le représentant de la reine: au fédéral, il s'agit du GOUVERNEUR GÉNÉRAL, tandis que les provinces ont des LIEUTENANTS-GOUVERNEURS, dont l'une des fonctions est d'approuver les lois et les décisions exécutives importantes avant qu'elles entrent en vigueur. Toutefois, si le Cabinet a le soutien de la majorité de l'assemblée législative, il est convenu que le rôle du chef de l'État est purement symbolique.

Le deuxième volet de l'exécutif est le Cabinet, formé du premier ministre (qui est chef du parti majoritaire) et des ministres qu'il ou elle choisit parmi les membres les plus éminents de son parti à l'assemblée législative. La plupart des ministres sont nommés à la tête d'un ministère, mais certains se voient confier des postes de coordination, tandis que d'autres ont des fonctions particulières, leader du gouvernement à la Chambre p. ex..

Le troisième et plus important volet de l'exécutif est l'administration: les ministères, les forces armées et divers corps autonomes. Les ministères sont le fondement de l'administration et rendent compte à l'assemblée législative par l'entremise de leur ministre, tandis que les corps autonomes, à savoir les SOCIÉTÉS DE LA COURONNE et les commissions à vocation réglementaire, ont un rôle plus limité. D'autres offices ou commissions assurent le fonctionnement des régimes d'assurances et de prêts gouvernementaux. Quant aux TRIBUNAUX ADMINISTRATIFS, ils sont établis dans des domaines comme l'impôt sur le revenu, l'immigration et les services sociaux.

Ordres de gouvernement, centralisation et décentralisation Bien qu'on trouve au Canada un gouvernement national, des gouvernements provinciaux et des gouvernements municipaux, seuls les deux premiers ordres ont des pouvoirs clairement définis que les autres ordres ne peuvent usurper (*voir* PARTAGE DES POUVOIRS). Les pouvoirs des GOUVERNEMENTS MUNICIPAUX se limitent à ceux qui leur sont conférés par leur gouvernement provincial. L'un des changements importants qu'a connu le gouvernement canadien depuis 1867 a été l'appropriation par les gouvernements national et provinciaux de fonctions qui appartenaient autrefois aux municipalités. (La centralisation est la concentration du pouvoir décisionnel dans le gouvernement national ou de plus haut niveau, alors que la DÉCENTRALISATION est l'attribution de ce pouvoir aux gouvernements régionaux ou locaux.)

Rôle changeant du gouvernement En 1867, l'ACTE DE L'AMÉRIQUE DU NORD BRITANNIQUE confie au gouvernement fédéral le pouvoir ou la compétence sur la défense et les affaires extérieures, le droit criminel, l'argent et les banques, le commerce, le transport, la citoyenneté et les affaires indiennes. Les provinces ont la responsabilité de l'éducation, du droit civil (y compris les droits de propriété et les droits civils), de la santé et du bien-être, des ressources naturelles et des administrations locales. Les deux ordres de gouvernement deviennent conjointement responsables de l'agriculture et de l'immigration et, de plus en plus, de la plupart des sources de recettes. Les conditions sociales et économiques changeantes pousseront à l'avant-plan un ordre de gouvernement, puis l'autre.

Au XIXᵉ siècle, bien que la philosophie dominante soit le laissez-faire ou la non-intervention du gouvernement dans la vie économique, le gouvernement fédéral se sert de son contrôle sur le tarif pour favoriser l'industrie dans l'Est et accorde à des compagnies privées une combinaison de terres et de subventions pour la construction de chemins de fer, tout d'abord le CHEMIN DE FER INTERCOLONIAL vers les Maritimes, puis le CANADIEN PACIFIQUE vers l'Ouest. Les provinces appuient aussi largement la construction des chemins de fer, mais elles sont presque constamment à couteaux tirés avec le gouvernement fédéral pour tenter d'obtenir des recettes et des pouvoirs adéquats.

De 1900 à 1930 (sauf durant la Première Guerre mondiale), les provinces dominent, car la prospérité accroît les recettes de leur gouvernement. Elles construisent des barrages et des routes, et élargissent les services d'éducation et de santé. La nouvelle vie urbaine, industrielle et commerciale mène à une réglementation gouvernementale en matière, notamment, de santé et de sécurité, de commerce et de circulation routière, tous des domaines de responsabilité provinciale.

Cependant, la guerre et la crise ramènent le gouvernement fédéral à l'avant-plan. Au cours des deux guerres mondiales, non seulement il dirige l'effort de défense, mais il applique les pouvoirs que la LOI DES MESURES DE GUERRE confère au Cabinet pour diriger l'économie. Il joue un rôle de chef de file dans l'organisation des mesures de secours durant la Crise des années 30. Divers programmes fédéraux-provinciaux sont créés en matière de travaux publics et de projets de retour à la terre, ainsi que pour la prestation de secours direct.

À la suite de la COMMISSION ROYALE D'ENQUÊTE SUR LES RELATIONS FÉDÉRALES-PROVINCIALES (1937-1940), le gouvernement fédéral propose d'assumer la responsabilité directe de la réglementation de l'économie et des programmes d'assurance sociale les plus importants, demandant en échange la part du lion des recettes publiques. Les provinces rejettent la proposition lors d'une conférence qui a lieu en 1941, mais bon nombre des idées se concrétiseront à la pièce. Ainsi, par modification constitutionnelle, avec le consentement des provinces, le gouvernement fédéral deviendra responsable de l'assurance-chômage en 1940 et de la pension de vieillesse en 1951.

De plus, avec le consentement des provinces, une loi fédérale crée les allocations familiales en 1944 et le RÉGIME DE PENSIONS DU CANADA en 1965, qui entre en vigueur en 1966. Durant la période d'après-guerre, le gouvernement fédéral a davantage recours aux subventions conditionnelles (ou programmes à frais partagés) pour inciter les provinces à agir dans des domaines tels que la construction routière (la Transcanadienne), l'enseignement postsecondaire et universitaire, l'assistance aux chômeurs, l'assurance-hospitalisation et l'assurance-santé.

Des initiatives du genre et la tension internationale qui existe après la Seconde Guerre mondiale font que les provinces devront attendre les années 60 avant de connaître de nouveau le degré de primauté dont elles jouissaient dans les années 20. Alors que de nombreux observateurs étrangers considèrent le Canada comme un État fortement décentralisé où les provinces assument des pouvoirs importants, ces dernières continuent de penser que le gouvernement fédéral s'ingère dans l'exécution de leurs responsabilités. Pour sa part, au fur et à mesure que les coûts grimpent en flèche vers la fin des années 70, le gouvernement fédéral tente de trouver des moyens de limiter ses dépenses, surtout dans les programmes de santé et d'enseignement supérieur.

Maîtrise de l'État administratif La croissance de l'ÉTAT PROVIDENCE et la gestion gouvernementale de plus en plus grande de l'économie entraînent à tous les ordres de gouvernement un élargissement de l'appareil gouvernemental, qui devient de plus en plus difficile à maîtriser. Le nombre de personnes qui travaillent directement ou indirectement pour un ordre de gouvernement ou un autre représente environ 18 p. 100 de la population active. La taille et la complexité des ministères remettent en question le principe de la responsabilité ministérielle. Les députés ont les mains pleines à essayer de surveiller les activités du gouvernement et l'administration. Dans de nombreux cas, le rôle des tribunaux judiciaires est pris en charge par des tribunaux administratifs. L'une des mesures prises pour modérer le pouvoir des gouvernements est l'instauration d'OMBUDSMANS. Les lois sur la LIBERTÉ DE L'INFORMATION mettent une partie de l'information gouvernementale à la portée du public, et la CHARTE CANADIENNE DES DROITS ET LIBERTÉS permet aux tribunaux d'invalider des lois ou des mesures administratives qui briment des libertés et droits individuels fondamentaux.

Crise financière Des déficits à répétition mènent la plupart des gouvernements du Canada à la crise financière dans les années 90. Pour relever le défi, ils adoptent un mélange de trois stratégies. En premier lieu, ils effectuent des compressions en réduisant les budgets et les effectifs et en privatisant, soit par la vente de biens publics comme des sociétés publiques, soit par l'impartition de services qu'ils avaient l'habitude de fournir. En deuxième lieu, ils modifient le rôle de l'État en éliminant des programmes et des activités. Enfin, ils changent la manière dont leurs services fonctionnent en empruntant des techniques de gestion du secteur privé, de sorte que l'accent est mis sur la souplesse, la DÉCENTRALISATION et la responsabilité, plutôt que sur des contrôles centralisés et bureaucratiques.

J.I. Gow

Gouvernement de coalition Englobe des membres de divers partis politiques et se produit d'habitude en période de crise, telle que la guerre ou le désordre politique. La fluidité de la ligne de parti, le favoritisme généralisé et la nouveauté du gouvernement responsable mènent, dans les années 1840 et 1850, à plusieurs tentatives de coalition au Nouveau-Brunswick, en Nouvelle-Écosse et au Canada. Les coalitions les plus connues sont celles de 1854 et de 1864 (la GRANDE COALITION) dans la province du Canada. La première, qui regroupe les réformistes modérés et les conservateurs, servira de base au PARTI CONSERVATEUR après la Confédération. La seconde réunit les libéraux CLEAR GRITS, les conservateurs et le PARTI BLEU en vue de la CONFÉDÉRATION, même si elle a été dissoute par les élections de 1872.

Le renforcement de l'affiliation politique et la mise sur pied de l'appareil du régime des partis depuis la Confédération ont rendu plus difficile la négociation de coalitions. Au niveau national, la seule coalition a été celle du GOUVERNEMENT D'UNION de sir Robert BORDEN en 1917. Aux prises avec une forte opposition à la conscription et avec d'autres difficultés majeures pendant la Première Guerre mondiale, Borden cherche à élargir sa base politique en période de guerre en invitant plusieurs libéraux conscriptionnistes et d'autres personnalités à faire partie de son gouvernement. Aux élections générales de décembre 1917, ce dernier remporte une victoire décisive sur les libéraux dirigés par sir Wilfrid Laurier. Toutefois, la coalition unioniste ne survit pas à son triomphe pendant longtemps: à la fin de la guerre, de nombreux libéraux reprennent leur ancienne allégeance, tandis que d'autres unionistes appuient le nouveau PARTI PROGRESSISTE.

À la démission de Borden en 1920, les dernières illusions de coalition tombent. Le gouvernement unioniste illustre les risques liés à une coalition: après 1917, les Canadiens français associent les coalitions à la conscription. En effet, pendant la Seconde Guerre mondiale, ce sont les partisans d'un effort de guerre plus intense et de la conscription qui proposent des coalitions ou un «gouvernement national». Depuis la Seconde Guerre mondiale, peu de gouvernements de coalition ont été proposés sur le plan fédéral.

Au provincial, des coalitions se produisent dans l'Ouest canadien. Au Manitoba, les libéraux et les progressistes s'unissent en 1931. Puis, en 1940, tous les partis provinciaux forment un gouvernement apolitique pour répondre aux besoins en temps de guerre. En Colombie-Britannique, une coalition des libéraux et des conservateurs en temps de guerre fait échec à la CO-OPERATIVE COMMONWEALTH FEDERATION (CCF). À vrai dire, cette coalition profite probablement à la CCF. En revanche, elle nuit assurément aux libéraux et aux conservateurs, qui se voient bientôt remplacés par le CRÉDIT SOCIAL. Aucune coalition n'a remporté autant de succès que la «Grande coalition». La classe politique se méfie tellement des effets à long terme des coalitions qu'elle y recourt désormais avec beaucoup de réticence. (*Voir aussi* GOUVERNEMENT MINORITAIRE.)

John English

Gouvernement d'union Au début de 1917, pendant la PREMIÈRE GUERRE MONDIALE, le recrutement du CORPS EXPÉDITIONNAIRE CANADIEN est au plus bas. Le premier ministre sir Robert BORDEN, opposé à toute réduction de la participation canadienne à l'effort de guerre, annonce le 18 mai 1917 que le gouvernement imposera la CONSCRIPTION au Canada. Le 25 mai, il propose au chef libéral sir Wilfrid LAURIER de former un GOUVERNEMENT DE COALITION où libéraux et conservateurs s'uniraient pour appliquer la mesure. Laurier ayant rejeté la proposition le 6 juin, Borden tente de renforcer son gouvernement en y admettant certains libéraux et d'importants politiciens indépendants. Ses premiers efforts obtiennent peu de succès. À la fin de l'été, toutefois, la LOI DES ÉLECTIONS EN TEMPS DE GUERRE et la *Loi des électeurs militaires* semblent améliorer les chances de former un gouvernement conscriptionniste. Ces lois, ajoutées à la forte tendance conscriptionniste de la presse anglophone et à des sentiments personnels qui l'emportent sur les allégeances politiques, décident plusieurs libéraux et plusieurs indépendants à accepter l'invitation de Borden. Le 12 octobre, Borden annonce la formation d'un gouvernement d'union comprenant 12 conservateurs, 9 libéraux ou indépendants et 1 travailliste. Les élections générales de décembre 1917 donnent aux unionistes une forte majorité.

Après sa victoire électorale, le gouvernement d'union commence à s'affaiblir. Beaucoup d'adhérents estiment que l'union perd sa raison d'être après la fin de la guerre, en novembre 1918. Bon nombre

d'unionistes retournent au Parti libéral ou adhèrent au nouveau PARTI PROGRESSISTE. Bien que le gouvernement d'union soit une coalition d'intérêts politiques variés, beaucoup de Canadiens de souche non britannique continuent de reprocher la conscription à Borden et au Parti conservateur. À cause de ses politiques unionistes, le Parti conservateur tombe en défaveur pour longtemps chez les Canadiens français et plusieurs groupes ethniques non britanniques. Au Canada français, le Parti libéral, sous la direction de Mackenzie KING, le successeur de Laurier, gagne par contre en popularité. Le gouvernement d'union prend fin avec la retraite de Borden en juillet 1920.

John English

Gouvernement et administration municipale L'administration municipale est une administration locale créée par les provinces pour assurer la prestation de services qu'il est plus efficace de gérer à l'échelle régionale. Il lui incombe donc d'administrer les municipalités urbaines et les municipalités rurales. Les administrations municipales adoptent des règlements, encaissent des recettes et veillent à la mise en œuvre ou à l'administration des règlements. Les activités des conseils municipaux sont dirigées par des responsables et des employés regroupés en services publics municipaux. Les activités des conseils municipaux élus à l'échelle locale sont dirigées par des responsables et des employés regroupés en services publics municipaux. Aux termes de la *Loi constitutionnelle de 1867* telle que reconduite en 1982, ce sont les provinces qui délèguent des pouvoirs aux administrations municipales, mais il revient aux contribuables d'évaluer leur rendement au moyen d'élections à intervalles fixes. L'administration relève de la fonction publique municipale, constituée de cadres et d'employés nommés par le conseil municipal et regroupés en services.

Structures municipales Le lien entre la formulation et l'application des politiques s'effectue souvent par l'entremise de comités du conseil, chacun de ces comités étant chargé d'examiner les activités du service relevant de lui, puis de présenter des recommandations au conseil. Chaque chef de service rend habituellement des comptes à au moins un comité. Parmi les autres structures municipales, on trouve la commission de contrôle, aujourd'hui largement délaissée, dans quelques villes ontariennes, et le bureau de commissaires dans certaines villes de l'Ouest. Chaque commissaire de ce bureau est chargé d'un groupe de services et ceux-ci sont collectivement responsables devant le conseil municipal de l'ensemble de l'administration municipale. Il y a aussi les directeurs municipaux qui sont responsables devant le conseil municipal de la coordination de tous les services municipaux.

Il existe des variations de ces structures un peu partout au Canada.

Une autre structure est un comité exécutif, formé de conseillers choisis par le conseil municipal au sein de ses membres, qui est chargé de responsabilités comprenant des pouvoirs importants concernant le personnel, les finances et les contrats. Ces dernières années, la structure municipale la plus répandue est celle dirigée par le directeur municipal (aussi appelé gestionnaire municipal, chef des services municipaux ou commissaire municipal).

La distinction entre la formulation et l'application des politiques n'est pas toujours aussi nette que les propos ci-dessus peuvent le laisser entendre. P. ex., il arrive souvent que les conseils municipaux consacrent beaucoup de discussions à des questions qu'on ne saurait qualifier que d'administratives. Inversement, il peut arriver que les responsables des services municipaux consacrent beaucoup de temps et d'efforts pour élaborer et recommander des politiques, seulement pour se faire dire que cela ne fait pas partie de leurs attributions. Il n'est pas alors surprenant que la répartition des rôles et des responsabilités fasse à l'occasion l'objet d'âpres discussions entre les élus et les responsables administratifs municipaux.

Maire Dans toutes les municipalités canadiennes, la population élit un maire (ou un préfet, dans le cas de quelques municipalités rurales) qui préside les réunions du conseil et peut aussi lui faire des recommandations. Au Canada, le leadership du maire découle en grande partie de sa personnalité plutôt que des pouvoirs de la charge.

Organismes municipaux Les structures municipales comprennent aussi nombre d'organismes établis à des fins précises, habituellement sous forme de commissions ou de conseils régionaux mis sur pied par le gouvernement provincial, et l'étendue de leur utilisation varie sensiblement selon qu'il s'agit, entre autres, de commissions de la bibliothèque, des services publics, des transports en commun, des parcs ou de police. Les lois provinciales indiquent les grandes lignes de la marche à suivre pour nommer les membres de ces commissions. La plupart de ces groupes jouissent, selon le cas, d'une certaine autonomie face au conseil municipal, bien que ce soit la municipalité qui finance une grande partie de leurs activités. Parce que ces organismes relèvent parfois du gouvernement provincial, parfois de l'administration municipale, et parfois des deux, les contribuables éprouvent parfois de la difficulté à savoir à qui incombe telle ou telle responsabilité.

Directeur général du conseil Le directeur général du conseil (DGC) peut aussi être appelé directeur municipal, administrateur municipal ou commissaire de la ville. Étant en quelque sorte une version modifiée du système de gestionnaire du conseil municipal très populaire aux États-Unis, ce système s'inspire de l'organisation de l'entreprise. Ainsi, à l'instar d'un conseil d'administration, le conseil municipal ne s'occupe que des questions d'orientation, alors que le directeur municipal, nommé par le conseil, est doté exclusivement de pouvoirs administratifs et doit rendre compte au conseil des gestes qu'il pose en la matière. Dans ces municipalités le conseil assume les fonctions des comités et reçoit les rapports du directeur général et des autres cadres supérieurs. Dans d'autres cas, les conseils ont restreint le nombre de comités auxquels le directeur général doit rendre des comptes.

Services Comme les municipalités organisent leurs services selon les fonctions (p. ex., travaux publics, finances, personnel et parcs), elles peuvent se retrouver avec une quinzaine de services et plus, ce qui ne facilite guère la planification et la coordination. Les services sont donc parfois regroupés en services communautaires (p. ex., services sociaux, parcs et loisirs) ou administratifs (services de soutien tels que les finances, le personnel et l'informatique). Chaque service regroupé relève alors d'un directeur général ou d'un commissaire.

Syndicats Comme la plupart des employés municipaux sont syndiqués, les administrations municipales jouent un rôle important dans le domaine de la négociation collective. Les principales unités de négociation comprennent les cols blancs, les employés des services techniques, la main-d'œuvre qualifiée et non qualifiée, les policiers, les pompiers et les employés des transports en commun.

Budget municipal Contrairement aux autres ordres de gouvernement, les municipalités doivent préparer chaque année un budget équilibré. Les budgets déficitaires sont interdits. Bien que les administrations municipales puissent emprunter pour les travaux d'immobilisations, des dispositions doivent être prises chaque année pour payer le capital et l'intérêt. Une fois que toutes les prévisions des dépenses sont connues, on totalise les recettes, sauf celles qui proviennent de l'impôt foncier. L'écart entre les dépenses et les recettes prévues doit être comblé par l'IMPOSITION foncière. L'ampleur des dépenses se répercute donc directement sur le taux annuel d'impôt foncier.

Planification municipale La responsabilité municipale la plus difficile et la plus controversée est la planification et la réglementation de l'utilisation des terrains. Bien qu'elle incombe surtout au service de planification municipale, bien d'autres services participent aussi au processus de planification, dont les modalités sont en grande partie dictées par la législation provinciale en matière d'urbanisme.

Relations intergouvernementales Le rapport qui unit les municipalités à la province en est un de subordination. Les gouvernements provinciaux légifèrent sur les devoirs des administrations municipales et doivent veiller à leur bien-être. Certaines des responsabilités dont sont chargées les administrations municipales, comme l'exercice des pouvoirs de planification et les initiatives en matière de finances municipales, sont réglementées par les provinces. Les municipalités n'entretiennent pas vraiment de rapports significatifs avec le gouvernement fédéral. Les programmes fédéraux qui ont une incidence sur les municipalités font habituellement l'objet d'ententes fédérales-provinciales.

Annexion et fusion de municipalités

L'agrandissement du territoire des municipalités s'effectue par l'annexion de zones rurales périphériques, que l'on justifie habituellement par le fait que les municipalités urbaines sont plus à même que les zones rurales de fournir plus rapidement des services publics comme l'approvisionnement en eau potable, les réseaux d'égout et les routes. Lorsqu'une grande agglomération urbaine est entourée de plusieurs petites municipalités ou que deux municipalités se sont développées côte à côte et partagent une frontière commune, il peut être compliqué de réglementer la prestation des services nécessaires et la planification ordonnée du développement urbain. Pour résoudre ce problème, on procède alors parfois à la fusion de ces municipalités, qui n'en forment plus désormais qu'une seule.

Seul le gouvernement provincial est habilité à prendre des décisions en matière d'annexion et de fusion de municipalités. Puisque de telles décisions engendrent habituellement bien des remous, la plupart des provinces se sont dotées d'un mécanisme d'audiences publiques sous l'égide de TRIBUNAUX ADMINISTRATIFS comme la Commission des affaires municipales de l'Ontario, le Local Authorities Board de l'Alberta et la Commission municipale du Québec. Dans certaines circonstances, une province peut mettre sur pied une commission spéciale d'enquête pour examiner le dossier et formuler des recommandations. Dans les grandes agglomérations urbaines où plusieurs administrations municipales mènent leurs activités de concert et où la fusion est presque impossible, plusieurs provinces ont formé des GOUVERNEMENTS MÉTROPOLITAINS, aussi appelés districts ou administrations régionales.

Bien que la fusion soit une solution souvent envisagée dans les centres urbains importants, peu de municipalités s'y sont résolues. Le plus récent cas de fusion importante a eu lieu en Nouvelle-Écosse où les villes de Halifax et de Dartmouth, la municipalité de Bedford et une partie de la municipalité de comté de Halifax ont fusionné.

Le gouvernement ontarien a renoncé à la procédure habituelle de fusion des municipalités et adopté, en décembre 1996, une loi aux termes de laquelle toutes les municipalités de la grande région de Toronto fusionneraient en une seule grande métropole. Cette loi, qui est entrée en vigueur le 1er janvier 1998, s'est traduite par la fusion de sept administrations municipales, celle de Toronto, celles des cinq municipalités et celle de la banlieue. Le projet de fusion a provoqué bien des débats enflammés. La controverse s'est aussi étendue à un projet du gouvernement provincial qui envisageait la possibilité de modifier de façon draconienne la régie et le financement des programmes d'éducation tout en se délestant auprès des municipalités de certains programmes de services sociaux et de santé publique. La fusion de municipalités dans d'autres agglomérations urbaines d'importance s'est poursuivie de manière vigoureuse en Ontario. Ainsi, les municipalités sises dans les régions d'Ottawa-Carleton et de Hamilton-Wentworth sont en train d'être fusionnées.

T.J. Plunkett

Gouvernement fédéral Cette expression renvoie communément au GOUVERNEMENT national ou du Dominion. Dans son acception plus générale, elle comprend les pouvoirs exécutif, législatif et judiciaire, de même que les nombreux ministères et organismes qui constituent l'Administration. Les trois principes qui régissent les pouvoirs et les rapports réciproques des divers éléments du gouvernement ont été hérités de la Grande-Bretagne : la souveraineté du Parlement, à savoir que le SÉNAT et la CHAMBRE DES COMMUNES, agissant de concert avec la COURONNE, possèdent les pleins pouvoirs constitutionnels de légiférer; la fusion de l'exécutif et du législatif, par contraste avec le principe américain de la séparation des pouvoirs; et la PRIMAUTÉ DU DROIT, appliquée et maintenue par un système judiciaire indépendant (*voir* MAGISTRATURE). La doctrine de la responsabilité et de la solidarité ministérielles devant la législature assure l'équilibre entre cette dernière et le CABINET. L'exécutif continue de gouverner tant qu'il garde la confiance de la législature. S'il perd cette confiance, le cabinet doit alors démissionner ou demander la dissolution de la législature et le déclenchement d'une ÉLECTION.

Une définition plus précise de «gouvernement fédéral» s'attarde au mot «fédéral». Un gouvernement fédéral se distingue d'un gouvernement unitaire, tel celui de la Grande-Bretagne. Ce dernier ne comporte qu'un seul siège d'autorité suprême. Par contre, un gouvernement fédéral comporte deux sièges indépendants d'autorité. Le Parlement et les provinces se sont vu attribuer certains pouvoirs et domaines de compétence. En pratique, une telle répartition modifie le principe de la souveraineté du Parlement. En effet, chaque ordre distinct de gouvernement est souverain tant qu'il n'empiète pas sur les compétences de l'autre. La COUR SUPRÊME DU CANADA est l'arbitre qui tranche les conflits de compétences. (*Voir aussi* FÉDÉRALISME; PARTAGE DES POUVOIRS.)

J. E. Hodgetts

Gouvernement métropolitain Forme d'ADMINISTRATION RÉGIONALE. Il peut être instauré dans les centres urbains qui comptent plus de 100 000 habitants et qui sont connus au Canada sous la désignation de RÉGION MÉTROPOLITAINE DE RECENSEMENT (RMR). Le concept moderne de gouvernement métropolitain date des efforts déployés aux États-Unis au début du XXe siècle pour mettre sur pied des institutions municipales susceptibles de maîtriser la croissance urbaine.

Le dilemme typique des municipalités faisant partie d'une RMR est que les intérêts de l'ensemble de leur territoire ne sont pas servis par les institutions de même envergure qui élaborent des politiques. Trois problèmes de base se posent. D'une part, il est difficile de coordonner les politiques des diverses administrations locales en matière de planification des transports et de l'utilisation des terrains. Ainsi, il arrive souvent que les décisions prises par une collectivité nuisent à la collectivité voisine. D'autre part, on assiste à des inégalités dans les politiques du fait que chaque municipalité fournit des services en fonction de sa propre assiette fiscale (*voir* FINANCES MUNICIPALES). Seules les banlieues fortement industrialisées réussissent alors à fournir un niveau élevé de services avec des impôts fonciers peu élevés, le centre-ville et arrivant difficilement sur les deux fronts. Enfin, l'obligation de rendre compte des politiques est fragmentée, puisque les diverses municipalités s'attaquent aux problèmes individuels sans qu'une administration globale soit responsable du bien-être de l'ensemble de la région métropolitaine.

L'idée de fédération est au cœur des réformes proposées. Les municipalités s'unissent pour offrir des services en commun en déléguant cette autorité à un palier de gouvernement métropolitain, mais demeurent autonomes pour le reste. Les premières démarches vers un tel régime sont habituellement la constitution d'organismes coopératifs intermunicipaux (souvent connus comme des districts d'exception) chargés des transports en commun, des usines de traitement des eaux ou d'égouts, ainsi que des réseaux de distribution.

En 1953, la création de la communauté urbaine de Toronto marque une percée importante du régime du gouvernement métropolitain en Amérique du Nord. À la suite des recommandations de la Commission des affaires municipales de l'Ontario, la province regroupe Toronto et ses 12 banlieues en une municipalité métropolitaine. On maintient les municipalités individuelles et un certain nombre de leurs conseillers siègent aussi au conseil de la communauté urbaine qui, au fil des ans, assume une gamme croissante de fonctions à l'échelle régionale. En 1966, une réorganisation de fond réduit à six le nombre de municipalités. À compter de 1988, les conseillers de la communauté urbaine sont élus directement.

La communauté urbaine de Toronto sert de modèle à l'administration régionale d'Ottawa-Carleton (1969), à celle d'Hamilton-Wentworth (1974) et à la Metropolitan Corporation of Greater Winnipeg (1961-1971). À Winnipeg, toutefois, les conseillers de la communauté urbaine sont élus directement et assument des responsabilités moins importantes. Les RMR de Montréal et de Vancouver forment toutes les deux des gouvernements métropolitains, quoiqu'elles soient, elles aussi, moins élaborées qu'à Toronto et que, à Vancouver, il s'agisse plutôt d'un régime de districts d'exception. Les gouvernements municipaux de Winnipeg (depuis 1971), de Calgary et d'Halifax (depuis 1996) s'apparentent beaucoup aux RMR.

Les gouvernements métropolitains semblent toujours faire l'objet d'une COMMISSION ROYALE D'ENQUÊTE ou d'une autre. C'est que, au Canada, ils résultent essentiellement d'un compromis politique. Peu de responsabilités administratives leur sont confiées entièrement. P. ex., le gouvernement métropolitain vend à prix de gros l'eau aux municipalités, qui sont responsables de la distribution locale. Il construit les autoroutes, mais les municipalités réglementent les routes locales et le stationnement. Il prépare des plans régionaux, mais il laisse aux municipalités le soin de délivrer les permis de construire et d'installer les raccords d'eau et d'égouts. Or, il s'ensuit une tension lorsque deux paliers d'administration se font concurrence et c'est parfois l'aménagement urbain qui en prend un sérieux coup. À Winnipeg, le conflit s'est tellement envenimé que, après les études officielles d'usage, le gouvernement provincial s'est vu obligé de renoncer à l'approche de la communauté urbaine en faveur d'une administration unitaire.

James Lightbody

Gouvernement minoritaire Gouvernement dont le caucus ne détient pas la majorité des sièges. Un parlement minoritaire (dans lequel aucun parti ne détient la majorité des sièges) n'entraîne pas forcément un gouvernement minoritaire, si deux partis et plus sont disposés à former un gouvernement de coalition. Toutefois, depuis 1867, aucun gouvernement de coalition n'a été formé en temps de paix et un seul a existé en temps de guerre (en 1917). Depuis 1921, on a vu huit parlements minoritaires (1921, 1925, 1957, 1962, 1963, 1965, 1972 et 1979) et neuf gouvernements minoritaires (les législatures en 1925 ayant été dirigées alternativement par un gouvernement libéral et un gouvernement conservateur), dont quatre ont été dirigés par les conservateurs et cinq, par les libéraux. Parmi les gouvernements conservateurs (1926, 1957-1958, 1962-1963 et 1979-1980), aucun n'a survécu plus de quelques mois et un seul (1957-1958) n'a pas été défait par un vote de

confiance. Parmi les cinq gouvernements libéraux, un (1925-1926), dirigé par Mackenzie King, démissionne après que le gouverneur général ait refusé d'accorder la dissolution (*voir* KING-BYNG, AFFAIRE). Un autre gouvernement libéral (1972-1974) est défait à la suite de la présentation de son budget, mais l'opinion générale veut qu'il ait recherché la défaite dans l'espoir de recueillir une majorité aux élections qui seraient déclenchées, ce qui a été le cas. Les autres gouvernements minoritaires libéraux (1921-1925, 1963-1965 et 1965-1968) réussissent à obtenir l'appui des tiers partis.

Il est arrivé, dans des parlements minoritaires au Canada, que l'équilibre dépende de partis réformistes de la gauche (Parti progressiste, Co-operative Commonwealth Federation, Nouveau Parti démocratique) ou, occasionnellement, d'un parti régional canadien-français (créditistes). Tous ces partis se méfiaient des intentions du Parti conservateur, qui, de toute façon, n'a pas réussi à adapter ses politiques pour les leur rendre acceptables. Le Parti libéral, par contre, s'est toujours montré disposé à s'accommoder avec les autres partis, ne serait-ce que de façon minimale. Ainsi, si le gouvernement King a su garder la confiance des Communes de 1921 à 1925, c'est en grande partie en faisant sienne la ferme politique antitarifaire préconisée par le PARTI PROGRESSISTE. Les gouvernements minoritaires de Pearson (1963-1965 et 1965-1968) et le gouvernement minoritaire de Trudeau (1972-1974) amadouent le Nouveau Parti démocratique (NPD) en édictant, ou en s'engageant à le faire, des mesures législatives visant à établir le Régime de pensions du Canada, le Régime d'assistance publique du Canada, le Supplément de revenu garanti pour la pension de vieillesse et l'assurance-maladie universelle, de même qu'à remanier de façon non partisane les circonscriptions électorales fédérales, à réglementer les dépenses électorales et à créer Petro-Canada.

Les gouvernements libéraux auraient peut-être fait édicter ces mesures de toute façon. Il reste que la menace d'une défaite imminente a sans doute empreint leurs esprits et conféré une urgence à leurs programmes législatifs. Par contraste, juste après l'élection du gouvernement minoritaire conservateur en 1979-1980, le premier ministre Joe Clark annonce qu'il gouvernera comme s'il détenait une majorité. Il tente, en allant même jusqu'à s'allier avec le Parti libéral et le NPD, de priver les créditistes de leur statut de parti politique reconnu à la Chambre des communes, même si la survie de son propre gouvernement dépend de l'appui de ces derniers. Les créditistes perdent alors leur droit collectif de prendre la parole sur toutes les questions dont la Chambre est saisie, de même que leur droit à un financement public du bureau de recherche de leur caucus. À la tenue du vote de censure en décembre 1979, les créditistes refusent donc d'appuyer le gouvernement, malgré leurs faibles chances d'être réélus.

D. Kwavnick

Gouvernement municipal L'administration municipale est une administration locale créée par les provinces pour assurer la prestation de services qu'il est plus efficace de gérer à l'échelle régionale. Il lui incombe donc d'administrer les VILLES et les municipalités (*voir* ADMINISTRATION LOCALE). Ces dernières se composent de plusieurs agglomérations en milieu rural ainsi que des gouvernements régionaux et métropolitains au service des grandes régions urbaines. Les administrations municipales adoptent des règlements, encaissent des recettes et veillent à la mise en œuvre ou à l'administration des règlements. Ces deux premières tâches incombent au conseil municipal, élu par les contribuables de la localité, qui a le mandat d'agir en tant que législateur régional. Aux termes de la LOI CONSTITUTIONNELLE DE 1982, ce sont les provinces qui délèguent des pouvoirs aux administrations municipales, mais il

revient aux contribuables d'évaluer leur rendement au moyen d'élections à intervalles fixes.

Structures municipales
L'administration relève de la FONCTION PUBLIQUE municipale, constituée de cadres et d'employés nommés par le conseil municipal et regroupés en services.

Réseau de conseils Dans la plupart des administrations municipales, le lien nécessaire entre le processus décisionnel et l'administration est assuré par un réseau de conseils ou de comités mis sur pied par le conseil municipal dans le but de diriger et de surveiller les services publics municipaux. Le nombre de comités créés par les administrations municipales dépend des besoins et des priorités. Chaque comité, constitué d'un nombre précis de conseillers, passe en revue les activités des services auxquels il est rattaché et adresse des recommandations au conseil municipal. En règle générale, les directeurs de services municipaux doivent rendre compte des activités de leur service à un comité, mais il leur arrive aussi parfois d'être redevables envers plusieurs comités, selon la nature de leurs responsabilités. À l'occasion, les comités peuvent recommander des mesures qui vont à l'encontre de celles qui auront été formulées par un autre secteur de responsabilité. Ils tendent aussi à contribuer à la fragmentation de l'administration et du processus décisionnel municipal.

Nombre d'administrations municipales, particulièrement dans les grandes villes, ont soit abandonné, soit modifié ce système. Il existe aujourd'hui au moins quatre autres structures administratives: le conseil de ville et le comité exécutif du conseil municipal coordonnent les mesures au niveau politique, c.-à-d. au conseil municipal, alors que le directeur du conseil d'administration et le conseil des commissaires sont chargés de fonctions similaires, mais au niveau administratif.

Conseil de ville En général, on croit que le conseil de ville est un organisme qui a été instauré par des réformistes municipaux aux États-Unis, alors qu'en fait, il a été créé et instauré à Toronto pendant les années 1890. Aux termes de la *Loi sur les municipalités de l'Ontario*, toutes les municipalités de cette province ayant une population de plus de 100 000 habitants devaient être dotées d'un conseil de ville, bien qu'une modification de cette loi permette aujourd'hui aux conseils municipaux de suppléer à cet organe administratif. C'est d'ailleurs ce que la plupart des municipalités ont choisi de faire. À ce jour, la ville de London, en Ontario, demeure la seule municipalité à posséder un conseil de ville.

Le conseil de ville se compose du maire, qui en dirige les travaux, et de conseillers municipaux, élus par les citoyens de toute la ville, qui font aussi partie à part entière du conseil municipal. D'autres membres du conseil sont habituellement élus pour représenter chaque quartier. Aux termes de la *Loi sur les municipalités*, le conseil de ville est doté de pouvoirs exécutifs, dont celui de préparer les devis annuels, de modifier les contrats et de nommer ou de démettre des cadres et des employés. On critique les conseils de ville parce qu'ils créent deux types de conseillers, ceux élus par l'ensemble des citoyens et ceux élus par quartier. En outre, le conseil municipal a souvent peine à invalider les décisions financières du conseil de ville, puisqu'une telle mesure appelle un vote dont la majorité est établie aux trois quarts des conseillers.

Dans la ville de Toronto, le conseil de ville a finalement été remplacé par un comité administratif composé de membres du conseil municipal. Bien que ce comité soit doté de pouvoirs qui s'apparentent à ceux d'un conseil de ville, il doit rendre des comptes au conseil municipal, lequel contrôle ses membres. Les conseils de ville ont existé en Ontario dans la majeure partie du siècle, mais ils n'ont été adoptés nulle part ailleurs au Canada.

Comités exécutifs du conseil municipal Ces comités existent depuis longtemps à Montréal et à Québec, et une formule similaire a récemment été adoptée à Winnipeg.

Directeur général du conseil Le directeur général du conseil (DGC) peut aussi être appelé directeur municipal, administrateur municipal ou commissaire de la ville. Étant en quelque sorte une version modifiée du système de gestionnaire du conseil municipal très populaire aux États-Unis, ce système s'inspire de l'organisation de l'entreprise. Ainsi, à l'instar d'un conseil d'administration, le conseil municipal ne s'occupe que des questions d'orientation, alors que le directeur municipal, nommé par le conseil, est doté exclusivement de pouvoirs administratifs et doit rendre compte au conseil des gestes qu'il pose en la matière. Bien que certaines administrations municipales au Canada aient adopté cette formule, la plupart d'entre elles nomment un fonctionnaire comme directeur général du conseil et lui donnent la responsabilité de diriger et de coordonner les travaux de la fonction publique. Par conséquent, nombre de conseils municipaux ont aboli les comités, ou le conseil assume les fonctions des comités et reçoit les rapports du directeur général et des autres cadres supérieurs. Dans d'autres cas, les conseils ont restreint le nombre de comités auxquels le directeur général doit rendre des comptes.

Conseil des commissaires La formule appelée conseil des commissaires provient de l'Ouest canadien, notamment des villes d'Edmonton, de Calgary et de Winnipeg. Plutôt que de confier l'ensemble des tâches administratives au directeur général, on nomme un comité de commissaires-gestionnaires dont fait partie le directeur municipal. Chaque commissaire doit s'acquitter de plusieurs responsabilités connexes. Les chefs de service doivent rendre des comptes aux commissaires qui, en tant que membres d'un comité, doivent à leur tour rendre compte au conseil municipal du déroulement des activités de l'ensemble de la fonction publique. Il existe aussi des variantes et des combinaisons de ces structures. Winnipeg s'est dotée d'un comité exécutif auquel se greffe un conseil des commissaires qui doit lui rendre des comptes. La ville de Québec est administrée par un comité exécutif auquel le directeur municipal doit aussi rendre des comptes et London, en Ontario, est gérée par un conseil de ville et un DGC qui lui rend des comptes.

Organismes municipaux Les structures municipales comprennent aussi nombre d'organismes établis à des fins précises, habituellement sous forme de commissions ou de conseils régionaux mis sur pied par le gouvernement provincial, et l'étendue de leur utilisation varie sensiblement selon qu'il s'agisse, entre autres, de commissions de la bibliothèque, des services publics, des transports en commun, des parcs ou de police. Les lois provinciales indiquent les grandes lignes de la marche à suivre pour nommer les membres de ces commissions. La plupart de ces groupes jouissent, selon le cas, d'une certaine autonomie face au conseil municipal, bien que ce soit la municipalité qui finance une grande partie de leurs activités. Parce que ces organismes relèvent à la fois du gouvernement provincial et de l'administration municipale, les contribuables éprouvent parfois de la difficulté à savoir à qui incombe telle ou telle responsabilité.

Maire Contrairement à la pratique dans certaines municipalités américaines où des fonctions comme l'établissement du budget et la nomination de tel ou tel agent administratif incombent au maire, au Canada, l'importance de ce poste tient davantage à la notoriété publique de son titulaire, bien qu'un maire possédant une forte personnalité puisse aussi être un dirigeant très efficace. Le maire, que les lois provinciales désignent aussi comme l'«agent en chef», l'«administrateur en chef» ou le «directeur du conseil municipal», ne jouit en fait que de pouvoirs restreints sans l'appui du conseil municipal. Toutes les provinces exigent que le maire soit élu à la majorité des voix par l'ensemble de la population. En règle générale, les maires canadiens sont tenus de présider toutes les réunions du conseil, sont membres d'office de tous les comités et peuvent adresser des recommandations au conseil municipal.

Relations intergouvernementales Le rapport qui unit les municipalités à la province en est un de subalternes à leur supérieur. Les gouvernements provinciaux légifèrent sur les devoirs des administrations municipales et doivent veiller à leur bien-être. Certaines des responsabilités dont sont chargées les administrations municipales, comme l'exercice des pouvoirs de planification et les FINANCES MUNICIPALES, sont réglementées par les provinces. Les municipalités n'entretiennent pas vraiment de rapports significatifs avec le gouvernement fédéral. Les programmes fédéraux qui ont une incidence sur les municipalités font habituellement l'objet d'ententes fédérales-provinciales.

Annexion et fusion de municipalités

L'agrandissement du territoire des municipalités s'effectue par l'annexion de zones rurales périphériques, que l'on justifie habituellement par le fait que les municipalités urbaines sont plus à même que les zones rurales de fournir plus rapidement des services publics comme l'approvisionnement en eau potable, les réseaux d'égout et les routes. Lorsqu'une grande agglomération urbaine est entourée de plusieurs petites municipalités ou que deux municipalités se sont développées côte à côte et partagent une frontière commune, il peut être compliqué de réglementer la prestation des services nécessaires et la planification ordonnée du développement urbain. Pour résoudre ce problème, on procède alors parfois à la fusion de ces municipalités, qui n'en forment plus désormais qu'une seule.

Seul le gouvernement provincial est habilité à prendre des décisions en matière d'annexion et de fusion des municipalités. Puisque de telles décisions engendrent habituellement bien des remous, la plupart des provinces se sont dotées d'un mécanisme d'audiences publiques sous l'égide de TRIBUNAUX ADMINISTRATIFS comme la Commission des affaires municipales de l'Ontario, le Local Authorities Board de l'Alberta et la Commission municipale du Québec. Dans certaines circonstances, une province peut mettre sur pied une commission spéciale d'enquête pour examiner le dossier et formuler des recommandations. Dans les grandes agglomérations urbaines où plusieurs administrations municipales mènent leurs activités de concert et où la fusion est presque impossible, plusieurs provinces ont formé des GOUVERNEMENTS MÉTROPOLITAINS, aussi appelés districts ou ADMINISTRATIONS RÉGIONALES.

Bien que la fusion soit une solution souvent envisagée dans les centres urbains importants, peu de municipalités s'y sont résolues. Le plus récent cas de fusion importante a eu lieu en Nouvelle-Écosse où les villes de Halifax et de Dartmouth, la municipalité de Bedford et une partie de la municipalité de comté de Halifax ont fusionné.

Le gouvernement ontarien a renoncé à la procédure habituelle de fusion des municipalités et adopté, en décembre 1996, une loi aux termes de laquelle toutes les municipalités de la grande région de Toronto fusionneraient en une seule grande métropole. Cette loi, qui est entrée en vigueur le 1er janvier 1998, s'est traduite par la fusion de sept administrations municipales, celle de Toronto, celles des cinq municipalités et celle de la banlieue. Le projet de fusion a provoqué bien des débats enflammés. La controverse s'est aussi étendue à un projet du gouvernement provincial qui envisageait la possibilité de modifier de façon draconienne la régie et le financement des programmes d'éducation tout en se délestant auprès des municipalités de certains programmes de services sociaux et de santé publique.

T.J. Plunkett

Gouvernement provincial Dans le régime fédéral canadien, les pouvoirs du gouvernement sont répartis entre le gouvernement fédéral et 10 gouvernements provinciaux. Ces derniers ont comme principales responsabilités l'éducation publique, la santé et les services sociaux, les routes, l'administration de la justice et l'ADMINISTRATION LOCALE (par l'entremise des municipalités), mais les chevauchements, et parfois les conflits, avec les intérêts régionaux et nationaux sont tels que les préoccupations provinciales s'étendent pratiquement à tous les domaines d'intérêt public au Canada. Les gouvernements provinciaux peuvent déterminer librement la mesure dans laquelle ils dispensent leurs services publics et chacun d'eux défend à sa façon les intérêts économiques et culturels de sa province.

L'État fédéral constitué par les arrangements constitutionnels qui ont donné naissance au Canada était loin d'être parfait ou idéal. Les PÈRES DE LA CONFÉDÉRATION envisageaient une union fédérale (*voir* FÉDÉRALISME) où prédominerait un gouvernement central fort. Le fait qu'on souhaitait voir les gouvernements provinciaux jouer un rôle secondaire est confirmé par les pouvoirs du gouvernement fédéral de désavouer les lois provinciales pendant l'année qui suit leur adoption (*voir* DÉSAVEU), de nommer les lieutenants-gouverneurs des provinces, de déclarer que des travaux provinciaux sont dans l'intérêt général du Canada ou de deux ou plusieurs provinces, de nommer les juges des cours supérieures, des cours de district et des cours de comté (*voir* MAGISTRATURE) et d'exercer des pouvoirs législatifs étendus. L'évolution de la société canadienne, malgré les poussées centralisatrices provoquées par les deux guerres mondiales et la Crise des années 30, a effrité depuis longtemps ce principe initial de subordination des provinces. Bien que les gouvernements provinciaux contemporains n'aient pas tous une attitude aussi militante que ceux du Québec et de l'Alberta, la plupart réclament un partenariat plus égal avec Ottawa.

La CONFÉDÉRATION attribue au gouvernement central un rôle prépondérant dans la promotion d'une union économique et la stimulation de l'expansion économique nationale grâce au développement des transports (chemins de fer, havres et canaux) et à d'autres mesures de soutien de l'intérêt public (*voir* HISTOIRE DU CHEMIN DE FER), mais, dans les années 1880, l'impulsion qui a présidé à la construction du pays est affaiblie et ne tarde pas à faire place à l'affirmation des intérêts politiques et économiques des provinces. D'autres facteurs contribuent à renforcer la position des gouvernements provinciaux: le leadership politique de porte-parole provinciaux comme Oliver MOWAT, Honoré MERCIER et William FIELDING, l'attitude plus sympathique du premier ministre fédéral sir Wilfrid LAURIER envers les provinces, l'essor d'intérêts économiques axés sur les ressources (*voir* PARTAGE DES COMPÉTENCES LÉGISLATIVES CONCERNANT LES RESSOURCES NATURELLES) dans diverses provinces et le COMITÉ JUDICIAIRE DU CONSEIL PRIVÉ qui en vient à favoriser systématiquement les provinces dans ses décisions sur le partage des pouvoirs entre le fédéral et le provincial.

Les gouvernements provinciaux participent depuis toujours au développement économique de leur région au moyen d'investissements publics dans les transports et dans l'expansion de leurs systèmes scolaires publics. L'élargissement de ces activités, puis l'essor des programmes d'assistance sociale, de santé et d'hospitalisation dans les années 60 et 70 modifient la conception qu'on avait autrefois des fonctions des gouvernements provinciaux et élargissent leur champ d'activité.

Pouvoirs législatifs L'article 92 de la *Loi constitutionnelle de 1867* délimite soigneusement les pouvoirs des provinces en leur attribuant expressément des compétences dans 16 domaines. L'article 91 attribue des pouvoirs au fédéral dans 29 domaines, mais ces pouvoirs sont énumérés pour que soit appliqué avec «plus de garantie» le pouvoir résiduaire général (et controversé) du fédéral de légiférer pour procurer au Canada PAIX, ORDRE ET BON GOUVERNEMENT dans tous les domaines qui ne sont pas attribués exclusivement aux provinces. La portée du pouvoir législatif provincial est définie d'une manière large, au dernier paragraphe de l'énumération de ses pouvoirs, comme «généralement toutes les matières d'une nature purement locale ou privée dans la province». D'autres domaines énumérés sont la propriété et les droits civils, l'administration et la vente des terres publiques appartenant à la province, les hôpitaux, les institutions municipales, les travaux et les entreprises de nature locale, l'incorporation des compagnies ayant des objectifs provinciaux, la célébration du mariage et l'administration de la justice. Les tribunaux constitués par la province appliquent le droit civil et le DROIT CRIMINEL.

Aux termes de l'article 93, l'éducation est de compétence exclusivement provinciale, sous réserve de certaines restrictions. Selon l'article 95, l'agriculture et l'immigration relèvent du pouvoir concurrent des deux ordres, mais avec primauté du fédéral: si les lois viennent en conflit, le gouvernement fédéral l'emporte. La gestion des terres publiques et la propriété provinciale des ressources naturelles s'avèrent particulièrement importantes. Toutefois, les interprétations les plus marquantes de la Constitution au sujet des droits des provinces portent sur le domaine de la propriété et des droits civils. Ces interprétations protègent les compétences provinciales contre les empiétements et confirment expressément le droit des gouvernements provinciaux de réglementer les relations de travail, la commercialisation et les contrats commerciaux.

Les pouvoirs provinciaux de taxation se limitent à la taxation directe (*voir* IMPOSITION) dans la province, c.-à-d. l'impôt sur le revenu des particuliers et des sociétés, les taxes à la consommation et certaines taxes foncières ou certains impôts fonciers. La compétence des provinces sur l'administration et la vente des terres publiques, le bois et la propriété des ressources naturelles leur confère un pouvoir sur la principale source de recettes non fiscales. Aux termes d'une modification constitutionnelle adoptée en 1982 (art. 92A), les provinces obtiennent un pouvoir illimité de taxation («tout mode ou système») dans le domaine des ressources naturelles. Cette modification, qui clarifie et élargit les pouvoirs législatifs et les pouvoirs de taxation des provinces concernant les ressources non renouvelables, les ressources forestières et l'énergie électrique, vise à résoudre les difficultés constitutionnelles occasionnées par la perception de recettes qui tombent dans le domaine de la taxation indirecte.

Le gouvernement fédéral a encore le pouvoir de désavouer une loi provinciale, mais il ne l'a pas fait depuis 1943. Tout Cabinet fédéral qui envisagerait aujourd'hui d'user de son pouvoir de désaveu ferait face à de graves difficultés politiques. Le pouvoir d'un LIEUTENANT-GOUVERNEUR de déférer à la décision du gouverneur général un projet de loi adopté par une Assemblée législative provinciale serait également considéré comme un vestige d'un stade révolu des relations intergouvernementales. Le dernier renvoi du genre, effectué en Saskatchewan en 1961, allait à l'encontre d'une idée reçue depuis 80 ans, selon laquelle ce pouvoir ne serait exercé que sur directive du gouverneur général, et le projet de loi a ensuite été approuvé.

Entre 1867 et 1997, on apporte seulement six modifications constitutionnelles touchant directement les pouvoirs de toutes les assemblées législatives provinciales: celles de 1940, de 1951 et de 1964, qui transfèrent des pouvoirs au gouvernement fédéral avec l'accord des provinces et celles de 1930, de 1931 et de 1982, qui élargissent les pouvoirs des provinces. La modification apportée en 1940 à l'article 91 (paragraphe 2A) attribue au gouvernement fédéral la compétence exclusive à l'égard d'un régime national d'ASSURANCE-CHÔMAGE.

Les nombreux efforts de réforme constitutionnelle tentés depuis les années 60 n'amènent qu'une modification directe de la compétence provinciale: l'article 92A de 1982, un article additionnel sur la taxation dans le domaine des ressources naturelles. L'échec de l'ACCORD DU LAC MEECH conclu en 1987 et de l'ACCORD DE CHARLOTTETOWN conclu en 1992 amènent les gouvernements fédéral et provinciaux à chercher d'autres moyens d'adaptation constitutionnelle. Ces dernières années, la tendance à la décentralisation par voie de transfert de compétences du gouvernement fédéral aux gouvernements provinciaux s'est poursuivie, mais au moyen d'ententes intergouvernementales dans des domaines comme l'immigration et la formation en vue du marché du travail et non par voie de modifications constitutionnelles officielles.

Activités des gouvernements provinciaux Les montants des dépenses gouvernementales n'indiquent qu'en partie l'ampleur des activités des gouvernements provinciaux, mais ils illustrent bien le rôle que jouent les provinces en fournissant des produits et des services publics et en faisant des paiements de transfert aux particuliers. Les dépenses effectuées par tous les ordres de gouvernement passent de 16 p. 100 du produit intérieur brut (PIB) en 1926 à 50 p. 100 du PIB dans le milieu des années 90. Pendant cette période, les dépenses des gouvernements provinciaux (sauf les paiements de transfert entre gouvernements) passent de 3 p. 100 à un sommet de 17 p. 100 en 1992. Les dépenses gouvernementales, notamment les paiements fédéraux de sécurité du revenu et les programmes fédéraux d'aide régionale, sont particulièrement importantes pour les provinces moins prospères. En 1997, les paiements de transfert fédéraux constituent de 36 p. 100 à 43 p. 100 des recettes provinciales dans les provinces de l'Atlantique et 32 p. 100 des recettes du Manitoba. Exprimées en pourcentage du PIB provincial, les dépenses des gouvernements provinciaux de Terre-Neuve, de l'Île-du-Prince-Édouard et du Nouveau-Brunswick sont plus du double de celles de l'Alberta.

Les provinces dépensent surtout pour les soins hospitaliers et médicaux, l'éducation, le soutien du revenu et d'autres services sociaux. La participation de tous les gouvernements provinciaux aux ententes fédérales-provinciales à frais partagés sur l'assurance-hospitalisation et l'assurance-maladie (*voir* POLITIQUE SUR LA SANTÉ) contribue à assurer le respect de normes nationales de service malgré certaines différences touchant les modes de financement et la couverture offerte par les programmes. Par contre, les provinces gardent un haut degré d'autonomie dans la prestation de l'enseignement élémentaire et secondaire et tiennent compte des différences religieuses et linguistiques, ce qui amène une diversité de SYSTÈMES SCOLAIRES.

L'impôt sur le revenu des particuliers, la taxe de vente générale et les recettes tirées des ressources naturelles constituent la plus grande part des recettes des gouvernements provinciaux. L'importance relative de ces sources varie selon les provinces en raison de la grande diversité de leurs assises économiques et de leurs politiques fiscales. En 1997, le Nouveau-Brunswick, la Nouvelle-Écosse et Terre-Neuve ont une taxe de vente harmonisée avec la taxe fédérale sur les produits et services (TPS), tandis que l'Alberta continue d'être la seule province à ne pas percevoir de taxe générale de vente au détail. Depuis 1962, le partage du domaine fiscal de l'impôt sur le revenu entre les gouvernements fédéral et provinciaux est régi par une série d'arrangements quinquennaux sur la fiscalité et la perception de l'impôt. Le gouvernement fédéral perçoit l'impôt sur le revenu des particuliers dans neuf provinces (le Québec fait exception) et l'impôt sur le revenu des sociétés, dans sept provinces (l'Alberta, l'Ontario et le Québec font exception).

L'élargissement des activités provinciales avant les années 80 n'est pas causé seulement par les initiatives propres aux provinces, comme l'instauration de l'assurance-hospitalisation publique et de l'assurance-maladie par la Saskatchewan, et par le fait qu'elles exploitent à fond leurs pouvoirs d'imposition directe et leurs autres capacités de recettes, il est aussi encouragé par le gouvernement fédéral. Les programmes fédéraux à frais partagés dans des domaines de compétence provinciale et les subventions inconditionnelles sous forme de paiements de péréquation contribuent à l'élargissement et au maintien des services publics provinciaux. Depuis 1977, les modalités des arrangements de financement fédéral favorisent un plus haut degré d'autonomie provinciale et, par suite des compressions budgétaires fédérales de plus en plus fortes, limitent les niveaux de soutien fédéral aux programmes d'assistance sociale, de soins hospitaliers, d'assurance-maladie et d'enseignement postsecondaire.

Les compressions budgétaires du gouvernement fédéral réduisent sensiblement les paiements de transfert aux provinces en vue des programmes sociaux au cours des années 90. En 1996, de nouvelles modalités de financement global au titre du Transfert canadien en matière de santé et de programmes sociaux amènent une réduction de l'aide fédérale qui se chiffre à 3,6 milliards de dollars en 1996-1997 et à 2,6 milliards additionnels en 1997-1998. En Colombie-Britannique, p. ex., les transferts de fonds fédéraux, qui constituaient 32 p. 100 des dépenses provinciales pour la santé, l'enseignement postsecondaire et l'aide au revenu en 1986, ne constituent plus que 14 p. 100 de ces dépenses en 1997.

La préoccupation universelle au sujet de l'ampleur des déficits tant provinciaux que fédéraux et de la croissance de la dette publique entraîne des compressions budgétaires accrues dans toutes les provinces. En 1995, les frais de la dette des provinces atteignent 3,3 p. 100 du PIB et l'ensemble des dettes nettes des provinces s'élève à 24 p. 100 du PIB ou 6160 dollars par personne. Les dépenses des gouvernements provinciaux diminuent pour se situer à 15,2 p. 100 du PIB en 1995 et les ministres des Finances de 5 provinces déclarent avoir équilibré leur budget.

Si les dépenses consacrées aux services sociaux constituent la plus grande part des dépenses des gouvernements provinciaux, elles ne constituent qu'un aspect des interventions très variées de ces gouvernements. Les activités de réglementation et les programmes de développement économique dirigés par divers organismes gouvernementaux et diverses SOCIÉTÉS DE LA COURONNE jouent un rôle également important dans la vie des provinces. P. ex., l'indemnisation des accidents du travail, les relations de travail, la mise en marché des produits agricoles, les ventes d'alcool, l'énergie et les entreprises de service public sont réglementées par des organismes provinciaux.

Toutes les provinces ont des sociétés publiques de développement ou d'autres organismes qui accordent des prêts, fournissent de l'aide et prennent d'autres mesures pour encourager l'expansion et la diversification de leur économie et elles se font souvent concurrence entre elles avec divers degrés de succès. D'autres sociétés d'État provinciales, notamment celles qui sont chargées de la production d'énergie électrique, sont aussi importantes pour l'économie des provinces. HYDRO ONTARIO et HYDRO-QUÉBEC, p. ex., ont un actif de plus de 44 milliards de dollars chacune. Toutefois, par suite de la réduction des services et des activités des gouvernements provinciaux à la fin des années 90, on réexamine le rôle de beaucoup de sociétés d'État et d'organismes provinciaux et on privatise certains d'entre eux.

Les réductions de dépenses provinciales effectuées depuis 1991 s'accompagnent d'une baisse de l'effectif global d'employés gouvernementaux qui assurent la gestion et effectuent le travail de bureau et le travail manuel requis pour la prestation des services publics provinciaux. En 1994, l'effectif dépasse légèrement 1 million de personnes, y compris 523 000 employés d'hôpitaux, et la masse salariale globale se chiffre à 34 milliards de dollars. Quant aux entreprises des gouvernements provinciaux, elles comptent 129 000 employés en 1994 et leur masse salariale est de 6 milliards de dollars.

Institutions gouvernementales Les particularités des provinces sur le plan du développement économique et social amènent de fortes différences entre elles sur la scène politique et dans le SYSTÈME DE PARTI politique. Toutefois, toutes les institutions gouvernementales provinciales et tous les principes politiques qui président à leur fonctionnement s'inspirent largement de la tradition britannique du Parlement de Westminster. Le gouvernement de Cabinet pratiqué dans les provinces correspond aux principes du GOUVERNEMENT RESPONSABLE. La Couronne est représentée par la charge de lieutenant-gouverneur. Les décisions d'intérêt public et l'administration provinciale relèvent d'un conseil exécutif, c.-à-d. un cabinet, formé par les ministres de la Couronne et dirigé par un PREMIER MINISTRE PROVINCIAL. Aux fins de l'adoption des lois, une législature est définie comme l'ensemble comprenant le lieutenant-gouverneur et l'Assemblée législative provinciale, de même que le Parlement central comprend la Couronne, le SÉNAT et la CHAMBRE DES COMMUNES. Dans l'usage courant, toutefois, le terme «législature» ne désigne que l'Assemblée.

Quatre provinces avaient à l'origine une législature bicamérale comprenant une assemblée élue et un conseil législatif nommé: le Québec (1867-1968), le Nouveau-Brunswick (1867-1892), la Nouvelle-Écosse (1867-1928) et le Manitoba (1870-1876). L'Île-du-Prince-Édouard avait aussi une législature bicamérale. Toutefois, le Conseil était élu et il a été intégré à la Chambre basse en 1893. Aujourd'hui, toutes les provinces ont un système unicaméral, n'ayant qu'une Chambre élue. Les personnes nommées au Cabinet sont généralement des parlementaires du parti politique qui détient la majorité des sièges à l'Assemblée législative. L'exigence additionnelle voulant que le premier ministre et le Cabinet conservent l'appui de la majorité à l'Assemblée législative est un principe de gouvernement responsable qui a été officiellement reconnu en 1848 par les prédécesseurs coloniaux des quatre provinces fondatrices.

Charge du lieutenant-gouverneur Le gouvernement provincial exerce ses activités au nom de la Couronne. Le lieutenant-gouverneur de la province est le représentant de la Couronne dans tous les domaines de compétence provinciale et quant à l'exercice de toutes les prérogatives qui s'y rattachent. Le lieutenant-gouverneur nomme le premier ministre provincial et les membres de son cabinet et il peut les révoquer. Il convoque, proroge et dissout l'Assemblée législative provinciale et sanctionne les lois provinciales au nom de la Couronne. Le lieutenant-gouverneur a encore le pouvoir de refuser la sanction royale ou de déférer un projet de loi au gouvernement central pour étude. Ce pouvoir est cependant considéré comme désuet ou même totalement impossible à exercer.

En pratique, les responsabilités constitutionnelles du lieutenant-gouverneur sont limitées par les principes du gouvernement responsable et sont exercées sur avis du premier ministre. Les pouvoirs discrétionnaires qui permettent au lieutenant-gouverneur d'agir de son propre chef pour nommer ou révoquer le premier ministre ou dissoudre l'Assemblée législative provinciale gardent une importance dans l'éventualité où on ne saurait pas qui détient l'appui de la majorité à l'Assemblée. Si un premier ministre ou un cabinet agissait d'une manière indiscutablement contraire aux principes constitutionnels, la charge du lieutenant-gouverneur pourrait aussi lui servir à protéger ces principes fondamentaux.

Les lieutenants-gouverneurs sont nommés par le Cabinet fédéral sur l'avis du premier ministre fédéral, et les gouvernements provinciaux participent peu au processus de sélection. Ils reçoivent un traitement fixe payé par le Parlement. Avant 1892, ils étaient considérés comme des dignitaires fédéraux. Le Comité judiciaire du Conseil privé met fin à toute idée de subordination des lieutenants-gouverneurs, et des Assemblées législatives provinciales par voie de conséquence, en statuant que leur nomination émane de la Couronne et que leur charge représente tout autant la Couronne aux fins du gouvernement provincial que la charge de gouverneur général pour le Canada.

Premier ministre et Cabinet Un premier ministre provincial est ordinairement président du Conseil exécutif et jouit de la même primauté en tant que chef de son gouvernement provincial que le PREMIER MINISTRE FÉDÉRAL par rapport à ses collègues du CABINET fédéral. Dans pratiquement tous les cabinets, des ministres sont affectés à des domaines d'intérêt public comme la santé, l'éducation, le travail, les services sociaux, l'énergie, l'environnement, les ressources naturelles (forêts, terres ou mines), le développement économique, l'agriculture, les routes et les transports, le tourisme et les loisirs, la justice (*voir* PROCUREUR GÉNÉRAL), les relations intergouvernementales, les finances, les affaires municipales et les services aux consommateurs.

D'autres postes, comme celui de ministre des Affaires internationales et ministre délégué à la Francophonie au Québec et de ministre responsable des enfants, des familles et de l'égalité de la femme en Colombie-Britannique, correspondent aux engagements politiques d'une province donnée. Les provinces de l'Atlantique, le Québec et la Colombie-Britannique ont des portefeuilles distincts pour les pêches. Certaines provinces ont mis à l'essai des portefeuilles horizontaux qui regroupent sous l'autorité d'un seul ministre les responsabilités d'élaboration et de coordination des politiques dans des domaines larges et généraux (p. ex., le développement social et le développement des ressources), et le Nouveau-Brunswick a adopté la pratique fédérale des ministres d'État agissant à titre d'adjoints. En 1996, le Cabinet provincial moyen compte 18 membres. Le plus grand est celui du Québec (22 membres) et le plus petit, celui de l'Île-du-Prince-Édouard (9 membres).

La taille croissante des cabinets provinciaux et l'attention portée à la planification et à la coordination de la politique globale expliquent la propagation du système des COMITÉS PARLEMENTAIRES du Cabinet. Ce système comprend soit un comité de la politique globale, soit un conseil de gestion, soit un comité de la planification et des priorités, ainsi qu'un Conseil du Trésor (chargé de la politique budgétaire et financière ainsi que de la gestion des services généraux du gouvernement). Ces comités et le Cabinet ont à leur service un secrétariat du Cabinet, un secrétariat des politiques et un secrétariat des communications, qui leur fournissent une aide administrative et professionnelle.

Assemblée législative L'Assemblée législative provinciale (appelée Chambre d'Assemblée en Nouvelle-Écosse et à Terre-Neuve et Assemblée nationale au Québec) est une institution importante qui incarne les valeurs fondamentales de la démocratie canadienne. Comme dans les autres corps législatifs, la promulgation des lois provinciales exige que les propositions législatives du gouvernement (projets de loi) passent par les étapes officielles de la première lecture, de la deuxième lecture, d'un examen détaillé en comité et de la troisième et dernière lecture avant de recevoir la sanction du lieutenant-gouverneur. Le PROCESSUS BUDGÉTAIRE exige aussi que l'Assemblée législative approuve annuelle-

ment les fonds nécessaires aux programmes du gouvernement et que les dépenses ne soient effectuées qu'aux fins autorisées par l'Assemblée législative.

En pratique, le processus législatif laisse rarement place à l'action indépendante. La loyauté des parlementaires envers les partis, le pouvoir de maintenir la discipline que possède la direction des partis et le contrôle du gouvernement sur l'horaire de l'Assemblée donnent au premier ministre et au Cabinet une emprise sur les travaux de l'Assemblée législative. La pratique moderne, fondée sur le gouvernement par l'Exécutif, a considérablement renforcé les pouvoirs de légiférer du Cabinet et de chacun de ses membres. L'importance accordée aux affaires émanant du gouvernement restreint fortement le droit des simples députés de parrainer des projets de loi d'initiative parlementaire, et de tels projets de loi franchissent rarement les étapes nécessaires pour avoir force de loi. La règle générale voulant que seul le gouvernement puisse présenter des propositions de dépenses ou de mesures fiscales limite forcément les initiatives des simples députés.

Les GOUVERNEMENTS MINORITAIRES, comme le gouvernement libéral de l'Ontario de 1985 à 1990, sont rares dans les provinces, et la domination de l'Assemblée par un seul parti a été beaucoup plus fréquente. Le Parti libéral de la Nouvelle-Écosse, pendant 43 ans (1882-1925), et les conservateurs de l'Ontario, pendant 42 ans (1943-1985), ont formé les deux gouvernements qui ont exercé le pouvoir le plus longtemps sans interruption. Le système de scrutin majoritaire uninominal des provinces exagère aussi la majorité du parti ministériel. Dans un cas extrême, les libéraux de Frank McKenna ont remporté tous les sièges à l'Assemblée législative du Nouveau-Brunswick en 1987 avec 60 p. 100 du total des voix, alors que, p. ex., les néo-démocrates de Glen Clark ont remporté 52 p. 100 des sièges en Colombie-Britannique, en 1996, tout en obtenant au total moins de voix que l'opposition libérale.

Malgré le pouvoir du gouvernement au sein de l'Assemblée législative, les débats sur les diverses étapes d'un projet de loi, la période des questions et les autres occasions prévues à l'horaire pour tenir des débats sur les questions d'intérêt public, ainsi que les autres activités qu'exercent les parlementaires pour représenter et servir les gens de leurs circonscriptions, contribuent à obliger le gouvernement à rendre des comptes dans une certaine mesure. À l'Assemblée législative, le premier ministre et les membres du Cabinet sont généralement pressés de répondre de leur façon de diriger et de gérer les affaires de la province, et la couverture médiatique des délibérations par les membres de la Tribune de la presse permet au public de surveiller le gouvernement. Toutes les provinces publient maintenant un HANSARD (un compte rendu des débats et des travaux), et les débats de la Saskatchewan, du Québec, de la Colombie-Britannique, de l'Ontario, de la Nouvelle-Écosse et du Nouveau-Brunswick sont entièrement télédiffusés en direct.

À en juger par le nombre de jours de débats, les assemblées législatives provinciales sont moins actives que la Chambre des communes. Ces dernières années, toutefois, la longueur de leurs sessions a augmenté et la production législative de ces sessions a généralement été plus forte que celle d'Ottawa. La plupart des assemblées législatives siègent pendant 75 jours ou plus par année et le nombre moyen de lois d'intérêt public qu'elles adoptent dépasse souvent le nombre de lois adoptées par la Chambre des communes. Cela dénote non seulement les programmes politiques plus étoffés de plusieurs gouvernements provinciaux, mais aussi la plus forte emprise du Cabinet sur une assemblée plus petite.

Toutes les assemblées législatives provinciales ont un système de comités permanents et font appel à des comités spéciaux pour faire enquête sur certains domaines d'intérêt public. La tradition de l'Assemblée nationale du Québec veut que les comités soient particulièrement bien dotés, mais ailleurs, les ressources et l'importance des comités sont plus restreintes qu'à Ottawa. En 1997, la rémunération globale des simples députés (qui inclut le traitement et, à certains endroits, des allocations non imposables) est de 39 000 dollars à 51 000 dollars dans les trois provinces maritimes, de 54 000 dollars à 60 000 dollars à Terre-Neuve et dans les provinces des Prairies, et de 69 000 dollars à 78 000 dollars en Colombie-Britannique, en Ontario et au Québec.

Les pressions exercées pour que les gouvernements rendent davantage de comptes amènent certaines provinces à tenter des expériences de démocratie plus directe, au moyen de référendums p. ex.. Ainsi, la Colombie-Britannique prévoit des dispositions permettant des initiatives de la population et la révocation de représentants élus. La réduction des effectifs gouvernementaux touche aussi les assemblées législatives provinciales. En 1996, le nombre de leurs membres varie de 27 à l'Île-du-Prince-Édouard à 130 en Ontario et 125 au Québec. L'Alberta compte 83 sièges, la Colombie-Britannique 75 et le Manitoba 57. En 1995 et 1996, le nombre de parlementaires est réduit dans la moitié des provinces: au Nouveau-Brunswick, il passe de 58 à 55; en Saskatchewan, de 66 à 58; à Terre-Neuve, de 52 à 48. L'Île-du-Prince-Édouard remplace ses 16 circonscriptions à deux députés par 27 circonscriptions à un député, et l'Assemblée de l'Ontario, ayant adopté le nouveau découpage des circonscriptions électorales fédérales, ramène à 103 le nombre de ses parlementaires. Contrairement à l'ère expansionniste et constructrice des années 60 et 70, les années 90 sont pour les gouvernements provinciaux une décennie de raffermissement et de restrictions généralisées.

Norman J. Ruff

Gouvernement représentatif Gouvernement muni d'une assemblée élue, du moins en partie, par le peuple. Dans les colonies où les Anglais se sont établis, il a longtemps été admis que même si la Couronne peut instituer un gouvernement, seule une assemblée législative où les habitants sont représentés, ou encore le Parlement britannique lui-même, peut lever des impôts ou légiférer. Dans les colonies conquises, la Couronne peut légiférer selon son gré. Cependant, lorsqu'on promet ou que l'on accorde une assemblée à une colonie, seul le Parlement peut révoquer ce privilège. La façon dont les provinces canadiennes se sont vu accorder des assemblées représentatives diffère grandement de l'une à l'autre, de même que les pouvoirs qui leur sont dévolus. En Nouvelle-Écosse, à partir de 1719, les commissions des gouverneurs s'occupent de créer une assemblée et la première assemblée élue dans ce qui est le Canada actuel se réunit à Halifax le 2 octobre 1758. En raison des difficultés de communication, la Couronne accorde à l'Île-du-Prince-Édouard un gouvernement séparé en 1769, et une assemblée élue en 1773. En 1784, à la suite de l'arrivée massive de LOYALISTES, le Nouveau-Brunswick se sépare de la Nouvelle-Écosse et on le dote d'institutions représentatives. En 1832, après de grands débats avec l'Angleterre, Londres demande au gouverneur de Terre-Neuve de convoquer une assemblée.

Partout ailleurs, c'est à partir de lois que sont créées les institutions représentatives d'aujourd'hui. On promet une assemblée à la colonie conquise du Canada, mais le Parlement britannique promulgue l'ACTE DE QUÉBEC de 1774 qui accorde le pouvoir de légiférer au gouverneur et à un conseil, privant ainsi la Couronne du sien. Une seconde loi britannique, l'ACTE CONSTITUTIONNEL de 1791, crée le Haut-Canada et le Bas-Canada, chacun doté d'une assemblée. Une troisième loi, l'ACTE D'UNION de 1840 (proclamée en 1841), réunit les deux Canadas et instaure leur Parlement. Une quatrième loi, l'ACTE DE L'AMÉRIQUE DU NORD BRITANNIQUE de 1867, crée les provinces du Québec et de l'Ontario et mène à l'établissement de leurs assemblées actuelles. La colonie de l'île de Vancouver possède son assemblée de 1856 à 1858, mais le corps législatif actuel de la Colombie-Britannique est issu de l'assemblée législative instituée par l'autorité britannique avant la Confédération. Elle est élue pour la première fois en 1871.

En 1870, le Parlement canadien crée le Manitoba à partir du territoire appartenant à la compagnie de la baie d'Hudson, en lui accordant des institutions représentatives. Lorsqu'on met en cause la validité de la LOI SUR LE MANITOBA, le Parlement britannique confère au Parlement canadien, l'année suivante, le pouvoir de créer des provinces à partir des mêmes territoires. En 1886, les anciens Territoires du Nord-Ouest sont dotés, par une législation fédérale, d'une assemblée entièrement élue (*voir* LOI SUR LES TERRITOIRES DU NORD-OUEST). Le fédéral crée également, en 1905, les provinces de l'Alberta et de la Saskatchewan qui sont dotées à leur tour d'assemblées élues (*voir* PROJETS DE LOI D'AUTONOMIE). Le Parlement crée le Yukon en 1898 et lui accorde un conseil territorial totalement élu en 1908. Le conseil des Territoires du Nord-Ouest, institué en 1905, devient partiellement électif en 1951 et entièrement électif en 1974. Si l'histoire peut servir de guide, ces conseils territoriaux sont les précurseurs d'assemblées provinciales. La transition d'un gouvernement représentatif à un gouvernement responsable se produit à des rythmes variables selon les circonstances dans une province donnée (*voir* GOUVERNEMENT RESPONSABLE). (*Voir aussi* GOUVERNEMENT PROVINCIAL.)

J. Murray Beck

Gouvernement responsable Dans un sens large, un gouvernement responsable est responsable devant la population. Au sens propre cependant, tel que celui du Canada, il désigne un gouvernement responsable devant les représentants de la population, c.-à-d. un conseil exécutif ou Cabinet dépendant collectivement du vote majoritaire de l'assemblée législative. Ce principe de base de responsabilité par lequel un gouvernement doit bénéficier de la confiance du Parlement, tire son origine de la pratique britannique établie. Contrairement au gouverneur qui ne ferait que suivre les conseils (c.-à-d. la politique) des ministres responsables de la colonie, sa mise en application en Amérique du Nord britannique permet aux colonisateurs d'exercer un contrôle sur leurs affaires intérieures, sauf toutefois sur celles qui sont d'intérêt impérial. Ce contrôle s'étend peu à peu de façon à ce que les Canadiens, par des gouvernements fondés sur des parlements élus, acquièrent graduellement la maîtrise de leurs intérêts politiques, atteignant ainsi sans révolution l'autodétermination.

En Amérique du Nord britannique, dans les années 1830, ce sont surtout des loyaux admirateurs du modèle britannique qui reprennent le concept de gouvernement responsable. Ces derniers cherchent un moyen de répondre au mécontentement vis-à-vis des oligarchies locales rigides et de garder ainsi les provinces fermement, mais librement, au sein de l'Empire. Des radicaux comme William Lyon MACKENZIE et Louis-Joseph PAPINEAU préfèrent le système électoral américain, mais Joseph HOWE en Nouvelle-Écosse et Robert BALDWIN du Haut-Canada démontrent une meilleure compréhension, meilleure même que celle de lord DURHAM, partisan influent du gouvernement responsable, puisqu'ils se rendent compte de la nécessité de partis politiques organisés.

Howe, en Nouvelle-Écosse, ainsi que Baldwin et Louis-Hippolyte LA FONTAINE dans la PROVINCE DU CANADA, créent des partis réformistes, forts et modérés, visant à obtenir des gouvernements responsables. Vers 1848, c'est une Angleterre libérale et impérialiste qui leur permet d'avoir gain de cause. On l'accorde ensuite aux autres colonies de l'Est: à l'Île-du-Prince-Édouard en 1851, au Nouveau-Brunswick en 1854, et finalement à Terre-Neuve en 1855. Les provinces de l'Ouest l'obtiennent au fur et à mesure qu'elles entrent dans la CONFÉDÉRATION.

J.M.S. Careless

Gouvernement territorial Les deux territoires canadiens, les TERRITOIRES DU NORD-OUEST et le YUKON, vivent actuellement une période de transition majeure. Ils sont encore gouvernés par le gouvernement fédéral et chacun par un gouvernement territorial qui détient un pouvoir délégué. Les pouvoirs législatifs du gouvernement des Territoires du Nord-Ouest lui sont conférés par la *Loi sur les Territoires du Nord-Ouest*, et ceux du gouvernement du Territoire du Yukon lui sont conférés par la *Loi sur le Yukon*. Le gouvernement de chaque territoire est dirigé par un commissaire nommé par le fédéral, mais dont les fonctions sont de plus en plus symboliques, ressemblant aujourd'hui à celles du LIEUTENANT-GOUVERNEUR d'une province.

Depuis le milieu des années 70, le gouvernement fédéral, par l'entremise du ministre des AFFAIRES INDIENNES ET DU NORD CANADIEN, transfère de plus en plus de responsabilités à l'Assemblée législative de chaque territoire. Dans les deux cas, les responsabilités législatives du commissaire en conseil sont assez analogues à celles que la *Loi constitutionnelle* attribue aux provinces. Au Yukon, les candidats qui veulent siéger à l'Assemblée législative font campagne sous la bannière d'un parti, et le parti qui remporte le plus de sièges forme le Cabinet. Le chef du parti victorieux exerce la charge de premier ministre. Dans les Territoires du Nord-Ouest, la politique de partis est absente du processus électoral. Les parlementaires sont élus à titre personnel. Ils participent tous à l'élection du premier ministre et du président de l'Assemblée. Les sept autres membres du Cabinet sont ensuite élus de la même façon. Toutefois, il appartient au premier ministre d'attribuer les portefeuilles des ministères et de diriger le gouvernement de Cabinet.

Les profonds changements en cours s'effectuent différemment au Yukon et dans les Territoires du Nord-Ouest. Au Yukon, le gouvernement territorial s'adapte à une nouvelle relation avec les peuples autochtones du Territoire. En 1993, le Canada conclut une entente-cadre finale pour régler les revendications ancestrales des peuples autochtones du Yukon (*voir* TRAITÉS INDIENS; REVENDICATIONS TERRITORIALES). La population autochtone se répartit en 14 communautés reconnues des PREMIÈRES NATIONS, dont chacune doit négocier sa propre entente-cadre finale ainsi qu'une entente d'autonomie gouvernementale avec le gouvernement du Canada et celui du Yukon. La création des gouvernements des Premières Nations dans le Territoire peut signifier que ceux-ci partageront certaines responsabilités avec le gouvernement du Yukon, ou qu'ils fonctionneront de façon parallèle en dispensant l'éducation, les services sociaux et d'autres services à leurs communautés pendant que le gouvernement territorial les dispenserait à la population non autochtone. La relation entre les gouvernements autochtones et le gouvernement territorial du Yukon reste encore à définir.

Les Territoires du Nord-Ouest prévoient se scinder. Les INUITS forment la plus grande partie de la population du centre et de l'est de l'Arctique. Depuis le milieu des années 70, les Inuits des Territoires du Nord-Ouest appliquent une stratégie à deux volets en vue de régler leurs revendications ancestrales en suspens et d'obtenir l'autonomie gouvernementale. Contrairement aux peuples autochtones du Yukon et de l'ouest des Territoires du Nord-Ouest, les Inuits cherchent à établir dans le centre et l'est de l'Arctique un gouvernement populaire, sur lequel ils auraient la haute main étant donné qu'ils y forment une forte majorité. En 1993, le Parlement du Canada a adopté la *Loi concernant l'Accord sur les revendications territoriales du Nunavut* et la *Loi sur le Nunavut*. Cette dernière établissait la division des Territoires du Nord-Ouest en 1999 et prévoyait le cadre qui a permis d'instaurer le gouvernement du NUNAVUT et celui de l'Ouest des Territoires du Nord-Ouest.

Depuis le 1ᵉʳ avril 1999 On a choisi Iqaluit comme capitale du Nunavut. Établi en vertu de la Loi de juin 1993, le Nunavut devient une entité constitutionnelle en avril 1999. À l'époque où il a été reconnu par le Parlement, le Nunavut comptait une population d'environ 15 000 habitants, dont 80 p. 100 étaient des Inuits bénéficiaires de l'Accord sur les revendications territoriales du Nunavut, conclu aussi en juin 1993.

Sur le plan politique, le Nunavut possède sa propre assemblée législative avec 19 sièges, laquelle est munie de pouvoirs équivalents à ceux de tout autre territoire fédéral, ainsi que sa propre Cour suprême. Paul Okalik est le premier chef territorial du Nunavut

Katherine A. Graham

Gouverneur L'office de gouverneur de la NOUVELLE-FRANCE a été créé avant même l'instauration d'un système complet de gouvernement dans la colonie. Le gouverneur est le représentant officiel du roi. Cette fonction de prestige et d'importance est toujours confiée à un noble, par commission royale, et le titulaire est révocable à volonté. Chaque année, il rend compte de son administration au MINISTRE DE LA MARINE qui assume la responsabilité des colonies.

Le gouverneur exerce des pouvoirs étendus. Il est particulièrement responsable des affaires extérieures (relations avec les nations amérindiennes et avec les colonies britanniques d'Amérique du Nord) et des questions militaires. Commandant en chef de l'armée, il décide de la guerre ou de la paix. En concertation avec l'INTENDANT, il veille au développement de la colonie, participe à la concession des terres en seigneuries (*voir* RÉGIME SEIGNEURIAL) et au contrôle de la TRAITE DES FOURRURES. Par son prestige, son pouvoir et ses recommandations, il joue un rôle politique et social considérable.

Samuel de CHAMPLAIN, nommé représentant du roi dans la colonie, a été le premier à porter le titre. FRONTENAC, Philippe de Rigaud de VAUDREUIL et son fils Pierre de Rigaud de VAUDREUIL sont les gouverneurs qui se sont le plus illustrés à l'époque de la Nouvelle-France.

Les responsabilités qui incombent à cette fonction de prestige ont varié selon les régimes politiques. Sous le Régime anglais (1760-1867), après avoir contrôlé entièrement les destinées de la colonie, il doit de plus en plus tolérer l'examen de ses décisions par une assemblée de députés et finalement suivre ses directives. À compter de 1867, le GOUVERNEUR GÉNÉRAL est toujours le représentant de la royauté, mais sa fonction devient à peu près purement honorifique.

Jacques Mathieu

Gouverneur général Depuis les débuts du peuplement européen au Canada, il y a toujours eu sans interruption un gouverneur ou un gouverneur général à la tête du pays à titre de représentant résident de la COURONNE. Même si cette charge, dans sa conception moderne, est généralement perçue comme une institution d'origine britannique, la très honorable Adrienne Clarkson, actuelle gouverneure générale, est en fait le 63ᵉ successeur de Champlain, qui est devenu gouverneur en 1627, et le 25ᵉ depuis que lord MONCK a été assermenté lors de la CONFÉDÉRATION, le 1ᵉʳ juillet 1867. Jeanne SAUVÉ, le 60ᵉ gouverneur général, a été la première femme nommée à ce poste.

La charge a évolué lorsque le Canada est passé d'un statut de colonie à celui de pays. Au début, les gouverneurs généraux représentaient les gouvernements impériaux et étaient responsables devant divers ministres coloniaux. Après la Confédération, ils ont été habilités à gouverner selon les vœux du PREMIER MINISTRE du Canada en ce qui a trait aux questions internes, mais ils étaient encore obligés de s'en tenir à la politique britannique en matière de RELATIONS EXTÉRIEURES jusqu'à la Première Guerre mondiale. Après le STATUT DE WESTMINSTER de 1931, ils sont devenus les représentants personnels du SOUVERAIN. Enfin, le 1ᵉʳ octobre 1947, George VI a officiellement délégué au gouverneur général tous les pouvoirs du souverain au Canada. En 1952, Vincent MASSEY a été le premier Canadien nommé gouverneur général depuis Pierre DE VAUDREUIL. Par la suite, l'alternance entre un gouverneur général anglophone et un gouverneur général francophone est devenue une tradition.

Au Canada, comme dans bien d'autres monarchies constitutionnelles, il existe une nette distinction entre le poste de chef d'État et celui de chef du gouvernement. Ce dernier est occupé par le premier ministre fédéral, qui est un chef politique élu. Le premier est occupé par le gouverneur général qui, tout comme le souverain, est au-dessus de la politique. Nommé par le souverain sur recommandation du premier ministre fédéral, le gouverneur général exerce habituellement un mandat d'au moins cinq ans. Si le premier ministre fédéral est le porte-parole de la majorité politique, le gouverneur général quant à lui représente le pays entier.

Après son entrée en fonction (lors d'une cérémonie qui se déroule normalement dans la salle du Sénat), le gouverneur général porte le titre de «très honorable» a vie et de «Son Excellence» pour la durée de son mandat. Le titulaire dispose de deux résidences: RIDEAU HALL, qui fait partie d'un domaine de 36 ha donnant sur la rivière des Outaouais, ainsi que les appartements du gouverneur à la CITADELLE DE QUÉBEC. L'étendard personnel du gouverneur général est hissé lorsque le titulaire est à sa résidence et a préséance sur tous les autres drapeaux au Canada, sauf celui du monarque. Il est bleu foncé et porte en son centre l'emblème doré du Canada, un lion couronné tenant dans sa patte gauche une feuille d'érable stylisée.

Le Parlement a trois composantes: le SÉNAT, la CHAMBRE DES COMMUNES et la Couronne. À titre de représentant de la Couronne, le gouverneur général convoque, proroge et dissout le Parlement, autorise les traités, reçoit et délègue les ambassadeurs, attribue les commissions aux officiers des Forces armées et accorde la sanction royale aux projets de loi adoptés par les deux chambres, à savoir les Communes et le Sénat, leur donnant ainsi force de loi. Suivant les conventions constitutionnelles, le gouverneur général exerce ces prérogatives seulement sur conseil des ministres. Néanmoins, conformément à ces mêmes conventions, le titulaire conserve des pouvoirs personnels spéciaux en cas d'urgence ou de circonstances exceptionnelles, qui lui permettent alors de nommer ou de destituer un premier ministre fédéral et de dissoudre le Parlement. À au moins deux reprises (en 1891 et en 1893) depuis la Confédération, des gouverneurs généraux (en l'occurrence, lord STANLEY et lord ABERDEEN) ont dû désigner un premier ministre, mais ils n'ont jamais été obligés d'en renvoyer un. À au moins une occasion (en 1926), un gouverneur général (le vicomte BYNG) a refusé de suivre l'avis du premier ministre et de dissoudre le Parlement (*voir* KING-BYNG, AFFAIRE).

Le gouverneur général est aussi investi des pouvoirs constitutionnels de chef d'État, c.-à-d. le droit d'être consulté, le droit d'encourager et le droit de mettre en garde. C'est en recevant les actes minutaires du Cabinet et les visites à intervalles réguliers du premier ministre fédéral et des fonctionnaires du gouvernement que le gouverneur général exerce habituellement ces droits. Le gouverneur général détient le pouvoir exécutif du gouverneur en conseil, sur l'avis du CONSEIL PRIVÉ du Canada (dont la composante la plus importante est le CABINET), et signe les DÉCRETS.

Aux termes de la loi, le gouverneur général est désigné commandant en chef des Forces armées, et il est chargé d'assermenter les ministres et de délivrer des commissions aux hauts fonctionnaires de l'État. Le titulaire est chancelier de l'Ordre du Canada et de l'Ordre du mérite militaire, et il est responsable de l'administration de l'ensemble du système canadien des distinctions honorifiques (*voir* TITRES ET DÉCORATIONS). Le gouverneur général est l'hôte officiel des chefs d'État en visite au pays et peut représenter le Canada à l'étranger.

Ses nombreuses fonctions d'accueil et ses multiples déplacements au Canada permettent au gouverneur général de connaître mieux que quiconque le pays, la population et les questions du jour. La charge de gouverneur général constitue aussi le symbole de la nation et de la continuité du pays. Sa présence discrète, qui transcende les divisions et les différences, incarne l'acceptation de loyautés héritées du passé et d'idéaux qui perdurent. (*Voir aussi* GOUVERNEUR; GOUVERNEURS GÉNÉRAUX DU CANADA.)

Jacques Monet, S.J.

Gouzenko, Igor Sergeievich, officier de renseignements et auteur (Rogachov, URSS, 13 janv. 1919—près de Toronto, fin juin 1982). Formé comme agent de renseignements au début de la Seconde Guerre mondiale, il est employé, en 1943, comme chiffreur de l'ambassade soviétique à Ottawa. Il y découvre que les services de renseignements soviétiques opèrent au Canada plusieurs réseaux d'espionnage. Déçu par la vie et la politique en Union soviétique, il décide de passer à l'Ouest en 1945, quand il apprend qu'il est sur le point d'être rapatrié avec sa famille. Le 5 septembre, il quitte l'ambassade en emportant des documents prouvant l'espionnage des Soviétiques. Au début, personne à Ottawa ne le prend au sérieux. Ce n'est que le 7 septembre, après l'échec d'une tentative soviétique pour le capturer de nouveau, que Gouzenko et sa famille se voient offrir une protection policière. Lorsque les activités d'un large réseau d'espionnage deviennent évidentes, le gouvernement de Mackenzie KING autorise l'arrestation de 12 suspects. Après interrogation, ils sont traduits devant une commission royale. Les témoignages et les preuves de Gouzenko font impression sur les commissaires qui, en juillet 1946, confirment l'existence d'un réseau visant à s'approprier, entre autres, les secrets de la bombe atomique. Par la suite, de nombreux suspects sont arrêtés et emprisonnés.

Gouzenko change de nom et, jusqu'à sa mort, jouit avec sa famille de la protection de la police. En 1948, il publie une autobiographie *This Was My Choice*, puis obtient le prix du gouverneur général en 1954 pour son roman *The Fall of a Titan*. Il émerge de l'ombre de temps à autre, portant toujours un masque de protection que la plupart des Canadiens connaissent bien. Même sa mort, qui semble être due à des causes naturelles, est entourée du plus grand secret.

Robert Bothwell

Gowan, Elsie Park, née Young, dramaturge (Helensburgh, Écosse, 9 sept. 1905). Gowan immigre à Edmonton avec sa famille en 1912 et travaille comme institutrice rurale avant de fréquenter l'U. de l'Alberta, où elle obtient un baccalauréat spécialisé en histoire (1926-1930). Sa collaboration avec la Dramatic Society de l'université et sa directrice Elizabeth Sterling HAYNES, l'amène à exprimer par le théâtre son intérêt pour les questions d'ordre historique, économique et social. Elle aborde souvent ces questions d'un point de vue fortement libéral, à la fois féministe et socialiste.

De 1930 à 1958, Gowan participe activement au théâtre éducatif et communautaire à Edmonton et dans la province. Elle est membre du jury et professeure à la Banff School of Fine Arts (*voir* BANFF CENTRE). Elle est aussi membre permanent de la petite scène d'Edmonton. Sa principale contribution demeure toutefois ses pièces de théâtre et ses radio théâtres, parmi lesquels *Breeches From Bond Street* (1949), dans lequel elle décrit avec beaucoup d'humour la réception, dans le sud de l'Alberta, d'une mariée achetée par correspondance. Sa comédie en trois actes, *The Last Caveman*, est présentée pour la première fois par LA PETITE SCÈNE d'Edmonton en 1938, puis en tournée en 1946 et en 1947 avec le Everyman Theatre, l'une des premières troupes de théâtre professionnel de l'Ouest canadien. Toutefois, les possibilités offertes par le théâtre étant limitées, elle écrit beaucoup pour la radio (*voir* RADIO, THÉÂTRE DE LANGUE ANGLAISE À LA).

Ses deux premières séries de radio théâtrales historiques, *New Lamps for Old*, rédigées en collaboration avec Gwen Pharis RINGWOOD (1936-1937), et *The Building of Canada* (1937-1938), sont des commandes de la station CKUA de l'U. de l'Alberta. Elles sont rediffusées par le réseau anglais de Radio-Canada, rejoignant ainsi un public national. De 1939 à 1958, Gowan rédige plus de 200 pièces pour la radio locale et nationale, dont certaines rejoignent des auditoires aux États-Unis, en Grande-Bretagne, en Australie, dans les Caraïbes et en Amérique du Sud. Ses séries offrent un point de vue extrêmement intéressant sur une société canadienne en mutation pendant et après la guerre. Elles examinent des questions comme l'aide sociale, les maladies mentales, la réhabilitation des détenus, les familles dysfonctionnelles, les garderies, les grossesses de femmes célibataires et l'évolution de la condition féminine.

Après le décès de son mari, en 1958, Gowan retourne à l'enseignement et met fin à sa carrière d'écrivaine, mais elle continue de diriger des ateliers d'écriture, surtout pour les personnes âgées. Sa contribution à la culture canadienne en tant que professeure, historienne et dramaturge lui vaut un Prix d'art dramatique du Canada (1942), un Provincial Achievement Award for Excellence in Literature (1977), un doctorat honorifique de l'U. de l'Alberta (1982) et l'accession à l'Edmonton Hall of Fame (1993).

Moira Day

Gowan, sir James Robert, avocat, juriste et sénateur (Cahore, comté de Wexford, Irl., 22 déc. 1815—Barrie, Ont., 18 mars 1909). À 27 ans, il est le plus jeune juge nommé dans le Canada-Ouest et il siège de 1843 à 1883. Il organise le système judiciaire du nouveau district de Simcoe, le plus grand territoire de la colonie. Gowan occupe aussi la fonction de rédacteur de lois officieux pour sir John A. MACDONALD et participe à plusieurs commissions royales d'enquête. Ces fonctions l'obligent à faire partie de tous les comités chargés de réviser les lois du Canada-Ouest, de l'Ontario et du Canada d'après 1867, ainsi que de la commission qui enquête sur le SCANDALE DU PACIFIQUE en 1873. Gowan dirige aussi plusieurs conseils dans le domaine de l'éducation et fonde, en 1855, la première revue juridique du Canada-Ouest, *The Upper Canada Law Journal*, aujourd'hui devenue *La Revue du barreau canadien*. Enfin, il est nommé au Sénat en 1885.

D.H. Brown

Grace, Nathaniel Hew, chimiste (Allahabad, Inde, 10 nov. 1902—Rochester, Alb., 13 nov. 1961). Fils de missionnaire, Grace étudie dans des écoles de Californie et de la Saskatchewan. Diplômé de l'U. de la Saskatchewan en 1925, il obtient un doctorat en chimie physique à l'U. McGill en 1931. Au cours des 20 années qui suivent, il travaille au CONSEIL NATIONAL DE RECHERCHES DU CANADA à Ottawa, où ses nombreuses contributions comprennent notamment des travaux novateurs sur les régulateurs de croissance des plantes. Il est nommé membre de l'Ordre de l'Empire britannique, en 1946, pour ses recherches relatives aux pénuries de matières premières en temps de guerre. En 1951, il devient le premier directeur de recherches permanent au ALBERTA RESEARCH COUNCIL. Sous son égide, l'Alberta Research Council se lance dans de nouveaux et importants domaines de recherche, notam-

ment les eaux souterraines et la grêle. L'énergie qu'il consacre aux recherches ayant des débouchés sociaux importants et son attachement à la haute qualité scientifique permettent à Grace de jeter les bases du rôle important que jouera l'Alberta Research Council dans le développement de l'Alberta.

E.J. Wiggins

Grads d'Edmonton Le Commercial Graduates Basketball Club, nom officiel de l'équipe du McDougall Commercial High School d'Edmonton, est dirigé par Percy Page. D'abord une équipe d'école secondaire, les Grads domineront le BASKETBALL féminin de 1915 à 1940, gagnant 93 p. 100 de leurs matchs et 49 des 51 séries régionales. L'équipe ne perd pas une seule série des championnats internationaux Underwood et remporte le championnat à 23 reprises. Après avoir perdu la première série du championnat nord-américain (1933), les Grads reviennent en force pour remporter les 3 championnats suivants (1934, 1935 et 1936). En 1924, l'équipe participe à 6 matchs dans le cadre des Jeux olympiques féminins et se rend à Paris à l'invitation de la Fédération internationale du sport féminin, qui déclare les Grads championnes du monde. En 1928, les Grads gagnent les championnats de France et d'Europe et, en 1936, elles participent à 9 matchs à l'occasion des Olympiques de Berlin. Au cours de ses 3 tournées en Europe, l'équipe sort victorieuse des 24 matchs qu'elle dispute. Au moment de leur retraite, les Grads détiennent 108 titres locaux, provinciaux, de l'Ouest, nationaux, internationaux et mondiaux.

Durant les 25 années de carrière des Grads, on compte seulement 48 joueuses inscrites sur les listes officielles des matchs. Si l'on tient compte d'un noyau originel de 5 joueuses, le roulement moyen est de moins de 2 joueuses par année. Toutes, sauf 2, sortent de l'école où Page enseignait. Les nombreux succès des Grads leur valent d'être tenues en haute estime tant au Canada qu'à l'étranger. C'est avec fierté que les gens d'Edmonton les considèrent comme les représentants de leur ville, tandis que les rédacteurs sportifs en parlent comme d'une institution nationale. Le plus grand compliment vient probablement de l'inventeur du basketball, James NAISMITH, selon qui il s'agit de «la meilleure équipe de basketball à avoir mis les pieds sur un terrain».

Cathy Macdonald

Gradus, Lawrence, chorégraphe (Brooklyn, New York, 30 oct. 1936). Il reçoit sa formation à New York et fait ses débuts sur scène en 1951 avec l'American Ballet Theatre, où il passe de membre du corps de ballet à soliste. Il se joint aux GRANDS BALLETS CANADIENS en 1968 et, avec Ludmilla CHIRIAEFF, fonde Les Compagnons de la danse, une troupe-école qui se produit en tournée. Gradus crée sa propre compagnie, Entre-six (1974), et reçoit un an plus tard le prix Jean A. Chalmers pour la chorégraphie. En 1980, il déménage à Ottawa où il devient le premier directeur artistique du THÉÂTRE-BALLET CANADIEN. Il démissionne en 1989 et travaille depuis comme maître de ballet, professeur et chorégraphe à l'occasion.

Jillian M. Officer

Graham, Andrew, commerçant de fourrures (probablement près d'Édimbourg, Écosse, v. 1733—Prestonpans, Écosse, 8 sept. 1815). Graham travaille pour la COMPAGNIE DE LA BAIE D'HUDSON à Churchill, à YORK FACTORY et à Fort Severn (1749-1775). En 1771, un poisson et quatre oiseaux qu'il envoie de Fort Severn deviennent des «spécimens types» quand Johann Reinhold Forster leur donne un nom latin en Angleterre. À York Factory, en 1771-1772, en association étroite avec le chirurgien Thomas Hutchins, Graham écrit d'importantes observations sur les autochtones, les oiseaux et les mammifères de la BAIE D'HUDSON, dont la première description des «trous de plongée» faits par la chouette lapone (*voir* HIBOU) pour attraper des souris dans la neige profonde. Graham décrit 111 espèces d'oiseaux et Hutchins en rajoute 12. Près de

200 ans plus tard, la contribution de ces deux hommes est mise à jour par Glyndwr Williams, qui publie leurs découvertes en 1979 sous le titre de *Andrew Graham's Observations on Hudson Bay, 1767-1791*.

C. Stuart Houston

Graham, Howard Douglas, avocat et officier de l'armée (Buffalo, N.Y., 15 juill. 1898—Oakville, Ont., 28 sept. 1986). S'étant enrôlé à 17 ans, ce vétéran de la Première Guerre mondiale monte jusqu'au poste de chef d'état-major général de 1955 à 1958. De 1922 à 1939, il pratique le droit à Trenton (Ontario), dont il est le maire en 1933. Officier de la milice dans l'entre-deux-guerres, il est envoyé outre-mer comme commandant adjoint du Hastings and Prince Edward Regiment à la fin de 1939 et il en est le commandant de 1940 à 1942. Il sert en Sicile et en Italie (1943-1944) comme commandant de la 1ère Brigade d'infanterie canadienne. Après la Seconde Guerre mondiale, il demeure militaire et devient le seul chef de l'armée à ne pas y avoir consacré la plus grande partie de sa carrière. Après sa retraite, il est président de la Bourse de Toronto de 1961 à 1966. Ses mémoires, *Citizen and Soldier* (1987), paraissent peu après sa mort.

Norman Hillmer et William Johnston

Graham, Hugh, baron Atholstan, éditeur de journal (Atholstan, Canada-Est, 18 juill. 1848—Montréal, 28 janv. 1938). En 1863, Graham entre au *Daily Telegraph* à Montréal et devient en 1869 l'un des associés du nouveau journal du soir, le *Star*. Il en fait le quotidien le plus important et le plus rentable, en partie grâce à des innovations techniques telles que son service de câble outre-mer, mais plus particulièrement grâce à sa fidélité envers l'idéal impérialiste britannique. Les pressions du Star ne sont pas étrangères à la décision du gouvernement LAURIER d'engager des troupes canadiennes dans la GUERRE DES BOERS. En raison de ses campagnes pendant la Première Guerre mondiale, au cours de laquelle sa maison est dynamitée par les opposants à la conscription, Graham reçoit, en 1917, le titre de baron Atholstan de Huntingdon, au Québec, et de baron Atholstan d'Édimbourg, en Écosse.

Douglas Fetherling

Graham, Laurie, skieuse alpine (Orangeville, Ont., 30 mars 1960). Skieuse dès l'âge de 5 ans, elle commence à faire de la compétition dans la ligue de ski Nancy Greene à l'âge de 10 ans et atteint le circuit international à 17 ans. Elle remporte d'ailleurs, à sa première saison, le championnat de descente Nor-Am. Au cours de la décennie qui a suivi ses débuts dans le circuit de la Coupe du monde en 1977, elle devient une des skieuses du circuit les plus connues et les plus douées, gagnant six courses, y compris la première descente de la Coupe du monde tenue au Canada au mont Tremblant, au Québec, en 1983. Spécialiste de la descente et reconnue pour son habileté technique, elle fait aussi preuve d'une grande polyvalence à Puy Saint-Vincent, en France, devenant la première Canadienne à remporter une Coupe du monde au super-géant en 1984. Elle est nommée Membre de l'Ordre du Canada en 1988.

Murray Shaw

Graham, Stuart, aviateur (Boston, Mass., 2 sept. 1896—Port Charlotte, Fla., 16 juill. 1976). Graham grandit en Nouvelle-Écosse. Il entre au service de l'Aéronautique de la Marine en tant que patrouilleur pour les routes maritimes à bord d'hydravions. Premier pilote professionnel en temps de paix et engagé pour patrouiller la forêt à proximité de Grand-Mère, il est également considéré comme le premier pilote de brousse (*voir* AVIATION DE BROUSSE) au Canada. Il reçoit la décoration de l'empereur Haile Selassié pour avoir mis sur pied un service d'aviation civile en Éthiopie.

James Marsh

Grain Growers' Guide Périodique publié de 1908 à 1928, s'adressant aux associations de producteurs de grain des Prairies. En 1928, il prend le nom de *Coun-*

try Guide, et il est encore publié aujourd'hui par l'association des United Grain Growers de Winnipeg. Parmi ses rédacteurs en chef citons E.A. PARTRIDGE, Roderick McKenzie et George Chipman (1911-1935). Le *Guide* préconise de réformer l'éducation de façon à aider les écoles rurales à mieux s'adapter au changement, et il soutient le MOUVEMENT POUR LA TEMPÉRANCE, le MOUVEMENT COOPÉRATIF et le MOUVEMENT SOCIAL GOSPEL. Parmi les commentateurs se trouvent Nellie MCCLUNG, Irene PARLBY et Violet MCNAUGHTON, importantes porte-parole du mouvement des femmes. L'engagement progressiste du *Guide* en fait un important porte-parole du PARTI PROGRESSISTE. Au début des années 20, le mouvement progressiste étant en déclin, l'engagement du *Guide* pour la réforme s'affaiblit au point que, à partir de 1928, il se consacre plutôt à la vie rurale, fournissant des conseils techniques aux fermiers et des divertissements à leurs familles. À l'époque, le *Guide* a su exprimer avec vigueur, style et efficacité une vision rurale de l'Ouest canadien.

Ian MacPherson

Grain, manutention et commercialisation du Le Canada compte environ 120 000 fermes céréalières dont la production annuelle varie grandement selon les conditions climatiques. En 1985-1986, près de 32 millions de tonnes de grains ont été mises sur le marché, le blé représentant plus de 67 p. 100 de ce total. La récolte se fait à la fin de l'été et au début de l'automne, et le grain moissonné et battu est transporté par camion jusqu'aux silos de la ferme. La durée du stockage dépend des possibilités de livraison, telles que déterminées par la COMMISSION CANADIENNE DU BLÉ (CCB), aux principaux élévateurs primaires ou silos de collectes. Une partie des grains n'entre pas dans ce circuit commercial, ces grains sont utilisés sur place pour servir de semence ou de fourrage.

La CCB est responsable de la mise en marché des grains de l'Ouest canadien (BLÉ, AVOINE, ORGE) destinés à la consommation humaine ou à l'exportation. Les agriculteurs peuvent vendre les céréales fourragères à la CCB s'ils le désirent, mais la vente d'OLÉAGINEUX et de la plupart des graines fourragères destinées à l'alimentation humaine ou animale relève de sociétés privées. En plus de mettre en marché la plus grande quantité possible de grains aux meilleurs prix, la CCB a pour mandat d'assurer la stabilité des prix et d'offrir à chaque agriculteur une part équitable du marché à chaque nouvelle récolte. Ainsi, en publiant périodiquement le contingent des livraisons, la CCB informe les agriculteurs qu'elle est prête à recevoir de chacun telle quantité de tel grain aux silos de collecte situés dans une région déterminée. Fixés d'après les ventes et les stocks emmagasinés dans les silos de collecte, ces quotas ont pour but d'y assurer un approvisionnement relativement constant de grains. Avant de consentir à exporter des grains, la Commission doit s'assurer que le marché intérieur est suffisamment approvisionné pour répondre aux besoins des industries des provendes et de l'alimentation. La Commission peut vendre directement aux organismes des gouvernements étrangers (p. ex., des républiques de l'ancienne URSS, de la République populaire de Chine), à des sociétés commerciales étrangères (p. ex., du Pérou, des Philippines) ou à des sociétés commerciales privées qui revendent à des acheteurs étrangers.

À mesure que les possibilités de livraisons augmentent, le fermier transporte lui-même par camion son grain au silo de collecte ou le fait livrer par une entreprise de camionnage. Les camions de ferme ont une capacité qui varie de 3 t à 20 t, la moyenne étant de 8 t environ. Parfois, le grain est transporté sur une distance pouvant aller jusqu'à 125 km, mais la distance moyenne est d'environ 20 km. La plupart des grains sont livrés aux silos de collecte, mais certains

vont directement aux provenderies ou aux usines de transformation.

Le silo de collecte abrite la production des fermes environnantes et classe les grains selon l'espèce et la catégorie jusqu'à ce qu'il y en ait assez pour remplir les wagons de chemin de fer. Le système d'entreposage comprend quelque 1900 silos (d'une capacité totale de stockage de 7,7 millions de tonnes) situés aux 1100 points d'expédition du réseau ferroviaire. Dans la dernière décennie, le nombre de silos de collecte a diminué de près de 55 p. 100, et la capacité de stockage, de près de 20 p. 100. Chacun de ces silos est administré par un directeur et exploité par une société céréalière (coopérative appartenant à des fermiers ou société privée). À l'heure actuelle, 6 sociétés sont propriétaires de plus de 95 p. 100 de tous les silos de collecte. L'entreprise de manutention des grains la plus importante est la SASKATCHEWAN WHEAT POOL, une coopérative appartenant aux agriculteurs et qui détient environ le tiers des silos de collecte des Prairies.

Quand le grain arrive à l'élévateur, le directeur en assure la pesée, prélève un échantillon, en détermine la qualité, puis remet un bon au comptant au fermier. Si le blé, l'avoine ou l'orge est destiné à l'exportation, la CCB en est propriétaire, et l'exploitant du silo de collecte agit comme son agent. Dans le cas de la graine de lin et du CANOLA, l'exploitant du silo en assume la propriété. Les graines fourragères destinées à la consommation intérieure peuvent être vendues à la CCB ou à l'exploitant d'un silo de collecte. En chargeant aux fermiers des frais de manutention et de stockage, les sociétés céréalières récupèrent leurs frais d'exploitation de silos. Ces frais sont établis en fonction des limites maximales fixées par la CCB.

Relevant du ministre de l'Agriculture, aux termes de la *Loi sur les grains du Canada*, la Commission canadienne du blé a pour mandat d'établir et de maintenir les normes de qualité des grains canadiens et de réglementer la manutention du grain au Canada de façon à assurer l'approvisionnement du marché intérieur et extérieur. Elle est chargée, en outre, d'établir les catégories de grains et les normes de qualité, d'inspecter les grains destinés à l'exportation, d'attribuer le permis aux différents types de silos, de superviser le traitement ou la fumigation du grain, de fixer les frais maximaux des services (réception, nettoyage, séchage, expédition), d'inspecter les silos pour qu'ils soient conformes aux règles d'exploitation établies par la *Loi sur les grains du Canada* et, finalement, d'exploiter le Laboratoire de recherches sur les grains céréaliers et les oléagineux.

Le grain des silos est transporté par chemin de fer vers un port ou l'une ou l'autre gare. Le transport requiert quelque 11 000 wagons couverts et 14 700 wagons-trémies découverts. La capacité d'un wagon couvert est de 54 t environ, et celle d'un wagon-trémie est de 91 t environ. Dans les périodes intensives, près de 500 trains par semaine laissent des wagons vides aux silos de collecte, puis transportent les wagons pleins à destination. Les silos de collecte sont situés à quelque 1 100 points d'expédition le long des 30 000 km du réseau ferroviaire, dont 85 p. 100 sont des voies d'embranchement dont la capacité de charge varie. La distance moyenne entre le silo de collecte et le silo portuaire est de 1400 km, et le temps moyen pour l'aller-retour est un peu moins de 3 semaines.

Le grain est transporté des silos de collecte vers les ports céréaliers de la côte ouest (VANCOUVER et PRINCE RUPERT), des Grands Lacs (THUNDER BAY) et de la baie d'Hudson (CHURCHILL). Le silo portuaire reçoit, stocke, traite et expédie le grain. Le traitement du grain comprend le nettoyage pour le rendre conforme aux normes d'expédition, le séchage, l'épierrage et, au besoin, la fumigation.

La capacité de stockage des ports de la côte ouest est de quelque 1,2 million de tonnes, dont l'essentiel

est concentré dans 5 terminaux de Vancouver. Les silos portuaires de la côte ouest fonctionnent à l'année longue. Par contre, celui de Churchill, d'une capacité de stockage de 140 000 t, fonctionne moins de 3 mois par année.

Avec 12 terminaux céréaliers, Thunder Bay peut stocker environ 2 millions de tonnes de grains, et l'expédition du grain se fait environ 8 mois par année. Le grain chargé sur des navires à Vancouver, à Prince Rupert et à Churchill est expédié directement à l'étranger. Dans le cas de Thunder Bay, 10 p. 100 seulement du grain est chargé directement sur des navires de haute mer, le reste étant transporté par les navires des Grands Lacs vers des silos de transfert situés le long de la voie navigable entre Thunder Bay et le port de mer. Il y a 27 silos de transfert, d'une capacité totale de 3,4 millions de tonnes.

Le grain reçu aux silos de transfert sera chargé sur des navires de haute mer ou stocké pour exportation future ou pour distribution locale dans l'Est du pays. En plus des silos portuaires et des silos de transfert, on compte 28 silos intermédiaires de stockage, d'une capacité de 468 000 t, situés pour la plupart dans les Prairies. Ils servent à recevoir et à stocker le grain destiné à être traité immédiatement ou transformé en d'autres produits.

La WINNIPEG COMMODITY EXCHANGE est une association bénévole à but non lucratif qui regroupe des représentants de pratiquement toutes les entreprises et sociétés qui s'occupent de la mise en marché du grain de l'Ouest canadien. Les membres sont des représentants de sociétés privées ou de coopératives exploitant un silo, de sociétés de transport, de meuneries, de la CCB, de banques, de sociétés de chemin de fer et de sociétés céréalières étrangères. Cet organisme constitue un cadre propice aux échanges commerciaux. On y réalise des transactions au comptant ou à terme, et on y fixe les conditions dans lesquelles les transactions relatives aux céréales se dérouleront.

E.W. Tyrchniewicz

Graminées Plantes à fleurs les plus importantes et les plus connues. Elles sont utilisées principalement comme denrées alimentaires. Les humains les consomment sous forme de CÉRÉALES (blé, maïs, orge, seigle, avoine) ou comme édulcorant (sucre de la canne à sucre, mélasse du sorgho). La plupart des produits laitiers et la viande sont en général dérivés des animaux domestiqués qui se nourrissent de graminées. Beaucoup d'animaux sauvages se nourrissent aussi de graminées. Les graminées contribuent à l'esthétique de l'environnement: gazons pour embellir les terrains de sports, les parcours de golf ou autres terrains. On les utilise également comme plantes ornementales dans les jardins. Elles stabilisent les sols et préviennent l'érosion.

Début des prairies Les prairies (ou steppes) ont commencé à apparaître il y a environ 25 millions d'années, modifiant la surface de la terre et nourrissant les animaux herbivores. Les graminées et les herbivores évoluent ensemble. Les graminées bénéficient des herbivores qui limitent la croissance des espèces concurrentes et leur fournissent des fertilisants. Les graminées doivent leur succès en grande partie aux particularités de leurs structures. Elles consistent en des organes végétatifs (racines, tiges et feuilles) et des organes reproducteurs (fleurs et leurs feuilles modifiées).

Structures Bien que la plupart des parties des graminées ressemblent à celles des autres plantes à fleurs, certaines sont uniques. En général, les tiges (chaumes) sont creuses, sauf aux points d'attache des feuilles (nœuds). Toutefois, certaines graminées bien connues n'ont pas d'entre-nœud creux, p. ex., le maïs (*Zea mays*) et le barbon de Gérard (*Andropogon Gerardii*) des Prairies. La feuille de graminée typique consiste en une gaine (base de la feuille) entourant la tige sur une certaine portion au-dessus du nœud. La partie de la feuille qui s'éloigne de la gaine est le limbe. À la jonction de la gaine et du limbe, il y a souvent une petite membrane (ligule) formant un prolongement de la gaine. Les gaines des feuilles de graminées peuvent être soit fendues (à bords enroulés, mais pas fusionnés) ou fermées (à bords fusionnés). Les gaines fermées sont moins communes, mais sont typiques du pâturin (*Poa*) et du brome (*Bromus*).

Cycle de vie La taille des graminées varie entre 3 cm (p. ex., l'*Aira praecox* de l'île de Vancouver) et 2 m (p. ex., l'*Elymus cinereus* de la Colombie-Britannique et de l'Alberta). Leur cycle de vie peut être complété en une seule année, comme pour beaucoup de plantes annuelles cultivées, ou peut se prolonger pendant des centaines d'années, comme chez les vivaces indigènes des Prairies. Les Canadiens associent habituellement les graminées à la végétation des Prairies, bien qu'on les trouve dans presque tous les habitats, sauf dans les bois les plus denses. On retrouve certaines graminées (p. ex., l'aristide à longues soies, *Aristida longisteta*) dans les régions arides de la Colombie-Britannique, d'autres (p. ex., le riz sauvage, *Zizania aquatica*) au bord des lacs de l'Est du Canada. Certains genres (p. ex., *Arctagrostis* et *Arctophila*) sont indigènes de l'Arctique canadien.

Les herbes à gazon sont développées à partir d'espèces qui démontrent des caractéristiques recherchées comme la densité, la croissance rapide après l'ensemencement, la capacité de rester verte, etc. Au Canada, la résistance à la sécheresse et au froid sont aussi importantes. Les mélanges d'herbes à gazon bien connus au Canada comprennent souvent des espèces de pâturin (p. ex., le pâturin des prés, le pâturin rude) et des fétuques (particulièrement la fétuque rouge traçante et commutata), bien que d'autres espèces utilisées aient été développées.

Jack Maze

Grammont, Joseph-Éloi-Augustin, dit de Grandmont, écrivain et metteur en scène (Baie-du-Fèbvre, Qc, 17 avr. 1921—Montréal, Qc, 25 nov. 1970). Grandmont étudie au Séminaire de Nicolet et à l'École des beaux-arts de Montréal, où il s'oppose fermement à la mentalité conservatrice et au naturalisme de Charles Maillard. De 1946 à 1948, il étudie à la Sorbonne et à l'École du Louvre. De 1944 à 1946, il est critique d'art au *Devoir*. En 1946, il dirige la série «Les Cahiers de la file indienne» et écrit le premier recueil de poésie de la série «Le Voyage d'Arlequin», illustré par son ancien professeur, Alfred PELLAN.

À son retour d'Europe, Grandmont rédige des scénarios pour Renaissance Film et une trentaine de courtes histoires pour Radio-Canada, dont la plupart sont produites par Guy BEAULNE de 1950 à 1952. En 1949, il fonde avec Jean-Louis ROUX le Théâtre d'essai, qui ouvre ses portes avec l'une de ses pièces, *Un fils à tuer*.

En 1951, le Théâtre du Nouveau Monde (TNM) remplace le Théâtre d'essai. De Grandmont en sera le directeur pendant trois ans. De 1954 à 1964, Radio-Canada diffuse l'adaptation radiophonique de l'un de ses romans (pendant plus d'un an et demi), quatre adaptations de la série «Nouveautés dramatiques» et quatre séries humoristiques hebdomadaires ou quotidiennes. Éloi de Grandmont signe la remarquable adaptation de *Pygmalion* et meurt peu de temps après avoir été nommé professeur à l'École de traduction de l'U. de Montréal.

André G. Bourassa

Granby, ville du Qc; pop. 43 316 (rec. 1996), 42 804 (rec. 1991); superf. 72,73 km²; const. en 1859; située en bordure de la rivière Yamaska nord. Elle est un carrefour industriel à la limite est de la Montérégie. Son nom lui vient du marquis de Granby, commandant des troupes britanniques en Europe vers 1673. Les premiers à s'établir sur son territoire sont des pionniers américains venus des états du Vermont et du New-Hampshire. La majorité de la population actuelle est francophone.

Située à 75 km au sud-est de Montréal et à environ 40 km de la frontière américaine, elle est un centre à prédominance industrielle depuis 1880. Le secteur de production, basé sur le caoutchouc et le tabac, se diversifie après la Seconde guerre mondiale. Malgré la présence de quelques succursales de compagnies américaines et européennes, la trame industrielle de Granby repose essentiellement sur des capitaux canadiens. Son parc industriel accueille des fabricants de produits textiles, d'instruments de précision et électroniques, des compagnies de transformation du plastique, des imprimeurs et des PME du secteur de la haute technologie.

Les services régionaux incluent un centre hospitalier, un cégep, une salle de concert et des bureaux du gouvernement provincial. L'industrie touristique occupe une large part dans l'économie de Granby. En plus de son jardin zoologique, un des plus grands au Canada, on y retrouve un centre d'interprétation de la nature, des pistes cyclables, des terrains de golf et la plage du parc provincial de la Yamaska. Le concours du festival international de la chanson francophone, le symposium de peinture «Couleurs urbaines» et les expositions de peintures et sculptures de la salle Boréart comptent parmi les manifestations culturelles.

Paula Kestelman et Richard Racine

Granche, Pierre, sculpteur (Montréal, 14 mars 1948—30 sept. 1997). On le considère comme celui qui a le plus renouvelé les concepts de l'art public au Québec. Après ses études à l'École des beaux-arts de Montréal (1969), il obtient, en 1977, un diplôme d'Études approfondies (DEA) de l'Université de Paris VIII (Vincennes). Initiateur de la Section des arts visuels à l'Université de Montréal, où il devient professeur jusqu'à son décès. Il est reconnu comme un maître ayant toujours entretenu un lien constant entre sa pratique artistique et l'enseignement.

Dès le milieu des années 70, son intérêt se manifeste déjà pour les formes géométriques qu'il conçoit pour leur donner des allures ludiques. À partir de ses connaissances approfondies de l'architecture, de la topologie et de l'histoire de l'art, il entreprend alors le projet de toujours mettre en relation les objets qu'il concrétise avec l'espace où ils prennent place. Il réalise ainsi une série d'installations où l'espace de la galerie ou du musée fait partie intégrante de l'exposition: Musée d'art contemporain de Montréal (1985-86), Galerie Jolliet (1985), Galerie Christiane Chassay (1987), Musée du Québec (1992).

Dès le début de sa carrière, il est associé à l'art public dans le cadre de la Loi sur l'intégration des arts à l'architecture et à l'environnement. Il réalise plusieurs sculptures permanentes, en particulier au Musée d'art contemporain de Montréal, au Musée McCord, à l'U. Laval et dans Hyde Park, à Londres. Au milieu des années 80, il insère dans ses structures géométriques une nouvelle figuration constituée d'archétypes de l'Antiquité et de formes hybrides, entretenant ainsi l'anachronisme d'un voisinage entre les cultures anciennes et modernes: *Thalès au pied de la spirale* (1988), la *Colonne Boris* (1995) montrent un déroulement temporel et un mouvement d'ascension où les figures animales enjouées et contraintes dans leur habitat forment une sorte de caricature d'une humanité prise dans ses contradictions et ses aspirations.

Gaston St-Pierre

Grand Falls-Windsor, ville de T.-N.; pop. 14 160 (rec. 1996), 14 693 (rec. 1991), 14 666 (rec. 1986); superf. 56,66 km²; const. en 1991 et formée de la fusion de deux villes. Elle est située au centre de la province, en bordure de la RIVIÈRE DES EXPLOITS. Grand Falls, ville de pâtes et papier, doit son nom aux chutes spectaculaires qui s'y trouvent. En 1905, la Anglo-Newfoundland Development Co. obtient un bail de 99 ans afin d'exploiter 10 360 km² de terres boisées et de réserves minières.

La construction de l'usine de pâtes et papier, alimentée en énergie par les chutes, s'achève en 1909, tout comme la première phase de l'aménagement de la ville. La compagnie poursuit la construction de la ville et continue à l'administrer jusqu'en 1961, alors qu'elle est constituée en tant que municipalité. L'emplacement de l'usine le long de la ligne de chemin de fer transinsulaire lui donne accès au port maritime de Botwood, situé à 35 km au nord-est. En 1961, l'usine devient la propriété de Price Brothers, future filiale de la société ABITIBI-PRICE, et elle demeure le principal employeur de la ville.

À l'époque de la construction de l'usine de pâtes et papier à Grand Falls, une nouvelle colonie appelée Grand Falls Station se développe le long de la voie ferrée. Contrairement à Grand Falls, Grand Falls Station, rebaptisée Windsor (probablement en l'honneur de la maison royale de Windsor) se développe sans plan directeur ni services. En 1938, elle est la deuxième municipalité de Terre-Neuve, après ST JOHN'S, à être constituée. Elle obtient enfin les installations et services municipaux et communautaires qui remédient ainsi aux problèmes causés par la rapidité de sa colonisation et de sa croissance.

Aujourd'hui, Grand Falls-Windsor est le principal centre de services et de distribution de Terre-Neuve.

Janet E.M. Pitt et Robert D. Pitt

Grand lac de l'Ours D'une superficie de 31 328 km², à 156 m d'altitude, il est situé sur le cercle arctique, au nord-ouest des Territoires du Nord-Ouest, à environ 200 km au sud de l'océan Arctique. C'est le huitième plus grand lac du monde, le quatrième plus grand en Amérique du Nord, et le plus grand lac situé exclusivement au Canada.

Description D'une longueur de 320 km et d'une largeur de plus de 175 km, le Grand lac de l'Ours est très profond, atteignant jusqu'à 413 m de profondeur. Ponctué de nombreuses petites îles, il prend la forme d'une amibe géante à cinq bras formés par les baies Keith, McVicar, McTavish, Dease et Smith et répartis autour d'un centre commun. La rivière Great Bear (120 km) draine les eaux froides du sud-ouest vers le FLEUVE MACKENZIE, à Tulita. Un chapelet de lacs interconnectés au sud (Hottah, Hardisty, Rae, Faber) sont drainés par la rivière Camsell qui se jette dans la baie Conjuror. Le Grand lac de l'Ours est situé au milieu d'une immense région sauvage, les bras sud et ouest atteignant la toundra, tandis que les eaux du côté est de la rive battent la marge rocheuse du BOUCLIER canadien. Les rives sud et ouest sont boisées, principalement couvertes d'épinettes rabougries. Les glaces recouvrent le lac huit mois par année, souvent jusqu'en juillet, et des remorqueurs ou des bateaux à vapeur assurent le transport, une fois le plan d'eau dégagé.

Historique Ce n'est que très progressivement que les Européens découvrent ce lac et prennent conscience de son immensité. Peter POND entend parler de son emplacement approximatif en 1783-1784 et on y pratique la TRAITE DES FOURRURES vers les années 1800. Au cours d'une expédition menée en 1825-1826, John FRANKLIN fonde FORT FRANKLIN dans la baie Keith, tandis que John RICHARDSON explore la rive nord. P.W. DEASE passe l'hiver de 1837-1838 à Fort Confidence et Robert BELL y effectue une étude géologique en 1900.

Le peuplement est provisoire jusqu'à la découverte, en 1930, d'un gisement de pechblende, un minerai de radium et d'uranium. Port Radium (rebaptisé plus tard Echo Bay) est fondé à l'extrémité de la baie McTavish, en 1933. L'endroit est exploré et des services y sont offerts grâce à l'AVIATION DE BROUSSE. Certains des minerais ayant servi à la fabrication de la bombe atomique utilisée par les Américains durant la Seconde Guerre mondiale proviennent de cet endroit. L'exploitation intensive du minerai a épuisé les réserves, entraînant la fermeture des mines et le départ de la communauté. Fort Franklin est le seul établissement encore présent sur ses rives.

Ce lac est riche en poissons, incluant des espèces reliques ancestrales qui se seraient déplacées vers le sud, depuis l'océan Arctique, au cours de la dernière glaciation. La pêche commerciale n'est pas permise en raison de la lente régénération des poissons dans ces eaux glacées. Le nom du lac, adopté en 1902, fait vraisemblablement référence aux ours présents dans la région, ainsi qu'aux dimensions du plan d'eau. Une autre explication de son origine, plus poétique, fait référence à la Grande Ourse, une constellation boréale qui est reflétée dans ses eaux.

James Marsh

Grand Manan, île Située au Nouveau-Brunswick, c'est la plus grande et la plus éloignée des trois îles principales à l'embouchure de la baie de Fundy; les autres sont les îles Deer et CAMPOBELLO. L'île Grand Manan a une superficie de 137 km². Elle mesure 24 km de long et 10 km à l'endroit le plus large. Accessible en traversier à longueur d'année à partir de Blacks Harbour, elle est située à 27 km de la terre ferme du Nouveau-Brunswick et à 13 km de la côte du Maine. Son nom provient en partie du français, en partie du passamoquoddy (*munanook* signifiant «île»).

Situation actuelle Sa population de 2500 habitants est regroupée surtout dans les villages de North Head, Grand Harbour et Seal Cove. Ses principales industries sont celles de la pétoncle, du hareng, du homard, de l'aquaculture du saumon, de la cueillette d'algues et du tourisme.

Histoire Les premiers Européens connus qui fréquentent l'endroit sont Samuel de CHAMPLAIN et le sieur de MONTS en 1604, mais il se peut que les Scandinaves y aient séjourné avant. Pendant de nombreuses années, l'île est une seigneurie française, mais la plupart des habitants sont des descendants de loyalistes qui s'y sont établis après la révolution américaine. Moses Gerrish est l'un des premiers à s'y établir, en 1784, et sa maison de Grand Harbour est maintenant le musée de Grand Manan.

Grand Manan est la voie migratoire vers l'est des oiseaux migrateurs et plus de 400 espèces ont été répertoriées dans le refuge de la côte est, entre Grand Harbour et Seal Cove. L'île est l'endroit idéal pour observer les baleines, étant donné que plusieurs espèces, dont le rorqual à bosse, le petit rorqual, le rorqual commun, le globicéphale noir et la baleine noire, habitent les eaux avoisinantes. On peut y voir aussi des phoques et des dauphins à flancs blancs de l'Atlantique.

Géologie Géologiquement, Grand Manan se divise en deux. Des hautes terres bordées de falaises abruptes pouvant atteindre 125 m le long de la côte se trouvent dans la partie occidentale, plus grande. Essentiellement volcanique de nature, la partie occidentale se compose de basalte de l'ère jurassique (il y a 205,7 à 144,2 millions d'années) et de grès rouge. La partie orientale, plus basse et plus vieille, se compose surtout de sédiments allant de la fin du précambrien au silurien et de roches volcaniques (il y a 550 à 410 millions d'années), ainsi que de granite. À Red Point, à l'est de Seal Cove, la faille qui divise l'île en deux est visible de la rive. Également près de Seal Cove se trouve le «troupeau de moutons», des dépôts glaciaires comprenant un grand nombre de rochers, datant de la dernière ÉPOQUE GLACIAIRE.

Henry F. Heald

Grand Pingouin Le plus grand représentant de la famille des ALCIDÉS et le seul qui était incapable de voler, le grand pingouin (*Pinguinus impennis*) est aujourd'hui disparu. Tous les alcidés sont d'excellents plongeurs qui nagent sous l'eau en utilisant leurs ailes, mais celles du grand pingouin, semblables à des nageoires, étaient trop courtes pour qu'il puisse voler. C'était le plus grand des alcidés de l'ère moderne. Il pesait entre 5500 et 8000 g et mesurait 65 cm de longueur. Il faut noter que les manchots, oiseaux indigènes de l'hémisphère Sud, appartiennent à une autre famille et ne sont pas apparentés aux alcidés de l'hémisphère Nord.

Répartition Le grand pingouin nichait en vastes colonies réparties dans quelques îles du bas Arctique

et dans les eaux boréales de l'Atlantique Nord, depuis les rochers aux oiseaux, dans le golfe du Saint-Laurent, jusque dans le nord de la Grande-Bretagne. L'hiver, on le trouvait en mer, au large du Groenland méridional jusqu'en Floride ainsi que dans le sud de l'Espagne. Il était particulièrement abondant sur les GRANDS BANCS DE TERRE-NEUVE. Il est fort probable qu'il s'alimentait principalement de poissons.

Reproduction La femelle pondait un seul gros œuf directement sur la roche nue. Le cycle de reproduction durait environ sept semaines. Toutes les activités liées à l'incubation et à l'alimentation des jeunes après l'éclosion ressemblaient à celle du PETIT PINGOUIN, son plus proche parent encore vivant.

Extinction La disparition du grand pingouin est attribuable à l'homme. Inapte au vol et nichant en colonies, il était plutôt vulnérable. Il a été exploité intensivement par les premiers explorateurs comme source de nourriture fraîche, comme appât pour la pêche par les pêcheurs et, à la fin du XVIIIᵉ siècle, les chasseurs commerciaux convoitaient ses plumes. Vers 1800, la plus grande et la mieux connue des colonies, située sur l'ÎLE FUNK, à Terre-Neuve, avait été détruite. Le dernier couple de grands pingouins a été capturé le 3 juin 1844 sur l'île Eldey, au sud-ouest de l'Islande.

D.N. Nettleship

Grand Portage Poste de traite des fourrures, étape des VOYAGEURS à l'extrémité ouest du lac Supérieur. Situé à l'endroit où commence le premier et le plus difficile des 29 PORTAGES qui séparent le lac Supérieur du lac La Croix, il obligeait chaque voyageur à porter quatre charges de plus de 80 kg sur environ 14 km de sentiers rocailleux aux environs des chutes de la rivière Pigeon. La route qui longe la rivière était empruntée depuis longtemps par les autochtones. Pierre Gaultier de Varennes et de LA VÉRENDRYE a été le premier à s'y engager pour faire la TRAITE DES FOURRURES. La COMPAGNIE DU NORD-OUEST (CNO) a construit à l'embouchure de la rivière un imposant poste de traite qui, en 1784, était devenu la capitale du commerce des fourrures dans les régions reculées, c.-à-d. l'endroit où se rencontraient les mangeurs de lard (voyageurs qui transportent les denrées de Montréal) et les HIVERNANTS (commerçants qui apportent les fourrures du Nord-Ouest). Le poste était protégé par une palissade de 5 m, renforcée par un bastion et une porte massive; il abritait la pièce principale, des logements, des ateliers, des entrepôts et une poudrière en pierre. Une fois établie la frontière entre le Canada et les États-Unis, le poste s'est retrouvé en territoire américain; il a été abandonné en 1802, et la CNO s'est réinstallée au FORT WILLIAM, à l'embouchure de la rivière Kaministiquia. La nouvelle route, empruntée par de Noyon en 1688, était plus pénible que celle de Grand Portage; il fallait faire un portage aux chutes Kakabeka et un transport épuisant sur la ligne de crête jusqu'à la rivière Savanne.

James Marsh

Grand Prix du Canada Tout commence le 27 août 1967 à la piste de Mosport en Ontario. Au volant de sa Brabham Repco, l'Australien Jack Brabham remporte le premier Grand Prix du Canada. En 1968, la piste de Mont-Tremblant au Québec accueille les grands de la Formule 1. Le Néo-Zélandais Denis Hulme mène sa McLaren Ford au 1ᵉʳ rang. De retour en Ontario en 1969, cette épreuve fait un dernier arrêt à Mont-Tremblant en 1970 où le Belge Jacky Ickx devient le premier pilote à conserver son titre. Jackie Stewart, au volant de sa Tyrrell Ford, répétera l'exploit en 1971 et 1972 et Michael Schumacher en 1999 et 2000.

De 1971 à 1977, l'étape canadienne du circuit mondial se déroule à Mosport, sauf en 1975. Les pilotes refusent alors de participer à la course jugeant la piste trop dangereuse. En 1977, Jody Scheckter, au volant de sa Wolf Ford, est le dernier champion de

Mosport. Les pilotes apprécient le charme de ce circuit tracé dans une zone vallonnée, mais se rendent compte que celui-ci ne répond plus aux normes de sécurité inhérentes à la Formule 1. Les Européens qualifient la piste étroite et dangereuse de «circuit à l'ancienne mode». On abandonne alors Mosport.

Dès décembre 1977, on parle d'un Grand Prix du Canada à Montréal et de la construction d'une piste sur les îles de l'Exposition internationale de 1967. Le 26 avril 1978, le comité exécutif de Montréal approuve le projet. Une fois obtenue la sanction des magnats internationaux de la F1, on commence la construction de la piste, le 20 juin 1978. Conçue par Roger Peart, un ingénieur britannique établi à Montréal depuis près de 20 ans, la piste est terminée le 22 septembre. Le Québécois Gilles VILLENEUVE, l'une des grandes vedettes de la F1, se dit convaincu que les pilotes vont apprécier le circuit qui les obligera à travailler fort. Depuis lors, le Grand Prix a eu lieu à Montréal sauf en 1985 où il a été annulé à la suite d'une dispute légale entre les commanditaires.

Le 8 octobre 1978, 22 des meilleurs conducteurs des 5 continents prennent le départ devant plus de 72 000 spectateurs. Une heure et 38 minutes plus tard, c'est le délire sur l'île Notre-Dame. Gilles Villeneuve écrit une page d'histoire: il est le premier champion de l'île Notre-Dame et signe sa première victoire en 19 épreuves, tout cela devant son public. Il s'agit aussi de la première victoire de Ferrari au Grand Prix du Canada depuis 1970. Cette première année laisse entrevoir les plus grands espoirs pour les responsables du Grand Prix. En 1979 et 1980, l'Australien Alan Jones s'assure deux titres de suite, un précédent à Montréal. Gilles Villeneuve est parmi les meneurs de 1979 à 1981. Mais, le 8 mai 1982, le grand champion se tue lors des essais du Grand Prix de Belgique. Une semaine plus tard, les dirigeants de la ville de Montréal donnent le nom de Gilles Villeneuve à la piste de l'île Notre-Dame. Une tragédie marque le Grand Prix du Canada de 1982. L'Italien Riccardo Paletti trouve la mort dès le départ de cette 5ᵉ édition lorsque son bolide frappe de plein fouet deux voitures immobilisées.

La plupart des grands champions de la Formule 1 ont inscrit leur nom au tableau d'honneur de Montréal. Le plus auréolé de l'histoire des championnats avec 51 victoires, le Français Alain Prost, l'emporte en 1993. Le record de victoires appartient à l'Allemand Michael Schumacher. En dominant l'épreuve de 2000, devant une foule record de 105 000 spectateurs, il gagne, pour la quatrième fois, l'épreuve du circuit de l'île Notre-Dame. Il l'a aussi remporté en 1994, 1997 et 1999. Le Brésilien Nelson Piquet a trois victoires à son actif. Deux autres conducteurs en comptent deux, l'Australien Alan Jones en 1979 et 1980 et le Brésilien Ayrton Senna en 1988 et 1990. Le Belge Jackie Ickx et le Britannique Jackie Stewart ont aussi gagné deux fois le Grand Prix du Canada avant que celui-ci ne se déroule à Montréal.

Dès 1978, les journalistes de la F1 ont vanté le circuit construit presque au cœur de Montréal dans un décor à la fois bucolique et futuriste et facilement accessible par métro. La piste a été modifiée à plusieurs reprises pour la rendre à la fois plus sécuritaire et plus compétitive. Elle consiste en un tracé d'accélération et de freinage, de portions rectilignes brèves permettant les dépassements et entrecoupées de virages étroits. Tout au long de la course, les freins et les boîtes de vitesse sont mis à rude épreuve.

L'épreuve comprend 66 tours de piste sur un circuit de 4,427 kilomètres.

Yvon Dore

Grand Réveil Mouvement de renouveau religieux et de piétisme évangélique, le Grand Réveil, établi en Nouvelle-Angleterre, est introduit en Nouvelle-Écosse en 1775 lorsque Henry ALLINE décide d'y prêcher. Le mouvement se développe ensuite partout dans les Maritimes. Les courants religieux qui l'inspirent sont internationaux et existent alors depuis au moins un siècle. Le piétisme évangélique prend naissance chez les LUTHÉRIENS d'Allemagne vers la fin du XVIIe siècle, gagne l'Angleterre où il influe sur l'essor du MÉTHODISME et contribue à allumer une grande ferveur religieuse dans les colonies américaines de 1720 à 1745. La Nouvelle-Angleterre est le centre du mouvement de réveil américain, et c'est de là que viennent la plupart des premiers colons britanniques de la Nouvelle-Écosse. Ainsi sont introduites dans les Maritimes les croyances et les expériences qui sont courantes dans les milieux piétistes et le mouvement de réveil. Toutefois, le Réveil canadien est également une expression adaptée à des conditions locales particulières. Dans leurs colonies clairsemées dans une région non défrichée, les gens des Maritimes frisent le désastre économique et, quand éclate la Guerre d'Indépendance américaine (que les colons isolés ne comprennent pas vraiment), ils vivent une crise d'identité qu'un mouvement insistant sur le salut personnel peut atténuer, sinon résoudre.

D'autres se joignent bientôt à Alline. Certains, comme John Payzant, sont convertis par la prédication d'Alline, mais d'autres, comme William BLACK et ses collègues méthodistes, semblent avoir évolué dans le même sens indépendamment du mouvement d'Alline (appelé New Light). Alline et ses disciples immédiats acceptent le baptême des nouveau-nés mais, par la suite, beaucoup rejettent cette idée, qu'ils jugent incompatible avec l'expérience de crise et de conversion qui accompagne une nouvelle naissance spirituelle. Dans les années 1790, une fois que le mouvement parti de la Nouvelle-Écosse se répand au Nouveau-Brunswick, à l'Île-du-Prince-Édouard et même aux États-Unis, la concurrence s'installe surtout entre les méthodistes et les BAPTISTES. Le Grand Réveil contribue à la fragmentation religieuse dans les Maritimes et à la formation d'une tendance en faveur des Églises évangéliques (voir MOUVEMENTS ÉVANGÉLIQUE ET FONDAMENTALISTE) qui est encore aujourd'hui un trait caractéristique de la région. Le Réveil ne disparaît jamais vraiment, mais il a ses hauts et ses bas pendant une grande partie du XIXe siècle à mesure que la région est colonisée.

J.M. Bumsted

Grand-Sault, ville du N.-B.; pop. 6133 (rec. 1996), 6083 (rec. 1991), 6209 (rec. 1986); superf. 17,73 km²; const. en 1890; située en bordure du fleuve SAINT JEAN, à l'endroit où il commence à délimiter la frontière canado-américaine, à 228 km en amont de Fredericton. À proximité de la chute, d'où la ville tire son nom, se trouvait autrefois un campement MALÉCITE. À l'époque des querelles de frontières, la ville sert brièvement de poste militaire. Cependant, la population augmente subitement grâce aux démarches commerciales de sir John Caldwell qui, à la fin des années 1830, fait venir des colons pour exploiter sa scierie jour et nuit. La région avoisinante est colonisée par des fermiers au cours des décennies suivantes. Avec l'achèvement du chemin de fer dans les années 1870, la ville devient une attraction touristique et un centre de villégiature au même titre que les chutes Niagara. Dans les années 20, un barrage et une centrale électrique modifient le rôle des chutes. Dans les années qui suivent la Seconde Guerre mondiale, la prospérité repose essentiellement sur la production et l'exportation de pommes de terre.

Fred Farrell

Grand sceau du Canada La constitution de l'État canadien en 1867 engendre le besoin d'un sceau pour les fins du gouvernement. Un sceau temporaire est donc préparé. Le travail minutieux de gravure du sceau permanent est achevé en Angleterre, en 1869, et le sceau est livré au gouverneur général. Il n'a qu'une face représentant la reine Victoria assise sous un dais de style gothique. Suivant l'usage, un nouveau sceau est préparé pour chaque nouveau souverain qui accède au trône: Édouard VII, George V,

George VI (le grand sceau d'Édouard VIII n'est pas utilisé en raison de son abdication) et Elizabeth II. Le sceau de la nouvelle reine est fabriqué par la Monnaie royale canadienne, à Ottawa. Conçu par l'artiste canadien Eric Aldwinckle, il représente la reine et les armoiries royales du Canada. Son usage est autorisé le 14 novembre 1955. De nos jours, le gouverneur général est le gardien attitré du grand sceau; le registraire général du Canada en a la garde quotidienne. D'habitude, l'impression du grand sceau se fait directement sur la surface d'un document.

Grand Séminaire et Petit Séminaire de Québec (*Voir* SÉMINAIRE DE QUÉBEC)

Grand Theatre C'est dans la plus pure tradition des milieux artistiques amateurs et professionnels que le Grand Opera House ouvre ses portes le 8 septembre 1881, aux étages supérieurs du temple maçonnique de London. Au sommet de sa popularité dans les années 1890, la salle du Grand Opera House, qui peut contenir 2070 personnes, accueille 100 troupes et présente 300 spectacles. Des artistes de renommée mondiale comme Sarah Bernhardt, Lily Langtry et Ellen Terry, ainsi que des artistes canadiens tels que Clara Morris, Emma ALBANI et Henry MILLER y jouent et y chantent les classiques de l'époque. Quand cette salle, qui fait partie d'un circuit Michigan-Ohio-Ontario, brûle en 1900, C.J. Whitney, le premier locataire, et Ambrose Small, un impresario canadien, la reconstruisent ailleurs. Malgré un nombre de places réduit à 1850, l'avant-scène est agrandie. En 1924, l'édifice est vendu à la compagnie Famous Players. En 1945, le théâtre recouvre sa vocation première quand il est acheté par le London Little Theatre, un groupe dynamique d'acteurs amateurs qui ont remporté de nombreux prix au Festival national d'art dramatique. En 1971, le groupe fait place à une troupe professionnelle. À la suite d'importantes modifications apportées à l'édifice en 1977 et en 1978, le nombre de places est réduit à 829. En 1983, la troupe prend de nom de The Grand Company. Sous la direction artistique de Robin PHILLIPS, on annonce une saison impressionnante au cours de laquelle on présentera neuf pièces. Cependant, la compagnie abandonne la formule du répertoire au bout d'un an.

Kathleen D.J. Fraser

Grand Trunk Pacific Railway Réseau ferroviaire de 4800 km dont la ligne principale s'étend de Winnipeg – via Melville et Edmonton – à Prince Rupert, en Colombie-Britannique. Constitué en 1903, il est construit entre 1906 et 1914 pour fournir des raccordements dans l'Ouest au GRAND TRUNK RAILWAY. La compagnie doit assumer la responsabilité du chemin de fer National Transcontinental construit par le gouvernement, mais des difficultés financières l'en empêchent. Le Grand Trunk Pacific fait face à la vive concurrence du CANADIEN PACIFIQUE et du CANADIAN NORTHERN RAILWAY, qui exploitent tous deux d'excellentes lignes secondaires et d'apport dans les Prairies. Les coûts de construction, les conditions de financement en temps de guerre et l'absence d'un réseau rentable de lignes secondaires l'acculent à la mise sous séquestre. Le Grand Trunk, qui avait garanti les titres du Grand Trunk Pacific, tente d'échapper à ses obligations, mais la route de l'Ouest le pousse à la faillite et à la NATIONALISATION.

En 1919, le gouvernement fédéral décide d'acheter ensemble le Grand Trunk Pacific et le Grand Trunk à un prix devant être déterminé par arbitrage et, en 1923, les opérations du Grand Trunk, du Grand Trunk Pacific et du National Transcontinental fusionnent avec celles du Canadian Northern Railway, nationalisé depuis peu, pour former le nouveau réseau des CHEMINS DE FER NATIONAUX DU CANADA.

T.D. Regehr

Grand Trunk Railway of Canada La construction du Grand Trunk Railway of Canada (GTR) a pour objectif de fournir une ligne principale «s'étendant

sur toute la longueur de la province du Canada, et de la frontière est ... jusqu'à Halifax et à son port». Sous l'égide de sir Francis HINCKS, on le constitue officiellement en société en 1852 pour construire un chemin de fer de Toronto à Montréal. En 1853, le GTR fusionne avec cinq autres compagnies de chemin de fer, une méthode d'exploitation qui allait caractériser ses périodes importantes d'expansion et favoriser la construction de nouvelles voies ferrées. On doit recueillir une grande partie du financement en Angleterre, et l'entreprise anglaise de construction Peto, Brassey, Jackson and Betts obtient le contrat pour construire la section de Montréal à Toronto en acceptant en retour de promouvoir la compagnie de chemin de fer. Gzowski & Company obtient le contrat pour la section de Toronto à Sarnia. Brassey soutient que sa compagnie a accusé de lourdes pertes, alors que Casimir GZOWSKI, qui connaît mieux les conditions canadiennes, fait fortune. Les ennemis de Hincks soutiennent que lui aussi a fait fortune, aux dépens de la compagnie de chemin de fer.

Les travaux se poursuivent sans relâche de ville en ville. Des terrassiers venus d'Angleterre augmentent l'effectif des travailleurs. À un moment, 14 000 hommes et 2000 chevaux sont à l'œuvre dans l'Ouest canadien uniquement. La construction de la ligne ne comporte pas les mêmes défis que ceux rencontrés lors de la construction du CANADIEN PACIFIQUE (CP) dans les montagnes, mais elle donne au moins lieu à l'exploit technique remarquable qu'est la construction d'un pont tubulaire, le pont Victoria, qui traverse le Saint-Laurent à Montréal. La tubulure en fer de 2009 m repose sur deux appuis extrêmes et 24 piles conçues pour résister à la pression des glaces. Le pont est ouvert à la circulation en décembre 1859. Malgré des difficultés financières, le GTR connaît une expansion régulière, louant souvent des chemins de fer existants pour assurer son expansion. Il élimine son principal concurrent et ajoute 1450 km de lignes avec la prise de contrôle du GREAT WESTERN RAILWAY en 1882. On rajoute des liaisons au réseau ferroviaire américain grâce à la construction du pont International sur la rivière Niagara et du tunnel Sainte-Claire sous la rivière du même nom. Au moment de la Confédération, le GTR est le plus grand réseau ferroviaire au monde, avec 2055 km de voies. À la fin des années 1880, il s'est encore agrandi avec plus de 700 locomotives, 578 wagons, 60 wagons postaux, 131 wagons à bagages, 18 000 wagons de marchandises et 49 chasse-neige. Le GTR s'étend de façon continue de Sarnia à Portland, dans le Maine.

Le coût de sa construction, sa direction à distance (le siège social est à Londres en Angleterre) et son incapacité à atteindre les niveaux de trafic escomptés laissent la compagnie criblée de dettes et incapable d'améliorer son équipement. Plusieurs accidents lui font une mauvaise publicité. Le 29 juin 1864, un de ses trains tombe du pont de Belœil et plonge dans la rivière Richelieu, faisant 99 victimes. Un autre incident fait les manchettes partout dans le monde lorsque, le 15 septembre 1885, Jumbo, le célèbre éléphant de cirque, charge un train du GTR près de St. Thomas, en Ontario, et en meurt. À partir du milieu des années 1890 jusqu'à la Première Guerre mondiale, le GTR entreprend un programme important d'améliorations de ses propriétés. Cela comprend le doublement des voies de la ligne principale de Montréal à Sarnia, la réduction des courbes et des déclivités pour améliorer l'efficacité de l'exploitation, et la reconstruction de ponts, d'immeubles et de cours de triage. Par la suite, le réseau n'aura besoin d'être refait qu'après la Seconde Guerre mondiale.

Jaloux de la percée du CP dans l'Ouest, le GTR crée une filiale, le GRAND TRUNK PACIFIC, pour construire une ligne transcontinentale. Terminé en 1914, ce chemin de fer est un désastre financier et est en grande partie responsable de la faillite du GTR en 1919. Le gouvernement fédéral, qui a déjà accordé au GTR quelque 28 millions de dollars sous forme de subventions et de prêts, se porte acquéreur du chemin de fer le 10 octobre 1919 et le place sous la direction des CHEMINS DE FER NATIONAUX DU CANADA le 30 janvier 1923.

James Marsh

Grand Valley Parc de loisirs provincial du Manitoba, situé à 10 km à l'ouest de Brandon, le long de la Transcanadienne. Autrefois une localité de la rive nord de la rivière Assiniboine, Grand Valley disparaît lorsque, en 1881, BRANDON, située à 3 km à l'ouest sur la rive sud de la rivière Assiniboine, devient le siège divisionnaire du Canadien Pacifique (CP). De 1877 à 1879, des colons de la Nouvelle-Écosse et du Québec y obtiennent des *homesteads* ou «propriétés». La population s'accroît, les magasins se font plus nombreux et les services augmentent. On essaie à plusieurs reprises d'attirer le CP à Grand Valley, mais à cause des rivalités et de l'inondation du printemps de 1881, on choisit Brandon, un site plus élevé. Les homesteaders déménagent alors de l'autre côté de la rivière, tandis que les hommes d'affaires, eux, déménagent à Chater ou à Brandon. En 1884, il ne reste déjà plus que quelques maisons et, plus tard, le site redevient un homestead.

D.M. Lyon

Grandbois, Alain, poète (Saint-Casimir, Qc, 25 mai 1900—Québec, 18 mars 1975). Il est considéré comme l'un des premiers grands poètes modernes du Québec. Il voyage partout dans le monde de 1918 à 1939 et partage les espoirs et les interrogations de l'homme contemporain. Son œuvre tourne autour de deux thèmes qui s'appuient mutuellement: explorer le monde, comprendre le destin humain. Son style et ses thèmes ont une ampleur jusque-là inconnue au Québec. Dans son œuvre en prose: *Né à Québec* (1933), *Les Voyages de Marco Polo* (1941), *Les îles de la nuit* (1944), *Avant le chaos* (1945), *Rivages de l'homme* (1948), *L'Étoile pourpre* (1957) et *Visages du monde* (1971), le face à face avec le destin, qui se présente sous des formes variées (aventure, gloire, amour, liberté, mort, naissance ou renaissance) est vécu par des personnages à la fois différents et proches les uns des autres. Dans ses poèmes, réunis en deux volumes: *Poésie I* et *Poésie II* (1990), qui développent ces mêmes thèmes, nous entendons la voix d'un seul personnage, l'homme du «long voyage insolite / À travers l'incantation du temps». Cette poésie est métaphysique. Elle parle au nom du tous; mais elle est aussi la voix intime de Grandbois faite de profondeur, de densité, de constante interrogation sur les mystères de l'être et de la vie, d'oscillation entre désillusion et candeur, de fascination pour l'absolu du néant.

Yves Bolduc

Grande Coalition C'est en raison de l'instabilité et de l'impasse politiques qui prévalent dans la PROVINCE DU CANADA du début des années 1860 qu'est créée la Grande Coalition de 1864-1867. Les dangers extérieurs que pose la Guerre de sécession aux États-Unis se conjuguent à l'impasse politique pour imposer des changements radicaux. L'union des deux Canadas étant un échec, les chefs politiques sont prêts à mettre de côté leurs vieilles querelles politiques pour créer un ordre politique nouveau. George BROWN, chef du Reform Movement, propose qu'un comité parlementaire regroupant des membres provenant de tous les horizons politiques se réunisse pour essayer de dénouer l'impasse. Ce comité en vient très vite à la conclusion que la meilleure solution est une confédération de l'AMÉRIQUE DU NORD BRITANNIQUE ou l'union fédérale des deux Canadas. Brown réagit rapidement au rapport en se joignant à une coalition avec les conservateurs en vue de créer une nouvelle union (annoncée au Parlement le 22 juin 1864). Ainsi est formée la Grande Coalition sous le leadership de Brown, de George-Étienne CARTIER et surtout de John A. MACDONALD. Cette coalition bénéficiant d'un appui généralisé réussit remarquablement à atteindre ses objectifs primordiaux: la fin de l'impasse politique et la création d'une nouvelle entité politique. Ce gouvernement de coalition de la Province du Canada est resté à peu près intact jusqu'à la CONFÉDÉRATION.

John English

Grande Paix de Montréal (1701) En 1701, les Français concluent un accord de paix avec les cinq nations IROQUOISES, mettant ainsi un terme à près d'un siècle d'hostilités marquées des deux côtés par des atrocités. CHAMPLAIN lance cette série d'expéditions militaires et de raids de guérilla en 1609, quand il se joint à une expédition guerrière d'ALGONQUINS, de MONTAGNAIS et de HURONS contre les MOHAWKS de la région du lac Champlain. Dans l'intérêt des détenteurs du monopole de la traite des fourrures, il initie les Français aux habitudes guerrières des autochtones nord-américains. Il s'ensuit des expéditions successives non concluantes contre les villages iroquois sous les gouverneurs COURCELLE en 1665, LA BARRE en 1684, et DENONVILLE en 1687. C'est seulement en 1696 que le gouverneur FRONTENAC réussit à arrêter les raids iroquois en Nouvelle-France et à détruire les villages et les réserves de nourriture des Onondagas et des Oneidas.

En juillet 1700, des délégués de quatre des nations iroquoises (les Mohawks sont absents) rencontrent le gouverneur Callière de Montréal pour amorcer des pourparlers de paix avec les Français et leurs alliés autochtones. Une réunion de toutes les tribus est prévue pour l'été suivant à Montréal. Trente nations envoient au total 1300 délégués pour discuter pendant plusieurs semaines, à grands frais pour leurs hôtes français, des conditions de l'action collective. Le protocole iroquois de la cérémonie des condoléances, l'échange de cadeaux et l'échange de prisonniers précèdent la «signature» solennelle des accords en vertu desquels plusieurs nations s'engagent entre elles à vivre en paix.

La Ligue iroquoise s'engage à rester neutre s'il advient une guerre entre l'Angleterre et la France. Tous conviennent que, si des différends surviennent entre eux, ils feront appel au gouverneur général de la Nouvelle-France pour les régler par la médiation. Dans les faits, cela implique une relation de parenté spéciale avec les Français et sape littéralement l'efficacité de la CHAÎNE D'ALLIANCE avec les colonies anglo-américaines. L'accord de paix de Montréal assure à la France la supériorité dans les questions autochtones et la liberté d'étendre sa présence militaire sur le continent au cours du demi-siècle qui suit.

Cornelius J. Jaenen

Grande Prairie, ville de l'Alb.; pop. 31 140 (rec. 1996), 28 271 (rec. 1991), 26 471 (rec. 1986); superf. 41,83 km²; const. en 1958. Grande Prairie est située à 460 km au nord-ouest d'Edmonton. Entourée de riches terres agricoles, elle est le centre des affaires et du transport de la région de la RIVIÈRE DE LA PAIX.

Historique Bien que la région ait été le domaine des commerçants de fourrures depuis la remontée de la rivière de la Paix par Alexander MACKENZIE (1792-1793), l'emplacement actuel de la ville remonte à 1881, lorsque Tom Kerr y établit un poste de traite de la Compagnie de la baie d'Hudson. Peu de temps après, Louie Callihou, un fermier métis d'ascendance iroquoise qui cultive des céréales, y construit la première grange et le premier corral. La ville doit son nom au père Grouard, un missionnaire catholique qui donne le nom de «la Grande Prairie» à cette région sauvage agréablement ondulée. Après 1900, quelques pionniers empruntent les sentiers d'Edson et la PISTE D'ATHABASCA LANDING et y installent des fermes. La croissance se poursuit grâce à l'achèvement de la ligne ferroviaire Edmonton-Dunvegan de la BC Railway, en 1916.

Économie Par le passé, l'économie de Grande Prairie reposait sur l'agriculture. La démobilisation après la Première Guerre mondiale, les programmes d'établissement de militaires, la montée constante du prix du blé et la publicité présentant la région de la rivière de la Paix comme la nouvelle Mecque de l'agriculture au Canada, voilà autant de raisons expliquant la hausse constante de la migration vers Grande Prairie durant les années 20. Bien située et entourée de vastes étendues de terres fertiles au nord, à l'est et à l'ouest, Grande Prairie devient, dans les années 30, le centre de la vente en gros de la région. Bien qu'elle ne compte que 1464 habitants (rec. 1931), les ventes au détail en 1929 et en 1930 dépassent les 2 millions de dollars. Au cours des dernières années, son économie s'est diversifiée grâce aux industries forestières et pétrolières qui ont fait croître l'agro-industrie. Procter and Gamble (qui a terminé la construction d'une usine de pâte à papier de 80 millions de dollars en 1973) est le principal employeur, suivi de North Canadian Forest Industries.

Grande Prairie connaît un boom sans précédent de 1978 à 1980 grâce en grande partie à la découverte, à proximité de la ville, du gisement Elmworth, riche en gaz naturel. Les activités découlant de l'exploitation du gaz et du pétrole et leurs répercussions sur le commerce et les services connexes y entraînent un important essor démographique en 1979 et en 1980. Entre 1981 et 1987, la croissance démographique ralentit à cause de la stagnation économique. Cependant, un regain d'intérêt pour la région se manifeste en 1987 grâce à l'augmentation des activités dans les industries gazière, pétrolière et forestière.

Paysage urbain La ville compte de magnifiques parcs entourant un lac artificiel. La vie culturelle se concentre au collège régional (conçu par Douglas CARDINAL), qui offre non seulement la chance de s'instruire, mais possède l'un des plus beaux auditoriums de l'ouest du pays.

J. Petryshyn

Grande Société Expression utilisée pendant la GUERRE DE SEPT ANS pour désigner les profiteurs de guerre chargés de fournir les vivres au Canada et aux troupes françaises qui y sont stationnées. Le fournisseur officiel ne reçoit qu'un cinquième des profits de la société, et les bailleurs de fonds partagent sans doute les trois cinquièmes avec le dernier intendant du Canada et, vraisemblablement, avec le gouverneur. Ceux qui s'occupent des activités à Montréal et à Québec se partagent le dernier cinquième. L'intendant BIGOT exerce un tel pouvoir sur les dépenses de la Couronne dans la colonie que la Société se trouve dans l'enviable position d'acheter des provisions d'elle-même avec l'argent du roi. De plus, comme il est très rémunérateur d'approvisionner les postes de TRAITE DES FOURRURES, la Grande Société se charge d'expédier les denrées indispensables vers l'Ouest. Une grande partie de l'argent semble retrouver le chemin de la France, voire du Trésor royal, une fois les coupables condamnés vers la fin des années 1760. Le détournement de fonds, pratique courante sous l'Ancien Régime, était d'autant plus tentant au Canada que la Couronne y dépensait des sommes considérables pour protéger sa colonie contre les Britanniques.

Tom Wien

Grande-Entrée, île de la Située au Qc, presque au milieu du GOLFE DU SAINT-LAURENT et encadrée au nord par l'ÎLE D'ANTICOSTI, au sud par l'ÎLE-DU-PRINCE-ÉDOUARD et à l'est par le DÉTROIT DE CABOT, elle est l'une des 16 îles et îlots faisant partie des ÎLES DE LA MADELEINE. L'archipel est découvert par Jacques CARTIER en 1534 et exploré plus tard par Samuel de CHAMPLAIN. Grande Entrée est louée à Nicolas DENYS en 1653 par la COMPAGNIE DES CENT-ASSOCIÉS. Après 1787, elle est offerte à Isaac Coffin, capitaine de la Marine royale, comme récompense pour services rendus à la Couronne d'Angleterre. «Coffin» est d'ailleurs le nom anglais actuel de l'île. En 1903, une entreprise canadienne, Magdalen

Island Co., achète toutes les îles à la famille Coffin, qui ne les habite plus. Grande-Entrée est reliée aux autres îles par des cordons de sable abritant des lagunes et se caractérise par ses falaises de grès rouge qui s'érodent rapidement. Un danger perpétuel pour le transport maritime, le groupe d'îles est renommé pour la pêche, la chasse au phoque et ses spectaculaires colonies d'oiseaux. Durant l'été, l'archipel au complet attire de nombreux touristes.

David Evans

Grandin, Vital-Justin, évêque catholique de St. Albert (Saint-Pierre-la-Cour, France, 8 févr. 1829—St. Albert, Alb., 3 juin 1902). Il est l'un des missionnaires oblats qui ouvrent la voie dans l'Ouest canadien et devient en 1871 le premier évêque du nouveau diocèse de St. Albert, alors très vaste. Il se consacre entièrement à l'implantation du catholicisme chez les Amérindiens et les Métis et travaille à l'expansion missionnaire, malgré de grandes épreuves. En 1875, il sollicite des fonds du gouvernement canadien pour promouvoir l'agriculture, l'éducation et les soins de santé. Pendant la RÉBELLION DU NORD-OUEST, en 1885, il prône la modération et l'obéissance aux autorités canadiennes. Le procès de sa canonisation est introduit à Rome en 1937.

Louise Zuk

Grand'Maison, Jacques, prêtre catholique, universitaire et écrivain (Saint-Jérôme, Qc, 18 déc. 1931). L'un des intellectuels québécois les plus prolifiques de sa génération. Formé en sociologie (Rome) et en théologie (Montréal) il est professeur à la Faculté de théologie de l'UNIVERSITÉ DE MONTRÉAL à partir de 1965 (retraite émérite depuis 1998). Depuis les années 1950, il conjugue des innovations sociales et pastorales, et des publications majeures intégrant ses expériences. Il a ainsi contribué au façonnement de nouvelles politiques sociales, économiques et éducatives.

Dès les années 50, il entame p. ex., une expérience-pilote de formation des jeunes chômeurs, expérience accompagnée d'une étude sur la situation du secteur professionnel en éducation au Québec. Ses travaux vont inspirer à la fois la première législation canadienne sur le recyclage et le reclassement de la main-d'œuvre et la réforme des écoles techniques. Il commence déjà à établir les bases d'une pédagogie sociale originale qui aura une influence importante sur divers mouvements sociopolitiques, sans compter son apport théologique et pastoral au sein des églises chrétiennes. Son engagement auprès des jeunes est constant, comme l'illustre une vaste recherche-action, qu'il a dirigée au courant des années 90, sur les générations québécoises et leurs rapports, suivie de sa participation au groupe influent Le Pont entre les générations. Au cours de sa carrière, il a reçu notamment le Prix des sciences humaines du Québec (1970), le Prix Esdras Mainville (1981), un doctorat *honoris causa* des univ. de Sherbrooke (1987) et Laval à Québec (1998), le Prix de la Fédération des sciences sociales du Canada (1990). Parmi la quarantaine de livres publiés, dont plusieurs ont été traduits en quelques langues, la centaine d'articles et les essais littéraires et poétiques qu'on lui doit, on peut citer: *Crise et prophétisme* (1965); *Le monde et le sacré* (1967-1968); *Vers un nouveau pouvoir* (1969); *Nationalisme et religion* (1970); *Nouveaux modèles sociaux et développements* (1972); *Symboliques d'hier et d'aujourd'hui* (1973); *La seconde évangélisation* (1974); *Des milieux de travail à réinventer* (1976); *Pour une pédagogie sociale d'autodéveloppement en éducation* (1976); *La nouvelle classe et l'avenir du Québec* (1979); *De quel droit?* (1980). De 1992 à 1995, cinq livres élaborés sous sa direction et consacrés aux diverses générations et leurs rapports ont été publiés.

Solange Lefebvre

Grand-Mère, ville du Qc; pop. 14 223 (rec. 1996), 14 287 (rec. 1991); superf. 70,79 km²; const. en 1898. Elle est située sur la RIVIÈRE SAINT-MAU-RICE, à 35 km au nord de Trois-Rivières. Elle doit son nom à une immense pierre faisant saillie au milieu d'une chute qui se trouve à proximité, et qui ressemble étrangement à une vieille femme. En 1916, la pierre est déménagée au centre-ville où elle sert désormais d'attraction touristique.

Les premiers contacts des missionnaires français avec les MONTAGNAIS ont lieu en 1651. Toutefois, la région demeure presque inhabitée durant 200 ans. Dans les années 1830, quelques bûcherons commencent à travailler dans la région et, au cours des cinquante années suivantes, la trappe et l'exploitation forestière à petite échelle sur le Saint-Maurice constituent les seules activités économiques.

Grand-Mère doit son existence à l'aménagement, en 1890, d'une centrale hydroélectrique aux chutes Grand-Mère par l'homme d'affaires montréalais John Forman. Cette activité attire dans la ville de nombreuses industries qui sont toujours actives aujourd'hui. Grand-Mère connaît une croissance importante depuis 1945. Elle est aussi l'objet d'un boum économique au milieu des années 70, lorsqu'on y fait construire un barrage, ce qui accroît temporairement sa population à près de 20 000 habitants.

Grand-Mère est un centre ferroviaire et de transport fluvial important qui dessert les industries du bois de sciage, de la pâte et papier, de l'hydroélectricité et du textile qui sont en exploitation dans la municipalité et dans les environs. Elle est aussi un fournisseur important du secteur tertiaire.

Serge Durflinger

Grands Ballets canadiens de Montréal, Les Connus pour la variété de leur répertoire qui, tout en incluant de nombreux ballets narratifs traditionnels du XIXᵉ siècle et des ballets classiques du XXᵉ siècle, met l'accent sur des œuvres brèves et inédites, souvent de style néoclassique ou contemporain, à mi-chemin entre la danse classique et la danse moderne.

Ludmilla CHIRIAEFF fonde la compagnie en 1958 avec un corps de ballet de 16 danseurs. Les Grands Ballets Canadiens de Montréal sont l'aboutissement des activités précédentes de Chiriaeff. Cette dernière s'installe à Montréal à son arrivée d'Europe, en 1952, et crée ses premiers ballets pour l'émission de télévision *L'heure du concert*, produite par Radio-Canada et très appréciée du public. Sa compagnie, Les Ballets Chiriaeff, commence à donner des spectacles publics en 1954, malgré l'opposition de l'Église catholique du Québec qui considère la danse comme immorale. Chiriaeff ouvre sa première école en 1952 et, en 1958, elle crée l'Académie des Grands Ballets Canadiens afin de former les danseurs de la nouvelle compagnie.

En 1970, elle fonde l'École supérieure de danse du Québec dans le but d'offrir une formation professionnelle aux élèves de niveau avancé. Après avoir quitté son poste de directrice artistique des Grands Ballets Canadiens en 1974, Chiriaeff dirige des écoles de danse jusqu'à ce que des ennuis de santé l'obligent à prendre sa retraite, en 1992. Brian MACDONALD lui succède comme directeur artistique des GBC de 1974 à 1978. Puis, de 1978 à 1985, un comité formé de la maîtresse de ballet Linda Stearns, du répétiteur Daniel Jackson et du directeur général Colin McIntyre dirige la compagnie. McIntyre s'en va en 1984 et, de 1985 à 1987, Jeanne Renaud devient codirectrice avec Linda Stearns. Renaud quitte la compagnie en décembre 1987 et Stearns en est alors l'unique directrice. McIntyre revient à titre de directeur général et reste à son poste de mars 1988 à août 1992. Le respecté danseur et professeur américain Lawrence RHODES assure la direction artistique de la compagnie à partir d'août 1989.

Les Grands Ballets (qui comptent aujourd'hui quelque 35 danseurs) comptabilisent un nombre remarquable de commandes d'œuvres originales. La chorégraphie, la composition et la conception de la plupart de ces œuvres sont réalisées par des Canadiens. Durant les premières années, Chiriaeff crée la chorégraphie de nombreux ballets. Des chorégraphes canadiens, comme Fernand NAULT, Brydon PAIGE, Brian MacDonald et James KUDELKA (chorégraphe attitré des Grands Ballets de 1984 à 1990), contribuent de façon importante au répertoire.

De 1970 à 1972, la compagnie acquiert une réputation internationale grâce à la célèbre adaptation que fait Nault de l'opéra rock *Tommy*, composé par le groupe britannique The Who. La compagnie crée aussi un répertoire diversifié représentatif des meilleurs ballets traditionnels et contemporains, ainsi que des meilleurs spectacles de danse moderne. Elle interprète des œuvres de chorégraphes réputés, notamment celles de John Butler, de Lar Lubovitch, d'Hans van Manen, de Nacho Duato et de Paul Taylor. Enfin, elle met sur pied une remarquable variété de ballets créés par le maître russo-américain George Balanchine et reprend des œuvres importantes de Diaghilev, parmi lesquelles *Petrouchka, La Chatte et L'après-midi d'un faune.*

Pendant un certain temps, au milieu des années 80, le répertoire change pour des chorégraphies de danse moderne et des critiques accusent la troupe de perdre le contact avec ses racines. La compagnie renoue ensuite avec ses origines classiques, mais demeure la plus progressiste et la plus expérimentale des trois grandes troupes de danse classique canadiennes d'alors.

Les Grands Ballets font de nombreuses tournées dans l'ensemble du Canada, aux États-Unis, en Europe, en Amérique centrale, en Amérique du Sud et en Asie. En 1984, elle est la première compagnie canadienne de ballet invitée à danser en Chine.

Michael Crabb

Sous la direction artistique de Lawrence Rhodes, la compagnie prend un nouvel élan. Les années 90 constituent une période de renouvellement du répertoire. On met alors l'accent sur l'acquisition d'œuvres de grandes figures du ballet contemporain. De ce fait, les GBC s'enrichissent de pièces de choix, signées notamment William Forsythe (*Urlicht* et *Approximate Sonata*), Nacho Duato (*Duende* et *Without Words*) et Jiří Kylián (*Stepping Stones, Sinfonietta* et la célèbre *Symphonie des psaumes*). Parallèlement à cette manne d'œuvres, qui donne un caractère de plus en plus actuel à la compagnie montréalaise, les Grands Ballets continent d'accorder une place importante à la création. À cet effet, la compagnie institue, en 1993, un «Fonds pour les nouvelles créations», afin de garantir la production d'œuvres nouvelles et originales à l'intérieur même de ses studios. Ce fonds permet, entre autres de commander des pièces à Édouard LOCK – *Étude*, 1996, chorégraphie sombre et sauvage comme seul Lock sait le faire – et à Ginette LAURIN – *Le Funambule*, 1997. Auparavant, en 1995, les GBC s'associaient momentanément au FESTIVAL INTERNATIONAL DE NOUVELLE DANSE (Find) afin de permettre la venue, dans la métropole québécoise, du célèbre Ballett Frankfurt dirigé par William Forsythe.

En août 1996 Alain Dancyger, alors directeur du Centre des arts Saidye Bronfman de Montréal, est nommé à la direction générale. Avec son aval, la compagnie réaffirme son mandat de création et de diffusion, et permet à plusieurs grandes compagnies de ballet de fouler le sol montréalais, notamment le Dance Theatre of Harlem, en 1997, et les Ballets de Monte-Carlo, en 1999.

Après 10 ans au sein de la compagnie, Lawrence Rhodes quitte les Grands Ballets Canadiens en octobre 1999, cédant ainsi la place à Gradimir Pankov, ex-danseur et directeur artistique ayant déjà à son actif la direction de compagnies aussi réputées que les Ballets Cullberg (Suède) et le Ballet national de Finlande (Helsinki). Fort de cette nouvelle direction artistique, la compagnie entame un nouveau millénaire en ajoutant à sa dénomination actuelle, le nom de Montréal, faisant ainsi officiellement d'elle Les Grands Ballets Canadiens de Montréal (GBCM).

Andrée Martin

Grands Bancs de Terre-Neuve, Les Partie de la plate-forme continentale du Canada située au sud-est de Terre-Neuve qui se compose de plusieurs bancs distincts dont les plus importants sont le Grand Banc, le Banc Green et le Banc de Saint-Pierre. Leur superficie est de 282 500 km² et leur profondeur moyenne est de moins de 100 m et ne dépasse pas 200 m.

L'eau provient surtout du courant froid du Labrador qui s'écoule vers le sud. Ce courant se divise lorsqu'il approche le Grand Banc, une branche se dirige alors vers le sud, en longeant la côte de Terre-Neuve, traverse le chenal d'Avalon et atteint le Banc de Saint-Pierre. L'eau de l'embranchement principal circule dans le sens horaire et il est concentré autour des limites du Grand Banc. Les eaux chaudes du Gulf Stream se trouvent généralement au sud du Grand Banc, mais elles se déplacent au nord à l'occasion, à la limite méridionale des bancs.

Des masses d'air chaud en provenance du Gulf Stream se déplacent au-dessus des eaux plus froides du courant du Labrador, créant un épais brouillard, surtout au printemps, lorsque les écarts de température entre l'air et l'eau sont les plus importants. Les icebergs, transportés le long des limites des bancs par le courant du Labrador, sont aussi plus nombreux au printemps.

Les bancs sont des zones de pêche reconnues à l'échelle internationale, surtout pour la pêche à la morue, mais on y pêche aussi l'aiglefin, le sébaste, le poisson plat (y compris le flétan), le maquereau et le hareng. À la fin du XVe siècle, les explorateurs européens sont les premiers à remarquer l'abondance des poissons et, peu de temps après, les Grands Bancs commencent à attirer de nombreux pêcheurs européens.

Les premières colonies établies sur l'île de Terre-Neuve servent de lieux de séchage et de salage du poisson destiné à l'Europe. Au cours du XXe siècle, les Européens, les Américains et les Canadiens ont continué de pêcher sur les bancs; ils sont suivis, dans le milieu des années 50, par les Soviétiques et les Japonais, dont les navires de pêche sont très grands. En 1977, le Canada étend la limite des ses eaux territoriales afin d'y annexer la majorité des grands bancs et la pêche étrangère diminue. Au début des années 90, une diminution de la population de morues sur le Grand Banc conduit à un moratoire sur la pêche. On s'attend à ce qu'il soit en vigueur au moins jusqu'à la fin du XXe siècle.

Le forage de puits de pétrole, qui a commencé sur les bancs à la fin des années 70, a attiré l'attention du public en raison de la perte désastreuse de la plateforme OCEAN RANGER, le 15 février 1982. La production pétrolière du champ pétrolifère d'Hibernia a débuté en novembre 1997.

Ken Drinkwater et Allyn Clarke

Grands Lacs Ils forment le plus important groupe d'une série de vastes lacs (incluant les lacs Winnipeg, Athabasca, le Grand lac des Esclaves et le Grand lac de l'Ours) longeant l'extrémité sud du Bouclier canadien. Les Grands Lacs sont constitués, d'ouest en est, des lacs SUPÉRIEUR, Michigan (entièrement situé aux États-Unis), HURON, SAINT-CLAIR, ÉRIÉ et ONTARIO. Ils ont une superficie totale d'environ 246 050 km² et leur élévation passe de 183 m au-dessus du niveau de la mer au lac Supérieur, à 74 m au lac Ontario. La plus impressionnante dénivellation est celle des CHUTES NIAGARA. Bien qu'il ne soit pas à proprement parler un «grand lac», le lac Saint-Clair est considéré comme faisant partie de cette chaîne lacustre. Peu de traces subsistent des événements géologiques qui ont marqué la région des Grands Lacs entre la fin de l'ère pennsylvanienne et la fin de l'ère tertiaire, après le retrait des mers paléozoïques qui recouvraient presque tout le continent. Bien que d'importantes vallées fluviales aient vraisemblablement traversé la région, on n'a retrouvé dans le secteur des Grands Lacs aucune trace des surfaces d'érosion de l'ère tertiaire visibles en Illinois et au Wisconsin, et les reconstitutions des bassins de drainage préglaciaire sont incertaines. Les Grands Lacs sont situés à proximité de l'intersection des bassins hydrographiques de la baie d'Hudson et des fleuves Mississippi et Saint-Laurent. En raison de la capture progressive des eaux d'amont par le Mississippi, la ligne de partage des eaux du bassin du Mississippi n'est maintenant qu'à environ 10 km des rives sud des lacs Érié et Michigan, et à environ 20 km seulement de l'extrémité ouest du lac Supérieur. Le relèvement isostatique postglaciaire continue de se faire sentir sur la rive nord des Grands Lacs, à raison de 0,4 m par siècle, par rapport à la rive sud des lacs Érié et Michigan.

L'érosion différentielle du substratum rocheux par les glaciers a créé les bassins où se trouvent les Grands Lacs: leur forme et leur emplacement sont liés aux structures géologiques de la région. Les lacs Huron et Michigan ont une forme arquée qui coïncide avec la périphérie de la cuvette synclinale du Michigan. Les calcaire et dolomie siluriens plus résistants de l'ESCARPEMENT DU NIAGARA séparent la BAIE GEORGIENNE et la baie Green des principaux lacs. La forme du lac Supérieur est régie par les formations précambriennes alors que celle des lacs Érié et Ontario est influencée par l'orientation du géosynclinal appalachien sous-jacent.

Au cours de la dernière période glaciaire (d'une durée de plus d'un million d'années), il y a eu quatre glaciations, au cours desquelles les bassins lacustres se sont élargis. Vers la fin de la dernière glaciation (Wisconsin), les lacs ont commencé à se former, au fur et à mesure que les glaces se sont retirées, tout d'abord dans les bassins Érié et Michigan. Il y a plus de 14 000 ans, les lacs se drainaient vers le sud par le Mississippi. Par la suite, un lac s'est formé dans la partie sud du bassin Huron établissant le lien entre Érié, Huron et Michigan. Il existait également un déversoir à la rivière Hudson (au sud du bassin Ontario). Le bassin Ontario s'est libéré de ses glaces il y a environ 12 000 ans, suivi du lac Supérieur et de la baie Georgienne. La présence de marges glaciaires a favorisé la formation initiale de lacs à haute altitude. À une époque, un seul lac couvrait la majeure partie du secteur supérieur des Grands Lacs (Supérieur, Michigan et Huron). Au fur et à mesure que les glaces se sont retirées vers le nord, les lacs se sont déversés par de nouveaux exutoires, à des élévations de plus en plus basses. Il s'est produit notamment une baisse de 150 m dans le bassin Ontario, lorsque la vallée du Saint-Laurent s'est dégagée, il y a 11 500 à 12 000 ans. Un relèvement continu depuis les 10 000 dernières années a entraîné le drainage de la région supérieure des Grands lacs vers les lacs Saint-Clair et Érié, et enfin vers le lac Ontario, il y a 4000 à 5 000 ans seulement, alors que la décharge de Chicago (lac Michigan) se fermait.

Depuis les débuts du commerce de la fourrure, les Grands Lacs ont été une importante voie de transport vers l'intérieur du continent, et plus récemment, avec l'ouverture de la VOIE MARITIME DU SAINT-LAURENT (1959), ils sont devenus une véritable voie maritime internationale.

P.G. Sly

Granges À l'instar de certains de nos oiseaux et animaux, les granges font partie des «espèces en voie de disparition». Ni les riches associations, ni les fondations du patrimoine, ni les gouvernements ne consacrent d'argent à l'achat et à la préservation de nos granges les plus anciennes, qui sont menacées de destruction. Les fluctuations de l'économie agricole ont acculé de nombreux cultivateurs canadiens à la faillite et beaucoup de fermes ont dû être abandonnées. Quant aux exploitations agricoles encore prospères, on y a souvent construit des nouvelles granges qui n'ont pas le même attrait culturel ou architectural que celles d'antan.

Depuis toujours, la conception des granges est sujette aux traditions régionales et aux matériaux disponibles. Autrefois, on se servait souvent de madriers, de briques et de pierres pour l'extérieur, tandis que les toits étaient faits de bardeaux, d'ardoise ou de chaume. Mais l'ardoise est rare et le chaume a disparu au Québec. Ce matériau n'est jamais aussi durable ni résistant au climat que dans les pays où l'on intègre des roseaux dans sa composition. Or, au Canada, le chaume est habituellement constitué de paille.

Les amateurs et photographes intéressés par l'architecture des bâtiments de ferme se réjouissent quand ils découvrent une belle grange ancienne construite avec les matériaux d'époque. Cependant, rien ne leur est plus désagréable que de voir un spécimen aux formes parfaites surmonté d'une toiture en tôle galvanisée ou dont les murs sont recouverts d'aluminium. Ce métal étant maintenant répandu, on peut s'attendre à ce que les futures granges soient faites de métal ou d'autres matériaux préfabriqués, à l'épreuve des intempéries.

Les granges canadiennes se classent en trois catégories, selon leur forme et leurs fonctions: modèles de Pennsylvanie, de type hollandais et de type Anglais. Dans l'est du pays, les granges rondes ou polygonales sont rares, sauf au Québec où bon nombre sont parfaitement conservées et peintes de couleurs éclatantes. Le type de grange reliée à la maison remonte loin dans le temps et il en reste quelques exemples au Canada. Parmi les catégories mentionnées, le modèle de Pennsylvanie demeure le plus courant, après la petite grange d'inspiration anglaise. La plupart de ces granges sont faites de planches, mais il en existe de superbes en pierre et en d'autres matériaux durables. Toutefois, leur intérêt vient non pas de leur construction, mais plutôt de leur forme et de leurs fonctions.

Dans un emplacement type, avec une orientation sud et un terrain en pente, la grange est construite de telle sorte que les grandes portes s'ouvrent à l'étage supérieur, où est effectué le battage du grain. Il s'agit en fait d'une large allée bordée de grosses poutres équarries formant des travées du plancher jusqu'au toit. Le grenier, qui donne sur l'aire de battage, est propre et bien construit, étant donné la valeur de son contenu. Il se divise en six à huit compartiments, séparés par un passage. À la fin de la saison des récoltes, on entrepose les machines agricoles dans l'aire de battage. À l'automne et en hiver, on descend le foin par des ouvertures pour nourrir le bétail à l'étage inférieur.

La grange-étable de Pennsylvanie est très bien conçue pour abriter les animaux. Habituellement, la partie supérieure, appelée fenil, est une structure en encorbellement pouvant atteindre 2,4 m, une idée astucieuse qui permet de loger le bétail derrière, dans l'étable. Presque toutes les granges de ce modèle au Canada sont faites en planches de pin, mais en Pennsylvanie, certaines des plus belles sont construites en pierre ou en brique ou présentent des pignons en pierre ou en brique, avec des poutres en bois clouées verticalement ou horizontalement sur le fenil en surplomb.

Les plus beaux modèles de granges-étables de type hollandais se trouvent dans la vallée de l'Hudson, mais il en existe quelques exemples au Canada. Elles sont facilement reconnaissables, puisqu'il s'agit des seules granges dont les portes principales sont situées à une des extrémités plutôt que sur le côté. L'agencement, qui ressemble à celui d'une basilique, se caractérise par une «nef», constituant l'aire de battage, ainsi que des allées latérales, l'une destinée au bétail et l'autre aux chevaux. Jadis aux Pays-Bas, les servantes dormaient au-dessus du bétail et les serviteurs au-dessus des chevaux.

Les premières granges hollandaises se caractérisent par l'espace habitable dans la partie «sanctuaire» du modèle de type basilique. On peut y disposer des meubles autour d'un foyer central, et aménager de chaque côté des chambres ou des lits encastrés qui s'abaissent pour la nuit. Bien assis, le cultivateur est en mesure de surveiller l'aire de battage, les chevaux et le bétail. On a sauvegardé à UPPER CANADA VILLAGE une de ces granges qui, malgré ses portes centrales latérales, s'apparente au type anglais par ses avant-toits plus hauts que ceux des spécimens construits aux Pays-Bas ou dans la vallée de l'Hudson.

Il existe à Weyburn, Saskatchewan, un curieux vestige de ce modèle ancien, bâti en 1906. À l'extérieur, rien ne rappelle la grange classique avec ses avant-toits bas et sa porte centrale. Pourtant, la famille habite alors sous le même toit que les animaux. Dans le logement à deux étages, de six mètres de profondeur, les chambres sont situées en haut. Au rez-de-chaussée, la porte et les fenêtres donnent sur l'aire de battage.

Les petites granges d'inspiration anglaise, très répandues, se comparent par la forme et l'usage aux bâtiments que l'on trouve en Angleterre: au centre une aire de battage, bordée de part et d'autre d'un espace, à gauche pour mettre le grain battu, à droite pour le grain à battre. Ces spécimens, qui mesurent souvent à peine 16,8 m sur 7,6 m, foisonnent à l'époque où la culture du blé prédomine. Quand on manque d'espace pour l'entreposage après une récolte abondante, il suffit d'agrandir l'aire de battage en ménageant une ouverture avec une soupente au-dessus. Il faut pour cela tailler une immense poutre à même un pin du genre de ceux qui poussaient dans les forêts primitives. Des trous carrés marquent l'emplacement des solives qui autrefois soutenaient le plancher et sa charge.

Les cultivateurs ne sont pas portés à utiliser une partie de la grange pour loger le bétail durant une période de changement agricole. Par conséquent, une fois la vieille grange rendue à sa vocation première, ils construisent une petite étable à angle droit avec celle-ci, ou s'il faut encore plus de place, une écurie de manière à former une cour à trois côtés. À Carleton Place, en Ontario, on a poussé encore plus loin cette disposition en aménageant une porcherie qui comble l'espace vide et forme une cour intérieure, un endroit abrité à usages multiples. À une certaine époque, la maison est reliée à la grange. Il est alors utile pour le fermier d'avoir un contact aussi direct avec les animaux et de pouvoir surveiller les réserves, mais les incendies font des ravages. Le seul exemple du genre qui subsiste au Canada est situé à Weyburn en Saskatchewan.

Dans la construction des bâtiments de ferme, les Canadiens français ont fait preuve d'ingéniosité et d'un goût marqué pour les couleurs vives. Leurs granges traditionnelles, habituellement longues et basses, dans certaines régions présentent un nombre étonnant de formes circulaires et polygonales qui ajoutent de la variété aux modèles rectangulaires traditionnels à un étage. Les murs peints sont faits d'un assemblage de planches à languettes et à rainures. Alors qu'ailleurs on compte sur le rétrécissement des planches pour assurer la ventilation des granges en bois, les Québécois, eux, prévoient des lanternaux sur les arêtes du toit. Aux environs de la ville de Québec, les fentes dans les murs des bâtiments laissent passer l'air et permettent à de nombreux pigeons, hiboux, hirondelles, souris et chats d'y trouver refuge.

Les cultivateurs québécois décorent leurs granges à l'aide de peinture. Les surfaces planes leur permettent d'étaler leurs couleurs. Dans les environs de Québec, ils sont nombreux à y afficher la nature de leurs activités. Les grands dessins estompés de vaches ou de chevaux sont un régal pour les yeux. P. ex., à Petit Chocpiele, au Nouveau-Brunswick, se trouve une murale qui représente des chevaux en mouvement. Cette réalisation, bien plus que de la peinture naïve (voir ART POPULAIRE), est presque une œuvre d'art.

Les granges de bois sont parfois ornées de linteaux en pierres ouvragées. Il en subsiste d'ailleurs un exemple remarquable à l'Académie de Rockwood en Ontario, où on a posé sur un mur de pierre une inscription gravée dans le même matériau, datant de 1863 et provenant d'une grange du canton d'Airain (Ontario). On peut y lire: «Quand votre grange est pleine et que tout est rangé en sûreté, remerciez Dieu et pensez aux pauvres».

Eric Arthur

Grant, Charles, surnommé «Charlie», représentant de commerce et défenseur des droits de la personne (Toronto, 22 oct. 1902—*id.*, 28 mai 1980). De famille écossaise presbytérienne, Grant quitte la maison très jeune pour voyager dans le monde. Après de nombreuses aventures dans l'Ouest canadien et en Orient, il s'installe à Vienne où il devient courtier en diamants. En 1938, il est arrêté par les nazis pour spéculation de devises et, condamné à plusieurs mois d'emprisonnement, il finit par passer toute la guerre dans un camp d'internement. À son retour au pays, il tente sans succès de créer une organisation visant à amener au Canada un grand nombre de jeunes orphelins d'Europe. Il consacre les 30 dernières années de sa vie à la défense des droits de la personne. En 1985, le réseau anglais de la Société Radio-Canada diffuse un récit très romancé de sa vie, intitulé *Charlie Grant's War*, dans lequel on prétend, sans aucune preuve à l'appui, que Grant aurait sauvé la vie de 647 juifs viennois en leur procurant des visas volés. Que cela soit vrai ou faux, on doit se souvenir de lui moins pour ce qu'il a fait durant la guerre que pour la lutte qu'il a menée contre l'ANTISÉMITISME, le RACISME et le sectarisme au Canada après celle-ci.

Irving Abella

Grant, Cuthbert, commerçant de fourrures, chef métis et commandant des Métis à SEVEN OAKS (Fort de la rivière Tremblante [Sask.], v. 1793—White Horse Plains [Saint-François-Xavier, Man.], 15 juill. 1854). Éclipsé par RIEL et perdu de réputation par suite des événements survenus à Seven Oaks, Grant n'a pas reçu l'honneur qui lui était dû en tant que chef des MÉTIS. D'origine crie ou assiniboine et écossaise et apparemment instruit à Montréal, Grant retourne dans le Nord-Ouest en tant que traiteur bourgeois pour la COMPAGNIE DU NORD-OUEST (CNO) en 1815. À Seven Oaks, en 1816, il mène les Métis à la victoire dans leur affrontement imprévu avec les colons de Selkirk. Au printemps de 1824, trois ans après la fusion de la CNO et de la COMPAGNIE DE LA BAIE D'HUDSON (CBH), Grant amène de 80 à 100 familles métisses s'établir comme cultivateurs à White Horse Plains (Grantown, plus tard Saint-François-Xavier). En 1828, il est nommé gardien des Plaines par le gouverneur de la CBH, George SIMPSON, et, pendant au moins 25 ans, ses partisans fournissent et protègent la COLONIE DE LA RIVIÈRE ROUGE. Il a fondé la nation métisse, mais, ironiquement, il doit la fin de sa carrière de gardien et de shérif d'ASSINIBOIA à des nationalistes métis de la jeune génération qui défient ses tentatives de soutenir le monopole de la CBH lors du procès de Sayer en 1849.

Emma Larocque

Grant, George Parkin, professeur d'université et philosophe de la politique et de la religion (Toronto, 13 nov. 1918—Halifax, 27 sept. 1988). Il est le fils de William Lawson Grant et le petit-fils de George Monro Grant et de sir George Parkin. Grant est l'un des philosophes les plus influents de son temps. Il tente de réfléchir sur les implications de la technologie et de comprendre pourquoi celle-ci semble écarter l'homme du divin. Après des études à l'U. Queen et à Oxford, il enseigne la philosophie à l'U. Dalhousie de 1947 à 1960, puis il passe au Département de sciences religieuses à l'U. McMaster. En 1980, il retourne à l'U. Dalhousie comme professeur de science politique ainsi que de lettres classiques.

Dans *Philosophy in the Mass Age* (1959), Grant s'efforce de comprendre comment réconcilier la liberté morale avec l'existence d'une loi morale universelle qui nous sert de mesure et nous définit. En 1965, son chef-d'œuvre LAMENT FOR A NATION lui confère une renommée nationale. Fait ironique, sa conclusion, selon laquelle le Canada serait destiné à être emporté dans un mouvement international (dirigé par les États-Unis) débouchant sur un État mondial et homogène, conduit à la création du mouvement nationaliste canadien des années 70. *Technology and Empire* (1969) vise à approfondir la compréhension philosophique de la modernité technologique.

Grant s'attire beaucoup de disciples parmi les jeunes écrivains conservateurs et les nationalistes. Nombre d'entre eux se joignent à sa quête d'une réflexion conjointe sur les réalisations de la science moderne et la philosophie classique. *English-Speaking Justice* (1974, réimpr. en 1978 et en 1985) conclut que la notion même de justice a été envahie par la doctrine du progrès technologique et que, par voie de conséquence, la civilisation occidentale toute entière constitue peut-être une sorte d'erreur monumentale. Dans *Technology and Justice* (1986), méditant sur l'œuvre de la philosophe française Simone Weil, il s'efforce de montrer l'insuffisance de la compréhension de la technologie.

Charles Taylor

Grant, sir James Alexander, médecin, politicien (Inverness, Écosse, 11 août 1831—5 févr. 1920). Diplômé de l'U. Queen et de l'U. McGill, il exerce la médecine toute sa vie à Ottawa. Il est le médecin personnel des huit premiers gouverneurs généraux (de 1867 à 1905). En 1887, l'efficacité de ses soins qu'il prodigue à la princesse Louise, marquise de Lorne et fille de la Reine Victoria, lui vaut d'être fait chevalier commandeur de l'ordre de Saint-Michel et Saint-Georges. Son excellence professionnelle le mène à la présidence de l'ASSOCIATION MÉDICALE CANADIENNE et de la Société royale du Canada. Grant siège au Parlement comme député du comté de Russell, de 1867 à 1873, et d'Ottawa, de 1893 à 1896. Il se distingue par la présentation du premier projet de loi pour la construction du chemin de fer du CANADIEN PACIFIQUE en 1872. Utilisant une métaphore médicale, il déclare que le Canada deviendra un formidable pays si on place une attelle de fer sur les provinces pour renforcer l'union et développer le commerce.

A.A. Travill

Grant, John Charles Boileau, anatomiste (Loanhead, Écosse, 6 févr. 1886—Toronto, 14 août 1973). Après avoir servi comme médecin-militaire dans les forces impériales pendant la Première Guerre mondiale, Grant devient professeur et chef du département d'anatomie de l'U. du Manitoba (1919-1930), de l'U. de Toronto (1930-1956), professeur émérite à l'U. de Toronto (1956-1973) et professeur invité d'anatomie à l'U. de la Californie, à Los Angeles (1961-1969). Auteur de *A Method of Anatomy*, de *An Atlas of Anatomy* et de *A Dissector of Anatomy*, Grant collabore aussi aux 18e et 20e éditions de *Gray's Anatomy*, aux 10e et 11e éditions de *Morris's Anatomy, Myology*, aux 9e et 10e éditions de *Cunningham's Anatomy, Respiratory System* et à *Anthropometry of the Saulteaux, Cree and Chipewyan Indians*. Grant est un professeur d'anatomie humaine stimulant. Par ses manuels scolaires, son influence se fait sentir dans le monde entier. Durant la crise des années 30, il encourage et soutient financièrement des douzaines de chômeurs.

Ross G. MacKenzie

Graphite Le graphite est un des quatre allotropes du carbone. Les autres allotropes sont le diamant, les fullerènes et le carbone amorphe (charbon de bois, coke et noir de carbone). Ces allotropes ont des structures cristallines et des propriétés physiques très différentes. Il y a deux types de graphite: le naturel et le synthétique. Le graphite naturel est de couleur noire, a un éclat métallique, il est graisseux au toucher et tache les doigts. On le trouve surtout dans les ROCHES MÉTAMORPHIQUES, le plus souvent dans des schistes, et sous la forme de petits cristaux associés à d'autres minéraux dans les marbres.

Le graphite naturel a probablement été formé par la décomposition de matière organique contenue dans le CALCAIRE lors du métamorphisme. Les trois principaux types de graphite naturel sont le graphite micro-cristallin (connu commercialement sous le nom de *graphite amorphe*), le graphite cristallin en paillettes et le graphite cristallin en blocs. Le graphite cristallin en paillettes est le plus utilisé et est classifié et vendu d'après la grosseur des paillettes (grosses, moyennes et fines) et son contenu en carbone. Le graphite en paillettes contient de 90 p. 100 à 95 p. 100 de carbone. A contenu égal en carbone et en cendres, les grosses paillettes coûtent le plus cher. La compagnie Stratmin Graphite Inc. exploite une mine et un concentrateur à Lac-des-Îles, au Québec. La compagnie est un important producteur de graphite cristallin en paillettes avec une production annuelle de quelque 25 000 t de concentrés de graphite qui contiennent 94 p. 100 à 99 p. 100 de carbone graphitique.

Il y a trois sortes de graphite synthétique: les primaire et secondaire et les fibres de graphite. Le graphite synthétique primaire a un contenu en carbone très élevé (99,9 p. 100) et est manufacturé à grande échelle dans des fours électriques utilisant le coke de pétrole comme matière première. On s'en sert pour fabriquer des électrodes et des balais pour moteurs électriques. Le graphite secondaire est utilisé dans l'industrie des réfractaires. Les fibres de graphite sont produites à partir de rayonne, de polyacrilonitride ou de brai de goudron. Ces fibres sont utilisées comme agent de renforcement dans les composites polymères en aérospatiale et dans les articles de sport.

Le graphite est un excellent conducteur de chaleur et d'électricité et il a un point de fusion très élevé (3550 °C). Il est résistant aux chocs thermiques et est chimiquement inerte. Il résiste à l'oxydation, a un bas coefficient d'absorption des rayons X et a un très bas coefficient de friction. Il sert surtout de réfractaire et de garniture de freins, et entre dans la composition de lubrifiants, de la fonderie, de balais pour moteurs électriques, de creusets, de batteries, de crayons, du caoutchouc, de peintures conductrices, de poudres de métal et du graphite flexible. Le graphite cristallin en paillettes est principalement utilisé dans l'industrie des réfractaires. Le graphite flexible est un produit relativement nouveau et est manufacturé en chauffant et en exfoliant le sel de graphite en paillettes pour ensuite le presser horizontalement en feuilles. Les feuilles sont ensuite découpées pour en faire des joints d'étanchéité destinés à l'industrie de l'automobile et de la chimie ou sont utilisées comme modérateur de neutrons dans les réacteurs nucléaires. De petites quantités de graphite naturel et synthétique de haute pureté sont utilisées pour produire les diamants synthétiques.

Michel Brau Boucher

Grass River, parc provincial Situé à environ 45 km à l'est de Flin Flon, le parc provincial Grass River (créé en 1963, 2289.63 km²) chevauche deux des RÉGIONS NATURELLES du Manitoba (les plaines boréales et le bouclier boréal).

Histoire naturelle Le parc est constitué d'une série de lacs (du lac Simonhouse au lac Tramping) qui s'échelonnent le long de la rivière Grass et qui s'y jettent. Les dolomies prédominent dans les paysages le long de la route 39, de part et d'autre de la zone sud du parc. Le parc s'étend principalement au nord de la route et s'appuie sur des roches foncées du BOUCLIER canadien. Surgissant d'une falaise rocheuse, la source Karst unit les deux régions naturelles au lac Iskwasum. Le parc abrite des caribous des bois, des orignaux, des oiseaux aquatiques et des poissons destinés à la pêche sportive.

Histoire humaine LES CRIS ont immigré dans la région depuis les grandes plaines il y a environ deux cents générations. La rivière Grass leur permettait d'assurer leur subsistance tout en facilitant leurs déplacements. Le premier Européen connu à avoir emprunté la rivière a été Joseph Smith de la Compagnie de la baie d'Hudson, en 1763. Vingt ans plus tard, c'était le tour de David THOMPSON et Samuel HEARNE alors à la recherche de fourrures. Aujourd'hui, canoteurs et pêcheurs sportifs naviguent sur ce cours d'eau pittoresque et profitent de certains des lieux de pêche les plus accessibles par route au Manitoba.

Installations Le parc compte trois terrains de camping (Gyles, Iskwasum Landing et Reed Lake) dotés chacun d'abris de pique-nique, d'une rampe pour les embarcations, d'un terrain de jeux et d'une plage.

Gratte-ciel Dans les villes, les gratte-ciel tiennent lieu de points d'exclamation. Ils marquent la convergence entre les temples de la finance, les services et les lieux de rencontre. Ces manifestations verticales de l'audace architecturale et du savoir-faire des ingénieurs peuvent d'emblée symboliser une cité et écraser une rue. Certains sont magnifiques, d'autres banals, et leur image en est venue à symboliser le XXᵉ siècle, particulièrement en Amérique du Nord.

En fait, un gratte-ciel est un édifice d'une hauteur très supérieure à la moyenne, comprenant de nombreux étages utilisables et une charpente autoportante. Il n'y a pas de hauteur déterminée à partir de laquelle les édifices méritent ce qualificatif, mais ceux ayant moins de 40 m (130 pi) de haut ou moins de 10 étages ne sont traditionnellement pas considérés comme tels. Dans les années 1850, le perfectionnement de l'ascenseur permet d'ajouter des étages utilisables et de distinguer les édifices ordinaires de gratte-ciel tels que la TOUR DU CN à Toronto, la plus haute structure autoportante au monde avec une hauteur de 553 m (1815 pi). Une structure faite, généralement, d'acier ou de béton armé remplace les murs de soutènement massifs qui seraient, normalement, nécessaires pour supporter le poids de ces édifices élevés. Un recouvrement relativement mince fixé à la structure donne au gratte-ciel son apparence extérieure. Avant la Seconde Guerre mondiale, les architectes optaient pour la brique et la terre cuite, alors que durant la période subséquente, on s'est plutôt mis à utiliser le verre, l'aluminium, le béton préfabriqué et un mince parement de pierre.

Cap sur les nuages

Le premier édifice beaucoup plus haut que la moyenne, comportant des étages utilisables et une charpente autoportante, est celui de la compagnie d'assurances Equitable Life, à New York, d'une altitude de 40 m (130 pi), terminé en 1870. Selon certains, le premier vrai gratte-ciel serait plutôt l'immeuble de la compagnie d'assurances Home Life, à Chicago, d'une hauteur de 55 m (180 pi), terminé en 1885. Les gratte-ciel, inventés par les Américains, sont le fruit du progrès technologique. La hausse du prix des terrains au centre-ville en fait une solution rentable et le prestige dont ils jouissent les rend encore plus attrayants. Vers la fin du XIXᵉ siècle, la course au sommet est bien engagée. Les gratte-ciel frôlent les sommets de 80 m (260 pi) vers 1875, de 122 m (400 pi) en 1899, de 244 m (800 pi) en 1913 et atteignent enfin 381 m (1250 pi) en 1931 avec la construction de l'Empire State Building à New York, qui conserve son titre de plus haut édifice au monde jusqu'à l'inauguration, en 1973, de la Sears Tower à Chicago, d'une altitude de 442 m (1450 pi). Depuis 1996, les tours jumelles Petronas à Kuala Lumpur, en Malaisie, qui culminent à 452 m (1483 pi), lui ont ravi le titre.

Avant la Seconde Guerre mondiale

L'ère des gratte-ciel débute, au Canada, avec la construction (1887-1889), à Montréal, de l'immeuble de la compagnie d'assurances New York Life du Canada, qui compte huit étages. Il ne s'agit pas à proprement parler d'un gratte-ciel, puisqu'il présente des murs porteurs massifs en maçonnerie d'un mètre d'épaisseur à la base au lieu d'une charpente métallique. Le grand magasin de six étages de Robert SIMPSON à Toronto, qui, d'après la description de la revue *Canadian Architect and Builder*, «domine l'intersection des rues Yonge et Queen» au moment de son inauguration en 1895, se distingue par une charpente en acier autoportante, des ascenseurs et une hauteur supérieure à la moyenne: ceci lui permet de revendiquer le titre de premier vrai gratte-ciel au Canada (*voir* BURKE, HORWOOD AND WHITE).

Toutefois, c'est l'honneur de construire le plus haut édifice de l'Empire britannique qui déclenche l'ascension vers les nuages dans l'ensemble du pays. En 1905, la ville de Toronto se lance dans cette course chaudement disputée lorsqu'on termine, rue Yonge, l'édifice de 15 étages de la Traders Bank of Canada. L'immeuble Dominion, comptant 13 étages et d'une hauteur de 45 m (148 pi), terminé en 1910, permet à la ville de Vancouver de ravir la couronne à Toronto, titre qu'elle conservera avec la construction, en 1912, de la tour de 17 étages et de 81 m (265 pi) de la World (Sun) Tower. Un an plus tard, Toronto reprend la tête quand est construit l'édifice de 16 étages du Canadien Pacifique; puis, en 1915, la Banque Royale emménage, de l'autre côté de la rue, dans un nouvel immeuble de 20 étages d'une hauteur de 91 m (300 pi), nouveau record canadien. Malgré ses propres règlements de zonage qui restreignent la hauteur permise, Montréal s'empare de la couronne en 1928 au moment de l'inauguration de l'immeuble de 119 m (392 pi) de la Banque Royale, mais la perd l'année suivante lorsque le Royal York Hotel de Toronto, d'une hauteur de 120 m (395 pi), dépasse le plafond fixé par les règlements municipaux. L'inauguration, en 1931, de l'édifice de 34 étages et de 145 m (477 pi) appartenant à la Banque Canadienne Impériale de Commerce, situé non loin de là, demeurera le point culminant au Canada durant un quart de siècle.

Après la Seconde Guerre mondiale

Une deuxième vague de construction en hauteur s'engage au Canada dans le sillage de la prospérité retrouvée après la Seconde Guerre mondiale. Après un règne sans rival de trente et un ans, la tour de la Banque Canadienne Impériale de Commerce à Toronto cède enfin l'honneur d'être «l'édifice le plus élevé du Commonwealth» à la PLACE VILLE-MARIE de Montréal. D'une hauteur de 192 m (630 pi), ce dernier est le plus grand complexe de bureaux au monde pour ce qui est de la superficie au moment de sa construction en 1962 (*voir* ARCOP). Cinq ans plus tard, Toronto récupère son titre. Le record passe de la tour de la Banque Toronto Dominion, soit 223 m (731 pi), à la série d'édifices bancaires de Commerce Court West qui culmine à 239 m (784 pi). En 1998, le plus haut gratte-ciel du Canada, qui occupe le 30ᵉ rang mondial, est l'édifice de 72 étages et 290 m (952 pi) de la First Canadian Place à Toronto, terminé en 1975. Au Canada, il y a environ 50 gratte-ciel qui dépassent 137 m (450 pi), la plupart situés à Toronto, à Montréal et à Calgary. Jusqu'en 1997, à Vancouver, on n'avait pas le droit de construire des édifices de plus de 137 m (450 pi).

Style

Durant plusieurs décennies, les architectes recherchent un style approprié. Dans le cas des premiers édifices en hauteur, les concepteurs jonglent avec les modèles architecturaux en vogue à l'époque et mêlent, dans un dosage sans précédent, les styles romantique, Second Empire, à l'italienne, gothique et même château comme dans le cas de l'édifice de la Confederation Life à Toronto (1890-1891) garni de tourelles et de créneaux. Puis, ils fixent leur choix sur des compositions obéissant à un schéma classique qui comprend une base ou structure basilaire, un fût et un chapiteau. Durant la première phase, cette structure tripartite s'applique à des dizaines de gratte-ciel au Canada, y compris l'édifice de 11 étages de l'Union Bank of Canada (maintenant la

Royal Tower) à Winnipeg (1903-1904), l'immeuble de 10 étages McCallum Hill à Regina (1912-1914, démoli en 1982) et l'édifice massif de 24 étages, à Montréal, de la Sun Life du Canada, Compagnie d'assurance-vie (1914-1931), un bijou.

Après la Première Guerre mondiale, les architectes rompent délibérément avec les traditions et les représentations d'une autre époque. P. ex., les architectes de l'édifice Aldred à Montréal (1929-1931), s'inscrivant dans un courant qui va à l'encontre des goûts anciens et du style art déco, mettent sa hauteur de 96 m (316 pi) en évidence en plaçant les fenêtres en bandes verticales continues et en disposant des blocs d'étages de plus en plus en retrait au fur et à mesure que la tour s'élève. Dans un style moins osé, mais plus représentatif du courant en vogue au Canada, l'immeuble torontois de la Banque Canadienne Impériale de Commerce (1929-1931) se caractérise lui aussi par des murs en retrait et des bandes de fenêtres verticales, mais les détails de l'ornementation s'inspirent des arches et des ciselures romantiques. Le Marine Building de Vancouver (1929-1930), d'une hauteur de 22 étages, est l'un des gratte-ciel les plus originaux de cette époque: chacun des blocs en retrait est recouvert d'une terre cuite blanche qui rappelle les montagnes aux sommets enneigés situées non loin de là.

Même si les tours avec étages en retrait perdurent au Canada jusque dans les années 1950, l'humeur d'après-guerre entraîne un changement de cap radical sur le plan esthétique. Le prototype est le Seagram Building à New York (1954-1958), construit sous la direction de Phyllis LAMBERT pour le compte de la multinationale canadienne de Joseph E. SEAGRAM et fils (voir SEAGRAM), qui marque l'apparition, en Amérique du Nord, d'édifices commerciaux élégants, de la veine minimaliste et à murs rideaux. Ce style révolutionne l'aspect des gratte-ciel en ramenant la paroi extérieure à une couche de panneaux en verre immenses, maintenus en place par une grille de fine membrure métallique. Le mur rideau en verre fait son apparition au Canada à l'hôtel de ville d'Oshawa (1953) et produit un maximum d'effet avec le bel immeuble de 22 étages de la B.C. Electric (désormais la tour Electra) à Vancouver (1955-1957). Les conceptions minimalistes gagnent en popularité durant une période où le Canada jouit d'une grande prospérité, et de nombreuses tours modernes s'élèvent des esplanades urbaines.

Ce style rationnel et réservé, basé sur le principe selon lequel «le minimum est l'optimum», trouve sa meilleure illustration dans la tour de la Banque Toronto Dominion à Toronto (1964-1967), même si la monotonie de sa silhouette entraîne bientôt sa disparition. En réaction, les architectes commencent à scinder les rectangles lisses caractéristiques des années 50 et 60 et conçoivent des tours à facettes multiples, comme celle de la Banque Royale (1972-1976) à Toronto ou le Petro-Canada Centre à Calgary (taillé en biseau, 1979-1984), très distinctives les unes des autres. Le XXᵉ siècle prend fin par une résurgence du romantisme prémoderniste. P. ex., à Toronto, la tour Canada Trust à retraits multiples (1987-1990) et, à Montréal, la Tour du 1000 de la Gauchetière (1988-1992) aux toits à pignons s'inspirent toutes deux largement des nuances esthétiques caractérisant les gratte-ciel distinctifs des débuts du XXᵉ siècle.

Structures

Dans le cas des édifices en hauteur, les ingénieurs ont à relever des défis évidents: réduire le poids global de façon à ce que les édifices ne s'enfoncent pas trop, accroître au maximum la capacité de résistance aux vents violents afin que les ascenseurs ne bloquent pas et que les vitres ne se brisent pas et faire circuler les gens et les marchandises de bas en haut et vice versa, sans pour autant sacrifier trop d'espace et en respectant les limites budgétaires. Diverses solutions ont été apportées. Les premiers gratte-ciel

reposent sur une charpente en acier semi-rigide, dans laquelle on boulonne ou rivette des montants d'acier. La hauteur se limite à 10 ou 15 étages environ, car au-dessus de ce niveau, les vents forts risquent de déformer l'édifice flexible. Dans les années 30, on parvient à augmenter la hauteur jusqu'à plus d'une quarantaine d'étages grâce à des charpentes en acier fixées par des raccords rigides. L'ajout d'armatures de cisaillement verticales au cœur du bâtiment et d'armatures horizontales entourant le périmètre permet de monter à 60 étages ou même plus.

La technique consistant à mettre un ensemble de colonnes et de poutres interreliées, en acier ou en béton, de manière à former une «cylindre» très solide permet aux gratte-ciel postérieurs à la Seconde Guerre mondiale de grimper jusqu'à une centaine d'étages. Durant les années 60, des armatures entrecroisées à l'extérieur viennent renforcer le cylindre rigide. En groupant plusieurs cylindres, comme dans le cas de la Sears Tower, on repousse la hauteur limite bien au-delà du seuil de 100 étages. À présent, on expérimente des structures de «super armatures» formées de tubes rigides empilés les uns par dessus les autres et des «super colonnes» extrêmement robustes formant les angles de l'édifice. Des chercheurs mettent au point d'autres techniques pour remplacer les structures rigides, notamment l'utilisation d'un contrepoids pendulaire intérieur destiné à atténuer les oscillations semble assez prometteuse. L'ajout d'étages implique un problème supplémentaire, source de gaspillage d'espace utile: la nécessité d'installer un plus grand nombre d'ascenseurs. Pour remédier à ce problème, on invente, entre autres, un ascenseur à double plancher (deux cabines superposées) permettant de transporter un plus grand nombre de personnes par cage d'ascenseur. L'édifice First Canadian Place à Toronto comporte un modèle expérimental d'ascenseur de ce type.

Problèmes contemporains

L'ère des gratte-ciel tire peut-être à sa fin car il est de moins en moins nécessaire de rassembler une foule de personnes au même endroit étant donné les progrès des télécommunications. Dans les entreprises nord-américaines, les téléphones, les télécopieurs et le courrier électronique tendent à remplacer les édifices en hauteur comme moyen de rassemblement. Durant les années 80, les 10 plus hauts gratte-ciel au monde se trouvaient dans 3 villes américaines. Une décennie plus tard, on en trouve 6 sur 10 en Extrême-Orient, alors qu'aucun nouveau prétendant n'est envisagé en Amérique du Nord. C'est probablement en Asie que sera atteint le prochain objectif, un gratte-ciel de 500 m d'altitude. Désormais, et dans la plupart des cas, on ne construit plus d'édifices en hauteur pour des motifs fonctionnels ou des considérations financières, mais plutôt pour le prestige. Parallèlement, nombre de gratte-ciel vieillissants ont atteint la limite d'âge prévue. Les ingénieurs et les architectes qui les ont conçus, il y a à peine une génération ou deux, doivent relever un nouveau défi: rendre plus fonctionnels des édifices où l'énergie est gaspillée et qui ne répondent plus aux attentes. Au Canada, quelques vieilles tours de bureaux ont été transformées en résidences; dans d'autres cas, on a enlevé la charpente pour la reconstruire selon les normes actuelles. Cela soulève la question de savoir si la formule de CONSERVATION DU PATRIMOINE convient à des gratte-ciel importants conçus en fonction d'une durée limitée.

Gordon Fulton

Grauerholz, Angela, photographe (Hambourg, Allemagne, 10 janv. 1952). Diplômée en design graphique de la Kunstschule Alsterdamm à Hambourg, elle poursuit des études en littérature et en linguistique à l'U. de Hambourg et obtient, en 1980, une maîtrise en photographie à l'U. Concordia de Montréal, ville qu'elle habite depuis 1976.

Le travail d'Angela Grauerholz est connu depuis plus de douze ans et occupe une place exception-

nelle au sein de la photographie canadienne et internationale. Elle était au nombre des neuf artistes qui représentaient le Canada à la Documenta IX de Cassel en Allemagne au cours de l'été 1992 et a également participé à l'exposition Carnegie de Pittsburgh. Peu d'artistes donnent le sentiment d'une progression aussi régulière et assurée et bien peu, parmi tous ceux qui utilisent la photographie, ont une attitude expérimentale aussi pure. Sa réflexion, plutôt d'ordre philosophique, sur la mémoire et le processus de la mise en image, rompt avec la tradition photographique et son œuvre se signale par l'autoréférentialité de l'image.

Depuis le début des années 80, en quête d'une redéfinition de la photographie, elle aborde différents thèmes qui se succèdent et se chevauchent: portraits, scènes d'intérieur et d'extérieur avec ou sans personnages. Son travail donne une impression d'intemporalité et s'exprime sur un mode paradoxal à travers des images à la fois banales et sublimes, inattendues. Le lieu de l'expérience et la relation des êtres et des choses engendrent un trouble. Une importante exposition organisée par le MUSÉE D'ART CONTEMPORAIN DE MONTRÉAL a circulé au Canada et en Europe au cours des dernières années. Cette exposition comprenait son plus récent travail et une importante installation intitulée *Eglogue* ou *Filling the Landscape*.

L'ensemble du travail d'Angela Grauerholz invite à l'analyse et, dans une dialectique de la présence et de l'absence, pose les questions qui se cachent sous les évidences.

Paulette Gagnon

Gravel, Robert, comédien, auteur et directeur de théâtre (Montréal, 1945—Montréal, 1996). Esprit libre et atypique, comédien à l'air narquois et débonnaire doté d'une grande envergure physique et morale, auteur épris d'humour et de critique sociale, animateur de troupe et machine à idées folles, il a marqué les scènes québécoises expérimentales et institutionnelles pendant trois décennies.

Comédien doué d'une présence exceptionnelle, Gravel participe à la création de plusieurs grands classiques de la dramaturgie québécoise, *Les oranges sont vertes* de Claude GAUVREAU (TNM, 1972), *Ha! ha!...* de Réjean DUCHARME (version TNM 1978) et surtout les six pièces du cycle complet de *Vie et mort du roi boiteux* (NTE, 1982), épopée grotesque de Jean-Pierre RONFARD, son éternel complice. Robert Gravel s'attache aussi un large public en participant à des téléromans populaires, dont *L'Héritage* de Victor-Lévy Beaulieu et *Les Héritiers Duval* de Guy Fournier.

En 1975, avec Pol Pelletier et Jean-Pierre Ronfard, il fonde le Théâtre expérimental de Montréal, un lieu fonctionnant sur le modèle de l'autogestion. Quatre ans plus tard, après une scission, il fonde avec Ronfard, Robert Claing et Anne-Marie Provencher le Nouveau Théâtre expérimental et l'installe dans l'ancienne caserne de pompier d'un quartier populaire de l'Est de Montréal. Le NTE se révèle tout à la fois un terrain de jeu, un lieu d'échange et de partage, et surtout un formidable laboratoire pour l'exploration des limites de l'art théâtral, questionnant tour à tour les enjeux scéniques et les mécaniques de la représentation. La Ligue nationale d'improvisation demeure une des initiatives les plus dynamiques du NTE.

Les dernières années de la vie de Gravel révèlent un auteur grave, posant un regard sans illusion sur la société contemporaine, dominée par l'argent, le mépris de l'autre, le néant. Sa trilogie *La tragédie de l'homme* est montée par le NTE, *Durocher le milliardaire* et *L'Homme qui n'avait plus d'amis* sont jouées en 1991 suivies de *Il n'y a plus rien* en 1992.

Stéphane Baillargeon

Gravenhurst, ville de l'Ont.; pop. 10 030 (rec. 1996), 9988 (rec. 1991), 8926 (rec. 1986); superf. 524,06 km²; const. en 1887; située à l'extrémité sud du lac Muskoka, à 170 km au nord de Toronto. Ce nom a été imposé de façon arbitraire par le gouvernement fédéral, peut-être d'après le nom d'une localité du roman de Washington Irving, *Bracebridge Hall*. Au XIXe siècle, la localité était un centre de sciage mais, en raison du déclin de l'exploitation forestière, le tourisme y est devenu l'activité principale.

Le district de Muskoka, avec ses nombreuses îles boisées au milieu des eaux cristallines d'un réseau de lacs, est devenu une région appréciée pour ses villas et ses centres de villégiature, ce qui a mérité à Gravenhurst le surnom de «porte des LACS MUSKOKA». La ville a été pendant longtemps le lieu de départ des navires à vapeur qui sillonnaient les lacs Muskoka; on a rendu à son état original (1887) le navire à aubes *Segwun*. On a aussi restauré la maison natale d'un fils du pays, Norman BETHUNE, que l'on a converti en musée et en lieu historique national.

Daniel Francis

Gravité La gravité, propriété physique fondamentale se traduisant par une attraction mutuelle entre tous les corps, est traitée ici car elle est un aspect de l'étude de la Terre. Les mesures de l'accélération due à la gravité servent en géodésie pour l'étude des dimensions et de la forme de la Terre, et en géophysique pour déterminer la répartition et la structure des masses sous la surface de la Terre. L'accélération due à la pesanteur se mesure en gals (en l'honneur de Galilée): 1 gal = 0,01 mètre par seconde. À la surface de la Terre, elle est d'environ 980 gals et varie d'au plus 7 gals environ en fonction de la latitude et de l'élévation. Les mesures absolues, d'une précision de l'ordre de 0,01 milligal, sont maintenant effectuées grâce aux LASERS et à l'ÉLECTRONIQUE de pointe qui permettent l'observation directe de l'accélération des corps en chute libre. Les mesures relatives, d'une précision de 0,05 milligal ou mieux, sont effectuées de façon routinière à l'aide d'appareils de mesure de la gravité (les gravimètres) qui se transportent facilement et qui mesurent les différences d'attraction à l'aide d'un mécanisme à ressort délicat. Ces instruments sont conçus pour servir au fond de la mer, sur les surfaces de glace, à bord de bateaux ou d'aéronefs en mouvement. On a aussi calculé les champs gravitationnels au moyen d'un repérage précis effectué par des SATELLITES en orbite autour de la Terre, de la Lune, de Mars et d'autres planètes.

On compare les mesures de la gravité à une formule théorique adoptée dans le monde entier et déterminée à partir de paramètres de base définissant la forme de la Terre. La différence entre les valeurs mesurées et les valeurs théoriques donnent la réduction de Fay dite à l'air libre, c.-à-d. la mesure qu'on aurait si le point d'observation était au niveau de la mer, ou l'anomalie de gravité de Bouguer, qui se calcule en supposant qu'il y a une plaque de roc de densité uniforme (habituellement 2,67 mégagrammes/m³) entre le point d'observation et le niveau de la mer. Dans les régions montagneuses, il faut aussi calculer l'effet des terrains accidentés.

On obtient les cartes de gravité en joignant les points d'égale anomalie de gravité ou en attribuant une couleur à chaque anomalie de gravité moyenne dans un pixel ou une cellule élémentaire, ce qui permet d'obtenir une carte à teintes nuancées à l'aide d'un traceur de courbes automatisé moderne. Les régions d'anomalies relativement positives (les maxima de gravité) et celles d'anomalies relativement négatives (les minima de gravité) correspondent aux excès et aux manques de masses sous la surface. La carte d'anomalies de gravité du Canada de 1987 combine les anomalies de Bouguer sur la terre ferme et les anomalies à l'air libre en mer; elle couvre environ 80 p. 100 du Canada et des océans adjacents distantes d'au plus 12 km. Le réseau d'anomalies au-dessus du Canada reflète l'histoire géologique des phases reculées de formation des montagnes, d'activité volcanique, de sédimentation et d'autres transformations géologiques (*voir* GÉOLOGIE).

Les prospecteurs utilisent les mesures de gravité pour trouver la région la plus propice à une exploitation rentable de pétrole, de gaz et de ressources minérales. P. ex., dans la mer de Beaufort, les îles de l'Arctique et sur le fond de la mer au large de la Nouvelle-Écosse et de Terre-Neuve, l'analyse des réseaux d'anomalies de gravité constitue une bonne part de la recherche de formations contenant du pétrole et du gaz. Au Canada, les anomalies de gravité ont aussi servi à tracer les contours des provinces minérales. Bon exemple de cela: la ceinture de nickel du Manitoba où les amas de minerai isolés sont répartis le long d'un axe d'anomalie de gravité négative. D'autres provinces minérales ont été examinées de cette façon: les chaînes ferrugineuses du Labrador, le bassin de Sudbury, la ceinture Abitibi-Timmins et les rochers cuprifères de la cordillère de l'Ouest. On découvre peu d'amas de minerai isolés directement par le relevé exploratoire des anomalies, mais on se sert souvent des relevés de gravité détaillés pour déterminer l'étendue des réserves de minerais et des réserves estimées. C'est de cette façon qu'ont pu être évalués le tonnage des énormes dépôts sulfurés des Territoires du Nord-Ouest et du nord de l'Ontario et le volume de sel en Nouvelle-Écosse.

Les mesures de la gravité servent aussi à l'étude des mouvements de la surface de la Terre provoqués par les grands TREMBLEMENTS DE TERRE, les VOLCANS ou à l'étude de la dérive des continents et du soulèvement de régions. C'est le cas de la baie d'Hudson qui se soulève encore à la vitesse d'environ 2 cm par an après son abaissement lors de la dernière GLACIATION continentale il y a plus de 10 000 ans.

M.R. Dence et R.A. Gibb

Gravure La gravure est l'ensemble des nombreux procédés de reproduction d'images parmi lesquels on trouve les procédés en creux, en relief et à plat ainsi que la sérigraphie. La longue histoire de la gravure au Canada est marquée à la fois par l'évolution des techniques et par l'innovation artistique sur le continent nord-américain. Toutefois, les témoins de cette évolution sont aujourd'hui dispersés, rares, voire inexistants.

Gravure au début de la colonisation Les images imprimées semblent avoir été peu recherchées en Nouvelle-France, et celles qui étaient nécessaires à des fins éducatives et religieuses venaient toujours d'Europe. Chose certaine, il n'existe aucun exemple d'imprimés produits au Canada pendant le Régime français, soit avant 1760. Les premiers apparaissent en même temps que les tentatives britanniques de conquérir le Canada au milieu de la décennie et s'apparentent à l'écriture imprimée. En 1751, une presse typographique est importée de Grande-Bretagne (ou des colonies américaines) et installée à Halifax, mais il s'agit d'une presse à plat qui ne peut imprimer que de petites gravures sur bois pour la publicité ou les avis publics.

À la fin de la GUERRE DE SEPT ANS, en 1763, l'Angleterre cherche à coloniser ses terres nouvellement conquises en encourageant ses ouvriers qualifiés à émigrer d'Europe et des États-Unis. Parmi ces immigrants se trouvent des Allemands du Sud qui ont des connaissances et des habiletés en techniques d'imprimerie. Ils créent ainsi une gravure sur bois, *View of Halifax*, pour le *Nova Scotia Calender* de 1777, calendrier publié par un Alsacien immigré à Halifax, Anthon Henrich. Dans les décennies qui suivent, Henrich imprime de semblables gravures sur bois et d'autres plus élaborées pour les versions anglaise et allemande de son calendrier. Un autre immigrant allemand, Christopher Sauer (ou Sower), voit ses œuvres publiées à partir de 1786 dans des calendriers du Nouveau-Brunswick fabriqués à Saint-Jean. Malheureusement, cette pratique de la gravure sur bois ne se poursuit pas au-delà du XVIIIe siècle, car il ne s'agit là que d'une activité parallèle au monde plus sérieux de la publication de livres et d'ALMANACHS ANCIENS.

C'est plutôt à Québec, capitale de l'Empire britannique dans le Nord du continent, que l'élan artistique et l'intérêt public pour l'art de la gravure prennent leur essor. Les quartiers généraux des officiers et des représentants britanniques y sont établis, et un vif intérêt pour les arts, surtout pour l'aquarelle, s'y développe (*voir* PEINTRES TOPOGRAPHIQUES). Avant la GUERRE DE 1812, de nombreux artistes militaires (dont les plus connus sont Thomas DAVIES, Edward Walsh et George Fisher) rapportent des représentations topographiques de paysages en Angleterre pour les faire graver et publier. Des officiers en garnison au Canada expérimentent également les techniques de gravure à l'eau-forte et au burin.

James Peachy, employé par le bureau de l'arpenteur général, réalise une petite eau-forte sur cuivre des CHUTES MONTMORENCY en 1779, dont il ne subsiste plus que la plaque. George HERIOT, sous-ministre des postes de l'Amérique du Nord britannique, artiste prolifique, illustrateur et auteur de nombreuses publications en anglais sur le Canada, pratique aussi l'eau-forte. Heriot est associé à Samuel et à John Neilson, les éditeurs de *Québec Magazine*, dans lequel paraît un de ses paysages en eau-forte et en aquatinte en 1792.

Cette année-là, les Neilson déploient les premiers efforts soutenus en vue d'établir la gravure professionnelle au Canada. Ils importent une presse pour impression en creux et engagent un imprimeur allemand immigré, J.G. Hochtsetter, pour produire une série de paysages, de portraits et d'allégories, en vue de la publier au début des années 1790. La presse des Neilson est probablement à l'origine des nombreux in-plano et autres imprimés parus au cours de cette décennie, mais au tournant du siècle, la production a pratiquement cessé. Au cours de la première décennie du XIXe siècle, il ne semble y avoir aucune activité de gravure professionnelle, vraisemblablement parce que le Canada n'a alors ni la population, ni la prospérité suffisantes. Il faudra attendre la Guerre de 1812.

Pendant la deuxième décennie du XIXe siècle, un ensemble de circonstances favorables (une économie florissante, une vague d'immigration et le resserrement du «tissu» national, trois conséquences du conflit avec les États-Unis) concourent à l'épanouissement de cet art. À cette époque, plusieurs artistes professionnels et amateurs expérimentent la gravure pour leur satisfaction ou leur plaisir personnel; c'est le cas de William BERCZY, d'Elizabeth SIMCOE et du juge Alexander Croke, qui siégeait à la Cour de l'amirauté d'Halifax. Ces trois personnes créent des eaux-fortes d'inspiration canadienne qui sont parvenues jusqu'à notre époque.

L'étape suivante du développement de la gravure professionnelle se déroule à Halifax, où réside, depuis 1808 l'Anglais, Robert Field qui réalise et publie en 1816 une eau-forte exécutée d'après son portrait à l'huile en pied du lieutenant-gouverneur sir John Sherbrooke. L'impression a sans doute été effectuée sur une presse en creux appartenant à Charles W. Torbett, imprimeur local spécialisé dans les livres et les cartes géographiques, qui imprime aussi des portraits, des certificats de clubs et des illustrations de livres. C'est probablement sur une de ses presses que John Elliott Woolford, dessinateur industriel officiel de lord Dalhousie, le successeur de Sherbrooke, imprime, en 1819, une série de quatre eaux-fortes en aquatinte en couleurs représentant des édifices publics d'Halifax.

Bien qu'Halifax devienne, après 1815, le nouveau centre de l'évolution de la gravure, on assiste à cette époque à des efforts de renouveau dans le Bas-Canada. Des compagnies isolées spécialisées en gravure sur bijoux ou sur ustensiles en métal publient quelques imprimés entre 1815 et 1820, mais aucun imprimeur professionnel ne s'établit officiellement avant 1825 environ. À Québec, en 1821, à la suite de l'installation de James Smillie fils, Écossais fraîchement arrivé, comme graveur, l'armée et l'élite locale jouent le rôle de mécènes, alors qu'à Montréal débute en 1829 la longue carrière d'Adolphus Bourne, graveur et éditeur. Bourne n'a apparemment jamais imprimé lui-même, mais il a travaillé en collaboration avec un certain nombre d'artistes et de graveurs, notamment William S. Leney, Robert A. Sproule, Charles Crehen et John Murray. Il a ainsi réalisé, avant la Confédération, plus de 50 imprimés (eaux-fortes, gravures et lithographies) publiés séparément.

La gravure d'amateur chez les artistes militaires, toujours en vogue, est stimulée par la décision du gouvernement britannique, en 1807, d'acheter à Aloys Senefelder ses droits sur le procédé lithographique afin de l'utiliser dans ses établissements officiels dans tout l'Empire. En 1824, Québec possède sa presse et, dès les années 1830, on y réalise et diffuse de nombreuses lithographies destinées tant au grand public qu'à des acheteurs privés. La lithographie représente un progrès certain pour les graveurs en devenir: la presse est aisée à manier et il est facile de reproduire des images. La lithographie dominera la gravure au Canada à partir des années 1840. En revanche, les gens du métier ne s'en servent pas avant 1831, lorsque Samuel O. Tazewell, un imprimeur anglais émigré à Kingston, construit lui-même une presse et se met à la recherche de variétés locales de pierre calcaire pour ses activités. Après avoir réalisé une image des ponts de la Chaudière, à Ottawa, en janvier 1832, Tazewell déménage à York (Toronto) dans l'espoir de devenir imprimeur officiel pour la province. Il y réalise plusieurs in-plano, qu'il met en vente, et travaille en collaboration avec les artistes George D'Almaine et Henry Bonnycastle jusqu'à ce que ses espoirs de mécénat officiel s'évanouissent en raison des partisanneries de l'époque. En 1835, il se retire à St. Catharines pour reprendre son ancien métier d'horloger et abandonne l'imprimerie.

D'autres imprimeurs, dont Bourne, Hugh Greene, George Matthews à Montréal, et Napoléon Aubin à Québec, ont tôt fait de suivre l'exemple de Tazewell et se mettent à imprimer et à publier des paysages et des portraits réalisés selon le procédé lithographique vers la fin des années 1830 et 1840. Matthews travaille de concert avec l'artiste James DUNCAN pour réaliser, en 1843, une série de six lithographies de Montréal, sur le modèle d'une autre série d'eaux-fortes de Bourne, publiée treize ans auparavant. Aubin publie des portraits de célébrités et de politiciens locaux, des images de soupers de la Société Saint-Jean-Baptiste ainsi qu'un portrait de Mgr LAVAL.

Dans les Maritimes, la proximité du grand centre de la gravure qu'est Boston a une grande influence sur le développement artistique local. Pendant que, vers 1835, des artistes comme William Eagar et Mary G. Hall font lithographier leurs œuvres à Boston, on observe une baisse de la popularité de la gravure, et ce, jusque vers la fin des années 1850. À l'opposé, Toronto connaît, dès les années 1840, un essor dans ce domaine. L'adepte le plus en vue, Hugh Scobie, écossais de naissance, lance son entreprise en 1838. En collaboration avec plusieurs artistes, notamment John Gillespie, John Howard et Sandford FLEMING, et en association avec John Balfour de 1846 à 1850, Scobie publie, jusqu'à sa mort prématurée en 1853, un bon nombre de jolis imprimés qui ont du succès. John Ellis, imprimeur anglais, est un autre pionnier, qui ouvre un commerce en 1843 et publie des lithographies jusqu'à sa retraite en 1868 (*voir* IMPRIMERIE).

Imprimeries Dans les années 1850, il existe de nombreuses imprimeries d'importance à Toronto, à Montréal, à Québec, à Ottawa et dans d'autres villes. Les progrès technologiques, comme la presse rotative à vapeur, la lithographie en couleurs et la gravure sur bois, stimulent la demande, la production et le marché à un point jamais atteint, même si les imprimés obtenus sont généralement de qualité médiocre. C'est ainsi qu'un artiste comme Cornelius KRIEGHOFF, à la recherche d'un imprimeur qui reproduirait ses œuvres, s'adresse d'abord à une compagnie de Munich, puis de New York. Paul KANE confie à la compagnie Fuller & Benecke (ou Bencke) de Toronto la tâche de produire une superbe impression en polychromie sur plaque de bois de son œuvre, *Death of Big Snake*. L'expérience est emballante, Kane ne la renouvelle toutefois pas, et la compagnie doit bientôt fermer ses portes, victime de la conjoncture économique et de la tendance à l'industrialisation des techniques d'impression.

Les artistes canadiens ressentent une frustration croissante dans leur rôle de graveurs au cours des années 1860 et 1870, lorsque les intérêts commerciaux, les innovations technologiques et l'avènement de la photographie les relèguent au rang d'artisans, particulièrement dans les grands centres comme Montréal et Toronto. C'est toutefois à cette même époque qu'ils commencent à prendre davantage conscience de leur place dans la société canadienne. Les Canadiens de naissance s'inspirent de l'attitude des immigrants, venus de Grande-Bretagne et de France, à l'égard de la gravure. Un mouvement naît qui, sous le nom de «renouveau de l'eau-forte», est suivi par des artistes comme Alphonse Legros et l'Américain James Whistler. Ces hommes commencent à considérer la gravure non plus comme une méthode de reproduction d'images existantes, ni comme l'art d'illustrer, mais comme une œuvre en soi, dont l'artiste est non seulement le concepteur, mais aussi le créateur de la plaque, l'imprimeur et l'éditeur.

Ce virage radical entraîne l'idée de tirages limités. Chaque œuvre serait numérotée et signée par l'artiste et aurait ainsi sa valeur propre. Tandis que ces idées sont progressivement adoptées par les artistes du Canada et d'ailleurs, un fossé se creuse entre l'imprimé artistique et l'imprimé commercial ou la reproduction, distinction qui subsiste toujours.

Relance de la gravure artistique Les premières manifestations canadiennes de ce mouvement prennent forme chez les artistes canadiens étudiant à l'étranger. Parmi les premiers, on trouve Elizabeth Armstrong Forbes, qui étudie avec la Arts Students League de New York avant de se rendre à Londres, à Munich et en Bretagne (Pont-Aven, 1882), où elle s'intéresse à l'eau-forte. Elle influence des artistes tels que Charles Henry White, élève de Whistler en Angleterre, et Clarence GAGNON, qui part pour Paris en 1904 et acquiert, au cours des cinq années suivantes, une réputation internationale en tant qu'aquafortiste-artiste. Malheureusement, ces artistes n'ont pas d'influence dans leur pays d'origine: Forbes et White demeurent tous deux à l'étranger, alors que Gagnon abandonne l'eau-forte à son retour au Canada, en 1909, pour, en revanche, acquérir une réputation considérable comme peintre.

Au Canada, un certain nombre d'événements ravivent la gravure artistique. La publication de *Picturesque Canada* en 1882, représentant l'œuvre d'artistes américains ainsi que celle de Canadiens, notamment J. Henry Sandham, Lucius O'BRIEN et John A. Fraser, a un double effet: elle démontre les possibilités de la gravure pour exprimer toute la beauté du paysage canadien et attise un désir conscient chez les artistes canadiens de s'initier à la gravure artistique.

Le désintérêt relatif pour l'imprimé manifesté par l'Académie royale des arts du Canada et l'Ontario Society of Artists n'est pas étranger à cette nouvelle orientation. Avec la diffusion des idées du «renouveau de l'eau-forte», il est inévitable que l'influence de ce mouvement se fasse sentir au Canada, en particulier à Toronto, où est fondée l'Association of Canadian Etchers en 1885, association composée de plusieurs artistes nés en Grande-Bretagne (comme Arthur Cox, William Cruikshank et Thomas Mower Martin) ainsi que de jeunes artistes canadiens (William W. Alexander, Henry S. Howland et William J. Thomson). L'organisme commandite une exposition des œuvres de ces artistes et d'anciens maîtres d'Europe. Si celle-ci connaît un échec à cause de problèmes financiers et de l'indifférence du public, elle permet de briser la glace, et bientôt d'autres groupes d'artistes du même type se forment à Toronto.

L'année 1886 voit la fondation de la Toronto Art Students' League. Celle-ci s'inspire de sociétés américaines et anglaises semblables et tient des réunions hebdomadaires pour faire des études d'anatomie et donner des cours de composition. En 1904, la ligue existe toujours et compte parmi ses membres les graveurs William J. Thomson, John Cotton, reconnu plus tard pour ses merveilleuses aquatintes, W.W. Alexander, Alfred H. Howard et William D. Blatchly ainsi que les artistes-illustrateurs John D. Kelly, Charles M. Manly, R. Weir Crouch, Charles W. JEFFERYS et Fred Brigden. La ligue offrait une atmosphère sympathique, propice à l'effort artistique, était le terrain de pratique des jeunes artistes et un moyen de diffuser les grandes tendances internationales dans la communauté artistique canadienne. Plusieurs membres de la ligue sont des artistes commerciaux associés à la F. Brigden Ltd et à la Grip Ltd, où leur talent est mis au service du graphisme. Plusieurs d'entre eux finissent par quitter le Canada: David F. Thomson et Norman Price poursuivent une carrière commerciale prospère aux États-Unis, tout comme C.W. Jefferys et David MILNE, qui rentrent toutefois au Canada par la suite. La collection de gravures à la pointe-sèche de Milne constitue un corpus d'œuvres imposant où l'on trouve quelques-unes des meilleures gravures jamais réalisées au Canada. Arthur C. Goode et A.A. Martin partent pour l'Angleterre et fondent le studio Carlton, qui deviendra le plus grand studio d'art commercial de ce pays.

La fondation de la Toronto Art Students' League conduit à la création d'autres organismes dont le Mahlstick Club (1899-1903) et le Little Billee Sketch Club (1898-1899). Toutefois, son successeur le plus important est le Graphic Arts Club, fondé en 1904 par Jefferys, Manly, Brigden, Kelly, Robert Holmes, Thomas G. Greene, John W. Beatty, qui deviendra professeur au ONTARIO COLLEGE OF ART AND DESIGN, et Albert H. Robson, directeur artistique de la Grip Ltd, où travailleront Tom THOMSON, J.E.H. MACDONALD et d'autres artistes du GROUPE DES SEPT.

En 1924, à l'occasion de sa première exposition publique, le Graphics Art Club prend le nom de Société canadienne des arts graphiques, officiellement constituée en 1933. Cet organisme devient le plus important regroupement d'artistes dans les années 40; en font partie des artistes de l'ensemble du Canada dont Ivor Lewis, Eric Aldwinckle, Miller Brittain, Carl SCHAEFER, Nicholas Hornyansky et H. Eric Bergman (*voir* ASSOCIATIONS D'ARTISTES).

Toronto demeure le centre de la gravure artistique durant les deux premières décennies du XXe siècle, principalement grâce aux efforts de William Thomson pour intéresser un plus large public à cette forme d'art. Il trouve un ami influent en la personne de sir Edmund WALKER grâce auquel l'exposition historique de gravures et de dessins prêtés à la Art Gallery de Toronto se tient en 1912 et son catalogue est publié. Les expositions annuelles de la galerie, de 1914 à 1917, ainsi que la décision d'autres organismes artistiques comme la Art Association of Montreal, la Ontario Society of Artists et l'Académie royale des arts du Canada de reconnaître la gravure comme une forme d'art autonome, contribuent à la fondation, en 1916, de la Société des peintres-graveurs canadiens. Cette société, dont Thomson est le premier président, rassemble des artistes des quatre coins du pays, dont Herbert Raine de Montréal, Henry Ivan Neilson de Québec (qui fondera et sera le premier président de la Québec Society of Artists en 1920) et Walter J. Phillips de Winnipeg.

Gravure dans l'Ouest du Canada L'évolution de la gravure dans l'Ouest du Canada mérite un examen beaucoup plus approfondi que celui dont elle a bénéficié jusqu'à présent. Malgré le nombre imposant d'artistes qui ont fait honneur aux paysages de l'Ouest durant le XIXᵉ siècle, les gravures provenant de leur travail ont généralement été publiées ailleurs. On connaît mal les débuts de la gravure dans cette région; on sait toutefois qu'en 1882 sont installées dans les locaux du *British Colonist* de Victoria une presse à cylindres à vapeur et une presse chromolithographique. La compagnie montréalaise Bishop Printing & Engraving Co ouvre un bureau à Winnipeg en 1883 pour être bientôt suivie par d'autres compagnies de l'Est telle la Brigdens. En 1900, plusieurs imprimeries commerciales sont en activité dans l'Ouest.

Les développements importants ne surviennent, cependant, qu'avec l'arrivée, à Winnipeg, juste avant la Première Guerre mondiale, des artistes anglais Cyril J. Barraud, Hubert V. Fanshaw et Walter Phillips ainsi que de l'Allemand H. Eric Bergman. Cyril Barraud enseigne la gravure à l'eau-forte à Phillips et lui vend une presse avant son départ, en 1915, pour l'Angleterre, où il deviendra dessinateur de guerre. En 1919, à l'occasion de l'exposition «Souvenirs de guerre canadiens», Barraud, en collaboration avec Caroline Armington, Gerard De Witt et Gyrth Russell, publie une série de pointes-sèches et d'eaux-fortes représentant des batailles auxquelles des Canadiens ont pris part.

Durant et après la guerre, Phillips et Bergman acquièrent une réputation nationale pour leurs eaux-fortes et leurs gravures sur bois et deviennent membres de la Société des peintres-graveurs canadiens. Phillips expérimente aussi l'impression en polychromie sur plaque de bois, une forme d'art qui lui vaut une réputation mondiale à la fin des années 20. En 1925, Phillips, Bergman et Alexander Musgrove, Écossais d'origine, fondent la Manitoba Society of Artists, dont fait aussi partie le Canadien Lionel LeMoine FITZGERALD, plus connu pour ses peintures que pour ses délicates eaux-fortes et pointes-sèches.

Dans les années 40, l'appartenance de la gravure à la famille des beaux-arts n'est plus à démontrer au Canada. Plusieurs graveurs vivent confortablement de leur art, alors que d'autres occupent de prestigieux postes de professeurs dans le domaine. Parmi ces derniers se trouvent le peintre Edwin HOLGATE, également réputé pour ses gravures sur bois, qui enseigne à l'École des beaux-arts de Montréal; Frederick Haines, qui devient directeur du Collège des beaux-arts de l'Ontario en 1932; et Ernest LINDNER, un Autrichien immigré au Canada en 1926, qui devient enseignant au Saskatoon Technical College en 1935, où il expérimente la gravure sur linoléum. Lindner joue un rôle précurseur, car l'eau-forte et la gravure sur bois cèdent le pas à d'autres procédés d'impression durant les années 30 et 40.

C'est la société Sampson-Matthews, de Toronto, qui réalise les premiers travaux en impression couleur (sérigraphie) au Canada, dans les années 20, et cette technique est graduellement admise comme forme d'expression artistique grâce aux œuvres d'artistes comme Leonard Brooks. La lithographie connaît aussi un regain de popularité dans les années 40, après être tombée en disgrâce à la fin du XIXᵉ siècle. Avec la gravure sur linoléum, la lithographie et la sérigraphie viennent au premier plan des progrès de l'après-guerre. Elles conviennent bien à cette génération d'artistes-graveurs canadiens qui poursuivent la tradition de leurs prédécesseurs tout en assimilant les idées et les courants internationaux pour les adapter à la scène artistique canadienne.

Jim Burant

Gravure contemporaine au Canada Au Canada, le public découvre la valeur artistique de la gravure au milieu des années 50 tandis que les défis esthétiques que celle-ci relève sont reconnus au niveau international. Les expositions nationales et internationales se multiplient et les estampes canadiennes sont acclamées dans des expositions internationales de prestige. Les estampes modernes se différencient des estampes anciennes, tant par leur style et leur contenu, que par leur plus grand format, l'utilisation d'un plus grand nombre de couleurs, le recours à des techniques diverses et l'utilisation de procédés photographiques.

Débuts

Les progrès les plus importants sont réalisés à Montréal, déjà réputée pour ses gravures et son enseignement de la gravure. L'artiste et professeur Albert DUMOUCHEL inspire Peter Daglish, Richard Lacroix, Robert Savoie, Serge TOUSIGNANT, Vera Frenkel, Pierre Ayot, Ghitta CAISERMAN-ROTH, Janine Leroux-Guillaume et Roland GIGUÈRE. Le peintre Yves GAUCHER se consacre à l'estampe après avoir étudié avec Dumouchel. De 1960 à 1964, Gaucher ne crée que des estampes. Il fait des expériences avec de la gravure en creux et en relief, tantôt sans encre, tantôt avec un minimum d'encre.

À la fin des années 50, le peintre torontois Harold TOWN se consacre à la lithographie et crée des estampes autographiques uniques de qualité exceptionnelle. Il explore diverses techniques d'impression, telles que le pochoir, la linogravure et l'impression en superposition. Dans les années 50 et 60, les lithographies en noir et blanc de Jack NICHOLS impressionnent le public et la critique. Son approche disciplinée mais moderne présente des images puissantes qui révèlent l'angoisse et la mélancolie de l'humanité. Parmi les artistes innovateurs de cette période, figurent aussi Moe Reinblatt, Gilbert Marion, Walter Bachinski, James Boyd, Tobie STEINHOUSE, Aba BAYEFSKY, Richard Gorman et David Partridge. Ces artistes sont d'abord et avant tout des créateurs d'images. Ils n'hésitent pas à expérimenter de nouvelles approches, de nouveaux matériaux, de nouvelles techniques d'impression et sur des papiers différents. Ces explorations créatives renouvellent les techniques traditionnelles d'impression.

L'engouement marqué pour l'estampe au Québec et en Ontario est mis en évidence par les sociétés nationales de l'estampe, dont les membres viennent surtout du centre du Canada. Ces sociétés fixent des normes professionnelles, offrent un cadre artistique agréable et des occasions d'exposer. La Société canadienne des arts graphiques et la Société des peintres-graveurs canadiens fusionnent en 1976 afin de former le Conseil canadien de gravure et de dessin. Le professeur Fred Hagan de l'ONTARIO COLLEGE OF ART AND DESIGN de Toronto joue un rôle important dans la formation des jeunes générations de graveurs d'art.

Dans l'Ouest canadien, l'estampe est peu connue. Bien que Gordon SMITH ait installé un atelier de lithographie et de sérigraphie à la Vancouver School of Art dès le milieu des années 40, et créé des estampes avec Orville Fisher, Bruno BOBAK et Alistair Bell à la fin des années 50, la communauté artistique reste restreinte.

Parmi les premiers graveurs d'art de Victoria, figurent Herbert Siebner et Pat Martin BATES. Cette dernière est reconnue au niveau international et sert de modèle aux artistes plus jeunes. Comme Gaucher, Bates expérimente les surfaces sans encre, qu'elle transforme en estampilles perforées. En 1953, après avoir récupéré deux vieilles presses, Maxwell BATES et John SNOW de Calgary deviennent des pionniers autodidactes en lithographie. Les estampes figuratives de Bates sont expressives, celles de Snow sont lyriques. Grâce aux efforts de John K. Esler dans les domaines de l'enseignement et de la production artistique, Calgary devient un centre important pour l'estampe. George Weber introduit la sérigraphie à Edmonton en 1948. Il faudra attendre 1965 pour que les presses soient disponibles en Saskatchewan, mais Eli BORNSTEIN fera connaître la sérigraphie à Saskatoon dès 1955.

Expositions d'estampes

L'intérêt renouvelé pour l'estampe entraîne un nombre de plus en plus grand d'expositions et l'ouverture de galeries commerciales spécialisées dans l'estampe, la création d'ateliers d'estampe dans les universités, l'apparition d'ateliers d'arts graphiques et la disparition des préjugés par rapport à des techniques innovatrices comme la collagraphie, la sérigraphie et des techniques mixtes. La facilité relative avec laquelle se transportent les estampes permet aux graveurs d'art de participer à des expositions à travers le monde. Les sociétés d'estampe du Canada, les galeries d'art publiques et les établissements d'enseignement organisent des expositions exclusivement consacrées aux estampes. Le Canadian Printmakers' Showcase et le Burnaby Print Show, de même que des expositions annuelles comme Graphex et le Concours d'estampe et de dessin québécois ou encore les expositions biennales du Print and Drawing Council of Canada (seul le Concours d'estampe et de dessin québécois existe encore) offrent des occasions uniques d'exposer.

Galeries commerciales

C'est à Montréal que les premières galeries commerciales spécialisées dans l'estampe font leur apparition. La galerie Agnes Lefort ouvre en 1950 et la Galerie 1640 en 1961. À Toronto, Dorothy Cameron ouvre sa galerie en 1959 et organise une exposition d'envergure, en 1965, afin de démontrer que les meilleurs graveurs d'art canadiens se comparent avantageusement aux grands graveurs d'art étrangers. En 1963, la galerie Pascal ouvre ses portes à Toronto. La galerie Mira Godard, installée à Montréal au début des années 70, qui déménage à Toronto vers la fin des années 70, n'a jamais cessé d'exposer des estampes.

Développement des ateliers d'estampes

Les départements d'estampe des universités canadiennes figurent aujourd'hui parmi les meilleurs au monde et ont grandement stimulé la création. Durant les années 60, au fur et à mesure que le nombre d'étudiants augmente et que les départements d'arts visuels se développent, les universités s'équipent de mieux en mieux et embauchent des professeurs compétents et préoccupés par l'esthétique. Afin de réduire les coûts de fonctionnement et de créer un environnement stimulant et créatif, on ouvre des ateliers communautaires pour les graveurs d'art. Ces ateliers louent de l'équipement, permettent aux étudiants de travailler avec des graveurs professionnels et offrent un service d'édition d'estampes.

Bien que, dès 1949, Roland Giguère ait fondé les Éditions Erta, qui publient des estampes originales de luxe, les premiers ateliers contemporains de Montréal, l'Atelier libre de recherches graphiques et la Guilde graphique n'ouvrent leurs portes qu'en 1964 et 1966 respectivement. Richard LACROIX fonde la Guilde. Pierre Ayot fonde l'atelier Graff de Montréal en 1966 également. Cet atelier accueille des graveurs d'art, fait des démonstrations devant les enfants, donne des cours aux adultes et organise une vente aux enchères annuelle. En 1968, Bill Lobchuk fonde le Great Western Canadian Screen Shop à Winnipeg. Plusieurs artistes qui travaillent maintenant partout au Canada y ont fait leurs débuts.

En 1976, Rudolf Bikkers fonde les Éditions Canada à London. Les artistes y travaillent en étroite collaboration avec les imprimeurs et suivent chaque étape de la production. Les principales maisons d'imprimerie d'estampe de l'Ontario sont Open Studio (1970) et Sword Street Press (1978). Open Studio permet à l'artiste d'imprimer seul son travail ou de travailler avec un imprimeur professionnel, tandis que Sword Street Press demande à l'artiste de travailler avec un imprimeur. Open Studio a su attirer et influencer des artistes de l'ensemble du Canada. St. Johns, Halifax, Winnipeg, Calgary, Edmonton et Vancouver ont aussi des ateliers d'estampe.

Le Québec a depuis longtemps une importante communauté de graveurs d'art. Cette province compte plus d'ateliers communautaires que n'importe quelle autre province. À Montréal, on retrouve, donc, l'Atelier circulaire, Graff, et Guilde graphique. À Québec, il y a Engramme, et à Trois-Rivières, le Presse-papier, sans compter les ateliers de Val David, d'Alma, et de Rouyn-Noranda. De plus, dans les années 60 et 70, la Bibliothèque nationale du Québec commence à faire l'acquisition et à entreposer des archives collectionnées par les ateliers d'estampes depuis leurs débuts; enfin, le Conseil québécois de l'estampe, un conseil provincial, joue un rôle actif dans la promotion de l'estampe et dans la publication de documents pertinents.

Graveurs d'art contemporains

Les graveurs d'art contemporains ont remporté beaucoup de succès lors de concours internationaux et sont souvent plus connus à l'étranger qu'au Canada. Les thèmes dans les œuvres de David BLACK-WOOD viennent tous de sa Terre-Neuve natale. Ses grandes eaux-fortes représentent des pêcheurs, des chasseurs de phoques et leurs familles parlent des relations humaines et des luttes de l'humanité contre les éléments de la nature. Traditionnelles sur le plan technique, elles ont attiré de nombreux collectionneurs d'estampes. Pour leur part, les eaux-fortes de Jo Manning, avec leurs lignes noires et blanches, donnent une vision plus contemporaine de la nature. Par ailleurs, les eaux-fortes d'Ed Bartram imprimées en couleurs, suivant la technique de l'encre visqueuse, représentent des pierres grossièrement texturées de la région du bouclier précambrien en Ontario et perpétuent la tradition paysagiste des premiers graveurs canadiens, qui alliaient le contenu à la forme.

Techniques de l'estampe

Durant les années 60, on utilise plusieurs techniques pour réaliser une seule œuvre, comme on peut le constater dans les paysages abstraits de Roslyn Swartman et Anne Meredith Berry, qui combinent le gaufrage et la collagraphie aux techniques de sérigraphie. La sérigraphie est la plus jeune des techniques traditionnelles. Elle gagne en popularité car la netteté de ses lignes et l'aplat de ses couleurs conviennent aux styles pop, op, hard-edge et minimaliste, comme en témoignent p. ex., les œuvres de Roy Kiyooka, Tony Tascona et Rita LETENDRE.

Bien que le pop art n'ait jamais été très populaire au Canada, certains artistes associés à Graff, en particulier Ayot, créent des sérigraphies pour illustrer leurs visions pop. Les travaux de Bill Lobchuk, Don Proch et E.J. Howorth de Winnipeg mélangent les paysages traditionnels des provinces des Prairies avec des images planes, en intégrant des éléments du dessin à des éléments photographiques. Jim Hansen, originaire des Maritimes, dessine d'abord ses œuvres sur des acétates puis, à l'aide de clichés photomécaniques, les transfère sur ses écrans de sérigraphie et ajoute du texte manuscrit. Un autre artiste des Maritimes, Roger Savage, explore la lithographie durant les années 70, mais il préfère maintenant la sérigraphie.

Les peintres Gordon Smith et Toni ONLEY recourent à l'estampe, et surtout à la sérigraphie, pour diffuser leur art auprès d'un plus grand public. Tous deux s'intéressent à l'art non-figuratif et abstrait, mais leur interprétation tout à fait personnelle du paysage côtier de l'Ouest est particulièrement forte. Pour sa part, Christopher PRATT, un artiste de Terre-Neuve, travaille sur des sujets très réalistes de la vie quotidienne: maisons de bardeau, intérieurs paisibles et paysages marins harmonieux. Dans ses

sérigraphies, il superpose les couleurs les unes aux autres, ce qui leur donne une subtilité chromatique et des textures intéressantes. Enfin, Ann McCall et Lauréat Marois créent d'impressionnantes sérigraphies réalistes.

La photographie est depuis longtemps utilisée en sérigraphie commerciale. Durant les années 70, des artistes comme Michel Leclair commencent à explorer la photographie pour créer des sérigraphies artistiques. Un des fondateurs du Open Studio, Richard Sewell, intègre la sérigraphie, la lithographie, la photographie et des illustrations en trois dimensions pour créer des estampes d'une grande originalité. Judy Gouin part de photographies personnelles de paysages marins, aux prises de vue et aux jeux de réflexion originaux, pour créer ses estampes. Leslie Reid d'Ottawa utilise la photo sérigraphie et la photolithographie pour produire des estampes naturalistes monochromes.

Serge Tousignant, qui a travaillé avec Dumouchel, explore l'espace de façon formelle, et privilégie la sérigraphie et les procédés photomécaniques. Walter Jule et Lyndal Osborn, de l'U. de l'Alberta, explorent les possibilités des médiums mixtes tant sur le plan de l'image que sur celui des techniques, et ce, dans leur pratique artistique comme dans leur enseignement. Contrairement à plusieurs artistes imprimeurs qui excellent sur le plan technique, Jule est capable d'allier la technique à l'image sans que cette dernière ne soit asservie à la première. Carl Heywood réalise surtout des eaux-fortes et des photolithographies qui intègrent le dessin et la photographie. Ses travaux vont du symbolisme photo-réaliste au néo-cubisme et à un expressionnisme singulier.

La lithographie est devenue la technique la plus populaire au cours des années 70. Des artistes travaillant dans des ateliers américains de renom viennent au Canada, parmi eux Don Holman, Bob Evermon, Charles Ringness, Bob Rogers, John Will et Dan Dingler. Rogers enseigne à Halifax et contribue à l'éveil à la lithographie contemporaine. Il en est de même pour Frank Lapointe, des Maritimes. Les graveurs d'art Jack Cowin et Charles Ringness travaillent en Saskatchewan. Ringness réalise des sérigraphies ou des lithographies auxquelles il ajoute des dessins et des collages. John Will juxtapose plusieurs images réalistes pour en faire une seule grande image, à laquelle il ajoute souvent des phrases ou des mots pleins d'humour. Evermon présente souvent des lithographies non-figuratives dont de merveilleux lavis aux couleurs transparentes, sous forme de diptyques. Otis Tamasauskas sait maîtriser les subtilités de la lithographie autant que de la gravure en creux. Ses compositions abstraites colorées et denses couvrent habituellement toute la surface de la pierre et parfois du papier.

Par sa pratique artistique et son enseignement, Jennifer Dickson, qui ne se limitera jamais à l'estampe, exerce une influence considérable sur les arts visuels. Avec Irène WHITTOME, elle sera la première à utiliser des techniques photographiques en gravure. Toutes deux combinent ces techniques et la sérigraphie, le gaufrage, la peinture.

La plus ancienne des techniques de l'estampe, le relief, ne connaît pas le même renouvellement que les autres techniques. Toutefois, des artistes du relief comme Pierre-Léon Tétreault, René Derouin et Noboru Sawai, excellent dans cet art. Les travaux plus récents de Tétreault sont en bois, gravé ou en relief, mais ce dernier est également connu pour ses lithographies de pierre, qu'il a produites au milieu des années 70 dans les ateliers de Gaston Petit, au Japon. Formé aux techniques japonaises, Derouin mélange style oriental et occidental et réalise des images très stylisées, aux coloris riches et contemporains, dans des formats tantôt conventionnels, tantôt très grands. Sawai est d'abord et avant tout un graveur sur bois. Ses œuvres, aux couleurs douces et au style oriental, contrastent avec la fermeté des lignes du cuivre des occidentaux. Les deux cultures se

retrouvent également dans les thèmes qu'il explore: des images empruntant aux tableaux de vieux maîtres européens contrastent avec des gravures sur bois représentant des scènes érotiques orientales.

Les graveurs d'art portent une attention particulière au papier sur lequel ils impriment. Ils s'assurent que sa texture correspond à l'effet qu'ils recherchent, et que la composition est bien positionnée sur le papier. Certains artistes, toutefois, ont commencé à explorer d'autres aspects. Helmut Becker fabrique son propre papier, Paul Lussier en fait plusieurs exemplaires, Betty Davidson défait du papier chiffon et le transforme en pâte à papier pour ensuite en faire du papier moulé qu'elle colorie à la main.

Au cours des années 80 et 90, les artistes essaient d'utiliser plusieurs techniques dans une seule estampe. Ils étudient aussi les possibilités de l'estampe en tant qu'œuvre tridimensionnelle. Ainsi, les artistes créent des pièces sculptées, moulées, assemblées, construites en trois dimensions, faisant appel à divers médiums et nécessitant des installations. Plusieurs s'intéressent aux monotypes qui offrent la possibilité de peindre directement sur la plaque (de verre, de métal ou toute autre surface dure). Cette technique permet de produire un plus grand éventail d'effets tactiles. Par ailleurs, tout comme leurs homologues des autres disciplines artistiques, les graveurs explorent les nouvelles technologies afin d'élargir encore les possibilités de l'estampe (voir ART CONTEMPORAIN). Certains ne sont pas des graveurs d'art mais ont quand même contribué à l'évolution de ce médium. L'estampe canadienne contemporaine ne présente pas de thématique ou de style propre, bien qu'on puisse discerner des caractéristiques régionales au niveau des tendances et des préoccupations (voir PEINTURE et GRAVURE INUITE.)

Bente Roed

Gravure inuite Leur langue ne possède peut-être pas de mots propres pour désigner l'art, mais les INUITS décorent leurs vêtements et sculptent des objets depuis la préhistoire. James A. HOUSTON, artiste et gestionnaire, encourage la sculpture contemporaine. En 1949, il se rend dans l'Arctique avec l'intention de trouver des voies artistiques qui compléteraient le revenu des Inuits. En 1957, la gravure est introduite à Cape Dorset, toujours sous l'impulsion de Houston.

La gravure ou l'estampe inuite est unique car elle n'a pas d'antécédents historiques. On peut supposer que l'estampe a des points communs avec la sculpture inuite sur os ou bois, les tatouages faciaux des femmes ou les incrustations sur peau pour les vêtements, les mitaines et les chaussures. Les Inuits peuvent se procurer facilement la pierre, les os, les bois d'animaux, le bois et l'ivoire nécessaires à leur sculpture, mais le papier et les instruments pour écrire et dessiner sont introduits par les premiers explorateurs et missionnaires. L'histoire de l'estampe est donc récente dans l'Arctique, et cet art y est très différent de celui pratiqué au Sud. Cependant, les Inuits démontrent beaucoup d'aptitudes, de talent et d'enthousiasme pour ce nouveau médium artistique et ils s'en servent comme support à la conservation de la mémoire visuelle de la vie traditionnelle.

On encourage les Inuits à créer des coopératives pour soutenir la production et la commercialisation d'œuvres (voir INUITS, COOPÉRATIVES DES). Les méthodes de production se basent sur le fonctionnement traditionnel des ateliers. En 1958, Houston est formé durant cinq mois par le graveur nippon Un'ichi Hiratsuka, puis revient à Cape Dorset avec des méthodes et des papiers japonais. Là, d'autres ateliers de gravure adoptent de nombreuses méthodes occidentales et orientales perfectionnées.

Les artistes inuits font habituellement leurs esquisses à la maison. Les dessins finaux sont apportés à la coopérative où ils sont échangés contre de l'argent. Généralement, l'artiste dont le dessin est transformé en estampe n'effectue pas lui-même le transfert au médium d'impression. Cette tâche est

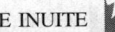

réservée à une autre personne expérimentée, et dans de nombreux établissements, une troisième personne procède à l'impression de l'image sur papier. La plupart du temps, l'estampe est signée à la main ou porte le sceau du dessinateur et de l'imprimeur.

Traditionnellement, un pictogramme, reproduit sur chaque estampe, identifie la coopérative d'origine: le symbole de Cape Dorset est un igloo stylisé, celui de Holman Island est un ulu portant l'inscription Holman. Par le passé, les estampes syllabiques stylisées ou le symbole gaufré à froid du Conseil canadien des arts esquimaux certifiait que l'œuvre était authentique et qu'elle répondait aux normes établies. Les estampes inuites ne sont habituellement pas vendues individuellement, mais font partie d'un portfolio annuel. Toutefois, bon nombre d'estampes sont réalisées pour des commandes spéciales. Jusqu'en 1989, un jury nommé par le gouvernement, le Conseil canadien des arts esquimaux (aujourd'hui disparu), se chargeait de la sélection des estampes pour la collection annuelle.

Pendant un certain nombre d'années, les Producteurs de l'Arctique canadien (PAC; pour les estampes des Territoires du Nord-Ouest) et la Fédération des Coopératives du Nouveau-Québec (pour les estampes de l'Arctique québécois) coordonnent la mise en marché (y compris le contrôle de la qualité, de la quantité et des prix) des estampes produites dans l'Arctique, et la vente se fait par le biais de galeries commerciales choisies. Actuellement, les PAC ne distribue que les estampes provenant de Holman Island. Pangnirtung and Clyde diffusent leurs propres estampes et celles de Cape Dorset sont vendues par Dorset Fine Arts. Le nombre d'estampes par édition est limité. Les premières estampes étaient émises par lots de 30, maintenant ce sont des lots de 50.

Les estampes inuites se distinguent aussi par les thèmes traités et par les préoccupations formelles. Traditionnellement, une estampe inuite représente des animaux, des oiseaux et la vie marine de l'Arctique, les modes de vie traditionnels, la mythologie ainsi que les pratiques chamaniques, les créatures et les esprits. Il est rare que les artistes abordent des aspects de la vie contemporaine, des paysages seuls ou des images abstraites ou non objectives. Certains artistes, comme PUDLO PUDLAT, Etidlooie Etidlooie et Jessie OONARK, intègrent des objets tels que des avions, des hélicoptères, des motoneiges et des fusils de chasse, mais il s'agit là d'exceptions. Les graveurs inuits se distinguent aussi de leurs collègues du Sud par leur utilisation de l'espace. Ils peuvent symboliser l'espace par une superposition ou en dessinant une ligne de sol, mais habituellement, ils ne se soucient pas de représenter les corps et les objets en trois dimensions dans une espace plausible. La plupart des images sont plates, et l'accent est mis sur les motifs et les décorations plutôt que sur les volumes. Toutefois, les dessins réalisés par de jeunes artistes inuits (comme ceux de Holman Island) font bon usage des concepts spatiaux occidentaux.

La technique de gravure privilégiée au cours des premières décennies est celle de la taille de pierre, qui évolue grâce aux expériences faites sur des matériaux comme l'os, le bois et le linoléum. La taille de pierre est semblable à la gravure sur bois et elle fait partie de la technique du relief. La technique du pochoir s'inspire des incrustations traditionnelles que les femmes ajoutent aux vêtements. Plus tard, les techniques de la sérigraphie et de la lithographie, particulièrement adaptées à la couleur, sont introduites. Afin de favoriser une participation plus immédiate des artistes, on introduit la technique de la gravure en creux, ce qui permet aux artistes de dessiner directement sur la plaque.

Depuis peu, des artistes inuits quittent leur village pour aller suivre une formation artistique en institution. Mais plus généralement, les idées tournent dans le cercle quasi fermé de la région car les techniques continuent d'être transmises d'un artiste à l'autre ou par un artiste du Sud venu travailler dans la communauté. La gravure commence dans la communauté de Cape Dorset en 1957, et la première exposition a lieu en 1959. D'autres centres produisent aussi des estampes: Povungnituk depuis 1962, Holman Island depuis 1965, Baker Lake depuis 1970, le Nouveau-Québec depuis 1972, Pangnirtung depuis 1973 et Clyde River depuis 1981 (l'atelier de Baker Lake ferme ses portes en 1988, tandis que les activités reprennent à Pangnirtung en 1992 après un arrêt de quatre ans). Souvent, les communautés développent un style commun, puisque les artistes travaillent en étroite collaboration.

Cape Dorset L'estampe de Cape Dorset est la plus ancienne et celle qui a été la mieux gérée. On y a toujours produit des estampes d'une qualité technique et esthétique de haut niveau. KENOJUAK ASHEVAK et LUCY QINNUAYUAK sont tous deux reconnus pour les oiseaux qu'ils dessinent. Ceux de Kenojuak, des hiboux emblématiques, occupent habituellement le centre, comme celui du timbre de 6 cents émis en 1970. Ce sont des dessins élégants et décoratifs, dont l'effet repose principalement sur les formes et les couleurs. Les oiseaux de Lucy ont tendance à être représentés de façon asymétrique, humoristique et fantaisiste. Pitseolak, artiste prolifique, crée des dessins qui racontent la vie des nomades inuits. Il nous montre à quel point les familles sont dépendantes des animaux de l'Arctique pour leur survie.

Jamasie Teevee, qui a aussi fait de la lithographie et de la taille de pierre, dessine et imprime ses propres gravures sur cuivre. Il remplit souvent l'espace rectangulaire de la feuille de papier avec des silhouettes étroitement placées. PARR, l'un des plus anciens artistes de Cape Dorset, représente des animaux et des chasseurs d'une manière simplifiée, presque primitive. Pudlo Pudlat compte parmi les rares à avoir utilisé le paysage comme sujet. Kananginak Pootoogook est un maître dans l'art de la gravure, de la peinture et de la sculpture. Ses œuvres comportent beaucoup de détails et nous montrent des objets traditionnels.

Povungnituk Le bloc de pierre joue un rôle prépondérant chez les artistes de Povungnituk. De nombreuses estampes montrent les contours irréguliers du bloc qui entoure solidement la scène et participe fortement à l'affirmation visuelle. Contrairement à ce qui se fait dans d'autres centres, les artistes de Povungnituk prennent part aux étapes du dessin, de la taille et parfois de l'impression. Il leur arrive même de sauter l'étape du tracé pour sculpter l'image directement dans la pierre. Le sculpteur Joe TALIRUNILI fait partie des premiers graveurs. Il s'inspire souvent des événements arrivés dans sa propre vie, des histoires d'autres chasseurs ou du thème de la migration comme point de départ de ses gravures narratives, dont les scènes sont disposées d'une façon qui rappelle la forme modulaire des bandes dessinées. Il inscrit souvent une explication syllabique dans la gravure. Conteur réputé, Davidialuk préfère des scènes ou des personnages isolés ou particuliers et inscrit généralement le titre de l'histoire ou le nom du protagoniste dans la pierre elle-même. Josie Papialook (Paperk) utilise des dessins d'oiseaux lyriques et décoratifs dans nombre de ses œuvres.

Holman Island Les gravures de Holman Island sont faites à partir de blocs de calcaire local, mais en raison de la piètre qualité de ce matériau, les artistes commencent, en 1987, à faire des expériences avec du bouleau, du contreplaqué d'épinette et produisent, l'année suivante, des gravures sur bois. Conteuse, chamane et graveur, Helen KALVAK fait connaître des événements ordinaires, légendaires ou spirituels par ses gravures. Mark Emerak dessine des scènes de chasse, et Agnes Nanogak réalise de nombreux dessins émouvants dans lesquels elle relate des événements historiques ou légendaires qu'elle rend par des formes noires sur papier blanc. Par le passé leurs gravures avaient tendance à négliger la couleur ou à l'utiliser parcimonieusement, il n'en va pas de même pour les éditions récentes.

Baker Lake La survie des premiers habitants du district de Keewatin dépend du caribou et du poisson. Quoi qu'installés en communauté urbaine, depuis les années 50 et 60, les graveurs de Baker Lake conservent ces animaux pour thème principal de leurs illustrations ainsi qu'on peut le voir dans les gravures de Luke ANGUHADLUQ. Jessie Oonark et sa fille, Victoria Mamnguqsualuk, représentent volontiers des scènes inspirées de légendes, fréquemment plusieurs scènes dans une même composition. Oonark, qui est aussi un excellent artiste en textile, a souvent recours à de gros motifs décoratifs et colorés dans des gravures à un seul personnage. William Noah et Simon Tookoome comptent parmi les rares artistes à avoir gravé leur propre portrait. Tookoome est connu pour son traitement unique des visages. P. ex., il peut intégrer une forme d'animal dans les joues d'un être humain ou disposer des silhouettes humaines à l'intérieur ou le long des membres d'un personnage.

Pangnirtung La première collection de Pangnirtung date de 1973. Les gravures représentent des activités quotidiennes ou la chasse à la baleine, traditionnelle dans cette région depuis le XVIIIe siècle. On trouve des scènes de chasse à la baleine dans les gravures de Jeetaloo Akulukjuk et d'Atungauyak Eesseemailee. Mosesee Qiyuaqyuk et Solomon Karpik, taillent la pierre pour représenter, de façon simple, mais efficace, des scènes de chasse.

Clyde River Le centre de gravure le plus récent est le groupe Igutaq de Clyde River, fondé en 1974, qui a présenté sa première collection en 1981. Ce centre utilise beaucoup la technique du pochoir et ses artistes s'intéressent à une gradation subtile des couleurs, comme le démontre si bien les gravures de Lydia Jaypoody, Jeanie Tigullaraq et Elisha Sanguya.

La fin des années 80 et le début des années 90 sont le témoin de la fermeture de certains ateliers de gravure inuite, de retards dans la présentation des collections annuelles d'estampes et parfois d'un besoin de financement de dernière minute nécessaire à la poursuite de la production. Les longues files d'acheteurs désireux de se procurer les dessins choisis au cours des ventes annuelles des portfolios sont devenues chose du passé: l'art de l'Arctique a subi le même ralentissement économique que celui qui a touché les autres domaines artistiques partout ailleurs. Néanmoins, les estampes inuites sont toujours présentes tant au Canada qu'à l'étranger, ainsi qu'en témoignent les nombreuses expositions et la prolifération de dessins inuits sur des produits tels que les cartes de souhaits, les calendriers et les t-shirts.

Quand la gravure fait ses débuts à Cape Dorset, à la fin des années 50, il s'agit d'un concept relativement nouveau pour les Inuits. En raison du développement contrôlé des décennies suivantes, les dessins et les techniques propres à l'art inuit n'ont pas beaucoup évolué, et on y perçoit moins la recherche artistique qui caractérise l'art contemporain dans d'autres régions. La gravure débute dans l'Arctique comme stratégie économique et son évolution se poursuit dans ce sens. P. ex., tandis que de nombreux artistes inuits de la deuxième ou de la troisième génération n'ont que peu ou pas de liens avec le mode de vie traditionnel, les portfolios de gravures regorgent encore de dessins qui s'en inspirent et qui sont traitées de façon conventionnelle pour le marché du Sud.

Il est toutefois possible que la forme et le contenu de l'art inuit finissent par se modifier à force de contacts avec le Sud et avec certaines pratiques artistiques occidentales répandues par le truchement de la télévision, par la formation artistique offerte dans les écoles du Sud, le visionnement de vidéos sur l'art et la lecture de livres sur ce thème. Il serait intéressant de suivre les changements qui se produiront inévitablement quand les graveurs inuits commenceront à réexaminer le processus par lequel ils créent et exposent leurs œuvres.

Bente Roed

Gray, George R., athlète sur piste et pelouse (Coldwater, Canada-Ouest, 4 mai 1865—Sault Sainte-Marie, Ont., 7 janv. 1933). Après ses études secondaires, il participe, pendant 17 ans, à des compétitions de lancer du poids, sans subir la moindre défaite. À l'âge de 20 ans, lors du tournoi de l'Association canadienne de sport amateur, il devance des champions étrangers dès son premier lancer au 41' et 5,5' (12,64 m) et est déclaré champion mondial. À partir de 1887, il concourt pour le célèbre NY Athletic Club, qui paie ses dépenses, tout en poursuivant sa carrière au Canada dans l'industrie du bois. Il remporte et brise le record du monde plusieurs fois, et participe à des compétitions partout en Amérique du Nord et en Grande-Bretagne. Au moment de prendre sa retraite, il avait accumulé 188 médailles d'or et trophées de première place.

Gerald Redmond

Gray, Herb, politicien (Windsor, Ont., 25 mai 1931). Élu pour la première fois en 1962 sous la bannière du Parti libéral, Herbert Eser Gray a, depuis, été réélu à toutes les élections générales. Il s'est distingué au poste de solliciteur général du Canada, c'est-à-dire de grand patron de la Gendarmerie royale du Canada (GRC) et du Service canadien du renseignement de sécurité (SCRS). Né à la frontière américaine de l'industrie de l'automobile, il obtient un diplôme en commerce de l'U. McGill, puis en droit du Osgoode Hall Law School de Toronto.

Jusqu'à la fin du règne P.-E. Trudeau, il occupe successivement les postes de président du Comité des finances, du commerce et des questions économiques, de secrétaire parlementaire du ministre des Finances, de ministre du Revenu, de ministre de la Consommation et des Corporations, de porte-parole de l'opposition en matière de Finances, de ministre de l'Industrie et du Commerce, de ministre de l'Expansion économique régionale et enfin de président du Conseil du Trésor.

Après la défaite des libéraux, de 1984 à 1990, il assume le rôle de leader parlementaire de l'opposition. Et de février 1990 à janvier 1991, il agit comme leader de l'opposition. De 1991 à 1993, il redevient le porte-parole de l'opposition officielle sur les questions financières. Enfin, le 4 novembre 1993, après l'élection de Jean Chrétien comme Premier ministre, il devient leader du gouvernement à la Chambre des communes et solliciteur général. En 1997, il devient le premier vice-Premier ministre à occuper ce poste à temps plein et, en mars 1998, il est responsable du Bureau du Canada pour le millénaire. Véritable pilier des gouvernements libéraux à Ottawa, Herb Gray est le député avec le plus d'ancienneté au Parlement. Il est aussi la première personne d'origine juive à être nommée au Cabinet.

Jean Chartier

Gray, Jessie Catherine, chirurgienne, conférencière et chercheuse (Augusta, Ga., 26 août 1910—Toronto, 16 oct. 1978). Grande dame de la chirurgie au Canada, elle est l'un des quatre chirurgiens spécialistes du cancer les plus importants en Amérique du Nord. Gray est pionnière dans de nombreux secteurs: première femme récipiendaire de la médaille d'or en médecine à l'U. de Toronto (1934), première femme à obtenir une maîtrise en chirurgie (1939), première résidente en chirurgie au Toronto General Hospital, première femme à faire partie du Collège royal des chirurgiens (Canada, 1941) et de la Central Surgical Society of North America, et, enfin, première femme élue au Conseil des sciences du Canada (1966). Elle est nommée chirurgienne en chef associée au Women's College Hospital de Toronto en 1941 et détient le poste de chirurgienne en chef de 1945 jusqu'à sa retraite en 1965.

Donna Yavorsky Ronish

Gray, John Hamilton (premier ministre de l'Île-du-Prince-Édouard), militaire (Charlottetown, 14 juin 1811—*id.*, 13 août 1887). Après ses études en Angle-

terre, Gray fait de nombreuses années de service militaire en Afrique du Sud et en Inde dans le Seventh Dragoon Guards et quitte définitivement l'armée pour s'établir à l'Île-du-Prince-Édouard en 1856. Élu à l'Assemblée législative en 1858 et 1859, Gray se prononce pour la lecture de la Bible dans les écoles et la création d'une commission visant à résoudre le PROBLÈME DES TERRES DE L'ÎLE-DU-PRINCE-ÉDOUARD. Il devient premier ministre le 2 mars 1863, préconise l'union des Maritimes et, après la CONFÉRENCE DE CHARLOTTETOWN, dont il est l'hôte, il appuie la CONFÉDÉRATION. Après la CONFÉRENCE DE QUÉBEC, les Prince-Édouardiens refusent d'adhérer à l'union de l'Amérique du Nord britannique. Gray démissionne brusquement de son poste de premier ministre, le 20 décembre 1864, peut-être en raison de la maladie de sa femme. Il s'occupe de plus en plus des affaires militaires de l'Île, puis du Dominion. Il ne faut pas le confondre avec John Hamilton GRAY (1814-1889), premier ministre du Nouveau-Brunswick et juge en chef de la Colombie-Britannique.

J.M. Bumsted

Gray, John Hamilton (premier ministre du Nouveau-Brunswick), avocat, politicien et juge (St. George, Bermudes, 1814—Victoria, 5 juin 1889). L'un des PÈRES DE LA CONFÉDÉRATION, Gray est un orateur brillant, une qualité dont il fait preuve au tribunal, comme lieutenant-colonel de la milice, dans l'arène politique (à l'Assemblée législative du Nouveau-Brunswick, à la Chambre des communes du Canada) et à la Cour suprême de la Colombie-Britannique. Conservateur de la vieille école, distingué, jamais rancunier, on considère qu'il manque de profondeur et qu'un rien le fait changer d'avis. Durant son mandat à la tête du gouvernement du Nouveau-Brunswick (1856-1857), il subit l'influence impériale et son appui à la CONFÉDÉRATION l'amène à abandonner ses collègues pour se joindre au libéral S.L. TILLEY. Il se prononce toutefois en faveur de l'union dès 1849. En récompense, on le nomme juge puîné de la Cour suprême de la Colombie-Britannique en 1873. Bien que, dans la province, sa nomination déplaise à certains, qui voient en lui un écervelé nommé par favoritisme, Gray acquiert une réputation grandissante de juriste et d'arbitre. Il s'oppose à la majorité en prenant la défense des droits des CHINOIS et devient un expert en matière de négociations frontalières entre le Canada et les États-Unis.

Carl M. Wallace

Gray, John Howard, dramaturge (Ottawa, 26 sept. 1946). Gray grandit à Truro, en Nouvelle-Écosse. Il fréquente l'U. Mount Allison et l'U. de la Colombie-Britannique et est l'un des fondateurs du Tamahnous Theatre de Vancouver. Sa célèbre pièce *Billy Bishop Goes to War* (1978) est une œuvre musicale à deux personnages qui analyse l'ascension de W. A. BISHOP jusqu'au statut de héros. Après avoir été présentée partout au Canada, *Billy Bishop Goes to War* fait son entrée sur Broadway, en 1980. La pièce remporte le prix du Gouverneur général (art dramatique) en 1983. John Howard Gray est aussi l'auteur des pièces *18 Wheels* (1977) et *Rock and Roll* (1981), ainsi que du roman *Dazzled* (1984). Il exprime haut et fort son nationalisme culturel.

Neil Besner

Gray, Joseph Alexander, physicien (Melbourne, Australie, 7 févr. 1884—Londres, 5 mars 1966). Diplômé de l'U. de Melbourne en 1907, Gray travaille au laboratoire de sir Ernest RUTHERFORD à Manchester, en Angleterre, et se concentre sur l'étude de l'interaction des électrons et des rayons X avec les atomes. En 1912, il poursuit ses recherches à l'U. McGill. Envoyé sur le front Ouest pendant la Première Guerre mondiale, il doit localiser l'artillerie ennemie à l'aide d'un système de repérage par le son. Décoré de l'Ordre de l'Empire britannique, Gray retourne à McGill en 1919. De 1924 à sa retraite en 1952, il est professeur distingué à l'U. Queen. Ses

découvertes sur la largeur du spectre d'énergie des électrons et la dispersion des rayons X ont grandement contribué à la définition de la nouvelle théorie de l'atome. Il devient membre de la Royal Society of London en 1932, qui reconnaît son travail comme éclipsant totalement l'«effet Compton» (pour lequel A.H. Compton avait reçu un Prix Nobel). Il est élu à la Société royale du Canada en 1922 et reçoit la première médaille d'or décernée par l'Association canadienne des physiciens en 1956.

Yves Gingras

Gray, Robert Hampton, aviateur (Trail, C.-B., 2 nov. 1917—Onagawa Wan, île de Honshu, Japon, 9 août 1944). Il est au service de la Marine royale, durant la Seconde Guerre mondiale, à bord du porte-avions *Formidable*. On lui décerne la CROIX DE VICTORIA pour avoir courageusement bombardé en piqué un destroyer japonais. Lui-même blessé et son avion en flammes, il réussit à couler ce bateau d'un coup direct. Il perd la vie dans l'écrasement de son avion.

Great Western Railway La London and Gore Railroad Co., constituée en corporation le 6 mai 1834, change son nom pour celui de Great Western Railroad Co. en 1845, puis pour celui de Great Western Railway (GWR) en 1853. Promu par l'avocat et politicien Allan Napier MACNAB et de manière plus significative par Isaac et Peter Buchanan, R.W. Harris et John Young, (des commerçants de Hamilton) et favorisé par des garanties du gouvernement, le chemin de fer attire suffisamment de capitaux américains et britanniques pour ouvrir sa ligne principale (Niagara Falls-Hamilton-London-Windsor) en janvier 1854. En 1882, il exploite 1280 km de voies dans le sud-ouest de l'Ontario et 288 km au Michigan.

Sous la direction dynamique de Charles John Brydges, le GWR encaisse d'abord des profits, mais, après la dépression de 1857, il souffre des conséquences d'une construction négligente, d'une expansion rapide, de l'augmentation de la concurrence locale et d'un conflit de gestion interne prolongé. Alors qu'il favorise la stimulation et l'intégration de l'économie locale, il dépend également, dans une proportion de 40 à 60 p. 100 de son revenu brut, du trafic américain de transit entre les États de New York et du Michigan. Comme les concurrents américains fusionnent leurs lignes, les tarifs de transit baissent et le GWR et son principal concurrent local, le GRAND TRUNK RAILWAY, en pâtissent. En 1882, après des décennies de concurrence désastreuse, les deux chemins de fer unissent leurs forces pour concurrencer plus efficacement les chemins de fer rivaux américains.

Peter Baskerville

Grèbes Les grèbes appartiennent à la famille des podicipédidés, des oiseaux aquatiques dont la répartition est presque mondiale. Il est généralement admis que les grèbes sont étroitement apparentés aux PLONGEONS.

Répartition On connaît 22 espèces de grèbes parmi lesquelles le grèbe mitré (*Podiceps gallardoi*), une espèce découverte seulement en 1974 dans le sud de l'Argentine. On rencontre six espèces au Canada: le grèbe à bec bigarré (*Podilymbus podiceps*), le grèbe esclavon (*Podiceps auritus*), le Grèbe jougris (*P. grisegena*), le grèbe à cou noir (*P. nigricollis*), le grèbe élégant (*Aechmophorus occidentalis*) et le grèbe à face blanche (*A. clarkii*). Au Canada, durant la saison de nidification, on retrouve des grèbes depuis la Nouvelle-Écosse et l'Île-du-Prince-Édouard jusqu'au centre de la Colombie-Britannique et, au nord, le long de la LIMITE FORESTIÈRE jusqu'au Yukon ainsi que dans l'ouest des Territoires du Nord-Ouest. Toutes les espèces n'ont pas une répartition aussi étendue. Les grèbes migrent durant la nuit et hivernent dans les eaux salées des côtes atlantique et pacifique de l'Amérique du Nord, ainsi que dans les eaux douces des États-Unis.

Description Les grèbes ont un bec pointu et une queue très courte. Les adultes ont les parties supérieures noires, grises ou rougeâtres et le dessous blanc. Le poids des espèces, qui nichent au Canada, varie entre 287 g (grèbe à cou noir) et 1,5 kg (grèbe élégant).

Les grèbes utilisent leurs pieds et leurs ailes pour se propulser sous l'eau, où ils trouvent la plus grande part de leur nourriture. Leurs pattes, leurs doigts lobés et leurs ongles sont aplatis, ce qui les rend plus agiles sous l'eau. Cependant, parce que leurs pattes sont situées loin à l'arrière du corps, ils se déplacent difficilement sur la terre ferme. Leurs ailes sont petites, et leur vol est peu vigoureux. Parmi les espèces qu'on retrouve à l'extérieur du Canada, quelques-unes ne possèdent pas la faculté de voler.

Nidification Les grèbes passent la plus grande partie de leur vie sur l'eau. Leurs nids flottants sont fabriqués avec des plantes aquatiques et amarrés à la végétation émergente ou encore construits depuis le fond d'un lac ou d'un étang. Les nids sont habituellement bien dissimulés dans la végétation aquatique environnante, ce qui les protège des vagues et les soustrait à la vue des prédateurs. Certaines espèces nichent en grandes colonies, tandis que d'autres nichent en couples isolés.

La parade nuptiale comprend des manifestations vocales et gestuelles élaborées. Chez les espèces qui nichent au Canada, on compte généralement de trois à sept œufs par couvée (le nombre d'œufs varie de un à dix). Les deux adultes incubent les œufs et s'occupent des petits. Ces derniers quittent habituellement le nid peu de temps après l'éclosion et se déplacent sur le dos de leurs parents. Après une ou deux semaines, ils sont capables de nager.

Régime alimentaire Les grandes espèces se nourrissent principalement de poissons, tandis que les petites espèces s'alimentent généralement d'insectes, de crustacés, d'escargots et de petits poissons.

Spencer Sealy

Grecs Au Canada, l'immigration grecque commence au début du XIXe siècle. Des Grecs provenant des îles (Crète, Syros et Skopelos) et du Péloponnèse, en particulier des villages pauvres des provinces de l'Arcadie et de la Laconie, s'établissent à Montréal dès 1843. En 1871, on ne connaît que 39 personnes d'origine grecque vivant au Canada. L'immigration grecque, plutôt sporadique avant 1900, augmente considérablement au début du XXe siècle à cause de la pauvreté, des guerres et des crises politiques en Grèce. Le recensement de 1991 indique que 191 480 personnes d'origine grecque vivent au Canada. Toutefois, ces chiffres n'incluent pas nécessairement les personnes qui s'identifient comme Grecs et qui sont nées dans d'autres pays, comme à Chypre, en Égypte, en Turquie et dans les pays des Balkans.

Migration et peuplement En 1901, 213 immigrants grecs résident au Canada; en 1911, il y en a 2640; en 1931, 5580; et en 1941, 5871. L'immigration cesse durant la Seconde Guerre mondiale, mais, de 1946 à 1981, environ 116 300 immigrants grecs entrent au Canada. Le recensement canadien de 1996 indique que 66 p. 100 des 203 345 Grecs vivent à Montréal et à Toronto. Près de 84 p. 100 des Canadiens grecs vivent en Ontario et au Québec. Ceux qui vivent dans les grandes villes canadiennes ont tendance à se rassembler dans certaines localités ou quartiers à prédominance grecque.

Vie économique En général, les immigrants grecs d'avant la Seconde Guerre mondiale sont peu instruits, bien que certains d'entre eux comptent maintenant parmi les membres les plus riches de la communauté grecque, au sein de laquelle ils sont très actifs. Parmi les immigrants arrivés après la Seconde Guerre mondiale, on compte nombre d'ouvriers non spécialisés. Avec le temps, un grand nombre d'entre eux se sont élevés dans l'échelle sociale en fondant leur propre petite entreprise.

Les immigrants-entrepreneurs sont très présents dans les secteurs de la restauration, l'INDUSTRIE DE LA FOURRURE, le commerce en gros et de détail des fruits et produits d'épicerie, les agences de voyage, etc. Les immigrants grecs professionnels travaillent comme ingénieurs, avocats, médecins, professeurs et fonctionnaires. Les personnes d'origine grecque nées au Canada sont plus scolarisées que leurs parents et occupent de meilleurs emplois professionnels et spécialisés.

Vie sociale et culturelle Après 1905, l'immigration grecque s'intensifie et l'on voit des communautés helléniques s'organiser. Les associations culturelles et patriotiques sont établies d'abord pour aider les immigrants à s'adapter à la nouvelle société, pour lutter contre la discrimination et préserver la langue et la culture grecques. Avec le temps, les associations ethniques suscitent de l'intérêt pour la formation de communautés paroissiales appelées à occuper des fonctions religieuses et culturelles.

L'établissement des premières ÉGLISES ORTHODOXES grecques à Montréal, en 1906, et à Toronto, en 1909, marque le début des communautés paroissiales grecques au Canada. Environ 95 p. 100 des Canadiens grecs appartiennent à l'Église orthodoxe grecque dont le siège est à Toronto. Celle-ci contribue à la conservation de l'hellénisme par l'usage de la langue grecque dans les cérémonies religieuses et la référence aux idéaux grecs. Le chef des communautés paroissiales est l'Évêque métropolitain du Canada par l'intermédiaire duquel celles-ci sont associées au diocèse orthodoxe grec de l'Amérique du Nord et du Sud. En 1993, on dénombre 58 églises orthodoxes grecques au Canada qui répondent aux besoins spirituels des Canadiens grecs.

Les organisations grecques importantes comprennent l'American Hellenic Educational and Progressive Association (AHEPA), introduite au Canada à partir des États-Unis en 1928, la Greek Orthodox Youth of America, la Hellenic Canadian Federation of Ontario, la Fédération hellénique canadienne du Québec et le Congrès hellénique canadien. Le Congrès a été créé en 1986 comme organisation fédératrice de tous les Canadiens grecs et pour parler en leur nom dans le domaine des affaires ethnoculturelles au gouvernement canadien. De nombreuses associations philanthropiques et sociales régionales ont été créées pour aider les nouveaux arrivants et leurs régions d'origine et faire connaître la culture hellénique. La Veteran Association of the Greek National Resistance (1941-1945) contre l'occupation nazie a été établie à Montréal et à Toronto en 1981 et à London, en Ontario, en 1991.

Au début des années 80, des organisations communautaires laïques grecques font leur apparition dans différentes villes, notamment London, Sarnia et Markham, en Ontario, et Edmonton, pour remplacer la structure traditionnelle de la communauté paroissiale. Ces organisations constituent des communautés ethnoculturelles sans fonctions religieuses ni affiliation à une Église. Les Canadiens grecs peuvent en devenir membres, peu importe leur appartenance religieuse. L'établissement de structures communautaires laïques est la conséquence inévitable des changements démocratiques survenus après la Seconde Guerre mondiale au sein des communautés grecques.

Plusieurs journaux canadiens-grecs, p. ex., le *Hellenic Tribune*, le *Greek Canadian Weekly*, le *Greek Courier*, le *Greek Canadian Press* et le *Hellenic Canadian Cultural Review*, ainsi que des revues, aident les Grecs à s'intégrer à la vie canadienne tout en les informant sur les événements qui se produisent en Grèce et au Canada. Les Canadiens grecs ont aussi accès à des émissions de radio et de télévision offerts par des stations multiethniques, surtout à Toronto et à Montréal. Les coutumes et les traditions comprennent la célébration des congés nationaux grecs (en particulier le jour de l'indépendance hellénique, le 25 mars), les fêtes et les congés religieux de même que des spectacles de danse et des pique-niques annuels.

Maintien du groupe La famille et les écoles de langue grecque jouent un rôle important en transmettant la langue et les valeurs grecques aux enfants et en leur donnant une identité. Depuis les années 60, les écoles de langue grecque sont de plus en plus populaires et différentes. La préservation de la culture hellénique est importante aux yeux des Canadiens grecs. N'est-elle pas, tout à la fois, source de fierté étant donné la contribution de leurs ancêtres à la civilisation occidentale et niche d'un réconfortant sentiment d'appartenance lorsque ces immigrants parviennent à faire face aux défis d'une société complexe.

Malgré les efforts pour préserver leur héritage culturel, les Canadiens grecs du milieu des années 90 ne savent pas au juste ce qu'il adviendra de la culture hellénique au Canada. Les spécialistes canadiens grecs et les responsables d'organisations grecques considèrent les nouvelles tendances sociales, comme le ralentissement de l'immigration grecque au Canada, la diminution des adhésions aux groupes ethniques et l'augmentation des mariages à l'extérieur de la communauté grecque, comme une menace à la survie de la culture hellénique au Canada. Cependant, en tant que membres actifs de la mosaïque canadienne, les Canadiens grecs de toutes les générations continueront à contribuer grandement à la croissance économique et culturelle de la société canadienne.

Peter D. Chimbos

Green, Howard Charles, avocat et politicien (Kaslo, C.-B., 5 nov. 1895—Vancouver, 26 juill. 1989). Nommé ministre des Travaux publics dans le premier gouvernement DIEFENBAKER, Green est chargé du portefeuille des Affaires extérieures en 1959 après la mort subite de Sidney Smith. À l'instar de son premier ministre, Green est un ardent partisan du COMMONWEALTH. Pendant ses fonctions aux Affaires extérieures, Green préconise le désarmement nucléaire et présente des résolutions aux Nations Unies à cette fin. Au nom du Canada, il participe activement à diverses discussions internationales qui rendent le pays plus visible sur la scène mondiale. Élu à la Chambre pour la première fois en 1935, Green y siège jusqu'à sa défaite aux élections générales de 1963.

Patricia Williams

Greenberg, Harold, administrateur et producteur (Montréal, Qc, 11 janv. 1930—*id.*, 1er juill. 1996). La carrière d'Harold Greenberg le conduit d'une boutique de caméras d'occasion, où il débute à l'âge de treize ans, à Astral Communications où il travaille comme président et gestionnaire jusqu'à sa mort.

Harold Greenberg commence véritablement son ascension en 1967 losqu'il acquiert les droits exclusifs pour la vente de films sur le site d'EXPO 67 ainsi que les droits exclusifs sur les diapositives des pavillons de l'EXPO 67. En 1968, il devient président de Pathé Humphries. Puis, en 1973, il fait l'acquisition de Astral Films. Il a tôt fait d'unir ses entreprises sous la bannière d'Astral Bellevue Pathé, puis, sous la bannière de Astral Communications en 1992.

En 1972, Greenberg se lance dans la production cinématographique. Il est chef de production pour des longs métrages comme *Seizure* (Oliver Stone, 1973; v.f. *Tango Macabre*), *The Neptune Factor* (Daniel Petrie, 1973; v.f. *L'Odyssée sous la mer*), *Breaking Point* (Bob Clark, 1976), *In Praise of Older Women* (George Kaczender, 1978; v.f. *En hommage aux femmes de 30 ans*), et *Porky's* (Bob Clark, 1981; v.f. *Chez Porky*). En 1982, il est producteur adjoint de Gilles Carle pour le film *Maria Chapdelaine*. Lorsque la télévision payante par cablodistribution fait son apparition au Canada, Greenberg est le premier en ligne. Toutefois, son association avec *First Choice* et *Super Écran* amène le CRTC à lui interdire la production de films. Homme d'affaires avant tout, Greenberg amène son entreprise à développer le secteur de la production de vidéocassettes, la post-production et de la distribution de films. À la fin de sa vie, il cherche à exploiter le potentiel offert par le multimédia, en particulier les cédéroms et l'animation 3D et numérique.

Très engagé dans la communauté, il est Officier de l'Ordre du Canada, Chevalier de la Légion d'Honneur et Chevalier de l'Ordre national du Québec.

Marcel Jean

Greene, Daniel Joseph, avocat, politicien et premier ministre libéral de Terre-Neuve de 1894 à 1895 (St. John's, 1850—*id.*, 12 déc. 1911). Il devient premier ministre de Terre-Neuve le 13 décembre 1894, au moment où se manifeste la controverse politique et légale consécutive à l'élection de 1893. Diplômé en droit de l'U. Laval, il entame, en 1875, sa carrière politique, qui durera 22 ans. En 1887, il devient chef de l'Opposition et fait partie d'une délégation qui se rend à Ottawa en 1890, afin de protester contre les droits de pêche de la France à Terre-Neuve (*voir* FRENCH SHORE). En 1894, Greene prend les rênes d'un gouvernement aux prises avec des difficultés majeures. En tant que successeur d'Augustus Goodridge, qui a dirigé une administration conservatrice de courte durée, Greene doit régler rapidement les conséquences de l'effondrement, le 10 décembre, de deux importantes institutions financières de Terre-Neuve. Le *Disabilities Removal Act* est la loi la plus importante qu'il adopte durant les 58 jours où il est au pouvoir. Elle autorise les candidats disqualifiés en 1893 en raison d'irrégularités électorales à se présenter de nouveau aux élections. Cette loi et la démission de Greene, le 8 février 1895, permettent à William Whiteway de réintégrer son poste de premier ministre.

Robert D. Pitt

Greene, Lorne Hyman, artiste professionnel (Ottawa, 12 févr. 1915—Santa Monica, Calif., 11 sept. 1987). Étudiant en génie chimique à l'U. Queen, il joue dans une troupe d'amateurs. Après avoir obtenu son baccalauréat, il étudie l'art dramatique à New York pendant deux ans. Il s'installe à Toronto, travaille à la radio et occupe finalement le poste de chef du service des nouvelles au réseau anglais de Radio-Canada de 1939 à 1942.

Après son service pendant la Seconde Guerre mondiale, il retourne travailler à la radio, à Toronto. Il participe à la fondation du Jupiter Theatre puis travaille comme enseignant à l'Academy of Radio Arts. En 1953, comme beaucoup de ses contemporains talentueux, il se laisse tenter par Broadway et y reste cinq ans. À partir de 1959, il tient pendant 14 ans le rôle de Ben Cartwright dans la très populaire émission *Bonanza* à la télévision. Par la suite, il continue de se produire à la télévision et fait des apparitions dans plusieurs autres séries dont *Battlestar Galactica*. Dans les années 80, il se consacre surtout à la défense de l'environnement et de la nature, notamment par l'entremise de la série télévisée *Lorne Greene's New Wilderness*. Au Gala des Prix Gémeaux, en 1987, on lui décerne le prix Earl Grey à titre posthume.

Charles Dougall

Greene, Nancy, skieuse alpine (Ottawa, 11 mai 1943). Élevée à Rossland, en Colombie-Britannique, elle ne commence sérieusement la compétition qu'à l'âge de 14 ans. Après seulement deux ans, grâce à son talent exceptionnel, elle est sélectionnée pour faire partie de l'équipe olympique de 1960. Terminant 22e au slalom géant aux Jeux olympiques, elle est déterminée à égaler sa compagne Anne HEGGTVEIT. Au début des années 60, elle remporte plusieurs grandes victoires aux États-Unis et en Europe, mais manque de constance. À cause de son style agressif, elle est blessée à plusieurs reprises, se déchirant même des ligaments durant les championnats du monde de 1966. Résolue à essayer de maîtriser davantage sa descente, elle obtient des résultats remarquables. En 1967, elle remporte trois victoires consécutives et, de ce fait, la Coupe du monde. En 1968, elle continue de dominer ce sport (une médaille d'or olympique au slalom géant, une médaille d'argent au slalom, neuf victoires consécutives) et ravit sa deuxième Coupe du monde. Elle est nommée membre de l'Ordre du Canada, en 1967, et athlète de l'année, en 1968.

Murray Shaw

Greenfield, Herbert, cultivateur, politicien, homme d'affaires et premier ministre de l'Alberta de 1921 à 1925 (Winchester, Angl., 25 nov. 1867—Calgary, 23 août 1949). Il immigre au Canada en 1892 et s'installe sur une terre au nord d'Edmonton en 1906. En 1921, il est président de l'Alberta Association of Municipal Districts et vice-président par intérim des FERMIERS UNIS DE L'ALBERTA (FUA). Il n'est pas candidat lorsque les FUA entreprennent la campagne électorale provinciale de 1921, mais on lui demande d'accepter le poste de premier ministre, refusé par Henry Wise WOOD. Assermenté, le 13 août 1921, en tant que premier ministre, secrétaire provincial et trésorier provincial, Greenfield dirige les efforts du gouvernement inexpérimenté des FUA pour résoudre les problèmes de sécheresse et de crédit que connaissent les cultivateurs de l'Alberta, et pour les aider à former un regroupement volontaire dans le secteur du blé et d'autres regroupements de mise en marché des produits de base. Souvent malade et absent en 1923, de plus en plus jugé inefficace par la suite (quoique sa popularité personnelle demeure entière), Greenfield démissionne le 23 novembre 1925 pour céder la place à John Edward BROWNLEE.

Carl Betke

Greenfield Park, ville du Qc; pop. 17 337 (rec. 1996), 17 652 (rec. 1991); superf. 4,58 km²; const. en 1911. Greenfield Park est située en face de l'île de Montréal sur la rive sud du fleuve Saint-Laurent et est voisine des villes de Saint-Lambert, Saint-Hubert et Brossard. Le territoire de Greenfield Park fait partie de la seigneurie de Longueuil. La région demeure principalement agricole jusqu'au milieu du XIXᵉ s. quand le développement des chemins de fer favorise la croissance des villes et des villages situés autour de la ville de Montréal. En 1854, le GRAND TRUNK RAILWAY (maintenant le Canadien National) débute la construction du pont Victoria, qui relie Montréal à la rive sud. La construction du pont est terminée en 1859 et Saint-Lambert et d'autres localités commencent à se développer en tant que banlieues de Montréal. Saint-Lambert, qui croît rapidement, s'étend bientôt dans la région agricole voisine et, à partir de 1907, des lots résidentiels sont mis en vente dans ce qui va devenir la ville de Greenfield Park. En 1911, la population a suffisamment augmenté pour justifier la constitution d'une ville autonome.

Le nom de la ville est choisi pour décrire les champs et les boisés qui sont encore prédominants dans la région. En 1939, Greenfield Park ne compte guère plus de 1700 habitants. Sa croissance est relativement récente, tout comme celle des autres banlieues résidentielles de la Communauté urbaine de Montréal.

Deborah Welch et Michael Payne

Greenough, Gail, cavalière (Edmonton, 7 mars 1960). Le 13 juillet 1986, à Aachen, en Allemagne de l'Ouest, elle devient la première femme et la première Canadienne à gagner le championnat du monde de course d'obstacles. Bien qu'elle ait commencé à pratiquer l'équitation à l'âge de 11 ans, Greenough est une cavalière relativement peu expérimentée pour participer à un championnat du monde. Elle ne fait partie de l'équipe canadienne d'équitation que depuis 1983 et n'a participé qu'à quelques tournois de la Coupe du monde. Toutefois, au cours de la compétition de cinq jours, elle et son cheval, Mr. T, terminent plusieurs parcours sans erreurs. Dans la finale, elle doit monter, pour trois des quatre parcours, le cheval de ses adversaires. Ne recevant aucun point de pénalité, elle remporte le titre et le premier prix de 23 000 dollars. En juin 1987, grâce à sa victoire au Loblaws Showjumping Classic, Greenough se qualifie pour les Jeux panaméricains du mois d'août suivant et pour la Coupe du monde. Elle continue de concourir, mais ses succès ne sont pas constants. En 1992, elle ne réussit pas à être sélectionnée au sein de l'équipe olympique du Canada et

quitte le sport. Elle est nommée membre de l'Ordre du Canada en 1990.

J. Thomas West

Greenpeace La Fondation Greenpeace est créée à Vancouver, en 1970, sous la forme d'un petit regroupement de personnes opposées aux essais nucléaires dans le Pacifique. Elle est devenue depuis l'un des organismes de protection de l'environnement les plus importants et les plus connus dans le monde. Greenpeace défend une grande variété de causes internationales et locales. Au moyen de confrontations non violentes, cet organisme cherche à attirer l'attention sur les violations de principes écologiques tels celui admettant le droit égal à l'existence et à l'épanouissement de toutes les espèces. La Fondation, dont le siège social n'est plus situé au Canada, dispose de bureaux relativement autonomes partout dans le monde, coordonnés depuis Amsterdam, où son conseil central est installé. Il est difficile d'estimer le nombre total de ses membres, qui varie en fonction de l'intérêt que suscitent les questions d'actualité. Néanmoins, seulement en Amérique du Nord, Greenpeace recueille plus de deux millions de dollars par année grâce aux cotisations, aux dons et à la vente d'articles promotionnels.

Dans l'espoir que les pressions de l'opinion publique contribueront à faire changer les politiques, Greenpeace cherche à donner le plus de visibilité possible à ses activités en attirant l'attention des médias. Lors de ses campagnes les plus médiatisées contre les essais nucléaires ou contre les réglementations régissant la CHASSE AU PHOQUE et la CHASSE À LA BALEINE, ses membres sont directement intervenus à grands risques. Le 10 juillet 1985, un membre trouve la mort dans l'explosion de bombes sous-marines que des agents français ont posées sous le navire amiral de Greenpeace, le *Rainbow Warrior*, alors amarré à Auckland, en Nouvelle-Zélande. Le bateau devait appareiller avec toute une «flottille de paix» pour l'atoll de Mururoa, en Polynésie française, site d'essais nucléaires français.

Il est difficile de mesurer l'impact des tactiques employées par Greenpeace, mais on peut affirmer qu'elles permettent d'attirer l'attention sur plusieurs questions d'ordre environnemental. Les réactions du public sont très variées, allant d'un appui presque unanime lors des campagnes antinucléaires ou contre la chasse à la baleine, à une très forte opposition, surtout lorsqu'il s'agit d'enjeux plus locaux.

P. Dearden

Greenway, Thomas, marchand, cultivateur, spéculateur foncier, politicien et premier ministre du Manitoba (Kilkhampton, Angl., 25 mars 1838—Ottawa, 30 oct. 1908). Ayant joué un rôle déterminant dans la création du Parti libéral du Manitoba, Greenway en devient le premier chef et est premier ministre du Manitoba de 1888 à 1900. Sa famille immigre en 1844 dans le comté de Huron (Canada-Ouest). Quelques temps après, Greenway devient sympathisant du Parti libéral-conservateur de sir John A. MACDONALD. Il occupe le siège de député fédéral indépendant de South Huron de 1875 à 1878. Toutefois, il se dissocie de Macdonald au sujet des tarifs douaniers de la POLITIQUE NATIONALE et devient libéral. Il s'installe au Manitoba en 1879 et est élu député provincial la même année. En 1882, il dirige un mouvement d'opposition qui lutte pour les droits provinciaux et qui devient le Parti libéral. Une fois premier ministre, il met fin au désaveu fédéral de la loi manitobaine sur les chemins de fer et brise le monopole du Canadien Pacifique en permettant la venue de la compagnie Northern Pacific dans la province, afin que s'exerce la concurrence dans les tarifs de transport. Toutefois, on se souvient de lui parce qu'il a aboli les droits scolaires de la minorité catholique. La QUESTION DES ÉCOLES DU MANITOBA domine la politique provinciale et fédérale durant toutes ses années à la tête du gouvernement. Il demeure chef des Libéraux provinciaux jusqu'à ce qu'il soit élu député fédéral de Lisgar en 1904.

David J. Hall

Greenwich, Sonny, né Herbert Lawrence Greenidge, guitariste (Hamilton, Ont., 1er janv. 1936). Greenwich, le plus singulier des jazzmen canadiens, partage sa vie entre la musique et des quêtes spirituelles, tournant ainsi le dos à une grande carrière. Émule des saxophonistes John Coltrane et Sonny Rollins, il cultive un style original à la guitare et crée un corps de musique des plus personnels. Travaillant à Toronto jusqu'en 1968 et vivant par la suite près de Montréal, Greenwich ne donne des spectacles que de façon sporadique au cours des années 80, mais touche un auditoire plus vaste grâce à ses brèves collaborations avec d'autres musiciens (p. ex., avec John Handy, en 1966-1967) et à des enregistrements tels que *The Old Man and the Child* (1970), *Evol-ution, Love's Reverse* (1978) et *Bird of Paradise* (1986). Il est plus actif durant les années 90 et enregistre plusieurs disques compacts, dont *Standard Idioms* (1991-92), *Hymn to the Earth* (1994), *Spirit in the Air* (1995) et *The Kenny Wheeler and Sonny Greenwich Quintet* (1993-97).
Mark Miller

Grêle La grêle est une précipitation de morceaux de GLACE dont le diamètre peut varier d'environ 5 mm à 10 cm et dont la masse varie d'environ 0,1 g à 1 kg. Le grêlon de 290 g qui est tombé près de Cedoux (Saskatchewan) est l'un des plus gros enregistrés au Canada. Le record mondial homologué appartient au grêlon de 770 g qui est tombé à Coffeyville, au Kansas. Les petits grêlons ont souvent tendance à être coniques, tandis que les plus gros sont sphériques. Les grêlons encore plus gros sont ovales et leur surface est souvent couverte de saillies glacées qui donnent la fausse impression que ce sont là plusieurs grêlons gelés ensemble. En réalité, ces lobes de grande surface se forment comme des glaçons à partir de l'eau centrifugée à la surface des grêlons en rotation rapide.

Formation L'embryon d'un grêlon est une goutte de PLUIE gelée ou un grain de grésil qui s'est formé dans une des petites colonnes ascendantes (nuages grêligènes) adjacentes au courant ascendant principal d'un orage de grêle. Cet embryon se transforme peu à peu en grêlon dans le puissant courant ascendant principal qui se trouve au cœur d'un nuage de type cumulonimbus bourgeonnant, dont la température près du sommet est de -40 °C. Une fois dans le courant ascendant principal, l'embryon est entraîné vers le haut par le courant d'air plus rapidement qu'il ne peut tomber, atteignant des altitudes pouvant atteindre jusqu'à 15 km. Chemin faisant, la captation de gouttelettes d'eau surfondue (de température inférieure à 0 °C, mais non gelée) par collision et coalescence est suivie du gel d'une partie de cette eau à la surface du grêlon. Après chaque collision, l'eau percutée n'ayant pas gelé à la surface du grêlon est rejetée dans le sillage de ce dernier sous la forme de gouttelettes de pluie de diamètre voisin du millimètre et qui, à leur tour, peuvent geler et créer de nouveaux embryons de grêlon. Les courants d'air verticaux d'une vitesse de 10 à 50 m/s aident à garder le grêlon dans le nuage où il poursuit sa croissance pouvant durer jusqu'à une demi-heure. Il sort finalement du courant d'air ascendant – mais non du nuage – pour plonger vers le sol à une vitesse pouvant aller jusqu'à 50 m/s.

La glace d'un grêlon peut contenir des bulles ou être claire, selon la concentration en eau liquide du nuage, la température de l'air et la dimension du grêlon. Les petits grêlons, les basses températures et les faibles concentrations en liquide donnent de la glace opaque à bulles (appelée givre opaque) renfermant de petits cristaux de glace et ayant une densité faible. Les bulles résultent de l'air emprisonné entre les gouttelettes de nuage gelées et rendent la glace poreuse. Inversement, les gros grêlons qui grossissent à des températures de près de 0 °C et lorsque la concentration en eau liquide est élevée ont tendance à produire de la glace claire et dense contenant peu de bulles. Dans des conditions intermédiaires, il se forme de la glace spongieuse; c'est une matrice de glace contenant jusqu'à 50 p. 100 d'eau liquide non gelée et d'apparence laiteuse. Si cette eau liquide ne finit pas par geler, les grêlons spongieux peuvent être très mous et fondants lorsqu'ils touchent le sol. Du grésil peut aussi se former par une croissance de givre poreux suivie par un mouillage par de l'eau liquide.

Les variations de température et de concentration en eau liquide rencontrées par le grêlon durant sa croissance dans le nuage provoquent une alternance de couches de verglas et de glace bulleuse rappelant la structure d'un oignon. Même si la croyance populaire veut que chaque couche soit produite par un aller-retour vertical du grêlon dans le nuage, rien ne prouve que même les plus gros grêlons montent et descendent plus de deux fois: une fois à l'état d'embryon dans un nuage grêligène, puis une seconde fois à l'état de grêlon dans le courant ascendant principal. Véritables empreintes digitales, les couches d'un grêlon dévoilent son histoire unique. Les couches sont visibles en examinant une mince tranche d'un grêlon entre des filtres polarisants croisés.

Chutes de grêle Il peut grêler dans toutes les provinces, mais le phénomène touche plus souvent et plus durement la Saskatchewan et l'Alberta, où quelques fermes ont été frappées jusqu'à 10 fois par an et où d'autres ont subi des dégâts occasionnés par la grêle 6 années sur 8. Dans le centre de l'Alberta, il grêle en moyenne 56 jours par an; les plus gros orages survenant en juillet et en août. Il y grêle le plus souvent durant des ORAGES de fin d'après-midi ou de soirée qui peuvent former des nuages bourgeonnants jusqu'à des altitudes excédant 15 km.

Les gros orages de grêle peuvent durer plusieurs heures et laisser derrière eux un espace ravagé de plusieurs kilomètres de large et de centaines de kilomètres de long. Les précipitations de grêle durent cependant habituellement moins de cinq minutes à un endroit donné et elles sont souvent accompagnées d'une forte pluie. Les gros grêlons (de la taille d'une noix) endommagent les cultures, les bâtiments et les voitures. Les grêlons géants, ceux qui atteignent et dépassent la taille d'une balle de golf et qui tombent à grande vitesse, possèdent autant d'énergie qu'une balle de fusil et peuvent blesser ou tuer des animaux et des personnes. L'orage de grêle qui traverse Calgary, le 28 juillet 1981, cause des dégâts matériels évalués à 150 millions de dollars. Dix ans plus tard, le 7 septembre 1991, un autre orage entraîne des réclamations supérieures à 400 millions de dollars auprès des compagnies d'assurances. L'orage qui déclenche la TORNADE du 31 juillet 1987 sur Edmonton est aussi un orage de grêle. Les dégâts, évalués à 250 millions de dollars, couvrent une superficie de 270 km² autour de la ville. La grêle abîme ou détruit aussi les cultures: chaque année, au Canada, elle cause des pertes évaluées à près de 200 millions de dollars, 85 p. 100 de celles-ci étant attribuables à seulement 12 p. 100 des orages.

Lutte antigrêle En Alberta, on essaie, depuis 1956, de réduire les dégâts que cause la grêle en ensemençant les nuages d'iodure d'argent. Bien que certains affirment que cette pratique est bénéfique, des expériences de suppression de la grêle soigneusement conçues et effectuées au Canada, en Suisse, aux États-Unis et ailleurs permettent de conclure qu'on ne peut distinguer la grêle venant de nuages ensemencés de celle qui vient de nuages non ensemencés. De plus, la preuve physique concernant la chaîne d'événements qui suit l'ensemencement des nuages de grêle avec de l'iodure d'argent est incomplète. Des mesures prises à bord d'avions montrent que l'ensemencement à l'iodure d'argent peut augmenter considérablement la concentration de cristaux de glace dans un nuage d'eau surfondue. Certains scientifiques ont émis l'hypothèse que ces cristaux de glace accélèrent le développement de la pluie et entravent donc la croissance des grêlons. On laisse plus souvent entendre que ces cristaux de glace additionnels produisent un plus grand nombre d'embryons de grêlons. Si cette hypothèse est exacte, l'ensemencement à l'iodure d'argent pourrait être dangereux et ainsi augmenter le nombre d'embryons de grêlons qui peuvent tous atteindre une taille importante. Ce type de pratique demeure donc controversé.
E.P. Lozowski

Grenouille La grenouille est un AMPHIBIEN appartenant à l'ordre des anoures. L'adulte n'a généralement pas de queue ni de côtes, a les pattes postérieures plus longues que les pattes antérieures, des yeux bien développés et une peau pourvue de glandes à mucus et à venin. Les grenouilles forment le plus grand groupe d'amphibiens (3494 espèces vivantes), et on les trouve sur tous les continents, sauf en Antarctique. Elles sont regroupées en plus de 20 familles, mais ce nombre varie selon les méthodes de classification.

Les grenouilles de la grande famille des bufonidés, appelées CRAPAUDS, ont habituellement une peau assez sèche et des palmes réduites entre les orteils. Parmi les autres espèces de grenouilles communément appelées crapauds, on compte le crapaud des plaines et le crapaud du Grand Bassin (famille des pélobatidés), le crapaud fouisseur (rhinophrynidés) et le crapaud accoucheur européen (discoglossidés).

Évolution Les grenouilles apparaissent très tôt parmi les FOSSILES. *Triadobatrachus*, en provenance de dépôts du triassique (vieux de 250 à 205,7 millions d'années) à Madagascar, est la plus ancienne grenouille connue. En Amérique du Sud, les dépôts du jurassique (de 205,7 à 144,2 millions d'années) contiennent des grenouilles dont la forme générale ressemble à celle de certaines espèces actuelles. Grâce à des adaptations tout à fait étonnantes, ces animaux ont pu exploiter des habitats aussi variés que les forêts humides et les déserts, et des régions tropicales au cercle polaire arctique.

Espèces canadiennes Au Canada, on dénombre seulement 21 ou 23 espèces de grenouilles, qui, en raison du climat, vivent, pour la plupart, dans l'extrême sud du pays. Les montagnes de l'Ouest forment une barrière est-ouest limite la distribution des espèces. P. ex., la grenouille à pattes rouges est confinée sur la côte de la Colombie-Britannique, la rainette du Pacifique et la grenouille-à-queue aux basses et aux hautes altitudes de la Colombie-Britannique, et la grenouille mouchetée à la Colombie-Britannique et aux piémonts de l'ouest de l'Alberta.

La grenouille-à-queue vit dans les cours d'eau des montagnes du sud de la Colombie-Britannique et est capable de s'adapter aux eaux vives. Le mâle utilise sa queue pour effectuer la fertilisation interne des œufs, et les têtards ont une bouche qui adhère aux roches. Le crapaud de l'Ouest est assez tolérant au froid pour vivre dans les hautes altitudes de la Colombie-Britannique et de l'Alberta.

La grenouille des bois vit au nord du cercle polaire arctique au Yukon, où les forêts s'étendent dans les vallées fluviales. Au Canada, cette espèce se distribue d'une côte à l'autre, sauf dans les régions arides et sur la côte du sud-ouest. Le ouaouaron est la plus grosse grenouille canadienne et, bien qu'il soit originaire de l'Est, il a été introduit en Colombie-Britannique. La grenouille verte a été introduite dans la région de Vancouver, et la grenouille léopard, dans l'île de Vancouver. Terre-Neuve ne possède pas de grenouilles indigènes, mais on y a introduit la grenouille verte, la grenouille léopard, la grenouille des bois et la rainette faux-grillon, de même que le crapaud.

Reproduction et développement La fertilisation des œufs de grenouilles est généralement externe. Les œufs se transforment en larves qui nagent librement (têtards ou «queues de poêlon». Le têtard passe au stade adulte en subissant une métamorphose qui comprend plusieurs changements morphologiques et physiologiques: perte de la queue et des branchies, développement des pattes et des poumons, restructuration du système digestif, qui permet de passer du mode d'alimentation végétarien au mode carnivore et transformation des récepteurs sensoriels de façon à ce qu'ils conviennent à un mode de vie terrestre.

Importance biologique Les grenouilles jouent un rôle écologique important. Les têtards, qui sont végétariens, sont des consommateurs primaires dans la chaîne alimentaire et servent ultérieurement de nourriture à de nombreux invertébrés et vertébrés. Les adultes, qui sont carnivores, consomment des insectes et sont en retour mangés par des poissons, des oiseaux et des mammifères. Les grenouilles constituent une faible proportion du régime alimentaire des humains, mais sont utiles dans la lutte biologique contre les INSECTES NUISIBLES, et certaines espèces de grande taille ont été introduites à cette fin dans plusieurs régions du monde. Les grenouilles sont également utilisées dans plusieurs domaines de recherche, et les établissements d'enseignement les utilisent pour l'étude de l'anatomie.

Les grenouilles font souvent partie du folklore et des rituels. Dans les régions arides, elles sont associées à la pluie «source de vie» et symbolisent la fertilité. Dans le folklore européen, on représente souvent les grenouilles et les crapauds comme des démons. Les vocalisations nocturnes des grenouilles, généralement associées aux tempêtes et à la pluie, sont considérées par certains peuples autochtones comme des protestations des esprits. En réalité, les vocalises des mâles servent à attirer les femelles vers des sites de reproduction propices. Chez certaines espèces, la femelle ne perçoit qu'une bande étroite de fréquence et n'entend que sa propre espèce. Chez quelques espèces, l'appel peut aussi servir à délimiter le territoire de reproduction du mâle.

Diminution des populations Depuis 1989, une alerte générale a été lancée au sujet de la réduction grave et souvent inexpliquée voire de la disparition de certaines populations et parfois d'espèces entières de grenouilles. La Commission pour la sauvegarde des espèces, un organisme de l'Union Internationale pour la Conservation de Nature (UICN), a subventionné la Declining Amphibian Populations Task Force qui publie un bulletin, le *Froglog* (disponible sur INTERNET), donnant des informations sur les nouveaux travaux de recherche ayant cours dans le monde. Au Canada, ce groupe, qui a des représentants régionaux et provinciaux, enquête très activement sur la diminution des populations de grenouilles sur l'ensemble du territoire.

James P. Bogart

Gretzky, Wayne, joueur de hockey (Brantford, Ont., 26 janv. 1961). Enfant prodige du hockey, il apprend, sur la patinoire familiale et sous la tutelle de son père, à en maîtriser les techniques. Membre de l'équipe junior Les Greyhounds de Sault Sainte-Marie, il est repêché, en 1978, par deux équipes professionnelles. Les Racers d'Indianapolis de l'Association mondiale de hockey lui font signer une entente à longs termes avant de céder son contrat aux OILERS D'EDMONTON qui conservent ses droits lors du repêchage de joueurs d'âge junior à la fusion de l'AMH et de la LNH. À 17 ans, il est l'athlète le plus jeune à jouer dans une ligue majeure nord-américaine. En 1979-1980, à la première saison des Oilers d'Edmonton dans la LNH, il partage avec Marcel Dionne le championnat des marqueurs, il remporte le TROPHÉE HART (joueur le plus utile) et le TROPHÉE LADY-BYNG. C'est alors qu'il commence à briser les records, vraisemblablement du jamais vu dans un sport.

À sa deuxième saison (1980-1981), avec ses 164 points, il bat le record de Phil ESPOSITO de 152 points en une saison et de ses 109 aides améliore la marque de 102 de Bobby ORR. L'année suivante, il accumule 212 points, dont 92 buts, fracassant le record de 76 d'Esposito. Gretzky mène les Oilers à 4 championnats de la COUPE STANLEY en 5 ans. À la fin de la saison 87-88, Peter Pocklington, le pro-

priétaire des Oilers, cède son contrat aux Kings de Los Angeles. Ses succès sont plus modestes qu'à Edmonton, mais il rehausse sensiblement le profil du hockey aux États-Unis. On attribue largement à sa présence à Los Angeles l'expansion de la ligue dans le Sud des États-Unis, au début des années 90.

En 1991, Gretzky et ses associés, le comédien John CANDY et le propriétaire des Kings, Bruce McNall, achètent les ARGONAUTS DE TORONTO qui remportent la COUPE GREY. En 1992-1993, des maux de dos l'obligent à manquer une forte partie de la saison. A son retour, il mène Los Angeles à la finale de la Coupe Stanley, mais les Kings s'inclinent devant les Canadiens de Montréal. Gretzy remporte cependant le titre du meilleur marqueur des séries éliminatoires. En 1993-1994, il décroche, pour la 10ᵉ fois en 15 saisons dans la LNH, le trophée du meilleur marqueur. Son 802ᵉ but éclipse le record de Gordie Howe. En 1995-1996, les difficultés financières des Kings et le mécontentement de Gretzky face au peu d'implication des dirigeants de l'équipe, incitent les Kings à céder son contrat aux Blues de St. Louis où il passe moins d'une saison. En juillet 1996, il rejoint son ancien coéquipier des Oilers, Mark MESSIER, chez les Rangers de New York. Le 16 avril 1999, il annonce sa retraite. Lors de son dernier match, le 18 avril, il a une passe mais New York perd 2-1 contre Pittsburgh. Le match, présenté à CBC, attire un record de plus de 2 millions de téléspectateurs, du jamais vu en saison. Au moment de son départ, Gretzky détient 60 records de la LNH.

Gretzky a remporté le TROPHÉE HART (joueur le plus utile) 9 fois, le TROPHÉE ART ROSS (meilleur marqueur) 10 fois, le TROPHÉE LADY-BING 5 fois et le TROPHÉE CONN SMYTHE (le plus utile des séries) à deux reprises. Meilleur marqueur de toute l'histoire de la LNH, il est le seul joueur à avoir accumulé 2000 points. Il a surpassé, en 11 saisons seulement, le record de 1850 points que Gordie HOWE a mis 23 saisons à établir. Il a obtenu 382 points pendant les éliminatoires, une centaine de plus que n'importe quel autre joueur. Il a été le meilleur marqueur dans six tournois internationaux, y compris les quatre tournois de la COUPE CANADA auxquels il a participé. C'est surtout son agilité, sa rapidité et son tir précis qui ont permis à Gretzky de dominer au hockey. Il est sans doute le meilleur passeur que le hockey ait jamais connu. C'est cependant son sens du jeu (sa capacité de prévoir instinctivement la réaction de ses adversaires et de ses coéquipiers dans diverses situations) qui le rendait si créatif. Son charme personnel ainsi que ses exploits sur la glace lui ont valu l'admiration du public sportif en Amérique du Nord. Gretzky est Membre de l'Ordre du Canada et du Temple de la renommée du Hockey.

James Marsh

Grève d'Arvida Le 24 juillet 1941, environ 700 travailleurs des salles de cuves de l'usine Alcan (Aluminium Company of Canada) à Arvida, au Saguenay, débrayent spontanément et occupent l'usine. Le lendemain, l'arrêt de travail se propage à tous les ouvriers, ce qui représente environ 4500 travailleurs en grève. Comme elle survient dans une usine essentielle à l'effort de guerre, la grève est illégale selon la loi fédérale. L'événement cause une commotion profonde quand le ministre des Munitions, C.D. HOWE, mal informé, déclare que 300 hommes se sont emparés de l'usine et qu'il s'agit d'un «cas suspect de sabotage de l'ennemi». La déclaration fait le tour de la presse anglophone outrée d'un tel préjudice à l'effort de guerre. Des agents de la police provinciale et deux compagnies de soldats sont dépêchés sur les lieux pour faire évacuer l'usine.

Les ouvriers reprennent le travail quatre jours après le déclenchement de la grève, et les négociations s'amorcent par le truchement du syndicat, affilié à la Confédération des travailleurs catholiques du Canada (*voir* CONFÉDÉRATION DES SYNDICATS NATIONAUX). Les deux parties étant inca-

pables de s'entendre, on fait appel un peu plus tard à une commission de conciliation. Par ailleurs, la Commission royale d'enquête écarte l'idée de sabotage et attribue l'origine du conflit à l'exaspération des travailleurs, qui réclament depuis quelque temps une augmentation de salaire, l'abolition des primes au rendement et l'embauche d'un plus grand nombre de travailleurs dans les salles des cuves. Le mécontentement s'est cristallisé le 24 juillet en raison de la chaleur accablante frappant la région et parce que les ouvriers se sont aperçus, la veille, que leur paie avait diminué à cause de nombreuses nouvelles déductions à la source. Dès le retour au travail, la compagnie verse le boni de vie chère dû aux employés et, un peu plus tard, leur accorde une légère augmentation de salaire. Dans son rapport, la commission de conciliation satisfait à plusieurs des réclamations des travailleurs.

Jacques Rouillard

Grève de Drumheller La grève déclenchée en 1925, à Drumheller, inaugure une période de rivalité syndicale ou de «double» syndicalisme dans les terrains houillers de l'Alberta. Les mineurs de Drumheller rejettent les réductions salariales négociées par les United Mine Workers (UMW) et débraient au mois de juin 1925. La grève n'a pas l'effet escompté, car de nombreux mineurs continuent à travailler sous la protection de la police provinciale. Puis, le 26 juin, une violente confrontation opposant policiers et grévistes met fin au conflit. Cependant, les mineurs, contrariés par la collaboration des UMW avec les patrons des charbonnages, forment un syndicat rival, la Mine Workers' Union of Canada (MWUC), qui livre bataille aux UMW pendant 10 ans avant de faire la trêve et de regagner les rangs de l'ancien syndicat. La rivalité entre la MWUC et les UMW, même si elle voit le jour en Alberta, se propage à tous les charbonnages de l'Ouest du pays. Elle prend aussi une coloration politique en raison du rôle important que jouent les communistes au sein de la MWUC.

Alvin Finkel

Grève de La Presse Commencée comme un conflit de travail classique, la grève de 1971 au journal *La Presse* dégénère en une confrontation sociopolitique d'envergure. Depuis 1967, Paul Desmarais, président de la Power Corporation, est propriétaire du journal, le plus important quotidien français au Québec. À la fin de juillet 1971, la direction du journal décide, après six mois de négociation, de mettre en lock-out les employés de la salle de composition. Affiliés à la Fédération des travailleurs du Québec (*voir* CENTRALES SYNDICALES QUÉBÉCOISES), les quatre syndicats qui les représentent, refusent de consentir à la perte d'emplois syndiqués pour faciliter la modernisation des installations. Malgré le lock-out, le journal paraît jusqu'au 27 octobre, date à laquelle les grévistes forcent l'entreprise à cesser complètement ses activités.

Deux jours après la fermeture, les trois principales centrales syndicales au Québec organisent une marche de solidarité avec les travailleurs du journal malgré l'interdiction des autorités de la Ville de Montréal. Plus de 12 000 manifestants se heurtent à 1000 policiers. L'affrontement se solde par une cinquantaine d'arrestations, plusieurs dizaines de blessés et une personne décédée de causes naturelles. La répression crée une forte commotion, en particulier chez les dirigeants de la Fédération des travailleurs du Québec, qui radicalisent leur critique sociale (*voir* LABERGE, LOUIS). La grève survient pendant une période d'intenses frustrations pour le mouvement syndical, éprouvé, l'année précédente, par la CRISE D'OCTOBRE. Cependant, au lendemain de la manifestation, les négociations reprennent et aboutissent trois mois plus tard, le 7 février 1972, à un compromis satisfaisant pour la direction et les syndicats.

Jacques Rouillard

Grève de l'amiante La grève de l'amiante débute le 14 février 1949 et, pendant quatre mois, paralyse les principales mines d'amiante du Québec, dont les plus importantes appartiennent à des entreprises américaines. Dès le départ, la grève des 5000 mineurs affiliés à la Confédération des travailleurs catholiques du Canada (CTCC), devenue depuis la CONFÉDÉRATION DES SYNDICATS NATIONAUX, détruit les rapports qu'entretenaient jusque là le mouvement syndical, le patronat anglophone du Québec, le pouvoir politique de la province et l'Église catholique. Déclenchée illégalement, cette grève rompt la longue tradition de collaboration du CTCC avec le patronat. Le conflit de l'amiante engendre également une solidarité intersyndicale sans précédent.

Réunis plus tôt en front commun pour combattre un projet antisyndical du gouvernement de l'UNION NATIONALE, la CTCC, la Fédération provinciale du travail du Québec (FPTQ), qui fera plus tard partie de la FTQ, et les syndicats affiliés au CCT et à la CIO organisent, dans tout le Québec, des assemblées d'appui aux mineurs. L'Église aussi accorde son soutien aux grévistes, ce qui oppose l'évêché au premier ministre Maurice DUPLESSIS, dont les policiers sont installés dans les bureaux des compagnies minières. La grève de l'amiante est un événement historique et politique à grande portée symbolique. Elle marque, au Québec, le début d'une époque caractérisée par l'aggravation des conflits de travail et présage la RÉVOLUTION TRANQUILLE.

Hélène David

Grève de Murdochville Le 10 mars 1957, les 1000 travailleurs de Gaspé Copper Mines, à Murdochville au Québec, déclenchent une grève pour défendre leur droit à la syndicalisation. Le conflit dure sept mois et se termine par la défaite des mineurs. De plus, après une bataille judiciaire de quinze ans, la compagnie se voit accorder 1,5 million de dollars en dommages-intérêts aux dépens du Syndicat des métallurgistes unis d'Amérique (les «métallos» au Québec). Murdochville est une VILLE FERMÉE appartenant à Gaspé Copper Mines, filiale de l'empire NORANDA INC. La compagnie refuse de reconnaître le syndicat des mineurs (les Métallos sont affiliés à la Fédération des travailleurs du Québec (FTQ), fondée en février 1957) et fait appel à des briseurs de grève, tandis que la police provinciale, dépêchée par le premier ministre de la province, Maurice DUPLESSIS, tente de soumettre les grévistes.

Cette intervention de l'État suscite une violence considérable. La grève mène à une action commune de la FTQ et de la Confédération des travailleurs catholiques du Canada (*voir* CONFÉDÉRATION DES SYNDICATS NATIONAUX). Néanmoins, ce front commun, malgré son potentiel énorme, est gravement entravé par les dissensions qui affligent la FTQ. Cette grève est souvent considérée comme un tournant de l'histoire de la FTQ. En réalité, il s'agit de l'événement le plus marquant des douze années d'efforts menant à la syndicalisation, en 1965, des mineurs de Murdochville.

Guy Bélanger

Grève de Windsor La grève de Windsor se déroule du 12 septembre au 20 décembre 1945 à l'usine de la Ford Motor Co. de WINDSOR (Ontario). Le débrayage de quelque 17 000 travailleurs est la première et la plus importante d'une série de grèves qui se déroulent immédiatement après la Seconde Guerre mondiale alors que les syndicats canadiens tentent de tirer parti des grands progrès qu'ils ont réalisés durant le conflit. Cependant, la majorité des entreprises sont déterminées à limiter les gains des travailleurs syndiqués. En fait, la grève chez Ford n'a qu'un seul enjeu: la reconnaissance syndicale. Les TRAVAILLEURS UNIS DE L'AUTOMOBILE DU CANADA la revendiquent, mais la compagnie refuse de la leur accorder. Depuis un certain temps, le syndicat fait de l'atelier syndical et du précompte syndical son mot d'ordre. Des négociations étaient en cours depuis presque deux ans et de nombreuses

grèves sauvages étaient survenues à l'usine durant la guerre. Avec l'aide du gouvernement provincial, la compagnie tente désespérément de briser cette grève. La police essaie en vain de traverser les lignes de piquetage. Les grévistes bloquent toutes les rues du centre-ville de Windsor encerclant l'usine avec leurs voitures stationnées, fermées à clé puis abandonnées.

Le 13 décembre, les deux parties s'entendent pour avoir recours à l'arbitrage exécutoire du juge Ivan RAND de la Cour suprême du Canada. Dans la sentence arbitrale qu'il rend le 29 janvier 1946, ce dernier rejette la demande d'atelier syndical des TUA et condamne le syndicat et la compagnie pour leur comportement. Toutefois, et c'est là le plus important, il ordonne le précompte obligatoire des cotisations syndicales pour tous les employés de l'unité de négociation, qu'ils soient membres du syndicat ou non. Enfin, il met en place un système d'amendes, tirées à même les cotisations syndicales, qui seraient imposées au syndicat, en cas de grève sauvage ou illégale, et calculées selon la durée de cette grève. Ce règlement d'arbitrage, connu plus tard sous le nom de FORMULE RAND, est passé dans l'usage courant de la négociation collective au Canada.

Irving Abella

Grève des bûcherons de Terre-Neuve Le 31 décembre 1958, des centaines de bûcherons employés par la société Anglo-Newfoundland Development Co. (AND) de Grand Falls déclenchent une grève. Ils revendiquent des hausses salariales et l'amélioration des conditions de vie sur les chantiers. L'AND refuse catégoriquement de négocier avec le syndicat des bûcherons, l'International Woodworkers of America (IWA). En 1956, l'IWA et son chef charismatique, H. Landon Ladd, avaient été invités par les bûcherons à Terre-Neuve, ces derniers désirant remplacer la Newfoundland Loggers' Association (NLA), impuissante et inefficace. Dès lors, la compagnie, la direction de la NLA et les médias de Terre-Neuve s'en prennent au maraudage de l'IWA auprès des membres de la NLA, et dépeignent les organisateurs comme des êtres radicaux violents. L'IWA contre-attaque et inonde les journaux et la radio d'annonces.

À Terre-Neuve, l'opinion publique s'élève graduellement contre l'IWA. Malgré tout, les bûcherons en font leur syndicat. Pendant six semaines, la grève ressemble à un conflit de travail ordinaire, mais l'opposition publique à l'égard de l'IWA atteint des proportions telles que le 12 février 1959, le premier ministre de la province, Joseph SMALLWOOD, doit intervenir. Il déclare qu'il chassera l'IWA de Terre-Neuve et incite l'Assemblée législative à adopter une loi pour le dépouiller de tout droit légal de négociation.

Le CONGRÈS DU TRAVAIL DU CANADA (CTC), l'Organisation internationale du Travail et une bonne partie des médias condamnent Smallwood pour «son atteinte à la liberté du mouvement syndical». Toutefois, l'appui du public terre-neuvien à l'égard de cette loi s'accroît quand, le 10 mars, un policier est tué dans une confrontation avec les piqueteurs. Smallwood remplace l'IWA par la Newfoundland Brotherhood of Wood Workers (NBWW), syndicat parrainé par le gouvernement. Les bûcherons ne tardent pas à signer avec l'AND un contrat, pratiquement identique à celui que proposait l'IWA, mettant ainsi fin à la grève. Deux ans plus tard, Smallwood annexe la NBWW à la Fraternité unie des charpentiers et menuisiers. Le CTC suspend cette dernière en raison de sa collusion avec Smallwood, mais la suspension est sans effet. Contre le gré des bûcherons, la fraternité devient leur agent de négociation officiel. Smallwood et les papetières réussissent ainsi à expulser l'IWA de Terre-Neuve.

Bill Gillespie

Grèves des débardeurs de la Côte Ouest Le 8 octobre 1923, les 1400 membres de l'Association internationale des débardeurs (AID) de Vancouver font la grève pour revendiquer une hausse salariale.

La fédération des armateurs de navires fait venir des briseurs de grèves, abrités dans un navire du CP, l'*Empress of Japan*, tandis qu'une vedette armée et 350 hommes armés assurent la défense des rives. Les débardeurs abandonnent la lutte le 10 décembre. Refusant de continuer de négocier avec l'AID, la fédération des armateurs assume la répartition de la main-d'œuvre, tâche qui relevait auparavant du syndicat, et établit un syndicat de boutique, la Vancouver and District Waterfront Workers Association. Cette association se transforme en un véritable syndicat. Le 4 juin 1935, elle joue un rôle dans la grève et dans le lock-out de 1935, situation résultant des luttes du syndicat pour reprendre le contrôle de la répartition et se rallier aux autres débardeurs de la région. Le conflit conduit à la bataille du quai de Ballentyne, le 18 juin, au cours de laquelle la GRC assaille 1000 débardeurs. La grève se termine le 9 décembre avec l'emprisonnement des chefs syndicaux.

John Bellamy Foster

Grève des manutentionnaires de Fort William La grève des manutentionnaires de Fort William mobilise 700 ouvriers immigrants non syndiqués du 9 au 16 août 1909. Le 12 août, des grévistes grecs et italiens et la police du Canadien Pacifique (CP) s'affrontent au cours d'une interminable fusillade. Le colonel S.B. STEELE finit par rétablir la paix avec l'aide de la milice locale et des Royal Canadian Mounted Rifles de Winnipeg. Un conseil de conciliation parvient à un règlement satisfaisant, mais en 1910, le CP congédie ses 400 employés originaires du Sud de l'Europe.

Jean Morrison

Grève des médecins de la Saskatchewan En 1959, le premier ministre de la Saskatchewan, T.C. DOUGLAS, annonce son intention d'établir un régime d'assurance-santé administré par le gouvernement et prévoyant le paiement d'avance, une couverture universelle ainsi que la prestation de services de qualité selon un modèle qui conviendrait tant aux médecins qu'aux patients. Ce point est au cœur de la campagne électorale de 1960. Les médecins s'y opposent vigoureusement. En septembre 1961, la commission chargée de recommander un régime rend compte de ses conclusions. Des membres du College of Physicians and Surgeons of Saskatchewan s'entretiennent avec des représentants du gouvernement et déclarent qu'ils ne peuvent pas travailler dans le cadre d'un système obligatoire contrôlé par le gouvernement.

Le 13 octobre 1961, le projet de loi sur la Saskatchewan Medical Care Insurance est présenté à l'Assemblée législative et obtient la sanction royale le 17 novembre, après que Woodrow S. LLOYD a remplacé Douglas comme premier ministre. Prévue pour le 1er avril 1962, la date d'entrée en vigueur de la loi est reportée au 1er juillet suivant. Tandis que le projet de loi fait encore l'objet de débats, le collège insiste sur son refus de collaborer à la mise en œuvre de ce régime, affirmant que celui-ci donnerait lieu à une espèce de dirigisme qui nuirait aux rapports entre les médecins et les patients. Lors d'une réunion tenue en mai 1962, les médecins décident de ne pas exercer leur profession si la loi est mise en application.

À Regina, un groupe de mères forment un comité pour soutenir les médecins. D'autres comités semblables sont créés dans la province, avec les encouragements des médecins, et comptent parmi leurs membres des adversaires politiques du gouvernement. Ces comités KOD (Keep Our Doctors) lancent, avec l'aide des médias, une campagne provinciale contre le gouvernement et le régime d'assurance-santé. De grands rassemblements, des pétitions, des tables rondes et des annonces attisent le climat émotionnel à un niveau extrême.

Le 1er juillet 1962, quand la Loi entre en vigueur, la plupart des médecins ferment leur cabinet. Certains prennent des vacances ou un congé de formation, tandis que quelques-uns assurent un service dans les centres d'urgences. Un petit nombre d'entre eux quittent la province sans idée de retour. La Commission d'assurance médicale fait appel à des médecins de Grande-Bretagne et encourage la venue de praticiens des États-Unis et d'autres régions du Canada pour faire face à la crise. Des groupes de citoyens locaux ouvrent des cliniques médicales et engagent les médecins nécessaires.

Vers la mi-juillet, l'appui accordé au mouvement KOD est pratiquement éteint. Des médecins retournent au travail. La grève touche à sa fin. Le gouvernement de la Saskatchewan fait venir lord Taylor, médecin ayant joué un rôle de premier plan dans l'introduction du régime d'assurance-santé en Grande-Bretagne, à titre de médiateur. Enfin, le 23 juillet 1962, les deux parties signent un entente à Saskatoon.

Le 2 août, des modifications à la Loi sont adoptées qui permettent aux médecins d'exercer leur profession en dehors des cadres du régime. Les sommes versées par le gouvernement représentent 85 p. 100 des honoraires prévus par le collège, comme il est d'usage pour ce qui est des régimes d'assurance administrés par les médecins. En outre, le nombre de médecins siégeant à la Commission passe au nombre de trois. Les pouvoirs de la commission sont réduits et le libellé de certaines sections ou phrases est modifié ou éliminé afin d'atténuer la crainte des médecins en ce qui concerne l'ingérence gouvernementale.

Les médecins retournent au travail après la signature de l'entente de Saskatoon, mais les hostilités durent encore longtemps. Les patients sont contrariés par l'abandon des médecins, tandis que ces derniers s'opposent à l'intervention du gouvernement en matière de soins médicaux. Néanmoins, un sondage mené en 1965 révèle que la plupart des médecins sont favorables à la poursuite du régime.

Jean Larmour

Grève des mineurs de charbon de l'île de Vancouver La grève des mineurs de charbon de l'île de Vancouver est déclenchée le 16 septembre 1912 quand des mineurs de Cumberland proclament une «journée de congé» pour protester contre le congédiement d'Oscar Mottishaw. La société Canadian Collieries, qui venait d'acquérir l'entreprise Dunsmuir Mines, fait un lock-out, engage des Chinois et recrute des briseurs de grève de Grande-Bretagne et des États-Unis. Les travailleurs revendiquent la sécurité (des coups de grisou ont fait des centaines de morts) et la reconnaissance du syndicat. À l'instar de Robert et de James DUNSMUIR, d'autres employeurs de l'île, Western Fuel et Pacific Coast Collieries, résistent vigoureusement à l'entrée de tout syndicat, surtout ceux des États-Unis. Au printemps de 1913, 3500 mineurs de Nanaimo, d'Extension, de South Wellington et de Ladysmith ne sont pas au travail, mais le syndicat des Mineurs unis d'Amérique les encadre et leur paie des indemnités de grève.

Cet été-là, une quatrième société, la Vancouver and Nanaimo Coal Co., en vient à s'entendre avec ses employés, mais après que des émeutes eurent éclaté dans toutes les agglomérations minières. Le gouvernement de la Colombie-Britannique envoie 1000 miliciens pour rétablir la paix, mais beaucoup de grévistes passent un deuxième hiver en prison. La suspension de l'indemnité de grève à l'été de 1914 et le début de la Première Guerre mondiale mettent fin au conflit. À ce moment, les mines fonctionnaient presque à la capacité d'avant-grève grâce à l'embauche de nouveaux travailleurs.

Après la guerre, alors que le reste de l'Amérique du Nord connaît une recrudescence spectaculaire des activités syndicales, l'île de Vancouver reste amorphe. La reconnaissance du syndicat n'est effective qu'en 1938, six semaines après la fermeture définitive de la plus grande mine de l'île.

Lynne Bowen

Grève des mineurs de charbon d'Estevan Les mineurs des charbonnages de Bienfait, en Saskatchewan, joignent, en 1931, les rangs de la Mine Workers' Union of Canada (MWUC), un syndicat militant. En septembre de la même année, ils déclenchent une grève pour obtenir la reconnaissance de leur syndicat, mais leurs revendications les plus urgentes concernent le rétablissement des salaires coupés par les exploitants locaux des mines. Devant l'intransigeance de ces derniers, les mineurs et leurs familles décident d'aller manifester à Estevan pour obtenir l'appui de cette collectivité voisine. Le maire d'Estevan interdit la manifestation et demande à la Gendarmerie royale du Canada (GRC) d'intervenir pour aider les policiers locaux lors de la marche qui a lieu le 29 septembre. Trois mineurs sont tués dans la mêlée qui s'ensuit et beaucoup d'autres sont blessés. Cette répression de la grève des mineurs attise la colère de la classe ouvrière envers les gouvernements de cette période et aide la cause du MWUC et de la LIGUE POUR L'UNITÉ OUVRIÈRE (Workers' Unity League), dont il fait partie.

Alvin Finkel

Grève des réalisateurs de Radio-Canada Le 29 décembre 1958, les 74 réalisateurs de Radio-Canada à Montréal s'engageaient dans un conflit de reconnaissance syndicale qui, très rapidement, prit des dimensions politiques en mettant en évidence le problème des «deux solitudes» qui coexistaient au Canada.

Plutôt que d'être représentés par un syndicat canadien, les réalisateurs voulaient que leur association professionnelle devienne un syndicat affilié à la Confédération des travailleurs catholiques du Canada (CTCC), une organisation syndicale québécoise dont le secrétaire général, Jean MARCHAND, les assurait de l'appui. Par ailleurs, cette tentative représentait de fait la première initiative de syndicalisation d'un groupe de professionnels exerçant des fonctions de cadres. Me Jean-Paul Geoffroy, qui deviendra en 1969 le premier président du Tribunal du travail du Québec, conseillait les réalisateurs.

Mais sous un gouvernement dirigé par le conservateur John DIEFENBAKER, les réalisateurs durent se rendre à l'évidence: leur conflit, qu'ils croyaient voir se régler en quelques jours, ne dérangeait en rien les autorités fédérales qui, obstacle supplémentaire, voyaient d'un très mauvais œil l'arrivée d'un groupe affilié à la CTCC, alors que tous les autres groupes de la société d'État étaient affiliés au Congrès du travail du Canada.

Appuyés par l'ensemble des travailleurs de Radio-Canada, les réalisateurs tinrent bon et la société d'État, jusqu'à la fin du conflit, le 7 mars, ne put diffuser que des films. L'association des réalisateurs avait été reconnue comme agent négociateur, mais jamais Ottawa n'accepta qu'elle soit affiliée à la CTCC. Le journaliste René LÉVESQUE, l'écrivain Marcel DUBÉ, le chanteur Charles Aznavour, les comédiens Gérard Philippe, Jean-Louis ROUX et Jean DUCEPPE apportèrent un soutien actif aux grévistes.

Michel Rioux

Grève des travailleurs de la chaussure de Québec La grève des travailleurs de la chaussure de Québec, qu'il faudrait plutôt qualifier de «lock-out», est significative parce qu'elle marque la première intervention directe du clergé catholique québécois dans un conflit de travail et le premier pas vers la création de syndicats catholiques (voir CONFÉDÉRATION DES SYNDICATS NATIONAUX). Les travailleurs de la chaussure, regroupés dans trois syndicats, étant devenus trop militants à leur gré, les manufacturiers de Québec se liguent et cessent conjointement leurs activités octobre 1900, mettant ainsi au chômage 4000 ouvriers environ. Pour être réembauchés, les travailleurs devront avoir abandonné leur syndicat. La stratégie ne réussit cependant guère et, deux mois après le début du lock-out, la plupart des manufactures n'ont pas repris leurs opérations. Devant l'impasse, les deux parties consentent à faire appel à l'arbitrage de Mgr Bégin, archevêque de Québec. Sa sentence reconnaît aux travailleurs le droit de se syndiquer, mais elle insiste pour que la constitution des trois syndicats, dans laquelle il a trouvé des passages répréhensibles, soit révisée par une commission ecclésiastique. À contrecœur, les syndicats consentent à éliminer les lignes mises en cause, acceptent de s'inspirer de la doctrine sociale de l'Église et, surtout, admettent la présence d'un aumônier à leurs réunions.

Jacques Rouillard

Grève des travailleurs du bois de la Colombie-Britannique Du 15 mai au 20 juin 1946 a lieu la grève des travailleurs du bois de la Colombie-Britannique, première grève du district numéro 1 de la Colombie-Britannique du INTERNATIONAL WOODWORKERS OF AMERICA, qui avait obtenu en 1943 le droit de négociation pour toute la côte. Cette action donne le coup d'envoi à une vague de grèves au sein des filiales du CONGRÈS CANADIEN DU TRAVAIL (CCT) visant l'ajustement des salaires à l'inflation du temps de guerre et la consolidation de la reconnaissance légale nouvellement acquise des syndicats par la signature de contrats assurant la pleine sécurité syndicale.

Vingt-sept mille travailleurs des régions côtières et de l'intérieur, dirigés par le président du district, Harold Pritchett, déclenchent la grève après que Stuart Research Service, agent négociateur des 145 exploitants côtiers, a rejeté leurs revendications, soit une hausse du taux horaire de 25 cents, la semaine de travail de 40 heures, l'atelier syndical (monopole syndical à l'embauche ou affiliation obligatoire après embauche) et le précompte des cotisations syndicales obligatoires. Ce débrayage est illégal techniquement parlant parce qu'il survient avant l'étape, toujours en vigueur, de conciliation obligatoire prévue par les règlements des relations de travail en temps de guerre.

Le gouvernement fédéral intervient et nomme le juge en chef de la Colombie-Britannique, Gordon Sloan, commissaire-enquêteur en matière de conflits de travail. Ce dernier recommande une hausse de 15 cents, la semaine de travail de 44 heures et une retenue volontaire et révocable des cotisations. L'IWA rejette cette recommandation, mais les exploitants l'acceptent, appuyés par le gouvernement provincial de coalition de John HART.

L'IWA réagit par une marche de ses 3000 membres sur Victoria, qui sera le point culminant de cette grève de 37 jours. Sloan poursuit ses efforts de médiation qui aboutissent le 12 juin à la modification de l'offre des exploitants côtiers. Ces derniers consentent à la semaine de 40 heures dans les chantiers durant la deuxième moitié de la durée du contrat. La première moitié de ce dernier prévoyant une semaine de 48 heures.

Devant la menace que la fermeture des usines d'assemblage de caisses, situées à l'intérieur de la province, fait peser sur la mise en marché des récoltes de fruits de l'Okanagan, le gouvernement fédéral nomme, le 18 juin, Gordon Bell contrôleur des entreprises d'assemblage de caisses. Le gouvernement ordonne le retour au travail des employés concernés tout en chargeant Sloan d'en venir à un règlement par la médiation. Le conflit de l'intérieur étant supprimé, les syndicats côtiers ne tardent pas à accepter les modalités de l'offre modifiée de Sloan et à retourner au travail le 20 juin.

Les travailleurs de l'intérieur sont les principaux bénéficiaires de la grève. Le règlement découlant de la médiation leur procure un contrat couvrant toute l'industrie, réduisant la semaine de travail de 54 à 44 heures et augmentant leurs salaires de 10 cents l'heure. Les travailleurs côtiers, eux, obtiennent le précompte. Même si l'IWA n'a pas réussi à gagner la sécurité syndicale, la grève a consolidé sa position au sein de l'industrie et de 8000 à 10 000 membres joignent ses rangs. L'augmentation de 15 cents a servi d'étalon pour les autres syndicats membres du CCT au moment d'entreprendre leurs négociations salariales.

Stephen Gray

Grève des travailleurs du bois de la Miramichi Le 20 août 1937, 1500 menuisiers de préfabrication et débardeurs déclenchent la grève dans quatorze entreprises de bois regroupées le long de la rivière Miramichi, dans le Nord du Nouveau-Brunswick. Ils revendiquent une augmentation salariale, la réduction des heures de travail et la reconnaissance de leur syndicat. Cette grève est organisée par la New Brunswick Farmer-Labour Union, syndicat de métiers sans affiliation que Gregory McEachreon, marchand local, a formé juste avant la grève. Le syndicat demande au gouvernement provincial d'intervenir dans le conflit en vertu de la nouvelle loi sur le salaire raisonnable. Ce dernier accepte à condition que les hommes retournent d'abord au travail. La grève se termine le 31 août, les médiateurs étant parvenus à obtenir un règlement de compromis. La grève des travailleurs du bois de la Miramichi et celle des bassins houillers de Minto, en octobre 1937, forcent le gouvernement provincial à réévaluer sa politique sur les relations de travail et, par voie de conséquence, à promulguer une nouvelle législation du travail en 1938.

Patrick Burden

Grève d'Oshawa La grève d'Oshawa se déroule du 8 au 23 avril 1937: plus de 4000 travailleurs de la gigantesque usine de GENERAL MOTORS (GM) à Oshawa (Ontario) débrayent. Leurs revendications sont simples: la journée de travail de huit heures, de meilleurs salaires et de meilleures conditions de travail, un système d'ancienneté et la reconnaissance de leur syndicat, les Travailleurs unis de l'automobile (TUA). Cette dernière demande provoque le conflit. Le syndicat des TUA est affilié au Comité de l'organisation industrielle (qui deviendra plus tard le Congrès des organisations industrielles, récemment créé, qui s'occupe de l'organisation syndicale des travailleurs de l'industrie partout aux États-Unis. Forte de l'appui vigoureux du premier ministre de l'Ontario, Mitchell HEPBURN, GM met tout en œuvre pour empêcher l'entrée du Comité de l'organisation industrielle (COI) en Ontario. Tous deux veulent en effet une main-d'œuvre docile, non syndiquée, impuissante et peu coûteuse. Pour briser la grève, Hepburn va même jusqu'à créer son propre corps policier, surnommé irrévérencieusement les «Hepburn's Hussars» et les «Sons-of-Mitches».

Deux ministres du Cabinet de Hepburn qui s'opposent à ses actions, le ministre du Travail David Croll et le procureur général Arthur Roebuck, sont priés de démissionner. Les grévistes reçoivent l'appui de leurs confrères syndiqués, de leurs voisins, des activistes communistes, de la Co-operative Commonwealth Federation, mais, et c'est un fait à souligner, pas celui du COI qui a peu d'argent à dépenser au Canada. Les grévistes tiennent bon pendant deux semaines. Finalement, GM, craignant de perdre des marchés au profit de ses concurrents, capitule. Dans l'entente conclue le 23 avril, GM accepte un grand nombre de revendications syndicales, sans toutefois reconnaître le syndicat. Pour obtenir cette reconnaissance, les chefs du syndicat désavouent publiquement le COI. Néanmoins, tous sont d'avis qu'il s'agit d'un grande victoire pour le COI, la première d'importance au Canada. Selon certains, cette grève a marqué la naissance du SYNDICALISME INDUSTRIEL au Canada.

Irving Abella

Grève du col Crowsnest La grève de sept mois, qui met en jeu toutes les mines du COL CROWSNEST (Alberta) sauf une, s'avère la grève la plus amère de toute l'histoire mouvementée de cette région. Elle est déclenchée à Coleman, en janvier 1932, par les mineurs qui exigent que les compagnies répartissent également entre eux le travail disponible dans les charbonnages en pleine crise plutôt que de faire preuve de favoritisme envers certains mineurs. Comme les compagnies charbonnières refusent de négocier avec le Mine Workers' Union of Canada (MWUC), un syndicat militant contre lequel ils sont engagés dans une épreuve de force, la grève se propage à toute la région. La Gendarmerie royale du Canada (GRC) doit intervenir pour séparer les grévistes et les briseurs de grève. De nombreuses confrontations surviennent. Cependant, même si les revendications des grévistes ne sont pas satisfaites, le mouvement laisse dans la région de Crowsnest Pass un héritage à tendance socialiste issu de la rancœur des mineurs à l'endroit des compagnies, de la GRC et des autorités provinciales. De 1933 à 1939, Blairmore, la ville du charbon, élit un conseil municipal «rouge».

Alvin Finkel

Grève générale de Winnipeg La grève générale de Winnipeg, qui dure du 15 mai au 25 juin 1919, est la plus célèbre au Canada. Le chômage généralisé et l'inflation démesurée, le succès de la révolution russe de 1917, une vague de grèves dans tout le pays et l'essor du SYNDICALISME INDUSTRIEL RÉVOLUTIONNAIRE contribuent tous ensemble à l'agitation ouvrière d'après-guerre. En mars 1919, des dirigeants syndicaux de l'Ouest se réunissent à Calgary pour discuter de la création de la ONE BIG UNION. Le 15 mai, à Winnipeg, après la rupture des négociations entre la direction et les ouvriers des industries de la construction et de la métallurgie, le Congrès des métiers et du travail de Winnipeg (CMTW) lance un ordre de grève générale.

Les enjeux sont le principe de la négociation collective, la hausse des salaires et l'amélioration de conditions de travail qui sont dans bien des cas affreuses. En quelques heures seulement, près de 30 000 travailleurs quittent leur poste. Cette réaction pratiquement unanime entraîne la fermeture des usines de la ville et paralyse le commerce de détail et les trains. Des employés du secteur public comme les policiers, les pompiers, les postiers, les téléphonistes ainsi que les employés du réseau d'aqueduc et autres services publics prennent part, avec les travailleurs du secteur privé, à une impressionnante démonstration de solidarité de la classe ouvrière. La grève est coordonnée par un comité central composé de délégués élus de chacun des syndicats affiliés au CMTW. Ce comité négocie avec les employeurs au nom des travailleurs et coordonne la prestation des services essentiels.

L'opposition est organisée par le Citizens' Committee of 1000, un groupe créé par les industriels, les banquiers et les politiciens les plus influents de Winnipeg peu après le déclenchement de la grève. Plutôt que d'accorder attention aux revendications des grévistes, le comité, qui a l'appui des principaux journaux de la ville, déclare que la grève est une conspiration révolutionnaire menée par un petit groupe d'«étrangers méprisables». Même en l'absence de preuve de la responsabilité des travailleurs européens et des bolcheviks, le Citizens' Committee se sert de ces accusations pour bloquer toute tentative de conciliation de la part des travailleurs.

Craignant que le mouvement ne s'étende à d'autres villes, le gouvernement fédéral décide d'intervenir. Peu après le début de la grève, le sénateur Gideon Robertson, ministre du Travail, et Arthur MEIGHEN, ministre de l'Intérieur et ministre de la Justice suppléant, se rendent à Winnipeg où ils rencontrent le Citizens' Committee, mais refusent d'entendre les représentants du comité central de grève. Suivant leurs conseils, le gouvernement fédéral ne tarde pas à appuyer les employeurs et ordonne aux employés fédéraux de retourner au travail immédiatement, sous peine de congédiement. On modifie la *Loi sur l'immigration* de manière à pouvoir expulser les immigrants d'origine britannique et on élargit la notion de «sédition» énoncée dans le Code criminel.

Le 17 juin, le gouvernement fait arrêter dix chefs du comité central de grève et deux propagandistes de la One Big Union, syndicat nouvellement formé. Quatre jours plus tard, la Gendarmerie royale du Nord-Ouest charge dans une foule de grévistes, faisant trente victimes, dont un mort. Le «samedi sanglant» se termine par l'occupation des rues de la ville par des troupes fédérales. Six chefs syndicaux sont libérés, mais Fred Dixon et J.S. WOODSWORTH sont arrêtés. Face aux forces jointes du gouvernement et des employeurs, les grévistes décident de retourner au travail le 25 juin.

La grève générale laisse derrière elle amertume et controverse. Dans une vague de recrudescence du syndicalisme et du militantisme partout au Canada, des grèves de solidarité sont déclenchées dans divers centres, de Amherst (Nouvelle-Écosse) à Victoria (Colombie-Britannique). Sept des chefs qui ont été arrêtés sont injustement accusés de conspiration visant à renverser le gouvernement et condamnés à l'incarcération pour une durée de six mois à deux ans. Les accusations portées contre J.S. Woodsworth sont retirées. Près de trois décennies s'écouleront avant que les travailleurs canadiens n'obtiennent la reconnaissance syndicale et la négociation collective. (*Voir aussi* FORMULE RAND; TRAVAILLEURS, HISTOIRE DES.)

J. Nolan Reilly

Grèves au Cap-Breton Les luttes ouvrières du début des années 20 à l'ÎLE DU CAP-BRETON sont le révélateur d'intenses conflits de classes semblables à ceux qui ont entraîné la GRÈVE GÉNÉRALE DE WINNIPEG (1919). Dans de telles situations, des syndicats militants, souvent dirigés par des chefs radicaux, essaient de changer l'équilibre des forces au sein de l'industrie en insistant sur la reconnaissance syndicale et l'amélioration du niveau de vie des travailleurs. Au Cap-Breton, malgré une défaite essuyée en 1909-1910, les mineurs de charbon obtiennent, en 1919, la reconnaissance du district 26 des United Mine Workers of America (UMWA). Ils ont pour principal adversaire la société British Empire Steel Corp. de Montréal, qui domine les industries houillère et sidérurgique des Maritimes après 1920.

Malheureusement, l'entreprise a de la difficulté à conserver ses marchés traditionnels du centre du Canada et à survivre à sa mauvaise gestion financière. Déterminée à réduire les coûts par la baisse des salaires, elle se trouve aux prises avec une résistance féroce de la part de ses employés. Dans les villes à industrie unique du Cap-Breton, les syndicats profitent des liens traditionnels de solidarité de la population. P. ex., la plupart des mineurs sont d'origine écossaise et sont favorables aux partis ouvriers, aux coopératives et au pouvoir ouvrier au sein de l'industrie. Les confrontations impressionnantes s'ensuivent, et trois grèves majeures accumulent à elles seules plus de deux millions de jours-grévistes. En outre, de nombreuses et courtes grèves locales sont déclenchées, souvent pour faire opposition aux autorités administratives et à la discipline du travail imposée dans les mines. À la demande de la compagnie, la police provinciale et les troupes fédérales entrent dans les villes minières.

Ces guerres ouvrières durent quatre ans. En 1922, quand la compagnie impose une réduction du tiers des salaires, les mineurs de charbon décident de diminuer aussi leur production du tiers. Quand les métallurgistes de SYDNEY entrent en grève, en 1923, pour revendiquer la reconnaissance syndicale, la police provinciale arrive en force et charge dans les rues de Whitney Pier. Les mineurs font une grève de solidarité, mais celle-ci se termine par l'arrestation de deux chefs syndicaux, Dan Livingstone et J.B. Mclachlan, accusés de sédition, et la suspension temporaire, par le bureau international de l'UMWA, du district 26 du syndicat. En 1925, les mineurs s'en tiennent aux horaires réduits et aux réductions salariales. Quand la compagnie cesse d'accorder le crédit dans ses magasins, les communautés locales mettent leurs ressources à la disposition des mineurs, les conditions de vie abominables dans les champs houillers commencent à faire les manchettes des journaux et les mineurs gagnent la sympathie du pays tout entier. La grève de 1925 dure cinq mois et aboutit à une bataille sanglante à Waterford Lake, au cours de laquelle un mineur, William Davis, est tué par un policier de la compagnie, le 11 juin.

En 1926, une commission royale d'enquête finit par réprimander la British Empire Steel Corp. pour avoir établi de mauvaises politiques ouvrières. La société tombe ensuite en faillite. L'utilisation de forces armées a été un aspect très critiqué des grèves. Le gouvernement fédéral prend donc des mesures visant à rendre moins facile l'appel aux troupes pour intervenir dans des conflits de travail. Grâce à leur lutte héroïque pour la reconnaissance syndicale, les mineurs ont réussi à conserver leur syndicat et à protéger, en partie, leur niveau de vie. Quant aux métallurgistes, ils obtiennent cette reconnaissance en 1930, quand le premier ministre de la province, Angus L. MACDONALD, ayant en mémoire le conflit précédent, met en place la première *Trade Union Act* (1937) de la Nouvelle-Écosse, qui protège le droit de négociation collective.

Toutefois, ce n'est qu'en 1967, après le retrait de la dernière entreprise privée, que les syndicats atteignent enfin leur but, l'étatisation des industries houillère et sidérurgique, qui, à leur avis, créera une forme responsable de développement économique pour la région. Les guerres ouvrières du Cap-Breton ont marqué la croissance d'une vive tradition de conscience de classe ouvrière, qui, d'ailleurs, se reflète souvent dans la politique et la culture locales. On commémore encore la mort de William Davis survenue en 1925. Le 11 juin a été consacré Miners' Memorial Day. (*Voir aussi* TRAVAILLEURS, HISTOIRE DES et d'autres entrées sous POPULATION ACTIVE.)

David Frank

Grèves des cheminots du fleuve Fraser Le 27 mars 1912, une série de grèves des chemins de fer longeant le fleuve Fraser s'amorce lorsque les cheminots affiliés aux INDUSTRIAL WORKERS OF THE WORLD (IWW) sortent des campements de la ligne du Canadien du Nord pour manifester contre leurs conditions de travail. Le 2 avril, 8000 hommes font la grève et les travaux de construction cessent sur une distance de 640 km. Les cheminots de la ligne du Grand Trunk Pacific se joignent au mouvement. Quant aux travailleurs immigrants non qualifiés, ils revendiquent l'application rigoureuse de la *Loi sur la santé* de la province, la journée de travail de 9 heures et un salaire minimum de 3 $ par jour. Les IWW montent des camps pour nourrir et abriter les cheminots. Ils organisent un piquet de grève devant les bureaux d'emploi à Vancouver, Seattle, Minneapolis et San Francisco, pour éviter l'embauche de briseurs de grève.

Joe Hill, le poète et martyr des IWW, visite le camp établi à Yale et écrit plusieurs chansons, dont «Where the Fraser River Flows», encore un classique de la littérature ouvrière. Le gouvernement fédéral refuse d'accorder aux IWW l'arbitrage prévu par la *Loi des enquêtes en matière de différends industriels*, et le gouvernement provincial a recours à la violence et aux arrestations pour briser les grèves. Début juin, plus de 300 membres des IWW ont été arrêtés et beaucoup d'autres chassés de la région. Les cheminots n'obtiennent que de modestes concessions, mais leurs grèves revêtent une importance particulière, car elles ont prouvé que les travailleurs non qualifiés peuvent réussir à s'organiser. Les grèves du fleuve Fraser marquent également l'apogée du syndicat des IWW au Canada.

J. Mark Leier

Grèves des pêcheurs du fleuve Fraser Le 8 juillet 1900, les pêcheurs approvisionnant quarante-sept conserveries de saumon le long du bas Fraser, de New Westminster jusqu'à l'embouchure du fleuve, déclenchent une grève. Ils revendiquent un prix minimum de 25 cents pour toute la saison de pêche plutôt que des prix chutant au fur et à mesure de l'augmentation des prises. Les grévistes blancs, autochtones et japonais affrontent une association de conserveurs désespérés devant la surabondance des prises et la baisse des prix, et qui ont l'appui du gouvernement provincial. La police provinciale d'abord et la milice ensuite ne parviennent ni l'une ni l'autre à briser la grève, dirigée par Frank Rogers, débardeur et activiste socialiste. Le 31 juillet, Blancs et autochtones finissent par accepter un prix de saison de 19 cents. Les Japonais, cependant, ont accepté une offre légèrement moins favorable le 23 juillet.

L'année suivante, «grosse» année dans le cycle du saumon sockeye, les pêcheurs se mettent en grève le 1er juillet. Une fois encore, les prix sont au cœur du conflit. Quand les Japonais commencent à pêcher aux conditions fixées par les conserveurs, alors que les Blancs et les autochtones débrayent, les tensions interethniques de la saison précédente aboutissent à une guerre ouverte: des filets sont coupés, des Japonais abandonnés dans des endroits isolés et des dirigeants de la grève arrêtés. Enfin, grâce à la médiation d'un «comité d'hommes d'affaires», les pêcheurs retournent au travail le 21 juillet, essentiellement aux prix offerts par les conserveurs. Néanmoins, ces grèves ont établi le principe des prix minimums par saison entière et entraîné la création de la Grande Loge des syndicats de pêcheurs de la Colombie-Britannique, dont le premier objectif est l'organisation syndicale à la grandeur de la côte.

H. Keith Ralston

Grèves des postes Depuis 1965, le Syndicat des postiers du Canada (SPC) – anciennement l'Association des employés des postes du Canada – a connu quelque dix-neuf conflits du travail importants axés sur des enjeux complexes. La «grande grève» de juillet 1965, l'une des «grèves sauvages» les plus marquantes au Canada, est la plus importante à toucher les employés du secteur public. Celle-ci contribue largement à l'obtention du droit de négociation par les fonctionnaires. La grève de 1968 et les grèves tournantes de 24 heures qui ont lieu en 1970 portent sur les salaires. Les manifestations de 1970 aboutissent d'ailleurs à une hausse par rapport aux lignes directrices du gouvernement de Trudeau. Dans les années 70, les grèves visent essentiellement les salaires et la menace que constitue l'automatisation. Au nombre des revendications, on compte des garanties juridiques de sécurité d'emploi et de maintien de la classification existante, ainsi qu'un contrôle sévère de l'emploi des travailleurs occasionnels et à temps partiel.

En 1974 et en 1975, le SPC, dirigé par Joe DAVIDSON, entreprend des grèves longues et coûteuses, grâce auxquelles le syndicat obtient des mesures de protection majeures concernant le virage technologique. En 1976 et en 1977, le service postal est perturbé par une série de grèves tournantes illégales: le syndicat affirme que la direction des postes effectue des changements sans la consultation promise. Puis, en 1978, une loi spéciale met fin à une grève nationale. Le président du syndicat, Jean-Claude de PARROT, est emprisonné pour refus de s'y soumettre et les relations s'enveniment entre le syndicat et le CONGRÈS DU TRAVAIL DU CANADA. En 1980, sans avoir recours à la grève, le SPC obtient un règlement qui prévoit la réduction de la semaine de travail en compensation des effets négatifs de l'automatisation (*voir* BUREAUTIQUE). En juin 1981, les postiers déclenchent une grève: ils réclament, entre autres, le congé de maternité rémunéré de 17 semaines. Le SPC devient alors le premier syndicat de la fonction publique fédérale à obtenir cette concession.

Le 16 octobre 1981, les postes deviennent une SOCIÉTÉ DE LA COURONNE. Le SPC réclamait ce changement depuis longtemps dans l'espoir de voir les négociations facilitées puisque le syndicat serait alors régi par le *Code canadien du travail*. La nouvelle société des postes hérite d'une tradition de méfiance, mais, bien que de nombreux problèmes soient encore en suspens, les négociations aboutissent, en 1985, à une nouvelle convention collective sans qu'il y ait grève. En 1987 et en 1991, le syndicat ordonne des grèves tournantes pour protester contre le projet de privatisation des comptoirs postaux. Dans les deux cas, une loi spéciale doit mettre fin au conflit. En 1995, le syndicat négocie un règlement, sans recours à la grève, exigeant de Postes Canada le maintien des comptoirs postaux.

C.D. Chorniawy

Grèves du front commun Les grèves du front commun ont lieu dans le cadre d'une coalition regroupant des syndicats des secteurs public et parapublic du Québec et formée en 1972 en vue de négocier avec le gouvernement provincial. La coalition se compose principalement de syndicats affiliés aux trois CENTRALES SYNDICALES QUÉBÉCOISES, soit la CSN (CONFÉDÉRATION DES SYNDICATS NATIONAUX), la FTQ (Fédération des travailleurs du Québec) et la CEQ (Centrale des enseignants du Québec), ainsi que de certains syndicats indépendants.

Le premier Front commun voit le jour en 1972 lors d'une ronde de négociations. Il réunit plus de 210 000 employés, presque tous des fonctionnaires des secteurs de l'éducation et des services sociaux (hôpitaux, etc.). Ces négociations donnent lieu à plusieurs événements importants, dont une grève générale de 10 jours (11-22 avril), à laquelle le gouvernement met fin par une loi spéciale, par une série d'injonctions et l'emprisonnement du président de chacune des trois centrales (Louis LABERGE, FTQ; Marcel PEPIN, CSN; Yvon CHARBONNEAU, CEQ). Ceux-ci sont accusés d'avoir poussé leurs membres à défier l'ordre de retour au travail. Ce cycle est également la scène d'une scission au sein de la CSN qui entraîne la création de la Centrale des syndicats démocratiques.

Des fronts communs semblables sont établis durant les négociations de 1976, de 1979 et de 1982. Chacun est marqué pas d'importants affrontements (grèves, injonctions et lois spéciales).

Maurice Lemelin

Grèves et lock-out La grève est le refus par les travailleurs d'une entreprise de fournir leur travail, dans le but de forcer l'employeur à améliorer leurs conditions de travail. Ce refus de travail s'accompagne généralement de manifestations, comme le piquetage, de processions et d'autres moyens de médiatisation. Un lock-out (ou lockout) représente la situation inverse: c'est l'employeur qui refuse l'accès de son entreprise à ses salariés, pour les contraindre à accepter une ou plusieurs conditions de travail auxquelles il tient.

La grève existe depuis le début du travail subordonné, depuis que des salariés doivent obéir à des patrons, bien avant l'origine des syndicats et des associations ouvrières. P. ex., les Irlandais qui ont travaillé en grand nombre à la construction des premiers canaux au Canada, autour des années 1840, ont l'appui de clans ou d'associations secrètes du temps. Mais leurs actions collectives sont étouffées dans la violence, tout comme les principales grèves survenues avant les années 1930.

La plupart du temps, les grèves surviennent quand les travailleurs cherchent à s'organiser en syndicats et à se faire reconnaître des employeurs concernés. Les renseignements sur les grèves du XIXᵉ siècle sont sporadiques. Ainsi, on parle d'une grève par les imprimeurs de Toronto en 1836 pour obtenir la journée de travail de 10 heures, par les employés des chemins de fer de Montréal en 1855 et par les fabricants de chaussures dans différentes villes en 1860. La plupart de ces grèves se soldent par un échec; les travailleurs et leurs syndicats font quelques gains sur des points particuliers lorsque la situation économique est favorable et que les travailleurs qualifiés se font rares.

La grève la plus célèbre du XIXᵉ siècle est celle des imprimeurs de Toronto en 1872. Elle fait partie d'une vaste campagne pour la journée de travail de 9 heures (*voir* MOUVEMENT POUR UNE JOURNÉE DE TRAVAIL DE NEUF HEURES). La grève a lieu du 25 mars à la mi-mai 1872; elle est menée par 100 membres de l'Union internationale des typographes. Les grévistes y gagnent la semaine de 54 heures et de meilleurs salaires. Mais la campagne générale pour la journée de 9 heures y perd, à cause de la mauvaise publicité entourant la grève et des arrestations effectuées à la suite d'une manifestation tumultueuse, le 15 avril à Queen's Park (là où se trouve le gouvernement ontarien). Un débat politique s'ensuit qui se termine par l'adoption par le Parlement fédéral de la *Loi sur les syndicats ouvriers*, sanctionnée le 14 juin 1872. La Loi déclare que les syndicats ouvriers ne doivent pas être considérés comme des associations visant à restreindre le commerce. Implicitement, elle reconnaît le droit de grève. Cependant le piquetage reste un acte criminel, et il le reste jusqu'à ce qu'en 1934 le piquetage d'information soit autorisé par un amendement au Code criminel (article 430).

Dans les dernières décennies du XIXe siècle, des grèves ont lieu dans les chemins de fer, la construction, les manufactures de cigares et les mines. Les mines de charbon, surtout dans l'île de Vancouver, subissent plusieurs conflits ouvriers, depuis leurs débuts autour de 1850. Ceux-ci atteignent leur sommet en 1903, avec la grève observée pendant cinq mois par sept cents employés. La même année, d'autres grèves sont déclenchées dans le sud-est de la Colombie-Britannique. Le gouvernement fédéral – on est alors convaincu que celui-ci a pleine juridiction en la matière – établit une commission d'enquête pour faire la lumière sur la question.

Cette succession de grèves amène le Parlement fédéral à adopter sa première loi contraignante en matière de relations de travail. La *Loi sur les conflits dans les chemins de fer*, adoptée en 1903, oblige les parties en cause à se soumettre à des enquêtes et à la conciliation avant de recourir à l'arrêt de travail. Elle sert de modèle à une loi permanente et d'application beaucoup plus étendue, qui va établir en quelque sorte le modèle canadien de relations du travail: la *Loi des enquêtes en matière de différends industriels*, mieux connue sous le nom de son parrain, *Loi Lemieux*, adoptée et sanctionnée en 1907. C'est la loi qui va régir les relations de travail partout au Canada jusque dans les années 40.

La publication mensuelle de *La Gazette du travail*, entamée en 1901, informe le public des conflits industriels. Au cours du XXe siècle, on peut distinguer quatre vagues de conflits, chacune de longueur fort différente. Les deux premières se rattachent aux deux périodes de guerre, 1911 à 1919 et 1945 à 1948. On note un plateau un peu plus élevé dans les années 50. La troisième vague va de 1965 à 1981. La faible activité économique des années 80 a pratiquement fait disparaître les conflits de travail jusque vers 1995, quand apparaît la quatrième vague, qui rejoint la fin du siècle. Il importe de souligner que le temps de travail perdu par suite de conflits ouvriers, même en périodes de pointe, dépasse à peine la moitié de un pour cent (0,5 p. 100) du temps estimatif total de travail. C'est beaucoup moins que le temps perdu par suite d'accidents de travail ou des périodes de chômage économique.

La première vague d'activités de grève laisse voir deux pics ou sommets. Les 1,8 millions de jours de travail perdus en 1911 l'ont été dans les mêmes industries qu'auparavant: les mines de charbon de l'Ouest et de l'Est canadien, le textile et la chaussure au Québec, la construction et les chemins de fer d'un bout à l'autre du pays. D'emblée, la grève la plus notoire de cette période fut la GRÈVE GÉNÉRALE DE WINNIPEG en 1919. Les affrontements du 21 juin avec la police montée et l'armée, après les arrestations et la confiscation de documents des jours précédents, entraîna 1 mort et 30 blessés.

Les vraies raisons de cette grève n'ont jamais été claires, si ce n'est l'influence du climat de l'époque et l'effet d'entraînement à la suite de gestes similaires à Vancouver et aux États-Unis. La ONE BIG UNION, fondée à Calgary la même année, tire profit de l'intérêt suscité par les événements de Winnipeg. Elle grandit beaucoup et rapidement, mais disparaît aussi très vite. Cette forme de syndicalisme radical perd bientôt la confiance de la plupart des travailleurs, et le gros du mouvement syndical se tourne plutôt vers le syndicalisme d'affaires.

Une telle déconvenue, jointe à la CRISE DES ANNÉES 30, suffit à expliquer le faible taux d'activité de grève durant la décennie. L'industrie du textile au Québec est l'objet d'une telle agitation qu'une commission, présidée par le Juge Turgeon, est formée pour en étudier les difficultés. La révélation des problèmes, au lieu d'aider à les régler, contribue à soulever une grève générale de tous les employés du textile au Québec en 1937. C'est la première grève importante menée par les syndicats catholiques, une organisation propre au Québec (qui s'appelle aujourd'hui la CONFÉDÉRATION DES SYNDICATS NATIONAUX). La seconde, et la plus connue, est la GRÈVE DE L'AMIANTE survenue en 1949.

Malgré les restrictions imposées par le gouvernement à l'exercice du droit de grève dans les industries de guerre et le gel des prix et des salaires durant la même période, on enregistre d'importantes grèves durant la Seconde Guerre mondiale. Les grèves les plus coûteuses en journées de travail perdues durant la guerre se produisent dans l'avionnerie à Montréal (1943) et dans l'industrie de l'automobile en Ontario (1944 et 1945). Dans ce dernier cas, la sentence arbitrale du Juge Ivan C. RAND comporte la retenue obligatoire de la cotisation syndicale ou d'un montant équivalent pour les non-membres du syndicat (pour ne pas contraindre tous les employés à appartenir au syndicat). Depuis lors, cette formule a été étendue à bien d'autres cas; elle est désignée sous le nom de FORMULE RAND. Pour permettre aux industries de guerre de se réajuster à la production de paix, les restrictions au droit de grève ne seront levées que le 1er décembre 1949.

Dans la période de tranquillité relative en matière de conflits ouvriers (1950-1965), on recense tout de même une demi-douzaine de grèves qui engendrent un million de jours de travail perdus: les chemins de fer commencent à décliner et un changement technologique important (l'introduction des locomotives diesel) s'annonce, les employés cherchent à protéger leurs emplois; à la fin de la décennie de 1950 se produit la première grève des cadres de première ligne qui cherchent à se faire reconnaître et à négocier collectivement, celle des réalisateurs de Radio-Canada à Montréal; à la même époque, on est témoin de nombreuses grèves contre l'introduction des ordinateurs dans les imprimeries des grands journaux. Les typographes ne cherchent pas à améliorer leurs conditions de travail, mais à défendre la survie de leur métier.

La troisième vague représente un mélange de conflits traditionnels (métaux de base, métiers de la construction, employés de l'auto) et de conflits reliés à la syndicalisation du secteur public. La grève des postiers, en 1965, force le Parlement fédéral à inclure la possibilité de faire grève dans sa *Loi sur les relations de travail dans la fonction publique* adoptée en 1967. La plus importante grève du Canada a lieu au Québec en 1972, quand un FRONT COMMUN de plusieurs syndicats fait grève en même temps contre le gouvernement provincial, les hôpitaux et les écoles. Les syndicats du secteur public y font d'importants gains, monétaires et autres mais ils perdent l'appui du public.

Il y eut quelques cas de grèves politiques, comme la journée de protestation décidée par le CONGRÈS DU TRAVAIL DU CANADA le 14 octobre 1974, pour marquer le premier anniversaire de la sanction royale de la *Loi Anti-inflation* et des règlements qui l'accompagnent, et la grève générale d'un jour en Colombie-Britannique, le 1er juin 1987, contre les changements juridiques proposés dans les projets de loi 19 et 20. Des manifestations similaires ont lieu, en d'autres occasions, en Colombie et dans d'autres provinces.

Le sérieux ralentissement de l'activité économique depuis le début des années 80 a pratiquement éliminé toute grève jusque vers 1995: les travailleurs ont tellement peur de perdre leur emploi qu'ils n'osent pas refuser d'entrer au travail. Vers la fin de la décennie, divers employés du secteur public font grève pour leur sécurité d'emploi et pour des raisons économiques: la lutte des gouvernements pour réduire sinon effacer le déficit des finances publiques a trop affecté leurs salaires.

Si on excepte les postiers qui ont fait une grève presque toutes les deux négociations, pratiquement aucun autre groupe d'employés du gouvernement fédéral n'a eu recours à la grève, avant les années 90, principalement parce que les négociations ont lieu par petites unités distinctes. Peu à peu, diverses unités se regroupent, si bien qu'en 1991, 100 000 employés fédéraux se retrouvent dans les rues des principales villes du pays. Comme dans la plupart des grèves de fonctionnaires provinciaux, une loi spéciale met fin à celle des fonctionnaires fédéraux le 31 octobre 1991. Au cours des dernières années de la décennie, de nombreuses grèves sont organisées afin de protester contre la réduction du nombre des employés des services publics et contre le congédiement des fonctionnaires en cause.

Il n'y a pas de répartition des statistiques de grève par province, surtout parce que les grèves importantes du secteur privé dépassent souvent les frontières provinciales. On peut cependant noter que la Colombie-Britannique semble avoir eu le plus grand nombre de conflits avec arrêts de travail; certaines années, elle compte plus de 50 p. 100 des jours perdus dans tout le Canada. Dans les années 70, le Québec a battu tous les records, avec son régime hypercentralisé de négociation du secteur public. Jusqu'à une période récente, les statistiques ne séparaient pas les grèves des lock-out, pour une bonne raison: souvent tel arrêt de travail est à la fois une grève et un lockout. C'était plus facile de tous les compter comme arrêts de travail. En fait, il y a très peu de lock-out par comparaison avec les grèves. Dans le secteur public, ils sont souvent interdits par la loi.

Les employeurs ont toujours eu tendance à utiliser des briseurs de grève comme une arme efficace dans un conflit. Au XIXe et au début du XXe siècle, certains employeurs faisaient venir des travailleurs d'outre-mer pour remplir les postes des grévistes. Cette pratique était souvent source de violence. Dans les années 1990 on remarque un regain d'intérêt pour l'utilisation des briseurs de grève, peut-être à cause du taux élevé de chômage et de l'abondance des travailleurs immigrants disponibles. Certains soutiennent que la possibilité de faire fonctionner une usine fait partie des libertés fondamentales et qu'elle constitue un élément essentiel du mécanisme qui va forcer les parties à s'entendre. Le *Code canadien du travail* (art. 3, 2) et la plupart des lois provinciales stipulent que les grévistes conservent leur statut d'employé et conservent donc leur priorité d'emploi quand la situation redevient normale. Quelques provinces ont légiféré sur le statut des briseurs de grève. Depuis 1970, la Colombie-Britannique interdit explicitement le recours à des briseurs de grève professionnels. Au Québec, il est défendu de confier le travail des grévistes à des sous-traitants et d'utiliser tout autre employé de l'entreprise à cette fin, sauf les cadres de l'usine en cause (Ct art. 109.1). L'Ontario et la Colombie adoptent une législation semblable en 1992, mais l'Ontario l'abroge dès 1995.

Avant que l'accréditation ne soit reconnue comme le seul et unique mode de reconnaissance syndicale, en 1944, la plupart des grèves avaient pour but la reconnaissance du syndicat par l'employeur. Avec la reconnaissance légale par l'accréditation, les grèves de reconnaissance sont devenues illégales et inutiles, du moins pour les employés salariés. Depuis lors, les grèves visent à améliorer les conditions de travail.

Les grèves contre les gouvernements affectent le public plus que les gouvernants. Depuis les années 70, mais encore plus depuis 1980, les grèves contre les gouvernements et les grandes entreprises ont souvent pour but de maintenir sinon de garantir les emplois, de bloquer les diminutions d'emplois et les pratiques de sous-traitance.

Les causes précises d'activités de grève plus intenses à certaines périodes n'ont jamais été établies avec certitude. Pourtant on comprend facilement que les travailleurs soient moins enclins à recourir à la grève quand le chômage est élevé et davantage en période d'activité économique croissante. La troisième vague (1965-1980) correspond à une période de prospérité relative et d'inflation croissante. En revanche, la récession, qui se prolonge depuis 1980, a entraîné une diminution des jours perdus à la suite de conflits ouvriers.

La croissance des syndicats du secteur public est un autre facteur. Chaque négociation dans ce secteur implique un plus grand nombre d'employés que dans n'importe quel cas du secteur privé. Ce type de conflit voit, de ce fait, sa visibilité et son importance accrues mais, du même coup, le nombre de journées perdues s'en trouve augmenté. Les conflits des années 70 se caractérisent par davantage de violence et plus d'activités illégales que ceux des autres décennies. La pratique qui s'est installée de retirer toutes les sanctions disciplinaires et les poursuites judiciaires intentées durant une grève, comme une condition essentielle du retour au travail, a fortement contribué à faire croire que toute violence et tout acte illégal sont permis durant un conflit ouvrier. En pratique, il n'y a presque jamais de sanction sérieuse. Les grèves sauvages et les conflits à caractère politique ont aussi acquis plus d'importance. (*Voir aussi* NÉGOCIATION COLLECTIVE; TRAVAIL, RELATIONS DE, SYNDICATS OUVRIERS; TRAVAILLEURS, HISTOIRE DES.)
Gérard Hébert

Grey Owl (*Voir* BELANEY, ARCHIBALD STANSFELD)

Grey, Albert Henry George Grey, 4ᵉ comte, gouverneur général du Canada de 1904 à 1911 (St James's Palace, Londres, 28 nov. 1851—Howick, Angl., 29 août 1917). Impérialiste convaincu, Grey voit dans sa nomination comme gouverneur général une occasion de renforcer les liens avec l'empire. Dans ses discours publics prononcés au Canada, il tente de stimuler la fierté impériale. En privé, il presse le premier ministre Wilfrid LAURIER de répondre favorablement aux propositions d'instaurer des liens de défense plus étroits. Il consacre beaucoup de temps aux relations canado-américaines, en travaillant de concert avec l'ambassadeur britannique aux États-Unis et en agissant comme médiateur lorsque l'Angleterre et les États-Unis semblent mal comprendre la position canadienne. En dépit de ses grands efforts, il ne parvient pas à réaliser l'adhésion de Terre-Neuve à la fédération canadienne. Mieux connu comme le donateur de la COUPE GREY, destinée à récompenser l'équipe championne du football canadien, Grey est toutefois plus intéressé par les festivals de musique et de théâtre qu'il inaugure. En cette difficile période de transition dans les relations impériales, il est heureux pour le Canada et l'Angleterre qu'un gouverneur général doué d'autant de charme et d'énergie que Grey ait été associé à un premier ministre aussi fort et patient que Laurier.
M.E. Hallett

Greyson, John, réalisateur de films et de vidéos (Nelson, C.-B., 13 mars 1960). Il obtient une reconnaissance internationale, dans les années 90, dans le cercle du cinéma gai indépendant. Réalisateur prolifique de films et de vidéos, Greyson milite activement au sein de la communauté gaie canadienne et des organismes luttant contre le sida, et dans le milieu des médias. Parmi les dix-huit films vidéos qu'il a réalisés, on compte *Kipling Meets the Cowboys* (1985), *Moscow Does Not Believe in Queers*

(1986), *The AIDS Epidemic* (1987) et *The World is Sick (sic)* (1989). Il réalise son premier long métrage, *Urinal*, en 1988, qui est suivi d'un court métrage, *The Making of Monsters* (1991), ainsi que des longs métrages *Zero Patience* (1993; v.f. *Zéro Patience*) et *Lilies* (1996; v.f. *Les Feluettes*).

S'appuyant sur son engagement pour les droits des homosexuels, son militantisme dans la cause du sida et sur d'autres questions politiques, Greyson présente ses sujets de manière inventive et amusante. Son style cinématographique est marqué par son expérience de la vidéo, un médium qui convient bien aux projets militants et artistiques. L'activisme par la vidéo fait de la caméra une collaboratrice dans l'action politique, car sa souplesse après le tournage permet au réalisateur de vidéos, plus facilement qu'au producteur de films, de superposer les images et le son et d'incorporer des extraits préalablement filmés. L'utilisation par Greyson de formes telles que le vidéoclip, le récit axé sur la rétrospective et la dramatique documentaire donne des films qui abordent des sujets politiques et théoriques sans pour autant sacrifier leur attrait comme moyen de divertissement pur.

L'œuvre de Greyson s'appuie sur sa conviction que les questions politiques ne peuvent être présentées par les méthodes classiques du documentaire. Sa démarche consiste à explorer le côté fabuleux et fictif des événements réels. *Urinal*, p. ex., met en scène des artistes célèbres dont la sexualité est ambiguë, afin de mener une enquête sur l'arrestation d'un groupe d'hommes engagés dans des activités sexuelles dans une toilette à Orillia, en Ontario, en 1987. *Zero Patience* débute avec un personnage inspiré de la réalité, «Patient Zero», un agent de bord québécois accusé d'avoir emmené le VIH en Amérique du Nord. Le film se déploie en scrutant les entreprises qui tirent des profits excessifs de la vente de médicaments contre le sida, l'obsession victorienne de la société pour trouver les causes premières et les pratiques culturelles associées à blâmer (pour la transmission du virus du sida).

Les réalisations de Greyson, peu importe leur format ou leur budget, sont pittoresques, humoristiques, sexuelles et théâtrales; l'interprétation est au centre de leur attrait. Certaines d'entre elles comprennent des chansons, empruntant les formes musicales appréciées par de nombreux spectateurs gais. Dans d'autres, ses personnages interprètent des rôles à l'intérieur des rôles. Des personnages célèbres comme Frida Kahlo (*Urinal*), sir Richard Burton (*Zero Patience*) et Tennessee Williams (*You Taste American,* vidéo, 1986) sont effrontément ressuscités et jouent des rôles invraisemblables.

Lilies, basée sur la pièce de Michel-Marc BOUCHARD intitulée *Les Feluettes*, est sa première adaptation d'une pièce écrite pour le théâtre. Le scénario, qui passe du récit de prison au drame historique, offre une structure constituée «d'histoires à l'intérieur d'histoires» qui convient parfaitement à sa propre démarche de réalisateur de films. Le film, une réminiscence de Genet dans son homoérotisme élégiaque, possède une beauté visuelle qui donne une profondeur au sentiment de perte, d'espoir et de colère qui anime toute l'œuvre de Greyson.
Laura U. Marks

Grierson, John, cinéaste (Deanston, Écosse, 25 avril 1898—Bath, Angl., 19 févr. 1972). Ses ancêtres sont gardiens de phares et son père instituteur. Pendant la Première Guerre mondiale, il est matelot de 3ᵉ classe, puis, à la fin de la guerre, il entame une brillante carrière universitaire.

Diplômé avec distinction en philosophie morale, Grierson obtient une bourse d'études de la Fondation Rockfeller pour aller étudier à l'U. de Chicago où il commence des recherches, qui dureront toute sa vie, sur l'influence des médias sur l'opinion publique. Il se rend à Hollywood afin d'étudier le cinéma et devient l'ami du cinéaste américain Robert Flaherty, dont le film obsédant *Nanook of the North* (v.f.

Nanook) rend honneur à la survie quotidienne d'un chasseur inuit. Dans la critique d'un film de Flaherty, rédigée en 1926, il invente le terme «documentaire» pour désigner la dramatisation de la vie quotidienne de gens ordinaires.

Grierson retourne en Angleterre en 1927 et est curieux à l'idée d'utiliser les techniques de Flaherty avec des Écossais ordinaires. Dans son premier film, *Drifters* (1929), la représentation silencieuse de la vie rude des pêcheurs de hareng de la mer du Nord révolutionne le portrait des travailleurs au cinéma. Grierson décide de se consacrer à créer un mouvement propre à l'esthétique documentaire et ne réalise plus qu'un seul film.

En 1938, le gouvernement canadien l'invite à venir étudier la production cinématographique canadienne. Il prépare un rapport et, sur sa recommandation, le premier ministre Mackenzie King crée l'OFFICE NATIONAL DU FILM (ONF) au mois de mai 1939. En octobre 1939, Grierson est nommé premier commissaire de l'ONF.

Avec le déclenchement de la guerre, Grierson se sert du cinéma pour donner un sentiment de confiance et de fierté aux Canadiens. Parallèlement, il est directeur général de la Commission d'information en temps de guerre, jouissant ainsi d'un contrôle énorme sur la perception que les Canadiens ont de la guerre. Il fait venir au Canada des cinéastes de talent, notamment Norman McLaren. Avec des séries comme *Canada Carries On* et *The World in Action*, il rejoint des millions de gens dans les salles de cinéma canadiennes et américaines. En 1945, l'ONF est devenu l'un des plus grands studios cinématographiques au monde et sert partout de modèle à des institutions du même type.

En mettant l'accent sur le réalisme, Grierson exerce une influence durable sur le cinéma canadien. «L'art n'est pas un miroir, soutient-il, mais un marteau. C'est une arme à notre disposition pour voir et dire ce qui est bon, bien et beau». Il ne croit toutefois pas que le film documentaire puisse se contenter d'être un compte rendu d'intérêt général sur les activités de la vie quotidienne; il s'agit bien plus, selon lui, d'un art visuel qui peut reproduire la beauté du monde ordinaire.

À la fin de la guerre, Grierson se lasse des bureaucrates canadiens et démissionne. Dans la panique suscitée par les présomptions entourant l'infamante affaire d'espionnage GOUZENKO au Canada, Grierson est appelé à la barre d'un tribunal secret et interrogé sur son ancien secrétaire, qui est relié à ce réseau d'espionnage. Les enquêteurs en viennent alors à soupçonner Grierson, qui entretient, paraît-il, des sympathies «communistes». Il entre à l'UNESCO à Paris, où des réalisateurs d'avenir comme Rossellini lui rendent hommage. Il ne tarde pas à sombrer presque complètement dans l'oubli au Canada. Au milieu des années 50, il retourne dans son Écosse natale, où il anime pendant 10 ans une émission d'affaires publiques, *This Wonderful World*.

Grierson est au bord de la ruine quand l'U. McGill l'invite comme chargé de cours en 1968. D'abord objet de curiosité, il ne tarde pas à attirer quelque 800 étudiants à ses cours. Indira Gandhi le fait venir en Inde et lui demande de trouver des moyens de faire connaître les principes de la régulation des naissances dans les villages. Atteint d'un cancer, Grierson retourne chez lui en Angleterre, où il meurt à Bath.

Élément de discorde, Grierson souscrit sincèrement au principe selon lequel «toute chose est belle tant que vous y mettez bon ordre». Il a exercé une profonde influence sur l'histoire du cinéma en général et sur la vie culturelle canadienne en particulier.
James H. Marsh

Griffon Le *Griffon* est le nom du premier bateau à naviguer dans la région supérieure des Grands Lacs, à partir de Cayuga Creek sur la rivière Niagara, le 7 août 1679. Sous le commandement de LA SALLE, cette petite embarcation armée de sept canons part en direction de Michilimackinac et Green Bay. Chargé de fourrures, le *Griffon* se perd au retour, vraisemblablement en pleine tempête, à la hauteur du lac Michigan.

J. Marsh

Grignon, Claude-Henri, journaliste, critique, romancier, auteur de séries radiophoniques et télévisuelles (Sainte-Adèle, Qc, 8 juill. 1894—*id.*, 3 avr. 1976). Connu surtout comme auteur du célèbre roman, *Un homme et son péché,* dont le héros, l'avare Séraphin Poudrier, devient la vedette d'un radioroman, d'un téléroman et de deux films. Cette œuvre, originale et forte, parue en 1933, se détache de la production conventionnelle courante du roman du terroir. Elle vaut à son auteur le prix David de la province de Québec. Tirée à près de 250 000 exemplaires, elle connaît un prolongement par son adaptation à une continuité radiophonique, de 1939 à 1962, et à une série télévisée, de 1956 à 1970, avec reprises en 1972, 1977-1978, et en 1997. Le roman est traduit en anglais, en 1978. L'auteur, qui a également publié *Le Déserteur et autres récits de la terre* (1934), était bien connu encore, comme critique virulent, par sa revue *Les Pamphlets de Valdombre.* Il devient membre, en 1962, de la Société royale du Canada.

Antoine Sirois

Grillon On connaît plus de 2000 espèces de grillons (superfamille des grylloïdés) dans le monde. Ils sont étroitement apparentés aux tettigoniidés ou sauterelles vertes et aux grillons des grottes, que l'on trouve souvent dans les sous-sols des habitations. Ces insectes appartiennent à l'ordre des grylloptères, comptant 96 représentants au Canada et que certains auteurs traitent au niveau subordinal dans l'ordre des orthoptères (sous-ordre des ensifères).

Morphologie Les grillons ressemblent aux sauterelles (*voir* orthoptères) mais leurs antennes sont nettement plus longues (elles excèdent la longueur du corps). Les grillons sont souvent aptères et les pattes postérieures sont adaptées au saut chez toutes les espèces. Les ailes antérieures, lorsque présentes, reposent à plat sur le dos, et l'oviscapte est en forme d'épée ou de lance. La plupart des espèces sont nocturnes et se nourrissent de plantes et d'animaux.

Reproduction et développement Les grillons insèrent leurs œufs un à un dans le sol ou, chez certaines espèces, dans des pousses végétales. Les œufs survivent à l'hiver et commencent le cycle qui, dans les régions nordiques, comprend une seule génération par année. Les stridulations des grillons, souvent aiguës, vibrantes ou bourdonnantes, sont très familières. Habituellement, seul le mâle stridule, généralement pour attirer les femelles.

Relations avec les humains Les grillons des champs (du genre *Gryllus*), de couleur noire, peuvent occasionnellement causer d'importants dommages aux cultures et aux jardins, et ils s'introduisent parfois dans les maisons à l'automne. Les grillons des arbres (du genre *Oecanthus*), de couleur vert pâle, endommagent parfois les pousses et les tiges des arbustes fruitiers. (*Voir aussi* CRIQUET.)

P.W. Riegert

Grimpereau Le grimpereau appartient à la famille des certhiidés. C'est un petit oiseau à dos brun, à queue rigide et au bec mince, incurvé vers le bas.

Répartition Des cinq espèces de grimpereaux connues dans le monde, une seule, le grimpereau brun (*Certhia americana*), niche au Canada. On le rencontre partout dans le sud du pays, mais bien qu'il soit commun, il est difficile à repérer parce qu'il est relativement discret, autant par ses mœurs et sa couleur que par son chant.

Régime alimentaire Le grimpereau s'alimente en recourant à une technique assez particulière: il se pose à la base d'un tronc et l'escalade en décrivant une spirale, capturant au passage les petits insectes et des araignées qu'il trouve en explorant attentivement les interstices de l'écorce de l'arbre. L'hiver, il se joint souvent à des bandes regroupant diverses espèces afin de s'alimenter.

Nidification La femelle pond de cinq à sept œufs dans un nid aménagé dans une crevasse sur le tronc, généralement sous un morceau d'écorce décollée.

James N.M. Smith

Grimsby, ville de l'Ont.; pop. 19 585 (rec. 1996), 18 520 (rec. 1991), 16 956 (rec. 1986); superf. 68,12 km²; const. en 1876; située dans la péninsule du Niagara, à l'est de Hamilton. Les premiers colons européens, principalement des Loyalistes, sont arrivés dans les années 1780, après la guerre d'Indépendance américaine. D'abord connue sous le nom de The Forty, on l'a renommée Grimsby, d'après le nom d'une ville d'Angleterre. À la suite du défrichage du territoire pour faire de la culture mixte, Grimsby s'est développée comme centre de services agricoles.

À la fin du XIXe siècle, deux industries ont favorisé sa croissance. L'exploitation à grande échelle de vergers et de vignobles dans la région a attiré plusieurs usines de conserve et de conditionnement et un vignoble. Pendant un certain temps, la ville a été un centre populaire de villégiature riverain, offrant le service d'un navire à vapeur à partir de Toronto. Plus récemment, elle a séduit diverses industries légères.

Un bon réseau routier la reliant à Hamilton, d'abord un réseau interurbain de tramway électrique et plus tard l'AUTOROUTE QUEEN ELIZABETH, favorise sa croissance en tant que ville-dortoir. Le manoir Nelles, gracieuse résidence loyaliste (1798), est l'un des rares édifices de l'Ontario du XVIIIe siècle qui existent encore.

H.J. Gayler

GrimSkunk Formation de musique alternative de cinq membres créée en 1988 autour du guitariste et chanteur Franz Schüller et de l'organiste Joe Evil. GrimSkunk lance un premier album en 1993 et se produit avec Groovy Aardvark, au Spectrum de Montréal, quelques mois plus tard. Après une tournée dans le Mid-West américain au début de 1995, ce groupe de fusion, qui allie le rock aux rythmes latins et punk, triomphe au Métropolis de Montréal puis entreprend une tournée en France (Printemps de Bourges), en Suisse et en Allemagne. Son répertoire, principalement anglophone, comprend également quelques chansons en français, grec et espagnol. GrimSkunk fonde Indica, sa propre étiquette de disques à la fin de 1997, produisant également d'autres groupes alternatifs (Guérilla, Guano, Vulgaires Machins...)

Robert Thérien

Grippe Maladie infectieuse aiguë et épidémique, la grippe est causée par un virus, dont il existe quatre grands types (A, B, C, et D) ainsi que plusieurs souches. Le virus entre dans l'organisme par les voies respiratoires et se propage, causant des symptômes tels la fièvre, les frissons, le mal de tête, le mal de gorge, la toux, les troubles gastro-intestinaux, les douleurs musculaires et la névralgie. Une attaque de grippe fournit une immunité temporaire, mais seulement contre la souche du virus en question. Les épidémies de grippe révèlent, de manière caractéristique, une morbidité élevée, mais de faibles taux de mortalité. La grippe n'est habituellement mortelle que chez les personnes très âgées ou les très jeunes enfants, et, dans ces cas, le décès est souvent attribuable aux complications résultant de la maladie, comme la pneumonie bactérienne. Il n'existe pas véritablement de traitement contre la grippe. Le meilleur traitement consiste à garder le lit et à boire beaucoup. Il n'existe pas non plus de prévention sûre contre la maladie: les vaccins n'offrent pas une immunité parfaite contre tous les virus.

Ce n'est que suite à l'éradication, grâce aux progrès réalisés en SANTÉ PUBLIQUE et en médecine, de maladies infectieuses plus graves, que la grippe a été reconnue comme une menace sérieuse. Au Canada, la grippe dégénère en ÉPIDÉMIES au moins à sept reprises au cours du XIXe siècle. Les effets de l'épidémie de 1832 sont masqués par le choléra et ceux de l'épidémie de 1847-1848 par le typhus, mais l'éradication des autres maladies n'est pas la seule raison expliquant l'importance de la grippe à la fin du XIXe siècle. L'épidémie de 1889-1890 est particulièrement virulente et touche 40 p. cent de la population mondiale.

L'épidémie de grippe ayant affecté le plus de personnes, au Canada et dans le monde entier, survient après la Première Guerre mondiale. La grippe espagnole de 1918-1919 tue quelque 21 millions de personnes, dont 50 000 Canadiens environ. Ironie du sort, la maladie s'acharne à emporter les jeunes en bonne santé. Conséquence à long terme, certaines victimes de la grippe se verront ultérieurement atteintes de la maladie de Parkinson, caractérisée par un tremblement marqué. La grippe espagnole est apportée au Canada par les troupes de retour du front et atteint même les communautés les plus éloignées. Les plus durement touchés sont le Labrador et le Québec, où la maladie raye littéralement certains villages de la carte. Dans certaines régions, on a recours à la quarantaine, mais sans succès. Les installations médicales et le personnel soignant ne suffisent plus. Des volontaires mettent sur pied des infirmeries dans des écoles et des hôtels.

L'épidémie cause la mort, mais provoque aussi une paralysie sociale et économique. Des enfants deviennent orphelins et plusieurs familles perdent leur revenu principal. De part et d'autre, les armées sont temporairement affaiblies. Les commerces voient baisser leur chiffre d'affaires à défaut d'une demande suffisante de leurs produits ou parce qu'ils ne peuvent répondre à la demande en raison d'une main-d'œuvre réduite. Les administrations municipales tentent de contenir la maladie en fermant tous les services publics, à l'exception des services essentiels. Les gouvernements provinciaux adoptent des lois visant la quarantaine et rendent obligatoire le port du masque en public. Si la population canadienne accepte ces restrictions à contrecœur, elle défie cependant la demande du gouvernement fédéral de reporter les fêtes entourant l'Armistice du 11 novembre 1918 au 1er décembre. La souche grippale, bien que de moins en moins virulente, demeure active au Canada jusqu'au milieu des années 1920. La création en 1919 du ministère fédéral de la Santé est une conséquence directe de l'épidémie.

Bien que la grippe se manifeste chaque année, il est peu probable qu'une épidémie d'une telle ampleur puisse se déclarer de nos jours. C'est, en effet, la pneumonie contractée par le malade déjà affaibli par la grippe qui était la principale cause de décès plutôt que la grippe elle-même. La découverte de la pénicilline, que le Canada commence à produire au cours de la Seconde Guerre mondiale, fait de la pneumonie une maladie moins grave. De plus, les installations médicales se sont beaucoup améliorées, la population en général jouit d'une meilleure santé et le virus lui-même est mieux connu.

Janice Dickin McGinnis

Grit Surnom donné aux membres du PARTI LIBÉRAL du Canada, «grit» est dérivé du mot anglais «grit» qui signifie grès ou gravier, une matière souvent appréciée pour ses propriétés abrasives, et d'un terme familier américain évoquant la fermeté de caractère comme dans l'expression «true grit». L'usage de ce terme en politique canadienne remonte à 1849, lorsque les membres progressistes du Parti réformiste du Haut-Canada sont qualifiés de CLEAR GRITS. Avec à leur tête George BROWN, propriétaire du journal *The Globe*, les membres progressistes se joignent, au début des années 1870, aux réformistes du Bas-Canada pour créer le Parti libéral, et le surnom de Grit attribué à quelques-uns s'applique alors à un plus grand nombre.

John Robert Colombo

Grive Très grande famille d'oiseaux (ordre des muscicapidés), la grive comprend environ 450 espèces de petits passereaux (OISEAUX percheurs), dont la longueur varie de 11 à 33 cm. En raison de sa diversité, cette famille est divisée en 13 sous-familles, dont les turdidés (108 espèces) et regroupe seulement des grives. Les grives ont une aire de distribution qui recouvre presque toute la terre. Douze espèces habitent en permanence le Canada: le traquet motteux nordique (*Oenanthe oenanthe*) le MERLE BLEU à poitrine rouge, à dos marron et des montagnes (*Sialia sialis, S. mexicana, S. currucoides*) la SOLITAIRE de Townsend (*Myadestes townsendi*), la grive fauve (*Catharus fuscescens*), la grive à joues grises, à dos olive, solitaire, des bois, à collier (*C. minima, C. ustulata, C. guttata, Hylocichla mustelina, Ixoreus nævius*) et le MERLE D'AMÉRIQUE. Tous ces oiseaux sont en grande partie migrateurs. Le plumage peut être très brillant chez certaines espèces. Les adultes présentent souvent des coloris mélangés ou contrastés de brun, gris, olive, noir, blanc, châtain et bleu. Les mâles sont souvent de couleurs plus brillantes que les femelles. Le plumage des jeunes oiseaux est presque toujours tacheté. Leur bec varie en longueur mais il est habituellement court, droit et mince; le bout peut être courbé vers le bas et avoir une petite entaille sur la mandibule. Leur queue courte peut être carrée ou légèrement arrondie. Les ailes sont longues et pointues et ont dix plumes à la naissance. Chez la plupart des espèces, les pieds sont solides et gros et le devant des pattes est recouvert d'une enveloppe entière. Les grives, dont les sons sont très variés et le chant très développé, sont considérées par plusieurs comme les meilleurs oiseaux chanteurs. Certains pensent que le chant de la grive solitaire est le plus mélodieux de tous les oiseaux canadiens. Les grives peuvent être arboricoles ou terrestres. Elles vivent généralement solitaires ou accouplées, même si elles s'assemblent volontiers durant les MIGRATIONS et la saison où elles ne s'accouplent pas. Leur nourriture principale se compose d'insectes et de petits invertébrés, mais elles mangent aussi des fruits et des baies en saison. Pour la nidation, la grive construit une coupe ouverte renforcée avec une bordure de boue et tapissée d'herbes et de feuilles. Le nid est placé sur le sol, dans un buisson ou un arbre. La grive pond de deux à six œufs blancs, verdâtres, blanc bleuté ou vert olive. Ils peuvent être aussi tachetés. Le mâle et la femelle couvent les œufs et s'occupent des petits jusqu'à ce qu'ils quittent le nid.

Henri Ouellet

Grizzli Le grizzli (*Ursus arctos horribilis*), aussi appelé ours brun, est un grand MAMMIFÈRE de l'ordre des CARNIVORES. Tout comme les autres espèces d'OURS, il diffère des carnivores d'Amérique du Nord par son alimentation essentiellement végétarienne (*voir* PLANTES). De façon opportuniste, il est charognard ou tue des animaux, plus particulièrement des ongulés, des spermophiles et des insectes. Les populations côtières se nourrissent abondamment de poissons, de crustacés et de mollusques. Il est aussi attiré par les déchets comestibles. À l'automne, le grizzli creuse une tanière et entre dans une période de sommeil qui dure de quatre à sept mois et au cours de laquelle il ne mange pas, n'urine pas et ne défèque pas.

Reproduction et développement La période de cour et la copulation ont lieu de la mi-mai jusqu'au début de juillet. L'implantation de l'embryon est différée jusqu'à l'automne, c.-à-d. que l'embryon est libre dans l'utérus tout en se développant lentement. À l'automne, il s'attache aux parois de l'utérus et son développement continue normalement jusqu'à la naissance, qui a lieu en janvier ou en février. À la naissance, les oursons pèsent environ 0,5 kg. Ils sont très petits et sont allaités pendant environ trois mois dans la tanière. La portée compte généralement deux petits (de un à quatre). Les femelles se reproduisent en moyenne une fois tous les trois ans (de deux à cinq ans). Le grizzli n'a donc pas un grand nombre de petits, et la CHASSE doit être prudemment réglementée pour permettre la survie d'une population. En nature, la majorité des grizzlis meurent avant d'avoir atteint l'âge adulte, et ceux qui vivent jusqu'à 15 ou 25 ans sont considérés comme des individus âgés.

Description Le grizzli a les griffes des pattes antérieures plus longues que celles de l'ours noir et sa taille est également plus grande que celle de son cousin. Un gros mâle peut peser de 250 à 400 kg et une grosse femelle de 150 à 200 kg. Il a une bosse sur le dos et, de profil, sa figure est concave. La couleur de son pelage varie entre le noir, le brun et le blond, et le bout des poils sur les flancs, le dos et les épaules est grisonnant (parsemé de mouchetures blanches ou grises).

Agressivité Il arrive qu'une mère défende son petit et qu'un mâle se batte, particulièrement pendant la saison de reproduction. Le grizzli attaque parfois les humains: dans les PARCS NATIONAUX du Canada, il blesse environ un visiteur sur deux millions. Il se tient parfois debout sur ses pattes arrière pour étudier son environnement. Il charge habituellement sur ses quatre pattes et peut courir à une vitesse de 50 km/h.

Répartition et habitat Il préfère les milieux semi-ouverts. Un mâle adulte peut avoir un domaine vital d'une superficie de 1000 à 1500 km². L'expansion démographique humaine a entraîné la diminution des populations de grizzli. Vers 1900, cette espèce avait disparu des PRAIRIES. On trouve actuellement le grizzli en Alberta (population estimée à 800), en Colombie-Britannique (10 000 à 13 000), dans les Territoires du Nord-Ouest (4000 ou 5000) et au Yukon (5000 à 9000). La plupart des peuples AUTOCHTONES considéreraient l'ours brun comme un animal sacré, mais terrifiant.

Stephen Herrero

Grizzlies de Vancouver Les Grizzlies de Vancouver sont une équipe de BASKETBALL. En 1993, encouragé par la volonté de la National Basketball Association (NBA) d'accorder une concession à Toronto, le propriétaire des CANUCKS DE VANCOUVER, Arthur Griffiths, fait une soumission en vue d'obtenir une équipe de l'expansion de la NBA à Vancouver. GM Place, patinoire, déjà en construction, destinée à accueillir les Canucks, est facilement modifiée pour répondre aux besoins du basketball. Rapidement, la NBA admet que son expansion passe par deux nouvelles concessions et, le 27 avril 1994, Griffiths obtient une concession pour Vancouver. Stu Jackson est engagé pour diriger l'équipe et, le 11 août 1994, les Grizzlies sont officiellement formés. En mars 1995, Griffiths cède la direction de la nouvelle franchise, ainsi que celle des Canucks et de GM Place, au milliardaire de Seattle, John McCaw. L'équipe commence sa première saison, en 1995-1996, par deux victoires, mais elle n'en remporte que treize autres au cours de cette saison. Les Grizzlies établissent même un record de ligue en perdant vingt-trois matchs consécutifs. Malgré les défaites, l'enthousiasme que soulève l'équipe ne faiblit pas et les Grizzlies font rapidement partie intégrante de la communauté sportive de Vancouver.

Groenland (Kalaallit Nunaat) Pays voisin situé au nord-est du Canada, le Groenland est la plus grande île du monde. Il est sous la souveraineté du Danemark. Aux environs de l'an 1000, des Vikings du Groenland comptent parmi les explorateurs et les colonisateurs du Vinland (*voir* EXPÉDITIONS VIKINGS). Au cours des années 1920, les autorités canadiennes s'inquiètent de la chasse au bœuf musqué que pratiquent les Inuits du Groenland dans l'île d'Ellesmere. Aussi hésitent-elles à accorder à Knud Rasmussen, aujourd'hui le plus grand héros du Groenland, la permission d'effectuer un voyage de reconnaissance dans l'Arctique canadien de crainte que cette initiative étrangère ne menace la souveraineté canadienne. Pendant la Seconde Guerre mondiale, le Canada ouvre un consulat au Groenland après l'invasion du Danemark par l'Allemagne nazie. Des fournisseurs canadiens et américains remplacent les fournisseurs danois, et la compagnie Alcan achète de la cryolite d'Ivigtut pour la production des avions des forces alliées. Depuis que le Groenland a accédé à l'autonomie intérieure en

1979, des lignes aériennes commerciales relient la capitale, Nuuk (Godthaab) à IQALUIT (Frobisher Bay), favorisant ainsi le commerce et le tourisme. Les Groenlandais contestent le projet canadien de transporter des combustibles fossiles de la mer de Beaufort en passant par le détroit de Davis, et le Canada et le Groenland se disputent la possession de l'île de Hans.

Graeme S. Mount

Gros-becs, durbecs et cardinaux En anglais, on désigne sous le nom de «Grosbeak» (ou gros-becs) de gros oiseaux appartenant à deux familles différentes: les FRINGILLIDÉS (gros-becs et durbecs) et les cardinalidés (CARDINAUX). Ce sont des espèces pourvues d'un bec fort et épais capable de casser des graines dures. Quatre espèces nichent au Canada, et une autre, le guiraca bleu (*Guiraca caerulea*), appelé auparavant passerin bleu et Gros-bec bleu, est un visiteur rare dans le sud du pays.

Le cardinal à poitrine rose (*Pheucticus ludovicianus*) est commun dans les forêts décidues, depuis la Nouvelle-Écosse jusque dans le nord de la Colombie-Britannique et le sud-ouest de la vallée du Mackenzie. Le plumage du mâle est éclatant: la tête est noire, le dos, les ailes et la queue sont noir et blanc, le dessous du corps est blanc, une tache triangulaire vermillon orne la poitrine et le bec est blanc. La femelle a un plumage brun et rayé et elle a aussi un bec blanchâtre robuste.

Le cardinal à tête noire (*P. melanocephalus*), niche dans les vallées boisées du sud de la Colombie-Britannique et du sud-ouest de la Saskatchewan. On le rencontre plus rarement au Manitoba. Le mâle a le dessous du corps marron et on le distingue aussi du cardinal à poitrine rose à son collier et son croupion marron. Ces deux espèces sont à peu près de même taille. Les femelles se ressemblent énormément et les mâles ont des chants semblables. On a observé des hybrides là où les aires de répartition des deux espèces se chevauchent.

Le gros-bec errant (*Coccothraustes vespertinus*) est observé régulièrement en hiver, et on peut facilement l'attirer dans les mangeoires avec des graines de tournesol. Le mâle a le corps jaune citron, le dessus de la tête, le cou et le haut du dos bruns, la queue noire, les ailes noires marquées de grandes taches blanches, et un gros bec jaune verdâtre. Le plumage des femelles est plus terne. On connaît mal l'aire de répartition estivale du gros-bec errant, mais on le rencontre depuis les forêts de conifères de la Colombie-Britannique jusque dans les Maritimes (où il est arrivé récemment).

Le durbec des sapins (*Pinicola enucleator*), appelé auparavant le durbec des pins et le gros-bec des pins, niche partout dans le nord du Canada, depuis le nord du Yukon jusqu'à Terre-Neuve et, dans le sud, en bordure des Rocheuses en Colombie-Britannique et en Alberta. Le mâle est rouge rosé et ses ailes grises portent deux bandes blanches. La femelle et les juvéniles sont gris, leurs ailes ressemblent à celles du mâle et leur tête ainsi que le croupion sont teintés de jaune. Le durbec des sapins recherche les pins et les épinettes dont il extrait les graines des cônes. En automne et en hiver, il se nourrit aussi de fruits, de graines de baies et de bourgeons. Son cri se compose habituellement de trois sifflements mélodieux qui, prolongés, forment un chant.

Richard W. Knapton

Groseille (*voir* BAIES SAUVAGES)

Gros-Louis, Max, ou Oné-Onti, politicien et homme d'affaires (réserve indienne du Village huron, Loretteville, Qc, 6 août 1931). Après avoir travaillé comme manœuvre pour un arpenteur et comme commis-voyageur, il devient producteur d'artisanat indien et gérant d'une troupe de danse huronne. Élu chef des Hurons de Lorette en 1964, il participe aux activités du pavillon des Indiens du Canada à Expo 67, à la fondation de l'Association des Indiens du Québec (dont il est le secrétaire et le porte-parole de 1966 à 1973) et à la Fraternité des Indiens du Canada (représentant du Québec en 1970). En tant qu'agent de publicité, il prétend parler au nom des Indiens du Québec et, en tant que chef, il préconise des approches individualistes aux problèmes économiques et sociaux, ce qui entraîne des différends avec des groupes autochtones et autres en matière de REVENDICATIONS TERRITORIALES et de relations avec les gouvernements non autochtones. Son autobiographie, *First Among the Huron*, paraît en 1973.

Bennett McCardle

Gros-Morne, parc national du La création du parc national du Gros-Morne (superf. 1805 km²), sur la côte Ouest de Terre-Neuve, relève d'une entente conclue en 1970.

Histoire naturelle Le paysage spectaculaire résulte de l'action érosive des glaciers sur les anciens monts Long Range. Les crêtes rocheuses et dénudées et les pentes, à la végétation qui rappelle la toundra, contrastent avec le piémont boisé et les plaines côtières tourbeuses riches en mousses et en SARRACÉNIES. La présence du caribou et du lièvre arctique atteste des caractéristiques nordiques du parc. La martre habite les régions forestières denses. On y observe aussi fréquemment l'orignal et le lièvre d'Amérique, bien qu'ils ne soient pas indigènes. Les mouettes et les goélands abondent le long de la côte. Le lagopède est représentatif de la faune avienne des bruyères et des landes.

Histoire humaine La culture préeuropéenne de la région remonte à 2500 av. J.-C., époque à laquelle les lieux sont habités par les Amérindiens de la culture archaïque maritime. Suivront ensuite les cultures DORSET et BÉOTHUK. Le premier contact avec l'Europe se fait par l'entremise de Jacques Cartier qui accoste dans le golfe du Saint-Laurent adjacent en 1534 et, à la fin du XIXᵉ siècle seulement, les premiers établissements européens prennent naissance.

Installations Le parc est muni d'installations pour le camping sauvage, le camping avec véhicule et le camping sauvage d'hiver. En été, la randonnée pédestre, la pêche et la baignade en eau salée sont des activités populaires. En hiver, les visiteurs s'adonnent au ski de fond, à la marche en raquettes et à la motoneige.

Maxwell W. Finkelstein

Grosse femme d'à côté est enceinte, La (1978) Premier roman du cycle des *Chroniques du Plateau Mont-Royal*, de Michel TREMBLAY, qui compte cinq autres titres (*Thérèse et Pierrette à l'école des Saints-Anges*, 1980; *La duchesse et le roturier*, 1982; *Des nouvelles d'Édouard*, 1984; *Le premier quartier de la lune*, 1989; *Un objet de beauté*, 1997). Tout le roman se déroule en une seule journée, le 2 mai 1942, pendant laquelle on retrouve certains personnages que Michel Tremblay avait déjà créés auparavant au théâtre, qui sont plus jeunes de vingt ans ici, et d'autres qu'il présente pour la première fois. Roman d'atmosphère plutôt que d'action, tableau d'une famille d'ouvriers et d'un quartier populaire, chronique des bonheurs et des malheurs d'une journée dans la vie d'une vingtaine de personnages, l'œuvre s'ouvre et se ferme par l'activité ininterrompue de trois sœurs, que leur mère surveille, qui tricotent le temps et le destin, reprise des moires grecques sous l'égide desquelles s'organise toute la narration du roman. Publié en France en 1979, et traduit en anglais en 1981, *La grosse femme d'à côté est enceinte* est l'un des meilleurs livres d'un auteur qui en compte plus d'une quarantaine à son actif.

François Rochon

Grosse-Île ou île de la Quarantaine D'une superficie de 1,9 km² (2,9 km de long sur 1 km de large), elle est située dans l'estuaire moyen du SAINT-LAURENT, à 46 km en aval de Québec. L'île est une crête appalachienne au contour découpé par des anses et des caps. L'Isle de Grâce est concédée au gouverneur Charles Huault de MONTMAGNY, en 1646. L'usage transforme Grace Island en Grosse Île. En 1832, l'île déserte est transformée en station de quarantai-

ne afin d'éviter une épidémie de choléra, et 51 746 immigrants d'Irlande et d'Angleterre sont examinés sur 61 800 reçus au Canada. L'épidémie se prolonge en 1833 et 1834 et se propage à Québec (3800 victimes) et Montréal (1900 victimes).

En 1847, à la suite d'une famine en Irlande, l'émigration est encouragée, malgré une ÉPIDÉMIE de typhus. Les immigrants Irlandais sont transportés par 221 navires, durant 6 à 12 semaines, dans des conditions inhumaines. Plus de 5000 morts sont rejetés en mer. À Grosse Île, le Dʳ Douglas et son équipe doivent enlever les cadavres des bateaux, examiner 68 106 immigrants, soigner 8691 personnes, dont plus de 3200 meurent, et inhumer au moins 5424 corps. Plusieurs bateaux sont envoyés à Pointe Saint-Charles, à Montréal, où 6000 Irlandais sont enterrés. Le typhus est transmis à Québec et à Montréal et des médecins, des employés, des marins, des prêtres et des religieuses meurent en service. Après plus de 100 ans d'activité, la station de quarantaine est fermée en 1937. Des recherches bactériologiques secrètes commencent en 1947 et l'île reste longtemps interdite. Elle est maintenant aménagée en lieu historique national, le Mémorial des Irlandais, et ouverte aux visiteurs. Le cimetière des Irlandais, le lazaret et le monument commémoratif aux médecins (1853) y rappellent la tragédie de 1847.

Serge Occhietti

Grossmann, Agnès Chef d'orchestre et de chœur (Vienne, 24 avril 1944). Après des études en interprétation piano à l'Académie de Vienne (1968), elle débute une carrière de soliste en Europe et au Japon. En 1974, elle entreprend des études en direction chorale et orchestrale et devient assistante-chef de la Chorale Jeunesse de Vienne en 1979, puis directrice artistique du chœur de l'Académie de chant de Vienne (1983-1986).

Invitée à enseigner à l'U. d'Ottawa en 1981, elle y développe un programme en formation auditive, et dirige le chœur et l'orchestre.

À la direction artistique de l'Orchestre métropolitain de Montréal (1988-1995), dont elle est d'abord la directrice musicale (1986) s'ajoutent celles du Wiener Singakademie (1983-1986), des Chamber Players de Toronto (1984-1990) et du Centre d'arts Orford (1989-1995).

Elle dirige, comme chef invitée, de nombreux orchestres autant au Canada (Toronto Symphony, Orchestre du Centre national des arts, Orchestre philharmonique de Calgary) qu'en Europe (Orchestre philharmonique d'Osaka, Orchestre de chambre de Vienne).

En 1992, le gouvernement autrichien reconnaît ses réalisations artistiques exceptionnelles en lui décernant la «Croix d'Argent».

De retour au Québec après avoir été directrice artistique, en 1996, des Petits chanteurs de Vienne, elle reprend une carrière internationale en direction d'orchestre, fait ses débuts avec l'Orchestre symphonique de Montréal en décembre 1999 et assume de nouveau la direction artistique du Centre d'arts Orford.

Grossman, Daniel Williams, danseur et chorégraphe (San Francisco, Calif., 13 sept. 1942). Interprète fascinant de danse contemporaine, Grossman est membre de la célèbre Paul Taylor Dance Co. de 1963 à 1973, puis devient professeur à l'U. York, ainsi que chorégraphe et danseur invité au TORONTO DANCE THEATRE. Il fonde la DANNY GROSSMAN DANCE COMPANY en 1975 afin de pouvoir présenter ses propres compositions, dont les plus connues sont *Higher, National Spirit, Couples Suite, Ecce Homo, Nobody's Business, Curious Schools of Theatrical Dancing, Endangered Species, Ces Plaisirs* et *La Valse*. Les œuvres de Grossman, créées pour la plupart sur des musiques jazz ou rock, sont remarquables par leur exploitation inventive du mouvement grotesque, mais séduisant, leur humour, leur compassion et parfois leur inquiétante virtuosité. Dans beaucoup de ses ballets, il explore des

thèmes sociopolitiques et exprime sa compassion pour les inadaptés de la vie, les défavorisés et les parias.

Il remporte le prix Jean A. Chalmers pour la chorégraphie en 1978. Grossman et sa compagnie, qui compte neuf membres en 1994, se sont acquis une réputation internationale enviable en se produisant dans plus de dix-sept pays. Il a aussi dansé avec Nureyev and Friends et a réalisé des chorégraphies pour le Ballet national du Canada (*Hot House: Thriving on a Riff*) et pour l'Opéra de Paris (*Genus*). De plus, il enseigne partout au Canada et aux États-Unis et siège au Toronto Arts Council.

Penelope Reed Doob

Groulx, Gilles, réalisateur (Montréal, 30 août 1931— *id.*, 21 août 1994). Il entre à l'Office national du film (ONF) comme monteur en 1956. En 1958, avec Michel BRAULT et Marcel Carrière, il réalise un chef-d'œuvre, *Les Raquetteurs*. Après plusieurs documentaires originaux, il passe à la fiction avec le classique *Chat dans le sac* (1964) qui parle de recherche identitaire individuelle et collective dans le Québec de la RÉVOLUTION TRANQUILLE. Poursuivant avec rigueur et sensibilité sa réflexion sur le cinéma, la politique et l'esthétique, il réalise trois longs métrages en quelques années. Dans *Où êtes-vous donc?* (1968), plutôt que de s'adonner à un exposé direct sur la situation politique au Québec, Groulx emploie une approche fragmentée et lyrique qui confronte image et commentaire dans un style ésotérique qui n'est pas sans évoquer Jean-Luc Godard. Se faisant le chantre de la révolte et la révolution et citant l'œuvre de Karl Marx, il se penche dans *Entre tu et vous* (1969) sur la publicité et les médias. Après ces deux fictions à teneur politique, il poursuit la même démarche militante dans le documentaire *24 heures ou plus* (1972-1976). Dans le Québec d'après la CRISE D'OCTOBRE 1970, l'ONF juge le film trop engagé et controversé et l'interdit pendant cinq ans. Censuré, Groulx quitte l'institution.

Il y revient en 1977 pour participer à la série de coproductions documentaires entre le Canada et le Mexique. *Primera pregunta sobre la felicidad / Première question sur le bonheur* (1977) prend la part des paysans, dénonce leur exploitation et promeut avec intensité la cause de la réforme agraire. En 1980, il débute la réalisation d'un film-opéra, *Au pays de Zom*, sur une musique de Jacques Hétu et avec la basse Joseph ROULEAU. Malheureusement, Groulx est victime d'un grave accident de voiture qui l'empêche de terminer le film avant 1982. Il s'agit d'une satire opératique à contenu social qui exige du spectateur un effort constant et qui confirme la réputation d'exigence du cinéaste. À cause des séquelles de l'accident, Groulx n'est plus jamais revenu au cinéma. Il s'est plutôt adonné à la peinture. Il est mort dans l'oubli et l'indigence. En 1985, il a obtenu le prix Albert-Tessier remis par le gouvernement du Québec.

Pierre Véronneau

Groulx, Lionel-Adolphe, historien, prêtre et porte-parole nationaliste (Vaudreuil, Qc, 13 janv. 1878— *id.*, 23 mai 1967). Considéré comme le père spirituel du Québec moderne par Claude RYAN, Groulx est à la fois l'historien le plus en vue du Canada français jusque dans les années 60 et le porte-parole nationaliste québécois le plus important, après Henri BOURASSA. Controversé pour son enseignement, ses écrits, ses sermons et sa direction de groupes nationalistes, Groulx transmet à des milliers de jeunes gens sa fierté du passé des Canadiens français et sa confiance en l'avenir du Québec.

Né de parents paysans, il fréquente l'école du village et fait ses études classiques au séminaire de Sainte-Thérèse. Son éducation très religieuse, tant à la maison qu'à l'école, le conduit à la prêtrise et à l'enseignement. En qualité d'étudiant, puis de prêtre, il enseigne la littérature et l'histoire au collège de

Valleyfield (aujourd'hui, Salaberry-de-Valleyfield) de 1900 à 1915. Il s'interrompt de 1906 à 1909 afin de poursuivre des études supérieures en théologie et en linguistique en Europe.

De grands idéaux religieux et sociaux Durant ses premières années d'enseignement, Groulx développe les deux passions de sa vie: son engagement envers les jeunes et l'étude de l'histoire. Il crée l'Association catholique de la jeunesse canadienne-française, un organisme provincial regroupant des étudiants dans toute la province, qui incite ses membres à cultiver et à mettre en pratique de grands idéaux religieux et sociaux. Historien autodidacte, il tire des enseignements du passé pour ses étudiants et met au point un cours et un livre d'histoire du Canada. Inspiré par François-Xavier GARNEAU, pour qui la CONQUÊTE est un désastre et l'histoire une lutte, il se penche plus particulièrement sur la période qui suit la conquête (*voir* HISTORIOGRAPHIE). Il est difficile de comprendre combien cette approche est nouvelle. En effet, elle remet complètement en question la conviction selon laquelle la présence anglaise au Québec est bénéfique et la soumission des Canadiens français naturelle. En 1915, Groulx est nommé titulaire de la première chaire d'histoire du Canada à l'U. de Montréal, poste qu'il occupe jusqu'en 1949.

Philosophie nationaliste Groulx voit la politique avec les yeux d'Henri Bourassa. La QUESTION DES ÉCOLES DE L'ONTARIO et la participation du Canada à la Première Guerre mondiale le rendent amer et malheureux. Avec des amis de la Ligue des droits du français, il se préoccupe de l'affaiblissement du statut de la langue française dans le monde florissant du commerce et de l'industrie. Dans ses cours d'histoire, publiés annuellement de 1916 à 1921, il continue de s'attaquer à l'inconnu et aux idées préconçues. En 1917, l'année de la CONSCRIPTION, ses leçons d'histoire attaquent la Confédération. De 1920 à 1928, il dirige une revue mensuelle, l'ACTION FRANÇAISE, et anime le mouvement nationaliste du même nom. Dans l'*Action française*, Groulx revient sans cesse sur la question de la survie du français et du catholicisme dans un environnement urbain et industriel anglo-saxon. Il caresse même l'idée d'un État autonome pour le Canada français. Il prend soin d'éviter le mot SÉPARATISME et nie toute sa vie l'avoir préconisé. L'idée y est néanmoins, ne serait-ce que comme idéal. Les Canadiens français pourraient organiser à leur façon les volets sociaux, économiques et politiques de leur existence, en puisant leur inspiration et leur génie dans leur religion, leur passé et leur culture.

Groulx nourrit cet idéal tout au long des épisodes les plus sombres de l'histoire du Québec moderne. Pendant la Crise des années 30, il s'engage dans une autre organisation nationaliste, l'ACTION NATIONALE, selon laquelle la crise résulte d'une industrialisation excessive encouragée par les capitalistes américains et soutenue par un gouvernement provincial par trop généreux. Pendant la Seconde Guerre mondiale, Groulx blâme ouvertement les Canadiens anglophones de diviser le pays sur la question de la conscription. Mais il est en général plus sévère à l'endroit de ses compatriotes canadiens-français, qu'il pousse à réclamer les mêmes droits et le même statut que les Canadiens anglais. Dans les années 50, il reproche à la nouvelle génération de vouloir se débarrasser de son héritage religieux.

Groulx perd sa prudence d'homme d'Église Alors que le Québec est de plus en plus séculier, Groulx insiste sur cet héritage dans son œuvre majeure *Histoire du Canada français (1950-1951)* et dans la revue d'histoire qu'il fonde en 1947 et dirige pendant 20 ans: la REVUE D'HISTOIRE DE L'AMÉRIQUE FRANÇAISE. Il partage toutefois avec la jeune génération son dégoût pour Maurice DUPLESSIS et son enthousiasme pour les débuts de

la RÉVOLUTION TRANQUILLE. Groulx s'affranchit de sa prudence d'homme d'Église le temps de voter aux élections de 1962, dont l'enjeu est la nationalisation de l'électricité. Le petit peuple prend enfin en main une part de son destin.

Il conserve sa ferveur jusqu'au jour de sa mort. Deux semaines avant son décès, il discute encore d'histoire au pavillon de la Jeunesse d'Expo 67 et, le jour même de sa mort, a lieu le lancement du dernier de ses 30 ouvrages, au titre significatif: *Constantes de vie*.

Susan Mann Trofimenkoff

Groupe de la Place Royale, Le Dans ses spectacles, le Groupe de la Place Royale fait appel au théâtre, à la danse, au chant, à la musique et à la technologie. Cela en fait la compagnie de danse moderne la plus innovatrice au Canada. En 1966, Jeanne Renaud crée le groupe à Montréal, avec Peter Boneham comme directeur artistique adjoint. Renaud, une Canadienne française qui a été l'élève d'Hanya Holm et de Mary Anthony à New York, est connue pour ses chorégraphies très abstraites, laissant peu de place aux émotions. Boneham a une formation de danseur classique et travaille pour la compagnie en qualité de codirecteur artistique, de danseur, de chorégraphe et de professeur. En 1971, Renaud quitte Le Groupe de la Place Royale et, l'année suivante, Boneham et Jean-Pierre PERRAULT dirigent conjointement la compagnie. Depuis 1980, Boneham en est l'unique directeur.

En 1977, le groupe déménage à Ottawa, où il se produit au CENTRE NATIONAL DES ARTS, et fait des tournées au Canada. La compagnie fête sa 25e saison en 1990-1991. En 1991, Boneham remporte le prix Jean A. Chalmers pour la créativité dans le domaine de la danse et on le cite en particulier pour la création de son Dance Lab (laboratoire de danse) à Ottawa, en 1988. Le Dance Lab permet à des chorégraphes canadiens et étrangers de se perfectionner dans le cadre d'un atelier expérimental. Aujourd'hui, le groupe n'est plus une compagnie à proprement parler, mais il présente toujours des ateliers publics à la Cour des Arts, à Ottawa.

Carol Bishop

Groupe de pression Un groupe de pression, appelé aussi groupe d'intérêt, est une organisation formée de personnes animées des mêmes idées qui cherche à influencer les POLITIQUES GOUVERNEMENTALES en vue de promouvoir ses propres intérêts. Les groupes de pression existent dans toutes les démocraties modernes pluralistes et surgissent de toutes parts. Certains défendent les intérêts des producteurs, tandis que d'autres font valoir les préoccupations des consommateurs ou font pression en faveur de politiques générales, p. ex., la protection de l'environnement. Le nombre et les effectifs de certains groupes de pression sont si importants et leur organisation si perfectionnée qu'ils constituent pratiquement un prolongement du gouvernement.

Au nombre des puissants groupes de pression financés par l'industrie, on compte l'ASSOCIATION CANADIENNE D'ÉTUDES FISCALES, les banques, la Fédération canadienne de l'agriculture, l'ASSOCIATION MÉDICALE CANADIENNE, les industries de l'automobile, de l'acier, du caoutchouc, les industries chimiques et énergétiques, qui agissent isolément ou par l'entremise de leurs associations professionnelles, comme le Conseil canadien des entreprises pour les questions d'intérêt national (association de cadres supérieurs de grandes sociétés canadiennes, formée en 1977 en vue de coordonner la participation du monde des affaires au processus d'élaboration des politiques), la CHAMBRE DE COMMERCE et l'ASSOCIATION DES MANUFACTURIERS CANADIENS. L'Institut des cadres d'associations, qui compte 318 membres dans la seule ville d'Ottawa, est un groupe de pression servant les intérêts des groupes de pression. D'autres

groupes de pression, comme Executive Consultants Ltd. et Government Policy Consultants Inc., comptent dans leurs rangs d'anciens politiciens et fonctionnaires et des experts en publicité et en relations publiques qui vendent leurs services en échange d'honoraires.

Les activités des groupes de pression peuvent se traduire par des campagnes dans les médias ou par des annonces publicitaires qui s'opposent à certaines politiques ou les soutiennent, par de simples rencontres avec de hauts fonctionnaires ou par la présentation de mémoires à des commissions parlementaires. On a dit que le lobbying au Canada servait à «voir à ce que tout soit agréable, ennuyant et maîtrisé», et il se pratique habituellement au moyen de rencontres privées entre conseillers influents et membres du Cabinet. Les rapports étroits que ces groupes entretiennent avec les politiciens et les bureaucrates entraînent parfois des accusations de CONFLIT D'INTÉRÊTS.

Certains de ces groupes sont beaucoup plus puissants et réussissent beaucoup mieux que d'autres. Ceux-là ont presque toujours des appuis financiers solides, sont unis et stables et leurs dirigeants, dont bon nombre sont d'ex-députés, ont tendance à représenter des causes bien vues des politiciens et des fonctionnaires. En d'autres mots, ils facilitent le processus par lequel les dirigeants du parti au pouvoir et les hauts fonctionnaires élaborent leurs politiques avec des représentants du monde des affaires, des professions et d'autres groupes d'intérêts de la société. Ils ont en général des bureaux permanents à proximité de la capitale et leurs dirigeants fréquentent les associations et les clubs importants.

Les groupes qui réussissent moins ne disposent habituellement pas de fonds suffisants, sont dirigés par des gens qui n'appartiennent pas à l'élite et, en général, défendent des causes qui n'ont pas la faveur des grands partis politiques. Ils sont souvent constitués pour défendre une seule question ou apparaissent soudainement sur la scène pour s'opposer à la proposition d'une politique particulière. D'autres s'acharnent pendant des années à défendre des causes mineures ou perdues d'avance. Les perdants manquent tout simplement de moyens pour réussir. Contrairement aux membres de l'élite, ils n'ont pas accès à volonté aux bureaux des ministres du Cabinet et ne projettent pas un air de légitimité. Tandis que les groupes de pression bien financés établissent des contacts personnels au sein du gouvernement, rencontrent les journalistes en vue, mènent de luxueuses campagnes médiatiques ou soumettent même des arguments juridiques ayant trait à l'élaboration d'une loi. Les groupes moins solvables doivent, pour leur part, recourir à des campagnes plus épisodiques, des techniques plus tapageuses et parfois excessives, de style guérilla, à des démonstrations avec slogans et affiches susceptibles de provoquer des «occasions médiatiques».

Au Canada, la forte centralisation des décisions législatives et la discipline rigoureuse imposée aux partis politiques rendent difficile l'exploitation de rivalités entre législateurs. Toutefois, le monopole du pouvoir, qui permet au Cabinet de ne pas tenir compte des requêtes de groupes de pression, lui permet également d'y accéder. L'élaboration d'une loi se fait en général selon une certaine séquence. On perçoit d'abord le besoin de changer une politique, puis on élabore une proposition, souvent avec la collaboration de représentants de groupes de pression, et on la fait circuler à l'intérieur du gouvernement (CABINET DU PREMIER MINISTRE et ORGANISMES CENTRAUX). Il arrive parfois qu'on la fasse aussi parvenir aux médias, à des experts et aux gouvernements provinciaux avant de l'envoyer dans d'autres ministères. À ce stade, il arrive que la politique soit étudiée par des groupes de pression. Avant de soumettre au Parlement des amendements et de nouvelles lois, la proposition est étudiée par un COMITÉ PARLEMENTAIRE, dont l'avis est confirmé ou modifié par le Cabinet. Le ministre de la Justice rédige alors le projet de loi, qui est soumis à un autre comité du Cabinet, puis confirmé par le Cabinet et, enfin, ratifié par le premier ministre.

Toutefois, pour être efficace, une loi doit être appliquée, et les fonctionnaires jouissent en ce domaine d'un fort pouvoir discrétionnaire. De plus, l'impact d'une loi est souvent déterminé par l'interprétation des tribunaux. Du fait que le processus législatif, particulièrement l'initiative de politique, est en réalité contrôlé par la bureaucratie, les groupes de pression expriment souvent leurs opinions ou fournissent des renseignements aux fonctionnaires tout comme au Cabinet. Mais les groupes de pression peuvent également exercer leur influence sur les commissions parlementaires, dont les suggestions relatives aux modifications devant être apportées à un projet de loi sont souvent entérinées par le Cabinet; sur le Sénat, dont l'influence peut se faire sentir par l'entremise du puissant Comité sénatorial permanent des banques et du commerce; et sur des députés d'arrière-banc, susceptibles d'accéder un jour au Cabinet. Mais on reconnaît habituellement que, une fois le projet de loi parvenu au Parlement, il est plus difficile d'influencer les intentions du gouvernement.

En dépit des conclusions de la COMMISSION ROYALE D'ENQUÊTE SUR LES GROUPEMENTS DE SOCIÉTÉS selon lesquelles les groupes de pression qui représentent les intérêts des agriculteurs, des syndicats et d'autres secteurs réussissent à influencer la politique gouvernementale, bon nombre de ces groupes se voient écartés par des intérêts puissants et reconnus et par des bureaucrates qui peuvent freiner l'action des groupes dont les positions ne sont pas conformes aux leurs. Les représentants de groupes qui ne jouissent pas de rapports intimes et confidentiels avec de hauts fonctionnaires et des membres du Cabinet ont recours à des tactiques différentes pour attirer l'attention du gouvernement, mais les tactiques telles que les manifestations de protestation ne font que souligner leur marginalité. Aux yeux des groupes expérimentés, de telles tactiques sont illégitimes, bien qu'elles deviennent plus courantes. Les groupes qui défendent les consommateurs, l'environnement et les travailleurs réussissent également moins bien, non seulement parce qu'ils sont socialement et idéologiquement plus éloignés du gouvernement, mais aussi parce qu'ils tentent de faciliter le changement et non de l'empêcher. Pour un gouvernement, il est toujours plus facile de prévenir le changement que de le réaliser.

Les groupes de pression prennent de plus en plus d'importance au Canada pour plusieurs raisons. À mesure que la Chambre des communes et les assemblées législatives perdent de leur influence en raison de l'affaiblissement des partis politiques, le pouvoir tend à se déplacer vers les groupes d'intérêts. Les campagnes électorales devenant de plus en plus coûteuses, les partis comptent de plus en plus sur les contributions de ces groupes. L'américanisation croissante du Canada a mené au perfectionnement des techniques de pression et de relations publiques, surtout dans les grandes entreprises multinationales. Certains grands groupes de pression ont exploité les conflits grandissants entre le gouvernement fédéral et les gouvernements provinciaux. Ainsi, les groupes qui défendent des intérêts régionaux considérables, p. ex., l'industrie pétrolière et gazière de l'Ouest, rallient à leur cause leur gouvernement provincial, qui les appuie contre le gouvernement fédéral et les autres régions du Canada.

C'est lorsque les groupes de pression poursuivent des buts différents qu'ont lieu les grandes batailles. La question des prix du pétrole, au cours des années 70 et au début des années 80, a opposé l'industrie pétrolière et les gouvernements des provinces productrices aux industries manufacturières du centre du Canada et au gouvernement de l'Ontario (*voir* POLITIQUE ÉNERGÉTIQUE NATIONALE). En général, les grandes entreprises réussissent quand elles sont unies. C'est ainsi qu'elles ont réussi à empêcher le renforcement de la *Loi des enquêtes sur les coalitions*, que Trudeau avait juré de refondre, une fois au pouvoir. Elles ont aussi empêché la réforme de l'IMPOSITION, en dépit des recommandations de la Commission Carter. En réussissant à persuader le gouvernement Mulroney de mettre fin à l'octroi obligatoire de licences dans le domaine des produits pharmaceutiques en 1987, l'industrie pharmaceutique multinationale s'est assurée de jouir pendant dix ans du monopole de ses nouveaux médicaments. Cette mesure, susceptible de provoquer d'importantes hausses des prix, vise avant tout à attirer des investissements au Canada.

En raison de la visibilité croissante de l'industrie du lobbying et des controverses qui en découlent, le gouvernement Mulroney a adopté une loi forçant les groupes de pression à s'enregistrer auprès d'une agence gouvernementale afin que leurs activités soient plus transparentes. Les groupes de pression travaillant pour des clients (p. ex., les lobbyistes professionnels) sont tenus de déclarer les intérêts qu'ils défendent et de décrire la nature de leurs représentations. Ceux-ci se sont d'abord opposés à cette loi, alléguant qu'elle empiétait sur leurs droits de citoyens. Cependant, ils en sont arrivés à percevoir cet enregistrement comme un statut officiellement reconnu qui leur confère une certaine légitimité.

Si, au Canada, les groupes de pression ont en général renforcé le *statu quo*, c'est que la plupart d'entre eux incarnent ce *statu quo*. (*Voir aussi* LOBBYING.)

Hugh G. Thorburn

Groupe de travail Comme une COMMISSION ROYALE D'ENQUÊTE, un groupe de travail est constitué en vertu de la *Loi sur les enquêtes*. Ses membres sont nommés par le gouverneur général en conseil. Son sujet d'étude est généralement moins important que celui d'une commission royale d'enquête. Les enquêtes menées par les groupes de travail sont moins formelles et moins vastes, et leurs budgets sont plus réduits, leurs rapports moins longs. Ces comptes rendus, moins impartiaux et ayant une portée moindre, se rapprochent davantage de la position du gouvernement et ne sont pas forcément rendus publics.

Le gouvernement n'est pas tenu de suivre les conseils d'un groupe de travail ni même de commenter son rapport. Un groupe de travail n'est souvent qu'un participant au débat parmi d'autres. C'est le cas de la COMMISSION DE L'UNITÉ CANADIENNE, qui est constituée en 1977 et présente son rapport en 1979. Contrairement à ce qui se passe en Suède, la position des groupes de travail canadiens n'engage aucunement la population dont ils ne sont techniquement pas représentatifs. La Chambre des communes a constitué quelques petits COMITÉS PARLEMENTAIRES spéciaux pour se pencher sur des questions comme les relations Nord-Sud, mais il ne faut pas les confondre avec les groupes de travail formés en vertu de la *Loi sur les enquêtes*, ni avec les comités interministériels d'examen de projets, également appelés groupes de travail. Ces derniers ne sont formés que de fonctionnaires et agissent comme des mécanismes internes qui dépendent du gouvernement.

C.E.S. Franks

Groupe des Onze, Le La création du Groupe des Onze remonte à 1953 lorsque des artistes se regroupent dans le but d'exposer des œuvres d'art abstrait à Toronto. Ces peintres sont Jack BUSH, Oscar CAHÉN, Hortense Gordon, Thomas Hodgson, Alexandra Luke, J.W.G. MACDONALD, Ray Mead, Kazuo NAKAMURA, William RONALD, Harold TOWN et Walter Yarwood. Bien que, dès la fin des années 40, les AUTOMATISTES de Montréal et les expressionnistes abstraits de New York aient mis au point un nouveau vocabulaire artistique, Toronto est toujours, en 1950, sous l'emprise du GROUPE DES SEPT. Luke organise, en 1952, la première exposition d'art abstrait en Ontario à laquelle participent neuf membres du futur Groupe des Onze.

Le groupe se rencontre une première fois au cours de l'automne 1953 lorsque Ronald organise l'exposition *Abstracts at Home* au grand magasin Robert SIMPSON. Réunis pour une session de photographies publicitaires, les sept artistes présents décident de se revoir dans l'atelier de Luke afin de discuter de leur intérêt commun pour l'art abstrait. Quatre autres artistes se joignent au groupe et Town propose que le groupe prenne le nom de Groupe des Onze. Bush rencontre son gérant pour discuter d'une éventuelle exposition et les membres acceptent de financer leurs expositions de groupe. En février 1954, la galerie Roberts présente la première exposition du Groupe des Onze qui attire une grande foule, mais n'aboutit à la vente d'aucune œuvre. Des expositions annuelles se tiennent à la Roberts Gallery en 1955 et 1956 ainsi qu'à la Park Gallery en 1957 et 1958. En 1956, le Groupe des Onze obtient une reconnaissance internationale quand il est choisi comme exposant invité pour les American Abstract Artists de New York. Des expositions organisées par les galeries régionales et par la Galerie nationale du Canada circulent dans tout le pays de 1957 à 1961.

Les membres du Groupe des Onze ne partagent pas la même vision de la nature de l'abstraction. Bien que Macdonald explore cette forme d'expression artistique dès 1934, la majorité du groupe (dont plusieurs sont plus jeunes d'une génération) en prend conscience plus de dix ans plus tard, certains à travers l'enseignement de Macdonald. Leurs sources d'inspiration sont variées: Mead a étudié en Angleterre, Cahén en Europe, et Luke, Gordon, Macdonald et Ronald sont allés aux États-Unis pour étudier avec Hans Hofmann. L'école de New York fournit un exemple important au groupe, mais ses membres mettent au point leur propre vocabulaire pictural et leur propres formes d'expression.

Au départ, la réaction de la critique torontoise va de la perplexité à l'hostilité, mais, avec le temps, elle devient plus favorable. Robert FULFORD donne un appui considérable au Groupe des Onze dans les journaux, et des critiques étrangers, tel sir Herbert Read (Grande-Bretagne) et Clement Greenberg (États-Unis), font l'éloge de leurs travaux. L'exposition de 1958 à la Park Gallery est leur dernière exposition annuelle de groupe. Cahén connaît une fin tragique en 1956. En 1957, Mead déménage à Montréal et Ronald quitte le groupe. Le Groupe des Onze décide de se dissoudre en 1960. Ils ont atteint leurs buts, puisque les galeries commerciales et publiques exposent leurs œuvres et puisqu'ils sont reconnus comme des chefs de file sur la scène artistique canadienne. Le Musée des beaux-arts du Canada, le Musée des beaux-arts de l'Ontario et la galerie Robert McLaughlin d'Oshawa possèdent une importante collection des œuvres du Groupe des Onze. (*Voir aussi* PEINTURE.)

Joyce Zemans

Groupe des Sept En 1920, un groupe d'artistes modernes se regroupe sous le nom de Groupe des Sept. Ce sont Franklin CARMICHAEL, Lawren HARRIS, A.Y. JACKSON, Franz JOHNSTON, Arthur LISMER, J.E.H. MACDONALD et F.H. VARLEY. Ils se sont rencontrés à Toronto entre 1911 et 1913. Tous, sauf Harris qui est déjà fortuné, travaillent comme graphistes, plusieurs dans le même atelier. Un autre graphiste, Tom THOMSON, intègre le cercle d'amis, mais sa mort en 1917 l'empêche de faire officiellement partie du groupe. Il reste malgré tout important pour eux, car le goût avide de Thomson pour les grands espaces incite le groupe à peindre les paysages accidentés du nord de l'Ontario.

Les membres du Groupe ne se consacrent pas uniquement à la peinture de paysages, et ce n'est qu'après leur première exposition, à la Art Gallery of Toronto en 1920, qu'ils s'identifient comme école paysagiste. Au départ, c'est leur frustration commune face à l'aspect conformiste et imitatif de l'art canadien courant qui les rassemble. Caractérisés par des tendances romantiques, voire mystiques, le Groupe et ses porte-parole affirment avec ardeur, parfois même avec agressivité, être l'école nationale des peintres du Canada. L'élite artistique en est irritée et déteste sa rhétorique encore plus que ses peintures. Le directeur de la Galerie nationale du Canada, Eric Brown, la soutient cependant d'une manière constante. Il commence à acheter ses peintures pour la galerie d'art avant même que le groupe ne soit formellement établi. En 1924 et en 1925, il s'assure que le Groupe soit représenté dans des expositions d'art canadien à la prestigieuse exposition de Wembley en Angleterre. Plusieurs membres de l'Académie royale des arts canadiens, considérant que le Groupe est injustement privilégié, mais la presse britannique est si élogieuse à son égard que Brown et le Groupe des Sept s'en trouvent légitimés.

Tout comme les symbolistes européens de la fin du siècle et les postimpressionnistes dont il s'inspire largement sur le plan esthétique, le Groupe des Sept s'oppose aux contraintes du naturalisme du XIXe siècle, et tente d'établir une relation plus équitable et indépendante entre l'art et la nature. Les membres du Groupe cessent de mettre l'accent sur la similitude, c.-à-d. sur l'imitation de la nature, favorisant plutôt l'expression de leurs émotions face à elle. Comme ils peignent souvent ensemble, tant à l'extérieur que dans leur atelier, ils développent une certaine parenté stylistique. Les toiles présentées lors de leurs premières expositions sont empâtées de couleurs vives et réduites à quelques formes hardies qui renvoient à l'agencement des surfaces. Ceci est vrai pour les portraits de Harris et de Varley autant que pour les paysages. Suite à une visite sur les côtes abruptes du lac Supérieur en 1921, Harris commence à simplifier d'une manière radicale la disposition des formes et des couleurs sur ses toiles. MacDonald, Carmichael et même Varley adoptent vite une approche semblable, préférant pour de nombreux ouvrages des pigments plus fluides et des contours plus stylisés. Harris pousse cependant le procédé encore plus loin, de sorte que vers le milieu des années 20, ses peintures se résument à quelques formes simplifiées et presque monochromes. Dix ans plus tard, il devient le seul du Groupe, et un des premiers artistes canadiens à se tourner vers l'art abstrait.

Au cours des années 20, l'influence du Groupe des Sept ne cesse de croître, grâce à de l'autopublicité, à quelques amis du Arts and Letters Club et du Canadian Forum, ainsi qu'au soutien offert par la Galerie nationale. En 1926, suite à la démission de Franz Johnston, A.J. CASSON est nommé membre du Groupe. Se rendant compte qu'ils ne peuvent pas vraiment prétendre au titre d'école nationale puisqu'ils vivent tous à Toronto, les membres du Groupe décident d'inviter des artistes d'autres provinces à se joindre à eux. C'est ainsi qu'en 1930, Edwin HOLGATE de Montréal intègre le Groupe, suivi en 1932 de L.L. FITZGERALD de Winnipeg.

Harris et Jackson influencent et encouragent la nouvelle génération d'artistes, et Lismer, MacDonald et Varley deviennent d'éminents professeurs. Toutefois, au moment de sa dissolution, en 1933, le Groupe est devenu aussi intransigeant et, d'une certaine manière, aussi conformiste que l'élite artistique contre laquelle il s'opposait au départ. Le Groupe des Sept a donc exercé une influence mitigée sur les arts

au Canada, et il n'est pas surprenant que la prochaine génération d'artistes d'envergure vienne de Montréal, où l'on avait mal répondu à son invitation. On peut trouver des peintures du Groupe des Sept dans la plupart des galeries d'art publiques du Canada.

Christopher Varley

Groupe Nouvelle Aire Le groupe Nouvelle Aire (fondé en 1968, dissous en 1982) est un groupe de DANSE MODERNE de Montréal. Il est créé par quelques étudiants passionnés et deux professeures d'origine française du département d'éducation physique de l'U. de Montréal, Rose-Marie Lèbe-Néron et Martine Époque. Époque devient vite la figure de proue de la troupe, dont le mandat est d'encourager des chorégraphies innovatrices et de faire connaître les compositeurs et les danseurs professionnels québécois.

La troupe connaît trois périodes. Durant la première période (1968-1972), elle se concentre sur la recherche d'un nouveau vocabulaire de la danse et sur sa pédagogie. La théorie de Béjart sur le style dans les mouvements et celle de Dalcroze sur la complexité rythmique constituent d'importantes sources d'inspiration. La seconde période (1972-1978) voit le renouvellement de l'effectif de la troupe et représente son apogée dans le domaine de la chorégraphie. Les interprètes arrivent de divers milieux, la plupart ont des diplômes universitaires en littérature, en théâtre ou en éducation physique, ce qui est assez inusité à l'époque. Cette diversité stimule le questionnement sur le processus de création.

Les œuvres d'Époque et de Paul Lapointe présentent des structures narratives conventionnelles et une gestuelle restreinte. Au milieu des années 70, un changement esthétique se produit. Les chorégraphes introduisent l'émotion, la respiration et la théâtralité dans le vocabulaire de la danse. Nouvelle Aire devient le vouloir le lieu d'inspiration de la nouvelle génération de danseurs québécois, notamment Paul André FORTIER, Edouard LOCK, Ginette LAURIN et Daniel Léveillé. Cependant, en 1979, la plupart de ces danseurs ont quitté le groupe.

La dernière période commence par une restructuration, rendue possible grâce à des subventions gouvernementales. Avec le déménagement à Ottawa du GROUPE DE LA PLACE ROYALE, Nouvelle Aire a alors une plus grande visibilité à Montréal. Les nouveaux danseurs ont une meilleure formation et sont plus homogènes, mais la compagnie manque de chorégraphes. Époque quitte le groupe et devient professeur à l'U. du Québec à Montréal. La prolifération de nouvelles troupes de danse fondées, entre autres, par d'anciens membres de Nouvelle Aire finit par supplanter le groupe, qui est dissous en 1982.

Iro Valaskakis Tembeck

Grove, Frederick Philip, né Felix Paul Berthold Friedrich Greve, auteur, professeur et traducteur (Randomno, All., 2 févr. 1879—Simcoe, Ont., 19 août 1948). Il grandit à Hambourg et fréquente les universités de Bonn et de Munich, mais abandonne ses études pour devenir poète. Il s'associe pendant un bref moment à Stefan George et aux néo-impressionnistes. Son premier ouvrage, *Wanderungen* (1902), est un recueil de poésie. Son travail est précaire: il traduit les textes d'auteurs anglais et français en allemand, s'endette et fait un court séjour en prison. Il quitte l'Allemagne en 1909 et, sous son nouveau nom, commence en 1913 une nouvelle vie au Manitoba comme enseignant au primaire.

Une vie consacrée à l'écriture Encouragé par la publication de *Over Prairie Trails* (1922) et de *Turn of the Year* (1923), il abandonne l'enseignement après 1923 et se consacre à l'écriture. Il publie un volume d'essais, une satire, sept romans, une autobiographie romancée, *In Search of Myself* (1946), qui lui vaut le Prix du Gouverneur général, et un recueil de nouvelles (à titre posthume). *Settlers of the Marsh* (1925), histoire à la fois dure et romanesque d'un colon dont l'ambition est trahie par la sexualité, pas-

se pour avoir introduit le réalisme dans le roman canadien. Dans *Our Daily Bread* (1928), *The Yoke of Life* (1930) et *Fruits of the Earth* (1933), il raconte les ambitions élevées, les échecs personnels et la connaissance de soi tardive d'un protagoniste froid et profondément indépendant. Quelque peu dandy dans sa jeunesse, c'est un Grove austère que l'on découvre par le biais de ces personnages de pionniers intransigeants.

A Search for America (1927) est son ouvrage qui a eu le plus de succès. Ses trois derniers livres, *The Master of the Mill* (1944), *In Search of Myself* (1947) et *Consider Her Ways* (1947), traitent à la fois de l'échec et d'une forme de triomphe. *The Master of the Mill* est le premier roman canadien à examiner les conséquences sociales du capitalisme de monopole. Son protagoniste, tout comme le narrateur de l'autobiographie, tente de justifier pourquoi il n'est pas parvenu à se réaliser et d'expliquer l'échec de l'humanité.

Ignoré de son vivant, Grove a néanmoins fait l'objet de six ouvrages et d'un grand nombre d'articles et de thèses. Le premier de ces ouvrages, *Frederick Philip Grove* (1945), est rédigé par Desmond Pacey qui a cependant commis l'erreur de prendre l'autobiographie de Grove au pied de la lettre. Dans *FPG: The European Years* (1973), D.O. Spettigue étudie l'ensemble de la carrière de Grove, tant en Allemagne qu'au Canada. Enfin, dans son livre intitulé *Frederick Philip Grove* (1972), Margaret Stobie examine sa vie et sa carrière au Canada. Les principales œuvres de Grove, rédigées en allemand, commencent à être traduites. Des romans, des essais et des poèmes inédits, faisant partie pour la plupart de la collection Grove de l'U. du Manitoba sont en cours de publication. Desmond Pacey a publié *Letters* en 1976.

D.O. Spettigue

Groves, Abraham, médecin (Peterborough, Canada-Ouest, 8 sept. 1847—Fergus, Ont., 12 mai 1935). Après avoir obtenu son diplôme à la Toronto School of Medicine en 1871, Groves exerce la médecine à Fergus pendant soixante ans. Il réussit la première appendicectomie en Amérique du Nord (10 mai 1883). Il est aussi habile lorsqu'il opère dans la cuisine d'une ferme que dans la salle d'opération d'un hôpital; il stérilise ses instruments avant même que cela ne devienne pratique courante. En 1902, il fonde le Fergus Royal Alexandra Hospital, rebaptisé plus tard Groves Memorial Hospital et, en 1934, il publie *All in the Day's Work: Leaves from a Doctor's Case-Book*.

J.T.H. Connor

Grue (Gruidés) Grand oiseau au long cou, au bec robuste et aux pattes longues et puissantes.

Répartition et habitat On compte 15 espèces de grues dans le monde, et au moins cinq d'entre elles sont rares, surtout à cause de la perte d'habitats de nidification. Elles nichent dans les marais, les tourbières, les prairies humides et dans la toundra. On trouve deux espèces au Canada: la grue du Canada et la grue blanche d'Amérique. La grue du Canada (*Grus canadensis*), qui niche jusque dans des régions aussi nordiques que l'île Banks et l'île Devon, est la plus commune des deux. La GRUE BLANCHE D'AMÉRIQUE (*G. americana*) est pour sa part classée parmi les espèces en danger de disparition.

Nidification Les nids consistent en un amoncellement de matières végétales sèches. Les grues pondent généralement deux œufs bruns ou chamois, tachetés de brun foncé ou de pourpre. Les deux adultes se partagent la couvaison, et les œufs éclosent après environ 30 jours. Les grues peuvent vivre jusqu'à 20 ans.

Migration En MIGRATION, les grues du Canada fréquentent préférablement les hautes terres ainsi que les régions agricoles. On les observe parfois en nombres spectaculaires, dans le centre sud de la Saskatchewan, où elles se nourrissent dans les champs de céréales. Plusieurs d'entre elles hivernent dans le sud des États-Unis et au Mexique. Une chasse limitée est permise dans certaines parties de la Saskatchewan et dans plusieurs États américains.

E. Kuyt

Grue blanche d'Amérique La GRUE blanche d'Amérique (*Grus americana*), de presque 1,5 m de hauteur, est le plus grand oiseau d'Amérique du Nord. L'adulte peut peser 7,5 kg et avoir des ailes de 2,2 m d'envergure. Son plumage blanc pur, ses ailes à bout noir, ses longues pattes noires, ses marques semblables à des moustaches noires et sa calotte rouge lui donnent une allure impressionnante. Au cours de leur premier été et de leur premier automne, les jeunes sont principalement cannelle et blancs. Après un an, ils sont presque indiscernables des adultes.

Population La Grue blanche d'Amérique, une espèce indigène de l'Amérique du Nord, est officiellement considérée comme un ANIMAL EN VOIE DE DISPARITION. En 1941, il restait seulement 15 individus migrateurs sauvages. On établit alors des mesures de conservation, une gestion conjointe des services canadien et américain de la faune et on met sur pied d'autres organismes de conservation. En 1994, 133 individus sauvages, incluant huit juvéniles, migrent leur unique aire de nidification dans le PARC NATIONAL WOOD BUFFALO vers leur aire d'hivernage dans le Aransas National Wildlife Refuge, sur la côte du Texas. Entre 1990 et 1995, le nombre de couples nicheurs passe de 28 à 45 dans le parc Wood Buffalo. Ils font l'objet d'un suivi de la part des biologistes du Service canadien de la faune. Entre 1975 et 1988, un petit nombre d'œufs excédentaires sont retirés des nids de grue blanche d'Amérique et placés dans des nids d'une sous-espèce de grue du Canada, *G. canadensis tabida*, en Idaho. Les parents adoptifs couvent les œufs et élèvent les oisillons. On espère que ces grues blanches d'Amérique se reproduiront avec les autres individus de leur espèce et formeront une nouvelle population capable de se reproduire. Malheureusement, elles ne forment pas de couple et n'élèvent aucun petit.

On essaie actuellement d'introduire des grues blanches d'Amérique élevées en captivité dans le centre de la Floride afin d'établir une nouvelle population non migratrice. Depuis 1992, on a lâché des juvéniles, et 15 grues vivent présentement dans leur nouvel habitat. Certaines des grues lâchées ont formé des couples et, si tout va bien, quelques-unes pourraient se reproduire. Deux populations viables et géographiquement distinctes réduiraient grandement le danger d'extinction de l'espèce.

Nidification La grue blanche d'Amérique niche et élève ses petits dans des tourbières et des marais de scirpes inaccessibles. Certaines années, le climat sec détruit les nids et les sites d'alimentation. Les loups tuent parfois quelques jeunes, et seulement quelques juvéniles entreprennent ainsi la migration de 3900 km avec leurs parents.

Pendant le trajet, les grues rencontrent des dangers comme les lignes de transport d'électricité, particulièrement lorsqu'elles volent à basse altitude dans de mauvaises conditions météorologiques. Elles passent l'hiver à s'alimenter et à se reposer. Vers la fin de mars et le début d'avril, elles entreprennent leur migration vers le nord. Elles arrivent pendant la dernière semaine d'avril.

Elles pondent deux œufs (rarement un ou trois) dans un grand nid fait de scirpes. Les deux parents incubent les œufs, et des oisillons brun-rouge éclosent après 29 ou 30 jours. Habituellement, un seul petit survit.

E. Kuyt

Guarantee Act Conçu par Francis HINCKS en 1849, le Guarantee Act, loi votée à l'Assemblée législative de la Province du Canada, établit le principe de l'aide gouvernementale aux compagnies de chemin de fer. En vertu des dispositions de la Loi, tout chemin de fer de plus de 75 mi (120 km) de long peut bénéficier d'une garantie gouvernementale portant sur les intérêts de la moitié des obligations de la compagnie et ce, dès que la moitié de la ligne est terminée. Plusieurs compagnies de chemin de fer reçoivent cette aide, entre autres la GREAT WESTERN RAILWAY, la ST. LAWRENCE AND ATLANTIC RAILROAD, et l'Ontario, Simcoe and Huron. Grâce à l'encouragement de la *Guarantee Act* et de la *Municipal Loan Act* de 1852, la construction de chemins de fer fait véritablement fureur dans les deux Canadas, le nombre de kilomètres de voie ferrée passant de 106 en 1850 à plus de 3200 en 1860. En revanche, l'assistance gouvernementale encourage l'insouciance économique: en 1860, les compagnies de chemins de fer des deux Canadas font face à de graves problèmes financiers, et plusieurs municipalités connaissent un tel surdéveloppement qu'elles ont de la difficulté à s'acquitter de leurs obligations vis-à-vis de la CAISSE DE PRÊT MUNICIPAL.

Curtis Fahey

Guelph, ville de l'Ont.; pop. 95 821 (rec. 1996), 88 444 (rec. 1991), 78 235 (rec. 1986); superf. 87,12 km²; const. en village en 1851, en ville en 1856, puis en cité en 1879. Centre du comté de Wellington, la localité est située aux abords de la rivière Speed, dans la région centre-sud de l'Ontario, à 96 km à l'ouest de TORONTO et à 28 km à l'est de KITCHENER-WATERLOO. Elle a une superficie de 68,72 km² (jusqu'à ce qu'elle annexe des terrains situés au nord, en 1993) et une élévation de 300 à 360 m au-dessus du niveau de la mer. Avec ses établissements d'enseignement et ses industries, elle est au cœur d'une région agricole attrayante et hautement productive.

Peuplement et croissance Guelph a été fondée en 1827, selon des plans dressés antérieurement par John GALT, un romancier écossais, surintendant de la CANADA COMPANY, une société foncière qui avait son siège social à Londres, en Angleterre. Galt a fait valoir efficacement le concept d'urbanisme avant le peuplement général, de façon à stimuler les ventes des terres agricoles. À cette fin, il a conçu un plan faisant preuve d'imagination, en traçant des rues partant d'un point central, un plan semblable à ceux de villes américaines comme Buffalo. On peut encore apercevoir le plan original de la ville dans le centre des affaires. Galt a choisi le nom de la ville en l'honneur de la famille royale britannique, la dynastie de Hanovre issue des Guelfes, l'une des grandes factions politiques de l'Allemagne et de l'Italie à la fin du Moyen Âge.

Au XIXᵉ siècle, l'énergie hydroélectrique disponible a attiré dans la région plusieurs grandes industries, dont les plus importantes ont été celles de William Allan et de James Goldie. À partir des années 1860, plusieurs industries locales se sont taillé une réputation mondiale grâce à leur innovation technologique; parmi celles-ci, on retrouve les compagnies Raymond Sewing Machine et Bell Organ.

Économie Le fondement économique de la communauté continue d'être le secteur manufacturier diversifié, qui emploie environ 40 p. 100 de la main-d'œuvre locale. Les entreprises les plus importantes sont Transelectrix Technical Inc. (autrefois une filiale de la CGE), Canadian General Electric, section de la production du fil de bobinage, Hammond Manufacturing Co. Ltd. (produits électriques), IT Telegraph Canada Ltd., Imperial Tobacco, W.C. Wood (congélateurs), Blount Canada Ltd., Linamar Corp (pièces usinées) et Fiberglas Canada Inc.

La ville a été l'une des premières à assurer elle-même ses services publics. Dans les années 1880, elle a construit son propre chemin de fer, le Guelph Junction, qu'elle possède toujours. Après le tournant du siècle, aidée par ses principaux hommes d'affaires par le biais de la chambre de commerce, elle a racheté les services de distribution d'eau, de gaz et d'électricité, ainsi que la compagnie de tramways.

Éducation Créée en 1964, l'UNIVERSITÉ DE GUELPH résulte du fusionnement de plusieurs collèges dont l'existence remonte à plus d'un siècle. En 1922, on a déménagé l'Ontario Veterinary College sur le campus de Guelph. Actuellement, la gamme complète de programmes de l'université attire environ 11 500 étudiants, chaque année; les recherches menées dans de nombreux domaines, surtout celles visant à résoudre les problèmes agricoles complexes des pays en voie de développement, ont une reconnaissance internationale.

Le Collège d'agriculture de l'Ontario a été fondé en 1874 dans une ferme expérimentale de 200 ha, au sud de la ville. Il joue un rôle très important dans la recherche en agriculture dans le monde entier. L'économiste John Kenneth GALBRAITH est au nombre de ses diplômés les plus célèbres. À l'instigation d'Adelaide HOODLESS, un deuxième collège, le Macdonald Institute, a été construit en 1903 pour l'enseignement des arts ménagers (*voir* ÉCONOMIE DOMESTIQUE).

Paysage urbain La ville a conservé, en grande partie, son paysage urbain du XIXᵉ siècle. La pierre calcaire aux tons chauds, extraite des carrières de la région et facilement équarrie par des ciseleurs et assez généralement utilisée donne une unité visuelle au paysage urbain. Cela se voit particulièrement dans les principales rues du centre-ville, comme la rue Wyndham, où les architectes ont créé de hautes corniches presque répétitives et des fenêtres espacées uniformément d'un édifice à l'autre. Les constructions particulièrement importantes sont l'hôtel de ville de style néo-Renaissance (1856), conçu par William THOMAS, et l'église Church of Our Lady (1877-1888) de Joseph Connolly, qui domine encore la ville.

Population La population de Guelph a toujours été surtout d'origine britannique. En 1880, 92 p. 100 de la population était anglaise pour 87 p. 100 en 1921. Toutefois, en 1991, cette proportion est tombée à 29 p. 100 et 8 p. 100 s'identifient comme Canadiens. Le nouveau groupe le plus important, les Italiens, compte pour environ 8 p. 100 de la population.

Culture La ville et le district de Guelph sont le foyer de plusieurs artistes connus, comme Ken DANBY. La galerie Macdonald-Stewart, sur le campus universitaire, fournit le principal soutien aux activités artistiques. La tradition culturelle de Guelph est avant tout reliée au domaine musical. Edward JOHNSON (1878-1959), ténor de renommée mondiale et directeur du New York Metropolitan Opera, est né et a étudié à Guelph. La Edward Johnson Music Foundation perpétue sa mémoire en parrainant chaque année le très réputé Guelph Spring Festival, au cours duquel on présente, pendant deux semaines, des concerts, des opéras, des films et des pièces de théâtre.

G.A. Stelter

Guêpe Le terme guêpe désigne, à proprement parler, des insectes piqueurs munis d'un aiguillon ou dard (guêpes aculéates) et faisant partie de l'ordre des hyménoptères, qui inclut également les FOURMIS et les ABEILLES. On l'utilise aussi communément pour nommer plusieurs espèces d'hyménoptères parasitoïdes et gallicoles (qui construisent ou vivent dans des galles).

Description Ces insectes ont généralement l'abdomen rétréci à sa base, des poils simples (par opposition aux poils ramifiés des abeilles), et un oviscapte parfois transformé en dard. La majorité ont deux paires d'ailes membraneuses mais certaines espèces sont aptères. La taille des guêpes varie de minuscule, chez des parasitoïdes de moins de 1 mm de longueur, à grande chez des prédateurs de 35 mm de longueur.

Répartition On compte quelque 550 espèces de guêpes aculéates au Canada. Si on ajoute les guêpes parasitoïdes et les gallicoles, ce nombre s'élève à environ 10 000. On en rencontre partout au pays.

Comportement Un groupe aussi diversifié et aussi grand présente des comportements et des habitats très variés. Les guêpes gallicoles (famille des cynipidés) sont à l'origine de la formation des galles caractéristiques sur les feuilles et les tiges des plantes (notamment les chênes), dans lesquelles leurs larves se nourrissent et se développent. Les nombreuses guêpes dites parasitoïdes placent leurs œufs dans ou sur le corps de l'insecte servant d'hôte aux larves.

Les mutilles (mutillidés) parasitent des abeilles et des guêpes qui nichent dans le sol. Ce sont des guêpes poilues et brillamment colorées dont les femelles aptères peuvent infliger une piqûre douloureuse. Les sphex (sphécidés) collectent des boulettes de boue pour façonner un nid cellulaire qu'ils approvisionnent en araignées servant de nourriture aux larves.

La famille des vespidés comprend les guêpes sociales, qui sont probablement les plus connues des guêpes. Leurs nids de papier, qui nous sont familiers, abritent des sociétés complexes comprenant de quelques dizaines (p. ex., les nids de papier à rayons ouverts des guêpes du genre polistes, communs sur les avant-toits de maisons et de garages) à plus d'un millier d'individus (comme chez les FRELONS, sous-famille des vespinés).

Relations avec les humains La majorité des guêpes sont bénéfiques, qu'elles soient parasites ou prédatrices d'autres insectes. Plusieurs espèces de guêpes parasitoïdes sont élevées pour servir dans la lutte biologique contre les INSECTES NUISIBLES.

M.V. Smith

Guerre civile russe Intervention du Canada dans la Après l'effondrement de l'empire russe en 1917, l'Allemagne et l'Autriche peuvent transférer une bonne partie de leurs troupes à l'est vers le front occidental, augmentant ainsi la pression sur les forces alliées déjà très éprouvées en Belgique et en France.

Pour y remédier, les Alliés décident de soutenir les «Russes blancs» anticommunistes qui, une fois revenus au pouvoir, auraient repris la guerre à l'est contre l'Allemagne et l'Autriche, une stratégie chaudement appuyée par les autorités de Londres et Paris, qui souhaitent purger la Russie des Bolcheviks. Acquiesçant à la volonté de la Grande-Bretagne, le gouvernement canadien dépêche alors, au milieu de 1918, quelque 6000 soldats qui viennent s'ajouter à diverses unités alliées en Russie.

Bien que des Canadiens périssent lors de violents affrontements dans le nord de la Russie et lors de combats aériens au-dessus de la Mer Noire, la plupart de nos soldats, surtout ceux envoyés en Sibérie, reviennent au Canada sans avoir combattu. Le premier ministre Robert Borden reconnaît par la suite que le pays a commis à la fois une erreur politique et une bourde militaire. Après quoi, les dirigeants canadiens se montreront plus réticents à accepter sans réflexion préalable les recommandations d'autres pays en vue de participer à des opérations militaires à l'étranger.

Roy MacLaren

Guerre, crimes de Une Commission d'enquête sur les criminels de guerre est établie en février 1985 en réponse à des accusations de longue date reprochant au Canada d'être devenu un refuge pour les criminels de guerre nazis après la Seconde Guerre mondiale, y compris l'allégation selon laquelle Joseph Mengele était entré au pays. En décembre 1986, après quasiment deux ans d'audience, la Commission (communément appelée «Commission Deschênes») présidée par l'ancien juge en chef de la Cour supérieure du Québec, l'honorable Jules Deschênes, présente son

rapport au gouvernement du premier ministre de l'époque, Brian Mulroney.

Conclusions de l'enquête L'enquête conclut que des centaines de dossiers concernant des présumés criminels de guerre devraient être fermés, parce que les accusés sont morts, parce qu'ils ne sont jamais entrés au Canada (comme Mengele) ou parce que la preuve est insuffisante. La Commission conclut, cependant, que les enquêtes concernant des douzaines d'autres dossiers doivent se poursuivre.

Le ministre de la Justice, Ray Hnatyshyn (qui devient plus tard gouverneur général du Canada), propose une solution «à la canadienne» et présente, en 1987, des modifications au *Code criminel* qui permettent de poursuivre en justice les nazis et autres criminels de guerre qui se trouveraient au pays. Jusqu'alors, la seule poursuite judiciaire au Canada en matière de crime de guerre porte sur l'extradition en 1983 d'Albert Helmut Rauca vers la République fédérale d'Allemagne. L'accusé est mort dans une prison allemande avant de subir son procès.

Procès En 1988, des accusations sont portées contre Imre Finta, de Toronto, par suite de sa participation au transfert de milliers de Juifs hongrois au camp de la mort d'Auschwitz. Après un long procès devant jury, Finta est acquitté. Appel est interjeté jusqu'à la Cour suprême du Canada, qui, en 1994, conclut que les dispositions relatives aux crimes de guerre sont constitutionnelles. Elle confirme l'acquittement. Beaucoup critiquent cette décision la qualifiant de recul par rapport aux normes de droit international. Les procès de trois autres présumés criminels de guerre ne sont jamais terminés en raison de l'absence de témoins ou de l'incapacité de l'accusé de subir son procès pour des raisons de santé.

Le ministère fédéral de la Justice favorise aujourd'hui la dénaturalisation et la déportation des présumés criminels de guerre nazis qui avaient caché leur passé lorsqu'ils sont entrés au Canada. Actuellement, quatre causes de ce genre progressent lentement devant les tribunaux. Le seul succès remporté jusqu'ici est le cas de Jacob Luitjens, qui est déporté aux Pays-Bas en 1992 après que les tribunaux canadiens ont jugé qu'il avait simplement omis de signaler la condamnation pour collaboration avec les nazis dont il avait été l'objet, aux Pays-Bas, après la guerre. Il a été libéré d'une prison hollandaise au printemps 1995.

Le juge Deschênes est aujourd'hui membre du tribunal des Nations Unies créé pour poursuivre et juger les personnes présumées responsables de crimes de guerre sur le territoire de l'ex-Yougoslavie. En droit canadien, il est possible de juger les criminels de guerre et les auteurs de crimes contre l'humanité dont les forfaits ont été commis à l'extérieur du Canada, comme lors du génocide récent survenu au Rwanda.

Jack Silverstone

Guerre de Corée En décembre 1947, le premier ministre Mackenzie KING réprimande son ministère des Affaires extérieures pour avoir accepté que le Canada fasse partie de la Commission temporaire de l'ONU sur la Corée. Néanmoins, le 27 juillet 1950, après les funérailles de King, ses anciens collègues adoptent le principe de fournir un contingent de l'armée canadienne pour appuyer les forces de l'ONU en Corée. De l'avis du gouvernement, le Canada combattra non pas pour la Corée, mais pour l'ONU et la sécurité collective.

La guerre (1950-1953) éclate le 25 juin 1950. Le lendemain, le général Douglas MacArthur informe le président américain Harry Truman que la défense sud-coréenne s'effondre et que la défaite est imminente. Les Américains décident d'aider le Sud à se défendre contre le Nord communiste, mais par le biais de l'ONU. L'Assemblée générale de l'ONU est dominée par les pays occidentaux. À cette même époque, les Soviétiques boycottent le Conseil de

sécurité à cause du refus de l'ONU d'admettre le nouveau régime communiste chinois au sein du conseil. De ce fait, l'URSS ne peut exercer son droit de veto au sein du conseil qui condamne alors les Nord-Coréens et exhorte les États membres de l'ONU «à accorder toute leur aide» à la Corée du Sud assiégée. Les Américains offrent aussitôt une aide aérienne et navale. Le 28 juin 1950, Lester PEARSON, secrétaire d'État canadien aux Affaires extérieures, les félicite, croyant que le Canada doit aussi réagir par le biais de l'ONU et sous le leadership militaire des États-Unis.

En 1950, période où la GUERRE FROIDE soulève les pires craintes, les Canadiens acceptent que les Américains prennent l'initiative dans la résistance à l'expansion communiste et les encouragent même à le faire. On craint, cependant, que les Américains ne mettent trop d'impétuosité à défendre le «monde libre». Pearson insiste donc sur le fait que la participation canadienne s'inscrit dans le cadre d'une opération de l'ONU, non des États-Unis. Le Canada envoie tout d'abord trois destroyers et un escadron de transport aérien. Les Américains, jugeant cette aide insuffisante, incitent le secrétaire général de l'ONU, Trygve Lie, à faire pression sur le Canada et sur d'autres États membres pour qu'ils fournissent une contribution plus importante. Le gouvernement canadien n'a pas besoin de pression extérieure, car les intérêts nationaux exercent l'influence nécessaire. Même la socialiste Co-Operative Commonwealth Federation (CCF) enjoint le gouvernement d'engager des forces terrestres. La principale difficulté du Canada est le piètre état de ses forces armées. Mais, le 7 août, le premier ministre SAINT-LAURENT lance des mesures et des plans de réarmement en vue de mettre sur pied une Force spéciale de l'Armée canadienne (FSAC) destinée à remplir les obligations du Canada envers l'ONU.

Au début, il semble que les soldats canadiens n'aient jamais à tirer. Sous MacArthur, les forces de l'ONU repoussent les Nord-Coréens à la frontière du 38e parallèle. Les Canadiens et la plupart des autres pays membres s'attendent à ce que MacArthur, ayant vaincu l'agresseur, mette fin aux combats. À la surprise et à la déception de Pearson, il poursuit l'offensive. Néanmoins, le Canada appuie publiquement la décision de l'ONU de pousser la guerre en Corée du Nord. Les Canadiens cherchent alors à limiter l'action militaire menée par les Américains, de peur que les communistes chinois ne soient entraînés dans le conflit. Fin octobre, après avoir franchi le fleuve Yalu, des «volontaires» chinois refoulent les forces de l'ONU. À la mi-novembre, Pearson exprime publiquement son inquiétude lorsqu'il souligne que le Canada a toujours voulu une guerre «confinée et localisée», qui ne mette pas en péril la sécurité des «voisins» de la Corée. MacArthur n'exagère pas quand, le 28 novembre 1950, il parle d'une «guerre complètement nouvelle». Les Canadiens n'échapperont pas aux combats.

En décembre 1950, le 2e Bataillon, Princess Patricia's Canadian Light Infantry, atterrit en Corée, suivi de la FSAC, en mai. Les Canadiens combattent en terrain accidenté et dans un environnement inconnu. Les forces de l'ONU établissent un front stable près du 38e parallèle et les combats se poursuivent le long de cette ligne jusqu'à la fin de la guerre, le 27 juillet 1953. Les Canadiens se distinguent lors d'une action importante à KAP'YONG en avril 1951. Au total, 21 940 Canadiens servent dans l'armée et près de 3600 dans la marine. Onze officiers de l'armée, 298 soldats d'autres rangs et trois marins meurent au combat. Cinquante-neuf officiers et 1143 soldats d'autres rangs sont blessés. Selon toutes les évaluations, les Canadiens ont été admirables.

Pearson et ses collègues ont cru que le leadership américain était essentiel, mais celui-ci s'est exercé de façon de plus en plus troublante. Tout d'abord, le président Truman a émis des commentaires irréfléchis quant au droit du général MacArthur de décider seul de l'utilisation des armes atomiques. Puis MacArthur a clairement indiqué son intention d'étendre le conflit à la Chine, un geste qui aurait pu déclencher une troisième guerre mondiale. Même le fait que Truman ait démis MacArthur de ses fonctions, le 10 avril 1951, ne réussit pas à dissiper toutes les inquiétudes.

Au cours de la guerre, les diplomates canadiens ont cherché à «contraindre» les décideurs américains à renoncer aux gestes dangereux qu'ils envisageaient parfois. Les Canadiens ont certes fait preuve d'un zèle et d'un talent exceptionnels, dans les coulisses de l'ONU et dans les bureaux de Washington, pour défendre l'idée d'une paix négociée. Cependant, leur influence demeure discutable. Bien que certains Canadiens croient que les interventions de leur pays ont réellement servi à restreindre l'agressivité des Américains, on doit reconnaître que les documents de sources américaines appuient assez peu ce point de vue. La guerre de Corée fait donc maintenant partie d'une controverse historique plus vaste concernant la nature des RELATIONS CANADO-AMÉRICAINES. (*Voir aussi* KOJE-DO.)

John English

Guerre de course La guerre de course fait référence à l'autorisation accordée par un gouvernement aux navires privés de faire la guerre aux ennemis de l'État. Au Canada, cette pratique commence en 1613, lorsque Samuel Argall lance une attaque contre PORT-ROYAL, en Acadie. Parmi les corsaires anglais, qui appareillent de Terre-Neuve et de la Nouvelle-Angleterre, se trouvent les frères KIRKE qui prennent Québec en 1629. De leur côté, des corsaires français font voile à partir de Port-Royal, de LOUISBOURG et d'autres ports éloignés; parmi eux on compte Pierre Le Moyne d'IBERVILLE, qui, en 1696-1697, capture et brûle St. John's en semant la terreur dans plusieurs collectivités le long des côtes de Terre-Neuve. De 1756 à 1815, des corsaires britanniques quittent les ports d'Halifax, de Liverpool, de Shelburne, d'Annapolis Royal, de St. Andrews et de Saint-Jean pour naviguer vers le sud jusqu'au Venezuela. Comme la Grande-Bretagne est mêlée à de nombreuses guerres, les occasions ne manquent pas pour les corsaires de s'y engager.

Une expédition se met en branle lorsque des marchands investissent à risque du capital. En principe, on transforme simplement un navire marchand en navire de guerre, mais il arrive qu'un vaisseau soit expressément construit à cette fin. Le corsaire obtient une lettre de marque du gouverneur et le vaisseau est armé en conséquence. Les corsaires ne reçoivent pas de salaire, mais signent leur engagement dans l'espoir de partager les prises. La plupart en reviennent, mais plusieurs sont enterrés à l'étranger ou livrés à la mer dans un sac de toile avec un boulet de canon au pied. La Cour de la Vice-amirauté à Halifax décide du sort des navires capturés et de leur chargement. Si elle juge qu'ils ont été saisis légalement, ils sont vendus aux enchères publiques. Pendant la GUERRE DE 1812, le sort de 50 navires capturés par le *Liverpool Packet* est ainsi décidé en cour. Le juge et les fonctionnaires de la cour reçoivent une commission, puis le produit de la vente est partagé entre les propriétaires du navire corsaire, le capitaine et les membres d'équipage, et «l'informateur», c.-à-d. le responsable de la prise.

Le TRAITÉ DE GAND, signé en 1814, met fin à la guerre de course à partir des ports canadiens, mais il faut attendre la signature d'une convention internationale en 1856, la *Déclaration de Paris,* pour que cesse définitivement cette activité. La guerre de course était non seulement une activité économique mais un moyen pour les gouvernements d'assurer une présence militaire offensive et défensive.

John G. Leefe

Guerre de Crimée Cette guerre, qui dure de 1854 à 1856, vient interrompre un demi-siècle de paix entre les grandes puissances de l'Europe. Ce conflit, issu d'une lutte d'influence entre la Grande-Bretagne, la France et la Russie au sujet de l'empire ottoman affaibli, se transforme rapidement en une longue guerre acharnée au Proche-Orient, dont la péninsule de la Crimée est le théâtre. Le Canada ne joue aucun rôle direct dans cette guerre, mais en subit certaines conséquences notables malgré la distance. Il perd en effet sa garnison de troupes britanniques pour les besoins de la force expéditionnaire de Crimée. Cette situation mène à l'établissement, en 1855, d'une milice canadienne permanente, comprenant notamment des volontaires.

La popularité de cette initiative est telle qu'à la suite de l'enthousiasme suscité au Canada par le spectacle de la guerre de Crimée, le recrutement dépasse de loin la demande de miliciens et contribue à convaincre le gouvernement de l'inutilité du service militaire universel (conscription) pour défendre le pays. Si aucune unité canadienne ne prend part à la guerre de Crimée, certaines personnes s'engagent et montent au front. C'est ainsi que le lieutenant Alexander DUNN du 11e Hussars est devenu le premier Canadien à être décoré de la CROIX DE VICTORIA. Il a mérité cet honneur très convoité pour sa participation à la malheureuse charge de la brigade légère du 25 octobre 1854, à Balaklava, qui constitue sans aucun doute le combat le plus connu de cette guerre.

Wesley K. Wark

Guerre de la succession d'Autriche La Guerre de la succession d'Autriche (1739-1748) se compose en fait de deux conflits, l'un en Europe et l'autre, que les Anglais appellent King George's War, dans les colonies d'Amérique. De 1713 à 1739, le commerce français outre-mer est extrêmement florissant alors que le commerce britannique stagne. L'enjeu principal est le commerce avec l'empire espagnol, dominé par la France. L'Angleterre, résolue à expulser les Français de ce lucratif marché, déclare la guerre à l'Espagne (la soi-disant War of Jenkins' Ear), le 19 octobre 1739. La guerre avec la France est sur le point d'éclater lorsqu'en 1740 les puissances continentales européennes entament des hostilités au sujet de l'accession de Marie-Thérèse au trône impérial des Habsbourg, en Autriche.

L'Angleterre et la France sont entraînées dans des camps adverses dans un conflit qui se révèle désastreux pour les deux pays. Une armée anglaise subit une cuisante défaite face aux Français, le 11 mai 1745, à Fontenoy dans les Flandres (Belgique) et est chassée du continent. En Amérique du Nord, la Royal Navy finit par ruiner le commerce maritime français, tandis que les forces franco-canadiennes ravagent les établissements frontaliers britanniques en Nouvelle-Écosse, dans l'État de New York et en Nouvelle-Angleterre. Une expédition anglo-américaine s'empare de LOUISBOURG en juin, mais les Anglo-Américains sont tout aussi incapables de conquérir le Canada que les Canadiens de conquérir la Nouvelle-Angleterre. En mai-juin 1748, le traité d'Aix-la-Chapelle met fin à la guerre, sans que rien ne soit réglé. L'Angleterre échange Louisbourg contre la ville de Madras aux Indes, qui est cédée à la France. Les Pays-Bas sont cédés à l'Autriche et la Silésie revient à la Prusse. Les puissances, mécontentes de leurs alliés respectifs, procèdent alors à des changements: à la veille de la GUERRE DE SEPT ANS, la Prusse s'allie à l'Angleterre et l'Autriche, à la France.

W.J. Eccles

Guerre de la succession d'Espagne La guerre de la succession d'Espagne (aussi appelée par les Anglais *Queen Anne's War*) se déroule de 1702 à 1713. Cette guerre est un conflit généralisé européen, qui implique aussi les colonies des principales puissances. Il résulte de prétentions concurrentes au trône d'Espagne après le décès du roi Charles II, mort sans héritier. Le couronnement du petit-fils du roi de France, Louis XIV, sous le nom de Philippe V, indispose l'Angleterre et les Pays-Bas, engagés dans des rivalités croissantes avec la France, ainsi que l'empereur du Saint Empire romain germanique, Léopold Ier, qui avait réclamé la succession au nom de son fils.

La guerre en Europe éclate en 1702. Les Pays-Bas, l'Angleterre et la plupart des États germaniques affrontent la France, alliée de l'Espagne, de la Bavière, du Portugal et de la Savoie. Le conflit se propage aux colonies françaises et anglaises d'Amérique du Nord, où les ennemis mènent à tour de rôle des raids de représailles sanglants en ACADIE et en Nouvelle-Angleterre. Les Français détruisent l'établissement anglais de Bonavista à Terre-Neuve en 1704 et s'emparent de St. John's en 1708. Pour leur part, les Anglais prennent possession de PORT-ROYAL et du reste de l'Acadie en 1710, mais l'année suivante, une flotte britannique fait naufrage dans le Saint-Laurent au cours d'une tentative avortée de conquérir Québec.

Le TRAITÉ D'UTRECHT (1713) règle plusieurs litiges successoraux entre l'Angleterre et la France et accorde un vaste territoire à l'Angleterre. La France conserve l'île Saint-Jean (Île-du-Prince-Édouard) et l'île Royale (Cap-Breton), mais cède l'Acadie et Terre-Neuve aux Anglais et leur rend le bassin hydrographique de la baie d'Hudson. Ce traité met fin à l'expansion française et amorce l'essor de l'empire britannique.

James A. Ogilvy

Guerre de 1812 Le 18 juin 1812, à l'apogée des GUERRES NAPOLÉONIENNES, les États-Unis déclarent la guerre à l'Angleterre et s'attaquent à la seule possession britannique sur le continent, le Canada. La plupart des combats qui s'ensuivent ont lieu le long de la frontière. Le conflit prend fin dans l'impasse. Le TRAITÉ DE GAND, signé le 24 décembre 1814, ne règle rien, puisque les motifs de la guerre (mainmise britannique sur les mers, fouille des navires américains pendant le blocus napoléonien, enrôlement obligatoire des marins américains par les Britanniques) ne tiennent plus à la suite de la défaite de Napoléon. Toutefois, le Canada doit sa configuration actuelle aux négociations issues de cette guerre, et la guerre elle-même, ou les mythes qu'elle a créés, a donné pour la première fois aux Canadiens l'impression de former une communauté.

Les forces canadiennes et britanniques étaient beaucoup moins nombreuses, mais beaucoup mieux préparées, grâce au génie du major général Isaac BROCK, gouverneur du HAUT-CANADA. Si, disait-il, l'ennemi peut emprunter la voie traditionnelle d'invasion (Champlain-Richelieu), s'emparer de Montréal et couper le lien vital entre le Haut-Canada et le Bas-Canada, la guerre sera pour ainsi dire terminée. Toutefois, Brock croit cette tactique impossible, car ses alliés autochtones dirigés par TECUMSEH, chef de guerre shawnee, tiennent la frontière nord-ouest américaine en effervescence. Les Américains essaieront donc d'abord d'assurer leur flanc gauche. La prise sans effusion de sang d'un poste clé américain dans l'île Michilimakinac (au lac Huron), le 17 juillet, et celle de Détroit, le 16 août, font avorter cette stratégie. Les Britanniques ont ainsi la mainmise sur la région du Michigan et du haut Mississippi.

La remarque de Thomas Jefferson selon laquelle la conquête du Canada ne serait qu'une «simple promenade» revient dès lors hanter Washington. Après avoir perdu une armée à Détroit, les Américains en perdent une autre le 13 octobre à Queenston Heights (*voir* BATAILLE DE QUEENSTON HEIGHTS), lorsque leur milice, forte de sa garantie constitutionnelle, refuse de pénétrer au Canada. Cependant, Brock meurt au combat, une perte irréparable. Une nouvelle armée américaine conduite par William Henry Harrison monte, non sans peine, depuis le Kentucky et tente de reprendre Détroit. Le 22 janvier 1813, une aile de cette armée est décimée à Frenchtown par un détachement britannique, canadien et amérindien sous les ordres du lieutenant-colonel Henry PROCTOR, de sorte que toute autre tentative d'invasion est abandonnée cet hiver-là. D'Américains au Canada, il ne reste plus que des prisonniers de guerre.

Les Britanniques restent sur la défensive, comptant sur les erreurs des envahisseurs. Le gouverneur, sir George PREVOST, ménage soigneusement ses maigres troupes, sage précaution vu la forte supériorité numérique des Américains. Dès la reprise de la campagne en 1813, les envahisseurs veulent s'emparer de Kingston et séparer ainsi les deux Canadas, mais un manque d'esprit de décision détourne l'attaque vers York (Toronto), objectif plus facile. L'occupation de la ville est de courte durée. On incendie les édifices publics et on saisit le matériel naval de valeur destiné au lac Érié. Toutefois, les Britanniques, en brûlant leur navire de guerre inachevé, empêchent l'ennemi de s'en emparer et d'exercer son emprise sur le lac Ontario. Jusqu'à la fin de la guerre, aucun des deux camps n'arrivera à se rendre maître du lac Ontario.

Les Américains abandonnent York, et, le 27 mai 1813, leur flotte s'empare de FORT GEORGE à l'embouchure du Niagara. Cependant, l'armée britannique réussit à s'enfuir et ses victoires de Stoney Creek et de Beaver Dams (*voir* BATAILLE DE BEAVER DAMS; BATAILLE DE STONEY CREEK) repoussent l'avance de l'ennemi dans la péninsule de Niagara, le confinant dans l'enclave du fort. Pendant toute cette campagne, la péninsule devient une zone mal définie, propice aux incursions des maraudeurs. Miné par la maladie, la désertion et le départ des soldats engagés pour une courte période, le commandement américain abandonne finalement Fort George, le 10 décembre, et quitte le Canada. En partant, les miliciens incendient Newark (NIAGARA-ON-THE LAKE), geste qui incite les Britanniques à une brutale revanche à Buffalo. Ces représailles se poursuivent jusqu'en août avec l'incendie de Washington.

Les Américains ont plus de succès sur leur flanc ouest. Les Britanniques tentent en vain de s'emparer de la forteresse de Harrison au Fort Meigs, sur la rivière Maumee. Une lutte s'engage pour la maîtrise du lac Érié. Les deux flottes rivales, toutes deux construites de bois vert sur les lieux mêmes, se rencontrent le 10 septembre à Put-in-Bay (*voir* BATAILLE DE PUT-IN-BAY). Les Britanniques sont affaiblis par la saisie de matériel naval par les Américains, à York le printemps précédent, et par la perte, au début du combat, de plusieurs officiers supérieurs.

Le commodore américain Oliver Hazard Perry, marin audacieux, emploie des tactiques peu orthodoxes qui changent la défaite en victoire, et il devient le premier homme de l'histoire à capturer une flotte britannique complète. Le lac Érié devient un lac américain, Détroit est abandonné et les Britanniques se retirent au-delà de la rivière Thames. Harrison vainc Proctor à Moraviantown (*voir* BATAILLE DE MORAVIANTOWN). Tecumseh est tué au combat, ce qui met un terme à l'alliance amérindienne du Nord-Ouest. Toutefois, Harrison ne peut poursuivre sa marche victorieuse. Ses soldats du Kentucky ont hâte de rentrer dans leurs fermes pour s'occuper des récoltes.

Pendant ce temps, les Américains préparent une attaque sur deux fronts dans le but de s'emparer de Montréal, mais ils y apportent si peu d'enthousiasme que l'échec est inévitable. Le 26 octobre, sur la rivière Châteauguay, une poignée de VOLTIGEURS canadiens-français, sous le commandement du lieu-

tenant-colonel Charles de SALABERRY, repousse une armée américaine de 4000 hommes de l'autre côté de la frontière (*voir* BATAILLE DE CHÂTEAUGUAY). Le 11 novembre, à CRYSLER'S FARM (près de Morrisburg, en Ontario), la troupe de métier du lieutenant-colonel Joseph Wanton Morrison remporte une éclatante victoire sur l'armée supérieure en nombre de James Wilkinson qui, à son tour, quitte le Canada. Ainsi, lorsque la campagne de 1813 prend fin, les Américains possèdent Fort AMHERSTBURG sur la rivière Détroit et les Britanniques conservent les deux forts américains de Niagara et de Michilimakinac.

L'année suivante, les Américains traversent à nouveau le Niagara, s'emparent de Fort Érié le 3 juillet, battent les Britanniques à Chippawa le 5 juillet, mais ne peuvent reprendre Fort George. Une bataille acharnée a lieu le 25 juillet à LUNDY'S LANE, à peu de distance des chutes du Niagara. Menée par une nuit noire et suffocante, qui empêche les soldats épuisés de distinguer l'ami de l'ennemi, la bataille se termine dans l'impasse totale. Les Américains se retirent à Fort Érié, et c'est là qu'ils infligent une cuisante défaite aux soldats du nouveau commandant britannique, le lieutenant-général Gordon Drummond, quand celui-ci tente une attaque dans la nuit du 14 au 15 août. De part et d'autre, les troupes sont complètement exténuées, une trêve de trois mois s'ensuit. Enfin, le 5 novembre, les Américains se retirent de nouveau. Pendant ce temps, une armée partie de Halifax sous la conduite du lieutenant-gouverneur de la Nouvelle-Écosse, sir John SHERBROOKE, pénètre dans le Maine et s'empare de Castine, le 3 septembre. Au milieu du mois, les troupes britanniques possèdent une bonne partie du Maine, qui ne reviendra aux États-Unis qu'à la signature du traité de paix.

À l'Ouest, les coureurs des bois canadiens s'emparent de Prairie du Chien sur le haut Mississippi, repoussent une attaque américaine à l'île Michilimakinac et capturent deux bateaux de guerre sur le lac Huron. À l'Est, c'est une tout autre histoire. Après la défaite de Napoléon, une armée britannique désormais supérieure en nombre fait face à la maigre troupe américaine à Plattsburgh, sur le lac Champlain. Prevost marche vers le sud à la tête de 11 000 anciens combattants de Wellington, mais son hésitation à passer à l'attaque (il n'est pas Brock) ajoutée à la déroute d'une flotte britannique hâtivement construite défaite par le commodore américain Thomas Macdonough, le 11 septembre dans la baie de Plattsburgh, le force à se retirer sans avoir combattu (*voir* BATAILLE DE PLATTSBURGH).

Il n'en faut pas plus pour faire pencher la balance en faveur des Américains et obliger les négociateurs britanniques à restreindre leurs exigences et à accepter le statu quo lors de la signature du traité de Gand. Si Prevost avait réussi, une bonne partie du nord de l'État de New York serait aujourd'hui canadienne. Par ailleurs, si les Américains avaient remporté la victoire à Stoney Creek ou s'étaient emparés de Montréal, l'Ontario et le Québec, en entier ou en partie, seraient maintenant sous la bannière étoilée.

Washington avait misé sur l'hypothèse suivante: la forte population américaine installée dans le Haut-Canada allait rejeter le joug britannique dès le déclenchement de l'invasion. Ce n'est toutefois pas ce qui s'est produit. Attirés au nord par la gratuité des terres et les impôts peu élevés, les colons voulaient qu'on les laisse tranquilles. De plus, il était mal venu après une guerre d'une telle violence de faire appel aux idéaux démocratiques et républicains. Les Britanniques et l'élite LOYALISTE ont donc pu offrir aux Canadiens une voie différente de celle de leur ancien ennemi. Une opinion allait s'accréditant: c'étaient les combattants civils, et non les Amérindiens et les soldats de métier britanniques, qui avaient gagné la guerre. Plus mythique que juste, cet-

te croyance a pourtant contribué à la naissance du nationalisme dans les deux Canadas. (*Voir aussi* NIAGARA, FRONTIÈRE HISTORIQUE DU; FORT HENRY.)

Pierre Berton

Guerre de Sécession La Guerre de Sécession (1861-1865) est un conflit intérieur entre les États du Nord des États-Unis (Union) et ceux du Sud, qui font sécession et forment la Confédération. Par ailleurs, cette guerre sert grandement à façonner une identité canadienne distincte.

L'opinion canadienne est généralement anti-nordiste, et le gouvernement de Washington, conscient de la situation, est à la fois hostile à la Grande-Bretagne et à l'Amérique du Nord britannique. Les Britanniques et les Canadiens, prédisant une victoire sudiste, appréhendent une attaque contre le Canada par l'armée nordiste afin, selon certains, de compenser les pertes territoriales. La tension qui en résulte le long de la frontière provoque plusieurs incidents mineurs, beaucoup d'incompréhension et quatre crises importantes, dont les incidents de l'ALABAMA, du TRENT et du *Chesapeake*. La quatrième, le raid sur St. Albans, au Vermont, au cours de l'automne de 1864, par des Confédérés établis à Montréal, entraîne les troupes nordistes en territoire canadien. Les Confédérés espèrent forcer le Nord à violer la neutralité britannique au Canada, pour inciter la Grande-Bretagne à lui déclarer la guerre. Toutefois, la tentative échoue.

Immédiatement après la guerre, une série de raids de FENIANS augmentent la tension le long de la frontière. Ceux-ci n'auraient probablement pas été tolérés par les Américains si ce n'avait été de l'hostilité persistante entre le Canada et l'Union, malgré l'enrôlement de plusieurs Canadiens dans l'armée nordiste. Les Américains profitent de cette hostilité pour abroger, à la toute première occasion (mars 1866), le traité de RÉCIPROCITÉ de 1854.

Analysant les causes de la guerre, John A. Macdonald blâme le pouvoir excessif accordé aux États par la Constitution américaine. Il décide alors que l'Acte de l'Amérique du Nord britannique ne répétera pas cette erreur. Il établit également une patrouille des frontières, groupe précurseur de la POLICE MONTÉE DU NORD-OUEST. Le plus important: en raison du danger réel d'une invasion américaine, conséquence directe du RAID DE ST. ALBANS, et pour assurer une défense plus efficace, les Britanniques en viennent à favoriser la CONFÉDÉRATION des colonies de l'Amérique du Nord britannique. Cette guerre contribue donc directement à la création au moment opportun de la Confédération et à sa formulation.

Robin W. Winks

Guerre de Sept Ans La guerre de Sept Ans (1756-1763) est la première guerre à l'échelle mondiale. Le conflit oppose la Grande-Bretagne, la Prusse et Hanovre à la France, l'Autriche, la Suède, la Saxe, la Russie et, finalement, l'Espagne. La Grande-Bretagne refuse d'engager le gros de ses troupes sur le continent, comptant sur des mercenaires prussiens et allemands pour défendre l'électorat de Hanovre au nom de George II. Le plan de guerre de la Grande-Bretagne vise à détruire les forces navales et la marine marchande françaises et à s'emparer de ses colonies, pour ainsi anéantir sa rivale commerciale. En Europe, la France s'est engagée à défendre l'Autriche, mais cette dernière ne peut rien pour les colonies françaises d'outre-mer.

Les hostilités éclatent en 1754 dans la vallée de l'Ohio, lorsqu'un major de la milice de Virginie, George Washington, se fait prendre dans une embuscade par un petit détachement français. Par la suite, il doit accepter les termes humiliants dictés par le commandant français envoyé pour lui demander des comptes. Puis, les Britanniques dépêchent en Amérique deux régiments, sous les ordres du major général Edward Braddock. D'autres troupes sont levées dans les colonies et une attaque sur quatre fronts se prépare contre les Français au FORT BEAUSÉ-JOUR, à la frontière de la Nouvelle-Écosse, contre leurs forts du lac Champlain et du Niagara et, enfin, contre le fort Duquesne, sur l'Ohio.

Découvrant ces préparatifs, les Français ordonnent l'envoi de six bataillons sous le commandement du baron Armand Dieskau pour renforcer la défense de LOUISBOURG et du Canada. Les Britanniques enjoignent alors le vice-amiral Edward Boscawen de partir avec son escadrille pour intercepter et capturer le convoi français, même si la guerre n'est pas encore déclarée. Boscawen ne peut saisir que deux navires. Les Britanniques connaissent encore moins de succès sur terre. Leur armée, qui fait route vers le lac Champlain, est arrêtée par les Français près du lac George, mais Dieskau est blessé et fait prisonnier. L'assaut projeté contre Niagara échoue, à cause d'erreurs tactiques, et l'armée de 1500 hommes de Braddock est défaite par un petit détachement de Français et d'Amérindiens. Les Britanniques ne connaissent la victoire qu'en ACADIE, où ils réussissent à prendre le fort Beauséjour et sa petite garnison. Les colons acadiens sont ensuite rassemblés par les troupes de la Nouvelle-Angleterre et déportés.

En avril 1756, de nouvelles troupes françaises arrivent au Canada sous le commandement du marquis de MONTCALM. Le mois suivant, la Grande-Bretagne déclare la guerre. La stratégie du commandant en chef et gouverneur général, le marquis de VAUDREUIL, consiste à maintenir les Britanniques sur la défensive et le plus loin possible des établissements des colons canadiens. Vaudreuil prend les forts anglais d'Oswego sur le lac Ontario et, grâce à cette victoire, étend son emprise sur les Grands Lacs. Au même moment, des détachements d'Amérindiens et de Canadiens ravagent les établissements américains près des frontières. Les Américains ne peuvent contrer ces attaques et les Britanniques doivent envoyer plus de 23 000 soldats en renfort aux colonies et engager presque toute leur marine dans le blocus des ports français. Le but des Français est d'immobiliser d'importantes troupes anglaises, tout en ne déployant qu'une petite armée alliée aux Canadiens et aux Amérindiens; les Français comptent ainsi protéger des attaques leurs colonies les plus importantes.

En août 1757, les Français prennent d'assaut le fort William Henry sur le lac George. L'année suivante, le major général James Abercromby, à la tête d'une armée de plus de 15 000 Britanniques et Américains, subit une cuisante défaite, au fort Carillon (Ticonderoga), face à Montcalm et ses 3500 hommes. Mais pour les Français, la chance tourne. Sur le lac Ontario, le FORT FRONTENAC (Kingston, Ontario) est détruit, en août 1758, avec les approvisionnements destinés aux postes de l'ouest. Louisbourg et la Guadeloupe tombent aux mains des Britanniques; dans la région de l'Ohio, les Amérindiens, alliés des Français, concluent une paix séparée avec les Britanniques, obligeant ainsi les Français à abandonner le fort Duquesne. Des navires de ravitaillement parviennent à Québec tous les ans, mais la France n'envoie presque plus de troupes de renfort. Les Français espèrent qu'une invasion de la Grande-Bretagne forcera les Britanniques à négocier.

En 1759, deux armées britanniques marchent sur le Canada, tandis qu'une troisième s'empare de Niagara. Le major général James WOLFE, de la marine royale, arrive à Québec avec 9000 hommes; pendant ce temps, le général Jeffery AMHERST avance sur le lac Champlain jusqu'à Crown Point. Après un été de manœuvres infructueuses, Wolfe force Montcalm à livrer bataille aux portes de Québec, le 13 septembre. Cet affrontement se solde par l'écrasante défaite française de la BATAILLE DES PLAINES D'ABRAHAM. La ville se rend quelques jours plus

tard. Le chevalier de LÉVIS prend le commandement des troupes françaises et, en avril de l'année suivante, réussit à écraser l'armée britannique sur les mêmes champs de bataille (*voir* BATAILLE DE SAINTE-FOY). Le 16 mai, Lévis doit lever le siège de la ville à l'arrivée de frégates anglaises, ce qui anéantit tout espoir de renforts français. L'armée française bat en retraite vers Montréal et doit capituler en faveur d'Amherst, le 8 septembre 1760 (*voir* CONQUÊTE). Les troupes britanniques peuvent servir ailleurs. En 1762, la Martinique tombe aux mains des Britanniques et seule l'intervention de l'Espagne permet à la France de sauver ses autres îles des Antilles.

La France et l'Espagne organisent une expédition de grande envergure en vue d'envahir l'Angleterre, mais les victoires de la marine britannique à Lagos, au Portugal, en août, et à la baie de Quiberon, en France, en novembre 1759, mettent fin à ce projet. Cependant, la Grande-Bretagne, épuisée par la guerre, croule sous une dette nationale énorme. Le ministre de la Guerre, William Pitt, est démis de ses fonctions en 1761 par le nouveau roi, George III, et des pourparlers de paix sont amorcés.

Le premier ministre français, le duc de Choiseul, est décidé à récupérer la Martinique et la Guadeloupe et à conserver un centre d'opérations pour la pêche sur les Grands Bancs de Terre-Neuve. Il désire également prendre possession de l'ÎLE DU CAP-BRETON, mais doit se contenter de Saint-Pierre-et-Miquelon. Choiseul est prêt à céder le Canada à la Grande-Bretagne, convaincu que les colonies américaines, n'ayant plus besoin de la protection de l'armée britannique, déclareront rapidement leur indépendance. Pour la France, la perte du Canada n'est rien en comparaison de ce que serait la perte des colonies américaines pour la Grande-Bretagne. Le roi d'Espagne s'entête, et pour le forcer à signer la paix, la France lui cède le vaste territoire de la Louisiane en compensation de la perte de la Floride.

Malgré une certaine opposition en Grande-Bretagne de la part de ceux qui prévoient ce que Choiseul a prédit en privé, c'est la Guadeloupe, et non le Canada, qui est rendue à la France par le TRAITÉ DE PARIS (1763). Douze ans plus tard, les colonies américaines se soulèvent contre la Grande-Bretagne. Ironie du sort, ce n'est que grâce au soutien de l'armée française qu'elles pourront accéder à l'indépendance.

W.J. Eccles

Guerre des Boers La guerre des Boers se déroule du 11 octobre 1899 au 31 mai 1902. Elle oppose la Grande-Bretagne et les deux républiques afrikaners d'Afrique du Sud, soit la République sud-africaine (RSA) ou le Transvaal, et l'État libre d'Orange. Quand la guerre éclate, l'opinion canadienne est déjà très divisée sur l'opportunité d'envoyer des troupes à la rescousse des Anglais. Les Canadiens français dirigés par Henri BOURASSA, voyant dans l'impérialisme britannique en expansion une menace à leur survie, sympathisent avec les Afrikaners, alors que les Canadiens anglais, à part quelques exceptions notables, se rallient à la cause britannique. Soumis à des pressions publiques intenses, le gouvernement de Wilfrid Laurier autorise avec réticence le recrutement d'un noyau de 1000 soldats d'infanterie. Ces soldats sont désignés comme le Deuxième bataillon (service spécial) du Régiment royal canadien et sont sous le commandement du lieutenant-colonel William D. OTTER. Les troupes s'embarquent à Québec le 30 octobre. À la suite de revers anglais et devant les pertes croissantes, on n'a aucun mal à recruter au Canada 6000 volontaires de plus, tous montés, dont trois batteries d'artillerie de campagne accompagnant le deuxième contingent canadien formé par le premier bataillon canadien de fusiliers à cheval (BCFC). Puis une troupe supplémentaire de 1000 hommes, le troisième bataillon du Régiment

royal canadien, est mise sur pied pour relever les troupes régulières britanniques en garnison à Halifax. Seuls les premier et deuxième contingents et celui de Halifax, 12 officiers instructeurs, 6 aumôniers, 8 infirmières et 22 artificiers (la plupart forgerons) sont recrutés en vertu de la LOI DE MILICE canadienne. Ils sont organisés, vêtus, équipés, transportés et rémunérés en partie par le gouvernement canadien, au coût de 2 830 965 $. Le troisième contingent, celui du Strathcona's Horse, est financé entièrement par lord Strathcona (Donald SMITH), riche canadien occupant les fonctions de Haut commissaire auprès du Royaume-Uni. Le reste des troupes, soit le South African Constabulary, les 2e, 3e, 4e, 5e et 6e BCFC et le 10e hôpital canadien de campagne, sont recrutés et payés par les Anglais. Tous les volontaires s'engagent à servir jusqu'à concurrence d'un an, sauf la Constabulary, qui exige de ses membres un service de trois ans.

Les Canadiens font également partie d'unités impériales irrégulières comme les Canadian Scouts et le Brabant's Horse.

On peut diviser la guerre en trois phases. Un climat d'euphorie marque le début des hostilités et se termine par la «semaine noire» des Anglais à la mi-décembre 1899. Dans cette première période, caractérisée par les erreurs et les défaites de l'armée britannique, les Canadiens sont surpris par les soldats afrikaners plus nombreux, très mobiles, munis d'armes modernes et qui, résolus à défendre leur patrie, l'emportent sur les Anglais. La situation s'inverse durant la deuxième phase, de février à août 1900. Les troupes britanniques, réorganisées, renforcées et dirigées par de nouveaux chefs, entreprennent alors leur progression vers Bloemfontein et Pretoria, les capitales du Transvaal et de l'État d'Orange. Après la fuite en Europe de Paul Kruger, le président de la RSA, trois mois après la chute de Pretoria, la guerre se poursuit pendant deux ans et devient une guérilla monotone et vicieuse, où les Anglais recourent aux bunkers, incendient les fermes et créent des camps de concentration pour soumettre les «irréductibles».

Seuls les 1er et 2e contingents, le Lord Strathcona's Horse, le 2e BCFC et la South African Constabulary participent aux combats. Le reste des troupes arrive au moment de la ratification du Traité de paix de Vereeniging, le 31 mai 1902. Les soldats canadiens se distinguent lors des batailles de PAARDEBERG, de Zand River, de Mafeking, de LELIEFONTEIN, de Lydenburg, de Hart's River et ailleurs. Leur ténacité, leur fougue et leur sens de l'initiative semblent bien adaptés aux tactiques de guérilla peu orthodoxes des Afrikaners. Quatre Canadiens reçoivent la CROIX DE VICTORIA, 19 autres, l'ordre du service distingué, et 17, la médaille de conduite distinguée. La sœur infirmière en chef canadienne, Georgina POPE, reçoit la Royal Red Cross, tandis que 117 soldats sont mentionnés dans les dépêches. Au cours des derniers mois de la guerre, 40 enseignants canadiens se rendent en Afrique du Sud dans le cadre du plan de reconstruction de Milner.

Au pays, les Canadiens accueillent avec fierté les succès militaires de leurs soldats et célèbrent leurs victoires par des défilés et des manifestations massives qui durent plusieurs jours. Ils donnent aux hommes une assurance-vie quand ils s'enrôlent, les inondent de cadeaux au moment de leur départ et pendant leur service, puis les fêtent à leur retour. Les citoyens créent un fonds patriotique et mettent sur pied une division canadienne de la Soldiers' Wives' League, qui s'occupe de leurs personnes à charge, ainsi que la Canadian South African Memorial Association, chargée de procéder aux inscriptions sur les tombes des 244 morts canadiens, victimes, pour plus de la moitié d'entre eux, de maladies, surtout de la fièvre intestinale. Après la guerre, ils érigent des monuments à la mémoire des combattants. Les blessés, les soldats qui, comme L.W. Mulloy, sont revenus aveugles, sont très acclamés et demeurent longtemps les témoignages vivants du drame humain qu'est la guerre.

Les succès des soldats canadiens et les critiques, que ceux-ci formulent à l'endroit des chefs militaires britanniques et de valeurs qu'ils défendent, renouvellent la confiance que les Canadiens ont en eux-mêmes. Les liens avec l'empire s'en trouvent distendus. Beaucoup de jeunes vétérans canadiens de la guerre des Boers, comme R.E.W. TURNER, E.W.B. Morrison, A.C. MACDONNELL, E.H. Burstall et V.A.S. Williams, joueront aussi un rôle éminent durant la Première Guerre mondiale. Ce conflit gâche également les relations entre les Canadiens français et anglais. L'amertume engendrée par cette guerre provoque trois jours d'émeute à Montréal. Par voie de conséquence, tout en renforçant indubitablement l'identité canadienne-anglaise, cette guerre laisse dans son sillage méfiance et ressentiment.

Carman Miller

Guerre, épouses de Cette expression se répand durant la Seconde Guerre mondiale pour désigner les femmes qui ont épousé un militaire canadien outre-mer et qui sont venues rejoindre leur mari au Canada, une fois le conflit terminé. Elle s'applique aussi maintenant aux femmes ayant vécu la même situation après la Première Guerre mondiale. À la fin de 1946, 47 783 épouses, mères de 21 950 enfants, avaient immigré au Canada. La grande majorité de ces femmes (44 886) venaient de Grande-Bretagne, tandis qu'un nombre beaucoup plus restreint était originaire des Pays-Bas, de la Belgique, de la France et d'ailleurs. Environ 80 p. 100 d'entre elles avaient épousé des soldats, 18 p. 100, des militaires de l'Aviation royale du Canada et les autres, des marins. Le gouvernement canadien a accordé aux épouses de guerre le transport maritime et ferroviaire gratuit de leur lieu d'origine jusqu'à destination, de même que des allocations quotidiennes pour la nourriture et un accès gratuit aux soins médicaux à bord des bateaux et des trains. Beaucoup d'épouses de guerre étaient mal préparées aux conditions qui prévalaient au Canada, mais la plupart y sont demeurées et se sont adaptées à leur nouveau mode de vie.

Rebecca Priegert Coulter

Guerre froide L'expression «guerre froide» désigne les relations tendues qui prévalurent, entre 1947 et 1953 environ, entre les puissances occidentales (y compris le Canada et la Grande-Bretagne, menés par les États-Unis) et les pays communistes dominés par l'URSS. La guerre froide fut précipitée par la réticence des États-Unis et de la Grande-Bretagne à accepter l'extension, à la fin de la Seconde Guerre mondiale, du contrôle soviétique et des régimes communistes à parti unique sur l'Europe de l'Est.

Il semble aujourd'hui que les deux côtés aient éprouvé des craintes irrationnelles à l'égard des intentions apparentes de l'autre. La position du Canada fut forgée par son expérience de l'espionnage russe à la fin de la Seconde Guerre mondiale (affaire GOUZENKO), sa haine du régime soviétique totalitaire et ses liens économiques, culturels et stratégiques avec les États-Unis et la Grande-Bretagne. Durant presque toute la guerre froide, les deux côtés étaient convaincus que les négociations diplomatiques ordinaires étaient inutiles en raison de l'impossibilité de trouver un terrain d'entente ou un intérêt commun sur les sujets importants.

La guerre froide s'atténua avec le décès du dictateur soviétique Joseph Staline en 1953 et les discussions diplomatiques sérieuses reprirent.

Robert Bothwell

Guerre hispano-américaine La guerre hispano-américaine oppose les États-Unis à l'Espagne, en 1898. Au cours du conflit, les États-Unis enlèvent à l'Espagne Cuba, Porto Rico, Guam et les Philippines, en annexant les trois derniers. Pendant cette guerre, les représentants consulaires des États-Unis au Canada rendent compte de l'espionnage espagnol, de l'opinion canadienne, des mouvements des navires et des tentatives faites par l'Espagne pour acheter du charbon. L'Espagne renforce ses postes à Halifax, à Québec et à Victoria en y affectant des consuls jusqu'alors basés aux États-Unis. Le personnel de la légation espagnole à Washington déménage à Toronto et à Montréal où il s'adonne à des activités d'espionnage et de relations publiques. L'industrie canadienne du transport maritime bénéficie des fournisseurs et des passagers soucieux d'éviter les attaques de la marine espagnole. Des vaisseaux canadiens, financés par la Banque de Montréal, assurent le blocus américain de Cuba et de Porto Rico.

L'opinion canadienne penche du côté des États-Unis et l'appui du Canada profite à ce pays. Des espions espagnols basés à Montréal doivent dès lors quitter le Canada, mais pas les agents américains qui ont volé les renseignements ayant permis de les incriminer. Alors que la pression des médias force les Espagnols à quitter le pays, l'Espagne ne peut acheter de charbon pour ses navires, malgré l'existence de revendeurs prêts à contourner l'embargo canadien sur la vente aux belligérants. La marine américaine n'essuie pas un tel refus.

Toutefois, les lois britanniques sur la neutralité interdisent aux Canadiens de s'engager dans les forces armées de l'un ou l'autre camp. Ainsi, le *Lake Ontario*, de la Beaver Line, qui mouille dans le port de Montréal, n'a pas le droit de transporter de troupe vers Cuba, tandis que le port d'Halifax abrite un navire espagnol, le *San Ignacio de Loyola*.

Le soutien du Canada à l'effort de guerre américain n'empêche pas les échanges commerciaux entre le Canada et Porto Rico de décliner par la suite, et les États-Unis refusent d'adoucir leur position concernant l'AFFAIRE DES FRONTIÈRES DE L'ALASKA. Néanmoins, la ville de Sudbury profite de la situation grâce aux nouveaux débouchés que lui procurent les marines de pays étrangers, impressionnées par la qualité des alliages de nickel qui protègent efficacement la marine américaine contre les tirs espagnols.

Graeme S. Mount

Guerre, Yes Sir!, La (1968) Ce premier roman de Roch CARRIER et aussi le plus connu est une fable surréaliste dont l'action se situe dans le Québec rural pendant la Première Guerre mondiale. L'auteur fait de la crise de la CONSCRIPTION une allégorie des relations tragiques entre Français et Anglais, fortement marquées par la peur et la haine. La veillée mortuaire et les funérailles du héros de guerre Corriveau constituent la trame du roman. Bérubé, l'ami de Corriveau, bat son épouse Molly, une prostituée de Terre-Neuve, tandis que les villageois attaquent ses officiers, les soldats anglais qui ont rapporté le corps. D'autres scènes sont violentes dans les faits décrits et la langue utilisée: Joseph se tranche la main pour échapper à la conscription, tandis qu'Amélie mène au doigt et à l'œil son mari déserteur et Arthur l'insoumis, deux lâches qu'elle aime pourtant. La vision cauchemardesque de Carrier décrit le paysan et son langage d'une manière réaliste mais avec compassion. Le roman a été traduit en anglais par Sheila Fischman (1970) et adapté pour la scène en français (1970) et en anglais (1972).

Michèle Lacombe

Guerres iroquoises Les guerres iroquoises sont une série de conflits qui opposent, au XVIIᵉ siècle, la confédération IROQUOISE des Cinq-Nations (MOHAWKS, ONEIDAS, ONONDAGAS, CAYUGAS et SÉNÉCAS) et d'autres groupes iroquois aux Français. Afin de se procurer les marchandises européennes dont ils sont de plus en plus dépendants, les Iroquois exploitent les régions riches en castor situées au sud du Bouclier canadien. Forts des armes à feu que leur fournissent les commerçants hollandais de la rivière Hudson (New York), les Iroquois se font plus belliqueux. En 1628, les Iroquois repoussent les Mohicans vers l'est et, dans les années 1630, les Mohawks commencent à s'en prendre aux ALGONQUINS dans la vallée de l'Outaouais. Dès le début des années 1640, les Mohawks et les Oneidas attaquent la NOUVELLE-FRANCE et ses alliés algonquins et MONTAGNAIS de la vallée du Saint-Laurent.

Pour mettre fin à ces incursions, les Français construisent, à partir de 1642, une série de places fortes en amont du Saint-Laurent, jusqu'à Montréal. Face aux Mohawks désormais armés de mousquets, les colons tentent d'équiper d'armes semblables leurs alliés HURONS et algonquins. Les Jésuites persuadent cependant les autorités de restreindre la vente de mousquets aux Amérindiens convertis. Cette situation confère aux Iroquois un avantage technique et psychologique.

L'une des conséquences majeures des guerres iroquoises est la dispersion de plusieurs tribus autochtones. Les Sénécas ont pour objectif de disperser les Hurons, ce qui leur permet d'attaquer les peuples chasseurs du nord. Leurs incursions contre les bourgades huronnes les plus isolées commencent en 1642 et atteignent leur point culminant en 1649, alors que plus de 1000 Sénécas et Mohawks attaquent deux villages importants. Quelques Hurons tentent de résister en se réfugiant sur une île voisine, mais ils sont forcés de se disperser; certains s'enfuient vers Québec et d'autres se joignent aux NEUTRES. Durant l'hiver 1649-1650, les Iroquois attaquent les Nipissings et les PÉTUNS. Les Neutres sont définitivement vaincus en 1651.

Une fois la nation huronne détruite et les Neutres écrasés, les Iroquois multiplient leurs raids contre les Mohicans, les Socoquis et les ABÉNAQUIS, tandis qu'au Québec ils poussent leurs incursions vers l'est, jusqu'à Tadoussac, et au nord, au-delà du lac Mistassini. En 1653, face à la résistance tenace des Susquehannahs et des Ériés, la confédération des Iroquois fait la paix avec les Français. Par des raids répétés, les Iroquois assimilent les Ériés en 1657. Mise à dure épreuve par la reprise des hostilités sur plusieurs fronts en 1659 et 1660, la confédération entame de nouveaux pourparlers de paix avec les Français. Mais la conclusion d'un traité de paix englobant toutes les nations amérindiennes n'a lieu qu'en 1667, après la destruction des villages et des provisions des Iroquois par le RÉGIMENT DE CARIGNAN-SALIÈRES. Dès 1675, les Susquehannahs du sud sont assimilés et les Iroquois poussent leurs incursions vers l'ouest jusque dans la vallée de l'Ohio où ils attaquent les Illinois et les Miamis.

Si les Iroquois réussissent à dominer toutes les tribus ennemies qui entourent la confédération, leurs victoires ne leur apportent pas pour autant la prospérité qu'ils souhaitaient. Le traité de 1667 permet aux Français d'étendre leur commerce jusqu'au nord et, grâce à Louis JOLLIET, jusqu'au Mississippi en passant par les Grands Lacs. En septembre 1680, un important groupe d'Iroquois attaque une poignée de Français dirigés par Henri de TONTY alors que ceux-ci s'adonnent à la traite dans un village illinois. Les Iroquois consentent à une trêve à la condition que les Français quittent le territoire des Illinois. Partie prenante à un conflit de plus grande envergure entre les Français et les Anglais, les Iroquois attaquent en force Lachine en 1689 (*voir* LACHINE, MASSACRE DE). Mais, avec l'aide de quelque 1500 hommes des TROUPES DE LA MARINE, les défenseurs réussiront à contraindre les Iroquois aux abois à faire la paix. Dans un traité ratifié à Montréal, en juillet 1701, ils acceptent de demeurer neutres dans les conflits opposant les Français et les Anglais.

Guerres napoléoniennes Lorsque Napoléon se consacre maître de la France en 1799, les soulèvements révolutionnaires ont déjà aboli les privilèges, à savoir certaines barrières géographiques et de classe qui empêchaient le gouvernement central d'administrer équitablement tous les citoyens. Napoléon est donc libre de consolider les ressources physiques, humaines et, surtout, fiscales de la nation et de se lancer dans une campagne de conquêtes sans précédent, où l'efficacité militaire de l'État «moderne» écrase les pays adverses traditionnellement organisés. Seuls la Grande-Bretagne, le Portugal et la Russie refusent de succomber et leur résistance mène à la défaite française, en 1814-1815.

En Europe, les guerres napoléoniennes provoquent d'irréversibles changements politiques, sociaux et légaux. La maîtrise des océans par la Grande-Bretagne rend cette dernière invincible. Napoléon tente, avec un certain succès, de l'empêcher d'accéder au continent européen, qui représente tant un marché qu'une source d'approvisionnement. L'importance des guerres outre-mer est donc plus pratique que doctrinale. Dans les Amériques, le régime napoléonien est impuissant à appliquer les résolutions anti-esclavagistes des gouvernements révolutionnaires antérieurs, de sorte que l'émancipation complète n'est réalisée qu'au milieu du XIXᵉ siècle.

Pendant nombre d'années, le blocus britannique isole les colonies hispano-américaines de leur métropole coloniale et les rend dépendantes du commerce anglais pour obtenir des biens européens, ce qui contribue certainement à la victoire de leurs luttes d'indépendance au début du XIXᵉ siècle. Face aux pressions financières croissantes de ses guerres incessantes, Napoléon vend la Louisiane aux États-Unis en 1803, ce qui représente tout le bassin hydrographique occidental du fleuve Mississippi. Cette transaction exclut donc la possibilité d'un Occident français dans cette partie de l'Amérique du Nord. Pour le Canada, ces guerres ont comme plus grand impact de stimuler l'économie d'exportation. La marine britannique a essentiellement besoin d'une source sûre de bois, car la Guerre d'Indépendance américaine a rendu son approvisionnement en provenance des colonies atlantiques incertain et les guerres françaises ont fermé la Baltique. D'où l'énorme développement de l'industrie forestière canadienne, particulièrement au Nouveau-Brunswick, doublé d'une certaine croissance du commerce des grains.

Les guerres napoléoniennes, au cours desquelles les deux camps ont enfreint les droits des neutres, ont aussi donné lieu à une lutte secondaire entre les États-Unis et l'Angleterre, qu'on appelle la GUERRE DE 1812. Divers problèmes, aggravés par le recrutement forcé des marins américains par les Britanniques, poussent les États-Unis, nouvellement formés, à tenter des incursions au Canada, opérations que les Américains voient comme des campagnes de libération et les Canadiens comme des invasions. Ce conflit prend fin en 1815 sans apporter de résultats sensibles, bien qu'il soit suivi en 1817 par l'ACCORD RUSH-BAGOT, qui démilitarise les Grands Lacs et sert de fondement aux ententes ultérieures permettant de régler pacifiquement la question de toute la frontière canado-américaine.

En somme, la renaissance de la puissance politique et militaire de la France n'a entraîné aucun réveil notoire de la confiance des francophones d'outre-mer, bien qu'on puisse noter la fondation dans le Bas-Canada du premier journal de langue française, *Le Canadien,* en 1806. Les guerres napoléoniennes semblent ne pas avoir sérieusement menacé la domination britannique de l'Atlantique établie en 1763.

G.A. Rothrock

Guess Who Groupe rock canadien très populaire (1968-1975), Guess Who est formé à Winnipeg (1965) sous le nom de Chad Allen and the Expressions. Dès qu'il change son nom, le groupe connaît en juin 1965 un succès immédiat aux États-Unis grâce à sa version de «Shakin' All Over» de Johnny

Kidd and the Pirates. Des changements fréquents sont apportés à la formation. Lors du départ d'Allen en 1966, Burton CUMMINGS devient le chanteur principal et les co-fondateurs du groupe, Gary Peterson (batteur) et Jim Kale (bassiste), restent fidèles au groupe tout au long de ses années les plus glorieuses. Le guitariste Randy Bachman joue un rôle important au sein du groupe jusqu'en 1970 (voir BTO).

Guess Who compte à son actif de nombreuses chansons à succès internationaux («These Eyes», «Laughing», «Share The Land», «Clap for the Wolfman») ainsi que des albums (notamment *American Woman,* lancé en 1970). En 1975, Cummings entame une carrière solo et connaît beaucoup de succès. Depuis 1978, le groupe dirigé par Kale et Peterson, poursuit sa carrière sous différentes formes. En 1983, Cummings, Bachman, Kale et Peterson se réunissent et entreprennent une tournée de retrouvailles qui mène à l'enregistrement d'un vidéo et d'un album en concert. Le quatuor est intronisé au Canadian Music Hall of Fame en 1987.

Jeff Bateman

Guèvremont, Germaine, née Marianne-Germaine Grignon, écrivaine (Saint-Jérôme, Qc, 16 avril 1893—Montréal, 21 août 1968). Après des études à Sainte-Scholastique, à Saint-Jérôme, à Lachine et à Toronto (Loretto Abbey), Guèvremont travaille pour le tribunal de Sainte-Scholastique. En 1916, elle épouse Hyacinthe Guèvremont, fonctionnaire pour le gouvernement à Ottawa. En 1920, la famille s'installe d'abord à Sorel, où elle demeure jusqu'en 1935, et ensuite à Montréal. Guèvremont débute dans le journalisme à Sorel et écrit pour *The Montreal Gazette, Le Courrier de Sorel, Paysana* et *L'Œil.* En 1942, elle publie son premier livre, un recueil de contes intitulé *En pleine terre,* et commence son œuvre la plus importante, Le SURVENANT, dont deux chapitres paraissent dans *Gants du ciel* en 1943. *Le Survenant,* pour lequel elle remporte le prix Duvernay, le prix David et le prix Sully-Olivier de Serres, décerné par l'Académie française, est publié par Beauchemin (1945) et par Plon (1946) à Paris. *Marie-Didace,* le second épisode du *Survenant,* est publié en 1947. C'est une réussite, qui lui permet d'entrer à l'Académie canadienne-française en 1948. Suivront le prix du Gouverneur général pour la traduction anglaise (*The Outlander*) en 1950 ainsi que des doctorats *honoris causa.* Grâce à l'adaptation de ses romans à la radio (1951) et à la télévision (1954-1960), elle jouit d'une grande popularité. En 1962, elle est élue à la Société royale du Canada.

Yvan G. Lepage

Gui La famille du Gui (Loranthacées) compte une trentaine de genres et plus de 1000 espèces, principalement tropicales, mais dont certaines croissent dans les régions tempérées. La plupart des guis sont de petits arbustes parasitaires des gymnospermes et des plantes florifères ligneuses. Ils s'attachent à des hôtes dont ils tirent les nutriments au moyen de racines modifiées (haustorium ou suçoir). D'importantes infestations peuvent provoquer une croissance anormale des branches, appelée «balais de sorcière». Leurs fleurs sont petites, habituellement vertes et, dans le cas des espèces nord-américaines, unisexuées. Les fruits, des baies charnues portant des graines protégées par une écale, sont mangées par les oiseaux, qui laissent les graines sur les arbres en s'y essuyant le bec ou en les déposant dans leur fiente.

Le seul genre canadien, l'*Arceuthobium,* compte une dizaine d'espèces, dont quatre sont indigènes du Canada. Trois ont tendance à parasiter certains arbres en particulier: l'*A. americanum,* le pin; l'*A. douglasii,* le sapin de Douglas et l'*A. pusillum,* l'épinette. Seul l'*A. campylopodum* s'attache à plusieurs hôtes. L'*A. pusillum* pousse dans l'Est et les autres, dans l'Ouest. La plupart des guis sont feuillus et souvent à feuilles persistantes, mais les espèces du genre *Arceuthobium* ont de petites feuilles squamiformes

(en forme d'écailles), et semblent donc en être dépourvues. Ce genre se distingue des autres par l'évacuation des graines par éclatement à partir des fruits.

Certains groupes autochtones de l'Ouest consommaient les baies bouillies, et reconnaissaient aux feuilles de gui des propriétés contraceptives. Certaines espèces sont toxiques pour le bétail. Le gui commun, *Viscum album,* est une plante indigène de l'Europe, de l'Afrique et de l'Asie. Il a été longtemps associé aux anciennes cérémonies religieuses celtiques, d'où vient probablement son utilisation comme décoration de Noël. (*Voir aussi* PLANTES, UTILISATION PAR LES AUTOCHTONES DES.)

Guibord, affaire L'un des épisodes les plus dramatiques du conflit entre le catholicisme et le libéralisme au Québec est la fermeture de l'INSTITUT CANADIEN ordonnée par l'évêque de Montréal. Fondé en 1844, l'Institut met à la disposition de ses membres une bibliothèque qui contient des livres interdits par la Congrégation de l'Index du Vatican. Mᵍʳ Ignace BOURGET considère que les activités de l'organisme menacent la foi des Canadiens français et que son existence même est un défi à l'autorité de l'Église. En juillet 1869, avec l'appui de Rome, l'évêque prononce l'interdit contre l'Institut. En novembre 1869, Joseph Guibord, qui n'a jamais renoncé à son statut de membre, meurt. Mᵍʳ Bourget refuse qu'il soit inhumé en terre consacrée. Ce geste déclenche une lutte violente qui dure plus de cinq ans. La veuve de Guibord, Henriette, poursuit l'évêque et, en 1874, après une série d'appels, le comité judiciaire du Conseil privé renverse la décision de Bourget. Entre-temps, la dépouille de Guibord repose dans un cimetière protestant. Le 2 septembre 1875, une foule de catholiques indignés fait échouer la tentative d'enterrer le corps dans un cimetière catholique. L'inhumation a finalement lieu le 16 novembre, grâce à la présence d'une escorte militaire armée. Mais Mᵍʳ Bourget a tout de même le dernier mot. Après l'enterrement, il désacralise le lot du cimetière où repose Guibord. L'Institut canadien ne survit pas à cette affaire. N'ayant plus qu'une poignée de membres, il disparaît bientôt de la vie publique.

H. Turner

Guide alimentaire canadien Il vise à aider les personnes de tout âge à faire quotidiennement des choix alimentaires judicieux. Les normes de nutrition pour le Canada recommandent un apport quotidien d'éléments nutritifs mais, puisque les individus choisissent des aliments et non des éléments nutritifs, les recommandations sont fondées sur les choix alimentaires. Grâce au *Guide,* on peut satisfaire ses besoins en éléments nutritifs en suivant un régime quotidien simple basé sur quatre groupes alimentaires. Chaque groupe comprend ses propres éléments nutritifs indispensables à une saine alimentation quotidienne. Des études montrent toutefois que le modèle ne fournit pas nécessairement tous les apports quotidiens recommandés, comme c'est le cas pour les femmes pour qui un apport en fer supplémentaire pourrait être requis.

Besoins nutritionnels Comme les besoins varient grandement d'une personne à l'autre (en fonction de l'âge, du sexe, du niveau d'activité, etc.), le *Guide* recommande un nombre varié de portions pour chaque groupe alimentaire afin de satisfaire aux besoins nutritionnels de tous les Canadiens. Le *Guide* conseille de choisir chaque jour des aliments des quatre groupes alimentaires: produits laitiers (enfants, 2 à 3 portions; adolescents, 3 à 4 portions; adultes, 2 à 4 portions; femmes enceintes ou femmes qui allaitent, 3 à 4 portions), céréales (5 à 12 portions), fruits et légumes (5 à 10 portions), viandes et substituts (2 à 3 portions). La consommation du nombre de portions recommandées dans les 4 groupes alimentaires contribue à assurer un apport suffisant en éléments nutritifs pour un état de santé optimal.

Principe de base du Guide alimentaire canadien

Le principe de base du *Guide alimentaire canadien* est la variété. En effet, comme chaque groupe alimentaire comporte son propre modèle des différents éléments nutritifs essentiels, un aliment ou même un groupe alimentaire en particulier ne suffit pas à fournir tous les éléments nutritifs nécessaires. De plus, certaines personnes sont incapables de consommer un ou plusieurs aliments d'un groupe en raison d'allergies ou de troubles digestifs, d'un budget restreint, de besoins en calories, de la disponibilité des aliments, des goûts personnels ou de convictions religieuses ou philosophiques. Le *Guide* prend tous ces facteurs en compte et peut être adapté à différentes situations.

Le *Guide alimentaire canadien* ne comprend pas tous les types d'aliments (confiseries, boissons gazeuses, alcool, café, beurre, margarine, vinaigrettes, croustilles, etc.). Ces derniers ajoutent de la saveur et du plaisir à notre régime alimentaire et peuvent faire partie d'une alimentation saine et équilibrée. Toutefois, ces aliments sont généralement riches en gras et faibles en éléments nutritifs et doivent, selon les normes de nutrition canadiennes, être consommés avec modération.

M.T. Clandinin

Guides L'inauguration officielle de ce mouvement au Canada remonte à 1910 lorsque la 1re troupe de St. Catharines est reconnue par l'organisation des Guides. En 1998, environ 230 000 filles âgées de 5 à 17 ans font partie d'un des groupes (Étincelles, Jeannettes, Éclaireuses, Pionnières, Guides aînées ou Guides cadettes et juniors), sous la direction de 50 000 femmes bénévoles.

La philosophie de l'organisation est exprimée par une promesse: «Je promets de faire de mon mieux, d'être honnête envers moi-même, mon Dieu/ma foi et mon pays, je promets d'aider les autres et d'accepter la loi des Guides.» Chaque membre choisit d'utiliser le mot «Dieu» ou le mot «foi», selon sa croyance personnelle. La loi et la devise «Toujours prête» reflètent l'objectif du mouvement, qui est d'aider les filles et les jeunes femmes à devenir des citoyennes responsables, capables de diriger et de rendre service à la communauté locale, nationale ou internationale. Le programme est conçu dans le but d'ouvrir la voie aux filles et aux femmes et de répondre aux objectifs suivants: développer des valeurs personnelles et le respect de soi et des autres; relever des défis par le biais de nouvelles expériences; développer un sentiment de bien-être; développer un sentiment de fierté par l'accomplissement de soi; apprendre à travailler en coopération avec les autres; prendre des décisions; se faire des amis et s'amuser par le biais de la camaraderie entre les Guides; acquérir un sens pratique et des qualités de dirigeante; approfondir ses connaissances de l'environnement et de sa conservation; comprendre les autres pays, les peuples et les cultures; mettre en pratique le principe d'aide mutuelle.

Le mouvement Guide est conçu pour les filles. Il est diversifié et adapté à la société changeante d'aujourd'hui. Les animatrices servent de modèles et offrent le programme aux filles et aux jeunes femmes dans une atmosphère de groupe et dans un esprit de plaisir et d'amitié.

Toute femme ou fille prête à faire la promesse peut devenir Guide, sans distinction de croyances, de race, de classe, de nationalité ou de toute autre nature. Le regroupement des Guides du Canada est l'un des 136 membres de l'Association mondiale des Guides et Éclaireuses que l'on retrouve partout dans le monde.

Patricia G. Dirks

Guilbeault, Luce, comédienne, réalisatrice (Outremont, Qc, 5 mars 1935—Montréal, 12 juill. 1991).

Sa carrière commence au théâtre où elle excelle notamment dans le répertoire québécois (Réjean DUCHARME, Michel TREMBLAY, etc.). On la retrouve aussi à la télévision où elle débute dans une émission jeunesse, *Opération-mystère* (1957-59). Elle touche au téléroman (*Des dames de cœur*, 1986-89, *Un signe de feu*, 1989-91) et au téléthéâtre (*Des souris et des hommes*, Paul Blouin, 1971). C'est Denys ARCAND qui lui offre son premier rôle important au cinéma, celui d'une épouse paumée dans *La Maudite Galette* (1971); il récidive avec *Réjeanne Padovani* (1973). Sa carrière comprend alors plus d'un film par année. On la remarque dans *O.K.... Laliberté* (Marcel Carrière, 1973), *Tendresse ordinaire* (Jacques Leduc, 1973) et dans les films d'Anne Claire POIRIER (*Le Temps de l'avant*, 1975, *Mourir à tue-tête*, 1979, et *La Quarantaine*, 1982). Comme elle refuse de jouer la carte du cinéma commercial, on la voit très peu sur le grand écran dans les années 80 et, essentiellement, dans des films de femmes. Elle mène également une brève carrière de réalisatrice documentariste s'intéressant uniquement à des questions féminines ou à des portraits de femmes. Après *Denyse Benoit, comédienne* (1975), elle donne la parole à des féministes américaines (*Some American Feminists,* 1977) puis adopte une démarche plus personnelle dans *D'abord ménagères* (1978) où le spectateur sent bien ses affinités avec les protagonistes. Qu'elle interprète des rôles de femme ingrate ou de prostituée, Guilbeault laisse toujours poindre un jeu énigmatique, des regards perdus et une musicalité vocale particulière qui confèrent à ses personnages un mélange original de force et de fragilité.

Pierre Véronneau

Guillaume-Delisle, lac Le lac Guillaume-Delisle est un grand lac salé d'une superficie de 702 km² et de forme triangulaire. Il est situé dans le Nord du Québec et relié à la rive Est de la BAIE D'HUDSON par un chenal long et étroit. La LIMITE FORESTIÈRE commence à quelques kilomètres au nord et les nombreuses îles éparpillées dans la partie Sud du lac sont boisées. Les INUITS et les Naskapis fréquentaient la région de façon saisonnière, surtout les deux rivières à la Baleine non loin au sud, là où les baleines blanches se rencontrent en été. À l'origine, le lac s'appelle Richmond Gulf, nom donné par la Compagnie de la baie d'Hudson qui exploite un poste de traite sur la rive sud du lac dans les années 1750.

Daniel Francis

Guillemot Nouveau nom commun donné aujourd'hui aux marmettes du genre *Uria*, «guillemot» désigne un oiseau de taille moyenne qui appartient à la famille des ALCIDÉS. Les guillemots pèsent de 800 à 1100 g et mesurent jusqu'à 46 cm de longueur. Leur plumage est brun foncé ou noir sur le dessus et d'un blanc immaculé en dessous. Comme tous les oiseaux de cette famille, ils vont sur la terre ferme seulement pour y nicher.

Répartition et habitat

Les guillemots fréquentent les eaux froides du Pacifique Nord et de l'Atlantique Nord ainsi que les régions adjacentes de l'océan Arctique. Il existe deux espèces de guillemots du genre *Uria*: le guillemot marmette (*Uria aalge*), qui niche surtout en milieu boréal et dans le bas Arctique, et le guillemot de Brünnich (*U. lomvia*), qui se reproduit plus au nord dans l'Arctique.

Reproduction

Ces deux guillemots nichent souvent en colonies denses aménagées sur des falaises et dans des îles côtières. Ils pondent un seul gros œuf, déposé directement sur une saillie de roche nue, située sur la paroi ou au sommet d'une falaise. Ils se reproduisent pour la première fois à l'âge de cinq ans. Les parents assument tous les deux l'incubation, qui dure de 32 à 34 jours. L'unique petit est nourri sur place pendant 15 à 20 jours et est ensuite conduit à la mer par un des parents, habituellement le mâle,

qui le surveille et le nourrit encore par la suite pendant quatre à huit semaines supplémentaires.

Population

Les deux espèces sont surtout abondantes sur la côte atlantique. Quelques guillemots marmettes nichent en Colombie-Britannique. Près de 90 p. 100 des guillemots marmettes de l'est de l'Amérique du Nord nichent à Terre-Neuve, où 400 000 couples de guillemots (67 p. 100 de la population de cette espèce) se retrouvent à l'ÎLE FUNK.

Quelques guillemots de Brünnich nichent dans la portion occidentale de l'Arctique, bien que la majorité d'entre eux soient répartis dans onze colonies situées dans l'est de l'Arctique. On compte 1 454 000 couples de guillemots de Brünnich dans l'est du Canada, ce qui équivaut à la population entière vivant dans l'Est de l'Amérique du Nord. De plus, ceci représente 75 p. 100 de tous les guillemots de Brünnich qui nichent dans la portion Ouest de l'Atlantique Nord. Le nombre de guillemots a grandement diminué au cours du XXe siècle, notamment à cause de problèmes liés à leur habitat, de la chasse, de la pollution par les hydrocarbures et probablement aussi à cause de l'expansion des pêcheries.

D.N. Nettleship

Guimond, Olivier, comédien et mime (Montréal, Qc, 1914—id., 1971). Olivier Guimond est le fils des artistes de variétés Effie MacDonald et Olivier Guimond, appelé Ti-Zoune. À l'âge de 7 ans, ses parents le placent au Mont-Saint-Louis à Montréal, où il reste jusqu'à 16 ans. Il se fait connaître rapidement dans les cabarets de Montréal, mais ce n'est qu'en 1958 qu'il devient le comique le plus populaire auprès du public québécois. Cette année-là, le producteur Noël Gauvin l'engage et Olivier Guimond devient la vedette de la célèbre émission de variétés *Music-Hall*, diffusée par Radio-Canada. Dès l'ouverture de Télé-Métropole, en 1961, il interprète le rôle principal dans la série télévisée *Cré Basile*. Il joue aussi dans d'autres séries, notamment *Le Zoo du capitaine Bonhomme*, *La Branche d'Olivier*, *Smash*, et dans des opérettes, dont *Les Trois valses*, *La Vie parisienne*. Pour ses aptitudes innées pour les expressions comiques et son extraordinaire souplesse, on le compare à Charlie Chaplin.

Carmen Langlois

Guitare La guitare classique est un instrument à petite caisse de résonance et à six cordes de nylon, doté d'un manche large qui permet de contrôler à la fois la mélodie et l'harmonie. Elle permet une expression musicale très raffinée et diversifiée, au même titre que le violon et les autres instruments d'orchestre. La harpe et les instruments de la famille de la lyre, retrouvés dans les vestiges de l'antique ville sumérienne d'Ur (2500 av. J.-C.), sont considérés comme les ancêtres de la guitare. Leur évolution aboutit, après de nombreux méandres, au luth à quatre ou cinq cordes des XVe et XVIe siècles. Ces instruments ne seront cependant d'usage courant qu'au XVIIe siècle, à la cour de Louis XIV. On assiste, au XIXe siècle, à l'avènement de la guitare classique telle que nous la connaissons aujourd'hui. C'est à cette époque que son apparence se modifie et que son interprétation, son enseignement, son répertoire et sa popularité se développent. Au XXe siècle, la guitare acquiert une popularité mondiale, qu'elle doit presque entièrement au grand interprète Andres Segovia. La guitare électrique fait son apparition dans les années 30 aux États-Unis et devient extrêmement populaire dans le domaine du JAZZ et, plus tard, de la MUSIQUE POPULAIRE.

La guitare est introduite au Canada dès le milieu du XVIIe siècle, mais elle est peu utilisée. Le pays compte un nombre restreint de guitaristes classiques, même jusqu'au milieu du XIXe siècle, malgré la venue à Toronto, en 1951, du célèbre guitariste et professeur autrichien Eli Kassner. Le compositeur Harry SOMERS suit des cours de guitare avec Kassner en 1957, et sa *Sonate pour guitare solo* (terminée en 1959 et jouée pour la première fois en 1964) est la première œuvre importante pour la guitare classique écrite par un Canadien. Bien que des compositeurs tels que John BECKWITH, Walter Buczynski, pour n'en citer que deux, aient écrit des morceaux pour guitare, on trouve peu de guitaristes canadiens pour les exécuter avant les années 70 et 80. D'excellents interprètes professionnels apparaissent alors, parmi lesquels Pierre Augé, Liona BOYD, Philip Candelaria, Lynne Gangbar, Paul-André Gagnon, Davis Joachim, Norbert KRAFT, Michael Laucke, Peter McCutcheon, Gordon O'Brien, Alan Torok, Jean Vallières, le duo Wilson-McCallister, Tom et Lynn West et le Trio de guitares Laval. Les guitaristes Michael Shutt (G.-B.) et Paul Gerrits (Pays-Bas) immigrent au Canada. Parmi les guitaristes professionnels de musique pop et de musique folklorique, figurent Randy Bachman (*voir* BTO), Bruce COCKBURN, Robbie ROBERTSON et Dom Troiano et, dans le domaine du jazz, Ed BICKERT, Sonny GREENWICH, Nelson Symonds et Lenny BREAU.

La fabrication de guitares s'est répandue dans plusieurs centres, mais reste essentiellement artisanale. Parmi les luthiers canadiens qui jouissent d'une excellente réputation, citons Richard Berg, Marshall Dun, Oscar Graff, Neil Herbert, Robert Holroyd, Pat Lister et Michael Shriner.

Le répertoire canadien pour guitare classique connaît le même essor, et les enregistrements, entre autres, de Boyd, Kraft et Laucke ont beaucoup de succès. La Classical Guitar Society de Toronto (fondée en 1956), ainsi que d'autres organisations du même type créées un peu partout au Canada, encouragent la guitare amateur et la mise en place d'ateliers et de concours. Le CONSERVATOIRE ROYAL DE MUSIQUE DE TORONTO, le BANFF CENTRE et le Centre d'art du mont Orford (*voir* JEUNESSES MUSICALES DU CANADA) offrent une formation académique. Le premier festival international de guitare canadien, Guitare 75, a lieu à Toronto en 1975, où il revient tous les trois ans. Sous la direction de Kassner, le festival a commandé de nouvelles œuvres et est devenu le plus important événement de ce type au monde. Guitare 84 a présenté de nouveaux concertos de Stephen Dodgson (G.-B.), de Leo Brouwer (Cuba) et de Harry Somers. Guitare 87, quant à lui, a mis en vedette le nouveau *Toronto Concerto* de Leo Brouwer, interprété par John Williams et l'Orchestre symphonique de Toronto, sous la direction de Brouwer.

D'arcy Greaves

Gulf, îles Elles regroupent 225 îles et îlots dans le DÉTROIT DE GEORGIA, à l'est de l'ÎLE DE VANCOUVER. L'ÎLE SALTSPRING est la plus grande et la plus peuplée; elle est reliée aux îles GALIANO, Pender-Nord et Pender-Sud, Mayne et Saturna par un traversier. Les îles Valdes, Thetis, Kuper et Gabriola présentent des caractéristiques physiques et climatiques semblables. L'action glaciaire a créé des paysages côtiers particuliers et sculpté le relief des plus grandes îles en collines et vallées. Les roches sédimentaires plissées ont été façonnées en crêtes résistantes de grès et de conglomérats et creusées en étroites vallées, là où les roches étaient plus tendres. Les affleurements rocheux exposés sur les pointes et dans les anses des îles prennent la forme d'aiguilles, de galeries et de découpages intéressants. L'arbousier Madrono, un arbre à l'écorce lisse et au feuillage persistant, pousse sur les sites rocheux exposés qui donnent sur l'océan, tandis que le chêne de Garry préfère la forêt-parc, du côté ensoleillé des îles.

Importance économique Depuis 1859 environ, les homesteaders et les vacanciers sont attirés par le charme bucolique, les eaux calmes, la richesse de la faune ailée et marine et la douceur du climat des îles, celles-ci étant situées dans la zone la plus sèche de la côte du Pacifique. Des peuplements de grands arbres poussant en sols profonds ont été coupés dès le début

du XXᵉ siècle. Depuis les années 60, grâce à l'amélioration des services de traversiers, le tourisme rivalise avec l'agriculture comme industrie la plus fructueuse des îles.

La population a augmenté surtout grâce à l'arrivée de nombreux retraités, mais aussi d'artisans, d'artistes, tels que Robert BATEMAN, et d'écrivains, dont beaucoup viennent de la côte Ouest. La préservation du caractère unique des îles Gulf fait partie des préoccupations politiques locales afin de contrer les pressions exercées par des promoteurs.

Peter Grant

Gunanoot, Simon Peter, ou Simon Peter Johnson, homme d'affaires GITKSAN, hors-la-loi (Kispiox, C.-B., vers 1874—Stewart, C.-B., oct. 1933). Gunanoot possède un magasin à Kispiox, dirige un ranch et une caravane muletière près d'Hazelton et exploite un territoire de trappage. Le 19 juin 1906, près d'Hazelton, Alexander MacIntosh et Max Leclair sont tués d'une seule balle dans le dos. Comme Gunanoot a déjà menacé de tuer MacIntosh au cours d'une querelle d'ivrognes, la police provinciale de la Colombie-Britannique l'accuse du meurtre de MacIntosh, et son beau-frère, Peter Himadam, du meurtre de Leclair. Emmenant les membres de leur famille avec eux, les suspects s'enfuient dans la nature. Pendant treize ans, Gunanoot échappe à la justice, se déplaçant à pied, parfois seul, ou en compagnie des siens. Il va de Bear Lake à Telegraph Creek et à McDames, vendant des fourrures où il le peut. Malgré une récompense de 2000 $ offerte pour tout renseignement permettant son arrestation et le fait que beaucoup d'habitants du Nord qui le croient coupable l'aient vu, personne ne le dénonce. En juin 1919, avec l'assistance de l'exploitant de ranch George Beirnes et du célèbre avocat de la défense Stuart Henderson, Gunanoot se rend. En octobre, un jury de la cour d'assises de Vancouver le déclare non coupable du meurtre de MacIntosh, mais la Couronne l'accuse du meurtre de Leclair. Himadam se rend en 1920 et est disculpé lors de l'audience préliminaire.

Georgiana Ball

Gundy, James Henry, courtier en valeurs mobilières (Harriston, Ont., 22 mars 1880—Toronto, 10 nov. 1951). En 1905, après avoir travaillé pour la Central Canada Loan and Savings Co. et la Dominion Securities Corp., Gundy met sur pied la société Wood, Gundy and Co. (*voir* WOOD GUNDY INC.) qui, en l'espace de plusieurs années, devient la maison de placement la plus importante du Canada. Pendant la Première Guerre mondiale, il est président du comité spécial de souscriptions d'emprunts de la Victoire et il devient plus tard président de l'Association des banquiers en placement du Canada. En qualité de courtier en valeurs mobilières, il est actif dans la vague de fusion de 1923 à 1930 au Canada, principalement dans la réorganisation financière de sociétés comme Simpsons, Canada Power and Paper, Dominion Steel and Coal Corp. et Massey-Harris. Il est membre du conseil d'administration de nombre de sociétés canadiennes, dont la British Columbia Power Corp., la Halifax Shipyards, la Dominion Life Assurance Co., la London Canadian Investment Corp., la North American Life Assurance Co. et la Canada Cement.

Jorge Niosi

Gunn, William Walker Hamilton, ornithologue, écologiste (Toronto, Ont., 18 mars 1913—Lindsay, Ont., 15 oct. 1984). Ses recherches sur la migration des oiseaux et leur comportement sont appliquées avec succès aux programmes de gestion de l'environnement et de vulgarisation. Premier directeur général de la Federation of Ontario Naturalists (1952-1955), Gunn participe à la création de plusieurs organismes professionnels regroupant naturalistes et biologistes. Ses travaux sur le conflit entre les oiseaux et les aéronefs dans les années 60 aident à mettre au point

un système d'avertissement encore utilisé par les agents canadiens.

Fondateur de LGL Ltd., une société d'expert-conseil pionnière dans le domaine de l'environnement, dont il est le premier président (1970-1980) et directeur (1980-1984), Gunn figure également parmi les premiers à enregistrer les chants d'oiseaux. En 1963, à titre de consultant, il devient preneur de son à la SRC notamment pour la série d'émissions télévisées *The Nature of Things*. Ses recherches, ses efforts de conservation et ses projets éducatifs lui valent nombre de prix et de distinctions de même que des nominations à plusieurs organismes axés sur la conservation de la nature.

Martin K. McNicholl

Gunning, Harry Emmett, scientifique et administrateur (Toronto, 16 déc. 1916). Après avoir obtenu une maîtrise en anglais et un doctorat en chimie de l'U. de Toronto (1942), il travaille comme chercheur universitaire à Harvard et au National Research Council. Professeur à l'U. de Rochester (1946) et à l'Illinois Institute of Technology (1948), il devient professeur et directeur du département de chimie de l'U. de l'Alberta en 1957, puis président, de 1974 à 1979, et professeur émérite, en 1981. Son apport à la science est important puisqu'il publie 175 articles de recherche sur la photochimie, les réactions des radicaux libres, la cinétique chimique et les mécanismes de transfert d'énergie. Pionnier de la recherche sur la chimie des atomes de soufre, il est l'un des premiers à étudier des méthodes photochimiques permettant de séparer les isotopes.

Ancien membre du Conseil national de recherches et président de l'Institut de chimie du Canada, il est actuellement membre du conseil d'administration du Bureau de recherche et de technologie des sables bitumineux de l'Alberta. Il fait de nombreuses innovations en matière de politique scientifique et d'administration, et encourage la collaboration entre le monde universitaire, l'industrie et le gouvernement. Il joue un rôle important dans la promotion de la recherche et du développement pour l'exploitation des vastes ressources de sables bitumineux de l'Alberta, de même qu'en haute technologie, avec la fondation de Chembiomed Ltd. et dans la création du Edmonton Research and Development Park.

Otto P. Strausz

Gurik, Robert, dramaturge (Paris, 16 nov. 1932). Il immigre au Canada en 1951, termine ses études d'ingénieur, en 1957, à l'École polytechnique de Montréal, mais décide de se consacrer au théâtre. Traduites en plusieurs langues, ses deux douzaines de pièces traitent une variété de thèmes, de la satire en un acte du *Chant du poète* (1963) à la science-fiction de *Api 2967* (1966), du kafkaïen *Procès de Jean-Baptiste M.* (1972; l'histoire d'un Québécois moyen, frustré qui recourt à la violence contre la société pour se venger) à *La Griffe* (2000), tragédie basée sur le meurtre d'un grand couturier, en passant par *On s'est trompé de boulevard* (1992), qui traite de manière fantaisiste du racisme et de l'impérialisme économique, ou encore *Aux pieds de la liberté* (1996). Excepté *Le Pendu* (1967), les pièces les plus connues de Gurik offrent un contenu fortement politique, particulièrement sa parodie des politiciens canadiens contemporains, *Hamlet, prince du Québec* (1968), mais aussi *Play Ball* (1974) et *La Baie des Jacques* (1978). Il est également l'auteur de deux romans, *Spirales* (1966) et *Jeune délinquant* (1980), d'un recueil de nouvelles, *Être ou ne pas être* (1991), ainsi que de scénarios de télévision (*Comment acheter son patron*, *La pépinière*) et de cinéma (*Les Vautours*, *Les années de rêve*).

L.E. Doucette

Gutenberg Galaxy: The Making of Typographical Man, The (Toronto, 1962) Analyse d'un brillant éclectisme dans laquelle l'auteur Marshall MCLU-

HAN soutient que la technologie de l'imprimerie a modifié notre façon de percevoir les choses en attribuant le premier rôle à l'œil au détriment de l'oreille, ce qui a eu un profond retentissement sur les individus et les cultures. Il expose la condition de «l'homme typographique» à un moment de l'histoire où les médias électroniques rencontrent les médias écrits. Il étudiera d'ailleurs ce phénomène dans un ouvrage ultérieur, tout aussi important, *Understanding Media* (1964; trad. fr. *Pour comprendre les médias,* 1964). *The Gutenberg Galaxy* place McLuhan au rang des écrivains occidentaux les plus influents et les plus controversés dans le domaine redéfini des communications. La portée de ses formules, de ses pensées et de ses mots d'ordre abondamment cités continue de fasciner et de déranger l'imagination postmoderne. *The Gutenberg Galaxy* a été publié en français (Paris, Montréal, 1967) sous le titre *La Galaxie Gutenberg: la genèse de l'homme typographique.*

Neil Besner

Guthrie, sir William Tyrone, metteur en scène et producteur (Tunbridge Wells, Angl., 2 juill. 1900—Newbliss, comté de Monaghan, Irl., 15 mai 1971). Guthrie fait ses débuts sur scène à Oxford, en 1919. Déçu par sa carrière de chanteur, d'acteur et de dramaturge (*Top of the Ladder,* 1950), il est l'un des premiers à produire des dramatiques radio pour la BBC à Belfast (1924-1926). En 1931, il renouvelle cette expérience au Canada avec une jeune station de radio, la CNR. Guthrie se fait connaître comme metteur en scène à Glasgow (1926-1928), à Cambridge (1929-1930) et à Londres (1931). À titre de producteur et de réalisateur attitré des compagnies du Old Vic et du Sadler's Wells, à Londres (1933-1947), il développe son intérêt particulier pour l'œuvre de Shakespeare et l'opéra. En 1953, il fonde le FESTIVAL DE STRATFORD du Canada, renouvelant ainsi la popularité du théâtre à avant-scène prolongée de Shakespeare. Ce concept sera repris par d'autres théâtres dans le monde entier. Il est fait chevalier en 1961. Deux ans plus tard, il dirige le théâtre qui porte son nom à Minneapolis. Parmi ses livres, citons *A Life in the Theatre* (1959), *A New Theatre* (1964) et *Tyrone Guthrie on Acting* (1971).

David Gardner

Gutteridge, Helena Rose, féministe, syndicaliste et politicienne socialiste (Londres, Angl., 1879 ou 1880—Vancouver, 3 oct. 1960). Elle immigre en Colombie-Britannique en 1911 et fonde la BC Women's Suffrage League. Son intérêt pour les femmes de la classe ouvrière l'entraîne dans les activités syndicalistes. Elle joue un rôle important au sein du Vancouver Trades and Labour Council. Ses responsabilités la conduisent vers le socialisme, elle devient membre de la CO-OPERATIVE COMMONWEALTH FEDERATION (CCF). En mars 1937, elle est la première femme élue représentante de la CCF du conseil municipal de Vancouver.

Susan Walsh

Guy, John, marchand pionnier, colonisateur, gouverneur de la première colonie anglaise à TERRE-NEUVE (décédé en mars 1629, monument à Bristol, Angl.). Guy, un des premiers promoteurs de la colonisation de Terre-Neuve, est nommé gouverneur de la colonie créée par la London and Bristol Co. en 1610. Il choisit l'anse Cupers (aujourd'hui CUPIDS) comme lieu du premier établissement. La colonie, qui compte trente-neuf personnes la première année, voit sa population atteindre le soixante sous sa direction. Il revient en Angleterre au bout de cinq ans, tout en demeurant un solide partisan de l'implantation à Terre-Neuve, malgré les intérêts anglais dans la pêche migratoire, les difficultés économiques et la guerre.

G.M. Story

Guyon, Jean, prêtre et peintre (Château-Richer, Qc, 5 oct. 1659—Paris, France, 10 janv. 1687). M*gr* LAVAL a mis de grands espoirs dans ce jeune prêtre né au Canada, mais qui est mort avant d'avoir pu laisser une œuvre bien considérable. On lui a attribué le beau portrait de Mère Jeanne-Françoise Juchereau de Saint-Ignace, conservé à l'Hôtel-Dieu de Québec, mais cette attribution n'est plus retenue aujourd'hui. Le séminaire de Québec conserve ses aquarelles consacrées à la flore du Québec. Son inventaire après décès mentionne certains de ses tableaux et révèle qu'il possédait des outils de sculpteur, preuve qu'il entendait mettre son talent au service de l'Église.

François-Marc Gagnon

Guysborough, village de la N.-É. et chef-lieu du comté de Guys; pop. 7965 (rec. 1996), 8552 (rec. 1991), 7141 (rec. 1986); superf. 2301,79 km². Situé sur la côte est, à 51 km de la levée de Canso, il a d'abord porté le nom de Chedabucto, du micmac Sedabooktook («havre pénétrant vers l'intérieur») et semble avoir été la «baie d'eau douce» dans laquelle le Portugais FAGUNDES a pénétré en 1520. Le poste de pêche de Nicolas DENYS, fondé en 1654 à Guysborough, employait 120 hommes vers 1657. Bergier, un marchand huguenot, y a construit et développé un poste de traite fortifié en 1682.

Le sort de la localité a souvent été incertain à cause de rivalités entre Français et des guerres contre l'Angleterre, comme celle au cours de laquelle sir William PHIPS a pris Chedabucto en 1690. Sept cents Acadiens y vivaient toujours quand neuf familles anglaises s'y sont établies en 1768. Des LOYALISTES, leurs anciens esclaves et des soldats licenciés sont arrivés après 1784 et ont renommé Chedabucto du nom de sir Guy CARLETON. Presque entièrement détruit par la violente tempête de vent d'octobre 1811, Guysborough a été rebâti et l'exploitation forestière ainsi que la construction navale lui ont apporté la prospérité au XIXᵉ siècle. De nos jours, le village est le centre administratif du district municipal environnant.

Judith Hoegg Ryan

Gwaii Haanas, réserve de parc marin national L'entente Canada-Colombie-Britannique de 1987 sur la création de la RÉSERVE DE PARC NATIONAL GWAII HAANAS, dans la partie sud des ÎLES DE LA REINE-CHARLOTTE, prévoit également la protection des eaux adjacentes. La réserve de parc marin national Gwaii Haanas (3050 km²) complète la réserve de parc national en y incluant d'importantes parties de l'ÉCOSYSTÈME existant sous la limite des marées hautes (zones intertidales, estuaires, petits rochers et îlots côtiers). Cet écosystème est représentatif des procédés et des caractéristiques biologiques, géologiques et océanographiques de deux des 29 régions marines du Canada, c.-à-d. la plate-forme insulaire des îles de la Reine-Charlotte sur le littoral ouest des îles, et le DÉTROIT DE HÉCATE à l'est.

Histoire naturelle L'étroite plate-forme des îles de la Reine-Charlotte finit là où la pente continentale descend rapidement à une profondeur de 2500 m. Les vagues et les conditions atmosphériques produites en plein Pacifique arrivent brusquement sur les falaises entrecoupées de fjords du littoral occidental de Gwaii Haanas, y créant jusqu'au rivage un véritable environnement océanique avec une faune et une flore marines caractéristiques. Les eaux peu profondes du détroit de Hécate recouvrent des sédiments glaciaires, marins et d'eau douce, déposés sur la partie la plus étendue du plateau continental.

Le mélange des eaux des deux côtés des îles soutient un riche et complexe réseau alimentaire d'invertébrés, de poissons, de mammifères et d'oiseaux marins. On y trouve des frayères de hareng, de sébaste, de flétan et d'autres poissons, et d'importantes aires d'élevage du jeune poisson. Plus près du rivage, on trouve de vastes forêts de varech, une grande diversité d'habitats intertidaux et des cours d'eau de fraye pour les cinq espèces de PACIFIC SALMON.

Du point de vue géologique, la région est à proximité de la convergence de trois plaques tectoniques et est le site d'une constante activité sismique. En raison de la glaciation, le niveau de la mer a varié de façon dramatique au cours du dernier millénaire. Les études actuelles des sédiments du détroit de Hécate laissent supposer qu'une grande partie de ce qui est actuellement sous l'eau faisait autrefois partie de la terre ferme. Cette possibilité peut aider à comprendre la migration des peuples autochtones le long du littoral occidental de l'Amérique du Nord. (*Voir aussi* TREMBLEMENT DE TERRE.)

Maggie Stronge

Gwaii Haanas, réserve de parc national Englobant les denses forêts et les prairies alpines de la partie sud des ÎLES DE LA REINE-CHARLOTTE, la réserve de parc national Gwaii Haanas (1495 km²), inaugurée en 1996, abrite certaines espèces végétales et animales qui ne se trouvent nulle part ailleurs sur la planète. Bien que cette réserve ne soit pas encore officiellement un PARC NATIONAL, une entente a été conclue en 1987 entre le gouvernement fédéral et le gouvernement de la Colombie-Britannique afin de créer la réserve de même que la réserve de PARC MARIN NATIONAL GWAII HAANAS. Cet archipel sauvage est composé de 138 îles et son nom, Gwaii Haanas, vient du HAÏDA et signifie «îles de merveille et de beauté».

Histoire naturelle Accessible uniquement par bateau ou par avion, ce territoire aux multiples habitats abrite plus du quart des oiseaux aquatiques marins nicheurs de la Colombie-Britannique, soit plus de 700 000. On y trouve environ une douzaine d'espèces comprenant des pétrels, des cormorans, des mouettes, des alques et des macareux, ainsi que de fortes concentrations d'aigles à tête blanche et de FAUCONS PÈLERINS. C'est également l'habitat d'une grande colonie de lions de mer de Steller. Parmi les autres mammifères marins qui fréquentent le littoral, on compte des otaries à fourrure de l'Alaska, des éléphants de mer et onze espèces de baleines, incluant des espèces migratrices comme la baleine grise, le rorqual à bosse, le rorqual du Nord, le rorqual commun, le petit rorqual et l'orque (ou épaulard).

Les mammifères terrestres comprennent l'ours noir, le cerf à queue noire, la loutre de rivière et le raton laveur, présent depuis peu dans l'île. L'arrivée de prédateurs, tels que les ratons laveurs et les rats, menace grandement les colonies d'oiseaux aquatiques.

La végétation variée compte des plantes endémiques des prairies alpines des montagnes accidentées de San Christoval et de gigantesques épinettes de Sitka des forêts humides du littoral.

Histoire humaine Cette réserve de parc se distingue par l'interaction des environnements terrestres et marins et l'abondance de vestiges patrimoniaux haïdas. Cet héritage autochtone comprend le village historique de Ninstints sur l'ÎLE ANTHONY, site du patrimoine culturel mondial de l'Unesco, et une centaine de sites archéologiques inventoriés sur un total d'environ 450.

Cette région est la Mecque des kayakistes et des plaisanciers qui viennent admirer la luxuriante vie marine et terrestre de cet environnement côtier encore vierge. (Voir aussi MORESBY-SUD.)

Maxwell W. Finkelstein

Gwyn, Richard John Philip Jermy, journaliste et écrivain (Bury St. Edmunds, Angl., 26 mai 1934). Diplômé de Sandhurst, Gwyn immigre au Canada en 1954 et, de 1956 à 1967, poursuit une carrière en journalisme, d'abord comme journaliste parlementaire. En 1968, il abandonne le journalisme pour devenir l'adjoint exécutif d'Eric KIERANS, alors ministre des Communications à Ottawa. Deux ans plus tard, il est nommé directeur général de la planification économique et sociale au ministère des

Communications.

En 1973, Gwyn renoue avec le journalisme à titre de chroniqueur d'agence aux affaires nationales pour le *Toronto Star*. Grâce à ses commentaires dans ce journal et à ses fréquents passages à la radio et à la télévision dans les émissions d'affaires publiques, il se révèle rapidement comme l'un des principaux analystes politiques au pays. Il publie plusieurs ouvrages, dont les biographies de Joey Smallwood et de Pierre Trudeau, puis, plus récemment, *The 49th Paradox* (1985). En 1985, il est transféré à Londres à titre de correspondant en Europe puis il revient à Toronto en 1992.

Stanley Gordon

Gwynne, Horace, surnommé «Lefty», boxeur (Toronto, 5 oct. 1912). Quand Gwynne quitte l'école après la huitième année, il pèse 65 lb (29,5 kg). Quand il commence à grossir, il décide de s'entraîner au Stockley's Gym à Toronto pour perdre du poids afin de devenir jockey. À l'âge de 19 ans, il remporte le championnat amateur canadien des poids plume à London, en Ontario. En 1932, il participe aux épreuves de sélection pour les Olympiques comme poids coq, catégorie allant jusqu'à 118 lb (53,5 kg); il pèse alors 116 lb. Même s'il ne compte que 15 combats préliminaires à son actif, il devient champion amateur poids coq du Canada et se rend, la même année, aux Jeux olympiques de Los Angeles. Il y gagne la médaille d'or contre l'Allemand Hans Ziglarski, envoyant ce dernier à terre dès le deuxième round. Immédiatement après les Olympiques, Gwynne s'engage chez les professionnels. En 1935, il devient champion professionnel poids coq du Canada, titre qu'il conserve jusqu'en 1939, année où il prend sa retraite, invaincu. Il a été intronisé au Temple de la renommée de la boxe et au Temple de la renommée des sports du Canada.

A.J. «Sandy» Young

Gymnastique La gymnastique artistique comporte plusieurs épreuves: chez les femmes, les barres asymétriques, la poutre, le saut de cheval et les exercices au sol; chez les hommes, le cheval d'arçons, le saut de cheval, les anneaux, les barres parallèles, la barre fixe et les exercices au sol. Des jeunes de tous âges s'y adonnent par plaisir ou pour se tenir en forme, tandis que d'autres aiment la compétition ou la dimension sociale de la gymnastique, qui fait partie des programmes modernes d'éducation physique des écoles canadiennes. On fait remonter l'origine de la gymnastique à la Grèce antique. Il s'agit d'une des plus anciennes et des plus importantes disciplines sportives. La gymnastique artistique que nous connaissons aujourd'hui s'est développée en Allemagne, au début des années 1800. Le premier Olympic Gymnasium voit le jour à Montréal en 1843 et d'autres clubs suivront à Québec, Toronto, Hamilton, Ottawa, Halifax et Victoria. Ce sont les immigrants allemands et tchécoslovaques qui ont inspiré ces clubs. À Montréal, centre le plus actif de l'époque, la gymnastique prend son essor grâce au Britannique F. Barnjum et, dans les années 1880, le sport est inclus dans les programmes scolaires à la recommandation d'Egerton RYERSON. En 1899, le Canada devient le 14e pays membre de la Fédération internationale de gymnastique.

Aux Olympiques de 1904 et de 1908, Lou Sievert, Alan Keith et Orvill Elliott représentent le Canada et, en 1956, Ernestine Russel est la première gymnaste canadienne à participer à des jeux olympiques. En 1959, à Chicago, elle décroche la première place au classement final lors des 3es Jeux panaméricains, ce qui en fait la première Canadienne à remporter une médaille dans une compétition internationale de gymnastique. En 1967, à Winnipeg, Susan Mc Donnell gagne l'épreuve des barres asymétriques lors des 5es Jeux panaméricains. Aux Championnats du monde de Prague (1962) et aux Jeux olympiques de Mexico (1968), le Canada est représenté par une

équipe masculine et une équipe féminine. En 1976, l'équipe féminine canadienne se classe parmi les 10 meilleures au monde et, en 1979, les hommes figurent au nombre des 15 meilleures équipes. Les premiers championnats nationaux (chez les hommes) ont lieu en 1923 dans le cadre de l'Exposition nationale canadienne de Toronto qui fait don de tous les prix et qui, pour les onze années suivantes, sera l'hôte de cet événement. En 1954, les femmes participent à ces championnats pour la première fois. Le Canada accueille plusieurs équipes de gymnastique (la première étant l'équipe japonaise en 1962) et est l'hôte de diverses compétitions: la Coupe du monde de gymnastique (1980) et les 23es Championnats du monde (Montréal, 1985) où l'équipe féminine se classe 9e et l'équipe masculine 11e.

Au Canada, la gymnastique jouit d'une imposante infrastructure: personnel à plein temps, programmes nationaux importants, plus de 150 000 membres, plus de 500 entraîneurs et plusieurs milliers d'adeptes. Le Canada compte d'excellents gymnastes, dont Philip Delesalle, 12e au classement final des Championnats du monde de 1979 à Fort Worth aux États-Unis; Elfie Schlegel, première Canadienne à remporter une médaille à la Coupe du monde (le bronze au saut de cheval); Brad Peters, 14e au classement final des Championnats du monde de 1985. Lors des Jeux mondiaux universitaires tenus à Edmonton en 1983, le Canada remporte 4 médailles dont une d'or grâce à Philippe Chartrand. Aux Jeux olympiques de Los Angeles (1984), l'équipe féminine occupe le 5e rang au classement final et Kelly Brown est 6e au saut de cheval. L'équipe masculine décroche la 8e place. En 1986, Chartrand remporte une médaille d'or à la barre fixe lors de la compétition invitation de Leningrad, où plus de 80 gymnastes représentent 36 pays.

La gymnastique canadienne est reconnue sur la scène internationale lorsque Curtis Hibbert remporte, en 1987, une médaille d'argent à la barre fixe, première médaille canadienne à un championnat du monde. Aux Jeux olympiques de 1988, Hibbert prend part à la finale de 3 épreuves de gymnastique. La meilleure performance canadienne dans une compétition internationale est réalisée aux Jeux du Commonwealth de 1990: les équipes masculine et féminine remportent l'or, Hibbert et Lori Strong se classent premiers au classement général chez les hommes et les femmes respectivement; dans les épreuves individuelles le Canada obtient 6 médailles d'or, 7 d'argent et une de bronze. Aux Jeux olympiques de Barcelone (1992), aucun Canadien ne se qualifie pour les finales des épreuves individuelles. Stella Umeh obtient la 16e place au classement général et, chez les hommes, Hibbert termine 36e.

Carol Anne Letheren

Gypse Minéral composé de sulfate de calcium hydraté (CaSO₄.2H₂O). Lorsqu'il est calciné (grillé) à des températures variant entre 120 °C et 250 °C, le gypse libère 75 p. 100 de son eau. Ce traitement donne le plâtre de Paris qui, une fois délayé dans de l'eau, peut être moulé, façonné ou étalé, puis séché ou durci pour former du plâtre dur. Le gypse a été utilisé par les constructeurs des pyramides et avant cela par les artisans pour la fabrication d'objets décoratifs. Dans les années 1780, le gypse de la Nouvelle-Écosse était expédié dans l'est des États-Unis, où il servait à enrichir les sols sous forme de plâtre fin. La demande de gypse en tant que matériau de construction s'est accrue à partir du milieu des années 1880 grâce à la mise au point de méthodes régularisant le temps de prise.

Le gypse brut est pulvérisé et chauffé pour former du stucco, qui est mélangé avec de l'eau et des agrégats (sable, vermiculite ou perlite expansée), puis appliqué sur des lattes de bois, de métal ou de gypse pour la finition des murs intérieurs. Les feuilles, les lattes et les panneaux de gypse sont formés par l'in-

troduction d'une bouillie de stucco, d'eau, de mousse, de pulpe et d'amidon entre deux rouleaux étendus de papier absorbant, ce qui donne un long sandwich de placoplâtre mouillé. Le gypse est aussi utilisé comme matière de charge dans la fabrication de la peinture et du papier, comme substitut du sulfate de sodium qui entre dans la composition du verre et comme amendement du sol.

Le Canada est le troisième producteur de gypse brut au monde après les États-Unis et la République populaire de Chine. Environ 80 p. 100 de la production canadienne provient des provinces atlantiques, dont 70 p. 100 est expédiée aux usines américaines de placoplâtre. Les autres principales sources sont l'Ontario, le Manitoba et la Colombie-Britannique. Le gypse brut est une matière première minérale de haut volume et peu coûteuse et, en 1994, son exploitation a atteint quelque 96,6 millions de dollars; l'industrie de produits finis de gypse a été évaluée à environ 500 millions de dollars.

On s'attend à ce que la structure actuelle de l'industrie canadienne du gypse demeure la même. Toutefois, la disponibilité prochaine de gypse synthétique, résultat de normes environnementales plus rigoureuses, influencera son développement. Le RECYCLAGE des rebuts et des déchets de gypse provenant des chantiers de construction et des chaînes de fabrication de panneaux de placoplâtre continuera de croître en importance au Canada et aux États-Unis.

G.O. Vagt et D.H. Stonehouse

Gyroselle Plante herbacée vivace (genre Dodecatheon), la gyroselle appartient à la famille des Primulacées (primevère). Des 13 espèces connues, la plupart sont indigènes de l'ouest de l'Amérique du Nord, dont six du Canada. Le *D. hendersonii* et le *D. jeffreyi* poussent dans les zones côtières de la Colombie-Britannique; le *D. dentatum* dans le sud de la Colombie-Britannique et le *D. frigidum* dans le nord de la Colombie-Britannique, dans les zones côtières du Yukon et dans le delta du Mackenzie. Ces quatre espèces se plaisent dans les prés humides, les landes et sur les berges, à basse et à haute altitude. Le *D. conjugens* pousse du sud-est de la Colombie-Britannique jusqu'au sud-ouest de la Saskatchewan, dans les zones d'écoulement souterrain, dans les plaines d'armoises et dans les prairies alpines. La gyroselle pauciflore (*D. pauciflorum*), la plus répandue des gyroselles, croît depuis le delta du Mackenzie jusque dans le sud du Manitoba, près les forêts ouvertes, les pentes humides et les sols salins.

Gzowski, Peter, personnalité de la télévision, écrivain, rédacteur en chef (Toronto, 13 juill. 1934). Arrière-arrière-petit-fils de l'ingénieur sir Casimir GZOWSKI, il grandit dans la petite ville de Galt, en Ontario, et est formé dans les traditions disciplinées du Ridley College. À l'U. de Toronto, il dirige *The Varsity* et se passionne pour le journalisme, ce qui le conduit à occuper des postes à Timmins, Moose Jaw et à Chatham. En 1958, son mentor, Ralph Allen, l'invite à travailler au *Maclean's*, où il devient directeur de rédaction en 1962. Cet homme infatigable et aux talents variés travaille aussi comme titulaire de la rubrique des spectacles au *Toronto Star,* comme rédacteur en chef du *Star Weekly* et (pendant une courte période en 1970) comme directeur du *Maclean's*. Il se fait un nom familier comme présentateur de *This Country in the Morning,* émission éclectique et pleine d'allant de la radio anglaise de Radio-Canada (1971-1974). Mais l'émission-débat qu'il anime par la suite à la télévision, *90 Minutes Live* (1976-1978), est de l'avis général un échec. Il écrit plusieurs ouvrages documentaires, dont *The Sacrament* (1980) et *The Games of Our Lives* (1981), avant de revenir à la radio anglaise de Radio-Canada comme animateur de *Morningside* en 1982. Sa curiosité, sa sensibilité et son intelligence, alliées à son patriotisme et à sa chaleur personnelle, font de lui l'un des communicateurs les plus compétents et les plus aimés au Canada. Des extraits de *Morningside* sont rassemblés dans cinq éditions de *The Morningside Papers*. Parmi les nombreuses distinctions honorifiques reçues vers la fin de sa carrière, celles dont il est le plus fier restent le doctorat *honoris causa* de l'U. de Toronto et le Prix du Gouverneur général pour les arts de la scène (1995). Il instaure par ailleurs les Peter Gzowski Invitational Golf tournaments, connus aujourd'hui sous l'appellation PGI, qui ont permis d'amasser près de cinq millions de dollars pour des projets littéraires au cours de leurs dix premières années d'existence.

Mark Abley

Gzowski, sir Casimir Stanislaus, ingénieur (Saint-Pétersbourg, Russie, 5 mars 1813—Toronto, 24 août 1898). En 1842, Gzowski commence sa carrière en INGÉNIERIE au Canada. Directeur des travaux publics de la Province du Canada, il améliore les voies navigables et les canaux, et construit des routes, des ports et des ponts. Plus tard, il construit la partie canadienne du ST. LAWRENCE AND ATLANTIC RAILROAD (1846-1853) puis la ligne du GRAND TRUNK RAILWAY allant de Toronto à Sarnia (1852-1860). Il conçoit et construit le pont international entre Fort Erie et Buffalo, dans l'État de New York (1870-1873), un travail rendu difficile par de forts courants, de la glace et des vents. En même temps, il siège à une commission d'étude des eaux continentales de l'Atlantique au lac Supérieur. Son rapport de 1871 anticipe le système connu maintenant sous le nom de «voie maritime du Saint-Laurent». Il est le premier président de la Niagara Parks Commission et planifie le système de parcs sur les berges canadiennes de la rivière Niagara. Avec plusieurs autres ingénieurs, il fonde la Société canadienne de génie civil dont il sera président de 1889 à 1891. Créée durant son mandat, la médaille d'or Gzowski récompense annuellement des contributions écrites exceptionnelles dans le domaine de l'ingénierie. Très soucieux de la défense du Canada, Gzowski lutte pour le renforcement de la milice canadienne et y sert comme lieutenant-colonel et colonel. Nommé aide de camp de la reine Victoria en 1879, il est fait Chevalier Commandeur de l'Ordre de Saint-Michel et de Saint-Georges en 1890 en reconnaissance pour services rendus dans les domaines militaire et de l'ingénierie.

Phyllis Rose

Habitant En NOUVELLE-FRANCE, les habitants sont des propriétaires fonciers indépendants; ils se distinguent de la main-d'œuvre engagée et de ceux dont le séjour sur une terre est considéré comme temporaire. Dès la fin du XVIIᵉ siècle, le mot «habitant» s'applique au paysan propriétaire, par opposition aux mots «seigneur» ou «citadin». À la fin du XVIIIᵉ siècle, comme les paysans qui ne possèdent pas de terre sont nombreux, on nomme habitants tous ceux qui vivent du travail de la terre. (*Voir* RÉGIME SEIGNEURIAL.)

Tom Wien

Hache de bûcheron Deux types de haches étaient employées au début du XIXᵉ siècle dans l'industrie forestière de l'Est. La plus commune avait un seul tranchant en forme d'éventail, une tête étroite pesant entre 1,5 et 2,5 kg, et un manche en érable ou en caryer. On l'utilisait pour abattre, entailler et ébrancher les arbres tombés. La doloire ou épaule de mouton, grande et caractéristique, était employée pour tailler des mâts et équarrir le bois. Sa lame biseautée de 5 kg et de 25 cm de large ressemblait à un large ciseau à bois. L'équarrisseur coupait diagonalement en travers du grain de la bille de bois grossièrement équarrie pour laisser une surface lisse et égale. Sur la côte Ouest, de plus grandes haches à double tranchant étaient employées, leurs petites lames de 25 cm et leurs longs manches étant conçus pour abattre les énormes arbres de la côte du Pacifique. Dans les exploitations de bois à pâte de l'Est, on se servait plutôt de plus petites haches à double tranchant; elles étaient aussi plus courantes dans le commerce du bois carré: un tranchant servait à abattre les arbres et l'autre, à enlever les souches et les racines sur les chemins de débardage en rondins. À la fin du XIXᵉ siècle, la scie à tronçonner a remplacé la hache pour abattre les arbres.

Graeme Wynn

Hachey, Henry Benedict, océanographe (West Bathurst, N.-B., 7 juin 1901—St. Andrews, N.-B., 24 juin 1985). Formé aux universités Saint Thomas, St. Francis Xavier, McGill et de Toronto, Hachey est professeur de physique à l'U. du Nouveau-Brunswick avant de se joindre, en 1928, à l'Office de biologie du Canada (devenu le Conseil de recherches sur les pêcheries), à St. Andrews, au Nouveau-Brunswick. En 1930, on le nomme responsable de la Hudson Bay Fisheries Expedition. Pendant son service militaire de 1940 à 1946, il effectue de la recherche opérationnelle et des activités anti-sous-marines. En tant qu'océanographe en chef du Canada de 1946 à 1964, il assure l'expansion de l'OCÉANOGRAPHIE canadienne en coordonnant le travail de divers organismes gouvernementaux. Lorsqu'il est directeur du Groupe océanographique de l'Atlantique, qui relève du Conseil de recherches sur les pêcheries, il fonde le programme d'études océanographiques de la côte Est et de l'Arctique, largement pris en charge actuellement par l'INSTITUT OCÉANOGRAPHIQUE DE BEDFORD. Il est le premier Canadien à utiliser des techniques mathématiques pour calculer les courants océaniques. Ses excep-

tionnelles contributions scientifiques à l'océanographie sont largement reconnues.

Neil J. Campbell

Hackett, James Keteltas, acteur expatrié (Wolfe Island, Ont., 6 sept. 1869—Paris, France, 8 nov. 1926). Bel homme, héros de romans de cape et d'épée, et idole du public féminin, il acquiert la réputation de héros romantique dans les années 1890 en jouant dans des pièces à succès comme *The Prisoner of Zenda* et *Rupert of Hentzau*. En 1892, il fait ses débuts d'acteur professionnel à Philadelphie, où il était champion de duel amateur. Il fait une tournée à Halifax et à Saint-Jean en 1893, puis fonde son propre théâtre à New York en 1905. Désireux d'interpréter des rôles sérieux, il puise dans la fortune qu'il a reçue en héritage pour monter *Othello* (1914) et *Macbeth* (1916), deux productions restées célèbres pour leur conception scénographique élaborée. En 1920, *Macbeth* obtient un grand succès à Londres et à Paris. Hackett reçoit la Légion d'honneur.

David Gardner

Hadfield, Chris Austin, ASTRONAUTE (Sarnia, Ont., 29 août 1959). Son père, Roger, est pilote à Air Canada et pilote son propre avion de voltige. Ses frères, David et Philip, Cadets de l'Air comme lui, deviennent pilotes de ligne. Hadfield choisit une carrière militaire et étudie le génie mécanique au Collège militaire royal, à Kingston, en Ontario, puis il obtient une maîtrise en systèmes aéronautiques à l'U. du Tennessee en 1992.

Sa brillante carrière de pilote commence aux commandes de CF-18, par un séjour de trois ans dans l'escadron 425 des Forces canadiennes au Québec. Il est le premier pilote de CF-18 à intercepter, en 1985, un avion russe de type «Bear» dans l'espace aérien canadien. Il étudie ensuite à l'école des pilotes d'essai de l'armée de l'air américaine en Californie et il sort premier de sa promotion en 1988. En 1989, il devient officier stagiaire canadien au US Naval Air Test Center, à Patuxent River, au Maryland, une pépinière réputée d'astronautes américains. Son travail très risqué, qui consiste à pousser des avions de haute performance jusqu'à en perdre la maîtrise, puis à trouver les moyens de les retrouver, lui vaut le titre de pilote d'essai de l'année de la marine américaine en 1991.

Formation et marches dans l'espace En juin 1992, Hadfield et trois autres postulants sont choisis parmi 5330 candidats pour participer au Programme des astronautes canadiens. Avec Marc GARNEAU, il est affecté au centre spatial Johnson de la NASA, à Houston, pour former les astronautes qui font fonctionner les systèmes de navette, dont le BRAS SPATIAL CANADIEN (Canadarm), et marche dans l'espace. Il est le premier Canadien à faire partie de l'équipe de soutien du centre spatial Kennedy, en Floride. Avec d'autres, il redessine et modernise les afficheurs des instruments de vol dans le poste de pilotage de la navette.

En septembre 1994, Hadfield est affecté au vol STS-74 sur la navette spatiale Atlantis et choisi comme pilote principal du Bras spatial canadien. C'est le deuxième de sept arrimages prévus entre la navette et la station spatiale russe Mir, une des missions les plus complexes au niveau technique. Hadfield joue un rôle clé dans l'assemblage du tunnel qui relie Atlantis à Mir. À l'aide du bras spatial, il soulève le module d'arrimage russe de 4100 kg hors de son berceau, le bascule en position verticale et l'aligne à quelques centimètres près au-dessus de la trappe menant à l'intérieur de la navette. Une fois le tunnel installé, les quatre Américains et le Canadien d'Atlantis vont rencontrer les deux Russes et l'Allemand de Mir. Musicien, Hadfield offre à l'équipage de Mir un cadeau spécial, une guitare compacte à écouteurs.

Après son vol, Hadfield devient responsable du système de communication de capsule (voix du contrôle de mission) pour la mission STS-77 au cours de laquelle Marc Garneau est spécialiste de mission, en mai 1996.

Lydia Dotto

Haendel, Ida, violoniste (Chelm, Pologne, 15 déc. 1928). Célébrée pour sa technique impeccable et pour la beauté de sa sonorité, Haendel est très demandée au cours de sa longue carrière internationale pour jouer en tant que soliste, pour donner des récitals et pour enregistrer sur disque. Son vaste répertoire va de Bach à Bartók. Enfant prodige dans sa Pologne natale, elle immigre en Angleterre avant la Seconde Guerre mondiale. Elle y donne des récitals pour les soldats britanniques et est soliste invitée de plusieurs chefs d'orchestres anglais et européens réputés. Haendel immigre au Canada en 1952 et vit à Montréal jusqu'à ce qu'elle déménage en Floride en 1989. Elle donne des récitals au Canada et joue avec les grands orchestres symphoniques dont ceux de Montréal, de Toronto et de Vancouver. En 1977, elle interprète la première canadienne du «Concerto pour violon» de Benjamin Britten avec l'Orchestre de Radio-Canada, dirigé par Franz-Paul Decker.

Barclay McMillan

Hahn, Emanuel Otto, sculpteur (Reutlingen, Wurtemberg, Allemagne, 30 mai 1881—Toronto, 14 févr. 1957). En juillet 1888, Hahn immigre avec sa famille à Toronto où il passe une grande partie de sa vie. De 1899 à 1903, il étudie le graphisme et le modelage à la Toronto Technical School et à l'Ontario College of Art and Industrial Design. En 1901, la McIntosh Marble and Granite Company l'embauche. Il conçoit pour elle les reliefs en bronze du monument érigé en l'honneur de Robert Burns, dans les jardins Allan à Toronto (1902). En 1903, il travaille pour la Canada Foundry Company, toujours à Toronto. Il part, en novembre 1903, pour un séjour de trois ans en Europe. Résidant dans sa famille à Stuttgart, en Allemagne, il perfectionne ses connaissances en art et en décoration à l'École d'art, la Kunstgewerbeschule, ainsi qu'à l'École polytechnique, la Technische Hochschule. Il fait aussi un court stage dans le studio d'un sculpteur membre de l'Académie des beaux-arts, la Kunstacademie.

De retour à Toronto en août 1906, Hahn commence à travailler à la pige en tant que concepteur de monuments pour la Thomson Monument Company. Cette association professionnelle dure plus de 40 ans. Du début de l'année 1908 au mois de juin 1912, il travaille aussi en qualité d'assistant auprès du sculpteur Walter S. Allward, contribue à la construction du South African Monument réalisé par Allward à Toronto, du Alexander Graham Bell Memorial à Brantford et du Lafontaine-Baldwin Monument à Ottawa. Il devient professeur de modelage au Collège des beaux-arts de l'Ontario en 1912, où il exerce par la suite, jusqu'à sa retraite en 1951, les fonctions de directeur du département de sculpture.

Durant les années qui suivent immédiatement la Première Guerre mondiale, il s'affirme comme l'un des principaux sculpteurs du Canada anglais. Il se distingue en particulier par la force qui se dégage tant de ses monuments aux morts que de ses monuments civils. En 1925, Hahn se fait remarquer en gagnant le concours organisé pour la conception du monument aux morts de Winnipeg. Ses origines allemandes suscitent un débat public particulièrement vif qui lui fait perdre cette commande, mais lui vaut une renommée nationale. En 1926, il obtient le contrat pour réaliser le Edward Hanlan Monument, érigé sur le site de l'exposition nationale canadienne de Toronto. En 1929, il devance de nouveau ses concurrents pour la conception d'un monument à la mémoire de sir Adam Beck. Ce projet monumental, le plus important qu'on lui doive, est dévoilé en 1934 sur l'avenue University, à Toronto.

Hahn fait ses débuts à l'exposition de la Arts and Crafts Society of Canada en 1904, où il présente les modèles pour les panneaux de son monument Burns. Il expose pour la première fois avec l'Ontario Artists Society en 1907 et avec l'Académie royale des arts du Canada en 1908, puis expose régulièrement dans le cadre des expositions annuelles de ces deux sociétés. En 1927, il est élu membre associé de l'Académie royale des arts du Canada dont il devient membre officiel en 1931.

Membre fondateur du Arts Letters Club de Toronto (fondé en 1908), il est aussi le premier président de la Société des sculpteurs du Canada (SSC), qu'il fonde en 1928 avec Frances LORING, Florence WYLE et Elizabeth WYN WOOD. Les expositions de la SSC lui offrent de nouveaux moyens de présenter au public ses sculptures de taille plus réduite, qui ne sont liées à aucune commande spécifique, ainsi que des modèles conçus pour des monuments publics. La première de ses sculptures personnelles à attirer l'attention est son *Indian Scout,* réalisé en 1913: c'est aussi la première à être coulée en bronze. L'achat de cette œuvre, en 1917, par la Galerie nationale du Canada contribue grandement à établir la réputation de Hahn comme sculpteur académique.

La découverte de formes de sculpture plus modernes dans le Toronto des années 20 et ses rapports personnels avec la jeune sculpteure Elizabeth Wyn Wood, qu'il épouse en 1926, provoquent des changements dans le style personnel de Hahn à la fin des années 20. On peut voir d'excellents exemples de ce nouveau style plus moderne et plus dépouillé dans son buste en marbre d'Elizabeth Wyn Wood datant de 1926 et son *Flight* de 1928, dont on a malheureusement perdu la trace. Excellent portraitiste, sa tête de Vilhajalmur Stefansson, réalisée en 1929 et exposée à la Galerie nationale du Canada, lui vaut en 1930 le prix Willingdon. Il excelle aussi dans les arts appliqués, et ses conceptions de pièces de monnaie canadiennes, en particulier le dollar en argent de 1935 représentant un «Voyageur», la pièce de vingt-cinq cents, un «caribou» et les pièces de dix cents, le «Bluenose», lui assurent une célébrité durable.

Victoria Baker

Haida L'*Haida,* un puissant destroyer de classe Tribal du temps de la Seconde Guerre mondiale commandé le 30 août 1943, est construit en Angleterre pour la Marine royale canadienne (MRC). De janvier 1944 à janvier 1945, il patrouille la Manche et le golfe de Gascogne et est présent au DÉBARQUEMENT DE NORMANDIE, le 6 juin 1944. L'*Haida* est devenu célèbre par sa participation à la destruction de plusieurs bateaux allemands. Après avoir servi en temps de paix de 1947 à 1950, il est doté d'un armement moderne, puis est utilisé par les forces des Nations Unies en Corée de 1952 à 1954. Il demeure au service de la MRC jusqu'au 11 octobre 1963. L'année suivante, un groupe d'amis et d'admirateurs achète Le gouvernement de l'Ontario l'acquiert en 1970 et en fait un monument commémoratif exposé en permanence à la Place Ontario de Toronto.

Roger Sarty

Haidas (groupe autochtone) Les Haidas vivent le long des baies côtières et des bras de mer des ÎLES DE LA REINE-CHARLOTTE (IRC) en Colombie-Britannique. Des preuves archéologiques confirment que les îles ont été continuellement habitées pendant au moins 6000 à 8000 ans (*voir* PRÉHISTOIRE). Il y a quelques centaines d'années, un petit groupe d'Haidas a migré vers le nord jusqu'aux îles les plus au sud de l'«enclave» alaskienne, où leurs descendants vivent aujourd'hui dans le village de Hydaburg. La langue haida est un isolat comprenant deux dialectes: le masset, parlé dans l'île septentrionale et dans des régions du sud-est de l'Alaska, et le skidegate, employé dans le Sud. Autrefois, d'autres dialectes existaient, dont le ninstints haida (maintenant éteint) de l'extrême sud des IRC. La culture et l'art haidas se distinguent parmi les traditions de la côte du Nord-Ouest, bien qu'on constate certaines similarités dans les cultures de leurs voisins, les TSIMSHIANS et les TLINGITS.

Le village haida De tout temps, le village constitue une entité politique distincte et, dans une grande mesure, chaque famille est une entité indépendante. Tout Haida, cependant, appartient à l'une de deux moitiés, soit l'Aigle ou le Corbeau, autrefois classifiées comme étant des clans. Un Haida épouse toujours un membre de l'autre moitié et le statut de membre d'un clan est transmis par la mère. Chaque moitié comprend un certain nombre de lignées. Les individus proclament publiquement leur appartenance à un clan à l'aide d'un étalage élaboré d'emblèmes familiaux héréditaires, sculptés sur des TOTEMS érigés devant les maisons et sculptés ou peints sur de grands CANOTS de guerre, sur des boîtes de cèdre, sur des masques et sur des objets utilitaires et décoratifs.

Organisation sociale et économique Les grandes fêtes cérémonielles (*voir* POTLATCH) sont au cœur de la vie des Haidas et servent à raffermir l'organisation sociale et économique et l'interdépendance des moitiés, des lignées et des villages. Les noms des lignées dérivent du lieu d'origine du groupe. Les lignées forment des groupes qui sont propriétaires fonciers. La propriété d'une lignée comprend les droits sur certains cours d'eau à saumon, sur certains lieux de trappage, sur des parcelles de plantes comestibles et de tabac, des peuplements de cèdres, des colonies d'oiseaux, des portions de littoral et des emplacements de maison dans les villages d'hiver. La gestion de la propriété incombe au chef de la lignée.

Leur premier contact attesté avec des Européens a eu lieu lors de la visite de l'explorateur espagnol Juan PÉREZ (1774). Le capitaine anglais George Dixon s'engage avec eux (1787) dans la traite des peaux de loutre de mer, dont ils conservent le lucratif commerce avec la Chine jusqu'à la moitié du XIX° siècle.

Les colons européens n'ont vraiment commencé à peupler les îles de la Reine-Charlotte que vers 1900. Les marchands de fourrures du continent estiment qu'avant 1850 la population des Haidas se situe entre 6000 et 8000 habitants. En 1915, ils ne sont plus que 588, principalement à cause de la variole et autres maladies. Peuple guerrier de tradition, les Haidas menaient des incursions dans leurs grands canots de mer jusqu'au Sud de l'État de Washington. Toutefois, rares ont été les affrontements violents avec les Européens. En 1996, la population des Haidas dans les îles de la Reine-Charlotte se chiffrait à 3423.

Aujourd'hui, les Haidas sont réputés pour leur art (*voir* AUTOCHTONE DE LA CÔTE DU NORD-OUEST, ART), et plusieurs sont de prospères pêcheurs commerciaux, exploitants forestiers et artistes. De concert avec Parcs Canada, ils gèrent la réserve de parc national et réserve de parc marin national Gwaii Haanas dans les IRC. Les Haidas s'occupent d'un programme de gardiens et d'interprètes des sites historiques et archéologiques dans toutes les îles. Ils s'emploient aussi dans des programmes d'écotourisme, comprenant guidage, camping, gîtes touristiques et location de bateaux. Du côté de la pêche commerciale, une bande de Massets détient une licence d'exploitation d'œufs de hareng sur varech. Les Skidegates détiennent aussi plusieurs licences de récolte. (*Voir* aussi AUTOCHTONES: LA CÔTE DU NORD-OUEST et articles généraux sous la rubrique AUTOCHTONES.)

Trisha Gessler, D. Kennedy et R. Bouchard.

Haig-Brown, Roderick, auteur et protecteur de l'environnement (Lancing, Angl., 21 févr. 1908—Campbell River, C.-B., 19 oct. 1976). Le goût qu'il a acquis pour la nature dans sa jeunesse le marque toute sa vie. Lors d'un séjour dans l'Ouest américain en 1926, il est impressionné par les occasions de chasse et de pêche qu'offre le littoral du Pacifique. Il immigre dans l'île de Vancouver en 1931 et s'installe plus tard à Campbell River. Il gagne sa vie en tant que bûcheron, trappeur et guide, et, de plus en plus, comme écrivain. Ses premiers récits sont des contes romancés mettant en scène des animaux sauvages: le couguar dans *Panther* (1934), le saumon de l'Atlantique et du Pacifique dans *Return to the River* (1941) et dans *Silver* (1931). Bien que ses derniers romans destinés aux adultes remportent un certain succès, il est surtout connu comme auteur de littérature enfantine. *Starbuck Valley Winter* (1943) et sa suite *Saltwater Summer* (1948) connaissent un accueil enthousiaste. *Saltwater Summer* remporte le Prix du Gouverneur général. Ses essais sur la pêche sportive (*A River Never Sleeps*, 1946; *Measure of the Year*, 1950) sont d'une grande valeur littéraire et lui attirent de nombreux lecteurs. *A Primer of Fly Fishing* (1964) est considéré comme un classique de la pêche à la mouche. Haig-Brown défend avec ardeur la protection de la nature et dénonce l'exploitation sauvage qui caractérise l'urbanisation et l'industrialisation de l'Ouest.

C.J. Taylor

Haïtiens La communauté haïtienne compte plus de 75 000 membres, répartis dans toutes les provinces ou territoires du Canada, y compris le dernier né, le Nunavut. Cependant, 95 p. cent des personnes d'origine haïtienne vivant au Canada se retrouvent au Québec. Cette situation s'explique par la parenté linguistique, le français étant une des deux langues officielles de la République d'Haïti (l'autre étant le créole, qui est en fait la langue de la majorité des Haïtiens). Même en dehors du Québec, on retrouve les communautés les plus importantes là où il existe des poches francophones (Ottawa, Toronto, Winnipeg, Vancouver…).

Il y eut des contacts et des échanges entre la société haïtienne et la société québécoise depuis le régime français. Haïti, qui s'appelait alors Saint-Domingue, a été, jusqu'à son indépendance survenue en 1804, la principale colonie française en Amérique. Après cette date, les relations entre ces deux sociétés sont devenues presque nulles. Elles ont repris avec l'établissement de missionnaires québécois en Haïti au début des années 30. Aujourd'hui encore, Haïti est, après le Japon, le pays où l'on compte le plus de missionnaires québécois. Dès la fin des années 30 et le début des années 40, plusieurs Haïtiens vinrent étudier au Québec. Généralement, ils repartaient une fois leurs études terminées. Quelques musiciens s'établirent aussi dès les années 50 (Guy Durosier, Fritz Pereira, Ernst Lamy, Joe Trouillot), mais c'est au début des années 60 que l'on peut parler véritablement de la constitution d'une communauté haïtienne au Québec.

Au début, il s'agissait surtout de professionnels de la santé, de l'éducation et des services sociaux. En raison de la répression qu'a connue le pays sous le régime duvaliériste, Haïti fut l'un des pays du Tiers-Monde les plus affectés par la fuite des cerveaux. L'impressionnant effort de modernisation du Québec, connu sous le nom de Révolution tranquille, avait créé de nombreuses ouvertures dans ces secteurs. Au tournant des années 70, les besoins en main-d'œuvre du Québec évoluant et la répression en Haïti se déplaçant, la composition de ce courant migratoire s'est modifiée et, aujourd'hui, on compte une majorité de cols bleus dans la communauté haïtienne. Les lois d'immigration ont permis la réunification familiale qui est quasiment complétée. En dépit de quelques vagues de réfugiés provoquées par les différents soubresauts de la politique haïtienne après le départ de Jean-Claude Duvalier en 1986, le courant migratoire d'Haïti vers le Canada a fortement diminué au cours des dernières années. La communauté se renouvelle donc de plus en plus par les naissances. Le taux de fécondité se situe encore à mi-chemin entre celui de la société de départ et celui de la société d'accueil.

Entre 1974 et 1989, les Haïtiens ont constitué le groupe d'immigrants le plus important à arriver au Québec. En 1991, Haïti occupait le second rang, après l'Italie, comme pays de naissance de la population immigrée de la région métropolitaine de Montréal. Tout en reconnaissant l'existence de communautés dans différentes villes du Québec (Hull, Québec, Sherbrooke, Trois-Rivières…), il faut souligner la très forte concentration dans le Grand Montréal où se retrouvent environ 90 p. cent des personnes d'origine haïtienne vivant au Canada. Cette sur-représentation dans la région montréalaise est une constante de tous les flux migratoires au Québec, le Grand Montréal étant le seul véritable pôle de développement manufacturier du Québec. Il faut aussi noter que c'est sur la communauté haïtienne que le Québec exerce le plus fort taux de rétention, soit 96,5 p. cent. Cela signifie que trois ans après leur arrivée, 96,5 p. cent des immigrants haïtiens au Québec y sont encore et n'ont pas émigré vers d'autres parties du Canada ou d'autres pays.

La communauté haïtienne a mis longtemps l'accent sur la régularisation de statut de ses membres. La logique était que, quelles que puissent être les difficultés rencontrées dans l'adaptation au nouvel environnement, elles deviendraient insurmontables si la question de la légalité de la présence des nouveaux arrivants n'était pas réglée. D'importantes actions furent entreprises en ce sens et la communauté a notamment bénéficié en 1980 d'un programme spécial du gouvernement du Québec qui a permis à environ 4300 Haïtiens, en situation illégale ou avec des statuts temporaires, d'obtenir la résidence permanente au Canada. À l'époque, on avait calculé que chaque personne admise pouvait parrainer directement 2,2 personnes.

C'est donc une communauté d'immigration récente, dont plus de 80 p. cent des membres sont nés hors du Canada. Il faut aussi souligner une surféminisation de ce courant migratoire, les femmes constituant 55 p. cent de cette communauté. Il s'agit de plus d'une communauté relativement jeune. Le niveau moyen de scolarisation est comparable à la moyenne nationale, mais la distribution est plus polarisée. On y retrouve aussi bien des personnes très scolarisées qu'un nombre important de personnes ayant un niveau d'instruction assez faible. Le taux d'activité de la population âgée de plus de 15 ans est de 66,66 p. cent, soit 75,5 p. cent pour les hommes et 59,75 p. cent pour les femmes (données de 1991). Enfin, la communauté serait de religion catholique à 64,9 p. cent, protestante à 30,1 p. cent et 4,6 p. cent n'auraient aucune religion. Il faut prendre ces derniers chiffres avec un grain de sel, car une vieille boutade veut que les Haïtiens soient catholiques à 70 p. cent, protestants à 30 p. cent et vaudouisants à 95 p. cent!

Alors que les premiers arrivants ont bénéficié d'une insertion socio-économique relativement facile, dans un contexte économique favorable, la communauté, dans son ensemble, connaît aujourd'hui des conditions socio-économiques assez difficiles. Or, c'est l'adaptation économique qui conditionne largement l'adaptation socioculturelle dans la terre d'adoption. Dans la communauté haïtienne du Grand Montréal, le taux de chômage est le double de la moyenne québécoise et près de la moitié des membres de cette communauté vivraient sous le seuil de pauvreté. Un des facteurs expliquant cette pauvreté serait, selon certains auteurs, le fait que dans la communauté le nombre d'enfants vivant dans une famille monoparentale est deux fois plus élevé que la moyenne pour l'ensemble de la population du Québec.

Ceci nous amène à parler des problèmes familiaux, car la famille est le groupe primaire le plus éprouvé dans le processus migratoire, en raison, d'une part, de la dislocation causée par la dispersion géographique de ses membres (les familles mettent facilement jusqu'à 10 ans pour se réunir) et, d'autre part, de l'influence différenciée du milieu d'accueil sur ses différents membres (les jeunes s'adaptent plus vite, les rôles familiaux peuvent changer, les couples peuvent être fragilisés, etc.). D'une société traditionnelle à une société développée, le choc est encore plus grand. C'est la conception même de la famille qui change, car on passe d'une structure élargie à une structure nucléaire. Des questions qui, dans la société de départ, relevaient strictement du privé, la violence familiale ou conjugale p. ex., peuvent

désormais relever des institutions étatiques de la société d'accueil. La conséquence est que le fossé des générations peut se creuser plus profondément, ce qui peut rendre plus violente la crise de l'adolescence notamment, les jeunes pouvant être déchirés entre les normes et pratiques éducatives parentales et celles de la société d'accueil. En effet, les problèmes de la seconde génération interpellent de plus en plus la communauté. Le taux de décrochage scolaire est comparable à la moyenne dans les écoles publiques du Grand Montréal, mais le pourcentage de retard scolaire est plus élevé. Le chômage, les difficultés familiales et les problèmes scolaires ont pour conséquence que les jeunes de la communauté haïtienne sont nettement sur-représentés dans les centres d'accueil du Grand Montréal.

Soulignons quand même que les immigrants sont parfois des révélateurs de tensions et difficultés existant dans la société d'accueil. Les mêmes forces affectent l'ensemble des personnes vivant dans une société donnée à un moment donné. L'origine différente peut alors devenir une surdéterminante qui aggrave les difficultés rencontrées par les natifs, les souligne et les met en lumière. Enfin, il ne faut pas oublier qu'une communauté d'immigrés constitue rarement un ensemble homogène. Dès qu'elle devient numériquement importante, elle tend à reproduire les divisions et contradictions de la société de départ.

Malgré tout, on peut parler d'une communauté haïtienne dynamique et qui va de l'avant. Elle a su mener à bien de nombreuses actions collectives, pour la régularisation du statut de ses membres, contre la discrimination raciale (notamment dans l'industrie du taxi), contre la brutalité policière, pour un meilleur accueil des jeunes dans les écoles, etc. Elle a pu se doter de centres communautaires, les plus anciens étant le Bureau de la Communauté chrétienne des Haïtiens de Montréal et la Maison d'Haïti, fondés en 1972. On note aussi plusieurs garderies, différents groupes culturels ou sportifs, une paroisse catholique (la Mission Notre-Dame d'Haïti), de nombreuses églises protestantes, diverses associations socio-professionnelles (médecins, ingénieurs, infirmières, artisans du taxi, etc.). Parmi les pionniers de ce mouvement communautaire, on peut souligner l'apport des Karl Lévêque, Paul Déjean, Max et Adeline Chancy, Joseph Augustin, Renée Condé-Icart et Franklin Midy.

Un secteur commercial est en pleine expansion: restaurants, salons de coiffure, magasins d'alimentation, agences de voyage, garages, magasins de vêtements, de disques, promoteurs de spectacles, etc. Plusieurs secteurs de l'économie engagent aussi des membres de la communauté pour essayer de percer le marché qu'elle représente: vendeurs de voitures, d'assurances, agents immobiliers, maisons funéraires, etc. La communauté est desservie hebdomadairement par une quinzaine d'émissions radiophoniques et une émission de télévision communautaire. Des magazines culturels ont une parution plutôt irrégulière, mais une maison (les Éditions du CIDIHCA) se consacre presque exclusivement à la publication d'auteurs haïtiens.

Cependant, une analyse complète de la communauté devrait prendre en compte les interactions avec les autres concentrations de l'émigration haïtienne. On compte aux États-Unis près d'un million de personnes d'origine haïtienne, regroupées principalement à New York, Boston et Miami, et les échanges sont constants avec ces communautés. Il existe même à Montréal des entreprises haïtiennes spécialisées dans le transport des passagers vers les États-Unis.

Un autre élément important est aussi la relation avec le pays d'origine. L'intérêt que la communauté haïtienne porte au pays d'origine est tel qu'en 1987 le gouvernement canadien a mis sur pied un mécanisme permettant à la communauté de multiplier ses dons grâce à un financement de l'Agence canadien-

ne de développement international, l'ACDI. Cette structure, peut-être unique au monde, existe encore sous le nom de ROCAHD (Regroupement des organismes canado-haïtiens pour le développement). Les médias du Québec portent aussi beaucoup d'attention à l'actualité politique haïtienne.

De nombreux membres de la communauté sont retournés en Haïti occuper des postes de premier plan ou contribuent par leurs travaux à son développement. Ainsi, les manuels de géographie utilisés dans les écoles haïtiennes sont l'œuvre du géographe Georges Anglade de l'UQAM. L'historien Claude Moïse est le meilleur spécialiste des constitutions haïtiennes. Une bonne partie de la littérature haïtienne des 40 dernières années a été écrite au Canada, et ceci, tant en français (Anthony Phelps, Serge Legagneur, Roland Morisseau, Jean-Richard Laforest, etc.) qu'en créole (Michel-Ange Hyppolite, Lenous Suprice, etc.).

Les membres de la communauté sont de plus en plus présents dans les structures de la communauté d'accueil. En 1976, Jean Alfred devenait la première personne d'origine haïtienne à être élue à l'Assemblée nationale du Québec (comté de Papineau, dans l'Outaouais). On peut signaler une trentaine de policiers d'origine haïtienne (le tout premier ayant été Édouard Anglade), des directeurs d'école, des attachés politiques, etc. Dans les émissions d'information télévisées, on compte plusieurs journalistes d'origine haïtienne, les plus connus étant Michaëlle Jean et Maxime Bertrand, à Radio-Canada. Sur le plan littéraire, Danny Laferrière, Stanley Péan, Émile Ollivier ou Joël Desrosiers sont des auteurs bien connus du public francophone. Dans le monde artistique, Lyonel Laurenceau (peinture), Anthony Kavanagh (humour), Luke Mervil (chanson), Eval Manigat (world beat), Eddy Bellegarde (piano), Georges Rodriguez (tambour) et Eddy Toussaint (danse) ont aussi fait leur marque. Dans le domaine sportif, il nous faut mentionner Bruny Surin (athlétisme), recordman canadien du 100 m et médaillé d'or aux Jeux olympiques d'Atlanta ou encore Georges Laraque, des Oilers d'Edmonton de la Ligue nationale de Hockey.

De nombreux professionnels haïtiens se sont illustrés également dans leurs disciplines respectives. En médecine, Yvette Bonny (greffes de la moelle osseuse) et Hervé Blanchard (chirurgie pédiatrique) sont sans doute les plus célèbres. L'ingénieur Yvon Mouscardy a géré d'importants chantiers de construction à Montréal, notamment celui du Biodôme.

La communauté haïtienne s'est donc constituée à la faveur de la libéralisation des lois canadiennes d'immigration en 1967 et des ouvertures provoquées par la Révolution tranquille au Québec. Elle s'est insérée majoritairement dans le groupe francophone. Cela ne s'est pas toujours fait sans heurts et sans frictions, mais il y a eu indéniablement rencontre. Et c'est sans doute là l'essentiel.

Jean-Claude Icart

Haldimand, ville de l'Ont.; pop. 22 128 (rec. 1996), 20 573 (rec. 1991), 17 701 (rec. 1986); superf. 638,15 km². Elle est située en bordure de la rivière Grand, au sud de HAMILTON et à l'ouest de DUNNVILLE. Le comté de Haldimand prend en 1783 le nom de sir Frederick HALDIMAND, gouverneur du Québec.

Durant les années 1830, la rivière Grand est canalisée par la Grand River Navigation Company afin de promouvoir le commerce. Dans les années 1850, les Six nations cèdent des terrains qui sont colonisés par des immigrants britanniques. En 1974, il s'associe au comté de Norfolk pour devenir le comté de Haldimand-Norfolk. La ville de Haldimand est constituée de la ville de Caledonia, des cantons d'Oneida, de Seneca, de North Cayuga, de South Cayuga, de Rainham et de Walpole (en partie) ainsi que des villages de Cayuga et de Hagersville, dans le comté de Haldimand.

Le relief ondulé de la région s'aplatit le long des vallées fluviales, où l'agriculture prédomine. En bordure du lac Érié, on trouve des chalets d'été, d'anciennes mines de gypse et d'anciens puits de gaz naturel. L'Administration municipale se trouve à Cayuga, l'ancien siège du comté de Haldimand.

John N. Jackson

Haldimand, sir Frederick, officier de l'armée et gouverneur (Yverdon, Suisse, 11 août 1718—*id.*, 5 juin 1791). En tant que gouverneur du Québec, Haldimand concentre ses efforts à défendre militairement la province et à conserver le *statu quo* politique. Après avoir servi en Prusse et en Hollande, il s'engage dans l'armée britannique en 1756. Il sert en Amérique du Nord pendant la GUERRE DE SEPT ANS et, après la CONQUÊTE du Canada, il est nommé, à deux reprises, gouverneur militaire de Trois-Rivières. En 1777, Haldimand est nommé gouverneur du Québec pour succéder à Guy CARLETON qui demeure en poste jusqu'à son arrivée en juin 1778. Il occupe le poste jusqu'en 1786, mais demeure au Québec seulement jusqu'en 1784. Il tente d'améliorer les défenses de la province et envoie des expéditions de maraudage à la frontière américaine. Au plan politique, il convient avec les francophones que l'ACTE DE QUÉBEC représente la charte du gouvernement et rejette les requêtes de la communauté anglophone pour l'implantation d'institutions anglaises. Vers la fin de la GUERRE D'INDÉPENDANCE AMÉRICAINE, il s'occupe de l'installation des réfugiés LOYALISTES dans ce qui est aujourd'hui l'Ontario, mission qu'il réalise efficacement, et rétablit les Six Nations au Canada.

Stuart R.J. Sutherland

Haliburton House La Haliburton House, sise à WINDSOR (Nouvelle-Écosse), est une villa à étage mansardé construite en 1836 sur un domaine qui à l'origine faisait 16 ha. Il s'agit de la résidence de Thomas Chandler HALIBURTON, l'une des figures les plus illustres de la Nouvelle-Écosse du XIXe siècle. Haliburton connaît une brillante carrière comme avocat, juge, historien et politicien, mais il est peut-être le mieux connu en tant que créateur de SAM SLICK. Sam Slick, vendeur d'horloges et beau parleur yankee, fait de Haliburton un auteur à succès. Acquise par la province vers 1939, cette maison est l'un de ses premiers LIEUX HISTORIQUES. Elle fait partie du réseau du Musée de la Nouvelle-Écosse, qui la conserve comme maison-musée, et elle est ouverte au public du début juin à la mi-octobre.

Deborah Welch et M. Payne

Haliburton, Thomas Chandler, auteur, juge et politicien (Windsor, N.-É., 17 déc. 1796—Isleworth, Angl., 27 août 1865). Il vient d'une famille loyaliste et son père et son grand-père ont été tous les deux avocats et juges. De confession anglicane, il fait ses études au King's Collegiate School, puis au King's College de Windsor (Nouvelle-Écosse). Après avoir obtenu son diplôme, en 1815, il étudie le droit et est admis au barreau en 1820. Sociable et ambitieux, il ne tarde pas à ouvrir un cabinet à Annapolis Royal et se taille une telle réputation qu'il est élu à l'Assemblée législative en 1826. Trois ans plus tard, il est nommé juge et, en 1854, il est nommé à la Cour suprême de la Nouvelle-Écosse, mais il doit démissionner au bout de deux ans pour des raisons de santé. Outre ses fonctions de juge, sa vie familiale, sociale et littéraire, il est un homme d'affaires actif. Il renonce à la participation directe dans ses entreprises quand il déménage en Angleterre après avoir démissionné de son poste de juge. Il s'installe à Isleworth et, en 1859, il devient le député conservateur de Launceston. Il abandonne la politique en 1865.

Sa renommée repose sur de nombreuses œuvres consistantes traitant de l'histoire de sa province, sur des opuscules politiques et sur des romans qu'il écrit de 1823 à 1860. Il publie son premier livre en 1823, alors qu'il est âgé de 27 ans. *A General Description of Nova Scotia* (1823) est suivi d'un ouvrage en deux tomes plus ambitieux, *An Historical and Statistical*

Account of Nova Scotia (1829). Parmi ses autres écrits historiques figurent *The English in America* (1851) et *Rule and Misrule of the English in America* (1851). Deux ouvrages politiques témoignent aussi de son intérêt soutenu pour les affaires canadiennes: *The Bubbles of Canada* (1839) et un opuscule moins volumineux, *A Reply to the Report of the Earl of Durham* (1839).

The Clockmaker; or the Sayings and Doings of Sam Slick of Slickville en fait le premier écrivain canadien de réputation internationale. Ce roman paraît d'abord en 22 épisodes dans le journal *Novascotian*, puis est publié sous forme de livre par Joseph HOWE en 1836. Suivent bientôt une deuxième (1838), puis une troisième édition (1840). On estime à 80 le nombre d'éditions de *The Clockmaker*, parues au XIXe siècle.

L'ouvrage le plus réussi, et qui survit le mieux au temps, est probablement *The Old Judge; or Life in a Colony* (1849). Haliburton s'y révèle plus sombre et plus songeur alors qu'il fait ses adieux à la Nouvelle-Écosse. *The Old Judge* est dépourvu des traits d'esprit qui rendent les aventures de Sam Slick si intéressantes, mais cette déficience est comblée par une maturité que l'on ne retrouve pas toujours dans les écrits de l'auteur.

Tout comme Thomas MCCULLOCH et John YOUNG («Agricola»), eux aussi originaires de Nouvelle-Écosse, Haliburton pousse les Néo-Écossais à améliorer leur rendement agricole et commercial afin de combattre la crise des années 1820. Bien qu'il soit redevable à McCulloch, Haliburton transforme ses écrits en une arme destinée à lutter contre la situation politique qui sévit tant au Canada qu'en Angleterre. *The Clockmaker* a été qualifié d'une «suite d'essais moraux fortement satiriques». L'extraordinaire aptitude de l'auteur pour la satire sociale, ainsi que l'attention particulière qu'il porte aux anecdotes, à la langue et aux dialectes ne sauraient être mises en doute. Il n'existe jusqu'à ce jour ni étude bibliographique complète de sa carrière, ni ouvrage biographique.

Douglas Lochhead

Halifax, capitale de la Nouvelle-Écosse, est la plus grande ville du Canada atlantique. Elle occupe une position centrale et stratégique sur la côte Est de la province, et son port est l'un des plus vastes du monde. Parfois appelée la «Gardienne du Nord» en raison de son rôle militaire historique, elle est aujourd'hui un centre régional important pour l'économie de l'est du Canada. Fondée en 1749 sous le nom de Chebucto, elle est peu après rebaptisée Halifax en l'honneur de George Dunk, comte d'Halifax et lord du Commerce et des Plantations, qui en dirige la fondation. Le 1er avril 1996, Halifax fusionne avec les communautés avoisinantes pour former le gouvernement de la municipalité régionale d'Halifax, mais conserve son identité propre.

Peuplement Les MICMACS occupent différents secteurs du havre, tout comme les forces françaises qui y sont cantonnées temporairement jusqu'en 1746. Pour contrecarrer la présence des catholiques dans toute l'ACADIE et celle des militaires français à LOUISBOURG, mais surtout, en bout de ligne, pour exploiter les riches bancs de MORUES, le gouvernement britannique finance un plan de colonisation en Nouvelle-Écosse, centré sur Halifax, le premier du genre en Amérique du Nord. Quelque 2500 colons, généralement pauvres et recrutés principalement en Angleterre, arrivent au cours de l'été de 1749. Le colonel Edward CORNWALLIS, qui supervise leur établissement, avait le choix entre trois emplacements pour construire une nouvelle ville fortifiée. Le plan en damier d'Halifax, avec sa place centrale (la *Grand Parade*) servira de modèle à de nombreuses villes des Maritimes.

Les premiers colons obtiennent des terrains à bâtir, mais peu de maisons sont terminées avant l'hiver. Certains restent à bord des bateaux, d'autres meurent au cours de l'hiver, mais près d'un millier

d'autres gagnent Boston et d'autres destinations américaines. Toutefois, des marchands aventureux arrivent peu après de la Nouvelle-Angleterre. En l'espace d'un an, on construit une résidence du gouverneur, une église anglicane, des quais, de modestes installations militaires et des maisons de bois. Pour encourager le peuplement, on recrute des «protestants étrangers» en Allemagne et on leur concède des terres au nord de la ville. Dartmouth, un établissement fondé en 1750 et situé de l'autre côté du havre, subit les attaques des Amérindiens, qui freinent son développement pendant plusieurs décennies.

Croissance Halifax évolue en marge du réseau commercial canadien, nord-américain et de l'Atlantique Nord. En raison de cette «tyrannie géographique», sa croissance est désavantagée par rapport à celle des autres grandes villes canadiennes. Jusqu'au début du XIXe siècle, ses exportations de poisson et de produits forestiers sont relativement peu importantes, et les activités commerciales y sont risquées. Les activités militaires soutiennent l'économie locale pendant les guerres napoléoniennes, de 1793 à 1815. Par la suite, la croissance économique fondée sur la piraterie, le transport maritime international et le commerce international, particulièrement avec les Antilles, contribue à la prospérité et à la croissance démographique. Cet âge d'or atteint un point culminant au milieu du siècle. Enos COLLINS fonde la Halifax Banking Company, tandis que Samuel CUNARD y fait fortune.

L'époque des bateaux à voile cède le pas à celle de la construction ferroviaire dans les années 1850 et à celle de la nouvelle industrialisation des années 1870, deux secteurs qui lient Halifax à l'économie continentale. Mais sa croissance économique et celle de Dartmouth à la fin du XIXe siècle, caractérisée par l'implantation d'une filature de coton, de deux raffineries de sucre et d'usines de fabrication de cordages et de wagons de chemins de fer, est de courte durée. Certaines de ces entreprises sont détruites lors de l'EXPLOSION D'HALIFAX en 1917. L'éloignement des marchés, le manque de ressources locales, un faible bassin de population et la concurrence du Canada central empêchent une plus ample expansion manufacturière.

Au moment de la Première Guerre mondiale, la BANQUE DE NOUVELLE-ÉCOSSE et la Merchants Bank of Halifax (BANQUE ROYALE) avaient déménagé leurs sièges sociaux à Toronto et à Montréal. Halifax renforce seulement ses industries du transport ferroviaire et du transport maritime, sous l'impulsion de la construction, entreprise en 1913, d'immenses terminaux océaniques pour l'exportation des céréales des Prairies.

Les activités militaires des deux guerres mondiales (1914-1918 et 1940-1945) font ressortir encore une fois le rôle stratégique que continue d'exercer Halifax, mais sa croissance économique dans les années 50 repose davantage sur la distribution de marchandises en gros, les transports, l'administration publique, l'enseignement universitaire et des activités spécialisées comme celles de l'INSTITUT OCÉANOGRAPHIQUE DE BEDFORD, reconnu à l'échelle internationale. La découverte de gisements de pétrole et de gaz naturel au large de l'île de Sable augure un nouvel essor économique. L'économie d'Halifax est largement liée à sa situation maritime, quoique périphérique au Canada. Aussi, la menace d'un taux de chômage élevé pèse-t-elle toujours, et nombre de jeunes continuent de quitter la région en quête de travail dans d'autres villes canadiennes.

Paysage urbain Le vieil Halifax s'étend du nord au sud sur plusieurs kilomètres le long du port, flanqué à l'ouest de la CITADELLE D'HALIFAX et du *Common*. Le chantier naval (1759) était situé dans la banlieue nord, encore aujourd'hui un quartier ouvrier. La banlieue sud et les grandes propriétés du bras du nord-ouest étaient habitées par les classes moyenne et aisée. Près de *Grand Parade*, l'église anglicane St. Paul (1750), le Government House

(1800), la PROVINCE HOUSE (1818), de même que d'autres édifices à vocation institutionnelle et résidentielle témoignent du riche patrimoine architectural géorgien d'Halifax. Les jardins publics, expressément dessinés en 1867, s'inspirent des jardins du Nord de l'Angleterre. Tout comme le parc Stanley à Vancouver, le parc de Point Pleasant (1866) à Halifax était à l'époque un terrain militaire.

Dès les années 50, la péninsule d'Halifax est presque entièrement occupée. Étant un centre ferroviaire et de transport maritime important, la partie péninsulaire de la ville est entourée de quais et de voies ferrées. À Dartmouth, les écluses du canal Shubenacadie et les manufactures érigées près des quais témoignent des activités industrielles du XIXe siècle. La construction des ponts Angus L. MacDonald (1955) et A. Murray MacKay (1970), qui enjambent le havre d'Halifax, entraîne une croissance rapide des quartiers résidentiels de Dartmouth. La banlieue de Bedford et le district de Sackville partagent maintenant cette expansion démographique tentaculaire.

Le centre-ville d'Halifax est revitalisé par d'importants réaménagements commerciaux autour de la vieille place centrale et le long des quais. Les tours des banques nationales dominent la ville. Des projets de restauration touchent Scotia Square, les Propriétés historiques, le Musée maritime de l'Atlantique, l'Art Gallery of Nova Scotia et un palais de justice. Le noyau historique de Dartmouth est aussi restauré. Les quartiers du centre de ces villes témoignent de la préservation du patrimoine et de l'embourgeoisement des foyers. L'architecture résidentielle contemporaine de Brian MacKay-Lyons s'attire des éloges à l'échelle nationale.

Population Jusqu'à tout récemment, les résidants d'Halifax étaient pour la plupart d'origine britannique, et les groupes de cette origine forment encore aujourd'hui la majorité de la population. Parmi eux, les ANGLAIS et les IRLANDAIS sont les plus nombreux, suivis des ÉCOSSAIS, un peu moins nombreux. Ils participent à la fondation de la ville et, peu de temps après, des ALLEMANDS (les «protestants étrangers») et des AMÉRICAINS se joignent à eux. Des NOIRS, certains provenant d'Afrique, d'autres fuyant la Guerre d'Indépendance américaine ou l'esclavage, s'établissent à Halifax ou dans les environs. Du début jusqu'au milieu du XIXe siècle, des Irlandais de religion catholique s'installent à Halifax, nombre d'entre eux fuyant la Grande Famine qui sévit en Irlande dans les années 1840 en raison de la maladie de la pomme de terre. De nos jours, le mélange des cultures s'est quelque peu accru.

À la fin du XIXe siècle, les immigrants au Canada ne font que passer à Halifax et s'établissent plutôt en Ontario et dans l'Ouest canadien. La croissance y est donc assez lente et attribuable plus à l'accroissement naturel et à la venue d'habitants des régions rurales de la Nouvelle-Écosse. En été, ainsi qu'en période de guerre, le personnel de l'armée et de la marine se fait plus nombreux, tandis qu'en hiver ce sont les débardeurs et les cheminots. Halifax est la quatrième cité en importance au Canada lors de la Confédération, mais son rang chute par la suite. L'expansion des limites de la ville vers l'ouest en 1969 contribue considérablement à accroître sa population, et la récente fusion avec les municipalités voisines améliore son classement comme métropole. Bien des nouveaux venus ne sont que de passage dans la région de Halifax-Dartmouth. Ils sont à l'emploi des forces armées, des compagnies nationales, des instituts de recherche et du gouvernement fédéral.

Économie et main-d'œuvre La force économique de la région métropolitaine repose aujourd'hui sur les secteurs traditionnels de la défense et des activités portuaires, de même que sur les services, un secteur de plus en plus diversifié et en pleine expansion. Le secteur manufacturier et le secteur des pêches ne sont guère importants, bien que la National Sea, l'une des plus grandes entreprises du monde dans la transformation du poisson, ait son siège social à Halifax. La prépondérance de la capitale dans la région en ce qui a trait à de nouvelles industries de services orientées vers la production (comme les activités de recherche dans le secteur de la santé, en océanographie et dans les universités) de même que les secteurs traditionnels de l'administration publique, du commerce, de la distribution, des transports et des finances, contribuent tous à cette économie urbaine la plus dynamique du Canada atlantique. Il existe en fait des disparités considérables entre Halifax-Dartmouth et la plus grande partie des Maritimes et de Terre-Neuve en matière de bien-être. Malgré son succès, le contrôle de l'économie locale échappe à Halifax, les principaux employeurs étant des filiales de sociétés de l'extérieur.

Transports Halifax est le principal port des Maritimes. Deux importants terminaux à conteneurs construits récemment desservent tout le Canada. Les conteneurs voyagent par le réseau du Canadien National (CN), le successeur du CHEMIN DE FER INTERCOLONIAL, dont le siège social s'était fixé pour peu de temps à Halifax en 1872. Le Dominion Atlantic Railway du Canadien Pacifique traversait autrefois les BASSES-TERRES D'ANNAPOLIS et, par navire transbordeur, la baie de Fundy, jusqu'à SAINT-JEAN, rivale de longue date d'Halifax pour le leadership régional. D'autres lignes de chemin de fer le long des côtes de l'Est et du Sud-Ouest sont maintenant désaffectées, remplacées par les compagnies de transport par camion qui acheminent les produits tels le poisson frais et le homard vers les marchés éloignés. Via Rail dessert la cité, mais ses activités sont considérablement réduites.

Au XIXe siècle, les commerçants d'Halifax possèdent de nombreux bateaux à voile et dominent le transport maritime dans la province, une prépondérance qu'ils ne conservent pas à l'époque des navires à vapeur. Les grandes compagnies de transport par navire à vapeur, telles que Cunard, Furness et Allan Line, appartiennent à des intérêts de l'extérieur. L'aéroport d'Halifax est desservi par Air Canada, les Lignes aériennes Canadien International, Air Nova, Air Atlantic et certains autres transporteurs internationaux. Les installations de transport maritime, ferroviaire, aérien et par camion sont appelées à prendre de l'expansion avec l'exploitation du pétrole et du gaz naturel au large des côtes.

Communications La *Halifax Gazette* (1752) est le premier journal imprimé au Canada. Tout comme le célèbre *Novascotian* du XIXe siècle, qui a servi de plate-forme aux réformes politiques de Joseph HOWE, elle n'existe plus aujourd'hui. À l'instar de nombreux autres journaux, le *Mail-Star*, plus contemporain, a également fermé ses portes. Il ne reste plus que le *Chronicle-Herald* et le *Daily News*. Halifax est l'un des principaux centres de diffusion régionale de la Société Radio-Canada, qui y produit des émissions de musique FM et de télévision. ATV (Atlantic Television) produit également des émissions en direct. La publication de revues et de livres existe depuis longtemps à Halifax. Nimbus Press publie des ouvrages régionaux de haute qualité, bien que la publication de magazines soit en déclin.

Gouvernement et politique La vie politique à Halifax se caractérise par la continuité et la conciliation, mais d'importantes réformes s'échelonnent tout au long de son histoire. La première assemblée élue au Canada se tient à Halifax en 1758 (*voir* GOUVERNEMENT REPRÉSENTATIF). Avant la constitution d'Halifax en tant que ville en 1841, les affaires municipales sont dirigées par des officiers coloniaux, une «clique de magistrats». Joseph Howe préconise des réformes et, une fois Halifax constituée en ville, un maire élu et des conseillers municipaux représentant les quartiers assurent la conduite des affaires municipales.

Ce système reste en vigueur pendant plus de 150 ans, soit jusqu'au 1er avril 1996, année où l'on crée le gouvernement de la municipalité régionale d'Halifax afin de réduire les coûts et d'accroître l'efficacité de la gestion des affaires municipales. Halifax, Dartmouth, Bedford et le reste du comté d'Halifax perdent alors leur indépendance. Un maire et 23 conseillers gouvernent maintenant la métropole. Certains services, tels les services sanitaires et de transport, étaient déjà gérés à l'échelle régionale, mais l'abandon du contrôle local des services de police et des incendies s'avère particulièrement difficile. Le partage des coûts de même que la planification et la gestion de la croissance urbaine future seront sans aucun doute bénéfiques à long terme.

La politique partisane a eu peu d'influence dans le gouvernement local malgré des clivages considérables entre les classes et les religions. Dans les années 1860, la présence d'une importante population irlandaise catholique entraîne le dédoublement du système d'éducation, qui assurait la gestion des écoles catholiques et autres écoles «publiques» (non confessionnelles). Ce système est aboli après l'annexion des banlieues du comté d'Halifax en 1969 et la fermeture d'écoles au centre-ville d'Halifax. Par ailleurs, l'«engagement d'honneur» séculaire garantissant l'alternance de catholiques et de protestants au poste de maire prend fin en 1968 avec la réélection du maire protestant Allan O'Brien, qui l'emporte sur un autre candidat protestant.

Halifax joue un rôle important dans la vie politique provinciale. Les services gouvernementaux, tels les hôpitaux et les établissements de recherche y sont fortement centralisés. Après sa fondation en 1749, Halifax exerce une influence politique prépondérante sous le régime colonial. L'avènement du GOUVERNEMENT RESPONSABLE en 1848 lui fait perdre ses pouvoirs dans la colonie. Toutefois, depuis la création de nouveaux sièges à l'Assemblée législative en 1967, Halifax récupère sa place sur la scène politique provinciale.

Vie culturelle Halifax est le centre culturel de la Nouvelle-Écosse. Depuis sa fondation, la musique, les arts et le théâtre y exercent constamment un attrait important. À l'époque où Halifax était une ville de garnison, plusieurs officiers soutenaient ces activités et même y participaient. Le NEPTUNE THEATRE, le NOVA SCOTIA COLLEGE OF ART AND DESIGN et la Symphony Nova Scotia poursuivent aujourd'hui ces traditions. Parmi les écrivains bien connus qu'on associe à la capitale, citons Thomas Chandler HALIBURTON, Thomas MCCULLOCH, Thomas RADDALL, Hugh MACLENNAN et Charles RITCHIE. Le livre *Barometer Rising,* de MacLennan, raconte le drame entourant l'explosion survenue à Halifax en 1917 dans la partie nord de la ville. La tour Bell, située dans le parc commémoratif Fort Needham, rappelle cet événement.

Le Nova Scotia Museum et le Musée maritime de l'Atlantique présentent des expositions sur l'histoire, et les documents à caractère historique sont conservés aux Archives provinciales de la Nouvelle-Écosse. Des organisations ethniques depuis longtemps établies, telles la St. Georges Society (1768), la North British Society (1768) et le Black Cultural Centre de Darmouth, contribuent également à la préservation des traditions.

Halifax compte plusieurs universités, dont la plupart sont traditionnellement affiliées à des congrégations religieuses, exception faite de l'UNIVERSITÉ DALHOUSIE, fondée en 1818. L'UNIVERSITÉ ST. MARY, qui obtient sa charte en 1841, est la plus ancienne université catholique anglophone du Canada. L'U. King's College, fondée comme institution anglicane à Windsor en 1789, déménage à Halifax en 1923. L'UNIVERSITÉ MOUNT SAINT VINCENT, un pensionnat pour jeunes filles fondé par les sœurs de la charité en 1873, obtient le droit de conférer des grades universitaires en 1925 et un statut d'université en 1966. La DALTECH (TECHNICAL UNIVERSITY OF NOVA SCOTIA), le Nova Scotia Institute of Technology et le Nova Scotia Community College y offrent des programmes spécialisés.

La région métropolitaine se caractérise davantage par le sport amateur plutôt que professionnel. La voile, l'aviron, le canoë-kayak, le curling, la natation et plusieurs autres disciplines sportives ont produit des champions nationaux. L'équipe nationale de canoë-kayak s'entraîne au lac Banook, à Dartmouth. Le Metro Centre, au centre-ville d'Halifax, a été l'hôte de championnats nationaux de basket-ball et de volley-ball universitaires.

En juin 1995, Halifax accueille les dirigeants de plusieurs pays lors du Sommet économique du Groupe des Sept.

L.D. McCann

Halifax, citadelle d' La citadelle actuelle, située sur une hauteur surplombant la vieille ville et le havre de la capitale néo-écossaise, est la quatrième fortification construite à cet endroit, les trois autres ayant été construites en 1749-1750, 1776-1781 et 1795-1800. Les plans et devis des fortifications actuelles ont été proposés en décembre 1825. Trois ans plus tard, le gouvernement britannique a accordé les crédits nécessaires, et les travaux ont commencé en septembre 1828. La haute direction des travaux a été assurée par sir James Carmichael Smyth et le colonel Gustavus Nicolls, deux officiers du Corps royal du génie. Des vices de conception et de structure entravent les travaux, qui prennent presque 30 ans. La forteresse est enfin terminée en 1855-1856 au coût de 242 122 livres.

Peu après l'achèvement de la citadelle, l'emploi généralisé de canons rayés dont la portée et la précision sont très supérieures à celles des anciens canons a rendu désuète la coûteuse installation. Celle-ci a été partiellement réarmée dans les années 1860 et 1870 et a continué de servir de caserne jusqu'au début du XXᵉ siècle. Après le départ de la garnison britannique en 1906, la citadelle a été confiée à la milice canadienne. En mai 1951, elle a été transférée au ministère des Ressources et du Développement économique. Depuis juillet 1956, le site est un parc historique national qui accueille environ un million de visiteurs par année.

Robert Allen

Halifax, explosion d' Au plus fort de la Première Guerre mondiale, le 6 décembre 1917 à 8 h 45, le vaisseau de secours belge *Imo* entre en collision avec le transporteur de munitions français *Mont-Blanc* dans la partie la plus étroite du port d'Halifax par suite de négligence et d'une erreur humaine. La secousse provoque des étincelles qui allument du benzène entreposé sur le pont du *Mont-Blanc*. Le liquide enflammé s'infiltre dans les cales, propageant le feu et allumant 2766 t d'acide picrique, de TNT et de fulmicoton. À 9 h 06, le transporteur de munitions explose, la déflagration atteignant un mille de hauteur. Il s'agit de la plus forte explosion d'origine humaine avant Hiroshima.

Plus de 2,5 km² du secteur industriel nord d'Halifax sont complètement rasés, soit par l'explosion elle-même, soit par le raz de marée qui s'ensuit ou par le violent incendie causé par l'effondrement des structures vers l'intérieur où se trouvent des poêles et des fourneaux enflammés. Maisons, bureaux, églises, usines, navires, gare de chemin de fer et gares de marchandises, tout est détruit. Plus près de l'épicentre, Citadel Hill dévie les ondes de choc qui se dirigent vers le sud et l'ouest d'Halifax, où les dommages se résument en gros à des portes et des fenêtres brisées. Dartmouth, de l'autre côté du port, ne subit pas une telle dévastation puisque le nord de la ville est peu développé. Le souffle de l'explosion fracasse des fenêtres à Truro, à 100 km de distance, et la déflagration retentit jusqu'à l'Île-du-Prince-Édouard.

Sur une population de moins de 50 000 habitants, plus de 1600 meurent et 9000 sont blessés, dont 200 sont aveuglés par des éclats de verre. Mille six cents immeubles sont détruits et 12 000 sont endommagés.

Six mille personnes sont sans abris et les logements de 20 000 autres sont gravement endommagés. Les pertes matérielles se chiffrent à quelque 35 millions de dollars. À cette misère s'ajoute l'évacuation forcée de la ville, les habitants devant quitter les lieux en raison du feu qui menace d'enflammer le principal magasin à munitions du chantier naval et des conditions climatiques effroyables des jours suivant l'explosion qui enveniment la situation.

Les secours arrivent immédiatement et en abondance. Des trains provenant de l'ensemble des Maritimes, du centre du pays et de la Nouvelle-Angleterre amènent soins médicaux, nourriture, vêtements, matériaux de construction et ouvriers qualifiés. L'aide continue du Massachusetts Relief Committee est particulièrement digne de mention. Au total, 30 millions de dollars sont recueillis auprès du gouvernement, de l'industrie et des particuliers à l'échelle mondiale. Ces fonds sont administrés de 1918 à 1976 par la COMMISSION DE SECOURS D'HALIFAX.

Lois Kernaghan

Hall, Charles Francis, explorateur de l'Arctique (Vermont, 1821—Groenland, 8 nov. 1871). Graveur de métier, Hall est fasciné par les comptes rendus des recherches pour retrouver sir John FRANKLIN et, en 1860, à titre de simple citoyen, il se rend sur un baleinier à l'île de Baffin. Durant deux ans, il apprend les techniques de déplacement inuites et recueille les traditions orales, et il découvre des preuves concrètes des excavations de sir Martin FROBISHER. Il publie ensuite *Life with the Esquimaux* et obtient de Henry Grinnell le financement nécessaire pour une autre expédition. En 1864, Hall et ses amis inuits, Joe et Hannah, sont transportés par baleinier vers le nord-ouest de la baie d'Hudson. Après des années frustrantes près de Repulse Bay et Igloolik, ils atteignent l'île de King William en 1869, où Hall interviewe des témoins du désastre de Franklin et trouve un squelette. Plus tard la même année, le gouvernement américain le nomme commandant d'une expédition scientifique polaire sur le *Polaris*. Par navire et en traîneau, il établit un nouveau record en atteignant une latitude de 82°. Il meurt, empoisonné peut-être, durant l'hiver qu'il passe sur le bateau. (*Voir* aussi ARCTIQUE, EXPLORATION DE L'.)

C.S. MacKinnon

Hall, Emmett Matthew, avocat et juge (Saint-Colomban, Qc, 9 nov. 1898—Saskatoon, 11 nov. 1995). Sa famille s'installe à Saskatoon en 1910. Camarade de classe de JOHN G. DIEFENBAKER, il est diplômé en droit de l'U. de la Saskatchewan en 1919 et nommé juge en chef de la Cour du Banc de la Reine de la Saskatchewan en 1957. Il devient juge en chef de la Saskatchewan en 1961 et juge à la Cour suprême du Canada en 1962, où il siège jusqu'en 1973.

Pendant sa carrière, Hall préside à la présentation de rapports sur divers dossiers: le régime national de soins de santé (1964), les programmes d'études des écoles primaires et secondaires de l'Ontario (1968), l'arbitrage dans le domaine des chemins de fer (1973), la structure des cours provinciales de la Saskatchewan (1974) et la manutention et le transport des céréales dans l'Ouest canadien (1977). On se souviendra surtout de lui pour avoir dirigé, en 1968, le Committee on Aims and Objectives of Education (1968). Le rapport Hall-Dennis qui s'ensuit est axé sur la nécessité d'adapter l'enseignement aux différentes étapes du développement de l'enfant et sur l'éducation non traditionnelle. Hall est le seul récipiendaire d'un doctorat honorifique en médecine remis au Canada (U. d'Ottawa) et il est recteur honoraire de l'U. de la Saskatchewan de 1980 à 1986.

Frederick Vaughan

Hall, Glenn Henry, joueur de hockey (Humbolt, Sask., 3 oct. 1931). Il joint les rangs des professionnels avec l'équipe d'Indianapolis de la Ligue américaine de hockey, puis joue pour Edmonton dans la Western Hockey League avant de devenir membre de l'équipe des Red Wings de Détroit dans la Ligue

nationale de hockey (LNH) en 1955-1956. Même s'il reçoit le trophée Calder (meilleure recrue), il est échangé aux Black Hawks de Chicago l'année suivante. Il est choisi par les Blues de St. Louis lors du repêchage d'expansion de 1967. Il remporte le TROPHÉE VÉZINA en 1963, partage cet honneur en 1967 et en 1969 et mérite le TROPHÉE CONN SMYTHE (meilleur joueur des séries éliminatoires) pour sa performance spectaculaire durant les éliminatoires de 1968. Il est gardien de but de la première équipe d'étoiles 7 fois, et malgré ses célèbres accès de nervosité avant chaque match, il joue plus de parties que tout autre gardien, à l'exception de Terry SAWCHUK, soit 502 matchs consécutifs, et se classe troisième en ce qui concerne les blanchissages. En 16 saisons dans la LNH, il joue 906 parties et possède une moyenne de 2,51 buts alloués par match et 84 blanchissages ainsi qu'une moyenne de 2,79 buts alloués en 115 matchs éliminatoires. Hall a été élu au Temple de la renommée du hockey en 1975. Aujourd'hui agriculteur à temps plein, Hall maintient ses liens avec le sport comme entraîneur de gardiens à temps partiel.

James Marsh

Halliburton, sir Brenton, officier de l'armée, avocat et politicien (Newport, R.I., 27 déc. 1774—Halifax, 16 juill. 1860). Membre de l'élite néo-écossaise par ses relations et son mariage, il progresse rapidement dans l'échelle sociale: admis au barreau de la Nouvelle-Écosse en 1803, il est nommé juge de la Cour suprême dès 1807, membre du CONSEIL DES DOUZE en 1815 et juge en chef en 1833. Généralement modéré en matière de religion, ce tory convaincu est cependant soupçonné de laisser son idéologie déteindre sur sa déontologie judiciaire. Il préside au procès de Joseph HOWE, accusé de diffamation criminelle en 1835, et est d'avis que Howe est coupable. Bien que cela soit exact selon la loi, le jury refuse d'accepter son verdict. Juge peu brillant, il est néanmoins très compétent et, en 1851, Howe lui-même le qualifie de «juge distingué». Il est fait chevalier en 1859, ce sera le dernier honneur qu'il recevra. Partant du principe qu'un juge en chef est nommé à vie, Halliburton siège jusqu'à sa mort, à l'âge de 87 ans.

J. Murray Beck

Halpenny, Francess Georgina, directrice de rédaction (Ottawa, 27 mai 1919). Après des études en anglais à l'U. de Toronto, Halpenny amorce en 1941 une longue association avec les University of Toronto Press, interrompue uniquement de 1942 à 1945 afin de servir dans l'Aviation royale du Canada. De 1957 à 1969, elle dirige le service de rédaction des University of Toronto Press et devient directrice de la rédaction du DICTIONNAIRE BIOGRAPHIQUE DU CANADA, publication conjointe des University of Toronto Press et des Presses de l'Université Laval. Tout en assumant cette dernière fonction, elle occupe le poste de doyenne de la faculté de bibliothéconomie de l'U. de Toronto de 1972 à 1978. En 1977, elle est également nommée au Conseil consultatif de la Bibliothèque nationale, dont elle sera la présidente de 1979 à 1982. Elle est directrice adjointe (secteur scientifique) des University of Toronto Press de 1978 à 1984. Pendant toutes ces années, elle continue à s'intéresser au théâtre comme actrice et écrivaine.

Femme infatigable et d'un optimisme à toute épreuve, Halpenny favorise la publication d'ouvrages universitaires au Canada pendant plus de 40 ans par son enseignement, par ses écrits, en dirigeant la rédaction du *Dictionnaire biographique du Canada*, ainsi que grâce à son travail acharné au sein de comités à l'échelle nationale. Membre de la Société royale du Canada, elle se voit remettre le PRIX MOLSON en 1983 puis est nommée Compagnon de l'Ordre du Canada en 1984. D'autres distinctions lui sont accordées, dont le University of Toronto Faculty Award (1985) et la UBC Medal pour le Dictionnaire biographique (1986). À partir de 1985, elle devient éditrice associée de Scholarly Publishing.

Mary Mcdougall Maude

Haltérophilie Discipline olympique depuis les premiers jeux modernes en 1896, elle fait aussi partie des Jeux du Commonwealth, panaméricains, asiatiques, méditerranéens et africains. La Fédération internationale d'haltérophilie (FIH), une des plus importantes fédérations au monde, regroupe plus de 120 pays. De son côté, la Fédération canadienne d'haltérophilie compte environ 1200 membres. Ce sport intérieur spectaculaire comporte deux épreuves: l'arraché et l'épaulé-jeté. L'arraché consiste à amener la barre à bout de bras, au-dessus de la tête, en un seul mouvement continu. Dans l'épaulé-jeté, l'athlète amène la barre à hauteur d'épaules (épaulé) puis, d'un mouvement brusque (jeté), l'élève rapidement à bout de bras au-dessus de la tête. L'athlète a droit à trois essais pour chaque catégorie de poids. Le meilleur arraché est combiné au meilleur épaulé-jeté pour le score final. Des médailles sont décernées pour chaque épreuve, mais les points accumulés au combiné (arraché et épaulé-jeté) déterminent le champion. Les athlètes sont divisés par catégories de poids. On compte 10 catégories allant de 52 kg à 110 kg (ces catégories ont fait l'objet d'une révision au Congrès olympique de 1988 à Séoul, en Corée du Sud). Si deux athlètes terminent au même rang, le moins lourd est déclaré vainqueur. Les deux épreuves demandent rapidité, équilibre, souplesse et force. Elles se déroulent sur une plate-forme mesurant quatre mètres carrés, et devant trois juges. Chaque équipe comprend un nombre maximal de 10 athlètes. Pour participer aux compétitions, les athlètes doivent répondre aux normes établies par la FIH et tous les équipements sont fabriqués suivant les critères métriques.

Louis CYR est la figure légendaire de l'haltérophilie au Canada. Il avait défié tout homme de le vaincre en compétition et était resté invaincu. Parmi ses exploits les plus remarquables, il réussit à soulever 250 kg d'un seul doigt et, à Boston en 1895, il porte 4337 livres (1967 kg) sur son dos, le poids le plus lourd jamais soulevé par un homme, selon certains. Par ailleurs, dans les compétitions officielles, G. Gratton remporte une médaille d'argent aux Olympiques d'Helsinki (1952), Doug HEPBURN gagne le championnat mondial des poids lourds à Stockholm en 1953 et Jacques Demers obtient l'argent chez les 75 kg aux Olympiques de Los Angeles, en 1984. Aux Jeux panaméricains de 1987, les haltérophiles canadiens remportent deux médailles d'or, trois d'argent et trois de bronze. L'or va à Denis Garon de Québec et à Daniel Bolduc de Montréal, dans les catégories poids lourds et super lourds respectivement.

Richard Campion

Halton Hills, ville de l'Ont.; pop. 42 390 (rec. 1996), 36 816 (rec. 1991), 35 570 (rec. 1986); superf. 275,86 km². La municipalité régionale de Halton, à 20 km à l'ouest du Grand Toronto, a été créée en 1974 par le regroupement des cantons d'Acton, de Georgetown et d'Esquising. La localité d'Acton a été fondée vers 1820. Elle a d'abord été nommée Adamsville, du nom d'une famille de pionniers, puis elle a porté ensuite le nom d'Acton, d'après la ville anglaise du même nom. Elle a été constituée en tant que village en 1874. Une tannerie mise en exploitation cette année-là y est demeurée la principale industrie jusqu'à sa fermeture, en 1986. Une famille loyaliste, les Kennedy, a fondé Georgetown et l'a nommée en l'honneur de George Kennedy ou de George III. Cette localité a été constituée en tant que village en 1864, puis en tant que ville en 1922.

En 1873, la famille Barber y a installé des filatures de laine et, plus tard, des entreprises plus renommées, des usines de papier. Cette famille est la première à utiliser l'énergie électrique. Le Grand Trunk Railway arrive dans la région en 1856. De nos jours, les principaux produits de la région sont des

dérivés du papier, des dispositifs de câblage électrique, des coupe-froid et des composants hyperfréquence. Les journaux qui desservent la région sont l'*Acton Free Press,* l'*Acton Tanner* et le *Georgetown Independent.*

K.L. Morrison

Halton, Matthew Henry, journaliste (Pincher Creek, Alb., 7 sept. 1904—Londres, Angl., 3 déc. 1956). Il est un des journalistes les plus remarquables du Canada et l'un des meilleurs reporters radiophoniques de réputation nationale. Il fréquente d'abord l'U. de l'Alberta (B.A., 1929) et l'U. de Londres avant d'entrer au *Toronto Star* en 1931. En 1932, il devient le correspondant de ce journal pour l'Europe, où il poursuit par la suite sa carrière. En plus de mener des entrevues avec les personnages importants de l'époque, il se distingue comme correspondant de guerre lors de la Guerre civile espagnole (1936), de la Guerre russo-finlandaise (1939-1940) et de celle du Moyen-Orient de 1941 à 1942. Il est correspondant de guerre principal pour le réseau anglais de Radio-Canada pendant les campagnes de Sicile, d'Italie et du nord-ouest de l'Europe. Récompensé de l'Ordre de l'Empire britannique en 1945, il est correspondant du réseau anglais de Radio-Canada pour l'Europe de 1945 jusqu'à sa mort.

Stanley Gordon

Hamamélis Nom commun d'une famille (Hamamelidacées) d'arbres et d'arbustes qui désigne particulièrement les représentants du genre *Hamamelis.* On trouve quatre espèces d'hamamélis en Asie de l'Est et deux sont indigènes de l'Amérique du Nord. L'hamamélis de Virginie (*H. virginiana*), un arbuste à floraison automnale, originaire du Canada, pousse dans les bois au Québec, en Nouvelle-Écosse, au Nouveau-Brunswick et en Ontario. La plante atteint 5 m, et les fleurs à quatre pétales longs et minces sont d'un jaune éclatant. L'hamamélis velouté (*H. mollis*), introduit de Chine dans les années 1890, est une PLANTE ORNEMENTALE populaire dans les régions du Canada qui ont un climat doux.

On peut aussi confondre l'hamamélis avec le noisetier, car ses feuilles ont la même forme que celles des véritables noisetiers (genre *Corylus* de la famille du bouleau). Le nom vernaculaire anglais «witch hazel» provient peut-être de l'utilisation des branches d'hamamélis pour repérer les cours d'eau souterrains, quoique les branches du noisetier, et non celles de l'hamamélis, étaient traditionnellement associées aux sorcières.

Usages médicinaux De l'extrait d'écorce et de feuille de l'hamamélis de Virginie (*H. Virginiana*) était un remède courant chez les autochtones et a été introduit en Europe, en 1736. Il était utilisé pour soigner l'inflammation et les contusions, pour le traitement des hémorroïdes, des congestions et des tumeurs. Ses propriétés apaisantes et astringentes sont encore appréciées pour les applications externes.

Gillian Ford

Hambraeus, Bengt, compositeur, organiste et musicologue (Stockholm, Suède, 29 janv. 1928). Après avoir étudié avec l'organiste Alf Linder (1944-1948) et le musicologue Carl-Allan Moberg (1947-1956) et suivi des cours d'été à Darmstadt (1951-1955), Hambraeus reçoit un doctorat en musicologie de l'U. d'Uppsala en 1956. Il se joint au service musical de la Société de radiodiffusion suédoise en 1957, y devient par la suite directeur de la production et, en 1972, entre à la faculté de musique de l'U. McGill. Compositeur, organiste, érudit et conférencier de réputation internationale, il reçoit les plus hautes distinctions suédoises: la médaille royale «Litteris et Artibus» en 1986 et l'Hommage suédois en 1996.

La musique de Hambraeus est stimulée par ses études éclectiques de la musique ancienne, de l'acoustique, des techniques électroniques de studio et de la musique d'avant-garde et non occidentale, et souvent animée par ses profondes croyances religieuses. Sa musique manifeste un penchant pour les

explorations du timbre (particulièrement les sons de cloches) et les effets de collage/citation. Ses quelque 100 compositions sont souvent regroupées en «familles» de pièces similaires sur le plan conceptuel. Celles-ci comprennent les séries *Transit, Rota* et *Constellations,* son ensemble considérable de musique pour orgue, pour chorale et pour instruments électroacoustiques ainsi que ses pièces influencées par les musiques du monde. Ses œuvres les plus importantes sont, entre autres, les pièces pour orchestre *Transfiguration* (1963), *Rencontres* (1971), *Ricordanza* (1976) et *Concerto for Piano and Orchestra* (1992); *Nocturnals* (1990) et *Sonata per cinque* (1995) pour orchestre de chambre; les pièces électroacoustiques *Fresque sonore* (1967), *Tides* (1974), *Intrada «Calls»* (1975), *Tornado* (1976) et *Mirrors* (1987); l'opéra pour la radio *Sagan* (1979) et l'opéra *L'Ouï-dire* (1986); la trilogie chorale *Constellations V* (1983), *Symphonica Sacra in Tempore Passionis* (1986) et *Apocalipsis* (1987); et les œuvres pour orgue *Five Organ Pieces* (1969-1976), *Continuo-a partire de Pachelbel* (1975), *Livre d'orgue* (1981), *Variations sur un thème de Gilles Vigneault* (1984) et *Triptyque pour orgue, avec MIDI* (1994).

Patrick Cardy

Hamburger, maladie du Maladie associée à la consommation de bœuf haché contenant un *E. coli* pathogène. En 1982, on a découvert, aux États-Unis et au Canada, qu'il s'agissait d'un pathogène humain à transmission alimentaire, lorsque plusieurs cas ont été associés à la restauration rapide. Les gens étaient victimes de gastro-entérite accompagnée d'une diarrhée sanglante parce que la muqueuse de revêtement du colon avait été atteinte. On a associé un sérotype particulier de *E. coli* appelé O157: H7 à ces épidémies de même qu'à d'autres éclosions. On ne doit pas le confondre avec un autre type de *E. coli,* bénin celui-ci, qui se trouve dans l'intestin de tous les mammifères. Sa présence dans l'eau de baignade sert à mesurer la contamination écologique.

Maladie Dans certains cas, le sujet est atteint du syndrome hémolytique urémique (SHU) qui peut causer un dommage rénal sévère. C'est une toxine produite par *E. coli* O157: H7, appelée vérotoxine, qui cause le SHU. Depuis 1982, chaque année, des atteintes liées à *E. coli* O157: H7 ont été rapportées dans plusieurs pays. Les vaches semblent être la principale source de ce type de *E. coli,* qui se transmet non seulement par le bœuf haché, mais également par le salami sec, le rôti de bœuf, le lait non pasteurisé, le yogourt, la laitue, le brocoli, les pommes de terre, le cidre et l'eau. Il se transmet même par contact direct d'une personne à l'autre.

Régulation et répercussions de la maladie En 1985, des résidants d'un centre d'hébergement pour personnes âgées à London, en Ontario, ont été atteints d'infection à *E. coli* et 17 en sont morts. En 1991, plus de 500 Inuits des Territoires du Nord-Ouest sont tombés malades sur une période de plusieurs mois. Vingt-deux d'entre eux étaient atteints du SHU et deux en sont morts. Bien que ces épidémies aient été graves et qu'il y ait eu des morts, ce n'est qu'en 1993, lors de la grande épidémie dans plusieurs États américains, que l'attention du monde entier s'est tournée vers cette maladie dont le nom «maladie du hamburger» a été popularisé. Des hamburgers vendus dans une chaîne de restauration rapide de l'Ouest des États-Unis ont infecté plus de 600 personnes. La plupart de ceux qui ont présenté de l'insuffisance rénale, soit une centaine de sujets, de même que les quatre qui sont décédés étaient de jeunes enfants. Cette épidémie a créé une telle inquiétude que de nouvelles politiques sur la salubrité des aliments ont été instaurées. Puisque la cuisson de galettes de bœuf haché sur un barbecue à la maison constitue un facteur de risques élevé, certaines provinces ont produit des documents informatifs à l'intention du public. Au Canada, le nombre de cas recensés est d'environ 1000 par an et semble décroître. Les gens connaissent mieux les risques associés à un hamburger insuffisamment cuit. Cependant, des souches de *E. coli* vérotoxigènes semblables à celles de O157 ont infecté des Canadiens, et d'autres méthodes de détection devront être créées.

Ewen C.D. Todd

Hamel, Reginald, professeur et essayiste (Frampton, Qc, 1931), il manifeste très tôt un esprit encyclopédique et une curiosité de touche-à-tout qui le font passer des études commerciales aux Humanités, puis entrer dans l'armée comme officier d'artillerie. Tour à tour explorateur (Arctique, Territoires du Nord-Ouest, Groenland, Alaska), anthropologue, archéologue, globe trotter, il devient conseiller technique au Musée national du Canada (Ottawa, Ont.), puis conservateur du Musée historique des Archives nationales (*id.*, 1958). Parallèlement, il s'inscrit à l'Université de la capitale où il passe une maîtrise (1961) sur le poète Charles Gill (1871-1918) et un doctorat (1971) sur Gaëtane de Montreuil (1867-1951), première femme journaliste au Québec.

Nommé professeur à l'U. de Montréal, il fonde le Centre de documentation des lettres canadiennes-françaises (1964; disparu pour raisons politiques en 1969) et enseigne dans plusieurs pays étrangers: États-Unis, Canada, Angleterre, France, Israël, Chine. Ses innombrables articles en français, anglais, hébreu, chinois, ses insatiables activités de bibliographe (*Le Préromantisme au Canada français, 1744-1864*, 1965; *Cahiers bibliographiques des lettres québécoises*, 1966-1969; *Bibliographie sommaire sur l'histoire de l'écriture féminine au Canada, 1769-1961*, 1974; *La Louisiane (créole) 1762-1900, littéraire, politique et sociale*, 1984), d'historien de la littérature (*Dictionnaire des auteurs de langue française en Amérique du Nord*, 1989; *Panorama de la littérature québécoise contemporaine*, 1997; *Dictionnaire des poètes d'ici de 1600 à nos jours*, 2000) et d'essayiste (*La littérature et l'érotisme*, 1969) font de lui l'un des plus grands chercheurs actuels en littérature québécoise et francophone.

Passionné par le XIXe siècle, il est également le meilleur connaisseur de l'œuvre de Charles Gill (*La correspondance de Charles Gill, 1885-1918*, 1969; *Charles Gill, œuvres poétiques complètes*, édition critique, 1996; *Charles Gill: Contes, chroniques, critiques*, prose annotée, 2000; *Charles Gill, peintre, 1871-1918*, 2000) et un spécialiste d'Alexandre Dumas reconnu internationalement (*Dumas... insolite*, 1988; *Dictionnaire Dumas*, 1990). Il a été décoré en 2000 de l'Ordre des francophones d'Amérique.

Ismène Toussaint

Hamel, Théophile, peintre (Sainte-Foy, Qc, 8 nov. 1817—23 déc. 1870). Nommé portraitiste officiel du gouvernement en 1853, Hamel est considéré comme peintre national par les journalistes de l'époque, et est, tout au long de sa carrière, l'un des peintres les plus populaires auprès des politiciens, des notables et du clergé.

Son apprentissage chez le peintre Antoine Plamondon, à Québec, de 16 à 22 ans, lui donne l'habileté nécessaire pour brosser des portraits de haute qualité. Ses œuvres de jeunesse (*Autoportrait dans un paysage, Célina et Rosalvina Pelletier*) montrent qu'il peut, tout comme son maître, maîtriser les audaces chromatiques, les reflets et le rendu des beaux tissus. Il semble que sa nature paisible l'oriente cependant vers un art plus sobre, que son séjour en Italie (de 26 à 29 ans) lui permet d'atteindre par l'observation des œuvres de celui qu'il admire le plus, le Titien. Parti pour l'Europe en 1843, il étudia à Rome, visite ensuite la France et la Belgique avant de revenir à Québec (1846) et d'y ouvrir un atelier. En 1847, il s'installe à Montréal pour deux ans et demi après quoi il fixe définitivement sa résidence à Québec.

Étant donné le peu de moyens de communication disponibles au XIXe siècle, les membres des classes supérieures font appel aux talents des artistes pour se faire connaître et étendre leur influence auprès de leurs ouailles (membres du clergé), de l'électorat (politiciens) et de leurs collègues ou clients (professionnels). Inspiré par l'art du Titien, Hamel développe un style qui convient parfaitement aux aspirations des membres des professions libérales. La dignité des personnages du Titien lui fournira, en fait, l'ultime composante de son style. Ses portraits empreints d'austérité et à l'occasion d'une touche luxueuse ont en quelque sorte adapté la manière du Titien au contexte canadien. Hamel crée une intéressante galerie de personnages historiques dont font partie notamment Jacques Cartier, Champlain et le général James Murray. Il réalise, en outre, une imposante série de portraits de politiciens de la Province du Canada, dont plusieurs étaient déjà décédés à l'époque, série maintenant exposée dans l'édifice central du Parlement canadien, à Ottawa. Plusieurs politiciens de Québec, de Kingston, de Montréal et de Toronto font par ailleurs appel à ses talents. De nombreux évêques catholiques et protestants, des grands vicaires, des fondateurs de communautés religieuses et des prêtres posent également pour Hamel. Plusieurs avocats, notaires, médecins ainsi que des commerçants lui commandent un portrait seul ou avec leur femme et leurs enfants sur des toiles distinctes. Si l'on fait exception des enfants, Hamel ne peint jamais plus d'un personnage sur une même toile.

Sur le plan social, Hamel s'élève en quelques années du milieu rural agricole au plus haut niveau des professions libérales alors que ses frères n'ont pas dépassé le monde du commerce. À l'aise sur le plan financier, capitaine de milice, membre de l'Institut canadien, il fréquente les personnages les plus importants de l'époque comme F.X. Garneau, P.J.O. Chauveau et Octave Crémazie.

Hamel a inspiré d'autres artistes, notamment son élève Napoléon Bourassa, l'un des plus importants artistes du XIXe siècle.

En plus de leur valeur artistique, les tableaux de Hamel possèdent une valeur documentaire inestimable pour mieux connaître la société canadienne du milieu du XIXe siècle, puisque plusieurs de ses modèles n'ont laissé aucune photographie d'eux-mêmes et de leur famille. Chaque portrait nous montre ce qu'un membre des classes dirigeantes pense de lui-même et comment il souhaite être perçu par la population.

Raymond Vézina

Hamel, Jean, professeur d'université et historien (Saint-Narcisse, Qc, 13 juill. 1931—Sainte-Foy, Qc, 15 mai 1998). Par sa vision de l'avenir de sa discipline et son œuvre pionnière originale, il est considéré comme l'un des historiens québécois les plus importants de la deuxième moitié du XXe siècle.

Après des études classiques brillantes au juvénat franciscain et au séminaire Saint-Joseph de Trois-Rivières, Hamelin entreprend, en 1952, son cursus universitaire en histoire à l'U. Laval de Québec. Il se rend ensuite à Lyon, puis à Paris où, inspiré par les leçons de l'*École des Annales*, il obtient, en 1957, son diplôme de 3e cycle de l'École pratique des hautes études. Aussitôt, il revient à l'U. Laval pour s'engager dans une longue et fructueuse carrière de professeur au département d'histoire. Pendant 36 ans, ce pédagogue passionné et érudit, défenseur acharné d'une notion humaniste de l'université, connaît de grands succès. Il dirige plusieurs dizaines d'étudiants vers des études avancées dont plusieurs essaimeront dans les universités québécoises et canadiennes. En 1987, la Faculté des Lettres reconnaît en lui le professeur par excellence de ses 50 premières années d'existence.

Hamelin associe intimement son enseignement et ses recherches en histoire commencées au moment où le métier d'historien se professionnalisait et se dotait de bases scientifiques plus solides au Québec. La richesse, la diversification et l'originalité de son œuvre impressionnent. Pionnier quand il le faut, secouant des traditions méthodologiques tenaces à d'autres moments, il laboure, en les renouvelant dans leurs objets et leurs approches plus larges, les champs sacrés du territoire de l'historien, du politique à l'économique sans omettre le social, le culturel et le religieux. Il les revisite en visionnaire généreux de ses idées, en historien cherchant surtout «à redire le mystère de l'homme». À titre d'auteur ou de coauteur, il produit 47 livres et plus de 75 articles regroupés souvent dans des synthèses magistrales, des outils de recherche indispensables. Parmi ses nombreuses récompenses, ses deux prix littéraires du Gouverneur général du Canada (le 1er, obtenu en 1972, pour son livre *Histoire économique du Québec, 1851-1896* écrit en collaboration avec Yves Roby; le 2e, remporté en 1985, pour ses livres *Histoire du catholicisme québécois: le XXe siècle*, tome 1: *1898-1940*, rédigé conjointement avec Nicole Gagnon, et *Histoire du catholicisme québécois: le XXe siècle*, tome 2: *1940 à nos jours*) sont révélateurs de la considération qu'on lui voue. Lorsque ce géant s'éteint, il est encore codirecteur du prestigieux DICTIONNAIRE BIBLIOGRAPHIQUE DU CANADA/DICTIONARY OF CANADIAN BIOGRAPHY.

Réal Bélanger

Hamelin, Louis, romancier (Saint-Séverin de Proulxville, Qc, 9 juin 1959). Ses romans baroques et fous, peuplés de héros désabusés, témoins du désespoir de toute une génération, ont fait de Louis Hamelin un auteur majeur des années 1990. Ce natif de la Mauricie, diplômé en biologie de l'U. McGill en 1983, occupe quelques emplois mineurs et voyage beaucoup avant d'entreprendre, en 1987, des études en littérature. En 1991, il obtient une maîtrise en création littéraire de l'Université du Québec à Montréal. Auparavant, paraît *La rage* (1989), dont le succès immédiat est couronné par le prix du Gouverneur général. Suivront: *Ces spectres agités* (1991), *Cowboy* (1992), *Betsi Larousse ou l'ineffable eccéité de la loutre* (1994), *Le soleil des gouffres* (1996). À la fois rebelles et sensibles, intellectuels et *drop-out*, les narrateurs des romans de Louis Hamelin posent un regard cynique sur le Québec contemporain. L'écriture, touffue et ludique, truffée de mots rares et de jeux de mots, où les envolées poétiques se disputent aux descriptions échevelées, est le point de rencontre des plus sublimes et des plus triviaux niveaux de langage, dans une narration où un jeune héros dévoile, sur le ton du journal intime, ses plus cruels désenchantements. C'est pourquoi la critique a évoqué Réjean Ducharme, Jacques Ferron, Victor-Lévy Beaulieu et Jack Kerouac à propos de Louis Hamelin, sans pour autant lui dénier une originalité propre. Celle-ci réside tout particulièrement dans l'ironie du discours, indice de la violence refoulée ou impuissante du héros devant la dépossession du territoire, le conformisme d'une société satisfaite d'elle-même et le défaitisme d'une jeunesse dont l'engourdissement culturel et politique reconduit celui des aïeux abhorrés. Certains des romans de Louis Hamelin ont paru, en France, chez Flammarion et chez Stock. En 1999, des chroniques, parues dans *Le devoir*, ont été réunies sous le titre *Le voyage en pot*.

Claude Gonthier

Hamelin, Louis-Edmond, géographe (Saint-Didace, Qc, 21 mars 1923). Après des études en économie, il s'oriente vers la géographie et achève un doctorat à Grenoble sous la direction de Raoul BLANCHARD; plus tard, il obtient un doctorat d'État de La Sorbonne. Professeur de géographie à l'UNIVERSITÉ LAVAL, il introduit de nouveaux concepts et de nombreux néologismes afin de mieux exprimer la réalité géographique québécoise. Ses recherches l'orientent rapidement vers le monde circumnordique, ses états, sa polarité et les peuples qui l'habitent. En 1961, il fonde le Centre d'études nordiques d'où sortiront des publications nombreuses et variées. Plusieurs ouvrages de L.E. Hamelin traitent du thème des pays froids, dont le périglaciaire, la nordicité canadienne et bien sûr, le Canada; une centaine d'articles majeurs examinent également ces sujets.

Chercheur ardent, il a touché à presque tous les domaines de la géographie. En géographie physique, outre le périglaciaire, il a abordé la géomorphologie et l'hydrologie. En géographie humaine, il s'est beaucoup intéressé aux autochtones, à l'environnement et, plus récemment, au rang d'habitat. Initiateur remarquable, il a formé plusieurs générations de géographes québécois tout en rayonnant à l'étranger. Il fut un administrateur universitaire de haut calibre, tour à tour directeur de département, de centre de recherche et recteur d'Université à Trois-Rivières. Il a été membre de l'Assemblée législative des Territoires-du-Nord-Ouest et a reçu de nombreuses distinctions, dont le Prix du Québec et le Prix du Gouverneur général.

Hamelin, Marc-André, pianiste (Montréal, 5 sept. 1961). Après sa formation à Montréal, il étudie à Philadelphie à la Temple University auprès de Harvey D. Wedeen et de Russell Sherman. En 1982, il gagne le Concours international de piano de Pretoria (Afrique du Sud), et en 1985, la Carnegie Hall American Music Competition. Cela lui vaut des prestations partout au Canada et aux États-Unis, y compris à Carnegie Hall et au Lincoln Center. En 1987, il est l'un des solistes qui accompagnent l'ORCHESTRE SYMPHONIQUE DE MONTRÉAL pendant sa tournée européenne. Un critique le décrit comme le seul digne successeur de Glenn Gould. Au sommet de sa carrière, Hamelin est maintenant bien établi en Amérique du Nord et en Europe et se produit dans des festivals dans presque chaque continent. Sa prédilection pour des œuvres peu connues se traduit dans sa discographie croissante, qui comprend des œuvres d'Alkan, de Bolcom, d'ECKHARDT-GRAMATTÉ, de Sorabji et de Rzewski. D'autres enregistrements récents et annoncés présentent des œuvres de Scriabin, de Busoni, de Villa Lobos et de Chopin/Godowski.

Hamelin joue avec une rapidité époustouflante, une précision et une virtuosité incroyables. En plus des œuvres classiques, son répertoire comprend aussi des œuvres peu connues de toutes les époques, incluant la musique contemporaine de compositeurs canadiens et américains. En 1987, il reçoit le prix de la Fondation Sylva-Gelber, et en 1989, le prix Virginia P. Moore du Conseil des arts du Canada. En 1998, il remporte un PRIX JUNO pour son enregistrement de la musique de Franz Liszt. Le catalogue de ses compositions, dont la plupart se trouvent dans le Sorabji Archive à Bath en Angleterre, comprend jusqu'à présent une douzaine d'œuvres pour piano seul ou pour petits ensembles.

Claire Versailles et R. Taylor

Hamilton La ville de Hamilton, en Ontario, est le centre de la municipalité régionale de Hamilton-Wentworth. Elle est située à l'extrémité ouest du LAC ONTARIO dans la baie de Burlington, à 68 km au sud-ouest de Toronto et à 66 km à l'ouest de NIAGARA FALLS et de la frontière américaine. Elle est le premier producteur d'acier au Canada et un très important centre industriel. La municipalité régionale de Hamilton-Wentworth (pop. 451 665, rec. 1991) englobe notamment les villes d'Ancaster, de Dundas et de Flamborough.

Peuplement Les premiers témoignages sur l'occupation du territoire de Hamilton proviennent de comptes rendus du XVII⁰ siècle dans lesquels des Français font référence à la nation NEUTRE. L'explorateur français Étienne BRÛLÉ visite la nation neutre en 1616 puis en 1624, ainsi que le missionnaire jésuite Jean de BRÉBEUF en 1641. Des LOYALISTES de la région de Niagara, dont John Depew en 1786 et Richard Beasley en 1790-1791, commencent à s'établir et à exploiter les terres autour de la baie de Burlington.

En janvier 1815, George HAMILTON, fils de Robert Hamilton (l'un des personnages les plus riches et les plus influents du HAUT-CANADA),

achète 104 ha de terres dans le canton de Barton, dresse les plans d'une ville et parvient à y faire établir le siège administratif du nouveau district de Gore, créé en 1816. Vu la concentration des cours d'eau s'écoulant vers l'ESCARPEMENT DU NIAGARA et la situation de la région à la tête de la voie de navigation du lac Ontario, les industries du bois de sciage et du transport fluvial s'y développent avant même la fondation de la ville.

Croissance L'emplacement de Hamilton se développe lentement jusqu'à l'aménagement, à la fin des années 1820, d'un nouveau canal à Burlington Beach, qui permet aux goélettes et aux bateaux à vapeur l'accès à la baie de Burlington. Ce canal procure des points d'accès aux routes remontant l'escarpement du Niagara et transforme la jeune localité en une plaque tournante du transbordement. L'arrivée massive d'immigrants du Royaume-Uni dans les années 1830 contribue également à sa prospérité. Son emplacement est idéal pour l'établissement de commerces et de centres de fabrication pouvant desservir la région. On élabore des projets de construction d'un chantier naval, d'une banque et d'un chemin de fer jusqu'à LONDON.

Toutefois, la panique des marchés financiers et les RÉBELLIONS DE 1837 retardent la construction du chemin de fer jusqu'au début des années 1850. Dirigée entre autres par sir Allan MACNAB, agent des terres et avocat, la ville investit dans le GREAT WESTERN RAILWAY et d'autres lignes ferroviaires. Bien que le marché ferroviaire s'effondre en 1857 après une période d'effervescence, Hamilton avait alors attiré des fonderies spécialisées dans la fabrication de poêles et de machines agricoles. Des fabricants de vêtements confectionnés et de machines à coudre s'y fixent aussi pendant la guerre de Sécession.

Les industries de Hamilton prospèrent depuis le milieu des années 1880 jusqu'au début des années 1890. Au début des années 1900, la construction des chemins de fer nationaux et l'implantation de succursales d'entreprises américaines desservant le marché des Prairies déclenchent une expansion extraordinaire des usines de fabrication et de la construction résidentielle, qui se poursuivra jusqu'en 1913. La Hamilton Blast Furnace Company se lance dans la production de fonte brute dans les années 1890. Pendant les deux guerres mondiales, les industries de Hamilton concentrent leurs activités dans la fabrication de matériel de guerre. Après 1945, elles se convertissent avec succès en industries de l'électroménager, de l'automobile et de la construction résidentielle.

Après la fermeture d'usines de textiles et tricot dans les années 50 et 60, Hamilton dépend de plus en plus de la sidérurgie. La réduction des opérations de l'International Harvester (maintenant J.I. Case), la fermeture de la Slater Steel en 1985 et le départ de Firestone en 1988 accentuent l'érosion du vieux système industriel. Les tendances au déménagement d'entreprises et à la réduction du personnel se poursuivent jusqu'au début des années 90. De nouvelles entreprises, notamment dans le secteur des technologies environnementales, viennent combler en partie le vide, et d'autres secteurs économiques, dont la santé et les sciences de la santé, accroissent leur importance.

Paysage urbain Le port de Hamilton (la baie de Burlington) s'étend sur 8 km vers l'ouest à partir du canal de Burlington Beach jusqu'aux pentes escarpées du mont Burlington Heights. Jusqu'à la fin de la Seconde Guerre mondiale, le port et l'escarpement orientent le développement dans un axe est-ouest étroit. L'escarpement de calcaire, qui atteint 100 m de haut, pose un problème de transport considérable qui nuit au développement des banlieues. Malgré la construction de plusieurs voies rapides dans les années 60 et 70, la division entre la «montagne», comme l'appellent les habitants de la région, et la

vieille ville en contrebas défie tout projet d'aménagement urbain.

Les plus vieilles industries de Hamilton sont regroupées le long de la rive et des voies ferrées du CN. Les laboratoires, les centres de distribution de pièces et l'industrie légère s'établissent à l'extérieur de la ville et le long des corridors routiers depuis une vingtaine d'années. Le noyau culturel, financier et administratif demeure près de l'intersection des rues James et King, à proximité du parc Gore, mais s'étend depuis peu vers l'ouest. Les secteurs résidentiels comprennent le district de Durand, entre les rues James et Queen, secteur de la vieille élite; la localité de Westdale du côté ouest, novatrice et de classe moyenne; et les vastes secteurs de la classe ouvrière à l'est et au nord-est. Les communautés ethniques abondent, habituellement installées à proximité d'églises paroissiales et de petits secteurs commerciaux.

Au cours des années 60 et 70, le profil de la ville se modifie radicalement à mesure que des tours d'habitation s'érigent au centre-ville et se répandent dans les secteurs avoisinants. Toutes proportions gardées, peu de tours de bureaux y apparaissent, étant donné la proximité de Toronto et la vocation industrielle de Hamilton. Les édifices d'IBM, de Stelco Tower, de Commerce Place (phases 1 et 2) et du gouvernement de l'Ontario sont des exceptions à souligner. Bien qu'un grand nombre de belles constructions de pierre du XIX⁰ siècle soient tombées sous les pics des démolisseurs au cours du boom de la construction, certaines sont préservées, tels le Commercial Block (1858), l'immeuble résidentiel Sandyford Place (1858) et la célèbre église St. Paul (1857). La ville gère un vaste système de parcs, les réputés JARDINS BOTANIQUES royaux, tandis qu'elle administre, par l'intermédiaire de la commission historique de Hamilton, le Dundurn Castle (1835), le Whitehern (1848), un musée militaire, un musée d'avions de guerre et un musée pour enfants.

Population La croissance de la population de la ville suit les fluctuations de ses cycles économiques. Après l'échec du Great Western Railway, on estime que Hamilton perd de 20 à 25 p. 100 de sa population entre les années 1857 et 1864. L'immigration en provenance du Royaume-Uni engendre une augmentation jusqu'en 1900. L'expansion industrielle phénoménale des années 1900 à 1913 donne lieu à l'annexion de territoires et attire des travailleurs industriels et de la construction en provenance du Royaume-Uni, des États-Unis, de l'Italie et de la Pologne. Des réfugiés d'Europe centrale et des pays baltes y arrivent dans les années 20. Les difficultés économiques des années 30 ralentissent l'accroissement naturel.

Au cours de la Seconde Guerre mondiale, des travailleurs du Québec, des Maritimes et de l'Ouest viennent y travailler dans les industries de guerre. Après la guerre, l'immigration (hollandaise, allemande, italienne et polonaise) atteint un sommet en 1954. Des immigrants portugais, sud-asiatiques et antillais suivent dans les années 60 et 70. L'incertitude économique et l'expansion d'Ancaster et de Dundas entraînent une diminution de 0,9 p. 100 de la population entre 1971 et 1981, mais, en 1991, elle s'est accrue de 3,9 p. 100 par rapport à 1981.

Économie et main-d'œuvre Deux des trois principales aciéries canadiennes, la STELCO et la DOFASCO, sont situées à Hamilton. Le déménagement du siège social de la Stelco à Toronto, en 1968, et la construction d'une nouvelle usine à l'extérieur de la ville, à NANTICOKE, ébranlent l'optimisme de la municipalité. Deux autres aciéries, la National Steel Car et la Slater Steel, comptent parmi les gros employeurs. Les compagnies Westinghouse Canada, J.I. Case, Camco et Procter and Gamble y ont aussi de vastes usines. La plupart des industries de Hamilton subissent le choc de la hausse des coûts de l'énergie et des récessions des années 70 et 80.

Pour réduire sa dépendance vis-à-vis de l'acier, la ville tente d'attirer de nouvelles industries et réussit dans le secteur des technologies de l'environnement, plus particulièrement en matière de dépollution. Elle favorise l'éclosion d'autres industries, de sorte qu'au début des années 90 le secteur de la santé et des sciences de la santé emploie un plus grand nombre de travailleurs que les aciéries.

Hamilton est considérée comme une ville ouvrière fortement syndiquée. Le MOUVEMENT POUR UNE JOURNÉE DE TRAVAIL DE NEUF HEURES voit le jour à Hamilton en 1872, et les CHEVALIERS DU TRAVAIL et la Fédération américaine du travail y recrutent activement des membres à la fin du XIXᵉ siècle et au début du XXᵉ siècle. Le Congrès des organisations industrielles (CIO) y mène dans les années 30 et 40 une campagne en faveur de la création de syndicats d'entreprise qui représenteraient tous les travailleurs d'une même usine. Après d'intenses grèves dans trois usines importantes en 1946, il conclut des ententes assurant de meilleurs salaires et une amélioration des avantages sociaux. Une autre grève majeure survient à la Stelco en 1981.

Transports Sa situation géographique particulière confère à Hamilton une fonction importante dans les transports. Au milieu du XIXᵉ siècle, elle est un important centre de distribution en gros et de transit pour l'immigration. Au XXᵉ siècle, les géants de l'industrie comme J.I. Case et la Stelco, qui conservent des intérêts privés considérables dans le développement de la rive, modèlent son réseau de transports. Son port se classe au huitième rang au Canada (1993) pour son tonnage, devançant celui de Toronto et ceux des autres villes des Grands Lacs.

Le CN maintient des installations pour le transport des marchandises industrielles et offre un service voyageur limité vers Toronto et Niagara Falls. La voie ferrée reliant Toronto, Hamilton et Buffalo, maintenant propriété du CP, couvre essentiellement de petits circuits commerciaux à l'intérieur de la ville. Le service d'autobus interurbain a pris de l'expansion au cours des dernières années, avec l'augmentation de la flotte du gouvernement ontarien entre Hamilton et Toronto. Un service provincial de train de banlieue fait également la navette entre Hamilton et Toronto.

Administration et politique Depuis sa constitution en tant que ville en 1846, Hamilton est dirigée par une forme de gouvernement composé d'un conseil municipal et de comités municipaux. Des conseillers élus dirigent ensemble les affaires municipales et siègent à différents comités. Depuis janvier 1974, 17 membres du conseil assument des responsabilités supplémentaires en siégeant, avec des représentants d'autres divisions administratives, au conseil de la nouvelle municipalité régionale de Hamilton-Wentworth. Celle-ci gère les services sociaux, le service de police ainsi que les réseaux de distribution d'eau et d'égouts. Certaines responsabilités locales relèvent encore de commissions spéciales dont certaines ont des liens avec les gouvernements régional ou fédéral. Des administrateurs élus forment les conseils scolaires responsables des écoles publiques et séparées.

Depuis la Seconde Guerre mondiale, les maires de Hamilton demeurent longtemps au pouvoir. Les appareils politiques partisans reliés aux partis fédéraux et provinciaux demeurent un aspect important des élections locales. Même si le mouvement syndical a appuyé quelques candidats, les syndicats et les partis de gauche n'ont pas toujours eu une forte influence auprès du conseil municipal.

Vie culturelle L'UNIVERSITÉ MCMASTER, fréquentée par près de 13 000 étudiants à temps plein et 4000 étudiants à temps partiel, joue un rôle important à Hamilton depuis 1930. La bibliothèque municipale emménage à l'étage supérieur du nouveau marché communautaire en 1980. Un musée de la vapeur et de la technologie est aménagé autour d'une station de pompage (1859), un LIEU HISTORIQUE

national et le premier jalon du GÉNIE CIVIL canadien. Son imposante galerie d'art comprend des œuvres de Cornelius KRIEGHOFF et de William KURELEK.

Le Hamilton Philharmonic Orchestra, les Mohawk College Singers, le McMaster Chamber Orchestra et l'Opera Hamilton perpétuent la tradition musicale de la ville. Malheureusement, le Royal Hamilton Conservatory of Music a fermé ses portes en 1981, faute de fonds. Le Theatre Aquarius et des productions dramatiques à McMaster et par de petites troupes de théâtre maintiennent une longue tradition théâtrale. Des troupes de théâtre itinérantes se produisent au magnifique complexe Hamilton Place, qui abrite aussi l'orchestre philharmonique et la compagnie d'opéra. Plusieurs groupes ethniques collaborent à la fondation du Hamilton Multi-Cultural Centre.

Sur le plan de la presse écrite, le *Hamilton Spectator,* premier journal de la chaîne SOUTHAM (1846), des revues à caractère ethnique et des publications hebdomadaires de banlieue constituent les moyens de communication. La station de télévision CHCH est l'une des rares stations indépendantes et non affiliées au pays.

Dans le domaine des sports, la ville manifeste un intérêt particulier pour la course à pied et organise chaque année une course autour de la baie de même que des rencontres régulières d'athlétisme. Hamilton compte une équipe de sport professionnel, sa bien-aimée équipe de football des TIGER-CATS D'HAMILTON, et elle est le domicile du Temple de la renommée du football canadien. Elle a tenté d'obtenir une équipe de la LIGUE NATIONALE DE HOCKEY, qui aurait disposé du Copps Coliseum, mais c'est Ottawa qui en a reçu la concession.

John C. Weaver

Hamilton, Francis Alvin George, enseignant et politicien (Kenora, Ont., 30 mars 1912). Partisan enthousiaste de la «vision nordique» du gouvernement DIEFENBAKER et tête pensante du Cabinet, Hamilton est également un porte-parole des agriculteurs de l'Ouest. Après de nombreuses défaites, il est élu député de Qu'Appelle au Parlement en 1957; il était chef des conservateurs de la Saskatchewan depuis 1949. Nommé ministre du Nord canadien et des Ressources nationales en 1957, il préconise l'idée des routes d'accès aux ressources et le développement du Nord.

Il devient ministre de l'Agriculture en 1960. Âme dirigeante de l'Administration de la remise en valeur et de l'aménagement des terres agricoles, il orchestre plusieurs ventes de blé à la Chine qui stimulent l'agriculture de l'Ouest, ce dont elle a grand besoin. Défait en 1968, il est réélu en 1972 et garde son siège jusqu'en 1988, lorsqu'il quitte la politique avant les élections générales. Hamilton est nommé compagnon de l'Ordre du Canada en 1987, et la reine lui confère en 1992 le titre de «très honorable» en raison des services qu'il a rendus au Canada.

Patricia Williams

Hamilton, George, bûcheron et marchand (Hamwood, comté de Meath, Irl., 13 avril 1781—Hawkesbury, Haut-Canada, 7 janv. 1839). Il compte parmi les entrepreneurs les plus prospères dans le commerce du bois de la vallée de l'Outaouais au début du XIXᵉ siècle. Anglican et tory au franc-parler, Hamilton est un politicien puissant tant dans le Haut-Canada que dans le Bas-Canada. Il est à la fois juge de la cour de district et lieutenant-colonel de la milice.

Sa famille s'adonne au commerce du bois de la Baltique avant de s'installer à Québec, quand Napoléon promulgue ses décrets continentaux en 1807. La compagnie de George et de William Hamilton obtient des contrats de l'Amirauté et se développe dans l'exportation du bois et le commerce d'articles généraux. En 1812, les Hamilton saisissent un moulin à bois à Hawkesbury (Haut-Canada) et pénètrent le marché à l'intérieur des terres. George demeure agent de la compagnie à Québec jusqu'en 1816 et

dirige l'exploitation de Hawkesbury lorsque son frère William prend sa retraite. L'entreprise fait face à de sérieuses difficultés financières et est menacée de faillite à plusieurs reprises, mais George s'avère un entrepreneur astucieux et réussit à créer un empire forestier qui s'étend, en amont, le long des rivières Rouge, Rideau et Gatineau et, en aval, jusqu'à New Liverpool, port d'attache de la compagnie à Québec et, de là, à Liverpool en Angleterre. Après 1830, Hamilton prend comme associé Charles A. Low, un employé de longue date et, dès 1835, l'entreprise vaut 30 000 livres et coupe environ 7 millions de pieds-planche par année.

La majorité du commerce du bois est illégale jusqu'en 1826, car seul le bois coupé en vertu de contrats de l'Amirauté peut provenir des terres publiques. Toutefois, les bûcherons n'hésitent pas à outrepasser ces règlements et à intimider les représentants du gouvernement, ainsi que leurs concurrents. Hamilton participe activement aux formes de violence afin de maintenir et d'étendre les activités de son entreprise. Cependant, vers le milieu des années 1820, il défend le règlement édicté par le gouvernement visant à mettre de l'ordre dans le commerce et à assurer les droits des plus grands exploitants, dont il fait partie. Après 1828, à force de pressions exercées sur le gouverneur général Aylmer, il obtient la mise en place d'un système d'octroi de licences favorable aux grandes entreprises, moyennant paiement de revenus à la Couronne. Enfin, au début des années 1830, il contribue à obtenir le Gatineau Privilege, qui garantit aux magnats du bois le droit d'exploiter la forêt, sur une base non concurrentielle, le long du plus important tributaire de l'Outaouais.

Peter Gillis

Hamilton, inlet L'inlet Hamilton et le LAC MELVILLE forment le plus grand estuaire de la côte du Labrador avec une longueur de plus de 250 km, une largeur de 40 km (du côté ouest) et une profondeur de 150 m. La baie et le lac sont séparés, à 90 km de la mer, par un étroit passage d'une largeur de 2 km et d'une profondeur de 30 m, à Rigolet. Quatre cours d'eau importants, le FLEUVE CHURCHILL, les rivières North West (le prolongement de la rivière Nauskapi), Kenamu et Goose, qui drainent une grande partie de la PÉNINSULE D'UNGAVA, se jettent dans l'estuaire. L'aménagement hydroélectrique à CHURCHILL FALLS constitue la principale activité industrielle de la région. La centrale électrique actuelle, avec sa capacité de production installée (5225 MW) dépassant plus de 10 fois celle d'une centrale conventionnelle, est terminée depuis le début des années 60. On compte effectuer d'autres aménagements sur le fleuve Churchill, à l'île Gull (1700 MW) et aux chutes Muskrat (600 MW). John DAVIS est le premier à visiter la région en 1586; les Français et les Anglais y trouvent des lieux pour la traite des fourrures au XVIIIᵉ siècle. La baie porte le nom de Charles Hamilton, gouverneur de Terre-Neuve de 1818 à 1824. Rigolet est fondé par la Compagnie de la baie d'Hudson en 1837. De 1949 à 1953, l'estuaire est l'objet d'un levé de terrain dans le cadre de l'expédition Blue Dolphin de l'Arctic Institute of North America. À l'heure actuelle, aucune pêche commerciale importante n'est pratiquée à l'intérieur de la baie. Cependant, le banc Hamilton se trouve au large et on y effectue une importante pêche internationale à la morue.

P.C. Smith et R.J. Conover

Hancox, Richard (Rick), cinéaste, professeur de cinéma et musicien (Toronto, 1ᵉʳ janv. 1946). Hancox grandit en Ontario, en Saskatchewan et à l'Île-du-Prince-Édouard. Ces trois endroits influencent ses documentaires expérimentaux réalisés avec finesse et poésie, où les questions de temps, de mémoire et d'histoire se fondent dans des paysages personnels.

Hancox est initié au cinéma à l'U. de l'Île-du-Prince-Édouard par le réalisateur de documentaires américain George Semsel. Il poursuit des études de deuxième cycle en cinéma et en photographie à l'U. de New York ainsi qu'à l'U. de l'Ohio, où il obtient une maîtrise en cinéma en 1973. Au cours de cette période, ses courts métrages remportent cinq grands prix au Festival du film étudiant canadien.

Après avoir travaillé brièvement à New York comme cinéaste indépendant, Hancox enseigne le cinéma au Sheridan College, à Oakville, en Ontario (1973-1985). C'est là qu'il influence une génération de cinéastes canadiens indépendants, dont les cinéastes documentaires Holly Dale et Janis Cole, ainsi que des cinéastes expérimentaux tels que Richard Kerr, Philip Hoffman, Michael Hoolboom qui, tout comme Hancox, font partie d'un mouvement du CINÉMA EXPÉRIMENTAL canadien appelé «escarpment school», d'après la particularité géographique que constitue l'escarpement du Niagara. Hancox quitte le Sheridan College pour aller enseigner au département de communication de l'U. Concordia, à Montréal.

Il donne souvent un caractère poétique au cinéma, comme dans sa trilogie de «films poétiques» *Waterworx* (1982), *Landfall* (1983) et *Beach Events* (1985). Il est aussi connu pour ses documentaires autobiographiques, dont *Home for Christmas* (1978) qui en est un bon exemple. *Moose Jaw* (1992), reconnu dans la revue *Take One* comme l'un des 10 meilleurs films jamais réalisés au Canada, marque une nouvelle tendance chez Hancox. Comme toutes ses meilleures œuvres, *Moose Jaw* attribue à l'expression «paysage» un sens additionnel. Par le truchement de l'image cinématographique, son œuvre démontre comment le contexte social et économique modifie la mémoire.

Lianne McLarty

Handball L'un des plus anciens jeux de balle. Des documents attestent qu'on le pratique dès l'ère préchrétienne en Irlande, d'où il se serait répandu. Homère cite même une femme grecque qui excelle à ce jeu. Les Anglais pratiquent le «fives», les Espagnols la «pelota» et les Français la «paume», jeux similaires au handball. De nos jours, le handball se joue sur un court à un, à trois ou à quatre murs; à deux, à trois ou à quatre joueurs; ou encore à deux équipes de deux joueurs chacune. Le jeu sur quatre murs est le plus populaire. De sa main gantée, le joueur frappe la balle, qui doit toucher à chaque coup le mur d'en face. Il s'agit de frapper la balle de telle sorte qu'il soit difficile pour l'adversaire de la retourner au mur. La partie est gagnée lorsqu'un joueur ou une équipe marque 21 points, qui ne sont comptés qu'au service.

En 1863, des matchs de handball se déroulent à Victoria, en Colombie-Britannique, et à Saint-Jean, au Nouveau-Brunswick. Des championnats du monde ont lieu à quatre reprises et deux joueurs représentant le Canada remportent le titre mondial en simple: Joey Maher, de Toronto (1967), et Merv Deckert, de Winnipeg (1984). En 1987, aux Jeux panaméricains, l'équipe féminine gagne la première médaille internationale (argent), mais par la suite, à cause de sa défaite en finale, le Canada ne peut se qualifier dans ce sport pour les Olympiques de 1988. Au Canada, le sport est régi par l'Association canadienne de handball.

Stan C. Fisher et Don R. Brownwell

Handball olympique Un sport d'équipe aussi connu sous le nom de handball européen. Les joueurs doivent marquer des points en se passant un ballon (légèrement plus petit qu'un ballon de soccer) pour le lancer dans le but adverse. Il se pratique à l'intérieur sur une surface de grandeur équivalente à celle d'un terrain de basket ball. Deux équipes de sept joueurs prennent part au jeu. Le sport est introduit en Allemagne dans les années 1890, mais ce n'est qu'après la Première Guerre mondiale qu'il devient populaire. Il emprunte alors plusieurs règles au SOCCER. À l'origine, on y jouait en plein air et les équipes se composaient de onze joueurs. En 1952, le jeu en salle devient la forme standard. Le handball

est une discipline olympique depuis 1972. Largement pratiqué en Europe, il s'agit du sport le plus populaire après le soccer. Au Canada, le handball était connu initialement sous le nom de «Borden Ball», qui est une variante simplifiée et avait été introduite par des prisonniers de guerre européens détenus au camp Borden, en Ontario, pendant la Seconde Guerre mondiale. Dans les années 50, le handball devient un sport de compétition organisé, puis, en 1962, on forme la Fédération canadienne de handball olympique.

Barbara Schrodt

Hanganu, Daniel Sergiu, architecte (Isia, Roumanie, 27 janv. 1939). Hanganu obtient son diplôme d'architecture de l'université de Bucarest en 1961 et exerce sa profession en Roumanie et en France avant d'immigrer au Canada en 1970. Il travaille d'abord à Toronto puis à Montréal, où il ouvre son propre cabinet en 1978.

Au cours des années 1980, Hanganu conçoit surtout des habitations unifamiliales et des logements collectifs à Montréal et dans les environs, des réalisations qui ont rapidement attiré l'attention de critiques réputés tels que Kenneth Frampton de la Columbia University à New York. Ces bâtiments résidentiels témoignent de l'évolution du style architectural de Hanganu, enraciné dans les traditions de l'architecture moderne, mais qui se distingue par un emploi innovateur des matériaux de construction et par un sens du design bien intégré. Val de l'Anse, son immeuble d'habitation en copropriété, construit de 1984 à 1989 sur l'île-des-Sœurs, lui vaut un Prix d'excellence de l'Ordre des architectes du Québec.

En 1987, il entreprend de plus grands projets, en commençant par le complexe de bureaux et d'habitation en copropriété Chaussegros-de-Léry (avec les architectes Provencher Roy), construit à côté de l'hôtel de ville de Montréal. Cependant, Hanganu se retire de ce projet durant la troisième phase, à la suite d'une dispute avec le promoteur immobilier au sujet du complexe d'habitation en copropriété.

L'œuvre de Hanganu la plus unanimement acclamée jusqu'à ce jour est le Musée d'archéologie et d'histoire (de nouveau avec les architectes Provencher Roy) à Pointe-à-Callière, dans le Vieux-Montréal. Terminé en 1992 pour le 350e anniversaire de la fondation de la ville, le bâtiment allie avec bonheur l'esthétique industrielle raffinée de l'architecte et le respect du contexte historique et culturel du site. Le musée lui vaut la Médaille d'excellence des prix du Gouverneur général pour l'architecture en 1994.

Un intérêt croissant pour les effets de la lumière et pour les espaces intérieurs se manifeste dans les œuvres récentes de Hanganu, particulièrement dans l'église de l'abbaye bénédictine de St-Benoît-du-Lac, au Québec (1989-1994), et le pavillon de Design de l'U. du Québec à Montréal (1992-1996).

Hanganu enseigne l'architecture à l'U. McGill de 1976 à 1989, et à l'U. de Montréal en 1992. Parmi ses projets récents, notons un nouveau bâtiment pour l'École des hautes études commerciales de l'U. de Montréal et un espace public pour l'Exposition universelle de 1998, à Lisbonne.

David Rose

Hanington, Daniel Lionel, avocat, politicien et premier ministre du Nouveau-Brunswick (Shediac, N.-B., 27 juin 1835—Dorchester, N.-B., 5 mai 1909). Greffier des circuits (1867-1870) et commissaire d'école, il est d'abord élu député libéral-conservateur provincial de Westmorland en 1870. Il est défait en 1874 parce qu'il s'est opposé à la loi sur les écoles non confessionnelles, mais il est à nouveau élu en 1878 et exerce les fonctions de ministre sans portefeuille jusqu'en 1882. J.J. FRASER démissionne alors, et Hanington est nommé premier ministre. Bien disposé à l'égard des Acadiens, il nomme P.A. LANDRY secrétaire provincial. Il est renversé par un vote de défiance demandé en 1883 par A.G. BLAIR, et son gouvernement démissionne. Ses troupes subissent un autre revers en 1886, mais il continue de

représenter le comté de Westmorland jusqu'en 1892, date où il est nommé juge puîné de la Cour suprême du Nouveau-Brunswick.

Della M.M. Stanley

Hanlan, Edward, «Ned», avironneur (Toronto, 12 juill. 1855—id., 4 janv. 1908). Hanlan apprend à ramer dans le port de Toronto sur une embarcation bricolée à partir d'une plateforme en bois. Dans une série de courses disputées de 1873 à 1876, il démontre qu'il est le meilleur godilleur de l'Ontario. En 1877, il remporte le championnat canadien dans la baie de Toronto, puis, l'année suivante, celui des États-Unis sur la rivière Allegheny. Il parvient à vaincre tous les autres aspirants au titre, si bien qu'en 1879 il est incontestablement le champion nord-américain. En mai 1879, Hanlan bat son rival britannique sur le fleuve Tyne en Angleterre par un écart exceptionnel de 11 longueurs. Il devient le champion du monde en 1880 après avoir évincé le tenant du titre chez les professionnels, l'Australien E.A. Trickett.

Il défend son titre à six reprises, puis est défait par William Beach en 1884. Hanlan est le premier athlète canadien à atteindre la renommée internationale et à devenir un champion mondial. À une époque où le sport de l'aviron jouit d'une immense popularité dans le monde entier, il est honoré et couvert de cadeaux partout où il va. Quoique la presse britannique le juge sévèrement en raison de son allure flamboyante, on apprécie son style élégant à l'aviron, fait de grands «coups» gracieux et de «retours» vigoureux et nets. Il continue à pratiquer son sport dans les années 1890 et remporte plus de 300 autres épreuves.

James Marsh

Hanna, David Blythe, comptable et directeur d'entreprises de chemin de fer (Thornliebank, Écosse, 20 déc. 1858—Toronto, 1er déc. 1938). Il arrive au Canada en 1882 pour travailler au GRAND TRUNK RAILWAY, puis travaille dans plusieurs autres compagnies de chemin de fer avant de s'associer avec William MACKENZIE et Donald MANN pour le CANADIAN NORTHERN RAILWAY, en 1896. Il démissionne, lors du rachat du chemin de fer par le gouvernement canadien, mais il sera le premier président nommé au conseil d'administration des CHEMINS DE FER NATIONAUX DU CANADA, qui sont nouvellement formés. Il se retire en 1922, mais devient, pour une courte période (1927-1928), le premier président du conseil de la Régie des alcools de l'Ontario. Hanna raconte sa carrière dans son livre, *Trains of Recollection* (1924). La ville de Hanna, en Alberta, lui doit son nom.

Eric J. Holmgren

Hannam, Herbert Henry, éducateur et chef de file du secteur agricole (Swinton Park, comté de Grey, Ont., 27 sept. 1898—Ottawa, 12 juill. 1963). Après des études au Collège d'agriculture de l'Ontario, Herb Hannam travaille comme professeur et comme rédacteur d'une chronique sur le bétail dans le périodique *The Canadian Countryman*. En 1928, il se joint aux FERMIERS UNIS DE L'ONTARIO à titre de secrétaire pédagogique, occupe le poste de secrétaire trésorier en 1933, puis celui de secrétaire de l'organisme apparenté, la United Farmers' Co-operative Co. en 1936. Il écrit *Co-operation: The Plan for Tomorrow which Works Today* en 1938, et *Pulling Together for Twenty Five Years* en 1940, deux brochures très utilisées dans les milieux coopératifs et agricoles. Au milieu des années 30, il contribue à l'organisation de la Fédération de l'agriculture de l'Ontario et de la Canadian Chamber of Agriculture (aujourd'hui la Fédération canadienne de l'agriculture). En 1939, il est élu président de cette dernière et ce poste devient rémunéré à temps plein en 1943. Hannam est un porte-parole efficace du secteur de l'agriculture au Canada et un ardent défenseur de la TRIBUNE RADIOPHONIQUE AGRICOLE, à laquelle il contribue au moment de sa création. Après la Seconde Guerre mondiale, il est l'un des premiers à reconnaître l'importance de la production et de la commercialisation des produits alimentaires dans un monde où la population croît rapidement.

Ian MacPherson

Hanover (Man.) Hanover, municipalité rurale du Man.; pop. 9833 (rec. 1996), 8887 (rec 1991), 6414 (rec. 1986); superf. 718,09 km²; const. en 1881. Située au sud-est de Winnipeg, cette municipalité comprend les communautés de Blumenort, Grunthal, Kleefeld, Mitchell, New Bothwell, Randolph et Sarto. La ville de STEINBACH ne fait plus partie de cette municipalité rurale, bien que le siège de son administration s'y trouve toujours.

Historique Hanover comprend les terres de la réserve de l'Est octroyées, en 1873, aux MENNONITES originaires du sud de la Russie. Plusieurs centaines de familles s'y installent dans les années 1870 et fondent des villages agricoles autonomes. Dans les années 20, une autre vague d'immigrants arrive, fuyant la Révolution russe. Les difficultés d'exploitation agricole, les conflits avec le gouvernement sur les politiques d'éducation et les influences profanes sur le mode de vie mennonite en poussent plusieurs à quitter la région. Des colons anglo-saxons, canadiens-français, allemands luthériens, ukrainiens et polonais contribuent aussi à l'établissement de communautés dans cette municipalité rurale.

Économie Un bon sol et une bonne irrigation des terres favorisent une agriculture diversifiée: cultures spéciales, animaux d'élevage, volaille, production laitière et culture des céréales. Blumenort est le centre avicole du Manitoba; Grunthal, un centre de production laitière et de sous-produits du lait. Kleefeld est reconnue pour son apiculture, New Bothwell pour son fromage cheddar et la région de Steinbach pour sa culture de céréales et sa production de volaille commerciales. Les commerces de la municipalité rurale desservent surtout le marché local. Récemment, plusieurs communautés de Hanover ont attiré des citadins qui voulaient associer le travail en milieu urbain au mode de vie rural.

D.M. Lyon

Hanover (Ont.) Hanover, ville de l'Ont.; pop. 6844 (rec. 1996), 6711 (rec. 1991), 6414 (rec.1986); superf. 6,49 km²; const. en tant que village en 1869, puis en tant que ville en 1904; située à 70 km au sud-ouest d'OWEN SOUND, en bordure de la rivière Saugeen.

Historique La région accueille ses premiers colons en 1849, quand Abraham Buck et son partenaire aménagent un sentier à l'ouest de Durham et s'installent sur une ferme près de la rivière Saugeen. Peu après, un certain nombre de colons allemands se joignent à eux. La localité se nomme d'abord Buck's Crossing ou Buck's Bridge et, plus tard, Adamstown. En 1856, avec l'avènement du bureau de poste, elle prend le nom de Hanover, probablement d'après la province allemande du même nom.

En 1860, le village, qui assume déjà son caractère industriel, compte une usine de meubles, une tannerie et une fonderie. Une autre usine de meubles s'adjoint rapidement à la première et, peu après, on donne au village le surnom de «Slabtown» à cause de ses nombreuses usines de meubles et des autres entreprises connexes telles l'industrie du bois de construction, l'industrie lainière et l'industrie du bois de sciage.

Situation actuelle La ville de Hanover a toujours comme principale industrie la fabrication de meubles, ce qui lui vaut sa réputation de «ville du meuble du Canada». Elle est aussi le centre de commerce de la région environnante. Chaque année, de mai à septembre, l'hippodrome de Hanover présente des courses de chevaux sous harnais. La ville est le lieu de résidence de Carl SCHAEFER, un artiste canadien réputé pour ses tableaux représentant les paysages ruraux du Sud de l'Ontario. Elle est aussi le lieu de résidence de Noah Brusso, un boxeur connu sous le nom de Tommy BURNS et le premier Canadien à remporter le championnat mondial des poids lourds.

Deborah Welch et M. Payne

Hans Le territoire des Hans chevauchait la frontière entre le Yukon et l'Alaska et s'étendait vers le nord le long du FLEUVE YUKON, depuis quelques kilomètres au sud de Dawson jusqu'à environ 50 km au sud de Circle, en Alaska. Avant la RUÉE VERS L'OR DU KLONDIKE, la BANDE des Hans vit dans trois communautés le long du fleuve Yukon: Nuclako-Fort Reliance près de Dawson, Johnny's Village près d'Eagle et Charley's Village en Alaska, mais elle est aussi disséminée très loin vers l'amont des rivières Klondike et Forty Mile ainsi que d'autres cours d'eau. Leur langue est différente des langues athapaskanes de leurs voisins avec lesquels ils maintiennent des rapports. Sur une population de quelques centaines d'habitants, seulement 10 p. 100 environ des Hans parlent leur langue.

Au printemps, les familles se déplacent vers des camps le long du fleuve Yukon où elles préparent leur équipement, pêchent le corégone et le brochet, chassent l'orignal, le caribou et d'autres animaux. Au début de l'été, après la débâcle, elles rejoignent d'autres membres de la bande dans des camps de pêche pour pêcher et faire sécher le saumon royal et le saumon kéta. De grands emplacements d'été leur servent de points de rencontre pour les festivités intertribales et pour la pêche au saumon. À l'approche de l'automne, elles quittent la rivière pour chasser, réparer leurs enclos à caribou et pêcher dans de plus petits cours d'eau. À la fin de l'automne, elles retournent vers le fleuve Yukon qu'elles quittent de façon intermittente pendant l'hiver pour chasser et exploiter leurs enclos à caribou.

Système social Leur société est divisée en trois clans matrilinéaires et exogames. Les membres d'un clan se doivent mutuellement hospitalité et protection et ont des obligations cérémonielles envers ceux des autres clans, comme celle d'incinérer leurs morts. La tribu n'a pas d'organisation comme telle ni de statut et le rôle de chef de bande échoit à l'individu qui démontre talents et exploits. La principale unité sociale est la famille nucléaire, qui travaille souvent en partenariat avec une famille étroitement reliée. On encourage le mariage entre cousins croisés. Au début, le jeune époux vit habituellement avec les parents de son épouse, puis établit sa propre résidence, et, la richesse le permettant, prend d'autres épouses. La polyandrie est également pratiquée.

Idéologie L'idéologie des Hans est similaire à celle des autres groupes athapaskans du Yukon. Le chamanisme est pratiqué à la fois par les hommes et les femmes qui prédisent les résultats de la chasse, guérissent les malades et détruisent les ennemis. Les activités artistiques consistent surtout à décorer les vêtements et les accessoires et à chanter.

Influence européenne L'influence européenne, principalement à partir de la côte de l'Alaska, n'atteint indirectement les Hans que vers la fin du XVIIIᵉ siècle. Après 1847, ils transigent directement avec les commerçants de la COMPAGNIE DE LA BAIE D'HUDSON à Fort Yukon. Les premiers colons blancs à s'établir sont des marchands américains de Fort Reliance et de Fort Eagle (1874-1880). Dès 1885, la concentration du commerce de la région passe de la TRAITE DES FOURRURES avec les autochtones à la desserte de la nouvelle industrie d'exploitation des placers. Désormais, les Hans peuvent se procurer une gamme relativement complète de quincaillerie, de vêtements et de denrées alimentaires aux postes de traite. La découverte de gisements d'or sur la rivière Fortymile à la fin de 1886 ouvre la région à la colonisation et, en moins de dix ans, le mode de vie des Hans est complètement bouleversé par la Ruée vers l'or du Klondike. Aujourd'hui, bon nombre de leurs descendants acculturés vivent dans leur pays d'origine à Dawson et à Eagle. (*Voir* aussi AUTOCHTONES: LA RÉGION SUB-ARCTIQUE et articles généraux sous la rubrique AUTOCHTONES.)

A. McFadyen Clark

Hansard Ce nom est une appellation non officielle du compte rendu des débats parlementaires et législatifs. Il vient de la famille Hansard, qui imprime les débats britanniques de 1812 à 1892. Les délibérations orales des deux Chambres du Parlement sont consignées dans le hansard dans les deux langues officielles, tant pour les besoins immédiats des législateurs qu'à titre d'archives historiques indispensables. Dans sa forme actuelle, le hansard remonte à 1880, date à laquelle un Service des comptes rendus des débats, qui a aujourd'hui son propre directeur, s'ajoute au personnel du Parlement. Auparavant, soit de 1875 à 1879, un compte rendu était transcrit, mais pas par du personnel régulier. Avant 1875, on préservait des collections de façon non systématique. Certaines étaient en fait des albums de coupures de journaux compilées à partir des comptes rendus des journaux de l'époque, qui relataient en détail les débats du Parlement. Plusieurs colonies ont tenu un hansard de façon intermittente avant la Confédération. La première a été la Nouvelle-Écosse, dans les années 1820.

Le hansard moderne est une entreprise efficace qui, pendant la session, produit en quelques heures une transcription des débats de la séance parlementaire de la veille. À une certaine époque, les copies imprimées étaient préparées à partir de comptes rendus sténographiques rédigés dans l'enceinte de la Chambre par des sténographes qui prenaient des notes pendant 10 minutes chacun et les dictaient ensuite à une autre personne. Aujourd'hui, les débats de la Chambre des communes sont enregistrés de façon numérique. Des transcripteurs-éditeurs écoutent ensuite les bandes audio numérisées et font la transcription-édition des délibérations sur des terminaux informatiques qui servent à produire le compte rendu des débats. La CHAMBRE DES COMMUNES a aussi un Service de télédiffusion qui garde tous les enregistrements audio et vidéo. Le hansard est pour beaucoup de gens un outil et une source d'information indispensables. En conséquence, son exactitude et sa production rapide sont essentielles à sa popularité. Il peut maintenant être consulté sur le réseau informatique du Parlement (PubNet) et sur Internet. Le hansard est publié par le Groupe Communication Canada et, en plus des parutions quotidiennes, est publié régulièrement sous forme de volumes reliés, qui comprennent de bons index et sont facilement accessibles dans les bibliothèques.

Norman Ward

Hansen, Rick, athlète en fauteuil roulant (Port Alberni, C.-B., 26 août 1957). Inspiré par l'exemple de son ami Terry FOX, Hansen quitte Vancouver le 21 mars 1985 pour parcourir, en fauteuil roulant, une distance équivalant à un voyage autour du monde. Afin d'accroître le soutien du grand public et de le sensibiliser aux possibilités des personnes handicapées physiquement, il parcourt 34 pays, dont les États-Unis, le Royaume-Uni, l'URSS, la Chine et l'Australie, avant de traverser le Canada pour arriver triomphalement à Vancouver, le 22 mai 1987. Son périple appelé *Man in Motion* lui permet de recueillir 20 millions de dollars au profit de la recherche sur la moelle épinière, des programmes de réadaptation et des sports en fauteuil roulant. Pendant son voyage de 792 jours, dont 467 passés directement sur la route, il use 117 pneus et 11 paires de gants.

Athlète de calibre international, il est nommé athlète de l'année en 1983, en même temps que Wayne Gretzky, et son histoire est racontée dans *Man in Motion* (1987). En 1987, il est nommé Compagnon de l'Ordre du Canada. Il agit à titre de commissaire général pour le pavillon du Canada à l'exposition universelle de 1990 en Australie. Il continue à promouvoir activement les intérêts des athlètes handicapés et siège à un certain nombre d'organismes gouvernementaux qui s'occupent des besoins des personnes handicapées physiquement.

J. Thomas West

Hantzsch, Bernhard Adolf, explorateur, ornithologue (mort près de l'embouchure de la rivière Hantzsch, T. N.-O., juin 1911). Hantzsch voyage avec une expédition ornithologique allemande vers l'Est de l'Arctique en 1906 et, au cours de l'été, il explore et collecte des spécimens sur la côte de la baie d'Ungava et du Nord du Labrador. De 1909 à 1911, il fait partie d'une expédition importante, financée par la Société géographique de Dresde. En route vers la baie Cumberland, son navire fait naufrage et il perd la majorité de son matériel. Il réussit à se rendre à la station baleinière de l'île Blacklead et ensuite à une autre station à Kekerten. Il traverse l'île de Baffin à pied, pour amasser des données ethnologiques et ornithologiques. En 1910, il voyage avec un groupe d'Inuits au bassin Foxe, où il continue son travail d'observation. Il meurt, probablement d'une trichinose, et est enterré par les Inuits, qui reviennent à la baie Cumberland avec ses notes.

W.R. Morrison

Harbour Grace, ville de T.-N.; pop. 3740 (rec. 1996), 3920 (rec. 1991), 3604 (rec. 1986); superf. 37,11 km²; const. en 1945. Cette ville, qui doit son nom au Havre-de-Grâce des Français, comprend un port spacieux dans l'ouest de la BAIE DE LA CONCEPTION. Base d'opération du pirate Peter EASTON de 1610 à 1613, elle voit arriver ses premiers colons vers 1618, peut-être d'anciens habitants de la colonie de CUPIDS. Jusqu'en 1923, sa population est la deuxième en importance de Terre-Neuve.

Sa prospérité découlant de la pêche à la MORUE et de la chasse au PHOQUE du Labrador, cette communauté anglo-irlandaise établit au XIXᵉ siècle l'une des premières écoles confessionnelles de Terre-Neuve (1843). À l'occasion des élections générales de 1859, elle est le théâtre de violentes émeutes confessionnelles et, en 1883, la violence y atteint une telle ampleur qu'elle fait cinq victimes. C'est à Harbour Grace que, en 1766, le mouvement méthodiste est introduit en Amérique du Nord britannique par le révérend Laurence COUGHLAN, disciple de John Wesley. C'est aussi à partir de là que s'effectuent, de 1919 à 1932, les premiers essais de vols transatlantiques et circumterrestres. En 1932, Amelia Earhart, partant de Harbour Grace, est la première femme à traverser l'Atlantique aux commandes d'un avion.

La ville est aujourd'hui un centre de services qui abrite plusieurs petites industries. Jusqu'à la mise en vigueur du moratoire sur la pêche à la morue au début des années 90, la transformation du poisson y est aussi une activité économique importante.

Janet E.M. Pitt et Robert D. Pitt

Harcourt, Michael Franklin, avocat et premier ministre de la Colombie-Britannique (Edmonton, 6 janv. 1943). Il étudie le droit à l'U. de la Colombie-Britannique, où il participe aux protestations des années 60 contre l'engagement des États-Unis dans la guerre du Viêt-nam. Il est le fondateur et le premier directeur (1969-1971) de la Vancouver Community Legal Assistance Society, qui est reconnue comme le premier bureau d'aide juridique au Canada, et conseille le ministre de la Justice John Turner sur la manière d'établir de tels services juridiques populaires dans tout le pays. Pendant les deux décennies suivantes, il est conseiller municipal (1972-1980), puis maire de Vancouver (1980-1986) et penche vers des opinions sociales-démocrates modérées. Politicien municipal populaire et efficace qui dit s'inspirer de Tommy Douglas, Harcourt réussit à faire le saut en politique provinciale en 1986, sous la bannière du Nouveau Parti démocratique, dont il est élu chef en 1987.

Au cours des années suivantes, l'opposition néo-démocrate assiste à l'autodestruction du gouvernement créditiste de William Vander Zalm dans la controverse et le scandale. Harcourt s'efforce de changer la perception répandue dans la province, selon laquelle un gouvernement néo-démocrate serait l'ennemi juré des milieux d'affaires et compromettrait la stabilité économique. Le NPD remporte une victoire éclatante en octobre 1991, obtenant 51 des 75 sièges à l'Assemblée législative.

Le gouvernement Harcourt semble à l'abri des scandales qui affligent le gouvernement néo-démocrate ontarien de Bob RAE, et la Colombie-Britannique demeure l'une des rares régions du pays qui enregistrent une croissance économique. Harcourt est en mesure de réaliser une grande partie de son programme législatif jusqu'à ce qu'éclate le scandale du Bingogate en 1994. Il n'y est personnellement impliqué en aucune façon, mais il est la cible de la colère du public, et les fortes pressions l'amènent à annoncer sa démission en novembre 1995.

Harding, Victor John, professeur de chimie pathologique (Angl., 23 oct. 1885—Toronto, 3 juill. 1934). En 1912, il obtient un doctorat en chimie au Owen's College, à Manchester (Angleterre). Dès 1910, il est associé à McGill et y devient professeur adjoint de chimie physiologique en 1917. En 1920, il quitte McGill pour un poste de professeur de chimie pathologique à l'U. de Toronto. Ses premières recherches portent sur les méthodes analytiques en chimie organique, en particulier sur les acides aminés et la chimie de la réaction mettant en jeu la ninhydrine. Il est surtout reconnu pour ses recherches sur le métabolisme glucidique pendant la grossesse et les toxémies gravidiques. Il forme de nombreux étudiants des cycles supérieurs, dont certains deviennent d'éminents biochimistes au Canada et aux États-Unis.

David B. Smith

Hardy, Arthur Sturgis, avocat et politicien, premier ministre de l'Ontario de 1896 à 1899 (Mount Pleasant, près de Brantford, Ont., 14 déc. 1837—Toronto, 13 juin 1901). Après une carrière prometteuse comme avocat et comme conseiller juridique de la ville de Brantford, Hardy est élu député provincial de Brant South sous la bannière libérale en 1873. Les projets de loi qu'il dépose en tant que secrétaire provincial, de 1877 à 1879, portent sur les questions sociales et sur l'administration de la justice. De 1889 à 1896, à titre de commissaire des terres de la Couronne, il présente d'importantes mesures législatives sur le bois d'œuvre et l'exploitation minière et est responsable de l'établissement du PARC PROVINCIAL ALGONQUIN. En juillet 1896, il devient premier ministre et procureur général, succédant à sir Oliver MOWAT. Après une élection remportée de justesse en 1898, Hardy démissionne pour raisons de santé en 1899.

Wendy Cameron

Hardy, Hagood, musicien populaire (Angola, Indiana, 26 févr. 1937—Hamilton, 1ᵉʳ janv. 1997). Hardy est une figure dominante de l'industrie du disque. Élevé à Oakville, en Ontario, il entame sa carrière comme vibraphoniste dans les boîtes de jazz de Toronto, fait des tournées avec des musiciens de jazz américains (1961-1967) dont Herbie Mann et George Shearing, puis se tourne vers la musique populaire. Il dirige *The Montage* jusqu'en 1974 et travaille ensuite dans des studios d'enregistrement de Toronto comme compositeur de musique pour refrains publicitaires, pour la radio, pour la télévision et pour beaucoup de films (*Second Wind, Rituals, Anatomy of a Seduction,* etc.).

Son refrain publicitaire pour le thé Salada, révisé et enregistré sous le titre *The Homecoming* (1975), est un succès international. Sa trame musicale de la série du réseau anglais de Radio-Canada *Anne of Green Gables* (1986) remporte des prix Emmy et Gémeaux. Outre ses enregistrements de jazz avec Mann et Shearing, il enregistre à son propre compte plus d'une dizaine d'albums de musique populaire instrumentale, dont *The Homecoming* (1975) et *Night Magic* (1985). Il interprète sa musique de film et ses refrains publicitaires en solo ou avec un petit ensemble instrumental dans des concerts pop partout au Canada. En 1990, il lance un orchestre de jazz hard-bop avec son disque compact *Morocco,* puis il joue dans des boîtes de nuit et des festivals. Hardy est nommé membre de l'Ordre du Canada en 1992.

Mark Miller

Hare, Frederick Kenneth, environnementaliste, professeur et administrateur (Wylye, Angl., 5 févr. 1919). Diplômé du King's College de l'U. de Londres et météorologiste pendant la guerre pour le ministère des Forces aériennes britanniques, Hare arrive au Canada en 1945 et devient professeur de géographie à McGill. Il prépare un doctorat à l'U. de Montréal sur la CLIMATOLOGIE et la BIOGÉOGRAPHIE de l'Arctique. Il occupe différents postes: celui de doyen de la Faculté des arts et sciences à McGill, principal du Birkbeck College à London (Ontario) et recteur de l'U. de la Colombie-Britannique. Professeur de géographie et de physique à l'U. de Toronto à partir de 1969, il est le premier directeur de l'Institut d'études environnementales de cette université de 1974 à 1979, puis doyen du Trinity College en 1979; finalement, en 1984, il est nommé professeur émérite (géographie) à l'U. de Toronto.

Travaux de recherche Ses premiers travaux de recherche portent essentiellement sur la climatologie et la biogéographie des hautes latitudes, le comportement de la stratosphère et les bilans hydriques et énergétiques de l'Amérique du Nord. À partir de 1969, son intérêt se porte sur le dioxyde de carbone atmosphérique, le CHANGEMENT DE CLIMAT, les sécheresses et les climats des zones arides. Longtemps militant dans les mouvements de protection et de conservation de l'environnement, le professeur Hare est membre de nombreux comités et commissions se rapportant, entre autres, aux pluies acides, à la désertification, aux métaux lourds, aux réacteurs nucléaires et à leurs déchets, à l'ozone atmosphérique, aux gaz à effet de serre et au changement climatique. Il siège comme président du Groupe d'étude canadien sur la gestion des déchets nucléaires et comme membre de la Commission d'étude sur la sécurité des centrales nucléaires de l'Ontario. Actuellement, il est président du Technical Advisory Panel on Nuclear Safety (Hydro Ontario) et membre du Comité consultatif de la recherche et du développement de l'Énergie atomique du Canada Limitée. Il a aussi effectué des études sur la gestion des déchets nucléaires en Suède et en France.

À la Société royale du Canada, il a été président des commissions d'études sur le transport à grande distance des polluants atmosphériques, le phénomène d'hiver nucléaire et le plomb dans l'environnement. En 1989, la Société royale nomme Hare président du Programme canadien de changement climatique à l'échelle planétaire. Il est l'ancien directeur de Resources for the Future, un groupe de recherches sur l'énergie basé à Washington, et il a agi à titre de premier président du Comité spécial de consultation sur l'environnement de la ville de Toronto. De 1979 à 1989, il est président du Conseil de planification climatologique canadien et, en 1986-1987, président de Sigma-Xi, une société de recherche scientifique.

Porte-parole En de nombreuses occasions, Hare est porte-parole sur l'effet de serre; il estime que le principal problème environnemental auquel sera confronté le Canada au cours du prochain siècle viendra du changement climatique causé par la consommation de combustibles fossiles. Il considère l'énergie nucléaire plus écologique que les générateurs qui brûlent des combustibles fossiles. Quant aux déchets radioactifs, Hare soutient que les connaissances et la technologie existent pour maîtriser tous les risques physiques associés à leur transport et à leur entreposage.

Il est l'auteur de près de 200 livres, rapports, articles et commentaires, dont *The Restless Atmosphere* (1953) et, en collaboration avec Morley K. Thomas, *Climate Canada* (1974 et 1979). En 1988, il est nommé chancelier de l'U. de Trent. Il est compagnon de l'Ordre du Canada et récipiendaire de l'Ordre de l'Ontario. Dans l'ensemble, ses nombreuses contributions lui ont valu onze doctorats honorifiques et d'innombrables autres distinctions, médailles et honneurs. À Genève, en juin 1989, il a reçu le prix de l'Organisation météorologique mondiale décerné par cet organisme des Nations Unies.

David Phillips

Harel, Louise, politicienne (Sainte-Thérèse-de-Blainville, Qc, 26 avr. 1946). Ministre importante des gouvernements péquistes, Louise Harel incarne la gauche du PARTI QUÉBÉCOIS (PQ). Diplômée en sociologie de l'U. de Montréal en 1968, elle s'engage deux ans plus tard comme permanente au secrétariat national du PQ. Puis, de 1971 à 1974, elle œuvre au service des coopératives du Conseil de développement social du Montréal métropolitain. De retour à l'université en 1977, elle étudie le droit et est admise au Barreau en 1979. Présidente de la région de Montréal-Centre du PQ (1974-1979), Louise Harel accède à la vice-présidence nationale du PQ (1979-1981) dans la période du premier référendum sur la souveraineté.

Elle gagne sa première élection en 1981 comme députée de la circonscription électorale de Maisonneuve. Nommée présidente de la Commission de l'économie et du travail en 1984, elle devient, peu après, adjointe parlementaire au ministre de la Justice. En 1985, elle est réélue députée de Maisonneuve, malgré la prise du pouvoir par les libéraux de Robert Bourassa.

De nouveau élue dans Hochelaga-Maisonneuve en 1989, elle préside la Commission de l'éducation et agit comme porte-parole de l'Opposition en matière de Main-d'œuvre, de Sécurité du revenu, de Justice, puis d'Industrie et Commerce, tout en prenant la responsabilité de la région de Montréal, au sein du caucus des députés du PQ. Enfin, elle préside le Groupe de travail du Parti québécois sur Montréal.

En 1994, avec l'entrée au pouvoir du PQ sous le leadership de Jacques Parizeau, Louise Harel devient ministre d'État à la Concertation et ministre de l'Emploi et, en 1995, s'ajoute le ministère de l'Immigration et des Communautés culturelles à son expérience. Lors de la formation du Conseil des ministres de Lucien Bouchard, en janvier 1996, elle accède aux postes de ministre de l'Emploi et de la Solidarité, de ministre de la Sécurité du revenu, de même que de ministre de la Condition féminine et de l'Action communautaire autonome. Le 6 mars 1998, elle est nommée ministre responsable de la région du Centre-du-Québec.

Élue pour une cinquième fois en 1998, on lui confie, comme ministre d'État aux Affaires municipales et à la Métropole, la délicate tâche de mener la réforme des municipalités, tout en étant ministre responsable des Aînés. Elle préside le Comité ministériel sur la Métropole et celui des Affaires régionales et territoriales. Au cours de l'an 2000, Louise Harel pilote donc le dossier des fusions municipales, notamment sur l'île de Montréal et dans la région de Québec. Elle fait aussi adopter la Loi sur les commissions municipales métropolitaines.

Jean Chartier

Hareng Nom commun donné à des poissons de la famille largement répandue des clupéidés. Le véritable hareng (*Clupea harengus*) est un poisson à rayons mous, relativement petit, maigre, à corps élancé comprimé latéralement et de couleur argent tirant vers le bleuâtre ou le vert bleuté sur le dos. C'est un des poissons les plus abondants au monde et il est largement réparti dans les eaux tempérées et subarctiques de l'hémisphère Nord. Il est le seul représentant de son genre dans les eaux canadiennes. Les adultes se déplacent en immenses bancs qui ont souvent plusieurs kilomètres de longueur et migrent chaque année vers leurs sites de reproduction en eau peu profonde. Les harengs se nourrissent de ZOOPLANCTON de grande taille qui foisonne sur la bordure du plateau continental et ils constituent eux-mêmes la nourriture principale d'oiseaux et de gros

poissons tels que la MORUE, le SAUMON, le THON et les POISSONS PLATS.

Les harengs abondent sur les côtes du Pacifique et de l'Atlantique, et on les rencontre occasionnellement dans l'Arctique. Plusieurs caractéristiques distinguent la sous-espèce du Pacifique (*C. h. pallasi*) de celle de l'Atlantique (*C. h. harengus*). Le hareng du Pacifique fraie au printemps directement sur la végétation des eaux intertidales et infralittorales. Il arrive généralement à maturité à l'âge de 3 ans et vit rarement plus de 8 ans. Sa longueur maximale moyenne est d'environ 26 cm. Le hareng atlantique fraie au printemps ou à l'automne, habituellement sur un fond de gravier. Il devient adulte à l'âge de 4 ou 5 ans, vit 18 ans ou plus et peut atteindre une longueur de 35 cm ou plus.

Importance des pêches Il existe d'importantes PÊCHES commerciales de hareng sur les côtes atlantique et pacifique. Les deux sous-espèces subissent d'importantes fluctuations d'abondance liées au taux de survie très variable de la progéniture. Avant le milieu des années 1900, les prises étaient limitées par les marchés ou par les capacités de la flottille de pêche. La croissance d'un marché mondial presque illimité pour la chair et l'huile de hareng ajoutée aux progrès majeurs accomplis dans les technologies entraînent la surpêche des stocks du Pacifique entre 1956 et 1966, période où les prises annuelles dépassent généralement 200 000 t, et la surpêche des stocks de l'Atlantique entre 1968 et 1971, où les prises canadiennes atteignent 400 000 t annuellement. Depuis, les pêches sont strictement réglementées des deux côtés du Canada.

Vers la fin des années 70, les pêcheurs du Pacifique capturent environ 50 000 t de poissons par année, principalement avec des seines coulissantes et des filets maillants. Les prises diminuent ensuite pour atteindre une moyenne de 33 000 t au début des années 80 et augmentent légèrement au début de la décennie suivante pour atteindre presque 40 000 t. La valeur des prises est cependant plus élevée que dans le passé à cause de l'augmentation, sur le marché japonais, du prix de base des œufs de qualité, qui représentent la majorité des prises. Les prises dans l'Atlantique atteignent une moyenne de 235 000 t à la fin des années 70. Les harengs sont alors surtout capturés avec des seines coulissantes et des chaluts pélagiques et vendus à des industriels européens pour la transformation. Les stocks diminuent également sur la côte est au début des années 80 où les prises atteignent en moyenne 189 700 t. Au début de la décennie suivante les prises augmentent à 217 000 t. La pêche à fascine traditionnelle est actuellement utilisée au Nouveau-Brunswick pour capturer de jeunes harengs que l'on met en conserve sous le nom de SARDINES.

Répartition et habitat On trouve sept autres membres de la famille des clupéidés dans les eaux canadiennes. La shadine (*Etrumeus sardina*), l'alose tyran (*Brevoortia tyrannus*) et la sardine du Pacifique (*Sardinops sagax*) fraient dans l'océan et abondent dans les eaux du sud des États-Unis. Ils sont maintenant rares et n'ont pas de valeur commerciale au Canada. Toutefois, il y a eu une pêche importante de sardine du Pacifique en Colombie-Britannique pendant une période de forte abondance de cette espèce, entre le milieu des années 20 et les années 40.

Le gaspareau (*Alosa pseudoharengus*), l'alose savoureuse (*A. sapidissima*) et l'alose d'été (*A. aestivalis*) sont anadromes (c.-à-d. qu'ils vivent dans la mer et fraient en eau douce) sur la côte atlantique. Ces espèces sont également plus abondantes dans le Sud, mais le gaspareau et l'alose savoureuse sont assez communs dans les eaux côtières canadiennes où on les pêche commercialement. L'alose savoureuse, introduite sur la côte pacifique en 1871, se rencontre désormais dans le FLEUVE FRASER et dans le bras de mer Rivers. Une population enclavée (cycle vital complet en eau douce) de gaspareaux abonde dans les GRANDS LACS, et plusieurs des

noms vernaculaires anglais qui lui sont attribués dans cette région incluent le mot «herring» (hareng). Une autre espèce que l'on rencontre dans le bassin des Grands Lacs est l'alose à gésier (*Dorosoma cepedianum*). Au moins quatre autres espèces de poissons d'eau douce (deux ciscos et deux laquaiches) ont aussi des noms vernaculaires anglais contenant le mot «herring».

A.S. Hourston

Haricot vert On dénombre au moins six groupes de haricot vert (*Phaseolus vulgaris*) et chaque groupe compte beaucoup de variétés commerciales. Parmi les plus répandues, citons le haricot mange-tout (vert ou ciré) et le haricot réniforme. Le fruit est une gousse arrondie ou aplatie, courbée ou droite. Les chercheurs ont réussi à développer une gousse tendre, ronde, charnue, sans filament avec un minimum de fibres dans les parois. On connaît deux types de haricot vert: le type buissonnant à croissance rapide et le type effilé à croissance lente. Le type buissonnant est court, se tient seul, est non grimpant et n'a donc pas besoin de support, tandis que le type effilé, à croissance indéterminée, doit être soutenu par une ficelle ou par un tuteur.

Le haricot vert a des racines peu profondes et nécessite un sol avec une humidité adéquate. Les gousses du type buissonnant arrivent à maturité de façon périodique, d'où la nécessité de planter ces haricots à des intervalles de 14 jours afin d'obtenir une production continue; dans des conditions de croissance idéales, la récolte survient de 45 à 65 jours après le semis. Dans le cas des gousses du type effilé, elles atteignent leur maturité de 55 à 75 jours après le semis et une seule plantation donnera une production continue.

Le haricot vert (particulièrement le buissonnant) croît bien dans les régions tempérées du Canada. La production commerciale se trouve principalement au Québec, en Ontario et en Colombie-Britannique. On rapporte couramment des rendements de 4 à 6 t/ha pour le type buissonnant et des chiffres plus élevés encore pour le type effilé. La valeur de la production annuelle de haricot vert au Canada dépasse les 8 à 10 millions de dollars; les importations (en majeure partie du sud des États-Unis) sont à peu près équivalentes.

I.L. Nonnecke

Harkness, Douglas Scott, enseignant, agriculteur et politicien (Toronto, 29 mars 1903). Instituteur, agriculteur et héros de guerre, Harkness est élu pour la première fois député de Calgary-Est à la Chambre des communes en 1945; il représentera par la suite Calgary-Nord et Calgary-Centre. Critique conservateur en ce qui concerne le Nord canadien et les ressources naturelles de 1945 à 1957, il devient ministre de l'Agriculture en 1957 et s'intéresse particulièrement à l'assurance-récolte et au rajustement des dettes. Nommé ministre de la Défense en octobre 1960, Harkness recommande que le Canada se dote d'armements nucléaires et entre bientôt en conflit avec John DIEFENBAKER. Cette question entraîne sa démission du Cabinet en février 1963, mais il continue de siéger à la Chambre jusqu'en 1972.

Patricia Williams

Harlequin Enterprises La plus grande maison d'édition de romans d'amour au monde, Harlequin Enterprises, est fondée à Winnipeg par Richard H.G. Bonnycastle. Elle publie d'abord, entre autres, des romans westerns et à suspense ainsi que des livres de recettes. À partir de 1964, toutefois, elle se consacre à la publication de romans d'amour, car ils remportent le plus de succès. Elle devient une société ouverte en 1968, qui déménage son siège social à Toronto en 1969. En 1975, elle est acquise par TORSTAR. En septembre 1984, Harlequin acquiert Silhouette, une importante maison d'édition américaine de romans d'amour auparavant détenue par Simon & Schuster. Les ventes, qui se chiffraient à 19 millions de dollars en 1970, grimpent à plus de 200 millions de dollars vers le milieu des années 80. Harlequin publie dans plus de 100 pays et plus de 20 langues.

Harnoy, Ofra, violoncelliste (Hadera, Israël, 31 janv. 1965). Une technique prodigieuse, un grand instinct musical et une grande sensibilité expressive ajoutés à son charme font de Harnoy l'une des jeunes artistes les plus captivantes du monde musical. Enfant, elle étudie le violoncelle avec son père avant d'émigrer au Canada en 1972, puis poursuit ses études principalement avec William Pleeth à Londres et Vladimir Orloff à Toronto. Depuis ses débuts comme soliste professionnelle avec le Boyd Neel Orchestra à l'âge de 10 ans, elle donne des récitals, joue avec des orchestres et interprète la radio et à la télévision dans le monde entier. S'engageant à dissoudre les barrières entre les musiques classique et populaire, Harnoy enregistre des arrangements de chansons des Beatles et d'autres compositeurs. Ses enregistrements solo et ses interprétations sensibles de musique de chambre complètent l'image d'une artiste accomplie, polyvalente et d'une maturité exceptionnelle. Harnoy a reçu plusieurs prix Juno.

Barclay McMillan

Harper, Elijah, politicien (Red Sucker Lake, Man.). Harper est des plus connus pour le rôle qu'il a joué dans l'échec de l'ACCORD DU LAC MEECH. Après avoir terminé ses études à l'U. du Manitoba, Harper travaille comme agent de développement communautaire et comme chercheur à la Manitoba Indian Brotherhood (Fraternité des Indiens du Manitoba). Il devient plus tard analyste des programmes au ministère des Affaires du Nord, jusqu'à son élection comme chef de la bande indienne de Red Sucker Lake (aujourd'hui la Première nation de Red Sucker Lake) en 1978.

Harper entre sur la scène politique provinciale en 1981 lorsqu'il est élu député provincial de Rupertsland, devenant membre du Cabinet en 1986 en tant que ministre sans portefeuille responsable des Affaires autochtones. En 1987, il devient ministre des Affaires du Nord du Manitoba.

En 1990, Harper atteint la notoriété nationale en s'opposant à l'Accord du lac Meech. Il se lance dans des manœuvres d'obstruction à l'Assemblée législative du Manitoba, lesquelles risquent de reporter le vote au-delà de l'échéance prévue dans l'Accord. Clyde WELLS, en réaction à l'initiative de Harper, refuse de procéder à un vote à Terre-Neuve, faisant valoir que la situation au Manitoba rend le vote inutile. En conséquence, l'échéance prévue pour l'enchâssement est dépassée et l'Accord avorte (*voir* HISTOIRE CONSTITUTIONNELLE).

Harper fait ses premiers pas en politique fédérale en avril 1993 lorsqu'il est nommé candidat libéral pour la circonscription de Churchill. Après avoir siégé à Ottawa de 1993 à 1997, il devient commissaire aux revendications indiennes.

Harper, J. Russell, historien de l'art (Caledonia, Ont., 13 avril 1914—Cornwall, Ont., 17 nov. 1983). Harper fait ses études au Collège des beaux-arts de l'Ontario (1938-1940), sert dans l'Aviation royale du Canada à titre de mécanicien en radiodétection au Canada et en Angleterre (1941-1945), sans jamais cesser de visiter des musées et des galeries d'art, puis obtient un baccalauréat ès arts (1948) et une maîtrise ès arts (1950) en art et en archéologie à l'U. de Toronto. Durant les années 50, il travaille au Musée royal de l'Ontario et au Musée du Nouveau-Brunswick et participe aussi à des travaux archéologiques et à des recherches sur l'histoire sociale de l'Ontario et du Nouveau-Brunswick. En 1959, Harper prépare un rapport sur la possibilité de restaurer la forteresse de Louisbourg pour le ministère des Affaires indiennes et du Nord canadien. Il est nommé conservateur de la section d'art canadien à la Galerie nationale du Canada (1959-1963), conservateur en chef du Musée McCord de l'U. McGill (1965-1968), professeur d'histoire de l'art à l'U. Concordia (1965-1979) et membre du conseil consultatif pour le *Journal of Canadian Art History* (1974-1983). Harper

reçoit entre autres distinctions un doctorat en littérature de l'U. de Guelph (1972), les titres de Membre de la Société royale du Canada et d'Officier de l'Ordre du Canada (1974), ainsi qu'un doctorat en beaux-arts du Nova Scotia College of Art and Design (1982).

Pionnier de l'histoire de l'art au Canada, il insiste constamment sur l'importance de connaître de façon précise et détaillée les artistes, leurs œuvres et leur bagage culturel afin de comprendre pleinement les traditions canadiennes. *Historical Directory of New Brunswick Newspapers and Periodicals* (1961) et *Early Painters and Engravers in Canada* (1970) sont des ouvrages de référence essentiels. *Printing in Canada: A History* (1966), dont une édition révisée paraît en 1977, est la première étude détaillée dans ce domaine et le premier livre d'art important entièrement réalisé au Canada. Sa prédilection pour la recherche et sa sensibilité face à l'expression artistique s'allient dans *Paul Kane's Frontier* (1971), qui analyse la biographie et les écrits de Kane en rapport avec les croquis et les peintures qui documentent ses voyages. Ces qualités font aussi de *Krieghoff* (1979) un ouvrage incontournable.

À la fin de sa vie, Harper a deux grands centres d'intérêt: la création du premier programme canadien d'études avancées en histoire de l'art, qui l'amène à produire un journal périodique de recherche, et l'étude de l'ART POPULAIRE au Canada, qui donnera lieu, en 1973, à une exposition itinérante déterminante pour la Galerie nationale et à un livre, *A People's Art* (1973, trad. *L'art populaire*, 1973).

Francess G. Halpenny

Harper, William Edmund, astronome (Dobbinton, Ont., 20 mars 1878—Victoria, 4 juin 1940). Après avoir obtenu son diplôme de l'U. de Toronto en 1906, Harper joint les rangs de l'Observatoire fédéral à Ottawa. Plus tard, il dirige une recherche nationale pour le choix d'un site lorsqu'on propose d'établir un nouvel observatoire. En 1918, il est transféré au nouveau site, l'Observatoire fédéral d'astrophysique à Victoria, dont il devient le deuxième directeur en 1936. Son domaine d'étude est la mesure des distances et des mouvements des étoiles, en particulier l'étude des binaires spectroscopiques. La rumeur veut qu'il ait calculé un plus grand nombre d'orbites pour ces systèmes que n'importe qui d'autre; son travail est tel que c'est probablement vrai, du moins jusqu'à l'invention du calcul électronique. Il est un vulgarisateur dynamique dans le domaine de l'astronomie et l'U. de Toronto lui décerne un doctorat honorifique en 1935.

A.H. Batten

Harrington, Gordon Sidney, avocat, politicien, premier ministre de la Nouvelle-Écosse (Halifax, 7 août 1883—*id.*, 4 juill. 1943). Il fait ses études à l'U. Dalhousie (LL.B., 1904), puis pratique le droit à Glace Bay. Après avoir servi dans le Corps expéditionnaire canadien (1915-1920), il est élu député provincial de Cape Breton Centre (1925-1933), puis de Cape Breton South (1933-1937). L'appui qu'il reçoit des mineurs contribue à la victoire des conservateurs en 1925 et mène à sa nomination à titre de ministre du Travail au sein du gouvernement d'E.N. RHODES. En 1930, il succède à Rhodes à titre de premier ministre. Orateur éloquent, mais parfois caustique, et administrateur habile, Harrington adopte les politiques orthodoxes du jour dans une lutte politique désespérée pour composer avec la Crise des années 30. Les tentatives de manipulation des listes électorales lors de la défaite de 1933 viennent ternir le bilan d'un gouvernement compétent.

Ernest R. Forbes

Harrington, Rex Howard, danseur de ballet (Peterborough, Ont., 30 oct. 1962). Premier danseur du BALLET NATIONAL DU CANADA et artiste invité dans le monde entier, Harrington est reconnu comme l'un des plus grands danseurs de ballet canadiens de sa génération. Son élégance, sa beauté et ses qualités exceptionnelles de partenaire font de lui un choix

évident pour tous les rôles de prince du répertoire classique. Il est aussi capable d'interpréter des chorégraphies contemporaines et a créé des rôles dans beaucoup d'œuvres nouvelles. Après des études à l'ÉCOLE NATIONALE DE BALLET de 1977 à 1983, il entre au Ballet national du Canada en 1983. Promu second soliste en 1985 et premier soliste en 1987, il devient premier danseur en 1988. Harrington continue d'accepter des rôles à l'étranger et danse souvent avec Evelyn HART.

Michael Crabb

Harrington, Richard, photo-journaliste (Hambourg, Allemagne, 24 févr. 1911). Richard Harrington commence à travailler dans le domaine de la photographie en 1940. Technicien en radiologie à Toronto, on lui demande alors de monter des diapositives pour les médecins. Quelques années plus tard, il devient photo-journaliste indépendant à plein temps. Il travaille souvent en collaboration avec sa femme Lyn, écrivaine. Il voyage beaucoup, de l'Arctique à l'Antarctique et de l'Albanie au Zaïre. Il manifeste un grand intérêt pour les peuples autochtones. Ses photos les plus connues et les plus émouvantes sont probablement celles qu'il réalise en Arctique, à la fin des années 40. Elles décrivent la lutte pour la survie d'une bande d'Inuits nomades après que les caribous eurent modifié la trajectoire de leur migration annuelle pour les contourner. Harrington publie plus de 2400 reportages photographiques, et son œuvre figure dans plus de 24 ouvrages dont *The family of Man* (1955), *The Inuit: Life as it was* (1981), *Richard Harrington's Yukon* (1974) et *River Rafting in Canada* (1984). Les Archives nationales du Canada, la Smithsonian Institution et le Museum of Modern Art de New York font l'acquisition de ses photographies.

Louise Abbott

Harris, Alanson, industriel (près d'Ingersoll, Haut-Canada, 1er avril 1816—Brantford, Ont., 3 oct. 1894). Exploitant de scierie dans le comté de Brant, Harris achète une fonderie à Beamsville en 1857 et commence à fabriquer de la machinerie agricole. Son entreprise prospère grâce à des pratiques de mise en marché dynamiques et à une technologie perfectionnée obtenue par l'acquisition de droits canadiens sur des brevets américains et, plus tard, grâce au développement de ses propres modèles de machinerie. En 1872, il déménage à Brantford et, en 1879, il commence à commercialiser ses produits dans l'Ouest canadien. Son entreprise, A. Harris, Son and Co. Ltd., fusionne en 1891 avec son concurrent principal, Massey Manufacturing Co., pour former Massey-Harris Co. Ltd. (plus tard MASSEY-FERGUSON LIMITED, maintenant Varity Corp.), qui est le plus important fabricant de machinerie agricole du Canada.

Joseph Lindsey

Harris, Carrol Wayne, joueur de football (Hampton, Ark., 4 mai 1938). Selon plusieurs observateurs, Harris est le meilleur secondeur intérieur de ligne de tous les temps au sein de la Ligue canadienne de football. Pilier de la défensive des STAMPEDERS DE CALGARY, il remporte à quatre reprises le TROPHÉE SCHENLEY (1965, 1966, 1970, 1971), un sommet pour un joueur défensif. Il est sélectionné 11 fois au sein de l'équipe d'étoiles de la division de l'Ouest et neuf fois dans l'équipe d'étoiles de la Ligue canadienne. Il mène son équipe à trois finales de la COUPE GREY, qu'elle remporte finalement en 1971, à l'issue d'un match où Harris est nommé joueur par excellence. Une grave blessure au cou met brusquement fin à sa carrière au milieu de la saison 1972.

Peter Wons

Harris, Lawren Stewart, peintre (Brantford, Ont., 23 oct. 1885—Vancouver, C.-B., 29 janv. 1970). Harris joue un rôle fondamental dans la création du GROUPE DES SEPT, et est le premier président du Canadian Group of Painters. Il est aussi celui qui a incité Jock MACDONALD et d'autres peintres torontois à faire de la peinture abstraite. Harris exerce une profonde influence sur trois générations d'artistes canadiens. Son père, Thomas Morgan Harris, est secrétaire de la A. Harris, Son and Co. Ltd., une compagnie manufacturière de machines agricoles qui fusionne avec Massey pour former la Massey-Harris Co. Ltd. en 1891: Lawren Harris est donc un homme riche. Après avoir étudié au St. Andrews College de Toronto, Harris entre à l'U. de Toronto, où son professeur de mathématiques l'incite à aller étudier l'art à Berlin. Après quatre ans d'études (1904-1908), il revient au Canada. En 1908, il va peindre en extérieur dans les Laurentides. En 1909, il peint à Haliburton avec J.W. Beatty et, à l'automne de la même année, il va au lac Memphrémagog, au Québec. À la même époque, il dessine et peint des maisons du centre-ville de Toronto. Durant l'hiver 1911-1912, il fait des esquisses avec J.E.H. MACDONALD et se lie d'amitié avec Tom THOMSON. En 1913, Harris et MacDonald visitent une exposition d'art contemporain scandinave à l'Albright Art Gallery (aujourd'hui Albright-Knox), à Buffalo, et en ressortent très inspirés.

Au début des années 20, quand se forme le Groupe des Sept, Harris devient un merveilleux peintre paysagiste, capable de transformer les formes puissantes de la nature en œuvres intenses et élégantes telles que *Maligne Lake* (1924) et *Above Lake Superior* (v. 1924). Dans ces deux tableaux, et dans d'autres œuvres, il réduit à l'essentiel la forme des montagnes, du littoral, des arbres, des lacs et des nuages, toujours parallèle au plan picturial, afin de produire un effet d'austérité et de solennité. Il passe cinq automnes consécutifs à peindre à Algoma et au lac Supérieur (1917-1922), puis se rend dans les Rocheuses à partir de 1924 et dans l'Arctique en 1930. Alors qu'il est artiste résident au Dartmouth College, dans le New Hampshire, ses dessins s'orientent progressivement vers l'art non-figuratif. À Santa Fe, au Nouveau-Mexique, Harris travaille avec Emil Bisttram, chef du Transcendental Group of Painters, qu'il aide à fonder en 1939. Dans les œuvres qu'il produit à Vancouver (1940-1970), il s'inspire des rythmes de la nature pour continuer à explorer l'art abstrait. Les croyances théosophiques d'Harris sont intimement liées à son évolution en tant qu'artiste non-figuratif. Dans ses tableaux abstraits, dont un grand nombre empruntent leurs formes aux paysages, p. ex., *Abstract Painting No 20,* il cherche à illustrer une conception harmonieuse et apaisante de l'univers et essaie de rendre visible le sublime. Son œuvre a été critiquée pour sa froideur, mais, en fait, elle reflète la profondeur de son engagement spirituel. Sa vision du monde le rend unique parmi les peintres canadiens, même si sa philosophie l'éloigne de la spontanéité dans la création artistique, essentielle pour les peintres abstraits qui viendront après lui. Néanmoins, ses paysages comme *Lake and Mountains* (1927-1928) et quelques-uns de ses tableaux abstraits sont devenus des symboles de l'art canadien.

De son vivant, Harris fait l'objet de deux rétrospectives, en 1948 et en 1963. En 1978, le Musée des beaux-arts de l'Ontario présente l'exposition Urban Scenes and Wilderness Landscapes, 1906-1930. En 1982-1983, une exposition itinérante de ses dessins circule partout au Canada. La majorité de ses œuvres se trouvent au Musée des beaux-arts du Canada, au Musée des beaux-arts de l'Ontario et dans la COLLECTION MCMICHAEL D'ART CANADIEN, à Kleinburg, en Ontario. En novembre 1987, une esquisse pour *Montains in Snow: Rocky Mountain Paintings, No VII,* datant de 1929, est vendue 150 000 $, ce qui constitue un prix record pour une esquisse d'un peintre canadien.

Joan Murray

Harris, Michael Deane, politicien et premier ministre de l'Ontario (Toronto, 23 janv. 1945). Un an après sa naissance, sa famille s'établit dans la région du lac Nipissing (Ontario), où son père achète et exploite un centre de ski. Pendant sa jeunesse, Harris est moniteur de ski et dirige un terrain de golf local, dont il est aussi le professionnel. Il étudie au Teachers' College de North Bay. Après avoir obtenu son diplôme, il y enseigne aux classes supérieures de l'élémentaire. Il commence à s'intéresser au monde politique de l'éducation et est élu membre du conseil scolaire de Nipissing en 1975, poste qu'il conservera pendant sept ans, dont quatre en tant que président.

Candidat conservateur aux élections générales provinciales de 1981, Harris défait facilement le député libéral de Nipissing. Il devient brièvement ministre des Richesses naturelles et ministre de l'Énergie en 1985, mais les conservateurs subissent la même année une défaite inattendue aux mains des libéraux de David Peterson. Dans l'opposition, Harris est nommé leader parlementaire et critique du revenu, du travail, du logement, des finances et du développement du Nord. Ses conservateurs sont fort peu efficaces à l'Assemblée législative, et leur cote de popularité est beaucoup plus faible que celle des libéraux. Même lorsque les néo-démocrates sont au pouvoir, sous la direction de Bob Rae, les conservateurs sont moins populaires.

Harris est élu chef des conservateurs provinciaux le 12 mai 1990 et mène sa première campagne électorale la même année, en prenant pour thèmes la compression des dépenses et la réduction de l'appareil gouvernemental. Les conservateurs remportent des sièges, mais ils restent le troisième parti à l'Assemblée législative. Pendant la période préélectorale de 1995, Harris dévoile son plan appelé la «révolution du bon sens», qui insiste sur la réduction des impôts et de l'appareil gouvernemental, la réforme de l'éducation, de la santé et du bien-être social, tout en favorisant la création d'emplois et l'équilibre budgétaire sur une période de quatre années. Au début de la campagne, il se trouve loin derrière les libéraux, mais ceux-ci cafouillent, et Harris remporte une étonnante victoire, obtenant 82 sièges sur 130.

Harris est assermenté le 26 juin 1995 en tant que premier ministre de l'Ontario et met tout de suite en œuvre son programme conservateur. Il réduit de 30 p. 100 l'impôt sur le revenu pendant une période de trois ans, ferme des hôpitaux, transfère aux administrations locales les responsabilités relatives au bien-être social, réduit les dépenses de l'éducation, abroge les lois du travail et entreprend un programme de fusions municipales en constituant de force l'immense agglomération urbaine de Toronto. Sous la direction de Harris, l'Ontario délaisse son rôle traditionnel d'unificateur national, et les relations avec Ottawa sont des plus mauvaises. Ces politiques, assorties de critiques acerbes de Harris à l'endroit de ses adversaires, suscitent une forte opposition, surtout pendant la grève des enseignants à l'automne de 1997. Cette grève est la plus grande de l'histoire du pays. Au début de 1998, Harris se prépare à de nouvelles élections et remporte un deuxième mandat..

Norman Hillmer

Harris, Robert, artiste (Vale of Conway, pays de Galles, 18 sept. 1849—Montréal, 27 févr. 1919). Harris est surtout connu pour son tableau *The Fathers of Confederation,* brûlé dans l'incendie qui a détruit les édifices du Parlement, à Ottawa, en 1916. Harris et son frère William Critchlow Harris sont encore enfants quand ils immigrent à l'Île-du-Prince-Édouard, avec leur famille, en 1856. Harris étudie à Boston, à Paris et à Rome et voyage partout en Europe, au Canada et aux États-Unis. Il réalise des illustrations pour des publications de Boston, d'Halifax, de Montréal et de Toronto. En 1880, Gordon Brown, du *Globe,* le charge d'aller à Lucan pour croquer les prisonniers accusés du meurtre des DONNELLYS. Brillant portraitiste, Harris fait le portrait de plus de 200 personnalités de l'époque, parmi lesquelles sir John A. MACDONALD, George Monro Grant et Lord ABERDEEN. Il passe une grande partie de sa vie à Montréal et enseigne à la Société des Arts de Montréal. Il est membre fondateur de l'Académie royale des arts du Canada (ARC) en 1880, puis du Pen and Pencil Club en 1890. Élu président de l'ARC en 1893, il s'occupe pendant 13 ans de promouvoir les jeunes artistes canadiens en s'assurant qu'ils sont représentés dans toutes les expositions importantes de l'époque. Deux de ses tableaux les plus populaires, *A Meeting of the School Trustees* et *Harmony,* se trouvent au Musée des beaux-arts du Canada. En 1928, sa veuve fonde la Robert Harris Memorial Gallery and Library à Charlottetown (Île-du-Prince-Édouard). En 1964, l'édifice est remplacé par le Centre de la Confédération, dont le musée abrite une importante collection d'œuvres d'Harris.

Moncrieff Williamson

Harris, Walter Edgar, chimiste analyste et professeur (Wetaskiwin, Alb., 9 juin 1915). Chef de file reconnu dans le développement de l'enseignement et de la recherche en chimie analytique au Canada, Harris étudie la chimie aux universités de l'Alberta et du Minnesota. En 1946, il entre au département de chimie de l'U. de l'Alberta, où il enseigne et poursuit des recherches sur la polarographie, la chromatographie en phase gazeuse et les théories de séparation chimique. Il y crée une division de chimie analytique très dynamique. Consultant pour l'enseignement de la chimie analytique auprès d'universités de toute l'Amérique du Nord, il est aussi conseiller du gouvernement en matière d'élimination des déchets dangereux. Il publie de nombreux livres, notamment *Programmed Temperature Gas Chromatography,* avec H. W. Habgood (1966), *Chemical Analysis,* avec H. A. Leitinen (1975), *Chemical Separations and Measurements,* avec B. Kratochvil (1974) et *An Introduction to Chemical Analysis* (1981). En 1986, il reçoit un doctorat honorifique ès sciences de l'U. de Waterloo.

W.F. Allen

Harrison, Edward, dit «Ted», artiste, auteur de livres pour enfants et illustrateur (Wingate, comté de Durham, Angl., 28 août 1926). Harrison est le plus connu des peintres du Yukon et ses peintures tout comme ses histoires pour enfants et ses illustrations (*The Last Horizon,* 1980; *The Cremation of Sam McGee,* 1986) lui valent une reconnaissance internationale. Il fait des études d'art au Hartlepool College of Art, en Angleterre, et décroche par la suite un diplôme d'enseignement des arts. À l'époque où il enseigne à Carcross, au Yukon, à la fin de 1968, ses œuvres subissent une transformation spectaculaire. Il simplifie ses formes, presque à la manière des enfants, et introduit des rythmes et des couleurs luxuriantes. Ses peintures les plus caractéristiques représentent des gens sans visage, accompagnés d'un chien bizarre ou d'un corbeau, se tenant debout devant des maisons affaissées. La toile de fond se compose toujours de lacs colorés, de cieux limpides et de montagnes qui semblent se fondre les unes dans les autres. Harrison est le premier artiste-illustrateur canadien à exposer à la Foire internationale du livre pour enfants de Bologne, en Italie, et à l'Otani Memorial Museum of Art à Nishinomiya, au Japon. Il est nommé Membre de l'Ordre du Canada en 1987.

Edward Struzik

Harron, Donald, acteur, écrivain et communicateur (Toronto, 19 sept. 1924). Tout en poursuivant ses études à l'U. de Toronto, il joue au réseau anglais de la Société Radio-Canada et à la New Play Society. Il tient des rôles importants au FESTIVAL DE STRATFORD au début des années 50, puis, pendant plus de 10 ans, interprète divers personnages au théâtre, à la télé et au cinéma, en Angleterre, à New York et à Los Angeles. À la radio canadienne et à la télé américaine, il est Charlie Farquharson, ce fermier mal fagoté et spécialiste des impropriétés de langage de *Parry Sound*, et la matrone torontoise Valerie Rosedale. On lui doit aussi les livres à succès *History of Canada* et *Jogfree of Canada* dans lesquels il se moque allègrement de la société et de la politique, tout en divertissant. Il est l'auteur du livret d'*Anne of Green Gables*, la comédie musicale ayant tenu l'affiche le plus longtemps au Canada et dont on a célébré le 33^e^

anniversaire de représentation estivale continue à l'été 1997, à Charlottetown. De 1977 à 1982, il anime l'émission matinale de la radio anglaise de Radio-Canada, «Morningside», et, en 1983 à 1985, il anime «Don Harron Show» au réseau CTV.

Animateur chaleureux, intelligent et attentif, il sait manier la langue avec beaucoup d'esprit. En 1984, il publie *Debunk's Illustrated Guide to the Canadian Establishment,* et, en 1987, *Cum Buy the Farm.* En 1991, il publie *Farquharson Unyverse,* suivi, en 1994, de *Charlie's A Broad.*

Parmi les distinctions honorifiques reçues, il est nommé Officier de l'Ordre du Canada en 1980 et obtient, en 1981, un doctorat en droit de l'U. Mount Allison, ainsi qu'un doctorat en écritures saintes (D. Litt.) du Victoria College de l'U. de Toronto. Il continue de donner des conférences partout en Amérique du Nord avec son humour bien apprécié et ses causeries satiriques.

Allan M. Gould

Hart, Corey Mitchell, chanteur, chansonnier (Montréal, 31 mai 1961). Hart devient célèbre du jour au lendemain avec le lancement, en 1983, du succès international «Sunglasses at Night». Sa chanson «Never Surrender» remporte le prix Juno, en 1985, pour l'enregistrement simple de l'année. Toujours en 1985, son album *Boy in the Box,* lancé sous l'étiquette Aquarius, se vend à un million d'exemplaires en sept mois, phénomène jamais vu dans l'histoire du disque au Canada. À 24 ans, il a déjà vendu plus de 10 millions de disques partout dans le monde. En 1986, il lance son troisième album, *Fields of Fire,* qui comprend des chansons telles que «Can't Help Falling in Love», «Angry Young Man» et «I Am by Your Side». En 1988, «In My Soul», tirée de son quatrième album *Young Man Running,* est une chanson à succès. Hart enregistre deux autres albums qui ont peu de succès, mais, en 1996, inspiré par sa relation amoureuse avec la chanteuse québécoise Julie Masse et la naissance de leur enfant, il revient avec un album éponyme. Plus de 50 000 exemplaires sont vendus et cela lui vaut d'être sélectionné pour deux prix Juno.

John Geiger

Hart, Evelyn Anne, ballerine (Toronto, 4 avril 1956). Son physique très particulier, son intensité remarquable et sa façon de danser, d'où émane une passion proche du sublime, en font l'une des personnalités les plus fascinantes de la scène au Canada. Selon les critères admis, Hart fait des débuts tardifs dans la danse. Elle étudie brièvement à l'ÉCOLE NATIONALE DE BALLET, avec des professeurs à London, en Ontario, puis reçoit l'essentiel de sa formation à l'école du ROYAL WINNIPEG BALLET (RWB), dont elle intègre la compagnie en 1976. Elle devient soliste en 1978 et première danseuse en 1979.

En 1980, Hart remporte la médaille d'or de la meilleure danseuse solo au concours international de ballet de Varna, en Bulgarie, devenant ainsi la première danseuse occidentale à gagner ce concours depuis sa création, en 1964. Elle danse dans le monde entier à titre d'artiste invitée, ainsi qu'avec d'autres compagnies canadiennes. Sa renommée internationale et ses dons remarquables pour les classiques poussent le RWB à monter plusieurs nouvelles productions (*Roméo et Juliette,* 1981; *Giselle,* 1982; *Le lac des cygnes,* 1987) afin de mettre en valeur son talent.

De 1990 à 1994, elle se partage entre le Canada et l'Allemagne, passant une moitié de la saison avec le RWB et l'autre moitié avec le Bayerische Staatsballett de Munich. Parmi les films dans lesquels Hart figure, citons un documentaire réalisé en 1986 sur ses prestations à Odessa, à Moscou et à Leningrad, et un portrait intitulé *Moment of Light: The Dancing of Evelyn Hart* (1992).

Elle partage la vedette avec Peter Schaufuss dans la version cinématographique du *Lac des cygnes,* réalisée par Natalia Makarova (1988), et reçoit à deux reprises le prix ACTRA décerné à la meilleure

artiste d'une émission spéciale télévisée. Elle est nommée officier de l'Ordre du Canada en 1983, puis élevée au grade de compagnon en 1994.

Michael Crabb et Max Wyman

Hart House, de l'agence d'architectes Sproatt and Rolph, est construite entre 1911 et 1919 sur le campus de l'UNIVERSITÉ DE TORONTO. La Tour du Soldat, un mémorial aux membres de l'université ayant péri au cours de la Première Guerre mondiale, est ajoutée en 1924. Érigée par dotation de la famille Massey, et nommée d'après Hart MASSEY, Hart House est un grand centre multifonctionnel pour étudiants, avec piscine, piste, courts de squash, théâtre, bibliothèque et salle à manger, le tout dans un bâtiment d'une cohérence architecturale remarquable. Conçu dans le style néo-gothique, alors très en vogue pour les établissements d'enseignement, le bâtiment en pierre comprend quatre ailes distinctes disposées autour d'une cour carrée et des détails tels qu'un oriel à meneaux et des fenêtres à arc brisé, tous inspirés des ensembles collégiaux et universitaires médiévaux d'Oxford et de Cambridge. L'emplacement clé du bâtiment et sa conception attrayante lui ont assuré une proéminence continue sur le campus de l'université.

Sally Coutts

Hart, John, financier, politicien, premier ministre de la Colombie-Britannique (Mohill, Irl., 31 mars 1879—Victoria, 7 avril 1957). À son arrivée à Victoria en 1898, Hart travaille dans un organisme financier. En 1909, il fonde sa propre entreprise, Gillespie, Hart and Co. Élu député provincial de Victoria en 1916, sous la bannière libérale, il ne connaît par la suite jamais la défaite. Il sera ministre des Finances presque sans interruption de 1917 à 1949, à l'exception de la période de 1924 à 1933, lorsqu'il se retire de la politique pour des raisons professionnelles. En décembre 1941, Hart devient premier ministre libéral d'un gouvernement de coalition, poste qu'il occupe jusqu'à sa retraite en 1947. Son gouvernement établit la British Columbia Power Commission pour mener à bien l'électrification des campagnes et lance un programme de construction de routes, dont celle qui porte son nom et qui relie Prince George et Dawson Creek.

Patricia E. Roy

Hart, Julia Catherine, née Beckwith (Fredericton, 10 mars 1796—*id.,* 28 nov. 1867). Elle est la première romancière canadienne de naissance à être publiée. Son roman, *St. Ursula's Convent; or, The Nun of Canada, Containing Scenes from Real Life,* n'est publié qu'en 1824, mais elle l'a écrit à l'âge de 17 ans. Il s'agit d'un mélodrame sentimental et moralisateur. Jeune fille, elle connaît à la fois la culture anglaise et française, un double héritage dont son premier roman porte la marque. L'action de son deuxième roman, *Tonnewonte* (1825), se déroule aux États-Unis. Elle y exprime sa vision idéaliste de la liberté et de la sérénité qu'offre la vie dans l'Ouest américain.

Douglas Lochhead

Hart, Moses, homme d'affaires, propriétaire foncier (Trois-Rivières, Qc, 26 nov. 1768—*id.,* 15 oct. 1852), frère de Benjamin Hart. Homme d'affaires excentrique et habile, il commence sa carrière à Sorel en exploitant un magasin général, pour se consacrer ensuite à l'import-export. Les bateaux à vapeur et les activités bancaires comptent parmi ses entreprises commerciales les plus importantes. Il est aussi l'un des premiers actionnaires de la Banque de Montréal et de la Banque du Canada. Malgré plusieurs tentatives, il ne parvient pas à se faire élire à la Chambre. Si ses ambitions politiques demeurent insatisfaites, sa réussite en tant que propriétaire foncier ne fait aucun doute. Il possède de nombreuses propriétés sur la rive sud du Saint-Laurent ainsi qu'aux alentours de Trois-Rivières.

Gisèle Villeneuve

Hartman, Barney, tireur au pigeon d'argile (Swan River, Man., 2 nov. 1916). Considéré par ses pairs

comme le meilleur tireur au pigeon d'argile au monde, Hartman est le capitaine de l'équipe d'étoiles américaine de la National Skeet Shooting Association à 10 reprises et obtient quatre fois une carte parfaite de 100x100 avec une arme de calibre 410. Il décroche près de 30 titres internationaux dans les calibres 12, 20, 28 et 410, ainsi que dans les classes ouvertes. Il abat, à un moment donné, une série de 2002 cibles en argile sans en manquer une seule et fracasse souvent des records. Hartman remporte aussi une médaille d'argent et quatre médailles de bronze dans des compétitions internationales et, pendant une période de 12 ans, en tant qu'amateur ou professionnel, il affiche neuf fois la meilleure moyenne annuelle au niveau mondial.

Bob Ferguson

Hartman, Grace, dirigeante syndicale (Toronto, Ont., 14 juill. 1918—*id.,* 18 déc. 1993). Hartman est la première femme à accéder au poste le plus important d'un syndicat au Canada. En 1954, elle adhère au Syndicat national de la fonction publique (SNFP), où elle occupe divers postes à l'échelle locale et provinciale. Quand le SYNDICAT CANADIEN DE LA FONCTION PUBLIQUE (SCFP) est créé en 1963 par la fusion du SNFP et de l'Union nationale des employés des services publiques (CCT), elle est élue à l'exécutif national comme vice-présidente régionale pour l'Ontario. Hartman s'acharne, avec succès, à faire accorder le plein droit de négociation collective aux employés municipaux et à ceux des commissions scolaires. Elle lutte pour les droits des femmes à l'intérieur comme à l'extérieur du mouvement syndical.

En 1981, elle est emprisonnée pour avoir encouragé le déclenchement d'une grève illégale en réclamant pour les employés des hôpitaux, que la loi prive du droit de grève, un droit égal à la négociation collective. En 1965, Hartman est élue à l'un des cinq postes de vice-président général du SCFP. En 1967, elle en devient secrétaire-trésorière nationale et, en 1975, présidente nationale. En 1976, elle devient vice-présidente générale du Congrès du Travail du Canada. Elle prend sa retraite en 1983, mais reste active au sein de nombreux groupes d'intérêt public et accepte un mandat à la présidence du Comité canadien d'action sur le statut de la femme.

Laurel Sefton MacDowell

Harvey, Douglas, dit Doug, joueur de hockey (Montréal, 19 déc. 1924—*id.,* 26 déc. 1989). Il rejette des offres d'équipes de baseball et de football des ligues majeures pour jouer au hockey amateur dans la catégorie senior pour les Royaux de Montréal, puis est engagé par les CANADIENS DE MONTRÉAL pour la saison 1947-1948. Considéré comme le plus grand défenseur de son temps, il impose le rythme du match par des passes très précises, des jeux subtils et des montées fulgurantes. Il est le meneur défensif des puissants Canadiens de Montréal, qui remportent cinq coupes Stanley d'affilée de 1956 à 1960. Il gagne sept fois le TROPHÉE JAMES NORRIS, remis au meilleur défenseur, et est proclamé joueur étoile à 10 reprises. Il compte 88 buts et obtient 452 aides en 1113 parties régulières, ainsi que huit buts et 64 mentions d'assistance en 137 matchs éliminatoires. Sa carrière à Montréal prend fin lorsqu'il commence à être actif au sein de l'association des joueurs de la Ligue nationale de hockey. En 1961, il passe aux Rangers de New York, dont il est «joueur-entraîneur» pendant un an. Il se joint ensuite à plusieurs équipes des ligues mineures avant de revenir jouer dans la Ligue nationale de hockey pour les clubs de Détroit et de St. Louis. Il fut également pendant une brève période entraîneur des Kings de Los Angeles (1970).

James Marsch

Harvey, Jean-Charles, journaliste, écrivain et conférencier (La Malbaie, Qc, 10 nov. 1891—Montréal, 3 janv. 1967). Penseur volubile et virulent, il est au cœur de presque tous les débats culturels, politiques et sociaux de son époque, et il se sert de sa plume pour défendre la liberté chaque fois qu'elle est menacée. Après d'excellentes études classiques au séminaire de Chicoutimi (1905-1908) et au scolasticat des jésuites (1908-1915) au Sault-aux-Récollets, près de Montréal, Harvey opte pour le journalisme, bien qu'il soit attiré par le droit. D'abord reporter à *La Patrie*, puis à *La Presse,* il accepte en 1918 l'emploi de publicitaire que lui offre la Machine agricole nationale ltée, de Montmagny. La faillite de cette industrie, qui lui inspire son premier roman, *Marcel Faure*, l'oblige à se chercher un nouvel emploi. En février 1922, il entre au journal *Le Soleil*. Plein de vitalité, il gravit rapidement tous les échelons, pour occuper, en 1927, celui de rédacteur en chef. La condamnation «sans appel» de son roman *Les Demi-civilisés* par le cardinal Rodrigue VILLENEUVE, le 26 avril 1934, lui coûte cependant son poste. La direction du *Soleil* exige en effet sa démission immédiate. Frappé dans sa vie personnelle et familiale (il a alors cinq enfants), Harvey doit quitter Québec. Le châtiment «sans appel» infligé aux *Demi-civilisés* le suivra toute sa vie et frappera pendant des années son œuvre d'un discrédit fatal. La réédition du roman en 1962 vient tardivement reconnaître l'importance de l'œuvre dans l'histoire littéraire québécoise contemporaine. Pendant son séjour à Québec, Harvey publie encore *Pages de critique* (1926), *L'Homme qui va* (prix David 1929) et *Sébastien Pierre* (1935). Le 13 janvier 1937, Harvey est destitué de son poste de directeur du bureau de la statistique par le premier ministre Maurice Duplessis. Il quitte alors Québec pour Montréal, où il fonde son journal *Le Jour*.

Les années de parution du *Jour* (1937-1952) sont les plus belles pour Harvey. Enfin, il a son «journal de combat». Secondé par de très bons journalistes, Harvey se fait le défenseur des causes auxquelles il croit depuis toujours: la liberté de pensée et de parole, l'éducation, le libéralisme, etc. En 1952, il devient commentateur de nouvelles au poste CKAC. Un an plus tard, il entre au *Petit Journal,* où il occupe, de 1956 à 1966, le poste de directeur technique. Il continue également de publier maints ouvrages dans lesquels il demeure fidèle à lui-même, à sa précieuse indépendance d'esprit, à son idéal humanitaire, à son culte de la nature. Harvey se classe parmi les grands journalistes du Canada français. Aux œuvres déjà citées, ajoutons *Paradis de sable* (1953), *La Fille du silence* (1958), *Pourquoi je suis antiséparatiste* (1962), *Visages du Québec* (1964), *Des bois, des champs, des bêtes* (1965). Harvey a encore signé de sa main ou d'un pseudonyme des centaines d'articles dans plusieurs revues et journaux dont *Le Soleil, Le Canada, Le Jour, Le Petit Journal, Les Idées* et *La Revue moderne,* sans parler des conférences qu'il a prononcées partout au Canada et des chroniques radiophoniques qu'il a rédigées à partir de 1952. Harvey demeure un écrivain visionnaire. Tel Max Hubert, le héros révolté des *Demi-civilisés,* il a toute sa vie durant voulu rompre les amarres qui le retenaient à son passé. Plus que tout autre penseur québécois de son temps, il a semé dans les esprits le doute et l'audace.

Guildo Rousseau

Harvey, Moses, homme d'Église, essayiste et naturaliste (Armagh, Irlande, 21 mars 1820—St. John's, T.-N., 3 sept. 1901). D'origine écossaise, Harvey est ordonné ministre du culte presbytérien en 1844. Il exerce son ministère à Maryport (Angleterre), puis immigre à Terre-Neuve en 1852. Il exerce un long et fructueux ministère à la St. Andrew's Free Presbyterian Church de St. John's, mais il est surtout connu en tant que propagandiste de Terre-Neuve et auteur prolifique de centaines de publications. Il écrit plus de 600 articles pour la *Gazette* de Montréal, dont certains sous le pseudonyme de «Delta». Élu en 1892 à la Société royale du Canada, il s'acquitte avec distinction de ses fonctions de secrétaire de la Newfoundland Fisheries Commission et réclame la fondation à Terre-Neuve d'un laboratoire de calibre mondial voué à la recherche en sciences de la mer. À partir des années 1870, son nom est associé à d'an-

ciens spécimens du calmar géant *Architeuthis*. Véritable savant de l'ère victorienne et éminent homme de lettres, Harvey est l'auteur d'*Across Newfoundland with the Governor* (1879), *Text-Book of Newfoundland History* (1885) et *A Short History of Newfoundland: England's Oldest Colony* (1890).

F.A. Aldrich

Harvey, Pierre, skieur de fond (Rimouski, Qc, 24 mars 1957). Athlète complet, il participe à des compétitions de nage dès l'âge de 12 ans avant d'opter pour la course cycliste à 16 ans. Il remporte les championnats du Québec (1975) et du Canada (150 km, 1976). Aux Jeux olympiques de 1976, à Montréal, il est le meilleur cycliste canadien (24e rang, 180 km). Tout en pratiquant le cyclisme, il s'adonne au ski de fond en guise d'entraînement hivernal.

En 1984, il est le premier athlète masculin du Canada à participer aux Jeux olympiques d'été et d'hiver au cours de la même année. Cependant, il se consacre déjà davantage au ski de fond, sport dans lequel il va s'illustrer comme le plus grand champion canadien de tous les temps. Il remporte une série impressionnante de victoires: 4 médailles d'or lors des Championnats canadiens (1986 et 1987); 1ère place au 30 km style libre, en 1987 à Falun (Suède); champion de la Worldloppet en Norvège (Birkebeiner, 1987). Il est aussi le premier Canadien à gagner une étape de la Coupe du monde. Il participe aux épreuves olympiques de ski de fond en 1984 et 1988.

Harvey a énormément contribué à la popularité du ski de fond au Canada dans les années 80. Sa contribution au développement du sport au Canada est officiellement reconnue, en 1988, lorsqu'on lui remet l'Ordre du Canada.

Murray C. Shaw

Harvey, sir John, militaire, administrateur colonial et lieutenant-gouverneur de l'Île-du-Prince-Édouard, de Terre-Neuve et de la Nouvelle-Écosse (Angl., 23 avril 1778—Halifax, 22 mars 1852). D'origine modeste, Harvey reçoit à 16 ans une commission dans l'armée britannique et s'élève par son mérite au rang de lieutenant-général. Il sert en Flandres et au large de la côte de la France, puis en Inde pendant les guerres napoléoniennes. Il obtient cependant la gloire en tant qu'adjudant général adjoint du Haut-Canada pendant la Guerre de 1812, en particulier pendant la BATAILLE DE STONEY CREEK, le 6 juin 1813, quand il refoule une armée américaine largement supérieure en nombre et empêche la chute de toute la péninsule du Niagara. Après avoir servi pendant toute une décennie au Bas-Canada après la guerre, il devient l'un des quatre inspecteurs généraux de l'Irish Constabulary en 1828.

En 1836, il est nommé lieutenant-gouverneur de l'Île-du-Prince-Édouard où il agit comme conciliateur entre les propriétaires absentéistes et leurs locataires, et où il empêche les conflits de dégénérer en violence. En 1837, il est transféré au Nouveau-Brunswick pour mettre fin aux litiges qui opposent l'Assemblée et l'exécutif. Il négocie avec succès un règlement avec le Parti réformiste, ce qui mène à une «ère harmonieuse», bien qu'il ait dû en contrepartie accorder aux réformistes une position dominante aux conseils exécutif et législatif. DURHAM approuve les activités d'Harvey et SYDENHAM l'appelle «la perle des gouverneurs civils». Harvey réussit à éviter, par la négociation avec le gouverneur du Maine, que le litige au sujet de la frontière du Maine et du Nouveau-Brunswick ne dégénère en un affrontement grave. Toutefois, il outrepasse son autorité et est destitué, à la demande même de Sydenham, au début de 1841. Heureusement pour Harvey, qui est constamment à court d'argent, on lui trouve un poste de lieutenant-gouverneur à Terre-Neuve où il agit en tant que conciliateur entre les marchands de St. John's, en majorité anglais et protestants, et la population irlandaise et catholique des petits ports isolés. Il réussit même à convaincre de nombreux réformistes du bien-fondé de la possibilité d'unir membres élus et membres nommés dans un seul corps législatif. Cet-

te expérience constitutionnelle, de courte durée, se révélera infructueuse. Il est récompensé en 1846 par une promotion au poste de lieutenant-gouverneur de la Nouvelle-Écosse, où il préside à la création du premier véritable GOUVERNEMENT RESPONSABLE en Amérique du Nord. Il reçoit de chaleureux éloges de réformistes comme Joseph HOWE, et autant d'injures de la part des conservateurs provinciaux. Il a donc servi toutes les provinces de l'Amérique du Nord britannique et peut être considéré comme le gouverneur qui a eu le plus de succès à son époque.

P.A. Buckner

Harvie, Eric Lafferty, pétrolier et philanthrope (Orillia, Ont., 2 avril 1892—Calgary, 11 janv. 1975). Admis au barreau de l'Alberta en 1915, il sert outremer durant la Première Guerre mondiale, est blessé en France et est promu capitaine. En tant qu'avocat à Calgary, il s'occupe du domaine pétrolier et, en 1944, acquiert les droits miniers de la British Dominions Land Settlement Co., qui lui permettent de former les compagnies Western Leaseholds Ltd et Western Minerals Ltd. En 1947-1948, il fait fortune lorsqu'on découvre du pétrole sur plusieurs de ses concessions dans les champs de Leduc et de Redwater. En 1955, il se tourne vers la philanthropie. Sa plus grande réalisation est de créer la Glenbow Foundation à Calgary et, plus tard, le Heritage Park. Homme modeste, il tient à garder le secret sur la plupart de ses bonnes œuvres, mais on sait qu'il a aidé la Calgary Zoological Society, la Banff Centre School of Fine Arts (*voir* BANFF CENTRE) et le musée Luxton. Il est un officier fondateur du Conseil des Arts du Canada.

Hugh A. Dempsey

Harwood, Vanessa, danseuse de ballet (Cheltenham, Angl., 14 juin 1947). Harwood est l'une des premières élèves de Betty OLIPHANT au Canada et fait ses études à l'ÉCOLE NATIONALE DE BALLET. Elle entre au BALLET NATIONAL DU CANADA en 1965 et devient danseuse soliste en 1967, puis première danseuse en 1970. Connue pour son interprétation dans *Le lac des cygnes, La mort du cygne, Coppélia* et *Elite Syncopations*, Harwood est admirée pour sa virtuosité et son charisme sur scène. Elle danse comme artiste invitée avec des compagnies aux États-Unis, en Australie et en Europe, notamment avec l'Australian Ballet, le Dutch National Ballet, le Chicago Ballet et la Compagnie d'opéra canadienne. Elle réalise aussi des chorégraphies pour des opéras et des spectacles de patinage artistique, entre autres pour les patineurs Tracy Wilson et Rob McCall. Ce dernier a d'ailleurs gagné une médaille de bronze avec *Elite Syncopations*.

Harwood quitte le Ballet national du Canada en 1986. Elle est nommée officier de l'Ordre du Canada en 1984. Elle est présidente du conseil d'administration de la Caisse des acteurs du Canada et membre de la Toronto Arts Foundation.

Penelope Reed Doob

Hastings, Charles John Colwell Orr, obstétricien, médecin hygiéniste (Markham Township, Canada-Ouest, 23 août 1858—Toronto, 17 janv. 1931). Diplômé de Victoria Coll. Medical School de Toronto, il poursuit des études supérieures en Grande-Bretagne. Hastings est un des premiers obstétriciens pratiquant à plein temps de Toronto. Entre 1910 et 1929, il est l'officier de santé de Toronto; il fait purifier le système de distribution d'eau et établit un système infirmier de santé publique qui est reconnu internationalement. Au Canada, il est un des pionniers des cours d'hygiène, des inspections dentaires et médicales dans les écoles publiques, et des cliniques pédiatriques de quartier. Ces innovations font baisser le taux de mortalité due aux maladies contagieuses à Toronto (de 15,3 pour 1000 en 1909 à 10,3 pour 1000 en 1925) et améliorent la propreté et la salubrité de cette ville. Les réalisations de Hasting sont reconnues par son élection à la présidence de l'Association canadienne de santé publique en 1916 et de l'American Public Health Association en 1918. En raison de ses efforts, les services de santé de Toronto acquièrent une réputation internationale en médecine préventive.

Heather MacDougall

Haszard, Francis Longworth, avocat, politicien, premier ministre de l'Île-du-Prince-Édouard et juge (Bellevue, Î.-P.-É, 20 nov. 1849—Charlottetown, Î.-P.-É, 25 juill. 1938). Élu député à l'Assemblée législative en 1904, il devient premier ministre de la province en 1908, poste qu'il occupe jusqu'en 1911, année où il est nommé premier président de la Cour de cassation et juge à la Cour suprême. Il se retire de la magistrature en 1930.

Nicolas J. De Jong

Hatfield, Richard Bennett, politicien, premier ministre du Nouveau-Brunswick (Woodstock, N.-B., 9 avril 1931—Ottawa, 1991). À titre de premier ministre du Nouveau-Brunswick le plus longtemps en poste, il fait la promotion de l'unité nationale et de l'égalité linguistique. Il travaille aussi au rapatriement de la Constitution ainsi qu'à l'élaboration de la CHARTE CANADIENNE DES DROITS ET LIBERTÉS et de l'Accord constitutionnel de 1987.

Après des études à l'U. Acadia et à la Dalhousie Law School, Hatfield pratique brièvement le droit, puis, de 1958 à 1965, est directeur des ventes de Hatfield Industries, l'entreprise familiale de croustilles. En 1961, il est élu député provincial conservateur du comté de Carleton. En 1966, il se présente sans succès à la direction du parti. Il est nommé leader parlementaire en 1968, puis élu chef du parti en 1969. L'année suivante, il mène son parti à la victoire contre L.J. ROBICHAUD. Le gouvernement Hatfield consolide le programme de «Chance égale» implanté par les libéraux et met en œuvre la *Loi sur les langues officielles du Nouveau-Brunswick*. Ses réformes politiques comprennent la *Loi sur le financement de l'activité politique* et les circonscriptions électorales uninominales. Ces deux initiatives s'inscrivent dans une tentative de réorganiser la structure et les responsabilités du gouvernement. Malgré les controverses entourant le projet de la voiture Bricklin, la centrale nucléaire de Point Lepreau, l'arrosage contre la tordeuse des bourgeons de l'épinette et les activités de financement du parti, les conservateurs d'Hatfield sont réélus en 1974, en 1978 et en 1982, et le premier ministre réussit à élargir le soutien apporté aux conservateurs dans les régions francophones. Néanmoins, sa réputation se voit ternie par des questions persistantes sur sa vie privée. Son autorité est alors contestée, et, aux élections de 1987, son parti perd tous les sièges. Hatfield démissionne alors comme chef du parti.

Della M.M. Stanley

Hatheway, George Luther, agriculteur, marchand de bois, politicien, premier ministre du Nouveau-Brunswick (Musquash, N.-B., 4 août 1813—Fredericton, 5 juill. 1872). Élu député provincial réformiste de York en 1850 et défait en 1857, il est réélu en 1861 et nommé au poste de commissaire en chef des travaux publics par S.L. TILLEY. Opposé aux *Résolutions du Québec*, Hatheway quitte le gouvernement Tilley, partisan de la Confédération, et est élu en 1865 à titre d'opposant de la Confédération. Il refuse de diriger le gouvernement, préférant le poste de commissaire des travaux publics sous A.J. SMITH. Il prend sa retraite en 1866. Se ralliant à la Confédération, il est réélu en 1870. En 1871, il consent à former un gouvernement de coalition. En tant que premier ministre et secrétaire provincial (1871-1872), lui et G.E. KING font adopter le *Common Schools Act,* instaurant un système d'écoles gratuites et non confessionnelles, financé par les deniers publics.

Della M.M. Stanley

Haultain, sir Frederick William Alpin Gordon, avocat et politicien (Woolwich, Angl., 25 nov. 1857—Montréal, 30 janv. 1942). Après avoir établi sa compétence à titre d'avocat en Ontario, Haultain déménage en 1884 à Fort Macleod dans ce qui est

alors les Territoires du Nord-Ouest, où il reprend la pratique du droit.

Élu à l'Assemblée territoriale en 1888, il devient bientôt chef de la faction en faveur d'un GOUVERNEMENT RESPONSABLE pour les Territoires. Une fois cette cause gagnée, en 1897, il devient premier ministre d'une administration non partisane jusqu'en 1905. Centriste, populaire tant chez les libéraux que chez les conservateurs, il déplore grandement les effets de la politique partisane et soutient sans relâche qu'elle n'a pas sa place dans l'Ouest.

Déçu par le gouvernement de Laurier durant les longues négociations en vue de donner aux Territoires le statut de province, il se voit finalement contraint de s'allier au Parti conservateur, avec lequel il fait campagne lors des élections fédérales de 1904.

Lorsque Laurier reprend le pouvoir et que le statut provincial est accordé, Haultain n'obtient aucun poste dans les nouveaux gouvernements de l'Alberta et de la Saskatchewan. Il siège par la suite à l'Assemblée législative de la Saskatchewan comme chef du parti de l'Opposition, le Provincial Rights Party, de 1905 à 1912, puis se retire de la politique pour occuper le poste de juge en chef de la Cour supérieure de la Saskatchewan. Il est fait chevalier en 1916, nommé chancelier de l'U. de la Saskatchewan et juge en chef de la Cour d'appel de la Saskatchewan en 1917. Il prend sa retraite en 1938.

Stanley Gordon

Haut-Canada Le Haut-Canada est à l'origine de ce que nous appelons aujourd'hui l'ONTARIO. Il prend forme au moment de l'adoption par le Parlement britannique de l'ACTE CONSTITUTIONNEL DE 1791, qui divise l'ancienne PROVINCE DE QUÉBEC en deux territoires distincts: le BAS-CANADA à l'est et le Haut-Canada à l'ouest de l'actuelle FRONTIÈRE Québec-Ontario. La Constitution de 1791 institue aussi un gouvernement qui va déterminer dans une large mesure la nature politique de la colonie et qui, en pratique, va influencer profondément son caractère social et économique. La région qui correspond au Haut-Canada est peuplée à l'origine par des Indiens (p. ex., HURONS, NEUTRES, PÉTUNS, ALGONQUINS). Samuel de CHAMPLAIN l'a parcourue au début du XVIIᵉ siècle, comme d'autres explorateurs français l'ont fait après lui. Les missionnaires y ont été particulièrement actifs, surtout en HURONIE, à l'est et au sud de la baie Géorgienne (*voir* SAINTE-MARIE-DES-HURONS). Les Français s'y sont établis dès le XVIIIᵉ siècle, attirés par la TRAITE DES FOURRURES, de telle sorte que le commerce et la guerre ont servi de justifications à leurs revendications territoriales. L'établissement permanent d'une colonie européenne ne représentait pas vraiment la nature de l'occupation du territoire, même si les bases des futures villes de TORONTO, WINDSOR, NIAGARA FALLS et Kingston étaient déjà établies.

Au cours de la GUERRE DE SEPT ANS (1756-1763), les Français cèdent la majeure partie de la région aux Britanniques. Avec la capitulation de Montréal (septembre 1760), la Grande-Bretagne prend réellement possession du territoire qui deviendra plus tard le Haut-Canada. À la suite du TRAITÉ DE PARIS (1763), les frontières de la nouvelle province de Québec sont étendues vers le sud jusque dans la vallée de l'Ohio. Au début de la GUERRE D'INDÉPENDANCE AMÉRICAINE, la population permanente européenne de l'ouest du Québec n'est composée que de quelques francophones établis aux environs de Détroit, mais, à la fin de celle-ci en 1783, les quelques LOYALISTES qui ont trouvé refuge au Canada pendant la guerre sont maintenant légion. De 5000 à 6000 d'entre eux ont semé le germe d'une idéologie qui aura une influence décisive sur l'avenir du Haut-Canada.

Il existe un mythe vieux de 200 ans selon lequel ces gens énergiques auraient surmonté maintes

épreuves et privations. En réalité, peu de réfugiés, où que ce soit, ont été aussi privilégiés. Le gouverneur, sir Frederick HALDIMAND, s'occupe d'établir les Loyalistes le long de la frontière américaine. En cas de guerre, les anciens combattants doivent former une barrière défensive. Trois régions principales sont choisies: le long du Saint-Laurent, aux environs de Kingston et de la baie de Quinte, et la région de la PÉNINSULE DE NIAGARA. Une quatrième, près de Détroit, est envisagée, mais comme elle doit être remise aux Américains, son peuplement s'en trouve retardé. Après l'exécution rapide des levés, les terres sont concédées par lots, les chefs de famille recevant 40,5 ha, et les officiers supérieurs jusqu'à 405 ha et plus. Vêtements, outils et vivres sont fournis pour trois ans. En dépit de certaines difficultés, les Loyalistes s'en tirent bien, et, par la suite, nombre d'Américains viendront les rejoindre, certains par dépit, d'autres simplement par «avidité de la terre». En 1790, la population de l'ouest du Québec compte près de 10 000 personnes.

Les Loyalistes immigrés au Haut-Canada, pour la plupart des pionniers, sont en mesure de faire face aux rigueurs des nouveaux établissements, mais ils ne manifestent guère de souplesse sur le plan politique. Un grand nombre d'entre eux, hier au premier rang des protestations politiques dans les anciennes colonies sans toutefois être prêts à prendre les armes pour les droits coloniaux, ont l'intention d'utiliser tout moyen légal et constitutionnel à leur disposition pour améliorer leur sort. Ce sont leurs revendications constitutionnelles qui poussent la Grande-Bretagne à modifier, en 1791, l'ACTE DE QUÉBEC de 1774.

L'Acte constitutionnel est, de la part de Londres, une réponse sans équivoque à la Guerre d'Indépendance américaine. La démocratie excessive qui règne au sud de la frontière serait interdite dans les deux nouvelles provinces du Canada. Pour chaque province, on désigne un lieutenant-gouverneur, assisté d'un conseil exécutif, d'un conseil législatif qui agit comme chambre haute et d'une chambre d'assemblée. La politique relève du Conseil exécutif qui rend compte de son administration au roi et non à l'Assemblée. L'Église d'Angleterre (*voir* ANGLICANISME) doit intensifier les liens entre les colonies et la Grande-Bretagne. Dans le Haut-Canada, afin d'assurer «l'entretien et le soutien d'un clergé protestant», chaque septième de toute terre de la province est attribué au clergé, de même que les revenus provenant de la vente ou de la location de ces propriétés (*voir* RÉSERVES DU CLERGÉ). La Grande-Bretagne, plus tard, va établir les réserves de la Couronne, les revenus tirés d'un autre septième de chaque lot servant à couvrir les coûts de l'administration provinciale. La propriété de la terre, sujet qui préoccupe la plupart des colons, est désormais basée sur la tenure franche en usage en Grande-Bretagne. Le RÉGIME SEIGNEURIAL est ainsi banni de façon permanente au Haut-Canada. Ceux qui ont le droit d'élire et d'être élus sont assez nombreux et l'Assemblée ne compte pas moins de 16 membres, tandis que le Conseil législatif en totalise sept.

Le premier lieutenant-gouverneur, John Graves SIMCOE, rêve pour cette nouvelle société «d'une forme de gouvernement supérieure, davantage souhaitable et raffinée», non seulement pour y attirer les immigrants, mais aussi pour restaurer l'Empire et ramener les Américains dans le camp britannique. Les premières institutions gouvernementales sont établies à Newark (Niagara-on-the-Lake) d'abord, puis à York (Toronto), la nouvelle capitale. Simcoe fait construire des routes par l'armée, crée des conseils pour la répartition des terres, établit l'organisation judiciaire, abolit l'ESCLAVAGE et s'attache à promouvoir l'anglicanisme. À son départ de la province en 1796, Simcoe peut être fier de ses réalisations, bien qu'il n'ait convaincu ni les Américains de renoncer au républicanisme ni la Grande-Bretagne de convertir le Haut-Canada en un centre militaire. Aux yeux des Britanniques, le Canada correspond encore au Québec, et le projet de Simcoe pour la défense d'un prolongement occidental situé au-delà des voies maritimes semble peu réaliste.

Le Haut-Canada ne prospère pas sous le règne des successeurs de Simcoe: le timide Peter Russell, l'énergique et inflexible général Peter Hunter, son antithèse Alexander Grant et le terne Francis GORE. La province est toujours une région éloignée de colonies isolées, et le territoire, seule source véritable de prospérité, est morcelé en grandes parcelles avec insouciance par des administrateurs laxistes. L'histoire politique du Haut-Canada n'en est qu'à ses débuts, mais elle est marquée au sceau de l'Acte constitutionnel, qui a naturellement engendré un parti de favoris. Les lieutenants-gouverneurs forment leurs conseils exécutif et législatif avec des hommes en qui ils ont confiance et qui partagent leurs valeurs conservatrices inébranlables: les Loyalistes et les Britanniques nouvellement arrivés. Ces hommes, qu'on appellera plus tard le FAMILY COMPACT, deviennent une faction tory qui sera longtemps au pouvoir. Ils ne peuvent concevoir aucune autre loyauté à la Couronne que la leur. Ceux qui s'opposent à leurs idées, comme c'est souvent le cas pour des projets de lois en matière de finance, et qui prônent l'élargissement des pouvoirs de l'Assemblée sont qualifiés de Yankees républicains. L'influence des critiques du gouvernement tels que Robert Thorpe, Joseph Willcocks et William Weekes, qui ne sont pas que des provocateurs, mais de véritables whigs parlementaires, sera balayée par le tourbillon de la GUERRE DE 1812.

Au cours de la guerre de 1812, le Haut-Canada, dont la plupart des habitants sont de souche américaine, est envahi et en partie occupé. Les troupes américaines sont repoussées par des soldats britanniques et la milice canadienne. La guerre raffermit les liens du Canada avec la Grande-Bretagne, fait du loyalisme un principe sacré, façonne les héros et martyrs sir Isaac BROCK et TECUMSEH, engendre une certaine prospérité et semble légitimer le statu quo politique. Certains commentateurs politiques y verront plus tard une pierre de touche du NATIONALISME canadien et la justification pour une grande part de l'antiaméricanisme, public ou inavoué, des Canadiens, opposition qui subsiste encore.

La guerre met un terme à l'isolement du Haut-Canada. Le gouvernement ne fait rien pour favoriser l'immigration des Américains, mais le Haut-Canada accueille un plus grand nombre de Britanniques, certains disposant de capitaux. L'économie dépend toujours du MERCANTILISME en déclin de la Grande-Bretagne, et la culture du blé occupe le premier rang chez les agriculteurs. Pourtant, la province manque de capitaux. La Welland Canal Co., spécialisée dans les travaux publics, doit ainsi se tourner vers l'étranger pour trouver des investisseurs. Au début des années 1820, les frais généraux d'administration de la colonie se sont considérablement accrus, ce qui fait ressurgir le projet d'unir les deux Canadas. En 1822, on s'efforce de partager plus équitablement les droits de douane entre les deux provinces, afin que le Haut-Canada, dépourvu de tout port de mer, puisse accroître ses revenus.

Les revenus, cependant, demeurent insuffisants, et la province, endettée, est incapable de payer les intérêts sur ses obligations, déjà mal accueillies, sans faire de nouveaux emprunts. La création de la BANQUE DU HAUT-CANADA (1821) et d'autres banques n'entraîne pas la stabilité financière escomptée, pas plus que l'apport de capitaux de la CANADA COMPANY, société importante de colonisation britannique. En réalité, les sommes versées au gouvernement par cette compagnie servent à rémunérer les fonctionnaires (la liste civile). Cela nuit au projet de la Chambre d'assemblée qui souhaite avoir la main haute sur le budget.

La guerre de 1812 raffermit l'autorité politique de l'oligarchie qui règne sur la province, et dont le personnage influent est l'archidiacre anglican John

STRACHAN (plus tard évêque de Toronto). Nombreux sont ceux qui qualifient le Family Compact de groupe corrompu, mais de récentes études tendent à démontrer que sa façon de gouverner était rigoureuse et méthodique, et que ses enquêtes sur les irrégularités étaient menées consciencieusement. La mise en valeur des ressources de la province est capitale aux yeux du Family Compact, comme le prouve son appui inconditionnel à des travaux publics comme le CANAL WELLAND, mais une oligarchie, éclairée ou non, constitue un anachronisme à une époque où la démocratie est en vogue.

À partir de 1820, l'opposition au régime se fait plus subtile, quoique les mécontents ne se groupent pas sous la même bannière. Certains agitateurs, comme Robert GOURLAY, le célèbre «banni britannique», ont déjà exprimé plaintes et critiques du peuple en les dramatisant. Jusqu'au milieu des années 1830, le principal mouvement d'opposition est mené par des politiciens plus modérés et de tendance whig, dont le Dr William BALDWIN, Robert BALDWIN et le révérend Egerton RYERSON. De son côté, le réformiste William Lyon MACKENZIE souhaite que le Haut-Canada soit un peu à l'image du rêve de Thomas Jefferson et envisage une province composée de propriétaires exploitants qui se consacreraient entièrement à la terre, feraient preuve de patriotisme et seraient prêts à devenir des *minutemen* (civils armés) américano-britanniques. En même temps, il ne cesse de louanger le progrès technologique. Comme les membres du Family Compact, auxquels il s'oppose avec vigueur, Mackenzie est en réalité étranger aux forces et aux valeurs qui prédominent finalement au XIXe siècle: le libéralisme modéré et l'industrialisme sans cesse croissant. Sa RÉBELLION DE 1837 est un échec, car, comme bon nombre de ses successeurs, il n'a pas compris la situation modérée et fondamentale du peuple du Haut-Canada. La province atteint le comble de l'infortune avec la rébellion. Le désordre politique s'accompagne d'un désordre économique, puisque le soulèvement fait fuir les financiers anglo-américains et que la province se réveille avec une dette de plus de un million de livres.

L'attitude violente de Mackenzie et son insurrection mal appuyée se révèlent inutiles, car les réformes sont déjà en cours dans la colonie et en Grande-Bretagne. Les points faibles de l'Acte constitutionnel sont maintenant évidents. Pour le Haut-Canada d'après la rébellion, une réelle émancipation politique ne peut venir que de Westminster, même si les réformistes peuvent en accélérer le cours au pays même, comme le démontre le gouvernement de courte durée mais puissant de Robert Baldwin et Louis-Hippolyte LAFONTAINE. Les recommandations de lord DURHAM, en 1838, entraînent quelques changements immédiats. À titre de gouverneur général, il ne passe que quelques jours au Haut-Canada, au cours desquels il visite brièvement Toronto et accorde une entrevue à Baldwin. Il est aussi judicieusement conseillé par ses adjoints, en particulier Charles Buller. Tous ces détails sont consignés dans son rapport (*voir* RAPPORT DURHAM).

Durham met en branle un projet qui mûrissait depuis longtemps: l'union des deux provinces du Canada. En 1838, le Haut-Canada est peuplé par plus de 400 000 habitants, et ses frontières s'étendent à l'ouest de la rivière des Outaouais jusqu'à l'extrémité des Grands Lacs. La colonie, encore à l'état d'ébauche, ne possède que peu d'écoles, d'hôpitaux et d'administrations locales. Durham, défendant les intérêts impériaux, soutient que l'union des provinces noierait les Français du Bas-Canada dans la mer anglophone et que, fait plus important encore, le potentiel économique des deux colonies s'accroîtrait, allégeant ainsi le fardeau qu'elles constituent pour la Grande-Bretagne. Durham maintient que tout se concrétiserait aisément sous un GOUVERNEMENT RESPONSABLE, dont le Cabinet rendrait compte

de son administration à l'Assemblée et non à la Couronne. Un tel gouvernement pourrait conjurer les erreurs de l'Acte constitutionnel et esquiver les critiques sans craindre de nouveaux soulèvements. La Grande-Bretagne approuve l'union, mais n'accorde la responsabilité ministérielle que quelque dix ans plus tard. La brève et malheureuse histoire du Haut-Canada prend fin le 10 février 1841. Les relations entre les deux provinces seraient désormais déterminées par la nouvelle union législative. Pendant ce temps, le peuple du Haut-Canada pourra prétendre avoir eu un passé commun et aussi, avec les perspectives d'une population qui croît rapidement et des débouchés agricoles qui s'améliorent, envisager un avenir collectif. (*Voir aussi* PROVINCE DU CANADA.)

Roger Hall

Hautes terres Laurentiennes Elles font partie du plateau et de la bordure méridionale découpée du BOUCLIER canadien, au Québec. Vus depuis les vallées du Saint-Laurent et de l'Outaouais, les escarpements de la face sud du Bouclier prennent l'apparence de montagnes de 500 m à 800 m d'altitude. Depuis le plateau, le relief est plus modéré et plus atténué. Ces escarpements façonnent la spectaculaire bordure sud des hautes terres.

Bien qu'il soit plus difficile d'en établir les autres limites, il est admis que les Laurentides s'étendent sur 100 km à 200 km au nord des escarpements et, de la rivière Gatineau à l'ouest (altitude moyenne de 400 m) à la RIVIÈRE SAGUENAY, dans le nord-est, à quelque 550 km. Elles atteignent leur hauteur maximale au nord de la ville de QUÉBEC dans la Réserve faunique des Laurentides (plus de 1000 m). Des monts indépendants se dressent au-dessus de la surface du plateau: les monts Sir Wilfrid (783 m) et TREMBLANT (968 m) à l'ouest, le mont Sainte-Anne (815 m) à Québec, les monts Raoul-Blanchard (1166 m), Bleu (1052 m) et des Conscrits (1006 m) dans la Réserve faunique des Laurentides. Le cap Tourmente (579 m) et le mont des Éboulements (770 m) sont des exemples de falaises abruptes plongeant à pic dans le Saint-Laurent.

Géographie physique Dans cette région, les roches du Bouclier, vieilles de un milliard à 1,7 milliard d'années, sont formées pour la plupart de granit et de gneiss métamorphisés qui ont subi les effets des failles, des soulèvements et de l'érosion. La glaciation du Pléistocène, qui a débuté il y a un million d'années, a décapé au roc la surface du plateau à plusieurs endroits, mais a déposé ailleurs des roches, du sable et du gravier sous forme de moraines qui, en entravant le système de drainage, ont créé un grand nombre de lacs et de jeunes rivières. La glace a aussi surcreusé les vallées au sud du Bouclier, le plus spectaculaire exemple étant le fjord de la rivière Saguenay (falaises de 500 m et profondeur de 600 m).

À la fonte de la nappe glaciaire, il y a environ 10 000 à 18 000 ans, un grand nombre de ces vallées sont en partie couvertes de sable, de gravier et d'autres dépôts transportés par les eaux de fonte. Un soulèvement postglaciaire et une érosion verticale permanente par les rivières anciennes et actuelles ont entraîné la formation de terrasses et de plaines le long des vallées fluviales. Le relief local qui en est issu, d'une puissance de 300 m à 600 m le long des vallées, accentue la beauté sauvage et pittoresque des montagnes.

La rivière SAINT-MAURICE, qui s'écoule du vaste RÉSERVOIR GOUIN, sur le Bouclier, est située à quelque 560 km du Saint-Laurent, à TROIS-RIVIÈRES. Elle est l'une des plus grandes rivières, mais il faut aussi signaler les rivières du Nord, à SAINT-JÉRÔME, ainsi que Montmorency et Jacques-Cartier, qui s'écoulent de la Réserve faunique des Laurentides jusqu'au Saint-Laurent, à l'est de Québec.

Forêts Les limites méridionales de la grande FORÊT BORÉALE du Canada subarctique couvrent une grande partie des Laurentides. Les espèces d'arbres dominantes sont l'épinette noire et blanche, le sapin baumier, l'épinette rouge, le peuplier et le bouleau blanc. Le long de la bordure méridionale du plateau et dans les vallées, ces espèces se mêlent au pin blanc et aux feuillus propres aux BASSES TERRES DU SAINT-LAURENT comme l'érable à sucre, le hêtre et la pruche.

Colonisation et industrie Les premiers explorateurs et colons des basses terres sont attirés par les forêts où ils peuvent exercer des activités de chasse et de piégeage et, par la suite, de foresterie. La coupe du bois devient une industrie importante et plusieurs espèces d'arbres sont coupées et acheminées par flottage aux scieries. Celles-ci sont situées près de rapides ou de chutes là où les rivières quittent le Bouclier ou se joignent au fleuve Saint-Laurent ou à la rivière des Outaouais. Les scieries de HULL et de LACHUTE, à l'embouchure des rivières Gatineau et du Nord, ainsi que celles de GRAND-MÈRE et de Trois-Rivières, sur la Saint-Maurice, en sont des exemples typiques.

À mesure que la technologie évolue et qu'on exploite l'énergie hydroélectrique des rivières (SHA-WINIGAN, 1899), d'autres industries s'ajoutent aux scieries, comme les filatures à Lachute et à Saint-Jérôme, les moulins de pâtes et papier et les usines de produits chimiques à Shawinigan et à Grand-Mère. Des dépôts de silice, de calcaire, de dolomite et de magnésite découverts à plusieurs endroits sont considérés comme d'importantes ressources.

Agriculture Certains colons téméraires, poussés par la rareté des terres agricoles disponibles dans les basses terres, s'installent dans les vallées partant du Bouclier et tentent d'y implanter l'agriculture. Au milieu du XIX⁰ siècle, une vague d'immigrants irlandais et européens y réussit en partie dans les vallées inférieures. Une seconde vague de colons de souche française, encouragés par le curé LABELLE à la fin du XIX⁰ siècle, lance plusieurs programmes de colonisation. Saint-Jérôme, fondée en 1834, devient le tremplin du peuplement des vallées de la Rouge et du Nord. En 1892, le chemin de fer atteint SAINTE-AGATHE-DES-MONTS, et c'est le début des premiers succès.

Cependant, les sols podzoliques et le climat continental froid et humide ont raison des agriculteurs, et, en moins de deux générations, la plupart de ces terres ingrates sont abandonnées. Les cultivateurs trouvent des emplois dans l'industrie forestière, qui s'étend encore plus au nord à la recherche d'arbres commercialisables, et dans les industries et les scieries installées le long des rivières.

Loisirs L'environnement physique si hostile aux agriculteurs est cependant idéal pour la pratique de loisirs, comme l'avaient déjà reconnu certains des pionniers. Dès 1894, Sainte-Agathe ainsi que les collines, les lacs et les cours d'eau qui l'entourent attirent un tourisme d'été, et, à partir des années 20, un tourisme d'hiver. On assiste alors à une migration saisonnière de citadins venus non seulement d'OT-TAWA, de Montréal et de Québec, mais aussi des États-Unis. Des touristes de tous âges et de toutes conditions affluent vers les stations touristiques et les résidences secondaires des Laurentides.

Les gouvernements fédéral et provincial y aménagent des parcs afin de protéger l'environnement et d'offrir de grandes zones de loisirs en plein air. Le parc de la Gatineau, au nord d'Ottawa-Hull, le MONT TREMBLANT, près de Saint-Jovite, le parc de LA MAURICIE, au nord-ouest de Grand-Mère, et le parc des Laurentides, entre Québec et le LAC SAINT-JEAN sont les terrains de prédilection pour la chasse (orignal, cerf, ours noir, tétras), la pêche (doré noir, truite, perche, brochet), le camping, l'escalade, la natation et la voile. En hiver, on y pratique le ski alpin, le ski de fond, le patinage, la raquette et la MOTONEIGE.

Les réseaux de nouvelles routes modernes, notamment l'autoroute des Laurentides, au nord de

Montréal, construite à la fin des années 60, offrent un accès rapide à Saint-Sauveur, à Sainte-Agathe-des-Monts, au mont Tremblant, près de Québec, au MONT SAINTE-ANNE. Grâce au prolongement au-delà de Grand-Mère de l'autoroute Trans québécoise, au nord de Trois-Rivières, les adeptes d'activités de plein air peuvent pénétrer encore plus loin dans la vallée de la Haute-Mauricie pour profiter de ses parcs et de ses réserves fauniques.

R.N. Drummond

Hautes-Terres-du-Cap-Breton, parc national des Créé en 1936, ce parc occupe l'extrémité septentrionale de l'ÎLE DU CAP-BRETON. Il possède une superficie de 948 km² et est situé sur un haut plateau parsemé de tourbières, de forêts et d'étangs.

Histoire naturelle Le long du littoral du parc, on trouve des falaises de 300 m, des anses protégées et des plages de galets qui subissent les assauts constants de l'Atlantique. La végétation est variée: forêts de bois francs, érables, hêtres et bouleaux jaunes alternent avec le muskeg, les landes de bruyère et les tourbières parsemées d'orchidées. On trouve plusieurs espèces d'animaux sauvages dans le parc dont l'orignal, le cerf de Virginie, l'OURS NOIR, le lièvre d'Amérique, le lynx roux, le lynx du Canada et parfois même le couguar. On y trouve aussi le campagnol des rochers, la musaraigne de Gaspé, la musaraigne naine et la martre, espèces considérées comme rares au Canada. On y a dénombré plus de 230 espèces d'oiseaux.

Histoire humaine Les MICMACS occupaient ces terres où Jean CABOT aurait accosté en 1497. Des marins portugais ont été les premiers Européens à s'y installer, suivis de Français et d'Écossais. Dans les villages de pêcheurs entourant le parc, les traditions sont encore bien vivantes et le français, témoin de l'héritage des Acadiens (*voir* ACADIE), demeure la langue maternelle d'un grand nombre d'habitants, tandis que le gaélique, héritage des Highlands écossais, est toujours parlé.

Installations La Piste Cabot, une route panoramique moderne de 298 km, est une bonne façon d'apprécier les beautés du parc. On y trouve aussi six terrains de camping entièrement équipés et accessibles par la route de même que de nombreux emplacements hors des sentiers battus.

Lillian Stewart

Haven, Jens, fondateur de la mission morave du LABRADOR (Wust, Jütland, Danemark, 23 juin 1724—Herrnhut, Saxe [Allemagne], 16 avril 1796). Après avoir passé 10 ans à l'établissement morave de Herrnhut (1748-1758), Haven est envoyé à la mission inuite du Groenland. Il va au Labrador en 1764 dans l'espoir de fonder une mission chez les INUITS DU LABRADOR, une tentative antérieure, en 1752, ayant échoué. Le nouveau gouverneur de Terre-Neuve, Hugh PALLISER, dont l'autorité s'étend au Labrador, appuie Haven dans l'espoir que les moraves aideront à résoudre les conflits entre Inuits et Blancs. En mai 1769, 40 470 ha de terres sont concédés à l'Église morave au Labrador; en août 1771, Haven et ses fidèles fondent la première mission morave à Nain, dans la partie Nord de la côte. Pendant son séjour de 13 ans au Labrador, des missions sont également fondées à Okak et à Hopedale. Haven retourne à Herrnhut en 1784. D'une grande force de caractère, il est convaincu d'être destiné à œuvrer chez les Inuits du Labrador, un peuple qu'il aime.

John Parsons

Hawkesbury, ville de l'Ont.; pop. 10 162 (rec. 1996), 9 713 (rec. 1991), 9 710 (rec. 1986); superf. 8,71 km²; const. en 1896; située en bordure de la RIVIÈRE DES OUTAOUAIS, à 95 km à l'est d'Ottawa. La ville est fondée en 1798 et prend finalement le nom de Hawkesbury en l'honneur de Charles Jenkinson, baron Hawkesbury. Thomas Mears y construit les premiers moulins à eau et les premières scieries ainsi que le *Union*, premier navire à vapeur à naviguer sur la rivière des Outaouais. La demande

de bois d'œuvre durant les guerres napoléoniennes crée un boom.

Les industries du bois d'œuvre et des pâtes et papiers sont remplacées par des industries spécialisées dans le domaine du textile, des fibres synthétiques, des profilés métalliques, de l'acier, du verre et du plastique. Hawkesbury devient également le centre des affaires et des services du comté de Prescott-Russell. Le canal de Grenville situé du côté québécois de la rivière des Outaouais, en face de Hawkesbury, est une partie importante du réseau de transport fluvial. Le seul pont interprovincial entre Ottawa et Montréal se trouve à Hawkesbury. Une partie de la ville a été submergée par un barrage construit par Hydro-Québec entre 1950 et 1962.

K.L. Morrison

Hawkins, Ronald, alias Rompin' Ronnie, chanteur rock (Huntsville, Ark., 10 janv. 1935). «The Hawk» (le faucon), en quelque sorte le père de nombreux musiciens rock au Canada, joue avec Carl Perkins et Conway Twitty avant d'arriver en Ontario avec son propre groupe de *rockabilly*, en 1958. Il s'installe à Toronto malgré le succès international de premiers enregistrements tels que «Mary Lou», «40 Days» et le classique «Who Do You Love?».

Certains de ses orchestres des années 60, dont THE BAND et Crowbar, ont poursuivi sans lui de grandes carrières internationales. Il fait plusieurs retours dans les années 70 et est l'artiste invité du concert d'adieu de The Band, *The Last Waltz* (filmé par Martin Scorsese) à San Francisco, en novembre 1976. En 1982, il anime l'émission de CTV *Honky Tonk* et remporte le PRIX JUNO du chanteur country de l'année. Hawkins continue de faire des tournées et enregistre à l'occasion.

Jeff Bateman

Hawley, Sanford Desmond, jockey (Oshawa, Ont., 16 avril 1949). Jockey professionnel à partir de 1968, Hawley est l'un des meilleurs en Amérique du Nord. Il gagne une course sur quatre, la moyenne la plus élevée parmi les jockeys nord-américains. Meilleur jockey au Canada en 1969, il est le champion nord-américain en 1970, 1972 et 1973. En 1973, il est le premier jockey à gagner plus de 500 courses en une seule année et, en 1980, il remporte la 4000⁰ course de sa carrière, ce qui en fait le plus jeune jockey à atteindre ce sommet. Hawley reçoit le TROPHÉE LOU MARSH, remis annuellement à l'athlète canadien par excellence. Les États-Unis l'honorent aussi en lui accordant le fameux prix Eclipse pour ses exploits sportifs. À quatre reprises, il conduit des chevaux gagnants pour le derby QUEEN'S PLATE. En 1986, année où il est admis au Canadian Racing Hall of Fame, il a plus de 5000 victoires à son actif et, en 1992, il devient le huitième jockey à cumuler 6000 victoires. Il reçoit l'Ordre du Canada en 1976 puis, en 1992, le plus grand honneur réservé aux artisans des courses de chevaux, soit le privilège de faire partie du National Museum of Racing and Hall of Fame de Saratoga Springs, dans l'État de New York.

J. Thomas West

Hayes, Frederick Ronald, biologiste et administrateur scientifique (Parrsboro, N.-É., 29 avril 1904—Halifax, 6 sept. 1982). Lors de sa présidence à l'OFFICE DES RECHERCHES SUR LES PÊCHERIES de 1964 à 1969, Hayes guide son expansion et accroît ses liens avec les universités grâce à des bourses et à la collaboration dans la recherche. Son livre *The Chaining of Prometheus* (1973) explore avec beaucoup d'esprit et de perspicacité la subordination de la science canadienne à l'administration gouvernementale. Après avoir reçu une formation de zoologiste et d'embryologiste chimique aux universités Dalhousie et de Liverpool de 1922 à 1929, il devient professeur agrégé, puis professeur titulaire de zoologie à l'U. Dalhousie de 1930 à 1964. Il est également fondateur et premier directeur de l'Institut d'océanographie de cette université de 1959 à 1964, et vice-président aux affaires académiques de 1963 à 1964. Ses recherches à l'aide de radio-isotopes sur les processus lacustres influencent de nombreux étudiants. Hayes revient à l'U. Dalhousie, en 1969, comme professeur distingué avec une bourse Killam. Il y fonde l'Institut d'études environnementales en 1974.

Eric L. Mills

Hayes, Kate Simpson, née Katherine Hayes, pseudonyme Mary Markwell, écrivaine et journaliste (Dalhousie, N.-B., 1856—île de Vancouver, 15 janv. 1945). Elle s'installe à Prince Albert, dans les Territoires du Nord-Ouest, en 1879. Après un mariage de courte durée, elle s'établit avec ses deux enfants à Regina en 1885, où elle fonde une société littéraire et musicale. Elle écrit pour le *Regina Leader* et est bibliothécaire de l'Assemblée législative des territoires. Sous le pseudonyme de Mary Markwell, elle publie de nombreux poèmes, pièces de théâtre, saynètes, nouvelles et chansons. *Prairie Pot-pourri* (1895) est sa première œuvre littéraire publiée dans les Territoires du Nord-Ouest. Ses prises de position nettes en faveur du vote des femmes entraînent Nicholas Flood DAVIN, son vieux compagnon et le père de ses deux enfants, à présenter une motion au Parlement (8 mai 1895) en faveur du droit de vote pour les femmes. En 1899, elle devient rédactrice de la page féminine du quotidien, *Manitoba Free Press*. Elle est également cofondatrice du CANADIAN WOMEN'S PRESS CLUB (1904), dont elle est présidente de 1906 à 1907. À compter de 1906, elle parcourt la Grande-Bretagne et l'Europe, et encourage l'immigration des femmes au Canada. Elle devient plus tard directrice des pages féminines du quotidien *Ottawa Free Press*.

Susan Jackel

Hayes, rivière Longue de 483 km, la rivière Hayes prend sa source dans le lac Molson (399 km²), au nord-est du lac Winnipeg, et coule en direction nord-est jusqu'au lac Oxford (401 km²) et au lac Knee, traversant la roche et la brousse du Bouclier canadien, puis les plaines argileuses des basses-terres de la baie d'Hudson, jusque dans la baie, à YORK FACTORY. Son BASSIN HYDROGRAPHIQUE a une superficie de 108 000 km² et son débit moyen est de 694 m³/s. Ses principaux tributaires, les rivières Fox et Gods, drainent de nombreux lacs au nord et au sud de son parcours. Nommée d'après sir James Hayes, un membre fondateur de la Compagnie de la baie d'Hudson, la rivière Hayes est pendant près de 200 ans la principale route de la TRAITE DES FOURRURES entre le lac Winnipeg et York Factory. Bien que rapide et agitée par endroits, la Hayes est plus facilement navigable que le turbulent fleuve Nelson que les marchands de pelleteries rejoignent, via la rivière Echimamish, peu profonde, au lac Cross.

James Marsh

Haynes, Elizabeth Sterling (née Elizabeth Sterling), metteure en scène, spécialiste en théâtre éducatif et communautaire (Seaham Harbour, Angl., 7 déc. 1897—Toronto, 26 avril 1957). Fille aînée d'un pasteur méthodiste anglais, Haynes obtient un baccalauréat ès arts à l'U. de Toronto en 1920 et joue sous la direction de Roy Mitchell pendant la saison inaugurale du HART HOUSE Theatre (1919-1920). Elle est fortement influencée par la volonté de Mitchell de créer un théâtre expérimental canadien et par son approche charismatique de l'enseignement et de la mise en scène. À l'instar de Mitchell, Haynes sait synthétiser et adapter efficacement, à un milieu précis, les multiples tendances théâtrales tant canadiennes qu'étrangères. Elle travaille surtout dans le milieu du théâtre de l'Ouest canadien alors en pleine évolution, mais aussi dans celui du Canada atlantique.

Après s'être installée à Edmonton en 1922, avec son mari dentiste, Haynes s'affirme d'abord comme une actrice et metteure en scène talentueuse. Elle est, entre autres, metteure en scène invitée à la Dramatic Society de l'U. de l'Alberta (1923-1924, 1927-1932), membre fondatrice de l'Alberta Drama League (1929) et la première directrice artistique du

Edmonton Little Theatre de 1929 à 1932 (*voir* MOUVEMENT DU THÉÂTRE AMATEUR). En 1932, Haynes est la première spécialiste en théâtre régional engagée par le département des cours de perfectionnement de l'U. de l'Alberta et ne tarde pas à se faire une réputation d'enseignante novatrice. De 1932 à 1937, elle voyage partout en Alberta où elle remplit les fonctions de juge dans des festivals, donne des ateliers et des conférences, et fournit des conseils pour la production de pièces dans les écoles et les localités.

Haynes élargit son public par le biais d'émissions radiophoniques à CKUA, de brochures, de pièces et de livres distribués par l'entremise de la bibliothèque du département de l'Extension de l'enseignement. Par ailleurs, la Banff School of Fine Arts (*voir* BANFF CENTRE), qu'elle fonde en 1933 en collaboration avec E.A. CORBETT, divulgue ses idées sur le théâtre et l'éducation dans l'Ouest canadien. Elle se fera aussi connaître dans l'Est canadien quand le ministère de l'Éducation du Nouveau-Brunswick retiendra ses services pour superviser le théâtre et la littérature dans son nouveau programme d'éducation (1937-1938).

Haynes apporte un soutien considérable au théâtre d'Edmonton dans les années 40 et 50, en particulier au tout nouveau département de théâtre de l'U. de l'Alberta. Sa mauvaise santé limite cependant de plus en plus ses activités, et elle meurt en 1957 à l'âge de 59 ans, peu après son retour en Ontario. Depuis 1988, la ville d'Edmonton rend hommage à ses 30 années de travail dans le domaine du théâtre en Alberta en distribuant chaque année les prix de théâtre «Sterling», ainsi nommés en son honneur.

Moira Day

Hays, Charles Melville, directeur des entreprises de chemin de fer (Rock Island, Ill., 16 mai 1856—Atlantique Nord, 15 avril 1912). À 17 ans, Hays entre au service passagers d'Atlantic & Pacific Railway à St. Louis, au Missouri. Sa carrière progresse rapidement et, en 1889, il devient directeur général du Wabash, St. Louis and Pacific Railroad. Il arrive au Canada en 1896 en tant que directeur général du GRAND TRUNK RAILWAY, puis en devient président en 1909. Le chemin de fer du GRAND TRUNK PACIFIQUE (GTP), dont il devient président en 1905, a été en grande partie créé grâce à lui. Sous sa direction, le GTP souffre d'énormes conflits de travail et un des ministres de Wilfrid Laurier décrira Hays comme sans cœur, cruel et tyrannique. Il trouve la mort dans le naufrage du TITANIC.

Eric J. Holmgren

Hazen, sir John Douglas, avocat, politicien, juge (Oromocto, N.-B., 5 juin 1860—Saint-Jean, 27 déc. 1937). Conseiller municipal de Fredericton de 1885 à 1888, il est élu maire en 1888, puis député fédéral de Saint-Jean en 1891. Défait en 1896 lors de l'arrivée au pouvoir de LAURIER, il est élu député provincial de Sunbury en 1899 et nommé chef de l'Opposition. C'est sous sa direction que le Parti conservateur moderne devient une véritable force politique au Nouveau-Brunswick, accédant au pouvoir en 1908 et faisant la lutte à la corruption politique et aux efforts fédéraux pour réduire la représentation des Maritimes au Parlement. En 1911, il entre au Cabinet du premier ministre BORDEN, SIR ROBERT LAIRD, à titre de ministre de la Marine et des Pêcheries, ministre des Affaires navales et député fédéral de Saint-Jean. Membre du Cabinet impérial de guerre et de la Commission internationale des pêcheries, Hazen est nommé juge en chef du Nouveau-Brunswick en 1917.

Della M.M. Stanley

Head, sir Edmund Walker, 8ᵉ baronnet, érudit, fonctionnaire, lieutenant-gouverneur du Nouveau-Brunswick (1848-1854), gouverneur général de l'Amérique du Nord britannique (1854-1861) et gouverneur de la COMPAGNIE DE LA BAIE D'HUDSON de 1863 à 1868 (Wiarton Place, près de Maidstone, Angl., 16 févr. 1805—Londres, 28 janv.

1868). Il fait ses études à Oxford, où il obtient une mention très honorable en humanités à l'Oriel College et est reçu membre de Merlon. Auteur, éditeur et traducteur, il publie de nombreux articles sur le droit, le gouvernement, la langue et la philologie, ainsi que des ballades et des poèmes. Commissaire de l'assistance publique (1836-1847), il est nommé lieutenant-gouverneur du Nouveau-Brunswick en 1848. Administrateur compétent, il contribue à préparer la province au GOUVERNEMENT RESPONSABLE. Son intérêt à l'égard de la défense, des chemins de fer et de l'élargissement de la fédération de l'Amérique du Nord britannique (ANB) fait de lui le candidat tout indiqué pour le poste de gouverneur général de l'ANB en 1854. Son refus d'accorder à George BROWN la permission de dissoudre la Chambre pendant le DOUBLE REMANIEMENT de 1858 suscite une grande controverse. En tant qu'inspecteur au King's College (U. du Nouveau-Brunswick) et à l'U. McGill, il contribue à leur réorganisation du milieu du siècle.

Carman Miller

Head, sir Francis Bond, militaire, écrivain et administrateur colonial (Higham, Angl., 1ᵉʳ janv. 1793—Croydon, Angl., 20 juill. 1875). Issu de la petite noblesse, Head fait son service dans les Royal Engineers. Il est major lorsqu'il quitte la vie militaire en 1825. Il devient superviseur des mines en Amérique du Sud et ses chevauchées à travers les Andes lui valent le surnom de «Galloping Head». Auteur populaire de plusieurs récits de voyages, il est nommé commissaire adjoint de l'Assistance publique en 1834, puis lieutenant-gouverneur du Haut-Canada en 1835. Lorsqu'il arrive à Toronto (janv. 1836), il est bien accueilli par les réformistes. Il nomme d'ailleurs plusieurs réformistes modérés au Conseil exécutif, dont Robert BALDWIN, mais consulte rarement les membres du Conseil, qui démissionnent quelques mois plus tard.

L'Assemblée, dominée par les réformistes, vote une motion de censure contre lui. Il dissout alors la Chambre et remporte une victoire écrasante aux élections de 1836 en prônant le loyalisme. Il perd toutefois de nombreux appuis du côté des modérés lorsqu'il se lance dans une acerbe campagne de vengeance contre tous les réformistes. Head ne peut pas être tenu pour responsable des REBELLION OF 1837 dans le Haut-Canada, mais son ingérence sans précédent dans les élections et son hostilité implacable envers les réformistes, sans compter sa décision de priver la colonie des troupes britanniques, encouragent les extrémistes. En raison de ses excès, il est révoqué en 1838 et n'exerce plus jamais de charges publiques.

Phillip A. Buckner

Head, Ivan Leigh, fonctionnaire (Calgary, Alb., 28 juill. 1930). Diplômé en droit de l'U. de l'Alberta, il y enseigne le droit de 1963 à 1967, après de courtes périodes en pratique privée et au ministère des Affaires extérieures. En 1967, il est conseiller constitutionnel de P.E. TRUDEAU, dont il devient l'adjoint spécial l'année suivante, une fois celui-ci devenu premier ministre. Combatif, résolu et idéaliste, Head fait bientôt partie du cercle fermé du premier ministre et devient son fonctionnaire clé aux Affaires extérieures.

Il joue un rôle très important dans l'appel de Trudeau en faveur d'un «dialogue Nord-Sud» en vue d'aider les pays en voie de développement. En 1978, il devient président et gouverneur du CENTRE DE RECHERCHE POUR LE DÉVELOPPEMENT INTERNATIONAL. Il a accepté plusieurs postes au sein du conseil d'administration et comité exécutif de différents organismes: l'Inter-American Dialogue (1985-), l'Institut international de l'océan, à Malte (1992-), le Salzburg Seminar (1992-), l'Institut canadien des affaires internationales (1993-) et le Collège de la Défense nationale (1993-). Nommé officier de l'Ordre du Canada en 1990, il est l'auteur de *On a Hinge of History* (1991) et professeur de droit et de science politique à l'U. de la Colombie-Britannique depuis 1991.

Norman Hillmer

Head-Smashed-In Buffalo Jump Ce site archéologique est situé à l'extrémité sud des monts Porcupine, dans le sud-ouest de l'Alberta. Pendant 6000 ans et jusqu'au milieu du XIXe siècle, Head-Smashed-In représente pour les peuples autochtones des Plaines du Nord-Ouest l'un des nombreux pièges ingénieux qui servent à tuer les bisons en grand nombre. Au moyen d'appâts savamment conçus, les chasseurs encerclent les troupeaux de bisons et les dirigent vers les monts Porcupine pour les faire plonger d'une falaise haute de 10 m. Les chasseurs qui attendent au pied de la falaise n'ont plus qu'à tuer et à débiter les animaux, ce qui leur donne une grande quantité de viande, de peaux et d'os. Les dépôts d'ossements débités et d'outils de pierre au pied de la falaise s'amoncellent sur une épaisseur de plus de 11 m.

Jack Brink

Centre d'interprétation Head-Smashed-In Buffalo Jump Head-Smashed-In Buffalo Jump est un des sites archéologiques les plus riches des plaines de l'Amérique du Nord, en reconnaissance de quoi l'UNESCO l'inscrit sur la liste des SITES DU PATRIMOINE MONDIAL DES NATIONS UNIES en 1981.

Les recherches archéologiques portent à croire que ce piège à bisons a été utilisé pendant près de 6000 ans. Il s'agit en fait d'un énorme complexe de ressources archéologiques, avec son aire de débitage dans la prairie juste au pied de la falaise et son vaste bassin où on rassemblait les bisons au sommet de la falaise. Le site se caractérise par son programme de recherche continu et donne aux visiteurs la possibilité d'observer les fouilles archéologiques en direct.

En 1987 s'ouvre un centre d'interprétation près du saut. Le centre présente des expositions sur l'histoire et la culture des Peigans et des autres peuples des plaines (*voir* AUTOCHTONES: LES PLAINES) et expose quelques-uns des milliers d'artefacts découverts sur le site archéologique. Ce centre est ouvert au public toute l'année. (*Voir* aussi ARCHÉOLOGIE; BISON, CHASSE AU et PRÉHISTOIRE.)

Deborah Welch et Michael Payne

Heagerty, John Joseph, médecin, responsable de la santé publique et historien (Montréal, 26 déc. 1879—Ottawa, 7 févr. 1946). D'abord recruté par le service fédéral comme bactériologiste en 1911, Heagerty se joint au nouveau ministère de la Santé en 1919 et devient directeur des services de la santé publique en 1938. On se souvient de sa campagne à l'échelle du pays contre les maladies vénériennes dans les années 1920 et de ses propositions en faveur d'un système national d'assurance-santé en 1943. Ses conférences sur l'histoire médicale canadienne sont radiodiffusées. Il publie un ouvrage en deux volumes: *Four Centuries of Medical History in Canada* (1928) ainsi que *The Romance of Medicine in Canada* (1940).

Janice Dickin McGinnis

Heaps, Abraham Albert, travailliste (Leeds, Angl., 24 déc. 1885—Bournemouth, Angl., 4 avril 1954). Juif d'origine modeste et tapissier de son métier, il immigre au Canada en 1911 et se fait élire député de Winnipeg Nord, devenant un parlementaire distingué, de 1925 à 1940. Il attire d'abord l'attention à Winnipeg comme statisticien autodidacte de la section locale du Congrès des métiers et du travail canadien (CMTC), comme échevin travailliste et comme un des chefs de la GRÈVE GÉNÉRALE DE WINNIPEG. En juin 1919, il est appréhendé et accusé de sédition, mais il prouve lui-même son innocence après 10 mois de prison et de poursuites judiciaires. Même s'il est député travailliste indépendant (par la suite), il est membre de la Fédération du commonwealth coopératif) et un socialiste conscient des barrières sociales, Heaps tisse des liens personnels et politiques avec les premiers ministres Mackenzie KING et R.B. BENNETT. En raison de son intelli-

gence et de son profond humanisme, il compte peu d'ennemis véritables. Arthur MEIGHEN et Tim BUCK figurent toutefois parmi ceux-ci. En 1926, l'aide enthousiaste de Heaps contribue à mettre fin abruptement à la carrière de premier ministre de Meighen. Buck essaie quant à lui de lui faire perdre son siège dans la circonscription du Nord (qui compte sur un appui considérable des communistes) lors des élections fédérales de 1935.

Grâce aux efforts inlassables de Heaps, reconnu comme le critique économique le plus crédible des Communes au cours des années 20 et des années 30, les gouvernements libéraux et conservateurs de l'époque adoptent des mesures sociales vitales quoique limitées. Ses échecs les plus cuisants lui viennent du peu de cas que l'on fait de ses avertissements au sujet des dangers du fascisme dans les années 30 et des efforts qu'il déploie pour la cause des réfugiés anti-nazis. Ironie du sort, de fausses accusations de pacifisme et de déloyauté sont largement responsables de sa défaite aux élections de 1940, laquelle met fin à sa carrière politique. Heaps quitte la vie publique, s'installe à Montréal et meurt lors d'un séjour en Angleterre. Ses fils Leo et David Heaps se distinguent au front durant la Seconde Guerre mondiale avant de poursuivre l'œuvre de leur père dans leurs différents domaines.

Allen Seager

Heard, Robert Donald Hoskin, chimiste et biochimiste (St. Thomas, Ont., 13 févr. 1908—Montréal, 8 sept. 1957). Bien connu pour ses recherches sur la biochimie des hormones stéroïdiennes, Heard est en grande partie responsable du choix d'un site canadien pour la tenue annuelle de la prestigieuse Laurentian Hormone Conference en 1944. Il est bachelier et maître ès lettres de l'U. de Toronto (1930) et, en tant que «1851 Exhibition Scholar», il obtient un Ph.D. de l'U. de Manchester, en Angleterre (1932). Il passe un an à Oxford, puis revient à l'U. de Toronto à titre de boursier de la Banting Research Foundation. Professeur de biochimie à l'U. de Dalhousie en 1937 et à McGill en 1942, il poursuit une remarquable carrière de professeur et de chercheur jusqu'à sa mort prématurée. Avec ses étudiants et ses collaborateurs, il publie un grand nombre d'articles scientifiques. Il est reconnu pour avoir mis au point des méthodes de marquage radioactif des hormones stéroïdiennes et pour avoir utilisé ces «traceurs» pour révéler les voies de formation et d'interconversion des hormones ovariennes et surrénaliennes.

J.L. Webb

Hearn, Richard Lankaster, ingénieur civil, administrateur et pionnier de l'énergie nucléaire (Toronto, 18 mai 1890—*id.*, 24 mai 1987). Après avoir obtenu son diplôme en génie civil à l'U. de Toronto, en 1913, Hearn est l'un des premiers ingénieurs à se joindre au personnel de la nouvelle société ONTARIO HYDRO, devenant ingénieur de construction adjoint en 1918. De 1921 à 1930, il accroît son expérience en étant ingénieur en chef adjoint de la Washington Water Power Co. à Spokane, mais il rentre au Canada pour se joindre au Dr H.G. Acres comme ingénieur en chef de son nouveau bureau d'ingénieurs-conseils. De 1934 à 1942, il exécute des travaux remarquables comme ingénieur en chef chez Dominion Construction Co.

Ontario Hydro, chez qui Hearn retourne en 1942, le prête presque immédiatement pour prendre en charge, comme ingénieur en chef, la construction de l'usine de caoutchouc synthétique polymère à Sarnia, en Ontario. Cette usine, qui entre en activité en moins de 12 mois, est l'un des plus grands exploits en construction au Canada. Hearn travaille chez Ontario Hydro jusqu'à sa retraite en 1956, d'abord comme ingénieur en chef (1945), ensuite comme directeur général et ingénieur en chef (1947), puis comme président (1955). Il guide donc Ontario Hydro durant sa plus forte expansion, dirige la conversion complexe de tout son système vers les 60

cycles et lance sa première entreprise dans l'exploitation de l'énergie nucléaire.

Robert F. Legget

Hearne, Samuel, explorateur et commerçant de fourrures (Londres, 1745—*id.*, nov. 1792). Il entre à la Compagnie de la baie d'Hudson en 1766 et est choisi pour aller à la recherche d'un passage vers l'ouest, par voie fluviale ou maritime, à travers la toundra. Ses deux premières tentatives se soldent par de lamentables échecs: il se fait malmener et voler par ses guides autochtones, qui l'abandonnent. Il quitte à nouveau le FORT PRINCE-DE-GALLES le 7 décembre 1770, en compagnie de MATONABBEE, un chef habile, très respecté parmi les Chipewyans. Ils traversent à pied des terres désolées et sans pistes, souffrant du froid, de l'humidité et de la faim, en suivant patiemment les migrations saisonnières des caribous. Ils cheminent vers l'ouest, probablement jusqu'au lac Alcantara, puis vers le nord jusqu'à la RIVIÈRE COPPERMINE.

Hearne suit la rivière peu profonde jusqu'à l'océan Arctique et constate que cette voie ne peut servir de route de commerce. De plus, malgré des recherches intensives, les découvertes se résument à un simple bloc de cuivre. Hearne s'attire le mépris de ses compagnons parce qu'il refuse de se joindre à eux lorsqu'ils massacrent un groupe d'Inuits sans défense, ennemis traditionnels des Chipewyans, à un endroit qu'il appellera BLOODY FALLS. Épuisé, Hearne doit suivre ses guides qui se dirigent vers le sud avec empressement, impatients de retrouver leurs femmes. Ils franchissent le GRAND LAC DES ESCLAVES le 24 décembre. Hearne souffre du froid extrême, et perd ses ongles d'orteils à cause de gelures. Après avoir passé l'hiver en forêt, où ils peuvent chasser et fabriquer des canots, Matonabbee et sa bande le ramènent au fort, le 30 juin 1772.

Hearne reconnaît que cette expédition n'a rien rapporté sur le plan matériel à la Compagnie de la baie d'Hudson. Il essaie de contrer la concurrence des commerçants canadiens indépendants de Montréal en construisant le premier poste de la Compagnie à l'intérieur des terres. Il remonte la rivière Grass jusqu'à Cranberry Portage, passe par le lac Athapapuskow, descend la rivière Goose jusqu'au lac Goose et enfin jusqu'à la Saskatchewan, où il commence à ériger Cumberland House en 1774. En 1776, il est nommé commandant du fort Prince-de-Galles, qu'il devra céder aux Français en 1782. Malade et critiqué pour son manque de fermeté, il se retire en 1787 et passe les dernières années de sa vie à écrire et à parler au sujet de ses aventures exceptionnelles. Le talent littéraire qu'il démontre dans *A Journey from Prince of Wales's Fort in Hudson's Bay to the Northern Ocean*, publié trois ans après son décès, lui assure la renommée à titre d'auteur et d'explorateur. Il y décrit avec beaucoup d'émotion ses propres souffrances et trace un portrait coloré de Matonabbee et de son peuple plein de ressources.

James Marsh

Hearst, ville de l'Ont., district de Cochrane; pop. 6049 (rec. 1996), 6079 (rec. 1991), 6066 (rec 1986); superf. 96,85 km^2; const. en 1922; située dans le nord-est de l'Ontario, aux abords de la rivière Mattawishkwia, à 260 km au nord-ouest de TIMMINS, à l'extrémité ouest du Great Clay Belt du nord de l'Ontario. Aujourd'hui un centre d'exploitation forestière et agricole, Hearst doit sa création à la construction du chemin de fer NATIONAL TRANSCONTINENTAL (plus tard le Canadien National), terminée en 1913. D'abord nommée Grant, la localité est renommée en l'honneur de sir William HEARST, le seul premier ministre de l'histoire de la province originaire du nord de l'Ontario qui contribue au développement de la communauté en y établissant une ferme expérimentale en 1917.

Comme un fort pourcentage de sa population est originaire du Québec, la ville devient, en 1939, le siège de l'évêché catholique de Hearst. La création du Collège universitaire de Hearst, en 1953, en fait le centre d'enseignement supérieur francophone de la région. Depuis 1963, le Collège est affilié à l'U. LAURENTIENNE de Sudbury. Actuellement, 86 p. 100 des étudiants résidents sont d'origine francophone.

Matt Bray

Hearst, sir William Howard, avocat, politicien, premier ministre de l'Ontario (canton d'Arran, Canada-Ouest, 15 févr. 1864—Toronto, 29 sept. 1941). Avocat à Sault-Sainte-Marie, il est élu en 1908 député provincial conservateur. Un des principaux porte-parole du nord de l'Ontario, il entre au Cabinet de sir James P. WHITNEY en 1911, à titre de ministre des Terres, des Forêts et des Mines. Il joue un rôle important dans les négociations qui, en 1912, mènent à l'ajout du territoire de Keewatin à l'Ontario, accroissant ainsi de 56 p. 100 la superficie de la province. En 1914, il accède au poste de premier ministre provincial. Fervent partisan de l'effort de guerre (son apport lui vaut le titre de chevalier, en 1917), il accorde le droit de vote aux femmes, instaure la prohibition et établit un ministère du Travail. Il autorise aussi la construction de la centrale hydroélectrique de Queenston, la plus grande au monde lors de sa mise en service en 1921, faisant ainsi d'ONTARIO HYDRO le principal producteur d'électricité de la province. Après la défaite de son gouvernement en 1919, il retourne à la pratique du droit. De 1920 à 1940, il siège à la COMMISSION MIXTE INTERNATIONALE.

Brian D. Tennyson

Heart's Content, station d'aboutissement du câble de LIEU HISTORIQUE provincial qui commémore l'un des événements les plus marquants du XIXe siècle, soit l'installation, en 1866, d'un câble télégraphique transatlantique (*voir* TÉLÉGRAPHE) reliant l'Irlande à Heart's Content, à Terre-Neuve. À l'époque, on considérait que l'installation d'un câble télégraphique entre l'Europe et l'Amérique du Nord était impossible à réaliser, mais Cyrus West Field, un promoteur et entrepreneur américain, était convaincu du contraire. Le branchement de ce câble a rendu possible, presque instantanément, la communication entre l'Europe et l'Amérique du Nord, inaugurant ainsi l'ère des communications intercontinentales. Le site comprend un bâtiment construit en 1875 et une rallonge datant de 1918. Les expositions traitent de l'histoire de la télégraphie et du rôle que Heart's Content a joué dans cette industrie. Des guides en costumes d'époque assurent l'animation de la mi-juin à la mi-août.

Deborah Welch et Michael Payne

Hebb, Donald Olding, psychologue (Chester, N.-É., 22 juill. 1904—Halifax, 20 août 1985). Élève brillant, Hebb complète en un an les quatre premières années d'école primaire et l'année suivante, les 5e et 6e années. L'école se révèle cependant trop facile et, quand il obtient son diplôme de l'U. Dalhousie, ses notes sont dans la moyenne. Un ouvrage de Freud l'incite à retourner à l'université: il obtient une maîtrise en psychologie à l'U. McGill (1932), et un Ph.D. à Harvard (1936). À l'époque, le cerveau est considéré comme une station de relais traitant les entrées et les sorties des impulsions et le comportement n'est que stimulus et réponse. Hebb croit qu'il se passe plus que cela dans le cerveau. Il travaille avec Wilder PENFIELD entre 1937 et 1939 et remarque que la perte de grandes parties du cerveau n'entraîne pas nécessairement une diminution de l'intelligence. Il étudie le développement du comportement chez les rats, les primates et les nourrissons. Il est convaincu que des circuits neuraux qui relient les neurones entrants et sortants sont le centre de la pensée et des émotions. En 1949, il publie *The Organization of Behaviour,* qui révolutionne la psychologie en remettant «l'esprit» dans le cerveau. Ses études sur le développement démontrent l'importance de la stimulation par l'environnement dans la petite enfance et mènent à l'adoption aux États-Unis de l'opération Headstart, un programme qui vise à aider

les enfants dans les familles désavantagées. Il démontre la nécessité pour l'activité normale du cerveau d'un apport constant par la réaction anormale des sujets privés de stimulation sensorielle.

David T. Suzuki

Hébert (1990), affaire Dans cette affaire, la Cour suprême du Canada se prononce directement sur le droit au silence. En l'espèce, Hébert est accusé de vol qualifié. Informé de son droit à l'avocat, il est incarcéré après la consultation. Un agent de police banalisé, qui prétend être un suspect arrêté par la police, se trouve dans la même cellule qu'Hébert. L'agent engage la conversation et Hébert lui fait des déclarations compromettantes.

La Cour suprême est d'avis, à l'unanimité sur ces trois points, que l'article 7 de la *Charte canadienne des droits et libertés* comprend le droit au silence; que ce droit a été violé en l'espèce puisque les policiers ont utilisé un artifice pour obtenir des déclarations et que ces déclarations doivent être écartées en vertu du paragraphe 24(2) de la Charte.

La Cour se partage toutefois sur la portée du droit au silence. La juge McLachlin, au nom de la majorité, déclare que le droit au silence tire sa source de deux concepts: la règle des confessions et le privilège de ne pas s'incriminer. «La portée du droit de garder le silence doit être définie de façon suffisamment générale pour que la personne détenue conserve le droit de choisir de parler ou non aux autorités ou de garder le silence, sans égard au fait qu'elle soit assujettie au pouvoir supérieur de l'État.» Les juges Wilson et Sopinka sont dissidents.

Hébert, Adrien, peintre (Paris, 12 avril 1890—Montréal, 26 juin 1967). Fils du sculpteur Louis-Philippe HÉBERT (1850-1917) et de Maria-Emma-Cordélia Roy (1856-1942). Il passe son enfance autant au Canada qu'en France, son père ayant été mandaté pour travailler à une série de sculptures destinées à décorer la façade du parlement à QUÉBEC. De 1902 à 1911, il fréquente le Conseil des arts et manufactures de Montréal où il suit les cours d'Edmond DYONNET (1859-1954), de Joseph-Charles FRANCHÈRE (1866-1921) et de Joseph SAINT-CHARLES (1868-1956). Il est aussi l'élève de William BRYMNER (1855-1925) à la Art Association of Montreal (AAM), qui deviendra plus tard le MUSÉE DES BEAUX-ARTS DE MONTRÉAL.

Tout débuts La carrière artistique d'Adrien Hébert semble avoir débuté en 1909, alors qu'il expose pour la première fois au *Salon du printemps* de la AAM, où il présentera d'ailleurs régulièrement des œuvres jusqu'en 1954. De 1910 à 1960, ses tableaux sont exposés lors des expositions annuelles de l'ACADÉMIE ROYALE DES ARTS DU CANADA. En 1916, il présente une exposition à la bibliothèque Saint-Sulpice de Montréal avec son frère, le sculpteur Henri HÉBERT (1884-1950). En 1918, il collabore également avec son frère à la publication de *Le Nigog,* une revue qui défend l'esthétisme moderne en littérature et en peinture en réaction aux tendances régionalistes qui prévalent alors au Québec.

Style rappelant Cézanne Pendant son séjour (1922-1923) en France, il peint des paysages de l'Ardèche et des vues de Paris, ainsi que des portraits d'amis dans un style qui rappelle celui de Cézanne. À son retour à Montréal à la fin de l'été 1923, il enseigne le dessin au Conseil des arts et manufactures. Après cette date, il adopte un style artistique plus distinctif, après s'être découvert un intérêt à peindre le port de Montréal. Ce qui le frappe, en plus des bateaux déchargeant des cargaisons et du travail des débardeurs, c'est la beauté de l'architecture du port, illustrée par les grands silos à grain et les passerelles reliant les hangars. Tous ces éléments lui permettent alors de composer des tableaux très structurés, où l'effervescence des activités du port est transposée par l'artiste à travers l'évocation du bruit et du mouvement.

Paysage urbain L'amour qu'éprouve Hébert pour la ville se manifeste dans sa peinture: à partir de cette période et pendant de nombreuses années, il crée des œuvres représentant les rues de la métropole, souvent celles situées près de son studio sur la rue Sainte-Julie (maintenant la rue Christin). Ces tableaux illustrent les images de piétons allant et venant et de voitures et de tramways circulant dans les rues trempées de pluie ou balayées par la neige. En mars 1931, à la Galerie A. Barreiro de Paris, il expose une vingtaine de toiles sur ses thèmes favoris. Cette année-là, la ville de Montréal lui commande, pour la décoration du chalet du Mont-Royal, un grand tableau historique représentant l'arrivée de Jacques CARTIER à HOCHELAGA en 1535. En 1941, il est élu membre de l'Académie royale des arts du Canada.

À la mort d'Henri en 1950, Adrien emménage chez son frère, sur la rue Labelle, dans un studio construit à l'origine par leur père. À cette époque, il peint dans la région de Chicoutimi, encouragé par son neveu Armand Hébert, qui agit auprès de lui comme agent de promotion au Saguenay. En 1953, Adrien reçoit son troisième prix Jessie Dow, remis par la AAM, pour son tableau *S.S. Empress of Canada.*

L'année suivante, après avoir pris sa retraite en tant qu'enseignant à la Commission des écoles catholiques de Montréal, Hébert se rend en Afrique occidentale française, et ensuite en France au début de 1955. Il expose à son retour, à son atelier de Montréal, de même qu'en 1956 au restaurant Hélène de Champlain, des tableaux tirés de ses carnets de voyages. Après la démolition de son studio en 1963, le peintre s'installe dans une maison achetée à Westmount.

Tout au long de sa carrière, Hébert se perçoit comme un peintre urbain, même s'il travaille souvent sur l'île Bélair, où sa famille possède une résidence de campagne. Un mois après le décès de l'artiste, le maire Jean DRAPEAU offrait un de ses tableaux du port de Montréal au général Charles De Gaulle, à l'occasion de la visite de ce dernier à l'EXPO 67. En 1971, la Galerie nationale du Canada (*voir* MUSÉE DES BEAUX-ARTS DU CANADA) organise l'exposition *Adrien Hébert, trente ans de son œuvre,* et, à l'été 1993, le MUSÉE DU QUÉBEC lui rend hommage avec une exposition consacrée à l'ensemble de son œuvre.

Pierre L'allier

Hébert, Anne, poète, dramaturge et romancière (Sainte-Catherine-de-Fossambault, Qc, 1er août 1916—*id.*, 22 janv. 2000). Son père, Maurice, fonctionnaire provincial et écrivain, guide ses pas au début de sa carrière littéraire. Par sa mère, elle est rattachée à la lignée de François-Xavier GARNEAU, historien du XIXe siècle. Son talent littéraire s'inscrit superbement dans la tradition littéraire familiale. Elle est aussi cousine et amie d'Hector de Saint-Denys GARNEAU dont la poésie la bouleverse profondément. Cependant, elle reste surtout marquée par la mort de ce dernier, dans l'isolement, à la fin de 1943. Elle se sent désormais poussée à une révolte ouverte, comme en témoignent les œuvres qui suivront. Hébert grandit, étudie et vit à Québec jusqu'au milieu de la trentaine. De 1950 à 1954, elle travaille à des émissions de Radio-Canada et rédige des scénarios pour l'Office national du film. Elle part ensuite à Paris grâce à une bourse, où elle vit plus de 30 ans avant de revenir au Québec en 1997. Son séjour en France est entrecoupé de fréquentes visites au Québec.

Son cheminement pour devenir une poète en pleine maturité comporte trois étapes. En 1942, elle publie son premier recueil, *Les Songes en équilibre,* où elle apparaît comme vivant dans un état second relié à l'univers du rêve. Puis, paraît *Le Tombeau des rois* (1953), relation d'une tragédie hautement symbolique où s'affrontent mort et vie, songe et réalité. Enfin, en 1960, à l'aube de la RÉVOLUTION TRANQUILLE au Québec, l'émouvant verset de

Mystère de la parole révèle un moi libéré. Son premier volume en prose, *Le Torrent,* un recueil de nouvelles, paraît en 1950 et choque les lecteurs. Il n'en deviendra pas moins un classique. Son premier roman, *Les Chambres de bois* (1958), témoigne d'une imagination très personnelle, apte à décrire des univers mortellement clos sur eux-mêmes, habités par le jeu des passions brutales et la violence des instincts, mais ce n'est qu'en 1970, avec son célèbre roman *Kamouraska* que l'auteure démontre son talent. Elle y combine habilement deux intrigues qu'elle situe dans le Québec du XIXᵉ siècle. Le rythme haletant, angoissé et romanesque appuie un suspens bien contrôlé. Ce roman vaut à Anne Hébert le prix des Libraires (de France) et est porté à l'écran en 1973, par Claude JUTRA. Il est traduit en anglais comme presque toute son œuvre.

Dans *Les Enfants du sabbat* (1975), Hébert raconte une histoire de sorcellerie se déroulant au Québec. *Héloïse* (1980) est le récit de fantômes-vampires qui hantent le métro de Paris. *Les Fous de Bassan* (1982) reçoit le prix Fémina et est porté à l'écran par Yves Simoneau en 1986. L'intrigue se déroule à Gaspé, où deux adolescents d'un village anglo-protestant sont assassinés. Elle écrit nombre de pièces qu'elle publie sous le titre *Le Temps sauvage.* Dans la pièce du même nom, une mère tente en vain de protéger ses enfants du monde extérieur. Elle a consacré les dernières années de sa vie à polir et à épurer encore davantage son style, à auréoler d'encore plus de rêves et de mystère ses personnages ou poèmes (*Le Premier jardin,* 1988; *L'Enfant chargé de songes,* 1992; *Le Jour n'a d'égal que la nuit,* 1992). Son dernier ouvrage porte un titre prophétique: *Un habit de lumière.*

La carrière d'Anne Hébert, jalonnée de distinctions littéraires (parmi lesquelles le PRIX MOLSON en 1967, son admission à la Société royale du Canada en 1960 et le prix du Gouverneur général en 1975), repose sur une vie disciplinée consacrée à l'écriture. Sa poésie et sa prose sont devenues des modèles et ont été analysées dans des centaines d'études, surtout au Québec, mais aussi en France et au Canada anglais.

Pierre H. Lemieux

Hébert, Henri, sculpteur (Montréal, 3 avril 1884—*id.,* 1ᵉʳ mai 1950). Fils du sculpteur Louis-Philippe HÉBERT, il fréquente les cours du soir donnés au Monument national de Montréal par le peintre Edmond DYONNET. Il accompagne ensuite ses parents à Paris où il s'inscrit à l'École des beaux-arts et à l'École des arts décoratifs. De retour à Montréal, il poursuit ses études à l'Art Association avec William BRYMNER. Il enseigne quelques années à McGill tout en réalisant de nombreux bustes, dont ceux de R.B. Bennett, Pamphile Lemay, Édouard Montpetit, Alphonse Jongers et sir Rodolphe Forget. Nous lui devons une vingtaine de monuments, dont les plus célèbres sont ceux de sir Louis-Hippolyte LAFONTAINE, à Québec et à Montréal, *Évangéline,* à Grand Pré (en collaboration avec son père), le *Monument aux morts,* à Outremont, et *Jacques de Lesseps,* à Gaspé. Membre de l'Académie royale des arts du Canada, de la Société des sculpteurs du Canada, de l'Arts Club de Montréal et membre de la Société royale des arts, Henri Hébert a reçu un doctorat honorifique de l'Université de Montréal. Ses œuvres figurent dans de nombreuses collections publiques dont celles du Musée du Québec et du Musée des beaux-arts du Canada.

Michel Champagne

Hébert, Louis, apothicaire, pionnier (Paris, 1575—Québec, janv. 1627). Hébert vient au Canada trois fois entre 1604 et 1613 avec de MONTS, avec CHAMPLAIN et avec Jean de BIENCOURT de Poutrincourt. En 1617, il décide de s'installer à Québec avec sa femme et ses trois enfants. On lui cède 10 arpents de terre près du site de l'actuelle cathédrale de Québec. Sa famille est reconnue, lui comme premier colon du Canada et sa femme, Marie Rollet,

comme la première femme française à fouler le sol de la Nouvelle France. Il semble que, grâce entre autres à ses connaissances médicales, Hébert était en bons termes avec les Indiens.

Jacques Bernier

Hébert, Louis-Philippe, sculpteur (Sainte-Sophie de Mégantic, Qc, 27 janv. 1850—Montréal, 3 juin 1917). Fils de cultivateur, il quitte la ferme paternelle pour s'enrôler dans les ZOUAVES pontificaux appelés à Rome et à Tripoli. Sur place, la vue de tant d'œuvres d'art est pour lui un choc. Dès son retour au pays, il rejoint, dans l'atelier du peintre Napoléon BOURASSA, les jeunes artistes dont ce dernier s'entoure pour réaliser ses nombreuses commandes. Hébert y reste six ans. C'est là qu'il apprend son métier de sculpteur.

Son œuvre se compose de plus d'une quarantaine de monuments célèbres: la *Reine Victoria,* à Ottawa; *Maisonneuve, Jeanne-Mance, Mgr Bourget, Édouard VII,* à Montréal; *Salaberry,* à Chambly; *Mgr de Laval,* la *Fontaine des Abénakis* et six sculptures érigées devant le Parlement de Québec. Nous lui devons également une série de 38 statuettes de nos politiciens, une quarantaine de bustes, 18 médailles commémoratives ainsi qu'un très grand nombre de sculptures en bois, en bronze et en terre cuite.

Il est élu membre de l'Académie royale canadienne des beaux-arts en 1880 et décoré de la Médaille de la Confédération, en 1894. La France le fait Chevalier de la Légion d'honneur (1901). La Grande-Bretagne le fait Compagnon de l'Ordre de Saint-Michel et de Saint-Georges (1903). En 1971, pour perpétuer son nom, la Société Saint-Jean-Baptiste de Montréal fonde le prix Philippe-Hébert, décerné à un artiste qui se distingue par sa compétence et son rayonnement dans le domaine des arts au Québec. En 1973, son petit-fils Bruno Hébert publie aux Éditions FIDES, de Montréal, un ouvrage important sur lui.

Michel Champagne

Hébert, Pierre, cinéaste d'animation, graveur (Montréal, 19 janv. 1944). Émule de Norman MCLAREN, il expérimente très tôt la gravure sur pellicule et réalise des films où l'esthétique optique domine: *Opus I* (1964), *Op hop hop op* (1965), *Autour de la perception* (1968). Il s'oriente ensuite vers une animation plus réflexive, plus politique, en utilisant des techniques simples, permettant un travail autonome: *Père Noël, Père Noël* (1974), *Entre chiens et loups* (1977) et *Souvenirs de guerre* (1982). Après 1982, Hébert entre dans une phase au cours de laquelle il fait la synthèse de ses démarches précédentes, expérimente de nouvelles utilisations de la musique en animation et explore la relation de l'animation avec les autres formes esthétiques: *Étienne et Sara* (1984) nous amène dans le monde de la poésie; *Chants et danses du monde inanimé–le métro* (1984) dans celui de la danse et de la musique; *Ô Picasso -Tableaux d'une surexposition*–(1985) dans celui de la peinture. *Avec Adieu bipède* (1987) et *La Lettre d'amour* (1988), Hébert s'intéresse à l'art de la performance, combinant le grattage sur pellicule, en direct sur scène, avec la danse et la musique interprétées simultanément. Ses improvisations du spectacle performance *La Plante humaine* seront réutilisées dans son premier long métrage homonyme qui sort en 1996. En s'intéressant à la violence, à la présence de la télévision et à la vie des gens simples, en mélangeant images réelles, images d'animation gravées sur pellicule et images chromatiques générées par ordinateur, et en portant une attention particulière à la bande son et au choix musical, Hébert procède à un métissage technique original et propose une synthèse inédite et fort maîtrisée qui témoigne du sens expérimental de sa démarche. Depuis 1965, Hébert a souvent contribué à l'œuvre d'autres cinéastes pour lesquels il a réalisé des séquences d'animation. En 1988, il a été le premier récipiendaire du prix Héritage Norman-McLaren décerné par l'Association internationale du cinéma d'animation (ASIFA)

Canada en hommage à la carrière d'un cinéaste dont le travail témoigne des mêmes recherches artisanales que McLaren. Il a occupé la présidence de la CINÉMATHÈQUE QUÉBÉCOISE de 1993 à 1995 et a dirigé le studio d'animation/jeunesse du Programme français de l'ONF jusqu'à sa retraite en 1999. Il poursuit dorénavant de manière indépendante sa recherche artistique dans le sens des démarches multidisciplinaires qu'il mène depuis la fin des années 80.

Pierre Véronneau

Hébert, Yves, pseudonyme Yves Sauvageau, comédien et dramaturge (Waterloo, Qc, 17 mai 1946—Granby, Qc, 12 oct. 1970). Après des études en éducation à l'École normale de Sherbrooke (1963-1965), il s'inscrit à l'École nationale de théâtre, où il étudie de 1965 à 1968. Auparavant, il a fondé la compagnie de théâtre La Lanterne, à Waterloo (1962-1963), et fait partie de l'Atelier et de l'Union théâtrale de Sherbrooke. À sa sortie de l'École nationale de théâtre, il fait une tournée au Canada avec les Jeunes comédiens du THÉÂTRE DU NOUVEAU MONDE (1968-1969). Par la suite, il se joint aux Enfants de Chénier (1969-1970), une troupe dirigée par Jean-Claude GERMAIN du Théâtre du même nom. En 1966, il remporte deux prix au concours des Jeunes auteurs organisé par Radio-Canada pour deux courtes pièces publiées sous son pseudonyme. Ses œuvres principales sont produites et publiées à titre posthume.

André G. Bourassa

Hécate, détroit d' Masse d'eau de 48 à 140 km de largeur, reposant sur un bassin peu profond (moins de 45 m à l'extrémité nord) et séparant les ÎLES DE LA REINE-CHARLOTTE et la terre ferme de la Colombie-Britannique. Les conditions météorologiques maritimes y sont extrêmes: les tempêtes d'hiver, qui prennent naissance dans le golfe de l'Alaska, engendrent dans le détroit de hautes vagues et des vents dépassant constamment les 40 km/h à l'extrémité sud de l'île Moresby. Le détroit, au large, et de nombreux bras de mer abrités recèlent une abondante vie sous-marine.

Économie La pêche au flétan, au poisson de fond, au hareng, aux crustacés et au saumon est concentrée autour de PRINCE RUPERT. Les HAÏDAS, dont les établissements riverains sur la côte est de l'archipel de la Reine-Charlotte datent de 6000 à 8000 ans, naviguent dans les eaux du détroit d'Hécate pour y faire des échanges et du pillage. L'explorateur espagnol Jacinto Caamano (1792) est le premier Européen à naviguer dans le détroit; celui-ci est cependant nommé d'après un sloop à roues à aubes britannique qui fait le levé du littoral du Pacifique Nord de 1860 à 1863. Le forage pétrolier en mer, dans le secteur sud du détroit, commence durant les années 50 et prend fin en 1972.

Peter Grant

Hecla, parc provincial (créé en 1969, 865,4 km²), il se trouve près de l'extrémité sud du lac WINNIPEG, à quelque 160 km au nord de Winnipeg. Hecla, qui est constitué de six îles (Hecla, Black, Deer, Punk, Little Punk et Goose), de deux archipels (Cairine et Kasakeemeemisikak) et des eaux environnantes, peut être considéré comme le seul parc maritime du Manitoba.

Histoire naturelle Ce secteur, situé près des limites de trois RÉGIONS NATURELLES (la prairie, les plaines boréales et le bouclier boréal), représente l'un des milieux offrant la diversité géologique et biologique la plus riche au Manitoba. L'une des limites du parc est évidente lorsqu'on examine la structure géologique de l'île Black (le BOUCLIER précambrien cède le pas aux ROCHES SÉDIMENTAIRES). Les roches sédimentaires sont principalement composées du calcaire qui s'est formé à partir des squelettes riches en calcium d'organismes marins qui habitaient la mer intérieure recouvrant les basses terres du Manitoba il y a quelque 400 millions d'années.

À l'extrémité sud de l'île Hecla, un pont-jetée franchit Grassy Narrows, l'un des plus beaux marais du Manitoba. On y trouve des colonies nicheuses de sternes, de mouettes, de cormorans, de grands hérons et de PÉLICANS blancs d'Amérique. Les rares GRÈBES de l'Ouest nichent également dans le parc. Les mammifères courants dans le parc sont l'orignal, le castor, l'écureuil roux et la loutre. Les REPTILES et les AMPHIBIENS comprennent la discrète tortue-alligator, à ventre rouge du Nord, la rai-nette grise et la salamandre à points bleus.

Histoire humaine L'île Black a une signification spirituelle pour les OJIBWÉS. Leur MIDEWIWIN célébrait des cérémonies traditionnelles à l'extrémité orientale de l'île. Les Ojibwés se rendent encore sur cette île pour cueillir des petits fruits sauvages, pour chasser et pour participer à des activités sociales.

Des ISLANDAIS se sont établis sur l'île Hecla en 1876. La colonie a commencé à se désagréger à cause de son isolement et parce que les colons éprouvaient des difficultés avec leur mode de subsistance, les pêches commerciales, et qu'il existait peu d'autres emplois. Vers la fin des années 60, la majorité des habitants avaient quitté l'île. On a créé le parc en partie pour fournir un emploi aux personnes demeurées sur place et pour conserver la communauté. On a recréé l'existence des colons en restaurant de nombreux bâtiments.

Installations L'île Hecla est le centre des activités du parc. On y trouve cinq sentiers de randonnée ainsi qu'une série de sentiers explorant le marais Grassy Narrows. Les lieux d'hébergement comprennent un terrain de camping de 213 emplacements, des chalets, un gîte touristique à Hecla et une station touristique quatre-saisons à Gull Harbour, dans le nord de l'île. On trouve des plages de sable blanc près de la station touristique et du terrain de camping.

Gail Kudelik

Hector est le voilier à deux mâts (brick) qui, en 1773, transporte 178 immigrants écossais dans la région de Pictou, dans le nord de la Nouvelle-Écosse. Pictou se trouve alors dans la colonie Philadelphia, une exploitation de 81 000 ha concédée à 14 propriétaires écossais et colonisée de façon intermittente à partir de 1767. Une promotion active de cette terre commence en septembre 1772 lorsque John Pagan, de Glasgow, et John Witherspoon, directeur du Princeton College au New Jersey, publient des annonces dans les journaux écossais pour attirer des colons. Ils offrent des terres à des conditions abordables et la traversée en Amérique à trois livres et cinq shillings par passager adulte. La majorité des personnes qui profitent de cette offre viennent de Loch Broom dans le Ross et des régions voisines du Sutherland; bref, surtout de terres administrées par le Board of Forfeited Estates. Ces gens, qui, par rapport à la moyenne dans les Highlands, ne sont pas pauvres, sont des métayers qui partent à cause des baux élevés et de mauvaises récoltes, et non pas parce qu'ils sont chassés par les éleveurs de moutons.

Accompagné d'un joueur de cornemuse, le groupe quitte Loch Broom au début de juillet 1773 et grossit de quelques personnes en cours de route. La traversée est pénible: 18 enfants meurent en mer avant que, le 15 septembre, les passagers ne débarquent sur le rivage d'une Nouvelle-Écosse sauvage. Ils se plaignent de l'emplacement de leurs terres, mais se voient privés de tout approvisionnement tant qu'ils n'acceptent pas les terres offertes. Ils s'emparent de vivres par la force et beaucoup d'entre eux quittent la colonie. Les 78 personnes qui restent font leurs premières récoltes en 1774 et, quelques années plus tard, elles accueillent d'autres immigrants. Bien qu'on considère couramment que le *Hector* est le premier navire à avoir transporté des immigrants des Highlands vers ce qui est maintenant le Canada, plusieurs autres bateaux, dont le *Falmouth* et l'*Alexander*, en ont amené auparavant à l'île de St. John (Île-du-Prince-Édouard). Néanmoins, la traversée du *Hector* demeure la plus commémorée dans

les récits des débuts de l'implantation d'immigrants en provenance des Highlands en AMÉRIQUE DU NORD BRITANNIQUE.

J.M. Bumsted

Hector, sir James, géologue et naturaliste (Édimbourg, Écosse, 16 mars 1834—Wellington, Nouvelle-Zélande, 5 nov. 1907). En tant que chirurgien et géologue de l'EXPÉDITION PALLISER (1857-1860), Hector explore le pays à partir de la colonie de la rivière Rouge (Winnipeg) jusqu'à l'île de Vancouver. Dans les plaines, il repère trois niveaux topographiques. En 1857, il mesure la première coupe structurale comprenant des couches de charbon. Il tente de subdiviser les strates crétacée et tertiaire sur une carte géologique qu'il publie en 1861 et reconnaît que les erratiques sont la preuve d'un ancien et vaste épisode glaciaire. Il décrit et fait le croquis de la structure générale des montagnes Rocheuses. La rivière et le COL KICKING HORSE portent ce nom en souvenir d'un incident qu'il a eu avec son cheval. Il étudie également les gisements de charbon de Nanaimo, sur l'île de Vancouver. En 1861, il s'installe en Nouvelle-Zélande, où il devient directeur du bureau d'études géologiques. Il voyage pendant quelques mois en Colombie-Britannique après sa retraite en 1903; ce sera sa deuxième et dernière visite au Canada.

W.O. Kupsch

Heeney, Arnold Danford Patrick, fonctionnaire et diplomate (Montréal, 5 avril 1902—Ottawa, 20 déc. 1970). Fils d'un ecclésiastique, il étudie à l'U. du Manitoba à Oxford. Avocat prospère de Montréal, il est invité à devenir premier secrétaire du premier ministre Mackenzie KING en 1938. Deux ans plus tard, il est nommé greffier du Conseil privé et secrétaire du Cabinet. Il organise les travaux du Comité de guerre du Cabinet, qui réunit les principaux ministres, et fait de son bureau un centre d'information et de consultation. En 1949, il devient sous-secrétaire d'État aux Affaires extérieures. Il est ensuite ambassadeur auprès de l'OTAN, deux fois ambassadeur à Washington ainsi que président de la Commission de la Fonction publique. Il est le commissaire canadien de la COMMISSION MIXTE INTERNATIONALE et de la COMMISSION PERMANENTE MIXTE DE DÉFENSE CANADA-ÉTATS-UNIS, fonctions qu'il cesse d'exercer peu avant sa mort.

J.L. Granatstein

Hees, George Harris, politicien (Toronto, 17 juin 1910—*id.*, 12 juin 1996). Hees est l'un des ministres démissionnaires de DIEFENBAKER pendant la crise de février 1963. Homme d'affaires et athlète, Hees s'applique avec compétence et énergie à promouvoir le Canada. Élu au Parlement en 1950 en tant que député de Broadview (Toronto), il siège jusqu'en 1963. Il est élu président national du Parti conservateur en 1953 contre la volonté de la vieille garde conservatrice, qui le considère un play-boy effronté. Son mandat, couronné de succès, se caractérise par des visites et des discours dans tous les coins du pays.

Nommé ministre des Transports en 1957, il est un administrateur compétent; en 1960, il devient ministre du Commerce et organise immédiatement une fructueuse campagne en faveur de l'exportation. Hees ne se présente pas aux élections de 1963, mais il est élu dans Northumberland en 1965. En 1967, il tente en vain de se faire élire chef du Parti progressiste-conservateur. Brian MULRONEY le nomme ministre des Anciens Combattants en 1984; au milieu de 1987, il reçoit en outre la charge de ministre d'État pour le Troisième Âge. Hees quitte la politique avant les élections générales de 1988 et est nommé Officier de l'Ordre du Canada en 1989.

Patricia Williams

Heggtveit, Anne, championne de ski alpin (Ottawa, 11 janv. 1939). Elle commence à skier à l'âge de deux ans et, à sept ans, elle gagne le championnat féminin senior combiné au Camp Fortune. En 1954, à l'âge

de 15 ans, elle devient la plus jeune skieuse à remporter les épreuves du slalom géant disputé depuis un demi-siècle à Holmenkollen, en Norvège. En 1960, elle obtient la première médaille d'or olympique du Canada dans les épreuves de slalom et remporte le championnat mondial des épreuves de slalom et du combiné. Anne Heggtveit est membre de l'Ordre du Canada.

Murray Shaw

Heiltsuks (*Voir* HEILTSUKS BELLA BELLAS)

Heiltsuks (Bella Bellas) Les Heiltsuks, ou Bella Bellas, occupaient une partie de la côte centrale de la Colombie-Britannique, dans les environs du détroit Milbanke et du chenal Fisher. Aujourd'hui, les membres de cette PREMIÈRE NATION préfèrent s'appeler les Heiltsuks, un mot anglicisé de leur langue signifiant «autochtone». On les a aussi appelés les Bella Bellas, déformation anglaise du nom d'un endroit situé près de la communauté actuelle de Bella Bella. Les Heiltsuks parlent une langue wakashenne également parlée par les Haihais ou Klemtus (*voir* AUTOCHTONES, LANGUES DES).

Groupes tribaux Il existait au moins cinq tribus de Heiltsuks, chacune possédant son dialecte, son grand chef, son territoire, son village d'hiver et ses rites cérémoniels. Contrairement aux tribus autochtones plus au nord, mais à l'instar de leurs voisins au sud, les Heiltsuks suivent la filiation indifférenciée, règle qui permet à l'individu de se réclamer de n'importe laquelle de ses lignées parentales pour y adhérer et en acquérir les droits. Ils avaient en outre des clans à emblème ou symbole fondés sur la lignée, semblables à ceux de leurs voisins nordiques. Ces clans étaient classés selon un ordre, celui du corbeau étant le premier, suivi de l'aigle, de l'épaulard et du loup. Chacun de ces clans était représenté dans chaque tribu heiltsuk et avait, entre autres obligations, celle d'assumer les tâches commémoratives, lesquelles revenaient au groupe associé au père de la personne décédée.

Relations sociales La société heiltsuk était hiérarchisée et comptait cinq classes: celle du grand chef, celle du chef, celle de la noblesse, celle des roturiers et, enfin, la classe inférieure. Les classes supérieures maintenaient leur statut au moyen du POTLATCH et du système cérémonial qui permettait aux chefs de faire appel aux ressources des autres pour organiser des danses et des festins. Lors de ces rassemblements, on faisait étalage de ses prérogatives héréditaires, lesquelles étaient reconnues tant au sein qu'à l'extérieur de la société heiltsuk.

Économie L'économie des Heiltsuks était fondée sur la récolte et la conservation de poissons, d'oiseaux, de mammifères terrestres et marins, de plantes et d'invertébrés marins. Plantes et animaux domestiques leur étaient inconnus. Vers la fin de l'hiver, les familles heiltsuks quittaient les villages centraux d'hiver pour gagner les camps saisonniers où elles préparaient les vivres à entreposer en vue des cérémonies de l'hiver. Le commerce entre les camps était en fonction des ressources disponibles. Pour pallier l'absence de certaines ressources locales, on recourait au troc avec d'autres tribus. Les Heiltsuks servaient d'intermédiaires aux tribus côtières pour échanger leurs ressources marines avec les tribus de l'intérieur, comme les NUXALKS (Bella Coolas) et les Porteurs athapaskans.

Logement et transport Les villages d'hiver étaient constitués de maisons en planches de cèdre, avec toits en pignon, double faîtage et colonnes intérieures sculptées. Les Heiltsuks construisaient parfois des maisons en écorce sur les sites de campement. Ils voyageaient surtout en canots d'écorce de cèdre, conçus différemment pour naviguer sur l'océan ou les lacs. Ils excellaient aussi dans le travail du bois et fabriquaient notamment des boîtes et coffres en bois cintré.

Influences euro-canadiennes Leurs premiers contacts avec les Européens eurent lieu dans les années 1780, mais ils n'ont vraiment traité avec eux qu'au début des années 1800, quand ils ont commencé à participer activement à la TRAITE DES FOURRURES maritime. En 1833, la COMPAGNIE DE LA BAIE D'HUDSON établit Fort McLoughlin dans l'île Campbell, un dépôt servant aux fourrures que les Heiltsuks venaient échanger. Mais la compagnie ferma le poste en 1843, celui-ci étant devenu vétuste après l'acquisition du *Beaver*, un bateau à vapeur beaucoup plus commode pour collecter les fourrures.

Après les années 1850, les tribus heiltsuks, lourdement décimées par une série d'ÉPIDÉMIES, se rassemblent à la baie McLoughlin. Dans les années 1880, la population heiltsuk est déjà réduite à quelque 200 personnes. En 1898, guidés par des missionnaires méthodistes, ils s'installent sur le site actuel de Bella Bella.

Situation actuelle Au XXᵉ siècle, Bella Bella est devenue une communauté prospère qui participe à la pêche commerciale des œufs de hareng et à l'exploitation forestière. Les coutumes rituelles demeurent vivaces et lient la communauté à son héritage culturel. Les potlatchs continuent de marquer les passages importants de la vie familiale des Heiltsuks. En 1996, 1210 des 2182 membres de la tribu des Heiltsuks vivaient dans la réserve de Bella Bella.

Dorothy Kennedy

Heintzman & Co Ltd Fondée à Toronto en 1866 par l'immigrant allemand Theodore August Heintzman, Heintzman & Co Ltd. est une entreprise de fabrication de pianos reconnue pour son travail de haute qualité. Dès le début du XXᵉ siècle, l'entreprise ouvre des succursales dans d'autres villes canadiennes et se lance dans l'exportation. Heintzman construit ses premiers pianos à queue vers 1886, et fabrique des pianos mécaniques jusqu'à ce qu'ils passent de mode, dans les années 20. Au début des années 60, sa production annuelle était d'environ 1500 pianos droits et pianos à queue. À partir de 1962, le gros de la production se fait dans la nouvelle usine, construite à Hanover (Ontario), en 1962, où sont fabriqués les pianos à queue après la fusion de Heintzman et de la Sherlock-Manning Piano Co, en 1978. La nouvelle société commerciale, vendue en 1981 au fabricant canadien de meubles Sklar Manufacturing Ltd., cesse de produire le piano Heintzman en 1986. On trouve des Heintzman de la première époque dans la collection du Glenbow Museum, à Calgary, et du Western Development Museum, à Yorkton, en Saskatchewan.

Florence Hayes

Helava, Uno Vilho, inventeur (Kokemäki, Fin., 1ᵉʳ mars 1923). Il invente le restituteur analytique permettant de dessiner automatiquement des cartes géographiques à partir de photographies. Après avoir reçu une formation d'ingénieur-arpenteur, il vient au Canada en 1953 comme attaché de recherche en photogrammétrie au CONSEIL NATIONAL DE RECHERCHES DU CANADA. Dès 1957, il fait breveter une méthode pour produire, à l'aide d'ordinateurs et à partir de photos aériennes, des cartes géographiques automatiquement corrigées pour tenir compte de la rotondité de la Terre et de la distorsion atmosphérique. Le prototype est construit en 1963 à l'aide de l'ordinateur analogique alors disponible et Helava quitte le Canada pour promouvoir son invention. Une société italo-américaine construit environ 70 restituteurs analytiques, principalement pour le compte de clients militaires.

À la fin des années 70, l'avènement du microordinateur (numérique) réduit de beaucoup les coûts du système Helava et on fabrique des centaines d'appareils. En raison de sa compatibilité avec d'autres technologies (p. ex., la transmission numérique de photographies satellites), on prévoit que, d'ici à la fin du XXᵉ siècle, le système Helava sera la norme dans le monde entier pour la conception de cartes géographiques.

Donald J.C. Phillipson

Hélicoptère L'hélicoptère est un aéronef qui tire sa portance et sa force propulsive de ses rotors ou pales tournant horizontalement, et qui est capable de monter et de descendre verticalement. Le couple généré par les pales est équilibré par un rotor anticouple vertical ou par deux ensembles de pales tournant en sens opposé. L'hélicoptère tire ses origines d'un jouet vieux de plusieurs siècles: un capuchon à plumes qui s'élève dans l'air quand on le fait tourner entre les mains ou au moyen d'une ficelle. Au XIXᵉ siècle, on construit quelques modèles d'hélicoptères motorisés, mais l'avènement du moteur à combustion interne amène une multitude de prototypes d'hélicoptères infructueux dans de nombreux pays. Toutefois, le premier homme à décoller et à redescendre sain et sauf est le Français Paul Cornu, le 13 novembre 1907.

La commande de l'appareil soulève des problèmes. Des chercheurs ingénieux comme l'Espagnol Juan de la Cierva avec ses autogires, l'Allemand Heinrich Rocke et le Russe naturalisé Américain Igor Ivanovitch Sikorsky ouvrent la voie à l'hélicoptère actuel. La persévérance et l'ingéniosité de nombreux collaborateurs mènent à la création d'une machine vraiment polyvalente qui convient tant en temps de guerre qu'en temps de paix et qui est capable d'exécuter des tâches qui dépassent la capacité des autres véhicules.

Au Canada, les frères Froebe de Homewood, au Manitoba, conçoivent et construisent un hélicoptère qui vole en 1938. Des problèmes mécaniques surviennent et le projet est abandonné, mais l'hélicoptère survit et se trouve maintenant au Western Canada Aviation Museum de Winnipeg. L'hélicoptère SG-IV-C est conçu et construit à Montréal par Bernard Sznycer et Selma Gottlieb, et vole le 9 juillet 1947. Après l'exécution fructueuse du programme d'essai, le SG-N-D Grey Gull, premier engin de série, est produit. Après avoir volé le 6 février 1948, il reçoit un certificat de navigabilité le 15 mars 1951. Cependant, le soutien financier lui est retiré en 1954, de sorte qu'il n'y a plus de modèle canadien: tous les hélicoptères utilisés au Canada sont d'origine étrangère.

L'utilisation militaire des hélicoptères commence dans l'Aviation royale du Canada en 1947; la Marine royale du Canada et l'armée suivront plus tard. L'armée de l'air s'en sert principalement pour des missions de recherche, de sauvetage et de secours ainsi que pour lever de lourdes charges. La marine, quant à elle, s'intéresse aux opérations sous-marines et met au point des outils pour effectuer des opérations à partir de petits bateaux par temps difficile, notamment le système d'appontage qui permet la récupération. L'armée de terre s'en sert lors d'opérations sur les champs de bataille. L'Aviation royale du Canada participe beaucoup à la construction de la Ligne du Centre du Canada et le commandant R.T. Heaslip reçoit le TROPHÉE MCKEE en 1956 pour sa contribution au succès de ces opérations.

Les hélicoptères servent à la protection des forêts, au saupoudrage des récoltes, aux levés de plan, à l'exploration, comme navette régionale et dans d'autres industries, telles que la construction et les opérations pétrolières en mer. Le brillant pionnier Carl AGAR importe plusieurs hélicoptères Bell 47 en 1947 pour asperger le terrain accidenté de la vallée de l'Okanagan et, plus tard, pour l'exploration pétrolière. L'entreprise d'Agar devient l'une des plus importantes entreprises d'hélicoptères au monde. En 1985, près de 750 hélicoptères sont utilisés commercialement au Canada.

Philip Markham

Hell's Gate est une gorge rocheuse du CANYON DU FLEUVE FRASER, située au sud de Boston Bar, en Colombie-Britannique. L'explorateur Simon FRASER fait état d'un portage périlleux à cet endroit (1808). Le nom de Hell's Gate rappelle les conséquences désastreuses de la construction du chemin de fer du Canadien National sur les ressources en

saumon du Fraser. Des glissements de terrain (1913-1914) empêchant la montaison du saumon rouge, la pêche décline et n'atteint jamais le niveau qu'elle avait jadis connu. Des passes migratoires ont été construites en 1944 pour permettre aux poissons de traverser les rapides et d'aller frayer. L'endroit est aujourd'hui doté d'un téléphérique et d'infrastructures autoroutières pour les touristes.

Peter Grant

Hellyer, Paul Theodore, politicien, journaliste (Waterford, Ont., 6 août 1923). Homme d'affaires prospère, Hellyer siège à la Chambre des communes de 1949 à 1957. Il est ensuite réélu à la faveur d'une élection partielle en décembre 1958. De 1958 à la reprise du pouvoir par les libéraux en 1963, il contribue à élaborer la politique de défense de son parti et presse Lester PEARSON d'accepter les armements nucléaires. Dans le sillage de la victoire libérale, Pearson confie le poste de ministre de la Défense nationale à Hellyer, qui préside à l'unification des FORCES ARMÉES canadiennes. La controverse entourant cette unification freine sans doute l'élan de sa carrière politique et, en 1967, il est muté au ministère des Transports.

En 1968, il brigue sans succès la chefferie du Parti libéral. Le vainqueur, Pierre TRUDEAU, ajoute à ses responsabilités la politique du logement. Le rapport de la Commission fédérale d'étude sur le logement et le développement urbain n'ayant pas obtenu l'approbation du Cabinet, Hellyer démissionne du Cabinet en 1969, puis du Parti libéral. En 1976, il tente de former un nouveau mouvement politique, Action Canada. Ayant échoué, il se tourne vers le Parti conservateur, sous la bannière duquel il est parvenu à se faire élire en 1972 avant de perdre son siège en 1974. Il se porte candidat à la direction du parti en 1976, sans succès. Bien qu'absent de la Chambre des communes depuis lors, il continue à exprimer ses opinions politiques comme chroniqueur affilié, de 1974 à 1984, et en publiant plusieurs ouvrages. En 1997, il annonce la création d'un nouveau parti politique, le Canadian Action Party, qui prône des réformes économiques, notamment dans le domaine de la politique monétaire.

John English

Helmcken, chutes Les chutes Helmcken se trouvent sur la rivière Murtle, à l'entrée du parc provincial Wells Gray, en Colombie-Britannique, une région reconnue pour ses nombreuses chutes. Elles sont les plus élevées du parc et les cinquièmes au Canada quant à leur hauteur (137 m). Situées dans le coin sud-ouest du parc, dans une zone caractérisée par des soulèvements volcaniques, les chutes sont formées de lave stratifiée. En 1913, le premier ministre sir Richard MCBRIDE leur donne ce nom en l'honneur du médecin de la Colombie-Britannique, John Sebastian HELMCKEN.

David Evans

Helmcken, John Sebastian, chirurgien, politicien (Londres, Angl., 5 juin 1824—Victoria, 1ᵉʳ sept. 1920). En 1847, Helmcken fait le voyage aller et retour à York Factory comme chirurgien à bord du *Prince Rupert*, le navire ravitailleur de la Compagnie de la baie d'Hudson (CBH). De 1848 à 1850, il est chirurgien et commis pour la CBH à Fort Rupert, puis à Fort Victoria. Gendre de sir James DOUGLAS, il est président de l'Assemblée législative de l'île de Vancouver (1856-1866) quand il est élu au Conseil législatif de la Colombie-Britannique. En 1870, il est un des trois délégués représentant cette province à Ottawa aux négociations de la CONFÉDÉRATION. Quand la Colombie-Britannique se joint à la Confédération en 1871, Helmcken quitte la politique et se consacre entièrement à la médecine et à ses mémoires. En 1885, il devient le premier président de la BC Medical Society.

Eric J. Holmgren

Hémérobes est le nom du taxon regroupant les chrysopes et d'autres petits INSECTES frêles appartenant en majorité à deux familles communes de l'ordre des neuroptères, celle des chrysopidés, qui inclut les chrysopes ou mouches aux yeux d'or; et celle des hémérobiidés, qui inclut les hémérobes vrais.

Chrysopes La plupart des chrysopes ont des yeux de couleur or ou cuivre et vivent en chassant sur le feuillage. Ces piètres voiliers au vol erratique sont attirés par la lumière. On en rencontre quelque 25 espèces au Canada, les plus communes étant *Chrysopa carnea* et *C. oculata* qui sont mentionnées pour toutes les provinces et tous les territoires.

Hémérobes vrais Ils ressemblent aux chrysopes, mais sont généralement plus petits et moins communs. Ils préfèrent les boisés. On en trouve environ 23 espèces au Canada, la plus commune étant *Hemerobius humulinus*, qui se rencontre partout au pays.

Autres espèces La famille des Bérothidés et celle des polystoéchotidés sont chacune représentées par une espèce au Canada: *Lomomyia occidentalis* (sud de la Colombie-Britannique) et *Polystaechotes punctatus* (Colombie-Britannique, Alberta, Ontario et Québec), cette dernière étant devenue extrêmement rare.

Reproduction et développement La femelle pond ses œufs sur le feuillage ou d'autres objets, un à un ou en groupes de 20 ou plus. Les larves voraces sont prédatrices de petits insectes ou arachnides, qu'elles empalent avec leurs pièces buccales en forme de pinces. Certaines espèces de chrysopes sont élevées en masse et relâchées pour la lutte biologique contre les INSECTES NUISIBLES. La larve pleinement développée tisse un cocon pour sa métamorphose, habituellement dans un endroit protégé.

J.E.H. Martin

Hémiptères Ordre d'insectes à métamorphose progressive la plus diversifié. Plus de 55 000 espèces ont été décrites dans le monde et environ 3080 (sur un nombre probable de 4226) au Canada.

Les hémiptères s'apparentent de près aux THRIPS avec lesquels ils partagent probablement un ancêtre commun du carbonifère (il y a de 353 millions d'années à 300 millions d'années). Ils ont entre 0,1 cm à 9 cm de longueur et se divisent en deux sous-ordres: les hétéroptères (les vraies punaises) et les homoptères (cigales, cicadelles, PUCERONS, COCHENILLES).

Distribution Les hémiptères sont largement répandus dans les régions boisées et les prairies du Canada, mais quelques espèces se rencontrent dans les régions arctiques et subarctiques. Dans une zone donnée, la diversité des espèces est liée à la diversité des plantes hôtes, puisque la plupart des hémiptères dépendent d'un hôte spécifique. La majorité des espèces sont terrestres, mais certaines (p. ex., le notonecte, la corise, la punaise d'eau géante) sont aquatiques. La plupart des espèces semi-aquatiques (p. ex., les araignées d'eau et les saldas) se nourrissent d'autres petits arthropodes.

Structure Tous les hémiptères ont des pièces buccales perceuses et suceuses. La plupart se nourrissent de tissus vasculaires de plantes supérieures, mais plusieurs hétéroptères se nourrissent d'autres insectes ou du sang de vertébrés, y compris celui des humains (p. ex., la punaise des lits, *Cimex lectularius*). La majorité des adultes ont deux paires d'ailes, deux grands yeux composés et deux ou trois ocelles dorsaux (yeux simples). Cependant, quelques-uns sont aptères ou ont des ailes de longueurs différentes et ont des yeux réduits en conséquence. Les ailes antérieures des hétéroptères sont des demi-élytres: la base est opaque et rigide, la partie supérieure est transparente et membraneuse. Les élytres sont pliés sur l'abdomen lorsqu'elles ne sont pas utilisées. Les ailes antérieures des homoptères sont soit transparentes, soit opaques et sont pliées en forme de toit sur le corps.

Reproduction et développement Les hétéroptères comptent cinq stades juvéniles, tandis que les Homoptères en comptent de trois à sept. Les mouches blanches et les cochenilles mâles ont un ou deux stades «pupaux» pendant lesquels ils ne se nourrissent pas. Les cochenilles femelles se reproduisent lorsqu'elles sont encore immatures, et les mâles, sans pièces buccales fonctionnelles, ne vivent pas longtemps. La plupart des hémiptères sont à sexes séparés et pondent des œufs, mais quelques-uns, comme les pucerons, sont parthénogénétiques (les œufs se développent sans fertilisation) et vivipares (donnent naissance à des petits formés).

Relations avec les humains Au Canada, 112 espèces d'hémiptères (dont les punaises, les pucerons, les cicadelles, les psylles et les cochenilles) sont considérées comme parasites agricoles. En se nourrissant, elles peuvent tuer ou déformer les jeunes plants, réduire la vitalité de la plante et diminuer la grenaison en endommageant les fleurs ou les graines. Plusieurs espèces de pucerons et de cicadelles transmettent des maladies aux plantes.

De grandes populations de pucerons et de cochenilles sécrètent du «miellat» sur les feuilles des plantes hôtes, ce qui procure un substrat de croissance pour la fumagine, un inhibiteur de photosynthèse. Plusieurs espèces d'hétéroptères sont bénéfiques aux humains, car ils sont prédateurs des INSECTES NUISIBLES.

B.S. Heming

Hémon, Louis, écrivain (Brest, France, 12 oct. 1880—Chapleau, Ont., 8 juill. 1913). Il immigre au Canada en 1911. Après avoir été sténographe bilingue, de nov. 1911 à juin 1912, à l'emploi d'une compagnie d'assurances, à Montréal, il se rend au Lac-Saint-Jean. Séjournant à Péribonka, puis à Saint-Gédéon, il travaille chez le fermier Samuel Bédard. C'est là qu'il écrit *Maria Chapdelaine: récit du Canada français,* roman qui allait le rendre célèbre à travers le monde entier. Malheureusement, Louis Hémon ne connaîtra jamais cette célébrité, car il meurt accidentellement à Chapleau (Ont.), le 8 juill. 1913, tué par une locomotive, alors qu'il marche le long de la voie ferrée, en direction de l'Ouest.

MARIA CHAPDELAINE est tout d'abord publié à Paris, dans *Le Temps,* du 27 janv. au 19 févr. 1914. Deux ans plus tard, le roman paraît à Montréal, sous forme de livre, chez J.-A. LeFebvre. Ce n'est toutefois qu'à partir de 1921, année où Bernard Grasset le lance en France, que le roman de Louis Hémon connaît le succès. Des critiques enthousiastes avancent aussitôt le mot chef-d'œuvre à son sujet. Par ailleurs, s'il est fréquent, de nos jours, que l'on considère ce récit de la vie paysanne québécoise comme un symbole d'aliénation, tant individuelle que collective, on a tôt fait, à l'époque, en France et au Canada français tout particulièrement, de le récupérer et de le mettre au service d'une idéologie nationaliste prêchant la fidélité au passé et aux traditions. On se plaît à prêter l'oreille à la voix qui affirme qu'«au pays de Québec rien ne doit mourir et rien ne doit changer…»

On estime à plusieurs millions le tirage total de *Maria Chapdelaine,* au Canada et à l'étranger. Traduit en une vingtaine de langues – William Hume Blake en fait une traduction anglaise, dès 1921 –, le roman de Louis Hémon est porté à la scène plusieurs fois: Julien Duvivier, en 1934, Marc Allégret, en 1950, et Gilles Carle, en 1982. Peu après la «révélation» de *Maria Chapdelaine,* Bernard Grasset publia trois œuvres inédites de Louis Hémon, écrites pendant son séjour à Londres, de 1903 à 1911: *La Belle que voilà* (1923), *Colin-Maillard* (1924) et *Battling Malone* (1925). En 1950, paraît un autre roman: *Monsieur Ripois et la Némésis,* et en 1968, Nicole Deschamps présente, sous le titre de *Lettres à sa famille,* une partie de la correspondance de Louis Hémon. Enfin, en 1982, les *Récits sportifs* que ce dernier avait écrits pour des journaux, tels *Le Vélo* et *L'Auto,* sont présentés par Aurélien Boivin et Jean-Marc Bourgeois. Une Société des Amis de Maria Chapdelaine est fondée à Montréal en 1935, et un musée Louis-Hémon est ouvert à Péribonka en 1938.

Jacques Cotnam

Hénault, Gilles, écrivain (Saint-Majorique, Qc, 1er août 1920—1996). Après des études au collège Mont Saint-Louis, il entreprend un programme de lecture et d'écriture auto-dirigé et publie plusieurs poèmes dans les revues *Horizons* (1937) et *La Nouvelle Relève* (1941). Il se tourne alors vers le journalisme, se liant d'amitié avec différentes figures du monde littéraire, dont Jean-Aubert LORANGER et particulièrement Éloi de Grandmont (pseudonyme de GRAMMONT). C'est avec Grandmont qu'il fonde les Cahiers de la file indienne (1946), une collection consacrée à des expériences d'écriture automatiste dans laquelle il publie *Théâtre en plein air* (1946).

Sa décision de se joindre au journal communiste *Combat* avec Pierre Gélinas (le journal ferme définitivement en 1947, à la suite de la loi du cadenas du gouvernement de Maurice DUPLESSIS) lui ferme temporairement d'autres portes du monde journalistique. Hénault travaille ensuite comme organisateur syndical dans une mine de nickel de Sudbury et publie bon nombre de poèmes dissidents.

En 1953, de retour à Montréal, il travaille à la radio, à la télévision et au cinéma, comme journaliste, scénariste et animateur. Il devient rédacteur littéraire et artistique au *Devoir* en 1959, et directeur du Musée d'art contemporain de Montréal de 1966 à 1971. Il est écrivain-résidant à l'U. d'Ottawa en 1975-1976 et responsable du département des arts plastiques de l'UQAM en 1983-1984.

Il continue à écrire de la poésie: *Totems,* illustré par Albert DUMOUCHEL (1953); *Voyage au pays de mémoire,* illustré par Marcelle FERRON (1960); *À l'orée de l'œil,* illustré par Roland GIGUÈRE (1981); *À l'inconnue nue,* illustré par Léon BELLEFLEUR (1984), *Noyade,* illustré par Monique Charbonneau (1986) et *À l'écoute de l'écoumène* (1991). Il est le récipiendaire de prix importants, notamment le prix du Gouverneur général pour son livre *Signaux pour les voyants* (1972) et le prix David pour l'ensemble de son œuvre (1993).

André G. Bourassa

Henday, Anthony, explorateur (probablement l'île de Wight, Angl.; période d'activité 1750-1762). Il est allé plus loin que tout autre Blanc avant lui dans les régions reculées de l'Ouest du Canada, et son journal contient d'importantes observations sur la vie des autochtones à cette époque. Employé de la COMPAGNIE DE LA BAIE D'HUDSON au fort York (YORK FACTORY), au Manitoba, il se porte volontaire pour une expédition visant à inciter des tribus amérindiennes éloignées à y venir commercer. En juin 1754, il part en compagnie de Cris et suit la rivière Hayes. Le groupe remonte la Saskatchewan en canot, puis continue à pied, le long de la rivière Battle à ce qu'il semble, rencontrant beaucoup d'Assiniboines sur leur trajet.

On croit qu'à l'automne ils ont atteint le sud-est de l'emplacement actuel de Red Deer, en Alberta, quand ils découvrent un grand campement d'«Archithinues» (Pieds-Noirs ou Gros-Ventres). Henday et quelques Cris passent une partie de l'hiver dans les environs. Au printemps, ils descendent la Saskatchewan Nord. Les Cris sont des intermédiaires dans la traite des fourrures: ils recueillent les peaux auprès d'autres Amérindiens en allant vers l'est. Les meilleures sont vendues aux postes français commodément situés en aval de la Saskatchewan. Le reste est apporté à York, où le groupe arrive en juin 1755. En 1759, Henday passe une autre année dans l'Ouest, cette fois accompagné d'«Archithinues». En 1762, il quitte le service de la Compagnie de la baie d'Hudson et retourne vraisemblablement en Angleterre. Décrit par Andrew GRAHAM comme un homme entreprenant et énergique, il s'estime peu récompensé à la suite de ses périples éprouvants. (*Voir* aussi EXPLORATION.)

Jane E. Graham

Henderson, John Tasker, radiophysicien (Montréal, 9 déc. 1905—Perth, Ont., 2 janv. 1983). Formé à l'U. McGill et à Londres, Henderson entre au CONSEIL

NATIONAL DE RECHERCHES (CNRC) en 1933 comme responsable de la section radio, où il travaille sur les parasites atmosphériques (on découvrira plus tard qu'ils résultent de l'action de l'ionosphère sur les signaux radio) et construit le radiogoniomètre à oscilloscope inventé par A.G.L. MCNAUGHTON et W.A. STEEL. En 1939, on l'informe secrètement des progrès britanniques dans le domaine des RADARS et, dans les quelques mois suivants, Henderson jette les bases de la recherche sur les radars et de leur fabrication au Canada. Il revient au CNRC après avoir servi dans l'Aviation royale canadienne et dans le corps diplomatique de 1942 à 1947, et devient chef de sa section de l'électricité, qui construit plusieurs horloges atomiques au césium (acceptées en 1968 comme l'horloge de référence internationale).

Donald J.C. Phillipson

Hendry, Thomas Best, dramaturge, directeur de théâtre et conseiller artistique (Winnipeg, Man., 7 juin 1929). Au début des années 50, il joue et écrit pour le réseau anglais de Radio-Canada à Winnipeg. En 1957, il fonde, avec John HIRSCH, le Theatre 77, lequel fusionne avec le Winnipeg Little Theatre, en 1958, pour devenir le MANITOBA THEATRE CENTRE, le premier théâtre régional au Canada anglais. Hendry en est le directeur de 1958 à 1963. Il est metteur en scène au Rainbow Stage de Winnipeg (1958-1961), secrétaire général du Centre du théâtre canadien (1964-1969) et directeur littéraire au FESTIVAL DE STRATFORD (1969).

En tant que fondateur de la Playwrights Co-op et du Toronto Free Theatre (1971), ainsi que de la Playwrights Colony au BANFF CENTRE (1974), Hendry encourage fortement l'art dramatique au Canada. Depuis 1985, il travaille à la direction des politiques au Toronto Arts Council. En 1986, il préside le Groupe de travail sur le Centre national des arts et occupe la chaire Barker Fairley de culture canadienne à l'U. de Toronto, à titre de professeur invité. Ses œuvres les plus importantes comprennent *Fifteen Miles of Broken Glass* (montée pour la première fois en 1966), *Satyricon* (1969), *Gravediggers of 1942* (1973), *Byron* (1976) et *Hogtown: Toronto the Good* (1981). Hendry est commentateur culturel pour la chaîne radiophonique de langue anglaise de Radio-Canada depuis 1992. De plus, il rédige son histoire du théâtre canadien.

Anton Wagner

Hennepin, Louis, missionnaire récollet et explorateur (Ath, Belgique, 12 mai 1626—v. 1705). En 1675, Hennepin est envoyé au Canada avec René Robert Cavelier de LA SALLE, commandant du fort Frontenac, où il sera l'aumônier (1676-1677). En 1678, il lui est demandé de participer à l'expédition de La Salle dans les Grands Lacs et, en 1680, il est envoyé en avant avec deux autres éclaireurs pour explorer le haut Mississippi. En 1683, un an après son retour en France, il publie *Description de la Louisiane*, qui s'inspire de son journal intime. Il y décrit les lieux qu'il a visités, dont les CHUTES NIAGARA, ainsi que les Iroquois et les Sioux qui ont gardé les voyageurs en captivité pendant six mois. Homme prétentieux, il se rebelle contre la discipline de l'Église et occupe rarement un poste pendant longtemps. En 1697, il publie *Nouvelle Découverte d'un très grand pays* et, en 1698, *Nouveau Voyage d'un pais plus grand que l'Europe* dans lequel il prétend avoir atteint l'embouchure du Mississippi. Il essaie de s'approprier la découverte de La Salle pour se justifier de raconter le même récit qu'en 1683. Les livres d'Hennepin remportent un énorme succès en Europe, mais il est exclu du Canada et tombe dans l'oubli.

Peter N. Moogk

Henry, Alexander, commerçant de fourrures (New Jersey, août 1739—Montréal, 4 avril 1824). Il est l'un des premiers commerçants anglais, appelés les «colporteurs de Québec», à faire des affaires dans le Nord-Ouest après 1763. Il arrive à Québec comme jeune marchand ravitailleur de l'armée britannique. En 1763, lors d'un voyage à Michilimackinac, l'en-

trepôt de la traite de fourrures, Henry assiste à l'attaque des Amérindiens, est fait prisonnier et vit parmi les autochtones pendant un an. Il s'adonne à la traite durant plusieurs années sur le lac Supérieur, mais, en 1775, il travaille sur la rivière Saskatchewan. En 1781, il a déjà pris sa retraite à Montréal, où il travaille comme marchand général. Il s'associe à la Compagnie du Nord-Ouest, mais cède ses parts en 1796. Ses mémoires, *Travels And Adventures In Canada And The Indian Territories* (1809), sont un classique des récits de voyage canadiens. (*Voir* aussi EXPLORATION AND TRAVEL LITERATURE IN ENGLISH.)

Daniel Francis

Henry, Alexander (le jeune), commerçant de fourrures (décédé à Fort George [Astoria, Ore.], 22 mai 1814), neveu d'Alexander Henry, dit «l'aîné». Ayant entrepris la traite des fourrures en 1791, il est au service de la COMPAGNIE DU NORD-OUEST pendant 23 ans, à différents postes répartis entre le lac Supérieur et l'océan Pacifique. Ses journaux comptent parmi les meilleurs témoignages de la traite dans l'Ouest et comportent des observations intéressantes sur les langues et les cultures autochtones.

Daniel Francis

Henry, George Stewart, agriculteur, homme d'affaires, politicien conservateur, premier ministre de l'Ontario (canton de King, Ont., 16 juill. 1871—région de Toronto, 2 sept. 1953). Au moment de l'avènement de l'automobile en Ontario, il dote la province de son premier réseau routier. Toutefois, c'est l'image de l'austère premier ministre des années entourant la Crise de 1929 qui a laissé sa marque. Député provincial pendant 30 ans (1913-1943), ministre des Travaux publics et des Routes (1923-1930), puis premier ministre (1930-1934), il se consacre à la construction de routes fiables. Sous son gouvernement, les routes revêtues passent de 670 à 3888 km, et le premier pont en béton du Canada est bâti. Il remporte moins de succès dans ses efforts de promotion d'une zone métropolitaine torontoise pour fin de planification. En 1934, le terne et prospère «Honest George» est défait par le populiste Mitch HEPBURN.

Barbara A. McKenna

Henry, Martha, actrice (Detroit, Mich., 17 févr. 1938). Considérée comme l'une des plus grandes actrices canadiennes, Henry est associée depuis longtemps au FESTIVAL DE STRATFORD et aux théâtres régionaux. Sa carrière prend son envol à Stratford, en 1962, quand elle interprète le rôle de Miranda dans *The Tempest* (v.f. *La Tempête*). Depuis, elle a interprété presque tous les grands personnages féminins de Shakespeare. Ses autres rôles importants comprennent Sister Jeanne dans *The Devils,* Mrs. Procter dans *The Crucible* et Olga dans *The Three Sisters* (v.f. *Les Trois sœurs*).

Après des études en art dramatique à la Carnegie Tech, à Pittsburgh, elle vient passer une audition au Crest Theatre de Toronto. Elle y joue plusieurs rôles, mais Powys Thomas, acteur et professeur, insiste pour qu'elle continue sa formation en art dramatique à l'École nationale de théâtre du Canada. Les metteurs en scène John HIRSCH et Robin PHILLIPS influencent aussi sa carrière. C'est d'ailleurs sous la direction de Phillips qu'elle obtient, en 1975, un succès éclatant pour son interprétation du rôle d'Isabella dans *Measure for Measure*. Ils collaborent à nouveau en 1982 dans *Farther West* de John Murrell, au Theatre Calgary, et dans la version cinématographique de *The Wars* de Timothy Findley, pour laquelle elle remporte un prix Génie au Palmarès du film canadien en 1984.

The Newcomers (1980), son interprétation d'Edna dans *Dancing in the Dark* (1986) et la version cinématographique de *Long Day's Journey Into Night* (1996) lui valent chacun un prix Génie de la meilleure interprétation. En 1994, *The Mustard Bath* lui rapporte le prix du meilleur second rôle.

Elle remporte également un prix Gémeaux pour son interprétation dans les téléfilms *Mount Royal* (1988) et *Glory Enough For All* (1989). De 1988 à 1995, Henry est directrice artistique du Grand Theatre de London, en Ontario, où elle met en scène *A Moon for the Misbegotten, Blood Relations, The Miracle Worker, Miss Julie* et *The Dining Room*. Elle retourne à Stratford en 1994 afin d'interpréter le rôle de Mary Tyrone dans le célèbre *Long Day's Journey Into Night*. Elle y revient la saison suivante et y joue le rôle de Mary Tyrone en plus du rôle de Marian Raymond dans *The Stillborn Lover*, une pièce de Timothy Findley. En 1996, on lui confie le rôle de «A» dans la première canadienne de *Three Tall Women* d'Edward Albee, qui a lieu au CITADEL THEATRE, à Edmonton. Au cours de sa 22ᵉ saison au Festival de Stratford, en 1996, Henry interprète les rôles de Regina dans *Little Foxes* et de la princesse Kosmonopolis dans *Sweet Bird of Youth*.

En 1989, elle reçoit le Toronto Drama Bench Award pour sa contribution exceptionnelle au théâtre canadien. L'U. de Toronto et l'U. York lui octroient des grades honorifiques et elle est nommée Compagnon de l'Ordre du Canada en 1990 et de l'Ordre de l'Ontario en 1994.

James Defelice

Henson, Josiah, fondateur de la colonie NOIRE de Dawn, au Haut-Canada (Charles Co, Md, 15 juin 1789—Dresden, Ont., 5 mai 1883). Esclave, Henson s'enfuit au Canada en 1830. Quatre ans plus tard, il fonde la communauté de Dawn près de Dresden, au Haut-Canada, à l'intention des esclaves fugitifs américains. Aidé par un missionnaire blanc américain, Hiram Wilson, il met sur pied avec ses associés une école de travaux manuels, le British-American Institute. Il est membre actif du comité exécutif jusqu'à la fermeture de l'institut, en 1868. Piètre administrateur, constamment engagé dans des querelles à propos du financement et de la gestion, Hanson demeure cependant le chef spirituel et le patriarche de Dawn. Il fait plusieurs voyages de collecte de fonds aux États-Unis et en Angleterre. Il publie son autobiographie en 1849 et aurait servi de modèle à Harriet Beecher Stowe pour le personnage principal de son roman *La case de l'Oncle Tom*.

Jane H. Pease et W.H. Pease

Hépatique Petite plante terrestre appartenant à la classe des bryophytes, tout comme les MOUSSES et les anthocérothées, et présentant une alternance de générations, c.-à-d. un cycle de vie à deux stades: le gamétophyte vivace et autonome (reproduction sexuée), et le sporophyte éphémère (reproduction asexuée) qui vit aux dépens du gamétophyte et y demeure attaché. Le gamétophyte de l'hépatique est soit une tige feuillée ou un thalle, c.-à-d. une étendue de cellules plate et sans feuilles (qui ressemble aux lobes du foie, d'où son nom dérivé du grec *hêpathos*, foie). Les gamétophytes qui poussent horizontalement portent des rhizoïdes (structures semblables à des racines), qui les fixent à la surface où elles poussent.

La plupart des hépatiques feuillées ont des tiges garnies de feuilles sur deux côtés. De nombreuses espèces ont une troisième rangée de feuilles plus petites sur la surface ventrale de la tige. Les sporophytes des hépatiques ont un pied inséré dans les tissus du gamétophyte et une capsule sporifère s'élève normalement au-dessus du gamétophyte sur une hampe fragile (soie) qui ne persiste qu'une journée. Les spores sont libérées lorsque la paroi de la capsule se rompt, habituellement en quatre parties. À l'intérieur de la capsule, des cellules hygroscopiques aident à la dispersion des spores. Plusieurs hépatiques se reproduisent de façon asexuée par des gemmules, petits groupes de cellules produites sur les thalles ou les tiges feuillées. Comme elles n'ont pas de tissus conducteurs (xylème, phloème), les hépatiques absorbent l'eau en grande partie directement par les feuilles, la tige ou le thalle.

Deux théories expliquent l'évolution de l'hépatique: elles se seraient développées soit à partir d'un groupe primitif de plantes vasculaires (c.-à-d., celles qui ont de vrais tissus conducteurs), ou à partir d'un certain ancêtre de l'algue verte. Les hépatiques appartiennent à un groupe qui a perdu une bonne part de son potentiel évolutif en raison d'une génération de gamétophytes dominants et de l'absence de tissus conducteurs, de sorte que leur taille est très réduite (de quelques millimètres à 20 cm).

L'hépatique pousse surtout en milieu humide et ombragé, sur les roches, les arbres, le bois pourri, l'humus et le sol. Au Canada, on en trouve peu dans la végétation terrestre, sauf dans les forêts tempérées et humides de la côte de la Colombie-Britannique, où elles envahissent parfois le sol et tapissent les branches et les troncs d'arbre. Il existe plus de 7000 espèces dans le monde, dont 85 p. 100 ont des gamétophytes feuillés.

Guy R. Brassard

Hepburn, Douglas, haltérophile (Vancouver, 16 sept. 1927). Il est affligé d'un pied bot et d'une jambe atrophiée à la suite d'une naissance difficile. Malgré ces handicaps, Hepburn n'en est pas moins déterminé à s'entraîner aux poids et haltères et à rechercher l'excellence. En 1953, il participe au championnat mondial d'haltérophilie, à Stockholm, en Suède, où il remporte la victoire dans la catégorie des poids lourds (90 kg et plus) en défaisant le champion des Jeux olympiques de 1952 par un total de 10 kg. Toujours dans la même catégorie, il gagne la médaille d'or aux Jeux du Commonwealth tenus à Vancouver, en 1954. Il se consacre ensuite à la lutte professionnelle et aux affaires.

Richard Campion

Hepburn, Mitchell Frederick, politicien, premier ministre de l'Ontario de 1934 à 1942 (St. Thomas, Ont., 12 août 1896—*id.*, 5 janv. 1953). Confiant et affable, «Mitch» est un agriculteur populaire qui remporte de justesse le siège d'Elgin-Ouest aux élections fédérales de 1926, puis est réélu avec une majorité confortable en 1930. Cette année-là, il est élu chef du Parti libéral provincial et élargit la base de ce dernier grâce à une alliance avec les progressistes, à une réconciliation des libéraux avec la gauche syndicale et à des efforts pour résoudre les différends liés aux écoles catholiques et à la prohibition. Ses discours à la défense des agriculteurs ontariens et de la libéralisation du commerce attestent plus d'esprit que de perspicacité sur le plan économique.

Profitant de la Crise de 1929, de l'ineptie du gouvernement conservateur dirigé par le premier ministre George HENRY, ainsi que d'un financement par des intérêts commerciaux et miniers, Hepburn remporte une victoire écrasante lors des élections provinciales de 1934. Une fois au pouvoir, Hepburn met en œuvre de nombreuses mesures populistes, dont la vente aux enchères des limousines du gouvernement et la fermeture de la résidence du lieutenant-gouverneur. Il annule des contrats d'électricité conclus avec quatre compagnies québécoises, tente d'assainir les finances de la province, améliore la législation du travail et vient en aide à l'industrie du minerai de fer. Sa plus grande réalisation, à nos yeux, est la pasteurisation obligatoire du lait. Sa tentative visant à aider les écoles paroissiales remporte toutefois moins de succès.

L'événement qui marque le plus son premier mandat est la grève de General Motors (GM) à Oshawa en 1937 (*voir* GRÈVE D'OSHAWA). Bien qu'il soit bien disposé à l'égard des chômeurs, Hepburn s'oppose à la syndicalisation et à la venue au Canada du Committee for Industrial Organization (qui devient plus tard le Congrès des organisations industrielles, COI). Il appuie le refus de GM de négocier avec les organisateurs du COI et, lorsqu'Ottawa refuse d'envoyer une unité de la Gendarmerie royale du Canada, il organise sa propre brigade de bénévoles, surnommés «Hepburn's Hussars» (les «hussards de Hepburn»). Or, le syndicat finit par être plus ou

moins accepté, ce qui met fin à la grève. Cette grève rompt les liens (qui n'avaient d'ailleurs jamais été étroits) d'Hepburn avec KING, le premier ministre fédéral. En janvier 1940, Hepburn adopte à l'Assemblée législative de l'Ontario une résolution qui critique l'effort de guerre de King. Ce dernier déclenche alors des élections, qu'il remporte facilement.

Le sort d'Hepburn est décidé. Il aide à saborder la conférence fédérale-provinciale de 1941 et appuie A. MEIGHEN lors de l'élection partielle dans York-Sud en 1942, mais sa lutte avec King ruine son parti et sa santé. Il démissionne à titre de premier ministre en 1942, puis à titre de trésorier provincial en 1943. Les libéraux lui demandent de diriger le parti dans les élections de 1945. Le parti est toutefois mis en déroute et Hepburn lui-même perd son siège.

John Saywell

Heppner, Ben, ténor (Murrayville, C.-B., 14 janv. 1956). Il étudie d'abord à l'U. de la Colombie-Britannique, puis suit des cours d'opéra à l'U. de Toronto (1981-1982). Il est invité par la suite à se joindre au Studio Ensemble de la Compagnie d'opéra canadienne (COC) de 1982 à 1984. Heppner gagne plusieurs prix, dont le premier prix du concours national de Radio-Canada (1979) et le prix Birgit Nilsson, en tant que l'un des onze finalistes aux auditions du Metropolitan Opera (1988).

Ses interprétations à l'étranger remontent à 1987, l'année de ses débuts en Australie dans le rôle de Bacchus de l'opéra *Ariane à Naxos* de Strauss, rôle qu'il reprend plus tard à Santa Fe et à Francfort. L'année suivante, il fait ses débuts en Europe dans *Lohengrin* de Wagner avec l'Opéra royal à Stockholm (1988). Il interprète de nouveau Bacchus avec l'Opéra d'État de Vienne (1990) et le Prince dans *Rusalka* de Dvořák (1991). Ses autres premiers rôles sont, entre autres: Florestan, dans *Fidelio* de Beethoven (Cologne), Erik dans *Le Vaisseau fantôme* de Wagner et Walther dans *Maîtres chanteurs* de Wagner (Marseille).

En plus de ses nombreux engagements à l'étranger, Heppner revient à Toronto pour interpréter des rôles importants, comme celui d'Ai'o'u, le chaman du village, lors de la première mondiale de *A Midwinter Night's Dream* de Harry Somers, commandée par le Canadian Children's Opera Chorus en 1988. Il chante aussi pour la COC dans les productions de *Lucia di Lammermoor* (saison 1986-1987), *Lady Macbeth de Mtsenk* de Chostakovitch (saison 1987-1988) et, plus récemment, *I Pagliacci* (1996).

Son premier rôle avec le Metropolitan Opera de New York est celui du Roi de Crète dans *Idoménée* de Mozart en 1991. En avril 1988, il fait ses débuts à New York à Carnegie Hall, lors d'un concert d'État commandé par le roi et la reine de Suède. Il chante également avec les orchestres symphoniques de Toronto, de Cincinnati et de Montréal.

Gaynor G. Jones

Héraldique Science qui a pour objet la conception et l'étude des armoiries. Les signes, comme les symboles, transmettent des messages, mais les symboles éveillent aussi des émotions. Une flèche de signalisation ne suscite aucune réponse émotive alors que, pour comprendre la valeur symbolique d'un drapeau, il faut qu'entrent en jeu des émotions comme la fierté, le dévouement, le patriotisme ou l'admiration. Un EMBLÈME est un symbole ayant un sens déterminé par convention. La masse parlementaire était peut-être à l'origine un moyen de maintenir par la force le bon ordre des assemblées, mais elle est de nos jours un emblème d'autorité conventionnel et, en tant que symbole, elle inspire le respect. Il y a des symboles religieux, artistiques et traditionnels. Les blasons sont des symboles visuels qui expriment les croyances, les aspirations et l'histoire de personnes ou de collectivités.

Pendant les croisades (du XIe au XIIIe siècle), les nations européennes jugent bon de s'identifier par des croix de diverses couleurs tout en améliorant les

armures pour réduire leurs pertes. Les chevaliers, ayant la tête entièrement couverte par un heaume, sont identifiables au moyen d'un symbole personnel qu'ils arborent sur leur surcot, leur écu et leur bannière. De tels symboles deviennent les principaux éléments des blasons, dont le cimier n'est qu'une partie. L'usage des blasons ou armoiries s'est perpétué parce qu'il est devenu héréditaire dans les familles et s'est étendu aux corporations et aux autorités civiles.

En 1407, Charles VI de France constitue un collège d'héraldique, et l'attribution d'armoiries se poursuit jusqu'en 1790. Au Canada, le premier usage connu de symboles héraldiques remonte au 24 juillet 1534, lorsque Jacques CARTIER plante à Gaspé une grande croix de bois portant les armoiries royales de France. Celles-ci, trois fleurs de lis sur fond bleu, représentent par la suite le roi de France dans le Nouveau Monde. On peut posséder des armoiries sans appartenir à la noblesse, mais, en pratique, la plupart de ceux qui en détiennent en Nouvelle-France (fonctionnaires, officiers, membres du clergé et marchands) sont des nobles. Plusieurs obtiennent des lettres de noblesse, puis des armoiries en raison des services qu'ils ont rendus au souverain, p. ex., Charles Le Moyne de LONGUEUIL (1668), Nicolas Juchereau de Saint-Denis (à titre posthume, 1697) et Joseph-François HERTEL DE LA FRESNIÈRE (1716).

Après la chute de la Nouvelle-France, les autorités héraldiques du Canada sont les officiers du souverain britannique, le collège des hérauts d'Angleterre et la cour du lord Lyon, en Écosse. Peu de Canadiens d'origine française s'adressent aux autorités britanniques pour faire légitimer leurs armoiries ou en obtenir de nouvelles. Au tout début, Gaspard-Joseph CHAUSSEGROS DE LÉRY fait exception en faisant enregistrer les armoiries de son père avec sa Croix de l'Ordre de Saint-Louis au collège des hérauts en juin 1763. Le premier Canadien à obtenir des armoiries après 1763 est James Cuthbert (1778). Le deuxième cas connu est William MCGILLIVRAY (1801). Les concessions d'armoiries sont rares au début, car les Canadiens travaillent à construire un pays et n'ont guère de temps ni d'argent à consacrer aux agréments de la vie. Bon nombre de villes importantes et d'institutions s'intéressent à l'héraldique, mais peu font enregistrer officiellement leurs armoiries. L'art héraldique est donc d'un style un peu naïf, représentant des bateaux à vapeur, des locomotives, des silos à céréales, des usines et des forêts.

L'art héraldique connaît aujourd'hui une renaissance, probablement parce que les gens cherchent des moyens spéciaux d'exprimer leur identité, mais aussi parce que les arts, les religions, la psychologie et les sciences sociales reconnaissent l'importance du symbolisme. La SOCIÉTÉ HÉRALDIQUE DU CANADA contribue grandement à faire connaître l'art héraldique et incite les villes, les corporations, les institutions et les particuliers à se doter d'armoiries. Le gouverneur général Georges P. VANIER, lord Beaverbrook (*voir* Max AITKEN) et le lieutenant-gouverneur George F.G. STANLEY possèdent leurs armoiries. Beaucoup plus de municipalités qu'avant en possèdent aussi, p. ex., Fredericton, Hamilton-Wentworth, Peace River (Alberta), Esquimalt (Colombie-Britannique) et Grand Falls (Terre-Neuve) ainsi que de nombreux corps constitués comme la SOCIÉTÉ ROYALE DU CANADA, la COMPAGNIE DE LA BAIE D'HUDSON, les SŒURS GRISES et beaucoup d'universités. La plupart des évêques et des diocèses ont des armoiries ainsi que certains comtés.

Une description en langage héraldique est un blasonnement; son expression graphique est un blason. Les formes sont stylisées de manière à faire ressortir les détails importants. Les proportions et les teintes des couleurs comptent également. L'art d'un bon héraldiste se distingue par un style personnel et évite les stéréotypes. Avant la création d'une autorité héraldique canadienne, la confusion régnait en la matière, et la conception des armoiries était généralement médiocre. Les gens devraient se méfier du premier venu qui veut leur vendre des armoiries: celles-ci pourraient appartenir à une branche qui n'a aucun autre lien que le même nom de famille. Dans la plupart des pays d'Europe et au Canada, les armoiries sont conférées au titulaire et à ses descendants; toutes les familles n'en possèdent pas.

Les Archives nationales du Canada (qui s'appelaient auparavant les Archives publiques du Canada) répondent aux demandes de renseignements et, dans une mesure raisonnable, conseillent chercheurs et concepteurs. Elles aident les musées et les particuliers à identifier les armoiries qu'on trouve sur des objets d'art. Le logo semble être actuellement le grand rival de l'art héraldique, mais les héraldistes soutiennent que, contrairement à ce dernier, le logo n'est qu'une mode qui ne durera pas.

Auguste Vachon

Herbe à poux Plante annuelle ou vivace, du genre *Ambrosia,* de la famille des composées ou astéracées. Quinze espèces sont originaires d'Amérique du Nord. On en trouve trois au Canada: la petite herbe à poux (*A. artemisiifolia*), l'herbe à poux vivace (*A. coronopifolia*) et la grande herbe à poux (*A. trifida*). Au Canada, le pollen de l'herbe à poux est une des causes fréquentes du rhume des foins. De plus, la petite herbe à poux peut provoquer des dermatites. La petite herbe à poux, la plus abondante, est une herbacée annuelle, droite, assez rustique, aux tiges velues, de 5 à 200 cm de haut. Elle possède habituellement des feuilles vert sombre, profondément divisées. Les fleurs mâles verdâtres aux étamines jaunes évidentes sont en capitules répartis le long d'une tige droite. Les fruits à graine unique (achaine), seuls ou en masse, sont à la base des feuilles supérieures. C'est une mauvaise herbe abondante dans les prés cultivés, les terrains en friche et le long des routes, particulièrement dans le sud de l'Ontario et au Québec.

Paul B. Cavers

Herbe à puce ou sumac vénéneux (*Toxicodendron*) est un arbrisseau vivace de la famille de l'anacardier (Anacardiacées), apparenté au SUMAC, et parfois classé avec lui dans le genre *Rhus*. Le nom commun désigne couramment le *T. rydbergii*, que l'on trouve du sud de la Colombie-Britannique aux provinces de l'Atlantique, mais désigne aussi le *T. radicans* (sous-espèce *radicans*) que l'on trouve dans le sud de la Nouvelle-Écosse et le *T. radicans* (sous-espèce *negundo*) dans le sud de l'Ontario. Les plantes se propagent par tiges souterraines. La plupart des espèces sont des arbrisseaux (de 0,5 à 1 m de haut). D'autres espèces sont des vignes, soutenues par des racines aériennes et ont 15 m ou plus de long. On appelle parfois les formes arbustives, chêne vénéneux. Leurs feuilles brillantes, trifoliolées, sont parfois concaves, entières ou crénelées, ou irrégulièrement dentées. Leurs fruits jaune verdâtre virent au blanc et restent sur les plantes durant tout l'hiver.

On les trouve dans des habitats variés (p. ex., dans des terrains sablonneux ou caillouteux, dans des dunes, dans des pentes d'éboulis), mais surtout dans des endroits calcaires. À tout moment de l'année (surtout au printemps et en été), le contact avec n'importe quelle partie de la plante, de même que la fumée qui s'échappe d'un feu alimenté par cette plante, peuvent provoquer des dermatites. Des cloques se développent et du liquide s'écoule si on les perce. Le nettoyage avec un savon très fort atténue l'effet de la plante. Le jus de l'impatiente du Cap (*Impatiens capensis*) est censé être efficace. (*Voir* aussi PLANTES, UTILISATION PAR LES AUTOCHTONES DES; PLANTES VÉNÉNEUSES.)

J.M. Gillett

Herbes et fines herbes Techniquement, les fines herbes sont des plantes vasculaires non ligneuses (plantes relativement souples à systèmes de vaisseaux spécialisés conduisant l'eau et les nutriments). Plus communément, le terme désigne de nombreuses plantes très variées, souvent aromatiques, employées en médecine ou comme assaisonnement. Cependant, le mot «herbe» est ici employé dans son sens moins technique.

Les fines herbes et les épices se distinguent surtout par leur utilisation. Les épices sont normalement plus aromatiques que les fines herbes, et sont souvent d'origine tropicale. Elles peuvent être utilisées sous forme de graines, d'écorce, de boutons de fleur, de fruits, etc. En général, les fines herbes sont feuillues et poussent localement, et leur utilisation remonte loin dans l'histoire. Elles ont encore une grande importance comme assaisonnement; avant l'avènement de la réfrigération, elles étaient essentielles comme agents de conservation et pour masquer le goût des viandes avariées. Les herbes potagères étaient parmi les jeunes pousses vertes qui pouvaient se manger tôt au printemps. Elles fournissaient les minéraux et les vitamines nécessaires après les privations de l'hiver. Diverses tisanes, comblant le même besoin, étaient très importantes pour les habitants du Nouveau Monde et des vieux pays.

Jardinage Beaucoup des fines herbes favorites viennent de la région méditerranéenne et leur emplacement dans les jardins nordiques doit être prévu en conséquence. Un endroit ensoleillé, au sol sablonneux et léger, qui se réchauffe vite au printemps est idéal. Pour un maximum de saveur, les fines herbes ne doivent pas être trop arrosées ni recevoir trop d'azote. Heureusement, beaucoup d'entre elles sont annuelles et peuvent être cultivées comme telles; elles ne présentent donc pas de problème n'importe où au Canada. La graine doit être semée à l'extérieur dès que le sol est réchauffé, ou à l'intérieur et transplanté dès que tout risque de gel est passé. L'aneth (*Anethum graveolens*), la sarriette (*Satureia hortensis*), le basilic (*Ocimum basilicum*), le cerfeuil (*Anthriscus cerefolium*) et la marjolaine (*Majorana hortensis*) sont des annuelles qui peuvent être cultivées de cette façon. Le persil (*Petroselinum crispum*) et la sauge (*Salvia officinalis*) sont vivaces seulement dans les régions les plus chaudes du pays, mais peuvent très bien réussir en tant qu'annuelles.

Les vivaces ligneuses, comme le romarin (*Rosmarinus officinalis*) et la lavande (*Lavandula officinalis*), ne résistent généralement pas aux rigueurs de l'hiver. Le thym (*Thymus vulgaris*) n'est pas très résistant, mais on peut utiliser le serpolet (*T. serpyllum*) comme substitut. Deux herbes populaires demandent quelquefois des conditions différentes. La ciboulette (*Allium schoenoprasum*) est une vivace facile à cultiver dans toute bonne terre à jardin, mais devrait être divisée et replantée tous les deux ou trois ans. La menthe (*Mentha*) est une vivace vigoureuse et s'étale rapidement dans les sols rendus humides par des stolons; dans les conditions de terrain sec, elle peut disparaître à moins qu'elle ne soit transplantée fréquemment.

Utilisation médicale Les Amérindiens savaient bien employer les fines herbes pour maintenir la santé, pour soigner, et pour les besoins spirituels. Dans bien des cas, ils faisaient les mêmes découvertes qu'en Europe; p. ex., le saule (*Salix*) et le peuplier (*Populus*), chacun contenant de l'acide salicylique (comme l'aspirine), étaient utilisés à la fois par les Européens et les autochtones pour le soulagement de la douleur et les problèmes de rhumatisme. L'églantine (contenant de la vitamine C) était aussi importante des deux côtés de l'Atlantique, comme l'étaient l'ACHILLÉE, l'oseille, la MENTHE et l'ortie. Les Amérindiens ont initié les colons européens aux herbes médicinales qui pouvaient se substituer à celles de leur pays d'origine. Les cures contre le SCORBUT étaient particulièrement renommées, surtout les décoctions à base des aiguilles d'ÉPINETTE (*Picea*) ou de THUYA (*Thuja*), qu'on pouvait trouver même en hiver.

Le Grec Théophraste (vers 371-286 av. J.-C.) est le premier médecin-botaniste à avoir écrit sur les plantes, leur identification et leurs usages. Le savoir médical s'est propagé dans les monastères durant le Moyen Âge, et s'est fait connaître seulement au XVIe siècle, en même temps que la BOTANIQUE, lorsqu'on a fondé les premières écoles de médecine et les premiers JARDINS BOTANIQUES. Entretemps, l'herboriste local, la sage-femme ou le chaman ont continué à traiter les malades, souvent en concurrence avec les médecins officiels.

Les spécialistes des herbes étaient parfois révérés, parfois brûlés comme sorciers. Parce que la médecine des Anciens reposait autant sur les cures psychologiques que physiques, l'usage des herbes médicinales est tombé en désuétude avec l'avènement des méthodes scientifiques. Toutefois, les herbes sont à la base de médicaments modernes dont certains, comme la digitaline, l'atropine et beaucoup de dérivés d'opium, ne s'obtiennent encore qu'à partir d'extraits de plantes. D'autres, découverts en tant qu'extraits de plantes, sont maintenant fabriqués sous forme synthétique.

Aujourd'hui, beaucoup de scientifiques s'intéressent aux vieux remèdes et l'intérêt pour l'herboristerie est ravivé alors que les gens cherchent des alternatives ou des suppléments à la médecine moderne. Cependant, l'usage des herbes médicinales reste, en soi, une science rigoureuse, impliquant l'identification et l'usage justes de plantes qui peuvent être très toxiques. Même l'usage des simples remèdes et infusions maison ne doit se faire que par ceux qui s'y connaissent dans l'identification des plantes. (*Voir aussi* PLANTES, UTILISATION PAR LES AUTOCHTONES DES; PLANTES VÉNÉNEUSES.)

Gillian Ford

Herbier Un herbier conserve le matériel original à l'aide duquel on a identifié les espèces de plantes (le spécimen type). C'est un entrepôt de matériel pour les analyses comparatives et génétiques, y compris les études sur l'ADN. Il est utilisé comme base de données pour les études de BIODIVERSITÉ et constitue une ressource biologique inestimable puisqu'il contient la documentation sur les plantes du monde et les espèces fongiques.

On trouve des spécimens de tous les groupes de plantes (ALGUES, bryophytes, FOUGÈRES, gymnospermes et angiospermes) et tous les groupes de CHAMPIGNONS dans les herbiers. Le personnel de l'herbier ne se contente pas de prendre soin de et de maintenir les spécimens dans des conditions propices, mais poursuit en plus des activités de recherche en taxonomie des plantes et des champignons et en BIOGÉOGRAPHIE. Il publie des flores régionales et nationales et fait des mises à jour basées sur l'évolution des plantes et des groupes fongiques. Une bonne part de nos connaissances en horticulture et en écologie viennent de ces activités de recherches.

Herbiers Les herbiers les plus anciens sont à Kasses, en Allemagne (créé en 1569) et à Bologne, en Italie (créé en 1570). Les herbiers du monde contiennent plus de 273 millions de spécimens répartis dans 2600 herbiers dans 147 pays. Le plus important herbier au monde se trouve à Paris: le Muséum national d'histoire naturelle. Il possède 8,9 millions de spécimens.

Les herbiers du Canada détiennent environ 2,5 p. 100 des spécimens mondiaux, avec plus de 6,8 millions de spécimens. Sept d'entre eux contiennent chacun plus de 250 000 spécimens: le Musée canadien de la nature à Ottawa (1 204 000); le Centre de recherches biosystémiques d'Agriculture Canada à Ottawa (1 050 000); l'U. de Montréal (730 000); l'U. de la Colombie-Britannique à Vancouver (500 000); le Musée royal de l'Ontario à Toronto (455 000); l'U. Laval à Québec (327 000); et l'U. de l'Alberta à Edmonton (290 000).

Dale H. Vitt

Heriot, George, artiste, fonctionnaire et écrivain (Haddington, Écosse, 1759—Londres, 1839). On se souvient surtout d'Heriot comme artiste. Encouragé par le mécène écossais sir James Grant of Grant, il développe son talent pour le dessin dès son plus jeune âge. En 1777, il s'embarque pour les Antilles, où il dessine et écrit *A Descriptive Poem* (1781). À son retour en Grande-Bretagne (1781), il étudie à la Royal Military Academy, à Woolwich, où l'illustre maître de dessin, Paul Sandby lui enseigne le dessin topographique. C'est probablement avec Sandby qu'Heriot apprend les principes du pittoresque, conception esthétique qui déterminera autant son approche de l'écriture descriptive que son approche artistique. En 1792, il arrive au Canada afin de travailler comme commis au Quebec Ordinance Department. En 1799, il est nommé maître du service canadien des postes. Pendant son long séjour au Canada (1792-1816), il retourne deux fois en Grande-Bretagne à l'occasion de congés exceptionnels, en 1796 et en 1806. Lors de son premier voyage, il semble vivement impressionné par la simplicité et la monumentalité des récentes aquarelles et gravures britanniques. C'est également au cours de cette visite que la Royal Academy accepte d'exposer ses aquarelles.

Bien qu'il soit un administrateur talentueux, Heriot manque du savoir-faire diplomatique qui lui aurait permis d'obtenir une promotion et davantage de pouvoir dans la colonie. Il fuit souvent les tensions causées par ses obligations en voyageant, en écrivant et en peignant. Il écrit *The History of Canada from its first discovery* (1804) et *Travels through the Canadas* (1807), ce dernier ouvrage est illustré d'aquatintes représentant des paysages, des autochtones et des habitants, basées sur ses propres dessins à l'aquarelle. En 1816, il démissionne du bureau de poste (en raison des difficultés croissantes qu'il éprouve avec l'administration de la colonie) et retourne en Grande-Bretagne.

Gerald Finley

Héritage Canada, Anciennement la Fondation canadienne pour la protection du patrimoine, elle est fondée le 28 mars 1973 sous la direction de R.A.J. Phillips, directeur général, et de Hart McDougall, président, à l'aide d'une subvention gouvernementale ponctuelle de 12 millions de dollars. Cette société fiduciaire privée à but non lucratif a pour objectif «la préservation et la mise en valeur du patrimoine historique, architectural, naturel et panoramique du Canada». Étant donné qu'il existe déjà des organisations qui s'intéressent aux paysages naturels, Héritage Canada s'est surtout concentrée sur l'environnement architectural.

En 1987, Heritage Canada compte 20 000 membres et emploie 30 personnes à son siège social d'Ottawa. Jacques Dalibard, Pierre Berton et J.P.S. MacKenzie font partie de la direction. Un conseil élu, composé de 14 représentants régionaux choisis lors d'un congrès annuel et de deux personnes nommées par le gouvernement, se réunit trois fois par an afin de fixer les objectifs de la fondation.

Pendant la première décennie qui suit sa création, Héritage Canada réussit à faire adopter des mesures législatives concernant le patrimoine dans toutes les provinces et réalise des projets pour la mise en valeur du patrimoine à St. John's, Charlottetown et St. Andrews au Nouveau-Brunswick, à Halifax, à Annapolis Royal en Nouvelle-Écosse, ainsi qu'à Saint-Jean, Québec, Ottawa, Winnipeg, Edmonton, Vancouver et Dawson au Yukon. Elle met sur pied un service éducatif et technique, publie une revue bimestrielle, *Héritage Canada,* ainsi que des livres, des dépliants et des manuels techniques, instaure un programme d'excellence pour la conservation du patrimoine, et lance une campagne publique de sensibilisation au patrimoine, avec la proclamation de la Journée nationale du patrimoine, le troisième lundi de février.

Héritage Canada a axé ses efforts sur la préservation des rues principales des petites villes. Elle fait pression sur le gouvernement fédéral pour qu'il protège les gares ferroviaires et réforme le régime fiscal afin de contribuer à la préservation des anciens bâtiments commerciaux et industriels. En 1987, le Preservation Planning Institute est mis sur pied pour offrir un fonds de dotation et une chaire aux éducateurs en préservation du patrimoine.

La fondation décerne le prix Héritage Canada à des personnes qui ont consacré leur vie à promouvoir la préservation du patrimoine et le prix Montréal Trust/Crédit Foncier pour récompenser des rénovations particulièrement réussies de bâtiments par le secteur privé. Ce dernier prix a été attribué au complexe du Monastère du Bon Pasteur de Montréal en 1987 et à l'édifice Burns de Calgary en 1986. La fondation n'accorde pas de subventions et n'acquiert pas de biens fonciers, sauf à des fins de démonstration.

Héritage Canada a aussi élargi la définition de «patrimoine» afin d'y inclure l'environnement architectural dans son ensemble, notamment les innombrables édifices qui confèrent à nos collectivités leur caractère particulier. Selon cette définition, un bâtiment patrimonial est doté d'une charpente solide et on peut lui trouver un usage viable. (*Voir aussi* LIEU HISTORIQUE.)

Depuis 1988, Héritage Canada a élargi ses activités en y intégrant le patrimoine naturel, culturel, historique et panoramique du Canada grâce à son programme Régions de patrimoine. Une région de patrimoine est définie comme un secteur soudé par des forces géographiques et historiques. Les ressources patrimoniales d'une telle région peuvent englober des sites autochtones, des établissements vernaculaires et agricoles ou des sites industriels, mais aussi l'histoire locale, les compétences traditionnelles et les expériences culturelles liées aux gens de la région.

Parmi les projets du programme Régions de patrimoine parrainés par Héritage Canada, mentionnons les vallées Cowichan-Chernainus dans l'île de Vancouver, l'île Manitoulin et le comté de Lanark en Ontario, le Boundary Commission-Northwest Mounted Police Trail au Manitoba, le sentier Baccalieu à Terre-Neuve, les Labrador Straits au Labrador et le comté de Charlotte au Nouveau-Brunswick.

Pierre Berton

Héron Cette famille d'oiseaux (*Ardeidae*) comprend 60 espèces à travers le monde, dont 12 au Canada (incluant les hérons, les aigrettes, les bihoreaux et les butors). La plupart sont des oiseaux aux pattes longues et au cou élancé qui pêchent leur nourriture (petits poissons, crustacés, insectes, amphibiens et reptiles) dans les eaux douces et salées peu profondes. Leurs ailes sont plutôt larges, longues et arrondies, et leur queue relativement courte. On les distingue des GRUES (*Rallidae*) par leur position en vol, cou penché et tête entre les épaules. Ils ont tous le bec assez long, contrairement aux ibis (*Threskiornithidae*) qui leur ressemblent extérieurement, mais qui ont pour leur part un bec long et courbé. Leur apparence diffère peu, selon qu'ils appartiennent à l'un ou l'autre sexe. Leur plumage est terne en général, mais certaines espèces arborent une crête ainsi qu'un plumage ornemental en saison de reproduction. Sous leur plumage de flanc, on retrouve des couches de duvet poudreux servant à débarrasser leurs plumes de la boue ou de certaines huiles ou graisses qui les souillent. La poudre est appliquée à l'aide de la griffe de leur orteil central dont la surface intérieure est munie de dents leur servant de peigne. Une fois les plumes lissées, l'oiseau les imperméabilise avec l'huile de ses glandes uropygiales.

Le grand héron (*Ardea herodias*), qui est le plus grand et le plus répandu au Canada, mesure plus de un mètre. Il fréquente le bord des rivières et les baies tidales où il s'avance profondément dans l'eau pour pêcher. On le retrouve de la Nouvelle-Écosse à l'Alberta et sur la côte et les îles de la Colombie-Britannique.

Le bihoreau gris (*Nycticorax nycticorax*) est un oiseau trapu de la Nouvelle-Écosse, de la région des Grands Lacs et du Saint-Laurent, de même que du sud du Manitoba et de la Saskatchewan. On le retrouve habituellement à l'embouchure des rivières et il est particulièrement actif au crépuscule. Son nom vernaculaire de «coak» ou «braillard nocturne» résulte du cri qu'il émet en vol.

On peut entendre les cris gutturaux des butors d'Amérique (*Botaurus lentiginosus*) dans les marais depuis le sud du Canada, jusqu'au Grand lac des Esclaves dans les Territoires du Nord-Ouest. Cet oiseau se confond parfaitement à la végétation des marais qui l'entourent. D'autres espèces d'échassiers nicheurs incluent le héron vert (*Butorides striatus*) dans la région de Niagara, le sud du Québec, une partie de la Colombie-Britannique et des provinces maritimes; le héron garde-bœuf (*Bubulcus ibis*) retrouvé récemment et très localement en Ontario; la grande aigrette (*Casmerodius albus*), nichant très localement dans le sud de l'Ontario et du Québec de même qu'au sud-est de la Saskatchewan et du Manitoba; le bihoreau violacé (*Nycticorax violaceus*), seulement à East Sister Island, en Ontario; le petit blongios (*Ixobrychus exilis*), localement dans le sud du Manitoba, dans la région de Niagara ainsi que dans le sud du Québec et au Nouveau-Brunswick.

La plupart des hérons et aigrettes nichent en colonies, parfois même en groupes d'espèces mixtes. Leurs nids, faits de petites branches, sont souvent perchés à l'abri des prédateurs à la cime des arbres en régions boisées. Les aigrettes, pour leur part, nichent plus près du sol, d'habitude dans des marais d'eau douce parmi les touffes de roseaux. La majorité des espèces pondent de trois à cinq (souvent quatre) œufs de couleur bleu pâle ou bleu vert.

Jean-Luc Desgranges

Héroux, Denis, réalisateur, producteur de cinéma (Montréal, 15 juill. 1940). En 1962, il coréalise un premier long métrage, *Seul ou avec d'autres,* en même temps qu'il étudie l'histoire à l'U. de Montréal. Gagné au cinéma, délaissant l'histoire, il tourne deux longs métrages commerciaux. C'est cependant en 1968, avec *Valérie,* le premier film érotique québécois, qu'il prend réellement le devant de la scène. Ce grand succès témoigne de sa capacité de répondre au marché avec opportunisme. Après quelques autres films érotiques, il se lance dans le mélodrame historique (*Quelques arpents de neige,* 1972) et dans la comédie légère (*J'ai mon voyage,* 1973; *Pousse mais pousse égal,* 1974). À cette époque, le marché fluctue. Ayant déjà goûté à la coproduction avec Israël en 1972, il s'implique à fond dans des projets de cet ordre et devient rapidement un des principaux producteurs canadiens œuvrant à l'international. Un métier qu'il mène avec un bonheur économique certain, un bonheur artistique plus contesté, mais qui fait de lui le chef de file des producteurs québécois. S'étant taillé une réputation enviable, il dirige non seulement plusieurs coproductions, mais travaille également avec des réalisateurs réputés dont Claude Chabrol (*Violette Nozière,* 1974; *Les Liens du sang,* 1978; *Le Sang des autres,* 1979); Claude Lelouch (*À nous deux,* 1979); Claude Pinoteau (*L'Homme en colère,* 1979); Louis Malle (*Atlantic City,* 1980); Jean-Jacques Annaud (*La Guerre du feu,* 1981); Alexandre Arcady (*Hold-up,* 1985). Grand ténor de l'industrie privée et du succès commercial, sa politique étrangère et anglophone ne manque pas de lui attirer plusieurs critiques. Il les fait taire quelque peu en produisant une œuvre typiquement québécoise, *Les Plouffe* (1981), de Gilles CARLE et, devant ce succès, il récidive avec *Le Crime d'Ovide Plouffe* (1983), de Denys ARCAND, et *Le Matou* (1985), de Jean BEAUDIN. Dans les années 90, Héroux travaille surtout à titre de monteur ou de directeur de la collection « Les Aventures du Grand Nord » (1994), six téléfilms en anglais (dont deux de Gilles Carle) coproduits avec la France, qui ont tous la particularité de se dérouler dans le Grand Nord ou d'être adaptés de James Curwood. On retrouve également son nom en tant que producteur sur des films comme *Eddy and the Cruisers II* (Jean-Claude Lord, 1989), *Black Robe* (Bruce Beresford, 1991) et, pour la télévision française, *Sands of Eden* (1997). Réalisateur qui a fait sa marque en son temps, producteur de première importance associé à plusieurs compagnies au fil de sa carrière et qui travaille plutôt maintenant pour la télévision, il a aussi été critique de cinéma et membre du COMITÉ D'ÉTUDE DE LA POLITIQUE CULTURELLE FÉDÉRALE (1982) présidé par Louis APPLEBAUM et Jacques HÉBERT. Il a reçu l'Ordre du Canada en 1984.

Pierre Véronneau

Herridge, William Duncan, avocat (Ottawa, 18 sept. 1888—*id.*, 21 sept. 1961). Beau-frère du premier ministre R.B. BENNETT dont il est un des conseillers clés, Herridge est aussi son ministre plénipotentiaire aux États-Unis de 1931 à 1935. Il sert avec distinction dans la Première Guerre mondiale et se voit décerner l'Ordre du service distingué (DSO) et la Croix militaire (MC). Il joue un rôle très important en politique lors des élections de 1930, alors qu'il rédige les discours de Bennett et aide à formuler la stratégie des conservateurs. Impressionné par la philosophie interventionniste du gouvernement de F.D. Roosevelt durant son séjour à Washington, il se fait remarquer en convainquant Bennett d'implanter une version du New Deal au Canada en 1935 (*voir* NEW DEAL DE BENNETT). Homme plein d'entrain, il lance, en 1939, la New Democracy, un mouvement politique éphémère prônant des réformes monétaires et l'intervention radicale du gouvernement dans l'économie.

Norman Hillmer

Herring Cove, parc provincial Situé dans l'est de l'ÎLE CAMPOBELLO, petite île nichée dans l'archipel des West Isles de la baie de FUNDY, au Nouveau-Brunswick. Inauguré en 1959, ce parc de 424 ha est accessible par le pont à partir de Lubec, au Maine, à 100 km de St. Stephen, au Nouveau-Brunswick. En été, Campobello est aussi accessible par traversier depuis l'île Deer.

Histoire naturelle Le parc comprend des falaises escarpées, une plage, une tourbière à sphaigne et un vieux peuplement d'épinettes. Le climat, tempéré par le milieu marin, est parfois frais et brumeux. La végétation est caractéristique des régions montagneuses ou plus nordiques.

Les eaux froides de la baie, les hautes marées, le littoral rocailleux et les forts courants ascendants fournissent une abondante nourriture aux oiseaux de mer, surtout durant la migration. En parcourant les sentiers, on peut souvent apercevoir des aigles à tête blanche, des balbuzards et des castors. Durant la migration, la région se peuple d'une grande diversité d'oiseaux chanteurs. Les eaux environnantes abondent de baleines, de dauphins, de phoques, de harengs, de maquereaux, de homards et de pétoncles.

Histoire humaine Des milliers d'années avant la venue des Européens, les autochtones fréquentaient déjà Campobello. Une carte de Samuel de CHAMPLAIN datant de 1607 désigne l'île du nom de Port aux Coquilles. Les premiers Européens, arrivés en 1684, vivent de la pêche. Pendant la PROHIBITION des années 1870 et des années 20, la contrebande du rhum bat son plein. Au début du XXᵉ siècle, un bateau à vapeur fait la navette depuis Boston, amenant dans l'île de nombreux estivants. À la fin du XIXᵉ siècle, Franklin Roosevelt, futur président américain, y vient pour la première fois. Par la suite, il passe de nombreux étés dans l'île à son chalet auquel il tient tant. Le parc Herring Cove est voisin du premier parc international, celui de Roosevelt-Campobello (1964).

Installations Le parc a été aménagé pour le tourisme, les loisirs et la conservation. Les visiteurs ont

l'embarras du choix: golf, randonnée, observation d'oiseaux, observation de baleines, exploration des plages, pêche, kayak, camping et pique-nique. Les principaux attraits du parc sont la résidence d'été de Roosevelt, des jardins, un centre d'accueil des visiteurs, un espace naturel, des sentiers de randonnée et deux routes panoramiques. Le parc sert aussi de lieu de rassemblement; de plus, on y offre des services d'interprétation de l'histoire et de la nature.

C.A. MacLaggan

Herschel, île D'une superficie de 101 km², elle est située dans la mer de Beaufort, au large des Territoires du Nord-Ouest. Elle est nommée en 1826 par John FRANKLIN, d'après l'astronome anglais sir William Herschel. Ses caractéristiques géographiques sont désignées en 1889 par le commandant de l'USS *Thetis*, C. H. Stockton. À compter de 1889, l'île sert de port d'hivernage aux navires de CHASSE À LA BALEINE américains. En 1893, en réponse aux plaintes d'abus dont sont victimes les Inuits de la région, un missionnaire anglican s'établit dans l'île; un détachement de la police à cheval du Nord-Ouest s'installe à son tour en 1903. En 1914, l'industrie de la pêche à la baleine a déjà disparu, mais la police demeure dans l'île pour affirmer la souveraineté canadienne dans l'Arctique de l'Ouest. En février 1924, Alikomiak et Tatimagana sont pendus dans l'île pour avoir commis un meurtre; ils sont les premiers Inuits exécutés en vertu de la loi canadienne. Depuis 1964, l'île n'a aucune population permanente.

William R. Morrison

Herschel, parc territorial de l'île (Qikiqtaruk) L'île Herschel, le premier PARC territorial du Yukon (créé en 1987), est située près de la côte nord du Yukon, dans la MER DE BEAUFORT. L'île fait partie d'une région d'un grand intérêt scientifique et écologique en raison du courant circulaire de la mer de Beaufort qui transporte de l'eau douce et chaude à partir du delta du FLEUVE MACKENZIE le long de la côte du Yukon. Par conséquent, on trouve dans la région de l'ÎLE HERSCHEL une vie marine d'eau douce et d'eau salée exceptionnellement riche, ainsi que plusieurs oiseaux et gros mammifères, dont certains prédateurs comme les phoques et les ours.

Plusieurs signes archéologiques témoignent de la présence d'INUITS dans l'île et d'un peuple primitif de la CULTURE DE THULÉ il y a au moins 1000 ans. À la fin du XIXᵉ siècle, l'île est utilisée par les chasseurs de baleine boréale dans la mer de Beaufort. Vers le milieu des années 1890, la population de Pauline Cove, dans la partie est de l'île, s'élève à plus de 1500 habitants. Ceux-ci abandonnent peu à peu cette région en raison du déclin de la CHASSE À LA BALEINE au XXᵉ siècle. Toutefois, l'emplacement de Pauline Cove, qui comprend 13 bâtiments historiques et autres vestiges archéologiques, a été conservé en tant que LIEU HISTORIQUE à l'intérieur du parc. Le parc est ouvert aux visiteurs durant l'été, mais les conditions peuvent être très difficiles et il n'est accessible que par bateau nolisé ou par hydravion.

Deborah Welch et M. Payne

Hertel de La Fresnière, Joseph-François, militaire (baptisé à Trois-Rivières, 3 juill. 1642—enterré à Boucherville, Nouvelle-France, 22 mai 1722). Enfant, il est capturé et adopté par les Iroquois (1661). Il s'échappe et prend part à des raids de représailles, accompagnant FRONTENAC jusqu'au lac Ontario (1673). Mis à l'amende et emprisonné brièvement pour activités illégales dans la traite des fourrures, ses connaissances des langues et des techniques de guerre amérindiennes s'avèrent très utiles. Sous les ordres de Frontenac, il mène de nombreuses expéditions en utilisant les méthodes amérindiennes: mouvements rapides et embuscades. Il dirige un raid dévastateur contre Salmon Falls, en Nouvelle-Angleterre, où les Français prétendent avoir tué 43 Anglais. On l'appelle «le héros» ou «la terreur des Anglais». Il commande FORT FRONTENAC de 1709 à 1712

et, par son mariage avec Marguerite de Thavenet, hérite de la seigneurie de Chambly. Après de longs délais dus à son humble origine, il obtient ses lettres de noblesse en 1716.

James Marsh

Hertel, François, pseudonyme de Rodolphe Dubé (Rivière-Ouelle, Qc, 31 mai 1905—Montréal, 4 oct. 1985). À 20 ans, il entre chez les jésuites pour y être ordonné en 1938. Professeur de littérature, de philosophie et d'histoire, il enseigne aux collèges Jean-de-Brébeuf, Sainte-Marie et André-Grasset, ainsi qu'au Collège des jésuites de Sudbury. En 1946, il quitte son ordre et devient prêtre séculier à Montréal, mais demande sa laïcisation l'année suivante. Pendant tout ce temps, il écrit des articles pour plusieurs périodiques, y compris la revue de l'AMÉRIQUE FRANÇAISE jusqu'en 1947. En 1949, il part pour la France où il donne des conférences, fonde une revue d'art (*Rythmes et couleurs* qui deviendra plus tard *Fer de lance*) et dirige une entreprise publicitaire, Diaspora française. Après 37 ans d'un exil volontaire, il revient à Montréal.

Les écrits de cet esprit universel, membre de l'ACADÉMIE CANADIENNE-FRANÇAISE, comprennent près de 40 titres. Ils permettent de retracer l'évolution du poète mystique (*Les Voix de mon rêve*, du poète classique (*Axes et parallaxes,* 1946), d'un homme qui était aussi un éducateur responsable (*Leur inquiétude,* 1936), un conteur d'histoire baroque (*Anatole Laplante, curieux homme,* 1944), un essayiste provocateur (*Cent ans d'injustice?* 1967), un chroniqueur sensible au monde de l'imaginaire (*Louis Préfontaine, apostat,* 1967) et finalement un philosophe agnostique (*Vers une sagesse,* 1966 et *Mystère cosmique et condition humaine,* 1975).

Kenneth Landry

Herzberg, Gerhard, physicien, lauréat du prix Nobel (Hambourg, Allemagne, 25 déc. 1904). Il amorce une carrière universitaire à l'Université technique de Darmstadt après y avoir obtenu un doctorat en génie et quitte l'Allemagne nazie en 1935. Il enseigne à l'U. de la Saskatchewan de 1935 à 1945, venant au Canada à l'initiative de J.W.T. SPINKS, qui avait travaillé à son laboratoire de Darmstadt de 1933 à 1934. En 1945, Herzberg se rend au Yerkes Observatory, à Chicago, espérant y trouver de meilleures possibilités d'effectuer des recherches. Il revient au Canada en 1948 pour faire équipe avec le personnel du CONSEIL NATIONAL DE RECHERCHES (CNRC). À titre de directeur de la physique, de 1949 à 1969, Herzberg et E.W.R. STEACIE, président du CNRC, jettent les bases de la réputation de «centre d'excellence» scientifique dont jouit le CNRC dans l'après-guerre.

Le domaine de recherche propre à Herzberg est la SPECTROSCOPIE moléculaire, l'analyse du spectre des molécules permettant de déterminer leur structure. Il se spécialise dans les radicaux libres, des intermédiaires importants dans les réactions chimiques, qui ont des durées de vie très courtes (de l'ordre de quelques microsecondes) dans des conditions de laboratoire. On trouve aussi des radicaux libres dans l'espace interstellaire, où ils peuvent subsister pendant de longues périodes, ce qui permet à des appareils spéciaux d'enregistrer leurs spectres. Herzberg et ses associés mettent au point de nouvelles méthodes pour leur analyse spectroscopique.

Il fait paraître plus de 200 publications scientifiques et remporte de nombreux honneurs, dont sa nomination comme Membre de la Royal Society of London en 1951, membre de l'Ordre du Canada et le prix Nobel de chimie en 1971. Il participe aussi vigoureusement au débat sur la POLITIQUE SCIENTIFIQUE qui suit le rapport Lamontagne en 1970. Le CNR crée spécialement son plus haut grade, celui de Scientifique de haute distinction, pour permettre à Herzberg de poursuivre ses recherches personnelles après qu'il ait atteint l'âge de la retraite en 1969 et il continue d'occuper ce poste. En 1975, les unités d'astronomie et de spectroscopie du CNR sont regroupées au sein de l'Institut Herzberg d'astrophysique. En septembre 1987, l'astéroïde n° 3316, découvert en février 1984, est nommé en son honneur.

Donald J.C. Phillipson

Hesquiahts Les Hesquiahts, une tribu NOOTKA d'une population de 554 habitants inscrits (1996), vivent sur la côte ouest de l'île de Vancouver. Leur territoire traditionnel comprend Hesquiat Harbour et la péninsule Hesquiat. Des fouilles archéologiques ont permis de découvrir que des peuples autochtones habitent Hesquiat Harbour depuis au moins 2000 ans. Ils formaient autrefois plusieurs petits groupes indépendants ayant chacun leurs propres villages et territoires. Certains d'entre eux sont les premiers Nootkas à établir contact avec des Européens, ayant rencontré Juan PÉREZ HERNANDEZ et commercé avec lui au large de la côte ouest de la péninsule Hesquiat en 1774. Décimés par les guerres avec d'autres Nootkas et les maladies introduites par les Européens, les divers groupes de Hesquiahts se rassemblent en une bande au XIXᵉ siècle. En 1875, le père A.J. Brabant établit la première mission catholique chez les Nootkas à Hesquiat, le village tribal des Hesquiahts. En 1964, après la destruction de leur village par un raz de marée, les Hesquiahts se dispersent à Port Alberni et Victoria. Aujourd'hui, ils vivent aussi à Refuge Cove.

John Dewhirst

Hêtre (*Fagus*), genre d'ARBRES de la famille du Hêtre (*Fagaceae*). Les Hêtres forment un petit groupe de dix espèces dans le monde. La seule espèce indigène en Amérique du Nord, le Hêtre américain, se trouve principalement dans l'Est. Ce dernier peut atteindre 30 m de hauteur. Le tronc est droit et recouvert d'une écorce mince, lisse, d'un gris bleuâtre. Les feuilles sont munies de grosses dents dans lesquelles aboutissent les nervures. Chez les jeunes sujets, elles persistent parfois tout l'hiver sur les rameaux. Les fruits, connus sous le nom de faines, sont comestibles. Ils constituent une source de nourriture importante pour plusieurs animaux, en particulier pour les écureuils et les ours qui n'hésitent pas à grimper dans l'arbre pour les cueillir. Le Hêtre américain pousse le plus souvent en mélange avec l'érable à sucre sur les versants frais et bien drainés. Ses feuilles, qui se décomposent très lentement, forment une litière épaisse, ce qui contribue à acidifier le milieu et rend la régénération de l'érable à sucre de plus en plus difficile. Le bois du Hêtre est lourd, dur, fort et résistant. Il est utilisé pour la fabrication des manches d'outils, des lames de parquet et des meubles.

Estelle Lacoursière

Hétu, Jacques, compositeur et professeur (Trois-Rivières, Qc, 8 août 1938). Après ses études à l'U. d'Ottawa, Hétu étudie au CONSERVATOIRE DE MUSIQUE DU QUÉBEC à Montréal de 1956 à 1961. Il étudie aussi aux États-Unis avec Lukas Foss (1959) et à Paris avec Henri Dutilleux (1961-1963) et Olivier Messiaen (1962-1963). À son retour d'Europe en 1963, il enseigne à l'U. Laval, à l'U. de Montréal et, à partir de 1979, à l'U. du Québec à Montréal, où il dirige le département de musique de 1980 à 1982 et de 1986 à 1988.

Son œuvre comprend plus de 50 pièces de nature diverses, qui en font l'un des compositeurs les plus souvent joués partout dans le monde. Sa langue musicale, bien que non révolutionnaire, allie modalité et dissonance avec force et expressivité. Ses premières compositions sont particulièrement riches en rythmes percutants et en tension harmonique, à la manière de Bartók, de Hindemith et d'autres. Sa *Sonate* pour deux pianos est présentée en première au Carnegie Hall, à New York, en 1963 et ses *Variations* pour piano ont été enregistrées par plusieurs artistes, dont Glenn GOULD. En 1990, l'Orchestre philharmonique de New York exécute *Images de la Révolution*, tandis qu'*Antinomie* et sa *Symphonie no 3* figurent au programme de la tournée

européenne de l'Orchestre du CENTRE NATIONAL DES ARTS. En 1992, Hétu termine son premier opéra, *Le Prix* (libretto d'Yves Beauchemin). Une autre œuvre importante, *Le Tombeau de Nelligan*, est présentée en première mondiale à Paris en 1993. Depuis 1967, Hétu ne compose que des œuvres commandées, notamment pour la SRC, l'ORCHESTRE SYMPHONIQUE DE QUÉBEC, l'Orchestre du Centre national des Arts et le Concours de musique du Canada. Hétu est élu membre de la Société royale du Canada en 1989.

Claire Versailles et R. Taylor

Hétu, Pierre, chef d'orchestre (Montréal, 22 avril 1936—id., 5 déc. 1998). Après ses études de musique au CONSERVATOIRE DE MUSIQUE DU QUÉBEC à Montréal ainsi qu'à l'U. de Montréal, il va étudier la direction d'orchestre à Paris, à Vienne, à Sienne en Italie et à Düsseldorf en Allemagne ainsi qu'avec Charles Munch au Festival de Tanglewood. En 1961, il remporte le premier prix au Concours international des jeunes chefs d'orchestre à Besançon, en France.

Il est chef d'orchestre adjoint de l'ORCHESTRE SYMPHONIQUE DE MONTRÉAL (1963-1968), directeur musical à Kalamazoo, au Michigan (1968-1972), chef d'orchestre adjoint de l'Orchestre symphonique de Detroit (1970-1973) et directeur musical de l'ORCHESTRE SYMPHONIQUE D'EDMONTON (1973-1980). Il est souvent le chef d'orchestre invité des grands orchestres et compagnies d'opéra du pays, de la radio et de la télévision de Radio-Canada et des orchestres américains.

Il a dirigé en France, en Belgique et en Suisse et, en 1976, il dirige l'orchestre mondial des JEUNESSES MUSICALES DU CANADA, lors du concert et des cérémonies d'inauguration des Jeux olympiques de Montréal. Sa direction de *Salomé* de Strauss avec l'Orchestre symphonique d'Edmonton lui vaut le prix du CONSEIL CANADIEN DE LA MUSIQUE en 1977. En 1991, il commence à enseigner la direction d'orchestre à l'U. de Toronto.

Hélène Plouffe

Heure La mesure précise du temps a servi à la fondation et au développement du Canada. Au cours des deux derniers siècles, on a utilisé des systèmes de mesure du temps hautement sophistiqués pour l'exploration, la cartographie, la navigation et les moyens de transport. La performance des premiers bons chronomètres de marine (stabilité de 0,1 s/jour) a été grandement surpassée par les horloges atomiques au césium (10 milliardièmes de s/jour). Pour les besoins de la navigation, la précision, autrefois de plusieurs kilomètres (selon les conditions) obtenue à l'aide d'un instrument chronométrant la rotation terrestre (environ 10 km/min.), est passé à 10 m grâce au chronométrage de signaux radio (voyageant à 300 000 km/s) contrôlés par des horloges atomiques au césium.

Historique La mesure précise du temps joue un rôle important au Canada lors de l'exploration, entre 1777 et 1779, de la côte Ouest du Canada par le capitaine James COOK. Afin de déterminer avec précision la longitude pendant son voyage, il demande une copie exacte du prototype de chronomètre de marine révolutionnaire mis au point par John Harrison. Lors de son voyage précédent dans le Pacifique, il en était arrivé à faire confiance à ce modèle plutôt qu'aux trois chronomètres Arnold qu'il avait aussi emportés avec lui. Les chronomètres servent à détailler avec exactitude la cartographie du Canada, ce qui aide à la fondation de l'Amérique du Nord britannique. Les bateaux qui s'équipent de chronomètres s'assurent ainsi d'avoir une traversée plus sécuritaire. À partir du milieu du XIXᵉ siècle, on met en place des OBSERVATOIRES astronomiques dans les ports canadiens importants (Québec, Saint-Jean, Montréal et Victoria) afin d'aider les marins pour qui l'exactitude de la mesure du temps est capitale (*voir* ASTRONOMIE).

Dès le début des chemins de fer canadiens, la mesure du temps aide à dresser rapidement les cartes et les relevés ou à planifier les opérations routinières du système de chemin de fer alors en pleine expansion. Dans les années 1880, les chemins de fer commencent à utiliser les FUSEAUX HORAIRES au lieu de l'ancienne pratique qui consistait, pour chaque municipalité, à utiliser sa propre heure solaire moyenne locale.

Au milieu du XIXᵉ siècle, on commence à coordonner soigneusement l'observation des conditions météorologiques au Canada. Il était alors tout à fait naturel que le Service météorologique coordonne aussi le temps officiel au Canada, un travail qu'il accomplit jusqu'aux années 1930. L'Observatoire fédéral, fondé en 1905, calcule le temps à 0,05 s près grâce à des observations ultra précises consistant à comparer manuellement des horloges à pendule avec la position d'étoiles observées à l'aide d'une lunette méridienne (*voir* STEWART, ROBERT MELDRUM).

Dans les années 20, l'observatoire commence la diffusion de signaux horaires sur ondes courtes. Dans les années 30, il devient le coordonnateur de l'heure officielle au Canada et en 1941, un décret le nomme officiellement la source de l'heure officielle au Canada. Son signal horaire diffusé sur ondes courtes et sur le réseau radiophonique de la SRC fait partie de la routine quotidienne d'un grand nombre de familles et de commerces, ainsi que de celle des gardiens d'horloges et des horlogers partout au Canada (*voir* HORLOGES ET MONTRES).

Horloge à quartz En 1941, l'Observatoire fédéral commence à utiliser sa première horloge à quartz. Ces horloges ont une meilleure précision que les horloges à pendule des observatoires dont la précision était de 0,01 s/jour. Au début des années 50, on peut déjà observer et étudier la variation de la période de rotation terrestre, quelques millisecondes par jour, à l'aide des horloges à quartz et des lunettes photographiques zénithales (LPZ) de l'Observatoire fédéral.

Lors des conférences scientifiques internationales, on commence à discuter de l'utilisation d'un nouvel étalon pour le temps, plus uniforme que la rotation terrestre, afin de satisfaire les besoins techniques et scientifiques. Les mouvements orbitaux des planètes et de leurs satellites semblent alors être la seule solution astronomique évidente, bien que ce processus soit encore plus difficile à utiliser que la rotation terrestre. On calcule le taux des lents changements orbitaux à partir des observations astronomiques faites sur plusieurs siècles et liées à l'année commune 1900, aussi dite année tropique (*voir* CALENDRIER), à l'aide du raisonnement mathématique élaboré par l'astronome néo-écossais Simon Newcombe. Les 50 années d'observations qui suivirent, en particulier l'observation de la Lune, confirmèrent les résultats de Newcombe.

Horloge atomique En 1956, on redéfinit la seconde scientifique (SI ou Système International) comme étant un $1/31\ 556\ 925,9747^e$ de l'année tropique 1900… Seule la seconde scientifique est modifiée. La seconde officielle, utilisée dans la vie quotidienne, demeure un $1/86\ 400^e$ du jour solaire moyen. On veut utiliser le raisonnement mathématique de Newcombe et le combiner à l'observation du mouvement des planètes et des satellites afin de surveiller la durée du jour solaire moyen, ce qui servirait ensuite à surveiller l'ensemble des horloges à quartz par l'intermédiaire des télescopes et des LPZ. Cependant, des travaux faits à cette époque mènent à l'invention de l'horloge atomique qui permet de se souvenir beaucoup plus facilement de l'année des chemins de fer, soit 1900. À partir de la fin des années 50, la seconde scientifique est donnée par les horloges atomiques.

Temps Universel Coordonné Dès le début des années 60, la seconde officielle est calculée pour quelques mois à l'avance, selon des estimations éclairées des variations de la rotation terrestre par rapport à la seconde constante des horloges atomiques. Au besoin, on fait de petits sauts dans le temps, généralement de 1,3 ms (1 ms = 0,001 s) par jour, la correction à la fin de l'année se faisant à l'aide de multiples de 0,1 s. Les horloges atomiques dispersées dans les laboratoires du temps du monde entier servent à coordonner partout dans le monde cette échelle de temps par radio. Au début des années 60, l'heure officielle du Canada commence à utiliser cette échelle de temps, appelée Temps Universel Coordonné (TUC), la réalisation moderne de la référence du fuseau horaire de Greenwich.

Le TUC a été désigné par les astronomes comme faisant partie de la séquence des échelles de temps basées sur la rotation relative de la Terre par rapport au Soleil moyen au méridien d'origine: TU0, TU1, TU2. L'heure donnée comme TU0 est celle du cadran solaire au méridien d'origine, corrigée selon la différence entre le jour solaire réel et le jour solaire moyen (variation de +/- 15 min.). TU1 est l'heure des marins, optimisée pour déterminer la longitude par l'observation du ciel et corrigée en fonction de l'oscillation des pôles. TU2 introduit une correction supplémentaire pour la variation saisonnière de la rotation de la terre.

Horloge à jet de césium Le TUC se base sur des horloges à jet de césium qui exploitent les propriétés de stabilité temporelle du magnétisme des atomes de césium. Au départ, ces instruments ne fonctionnent pas continuellement et ne sont utilisés qu'à l'occasion comme étalons de fréquence pour déterminer les fréquences d'un groupe d'horloges à quartz. De 1955 à 1958, une expérience conjointe entre le National Physical Laboratory de Grande-Bretagne et le Naval Observatory aux États-Unis permet d'établir que la nouvelle définition de la seconde, déterminée à partir de l'extrapolation des résultats de l'année 1900, correspond à 9 192 631 770 +/- 20 rotations du magnétisme d'un atome de césium non excité. En raison des incertitudes astronomiques, il n'y aura probablement jamais de mesure meilleure que celle-là. Ainsi les étalons de fréquence utilisant les atomes de césium peuvent reproduire les secondes avec la précision de l'an 1900. Les laboratoires de recherches des pays avancés sur le plan scientifique commencent à construire des étalons de fréquence atomique au césium.

Au Canada, le CONSEIL NATIONAL DE RECHERCHES DU CANADA (CNRC) commence la construction d'un étalon de fréquence atomique au césium en 1957 et, dès 1958, ce dernier devient la référence pour les horloges au quartz du CNRC et de l'Observatoire fédéral. Un étalon de fréquence au césium amélioré le remplace en 1965.

En 1967, la Convention du Mètre redéfinit officiellement la seconde du SI d'après les propriétés de l'atome de césium: «La seconde est la durée de 9 192 631 770 périodes de la radiation correspondant à la transition entre les deux niveaux hyperfins de l'état fondamental de l'atome de césium 133.» Toutefois, on ne cesse pas pour autant d'utiliser la seconde officielle pour mesurer le temps dans la vie quotidienne. Le TUC se base encore sur une approximation du TU2, qui perd 2,6 ms par jour par rapport à la définition scientifique. Le fait d'avoir deux définitions légèrement différentes de la seconde s'avère une source de confusion grandissante et inacceptable. Ainsi en 1972, le TUC s'adapte à la définition scientifique.

En 1972, le Canada remarque le passage vers la mesure du temps à partir d'horloge atomique et déplace son service du temps officiel de l'Observatoire fédéral pour l'unir aux travaux sur les étalons de fréquences atomiques du CNRC. Le changement se répercute sur l'évolution de l'étalon primaire de fréquence, le césium-V, qui devient la première horloge atomique au césium de haute précision du monde et qui commence à fonctionner comme horloge primaire en 1975. Le CNR conçoit et construit de petites horloges sur le même modèle mais qui font

seulement la moitié de la longueur du césium-V. Le laboratoire d'étalons allemand Physikalisch-Technischen Bundesanstalt copie cette nouveauté et convertit son étalon de fréquence en horloge. Depuis, l'Allemagne a construit trois nouvelles horloges primaires de haute précision.

Certains pays maintiennent la séparation entre étalons de fréquence et étalons de temps et utilisent seulement à l'occasion, dans leurs laboratoires, les étalons de fréquence atomique au césium au lieu de les utiliser comme horloges. Au CNRC ainsi que dans plusieurs autres laboratoires du temps, les scientifiques tentent d'élaborer un nouveau type d'étalon d'ensemble. Il s'agit d'un groupe de masers à hydrogène continuellement en opération et calibrés régulièrement par un étalon de fréquence de haute précision. Cet étalon est conçu à partir d'atomes de césium, contrôlés par laser, qui n'entrent pas en collision pendant une durée 100 fois supérieure à celle qui intervient dans une horloge atomique au césium traditionnelle.

Au Canada, les masers à hydrogène sont conçus et construits au CNRC, à l'U. Laval et à l'U. de la Colombie-Britannique. Les masers à hydrogène ont une excellente stabilité à court terme. Ils sont utilisés au Canada comme chronomètres précis pour les courtes durées telles que celles correspondant à l'évaluation des étalons de fréquence atomique au césium. Ils sont aussi utilisés avec les systèmes interférométriques à base très longue en astronomie et en géodésie, ainsi que pour l'observation par satellite en géodésie.

Seconde intercalaire En 1972, le TUC commence à utiliser la seconde uniforme telle que définie à l'aide de l'atome de césium. On comprend maintenant que la rotation de la Terre, après sa correction liée à la rotation des pôles, subit un ralentissement à long terme, ce qui allonge la journée d'environ 0,002 s par siècle, des variations aléatoires qui ont changé la durée de la journée de +/- 0,004 s d'une décennie à l'autre et des variations saisonnières qui changent la durée de la journée d'environ 0,002 s. (On observe un ralentissement de la rotation au printemps et une accélération à l'automne.)

Pour que le TUC suive la rotation variable de la Terre, à +/- 0,9 s près, une «seconde intercalaire» peut être ajoutée, ou au besoin soustraite, au 1ᵉʳ janvier ou au 1ᵉʳ juillet à 0 heure TUC. La diffusion officielle du TUC, établie à partir de la comparaison et de la moyenne d'environ 300 des meilleures horloges atomiques de laboratoires et d'entreprises répartis dans le monde, est maintenant opérée par le Bureau International des Poids et Mesures, situé près de Paris en France et est financée par la Convention du Mètre. Ce bureau s'assure aussi que le TUC représente la meilleure moyenne des quelques horloges atomiques au césium de laboratoire au monde et des étalons de fréquence atomique au césium.

La décision d'insérer une seconde intercalaire revient au Bureau International de la Rotation Terrestre. Cette décision est annoncée six mois à l'avance. En raison du lien étroit qui unit le TUC et le TU1, les signaux du TUC pour le temps officiel peuvent encore répondre aux besoins traditionnels de la navigation astronomique et le Soleil reste à sa position traditionnelle, soit au zénith à midi, au centre de chaque fuseau horaire. Sans la correction apportée par la seconde intercalaire, le Soleil serait au zénith à minuit dans quelques millénaires en raison du ralentissement inexorable de la rotation terrestre sous l'influence des marées.

Certains astronomes, qui n'aiment pas prendre en compte la seconde intercalaire, se sont déclarés favorables à un méridien d'origine flottant, mais personne n'a encore avancé de moyen permettant de mettre en pratique un tel changement.

Échelle de temps Le TUC est l'échelle de temps préférée et, pour des raisons légales, tous les fuseaux horaires s'y réfèrent. Au Canada, les références au temps moyen de Greenwich sont maintenant inter-

prétées comme des références au TUC. Dans le cadre des théories de la relativité d'Einstein, le TUC est une coordonnée de temps qui peut être convertie en n'importe quelle échelle de temps pour servir les besoins locaux de mesures scientifiques. Les différences officielles entre le TUC et les horloges utilisées sont publiées 30 jours après la cueillette des données afin d'aider à maintenir l'indépendance de plus de 300 horloges atomiques. Parmi les pays les plus techniquement avancés, plus de 30 possèdent au moins un laboratoire officiel du temps et des fréquences.

Les laboratoires nationaux, comme le CNRC, ont généralement une horloge capable de prédire à un millionième de seconde près la valeur publiée du TUC et dont la valeur de la seconde diffère de la seconde TUC par seulement quelques parties par 1 x 10¹⁴. Certains de ces laboratoires maintiennent également, au même degré de précision, un étalon primaire indépendant pour la seconde SI, et le TUC est calibré en fonction de cet étalon. Bien que de tels degrés de précision puissent sembler superflus dans la vie quotidienne, ils fournissent une base économique pour les systèmes modernes de navigation, de surveillance et de communication, pour la reconnaissance internationale des mesures de contrôle de la qualité, ainsi que pour les mesures dans des domaines aussi divers que la radioastronomie, la spectroscopie, la géodésie, la mesure de la longueur et du voltage, la diffusion radiophonique ainsi que la fabrication et la vérification des appareils électroniques.

Au moins deux domaines cherchent à atteindre des performances encore meilleures: les réseaux de télécommunication par fibres optiques et l'observation astronomique des pulsars rapides. Les laboratoires de temps essaient maintenant de construire des étalons de fréquence au césium qui utilisent des faisceaux laser pour contrôler les atomes et fournir une précision de 10 à 100 fois supérieure. On travaille également sur d'autres idées qui permettraient d'obtenir une précision encore meilleure dans cette course, longue et fructueuse, pour l'amélioration de la mesure du temps. (*Voir aussi* FUSEAUX HORAIRES AU CANADA.)

Robert Douglas

Heward, Efa Prudence, peintre (Montréal, 2 juill. 1896—Los Angeles, Calif., 19 mars 1947). Portraitiste réputée à une époque où les paysagistes dominent, Heward fait ses études à Montréal et à Paris. Elle est membre fondatrice du Canadian Group of Painters (1933) et se joint à la Société d'art contemporain (1939). Elle diffère de ses contemporaines par son traitement vigoureux et personnel du portrait. Peu importe son sujet, ses peintures se distinguent par des couleurs vives et acides, un traitement sculptural et une intensité oppressante. Dans sa détermination à donner plus d'importance à la structure qu'à la beauté du paysage, elle isole parfois le personnage sur un fond constitué de formes complexes.

Anne McDougall

Hewitt, Angela Mary, pianiste (Ottawa, 26 juill. 1958). Parmi la génération de musiciens canadiens ayant fait leur marque sur la scène internationale, Hewitt, artiste accomplie possédant une autorité exceptionnelle, une technique impeccable et un sens de la musique profondément expressif, est l'une des meilleures. Ayant grandi dans une famille de musiciens, Hewitt poursuit des études de piano qui la conduisent à l'U. d'Ottawa, à suivre des cours avec Jean-Paul Sévilla, puis à l'obtention d'un baccalauréat en musique à 18 ans. Elle remporte le premier prix du Concours international Bach à Toronto en 1985 et connaît, dès lors, une florissante carrière internationale. Bien qu'elle vive à Londres, elle donne régulièrement des concerts au Canada.

Dans son souci d'élargir l'auditoire amateur de musique classique, Hewitt consacre chaque année une semaine à des concerts dans de petites villes canadiennes. Spécialiste de Bach, elle a pour ambition d'enregistrer les œuvres complètes du compositeur. Son premier disque compact dans le cadre de ce projet est lancé par Hyperion en 1994. En 1995, l'U. d'Ottawa lui décerne un doctorat honorifique.

Barclay McMillan

Hewitt, Charles Gordon, administrateur, entomologiste économique, protecteur de l'environnement (Macclesfield, Angl., 23 févr. 1885—Ottawa, 29 févr. 1920). Hewitt reçoit un doctorat de l'U. de Manchester où il donne aussi des conférences sur la zoologie économique. Il est nommé deuxième entomologiste du Canada en 1909. Il joue un rôle dans l'adoption de la *Loi sur les insectes destructeurs et les ennemis des plantes* en 1910 et agrandit le service entomologique du ministère fédéral de l'Agriculture par la création d'unités séparées, chacune dirigée par un entomologiste, pour s'occuper spécifiquement des insectes des récoltes sur pied, des jardins et des forêts. Des laboratoires régionaux sont établis pour étudier la lutte contre les insectes et les pesticides. Hewitt participe aussi activement au traité canado-américain sur la protection des oiseaux migrateurs. Parmi son héritage, on trouve un livre sur la protection de la nature (1919), un sur les mouches, des rapports annuels en entomologie (1910-1916), ainsi que bon nombre d'articles et de bulletins.

P.W. Riegert

Hewitt, Foster William, communicateur (Toronto, 21 nov. 1902—Scarborough, 21 avril 1985). Il travaille brièvement comme journaliste sportif au *Toronto Daily Star* avant de passer à la radio naissante. Le 22 mars 1923, à l'aide d'un téléphone à cornet, il commente en direct l'une des premières parties de HOCKEY diffusées sur les ondes de radio (un match de la Ligue Senior entre les équipes de Toronto Parkdale et Kitchener). Même si ce succès l'amène à animer toutes sortes d'émissions sportives et d'affaires publiques, son nom reste indiscutablement lié au hockey. Il commente le match inaugural du Maple Leaf Gardens en 1931 et se fait bientôt connaître auprès des amateurs de hockey du pays tout entier par ses descriptions imagées des différents jeux. Sa voix haut perchée atteint un crescendo lorsqu'il prononce la phrase légendaire «He shoots! He scores!» (Il lance et compte!). Il est probablement celui qui a le plus contribué à populariser le hockey en Amérique du Nord. En 1933, il participe à la première expérience dans le domaine de la télévision au Canada et, quand le médium s'implante au cours des années 50, il s'y adapte rapidement. Commentateur à la télévision pendant 15 ans, sa participation à l'émission *Hockey Night in Canada* reste mémorable.

J. Thomas West

Hewitt, John, tonnelier, dirigeant syndical, rédacteur en chef (actif des années 1860 aux années 1890). Ayant acquis une vaste expérience de la réforme américaine du travail, Hewitt devient un important dirigeant syndical à Toronto. Il participe à la fondation de la Toronto Trades Assembly, dirige le MOUVEMENT POUR UNE JOURNÉE DE TRAVAIL DE NEUF HEURES et appuie l'*Ontario Workman,* un journal ouvrier. Il est élu premier secrétaire de l'Union canadienne du travail (1873). Il démissionne de son poste de secrétaire de la Toronto Trades Assembly pour accepter un emploi au Toronto Water Works, profitant ainsi du favoritisme des tories. Plus tard, il devient rédacteur en chef de *Sentinel,* l'hebdomadaire des Orangistes. Son torysme lui vient de sa croyance en une coalition entre travailleurs et patrons de petites entreprises. Sa position apparaît aujourd'hui comme une anomalie, mais représente pourtant le torysme radical de son époque.

G.S. Kealey

Hibernia, affaire Le 19 mai 1982, le gouverneur général en conseil demande à la Cour suprême du Canada de déterminer qui, du Canada (le gouvernement fédéral) ou de Terre-Neuve a, d'une part, le droit de prospecter et d'exploiter les ressources minérales et autres ressources naturelles du sol et du sous-sol du plateau continental situées au large de Terre-Neuve, à environ 320 km à l'est-sud-est de St. John's et, d'autre part, la compétence pour légiférer dans ces domaines (Renvoi relatif au plateau continental de Terre-Neuve) (*voir* CONTRÔLE DES RESSOURCES). En mars 1984, la Cour décide que les droits relatifs au plateau continental constituent une manifestation extraterritoriale de la souveraineté extérieure et que ces droits relèvent donc de la compétence du gouvernement fédéral. La Cour statue également que la compétence législative à l'égard du droit d'exploration et d'exploitation du plateau continental appartient au gouvernement fédéral en vertu de son pouvoir résiduel en matière de paix, d'ordre et de bon gouvernement. (*voir* PAIX, ORDRE ET BON GOUVERNEMENT.)

Gérald-A. Beaudoin

Hibou Nom familier donné aux OISEAUX DE PROIE nocturnes de l'ordre des strigiformes, et nom commun donné à plusieurs espèces appartenant à la famille des strigidés. Les hiboux sont des chasseurs efficaces. Leur hululement et leurs cris lugubres leur ont valu la réputation d'oiseaux mystérieux et même de mauvais augure. Au Canada, on compte 16 espèces parmi les 146 espèces réparties dans le monde.

Nidification Chez la plupart des espèces, le mâle, beaucoup plus petit que la femelle, nourrit sa compagne pendant qu'elle incube les œufs. L'incubation commence dès la ponte du premier œuf. On note souvent un intervalle de deux jours, ou parfois plus, entre la ponte de deux œufs. Les jeunes au nid n'ont donc pas tous le même âge et l'aîné est habituellement bien nourri, même lorsque les proies sont peu abondantes. Étant plus gros, il peut même dérober de la nourriture aux plus jeunes. En cas de famine grave, chez certaines espèces, les parents peuvent nourrir les plus vieux en leur donnant les plus petits à manger. À l'éclosion, les hiboux sont couverts de duvet, et, chez la plupart des espèces, les petits restent au nid, ou à proximité, jusqu'à ce qu'ils soient capables de voler.

Les hiboux ne construisent pas vraiment de nids. Le grand duc d'Amérique (*Bubo virginianus*), certes l'espèce la mieux connue au Canada, s'installe généralement dans le nid abandonné d'une buse à queue rousse. Il utilise aussi parfois une plate-forme artificielle et il peut même s'installer sur une pièce de bois en saillie dans une grange. L'effraie des clochers (*Tyto alba*), qui se rencontre uniquement dans le sud de l'Ontario et de la Colombie-Britannique, niche habituellement dans les granges. La chouette lapone (*Strix nebulosa*), une grande chouette solitaire qui habite la FORÊT BORÉALE, préfère s'installer dans un nid d'autour des palombes situé dans une tourbière où poussent des mélèzes.

Le hibou moyen duc (*Asio otus*), de la taille d'une corneille, utilise le nid de la corneille d'Amérique ou de la pie bavarde. Le hibou des marais (*A. flammeus*), que l'on trouve partout sur le continent, et le harfang des neiges (*Nyctea scandiaca*), qui habite dans la TOUNDRA arctique durant l'été, nichent au sol. La chevêche des terriers (*Speotyto cunicularia*), des provinces de l'Ouest, occupe les terriers du blaireau d'Amérique. La chouette rayée (*Strix varia*), qui vit à la périphérie sud de la forêt boréale, préfère le tronc cassé d'un peuplier baumier, et la chouette tachetée (*S. occidentalis*), qui habite le sud de la Colombie-Britannique, affectionne les grandes cavités dans les arbres ou les crevasses des falaises.

Les hiboux de petite taille nichent tous dans des trous creusés par des pics dans les arbres, que ce soit la petite nyctale (*Aegolius acadicus*), le petit duc maculé (*Otus asio*) et le petit duc des montagnes (*Otus kennicottii*), des forêts décidues du sud du Canada, ou encore la chevêchette naine (*Glaucidium gnoma*) et le petit duc nain (*Otus flammeolus*), de la Colombie-Britannique, ou enfin la nyctale de Tengmalm (*Aegolius funereus*) et la chouette épervière (*Surnia ulula*), de la forêt boréale, bien que cette chouette niche aussi au sommet d'un chicot ou dans un nid de faucon abandonné.

Régime alimentaire Les hiboux sont généralement considérés comment étant utiles. La chouette lapone, le hibou moyen duc, le hibou des marais, la nyctale de Tengmalm et la petite nyctale consomment une grande quantité de rongeurs. Le nombre de grands ducs d'Amérique fluctue selon un cycle de 10 ans qui correspond aux variations des populations de sa proie préférée, le lièvre d'Amérique. Les grands ducs d'Amérique mangent aussi des rats surmulots, des foulques d'Amérique et des gaufres (une sorte de rongeur). Parfois, un jeune grand duc peut découvrir un élevage de volailles et y faire des visites pendant la nuit. Les hiboux rejettent des pelotes de régurgitation, bien formées, contenant des os et des poils non digérés. L'étude du contenu de ces pelotes donne des renseignements précieux sur leur régime alimentaire.

Migration Deux des plus grands hiboux du Canada, la chouette lapone et le grand duc d'Amérique, ne migrent pas vraiment et résident toute l'année dans le même secteur, tout comme la chouette rayée, la chouette épervière, le petit duc maculé, le petit duc des montagnes et la petite nyctale, bien que dans ce dernier cas, plusieurs nyctales migrent vers le sud de l'Ontario pour y passer l'hiver. Par ailleurs, on a remarqué que, lorsque les lièvres sont plus rares en Saskatchewan et en Alberta, le grand duc d'Amérique peut se déplacer vers le sud-est et franchir jusqu'à 1500 km. Le harfang des neiges, le troisième plus grand hibou vivant au Canada, visite le sud du pays en hiver. De plus, certains hiboux habitant les secteurs nordiques migrent parfois vers le sud en hiver. Les effectifs varient cependant d'une année à l'autre puisque certains hivers ils peuvent être nombreux et pratiquement absents au cours des saisons hivernales suivantes.

C. Stuart Houston

Hicks, Henry Davies, avocat, politicien, recteur d'université, philatéliste, premier ministre de la Nouvelle-Écosse de 1954 à 1956 (Bridgetown, N.-É., 5 mars 1915—St. Croix, N.-É., 9 déc. 1990). Après des études à Mount Allison, à Dalhousie et à Oxford (où il est boursier Rhodes) et après avoir été officier dans l'Artillerie royale canadienne (1941-1945), Hicks est élu député libéral à l'Assemblée législative de la Nouvelle-Écosse en 1945. À titre de ministre de l'Éducation (1949-1955), il met sur pied un système d'écoles régionales et professionnelles. En 1954, après le décès du premier ministre Angus L. MACDONALD et une brève période sous la direction du premier ministre H.J. CONNOLLY, Hicks se voit élire premier ministre par un parti très divisé. En 1956, il devient chef de l'Opposition.

En 1960, il démissionne de son poste de député provincial pour devenir doyen à l'U. Dalhousie, dont il est ensuite le recteur de 1963 à 1980. Président de la Commission canadienne pour l'Unesco (1963-1967) et membre du Conseil des Arts du Canada (1963-1967), il est nommé Compagnon de l'Ordre du Canada en 1970 et sénateur en 1972.

M. Conrad

Hide, Peter Nicholas, sculpteur (Surrey, Angl., 15 déc. 1944). Hide est l'élève du sculpteur britannique sir Anthony Caro à la St. Martins School of Art (1964-1967), à Londres, qui contribue à l'époque à créer des ateliers et à organiser des expositions annuelles pour les peintres et les sculpteurs au Stockwell Depot, dans le sud de Londres. Il accepte un poste de professeur à l'U. de l'Alberta, à Edmonton, en 1977 et, depuis, partage son temps entre le Canada et l'Angleterre, où il travaille durant de nombreux étés. Il travaille aussi en extérieur dans l'est des États-Unis.

À l'instar de nombreux sculpteurs d'aujourd'hui, Hide travaille avec l'acier soudé. Il est l'un des rares à avoir échappé à la forte influence de Caro, dont les œuvres tendent à s'étaler et à se répandre dans l'espace. Les œuvres d'Hide sont généralement compactes et verticales, bien que celles du début des années 90 tendent parfois à s'incliner. Quoique tout à fait abstraites, ses œuvres rappellent la sculpture monolithique du passé. Modulées de plis, de replis et d'ondulations, ses œuvres sont grandes – souvent jusqu'à 3 m de hauteur ou de largeur – et ont une présence imposante. Son art exerce une influence dans l'Ouest canadien et en Angleterre. Ses œuvres font partie des collections de musées du Canada et de l'Angleterre, et sont exposées dans des galeries commerciales d'Edmonton, de Toronto et de New York.

Terry Fenton

Hiebert, Paul, humoriste et professeur (Pilot Mound, Man., 17 juill. 1892—Carman, Man., 7 sept 1987). Après avoir étudié aux universités du Manitoba, de Toronto et à l'U. McGill, il enseigne la chimie pendant plusieurs années à l'U. du Manitoba. Il doit sa notoriété nationale, ainsi que l'estime et l'affection qu'on lui porte, à la publication de Sarah Binks en 1947. Ce livre a immortalisé, pour des générations de Canadiens, les exploits de la poète fictive, Sarah la «gentille chanteuse» de la Saskatchewan. Hiebert emprunte le même ton élogieux et moqueur lorsqu'il commente, avec une ironie désabusée et à grand renfort d'hyperboles, *Canadiana* (et *Binksiana*) dans *Willows Revisited* (1967) et *For the Birds* (1980). Son portrait le plus apprécié demeure toutefois celui de la légendaire Sarah, dépeinte avec une tendre ironie. Il reçoit des distinctions tant pour ses travaux théoriques (prix du Gouverneur général, domaine scientifique, en 1924) que pour *Sarah Binks,* qui lui a valu la Leacock Medal for Humour en 1947 et qui a été réimprimée plusieurs fois depuis.

Neil Besner

High River, ville de l'Alb.; pop 7359 (rec. 1996), 6269 (rec. 1991), 5112 (rec 1986); superf. 11,58 km²; const. en 1906. High River se trouve à 55 km au sud de Calgary et doit son nom à la rivière Highwood qui coule dans les environs et que les PIEDS-NOIRS appellent *ispitsi,* ce qui signifie «grands arbres». Des vestiges de camps de chasse des Pieds-Noirs sont découverts dans la région, qui s'ouvre désormais à l'élevage du bétail dans les années 1880. Le Canadien Pacifique s'y installe en 1892 et High River devient un important centre de distribution du bétail. Aujourd'hui, l'élevage du bétail et la culture du blé sont à la base de l'économie locale. L'élevage du bétail d'antan et le style de vie de ses colons sont évoqués au Museum of the Highwood. De nombreuses histoires de W.O. MITCHELL se déroulent dans la région. High River est la ville natale du très honorable Joseph CLARK, premier ministre du Canada en 1979-1980.

Eric J. Holmgren

Highway, Tomson, auteur dramatique (Brochet, Man., 6 déc. 1951). Élevé dans la réserve de Brochet, dans le nord-ouest du Manitoba, il étudie la musique et la littérature anglaise à l'U. du Manitoba et à l'U. de Western Ontario, où il travaille avec le dramaturge James REANEY. Parmi ses pièces qui traitent de la société autochtone et mettent en scène la beauté, la longévité et l'optimisme de la culture autochtone, figurent *The Sage, the Dancer and the Fool* (1984), *Aria* (1987) et *Annie and the Old One* (1988). Ses deux œuvres les plus connues, *The Rez Sisters* (1986), qui se penche sur les rêves et les craintes de sept personnages féminins, et sa suite, *Dry Lips Oughta Move to Kapuskasing* (1989), où sept personnages masculins sont aux prises avec diverses préoccupations, remportent toutes les deux le prix Dora Mavor Moore. Situées dans la réserve fictive de la colline de Wasaychigan en Ontario, les deux pièces comportent le personnage fortement coloré de Filou, qui est aussi essentiel aux premières nations que le Christ à la mythologie chrétienne. Contrairement à la volonté de survie et à l'humour truculent de *The Rez Sisters, Dry Lips* est un drame plus sombre, plus violent et plus inquiétant, même s'il laisse la porte ouverte à l'espoir.

Colin Boyd

Hill, Dan, auteur-compositeur-interprète (Toronto, 3 juin 1954). Hill se met à composer des chansons dès le secondaire. Son premier album, *Dan Hill,* est lancé en 1975 et lui vaut le PRIX JUNO de l'interprète masculin le plus prometteur. La chanson *Sometimes When We Touch* de son troisième album, *Longer Fuse* (1977), se vend à plus d'un million d'exemplaires et devient n° 1 au Canada et dans onze autres pays. Hill fait une tournée nord-américaine à la fin des années 70 et continue à lancer des albums au cours de la décennie suivante. Ce n'est qu'en 1987 qu'il renoue avec le succès des années antérieures grâce au simple *Can't We Try* (en compagnie de Vonda Sheppard). Hill consacre la majeure partie de son temps à écrire des chansons à Los Angeles pour des artistes tels que Céline DION, Tina Turner, George Benson et Jeffrey Osborne. En 1991, il effectue un autre retour avec la chanson *Dance of Love* de l'album *I Fall All Over Again.* En 1996, Hill lance un nouvel album intitulé *I'm Doing Fine.* La même année, il participe à la production de l'album *Falling Into You* de Céline Dion, lequel se vend à plus de 25 millions d'exemplaires dans le monde.

Steve McLean

Hill, Daniel Grafton, spécialiste des droits de la personne, historien, fonctionnaire (Independence, Mo., 23 nov. 1923). Après la Seconde Guerre mondiale, un mouvement concerté surgit au Canada afin d'éliminer les pratiques discriminatoires dont souffrent les minorités raciales. Hill est l'un des militants des droits raciaux les plus éminents. C'est pour faire des études universitaires qu'il vient au Canada, mais il demeure dans son pays d'adoption pour se donner à la cause de la justice sociale.

Durant les années 50, son militantisme revêt toujours un côté intellectuel. Il recourt à des recherches et à la sensibilisation de la population pour combattre des préjugés profondément ancrés. Titulaire d'un doctorat en sociologie de l'U. de Toronto, il passe toute une décennie à défendre des causes sociales, puis il devient le premier directeur de la Commission ontarienne des droits de la personne (CODP), poste qu'il occupe de 1962 à 1971. Sous sa gouverne, la Commission met au point des tactiques nouvelles, largement imitées au Canada même et à l'étranger. En 1971, il est nommé premier président à temps plein de la CODP, puis, en 1973, il crée une société de conseils qui se spécialise dans les droits de la personne et s'adresse à une clientèle internationale.

Ses principaux ouvrages sur les droits de la personne et l'histoire des noirs sont *Human Rights in Canada: A Focus on Racism* (1977, 1986) et *The Freedom Seekers: Blacks in Early Canada* (1981).

Protecteur du citoyen de l'Ontario de 1984 à 1989, Hill désire que cette fonction reflète «l'Ontario nouveau». À cet effet, il implante un programme d'action communautaire à l'intention des groupes ethniques traditionnellement exclus et plus particulièrement des Autochtones. Après avoir pris sa retraite, il devient membre du Tribunal canadien des droits de la personne.

James W.St.G. Walker

Hill, Philip Carteret, avocat, politicien, premier ministre de la Nouvelle-Écosse (Halifax, 13 août 1821—Tunbridge Wells, Angl., 14 sept. 1894). Admis au barreau en 1844, c'est à titre de maire d'Halifax (1861-1864) qu'Hill commence sa carrière politique. En 1867, il est nommé secrétaire provincial dans le premier Cabinet formé en Nouvelle-Écosse après la Confédération, mais il doit démissionner à la suite de la défaite du gouvernement aux élections. En 1870, il est réélu député réformiste (libéral) du comté d'Halifax. Il est nommé de nouveau secrétaire provincial dans le nouveau gouvernement réformiste en 1874, puis remplace William ANNAND à titre de premier ministre en 1875. Hill cumule les deux postes jusqu'à la défaite de son gouvernement en 1878. Il prend alors sa retraite en Angleterre en 1882, où il publie plusieurs opuscules à caractère surtout théologique.

Lois Kernaghan

Hiller, Arthur Garfin, réalisateur (Edmonton, 22 nov. 1923). Depuis les années 60, il représente le type même du cinéaste canadien ayant réussi à Hollywood. Il commence sa carrière à la radio, au réseau anglais de la Société Radio-Canada (SRC), en 1949, et poursuit à la télévision, toujours pour la SRC (1953-1954), avant de travailler pour la télévision américaine. Son œuvre couvre une grande variété de genres et de sujets, mais c'est dans le domaine de la comédie qu'il réussit le mieux. Ses films semblent conçus avec une facilité déconcertante et il réalise plusieurs projets qui ont beaucoup de succès. Parmi ses films, mentionnons The Wheeler Dealers (1963), The Americanization of Emily (1964), Tobruk (1967), Popi (1969), The Out-of-Towners (1970; v.f. Aventures à New York), Love Story (1970; v.f. Love Story), qui lui vaut une mise en nomination pour l'Oscar de la meilleure réalisation), Plaza Suite (1971; v.f. Soirées au Plaza), Man of La Mancha (1972), The Man in the Glass Booth (1975), Silver Streak (1976; v.f. Transamerica express), The In-Laws (1979), Teachers (1984; v.f. Ras les profs), The Lonely Guy (1984), Outrageous Fortune (1987; v.f. Une chance pas croyable), Married to It (1991; v.f. Married to It), The Babe (1992; v.f. Le bambino) et Carpool (1996; v.f. Covoiturage).

William Beard

Hilliard, Anna Marion, médecin (Morrisburg, Ont., 17 juin 1902—Toronto, 15 juill. 1958). Elle étudie à l'U. de Toronto (baccalauréat ès arts, baccalauréat en médecine) et poursuit ses études supérieures en Grande-Bretagne. En 1928, Hilliard se joint au personnel du Women's College Hospital (WCH), à Toronto, où elle dirige le service d'obstétrique et de gynécologie de 1947 à 1957. En 1947, elle contribue à la conception d'une forme simplifiée du test Pap, qu'elle utilise pour la première fois l'année suivante à la nouvelle clinique de dépistage du cancer du WCH. De plus, c'est en grande partie grâce à elle que le WCH finit par être reconnu comme un hôpital d'enseignement de l'U. de Toronto (1956). Le bon sens dont elle fait preuve dans sa façon d'aborder les problèmes des femmes, surtout en ce qui concerne l'accouchement, lui vaut de nombreux et fidèles admirateurs et mène à la rédaction d'une série d'articles qui sont à la base de son livre, *A Woman Doctor Looks at Love and Life* (1957). Elle est aussi l'auteure de *Women and Fatigue,* publié après sa mort en 1960.

Carlotta Hacker

Hill-Tout, Charles, anthropologue (Buckland, Angl., 28 sept. 1858—Vancouver, 30 juin 1944). Après des études en théologie, Hill-Tout immigre au Canada et devient, en 1891, directeur d'une école pour garçons à Vancouver. Ayant acquis des terres dans la vallée du Fraser, il finit par s'y fixer pour en faire la culture et pour entreprendre des recherches auprès des autochtones. Grâce aux amitiés qu'il lie avec le peuple salish, Hill-Tout sera le plus important anthropologue amateur au Canada. Élu à la Société royale du Canada en 1913, il en préside la section d'anthropologie et est nommé Membre du Royal Anthropological Institute of Great Britain. En 1907, il publie *The Native Races of British North America: The Far West,* mais son œuvre la plus importante demeure ses données de recherches sur le terrain, recueillies par Ralph Maud et publiées dans *The Salish People* (1978, 4 vol.).

George Woodcock

Hilton, Matthew Stewart, boxeur (Cooksville, Ont., 27 déc. 1965). Hilton fait partie d'une famille de sept enfants dont six garçons qui pratiquent tous la boxe, et ce, à l'exemple de leur père. Il ne connaît jamais la défaite pendant les huit années durant lesquelles il demeure le champion canadien des poids mi-moyens. Les Hilton remportent plus de matchs de BOXE que toute autre famille de boxeurs au Canada, mais seul Matthew décrochera un titre mondial. En tant qu'amateur, il gagne des championnats dans plusieurs catégories de poids, à mesure qu'il progresse vers la catégorie des poids moyens. Il ne perd aucun des 106 combats qu'il livre pendant sa carrière d'amateur. Le 27 juin 1987, à l'issue d'un combat contre Buster Drayton de Philadelphie, il devient le premier Canadien à remporter un championnat mondial de boxe depuis la victoire de Jackie Callura, champion des poids plume en 1943. Hilton ne conserve son titre que jusqu'en novembre 1988 et éprouve par la suite des ennuis avec la justice. Il effectue un retour à la boxe en 1991. Francisco De Jesus, Nino Gonzales et l'ancien champion du monde Wilfred Benetez comptent parmi les grands adversaires qu'il a vaincus.

A.J. «Sandy» Young

Hincks, Clarence Meredith, médecin, réformateur en santé mentale (St. Marys, Ont., 8 avril 1885—Toronto, 17 déc. 1964). Il obtient son doctorat en médecine de l'U. de Toronto en 1907. Comme la pratique de la médecine générale ne le satisfait pas pleinement, il occupe un poste de médecin inspecteur à temps partiel dans les écoles de Toronto. À ce titre, il est le premier au Canada à utiliser la toute nouvelle échelle de Binet-Simon pour mesurer l'intelligence. En 1917, il rencontre Clifford W. Beers, fondateur du US National Committee for Mental Hygiene, organisation vouée à l'amélioration des conditions dans les hôpitaux psychiatriques et à la promotion d'une bonne santé mentale. En 1918, Hincks établit avec le docteur C.K. CLARKE le Comité national canadien de l'hygiène mentale, dont il est d'abord secrétaire, puis directeur général. En 1930, il est aussi nommé directeur du comité national américain, poste qu'il occupe jusqu'en 1939. Il demeure directeur de l'Association canadienne pour la santé mentale, nouveau nom du Comité, jusqu'à sa retraite en 1952.

Thomas E. Brown

Hincks, sir Francis, politicien et administrateur colonial (Cork, Irlande, 14 déc. 1807—Montréal, 18 août 1885). Il fonde le Toronto *Examiner* en 1838 et le Montreal Pilot en 1844. Convaincu de la nécessité d'un partenariat anglais-français dans la Province du Canada, il s'allie, avec Robert BALDWIN, à L.H. LAFONTAINE en 1841 pour fonder un parti réformiste. En 1842, ils entrent tous les trois au conseil exécutif du gouverneur général BAGOT, mais démissionnent l'année suivante pour des raisons de favoritisme. En 1848, en qualité d'inspecteur général pour le gouvernement Baldwin-LaFontaine, il rétablit le crédit de la province et encourage la construction ferroviaire. Il remplace Baldwin à la tête du gouvernement en 1851. Incapable de mettre un terme au sectarisme croissant et entaché par la corruption qui sévit dans la construction ferroviaire, le gouvernement de Hincks est défait en 1854. Il est nommé gouverneur de deux colonies aux Antilles (1856-1869). À son retour au Canada, en 1869, il devient ministre des Finances dans le gouvernement de sir John A. MACDONALD et s'applique à réglementer les banques et la monnaie. Il quitte la politique pour les affaires en 1874. Il publie, entre autres ouvrages, *Reminiscences* (1884).

David Mills

Hind, Ella Cora, journaliste et militante des droits des femmes (Toronto, 18 sept. 1861—Winnipeg, 6 oct. 1942). À son arrivée à Winnipeg en 1882, elle se voit refuser un poste au quotidien *Free Press*. Elle apprend alors à se servir de la machine à écrire, nouvellement inventée, et travaille comme secrétaire. En 1897, elle devient sténographe dans la fonction publique et soumet aussi des articles sur l'agriculture. En 1901, elle devient rédactrice de la page agricole du *Free Press*. Elle prévoit souvent avec justesse le rendement des cultures de blé dans l'Ouest canadien, ce qui assure sa renommée auprès des spéculateurs de grain. Première femme journaliste de l'Ouest, elle devient, en 1904, présidente du Canadian Women's Press Club. En 1914, elle fait partie du parlement factice du Manitoba, où les femmes rejettent sardoniquement une motion visant à accorder le droit de vote aux hommes. Souvent mise à l'écart en raison de son sexe, elle milite pour le DROIT DE VOTE DE LA FEMME, cause qu'elle combine à son intérêt pour la WOMAN'S CHRISTIAN TEMPERANCE UNION. À l'âge de 75 ans, elle voyage dans le monde pour observer les techniques agricoles et elle écrit *Seeing for Myself.* L'U. du Manitoba lui décerne un doctorat honorifique en droit.

Eliane Leslau Silverman

Hind, Henry Youle, géologue et naturaliste (Nottingham, Angl., 1er juin 1823—Windsor, N.-É., 8 août 1908). Hind fait ses études à la Nottingham Free Grammar School, un collège commercial de Leipzig, et au Caius College de Cambridge, mais n'obtient aucun diplôme de ces établissements. En 1846, il immigre au Canada pour occuper, en octobre 1847, un poste de professeur principal de sciences et de mathématiques à l'école normale de Toronto, puis de professeur de chimie de 1851 à 1863 au Trinity College. Il gagne ensuite sa vie comme géologue consultant dans les Maritimes. Il est étroitement associé à la mise sur pied du Canadian Institute, une association peu contraignante d'ingénieurs et de géomètres, et sera directeur de la rédaction du journal de l'institut, le *Canadian Journal*, de 1852 à 1857. Ce journal, tout comme les autres ouvrages de Hind, est un reflet de l'esprit nationaliste grandissant.

Il a été un auteur prolifique d'ouvrages populaires sur la science et l'exploration. Il a produit quatre rapports importants sur le Nord-Ouest et le Labrador de même que six livres, 25 prospectus et 22 articles sur un vaste éventail de sujets comme la politique du chemin de fer, la géologie et l'analyse spectrale. Les points culminants de sa carrière sont les deux expéditions dans les régions campagnardes de la rivière Rouge, d'Assiniboine et de la Saskatchewan en 1857 et en 1858, auxquelles Hind participe en tant qu'observateur scientifique, naturaliste et géologue. Ces expéditions ont fortement contribué à faire connaître les possibilités du grand Nord-Ouest des Canadas. L'ouvrage le plus important qui découle de ces explorations a été publié en deux volumes: *Narrative of the Canadian Red River Exploring Expedition of 1857* et *Assiniboine and Saskatchewan Exploring Expeditions of 1858* (1860).

Frits Pannekoek

Hind, William George Richardson, artiste (Nottingham, Angl., 12 juin 1833—Sussex, N.-B., 18 nov. 1889). Son frère aîné, Henry Youle HIND arrive à Toronto en 1846, et William le rejoint vraisemblablement en 1852. Il fonde un studio d'art, mais retourne en Angleterre huit ans plus tard, où il découvre les tableaux de Millais, Hunt et Rossetti, dont le souci du détail influencera son œuvre. En 1861, il se joint à l'expédition de son frère sur la rivière Moisie et produit plus de 100 études à la mine de plomb, à l'aquarelle ou à l'huile dans lesquelles il représente de vastes étendues sauvages ainsi que la population autochtone et laisse libre court à son imagination.

En 1862, il prend la route avec les OVERLANDERS et termine plus de 160 croquis et tableaux relatant son voyage de fort Garry à Victoria. Parmi ses œuvres les plus connues figurent des scènes de la vie agricole, *Oxen With Red River Cart* (1870), de la colonie de la rivière Rouge, *Bar in a Mining Camp* (1865) ainsi que des études de mineurs de Lillooet au temps de la ruée vers l'or de la région de Cariboo. À partir de 1870, Hind vit au Nouveau-Brunswick et en Nouvelle-Écosse et travaille pour le chemin de fer Intercolonial.

James Marsh

Hindenburg, ligne La ligne Hindenburg (Siegfried-Stellung) est un système de positions d'appui fortifiées et munies de tranchées s'étendant sur 80 km vers le sud-est, d'Arras à Soissons, en France, construit par les Allemands durant l'hiver 1916-1917. Les 2 et 3 septembre 1918, le Corps expéditionnaire canadien enfonce sa charnière Nord (la ligne Drocourt-Quéant ou Wotan-Stellung) et force les unités allemandes qui sont à l'ouest à y retraiter. À la fin du mois, un nouvel assaut canadien force l'ennemi à traverser le Canal du Nord, près de Cambrai. Débordés de nouveau, les Allemands abandonnent la ligne et poursuivent leur retraite vers l'est.

Brereton Greenhous

Hindouisme Religion pratiquée par environ 400 millions de personnes en Inde, en Afrique, en Indonésie et dans les Antilles. L'immigration en provenance de ces pays, et surtout de l'Inde, a permis de former le noyau de sa population, qui compte environ 160 000 adeptes au Canada (rec. 1991). L'hindouisme compte environ 4000 ans d'existence connue. Cette religion a atteint un haut degré de développement philosophique, religieux et psychologique vers 1500 av. J.-C. et l'a maintenu jusqu'à nos jours.

Religion dominante de l'Inde L'hindouisme a conservé sa suprématie en Inde malgré de nombreuses vagues d'immigration et les tentatives de conversion d'autres religions, notamment le BOUDDHISME, l'ISLAM et le CHRISTIANISME. Grâce à la vitalité de la culture et de la religion hindoues, l'hindouisme est devenu le fondement des religions pratiquées par plus de la moitié de la population mondiale. Les peuples chinois, japonais, tibétains, birmans (du Myanmar), thaïlandais et ceylanais (sri lankais) considèrent tous l'Inde comme leur patrie spirituelle ancestrale.

Unicité du monde hindou Pour les hindous, Dieu est l'esprit universel suprême et unique qui anime toute vie humaine, animale et matérielle, et vers lequel tendent tous les sentiments religieux et toutes les théologies. La manière dont chaque religion et chaque croyant conçoivent Dieu représente, à leur avis, un aspect véritable de Dieu. Toutefois, l'unicité de la vision hindouiste du monde distingue quatre concepts centraux: l'*anadi,* l'absence d'un commencement; le *karma,* la loi morale de la vie; le *samsâra,* la renaissance; le *moksha,* la liberté ou la libération. Cette vision fondamentale du monde selon l'hindouisme postule un cycle de naissance, de mort et de renaissance, qui conduit le croyant au désir d'être libéré de ce cercle interminable de «souffrance», parce que vivre en ce monde signifie la souffrance d'être séparé du divin.

Cycles de création Le concept de création de l'univers est absent de la pensée hindoue, selon laquelle toutes choses ont existé sans commencement, y compris l'univers, Dieu, les Écritures et l'humanité. Néanmoins, cette perception comporte en soi l'idée de cycles de création qui produisent des débuts relatifs. Chaque cycle s'amorce à partir d'un état préexistant contenu en germe, grandit, fleurit, se fane et meurt, mais, tout comme la fleur qui meurt, il laisse des graines pour sa reproduction. Chaque cycle laisse ainsi un germe qui est à l'origine du cycle suivant.

Destinée Selon la croyance hindoue, l'univers que nous connaissons aujourd'hui est un tel cycle de création relative. Le concept du karma illustre bien la portée de cette vision. Le karma signifie que chaque personne est responsable de sa propre destinée. De bonnes actions et de bonnes pensées donnent lieu de croire en la probabilité d'un avenir heureux, même dans le prochain cycle de création. Selon cette doctrine, chaque action et chaque pensée laissent une trace dans la mémoire ou un germe dans l'inconscient, prédisposant ainsi la personne à agir ou à penser de la même façon dans l'avenir. La vie de chaque personne est une suite de renaissances (réincarnation) en fonction de son karma.

Doctrine de la réincarnation Beaucoup de pensées et de désirs que nous découvrons en analysant nos impulsions inconscientes découlent des pensées et des actions de nos vies antérieures. Les expériences de notre vie présente sont dans une certaine mesure la conséquence des actions bonnes et mauvaises et des pensées survenues dans les vies antérieures. Socialement, la doctrine de la réincarnation s'exprime par le système des castes qui comporte quatre échelons auxquels la personne renaît, selon ses mérites karmiques: brâhmana (prêtre ou docteur), kshatriya (guerrier ou politicien), vaiçya (marchand ou professionnel) et shûdra (serviteur ou ouvrier). Longtemps après la formation de ces castes, certains shûdras ont été appelés intouchables ou «sans caste».

Comment atteindre le niveau des dieux Le poids du karma présent dans l'inconscient au moment de la mort détermine l'état ou l'échelon auquel renaîtra une personne. Par un nombre infini de vies, on peut se hisser pour atteindre enfin l'échelon des dieux. La personne y reçoit l'honneur de tenir la place d'une divinité, exerçant sa fonction cosmique jusqu'à ce que les mérites de sa bonté soient épuisés. Si quelqu'un, pour avoir mené une mauvaise vie, se réincarne en animal, il suivra simplement ses instincts et connaîtra la souffrance qu'ils engendrent. Tel est le cycle de la renaissance, le samsâra. Le moyen de sortir de ce cycle est une question primordiale pour les hindouistes et les bouddhistes. La réponse hindouiste est le moksha.

Le moksha Il s'agit de la libération du sempiternel cercle de naissance-mort-renaissance. Les trois voies vers la libération sont le yoga de la connaissance, le yoga de l'action et le yoga de la dévotion. Le premier comporte des techniques intellectuelles et psychologiques élaborées par des sages hindous afin de contrôler leurs actions et d'analyser leur inconscient. Ces techniques éliminent les barrières du karma de leurs vies précédentes pour permettre de retrouver la nature du vrai moi, qui s'avère n'être rien d'autre que le Brahman ou Dieu. Le but de toute connaissance est donc l'expérience de l'union avec le divin.

Le yoga de l'action exige qu'on accomplisse son devoir sans aucune pensée pour soi-même ni pour les avantages ou les souffrances que peut apporter son accomplissement. En faisant de l'accomplissement de son devoir une offrande au Créateur, on obtient une purification intérieure qui procure l'union avec le divin. Le yoga de la dévotion, la voie la plus couramment suivie, demande que les prières, la psalmodie des Écritures et la méditation sur l'image du Créateur atteignent une intensité telle, que les barrières internes du karma se consument et que le Créateur se révèle à la conscience. L'unique condition est de consentir à s'abandonner totalement à la dévotion envers Dieu. Peu importe la voie choisie, le but reste le même: la découverte en soi de la vraie nature de l'âme spirituelle (âtman), laquelle ne fait qu'un avec Dieu.

Hindouisme au Canada

L'immigration de gens venus de l'Inde ou d'origine indienne au Canada commence en 1903-1904 (*voir* ASIATIQUES DU SUD). Le recensement de 1911 considère d'un bloc les sikhs et les hindouistes, au nombre de 1758. La majeure partie des communautés hindoues installées au Canada au cours de la première moitié du XXᵉ siècle professent la religion sikhe (*voir* SIKHISME), et l'immigration massive d'hindouistes ne débute que dans les années 60. Lors du recensement de 1991, 157 015 personnes se déclarent hindouistes. Les premiers hindouistes arrivent du Pânjâb en même temps que les premières vagues d'immigrants sikhs. La vague d'immigration suivante est de langue hindi et vient de l'Uttar Pradesh et des régions avoisinantes du nord de l'Inde. Il s'agit surtout de gens de classe moyenne venus en même temps que de nombreux professionnels de l'Asie du Sud arrivés au Canada au cours des années 60. Des hindouistes tamouls et bengalis commencent à arriver vers la même époque. Au cours des années 70, beaucoup d'Hindous arrivent d'anciennes colonies britanniques (pays du sud de l'est de l'Afrique, îles Fidji, île Maurice, Guyane et Trinité) qui accèdent à l'indépendance et prennent des mesures discriminatoires contre les Asiatiques du Sud. Ils s'établissent surtout dans les grandes villes. Au Canada, comme ailleurs dans la diaspora hindoue, les structures de la vie religieuse ont subi de profonds changements.

La vie de castes se conforme généralement à celle de l'Inde (on marie surtout des membres de sa propre caste), mais cette pratique est tempérée par la mentalité égalitaire de la société canadienne.

Temples Les rôles traditionnels du temple, de l'autel familial, du festival de village et du PÈLERINAGE aux lieux sacrés ont en grande partie cédé le pas à des temples qui fonctionnent à peu près comme les églises locales chez les chrétiens. D'Halifax à Vancouver, des temples ont été construits dans les grandes villes canadiennes. Un service religieux régulier se tient le dimanche. Les célébrations suivent souvent le calendrier sacré hindou en commémorant les saints et en observant les fêtes saisonnières ou religieuses, mais les célébrations ont lieu le dimanche, car il est plus difficile de se réunir pendant la semaine ouvrable.

Là où la communauté indienne est assez importante, plusieurs temples répondent aux besoins respectifs des diverses cultures et ethnies. L'un des plus anciens temples de Toronto (fondé en 1976) dessert surtout la communauté hindoue des Antilles, tandis que les Indiens d'Afrique et de l'Inde en fréquentent d'autres. L'Ontario compte maintenant plus de 50 temples hindous, surtout dans la région de Toronto. Le plus ancien temple de la ville, le Prârthanâ-Samâj, a été fondé en 1967 à la suite de l'achat d'une église désaffectée. En 1981, les immigrants de Guyane et de Trinité ont acheté un édifice qui est devenu leur temple, le Vishnu Mandir, situé sur la rue Yonge. Un nouveau temple a été construit en 1984 et un autre, en 1990. De 600 à 700 personnes viennent au service dominical qui y est célébré en sanskrit, en hindi et en anglais. Ce temple renferme diverses images et son maître-autel porte des statues des dieux Durgâ, Hanumân, Ganesha et Râma. Des discussions sont en cours pour pouvoir y ajouter le Bouddha et le dieu des jaïns, Mahâvîra le Jina. Ce temple très populaire se distingue par son éclectisme.

Par contre, les immigrants tamouls du sud de l'Inde, de l'Afrique du Sud, de Singapour et de la Malaisie ont adopté une pratique très différente: ils insistent sur la pureté du bâtiment et des rites qui s'y déroulent en observant strictement les pratiques traditionnelles du sud de l'Inde. Au lieu de s'adapter au style des assemblées canadiennes, comme l'a fait le Vishnu Mandir, le temple Tamil Ganesha pratique le culte des dieux individuels comme Ganesha, Çiva, Durgâ, Murugan ou de tout autre dieu à un autel distinct où chacun peut l'adorer avec ou sans l'intervention d'un prêtre. Ainsi, plusieurs fidèles et plusieurs prêtres peuvent s'adonner en même temps à diverses pratiques du culte consacrées à plusieurs dieux, ce qui produit le genre de cacophonie caractéristique des temples du sud de l'Inde. Contrairement au temple Vishnu Mandir, le temple Ganesha ne considère pas le dimanche comme un jour spécial, mais les jours de fête y sont célébrés spécialement et peuvent attirer de 10 000 à 15 000 personnes.

Avec son important bassin de près de 100 000 Hindous, la région de Toronto illustre à plus grande échelle les tendances qui se manifestent de façon plus ou moins marquée dans d'autres villes canadiennes. Si des communautés comptant un petit nombre d'hindouistes peuvent se satisfaire d'un temple à usages multiples, où l'on pratique un culte public dont le style s'apparente à celui des protestants canadiens, lorsque la population hindoue s'accroît, des différences ethniques et confessionnelles semblent se manifester pour engendrer des divisions fondées sur ces caractères si le nombre d'adeptes le justifie.

Traditions et culte Ailleurs qu'à Toronto ou à Vancouver, dans les villes où l'on ne trouve qu'un temple, celui-ci se rattache souvent soit au courant Ârya-samâj, soit au courant de Sanâtana. Les deux utilisent les Védas, écritures hindoues anciennes, comme fondement de leurs rites. Le culte de l'Âryasamâj comprend le rituel des agnihotras, qui comprend une série de purifications, la psalmodie des

mantras (incantations) et des Écritures, et des offrandes à Agni, le dieu du feu qui porte les sacrifices à Dieu.

Bien que l'art hindou soit reconnu pour ses magnifiques représentations des dieux, les groupes de l'Ârya-samâj n'utilisent aucune image des divinités hindoues dans la pratique de leur culte. Le culte de Sanâtana s'organise autour d'un ensemble analogue de purifications, de psalmodies et d'offrandes, mais on procède à de longues oblations aux divinités en recourant à leurs images. Les dieux les plus souvent invoqués sont Ganesha, Vishnu, Shiva, Sûrya-Nârâyan et Deva.

Les services durent plusieurs heures et requièrent un prêtre érudit qui connaît bien les complexités du rituel. Le culte de l'Ârya-samâj et le culte de Sanâtana se pratiquent de façon à refléter le contexte canadien et la diversité des croyances parmi les hindous du pays.

La plupart des temples du Canada sont dirigés par des conseils d'administration suivant les lignes de la pratique confessionnelle particulière et ont à leur service un ou deux célébrants non initiés. Un temple du culte de Sanâtana de Toronto et un temple Sâmaj de Vancouver comptent les services de prêtres formés et initiés, les pândits, comme ministres du culte. Un certain nombre de programmes linguistiques sont parrainés par des temples dans tout le Canada. Dans certaines communautés, les enfants peuvent acquérir une connaissance élémentaire du sanskrit, la langue ancienne des Écritures hindoues et des rituels, et de langues comme l'hindi, le panjabi, le gujarâtî et le tamoul, utilisées pour raconter des mythes et des légendes ou chanter des hymnes.

La pratique traditionnelle exige une série de 12 rites initiatiques (samskâras), ou cérémonies religieuses personnelles. Ce cycle s'est radicalement modifié dans le contexte canadien, même si la plupart des hindous canadiens se marient et sont incinérés selon la tradition. Certains d'entre eux pratiquent des rites associés à la conception, à la naissance, à la première coupe de cheveux et à l'initiation qui fait des garçons des membres à part entière de la caste (cérémonie de l'upanayana ou du «fil sacré»).

Les communautés de la diaspora hindoue reçoivent régulièrement la visite de gourous et de swâmîs (moines). Ceux-ci peuvent être officiellement associés à un établissement ou à un mouvement nord-américain, comme la mission Râmakrishna, ou dépendre des divers ashrams (communautés religieuses) de l'Inde. La mission Srî Râmakrishna charge ses swâmîs de visiter régulièrement les sociétés des Vedânta du Canada. Bien que la pratique de l'hindouisme soit limitée au Canada en raison du manque de prêtres et de lieux sacrés ainsi que du contexte culturel très différent, de nombreux hindous demeurent en contact avec leurs gourous qui guident leur vie religieuse personnelle. La religion compte 29 temples, répartis entre la Nouvelle-Écosse et Vancouver.

David J. Goa et H.G. Coward

Hinton, ville de l'Alb.; pop. 9961 (rec. 1996), 9046 (rec. 1991), 8629 (rec. 1986); superf. 22,27 km²; const. en 1958. Hinton est située dans les contreforts de l'Alberta, à 285 km à l'ouest d'Edmonton. À l'origine, Hinton est une ville de charbonnage et elle doit son nom au directeur du GRAND TRUNK PACIFIC RAILWAY, W.D. Hinton. En 1956, la North West Pulp and Power Ltd, devenue la Champion Forest Products (Alberta) Ltd, ouvre la première usine de pâte à papier de l'Alberta à Hinton, et on assiste à la croissance d'une nouvelle ville. Depuis, Hinton est devenue le centre d'exploitation de trois mines de charbon. Une piste pour les championnats de ski de fond et un nouveau parcours olympique pour la luge ont été aménagés à proximité. En février 1986, 23 personnes sont décédées à Hinton lors de la collision d'un train de passagers et d'un train de marchandises.

Eric J. Holmgren

Hippies Terme inventé au milieu des années 60, peut-être une variation du mot «hipster», pour désigner les membres d'une sous-culture, ou contre-culture, associée aux mouvements de protestation socio-politiques de cette décennie. Bien que la culture hippie soit originaire de Greenwich Village à New York et de San Francisco en Californie, elle s'étend à l'ensemble de l'Amérique du Nord. Au Canada les hippies se rassemblent d'abord dans le quartier Kitsilano à Vancouver et près de Yorkville Avenue à Toronto. Pour afficher leur identité particulière, ils portent cheveux longs et barbe, s'habillent de manière non conventionnelle, consomment de la drogue, en particulier le LSD et la marijuana, sont mordus du rock'n roll et attirés par les religions non occidentales (*voir* MOUVEMENTS RELIGIEUX, NOUVEAUX). Ils cultivent la conscience de soi, expérimentent la sexualité et utilisent un langage qui leur est propre («voyage», «acide», «flower-power»). Enfin, les hippies qui sont plutôt jeunes et issus de la classe moyenne, vivent en marge de la vie économique. Bien qu'on les dénigre et qu'on les tourne en ridicule, leurs idéaux s'accordent avec ceux mis de l'avant par la nouvelle gauche afin de proposer des solutions de rechange politiques et culturelles aux institutions de la société capitaliste. Ils préconisent le PACIFISME, la vie communautaire, l'égalitarisme, l'entraide et le caractère inviolable de la personne humaine. Ils s'insurgent contre la propriété privée, la bureaucratie et la technologie. Plusieurs de leurs idéaux s'inspirent de Marshall MCLUHAN et de sa vision de la société tribale postérieure au stade de l'écriture. À Vancouver, la culture hippie est associée aux «sit-ins» du jour de Pâques à Stanley Park, au journal clandestin *Georgia Straight* et, brièvement, au Front de libération de Vancouver, un groupe d'agitateurs politiques. À Toronto, les hippies font des «love-ins» à Queen's Park, Digger House et Rochdale College (collège expérimental) et organisent un gigantesque «sit-in» sur Yorkville Avenue. Comme phénomène de masse, le mouvement hippie est éphémère. En 1970 le Festival Express de rock'n'roll qui se déroule dans un train d'un océan à l'autre, est probablement le dernier événement hippie d'importance. À la fin, les hippies sont incapables d'élaborer une stratégie qui associerait la contestation culturelle à l'action politique populaire, et ils se perdent dans le solipsisme, l'anti-intellectualisme et dans un grand nombre de thérapies individuelles. Certaines de leurs idées reprises par le mouvement écologiste et par les groupes communautaires s'inspirent des groupes d'action urbaine des années 70.

Myrna Kostash

Hiram Walker Resources Ltd. La compagnie Hiram Walker Resources Ltd. est une société de portefeuille canadienne aux intérêts diversifiés, dont le siège social se trouve à Toronto. Elle est constituée en société sous le nom de Consumers' Gas Co. dans la province du Canada en 1848. En 1979, les actionnaires de Cygnus Corporation Ltd. et d'Home Oil Co. Ltd. approuvent leur propre fusion, et une fusion avec Consumers' Gas par la suite. Un an plus tard, les actionnaires approuvent la fusion de la distillerie Hiram Walker-Gooderham & Worts Ltd. avec leur société et sa filiale en toute propriété, Home Oil Co. Ltd. On change de nom pour adopter celui d'Hiram Walker Resources Ltd. Dans une série complexe de transactions, les intérêts majoritaires de la société sont acquis par Gulf Canada Corp. (contrôlée par la FAMILLE REICHMANN) et la société britannique Allied-Lyons en 1987. Plus tard cette année-là, les intérêts de Gulf sont transférés à une autre société contrôlée par les Reichmann, GW Utilities de Toronto, et Hiram Walker Resources cesse d'exister.

Deborah C. Sawyer

Hirondelle L'hirondelle appartient à une petite famille d'oiseaux, les hirundinidés, qui compte environ 87 espèces réparties dans le monde. Sept d'entre elles, dont l'HIRONDELLE NOIRE (*Progne subis*),

nichent au Canada. Les hirondelles du Canada n'ont pas de chant très élaboré, mais elles ont toutes un cri distinctif qui aide à les identifier. Toutes les espèces se nourrissent surtout d'insectes volants et passent ainsi beaucoup de temps en vol afin de s'alimenter. Ce sont des oiseaux de petite taille, mais leurs longues ailes les font paraître plus grands qu'ils ne le sont.

Nidification Plusieurs espèces vivent en colonies et construisent des nids dans des cavités, où elles pondent de quatre à six œufs. Au Canada, la plupart des espèces élèvent une couvée par année, mais, dans l'Ouest, l'hirondelle rustique (*Hirundo rustica*) en élève deux. De nombreuses espèces nichent près des habitations.

Espèces canadiennes Les hirondelles qui nichent au Canada se divisent en trois groupes. Les espèces à dos brun – l'hirondelle de rivage (*Riparia riparia*) et l'hirondelle à ailes hérissées (*Stelgidopteryx serripennis*) – nichent dans un terrier, la première sur des falaises au bord de la mer ou d'une rivière, et la deuxième dans les crevasses d'une falaise rocheuse ou sous les ponts. Les deux espèces sont présentes d'un bout à l'autre du continent. L'aire de l'hirondelle de rivage s'étend très loin au Nord et elle niche aussi en Europe, tandis que l'hirondelle à ailes hérissées se rencontre depuis le sud du Canada jusqu'en Amérique centrale.

L'hirondelle bicolore (*Tachycineta bicolor*) et l'hirondelle à face blanche (*T. thalassina*) migrent très tôt, et pour plusieurs leur arrivée annonce la venue du printemps. Les deux sont de couleur bleu-vert iridescent sur le dessus du corps et blanc en dessous. Elles nichent dans une cavité naturelle dans un arbre ou dans un nichoir. La première se rencontre partout au Canada jusqu'à la LIMITE FORESTIÈRE, tandis que la seconde ne se trouve que dans l'Ouest.

L'hirondelle à front blanc (*H. pyrrhonota*) et l'hirondelle rustique sont bleu métallique sur le dessus et brun rouille dessous. Les deux construisent un nid avec des boulettes d'argile dans un endroit à l'abri de la pluie et des eaux de ruissellement. L'hirondelle à front blanc fait un nid fermé en forme de courge sous un surplomb de falaise ou un avant-toit de bâtiment. À l'origine, l'hirondelle rustique nichait dans une grotte ou sous un surplomb de falaise, mais elle niche maintenant presque toujours sous un avant-toit ou dans un bâtiment.

Les hirondelles sont de gracieux voiliers. À la fin de l'été, elles se regroupent sur les fils en bordure des routes, souvent plusieurs espèces sont observées ensemble. Quelques semaines plus tard, elles s'envolent vers le sud et ne reviennent pas au Canada avant sept ou huit mois.

A.J. Erskine

Hirondelle noire L'Hirondelle noire (*Progne subis*) est la plus grande (14,4 à 14,9 cm) et la plus urbanisée des HIRONDELLES canadiennes. Elle est aussi la représentante la plus nordique d'un genre du Nouveau Monde. Ce genre se retrouve généralement dans les régions tropicales.

Répartition L'hirondelle noire se répartit dans le Nouveau-Brunswick, le sud de l'Ontario, le Québec, le sud des Prairies (nord-ouest de Peace River) et le sud-ouest de la Colombie-Britannique. Elles sont migratrices et nichaient autrefois dans les trous d'arbres, mais nichent aujourd'hui surtout en colonies dans les nichoirs à proximité des habitations humaines.

Description Les mâles sont d'un noir pourpre foncé et lustré avec des ailes et une queue noirâtres. Les femelles et les jeunes sont bleu foncé et gris.

Régime alimentaire Cette espèce se nourrit d'insectes volants, habituellement à des altitudes plus élevées que les autres espèces d'hirondelles.

A.J. Erskine

Hirsch, John Stephen, metteur en scène et administrateur (Siófok, Hongrie, 1ᵉʳ mai 1930—Toronto, 1ᵉʳ août 1989). Il immigre à Winnipeg en 1947. Après

avoir terminé ses études à l'U. du Manitoba, il fonde les Muddiwater Puppets et une troupe de théâtre pour enfants. En 1957, il crée, avec Tom HENDRY, le Theatre 77, lequel fusionne avec le Winnipeg Little Theatre en 1958 pour devenir le MANITOBA THEATRE CENTRE (sous la direction artistique d'Hirsch). Cette compagnie devait servir de modèle pour un réseau de théâtre d'été régional dans l'ensemble du Canada.

De 1967 à 1969, il est codirecteur du FESTIVAL DE STRATFORD et, de 1974 à 1978, responsable des émissions dramatiques pour le réseau anglais de Radio-Canada. De 1981 à 1985, il assume seul le rôle de directeur artistique du Festival de Stratford et défend le théâtre à une époque où son avenir est menacé. Entre ces diverses occupations, il supervise des productions pour le Centre national des arts à Ottawa, les Toronto Arts Productions, le Young People's Theatre et le SHAW FESTIVAL, ainsi que pour d'autres compagnies canadiennes et étrangères.

Plusieurs de ses productions américaines sont primées. Il remporte le Outer Circle Critics' Award pour *Saint Joan*, présentée au Lincoln Center (New York), un Obie Award pour *AC-DC*, présentée au Chelsea Theater (près de Broadway) et le Drama Critics' Award pour *The Dybbuk* (pièce qu'il a traduite et adaptée), présentée au Mark Taper Forum, à Los Angeles (1975).

Ses œuvres sont aussi présentées au Tyrone Guthrie Theater (Minneapolis), au Seattle Repertory Theater et au Habimah Theatre (Tel Aviv). Après Stratford, il enseigne l'art dramatique à Yale. Il est aussi professeur invité et directeur à l'U. de Californie à San Diego et à la Southern Methodist University à Dallas. *Sword of Gideon* (1986) est le seul film dans lequel il a joué. Lorsqu'il meurt du SIDA, en 1989, de grandes vedettes et des personnalités du monde du spectacle se réunissent à Stratford, à Winnipeg et à Toronto pour lui rendre un hommage public. Des prix portant son nom sont décernés à de jeunes metteurs en scène de l'Ontario et à de jeunes dramaturges du Manitoba.

David Gardner

Hirshhorn, Joseph Herman, promoteur minier, collectionneur d'art (Mitau, Lettonie, 11 août 1900—Washington, D.C., 31 août 1981). Hirshhorn émigre très jeune aux États-Unis, passe d'un emploi de commis de bureau à celui de courtier, puis devient entrepreneur. En 1933, il ouvre un bureau à Toronto. Dans le milieu minier, les opinions divergent sur sa réputation; pendant la guerre il est arrêté pour spéculation sur la monnaie. Au début des années 50, il s'associe avec Franc Joubin, un géologue. Ils font la plus importante découverte d'URANIUM de l'histoire du Canada, près de Blind River, en Ontario, et la jalonnent en avril et en mai 1953. Les mines Pronto and Algom, qui sont alors créées, seront unifiées plus tard dans la Rio Algom, une filiale de l'entreprise britannique Rio Tinto. On retrouve l'importante collection d'art contemporain d'Hirshhorn à la Hirshhorn Gallery, à Washington.

Robert Bothwell

Histoire constitutionnelle La LOI CONSTITUTIONNELLE DE 1867 (qui s'appelait auparavant l'ACTE DE L'AMÉRIQUE DU NORD BRITANNIQUE), qui fait autorité quant à la distribution des pouvoirs entre les corps législatifs fédéral et provinciaux, tient une place centrale dans la CONSTITUTION canadienne. Toutefois, d'autres sources de principes constitutionnels s'appliquent aussi. Ils peuvent émaner de coutumes ou de conventions non écrites, de lois britanniques et canadiennes ainsi que de décisions des tribunaux.

Les conventions non écrites voulant que le PREMIER MINISTRE FÉDÉRAL ou un PREMIER MINISTRE PROVINCIAL doive garder l'appui des membres élus du corps législatif pour demeurer au pouvoir ou que les neuf sièges de la COUR SUPRÊME DU CANADA doivent être attribués en fonction des régions ne sont énoncées dans aucun texte législatif. Bien qu'il ne s'agisse pas de «lois» ayant force d'exécution dans les tribunaux, ces principes revêtent une importance majeure dans le cadre d'un gouvernement constitutionnel efficace. La Cour suprême a affirmé en 1981, à l'occasion du RAPATRIEMENT DE LA CONSTITUTION, que «les conventions constitutionnelles plus le droit constitutionnel égalent la Constitution complète du pays».

Puisque les conventions ne sont pas mises en vigueur par les tribunaux, elles ne peuvent l'être que par la population ou par la COURONNE. Un gouvernement qui a enfreint une convention subirait presque certainement une défaite électorale ou, dans un cas extrême, ferait face à une révolution.

De plus, la Couronne a le pouvoir spécial de destituer un premier ministre fédéral ou provincial qui a clairement perdu la confiance du corps législatif élu et qui refuse de démissionner ou de déclencher des élections. De tels principes non écrits peuvent être plus importants que bien des lois. Selon la théorie constitutionnelle britannique et canadienne, les colons qui vont vivre sous d'autres cieux apportent avec eux les lois qui conviennent à leur nouvelle situation.

Des lois anglaises comme la *Déclaration des droits* (1689), avec son principe de monarchie constitutionnelle limitée, et l'Acte d'établissement (1701), avec sa doctrine de l'indépendance de la magistrature, sont des éléments primordiaux de la Constitution canadienne, au même titre que la *Loi électorale du Canada*. Le régime de DROIT CIVIL du Québec vient de la France, et l'alliage des patrimoines anglais et français a amené l'usage de deux langues officielles au Canada.

Le principe de la suprématie du Parlement vient de l'Angleterre, mais la structure fédérale du Canada l'a modifié en y ajoutant la distribution des pouvoirs et une *Charte des droits et libertés* constitutionnalisée qui s'inspire du modèle classique des États-Unis.

Régime colonial français Avant 1663, la gestion des colonies françaises d'Amérique du Nord est confiée à des compagnies à charte qui exercent de vastes pouvoirs administratifs, législatifs et judiciaires (on ne sait pas exactement quel régime de droit était en vigueur). En 1663, le roi commence à exercer directement son autorité sur les possessions françaises en Amérique du Nord, et la Coutume de Paris, non codifiée, devient le droit civil de la NOUVELLE-FRANCE.

Pendant la période de la monarchie absolue, Louis XIV agit par l'entremise de Jean-Baptiste Colbert, qui supervise les affaires coloniales, et de ses deux dirigeants locaux, le GOUVERNEUR et l'INTENDANT. Le gouverneur est le commandant militaire, le négociateur auprès des autochtones et l'émissaire auprès des autres établissements coloniaux. L'intendant dirige l'administration civile et est responsable de la colonisation, des finances, de l'ordre public, de la justice et des travaux publics. Sous ce régime monarchique, il n'y a pas d'organes représentatifs élus, mais le CONSEIL SOUVERAIN, qui comprend le gouverneur, l'intendant, l'évêque et cinq conseillers, se réunit chaque semaine.

De 1663 à 1675, les conseillers sont nommés conjointement par l'évêque et le gouverneur. Ensuite, ils sont nommés par le roi. Le Conseil rend la justice rapidement et à peu de frais, supervise les dépenses et réglemente la traite des fourrures et d'autres activités commerciales. Des restrictions, dites «servitudes», soustraient les dirigeants civils à la discipline de l'Église: aucun fonctionnaire ne peut être excommunié pour avoir fait quoi que ce soit dans l'exercice de ses fonctions. L'Église est également incapable de lever des impôts sans le consentement des autorités civiles.

Régime colonial britannique Pendant le XVIIIe siècle, la France perd ses territoires nord-américains au profit de la Grande-Bretagne. En vertu du TRAITÉ D'UTRECHT (1713), l'ACADIE est cédée à la Grande-Bretagne. La France garde toutefois la possession de l'île Royale (île du Cap-Breton), de l'île Saint-Jean (Île-du-Prince-Édouard) et d'une partie du Nouveau-Brunswick actuel. La France interprète de façon restrictive la cession effectuée aux termes du traité, soutenant que les Acadiens, qui vivent surtout à l'extrémité ouest du territoire, relèvent toujours du pouvoir de la France.

Coincés entre les puissances européennes rivales, les Acadiens sont expulsés par les Britanniques en 1755. La forteresse française de LOUISBOURG, sur l'île du Cap-Breton, tombe définitivement aux mains des Anglais en 1758. La même année, l'Assemblée législative de la Nouvelle-Écosse, le corps de représentants le plus ancien du Canada anglais, se réunit à Halifax. À la fin de la GUERRE DE SEPT ANS, lorsque le TRAITÉ DE PARIS est signé (1763), la souveraineté britannique sur les côtes de l'Atlantique Nord, à l'unique exception des îles Saint-Pierre et Miquelon, est acceptée sans discussion.

Proclamation royale Aux termes de la PROCLAMATION ROYALE DE 1763, le gouverneur James MURRAY est censé mettre en œuvre les lois et institutions anglaises au Québec. Il a eu pour directive de gouverner avec l'aide d'un conseil de huit personnes. Un projet d'assemblée élue est formé, mais n'a pas de suite. Les instructions données à Murray prescrivent aussi que le serment du Test soit imposé à ceux qui exercent des charges publiques, et aucun catholique ne peut prêter ce serment en toute conscience en raison de son contenu doctrinal. Cette disposition aurait pour effet de limiter l'accès à ces charges aux protestants anglophones, qui ne sont que 200 environ, alors que les francophones catholiques, qui sont près de 70 000, en seraient exclus. Murray interprète les instructions reçues de manière à pouvoir gouverner par l'entremise d'un conseil comprenant 12 membres nommés.

L'anglais est la langue officielle, mais les affaires du gouvernement se font en français. Le catholicisme est toléré. Au début, les Britanniques refusent qu'un évêque soit nommé au siège vacant, mais ils ne protestent pas lorsque Jean-Olivier Briand est sacré évêque en 1766. La Proclamation royale reconnaît aussi les titres de propriété foncière des autochtones et prévoit que ceux-ci ne peuvent céder leurs terres qu'à la Couronne et seulement de façon collective.

L'implantation des tribunaux et du droit britanniques au Québec donne lieu à des problèmes. La nouvelle Cour du Banc du Roi ne siège que deux fois par année, de sorte que la justice est plus coûteuse et moins rapide qu'à l'époque du Conseil souverain. Avec l'abolition de la Coutume de Paris, les censitaires (ou locataires) des seigneuries sont désavantagés, car le droit anglais permet d'augmenter arbitrairement leur loyer. À cause du serment du Test, les catholiques ne peuvent pratiquer le droit à la nouvelle Cour du Banc du Roi. Ils ne peuvent le faire qu'à certains tribunaux inférieurs.

Acte de Québec L'ACTE DE QUÉBEC (1774) instaure un gouvernement non représentatif dirigé par un gouverneur colonial et un conseil nommé qui compte de 17 à 23 membres. Il ne fait pas mention de l'usage du français, mais un nouveau serment permet aux catholiques d'exercer des fonctions publiques. Il n'habilite pas le conseil à lever des impôts, ce pouvoir lui étant plutôt conféré par une autre loi sur les revenus du Québec. Le RÉGIME SEIGNEURIAL est maintenu et le droit civil français est rétabli. En matière criminelle, c'est le droit anglais qui s'applique.

Le gouverneur sir Guy CARLETON reçoit une directive le chargeant d'instaurer également le droit commercial anglais, mais il ne le fait pas. L'Acte de Québec est impopulaire chez les Américains parce qu'il tolère le catholicisme et parce qu'il repousse la frontière sud-ouest du Québec jusqu'au confluent du Mississippi et de l'Ohio, ce qui entrave l'expansion américaine. L'Acte de Québec est l'une des «lois intolérables» qui incitent les Américains à la révolte, mais, selon de nombreux historiens, les concessions qu'il accorde encouragent les Canadiens à vouloir demeurer sous le régime britannique.

Loi constitutionnelle L'arrivée massive de LOYALISTES après 1783 amène la création, en 1784, de deux colonies distinctes, le Nouveau-Brunswick et le Cap-Breton, qui sont détachées de la Nouvelle-Écosse. En 1791, le HAUT-CANADA (Ontario) est séparé du BAS-CANADA (Québec), et l'Outaouais est la frontière entre les deux. Au Canada, l'ACTE CONSTITUTIONNEL DE 1791 accorde à chacune des deux provinces constituantes une législature bicamérale.

Les membres du Conseil exécutif sont nommés par le gouverneur, qui est responsable devant le MINISTÈRE DES COLONIES britannique et non devant la population ou les représentants qu'elle a élus. Il s'agit donc d'un GOUVERNEMENT REPRÉSENTATIF, mais sans que le Conseil exécutif soit responsable devant l'Assemblée.

Au début du XIXe siècle, divers gouverneurs nomment quelques intimes à des charges publiques, si bien qu'on accuse le gouvernement de former une clique (*voir* CLIQUE DU CHÂTEAU; FAMILY COMPACT; CONSEIL DES DOUZE). En 1837, des rébellions éclatent dans les deux provinces du Canada, mais elles échouent. Dans les PROVINCES MARITIMES, la partition de la Nouvelle-Écosse renforce le pouvoir exécutif et affaiblit l'Assemblée.

Le Cap-Breton, qui demeure séparé jusqu'en 1820, n'a pas d'assemblée du tout, et l'Île-du-Prince-Édouard, qui possède sa propre législature depuis 1769 (après avoir brièvement fait partie de la Nouvelle-Écosse, de 1763 à 1769), est parfois menacée de la perdre. C'est seulement en 1832 que Terre-Neuve reçoit un gouverneur nommé et se dote d'une assemblée représentative.

Gouvernement responsable Le gouverneur général lord DURHAM, arrivé au Canada en 1838 (peu après les insurrections), en vient à considérer les Canadiens français comme un peuple réfractaire au progrès, sans histoire et sans culture. Il craint que le Québec n'utilise des pouvoirs politiques autonomes qui pourraient lui être conférés pour entraver les politiques et les objectifs du gouvernement établi. Selon lui, mieux vaudrait fusionner le Bas-Canada et le Haut-Canada pour former une union parlementaire dotée d'un seul gouvernement dominé par l'élite anglophone jugée «plus fiable». En outre, le Conseil exécutif nommé par le gouverneur doit jouir de l'appui de la majorité à l'Assemblée élue.

Sous le nouveau régime, le Conseil (ou Cabinet) sera responsable devant l'Assemblée élue, et indirectement devant l'électorat, plutôt que devant la Couronne. Les décisions d'intérêt local seront prises au Canada, alors que les questions «qui intéressent l'Empire», comme les changements constitutionnels, les RELATIONS EXTÉRIEURES, le commerce et la gestion des terres publiques, continueront de relever de la Grande-Bretagne.

Le RAPPORT DURHAM marque le tournant entre la première et la deuxième époque de l'Empire britannique, car les possessions britanniques, y compris le Canada, commencent à évoluer du statut de colonies à celui de nations autonomes. L'ACTE D'UNION (1840, proclamé en 1841) établit une représentation égale du Canada-Est (Québec) et du Canada-Ouest (Ontario) dans une législature unique, même si le Canada-Est compte une population beaucoup plus forte, pour assurer l'hégémonie politique de l'élément britannique dans toute la province réunifiée.

Après une période d'hésitation, le GOUVERNEMENT RESPONSABLE est établi en Nouvelle-Écosse et dans la PROVINCE DU CANADA, en 1848, et ne tarde pas à s'étendre au reste de l'Amérique du Nord britannique. En 1849, le gouverneur général lord ELGIN signe courageusement le BILL DES INDEMNITÉS, comme le lui conseillent ses ministres, confirmant ainsi le principe du gouvernement responsable. C'est également sous l'influence d'Elgin que le français commence à être utilisé dans les débats de la législature canadienne, même si l'anglais est l'unique langue officielle.

Confédération La représentation égale des régions rend la province du Canada difficile à gouverner en favorisant les situations d'impasse. Dès 1851, la population anglophone dépasse la population francophone, et l'agitation commence en faveur de la REPRÉSENTATION PROPORTIONNELLE au lieu de la parité régionale. Le Reform Party de George Brown réclame énergiquement le «rep by pop», tandis que les conservateurs s'y opposent, et cette impasse politique dure de 1858 à 1864. En 1864, les partis forment une GRANDE COALITION en vue de créer une fédération de l'Amérique du Nord britannique.

Pendant ce temps, les autorités impériales relâchent leur autorité sur le Canada. Les terres vacantes de la Couronne sont cédées aux provinces de 1840 à 1852. Les Britanniques acceptent, en 1858, de payer au Canada un tarif douanier sur les produits importés. En 1865, la *Loi sur la validité des lois coloniales* affirme qu'aucune loi coloniale ne peut être contestée à moins qu'elle ne vienne expressément en conflit avec une loi impériale visant la colonie en question.

Les politiciens du Canada-Est, du Canada-Ouest, des Maritimes et de Terre-Neuve se rencontrent en 1864 à la CONFÉRENCE DE CHARLOTTETOWN pour discuter de l'union. Les discussions se poursuivent à la CONFÉRENCE DE QUÉBEC et à la CONFÉRENCE DE LONDRES, et la CONFÉDÉRATION des provinces du Canada, de la Nouvelle-Écosse et du Nouveau-Brunswick est réalisée le 1er juillet 1867.

La Confédération établit un PARLEMENT comptant deux chambres. À la CHAMBRE DES COMMUNES, les sièges sont attribués en fonction de la population, et au SÉNAT, chacune des trois régions (Québec, Ontario, Maritimes) est représentée également, étant dotée de 24 sièges.

En 1915, les quatre provinces de l'Ouest deviennent une région à part entière en obtenant 24 postes de sénateurs, et Terre-Neuve en acquiert six en 1949. Le Sénat est conçu à l'origine pour protéger les intérêts régionaux ou provinciaux, mais il n'exerce pas cette fonction très efficacement. La principale raison en est que le Cabinet fédéral, formé surtout de membres de la Chambre basse nommés sur une base régionale, exécute déjà ce mandat.

Les historiens discutent parfois la question de savoir si l'intention du pouvoir fédéral de légiférer pour la PAIX, L'ORDRE ET LE BON GOUVERNEMENT était d'accorder à Ottawa la compétence sur tous les domaines non définis comme relevant exclusivement des provinces. Dans l'affirmative, la compétence fédérale serait probablement renforcée, car les «pouvoirs» énumérés à l'article 91 de l'Acte de l'Amérique du Nord britannique (AANB) seraient simplement des illustrations d'un vaste pouvoir unique englobant tout ce qui n'est pas attribué aux provinces.

Régime fédéral

Aux termes de l'Acte de l'Amérique du Nord britannique, les grands domaines qu'il convient de traiter à l'échelle nationale (p. ex., la défense, le service postal, le trafic et le commerce, la plupart des moyens de communication, le cours monétaire et le monnayage, les poids et mesures) sont centralisés, alors que les pouvoirs portant sur les biens, les travaux et entreprises de nature locale, les municipalités et la plupart des questions de droit privé (p. ex., les contrats et les délits civils) sont dévolus aux provinces. En cas de conflit dans des domaines de compétence concurrents, comme l'agriculture et l'immigration, ou dans tout autre domaine (sauf les pensions de vieillesse, où la primauté revient au palier provincial), les lois fédérales l'emportent.

Aux termes de la Constitution (dont toutes les constitutions provinciales font partie intégrante), les provinces qui s'ajoutent au Canada ou qui sont créées à divers moments ne reçoivent pas toutes un traitement égal. P. ex., la loi constitutive de la Saskatchewan interdit à cette province d'exiger des impôts au Canadien Pacifique, tandis que le Québec et le Manitoba sont tenus de publier leurs lois en français et en anglais et de permettre l'usage des deux langues dans les tribunaux et à l'Assemblée législative.

Les provinces des Prairies, contrairement aux quatre premières provinces, ne possèdent pas leurs ressources naturelles lorsqu'elles adhèrent à la Confédération, et Ottawa ne les leur transfère qu'en 1930. Le fédéral justifie le fait de conserver ces biens en disant qu'ils sont nécessaires pour la construction des chemins de fer et l'installation des immigrants. Il en est de même de nos jours pour les Territoires du Nord-Ouest et le Territoire du Yukon, qui possèdent des assemblées législatives élues, mais ne possèdent toujours pas leurs terres ni leurs ressources minérales et dépendent du gouvernement fédéral comme des semi-colonies.

Après la Confédération, certaines provinces énoncent la théorie du pacte fédératif, qui assimile l'Acte de l'Amérique du Nord britannique à un traité ne pouvant être modifié qu'avec le consentement unanime d'Ottawa et des provinces. Les adversaires de cette théorie disent qu'elle est contraire à la Constitution et soutiennent que les modalités définitives de l'Acte de l'Amérique du Nord britannique n'ont jamais été ratifiées parce que celui-ci n'était pas une entente, mais une loi émanant d'un corps législatif supérieur.

Droits des provinces et conflits fédéraux-provinciaux Macdonald dirige le gouvernement du pays pendant de longues années et de façon centralisatrice. Les premiers ministres provinciaux Honoré MERCIER, du Québec, et Oliver MOWAT, de l'Ontario, se réunissent à Québec le 20 octobre 1887 avec des représentants du Nouveau-Brunswick, de la Nouvelle-Écosse et du Manitoba (sans la participation de la Colombie-Britannique et de l'Île-du-Prince-Édouard) pour défendre les «droits des provinces» contre les empiétements du gouvernement fédéral.

Les provinces critiquent le recours au pouvoir fédéral de DÉSAVEU, qui permet à Ottawa d'annuler arbitrairement toute loi fédérale, réclament la nomination des sénateurs par les provinces et affirment que la Couronne provinciale a le droit d'exercer des prérogatives comme le pouvoir de pardonner des infractions provinciales. Macdonald qualifie les «mécontents» de libéraux partis en guerre contre leurs adversaires conservateurs d'Ottawa pour des raisons politiques.

Une autre vive confrontation se produit en 1890 lorsque le Manitoba entreprend de faire de l'anglais l'unique langue officielle de la province, en plus de remplacer les écoles catholiques et les écoles protestantes par un seul système scolaire public. En 1895, le COMITÉ JUDICIAIRE DU CONSEIL PRIVÉ reconnaît qu'on a porté atteinte aux droits scolaires de la minorité religieuse et permet à celle-ci d'interjeter appel devant le Cabinet fédéral pour obtenir réparation.

Lorsque les libéraux prennent le pouvoir en 1896, le premier ministre Laurier règle la question par voie de compromis. (En 1979, dans l'arrêt Forest, la Cour suprême du Canada statue que la loi manitobaine de 1890 sur la langue est invalide, émettant quelque doute sur la validité des lois provinciales adoptées pendant 90 ans, et exige que toutes les lois futures soient bilingues.)

Vers l'indépendance constitutionnelle Le début du XXe siècle est marqué par de nouveaux progrès vers une indépendance complète du Canada. Lorsque la PREMIÈRE GUERRE MONDIALE éclate en 1914, l'adhésion automatique du Canada à la déclaration de guerre de la Grande-Bretagne est admise par convention constitutionnelle. Après la guerre, le Canada signe lui-même le TRAITÉ DE VERSAILLES et devient membre de la SOCIÉTÉ DES NATIONS, illustrant ainsi son indépendance croissante.

En 1923, l'honorable Ernest LAPOINTE signe le TRAITÉ DU FLÉTAN sans la participation (jusque-là nécessaire) de la Grande-Bretagne et malgré ses objections. En 1926, le gouverneur général lord BYNG ayant refusé d'autoriser le premier ministre fédéral Mackenzie KING à dissoudre le Parlement, ce dernier qualifie ce geste d'ingérence impériale dans les affaires intérieures du Canada, bien que le refus de Byng soit constitutionnel (*voir* KING-BYNG, AFFAIRE).

À la conférence impériale tenue la même année, le RAPPORT BALFOUR décrit les dominions ayant leur propre gouvernement comme des collectivités autonomes et égales au sein de l'Empire britannique (*voir* COMMONWEALTH). En 1931, le STATUT DE WESTMINSTER précise que le Parlement impérial ne légiférera plus pour un dominion à moins qu'une loi n'ait été faite à la demande et avec l'assentiment dudit dominion.

D'autres dispositions habilitent les législatures des provinces à édicter des lois même si elles sont contraires à la *Loi sur la validité des lois coloniales* et permettent au Canada de légiférer de façon extra-territoriale, p. ex., en adoptant des lois sur la navigation qui s'appliquent aux navires canadiens en haute mer ou en assujettissant au droit criminel canadien le personnel militaire en service à l'étranger. Le Statut de Westminster établit, du moins selon l'interprétation des provinces, que les compétences provinciales ne peuvent être modifiées unilatéralement par le pouvoir fédéral devenu souverain.

D'après la théorie constitutionnelle, Londres n'est pas, après 1931, un pouvoir politique plus central qu'Ottawa ou Canberra (Australie). La Couronne, naguère indivisible, est désormais divisée. En 1939, le Canada fait sa propre déclaration de guerre. Les traités entre les bandes indiennes du Canada et la Couronne britannique sont réputés être du ressort du gouvernement canadien. Le monarque est désormais roi ou reine du Canada, et le GOUVERNEUR GÉNÉRAL est investi, en 1947, de toutes les autres prérogatives.

En 1952, Vincent MASSEY devient le premier gouverneur général natif du Canada. Georges VANIER lui succède en 1959. Par la suite, la charge est exercée tour à tour par des Canadiens anglophones et francophones.

En 1949, une modification constitutionnelle permet au Parlement d'apporter des modifications qui touchent uniquement le pouvoir fédéral (p. ex., une nouvelle répartition des sièges à la Chambre des communes). Des exceptions sont toutefois spécifiées dans des domaines de nature délicate (comme l'obligation de tenir des sessions parlementaires annuelles). Le Canada exprime également sa souveraineté en adoptant la *Loi sur la citoyenneté canadienne*, en 1947, et le drapeau unifolié, en 1965 (*voir* DRAPEAU, DÉBAT SUR LE).

De 1934 à 1949, Terre-Neuve est gouvernée par une COMMISSION DE GOUVERNEMENT nommée qui détient tous les pouvoirs législatifs. Après la Seconde Guerre mondiale, l'avenir de Terre-Neuve fait l'objet d'un débat. Peter CASHIN, un ancien ministre des Finances de Terre-Neuve, propose que l'île redevienne un dominion, tandis que Joseph R. SMALLWOOD dirige les partisans de l'adhésion à la Confédération.

D'autres Terre-Neuviens sont en faveur du maintien de la Commission de gouvernement. À l'issue de deux référendums tenus en 1948, les partisans de la confédération l'emportent, et Terre-Neuve devient, en 1949, la 10e province du Canada. On lui attribue six sénateurs et sept députés.

Jusqu'en 1949, année où les appels outre-mer sont abolis, le Conseil privé britannique constitue le tribunal d'appel final du Canada, l'emportant sur les tribunaux canadiens. Des tribunaux provinciaux interjettent directement certains appels importants à la Grande-Bretagne, sans aucune intervention de la Cour suprême du Canada (établie en 1875). Lord Watson et lord Haldane, notamment, neutralisent les dispositions centralisatrices de l'AANB en banalisant le pouvoir fédéral de légiférer pour la paix, l'ordre et le bon gouvernement et en élargissant la compétence provinciale en matière de propriété et de droits civils.

En 1929, le Comité judiciaire du Conseil privé (CJCP) britannique statue que les femmes sont des personnes juridiques capables d'être «mandées» (nommées) au Sénat (*voir* FEMMES NON RECONNUES CIVILEMENT, AFFAIRE DES). En 1932, le CJCP attribue à Ottawa les pouvoirs en matière d'aéronautique et de radiodiffusion. En 1937, toutefois, il démolit le programme social du premier ministre fédéral R.B. Bennett (*voir* NEW DEAL DE BENNETT) en restreignant fortement le pouvoir fédéral en de tels domaines. Des métaphores judiciaires comme «arbre vivant» et «compartiments étanches» illustrent respectivement les phases successives d'interprétation centraliste et provincialiste.

En 1937, le premier ministre ABERHART, de l'Alberta, tente d'édicter un programme législatif créditiste qui empiète sur les compétences fédérales, particulièrement en ce qui concerne les banques. Le désaveu de la législation provinciale provoque une dure confrontation, mais les tribunaux donnent gain de cause au fédéral.

Rapport Rowell-Sirois et restructuration du fédéralisme La commission Rowell-Sirois, nommée en 1937 par le gouvernement de Mackenzie King, formule des recommandations économiques de grande portée afin de restructurer la fédération canadienne (*voir* COMMISSION ROYALE D'ENQUÊTE SUR LES RELATIONS FÉDÉRALES-PROVINCIALES). Les commissaires affirment qu'Ottawa devrait avoir le droit exclusif de percevoir l'impôt sur le revenu des particuliers et des sociétés ainsi que les droits de succession (domaines de compétence concurrents d'après l'AANB).

En revanche, le gouvernement fédéral assumerait toutes les dettes des provinces et certaines responsabilités relatives à l'aide sociale et à l'assurance-chômage (que la Cour vient d'attribuer aux provinces), en plus de verser aux provinces moins nanties une «subvention de rajustement national» qui leur permettrait de maintenir un niveau de services conforme à la moyenne nationale. Au Québec, la commission Tremblay (1953-1956), constituée par le premier ministre Maurice DUPLESSIS, estime que cette proposition est trop centralisatrice et propose le «principe de subsidiarité». Comparant le FÉDÉRALISME à une pyramide, Tremblay suggère que le plus grand nombre possible de fonctions économiques soient exercées par les organisations locales de la base (p. ex., les municipalités, les coopératives et l'Église), tandis que le gouvernement fédéral, au sommet de la pyramide, n'assumerait que les rares fonctions économiques qui dépassent les capacités des organismes locaux. Un tel principe renforcerait évidemment beaucoup l'autonomie des provinces.

Les recommandations formulées en 1940 par la commission Rowell-Sirois ne seront jamais vraiment mises en œuvre. Toutefois, les PAIEMENTS DE PÉRÉQUATION aux provinces, introduits par le premier ministre fédéral Louis SAINT-LAURENT après la forte centralisation des pouvoirs occasionnée par la Seconde Guerre mondiale, donnent un résultat semblable. Sous une forme ou sous une autre, les paiements de péréquation fédéraux aux provinces moins fortunées se poursuivront jusqu'à nos jours.

Bien que l'assurance-chômage soit centralisée grâce à une modification, les provinces riches (Ontario, Alberta et Colombie-Britannique) ne sont pas d'accord pour financer des subventions aux provinces pauvres. Le fédéral se sert de son «pouvoir de dépenser» pour financer les ALLOCATIONS FAMILIALES et des programmes à frais partagés organisés en collaboration avec les provinces, notamment les PENSIONS DE VIEILLESSE et l'assurance-maladie. À la fin des années 70 et au début des années 80, ces programmes sociaux coûteux sont devenus un énorme fardeau pour tous les gouvernements, et cela incite certains politiciens à s'interroger sur la constitutionnalité d'une couverture universelle.

En proclamant la LOI DES MESURES DE GUERRE pendant les deux guerres mondiales et la CRISE D'OCTOBRE 1970, le Cabinet fédéral s'approprie tous les pouvoirs légaux nécessaires pour faire face aux situations d'urgence, que ces pouvoirs relèvent ou non de la compétence provinciale en temps ordinaire. Aux termes de cette loi, la distribution des pouvoirs prévue dans la Constitution cesse pratiquement d'exister pendant la durée de la situation d'urgence pour tout ce qui se rapporte à cette situation.

Mouvement indépendantiste québécois La LOI SUR LES LANGUES OFFICIELLES (1969) marque une étape constitutionnelle importante (*voir* LANGUES OFFICIELLES, 1988, LOI SUR LES) en déclarant que le français et l'anglais sont les «langues officielles» du Canada et en offrant une série de services gouvernementaux dans les deux langues à toute la population. Le 15 novembre 1976, l'élection du PARTI QUÉBÉCOIS (séparatiste) au Québec montre le sérieux de la menace du SÉPARATISME, mais l'électorat québécois, lors du référendum du 20 mai 1980, rejette l'option de la SOUVERAINETÉ-ASSOCIATION, proposée par le gouvernement provincial, dans une proportion de 60 p. 100.

Le premier ministre du Canada Pierre E. TRUDEAU, en faveur du maintien du fédéralisme, avait promis au Québec un renouveau du fédéralisme si le «Non» l'emportait. Après une conférence fédérale-provinciale qui se termine dans l'impasse, il annonce, le 2 octobre 1980, qu'Ottawa se propose d'adopter unilatéralement les éléments de base d'une nouvelle Constitution qui comprendrait une formule de modification interne et une charte des droits (*voir* CHARTE CANADIENNE DES DROITS ET LIBERTÉS) qui remplacerait la DÉCLARATION CANADIENNE DES DROITS (1960) du premier ministre DIEFENBAKER. Trudeau insiste sur le fait que les négociateurs fédéraux et provinciaux sont incapables de s'entendre sur une formule de modification depuis 1927.

Débat sur la formule de modification La controverse des années 80 oppose Ottawa et deux provinces alliées, l'Ontario et le Nouveau-Brunswick, aux huit autres provinces. Le nœud du débat consiste à savoir si, par convention, le consentement des provinces est nécessaire avant qu'on puisse obtenir de la Grande-Bretagne une modification qui toucherait les droits, les privilèges ou les pouvoirs des provinces. En septembre 1981, la Cour suprême statue que, bien qu'Ottawa ait le pouvoir légal de présenter à Westminster une adresse commune du Sénat et de la Chambre des communes pour demander une modification, il est inapproprié, par convention, de le faire sans un «consensus» des provinces (lequel n'est pas défini, mais suppose au moins une nette majorité).

Puisque ni Ottawa ni les provinces dissidentes n'ont eu clairement gain de cause, un compromis s'impose, et toutes les parties, sauf le Québec, en viennent à une entente le 5 novembre 1981. Les porte-parole du Québec soutiennent que, suivant le principe de la «dualité», les changements constitutionnels fondamentaux nécessitent l'accord du Canada français et du Canada anglais, et le non-vouloir de l'une des «nations» constitue un veto.

Toutes les autres parties nient l'existence du principe de «dualité» tel que le Québec l'énonce. Des problèmes épineux comme la révision constitutionnelle de la distribution des pouvoirs et la réforme institutionnelle de la Cour suprême, du Sénat et de la Couronne ne sont toujours pas résolus et devront être examinés dans l'avenir.

Accord du lac Meech En juin 1987, il semble acquis que le Québec accepte la réforme constitutionnelle lorsque les premiers ministres mettent la dernière main au texte de l'ACCORD DU LAC MEECH, conclu plus tôt la même année à l'initiative du premier ministre fédéral Brian MULRONEY. Le Québec y est reconnu comme société distincte, un statut que sa législature et son gouvernement sont habilités à préserver et à protéger. Les Canadiens français du reste du pays et les Canadiens anglais du Québec obtiennent également une reconnaissance constitutionnelle.

L'accord prévoit que, à l'avenir, pour combler les postes vacants au Sénat et à la Cour suprême du Canada, les provinces proposeront des candidatures acceptables au gouvernement fédéral, qui procédera aux nominations. La seule nomination qui doit relever exclusivement du pouvoir fédéral est le choix du juge en chef de la Cour suprême du Canada parmi les juges qui siègent déjà à cette Cour. Trois des neuf membres de la Cour suprême ainsi inscrit dans la Constitution doivent avoir été des avocats québécois formés selon le régime de droit civil qui caractérise la province.

En outre, aucun changement n'est censé être apporté au Sénat et à la Cour suprême à moins d'avoir été accepté unanimement par le fédéral et les provinces. Certains estiment que cela met fin à tout espoir réaliste de réformer le Sénat, même si on prévoit tenir dans ce but des conférences annuelles des premiers ministres.

Si Ottawa met en place de nouvelles initiatives en vertu du pouvoir fédéral de dépenser (p. ex., un programme national de garderies ou un revenu minimal annuel garanti), il est prévu que les provinces pourront s'en dissocier et recevoir d'Ottawa une compensation raisonnable leur permettant de financer leurs propres programmes de remplacement, pourvu que ceux-ci soient «conformes aux objectifs nationaux».

L'accession du Yukon ou des Territoires du Nord-Ouest au statut de province est censé nécessiter le consentement de tous les corps législatifs fédéral et provinciaux et non simplement l'accord du Parlement et de sept provinces comptant au moins la moitié de la population, comme le prévoit la *Loi constitutionnelle de 1982* ou la simple loi fédérale qui suffisait avant cette date.

En outre, toutes les provinces sont également censées participer au processus d'immigration. Pour que le texte proposé de l'Accord du lac Meech soit constitutionnalisé, il doit être accepté tel quel par le Parlement et toutes les Assemblées législatives provinciales dans les trois ans qui suivent l'adoption de la résolution de principe par le Parlement. Tout changement apporté au texte proposé nécessite un accord unanime.

Échec de l'Accord du lac Meech En 1987, d'après les sondages, plus de 66 p. 100 de la population appuie l'accord. Le 7 juillet, l'accord est déjà approuvé par la Chambre des communes (par un vote de 242 pour et 16 contre) et par toutes les provinces, sauf le Manitoba et le Nouveau-Brunswick. Toutefois, l'opposition grandit dans les médias et dans certains groupes d'intérêts, particulièrement ceux qui représentent les peuples autochtones, les femmes, les francophones hors Québec et les Territoires (qui estiment que l'accord les empêche pour toujours de devenir des provinces). En octobre 1989, un groupe de travail du Manitoba conteste la disposition reconnaissant la société distincte et d'autres aspects de l'accord.

Entre-temps, de nouveaux gouvernements sont élus, et de nouveaux premiers ministres, comme

Frank MCKENNA du Nouveau-Brunswick, expriment leur désaccord. Sa province approuve toutefois l'accord en mars 1990. L'opposition finit par se cristalliser autour du premier ministre de Terre-Neuve, Clyde WELLS, qui conteste fortement la disposition reconnaissant la société distincte, à laquelle son gouvernement retire son approbation le 6 avril 1990.

Tentant désespérément de sauver l'accord, le premier ministre Mulroney convoque les premiers ministres en juin. Le 9 juin, ces derniers sortent de leur réunion avec une entente signée, mais Wells dit que son approbation dépend de celle «de la population ou de l'Assemblée législative de Terre-Neuve».

Lorsque l'approbation du Manitoba menace d'être impossible à obtenir parce que le député provincial Elijah HARPER provoque des retards en utilisant la procédure, Wells refuse de faire voter l'accord à l'Assemblée législative de Terre-Neuve en disant que ce qui se passe au Manitoba enlève toute pertinence à ce vote. Sur ce, le délai expire et l'accord tombe. Cet échec engendre amertume et frustration. De nombreux Québécois l'interprètent comme un rejet du Québec, et l'appui au mouvement séparatiste augmente fortement.

Accord de Charlottetown Une nouvelle séance de négociations avait commencé avant même la faillite de l'Accord du lac Meech. En février 1990, le Parti libéral du Québec avait formé un comité (présidé par Jean Allaire) pour étudier les options en cas d'échec de l'accord. En juin, le premier ministre québécois Bourassa déclare qu'il ne participera pas à des discussions constitutionnelles et ne négociera que de façon bilatérale avec Ottawa. Le même mois, Bourassa et Jacques Parizeau annoncent la formation d'une commission mixte spéciale chargée d'examiner la relation du Québec avec le Canada. Cette commission, coprésidée par Jean Campeau et Michel Bélanger, commence ses audiences le 6 novembre.

Entre-temps, sur la scène fédérale, en réponse aux critiques qui affirment que le processus constitutionnel est trop fermé, Mulroney met sur pied, en novembre 1990, le Forum des citoyens sur l'avenir du Canada, présidé par Keith Spicer. Enfin, un comité mixte du Sénat et de la Chambre des communes, composé de 17 membres et coprésidé par Gérald Beaudoin et Jim Edwards, est créé, en décembre, pour concevoir une nouvelle formule de modification. À cette date, les enquêtes constitutionnelles de huit provinces sont en cours ou terminées.

La commission Bélanger-Campeau termine ses audiences le 20 décembre après avoir reçu 200 mémoires et entendu quelque 600 interventions. Selon l'un de ses premiers rapports, le coût de l'indépendance du Québec serait minime. Le comité préconise la tenue d'un référendum provincial sur la souveraineté au plus tard en octobre si le Québec ne reçoit pas une offre convenable du reste du Canada.

En janvier 1991, le comité Allaire recommande que le Sénat soit aboli et que le Québec obtienne le pouvoir exclusif sur les communications, l'énergie, l'environnement, l'agriculture et le développement régional. Le Parti libéral du Québec adopte le rapport Allaire en mars, sauf qu'il est en faveur d'un Sénat élu. En mai, l'Assemblée nationale dépose un projet de loi prévoyant la tenue d'un référendum sur la question constitutionnelle au plus tard en octobre 1992.

Pour coordonner les négociations et recommandations diverses, Mulroney nomme Joe CLARK ministre responsable des Affaires constitutionnelles en avril 1991. Une tribune additionnelle est encore créée en juin, soit le Comité parlementaire de la Constitution du Canada, dont les coprésidents sont Claude CASTONGUAY et Dorothy Dobbie.

Le 20 juin 1991, le comité Edwards-Beaudoin, de la Chambre des communes, présente son rapport sur la formule de modification qui contient les recommandations suivantes:

1) que la ratification des changements constitutionnels prenne deux ans au lieu de trois;

2) qu'un veto «régional» soit prévu;

3) que les changements majeurs nécessitent un référendum national;

4) que le consentement unanime soit requis pour les changements qui touchent le monarque, la langue et le contrôle des provinces sur les ressources;

5) que tous les autres changements nécessitent l'accord d'Ottawa, de l'Ontario, du Québec, de deux provinces de l'Ouest et de deux provinces de l'Atlantique.

La commission Spicer publie son rapport en juin. Elle recommande que le gouvernement réexamine ses institutions et ses symboles pour promouvoir un sentiment national, que le Québec soit reconnu comme une province unique, que les revendications territoriales des autochtones soient réglées rapidement et que le Sénat soit réformé ou aboli.

En septembre 1991, le comité parlementaire Castonguay-Dobbie fait connaître ses propositions dans le document intitulé *Bâtir ensemble l'avenir du Canada*. Ce sont notamment la reconnaissance du Québec comme société distincte, la constitutionnalisation de l'autonomie gouvernementale des autochtones dans un délai de 10 ans, l'inscription dans la Constitution d'une «clause Canada» ainsi qu'un Sénat élu doté de plus de pouvoirs et dont la représentation est «équitable» (mais non égale). Castonguay démissionne en novembre du comité, qui connaît des problèmes internes, et est remplacé par Gérald Beaudoin.

En mars 1992, le nouveau comité Beaudoin-Dobbie recommande que le Québec ait le droit de veto sur tout changement constitutionnel et soit reconnu comme société distincte. Il rejette le Sénat élu, égal et efficace, mais il est en faveur d'un Sénat élu, efficace et «équitable» subordonné à la Chambre des communes.

Prenant ce rapport comme point de départ des négociations, Clark fixe le 31 mai comme date limite pour qu'Ottawa et les provinces présentent une offre constitutionnelle au Québec. C'est en juillet qu'il finit par conclure une entente avec les neuf premiers ministres provinciaux. Cette entente prévoit un Sénat élu, égal et efficace.

Échec de l'Accord de Charlottetown La proposition de Clark n'est pas jugée très intéressante par Bourassa, mais elle l'amène tout de même à reprendre les négociations en août. Les premiers ministres s'entendent sur le texte d'un nouvel accord le 22 août et en présentent la version définitive le 28 août.

Les points principaux de l'entente, connue sous le nom d'ACCORD DE CHARLOTTETOWN, sont une charte sociale, l'élimination des obstacles au commerce entre les provinces, une «clause Canada» contenant des engagements en faveur de l'autonomie gouvernementale des autochtones et de la reconnaissance du Québec comme société distincte, un droit de veto à toutes les provinces sur tout changement touchant les institutions nationales, un nouveau Sénat comptant 62 sièges (six pour chaque province et un pour chaque territoire) et l'ajout de nouveaux sièges à la Chambre des communes (18 pour le Québec et l'Ontario, quatre pour la Colombie-Britannique et deux pour l'Alberta). Lors du RÉFÉRENDUM national du 26 octobre 1992, l'accord est rejeté par six provinces et par le Yukon.

Les échecs de l'Accord du lac Meech et de l'Accord de Charlottetown amènent la tenue d'un deuxième référendum sur la séparation du Québec à l'automne 1995. L'option séparatiste est défaite par une faible marge, et ce résultat entraîne plusieurs changements politiques et juridiques. Sur la scène politique, le premier ministre du Québec, Jacques Parizeau (chef des troupes souverainistes), démissionne et a pour successeur Lucien Bouchard, l'ancien chef du Bloc québécois, parti séparatiste qui forme l'opposition officielle au fédéral. Le Parlement adopte une mesure législative qui reconnaît le Québec comme société distincte au sein du Canada et s'engage à apporter, dans l'avenir, des modifications constitutionnelles (qui porteront sur des institutions nationales comme le Sénat, la création de nouvelles provinces et des changements dans la distribution des pouvoirs législatifs) avec l'accord de l'Ontario, du Québec, de la Colombie-Britannique, d'au moins deux des provinces de l'Atlantique (pourvu que ces deux provinces représentent 50 p. 100 de la population de la région de l'Atlantique) et d'au moins deux provinces des Prairies (pourvu que ces deux provinces représentent 50 p. 100 de la population des Prairies). À la suite de ces développements, en septembre 1997, les premiers ministres de neuf provinces (Lucien Bouchard est absent), réunis à Calgary, s'entendent sur un nouveau cadre de discussion sur la sauvegarde de l'unité canadienne. Les auteurs de la «Déclaration de Calgary» proposent, entre autres principes, que toutes les provinces, tout en étant différentes, possèdent un statut d'égalité mais reconnaissent le caractère unique de la société québécoise, incluant sa culture ainsi que sa tradition en matière de loi civile. En l'espace d'une année, toutes les législatures provinciales, à l'exception du Québec, adoptent la déclaration.

En plus de ces changements politiques continus, les tribunaux sont saisis d'une affaire portant sur la séparation. Dans cette action en justice, intentée au Québec, il s'agit de déterminer la légalité de la séparation d'une province selon le droit constitutionnel du pays et selon les règles et principes du droit international public. La Cour suprême du Canada affirme que la séparation, mis à part la possibilité d'un amendement constitutionnel formel, est illégale à la fois selon les lois canadiennes et internationales. Cependant, la Cour reconnaît de plus qu'une majorité claire de votes québécois en faveur de la séparation, obtenue lors d'un référendum portant sur une question claire, créerait une obligation de la part des deux gouvernements fédéral et provincial de négocier de bonne foi sur la question de la séparation. (*Voir* SÉCESSION DU QUÉBEC, RENVOI SUR LA; LOI SUR LA CLARTÉ).

W.H. McConnell et G.L. Gall

Histoire depuis la Confédération Les quelque 50 années qui suivent la Confédération correspondent à la période de formation d'un État transcontinental et de son économie. La colonie devient un pays semi-autonome qui prend en main son destin et qui va s'épanouir de façon remarquable pendant la Première Guerre mondiale. Mais cette croissance rapide a également créé des zones urbaines défavorisées, soulevé le mécontentement ouvrier, suscité des désordres sociaux et exacerbé les divisions linguistiques, ethniques et religieuses. La gloire militaire de la Première Guerre mondiale a réclamé un lourd tribut de vies humaines et a suscité des discordes à l'échelle du pays.

De la Confédération à la Première Guerre mondiale

Le nouvel État de 1867, formé de quatre provinces situées le long de l'Atlantique et du bassin laurentien, s'élargit de façon extraordinaire en moins de 10 ans, pour se déployer d'un océan à l'autre. La TERRE DE RUPERT, qui s'étend de l'Ontario aux Rocheuses et à l'Arctique, est achetée à la COMPAGNIE DE LA BAIE D'HUDSON en 1869 et 1870. Une partie de ce territoire devient le Manitoba et les Territoires du Nord-Ouest en 1870. Un an plus tard, sur la côte du Pacifique, la Colombie-Britannique entre dans la CONFÉDÉRATION à la condition que l'on construise un chemin de fer transcontinental. L'Île-du-Prince-Édouard s'y joint en 1873. En 1905, à la suite d'une immigration massive vers les PRAIRIES OCCIDENTALES, l'Alberta et la Saskatchewan obtiennent le statut de province (*voir* ÉVOLUTION TERRITORIALE).

Sous la direction du premier ministre du Canada, sir John A. MACDONALD, et de son principal collègue du Québec, sir George-Étienne CARTIER, le

PARTI CONSERVATEUR, qui restera au pouvoir presque sans interruption jusqu'en 1896, s'engage à poursuivre la POLITIQUE NATIONALE expansionniste. Il accorde au Canadien Pacifique (CP) subventions et concessions, et le réseau ferroviaire est parachevé en 1885. Le gouvernement érige aussi une barrière douanière afin de protéger l'industrie canadienne de toute concurrence étrangère, surtout américaine. Le troisième objectif, le peuplement massif de l'Ouest, ne sera atteint que sous le règne du LIBÉRAL Wilfrid LAURIER, après 1896. Durant toute cette période, plusieurs critiques s'opposent au monopole du CP et maintiennent, comme la plupart des habitants de l'Ouest, que les tarifs douaniers élevés profitent surtout au centre du Canada. Pourtant, ces tarifs bénéficient d'un appui solide dans certaines régions des Maritimes.

Dès les premières années de la Confédération, émergent deux mouvements importants qui défendent avec passion leur conception du NATIONALISME. Au Canada anglais, la majesté même du pays, les ambitions et l'idéalisme d'une jeunesse intellectuelle et le risque d'absorption par le géant américain activent la progression du mouvement anglo-protestant CANADA FIRST tant en littérature qu'en politique. Cependant, les partis politiques ont tôt fait d'étouffer l'opposition éventuelle, et les visées matérialistes de politiciens aguerris l'emportent aisément sur les idéaux réformistes. Il manque aussi quelque chose à la vision nationaliste-impérialiste des partisans du mouvement: ils n'admettent pas le caractère distinctif de la culture française et catholique qui a pourtant participé à la formation du pays.

Leurs équivalents au Québec, les ultramontains (voir ULTRAMONTANISME), croient en la suprématie du pape, en l'Église catholique et en la domination du clergé sur la société. Le mouvement, qui tire ses origines de la contre-révolution européenne du milieu du XIXᵉ siècle, trouve un terrain favorable au Canada français, irrité par la reconquête britannique après l'échec des RÉBELLIONS DE 1837 et de 1938 et peu disposé à accepter une démocratie laïque en Amérique du Nord. En 1848, l'avènement du GOUVERNEMENT RESPONSABLE dans la PROVINCE DU CANADA et du fédéralisme de la nouvelle Confédération encourage ces partisans du cléricalisme dans leur tentative de «purifier» la politique et la société québécoises par une pensée catholique et conservatrice. Le rempart du catholicisme et de l'identité du «Canadien» reste la langue française; la Confédération est un mal nécessaire, l'association non catholique qui met le moins en péril leur identité culturelle. Le séparatisme, jugé impensable et impraticable devant la menace que constituent la laïcité et le matérialisme des Américains, est rejeté. Mais une vision nationale pancanadienne ne fait pas partie de leur doctrine.

Ces deux points de vue extrêmes et antagonistes vont coexister tant que les populations anglophone et francophone demeureront séparées et que les échanges sociaux et économiques seront restreints. Mais, avec le peuplement des zones frontalières de l'Ontario et de l'Ouest et l'industrialisation progressive du Québec, les conflits se multiplient. Les cinglantes attaques des ultramontains contre le radicalisme rouge, le catholicisme libéral et la libre pensée au Québec suscitent l'inquiétude chez les protestants du Canada anglais, tandis que l'intolérance envers la minorité catholique francophone à l'extérieur du Québec, qui réclame des écoles françaises, soulève l'ire des Québécois (voir ÉCOLES DU MANITOBA, QUESTION DES). La prépondérance sociale et économique des anglophones au Québec ne fait qu'aviver ce sentiment.

Au début, la croissance économique est lente et varie considérablement d'une région à l'autre. Le développement industriel profite toujours au Sud de l'Ontario, à la vallée du haut Saint-Laurent et à certaines régions des Maritimes. Mais les techniques agricoles modernes, l'épuisement des sols et la hausse excessive des tarifs douaniers américains sur les produits agricoles provoquent l'exode des populations rurales ontariennes qui vivent à l'ouest de Toronto et dans les campagnes québécoises, où de moins en moins de fermiers arrivent à vivre de la terre. Dans les Maritimes, le déclin des industries traditionnelles du bois et de la construction navale, entre autres, déclenche aussi un mouvement d'émigration. Dans l'ensemble, entre 1870 et 1890, 1,5 million de Canadiens quittent le pays, la plupart pour les États-Unis (voir POPULATION).

Heureusement, des jours meilleurs s'annoncent avec une vague d'IMMIGRATION: les immigrants, au nombre de 50 000 en 1901, sont huit fois plus nombreux 12 ans plus tard. Entre 1891 et 1911, la population du pays passe de 4,8 millions d'habitants à 7,2 millions. Le «boom du blé» des Prairies contribue pour une large part à la prospérité nationale. La production de blé fait un bond de huit millions (1896) à 231 millions de boisseaux (1911). La population des Prairies s'accroît de façon spectaculaire, nécessitant la création des provinces de l'Alberta et de la Saskatchewan en 1905 et le parachèvement de deux réseaux ferroviaires transcanadiens, le GRAND TRUNK PACIFIC RAILWAY et le CANADIAN NORTHERN RAILWAY. Les villes de l'Ouest, Winnipeg et Vancouver surtout, connaissent un développement indépendant comme centres de services. L'Ontario accueille près de 30 p. 100 de la nouvelle immigration, Toronto se taillant la part du lion grâce à ses manufactures, son industrie d'élevage, ses magasins et ses chantiers de construction. Du tournant du siècle jusqu'en 1914, Toronto et Montréal vont plus que doubler leurs populations respectives.

À mesure que le Canada fait place à une société industrielle et urbaine, les réseaux privés et familiaux d'entraide et d'assistance sociale tombent en désuétude. L'engagement actif du MOUVEMENT SOCIAL GOSPEL chez les protestants et la multiplication des activités d'assistance sociale du clergé et des associations catholiques constituent une solution appréciable, mais elle n'est plus vraiment adaptée aux besoins de la population. Les gouvernements, surtout à l'échelle provinciale, accroissent leur rôle dans les domaines de l'éducation, du travail et du bien-être social. Les femmes s'engagent de plus en plus activement dans les réformes sociales et commencent à exercer des pressions pour obtenir le droit de vote.

Avec l'immigration, le Canada devient une société multiculturelle, du moins dans l'Ouest et dans les principales villes industrielles. Presque le tiers des immigrants sont originaires de pays européens non anglophones. Ukrainiens, Juifs russes, Polonais, Allemands, Italiens, Hollandais et Scandinaves constituent les groupes les plus importants. En Colombie-Britannique, de petites communautés chinoises, japonaises et indiennes croissent. Les Canadiens anglais comme les Canadiens français éprouvent un certain malaise face à la présence de tant d'«étrangers», mais l'ancien modèle social du Canada se trouve à jamais modifié.

L'étendue des territoires occupés par les AUTOCHTONES est réduite et leur degré d'autonomie amoindri. Si les Inuits de l'Arctique ne sont guère touchés par ces changements, la plupart des Amérindiens et des Métis de l'Ouest doivent abandonner leur mode de vie lorsque les colons blancs empiètent sur leurs territoires de chasse. En 1869 et en 1870, dans la région de la rivière Rouge, puis en 1885 à Batoche (Saskatchewan), des Métis menés par Louis RIEL se rebellent, mais en vain (voir RÉBELLION DE LA RIVIÈRE ROUGE; RÉBELLION DU NORD-OUEST). Un certain nombre d'Amérindiens participent directement au deuxième soulèvement. Ailleurs, la «pacification» de l'Ouest se déroule sans incidents, par l'achat de terres en échange de traités et de droits de réserves pour les Amérindiens, et par des concessions territoriales pour les Métis. La POLICE MONTÉE DU NORD-OUEST s'occupe d'y maintenir l'ordre.

En 1896, sir Wilfrid LAURIER, un Québécois catholique libéral, prend la tête d'un pays qui connaît une prospérité sans précédent. Ses 15 années de pouvoir seront toutefois marquées par des tensions et se termineront par la détérioration des relations avec la Grande-Bretagne et les États-Unis. À l'époque, la Grande-Bretagne s'emploie à unifier et à renforcer son Empire. Bon nombre de Canadiens anglais endossent ce sentiment panbritannique, tout en favorisant les ambitions nationalistes canadiennes, et réclament l'accroissement du rôle du Canada dans l'Empire. Ils pressent le gouvernement Laurier de soutenir les Britanniques dans la GUERRE DES BOERS (1899-1902) et de constituer une marine canadienne en 1910. C'est dans cet esprit que le Canada contribue massivement en effectifs et en dollars à la cause britannique durant la PREMIÈRE GUERRE MONDIALE.

Le gouvernement Laurier subit la défaite aux élections générales de 1911: les impérialistes canadiens anglais ne le trouvent «pas assez britannique», alors que le mouvement nationaliste québécois, mené par Henri BOURASSA, le considère «trop britannique» et craint qu'il n'engage les jeunes Québécois dans des guerres qui ne concernent pas vraiment le Canada. Mais la cause principale de la défaite de Laurier demeure sa proposition d'accord de RÉCIPROCITÉ commerciale avec les États-Unis, qui aurait mené à l'abolition ou à la réduction réciproque des droits de douane sur les produits «naturels» de la ferme, des forêts et des pêches.

Les magnats de la finance, de l'industrie et du transport canadiens ont éveillé la méfiance toujours latente des Canadiens à l'égard des intentions économiques des États-Unis et, forte de leur soutien, l'opposition conservatrice de Robert BORDEN réussit à convaincre l'électorat que l'autonomie de l'économie canadienne et les possibilités de commerce avec l'Empire sont sur le point d'être abandonnées au profit d'une absorption économique, peut-être même politique, par les États-Unis.

Le nouveau gouvernement Borden doit faire face aux terribles décisions et divisions causées par la Première Guerre mondiale. La participation volontaire des Canadiens aux forces aériennes, terrestres et navales est substantielle (voir EFFORT DE GUERRE AU CANADA). Mais en 1917, la CONSCRIPTION, ou le service militaire obligatoire, déchire le pays. La question est soulevée à la suite d'un manque d'effectifs militaires sur le front occidental de l'Europe. La victoire subséquente du GOUVERNEMENT D'UNION de Borden, formé de libéraux et de conservateurs canadiens anglais partisans de la conscription, sur les libéraux de Laurier appuyés en majeure partie par les Canadiens français, les immigrants non britanniques et les éléments syndicaux radicaux contre la conscription, accentue la division nationale.

La guerre a malgré tout des effets bénéfiques sur le développement du pays. La productivité et le rendement industriels augmentent. En tant que signataire du traité de VERSAILLES et membre fondateur de la nouvelle SOCIÉTÉ DES NATIONS, le Canada est reconnu à l'échelle internationale. Par ailleurs, le rôle des femmes dans la société canadienne change de façon significative. Elles obtiennent le droit de vote au fédéral, surtout pour des motifs politiques partisans, et leur remarquable contribution à l'effort de guerre, dans des emplois souvent salissants et difficiles, et donc considérés comme «non féminins», inspire le respect. Leur participation au marché du travail leur donne aussi envie d'y occuper une plus grande place. Collectivement, tous les Canadiens, hommes et femmes, entrent alors de plain-pied dans la société de consommation.

Le retour à une économie de paix est vite assombri par l'INFLATION et le CHÔMAGE, de même que par la chute désastreuse du prix des céréales sur les marchés mondiaux. Les conflits ouvriers s'intensifient de façon dramatique, le mécontentement des fermiers entraîne le renversement des gouvernements de l'Ouest et de l'Ontario, et l'économie des Maritimes s'effondre. Au Québec, le ressentiment provoqué par la conscription reste intense. La période d'innocence du Canada est dorénavant chose du passé.

Richard T. Clippingdale

L'entre-deux-guerres

Entre les deux guerres mondiales, la population canadienne passe de 8 à 11 millions d'habitants; la population urbaine s'accroît encore plus rapidement, passant de 4 à 6 millions d'habitants. La Première Guerre mondiale fait naître l'espoir d'un Canada prospère, mais la paix n'offre que désillusion et désordre social. L'engagement dans les FORCES ARMÉES et l'essor des usines de munitions créent une pénurie de main-d'œuvre pendant la guerre, ce qui, en retour, facilite les négociations collectives avec les ouvriers. Les griefs relatifs aux salaires et aux conditions de travail ne manquent certes pas, mais l'appel au patriotisme suffit généralement à contenir le militantisme. Le nombre de syndiqués passe de 143 000 en 1915 à 379 000 en 1919 et, une fois la guerre terminée, il n'est plus question pour eux de taire leurs revendications. Même les travailleurs non syndiqués s'attendent à ce que la paix leur procure des avantages économiques substantiels.

Les employeurs partagent un tout autre point de vue. Les contrats de munitions ont pris fin de façon abrupte et les manufactures se sont reconverties à la production locale. Les anciens combattants envahissent le MARCHÉ DU TRAVAIL, ajoutant à la confusion. Certains chefs d'entreprise et dirigeants politiques, inquiets des répercussions possibles de la révolution russe de 1917, interprètent aussitôt les demandes des ouvriers, surtout lorsqu'elles sont exprimées avec une ardeur militante, comme une menace à l'ordre établi. Il en résulte le conflit de travail le plus violent de l'histoire du Canada. En 1919, avec une force ouvrière de 3 millions de personnes, les GRÈVES ET LES LOCK-OUT font perdre presque 4 millions de jours ouvrables. La grève la plus notoire cette année-là, la GRÈVE GÉNÉRALE DE WINNIPEG, revêt une importance symbolique. Le conflit débute par le débrayage des syndicats de la construction, désireux d'obtenir une reconnaissance syndicale et de meilleurs salaires, mais il prend énormément d'ampleur lorsque les travailleurs syndiqués et non syndiqués de la ville déclenchent une grève de solidarité. Les hommes d'affaires et les politiciens des trois ordres de gouvernement craignent une révolution. On arrête dix meneurs de grève et la police montée réprime une manifestation. Au bout de cinq semaines, les grévistes acceptent un règlement symbolique, mais la grève est bel et bien matée.

Les conflits de travail se poursuivent néanmoins, causant des pertes annuelles moyennes de un million de jours ouvrables jusqu'au milieu des années 20. Dès lors, la récession d'après-guerre se résorbe, et le niveau d'emploi et de salaires atteint des sommets records jusqu'à la fin de la décennie. Entre-temps, des militants syndicaux se sont détournés des milieux économiques pour entrer en politique. Au début de la décennie, certains d'entre eux se présentent avec succès aux élections provinciales de la Nouvelle-Écosse, de l'Ontario et des quatre provinces de l'Ouest, et J.S. WOODSWORTH devient le député de la circonscription de Winnipeg-Nord à l'issue des élections fédérales de 1921.

La guerre laisse également en héritage les doléances de la société rurale (*voir* SOCIÉTÉ RURALE AU CANADA ANGLAIS et SOCIÉTÉ RURALE AU QUÉBEC). L'exode rural s'est accéléré pendant la guerre, mais l'insatisfaction des fermiers a surtout trait au GOUVERNEMENT D'UNION de sir Robert Borden, qui avait promis

aux travailleurs agricoles une exemption à la conscription, pour ensuite les enrôler. La chute soudaine des prix des produits agricoles ne fait qu'intensifier leur amertume. Aux élections provinciales d'après-guerre, des partis de fermiers forment les gouvernements de l'Ontario, du Manitoba et de l'Alberta, et, aux élections fédérales de 1921, remportées par les libéraux de W.L.M. KING, le PARTI PROGRESSISTE obtient le nombre étonnant de 65 sièges avec la promesse d'abaisser les tarifs douaniers, le taux du transport des marchandises et d'engager le gouvernement dans la commercialisation des produits agricoles.

Vers la fin des années 20, les protestations sociales perdent de leur vigueur. L'expansion industrielle, financée en grande partie par les Américains, fournit de l'emploi dans les secteurs de l'INDUSTRIE AUTOMOBILE, des PÂTES ET PAPIERS et de l'EXPLOITATION MINIÈRE. Le revenu agricole se remet de la récession d'après-guerre, atteignant un sommet de plus de un milliard de dollars en 1927. Le système politique va aussi s'adapter au nouveau contexte social. La plupart des gouvernements des provinces établissent le SALAIRE MINIMUM peu après la guerre, le gouvernement fédéral réduit les tarifs douaniers et de transport et institue les PENSIONS DE VIEILLESSE. Vers la fin de la décennie, le rêve de changement social s'est dissipé. Même les mesures de PROHIBITION qui sévissaient pendant la guerre ont fait place à la vente lucrative d'alcool par les régies provinciales.

Puis survient la CRISE DES ANNÉES 30. Pour les fermiers, elle commence en 1930 avec la chute du prix du blé à moins d'un dollar le boisseau. À peine trois ans plus tard, ce dernier ne vaut que 40 cents. Le prix des autres produits agricoles s'est aussi brusquement affaissé. Les fermiers des Prairies sont les plus touchés parce qu'ils dépendent des revenus de leurs récoltes et que la chute des prix coïncide avec une période cyclique de sécheresse qui entraîne de mauvaises récoltes et un manque de nourriture pour le bétail. Les revenus en espèces des fermiers passent de 620 millions de dollars en 1928 à 177 millions en 1931; la barre des 300 millions ne sera franchie qu'en 1939. La crise frappe aussi les ouvriers des usines qui ont perdu leur emploi. À l'époque, les statistiques sur le CHÔMAGE ne sont pas vraiment fiables, car l'assurance-chômage n'existe pas. Nous n'avons donc pas de données compilées, mais on estime que le chômage, qui affecte 3 p. 100 de la main-d'œuvre ouvrière en 1929, atteint 20 p. 100 en 1933. Vers la fin des années 30, un taux se fixe à 11 p. 100. Même ces chiffres restent trompeurs: la main-d'œuvre ne comprend que ceux qui ont un emploi rémunéré et ceux qui cherchent un emploi, ce qui exclut la plupart des femmes. Ceux qu'on identifie comme étant sans emploi sont souvent le seul soutien de famille.

Les électeurs se tournent vers les gouvernements afin d'obtenir une sécurité financière que le système économique ne peut leur procurer. Plusieurs gouvernements, incapables de réagir ou trop lents à le faire, sont remplacés par d'autres dès que l'occasion se présente. Les libéraux de Mackenzie King, élus en 1926 après un bref règne conservateur, sont battus à nouveau en 1930, cette fois en faveur d'un gouvernement conservateur dirigé par R.B. BENNETT. De nouveaux partis prennent part aux élections fédérales de 1935 – la CO-OPERATIVE COMMONWEALTH FEDERATION (CCF), le CRÉDIT SOCIAL et l'éphémère Parti de la reconstruction – et promettent de réglementer le crédit et le commerce.

Même le chef conservateur Bennett promet des améliorations (*voir* NEW DEAL DE BENNETT), tandis que Mackenzie King et ses libéraux, qui remportent les élections de 1935, parlent vaguement de réforme. Du côté des provinces, l'UNION NATIONALE, menée par Maurice DUPLESSIS, prend le pouvoir au Québec, et le Crédit social de William ABERHART est élu en Alberta, tandis qu'ailleurs au

pays les partis traditionnels se tournent vers de nouveaux chefs politiques plus dynamiques qui promettent plus de mesures en faveur des démunis.

Les gouvernements tentent d'établir des secours d'urgence, mais eux aussi ont bientôt besoin d'aide. Les fermiers des Prairies réclament de l'aide sous forme de nourriture, de carburant et de vêtements, et aussi de l'argent pour se procurer semences, fourrage à bétail et réparer le matériel agricole. Les gouvernements locaux et provinciaux ne peuvent toutefois répondre à ces demandes. En effet, pendant la sécheresse de 1937, près des deux tiers de la population de la Saskatchewan se trouvent dans le besoin. Le revenu des autres provinces décline, bien qu'elles ne soient pas encore au bord de la faillite, sauf peut-être l'Alberta. Inévitablement, comme la crise se poursuit, le gouvernement fédéral doit contribuer aux fonds de secours.

Le rôle des gouvernements se modifie, mais non pas de façon radicale. Souvent, ils auraient préféré entreprendre de grands projets de travaux publics pour créer des emplois, mais avec des revenus à la baisse et un crédit limité, le coût des matériaux reste prohibitif; à court terme, l'aide directe revient à meilleur compte. Les gouvernements commencent à s'engager davantage dans la gestion des affaires: les taux hypothécaires et les taux d'intérêts sont réduits en vertu de mesures législatives, et de nouveaux organismes investis d'un pouvoir de réglementation sont mis sur pied, entre autres, la BANQUE DU CANADA et la COMMISSION CANADIENNE DU BLÉ. L'extension de la bureaucratie, toutefois, ne survient qu'après le déclenchement de la SECONDE GUERRE MONDIALE en 1939. Les activités des syndicats ouvriers recommencent dès le début de la reprise industrielle: en 1937, le nombre de syndiqués était revenu à celui de 1919. Les travailleurs de l'automobile et les mineurs canadiens suivent l'exemple américain et créent des syndicats industriels (*voir* SYNDICALISME INDUSTRIEL). Mais leur pouvoir est limité par l'opposition de Mitchell HEPBURN en Ontario et de Duplessis au Québec. Une fois de plus, ce n'est qu'avec la guerre qu'ils feront des gains appréciables.

Entre les deux guerres, l'automobile et la radio modifient davantage le mode de vie des Canadiens que les CYCLES ÉCONOMIQUES. Les années 20 sont celles de l'automobile; en 1919, on en compte une pour 40 habitants, comparativement à une pour 10 en 1929. L'automobile entraîne la création des banlieues et transforme le mode d'organisation sociale des jeunes. Dans les années 1930, c'est au tour de la radio: un demi-million de postes récepteurs en 1930 et plus de un million en 1939 informent et divertissent les foyers canadiens. Les changements apportés par la production en série et les divertissements populaires soulèvent la question de l'identité canadienne. Les tarifs douaniers (*voir* PROTECTIONNISME) font en sorte que les automobiles et les postes de radio sont assemblés au Canada, ce qui crée des emplois au pays. À l'époque, l'expansion du réseau de succursales industrielles inquiète peu, mais ce n'est pas le cas de la diffusion (*voir* RADIODIFFUSION ET TÉLÉDIFFUSION) d'émissions américaines par les stations radiophoniques canadiennes. C'est ce qui provoque la création des réseaux anglais et français de la SOCIÉTÉ RADIO-CANADA, qui diffusent un mélange d'émissions canadiennes et d'émissions populaires américaines. D'une façon ou d'une autre, les Canadiens s'attendent à ce que le gouvernement fasse sa part pour les aider à conserver un mode de vie qui soit proprement canadien.

H. Blair Neatby

Histoire depuis 1945

La Première Guerre mondiale a bouleversé la scène politique canadienne. Pendant la Seconde Guerre mondiale, les Canadiens anticipent une autre transformation. En 1943, la CCF, issue du mécontentement politique des années 30, a la faveur de l'opinion publique. Elle devient l'opposition officielle en Ontario et remporte une victoire décisive en Saskatchewan en 1944. Au Québec, l'Union nationale de Maurice Duplessis reprend le pouvoir. Au fédéral, le BLOC POPULAIRE du Québec se forme en 1944 pour faire échec à la conscription. Une fois encore, il semble que le système canadien des partis ne survivra pas à une guerre européenne.

Aux élections fédérales du 11 juin 1945, alors que des milliers d'anciens combattants rentrent au pays, les Canadiens reportent le PARTI LIBÉRAL au pouvoir. Si elle est infime, la majorité de Mackenzie King reste néanmoins remarquable: de tous les dirigeants alliés, seuls Staline et King ont réussi à traverser tant la guerre que le retour à la paix. En 1945, les libéraux prennent de nouveaux engagements dans les domaines de l'aide publique et de la gestion keynésienne de l'économie (voir ÉCONOMIE KEYNÉSIENNE). Les politiques sociales libérales (notamment les ALLOCATIONS FAMILIALES créées en 1944, l'ASSURANCE-CHÔMAGE en 1940) plaisent aux ouvriers et aux fermiers et viennent contrecarrer les actions de la CCF à gauche et celles du Parti conservateur à droite. Bien que les libéraux fédéraux continuent à recevoir des appuis dans toutes les régions et de la part de tous les groupes économiques, la CCF et le Crédit social dominent respectivement la Saskatchewan et l'Alberta durant toutes les années 50 et au début des années 60, et le Crédit social dirige la Colombie-Britannique de 1952 à 1972.

Les historiens attribuent le succès des libéraux à la prospérité sans précédent de cette période, au consensus en matière de politique extérieure, né des craintes suscitées par la GUERRE FROIDE (peu de Canadiens se sont opposés à l'entrée du Canada à l'ORGANISATION DES NATIONS UNIES en 1945 et à la signature du traité de l'Atlantique Nord quatre ans plus tard, puis à l'envoi de troupes en Europe en 1951), au besoin de stabilité de la population après la crise économique et la guerre, ainsi qu'à la haute efficacité du Cabinet et de la bureaucratie. Après 1954, ces avantages vont peu à peu s'évanouir. L'économie connaît un fort ralentissement en 1954 et on craint que la prospérité canadienne d'après-guerre ne dépende trop des INVESTISSEMENTS ÉTRANGERS (surtout américains). L'efficacité du Cabinet décroît avec la démission, en 1954, de trois ministres importants: Douglas Abbott, Lionel Chevrier et Brooke CLAXTON. En 1956, le DÉBAT SUR LE PIPELINE révèle l'arrogance et la maladresse des libéraux. Pendant la CRISE DU CANAL DE SUEZ, les alliés sont divisés à la suite de l'attaque de l'Égypte par la France, la Grande-Bretagne et Israël, sans le soutien des États-Unis et du Canada.

Le 10 juin 1957, le Parti conservateur prend le pouvoir. La raison de cette victoire réside sans doute dans le choix de John DIEFENBAKER comme chef du parti. Il a du panache et un certain côté populiste, des qualités dont était dépourvu son prédécesseur George DREW. Ce Canadien de l'Ouest comprend et partage les doléances de ses concitoyens à l'égard d'Ottawa. Son premier et court mandat se traduit par des baisses d'impôts et une hausse des pensions. C'est sous ce nouveau gouvernement que le Canada signe les accords du NORAD avec les États-Unis et, deux ans plus tard, abandonne l'intercepteur AVRO ARROW pour se porter acquéreur des missiles Bomarc (voir BOMARC, AFFAIRE DES MISSILES), qui fonctionnent uniquement avec des ogives nucléaires. Cherchant à échapper aux limitations d'un gouvernement minoritaire, Diefenbaker annonce des élections pour le 31 mars 1958. Malgré la présence de Lester B. PEARSON comme chef du Parti libéral, Diefenbaker emporte 208 des 265 sièges grâce à son charisme, à sa «vision» d'un nouveau Canada et à sa politique de développement du Nord. On l'appuie partout, sauf à Terre-Neuve (devenue la 10ᵉ province en 1949).

Personne n'avait prévu l'ampleur du triomphe des conservateurs, ce qui n'a pas empêché plusieurs observateurs de l'époque de prédire l'implantation d'une dynastie conservatrice et le retour du système bipartite. Les historiens et les politologues ont tendance à considérer les élections de 1958 comme une aberration qui n'a ni reflété ni affecté le caractère fondamental de la politique canadienne. Cependant, un examen plus poussé révèle une empreinte durable. Depuis 1958, les conservateurs ont dominé la scène politique fédérale dans l'Ouest, alors que les libéraux ont de plus en plus de difficultés à s'y faire élire. Par ailleurs, les conservateurs, qui obtiennent 50 sièges au Québec aux élections de 1958, ne se sont pas encore remis, au début des années 80, de l'échec de Diefenbaker de construire sur la base de ce résultat. Il faudra attendre l'arrivée de Brian MULRONEY en 1984.

Peu de temps après la défaite, la CCF et les libéraux entreprennent une période de reconstruction: les libéraux cherchent à attirer la population urbaine et les francophones; la CCF consolide ses liens avec les milieux syndicaux. L'appui des provinces demeure important pour cette reconstruction. Le gouvernement créditiste de l'Alberta, et, dans une moindre mesure, celui de la Colombie-Britannique, aident les libéraux. En juin 1960, le Parti libéral est porté au pouvoir au Québec et au Nouveau-Brunswick à cinq jours d'intervalle. Au Québec, Jean LESAGE donne un nouveau souffle au parti et jette les bases de la RÉVOLUTION TRANQUILLE. En Saskatchewan, la CCF se sacrifie pour son équivalent fédéral. Longtemps premier ministre de la Saskatchewan, Tommy DOUGLAS prend le chemin d'Ottawa pour diriger l'héritier de la CCF, le NOUVEAU PARTI DÉMOCRATIQUE, formé dans l'intention avouée de resserrer les liens avec le mouvement syndical. Sans Douglas, le NPD introduit courageusement l'assurance-maladie en Saskatchewan en 1962, et, sous les assauts d'une campagne alarmiste menée par ses opposants, perd les élections suivantes aux mains des libéraux. Néanmoins, l'assurance-maladie s'avère un immense succès et devient peu après un programme national fort populaire.

En 1962, la «vision» du Canada de Diefenbaker n'est plus qu'un cauchemar pour les uns et un sujet de moquerie pour les autres. Le chômage connaît son plus haut taux depuis la guerre, le déficit budgétaire bat des records et, en mai 1962, le dollar est dévalué. Mais ni Pearson, ni Douglas ne se distinguent comme chefs politiques avant les élections du 18 juin 1962, si bien que les conservateurs se maintiennent au pouvoir avec un GOUVERNEMENT MINORITAIRE. Au début de l'année 1963, la discorde divise le cabinet, des ministres démissionnent, alléguant la question de la politique de défense nationale et, finalement, le gouvernement s'effondre. Pendant la virulente campagne électorale de 1963, Diefenbaker accuse les États-Unis, qui ont ouvertement critiqué son refus des armes nucléaires, d'être de collusion avec les libéraux pour lui faire mordre la poussière. Les libéraux rejettent l'accusation et répliquent en traitant Diefenbaker d'incompétent. De son côté, le NPD frappe d'anathème tous ceux qui ne sont pas dans son camp. Le 8 mai 1963, les libéraux forment un gouvernement minoritaire.

Cette campagne électorale laisse des traces. Le gouvernement Pearson cherche à innover et à réussit d'une certaine façon (intégration des forces armées, aide sociale accrue), mais l'atmosphère malsaine obscurcit ses mérites. Le parti est de plus en plus identifié à sa «politique d'unité nationale», vouée à contenir les aspirations du Québec par un «fédéralisme coopératif». Le NPD affirme que l'attention accordée au Québec trompe les électeurs en les détournant de la situation économique. Les conservateurs soutiennent que la politique libérale d'unité nationale se préoccupe trop du Québec et trop peu des autres problèmes. En réalité, tous les partis s'engagent à faire des réformes et à négocier avec le Qué-

bec, qui revendique des changements dans le système fédéral canadien.

Ces années sont marquées par des conflits de personnalité et par de nombreux scandales politiques, notamment l'AFFAIRE MUNSINGER. Elles donnent lieu aussi à l'établissement du RÉGIME DE PENSIONS DU CANADA et à la signature de l'ACCORD CANADO-AMÉRICAIN SUR LES PRODUITS DE L'INDUSTRIE AUTOMOBILE, traité qui se propose d'accroître la part du Canada dans le marché automobile du continent. Voulant à tout prix échapper au carcan de la minorité, Pearson déclenche des élections le 8 novembre 1965. Il n'obtient que deux sièges de plus; il lui en manque deux autres pour obtenir une majorité absolue. Diefenbaker mène une campagne active, marquant des points dans les provinces de l'Atlantique et obtenant 46 des 72 sièges de l'Ouest. Le principe des différences régionales persiste, les libéraux ayant obtenu 56 sièges au Québec.

En 1967, les conservateurs remplacent Diefenbaker par le premier ministre de la Nouvelle-Écosse, Robert STANFIELD. Pearson démissionne à la fin de la même année et cède la place à Pierre TRUDEAU, qui s'empresse de rétablir l'unité du parti. Le choix de Trudeau met en relief la détermination des libéraux à trouver une solution au «problème du Québec». La vive opposition de Trudeau au nationalisme québécois (voir NATIONALISME CANADIEN-FRANÇAIS) et à son «statut privilégié» trouve un écho au Canada anglais, tandis que sa promesse de favoriser la reconnaissance du fait français à Ottawa plaît à ses concitoyens francophones. Les conservateurs et le NPD trouvent difficile d'adopter un programme politique semblable, d'autant plus qu'ils manquent tous deux d'appuis au Québec. À partir de 1968, la place du Québec dans la Confédération et la personnalité de Trudeau vont dominer l'échiquier politique canadien presque sans interruption jusque dans les années 80.

En 1968, Trudeau obtient la majorité, balayant classes sociales et barrières régionales. Les libéraux ont plus de sièges à l'ouest de l'Ontario qu'en 1953. L'intervention musclée de Trudeau au moment de la CRISE D'OCTOBRE de 1970, la montée de la gauche au sein du NPD et la lutte pour la direction du Parti conservateur raffermissent sa position. Pourtant, à l'annonce des élections du 30 octobre 1972, les libéraux sont considérablement affaiblis. Leur insistance sur le BICULTURALISME choque bon nombre de Canadiens anglais, qui craignent un changement radical dans leur vie et dans leur pays. Nombreux sont ceux qui n'apprécient guère les compressions gouvernementales du budget de la Défense, particulièrement celles qui touchent les effectifs militaires de l'OTAN. Les libéraux n'obtiennent que 109 sièges, et les conservateurs 107. Les néo-démocrates détiennent les 31 sièges restants, un nombre qu'ils n'ont jamais obtenu auparavant. Croyant qu'une défaite libérale au Parlement susciterait une victoire conservatrice aux prochaines élections, le chef du NPD, David LEWIS, s'allie aux libéraux. Trudeau accentue le glissement de son gouvernement vers la gauche pour se garantir l'appui du NPD. Les libéraux profitent de ce menuet politique où les partenaires tournent l'un autour de l'autre sans jamais s'approcher.

Aux élections de 1974, les lois réformistes de Trudeau et son opposition à la politique conservatrice du CONTRÔLE DES SALAIRES ET DES PRIX lui allient une bonne partie de la classe ouvrière, surtout en Colombie-Britannique et en Ontario. Les libéraux remportent 141 sièges, les conservateurs 95 sièges et le NPD 16 sièges. Selon les politologues, les élections de 1974 corroborent une tendance déjà amorcée. Le soutien électoral régional persiste même si l'économie, plus que le biculturalisme, domine la campagne électorale. Les libéraux dépendent du Québec pour gagner une élection, et de la population urbaine de l'Ontario pour devenir majoritaires. De même, les conservateurs comptent sur l'Ouest, mais dépendent eux aussi de l'Ontario pour obtenir une majorité. La popularité des néo-démocrates monte parmi les ouvriers non spécialisés, mais baisse parmi la main-d'œuvre qualifiée. Néanmoins, le pourcentage de votes néo-démocrates augmente, quoique par intermittence, depuis les années 50. Des études indiquent que moins d'électeurs qu'avant restent fidèles au même parti. Plusieurs collectivités ethniques votent encore en bloc et la conduite du chef du parti a une portée beaucoup plus considérable qu'auparavant. Le succès politique de Trudeau s'explique peut-être mieux par l'image terne que projetaient les chefs conservateurs Robert Stanfield et Joe CLARK sur l'électorat.

Après 1974, Trudeau montre des signes d'indécision. Ses problèmes personnels, la faiblesse de son Cabinet et d'insolubles problèmes économiques secouent son parti entre 1974 et 1979. Il revient pourtant en force en 1976 et en 1977 après l'entrée au pouvoir du PARTI QUÉBÉCOIS de René LÉVESQUE au Québec. En effet, lorsque les Canadiens s'intéressent à la question biculturelle, les libéraux en bénéficient. Deux ans après l'élection de Lévesque, le pays ne s'est toujours pas effondré, et les Canadiens s'inquiètent davantage de la lente et instable progression économique. Aux élections de mai 1979, Clark l'emporte, appuyé par tout le Canada anglais; même si les libéraux ont reçu le soutien massif du Québec, il ne lui manque que quatre sièges pour obtenir la majorité.

La situation des libéraux semble encore plus désespérée qu'en 1958. À l'échelle provinciale, surtout dans l'Ouest, elle est pitoyable. Même leur fief du Québec serait menacé si un anglophone succédait à Trudeau. De plus, les candidats à la direction sont rares, et son successeur pourrait se buter à l'animosité interne du parti. Mais Clark lui-même est impopulaire, et son parti, qui dépend de l'appui des provinces de l'Ouest riches en ressources, ne peut élaborer une stratégie économique et énergétique satisfaisante pour le centre du pays, où la hausse rapide des prix du pétrole est fort mal perçue.

En décembre 1979, le gouvernement présente un budget d'austérité, perd un vote de confiance et doit organiser des élections pour février 1980. Tirant habilement profit des difficultés internes des conservateurs, les libéraux, conduits par Pierre Trudeau (qui avait démissionné pour ensuite revenir), retrouvent leur majorité lorsque l'Ontario se range en masse derrière eux. L'Ontario appuie la politique libérale sur les prix des ressources énergétiques, contrairement à l'Ouest qui lui est hostile. Les libéraux n'obtiennent aucun siège à l'ouest du Manitoba et seulement deux dans cette province. Les profondes divisions régionales au sujet de la politique canadienne, résultat des stratégies économiques, marquent la fragmentation du système bipartite et, par le fait même, la fragmentation du pays.

Après 1980, le gouvernement Trudeau s'engage sur la voie du nationalisme pour un certain temps. Le programme énergétique national (qui sera modifié peu après) favorise une mainmise canadienne sur l'INDUSTRIE PÉTROLIÈRE. À l'égard des États-Unis, le Canada gagne en autonomie. Trudeau, qui parvient à tenir en échec le SÉPARATISME québécois au moment du référendum de 1980, fait «rapatrier» la CONSTITUTION canadienne, dans laquelle est insérée la CHARTE CANADIENNE DES DROITS ET LIBERTÉS. Mais le premier ministre perd de sa popularité à mesure que grimpent l'inflation, les taux d'intérêt et le chômage. En 1984, les libéraux paient cher pour s'être aliéné l'électorat. En 1983, Brian MULRONEY a succédé à Clark à la tête du Parti conservateur. Un an plus tard, les libéraux choisissent John TURNER comme successeur de Trudeau. Turner déclenche rapidement des élections. Résultat: les conservateurs remportent une victoire écrasante, consolidant leur position dans l'Ouest, alors que la forteresse libérale du Québec s'écroule.

Mulroney remporte 211 sièges, dont 58 au Québec, et les libéraux n'en obtiennent que 40. Mais le gouvernement Mulroney ne tarde pas à tomber en défaveur, jusqu'à se retrouver en troisième place dans les sondages. Toutefois, cette impopularité incite Mulroney à devenir plus audacieux et, en 1987, deux initiatives, un accord constitutionnel (voir ACCORD DU LAC MEECH) et l'entente de LIBRE-ÉCHANGE avec les États-Unis, donnent au gouvernement des enjeux de taille pour se présenter devant les électeurs.

Contrairement au libre-échange, l'accord du Lac Meech ne fait pas l'objet d'un important débat électoral. Le Parti conservateur de Mulroney remporte une autre victoire et obtient un vote majoritaire. En 1989, le Canada et les États-Unis commencent un nouveau régime commercial qui sera élargi plus tard pour comprendre le Mexique. L'Accord de libre-échange nord-américain (ALENA) contribue à accroître davantage l'intégration de l'économie nord-américaine et, selon certains, à l'harmonisation des programmes sociaux et à l'affaiblissement des protections culturelles du Canada.

En 1990, l'accord du Lac Meech n'est pas ratifié, et le Québec réagit avec colère. Avec l'aide des provinces, le gouvernement Mulroney élabore une nouvelle entente, l'ACCORD DE CHARLOTTE-TOWN. En octobre 1992, malgré l'appui de tous les principaux partis et des gouvernements provinciaux, l'accord est rejeté à l'issue d'un RÉFÉRENDUM national. On explique ce rejet autant par le mécontentement de la population engendré par la pire RÉCESSION de l'après-guerre que par le contenu même de l'accord.

En 1993, les libéraux menés par Jean Chrétien forment un gouvernement majoritaire. Les conservateurs n'ont plus que deux sièges, et un parti séparatiste, le Bloc québécois, représente l'Opposition officielle. Un autre RÉFÉRENDUM DU QUÉBEC (1995) concède une mince victoire aux tenants du «non». Bien que l'économie du Canada retrouve de sa vigueur, l'unité nationale demeure une préoccupation à l'approche du nouveau millénaire.

John English

Histoire des affaires Récit écrit des activités des individus et des entreprises qui recherchent un profit personnel en produisant des biens et des services. Bien qu'elle ne soit parvenue à maturité que récemment, l'histoire des affaires est profondément enracinée dans l'histoire du Canada. La structure commerciale canadienne (entreprises, hommes d'affaires, pratiques commerciales) commence à évoluer dès le premier contact des Européens avec le continent. En effet, les marchands français et anglais des métropoles développent les PÊCHES de l'Atlantique et la TRAITE DES FOURRURES par l'entremise des sociétés comme la COMPAGNIE DES CENT-ASSOCIÉS (fondée en 1627) et la COMPAGNIE DE LA BAIE D'HUDSON (fondée en 1670).

Le développement progressif des produits de base de la fourrure, du bois et du blé sert d'armature au développement des premières entreprises canadiennes: les grandes compagnies du commerce des fourrures (COMPAGNIE DU NORD-OUEST 1780-1821 environ), les compagnies de bois de construction (Mossom Boyd and Company, fondée vers 1848) et les marchands de blé (la famille Richardson de Kingston). D'autres activités s'épanouissent à partir de ces entreprises centrales. La diversification favorise ainsi l'émergence de l'ACTIVITÉ BANCAIRE (BANQUE DE MONTRÉAL, 1817), des premières industries de fabrication (Montreal Nail and Spike Works, 1839) et de services (comme les entreprises de John Molson, à Montréal: brasserie, banques, bateaux à vapeur, vers 1810).

Les premiers entrepreneurs canadiens n'évoluent pas dans un environnement de libre entreprise effrénée. L'État exerce un rôle formateur depuis le début. Législation mercantiliste (LOIS SUR LA NAVIGATION britanniques), politique commerciale (tarif de

Galt, 1859) et garanties financières (GUARANTEE ACT, 1849) exercent une influence sur les décisions impliquant un risque que prennent les hommes d'affaires. Dans ce contexte, on peut considérer que la Confédération donne au gouvernement les pouvoirs nécessaires à la création d'une nation commerciale transcontinentale.

Les augmentations tarifaires de la POLITIQUE NATIONALE de 1879 stimulent les entreprises de fabrication, qu'elles appartiennent à des intérêts canadiens (Massey, fondée en 1847) ou étrangers (Canadian Rand Drill Co., fondée en 1889). La prospérité du tournant du siècle, les nouveaux produits générateurs (blé de l'Ouest, pâtes et papier) et les effets de l'urbanisation sont autant de facteurs qui favorisent la création de nouvelles entreprises. L'HYDROÉLECTRICITÉ, p. ex., entraîne la création de Westinghouse Canada (1903). Durant cette même période, de nouvelles compagnies émergent aussi de différentes fusions (STELCO INC., 1910).

Au XXᵉ siècle, on assiste à l'élaboration du modèle actuel d'exploitation des matières premières (nickel, minerai de fer) ainsi qu'à l'introduction de nouvelles technologies (automobile, aviation, électronique). Dans l'ensemble, l'industrie manufacturière demeure la chasse gardée du centre du Canada, où les entreprises canadiennes sont éclipsées par l'INVESTISSEMENT ÉTRANGER.

L'État continue d'exercer une influence sur le monde des affaires par ses politiques en matière de concurrence, de fiscalité et de travail de même qu'en pénétrant sur le marché avec ses sociétés d'État (LIGNES AÉRIENNES TRANS-CANADA, fondée en 1937). Des compagnies canadiennes prospèrent en tant que conglomérats (Power Corporation, GEORGE WESTON LIMITED), en tant que fournisseurs d'un produit unique (BOMBARDIER INC., fondée en 1942) ou dans des domaines particuliers comme la radiodiffusion ou le commerce bancaire.

Les historiens expliquent cette évolution de diverses façons. Le rôle central des commerces de matières premières attire très tôt leur attention. D.G. CREIGHTON, dans *The Commercial Empire of the St. Lawrence* (1937) et H.A. INNIS dans *The Fur Trade in Canada* (1930) et dans *The Cod Fisheries* (1940), présentent les hommes d'affaires, leurs aspirations et leurs activités dans une vaste perspective nationale. Ces ouvrages, qui se rapprochent de l'HISTOIRE ÉCONOMIQUE par leur portée macroéconomique, contiennent des détails intéressants sur les premières grandes entreprises du Canada.

On doit aussi des études thématiques de ce genre à des journalistes (Peter NEWMAN, *L'Establishment canadien,* 1981), à des sociologues (Wallace Clement, *The Canadian Corporate Elite,* 1975) et à des économistes (R.T. Naylor, *History of Canadian Business,* 1975), qui cherchent tous à dresser le portrait de la communauté des affaires comme de la toute-puissante strate supérieure fortement unie de la société canadienne (voir ÉLITE DU MONDE DES AFFAIRES).

Sur le plan microéconomique, les spécialistes de l'histoire des affaires au Canada ont produit une collection variée d'histoires de compagnies et de biographies qui relève autant de l'hagiographie que d'un savoir crédible. Ainsi, des ouvrages historiques subventionnés par des compagnies telles que *The Elements Combined* (1960), de William Kilbourn sur Stelco et l'étude de E.P. Neufeld sur MASSEY-FERGUSON, *A Global Corporation* (1969), ou encore *La saga des Molson* (1984) de Shirley E. Woods sont difficiles à surpasser.

Cependant, certains livres qui portent sur l'histoire d'entreprises de presse, comme *The People's Power* (1960) de Merrill Denison, constituent davantage des exercices de relations publiques qui n'établissent pas vraiment de distance critique. D'autres, parus au moment où les compagnies étaient en situation de crise (Peter Cook, *Massey at the Brink,* 1981;

Peter Foster, *Other People's Money: The Banks, The Government and Dome,* 1983), font preuve de compétence mais utilisent souvent la recherche historique comme une toile de fond pour l'étude des problèmes actuels des entreprises. On trouve peu de recherches sur les industries, à l'exception de *The Canadian Nickel Industry* (1955) de O.W. Main.

Les biographies de sir Joseph FLAVELLE (Michael Bliss, *A Canadian Millionaire,* 1978) et de C.D. HOWE, un homme d'affaires en politique (William Kilbourn et Robert Bothwell, *C.D. Howe,* 1980) renversent la tradition selon laquelle les biographies d'hommes d'affaires sont de la poudre aux yeux. Par ailleurs, les rapports de la COMMISSION ROYALE D'ENQUÊTE SUR LES GROUPEMENTS DE SOCIÉTÉS (1978) contiennent souvent des sections utiles sur l'histoire des affaires.

Les recherches menées dans le domaine de l'histoire des affaires sont généralement entravées par la méfiance des hommes d'affaires, par la condescendance des universitaires et par une tenue d'archives qui laisse à désirer. De plus, les ouvrages sur l'histoire des affaires au Canada ont tendance à être trop exclusivement concentrés sur les effets d'entraînement, en amont et en aval, des commerces des matières premières et à négliger la croissance économique d'autres secteurs (p. ex., l'expansion à l'étranger des banques canadiennes et des services publics d'électricité).

En dépit de la contribution de Canadiens expatriés tels que N.S.B. Gras (1884-1956) et H.G.J. Aitken (1922-) à l'étude d'entreprises commerciales à l'étranger, l'histoire des affaires canadienne tire de l'arrière par rapport à celles de l'Angleterre ou des États-Unis. Il existe de nombreuses lacunes. Les faillites d'entreprises, les compagnies prises de façon isolée, les relations entre le gouvernement et les entreprises, le rôle de l'investissement étranger, l'évolution du droit des sociétés et les relations employeurs-employés mériteraient qu'on leur prête une attention plus soutenue.

Il existe néanmoins des ouvrages innovateurs. L'étude de H.V. Nelles, *The Politics of Development* (1974), sur l'industrie de l'hydroélectricité de l'Ontario, et celle de Tom Traves, *The State and Enterprise* (1979), sur l'interdépendance de l'entreprise et de l'État après la Première Guerre mondiale, font toutes deux œuvres de pionniers grâce à leur analyse, entre autres, du rôle dynamique de l'homme d'affaires dans les RELATIONS FÉDÉRALES-PROVINCIALES. Certaines publications à succès telles que *The Treasure-Seekers* de Philip Smith (Home Oil, 1978), *Empire of Wood* de Donald MacKay (MacMillan Bloedel, 1982) ainsi que *Company of Adventurers* (1985) et *Caesars of the Wilderness* (1987) de Peter C. Newman (Compagnie de la baie d'Hudson) ont le mérite d'intéresser un plus grand nombre de lecteurs à l'histoire des affaires.

Les historiens du travail abordent souvent des préoccupations du monde des affaires, telles que les difficiles relations employeurs-employés de l'industrie de l'acier du Cap-Breton. Au Québec, les historiens concentrent leur attention sur de vastes thèmes, comme «l'infériorité économique» du Québec (Yves Roby, *Les Québécois et les investissements américains,* 1976; René Durocher et Paul-André Linteau, *Le «retard» du Québec et l'infériorité économique des Canadiens français,* 1971). Le Montreal Business History Project (né en 1976) est la première tentative collective de faire la chronique de l'évolution des affaires dans l'un des plus importants centres de commerce du Canada.

En dépit de ces progrès, il n'existe au Canada aucune revue consacrée à l'histoire des affaires ni aucun dictionnaire de biographies de gens d'affaires. Tout progrès dans ce domaine dépend de la coopération, de l'intérêt accru de la communauté des affaires, de la poursuite de l'excellence par les spécialistes de cette discipline et, peut-être, de l'accession de l'histoire des affaires au rang d'«histoire

publique» (p. ex., la tenue d'archives d'entreprises, l'enseignement de l'histoire des affaires comme volet des programmes d'administration des affaires).

Duncan McDowall

Histoire des Canadiens français, 1608-1880, de Benjamin Sulte (8 vol., 1882-1884), se présente dans son sous-titre comme une étude exhaustive du peuple canadien-français. Statistiques à l'appui, l'auteur étudie les Canadiens français selon divers thèmes: origines, histoire, religion, guerres, découvertes, colonisation, coutumes, vie domestique, sociale et politique, développement et perspectives d'avenir. Bien qu'il dénonce les RELATIONS DES JÉSUITES, cet ouvrage historique libéral obtient l'approbation de l'Église, car il critique ouvertement le colonialisme et le MERCANTILISME, et exprime une vision nationaliste des Canadiens français en tant que race.

Contrairement à l'HISTOIRE DU CANADA de François-Xavier GARNEAU, qui était en disgrâce dans le contexte ultramontain (*voir* ULTRAMONTANISME) des années 1880, l'ouvrage de Sulte fait de l'habitant le héros oublié de ce récit et jette un regard nostalgique sur l'ancien RÉGIME SEIGNEURIAL. L'auteur approuve avec réserve la Confédération et souligne la nécessité d'une autonomie provinciale au sein d'une structure qui donne une voix aux Canadiens français. L'*Histoire* de Sulte, qui a remporté un énorme succès en son temps, n'a pas été traduite ni réimprimée.

Michèle Lacombe

Histoire du Canada depuis sa découverte jusqu'à nos jours Ce classique canadien de François-Xavier GARNEAU, publié en quatre volumes entre 1845 et 1852, décrit le développement du Canada français depuis les voyages exploratoires de Champlain jusqu'en 1840. L'ouvrage, qui justifie la nation canadienne-française devant les politiques d'assimilation de lord DURHAM, était considéré comme une épopée nationale et un monument à la «survivance». Garneau est le premier Canadien français à aborder l'histoire comme une science. Il a été fortement influencé par les historiens français, leur empruntant leurs idéaux libéraux et leur style romantique, et reprenant à son compte la théorie d'Augustin Thierry selon laquelle les antagonismes raciaux constituent le moteur premier de toute l'histoire. Le patriotisme affirmé de Garneau et son statut de héros national ont tempéré les critiques à l'endroit de ses idées libérales qui laissaient entendre, p. ex., que le clergé avait mal administré la colonie à ses débuts. Il a révisé son texte pour les deuxième et troisième éditions de 1852 et de 1859. La traduction d'Andrew Bell (1860) trahit quelque peu le texte original. L'édition de référence habituellement répertoriée est la huitième (9 vol., 1944-1946).

Michèle Lacombe

Histoire du chemin de fer L'invention de la locomotive à vapeur au XIXe siècle révolutionne les TRANSPORTS au Canada et joue un rôle énorme dans l'édification même du pays. Le rail fait son apparition dans les mines d'Angleterre dès les débuts du XVIIe siècle. Il est emprunté par des chariots tirés par des chevaux, qui transportent le minerai et le charbon des puits jusqu'à l'eau. Vers 1720, un chemin de fer primitif de ce type pourrait avoir été utilisé à la forteresse de LOUISBOURG pour transporter les pierres d'une carrière. Dans les années 1820, un chemin de fer à câble, soit un funiculaire, mû par un treuil, lui-même actionné par une chaudière à vapeur, sert à hisser les pierres nécessaires à la construction de la CITADELLE DE QUÉBEC. Un autre chemin de fer est mis en service pour transporter les pierres de la carrière de Hog's Back (Ottawa) pendant la construction du CANAL RIDEAU.

La locomotive à vapeur, combinée à la faible résistance au roulement des roues à boudin de fer sur des rails de fer, permet à George Stephenson (le premier des grands ingénieurs ferroviaires) de concevoir et de superviser, en 1830, la construction de la ligne

Liverpool-Manchester, qui inaugure l'ère du chemin de fer en Angleterre. En 1841, il y avait déjà dans les îles britanniques quelque 2100 km de voies qui, dès 1844, faisaient l'objet d'un battage publicitaire énorme et d'un véritable engouement. Nombre des éléments qui allaient caractériser pour longtemps le chemin de fer sont fixés dès cette première étape: la locomotion à vapeur, l'écartement des voies (1,435 m) et les rails à rive laminée (évasés au revers pour plus de résistance).

Premiers chemins de fer La fièvre du chemin de fer gagne un peu plus tard l'Amérique du Nord britannique, peu peuplée et dont les capitaux sont principalement investis dans le développement des CANAUX ET VOIES NAVIGABLES INTÉRIEURES. Il ne faudra toutefois pas longtemps pour que les politiciens et les entrepreneurs prennent conscience de ses avantages éventuels. La province du Canada (1841) est un pays gigantesque. Ses routes sont peu développées et ses voies navigables sont gelées jusqu'à cinq mois par année. Le premier vrai chemin de fer construit au Canada est le CHAMPLAIN AND SAINT LAWRENCE RAILROAD, qui va de La Prairie sur les berges du Saint-Laurent, à Saint-Jean-sur-Richelieu. Financée par John MOLSON et d'autres marchands montréalais, la ligne est officiellement inaugurée le 21 juillet 1836. Bâtie pour servir de «portage» entre Montréal et le lac Champlain, elle ne devait toutefois transporter que peu de marchandises.

Le premier chemin de fer des Maritimes, l'Albion Mines Railway, est construit pour amener le charbon des mines Albion jusqu'au quai de chargement de Dunbar Point (près de Pictou, en Nouvelle-Écosse), à 9,5 km de là. On l'inaugure le 19 septembre 1839. Le MONTREAL AND LACHINE RAILROAD (1847) est un autre court tronçon (12 km) bâti pour compléter le transport par voie navigable.

Le ST. LAWRENCE AND ATLANTIC RAILROAD, lancé par John A. Poor de Portland, dans le Maine, et l'entrepreneur canadien Alexander Tilloch GALT, est un projet plus ambitieux. Le double objectif de cette ligne est d'assurer à Montréal une ouverture permanente sur l'océan et de donner à Portland un accès à l'arrière-pays. La campagne de souscription se déroule suivant un scénario maintes fois répété depuis. Dans leur enthousiasme initial, les Montréalais s'engagent à payer 100 000 £, mais ne versent que 10 p. 100 de ce montant. Galt réussit à réunir 53 000 £ de plus en Angleterre et hypothèque sa société immobilière pour faire avancer le projet.

C'est finalement la GUARANTEE ACT de 1849, présentée au Parlement du Canada par un ami de Galt, Francis HINCKS, qui permet d'achever en 1853 la construction du chemin de fer. Cette loi garantit un intérêt d'au plus 6 p. 100 sur la moitié des obligations d'une ligne de chemin de fer de plus de 75 milles (120 km). C'est sur une collaboration du même ordre que repose le GREAT WESTERN RAILWAY menant de Niagara Falls à Windsor, dont la construction commence en octobre 1849 pour se terminer en janvier 1854. L'homme d'affaires et politicien conservateur Allan MACNAB recrute des associés au Canada et aux États-Unis, persuade l'assemblée législative de consentir un prêt de 200 000 £ et récolte des profits énormes dans l'affaire.

Le plus ambitieux projet ferroviaire que le Canada ait connu avant la Confédération est le GRAND TRUNK RAILWAY OF CANADA (GTRC), qui représente une audacieuse tentative de la part de Montréal pour prendre la maîtrise de l'arrière-pays de l'Ouest canadien et de l'activité commerciale des États américains de la région des Grands Lacs. Le GTRC fait germer de grandes attentes, mais les Canadiens n'ont ni les capitaux ni les techniciens nécessaires à sa construction. Le succès que remportent Hincks et d'autres promoteurs dans le financement du GTRC et d'autres projets ferroviaires est largement dû à leur détermination et à l'enthousiasme apparemment sans limites des investisseurs britanniques pour les chemins de fer.

Au moment de l'achèvement de la ligne Sarnia-Montréal en 1860, le GTRC devait 800 000 £ aux banques britanniques Baring Bros et Glyn Mills. Edward Watkin, dépêché par la direction pour assainir le chemin de fer, déclare que le GTRC est «un fouillis organisé, que dis-je, un puits d'iniquité». En 1862, la *Loi du concordat du Grand Trunk* met un terme aux subventions annuelles du gouvernement au GTRC par l'injection de nouveaux capitaux. Le mépris et l'hostilité avec lesquels le public commence à considérer le GTRC égalent l'enthousiasme que son potentiel avait suscité au départ.

Les difficultés financières rencontrées par tous les premiers chemins de fer entraînent des dépenses publiques massives sous forme de subventions en espèces, d'intérêts garantis, de concessions de terrains, de remboursements de taxes et de droits d'emprise. Les chemins de fer contribuent en retour au développement économique général, et leurs avantages indirects pour l'industrie et le marché de l'emploi sont manifestement énormes. Contrairement aux canaux, les chemins de fer pénètrent de nouveaux territoires et repoussent les limites de l'exploitation agricole et forestière vers le nord et vers l'ouest. Leur effet sur les centres urbains naissants est crucial et spectaculaire.

La domination de Toronto sur le centre sud de l'Ontario résulte, de toute évidence, de sa situation ferroviaire stratégique. Elle bénéficie du passage de la ligne Great Western et de sa position centrale sur le GTRC (qu'elle n'a ni l'un ni l'autre beaucoup contribué à bâtir) et exploite les ressources de l'arrière-pays septentrional grâce à l'Ontario, Simcoe and Huron Railway (qui atteint Collingwood, dans la baie Georgienne, en 1855, et dispose d'une ligne secondaire à destination de Belle Ewart, sur la rive sud du lac Simcoe), grâce aussi au Toronto, Grey and Bruce Railway (qui atteint Owen Sound, dans la baie Georgienne, en 1873) et au Toronto and Nipissing Railway (qui atteint le lac Simcoe en 1877).

Dans les régions non industrialisées à population clairsemée comme Terre-Neuve, les chemins de fer sont bâtis pour les mêmes raisons et rencontrent les mêmes problèmes que dans le centre du Canada. Leur envergure et leur importance diminuent avec le temps. Le développement du réseau du Newfoundland Railway, absorbé par le Canadien National, en 1923, fait figure d'exemple. Le réseau du CANADIEN PACIFIQUE (CP) lui rapportait 16 000 dollars du mille en 1919, celui du Newfoundland, 1 500 dollars.

Les chemins de fer sont indissociables de l'industrialisation, car ils rapprochent les marchés et en ouvrent de nouveaux tout en créant eux-mêmes une demande pour le mazout, le fer et l'acier, les LOCOMOTIVES ET LE MATÉRIEL ROULANT. Les chaudières au bois des premières locomotives sont très gourmandes et exigent la présence de points de ravitaillement à intervalles réguliers. Au Canada, la première locomotive est construite en 1853 par James Good de Toronto (la Toronto n° 2 de l'Ontario, Simcoe et Huron).

Les entrepreneurs investissent dans la fabrication d'à peu près tout ce qui est nécessaire aux activités ferroviaires, et dès lors les chemins de fer ont un effet positif sur l'emploi. Certaines petites villes deviennent en fait des centres de services et d'entretien ferroviaires, le gros de la population étant employé dans l'industrie du rail. À titre d'exemple, Cobourg Car Works emploie 300 personnes en 1881. Le chemin de fer exerce également une influence déterminante sur l'allure des villes canadiennes, puisque les voies, les cours de triage et les gares en font un élément majeur du paysage urbain, autour duquel s'édifient hôtels et industries.

Le chemin de fer assure un essor considérable à l'INGÉNIERIE, particulièrement par ses besoins en PONTS et en TUNNELS. On peut attribuer quelques

inventions à des Canadiens, notamment le premier système de freinage efficace (W.A. Robinson, 1868) et le chasse-neige rotatif à turbine (J.W. Elliott, 1869; perfectionné par O. Jull), qui permet les voyages à horaires fixes et sans encombre pendant les hivers canadiens. Un grand ingénieur ferroviaire canadien, sir Sandford FLEMING, invente son célèbre système de fuseaux horaires pour remédier au problème soulevé par les différences d'heure d'une localité à une autre le long des voies ferrées.

Chemins de fer transcontinentaux La deuxième étape de l'expansion ferroviaire au Canada débute avec la CONFÉDÉRATION, en 1867. Comme le fait remarquer un historien, «des liens d'acier devaient s'ajouter aux bonnes intentions pour que la nouvelle Confédération survive. Sans le chemin de fer, il n'y aurait pas eu de Canada, il n'aurait pas pu y en avoir». De fait, la construction de l'INTERCOLONIAL RAILWAY est l'une des conditions imposées par la *Loi constitutionnelle* de 1867. Étant donné que les impératifs politiques l'emportent souvent sur les réalités économiques (comme le prouvent les détours de l'Intercolonial et d'autres voies ferrées pour éviter le territoire américain) et que le nouvel État est gigantesque, l'aide du gouvernement est absolument nécessaire.

Propriété du gouvernement fédéral et géré par celui-ci, l'Intercolonial est largement financé par des prêts britanniques garantis par l'Empire. En dépit des manœuvres d'intimidation des commissaires bien décidés à en tirer un capital politique, Sandford Fleming construit l'Intercolonial selon les normes les plus élevées et l'achève en 1876.

En 1871, la Colombie-Britannique est attirée dans la Confédération par la promesse d'un chemin de fer transcontinental dans les dix ans. La ligne projetée (plus longue de 1600 km que la première ligne transcontinentale américaine) représente une dépense énorme pour un pays d'à peine 3,5 millions d'habitants. Deux consortiums convoitent le contrat, qui est secrètement promis à sir Hugh ALLAN en contrepartie d'un soutien financier aux conservateurs dans l'élection âprement disputée de 1872. La révélation qu'Allan est largement soutenu par des promoteurs américains et qu'il a engouffré 350 000 dollars dans la campagne des conservateurs entraîne la chute du gouvernement (*voir* SCANDALE DU PACIFIQUE). Le contrat est signé le 21 octobre 1880 avec la compagnie de chemin de fer Canadien Pacifique, dirigée par George STEPHEN.

La décision controversée de Macdonald de retenir un coûteux tracé entièrement canadien semble se justifier à l'occasion de la RÉBELLION DU NORD-OUEST. En effet, comment le gouvernement américain aurait-il réagi à l'envoi de troupes canadiennes traversant son territoire? Le «Last Spike» (dernier crampon) est posé le 7 novembre 1885, et le premier train de voyageurs quitte Montréal en juin 1886 pour arriver à Port Moody, en Colombie-Britannique, le 4 juillet. L'achèvement du chemin de fer est l'un des grands exploits du génie civil de l'époque et doit beaucoup à l'infatigable travail de William VAN HORNE et à la détermination de Macdonald.

Bien qu'étant officiellement une entreprise privée, le CP est généreusement doté par le gouvernement fédéral en argent (25 millions de dollars), en concessions de terres (25 millions d'acres), en allégements fiscaux et en droits d'emprise avec interdiction pendant 20 ans à ses concurrents de construire dans les Prairies des voies qui pourraient être raccordées aux voies ferrées américaines. Que le pays ait bénéficié ou non d'une contrepartie équivalente à ces largesses reste un sujet chaudement débattu depuis. La ligne du CP est toutefois construite avant que le marché ne se développe et le long d'un tracé très coûteux qui traverse le Bouclier canadien du nord de l'Ontario. Il a un impact déterminant sur la colonisation des PRAIRIES OCCIDENTALES, et de nouvelles villes, de Winnipeg à Vancouver, doivent pratiquement leur existence à cette artère. D'autres

petites villes se créent le long de la voie ferrée comme les perles d'un collier.

Le flot d'immigrants qui s'installent à l'ouest des Prairies, après 1900, et le développement spectaculaire de l'agriculture rendent vite cette voie ferrée insuffisante, et une troisième étape d'expansion ferroviaire débute. De nombreuses lignes secondaires surgissent dans l'Ouest, la plus connue étant le CANADIEN NORTHERN RAILWAY (CNR), propriété de deux entrepreneurs audacieux, Donald MANN et William MACKENZIE. Le CNR assure sa croissance en louant et en absorbant d'autres lignes, bâtit de nouveaux raccordements avec Regina, Saskatoon, Prince Albert et Edmonton et va jusqu'à franchir le COL YELLOWHEAD. Il rejoint l'Est, son principal terminus de ce côté se trouvant à Montréal, et possède aussi des tronçons dans l'est du Québec et les Maritimes.

Bien que parfois dépeints comme des promoteurs rapaces, Mackenzie et Mann construisent leur chemin de fer pour répondre aux besoins de l'Ouest que ne comble pas le CP, et ils investissent la plus grande partie de leur propre fortune dans l'entreprise. Celle-ci reçoit néanmoins une aide publique d'un quart de milliard de dollars, en bonne partie sous forme d'obligations garanties des gouvernements fédéral et provinciaux.

Entre-temps, le Grand Trunk sort enfin de son apathie sous la gouverne de Charles M. HAYS et prend part à l'expansion ferroviaire dans l'Ouest, aidé avec enthousiasme par le premier ministre LAURIER. La jalousie mutuelle empêche une coopération logique entre le GTRC et le CNR, et le gouvernement fédéral entreprend lui-même la construction d'une ligne entre Winnipeg et Moncton, le Chemin de fer National Transcontinental (CFNT), qu'il louera à GTRC une fois qu'elle sera achevée.

Une filiale du GTRC, le GRAND TRUNK PACIFIC RAILWAY (GTPR), entreprend de construire une ligne plus rentable vers l'ouest à partir de Winnipeg. Le tracé du CFNT traverse les étendues désertes du nord du Québec et de l'Ontario dans l'espoir d'y favoriser le développement. Commencé en 1905, ce chemin de fer est achevé en 1913, au coût de 160 millions de dollars. Le GTPR, entamé en 1906 et achevé en 1914, traverse le col de la Tête Jaune et la spectaculaire vallée de la RIVIÈRE SKEENA, en direction de PRINCE RUPERT, en Colombie-Britannique.

La prolifération anarchique des voies ferrées (près de la moitié des voies encore en activité sont construites entre 1890 et 1914) s'avère désastreuse. Les rumeurs de favoritisme scandaleux dans la construction du CFNT se confirment par la suite. Le CNR et le GTPR quémandent constamment des fonds publics. La Première Guerre mondiale assène le coup de grâce en mettant fin à l'immigration et en tarissant les sources de financement britanniques. La confusion et l'exaspération décident le premier ministre, Robert BORDEN, à mettre sur pied une commission d'enquête dirigée par sir Henry Drayton et par le financier britannique W.M. Acworth. En mai 1917, elle recommande «la nationalisation immédiate de tous les chemins de fer du Canada, à l'exception des lignes américaines et de celles du CP (…), que l'Intercolonial (…), le National transcontinental, l'ancien Grand Trunk et le Grand Trunk Pacific ainsi que le Canadian Northern soient réunis en un seul réseau qui sera propriété des citoyens du Canada». Le nom de Chemin de fer CANADIEN NATIONAL est choisi pour le conglomérat en 1918, mais l'organisation prend cinq ans à se mettre en place.

La période qui suit la création du CN est essentiellement une période de consolidation, bien que de nouvelles lignes repoussent les limites antérieures au nord. La ligne de l'HUDSON BAY RAILWAY, reprenant une voie construite jusqu'à The Pas par Mackenzie et Mann en 1906, est finalement ouverte à la circulation en 1929. Le Pacific Great Eastern commence à s'aventurer timidement vers l'intérieur de la Colombie-Britannique en 1912. Il relie Squamish à Quesnel dès 1921, mais ne rejoint Prince George et Dawson Creek que dans les années 50. Le Northern Alberta Railways (propriété commune du CN et du CP) exploite des voies d'Edmonton Nord jusqu'à Grande Prairie et à Dawson Creek dès 1931.

Le projet le plus fructueux est peut-être l'Ontario Northland Railway (voir COMMISSION DE TRANSPORT ONTARIO NORTHLAND), qui atteint la baie James en 1932. Propriété du gouvernement de l'Ontario, cette voie ferrée déclenche aussitôt un fantastique essor minier dans la région de Timmins-Porcupine ainsi que l'apparition de la gigantesque INDUSTRIE DES PÂTES ET PAPIERS. Le CHEMIN DE FER QUEBEC NORTH SHORE AND LABRADOR, inauguré en 1954, donne accès aux immenses gisements de minerai de fer du Québec profond et du Labrador. En 1965, le Chemin de fer du grand lac des Esclaves relie Roma, en Alberta, et Hay River, dans les Territoires du Nord-Ouest.

Les chemins de fer ont-ils atteint les buts recherchés? Ont-ils amorti les énormes injections de fonds publics consentis à leur égard? Le bilan ne pourra probablement jamais être fait, particulièrement si l'on tient compte de l'atteinte des visées nationalistes et du développement économique à long terme. La réglementation des chemins de fer (maintenant sous la responsabilité de l'OFFICE NATIONAL DES TRANSPORTS) et les accords sur les tarifs des marchandises (notamment la CONVENTION DU NID-DE-CORBEAU) ont fait l'objet de vives controverses, et les fermiers de l'Ouest ont des vues radicalement différentes de celles des compagnies de chemin de fer sur ces questions (voir RÉGLEMENTATION DU TRANSPORT).

Par ailleurs, les pionniers du rail, Fleming et Van Horne, Allan, Mann, Mackenzie, Stephen et lord SHAUGHNESSY, figurent parmi les personnages les plus marquants de l'histoire canadienne, suscitant tour à tour l'admiration pour leurs prouesses techniques et le mépris pour les fonds publics qu'ils auraient dilapidés. La construction des chemins de fer transcontinentaux a peut-être fourni au Canada ce qui se rapproche le plus d'une épopée.

James Marsh

Histoire économique C'est l'étude de l'évolution de l'économie et des institutions économiques. Cette discipline est issue de l'histoire et de la science économique du XIXe siècle, et ses débuts au Canada remontent à 1888, lorsqu'un historien économiste anglais est nommé professeur d'économie politique à Toronto. L'histoire économique emprunte des matériaux et des perspectives à la science économique, à l'histoire, à la géographie et aux sciences politiques, disciplines auxquelles elle apporte aussi de l'information. On ne doit pas la confondre avec l'histoire des idées économiques ou avec l'histoire générale interprétée à la lumière des forces économiques.

Au cours des années 20 et 30, l'histoire économique du Canada s'enrichit grâce aux contributions d'économistes comme H.A. INNIS et d'historiens comme D.G. CREIGHTON, qui insistent sur l'importance de ce qu'ils appellent les «principales ressources» (fourrures, poisson, bois, blé, métaux), qui trouvent leurs débouchés à l'étranger. En faisant ressortir l'importance des caractéristiques géographiques du Canada (le Bouclier canadien et le réseau des Grands Lacs et du Saint-Laurent), ils font voir les actions réciproques de la géographie, des ressources, des marchés étrangers et de l'afflux d'immigrants et de fonds étrangers. Ils traitent du rapport entre la croissance régionale et les principales ressources.

L'économie et les statistiques modernes viennent ajouter leurs démarches aux anciennes théories. Les travaux effectués dans différents domaines, comme l'HISTOIRE DES TRAVAILLEURS, la croissance urbaine, l'HISTOIRE DES AFFAIRES et le développement industriel dans le centre du Canada, concordent assez mal avec la THÉORIE DES PRINCIPALES RESSOURCES. Entre-temps, des géographes se spécialisant en histoire fournissent de précieuses données sur les types de peuplement et sur la croissance des villes, tandis que les études régionales, dans lesquelles les tenants de la théorie des principales ressources voient les éléments du développement de la nation, aident les régions à prendre de l'assurance, particulièrement au Québec et dans les Maritimes. Des chercheurs marxistes et d'autres aux idéologies très différentes s'intéressent à l'histoire du travail et à l'histoire des affaires.

Bien que les sections ci-dessous décrivent l'histoire économique canadienne par région, le pays forme historiquement une seule et même unité économique. La TRAITE DES FOURRURES instaure une économie transcontinentale fondée sur les échanges commerciaux. Depuis la Confédération en 1867, les travailleurs et la finance se déplacent librement d'une région à l'autre, d'autant plus que l'on améliore les transports: construction de chemins de fer entre 1867 et 1915 (voir HISTOIRE DU CHEMIN DE FER) et, après 1945, des réseaux d'autoroutes et d'oléoducs. Les provinces deviennent des marchés et des fournisseurs importants les unes pour les autres, si bien que l'essor des investissements dans les Prairies pourrait amener un essor semblable dans tout le pays et que l'effondrement du secteur manufacturier ontarien pourrait se transformer en stagnation économique à l'échelle nationale.

Centre du Canada

La plupart des peuples autochtones vivent de la chasse et de la cueillette; seuls les groupes iroquoiens (Hurons, Iroquois, Pétuns, Neutres) pratiquent l'agriculture. Ils se confectionnent des vêtements avec les peaux des animaux à fourrures qu'ils piègent, et l'argent et le cuivre leur servent à fabriquer des ornements. Le commerce d'une vaste gamme d'articles est pratique courante entre les groupes autochtones, mais il ne semble pas y avoir de classe marchande comme telle. Au XVIe siècle, les marchands français et anglais commencent à acheter des fourrures avec des outils de fer, des armes et de l'alcool, toutes choses que les autochtones apprécient grandement. Il en résulte de profonds changements économiques et culturels chez les autochtones qui, dès le début, jouent un rôle clé dans la traite des fourrures.

Les premiers colons européens qui s'installent en permanence au Canada viennent d'abord pour y exploiter la PÊCHE et la traite des fourrures. En raison du climat et des sols peu fertiles, l'agriculture se développe très lentement jusqu'à la fin du XVIIe siècle (voir AGRICULTURE, HISTOIRE DE L'). À l'instar des Français, les marchands britanniques s'engagent dans la traite des fourrures. Après la Conquête (1759-1760), les nombreux hommes d'affaires britanniques qui, depuis Montréal, commencent à contrôler une grande part de la traite des fourrures, étendent bientôt leurs intérêts à tous les secteurs du commerce et de la finance. La population augmente sous l'effet de l'accroissement naturel et de l'immigration en provenance de Grande-Bretagne.

Dans les années 1820, toutes les bonnes terres arables de la vallée du Saint-Laurent sont déjà occupées. Après la fusion de la Compagnie du Nord-Ouest et de la Compagnie de la baie d'Hudson (CBH) en 1821, la traite transcontinentale des fourrures cesse d'être gérée depuis Montréal. Toutefois, à cette époque, le Haut et le Bas-Canada ont déjà mis sur pied un immense commerce du bois, d'abord avec l'Angleterre puis, après la première moitié du siècle, avec les États-Unis et avec des acheteurs locaux (voir BOIS, HISTOIRE DU COMMERCE DU).

Jusqu'aux années 1780, la population de ce qui est aujourd'hui l'Ontario compte très peu d'Européens, même si les marchands de fourrures en empruntent les cours d'eau. La colonisation commence avec l'arrivée des LOYALISTES de l'Empire-Uni, de colons britanniques et américains, ainsi que des troupes et des hauts fonctionnaires britanniques. Les terres forestières sont défrichées et les exportations de blé, de potasse et de bois de construction se développent. On construit quelques routes et canaux, dont les plus importants sont le canal Welland et les canaux du fleuve Saint-Laurent. Dès 1867, la plupart des bonnes terres de la province sont occupées, mais toutes ne sont pas cultivées.

À l'époque de la Conquête, trois villes occupent le territoire du Québec actuel: Montréal, Québec et Trois-Rivières. Il n'y en a aucune sur celui de l'Ontario. Par la suite, des villes naîtront au fur et à mesure de la colonisation et du développement du commerce et du gouvernement. Mais, même en 1871, la plupart des industries du centre du Canada, y compris les deux plus importantes, le débitage du bois et la minoterie, sont dispersées dans les campagnes ou dans de petits villages. Après la Confédération, cependant, l'industrialisation et l'urbanisation progressent rapidement dans les deux provinces et, dès 1911, la moitié de la population de l'Ontario vit dans des villes et des villages.

De 1870 à 1900, quand certaines industries établies, comme celles du vêtement et de la chaussure, deviennent des activités d'usine, les gouvernements provinciaux commencent à réglementer les conditions de travail. La législation du SALAIRE MINIMUM viendra beaucoup plus tard: l'Ontario prend des mesures partielles à cet égard dans les années 20. Quelques syndicats voient le jour dans les années 1830 puis, dans les années 1880, le mouvement ouvrier prend de l'importance avec la montée et le déclin de l'organisation américaine des CHEVALIERS DU TRAVAIL. Toutefois, dans la population active non agricole, l'adhésion aux syndicats demeure faible jusque dans les années 1940, quand les gouvernements fédéral et provinciaux commencent à protéger les syndicats.

Dans le centre du Canada, l'industrie connaît une croissance particulièrement rapide entre 1896 et 1914, période où l'investissement et l'exportation prennent de l'essor dans tout le pays. Après 1900, certains secteurs comme la carrosserie et le travail de forge périclitent. Par contre, de nouvelles industries émergent: celles du matériel électrique et des produits chimiques dans les années 1890, de l'automobile et de l'aluminium après 1900, des pâtes et papiers de 1890 à 1914, de la radio et des appareils ménagers dans les années 20 et de l'aviation dans les années 40. Durant cette période, l'évolution industrielle s'accélère à la faveur d'une énergie hydro-électrique bon marché, des deux guerres mondiales et, dans les années 70, de l'énergie nucléaire (du moins en Ontario). Dans les deux provinces, l'accroissement naturel de la population et l'immigration assurent une main-d'œuvre suffisante.

La conjoncture connaît des reculs au milieu des années 1870, au début des années 1890 et des années 1920 et, surtout, de 1929 à 1933; la CRISE DES ANNÉES 30 sévit jusqu'au début de la guerre. Par la suite, l'expansion économique se poursuit sans interruption jusqu'au début des années 80, frappées par un nouveau ralentissement cyclique (voir CYCLES ÉCONOMIQUES).

Étant donné que la majorité des nouvelles industries sont concentrées en Ontario, l'essor de l'économie québécoise est beaucoup moins spectaculaire durant les années 20. Le Québec participe pleinement au développement des industries des pâtes et papiers et des métaux non ferreux, mais nullement à l'industrie automobile et très peu à celles des appareils électriques. En outre, parce que l'industrie au Québec compte une plus forte proportion d'activités à faible productivité qui ne peuvent donc payer des salaires élevés, les travailleurs de l'Ontario sont mieux payés en moyenne que ceux du Québec. Après 1945, et surtout après les années 60, ces écarts sont comblés. Les autorités fédérales et provinciales dépensent sans compter pour attirer des usines au Québec et le gouvernement du Québec acquiert même des usines sidérurgiques et de montage d'automobiles. Le taux de natalité du Québec devient le plus faible du Canada, et la moyenne des SALAIRES RÉELS augmente.

Bien que le centre financier du pays déménage de Montréal à Toronto dès le début de la Seconde Guerre mondiale, le système financier du Québec se francise et devient plus complexe. Dans les années 70 et au début des années 80, les gens d'affaires et les professionnels anglophones quittent une province où ils ne se sentent plus chez eux, ce qui ouvre des perspectives à l'expertise des francophones. Menacées par les produits meilleur marché des pays en voie de développement, les industries du textile et du vêtement du Québec connaissent cependant des problèmes beaucoup plus graves que l'incertitude des investisseurs. Les autorités fédérales fournissent au Québec des conseils, de nouvelles formes de PROTECTIONNISME et des fonds d'adaptation. De plus, grâce à la présence de Northern Telecom et de Bombardier, p. ex., le Québec devient un acteur de taille dans le secteur de la technologie de pointe.

L'agriculture, dans le centre du Canada, commence par un combat contre la forêt et le climat, puis traverse une période d'exportation. En 1900, elle dépend déjà principalement des marchés urbains locaux qu'elle n'arrive pas à approvisionner complètement. Vers 1800, les agriculteurs du Bas-Saint-Laurent produisent un excédent de céréales exportable mais, pendant la plus grande partie du XIXe siècle, les habitants du Québec dépendent du grain de l'Ontario. Pendant cette même période, l'Ontario exporte régulièrement son grain non seulement au Québec mais aussi outre-mer. À partir de 1880, cependant, lorsque la population de l'Ontario augmente et que ses emblavures diminuent, la province importe de plus en plus de blé de l'Ouest canadien tout en augmentant sa production d'avoine et d'autres fourrages. Entre 1871 et 1914, l'Ontario et le Québec se spécialisent de plus en plus dans l'élevage et les produits laitiers. Des années 1860 jusqu'au XXe siècle, l'Ontario exporte beaucoup de fromage, de beurre et de lard. Par la suite, une plus grande partie de ces produits est consommée dans le centre du Canada. Après la Première Guerre mondiale, avec l'abandon du cheval et, partant, la diminution de la superficie réservée à la culture de l'avoine, la culture des autres fourrages s'intensifie et certaines terres sont laissées en friche. Entre-temps, la croissance urbaine empiète sur les terres agricoles.

De la Confédération à 1929, on tente de façon intermittente de repousser les frontières de la colonisation agricole en Ontario et au Québec. Ces efforts ne sont pas très fructueux mais, dès 1929, on trouve des îlots de terres agricoles autour du lac Saint-Jean, dans la ceinture d'argile de l'Ontario, dans la région de la rivière à La Pluie et de Thunder Bay. Dans le développement du nord de ces provinces, toutefois, l'exploitation minière et l'industrie des pâtes et papiers jouent un rôle beaucoup plus important. Ces activités entraînent l'établissement de petites communautés dispersées dans tout le nord de l'Ontario et du Québec, entre 1886 (lorsque commence l'exploitation des gisements de nickel de Sudbury) et 1929.

En 1867, les grandes villes du centre du Canada sont Montréal et Toronto. Fondée en tant que port et centre de commerce, Montréal devient une ville industrielle dès le milieu du XIXe siècle et, en 1900, produit déjà vêtements et produits textiles en grandes quantités ainsi que des appareils électriques, des véhicules ferroviaires et de nombreux produits de l'industrie légère. C'est aussi un important centre financier. Toronto, après des débuts lents et de mauvais augure, se développe dans le même sens après 1867. Au début, la navigation sur les Grands Lacs est à la base d'une grande partie de sa prospérité. Dès 1900, les deux villes ont des banques et des compagnies d'assurance énergiques et des bourses fort actives. Par ailleurs, elles ont déjà commencé à attirer des immigrants d'Europe centrale et d'Italie. Entre la Confédération et 1914 ou même 1939, le développement des villes du centre du Canada est dû largement à l'accroissement naturel de la population et à l'immigration en provenance de l'Angleterre. Avant 1900, en fait, un grand nombre de Québécois et d'Ontariens partent aux États-Unis, où les perspectives sont meilleures, car le pays ne parvient pas à retenir l'accroissement naturel de sa propre population (*voir* FRANCO-AMÉRICAINS). Entre 1900 et 1929, toutefois, et de nouveau après 1939, les perspectives économiques sont tellement meilleures que l'émigration ne pose plus problème. La très forte immigration en provenance de l'Italie et de l'Europe centrale n'a lieu qu'après la Seconde Guerre mondiale.

Au Québec et en Ontario, comme dans le reste du Canada, l'urbanisation et l'industrialisation bénéficient de la faiblesse et du travail assidu de la population, laquelle accepte aussi d'emprunter des fonds et des compétences à l'étranger et, au moins jusque dans les années 70, de recevoir des immigrants en période de prospérité. Les mesures prises en matière d'éducation jouent elles aussi un rôle, en assurant d'abord l'alphabétisation générale, puis un enseignement supérieur professionnel et, à partir des années 1970, en offrant des études techniques de deuxième et de troisième degré, comme en génie et en agriculture.

En 1987, les économies des deux provinces se sont urbanisées, le secteur des services et les emplois qu'il génère sont beaucoup plus importants que le secteur manufacturier, lequel est en revanche plus important que l'agriculture, la foresterie et l'exploitation minière. Les revenus du secteur des services aident à équilibrer les comptes du centre du Canada avec ceux du reste du pays, processus auquel contribue aussi la vente de manufactures. Ce modèle de spécialisation régionale prend forme entre la Confédération et 1900; l'industrialisation de l'Ontario et du Québec ne se fait pas aux dépens des autres régions. La plupart des marchés des deux provinces se sont toujours situés dans le centre du Canada puisque c'est là que vit la majorité des Canadiens. Depuis le XIXe siècle, il existe aussi des marchés d'exportation pour plusieurs produits du secteur manufacturier de l'Ontario et du Québec: fromage, bois de sciage, automobiles, matériel agricole, pâtes et papiers, nickel et aluminium raffinés.

L'évolution du reste du pays, et particulièrement de l'Ouest, contribue à accélérer l'industrialisation du centre du Canada, mais elle n'en est pas la cause. L'économie évolue de la même façon au sud des Grands Lacs, où il existe un réservoir comparable de matières premières, de capitaux, de main-d'œuvre et de compétences. En fait, sous certains aspects, les conditions sont plus favorables du côté canadien, qui dispose d'une plus grande abondance d'énergie hydroélectrique, de nickel, d'or, d'argent, d'uranium et de bois à pâte. Si les politiques tarifaires du Canada protègent les industries manufacturières depuis 1878-1879, la plupart de ces industries protégées s'installent dans le centre du Canada en raison des avantages géographiques et non pas des protections tarifaires.

Canada atlantique

Dans les provinces de l'Atlantique, l'économie commence à se développer sérieusement non pas, au début, avec la traite des fourrures, mais avec la pêche maritime, dont les débouchés sont l'Europe et, plus tard, les Antilles. Durant la plus grande partie du XVIe siècle, ce sont les Britanniques et les Européens qui contrôlent la pêche. La colonisation est lente, surtout à Terre-Neuve. Des colons français débarquent sur le continent au cours du XVIIe siècle (*voir* ACADIE), suivis au XVIIIe siècle d'immigrants anglophones de Grande-Bretagne et de Nouvelle-Angleterre, mais la région demeure peu peuplée jusqu'à l'arrivée des loyalistes, en partie parce que les bonnes terres agricoles y sont rares. Au début du XIXe siècle, des Écossais s'établissent au Cap-Breton. La pêche, l'exploitation forestière et le transport maritime sont sources de prospérité. Le bois de construction des colonies jouit d'un traitement préférentiel en Angleterre (*voir* BOIS, TAXES SUR LE), et l'industrie des transports sert le bassin atlantique dans son ensemble.

Au milieu du XIXe siècle, le bois perd son traitement préférentiel et, dans le secteur des transports, le fer et la vapeur commencent à supplanter le bois et la voile. Le charbon du Cap-Breton trouve un marché à Boston, mais il est difficile de lui trouver d'autres débouchés. On encourage certaines activités dans le secteur manufacturier, mais les débouchés locaux sont faibles et la communication entre les colonies est mauvaise. L'arrivée au Canada du chemin de fer Intercolonial crée quelques nouveaux marchés pour l'industrie locale, mais n'élimine pas les désavantages géographiques. Lorsque le Dominion hausse le tarif douanier en 1879 (*voir* POLITIQUE NATIONALE), beaucoup de capitalistes des Maritimes construisent des usines, pour s'apercevoir aussitôt que les marchés sont plus petits qu'ils ne l'avaient prévu et qu'ils ont besoin de nouvelles compétences en gestion. Le charbon des Maritimes ne peut pas non plus concurrencer celui de la Pennsylvanie sur les marchés ontariens. Nombreuses sont les faillites et les prises de contrôle. Cependant, le tarif douanier, les primes du Dominion sur le fer et l'acier et, après 1900, l'essor provoqué par la construction des chemins de fer stimulent la production de fer et d'acier en Nouvelle-Écosse. En 1900, Halifax est déjà un centre local de la finance, dont les capitalistes réunissent des fonds non seulement pour l'industrie locale, mais aussi pour les services publics en Amérique latine. Les banques des Maritimes ont toutefois tendance à faire faillite, à fusionner ou à déménager leur siège social dans le centre du Canada (*voir* BANQUE DE NOUVELLE-ÉCOSSE; BANQUE ROYALE).

Au XIXe siècle, la population qui s'établit à Terre-Neuve est surtout formée d'immigrants britanniques. Le reste de la région attire peu d'immigrants, du moins après 1867, et l'accroissement naturel de la population est lent et profite en grande partie aux États-Unis ou à d'autres régions du Canada.

Les années 20 et 30 sont de tristes décennies dans les Maritimes. Les industries du fer, de l'acier et du charbon de même que le secteur des équipements connaissent des difficultés chroniques et, tout comme la pêche, souffrent gravement de la Crise des années 30. Les nouvelles entreprises manufacturières progressent peu, bien que le gouvernement fédéral ne cesse de subventionner les transports ferroviaires. Les seules lueurs d'espoir viennent des nouvelles usines de pâtes et papiers et, en Angleterre, des nouveaux marchés protégés pour la pomme et le bois. La Seconde Guerre mondiale provoque un véritable raz de marée de prospérité dans les communautés qui desservent les bases navales et aériennes. La situation s'améliore après 1945: de nouvelles centrales hydroélectriques et de nouvelles initiatives gouvernementales attirent de nouvelles industries, mais ces programmes connaissent plus d'échecs que de succès. La nouvelle base militaire installée au Nouveau-Brunswick est peut-être plus utile à la croissance économique. Au milieu des années 80, on découvre des gisements de pétrole marin commercialement rentables et, du côté du gaz naturel, les perspectives d'avenir sont favorables. Mais les vieilles industries lourdes et la pêche souffrent de problèmes chroniques et sont maintenues en vie par des subsides gouvernementaux (sous divers noms) et l'étatisation.

Ouest canadien

Le développement économique de l'Ouest canadien commence avec la traite des fourrures. Dès la fin du XVIIIe siècle, les activités des marchands des

Prairies ont donné naissance à une petite population de Métis qui, comme les autochtones, dépendent du commerce des fourrures. Des postes de traite sont disséminés dans toute la région et, dans l'île de Vancouver, la ville de Victoria commence en tant que poste de traite de la CBH.

La colonisation agricole commence en 1812 avec la colonie de la RIVIÈRE ROUGE de lord Selkirk. La construction du chemin de fer Canadien Pacifique dans les années 1880 donne au Manitoba une économie basée sur le blé. Winnipeg devient un centre commercial et ferroviaire et acquiert bientôt de nouvelles usines. À la fin des années 1890, les perspectives de développement s'améliorent avec la hausse des prix mondiaux, la baisse des frais de transport, le perfectionnement des méthodes d'aridoculture et la création de variétés de blé mieux adaptées. Jusqu'en 1929, les provinces des Prairies connaissent une formidable expansion de leur économie basée sur le blé, à laquelle se greffent, avant 1914, un plus grand système ferroviaire, un réseau de villes et de villages, le charbonnage et l'élevage. En 1914, le front de colonisation a déjà atteint les régions du Nord-Ouest et attire des immigrants de nombreux pays. Il en résulte une économie régionale presque entièrement tributaire du prix mondial d'une seule culture et des récoltes locales, le tout soumis à de fortes fluctuations. Il y a peu de diversification, sauf en Alberta, où commence la production de petites quantités de pétrole et de gaz.

L'économie de la Colombie-Britannique évolue de façon très différente avant 1929. Il y a peu de terres agricoles et la plupart des produits de la ferme sont consommés localement. À part les marchands de fourrures, les habitants européens y sont peu nombreux jusqu'à la RUÉE VERS L'OR du fleuve Fraser, dans les années 1850. Après la ruée vers l'or, le charbonnage dans l'île de Vancouver attire peu de gens, et la population de la province croît très lentement même un bon nombre d'années après la Confédération. Cependant, la construction des chemins de fer du CP, du Canadien du Nord et du Grand Trunk Pacific, entre 1900 et 1914, accélère beaucoup le développement et l'urbanisation. Les principales activités sont l'exploitation forestière, la pêche et, dans le Sud, l'extraction du cuivre, de l'argent, du charbon et des métaux communs. On y pratique aussi l'élevage et l'arboriculture fruitière. Quelques industries s'y établissent, particulièrement dans la construction et la réparation de bateaux et, en 1920, la grande fonderie de Trail entre en service.

Grâce aux départs réguliers de navires vers l'Extrême-Orient et l'Australasie, le port de Vancouver devient important non seulement pour les produits de la Colombie-Britannique mais également pour le grain des Prairies. Après l'ouverture du canal de Panama en 1914, le commerce avec l'Angleterre devient beaucoup plus rapide et beaucoup plus économique. Le cabotage se développe également et dessert notamment le commerce du bois. Grâce à la croissance urbaine, l'hydroélectricité se développe rapidement. L'immigration est très forte, non seulement en provenance d'autres régions du Canada mais aussi de l'Angleterre et de l'Asie. Bien qu'on appréhende beaucoup l'immigration des Orientaux et qu'on la contrôle rigoureusement, une petite communauté orientale se développe.

De 1914 à la fin des années 40, et surtout pendant la Crise des années 30, les conditions sont souvent difficiles. Les quatre provinces de l'Ouest canadien se considèrent comme des victimes de la politique tarifaire du Canada, qui augmente le prix des biens manufacturés en provenance d'ailleurs, mais qui n'a aucun effet sur le prix des matières premières et des produits qu'elles doivent vendre. La sécheresse dans les Prairies, la fluctuation désastreuse des prix et les tendances protectionnistes des pays étrangers, comme durant la récession de 1920-1922 et l'effondrement de 1929-1933, sont de graves problèmes. Ottawa fournit des allocations de secours, protège les

gouvernements provinciaux contre la faillite et essaie d'améliorer par des négociations commerciales les conditions des exportations de l'Ouest (voir OTTAWA, ACCORDS D'). Après l'effondrement des syndicats du blé en 1929-1930, Ottawa soutient aussi la commercialisation du blé des Prairies, bien que, jusqu'au milieu de la Seconde Guerre mondiale, les cultivateurs puissent vendre leur blé par l'intermédiaire de filières privées s'ils le désirent. La prospérité du temps de guerre aide les cultivateurs de l'Ouest à payer leurs dettes. Entre-temps, en Colombie-Britannique, la mise en marché coopératif de produits comme les pommes et les pêches prend de l'essor. Mais l'implantation de nouvelles usines de transformation est très lente. En 1939, l'usine d'assemblage de Ford près de Vancouver fournit déjà les marchés d'exportation de l'Inde et des pays du bassin du Pacifique mais, lorsque ces marchés disparaissent après 1939, l'usine disparaît elle aussi. Pendant la Seconde Guerre mondiale, la construction navale et aéronautique se développe rapidement sur la côte Ouest mais, après la guerre, ces industries périclitent ou disparaissent.

Dans les années de l'après-guerre, le secteur primaire se développe, l'urbanisation bat son plein et les conditions de vie s'améliorent de façon spectaculaire. Les nouveaux projets les plus importants se forment dans les domaines du pétrole, du gaz, de la potasse et de la construction d'oléoducs et transforment les économies de l'Alberta et de la Saskatchewan. La Colombie-Britannique commence à produire du pétrole et du gaz et, tout comme le Manitoba, se dote de nouvelles et immenses centrales hydroélectriques. En 1951, on ouvre une aluminerie à Kitimat, en Colombie-Britannique. De nouveaux marchés d'exportation font leur apparition: le pétrole et le gaz sont écoulés en Ontario et aux États-Unis, et le Japon achète les produits du charbon et le bois de la Colombie-Britannique. Le blé des Prairies, qui perd graduellement ses vieux marchés britanniques et européens, en trouve finalement de nouveaux en URSS, en Chine et dans les pays en voie de développement. La politique fédérale s'avère utile: Ottawa commence à verser des paiements de PÉRÉQUATION au Manitoba et à la Saskatchewan, assure au coûteux pétrole de l'Alberta un marché ontarien protégé de 1960 à 1973 mais, par la suite, maintient le prix du pétrole sous les niveaux mondiaux. De plus, le gouvernement fédéral réduit ou abolit plusieurs tarifs douaniers. Les industries forestières et des pâtes et papiers prennent de l'expansion et sont généralement prospères, grâce à l'essor fulgurant de la construction et des communications en Amérique du Nord. En 1967, on commence à exploiter les sables bitumineux de l'Alberta (voir BITUME).

En 1987, l'Alberta avait mis sur pied une industrie pétrochimique et le Manitoba construisait des autobus et des avions légers. Les provinces de l'Ouest demeurent néanmoins fortement dépendantes de l'exportation de quelques matières premières et des investissements que peuvent générer les industries primaires. L'Ouest demeure orienté vers le développement, comme il l'a été entre 1896 et 1914.

Dans les années 80, la plupart des Canadiens sont devenus des citadins et la plupart des travailleurs sont des employés de bureau, généralement dans le secteur tertiaire. Les disparités de revenus, de niveaux de vie et de modes de vie ont fortement diminué, surtout après 1945. Néanmoins, les économies régionales sont encore très différentes. La grande majorité des industries manufacturières se trouve en Ontario et au Québec, tandis que les quatre provinces de l'Ouest génèrent encore un immense excédent de ressources naturelles. Dans les provinces maritimes, le niveau de vie demeure comparativement bas et les perspectives d'avenir sont beaucoup moins bonnes. C'est pour cette raison, entre autres, que le système de péréquation fait maintenant partie intégrante du mode de vie canadien.

Ian M. Drummond

Histoire et description générale de la Nouvelle-France Chargé par le Conseil de la Marine d'enquêter sur l'existence possible d'une mer de l'Ouest, le jésuite François-Xavier de CHARLEVOIX (1682-1761) effectue un voyage de deux ans et demi en Amérique du Nord qui le met en contact avec la géographie de l'endroit et ses habitants, Amérindiens et Blancs, lesquels sont interrogés dans une quête incessante de renseignements. Son *Histoire et description générale de la Nouvelle-France* (3 vol.), paru en 1744, est le fruit d'un minutieux travail de recherche qui l'amène à comparer ses observations personnelles à une importante documentation écrite. Sa synthèse se veut une description détaillée du pays et de ses habitants, couplée à un récit chronologique des événements significatifs de son histoire, dans lequel les personnages marquants de la colonie jouent un rôle de premier plan. Pour construire son récit, Charlevoix a puisé à de nombreuses sources publiées à son époque, comme les écrits de CHAMPLAIN, les RELATIONS DES JÉSUITES ou encore les récits d'explorateurs. Il a également eu accès à l'imposante correspondance manuscrite échangée entre la Cour de France et les autorités coloniales, de laquelle il tire plusieurs informations. La dernière partie de l'*Histoire* se compose du *Journal d'un voyage*, qui a vraisemblablement été rédigé en France et suit la même méthode d'analyse que le reste de l'ouvrage, tout en privilégiant un genre littéraire différent, celui du récit épistolaire. Les interprétations et la méthode historique de Charlevoix ont marqué plusieurs générations d'historiens canadiens-français, qui ont souvent considéré ce dernier comme le premier véritable historien de la Nouvelle-France. La précision des faits rapportés dans son ouvrage fait de celui-ci une précieuse source d'informations sur le Régime français en Amérique.

Julie Landreville

Histoire intellectuelle L'histoire intellectuelle est un compte rendu de la pensée de groupes et d'individus qui ne sont pas nécessairement des universitaires ou des «intellectuels». L'étude de l'histoire intellectuelle prend souvent en considération les sensibilités, les émotions et les courants idéologiques ou culturels aussi bien que la pensée systématique et fait état des préoccupations des historiens dans des domaines tels que la SCIENCE, la POLITIQUE, l'ÉDUCATION, les SCIENCES ÉCONOMIQUES, la PHILOSOPHIE, la RELIGION, la LITTÉRATURE et le JOURNALISME.

Canada français

Avant 1760, l'histoire intellectuelle au Québec est plutôt floue, mais elle se fait plus précise après la CONQUÊTE. L'établissement de l'imprimerie (1764), les événements politiques locaux (création d'une chambre d'assemblée) et internationaux (la Guerre d'Indépendance américaine, 1775-1783 et la Révolution française, 1789) sont les facteurs déterminants de son évolution. Le débat intellectuel porte sur des questions civiles ou politiques. La presse – le *Quebec Mercury* (1805), *Le Canadien* de Québec (1806), *La Minerve* de Montréal (1826) – est le moyen d'expression le plus important du nouveau libéralisme. Vers 1820, la scolarisation mène à des positions idéologiques de plus en plus polarisées, au moment où la bourgeoisie professionnelle montante affronte une Église catholique encore quelque peu désorganisée et préoccupée par son rôle en matière d'éducation. À l'époque des RÉBELLIONS DE 1837 dans le Bas-Canada, un temps marqué par les crises économiques et les impasses parlementaires, les institutions culturelles anglophones sont particulièrement actives.

Pendant la période de l'Union (1841-1867), les journaux sont intellectuellement vigoureux et l'orientation des institutions culturelles se précise sous l'influence d'une Église catholique ultramontaine qui affermit sa position, alors que la bourgeoisie est affaiblie par la rébellion. La longue quête d'une littérature «nationale» commence dans les années 1840 et gagne du terrain grâce à la publication de l'HISTOIRE DU CANADA DEPUIS SA DÉCOUVERTE JUSQU'À NOS JOURS (1845-1848) de François-Xavier GARNEAU. De nouveaux journaux voient le jour et on assiste à une prolifération d'associations bénévoles, dont le libéral INSTITUT CANADIEN, où les membres peuvent lire les journaux locaux et étrangers, emprunter des livres de la bibliothèque et prendre part à des discussions fort éloquentes. La génération de 1845 a accès à un réseau d'écoles beaucoup plus vaste, sous la direction du nouveau surintendant de l'Instruction publique (1841), à des collèges classiques et à l'UNIVERSITÉ LAVAL (fondée en 1852).

Tout le XIXᵉ siècle est marqué par l'idéologie d'une Église bien disposée à l'égard de Rome, qui défend sa primauté sur l'État et justifie de la sorte son intervention dans les domaines intellectuels, universitaires et sociaux. Après 1870, les penseurs libéraux n'arrivent pas à implanter les valeurs des révolutions bourgeoises: le respect de la liberté de conscience, d'opinion, de parole et d'association et l'idée de la séparation de l'Église et de l'État. Wilfrid LAURIER est le premier, en 1877, à tenter courageusement de faire en public une distinction entre le libéralisme politique, celui du Parti libéral, et le libéralisme catholique, condamné par une Église étroitement liée au Parti conservateur.

Après 1867, la vie politique et, surtout, la politique partisane dominent la scène. Certains événements vont secouer la population de sa torpeur: la pendaison de Louis RIEL, en 1885, et la défaite des minorités francophones dans la question des écoles au Manitoba, au Nouveau-Brunswick, au Keewatin et en Ontario. Elle prend conscience que la langue française et la «race» sont menacées, même au Québec. Henri BOURASSA est en total désaccord avec Laurier au sujet de l'IMPÉRIALISME et du NATIONALISME. C'est d'ailleurs autour de Bourassa que se rallient les tenants d'une nouvelle conscience politique non partisane. Avec Olivar Asselin, fondateur du journal *Le Nationaliste* (1904), et Jules Fournier, il fonde LE DEVOIR (1910), le premier journal à faire exception à la règle d'une presse partisane et «servile». Une nouvelle sensibilisation à la vulnérabilité de la langue française ouvre la voie à la création de la Société du parler français (1902), au premier Congrès de la langue française (1912) et à la fondation de la Ligue des droits du français (1913). Une prise de conscience religieuse parmi les jeunes mène à la participation au mouvement de l'ACTION CATHOLIQUE et à la mise sur pied de l'organisation de tendance nationaliste, l'Association catholique de la jeunesse canadienne-française (1903-1904).

Le grand mouvement intellectuel des années 1917 à 1928 est l'ACTION FRANÇAISE qui, selon son chef de file, l'abbé Lionel GROULX, doit synthétiser les idées éparses des penseurs nationalistes. Cette «action intellectuelle» est aussi une réaction timide aux transformations qui s'opèrent dans la société québécoise avec l'urbanisation, l'industrialisation, l'américanisation et la conscription. Ces phénomènes sociaux préoccupent l'Action française et les syndicats ouvriers concernés, puis les législateurs, jusqu'à ce que l'Église propose finalement une DOCTRINE SOCIALE catholique. L'engagement hésitant de l'Église dans les affaires sociales est au cœur de l'histoire intellectuelle après la Crise des années 30. L'Église se rapproche des milieux ouvriers et offre aux jeunes laïcs l'occasion d'apprendre les éléments de l'action politique. Jusqu'au milieu des années 30, toutes les «actions» (catholiques, intellectuelles, sociales ou nationales) s'inscrivent dans le droit sillage de l'idéologie du XIXᵉ siècle, époque où l'Église exerce son emprise sur les domaines éducatifs et sociaux.

Le nouveau dynamisme du Secrétariat provincial, où Athanase David, de 1919 à 1936, dirige une «action intellectuelle», reflète l'engagement croissant de l'État dans la vie culturelle. C'est dans ce contexte qu'ont lieu les discussions sur l'existence d'une littérature proprement canadienne-française. Si l'on se penche peu sur les structures de la société moderne, celle-ci se manifeste néanmoins dans un mode de vie auquel le cinéma, l'automobile et la nouvelle technologie ménagère donnent le ton. Le modernisme s'exprime déjà dans la peinture en 1928, année où le peintre Paul-Émile BORDUAS part étudier en France.

La Crise des années 30 bouleverse profondément la jeune génération adulte, dont la recherche d'un programme de relance sociale, économique et spirituelle est prise en main par la nouvelle ACTION LIBÉRALE NATIONALE (1934), par des mouvements et par des journaux (JEUNE-CANADA, L'ACTION NATIONALE, LA RELÈVE). Cette génération est la dernière à croire en la «primauté du spirituel». La situation sociale finit par saper l'ULTRAMONTANISME d'une Église que la crise ne cesse de tourner en dérision. Tous ceux qui participent depuis le début des années 40 aux mouvements d'action laïques (catholiques, étudiants, ouvriers ou ruraux) vivent la quasi-paralysie des valeurs spirituelles éclipsées par la vie temporelle et matérielle. L'Église «sociale» chancelle au moment de la GRÈVE DE L'AMIANTE (1949) et finit par s'effondrer à la fin des années 50. Le choc de la crise sert aussi à enraciner l'université dans la réalité. Ses facultés de sciences appliquées se multiplient et les sciences sociales commencent à se développer.

La Crise des années 30 crée aussi un malaise face à l'avenir, lequel entraîne les intellectuels vers une nouvelle subjectivité qui s'exprime par la suite dans l'œuvre de poètes comme Hector de Saint-Denys GARNEAU et Alain GRANDBOIS. Du côté de la peinture, le passage du figuratif à l'abstrait vers la fin des années 30, notamment dans les œuvres de Borduas et d'Alfred PELLAN, constitue une rupture intellectuelle aussi radicale que le défi lancé à la société par le REFUS GLOBAL, manifeste publié en août 1948.

Au début des années 50, le paysage intellectuel et culturel du Québec est radicalement modifié par la prospérité d'après-guerre, la société de consommation naissante, le cinéma, la radio, l'automobile et l'avènement de la télévision en septembre 1952, qui occupe déjà une place prépondérante à l'époque de la RÉVOLUTION TRANQUILLE. Les premiers écrits majeurs sur l'histoire intellectuelle du Québec paraissent à la fin de la Seconde Guerre mondiale. En 1945, parmi les études de Benjamin Sulte, Claude de Bonnault, Robert de Roquebrune, Séraphin Marion et Auguste Viatte, Marcel Trudel publie *L'influence de Voltaire au Canada*.

Les écrivains de l'histoire intellectuelle commencent à se concentrer sur des thèmes précis: la signification culturelle de la Conquête (Claude Galarneau), les répercussions de la Révolution française au Québec et l'état des relations culturelles subséquentes avec la France (Mason Wade, Michel Brunet, Gustave Lanctôt et, après 1960, Jean-Pierre Wallot, John Hare et Philippe Sylvain), le début d'une industrie de l'imprimerie et le lancement de JOURNAUX (Wade, Brunet et Lanctôt) et, dans les années 70 et 80, le libéralisme et l'ultramontanisme (Sylvain, Pierre Savard, Jean-Paul Bernard, Nadia Eid, Yvan Lamonde et Marcel Lajeunesse).

La défense passionnée des libéraux de 1837 et de leurs successeurs coïncide avec les débuts de la Révolution tranquille, vaste «entreprise collective» qui suscite de nouvelles recherches sur les idéologies. Cette tendance, annoncée dans *Recherches sociographiques*, atteint son apogée en 1969 avec la publication d'un numéro spécial, *Idéologies au Canada français 1850-1900*. D'autres publications sur les idéologies du XIXᵉ siècle et du XXᵉ siècle paraissent par la suite. Cette recherche, fondée sur l'étude de personnalités éminentes, de groupes et de

mouvements importants, révèle bientôt ses limites: la position privilégiée de la parole écrite. L'histoire intellectuelle est alors mise au défi d'inclure ceux qui n'ont pas de voix. Dans les années 80, les chercheurs du Québec en sont à se demander s'il existe une histoire intellectuelle ou culturelle satisfaisante qui ne soit pas avant tout une HISTOIRE SOCIALE.

Yvan Lamonde

Canada anglais

Au cours du premier siècle après la Conquête (1760), la pensée anglo-canadienne porte en grande partie sur la conservation des valeurs britanniques et chrétiennes en milieu colonial ou sur la recherche d'un moyen terme acceptable entre un héritage européen et un contexte géographique américain. Certains des premiers exercices du genre prennent la forme de satires sociales (voir LITTÉRATURE HUMORISTIQUE DE LANGUE ANGLAISE), comme *Letters of Mephibosheth Stepsure* (1821-1823) de Thomas MCCULLOCH et THE CLOCKMAKER (1836) de Thomas Chandler HALIBURTON. McCulloch contribue à créer une tradition de critique sociale moraliste, présente dans l'histoire intellectuelle du Canada anglais à partir de 1820.

McCulloch est un pasteur presbytérien et, en tant que fondateur de la Pictou Academy et premier recteur de l'UNIVERSITÉ DALHOUSIE, un éducateur canadien de premier plan. Religieux et enseignants font aussi de sérieux efforts intellectuels ailleurs au Canada anglais. Entre 1850 et 1900, de nombreux intellectuels sont préoccupés par le conflit apparent entre la science et la religion, surtout en ce qui a trait aux implications de la théorie évolutionniste (*voir* ÉVOLUTION; DARWINISME SOCIAL) et de l'EXÉGÈSE BIBLIQUE. Ecclésiastiques et professeurs cherchent à défendre l'orthodoxie sociale et religieuse contre une science de plus en plus matérialiste, en appuyant les prémisses et les conclusions de l'école philosophique écossaise du «bon sens», la méthode expérimentale de Bacon en science et un piétisme évangélique en religion.

De 1870 à la Première Guerre mondiale, un compromis au sujet de la philosophie de l'évolution prend forme, qui se manifeste surtout dans l'idéalisme hégélien professé par des philosophes tels que George Paxton YOUNG et John WATSON. Cet idéalisme domine la pensée et les écrits des théoriciens du Canada anglais jusqu'au XXᵉ siècle, car il semble concilier les prétentions religieuses et les prétentions scientifiques en subordonnant ces dernières aux premières. La SOCIÉTÉ ROYALE DU CANADA favorise le développement d'une communauté universitaire nationale. De nouvelles publications, comme *Canadian Monthly and National Review* (1872), *The Week* (1888), QUEEN'S QUARTERLY (1893) et *University Magazine* (1907), fournissent des tribunes valables à des critiques de la société, dont William Dawson LESUEUR, Goldwin SMITH, Agnes Maule Machar et Andrew MACPHAIL. Même si elles diffèrent par leurs points de vue et leur clientèle, ces revues reflètent une concordance de valeurs marquées par une philosophie sociale généralement conservatrice, que sous-tend une acceptation (parfois réticente) des mécanismes d'une économie de marché capitaliste.

Au cours de la même période, les Canadiens anglais commencent à s'intéresser à la nature et aux conséquences du nationalisme. Leur préoccupation prend la forme, dès le tournant du siècle, d'un intense débat entre ceux qui, comme George PARKIN et G.M. GRANT, placent le nationalisme canadien dans le contexte de l'Empire britannique et ceux qui, comme Goldwin Smith et John S. EWART, soutiennent que le nationalisme est vain s'il n'aspire pas à l'autonomie constitutionnelle et à l'abandon du statut de colonie. Après la Première Guerre mondiale, la pensée anglo-canadienne reste ainsi pendant un demi-siècle aux prises avec des formes opposées de nationalisme, l'une fondée sur l'émotion et l'autre sur le rationalisme. À cet égard, on peut considérer que les historiens Harold INNIS et Donald Creighton sont les héritiers intellectuels de Parkin et de Grant, tandis que F.H. UNDERHILL et Ramsay COOK suivent les traces de Smith et d'Ewart.

La parution d'études professionnelles sur l'histoire témoigne de l'importance croissante du rôle de l'université dans l'orientation de la pensée anglo-canadienne (*voir* HISTORIOGRAPHIE). Au début des années 20, l'U. de Toronto occupe déjà une place prédominante dans le monde universitaire, surtout en ce qui concerne les lettres, les sciences humaines et les sciences sociales. L'U. McGill maintient sa supériorité dans le secteur des recherches médicales et scientifiques. L'U. Queen établit une tradition, en grande partie inspirée par l'exemple d'Adam SHORTT et d'O.D. SKELTON, mais découlant de l'héritage idéaliste, selon laquelle les intellectuels œuvrent au service d'organismes gouvernementaux. Cette tendance se manifeste aussi dans le domaine religieux avec le mouvement protestant du SOCIAL GOSPEL, qui a une perception organique de la société, croit en l'immanence de Dieu et désire réaliser le royaume de Dieu sur terre. Il en résulte un effritement du rôle traditionnel des Églises et la création, en 1925, de l'ÉGLISE UNIE DU CANADA, qui s'engage par obligation chrétienne à participer aux activités d'organismes sociaux laïcs. Le mouvement Social Gospel représente implicitement une critique de la société canadienne, sous l'aspect d'un socialisme chrétien qu'exemplifient les carrières de J.S. WOODSWORTH et de Salem BLAND.

Dans l'entre-deux-guerres, la recherche dans le nouveau domaine des sciences sociales, surtout en économie politique et en histoire, devient plus empirique, sinon matérialiste, dans ses inférences causales. Du côté des lettres et des sciences humaines, les écrits tendent à démontrer l'influence continue de l'idéalisme. Certains intellectuels commencent à débattre publiquement des questions sociales, particulièrement durant la Crise des années 30. Au milieu de cette décennie, la LEAGUE FOR SOCIAL RECONSTRUCTION, formée surtout d'universitaires progressistes, tels qu'Eugene FORSEY et F.R. SCOTT, formule une critique majeure de la société et des affaires publiques canadiennes dans un ouvrage collectif intitulé *Social Planning for Canada*. Une telle préoccupation sociale, alliée aux efforts intellectuels considérables qui sous-tendent la COMMISSION ROYALE D'ENQUÊTE SUR LES RELATIONS FÉDÉRALES-PROVINCIALES (dont le rapport paraît en 1940), annonce une réorientation majeure du postulat social et de l'accord constitutionnel après 1945.

Après la Seconde Guerre mondiale, c'est la reconnaissance de la domination américaine sur les affaires mondiales qui influence la vie intellectuelle au Canada anglais. Dans son rapport publié en 1951, la COMMISSION ROYALE D'ENQUÊTE SUR L'AVANCEMENT DES ARTS, LETTRES ET SCIENCES AU CANADA (la commission Massey) soutient que la vie culturelle du Canada est menacée par les moyens de communication de masse américains. Conséquemment, tout au long des années 50, un certain nombre de commentateurs sociaux défendent vigoureusement le nationalisme culturel. Parmi ceux-là, Hilda NEATBY, historienne et membre de la commission Massey, publie *So Little for the Mind* (1953), où elle critique le système d'éducation canadien pour avoir intégré les valeurs américaines implicites dans le mouvement de l'«éducation nouvelle».

La création du CONSEIL DES ARTS DU CANADA, en 1957, reflète cette inquiétude croissante au sujet de l'avenir des traditions culturelles canadiennes. Dès 1957, cependant, la pensée nationaliste commence à délaisser les questions culturelles pour s'intéresser aux questions économiques. Le rapport de la COMMISSION ROYALE D'ENQUÊTE SUR LES PERSPECTIVES ÉCONO-

MIQUES DU CANADA (1957), présidée par Walter GORDON, est un vibrant plaidoyer en faveur d'un NATIONALISME ÉCONOMIQUE.

Pendant toutes les années 60, on assiste à un débat animé et productif sur les mérites d'une politique industrielle nationale et sur les problèmes politiques, sociologiques et philosophiques inhérents à une technologie de communication de masse dominée par les États-Unis. Est-il possible de conserver une autonomie véritable à l'ère de l'«État universel et homogène»? Telle est la question que pose de différentes façons le philosophe et critique George P. GRANT, particulièrement véhément dans LAMENT FOR A NATION (1965). Au cours de cette décennie, les études économiques, politiques et historiques des Mel Watkins, Abraham Rotstein, Donald CREIGHTON, W.L. MORTON et Ramsay Cook, parmi d'autres, ont de quoi alimenter les débats qui se déroulent dans les milieux universitaires et devant le grand public.

L'épanouissement intellectuel des années 60 et l'expansion considérable du système universitaire canadien portent des fruits dans les années 70. L'œuvre de Marshall MCLUHAN, lui-même inspiré par Harold Innis, contribue à assurer que les Canadiens prêteront attention à la théorie et à la technologie des communications. Celle de Northrop FRYE nourrit une génération de romanciers, de poètes et de critiques pleins d'assurance, dont les œuvres consacrent la fusion de l'intellect et de l'imagination. Le fait que les facultés des grandes universités puissent se permettre une plus grande division du travail a pour effet d'augmenter considérablement la qualité et la quantité des publications savantes. Cette spécialisation, cependant, s'accompagne d'une tendance plus timide vers une généralisation à grande échelle dans toutes les disciplines universitaires. En histoire, p. ex., le vieux thème du «développement du pays», fondement de l'ordonnance thématique du savoir, s'effondre face à la recherche intensive basée sur des «réalités» régionales, thématiques et idéologiques nouvellement découvertes.

Au Canada, le savoir entre dans une époque d'analyse plutôt que de synthèse. Encore préoccupés par des questions de nationalisme, les Canadiens anglais cherchent à établir les paramètres qui circonscrivent l'identité sociale et à définir clairement les différences culturelles imposées au pays par les régions et l'ethnicité. Cette démarche plus prudente de la réflexion sur la vie nationale se retrouve aussi dans les domaines de l'intellect, de l'imagination et des affaires publiques.

A.B. McKillop

Histoire militaire (*Voir* ARMEMENTS; FORCES ARMÉES; AVIATION MILITAIRE; GUERRE DE CORÉE; GUERRE DES BOERS; GUERRE DE LA SUCCESSION D'AUTRICHE; GUERRE DE LA SUCCESSION D'ESPAGNE; GUERRE DE 1812; PREMIÈRE GUERRE MONDIALE, SECONDE GUERRE MONDIALE; et les entrées individuelles des batailles)

Histoire politique L'histoire politique est l'étude des mécanismes, des activités et des institutions des GOUVERNEMENTS, ainsi que des facteurs qui influencent ces derniers et des individus qui les forment. Les historiens de la politique ont traditionnellement examiné et consigné les faits et gestes des monarques et des premiers ministres, des politiciens et des partis, des gouvernements et des institutions connexes. Plus récemment, cependant, les historiens et les politicologues se sont intéressés à des questions plus larges touchant l'exercice du pouvoir dans la société, comme les tentatives des groupes d'intérêt pour déterminer les politiques, la circulation des idées et des idéologies et leur influence sur la scène politique, de même que l'influence de l'intervention gouvernementale sur la société (*voir* SCIENCE POLITIQUE).

Si la biographie politique reste importante pour comprendre et expliquer notre histoire, nous la com-

plétons par l'examen de presque toutes les facettes de la vie politique canadienne. Ce faisant, notre perception de l'évolution politique canadienne a dû s'adapter pour englober certains de ces aspects, comme les opinions des travailleurs ainsi que des minorités ethniques et linguistiques, le rôle des femmes dans la société, les conséquences des mouvements de réforme sociale et politique, etc. Le champ de l'histoire politique a été forcément élargi par les historiens qui cherchaient à comprendre et à expliquer l'exercice du pouvoir. L'histoire politique canadienne ne fait donc que commencer par l'étude des politiciens et des partis.

L'historien moderne essaie de découvrir et de suivre les différents fils conducteurs de la vie canadienne (économique, sociale et culturelle) qui ont influencé le pays au cours des années et qui orientent sa compréhension des événements politiques. Certains thèmes ont toujours préoccupé les politiciens canadiens et conservent leur intérêt pour les historiens. Ainsi, l'étendue du territoire canadien plein de ressources mais peu peuplé a encouragé les politiciens à bâtir leurs programmes autour du thème de l'expansion économique nationale, et ce, particulièrement après le milieu du XIXe siècle. Sir John A. MACDONALD et sir Wilfrid LAURIER ont tenté d'industrialiser le centre et l'est du Canada par le biais du PROTECTIONNISME et de coloniser l'Ouest grâce à la construction de chemins de fer et à l'IMMIGRATION massive. Pour John DIEFENBAKER, l'expansion économique se matérialise par une ouverture du NORD canadien, alors que pour Brian MULRONEY elle se concrétise par la signature d'un accord de LIBRE-ÉCHANGE avec les États-Unis.

Les partis politiques font souvent appel à des considérations économiques pour rassembler les Canadiens. Ainsi, un des arguments en faveur de la CONFÉDÉRATION est qu'elle devait, entre autres, résoudre les malheurs économiques de l'AMÉRIQUE DU NORD BRITANNIQUE. Les questions économiques ont cependant souvent divisé amèrement les Canadiens. P. ex., la construction de chemins de fer était présentée comme nécessaire pour ouvrir le pays et augmenter le commerce, mais leur nombre, leur propriété (privée ou gouvernementale) et la politique à ce sujet ont divisé les Canadiens (*voir* CHEMIN DU FER, HISTOIRE DU). Des politiques dites nationales, comme la protection tarifaire, pouvaient être présentées à la population comme souhaitables pour tous: elles n'offraient pas seulement un marché restreint au fabricant mais aussi des emplois pour les travailleurs. Plus récemment, les défenseurs de l'Accord de libre-échange soutenaient que cet accord serait non seulement favorable aux manufacturiers canadiens mais créerait aussi de nouveaux emplois et réduirait les prix à la consommation. De nombreux projets économiques potentiellement explosifs ont été au cœur de la plupart des querelles fédérales-provinciales (*voir* RELATIONS FÉDÉRALES-PROVINCIALES).

Un territoire vaste et diversifié a aussi favorisé le développement d'économies régionales dont les intérêts ont été extrêmement difficiles à harmoniser (*voir* ÉCONOMIE RÉGIONALE). On a encouragé l'exploitation des ressources naturelles en alléguant qu'elle permettrait l'enrichissement du pays, mais quand le temps est venu de diviser les bénéfices, l'unité nationale a toujours durement été mise à l'épreuve. Il n'est guère surprenant que l'unité économique et politique canadienne ait obsédé les politiciens fédéraux. Pour obtenir le pouvoir, les partis fédéraux ont dû bâtir des coalitions de classes et de groupes d'intérêts locaux dont les buts étaient souvent contradictoires. De plus, les gouvernements provinciaux ont plutôt partagé les intérêts locaux et régionaux et, par conséquent, se sont souvent vus obligés de défendre ces intérêts contre toute intrusion fédérale.

D'autres influences sur le développement politique intéressent les historiens, comme la RELI-

GION qui, à une certaine époque, déterminait le vote des citoyens. Des questions comme celles des écoles confessionnelles (*voir* CATHOLICISME; ÉCOLES SÉPARÉES) et du MOUVEMENT POUR LA TEMPÉRANCE se sont trouvées souvent au centre de débats politiques envenimés. Lorsque l'éducation est devenue une nécessité, les politiciens ont dû élaborer des politiques de réforme des institutions traditionnelles, améliorer les programmes, former les professeurs et augmenter le financement et l'accès aux institutions d'enseignement. L'INDUSTRIALISATION a rendu nécessaire la protection des travailleurs et l'amélioration des conditions de travail, et les gouvernements ont dû intervenir de plus en plus dans les querelles opposant travailleurs et employeurs.

Le spectre du CHÔMAGE a suscité l'élaboration de politiques non seulement destinées à soulager la misère mais aussi à soutenir le pouvoir d'achat des travailleurs, et ce, pour des raisons économiques. L'URBANISATION a modifié les besoins de la population. La santé des citoyens est devenue une question cruciale et les gouvernements ont commencé à participer activement à l'amélioration des soins hospitaliers et médicaux et à en faciliter l'accès. Certains débats ont porté sur l'habitation, l'AMÉNAGEMENT URBAIN ET RÉGIONAL, l'organisation municipale et régionale, les services de garde des enfants, la main-d'œuvre féminine (*voir* FEMMES DANS LA POPULATION ACTIVE), la protection des consommateurs et le CRIME. Des groupes de pression et des groupes d'intérêts se sont formés pour promouvoir certaines politiques. Enfin, dans les années 90 plus particulièrement, la nécessité de réduire les déficits budgétaires galopants a entraîné un désengagement de l'État dans de nombreux secteurs d'activité. Les compressions de dépenses qui ont suivi ont provoqué des débats acrimonieux.

Les caractéristiques de la POPULATION ont aussi grandement influencé les politiques canadiennes. L'existence d'une minorité francophone représentant quelque 30 p. 100 de la population, et principalement concentrée au Québec, a marqué le débat sur l'unité canadienne. D'une part, bon nombre de Canadiens français estimaient que les intérêts de leur société étaient très différents de ceux du Canada considéré comme un tout. À leurs yeux, l'unité canadienne signifiait l'assimilation et la destruction des bases de la culture canadienne-française (*voir* NATIONALISME CANADIEN-FRANÇAIS).

D'autre part, le débat sur les «deux nations», engagé au milieu du XIXe siècle (*voir* DURHAM, RAPPORT) et l'un des thèmes les plus controversés de la politique canadienne au cours des années 60 et 70, a eu tendance à voiler l'hétérogénéité culturelle du Canada anglais et à accorder trop peu d'importance au nombre sans cesse croissant de groupes ethniques et aux AUTOCHTONES. Alors que de nombreux anglophones ont réagi en mettant de l'avant la notion d'égalité des provinces, beaucoup de Canadiens français vivant au Québec aspirent à la souveraineté pour leur province. Les politiciens ont habituellement trouvé plus facile de rassembler le Canada français que le Canada anglais autour d'une même cause. En effet, à l'exception de la guerre et, peut-être, de l'opposition à la séparation du Québec, aucune considération n'a été assez forte pour unir une majorité de Canadiens anglais. Dans la plupart des cas, les différences régionales, provinciales, sociales et ethniques se sont révélées plus fortes qu'un LANGAGE commun qui, pour plusieurs, n'est même pas la langue maternelle (*voir* ETHNIES, LANGUE DES).

Il est impossible d'étudier l'histoire politique canadienne sans reconnaître la force des liens économiques et sociaux qui unissent le Canada à l'Angleterre et, plus tard, aux États-Unis (*voir* COMMONWEALTH; RELATIONS CANADO-AMÉRICAINES). Tant que la majorité des Canadiens, à l'exception de l'importante minorité franco-

phone, demeurait d'origine britannique, des liens étroits avec la mère patrie, notamment en temps de guerre, étaient préservés. Toutefois, les liens avec l'Angleterre s'affaiblissant, le Canada s'est défini de plus en plus par rapport à sa situation nord-américaine. La décision de la Grande-Bretagne d'adhérer au Marché commun en 1974 n'a fait qu'accélérer l'affaiblissement des liens avec le Canada et les autres pays du Commonwealth. Les relations économiques avec les États-Unis ont gagné en importance au cours du XXe siècle. Le débat sur les tarifs et la question de la RÉCIPROCITÉ, au cœur des discussions au début du siècle, ont cédé la place, dans les années 60 et 70, à des problèmes touchant l'INVESTISSEMENT ÉTRANGER et le contrôle étranger de l'INDUSTRIE canadienne. À la fin des années 80, le débat acrimonieux sur le libre-échange avec les États-Unis a divisé les Canadiens.

L'indépendance culturelle du Canada a aussi fait l'objet de débats. Déjà, dans les années 20, les Canadiens lisent des revues, écoutent la radio et voient des films américains. Par la suite, leurs moments de loisirs sont de plus en plus meublés par la télévision américaine. Des professeurs américains enseignent fréquemment dans des universités canadiennes mais, dans les années 80, le domaine des études canadiennes se donne des bases plus solides, et les travaux en histoire et en sciences sociales offrent une plus grande variété d'approches que jamais.

Pour une meilleure vue d'ensemble de l'histoire politique canadienne, *voir* NOUVELLE-FRANCE; ACADIE; PROVINCE DE QUÉBEC; HAUT-CANADA; BAS-CANADA; PROVINCE DU CANADA; PROVINCES ATLANTIQUES; PROVINCES MARITIMES; PRAIRIES OCCIDENTALES et les différents articles présentant chaque province et territoire, de même que les articles suivants: TRAITE DES FOURRURES; PÊCHE, HISTOIRE DE LA; AGRICULTURE, HISTOIRE DE L'; HISTOIRE DEPUIS LA CONFÉDÉRATION.

Parmi les articles traitant en tout ou en partie de thèmes politiques, on trouve: CONQUÊTE; LOYALISTES; GOUVERNEMENT RESPONSABLE; GOUVERNEMENT REPRÉSENTATIF; MOUVEMENT SÉCESSIONNISTE; SCANDALE DU PACIFIQUE; POLITIQUE NATIONALE; RÉFORME URBAINE; FEMMES, DROIT DE VOTE DES; CRISE DES ANNÉES 30; RELATIONS EXTÉRIEURES.

La participation du Canada à de nombreux conflits nationaux et à des guerres internationales a été décidée et menée surtout par le pouvoir politique, et ces conflits ont eu des effets sur d'autres événements politiques. (*Voir* GUERRE DE SEPT ANS; GUERRE DE 1812; RÉBELLIONS DE 1837; RÉBELLION DE LA RIVIÈRE ROUGE; RÉBELLION DU NORD-OUEST; GUERRE DES BOERS; PREMIÈRE GUERRE MONDIALE; SECONDE GUERRE MONDIALE; GUERRE DE CORÉE. Plusieurs autres champs d'intérêt permettent de mieux comprendre l'histoire politique canadienne, comme HISTOIRE CONSTITUTIONNELLE; HISTOIRE INTELLECTUELLE; HISTOIRE SOCIALE; TRAVAILLEURS, HISTOIRE DES.)

Richard Jones et M. Behiels

Histoire sociale L'histoire sociale est une façon d'étudier l'organisation d'une société et son évolution dans le temps. Il s'agit donc d'une approche et non d'un sujet. Le but ultime de l'historien de la société est d'écrire l'histoire complète des relations sociales, bien qu'il soit peu probable qu'il y parvienne un jour. Cet objectif rappelle néanmoins aux historiens que les différents aspects de l'histoire ne peuvent être pris isolément et que l'histoire sociale est une étude d'ensemble visant à dresser le portrait global de la société. Tous les aspects de la société méritent d'être étudiés, mais il importe surtout de les examiner en relation avec les autres institutions sociales.

Au début, l'histoire sociale ressemble en quelque sorte à un fourre-tout. À quelques exceptions près,

on la considère, au début du XXe siècle, comme ce qu'il reste après l'HISTOIRE ÉCONOMIQUE et l'histoire politique. On a donc droit à des récits purement descriptifs de «la vie quotidienne au temps de la colonie» ou à des histoires administratives d'organismes d'aide sociale, etc. Les premiers changements apparaissent après 1960 avec les nouvelles approches en provenance de France et de Grande-Bretagne, qui déferlent sur le monde des historiens.

Un groupe d'érudits français, surnommé l'École des Annales, d'après le nom de la revue à laquelle ils collaborent, démontre toutes les possibilités qu'offre une approche globale de l'histoire. Ils regroupent différents aspects des sciences sociales, des études «quantitatives» ou statistiques, parfois en adoptant un style littéraire enlevé, et s'intéressent à la culture matérielle (les objets du quotidien) dans leur tentative d'écrire une histoire complète. L'influence de la «nouvelle histoire sociale», née en Grande-Bretagne, se fait également sentir. Un de ses traits principaux consiste à considérer la classe ouvrière comme un groupe ayant sa dynamique, ses coutumes et ses idéologies propres.

Le Canada pose des problèmes particuliers aux spécialistes de l'histoire sociale, car il constitue une mosaïque complexe d'ethnies, de cultures, de traditions et d'institutions. L'histoire du Canada nous montre que les racines culturelles des Français et des Anglais se manifestent dans les institutions politiques, dans les Églises catholique et anglicane ainsi que dans les activités culturelles de l'élite. Toutefois, quant aux divertissements populaires, aux styles architecturaux et aux coutumes matrimoniales, etc., on constate que ces formes et ces institutions sociales émanent des États-Unis, d'Irlande, d'Ukraine et d'ailleurs. Une fois importées, elles se sont enracinées dans les différentes régions du Canada pour s'y épanouir de diverses manières, lesquelles diffèrent parfois nettement, parfois subtilement.

Ainsi, la géographie a marqué le développement social du Canada en donnant au pays un caractère nettement régionalisé (*voir* RÉGIONALISME), mais aussi de bien d'autres façons. La relation entre la géographie et le gouvernement n'a pas du tout été la même qu'aux États-Unis. Les Américains ont maintes fois attribué leurs particularités sociales et politiques à l'influence de la «frontière», point de rencontre de la civilisation et du monde sauvage, qui se déplaçait vers l'Ouest avec la colonisation. Sur cette frontière, les Américains ne pouvaient s'en remettre qu'à leurs propres ressources et ont appris à être indépendants et inventifs. Si la THÈSE DES FRONTIÈRES s'applique bien à l'histoire américaine, il reste que le Canada a vécu une expérience très différente, même si cette théorie a retenu l'attention, dans l'entre-deux-guerres, des historiens canadiens comme A.R.M. LOWER et Frank UNDERHILL.

Alors que la ligne de partage a avancé vers l'Ouest en traversant les colonies américaines et les États-Unis sur une période de plus de 250 ans, marquant ainsi profondément le peuple américain, le Canada ne connaît une ligne continue de ce genre que durant le Régime français, soit avant 1763. Après quoi, dans l'Est, les terres sauvages reculent rapidement et les terres arables sont occupées sans délai. L'expérience de la frontière s'interrompt pour reprendre, après deux générations, dans les PRAIRIES OCCIDENTALES, où la colonisation s'effectue tout aussi rapidement. Pour la plupart des Canadiens, la frontière a été transitoire; en fait, il n'y a jamais eu pour eux de frontière au sens américain. Les Canadiens ont rarement été isolés de l'autorité et des institutions sociales, et rarement coupés des voies sociales pour résoudre leurs problèmes. Le gouvernement s'est déplacé avec la frontière, en même temps que la population, parfois même avant elle, en la personne des représentants coloniaux, des militaires britanniques, puis avec la POLICE À CHEVAL DU NORD-OUEST.

Les théories sur le développement social du Canada s'appuient aussi sur d'autres disciplines que la géographie. La THÉORIE DES PRINCIPALES RESSOURCES, formulée dans les années 20 par les historiens économiques H.A. INNIS et W.A. MacIntosh, soutient que les exportations de matières premières ont influé sur l'organisation sociale et politique du Canada. La THÈSE LAURENTIENNE, élaborée entre les années 30 et 50, met de l'avant l'influence de la vallée du Saint-Laurent sur le développement du Canada; on en trouve un énoncé détaillé dans THE COMMERCIAL EMPIRE OF ST. LAWRENCE, de D.G. CREIGHTON. Depuis les années 50, la THÈSE METROPOLITAN-HINTERLAND, formulée par les historiens comme J.M.S. CARELESS, a expliqué l'essor de l'économie et la montée des tensions régionales du Canada.

Le gouvernement a contribué à la formation des structures sociales canadiennes. On a déjà appelé NOUVELLE-FRANCE un «État providence aristocratique», composé d'une faible population protégée par l'armée française, gouvernée par des lois éclairées et soutenue par les fonds publics. Après la CONQUÊTE de 1759-1760, les prétentions aristocratiques britanniques se manifestent au Canada par une structure de gouvernement colonial, ce qui suscite l'apparition d'élites locales comme le FAMILY COMPACT du Haut-Canada. C'est grâce à l'initiative gouvernementale qu'on peut entreprendre la construction de la ligne ferroviaire du CANADIEN PACIFIQUE et la colonisation de l'Ouest. Les politiques d'immigration sont à la base de la diversité ethnique des Prairies.

L'histoire sociale étudie la façon dont tous ces facteurs ont façonné les structures sociales. Elle partage beaucoup d'intérêts et un peu de sa méthodologie avec d'autres SCIENCES SOCIALES, en particulier la SOCIOLOGIE historique. D'ailleurs, si quelqu'un peut prétendre à la paternité de l'histoire sociale canadienne, c'est bien le sociologue S.D. CLARK, avec ses nombreux travaux, en commençant par The Social Development of Canada (1942). Il a évalué l'influence de la frontière, des mouvements sociaux et des activités économiques canadiennes sur notre société et a démontré la richesse d'une approche sociale globaliste. Cependant, même lorsque la sociologie et l'histoire se recoupent dans leurs champs d'études et d'intérêts, on remarque des différences.

Les historiens traditionnels s'intéressent davantage à la chronologie et sont moins à l'aise avec les théories générales ébauchant des «lois» évolutives; ils sont portés à favoriser l'approche individuelle et idiosyncratique, même lorsqu'ils généralisent. Néanmoins, la sociologie continue à influencer et à stimuler l'histoire sociale. Depuis les années 70, époque où les chercheurs canadiens s'inspirent des idées de l'historien britannique E.P. Thompson sur l' «histoire culturelle», l'ANTHROPOLOGIE commence aussi à influencer les historiens.

On trouve un bon exemple de cette interdisciplinarité dans Modern Canada, 1930-1980 (1984), le vol. V de Readings in Social History, sous la direction de M.S. Cross et G. Kealey, où l'on compte parmi les auteurs cinq historiens, deux sociologues, deux économistes et un politologue. L'application des techniques informatiques à l'analyse historique a permis d'effectuer des généralisations à partir de l'expérience de grands groupes. Les historiens québécois, en particulier, ont mené des études démographiques d'envergure sur les caractéristiques de la population, mais l'ouvrage le plus accompli qui ait été publié reste celui de Michael Katz, The People of Hamilton, Canada West (1975), qui expose les résultats d'une étude importante réalisée à l'aide de l'informatique sur la ville de Hamilton.

Deux séries de livres d'histoire sociale, encore en cours, donnent une idée des objets d'étude des historiens canadiens. La série Social History of Canada (University of Toronto Press) et la série Canadian Social History (éd. McClelland et Stewart) ont toutes deux été créées au début des années 70. La seconde a présenté des études sur la pauvreté à Montréal, l'idéologie des hommes d'affaires du XIXᵉ siècle, les attitudes envers les immigrants, les réformes de l'éducation, l'histoire de la classe ouvrière, de l'enfance, de la médecine et des femmes. La première série, pour sa part, a été entreprise dans le but de réimprimer des livres et des documents importants comme les réflexions de 1918 de Mackenzie KING sur les relations industrielles, Industry and Humanity (1973), et une des premières études sociologiques sur la classe ouvrière montréalaise, celle de H.B. AMES, The City Below the Hill (1897, réimpr. en 1972). Durant les années 80, on commence à publier dans cette série des monographies originales, dont A Darkened House, de Geoffrey Bilson, sur les épidémies de choléra, et l'étude de Judith Fingard sur la vie des marins du XIXᵉ siècle, Jack in Port (1982).

Aux premiers jours de l'histoire sociale canadienne, certains domaines longtemps négligés ont été mis à l'avant-scène, entre autres, l'histoire des femmes. Centre d'intérêt évident pour quiconque cherche à faire l'histoire globale de la société, l'étude des femmes a bénéficié d'un nouvel élan avec la montée du féminisme et l'augmentation du nombre de femmes dans le monde universitaire. Des thèmes allant du DROIT DE VOTE DE LA FEMME au travail des femmes, en passant pas l'idéologie de la reproduction, font l'objet de premières séries sur l'histoire des femmes. P. ex., Women at Work: Ontario, 1850-1930 (1974) et The Neglected Majority (1977), sous la direction de S.M. Trofimenkoff et A. Prentice. Joy Parr traite de l'histoire de l'enfance dans Childhood and Family in Canadian History (1982). Les pratiques et les politiques sur la reproduction sont étudiées par Angus et Arlene Tigar McLaren dans The Bedroom and the State (1986). Un excellent recueil d'articles sur l'histoire des femmes est réalisé sous la direction de Veronica Strong-Boag et Anita Clair Fellman dans Rethinking Canada: The Promise of Women's History (1986). D'autres domaines autrefois négligés attirent de nouveau l'attention. Mentionnons la vie des immigrants (voir IMMIGRATION), les groupes ethniques, les COMMUNICATIONS, l'histoire urbaine (voir ÉTUDES URBAINES), les AUTOCHTONES et l'histoire de la violence au Canada (voir VIOLENCE POLITIQUE).

Depuis les années 60, une partie importante de l'histoire sociale est écrite au Québec sur une grande diversité de sujets par des historiens comme Fernand OUELLET (Histoire économique et sociale du Québec, 1760-1850, 1966; trad. Economic and Social History of Quebec, 1760-1850, 1980); Jean Hamelin sous la direction (Histoire du Québec, 1976); Louise Dechêne (Habitants et marchands de Montréal au XVIIᵉ siècle, 1974) et Jean-Pierre Wallot. L'ouvrage de S.M. Trofimenkoff (The Dream of Nation, 1983; trad. Visions nationales, 1986) constitue un apport de taille à l'histoire sociale du Québec.

Plus que tout autre domaine de l'histoire sociale, l'HISTOIRE DES TRAVAILLEURS connaît du succès tant au Québec que dans le reste du Canada. L'histoire des syndicats, déjà un domaine très étudié, prend encore plus d'importance chez les historiens de la vie ouvrière comme Irving Abella, David Bercuson (Confrontation at Winnipeg, 1974) et Jacques Rouillard (Les Syndicats nationaux au Québec de 1900 à 1930, 1979). Les historiens comme Gregory Kealey (Toronto Workers Respond to Industrial Capitalism, 1980) et Bryan Palmer (dont un de ses ouvrages, Working-Class Experience, 1983), ont fait des incursions dans la vie et la culture de la classe ouvrière, en s'inspirant fortement d'E.P. Thompson. Kealey et Palmer se sont associés pour écrire une étude ambitieuse et globale (Dreaming of What Might Be, 1982) sur les CHEVALIERS DU TRAVAIL.

Aperçu historique La géographie, l'économie, les classes, le sexe, l'ethnicité et les institutions sont les principaux thèmes de la nouvelle histoire sociale. On peut voir leurs interactions dans l'histoire canadienne, plus clairement au début de la pénétration européenne. La population autochtone est divisée en centaines de bandes. En raison de la fragmentation régionale, il est impossible pour les autochtones de s'unir pour contrer les menaces européennes. Au contraire, cette situation engendre des animosités tribales (p. ex., entre les HURONS du centre de l'Ontario et les IROQUOIS du nord de New York), animosités susceptibles d'être exploitées par les Blancs qui cherchent à utiliser les autochtones dans leur lutte pour prendre le pouvoir (voir GUERRES IROQUOISES). À leur tour, ces luttes sont le résultat de rivalités politiques et des besoins économiques de l'Europe en ressources américaines.

Des différences marquées entre les structures institutionnelles amérindiennes et européennes contribuent à définir les rapports entre les deux groupes. Les notions de citoyenneté et de propriété des autochtones sont normalement caractérisées par la souplesse et la conciliation et leur croyance religieuse s'appuie sur la tolérance. C'est pourquoi la plupart des groupes autochtones acceptent les visiteurs français, sont prêts à partager leur territoire et leurs ressources avec les nouveaux venus et se montrent réceptifs à leurs pratiques religieuses et sociales. En revanche, les Blancs ont tendance à être rigides et à pratiquer le prosélytisme religieux. Ils s'empressent d'imposer leurs croyances religieuses aux autochtones ainsi que leurs notions exclusives de propriété et de comportement social auxquelles tous doivent adhérer.

La souplesse des sociétés autochtones se fait sentir par la capacité avec laquelle certaines nations apprennent à mener la TRAITE DES FOURRURES avec les Européens et avec d'autres bandes. Cependant, les sociétés autochtones finissent par s'effriter sous la pression combinée des exigences économiques européennes, des guerres constantes et des maladies européennes qui déferlent sur leurs collectivités. Au moment de la conquête britannique, les Amérindiens de l'est du Canada sont si peu nombreux et si impuissants qu'ils ne constituent plus un facteur important, ni économiquement, ni politiquement.

Sur les cendres de la puissance autochtone s'affrontent les Français et les Britanniques, qui se disputent la suprématie de la colonie depuis le début du XVIIᵉ siècle jusqu'à la capitulation de Québec, en 1759. Chacun est arrivé au Nouveau Monde avec ses velléités impérialistes et ses institutions propres. Les motivations économiques priment, ce qui donne à la première organisation sociale la forme d'un commerce. Jusqu'en 1663, les pouvoirs sur la Nouvelle-France sont concédés à une série de compagnies privées chargées de développer le commerce de la fourrure et d'établir la colonie. Les Anglais, pour leur part, mettent leurs espoirs impériaux dans la COMPAGNIE DE LA BAIE D'HUDSON (constituée en 1670).

Alors que les Français exercent une politique d'exploration, envoyant leurs intermédiaires vers les villages amérindiens pour y faire la traite des fourrures, la compagnie anglaise demande aux autochtones de venir à elle, sur la baie d'Hudson, pour y commercer. Cette différence se traduit notamment par une plus grande fréquence de mariages entre Français et Amérindiennes «à la façon du pays», une pratique vivement découragée par la Compagnie de la baie d'Hudson. De plus, les relations entre les nombreux commerçants de l'Ouest et les Amérindiennes créent une nouvelle société, les MÉTIS. Après que la Conquête a éliminé les Français de la concurrence commerciale, naissent des rivalités entre la Compagnie de la baie d'Hudson et d'autres marchands d'origine britannique, en particulier ceux qui forment la COMPAGNIE DU NORD-OUEST, établie à Montréal. On recourt plus souvent qu'avant à l'alcool et à la violence pour obtenir des fourrures, ce qui a de profondes répercussions sur la cohésion de l'organisation sociale des autochtones.

La Nouvelle-France reste une société ordonnée, du moins dans sa conception. Elle est fondée sur le RÉGIME SEIGNEURIAL, forme de tenure féodale en vertu de laquelle de grandes terres sont concédées à des seigneurs, qui à leur tour procurent des fermes à des agriculteurs. Mais peu de Français des classes inférieures émigrent au Canada (moins de 10 000 dans toute l'histoire de la colonie), et ce petit nombre envisage d'autres choix que de tenir une ferme dans une seigneurie, dont celui de faire la traite des fourrures. Or, le gouvernement doit garder ses gens dans les fermes de la vallée du Saint-Laurent pour nourrir son armée et défendre la Nouvelle-France et comme il éprouve de la difficulté à décourager le commerce des fourrures, il doit rendre la vie seigneuriale attrayante.

On impose des limites sévères aux redevances et aux taxes que les seigneurs peuvent exiger, et on instaure un régime légal (voir CODE CIVIL) protégeant les agriculteurs contre l'oppression féodale. Résultat: l'agriculteur d'ici conserve une plus grande partie du produit de son travail que l'agriculteur européen et s'en trouve plus libre. Le fait que les fermiers de la Nouvelle-France aient rejeté le mot «paysan» pour créer celui d'habitant le démontre (voir COMMUNAUTÉ DES HABITANTS).

L'Amérique du Nord britannique, qui succède à la Nouvelle-France, connaît cependant une croissance très rapide entraînant la création de modèles sociaux plus complexes. Ces derniers sont plus difficiles à cerner, mais leur composition, tout comme dans le cas de la Nouvelle-France, dépend toujours de l'interaction des facteurs institutionnels, géographiques, économiques, ethniques et sociaux. Les plus évidents restent la géographie et son corollaire, le climat. L'Amérique du Nord britannique occupe un vaste continent, qu'elle partage, après la GUERRE D'INDÉPENDANCE AMÉRICAINE, avec un rival sérieux, les États-Unis. Cet élément géographique contribue à transmettre à la société canadienne des courants contradictoires, progressistes et conservateurs.

De nombreux LOYALISTES qui trouvent refuge du côté de l'Amérique du Nord britannique amènent avec eux un profond ressentiment contre les États-Unis, le républicanisme et la démocratie. La GUERRE DE 1812 renforce l'idée de la duplicité, de l'irrationalité et de la menace américaines et les affermit dans leur intention de protéger le Canada contre une éventuelle «contamination» d'idées. Pour ce faire, le régime colonial importé de Grande-Bretagne s'avère un outil conservateur fort adéquat, de même que des institutions comme l'Église d'Angleterre (voir ANGLICANISME) et le très rigide système des classes. Les élites mettent en pratique ces vues conservatrices et sont constituées de groupes comme le Family Compact du Haut-Canada (Ontario), la CLIQUE DU CHÂTEAU du Bas-Canada (Québec) et le CONSEIL DES DOUZE de la Nouvelle-Écosse.

En même temps, les idées et les coutumes américaines font leur chemin au Canada, malgré tous les efforts des tories. En effet, bon nombre d'Américains arrivés au Canada avant 1812 ne sont pas des loyalistes, mais de simples immigrants à la recherche d'une terre et sans motivation politique aucune. D'ailleurs, les loyalistes eux-mêmes ne sont pas moins américains que britanniques; en Grande-Bretagne, on les considère tout aussi susceptibles que les non-loyalistes d'adhérer aux idées américaines d'autonomie gouvernementale. La période coloniale canadienne est caractérisée à la fois par un rejet conscient de l'hégémonie politique des États-Unis et par un refus instinctif de calquer la Grande-Bretagne.

La phase américaine d'immigration se termine vers 1812 et, à compter de 1818, une nouvelle vague d'immigrants britanniques déferle sur le Canada. Les valeurs et les coutumes des Britanniques se mêlent à celles des Américains pour former l'essence de ce que sera le Canada «anglais». La géographie conserve son influence déterminante, si bien que le Canada adopte surtout les idées économiques, les usages commerciaux et la TECHNOLOGIE des États-Unis, et que le succès économique remporté par ces derniers nourrit les rêves des Canadiens anglais. Mais les institutions sociales empruntent souvent les traits des deux cultures. L'individualisme américain, s'il influence les Canadiens, est toutefois teinté par le sens britannique de solidarité de groupe et de classes ainsi que par un système de classes plus visible.

Le Canada français est également touché par l'immigration américaine et britannique. Cependant, cette influence serait plutôt de nature à souligner le caractère distinct de la société canadienne française. Encore une fois, la géographie joue un rôle prédominant. La Conquête plonge le Canada dans un monde «anglais». Au début du XIXe siècle, les territoires seigneuriaux ne suffisent déjà plus à contenir la population croissante, ce qui entraîne une surpopulation et une surexploitation des terres et provoque une baisse du niveau de vie. On abolit le régime seigneurial en 1854, mais trop tard pour sauver la situation agricole du Québec et pour pallier le retard économique du Canada français. La fin du régime seigneurial confère encore plus de prestance aux deux autres institutions garantes du caractère distinctif des Canadiens français (voir CATHOLICISME) et la LANGUE FRANÇAISE.

L'Église est restée étroitement liée à l'identité des Québécois jusqu'aux années 60. Son déclin, avec la sécularisation des temps modernes, laisse ensuite à la langue seule le rôle d'élément distinctif. Les tentatives souvent fébriles des gouvernements québécois des années 60, 70 et 80 d'imposer l'usage du français dans les écoles, en milieu de travail et dans l'affichage, démontrent toute l'importance que revêt ce dernier grand trait identitaire sur un continent nord-américain de plus en plus homogène.

Dans le creuset culturel canadien, l'IDENTITÉ ETHNIQUE et la RELIGION prennent une importance particulière tant pour les Canadiens anglais que pour les Canadiens français. Ainsi, à partir de 1830, l'ORDRE D'ORANGE joue un rôle majeur, marqué par la violence en Ontario, au Québec et au Nouveau-Brunswick. Héraut du protestantisme et d'une loyauté ostentatoire à la Couronne britannique, l'ordre d'Orange canalise les besoins d'identification et de sécurité de bon nombre d'immigrants, en particulier les Irlandais protestants. Par malheur pour la paix sociale, les orangistes étalent leur identité en rabaissant verbalement les catholiques (et souvent les Canadiens français), organisant des parades provocantes et déclenchant de fréquentes émeutes contre eux. L'ordre d'Orange n'en reste pas moins un instrument d'adaptation sociale important pour des centaines de milliers d'immigrants protestants. Ainsi, les liens ethniques et religieux ont estompé jusqu'à un certain point le clivage des classes, voilant des oppositions socioéconomiques qui auraient pu dégénérer en conflits sociaux encore plus intenses.

L'avènement de la société industrielle modifie plusieurs modèles sociaux. La mécanisation fait son apparition dans l'industrie vers 1840; un demi-siècle plus tard, elle domine et donne lieu à une concentration généralisée du pouvoir économique avant la Première Guerre mondiale. Les vieilles élites, nées des besoins économiques et politiques britanniques, cèdent la place aux élites de l'industrie et de la finance, représentées sur la scène politique par des hommes exerçant des professions libérales, surtout des avocats. L'industrialisme crée aussi la classe ouvrière et la réponse organisée – le syndicalisme – au nouvel ordre économique.

Les syndicats, apparus vers 1870, occupent en permanence l'horizon social dès la fin du XIXe siècle. Tout comme l'appareil économique lui-même, le syndicalisme canadien est fortement marqué par l'idéologie et l'exemple américains. Dès 1902, les syndicats «internationaux», basés aux États-Unis, dominent la scène syndicale canadienne. Leur idéologie modérée et apolitique permet d'éviter les conflits de classes au Canada industriel. Toutefois, une situation extrême suffirait à attirer l'attention sur les différences de classes et à mettre en lumière le profond clivage qui existe alors entre le capital et le travail de l'industrialisation. La période d'agitation qui suit la Première Guerre mondiale mène au soulèvement des travailleurs en 1919, centré sur la GRÈVE GÉNÉRALE DE WINNIPEG (tout comme la RÉVOLUTION TRANQUILLE au Québec allait y déclencher un militantisme syndical sans précédent au cours des années 60 et 70).

En général, cependant, le syndicalisme canadien est resté modéré et ouvert à la négociation collective. L'exemple américain, l'idéologie nord-américaine et l'influence d'institutions comme les écoles et les moyens de communication de masse, qui transcendent les classes et inculquent une idéologie sans classes, ont minimisé les conflits sociaux (voir CLASSES SOCIALES).

L'industrialisation a un effet d'uniformisation. Des marchés gigantesques sont créés pour écouler une production de masse, les chemins de fer diffusent biens et idées partout au Canada et les JOURNAUX (plus tard la radio et la télévision) contribuent à atténuer les disparités régionales. Mais la géographie demeure un obstacle de taille. La Confédération semble être la réponse politique logique aux attentes de l'ère du chemin de fer et de l'ère industrielle (voir HISTOIRE DU CHEMIN DE FER). Elle érige des structures politiques et économiques plus vastes et l'on peut ensuite procéder à la réalisation de projets économiques plus ambitieux. Cependant, le caractère régional toujours présent des communautés sociales et économiques fait en sorte que la Confédération, tout comme le Canada lui-même, se révèle un compromis. Il s'agit d'un État fédéral et non unitaire, doté d'un régime parlementaire de type britannique, mais formé de partis politiques plus américains que britanniques (voir FÉDÉRALISME).

L'industrialisation nécessite aussi plus de main-d'œuvre. Après 1897, l'essor économique du Canada encourage des Européens à se joindre au flot habituel d'immigrants américains et britanniques. Les Canadiens, qui, au XIXe siècle, considèrent leur société comme américaine ou britannique (en tout cas anglo-saxonne), se retrouvent au XXe siècle avec une mosaïque culturelle. Ce qui frappe surtout, c'est que les institutions sociales fondamentales n'ont guère eu à s'ajuster à cette diversité ethnique. Les usages économiques et politiques ont continué à respecter les modèles anglo-américains et la classe dirigeante est restée d'inspiration britannique. Avec la proximité des États-Unis, le maintien d'une économie de marché adaptée et la stabilité des institutions sociales, le Canada a pu absorber et assimiler son immigration.

Le Québec, qui connaît la modernisation la plus rapide au Canada après 1960, est également la région la plus affectée par les conséquences sociales de la société de consommation nord-américaine. Chez d'autres groupes, on observe aussi des réactions quelque peu conflictuelles. Si des institutions comme les médias répandent une idéologie commune stabilisatrice, certains groupes défavorisés se rendent compte qu'ils ne tirent pas une juste part des libéralités promises. Les autochtones commencent, surtout vers 1960, à exiger compensation pour les pertes économiques et sociales qu'ils ont subies.

Les revendications des femmes, groupe majoritaire, ont cependant plus de poids. Pendant les années 60, tout comme au Québec et chez les autochtones, les femmes se mettent à réclamer le retrait de certains handicaps. Le système économique a livré les améliorations salariales et les meilleures conditions de travail aux travailleurs, et les médias ne cessent, et avec succès, de chanter les triomphes de la société. Les femmes veulent prendre part au mouvement, et les institutions sociales répondent lentement. On crée une commission royale d'enquête sur la CONDITION FÉMININE en 1967; on met en place des réformes sur les procédures de divorce en 1968; les professions traditionnellement réservées aux hommes s'ouvrent peu à peu aux femmes. Les institutions sociales de base ont été assez solides pour procéder à ces ajustements sans éclater.

Les changements qui s'opèrent au XXᵉ siècle se succèdent à un rythme soutenu. Essentiellement rural jusqu'en 1940, le Canada s'est par la suite urbanisé à l'extrême (*voir* SOCIÉTÉ RURALE AU CANADA ANGLAIS; SOCIÉTÉ RURALE AU QUÉBEC). Ainsi, en 1941, 41 p. 100 des francophones du Québec vivent sur une ferme, contre 6 p. 100 seulement en 1971. La Révolution tranquille est considérablement stimulée par les remous qu'occasionne cette transition. La famille, depuis toujours noyau rhétorique de l'idéologie sociale, paraît en difficulté. Le taux de divorce au Canada monte en flèche après la Seconde Guerre mondiale, surtout après la réforme de la loi sur le divorce en 1968, tandis que le taux de natalité diminue, notamment au Québec. Pourtant, les modèles demeurent remarquablement stables. En dépit de l'affluence nouvelle des femmes sur le marché du travail dans les années 80, le fossé salarial entre les deux sexes n'a pas régressé. Beaucoup plus de mariages se terminent par un divorce, mais la plupart des Canadiens choisissent toujours de se marier. Malgré la baisse des emplois agricoles au profit des emplois urbains, la répartition des richesses au Canada s'est peu modifiée. Les richesses restent mal distribuées sur le plan géographique, la région atlantique étant la plus faible économiquement.

La géographie qui préserve les différences régionales et économiques demeure un solide pilier. Les classes sociales et les institutions ont évolué, et on accorde une place grandissante aux spécialistes qui répondent à des besoins sociaux plus complexes. Malgré tout, des études comme celles de John PORTER (MOSAÏQUE VERTICALE, 1965) et de Wallace Clement (*The Canadian Corporate Elite*, 1975) notent une remarquable continuité parmi les groupes qui ont exercé le pouvoir économique et social au Canada. L'influence relative de la religion organisée dans la société canadienne s'est atténuée, encore une fois surtout au Québec. Les fraternités et les sociétés secrètes ont perdu de leur ascendant après la Seconde Guerre mondiale, à mesure que les causes religieuses et impériales qu'elles défendaient revêtaient moins d'importance. La visite d'un pape au Canada en 1900 aurait déclenché des émeutes fanatiques; en 1984, elle est l'occasion de réjouissances dans un pays dont près de la moitié est catholique. La perte de prépondérance des organismes bénévoles s'explique aussi en partie par l'ÉTAT PROVIDENCE, caractérisé par la prise en charge par le gouvernement du secours aux nécessiteux, des services de placement et de formation, de l'éducation, de l'adaptation sociale et d'une myriade d'autres rôles sociaux auparavant joués par les sociétés de bienfaisance et les communautés religieuses et ethniques. Malgré tout, les modèles sociaux et institutionnels au sein desquels ces modifications ont eu cours sont toujours ceux du compromis anglo-américain, à la base de la société canadienne.

(*Voir aussi* ENFANCE, HISTOIRE DE L'; MALADIE; ÉPIDÉMIES; CRISE DES ANNÉES 30; CONTESTATION POLITIQUE; DOCTRINE SOCIALE DE L'ÉGLISE CATHOLIQUE; MOUVEMENT SOCIAL GOSPEL; TEMPÉRANCE, MOUVEMENT POUR LA.)

Michael S. Cross

Historiographie Ensemble des publications traitant du passé et écrites par les historiens, écriture de l'histoire. L'historiographie n'est pas l'«histoire» en tant que telle, mais elle reste inévitablement liée au cadre historique dans lequel elle s'est produit. Par conséquent, l'étude sérieuse de l'histoire exige une connaissance approfondie des conditions historiques

et des hypothèses sociales qui entourent les événements et qui donnent lieu à de différentes interprétations historiographiques.

Au Canada, l'historiographie s'est développée autrement chez les anglophones et les francophones, mais il existe toutefois des similarités. L'histoire, autrefois écrite par des amateurs, finit par l'être surtout par des chercheurs professionnels, tant chez les anglophones que chez les francophones. Les deux historiographies ont bénéficié de la création d'organismes nationaux comme les ARCHIVES NATIONALES DU CANADA et la SOCIÉTÉ ROYALE DU CANADA. Les méthodes pour consigner les faits historiques diffèrent toujours, de même que le champ d'études, mais congrès et revues fournissent maintenant des occasions de partager les documents, les connaissances et la méthodologie propres à l'historiographie.

Historiographie en français

Plusieurs ouvrages publiés en France aux XVIIᵉ et XVIIIᵉ siècles sur le Canada s'intitulent *Histoire*. Rédigés par des Français qui n'ont souvent fait qu'un bref séjour en NOUVELLE-FRANCE, ces écrits ont profondément marqué l'historiographie canadienne-française. Ils ont fourni des renseignements uniques sur des événements dont les auteurs ont été témoins et de précieuses descriptions de la vie des colons et des autochtones.

Dans la production historiographique des XVIIᵉ et XVIIIᵉ siècles, il faut faire une place à part à *Histoire et description générale de la Nouvelle-France*, ouvrage publié à Paris en 1744, du jésuite Pierre-François-Xavier de CHARLEVOIX. Historien ayant déjà publié des ouvrages, l'auteur connaît la Nouvelle-France, où il séjourne de 1705 à 1709. Il y retourne de 1720 à 1722 et il voyage de Québec à la Nouvelle-Orléans par la vallée du Mississippi. L'*Histoire* extrêmement bien documentée de Charlevoix suit fidèlement le cours des événements politiques, militaires et religieux du début du XVIᵉ siècle jusqu'à 1736. Pendant cent ans, elle restera la meilleure histoire de la colonie française.

Les Canadiens cultivent peu le genre historique jusqu'au début du XIXᵉ siècle. Les luttes parlementaires et la prise de conscience du NATIONALISME CANADIEN-FRANÇAIS suscitent alors l'éclosion de travaux d'historiens. Le Montréalais Michel Bibaud, écrivain aux talents variés, fait paraître une *Histoire du Canada* (en trois volumes publiés de 1837 à 1878) non sans mérite documentaire et littéraire. D'esprit conservateur, l'auteur juge sévèrement les nationalistes canadiens-français et surtout Louis-Joseph Papineau.

En 1845 paraît à Québec le premier tome de l'HISTOIRE DU CANADA DEPUIS SA DÉCOUVERTE JUSQU'À NOS JOURS de François-Xavier GARNEAU. Deux autres tomes suivent en 1846 et en 1848. L'*Histoire* de Garneau connaît huit éditions en un siècle et reste incontestablement le plus important ouvrage de l'historiographie de langue française au Canada. Il y exprime l'idéal des nationalistes canadiens-français jusqu'au milieu du XXᵉ siècle et peint de vives couleurs l'épopée de la Nouvelle-France, racontant avec chaleur les exploits des découvreurs, des COUREURS DE BOIS et des missionnaires français. Il célèbre les hauts faits militaires des Français et des Canadiens qui défendent leur pays contre les Anglais et, plus tard, les Américains.

La CONQUÊTE ne marque pas la fin de la lutte pour les Canadiens. Des champs de bataille, le combat se transporte au Parlement à partir de 1791. Ce schéma, qui fait d'une lutte perpétuelle pour la survivance le fil conducteur de l'histoire du Canada, marque toute l'historiographie canadienne-française jusqu'à nos jours. Garneau n'approuve pas les RÉBELLIONS DE 1837-1838, mais il se montre sévère envers la politique de la métropole britannique à l'égard des Canadiens. Il condamne vigou-

reusement l'ACTE D'UNION comme un geste visant à anéantir la nation canadienne-française. Autodidacte, Garneau ne néglige rien pour se documenter aux sources officielles accessibles et aux publications existantes. Il écrit son *Histoire* en s'inspirant de modèles comme l'historien français Augustin Thierry, son auteur préféré. De ce dernier, Garneau tire la théorie de l'antagonisme des races comme moteur de l'histoire.

Garneau révèle aux Canadiens français la fécondité de l'histoire comme facteur d'identité nationale. Dans cette foulée, l'idéologie conservatrice qui domine le Québec du milieu du XIXᵉ siècle aux années 1960 favorise la multiplication d'écrits historiques exaltant un passé national et religieux. Dans leurs synthèses et leurs monographies, les prêtres-historiens Jean-Baptiste-Antoine Ferland, Étienne-Michel Faillon et Henri-Raymond CASGRAIN font une place de choix aux grandes figures du passé religieux de la Nouvelle-France.

Ces auteurs complètent ainsi l'*Histoire* de Garneau, écrite dans une perspective trop laïque à leurs yeux. De l'abondante littérature historique de la seconde moitié du XIXᵉ siècle se détachent quelques œuvres majeures comme l'*Histoire de la seigneurie de Lauzon* de Joseph-Edmond Roy (cinq volumes publiés de 1897 à 1904), qu'on lit encore aujourd'hui avec profit.

Deux historiens dominent la scène historiographique de la première moitié du XXᵉ siècle: Thomas Chapais et l'abbé Lionel GROULX. Le premier s'est fait connaître comme historien par des biographies de personnages clés de l'histoire de la Nouvelle-France: l'intendant TALON et le général MONTCALM. Cependant, c'est son *Cours d'histoire du Canada* (huit volumes publiés de 1919 à 1934) qui demeure son œuvre majeure. Donné sous forme de conférences publiques à l'U. Laval, le Cours couvre la période s'étendant de la Conquête à la Confédération.

Chapais reprend l'*Histoire* de Garneau avec rigueur et dispose d'une documentation beaucoup plus riche. Comme ses contemporains, il profite de la création et du développement, à la fin du XIXᵉ siècle, des Archives publiques à Ottawa. Le Cours de Chapais reste encore la référence obligatoire pour quiconque étudie l'histoire politique et parlementaire de cette période. Ses jugements sévères sur les PATRIOTES et sa bienveillance envers les politiques britanniques lui ont valu des détracteurs, dont le plus célèbre est l'abbé Lionel Groulx.

En 1915, l'abbé Groulx inaugure la chaire d'histoire du Canada sur le campus de l'U. Laval à Montréal (qui deviendra plus tard l'U. de Montréal). En quelques années, il s'impose comme l'historien par excellence du Canada français et le seul dont la renommée rappelle celle de Garneau. Les intellectuels canadiens-français discutent passionnément de chacun de ses ouvrages. Il réussit la synthèse la plus achevée de l'idéal nationaliste de Garneau et de l'idéologie catholique traditionnelle. L'*Histoire du Canada français depuis la découverte* (quatre volumes publiés de 1950 à 1952) résume merveilleusement bien l'essentiel de son œuvre.

Gustave Lanctôt, archiviste aux Archives publiques, laisse une œuvre moins brillante que celle de Groulx, mais fort estimable à l'époque. Son ouvrage le plus important, une *Histoire du Canada* en trois volumes, parus de 1959 à 1964, traite du régime français. Le plus prolifique des historiens canadiens-français, Robert RUMILLY, est surtout connu pour sa monumentale *Histoire de la Province de Québec* en 41 volumes (1940-1969), qui s'étend de 1867 à 1945. De lecture facile, faisant une large part à l'anecdote et fondée avant tout sur des sources primaires imprimées comme les journaux, l'*Histoire* de Rumilly reste le point de départ de toute étude de la période. Il s'est aussi intéressé à l'histoire des Acadiens (*voir* ACADIE) et des FRANCO-AMÉRICAINS.

Après la Seconde Guerre mondiale, l'historiographie adopte une nouvelle orientation au Canada français. En 1947, sont créés les instituts d'histoire à l'U. Laval et à l'U. de Montréal, sur le modèle des départements d'histoire des universités américaines et européennes, et confiés à des professeurs formés aux méthodes scientifiques de la pratique historienne.

De l'abondante production historique depuis 1945 se détachent plusieurs œuvres déterminantes. Les disciples de Groulx produisent une histoire détachée de l'idéologie religieuse et débouchant sur des prises de position fermes sur le plan politique. Les écrits et l'enseignement d'un Maurice SÉGUIN, d'un Guy FRÉGAULT ou d'un Michel BRUNET, p. ex., ont largement inspiré la pensée souverainiste des années 60. L'établissement de l'histoire à titre de discipline universitaire a mené à une plus grande rigueur critique dans le travail historique. Les abondants et méthodiques travaux d'un Marcel Trudel et son enseignement illustrent bien ce courant.

C'est cependant de la rencontre des sciences sociales et de l'historiographie que sont issus les travaux les plus féconds depuis les années 60. En 1966, Fernand OUELLET publie son *Histoire économique et sociale du Québec, 1760-1850. Structures et conjonctures.* Sa conception globale, qui intègre l'économique et le social avec beaucoup plus d'audace qu'on l'a fait jusque-là, ses conclusions percutantes qui amoindrissent le rôle de la Conquête dans l'infériorité économique des Canadiens français ont fait de son livre un ouvrage majeur chez les intellectuels du Québec. Dans ses ouvrages suivants, il affine sa méthode et alimente à lui seul de nombreux et féconds débats avec ses collègues historiens comme Jean-Pierre Wallot. *Habitants et marchands de Montréal au XVIIᵉ siècle,* publié en 1974 par Louise Dechêne, est un autre exemple d'une histoire renouvelée qui sait s'inspirer des meilleures méthodes historiographiques de notre temps.

Pierre Savard

Historiographie en français depuis 1970 À partir de 1970, l'historiographie canadienne-française se situe à la fois dans le prolongement et en rupture avec l'historiographie précédente. Il ne faudrait pas croire que tout commence avec les nouvelles générations et que plus rien du passé historiographique n'existe. Au contraire, les acquis antérieurs demeurent précieux. Toutefois, reflétant sans doute les mutations du Québec contemporain, l'historiographie présente maintenant une nouvelle image du Québec. Tandis qu'auparavant on avait très souvent mis l'accent sur la singularité de l'expérience historique québécoise (et surtout canadienne-française), les plus récents travaux manifestent une nette tendance à marquer les similitudes de l'évolution du Québec avec celle des autres sociétés.

Aux préoccupations politiques et nationales qui caractérisaient la majorité des écrits historiques, l'historiographie du dernier quart du XXᵉ siècle a, sur la lancée des pionniers en histoire sociale, ajouté de plus en plus les dimensions économiques, sociales et culturelles au sens large. L'histoire d'une nation dont on soulignait l'harmonie, la continuité et l'homogénéité évolue graduellement vers l'histoire d'une communauté plus diversifiée, conflictuelle, et accueillant, avec plus ou moins de facilité, le changement.

Avec l'extension du réseau universitaire et le développement de centres de recherche, on assiste à l'explosion du nombre d'historiens et d'historiennes de métier, de même qu'à celle des champs d'étude. Un fort contingent de praticiens des autres disciplines des sciences sociales participe aussi à l'écriture de l'histoire. La fréquentation des géographes, des sociologues, des économistes, des politologues, des anthropologues et des démographes s'avère fructueuse et enrichissante pour les historiens. Notons aussi que la recherche et l'enseignement en histoire s'effectuent maintenant en grande majorité par des laïcs. Le travail collectif caractérise la nouvelle pratique de l'histoire. Certains travaux d'envergure peuvent ainsi être entrepris par des équipes multidisciplinaires de chercheurs, tel le groupe étudiant l'histoire de la région du Saguenay. Des équipes de spécialistes se penchent également sur l'histoire de la Mauricie, sur celle des femmes, des travailleurs ou du monde des affaires, sur l'histoire du livre et de l'imprimé, pour ne citer que quelques exemples. La publication d'ouvrages collectifs est fréquente, et nombreux sont les articles et les livres signés conjointement par deux ou trois auteurs.

La production des historiens francophones reste très majoritairement centrée sur le Québec ou le Canada français, tandis que les historiens du Canada anglais s'intéressent davantage à l'histoire du Québec. Cependant, les contacts entre les deux historiographies sont plus fréquents qu'auparavant. Par ailleurs, il faut souligner l'accroissement marqué de l'intérêt pour la période contemporaine, tant de la part des chercheurs que des étudiants.

Accompagnant un certain pluralisme dans la société québécoise actuelle, l'historiographie récente offre un éventail de points de vue idéologiques: néo-nationaliste ou antinationaliste, marxiste ou libérale, féministe ou non, moderniste ou traditionnelle, etc. Toutefois, au-delà de cette diversité, l'histoire professionnelle se distingue par son ambition de comprendre l'évolution historique de l'ensemble de la société. L'histoire sociale, déjà amorcée, se poursuit donc avec vigueur et marque particulièrement les nouveaux champs de recherche, comme l'histoire des femmes, celle du travail, la démographie historique et les histoires rurale, urbaine ou régionale. L'histoire sociale renouvelle aussi les champs de recherche plus anciens: l'histoire économique s'oriente davantage vers la socioéconomie, l'histoire des idées s'est transformée en histoire des idéologies et l'histoire politique délaisse quelque peu la seule étude des politiciens singuliers pour étudier davantage les politiciens dans leurs relations avec les partis, l'État et la société. Il faut enfin noter que les travaux offrant des perspectives globales se font assez rares, au profit des monographies spécialisées.

Les revues savantes font place à ces changements, tant les plus anciennes comme la *Canadian Historical Review* ou *La Revue d'histoire de l'Amérique française* que les nouvelles comme *Histoire sociale/Social History, Labour/Le Travail* ou la *Revue d'histoire urbaine/Urban History Review.* Les mémoires de maîtrise et les thèses de doctorat sont plus nombreux que jamais, et ces recherches sont diffusées dans des colloques divers et des congrès de sociétés savantes. L'INSTITUT D'HISTOIRE DE L'AMÉRIQUE FRANÇAISE demeure toutefois le carrefour principal des historiens spécialistes du Québec.

Objets de recherche nouveaux ou éternels, nouvelles problématiques et méthodologies perfectionnées, l'historiographie du Québec et du Canada français est en pleine effervescence. D'une certaine manière, avec des professeurs et des chercheurs actifs dans les départements universitaires et dans les instituts de recherche, avec des sociétés savantes et des regroupements professionnels divers, avec des publications spécialisées et, en général, une plus large diffusion orale et écrite, l'histoire s'est davantage institutionnalisée comme discipline scientifique. Toutefois, cette histoire souvent stimulante reste encore jeune. Comme toujours, il y a du moins bon et du meilleur dans cette production. Ce qui frappe pourtant le plus, c'est que, contrairement aux périodes antérieures, on peut de moins en moins identifier les chefs de file. Ou plutôt, c'est maintenant par dizaines que se comptent, en histoire du Québec et du Canada français, les bons historiens.

Fernande Roy

Historiographie en anglais L'historiographie canadienne en langue anglaise apparaît pratiquement en même temps que la colonisation de l'Amérique par les Britanniques. Exercée par d'enthousiastes amateurs, elle se développe en région, par nécessité. Elle tente moins d'examiner le passé (car prévaut alors l'idée, empreinte d'eurocentrisme, que le Canada n'a pas d'histoire «véritable») que de dépeindre la géographie du pays, compiler des statistiques sociales et économiques et noter les progrès politiques de façon à encourager la colonisation et les investissements. Au mieux, on considère l'historiographie comme un genre littéraire, descriptif plutôt qu'analytique, visant à promouvoir le développement des colonies.

Le premier exemple est une publication anonyme parue à Londres en 1749, *A Geographical History of Nova Scotia.* D'autres comptes rendus similaires suivent, dont le plus important est celui de Thomas Chandler HALIBURTON, *An Historical and Statistical Account of Nova Scotia* (1829), prospectus destiné à encourager les relations suivies avec la mère patrie.

D'autres colonies et régions de l'Amérique du Nord britannique contribuent à ce genre littéraire pendant leur période de formation. Lorsque les Européens entreprennent la colonisation des PRAIRIES OCCIDENTALES, dans les années 1870, des ouvrages comme *Red River* (1871), de Joseph James Hargrave, et *Manitoba* (1882), de George Bryce, font de la propagande pour les colonies, mais reflètent en plus un sentiment d'appartenance naissant. D'une certaine façon, le fait d'insister sur un passé distinct dans l'Ouest est une réaction à la prolifique historiographie rédigée au XIXᵉ siècle par les habitants de l'Ontario.

Dans la région aujourd'hui devenue l'Ontario, la première publication équivalant à l'*Histoire du Canada* de François-Xavier Garneau est *The History of Canada from Its First Discovery to the Present Time* (1855), de John Mercier McMullen. À la différence de Garneau, ce dernier met l'accent sur les conséquences «positives» du RAPPORT DURHAM de 1839: le bien-fondé et la nécessité du progrès matériel, du développement commercial, des institutions parlementaires britanniques et de l'autonomie politique des colonies. Dans cette perspective, le Canada-Ouest (Ontario) est perçu à la fois comme le présage et le gardien de telles vertus. D'autres régions sont mises en marge, puisqu'on considère qu'elles font obstacle, le Québec p. ex., ou qu'elles sont le lieu d'une possible expansion de l'Ontario (l'Ouest canadien). On ignore presque totalement les colonies des Maritimes.

Vers la fin du XIXᵉ siècle, le progrès de l'Ontario prête une certaine légitimité à cette perspective du Canada central. La CONFÉDÉRATION, en 1867, fait du passé de l'Ontario celui de la nation. Les auteurs ontariens, obsédés par le progrès, la préservation des liens avec l'Angleterre et le GOUVERNEMENT RESPONSABLE continuent leur propagande, mais leurs écrits adoptent désormais la perspective de la destinée nationale. Au milieu des années 1880, le journaliste John Charles Dent compte à son actif deux livres louangeant le progrès né de la modération politique: *The Last Forty Years* (1881) et *The Story of the Upper Canada Rebellion* (1885).

Au cours de la décennie suivante, un autre grand amateur, l'ingénieur William Kingsford, publie un imposant ouvrage en dix volumes, *History of Canada* (1887-1898), qui met l'accent sur le développement d'un gouvernement autonome local en dehors des structures du pouvoir impérial. À la fin du siècle, l'écriture de l'histoire canadienne reste l'apanage des amateurs de littérature comme William KIRBY (*The Golden Dog,* 1877), Charles MAIR (*Tecumseh, A Drama,* 1886) et Charles G. D. ROBERTS (*History of Canada,* 1897).

Toutefois, on assiste à l'émergence d'institutions qui favorisent une professionnalisation graduelle qui empiète sur cette approche romantique de l'écriture historique. En fin de compte, cela provoquera un changement profond. L'accent n'est plus mis sur la qualité littéraire, mais sur la discipline professionnelle. Créée en 1882, la Société royale du Canada offre à ses membres une première occasion de lire et de publier des articles savants. Le développement rapide des cours offerts par les universités canadiennes-anglaises, de 1880 à 1920, contribue aussi à la formation de professionnels.

En 1880, le directeur de l'U. McGill, J. W. DAWSON, écrit qu'un homme instruit peut acquérir une connaissance générale de l'histoire «de façon agréable et facile par des lectures individuelles». Une méthode spécialisée, pense-t-on, peut être acquise simplement en ayant une connaissance plus approfondie des langues et de la littérature, sans obligatoirement passer par l'étude de documents historiques. Dès 1900, cependant, l'étude de l'histoire est dissociée de l'étude des lettres classiques, de la littérature anglaise et de l'économie politique, auxquelles elle était associée auparavant.

Dans les années 1890, des chaires d'histoire canadienne existaient déjà à l'U. de Toronto et à l'U. Queen. Ailleurs, des professeurs d'histoire enseignent également la discipline, notamment à l'U. du Manitoba et à l'U. Dalhousie. Les romans historiques de l'historien américain Francis Parkman (tel *Montcalm and Wolfe,* deux volumes publiés en 1884) et l'analyse critique de Goldwin SMITH (*Canada and the Canadian Question,* publiée en 1891) ont alors déjà démontré que l'histoire du Canada ne fait pas nécessairement preuve d'étroitesse ou n'est pas forcément sans importance.

À l'U. de Toronto, George WRONG combine le récit moraliste et l'examen sérieux des sources primaires, en particulier dans *A Canadian Manor and its Seigneurs* (1908). George Bryce, de l'U. du Manitoba, fait de même dans *Remarkable History of the Hudson's Bay Company* (1900).

Les efforts continus de Wrong et de Bryce pour séparer l'écriture historique du simple attachement au passé restent probablement tout aussi importants. Bryce joue un rôle positif dans la Historical and Scientific Society of Manitoba (fondée en 1879), et, en 1897, Wrong a déjà créé la *Review of Historical Publications Relating to Canada* à l'U. de Toronto. Les deux hommes consacrent leur énergie à introduire les principes de la critique des sources dans l'historiographie canadienne. L'approche de Kingsford est maintenant jugée fondamentalement inadéquate à cause du peu de références aux documents d'archives et de sa perspective interprétative sans substance.

Avec la création, en 1872, des Archives publiques du Canada (*voir* ARCHIVES NATIONALES DU CANADA), sous la direction de Douglas Brymner, on a encore moins d'excuses pour ne pas consulter les sources manuscrites et officielles de base. Ce nouveau souci de vérifier les données empiriques est exprimé dans les ouvrages d'Adam SHORTT, professeur d'histoire canadienne à l'U. Queen, du début des années 1890 à 1907.

D'abord, dans une série d'études sur les institutions économiques et financières du Canada, puis dans CANADA AND ITS PROVINCES (23 volumes publiés de 1913 à 1917), qu'il conçoit et dirige avec Arthur Doughty, qui succède à Brymner comme archiviste fédéral, Shortt refuse de s'engager dans la morale nationaliste qui caractérise les publications de Bryce et de Wrong. De plus, *Canada and Its Provinces,* qui porte principalement sur la croissance du Canada en tant qu'État-nation, demeure sensible au régionalisme historique et à l'«histoire provinciale». Comme ses professeurs, philosophes idéalistes qui l'ont influencé à l'U. Queen, Shortt cherche à réconcilier la multiplicité et l'unité, sans ébranler l'importance de l'un ou l'autre.

Par contre, cet engouement des nouveaux historiens universitaires pour la vérification empirique et le jugement «objectif» durant les deux premières décennies du XXe siècle ne marquent aucunement la fin de la méthode littéraire. Les hommes de lettres se tournent plutôt vers la BIOGRAPHIE, encouragés par la décision de l'éditeur torontois George Morang de créer une série de biographies en de nombreux volumes, The Makers of Canada, mettant l'accent sur des personnages importants de l'histoire du Canada.

La première série et l'index, publiés de 1903 à 1911, sont écrits par des universitaires et des non-spécialistes. Ces textes marquent l'apogée du culte du héros prôné par Carlyle et du progressisme whig. Les articles traitent presque tous des «pères fondateurs» du Canada, en général, dans le domaine politique. On les décrit comme les artisans de l'indépendance et du futur du Canada en tant que nation et non comme les personnages de son passé colonial. Par conséquent, Egerton RYERSON peut faire partie des sujets de la série, mais l'évêque anglican John STRACHAN ne le peut pas.

On n'admet pas davantage d'articles critiquant sérieusement ces «artisans». Lorsque William Dawson LESUEUR, un des rédacteurs de la série, soumet un manuscrit critiquant William Lyon MACKENZIE, on rejette son texte sans ambages. Cela se produit 71 ans avant qu'on publie ce texte représentant la première biographie historique «moderne» au pays, intitulée *William Lyon Mackenzie: A Reinterpretation* (1979).

Dans les années 20, malgré un large appel au sentiment nationaliste, ce genre de biographie historique ne correspond déjà plus au travail des historiens professionnels, formés de plus en plus aux écoles d'études supérieures britanniques et américaines. En 1922, on fonde la SOCIÉTÉ HISTORIQUE DU CANADA et sa revue, CANADIAN HISTORICAL REVIEW, laquelle supplante celle de Wrong, *Review of Historical Publications.*

À cette époque, les Canadiens anglais ressortent de la Première Guerre mondiale avec un détachement nouveau à l'égard de l'Empire britannique. Un attachement affectif existe encore, mais le sentiment que le Canada devra bientôt déclarer son indépendance complète, mise à part son allégeance à l'Empire britannique, fait surface. La relation entre l'Empire et la nation deviendra la préoccupation de la prochaine génération et d'un plus grand nombre d'historiens professionnels de langue anglaise.

L'entre-deux-guerres donne lieu à la publication de plusieurs livres importants pour comprendre le statut complexe du Canada sur le plan international. Deux des plus remarquables sont *The Constitution of Canada* (1922), de William Paul McCLURE KENNEDY, et *Empire and Commonwealth* (1929), de Chester Martin. La montée d'une forme autonomiste de nationalisme et la reconnaissance des États-Unis comme puissance mondiale constituent deux des conséquences de la Première Guerre mondiale.

Ainsi, certains historiens entreprennent l'étude des RELATIONS CANADO-AMÉRICAINES. De jeunes historiens canadiens, comme Arthur LOWER et F.H. UNDERHILL, influencés par les historiens progressistes américains Frederick Jackson Turner et Charles A. Beard, font ressortir les traits géographiques, politiques et économiques communs à ces deux pays qui partagent le même continent.

L'interdépendance économique et culturelle croissante des deux pays accroît la crédibilité de ce point de vue. Des livres à caractère internationaliste et à structure comparative sont publiés, notamment ceux de John Bartlet BREBNER: *New England's Outpost* (1927), *The Explorers of North America 1492-1806* (1933) et *The Neutral Yankees of Nova Scotia* (1937). Les recherches visant à établir des liens continentaux prennent une tournure populaire avec la série de conférences du journaliste J.W. DAFOE intitulée *Canada: An American Nation* (1935).

De plus en plus, on se sert des différentes catégories d'analyse de l'histoire américaine pour donner une nouvelle dimension au passé du Canada. Cette tendance s'intensifie lorsque des universitaires américains entreprennent l'étude des relations canado-américaines. L'expression la plus volumineuse de ce CONTINENTALISME reste sans doute la série de 25 volumes de la société Carnegie portant sur les relations canado-américaines, préparée par des universitaires des deux pays, sous la direction de James T. Shotwell, et publiée de 1936 à 1945. En 1945, Brebner en publie un résumé intitulé *North Atlantic Triangle.*

Le désir de connaître l'impact des facteurs environnementaux sur l'histoire du Canada domine les études historiques de l'entre-deux-guerres. Ainsi, Underhill insiste sur l'axe nord-sud des liens politiques et économiques continentaux, tout comme Goldwin Smith, son mentor intellectuel, l'a fait avant lui.

Une forme différente de déterminisme de l'environnement est lancée par un économiste politique de l'U. de Toronto, Harold INNIS. Dans une série d'études détaillées sur l'histoire de l'économie canadienne (surtout dans *The Fur Trade,* 1930), ce dernier établit peu à peu ce qui deviendra la THÉORIE DES PRINCIPALES RESSOURCES. Selon ce raisonnement complexe, préparé avec un minutieux souci du détail historique, les déterminants matériels et économiques fondamentaux de l'histoire canadienne restent ceux qui lient l'économie de l'arrière-pays canadien aux principales métropoles européennes, surtout britanniques (*voir* METROPOLITAN-HINTERLAND, THÈSE).

Les rapports de réciprocité entre l'exploitation des produits canadiens et les demandes européennes ont créé un axe transatlantique est-ouest qui transcende l'ordre continental nord-sud. Les autres aspects de l'évolution historique comme la culture, la politique et la croissance urbaine sont à ses yeux secondaires.

Son interprétation apporte un fait tangible pour les historiens canadiens en désaccord avec le point de vue continentaliste consistant à demeurer environnementaliste tout en insistant sur les liens économiques et culturels avec l'Europe, surtout avec la Grande-Bretagne. THE COMMERCIAL EMPIRE OF THE ST. LAWRENCE, de Donald CREIGHTON, publié en 1937, en constitue une preuve éloquente. Ce fructueux ouvrage doit beaucoup à l'attention portée par Innis au caractère transatlantique de l'exploitation des produits essentiels, mais l'ouvrage s'attarde principalement sur la situation centrale du FLEUVE SAINT-LAURENT et sur les marchands coloniaux qui ont façonné, après la Conquête, l'économie transcontinentale.

Ainsi est née la THÈSE LAURENTIENNE, une interprétation dominant l'histoire canadienne jusque dans les années 60. Creighton s'étend davantage sur le sujet, plus particulièrement dans sa magistrale biographie intitulée *John A. Macdonald* (deux volumes publiés de 1952 à 1955), dans laquelle Macdonald devient l'incarnation même de la volonté nationale. Sa grande réalisation, la construction du CANADIEN PACIFIQUE, marque le prolongement intercontinental de l'empire du Saint-Laurent jusqu'à l'océan Pacifique. Une grande partie de l'intérêt des œuvres de Creighton dans les années 40 et 50 vient de ce qu'il réussit à combiner avec habileté l'initiative et la volonté aux facteurs économiques et sociaux ou, pour employer ses termes, à combiner «caractères» avec «circonstances».

Creighton a profondément influencé ses contemporains. Avec *Dominion of the North* (1944), *Canada's First Century* (1970) et d'autres ouvrages, la thèse laurentienne demeure au premier plan des interprétations du processus d'édification du Canada. Sa biographie de Macdonald redonne à ce genre littéraire sa valeur historique. D'autres universitaires produisent des études majeures portant sur des personnages négligés, notamment J.M.S. CARELESS (*Brown of The Globe,* deux volumes publiés de 1959 à 1963) et Roger Graham (*Arthur Meighen,* trois volumes publiés de 1960 à 1965).

De fait, en 1960, la biographie politique est devenue le genre littéraire dominant en histoire au Canada anglais, d'une part grâce à la force littéraire extraordinaire du *Macdonald* de Creighton et d'autre part à cause de la réaction de la génération d'après-guerre à l'austérité et aux restrictions du déterminisme économique mis de l'avant en sciences sociales. Au milieu du siècle, l'histoire du Canada se rattache encore fortement aux sciences humaines.

L'«école laurentienne» a cependant ses critiques. L'essai de W.L. MORTON, «*Clio in Canada: the Interpretation of Canadian History*», paru en 1946, s'avère une véritable condamnation de l'hégémonie et de l'exploitation exercée par le «laurentianisme» dans les régions autres que le centre du Canada. Par des écrits comme *The Progressive Party in Canada* (1950) et *Manitoba* (1957), Morton contribue largement à l'histoire d'une région négligée par les historiens de l'école laurentienne (mis à part son rôle dans l'arrière-pays), tout comme G.F.G. STANLEY l'a fait plus tôt dans *The Birth of Western Canada* (1936).

Cependant, dans les années 60, les hypothèses de l'école laurentienne sont codifiées pour la nouvelle génération dans *Canadian Centenary Series*, sous la direction de Morton et de Creighton et dont les 19 volumes prévus traitent en détail de l'histoire du Canada.

Dans les années 60 et au début des années 70, l'augmentation phénoménale du nombre d'universités et particulièrement des facultés d'études supérieures modifie radicalement l'orientation de l'historiographie canadienne. L'aide financière du CONSEIL DES ARTS DU CANADA (et plus tard celle du CONSEIL DE RECHERCHES EN SCIENCES HUMAINES DU CANADA) facilite grandement la recherche, la rédaction de travaux et la publication universitaire. Les diplômés des universités «régionales» se dirigent vers l'étude de la classe urbaine, ethnique et ouvrière ou vers l'historiographie féministe, et ce, souvent dans un cadre régional. La production historique à l'échelle internationale, notamment celle de la «nouvelle histoire sociale» dans les années 60, influence sensiblement ces universitaires dont les études adoptent souvent un cadre analytique qui remet en question les relations sociales et économiques du système capitaliste.

Des revues spécialisées comme *Acadiensis*, *B.C. Studies*, *Labour/Le Travail* et *Urban History Review/Revue d'histoire urbaine* reçoivent un accueil enthousiaste de la part de la communauté des chercheurs. À la fin des années 70, les tentatives antérieures de «synthèse nationale» deviennent la cible de plusieurs critiques. On leur reproche de ne pas rendre compte des caractéristiques régionales et d'accorder une importance démesurée aux anglophones et aux francophones de la classe moyenne ainsi qu'à leurs représentants politiques. L'étude de Carl Berger sur les historiens nationaux, intitulée *The Writing of Canadian History* (1976), demeure le point culminant de cette époque.

Depuis le milieu des années 70, les historiens se penchent sur les nombreuses «identités restreintes» dont l'importance a déjà été signalée par J.M.S. Careless et Ramsay Cook. L'historiographie des régions, du genre (rapports sociaux de sexe), des classes sociales, des villes et des communautés ethniques est toujours florissante. Celle de la nation, quel que soit le sens que les historiens lui donnent maintenant, est largement délaissée. Peu d'œuvres d'histoire «nationale», politique ou constitutionnelle sont écrites, et un thème comme la «Confédération», sujet privilégié par la profession dans les années 50 et 60, ne réussit pas à soulever l'intérêt d'interprètes historiques importants.

Les résultats sont équivoques et ironiques. Les étudiants de l'histoire du Canada connaissent beaucoup mieux les particularités de leur passé collectif, mais l'absence de toute nouvelle synthèse majeure de ce savoir important signifie que l'engouement des chercheurs pour les «identités restreintes» dans les universités donne, à l'occasion, des «perspectives limitées» aux lecteurs de l'histoire du Canada.

À la fin des années 80, des «vulgarisateurs» comme Pierre Berton et Peter C. Newman accusaient les historiens universitaires d'avoir abandonné le grand public pour une quête de l'ésotérique. Les historiens universitaires ont riposté de manière aussi virulente en indiquant aux «vulgarisateurs» que les tentatives de ces derniers de vendre des livres en mettant l'accent sur l'insaisissable identité nationale les avaient menés à des interprétations réductionnistes et stéréotypées du passé du Canada.

A.B. McKillop

Hivernants Ce sont des traitants et des engagés, notamment ceux de la COMPAGNIE DU NORD-OUEST, qui passent tout l'hiver dans la forêt à faire la traite des fourrures. Ce système voit le jour en Nouvelle-France, où les marchands de fourrure partagent leurs profits avec des associés chargés de la traite des fourrures. On choisit seulement des commis entraînés comme apprentis commerçants et motivés à faire des gains et à participer à la prise de décision. Les hivernants de la Compagnie du Nord-Ouest sont propriétaires des comptoirs qu'ils dirigent. Ils sont considérés comme les principaux facteurs de l'expansion commerciale et géographique de la compagnie. D'autres entreprises concurrentes adoptent aussi ce système de gestion, comme la COMPAGNIE XY, la PACIFIC FUR COMPANY et la COMPAGNIE DE LA BAIE D'HUDSON. (*Voir aussi* TRAITE DES FOURRURES.)

Jean Morrison

Hnatyshyn, Ramon John, dit «Ray», politicien (Saskatoon, Sask., 16 mars 1934). Fils de sénateur, Hnatyshyn étudie à l'U. de la Saskatchewan et travaille pour le leader du gouvernement au sénat (1958-1960). Admis au barreau de la Saskatchewan en 1957, il pratique le droit à Saskatoon de 1956 à 1958 et de 1960 à 1974. Élu député conservateur de Saskatoon aux élections générales de 1974, il est ministre de l'Énergie dans le gouvernement Clark en 1979-1980.

Modéré et très apprécié, Hnatyshyn est nommé leader parlementaire en 1984 et, après les élections générales de septembre, il est leader du gouvernement à la Chambre des communes de 1984 à 1986, avant d'être nommé ministre de la Justice. Il est défait aux élections générales de 1988.

Hnatyshyn pratique le droit commercial et corporatif à Ottawa dans le cabinet de Gowling, Strathy & Henderson d'avril 1989 à janvier 1990. En octobre 1989, il est nommé 24ᵉ gouverneur général du Canada depuis la Confédération et assermenté le 29 janvier 1990. Le 22 novembre 1994, le gouvernement CHRÉTIEN choisit le sénateur Roméo LEBLANC comme son successeur. Au cours de son mandat de représentant de la reine qui se termine le 6 février 1995, Hnatyshyn accueille officiellement 26 chefs d'État et prononce plus de 1200 discours. En 1990, il rouvre au public le domaine de RIDEAU HALL.

Norman Hillmer

Hobson, Joseph, ingénieur civil (près de Guelph, Haut-Canada, 4 mars 1834—Hamilton, Ont., 19 déc. 1914). Formé en arpentage et en ingénierie, Hobson est ingénieur pour le comté de Waterloo puis travaille à la construction du GRAND TRUNK RAILWAY. En 1875, il devient ingénieur en chef du GREAT WESTERN RAILWAY puis du Grand Trunk Railway. Ses réalisations exceptionnelles comprennent le tunnel sous la rivière Sainte-Claire, à Sarnia (le premier tunnel ferroviaire sous l'eau en Amérique du Nord), et le remplacement de la superstructure du pont Victoria au-dessus du Saint-Laurent, à Montréal, et ce, sans interrompre la circulation. Brillant ingénieur mais homme excessivement modeste, il n'a laissé aucun document sur ses réalisations remarquables.

R.F. Legget

Hobson, Robert, industriel (Berlin [aujourd'hui Kitchener], Canada-Ouest, 13 août 1861—Hamilton, Ont., 25 févr. 1926). Hobson travaille d'abord pour la Grand Trunk Railway puis devient, en 1896, secrétaire-trésorier de la société Hamilton Blast Furnace Co. Ses qualités de chef l'amènent rapidement à l'échelon supérieur d'une entreprise qui, avant sa mort, occupait le premier rang comme producteur d'acier au Canada. En 1899, il devient directeur général de Hamilton Steel and Iron Co. et, en 1910, vice-président et directeur général de la nouvelle Steel Co. of Canada (STELCO). En 1916, il est déjà président de cette dernière. Ses années à la tête de l'entreprise se traduisent par une expansion rapide et par la modernisation des aciéries. Il contribue à lui donner une base solide en diversifiant ses marchés. Son influence dans le monde des affaires grandit alors qu'il accumule les postes de direction. Dans les années 20, il figure déjà au premier rang des «magnats de l'industrie» canadienne.

Craig Heron

Hochelaga, village autochtone situé sur l'emplacement actuel de MONTRÉAL. L'arrivée de Jacques CARTIER dans ce village en octobre 1535, où il lit l'Évangile aux autochtones et escalade le mont Royal pour contempler le Nouveau Monde, fait partie du folklore canadien. Le village est habité par des IROQUOIS qui vivent dans des enceintes palissadées et s'adonnent à l'agriculture. Ils sont 1500 environ. Les Français les offensent en refusant de participer à une fête organisée en leur honneur et en quittant abruptement le village. Lors de son troisième voyage en 1541 et 1542, Cartier contourne le village et suit une piste vers les rapides de Lachine. Au retour des Français en 1603, les habitants d'Hochelaga ont disparu. (*Voir aussi* STADACONÉS.)

James Marsh

Hockey, équipes olympiques canadiennes Avant les JEUX OLYMPIQUES d'hiver de 1964, le Canada, représenté par des équipes de diverses ligues, participe à 9 tournois olympiques de hockey et remporte 6 médailles d'or, 2 d'argent et 1 de bronze. La dernière médaille d'or est celle des Mercurys d'Edmonton obtenue aux Jeux olympiques de 1952, à Oslo (Norvège). Il devient par la suite de plus en plus difficile de trouver des équipes capables de défendre honorablement les couleurs face aux équipes de l'ex-URSS et à d'autres formations européennes devenues très puissantes grâce à des programmes nationaux soigneusement conçus.

En 1962, le père David BAUER obtient l'accord de l'ASSOCIATION CANADIENNE DE HOCKEY AMATEUR pour mettre sur pied une équipe olympique canadienne. Bauer est l'entraîneur qui, en 1961, a mené les Majors de St. Michael (Toronto) au championnat de la Coupe Memorial. En septembre 1963, il devient l'entraîneur d'un groupe de joueurs universitaires à l'U. de la Colombie-Britannique, à Vancouver. Aux Jeux de 1964, à Innsbruck (Autriche), cette équipe n'enregistre que deux défaites, par un très faible écart, contre l'URSS et la Tchécoslovaquie. Elle finit néanmoins en quatrième place.

En 1965, une équipe nationale permanente est formée à Winnipeg. Jack McLeod en est l'entraîneur et le père Bauer, le directeur général. En 1968, aux Jeux olympiques de Grenoble (France), les Canadiens remportent la médaille de bronze. En raison d'un conflit avec la Fédération internationale de hockey sur glace au sujet de la participation de joueurs professionnels aux championnats mondiaux, le Canada se retire du hockey amateur international et n'envoie pas d'équipe aux Jeux d'hiver de 1972 et de 1976. Le père Bauer participe à la formation de l'équipe canadienne pour les Jeux de Lake Placid (États-Unis) en 1980. Le Canada perd alors contre l'URSS, la Finlande et la Tchécoslovaquie et termine au 6ᵉ rang.

En 1984, aux Jeux de Sarajevo (Yougoslavie), l'équipe canadienne, dirigée par Dave King, est défaite par la Suède dans un match pour la médaille de bronze. En 1988, la formation canadienne obtient la 4ᵉ place et, lors des Jeux d'Albertville (France) en 1992, décroche sa première médaille depuis 1968. Elle est médaillée d'argent, perdant en finale contre l'Équipe unifiée. En 1994, à Lillehammer (Norvège), l'or échappe au Canada lors d'une finale mémorable. Après trois périodes réglementaires, il faut une fusillade de 7 tirs aux buts avant que la Suède ne batte le Canada. En 1998, à Nagano (Japon), malgré la présence des meilleurs joueurs professionnels, la déception est grande. Le Canada est exclu du podium olympique et ne termine qu'au 4ᵉ rang. Nagano 1998 a marqué l'entrée sur la scène olympique du hockey sur glace féminin. L'équipe du Canada, battue en finale par celle des États-Unis, a obtenu la médaille d'argent.

Derek Drager et Gigi Clowes

Hockey junior majeur canadien Depuis 1970, le hockey junior canadien est divisé en deux catégories, le junior majeur et le junior A. Le hockey junior majeur canadien est régi par la Ligue canadienne de hockey (LCH) qui englobe les trois grandes ligues canadiennes: la Ligue de l'Ouest (WHL) à 18 équipes et 3 divisions; la Ligue de hockey de l'Ontario (OHL) regroupe 4 divisions de 5 formations; et la Ligue junior majeur du Québec (LHJMQ) comprend 16 équipes et 4 divisions. Ces 54 équipes sont réparties dans 8 provinces canadiennes et dans 4 États américains.

Les dirigeants de la LCH sont responsables de la sélection de l'équipe nationale junior qui participe aux championnats du monde. Ils veillent aussi à la mise à jour de la fiche des joueurs des trois ligues en vue du repêchage de la Ligue nationale de hockey. Plus de 65 p. 100 des joueurs de la saison 1999-2000 de la LNH ont joué dans l'un des trois circuits canadiens de hockey junior majeur. La LCH coordonne aussi la remise des récompenses aux meilleurs joueurs du pays et le tournoi de la Coupe Memorial qui couronne les grands champions canadiens. Cette Coupe est remise aux représentants du hockey junior en mémoire des joueurs de hockey morts lors de la Première Guerre mondiale. Les équipes gagnantes des séries éliminatoires des trois ligues participent à ce tournoi en rotation. En 2000, l'Océanic de Rimouski a remporté la Coupe Memorial donnant au Québec son 7ᵉ titre depuis que cette rencontre a été créée en 1919.

Hockey sur gazon Sport dans lequel deux équipes de onze joueurs se disputent une balle à l'aide de bâtons. Beaucoup des règles de ce sport sont dérivées de celles du soccer. Il s'agit d'un jeu sans contacts dont la principale caractéristique est l'utilisation d'un bâton dont on ne peut utiliser qu'un seul côté. Les origines du jeu remontent à l'Antiquité. C'est en Angleterre qu'il devient un sport organisé, le premier club ayant été formé avant 1861. Les femmes, dans les îles britanniques, commencent à pratiquer ce sport à la fin du XIXᵉ siècle. Par la suite, il se répand partout dans le monde. Les femmes, autant que les hommes, s'y adonnent.

Au Canada, on joue généralement au hockey sur gazon au printemps, en été et au début de l'automne, à l'exception du sud-ouest de la Colombie-Britannique, où l'on peut y jouer toute l'année. Dans les écoles, ce sont surtout les filles qui le pratiquent, mais dans les ligues d'adultes partout au pays, on retrouve autant d'hommes que de femmes. À la fin des années 1990, on compte un peu plus de 10 000 inscriptions dans les ligues (8200 femmes et 1200 hommes) et on estime à 30 000 le nombre total de personnes qui jouent au hockey sur gazon, y compris les joueurs dans les écoles.

C'est en Colombie-Britannique qu'apparaît la forme moderne du hockey sur gazon. En 1896, le premier match de l'histoire du Canada est disputé par des filles de Vancouver, et le Vancouver Ladies Club est formé. Au tournant du siècle, des hommes jouent aussi au hockey sur gazon à Vancouver et à Victoria. En 1902, une ligue existait à Vancouver et, en 1927,

le premier club de femmes est créé dans cette même ville. Pendant la première moitié du XXᵉ siècle, le hockey sur gazon est pratiqué dans l'île de Vancouver et dans la région de Vancouver et, dans les années 30, des parties sont disputées contre des équipes de Californie et d'Australie.

Après la Seconde Guerre mondiale, l'immigration de joueurs venant de tous les pays du Commonwealth influence le développement du hockey sur gazon au Canada. En 1959, il est pratiqué dans les Maritimes, en Ontario et en Alberta. En 1961, l'Association canadienne de hockey sur gazon (masculin) (ACHG) est créée, et un an plus tard, l'Association canadienne féminine de hockey sur gazon (ACFHG) voit le jour. En 1992, l'ACHG et l'ACFHG fusionnent: Hockey sur gazon Canada est formé.

Depuis les années 50, les épreuves internationales se sont multipliées. En 1956, l'équipe canadienne féminine participe pour la première fois au tournoi international féminin et, en 1979, le Canada accueille à Vancouver cet événement mondial auquel 18 pays prennent part. Le Canada termine au huitième rang. L'équipe canadienne de 1978 est la première à participer à la Coupe du monde féminine, où elle se classe au cinquième rang. Depuis, l'équipe a obtenu la deuxième place en 1983 (en Malaisie) et la troisième en 1986 (à Amsterdam). Elle termine cinquième en 1984 aux Jeux olympiques de Los Angeles, sixième en 1988 à Séoul, et septième en 1992 à Barcelone. En 1987, les Canadiennes participent pour la première fois aux Jeux panaméricains, où elles finissent troisièmes. En 1991 et en 1995, elles obtiennent également la troisième place à ces jeux. En 1989, le Canada accueille aussi à Ottawa la première Coupe du monde junior féminine (pour les moins de 21 ans), et 12 pays y prennent part.

L'équipe masculine, quant à elle, se qualifie pour la première fois pour les Jeux olympiques en 1964. Elle finit dixième aux jeux de 1984 et onzième à ceux de 1988. En 1977, les hommes se qualifient pour la Coupe du monde et, en 1986, à Londres, ils terminent en dixième position. Ils participent aussi aux Jeux panaméricains en 1967 et obtiennent la quatrième place. Aux Jeux panaméricains de 1971, ils terminent troisièmes; en 1975 et en 1979, deuxièmes; et en 1983 et 1987, ils sont premiers. Aux Jeux de 1991 et de 1995, ils finissent au deuxième rang.

Barbara Schrodt

Hockey sur glace Sport national du Canada et constitue sa plus grande contribution au monde du sport. Principal centre d'intérêt des jeunes garçons canadiens depuis près de 100 ans, le hockey sur glace est à présent pratiqué sérieusement depuis 20 ans. Il semble que les jeux avec bâton et balle aient d'abord été joués sur glace dans le Nord de l'Angleterre et que des soldats britanniques aient instauré cette tradition au Canada au début du XIXᵉ siècle. Des troupes britanniques, en garnison à Halifax et à Kingston dans les années 1850 ou avant, ont pratiqué sur glace des variations des jeux de crosse et de hockey sur gazon.

Le mot «hockey» vient probablement du français «hoquet» (crosse de berger) faisant référence à la forme du bâton. Le surnom de «shinny», désignant le hockey non organisé, vient sans aucun doute du hockey sur gazon. On a démontré que les Allemands de New York et les habitants de la Nouvelle-Angleterre pratiquaient un sport semblable au hockey pendant la période coloniale. Mais il s'agissait alors d'activités non structurées et on a joué au hockey sur glace, comme nous le connaissons aujourd'hui, d'abord à Montréal, en 1875, à partir d'un ensemble de règles rédigées par J.G.A. Creighton, un étudiant de McGill. Le remplacement de la balle par un disque plat en bois (rondelle) donne plus de maîtrise aux joueurs.

Organisation du sport et origines de la Coupe Stanley En 1879, une première équipe structurée est formée à l'U. McGill. L'instauration d'un ensemble

de règles de base permet à ce sport de se répandre rapidement dans tout le Canada. Le premier «championnat du monde» est tenu en 1883 à l'occasion du Carnaval de glace de Montréal et est remporté par l'U. McGill. La première association nationale, connue sous le nom d'Association de hockey amateur du Canada, est formée en 1886 et regroupe des représentants des villes de Québec, de Montréal et d'Ottawa. En 1890, un groupe de collèges, d'universités, de clubs militaires et athlétiques forment l'Association de hockey de l'Ontario. En 1893, le gouverneur général Lord STANLEY offre un trophée pour le championnat national. Le premier match en vue de l'obtention de la COUPE STANLEY est disputé le 22 mars 1893; le Montréal AAA remporte la victoire devant 5000 spectateurs.

À ses débuts, le hockey est joué dans des conditions rudimentaires, principalement sur des surfaces de glace naturelle, avec des bancs de neige comme rampes et des poteaux de bois pour buts. Chaque équipe envoie 9 joueurs à la fois sur la patinoire et la passe avant est interdite. La règle du hors-jeu et la mise au jeu originale ont été empruntées au RUGBY.

En raison de sa vitesse et de sa robustesse, ce sport gagne rapidement des adeptes, et bientôt de fortes rivalités apparaissent. Les universités américaines commencent à pratiquer ce sport, et la première à le faire est Yale, en 1893. Le hockey européen prend naissance à Vienne, en 1885, et la Belgique, la Bohème, la France, la Grande-Bretagne et la Suisse forment la Fédération internationale de hockey sur glace en 1908, à laquelle l'Allemagne adhère en 1909. Les Falcons de Winnipeg remportent le premier championnat du monde tenu aux Jeux olympiques d'hiver de 1920, à Anvers. En 1924, les Granites de Toronto gagnent haut la main la compétition aux Jeux olympiques d'hiver, et les Grads de l'U. de Toronto répètent cet exploit en faveur du Canada en 1928.

Croissance du professionnalisme Le développement du hockey au Canada se modifie profondément à mesure que croît le professionnalisme. Dans le climat de la fin du XIXᵉ siècle, être payé pour pratiquer un sport est immoral, mais plusieurs joueurs acceptent secrètement de l'argent. La première ligue professionnelle officielle est formée en 1903 et regroupe les équipes de Pittsburgh (Pennsylvanie), Sault Sainte-Marie (Ontario), Houghton, Calumet et Sault Sainte-Marie (Michigan). Les meilleurs joueurs sont pour la plupart canadiens; ils exigent des salaires extravagants, vivent en nomades d'une saison à l'autre et jouent pour le plus offrant. À un certain moment, Fred «Cyclone» TAYLOR est l'athlète le mieux payé en Amérique du Nord.

La Ligue professionnelle de l'Ontario, créée en 1908, est la première ligue officiellement professionnelle au Canada. L'Association de hockey de l'est du Canada devient professionnelle en novembre 1908. Sa rivale, l'Association nationale de hockey, est formée en 1909 et restructurée en 1917 pour devenir la LIGUE NATIONALE DE HOCKEY (LNH). Le hockey professionnel nécessite bientôt des stades couverts, une glace artificielle et d'imposantes listes de paye. Des équipes championnes de plus petits centres urbains, comme les Millionnaires de Renfrew, disparaissent peu à peu. Les équipes de la LNH représentent toutes de plus grandes villes: les CANADIENS DE MONTRÉAL, les Wanderers de Montréal, les SÉNATEURS D'OTTAWA, les St. Pats de Toronto et, brièvement, les Bulldogs de Québec et les Tigers de Hamilton.

Expansion vers les États-Unis Les Maroons de Montréal font leur entrée dans la LNH en 1924, et cette dernière fait une percée couronnée de succès sur le marché lucratif des États-Unis en accueillant les Bruins de Boston (1924), les Americans de New York (1925), les Pirates de Pittsburgh (1925), les Rangers de New York (1926), les Black Hawks de Chicago (1926) et les Cougars de Détroit (1926).

Cependant, presque tous les joueurs sont des Canadiens.

La LNH contrôle le hockey, monopolise les joueurs et exerce un contrôle sur les salaires et sur les échanges de joueurs. Quelques joueurs exceptionnels gagnent 10 000 dollars par an, mais dans les années 20, le salaire moyen chute à 900 dollars, malgré les protestations des joueurs et une menace de grève. Après 1945, le formulaire C, controversé, accorde aux équipes de la LNH le contrôle exclusif des futures carrières des garçons à partir de l'âge de 15 ans. Le seul but du hockey junior amateur devient l'entraînement de joueurs destinés à la LNH, non pas pour remporter des titres ou représenter une communauté, mais pour détecter des joueurs prometteurs.

Changement des règles avec la modernisation du jeu Le hockey prend sa forme actuelle dans les ligues professionnelles: la LNH et la Ligue de la côte du Pacifique. Les innovations clés sont la création de trois périodes de jeu de 20 minutes (1910), les 6 joueurs sur glace (1911) et un assouplissement graduel de la règle interdisant la passe avant: elle devient permise entre les lignes bleues (1918), à l'intérieur des trois zones (1929-1930), puis au-delà des lignes bleues (1930-1931). On y ajoute la ligne rouge en 1943-1944. Il s'ensuit donc un jeu plus rapide et un plus grand jeu d'équipe.

Bien que dans les plus petites villes, la compétition demeure farouche pour l'obtention des trophées amateurs, les Coupes Allan et Memorial, l'attention reste sur la LNH, même si le nombre d'équipes chute à six, dont seulement deux sont canadiennes: les MAPLE LEAFS DE TORONTO et les Canadiens de Montréal. Les Sénateurs d'Ottawa dominent les années 20, remportant quatre fois le championnat de la ligue et quatre victoires de la Coupe Stanley, mais ils se retirent en 1934.

Certains exploits de cette époque demeurent: Joe MALONE marque sept buts dans un même match (1920); George Hainsworth remporte le VÉZINA TROPHY au cours de ses trois premières années dans la ligue; en mars 1923, Foster HEWITT décrit pour la première fois un match à la radio. Parmi les meilleurs joueurs de cette époque, on retrouve Frank «King» CLANCY, Charlie CONACHER, Bill COOK, Aurèle JOLIAT, Lester PATRICK, et Nels STEWART. Howie MORENZ est le joueur le plus spectaculaire et Eddie SHORE, un des meilleurs défenseurs.

Les années 1940 et 1950 Le nombre de matchs continue d'augmenter: jusqu'à 48 parties dans les années 30 pour atteindre 70 matchs en 1949-1950. Les Maple Leafs de Toronto, dirigés par Walter «Turk» BRODA, Syl Apps, Ted KENNEDY et Max BENTLEY dominent le hockey au cours des années 40, remportant 6 fois la Coupe Stanley en 10 ans. Cependant, Maurice «Rocket» RICHARD, des Canadiens de Montréal, reste de loin le meilleur joueur offensif, marquant 50 buts en 50 matchs en 1944-1945, dont 5 buts et 3 aides au cours d'un même match.

Les Red Wings de Détroit constituent la meilleure équipe du début des années 50, avec à sa tête Gordie HOWE (qui remporte le championnat des compteurs à cinq reprises et le HART TROPHY à quatre reprises au cours de cette décennie), Red KELLY, Ted LINDSAY et Terry SAWCHUK. Au milieu des années 50, les Canadiens de Montréal forment sans doute l'équipe qui demeure la plus puissante de l'histoire de la LNH avec Maurice et Henri Richard, Bernard GEOFFRION, Jean BÉLIVEAU, Jacques PLANTE, Dickie Moore, Doug HARVEY, et d'autres. Les Canadiens remportent la Coupe Stanley à six occasions, dont cinq fois d'affilée, ce qui constitue un record.

L'expansion des années 1960 En 1967, la LNH s'étend à 6 villes américaines: Los Angeles, Oakland, St. Louis, Minnesota, Pittsburgh et Philadelphie. Les CANUCKS DE VANCOUVER et les Sabres de Buffalo s'y joignent en 1970-1971. Toron-to remporte la Coupe Stanley quatre autres fois avant l'expansion, et Montréal commence une autre série de victoires. Chicago remporte sa première Coupe Stanley en 23 ans en 1960-1961, inspirée par les excellents Bobby HULL, Stan Mikita et Glenn HALL.

Le nombre de buts marqués augmente, et Phil ESPOSITO des Bruins de Boston, établit de nouveaux records de buts (76) et de points (152) pour une saison, alors que le défenseur Bobby ORR révolutionne sa position en devenant le premier défenseur à remporter le championnat des marqueurs. L'accent sur l'aspect offensif de ce sport se fait sentir dans les années 80 par les incroyables prouesses des marqueurs Mario LEMIEUX et Wayne GRETZKY, qui demeurent peut-être inégalées dans n'importe quel autre sport.

Ligue rivale Le monopole du hockey professionnel exercé par la LNH est rompu en 1971 lorsque l'ASSOCIATION MONDIALE DE HOCKEY (AMH) voit le jour. Plus de 70 joueurs de la LNH s'y joignent, dont Bobby Hull. Elle débute avec 12 équipes et en accepte 14 avant que l'augmentation des dépenses et la diminution des spectateurs fassent chuter le nombre de ses équipes à sept. La bagarre a toujours été tolérée dans le hockey canadien, mais son augmentation, qui venait pallier le manque de talent, a sérieusement terni ce sport. Des joueurs ont d'ailleurs comparu en cour civile à la suite d'incidents très médiatisés.

En 1979, la querelle entre les deux ligues rivales se termine par une fusion, et les JETS DE WINNIPEG, les OILERS D'EDMONTON, les NORDIQUES DE QUÉBEC et les Whalers de Hartford se joignent à la LNH. La rivalité entre les deux ligues pour la mise sous contrat de joueurs résulte en une augmentation substantielle des salaires et permet à un plus grand nombre de villes canadiennes d'être représentées. En 1980, l'équipe d'Atlanta (Géorgie) déménage à Calgary et prend le nom de FLAMES DE CALGARY.

Dans les années 90, l'expansion donne même lieu à la renaissance des Sénateurs d'Ottawa. En 1983-1984, Edmonton devient la première équipe de la défunte AMH à remporter la Coupe Stanley, mettant ainsi fin au règne de quatre ans des Islanders de New York. L'équipe des Oilers, comptant plusieurs formidables marqueurs, s'empare d'ailleurs de la coupe à quatre reprises au cours des six années suivantes avant d'être démantelée par son propriétaire. Au début des années 90, les Penguins de Pittsburg, avec à leur tête Mario Lemieux, deviennent l'équipe dominante. Plusieurs concessions sont aux prises avec des difficultés financières à cause de la montée fulgurante des salaires. C'est d'ailleurs le cas de l'équipe des Nordiques, que l'on déménage en 1995 à Denver. En 1996, les Jets sont également vendus à un groupe de Phoenix.

Hockey international La suprématie canadienne au hockey international est évidente dans les années 50, les équipes seniors amateurs étant assez puissantes pour remporter les compétitions internationales. Cependant, le hockey se répand rapidement en Europe, particulièrement en URSS après la Seconde Guerre mondiale. Les formations soviétiques remportent le championnat du monde en 1954, et une médaille d'or aux Jeux olympiques de Cortina (Italie), en 1956. De 1963 à 1973, les Soviétiques remportent 11 des 12 titres de champion olympique et de champion du monde, mais les Canadiens s'entêtent à croire que les Soviétiques s'effondreraient contre les professionnels. Enfin, une équipe d'étoiles de la LNH affronte les Soviétiques lors de la SÉRIE DU SIÈCLE CANADA–URSS (1972), peut-être l'événement sportif le plus mémorable de l'histoire canadienne. La victoire serrée du Canada (quatre victoires, trois défaites et un match nul) provoque presque une crise d'identité nationale. Le 25e anniversaire du tournoi (c.-à-d. de la victoire du Canada) est célébré partout au Canada en 1997.

Le succès des équipes canadiennes ne se dément pas aux matchs de la COUPE CANADA ni à l'occasion des compétitions ultérieures. Lors de la Coupe Canada (qui devient la Coupe du monde en 1996), compétition internationale des équipes d'étoiles nationales qui se tient tous les trois ou quatre ans, le Canada remporte la victoire en 1976, en 1984, en 1987 et en 1991 (il ne perd qu'en 1981 et 1996). En 1992 et en 1994, l'équipe olympique canadienne remporte des médailles d'argent aux Olympiques, malgré l'absence de joueurs de la LNH, mais les équipes soviétiques (par la suite, russes) continuent de dominer les championnats du monde et les Olympiques en gagnant à nouveau en 1992.

La popularité grandissante et le développement plus efficace du hockey en Suède, en Finlande, en République tchèque, en Slovaquie et aux États-Unis se reflète dans le nombre croissant de joueurs de la LNH en provenance de ces pays, dont de nombreuses nouvelles vedettes telles que les Russes Pavel Bure et Sergei Federov, les Suédois Peter Forsberg et Mats Sundin, le Finlandais Teemu Selanne et les Tchèques Jaromir Jagr et Dominik Hasek.

Les échecs du Canada aux compétitions internationales, en particulier les défaites contre les États-Unis à la Coupe du monde de 1997 et contre la République tchèque aux olympiques de Nagano de 1998, provoquent de nouvelles inquiétudes au Canada. Les lignes ouvertes, articles de journaux et documentaires télévisés nous soulignent le fait que les Canadiens ne peuvent plus dominer leur sport national ni même continuer de faire partie des meilleurs. Pendant que le débat met l'accent sur le peu de temps consacré à former des jeunes hockeyeurs canadiens de haut niveau, le jeu trop violent de certains joueurs ou le spectacle médiocre de la LNH, on néglige d'aborder un certain nombre de facteurs. Le Canada est le pays avec le plus grand nombre de jeunes qui pratiquent ce sport. L'intérêt pour le hockey féminin augmente rapidement avec l'admission du sport aux Olympiques (le Canada remporte la médaille d'argent aux Jeux de Nagano). Au moment où on assiste autant à l'apparition qu'au déclin de joueurs remarquables au hockey, de nombreux joueurs canadiens exceptionnels ne sont plus au sommet de leur forme en 1997-1998, et ce, depuis longtemps. Mario Lemieux vient de prendre sa retraite.

Les équipes canadiennes ont encore à apprendre des Européens en ce qui concerne le jeu collectif sur des grandes surfaces de glace et les redoutés tirs de fusillade, qui ont d'ailleurs permis aux Tchèques de remporter la victoire sur les Canadiens.

Tout comme après le rappel à la réalité lors de la confrontation de 1972, les Canadiens ne sont pas près de se désintéresser du hockey ni de cesser de le considérer comme faisant partie de leur identité nordique. Même la situation économique incompréhensible du sport professionnel, à savoir que les propriétaires semblent retirer davantage de profits à faire jouer leur équipe dans un stade vide en Caroline que dans un stade plein à Edmonton et à Calgary, ne semble pas avoir d'incidence sur l'engouement des Canadiens pour le hockey. Quant à savoir si le hockey amateur canadien permettra aux jeunes Canadiens et Canadiennes de briser le mythe du «dur au cœur tendre» et donnera naissance à de nouveaux Béliveau, Hull, Orr, Gretzky ou Lemieux, les futures compétitions internationales nous le diront. (*Voir aussi* COUPE STANLEY.)

James Marsh

Hocquart, Gilles, intendant de la Nouvelle-France (Mortagne-au-Perche, France, 1694—Paris, 1er avril 1783). Il suit son père dans la marine et est affecté à Rochefort (1722-1729) avant d'être nommé commissaire des finances et intendant intérimaire de la Nouvelle-France. Promu intendant en 1731, Hocquart est chargé de développer le commerce au profit de la France, ainsi que le potentiel de la colonie, tout en limitant les dépenses du gouvernement. Pour ce faire, il tente d'encourager nombre d'entreprises canadiennes, notamment les FORGES SAINT-MAURI-CE et la construction navale, deux secteurs qu'il stimule avec des fonds gouvernementaux qu'il réussit finalement à obtenir.

Il encourage aussi l'agriculture et fait construire des routes entre Québec et Montréal et Montréal et le lac Champlain afin de faciliter le commerce. Dès 1740, il peut se féliciter d'avoir considérablement amélioré la situation économique de la Nouvelle-France. Cependant, la faillite des forges Saint-Maurice, due à un financement insuffisant, les mauvaises récoltes de 1741 à 1743 et la guerre qui oppose la France et l'Angleterre en Amérique du Nord de 1744 à 1748 réduisent à néant ses efforts visant à stimuler les entreprises privées et entraînent un lourd déficit dans le budget de la couronne. En 1748, François BIGOT le remplace au Canada et Hocquart est intendant à Brest jusqu'à sa retraite, en 1764.

Mary Mcdougall Maude

Hodgetts, Charles Alfred, médecin, agent de santé publique, enseignant et administrateur (Toronto, 23 août 1859—London, Ont., 3 avril 1952). D'abord inspecteur médical puis secrétaire et agent en chef de l'Ontario Provincial Board of Health, Hodgetts devient médecin-conseil auprès de la Commission fédérale de la conservation (1910-1920). Partisan d'une politique de SANTÉ PUBLIQUE et privilégiant l'exercice d'une médecine pratique, il insiste sur la prévention de la maladie. À la fin du XIXe siècle et au début du XXe siècle, les agents de la santé publique étudient certaines maladies et la façon de les combattre. Hodgetts, en particulier, est d'avis qu'il est important d'améliorer le logement et l'urbanisme. Il croit aussi qu'il est essentiel de traiter rapidement les victimes d'accident et de maladie soudaine. Ainsi, de 1896 à 1910, il consacre une bonne partie de son temps à la CROIX-ROUGE et est commissaire outre-mer de 1914 à 1918. Il se dévoue inlassablement pour l'Association de l'ambulance Saint-Jean, de 1910 à 1932, et en est l'agent en chef de 1921 à 1932.

Godfrey L. Spragge

Hodgetts, John Edwin, dit «Ted», politologue et pédagogue (Omemee, Ont., 28 mai 1917). Formé à l'U. de Toronto et à l'U. de Chicago, il reçoit plusieurs distinctions, dont la médaille d'or de l'U. de Toronto. Il est aussi boursier de la fondation Cecil Rhodes et membre de la Société royale du Canada (MSRC). Il enseigne à l'U. Queen de 1945 à 1965, et à l'U. de Toronto de 1943 à 1945 et de 1965 à 1982. Il est directeur du Département des sciences politiques à l'U. Queen, directeur du Victoria College de 1967 à 1970 et recteur de la Victoria University, à l'U. de Toronto, de 1970 à 1972. Sa première recherche d'importance, *Pioneer Public Service: An Administrative History of the United Canadas* (1956), donne lieu à une série d'études de cas portant sur l'histoire de l'administration, qui aboutiront à *From Arm's Length to Hands On: The Formative Years of the Ontario Public Service* (1996).

Ses autres publications comprennent *Canadian Public Service: A Book of Readings* (codirigé, 1960) ainsi qu'un ouvrage magistral, *The Canadian Public Service* (1973). Il apporte un point de vue inédit sur les méthodes administratives, à partir de sa propre expérience comme directeur de la rédaction pour la Commission royale d'enquête sur l'organisation du gouvernement (de 1960 à 1962) et à titre de commissaire au sein de la Commission royale sur la gestion financière et l'imputabilité (de 1976 à 1979).

En 1981, l'Institut d'administration publique du Canada lui remet la médaille Vanier pour sa remarquable contribution à l'administration publique canadienne. Une génération d'étudiants en administration publique, surtout celle des années 60 et des années 70, a été influencée d'une façon ou d'une autre par les idées de Hodgetts.

Sa préoccupation constante au sujet de l'imputabilité de la fonction publique, son intérêt marqué pour les valeurs et les théories qui imprègnent et ins-

pirent la tradition administrative canadienne et son rôle en tant qu'interprète principal de l'histoire de l'administration publique au Canada ont contribué à faire progresser ce domaine. Ses analyses perspicaces, ses idées et ses questionnements poussés servent de points de référence à un nombre incalculable de professionnels, d'étudiants et de chercheurs qui s'intéressent à l'administration publique comme champ de recherche et d'activité.

Même s'il est à la retraite, Hodgetts continue de publier, de faire de la recherche, d'écrire, de guider des étudiants et des collègues et de participer à l'enrichissement de la communauté politique et administrative au Canada. Une série d'essais en hommage à J.E. Hodgetts, *The Administrative State in Canada*, a été publiée en 1982. Hodgetts est membre de l'Ordre du Canada depuis 1989.

O.P. Dwivedi

Hodgins, Jack Stanley, romancier et nouvelliste (Comox, C.-B., 3 oct. 1938). Ses œuvres de fiction, quelquefois expérimentales, témoignent d'un amour pour la narration. *Spit Delaney's Island* (1976), *The Invention of the World* (1977), *The Resurrection of Joseph Bourne* (1979, Prix du Gouverneur général) et *The Barclay Family Theatre* (1981) mettent tous en scène des personnages (souvent les mêmes d'un livre à l'autre) qui s'inspirent de l'enfance de l'auteur dans l'île de Vancouver. Il les veut excentriques, mais réalistes, et les fait évoluer dans des situations difficiles de la vie décrites dans un style alerte. L'action de *The Honorary Patron*, publié en 1987, se déroule également dans l'île de Vancouver. Il reçoit de nombreuses distinctions, dont le Prix littéraire Canada-Australie (1986).

Hodgson, George Ritchie, nageur (Montréal, 12 oct. 1893—*id.*, 1er mai 1983). Hodgson est le premier nageur canadien à remporter une médaille olympique. Même s'il ne suit pas un programme d'entraînement systématique, il s'entraîne intensivement pendant l'été au chalet familial situé dans les Laurentides et, l'hiver, il nage tous les jours dans la piscine de l'Association des gymnastes amateurs de Montréal. Représentant du Canada aux Jeux de l'Empire en 1911, il bat le titulaire du record mondial à l'épreuve d'un mile (1,6 km). Aux Jeux olympiques de Stockholm en 1912, il remporte les médailles d'or aux épreuves des 400 et 1500 m style libre, établissant un record mondial dans les deux catégories. Ces records ne seront brisés qu'en 1924 par le célèbre nageur américain John Weissmuller. Hodgson étudie à l'U. McGill et sert avec distinction au sein de la RAF pendant la Première Guerre mondiale. Il participe sans succès aux Jeux olympiques d'Anvers en 1920, puis abandonne la compétition pour mettre sur pied une société de courtiers en placements.

J. Thomas West

Hodgson, Stuart Milton, administrateur public, chef syndical (Vancouver, 1er avril 1924). Hodgson abandonne les études en 1940 pour travailler à la division des contreplaqués de la société H.R. MACMILLAN. En 1942, il s'enrôle dans la Marine royale canadienne. Il est démobilisé en 1945 après avoir participé au convoi vers Mourmansk. Il retourne alors travailler dans l'industrie du bois en Colombie-Britannique. En 1946, il adhère à l'International Woodworkers of America (Syndicat international des travailleurs unis du bois d'Amérique). En 1948, il est élu secrétaire financier de la section locale de son syndicat, puis, en 1955, il assiste à la Conférence de Genève de l'Organisation internationale du travail, à titre de délégué du Congrès du travail du Canada. Il devient membre du Conseil des Territoires du Nord-Ouest en 1964, occupant ensuite les fonctions de commissaire adjoint de 1965 à 1967 et de commissaire de 1967 à 1979. Son travail à ce poste lui vaut, en 1976, le prix pour services insignes de la fonction publique. Coprésident canadien de la COMMISSION MIXTE INTERNATIONALE de 1979 à 1981, il est désigné président du conseil et président-directeur général de

la commission de transport de la Colombie-Britannique en 1985.

Rod Morrison

Hoedeman, Jacobus, dit «Co», cinéaste d'animation (Amsterdam, Pays-Bas, 1er août 1940). Après des études en photographie, il choisit l'animation en 1956. En 1965, il s'établit au Canada et entre aussitôt à l'OFFICE NATIONAL DU FILM. Il réalise son premier film deux ans plus tard. En 1971, en stage en Tchécoslovaquie, il apprend la technique des marionnettes, dans laquelle il est, depuis, passé maître. Il anime ensuite plusieurs légendes inuites. En 1977, il réalise son premier chef-d'œuvre, *Le Château de sable*, qui lui vaut un Oscar. En 1980, ses personnages revivent dans *Le Trésor des Grotocéans*. Hoedeman révise son style et ses méthodes avec *Mascarade* (1984). Dans *Charles et François* (1987), il aborde le thème de la vieillesse, et, dans *La Boîte* (1989), celui de l'apprentissage et de la découverte. Dans cette dernière fable, il mélange animation de marionnettes, images réelles et images produites par ordinateur. *L'Ours renifleur* (1992), qu'il coréalise avec des prisonniers d'origine autochtone, traite du problème de l'intoxication à l'essence dans les collectivités amérindiennes. *Le Jardin d'Écos* (1997) à peine terminé, un film où il laisse encore place à ses thèmes écologiques, il tourne *Ludovic: Une poupée dans la neige* (1998), une œuvre qui, en s'intéressant aux relations d'un enfant avec son jouet favori s'adresse directement aux jeunes. En inversant les termes habituels de l'histoire (c'est un ourson qui joue avec une poupée), Hoedeman capte tout le charme de cet univers de l'enfance, plein de mystère et de magie. Il réalise une suite en 1999, *Ludovic: un crocodile dans mon jardin*, qui traite de l'univers du jeu. En 1981, le Musée des beaux-arts de Montréal consacre une exposition à ce maître de la miniature.

Pierre Véronneau

Hoffman, Abigail, athlète de piste et pelouse et gestionnaire en matière de sports (Toronto, 11 févr. 1947). À l'âge de neuf ans, elle joue au hockey et provoque, sans le vouloir, une controverse en pénétrant dans ce sanctuaire sportif masculin. Elle se joint par la suite au Toronto Olympic Club et remporte, à 15 ans, son premier championnat national dans la course de 880 verges (806 m). Entre 1962 et 1976, elle participe quatre fois aux Jeux olympiques, quatre fois aux Jeux panaméricains (deux médailles d'or) et deux fois aux Jeux du Commonwealth (une médaille d'or). En Ontario, alors qu'elle est directrice de Sport Canada, l'organisme fédéral régissant le sport amateur, Hoffman plaide en faveur des droits des athlètes et d'une plus grande présence des femmes dans le monde du sport. Sa contribution dans le domaine sportif au Canada lui vaudra l'Ordre du Canada.

Ted Barris

Hoffmeister, Bertram Meryl, militaire et homme d'affaires (Vancouver, 15 mai 1907). Hoffmeister commande les Seaforth Highlanders en Sicile, la 2e Brigade d'infanterie à Ortona en 1943 et la 5e Division blindée canadienne, qui se distingue sous son courageux commandement. Son affectation au commandement de la 6e Division sur le théâtre du Pacifique en 1945 en fait l'un des rares officiers n'appartenant pas aux Forces régulières à commander une division. À la fin de la guerre du Pacifique, il retourne à sa carrière dans l'industrie forestière en Colombie-Britannique. Il est président du conseil et président de la MACMILLAN BLOEDEL LTÉE, agent général de la Colombie-Britannique à Londres et président du Council of Forest Industries de la Colombie-Britannique. Il est nommé officier de l'Ordre du Canada en 1982.

W.J. McAndrew

Hogan, John Sheridan, journaliste et politicien (près de Dublin, Irl., 1815?—Toronto, 1er déc. 1859). Collaborateur de plusieurs journaux et revues, dont *Blackwood's*, Hogan fonde un hebdomadaire, *The United Empire*, et devient le rédacteur en chef du

British Colonist de Toronto en 1855. La même année, il remporte un prix pour son essai sur le Canada présenté au comité canadien de l'Exposition universelle de Paris. En 1857, il est élu à l'Assemblée législative sous la bannière réformiste et il est considéré comme l'une des personnalités montantes de ce parti. Cependant, il disparaît dans la nuit du 1er décembre 1859 et on retrouve son corps dans la rivière Don le 30 mars 1861. L'enquête policière révélera qu'il a été attaqué par une bande de voleurs faisant partie du «gang de Brook's Bush», qui l'ont ensuite assassiné. Ce meurtre, l'un des plus spectaculaires à survenir dans la région de Toronto, donne lieu à un procès où plusieurs personnes sont accusées, mais où un seul homme, James Brown, est condamné. L'exécution de Brown, le 10 mars 1862, est la dernière pendaison publique à avoir lieu à Toronto.

Edward Butts

Hogg, Frank Scott, astrophysicien (Preston, Ont., 26 juill. 1904—Richmond Hill, Ont., 1er janvier 1951). En 1929, Hogg reçoit le premier doctorat en ASTRONOMIE délivré par Harvard, où il poursuit des recherches novatrices sur la spectrophotométrie des étoiles et le spectre des comètes. Il est rédacteur adjoint de la revue de la Société royale d'astronomie du Canada à partir de 1937. Au cours de la Seconde Guerre mondiale, il met au point un sextant à 2 étoiles pour la navigation aérienne. Directeur du Département d'astronomie de l'U. de Toronto ainsi que de l'observatoire David Dunlap de 1946 à sa mort, Hogg se consacre à son principal domaine de recherches, l'étude du mouvement des étoiles à faible luminosité.

Peter M. Millman

Hogg-Priestley, Helen Battles, née Sawyer, astronome (Lowell, Mass., 1er août 1905—Toronto, 28 janv. 1993). En 1930, elle épouse le Dr F.S. HOGG (décédé en 1951) puis, en 1985, elle épouse le professeur F.E.L. Priestley. Elle amorce sa recherche de troisième cycle dans le domaine des amas sphériques d'étoiles et des étoiles variables qu'ils contiennent. En 1931, elle reçoit un doctorat en ASTRONOMIE de l'U. Radcliffe avant de se joindre au corps enseignant de l'U. de Toronto en 1936. En 1976, elle est nommée professeur émérite.

Hogg travaille aux observatoires de Victoria (Colombie-Britannique), de Tucson (Arizona) et de Richmond Hill (Ontario), et elle devient une experte sur le plan mondial dans son champ de spécialisation en plus de recevoir de nombreuses récompenses, dont le titre de Compagnon de l'Ordre du Canada, le prix Annie J. Cannon de l'American Astronomical Society (1949) et la Rittenhouse Silver Medal (1967). En 1985, la ville de Toronto lui décerne le Award of Merit, et elle reçoit la Sandford Fleming Medal du Royal Canadian Institute.

Hogg est reconnue pour la clarté de ses exposés tant en classe qu'à la radio ou à la télévision. Elle écrit également de nombreux articles érudits et le populaire ouvrage *The Stars Belong to Everyone* (1976). Pendant 30 ans, elle écrit une chronique hebdomadaire dans le *Toronto Star*. En reconnaissance de sa contribution à la vulgarisation de l'astronomie, elle est la première Canadienne à se voir décerner le Klumpke-Roberts Award (1983). L'astéroïde n° 2917 est nommé Sawyer Hogg en son honneur.

Peter M. Millman

Holgate, Edwin, peintre et graveur (Allendale, Ont., 19 août 1892—Montréal, Qc, 21 mai 1977). En 1895, la famille Holgate s'installe en Jamaïque, où le père est ingénieur. Vers 1897, le jeune Edwin revient à Toronto faire ses études, qu'il poursuit en 1901 à l'Art Association de Montréal avec William BRYMNER et Maurice CULLEN. En 1912, lors d'un voyage à Paris, il s'inscrit à la Grande Chaumière. Il visite la France, l'Ukraine, le Japon et rentre au pays en 1915. Sa première exposition a lieu en 1922, à l'Art's Club de Montréal. Professeur de gravure à l'École des beaux-arts de Montréal, de 1928 à 1934,

il est invité à faire partie du GROUPE DES SEPT. En 1935, il est élu membre associé de l'Académie royale canadienne des beaux-arts. En 1944, il expose ses œuvres au Musée du Québec, et en 1945 il s'installe à Morin Heights. Le Musée des beaux-arts du Canada lui consacre une rétrospective imposante en 1975 et en 1976. En 1976, Dennis Reid, publie un ouvrage important sur ce peintre.

Michel Champagne

Holland, marais Composé de 2900 ha de terre organique (tourbeuse) situé près de Bradford, en Ontario, à 50 km au nord de Toronto. Arrosée vers le nord-est par la rivière Holland (un affluent de la baie de Cook, un prolongement du lac SIMCOE), c'est une région plate s'étendant dans un bassin peu profond (orienté vers le nord-est-sud-ouest), autrefois une prolongation du lac glaciaire Algonquin. Au fur et à mesure que les glaciers se retirèrent, la terre se souleva et le niveau de l'eau du lac s'abaissa, formant un marais dans lequel il poussa du carex, des scirpes, diverses variétés de plantes herbacées et quelques arbres. La végétation décomposée qui s'accumula au rythme d'environ 30 cm par 500 ans se transforma en une couche de matière organique qui recouvrit une croûte argileuse à l'intérieur du bassin. À l'état naturel, le marais et la rivière abritaient plusieurs espèces de poissons, de petits animaux et d'oiseaux. Les premiers humains à utiliser le marais comme source de nourriture furent les Amérindiens de la région (les derniers étant les Hurons). Les colons européens y pratiquèrent aussi la pêche et la chasse vers 1825. Autour de l'année 1900, la Bradford Mattress Factory utilisa l'herbe des marais pour en faire de la bourre à matelas. Le nom du marais est emprunté à la rivière Holland, appelée ainsi en l'honneur de l'arpenteur Samuel HOLLAND.

En 1904, un épicier de Bradford, W.D. Watson, persuade W.H. Day, un professeur de physique au Collège d'agriculture de l'Ontario, à Guelph, d'étudier la possibilité de drainer le marais. Le professeur Day effectue alors des tests du sol et réussit à y cultiver des légumes. En 1925, tout autour du marais commencent des travaux de drainage et la construction d'un canal et de digues longues de 28 km et profondes de 2 m pour modifier le cours de la rivière Holland. Des pompes sont installées pour régler la hauteur de la nappe phréatique à l'intérieur des digues. Le projet est achevé en 1930. En 1931 et en 1934, 18 familles hollandaises s'établissent près du marais, formant ainsi le noyau d'une communauté agricole prospère et en expansion. Après la Seconde Guerre mondiale, d'autres immigrants viennent de Hollande et d'ailleurs en Europe et en Asie. Aujourd'hui, le marais Holland est une exploitation maraîchère intensive qui approvisionne l'Ontario et les marchés étrangers; on y produit surtout des carottes et des oignons, en plus de la laitue, des pommes de terre, du céleri, du navet, du chou, du chou-fleur et des betteraves. On y trouve aussi des serres produisant des tomates, des concombres et des fleurs commerciales. (*Voir aussi* MARÉCAGE, MARAIS ET TOURBIÈRE.)

A.M. Blair

Holland, Samuel Johannes, arpenteur, cartographe et ingénieur militaire (Nimègue, Pays-Bas, 1728—Québec, Bas-Canada, 28 déc. 1801). Holland participe aux sièges de LOUISBOURG (1758), de Québec (1759) et à la BATAILLE DE SAINTE-FOY (1760), et, en plus d'effectuer le relevé des îles du Prince-Édouard et du Cap-Breton, il élabore une méthode d'arpentage des comtés du Bas et du Haut-Canada. Avant et pendant son service dans les armées hollandaise et britannique de 1745 à 1760, il semble posséder les habiletés nécessaires afin d'être officier d'artillerie, ingénieur militaire, cartographe et arpenteur. Il fait par ailleurs preuve d'un courage exemplaire au combat. En 1764, il est nommé arpenteur général du Québec et de la partie septentrionale de l'Amérique du Nord. Après 1783, l'arrivée massive de colons LOYALISTES à la suite de la Guerre d'Indépendan-

ce américaine lui permet de relever un nouveau défi au Québec. Le système d'arpentage rapide qu'il met sur pied pour créer de nouveaux cantons est efficace et bien conçu, puis s'avère précis à l'usage. Grâce à son poste d'arpenteur général au Conseil, il est en mesure d'amener l'assemblée législative coloniale à décréter des normes professionnelles pour les arpenteurs.

F.J. Thorpe

Holland, William Lancelot, spécialiste de l'Asie (Nouvelle-Zélande, 26 déc. 1907). Holland compte parmi les artisans de l'Institute of Pacific Relations (IPR), un organisme international où il occupe le poste de responsable de la recherche à New York de 1933 à 1944. Après avoir servi pendant la guerre avec le US Office of War Information en Chine, il est secrétaire général de l'IPR de 1948 à 1960. Pendant les années 50, lorsque l'IPR se brouille avec les adeptes de McCarthy, Holland accepte le poste de directeur du Département des études asiatiques de l'U. de la Colombie-Britannique et déménage le siège de la revue de l'IPR, *Pacific Affairs*, qu'il continue de diriger de Vancouver. Depuis 1972, il est professeur émérite d'études asiatiques.

John W. Holmes

Hollandais Bien que les Hollandais aient déjà établi leur colonie des «Nouveaux Pays-Bas» en Amérique du Nord au XVIIe siècle, ce n'est qu'au moment de la Guerre d'Indépendance américaine qu'un nombre indéterminé de LOYALISTES hollando-américains débarque dans les colonies de l'Amérique du Nord britannique. Ce groupe, déjà passablement anglicisé, est rapidement assimilé à la société en place et à la multitude d'immigrés qui afflue dans les colonies à partir de 1815. Du fait de pressions économiques et sociales, l'émigration des Pays-Bas augmente rapidement au milieu du siècle et au cours des décennies suivantes, mais celle-ci se fait principalement vers le front pionnier américain, alors en pleine croissance.

À partir des années 1880, alors que la terre arable bon marché devient rare aux États-Unis, les Hollandais et les Hollando-Américains se tournent vers «les meilleures nouvelles terres» de l'Ouest canadien. Depuis lors, plus de 200 000 immigrants d'origine hollandaise se sont installés au Canada. Aujourd'hui, avec une population de 916 215 personnes (réponses uniques et multiples confondues), ils constituent le douzième groupe ethnique du Canada. Les Hollandais se sont rapidement adaptés à la culture et aux traditions canadiennes, et se sont intégrés au point de devenir presque invisibles.

Migration et peuplement Les Hollandais s'établissent au Canada en trois vagues d'immigration principales. Au cours de la première, qui dure de 1890 à 1914, ils participent à la migration vers l'Ouest canadien, où ils prennent possession de concessions agricoles et ferroviaires, aident à défricher les PRAIRIES et établissent des communautés ethniques telles que Nijverdal (aujourd'hui Monarch, en Alberta), Neerlandia (Alberta) et Edam (Saskatchewan). La majorité des immigrants se dispersent dans l'Ouest pour devenir ouvriers agricoles ou propriétaire de ferme ou de ranch. Toutefois, il se forme quelques concentrations de population à certains endroits, notamment dans les villes de Calgary, d'Edmonton et de Winnipeg et aux alentours de ces villes. De fait, à la veille de la Première Guerre mondiale, Winnipeg compte vraisemblablement la plus importante communauté hollandaise au Canada.

La deuxième vague d'immigration, entre 1923 et 1930, prend fin avec l'arrivée de la Crise des années 30. L'offre de terre arable bon marché et accessible est moindre, mais la demande de main-d'œuvre dans les domaines de l'agriculture, de la construction, de l'industrie et du travail domestique est forte, surtout à la fin de la récession d'après-guerre. Les immigrants hollandais n'hésitent pas à profiter des occasions qui se présentent partout au Canada, en particulier en Ontario et dans les provinces de l'Ouest. Au cours de cette période, un nombre important d'immigrés hollandais s'installent dans le sud et le sud-ouest de l'Ontario, particulièrement à Toronto. On estime à 25 000 environ le nombre d'immigrants hollandais ou hollando-américains qui sont arrivés au Canada entre 1890 et 1930.

La Crise des années 30 et la Seconde Guerre mondiale mettent un frein à l'immigration hollandaise jusqu'en 1947, année où des dizaines de milliers de Hollandais fuient leur pays dévasté et ruiné par la guerre. Les premiers immigrants, comme leurs prédécesseurs, proviennent des secteurs agricoles, mais, vers le milieu des années 1950, de nombreux travailleurs qualifiés et travailleurs intellectuels arrivent. L'Ontario devient la destination principale, suivie de l'Alberta, de la Colombie-Britannique et des Maritimes. Vers la fin des années 60, on compte quelque 150 000 immigrants hollandais établis dans toutes les provinces (à l'exception de Terre-Neuve), mais surtout en Ontario et dans les zones urbaines des provinces de l'Ouest. Ces communautés servent de points d'accueil et de pôles d'attraction pour les immigrants hollandais subséquents.

Vie sociale et culturelle La majorité des immigrants hollandais est issue de la classe inférieure, de la classe moyenne inférieure ou de la classe ouvrière et possède des valeurs bourgeoises bien ancrées. Grâce à cette origine commune, la stratification sociale basée sur la classe ne pose pas de problème grave. Par contre, la religion a profondément divisé la communauté hollandaise au Canada.

Bien que les catholiques hollandais constituent la plus grande communauté religieuse, l'ensemble de la population des différentes églises protestantes hollandaises est majoritaire et nombre de ces églises poursuivent leur tradition religieuse au Canada. Étant donné que la majorité des catholiques hollando-canadiens et des protestants non-calvinistes fréquentent des églises «canadiennes», la seule entité hollandaise visible sur la scène religieuse canadienne demeure l'Église calviniste hollandaise ou «réformée».

Les différents groupes confessionnels encouragent l'intégration et l'adoption des mœurs canadiennes tant qu'elles ne sont pas contraires à leurs pratiques sociales et religieuses. Par conséquent, la langue néerlandaise a été en grande partie abandonnée, de même que toute pratique du «vieux pays» qui risquerait de contrer l'accession à une sécurité économique. Cette situation, à laquelle s'ajoutent une forte éthique du travail et une implication minimale dans la vie culturelle du pays d'origine, ne donne à l'appartenance ethnique qu'une connotation personnelle, familiale ou religieuse. Cela explique sans doute pourquoi les associations hollando-canadiennes ne représentent qu'une minorité de la communauté hollandaise. Ce n'est que récemment que les enfants et petits-enfants des immigrants ont commencé à examiner l'histoire de la migration et des épreuves de leurs parents ou de leurs grands-parents et à publier leurs découvertes sous forme de textes universitaires ou littéraires.

Maintien du groupe Jusqu'à récemment, les Hollandais du Canada ont témoigné peu d'intérêt pour la préservation ou la pérennisation de leurs traditions culturelles, à l'exception importante des calvinistes, qui ont cherché à adapter leur philosophie religieuse à la société canadienne en créant des organisations et des écoles «chrétiennes». Le taux d'intégration des immigrants de première génération est très élevé et l'assimilation des Hollandais nés au Canada est presque totale.

Bien que les liens familiaux demeurent forts, la majorité ne considère pas le mariage avec des Canadiens d'origine différente comme un problème. L'Église calviniste, les caisses populaires hollandaises et les associations hollando-canadiennes, qui ne représentent qu'une minorité des Hollando-canadiens, sont les seuls repères visibles d'une culture ethnique qui se fond rapidement et volontairement dans le multiculturalisme canadien.

Herman Ganzevoort

Hollick-Kenyon, Herbert, aviateur (Londres, Angl., 17 avr. 1897—Vancouver, 30 juill. 1975). Il immigre avec sa famille en 1909 à Ewing's Landing, en Colombie-Britannique, puis entre dans l'Armée canadienne en 1914. Blessé à deux reprises en France, il passe sa convalescence chez lui, puis, en 1917, il entre dans le Corps royal d'aviation. Il revient au Canada en 1928. Basé au Manitoba, il est pilote commercial. En 1935, il fait partie de l'Expédition antarctique Lincoln Ellsworth, puis pilote le premier avion qui traverse l'Antarctique. Ellsworth et lui parcourent 3500 km, mais tombent en panne de carburant et atterrissent à environ 25 km de leur destination; ils y restent pendant deux mois jusqu'à ce qu'un bateau britannique les récupère. En 1937-1938, Hollick-Kenyon pilote un appareil mandaté par le gouvernement soviétique à la recherche d'un équipage de six personnes égarées au cours d'un vol au-dessus de l'Arctique. C'est une vaine tentative qui s'est effectuée sur des milliers de kilomètres carrés dans l'Arctique canadien. Il vole pour les Lignes aériennes Trans-Canada jusqu'en 1942, année où il passe à Canadian Pacific Airlines où il deviendra le premier chef pilote. Il prend sa retraite en 1962 et est nommé à l'Aviation Hall of Fame du Canada en 1973.

Dean Beeby

Hollingsworth, Fred Thornton, architecte (Golbourne, Lancaster, Angl., 8 janv. 1917). En 1929, Hollingsworth émigre avec sa famille à Vancouver, où il fréquente la Vancouver School of Art et entame d'abord une carrière en architecture commerciale. La qualité des plans de sa maison, à North Vancouver (1946; agrandissement, 1957), est reconnue par Charles E. Pratt, du remarquable cabinet moderniste vancouverois Sharp and Thompson, Berwick, Pratt (S & TBP), où il est engagé comme apprenti, de 1946 à 1951, et où il dessine un grand nombre de maisons bon marché pour les banlieues en croissance de Vancouver, de North Vancouver et de West Vancouver. Il combine le rationalisme européen et les courants de la côte Ouest américaine de l'architecture moderne d'après-guerre.

Hollingsworth est particulièrement influencé par les principes organiques de Frank Lloyd Wright, qui lui offre un emploi en 1951, et par l'innovation formelle et spatiale de Bernard Maybeck. Ses premières maisons sont des constructions à poteaux et à poutres sur une dalle de béton sur sol et munies d'un système de chauffage rayonnant incorporé. Il les dessine en respectant un plan général, qu'il adapte à chaque client, et les qualifie de «neoteric». Plus de 50 de ces maisons seront construites dans le seul quartier Capilano de North Vancouver. Dans les dernières, l'architecte s'est livré à des expériences avec le bois de construction pré-coupé et le contreplaqué.

Durant son apprentissage chez S & TBP, Hollingsworth développe un langage personnel, basé sur sa préoccupation de l'interrelation entre le bâtiment et le site, l'utilisation de matériaux naturels, l'intégration de la forme et de la structure et le jeu de plans sur plans afin de fournir à chaque client un plan informel, bien que taillé sur mesure, et une ambiance spatiale appropriée. La recherche d'une indépendance esthétique le conduit à se joindre à William Birmingham comme concepteur associé, de 1951 à 1958. Ensemble, ils privilégient un accroissement des éléments artisanaux, influencés non seulement par Wright, mais aussi par leur goût pour le design asiatique et celui de la côte du Nord-Ouest. Ces traditions forment une partie des discussions du groupe «The Intellects», formé par Hollingsworth et son ami Ron Thom, et qui comprend en outre Bud Wood, Beans Justice, Arthur ERICKSON et Barry DOWNS, avec qui il s'associe en 1963.

Le modernisme propre à Hollingsworth se manifeste dans le «Red Feather» Community Chest and Council Building (1956, avec Birmingham et l'architecte-conseil Fred Lasserre; démoli depuis), à Vancouver; l'Imperial Inn (1961-1962), à Victoria; et

la Maltby House (1962-1963), à West Vancouver, qui lui vaut la médaille d'or Massey en 1964. Son association avec Downs, de 1963 à 1967, est très productive et prend fin parce que Hollingsworth veut se concentrer sur l'architecture résidentielle.

Il attire de plus en plus des clients audacieux tels que Richard Trethewey (maisons à Abbotsford, 1960, et à Haney, Colombie-Britannique, 1987), Steven Stewart (Provo, Utah, 1974) et Kenneth Malmgren (Burnaby, 1987-1988). Il en retient d'autres, non moins importants, tels que Jack Moon (Vancouver, 1950, et Calgary, 1978), Tom McGrath (Bellevue, Washington, 1966; ajouts, 1969; Seattle, 1984) et Peter et Marlena Fluckiger (White Rock, Colombie-Britannique, 1984 et 1997-1998). Il développe aussi une architecture institutionnelle novatrice, dont le Berkeley Private Hospital (1961), à White Rock, et la Law School Extension (1962-1963), de l'U. de la Colombie-Britannique.

La réputation de Hollingsworth repose sur une architecture résidentielle distinctive, à son meilleur, du point de vue esthétique et architectural, dans le manoir qu'il dessine pour le promoteur Nat Bosa, à West Vancouver (1991-1993). Il remporte les plus hauts honneurs professionnels: il est élu président de l'Architectural Institute of British Columbia en 1971-1972, président de l'Institut royal d'architecture du Canada en 1975-1976, et membre honoraire de l'American Institute of Architects en 1976.

Rhodri Windsor Liscombe

Hollingsworth, Margaret, dramaturge (Londres, 5 juin 1939). Elle émigre à Thunder Bay en 1968, où elle obtient un baccalauréat en psychologie à l'U. LAKEHEAD. Elle déménage ensuite à Vancouver où elle reçoit une maîtrise en beaux-arts en art dramatique et en création littéraire de l'U. DE LA COLOMBIE-BRITANNIQUE. Ses pièces portent surtout sur la relation des femmes entre elles ou avec les hommes. Elles étudient la réaction des personnages face à leur environnement en révélant leur vie intérieure. Ses pièces en un acte, *Operators* (1974), *Alli Alli Oh* (1977) et sa suite, *Islands* (1983), mettent en scène des femmes, au nombre de deux ou de trois. Ses pièces en plusieurs actes, *Mother Country* (1980) et *Ever Loving* (1980), mettent en scène trois filles avec leurs mères respectives, des épouses de guerre, tandis que le personnage principal de son œuvre la plus forte, *War Babies* (1984), est une femme écrivain. Cinq de ses pièces sont réunies sous le titre *Willful Acts* (1985).

Jerry Wasserman

Holt, sir Herbert Samuel, financier (Geashill, comté de King, Irl., 12 févr. 1856—Montréal, 28 sept. 1941). Holt émigre au Canada en 1873 et travaille comme ingénieur et entrepreneur pour des projets de construction de chemin de fer, y compris celui de la section montagneuse de la ligne principale du Canadien Pacifique. Il se taille une place de choix dans la communauté des affaires de Montréal après la fusion de plusieurs sociétés de service public qui donnent naissance à la Montreal Light, Heat and Power Co. en 1902. Sous sa direction, la société acquiert le monopole de la distribution de l'énergie hydroélectrique à Montréal et une grande partie de la production et du transport d'électricité à différents endroits au Québec. Pour une courte période, il est président de la Sovereign Bank of Canada et, en 1908, il est nommé président de la BANQUE ROYALE DU CANADA, poste qu'il occupe jusqu'en 1934. Sous sa présidence, la Banque Royale absorbe un certain nombre de petites banques et accroît ses activités pour devenir l'institution la plus importante de son domaine au Canada et la troisième en importance de l'Amérique du Nord. À la fin des années 20, avec J.H. GUNDY, Holt s'engage dans les fusions de sociétés dans le secteur des pâtes et papiers, du textile, des services publics, dans les industries houillère et sidérurgique. En 1915, il est fait chevalier de l'ordre du Bain.

T.D. Regehr

Homard Terme utilisé pour désigner des CRUS-TACÉS de l'ordre des décapodes (dix pattes) et apparentés aux langoustes et aux écrevisses. On en compte 163 espèces. Le homard d'Amérique (*Homarus americanus*), que l'on rencontre sur la côte atlantique et sur le plateau continental depuis le Labrador jusqu'en Caroline du Nord, est la seule espèce des eaux canadiennes. C'est le plus gros des arthropodes actuels: le plus grand mâle jamais capturé pesait plus de 19 kg.

Le homard d'Amérique n'est pas indigène de la côte pacifique canadienne, mais de 1896 à 1966 il y a eu au moins 11 introductions distinctes de cette espèce dans les eaux de la Colombie-Britannique et plus encore sur la côte Ouest des États-Unis. Au Canada, le nombre d'individus introduits est probablement d'au plus 5000 adultes. Bien que cette espèce semble être capable de survivre dans le Pacifique, il n'y a aucune preuve que les animaux introduits jusqu'à maintenant se sont reproduits.

Les espèces du genre *Homarus* munies de pinces sont les vrais homards, bien connus en cuisine française, alors que les langoustes sont des espèces démunies de pinces faisant partie du genre *Palinurus* aussi connues sous le nom d'ÉCREVISSE. (*Voir aussi* CRUSTACÉS, RESSOURCES EN.)

D.E. Aiken

Homicide Le droit canadien distingue trois sortes d'homicides coupables: le meurtre (au premier et au deuxième degré), l'homicide involontaire coupable et l'infanticide. Il y a meurtre lorsqu'une personne cause avec préméditation la mort d'une autre personne, et infanticide lorsqu'une personne de sexe féminin tue son enfant nouveau-né. Constitue un homicide involontaire coupable (qui comprend l'infraction moins grave de négligence criminelle) l'homicide coupable qui n'est ni un meurtre ni un infanticide. Le meurtre au premier degré comporte maintenant quatre types d'homicides: le meurtre prémédité et délibéré, le meurtre d'un policier ou d'un agent des services correctionnels tué dans l'exercice de ses fonctions, le meurtre commis au cours de la perpétration d'actes criminels déterminés (détournement d'aéronef, agression sexuelle ou enlèvement) ou le meurtre commis par une personne déjà déclarée coupable d'un meurtre au premier ou au deuxième degré. Les meurtres qui n'appartiennent pas à la catégorie des meurtres au premier degré sont des meurtres au deuxième degré.

Les statistiques internationales sur les homicides sont généralement peu fiables et toujours périmées. Toujours est-il que le Canada se classe au 7e rang dans un groupe de 14 pays choisis dans le cadre d'une étude entreprise en 1987 par le Centre canadien de la statistique juridique. Selon cette étude, de 1975 à 1979, le taux d'homicide au Canada est de 2,87 pour 100 000 habitants. En tête de liste figurent les États-Unis (avec un taux de 8,49 pour 100 000 habitants), alors que la Belgique, l'Angleterre, le Pays de Galles et le Japon (avec 1,0) sont derniers. Le taux d'homicide au Canada varie depuis la fin des années 60, époque où il y a augmentation. Il commence à régresser en 1975, baissant de 5 p. 100 en moyenne par année jusqu'en 1981, année où il recommence à augmenter. Selon les chiffres préliminaires pour l'année 1986, il y a une baisse sans précédent de 25 p. 100 du nombre d'homicides en 1985 et les provinces ou les territoires possédant les taux d'homicides les plus élevés pour 100 000 habitants sont les Territoires du Nord-Ouest (27,5), le Yukon (13,1) et le Manitoba (4,36). L'Île-du-Prince-Édouard (0,00) et Terre-Neuve (0,69) affichent les taux les plus bas, suivis de l'Ontario (1,51), du Nouveau-Brunswick (1,66), de la Nouvelle-Écosse (1,70), du Québec (2,29), de la Saskatchewan (2,45), de l'Alberta (2,64) et de la Colombie-Britannique (2,99). De 1962 à 1985, 20 p. 100 de tous les meurtres sont perpétrés lors d'un autre acte criminel. En 1985, du total de 651 meurtres, 32,7 p. 100 sont commis au moyen d'une arme à feu, 15,5 p. 100 avec

des coups portés, 34,1 p. 100 au moyen d'armes pointues et 16,9 p. 100 sont classés dans la catégorie «autres», ce qui comprend les étranglements, les suffocations, les noyades, etc. En 1985, plus de 63 p. 100 de toutes les victimes de meurtre étaient de sexe masculin et plus de la moitié étaient âgées de 20 à 39 ans. Près de la moitié des victimes étaient célibataires, 22,7 p. 100 étaient mariées et 12,1 p. 100 vivaient en union libre (le reste étant des personnes séparées, divorcées, veuves ou dont l'état civil était inconnu). Dans la très grande majorité des cas, on ne compte qu'une seule victime par meurtre, mais, dans 27 cas, il y a 2 victimes; dans 4 cas, il y a 3 victimes; et dans 5 cas, il y a 4 victimes.

Des 588 personnes soupçonnées de meurtre en 1985, 521 sont des hommes. Plus de la moitié des suspects (399) ont de 20 à 39 ans. Le nombre total de meurtres résolus en 1985 est de 514. Dans 39 p. 100 des cas de meurtres résolus, le suspect et la victime entretenaient des relations familiales, alors que dans 34,5 p. 100 des cas il s'agit de relations sociales ou d'affaires. Le risque d'homicide est le plus élevé dans la résidence de la victime (44,2 p. 100) ou dans un lieu public (19,8 p. 100). Depuis 1978, année de mise en œuvre des mesures législatives sur le CONTRÔLE DES ARMES À FEU, la proportion des homicides commis avec une arme à feu chute de 37,8 p. 100 à 31,5 p. 100, alors que celle des homicides commis avec des armes pointues grimpe de 22,1 p. 100 à 32,2 p. 100. Les études montrent que c'est dans les régions peu peuplées du Canada que l'augmentation est la plus forte, alors qu'aux États-Unis elle l'est dans les grands centres urbains. Cette différence correspond au lieu où se trouvent les populations défavorisées des deux pays, les Noirs américains dans les quartiers défavorisés et les autochtones du Canada dans le Nord (*voir* AUTOCHTONES, DROIT DES). Alors qu'ils constituent moins de 2 p. 100 de la population canadienne, les INUITS, les INDIENS et les MÉTIS représentent 16 p. 100 des victimes d'homicides entre 1961 et 1974. En 1986, 4 policiers sont victimes de meurtre, chiffre correspondant à la moyenne constatée entre 1976 et 1985.

Les causes des variations des taux d'homicides dans différents pays demeurent obscures, bien que diverses théories, généralement contradictoires, les imputent à des facteurs biologiques, psychologiques ou sociologiques. La RÉFORME DU DROIT telle qu'elle est opérée, semble avoir peu d'effet, si tant est qu'elle en ait, sur la diminution du nombre d'homicides. Que la réforme préconise l'abolition ou la restauration de la PEINE CAPITALE, la restriction ou la libéralisation de l'accès aux armes à feu, la diminution du degré de brutalité dans les prisons (*voir* PRISON), les partisans de chaque thèse fondent leur position sur des arguments d'ordre émotionnel ou moral, sans s'appuyer sur une analyse objective. Cela mène à une situation déplorable qui se perpétuera sans aucune doute.

Elliott Leyton

Homier, Joseph-Arthur, photographe, cinéaste de la première heure (Montréal, 1875— *id.*, 1934). Photographe de profession et auteur dramatique à ses heures, Joseph-Arthur Homier ne débute sa carrière cinématographique que tardivement. C'est le succès de son premier film, la farce intitulée, *Oh! Oh! Jean* (1922) qui le fait entrer dans le monde du cinéma. En 1922, avec l'aide d'un distributeur, il fonde une entreprise, Le Bon cinéma national, puis il met en scène *Kahnawake* (1922), un long métrage sur l'histoire de la première héroïne canadienne, Marie-Madeleine de VERCHÈRES. Le scénario est écrit par la journaliste Emma Gendron.

Il change le nom de son entreprise qui devient Le Cinéma canadien et ouvre un studio à Montréal. Toujours avec Emma Gendron, il tourne *La drogue fatale* (1923), un drame sur le fléau social provoqué par les drogues. Malgré les versions anglaise et française de ce film, il ne rentre pas dans ses frais. Les films

réalisés au Québec n'ayant pas de débouchés commerciaux en dehors de la province, il abandonne le cinéma. Cependant, Joseph-Arthur Homier mérite d'être considéré comme le premier réalisateur québécois de longs métrages même si on a perdu tous ses films.

Pierre Véronneau

Homme et son péché, Un (1933) Ce roman de Claude-Henri GRIGNON met en scène le personnage le plus connu de la littérature québécoise: Séraphin Poudrier. Petit usurier au temps de la colonisation des Laurentides, les «pays d'en haut», célibataire endurci, cultivateur qui s'intéresse peu à sa terre, Séraphin Poudrier épouse à 40 ans Donalda Laloge qui n'a que 20 ans. Il lui impose aussitôt son mode de vie, avare jusqu'à la disette, la prive des joies d'une maternité ardemment désirée, et finit par l'enterrer un jour et un an après leur mariage, non sans lui avoir refusé la visite d'un médecin par souci extrême d'économie. Veuf, Séraphin Poudrier devient encore plus avare et, tout en exerçant un pouvoir démesuré sur les habitants de sa communauté qui sont contraints de faire affaire avec lui, il en proie à un délire paranoïaque qui ne cesse de grandir. Voyant sa maison incendiée, Séraphin s'y précipite pour sauver son or, mais il finit par y trouver la mort, brûlé par son propre péché. Prix David en 1935, le roman reçoit les éloges de la critique pour son écriture réaliste et l'étude réussie de caractère; la critique moderne a vu en Séraphin Poudrier le symbole d'un homme aliéné et aliénant, possesseur qui règne sur une collectivité désintégrée et qui finit par être lui-même dépossédé.

De 1933 jusqu'aux dernières années de sa vie, l'auteur n'a cessé d'adapter son roman, devenu vite célèbre, pour le théâtre, le cinéma (1948 et 1950), et surtout la radio (1939-1962) et la télévision (1956-1970). Encore aujourd'hui, le cinéaste Charles Binamé prépare un nouveau film inspiré du roman de C.-H. Grignon. Le personnage de Séraphin est tellement célèbre au Québec que son nom désigne depuis des générations, comme Harpagon en France, le personnage qu'a créé Molière, une personne avare.

François Rochon

Hommes de chantiers (bunkhouse men) Ce terme désigne en général les quelque 50 000 travailleurs qui formèrent le réservoir de main-d'œuvre de l'économie canadienne en pleine expansion pendant les trois premières décennies du XXe siècle. Travailleurs non qualifiés dans l'exploitation forestière, la récolte, l'exploitation minière et la construction, ils vivaient dans des camps de travail situés dans les régions pionnières. En majorité célibataires et étrangers, ces hommes furent brutalement exploités.

Parce qu'ils étaient maltraités, mais surtout parce que les emplois se déplaçaient, les hommes de chantiers étaient très mobiles, errant parfois dans tout le pays en quête de travail. Ils furent souvent sur les premières lignes du radicalisme syndical. (*Voir aussi* SYNDICALISME INDUSTRIEL RÉVOLUTIONNAIRE.)

A. Ross McCormack

Homosexualité du grec *homo*, signifiant «même». Peut se définir, de façon générale, comme une attirance sexuelle (que l'on appelle dorénavant «orientation sexuelle») pour son propre sexe. Les homosexuels peuvent être des hommes (pour lesquels on emploie aujourd'hui le mot «gais») ou des femmes (pour lesquelles on emploie le mot «lesbiennes»). L'homosexualité exclusive, tout comme l'hétérosexualité exclusive, est propre aux êtres humains. L'orientation sexuelle prend des formes variées. Chez certaines personnes, elle se limite à des fantasmes. Certaines mènent une vie asexuée. Certaines tentent de supprimer leurs penchants en se mariant. Certaines personnes (que l'on dit «bisexuelles») sont capables de conjuguer activités homosexuelles et hétérosexuelles.

Plusieurs homosexuels mènent une double vie, cachant avec anxiété à leurs amis et à leur famille un monde secret de liaisons homosexuelles. Au cours des dernières années, un nombre croissant d'homosexuels acceptent leur orientation comme un penchant naturel inhérent à leur personnalité. Certains en conçoivent de la fierté et forment des organismes pour promouvoir la libération des gais. Là où l'on permet à l'orientation homosexuelle de s'exprimer ouvertement, sa fréquence tend à augmenter (comme toute autre action stigmatisée, le divorce p. ex.).

Comme le comportement hétérosexuel, le comportement homosexuel va de la relation sexuelle anonyme, à la promiscuité ou la prostitution, jusqu'aux liaisons romantiques et aux relations fidèles qui durent toute une vie. L'homosexualité compte parmi les manifestations les plus anciennes de la sexualité humaine, et les différentes sociétés y ont réagi de différentes façons, depuis la permissivité jusqu'à la condamnation. Certaines sociétés croyaient que les homosexuels possédaient des pouvoirs magiques et elles leur conféraient un statut de CHAMAN. Les Grecs de l'Antiquité considéraient l'homosexualité comme un comportement sexuel normal. Dans certaines sociétés, l'homosexualité est mieux tolérée pour certains groupes (p. ex., les artistes, les acteurs, les marins), ou chez les «favoris» nobles de certaines cours royales.

L'homosexualité dans l'histoire occidentale À différentes époques de l'histoire occidentale, l'homosexualité a été punie avec brutalité. Cette intolérance est enracinée dans le dégoût ancestral des judéo-chrétiens pour les actes sexuels associés au paganisme. Le Lévitique XX, 13 condamne à mort les homosexuels. Bien qu'aucun passage des Évangiles ne rapporte l'opinion de Jésus sur le sujet, l'Église chrétienne des origines, sous la gouverne de Paul, condamnait l'homosexualité. Les lois ecclésiastiques et séculières ont tenté de la supprimer. À certaines périodes de l'histoire de l'Église occidentale, les allégations d'homosexualité suffisaient à condamner l'accusé à la torture et à la mort par le feu. Les derniers bûchers chrétiens connus destinés à des homosexuels sont allumés à Amsterdam, en 1730.

Au XIXᵉ siècle, la définition médicale de l'homosexualité comme maladie commence à déloger la définition religieuse qui en faisait un péché. Pour noter la pratique sans faire usage des épithètes traditionnelles (sodomite, pédé, tapette, etc.), le médecin et sexologue austro-hongrois, K.M. Benkert, forge en 1869 le mot «homosexuel». En recherchant les causes de l'homosexualité, les scientifiques et les cliniciens proposent l'hérédité, les hormones, une anomalie génitale, une crise de l'enfance, des parents inadéquats, les relations adolescentes avec des pairs et des désordres mentaux, entre autres choses. Aucune preuve concluante ne fait cependant de l'un de ces facteurs la cause unique, certains d'entre eux ayant d'ailleurs été réfutés. Les investigations récentes mettent l'accent sur l'ADN et sur l'hypothèse d'un «gène gai».

La recherche des causes se heurte au fait que la même personne, à différentes époques et avec des partenaires différents, peut atteindre le plaisir sexuel de façon homosexuelle ou de façon hétérosexuelle. Un changement des conditions sociales (p. ex., l'emprisonnement) peut entraîner une modification dans le choix des partenaires sexuels, et la sortie de prison peut entraîner, ou ne pas entraîner, un autre changement. Pour combattre le comportement homosexuel, on a essayé les médicaments, les chocs électriques, la thérapie behavioriste et la psychothérapie, mais aucune de ces méthodes ne peut prétendre à un succès significatif.

La thèse voulant que l'homosexualité soit une variante sexuelle (comme l'est la chasteté ou la polygamie) connaît un appui international considérable au cours des années 20, à la suite des travaux de l'Institut des sciences sexuelles du Dʳ Magnus Hirschfeld à Berlin. En 1897, le Dʳ Hirschfeld formait le Comité scientifique humanitaire pour militer en faveur de l'abolition des lois criminelles contre les homosexuels. Cependant, en 1933, à l'instigation de la presse nazie, des étudiants envahissent les lieux et brûlent les livres et les documents de l'Institut. Plus tard, plusieurs homosexuels meurent dans les camps de concentration de l'Europe nazie (d'après les estimations il y en aurait de 100 000 à 400 000). Les nazis forçaient les prisonniers homosexuels à porter un macaron qui les identifiait, soit un triangle rose. Ce symbole est devenu depuis l'emblème des mouvements de libération des gais.

L'homosexualité dans la société moderne En 1948, le biologiste américain Alfred Kinsey publie les résultats d'une enquête sur l'activité sexuelle des hommes américains. Il choque plusieurs personnes en révélant les statistiques: 37 p. 100 des hommes ont eu un orgasme homosexuel au moins une fois, et les homosexuels exclusifs composent une minorité aussi importante en nombre que les Noirs américains. Les récentes études qui tentent de reproduire celle de Kinsey suggèrent un nombre plus bas, mais aussi longtemps que la désapprobation sociale oblige un grand nombre d'homosexuels à rester dans l'ombre, il demeure impossible de rassembler un échantillonnage statistique précis. La proportion d'homosexuels dans la population varie certainement des zones rurales aux zones urbaines. La tolérance sociale étant plus forte dans les grandes villes, plusieurs jeunes homosexuels y gravitent.

Dans certains quartiers des grandes villes canadiennes, américaines et européennes, la population homosexuelle est assez importante pour développer une «sous-culture gaie» comparable à celle d'une communauté ethnique. La sous-culture gaie d'une ville comme Montréal, Toronto ou Vancouver, inclut des bars, des discothèques, des équipes de sports, des groupes politiques et religieux, des entreprises, des services médicaux et juridiques, des journaux et des maisons d'édition, et même des fondations caritatives. Les centres plus petits possèdent certains de ces services, mais ils y sont plus discrets.

Les sous-cultures gaies des grands centres urbains fournissent une assise pour l'action politique. Les activistes gais font pression sur les homosexuels occupant des postes prestigieux pour qu'ils déclarent publiquement leur orientation. Au cours des dernières années, certains militants entreprennent de révéler les noms d'homosexuels haut placés qui protègent hypocritement leur vie secrète en prenant position contre les gais dans les débats publics.

Changements des mentalités sociales et statut juridique Dans les années 60, certains homosexuels suivent la trace du mouvement de libération des Noirs, en déclarant que les homosexuels constituent un groupe minoritaire légitime ayant droit à une protection juridique contre la discrimination. Depuis, les activistes de la libération gaie se mobilisent et manifestent pour faire changer les institutions puissantes, comme le milieu médical ou l'armée. Ils décrochent un de leurs premiers succès en 1974 en persuadant l'American Psychiatric Association (APA) de reconnaître les recherches prouvant qu'aucun physique particulier, ni aucun type de personnalité n'est associé à l'orientation homosexuelle. L'APA retire l'homosexualité de son catalogue de maladies. Depuis, un nombre croissant de personnalités publiques très respectées révèlent leur orientation sexuelle. Au Canada, ces personnalités comprennent des membres des parlements fédéral et provinciaux, des professeurs, des artistes, des juges et des avocats, ainsi que des membres des Forces armées canadiennes. Des décisions similaires ont lieu aux États-Unis et en Europe.

Depuis la Confédération jusqu'en 1969, l'homosexualité était punissable d'une peine allant jusqu'à 14 ans de prison dans le Code criminel du Canada. En 1969, la loi est amendée en exemptant de poursuites judiciaires deux adultes consentants âgés d'au moins 21 ans qui commettent ces «actes indécents» en privé. Depuis lors, la vitesse à laquelle se transforment les mentalités envers l'homosexualité s'accélère en raison de la tolérance générale (p. ex., les unions de fait et les parents célibataires) et des campagnes de libération gaie.

Nombreux sont les Canadiens qui ne considèrent plus les actes homosexuels comme des actes «indécents». En 1985, une province et plusieurs villes avaient déjà voté des lois contre la discrimination basée sur l'orientation sexuelle. En 1996, la majorité des provinces canadiennes avaient légiféré contre la discrimination, comme c'est également le cas dans les lois internes d'un bon nombre d'institutions publiques ou privées, qui vont des Églises aux universités, de Postes Canada aux grandes banques. L'armée canadienne va beaucoup plus loin que l'armée américaine, qui a pour politique «Ne demandez rien, ne dites rien», en bannissant la discrimination basée sur l'orientation sexuelle. Quand l'âge du consentement aux rapports sexuels vaginaux et oraux est abaissé à 14 ans dans le Code criminel, l'âge du consentement aux rapports sexuels anaux est laissé à 18 ans, jusqu'à ce qu'une cour supérieure décide en 1995 que cette distinction constitue une discrimination illégale envers les homosexuels.

Cependant, ces changements demeurent très controversés, comme on en a la preuve en 1995, quand le gouvernement fédéral de Jean Chrétien prend des dispositions pour inclure les agressions contre les homosexuels dans la législation révisée des crimes haineux, mais reporte ces dispositions, en faisant la promesse électorale d'inclure la protection de l'orientation sexuelle dans la *Loi canadienne sur les droits de la personne*, parce que le caucus libéral est profondément divisé sur la question. Une division similaire au sein du caucus néo-démocrate, quand ce parti accède au pouvoir en Ontario, conduit le gouvernement du Nouveau Parti Démocratique (NPD) à déclarer un «vote libre» concernant un projet de loi destiné à mettre fin à la discrimination envers les couples de même sexe dans la législation sur la famille. Malgré la majorité substantielle dont jouit alors le gouvernement à l'assemblée, un nombre suffisant de membres du NPD se joint à l'Opposition pour faire avorter ce projet de loi.

Le gouvernement Chrétien suit la même stratégie, quand il présente en 1996 une loi destinée à ajouter l'orientation sexuelle à la législation sur les droits de la personne. La proposition provoque un débat houleux farci de déclarations bien senties, avec à la clef un vote libre. Plus de 24 membres du gouvernement votent en accord avec le Parti réformiste contre le projet de loi. Cependant, l'Opposition officielle, le Bloc québécois, qui compte un député ouvertement gai, et le NPD, avec dans ses rangs le premier député ouvertement gai au Canada, appuient nettement la majorité libérale de sorte que la loi est votée facilement. Dans l'ensemble du pays, les attitudes envers l'égalité des droits des homosexuels varient beaucoup, depuis le gouvernement Klein, en Alberta, qui s'est farouchement opposé à toute protection juridique des homosexuels, jusqu'au maire de Toronto qui a participé au défilé de la fierté gaie dans les rues de la ville.

De nombreuses luttes ont aussi lieu devant les tribunaux, où certaines décisions donnent raison aux requêtes en faveur de l'égalité du statut juridique des homosexuels, alors que d'autres les rejettent. La plupart des décisions sont reconduites jusqu'en Cour suprême. Parmi les questions importantes, il y a le droit de réclamer pour les couples de même sexe qui cohabitent, des crédits d'impôt, des prestations de retraite et la protection des droits de celui qui a le moins de ressources au sein du couple, afin d'assurer, en cas de rupture («pension alimentaire»), un partage équitable des biens, comparable aux droits des couples hétérosexuels, qu'ils soient mariés ou en union de fait. Il y a aussi les luttes perpétuelles concernant le droit qu'ont les douanes canadiennes de censurer les livres importés, et les lois non abrogées qui remontent au XIXe siècle, comme la «loi sur les maisons de débauche».

La mentalité policière évolue aussi, mais les controverses persistent. Ainsi, certaines forces policières recrutent des gais (p. ex., Toronto et Vancouver), tandis que d'autres (p. ex., London, en Ontario) adoptent des positions publiques radicalement antigaies. Il y a des divisions à l'intérieur même d'une force policière, comme lors de la rafle de 1996 dans une boîte de strip-tease gaie similaire aux établissements hétérosexuels du même ordre. Une partie de la force policière dirigeait la rafle, tandis qu'une autre division, ainsi que plusieurs officiers haut placés, s'y opposaient publiquement. Il est clair que l'homosexualité continuera d'être une question controversée au Canada pendant des années.

John Alan Lee

Honderich, Beland Hugh (Kitchener, Ont., 25 nov. 1918). En qualité de directeur du TORONTO STAR, Honderich transforme ce journal populaire à sensation mais rentable en un journal mieux équilibré mais tout aussi rentable, de tradition libérale moins rigide et destiné à la classe moyenne. Il commence sa carrière au *Kitchener-Waterloo Record* en 1935 puis entre au *Star* en 1943 comme journaliste. Par la suite, il en devient rédacteur financier puis rédacteur en chef en 1955, directeur et éditeur en 1966, ainsi que président et éditeur en 1969. Il devient également président de TORSTAR CORPORATION, la société mère. Le *Star* est le journal le plus diffusé au Canada, mais Honderich reste peu connu en dehors de son domaine.

Hongrois Jusqu'à la fin du XIXe siècle, très peu de Hongrois viennent au Canada et la plupart n'y font qu'un bref séjour. Dans les années 1880, les immigrants hongrois venus aux États-Unis commencent à émigrer au Canada et, grâce aux efforts de l'agent d'immigration Paul Oscar Esterhazy (*voir* ESTERHAZY, Saskatchewan), ils fondent des colonies dans les «anciens» Territoires du Nord-Ouest et sont rejoints plus tard par environ 100 000 autres compatriotes. Le recensement de 1996 indique qu'il y a 250 525 Canadiens d'origine hongroise (réponses uniques et multiples). Ils constituent un groupe culturel et social diversifié, dont les membres sont dispersés dans presque tout le pays et sont présents dans toutes les sphères de la société.

Origines Avant 1914, les Hongrois arrivent au Canada en provenance de l'Empire austro-hongrois, en même temps que de nombreux SLOVAQUES, CROATES, ALLEMANDS et représentants d'autres nationalités. Depuis la Première Guerre mondiale, les Hongrois émigrent de Hongrie, de Tchécoslovaquie, de Roumanie ou de Yougoslavie, autant de pays qui comptent des minorités hongroises assez importantes. Pendant la majeure partie des onze derniers siècles, la Hongrie occupe tout le bassin moyen du Danube. Ce territoire est la patrie des Hongrois ainsi que de quelques autres nationalités.

Avant la Première Guerre mondiale, l'irrégularité du développement économique, l'absence de réforme agraire, le problème de la nationalité et d'autres facteurs entraînent l'émigration de centaines de milliers de Hongrois. Après la défaite de l'Empire austro-hongrois, la Hongrie est démembrée et les malaises économiques et sociaux qui s'ensuivent forcent un plus grand nombre encore de Hongrois à émigrer. Quant aux Hongrois transférés dans des pays voisins, la plupart préfèrent émigrer au Canada plutôt que de vivre dans un environnement politique hostile. La Seconde Guerre mondiale et l'avènement de la dictature communiste accélèrent une fois de plus l'exil de citoyens magyars.

Migration et peuplement Les Hongrois arrivent au Canada en quatre vagues principales: environ 8000 immigrent avant 1914, 26 000 de 1925 à 1930, puis quelque 12 000 personnes déplacées après la guerre arrivent de 1948 à 1952, suivies d'environ 37 000 RÉFUGIÉS hongrois en 1956 et 1957, après l'échec du soulèvement de 1956 contre l'autorité

soviétique. Depuis, plusieurs centaines de Hongrois immigrent au Canada chaque année.

La plupart des colons venus avant 1914 sont des paysans, souvent déçus de leur premier séjour dans les bas quartiers industriels des États-Unis. Le groupe arrivé entre les deux conflits mondiaux présente une diversité sociale un peu plus grande, tandis que de nombreux immigrants venus après la dernière guerre proviennent des classes moyenne et supérieure de Hongrie, dépossédées de leurs biens. Toutes les vagues d'immigration, sauf la dernière, amènent surtout de jeunes hommes adultes.

Les premiers groupes d'immigrants hongrois s'installent surtout dans les fermes des Prairies, ce qui vaut parfois le surnom de «Petite Hongrie» à la Saskatchewan d'avant 1914. Plus tard, les immigrants s'établissent dans les villes, mais à la ville comme à la campagne, ils cherchent à se regrouper pour habiter ensemble.

À partir de 1920, un nombre grandissant de Hongrois s'installent dans les villes, en particulier dans celles du centre du Canada. La Crise des années 30 interrompt cette tendance qui reprend pourtant après la Seconde Guerre mondiale, dans le Sud de l'Ontario notamment. Aujourd'hui, un Canadien d'origine hongroise sur deux vit en Ontario et quatre sur cinq habitent la ville, même si leur concentration par quartier a pour ainsi dire disparu.

Vie économique À l'origine, la plupart des Hongrois arrivés ici sont fermiers, mineurs, terrassiers ou bûcherons, tandis que les Hongrois venus après 1945 sont en général plus qualifiés et plus instruits. À l'aise en période de prospérité, les Hongrois subissent fortement les effets des périodes de récession. Pendant la Crise des années 30, la plupart perdent leur emploi, leur ferme ou leur entreprise. Aujourd'hui, la majorité vit bien et quelques-uns se sont même enrichis.

Vie sociale et culturelle Les Hongrois sont pour la plupart catholiques romains, bien que certains appartiennent à diverses confessions protestantes et d'autres à la religion juive ou catholique de rite byzantin. De nombreuses églises sont à la fois des centres sociaux et culturels où sont offerts des cours de langue hongroise aux enfants.

À Toronto, la Hungarian Helikon Society s'occupe d'activités sociales et culturelles depuis les années 50, et la commission scolaire hongroise coordonne plusieurs programmes d'enseignement en langue hongroise aux niveaux primaire et secondaire. En outre, le Centre culturel hongrois de Toronto est l'un des plus grands centres du genre à l'extérieur de la Hongrie. Au cours des dernières années, les réfugiés hongrois des districts transylvaniens de Roumanie ont joué un rôle de plus en plus important dans la vie communautaire des principaux centres hongrois du pays, comme Toronto.

Avant 1914, les Hongrois ont commencé à publier des journaux dans leur langue et c'est aujourd'hui à Toronto que sont éditées des publications comme *Kanadai Magyarsàg* («Hongrois du Canada»), *Magyar Élet* («Vie hongroise») et bien d'autres revues spécialisées. Le *Menorah Egyenlöség* est le plus important journal juif de langue hongroise en Amérique du Nord.

Maintien du groupe L'adaptation à la vie canadienne s'est d'abord faite au travail, puis à la maison. L'influence des femmes hongroises a progressé à mesure qu'elles ont acquis davantage de pouvoir économique. On a peu à peu abandonné les rites et coutumes d'origine et l'assimilation a souvent succédé à l'adaptation. L'existence de couches sociales et économiques chez les immigrants a souvent nui à l'unité du groupe et à la communication pour ainsi accélérer la perte du patrimoine culturel.

Les familles et les établissements communautaires hongrois ont bien tenté d'encourager leurs membres à conserver leur culture, mais l'adaptation à la vie canadienne a été favorisée par l'inscription des enfants dans les écoles de langue française ou

anglaise. C'est dans les arts, les sciences et la musique, domaines où leur patrimoine est compatible avec le milieu canadien, que l'on trouve la contribution la plus remarquable des Hongrois à la culture canadienne.

N.F. Dreisziger

Hood, Hugh John, écrivain et universitaire (Toronto, 30 avril 1928). Ses écrits abordent l'expérience canadienne contemporaine de manière réaliste, même si l'intention de l'auteur est symbolique. Catholique, Hood utilise des personnages et des situations appartenant à la vie ordinaire pour traiter de thèmes religieux, philosophiques et allégoriques. De nombreuses nouvelles sont publiées dans divers recueils, dont *Flying a Red Kite* (1962), *Around the Mountain* (1967), *The Fruit Man, the Meat Man, and the Manager* (1971), *Dark Glasses* (1976), *None Genuine Without This Signature* (1980) et *August Nights* (1985). *Selected Stories* paraît en 1978, tandis que les volumes de la série *Collected Stories* sont publiés par intervalles.

Parmi ses romans, *White Figure, White Ground* (1964) retient l'attention et 10 des 12 volumes prévus pour sa nouvelle série New Age / nouveau siècle ont été publiés: *The Swing in the Garden* (1975), *A New Athens* (1977), *Reservoir Ravine* (1979), *Black and White Keys* (1982), *The Scenic Art* (1984), *The Motor Boys in Ottawa* (1986), *Tony's Book* (1988), *Property and Value* (1990), *Be Sure to Close Your Eyes* (1993) et *Dead Men's Watches* (1995). Il publie aussi trois recueils d'essais et une biographie sportive. Hood devient Officier de l'Ordre du Canada en 1988. Diplômé de l'U. de Toronto, il enseigne au Département d'anglais de l'U. de Montréal depuis 1961.

Dennis Duffy

Hood, Robert, explorateur de l'Arctique et artiste (Portarlington, Irl., 1797—près de Starvation Lake, T.N.-O., 20 oct. 1821). Hood entre dans la Marine royale à l'âge de 14 ans. En 1819, ses talents artistiques lui permettent d'être recruté par l'expédition dans l'Arctique dirigée par sir John FRANKLIN. En qualité de premier expert et de dessinateur, Hood, installé dans un canot en bouleau, relève avec précision des milliers de kilomètres de rivières et de lacs et près de 1000 km du littoral septentrional de l'Amérique du Nord. Il est le premier à démontrer que l'AURORE BORÉALE est un phénomène électrique et fait d'importantes observations en climatologie, en anthropologie et en histoire naturelle. En traversant les Terres Stériles, Hood, déjà affaibli par la faim, est abattu par Michel, un voyageur devenu cannibale, à seulement 50 km du précédent camp d'hiver.

C. Stuart Houston

Hoodless, Adelaide, née Hunter, réformatrice de l'éducation et fondatrice des Instituts féminins (St. George, Canada-Ouest, 26 févr. 1857—Toronto, 26 févr. 1910). La vie bourgeoise et confortable de Hoodless bascule lorsque son nouveau-né meurt, en 1889, après avoir bu du lait impropre à la consommation. Elle se dédie par la suite à la cause des femmes, désirant pour elles une meilleure préparation à la maternité et à la gestion domestique. Elle fait campagne pour instaurer l'enseignement ménager (économie domestique) dans les écoles et présente des recommandations au ministère de l'Éducation provincial à ce sujet. En 1897, elle fonde le premier Institut féminin (Stoney Creek, Ontario). En quelques années, le mouvement se répand partout au Canada et dans le monde. Avec lady ABERDEEN, elle participe à la fondation du CONSEIL NATIONAL DES FEMMES DU CANADA, des INFIRMIÈRES DE L'ORDRE DE VICTORIA et de la YWCA canadienne. Conservatrice, elle croit que la vocation naturelle de la femme se réalise à la maison; aussi n'appuie-t-elle jamais la cause des suffragettes. Elle est l'auteure de *Public School Domestic Science* (1898).

Robert M. Stamp

Hoolboom, Michael, cinéaste expérimental (Toronto, 1959). Prolifique et aux talents variés, Hoolboom se révèle, au milieu des années 80, l'une des personnalités les plus spontanées et la plus énergiques du cinéma expérimental du Canada anglais.

Dans ses premiers films, tournés avec la caméra Super 8 de son père, Hoolboom, qui est d'ascendance néerlandaise et indonésienne, travaille avec fascination à démonter le mécanisme de la signification: comment fonctionnent le langage et le récit, comment la présence physique détermine la perception, comment le film lui-même communique des idées. Dans ses premières œuvres, souvent très personnelles, il utilise des images et des souvenirs autobiographiques pour appuyer son étude des formes du discours médiatisé. Exemple apparemment infatigable d'ingéniosité pour réaliser des films à faible budget, Hoolboom est connu pour avoir monté des films au complet à partir des séquences inutilisées et recyclées de ses autres films.

Critique et conservateur aussi bien que cinéaste, il apprend en 1989 qu'il est séropositif pour le VIH, ce qui l'amène à donner à ses films une orientation moins personnelle, lesquels prennent dès lors une dimension plus politique. Dans certaines de ses films récents, notamment *Valentine's Day* (1994), il adopte des formes de récit plus conventionnelles tandis que dans d'autres, tel *House of Pain* (1995), il provoque son public avec des images de transgression sexuelle de plus en plus explicites.

Geoff Pevere

Hope, ville de la C.-B.; pop. 6247 (rec. 1996), 5728 (rec. 1991), 3046 (rec. 1986); superf. 39,39 km²; const. en 1929. Hope se trouve aux abords de la Transcanadienne, à 150 km à l'est de Vancouver. Elle est située sur la rive Est du fleuve FRASER et entourée de montagnes sur trois côtés. La jonction de la Transcanadienne et de la route provinciale 3 fait de Hope la porte d'entrée vers l'intérieur de la province. Les colons commencent à s'installer en 1848-1849, quand la Compagnie de la baie d'Hudson établit un poste à l'extrémité ouest de la route Brigade Trail à partir de Fort Kamloops. Cette ville doit peut-être son nom à l'espoir («hope» en anglais) de créer un chemin entièrement britannique entre Fort Kamloops et Fort Langley.

La Royal Engineers trace l'emplacement de la ville en 1858, durant la ruée vers l'or sur la barre du fleuve Fraser. En 1860, Edgar Dewdney ouvre le premier sentier muletier vers l'est et lui donne son nom. Le Canadien Pacifique construit une gare à Hope en 1886, sur la voie principale, mais on devra attendre l'arrivée de l'automobile pour que le développement de la ville se poursuive. Aujourd'hui, l'exploitation forestière, le tourisme et l'industrie minière forment la base de l'économie de la ville. Parmi les attractions touristiques, il y a la Hope Slide, ouverte en 1965, le Coquihalla Canyon et la vie sauvage du Manning Provincial Park. Hope se trouve à l'extrémité ouest de la nouvelle ROUTE COQUIHALLA.

John R. Stewart

Hôpital Il existe au Canada différents types d'hôpitaux, notamment les hôpitaux généraux (879) et les hôpitaux spécialisés (245), qui relèvent tous deux de la compétence provinciale. Il existe aussi 64 hôpitaux privés et 50 autres relevant de la compétence fédérale.

Historique

Le premier HÔTEL-DIEU en Nouvelle-France est fondé à Québec en 1639 par trois sœurs augustines de la Miséricorde de Jésus, et cet hôpital existe toujours. En 1694, trois autres hôpitaux sont fondés par des ordres religieux, dont l'Hôtel-Dieu de Montréal et, en 1819 et en 1829 respectivement, les hôpitaux généraux de Montréal et de York (Toronto). L'hôpital de York avait été construit quelques années auparavant, mais il avait dû servir à abriter temporairement le gouvernement du Haut-Canada après la

destruction des édifices parlementaires dans un incendie en décembre 1824.

Les premiers hôpitaux généraux sont des institutions de bienfaisance, tributaires des dons d'organisations de bienfaisance ou de citoyens fortunés. Les patients ne paient pas, ou très peu, et l'aide gouvernementale est sporadique et peu fiable. En 1867, le Toronto General doit fermer ses portes pendant un an par manque de fonds. Le gouvernement de l'Ontario réagit et adopte une loi au début des années 1870, qui prévoit des subventions annuelles pour les hôpitaux et autres institutions de bienfaisance. De nos jours, les budgets de fonctionnement de presque tous les hôpitaux proviennent des subventions fédérales et provinciales.

Avant le début du XXᵉ siècle, les hôpitaux sont généralement réservés aux pauvres, qui souffrent surtout de maladies d'origine alimentaire ou infectieuse, notamment la grippe, la pneumonie, la tuberculose, la gastro-entérite et le scorbut. À cette époque, parce que la relation entre hygiène publique, hygiène personnelle et maladie est peu connue, et du fait du manque de médicaments, les maladies infectieuses se propagent rapidement. Les hôpitaux, sales et surpeuplés, constituent un terrain propice à la propagation des infections. Les gens fortunés, eux, se font soigner à domicile et évitent ainsi ces infections.

Cette situation persiste jusqu'au début des années 1900, lorsqu'apparaissent les hôpitaux pour tuberculeux, servant à isoler du public les tuberculeux «incurables». De la même façon, les hôpitaux psychiatriques augmentent en nombre et en importance pour régler la question des «faibles d'esprit». Durant la période de l'entre-deux-guerres, des mesures de SANTÉ PUBLIQUE sont prises, ce qui a pour conséquence de faire baisser le taux de mortalité due aux maladies infectieuses et ce, avant même que ne soit répandu l'usage des antibiotiques et des programmes de vaccination.

Au cours des années 1880, les techniques d'anesthésie, d'asepsie (prévention des infections) et de chirurgie s'améliorent, et le taux de mortalité relié aux hémorragies postopératoires et aux anomalies gastro-intestinales diminue (*Voir* MÉDECINE, HISTOIRE DE LA). Toutes ces nouvelles techniques nécessitent un équipement élaboré, un personnel qualifié et une plus longue période d'observation. Ainsi, les hôpitaux sont de plus en plus fréquentés et deviennent des centres de traitement, de recherche et d'ENSEIGNEMENT DE LA MÉDECINE.

En 1945, le gouvernement fédéral recommande des changements au système de santé canadien lors de la conférence fédérale-provinciale de la reconstruction. Il propose de fournir aux provinces des subventions et des prêts à faible taux d'intérêt afin de leur permettre d'améliorer les services de santé existants et de construire de nouveaux hôpitaux. Les représentants ne s'entendent pas et les recommandations restent en suspens jusqu'en 1948, année où le Programme national de subvention à l'hygiène fait renaître ces propositions. Les fonds versés aux provinces doivent servir à la construction de nouveaux hôpitaux généraux et psychiatriques, à améliorer les services de santé publique et à élaborer des programmes pour certaines maladies, notamment la tuberculose et les MALADIES TRANSMISES SEXUELLEMENT, et pour certains patients (p. ex., les enfants infirmes).

En 1958, le gouvernement fédéral, imitant la Saskatchewan, adopte la *Loi sur l'assurance-hospitalisation et les services diagnostiques* lui permettant de conclure des ententes avec chaque province afin de partager avec elles les coûts des programmes d'assurances administrés par celles-ci, programmes qui défraient le coût de base des soins de courte durée ainsi que les soins de longue durée dispensés par des hôpitaux accrédités. On garantit à ces hôpitaux un remboursement pour ces services. En 1961, toutes les provinces offrent l'assurance-hospitalisation (*Voir* SANTÉ, POLITIQUE SUR LA).

La même année, le gouvernement institue la Commission royale d'enquête sur les services de santé, dont le mandat est d'examiner le système des services de soins de santé et de recommander les mesures nécessaires pour «assurer à tous les Canadiens les meilleurs soins de santé possible». Le rapport final de la commission (1964) deviendra la pierre angulaire du système canadien des soins de santé.

Le Programme de subvention à l'hygiène et la *Loi sur l'assurance-hospitalisation* encouragent le recours aux soins hospitaliers et aux services de diagnostics, éléments coûtant le plus cher dans tout système de soins de santé. Pour faire face à l'augmentation des coûts des soins de santé et mettre en application les recommandations de la commission royale, le gouvernement fédéral adopte, en 1967, la *Loi sur les soins médicaux*, qui lui permet de partager les frais des régimes d'assurance médicale de chaque province. En l'espace de trois ans, toutes les provinces adoptent ces régimes. La combinaison de l'assurance-hospitalisation et de l'assurance médicale s'appelle régime d'assurance-maladie.

En 1966, le gouvernement fédéral crée la Caisse d'aide à la santé, par laquelle il attribue aux provinces 500 millions de dollars pour planifier, construire et rénover les installations nécessaires à la formation de professionnels de la santé ou à la recherche. Les fonds seront distribués sur une période de 14 ans se terminant en 1980. De ces fonds, 400 millions vont à la construction de nouvelles installations ou à la rénovation des anciennes. Le reste sert à remplacer l'équipement désuet.

La majeure partie des 500 millions de dollars va aux hôpitaux universitaires, qui sont tous des hôpitaux généraux. Une partie de cette somme est accordée aux écoles de médecine, mais du fait des rapports étroits existant entre ces écoles et les hôpitaux universitaires, il est difficile d'en établir le montant exact.

Au cours des années 70, les gouvernements fédéral et provinciaux révisent leur entente en ce qui a trait aux fonds alloués aux soins de santé. Il semble que le fait que les fonds versés par le fédéral soient égaux aux dépenses provinciales au chapitre des soins hospitaliers et médicaux encourage la dépendance envers ces soins, qui sont des plus coûteux. Le gouvernement fédéral désire exercer un certain contrôle sur les dépenses relatives aux soins de santé et stimuler les gouvernements provinciaux à répondre à leurs propres besoins en leur donnant plus de latitude.

Ces éléments mènent à l'adoption de la *Loi sur les arrangements fiscaux entre le gouvernement fédéral et les provinces sur les contributions fédérales en matière d'enseignement postsecondaire et de santé* (1977). Grâce à une combinaison complexe de subventions en espèces et de transferts fiscaux, différents pour chaque province, le gouvernement fédéral paie une partie des coûts des hôpitaux administrés par les provinces et des coûts du régime d'assurance-maladie, mais il ne paie plus nécessairement la même somme que les provinces. Devant ce fait, les provinces apportent quelques innovations: les soins à domicile, la chirurgie d'un jour et les consultations externes. Tout indique que la stratégie du gouvernement fédéral a eu pour effet de mettre un frein à l'augmentation des dépenses des hôpitaux. Toutefois, le coût total des dépenses liées à la santé continue d'augmenter.

La *Loi canadienne sur la santé*, en vigueur depuis avril 1984, combine les deux lois précédentes (assurance-hospitalisation et assurance-maladie).

Ressources Selon les statistiques de 1985, les frais de santé et hospitaliers représentent 8,62 p. 100 du Produit National Brut (PNB). Pour la même année, les dépenses totales des hôpitaux représentent 40 p. 100 des dépenses de santé, soit 16 milliards de dollars (3,5 p. 100 du PNB). Les hôpitaux dépensent en moyenne 68 p. 100 de leur budget en salaires bruts et en traitements. En 1984-1985, ils emploient

432 281 personnes. De plus, il faut compter chaque année des millions d'heures non rémunérées effectuées par les bénévoles, ce qui représente des millions de dollars. En 1987, on compte environ 119 421 bénévoles, dont 11 783 sont des adolescents et 3192, des hommes.

Le gouvernement provincial accorde aux hôpitaux un budget global annuel qui tient compte de l'inflation. À l'aide de ces ressources, les hôpitaux doivent offrir les blocs opératoires, les soins infirmiers et une grande variété de services de diagnostics, de traitement et de réadaptation. Les hôpitaux offrent la pension complète aux patients hospitalisés ainsi que des programmes de formation aux professionnels de la santé. Ils mènent aussi des projets de recherche. Non seulement assurent-ils la formation des nouveaux médecins, du personnel infirmier et d'autres professionnels de la santé, mais ils s'engagent aussi à montrer aux patients comment rester en bonne santé ou surmonter leur handicap, le cas échéant.

Au cours de l'année financière 1985-1986, les hôpitaux généraux et spécialisés ont fourni un total de 50,6 millions de jours-patients (c.-à-d. le nombre de jours passés à l'hôpital par tous les patients pour une période donnée) pour 3,7 millions de séjours à l'hôpital. Ces données ne tiennent pas compte des consultations externes, de la recherche ou des services communautaires offerts par l'hôpital. Toutefois, ces chiffres sont un indicateur communément utilisé pour rendre compte des services hospitaliers. Le coût moyen d'un jour-patient en 1984-1985 est de 295,05 $. Le coût rattaché aux unités spéciales de soins intensifs peut atteindre deux fois cette somme. Cependant, grâce à l'assurance-maladie, les Canadiens n'ont pas à payer directement cette somme.

Personnel Le personnel hospitalier inclut les techniciens, les thérapeutes et le personnel administratif. Il va sans dire que les médecins influencent grandement le fonctionnement de l'hôpital. Or, très peu sont des employés, à l'exception toutefois de certains spécialistes des salles d'urgence et de laboratoires et des directeurs médicaux des hôpitaux universitaires. Ainsi, les médecins ne reçoivent pas leur salaire de l'hôpital, même si ils sont les seuls à pouvoir admettre un patient (le malade ne décide pas lui-même de son entrée à l'hôpital).

Les médecins sont les seuls à décider en matière de chirurgie, de médicaments, de diagnostic et de services thérapeutiques ou infirmiers. Ils sont aussi les seuls professionnels de la santé à pouvoir autoriser le congé du patient (les patients peuvent quitter l'hôpital de leur propre gré, mais ils le font rarement). Les infirmiers et les infirmières, par contre, sont des employés de l'hôpital et ont à charge presque tous les soins exigés par l'état du patient. En 1984-1985, les hôpitaux canadiens comptent quelque 250 000 employés administrant des soins infirmiers; de ce nombre, 197 877 sont des infirmiers ou infirmières autorisés travaillant à plein temps ou à temps partiel.

Les patients sont généralement classés selon leur âge, leur sexe ou leur maladie. Selon l'âge et le sexe, les plus grands utilisateurs de services hospitaliers sont les personnes âgées (les personnes de plus de 65 ans représentent environ 10 p. 100 de la population, mais représentent environ 50 p. 100 des jours-patients) et les femmes en âge de procréer. Pour ce qui est des maladies, les CARDIOPATHIES sont la principale cause d'hospitalisation (soit 22 p. 100 de tous les jours-patients et 11,3 p. 100 de tous les congés).

Avenir Un certain nombre de facteurs sont en train de changer la façon dont sont dispensés les soins de santé, notamment le vieillissement de la population, l'augmentation des maladies chroniques, les progrès en technologie médicale. Les hôpitaux de l'avenir devront dispenser des soins de plus en plus spécialisés et, paradoxalement, auront besoin de plus de personnel et de médecins généralistes pour traiter les maladies chroniques. Il faut donc s'attendre à une plus grande utilisation des services communautaires, des consultations externes et des soins à domicile.

Jean-Claude Martin

Hopkins, John Castell, journaliste et éditeur d'encyclopédie (Dyersville, Iowa, 1er avr. 1864—Toronto, 5 nov. 1923). En 1890, il devient rédacteur adjoint du *Toronto Mail and Empire* et écrit nombre de brochures, de biographies et de récits, dont le très respectueux *Life and Work of the Right Hon. Sir John Thompson* (1895) et *Progress of Canada* (1901; révisé sous le titre de *The Story of Canada*, 1922). Il dirige la publication de la première ENCYCLOPÉDIE du Canada, *Canada: An Encyclopaedia of the Country* (6 vol., 1898-1900), puis succède à George Morang comme rédacteur en chef de l'*Annual Review of Canadian Affairs*.

David Evans

Horetzky, Charles George, photographe, explorateur, fonctionnaire (Édimbourg, Écosse. 20 juin 1838—Toronto, 30 avr. 1900). Il se trouve à Fort Garry comme employé de la Compagnie de la baie d'Hudson lors de la RÉBELLION DE LA RIVIÈRE ROUGE, en 1869. En 1871, il est embauché dans l'équipe d'arpentage du Canadien Pacifique avant tout pour ses compétences de photographe. Il est surtout connu pour ses photographies d'arpentage du Nord de la Colombie-Britannique et du Nord de l'Ontario (1871-1879). Bien qu'intelligent, intrépide et innovateur, il est parfois impatient et s'emporte facilement, traits de caractère qui lui valent de perdre son emploi en 1880. Il travaille pour le gouvernement de l'Ontario à la supervision des travaux publics de 1883 à 1900 et rédige *Canada on the Pacific* (1874) ainsi que deux autres brochures.

Andrew Birrell

Horloges et montres Au Canada, la fabrication d'horloges et de montres semblerait remonter au début du XVIIIe siècle. Cependant, à l'époque, les horlogers ne fabriquent pas entièrement le mécanisme. L'horloge ou la montre fait son apparition en Angleterre et sur le continent européen, puis aux États-Unis. Elle arrive au Canada sous forme d'ébauches (mouvement d'horloge inachevé), où l'horloger du quartier la termine. Le travail achevé, l'horloger grave ses initiales, sa signature ou son estampille d'orfèvre. Depuis le tout début, les détaillants d'horloges, et surtout de montres, travaillent en lien étroit avec les orfèvres et les joailliers. Ce n'est pas vraiment surprenant puisqu'ils vivent du même marché et ont besoin des services les uns des autres. Jean Filiot de Montréal et Thomas Gordon de Halifax sont deux horlogers réputés du XVIIIe siècle.

Au début du XIXe siècle, «l'horloge grand-père» ou horloge normande fait la fierté de bien des familles et est transmise de génération en génération comme un précieux héritage. Les mouvements de plusieurs de ces horloges proviennent d'Europe et d'Angleterre en particulier. Les marchands du quartier commandent ensuite des boîtiers en pin chez l'ébéniste de la région. Les autres horloges sont importées des États-Unis. Ainsi, les frères Twiss, qui ont leur commerce à Montréal au début du XIXe siècle, se spécialisent dans les horloges grands-pères provenant des États-Unis. Les horloges des Twiss sont aujourd'hui très recherchées par les collectionneurs.

Les horlogers travaillent souvent dans plusieurs endroits avant de s'installer dans une ville. Dans certains cas, la deuxième génération ouvre un commerce dans une autre ville et agrandit l'entreprise familiale. Après la fin des travaux du Chemin de fer du Pacifique, il y a une importante migration vers l'Ouest et les horlogers sont probablement nombreux à participer à ce mouvement pour aller offrir leurs services à une population de plus en plus nombreuse. Les membres de certaines communautés, les huttériens p. ex., emportent avec eux des montres entièrement fabriquées de bois par leurs artisans. Ces derniers continuent à fabriquer pendant longtemps des mouvements et des boîtiers en bois. Cependant, ils ne jouent pas un rôle vraiment important dans le développement de la technologie des montres et des horloges.

Le premier fabricant canadien d'horloges inscrit aux annales est le Clock Co. de Whitby, en Ontario. La compagnie ouvre ses portes en 1872, déménage à Hamilton (Ontario) et continue à fabriquer des horloges jusqu'en 1887. La compagnie la plus grande et la plus prospère dans ce domaine est celle d'Arthur Pequegnat. Elle ouvre ses portes en 1904 à Berlin (aujourd'hui Kitchener), en Ontario. Pequegnat fabrique différents types d'horloges, de pendules et de réveils et les vend partout au Canada avant de fermer ses portes en 1941. Les horloges de Pequegnat sont très prisées par les collectionneurs. Le MUSÉE NATIONAL DES SCIENCES ET DE LA TECHNOLOGIE à Ottawa en possède une collection presque complète.

En 1891, Henry Playtner de Preston (Ontario), fonde le Canadian Horological Institute à Toronto. D'excellents artisans ont étudié à cette école supérieure d'horlogerie et de réparation. Le livre de Playtner, *Canadian Horological Institute* (1904), trace un tableau très intéressant des débuts d'un apprenti. L'institut offre des cours jusqu'en 1914, année où Playtner déménage aux États-Unis et fonde l'Elgin Watchmakers' College. De temps à autre, il est possible de dénicher de véritables chefs-d'œuvre fabriqués par les diplômés du Canadian Horological Institute. Ces derniers comptent parmi les meilleurs artisans horlogers.

Le roman de T.C. HALIBURTON, *The Clockmaker; or The Sayings and Doings of Sam Slick of Slickville*, raconte les mésaventures au Canada et aux États-Unis d'un vendeur d'horloges itinérant plutôt louche. Le récit, même s'il relève de la fiction, décrit les aspects sociaux du marché de l'horlogerie au début du XIXe siècle. (*Voir aussi* BIJOUTERIE ET DE L'ARGENTERIE, INDUSTRIE DE LA.)

Carol Hayter et P. Lavoie

Horn, Kahn-Tineta, ce qui signifie «elle fait onduler l'herbe» en mohawk, activiste politique, mannequin, fonctionnaire et membre du clan mohawk du Loup de Kahnawake, au Québec (New York, N.Y., 16 avril 1940). Dans les années 60 et au début des années 70, elle attire l'attention de tout le pays sur la cause autochtone en soulevant une vive controverse avec ses critiques des conditions de vie des Indiens. Bien qu'elle ait déjà été mannequin et conférencière pendant quelques années, en 1964 elle perd son poste au Conseil national des Indiens à la suite d'un litige touchant la politique et l'organisation des célébrations du centenaire. Au cours des années 60, elle participe à de nombreuses manifestations autochtones, dont celle où elle lâche des rats dans une réunion gouvernementale pour illustrer l'enfouissement illégal des déchets dans sa réserve. Elle préconise «l'apartheid indien» ou le développement séparé, ainsi que la préservation du système de réserve, l'enseignement dispensé uniquement par des professeurs autochtones et l'abolition du mariage entre Blancs et Indiens. Elle fonde et dirige, de 1967 à 1971, l'Indian Legal Defence Committee. Depuis 1972, elle occupe divers postes au ministère fédéral des Affaires indiennes dans l'élaboration de politiques sociales, communautaires et éducatives.

Bennett McCardle

Hornby, île Située dans le détroit de GEORGIA, entre l'ÎLE DE VANCOUVER et la partie continentale de la Colombie-Britannique, au sud-est de la localité insulaire de COURTENAY. Elle est boisée et bordée de bancs de sable et de plates-formes rocheuses. Au XIXe siècle, la pêche à la baleine y est pratiquée à partir d'une station située sur le versant est, devenue aujourd'hui une zone récréative populaire. On peut voir de bons exemples de pétroglyphes indiens gravés dans les saillies de grès le long de la côte. Son nom rappelle le contre-amiral G.T. Phipps Hornby, commandant de la station du Pacifique de 1847 à 1851.

Daniel Francis

Hornell, David Ernest, aviateur (Lucknow, Ont., 26 janv. 1910—décédé en mer le 25 juin 1944). On lui décerne la CROIX DE VICTORIA pour avoir détruit un sous-marin allemand (U-boot) sous le feu nourri de l'ennemi et pour s'être porté au secours de ses camarades en danger, après que leur hydravion à coque se fut écrasé. Aveugle et à bout de force, Hornell meurt peu de temps après avoir été rescapé en mer.

James Marsh

Horne-Payne, Robert Montgomery, financier (Angl.—Brentwood, Angl., 30 janv. 1929). À cause d'une longue invalidité, il visite rarement le Canada, mais il en marque le paysage par son habileté financière; une ville du nord de l'Ontario, Hornepayne, porte son nom. On lui doit l'entrée au Canada de 500 millions de capitaux britanniques entre 1894 et 1928 par l'entremise de la British Imperial Trust Company, qu'il a fondée. Son influence est telle que, lorsqu'il met en garde en juin 1913 les investisseurs britanniques contre les emprunts immodérés des municipalités canadiennes, plusieurs maires de l'Ouest protestent. Il est responsable de la collecte de fonds pour William MACKENZIE et Donald MANN; il est le directeur londonien du Chemin de fer Canadien du Nord de 1901 jusqu'à la prise de contrôle de celui-ci par l'État canadien en 1918. Il a été président du conseil du BC Electric Railway depuis sa création en 1897 jusqu'à sa vente à des intérêts canadiens en 1928. Il dirige aussi d'autres entreprises canadiennes et est associé à des financiers canadiens en Amérique latine dans des sociétés de service public, notamment dans la Brazilian Traction, Light and Power Co. Ltd.

Patricia E. Roy

Horner, John Henry, «Jack», éleveur et politicien (Blaine Lake, Sask., 20 juill. 1927). Horner poursuit une carrière politique controversée depuis son entrée à la Chambre des communes en 1958. Avec l'appui des électeurs de sa circonscription du centre de l'Alberta, Horner se taille bientôt une réputation de porte-parole des cultivateurs de l'Ouest et d'ultraconservateur. Par la suite, on le compte parmi les «cow-boys de DIEFENBAKER». Après son échec à la course à la chefferie du Parti conservateur en 1976, Horner passe chez les libéraux le 20 avril 1977 et, dès le lendemain, reçoit le titre de ministre sans portefeuille.

En septembre, il est nommé ministre de l'Industrie et du Commerce, mais ses électeurs le désavouent à l'élection de 1979. Il accède peu de temps après au conseil d'administration du Canadien National, puis, en juin 1982, il est désigné président du conseil d'administration. Depuis 1984, il est membre du conseil d'administration de la Prairie Grain Agency.

Patricia Williams

Horner, Ralph Cecil, évangéliste et chef religieux (comté de Pontiac, Canada-Est, 22 déc. 1854—Ivanhoe, Ont., 12 sept. 1921). Après une courte et orageuse carrière de ministre du culte méthodiste, Horner fonde et dirige une série d'ÉGLISES DE L'ILLUMINATION. Converti et sanctifié lors de réunions méthodistes (1872), il étudie la théologie au Victoria College de Cobourg (Ontario) de 1883 à 1885 et l'art oratoire à Philadelphie de 1885 à 1886. Prédicateur puissant, il travaille déjà aux missions évangéliques lorsqu'il est ordonné en 1887 par le Conseil de l'Église méthodiste de Montréal. Son enseignement et ses méthodes sont de plus en plus critiqués et il refuse de se soumettre à la discipline du Conseil, ce qui entraîne sa déposition (1894-1895). Il attire à lui des ministres et des laïcs méthodistes, adhère aux Méthodistes wesleyens de New York, puis crée, en 1897, une Église indépendante, la Holiness Movement Church, dont il est l'évêque. En 1900, son mouvement possède déjà un collège

biblique et une maison d'édition à Ottawa et compte environ 6000 fidèles, surtout dans l'Est de l'Ontario et les Prairies. En 1916, des critiques sur sa capacité de diriger provoquent un schisme. Horner fonde alors la Standard Church of America.

R. Gerald Hobbs et H. Hobbs

Hors-la-loi de Mégantic (*Voir* MORRISON, Donald)

Horton, rivière Longue de 618 km, elle prend sa source au nord du GRAND LAC DE L'OURS, dans les Territoires du Nord-Ouest, et se déverse dans le golfe d'Amundsen. Légèrement encaissée dans son cours supérieur, elle creuse une vallée profonde (jusqu'à 200 m) dans la roche tendre du crétacé dans son cours inférieur. À l'origine, elle rejoint la MER DE BEAUFORT dans la baie d'Harrowby, mais vers les années 1800 elle se taille un chenal jusqu'au golfe d'Amundsen, abrégeant ainsi son parcours d'une centaine de kilomètres. Près du delta actuel se trouvent les collines Smoking, dont les dépôts de lignite et de jarosite en ignition émettent une fumée sulfureuse. Ces dépôts bitumineux sont déjà en ignition en 1826, quand John RICHARDSON cartographie le littoral. La rivière est peu profonde, mais navigable pour les petites embarcations. La vallée de la rivière Horton est boisée jusqu'à 100 km de son embouchure; à cet endroit commence la végétation arbustive, dépourvue d'arbres, de la toundra. Un poste de traite est en service au delta de 1918 à 1931, mais il n'existe actuellement aucun établissement permanent le long de la rivière.

S.C. Zoltai

Horwood, Harold Andrew, chroniqueur, organisateur syndical, politicien, rédacteur et romancier (St. John's, T.-N., 2 nov. 1923). Organisateur syndical et politicien à la fin des années 40 et au début des années 50, il soutient J.R. SMALLWOOD dans sa campagne pour l'entrée de Terre-Neuve dans la Confédération et représente le Labrador à l'Assemblée législative, de 1949 à 1951.

Il se joint à l'équipe du *Evening Telegram* de St. John's en 1952 et y occupe différents postes jusqu'en 1970. Pendant cette période, il se fait remarquer par ses critiques fréquentes et virulentes à l'égard des politiques du premier ministre Smallwood. Il renonce à sa fonction de rédacteur au *Evening Telegram* en 1958 et entame une carrière d'écrivain couronnée de succès. Ses ouvrages de fiction les plus connus sont deux romans: *Tomorrow Will Be Sunday* (1966) et *White Eskimo* (1972). *Foxes of Beachy Cove* (1967), un petit livre de réflexion sur le thème du retour à la nature, remporte le Best Scientific Book of the Year Citation en 1968. Parmi ses études et essais, figurent deux biographies: *Bartlett, the Great Canadian Explorer* (1977) – le mot *Canadian* sera supprimé à juste titre dans la deuxième édition, en 1980 – et *Joey* (1989).

Horwood est écrivain résident à l'U. de Western Ontario (1976-1977) et à l'U. de Waterloo (1980-1983), où il fonde le magazine littéraire *The New Quarterly*, dont il devient rédacteur en chef. Il est membre fondateur et ancien président de la Writers' Union of Canada et reçoit l'Ordre du Canada en 1980 pour sa contribution à la littérature canadienne. Il vit en Nouvelle-Écosse depuis 1977.

D.R. Bartlett

Hose, Walter, officier de marine (en mer, 2 oct. 1875—Windsor, Ont., 22 juin 1965). Après 21 ans dans la Marine royale, il entre dans la Marine canadienne en 1912. Il commande le RAINBOW sur la côte du Pacifique jusqu'en 1917, puis les forces de défense de la marine marchande sur la côte de l'Atlantique en 1917-1918. En 1921, il devient directeur des Forces navales (chef d'état-major de la Marine après 1928), poste qu'il occupe jusqu'à sa retraite en 1934. Alors que les coupures dans les dépenses de la défense menacent la survie de la marine en 1922 et en 1933, Hose sauve le service par son autorité énergique et en développant les forces navales de réserve, fondées sous sa direction en 1923.

Roger Sarty

Hospitalières de Saint-Joseph La Congrégation des hospitalières de Saint-Joseph est fondée en 1636 à La Flèche, en France par Jérôme Le Royer de la Dauversière et Marie de la Ferre; l'objectif principal de cet institut, non cloîtré à l'origine, est le soin des malades pauvres dans l'Hôtel-Dieu de La Flèche. En 1659, mandatées par leur fondateur, trois Filles de Saint-Joseph arrivent à Montréal pour seconder Jeanne MANCE dans le petit hôpital qu'elle a fondé à la demande de Le Royer. Après la mort de mademoiselle Mance en 1673, les Hospitalières deviennent administratrices de l'Hôtel-Dieu de Montréal. À cette époque, peu de temps après la mort de Jérôme Le Royer en 1659, la congrégation est devenue un Institut cloîtré, à vœux solennels, connu sous le nom de Religieuses Hospitalières de Saint-Joseph.

À partir du milieu du XIXᵉ siècle, les Hospitalières de Saint-Joseph de Montréal fondent en Amérique des hôpitaux et, en réponse à des besoins particuliers, elles prennent aussi charge d'une léproserie, d'orphelinats et d'écoles. Cette expansion, qui s'étendra éventuellement jusqu'en Afrique et en Amérique latine, coïncide avec le mouvement de retour aux origines qui, au milieu du XXᵉ siècle, réussit à réunir toutes les maisons en généralat, sous une seule administration centrale, avec une maison générale à Montréal : en 1953, généralat d'Amérique auquel se joignent, en 1965, les Hospitalières de France.

Sœur Georgette Desjardins

Hôtel-Dieu, premier hôpital en Nouvelle-France et un des premiers en Amérique, fut fondé en 1639 par la duchesse d'Aiguillon pour traiter les Indiens près de la colonie de Québec. Au mois d'août 1639, les trois premières religieuses de l'ordre des Religieuses hospitalières arrivèrent dans la colonie. Elles y fondèrent un hôpital près de SILLERY pour soigner les Indiens luttant contre une épidémie de variole. En 1644, à cause des guerres iroquoises qui menaçaient sa sécurité, on déménagea l'hôpital à Québec, rue de Palais, sur le site qu'il occupe encore aujourd'hui. Il est affilié à l'U. Laval de Québec. Du premier hôpital, seules les fondations persistent et la plus ancienne partie des bâtiments actuels date de 1696.

Le second Hôtel-Dieu fut fondé en 1642 à Ville-Marie (Montréal) par Jeanne-Mance pour traiter les malades de la colonie naissante. On lui octroya un terrain hors du fort en 1644 sur lequel on construisit l'hôpital. En 1861, l'Hôtel-Dieu de Montréal déménagea sur son site actuel au Mont Sainte-Famille. L'Hôtel-Dieu est actuellement une des constituantes du Centre Hospitalier de l'U. de Montréal. Les Religieuses hospitalières de Saint-Joseph, venues à Montréal en 1659 pour seconder Jeanne-Mance, fondèrent des Hôtels-Dieu de Tracadie en 1868, de Chatham en 1869, de Madawaska en 1873, d'Arthabaska en 1884, de Campbellton et Windsor en 1887 et de Winooski, Vt, en 1894.

Marcel Cadotte

Hôtels Au Canada, l'hébergement des voyageurs résulte de deux traditions: l'auberge et l'hôtel urbain. Au début de la colonisation, de nombreuses maisons accueillent des clients pour une nuit. Celles qui possèdent un permis d'auberge peuvent facturer le service. Le Willard's Hotel (1795) et la Cook's Tavern (1822), tous deux situés dans le canton de Williamsburg, en Ontario, et maintenant déplacés au UPPER CANADA VILLAGE, sont des haltes pour les représentants de commerce et les immigrants qui se déplacent en coches le long de la King's Highway et en bateaux sur le fleuve Saint-Laurent. Le Symmes Inn (1831), à Aylmer (au Québec), situé de façon stratégique près d'un débarcadère sur la rivière des Outaouais et immortalisé par William Henry BARTLETT, se vante que sa table «offre les meilleurs produits du pays».

Certaines auberges n'offrent pas de tels agréments. Un des premiers visiteurs de passage à la Hat Creek House (1860), une halte sur la ROUTE CARIBOO conduisant aux terrains aurifères de la Colombie-Britannique se plaint que «les couchettes sont dures comme des planches [...] et que les couvertures noircies ont depuis leur dernier lavage servi à beaucoup de voyageurs pas vraiment propres». De nombreuses auberges ressemblent à de grandes maisons, souvent (comme la Hat Creek House) augmentées de deux étages de vérandas.

Au XIXe siècle, des hôtels dans les grandes villes sont très luxueux. Le Rasco's Hotel de Montréal, ouvert en 1836 et encore debout aujourd'hui, est un bâtiment en pierre de cinq niveaux qui pouvait alors accueillir 150 clients et passait pour le meilleur hôtel du Canada. De plus grands hôtels conçus selon des styles à la mode sont très luxueux. L'hôtel Windsor (G.H. Worthington, 1876-1878) à Montréal, construit dans le style second Empire, est le plus raffiné de la ville.

L'âge du chemin de fer annonce une nouvelle ère dans la construction d'hôtels, une ère qui estompe la distinction entre les deux traditions. Le CANADIEN PACIFIQUE construit une série de «gares-restaurants» avec chambres à coucher dans les montagnes de la Colombie-Britannique pour nourrir les voyageurs et accueillir des clients. La Glacier House (T.C. Sorby, 1886), perchée au sommet des Selkirks, rappelle un chalet suisse. L'original Banff Springs Hotel (Bruce Price, 1886-1888), à ossature de bois, est un hôtel de villégiature raffiné offrant des vues panoramiques sur les montagnes Rocheuses de l'Alberta. Cet hôtel et le Château Frontenac (B. Price, 1892-1893), de Québec, lancent une tradition d'hôtels de style château qui devient un modèle de l'architecture canadienne. Le Empress Hotel, Victoria (F.M. RATTENBURY, 1904-1908) du Canadien Pacifique à Victoria, et le Château Laurier (Ross and MacFarlane, 1908-1912) du GRAND TRUNK, à Ottawa, sont des exemples remarquables du genre.

Les descendants contemporains des auberges et des hôtels urbains accueillent toujours des représentants de commerce et des touristes, et sont souvent gérés par des chaînes internationales. Le motel (contraction de motor hotel, hôtel pour motorisés), situé le long d'une autoroute ou en bordure d'une ville, accueille le voyageur motorisé. D'abord popularisé aux États-Unis dans les années 30, le motel a typiquement un ou deux niveaux, chaque chambre étant accessible du parc de stationnement.

De nombreux hôtels urbains sont devenus des tours. Avec leurs grandes salles de réunions et leurs galeries marchandes internes, ils servent de centres de congrès. Le Westin Harbour Castle (William Tabler et Campeau, 1975) de Toronto compte 967 chambres dans deux tours, dont l'une est surmontée d'un restaurant tournant. Le Pan Pacific Hotel de 500 chambres de Vancouver, qui fait partie de la Canada Place (Downs/Archambault, Muson Cattell and Partners et le Zeidler Roberts Partnership, 1983-1986), fut construit pour l'Expo 86 et sert maintenant d'installation commerciale et de gare pour bateaux de croisière.

L'hôtel Bonaventure (AFFLECK, Desbarats, DIMAKOPOULOS, LEBENSOLD et Sise, 1967-1968), de Montréal réunit l'autoroute et la ville: des séries de chambres semblables à celles des motels sont disposées autour de cours aménagées et perchées au sommet d'un centre de commerce et de détail monolithique. (*Voir aussi* ARCHITECTURE; ARCHITECTURE, ÉVOLUTION DE L'; TOURISME.)

Harold D. Kalman

Houde, Camillien, politicien (Montréal, 13 août 1889—*id.*, 11 sept. 1958). Sa carrière s'oriente dans plusieurs directions. En effet, il se lance tour à tour dans les affaires bancaires et la confiserie, et siège au Parlement de Québec, puis à la Chambre des communes. Toutefois, à partir de sa première élection comme maire le 2 avril 1928 jusqu'à sa retraite le 18 septembre 1954, il incarne sa ville au point d'être surnommé «Monsieur Montréal». Il se fait d'abord connaître en tant que candidat conservateur provin-

cial dans la circonscription de Sainte-Marie, dont il est élu député en 1923. Il se fait battre en 1927, mais la courte victoire de son opposant est renversée par les tribunaux et Houde regagne son siège l'année suivante à la faveur d'une élection complémentaire. Il remporte la course à la chefferie du Parti conservateur du Québec la même année, mais perd son siège quand son parti se défait à l'élection générale de 1931. Houde abandonne son poste de chef en 1932, laissant le champ libre au nouvel homme fort du parti, le nationaliste conservateur Maurice DUPLESSIS.

Tandis que Duplessis impose sa suprématie sur le Québec, Houde fait de même à la mairie de Montréal, où il règne de 1928 à 1932, puis de 1934 à 1936, avant d'être réélu en 1938. Événement sans précédent, il est suspendu le 5 août 1940 lorsque, après un discours contre l'enrôlement pour le service militaire, des agents de la Gendarmerie royale l'arrêtent à l'hôtel de ville. Il est ensuite interné en Ontario durant quatre ans. À l'instar de nombreux nationalistes canadiens-français de l'époque, il appuie l'idéologie du régime de Mussolini en Italie et celui de Vichy en France. Il demeure pourtant loyal à la couronne britannique, qui le fait Commandeur de l'Ordre de l'Empire britannique en 1935. À sa libération, le 18 août 1944, au moins 50 000 Montréalais l'accueillent en triomphe et il est bientôt réélu maire, poste qu'il conserve sans difficulté aux élections de 1947 et de 1950.

Sa mainmise sur Montréal et sa longévité à la mairie ne seront dépassées que par son successeur, Jean DRAPEAU. Houde est élu en 1949 député fédéral de la circonscription montréalaise de Papineau, mais il ne s'intéresse guère à cette fonction. Homme très corpulent doté d'un nez à la Cyrano et d'un sens de l'humour remarquable, ayant un penchant pour les cigares noirs Tueros, Houde pratique la favoritisme et dispense généreusement ses largesses depuis son bureau à l'hôtel de ville durant les pires années de la Crise des années 30 et même par la suite. Il considère avec une certaine bienveillance les lupanars et les débits de boisson clandestins ainsi que la pègre et les bandits de la ville. C'est alors le règne de Duplessis et Houde considère la corruption qui entache une bonne partie des membres du conseil municipal, de la police et de la presse comme une réalité incontournable. Il est bien plus obsédé par l'immortalité que par l'argent. Son style flamboyant et passionné se reflète dans la crypte où il est enterré au cimetière de Côte-des-Neiges à Montréal, une réplique en marbre d'Italie du tombeau de Napoléon.

Brian McKenna

House, Christopher Maxwell, danseur et chorégraphe (St. John's, T.-N., 30 mai 1955). En tant que chorégraphe attitré du TORONTO DANCE THEATRE depuis 1981 et directeur artistique depuis 1994, il aide la compagnie à refaire son image et en assure le développement futur. Grâce à lui, la compagnie obtient des critiques internationales élogieuses comme elle n'en a jamais eues auparavant. House se tourne vers la danse après avoir commencé un baccalauréat en science politique à l'U. d'Ottawa. Il obtient son baccalauréat en beaux-arts (option danse) à l'U. York et entre au Toronto Dance Theatre en 1979.

Tout en poursuivant sa carrière, il crée un répertoire d'œuvres dans un style moderne qui lui est propre. Sa chorégraphie, presque entièrement non narrative, se caractérise par son grand sens de la structure, la souplesse et la rapidité des mouvements (particulièrement dans les chorégraphies de groupe) et par l'utilisation pleine d'imagination qu'il fait de divers genres de musique, tant classiques que contemporains. Il enrichit la plupart de ses dernières œuvres en y intégrant des situations d'un dramatique subtil et des allusions qui ajoutent à sa chorégraphie un contenu émotionnel. Son œuvre a contribué à améliorer l'image du Toronto Danse Theatre, à élargir le registre de ses danseurs et à la rendre accessible à un plus grand nombre de spectateurs. Il a éga-

lement réalisé des chorégraphies pour d'autres compagnies, entre autres, LES GRANDS BALLETS CANADIENS et le BALLET NATIONAL DU CANADA. Parmi les honneurs qu'il a reçus, citons le prix Jean A. Chalmers (1983), le Clifford E. Lee Award (1986) et le Dora Mavor Moore Award (1986).

Michael Crabb

House of Anansi Petite maison d'édition littéraire créée à Toronto par Dave Godfrey (dont l'expérience en Afrique a servi d'inspiration pour la raison sociale) et Dennis LEE en 1967, à l'apogée du renouveau lié au Centenaire. Se consacrant à la publication de nouveaux auteurs à la fin des années 60, elle se transforme bientôt en point de ralliement pour les auteurs contemporains, tant à Toronto que dans tout le pays, en raison de l'intérêt qu'elle porte à la fiction expérimentale, à la poésie d'actualité, à la critique et à la traduction de jeunes auteurs québécois. Associée à un fort sentiment nationaliste, elle lance le débat critique des années 70 avec la publication de *The Bush Garden: Essays on the Canadian Imagination* (1971) de Northrop FRYE, puis remporte un important succès avec SURVIVAL (1972) de Margaret Atwood et *Savage Fields: An Essay in Literature and Cosmology* (1977) de Dennis Lee. Malgré son modeste programme de six titres en moyenne par année, la maison d'édition, dirigée par Ann Wall, demeure importante dans les milieux littéraires canadiens.

Michael Gnarowski

Houston, James Archibald, artiste, auteur et cinéaste (Toronto, 12 juin 1921). Il étudie l'art à Toronto avant de servir dans l'armée pendant la Seconde Guerre mondiale. Après des études en France (1947-1948), il passe 14 ans dans l'Arctique canadien à titre d'administrateur civil dans l'Ouest de l'île de Baffin. Il y enseigne les techniques de la gravure aux Inuits dont il fait connaître l'art aux États-Unis et dans le Sud du Canada. Il fonde la West Baffin Co-operative afin de gérer la production. Il raconte sa vie dans l'Arctique dans *Confession of an Igloo Dweller* (1955). De 1962 à 1972, il travaille pour Steuben Glass de New York. Son premier livre pour enfants, *Tikta'liktak: An Eskimo Legend* (1965), est proclamé Canadian Children's Book of the Year, il en sera de même pour *The White Archer* (1967) et *River Runners* (1979; trad. *Les casse-cou de la rivière Koksoak*, 1984). Houston prend une part active à de nombreux comités nationaux et internationaux, où il fait la promotion de l'art autochtone. Membre de la Royal Society of Art et officier de l'Ordre du Canada, il détient plusieurs doctorats honorifiques.

Ses livres pour enfants se répartissent en trois catégories. Certains d'entre eux, comme *Tikta'liktak, Long Claws* (1981) et *The Falcon Bow* (1986), sont des versions agrémentées de légendes que lui ont contées les Inuits. D'autres ouvrages décrivent la croissance des jeunes autochtones de la côte Ouest. Cinq romans, *Frozen Fire* (1977; trad. *Matt et Kayak: une aventure du Grand Nord*, 1980), *River Runners* (1979; trad. *Les casse-cou de la rivière Koksoak*, 1984), *Black Diamonds* (1982), *Ice Swords* (1985) et *Drifting Snow* (1992) se déroulent de nos jours. Houston a illustré lui-même ces ouvrages. Ses romans destinés aux adultes: *The White Dawn* (1971; trad. *L'aube blanche*, 1972), *Spirit Wrestler* (1980), *Eagle Song* (1983) et *Running West* (1989) décrivent les émotions engendrées par le choc des cultures traditionnelles autochtones et européennes. Il passe l'été 1987 à Cape Dorset où il prépare la production d'un long métrage. (*Voir aussi* GRAVURE INUITE.)

Jon C. Stott

Houx Nom commun de l'arbuste de la famille du houx (Aquifoliacées). Les véritables houx appartiennent au genre *Ilex*, qui comprend quelque 400 espèces réparties dans le monde, principalement en Amérique centrale et en Amérique du Sud. On en trouve deux espèces au Canada. Bien que réputés pour leurs feuilles épineuses et leurs baies rouges, de nombreux houx ne piquent pas et possèdent des baies noires. Le houx glabre (*I. glabra*) a des baies noires, brillantes, et des feuilles persistantes. Le houx verticillé (*I. verticillata*) a des baies rouges, brillantes et des feuilles caduques, d'un vert terne. Un proche parent du houx, le némopanthe mucroné (*Nemopanthus mucronata*), est à feuillage persistant, vert mat, et porte des baies rouges.

Les trois espèces de houx se retrouvent dans les bois humides et les marécages de l'est du Canada. De nombreux cultivars existent, sélectionnés pour leurs qualités en tant que PLANTES ORNEMENTALES (p. ex., pour leur feuillage panaché) et leur croissance arbustive dense. Le nom, houx, est d'origine celtique et signifie pointe, par allusion à ses feuilles épineuses. On perpétue encore à Noël le rituel des druides qui consistait à placer des brins de houx à l'intérieur pour donner un refuge d'hiver aux esprits des bois. On utilise son bois blanc et dur en ébénisterie. En Europe et en Amérique du Nord, on utilisait différentes parties de la plante pour faire un tonique. En Amérique centrale, en Amérique du Sud et en Asie, des espèces comme le houx d'Amérique du Sud (*I. paraguariensis*) ou thé du Paraguay, aussi appelé «maté», servent à faire un thé à forte teneur en caféine.

Roger Vick

Howard, Robert Palmer, médecin, professeur, administrateur médical (Montréal, 12 janv. 1823—*id.*, 28 mars 1889). Reconnu surtout comme un excellent enseignant, Howard sait allier enthousiasme, sincérité et dignité. Son dévouement et son amour de la médecine inspirent ses élèves, dont William OSLER, qui exprime souvent son admiration envers son ancien professeur. Dès 1860, Howard enseigne la théorie et la pratique de la médecine à l'U. McGill, dont il est doyen de la Faculté de médecine de 1882 jusqu'à sa mort. Son rôle d'enseignant domine sa carrière, mais Howard se distingue aussi dans d'autres domaines. Grâce à son leadership, à ses écrits et à ses discours, il réussit à rehausser les normes de la FORMATION MÉDICALE partout au Canada.

Edward H. Bensley

Howe, Arthur Thomas, entrepreneur, arboriculteur fruitier, sportif (Pavenham, Angl., 27 mars 1855—Vernon, C.-B., 7 oct. 1947). Howe arrive au Canada à l'âge de 20 ans. Après avoir travaillé dans le commerce du cuir à Toronto, il fonde sa propre tannerie et son entreprise de produits de cuir qui deviennent prospères et sont le principal fournisseur de la Compagnie T. EATON limitée. En 1913, il déménage à Vernon, où il crée des entreprises de production fruitière et laitière et de transformation, et devient un des agriculteurs indépendants les plus importants du Canada, ainsi que le plus important producteur de pommes McIntosh de l'Empire britannique. Il est le promoteur de plusieurs mesures importantes prises pour ramener l'ordre dans l'industrie fruitière troublée de la Colombie-Britannique et en faire un élément solide de l'économie de la province.

A.S. Henry

Howe, Clarence Decatur, ingénieur, homme d'affaires, politicien (Waltham, Mass., 15 janv. 1886—Montréal, 31 déc. 1960). Howe assure l'arrimage entre le Parti libéral et l'industrie canadienne. Bien qu'il se réclame d'un lien de parenté avec le politicien libéral néo-écossais Joseph HOWE, ses racines canadiennes demeurent ténues jusqu'à ce qu'il remonte vers le nord, à Halifax, avec en poche un diplôme en génie du Massachusetts Institute of Technology, afin d'enseigner cette discipline à l'U. Dalhousie. Son passage à cet endroit (1908-1913) est fructueux, bien que peu captivant, et il renonce volontiers à la vie universitaire en 1913 afin de s'établir dans les Prairies, où il travaille pour la Commission canadienne des grains, dressant les plans de silos à blé pour toute la région. Howe aime tant ce travail qu'en 1916 il fonde sa propre firme d'ingénierie spécialisée dans les silos à grain.

Entre 1916 et 1935, la société C.D. Howe érige des silos élévateurs à Vancouver, à Saskatoon, à Churchill, à Port Arthur, à Toronto et à Prescott, de même qu'à Buenos Aires, en Argentine. Son entreprise devient le plus important constructeur du genre. Son côté direct et sa capacité de construire des silos à prix fixe lui valent la faveur de ses clients, surtout dans l'Ouest du Canada. Toutefois, la Crise des années 30 sonne le glas de son entreprise. En 1935, il se lance en politique fédérale et devient député libéral de la circonscription de Port Arthur (Thunder Bay, Ontario). Il accède rapidement au Cabinet de Mackenzie KING, qui le nomme ministre des Transports en 1936. À ce titre, Howe contribue à la création des Lignes aériennes Trans-Canada (par la suite Air Canada).

En 1940, Howe est nommé ministre des Munitions et des Approvisionnements, avec pour mission de diriger le programme national de production de guerre. Il réussit brillamment dans cette tâche, collaborant avec un noyau d'hommes d'affaires appartenant pour la plupart au Parti conservateur, qui en viennent à apprécier sa façon efficace et audacieuse de diriger les affaires économiques. Il se trouve donc dans une bonne position quand, en 1944, on lui demande de présider le nouveau ministère de la RECONSTRUCTION. Il parvient à reconvertir l'économie canadienne au libéralisme avec une réglementation officielle minimale. Pendant les années 50, Howe cherche à développer certains secteurs comme celui de l'acier et, en tant que ministre du Commerce, il s'emploie à stimuler le commerce canadien. Dans cette fonction, en 1956, il préconise la construction d'un pipeline transcanadien par l'octroi de fonds publics à une entreprise privée. Cette mesure soulève un tollé au Parlement et ses réponses aux critiques, de plus en plus irascibles, contribuent à miner les positions du gouvernement. En 1957, le Parti libéral est balayé et Howe est défait. Malgré ses réalisations, on se souvient surtout de lui à cause de son mépris des débats à la Chambre des communes, qu'il appelle «l'heure des enfants», et de sa réponse aux députés mettant en doute ses projections: «Qu'est-ce qu'un million?».

Robert Bothwell

Howe, Gordon, dit Gordie, joueur de hockey (Floral, Sask., 31 mars 1928). Le record de 32 saisons établi par Gordie Howe constitue sans doute l'exemple le plus remarquable de longévité en matière de sport professionnel. Il joue d'abord dans les rangs juniors à Saskatoon et à Galt, en Ontario, puis le joint à titre de professionnel l'équipe d'Omaha et les Red Wings de Détroit en 1946. Sa carrière de compteur débute lentement, car il marque seulement 7, 16 et 12 buts au cours des 3 premières années. Pendant la troisième saison, il subit une grave blessure à la tête après être entré en collision avec Ted KENNEDY et s'être cogné la tête contre la bande.

Il remporte le TROPHÉE ART ROSS (meilleur compteur) quatre fois d'affilée de 1950 à 1954, puis en 1957 et 1963, ainsi que le TROPHÉE HART (joueur le plus utile) en 1952, 1953, 1957, 1958, 1960 et 1963. Il est en outre nommé joueur étoile de la Ligue nationale de hockey (LNH) à 21 reprises. Howe quitte les Red Wings en 1971 pour prendre sa retraite, mais il revient au jeu en 1973 en compagnie de ses deux fils, Mark et Marty, au sein des Aeros de Houston de l'Association mondiale de hockey. Il termine sa carrière en 1980, à l'âge de 52 ans, avec les Whalers de Hartford (LNH).

Sans doute le plus grand hockeyeur de tous les temps, Howe possédait une force physique exceptionnelle, beaucoup d'endurance et une grande vitesse. De plus, son tir des poignets a déjà été chronométré à 183 km/h. Les statistiques à son sujet indiquent un total de 2421 parties jouées dans les rangs professionnels (y compris les séries éliminatoires), 1071 buts et 1518 mentions d'assistance, pour un total de 2589 points. Bien que la LNH n'ait pas homologué les six saisons qu'il a passées dans

l'Association mondiale, ses records de buts comptés (801) et de mentions d'assistance (1049), soit un total de 1850 points dans la LNH, n'ont été battus que par Wayne GRETZKY. Il est peu probable, cependant, que les records établis par Howe quant au nombre de saisons (26) et de parties (1767) soient jamais égalés. En 147 parties éliminatoires, il a compté 68 buts et obtenu 92 mentions d'assistance pour un total de 160 points. Howe a dominé le hockey autant par ses qualités de joueur que par sa force physique. Il a d'ailleurs accumulé 2419 minutes de punition.

Longtemps considéré comme l'un des plus grands ambassadeurs du hockey, Howe est membre du Temple de la renommée du hockey et du Temple de la renommée du Sport Canadien. Il a reçu la médaille de l'Ordre du Canada en 1971. Dans les années suivant sa retraite, Howe se montre insatisfait de la façon dont la LNH gère le fonds de pension des anciens joueurs. Au cours des années 90, aux côtés de Bobby Hull et de Carl Brewer, il intente des poursuites contre la Ligue afin de récupérer pour le bénéfice des joueurs retraités les sommes excédentaires générées par le fonds. Grâce à cette initiative, couronnée de succès, des retombées de l'ordre de 40 millions de dollars s'ajoutent au fonds de pension des joueurs.

James Marsh

Howe, Joseph, journaliste, politicien, premier ministre et lieutenant-gouverneur de la Nouvelle-Écosse (Halifax, 13 déc. 1804—*id.*, 1ᵉʳ juin 1873). Howe acquiert le *Novascotian* en 1828 et en fait bientôt le journal le plus influent de la province. Partisan du statu quo politique, son expérience personnelle finit par le convaincre que le gouvernement est confronté à de graves problèmes. Accusé de diffamation criminelle en 1835 pour avoir critiqué des fonctionnaires du gouvernement provincial, il est acquitté à la suite du procès le plus célèbre de la province. Il se lance en politique en 1836 et est responsable de l'élection d'une majorité de réformistes (libéraux). Réformiste conservateur, il forme une coalition avec les tories en 1840, dans l'espoir d'atteindre graduellement ses objectifs. Il échoue et ouvre la voie au succès des réformistes lors des élections de 1847. Suite à ce succès, la Nouvelle-Écosse est la première colonie à se doter d'un GOUVERNEMENT RESPONSABLE, en février 1848. Howe peut se vanter que tout s'est accompli «sans violence ou pots cassés».

Désireux de s'élever au-dessus de «la mare bourbeuse de la politique», il entreprend, sans succès, de faire des démarches pour la construction d'un chemin de fer entre Halifax et Québec. Cependant, à titre de commissaire en chef, il amorce la construction du chemin de fer de la Nouvelle-Écosse en 1854 et fait terminer la ligne Halifax-Windsor-Truro. Loyal à l'Angleterre, il recrute des soldats aux États-Unis en 1855 pour venir en aide aux Britanniques engagés dans la GUERRE DE CRIMÉE. Cela entraîne la rupture avec les catholiques et la défaite des réformistes en 1857. À la suite de la victoire libérale de 1859, il est premier ministre (1860-1863) et commissaire impérial des Pêches (1863-1866) en vertu du Traité de RÉCIPROCITÉ de 1854. De 1866 à 1868, il dirige le mouvement qui s'oppose à la CONFÉDÉRATION en alléguant qu'elle est en train de se faire sans le consentement de la population et qu'elle nuit à ses propres plans d'organisation de l'Empire britannique. Malgré sa victoire écrasante aux élections provinciales de 1867 et bien que délégué en Angleterre en 1866 et 1867, il ne peut empêcher l'adoption de l'*Acte de l'Amérique du Nord britannique*, ni le faire abroger, un an plus tard. Ne disposant d'aucun autre moyen d'opposition, Howe entre au Cabinet fédéral en janvier 1869, après avoir été élu lors de célèbres élections complémentaires tenues au cours de l'hiver, dans la circonscription de Hants. Sa santé en sort affectée et il ne s'en remet jamais tout à fait. À titre de ministre fédéral, il contribue pour beaucoup à l'entrée du Manitoba dans la Confédération. Nommé lieutenant-gouverneur de la Nouvelle-Écosse en 1873, il meurt trois semaines plus tard.

Malgré ses échecs, beaucoup le considèrent comme le plus illustre des Néo-Écossais. Patriote par excellence et orateur éloquent, il sait influencer ses compatriotes mieux que quiconque. Il tente, selon ses dires, de les élever vers «quelque chose de plus noble, de plus exigeant et de plus inspirant, susceptible de repousser les limites de leur intelligence et d'accroître leur prospérité».

J. Murray Beck

Howse, Joseph, commerçant de fourrures, explorateur et linguiste (Cirencester, Angl., v. 1774—*id.*, 4 sept. 1852). En 1795, Howse signe un contrat avec la Compagnie de la baie d'Hudson en tant qu'«écrivain». Après quatre années passées à York Factory, la compagnie lui donne la responsabilité du district de la Saskatchewan et il demeure pendant différentes périodes à Carlton House, Chesterfield House et Fort Edmonton. Depuis Edmonton, Howse explore la ligne de partage des eaux de Rocky Mountain House et du fleuve Columbia, de 1809 à 1811. Sa lutte contre les commerçants de la Compagnie du Nord-Ouest en 1814 et 1815 le force peut-être à se retirer en Angleterre. Actif au sein de la Church Missionary Society et de la Royal Geographical Society, il est aussi l'auteur d'un ouvrage important, *Grammar of the Cree Language...* (1844) et il publie de nombreux articles dans *Proceedings of the Philological Society*. Le col Howse a été nommé en sa mémoire.

Frits Pannekoek

Hoyles, sir Hugh William, politicien, juge et premier ministre de Terre-Neuve (St. John's, T.-N., 17 oct. 1814—Halifax, 1er févr. 1888). Fils de Newman Hoyles, un riche marchand et politicien, il étudie à St. John's et en Nouvelle Écosse, et il est admis au barreau de Terre-Neuve en 1837. Il est actif au sein de diverses organisations politiques, sociales et religieuses et, en 1848, il est élu député conservateur de Fortune Bay à la Chambre où il siège jusqu'en 1859 et à nouveau de 1860 à 1865. Hoyles devient rapidement très puissant au sein de son parti et accède à la direction en 1855. À la fin des années 1850 et au début des années 1860, des tensions de longue date entre les catholiques irlandais de l'île et les habitants protestants anglais donnent lieu à de graves désordres civils.

En février 1861, le gouverneur Alexander Bannerman déloge l'administration libérale dirigée par le catholique John Kent et fait appel à Hoyles, un membre de l'Église anglicane, pour former un nouveau gouvernement. Hoyles gagne subséquemment les élections, mais dans un climat entaché de violence et d'amertume. Son principal défi en tant que premier ministre est d'atténuer les tensions ethniques et religieuses. Bien que ses efforts donnent des résultats mitigés, ses mesures de conciliation contribuent à préparer un terrain d'entente. Hoyles démissionne comme premier ministre en 1865 et devient par la suite juge en chef de Terre-Neuve de 1865 à 1880.

Geoff Budden

Hubert, Jean-François, évêque catholique (Québec, 23 févr. 1739—*id.*, 17 oct. 1797). Il étudie au SÉMINAIRE DE QUÉBEC et est ordonné prêtre en 1766. Il devient le premier supérieur canadien du Séminaire en décembre 1774, mais démissionne en 1778 pour œuvrer dans la mission de l'Église en Illinois. Évêque coadjuteur en 1786, il devient évêque de Québec en 1788 et réussit en 1789 à empêcher la fondation d'une UNIVERSITÉ non confessionnelle à Québec. Il appuie le gouvernement britannique contre la France révolutionnaire dans les années 1790 et est autorisé à faire venir dans son diocèse, où le manque de prêtres est très grave, des prêtres français réfugiés. Usé par un épiscopat actif et d'une importance capitale, pendant lequel il préconise la modération et le traditionalisme, Hubert démissionne en septembre 1797 et meurt un mois plus tard.

James H. Lambert

Hudon, Normand, caricaturiste, peintre et fantaisiste (Montréal, 5 juin 1929—*id.* 8 janv. 1997). Après des études à l'École des beaux-arts de Montréal, il vit à Paris puis fait une entrée éclatante comme caricaturiste et fantaisiste avec l'avènement de la télévision à Montréal, au début des années 50. La série télévisée *Ma ligne maligne*, avec Robert LAPALME, a marqué l'époque par sa vivacité. Parallèlement, Hudon expose ses tableaux et ses dessins dans les galeries d'art et devient l'un des caricaturistes les plus caustiques de sa génération. Le 9 juillet 1965, il signe la couverture du *Time Magazine* puis prépare la même année une immense composition pour un pavillon de l'EXPO 67. Après une période plus difficile, il recommence à travailler sérieusement (1972) et réalise en quelques années un ensemble d'œuvres dans lesquelles il traite avec ironie et tendresse de certains aspects du patrimoine québécois. Parmi ces œuvres figurent des religieuses à bicyclette, des prêtres en patins, des enfants espiègles, des villages pittoresques, des maisons ou des boutiques en guingois et des scènes de ruelles qui pourraient rivaliser avec celles de Daumier.

Guy Robert

Hudson Bay Railway Deux des toutes premières concessions de chemins de fer de l'Ouest canadien, accordées en 1880, autorisent la construction, avec l'aide du gouvernement, de chemins de fer parallèles aux anciennes voies de transport fluviales vers la baie d'Hudson. Les projets fusionnent en 1883 et l'on construit les 64 premiers kilomètres vers le nord, dans l'interlac manitobain. Des problèmes financiers et un scandale politique aboutissent à l'abandon du trajet original en 1888. La concession est plus tard reprise par le CANADIAN NORTHERN RAILWAY. Avec l'aide que le gouvernement avait attribuée au Hudson Bay Railway, le Canadian Northern Railway construit une nouvelle ligne allant vers le nord-ouest à partir de Winnipeg jusqu'à Hudson Bay Junction (1908), laquelle fait partie de son réseau est-ouest. Il refuse toutefois de prolonger cette ligne au nord d'Hudson Bay Junction sans une autre aide substantielle du gouvernement.

En 1909, le gouvernement fédéral entreprend la construction d'une voie ferrée au nord d'Hudson Bay Junction et l'amélioration des installations portuaires au terminus prévu de Nelson. Durant la Première Guerre mondiale, les travaux sont suspendus et, en 1923, le projet est intégré par les CHEMINS DE FER NATIONAUX DU CANADA. La construction ne progresse que lentement et entraîne des coûts importants, particulièrement à la suite de la décision d'abandonner Nelson et de dévier la ligne vers le port de CHURCHILL situé plus au nord. La ligne de chemin de fer est inaugurée officiellement le 10 septembre 1929 sous le nom d'Hudson Bay Railway. Le coût total dépasse 45 millions de dollars. Prévu comme voie de transport des céréales, le chemin de fer est une déception jusqu'à ce que les découvertes de minerai dans les environs de The Pas et de Thompson au Manitoba, engendrent de plus grands volumes de circulation.

T.D. Regehr

Hudson, baie d' Vaste mer intérieure de 822 324 km² qui pénètre profondément dans le Nord-Est du Canada. Elle est presque entièrement entourée de terre mais elle est reliée à l'océan Arctique, au nord, par les détroits de Foxe et de FURY ET HECLA, et à l'océan Atlantique, à l'est, par le DÉTROIT D'HUDSON. L'île de Baffin se trouve en travers de l'embouchure de la baie. Les îles SOUTHAMPTON, COATS et Mansel obstruent partiellement le passage nord. Il n'y a pas d'île sur la côte Ouest mais on en trouve un chapelet le long de la côte Est, dont les archipels des Sleepers, Ottawa, Nastapoka et BELCHER. Sa longueur maximale est de 1500 km et sa largeur maximale, de 830 km.

La baie, qui comprend le détroit d'Hudson, est alimentée par de nombreux cours d'eau, petits et grands, notamment, d'ouest en est, les rivières

KAZAN, THELON et DUBAWNT, qui se déversent dans la baie par l'anse de CHESTERFIELD; les rivières HAYES et CHURCHILL ainsi que le fleuve NELSON à l'ouest; les rivières WINISK et SEVERN au sud-ouest; les rivières la Grande, EASTMAIN, Nottaway, Moose et Abitibi, ALBANY, ATTAWAPISKAT ainsi que Nastapoca qui se jettent dans la baie JAMES; et la rivière KOKSOAK, dans la baie d'UNGAVA. Au total, le bassin hydrographique de la baie d'Hudson est d'environ 3,8 millions de kilomètres carrés, et le débit moyen de toutes les rivières qui s'y jettent est de 30 900 mètres cubes par seconde.

La baie est sise dans un vaste bassin en forme de soucoupe, bordé par les hautes terres du BOUCLIER canadien. Ce bassin a été inondé par la mer à la fin de la période glacière (*voir* GLACIATION) il y a quelque 7500 ans. La baie est habituellement peu profonde et le sol remonte de façon constante de 60 cm tous les 100 ans en raison du soulèvement isostatique, exposant de plus en plus de littoral. Le sol des basses terres de la région de la baie d'Hudson (*voir* ZONES DE GÉOGRAPHIE PHYSIQUE) est gelé en permanence (PERGÉLISOL) et couvert de marais, de tourbe et d'innombrables étangs. La grande majorité du potentiel hydroélectrique de la région est mis en valeur à l'endroit même où les puissantes rivières surgissent du Bouclier et déferlent sur les basses terres.

Une des curiosités de la côte Est est la grande baie semi-circulaire qui entoure les îles Belcher, et dont on a dit qu'elle avait été formée par la chute d'une météorite. La côte Ouest est généralement exposée au vent, peu découpée et peu élevée jusqu'à Arviat, mais, plus au nord, elle est de plus en plus brisée et découpée, particulièrement aux grandes entailles de Chesterfield Inlet et de Rankin Inlet. Les rives sont presque entièrement couvertes de broussailles, de trembles, de saules et de bouleaux nains qui poussent parmi la mousse, le lichen et l'herbe. À divers endroits le long de la côte Est, on trouve des falaises constituées d'anciennes roches sédimentaires.

Climat Le climat de la région dépend grandement des conditions de surface de l'eau. En janvier et en février, la baie est couverte de banquises, ce qui empêche l'air de se réchauffer, et les températures sont par conséquent très basses. La glace commence à fondre en mai pour disparaître très rapidement en juin lorsque le brouillard et les nuages augmentent. La température de l'eau s'élève à 10 °C en juillet et en août en raison de l'arrivée massive d'eau fraîche. En octobre et en novembre, les eaux de la baie dégagent de la chaleur et de l'humidité, causant ainsi des chutes de pluie et de neige. Le brouillard est plus fréquent en juin, juillet et août parce que l'air chaud se refroidit au-dessus de l'eau froide. Les vents sont violents, sauf au cours des mois d'été, atteignant 110 km/h et parfois 150 km/h en automne.

Chaîne alimentaire La baie d'Hudson contient une grande quantité de substances nutritives, et de petits CRUSTACÉS vivant en eaux libres servent de nourriture aux mollusques, aux étoiles de mer, aux oursins, aux vers et à d'autres invertébrés. Les poissons qu'on y trouve le plus souvent sont la morue, le flétan, le saumon et la plie arctique. Les morses, les dauphins et les épaulards habitent les régions du Nord et les ours polaires émigrent vers le Sud pour chasser les phoques sur les glaces. Quelque 200 espèces d'oiseaux, notamment les canards, les oies blanches, les goélands, les cygnes, les bécasseaux, les hiboux et les corbeaux, se rassemblent dans les régions côtières et les îles.

Histoire Des études archéologiques démontrent que les rives de la baie ont été habitées pendant des milliers d'années. Un bon nombre des campements mis à jour sont éloignés de la côte, qui est actuellement en émersion. À l'arrivée des Européens, les Algonquins habitent la région autour de la baie James, les Chipewyans, la région de Churchill, tandis que les Inuits habitent les régions côtières du

Nord et de l'Est. Il est probable que des marins scandinaves (*voir* EXPÉDITIONS VIKINGS) aient découvert, et peut-être même colonisé, la baie, mais, si tel est le cas, leur découverte est tombée dans l'oubli.

Martin FROBISHER engage son navire par erreur dans le détroit d'Hudson en 1578, mais c'est Henry HUDSON qui est, en 1610, le premier Européen connu à affronter les dangers du détroit et à naviguer dans la baie. Il est suivi par sir Thomas BUTTON en 1612, Robert BYLOT et Luke FOX [Foxe], en 1631, et Thomas JAMES, en 1631, qui sont en quête d'un passage vers l'Orient. Les voyages sont périlleux et souvent désastreux: en 1619, seuls trois membres de l'expédition de Jens MUNK survivent. La mutinerie de l'équipage de Hudson est légendaire, et le récit poignant de Coleridge «The Rime of the Ancient Mariner» est tiré des écrits de Luke Fox. La côte Ouest n'est cartographiée que dans les années 1820, et la première étude détaillée est effectuée de 1929 à 1931.

Rôle capital Lorsqu'on réalise qu'elle offre une route directe vers les fourrures du Nord-Ouest, la baie joue un rôle capital dans les débuts de l'avènement du Canada. En 1668, Médard DES GROSEILLIERS, au service des Anglais, se rend dans la baie et y construit un petit poste à l'embouchure de la rivière Rupert. En 1670, Pierre-Esprit RADISSON fonde ce qui deviendra plus tard YORK FACTORY, à l'embouchure de la rivière Nelson, et les droits commerciaux de toute la ligne de partage des eaux de la baie sont accordés à la COMPAGNIE DE LA BAIE D'HUDSON. Plus tard, des postes sont construits aux embouchures des rivières Moose et Albany, ce qui attire les commerçants amérindiens de bien des régions du Bouclier, dont les CRIS qui sont des intermédiaires importants. De 1682 à 1713, les Français sont déterminés à chasser les Anglais de la baie. Ils y parviennent temporairement grâce à Pierre de TROYES (1686) et Pierre Le Moyne d'IBERVILLE qui commandent des expéditions respective-ment par voie de terre et de mer.

Toutefois, à la suite du traité d'UTRECHT, en 1713, les Anglais sont maîtres de la baie qui devient, après la fusion de la Compagnie de la baie d'Hudson et de la COMPAGNIE DU NORD-OUEST en 1821, la principale route vers l'intérieur des terres. Lors du transfert de la TERRE DE RUPERT au Canada en 1870, celui-ci obtient la souveraineté sur la baie et sur sa ligne de partage des eaux. Depuis, la baie a cessé de jouer un rôle important en tant que voie de transport, et sa population est clairsemée. Les principaux habitants sont toujours les Amérindiens et les Inuits qui vivent de la chasse et de la pêche. La plus grosse ville est CHURCHILL, au Manitoba (pop. 1089, rec. 1996), à l'embouchure de la rivière Churchill. Le chemin de fer relie l'intérieur des terres avec Churchill et Moosonee, en Ontario, mais leur potentiel en tant que ports de mer reste inexploité. La baie demeure donc, à des fins écologiques, une mer fermée.

James Marsh

Hudson, détroit d' Bras de mer reliant l'océan Atlantique à la BAIE D'HUDSON et au bassin Foxe, et séparant l'ÎLE DE BAFFIN de la péninsule d'Ungava, dans le Nouveau-Québec. Son débouché, à l'est, est situé entre le cap Chidley, à l'extrémité nord du Labrador, et l'île de la Résolution. Le détroit est séparé de la BAIE D'UNGAVA par 250 km de mer libre et il s'oriente vers le nord-ouest depuis le cap Hopes Advance jusqu'au cap de Nouvelle-France et, en direction ouest, jusqu'au cap Wolstenholme. Son débouché, à l'ouest, est traversé par un groupe de trois îles: Mill, Salisbury et Nottingham. Le détroit ne gèle jamais entièrement et l'eau libre libère dans l'atmosphère la chaleur et l'humidité qui forment les précipitations, les nuages et la brume. L'île de la Résolution est l'un des endroits les plus brumeux de la planète; on rapporte du brouillard un jour sur deux. La date pour entrer en sécurité dans le détroit est le

23 juillet, mais les BRISE-GLACE font prolonger la saison de la navigation.

Le détroit d'Hudson donne accès au Canada central par la mer; depuis trois siècles, il est utilisé commercialement, surtout pour la TRAITE DES FOURRURES. Les navires de la Compagnie de la baie d'Hudson fréquentent ses eaux depuis 1670. La navigation dans le détroit se fait sans encombre; le passage est suffisamment large et sans hauts-fonds. Cependant, le brouillard, le courant et les marées posaient problème aux premiers vaisseaux à voiles. Il est à peu près certain que les Scandinaves (*voir* EXPÉDITIONS VIKINGS) connaissaient la route. En 1578, Martin FROBISHER pénètre dans le détroit par erreur, mais Henry HUDSON, de qui le détroit tire son nom, est le premier Européen connu à l'avoir exploré et suivi jusque dans la baie.

James Marsh

Hudson, Henry, explorateur (actif vers 1607-1611). On ne sait pas grand-chose d'Hudson avant les célèbres voyages qu'il a faits durant les quatre dernières années de sa vie. Il cherche à deux reprises (1607, 1608) une route polaire vers l'Asie en passant par la Norvège et la Russie et, au service de la Dutch East India Co., il remonte la rivière d'Hudson en 1609. Des mécènes anglais financent sa recherche du PASSAGE DU NORD-OUEST en 1610. Il navigue à bord du DISCOVERY jusqu'en Islande et pénètre dans le DÉTROIT D'HUDSON au début de juin, gouvernant son petit navire dans la brume et à travers les glaces, et passant dans l'étroit goulet séparant le cap Wolstenholme et le cap Digges (nommé en l'honneur de ses bienfaiteurs). Il descend la rive Est et pénètre dans la BAIE JAMES, lieu désolé, louvoyant futilement à la recherche d'une ouverture vers les îles aux épices. Il tire le *Discovery* à sec et passe un morne hiver, probablement au bord de la rivière Rupert.

Le ressentiment qu'éprouvent les membres de son équipage éclate en mutinerie au printemps, lorsqu'Hudson annonce son intention de poursuivre ses recherches. Les chefs des mutins, Henry Greene, Robert Juet et William Wilson, obligent Hudson, son fils et sept autres personnes à monter dans une chaloupe qu'ils laissent aller à la dérive en pleine mer. Robert BYLOT ramène le *Discovery* en Angleterre. Greene et Wilson sont tués par des autochtones au cap Digges et Juet meurt de faim. Quatre des neuf survivants subissent un procès pour meurtre mais sont acquittés. Ce sont les intérêts marchands suscités par leur connaissance du Nord-Ouest autant que le blâme attribué aux morts qui les sauvent.

On ne sait rien du sort d'Hudson. Il n'a pas découvert le détroit d'Hudson (tant M. FROBISHER que J. DAVIS avaient remarqué son entrée) mais, en navigant dans ses eaux dangereuses, il s'est rendu beaucoup plus loin que ses prédécesseurs et a découvert une voie vers l'intérieur du continent d'une valeur inestimable pour l'Angleterre. Toutefois, son favoritisme et son manque de leadership ont entaché son exploit. Le récit pittoresque et controversé d'un survivant, Abacuk Pricket, est le seul compte rendu du voyage et de la mutinerie.

James Marsh

Hudson's Bay Record Society Créée en 1938 par la COMPAGNIE DE LA BAIE D'HUDSON (CBH) en vue de la publication d'extraits des innombrables registres accumulés par l'entreprise depuis 1670. Par suite d'une entente avec la CHAMPLAIN SOCIETY, 12 volumes sont publiés entre 1938 et 1949. Après, c'est la CBH qui, de Londres, assume l'entière responsabilité des publications. De 1960 à 1983, on publie des volumes tous les deux ans. Ces ouvrages ne sont offerts qu'aux quelques 1150 membres de la Hudson's Bay Record Society. En 1974, le siège social de la société est transféré à Winnipeg et, l'année suivante, Hartwell Bowsfield de l'U. York en devient le premier rédacteur en chef canadien. En 1983, on avait déjà publié 33 volumes renfermant des procès-verbaux, de la correspondan-

ce et des journaux relatant des activités commerciales et d'exploration couvrant la période de 1671 à 1889.

La société est démantelée en 1983 et remplacée par la Rupert's Land Record Society, qui a depuis publié, en collaboration avec McGill-Queen's University Press, de nombreux volumes contenant des documents du commerce des fourrures de la CBH et de la Compagnie du Nord-Ouest. Cette nouvelle société, installée à l'U. de Winnipeg, est affiliée au Rupert's Land Research Centre qui se voue à la promotion de l'histoire du commerce des fourrures et du Nord canadien. Pour ce faire, il organise des colloques bisannuels et publie un bulletin de même que d'autres ouvrages.

Shirlee Anne Smith

Hughes, James Laughlin, pédagogue, écrivain (Bowmanville, Ont., 20 févr. 1846—Toronto, 3 janv. 1935), frère aîné de sir Sam HUGHES. Après des études à l'École normale de Toronto, il devient, à l'âge de 24 ans, directeur d'une école modèle affiliée à celle-ci. En 1874, il est nommé inspecteur des écoles publiques de Toronto et par la suite, inspecteur en chef, poste qu'il occupe jusqu'à sa retraite en 1913. Durant ces années, Hughes s'emploie à adapter les écoles publiques de la métropole aux exigences d'un système industriel et urbain naissant, à accroître la fréquentation scolaire, à améliorer la qualité de l'enseignement et à implanter des classes de maternelle et d'apprentissage des métiers manuels. Il est battu à l'élection provinciale de 1890 en tant que candidat de l'EQUAL RIGHTS ASSOCIATION dans la circonscription de Peel. Orangiste militant et membre actif de l'Église méthodiste, il fait aussi partie de nombreux clubs d'athlétisme de Toronto. Il écrit aussi plusieurs ouvrages pédagogiques, dont *Frœbel's Educational Laws* (1898) et *Dickens as an Educator* (1900), ainsi que de nombreux recueils de poésie, parmi lesquels *Songs of Gladness and Growth* (1915) et *In Nature's Temple Shrines* (1921).

Robert M. Stamp

Hughes, sir Samuel, enseignant, journaliste, militaire et politicien (Darlington, Canada-Ouest, 8 janv. 1853—Lindsay, Ont., 24 août 1921). Conservateur et fervent partisan de la POLITIQUE NATIONALE de sir John A. Macdonald, il est élu député de Victoria-Nord en 1892. Vaniteux, original, charmeur et irritable, il fait carrière dans la politique et la milice pendant 30 ans. Défenseur invétéré du service militaire volontaire et des liens impériaux, il pousse le premier ministre LAURIER à envoyer des troupes canadiennes prendre part à la GUERRE DES BOERS, en 1899. Il est démobilisé pour indiscipline militaire et pour avoir dénoncé publiquement l'inefficacité du commandement britannique. En raison de ces expériences, l'impérialisme de Hughes revêt une certaine orientation autonomiste canadienne. En 1911, après des années de services au sein de la députation conservatrice et au Parlement, dont 10 années comme critique de l'Opposition en matière militaire, et fort de sa loyauté personnelle envers R.L. BORDEN, il devient ministre de la Milice dans le nouveau gouvernement de ce dernier. Il fait la promotion du concept de soldats citoyens au détriment des militaires professionnels et prêche la valeur sociale de l'entraînement militaire et de l'état de préparation nationale.

Au début de la Première Guerre mondiale, il est acclamé comme le génie de l'effort de guerre. Malheureusement, le favoritisme, la confusion entre les fonctions civiles et militaires, le manque de respect à l'égard du Cabinet, l'incompétence administrative et le scandale, comme le fiasco du FUSIL ROSS (*voir* ARMEMENTS) forcent Borden à le congédier en novembre 1916. Député conservateur-unioniste récalcitrant et parfois amer de Victoria-Haliburton, il meurt en 1921. Bien qu'il ait été un Canadien sincère et un député efficace pour sa circonscription, Hughes n'a jamais été à la hauteur des exigences d'une aussi haute fonction en temps de guerre en raison de sa conduite excentrique.

Ronald G. Haycock

Hughes, Stanley John, mycologue (Llanelly, Pays de Galles, 17 sept. 1918). Naturalisé canadien, Hughes travaille comme assistant mycologue au Commonwealth Mycological Institute à Kew en Angleterre de 1945 à 1952. En 1952, il entre à Agriculture Canada à Ottawa en tant que chercheur scientifique. Hughes lance une nouvelle ère dans le domaine de la taxonomie des champignons à conidies en se concentrant sur les mécanismes de l'ontogenèse des spores. Il a aussi fait une analyse taxonomique précise du complexe de la fumagine. Il a reçu plusieurs prix, dont la Médaille d'or Jakob Eriksson de l'Académie des sciences de Suède en 1969 et la Médaille George Lawson de l'Association botanique du Canada en 1981. Il est président de la Mycological Society of America en 1975 et vice-président de l'Association internationale de mycologie de 1971 à 1983. Depuis lors, il a été attaché de recherches bénévole au Centre de recherches biosystématiques de la Ferme expérimentale centrale d'Agriculture Canada et élu membre étranger de la Linnean Society of London en 1986.

K.A. Pirozynski

Huguenin, Anne-Marie, écrivaine et journaliste (Rimouski, 5 oct. 1875—Montréal, 21 oct. 1943). Huguenin est l'une des premières femmes journalistes au Canada. En 1897, elle commence à écrire pour *Le Monde illustré* sous le pseudonyme de Myrto. Membre fondatrice de *La Bonne Parole* en novembre 1919, elle fonde *La Revue moderne*, qu'elle éditera pendant huit ans. En 1928, elle fonde une autre revue, *La Vie canadienne*, qu'elle fusionne avec *La Revue moderne* en octobre 1929. Elle est l'auteure de plusieurs livres dont *Premier Péché* (1902), *Le Long du chemin* (1912), *Le Meilleur de soi* (1924) et *Portrait de femme* (1938). Ses ouvrages reflètent sa ferveur patriotique et sa compassion pour les pauvres. Son travail de journaliste et ses œuvres charitables pendant la Première Guerre mondiale lui valent La Reconnaissance française en 1920 puis La Reconnaissance belge du roi Albert en 1921.

Carman Miller

Huguenots Les protestants français sont couramment appelés huguenots depuis 1560. Certains d'entre eux s'adonnent à la pêche à Terre-Neuve, font la traite des fourrures et participent à des tentatives éphémères de colonisation au Canada (1541-1542), au Brésil (1555) et dans les Carolines (1562-1564). L'édit de Nantes (1598) leur accorde une tolérance limitée, ce qui permet à Pierre Chauvin et au sieur de MONTS de fonder des postes à TADOUSSAC (1600) et PORT-ROYAL (1605). Des pasteurs réformés peuvent aussi exercer leur ministère auprès des pêcheurs et des marins. Toutefois, le travail missionnaire est permis exclusivement aux catholiques (*voir* CATHOLICISME) et, après 1627 au Canada et 1659 en ACADIE, l'instruction et le culte protestants sont interdits.

Un petit nombre de huguenots continuent de s'infiltrer au Canada et en Acadie en qualité de marchands, d'artisans, de soldats, de pêcheurs, de domestiques engagés à long terme et même de FILLES DU ROI. Ils sont forcés de vivre comme de «bons catholiques» en assistant à la messe, en faisant célébrer leur mariage à l'église et baptiser leurs enfants par un prêtre. En secret, beaucoup conservent leurs convictions religieuses réformées et se marient avec des conjoints partageant les mêmes idées. En 1683, l'intendant se plaint aux autorités de Versailles qu'au moins 60 «hérétiques» ont quitté la colonie pour s'établir dans les colonies anglaises protestantes voisines. Après la révocation de l'édit de Nantes (1685), des marchands importants sont forcés soit d'abjurer le protestantisme soit de retourner en France.

Dans les années 1740 et 1750, les activités commerciales des protestants à Québec et à Louisbourg prennent de l'importance. Le gouvernement colonial français et les communautés religieuses catholiques font affaire avec des compagnies protestantes et juives françaises. Des recherches récentes indiquent que le nombre d'immigrants protestants pendant le régime français atteint au moins 1450.

La conquête britannique amène la liberté de culte et on voit apparaître le terme de «protestant français». Le 10 août 1764, la religion protestante acquiert un statut officiel et des huguenots ne tardent pas à être nommés à des postes importants au conseil exécutif du gouverneur, dans les tribunaux et dans la bureaucratie. Le plan qui vise à attirer des immigrants français protestants et à remplacer le clergé catholique par un clergé anglican francophone obtient peu de succès. Les quelques convertis gagnés par la mission de l'Église anglicane auprès de la population canadienne-française d'Amérique du Nord britannique et par la London Missionary Society renoncent à leur langue en même temps qu'à leur confession religieuse. Le projet d'une Église protestante canadienne-française solide n'aboutit pas.

Un organisme indépendant, la Société missionnaire de Lausanne, ouvre un centre en 1834 à Grande-Ligne (Bas-Canada). En 1839, la French Canadian Missionary Society est créée à Montréal, un collège biblique est fondé à Pointe-aux-Trembles en 1846 et la publication *Le Semeur canadien* est lancée en 1853. À partir de 1880, le Montreal Presbyterian College, fondé en 1867, assure la formation du clergé réformé francophone. En 1875, un synode est convoqué afin d'organiser une Église nationale réformée, mais le projet est abandonné en 1877 au profit d'assemblées locales indépendantes. Par la suite, les missions de Grande-Ligne deviennent BAPTISTES, mais de nombreux protestants francophones adhèrent aux ÉGLISES PRESBYTÉRIENNES ET RÉFORMÉES pour former enfin des assemblées francophones de l'ÉGLISE UNIE DU CANADA.

Cornelius J. Jaenen

Huile de foie de morue C'était autrefois la principale source de vitamine A, une vitamine essentielle à la croissance des os, à la santé de la peau et des muqueuses ainsi qu'à la vision nocturne. Aujourd'hui, il existe plusieurs autres préparations contenant de la vitamine A. Avant les années 20, l'huile de foie de morue provenait généralement de la MORUE de Norvège. En 1924, William Harrison, directeur des ventes en Ontario pour une société pharmaceutique canadienne, s'intéresse à un rapport indiquant que l'huile qui provient de la morue pêchée sur les Grands Bancs de Terre-Neuve est beaucoup plus riche en vitamine A que celle de la morue de Norvège. En janvier 1925, Harrison et ses associés, W.A.S. Ayerst, Hugh McPherson et W.J. McKenna, fondent Ayerst, McKenna et Harrison Ltd. Les lettres patentes octroient à la société non seulement le droit «de produire, de fabriquer, d'acheter, de vendre, d'importer, d'exporter des produits chimiques, des drogues et des médicaments de toutes sortes», mais aussi des droits dont elle ne s'est jamais servie, comme celui «de vendre du tabac à priser, des épices, du tabac en feuilles, des manilles, de la laque et de la vaisselle».

En avril 1925, la société qui compte 16 employés se lance immédiatement dans la recherche de la méthode de préparation de l'huile extraite du foie des morues de Terre-Neuve. Le premier laboratoire de biologie consiste en une clôture grillagée qui s'étend du plancher au plafond. On achète des rats albinos à 5 $ chacun et on leur sert un régime alimentaire normal, enrichi d'huile de foie de morue. L'expérience est couronnée de succès; les rats s'épanouissent manifestement avec ce régime expérimental. Pour la première fois, on peut déterminer, mesurer et vérifier l'efficacité de l'huile de foie de morue. Aussitôt le produit commercial lancé sur le marché, les médecins canadiens se mettent à le prescrire avec enthousiasme et il se vend bientôt aux États-Unis et dans le reste du monde. En 1929, Ayerst invente le premier concentré d'huile de foie de morue sous forme de capsule. Vendu sous le nom de Alphamettes, ce produit est bientôt offert dans toutes les pharmacies du Canada et des États-Unis et se vend pendant de nombreuses années, jusqu'à l'arrivée des multivitamines.

Elvira Stahl

Huiles végétales, industrie des Se compose d'entreprises qui fabriquent des huiles et leurs sous-produits, comme les tourteaux de farine et les tourteaux oléagineux de graine de lin, de SOJA et de CANOLA. Cette industrie, la plus jeune de l'INDUSTRIE DES ALIMENTS ET DES BOISSONS du Canada, apparaît au début des années 40, puisqu'auparavant le Canada importait une grande partie de ses besoins en huiles alimentaires. La Seconde Guerre mondiale stimule son développement, car la plupart des pays alliés font face à une pénurie de gras importés, surtout d'huiles végétales, et s'efforcent donc de produire eux-mêmes de quoi satisfaire leurs besoins.

On cultive pour la première fois la graine de soja dans le Sud de l'Ontario. La production commerciale de TOURNESOL débute au Manitoba et en Saskatchewan, et on inaugure les semis d'une nouvelle graine, la navette noire d'Argentine. Le principal but de la culture de la navette est de combler les besoins extrêmes de lubrifiants de haute qualité pour les flottes de marine alliées. Après la guerre, l'intérêt pour les PLANTES OLÉAGINEUSES (surtout la navette) disparaît presque entièrement.

Dans le cas de la navette, les variétés existantes ne conviennent guère à la production d'huile destinée à la consommation humaine ou aux aliments pour le bétail. Ces graines contiennent un taux élevé de deux composants néfastes: l'acide érucique (qu'on associe aux lésions cardiaques chez les animaux de laboratoire) et le glucosinolate (qui provoque une enflure de la glande thyroïde et une faible conversion en éléments nutritifs chez le bétail).

Toutefois, les scientifiques canadiens des domaines de l'agriculture et de l'alimentation, qui travaillent pour le ministère de l'Agriculture et plusieurs universités canadiennes, se lancent dans un programme intensif de recherches qui débouche sur des résultats remarquables. En 1956, on produit la première huile de navette améliorée destinée à la consommation humaine. Au début des années 60, la teneur en acide érucique est presque nulle et, au début des années 70, la teneur en glucosinolate est sérieusement réduite.

Les marchés internationaux des graines oléagineuses réservent un excellent accueil aux nouvelles variétés de navettes, maintenant appelées colza. Cette réalisation constitue l'une des plus spectaculaires réussites de l'histoire de la recherche agricole (*voir* RECHERCHE ET DÉVELOPPEMENT AGRICOLES). L'huile et les tourteaux de colza sont reconnus partout au monde comme d'excellentes sources d'alimentation des humains et du bétail. Le colza comble la plus grande partie des besoins en huile végétale au Canada. Les ventes à l'exportation d'huiles végétales alimentaires représentent environ 500 millions de dollars par an et progresseront certainement de façon importante à l'avenir.

Une recherche similaire entreprise sur la graine de soja pour mettre au point des variétés cultivables dans des régions plus froides du pays permet une augmentation régulière de la production de graines de soja canadiennes. Des recherches sont également en cours sur l'utilisation des tourteaux de moutarde comme aliment pour le bétail et sur la façon de réduire la teneur en acide érucique et en glucosinolate de la graine de moutarde afin de créer une nouvelle culture de graines oléagineuses.

Les chiffres de Statistique Canada indiquent qu'en 1986 onze usines d'extraction d'huile de graines oléagineuses sont en activité: trois en Ontario, deux au Manitoba, une en Saskatchewan et cinq en Alberta. En 1983, Canada Packers Inc. de Toronto inaugure une nouvelle usine d'extraction parmi les plus perfectionnées au monde, d'une valeur de 20 millions de dollars, à Hamilton, en Ontario. L'industrie produit 158 000 t d'huile de soja et 633 000 t d'huile de colza durant la saison 1986-1987. Au cours de cette même saison, elle produit 731 000 t de tourteaux de soja et 892 000 t de tourteaux de colza. En 1986, les expéditions d'usine totalisent 732,1 millions de dollars, une hausse extraordinaire par rapport à celles de 1961 qui totalisaient 62,8 millions de dollars. En 1986, le coût du matériel et de l'approvisionnement s'élève à 636,5 millions de dollars.

Cette industrie est représentée par l'Institute of Edible Oil Foods à Toronto et par l'organisme des producteurs, le Conseil canadien du canola à Winnipeg. Elle doit se soumettre aux réglementations d'Agriculture Canada, de Santé et Bien-être social Canada et de Consommation et Affaires commerciales Canada.

Robert F. Barratt

Huissier L'huissier de justice a le droit exclusif de poser «tout acte qui a pour objet de signifier les actes de procédure émanant de tout tribunal, de mettre à exécution les décisions de justice ayant force exécutoire et d'exercer toute autre fonction qui est dévolue à l'huissier en vertu de la loi ou par un tribunal». L'huissier est membre de la Chambre des huissiers de justice du Québec; en 2000, on en compte environ 750.

André Poupart

Huître Nom commun donné à des MOLLUSQUES de la classe des Bivalves (deux valves articulées) que l'on trouve principalement dans les eaux peu profondes tempérées et chaudes. Ce nom désigne les vraies huîtres (de l'ordre des Ostréoïdés) et les huîtres perlières tropicales (de l'ordre des Ptérioïdés). On cultive les vraies huîtres, utilisées comme aliments, depuis des siècles. Leur coquille a un contour irrégulier et est fixée à une surface par la valve gauche (inférieure) ou demi-coquille. Les huîtres sont classées selon le mode de développement des jeunes, à l'intérieur de la coquille ou à l'extérieur parmi le PLANCTON. Au Canada, les huîtres incubatrices n'ont pas d'importance commerciale, mais on a fait une pêche substantielle de l'Huître indigène du Pacifique (*Ostrea lurida*) sur la côte Ouest jusqu'à ce que les populations diminuent en 1930. On a tenté d'introduire l'Huître plate (*O. edulis*), espèce européenne, en Nouvelle-Écosse. Les huîtres non incubatrices, comme l'Huître de l'est (*Crassostrea virginica*) et l'Huître géante du Pacifique (*C. gigas*), font l'objet d'une importante AQUACULTURE sur les deux côtes.

Frank R. Bernard

Huîtrier Nom donné à 11 espèces de grands oiseaux de rivage appartenant à la famille des haematopodidés. Les huîtriers ont, dans l'ensemble, une coloration noire et blanche fortement contrastée ou entièrement noire chez certaines espèces. Leur long bec rouge orangé est comprimé sur les côtés, ce qui leur permet d'ouvrir les myes et autres mollusques.

Répartition Il y a deux espèces d'huîtriers en Amérique du Nord: l'huîtrier d'Amérique (*Haematopus palliatus*), un visiteur occasionnel au Canada qui se reproduit de Long Island jusqu'au Mexique, et l'huîtrier de Bachman (*H. bachmani*), qui habite la côte ouest, des Aléoutiennes jusqu'en Basse-Californie (Mexique), où il s'hybride parfois avec l'huîtrier d'Amérique.

A.J. Baker

Hull, ville du Qc; pop. 62 339 (rec. 1996), 60 707 (rec. 1991); const. en 1875; située sur la rive nord de la RIVIÈRE DES OUTAOUAIS, à l'ouest de la rivière Gatineau, en face d'OTTAWA. Hull fait partie de la Région de la capitale nationale (RCN) et de la Communauté urbaine de l'Outaouais (CUO). Elle est le pivot de la région urbaine d'AYLMER – Hull – GATINEAU et la capitale régionale de l'Ouest du Québec, aujourd'hui connue sous l'appellation Outaouais. Au moment de sa constitution, en 1875, la ville adopte le nom de Hull, qui est celui de son

canton, ainsi baptisé pour rappeler une ville du Yorkshire en Angleterre.

Peuplement Avant l'arrivée de Philemon WRIGHT, de Woburn au Massachusetts, en 1800, Hull partage l'histoire de toutes les régions que baigne la rivière des Outaouais, principale voie navigable sur la «Route de l'ouest». Les explorateurs, les missionnaires, les marchands de fourrures et les militaires des régimes français et anglais empruntent les sentiers de portage qui longent la rivière. Le long d'un de ces sentiers, celui du Deuxième portage de la Chaudière (ou «Portage du Milieu»), situé dans le parc Brébeuf, se trouvent les marches de pierre grossièrement taillées à même le roc par les VOYAGEURS.

Hull est le premier établissement permanent sur la rivière des Outaouais. Wright et ses associés se voient concéder de vastes terres dans les cantons de Hull et de Templeton. La petite communauté agricole, appelée Wrightstown, se tourne rapidement vers la production de bois équarri pour le marché britannique. Le premier radeau de bois en provenance de la région, le *Colombo*, atteint Québec en 1806, marquant ainsi les débuts de l'industrie du bois dans la vallée de l'Outaouais.

Développement Ezra Butler EDDY, originaire du Vermont, s'établit à Hull en 1851 et s'enrichit en fabriquant des allumettes, des planches à laver et des épingles à linge. Dans les années 1870, il devient l'un des plus importants exploitants de scieries à la chute de la Chaudière. Sa fabrique d'allumettes et d'articles de fibre de bois induré, tout comme ses initiatives novatrices dans le domaine de la fabrication de la pâte (1889) et du papier (1890), feront de Hull l'un des principaux centres de l'industrie papetière. Par la suite, des fabriques de haches, des abattoirs, des usines de transformation de la viande, des filatures et d'autres industries connexes s'y installeront.

Population Le développement industriel au milieu du XIXᵉ s. attire à Hull de nombreux travailleurs canadiens-français, ce qui modifie radicalement sa composition ethnique et religieuse. De 1861 à 1871, la population francophone du canton de Hull décuple (de 420 à 4461), alors que la population anglophone augmente d'à peine 20 p. 100 (de 3291 à 3857). Aujourd'hui, 80 p. 100 des citoyens de Hull sont francophones, 8 p. 100 sont anglophones dont 2 p. 100 de bilingues et 10 p. 100 parlent le portugais ou d'autres langues.

Paysage urbain Hull s'étend sur environ 37 km². Son noyau est une île, l'Île-de-Hull, reliée à Ottawa par cinq ponts. Sa configuration garde l'empreinte de la division en demi-lots qu'avaient effectuée les Wright pour des fins de location, mais elle est aussi marquée par la conflagration qui a détruit les deux tiers de la ville en 1900.

Au début des années 60, Hull est une ville industrielle moyenne typique du Québec, avec ses quartiers ouvriers de maisons en brique à deux étages entourées de quelques parcs et d'édifices publics reliés entre eux par un secteur commercial. À mesure que les incendies, les démolitions et les rénovations font leur œuvre, les principaux bâtiments historiques disparaissent pour céder la place à de grands ensembles – Place du Portage et les Terrasses de la Chaudière – qui transforment le cœur de la ville.

L'expansion de la ville vers la banlieue, avec ses bungalows typiques et ses centres commerciaux, annonce le déclin du vieux centre-ville. La population de Hull chute de 63 580 en 1971 à 56 225 en 1981 (quoiqu'elle augmente depuis 1981), pendant que s'accroît celle de ses villes sœurs (Gatineau et Aylmer), qui passe de 72 163 en 1971 à 124 528 en 1991.

Économie L'économie de Hull, basée essentiellement sur l'industrie manufacturière dans les années 40, a changé radicalement. La majeure partie de la population active est aujourd'hui formée d'employés de bureau, dont la plupart sont des fonctionnaires. Cette métamorphose s'amorce après la Seconde

Guerre mondiale, avec la fermeture des fonderies et des usines de textile. La décision du gouvernement TRUDEAU de transférer à Hull un grand nombre de fonctionnaires fédéraux en accélère le rythme.

Selon certains, la décision politique de faire de Hull la rive gauche de la capitale entraîne une dépendance croissante de la ville envers Ottawa, tandis que pour d'autres (surtout des représentants de la gauche, des nationalistes et des groupes de pression de l'Île-de-Hull), il s'agit d'une «dépossession» pure et simple. Toutefois, l'immense majorité des résidants de Hull considèrent que la destruction de ces habitations de qualité inférieure et de ces logements ouvriers constitue un progrès et met fin à un mode de vie que l'on associe de près à la pauvreté et au système de valeurs de cols bleus.

La création du diocèse catholique de Hull (1963), l'expropriation massive de terrains et le transfert des fonctionnaires fédéraux (de 1970 à 1980), de même que la construction d'infrastructures (aqueduc, égout, routes, ponts) essentielles à tout développement moderne, tout comme la naissance d'établissements comme l'U. DU QUÉBEC, le CÉGEP de l'Outaouais (français) et le Heritage College (anglais), et la venue d'immenses centres commerciaux redonnent à la ville son dynamisme culturel et commercial. Graduellement, Hull devient semblable à Ottawa. À certains égards, elle peut même rivaliser avec la capitale, bien qu'elle ait encore beaucoup de chemin à faire avant de se considérer comme son égale. Pour en arriver là, les trois villes sœurs du côté québécois de la capitale nationale, Hull, Gatineau et Aylmer, devront mettre de côté leurs profonds différends au sujet du développement de la rive gauche. Tout comme l'Ontario, le Québec a l'intention de réduire le nombre des municipalités. La fusion de Hull et d'Aylmer ou de Hull, d'Aylmer et de Gatineau est probablement inévitable à court terme.

La croissance exponentielle de la fonction publique fédérale et le contexte économique général ont entraîné la fermeture de vieilles usines (textiles et abattoirs), mais n'ont pas empêché l'industrie des pâtes et papiers de se moderniser et de s'adapter à la nouvelle économie. Scott Paper et E.B. Eddy sont toujours des employeurs importants et la ville attire encore de nouvelles entreprises dans le parc industriel Richelieu, et en particulier dans celui de haute technologie, son «Technoparc». Des firmes telles que Digital, CML Technologies, ACDS Graphic System et de nombreuses autres y ont investi, comptant sur les possibilités qu'offre le marché de la RCN.

Vie culturelle La vie culturelle et sociale de Hull reste étroitement liée à celle d'Ottawa, de Gatineau et d'Aylmer. Elle offre des services qui n'existent pas dans les municipalités québécoises avoisinantes: U. du Québec à Hull, École de musique de l'Outaouais, Conservatoire de musique de l'Outaouais, Centre régional des Archives nationales du Québec, Palais des congrès, Théâtre de l'Île, ainsi qu'une branche de l'ÉNAP (École nationale d'administration publique). En 1989, on y déménage d'Ottawa le MUSÉE CANADIEN DES CIVILISATIONS dans un nouvel édifice aux courbes gracieuses et à l'allure futuriste, situé près du vieux pont interprovincial, ou pont Royal Alexandra.

La ville est bien desservie par la radio, la télévision et les journaux, même si certains de ces services sont établis à Aylmer, à Gatineau et à Ottawa. En plus de fréquenter l'U. du Québec et les cégeps, plusieurs Hullois étudient à l'U. D'OTTAWA, à l'U. CARLETON et à l'U. Saint-Paul. Le «Bal de neige», festival d'hiver, ainsi que des spectacles, des expositions, des pièces de théâtre et des concerts en plein air reflètent la vitalité et la spécificité de la culture française de Hull. On y trouve aussi un casino, édifié sur les rebords de ce qui fut l'une des plus importantes carrières de calcaire au Canada, maintenant une extension du lac Leamy et de la rivière des Outaouais. Une marina a été construite aux portes du casino, à quelques centaines de mètres du parc de la Gatineau (administré par la COMMISSION DE LA CAPITALE NATIONALE), renommé pour ses lacs, ses parcs et ses 50 km de sentiers récréatifs qui font partie d'un réseau de 200 km de pistes cyclables sillonnant la RCN.

Pierre Louis Lapointe

Hull, Robert Marvin, dit Bobby, joueur de hockey (Pointe-Anne, Ont., 3 janv. 1939). Il joue dans les rangs juniors à Hespeler (Cambridge), Woodstock et St. Catharines avant d'être engagé par les Black Hawks de Chicago en 1957. Même s'il ne compte que 31 buts au cours de ses 2 premières saisons dans la Ligue nationale, Hull perfectionne un tir frappé redoutable (chronométré à 187 km/h). Il deviendra le plus grand compteur gaucher de l'histoire du hockey. Son surnom, «la comète blonde», caractérise bien le joueur sur la glace, car sa vitesse, sa puissance et son énergie symbolisent l'essence même du hockey. En 1961, il mène les Black Hawks à leur première COUPE STANLEY en 23 ans. Il égale le fameux record de 50 buts dans une même saison (1961-1962), en plus de fixer la barre à 54 buts en 1965-1966, puis à 58 en 1968-1969.

Il remporte trois fois le TROPHÉE ART ROSS, deux fois le TROPHÉE HART et une fois le TROPHÉE LADY BYNG, et compte 610 buts pour un total de 1170 points en 15 saisons dans la Ligue nationale de hockey (LNH). En 1972, il accepte une offre d'un million de dollars pour passer des Black Hawks de Chicago de la LNH aux JETS DE WINNIPEG accordant ainsi une crédibilité instantanée à une ASSOCIATION MONDIALE DE HOCKEY fragile. Il continue à compter de nombreux buts, dont 77 buts en 78 parties pour la saison 1974-1975, ajoutant 303 buts et 638 points à son palmarès.

Il tente un retour en 1980 avec les Rangers de New York, mais ne peut aller plus loin que le camp d'entraînement. Par ailleurs, son fils Brett, devenu un joueur étoile des Blues de St Louis, compte 50 buts pendant une saison et remporte le trophée Hart. C'est la première fois qu'un père et un fils accomplissent ce double exploit dans la LNH.

Mécontent de la manière dont la LNH administre le fonds de pension des joueurs retraités, Hull se joint à plusieurs vétérans, dont Gordie HOWE et Carl Brewer, afin de poursuivre les dirigeants de la Ligue nationale au sujet des sommes excédentaires engendrées par le fonds. Ils obtiennent gain de cause et une somme de plus de 40 millions de dollars est versée comme supplément aux pensions des joueurs à la retraite. Hull est Membre de l'Ordre du Canada.

James Marsh

Humanités Étude de l'Antiquité gréco-romaine vénérée pendant des siècles comme la quintessence d'une éducation libérale, ont été instituées en 1636 en Nouvelle-France avec l'entrée du latin au programme du Collège des Jésuites de Québec. La bienveillante «tyrannie» des études classiques prend fin en 1960 quand les collèges classiques perdent le monopole du baccalauréat, un diplôme désormais accessible sans étude préalable du latin ou du grec.

Ailleurs au Canada, notamment après la Confédération, les cours de latin et de grec, éléments clés du programme d'études secondaires jusqu'à la Seconde Guerre mondiale, sont dispensés selon les rigoureuses traditions victoriennes et édouardiennes privilégiées par les universités et les écoles anglaises ou écossaises. Bien entendu, les volets littéraires, historiques et philosophiques du programme restent la chasse gardée des universités.

Toutefois, le progrès, voire l'essor, de la science, du génie, de la médecine, du droit et de la gestion, sans oublier les changements technologiques et l'évolution sociale au cours des années 50 ont fini par ébranler les certitudes, tout comme les fondements des humanités en tant que discipline. Domaines de prédilection jusqu'ici des boursiers d'université et des jeunes intellectuels, les cours de grec et de latin sont délaissés par les étudiants qui, face à une pédagogie guère stimulante axée sur l'analyse grammaticale, la rédaction et la traduction littérale prétendument indispensables à l'acquisition des techniques d'expression claire, les jugent démodés et moribonds.

En réponse à cette vague de désaffection, les tenants du classicisme inventent de nouvelles méthodes pédagogiques, proposent des manuels plus attrayants et révisent les programmes afin de les mettre au goût de l'ère des voyages dans l'espace. C'est le cas du programme de latin de Cambridge qui, grâce à sa très grande popularité dans les années 70, contribue au maintien du latin dans les écoles secondaires. Axé sur les théories linguistiques contemporaines, l'enseignement du latin connaît un regain de vitalité grâce aux nouvelles approches et au renouvellement des programmes qu'elles autorisent. En particulier, les élèves sont encouragés à étudier des textes qui exigent à la fois une réflexion et une analyse d'ordre littéraire ou sociologique. C'est aussi le cas du grec qui, après avoir été évincé du programme d'études secondaires vers la fin des années 60, renaît de ses cendres à l'U. McGill, où les cours, appuyés par des exercices analogues à ceux du laboratoire de langue, reproduisent les modèles structuralistes à succès des cours de latin. Si les deux langues continuent ainsi à s'attirer la faveur des étudiants universitaires, il n'en est pas de même dans les écoles secondaires où le latin, en particulier, trouve un auditoire faible mais fidèle et où les administrateurs envisagent des effectifs réduits en la matière.

Confrontées au déclin des programmes d'études classiques ou de double spécialisation exigeant le latin et le grec, les universités proposent, à l'instar des modèles à succès américains, des cours de traduction, de civilisation ou d'études classiques, autant de changements qui, offerts à titre expérimental dans les années 50, finissent par se généraliser rapidement. De nos jours, des centaines d'étudiants, quelles que soient leurs origines et leurs spécialisations, suivent des cours sur l'Antiquité gréco-romaine: théâtre, épopée, biographie, historiographie, religion, mythologie. Cet intérêt grandissant s'explique aussi par le regain d'intérêt pour l'archéologie et l'histoire de l'art méditerranéennes, sans oublier l'intégration d'éléments archéologiques dans des cours de civilisation. Parallèlement, les cours d'histoire ancienne, dispensés dans le cadre des programmes d'études classiques ou d'histoire, y puisent naturellement beaucoup de matière et, ce faisant, ne contribuent pas moins à la revalorisation des études classiques, qui, en raison de leur nature composite et compte tenu des mesures volontaristes, enrichissent les programmes de LITTÉRATURE COMPARÉE, d'herméneutique et de grec moderne.

Par ailleurs, la désaffection pour le latin et l'abandon du grec dans les écoles secondaires sont loin de freiner l'essor des études classiques dans l'enseignement supérieur. Pour la plupart, les grandes universités offrent encore un programme de maîtrise. Certaines proposent même un programme de doctorat (Dalhousie, Laval, McGill, Montréal, Ottawa, McMaster, Alberta et Colombie-Britannique), l'U. de Toronto venant en tête quant aux effectifs et au choix de cours. En général, les programmes d'études ainsi que les domaines de recherches reflètent les spécialisations des professeurs chargés avant tout des travaux de recherche et de l'enseignement ainsi que les collections de recherche dont disposent les universités. En matière de financement, les études classiques dépendent d'organismes fédéraux, de fonds universitaires et d'organismes et de fondations de l'extérieur du Canada, notamment le CONSEIL DE RECHERCHES EN SCIENCES HUMAINES DU CANADA, les Bourses de recherche Killam, l'American Council of Learned Societies, l'Institute for Advanced Study de Princeton (New Jersey) et la Fondation Nuffield (Angleterre). En ce qui concerne les publications, elles sont largement financées par des subventions accordées par les organismes fédéraux et par les maisons d'édition qui contribuent ainsi au rayonnement du Canada dans le domaine des études classiques. Ces publications, notamment des revues, témoignent aussi bien de la richesse et de la diversité des recherches entreprises que de la qualité des enseignements, objets de nombreux prix et distinctions sur le plan national et international.

En outre, les études classiques sont au cœur de plusieurs grands projets actuellement en cours: (i) *Lexicon Iconographicum Mythologiæ Classicæ*, un dictionnaire d'iconographie internationale recouvrant toute la mythologie ancienne représentée dans les œuvres d'art de l'Antiquité, y compris des spécimens appartenant aux musées et aux galeries canadiens, financé par la FÉDÉRATION CANADIENNE DES ÉTUDES HUMAINES; (ii) *Dio Cassius* (U. de Calgary); (iii) *Catalogus Translationum et Commentariorum* (Institut pontifical d'études médiévales de Toronto); (iv) *Bibliographie de Virgile* (McMaster); (v) *Œuvres complètes d'Érasme* (U. de Toronto).

Trois centres méditerranéens placés depuis 1980 sous l'égide de l'Institut canadien d'études méditerranéennes contribuent également au renouveau des études, de l'histoire et de l'archéologie anciennes: l'Institut canadien d'archéologie d'Athènes (créé en 1974), le Centre académique canadien en Italie (établi à Rome en 1978) et l'Institut canadien en Égypte (fondé au Caire en 1980). Ces centres d'outre-mer jouissent de la chaleureuse collaboration de l'Académie américaine de Rome, des écoles anglaises d'Athènes et de Rome, de l'École américaine d'études classiques d'Athènes et de la Société virgilienne installée à Cuma, près de Naples (Italie).

Bien qu'elle soit issue de l'Ontario Classical Association, la Société canadienne des études classiques (SCEC), fondée en 1946, peut se réclamer d'une vocation nationale en regroupant ses membres *a mari usque ad mare*. Comme la Société royale du Canada et d'autres SOCIÉTÉS SAVANTES, ses rencontres annuelles, y compris ses colloques consacrés à des questions d'intérêt général, s'adressent aussi bien aux anglophones qu'aux francophones. Lancée en 1947, *Phœnix*, la revue savante trimestrielle de l'association, jouit d'une réputation internationale. On compte de nombreux spécialistes canadiens de l'Antiquité parmi les présidents, les rédacteurs en chef et les administrateurs de diverses organisations internationales. Les présidents de la SCEC sont vice-présidents de la Classical Association du Royaume-Uni.

Depuis les années 60, l'U. d'Oxford et l'U. de Cambridge n'exigent pas la connaissance du latin pour obtenir un diplôme, et l'Église catholique l'exige encore moins pour la messe. Ce sont là, certes, deux manifestations symboliques de la perte d'influence et de terrain des études classiques. Or, grâce à la montée des nouvelles techniques pédagogiques, à la mise en place de programmes de recherches passionnants et à la multiplication des ouvertures multidisciplinaires chez les érudits, l'Antiquité est au seuil d'une véritable «révolution copernicienne». Proposer des programmes d'études universitaires à des jeunes étudiants qui connaissent à peine les langues classiques aurait de quoi scandaliser les générations précédentes. Toutefois, la permanence des études classiques dans les programmes universitaires prouve leur capacité d'éclairer, de nourrir et de fortifier la société dans les moments diffciles.

Alexander G. McKay

Humber, rivière La plus importante rivière de l'Ouest de Terre-Neuve. Elle s'étend sur 153 km et son bassin hydrographique est de 7680 km². Son nom est emprunté à une rivière d'Angleterre. Elle prend sa source dans les MONTS LONG RANGE, à l'ouest de la baie White, puis coule en direction sud-est et sud-ouest jusqu'au lac Deer, où elle rencontre un affluent qui draine le lac Grand, d'une longueur de 100 km. De là, elle se dirige vers le sud-ouest, se jette dans le détroit Humber, à CORNER BROOK, puis dans la baie des Îles. À cet endroit, son niveau est à environ 660 m de moins qu'à sa source. La Humber recèle une grande quantité de SAUMON DE L'AT-LANTIQUE. À partir du XIXe siècle, elle sert de voie de navigation aux trappeurs européens. Bien que son embouchure soit cartographiée par James COOK dans les années 1760, peu d'établissements permanents prennent racine dans la région avant le milieu du XIXe siècle. Comme elle traverse de majestueux peuplements forestiers, la rivière sert de voie de navigation aux bûcherons depuis la fin du XIXe siècle.

Robert D. Pitt

Humboldt, ville de la Sask.; pop. 5074 (rec. 1996), 4989 (rec. 1991), 5097 (rec. 1986); superf. 11,92 km^2; const. en 1907. Humboldt se trouve au carrefour des chemins de fer du Canadien National et du Canadien Pacifique, à 112 km à l'est de Saskatoon. La ville est fondée lors de la construction du Canadian Northern Railway en 1904 et elle prend le nom d'un bureau de la Dominion Telegraph Line, qui n'est autre que celui de l'Allemand Alexander von Humboldt, homme de science, auteur et explorateur qui a beaucoup voyagé en Amérique du Nord et du Sud. Située sur le Chemin de Carlton, la ville sert d'abord de relais pour les charrettes et les diligences sur la route principale entre Fort Qu'Appelle et Fort Carlton.

La croissance de la ville est stimulée par sa situation au carrefour des chemins de fer, ainsi que par la fondation de la colonie St. Peters (50 communes) par les Bénédictins catholiques en 1903. La ville est entourée de forêts de trembles et, grâce à son sol de terre noire et à son emplacement dans une zone de culture à faible risque, elle devient le centre le plus important de la colonie et est aujourd'hui la plus grande des petites villes de la province. Si certains commerces du début de la colonisation, comme les épiceries en gros et les tanneries, ont disparu, d'autres (p. ex., un moulin à farine) ont survécu et le rôle de centre de services agricoles de la ville ne cesse de prendre de l'importance. Humboldt est aussi un centre administratif et judiciaire et, depuis 1975, elle est le centre de recherche sur l'équipement agricole des Prairies, avec l'ouverture du Prairie Agricultural Machinery Institute.

C.O. White

Humidité et Humidex L'humidité est liée à la teneur ou au contenu en vapeur d'EAU de l'air. La vapeur d'eau atmosphérique est invisible, mais toujours présente. Sa concentration en volume varie d'une valeur voisine de zéro à un maximum d'environ 4 p. 100.

La vapeur d'eau est très importante en MÉTÉOROLOGIE. Une grande partie de ce qui forme le temps, soit les NUAGES, la rosée, la PLUIE, la neige, le BROUILLARD et le gel, est causée par l'humidité atmosphérique. La vapeur d'eau est le seul gaz qui se liquéfie ou se solidifie dans les conditions atmosphériques normales. Le temps qu'il fera dépend principalement de cette propriété. La vapeur d'eau est révélée par un air chaud et lourd, des vêtements moites, une peau suintante par temps très humide et des lèvres gercées, des cheveux difficiles, intraitables, par temps peu humide.

La concentration maximale en vapeur d'eau dans l'air augmente fortement avec la température. Le volume d'air qui peut contenir 250 ml d'eau à 0 °C en contiendra 500 ml à 10 °C, 1 l à 22 °C et 2 l à 33 °C. Toutefois, il y a une limite maximale précise à la quantité de vapeur d'eau que l'air peut contenir. Lorsque cette concentration maximale est atteinte à une température donnée, l'air est dit saturé.

Humidité relative De toutes les expressions descriptives du contenu en vapeur d'eau de l'air, la plus courante et peut-être la moins comprise est l'humidité relative. Par définition, l'humidité relative est le rapport en pourcentage de la concentration effective en vapeur d'eau d'un volume d'air à la concentration maximale qui pourrait être atteinte dans ce même volume à la même température. L'humidité relative indique le degré de saturation de l'air et non son contenu en eau. Elle est de 100 p. 100 dans le

nuages et le brouillard et de 10 p. 100 au plus au-dessus des déserts durant le jour. À 22 °C, l'air peut contenir environ 8 g de vapeur d'eau par m^3 (c'est sa capacité). Si ce volume n'en contient que 4 g, l'air est à moitié saturé et son humidité relative est de 50 p. 100.

La valeur de l'humidité relative n'indique pas le contenu en eau de l'air. Une humidité relative élevée n'implique pas nécessairement une humidité absolue importante. Une humidité relative de 70 p. 100 un jour de 10 °C semble bien différente de celle de même valeur un jour de 20 °C. Si l'air reste le même, son contenu en vapeur d'eau varie très peu durant le jour. Cela n'est pas vrai pour l'humidité relative. Elle suit la température de façon à peu près inverse: si la température diminue, elle augmente et, si la température augmente, elle diminue. En général, l'humidité relative atteint son maximum à l'aube, pendant la partie la plus froide du jour, et devient minimale au milieu de l'après-midi, quand la température est maximale. Elle a tendance à être plus élevée en hiver et moindre en été.

Point de rosée Le point de rosée est la température à laquelle il faut refroidir un volume d'air à pression constante pour atteindre la saturation. Il indique mieux le contenu en vapeur d'eau de l'air que l'humidité relative. Si la température de l'air près du sol est de 23 °C et le point de rosée de 13 °C, il faut refroidir cet air de 10 °C pour atteindre la saturation. Le point de rosée est indépendant de la température effective de l'air. Donc, durant un jour d'été, le point de rosée reste constant tant que le contenu en vapeur d'eau de l'air ne change pas, tandis que l'humidité relative diminue et augmente.

L'air est non saturé tant sa température est supérieure au point de rosée. Un air non saturé peut donc accepter davantage de vapeur d'eau. L'air qui se refroidit jusqu'à son point de rosée est surchargé et cède son excès de vapeur d'eau qui participe alors à la formation des nuages, de la pluie, du brouillard, ou de la condensation de la rosée ou de la glace sur les surfaces froides des gazons ou des véhicules p. ex..

Plus le point de rosée est élevé, plus l'air est humide. Si le point de rosée avoisine 20 °C, la plupart des gens trouvent le temps chaud et humide, même si l'humidité relative correspondante est «seulement» de 50 p. 100 à 32 °C.

Humidex Au fil des ans, on a proposé diverses façons d'exprimer numériquement les différentes combinaisons de température et d'humidité pour évaluer les sensations corporelles d'une personne moyenne par temps chaud et humide. La façon la plus familière aux Canadiens est l'indice humidex (ou indice de bien-être). Il est utilisé au Canada depuis 1965. C'est le pendant estival du refroidissement éolien, dans le sens qu'il représente une température d'air équivalente. On associe un air possédant une température et une humidité données à un air plus chaud et de contenu en vapeur d'eau négligeable, mais équivalent en bien-être. Le bien-être est une notion subjective et dépend grandement de l'âge et de la santé de chacun. Les conditions météorologiques qui rendent un enfant irritable peuvent donner des crampes de chaleur à un adolescent, épuiser un adulte et provoquer un coup de chaleur chez une personne âgée. L'indice humidex utilisé comme indice de bien-être global par temps chaud est limité, car il ne tient pas compte d'autres facteurs, tels que la pression, la vitesse du vent, les précipitations, l'ensoleillement ou les pollens.

Les longues périodes d'humidité élevée sont exceptionnelles au Canada, sauf dans le Sud-Ouest de l'Ontario et, à l'occasion, dans le Sud-Est du Manitoba et dans le Sud-Ouest du Québec, quand un air chaud et humide arrive du golfe du Mexique et des Caraïbes. En général, l'indice humidex diminue lorsque la latitude augmente. Un indice humidex supérieur à 45 °C est rare au Canada. Durant les 20 dernières années, p. ex., il n'a été égal ou supérieur à

45 °C que durant deux heures à Toronto et une heure à Ottawa. Son maximum national durant les 40 dernières années a été de 52,1 °C à Windsor le 20 juin 1953, la température étant de 35 °C et le point de rosée de 29 °C.

David Phillips

Humoristes francophones À la fin des années 50, les humoristes québécois se produisent dans les clubs. C'est le cas du chanteur, comédien et fantaisiste Jean LAPOINTE (d'abord en duo avec Jérôme Lemay, avec les Jérôlas, de 1956 à 1974), ou la monologuiste et chansonnière Clémence DESROCHERS. Des cabarets, l'humour se transporte aussi à la télévision où il fait recette, notamment avec la comédie de situation *Moi et l'autre*, qui met en vedette, sur les ondes de Radio-Canada, le populaire tandem Dominique MICHEL - Denise FILIATRAULT, à la fin des années 60. Par ailleurs, l'humour politique a aussi la cote : l'imitateur Jean-Guy Moreau se fait connaître par ses personnifications de politiciens et le quatuor Les Cyniques se fait les dents sur l'actualité.

Révélé par le spectacle-culte *L'Osstidcho*, en 1968, le monologuiste Yvon DESCHAMPS s'impose comme une grande figure des années 70. Ses textes directs reflètent les bouleversements socio-politiques de cette période d'intense affirmation identitaire, en mettant de l'avant un personnage de gagne-petit colonisé (*Les Unions, qu'ossa donne?*). En 1973, le comédien Marc FAVREAU quitte les émissions enfantines où il a créé Sol, ce naïf clown-clochard, pour entamer une longue carrière scénique, jouant sur des calembours poético-humoristiques.

Les années 80

Durant cette décennie économiquement et politiquement morose, l'humour explose littéralement dans la province. Anciens membres du trio comique Paul et Paul (qui comptait aussi Jacques Grisé), Claude Meunier et Serge Thériault lancent les *Lundis des Ha! Ha!* en 1983. Animées par leurs personnages Ding et Dong, ces soirées d'humour connaissent un grand succès. Particulièrement le duo de M.C., si populaire qu'il deviendra la vedette d'un long métrage, *Ding et Dong, le film*, en 1990. Également auteur de pièces raillant une certaine vacuité contemporaine (*Les Voisins*, *Appelez-moi Stéphane*, co-écrits avec Louis Saia), Claude Meunier signe aussi un *sitcom* basé sur un sketch de Ding et Dong : *La Petite Vie*, parodie de la famille québécoise nourrie d'absurde. L'émission diffusée à Radio-Canada devient bientôt la plus regardée au Québec, et atteint les proportions d'un véritable phénomène social.

Les Lundis des Ha! Ha! contribuent à faire connaître une nouvelle génération de comiques comme l'imitateur André-Philippe Gagnon, et son scripteur Stéphane Laporte, dont le succès devient international après un passage au *Tonight Show*, de Johnny Carson, en 1985; ou encore Daniel Lemire, réputé pour ses numéros acérés de *stand up* portant sur l'actualité socio-politique. Pendant cette période, on découvre aussi les caricatures physiques de l'élastique Michel Courtemanche et l'humour protéiforme (parodies télévisuelles, sketches, chansons humoristiques...) du groupe Rock et Belles Oreilles, qui s'illustre d'abord à la radio, puis à la télévision, sur scène et sur disque. Depuis la dissolution de la bande, au moins deux ex-membres de RBO continuent de faire carrière dans le domaine humoristique: Yves Pelletier, à la fois comme scénariste (le film *Karmina*) et sur scène (le duo Yves et Martin, avec le comédien Martin Drainville); Guy A. Lepage, créateur de la populaire série télévisuelle *Un gars, une fille*. Depuis sa naissance, en 1997 à Radio-Canada, le concept de cette comédie portant sur le couple a été vendu à au moins six pays étrangers.

C'est également en 1983 que l'homme d'affaires Gilbert Rozon crée un festival international de l'humour à Montréal. Rapidement couronné de succès, le Festival Juste pour rire prend de l'expansion et on lui greffe, deux plus tard, un pendant anglophone, le Just for Laughs, qui devient un important marché international pour l'industrie, en quête de nouvelles têtes d'affiche. Attirant les grosses pointures de la comédie anglo-saxonne et les vedettes de la francophonie, cette manifestation estivale comporte une programmation diversifiée en salle, un volet extérieur, avec des animations de toutes sortes, et, depuis 1991, les comédies du Théâtre Juste pour rire, traditionnellement mises en scène par Denise Filiatrault. L'empire Rozon donne naissance à d'autres institutions consacrées au rire : le Musée pour... rire, qui a ouvert ses portes en 1993 dans la controverse; et l'École nationale de l'humour, inaugurée fin 1987, qui, chaque année, produit des humoristes en herbe.

Les années 90

Dans les années 90, la vogue de la comédie ne se dément pas, si bien que l'industrie de l'humour crée, en 1999, le Gala des Oliviers, manifestation annuelle visant à récompenser les artistes qui œuvrent dans le domaine. Le paysage s'est diversifié et s'ajoutent de nouveaux venus : imitateurs (Claudine Mercier); *stand up* (Maxim Martin); monologuistes (François Morency, Pierre Légaré, Lise Dion, Martin Petit, lauréat de trois Oliviers, en 2000); créateurs de personnages (Marie-Lise Pilote); pastiches sonores (François Pérusse, et ses populaires Albums du peuple); *entertainers* à l'américaine (Stéphane Rousseau, Anthony Kavanagh, deuxième comique québécois, après Michel Courtemanche, à effectuer une percée majeure en France).

Pour sa part, le comédien et fantaisiste Marc Labrèche accède au vedettariat grâce à l'animation de la série-télévisée-culte, *La fin du monde est à sept heures* (1997-2000, à Télévision Quatre-Saisons), un bulletin de nouvelles parodique, qui commente quotidiennement l'actualité sur un ton iconoclaste ou avec un humour absurde.

Par ailleurs, le printemps 2000 marque la disparition du Théâtre des variétés, 33 ans après sa fondation par le comédien Gilles Latulippe, qui en était l'âme dirigeante. Ce temple du «burlesque» et de la comédie boulevardière ferme ses portes faute de relève, sonnant le glas d'une époque... (*Voir* THÉÂTRE CANADIEN DE LANGUE FRANÇAISE, LE)

Marie Labrecque

Humphrey, Jack Weldon, peintre (St. John, T.-N., 12 janv. 1901—*id.*, 23 mars 1967). Humphrey est le peintre de l'est du Canada le plus important de sa génération. Il a pour professeur Charles Hawthorne à la NY's National Academy of Design (1924-1929) et étudie avec Hans Hofman à Munich (1930). Par la suite, il visite l'Europe, le Mexique et New York, mais il demeure profondément attaché à sa ville natale, même si elle est loin de la scène artistique. Ses tableaux du port, des rues et des travailleurs de Saint John lui valent une réputation d'artiste régional, mais son œuvre comporte aussi de nombreux portraits d'amis et d'enfants de la ville. Refusant toute concession à la mode, la démarche honnête et rigoureuse de Humphrey en fait un membre respecté de la SOCIÉTÉ D'ART CONTEMPORAIN de Montréal et du Canadian Group of Painters. De retour de France en 1954, il s'oriente vers l'art abstrait et non figuratif dans ses gouaches et ses paysages à l'huile, tandis que ses superbes aquarelles s'attachent aux menus détails de la nature.

J. Russell Harper

Humphrey, John Peters, avocat, diplomate et universitaire (Hampton, N.-B., 30 avril 1905). Humphrey est admis au Barreau du Québec en 1929 et pratique le droit jusqu'en 1936, année où il commence à enseigner à la Faculté de droit de l'U. McGill, dont il deviendra le doyen 10 ans plus tard pour une courte période. En 1946, il est nommé responsable des droits de l'homme au Secrétariat de l'ONU et, avec l'aide de collaborateurs, il rédige la première ébauche de la Déclaration universelle des Droits de l'homme. Cette déclaration, adoptée par l'Assemblée

générale des Nations Unies, est devenue en quelque sorte la *Magna carta* de l'humanité.

L'adoption de la Déclaration inaugure une ère de changements révolutionnaires dans la théorie et la pratique du DROIT INTERNATIONAL, puisqu'elle reconnaît que les droits humains constituent une préoccupation d'ordre international. Même si les principes énoncés dans la Déclaration sont souvent violés, elle n'en demeure pas moins l'une des réalisations les plus importantes des Nations Unies et fait maintenant partie du droit coutumier des nations. Humphrey se retire des Nations Unies en 1966 et reprend l'enseignement à l'U. McGill pendant cinq ans avant de prendre une retraite définitive. Il poursuit ses activités dans le domaine des relations internationales et de la protection des droits humains et écrit plusieurs ouvrages importants sur le sujet. Il reçoit plusieurs prix et de nombreuses distinctions. Il est entre autres nommé Officier de l'Ordre du Canada en 1974.

William Kaplan

Hungerford, Samuel James, administrateur ferroviaire (près de Bedford, Qc, 16 juill. 1872—Farnham, Qc, 7 oct. 1955). Après avoir débuté comme apprenti mécanicien au Southeastern Railway en 1886 et occupé différents postes dans les services d'exploitation du Canadien Pacifique (CP), Hungerford entre au Chemin de fer Canadien du Nord en 1910 comme surintendant du matériel roulant. Durant les années 20, en qualité de vice-président de l'exploitation, de la maintenance et de la construction, il joue un rôle important dans l'intégration et l'expansion du Canadien National (CN) dont il est nommé président en 1934. Il diminue les dépenses d'exploitation et défend l'autonomie de la société contre les demandes de fusion avec le CP. Il abandonne son poste de président en 1941. Il est le premier président des LIGNES AÉRIENNES TRANS-CANADA et président de la National Railway Munitions Ltd., une société de la Couronne qui produit des canons et des affûts de canon pendant la Seconde Guerre mondiale. Il est fait compagnon de l'ordre de Saint-Michel et Saint-Georges (CMG) en reconnaissance de ses services en temps de guerre.

J. Lindsey

Hunt, George, ethnographe et collectionneur de pièces de musée (Fort Rupert, C.-B., 1854—*id.* sept. 1933). Nous devons en grande partie notre connaissance de la culture traditionnelle KWAKIUTL aux abondantes notes ethnographiques et à la collection d'artefacts de Hunt. Fils d'un marchand de la Compagnie de la baie d'Hudson et d'une mère tlingit, il vit à Fort Rupert, poste de traite et village kwakiutl. Sa langue maternelle est le kwakiutl et il épouse une femme de haut rang de cette tribu. Il occupera une place prestigieuse parmi les spécialistes de la culture autochtone. La plupart des publications de Franz BOAS portant sur les kwakiutls sont basées sur les notes ethnographiques de Hunt. Les deux hommes collaborent pendant plus de 40 ans, jusqu'au décès de Hunt. Ce dernier a beaucoup aidé la plupart des grands chercheurs et collectionneurs d'artefacts de la côte du Nord-Ouest. Il a même organisé le tournage d'un film ethnographique pour Edward S. Curtis, qu'il a réalisé.

Kathleen Mooney

Hunt, Thomas Sterry, chimiste et géologue (Norwich, Conn., 5 sept. 1826—New York, 12 févr. 1892). Après des études à Yale sous la direction de Benjamin Silliman Jr., Hunt se joint à la COMMISSION GÉOLOGIQUE DU CANADA en 1846 comme chimiste et minéralogiste. De plus, il enseigne à l'U. Laval de 1856 à 1862 et à l'U. McGill de 1862 à 1868. En 1872, il quitte le Canada pour occuper la chaire de géologie du Massachusetts Institute of Technology. Il prend sa retraite officielle en 1878, mais continue ses recherches et reste un membre important de la communauté scientifique. Chimiste et géologue aux idées originales et controversées, Hunt est célèbre pour sa contribution à la définition

des systèmes géologiques huron et laurentien. En 1859, il est élu membre de la Royal Society of London. Il est nommé président de l'American Institute of Mining Engineers en 1877 et de l'American Chemical Society, en 1880. Durant toute sa carrière, il maintient des liens étroits avec le Canada. En 1882, il participe à la fondation de la Société royale du Canada et en devient le président en 1884.

Raymond Duchesne

Hunt, Tony, artiste kwaknaka'wakw ou KWAKIUTL (Alert Bay, C.-B., 24 août 1942). Hunt est un chef de file de la vie sociale et cérémonielle d'Alert Bay ainsi qu'un maître des arts de la scène traditionnels et des arts visuels. Il s'assure une renommée internationale comme sculpteur d'œuvres du style kwakiutl de l'ART AUTOCHTONE DE LA CÔTE DU NORD-OUEST après avoir étudié avec son illustre grand-père, Mungo MARTIN, et son père, Henry Hunt. Il est sculpteur adjoint (1962-1972) au parc Thunderbird du British Columbia Provincial Museum.

En 1970, il fonde Arts of the Raven Gallery, un organisme coordonnant l'apprentissage des jeunes sculpteurs autochtones. Ses TOTEMS, exposés au British Columbia Provincial Museum et au Bastion Square, à Victoria, font partie de ses œuvres principales. En 1982, le MUSÉE CANADIEN DES CIVILISATIONS lui commande une sculpture en pierre de quatre tonnes, intitulée *Raven Transforming into Man* (Corbeau se transformant en homme).

Carol Sheehan

Hunter c. Southam, affaire En 1984, dans l'affaire Hunter c. Southam Inc., un haut-fonctionnaire, agissant sous l'autorité de l'article 10 de la *Loi relative aux enquêtes sur les coalitions*, autorise plusieurs fonctionnaires à pénétrer dans les bureaux de la société Southam Inc., à Edmonton, pour saisir des documents. Cette entreprise prétend que les paragraphes 10 (1) et (3) de cette loi sont incompatibles avec l'article 8 de la CHARTE CANADIENNE DES DROITS ET LIBERTÉS, qui prévoit: «Chacun a droit à la protection contre les fouilles, les perquisitions ou les saisies abusives.» La Cour suprême du Canada fait remarquer, le 17 septembre 1984, que les perquisitions sans mandat sont à première vue abusives au sens de l'article 8 de la Charte. La personne qui veut justifier une perquisition sans mandat se doit de renverser la présomption du caractère abusif de cette perquisition. La Cour, au mérite, en vint à la conclusion que les paragraphes 10 (1) et (3) de la *Loi relative aux enquêtes sur les coalitions* sont incompatibles avec la Charte et inopérants parce qu'ils ne spécifient aucun critère approprié applicable à la délivrance des mandats et parce qu'ils désignent un arbitre qui n'a pas les qualités voulues pour les décerner, dit le juge en chef Dickson. La Cour ajoute que la personne qui autorise la fouille doit être en mesure d'apprécier, d'une manière tout à fait neutre et impartiale, les droits opposés de l'État et du particulier.

Gérald-A. Beaudoin

Hunter, Thomas James, alias Tommy, chanteur (London, Ont., 10 mars 1937). Connu comme le «Country Gentleman» du Canada, Hunter et son émission hebdomadaire au réseau anglais de Radio-Canada ont longtemps joué un rôle important dans le domaine de la musique country canadienne. Il fait ses débuts à l'émission *Main Street Jamboree* à la station de radio CHML de Hamilton en 1953 et, dès 1956, il est guitariste accompagnateur à l'émission télévisée de Radio-Canada *Country Hœdown*, laquelle est remplacée en 1965 par le *Tommy Hunter Show*.

Diffusée pendant 27 saisons, cette émission de variétés fait partie des spectacles du réseau qui ont duré le plus longtemps et a permis de faire connaître les chanteurs country canadiens. Elle a également été diffusée pendant dix ans par le réseau de câble américain de Nashville. Hunter remporte le prix Juno du meilleur chanteur country du Canada de 1967 à 1969. En plus de ses disques de musique country, il lance plusieurs albums de textes bibliques et de musique gospel. Hunter est élu au temple de la renommée de la Canadian Country Music Association en 1984. Il est fait membre de l'Ordre du Canada en 1986 pour sa contribution à la musique canadienne. En 1985, il écrit *My Story* en collaboration avec Liane Heller.

Richard Green

Huntsville, ville de l'Ont.; pop. 15 918 (rec. 1996), 14 997 (rec. 1991), 12 131 (rec. 1986); superf. 700,9 km²; const. en 1900; située à 215 km au nord de Toronto aux abords de la rivière Muskoka qui relie les lacs Vernon et Fairy. Des colons s'installent dans la région après l'arpentage du canton en 1862 et le prolongement de la route Muskoka jusqu'à la nouvelle localité en 1870. Le capitaine George Hunt, à qui la ville doit son nom, arrive en 1868 et s'installe en 1869. Il devient surintendant local de la voirie et maître de poste, et ouvre le premier magasin. Le chemin de fer se rend à Huntsville en 1885 et le village (pop. 400) est constitué l'année suivante.

À une certaine époque, l'exportation de pin blanc de la région suffisait à alimenter six scieries. Huntsville possède toujours une petite industrie du sciage, mais le tourisme est à la base de son économie tout au long de l'année. La ville offre un accès facile à la région de villégiature Lake of Bays au sud-ouest et au PARC PROVINCIAL ALGONQUIN situé à quelque 30 km au nord-est. L'église Madill, construite en 1872-1873 par des méthodistes wesleyens et située à 6 km au sud de la ville, est l'une des seules églises en bois équarri à avoir été conservées.

James Marsh

Huot, Charles, peintre et illustrateur (Québec, 6 avril 1855—*id.*, 28 janv. 1930). Il entreprend ses études au Collège de Sainte-Anne-de-la-Pocatière et les poursuit à l'École normale Laval de Québec, dont le directeur organise une collecte pour lui permettre de s'inscrire à l'École des beaux-arts, à Paris, en 1874. Il fréquente alors l'atelier du peintre Chabanel et mérite une médaille d'argent. À l'occasion de l'Exposition universelle de 1878, le gouvernement français lui achète *Le bon Samaritain*, que l'on peut admirer aujourd'hui au Musée Tavet, à Pontoise. En 1886, il obtient une seconde médaille d'argent pour sa participation à l'exposition Blanc et Noir de Paris. En 1898, il revient définitivement au pays après un séjour de 17 ans en Europe. Il travaille alors à la décoration de nombreuses églises du Québec. Il peint aussi pour le Parlement de Québec deux grandes toiles, *Séance du premier parlement du Bas-Canada, le débat sur la langue* et *Le conseil souverain de 1663*, au plafond de l'Assemblée nationale, *Je me souviens*, et la grande verrière de la bibliothèque, *Je puise mais n'épuise*. Il illustre aussi de nombreux ouvrages (*L'art d'être grand-père*, de Victor Hugo; *La civilisation des Arabes*, du Dr Lebon; *Similia Similibus*, d'Ulric Barthe; et *Les Contes vrais*, de Pamphile Lemay). Peu avant sa mort (1930), il est fait officier de l'Instruction publique par le gouvernement français. En 1979, Jean-René Ostiguy, conservateur au Musée des Beaux-Arts du Canada, publie un ouvrage sur cet artiste.

Michel Champagne

Huron, lac D'une superficie de 59 600 km², il possède une altitude de 176 m, une longueur de 332 km et une largeur de 295 km. Il est d'une profondeur maximale de 229 m et la longueur de son littoral, incluant les îles, totalise 6159 km. Ce lac se classe second parmi les GRANDS LACS et cinquième parmi les plus grands lacs du monde. En 1615, Samuel de CHAMPLAIN visite la BAIE GEORGIENNE et le lac Huron en compagnie de l'explorateur français Étienne BRÛLÉ et d'une flottille de canoës indiens. Le lac est formé de quatre plans d'eau interreliés: le lac principal, la baie Saginaw, le chenal du Nord et la baie Georgienne. Les principaux affluents sont les détroits de Mackinac, et les rivières St. Marys, Mississagi, Saginaw, FRENCH et Spanish. Le lac Huron se déverse dans le LAC ÉRIÉ en passant par la RIVIÈRE SAINTE-CLAIRE, le LAC SAINTE-CLAIRE et la RIVIÈRE DÉTROIT. Le pont suspendu le plus long au monde (Mackinac, 2625 m) enjambe les détroits de Mackinac entre les lacs Huron et Michigan.

Des masses d'air des océans Arctique, Pacifique et Atlantique et du golfe du Mexique convergent sur le lac, créant ainsi quatre schémas saisonniers distincts, de même que des conditions météorologiques extrêmes. Son bassin, formé de roches du BOUCLIER précambrien et de roches du phanérozoïque, date de la dernière glaciation, mais sa forme actuelle remonte à deux ou trois milliers d'années seulement. Le côté canadien du bassin est recouvert surtout de forêt mixte où poussent le pin, la pruche, le bouleau, l'érable, le chêne, le hêtre à grandes feuilles, le noyer et le caryer.

Le bassin nord, région reculée et sous-développée, compte quelques lieux habités où sont exploitées des ressources forestières et minières. Les établissements situés à l'est vivent de la forêt et de l'agriculture. Parmi les industries principales on compte les mines, les pâtes et papiers, la transformation des aliments, les produits chimiques, la fabrication d'équipement de transport et les usines métallurgiques. SUDBURY, centre de l'industrie minière et métallurgique, est la seule grande ville de la région. À Douglas Point, dans la PÉNINSULE BRUCE, se trouve l'une des plus grandes usines nucléaires du monde. Le lac est réputé pour sa pêche commerciale (cisco, perche, doré, cyprin, carpe) et sa pêche d'agrément (achigan, perche, doré, brochet, truite arc-en-ciel). Le côté canadien du lac Huron est reconnu pour la beauté de son paysage. Le chenal du Nord et la baie Georgienne ont inspiré plusieurs peintres du GROUPE DES SEPT. D'excellentes plages défilent sur la côte depuis la péninsule Bruce jusqu'à SARNIA. Les eaux non polluées du bassin sont idéales pour la natation, les randonnées en bateau, la vie au chalet et le camping.

M. Munawar

Huronie Tous les premiers voyageurs appelaient le territoire occupé par les Hurons «le pays des Hurons». Un résident du pays HURON se décrivait lui-même comme étant «chez les Hurons» ou «dans le pays des Hurons». Sur les cartes du XVIIe siècle, on retrouve ce pays sous les noms de «Contrée des Hurons», «Pays (ou pais) des Hurons», ou simplement «Hurones» ou «Hurons». Le terme «Huronie» n'est mentionné dans aucun document du début du XVIIe siècle. Il apparaît pour la première fois, semble-t-il, dans un vocabulaire écrit par un jésuite en 1745 en parlant de «la défunte Huronie» et ne devient d'usage courant qu'à la fin du XIXe siècle. Aujourd'hui, il désigne la région occupée par les Hurons durant la période où ils sont directement en contact avec les Français, de 1615 à 1650, ainsi qu'une région touristique comprenant les cantons du comté de Simcoe, au nord de Barrie, en Ontario.

C.E. Heidenreich

Hurons Ils forment une confédération de cinq tribus de langue iroquoise qui occupent le Nord du comté de Simcoe, en Ontario, durant la première moitié du XVIIe siècle. Inspirés par la coiffure des hommes de cette tribu, les Français les surnomment «hurons», un mot signifiant «malotru» ou «tête de sanglier». Le nom de leur propre confédération est *Wendat*, signifiant communément «insulaires». Les peuples de la confédération sont les Attignawantans («peuplade de l'Ours»), les Attigneenongnahacs («peuplade de la Corde»), les Arhendaronons («peuplade du Rocher»), les Tahontaenrats («peuplade du Daim») et les Ataronchronons («peuplade des Marais»). Dès le début du XVIIe siècle, ces trois dernières peuplades quittent le sud et l'est de l'Ontario pour s'installer en pays huron et se joindre aux deux premiers groupes afin de former une alliance défensive contre leurs ennemis communs, les cinq tribus d'IROQUOIS du Nord de l'État de New York.

Avant le début du XVIIe siècle, il y a au Canada entre 20 000 et 25 000 Hurons, mais, de 1634 à 1640, leur population est réduite à 9000 par une série d'épidémies, particulièrement la variole en 1639. Ils vivent dans 18 à 25 villages, dont certains comptent jusqu'à 3500 habitants. Leur économie de subsistance est basée sur le maïs, les haricots, la COURGE et le poisson. La chasse est de moindre importance. À l'époque de leur contact avec les Français, de 1615 à 1649, ces cultivateurs efficaces occupent un territoire de quelque 880 km², ce qui donne une densité moyenne de peuplement de 23 habitants par km². La plupart des villages sont fortifiés de palissades et situés sur des emplacements légèrement élevés, adjacents à une source d'eau permanente et à proximité de bonnes terres cultivables. Les villages déménagent vers d'autres emplacements tous les 10 ou 15 ans, après l'épuisement des sols et du bois de chauffage.

Les Hurons forment des familles nucléaires monogames. L'unité socio-économique fondamentale est cependant la famille matrilinéaire élargie, composée de quelques familles dont les femmes sont descendantes d'une même mère ou grand-mère, qui dirige les affaires quotidiennes. La famille élargie habite les MAISONS LONGUES, d'une largeur de 7 m environ et dont la longueur varie selon la taille de la famille. Des études archéologiques font état de maisons atteignant jusqu'à 90 m de longueur. Chaque Huron appartient à l'un de huit clans matrilinéaires. Les membres d'un clan se considèrent cousins et ne peuvent se marier entre eux. Deux conseils gèrent les affaires du village, l'un s'occupe des affaires civiles et l'autre, des affaires militaires. Tous les hommes de plus de 30 ans en sont membres. En principe, toutes les décisions sont prises par consensus, mais, en réalité, les véritables décideurs sont les hommes âgés et les chefs élus des grandes familles en raison de leur statut dans la communauté et de leurs pouvoirs oratoires.

Commerçants aguerris, ils entretiennent d'étroites relations avec les PÉTUNS, les NEUTRES, les OUTAOUAIS, les Nipissings et les ALGONQUINS de la vallée de l'Outaouais. Leur premier contact avec les Français remonte à 1609, au moment de l'arrivée de Samuel de CHAMPLAIN, avec lequel ils concluent une alliance militaire et commerciale qui entraîne les Français dans le conflit huron-iroquois (*voir* GUERRES IROQUOISES). Des missionnaires récollets sont envoyés chez les Hurons en 1615 et sont suivis par des jésuites en 1625. Dans les années 1620, les Hurons, dont le réseau de traite englobe la majeure partie de l'Ontario et de l'Ouest du Québec, sont déjà les plus importants fournisseurs de fourrures des Français. En 1649, ils sont vaincus et dispersés par les Iroquois. Bon nombre de Hurons se joignent à ces derniers, d'autres fuient vers l'ouest avec les survivants pétuns et vivent maintenant dans la réserve Wyandot dans l'État d'Oklahoma. Le groupe de survivants le plus important s'installe à Lorretteville, près de Québec. (*Voir aussi* AUTOCHTONES.)

C.E. Heidenreich

Hurons-Wendat de Wendake Au moment de la destruction de la Huronie par les Iroquois, en 1649-1650, environ 500 Hurons quittent la baie Géorgienne pour chercher refuge à proximité des Français, dans la région de Québec. Ces Hurons, qui se convertissent rapidement au catholicisme, s'installent d'abord sur l'île d'Orléans (1650-1656); ils déplacent ensuite leur village à plusieurs reprises, avant de s'établir définitivement à quelques kilomètres au nord de Québec, à la Jeune-Lorette (aujourd'hui Wendake), en 1697. Dans les décennies qui suivent, la population huronne décline lentement. Elle atteint son plus bas niveau en 1760, soit une centaine de personnes, avant de remonter progressivement, pour se situer à environ 300 personnes au milieu du XIXe siècle. Membres des Sept-Nations du Canada, les Hurons sont les alliés des Français jusqu'en 1760, puis des Britanniques; en raison de leur petit nombre, ils ne jouent cependant qu'un rôle modeste dans les conflits nord-américains.

Après leur installation dans la région de Québec, les Hurons vont progressivement accorder plus d'importance à la chasse pour assurer leur subsistance. Cela se fait au détriment de la culture du maïs qui, au XIXe siècle, n'occupe plus qu'une place marginale dans leur mode de vie. Les territoires de chasse des Hurons se trouvent au nord du Saint-Laurent, entre le Saguenay et le Saint-Maurice. Dans la seconde moitié du XIXe siècle, plusieurs facteurs forcent toutefois les Hurons à délaisser rapidement leurs activités traditionnelles de chasse (ouverture de nouvelles régions à la colonisation; formation de nombreux clubs privés de chasse et de pêche; création du Parc des Laurentides...). La fabrication et la vente d'objets artisanaux (raquettes, paniers, canots, etc.) occupent, à partir de ce moment, une place prépondérante dans l'économie des Hurons. Wendake figure aujourd'hui parmi les communautés autochtones les plus urbanisées et les plus prospères du Québec. En 1997, la nation huronne-wendat comptait près de 2800 membres.

Alain Beaulieu

Hurtig, Melvin, éditeur et écrivain (Edmonton, Alb., 24 juin 1932). En 1956, Hurtig ouvre une librairie à Edmonton dont il fait la plus grande entreprise de vente au détail de livres au Canada. En 1972, il vend ses magasins et se consacre à la publication de livres canadiens, plus particulièrement de deux éditions de la très acclamée *Encyclopédie du Canada* (1985 et 1988) et de la *Junior Encyclopedia of Canada* (1990). En 1991, il vend Hurtig Publishers à McClelland & Stewart, une compagnie de Toronto.

Hurtig est l'un des nationalistes économiques les plus réputés du Canada et également l'un des membres fondateurs du COMITÉ POUR L'INDÉPENDANCE DU CANADA. En 1985, il devient président fondateur du Conseil des Canadiens. Il s'en prend à l'ampleur de la propriété et du contrôle étrangers au Canada et mène une campagne énergique contre l'ACCORD DE LIBRE-ÉCHANGE avec les États-Unis. Son premier livre, *The Betrayal of Canada*, est le livre le plus vendu au Canada en 1991. En 1992, il est la force dirigeante d'un nouveau parti politique, le Parti National, qui a des visées populistes et nationalistes. Il est choisi chef de ce parti et en rédige l'énoncé de principes, *A New and Better Canada*. Il échoue dans sa tentative juridique pour être admis aux débats nationaux des chefs au cours de la campagne électorale fédérale de 1993.

Hurtig démissionne de son poste de chef en 1994, entraînant par ce geste la désintégration du parti. Il reçoit beaucoup de distinctions en reconnaissance de sa défense du nationalisme, y compris de nombreux diplômes honorifiques. Il reçoit également le *Lester B. Pearson Man of the Year Peace Award* (1988) et est fait officier de l'Ordre du Canada. Son autobiographie, *At Twilight in the Country: Memoirs of a Canadian Nationalist*, est publiée en 1996.

Hurtubise, Jacques, peintre (Montréal, 28 févr. 1939). Il étudie à l'École des beaux-arts de Montréal et, en 1960, reçoit une subvention qui lui permet d'aller à New York et de se familiariser avec l'art des expressionnistes abstraits. Il y demeure durant une bonne partie des années 60. Les toiles pleines de vigueur d'Hurtubise reflètent une combinaison de ses expériences personnelles et des forces de la nature. Au début des années 60, il commence à utiliser la technique du hard-edge, qui permet d'obtenir une surface unifiée avec des formes aux contours bien définis. Les motifs géométriques et répétés se mêlent aux «éclaboussures» délibérées de peinture pour donner l'impression que l'avant-plan disparaît dans l'arrière-plan qui s'avance. En 1967, ses recherches sur les effets de la lumière l'inspirent à créer des toiles fluorescentes et, ensuite, des œuvres avec des néons. En 1970, la structure principale de ses œuvres est le carré, et, en 1977, il commence à utiliser des formes et des contrastes chromatiques sur fond neutre, produi-

sant ainsi des motifs linéaires évoquant des paysages abstraits (*Takarakas*, 1979). Ces œuvres «spontanées» allient l'impulsion à la rigueur.

Dans les années 80 et 90, les mouvements en surimpression s'étendent sur toute la surface de la toile. Ces œuvres sont caractérisées par un motif central, de même forme et configuration, qui se déploie sur un réseau complexe de couleurs, lesquelles sont issues d'une gestuelle expressionniste très riche. Un sens de la fluidité et des vibrations au niveau de la rétine émanent de ces œuvres pleines de dynamisme. Jacques Hurtubise habite en Nouvelle-Écosse.

Louise Beaudry

Huston, Nancy, auteur (Calgary, Alb., 1953). De parents anglophones, elle effectue successivement ses études à Edmonton, Nashua (New Hampshire, USA) – qui lui révèle sa passion pour la langue française –, New York et Paris, où elle prépare un doctorat sous la direction de Roland Barthes (*Dire et interdire: éléments de jurologie*, 1980). Très impliquée dans les courants intellectuels des années 70-80, elle commence à écrire ses premiers articles féministes, qui paraîtront sous le titre *Désirs et réalité: textes choisis 1978-1994* (1996).

Essayiste, elle se penche sur des sujets apparemment éloignés les uns des autres, mais dont elle révèle, avec beaucoup de finesse et de pudeur, la «proximité»: la condition enfantine (*Jouer au papa et à l'amant: de l'amour des petites filles*, 1979; la création artistique (*Les Variations Goldberg, romance*, 1981; *Tombeau de Romain Gary*, 1995), la pornographie (*Mosaïque de la pornographie: Marie-Thérèse et les autres*, 1982), les femmes (*Journal de la création*, 1990), l'exil (*Lettres parisiennes, autopsie de l'exil*, 1986; *Une enfance d'ailleurs*, collectif, 1993; *Nord perdu*, 1999). Son premier roman, *Cantique des Plaines* (1993; prix du Gouverneur général), dont un des thèmes dénonce les ravages causés par la colonisation religieuse sur les Indiens de l'Alberta, la hisse au rang des plus importantes romancières internationales. *Instruments des ténèbres* (1996) transcende le féminisme revendicateur de son époque pour narrer l'histoire de deux femmes que trois siècles séparent mais qui, au fond, se rejoignent par leur relation torturée à la maternité. *L'empreinte de l'ange* (1999) a bouleversé les lecteurs par le regard teinté d'ironique lucidité qu'elle porte sur une humanité confrontée à la guerre.

Unique et originale, l'œuvre de Nancy Huston échappe à toute tentative de classification tant les thèmes qu'elle aborde sont riches et diversifiés, tant sa langue, puissante, lyrique, baroque, offre une pluralité de sens et d'interprétations, tant elle dépasse la notion étroite et formelle de genre en explorant, à travers des destins extrêmes, un domaine resté jusqu'ici inédit: cette frontière fragile qui oppose et unit à la fois l'art et la vie, le corps et l'esprit, la mémoire et l'oubli, le déracinement et l'appartenance, la liberté et l'aliénation, l'existence et la mort. Sa quête incessante d'une identité – pour elle-même et pour ses personnages – pourrait se résumer par une allégorie souvent exploitée dans l'art et la littérature: celle du «combat de l'ange».

Ismène Toussaint

Hutcheon, Linda, critique littéraire et d'art, éducatrice (Toronto, Ont., 24 août 1947). Ayant fait ses études à l'U. de Toronto et à l'U. Cornell, elle occupe actuellement un poste de professeur d'anglais et de littérature comparée à l'U. de Toronto. Elle fait autorité en matière de littérature et d'art contemporains, et plusieurs de ses ouvrages portent sur l'histoire, la théorie et la pratique du postmodernisme. Dans *A Pœtics of Postmodernism* (1988) et *The Politics of Postmodernism* (1989), elle porte un regard sur les médias de masse et les arts, et affirme que nos images et nos histoires servent à façonner notre expérience du monde plutôt qu'à la traduire. *A Theory of Parody* (1985) et *Irony's Edge* (1995) explorent le rôle de la parodie et de l'ironie dans les tendances

postmodernes. Dans *Splitting Images* (1991), elle soutient que la culture canadienne nourrit particulièrement bien la duplicité et elle examine les visages multiples de l'ironie dans la littérature et les arts visuels au Canada. Ces questions figurent aussi au premier plan de son étude de la fiction contemporaine canadienne intitulée *The Canadian Postmodern* (1988).

Elle a en outre édité ou participé à l'édition de nombreuses anthologies, entre autres *Other Solitudes: Canadian Multicultural Fictions* (1990), ainsi que *Double-Talking* (1992), une série d'essais sur l'ironie dans la littérature et les arts au Canada. Elle collabore avec Michael Hutcheon à l'écriture d'*Opera: Desire, Disease, Death* (1996), la plus récente de ses œuvres.

Colin Boyd

Hutchison, William Bruce, journaliste et écrivain (Prescott, Ont., 5 juin 1901—Victoria, C.-B., 14 sept. 1992). Hutchison grandit dans la région de Kootenay et à Victoria en Colombie-Britannique, puis devient journaliste au *Victoria Times* en 1918. Il parcourt le Canada, les États-Unis et le Royaume-Uni en quête de documentation pour ses articles sur les affaires nationales et internationales. De 1944 à 1950, il est rédacteur adjoint du WINNIPEG FREE PRESS puis rédacteur en chef du *Victoria Times* de 1950 à 1963, année où il est nommé directeur de la rédaction du *Vancouver Sun*. Ses nombreux livres font état du passé et de la période contemporaine du Canada, de la vie politique des premiers ministres (dont *The Incredible Canadian* sur W.L.M. KING [1952]) et présentent des analyses des relations entre le Canada et les États-Unis. Dans tous ses ouvrages, qu'il écrit avec sensibilité et humour, il essaie de définir l'identité nationale dont il traite dans *The Unknown Country* (1942), *Tomorrow's Giant* (1957) et *The Unfinished Country* (1985). Hutchison est membre de l'ORDRE DU CANADA.

Jean O'grady

Hutt, William Ian deWitt, acteur et metteur en scène (Toronto, 2 mai 1920). Pendant la Seconde Guerre mondiale, Hutt sert dans la 7e unité de la Canadian Light Field Ambulance. Son service durant la campagne d'Italie lui vaut la Médaille militaire de Bravoure sur le champ de bataille en 1944. Après son séjour au Hart House Theatre et au Trinity College de l'U. de Toronto, il fait ses débuts professionnels en 1948 dans le cadre d'un théâtre d'été. Il devient codirecteur du Canadian Repertory Theatre, à Ottawa, pour lequel il interprète les rôles principaux.

Hutt se joint au FESTIVAL DE STRATFORD pour sa saison inaugurale, en 1953, et est le premier récipiendaire du Tyrone GUTHRIE l'été suivant. Il ne cessera jamais de jouer pour le Festival de Stratford, sauf pendant les quelques années qu'il passe en Angleterre, et pendant ses séjours avec le Grand Theatre Company de Robin PHILLIPS au début des années 80 et avec le SHAW FESTIVAL de 1989 à 1992. Ses tournées avec la troupe de Stratford le mènent au Edinburgh Festival (1956), à Chichester (1964), partout en Europe, en Russie (1973) ainsi qu'en Australie (1974).

Hutt interprète presque tous les grands personnages du répertoire shakespearien, entre autres, ceux du Roi Lear et du Fou du roi (à trois reprises), d'Hamlet, de Macbeth, de Prospero, de Falstaff, de Titus Andronicus, de Brutus, de Timon d'Athènes, de Pandarus, du Cardinal Woolsey, de Feste, de Richard II et de Polonius. Il joue aussi les rôles-titres dans des chefs-d'œuvre classiques comme *Volpone*, *Tartuffe*, *The Imaginary Invalid* (v.f. *Le malade imaginaire*), *Edward II* (v.f. *Édouard II*) et *Uncle Vanya* (v.f. *Oncle Vanya*).

En 1975, son interprétation époustouflante du personnage comique de lady Bracknell, dans *The Importance of Being Earnest*, laisse le public de Stratford abasourdi. Dans les années 50 et 60, il effectue des tournées nord-américaines avec le Canadian Players. Il joue aussi un certain temps dans *Sail*

Away de Noël Coward. En Angleterre, il joue au Bristol Old Vic (1959) et dans le West End londonien où il a un rôle dans *Waiting in the Wings* (1960). Il interprète le rôle du Tsar Nicolas II dans le film *The Fixer* (1967) produit par MGM et celui de César dans la pièce *Caesar and Cleopatra* (1969) de Shaw, présentée au Thorndike Theatre, dans le Surrey.

Il joue à New York dans *Tamburlaine*, d'après une mise en scène de Stratford (1956), ainsi que dans *Tiny Alice* d'Edward Albee (1964) et au Lincoln Center, où il interprète le rôle de Warwick dans *Saint Joan* (1968).

Hutt est nommé Compagnon de l'Ordre du Canada en 1969. En 1975, il remporte un prix ACTRA et un autre prix au Palmarès du film canadien pour son interprétation de sir John A. Macdonald dans la version adaptée pour la télévision de *The National Dream* (v.f. *Le Grand défi*) de Pierre BERTON, et réalisée par le réseau anglais de Radio-Canada. Il est assistant à la mise en scène à Stratford en 1969 et en 1970, et présente des œuvres comme *Waiting for Godot* et *A Month in the Country*. De 1976 à 1979, il occupe le poste de directeur artistique du Theatre London (Ontario) et surveille les travaux de reconstruction du Grand Theatre. Au Vancouver Playhouse, on lui confie le rôle principal dans des pièces comme *The Dresser* (1982), le spectacle solo *Darrow* (1985) et *Masterclass* (1987). Il joue aussi le rôle de sir Thomas More dans *A Man For All Seasons* (1984), rôle qu'il interprète de nouveau à Stratford et au CENTRE NATIONAL DES ARTS à Ottawa, en 1986. Lorsque Martha HENRY assume la direction du Grand Theatre, Hutt y est invité à jouer dans *The Man Who Came to Dinner* (1988), *Road to Mecca* (1990), *The Dining Room* (1992) et *The Stillborn Lover* (1993) de Timothy FINDLEY, une pièce dramatique écrite spécialement pour Henry et Hutt. Ces derniers jouent de nouveau ensemble à Stratford en 1995 et se retrouvent ensuite dans *Long Day's Journey Into Night* d'O'Neill (1994-1995). La biographie de Keith Garebian, *William Hutt: A Theatre Portrait*, paraît en 1988. En 1992, Hutt reçoit le prix du Gouverneur général pour les arts de la scène.

David Gardner

Huttérites Ils forment l'une des trois principales sectes anciennes toujours existantes (les deux autres étant les MENNONITES et les amish) et la seule qui tienne rigoureusement à un mode de vie communautaire. L'histoire des huttérites remonte à 1528. Pour échapper aux persécutions religieuses, un groupe de quelque 200 anabaptistes fondent une société communautaire en Moravie (aujourd'hui une région de la République tchèque). Sous la direction initiale de Jacob Hutter, ils établissent les principes fondamentaux de la doctrine huttérite, qu'ils pratiquent encore sans s'en écarter. Cette doctrine, basée sur les enseignements des premiers chrétiens et sur la croyance en une nette séparation entre l'Église et l'État, prône un mode de vie communautaire, la propriété commune des biens, la non violence, l'opposition à la guerre et le baptême des adultes. Les huttérites ont aussi conservé la tenue vestimentaire, les coutumes, la langue et le mode de vie simple et austère de leurs ancêtres.

Émigration et établissement À cause de leurs croyances, les huttérites sont en butte à des persécutions périodiques qui conduisent inévitablement à leur émigration. Ils quittent ce qui constituait l'ex-Tchécoslovaquie pour se rendre en Hongrie, en Roumanie, en Russie tsariste, aux États-Unis puis, finalement, au Canada. Harcelés et persécutés aux États-Unis en raison de leur refus de prendre part à toute forme de service militaire, ils immigrent massivement au Canada en 1918. Ils s'établissent d'abord au Manitoba et en Alberta, puis fondent des colonies en Saskatchewan et en rétablissent quelques-unes aux États-Unis. En 1995, la population huttérite s'élève à environ 30 000 personnes, dont plus de 66 p. 100 vivent au Manitoba, en Sas-katchewan et en Alberta, le reste vivant aux États-Unis.

Vie sociale et culturelle Les huttérites croient que la vie en milieu rural protège leur forme de société. L'agriculture est donc pour eux un mode de vie fondamental. Leur croyance en une vie communautaire les conduit à établir des colonies sous forme de villages sur chacune de leurs fermes. Au Manitoba, la superficie moyenne occupée par une colonie est approximativement de 1800 ha, alors qu'en Saskatchewan et en Alberta, en raison d'un climat plus sec, elle est d'environ 3600 ha. En dépit de l'étendue relativement vaste de ces terres, chaque famille huttérite possède moins de la moitié de la superficie de la terre d'un agriculteur des Prairies. Une colonie moyenne se compose d'environ 13 familles, regroupant quelque 90 personnes. Lorsque la population atteint entre 125 et 150 individus, les colonies se subdivisent pour en former de nouvelles, ce qui se produit à peu près tous les 16 ans. En 1995, on comptait 93 colonies au Manitoba, 54 en Saskatchewan et 138 en Alberta.

Le respect des huttérites à l'égard du noyau familial se reflète par l'existence d'appartements privés réservés à chaque famille dans les maisons en rangée qu'ils construisent conformément à leur tradition. Des services de garderie sont fournis pour les enfants de deux ans et demi et plus. Tous les élèves suivent le programme d'enseignement normal dans les écoles de la colonie et nombre d'entre eux se rendent jusqu'à la fin du secondaire. Depuis peu, les classes d'un grand nombre de colonies disposent d'ordinateurs. Il arrive que des huttérites entreprennent des études à l'extérieur dans des disciplines bien particulières, comme la nutrition animale et la médecine vétérinaire, tandis que d'autres se dirigent vers l'enseignement. Il existe à l'heure actuelle plusieurs professeurs huttérites diplômés.

Les colonies huttérites conservent la même structure, bien que la nature des activités économiques dans lesquelles elles sont engagées puisse varier. Chaque colonie élit un conseil de direction parmi les exploitants de divers secteurs d'opérations et, de concert avec le ministre du culte, ce groupe décide des sujets importants qui seront discutés devant l'assemblée (les hommes baptisés de 20 ans et plus). Les femmes ont un statut de subordonnées, mais l'influence qu'elles exercent sur maints aspects de la vie de la colonie n'en est pas moins significative. Elles assument un rôle de gestion dans les cuisines, les garderies, l'achat des articles de première nécessité et la production potagère.

Structure économique Même s'il existe une certaine collaboration entre les colonies, chacune administre une unité économique indépendante. L'économie des huttérites repose sur une exploitation mixte hautement mécanisée et efficace. En raison d'une gestion saine et d'une exploitation à grande échelle, malgré le peu de terres qu'ils possèdent, les huttérites produisent plus que leur part proportionnelle des produits agricoles au sein de l'économie des Prairies. P. ex., au Manitoba, en 1991, les huttérites détiennent 144 920 ha ou 1,9 p. 100 des terres agricoles du Manitoba, mais ils forment 9,5 p. 100 de sa population agricole. Par conséquent, ils possèdent, par habitant, 20 p. 100 seulement de leur part proportionnelle de terres agricoles. La même année, chaque colonie dispose en moyenne de 1834 ha, ce qui correspond à 122 ha pour chacune des 15 familles. Comme une ferme du Manitoba représente en moyenne 301 ha, cela signifie qu'une famille huttérite ne détient que 40,6 p. 100 de la moyenne.

En ce qui a trait à la productivité agricole, en 1991, les huttérites possèdent sur ces terres relativement réduites 25 p. 100 des pondeuses, plus de 35 p. 100 des dindes et 35 p. 100 des porcs du Manitoba. Il n'existe pas de données équivalentes pour la Saskatchewan et l'Alberta, mais elles devraient en principe correspondre à celles du Manitoba, puisque la structure économique des huttérites est essentiellement semblable dans ces provinces.

Jusqu'à récemment, la nature fondamentale des colonies huttérites était incomprise. Notamment, la proportion relativement restreinte de leurs terres mise en relation avec la productivité et la contribution des huttérites à l'économie n'étaient pas reconnues. Dans le passé, cela se traduisait par diverses restrictions et mesures discriminatoires à leur endroit.

Survivance du groupe La survivance des huttérites et de leur mode de vie bien particulier résulte en grande partie de leur capacité à conserver les principes fondamentaux de leur doctrine tout en adoptant les éléments de la société contemporaine nécessaires à leur bien-être économique et social. Leur stratégie est également caractérisée par l'absence de compromis quant à leurs principes religieux et à leurs coutumes, par la conservation du dialecte de leurs ancêtres allemands, le maintien de leurs propres écoles et une économie agricole saine. Même si quelques jeunes quittent les colonies, la plupart y reviennent. L'assimilation ne constitue donc pas un problème majeur pour les huttérites. (*Voir aussi* AFFAIRE DE LA COMMUNAL PROPERTY ACT.)

John Ryan

Huttes de terre Habitations construites surtout avant la Première Guerre mondiale dans les PRAIRIES OCCIDENTALES, où la terre est le seul matériau de construction facile à obtenir. Les huttes de terre sont peu coûteuses, car il suffit de payer les fenêtres, les charnières et peut-être des planches pour la porte et la charpente. On commence par creuser de longs sillons droits (d'une largeur de 30 à 40 cm en général), de préférence dans un marécage asséché, riche en racines d'herbes fibreuses qui empêchent le sol de s'affaisser. Des blocs de terre d'environ 10 cm d'épaisseur sont coupés en lisières de 60 à 80 cm. On les place comme des briques, le côté gazonné en dessous, généralement en deux rangées côte à côte, pour faire des murs compacts et épais. On laisse des vides pour la porte et les fenêtres. On fabrique le toit en plaçant des planches ou des troncs légers de peuplier qui vont des murs de côté au faîte; le tout est recouvert de foin, puis d'une couche de terre moins épaisse que celle des murs. Les dimensions moyennes d'une maison sont de 18 pieds sur 24 pieds (5,5 m sur 7,3 m); c'est le minimum exigé par la loi sur le PEUPLEMENT DES TERRES. L'intérieur des murs peut être recouvert de papier ou de tissu, ou encore d'un mélange argileux blanchi à la chaux. On place souvent des draps ou des poteaux en guise de cloisons; les femmes rendent leurs huttes attrayantes et douillettes à l'aide de rideaux et d'autres ornements. Malheureusement, les toits de terre ne sont pas étanches; après une journée de pluie, il pleut deux jours dans la hutte. Toutefois, les huttes de terre sont chaudes en hiver et fraîches en été, et elles remplissent bien leur fonction.

Sheilagh S. Jameson

Hutton, sir Edward Thomas Henry, sir Edward Thomas Henry, militaire (Torquay, Angl. 6 déc. 1848—Chertsey, Angl. 4 août 1923). Officier général commandant de la milice du Dominion de 1898 à 1900, il est le plus important des huit officiers britanniques qui ont occupé ce poste entre 1880 et 1904. Avec le gouverneur général lord MINTO et le ministre britannique des colonies, Joseph Chamberlain, il se ligue pour engager le Canada dans la GUERRE DES BŒRS, se querelle avec le gouvernement au sujet du favoritisme politique dans la milice et est finalement rappelé à Londres à la demande du gouvernement du Dominion. Par la suite, il commande les troupes canadiennes en Afrique du Sud (1900-1901).

Brereton Greenhous

Hydro Ontario SOCIÉTÉ DE LA COURONNE appartenant au gouvernement de l'Ontario. En 1986, ses actifs s'élèvent à 31,4 milliards de dollars (elle est donc la première société canadienne), ses ventes ou ses recettes d'exploitation totalisent 4,9 milliards de dollars (elle est donc la treizième) et elle emploie 32 405 personnes. Elle est le premier service public d'électricité du Canada à être la propriété d'un gouvernement provincial et est l'un des plus grands SERVICES PUBLICS D'ÉLECTRICITÉ en Amérique du Nord. Son système de production et de transport est constitué de 69 centrales hydroélectriques (*voir* HYDROÉLECTRICITÉ), de 8 centrales électriques à combustible fossile, de 4 CENTRALES NUCLÉAIRES et de plus de 130 000 km de lignes de transport et de distribution.

Hydro Ontario fournit de l'électricité à environ trois millions de clients en Ontario, disséminés sur son territoire de 650 000 km^2. Ce service public, qui jouit d'un statut spécial en vertu de la loi (comme société de la Couronne), est fondé en 1906 par le parlement ontarien. Son président fondateur est sir Adam Beck. En 1908, deux ans après l'acceptation par le parlement ontarien de l'*Hydro-Electric Power Commission of Ontario Act*, le nouveau service public s'entend avec 14 municipalités sur la livraison d'électricité au prix coûtant. Un tel accord lie maintenant la société à 316 municipalités qui collaborent.

Hydro Ontario est responsable de la production, du transport et de la vente d'ÉLECTRICITÉ à des services publics participants. À titre d'organisme central de surveillance, la société a le pouvoir d'approuver et de contrôler certaines particularités du fonctionnement de ces services publics. Elle joue également un rôle important à l'égard de la technologie nucléaire: elle exploite quatre centrales qui produisent 60 p. 100 de l'électricité fournie par Hydro Ontario. La technologie nucléaire amène de nouvelles responsabilités et de nouveaux problèmes (sécurité nucléaire, gestion des combustibles irradiés et autres préoccupations environnementales) auxquels Hydro Ontario accorde toute son attention. En 1997, la société annonce la fermeture de sept vieux réacteurs à Bruce et à Pickering.

Le mandat d'Hydro Ontario est de fournir de l'électricité à ses clients au plus bas prix possible. Ses demandes d'augmentation des tarifs afin de couvrir ses frais sont débattues lors d'audiences publiques tenues devant la Commission de l'énergie de l'Ontario. Elle est aussi appelée à rendre des comptes à divers comités du parlement ontarien. Son conseil d'administration comprend un président, un vice-président, un directeur et un maximum de dix autres administrateurs.

En février 1997, le gouvernement conservateur de Mike HARRIS annonce son intention de privatiser la société. En 1998, ce service public enregistre une perte de six milliards de dollars, ce qui constitue la plus importante perte dans l'histoire du Canada.

J.R. Whiteway

Hydro-Québec Doté d'un énorme potentiel hydroélectrique, le Québec a toujours été, tout au long de l'histoire industrielle, un producteur et transporteur d'énergie de premier plan en Amérique du Nord. Hydro-Québec, propriété à part entière du gouvernement québécois depuis sa fondation, est l'entreprise qui gère ce potentiel, administrant des actifs de près de 57 milliards de dollars en 1999. Elle est, depuis le 2 juin 1997, assujettie à l'approbation de la Régie de l'Énergie quant à ses tarifs et à ses conditions de fourniture et de transport d'électricité.

Hydro-Québec dispose d'une puissance installée de plus de 31 500 MW, de source essentiellement hydroélectrique, donc renouvelable. Depuis 1998, elle développe une expertise d'envergure dans le domaine de la production d'énergie éolienne, exploitant, en coopération avec des producteurs privés, deux sites en Gaspésie, à Matane et à Cap-Chat, d'une puissance totale installée de 100 MW.

Dès la fin du XIXe siècle, des entrepreneurs privés d'origines diverses commencèrent à construire des centrales sur de nombreuses rivières québécoises et sur le Saint-Laurent. Le Québec ne cessera au cours du siècle suivant d'améliorer les technologies électriques et de battre records sur records, souvent canadiens, parfois mondiaux, dans le domaine: longueur des lignes, dimensions des ouvrages de retenue des eaux ou de production d'énergie, optimisation des équipements, hausses répétées des niveaux de haute tension de transport, etc.

Plusieurs compagnies privées s'illustrèrent dans cette histoire industrielle et particulièrement les deux grands groupes que furent, dans la première moitié du siècle, la Montreal Light Heat and Power Consolidated et la compagnie Shawinigan Water and Power. Hydro-Québec naquit de la nationalisation de la première, par le gouvernement d'Adélard GODBOUT, en 1944. L'entreprise devait acquérir sa taille définitive et s'étendre sur tout le territoire québécois, à compter de 1963, après la décision du gouvernement de Jean LESAGE, à l'initiative du ministre des Ressources naturelles, René LÉVESQUE, d'acheter les actifs de la compagnie Shawinigan, ainsi que ceux des autres compagnies privées et des coopératives alors en activité. Entreprise longtemps choyée par l'opinion publique québécoise, intimement associée à l'essor et à la vitalité du génie industriel local, Hydro-Québec a connu un développement phénoménal dans les décennies 60 à 80, avec l'aménagement successif d'énormes complexes nordiques - Bersimis, Manic-Outardes, Churchill falls et la Baie James - et l'établissement d'un gigantesque réseau intégré de transport à haute tension (735 kV). Elle créait, à la fin des années 60, son Institut de Recherches, l'Ireq, situé à Varennes, qui jouera un rôle mondial majeur dans l'amélioration des techniques de transport d'électricité et contribuera à densifier le tissu industriel québécois dans le domaine des équipements électriques et du génie conseil. Dans la foulée de ces réussites, l'entreprise se dotait, à la fin des années 70, d'une filiale à vocation d'affaires hors Québec: Hydro-Québec international.

Les décennies suivantes seront moins faciles pour la société. Elles sont marquées à l'interne au coin de nécessaires rationalisations et d'incessants remaniements administratifs. À l'externe, cible fréquente des politiciens et des journalistes, Hydro-Québec a perdu de son lustre. À l'instar des autres grandes sociétés de service public, elle recentre aujourd'hui ses ambitions sur la recherche constante d'une amélioration de ses performances en réponse aux attentes de ses clientèles et de son actionnaire unique.

Le siège social d'Hydro-Québec est à Montréal. L'entreprise qui comptait, en 1999, 19 950 employés intègre toutes les dimensions d'un service public d'électricité: production, transport et distribution de l'énergie. Depuis 1997, ses activités de transport proprement dites ont été regroupées dans une entité administrative distincte, TransÉnergie, afin que son réseau réponde aux normes prônées par les réglementations nord-américaines. Ouverte au commerce avec les provinces canadiennes et les États américains voisins, Hydro-Québec a vendu 15 p. 100 de sa production, soit environ 25 000 millions de kWh, sur les marchés extérieurs en 1999. Elle enregistrait, au terme de l'exercice 1999, un bénéfice net de 906 millions de dollars dont la moitié a été versée en dividendes au gouvernement québécois.

Jean-Louis Fleury

Hydroélectricité Forme d'ÉNERGIE produite par la chute de l'eau. Renouvelable et non polluante, l'hydroélectricité est la source la plus importante de PRODUCTION D'ÉLECTRICITÉ au Canada. En Amérique du Nord, au cours des années 1850, des roues hydrauliques et des turbines de faible puissance exploitaient le mouvement de l'eau pour produire de l'énergie qui servait à actionner des machines comme celles utilisées dans les moulins et les scieries. Vers les années 1860, les États-Unis fabriquaient plusieurs centaines de turbines dont la puissance atteignait 1000 hp et, au début des années 1870, au moins une usine canadienne produisait en moyenne 20 machines par année. L'hydroélectricité fait son apparition au cours des années 1880, peu de temps après les débuts de la production, par Thomas Edison, de génératrices à courant continu dont les courroies d'entraînement sont actionnées par des machines à vapeur. Peu après, grâce à l'esprit d'entreprise de certains propriétaires de moulins, on commence à fournir de l'éclairage électrique aux moulins et aux locaux adjacents en installant des génératrices qui produisent de 10 à 12 kW et qui fonctionnent grâce à des courroies actionnées par les turbines existantes.

Les avantages indéniables de l'éclairage électrique stimulent un marché qui ne demande qu'à utiliser ce service. Là où l'énergie hydraulique est facile d'accès, on installe des turbines spécialement pour actionner des génératrices d'électricité qui permettent d'offrir le service d'éclairage, disponible d'abord uniquement en soirée. Vers la fin des années 1880, la production d'électricité hydraulique est déjà bien établie. Au début, l'utilisation de la production hydroélectrique est limitée par la puissance de la centrale électrique, qui varie selon l'origine de la force hydraulique (débit et hauteur nette de la chute), ou la charge de l'éclairage électrique près de la centrale. Au-delà de quelques kilomètres, la perte ohmique propre à la transmission du courant électrique continu devient excessive. Les conducteurs de cuivre suffisamment gros pour assurer un service satisfaisant à des distances plus grandes sont inabordables.

Dans les années 1890, le transport de l'ÉLECTRICITÉ à des distances considérables sans perte excessive et l'exploitation de sites hydroélectriques plus éloignés deviennent possibles grâce à la création de transformateurs commercialement viables, qui permettent de transporter le courant alternatif sous haute tension. P. ex., en 1896, on réussit à transporter 11 000 V (considéré comme une tension prodigieusement élevée) à une distance d'environ 32 km, soit des CHUTES NIAGARA jusqu'à Buffalo (New York). Ainsi, le transport sur une longue distance donne lieu à d'importantes augmentations de la puissance de l'équipement utilisé pour la production d'hydroélectricité: dès le début du XXe siècle, on fabrique des groupes électrogènes à turbines à raccord direct de 5000 hp. À titre de comparaison, on utilise maintenant des génératrices hydroélectriques à turbines dont la puissance dépasse 600 000 hp.

Au début du siècle, on assiste à une croissance rapide de l'exploitation des sites hydroélectriques et à des augmentations progressives de la tension de transmission. On exploite un plus grand nombre de sites éloignés et on prolonge les lignes de transport afin de répondre à l'augmentation graduelle, mais importante, de la demande d'électricité. En 1903, une centrale hydroélectrique située à Shawinigan alimente Montréal par une ligne de transport de 50 000 V d'une longueur de 135 km. En 1910, HYDRO ONTARIO transporte l'énergie hydroélectrique produite aux chutes Niagara sous une tension de 110 000 V.

En 1900, la capacité totale de production hydroélectrique du Canada atteint 133 000 kW. Cette électricité est produite principalement au Québec et en Ontario, où se trouvent des sites hydroélectriques intéressants à des distances raisonnables des centres urbains. Les Maritimes, l'Alberta et la Colombie-Britannique comptent aussi quelques centrales moins importantes. Au cours des 10 années suivantes, on construit d'importantes installations hydroélectriques dans toutes les provinces, sauf à l'Île-du-Prince-Édouard et en Saskatchewan. En 1910, une société aurifère bâtit une installation hydroélectrique au Yukon. Au début des années 50, des centrales hydroélectriques alimentent les deux territoires du Nord. En Saskatchewan, on ne produit pas d'énergie hydroélectrique avant le début des années 60, alors que l'aménagement de la rivière Saskatchewan Sud commence à assurer le contrôle et la régulation du principal bassin hydrographique de la province.

La production canadienne d'énergie hydroélectrique connaît une croissance modérée jusqu'au milieu des années 20, après quoi la croissance s'accélère pendant les 10 années suivantes, pour ralentir pendant la Seconde Guerre mondiale. Après 1945, le nombre d'installations hydroélectriques et thermiques s'accroît soudainement afin de répondre à la croissance progressive de la demande. Cette croissance, qui dépasse annuellement 10 p. 100 dans certaines provinces, ne ralentit pas avant le milieu des années 70, au moment où l'activité économique subit les effets de la crise internationale de l'énergie de 1973 et entraîne une diminution du taux annuel de croissance de la consommation d'électricité.

De 1920 à 1950, les centrales hydroélectriques produisent plus de 90 p. 100 de la capacité totale de production du Canada. Toutefois, ce pourcentage diminue après les années 50 et passe sous la barre des 60 p. 100 en 1976. Cette diminution résulte du fait que les centrales thermiques à combustible fossile constituent un remplacement à prix compétitif et que, puisqu'il ne reste que peu de bons sites hydroélectriques près des grandes agglomérations, les coûts de transport augmentent les frais d'exploitation des installations plus éloignées. Cependant, puisque les coûts d'exploitation des sources concurrentielles d'électricité, principalement l'ÉNERGIE NUCLÉAIRE et les centrales thermiques au charbon, au pétrole et au gaz naturel, ont augmenté depuis 1973, les centrales hydroélectriques devraient conserver de 55 à 60 p. 100 de la capacité canadienne de production d'électricité, au moins jusqu'à la fin des années 90. En 1998, l'électricité produite provenait à 61 p. cent de source hydroélectrique, 27 p. cent de source thermique et 12 p. cent de source nucléaire.

Comme la plupart des installations hydroélectriques sont conçues de façon à produire le maximum d'énergie disponible sur le site, calculé en fonction des données historiques sur le débit d'eau moyen annuel, plusieurs centrales sont en mesure de fonctionner à plein rendement de 70 à 100 p. 100 du temps alors que le facteur de charge de la majorité des autres systèmes de services publics (ratio de la demande moyenne par rapport à la consommation de pointe) est de 50 à 60 p. 100.

Les ressources d'énergie hydraulique varient selon la topographie et le climat du pays, mais leur exploitation dépend de l'importance et de la proximité des centres de distribution, ainsi que de la disponibilité et des prix des sources d'énergie concurrentielles comme le charbon. L'exploitation de l'énergie hydroélectrique et sa contribution à la production canadienne totale d'électricité varient d'une province à l'autre. Au Canada, presque tous les sites hydroélectriques situés à une distance raisonnable des centres de distribution, de même que plusieurs sites d'envergure plus éloignés, sont déjà exploités. Cependant, un important potentiel hydroélectrique demeure encore inexploité dans le Nord du Québec, du Manitoba et de la Colombie-Britannique, au Labrador et au Yukon. Bien que ce potentiel soit éloigné des centres de distribution existants ou éventuels, la plus grande partie pourrait être exploitée au cours des 20 ou des 30 prochaines années. Les désavantages liés à l'exploitation traditionnelle à grande échelle de l'énergie hydroélectrique, c.-à-d. un investissement initial élevé, de longs délais de construction et des répercussions environnementales découlant de la submersion de territoires, sont compensés par la durabilité des installations et les faibles coûts d'exploitation. Récemment, on remarque un regain d'intérêt pour les projets à petite échelle ou microprojets.

Les facteurs qui influent sur la viabilité de sites hydroélectriques techniquement réalisables sont presque exclusivement économiques. L'exploitation de ces sites nécessiterait donc une diminution importante des coûts de construction et de financement, une augmentation substantielle des coûts de l'énergie provenant d'autres sources, la création de marchés énergivores situés à une distance raisonnable ou des

tarifs établis en fonction des frais de transport de l'énergie vers le Sud. Ce sont surtout les contraintes environnementales qui empêchent l'exploitation de la puissance maximale de 35 000 à 40 000 MW, considérée en fait comme techniquement irréalisable. Le potentiel techniquement exploitable de 100 000 MW se compose à 10 ou à 15 p. 100 de sites relativement petits dont la puissance est de moins de 50 MW. La puissance de la plupart des sites de grande dimension dépasserait 500 MW, plusieurs dépasseraient même 1000 MW et au moins 2 sites au Québec et en Colombie-Britannique auraient une puissance d'environ 3000 MW (Voir HYDRO-QUÉBEC). La plupart des estimations qui précèdent sont des évaluations préliminaires fondées sur des études cartographiques et comportant très peu de véritables évaluations sur le terrain. Des études et des analyses économiques complètes seront nécessaires avant de pouvoir confirmer ou rejeter, pour des raisons techniques ou économiques, le choix d'un grand nombre de ces sites éventuels.

Ces estimations ne tiennent pas compte du potentiel d'ÉNERGIE MARÉMOTRICE, depuis longtemps reconnu mais encore inexploité, de la baie de Fundy, en Nouvelle-Écosse, qui représente une importante source d'énergie hydroélectrique à basse hauteur de chute située près des régions populeuses de la Nouvelle-Écosse et du Nouveau-Brunswick. L'énergie marémotrice, tout comme l'énergie hydroélectrique provenant des rivières, est une source naturelle d'énergie hydraulique qui peut être transformée directement en énergie mécanique ou électrique au moyen d'une turbine. Cependant, les coûts d'installation associés à cette forme d'énergie sont élevés et son caractère cyclique la rend moins profitable que l'énergie hydraulique des rivières.

E.W. Humphrys

Hydrogène (H) C'est le plus simple, le plus léger et le plus abondant des éléments chimiques et le combustible principal des réactions de FUSION NUCLÉAIRE qui fournissent l'énergie du Soleil. Même si des recherches intensives sont en cours pour tenter de maîtriser l'énergie de fusion, l'hydrogène représente aussi un substitut très prometteur aux combustibles traditionnels.

À des températures et à des pressions normales, l'hydrogène moléculaire est un gaz insipide, inodore et incolore. La molécule diatomique d'hydrogène, H_2, formée de deux atomes d'hydrogène, réagit spontanément avec l'oxygène pour libérer de l'eau pure et une quantité substantielle de chaleur. L'utilisation de ce combustible élimine donc la POLLUTION normalement associée aux hydrocarbures traditionnels. L'hydrogène peut être produit à partir d'une grande variété de sources d'énergie renouvelables et non renouvelables, mais il reste encore plus coûteux, difficile à produire, à emmagasiner et à transporter que les autres combustibles.

Au Canada, l'hydrogène moléculaire est surtout produit par la réaction de la vapeur d'eau avec le méthane (gaz naturel) à température et à pression élevées. Une autre façon de produire de l'hydrogène consiste à utiliser de l'énergie (électrique, thermique, solaire ou une combinaison quelconque) pour séparer l'eau en hydrogène et en oxygène. Puisqu'il est utilisé dans de nombreux processus chimiques, l'hydrogène pourrait, selon certains scientifiques et planificateurs en énergie, devenir un important combustible pour le transport et d'autres applications.

Le Canada participe au programme de recherche et de développement sur la production d'hydrogène à partir de l'eau de l'Agence internationale de l'énergie. Dans son rapport de 1981, intitulé *Energy Alternatives*, le Comité spécial de l'énergie de remplacement du pétrole de la Chambre des communes recommande au Canada d'investir des sommes substantielles pour passer à l'avant-garde dans le domaine des technologies et des systèmes basés sur l'utilisation de l'hydrogène.

De son côté, l'Hydrogen Energy Task Force du gouvernement de l'Ontario arrive aux mêmes conclusions dans son rapport d'octobre 1981. En 1985, le gouvernement fédéral demande au Comité consultatif des perspectives de l'hydrogène de rédiger un rapport. Selon ce rapport, intitulé *L'hydrogène: une mission nationale pour le Canada* (juin 1997), on assistera dans les prochaines décennies à une augmentation significative de l'utilisation mondiale de l'hydrogène, qui servira d'abord à améliorer les combustibles fossiles, tels que les sables bitumineux et le charbon, avant d'être utilisé comme un produit énergétique non polluant à part entière.

Le Canada est en voie de prendre la tête du développement des technologies nécessaires à ce type d'utilisation. La mise sur pied, en 1982, du Conseil de l'industrie de l'hydrogène constitue une importante initiative en ce sens. Cet organisme, dont le siège social se trouve à Montréal, représente les intérêts d'environ 50 membres industriels.

Applications Les riches gisements de BITUME des sables bitumineux et de pétrole lourd de l'Alberta et de la Saskatchewan peuvent répondre aux besoins énergétiques du Canada pendant plusieurs générations. Il suffit d'augmenter le rapport hydrogène/carbone pour produire un combustible de qualité, transportable par oléoduc. Les usines de traitement actuelles réduisent la teneur en carbone par la cokéfaction, mais la solution de l'avenir serait plutôt d'ajouter de l'hydrogène afin d'augmenter la charge en hydrocarbure. L'hydrogène pourrait être aussi utilisé pour produire du méthanol à partir de la biomasse (*voir* BIOMASSE, ÉNERGIE DE LA). P. ex., après l'ajout d'hydrogène, la quantité de bois sec nécessaire pour produire 1000 t de méthanol passe de 2300 à 900 t.

En raison des exigences relatives à son stockage et à son transport, l'hydrogène ne pourra pas remplacer à court terme l'essence et les autres combustibles à base d'hydrocarbure. Par contre, l'hydrogène liquide est un combustible intéressant en aéronautique, car sa teneur en énergie par charge unitaire est de trois fois supérieure à celle des combustibles traditionnels. Les navettes spatiales américaines l'emploient déjà et l'aviation commerciale envisage son utilisation. Toutefois, le coût prohibitif et le poids du réservoir cryogénique servant à emmagasiner l'hydrogène liquide à très basse température pourraient limiter son utilisation dans le cas des petits véhicules.

Production Même après une décennie de recherche intensive, l'électrolyse directe de l'eau demeure la technologie la plus appropriée pour produire l'hydrogène à grande échelle à partir de sources d'énergie non fossiles. Des groupes de travail belge, canadien, allemand, français, japonais et américain ont réalisé des progrès technologiques qui ont permis de réduire de façon notable les coûts en capital et d'augmenter le rendement énergétique de conversion jusqu'à 85 p. 100 et plus.

Le Canada est à l'avant-garde dans ce domaine: l'usine expérimentale de VARENNES (Québec), inaugurée en juin 1982, permet la première application à l'échelle commerciale d'une technologie évoluée de production d'hydrogène. Cette technologie est aujourd'hui exploitée commercialement dans les centrales de Bécancour, au Québec (HydrogenAl inc., automne 1987), et à Curitiba, au Brésil (Peroxidos do Brasil Ltda, hiver 1987-1988).

Rodney L. Leroy

Hydrographie Science du relevé, de la représentation graphique et de la description des caractéristiques physiques des OCÉANS, des mers, des cours d'eau et des LACS. À l'origine, elle comprend une bonne partie d'OCÉANOGRAPHIE, en plus de l'observation, de la mesure et de la description générales de phénomènes scientifiques en mer. Toutefois, depuis les voyages du HMS *Challenger* (*voir* EXPÉDITION CHALLENGER), qui se sont déroulés entre 1872 et 1876, les sciences de la mer se sont de plus en plus spécialisées. L'océanographie s'est développée indépendamment de tout autre champ d'étude, et l'hydrographie, elle, se concentre maintenant sur les relevés des fonds marins, l'étude des phénomènes des marées et la production de cartes nautiques et de publications connexes. Ces publications comprennent les tables des MARÉES et des courants, les atlas des courants ainsi que des instructions nautiques («pilotes»). Les océanographes européens appellent parfois hydrographie la mesure des propriétés physiques de l'eau.

Les données recueillies sur le terrain se sont considérablement raffinées et condensées. Un ensemble représentatif comprenant toute l'information cruciale, telle que la plus petite profondeur au-dessus des hauts-fonds, apparaît sur la carte publiée. La réduction d'échelle du plan-minute à la carte est habituellement de 2 à 4. La carte contient aussi des données d'autres sources, des relevés et des cartes de l'étranger, des dessins techniques des quais et des charpentes, des plans de dragage, des détails d'auxiliaires de navigation (comme des PHARES et des BOUÉES), etc. Les données relatives aux marées sont analysées, en tenant compte de l'influence de l'astronomie, et servent à prévoir les marées à venir. Un dépôt international de renseignements sur les marées du monde entier est conservé au Service des données sur le milieu marin (SDMM) à Ottawa. À ces cartes, s'ajoutent des *Instructions nautiques* qui fournissent une description détaillée de renseignements qui ne peuvent être montrés clairement sur la carte elle-même. Ces ouvrages renvoient à la carte et incluent les renseignements sur les caps de navigation, les conditions environnementales, les caractéristiques hydrographiques dangereuses (p. ex., les hauts-fonds et les forts courants) et les installations portuaires. Dans l'un de ces ouvrages, on traite de l'histoire des premières explorations arctiques.

L'histoire des relevés nautiques remonte au Moyen Âge, et une sorte de manuel de navigation semble avoir existé beaucoup plus tôt encore. De grands progrès en CARTOGRAPHIE marine ont lieu au XVIe siècle, de pair avec l'essor de l'EXPLORATION. Les premiers relevés et cartes hydrographiques sont le fruit d'initiatives privées. La fondation de services hydrographiques nationaux en France (en 1720) et en Grande-Bretagne (en 1795) est importante pour le Canada, car c'est à ces organisations que l'on doit d'avoir effectué les premiers relevés de la côte canadienne, et ce, avec la contribution des Espagnols sur la côte du Pacifique. Sur la côte de l'Atlantique, les relevés de Joseph Frederick Wallet DESBARRES et du capitaine James COOK sont particulièrement remarquables. Les relevés de Cook dans le fleuve Saint-Laurent contribuent au succès de la marine britannique en amenant les troupes de Wolfe à Québec en 1759.

Dans l'Arctique, les premières connaissances hydrographiques proviennent des explorations, pour le compte de la marine britannique, de William Edward PARRY et de John FRANKLIN ainsi que de celles qui vont à la recherche de Franklin dans la dernière partie du XIXe siècle. En 1883, après la perte du paquebot *Asia* dans la baie Georgienne, le premier relevé hydrographique canadien, le Georgian Bay Survey, est effectué sous la direction du commandant d'équipage de la Royal Navy J.G. Boulton. En 1904, le gouvernement canadien met sur pied le Service hydrographique canadien (SHC), qui prend complètement le relais des Britanniques dans la cartographie des EAUX LITTORALES canadiennes. Cependant, la tâche de compléter le travail est si grande qu'aujourd'hui encore de nombreuses cartes contiennent encore des données recueillies par des hydrographes navals français et britanniques.

Au fil des ans, le SHC a évolué. Aujourd'hui, il assume ses fonctions de son siège à Ottawa et de ses bureaux régionaux de Sidney (Colombie-Britannique), de Burlington (Ontario), de Mont-Joli (Québec) et de Dartmouth (Nouvelle-Écosse). Le SHC, dirigé par l'hydrographe fédéral, fait maintenant partie du ministère des Pêches et des Océans. Il est en charge du relevé de tous les cours d'eau canadiens navigables, y compris les voies navigables intérieures. Il gère une collection de plus de 1000 cartes nautiques. Ces dernières années, des efforts considérables ont été déployés pour développer les compétences en hydrographie dans l'industrie, et une proportion croissante du travail, en particulier celui requis pour l'exploration pétrolière et de gaz naturel au large, n'est maintenant plus effectué par des organisations gouvernementales. L'hydrographie est maintenant une spécialisation du génie de l'arpentage qu'on enseigne à l'U. du Nouveau-Brunswick. Les spécialistes en relevés hydrographiques sont habituellement des diplômés de programmes de relevés techniques ou encore des diplômés de programmes universitaires de mathématiques ou de génie qui ont reçu une formation particulière, souvent du SHC. Le Humber College de Toronto offre un programme d'études avec diplôme en relevé hydrographique.

Le Canada est membre de l'Organisation hydrographique internationale (fondée en 1921), qui siège à Monaco. Cette organisation assure l'uniformité et l'échange de cartes à l'échelle internationale. En collaboration avec l'Intergovernmental Oceanographic Commission, elle est en charge de la carte générale bathymétrique des océans. Le Canada participe d'une façon particulièrement active à cette mission.

A.J. Kerr

Hydrologie Étude du comportement des eaux: origine, répartition et circulation; propriétés physiques et chimiques; interaction avec l'environnement physique et vivant. L'hydrologie appliquée s'intéresse principalement aux précipitations, à la présence et au mouvement des eaux gelées, stagnantes ou courantes (à la surface ou en sous-sol) ainsi qu'à l'évaporation. Plus précisément, l'hydrologie concerne l'étude des eaux intérieures ou de l'eau contenue dans l'atmosphère, plutôt que l'étude des eaux marines. Elle vise à recueillir des données pour déterminer les quantités d'eau et leur mouvement.

Les mesures donnent des renseignements essentiels sur le volume des chutes de pluie et de neige, le taux d'infiltration et ruissellement, le débit des cours d'eau, les variations de niveau des lacs et des nappes d'eau souterraines et l'évapotranspiration. L'hydrologie englobe également l'étude des lois physiques régissant le mouvement de l'eau pendant le cycle hydrologique et l'interaction de l'eau avec l'environnement. Cette science se fonde sur diverses techniques mathématiques pour définir et décrire les relations empiriques qui existent entre le mouvement des eaux et les conditions et forces l'influençant.

Historique Les applications pratiques et intuitives des principes hydrologiques ont précédé la compréhension approfondie de cette science. Dès l'an 4000 av. J.-C., les Sumériens élaborent un système d'irrigation complexe et fort étendu qui perdure pendant environ 5000 ans. Dans la vallée du Nil, on développe une agriculture à grande échelle irriguée par les INONDATIONS, au moins dès l'an 3400 av. J.-C. En Chine, les ouvrages destinés à transporter l'eau remontent à plus de 2000 ans av. J.-C. Les premières données hydrologiques remontent à 3500 ou 3000 ans av. J.-C., époque à laquelle on mesure pour la première fois les niveaux du Nil à l'aide de «nilomètres». On trouve des pluviomètres rudimentaires en Inde dès le IVe siècle av. J.-C.

Quelques penseurs anciens semblent avoir compris l'essentiel de l'hydrologie, mais il faut attendre l'an 1580 de notre ère pour que le monde scientifique puisse compter sur une description réaliste du cycle hydrologique. C'est en effet à cette époque qu'un naturaliste français, Bernard Palissy, écrit que les cours d'eau sont alimentés par la pluie et la neige. Un siècle plus tard, les physiciens français Pierre Perrault et Edmé Mariotté mesurent les chutes de pluie et le ruissellement dans le bassin de la Seine et prouvent que les chutes de pluie suffisent à assurer le débit de la rivière. Peu de temps après, l'astronome anglais Edmond Halley démontre, en la mesurant, que l'évaporation de la Méditerranée pourrait alimenter les cours d'eau qui s'y jettent.

À la fin du XVIIe siècle et au XVIIIe siècle, les Italiens Giovanni Cassini, Bernardino Ramazzini et Antonio Vallisnieri élaborent la théorie de la pression artésienne, ce qui entraîne d'importants progrès dans la théorie et l'instrumentation hydrauliques. Vers la fin du XVIIIe siècle, des progrès en GÉOLOGIE ouvrent la voie à l'avancement de l'hydrogéologie. Dans la deuxième moitié du XIXe siècle, les recherches s'intensifient dans ce domaine en raison des pressions exercées en Europe pour développer un système de distribution des eaux.

Au Nouveau Monde, on se penche d'abord sur le jaugeage des débits. Aux États-Unis et au Canada, à la fin du XIXe siècle, on met sur pied des mesures visant à calculer les débits, à compiler les relevés et à créer un réseau de stations d'observation climatologique. La collecte continue de données permet de mettre au point des méthodes statistiques et empiriques utilisées dans l'hydrologie analytique. Ainsi, en s'appuyant sur la théorie des probabilités et en supposant que l'enregistrement de la quantité de pluie ou du débit d'un cours d'eau est représentatif de ce qui surviendra, les hydrologues élaborent des méthodes pour déterminer la probabilité des événements hydrologiques.

Pour résoudre divers problèmes, on définit les rapports qu'il y a entre la fonte des neiges et la température, entre le taux de précipitations, la couverture du sol et le ruissellement, entre l'importance d'un BASSIN HYDROGRAPHIQUE et l'ampleur des inondations, entre la perméabilité du sol et le volume de la nappe d'eau souterraine, entre le rayonnement et l'évapotranspiration, etc. On perfectionne les techniques à mesure que l'on dispose de nouvelles données.

Enseignement En 1948, R.H. Clark donne le premier cours universitaire d'hydrologie à des étudiants en génie de l'U. du Manitoba. Trente ans plus tard, les départements de génie (*voir* INGÉNIERIE et GÉOGRAPHIE) et de géographie de plus de 40 universités du pays offrent des cours sur divers aspects de l'hydrologie. Les étudiants en GÉNIE CIVIL reçoivent maintenant une formation en hydrologie.

Il n'existe aucune faculté d'hydrologie, mais plusieurs établissements offrent des études supérieures dans cette discipline. Le nombre d'inscriptions varie d'une année à l'autre. À la fin des années 70, les universités canadiennes décernaient environ 40 maîtrises et doctorats par année. Les cours de deuxième et de troisième cycles approfondissent les sujets abordés au premier cycle (eaux de surface, érosion, etc.). En raison de l'utilisation étendue des ordinateurs, l'élaboration de modèles hydrologiques est devenue un important champ d'études supérieures.

Rapports entre l'hydrologie et les autres domaines En raison des liens étroits qui existent entre l'eau et les autres aspects du milieu naturel, la ligne de démarcation entre l'hydrologie et les autres domaines d'étude n'est pas très nette. La météorologie s'intéresse aux précipitations et à l'évapotranspiration; la géomorphologie, au ruissellement; la géologie, au mouvement des nappes d'eaux souterraines; la pédologie et la mécanique des sols, à l'infiltration; la physiologie, à la transpiration végétale. Des sciences de base comme la physique et les mathématiques sont essentielles pour effectuer des travaux détaillés.

Applications Les hydrologues conseillent les gestionnaires des réseaux aquatiques en ce qui a trait à l'utilisation et à la manipulation des eaux. P. ex., ils peuvent intervenir quand vient le temps de répartir entre divers utilisateurs un approvisionnement limité en eau; de déterminer les dimensions des constructions (déversoirs, ponts) destinées à laisser passer les débits de crue de façon sûre; de planifier la gestion des eaux ou des installations HYDROÉLEC-

TRIQUES de façon à optimiser l'utilisation des ressources; de prévoir les crues et les étiages (basses eaux); de concevoir et gérer les RÉSERVOIRS, les digues et les canaux d'évacuation des crues; de concevoir des ouvrages destinés à restreindre l'érosion; de découvrir, inventorier et distribuer les eaux provenant de sources souterraines profondes; d'appliquer les principes hydrologiques à l'ensemble solplante-eau pour favoriser la production de nourriture et de fibres.

Associations et revues Diverses associations favorisent les relations professionnelles et la publication d'articles d'hydrologues canadiens. Le Comité conjoint sur l'hydrologie du CONSEIL NATIONAL DE RECHERCHES parraine des colloques à intervalles réguliers. La Société canadienne de météorologie et d'océanographie publie la revue *Atmosphère-Océan*; l'Association canadienne des ressources hydriques, la *Revue canadienne des ressources en eau*; la Société canadienne de génie civil, la *Revue canadienne de génie civil*.

Le *Journal canadien des sciences de la terre* est au service des hydrogéologues. Le *Water Resources Research* est publié par l'American Geophysical Union. Diverses publications de l'American Society of Civil Engineers et de la National Water Well Association diffusent les articles d'Américains et de Canadiens. L'International Association of Hydrological Sciences et l'International Association of Hydrogeologists, qui publie le *Hydrological Sciences Journal*, offrent une tribune scientifique mondiale aux hydrologues.

Le *Journal of Hydrology* et *Agriculture and Forest Meteorology* sont également des publications importantes. À la suite de la Décennie hydrologique internationale de l'UNESCO (1965-1974) qui mettait de l'avant la recherche internationale en hydrologie est créé le Programme hydrologique international. Dans les deux cas, la participation du Canada est importante sur les plans administratif et scientifique.

R.K. Deeprose

Hyland, Frances, comédienne et metteure en scène (Shaunavon, Sask., 25 avril 1927). Après des études à l'U. de la Saskatchewan (B.A. en 1948), elle se joint à la Royal Academy of Dramatic Art à Londres, en Angleterre. Durant son séjour en Angleterre, elle remporte une médaille d'argent et fait ses débuts à Londres en incarnant Stella dans la pièce *A Streetcar Named Desire* (trad. *Un Tramway nommé Désir*; Aldwych Theatre, 1950), et joue le rôle de Perdita dans *The Winter's Tale* (trad. *Le Conte d'hiver*; Phœnix, 1951) aux côtés de John Gielgud, sous la direction de Peter Brooks.

Invitée en 1954 à participer au FESTIVAL DE STRATFORD par Tyrone GUTHRIE, elle tient le rôle d'Isabella aux côtés de James Mason dans la pièce *Measure for Measure* (trad. *Mesure pour mesure*). Hyland joue à nouveau à Stratford (1955, 1957-1959, 1964-1967) dans divers rôles dont ceux de Perdita et de Desdémone, incarnant également une Ophélie «inégalée» aux côtés de Christopher PLUMMER en 1957. Dans le rôle de Sainte Jeanne, elle fait une tournée avec les Canadian Players en 1955, puis en 1956-1957 et en 1962-1963. Elle joue au Crest Theatre en 1954-1955, en 1958-1959 et en 1964-1965. Elle se produit à Broadway et à Londres en 1957 dans la pièce *Look Homeward Angel*.

Elle participe souvent au SHAW FESTIVAL après sa première apparition en 1968 dans le rôle de lady Utterwood dans *Heartbreak House* (trad. *La Maison des cœurs brisés*), et monte sur scène dans la plupart des théâtres régionaux importants du Canada, incarnant Katrin dans *Mother Courage* (trad. *Mère Courage*; MANITOBA THEATRE CENTRE, 1964) et créant le rôle titre dans *The Ecstasy of Rita Joe* (VANCOUVER PLAYHOUSE THEATRE COMPANY, 1968). Elle joue aussi dans la pièce *Forever Yours, Mary Lou* (trad. *À Toi pour toujours ta Marie Lou*; CITADEL THEATRE, 1975) de Michel Tremblay de même que dans les pièces *Can You See Me Yet?* (CENTRE NATIONAL DES ARTS, 1976) et *Monkeyshines* (Bastion Theatre, Victoria, 1984), de Timothy Findley.

En tant que metteure en scène, elle dirige, entre autres, les pièces *Moby Dick*, d'Orson Welles (Vancouver Playhouse, 1969); *The Birthday Party* (trad. *L'Anniversaire*; Theatre Calgary, 1970) de Harold Pinter; *Othello* (Stratford, 1979); *Arms and the Man* (trad. *Le Héros et le soldat*; Citadel, 1980) de Shaw; *Playing With Fire* (trad. *La Maison brûlée*; Shaw Festival, 1987), de Strindberg et *Driving Miss Daisy* (NEPTUNE THEATRE, 1991). Elle fait de fréquentes apparitions à la télévision, notamment dans la série *The Great Detective* au réseau anglais de la SRC.

Patrick B. O'neill

Hymnes Les simples couplets paléochrétiens ainsi que les chorals et les psaumes versifiés de la Réforme sont chantés par les Canadiens depuis le XVIIᵉ siècle. Jusqu'au XXᵉ siècle, chanter des hymnes ne servait pas seulement à propager une doctrine religieuse, mais permettait aussi de s'adonner à une activité sociale populaire tout en cultivant ses connaissances musicales. Un missionnaire œuvrant chez les autochtones près de Québec rapporte, en 1676, que ces derniers avaient «beaucoup d'aptitude et un penchant évident pour chanter les hymnes de l'Église» qui étaient traduits dans leur langue. Les annales de la Nouvelle-France au XVIIᵉ siècle abondent de tels commentaires. Le noël huron «Jesous Ahatonhia», attribué à Jean de BRÉBEUF et populaire jusqu'à ce jour, est l'adaptation d'un air folklorique français avec des paroles huronnes.

Transplantation dans le Haut-Canada et le Bas-Canada Le mouvement des chorales d'école que l'on retrouve au XVIIIᵉ siècle en Angleterre et en Nouvelle-Angleterre est transplanté en Nouvelle-Écosse, au Nouveau-Brunswick et dans le reste du Canada par les immigrants et les loyalistes (1760-1800). Après 1800, le genre de musique publiée au pays est celui des psaumes et des hymnes que chantent les tenants de ce ce mouvement. Les publications importantes sont alors *Union Harmony* de Stephen Humbert (1801), qui met l'accent sur la fugue; *Colonial Harmonist* de Mark Burnham (1832); *New Brunswick Church Harmony* de Zebulon Estey (1835); *The Harmonicon* (1836); le très populaire *Sacred Harmony* d'Alexander Davidson (1838); *The Canadian Warbler* de Lemuel C. Everett (1863), adapté d'une collection américaine et l'un des premiers livres de musique s'adressant spécialement aux enfants; et *The Vocalist* de George Linton (1865 ou 1867). Plusieurs publications à l'intention des fidèles anglicans paraissent à la même époque, notamment *A Selection from the Psalms of David* de George Jenkins (1821); *A Selection of Psalms and Hymns* de William Warren (1835); et *The Canadian Church Psalmody* de James Paton Clarke (1845). Pour les catholiques francophones, il y a *La Lyre sainte* de Théodore Molt (1844 ou 1845) et pour les protestants francophones, *Chants évangéliques* (1862).

Diversification Vers la fin du XIXᵉ siècle, les publications se diversifient; plusieurs livres de paroles d'hymnes sont publiés en langues autochtones, et le style «gospel» gagne en popularité. Les autorités ecclésiastiques commencent à réaliser leurs propres compilations, les premiers exemples étant *The Presbyterian Psalmody* (1851) et *Methodist Tune Book* (1881). L'interconfessionnel *Canadian Hymnal* (1889) devient très utilisé. Un hymnographe canadien, Stanley Osborne, a remarqué que les compositeurs canadiens de musique d'hymnes sont plus nombreux que les poètes canadiens qui écrivent des paroles d'hymnes. Les premiers paroliers prolifiques sont le prédicateur Henry ALLINE et le fondateur de la secte Children of Peace, David Willson (1778-1866), qui a produit plus de 1400 textes d'hymnes (publiés et non publiés).

L'orgue de Barbarie des Children of Peace, préservé au temple-musée de Sharon (Ont.), est un précieux témoignage du son que pouvaient avoir ces premiers arrangements. En dépit des distinctions confessionnelles, les publications citées plus haut ont un vaste répertoire commun. Cependant, elles contiennent toutes des compositions musicales originales.

On trouve encore un choix remarquable de mélodies de compositeurs locaux dans les hymnaires canadiens du XXᵉ siècle. Le *The Canadian Baptist Church Hymnal* (London, 1902), le *University Hymn Book* (Toronto, 1912) et surtout le *Methodist Hymn and Tune Book* (Toronto, 1917) contiennent des compositions d'éminents musiciens tels que A.S. VOGT, Alfred Whitehead, W.H. Hewlett, H.C. Perrin et le jeune Ernest MACMILLAN. Si le *The Presbyterian Book of Praise* (London, 1897) et le *The Hymnary of the United Church of Canada* (Toronto, 1930) accordent moins d'importance aux mélodies de compositeurs locaux, ils établissent cependant de nouvelles normes d'exactitude éditoriale. Alexander MacMillan (1864-1961), une figure importante de l'hymnographie canadienne, a collaboré à ces deux publications. C'est à un magistrat de Toronto, James Edmund Jones (1866-1939), que l'on doit en partie le *Anglican Church's Book of Common Praise* (Oxford, 1908), alors que c'est plutôt l'influence du compositeur Healey WILLAN qui domine dans l'édition de 1938. Selon Osborne, secrétaire du comité mixte responsable de la publication de *The Hymn Book of the Anglican Church of Canada and the United Church of Canada* (Toronto, 1971), 10 p. 100 des mélodies de ce beau livre sont des compositions canadiennes. *Livret des fidèles* (1966) et le *Catholic Book of Worship* (1972) sont publiés en réponse au renouveau liturgique promulgué par le concile Vatican II.

Réponse fidèle Indépendamment des divers engouements et habitudes d'exécution qui ont pu marquer le chant d'hymnes, les Canadiens demeurent fidèles à un répertoire comprenant le *Our God's a fortress firm and sure* (l'hymne *Ein' feste Burg* de Luther, dans la traduction de 1971 du poète canadien Jay Macpherson) ou le *What a friend we have in Jesus* (avec les paroles du Canadien Joseph Scriven, 1819-1886), bien que d'importantes compositions canadiennes restent à redécouvrir. Les hymnographes et les éditeurs d'hymnes se soucient souvent autant de questions de goût et de normes que de cultiver un vaste répertoire. En 1851, les presbytériens sont appelés à chanter leurs hymnes «sans notes d'agrément ou autres fioritures»; en 1908, on permet aux anglicans de chanter des hymnes bien-aimés tel que *Tell me the old, old story*, mais en leur rappelant que ces hymnes «seraient déplacés dans plusieurs églises». Et dans l'*Encyclopédie de la musique au Canada* (1983; éd. rév. 1993), Stanley Osborne estime que le chant d'hymnes s'est beaucoup amélioré dans les années 70 comparativement à ce qu'il était dans les années 20 et 30. Au milieu du XXᵉ siècle, les enregistrements et les émissions radiophoniques sont des moyens courants d'encourager le chant d'hymnes.

Les historiens ont maintes fois observé que la popularité d'un hymnaire dure habituellement un quart de siècle ou le temps d'une génération. Aussi, plusieurs confessions religieuses ont-elle chargé des comités de réviser les hymnaires au début des années 90. L'Église anglicane et l'Église unie ont remplacé leur collection publiée conjointement en 1971 par de nouveaux hymnaires distincts; celui de l'Église unie intitulé *Voices United* (1996) reflète la mode contemporaine en offrant beaucoup plus de musique folklorique et populaire que toute autre collection antérieure. (*Voir aussi* MUSIQUE RELIGIEUSE; ÉCOLES DE CHANT.)

John Beckwith

Hypothèque Contrat légal qui stipule qu'un emprunteur accepte de céder sa propriété au prêteur s'il ne rembourse pas la somme due plus les INTÉRÊTS. Si la propriété est mobile, comme une auto ou un bateau, l'entente s'appelle «hypothèque mobilière». La majorité des hypothèques concernent cependant les biens immobiliers et s'appellent «hypothèques subsidiaires». Au Canada, la façon habituelle d'acheter une maison est d'obtenir la majeure partie de l'argent nécessaire au moyen d'un emprunt hypothécaire sur la maison elle-même. De cette manière, si l'emprunteur ne fait pas ses paiements hypothécaires, le prêteur peut saisir la maison hypothéquée et la vendre (*voir* ACTIVITÉ BANCAIRE). Les prêteurs essaient de ne pas accorder de prêt hypothécaire supérieur à la valeur de revente de la propriété.

Parfois, plusieurs hypothèques grèvent la même propriété, auquel cas, si l'emprunteur cesse de rembourser son emprunt, le détenteur de l'hypothèque de premier rang recouvrera tout son argent avant que le détenteur de l'hypothèque de deuxième rang ne recouvre le sien. Voilà pourquoi les taux d'intérêt d'un prêt hypothécaire de deuxième ou de troisième rang sont élevés. En vertu de la *Loi nationale sur le logement*, adoptée en 1938 et modifiée de nombreuses fois depuis, le gouvernement fédéral assure les prêts hypothécaires sur les maisons neuves à prix modérés, permettant ainsi de diminuer le risque et de faire baisser le taux d'intérêt. Les hypothèques non garanties en vertu de la loi, qui en fait comprennent la majorité des hypothèques sur la revente de maisons anciennes, sont des hypothèques ordinaires.

Dans les années 50 et 60, la majorité des hypothèques avaient des échéances de 20 ou 30 ans. Dans les années 70, au moment où les taux d'intérêt se sont mis à augmenter rapidement, les prêteurs ont cessé d'offrir des prêts hypothécaires à si long terme. La plupart des hypothèques ont maintenant des échéances de un, trois ou cinq ans. Les hypothèques de cinq ans étaient rares au début des années 80, quand les taux d'intérêt ont grimpé à plus de 21 p. 100. En 1993, le taux d'intérêt de l'hypothèque de cinq ans est tombé à 8 p. 100 et celui de l'hypothèque d'un an à 6 p. 100. Les banques, non autorisées à consentir des prêts hypothécaires avant 1954, ont prêté à peu près 55 p. 100 des 284 milliards de dollars et plus d'emprunts hypothécaires en circulation en 1994.

Don McGillivray

Ian and Sylvia Duo de musique folk composé du chanteur et chansonnier Ian Dawson Tyson (Victoria, C.-B., 25 sept. 1933) et de Sylvia Fricker Tyson (Chatham, Ont., 19 sept. 1940). Lorsque Ian a 19 ans, un accident met fin à son rêve de devenir cow-boy de rodéo, mais la guitare qu'il reçoit pendant sa convalescence lui ouvre de nouveaux horizons. En 1959, il déménage à Toronto, commence à chanter dans les cafés et rencontre Sylvia Fricker. Dans le sud de l'Ontario où elle grandit, Sylvia se familiarise avec un vaste répertoire de musique. À 15 ans, elle veut déjà être chanteuse de folk et, une fois ses études secondaires terminées, elle déménage à Toronto.

Ian et Sylvia deviennent bientôt des artistes professionnels à temps plein et le premier disque qu'ils enregistrent en 1961 en fait l'un des groupes marquants de la musique folk nord-américaine, alors en plein essor. Leur répertoire s'enrichit de compositions originales telles que «Four Strong Winds» écrit par Ian, un succès international en 1962, et «You Were on My Mind» de Sylvia, un gros succès grâce à la version enregistrée par le groupe américain We Five en 1965, ainsi que des chansons de compositeurs comme Bob Dylan, Gordon LIGHTFOOT, et Joni MITCHELL et de chansons puisées dans leur connaissance du country et du blues. Ils sont parmi les premiers musiciens de musique folk à utiliser des guitares électriques, des sections de violons et d'autres instruments. En 1970, leur musique est une synthèse du country, du rock et du folk et ils forment un groupe, The Great Speckled Bird, pour parvenir à réaliser la sonorité qu'ils recherchent.

En 1970, ils lancent l'émission du réseau CTV *Nashville North*, qui deviendra *The Ian Tyson Show*, où Sylvia est parfois l'artiste invitée. Au début des années 70, Ian et Sylvia, qui se sont mariés en 1964, se séparent et cessent de chanter ensemble. Depuis 1975, ils ont chanté ensemble trois fois (en 1979, 1982 et 1986). Leur dernier concert est télévisé et reçoit un prix Gémeaux pour la meilleure émission de variétés de l'année 1987.

En 1974, Sylvia anime une émission du réseau anglais de Radio-Canada, *Touch the Earth*, qui fait connaître les artistes de folk canadiens et qui dura cinq ans. L'émission confirme aussi Sylvia en tant que personnalité indépendante. En 1975, elle enregistre le premier de deux albums solo pour Capitol et, en 1978, elle fonde sa propre compagnie, Salt Records, afin de distribuer ses albums et ceux d'autres musiciens folk. Elle fait une série pour la télévision du réseau anglais de la Société Radio-Canada et de nombreuses émissions spéciales pour la télévision. En 1986, elle produit *Big Spotlight*, son premier album en sept ans. En 1992, un concert impromptu avec Colleen Peterson, Cindy Church et Caitlin Hanford pousse les quatre chanteuses à former Quartette. Leurs interprétations a capella de mélodies rhythm and blues et de gospel deviennent si populaires qu'elles enregistrent un album et font des tournées tout en continuant leur carrière individuelle.

Après avoir mis fin à son émission de télévision en 1975, Ian tente, sans succès, de s'établir à Nash-ville (Tennessee). Il fait une tournée au Canada en 1978, puis se consacre presque entièrement à l'élevage en Alberta. Il limite ses activités musicales à quelques engagements dans des boîtes de nuit. Ian devient un ardent poète cow-boy et, en 1983, il revient à l'enregistrement et produit un album basé sur la poésie traditionnelle et moderne du cow-boy, *Old Corrals and Sagebrush*, acclamé par la critique. En 1984, l'album Ian Tyson remporte le même succès. Il produit et distribue *Cowboyography* en 1986, qui lui vaut le prix Juno du meilleur chanteur country en 1987. En hommage à sa longue carrière, Tyson est admis au temple Juno de la renommée en 1992. Son autobiographie, *I Never Sold My Saddle*, paraît en 1994.

Richard Green

Iberville et d'Ardillières, Pierre Le Moyne d', militaire et aventurier (baptisé à Ville-Marie [Montréal], 20 juill. 1661—probablement à La Havane, Cuba, 9 juill. 1706), troisième et le plus célèbre des 12 fils de Charles LE MOYNE. Iberville fait preuve de bravoure pendant l'expédition dirigée par DE TROYES contre les Anglais à la baie James. En récompense, il est nommé gouverneur des postes conquis. Il retourne à la baie James en 1688, 1690 et 1694, attaquant les postes anglais et s'emparant des fourrures. Le 5 septembre 1697, avec un seul navire, le *Pélican*, Iberville réussit à défaire trois navires de guerre anglais, dont deux sont coulés, près de YORK FACTORY.

Iberville forge son caractère intrépide et impitoyable pendant une période de concurrence coloniale sans merci et de guerres frontalières féroces. En 1690, il participe à une guérilla sauvage contre Corlaer (Nouvelle-Angleterre), pendant laquelle une soixantaine de colons sont massacrés. En 1696-1697, il dirige la milice, des guerriers autochtones et des militaires français dans une expédition de saccage et de pillage où on met Terre-Neuve à feu et à sang, tuant environ 200 personnes. En 1698-1699, 1699-1700 et 1701-1702, Iberville commande des expéditions en Louisiane, pendant lesquelles il fonde les forts Maurepas, Mississipi et Saint-Louis (Mobile), acquiert des fourrures et négocie avec les peuples autochtones.

La dernière campagne d'Iberville (1706), pendant laquelle il pille la colonie anglaise de Nevis, dans les Antilles, est marquée de controverses. D'Iberville meurt cette année-là, probablement de la fièvre jaune, mais il est déclaré coupable de divers chefs d'accusation, et la majeure partie de ses biens est saisie à titre de dédommagement. Sa carrière allie l'ambition commerciale et le zèle militaire mais, même si ses conquêtes sont éphémères et ses méthodes souvent cruelles, son audace est admirée même par ses ennemis. Sa bravoure lui vaut de devenir le premier Canadien de naissance à recevoir la CROIX DE SAINT-LOUIS (1699).

James Marsh

Iceberg Du mot danois ou norvégien *isberg* (montagne de glace), il est une masse de glace qui s'est détachée entièrement d'un GLACIER suivant un processus appelé vêlage. Le glacier peut être, selon le cas, une langue glaciaire qui s'écoule vers un FJORD, ou une immense plateforme de glace flottante s'étendant au-delà du littoral. Les icebergs ainsi créés peuvent fondre ou se désagréger, donnant naissance à des fragments appelés «bourguignons» ou «bergy bits». L'iceberg peut se détacher du glacier lorsque ce dernier entre en contact avec l'eau, ou encore sous l'action des vagues ou des marées, et parfois à la suite de secousses SISMIQUES. Il arrive aussi, mais plus rarement, qu'un iceberg émerge soudainement hors de l'eau sous l'effet de la pression exercée sur la portion immergée du glacier.

Aspect La plupart des icebergs sont blancs, excepté le long des arêtes des pans de glace qui se sont récemment détachés, lesquelles présentent une teinte bleutée. D'autres empruntent des teintes vertes, brunes ou noires ou offrent une combinaison de ces couleurs. Habituellement, ces icebergs se sont retournés sur eux-mêmes et, ce faisant, ont exposé leur couche de glace basale où ils ont fait irruption hors de l'eau. Ce sont des variations dans la densité, la concentration des bulles d'air et des impuretés qui produisent ces différentes colorations. Ainsi, une glace noire indique une densité élevée et l'absence de bulles d'air, tandis que des couches foncées dénotent la présence de matière rocheuse provenant de la base du glacier-mère. Parfois, on trouve des rochers sur la surface supérieure d'origine de l'iceberg. À mesure qu'il fond, ces matériaux se détachent et vont se déposer sur les couches sédimentaires marines ou lacustres.

Formes et dimensions Certains icebergs sont retenus captifs dans des lacs, mais la plupart aboutissent dans les océans. Les icebergs tabulaires sont des portions de plateformes de glace presque horizontales. Dans l'Antarctique, on en voit souvent qui s'étendent sur des dizaines de kilomètres carrés et dont l'épaisseur atteint plusieurs centaines de mètres. L'un des plus immenses icebergs tabulaires jamais observés mesurait 160 km de longueur sur 72 km de largeur, et le plus long s'étendait sur une distance de 185 km. D'ordinaire, ils s'élèvent à une hauteur de 35 à 45 m au-dessus du niveau de l'eau, ce qui implique une épaisseur totale de glace avoisinant les 250 à 320 m, quoiqu'il soit possible de rencontrer des épaisseurs de beaucoup supérieures. Dans l'océan Arctique, les «îles de glace» correspondent à des morceaux de plateforme de glace flottante qui se forment principalement sur la côte septentrionale de l'ÎLE D'ELLESMERE. Ces minces icebergs tabulaires, d'une épaisseur de 20 à 60 m et d'une superficie qui atteint souvent 100 km², ne laissent généralement voir qu'une épaisseur de 2 à 6 m au-dessus du niveau de la mer.

Les icebergs de forme irrégulière sont plutôt caractéristiques des eaux côtières du Groenland et du nord du Canada. Ils proviennent en grande partie des fjords du Groenland, où des glaciers effluents issus du glacier continental se déplacent rapidement. Ces glaciers s'étendent habituellement au-delà de la limite des neiges éternelles et présentent souvent de nombreuses fissures. C'est pourquoi, au cours de leur voyage vers la mer, puis sous l'action conjuguée des marées et des vagues, ils peuvent produire des icebergs de forme très irrégulière, composés presque exclusivement de glace, et dont les flèches s'élèvent parfois à 100 m au-dessus du niveau de la mer.

Dynamique et stabilité Les icebergs tabulaires antarctiques sont composés de neige à la surface, remplacée graduellement par de la GLACE aux approches de la ligne de flottaison. Cette caractéristique, combinée à leur forme tabulaire, leur procure une stabilité beaucoup plus grande que celle des icebergs de la région arctique qui, au cours de leur voyage final, ne tardent pas à basculer pour ensuite rouler sur eux-mêmes. Lorsqu'un vêlage se produit dans un iceberg déjà incliné, le déplacement du centre de gravité peut suffire à faire basculer l'iceberg, ce qui représente un sérieux danger pour les navires.

À long terme, le mouvement des icebergs est régi principalement par les courants marins, mais d'autres forces comme la poussée des vents et l'action des vagues, surtout au moment des tempêtes, peuvent influer considérablement sur leur déplacement à court terme. La force de Coriolis a aussi une incidence sur le parcours de dérivation des icebergs. On note une fonte continue de la portion immergée, mais la partie émergée n'est affectée par ce phénomène que de façon intermittente, selon l'emplacement.

Selon la forme de l'iceberg et son contenu de matière rocheuse, le volume de glace immergée comparé au volume total de glace est fonction du rapport entre la densité de la glace et celle de l'eau de mer, soit environ 0,88 pour les icebergs de l'Arctique et 0,85 pour ceux de l'Antarctique. La portion émergée d'un iceberg d'aspect irrégulier n'est pas forcément révélatrice de la forme de son pendant immergé; toutefois, on peut en découvrir l'aspect à l'aide d'un RADAR aéroporté ou d'un SONAR à balayage latéral, installé à bord d'un bateau. On effectue des études de ce genre et, entre autres, des tests de remorquage ou des recherches sur la stabilité des icebergs au Centre for Cold Ocean Resources Engineering (C-CORE) à St. John's (T.-N.).

Comme l'océan transmet l'énergie des vagues, les icebergs sont soumis à leur action. Ainsi, en plus de dériver au gré des courants marins, les icebergs connaissent des oscillations verticales et des mouvements de rotation périodiques. Puisque les icebergs ont leurs propres périodes d'oscillation en fonction de leur densité et de leur épaisseur, leurs mouvements peuvent coïncider avec ceux de certaines vagues océaniques.

Des vagues se déplaçant en synchronisme avec les oscillations de l'iceberg auront tendance à y créer une résonance, ce qui aura pour effet d'accroître l'ampleur de l'oscillation. À mesure que la forme et l'épaisseur de l'iceberg subissent des changements, ce comportement se modifie. Un iceberg qui se présenterait sous la forme idéale d'un bloc rectangulaire d'une épaisseur moyenne de 200 m posséderait une période propre d'oscillation d'environ 26 secondes, ce qui correspond à une périodicité normale de gonflement des vagues. Les îles flottantes de l'Arctique, plus minces, font montre d'une périodicité d'oscillation beaucoup moindre et comme leur largeur excède considérablement leur épaisseur, elles tendent à absorber le choc des vagues océaniques par filtration progressive, ce qui a pour effet d'infléchir la couche de glace. Ce phénomène peut provoquer la rupture et le fractionnement de l'île flottante à mesure qu'elle s'amincit sous l'effet de la fonte. La plupart des icebergs du Groenland fondent avant d'avoir atteint le 40e degré de latitude Nord (à la hauteur approximative de Philadelphie en Pennsylvanie), mais il arrive que certains aillent aussi loin que le 30e degré de latitude Nord. Pour repérer le parcours de gros icebergs, on a recours à l'imagerie par satellite (*voir* TÉLÉDÉTECTION).

Utilisations Au cours des quelque 30 dernières années, l'île T3 ainsi que d'autres îles de glace de l'Arctique, sur lesquelles des aéronefs peuvent atterrir, ont été utilisées à l'occasion par les États-Unis et l'ex-URSS comme plateformes mobiles de recherche. Depuis 1985, une station canadienne est maintenue en exploitation sur une île flottante qui s'est détachée de la plateforme de glace Ward-Hunt en 1983. Comme plusieurs îles flottantes sont retenues prisonnières dans les contre-courants de l'océan Arctique, elles subsistent de nombreuses années, ne s'effritant que lentement sur leur pourtour.

En 1977 et en 1980, on a tenu des colloques dans l'intention d'examiner la possibilité de déplacer des icebergs de l'Antarctique vers des régions qui connaissent souvent des pénuries d'eau, comme l'Australie, la Californie et l'Arabie Saoudite. Ce projet controversé n'a eu toutefois aucune suite.

Dangers Dans l'hémisphère Nord, les icebergs constituent une menace pour les activités humaines. Au large des côtes du Labrador et de Terre-Neuve, les activités d'exploration pétrolière actuellement en cours exigent l'utilisation de plateformes de forage, qui demeurent à la merci des icebergs. À proximité de Valdez, en Alaska, le glacier de Columbia montre des signes de désagrégation de sa portion terminale. En conséquence, des icebergs vont dériver à l'intérieur du golfe du Prince-William et mettre en danger les pétroliers qui ont Valdez comme port d'attache.

Les glaciologues du US Geological Survey (Service géologique des États-Unis) sont en mesure de prévoir les mouvements des icebergs. Les activités d'exploitation du pétrole et du gaz naturel, qui ont été entreprises dans la mer de Beaufort et entre les îles de la Reine-Élisabeth, sont mises en péril par les collisions possibles entre les îles de glace, même de petite taille, et les plateformes et les structures de fond comme les PIPELINES. Dans l'Atlantique Nord, les icebergs représentent toutefois une moindre menace pour la navigation depuis qu'on a mis sur pied une patrouille internationale des glaces après le naufrage du TITANIC, en avril 1912.

G. Holdsworth

Identité ethnique Désigne le rapport entre une personne et un groupe avec lequel cette personne croit partager une même ascendance en raison de caractéristiques communes, des expériences socioculturelles communes, ou les deux. Une personne peut s'identifier à quelqu'un d'important (comme un parent ou un ami), à un groupe dont elle tire ses valeurs (comme la famille ou les collègues de travail) ou à une catégorie plus vaste de personnes (comme les groupes ethniques ou professionnels). L'identification ethnique peut se produire sous chacun de ces trois rapports.

Caractéristiques des groupes ethniques Dans bien des cas, un groupe ethnique est une catégorie distincte de population qui possède, en général, une culture différente au sein d'une société plus vaste. Il y a 2500 ans, Hérodote relevait l'existence de groupes culturels et ethniques distincts. Les universitaires avancent que les groupes ethniques peuvent être le résultat de migrations de sociétés, en tout ou en partie, de conquêtes militaires ou de modifications apportées aux frontières politiques. Ces groupes se distinguent à maints égards.

Premièrement, ils contrôlent habituellement un territoire, une communauté étroitement soudée ou un réseau serré au sein desquels leur progéniture pourra perpétuer leurs traditions. Différents groupes ethniques peuvent occuper une même région, mais ils utilisent des ressources différentes. P. ex., la population francophone du Québec conserve le contrôle du territoire de la province; les huttériens forment une communauté ethnique rurale ségréguée; les réserves amérindiennes sont des communautés ségréguées par l'État et où plusieurs groupes ethniques peuvent coexister.

Deuxièmement, les institutions ethniques exercent souvent une force d'attraction. Ainsi, une minorité peut créer son propre corps social et garder la haute main sur ses propres institutions de manière que l'interaction des membres du groupe se fasse surtout au sein de ce corps. P. ex., les Français et les Juifs conservent d'ordinaire un vaste ensemble d'institutions religieuses, scolaires et de bien-être. Par conséquent, la ségrégation résidentielle et l'indépendance des institutions ethniques ont tendance à se renforcer mutuellement.

Troisièmement, les individus ont besoin de s'identifier clairement au patrimoine et à la culture du groupe, que ce soit par la langue, l'endogamie, le choix des amis, la religion, les écoles confessionnelles ou les organisations bénévoles, etc. Les facteurs d'identité d'ordre territorial, institutionnel et culturel se renforcent les uns les autres, de sorte que les membres d'un groupe ethnique peuvent rester distincts et moins enclins à l'assimilation. Les symboles historiques revêtent aussi une importance. La fierté et la connaissance de l'identité ethnique alimentent le désir de transmettre la tradition. Les Juifs ont ritualisé leur histoire, et les jeunes Juifs sont exposés aux symboles comme les jours à caractère particulier, les jeûnes et les habitudes alimentaires.

Quatrièmement, il se peut qu'une idéologie politique ou religieuse qui préconise des valeurs jugées plus importantes que les valeurs culturelles ou institutionnelles d'un groupe ethnique donne un but et une direction aux jeunes qui en sont membres. Il y a souvent une très forte corrélation entre la religion et l'ethnicité. P. ex., la plupart des Canadiens d'origine française ou polonaise sont catholiques.

Cinquièmement, les individus qui se sentent porteurs d'une mission ont souvent recours à des moyens sociopsychologiques pour adapter leur idéologie à la situation existante en attribuant à celle-ci un lien symbolique avec le passé. Louis RIEL et René LÉVESQUE figurent parmi les chefs charismatiques de mouvements minoritaires. Les minorités peuvent s'identifier à d'autres dimensions de l'ethnicité, mais l'identité, le territoire, les institutions, la culture, les traditions, l'idéologie et les leaders sont cruciaux à cet égard.

Assimilation ou pluralisme culturel Diverses théories ont été avancées pour expliquer le sort des groupes ethniques dans la société industrielle. D'une part, la théorie de l'assimilation présume que ces groupes deviennent de plus en plus à l'image de la culture dominante qui, en Amérique du Nord, est celle des protestants de race blanche et d'origine anglo-saxonne. La théorie du melting-pot ou du «creuset» a été accusée de déterminisme parce qu'elle suppose que les groupes minoritaires sont incapables de résister au pouvoir du groupe dominant et qu'ils se synthétiseront en un nouveau groupe. La POLITIQUE D'IMMIGRATION relativement ouverte du Canada procure à maintes personnes la possibilité de contribuer à un creuset, mais la synthèse d'un grand nombre d'entre elles en un groupe national distinct tarde à venir. Cette situation est peut-être due au fait que c'est seulement en 1971 que les Canadiens ont cessé d'être considérés comme des sujets britanniques.

D'autre part, les tenants du pluralisme culturel affirment que les différents groupes ethniques conservent leur identité particulière à long terme. Ils soutiennent que personne ne choisit son ascendance, que chacun des groupes minoritaires peut apporter une contribution précieuse à un pays et que la Constitution canadienne tient pour acquis que tous les peuples sont égaux, même si de nombreuses différences les distinguent les uns des autres. Selon cette théorie, l'acceptation de la pluralité religieuse et de la diversité des partis et des idéologies politiques au Canada aurait déterminé la tendance à tolérer ces différences. Par conséquent, le multiculturalisme est une politique logique pour tous.

Des spécialistes en sciences sociales affirment que le changement ethnique n'est pas un processus social unique, mais bien un ensemble de sous-processus. Ainsi, il se peut que les processus opposés de l'assimilation et du pluralisme surviennent simultanément, en raison de l'adoption chez les groupes ethniques des habitudes culturelles de la société dominante, de la fréquentation de ses institutions, de l'intermariage et de l'acquisition d'un sens d'appartenance à un peuple fondé sur la modification des réseaux à l'intérieur et à l'extérieur du groupe.

Conflit ethnique D'autres spécialistes en sciences sociales étudient les processus du conflit ethnique. Marx croyait que le conflit résulte de la lutte des classes, mais la plupart des groupes ethniques du Canada n'aspirent pas à une lutte de pouvoir de cette ampleur. Même si le conflit peut, à l'occasion, prendre la forme de la révolution ou de la sécession (chez le mouvement du FLQ au Québec, p. ex.), il existe aussi sous des formes moins intenses. Quand une multitude de cultures et de sous-groupes coexistent, ils conservent leur caractère distinct, ce qui donne lieu à un potentiel de conflit portant sur les valeurs, les intérêts territoriaux et les rapports de force. Le mouvement séparatiste québécois, la quête de l'égalité des droits des peuples autochtones, les récents conflits raciaux et les relations entre des communautés ethniques voisines sont tous des exemples du risque potentiel de dissension.

Leo Driedger

If CONIFÈRE à feuillage persistant, du genre *Taxus*, de la famille des taxacées. À la différence des autres conifères, ses graines ne sont pas portées sur les écailles d'un cône. L'if porte une graine unique enveloppée d'une membrane charnue, rouge vif, appelée arille et qui ressemble à une baie. Les cônes mâles (ou «à pollen») et les graines se trouvent habituellement sur des plants différents. La pollinisation se fait au printemps et les graines arrivent à maturation à l'automne. Les feuilles aplaties, terminées en pointes, semblables à des aiguilles, sont de 2 à 3 cm de long. Il existe environ 10 espèces d'if qui sont toutes dans l'hémisphère Nord. Le Canada en compte deux. L'if du Canada ou buis de sapin (*T. canadensis*) est un arbuste rampant qui ne se trouve que dans l'est à partir du Manitoba. L'if occidental (*T. brevifolia*) est un arbuste ou un ARBRE qu'on trouve dans les terrains humides du sud et de l'ouest de la Colombie-Britannique. Son bois rouge et dur se sculpte bien, et est utilisé pour fabriquer des arcs mais, au Canada, son importance commerciale est minime. L'if commun et l'if du Japon sont des PLANTES ORNEMENTALES introduites. Les feuilles, l'écorce et les graines de l'if sont toxiques. (*Voir aussi* PLANTES, UTILISATION PAR LES AUTOCHTONES DES.)

John N. Owens

Igloo Appelée aussi «maison de neige», c'est une habitation d'hiver utilisée par les INUITS dans l'Arctique. Certains Inuits ne l'utilisaient que lorsqu'ils voyageaient, passant la majeure partie de l'hiver dans des maisons semi-enterrées faites de bois de grève et d'os de baleine. D'autres, cependant, vivaient dans des igloos pendant tout l'hiver. Ces structures, en forme de dôme, étaient construites de l'intérieur avec des blocs de neige érigés en spirale. La clef de voûte, un bloc inséré au sommet du toit, en assurait la solidité. Une rangée de ces dômes reliés par des passages pouvait loger de 15 à 20 personnes. Le mobilier comprenait des casseroles, des lampes à l'huile et de basses plateformes. La température intérieure se maintenait autour du point de congélation.

René R. Gadacz

Igloolik, sites archéologiques d' Ce sont des sites archéologiques situés dans les îles à l'extrémité nord du BASSIN FOXE, près du village d'IGLOOLIK. Ils semblent avoir été habités sans interruption depuis 4000 ans. La région a attiré les chasseurs préhistoriques par l'abondance de ses mammifères marins, surtout le phoque et le morse. Le relèvement isostatique a provoqué la formation d'une série de plages dont l'altitude est supérieure au paysage environnant, de sorte que les vestiges archéologiques, témoins d'une occupation plus ancienne, se trouvent actuellement à une altitude supérieure à celle des occupations plus récentes. Cette situation a permis aux archéologues de prouver une séquence sans précédent d'occupation et d'évolution culturelle tout au long de la période paléo-inuite qui a duré de 2000 av. J.-C. à 1000 apr. J.-C. environ. La région a aussi été occupée, après l'an 1000, par des Inuits de la culture préhistorique de THULÉ, dont les descendants ont continué à parcourir la région tout au long de la période historique. (*Voir aussi* ARCHÉOLOGIE et PRÉHISTOIRE.)

Robert McGhee

Ignatieff, George, diplomate (Saint-Pétersbourg, Russie, 16 déc. 1913—Sherbrooke, Qc, 10 août 1989). Il entre au ministère des Affaires extérieures en 1940 et devient expert en relations Est-Ouest, particulièrement à l'ONU, où il est ambassadeur du Canada de 1966 à 1969 et président du Conseil de sécurité de 1968 à 1969. Il est aussi ambassadeur en Yougoslavie de 1956 à 1958 et représentant permanent à l'OTAN de 1963 à 1966. Après sa retraite, il défend la cause du désarmement avec une telle éloquence que le premier ministre John TURNER le nomme ambassadeur du désarmement. De 1972 à 1979, il est doyen du Trinity College de l'U. de Toronto, dont il est chancelier de 1980 à 1986. En 1986, il occupe la chaire Brockington comme professeur invité à l'U. Queen. Ses mémoires, *The Making of a Peacemonger*, paraissent en 1985.

Anne Hillmer

Île Masse de terre entourée d'eau. Il est admis par convention que cette définition ne s'applique pas aux cinq plus importantes masses de terre qui forment les continents (*voir* TECTONIQUE DE PLAQUES). La plus grande île du monde est le Groenland (2 175 596 km²) et la plus grande du Canada est l'île de Baffin (507 451 km²). Dix-sept autres îles canadiennes ont une superficie supérieure à 10 000 km². Les îles situées au nord du continent, dans le district de Franklin, dans les Territoires du Nord-Ouest, sont généralement appelées l'ARCHIPEL ARCTIQUE canadien. L'archipel comprend les ÎLES DE LA REINE-ÉLISABETH qui s'étendent au nord du détroit (le détroit qui, d'ouest en est, porte successivement les noms de détroit de M'Clure, du Vicomte de Melville, de Barrow et de Lancaster), lequel s'étend d'est en ouest jusqu'à 74° de latitude Nord. L'ÎLE MANITOULIN (2766 km²), la plus grande île du monde sise dans un lac d'eau douce (par opposition à un cours d'eau), compte elle-même 17 lacs qui renferment aussi des îles.

Le nombre total d'îles au Canada n'a jamais été déterminé, mais il est très élevé. On estime qu'il y a quelque 30 000 îles sur la seule côte est de la BAIE GEORGIENNE. Le Répertoire géographique du Canada (1980) rapporte les noms de 1016 îles et de 129 archipels. Selon le recensement du Canada de 1976, 259 de ces îles étaient habitées et l'île de Montréal était la plus peuplée, avec 1 869 641 habitants (1 772 505, selon le recensement de 1996).

Origine des îles Divers processus géomorphologiques mènent à la formation des îles. On classe les îles du Canada en deux catégories: celles qui résultent de l'écoulement des eaux sur un terrain ayant subi une GLACIATION et celles qui ont été formées par l'élévation du niveau de la mer qui survient normalement à la suite d'une ÉPOQUE GLACIAIRE. Les GLACIERS et les inlandsis peuvent excaver la roche la plus dure. Si l'époque glaciaire est suivie d'une période humide, les dépressions ainsi creusées se remplissent d'eau et forment des lacs et, si ces dépressions ont des aspérités, celles-ci émergent sous forme d'îles. Les îles des Grands Lacs appartiennent à cette catégorie. Quand de grands cours d'eau s'écoulent sur un modelé glaciaire irrégulier, leur chenal peut se diviser et former des îles (comme celles où se trouvent les villes de Montréal et de Laval, et aussi l'ÎLE D'ORLÉANS). La glace fait cependant plus que creuser des trous par érosion, elle dépose aussi, sous forme de till, les matériaux qu'elle accumule et peut former ainsi des barrages naturels. Ceux-ci entravent l'écoulement des cours d'eau qui drainent un territoire où la glace a fondu. Parfois, des accumulations plus importantes de till peuvent aussi former des paléo-dans les lacs fermés par ces barrages (comme les îles du lac Rice, situé à 95 km au nord-est de Toronto). La deuxième catégorie d'îles, celles qui résultent de l'élévation du niveau de la mer conséquente à une période glaciaire, englobe les innombrables îles de la côte des océans Pacifique, Arctique et Atlantique. Dans la plupart des cas, la glace érode irrégulièrement la surface, façonnant des reliefs dont certains subsistent sous forme d'îles quand les marges continentales sont submergées. Cependant, certaines îles sont formées par les dépôts de till (comme celles près de LUNENBURG dans la baie de Mahone, en Nouvelle-Écosse).

Des îles résultent aussi des dépôts alluviaux associés à des deltas, là où l'écoulement d'un cours d'eau est enrayé (p. ex., les îles Lulu et Sea à l'embouchure du Fraser), et de l'accumulation de sable et de gravier transportés le long des rivages de lacs ou de mers (p. ex., les îles de Toronto). Dans certaines régions du globe, des îles sont apparues à la suite d'éruptions volcaniques ou de la croissance de coraux. Ces types d'îles n'existent pas au Canada. Enfin, des îles peuvent résulter de l'intervention humaine. C'est le cas de l'île René-Levasseur (2020 km²), qui a été formée lorsque les eaux du Réservoir MANICOUAGAN, en s'accumulant derrière le barrage Daniel-Johnson, ont isolé le mont Babel (952 m). D'une superficie égale à environ 75 p. 100 de celle de l'île Manitoulin, c'est la plus grande île du genre au Canada, et peut-être au monde. (*Voir aussi* ZONES DE GÉOGRAPHIE PHY-SIQUE; RELIEF FLUVIAL; ÎLES DU CANADA, LES PLUS GRANDES.)

O.F.G. Sitwell

Île-à-la-Crosse, village du Nord de la Sask.; pop. 1403 (rec. 1996), 1290 (rec. 1991), 1030 (rec. 1986); superf. 24,1 km²; situé sur un élargissement du cours supérieur de la RIVIÈRE CHURCHILL appelé le lac Île-à-la-Crosse. Le nom tire sans doute son origine de la forme du lac, qui ressemblerait à la crosse d'un évêque, ou d'une île sur le lac où les autochtones jouaient à la crosse. Le lac sert de voie de raccordement entre la rivière Churchill et le portage Methye, ce qui en fait un endroit stratégique à l'époque de la TRAITE DES FOURRURES.

Le négociant montréalais Thomas FROBISHER et d'autres font des affaires dans la région au cours des années 1770. La Compagnie de la baie d'Hudson construit un poste de traite sur le lac en 1799. C'est de là que partent les brigades Athabasca en direction du nord-ouest. En 1846, les pères LAFLÈCHE et TACHÉ y fondent une mission. Leur «palais» épiscopal n'est en fait qu'un abri en bois rond enduit de boue. En 1860, les sœurs Agnès, Pépin et Boucher y fondent un couvent. À la fin des années 40, on y aménage une piste d'atterrissage pour l'AVIATION DE BROUSSE. De nos jours, l'exploitation minière et forestière occupe les environs de ce village qui est aussi un centre de piégeage et de pêche.

James Marsh

Île-d'Ellesmere, réserve de parc national de l' Créée en 1988, elle est, avec 37 775 km², le deuxième plus grand PARC NATIONAL du Canada (après le PARC NATIONAL WOOD BUFFALO) et le seul situé sur le territoire le plus septentrional de l'Amérique du Nord. On y accède par voie aérienne à partir de RESOLUTE.

Histoire naturelle Terre de glace et de roche, le territoire est dominé par des centaines de glaciers. Le pic Barbeau (2616 m), la plus haute montagne de l'est de l'Amérique du Nord, surplombe de vastes champs de glace. Le froid glacial des longs hivers, les étés courts et frais et les faibles précipitations ont créé des conditions de désert polaire sur l'ensemble du parc, où il y a peu de flore et de faune. Toutefois, la végétation est relativement abondante dans les régions basses, comme celle entourant le lac Hazen, le lac le plus septentrional du Canada et le plus important au nord du CERCLE ARCTIQUE.

Dans ces microclimats, les lièvres arctiques se rassemblent par centaines. De petits troupeaux de bœufs musqués et de caribous de Peary, quelques loups, beaucoup de renards arctiques et environ 30 espèces d'oiseaux vivent et se multiplient dans les prés d'herbes luxuriantes parsemés de fleurs boréales aux couleurs vives.

Histoire humaine Des centaines de sites archéologiques de la région témoignent du passage d'anciens peuples INUITS, il y a 4000 ans. Les vestiges du fort Conger, ancienne base de recherche construite en 1881, donnent au lieu une dimension historique. Des baraques en bois érigées par Robert Peary, le célèbre explorateur du PÔLE NORD, se dressent toujours sur cet emplacement.

Avec moins de 400 visiteurs en 1995, c'est l'un des parcs les moins visités dans le réseau des parcs nationaux. La randonnée pédestre et le kayak de mer sont les façons les plus populaires d'explorer cet impressionnant paysage nordique.

Maxwell W. Finkelstein

Île-du-Prince-Édouard Septième province du Canada et également la plus petite, elle est appelée familièrement par ses habitants «l'Île». Ses premiers habitants, les MICMACS, la nomment *Abegweit*, ce qui signifie «berceau dans les vagues». Elle porte aussi d'autres noms qui évoquent son histoire et sa spécificité: «jardin du Golfe», «ferme d'un million d'hectares», «berceau de la Confédération» ou encore, de façon prosaïque, «l'Île aux Patates».

Située dans le GOLFE DU SAINT-LAURENT et séparée de la Nouvelle-Écosse et du Nouveau-

Brunswick par le DÉTROIT DE NORTHUMBERLAND, peu profond, l'Île ressemble à un croissant de 224 km de long, dont la largeur varie de 4 à 60 km. Elle ne constitue que 0,1 p. 100 de la superficie terrestre totale du Canada et, bien que sa population ne représente que 0,5 p. 100 de celle du Canada, on y trouve le plus fort degré de concentration du pays, soit 23 habitants au kilomètre carré. Malgré sa forte densité, l'Île demeure la province la plus rurale du pays, puisque 39,9 p. 100 seulement des gens habitent en milieu urbain.

Le sol rougeâtre qui la caractérise a toujours représenté sa caractéristique la plus frappante et sa principale ressource. Depuis le début du XVIIIe siècle, son économie repose sur le sol et la mer. En 1534, Jacques CARTIER dit d'elle que c'est «la terre la plus belle que l'on puisse imaginer». Les 15 km d'eau qui la séparent du continent contribuent à l'éclosion et au maintien, dans la province, d'un sentiment profond de spécificité. La population, bien qu'elle soit confrontée aux bouleversements troublants du XXe siècle, continue d'y chérir son passé rural.

Quoiqu'elles aient été conçues pour exprimer la confiance des insulaires vis-à-vis de la Grande-Bretagne, les armoiries de la province, trois petits chênes abrités sous un plus grand, et sa devise, *Parva sub ingenti* («le petit sous la protection du grand»), illustrent aussi bien sa position au sein de la Confédération canadienne.

Terres et ressources

Géologie Mesuré en temps géologique, le passé de l'Île-du-Prince-Édouard, pour ce qui est de son statut d'insularité, est relativement récent. Sous l'actuel golfe du Saint-Laurent, les alluvions charriées par des cours d'eau douce, ayant drainé d'anciennes hautes terres, ont formé un immense bassin sédimentaire. Les origines de la géologie de surface de l'Île sont plus spectaculaires.

Les époques glaciaires ont laissé leurs empreintes sur la terre, particulièrement au cours du pléistocène tardif, il y a 75 000 à 100 000 ans. Lorsque les derniers glaciers se sont retirés, laissant à découvert ce qui est aujourd'hui l'Île, les débris glaciaires et l'action érosive des eaux ont imprimé leur marque sur la terre dénudée qui, peu à peu, a acquis son aspect actuel. En raison du lit océanique moins profond et des dépressions formées par le poids des glaciers, l'Île était reliée à la terre ferme par une plaine basse couvrant la presque totalité de l'actuel détroit de Northumberland. L'élévation du niveau de la mer, due à la fonte des glaciers, et le relèvement des terres ont donné, il y a environ 5000 ans, la forme présente de l'Île, qui s'apparente à celle d'un croissant.

Relief Le relief actuel de l'Île est varié. Presque plate à l'ouest, elle est vallonnée au centre et légèrement montagneuse à l'Est. Le sommet le plus élevé, à 142 m d'altitude, se situe au centre du comté de Queens.

Le sol principalement rougeâtre de l'Île, composé de sable et d'argile, est occasionnellement rompu par des affleurements de roche sédimentaire, formés la plupart du temps d'un grès de couleur rouge ou de schistes argileux. Les concentrations élevées d'oxyde de fer dans la roche et le sol donnent à la terre la coloration brun rougeâtre qui lui est propre.

Le littoral est fortement découpé par les marées. La côte nord de l'Île, face au golfe du Saint-Laurent, comporte de longues dunes de sable. Ces bancs de sable mouvants occasionnent des problèmes aux pêcheurs, en créant des bouchons à l'entrée des ports, mais ils procurent un havre de repos aux touristes durant l'été.

En général, le littoral est formé d'abruptes falaises de grès entrecoupées de très longues plages de sable. Plusieurs des ports de l'Île ont été formés à partir de l'érosion suscitée par le va-et-vient des marées et ne peuvent accueillir que des bateaux à faible tirant d'eau, comme ceux utilisés pour la pêche côtière.

Quelques ports naturels, comme ceux de Summerside, de Charlottetown, de Georgetown et de Souris, peuvent accueillir et abriter des bâtiments plus grands.

Comme l'Île ne possède que de petits étangs, peu de rivières importantes et une altitude généralement faible, l'énergie hydraulique n'y est que très peu exploitée. Au siècle dernier, un grand nombre de moulins et de scieries ont fait appel aux ressources limitées disponibles, mais il n'en reste que très peu de nos jours. À cause de son potentiel limité d'énergie hydroélectrique, l'Île doit se résoudre à compter, pour ses besoins énergétiques, sur les combustibles fossiles et sur l'énergie électrique transmise par le Nouveau-Brunswick par câbles sous-marins.

Les forêts primaires de l'Île ont à peu près disparu. Sous l'effet combiné de trois siècles de défrichage, de construction navale, de même que des feux et de la maladie, le paysage s'est radicalement transformé. Il y a seulement 100 ans, les hautes terres de la province étaient couvertes de hêtres, de bouleaux jaunes, d'érables, de chênes et de pins blancs. Aujourd'hui, la plupart des forêts se sont appauvries et ne forment plus qu'un mélange d'épinettes, de sapins baumiers et d'érables rouges, couvrant une surface de plus de 290 000 ha.

Climat Le climat de l'Île est tempéré. Les hivers y sont longs, mais relativement doux, les printemps tardifs et frais, les étés frais et marqués par des vents dominants du sud-ouest. Les températures moyennes atteignent environ –7° C en janvier et février et 18° C en juillet.

Contrairement aux provinces voisines, le brouillard y est plutôt rare et ce, tout au long de l'année. Les précipitations annuelles moyennes s'établissent à 122 cm, ce qui procure un approvisionnement adéquat en eau souterraine. Au cours de l'été, les eaux du golfe du Saint-Laurent et du détroit de Northumberland sont plus chaudes que les eaux littorales de la Nouvelle-Écosse et du Nouveau-Brunswick, bien qu'en hiver elles soient figées par le gel et qu'il faille recourir aux BRISE-GLACE pour maintenir la circulation sur les routes maritimes. Aussi tardivement qu'à la fin de mai, on observe souvent des glaces flottantes dans les eaux de l'Île, ce qui nuit à la pêche et retarde l'arrivée du printemps.

Ressources Les deux principales ressources de l'Île demeurent le sol et la mer. Aucune quantité exploitable de ressource minérale n'a encore été découverte. Toutefois, on note la présence, entre autres, de charbon, d'uranium et de vanadium. Depuis 1940, des forages ont permis de découvrir du gaz naturel sous le fond marin au large de la partie nord-est de l'Île, mais l'importance des gisements n'en justifie pas l'exploitation commerciale. Jusqu'à présent, l'industrie minière se résume à l'extraction à ciel ouvert de sable et de gravier, mais cette production s'avère de piètre qualité et elle est même insuffisante pour répondre aux besoins locaux.

L'agriculture, grâce à la richesse du sol et au climat tempéré que l'on trouve dans la province, représente l'industrie primaire la plus importante. Composé presque exclusivement d'un terreau sablo-argileux à texture grossière, à faible teneur en pierre, le sol est plus ou moins acide, et on y ajoute couramment de la chaux pour en réduire l'acidité.

Près de 50 p. 100 des terres de l'Île sont considérées comme très fertiles, et 90 p. 100 de sa superficie totale pourrait être affectée à l'agriculture. Bien que la surface des terres cultivées ait diminué depuis quelques années, on poursuit le défrichement, en particulier pour des cultures de grande valeur comme celles de la pomme de terre et du tabac. La pêche, notamment celle du homard et de la morue (avant l'instauration du moratoire au début des années 90), est la deuxième industrie primaire en importance de l'Île. On se livre aussi à la pêche des crustacés, dont le pétoncle, l'huître, la palourde et, tout dernièrement, la moule.

Sur l'Île, les forêts sont relativement peu exploitées, étant donné leur pauvreté et le manque d'efficacité qui caractérise la gestion de ce qui en reste. Toutefois, certaines démarches ont été entreprises afin de revitaliser le manteau forestier. Depuis 1945, à la suite d'efforts pour promouvoir la splendeur des paysages bucoliques et des plages sablonneuses de l'Île-du-Prince-Édouard, le tourisme est devenu une industrie de première importance. Cependant, cela donne lieu à des résultats mitigés: ce développement s'effectue souvent de façon inopportune ou sans planification, entraîne la dépendance à l'égard d'emplois saisonniers mal rétribués et l'abandon de terres aux mains de gens qui n'y habitent pas.

Conservation La conservation est devenue un enjeu majeur, tant pour le gouvernement que pour les groupes de défense de l'intérêt public dans la province. La surproduction agricole, la mécanisation grandissante, le recours aux engrais chimiques et l'enlèvement des haies en bordure des champs a provoqué une érosion hydrique et éolienne progressive des meilleures terres de l'Île. Ainsi, on estime à 5 tonnes/ha/an. la quantité de terre pouvant être érodée d'un champ labouré et non protégé. Cette érosion a entraîné également l'atterrissement marqué du réseau hydrographique, transformant de nombreux cours d'eau navigables au cours du siècle précédent en ruisseaux peu profonds et inutilisables.

L'achat de grandes étendues de terre par des étrangers, à des fins de villégiature ou de mise en valeur, et par d'importantes entreprises à intégration verticale, à des fins agricoles, constitue une autre source importante de préoccupation. Cette situation conduit à la mise sur pied de la Commission royale sur l'utilisation et la propriété des terres et, par la suite, à la création de la Commission provinciale sur l'utilisation des terres (aujourd'hui intégrée à la «Island Regulatory and Appeals Commission»), qui régit les questions relatives au zonage, à la propriété et à l'exploitation.

Des groupements comme le Nature Trust de l'Île-du-Prince-Édouard tentent d'attirer l'attention de l'opinion publique sur plusieurs des sites naturels menacés de l'Île, mais la plupart des propriétés sont privées et donc susceptibles d'être victimes de mise en valeur inopportune, d'utilisation inappropriée ou de grossière négligence.

Population

Du point de vue culturel, l'Île-du-Prince-Édouard forme la province canadienne la plus homogène. Sa population est, d'une manière écrasante, d'origine britannique. Les descendants des Acadiens ou des Français comptent pour environ 9 p. 100 de la population. On y trouve également de petits groupes de Hollandais, de Libanais et de Micmacs.

Les Micmacs, de souche algonquine, font remonter leurs origines ancestrales sur l'Île aussi loin que 8000 à 10 000 ans, bien qu'ils n'aient mis pied sur l'Île que depuis moins de 2000 ans. Même si on ne leur a laissé que des parcelles de mauvaise terre, et bien que la maladie et le chômage sévissent parmi eux, leur nombre est demeuré relativement stable.

On peut retracer la généalogie de la plupart des Acadiens aux quelques centaines de colons qui, peu après la chute de LOUISBOURG en 1758, échappent à la déportation hors de l'Île ordonnée par les autorités d'occupation britanniques. Aujourd'hui, on compte environ 11 000 Acadiens, dont un grand nombre se partage quelques patronymes.

Des ANGLAIS, des ÉCOSSAIS et des IRLANDAIS arrivent vers la fin du XVIIIe siècle et au début du XIXe. En 1861, la population dépasse le nombre de 80 000 habitants. Par la suite, la croissance démographique ralentit et, après 1891, l'accroissement naturel de la population ne suffit pas à compenser les départs des insulaires, principalement vers la Nouvelle-Angleterre.

La plupart des autres groupes ethniques sont formés de gens qui ont immigré au cours des 40 dernières années. La population s'accroît peu au cours des années 50 et 60, car les habitants de la province continuent de quitter l'Île en quête d'une vie meilleure. Durant la dernière décennie, un solde migratoire positif, associé à l'accroissement naturel, permet de porter la population en 1991 à 129 765 habitants (on estime à 134 000 le nombre d'habitants en 1994). Toutefois, au sein de cette population, le pourcentage des gens de 65 ans et plus augmente de façon constante, et le gouvernement manifeste une certaine inquiétude devant cette tendance démographique.

Centres urbains CHARLOTTETOWN, la capitale, est l'agglomération urbaine la plus peuplee de l'Île, avec une population de 15 396 habitants en 1991. C'est dans la banlieue de la région de la capitale que la croissance est la plus marquée. Si on tient compte de la population des villes voisines de Charlottetown, l'agglomération totalise 57 472 habitants.

Charlottetown est la seule cité constituée de la province. On y trouve la plupart des bureaux du gouvernement, l'université provinciale, le théâtre et la galerie d'art du Centre de la Confédération. La ville était jadis un port fort achalandé, mais, au cours des dernières années, le nombre de navires y faisant escale n'a cessé de décroître. Grâce aux efforts conjugués de plusieurs organismes, on y attire maintenant régulièrement des paquebots de croisière en été. En 1984, le ministère fédéral des Anciens combattants déménage ses bureaux à Charlottetown, ce qui provoque une augmentation du nombre des fonctionnaires du gouvernement fédéral dans la région.

La deuxième ville en importance est SUMMERSIDE. Située dans l'Ouest de l'Île, elle compte, en 1994, une population de 7474 habitants (15 237 si l'on inclut les collectivités avoisinantes). Son économie repose principalement sur les services agricoles, des bureaux gouvernementaux et la Base des Forces canadiennes située à proximité.

Il y a d'autres petits centres urbains dans le comté de Prince, dont Kensington (1332 habitants), ALBERTON (1068 habitants) et Tignish (893 habitants). Montague (1901 habitants), Souris (1333 habitants) et Georgetown (716 habitants) sont les villes les plus importantes du comté de King. Tout comme ailleurs au Canada, les gens ont abandonné la campagne pour la ville, et bon nombre de petits villages ont vu leur population diminuer.

Population active En 1995, la population active de l'Île-du-Prince-Édouard atteint environ le nombre de 69 000 personnes. Le chômage y est endémique et, au cours des dernières années, le taux glisse rarement sous la barre des 10 p. 100. En 1995, le taux de chômage s'y établit à 14,7 p. 100, alors qu'à l'échelle du pays, la moyenne atteint 9,5 p. 100. Le taux de rémunération et le revenu par tête des insulaires sont presque les plus bas au Canada: le revenu des particuliers équivaut en 1994 à 83 p. 100 de la moyenne nationale.

Les problèmes de transport, le manque de ressources naturelles et les coûts très élevés de l'énergie rendent peu réjouissantes les perspectives du marché de la main-d'œuvre dans la province, en dépit des programmes de développement mis sur pied par les deux paliers gouvernementaux.

Langue et appartenance ethnique Au recensement de 1991, une majorité écrasante de la population, soit 93,8 p. 100, indique l'anglais comme langue maternelle. Bien qu'environ 9,2 p. 100 de la population de l'Île soit d'origine française ou acadienne, seuls 4,2 p. 100 d'entre eux déclarent le français comme langue maternelle.

On tente toutefois de conserver et d'étendre l'usage du français. L'un des trois arrondissements scolaires régionaux est d'expression française, et la Société Saint-Thomas d'Aquin, un groupe culturel influent, met activement en valeur la langue et la culture acadiennes. La langue maternelle de la plupart des Écossais originaires des Highlands, venus s'établir dans l'Île aux XVIIIᵉ et XIXᵉ siècles, a connu un

destin moins favorable. Le gaélique a en effet pratiquement disparu à cause de systèmes scolaires récompensant l'usage de l'anglais.

Selon le recensement de 1991, 44 p. 100 de la population de l'Île est d'origine britannique, surtout anglaise, mais aussi écossaise et irlandaise. Les gens d'origine hollandaise, allemande et libanaise et les autochtones forment 2 p. 100 de la population. Une communauté, minuscule mais très active, de 841 Micmacs (en 1992) est concentrée à Lennox Island, sur la côte Nord, et à Scotchfort, sur la rivière Hillsborough.

Religion À l'Île-du-Prince-Édouard, le nombre des catholiques (60 620 en 1991) et des protestants (62 000) est sensiblement le même. Ceux-ci appartiennent majoritairement à l'Église unie, suivie des Églises presbytérienne, anglicane et baptiste. De plus, un certain nombre de petits groupes d'évangélistes, très actifs, sont en plein essor. L'Île compte aussi une minuscule communauté juive. Jusqu'à tout récemment, la religion jouait un rôle prédominant dans la vie des insulaires. Des conflits profonds, portant sur des enjeux religieux et scolaires, ont perduré jusqu'à l'avènement de la Confédération.

Économie

L'histoire économique de l'Île-du-Prince-Édouard est dominée depuis toujours par la géographie. Aux XVIIIᵉ et XIXᵉ siècles, son insularité lui est favorable. Les fruits et légumes et les biens manufacturés ne voyagent que sur de courtes distances avant d'être chargés et expédiés, à peu de frais, par voie d'eau. Par ailleurs, les forêts de l'Île fournissent du bois en abondance pour la construction navale (*voir* CONSTRUCTION NAVALE ET RÉPARATION DE NAVIRES) qui, au milieu du XIXᵉ siècle, devient une industrie très importante. Avec l'adoption, en 1854, du traité de RÉCIPROCITÉ qui conduit à un accroissement des exportations de produits agricoles vers les États-Unis, l'Île connaît un nouvel élan de prospérité.

Au moment de la Confédération, de nombreux et vigoureux échanges commerciaux se multiplient le long de la côte de l'Atlantique et à destination du Royaume-Uni. Toutefois, après 1873, l'accentuation du rôle joué par le centre du Canada et le développement de l'Ouest, de même que l'évolution technologique, placent l'Île qui, jusque-là formait un partenaire économique relativement puissant au sein de la Confédération, dans une position d'infériorité qui persiste toujours.

L'Île-du-Prince-Édouard était mal préparée pour affronter l'ère industrielle. Elle ne disposait ni de charbon ni de ressources hydrauliques, éléments essentiels du développement industriel, et le coût élevé et la disponibilité d'infrastructures de transport demeure une difficulté qui n'a pas encore été entièrement surmontée. Les industries implantées dans l'Île ont rapidement été supplantées par les usines, plus considérables et productives, du centre du Canada. De plus, à cette époque, la POLITIQUE NATIONALE n'offre ni protection ni marché aux produits naturels de l'Île.

C'est dans l'industrie de la construction navale que les changements liés à l'évolution technologique se font le plus durement sentir. Avec l'arrivée des navires à vapeur en fer et en acier, qui remplacent les voiliers de bois, toute l'industrie s'éteint, ne disposant ni des matières premières ni des capitaux nécessaires pour s'adapter.

Il existe une activité économique où l'Île s'illustre avec succès: l'élevage du renard. Dès 1890, sous l'impulsion de deux pionniers de l'industrie, Charles Dalton et Robert Oulton, la province devient le centre d'une rentable industrie de la pelleterie du renard argenté. De nombreux fermiers de l'Île se lancent activement dans la reproduction du renard et, ce faisant, se procurent des sommes additionnelles qui viennent gonfler les maigres revenus qu'ils retirent

de l'exploitation d'entreprises agricoles traditionnelles.

Vers la fin des années 30, les nouvelles technologies, les changements dans le domaine de la mode ainsi que la CRISE DES ANNÉES 30 sont à l'origine du déclin rapide que connaît cette industrie. Au cours de la période d'après-guerre, un grand nombre de renardières disparaissent. Bien qu'il s'agisse davantage d'une situation de stagnation économique plutôt que d'un réel déclin, au début des années 50, le revenu par habitant n'atteint qu'à peine plus de la moitié de la moyenne nationale, et les perspectives d'avenir sont plutôt sombres.

Après la Seconde Guerre mondiale, la mise en place de mesures de développement, qu'on peut presque comparer à une nouvelle politique nationale, a une incidence déterminante sur l'économie de l'Île. Le mode de vie des insulaires est profondément modifié par les programmes de soutien du revenu, les services sociaux et la nouvelle politique fiscale fédérale-provinciale. Des initiatives visant à atténuer les disparités régionales, qui forcent une croissance économique, occasionnent une révolution sociale. On assiste, de toute évidence, à une augmentation substantielle du niveau du revenu des particuliers, et le réseau des établissements d'enseignement et de santé s'améliore. Le Programme fédéral-provincial de développement global, mis en vigueur en 1969, joue un rôle prépondérant dans cette évolution.

Cette nouvelle période de développement, caractérisée par l'intervention de l'État, n'a pas que des effets positifs. Une dépendance de plus en plus marquée en représente le coût principal. Déjà, en 1981, les dépenses fédérales totalisent 67 p. 100 du produit intérieur brut de l'Île-du-Prince-Édouard. Cette proportion atteint 87 p. 100 quand on ajoute le budget du gouvernement provincial pour prendre en considération les dépenses publiques totales. D'autre part, le nombre de personnes employées dans le secteur primaire chute considérablement tandis que les emplois dans les secteurs public et parapublic se multiplient. Il est peu probable que la province, aux prises avec le lourd fardeau des frais fixes liés aux programmes sociaux et à la nouvelle infrastructure, soit en mesure de prendre des initiatives importantes.

Agriculture Au cours des 30 dernières années, l'agriculture de l'Île-du-Prince-Édouard a subi de profondes mutations. Jusqu'en 1951, plus de 90 p. 100 des fermiers se servaient de chevaux, dont le nombre s'élevait alors à 21 000. De nos jours, on n'en voit plus guère. La vocation des champs, qui étaient utilisés pour produire les énormes quantités de fourrage nécessaires à leur alimentation, a ainsi été modifiée.

Le nombre de fermes passe de 10 137 en 1951, à 2361 en 1991. Au cours de la même période, la superficie totale des terres agricoles chute de 39 p. 100, bien que ces dernières années, les étendues dévolues à la culture et aux pâturages soient demeurées relativement stables. La grandeur moyenne des fermes passe de 44 ha en 1951, à 110 ha en 1991, mais en raison des importants investissements en matériel que requièrent les grandes exploitations agricoles, la marge bénéficiaire des agriculteurs de l'Île est passée d'environ 50 p. 100 à 25 p. 100. Par conséquent, un fermier doit écouler une production deux fois plus élevée pour obtenir le même revenu net.

En 1994, les recettes monétaires agricoles atteignent 300 millions de dollars (un sommet inégalé). LA POMME DE TERRE, qui rapporte à elle seule plus de 94 millions de dollars, occupe la première place dans ce tableau et constitue la principale production végétale. Le sol et les conditions climatiques de l'Île-du-Prince-Édouard conviennent parfaitement à la culture de la pomme de terre. Chaque année, plus de 25 000 ha sont ensemencés et le rendement moyen atteint 25 t/ha. Les pommes de terre de semence de première qualité, qui sont exportées dans plus de 15 pays, composent les trois quarts de cette récolte. Les pommes de terre de consommation sont vendues telles quelles dans l'Est du Canada et aux États-Unis, ou encore transformées en pommes de terre frites et autres produits dérivés. On compte environ 450 fermes laitières dans la province (en baisse par rapport aux 1000 enregistrées en 1986), et le cheptel regroupe 18 300 vaches laitières ayant produit 90 millions de litres de lait en 1993. Quatre-vingt pour cent de ce lait est transformé en sous-produits laitiers comme le lait évaporé, dont la presque totalité est exportée.

On pratique également l'élevage du bœuf de boucherie. Bien que les fluctuations du prix du bœuf aient influé récemment sur le volume de production, les fermiers de l'Île, entre 1978 et 1993, envoient annuellement environ 30 000 têtes à l'abattoir. En 1993, les recettes provenant de la vente de bœuf et de veau totalisent 29 millions de dollars. La production de porcs est presque aussi importante. Environ 175 fermes en font l'élevage commercial. Depuis 1959, on cultive le TABAC sur l'Île-du-Prince-Édouard. Malgré les coûts élevés de l'énergie qu'elle nécessite, les difficultés que supposent sa sensibilité aux conditions atmosphériques et ses besoins en main-d'œuvre, cette culture s'avère rentable.

Les gouvernements provincial et fédéral mettent sur pied de nombreux programmes pour freiner l'exode des agriculteurs et augmenter leurs revenus. Ces programmes connaissent un certain succès, mais l'investissement requis pour s'établir sur une ferme demeure un problème de taille. Les deux gouvernements prennent une part active en recherche agronomique, et Agriculture Canada dispose de vastes installations de recherche à Charlottetown. Le «Atlantic Veterinary College», situé sur le campus de l'Université de l'Île-du-Prince-Édouard, joue un rôle important tant en matière de recherche zootechnique qu'aquatique et devrait procurer d'intéressantes retombées à l'industrie de la pêche.

Industrie Les principales industries de l'Île-du-Prince-Édouard sont le tourisme, la construction, les industries de fabrication liées aux ressources primaires et les services. Sur l'ensemble de celles-ci, c'est le TOURISME qui, au cours des 20 dernières années, connaît la plus forte croissance, laquelle semble maintenant s'être stabilisée. L'Île attire toujours plus de 700 000 visiteurs par année. En 1991, ils y dépensent plus de 70 millions de dollars. Avec la fin des travaux du raccordement permanent entre l'Île et le continent, on s'attend à ce que plus d'un million de touristes s'y rendent annuellement.

Depuis les années 60, le gouvernement prend une part active dans la promotion de l'industrie et dans la construction et l'exploitation d'attractions et d'infrastructures d'hébergement. On s'efforce surtout d'attirer les touristes, qui affectionnent particulièrement le centre de l'Île, où est situé le PARC NATIONAL DE L'ÎLE-DU-PRINCE-ÉDOUARD, vers les extrémités est et ouest de la province, où la manne touristique est moins abondante. La saison excessivement courte, soit de 8 à 10 semaines en juillet et en août, désavantage considérablement l'industrie.

Le gouvernement axe ses efforts sur la promotion d'attractions et d'activités durant les autres saisons. Récemment, de nouveaux hôtels et centres de congrès ont été ouverts dans le cadre du programme visant à promouvoir le tourisme à longueur d'année. L'attrait principal de l'Île demeure sans contredit ses longues plages de sable fin, qui s'étendent sur 1107 km de littoral. Parmi les sports accessibles aux touristes, on note le golf, la pêche en haute mer et les courses de chevaux. Au cours de la dernière décennie, le gouvernement et l'entreprise privée ont mis en valeur un certain nombre d'attractions touristiques mettant l'accent sur le patrimoine, y compris des sites exploités par le Musée de l'Île-du-Prince-Édouard et le Conseil du patrimoine.

Dans la province, l'industrie manufacturière se limite surtout à des usines de traitement du poisson et de produits agricoles. Jusqu'en 1979, ce secteur connaît une croissance rapide mais, depuis lors, on note un ralentissement car la diversification des gammes de produits ne suffit pas à compenser les pertes d'emplois qui accompagnent la fermeture de grandes usines. En 1993, quelque 3821 personnes y sont employées et, cette année-là, la valeur des expéditions se chiffre à 329 millions de dollars. Dans le cadre de son Programme de développement global, l'une des stratégies poursuivies par le gouvernement concerne, notamment, la création d'usines de fabrication dans des parcs industriels. Toutefois, les nombreux essais visant à implanter des industries n'ayant pas trait à l'alimentation échouent. Au cours des 20 dernières années, l'emploi dans les services connaît une hausse notable. Les gouvernements, tant fédéral que provincial, sont des employeurs importants: en 1992, ils procurent du travail à 6000 personnes.

Foresterie Même si, au XIXᵉ siècle, l'industrie forestière jouait un rôle extrêmement considérable, elle a depuis connu un déclin rapide. Environ 50 p. 100 de la superficie de la province est couverte de forêts, et 92 p. 100 de ces terres sont des propriétés privées. La plupart des meilleures essences de bois ont été coupées au cours du XIXᵉ siècle, et plus de 80 000 ha sont maintenant recouverts d'espèces sans grande valeur commerciale. Aujourd'hui, on perçoit de plus en plus la forêt comme une source de bois de chauffage et de bois d'œuvre, afin de satisfaire aux besoins domestiques provinciaux. Dans l'Île, un grand nombre de maisons sont maintenant, du moins en partie, chauffées au bois et l'augmentation croissante des coûts du mazout et de l'électricité laisse présager que cette tendance s'accentuera vraisemblablement. En 1993, cette industrie regroupe plus de 30 entreprises procurant de l'emploi à plus de 400 personnes.

Pêche En 1994, la province compte un peu plus de 6500 pêcheurs et aides-pêcheurs (en hausse par rapport aux 3200 enregistrés en 1985). Ses 1500 navires sont presque tous de petits bateaux côtiers, dont la plupart servent à la pêche au homard. La pêche procure également 2000 emplois saisonniers dans les usines de transformation. En 1994, l'apport total de la pêche à l'économie s'établit à 90 millions de dollars. Cependant, en tenant compte de la transformation, de la construction navale et de la finition des navires, on estime sa part à plus de 100 millions de dollars.

Le homard est de loin l'espèce la plus lucrative avec, en 1994, des prises totalisant plus de 10 000 tonnes évaluées à 71 millions de dollars. D'autres crustacés, incluant les pétoncles et les réputées

Mandat	Premier ministre	Parti	Mandat	Premier ministre	Parti
1873	James C. POPE	Conservateur	1930-31	Walter M. LEA	Libéral
1873-76	Lemuel C. OWEN	Conservateur	1931-33	James D. Stewart	Conservateur
1876-79	Louis Henry DAVIES	Coalition	1933-35	William J.P. MACMILLAN	Conservateur
1879-89	W.W. Sullivan	Conservateur	1935-36	Walter M. LEA	Libéral
1889-91	Neil MCLEOD	Conservateur	1936-43	Thane A. Campbell	Libéral
1891-97	Frederick PETERS	Libéral	1943-53	J. Walter JONES	Libéral
1897-98	Alexander B. Warburton	Libéral	1953-59	Alexander W. MATHESON	Libéral
1898-1901	Donald Farquharson	Libéral	1959-66	Walter R. SHAW	Conservateur
1901-08	Arthur PETERS	Libéral	1966-78	Alexander B. CAMPBELL	Libéral
1908-11	Francis L. HASZARD	Libéral	1978-79	W. Bennett Campbell	Libéral
1911	James PALMER	Libéral	1979-81	J. Angus MACLEAN	Conservateur
1911-17	John A. MATHIESON	Conservateur	1981-86	James M. LEE	Conservateur
1917-19	Aubin E. ARSENAULT	Conservateur	1986-93	Joseph A. GHIZ	Libéral
1919-23	John H. BELL	Libéral	1993-96	Catherine CALLBECK	Libéral
1923-27	James D. Stewart	Conservateur	1996	Keith Milligan	Libéral
1927-30	Albert C. SAUNDERS	Libéral	1996-	Pat BINNS	Conservateur

PREMIERS MINISTRES DE L'ÎLE-DU-PRINCE-ÉDOUARD

huîtres de Malpèque, procurent à l'industrie des revenus additionnels de 3 millions de dollars. Vers la fin de 1987, après qu'une centaine de personnes soient tombées malades et que deux d'entre elles soient décédées après avoir consommé des mollusques empoisonnés provenant de l'Île-du-Prince-Édouard, on suspend temporairement les activités de la pêche des crustacés. Une toxine, l'acide domoïque, est alors identifiée et enrayée. La pêche au thon rouge est devenue une activité importante qui attire des amateurs de pêche sportive du monde entier, mais cette espèce est aussi pêchée à des fins commerciales.

En 1993, on capture dans les eaux de l'Île des poissons de fond, morue, merlu, plie, sébaste, et des poissons de haute mer, hareng et maquereau, évalués à 6,7 millions de dollars. Dans l'ouest de l'Île, la récolte de la MOUSSE D'IRLANDE, une plante aquatique dont on tire la carraghénane, un agent émulsifiant et stabilisant utilisé dans plusieurs produits alimentaires, représente une industrie importante.

Transport Le transport par mer entre l'Île et le continent est actuellement assuré par deux services de traversiers. Le CN (Marine Atlantique) exploite un service à l'année entre Borden (Île-du-Prince-Édouard) et Cap-Tourmentin (Nouveau-Brunswick), pour les passagers et les véhicules automobiles. En hiver, on utilise des traversiers brise-glace. La société privée Northumberland Ferries, largement subventionnée par le gouvernement fédéral, fait la navette entre Wood Islands (Île-du-Prince-Édouard) et Caribou (Nouvelle-Écosse), du mois de mai au mois de novembre. Elle interrompt le service lorsque les glaces et la température rendent la traversée trop difficile. La province est aussi reliée aux principales agglomérations du Canada par des services aériens quotidiens, exploités par Lignes aériennes Canadien International et par Air Canada.

Depuis de nombreuses années, on fait régulièrement état de l'établissement d'un lien permanent entre l'Île et le continent. Vers la fin du XIXᵉ siècle, on suscite l'enthousiasme en proposant de creuser un tunnel sous le détroit de Northumberland. Plus récemment, au début des années 60, on entreprend la construction d'une chaussée, mais les travaux sont interrompus au profit de la négociation du Programme de développement global.

En 1987, de nouvelles propositions, formulées par le gouvernement fédéral et des promoteurs privés, sont mises de l'avant pour la construction d'un lien permanent, qui prendrait la forme d'un pont ou d'un tunnel. En janvier 1988, le gouvernement provincial du premier ministre Joe GHIZ consulte la population au sujet de cette initiative. Au cours de ce référendum, qui suscite la controverse, 59 p. 100 des gens se prononcent en faveur d'un raccordement permanent avec le continent alors que 41 p. 100 des participants s'y opposent. La construction de ce projet de plusieurs milliards de dollars débute en 1994. Avec ses 12,9 km de longueur, le pont de la Confédération est le plus long pont au pays. Il est ouvert à la circulation routière depuis le 1ᵉʳ juin 1997.

L'exploitation des lignes secondaires de chemin de fer devenant de plus en plus onéreuse, le CN réduit ses services sur l'Île. En 1990, le CN abandonne l'exploitation des lignes restantes et, depuis lors, l'Île ne dispose d'aucune desserte ferroviaire. Ces coupures font l'objet de vives contestations, surtout de la part des agriculteurs qui expédient leurs produits par chemin de fer.

Le réseau routier de la province s'améliore grandement, et presque toutes les routes principales et secondaires sont aujourd'hui asphaltées, ce qui accroît l'expédition par transport routier des produits manufacturés et du secteur primaire.

Énergie L'un des problèmes les plus graves auquel doit faire face l'Île-du-Prince-Édouard est le coût de l'énergie. L'électricité y est la plus chère au Canada. Toute énergie est produite dans des centrales thermiques fonctionnant au mazout ou importée du Nouveau-Brunswick par câbles sous-marins. Étant donné qu'il n'existe aucune possibilité d'aménagement hydroélectrique à grande échelle, on étudie la possibilité de recourir à des sources d'énergie de substitution telles que des génératrices solaires, éoliennes et alimentées au bois. À ce jour, aucune de ces solutions ne semble cependant susceptible de générer l'énergie dont on aurait besoin, bien que des résultats satisfaisants soient obtenus sur une petite échelle.

Administration et politique

À l'Île-du-Prince-Édouard, le gouvernement est plus proche des gens que partout ailleurs au Canada. Sa population réduite dispose d'une gamme complète d'institutions fédérales, provinciales et municipales. Il s'ensuit que les circonscriptions électorales sont petites, que les politiciens bien connus et que la vie politique se déroule à la bonne franquette. La structure de base du gouvernement provincial s'apparente à celle des autres provinces. Toutefois, la faible population de l'Île, de même que son passé politique, entraînent des différences importantes.

C'est en 1769, par l'entremise d'un décret, qu'on y établit un gouvernement. Toutefois, ce n'est qu'après la Confédération que la structure et les usages actuels du gouvernement font leur apparition. Un lieutenant-gouverneur, nommé par le gouverneur général, y exerce un mandat de 5 ans. Le Conseil exécutif, ou Cabinet, est habituellement formé de 10 députés, responsables d'un ou de plusieurs ministères. Il est présidé par le premier ministre. L'Assemblée législative comptait 32 représentants, soit un conseiller et un député provenant de chacune des 16 circonscriptions électorales. Depuis l'élection du 18 novembre 1996, il y a un seul membre pour chacune des 27 circonscriptions électorales. Charlottetown y élit 4 députés et Summerside en compte 2. La plupart des circonscriptions sont rurales et de petite taille et ne comptent souvent pas plus de 2000 électeurs.

L'appareil judiciaire comprend la Cour suprême, qui regroupe les chambres des biens immobiliers et de la famille ainsi qu'une section de première instance, qui entend les appels en assemblée plénière, les cours provinciales et le Tribunal des petites créances. La province ne compte aucune cour de comté. (*Voir aussi* PREMIERS MINISTRES DE L'ÎLE-DU-PRINCE-ÉDOUARD: TABLE.)

Administration locale La province compte trois ordres de gouvernement municipal, soit ceux de la ville, de la municipalité et du village. Charlottetown (const. en 1855) est la seule ville de l'Île. Elle est dirigée par un maire et des conseillers, élus pour deux ans. Les huit municipalités sont Parkdale, Alberton, Borden, Georgetown, Kensington, Montague, Souris et Summerside, la plus grande et la plus ancienne. On dénombre aussi 89 villages constitués. Les municipalités sont administrées par un maire et des conseillers, et les villages par un commissaire élu.

Représentation fédérale L'Île est représentée par quatre députés fédéraux, élus dans les circonscriptions d'Egmont, de Malpeque, de Hillsborough et de Cardigan, ainsi que par quatre sénateurs. Lorsque l'Île-du-Prince-Édouard se joint à la Confédération en 1873, on lui accorde six sièges à la Chambre des communes. Toutefois, comme la proportion de sa population par rapport à celle du reste du pays diminue, on ramène ce nombre à cinq en 1892 et à quatre en 1904. En 1911, elle n'a plus droit qu'à trois députés. À la suite de nombreuses protestations, on amende en 1915 l'Acte de l'Amérique du Nord britannique pour énoncer qu'aucune province ne dispose de moins de députés au Parlement qu'elle ne compte de sénateurs. L'Île-du-Prince-Édouard se voit donc dorénavant garantir quatre sièges.

Finances publiques La dépendance de l'Île envers les fonds fédéraux est mise en évidence par le fait que les dépenses fédérales, y compris les paiements aux particuliers, équivalent à une fois et demie celles du budget provincial.

Santé L'Île est relativement bien desservie pour ce qui est des hôpitaux et des établissements de santé, surtout depuis l'avènement d'un régime provincial d'assurance-maladie vers la fin des années 60, qui fournit gratuitement aux usagers des services médicaux et hospitaliers. L'hôpital le plus important est le Queen Elizabeth de Charlottetown. La province compte également huit autres hôpitaux de taille plus modeste. Tout comme dans les autres provinces, les coûts associés aux soins de santé augmentent considérablement.

Politique La stabilité qui caractérise généralement les partis politiques à l'Île-du-Prince-Édouard remonte aux années 1870. Depuis ce temps et jusqu'à aujourd'hui, le Parti libéral et le Parti conservateur dominent la scène électorale. Bien qu'on note l'existence d'une aile provinciale du NPD et que ce parti, et avant lui le CCF, ait présenté depuis les années 40 des candidats aux élections tant fédérales que provinciales, les quelques voix qu'ils remportent sont loin de leur assurer un siège à l'Assemblée législative.

Lorsque l'Île-du-Prince-Édouard se joint à la Confédération, elle possède un système bicaméral: une chambre haute, ou conseil, dont les membres sont élus par les propriétaires, et une assemblée, dont les membres sont élus par les citoyens de sexe masculin. Alors que les provinces s'engagent, à la fin du XIXᵉ siècle, dans un mouvement d'abolition des chambres hautes, l'Île-du-Prince-Édouard est le théâtre d'un compromis exceptionnel. Une assemblée législative unique est créée en 1893, mais chaque circonscription y envoie un conseiller et un député. Les propriétaires élisent le conseiller, et les hommes en âge de voter, pour leur part, choisissent le député. Les gens qui possèdent une propriété dans plus d'une circonscription peuvent voter dans chacune d'elles. Ce système conduit inévitablement à toutes sortes d'abus évidents. Ce privilège dévolu aux propriétaires est maintenu jusqu'en 1963. L'élection d'un conseiller et d'un député dans chacune des circonscriptions a toujours cours aujourd'hui. Les femmes obtiennent le droit de vote en 1922.

À cause de la quasi-égalité du nombre de protestants et de catholiques au sein de la population, pendant longtemps l'usage veut que l'on s'assure, au cours d'une élection provinciale, d'opposer à un candidat un de ses coreligionnaires, mais, au cours des dernières années, cette tradition semble en voie de disparition. En raison de la petitesse des circonscriptions et du partage en groupes presque égaux des appartenances politiques de chacun, la victoire ne tient souvent qu'à quelques voix. Chaque vote est important. Aussi, les candidats restent-ils en contact étroit avec leurs électeurs, particulièrement lorsqu'il est question de distribuer des faveurs. L'avènement du scrutin secret en 1913 diminue l'incidence du patronage, sans toutefois y mettre fin.

Une grande discrétion tend à entourer les débats sur les enjeux politiques. Les changements de gouvernement s'effectuent souvent parce que le parti au pouvoir a fait son temps et «qu'il est temps de donner sa chance au parti adverse». Depuis une dizaine d'années cependant, la politique est devenue une affaire un peu plus complexe. La publicité télévisée ainsi que l'importance grandissante de l'«image» sont des facteurs qui influencent l'Île-du-Prince-Édouard au même titre que les autres provinces.

Éducation

Le système d'écoles publiques naît lors de l'adoption, en 1852, de la *Loi sur l'enseignement gratuit*. Cette loi autorise la création de districts scolaires autonomes dans les localités. Chacun des 475 districts se voit accorder le droit d'y entretenir une école à classe unique, dispensant habituellement l'enseignement aux élèves de la 1ʳᵉ à la 10ᵉ année. Les districts scolaires sont administrés par des commissions locales qui prélèvent des taxes, engagent les professeurs et organisent les services de bénévolat. L'école, tout comme l'église et le magasin général, devient un pôle d'attraction dans chaque collectivité.

Au cours du XIXe et au début du XXe siècles, ce système répond bien aux besoins des insulaires. Pendant l'entre-deux-guerres, cependant, de sérieuses lacunes font surface. Des locaux inadéquats, la quasi-impossibilité de poursuivre des études au-delà de la 10e année (sauf pour les plus fortunés qui peuvent se permettre de poursuivre leurs études à Charlottetown), les salaires dérisoires des professeurs et leur manque de formation autant d'éléments qui attirent l'attention de l'opinion publique. En 1956, les dépenses par habitant relatives à l'enseignement primaire et secondaire sont les plus faibles au Canada, soit 92 dollars comparativement à la moyenne canadienne de 279 dollars. Dans les années 60, les écoles locales, bien qu'elles constituent toujours une facette essentielle de la vie communautaire, ne répondent plus aux normes canadiennes en matière d'éducation.

Le Programme de développement global, qui contient les éléments voulus pour la transformation du système d'éducation, en devient l'instrument privilégié. Dès 1972, on remplace les nombreux petits districts scolaires par cinq conseils régionaux. On amorce la fermeture des anciennes écoles et la construction de nouvelles écoles régionales. Alors qu'on compte 189 écoles en 1971, en 1994 ce chiffre est réduit à 70. On instaure de nouvelles normes qui imposent aux professeurs l'obtention d'un diplôme universitaire, et leur rémunération passe de 5724 dollars en moyenne, en 1971, à 41 199 dollars en 1994.

Grâce à ce processus de regroupement, les installations et les perspectives offertes aux élèves de l'Île s'améliorent de façon notable, mais ce résultat est obtenu au prix d'un affaiblissement considérable de l'étroitesse des liens entre l'école et le foyer, et de la perte de cohésion des petites localités.

En 1994, 24 415 élèves fréquentent les écoles du réseau scolaire public, de la 1re à la 12e année. L'augmentation des dépenses relatives à l'enseignement primaire et secondaire est presque aussi spectaculaire que la diminution du nombre des écoles. En effet, de 30,6 millions de dollars en 1974, elles ont bondi à 124 millions en 1985, et ce niveau est maintenu au début des années 1990. En 1994-1995, ce sont 118 millions de dollars qui sont consacrés à l'enseignement primaire et secondaire. Les budgets, dont la gestion est assurée par le ministère de l'Éducation, sont alloués par le Programme des fondations.

Au début des années 1990, le système d'enseignement fait l'objet d'une réforme additionnelle. En 1994, on impose une nouvelle restructuration aux cinq conseils régionaux, dont le nombre passe à trois (deux pour les anglophones et un pour les francophones).

À l'Île-du-Prince-Édouard, l'enseignement supérieur remonte à la création, en 1834, du Collège Prince of Wales et de l'Université de St-Dunstan en 1855. Séparés en vertu de leur appartenance religieuse, ces deux établissements demeurent de taille modeste jusqu'à leur fusion en 1969 pour former une seule nouvelle entité: l'Université de l'Île-du-Prince-Édouard.

En 1995-1996, 2903 étudiants y sont inscrits à temps plein ou à temps partiel. Le Collège Holland, fondé en 1969, offre pour sa part un grand nombre de programmes de formation professionnelle dans plusieurs municipalités à la grandeur de la province. Il compte 2305 étudiants à temps plein et 8341 à temps partiel.

Vie culturelle

C'est en partie à cause de l'isolement relatif de la province que le riche patrimoine culturel de l'Île-du-Prince-Édouard, si étroitement associé à la vie com-

munautaire, s'est bien conservé. Même au sein de la province, les communications entre les villages acadiens de l'Ouest et les villages majoritairement écossais du Sud-Est étaient peu fréquentes. Bien que l'on note une consolidation, au cours des dernières années, de la langue française et de la culture acadienne, le gaélique a pratiquement disparu. Devant les dangers qui menacent la vie culturelle de la province, de nombreux groupements se sont formés récemment pour maintenir vivant le patrimoine culturel de l'Île.

Le gouvernement provincial leur offre son appui financier et subventionne nombre d'activités. P. ex., non seulement le Musée de l'Île-du-Prince-Édouard et le Conseil du patrimoine administrent-ils des sites historiques mais, en plus, ils s'activent à recueillir et à déchiffrer tout ce qui a trait à la culture matérielle de l'Île. Le Conseil des arts de l'Île-du-Prince-Édouard apporte également aide et encouragement aux initiatives locales d'épanouissement culturel. Tant le Collège Holland que l'Université de l'Île-du-Prince-Édouard agissent à titre de bailleurs de fonds importants sur la scène de la vie culturelle contemporaine de l'Île.

Arts Le Centre des arts de la Confédération est construit en 1964 pour rappeler le souvenir des PÈRES DE LA CONFÉDÉRATION afin de marquer le 100e anniversaire de la CONFÉRENCE DE CHARLOTTETOWN. Important complexe artistique, le Centre abrite trois théâtres, une galerie d'art ainsi qu'une bibliothèque publique. Outre sa très belle collection d'art canadien, la galerie expose de nombreuses œuvres de Robert HARRIS, un portraitiste de la fin du XIXe et du début du XXe siècles, dont le tableau le plus connu reste le portrait des PÈRES DE LA CONFÉDÉRATION. Le théâtre principal, pouvant recevoir 1100 personnes, accueille les comédies musicales canadiennes du FESTIVAL D'ÉTÉ DE CHARLOTTETOWN. À la grandeur de la province, on assiste ces dernières années à une floraison de productions théâtrales locales.

Actuellement, l'Île abrite une communauté artistique des plus actives. On compte, en plus de la galerie du Centre de la Confédération, plusieurs autres galeries privées et publiques. De nombreux écrivains canadiens voient le jour à l'Île-du-Prince-Édouard ou y habitent. La plus célèbre demeure sans doute Lucy Maud MONTGOMERY, l'auteure d'ANNE, LA MAISON AUX PIGNONS VERTS. La plupart des récits de L.M. Montgomery se déroulent dans l'Île et, chaque année, des milliers de visiteurs parcourent les lieux qu'elle a décrits et où elle a vécu.

L'ouverture officielle de l'édifice de la Guilde des arts de l'Île-du-Prince-Édouard remonte à 1994. On y trouve le siège social de nombreux organismes à vocation artistique de la province, y compris celui du Conseil des arts de l'Île-du-Prince-Édouard. Il abrite des studios, une salle à multiples usages pour des représentations, des expositions, des séances de lecture, etc. Enfin, on peut également y suivre des cours d'art.

Communications En plus de disposer d'une station de la chaîne radiophonique anglaise de la Société Radio-Canada, y compris le réseau MF, les habitants de l'Île-du-Prince-Édouard peuvent écouter les émissions télévisées, en anglais et en français, de la Société d'État. Ils reçoivent également la chaîne de télévision CTV, qui ne produit toutefois pas d'émissions régionales. Charlottetown compte deux stations privées de radiodiffusion, et Summerside une. Des entreprises de télédiffusion par câble desservent tous les centres de population de l'Île, à qui elles offrent une gamme variée d'émissions, principalement en provenance des États-Unis.

Dans l'Île, trois quotidiens sont publiés: le *Guardian* (matin) et le *Evening Patriot* (soir) de Charlottetown et le *Journal-Pioneer* de Summerside. Les journaux les plus vivants sont les hebdomadaires *Eastern Graphic*, publié à Montague, et *West Prince*

Graphic d'Alberton. *La Voix acadienne*, hebdo de langue française, est publiée à Summerside.

Lieux historiques Le plus connu des nombreux lieux historiques que recèle l'Île-du-Prince-Édouard est l'édifice PROVINCE HOUSE, où s'est tenue la Conférence de Charlottetown en 1864. Government House, la résidence officielle du lieutenant-gouverneur, est une exquise demeure du début du XIXe siècle, soigneusement restaurée. Il y a également lieu de mentionner Green Gables, la maison de L.M. Montgomery à Cavendish et les lieux historiques pris en charge par le Musée de l'Île-du-Prince-Édouard et le Conseil du patrimoine à Charlottetown, Summerside, Elmira, Port Hill, Basin Head et Orwell Corner. Quant au visiteur qui souhaite admirer le patrimoine architectural de l'Île, il lui suffit de se promener dans les vieux quartiers de Charlottetown et de Summerside ou d'aller se balader en voiture sur les routes de campagne. Un grand nombre de bâtiments du siècle dernier, tant à la ville qu'à la campagne, sont toujours intacts et habités.

Historique

Les premiers habitants de l'Île-du-Prince-Édouard, prédécesseurs des Micmacs, auraient été des populations autochtones ayant occupé l'Île il y a 10 000 ans. Elles y seraient venues par un bras de terre maintenant recouvert par le détroit de Northumberland. Il est fort probable que, par la suite, l'Île ait été constamment habitée. Par ailleurs, des faits semblent indiquer que la chasse et la pêche auraient aussi donné lieu, sur l'Île, à des migrations saisonnières. Les Micmacs occupent la région depuis plus de 2000 ans.

Exploration Le premier Européen à rendre compte de l'existence de l'Île est Jacques Cartier, qui y fait escale, en plusieurs endroits de la côte Nord, au cours de son exploration du golfe, à l'été de 1534. Bien qu'ils ne s'y soient pas établis de façon permanente pendant 200 ans, les pêcheurs français et BASQUES connaissent ses havres et ses baies. Toutefois, aucune trace de leur passage ne subsiste.

Peuplement Le peuplement français sur l'Île, appelée à l'époque Île Saint-Jean, commence aux environs de 1720. Bien que la colonie soit placée sous la juridiction de l'Île Royale, une petite garnison y est stationnée tout près de ce qui est maintenant Charlottetown. Le peuplement est lent et, en 1748, la population atteint à peine 700 âmes. Cependant, à la suite de l'intensification des pressions exercées par les Anglais pour chasser les Acadiens de la Nouvelle-Écosse, lesquelles culminent avec la décision prise, en 1755, de les déporter, la population de l'Île connaît alors une forte augmentation. À la chute de LOUISBOURG en 1758, on trouve environ 4500 colons sur l'Île mais, hormis quelques centaines, les Anglais s'empressent de les forcer à partir, bien que la colonie ne leur soit cédée qu'en 1763, lors de la signature du TRAITÉ DE PARIS.

Sous la tutelle britannique, on anglicise le nom de l'Île, qui devient Island of Saint John. Elle est la première des nouvelles possessions visées par un plan dont le but consiste à arpenter l'ensemble du territoire en Amérique du Nord. Dès 1765, l'arpenteur en chef Samuel HOLLAND dresse un plan détaillé de l'Île, qu'il divise en 67 cantons de 8 000 ha chacun. Presque tous ces lots sont attribués en 1767, lors d'un tirage au sort, à des officiers de l'armée et à des gens que le gouvernement britannique tient à récompenser.

À l'exception de petites parcelles de terre entourant le territoire réservé aux villes, il n'y a pas de terres publiques. On demande aux propriétaires de respecter les modalités de la concession et de s'établir sur leur propriété, mais peu nombreux sont ceux qui s'y efforcent. En conséquence, l'Île regorge de vastes terres inexploitées. Pourtant, ceux qui désirent créer des fermes doivent payer des loyers exorbitants ou acheter des droits.

Certains propriétaires s'objectent à la vente de la moindre parcelle de terre, et les colons se rendent compte que leur subsistance n'est pas plus assurée qu'en Angleterre ou en Écosse, où ils étaient métayers. De plus, il est prévu qu'un impôt foncier, versé par les propriétaires en fonction de la superficie de leur propriété, serve à couvrir les frais d'administration de l'Île. Souvent cet impôt est pratiquement impossible à prélever, et les efforts déployés sur place par le gouvernement pour mettre en vigueur les modalités des concessions sont habituellement rejetés par le gouvernement anglais, influencé en cela par des propriétaires terriens qui, pour la plupart, n'ont jamais mis le pied au Canada.

Le problème des terres demeure le principal enjeu politique de 1767 à la Confédération. Des affrontements entre représentants des propriétaires et métayers tournent souvent à la violence. Toutes les tentatives visant à changer le système sont accueillies en Angleterre par une fin de non-recevoir. Au cours des années 1840, le gouvernement est en mesure de racheter quelques-unes de ces propriétés dans le but de les revendre aux métayers, mais les fonds affectés à cette initiative ont vite fait d'être épuisés.

Malgré ces difficultés, la population s'accroît, passant d'un peu plus de 4 000 habitants en 1798 à 62 000 autour de 1850. Après la Guerre d'Indépendance américaine, il y a un certain afflux de LOYALISTES, mais la majorité des nouveaux venus sont originaires des îles Britanniques. Des propriétaires terriens, comme le capitaine John MacDonald et lord SELKIRK, font venir plusieurs groupes importants d'immigrants d'Écosse, vers la fin du XVIIIᵉ siècle et le début du XIXᵉ. Vers le milieu du XIXᵉ siècle, une proportion considérable des dernières vagues d'immigrants provient d'Irlande.

Gouvernement colonial Après 1758, l'Île est administrée de la Nouvelle-Écosse, à laquelle elle est incorporée en 1763. Mais, en 1769, à la suite de doléances formulées par les propriétaires, on met sur pied une administration distincte comprenant un gouverneur, un lieutenant-gouverneur, un conseil et une assemblée. En 1799, l'Assemblée change le nom de la colonie. L'île est rebaptisée Île-du-Prince-Édouard en l'honneur d'un des fils du roi George III qui, à l'époque, est posté à la garnison militaire de Halifax.

Durant le deuxième quart du XIXᵉ siècle, on assiste à une croissance rapide, qui suscite des revendications pour que l'assemblée élue soit dotée de pouvoirs plus efficaces afin de vaquer aux affaires de la colonie. Bien que la notion de gouvernement représentatif soit en vigueur depuis 1773, l'administration est encore dominée par le Conseil exécutif qui, lui, est nommé. En 1851, on accorde le statut de GOUVERNEMENT RESPONSABLE à la colonie et le premier gouvernement élu est dirigé par George COLES. Toutefois, l'instabilité politique règne: 12 gouvernements se succèdent en 22 ans. La question des terres n'est toujours pas résolue et, de plus, d'autres enjeux comme l'aide aux écoles confessionnelles divisent la population.

Confédération Tenue dans la colonie, la Conférence de Charlottetown de 1864, première d'une série de rencontres qui débouchent sur l'avènement de la Confédération, marque le début d'une période de changements politiques profonds. Des discussions portant sur une alliance des colonies maritimes sont à l'ordre du jour de la rencontre, mais lorsque les représentants canadiens de passage entreprennent d'aborder le concept d'une union élargie, cette proposition suscite un intérêt plutôt mitigé parmi les insulaires.

Au moment où les autres colonies de l'Amérique du Nord britannique forment une nouvelle fédération en 1867, rares sont les habitants de l'Île qui regrettent d'être restés à l'écart. Toutefois, il semble évident que cette attitude distante ne saurait perdurer. En 1873, le poids d'une dette énorme, contractée

pour la construction d'un chemin de fer qui traverse l'Île d'un bout à l'autre, combinée aux pressions exercées par le gouvernement britannique et aux promesses formulées par le gouvernement du Canada, forcent l'entrée de l'Île dans la Confédération.

Parmi les engagements souscrits par les Canadiens pour faire pencher la balance en faveur de la Confédération, on trouve la prise en charge de la dette de la colonie, le maintien de communications à longueur d'année avec la portion continentale du pays et l'octroi de fonds permettant à la colonie de racheter les terres des grands propriétaires et de régler une fois pour toutes la question des terres. Bien que cela ne suscite chez eux que peu d'enthousiasme, la plupart des insulaires acceptent l'union comme un mariage de raison.

L'après-Confédération Au cours de la période qui suit l'entrée de l'Île dans la Confédération, son économie et sa population périclitent. En effet, la combinaison de facteurs tels que les nouvelles technologies et la politique nationale portent sérieusement préjudice à sa prospérité. Bien qu'elle compte une population de 109 000 âmes en 1891, l'appât du gain qu'offrent les perspectives d'emploi dans l'Ouest canadien et au Canada central, de même qu'aux États-Unis, occasionne une importante chute démographique et, au moment de la CRISE DES ANNÉES 30, l'Île ne compte plus que 88 000 habitants. Ses relations avec le Dominion occupent l'avant-plan de la scène politique, alors que l'Île s'efforce d'accroître le niveau d'aide financière du gouvernement fédéral, de maintenir l'importance de la représentation politique qu'elle a obtenue lors de son entrée dans la Confédération et d'établir des communications permanentes avec le reste du pays, selon les promesses formulées en 1873.

Au cours de la première moitié du XXᵉ siècle, son économie se maintient. Sauf l'essor qu'elle connaît, entre 1890 et 1939, l'industrie de l'élevage du renard, peu de changements surviennent, tant en ce qui concerne l'agriculture que les pêches. Cependant, vers le milieu des années 60, la situation se modifie considérablement. On constate une baisse du nombre d'agriculteurs et de pêcheurs, et l'économie, qui a pris du retard par rapport à celle du reste du Canada, fait face à de sérieux ennuis.

Si les insulaires doivent, tout au long du XXᵉ siècle, renoncer peu à peu à l'indépendance dont ils étaient si fiers, la plupart d'entre eux jouissent, par ailleurs, d'un niveau de vie plus élevé. Il y a eu un prix à payer pour obtenir des programmes de soutien à l'enseignement, à la santé et aux services sociaux, des revenus plus élevés et une mobilité accrue, mais ce prix a semblé raisonnable à la majorité des insulaires. Les habitants de l'Île, bien qu'ils regardent le reste du monde «de loin», font bel et bien partie du Canada et ils tirent profit de la sécurité qu'il leur offre.

S. Andrew Robb et H.T. Holman

Île-du-Prince-Édouard, parc national de l' Créé en 1937, il possède une superficie de 18 km² et couvre une étroite bande du littoral de la rive Nord de l'Île-du-Prince-Édouard sur plus de 40 km. Les falaises de grès rouge et les plages qui s'étendent à perte de vue ont comme toile de fond des dunes de sable changeantes, maintenues par les délicates racines des oyats. Des forêts d'épinettes et de bouleaux, habitats du raton laveur, de la mouffette, du renard roux, du rat musqué et du vison couvrent l'intérieur des terres. Les marais salés et les étangs intérieurs abritent les oiseaux de rivage migrateurs. Plusieurs espèces, dont le grand héron, et le pluvier siffleur menacé, nichent dans le parc. Il y a plus de 5000 ans, la région était déjà habitée par le peuple shellfish. À une époque plus récente, les Micmacs passent les étés sur la côte. Les premiers Européens arrivent au XVᵉ siècle. Environ 200 ans plus tard, on s'y installe et l'agriculture et la construction navale s'intensifient. Le parc abrite aussi la Maison aux pignons verts, qui a

inspiré le célèbre roman de Lucy Maud MONTGOMERY, *Anne, la maison aux pignons verts*.

Lillian Stewart

Île-du-Prince-Édouard, question des terres de l' En 1767, le gouvernement britannique décide d'allouer, avant même le début de la colonisation, la presque totalité des terres de l'Île-du-Prince-Édouard à de grands propriétaires qui deviendraient par la suite des locateurs résidents quasi féodaux, payant des redevances à la Couronne afin de financer l'administration et la colonisation de l'île. Cependant, la plupart de ces propriétaires demeurent absents, doivent des arriérés de redevances et ne respectent pas leurs engagements de colonisation. Peu après 1770, les habitants de l'île cherchent à forcer les propriétaires soit à tenir leurs engagements, soit à céder leurs terres à ceux qui en sont en possession effective. En 1780-1781, le gouvernement de l'Île-du-Prince-Édouard, dirigé par Walter PATTERSON, tente de forcer la vente de terres au moyen de la saisie-gagerie (saisie de biens), mais il échoue. Un cercle vicieux irréversible s'était déjà amorcé. L'élite de l'île insiste pour que les conditions de concession, bien qu'irréalistes, soient respectées ou, à défaut, que l'on procède à la confiscation des terres. Les propriétaires, en revanche, insistent sur l'impossibilité de remplir ces conditions en raison des agissements de l'élite et du gouvernement de l'île qui rendent tout investissement précaire.

Escheat (procédure par laquelle des terres non exploitées retournent à la Couronne et font l'objet d'une nouvelle allocation) devient le cri de ralliement du XIXᵉ siècle, en dépit des multiples sens que prend le mot. Sous le lieutenant-gouverneur Edmund Fanning (1787-1804) et ses successeurs immédiats, la confiscation des terres ne suppose guère plus qu'un transfert du droit de propriété du propriétaire absentéiste au propriétaire résident. En 1830, l'admission au droit de vote des catholiques, locataires pour la plupart, favorise cependant l'avènement d'un parti populaire, l'Escheat Party, qui réclame la distribution des terres aux occupants réels. Le gouvernement britannique, éternel protecteur du droit de propriété, s'oppose à la confiscation des terres sans indemnisation. On élimine alors peu à peu les absentéistes en achetant leurs terres.

En 1860, le gouvernement de l'Île-du-Prince-Édouard crée la commission des terres, présidée par Joseph Howe. Chargée de recommander une solution finale au problème, elle fait appel dans son rapport à un prêt impérial de 100 000 livres pour compléter le processus de rachat. Les recommandations du rapport n'ont jamais été appliquées, mais dès les années 1880, la majeure partie de l'Île-du-Prince-Édouard est entre les mains des occupants réels. Le ressentiment au sujet de la question des terres a persisté, surtout envers la Grande-Bretagne, en raison de son refus de respecter la volonté du peuple et, dans certains milieux, à l'égard des gouvernements de l'île qui ont consenti au principe de l'indemnisation.

J.M. Bumsted

Îles-de-la-Baie-Georgienne, parc national des Fondé en 1929, il a une superficie de 25,6 km² et regroupe 59 îles situées au large de la côte sud-est de la BAIE GEORGIENNE.

Histoire naturelle Plusieurs de ces îles austères et balayées par le vent, qui font partie du BOUCLIER canadien, ont inspiré des peintres du GROUPE DES SEPT. Malgré son étendue réduite, le parc abrite plusieurs espèces peu communes. L'île de Beausoleil, la plus vaste du parc, constitue l'un des derniers refuges du massasauga, le seul serpent venimeux présent dans l'Est du Canada. De fait, parmi tous les PARCS NATIONAUX du Canada, celui-ci peut s'enorgueillir d'abriter la plus grande diversité de reptiles et d'amphibiens. Au nombre des autres espèces protégées dignes de mention, on trouve la couleuvre fauve, la couleuvre à nez retroussé et la tortue ponctuée. Le parc accueille également plusieurs espèces végétales rares, dont l'habénaire rotundifolié et l'habénaire de Hooker.

Évolution humaine Voilà 4000 ans, des camps de chasse et de pêche de toutes sortes étaient érigés sur les berges de l'île de Beausoleil par des peuples nomades identifiés à la période du sylvicole inférieur. Vers la fin des années 1800, les OJIBWÉS y élisent domicile.

Installations et services La région est considérée depuis longtemps comme un paradis de la navigation de plaisance. Le parc compte neuf débarcadères, un terrain de camping pour les plaisanciers dans l'île de Beausoleil ainsi que des campings sauvages.

Maxwell W. Finkelstein

Îles-du-Saint-Laurent, parc national des C'est le plus petit PARC NATIONAL du Canada avec une superficie de 4 km². Créé en 1904, il est formé de 19 îles de granit et 85 îlots s'échelonnant de Brockville à Kingston, en Ontario. Les îles du parc sont les sommets d'anciennes collines de l'axe de Frontenac, une bande de granit précambrien reliant le BOUCLIER canadien et les monts Adirondack, dans l'État de New York. Après le retrait des glaciers, les collines ont été inondées par le fleuve Saint-Laurent nouvellement formé, donnant naissance aux MILLE-ÎLES.

Depuis le roc aride, couvert de lichen, jusqu'aux boisés de feuillus luxuriants, les îles du parc recèlent diverses espèces animales et végétales. De nombreuses espèces de plantes sont typiques de régions plus au sud et ne se trouvent nulle part ailleurs au Canada. Pendant longtemps, les Amérindiens y font la chasse et la pêche. Des explorateurs, des traiteurs de pelleteries et des missionnaires y passent. Cependant, les terres peu abondantes ne retiennent pas les colons, des LOYALISTES, avant la fin des années 1770.

Durant la guerre de 1812, la région est une artère militaire vitale. Plus tard, elle devient un havre pour les propriétaires de bateaux et de chalets. En 1904, alors que les chalets envahissent de plus en plus les îles, le gouvernement décide d'en convertir un certain nombre en parc national. On trouve un terrain de camping à Mallorytown Landing.

Lillian Stewart

Illustration La plus ancienne illustration se rapportant au Canada est une vue à vol d'oiseau d'HOCHELAGA et de ses environs, publiée par Giovanni Ramusio à Venise en 1556. Cette vue fantaisiste tient davantage aux idées préconçues de cet artiste inconnu sur la nature du pays entourant la future ville de Montréal qu'à sa source la plus récente, la description effectuée par Jacques CARTIER lors de sa visite au village iroquois en 1535.

Comptes rendus des explorateurs et des commerçants Les représentations graphiques ultérieures des faits bruts tels que rapportés par les explorateurs et les commerçants allaient dépendre de la capacité d'interprétation des graveurs qui devraient reproduire des scènes qu'ils n'avaient jamais vues. On peut en dire autant des croquis sommaires de Samuel de CHAMPLAIN, publiés dans ses récits de voyages entre 1604 et 1632; de Marc LESCARBOT, dans son *Histoire de la Nouvelle-France* (1609); du botaniste J.P. Cornut, dans son *Canadensium Plantarum* (1635-1662); du père François Du Creux, dans son *Historia Canadensis* (1660); et du père Louis HENNEPIN, dans le *Nouveau Voyage d'un païs plus grand que l'Europe* (1698), où l'on trouve la première représentation des chutes Niagara et peut-être la première véritable illustration d'un paysage canadien. Dans chaque cas, une expérience de première main a été rendue par une deuxième ou une troisième personne.

Avant 1760, la Nouvelle-France n'a pas produit d'images gravées qui lui soient propres. On n'y trouvait ni le marché ni les presses nécessaires à l'impression des plaques de cuivre. Toutefois, l'expansion du peuplement britannique dans les Maritimes et au Haut-Canada comprenait non seulement des imprimeurs, des éditeurs et des lecteurs, mais aussi

des artistes et des graveurs. Les vues et les cartes des topographes Thomas Jefferys, Richard Short et du capitaine Hervey Smyth, publiées au début des années 1760, de J.W. DESBARRES, auteur de *The Atlantic Neptune*, dans les années 1770 et 1780, et de Joseph Bouchette, dans les années 1830, témoignent de l'intérêt déclenché en Angleterre par la présence britannique en Amérique du Nord. Ces descriptions d'Halifax, de Québec et d'autres endroits et scènes peuvent être qualifiées d'«illustrations» seulement dans la mesure où elles ont été publiées en plusieurs formats reprographiques, habituellement dans des cartons reliés ou des feuilles volantes, avec un minimum de texte.

Artistes militaires Après la Conquête et la colonisation sont venues l'exploration et l'exploitation du territoire. Pratiquement dès les débuts, les explorateurs des régions de l'extrême ouest du Canada, de l'extrême nord de la côte du Pacifique et du Grand Nord se sentaient dans l'obligation d'appuyer leurs rapports sur des dessins et des aquarelles qu'eux-mêmes ou des collègues réalisaient. Cette pratique, transmise dans les collèges navals et militaires comme discipline permettant d'aiguiser la perception et d'aider à déterminer la position du matériel militaire, s'est étendue grosso modo des années 1770 aux années 1870.

Cette tradition inclut les journaux et les récits de voyages qu'ont publiés des gens comme James COOK (dont l'artiste de bord était John Webber), John MEARES, Samuel HEARNE, George VANCOUVER (dont le *Voyage of Discovery... in His Majesty's Ships Isabella and Alexander*, de 1819, contient une aquatinte d'après un dessin d'un passager clandestin inuit du Groenland, John Sackhouse ou Saccheuse), Edward PARRY, G.F. Lyon, Robert Huish et F.W. BEECHEY.

Il ne fait pas de doute que George BACK a été le plus chevronné parmi les auteurs-artistes associés aux latitudes boréales. Ses aquarelles peintes sur place ont d'abord été reproduites aux côtés de celles du tout aussi talentueux Robert HOOD dans les récits des expéditions arctiques de 1823 et de 1828 de sir John FRANKLIN. Les propres esquisses de Back, gravées par Edward Finden, illustrent son ouvrage *Narrative of the Artic Land Expedition to the North of the Great Fish River...* (1836), mais les difficultés de son dernier voyage, qui a failli tourner au désastre et qu'il raconte dans *Narrative of an Expedition in HMS Terror... in the Years 1836-37*, l'ont forcé à confier le rôle de dessinateur à son premier lieutenant William Smyth.

La disparition de l'expédition de 1845 de sir John Franklin a suscité parmi le public un regain de fascination pour les régions polaires et subpolaires, comme en témoignent maints récits illustrés. Au tournant du siècle, cependant, après qu'on eut atteint le pôle Nord et réalisé la traversée du PASSAGE DU NORD-OUEST, l'attention des lecteurs et des éditeurs s'est tournée vers l'Antarctique. L'archipel Arctique ne sera pas reconnu par le Canada avant les expéditions à vocation artistique de membres du GROUPE DES SEPT dans les années 1920 et 1930.

Vers les années 1770, un nouveau genre avait fait son apparition: les récits illustrés de voyages terrestres et leurs versions fictives et poétiques (*voir* LITTÉRATURE DE LANGUE FRANÇAISE SUR LES EXPLORATIONS ET LES VOYAGES). L'arrivée dans le Nouveau Monde d'entrepreneurs, de colons, de touristes, de naturalistes, d'arpenteurs et de traiteurs de pelleteries qui avaient un penchant pour la rédaction de journaux personnels et de descriptions a donné lieu à une abondante littérature. Le plus souvent, ce matériel imprimé était accompagné de gravures et de lithographies représentant des paysages, des édifices et des gens rencontrés au cours de voyages le long des cours d'eau et des pistes, des routes et des chemins de fer qui menaient plus avant vers l'ouest.

Le plus plaisant de ces volumes, du point de vue artistique aussi bien que littéraire, est probablement *Travels Through the Canadas* (1807), de George HERIOT, un amateur qui représente avec talent le style pittoresque alors en vogue.

Deux publications particulièrement réussies et influentes ont paru à Londres en 1842: *Sketches in the Canadas*, de Coke Smyth, et *Canadian Scenery from Drawings by W.H. Bartlett*, de N.P. Willis, la première illustrée de lithographies et la seconde de gravures. Au milieu du siècle, l'intérêt des Britanniques a toutefois commencé à s'estomper, et les éditeurs nord-américains ont pris la relève et publié des guides de voyage et des ouvrages à l'intention des immigrants, des récits et des collections de vues destinés aux Européens et, de plus en plus, aux lecteurs locaux.

Introduction de l'imprimerie L'arrivée de l'imprimerie en Nouvelle-Écosse et au Québec dans les années 1760 et 1770 et dans le Haut-Canada dans les années 1790 n'a pas bien servi à l'origine les artistes en arts visuels. Ce que l'on considère comme la première image imprimée du Canada, une vue d'Halifax, a été publiée dans le *Nova Scotia Calendar* de 1776.

On pense que les premières gravures de paysages réalisées au Canada ont été publiées en 1792 dans *La Gazette de Québec* de John Neilson. Il s'agit d'une vue de Québec et une autre des chutes Montmorency produites respectivement par J. Painter et J.G. Hochstetter. Le premier portrait gravé connu, également de Hochstetter, a été publié la même année dans le *Quebec Magazine*. La capitale du Bas-Canada est demeurée le foyer des arts graphiques et de l'imprimerie jusqu'à l'essor de Montréal dans les années 1850, puis de Toronto dans les années 1870 et 1880.

The Picture of Quebec, un ouvrage rédigé et illustré par George Bourne, a été publié à Québec en 1829 par David Smillie & Sons. En 1830, Adolphus Bourne a fait paraître des vues de Québec par R.A. Sproule, et puis Thomas Cary and Sons ont publié en 1831 *Quebec and its Environs* du topographe militaire James P. COCKBURN. À Montréal a paru *Hochelaga Depicta* (1839) de Bosworth Newton, qui comprend des lithographies d'après des peintures de James D. DUNCAN, et à Toronto, *The British American Cultivator* (1842), présentant des gravures sur bois de Frederick C. Lowe.

Jusqu'à cette époque, le manque de graveurs et de lithographes formés à reproduire les dessins ou les peintures entravait l'amélioration des standards de publication des illustrations. Il fallait habituellement envoyer le travail en Europe ou aux États-Unis, jusqu'à ce qu'on parvienne à attirer au Canada des praticiens étrangers rompus à cette discipline. Bien qu'inventée en 1776, la lithographie est apparue dans le Haut-Canada seulement en 1830, quand Samuel Tazewell a établi à Kingston une presse lithographique qui a connu une courte existence.

C'est à Hugh Scobie, de Toronto, que revient le mérite d'avoir fait un succès de la nouvelle technologie. Toutefois, les possibilités de ce mode de reprographie encombrant mais économique n'ont commencé à être véritablement explorées qu'avec l'arrivée au milieu du siècle de la lithographie sur pierre grisée et, par la suite, de la chromolithographie et de leur complément, la presse rotative à vapeur. Encore en 1859, Paul KANE, auteur de l'ouvrage illustré sans doute le plus important du XIXᵉ siècle, *Wanderings of an Artist*, a dû faire appel à un éditeur de Londres pour s'assurer que ses peintures et ses aquarelles soient correctement transposées en chromolithographie et en gravure sur bois.

Agnes Dunbar Chamberlin a dû se contenter de colorier à la main les lithographies noir et blanc tirées de ses aquarelles pour illustrer *Canadian Wild Flowers* (1868) de Catherine Parr TRAILL, qui n'a été tiré en chromolithographie qu'en 1885.

Au début, la lithographie servait le plus fréquemment à illustrer les atlas de comté. Plus tard, on l'a adaptée à la création d'affiches et de panneaux publicitaires, de cartes de qualification et d'étiquettes. La Toronto Lithographing Co. se spécialisait dans tous ces domaines et pouvait se vanter, dans les années 1890, d'être l'une des entreprises les plus vastes et les plus avancées en Amérique du Nord dans ce secteur. Son service artistique employait un certain nombre des artistes illustrateurs les plus connus de l'époque, dont W.D. Blatchly, William Bengough, J.D. Kelly, C.W. JEFFERYS et J.E.H. MACDONALD. En 1909, la compagnie a été achetée par la Stone Ltd., qui, à son tour, s'est associée à Rolph and Clark pour former en 1917 la Rolph, Clark, Stone. Hamilton, Montréal et Ottawa comptaient aussi d'importants ateliers de lithographie.

Gravure sur bois C'est John Allanson, originaire de Newcastle et élève de William Bewick, maître de la taille-blanche, qui a apporté la gravure sur bois à Toronto en 1849. Son *Anglo-American Magazine* et son *Canadian Journal*, tous deux lancés en 1852, comprennent des illustrations de Hamilton, de Kingston et de Toronto. La qualité demeurait variable, cependant, jusqu'à ce que Frederick Brigden père immigre de Londres à Toronto. Rachetant la compagnie de ses partenaires, les frères Beale, il l'a d'abord rebaptisée la Toronto Engraving Co. et ensuite Brigden's Ltd., se spécialisait dans les catalogues, les journaux et les périodiques.

La compagnie s'est adaptée aux nouveaux procédés photomécaniques qui ont vu le jour dans les années 1880 et a prospéré sous la direction de son fils, l'artiste F.H. Brigden. La Brigden's a ouvert une succursale à Winnipeg qui, comme la maison de Toronto, a attiré plusieurs illustrateurs connus qui ont aussi acquis une réputation comme peintres et graveurs d'art, dont Charles COMFORT, H.E. Bergman et Fritz BRANDTNER.

La rareté de graveurs experts à Montréal et le nombre croissant de photographes qualifiés peuvent avoir incité le graveur William A. Leggo à concevoir le tout premier procédé de similigravure, le leggotype, en 1869. Cette année-là, le premier magazine au monde imprimé en similigravure paraît dans le premier numéro du *Canadian Illustrated News* (CIN), publié par G.-É. DESBARATS. La revue a survécu jusqu'en 1883 et était illustrée de leggotypes jusqu'en 1871, année où des problèmes techniques ont forcé Desbarats à retourner à la gravure au trait comme technique de base.

Parmi d'éminents illustrateurs à son service, on compte William Cruikshank et F.M. BELL-SMITH, qui couvraient la scène torontoise, et Henri JULIEN, qui couvrait Montréal hebdomadairement. Même si son lectorat potentiel et ses clients de publicité étaient insuffisants pour soutenir une entreprise aussi ambitieuse, le journal a eu des imitateurs, y compris *L'Opinion publique*, de Desbarats lui-même (qui partageait le contenu visuel avec le CIN, mais gardait son indépendance éditoriale), le *Dominion Illustrated News*, le *Canadian Graphic* et le SATURDAY NIGHT, qui a célébré son centième anniversaire de publication ininterrompue en 1987.

Grip était une revue consacrée à la politique et publiée par J.W. BENGOUGH. Auteur de *A Caricature History of Canadian Politics* (Toronto, 1886), il a mis sur pied la Grip Printing and Publishing Co. qui, en collaboration avec la Toronto Litho Co., a fait paraître le *Canadian War News*, couvrant la Rébellion du Nord-Ouest de 1885. Grip Ltd., la compagnie de graphisme qui était née de la maison d'édition, en est venue à employer Tom THOMSON et la plupart des membres du Groupe des Sept, tous formés comme photograveurs, lithographes ou illustrateurs.

Le départ de leur directeur artistique, A.H. Robson, en 1912 les a incités à le suivre chez Rous and Mann Limited, une entreprise rivale, ou à tenter de faire carrière à plein temps comme peintres de la nature sauvage canadienne. Franklin CARMICHAEL et A.J. CASSON, deux membres du Grou-

pe, ont plus tard été attirés chez le chef de file en sérigraphie à Toronto, Sampson-Matthews.

Picturesque Canada a été la plus ambitieuse aventure d'édition de gravure sur bois au pays. Comprenant des textes de George Monro Grant, la publication a paru en série en 1882-1884 chez Art Publishing Co. et sous la forme d'un livre en deux volumes en 1884. Les éditeurs, H.R. et R.B. Belden, étaient des expatriés américains qui avaient débuté au Canada dans la production d'atlas illustrés de comté.

Le directeur artistique, L.R. O'BRIEN, a commencé à choisir ses sujets et à confier des commandes à des artistes et à des graveurs dès 1880. Il a soulevé la controverse presque aussitôt. Il prétendait que, en raison du manque de Canadiens qualifiés, il fallait faire appel à des étrangers pour dépeindre le pays, ce qui a mis en furie son principal rival, John A. FRASER, et précipité le départ de celui-ci pour les États-Unis en 1882.

Les collaborateurs canadiens de la publication étaient O'Brien lui-même, Fraser, Henry Sandham, O.R. Jacobi, le marquis de LORNE, William RAPHAEL, F.M. Bell-Smith et Robert HARRIS. Le groupe des Américains, à la tête duquel se trouvaient Frederick B. Schell et J. Hogan, était beaucoup plus nombreux que sa contrepartie canadienne.

Reculs dans les années 1870 et 1880 La déception causée par *Picturesque Canada* et les dépressions économiques des années 1870 et 1880 ont poussé de plus en plus de Canadiens à émigrer vers le sud, à l'instar de Fraser et de Sandham, qui obtenaient un certain succès à titre d'illustrateurs de livres et de périodiques dans les dernières décennies de ce qu'on a appelé l'«âge d'or du noir et blanc». Leur percée sur le marché américain a incité un nombre croissant d'artistes à tenter d'obtenir des emplois bien rémunérés en tant qu'illustrateurs de revues, de journaux et de livres.

La vague, qu'avaient prévue le caricaturiste Palmer COX (créateur des «Brownies»), le portraitiste Wyatt Eaton et le peintre animalier et écrivain Ernest Thompson SETON incluait le frère de J.A. Fraser, W.L. Fraser, qui publiait le *Century Magazine*, Jay Hambidge, qui deviendra un important théoricien de l'art, Charles Broughton et William Bengough, dont le départ de Toronto en 1892 a motivé ses contemporains C.W. Jefferys, David F. Thomson et Duncan McKellar à emboîter le pas.

Bien que plusieurs soient rentrés au Canada à cause du mal du pays et du remplacement des illustrateurs par les photographes, quelques élus sont restés pour récolter les fruits à venir: Arthur Crisp, Arthur William Brown, Harold Foster, Robert Fawcett et Norman M. Price, ce dernier, illustrateur de livres et de revues, s'étant distingué à London comme membre fondateur des Carlton Studios. Cette maison de graphisme innovatrice, versée dans la publicité et l'édition et fondée en 1902, avait été conçue par quatre anciens employés de Grip Ltd. et membres de la Toronto Art Student's League, c.-à-d. Price, A.A. Martin, Arthur Goode et T.G. Greene, et a employé J.E.H. MacDonald de 1904 à 1907. Le père adoptif de Martin, Thomas Mower Martin, a peint des aquarelles de paysages pour *Canada* (1907), de Wilfred Campbell, le successeur le plus luxueux de *Picturesque Canada*, dont la couverture portait le logo des Carlton Studios.

La Toronto Art Student's League (fondée en 1886) a également soutenu la cause de l'illustration canadienne et du nationalisme canadien avec ses calendriers souvenirs annuels publiés entre 1893 et 1904. Parmi ceux qui ont activement collaboré à la réalisation des bordures décoratives, de lettrages et de dessins, qui après 1895 portaient sur des thèmes explicitement canadiens, on compte C.W. Jefferys, C.M. Manly, Robert Holmes, F.H. Brigden, A.H. Howard, D.F. Thomson, J.D. Kelly, T.G. Greene, A.A. Martin, Norman Price et J.E.H. MacDonald. La conception des couvertures «art nouveau» de R.W.

Crouch, dont par ailleurs on sait peu de choses, est spécialement remarquable.

Destinés à faire connaître non seulement les talents de ses collaborateurs aux clients et aux critiques éventuels, mais aussi le degré de qualité de la reproduction atteint par leurs imprimeurs, les calendriers sont la preuve que le passage de la gravure manuelle à la photogravure n'a pas été désastreux, comme certains adversaires de ce nouveau moyen de diffusion l'avaient prédit. S'ils trahissent l'influence des meilleurs illustrateurs et concepteurs américains et européens de l'époque, ils recèlent néanmoins un caractère local particulier autant dans leur style que dans leur contenu.

Bien que la Toronto Art Student's League ait été dissoute en 1904 pour être remplacée par le Maulstick Club, le Graphic Arts Club (plus tard, la Société canadienne des arts graphiques) et l'Arts and Letters Club, son héritage a survécu non seulement dans le travail de son membre le plus prolifique et le plus connu, Jefferys, mais aussi dans les peintures, les illustrations et l'enseignement de Manly, de Holmes, de Brigden et de MacDonald, chef spirituel du Groupe des Sept.

Jefferys est devenu l'illustrateur le plus polyvalent, passé maître dans le domaine de l'éditorial et du livre aussi bien que dans le journal et la publicité. *Uncle Jim's Canadian Nursery Rhymes* (1908), réunissant des textes de David BOYLE et des dessins de Jefferys, pourrait bien être le premier album illustré en couleur pour enfants du Canada, mais en raison de la faillite de son imprimeur britannique, il n'a jamais été distribué dans son pays d'origine.

De la même façon, ses illustrations les plus réussies sont les dessins à la plume qu'il avait préparés pour un projet d'édition des œuvres de Thomas Chandler HALIBURTON en 1915 (le projet a avorté, mais il sera mené à terme en 1956, après sa mort, sous le titre de *Sam Slick in Pictures*). Les seuls artistes historiques qui s'avéraient de concurrents sérieux étaient ses contemporains J.D. Kelly, connu surtout pour sa série de peintures réalisées pour la Confédération, une compagnie d'assurance-vie, et le successeur de Kelly, Rex Woods, probablement l'illustrateur le plus accompli sur le plan technique. Ses pendants québécois étaient Henri Julien (comme maître du dessin à la plume) et E.-J. MASSICOTTE qui, après 1918, a produit des centaines de dessins, de peintures et de gravures décrivant la vie et les coutumes de l'habitant canadien-français.

Ces sujets étaient la spécialité de F.S. Coburn, reconnu comme illustrateur pour ses interprétations à l'huile et à la plume de la poésie en dialecte de W.H. Drummond, publiée à New York par G.P. Putnam's Sons. L'authenticité ethnique est mieux rendue dans les images du peintre symboliste Ozias LEDUC parues dans *Claude Paysan* (1869), du Dr E. Choquette, et dans *Contes canadiens* (1899), de Benjamin Sulte; dans les motifs décoratifs de J.C. Franchère illustrant ses *Chansons canadiennes* (1907); et dans les œuvres de M.-A. SUZOR-COTÉ parues dans l'ouvrage de fiction le plus fréquemment illustré du Québec, *Maria Chapdelaine* (1916), de Louis HÉMON.

Les très belles peintures à la tempera de Clarence GAGNON produites pour une édition parisienne de luxe de ce roman constituent probablement la plus belle série d'illustrations de livre réalisée au pays, bien que les illustrations de Gagnon pour *Le Grand silence blanc* (1929), de L.F. Pouquette, les suivent de près.

Illustration et conception graphique au début du XXe siècle Les artistes canadiens-anglais «reconnus» ne dédaignaient pas non plus l'illustration et la conception graphique dans le premier tiers du XXe siècle. Ils étaient d'ailleurs encouragés à s'y adonner par les politiques éditoriales et artistiques éclairées d'éditeurs aussi compréhensifs que MCCLELLAND AND STEWART INC., Ryerson Press (sous la direction du Dr Lorne PIERCE), Ottawa's Graphic Press,

ILLUSTRATION 1234

Macmillan (Canada), J.M. Dent (Canada) Ltd., Musson et Rous and Mann Press Ltd.

Les membres du Groupe des Sept, J.E.H. MAC-DONALD, F.H. VARLEY, A.Y. JACKSON, Arthur LISMER, F.H. JOHNSTON, Frank CARMICHAEL et Edwin HOLGATE, ont tous apporté une importante contribution à la modernisation du livre illustré dans les années 20 et 30, tout comme leurs contemporains Stanley Turner, W.J. PHILLIPS, Bertram BROOKER, J.W.G. MACDONALD, Robert Pilot, Charles COMFORT et A.C. Leighton.

Par son travail en noir et blanc hautement caractéristique pour *Canadian Forum*, Ryerson Press et sa propre entreprise, Woodchuck Press, Thoreau MAC-DONALD, fils de J.E.H. MacDonald, mérite le titre de concepteur graphique et illustrateur de livres le plus expérimenté et le plus aimé au Canada. Sa production s'étend sur six décennies, des années 20 aux années 70. Bien que beaucoup imitée, elle n'a jamais été égalée.

Au cours des deux guerres mondiales, les graphistes du Canada, tout comme les peintres et les sculpteurs, ont été appelés à appuyer l'effort national en collaborant aux campagnes de propagande organisées par le gouvernement fédéral et l'industrie (*voir* ARTISTES DE GUERRE). C'est par l'affiche que leur contribution s'est le plus visiblement exprimée, et Arthur Keillor a été le plus talentueux d'entre eux au cours de la Première Guerre mondiale, tandis que Harry Mayerovitch, un protégé de John GRIERSON de l'Office national du film, s'est distingué au cours de la Seconde Guerre mondiale.

L'illustration après la Seconde Guerre mondiale

Après la Seconde Guerre mondiale, l'illustration de revues a connu une brève période de croissance, tant pour les besoins éditoriaux que pour ceux de la publicité, inspirée du modèle américain, quoique les médias imprimés populaires soient de plus en plus dominés par la photographie. Plusieurs artistes de cette période se sont taillé une réputation enviable à titre d'illustrateurs et de concepteurs graphiques, y compris des peintres qui exposaient régulièrement dans la tradition du double emploi établie au Canada dans les années 1880 et 1890, p. ex., Franklin Arbuckle, William Winter, J.S. Hallam, Jack BUSH, Oscar CAHÉN et Harold TOWN.

L'attrait des États-Unis s'est de nouveau fait sentir chez plusieurs des artistes de grand talent. À la différence de son ex-compatriote Doug Johnston, qui est parvenu au sommet de sa profession à New York dans les années 70, James Hill est revenu dans sa ville natale de Toronto à la fin de la même décennie. Même si le marché de l'art commercial au Canada était moins lucratif, la concurrence y était aussi moins féroce que chez son voisin américain.

L'illustration de périodiques a connu une renaissance dans les dernières décennies, grâce à environ une demi-douzaine de directeurs artistiques qui ont donné leur chance à une nouvelle génération d'artistes. Grâce aux places vacantes laissées par leurs patrons et leurs mentors partis dans le Sud, plusieurs jeunes artistes en ont profité pour faire leur entrée dans les magazines sur papier glacé à gros tirage. La précarité du milieu de l'édition canadienne, illustrée par la disparition de publications anciennes comme *Liberty*, *Canadian Home Journal*, *Mayfair* et *Weekend Magazine*, indique qu'il existe peu de marchés sûrs pour du travail de qualité et que les salaires sont relativement faibles. Actuellement, et sans doute pour un certain temps encore, le plus haut degré d'expérimentation et d'innovation se trouve dans le champ spécialisé de l'infographie.

Au cours des 30 dernières années, l'illustration de livres s'est de plus en plus confinée à la LITTÉRATURE POUR ENFANTS et aux manuels scolaires, d'une part, et aux livres d'artiste à tirage limité, d'autre part. Parmi les noms les plus notoires associés à la première catégorie des années 50 jusqu'aux années 70 figurent Fred J. Finley, Selwyn Dewdney, John A. Hall, Leo Rampen, John Marden, Lewis Par-

ker, Vernon Mould, Frank Newfeld, Carlos Marchiori, Elizabeth Cleaver et Laszlo Gal. Plusieurs d'entre eux sont également les auteurs des livres qu'ils ont illustrés. C'est le cas de R.D. Symons, Annora Brown, Illingworth KERR, Clare Bice, James HOUSTON, William KURELEK, Shizuke Takashima, Ian Wallace et Ann BLADES.

Bice, Kerr et Kurelek sont représentatifs des peintres sérieux et des graveurs qui, au cours des dernières décennies, ont réussi des incursions dans le domaine de l'illustration de livres. On peut aussi mentionner Jean-Paul LEMIEUX, D.C. MacKay, Jack SHADBOLT, Eric Aldwinckle, Philip Surrey, Allan Harrison, Lorne Bouchard, Saul Field, Laurence Hyde, Joe Rosenthal, Aba BAYEFSKY, Louis de Niverville, Dennis BURTON, Tony URQUHART, Gordon RAYNER, Greg CURNOE, Vera FRENKEL, Paul Fournier, Charles Pachter et Glenn Priestley.

Parallèlement à ce phénomène, on trouve un nombre grandissant de livres illustrés (et parfois écrits) par les autochtones du Canada. Le genre a commencé avec *Raven's Cry* (1966), de Christie Harris, illustré par Bill REID, et *Son of Raven, Son of Deer* (1967), de George CLUTESI, et s'est enrichi de nombreux nouveaux venus: les peintures de Norval MORRISSEAU dans *Windigo and Other Tales of the Ojibways* (1969), de H.T. Schwartz; *Pitseolak: Pictures Out of My Life* (1971) d'Ashoona PITSEOLAK; les images de Francis Kagige dans *Tales of Nokomis* (1975), de Prunella Johnston; *People from Our Side* (1975), de Peter PITSEOLAK; et *Qikaaluktut: Images of Inuit Life* (1986), de Ruth Tulurialik.

Dans la tradition instaurée par E.S. Thompson est apparue une école dite des «peintres animaliers» dont le travail, tout en détails, se situe plus près de l'illustration que des beaux-arts. Leur production s'est retrouvée entre les couvertures de piles de livres in-folio tout en couleur, dont la plupart ont été imprimés en dehors du Canada. Les plus connus de ces artistes naturalistes sont les peintres d'oiseaux J. Fenwick Lansdowne et T.M. SHORTT, suivis de George Maclean, Glen Loates, Robert BATEMAN et leurs nombreux imitateurs.

De nos jours, peu d'illustrateurs canadiens, s'il s'en trouve, peuvent vivre exclusivement de leur art dans le secteur des publications ou celui des livres. La survie de l'illustration comme métier et comme art repose sur l'amour et le respect que lui vouent une poignée d'éditeurs, d'auteurs, de critiques, d'historiens, de collectionneurs, de lecteurs et d'artistes qui entretiennent la flamme.

Certains artistes du monde de l'édition et de la publicité ont mené une carrière internationale dans les années 70 et 80, comme Barry Blitt, Bill Boyko, David Chestnutt, Julius Ciss, Heather Cooper, Ken Dallison, Blair Drawson, Gail Geltner, Roger Hill, Tina Holdcroft, Doug Johnson, Anita Kunz, Doug Martin, John Martin, Willi Mitschka, Dennis Noble, Ken Nutt, Bill Russell, Joe Salina, Mark Summers, James Tughan, Barry Zaid et Hans Zander. Cependant, comme toutes les autres formes d'art, l'illustration a durement souffert de la récession qui a frappé l'Amérique du Nord dans la dernière partie des années 80.

Les débouchés pour le travail de grande qualité (et bien rémunéré) ont grandement diminué, les cachets ont chuté de façon draconienne, et l'utilisation des archives photographiques, des images d'archives du domaine public et de l'infographie a augmenté, en même temps que les annonceurs, les éditeurs et les directeurs artistiques cherchaient à réduire les dépenses et à maximiser le pouvoir d'achat de leurs budgets réduits. Les revues et les journaux ne pouvaient pas espérer concurrencer la télévision, même si des études ont montré que la presse écrite était un meilleur véhicule pour la transmission de certains messages et que les images fixes, combinées aux caractères, avaient un effet plus

durable sur certains auditoires que les commerciaux en prise de vue réelle et en images animées.

Pour se maintenir à flot durant cette période difficile, de nombreux illustrateurs ont formé des collectifs ou mis des studios sur pied, ont abandonné le domaine éditorial pour celui de la publicité, ont développé de nouvelles habiletés, se sont pris des agents ou ont complètement changé de profession. Les conditions se sont quelque peu améliorées dans les années 90, du moins au Canada central et en Colombie-Britannique. Toutefois, la rémunération est encore bien inférieure aux sommets vertigineux des années 70 et 80, et le marché des périodiques n'est plus que l'ombre de ce qu'il était.

Les revues qui commandent régulièrement des illustrations sont relativement peu nombreuses: *Saturday Night*, *Owl*, *Equinox*, *Canadian Homemaker* et le défunt magazine *Idler*. Les illustrateurs peuvent faire valoir leur travail dans des revues professionnelles comme *Creative Source*, *Studio* et *Applied Arts* et leurs pendants internationaux (*The Art Annual*, *Communication Arts* et *Graphis*). Ils peuvent aussi participer à des concours annuels, comme les prix de l'Art Directors' Club of Toronto, les National Magazine Awards, les *Studio* Magazine Awards et les prix Applied Arts Hotshots, et être membres du regroupement des Canadian Artists and Photographers in Communications (CAPIC), de la Society of Illustrators et de l'American Institute of Graphic Arts (AIGA).

L'association des CAPIC ne fait pas que représenter plusieurs des meilleurs illustrateurs du pays, elle offre aussi un précieux service au plan historique en conservant des archives d'illustrations et en organisant chaque année le CAPIC Lifetime Achievement Awards. Au cours des 10 premières années, les illustrateurs suivants en ont été les récipiendaires: Franklin Arbuckle (1986), Clarence Gagnon (1987), Oscar Cahén (1988), James Hill et C.W. Jefferys (récipiendaire de l'Ivor Sharpe Award en hommage posthume; 1989), Will Davies (1990), Don Anderson (1991), Tom Bjarnason (1992), Lewis Parker (1993), Ken Dallison (1994) et Gerald Lazare (1995).

La Toronto's Reactor Art & Design Ltd., fondée en 1982 par Louis Fishauf et Bill Grigsby, a été une des entreprises les plus réussies de la fin des années 80 et des années 90. Comme les Carlton Studios 80 ans plus tôt, la Reactor fonctionne en intégrant parallèlement le design graphique pour les médias et l'atelier d'illustration. Elle comporte aussi une agence de publicité, un centre d'information, une maison d'édition et une galerie d'exposition et de vente d'œuvres originales et de reproductions. Au nombre des membres importants de son écurie, on compte Jamie Bennett, Roxana Bikadoroff, Blair Drawson, Bob Fortier, Gail Geltner, John Hersey, Tom Hunt, Jeff Jackson, Jerzy Kolacz, Ross MacDonald, Simon Ng, Tomio Nitto, Bill Russell, Fiona Smyth, Jean Tuttle, Maurice Vellekoop, Tracy Wood, Ren, Zamic et Andreas Zaretzki. Sharpshooter, également de Toronto, qui représente des illustrateurs tels que Christine Bunn, Jacobson Fernandez, Anita Kunz et Wendy Wartzman, constitue un autre type, plus petit, de «maison d'art» ou d'agence.

On trouve partout au Canada un certain nombre d'adaptations à plus petite échelle de la formule de Reactor, selon laquelle un individu ou un atelier offre sous un même toit divers services, comme l'illustration, la conception, le lettrage et la composition. Cette façon de faire procure au client l'avantage de tout trouver en un seul lieu et à l'artiste et concepteur celui de contrôler tous les aspects de son travail, produisant des œuvres plus intégrées et plus personnelles, comme c'est le cas, p. ex., de Neville Smith d'Ottawa, de Bob Hambly, Bill Frampton et San Murata de Toronto et de Barbara Klunder de Vancouver.

Malgré les conditions démographiques défavorables à une telle réussite, les illustrateurs canadiens de livres pour enfants jouissent aujourd'hui d'une renommée mondiale au moins égale à celle des auteurs de livres pour enfants, comme on peut le constater par leur présence très remarquée à des événements comme la Foire du livre de jeunesse de Bologne et par les ventes de droits internationaux, qui ont lieu chaque année. Bien que des éditeurs visionnaires soient les premiers responsables de ce succès, la Société canadienne des auteurs, illustrateurs et artistes pour enfants (CANSCAIP), fondée à Toronto en 1977, a aussi joué un rôle déterminant dans la promotion des talents canadiens, tant au pays qu'à l'étranger, et dans l'établissement de partenariats entre les différents créateurs et éditeurs d'œuvres culturelles pour enfants.

D'autres facteurs ont également participé à ces progrès:

- le nombre croissant d'éditeurs de livres illustrés pour enfants, comme Annick Books, Groundwood Books (une marque de Douglas & McIntyre), Kids Can Press, Scholastic Canada Ltd.;

- des vitrines comme le Milk International Festival for Children, l'événement littéraire Word on the Street, présenté annuellement rue Queen, à Toronto, et diverses autres foires provinciales du livre;

- des services comme le Canadian Children's Book Centre (qui publie *Children's Book News*) et la Boys' and Girls' House de la Toronto Public Library qui, avec les collections «Osborne and Lillian H. Smith», s'enorgueillissent de réunir l'une des plus grandes collections de livres pour enfants au monde;

- la publication de livres de référence tels que *The New Republic of Childhood* (1990), de Sheila Egoff et Judith Saltman, *Meet Canadian Authors and Illustrators* et le CANSCAIP *Companion*;

- l'apparition d'agents spécialisés dans la représentation d'illustrateurs et d'auteurs;

- les catégories «images» de divers prix honorant les contributions à la littérature pour enfants, comme le Mr Christie Award, le prix Smarties, l'Elizabeth Cleaver Award, le Ruth Schwartz Award, le Vicky Metcalf Award, l'IODE Book Award, l'Ontario Library Association's Silver Birch Award, le prix du livre de l'année de la Canadian Library Association, le R. Ross Arnett Award en littérature pour enfants, le McNally Robinson Award et, sans doute les plus importants, les prix du Gouverneur général en littérature de jeunesse (illustration), administrés par le Conseil des Arts du Canada.

Les premiers gagnants du prix du Gouverneur général, instauré en 1987, ont été Marie-Louise Gay et Darcia Labrosse. En 1988, les gagnants ont été Kim LaFave et Philippe Béha; en 1989, Robin Muller et Stéphane Poulin; en 1990, Paul Morin et Pierre Pratt; en 1991, Joanne Fitzgerald et Sheldon Cohen; en 1992, Ron Lightburn et Gilles Tibo; en 1993, Mireille Levert et Stéphane Jorisch; en 1994, Murray Kimber et Pierre Pratt. Le gagnant du Ruth Schwartz Award de 1994, *Northern Lights, The Soccer Trails*, de l'écrivain inuit Michael Kusugak et illustré par Vladyana Krykorka, a été sélectionné pour l'Aesop Accolade List. C'était la première fois que l'American Folklore Society accordait cet honneur à un livre publié hors des États-Unis.

L'illustratrice canadienne de livres pour enfants qui a connu la plus grande renommée auprès du public et parmi ses pairs est sans doute Barbara Reid, gagnante de nombreux prix et récompenses, dont l'Elizabeth Cleaver Award de 1993 et le prestigieux Ezra Jack Keats Award. Michael Martchenko, ancien directeur de la création dans une compagnie de publicité, est une autre vedette internationale de l'illustration. En 1980, il a commencé à illustrer les livres pour enfants de Robert MUNSCH, le plus grand vendeur mondial de livres de jeunesse. Si le matériau préféré de Reid est la plasticine, qu'elle modèle en figures tridimensionnelles complexes reproduites en photo, Martchenko utilise des techniques plus traditionnelles comme le crayon et l'aquarelle. La Montréalaise Suzanne Dansereau collabore aussi avec Munsch. Elle est l'auteure d'une

série de timbres souvenirs soulignant l'Année internationale de la famille, en 1994.

Le contenu visuel des livres éducatifs et de référence pour les enfants canadiens n'a pas été particulièrement remarquable depuis les années 50. On constate cependant une amélioration notable depuis la fin des années 80, nulle part plus évidente que dans *The Story of Canada* de Janet Lunn et Christopher Moore, dont Alan Daniel a signé les illustrations couleur pleines d'action et aux détails ravissants. Publié en 1992 par Key Porter Books de Toronto, l'ouvrage constitue la première histoire complète du Canada destinée aux familles et aux plus de 10 ans. Le boom des publications sur disque compact a maintenant ouvert de nouvelles possibilités de collaboration novatrice entre les illustrateurs, les photographes, les cinéastes, les vidéastes, les dessinateurs d'animation et les concepteurs assistés par ordinateur ainsi que les écrivains et les musiciens, et les premiers bénéficiaires d'une telle synergie seront vraisemblablement les élèves des écoles.

L'industrie florissante de la bande dessinée «alternative» ou «parallèle» (*voir* BANDE DESSINÉE DE LANGUE ANGLAISE AU CANADA) constitue un autre secteur de croissance relativement récent de l'illustration au Canada. *Drawn and Quaterly*, publié sous la direction de Chris Oliveros, Marina Lesenko et Steve Solomos, représente un forum pour la gamme variée des auteurs et des illustrateurs (ou auteurs-illustrateurs) attirés par ce genre qui bénéficie d'un nouvel engouement. *Drawn and Quaterly* a publié 10 numéros depuis 1993, suivis d'une série régulière de 6 titres d'albums ainsi qu'une collection de «Best of», qui a intéressé des artistes tels que Peter Kuper, Seth et Maurice Vellekoop.

Sauvée de la sénescence par Sid Barron, Bob Chambers, Ed Franklin, Raoul Hunter, Robert LaPalme, Duncan MacPherson, Len Norris, Lewis Parker, Merle «Ting» Tingley et Yardley Jones, la CARICATURE POLITIQUE se porte toujours bien au Canada avec, entre autres, Aislin (Terry Mosher), Berthio (Roland Berthiaume), Bob Bierman, Serge Chapleau, Mike Constable, Dale Cummings, Jean-Pierre Girerd, Anthony Jenkins, John Larter, Roy Peterson, Graham Pilsworth, Vic Roschkov, Edd Uluschak et Kerry Waghorn. Par contre, les créateurs de bandes illustrées n'ont pas réussi à se trouver une place dans les quotidiens et les hebdomadaires à l'exception de Lynn Johnson et Vance Rodewalt, créateurs respectifs du mondialement populaire *For Better or Worse* et de *Chubb and Chauncey* (*voir* DESSIN HUMORISTIQUE ET BANDE DESSINÉE). Ces deux bandes dessinées sont remarquables en ce sens qu'on n'a pas cherché à cacher le fait que leur action se situe au Canada, dans le but de mieux séduire le marché américain. La bande dessinée *Betty*, de Gary Delainey et Gerry Rasmussen d'Edmonton, a aussi été publiée dans toute l'Amérique du Nord et a trouvé un public enthousiaste en Scandinavie pour son humour subtil.

Un autre créateur qui a connu du succès auprès du grand public est Ken Steacy, établi à Victoria, en Colombie-Britannique. Après des débuts comme illustrateur au pistolet vaporisateur pour des clients des milieux des affaires, de l'édition et de la bande dessinée comme Marvel Comics, il s'est tourné vers le monde de l'électronique, consacrant ses talents de dessinateur à la création de jeux interactifs sur CD-ROM. Dans sa série *Tempus Fugit*, en quatre parties, publiée par DC Comics, il a assuré tous les aspects de la création, y compris le texte, les illustrations, le lettrage et le coloriage au pistolet vaporisateur, un processus très exigeant que facilite considérablement l'imagerie numérique.

Les dessins animés, une forme d'expression de plus en plus politisée, ont connu des progrès extraordinaires depuis l'avènement de l'ordinateur personnel de MacIntosh en 1984. Grâce en particulier au cours d'animatique du Sheridan College d'Oakville, en Ontario, reconnu à l'échelle internationale, le

Canada est maintenant un exportateur net de talents sinon de «produits» (en raison surtout, encore une fois, du contrôle des États-Unis sur la fabrication et la distribution).

Dans le sillage du succès global de l'Office national du film du Canada dans ce domaine, on trouve des artistes indépendants ou «marginaux» comme John Kricfalusi, créateur de *Ren and Stimpy*, diffusé sur la chaîne Nickelodeon aux États-Unis, et Marv Newland (directeur d'International Rocketship) et Danny Antonucci, de Vancouver, créateur des *Grunt Brothers*, qui offrent un commentaire cinglant, parfois scatologique, sur la société de la fin du XXe siècle et la culture de la télévision.

Les nouveaux médias de pointe nécessitent, par nature, une véritable collaboration, comme en témoigne la série de jeux sur CD-ROM *The Cyberplasm Formula*, créée pour Sanctuary Woods par une équipe dirigée par Ken Steacy, dans laquelle Victor Vector et son chien Yondo, qui voyagent dans le temps, rapportent des artefacts pour un musée du futur. Travaillant avec des spécialistes de l'animation, un auteur, un producteur et des programmeurs, Steacy et d'autres artistes ont produit des éléments d'arrière-plan et de premier plan comme on en retrouve dans l'art traditionnel, les ont numérisés par ordinateur et épurés au moyen du logiciel Adobe Photoshop. Pour leur conserver l'apparence de dessins à la main, chaque plan de l'animation a aussi été traité de façon traditionnelle. Si exigeant ce processus puisse-t-il paraître en termes de main-d'œuvre, le matériel nécessaire à l'animation informatique de haute technologie sera bientôt disponible sur les ordinateurs de bureau ou de maison sous la forme de logiciels graphiques très perfectionnés, offrant au consommateur les moyens de réaliser des images et de l'animation.

La survie professionnelle des illustrateurs exige avant tout qu'ils apprennent à répondre de façon créative aux défis du «matériau électronique», du multimédia et de l'INFOROUTE, comme l'ont fait Andrew Wysotski, d'Oshawa, et Lacalamita, de Toronto. Toutefois, la passion pour l'illustration créative et imaginative d'antan va sûrement demeurer puissante, en raison spécialement de la nostalgie qui émerge à l'égard d'une époque apparemment plus simple et plus innocente. D'où la popularité d'illustrateurs comme Mark Summers, Damian Glass, Kim LaFave, Wesley Bates et Gus Reuter, qui font revivre des techniques traditionnelles comme le papier procédé, la gravure sur bois et le livre fait à la main.

Tandis que l'expressionnisme continue d'être un courant stylistique populaire (Emanuel Lopez, Paul Turgeon, Jerczy Kolasz), d'autres mouvements artistiques du passé ont leurs admirateurs parmi les illustrateurs canadiens, que ce soit le style Renaissance italienne de Gerard Gauci et Ken Nutt, le réalisme académique du tournant du siècle de Linda Montgomery ou le modernisme aux lignes simples de l'ère du jazz de Helen D'Souza. À l'aube d'un nouveau siècle et des changements radicaux qui s'annoncent dans les communications, l'illustration canadienne se résume à un mot: l'éclectisme.

Robert Stacey

Ilsley, James Lorimer, juriste et politicien (Somerset, N.-É., 3 janv. 1894 —Halifax, 14 janv. 1967). Diplômé des universités Acadia et Dalhousie, Ilsley pratique le droit jusqu'à son élection au Parlement sous la bannière libérale en 1926. Réélu en 1930 et en 1935, il devient ministre du Revenu national en 1935 et ministre des Finances en 1940. Il gère avec succès les finances du pays durant la Seconde Guerre mondiale.

Il croit nécessaire de rénover le système fédéral canadien, mais ses propositions présentées en ce sens à la Conférence du Dominion et des provinces sur la reconstruction (1945-1946) sont rejetées par l'Ontario et le Québec, ce qui le déçoit profondément. Il devient ministre de la Justice en 1946, mais se retire en 1948 pour pratiquer le droit. Nommé à la Cour suprême de la Nouvelle-Écosse en 1949, il en devient le juge en chef en 1950. De 1954 à 1960, il préside la COMMISSION ROYALE SUR LES BREVETS, LE DROIT D'AUTEUR, LES MARQUES DE COMMERCE ET LES DESSINS INDUSTRIELS.

Robert Bothwell

I'm Alone Un des navires contrebandiers qui, par centaines, fournissaient de l'alcool aux États-Unis au cours de la PROHIBITION des années 20. Il avait Lunenburg, en Nouvelle-Écosse, comme port d'attache. En mars 1929, un garde-côte des États-Unis repère le navire, alors qu'il a des problèmes de moteur dans le golfe du Mexique. Les garde-côtes américains lui donnent la chasse et le coulent, causant la mort d'un membre de l'équipage. Des discussions diplomatiques très vives s'en suivent. En 1935, les États-Unis s'excusent et versent un dédommagement au capitaine et à l'équipage.

Ernest R. Forbes

Imax Systems Corporation Système de cinéma sur écran géant le plus important au monde. Son siège social est à Toronto. L'entreprise, qui débute sous le nom de Multi-Screen Corporation en 1967, conçoit et utilise de nombreuses technologies qui visent à faire «plonger» totalement le public dans le film. Imax présume que, grâce à ses pratiques commerciales et à ses procédés esthétiques, les innovations en technologie cinématographique mènent à des progrès nouveaux en matière de réalisme au cinéma.

Imax est né dans le contexte culturel d'EXPO 67. Les cofondateurs d'Imax Corporation, Graeme FERGUSON, Roman Kroitor et Robert Kerr, ont tous participé à des expériences cinématographiques populaires sur les nombreux écrans géants utilisés à l'Exposition universelle de Montréal. Avec l'ingénieur William Shaw, un autre cofondateur, ils créent un système de caméra qui offre des images de haute résolution et des projections agrandies. Le groupe Fuji a engagé cette équipe de cinéastes pour produire, à l'aide de leur nouveau système de caméra, un film de grand format pour Expo 70 à Osaka, au Japon. Ce sera *Tiger Child* (Donald BRITTAIN, 1970), le premier film Imax. En 1971, le premier cinéma permanent Imax ouvre ses portes dans la Cinesphere à la Place Ontario de Toronto. En 1973, le premier Omnimax (ou Imax Dome), avec son écran en forme arrondie, est installé en permanence au Reuben H. Fleet Space Theatre, à San Diego.

En décembre 1995, les systèmes de projection Imax sont installés dans 129 salles de cinéma partout dans le monde. On les trouve surtout en des endroits spécialement construits à cette fin dans des établissements d'éducation et de tourisme, comme le National Air and Space Museum à Washington D.C., Taman Mini Park à Jakarta, en Indonésie, et le Musée canadien des civilisations à Hull. Lors de nombreuses expositions, les films et les salles de cinéma Imax sont aussi le centre d'intérêt parmi tous les pavillons. Au nombre de ceux-ci, mentionnons le film en trois dimensions *Transitions* (Colin Low et Tony Ianzelo, 1986), que l'on retrouve à Vancouver au pavillon du Canada pour l'EXPO 86, et *Momentum* (Colin Low et Tony Ianzelo, 1992), présenté à l'exposition universelle de Séville. *Momentum*, un film IMAX HD aux images d'une clarté exceptionnelle, est tourné et projeté au rythme de 48 images à la seconde, soit deux fois la vitesse normale.

Le film standard Imax utilise deux pellicules de 70 mm à défilement horizontal, ayant 15 perforations d'entraînement (les encoches près du bord du film) qui indiquent les dimensions de chaque image. L'image projetée est 10 fois plus grande que celle des films commerciaux traditionnels de 35 mm, ce qui lui donne des dimensions de la hauteur d'un immeuble de huit étages. Afin de s'adapter à ce format, le projecteur entraîne le film en utilisant le procédé de la «boucle déroulante» conçu par l'Australien Ron Jones. Cette méthode unique fait avancer le film en un «mouvement de vague» avant de le faire glisser devant la fenêtre de projection. Lorsque l'image arrive, toujours en boucle, devant la fenêtre de projection, elle est plaquée contre la lentille par une aspiration d'air qui assure une parfaite distance focale et une grande stabilité de l'image géante projetée. En tant qu'entreprise de cinéma spécialisé, Imax Corporation est intégrée verticalement et s'occupe de la production, de la postproduction, de la distribution, de la conception des salles de cinéma, en plus de la location des technologies de projection et de cinéma.

Toujours désireuse de trouver des moyens innovateurs de captiver l'auditoire par le son et l'image, Imax continue de créer de nouveaux systèmes cinématographiques. Quelques-unes de ces expériences sont l'Imax Simulator Rides⁽ʳ⁾ et l'Imax Ridefilm⁽ʳ⁾. Dans ce dernier, il y a un plancher transparent à travers lequel on voit un deuxième écran, ce qui crée une illusion réaliste de vol. Récemment, Imax s'est impliquée de plus en plus dans la production de «films de manèges», des attractions filmées de parcs d'amusement, conçus pour donner une sensation de mouvement. Le premier de ce genre est *Back to the Future* (*Retour vers le futur*), inauguré en 1991 aux Universal Studios, en Floride.

La bibliothèque de l'Imax Systems Corporation comprend plus de 100 films Imax, quoique la société ne détienne les droits de distribution que sur 40 p. 100 d'entre eux environ. Les films sont principalement des documentaires. Parmi les plus populaires, on trouve: *The Dream is Alive* (Graeme Ferguson, 1985), qui porte sur une mission de la navette spatiale; *Fires of Kuwait* (1993), sélectionné dans la catégorie «meilleur documentaire» par l'Academy Awards; *Titanica* (Stephen Low, 1991), traitant d'une expédition à l'endroit du célèbre naufrage; et le film environnemental *The Blue Planet* (Ben Burtt, 1990). D'autres films populaires comprennent le concert des Rolling Stones *At the Max* (Julien Temple, 1991) et le long métrage dramatique *Les Ailes du courage* (Jean-Jacques Annaud, 1995).

La précieuse collaboration de Roman Kroitor au sein de l'unité B de l'OFFICE NATIONAL DU FILM (ONF) au cours des années 50, la tendance d'Imax à s'approprier le personnel de l'ONF, et le fait que les films Imax portent surtout sur des sujets éducatifs sont les preuves d'une relation très solide entre Imax et l'ONF. Parmi les cinéastes qui ont fait des films Imax, on compte Colin Low, John Spotton, Donald Brittain, Tony Ianzelo, John N. Smith et Ernest McNabb. Sur les plans esthétique et thématique, les productions Imax reflètent les aspects humains et holistiques d'une vision du monde caractéristique des documentaires canadiens anglophones des années 50. De plus, elles font preuve d'une attention particulière portée à la perfection technique.

Imax obtient l'Academy Scientific and Engineering Award, de l'Academy of Motion Picture Arts and Sciences, pour son innovation en matière de technologie et pour l'excellence (1986), le prix d'excellence à l'exportation canadienne du ministère des Affaires extérieures (1988) et un prix d'excellence pour ses contributions à la culture canadienne du ministère des Communications (1991). En 1997, Imax voit ses réalisations scientifiques et techniques de nouveau récompensées par l'Academy Award.

En cherchant à augmenter son capital pour l'expansion de l'entreprise, la société Imax est vendue à un groupe d'investissement américain, WGIM Acquisition Corporation, en 1994. Elle est alors restructurée et fusionne avec Trumbull Company Inc. Après ces changements, Douglas Trumbull, un génie des effets spéciaux d'Hollywood, devient vice-président d'Imax et président de sa division Ridefilm. Même si son siège social demeure à Toronto, plusieurs s'interrogent sur l'avenir de cet excellent représentant des traditions canadiennes en matière de films documentaires et expérimentaux maintenant que son propriétaire est américain.

Charles Acland

Immigration, politique du Canada C'est la partie la plus explicite de ce que l'on pourrait appeler une politique démographique (POPULATION). Dans un État démocratique libéral comme le Canada, seuls les taux d'immigration en vigueur peuvent être réglementés, contrairement à ceux des naissances, de la mortalité et de l'ÉMIGRATION. En réglementant les outils de sélection et en contrôlant le nombre d'entrées, le gouvernement vise à atteindre divers objectifs nationaux.

Selon le recensement de 1870-1871, la population totale du Canada était de 3,6 millions d'habitants. En plus des Autochtones (environ 136 000 en 1851), les deux plus grands groupes étaient les Français (1 million) et les Britanniques (2,1 millions). À l'exception des Allemands (203 000), les autres groupes (Hollandais, Noirs américains, Suisses, Italiens, Espagnols et Portugais) étaient beaucoup plus réduits. Durant le siècle suivant, environ 9,3 millions de personnes émigrent au Canada et, bien que beaucoup aient continué jusqu'aux États-Unis ou soient retournées dans leur pays natal, la population du Canada dépasse le cap des 25 millions dès 1986.

Au XIXᵉ siècle, la circulation des individus et des groupes au Canada est très libre, bien qu'en 1885, sous la pression de la Colombie-Britannique, on vote une loi restreignant l'immigration chinoise par une taxe d'entrée, la première d'une série de mesures similaires visant les Chinois et qui se poursuivent jusqu'à la fin des années 40. Autrement, la politique d'immigration se préoccupe surtout des mesures de quarantaine, des responsabilités des compagnies de transport et du refoulement des criminels, des indigents, des malades et des miséreux.

Mais, à la suite d'une immigration massive entre 1903 et 1913, de la Première Guerre mondiale, des bouleversements politiques et des problèmes économiques qui s'ensuivent, on instaure une politique beaucoup plus restrictive, qui demeure inchangée jusqu'en 1962, quand la politique universelle et égalitaire maintenant en vigueur au Canada la remplace progressivement.

Les organismes d'orientation Trois agences ou ministères différents ont été responsables de la politique d'immigration au Canada depuis la Seconde Guerre mondiale: le ministère de la Citoyenneté et de l'Immigration (1950-1965), le ministère de la Main-d'œuvre et de l'Immigration (1966-1977) et la Commission de l'emploi et de l'immigration du Canada (créée en 1977).

Selon les dispositions de la clause 95 de la LOI CONSTITUTIONNELLE DE 1867 (autrefois l'*Acte de l'Amérique du Nord britannique*), la responsabilité en matière d'immigration est sous la juridiction concurrente des gouvernements fédéral et provinciaux. Ottawa a dominé ce champ pendant la plus grande partie de l'histoire du Canada bien que l'Ontario, après la Seconde Guerre mondiale, et le Québec, depuis le milieu des années 60, se soient particulièrement préoccupés d'immigration. Plus de la moitié des immigrants ces dernières années se sont établis en Ontario.

Le Québec crée son propre ministère de l'Immigration (devenu maintenant le ministère des Communautés culturelles et de l'Immigration) en 1968. Ses objectifs principaux sont d'abord de recruter autant d'immigrants francophones que possible (ou d'immigrants possédant une bonne connaissance du français) et ensuite de s'assurer que les immigrants qui s'établissent au Québec se fondent à la communauté francophone. Le Québec est la première province à avoir négocié un accord spécial sur l'immigration avec le gouvernement fédéral (il existe maintenant de tels accords avec plusieurs provinces). Le gouvernement fédéral participe aussi à la difficile tâche de recruter davantage d'immigrants de langue française au Canada.

Le livre vert Au cours des années 70, on révise officiellement la politique démographique et celle de l'immigration, et un comité spécial mixte du Sénat et de la Chambre des communes prépare un livre vert sur la politique d'immigration et présente un rapport au Parlement (1975). Presque toutes les recommandations du comité sont acceptées par le gouvernement libéral et intégrées dans une nouvelle *Loi sur l'immigration* (1976, promulguée en 1978) qui établit pour la première fois les objectifs fondamentaux de la politique d'immigration du Canada. Elle comprend l'appui aux objectifs démographiques, économiques, sociaux et culturels du Canada; la réunion des familles; l'égalité de tous; le respect des obligations internationales du Canada relativement aux RÉFUGIÉS et la coopération entre tous les paliers de gouvernement et avec les organismes bénévoles pour favoriser l'adaptation des nouveaux arrivants à la société canadienne.

La présente *Loi sur l'immigration* et les procédures adoptées par la suite par la Commission de l'emploi et de l'immigration du Canada ont élargi significativement la structure de base qui joue aujourd'hui un rôle dans l'orientation de la politique et l'établissement des quotas annuels d'immigration. Par le biais d'un processus de consultation étendu et permanent, les gouvernements provinciaux, les employés potentiels, les communautés ethniques et les organismes humanitaires peuvent tous exprimer leurs vues aux responsables compétents de l'immigration.

Le gouvernement dépose annuellement au Parlement depuis 1980, à la suite de telles consultations, des projections des quotas d'immigration désirés pour des périodes allant de un à trois ans. Il est arrivé à plusieurs reprises depuis l'adoption de cette pratique que le nombre réel d'immigrants dans une année soit considérablement inférieur aux limites fixées par les projections. Celles-ci étaient fixées entre 115 000 et 125 000 pour l'année 1985 p. ex., alors que le nombre de nouveaux arrivants au Canada fut d'à peine 100 000.

En plus des dispositions favorisant un processus de consultation publique, la *Loi sur l'immigration* comprend des clauses relatives à la sécurité et à la détermination du statut de réfugié, et définit des dispositions relatives au contrôle global et à la mise en vigueur des politiques. Le fondement de cette loi institue aussi en 1967 la Commission de l'immigration en organisme pleinement autonome, dont les décisions ne peuvent être annulées par le gouvernement, sauf en cas d'atteinte à la sécurité.

La politique sur l'immigration et la politique concernant les réfugiés La politique sur l'immigration et celle concernant les réfugiés sont planifiées et doivent être interprétées de concert. En accord avec les engagements internationaux du Canada en tant que signataire de la Convention des Nations Unies concernant le statut de réfugiés, ceux-ci constituent habituellement environ 10 p. 100 des nouveaux arrivants chaque année. Lors de situations internationales d'urgence majeures comme l'exode inattendu en provenance d'Asie du Sud-Est de 1978 à 1981, leur nombre atteint jusqu'à 25 p. 100 du contingent total au Canada.

La majorité des immigrants demandant le statut de réfugié le font sur des bases solides, mais depuis la fin des années 70 et surtout le milieu des années 80, un nombre important de personnes ayant atteint le Canada sans avoir subi l'examen des bureaux d'immigration canadiens ont demandé leur admission au Canada en déclarant faussement être des réfugiés. Ces personnes peuvent de cette manière court-circuiter le processus et s'installer au Canada plus rapidement que les immigrants ordinaires, bien qu'il y ait peu de preuves, sinon aucune, d'une quelconque persécution à leur endroit dans leur dernier lieu de résidence. Pendant la dernière moitié de 1986 seulement, plus de 10 000 personnes ont tenté de court-circuiter le processus normal d'immigration en revendiquant le statut de réfugié.

Les liens entre la politique d'immigration et la politique économique deviennent évidents lorsqu'on

se rend compte du rapport existant entre la quantité de nouveaux arrivants et les besoins du MARCHÉ DU TRAVAIL. De décennie en décennie, et même d'année en année, les besoins en main-d'œuvre professionnelle, qualifiée ou non qualifiée, changent considérablement. Le bassin de main-d'œuvre disponible dans tout le pays se modifie aussi avec les années en raison du taux de naissances et, p. ex., de l'admission des femmes dans le monde du travail.

Pendant la majeure partie de l'histoire du Canada, les outils gouvernementaux servant à accorder les exigences du marché de l'emploi avec le débit des nouveaux arrivants n'ont été ni particulièrement raffinés ni efficaces. Cette situation a commencé à changer au cours des dernières années. Avec l'aide des ordinateurs, l'amélioration des réseaux de communication et la collaboration des employeurs, il est maintenant possible de régler plus précisément le débit des arrivants destinés au marché de l'emploi.

Pendant les années 80, les responsables des politiques d'immigration ont créé un programme visant à encourager les hommes d'affaires et les entrepreneurs à émigrer au Canada, y apportant leur expertise et leurs capitaux pour créer de nouveaux emplois. Plus de 2000 entrepreneurs dotés d'un capital substantiel se sont établis au Canada en 1985 et 4000 étaient attendus en 1987.

Les règlements sur l'immigration Les règlements sur l'immigration prévoient l'admissibilité de trois catégories d'immigrants: la famille (proche parenté), les immigrants indépendants (admis sur la base de leurs qualifications, de leur capital d'investissement et des besoins du marché de l'emploi) et les réfugiés. On demande aux agents d'immigration, lors de l'examen des dossiers, de donner priorité à la réunion des familles et aux réfugiés. Les demandeurs indépendants sans famille au pays, mais dotés de compétences utiles ou de capital viennent ensuite.

Beaucoup des nouveaux arrivants dans les catégories de la famille et des réfugiés se sont révélés être sans qualifications ou disposer de talents inadéquats pour la région ou la localité où ils se sont établis. Ces priorités peuvent donc nuire au marché de l'emploi. L'insécurité économique qui s'ensuit peut créer du dépit ou du ressentiment chez les immigrants ou chez des Canadiens qui se sentent menacés par les nouveaux arrivants.

La politique d'immigration du Canada encourage aussi la dispersion des immigrants dans tout le pays. Dans les décennies suivant la reprise de l'immigration à la fin de la Seconde Guerre mondiale, Montréal, Vancouver et tout particulièrement Toronto ont accueilli jusqu'à 66 p. 100 de tous les immigrants arrivant au Canada. La politique actuelle tente d'amener les immigrants à s'installer dans des localités plus petites des provinces moins populeuses.

Les dispositions et les pratiques administratives adoptées par Emploi et Immigration Canada et par le Bureau de l'immigration du ministère des Affaires étrangères modifient sérieusement la mise en œuvre d'une politique et l'atteinte de ses objectifs. La sélection des demandeurs se fait depuis 1967 sans discrimination d'origine ethnique ou de provenance, mais les agents d'immigration sont absents de plusieurs pays en développement, ce qui exclut dans les faits les citoyens de ces pays, même s'ils font partie des catégories admissibles, à moins qu'ils ne soient capables de se rendre à un bureau d'immigration situé dans un autre pays et soient prêts à parcourir cette distance.

Le nombre de demandeurs examinés par un bureau d'immigration outre-mer peut aussi être simplement déterminé par la taille de l'équipe affectée à cette tâche. Les pouvoirs discrétionnaires des agents d'immigration au Canada et à l'étranger influencent nécessairement la gestion quotidienne de cette politique. Les critiques envers ces pouvoirs discrétionnaires peuvent devenir très dures, parce qu'il n'y a pas de moyens ou de mécanismes prévus pour faire appel des refus des agents sur le terrain.

Ces réalités et d'autres caractéristiques des pratiques d'immigration du Canada peuvent affecter les relations avec les autres pays (en particulier si ceux-ci jugent les procédures ou les politiques du Canada injustes) et c'est pourquoi la politique d'immigration fait partie de la politique étrangère du Canada. Ce fait a été reconnu par le gouvernement du Canada en 1981, quand une grande part des responsabilités administratives des programmes d'immigration a été transférée d'Emploi et Immigration Canada au Bureau de l'immigration du ministère des Affaires étrangères.

Bien des discussions ont eu lieu au gouvernement comme à l'extérieur depuis le début des années 70 sur la mise en œuvre d'une politique démographique au Canada, mais c'est seulement depuis le milieu des années 80 qu'on a fait des démarches concrètes pour formuler et implanter une telle politique et qu'on a réalisé des recherches démographiques. Un rapport déposé au Parlement en 1985 par le ministre responsable de l'Immigration fait mention de la création d'un petit secrétariat pour étudier les conséquences sociales et économiques des tendances démographiques au Canada. L'étude a été terminée et des rapports comportant des recommandations ont été déposés au Parlement.

Le rapport de 1985 au Parlement et les rapports ultérieurs sur l'immigration indiquent l'existence d'un consensus entre les ministères gouvernementaux compétents, les employeurs, les groupes ethniques et les syndicats, appuyant une augmentation progressive du nombre d'immigrants admis annuellement au Canada. Il est reconnu qu'une augmentation modérée et contrôlée des arrivants est nécessaire pour conserver ou augmenter faiblement la population actuelle du Canada. En fait, sans immigration supplémentaire, la baisse de fécondité au Canada depuis une génération fera que dès les premières années du XXIe siècle un trop faible nombre de Canadiens seront en âge de travailler et qu'ils seront écrasés par les coûts des programmes de santé et des programmes sociaux dont bénéficieront un nombre croissant de personnes âgées. Les évaluations actuelles suggèrent qu'accueillir annuellement entre 125 000 et 140 000 immigrants serait à la fois acceptable et nécessaire pour répondre aux besoins du Canada.

Parmi la longue liste d'organismes au Canada qui entendent jouer un rôle dans la formulation d'une politique et de règlements de l'immigration, on retrouve les Églises, les employeurs, les syndicats ouvriers, les organismes locaux et ethniques, etc. Beaucoup de ces organismes non gouvernementaux désirent appuyer la réunion des familles et obtenir de l'aide financière pour des programmes d'intégration des immigrants.

Le gouvernement a dû accepter l'existence d'un sentiment qui n'est plus tout à fait latent chez un certain nombre de Canadiens qui désirent une réduction ou même un arrêt complet de l'immigration. L'entrée au Canada d'un nombre respectable d'immigrants de race autre que blanche a créé ce qu'on a appelé des «minorités visibles» (33 p. 100 des immigrants au Canada viennent d'Europe, 33 p. 100 des Amériques – y compris les Caraïbes – et 33 p. 100 d'Asie, d'Afrique et d'ailleurs), qui sont occasionnellement la cible de dénigrement et de violence. Bien que le gouvernement et les organismes bénévoles aient tenté de renforcer la tolérance et la sympathie du public pour ces nouveaux arrivants, la tâche n'est pas facile. L'immigration est une question extrêmement délicate, tout spécialement lorsque le destin des membres de la famille ou la sécurité économique personnelle sont en jeu.

La politique d'immigration du Canada est égalitaire en ce qui a trait à l'origine ethnique; les individus souffrant de maladies pouvant mettre en danger la santé publique, ceux sans moyens d'existence ou sans ressources, ou ceux reconnus comme criminels ou terroristes peuvent cependant être refoulés. Un nombre indéterminé de personnes appartenant à ces catégories non désirées entrent chaque année au Canada par des moyens et des artifices contraires à l'esprit et à la lettre des lois sur l'immigration en vigueur. D'autres encore, qui ont été admises légalement au Canada avec des visas de court séjour comme étudiants ou visiteurs, choisissent de rester au-delà du terme permis par la loi canadienne.

Le problème des immigrants illégaux, bien qu'il ne soit pas nouveau, est devenu beaucoup plus préoccupant au cours des dernières années et difficile à résoudre parce que le nombre de personnes pénétrant au Canada par les aéroports et les passages frontaliers a augmenté. Une fois au Canada, les immigrants illégaux peuvent facilement échapper à l'attention, à moins qu'ils n'essaient d'obtenir un quelconque service public, ce qui les signale aux autorités gouvernementales.

Le nombre d'immigrants illégaux au Canada est évidemment impossible à évaluer précisément. Les estimations des policiers et du personnel de l'Immigration varient entre 50 000 et 200 000. Partout où c'est possible, sans empiéter sur les libertés civiles, le gouvernement s'est mis à l'œuvre pour boucher tous les trous qui ont facilité dans le passé l'admission de personnes non autorisées en vertu des lois et des règlements d'immigration en vigueur. Les demandes frauduleuses du statut de réfugié par des étrangers tentant d'éviter les procédures et l'examen habituels outre-mer constituent le problème le plus sérieux auquel fait face le Bureau d'immigration.

La pratique d'accepter au Canada des personnes très qualifiées provenant de pays moins développés continue de provoquer des controverses. Les gouvernements de ces pays, d'où proviennent un nombre grandissant d'immigrants au Canada, voient partir avec appréhension ces personnes qu'ils ne peuvent se permettre de perdre. L'opinion voulant que le Canada ne devrait pas encourager pareil exode de compétences des pays démunis a été exprimée au Canada et ailleurs, mais le Canada, comme les autres démocraties libérales, défend farouchement le principe de la liberté de mouvement pour tous.

Gerald E. Dirks

Immigration, politique du Québec Les politiques d'immigration et d'intégration du Québec se distinguent des politiques du gouvernement fédéral (*voir* IMMIGRATION, POLITIQUE DU CANADA), notamment par la façon dont la société québécoise, société globale d'accueil et d'intégration, se représente et est représentée à l'étranger. Si le Québec n'a jamais joui de la totale maîtrise de sa politique d'immigration et d'intégration, les acquis ont été importants depuis la RÉVOLUTION TRANQUILLE, les diverses politiques publiques ayant des objectifs démographiques, économiques, linguistiques et humanitaires explicites.

Le retrait des critères racistes de sélection de l'immigration, qui figuraient dans la Loi fédérale de l'immigration jusque vers la moitié des années 60, l'intensification des migrations internationales, l'augmentation du nombre de réfugiés à l'échelle internationale, les besoins de main-d'œuvre liés aux transformations structurelles du marché du travail ont eu pour effet de provoquer une grande diversification des volumes annuels d'admission, des catégories d'admission, des pays sources et des caractéristiques sociodémographiques des immigrants eux-mêmes.

Immigration et démographie Lors du recensement de 1996, le Québec compte plus de 7 millions d'habitants: 81 p. 100 des personnes se déclarent de langue maternelle française, 8 p. 100 de langue anglaise et 9 p. 100 de langue non officielle. Le poids démographique du Québec décroît selon une tendance lourde. Alors qu'elle rassemblait 32,3 p. 100 de la population canadienne en 1871, la province n'en représente plus que 24,6 p. 100 en 1996, 24,2 p. 100 en 1999. On prévoit un poids de 17 p. 100 en l'an

2050, compte tenu de deux facteurs: la très forte dénatalité des francophones et des anglophones du Québec et la propension des immigrants à s'établir davantage au Canada anglais. En effet, dans la province, le taux de fécondité se situe au-dessous du seuil de remplacement des générations (1,48 en 1998). Quant au solde migratoire (entrées moins les sorties, tant internationales qu'interprovinciales), il est devenu négatif à la fin des années 90, après avoir été positif au cours de la décennie 80. Ces deux tendances laissent entrevoir un déclin de la population totale à partir de 2016.

La part de la population immigrée dans la population du Québec passe de 7,8 p. 100 en 1971 à 9,4 p. 100 en 1996, la Région métropolitaine de recensement (RMR) de Montréal recevant près de 91 p. 100 de la population immigrée.

Des 664 500 immigrants admis au Québec entre 1986 et 1996, 40,6 p. 100 proviennent d'Asie, 25,1 p. 100 d'Amérique, 21,5 p. 100 d'Europe, 12,6 p. 100 d'Afrique. En 1996, 18 p. 100 des immigrants ont le français comme langue maternelle, 11 p. 100 ont l'anglais et les deux tiers ont une langue non officielle. Grâce à la LOI 101 (*voir* POLITIQUES LINGUISTIQUES DU QUÉBEC), 71 p. 100 de la population immigrée recensée en 1996 est capable de converser en français (contre 50 p. 100 au recensement de 1971). Il s'agit d'une population hétérogène, dont les qualifications professionnelles, les ressources et l'expérience de travail sont très diversifiées, comme dans le reste de l'Amérique du Nord.

La politique d'immigration

L'article 95 de la CONSTITUTION canadienne fait de l'immigration un domaine de compétence partagée entre le gouvernement fédéral et les provinces. L'intervention du Québec dans ce champ des politiques publiques se fait systématique à partir de la Révolution tranquille. Le Québec vise à faire de la société québécoise une société d'intégration, à assurer son poids démographique et politique au sein de l'ensemble canadien, à enrayer les transferts linguistiques vers l'anglais et à promouvoir les relations interculturelles et le respect de la diversité au sein de la communauté politique québécoise. La création d'un ministère de l'Immigration (1968) marque une première étape dans cette cette voie. Diverses ententes successives conclues avec le gouvernement fédéral - la dernière étant l'Accord Canada-Québec de 1991 - permettent au Québec d'accroître ses pouvoirs en matière de sélection et d'intégration des immigrants et selon les critères susceptibles à ses yeux de lui permettre d'assurer son développement comme «société distincte» ou comme «peuple et nation» en Amérique du Nord.

Toutefois, en dépit de l'accord Canada-Québec de 1991, les pouvoirs de sélection du Québec demeurent limités. Il existe trois catégories générales d'immigration: 1) la catégorie des indépendants qui regroupe les gens d'affaires (investisseurs, entrepreneurs, travailleurs autonomes), les travailleurs qualifiés, les parents aidés et les personnes à charge qui les accompagnent; 2) la catégorie de la famille qui comprend le conjoint, les enfants à charge, les ascendants d'un résidant du Québec et les enfants en voie d'adoption; et 3) la catégorie des personnes en situation de détresse, qui comprend les réfugiés au sens de la Convention de Genève et diverses autres catégories méritant une considération humanitaire. Entre 1995 et 1999, 44 p. 100 des 140 400 immigrants admis au Québec étaient des indépendants (62 500 admissions), 26 p. 100 étaient des réfugiés et autres personnes en situation de détresse (36 300 admissions) et 30 p. 100 relevaient de la catégorie de la famille (41 600 admissions). Dans la mesure où le fédéral exerce un pouvoir prépondérant dans la détermination des conditions d'admission des deux dernières catégories (famille et réfugiés), c'est donc près de 50 p. 100 de l'immigration qui échappe à la sélection du Québec. Le Québec n'agit pas non plus

de façon déterminante sur le mouvement des travailleurs temporaires qui nourrit de façon importante l'immigration des travailleurs. Il réclame également que le gouvernement fédéral assume les coûts des services gouvernementaux liés au soutien des demandes d'asile, qui sont entièrement pris en charge par le gouvernement du Québec. Enfin, le Québec n'accorde pas la citoyenneté au sens juridique du terme, ce qui a un effet certain sur la légitimité des cadres civils de référence auxquels sont confrontés les nouveaux arrivants.

Comme au niveau canadien, le Québec applique une politique restrictive ou plus ouverte, selon la conjoncture et la performance de l'économie québécoise et selon sa capacité d'accueil. La première moitié de la décennie 80 est marquée par un ralentissement économique. En conséquence, les volumes d'admission ont baissé de 22 500 en 1980 à 14 000 en 1986. La relance économique, conjuguée à la considération des besoins démographiques, a permis le redressement des volumes d'admission à 33 600 en 1989.

Au cours de la décennie 90, le Québec a accueilli plus de 355 000 immigrants, soit une moyenne annuelle de 35 000 admissions. Le mouvement d'immigration a toutefois diminué à nouveau, passant de 43 000 personnes au début de la décennie à 28 000 entre 1995 et 1999. La croissance des premières années de la décennie 90 tient en partie aux résultats d'un «programme de suppression de l'arriéré des revendicateurs du statut de réfugié» mis en place par le gouvernement fédéral (63 000 demandeurs d'asile se sont vus octroyer le statut de résidents permanents entre 1990 et 1999).

Pour les années 2000 à 2003, le plan triennal d'immigration du ministère des Relations avec les citoyens et de l'Immigration vise à augmenter progressivement le volume total d'immigration en tenant compte de la capacité d'accueil du marché du travail et des services publics (32 800 en 2000, 36 000 en 2001, 45 000 en 2003). Cet accroissement reposera substantiellement sur la proportion des immigrants connaissant le français (de 37 p. 100 en 1997, on prévoit qu'il augmentera à 44 p. 100 en 2000, et plus encore en 2003). On vise enfin à recruter des candidats hautement qualifiés, mobiles, polyvalents, aptes à s'insérer rapidement dans le marché du travail, en particulier dans des secteurs qui affichent de bonnes perspectives de croissance: technologies de l'information, arts, culture et loisirs, etc.

Enfin, au début des années 90, la régionalisation de l'immigration devient un objectif afin de réduire le «dualisme socioculturel», tel que le nomme alors le ministère des Affaires internationales, de l'Immigration et des Communautés culturelles, qui existe entre la région de Montréal «cosmopolite», et le reste du Québec plus «homogène».

La politique d'intégration

La politique d'immigration se déploie de concert avec une série d'autres mesures visant l'intégration à la société québécoise. La sécularisation relative des institutions publiques (à l'exception du domaine scolaire) et la francisation de l'espace public avec la *Charte de la langue française* (Loi 101), qui détache la langue de son ancrage ethnique, devenue langue de l'État et langue commune des citoyens dans la vie publique, sont des jalons importants dans la construction d'une citoyenneté québécoise. Un nouveau cadre juridique est mis en place pour contrer la discrimination, promouvoir l'égalité par la lutte contre la discrimination et garantir les droits culturels des personnes: adhésion aux *Conventions et Pactes internationaux sur les droits de la personne;* CHARTE DES DROITS ET LIBERTÉS DE LA PERSONNE DU QUÉBEC en 1975; *Déclaration sur les relations interethniques et interraciales* en 1985; Programmes d'accès à l'égalité en emploi, etc.

Quelques moments forts marquent l'évolution de la politique d'intégration. Le plan d'action de 1981 en est un. Dans *Autant de façons d'être Québécois. Plan d'action à l'intention des communautés culturelles*, le gouvernement du Québec définit une politique de «convergence culturelle». Le peuple québécois est défini comme une «nation» à caractère français. Si la culture française est présentée comme un foyer de convergence des cultures des minorités, on affirme la légitimité de ces dernières que le gouvernement du Québec entend maintenir «originales et vivantes partout où elles s'expriment».

L'*Énoncé de politique en matière d'immigration et d'intégration* de 1990 propose un projet d'intégration des immigrants et des «communautés culturelles» axé sur l'idée de «contrat moral» qui s'appuie sur ce que l'on désignera un peu plus tard comme les éléments d'une «culture publique commune»: valeurs démocratiques, laïcité de l'État, Charte des droits et libertés, résolution pacifique des conflits, français comme langue officielle et commune, caractère pluraliste de la société québécoise, égalité entre les femmes et les hommes. L'adaptation des institutions à la diversité et les accommodements raisonnables font aussi partie intégrante du discours et des pratiques de l'État du Québec, continuant la politique de 1981.

En 1996, le gouvernement adopte la Loi sur le ministère des Relations civiques et de l'Immigration du Québec dont le plan stratégique est axé sur trois volets principaux: les relations civiques, les relations avec les citoyens, l'immigration et l'établissement. Une nouvelle approche, celle de la promotion de la citoyenneté, du cadre civique et du patrimoine communs, est mise de l'avant. Le patrimoine civique commun est défini autour de trois axes: «un ensemble de droits et libertés garantis à tous; le partage d'éléments d'identité et d'appartenance inscrits dans une histoire et une culture; des responsabilités et un devoir de participation civique». La notion de citoyenneté représente une avancée dans la mesure où l'accent est mis sur les liens politiques de l'ensemble des citoyens, tout en réaffirmant la diversité du peuple québécois. Cette modification répond aux revendications de nombreux citoyens de diverses origines, même si elle suscite des oppositions chez d'autres, car elle contribue à la transformation de la symbolique identitaire québécoise. Dorénavant, les nouveaux arrivants, comme l'ensemble des résidents du territoire du Québec, sont fortement appelés à s'insérer dans un ensemble plus global: le peuple québécois. L'article 10 de la loi sur le MRCI précise en effet que «le ministre est responsable de la promotion des droits et libertés de la personne et favorise l'exercice par les citoyens de leurs responsabilités civiques et sociales. Il est chargé de promouvoir la solidarité entre les générations (...) l'ouverture au pluralisme et le rapprochement interculturel, favorisant ainsi l'appartenance au peuple québécois». Dans ce cadre, le virage vers la citoyenneté ne constitue pas une négation de la diversité culturelle, mais il vise à favoriser la participation civique des citoyens de toutes origines.

Micheline Labelle

Immobilier Ce terme peut désigner le terrain lui-même (bien immeuble), y compris ce qui pousse ou est construit sur le terrain; la propriété d'un bien immobilier; ou encore le secteur de l'immobilier et les gens qui y travaillent, à savoir les courtiers, les agents, les constructeurs, les promoteurs, les gestionnaires immobiliers, les prêteurs hypothécaires, les investisseurs, les consultants et les experts. Les biens immobiliers sont en général classés comme résidentiels (maison, condominium, duplex), ruraux (ferme et ranch), commerciaux (bien producteur de revenus, p. ex., centre commercial, appartement, immeuble de bureaux ou bâtiment industriel) ou institutionnels (église, école, hôpital ou aéroport). Un terrain non bâti est considéré comme résidentiel, rural, commercial ou institutionnel selon l'usage prévu.

L'immobilier se caractérise par l'immobilité, la durabilité (la possibilité de services ou de revenus sur une longue période) et l'unicité (il n'y a pas deux propriétés identiques), ainsi que par un ensemble particulier de lois et d'institutions juridiques. La valeur des biens immobiliers a tendance à fluctuer. En effet, elle augmente en période de croissance économique accélérée (dans les régions concernées) et demeure stable ou diminue en période de ralentissement économique (dans les régions touchées). Le caractère durable de l'immobilier contribue aux fluctuations des prix. P. ex., une légère modification des loyers d'un immeuble locatif peut avoir une incidence importante sur sa valeur si les nouveaux loyers sont fixés pour plusieurs années à venir. La valeur des biens immobiliers peut aussi fluctuer par suite de la lenteur avec laquelle l'offre s'ajuste à un changement de la demande, et se trouve parfois amplifiée en raison de la spéculation (la demande ou l'offre découlant des prévisions concernant les changements de prix).

Les améliorations apportées à une propriété affectent d'habitude la valeur d'une autre. En outre, les coûts de transaction sont élevés: commissions, frais d'expertise et juridiques, financement, frais d'arpentage et d'enregistrement. Dans le cas d'un immeuble d'habitation, la commission représente à elle seule souvent de 6 p. 100 à 7 p. 100 du prix de vente.

Les vendeurs font souvent appel à un agent immobilier pour la vente de leur propriété. Celle-ci est généralement inscrite auprès d'une société immobilière (agent inscripteur) qui s'occupe, entre autres, du marketing, de la publicité, de l'organisation des visites et des annonces. L'agent inscripteur collabore souvent avec d'autres sociétés immobilières par l'entremise d'un service interagences, qui permet à une société membre d'inscrire des propriétés à vendre par d'autres membres et de vendre des propriétés inscrites par d'autres. L'agence qui trouve un acheteur devient l'agent vendeur. Les agents inscripteur et vendeur sont souvent les agents du vendeur, qui verse la commission quand la propriété change de propriétaire, bien qu'une agence bivalente (agent représentant à la fois le vendeur et l'acheteur) soit aussi chose fréquente. Normalement, aucune commission n'est payable si l'affaire n'est pas conclue. Si plusieurs sociétés immobilières s'occupent de la transaction, la commission est partagée entre elles, souvent de façon égale, mais un partage inégal n'est pas rare non plus. Les sociétés en cause partagent à leur tour la commission reçue avec leurs vendeurs.

Il est courant de confier à un avocat l'enregistrement et le transfert de propriété, ainsi que le traitement des documents juridiques pertinents. L'expression «transaction conditionnelle» (deal pending) s'applique à une propriété que l'on vend à certaines conditions (p. ex., l'obtention d'un prêt hypothécaire), sans quoi la vente ne peut être conclue. La valeur comparativement élevée des biens immobiliers fait que ceux-ci seraient inaccessibles pour la plupart des gens en l'absence de crédit hypothécaire. La sécurité rattachée aux biens immobiliers permet aux établissements financiers de prêter une part importante de la valeur de la propriété, ce qui rend possible l'accession à la propriété en dépit d'un capital restreint (partie de la valeur non grevée d'une hypothèque). De ce fait cependant, la valeur des biens immobiliers est aussi fonction des taux d'intérêt hypothécaires, qui deviennent alors une autre source de fluctuation des prix.

À l'origine, les droits de propriété s'étendaient du centre de la terre jusqu'au ciel, mais ils ne visent à présent que les droits de surface. Au Canada, les droits d'exploitation du sous-sol, surtout les droits miniers, sont habituellement réservés à l'État, même si les biens immobiliers sont une propriété privée. Les droits relatifs à l'espace aérien sont aussi détenus par l'État. De plus, l'État se réserve le droit d'imposition, d'expropriation, de déshérence (dévolution d'un bien à l'État en l'absence d'héritiers) et de réglementation (au moyen de lois relatives au zonage et à l'utilisation du terrain, de codes touchant le bâtiment, la prévention des incendies et la santé, ou du contrôle des loyers). Dans beaucoup de provinces, les titres de propriété sont enregistrés aux bureaux locaux du cadastre et constituent une preuve de propriété. Les biens immobiliers peuvent être la propriété d'un particulier ou appartenir collectivement à des sociétés, à des coopératives, à des associations, à des syndicats, etc.

De façon formelle, les biens immobiliers sont identifiés par leur description juridique: p. ex., dans les villes, les municipalités et les hameaux, il s'agit de lots, de blocs et de plans. Les copropriétés (immeubles, maisons en rangée ou bureaux) sont décrits par numéro de logement et selon le plan de la copropriété. Dans les zones rurales, on parle normalement du terrain en termes de section, de canton, de rang et de méridien.

Les mises en chantier sont un indicateur économique important, et les dépenses de construction tiennent un rôle majeur dans l'économie. Le total annuel des mises en chantier et des dépenses liées à la construction représentent en général près de 20 p. 100 du PIB. En 1995, la valeur totale de tous les permis de construction délivrés cette année-là (qui englobe la valeur approximative des ajouts au stock d'immeubles et autres améliorations, mais non la valeur des terrains sur lesquels on a construit les propriétés) s'élève à 25 milliards de dollars.

Au Canada, en 1996, la valeur totale de toutes les transactions immobilières faites par l'entremise du service interagences (S.I.A.) dépasse les 54,4 milliards de dollars. On y a enregistré en tout près de 358 000 transactions effectuées par quelque 70 000 membres de l'Association canadienne de l'immeuble. L'évaluation des biens immobiliers à diverses fins est faite par des évaluateurs accrédités. L'association nationale des évaluateurs professionnels de biens immobiliers, l'Institut canadien des évaluateurs, a été fondée en 1938. En 1996, elle comptait 5600 membres. L'évaluation aux fins de l'impôt foncier est faite par des évaluateurs. Certaines universités, comme l'U. de Colombie-Britannique ou l'U. Laval, offrent des programmes menant à l'obtention d'un diplôme en immobilier et en économie foncière et urbaine. Il existe aussi des revues entièrement consacrées à l'immobilier.

Christian T.L. Janssen

Immobilier, industrie de l' Les promoteurs immobiliers construisent et possèdent des immeubles urbains de tous genres: tours d'habitation, immeubles industriels et centres commerciaux. Bien que la plupart d'entre eux se considèrent comme des individualistes opposés à la réglementation gouvernementale, l'industrie des aménagements de terrain est en fait un produit de la politique d'aménagement industriel d'après-guerre. Ottawa avait entrepris de favoriser la création de grandes entreprises de construction qui procureraient de l'emploi et érigeraient en même temps les habitations et autres installations requises. Ainsi est née la SOCIÉTÉ CANADIENNE D'HYPOTHÈQUES ET DE LOGEMENT, une société de la Couronne qui fournit le soutien nécessaire. Ottawa contribue à ce que les capitaux nécessaires soient disponibles avec l'aide d'institutions financières et d'investisseurs, et accorde à l'industrie des allégements fiscaux qui réduisent, voire annulent ainsi les impôts sur les profits des promoteurs.

Après la guerre, les entrepreneurs voient les possibilités qu'offre la construction d'habitations dans les banlieues de chaque ville. Certains se rendent compte que les aménagements de terrain sont encore plus rentables que la construction elle-même. Dans les années 50, d'autres entrepreneurs saisissent le potentiel de la construction de tours d'habitation. Quand arrivent les années 60 et 70, les promoteurs immobiliers érigent en plus des logements, de nombreux centres commerciaux à grande et petite surface.

La ville d'après-guerre construite par les promoteurs ne ressemble en rien à celle qui l'a précédée.

Cinq types d'aménagement sont particulièrement fréquents: les tours d'habitation dans le centre-ville et dans les banlieues; les nouvelles banlieues mettant en vedette un nouveau style de maison érigée sur un grand terrain dans des rues circulaires plutôt qu'à angle droit (le prototype est Don Mills, une ville construite près de Toronto dans les années 50 par l'industriel et promoteur E.P. TAYLOR); les parcs industriels de banlieue dont les immeubles à un étage sont construits sur de grands terrains desservis par route plutôt que par rail; les complexes commerciaux et d'affaires du centre-ville, combinant une quantité énorme de bureaux et des magasins (le premier immeuble de la sorte est la PLACE VILLE-MARIE à Montréal, construite entre 1956 et 1965 par le promoteur américain William Zeckendorf); et les centres commerciaux, où le promoteur-propriétaire fournit, sous un même toit, tous les services commerciaux nécessaires à une collectivité, louant les locaux principalement à des chaînes de détaillants (le prototype est le Park Royal Vancouver, érigé par la famille Guinness, propriétaire de la brasserie du même nom).

Les promoteurs immobiliers se trouvent souvent au cœur de controverses. Au milieu des années 70, on accuse leur industrie d'avoir causé la hausse rapide du prix des logements. On pointe du doigt les terrains, étant donné que les terrains à construire viabilisés se vendent à des prix qui excèdent de beaucoup les coûts engagés par les promoteurs. Certains analystes laissent entendre que la poignée de grandes entreprises fournissant la majorité de ces terrains exploitent leur pouvoir sur le marché. D'autres affirment que les prix et les profits élevés résultent d'une réglementation artificielle de l'offre de terrains imposée par les planificateurs et les municipalités (*voir* ZONAGE). En 1980, le marché atteint son plus haut niveau depuis la guerre quand, à Vancouver, une maison de banlieue ordinaire comprenant trois chambres à coucher se vend à un prix deux fois plus élevé que celui de la même maison en banlieue de Montréal où, chose inhabituelle, les terrains à construire sont aménagés par des centaines de petits promoteurs.

Pendant la période d'expansion urbaine rapide que connaît le Canada, les entreprises d'aménagement de terrain sont en plein essor. Plus d'une dizaine de compagnies affichant un actif de 100 millions de dollars ou plus font leur apparition, en partie à la suite d'une expansion interne, en partie à la suite de prises de contrôle. Certaines appartiennent à des entrepreneurs, d'autres à des investisseurs canadiens et étrangers. Un des chefs de file de cette industrie est la Corporation Cadillac-Fairview Limitée, fruit de la fusion d'une entreprise torontoise et d'une société montréalaise appartenant à une filiale de la famille Bronfman. Un autre chef de file est Olympia & York Developments Ltd., une compagnie privée appartenant à la FAMILLE REICHMANN de Toronto.

À la fin des années 70, le ralentissement de l'industrie pousse de nombreux promoteurs canadiens à percer le marché américain. Toutefois, la dure récession et les taux d'intérêt élevés de 1980 ne font qu'empirer leurs difficultés. Certaines firmes ont peine à payer l'intérêt des sommes empruntées pour financer cette expansion américaine et sont obligées de liquider des actifs de grande valeur. Ces mêmes taux d'intérêt entraînent aussi l'effondrement de la demande d'habitations au Canada. Au début des années 80, beaucoup de promoteurs éminents éprouvent de graves problèmes, et certaines entreprises importantes sont mises sous séquestre et vendent des actifs importants. Ce sont les sociétés de l'Ouest canadien, particulièrement de l'Alberta, qui sont aux prises avec les plus grandes difficultés, l'effondrement des prix (et de la valeur des biens-fonds en général) y étant plus considérable qu'ailleurs au pays. Les survivants de cette débâcle ne sont souvent pas les entrepreneurs, mais bien les grandes firmes comme Olympia & York et Cadillac-Fairview, qui ont concentré leurs efforts sur la construction et le maintien d'immeubles à bureaux, de centres commerciaux et d'autres immeubles de location dans les centres-villes.

L'industrie des aménagements de terrain offre un exemple remarquable des résultats possibles d'un mariage réunissant entrepreneurs, possibilités de profit et capitaux importants. Les institutions financières canadiennes et autres prêteurs ont injecté 14 milliards de dollars en financement immobilier dans les années 60, 90 milliards dans les années 70 et 140 milliards dans les années 80. Les promoteurs ont réalisé des profits très considérables et payé peu sinon pas d'impôt sur ces profits. Ils ont fourni les habitations dont avaient tant besoin les villes canadiennes, bien que les formes types de construction qu'ils ont utilisées aient été remises en question sur les plans social, économique et écologique. Les fonds canadiens investis dans la propriété, qui auraient très bien pu servir à d'autres causes plus productives, ont alimenté l'explosion des prix des biens immobiliers et le surinvestissement par les promoteurs. Le tout a fini par entraîner l'effondrement de plusieurs des grandes firmes immobilières et de graves problèmes pour les institutions financières, surtout celles de l'Ouest, qui ont consenti des hypothèques en fonction de prix artificiellement élevés.

James Lorimer

Immunologie Branche de la MÉDECINE qui étudie la capacité du corps à se défendre contre des substances étrangères, en particulier contre les organismes provoquant des MALADIES, et qui cherche des moyens de maîtriser cette capacité. L'immunologie date sans doute de 900 ans, soit de l'époque où les Chinois découvrent le vaccin contre la variole. Même si l'histoire de la vaccination date d'il y a longtemps, ce n'est qu'au début des années 1960 que l'immunologie moderne commence à comprendre les mécanismes par lesquels le corps se défend contre l'infinie variété de micro-organismes potentiellement mortels qui l'entourent. L'immunologie s'étend à de nombreux champs de la médecine moderne et de la microbiologie. Ainsi, la recherche sur le système immunitaire a apporté des éclaircissements sur les façons dont les cellules fonctionnent et se différencient.

Les étudiants ayant reçu une formation en BIOCHIMIE, en GÉNÉTIQUE, en médecine ou en microbiologie peuvent poursuivre des études en immunologie dans un certain nombre d'institutions au Canada, dont l'U. de la Colombie-Britannique, l'U. de l'Alberta, l'U. du Manitoba et l'U. de Toronto ainsi que les universités McMaster, McGill et Laval. La recherche se poursuit dans les principales institutions d'enseignement et est financée principalement par le CONSEIL DE RECHERCHES MÉDICALES DU CANADA. Certaines subventions proviennent également des provinces (p. ex., le Fonds d'épargne du patrimoine de l'Alberta pour la recherche médicale, qui accorde des subventions importantes pour les recherches effectuées en Alberta). D'autre part, l'INSTITUT ARMAND-FRAPPIER assure à la fois la recherche et la formation. Les immunologistes canadiens peuvent être membres de la Société canadienne d'immunologie et de plusieurs associations internationales. Les résultats des découvertes canadiennes en matière de recherche sont publiés dans plusieurs revues nationales et internationales.

Impatiente ou balsamine Nom commun de plante herbacée de la famille des balsaminacées, dont l'impatiente est la plus importante du genre. Le nom générique fait allusion au fait que la capsule de la graine, arrivée à maturation, explose vivement quand on la touche et projette la graine à une certaine distance. On retrouve entre 600 et 700 espèces dans le monde, surtout en Eurasie et en Afrique. Au Canada, quatre espèces sont indigènes: *I. ecalcarata* dans le sud-est de la Colombie-Britannique; *I. capensis* (impatiente du Cap) dans le sud de la Colombie-Britannique et de l'Alberta; *I. noli-tangere* du Yukon et de la Colombie-Britannique jusqu'au Manitoba; *I. pallida* (impatiente pâle) de l'Ontario aux Maritimes. Deux autres espèces ont été introduites. Les fleurs sont soit orange, rougeâtre ou jaune pâle. Les espèces indigènes sont annuelles, préfèrent les environnements humides, ont une apparence délicate et des hauteurs variées (jusqu'à 1,5 m). L'espèce vivace introduite (*I. glandulifera*) est beaucoup plus haute, produit plus de fleurs et a tendance à devenir une plante nuisible. Une autre espèce d'impatiente vivace introduite, *I. sultani*, est une plante d'intérieur ou à massif assez répandue. L'espèce annuelle multicolore introduite, la balsamine cultivée (*I. balsamina*), est une plante de garniture, très utile. Dernièrement, beaucoup de nouvelles espèces ont été introduites à la culture et à l'hybridation pour produire de nouvelles souches. L'impatiente du Cap (*I. capensis*) et l'impatiente pâle (*I. pallida*) étaient utilisées comme plantes médicinales par les autochtones et les colons, particulièrement pour combattre les effets de l'herbe à puce et pour servir de teinture.

Patrick Seymour

Imperial Order Daughters of the Empire Il est fondé en 1900 par Margaret Polson Murray, une Montréalaise, qui conçoit le projet d'un organisme regroupant des femmes vouées au rayonnement de l'impérialisme. Son mandat initial est de faire la promotion de la Grande-Bretagne et de ses institutions dans les écoles. L'organisme s'engage activement dans les deux guerres mondiales en appuyant les efforts de guerre du Canada en faveur de la Grande-Bretagne et des Alliés. Ses autres centres d'intérêt comprennent l'immigration, la protection de l'enfance, la santé communautaire et les services sociaux. L'Ordre a récemment concentré ses actions dans le domaine communautaire, en soutenant l'essor de l'éducation, de la culture et de la société canadiennes. Bien que son effectif soit en baisse, il demeure un organisme actif avec, en 1995, ses 9400 membres répartis en 422 sections.

Nancy M. Sheehan

Impérialisme À la fin du XIXe siècle, plusieurs nations entrent dans une période d'expansion territoriale, souvent appelée la seconde grande époque de l'impérialisme. La Grande-Bretagne, la France, l'Allemagne, les États-Unis et d'autres nations sont alors à la recherche de colonies pour des raisons commerciales, militaires et religieuses.

Cette seconde vague d'impérialisme coïncide avec les préoccupations grandissantes des Canadiens quant aux relations avec l'Empire britannique. La Grande-Bretagne est toujours responsable des RELATIONS EXTÉRIEURES et du financent de la défense du Canada et des autres dominions. De tels vestiges du colonialisme sont de moins en moins acceptables, malgré un grand attachement à la Grande-Bretagne et la crainte que l'indépendance totale ne mène à l'annexion aux États-Unis. C'est ainsi que l'impérialisme canadien voit le jour.

Lorsque des impérialistes britanniques fondent l'Imperial Federation League en 1884, des partisans canadiens mettent sur pied des sections locales. Ils cherchent une manière pour que le Canada puisse s'épanouir hors de son statut colonial tout en demeurant lié à l'Empire. Dirigé par G.M. Grant, G.R. PARKIN, G.T. DENISON et d'autres, le mouvement présente un mélange d'idéalisme chrétien et d'anti-américanisme. Il s'efforce de faire accepter le principe selon lequel les dominions doivent participer à la politique étrangère de l'Empire.

Le discours impérialiste de la fin du XIXe siècle commence à souligner le potentiel d'une force unie. La nomination de Joseph Chamberlain, fervent impérialiste, au poste de secrétaire d'État aux Colonies en 1895 stimule l'engagement dans certains dossiers. Au cours de la GUERRE DES BOERS, les impérialistes canadiens appuient avec enthousiasme l'aide du Canada à la Grande-Bretagne, contrairement à une portion importante de la population. Le premier ministre Wilfrid LAURIER autorise l'envoi d'un contingent de volontaires, mais la guerre fait comprendre que l'impérialisme est devenu un sujet controversé.

Dorénavant, il n'y a plus de participation à la puissance de l'Empire sans participation aux guerres impériales. De 1900 à 1914, un débat animé et souvent acerbe se déroule entre ceux qui souhaitent que le Canada contribue au partage du fardeau impérial et ceux qui optent pour l'autonomie.

La Première Guerre mondiale pousse l'impérialisme à son apogée, mais cause aussi sa chute au Canada. Les dominions veulent que la planification et l'élaboration des politiques se fassent conjointement. Les rencontres tenues en 1917 prévoient d'ailleurs des consultations d'après-guerre entre les nations autonomes de l'Empire sur des questions d'intérêt commun. Le nombre de Canadiens tués et blessés en Europe au cours de la guerre fait cependant réagir la population et mène à un esprit d'isolationnisme en Amérique du Nord. Durant les années 20, le gouvernement de Mackenzie KING s'emploie à faire du Canada une entité distincte sur le plan des affaires extérieures. L'Empire devient par la suite un COMMONWEALTH de pays moins étroitement liés.

D.R. Owram

Importation Elle comprend l'ensemble des biens et services achetés par les Canadiens à des résidants de pays étrangers. En 1996, elles totalisaient 331 milliards de dollars, soit 1,7 milliard de plus que toutes les recettes tirées de l'EXPORTATION. Les importations sont l'ensemble des biens et services achetés par les Canadiens à des résidants de pays étrangers. Les importations se divisaient en trois principaux groupes: les marchandises, dont la valeur atteignait 233 milliards de dollars (70,3 p. 100), les services, dont la valeur se chiffrait à 48 milliards de dollars (14,6 p. 100), et les paiements relatifs aux prêts et placements étrangers au Canada, d'une valeur de 46 milliards de dollars (13,8 p. 100). Les transferts unilatéraux, tels que l'aide extérieure fournie par le Canada, formaient le reste de cette catégorie, soit 4,1 milliards ou 1,2 p. 100.

Marchandises La part des importations canadiennes provenant des États-Unis s'est maintenue à environ 69 p. 100 pendant près de six décennies. En 1996, elle a augmenté à près de 76 p. 100, surtout à cause de l'accord de libre-échange intervenu entre le Canada et les États-Unis. Outre les États-Unis, les importations canadiennes ont des provenances très diverses, dont 8,7 p. 100 des pays de l'Union européenne, y compris le Royaume-Uni, 3 p. 100 du Japon, 2,6 p. 100 du Mexique, 2,1 p. 100 de la Chine, et environ 7,5 p. 100 de divers autres pays.

Comme dans le cas des exportations, les importations de marchandises sont dominées par les produits de l'automobile, qui représentent 22 p. 100 de toutes les marchandises achetées à l'étranger. L'importance de ce groupe, dont près de 84 p. 100 provient des États-Unis, est en grande partie imputable au Pacte de l'automobile de 1965 (*voir* ACCORD CANADO-AMÉRICAIN SUR LES PRODUITS DE L'INDUSTRIE AUTOMOBILE). Le Japon est devenu le deuxième fournisseur des importations canadiennes dans ce secteur. La plupart des autres produits de l'automobile proviennent de l'Union européenne, du Mexique et de la Corée du Sud.

Une autre composante importante des importations, qui compte pour 33 p. 100 du total, est le matériel et l'outillage de toutes sortes: ordinateurs et autres matériels de bureau, machinerie industrielle, équipement électronique et de communication, avionnerie et autre matériel de transport, ainsi que des biens d'équipement divers. Une très forte proportion de ces produits provient des États-Unis, bien que le Japon et d'autres pays du Sud-Est asiatique soient des fournisseurs non négligeables, en particulier dans le domaine de l'équipement électronique,

des machines de construction et du matériel, et de l'outillage léger.

Le Canada achète aussi à l'étranger une vaste gamme de biens industriels (qui représentent 20,5 p. 100 de toutes les importations), y compris des métaux, des produits chimiques et des plastiques, ainsi que divers produits manufacturés. Des biens de consommation divers (11 p. 100), des produits alimentaires et des boissons (6 p. 100) et des produits énergétiques, surtout du pétrole (4 p. 100), forment le reste des importations.

Les importations ont augmenté à un rythme plus lent que les exportations au cours des dix dernières années, leur croissance s'établissant à un taux composé annuel de 7,8 p. 100. De cette expansion, 97 p. 100 sont attribuables à l'augmentation du volume des importations et seulement 3 p. 100 à la hausse des prix. Le groupe qui a connu, à partir de 1986, la croissance en volume la plus rapide avec une multiplication par dix, est celui des ordinateurs et autres matériels de bureau. Loin derrière, avec environ le double du volume durant cette décennie, on trouve les produits industriels, d'autres biens d'équipement et outillage de même que le pétrole brut.

Services La majorité des services achetés à l'étranger par les Canadiens consiste en dépenses touristiques (32,5 p. 100 de l'ensemble des services), en paiements pour l'utilisation des services de transport étrangers (25,5 p. 100), en dépenses reliées à une gamme étendue de services commerciaux comme les frais de gestion et de technologie payés à la société mère par les filiales de sociétés étrangères au Canada, les redevances, les brevets et les marques de commerce, la location de films, les services financiers et la location de matériel (39,5 p. 100). Les paiements effectués par les gouvernements pour le personnel diplomatique et militaire en poste à l'étranger forment le reste des dépenses de services, soit 2,5 p. 100. Environ 70 p. 100 des frais de services commerciaux et 60 p. 100 des autres dépenses profitent aux États-Unis.

Revenus de placements Le Canada a aussi recours aux capitaux étrangers et doit donc assumer les frais de service de ces emprunts au moyen d'importants décaissements annuels d'intérêts, de dividendes et d'autres frais divers payés aux créanciers étrangers. Les bénéfices non répartis des sociétés étrangères établies au Canada, qui sont réinvestis au pays, constituent aussi un paiement au titre des services de capitaux étrangers.

Le Canada est un emprunteur net international depuis de nombreuses décennies. Ces emprunts, faits par les gouvernements provinciaux et fédéral, et les sociétés, ont été particulièrement lourds à la fin des années 80 et au début des années 90, si bien que le service de la dette atteignait en 1996 46 milliards de dollars. De cette somme, 74 p. 100 étaient constitués d'intérêts, 14 p. 100 de dividendes, le reste, soit 12 p. 100, étant des bénéfices réinvestis. (*Voir aussi* BALANCE DES PAIEMENTS; INVESTISSEMENT ÉTRANGER; LIBRE-ÉCHANGE; COMMERCE INTERNATIONAL.)

Bruce W. Wilkinson

Imposition Les taxes et les impôts sont des paiements obligatoires des particuliers et des sociétés au gouvernement. Ils sont perçus par les services financiers du gouvernement, qui cherche ainsi à redistribuer les revenus et à influencer le comportement des consommateurs et des investisseurs. Parmi les diverses méthodes de financement des activités gouvernementales, seuls les paiements fiscaux sont obligatoires. Les taxes et les impôts perçus auprès des particuliers et des entreprises ainsi que sur les biens permettent aux gouvernements de financer les services publics et de redistribuer les ressources, augmentant ainsi leurs dépenses sans provoquer l'inflation des prix, car les dépenses du secteur privé sont réduites d'autant.

La LOI CONSTITUTIONNELLE DE 1867 (l'ancien Acte de l'Amérique du Nord britannique ou

AANB) donne au Parlement des pouvoirs de taxation illimités et n'accorde aux provinces que des pouvoirs de taxation directe (*voir* PARTAGE DES POUVOIRS). Le gouvernement fédéral est responsable de la défense nationale et du développement économique. Les pouvoirs des provinces portent sur l'éducation, la santé, le bien-être social et les affaires locales, domaines qui n'exigent alors que des dépenses modestes. Les provinces ont essentiellement besoin de pouvoirs de taxation directe pour permettre aux municipalités de percevoir l'impôt foncier.

Pendant plus de 50 ans, les droits de douane et d'accise procurent au Dominion le gros des recettes, dont ils constituent encore 90 p. 100 en 1913. Les recettes provinciales proviennent surtout des licences et des permis, du domaine public et des ventes de produits et de services. Par ailleurs, les provinces reçoivent un financement fédéral considérable. Elles hésitent à s'engager dans la taxation directe, mais, vers la fin du XIXᵉ siècle, elles imposent les bénéfices des entreprises et les successions. Les impôts sur les biens réels et personnels constituent l'essentiel du financement des administrations locales. Vers 1930, les recettes totales des municipalités en viennent à dépasser celles du Dominion.

La CRISE DES ANNÉES 30 met plusieurs municipalités en faillite et affaiblit grandement le crédit des provinces. Les droits de douane et d'accise diminuent de 65 p. 100 entre 1929 et 1934. Le Parlement compte davantage sur l'imposition des particuliers et des sociétés et augmente fortement les taxes de vente. Pour financer la Première Guerre mondiale, le Parlement institue l'impôt sur le revenu des particuliers et des sociétés (1917) puis, en 1920, la taxe sur les ventes des fabricants et d'autres taxes de vente. Avant la fin de la crise, toutes les provinces perçoivent un impôt sur le revenu des sociétés, sauf deux qui prélèvent un impôt sur le revenu des particuliers et deux qui imposent les taxes de vente au détail.

La structure fiscale du Canada se modifie profondément pendant la Seconde Guerre mondiale. Pour répartir équitablement l'énorme fardeau financier de la guerre, percevoir les fonds de façon efficiente et réduire le plus possible les incidences de l'inflation, les sources importantes de recettes fiscales sont regroupées sous une autorité fiscale centrale. En 1941, les provinces acceptent de céder au gouvernement fédéral les domaines de l'impôt sur le revenu des particuliers et des sociétés pendant la durée de la guerre, plus une année. En retour, elles reçoivent des versements annuels fixes. La même année, le gouvernement fédéral institue les droits sur les successions et un impôt sur les surplus de bénéfices tout en augmentant énormément d'autres taxes et impôts fédéraux.

En 1946, les impôts directs s'élèvent à plus de 56 p. 100 des recettes fédérales. Les provinces reçoivent des subventions, et le produit de la taxe sur l'essence et de la taxe de vente augmente sensiblement. La situation financière des municipalités s'améliore avec l'augmentation du produit de l'impôt foncier. En 1947, à l'encontre du régime de 1942, l'emprise fédérale s'étend également aux droits sur les successions, mais l'Ontario et le Québec se dissocient de ce régime et décident d'instaurer leur propre régime d'impôt sur le revenu des sociétés. La population presse le gouvernement fédéral de prendre des mesures dans de nombreux domaines, et le Livre blanc sur L'EMPLOI ET LE REVENU recommande de placer l'emploi et le revenu sous la compétence du gouvernement fédéral.

Les impôts directs deviennent ainsi un élément permanent des finances fédérales. Toutefois, les provinces aussi ont le droit constitutionnel de percevoir ces taxes et ces impôts, et la demande de services de compétence provinciale s'accroît, notamment dans les domaines de la santé, de l'éducation et du bien-être social. Les revendications de deux paliers de gouvernement qui ont le droit légitime de percevoir l'impôt sur le revenu sont difficiles à concilier, ce qui est depuis lors le problème dominant des négociations fédérales-provinciales (*voir* FINANCES INTERGOUVERNEMENTALES).

De 1947 à 1962, les provinces acceptent, mais avec de plus en plus de réticence, le versement de subventions fédérales qui viennent remplacer les impôts directs qu'elles ne perçoivent plus elles-mêmes. En 1962, toutefois, le gouvernement fédéral réduit ses taux d'impôt sur le revenu des particuliers et des sociétés pour laisser aux provinces une marge d'imposition. Les contribuables ayant à payer le même montant global, les taux d'imposition provinciale ne créent aucun risque politique. Entre 1962 et 1977, d'autres concessions fédérales augmentent sensiblement la part provinciale de l'impôt sur le revenu.

Pour avantager les contribuables, l'impôt provincial sur le revenu est intégré à l'impôt fédéral. Toutes les provinces, sauf le Québec, définissent le revenu imposable de la même manière que le palier fédéral (le Québec dirige son propre système d'impôt sur le revenu depuis 1954), et le taux de l'impôt provincial, qui diffère considérablement d'une province à l'autre de nos jours, est simplement appliqué à l'impôt fédéral de base. Le gouvernement fédéral perçoit l'impôt sur le revenu des particuliers pour toutes les provinces sauf le Québec. Il perçoit et administre également l'impôt sur le revenu des sociétés pour toutes les provinces sauf l'Ontario, l'Alberta et le Québec, qui l'administrent elles-mêmes.

En 1986, le taux de l'impôt provincial sur le revenu des particuliers, exprimé en pourcentage de l'impôt fédéral de base, va de 43,5 p. 100 (Alberta) à 60 p. 100 (Terre-Neuve). Le gouvernement fédéral accorde un dégrèvement égal à 10 p. 100 de l'impôt sur le revenu gagné par les sociétés dans la province. Dans toutes les provinces, les petites entreprises sont assujetties à un plus faible taux d'impôt provincial que les grandes entreprises.

Principes d'imposition Les critères selon lesquels on juge un régime fiscal sont l'équité, l'efficience, la croissance économique, la stabilisation et la facilité d'administration et d'observation. Selon une école de pensée, les taxes et impôts, pour être justes, doivent être payés en proportion des avantages reçus. Il est toutefois difficile d'évaluer les avantages apportés par certaines dépenses gouvernementales, notamment pour la défense, et ce principe ne s'applique donc que de façon limitée. Les taxes provinciales sur les carburants sont un cas où le principe des avantages s'applique.

Selon une autre école, les particuliers doivent être imposés en fonction de leur capacité de payer, normalement indiquée par le revenu. L'impôt sur le revenu des particuliers correspond en partie à ce principe. Le principe de l'équité horizontale, selon lequel ceux qui ont la même capacité de payer des impôts devraient être traités sur le même pied, n'est pas facile à réaliser parce que le revenu pris isolément est une mesure imparfaite de la capacité individuelle de payer. Le principe de l'équité verticale, en vertu duquel le taux d'imposition doit être d'autant plus grand que les revenus sont plus élevés, est contesté par les entreprises et les personnes à revenu élevé, qui soutiennent que les taux d'imposition progressifs freinent l'initiative et l'investissement, encore qu'avec la formule de l'impôt progressif, les déductions fiscales avantagent les contribuables dont le revenu imposable est élevé.

Les impôts peuvent également influencer le niveau de la croissance économique. L'impôt sur le revenu limite l'accumulation du capital, et on prétend que l'impôt sur les sociétés réduirait l'investissement de capitaux. Les entreprises sont à ce point hostiles aux recommandations de la Commission royale qui visent à inclure totalement les gains des sociétés dans la catégorie du revenu imposable que seulement 50 p. 100 des gains en capital au Canada sont imposables, soit le taux le plus bas de tous les

pays occidentaux industrialisés. Faire respecter les règles fiscales par le contribuable coûte plus cher en 1971, bien que l'assiette de l'impôt sur le revenu, élargie et compliquée, permette maintenant une plus grande équité. Depuis 1990, le taux d'inclusion des gains en capital des sociétés est de 75 p. 100. Il n'existe aucune donnée indiquant dans quelle mesure il en coûte plus cher pour faire respecter les règles fiscales depuis 1971 en raison des nombreux élargissements de l'assiette fiscale et des changements significatifs survenus dans les méthodes de calcul de l'impôt sur le revenu.

Translation et répercussion de l'impôt Les impôts perçus auprès de certaines personnes mais finalement payés par d'autres se répercutent «en avant» sur les consommateurs, en tout ou en partie, sous forme d'augmentation des prix, ou «en arrière» sur les travailleurs si les salaires sont diminués afin de compenser l'impôt. Une partie de l'impôt sur le revenu des sociétés, des taxes fédérales de vente et d'accise et de l'impôt foncier local est ainsi «répercutée», ce qui modifie la répartition ultime du fardeau fiscal et la rend difficile à cerner.

Élasticité des recettes On entend par élasticité d'une taxe ou d'un impôt la variation des recettes fiscales exprimée en pourcentage, provoquée par une variation du revenu national. Plus une taxe ou un impôt est élastique, plus il contribue à la politique de stabilisation économique. L'impôt sur le revenu, auquel s'appliquent un montant fixe d'exemption et des tranches d'imposition, a un effet de stabilisation automatique parce que les impôts perçus s'accroissent plus vite que les revenus en période de croissance économique et diminuent plus vite que les revenus en période de récession.

Au Canada, l'élasticité des recettes de l'impôt sur le revenu des particuliers est réduite par l'indexation. Depuis 1974, les exemptions personnelles et les tranches d'imposition sont redressées en fonction des variations de l'INDICE DES PRIX À LA CONSOMMATION. Par contre, les taxes de vente ont une moins grande élasticité des recettes parce que la consommation varie moins rapidement par suite des variations de revenu, et ces taxes ne sont pas progressives par rapport à la consommation. Les recettes de l'impôt foncier, bien qu'elles ne s'accroissent pas automatiquement lorsque le REVENU NATIONAL augmente, manifestent une certaine élasticité des recettes.

Régime fiscal actuel

Les taxes et impôts perçus par tous les paliers de gouvernement au Canada se chiffrent à 238,8 milliards de dollars en 1992, soit à 72 p. 100 des recettes gouvernementales globales. Les 28 p. 100 qui restent consistent surtout en revenus de placements et en transferts intergouvernementaux.

Les recettes fiscales totales se répartissent comme suit:
-impôt sur le revenu des particuliers, 42 p. 100;
-impôt foncier, 10,5 p. 100;
-taxe de vente au détail, 9 p. 100;
-taxe sur les produits et services, 7,5 p. 100;
-cotisations d'assurance-chômage, d'indemnisation des travailleurs et du Régime de pensions du Canada, 11,6 p. 100;
-impôt sur les sociétés, impôts retenus à la source pour les non-résidents et droits fédéraux de douane et d'accise, 9,9 p. 100.

Recettes fiscales fédérales

Les recettes fiscales, surtout celles qui proviennent de l'imposition du revenu, constituent environ 90 p. 100 des recettes fédérales totales en 1992. L'ensemble des impôts versés par les particuliers et les sociétés et des retenues à la source dont font l'objet les non-résidents représente environ 52 p. 100 des recettes budgétaires fédérales. À cela s'ajoutent la taxe sur les produits et services (13,4 p. 100 des recettes totales) et les cotisations d'assurance-chô-

mage (13,4 p. 100 des recettes totales). Les autres sources de recettes fédérales sont donc modestes.

L'impôt sur le revenu des particuliers s'applique à toutes les sources de revenu des résidants du Canada, sauf à des sommes telles que:
-les dons;
-les héritages;
-les gains de loterie;
-les pensions d'invalidité des anciens combattants.

En outre, d'autres sommes, comme les prestations d'indemnisation des travailleurs et certaines prestations d'assistance sociale fondées sur l'étude des revenus ou sur l'étude des besoins, doivent être déclarées en tant que revenus, mais ne sont pas imposées.

Réforme fiscale fédérale (1987-1991)

En juin 1987, le gouvernement fédéral présente la première étape de sa réforme fiscale qui comporte des propositions visant à réformer la structure de l'impôt sur le revenu des particuliers et sur le revenu des sociétés. La loi C-139 entre en vigueur le 1er janvier 1988, quoiqu'il soit prévu d'étaler certains changements sur une période plus longue.

Suivant le modèle des réformes fiscales d'autres pays, la loi C-139 élargit l'assiette fiscale pour ce qui est du revenu des particuliers comme pour ce qui est du revenu des sociétés et réduit les taux applicables au revenu imposable. Elle remplace les exemptions par des crédits et supprime un certain nombre de déductions aux fins de l'impôt sur le revenu des particuliers. Elle remplace aussi le barème de 1987, avec ses 10 tranches d'imposition et des taux allant de 6 p. 100 à 34 p. 100, par un barème qui comprend seulement trois tranches et des taux de 17 p. 100, de 26 p. 100 et de 29 p. 100.

En outre, la loi C-139 réduit ou élimine un certain nombre de dispositions spéciales, limite à 100 000 dollars l'exemption à vie pour gains en capital, réduit la déduction pour amortissement, impose des restrictions quant aux dépenses d'entreprise déductibles et réduit le crédit d'impôt pour dividendes.

En 1991, le gouvernement fédéral présente la deuxième étape de sa réforme fiscale. Dans le cadre de ce travail de réforme, le gouvernement fédéral avait d'abord proposé une taxe sur la valeur ajoutée qui fusionnerait la nouvelle taxe de vente fédérale et les taxes provinciales de vente au détail. N'ayant pas réussi à convaincre les gouvernements provinciaux d'approuver cette proposition, le gouvernement fédéral procède à la deuxième étape de sa réforme fiscale en remplaçant la taxe sur les ventes des fabricants par la taxe sur les produits et services (TPS).

La taxe sur les ventes des fabricants est remplacée non seulement parce qu'elle est difficile à administrer, mais aussi parce que beaucoup lui reprochent d'imposer un fardeau fiscal inégal à différents achats de consommation courante. Avec une taxe de vente généralisée en cascade comme la TPS, la taxe est perçue par étapes auprès de toutes les entreprises à mesure que les produits (ou les services) circulent des producteurs primaires aux transformateurs, puis aux grossistes, aux détaillants et aux consommateurs.

La TPS a un certain nombre d'avantages par rapport à l'ancienne taxe sur les ventes des fabricants: elle élimine la taxe sur les intrants des entreprises et traite toutes les entreprises uniformément; elle établit des taux de taxation uniformes et efficaces sur le prix de vente final des produits; enfin, elle traite les importations de la même manière que les produits fabriqués au pays et soustrait les exportations canadiennes à tout impôt déguisé.

Lorsque la TPS entre en vigueur, les gouvernements provinciaux (sauf l'Alberta, qui n'a pas de TVP) doivent décider quelle relation établir entre la taxe de vente fédérale (TVF) et leur taxe provinciale de vente au détail. Les provinces à l'est de l'Outaouais décident d'appliquer leur taxe de vente au détail au prix de vente, taxe sur les produits et services comprise, élargissant ainsi l'assiette de leur taxe de vente au détail. Par contre, les provinces à l'ouest de l'Outaouais décident d'appliquer leur taxe de vente au prix avant TPS, ce qui réduit l'assiette de leur taxe de vente au détail.

Après l'entrée en vigueur de la TPS, le gouvernement fédéral poursuit ses discussions avec plusieurs provinces au sujet de sa proposition initiale, car il vise à harmoniser la TPS avec la taxe de vente au détail de ces provinces. Au moment où nous écrivons ces lignes, seul le Québec a accepté de fusionner sa taxe provinciale de vente au détail avec la taxe de vente fédérale.

Le 1ᵉʳ juillet 1991, le Québec élargit l'assiette de sa taxe de vente provinciale pour y inclure les biens meubles assujettis à la taxe sur les produits et services, la taxe sur les télécommunications et la partie de la taxe sur les repas et l'hôtellerie qui correspond aux repas. Le 1ᵉʳ juillet 1992, il harmonise partiellement son régime de taxe de vente avec la taxe fédérale sur les produits et services.

Bien que la taxe provinciale du Québec soit désormais, à quelques détails près, une taxe sur la valeur ajoutée, le régime québécois ne prévoit pas de crédits d'intrant aux entreprises pour les achats comme l'électricité, les services de téléphone et de télécommunications, les repas, les frais de représentation et les véhicules qui circulent sur la voie publique. Le régime de la taxe imposée par le Québec aux municipalités, aux universités, aux écoles et aux hôpitaux ressemble au régime du gouvernement fédéral, comportant des remboursements qui peuvent aller de 19 p. 100 à 40 p. 100.

Recettes fiscales des provinces

En 1992, les recettes budgétaires des provinces proviennent des sources suivantes:
- taxes et impôts, 64 p. 100;
- recettes non fiscales (revenus de placements), 13 p. 100;
- paiements de transfert, 22 p. 100.

Sur l'ensemble des recettes fiscales des provinces, 74 p. 100 proviennent de la taxe de vente au détail ainsi que de l'impôt sur le revenu des particuliers et sur le revenu des sociétés. Le Québec est la seule province qui perçoit des droits successoraux, et l'Alberta est la seule province qui n'a pas de taxe de vente.

Recettes fiscales des municipalités

Ce sont les municipalités qui tirent des taxes et des impôts la plus faible partie de leurs recettes. Environ 50 p. 100 de l'ensemble des recettes municipales viennent des transferts des autres paliers de gouvernement, et surtout des provinces. L'impôt foncier constitue environ 85 p. 100 de l'ensemble des recettes fiscales municipales, mais seulement 40 p. 100 des recettes municipales brutes.

L'assiette fiscale des municipalités varie considérablement dans tout le pays. Dans les 10 provinces et les 2 territoires, les biens immobiliers en constituent l'élément principal. Ils comprennent les terrains, les bâtiments et les constructions. L'outillage et l'équipement fixés aux bâtiments sont inclus dans l'assiette de l'impôt foncier à Terre-Neuve, en Nouvelle-Écosse, au Québec, en Ontario, au Manitoba, en Alberta (province qui n'a pas de taxe d'affaires municipale), aux Territoires du Nord-Ouest et au Yukon.

À l'Île-du-Prince-Édouard, au Nouveau-Brunswick et en Saskatchewan, l'outillage, l'équipement et les autres installations sont assujettis à l'impôt foncier seulement s'ils fournissent des services aux bâtiments. La Colombie-Britannique a enlevé l'outillage et l'équipement de l'assiette de son impôt foncier en 1987.

La plus forte critique formulée contre l'impôt sur les biens résidentiels est probablement son caractère régressif. Depuis les années 60, plusieurs commissions formées par les gouvernements provinciaux et les administrations locales recommandent d'apporter des changements qui rendraient le régime d'impôt foncier plus équitable et plus efficient. C'est ainsi que le Québec, l'Ontario, le Manitoba, l'Alberta et la Colombie-Britannique instituent un crédit d'impôt foncier. D'autres réformes générales consistent notamment à élargir l'assiette fiscale en réduisant ou en éliminant un certain nombre d'exemptions et en mettant en vigueur une cotisation de péréquation.

Arrangements fiscaux entre le gouvernement fédéral et les provinces

Trois grands programmes de transfert, le Financement des programmes établis (FPE), les paiements de péréquation et le Régime d'assistance publique du Canada (RAPC), sont les bases des arrangements fiscaux entre le gouvernement fédéral et les provinces.

Le plus gros programme de transfert est le FPE, qui fournit aux provinces un soutien financier fédéral dans les domaines de la santé et de l'enseignement postsecondaire. Aux termes des arrangements actuels du FPE, conclus en 1982, le gouvernement fédéral fournit à toutes les provinces un financement sous forme de transfert égal par habitant. De plus, le niveau de financement fédéral prévu par le FPE actuel augmente annuellement en fonction de la population de chaque province. En 1994-1995, les paiements de transfert effectués dans le cadre du programme dépassent 21 milliards de dollars.

Le programme de péréquation permet à toutes les provinces de fournir des services publics sensiblement comparables à un niveau de fiscalité lui aussi sensiblement comparable. En vertu des dispositions actuelles de ce programme, également institué en 1982, des subventions fédérales sont versées à chaque province dont les recettes par habitant provenant de sources provinciales et locales déterminées sont inférieures à la moyenne pondérée par habitant de cinq provinces représentatives.

Le régime de péréquation comporte des dispositions fixant un minimum et un maximum pour les paiements de péréquation. En 1994-1995, il est prévu que les paiements de transfert dans le cadre du programme de péréquation atteindront un total de près de 8,5 milliards de dollars.

Dans le cadre du RAPC, le gouvernement fédéral aide les provinces à financer l'assistance sociale et les services sociaux offerts aux gens qui ont le plus besoin d'une aide gouvernementale. La croissance du RAPC est limitée à 5 p. 100 dans les provinces qui ne reçoivent pas de paiements de péréquation, lesquelles sont habituellement l'Alberta, la Colombie-Britannique et l'Ontario. Cette limite de croissance n'est pas imposée aux autres provinces. Les transferts couvrent les dépenses provinciales admissibles selon un système de partage des frais, et ils se chiffrent à près de 8,2 milliards de dollars en 1994-1995.

Au total, les transferts fédéraux versés aux provinces en application du FPE, du programme de péréquation et du RAPC sont évalués à plus de 37 milliards de dollars pour l'année 1994-1995, ce qui représente environ 90 p. 100 des transferts fédéraux aux provinces: on estime en effet que le soutien financier fédéral global versé aux gouvernements provinciaux et territoriaux pour l'année atteint près de 42 milliards de dollars.

Les fonds versés par le gouvernement fédéral aux provinces augmentent rapidement ces dernières années. À la fin de l'année financière 1994-1995, les principaux transferts fédéraux aux provinces devraient avoir augmenté de plus de 68 p. 100 depuis 1983-1984, ce qui représente une augmentation moyenne de 4,9 p. 100 par an. Par comparaison, les dépenses globales des programmes fédéraux n'auront augmenté que de 4,1 p. 100 pendant la même période.

La masse monétaire de ces transferts représente plus de 24 cents pour chaque dollar consacré à des programmes par le gouvernement fédéral. Pour les gouvernements provinciaux, les principaux transferts fédéraux représentent plus de 19 cents par dollar de recettes pour les provinces les plus riches et environ 46 cents par dollar de recettes pour la province la moins nantie.

George E. Carter

Impôt Contribution obligatoire, imposée par l'État en vertu de son pouvoir législatif, et perçue dans un but d'intérêt public. Le premier impôt connu au Canada remonte à 1650, époque où les habitants de la Nouvelle-France devaient payer une taxe à l'exportation de 50 p. 100 sur toutes les peaux de castor et une autre de 10 p. 100 sur les ceintures en orignal.

De nos jours, les Canadiens sont assujettis à divers impôts. Les gouvernements fédéral et provinciaux perçoivent un impôt sur le revenu des particuliers et des sociétés. La vente de presque tous les biens et services est assujettie à la taxe fédérale, soit la taxe sur les produits et services (TPS). Le gouvernement fédéral prélève aussi une taxe d'accises sur divers produits telle que l'essence, les produits du tabac, le vin et les bijoux.

Toutes les provinces, sauf l'Alberta, perçoivent une taxe sur les ventes au détail. De plus, les gouvernements provinciaux et les municipalités lèvent un impôt sur les biens immobiliers, que le propriétaire paie chaque année sur une partie de la valeur de ces biens. Les Canadiens sont aussi assujettis à un certain nombre de taxes moins importantes telles que les droits de douane imposés par le gouvernement fédéral sur les biens importés et les taxes d'amusement prélevées par les gouvernements provinciaux et les municipalités.

Les recettes fiscales de tous les paliers de gouvernements confondus, exprimées en pourcentage du produit intérieur brut, ont augmenté au fil des ans. En 1975, p. ex., ces recettes représentaient 31,1 p. 100 du produit intérieur brut et, en 1992, ce pourcentage était passé à 37 p. 100.

Patrick Bendin

Imprimerie La reproduction de copies multiples est généralement associée à la presse à imprimer. Toutefois, elle peut également comprendre des procédés de reproduction par photocopieur ou copieur électrostatique. Au XXᵉ siècle, l'imprimé n'est plus qu'une partie d'un processus de COMMUNICATION complexe, qui évolue rapidement. Dans sa propre sphère, l'imprimerie est associée à l'industrie des arts graphiques, ce qui comprend la préparation, l'impression proprement dite et les procédés de finition.

Avant de pouvoir imprimer sur du papier, une feuille métallique, du plastique ou du tissu, il faut procéder à des étapes préliminaires: croquis, dessin, graphisme, création de caractères ou de graphiques, préparation du film et du cliché et préparation de la presse. Par le passé, on effectuait toutes ces opérations manuellement ou à la chambre noire. De nos jours, des photocomposeuses pilotées par des micro-ordinateurs servent à fixer les caractères et à les reproduire directement sur film (positif ou négatif). Les résultats peuvent être stockés et repérés sur bandes ou disques magnétiques et être manipulés dans toutes les formes.

Les procédés de pagination permettent de combiner la similigravure ou l'infographie, la disposition des caractères et la mise en page en une seule opération. Il reste très peu de travail manuel à faire après la remise du manuscrit ou le travail du dessinateur. Avec le matériel moderne, on peut combiner ces éléments dans une page, produire automatiquement un cliché et envoyer l'information par câble ou SATELLITE dans tous les coins du globe, même les plus éloignés. L'édition nationale du GLOBE AND MAIL est transmise par satellite à différents endroits au Canada, où elle est imprimée et distribuée. De plus en plus, on utilise les liaisons par CÂBLODISTRIBUTION et vidéotex pour transmettre l'information ou remplacer l'imprimerie dans de nombreux secteurs.

Il y a quatre grands procédés d'impression: la typographie, ou impression en relief, qui consiste à soulever l'aire à imprimer par rapport au reste, à encrer ce relief et à l'imprimer directement sur le papier ou le substrat; l'impression à plat, ou impression *offset* ou lithographie, qui consiste à garder sur un même plan l'image et l'aire à imprimer tout en les gardant distinctes en appliquant le principe selon lequel la graisse et l'eau ne se mélangent pas; l'impression en creux, ou héliogravure, par laquelle l'image est gravée sur une surface cylindrique ou plane, puis encrée et imprimée sur le substrat; la sérigraphie, ou recopie d'écran, par laquelle l'encre est poussée à travers un écran jusqu'au substrat.

Ces dernières années, d'autres méthodes de reproduction de copies multiples ont été élaborées à partir d'un original: la flexographie, impression en relief au moyen de clichés en caoutchouc et d'encres d'aniline; l'impression électrostatique, soit par photocopieur, soit à travers un écran fin; et l'impression par jet d'encre, qui consiste à faire gicler de minuscules gouttelettes d'encre sur le substrat, opération souvent assistée par ordinateur ou ruban magnétique. L'impression par rayon laser est maintenant productive et rentable, et l'impression par électroérosion semble avoir un avenir très prometteur.

Après l'impression proprement dite, il y a les étapes de reliure ou de finition, dont bon nombre d'opérations sont exécutées en continu. Ces étapes peuvent comprendre le pliage, le brochage et le rognage par des coupeuses informatisées ou des dispositifs de découpage sur la presse même. Elles peuvent comprendre aussi le poinçonnage, le perforage en pointillé, le pliage en accordéon comme dans le cas des imprimés commerciaux, le collationnement de nombreuses signatures, l'arrondissage des coins, l'insertion de papier carbone, le laminage et le gaufrage.

Historique Dans les années 1750, la presse en bois actionnée manuellement (presse à plat ou de «type commun») est importée des États-Unis ou de la Grande-Bretagne et introduite dans l'Est du Canada. Ce n'est que dans les années 1830 qu'elle est remplacée dans les grands centres par la presse métallique à bras de type Washington. En 1751, Bartholomew Green fils, de Boston, installe à Halifax la première presse, semble-t-il, et, en 1752, son associé, John Bushell, lance le premier journal au Canada, le *Halifax Gazette*. En 1775, peu après le début de la Guerre d'Indépendance américaine, un grand nombre d'imprimeurs expérimentés LOYALISTES arrivent de la Nouvelle-Angleterre, et, dès le milieu des années 1780, on trouve des presses à Saint-Jean et à Charlottetown.

En 1764, à Québec, William Brown et Thomas Gilmore, les deux plus importants pionniers de l'imprimerie, fondent *La Gazette de Québec*. En plus du journal, ils impriment des calendriers, des bons de commande et, un peu plus tard, des brochures et des livres. En 1776, Fleury Mesplet, qui a appris son métier d'imprimeur en France, apporte la première presse à Montréal. Il publie d'abord des ouvrages à caractère religieux, puis en 1778, il commence à publier *La Gazette de Montréal* (*Gazette du commerce et littéraire*).

Après sa nomination au poste de lieutenant-gouverneur du Haut-Canada en 1791, John Graves SIMCOE persuade Louis Roy, un Canadien français, d'installer sa presse à Newark (Niagara-on-the-Lake), capitale de la province. Malgré son bref séjour dans la capitale, Roy lance en 1793 le premier journal de la province, l'*Upper Canada Gazette*. À cette époque, vu l'état embryonnaire du commerce au Canada, la survie des imprimeurs repose surtout sur les abonnements aux journaux, les commandes gouvernementales (impression de proclamations et de lois) et de l'Église (production de tracts innombrables, conséquence des controverses religieuses de l'époque).

Le zèle des missionnaires contribue à accélérer l'introduction de l'imprimerie dans l'Ouest canadien. En 1841, le pasteur méthodiste James Evans compile un système de signes syllabiques de la langue crie. Incapable de trouver le financement nécessaire à l'achat d'une presse à imprimer, il taille des moules en bois, fait fondre d'anciennes boîtes de thé pour en soustraire le plomb qu'il utilisera pour mouler des caractères, fabrique une presse à bras et, avec de l'encre faite à partir de suie, imprime son livre sur de l'écorce de bouleau. Dans la COLONIE DE LA RIVIÈRE ROUGE, l'impression commerciale voit le jour en 1859 lorsque William Buckingham et William Coldwell commencent la publication du *Nor'Wester*.

L'imprimerie en Colombie-Britannique naît avec le lancement du journal *Victoria Gazette* en 1858. Les presses du journal servent également à imprimer différentes proclamations gouvernementales. En 1878, à Battleford, Patrick Laurie fonde le *Saskatchewan Herald*, et, en 1880, Frank OLIVER transporte une presse dans un chariot à bœufs de Winnipeg à Edmonton et commence à publier l'*Edmonton Bulletin*. En 1897, l'installation de la première presse à Dawson, au Yukon, marque le début de l'impression du *Caribou Sun*.

Avant les années 1830, les imprimeurs du Canada doivent s'approvisionner aux États-Unis ou en Grande-Bretagne pour acheter des presses, de l'encre, des caractères ou du papier. La presse à cylindre, p. ex., mise au point aux États-Unis en 1830, est adoptée au Canada au cours de la décennie suivante pour les JOURNAUX à grand tirage. En août 1844, George BROWN achète la première presse du genre dans le Canada-Ouest pour son journal *The Globe*. En 1826, l'Eastwood and Skinner est la première à fabriquer du papier à partir de chiffons dans la région de Toronto, et l'on attribue à Alexander Buntin l'adoption, dans les années 1860, du procédé de fabrication de pâte mécanique en Amérique du Nord, à sa papeterie de Valleyfield (maintenant Salaberry-de-Valleyfield) (*voir* PÂTES ET PAPIERS, INDUSTRIE DES).

Dans les années 1830, la Montreal Type Foundry (MTF) ouvre ses portes à Montréal. Jusqu'à sa fermeture 40 ans plus tard, elle compte parmi les premiers fabricants de caractères au Canada et est l'un des fournisseurs de presses importées et fabriquées au pays. En 1887, la Toronto Type Foundry (TTF) voit le jour, signe du déplacement du centre de l'industrie de l'impression de Montréal à Toronto. Dès 1898, cette entreprise compte des succursales dans tout le pays, de Halifax à Vancouver. La TTF utilise exclusivement des matrices provenant des États-Unis, et ce n'est qu'en 1967 que Carl Dair crée Cartier, premier caractère typographique conçu au Canada (*voir* ARTS GRAPHIQUES ET GRAPHISME).

Parmi les quelques fabricants de presses à imprimer au Canada, aucune entreprise n'est aussi productive et rentable ni ne survit aussi longtemps que la Westman and Baker de Toronto. De 1874 à 1922, cette entreprise fabrique des presses Gordon (invention de l'Américain G.P. Gordon en 1858) ainsi qu'un vaste éventail de matériel pour les imprimeurs et relieurs de tout le pays.

Deux modèles de machine Linotype sont fabriqués au Canada. Le premier modèle est fabriqué à Montréal par la Linotype Company en 1891, et le deuxième, par la firme canado-américaine Linotype Co. Ltd. de Toronto, après avoir fait l'acquisition de l'entreprise de Montréal. Les deux modèles sont exportés en Australie, en Amérique du Sud et en Afrique du Sud et font concurrence à la Mergenthaler Linotype fabriquée aux États-Unis.

Au fur et à mesure que les ateliers d'imprimerie se multiplient entre 1810 et 1830, des associations ou des syndicats d'imprimeurs se forment à Québec, à Montréal, à Hamilton et à Toronto. En 1832, p. ex., un groupe de 24 compagnons imprimeurs fonde la York Typographical Society en vue d'améliorer leurs

conditions de travail. Le mouvement syndical avorte après d'âpres luttes, mais renaît en 1844 sous le nom de Toronto Typographical Union, organisation qui est aujourd'hui le plus ancien syndicat au pays. Ces syndicats représentent d'abord les typographes, les imprimeurs ou les relieurs qui effectuent tout leur travail manuellement, mais au fur et à mesure que le nouvel équipement est introduit et que le travail de composition et d'impression devient mécanisé, les syndicats commencent à représenter divers métiers spécialisés, de sorte qu'à la fin du XIXe siècle, on trouve des syndicats de pressiers, de compositeurs typographes, de stéréotypeurs, d'expéditeurs et de relieurs.

Dès 1900, il existe dans les grandes villes des fédérations comme le Toronto Allied Printing Trades Council. En 1892, John Bayne MACLEAN lance le mensuel *Canadian Printer and Publisher*, organe officiel de la Canadian Press Association.

Au cours des trois dernières décennies du XIXe siècle, on note de nombreux changements technologiques dans l'industrie de l'imprimerie au Canada. On attribue à W.A. Leggo et à G.-É. DESBARATS, de Montréal, l'invention, en 1871, de la similigravure pour la reproduction graphique. Bien que d'autres personnes aient aussi réclamé cet honneur, il ne fait nul doute que ces Canadiens ont joué un important rôle dans la découverte de ce procédé.

En 1873, l'hebdomadaire *Grip* est fondé et devient le premier journal à produire ses propres clichés. En 1882, le directeur de la production, Samuel Moore, quitte le journal pour fonder la Moore Business Forms. Cette entreprise fabrique et vend les livrets carbones Paragon Sales. En 1905, le *Grip* fabrique les quatre premières plaques en quadrichromie au Canada, après quoi les MAGAZINES commerciaux utilisent davantage la couleur dans leurs annonces et illustrations.

Progrès contemporains Dans les années qui suivent la Seconde Guerre mondiale, l'impression, la publication et l'édition commerciale connaissent une progression non pas spectaculaire mais constante. Selon Statistique Canada, dans le secteur regroupé sous l'appellation «imprimerie, édition et industries connexes» (qui comprend les entreprises de clichage, de composition et de reliure), on notait que le nombre d'établissements était passé de 3650 en 1970 à 5280 en 1984. On enregistrait également une augmentation du nombre d'employés, qui était passé de 84 041 à 114 047, avec des salaires totalisant 2,76 milliards de dollars. La valeur des livraisons était également à la hausse (de 1,5 milliard à 8,66 milliards de dollars), et l'on prévoyait, pour l'année 1986, qu'elle allait atteindre près de 10,6 milliards de dollars.

En même temps, bon nombre d'ateliers d'«impression instantanée» ont vu le jour, et même des industries n'ayant aucun lien avec l'imprimerie ont établi des ateliers d'impression et de finition dans leur usine même, ce qui représente maintenant une part substantielle du monde de l'imprimerie. Par conséquent, le nombre d'imprimeries commerciales a peu augmenté. Cette croissance a en quelque sorte été ralentie par les fusions et les acquisitions réalisées par les grandes entreprises et par l'installation d'ateliers d'imprimerie dans les secteurs gouvernemental et privé.

Depuis l'invention et l'utilisation généralisée des ordinateurs personnels, on note un changement majeur dans la production de documents imprimés. Les ordinateurs personnels permettent de faire de l'édition et de la mise en page électronique, et, grâce aux imprimantes laser, on peut photographier ou produire directement les textes ou illustrations sur des plaques *offset*, prêts à être imprimés. Il est aussi possible maintenant d'effectuer le travail polychrome au scanner, instrument permettant de séparer les couleurs sur film et d'envoyer les séparations directement à un clicheur électronique.

Le Canada est un grand producteur de papier, dont une grande quantité est exportée sous forme de papier journal aux États-Unis et dans les Antilles. Il importe toutefois aussi beaucoup de papiers fins. La plupart des encres servant à l'impression, à l'édition et à l'emballage, y compris celles utilisées dans les ateliers d'usine, sont fabriquées au Canada. Deux entreprises, une située au Québec, l'autre en Ontario, conçoivent et produisent des imprimés commerciaux, des presses et des désenliasseurs. Une entreprise ontarienne crée et fabrique des machines à plier, des machines à encarter, des machines à estamper à grande vitesse et des massicots. Presque toute cette production est exportée principalement en Europe, en Asie et aux États-Unis. En outre, un petit ordinateur inventé à Toronto permettra de convertir des coupeuses et des massicots non informatisés pour qu'ils fonctionnent automatiquement. Le marché intérieur est créé, mais les exportations représentent la majorité des activités commerciales. Du matériel d'étiquetage est également fabriqué au Canada.

En 1974, Mitel Corporation s'est établie à Kanata, en Ontario, en vue de concevoir et de distribuer des dispositifs microélectroniques utilisés dans les communications électroniques. Elle a été la première entreprise à concevoir un matériel complet d'éditique utilisant le laser (Xerox 9700). Les systèmes de Mitel ont été adoptés dans le monde entier et sont utilisés par bon nombre de fabricants américains dans la production de systèmes de communication.

En 1986, la valeur des importations d'encres d'imprimerie atteignait quelque 22,6 millions de dollars, et 95,1 p. 100 (près de 21,5 millions de dollars) de ces importations venaient des États-Unis. Au cours de cette même année, les importations de matériel d'arts graphiques totalisaient environ 39,6 milliards de dollars, et les États-Unis conservaient leur rang du plus important fournisseur au Canada (30,5 milliards de dollars, soit 77,1 p. 100). Les importations, par catégories, ont atteint les montants suivants, en dollars canadiens: machinerie et outillage, 708,1 millions de dollars; papier et produits du papier, 942,8 millions de dollars; matériel imprimé, 1,47 milliards de dollars; pellicules et feuilles en matière plastique, 478 millions de dollars; autres produits divers, 292,6 millions de dollars. (*Voir aussi* ALMANACHS ANCIENS; ÉDITION DE LANGUE FRANÇAISE; GRAVURE.)

William Forbes

Incapacité L'Organisation mondiale de la santé (OMS) définit l'incapacité comme la réduction temporaire, prolongée ou permanente ou l'absence de la capacité d'accomplir certaines activités ou de remplir certains rôles ordinaires, présentés parfois comme des occupations de la vie courante. Citons comme exemples la perte ou la réduction de l'ouïe (PERTE D'AUDITION), de la vue, de la parole, de la mobilité, ou encore de la capacité d'atteindre et de porter, de penser et de se souvenir.

La détérioration provient d'une anomalie d'un organe ou des fonctions physiques ou mentales du corps, laquelle entraîne une incapacité. C'est notamment le cas de la perte partielle ou totale d'un membre; d'états neurologiques tels que la sclérose en plaques, la paralysie cérébrale et la maladie de Parkinson; de maladies ou dommages infligés à une partie de l'œil ou de l'oreille; de diverses formes d'ARTHRITE; et de traumatismes entraînant un changement permanent au cerveau, à la moelle épinière ou à un membre.

Par handicap, on entend les conséquences sociales et environnementales qu'engendre la détérioration d'une personne. Si celle-ci est en fauteuil roulant, son handicap consiste à essayer de se déplacer dans un environnement parsemé d'escaliers et de surfaces inégales plutôt que de surfaces planes. Une personne atteinte d'une maladie mentale subit un handicap dans sa recherche d'un emploi si les employeurs la supposent d'emblée inapte à tout travail, mais pas s'ils lui offrent une chance.

L'incapacité, la détérioration et le handicap sont interreliés. Alors qu'une détérioration peut être irréversible (p. ex., une perte de la vue qu'on ne peut corriger), une incapacité est souvent fonction de la situation (en ne concernant, p. ex., que les activités requérant la vision), et un handicap peut être éliminé par un changement dans l'environnement (p. ex., en fournissant de l'information en langue braille ou sous forme de bandes sonores). Cependant, nombreuses sont les situations où une détérioration n'entraîne ni incapacité ni handicap. La perte de l'index de la main peut ne pas déranger le travail d'un professeur, mais sera désastreuse pour un pianiste.

Fréquence de l'incapacité Le recensement canadien de 1991 pose une question sur les incapacités qui limitent l'individu dans son travail et dans sa vie courante. Il est suivi la même année par l'Enquête sur la santé et les limitations d'activités (ESLA, Statistique Canada) qui estime à 4,2 millions ou environ 15,5 p. 100 le nombre de personnes au Canada qui souffrent d'une forme ou d'une autre d'incapacité réduisant leurs activités quotidiennes.

C'est là une augmentation par rapport aux 3,3 millions de personnes ou 13 p. 100 de la population souffrant d'une incapacité lors de la même enquête ESLA de 1986. Malheureusement, en l'absence d'une telle enquête au lendemain du recensement de 1996, nous ne savons pas vraiment dans quelle mesure l'accroissement survenu entre 1986 et 1991 s'explique par une amélioration dans les déclarations des gens sur leurs incapacités et par une hausse réelle du nombre de personnes souffrant d'incapacité.

Le risque d'incapacité augmente avec l'âge. Voici, pour 1991, la répartition par âge des Canadiens souffrant d'incapacité: moins de 15 ans, 7 p. 100; de 15 à 54 ans, 22 p. 100; de 55 à 64 ans, 27 p. 100; et de 65 ans et plus, 46 p. 100. L'allongement de la durée de vie, notamment grâce aux progrès dans les interventions médicales sauvant des vies, signifie qu'un nombre croissant de Canadiens se verront atteints d'incapacité pendant au moins quelques années de leur vie. Cette constatation encourage fortement les gens à s'intéresser à la réorganisation par la société des soins et de l'assistance accordés en particulier aux personnes âgées qui forment la cohorte des gens avec incapacités croissant le plus rapidement.

Nature et gravité de l'incapacité Les restrictions à la mobilité (marcher, monter un escalier) et à l'agilité (atteindre, soulever, se courber) sont les plus courantes et comptent pour environ la moitié de toutes les déclarations d'incapacité. Les incapacités intellectuelles, d'apprentissage et de santé mentale représentent environ le tiers des déclarations; l'incapacité auditive, 25 p. 100; l'incapacité visuelle, 9 p. 100; et l'incapacité de parole, 8 p. 100. Certaines personnes souffrent de plus d'un type d'incapacité.

La gravité de l'incapacité varie avec l'âge; 89 p. 100 des enfants atteints d'incapacités le sont de façon bénigne alors que ce chiffre n'atteint que 54 p. 100 chez les adultes de 15 à 64 ans et 39 p. 100 chez ceux de 65 ans et plus. Les formes graves s'observent chez seulement 3 p. 100 des enfants atteints, mais chez 14 p. 100 des adultes et 25 p. 100 des personnes âgées. Ces données proviennent de l'enquête ESLA 1991 de Statistique Canada.

On est loin d'avoir résolu le problème de l'identification précise de l'incapacité. Les causes d'incapacité sont nombreuses. Le degré d'incapacité peut varier énormément d'une personne à l'autre, même s'il résulte d'une même cause. Les méthodes d'identification des incapacités varient beaucoup, elles aussi, selon les pays, ce qui complique la compréhension de l'incapacité comme phénomène mondial. Ajoutons qu'un diagnostic ou une étiquette identifiant une cause d'incapacité n'aide souvent pas à comprendre les limitations fonctionnelles que peut vivre une personne.

Certaines étiquettes apposées sur une incapacité servent à déterminer qui est ou non admissible à certains traitements ou indemnités. Le terme «légalement aveugle» (*voir* CÉCITÉ ET AMBLYOPIE) ne s'applique qu'aux gens dont la vision centrale de leur meilleur œil atteint un maximum de 20/200 à l'aide de lentilles correctrices (20/20 indique une vision normale) et à ceux dont la vision périphérique ne dépasse pas 20/100. C'est une erreur de supposer que la personne légalement aveugle ne voit absolument rien. Être légalement aveugle au Canada peut donner droit à une personne à certains avantages tels qu'une carte d'autobus gratuite ou à prix réduit ou à des équipements d'aide fournis par des programmes financés par l'État.

D'autres étiquettes d'incapacité servent à exclure des individus de la société normale. Jusqu'à récemment, les enfants souffrant d'incapacité intellectuelle (dans leur développement) et considérés autrefois comme mentalement retardés étaient maintenus à l'écart des autres enfants. Jusqu'au milieu des années 70, on les plaçait dès lors souvent, leur vie durant, dans des institutions. Grâce à l'avènement de nouvelles conceptions et techniques d'éducation, ces enfants restent de plus en plus dans leur famille, mais fréquentent des classes ou des écoles spéciales. Depuis dix ans, les progrès accomplis permettent de les intégrer dans des écoles et des classes régulières disposant de ressources pédagogiques adaptées à leur cas.

L'identification et la classification des incapacités intéressent les scientifiques, les politiciens et les concepteurs de programmes, qui utilisent ces informations chacun à sa manière. Les scientifiques veulent étudier comment prévenir, guérir ou traiter ces incapacités. Les politiciens cherchent à connaître l'importance des groupes de personnes atteintes d'incapacité ainsi que leurs besoins en vue de légiférer et de recueillir des fonds à leur avantage. Quant aux concepteurs de programmes, ils veulent s'assurer que ceux-ci répondront aux besoins et prévoir pour l'avenir l'évolution à la hausse ou à la baisse de la demande de services. Jusqu'à présent, les scientifiques n'offrent pas de système global de classification qui soit d'application universelle.

Les personnes atteintes d'incapacité et leurs défenseurs reconnaissent l'utilité de disposer de données fiables sur le nombre de gens à qui leur incapacité pose des problèmes de manière à plaider en faveur de changements. Beaucoup se méfient cependant d'un système de nomenclature et de classification des incapacités qui risque de déshumaniser et d'isoler des groupes entiers de personnes.

Attitudes Nous avons toujours eu parmi nous des gens souffrant d'incapacités, mais ils n'ont pas toujours été aussi visibles qu'aujourd'hui au Canada. Leur mort en bas âge et leur isolement en institution les rendaient invisibles. Au cours de l'histoire, ces personnes sont marquées du stigmate de la honte, notamment parce que certaines religions voient dans leur infirmité la punition pour leurs péchés. Dans les cultures villageoises d'autrefois, qui imposent à chacun de faire sa part pour assurer la survie du groupe, ceux qui en sont incapables n'ont qu'à mourir. La théorie évolutionniste de Darwin sur «la survie des plus aptes» pousse l'Angleterre victorienne à jouer à la sélection par reproduction des individus les plus intelligents dans le but d'améliorer la race. On connaît bien les tentatives de Hitler pour créer une race de seigneurs et éliminer les gens porteurs de caractéristiques indésirables et notamment d'incapacités diverses.

De nos jours, ces attitudes inspirent des comportements négatifs envers les personnes atteintes d'incapacités. On les perçoit comme violant les normes de manière indésirable. Beaucoup de gens se sentent apeurés et mal à l'aise en présence d'une personne aussi différente d'eux, ce qui les pousse à l'éviter. D'où le risque de ne pas voir ses aptitudes, de minimiser les attentes à son endroit et de considérer ses réussites comme bien modestes. Sachant cela, des personnes capables de cacher une incapacité telle que, p. ex., une perte d'audition partielle ou une maladie mentale font souvent des pieds et des mains pour s'afficher comme «normales». Bien qu'Irving Goffman qualifie ce comportement de «passager», il peut cependant engendrer un stress énorme chez la personne qui craint que son incapacité ne soit découverte.

Inversement, certains individus atteints d'incapacités peuvent être imbus de caractéristiques poussées à l'extrême, ce qui ne convient pas non plus. Il peut être tout aussi dommageable de croire que l'incapacité rend les gens plus compréhensifs ou plus enclins à pardonner ou de surévaluer leurs réussites que de sous-évaluer leurs aptitudes.

Voilà plus de 30 ans que les scientifiques étudient les attitudes du public envers les personnes atteintes d'incapacités sans aboutir à des réponses définitives. Ce qui semble certain, c'est que les attitudes d'acceptation sont favorisées lorsqu'entre personnes, les unes handicapées, les autres non, s'établissent des contacts réguliers basés sur un statut d'égalité comme entre gens de même âge, qui partagent les mêmes activités sociales, qui sont collègues de travail. Le fait pour les personnes handicapées de se reconnaître comme telles aide aussi à réduire le malaise dans leur entourage. C'est dire qu'il incombe peut-être à ces personnes de faire les premiers pas en attendant que les autres se mettent à ne plus vraiment attacher d'importance à une incapacité qu'ils ne voient plus comme caractéristique de la vie de ces personnes.

La plus grande visibilité de ces dernières exerce aussi un effet positif sur la manière dont la société les perçoit. Avec la disparition des obstacles à leur mobilité, la présence de personnes en fauteuils roulants dans des lieux publics apparaît dorénavant comme chose normale; on voit apparaître dans les programmes et la publicité de la télévision des personnes malentendantes conversant en langage des signes; des acteurs et des animateurs célèbres parlent de leur cécité ou de leur maladie mentale dans les médias. La peur que suscite si souvent la déviance régresse progressivement.

Droits et responsabilités Beaucoup de gens voient l'incapacité avant tout comme un problème médical propre à un individu. À partir de là, les médecins diagnostiquent telle catégorie d'incapacité et enclenchent des thérapies de réhabilitation qui tentent de «réparer» l'individu en question. Étant donné le caractère le plus souvent permanent des états d'incapacité, ces thérapies curatives sont peu satisfaisantes pour les personnes concernées. Le résultat en était souvent de condamner ces personnes à dépendre de l'aide gouvernementale pour la satisfaction de leurs besoins courants puisqu'on ne concevait pas qu'un individu sourd ou aveugle, ou se déplaçant en fauteuil roulant soit capable d'exercer un métier ou d'être autonome.

Les années 70 voient heureusement l'éclosion d'un mouvement des droits des handicapés, comparable au mouvement des droits civils aux États-Unis dans les années 50 et 60. Les jeunes handicapés se rassemblent en grand nombre pour revendiquer leur place dans la société. Au Canada, ce mouvement finit par déboucher sur l'inclusion de l'«incapacité physique et mentale» dans la CHARTE CANADIENNE DES DROITS ET LIBERTÉS, puis ensuite dans les législations provinciales sur les DROITS DE L'HOMME. La discrimination n'a pas disparu pour autant, mais les personnes souffrant d'incapacités disposent maintenant de recours légaux.

En plus de la protection légale contre la discrimination, ces personnes veulent que leur incapacité soit perçue non pas comme une déviance, mais plutôt comme une différence. Elles affirment que la société peut prendre en compte leur différence en adaptant l'environnement plutôt qu'en changeant l'individu.

Le résultat prend la forme d'un train de mesures destinées à éliminer les obstacles physiques dans les édifices publics, les parcs et les installations récréatives, dans les transports publics et commerciaux, dans les équipements et les programmes d'éducation, dans l'information, le logement et l'emploi. Certains de ces changements résultent de dispositions législatives (codes du bâtiment, mesures touchant l'éducation et l'équité dans l'emploi), d'autres sont le fruit d'efforts de persuasion.

La route conduisant au changement est semée d'embûches, mais certains groupes progressent plus vite que d'autres. Le grand public garde encore des préjugés envers les malades mentaux, qui restent dès lors largement à l'écart de la société normale. Les changements véritables proviennent, en fait, des efforts consentis par les personnes handicapées elles-mêmes.

Pour ces personnes, il ne s'agit plus dorénavant d'adapter leurs comportements aux normes sociales dominantes, mais de contester les définitions qu'en donnent les personnes «normales» et de revendiquer le droit à la différence et aux mesures d'accueil de cette différence.

Fran Vargo

Incendie forestier Réaction de combustion qui se déplace et se propage vers l'extérieur, à partir de sa source d'ignition, laissant derrière des forêts brûlées.

Faits établis Dans l'ensemble, environ 10 100 incendies forestiers se produisent annuellement au Canada: 60 p. 100 sont causés par l'homme, la plupart par accident, et 40 p. 100 sont imputables à la foudre. Les feux de foudre causent généralement dix fois plus de dommages parce qu'ils sont habituellement allumés dans des endroits difficilement accessibles. En moyenne, 2,5 millions d'ha de forêt sont brûlés annuellement; la foudre en est responsable à 85 p. 100. La superficie incendiée constitue 0,6 p. 100 des zones forestières canadiennes. Quoique la moitié des feux répertoriés aient moins de 0,01 ha en superficie, certains incendies dévastent des secteurs de plus de 100 000 ha. En fait, les grands incendies (1 p. 100 de l'ensemble) sont responsables de 90 p. 100 de la superficie incendiée. Le nombre d'incendies est semblable d'une année à l'autre, mais la superficie dévastée varie grandement. Depuis 1970, la plus petite superficie incendiée en une seule année a été de 289 000 ha (1978); la plus grande, de 7 560 000 ha (1989), soit 25 fois plus. La plupart des incendies se produisent en forêts boréales, qui sont dans l'ensemble éloignées des zones habitées. Annuellement, environ 300 millions de dollars sont dépensés au Canada pour maîtriser les incendies.

Comportement des incendies Les feux sont classés selon qu'ils demeurent au sol ou qu'ils se propagent à la cime des arbres. Au sol, les combustibles comprennent la litière de la forêt, la mousse sèche ou le lichen sec, les herbes sèches, l'humus en décomposition, le bois mort ou en décomposition, les broussailles et la végétation herbacée. Les combustibles des feux de cimes comprennent le feuillage vivant, les branches sèches et les brindilles. Les feux de cime se développent au sommet et à la cime des arbres, le feu se propage d'une cime à l'autre et aucune partie appréciable du tronc des arbres vivants ne brûle. Au Canada, seules les forêts de conifères connaissent des feux de cime.

La description physique d'un incendie de forêt se fait par la vitesse de propagation sous l'action du vent, par le poids des matières combustibles consumées et par l'intensité frontale de l'incendie. La meilleure façon d'évaluer l'intensité d'un incendie consiste à calculer la quantité d'énergie dégagée par unité de longueur du front d'un incendie actif et de l'exprimer en kW/m. L'intensité frontale peut atteindre jusqu'à 150 000 kW/m dans les feux de cimes, avec des flammes s'élevant à 50 m, quoiqu'un feu de surface modéré puisse ne produire que 100 kW/m et des flammes de moins de 0,5 m. La vitesse de propagation sous l'action du vent peut atteindre 100 m/min (6 km/h), mais peu d'incendies se propagent à une vitesse supérieure à 25m/min, et la plupart progressent à moins de 10m/min. L'immense variation observée dans le comportement des incendies dépend du degré d'humidité des matières combustibles, degré qui est touché par les conditions atmosphériques (*voir* TEMPS) courantes et passées, de la vitesse du VENT et du genre de forêt. De même, les variations observées dans l'étendue des superficies incendiées (à l'échelle du pays et d'une région à l'autre) résultent surtout des variations météorologiques.

Sans l'intervention des organismes de lutte contre les incendies, la moyenne des superficies incendiées serait beaucoup plus élevée. Toutefois, lorsque les conditions atmosphériques sont propices à l'éclosion des feux (vents violents, teneur en humidité réduite après plusieurs semaines sans pluie, etc.), il est impossible d'empêcher certains feux de prendre de l'importance. Une méthode d'évaluation des risques d'incendie forestier, l'indice forêt-météo (IFM), est utilisée d'un bout à l'autre du Canada pour évaluer quotidiennement l'indice d'inflammabilité de la forêt. En tenant compte de cette information, la méthode canadienne de prévision du comportement des incendies (PCI) permet de faire une estimation numérique sur la vitesse de propagation et l'intensité frontale d'un incendie dans un type forestier particulier. Tous ces renseignements sont ensuite fournis aux organismes de lutte contre les incendies, qui peuvent alors organiser leurs initiatives en conséquence.

Gestion des incendies Étant donné que la plupart des forêts du Canada sont soumises à l'autorité judiciaire des provinces ou des territoires, la gestion des incendies forestiers relève des ministères provinciaux des forêts. Le Centre interservice des feux de forêt du Canada, établi à Winnipeg en 1982, fournit des renseignements quotidiennement, compile les statistiques et coordonne les échanges interprovinciaux d'effectif et d'équipement. Le service de l'Environnement atmosphérique du gouvernement fédéral recueille et traite chaque jour les données météorologiques et fournit aux organismes de protection les indices de danger d'incendie. Le Service canadien des forêts, en collaboration avec plusieurs universités, effectue la plupart des recherches sur les incendies forestiers et s'occupe, entre autres, de l'élaboration de méthodes de gestion et de calcul des indices de danger des incendies.

Au Canada, la détection des feux est habituellement faite par des patrouilles aériennes, effectuées le long de tracés préalablement établis. Ces patrouilles ont presque entièrement remplacé les traditionnelles tours de guet. La détection aérienne est appuyée par un système de détection des feux de foudre qui indique la position et le nombre de feux de foudre possibles. Les méthodes de lutte contre les incendies forestiers comprennent les arrosages aériens (quelquefois avec des additifs retardant la progression du feu) et la lutte au sol à l'aide de pompes portatives munies de boyaux, de camions-citernes, de bulldozers et d'outils manuels. Il est parfois possible d'arrêter la progression d'un incendie en établissant un contre-feu à partir de la bordure intérieure de la ligne de suppression. Tous les organismes canadiens de lutte contre les incendies sont maintenant informatisés et se servent d'une gamme de logiciels qui utilisent les renseignements obtenus par l'analyse des données des feux de foudre ainsi que par l'IFM et la PCI, les données historiques et les cartes topographiques du terrain forestier. Ces programmes permettent d'orienter la mobilisation des ressources, de concevoir la disposition des patrouilles aériennes, de prévoir la fréquence des incendies, d'avoir un modèle de la progression d'un incendie et, enfin, d'affermir de manière générale des stratégies de lutte contre les incendies.

La pratique du brûlage dirigé a sa place dans la gestion des incendies de forêt. On utilise les feux dirigés, allumés délibérément par des professionnels à l'intérieur d'une étendue prédéterminée dans des conditions prescrites et dans un but précis. On utilise cette technique afin de préparer un secteur après la coupe à blanc d'une forêt boréale, suivant la coupe partielle de certaines forêts de pins et à des fins différentes dans la gestion de la végétation.

Fonctions écologiques et économiques du feu Le feu, avec le CLIMAT et le SOL, est un des trois principaux facteurs naturels qui ont donné à la forêt canadienne sa forme actuelle. La majeure partie de cette forêt, à l'état naturel, dépend, pour son existence à long terme, du recyclage écologique périodiquement effectué par le feu. Seuls font exception à cette règle, les forêts de feuillus du Sud-Est, les forêts pluviales de la côte ouest et de la côte est ainsi que les marais boisés et les marécages. Dans la forêt boréale, p. ex., les principales essences sont: l'ÉPINETTE noire, le PIN gris, le pin de Murray (pin lodgepole), le peuplier faux-tremble (*voir* TREMBLE) et le BOULEAU blanc, qui se régénèrent tout naturellement après un feu, même si tous les individus d'une large superficie sont tués. Le tremble drageonne directement à partir des racines dès la mort de l'arbre, d'autres feuillus produisent des rejets sur la souche des arbres morts. Le pin de Murray, le pin gris et l'épinette noire emmagasinent la semence dans des cônes durant des années, la libérant seulement une fois que les cônes ont été ouverts par la chaleur se dégageant d'un incendie.

D'autres essences importantes (pin blanc, pin rouge, DOUGLAS TAXIFOLIÉ, épinette blanche, etc.) exigent des sols qui ont subi l'action du feu pour atteindre une régénération optimale, mais il est nécessaire que quelques arbres survivent pour assurer la production de semences. À l'époque préeuropéenne, la plupart des incendies étaient allumés par la foudre, et la superficie ravagée par le feu était peut-être deux ou trois fois supérieure à ce que l'on connaît actuellement. Donc, au point de vue de l'écologie, le feu n'est ni bon ni mauvais, il est tout simplement un facteur environnemental nécessaire pour la perpétuation de la forêt dans son état naturel.

Du point de vue économique, le feu rivalise avec l'industrie forestière en ce qui a trait à l'accroissement annuel des arbres sur lequel est basée l'industrie. Certains arbres endommagés par le feu sont récupérés, mais la récupération est impraticable sur une grande échelle. Des 2,5 millions d'ha en moyenne brûlés annuellement, environ 30 p. 100 sont classés comme terrain forestier productif. Toutefois, aucune méthode générale permettant d'évaluer directement cette perte d'un point de vue économique n'a encore été élaborée. La meilleure approche connue consiste à analyser l'effet indirect des incendies forestiers sur la récolte annuelle en bois dans l'ensemble des forêts. Le bois arsin, dans ce cas, contribue à brouiller les pistes. Selon plusieurs analyses de ce type, il est probable que, dans toute la forêt boréale, le niveau actuel de la fréquence des incendies fasse baisser la récolte annuelle potentielle d'environ 15 p. 100. Cet effet se ferait moins sentir dans les forêts situées plus au sud.

Plus on s'évertue à maîtriser les incendies, plus il en coûte cher pour réduire la superficie moyenne incendiée annuellement. Théoriquement, l'idéal serait d'en arriver à ce que les coûts d'une plus grande diminution des superficies incendiées égalent la valeur de l'accroissement potentiel correspondant au moment de la récolte (*voir* ÉCONOMIE FORESTIÈRE). D'autres formes d'utilisation des ressources forestières sont également prises en considération, mais la sécurité des villes forestières demeure toutefois une préoccupation importante.

Les réalités écologiques du feu créent un dilemme dans les vastes parcs naturels et dans les autres territoires non ou peu aménagés parce que certains genres de forêt ne peuvent être maintenus perpétuellement sans l'action du feu. Les administrateurs des PARCS NATIONAUX du Canada sont conscients de ce problème et élaborent des programmes d'action combinés de lutte contre les incendies et de feux dirigés qui en tiennent compte. L'interaction des facteurs écologiques et économiques complique la gestion des incendies forestiers, et l'on s'interroge constamment pour savoir jusqu'à quel point on devrait maîtriser les incendies forestiers. L'Association forestière canadienne et les ministères provinciaux maintiennent des programmes de prévention destinés à réduire le nombre des incendies causés par l'homme. Quelles que soient les différences qui puissent exister dans les objectifs de gestion des incendies forestiers, le mot d'ordre «ne soyez jamais à l'origine d'un incendie forestier» demeure la règle d'or pour chaque citoyen.

Charles Van Wagner

INCO limitée Elle est le premier producteur mondial de NICKEL, fournissant un tiers de la demande mondiale, et également un producteur important de cuivre, de métaux précieux et de cobalt. De plus, INCO est le plus important fournisseur mondial d'alliages corroyés de nickel, ainsi que le premier fabricant de lames, de disques, d'anneaux et d'autres éléments forgés et usinés avec précision à partir d'alliages spéciaux. Cette compagnie, dont le siège est à Toronto, est aussi un important producteur d'acide sulfurique et de bioxyde de soufre liquide, et possède d'autres intérêts dans les métaux, le capital de risque, la fabrication de matériel d'exploitation des mines, l'ingénierie et la technologie.

En 1916, l'International Nickel Company of Canada, Ltd. est fondée en tant que filiale canadienne d'exploitation de l'International Nickel Co. du New Jersey. En 1928, la filiale canadienne devient la société mère par un échange d'actions. En 1929, INCO achète Mond Nickel Co., Ltd., une entreprise britannique constituée en société en 1900 pour des activités minières dans le bassin de SUDBURY. Les principales activités minières et de transformation d'INCO se font dans la région de Sudbury en Ontario, dans la région de Thompson au Manitoba et, par l'entremise d'une filiale à 98 p. 100 (P. T. International Nickel Indonesia), sur l'île de Sulawesi, en Indonésie. La compagnie possède aussi des raffineries de métal à Port Colborne, en Ontario, à Clydach, au pays de Galles, et à Acton, en Angleterre, et une participation dans l'affinage de nickel au Japon par l'entremise de deux compagnies affiliées.

Grâce à ses deux principales entreprises de forgeage et de production d'alliage, Inco Alloys International et Inco Engineered Products Ltd., cette compagnie produit et commercialise une vaste gamme de produits d'alliage. Inco Alloys International exploite des laminoirs à Huntington en Virginie-Occidentale, à Burnaugh au Kentucky, et à Hereford en Angleterre. Inco Engineered Products Ltd. a son siège social à Birmingham en Angleterre. Une autre filiale, Inmetco, est une des plus grandes sociétés de recyclage de déchets métalliques au monde. INCO limitée encourt des pertes au début des années 90, surtout en raison des bas prix du nickel. Mais, en 1993, elle réalise un profit de 28,2 millions de dollars sur des ventes de 3,4 milliards de dollars (convertis à partir du dollar US), dispose d'un actif de 5,6 milliards de dollars et emploie 15 709 personnes. Les actions d'INCO limitée appartiennent à un grand nombre d'actionnaires: 50 p. 100 d'entre elles sont la propriété d'intérêts étrangers.

Indemnités, bill des C'est en février 1849 que sir Louis-Hippolyte LAFONTAINE, s'inspirant d'une loi du Haut-Canada, propose un projet de loi d'indemnisation des habitants du Bas-Canada pour les dommages subis à leurs propriétés lors des rébellions de 1837-1838 (un montant d'environ 100 000 livres). Il s'agit d'une loi semblable à celle du Haut-Canada et elle se fonde sur un rapport de réclamations approuvé en principe en 1846. La Fontaine voit cela comme un moyen symbolique de panser les blessures de la rébellion et de reconnaître les droits des Canadiens français à l'égalité dans les deux Canadas, en mettant le pouvoir du gouvernement responsable à l'épreuve. Il veut ainsi mettre un frein à l'influence croissante de Louis-Joseph PAPINEAU. Les tories voient le projet de loi comme un signe de domination française sur l'union législative et comme la perte de leur propre pouvoir. Ils le considèrent comme une prime à la déloyauté. En réalité, puisqu'il s'avère difficile dans bien des cas de déterminer qui a causé des dommages pendant la rébellion, on indemnise certains rebelles au même titre que ceux qui sont restés fidèles au gouvernement. Seuls ceux qui ont été reconnus coupables ou qui ont été exilés sont exclus. Malgré la forte opposition des tories, le projet de loi est approuvé par une majorité de partisans de la réforme dans les deux sections. Les tories demandent alors à lord ELGIN, gouverneur général, de refuser la sanction royale.

Malgré ses hésitations, Elgin comprend bien l'essence même de la responsabilité locale et sanctionne le projet de loi le 25 avril 1849. À Montréal, il est attaqué par une foule d'anglophones en furie et l'édifice du Parlement est incendié (*voir* ÉMEUTES DE MONTRÉAL). Les marchands de Montréal, ressentant les effets d'une économie en dépression, plaident en faveur de l'annexion aux États-Unis (*voir* ASSOCIATION POUR L'ANNEXION). Elgin est cependant soutenu par le gouvernement britannique et le concept du GOUVERNEMENT RESPONSABLE est confirmé.

David Mills

Indien Terme utilisé par les Européens pour désigner les peuples autochtones de l'Amérique du Nord, centrale et du Sud. Son origine remonterait à Christophe Colomb qui pensait être arrivé en Asie, alors qu'en fait, il se trouvait dans les Caraïbes. Ce terme a survécu et est utilisé sans distinction pour parler de tous les autochtones des Amériques, sauf les INUITS de l'Arctique canadien et du Groenland et les Esquimaux de l'Alaska. Les Indiens, de même que les Inuits et les MÉTIS, sont définis au paragraphe 35(2) de la *Loi constitutionnelle de 1982* comme étant les peuples autochtones du Canada.

Bien des Indiens du Canada s'identifient à l'aide de termes traditionnels de leur langue. P. ex., le nom Siksika remplace PIED-NOIR, Anishnabek remplace OJIBWÉ, Chippewa et Saulteux, et INNU remplace NASKAPI. Pour certaines personnes, le mot «Indien» est quelque peu péjoratif et, par conséquent, nombre d'Indiens se sentent plus à l'aise avec les termes suivants: peuples autochtones, autochtones ou PREMIÈRES NATIONS. Il n'y a pas de terme unique qui fasse l'unanimité pour désigner les premiers habitants du Canada.

Au Canada, la définition légale d'Indien se trouve dans la LOI SUR LES INDIENS, une loi adoptée pour la première fois en 1876, mais qui découlait de lois similaires datant d'avant la Confédération. Les gens correspondant à la définition légale sont désignés Indiens inscrits. Les Indiens inscrits sont assujettis aux prescriptions de la *Loi sur les Indiens* et ce n'est qu'à ce titre qu'ils peuvent «être propriétaires» de terres dans une réserve. Les Indiens non inscrits sont d'origine indienne mais, à cause de mariages avec des blancs ou parce qu'il ont abandonné leur droit, ils ont perdu leur statut légal, tout en conservant leur identité d'Indien.

Chez les Indiens inscrits, il existe deux groupes: les Indiens visés par un traité et les Indiens vivant en dehors des régions assujetties aux traités. Les Indiens visés par un traité sont des gens qui ont «signé» un traité. Il s'agit d'ententes passées entre la Couronne et un groupe d'Indiens en particulier réputés avoir cédé leurs droits fonciers en retour d'avantages spécifiques (*voir* TRAITÉS INDIENS). Les Indiens non visés par un traité sont des personnes qui habitent dans des régions du Canada comme les Territoires du Nord-Ouest, la Colombie-Britannique et le Yukon, où des traités n'ont jamais été conclus, ou encore des Indiens inscrits résidant dans une région visée par un traité mais qui, pour diverses raisons, n'ont pas signé de traité. À l'exception de promesses particulières contenues dans les traités, les Indiens visés par un traité et les Indiens non visés reçoivent des avantages et des privilèges identiques du gouvernement fédéral. On trouve des Indiens inscrits et des Indiens non inscrits partout au Canada, dans chaque province et territoire. En 1995, environ 59 p. 100 des Indiens inscrits vivaient dans des réserves.

En 1985, le gouvernement fédéral a déposé le projet de loi C-31 qui permet aux femmes indiennes ayant perdu leur statut à cause d'un mariage avec un non-Indien de le retrouver. Le projet de loi C-31 permet aussi à tous les enfants de première génération issus de ces mariages et aux Indiens émancipés de retrouver leur statut d'Indien. On comptait environ 600 000 Indiens inscrits en 1995.

Harvey McCue

Indiens, Loi sur les Principale loi fédérale traitant du statut d'INDIEN, de gouvernement local, de gestion des terres des réserves et d'argent détenu en commun par les Indiens. La loi actuelle date de 1951, mais ses mesures restent fondées sur la loi coloniale. Les lois antérieures sur les Indiens ont eu pour but de réglementer le commerce entre les réserves indiennes et les populations non indiennes dans les territoires autochtones. Avant la Confédération, on promulgue des lois visant à protéger les terres autochtones dans le Haut-Canada et le Bas-Canada, en Nouvelle-Écosse, au Nouveau-Brunswick, à l'Île-du-Prince-Édouard et en Colombie-Britannique. Le concept du statut d'Indien est établi à l'origine dans le but de déterminer qui a le droit de vivre dans une réserve indienne. Toutefois, cette situation change à la suite des modifications apportées en 1985 à la loi qui régit désormais le statut d'Indien, l'appartenance à la bande et la résidence comme des questions séparées (*voir* AUTOCHTONES, DROIT DES).

Un état transitoire La LOI CONSTITUTIONNELLE DE 1867 attribue au Parlement fédéral la juridiction sur «les Indiens et les terres réservées aux Indiens». Deux pouvoirs séparés couvrent, d'une part, le statut et les droits civils et, d'autre part, les terres indiennes. La première loi fédérale est promulguée en 1868, s'inspirant fortement des lois antérieures de la PROVINCE DU CANADA. Les lois subséquentes font la promotion de l'assimilation des Indiens à la société non indienne. Le statut d'Indien est considéré comme un état transitoire, protégeant les Indiens jusqu'à ce qu'ils soient installés sur les terres et acquièrent les habitudes des agriculteurs d'origine européenne. L'ÉMANCIPATION, d'abord votée en 1869, est le véhicule de l'assimilation et consiste à l'origine en une renonciation volontaire au statut d'Indien. La première loi portant le nom de *Loi sur les Indiens* est votée en 1876 et s'enrichit considérablement au fil des ans de mesures visant à promouvoir la politique d'assimilation. Les pratiques indiennes traditionnelles, telles que la DANSE DU SOLEIL et le POTLATCH, sont officiellement interdites. L'émancipation, dans certaines circonstances, n'est même plus volontaire.

Pendant les années 70, un débat public s'engage sur l'équité des règles statutaires selon lesquelles une femme indienne perd son statut en mariant un non-Indien. Une décision de la Cour suprême du Canada, en 1973, est abondamment critiquée quand celle-ci soutient que cette loi n'est pas discriminatoire envers les femmes, alors que les hommes gardent leur statut s'ils épousent une non-Indienne (*voir* LAVELL, Jeannette Vivian). Les mesures d'égalité contenues dans la loi constitutionnelle de 1982 amènent enfin le gouvernement à modifier ces mesures. Celles qui ont perdu leur statut par voie du mariage retrouvent leurs droits d'Indiennes et de membres de la bande. Leurs enfants obtiennent le statut d'Indien, mais sans appartenir à la bande pendant deux ans. Cet intervalle est destiné à donner le temps aux bandes indiennes de promulguer leurs propres codes d'appartenance qui pourraient exclure les enfants, mais pas leurs mères. Si un tel code n'était pas établi avant juin 1987, les enfants obtenaient eux aussi le droit d'appartenance à la bande.

Cet amendement a pour effet d'augmenter substantiellement le nombre d'Indiens inscrits au Canada, ajoutant à la pression sur les budgets des bandes et sur leurs ressources foncières limitées. Tandis que la superficie totale des réserves indiennes ne change pas beaucoup, la population inscrite double presque entre 1985 et 1995. Une bande peut encore établir son propre code d'appartenance, mais les personnes figurant déjà sur une liste de bande ne peuvent plus en être rayées.

Défis constitutionnels Ils découlent des modifications de 1985 et ont déjà fait l'objet de procès tels que Twinn (1995) et Corbiere (1993), tous deux devant la Cour d'appel fédérale depuis 1996. Ces modifications, qui laissent aux bandes une plus grande liberté de réglementation en matière d'alcool et de droit de résidence dans la réserve, sont cependant bien loin de la forme d'autonomie que les Indiens réclament (*voir* DROITS ANCESTRAUX).

D'autres modifications à la loi, en 1988, donnent aux bandes de plus grands pouvoirs pour percevoir des impôts fonciers dans leurs réserves et permettent aux preneurs à bail d'hypothéquer leurs propriétés louées. L'interdiction générale de se servir d'une propriété de réserve comme caution pour garantir un financement est vue comme un obstacle au développement économique dans beaucoup de collectivités.

Les Indiens sont conscients que l'accroissement de leur nombre, les mesures gouvernementales d'austérité et une participation accrue des provinces aux problèmes indiens indiquent un manque général d'engagement réel à l'égard de leurs besoins particuliers et de leurs droits. Le Parlement fédéral reste visiblement peu disposé à exercer ses pleins pouvoirs législatifs sur les Indiens, et malgré des défauts reconnus, la *Loi sur les Indiens* est essentiellement d'inspiration victorienne et reste imperméable aux changements. Le gouvernement Chrétien, élu en 1993, poursuivant une ligne d'engagements similaires pris depuis un siècle, s'est dit prêt à abolir la loi, mais il ne peut dire avec précision quels lois ou pouvoirs de légiférer combleraient le vide ainsi créé.

William B. Henderson

Indonésiens Ils constituent un des plus petits groupes ethniques (environ 8700 personnes en 1996) et comptent parmi les groupes les plus récemment établis au Canada. Presque tous les immigrants indonésiens sont arrivés depuis les années 60, alors que l'instabilité politique en Indonésie menaçait certains groupes ethniques et politiques. Environ 90 p. 100 des Indonésiens au Canada sont d'origine CHINOISE, mais ils sont généralement peu liés à la communauté chinoise du fait de leur différence linguistique. Bien que la plupart des Indonésiens soient arrivés au Canada directement de l'Indonésie, certaines personnes nées en Indonésie émigrent au Canada en passant par les Pays-Bas, Hong Kong, la Chine ou, plus récemment, le Viêt-nam. Ils se sont établis en majorité en Ontario (47 p. 100), en Colombie-Britannique (30 p. 100) et en Alberta (13 p. 100). Il s'agit d'une population plutôt urbaine, qui habite surtout à Toronto (environ 29 p. 100), à Vancouver (environ 21 p. 100) et, à un degré moindre, à Calgary, à Edmonton, à Kitchener et à Hamilton. La plupart des immigrants indonésiens sont très instruits et choisissent de travailler comme scientifiques, gestionnaires ou employés de bureau. La majorité des Canadiens connaissent les Indonésiens pour leurs spécialités culinaires et leurs célèbres teintures batiks.

David S. Moyer

Industrial Workers of the World Communément connus sous le nom de «wobblies», les Industrial Workers of the World (IWW) sont un SYNDICAT INDUSTRIEL RÉVOLUTIONNAIRE fondé en 1905 à Chicago. L'expansion rapide des IWW dans l'Ouest canadien démontre l'influence de l'idéologie ouvrière américaine sur le mouvement ouvrier de cette région. Les «wobblies» sont pour la plupart des travailleurs immigrants non qualifiés de statut inférieur (des «blanket-stiffs»), c.-à-d. des mineurs, des bûcherons, des terrassiers et des agriculteurs, recru-

tés surtout en Europe du Sud et de l'Est pour travailler dans l'Ouest canadien. Ils sont soumis à une exploitation brutale en pleine prospérité économique. La doctrine des IWW, qui les avait attirés, s'avère une forme curieuse de syndicalisme. C'est une doctrine internationale fondée sur la prédominance du syndicalisme industriel et sur le recours à la grève générale pour régler les disputes entre classes sociales. Le syndicalisme des wobblies est fondamentalement pragmatique: il préconise le rassemblement de tous les travailleurs en un seul groupe et soutient que l'action directe est la seule forme de protestation s'offrant aux travailleurs immigrants qui n'ont pas droit de vote.

La propagande des IWW se fait principalement lors de rencontres de rue. En 1912, au moment où les autorités de Vancouver tentent d'interdire les manifestations de rue, les wobblies entreprennent et gagnent une lutte spectaculaire pour la liberté d'expression. Peu de temps après, les IWW entraînent 7000 travailleurs dans une grève contre le CANADIAN NORTHERN RAILWAY dans la vallée du Fraser en Colombie-Britannique. Les wobblies en ressortent perdants, et la répression massive de l'État, conjuguée à la résistance des employeurs et à la crise économique, marque le début de l'effondrement du syndicat. En 1914, l'âge d'or des wobblies est révolu, mais leur idéologie syndicaliste est adoptée par la ONE BIG UNION.

A. Ross McCormack

Industrie Au sens large, l'industrie comprend l'ensemble de l'activité économique mais, pour des raisons pratiques, on la divise en trois secteurs. Le premier comprend les établissements qui s'occupent de l'exploitation et de la transformation initiale des RESSOURCES naturelles. Ainsi, l'EXPLOITATION DU CHARBON comprend des établissements qui brisent, lavent, classent ou préparent d'une façon quelconque le charbon qui sera utilisé comme combustible.

Le secteur secondaire, appelé aussi secteur manufacturier (*voir* FABRICATION INDUSTRIELLE), rassemble des entreprises manufacturières primaires, c.-à-d. qui transforment la matière première pour produire le fer et l'acier (*voir* SIDÉRURGIE), la PÂTE À PAPIER, les produits dérivés du PÉTROLE, etc., et des installations manufacturières secondaires qui fabriquent des biens de consommation (comme les VÊTEMENTS) et des biens d'équipement (comme les navires).

Le secteur tertiaire, ou les INDUSTRIES DE SERVICE, regroupe des établissements des secteurs public et privé fournissant des services, allant de la laverie à la BANQUE DU CANADA. Tous ces éléments forment le réseau industriel canadien qui, avec le temps, devient de plus en plus complexe.

Pendant longtemps, le développement industriel est lié à l'exploitation des riches ressources naturelles du pays. Dans les premières années de la TRAITE DES FOURRURES, le développement industriel connexe est faible. On met plutôt l'accent sur une activité commerciale liée à l'exportation des ressources. Toutefois, à mesure que la colonisation progresse, l'industrie intérieure commence à croître dans des secteurs liés à l'exploitation des ressources, comme les équipements des chemin de fer, les chantiers navals (*voir* CONSTRUCTION NAVALE ET RÉPARATION DE NAVIRES) et les machines agricoles. Dès le début du XVIIIe siècle, on exploite une petite fonderie près de Trois-Rivières au Québec.

Au XIXe siècle, le développement industriel commence sérieusement. Vers 1850, le Haut-Canada et le Bas-Canada ont leurs papeteries et leurs fonderies. On fabrique également des locomotives à vapeur et du matériel agricole. En 1879, le gouvernement conservateur de John A. MACDONALD instaure une POLITIQUE NATIONALE pour encourager le développement industriel.

Cette politique a trois objectifs: stimuler le développement industriel intérieur par l'instauration de barrières tarifaires, encourager l'immigration afin de mettre en valeur le potentiel agricole de l'Ouest et créer un grand marché intérieur, achever le plus rapidement possible le chemin de fer du CANADIEN PACIFIQUE jusqu'à la côte Ouest. Elle est couronnée de succès. Avec la colonisation de l'Ouest, l'AGRICULTURE, l'EXPLOITATION MINIÈRE, l'exploitation de bois d'œuvre et les pêches prospèrent. Le gouvernement appuie cette effervescence industrielle en stimulant la construction des infrastructures appropriées (entre autres, voies ferrées, navires, silos, routes).

Les industries manufacturières qui exploitent les ressources naturelles canadiennes se concentrent le long du fleuve Saint-Laurent et des Grands Lacs au Québec et en Ontario. Ces entreprises favorisent la naissance du secteur des services (les établissements commerciaux et financiers, l'administration publique, etc.). Le Canada devient un important exportateur commercial; il vend des ressources naturelles brutes ou des produits semi-finis aux grands marchés européens et américains. Son développement industriel connaît une autre poussée lors de la Première Guerre mondiale. Les usines produisent de grandes quantités de matériel de guerre, entraînant ainsi la consolidation du secteur manufacturier.

Cette force croissante encourage la grande expansion des années 20. Dès 1929, la plus importante industrie, celle des pâtes et papiers, accapare 64 p. 100 du commerce mondial. Le gouvernement continue de stimuler la création d'infrastructures et prend en charge d'importants programmes comme l'exploration minière menée par la COMMISSION GÉOLOGIQUE DU CANADA et la recherche sur la reproduction des plantes (p. ex., pour la mise au point d'une variété de BLÉ résistant au gel), ce qui aide ainsi directement le secteur privé à développer l'industrie.

Alors que les industries primaires tiennent le haut du pavé, la fabrication de certains produits comme l'AUTOMOBILE se développe aussi. Cette grande expansion d'après-guerre nécessite des mises de fonds considérables, dont la majeure partie provient des États-Unis sous forme d'investissements directs dans des filiales de sociétés américaines qui, dès lors, approvisionnent le marché canadien en contournant les barrières tarifaires instaurées par la politique nationale. En fait, les capitaux américains remplacent rapidement les capitaux britanniques du siècle précédent, surtout investis sous forme de placements. Déjà en 1920, les capitaux américains représentent plus de 50 p. 100 de l'INVESTISSEMENT ÉTRANGER au pays, comparativement à 15 p. 100 en 1900.

Cette rapide expansion industrielle cesse soudainement avec la CRISE DES ANNÉES 30. Entre 1929 et 1933, les revenus d'exportation du Canada déclinent de 67 p. 100. Des entreprises ferment leurs portes et le chômage monte en flèche. Les industries d'exportation (blé, pêche, bois, pâtes et papiers) sont les plus durement touchées. Les industries comme celles du secteur manufacturier approvisionnant principalement le marché canadien et situées surtout au centre du pays, sont moins affectées et restent en meilleure posture pour répondre aux besoins industriels de la Seconde Guerre mondiale. La guerre crée une forte demande de produits spécialisés comme des pièces d'avions, des voitures et des camions. Bon nombre de ces produits requièrent de nouvelles techniques de production qui s'intègrent au réseau industriel du Canada.

L'industrie moderne

Comme la guerre n'a pas touché le Canada, la structure industrielle du pays demeure intacte et s'adapte rapidement à une économie intérieure de temps de paix et aux exigences de la reconstruction d'après-guerre en Europe. Ces activités sont à l'origine de la structure actuelle de l'industrie canadienne.

Structure Le Canada a une économie ouverte. Plus de 30 p. 100 de son produit national brut de 1995 est exporté. Près de 80 p. 100 des échanges commerciaux se font avec les États-Unis. Cette situation se reflète dans la balance des comptes courants, qui indique un important surplus commercial, surtout attribuable à l'exportation des ressources naturelles brutes et semi-traitées. Toutefois, la force du Canada dans le secteur primaire ne se retrouve pas dans le secteur secondaire. En fait, le secteur manufacturier, qui représentait 40 p. 100 du PNB en 1973, ne compte plus que pour 20 p. 100 aujourd'hui.

Depuis la fin de la guerre, un déficit commercial persiste dans le secteur des produits finis. Par contre, le secteur des services ne cesse de croître. Les Canadiens bénéficient maintenant de ce que l'on appelle une «économie des communications», c.-à-d. basée sur le traitement de l'information. Depuis les 30 dernières années, le nombre de Canadiens faisant partie du secteur des communications augmente deux fois plus rapidement que la main-d'œuvre globale. Aujourd'hui, plus de 40 p. 100 des travailleurs canadiens, soit 20 p. 100 de plus qu'en 1931, sont employés dans les domaines des communications. Le mouvement vers une économie de services fondée sur les communications caractérise les pays industrialisés.

Dimension régionale La force industrielle du Canada est centrée en Ontario et au Québec, où se concentrent les deux tiers de toutes les activités industrielles primaires et secondaires et 80 p. 100 de la fabrication secondaire. Les ressources constituent la force des autres provinces. Le Canada est considéré comme un pays doté d'économies régionales aux caractéristiques distinctes. Ainsi, l'Ouest compte un puissant secteur primaire (agriculture, PÊCHE, FORESTERIE, exploitation minière) et quelques usines de transformation (produits du bois, papier et produits dérivés, métaux primaires et minéraux non métalliques, pétrole, charbon).

L'Ontario et le Québec comptent beaucoup d'industries à faible technologie: ALIMENTS ET BOISSONS, TABAC, transformation secondaire demandant beaucoup de main-d'œuvre (TEXTILES, CHAUSSURE, MEUBLE, etc.), transformation du métal, TRANSPORT (excluant l'aviation et ses composantes) et appareils électriques (excluant les gros appareils électroménagers, les COMMUNICATIONS et l'équipement industriel). On fait des incursions dans des sphères de haute technologie, comme l'aviation et les pièces d'avion, les appareils électriques (gros électroménagers, communications et équipement industriel), les produits chimiques, les équipements scientifique et professionnel et les logiciels.

La région de l'Atlantique se caractérise par des industries à faible technologie, des industries primaires et de transformation des ressources. Les ressources des Maritimes (pêche, exploitation minière) sont différentes de celles de l'Ouest du pays (pétrole et gaz, foresterie). La diversité économique des régions mène à des priorités différentes en matière de développement industriel et d'orientation internationale.

L'Ontario et le Québec, qui sont plus vulnérables à la concurrence étrangère dans le domaine de la fabrication, cherchent l'appui du gouvernement fédéral dans leurs efforts d'exportation. La quasi-indépendance des structures industrielles de chaque région complique considérablement l'élaboration d'une STRATÉGIE INDUSTRIELLE pancanadienne. De fait, les politiques industrielles prennent une orientation de plus en plus régionale.

Propriété étrangère La politique nationale de 1879 a encouragé l'industrialisation, mais d'une étrange façon. Elle devait forcer les industriels étrangers (en particulier américains) qui désiraient atteindre le marché canadien à construire des usines au Canada. Les barrières tarifaires ont entraîné des investissements directs (ou par participation au capi-

tal), qui ont mené à la création d'une «économie de filiales» d'une ampleur inégalée.

En 1990, environ 50 p. 100 de la production des industries manufacturières (la plupart situées au centre du Canada) proviennent d'entreprises détenues par des intérêts étrangers. Dans certains secteurs, comme celui des produits chimiques, la part des intérêts étrangers est encore plus élevée. L'organisation des sociétés détenues par des intérêts étrangers et les problèmes qui en découlent sont maintenant bien connus: entreprises tronquées, c.-à-d. qui n'accomplissent pas toutes les activités normales d'une entreprise; production d'une vaste gamme de produits calqués sur ceux de la société mère, avec très peu de spécialisation dans les produits ou la production; nette tendance à l'importation intensive et propension à ne pas exporter, car ces entreprises sont conçues pour desservir le marché canadien; liens limités avec les fournisseurs canadiens, puisque la société mère procure les composantes pour l'assemblage.

Ce genre d'industrialisation entraîne des déficits toujours croissants de la BALANCE DES PAIEMENTS dans le secteur de la fabrication de produits finis. La balance commerciale globale du Canada est donc entraînée vers le bas et il devient de plus en plus difficile d'équilibrer les comptes internationaux du pays à cause des déficits grandissants dans les opérations de services (dus surtout à des paiements d'intérêts et de dividendes massifs sur les emprunts et les investissements étrangers et à des paiements pour des services de gestion à l'étranger).

Vers la fin des années 70, la situation atteint un point tel que le gouvernement fédéral croit bon d'instaurer des politiques favorisant les industries de propriété canadienne. L'exemple le plus frappant reste le PROGRAMME ÉNERGÉTIQUE NATIONAL (1980), dont l'objet est de faire passer la part de propriété canadienne de l'INDUSTRIE PÉTROLIÈRE de 28 p. 100 en 1980 à 50 p. 100 en 1990. Grâce à cette politique, la propriété canadienne passe à 40,6 p. 100 en 1984.

Étant donné que les investissements étrangers directs créaient une structure industrielle inacceptable, le gouvernement fédéral, à l'instar d'autres pays, instaure un mécanisme visant à les contrôler. Il met sur pied l'AGENCE D'EXAMEN DE L'INVESTISSEMENT ÉTRANGER afin d'évaluer les intentions des investisseurs étrangers et d'essayer d'en tirer le plus de bénéfices pour le pays. Les gouvernements fédéral et provinciaux tentent également de redresser par des politiques certaines situations inacceptables (comme celle de l'approvisionnement) pour favoriser le développement des industries canadiennes. L'Agence d'examen de l'investissement étranger fait ensuite place à Investissement Canada, organisme ayant pour but d'attirer des investissements étrangers au lieu de s'y opposer. Investissement Canada disparaît en 1994.

Recherche et développement Les pays membres de l'OCDE considèrent maintenant les dépenses en recherche et développement, (voir RECHERCHE ET DÉVELOPPEMENT INDUSTRIELS) proportionnellement au PNB, comme un baromètre de la situation des industries et de leur perfectionnement. Le Canada, dont les dépenses en recherche et développement atteignent environ 1,5 p. 100 du PNB, se classe au même rang que les plus petits pays industrialisés.

Étant donné que plus de 40 p. 100 de la recherche et développement est effectué par des organismes gouvernementaux, bon nombre d'innovations technologiques y sont réalisées, tels le système de vidéotex interactif Télidon et les SATELLITES de communications. En fait, les laboratoires du gouvernement fédéral de la région d'Ottawa sont reconnus comme le fer de lance du développement d'une communauté industrielle de HAUTE TECHNOLOGIE qui travaille dans la région depuis les années 60.

Les gouvernements fédéral et provinciaux jouent un rôle clé dans le développement des compétences scientifiques et technologiques de l'industrie. Non seulement affectent-ils des fonds publics à l'aide au secteur privé, mais ils s'engagent eux-mêmes directement dans des activités quand le secteur privé considère les risques trop grands ou échoue, ou lorsque les lois du marché menacent les intérêts du pays ou des provinces. (p. ex., PETRO-CANADA, HYDRO ONTARIO, HYDRO-QUÉBEC, BUREAU DE RECHERCHE ET DE TECHNOLOGIE DES SABLES BITUMINEUX DE L'ALBERTA). Huit provinces ont leurs propres organismes de recherche.

Structures industrielles du Canada et des États-Unis

En raison des liens économiques étroits entre le Canada et les États-Unis, les Canadiens ont tendance à croire que l'économie et la structure industrielle de ces deux pays sont semblables. Si tel était le cas, il n'y aurait, toutes proportions gardées, que peu de différences dans la production de leurs divers secteurs industriels. Cependant, la plus grande force du Canada se trouve dans les industries manufacturières du secteur primaire, qui sont liées à l'exploitation des ressources et sa plus grande faiblesse, dans les secteurs manufacturiers de haute technologie.

En fait, la structure de l'industrie canadienne complète celle des États-Unis. Nous y exportons des produits relativement peu élaborés, alors qu'ils nous fournissent des produits finis. Cette relation de longue date reflète le rôle historique du Canada comme pays fournisseur de ressources, d'abord à la France, puis à la Grande-Bretagne et aujourd'hui aux États-Unis (*voir* NATIONALISME ÉCONOMIQUE).

Le Canada tente maintenant d'élaborer une nouvelle politique nationale afin de restructurer son industrie autour de secteurs forts qui pourront affronter la concurrence dans un nouveau marché international. D'autres pays industrialisés aident leurs industries à diriger leurs efforts vers des domaines de technologie nouvelle, alors que les pays en voie d'industrialisation (Taiwan, Mexique, Brésil) développent une industrie manufacturière traditionnelle semblable à la nôtre.

Contrairement à 1879, aucune nouvelle politique nationale ne pourra être fondée sur les tarifs douaniers, car ces barrières sont en voie d'être supprimées par des accords internationaux. Au cours des dernières années, les seuls éléments d'une nouvelle politique nationale qui ont vu le jour sont l'Accord de libre-échange Canada – États-Unis (1989) et l'Accord de libre-échange nord-américain (1994). (*Voir* HISTOIRE ÉCONOMIQUE; RÉGIONALISME; ÉCONOMIE RÉGIONALE; TECHNOLOGIE.)

R.D. Voyer

Industrie agroalimentaire Centré sur l'exploitation agricole, c'est le secteur de l'économie qui comprend toutes les entreprises, les agences et les institutions qui fournissent les intrants nécessaires à l'exploitation agricole et qui en retirent les denrées destinées à la transformation et à la distribution au consommateur. Traditionnellement, l'industrie agroalimentaire se concentrait sur les intrants agricoles (c.-à-d. les fournitures comme la machinerie agricole, les aliments du bétail, les pesticides) et les services (p. ex., les institutions financières). La définition moderne inclut les entreprises qui achètent les denrées agricoles (comme le lait, le porc, le grain, les graines oléagineuses) et qui transforment le large éventail de produits qui en résultent pour ensuite les distribuer aux consommateurs nationaux et étrangers par le biais de nombreux intervenants. Parmi ces entreprises, on compte celles qui se consacrent au conditionnement de la viande, les meuneries, les conserveries et les détaillants d'alimentation.

L'industrie agroalimentaire diffère des autres secteurs de l'économie en raison du caractère saisonnier de la production des récoltes et du bétail et, bien sûr,

des facteurs climatiques. Bon nombre des institutions spécialisées, comme la RÉGIE DES MARCHÉS AGRICOLES et les agences gouvernementales spécialisées telles que l'Office canadien des provendes, jouent un rôle dans la supervision et la gestion du réseau. Les nombreuses transactions qui entourent les disponibilités alimentaires précaires du monde font que, selon toute vraisemblance, le secteur des affaires agricoles (*voir* AGRICULTURE ET ALIMENTATION) continuera de s'étendre. (*Voir aussi* ÉCONOMIE AGRICOLE.)

P.M. Moncrieff

Industrie de l'informatique Elle est composée d'entreprises qui fournissent du matériel et des logiciels, des technologies de réseautique et des services connexes. Il est difficile de brosser le tableau précis d'une industrie aussi mouvante: les compagnies fusionnent, naissent et disparaissent à un rythme tel qu'il est peu aisé d'en dresser la liste de façon exacte. En 1994, p. ex., la Evans Research Corp. (Toronto) comptait cinq entreprises canadiennes – Sidus Systems, 3D Microcomputers, Seanix Technology, Empac et STD Technology – dans sa liste des dix premiers fournisseurs d'ordinateurs personnels au Canada; tandis que la firme International Data ne comptait que Sidus Systems et Seanix Technology dans la sienne. De plus, bon nombre de compagnies canadiennes sont des filiales de compagnies étrangères, principalement américaines.

Matériel Historiquement, on a divisé le matériel informatique en trois grandes catégories: les gros macro-ordinateurs, les mini-ordinateurs, un peu plus petits et les ordinateurs personnels ou micro-ordinateurs, lesquels sont devenus des appareils familiers dans les foyers et les bureaux depuis le milieu des années 80. Cette dernière catégorie comprend maintenant les ordinateurs portatifs ou bloc-notes, faciles à transporter.

De nos jours, l'industrie met davantage l'accent sur le concept informatique «utilisateur-serveur». Les ordinateurs personnels des clients utilisés par des individus sont reliés à des serveurs locaux, qui sont en général de plus gros ordinateurs. Cette distinction estompe celle qui existe entre macro-ordinateurs et mini-ordinateurs et même, quoique dans une moindre mesure, entre les mini-ordinateurs et les ordinateurs personnels.

À mi-chemin entre les ordinateurs et les appareils électroniques destinés au grand public, se trouve une nouvelle catégorie qui comprend des assistants numériques personnels et autres appareils assez petits pour être transportés dans la main ou dans une poche.

Tous types d'ordinateurs possèdent des unités périphériques telles que des imprimantes, des écrans, des unités de stockage de données externes et des modems servant à envoyer et à recevoir des données au moyen des lignes téléphoniques.

Les sociétés canadiennes jouent un rôle restreint dans la fabrication du matériel informatique. Presque toutes les entreprises fabriquant du matériel pour des macro-ordinateurs et des mini-ordinateurs au Canada sont des filiales de sociétés étrangères dont la plupart ont leur siège social aux États-Unis.

Toutefois, il existe quelques importants fabricants d'ordinateurs personnels au Canada tels que Sidus Systems, 3D Microcomputers, Seanix Technology. Cependant, ces entreprises, à l'instar de tous les fabricants d'ordinateurs personnels, achètent beaucoup de leurs pièces d'autres fabricants. Les sociétés canadiennes se taillent toutefois des créneaux dans le domaine des périphériques informatiques. L'entreprise ATI Technologies Inc., de Markham, en Ontario, en est un excellent exemple: ses modems et ses cartes graphiques, soit des cartes à circuits pouvant être ajoutées à un ordinateur personnel pour améliorer sa capacité de traitement graphique, sont vendus partout, non seulement au Canada, mais aux États-Unis et ailleurs dans le monde.

En 1994, on estime à 5,3 milliards de dollars les ventes de l'industrie canadienne du matériel informatique, une hausse de 12 p. 100 par rapport à l'année précédente. Si l'on décompose ce chiffre entre systèmes à plusieurs utilisateurs (en général des macro-ordinateurs et des mini-ordinateurs) et systèmes à un seul utilisateur (ordinateurs personnels et postes de travail un peu plus puissants pour ingénieurs et techniciens), on voit à quel point le secteur s'éloigne de plus en plus des gros systèmes. En 1994, les ventes de systèmes à un seul utilisateur affichent une hausse de 22 p. 100 pour s'établir à 3,5 milliards de dollars.

Logiciel Plus que le matériel, le logiciel a toujours été le point fort des entreprises canadiennes, en partie parce que la conception de logiciels demande moins de capitaux que la fabrication de matériel informatique. Au moins deux concepteurs canadiens de logiciels pour ordinateurs personnels se classent premiers dans leur domaine respectif: Delrina Corp., à Toronto, et Corel Corp., à Ottawa.

Taux de croissance Le taux de croissance annuel du total des dépenses en biens et services informatiques atteint un taux record de 20 p. 100 pendant les années 70, mais il se situe plus près de 12 p. 100 au cours des dernières années. Ce recul ne traduit pas un quelconque ralentissement en ce qui concerne l'utilisation d'ordinateurs: à ce chapitre, le Canada se classe deuxième derrière les États-Unis, compte tenu du pourcentage du PIB consacré aux dépenses annuelles en informatique. Il s'agit plutôt d'une diminution importante des prix du matériel et d'une amélioration des compétences en matière d'exploitation et de programmation découlant de progiciels plus puissants et plus conviviaux.

Recherche et développement Un certain nombre de centres de production et de recherche industriels sont situés en Ontario: Gandalf et Mittel, dans la région d'Ottawa; Xerox et IBM, dans celle de Toronto. D'autres importants comme Matrox se trouvent à Montréal, Develcon à Saskatoon, Myrias Research à Edmonton, et LSI Logic qui possède une usine à Calgary ainsi que d'autres centres de conception à travers le pays.

Les principaux producteurs canadiens ont leurs propres centres de recherche et certains ont aussi leurs propres usines; dispersés dans tout le Canada et ayant tendance à se spécialiser dans les systèmes de contrôle de communications et les terminaux intelligents incorporant micro-ordinateurs. (*Voir* HAUTE TECHNOLOGIE; SEMI-CONDUCTEURS ET TRANSISTORS; ROBOTIQUE.)

D.J. Doyle

Industrie laitière Au Canada, cette industrie est constituée d'usines de transformation du lait cru et de la crème. Les produits primaires sont le lait pasteurisé, le lait de consommation emballé et la crème; le fromage (naturel, fondu, en pâte, à tartiner, en grains); le lait condensé, évaporé ou en poudre et la crème; le beurre de fabrique, le beurre émulsionné et le beurre de lactosérum; la crème glacée, les préparations pour crème glacée et les glaces de fantaisie; et les desserts glacés (p. ex., les sorbets, les glaces).

Le premier produit laitier consommé par les humains est le lait liquide. Alors que la vache est la principale source de lait aujourd'hui, le lait d'autres mammifères, comme le buffle, le caribou ou la chèvre est d'usage courant dans certaines régions du monde. Le fromage est incontestablement le premier produit laitier transformé à partir du lait. Il constitue une nourriture de base dans l'Égypte ancienne, en Grèce et à Rome et entre souvent dans la ration de campagne des anciennes armées. En Europe, la fabrication du fromage se fait dans les monastères qui produisaient des variétés que l'on voit encore de nos jours. Au Canada, le fromage d'Oka bien connu est fabriqué dans un monastère du Québec.

Dans le Canada moderne, l'industrie de la transformation de produits laitiers est très sophistiquée, et son chiffre d'affaires atteint plusieurs milliards de dollars. Ses origines remontent au début des années 1600, quand des colons français amènent des vaches laitières. Pendant les 250 années suivantes, la production laitière demeure une industrie artisanale ou fermière. Les fermiers locaux approvisionnent en lait, en beurre et en fromage les villes et les villages nouveaux et ce, jusque dans les années 1850. La méthode moderne de fabrication industrielle de fromage vient de Jesse Williams qui installe la première fromagerie à Rome, dans l'État de New York, en 1851. Les premières fromageries du Canada sont construites dans le comté d'Oxford, en Ontario, en 1864 et à Dunham, au Québec, en 1865. Environ 20 ans plus tard, le procédé industriel de fabrication du fromage est introduit en Écosse, où on l'appelle «méthode canadienne de fabrication de fromage».

En 1873, on compte environ 200 fromageries au Canada. Cette même année, un groupe de fermiers créent la première crémerie canadienne à Athelstan, au Québec, mais elle ne survit que dix semaines. Au cours de la même année on en ouvre une autre à Helena, au Québec, où elle reste en opération pendant près de 11 ans avant d'être convertie en fromagerie.

En 1883, la première compagnie canadienne productrice de lait condensé s'installe à Truro, en Nouvelle-Écosse. En 1904, on fabrique du lait en poudre pour la première fois à Brownsville, en Ontario. En 1900, la distribution moderne de lait à grande échelle commence à Toronto, à Montréal et à Ottawa. En 1927, pour la première fois en Amérique du Nord, on vend du lait homogénéisé à Oshawa, en Ontario.

Comme pour bien d'autres secteurs canadiens de transformation des ALIMENTS ET DES BOISSONS, l'industrie laitière a connu une diminution importante du nombre de ses établissements. Les améliorations des systèmes de livraison ferroviaire et routier, des méthodes d'emballage et des techniques de transformation ont permis aux laiteries d'agrandir largement le périmètre de distribution de leurs produits, incluant le plus périssable, le lait pasteurisé. Par conséquent, la construction de grandes installations de production modernes centralisées a éliminé progressivement nombre de petites laiteries régionales. En 1961, on dénombre 1710 laiteries et en 1985, 394. La distribution au détail de la majorité des produits laitiers a aussi beaucoup changé. Dans les années 40 et 50, beaucoup de produits laitiers sont livrés à domicile; de nos jours, les consommateurs achètent la plupart de ces produits à l'épicerie et la livraison à domicile a pratiquement disparu.

Des changements majeurs ont révolutionné le conditionnement des produits laitiers pasteurisés. Jusqu'à récemment, la majorité des produits laitiers liquides se vendaient dans des contenants de verre consignés; aujourd'hui, on trouve des contenants de plastique, des sacs thermoscellables ou des contenants rigides faits de carton laminé d'un film plastique. Ces deux types d'emballage prolongent de beaucoup la durée de conservation des produits laitiers liquides. Enfin, le plus récent type d'emballage est présenté comme «aseptique» (stérile). Un contenant complètement stérilisé est rempli de lait stérilisé et scellé dans un environnement stérile avant d'être envoyé à une chaîne extérieure d'emballage de carton. Les produits laitiers liquides ainsi emballés se conservent à température ambiante pendant six mois ou plus. Au Canada, le premier emballage aseptique du lait a été réalisé dans une laiterie de Montréal au milieu des années 60. Après un démarrage lent, on a créé des installations d'emballage aseptique dans la majorité des provinces.

L'industrie canadienne de transformation laitière est très réglementée (*voir* LÉGISLATION SUR LES ALIMENTS). Elle doit se soumettre aux normes établies par la Division du développement du secteur laitier d'Agriculture Canada, par la Direction générale de la protection de la santé du ministère de la Santé nationale et du Bien-être social, par le ministère de la Consommation et des Affaires corporatives et par

leurs homologues provinciaux. Le secteur de transformation des produits laitiers est représenté par le Conseil national de l'industrie laitière du Canada à Ottawa. En 1985, on dénombre 394 établissements de préparation des produits laitiers au Canada: 4 à Terre-Neuve; 14 à l'Île-du-Prince-Édouard; 15 en Nouvelle-Écosse; 9 au Nouveau-Brunswick; 109 au Québec; 145 en Ontario; 25 au Manitoba; 14 en Saskatchewan; 33 en Alberta; et 26 en Colombie-Britannique. En 1973, avec ses 646 établissements de transformation, l'industrie fait des expéditions évaluées à près de 1,7 milliard de dollars. Cette année-là, les approvisionnements et fournitures coûtent 1,3 milliard de dollars; les coûts du mazout et de l'électricité totalise 24,3 millions de dollars; le secteur emploie 27 819 personnes. En 1985, les ventes du secteur passent à près de 6,4 milliards de dollars; les coûts d'approvisionnements et fournitures, à 4,7 milliards de dollars; les coûts de mazout et d'électricité, à 104 millions de dollars. Par contre, le nombre d'employés du secteur décroît à 25 445, sans doute en raison du changement des méthodes de distribution.

Robert F. Barratt

Industrie océanographique La recherche d'hydrocarbures au large des côtes, moteur du développement de l'industrie marine, démarre pour de bon au début des années 60 dans les eaux peu profondes du golfe du Mexique. Depuis lors, la recherche s'étend aux eaux côtières de la mer du Nord, de l'Australie, de l'Asie du Sud-Est, de l'Inde et du Canada. Plus de 40 pays y prennent part, créant un marché potentiel d'exportation de services et d'équipements, qui a un grand impact sur le développement de l'industrie marine canadienne.

En 1978, à l'initiative du gouvernement fédéral, un groupe de travail dénombre 180 entreprises engagées dans l'industrie marine. Quarante d'entre elles sont spécialisées, et la majeure partie de leurs revenus dépend de ce marché. À la fin de 1982, le nombre d'entreprises dans ce domaine a augmenté d'environ 15 p. 100. Les exportations comptent pour environ 50 p. 100 des ventes de l'industrie et portent sur des équipements (plates-formes de forage, SUBMERSIBLES, accessoires de forage en mer) et des services de plongée et d'ARPENTAGE sous-marins.

Plates-formes de forage Les plus grands équipements produits au Canada pour le travail en mer sont les diverses plates-formes qui supportent l'équipement de forage. Entre 1978 et 1982, MIL Davie (anciennement Davie Shipbuilding Ltd.) de Lauzon, au Québec, le plus grand chantier naval au Canada, se lance résolument dans ce domaine au moment où le nombre de commandes de construction de bateaux classiques diminue dans le sillage d'une récession mondiale des transports maritimes (*voir* CONSTRUCTION NAVALE ET RÉPARATION DE NAVIRES). En 1983, Davie reçoit des commandes de construction pour 12 plates-formes autoélévatrices sous licence du concepteur, Marathon le Tourneau de Vicksburg au Mississippi. La plupart de ces systèmes, conçus pour fonctionner directement sur le fond marin d'eaux relativement peu profondes, sont destinés au golfe du Mexique. Durant les années 80, aucune des plates-formes autoélévatrices construites au pays n'est conçue pour servir dans les eaux canadiennes, bien que de telles plates-formes supportées par le fond de mer, mais construites à l'étranger, soient utilisées dans les eaux peu profondes sans glace au large de l'ÎLE DE SABLE, en Nouvelle-Écosse. La récession dans l'industrie pétrolière à la fin des années 80 influence défavorablement les ventes.

En 1987, Davie ne reçoit aucune commande de construction de plates-formes. Plusieurs entreprises canadiennes, dont Mobil Oil Canada Ltd. et Dome Petroleum Ltd., cherchent à mettre au point des systèmes reposant sur le fond marin et capables de résister aux chocs d'une GLACE MARINE mouvante.

Dans les régions où banquises et ICEBERGS présentent des dangers, comme dans la MER DE

BEAUFORT dans l'ouest de l'Arctique et aux Grands Bancs au large de Terre-Neuve, la stratégie la plus utilisée est de les éviter. On y utilise donc des plates-formes de forage mobiles, soit des navires, soit des plates-formes semi-submersibles (c.-à-d. des plates-formes montées sur des pontons stabilisateurs flottants, submergées, amarrées ou positionnées par des moteurs sur le site du forage). La première plateforme semi-submersible est en construction en 1982 aux chantiers Saint John Shipbuilding & Dry Dock Co. Ltd. de Saint-Jean, au Nouveau-Brunswick.

Véhicules sous-marins C'est dans le domaine de la HAUTE TECHNOLOGIE associée à l'exploration des eaux plus profondes des plateaux continentaux du monde que les Canadiens sont probablement les plus réputés, en particulier dans la conception et la construction de véhicules et de systèmes sous-marins habités et téléguidés. Un des constructeurs canadiens de submersibles les plus connus (jusqu'à sa mise en règlement judiciaire en 1978) était International Hydrodynamics Co. Ltd. de Vancouver, fabricant de la famille *Hyco* de sous-marins habités, et portant les noms des signes du zodiaque. En 1976, sa meilleure année, Hydrodynamics emploie 165 personnes, mais un surplus de submersibles sur le marché mondial, accompagné de restrictions draconiennes dans les opérations en mer du Nord d'un important client britannique, entraînent finalement la liquidation de cette entreprise novatrice.

On se sert de submersibles depuis une vingtaine d'années, mais depuis le milieu des années 70, les véhicules téléguidés, qui n'exigent pas d'équipements de survie complexes et coûteux, sont suffisamment perfectionnés pour concurrencer les submersibles habités. Les submersibles téléguidés fabriqués par International Submarine Engineering (ISE) Ltd. de Port Moody, en Colombie-Britannique, sont utilisés en Extrême-Orient, en mer du Nord, au Moyen-Orient et dans d'autres régions productrices de pétrole.

ISE est fondée par son président, James MacFarlane, en 1974, lorsque le domaine en est encore à ses premiers balbutiements. À la fin de 1987, ISE a déjà conçu et construit plus de 158 systèmes, la plupart destinés à l'exportation. ISE fabrique une famille de submersibles qui sont généralement inhabités et commandés à l'aide de câbles par un opérateur à la surface. La conception et la mise au point de la nouvelle technologie se font à toute vitesse. Les premiers sous-marins téléguidés sont équipés de caméras et servent à l'inspection des PIPELINES. Les machines modernes commandées par ordinateur effectuent des tâches plus complexes, dont des inspections de plates-formes et des boucles des chaînes d'ancrage, à des profondeurs de plus de 1000 m. L'appareillage de diagnostic à bord des modèles les plus récents permet aux techniciens au laboratoire d'ISE, à Port Moody, de surveiller le fonctionnement interne d'un submersible travaillant de concert avec un navire de forage ancré aussi loin qu'en Australie.

En 1983, ISE construit un submersible de forage pouvant opérer à des profondeurs encore plus grandes (environ 2500 m, un record mondial). En 1987, il l'adapte pour des profondeurs de 5000 m. ISE met aussi au point le premier d'une série d'une nouvelle génération de submersibles autonomes, les ARCS (*autonomous remotely controlled submersible*).

En plus des submersibles habités et des submersibles téléguidés autopropulsés, les entreprises canadiennes conçoivent et construisent aussi des dispositifs sous-marins remorqués destinés à accomplir diverses tâches allant de la localisation des sous-marins ennemis à la détection d'épaves ou de structures géologiques susceptibles de renfermer des gisements d'hydrocarbures. Un chef de file dans ce domaine est Fathom Oceanology Ltd. de Mississauga, en Ontario, qui ne cesse de se développer depuis sa fondation en 1978. Fathom produit notamment des habitacles en forme de poissons pour les détecteurs et les systèmes de remorquage de bateau associés, des accessoires de plate-forme de forage (p. ex., gaines de câbles, tuyaux et tubes ascenseurs) et des dômes de SONAR pour les bateaux et de l'équipement maritime associé. L'expertise de l'entreprise s'étend au-delà de l'aspect purement mécanique des systèmes de remorquage sous-marins, dans la micro-informatique et l'électronique.

En 1986, Fathom exporte environ 75 p. 100 de ses ventes, tandis que les marines d'Amérique du Nord et d'Europe occidentale fournissent la moitié des revenus de l'entreprise qui s'élèvent à 19,4 millions de dollars. Le système remorqué BATFISH, conçu par le Bedford Institute of Oceanography et équipé pour le transport d'appareils de recherche océanographique, est construit par Guildline Instruments de Smiths Falls en Ontario.

La plongée Il faut encore des plongeurs habiles pour effectuer les tâches les plus délicates de l'industrie marine. Les plongeurs canadiens sont exposés à d'énormes pressions et à d'autres dangers potentiels, aussi sont-ils bien payés. En 1987, les plongeurs des champs pétrolifères et gaziers au large gagnent jusqu'à 60 000 dollars par année. Les spécialistes qui travaillent à l'étranger gagnent encore davantage, d'où la crainte d'une pénurie au pays de personnes hautement qualifiées. Aujourd'hui, environ 75 p. 100 des plongeurs au service de l'industrie marine intérieure sont canadiens. Seule Terre-Neuve favorise ses ressortissants dans cette industrie.

Les plongeurs dans les cloches travaillent à des profondeurs supérieures à 330 m. Des tests montrent que les humains peuvent survivre (pas très efficacement) à des profondeurs supérieures à 660 m. Avant 1968, on n'avait jamais entendu dire que des plongeurs non protégés travaillaient à une profondeur de 200 m, quand Phil Nuytten, président de Can-Dive Services Ltd. de Vancouver, un pionnier dans la mise au point d'équipements sous-marins, établit, avec une équipe de plongeurs canadiens et américains, un record de PLONGÉE commerciale à cette profondeur.

À mesure que les humains descendent de plus en plus profondément dans les océans, de nouveaux problèmes surgissent et, bien que la technologie ait fourni quelques solutions, de nombreux dangers ne sont encore que partiellement maîtrisés. On a trouvé que la compression rapide survenant aux profondeurs où travaillent les plongeurs leur cause des tremblements musculaires incontrôlables, des étourdissements et des nausées.

Par conséquent, les plongeurs restent maintenant jusqu'à 24 h dans une chambre de plongée hyperbare, s'adaptant lentement à une énorme pression. Ce délai d'attente pour régler un problème sous l'eau peut coûter des dizaines de milliers de dollars en temps. Les plongeurs se plaignent parfois des méfaits de la pression: raideurs douloureuses, craquements et enflures des articulations et inconforts engendrés par le moindre mouvement. La pression provoque parfois la gangrène des os, un problème dont on ne comprend pas encore bien la cause.

Le danger le mieux connu des plongées profondes est probablement le malaise de décompression, la «maladie des caissons», qui survient lors d'une remontée trop rapide. Au cours de la descente, sous une pression croissante, des gaz se dissolvent dans le sang. La diminution de la pression durant la remontée forme des bulles de gaz. Si cette formation est trop rapide, des bulles peuvent se loger dans les articulations et causer de vives douleurs et même la mort. Les plongeurs doivent remonter lentement ou, comme c'est souvent le cas pour les travaux rapides dans des eaux trop froides, ils doivent passer des heures, des jours ou même des semaines dans une chambre de décompression superficielle pour diminuer graduellement la pression externe sur le corps. Comme les plongeurs sont payés pour le temps passé dans la chambre, les plongées profondes, même de courte durée, coûtent très cher.

Quand on le peut, on diminue les dangers et les coûts connexes en utilisant des armures articulées à pression d'une atmosphère qui permettent aux plongeurs de respirer à la pression atmosphérique au niveau de la mer. Ces armures coûtent cher (jusqu'à 250 000 dollars l'unité), mais leur sécurité est plus grande, leur temps de réponse est plus petit, et elles font épargner du temps et économiser des gaz respiratoires. Une décompression de deux semaines peut coûter plus de 100 000 dollars en oxygène et en hélium respiratoires.

Can-Dive (anciennement partie du groupe Oceaneering International de Houston au Texas, devenue une entreprise indépendante à fonds canadiens) met au point, en 1986, un habit de plongée atmosphérique appelé Newtsuit. Cet habit, articulé, permet de marcher sur le fond de l'océan ou sur des plates-formes sous-marines jusqu'à une profondeur de 300 m.

Cette entreprise met aussi au point des submersibles. En 1984, en collaboration avec ISE, elle construit le Haida, un engin télécommandé qui peut descendre jusqu'à 700 m. Deep Rover, lancé la même année, est construit à Dartmouth en Nouvelle-Écosse, en association avec Deep Ocean Technology de San Francisco. C'est une «bulle» acrylique individuelle, appelée «hélicoptère sous-marin», qui peut descendre jusqu'à 1000 m. (*Voir aussi* EXPLOITATION MINIÈRE EN MER; OCÉANOGRAPHIE; PLONGÉE SOUS-MARINE.)

Carey French

Industrie pétrochimique Elle fabrique des produits chimiques principalement à partir du PÉTROLE ET DU GAZ NATUREL et occupe une place importante dans les secteurs canadiens de la FABRICATION INDUSTRIELLE et de la consommation. Le pétrole et le gaz naturel sont surtout composés d'hydrocarbures. La plupart des produits pétrochimiques contiennent au moins de l'hydrogène ou du carbone. Ils peuvent être transformés en toutes sortes de produits industriels et de produits de consommation tels que les plastiques (*voir* PLASTIQUES, INDUSTRIE DE LA TRANSFORMATION DES MATIÈRES), les peintures, le caoutchouc (*voir* CAOUTCHOUC, INDUSTRIE DU), les engrais, les détergents, les colorants, les textiles (*voir* INDUSTRIE TEXTILE) et les solvants. Cette industrie comprend deux grandes divisions. L'industrie pétrochimique primaire fabrique des produits chimiques de base tels que l'éthylène, à partir du pétrole ou du gaz. Les industries secondaires transforment les produits pétrochimiques de base en substances que d'autres industries utilisent directement.

Le niveau de vie des Canadiens dépend largement de la production pétrochimique intérieure. La disponibilité de produits pétrochimiques permet de produire au pays de nombreux articles au lieu de les importer à prix fort. L'industrie canadienne croît plus rapidement que ses homologues en Europe, au Japon et aux États-Unis, qui sont les producteurs mondiaux dominants, mais les investissements chutent fortement de 1985 à 1989. Cependant, ils augmentent à nouveau à la fin des années 90. Les ressources énergétiques abondantes du pays, qui s'adaptent facilement aux besoins mondiaux croissants, attirent les INVESTISSEMENTS ÉTRANGERS.

De nombreux composés, maintenant considérés comme pétrochimiques, sont d'abord fabriqués avec du bois et du CHARBON. Déjà à la fin du XIXe siècle, une industrie axée sur l'exploitation forestière fabrique du méthanol, de l'acide acétique et d'autres produits. En 1904, à SHAWINIGAN, au Québec, une industrie commence à fabriquer de l'acétylène et des produits chimiques apparentés à partir du coke et du calcaire. Après la Première Guerre mondiale, la Shawinigan Chemical étend sa production aux résines vinyliques, qui font maintenant partie intégrante de l'industrie pétrochimique. La recherche canadienne joue un rôle clé dans la mise

au point de cette classe importante de plastiques et d'adhésifs.

La découverte de pétrole, en 1857, dans le comté de Lambton en Ontario donne le coup d'envoi à une industrie pétrochimique qui remplace celle fondée sur l'acétylène. En l'espace de 7 ans, 27 petites raffineries de pétrole sont fondées à Petrolia en Ontario. On doit à Abraham GESNER, un des pionniers industriels du Canada, de nombreuses découvertes technologiques importantes en raffinage du pétrole. Les premiers efforts portent sur la production de pétrole lampant et d'huile à fourneau, mais à mesure que l'utilisation de la voiture augmente, les raffineries s'adaptent pour produire du carburant pour le TRANSPORT. Les nouveaux procédés de raffinage produisent aussi des mélanges d'hydrocarbures convenant aux matières premières pétrochimiques (produits de base), mais ceux-ci sont peu exploités avant la Seconde Guerre mondiale.

Pendant la Seconde Guerre mondiale, le Canada devient un important fabricant de produits pétrochimiques pour l'effort de guerre des Alliés. En 1942, le gouvernement fédéral fonde la SOCIÉTÉ POLYMER (rebaptisée plus tard Polysar) à Sarnia en Ontario pour fabriquer du caoutchouc butadiènestyrène. St. Clair Processing Corp. Ltd. (une ancienne filiale d'Imperial Oil Ltd.) et Dow Chemical of Canada Ltd. construisent des usines dans les alentours pour fabriquer des produits pétrochimiques nécessaires à l'élaboration du caoutchouc synthétique. En 1942 également, Alberta Nitrogen Products commence à produire de l'ammoniaque avec du gaz naturel à Calgary, en Alberta. Ces efforts donnent naissance à l'industrie canadienne moderne.

Industrie pétrochimique moderne

Après la guerre, cette industrie se développe afin de répondre à la demande croissante de produits synthétiques de consommation. La première usine chimique privée à utiliser des dérivés du pétrole est construite à Sarnia par Dow en 1942 pour produire du polystyrène, un plastique aux multiples usages. On y fabrique bientôt de nombreux autres produits chimiques tels que de l'antigel, du polyéthylène, des solvants et des détergents. L'importance de Montréal en tant que centre pétrochimique s'accroît également, surtout à compter de 1957, quand Union Carbide inaugure son usine de produits dérivés de l'éthylène et du polyéthylène. À Sarnia comme à Montréal, la pétrochimie naissante dépend encore largement des produits de base fournis par les raffineries de pétrole. Entre-temps, l'Alberta développe une industrie axée sur le gaz. Canadian Industries Ltd construit près d'Edmonton, en 1953, la première usine canadienne de polyéthylène à partir d'éthane extrait du gaz naturel par Imperial Oil. L'industrie axée sur l'éthane demeure la pierre angulaire de la production pétrochimique albertaine, mais sa contrepartie basée sur le pétrole s'est également développée depuis ses débuts en 1953.

Emplacement des usines De nos jours, la plupart des usines pétrochimiques sont situées près des centres de production et de raffinage du pétrole ou à proximité des gisements de gaz naturel et des pipelines. Les plus fortes concentrations se trouvent en Ontario, au Québec et en Alberta, mais on trouve également des usines dans presque toutes les autres provinces. Les usines pétrochimiques sont coûteuses; les coûts de construction peuvent parfois dépasser 500 millions de dollars. L'investissement brut des usines pétrochimiques canadiennes s'élève à près de 10,3 milliards de dollars en 1995.

Propriétaires De nombreuses entreprises pétrochimiques multinationales ont fondé des filiales et des exploitations au Canada. Elles sont en général dominées par des actionnaires étrangers, bien que des Canadiens possèdent une certaine partie des actions. Certaines grandes entreprises pétrochimiques comme la Nova Chemicals Ltd. et Methanex Corp. sont contrôlées par des actionnaires canadiens.

Des associations en participation entre des entreprises contrôlées par des étrangers et des entreprises contrôlées par des Canadiens sont importantes pour l'industrie. Bien que l'industrie du pays soit encore dominée par des propriétaires étrangers, les investissements canadiens augmentent.

Statut économique Les ventes de produits pétrochimiques s'élèvent à environ 10,7 milliards de dollars au Canada en 1995, soit approximativement 40 p. 100 de la valeur des ventes de tous les produits chimiques à l'exception des engrais. Le volume des ventes représente 2,7 p. 100 de toutes les ventes des produits fabriqués et près de 1,4 p. 100 du produit intérieur brut. L'industrie grandit rapidement jusqu'au début années 80, mais souffre alors de surinvestissement face à la récession économique mondiale. L'industrie albertaine reprend sa croissance rapide à la fin des années 90.

En 1995, près de 44 p. 100 de la production pétrochimique est consommée au pays. Entre 1985 et 1995, les exportations augmentent, et la balance commerciale n'a jamais été négative depuis 1986. En 1995, les exportations de produits pétrochimiques dépassent les importations de 1,2 milliard de dollars.

Environ 75 p. 100 des exportations vont aux États-Unis. Les autres grands marchés sont le Japon et les autres pays du Pacifique, l'Europe et l'Amérique du Sud. Les importations, principalement de produits chimiques dont la consommation est trop faible pour rentabiliser la production intérieure, viennent pour la plupart des États-Unis.

Coûts En 1995, l'industrie consomme environ 5 p. 100 de la production pétrolière canadienne et quelque 20 p. 100 de la production gazière. Les achats d'énergie et de produits de base constituent les plus gros frais d'exploitation d'une usine pétrochimique, en gros 50 p. 100. Les autres grandes dépenses sont liées à l'équipement et à l'entretien.

Main-d'œuvre L'industrie emploie plus de 15 000 personnes, de l'opérateur d'équipement au chercheur. Les salaires sont plus élevés que ceux de la plupart des autres secteurs de fabrication. La productivité par travailleur est élevée grâce à de grands investissements en équipement. Normalement, les usines fonctionnent 24 heures par jour afin que l'équipement marche sans arrêt. Le plus grand syndicat est le Syndicat canadien des communications, de l'énergie et du papier, mais nombre de travailleurs ne sont pas syndiqués.

Technologie La technologie pétrochimique utilise des pressions et des températures élevées qui nécessitent des ingénieurs qualifiés (*voir* INGÉNIERIE) et un équipement hautement perfectionné pour consommer l'énergie efficacement. La plus grande partie de la technologie moderne a été mise au point à grands frais dans les laboratoires des sociétés multinationales à l'étranger.

Cependant, les recherches effectuées au Canada ont engendré des découvertes remarquables, comme le polyéthylène à faible masse linéique (une résine plastique) mis au point par DuPont Canada à Kingston et à Sarnia dans les années 60. Ce produit est une matière très utilisée pour les emballages souples. Comparativement aux autres pays industrialisés, le Canada dépense peu en recherche pétrochimique, en moyenne environ 2 p. 100 des ventes de l'industrie. La plupart de ces fonds sont générés par l'industrie.

Contrôle gouvernemental La compétitivité internationale de l'industrie dépend de façon cruciale du prix du pétrole et du gaz. On a préconisé un régime de prix du pétrole et du gaz au Canada qui réagit bien au marché. La disponibilité de produits de base à des prix liés au marché et des usines modernes à l'échelle mondiale fournissent une excellente base compétitive à l'industrie canadienne.

Statut environnemental L'industrie a pris grand soin de réduire les émissions nocives. Si on la compare aux autres industries de ressources, ses émissions par unité de production sont faibles. Ces émissions, généralement des gaz, proviennent des

procédés de production, de la manutention et du stockage. L'utilisation d'un équipement bien conçu et bien entretenu permet de respecter les niveaux d'émission maximaux stipulés dans les règlements provinciaux. L'industrie ne contamine pas de grands volumes d'eau. La plupart des entreprises respectent le Programme de gestion responsable de l'Association canadienne des fabricants de produits chimiques.

Associations Il n'existe pas d'association de l'industrie pétrochimique au Canada, mais les entreprises sont membres de l'Association canadienne des fabricants de produits chimiques, à Ottawa, qui représente la plupart des grands fabricants de produits chimiques industriels. L'Institut de chimie du Canada (à Ottawa) et sa filiale, la Société canadienne du génie chimique, sont d'importants organismes de développement de la profession. Parmi les publications spécialisées, citons le *Camford Chemical Report*, publié par Camford Information Services, le *Canadian Oil Register* et le *Nickles Daily Oil Bulletin*, publiés tous les deux par Southam Communications Ltd., *Process Industries Canada*, publié par Zanny Ltd., et *Oilweek*, publié par Maclean Hunter Ltd.

Michael Lauzon

Industrie pétrolière Ces industries se consacrent à la découverte, à l'exploitation, au transport, au raffinage et à la mise en marché du pétrole. Elles transforment les ressources brutes extraites du sol, comme le BITUME, le PÉTROLE et le GAZ NATUREL, en produits utiles, comme l'essence, le diesel, le carburéacteur, le kérosène, l'huile de chauffage, les plastiques et les fertilisants. À mesure que le pétrole s'imposait comme la plus importante source d'ÉNERGIE de notre siècle, les gouvernements s'immisçaient plus étroitement dans les activités des compagnies pétrolières, plus particulièrement lors de la «crise» des années 70 et du début des années 80. Au Canada, plus de 80 p. 100 du pétrole se trouve dans des terres publiques (*voir* TERRES DE LA COURONNE) et, en tant que propriétaires, les gouvernements fédéral et provinciaux ont un intérêt direct dans cette industrie.

Comparés à d'autres industries, la plupart des secteurs de l'industrie pétrolière sont à forte densité de capital (c.-à-d. que les coûts de la machinerie et de l'équipement dépassent largement ceux de la main-d'œuvre) et comportent généralement des risques financiers élevés. La rentabilité et le niveau d'activité varient en fonction de l'offre et de la demande sur le marché pétrolier (*voir* PÉTROLE, APPROVISIONNEMENT ET DEMANDE DU) et des conditions du marché. On décrit souvent ces industries comme étant des industries en «dents de scie».

Seules quelques grandes entreprises à intégration verticale s'engagent dans toutes les étapes de la production, de l'EXPLORATION ET LA PRODUCTION DU PÉTROLE jusqu'aux activités de vente des produits pétroliers. La plupart des compagnies canadiennes intégrées sont des filiales de sociétés pétrolières multinationales dont les sièges sociaux se trouve aux États-Unis, au Royaume-Uni ou aux Pays-Bas, bien que PETRO-CANADA, société de la Couronne créée par le Parlement en 1975, soit maintenant aussi importante que les grandes sociétés étrangères. On compte également plus de 600 sociétés moins importantes qui se spécialisent dans certains secteurs. La plupart de ces «indépendantes» appartiennent à des Canadiens.

L'industrie pétrolière fait ses débuts au Canada en 1857, lorsque James Miller Williams découvre du pétrole dans un puits du canton d'Enniskillen, près d'une ville qui deviendra Oil Springs. Ce puits, appelé Williams N° 1, est à l'origine d'un boom de la prospection pétrolière, grâce auquel le sud-ouest de l'Ontario devient une importante région productrice de pétrole à la fin du XIXᵉ siècle. Environ 18 petites raffineries sont alors construites pour transformer le pétrole en lubrifiant pour les roues de chariot et en

kérosène pour les lampes à l'huile, les deux utilisations les plus répandues jusqu'à l'arrivée de l'AUTOMOBILE au début du XXᵉ siècle. Le pétrole et ses dérivés sont alors transportés par chariot, par train, par barge et par PIPELINES, et la vente au détail est effectuée dans les magasins généraux. Des centaines de foreurs, de producteurs, de transporteurs, de raffineurs et de détaillants se font concurrence dans ce marché marqué de hausses et de baisses extrêmes jusqu'en 1880, lorsque 16 compagnies de production et de raffinage forment la COMPAGNIE PÉTROLIÈRE IMPÉRIALE LTÉE.

En 1898, le Standard Oil Trust, propriété de John D. Rockefeller, prend le contrôle de l'Impériale pour la somme de 350 000 dollars. L'Impériale demeure une filiale de la Standard Oil of New Jersey jusqu'à la dissolution du trust par les autorités américaines en 1911. La Standard of New Jersey, qui deviendra plus tard Exxon, est encore la pétrolière la plus importante au monde et possède toujours 69 p. 100 des actions de l'Impériale.

En 1914, au moment où la Marine royale s'inquiète de la sécurité de ses réserves en pétrole, le gouvernement canadien décide de n'accorder des concessions pétrolières qu'aux sociétés canadiennes ou britanniques. L'Impériale contourne le règlement en achetant des baux francs à des propriétaires privés et de baux d'exploitation minière (principalement le CANADIEN PACIFIQUE et la COMPAGNIE DE LA BAIE D'HUDSON) dans l'Ouest du Canada et en créant une filiale sous contrôle majoritaire canadien pour exploiter le pétrole des concessions publiques. Ainsi, l'Impériale devient un important exploitant des gisements découverts à Turner Valley, en Alberta, en 1910 et à Norman Wells, dans les Territoires du Nord-Ouest, en 1920. Les sociétés dont le siège social se trouve au Royaume-Uni, notamment la Royal Dutch Shell et l'Anglo-Persian Oil (rebaptisée plus tard British Petroleum), augmentent leurs investissements au Canada à partir de 1914.

En 1946, les puits canadiens ne répondent qu'à 10 p. 100 de la demande canadienne de pétrole. Des sociétés canadiennes, comme la Canadian Oil (marque de commerce White Rose), McColl-Frontenac, British-American, Royalite et Home Oil, atteignent une taille importante dans la première moitié du XXᵉ siècle comme raffineurs et distributeurs de pétrole importé des États-Unis, des Caraïbes et de l'Amérique Latine. Puis, le 13 février 1947, la découverte par l'Impériale d'un important champ de pétrole à LEDUC, en Alberta, marque le début de l'ère moderne de la production pétrolière dans l'Ouest canadien.

De 1950 à 1970, les sociétés étrangères tentent d'acheter les sociétés canadiennes, et la plupart des sociétés canadiennes intégrées passent aux mains des multinationales. Au début des années 70, plus de la moitié de l'industrie pétrolière canadienne (autant au titre des actifs, des revenus ou des ventes au détail) appartient à des filiales des sept grandes multinationales, les «sept sœurs», Exxon, Royal Dutch Shell, British Petroleum, Mobil, Texaco, Gulf et Standard Oil of California. En 1973, les sociétés étrangères encaissent environ 90 p. 100 des revenus pétroliers au Canada (*voir* INVESTISSEMENT ÉTRANGER).

Depuis 1950, les nationalistes économiques, les groupes de consommateurs, les socialistes ainsi que des pétroliers et des détaillants indépendants canadiens se préoccupent de plus en plus de la présence des intérêts étrangers. En 1959, après que deux COMMISSIONS ROYALES D'ENQUÊTE aient demandé au gouvernement d'exercer un contrôle plus serré sur l'industrie pétrolière, le Parlement crée l'OFFICE NATIONAL DE L'ÉNERGIE (ONÉ), qui supervise et réglemente les importations, les exportations, les pipelines et les autres activités interprovinciales relatives au pétrole et au gaz (incorporé en 1995 sous le nom d'Alberta Energy and Utilities Board). Des organismes provinciaux, dont l'Office de conservation des ressources énergétiques de l'Alberta, réglementent également l'industrie pétrolière. Cependant, ce n'est qu'après août 1973, au moment où l'embargo arabe sur le pétrole fait quadrupler les prix mondiaux, que le gouvernement fédéral adopte des mesures pour limiter la propriété étrangère.

La propriété étrangère dans l'industrie pétrolière demeure une préoccupation importante pour le public et pour le gouvernement pendant une décennie marquée de «crises de l'énergie», puis elle disparaît pratiquement après les élections de 1984, lorsque les conservateurs remplacent les libéraux à Ottawa.

La *Loi concernant l'investissement au Canada*, adoptée en 1974, et la création de PETRO-CANA-DA, en 1975, représentent les premiers efforts pour freiner la domination des multinationales étrangères, mais il ne s'agit pas des premières interventions du gouvernement dans l'industrie pétrolière. Au cours de la Seconde Guerre mondiale, le gouvernement exploite une société de la Couronne appelée Wartime Oils et il s'associe aux États-Unis pour construire un oléoduc entre Norman Wells et la côte ouest. En 1967, le gouvernement crée la PanArtic Oils Ltd. qui se consacre à la recherche de pétrole et de gaz dans les îles de l'Arctique. Ottawa possède alors 45 p. 100 des actions de cette coentreprise, et des sociétés privées en détiennent 55 p. 100.

Les provinces sont également actives dans le secteur pétrolier. Le gouvernement de l'Alberta crée la Gas Trunk Line Co. (aujourd'hui NOVA CORPORATION), en 1954, pour construire et gérer un réseau de canalisations de gaz dans la province. Sa participation sera par la suite vendue à des investisseurs canadiens. Une autre société est créée en Alberta en 1975, l'Alberta Energy Company Ltd, dont 50 p. 100 de la participation est immédiatement vendue au public et 50 p. 100 demeure entre les mains du gouvernement de l'Alberta et est ensuite vendue par émission au cours des 20 années suivantes. D'autres sociétés pétrolières provinciales voient le jour en Colombie-Britannique, en Saskatchewan, au Manitoba, en Ontario, au Québec, en Nouvelle-Écosse et à Terre-Neuve, bien que les actifs aient été privatisés par la suite. Petro-Canada est la seule société publique qui devient totalement intégrée. Ses activités, qui s'étendent d'un océan à l'autre, incluent maintenant la recherche et le développement, l'exploration et la production, les pipelines, les raffineries et les points de vente.

En 1984, le gouvernement revoit la mission de Petro-Canada pour diminuer son rôle en tant qu'instrument de politique gouvernementale et lui demander de prendre ses décisions en fonction des mêmes données que les autres sociétés pétrolières. Deux émissions d'actions, une en 1991 et l'autre en 1995, ont permis au gouvernement de vendre 80 p. 100 de la participation à des investisseurs privés. À la fin de l'année 1995, la société pétrolière et ses filiales comptent 5646 employés, un actif de 6,5 milliards de dollars et des revenus de 4,8 milliards de dollars. Il s'agit de la troisième plus importante société pétrolière intégrée après l'Impériale et Shell Canada.

La croissance de Petro-Canada s'explique principalement par l'achat des actifs d'Atlantic Richfield (1976, intérêts américains), de Pacific Petroleums (1978, intérêts américains), de Petrofina (1981, intérêts belges), de BP Canada (1982, intérêts britanniques) et de Gulf Canada Ltée (1985, intérêts américains).

L'apport des multinationales étrangères à l'industrie pétrolière canadienne est considérable. Depuis les débuts de l'industrie pétrolière, le Canada a toujours importé plus de pétrole qu'il n'en exportait (de 1900 à 1967 et de 1974 à 1983). Grâce à leur accès aux ressources mondiales, à leurs pétroliers et à leur expertise en mise en marché, les multinationales ont importé ce pétrole au Canada efficacement et à des prix relativement bas. C'est dans les grandes sociétés que les Canadiens ont acquis les compétences nécessaires pour diriger et exploiter leurs propres sociétés,

dont Petro-Canada, et offrir leur expertise à l'étranger.

La puissance financière des grandes sociétés leur a permis d'effectuer de longs et coûteux projets de RECHERCHE ET DE DÉVELOPPEMENT SUR LE PÉTROLE, y compris ceux sur le raffinage des sables bitumineux, l'exploration du sous-sol extracôtier et de l'Arctique, l'augmentation du taux d'extraction, le traitement des gaz acides, le transport du pétrole et du gaz, les techniques de raffinage et les systèmes d'informatique. Ces sociétés déboursent encore une grande partie des sommes consacrées à la recherche et au développement. Les multinationales ont aussi assumé une grande partie du financement requis pour réaliser des projets (usines de traitement des sables bitumineux, raffineries) qui auraient pu s'avérer trop coûteux et trop risqués pour les marchés financiers canadiens.

Quels que soient les mérites du rôle des multinationales, cela n'a pas empêché qu'une profonde transformation de la structure de l'industrie pétrolière se produise lorsque les prix mondiaux du pétrole ont quadruplé en 1973 et en 1974 et presque triplé en 1979. Pendant les crises, la préoccupation majeure est d'assurer au Canada un approvisionnement suffisant en pétrole, et les marchés conclus entre les gouvernements ébranlent le pouvoir de négociation des grandes sociétés pétrolières. Les gouvernements remarquent aussi l'ampleur des revenus engendrés par les hausses de prix.

Au Canada, de 1973 à 1985, le gouvernement fédéral contrôle les prix du pétrole et du gaz qu'il maintient généralement bien en dessous des prix mondiaux. Les taxes et les redevances détournent 60 p. 100 des revenus du pétrole vers le Trésor du gouvernement fédéral et des provinces, et vers des programmes destinés à amoindrir l'impact des prix mondiaux sur les consommateurs. Après un débat acerbe entre les gouvernements fédéral et albertain en 1974-1975, aucun changement n'est apporté à la politique fédérale du pétrole, mais on adopte une politique très différente pour le gaz naturel. On permet une augmentation rapide des prix du gaz, qui sont demeurés bas jusqu'à ce jour, et moins de 40 p. 100 des revenus sont versés en taxes et en redevances.

Simultanément, des mesures fiscales permettent aux investisseurs d'obtenir des déductions considérables pour les investissements dans le forage. Les hausses de prix, combinées aux possibilités élevées de profits et aux avantages fiscaux, déclenchent un boom d'exploration gazière dans l'Ouest canadien à la fin des années 70. Des sociétés canadiennes (DOME PETROLEUM, Nova, Sulpetro) deviennent rapidement très importantes. Pendant ce temps, les grandes sociétés sont ralenties par leurs nombreux investissements pétroliers moins rentables et se voient interdire les acquisitions de société par la *Loi concernant l'investissement au Canada*.

Le deuxième événement qui bouleverse profondément l'industrie pétrolière se produit en octobre 1980, lorsque le gouvernement libéral d'Ottawa annonce la création du PROGRAMME ÉNERGÉTIQUE NATIONAL (PÉN). Ce programme augmente les taxes fédérales sur les revenus du pétrole et élimine les avantages fiscaux qui ont encouragé le forage durant les années 70. Ces mesures sont remplacées par le Programme d'encouragement du secteur pétrolier (PESP), qui subventionne les sociétés selon la proportion de leurs intérêts canadiens et l'emplacement de leurs puits. Les subventions les plus élevées du PESP, qui s'élèvent jusqu'à 80 p. 100 des coûts réels, sont versées pour le forage de puits dans les régions pionnières par des sociétés canadiennes à plus de 75 p. 100. Aucune subvention du PESP n'est versée aux sociétés dont le contrôle canadien est inférieur à 50 p. 100 pour des forages effectués dans les provinces.

Après avoir été sévèrement critiqué par les provinces productrices de l'Ouest et l'industrie pétroliè-

re, le PÉN fait l'objet de modifications importantes en 1981 et en 1982. Le PÉN ainsi que la chute de 15 p. 100 des prix mondiaux en 1982-1983 entraînent un déclin important de l'activité pétrolière dans l'Ouest canadien et l'annulation ou la remise de plusieurs MÉGAPROJETS dans les sables bitumineux de l'Alberta. Toutefois, l'exploration se poursuit dans les régions pionnières comme la MER DE BEAUFORT, les îles de l'Arctique et au large des côtes est de Terre-Neuve et de la Nouvelle-Écosse.

Le PÉN encourage également les sociétés canadiennes à acquérir les filiales canadiennes des sociétés pétrolières étrangères. Effectuées dans un contexte dominé par la chute des prix du pétrole sur le marché mondial et par la récession, les prises de contrôle financées par des emprunts provoquent des crises financières au sein de nombreuses sociétés pétrolières canadiennes. Néanmoins, les sociétés sous contrôle canadien, notamment Petro-Canada, voient leur part des revenus du pétrole passer de 13 p. 100 en 1977, à 19 p. 100 en 1980, à 28 p. 100 en 1983 et à 48 p. 100 en 1986.

L'Agence de surveillance du secteur pétrolier, créée en 1980 pour analyser les tendances de la propriété, est dissoute en 1995. Selon son dernier rapport, les sociétés sous contrôle canadien détenaient 46,3 p. 100 des revenus du pétrole en 1994.

À la fin de 1984, l'industrie pétrolière se transforme dramatiquement après la dissolution du PÉN et la déréglementation des prix du pétrole entreprise par le gouvernement conservateur. Au cours de la décennie suivant la chute des prix mondiaux du pétrole au début de 1986, les prix du pétrole canadien atteignent environ 55 p. 100 des prix en vigueur en 1985, tandis que les prix du gaz naturel baissent régulièrement jusqu'en 1992 pour remonter de nouveau et atteindre, en 1994, environ 80 p. 100 des prix en vigueur en 1985.

Les baisses de prix sont à l'origine de restructuration et de réduction importantes des activités. On assiste à la disparition de grands noms parmi les sociétés. Les actifs de Sulpetro passent sous le contrôle de l'Impériale en 1987, ceux de Dome Petroleum sont achetés par la Compagnie des pétroles Amoco Canada Ltée en 1988. De nouveaux noms apparaissent, comme Talisman Energy, une société à grand nombre d'actionnaires créée en 1992 et issue de BP Canada, après que la société mère, British Petroleum, ait décidé de se retirer du Canada. De toutes petites sociétés, comme Renaissance Energy, deviennent de leurs producteurs importants de pétrole et de gaz. La Nova devient un distributeur international de gaz et de services et un important producteur de produits PÉTROCHIMIQUES, sans toutefois abandonner son rôle dans les canalisations de gaz en Alberta. De nombreuses sociétés ont réduit le nombre de leurs employés et comptent de plus en plus sur des entrepreneurs de l'extérieur. À l'exception de l'Impériale, dont le siège social est à Toronto, la plupart des sociétés ont leur siège social à CALGARY.

Les automobiles consommant moins d'essence et étant mieux conçues, le nombre de stations-service passe de 25 000 en 1980 à 16 000 en 1994. Les ventes d'essence diminuent d'environ 15 p. 100 dans les années 80 et demeurent à peu près les mêmes dans les années 90. Les trois plus importantes sociétés, Impériale, Shell et Petro-Canada, possèdent près de la moitié des stations-service, tandis que les autres sont indépendantes, membres de chaînes de vente ou affiliées à des sociétés régionales comme Irving, Ultramar et Husky.

En 1992, l'industrie pétrolière emploie environ 209 000 Canadiens, et 126 000 emplois indirects additionnels sont créés pour satisfaire aux besoins de biens et services de cette industrie. La moitié de ces emplois sont liés à la mise en marché et incluent la livraison d'huile de chauffage et l'exploitation des points de vente au détail. Les raffineries sont disséminées dans tout le pays, mais les principaux centres de raffinage sont EDMONTON, SARNIA et MON-TRÉAL. Le transport du pétrole est principalement assuré par des sociétés d'exploitation de pipelines situées à Calgary et à Vancouver.

Selon l'Agence fédérale de surveillance du secteur pétrolier, l'industrie pétrolière a effectué, en 1994, des investissements en capital de 13 milliards de dollars au Canada et de 11 milliards de dollars à l'étranger. Les revenus totaux des sociétés se sont élevés à 51,5 milliards de dollars, et leurs profits déclarés à 2,2 milliards de dollars. Les actionnaires ont reçu 1,6 milliard de dollars en dividendes. De 1976 à 1985, les profits des sociétés pétrolières représentaient d'un cinquième à un tiers de l'ensemble des profits déclarés par les sociétés canadiennes non financières. En 1994, cette proportion était passée à 12 p. 100. (*Voir aussi* POLITIQUE ÉNERGÉTIQUE.)

Robert D. Bott

Industrie pharmaceutique La première entreprise pharmaceutique du Canada est fondée en 1879, à Toronto, par E. B. Shuttleworth. En 1887, Parke, Davis and Co. ouvre une filiale à Windsor, ce qui en fait la première société étrangère à s'installer au Canada. Quand une entreprise crée une succursale, c'est avant tout pour profiter des dispositions des lois canadiennes sur les droits de douane, élaborées pour protéger les fabricants canadiens de la concurrence étrangère. Afin de vendre moins cher que ses concurrents, une société peut établir des unités de production au Canada. Normalement, celles-ci se limitent à des activités manufacturières secondaires (combinant les ingrédients inactifs et actifs sous leur forme finale) et aux ventes.

Dans les années 40, l'industrie canadienne connaît une transformation extraordinaire. Avec la production et la commercialisation de nouveaux médicaments puissants, les préparations pharmaceutiques ne se font plus à la pharmacie, mais à l'usine qui a recours à des procédés techniques sophistiqués. Des économies d'échelle deviennent possibles dans la fabrication de ces médicaments, et la production est centralisée à quelques endroits. De petites entreprises locales, incapables d'être concurrentielles à l'échelle qu'exige la nouvelle technologie, sont rachetées par des sociétés étrangères. Au cours des années 70 et 80, on assiste à l'émergence de sociétés de produits génériques détenues par des intérêts canadiens. Plus récemment, un certain nombre de sociétés de biotechnologie innovatrices appartenant à des intérêts canadiens ont vu le jour.

Les entreprises spécialisées dans la fabrication de médicaments se répartissent en trois catégories: les filiales de multinationales étrangères qui fabriquent des médicaments de marque déposée; les sociétés productrices de médicaments génériques non brevetables, de médicaments dont les brevets sont expirés et de médicaments brevetés pour lesquels elles ont obtenu des licences; et les petites entreprises de biotechnologie qui sont au stade de la mise au point de produits et n'en ont généralement qu'un ou deux sur le marché.

L'Association canadienne de l'industrie du médicament (ACIM), fondée en 1914, représente 62 entreprises, dont 50 sont des filiales de multinationales étrangères. En 1963, des sociétés du secteur des médicaments génériques, détenues par des intérêts canadiens, forment l'Association canadienne des fabricants de produits pharmaceutiques (ACFPP), qui compte à ce jour 14 membres.

Le marché canadien des produits pharmaceutiques, estimé à 6 milliards de dollars en 1995, est le 9e en importance au monde avec près de 2 p. 100 des ventes mondiales. Bien que les sociétés de produits génériques appartiennent à des intérêts canadiens progressent depuis 1969, année de la modification de la *Loi sur les brevets*, les filiales étrangères continuent de dominer. En 1995, celles-ci effectuent près de 87 p. 100 des ventes totales, mais comme les médicaments de marque déposée sont plus chers que les

médicaments génériques, elles représentent seulement 62 p. 100 des 228 millions d'ordonnances prescrites cette année-là. D'après IMS Canada, Merck Frosst est la société la plus importante, avec des ventes de 365,4 millions de dollars en 1995. Des sociétés de produits génériques appartenant à des intérêts canadiens figurent au nombre des 10 premières: Apotex arrive au 5e rang avec des ventes de 272,3 millions de dollars et Novopharm se classe 9e avec des ventes de 240,1 millions. Toutes les autres sociétés parmi les 25 premières relèvent d'intérêts étrangers.

En 1995, le nombre total d'emplois dans l'industrie pharmaceutique dépasse quelque peu 21 200, dont environ 83 p. 100 relèvent de sociétés étrangères. L'emploi dans ce secteur est concentré dans les régions de Toronto et de Montréal, qui regroupent presque 90 p. 100 des salariés. Les profits sont normalement plus élevés que dans d'autres industries. Dans les huit années antérieures à 1995, les profits bruts sur les capitaux propres sont de 29,6 p. 100 pour les fabricants de médicaments, alors qu'ils n'atteignent que 10,7 p. 100 pour toutes les industries canadiennes.

Brevets Les brevets sur les médicaments sont délivrés à la fois pour le produit lui-même et le procédé employé pour le fabriquer. La durée d'un brevet est de 20 ans à partir de la date de son dépôt. Presque tous les brevets de médicaments canadiens appartiennent à des sociétés étrangères. La société qui possède un brevet sur un médicament a généralement le monopole des ventes de ce produit pour la durée du brevet. En 1923, afin d'encourager la concurrence et de faire ainsi baisser les prix, la *Loi sur les brevets* est modifiée de manière à rendre obligatoire l'octroi de licences pour la fabrication de produits pharmaceutiques. En vertu de cet amendement, une société peut demander l'autorisation de fabriquer un médicament avant l'expiration de son brevet; elle doit alors verser une redevance au détenteur du brevet. Peu d'entreprises ont eu recours à ces licences. Elles n'étaient guère disposées à en faire la demande en raison des coûts élevés qu'impliquent la mise en place et l'exploitation des installations de fabrication qui n'approvisionneraient que le marché canadien.

Selon trois rapports du gouvernement fédéral parus au cours des années 60, la protection des brevets a pour effet d'empêcher la concurrence, à tel point que les prix des médicaments au Canada sont parmi les plus élevés au monde. La commission Harley recommande la modification de la *Loi sur les brevets* pour rendre les licences obligatoires à l'importation de médicaments encore protégés par un brevet. Le gouvernement fédéral passe à l'action et présente, en 1969, le projet de loi C-102.

La possibilité d'importer les ingrédients plutôt que de les fabriquer au Canada permet aux entreprises d'éviter les coûts élevés de production de substances chimiques raffinées. Les sociétés qui reçoivent ces licences sont appelées «sociétés de produits génériques» et les produits qu'elles commercialisent sont désignés sous le nom de «médicaments génériques». Les multinationales se sont vivement objectées au projet de loi C-102 et ont organisé des groupes de pression pour empêcher son adoption.

Les critiques constantes au sujet de l'octroi obligatoire de licences incitent le gouvernement fédéral à créer, en 1984, une commission d'enquête sur l'industrie pharmaceutique. Le rapport de la commission, dirigée par l'économiste Harry Eastman, paraît en 1985 et conclut que l'octroi obligatoire de licences a stimulé la concurrence et permis aux Canadiens d'épargner au moins 211 millions de dollars sur les coûts des médicaments en 1983. Eastman note aussi que depuis 1969, le Canada connaît une croissance de son industrie pharmaceutique plus soutenue que celle des États-Unis, où l'octroi obligatoire de licences n'existe pas.

En dépit des conclusions du rapport Eastman, le gouvernement conservateur, dirigé alors par Brian

Mulroney, dépose puis adopte deux projets de loi: le projet de loi C-22, modifiant la *Loi sur les brevets* (1987), et le projet de loi C-91, qui, bien qu'adopté en 1993, est rétroactif au mois de décembre 1991. Le projet de loi C-22 augmente à 10 ans la période de protection des sociétés contre l'octroi obligatoire de licences pour tous les médicaments mis en marché après juin 1986. Quant au projet de loi C-91, il abolit complètement la licence obligatoire. En retour de cette protection accrue des brevets, les sociétés membres de l'Association canadienne de l'industrie du médicament (ACIM) s'engagent à investir 10 p. 100 des ventes dans la recherche et le développement jusqu'en 1995 et à créer directement 2000 nouveaux emplois dans ce secteur. L'Association canadienne des fabricants de produits pharmaceutiques (ACFPP) et nombre de groupes de consommateurs et de personnes du troisième âge, y compris l'ASSOCIATION DES CONSOMMATEURS DU CANADA, s'opposent à ces deux projets de loi. À leurs yeux, l'estimation des coûts de la loi C-91, établie par le gouvernement à 129 millions de dollars entre 1992 et 1996, est trop basse. L'ACFPP affirme que l'abandon de la licence obligatoire entraînera des pertes de 1,7 milliard de dollars entre 1993 et l'an 2000, puis de 4 milliards jusqu'en 2010. Certaines provinces craignent en outre que leurs régimes d'assurance-médicaments ne soient mis en péril advenant une augmentation excessive des coûts. Plusieurs expriment aussi des craintes sur l'avenir de certaines sociétés de médicaments génériques. Les effets des deux projets de loi font l'objet de discussions parlementaires en 1997.

Prix des produits pharmaceutiques Le projet de loi C-22 entraîne la création du Conseil d'examen du prix des médicaments brevetés (CEPMB), dont le mandat est de contrôler le prix de lancement des nouveaux médicaments brevetés et de maintenir l'augmentation de prix de ces médicaments dans les limites du taux d'inflation. Jusqu'au début des années 90, au Canada, les prix des nouveaux médicaments brevetés étaient élevés par rapport aux normes internationales, mais des changements apportés par le CEPMB dans sa façon de procéder rétablissent la situation. Depuis 1987, le taux d'augmentation du prix des médicaments brevetés chez les fabricants reste sous le taux d'inflation en 1994 et en 1995, avec une légère baisse de 0,5 et de 1,75 p. 100 respectivement. Toutefois, beaucoup de fabricants ont volontairement abandonné leurs brevets, qui leur permettaient jusqu'à récemment d'échapper au contrôle du CEPMB. En même temps, le prix d'une prescription enregistre une hausse d'environ 12 p. 100 par année, car les médicaments plus anciens et meilleur marché sont remplacés par des nouveaux produits, mais plus chers. La proportion du coût des médicaments dans le coût total des soins de santé passe de 8,4 p. 100 en 1980 à 12,7 p. 100 de nos jours.

Recherche Il est généralement admis que les médicaments sont à l'origine des changements importants observés dans le domaine de la santé au cours du XXe siècle. Il ne fait pas de doute que l'INSULINE, découverte à l'U. de Toronto en 1921, a révolutionné le traitement du diabète. D'autres découvertes, dont le vaccin contre la polio et les antibiotiques, ont sauvé beaucoup de vies et allégé la souffrance de millions de personnes. Toutefois, la diminution de la mortalité causée par des maladies infectieuses comme la fièvre rhumatismale et la tuberculose date de bien avant les médicaments modernes. L'augmentation de la durée de vie peut s'expliquer surtout par l'amélioration des conditions de vie et des normes de nutrition.

À l'échelle mondiale, l'industrie pharmaceutique dépense des milliards de dollars chaque année pour la recherche. Des entreprises pharmaceutiques mettent au point des médicaments pour des maladies rares, mais puisque leurs activités sont axées sur le profit, une grande partie des dépenses de recherche est consacrée à la production de médicaments qui répondent à la demande des marchés les plus rentables. Actuellement, on estime le coût de la recherche et de la commercialisation d'un nouveau médicament à près de 300 millions de dollars. Chaque année, on lance sur le marché canadien environ 80 nouveaux médicaments. Seulement 10 p. 100 de ces derniers représentent des innovations ou des améliorations importantes en regard des médicaments qui existent déjà, 49 p. 100 sont des améliorations négligeables ou modérées et 43 p. 100 modifient des médicaments déjà sur le marché. L'industrie pharmaceutique se consacre généralement davantage à la recherche que d'autres secteurs canadiens de fabrication. On peut diviser la recherche en trois catégories: la recherche fondamentale, la recherche clinique et l'étude des procédés de fabrication. La recherche fondamentale englobe la recherche de nouveaux procédés biologiques, la synthèse de composés chimiques et les expériences sur les animaux.

Au terme de la recherche fondamentale, la société soumet une présentation préclinique du nouveau médicament avec toutes les données connues sur la substance à la Direction générale de la protection de la santé (DGPS) de Santé et Bien-Être social du Canada. Si cette présentation est acceptée, la société s'engage dans la recherche clinique qui détermine si le médicament est sans danger et efficace pour les humains. Cette phase de recherche se déroule habituellement en milieu hospitalier et est régie par un protocole qui donne une description détaillée des tests proposés.

À la fin de 1995, les sociétés investissaient environ 12 p. 100 des profits des ventes, soit 624 millions de dollars, dans la recherche, contre seulement 6,1 p. 100 en 1988, mais c'est encore moins que les 16 p. 100 à 18 p. 100 qu'injectent des pays comme le Royaume-Uni et les États-Unis. De la somme totale investie, 130 millions de dollars étaient destinés à la recherche fondamentale, tandis que presque 370 millions servaient à des essais cliniques. En matière de recherche clinique, le Canada est avantagé par rapport à beaucoup d'autres pays grâce à ses hôpitaux dotés d'excellents laboratoires où travaille un personnel hautement qualifié.

À la fin des essais cliniques, une présentation de drogue nouvelle (PDN) est envoyée à la DGPS avec l'information complète sur le nouveau médicament. L'approbation de la PDN est notifiée à la société par l'envoi d'un avis de conformité permettant de vendre le médicament au Canada. L'avis est accompagné d'une monographie qui résume toute l'information sur le médicament et qui est offerte à tous les professionnels de la santé afin de les guider dans l'emploi de ce produit. Avant 1967, les médicaments n'avaient pas besoin de monographie.

Le dernier type de recherche, l'étude sur les procédés de fabrication, implique la recherche de moyens pour réduire les coûts de production du produit ou pour en améliorer la qualité. On y consacre 15 p. 100 du montant investi en recherche.

Après la mise en marché d'un nouveau produit, le fabricant doit faire part à la DGPS de toute observation nouvelle ou anormale sur ce produit, jusqu'à ce que la DGPS décide qu'on en connaît suffisamment sur celui-ci. De plus, la DGPS gère le Programme de déclarations des effets nocifs des médicaments. Toutefois, les signalements à ce programme sont volontaires et on estime que seulement 1 p. 100 des effets indésirables sont rapportés.

Action gouvernementale Avant que la *Loi sur les aliments et drogues* soit amendée en 1939, le gouvernement fédéral n'avait pas le pouvoir de limiter la vente de médicaments. Cet amendement lui a donné l'autorité de superviser la vente de tout médicament qui risque d'être dommageable pour la santé. En 1951, il devient obligatoire pour les fabricants de soumettre des consignes de sécurité à la Direction des aliments et drogues (maintenant la DGPS) avant la mise en marché du nouveau produit. Cette mesure fait suite à la découverte que le Canada aurait servi de terrain d'essai par des fabricants étrangers désireux de tester leurs nouveaux produits.

Les lois canadiennes sont modifiées à nouveau en 1963 à la suite de l'affaire de la thalidomide. Après avoir pris ce médicament, des femmes enceintes ont donné naissance à des enfants atteints de malformations. Au Canada, près de 115 enfants sont nés avec ce problème. En plus de renforcer les normes de sécurité, les amendements de 1963 obligent les fabricants à soumettre l'information prouvant que leurs produits sont efficaces sous les conditions recommandées. Ni en 1951, ni en 1963, les changements n'ont été rétroactifs, et on trouve encore sur le marché un certain nombre de produits qui sont sans valeur ou sans bénéfice réel pour la santé.

Bien que la *Loi sur les aliments et drogues* interdise la publicité mensongère, la DGPS fait seulement des vérifications ponctuelles, non officiellement réglementées, des publicités sur les médicaments. On peut uniquement promouvoir leur utilisation dans les conditions pour lesquelles ils se sont révélés sécuritaires et efficaces. Toutefois, la DGPS n'est pas en mesure de vérifier la manière dont les médecins les utilisent.

Les gouvernements provinciaux ont tous des programmes pour couvrir les coûts des médicaments. La Colombie-Britannique, le Manitoba, le Québec et la Saskatchewan possèdent une couverture universelle. Les autres provinces fournissent les médicaments aux personnes du troisième âge et aux prestataires de l'aide sociale. Près de 44 p. 100 des Canadiens sont couverts par ces programmes et un nombre à peu près égal dispose de régimes d'assurance privés.

Les gouvernements provinciaux essaient de limiter les coûts de leurs programmes en permettant aux pharmaciens de choisir les produits, c.-à-d. de donner un médicament générique à un prix moindre au lieu d'un médicament de marque déposée plus cher. Ces médicaments génériques sont énumérés dans les formulaires des gouvernements provinciaux. Certaines provinces favorisent le choix des produits en limitant le remboursement au pharmacien au prix du médicament le moins cher. Au cours des dernières années, les provinces tentent de réduire les coûts de leurs programmes en limitant le montant qu'elles assument pour les médicaments et en facturant aux bénéficiaires, même aux prestataires de l'aide sociale, une partie du coût.

Promotion Les sociétés pharmaceutiques dépensent presque 1 milliard de dollars annuellement pour la promotion de leurs produits. La publicité dans les revues médicales ainsi que les messages publicitaires transmis par la radio, la télévision, les journaux et les médias informatiques et électroniques sont réglementés par le Conseil consultatif de publicité pharmaceutique (CCPP), fondé en 1976. Des représentants de l'industrie pharmaceutique et des associations de médecins, de pharmaciens et de consommateurs siègent à ce conseil, de même qu'un conseiller de la DGPS. L'efficacité de cet organisme est remise en question, surtout que la seule sanction prévue en cas de violation des directives du conseil est soit la modification, soit l'abandon de la publicité en question. D'autres moyens de promotion, comme les représentants des ventes, sont régis par le code d'autoréglementation de l'Association canadienne de l'industrie du médicament. Plus de la moitié du budget promotionnel est allouée aux salaires et aux dépenses des représentants des ventes des sociétés.

Joel Lexchin

Le secteur pharmaceutique au Québec

Dans l'économie québécoise le secteur pharmaceutique occupe une place significative à plus d'un titre. D'abord, il s'agit, de par sa taille, d'un secteur industriel assez important puisqu'en 1996 il comptait 187 entreprises, 13 000 employés et que les livraisons y atteignaient 2,08 milliards de dollars. Ensuite, et surtout, il s'agit d'un secteur s'inscrivant de plein pied dans ce qu'il est convenu d'appeler l'économie du savoir. Au Québec, le secteur est en effet dominé par des entreprises innovatrices qui investissent des ressources considérables, tant humaines que financières, dans la recherche et l'innovation. Ces caractéristiques, de même que les relations que ces entreprises entretiennent avec les universités, les laboratoires gouvernementaux et les laboratoires de recherche clinique, leur confèrent une place centrale dans le système québécois de l'innovation. Situées très majoritairement dans la grande région de Montréal, elles font de celle-ci le centre névralgique de la recherche fondamentale canadienne dans le secteur pharmaceutique.

Structure de l'industrie On distingue dans le secteur pharmaceutique deux types d'entreprises: les entreprises innovatrices et les entreprises de médicaments génériques. Les entreprises innovatrices les plus importantes sont des filiales d'entreprises multinationales qui fabriquent ou distribuent au Canada des médicaments de marque protégés par des brevets. Elles sont qualifiées d'innovatrices parce qu'elles mettent sur le marché des médicaments qui sont le produit d'activités de recherche et de développement impliquant les laboratoires de l'entreprise. En 1996, on comptait au Québec 36 filiales qui employaient 7200 personnes et dont les ventes atteignaient 1,4 milliard de dollars. Au sein de ce groupe, les plus importantes sont Merck Frosst, Wyeth-Ayerst, Bristol-Myers-Squibb, Hoechst Marion Roussel et Novartis.

Parmi les entreprises innovatrices, on dénombre également 39 entreprises de plus petite taille caractérisées par l'importance qu'y prennent les produits (tests diagnostics des vaccins ou des produits thérapeutiques) et les procédés biotechnologiques. En 1996, elles employaient 1040 personnes et leurs ventes s'élevaient à 250 millions de dollars. Souvent de propriété québécoise, ces PME sont encore aux premières étapes de leur développement et elles sont principalement axées sur la recherche et le développement (R-D). Dans le cadre des activités de R-D en biotechnologie, elles entretiennent d'ailleurs des liens suivis avec les filiales d'entreprises multinationales. Les entreprises les plus importantes de ce secteur sont BioChem Pharma, Bio-Méga Boerhinger Ingelheim (Allemagne) et Thératechnologies.

Légèrement plus nombreuses que les filiales innovatrices, les 39 entreprises de médicaments génériques sont nettement moins importantes avec leurs 2000 employés et des ventes se chiffrant à 230 millions de dollars. Il s'agit le plus souvent de PME qui produisent des médicaments dont le brevet est expiré; de ce fait, leurs efforts de développement portent surtout sur les procédés de fabrication et visent une réduction des coûts de production.

La R-D Depuis l'entrée en vigueur des lois canadiennes C-22, en 1987, et C-91, en 1993, l'évolution des dépenses de R-D des entreprises détentrices de brevets montre une croissance à la fois rapide et très importante: alors qu'elles étaient de 71,9 millions de dollars en 1988, elles ont plus que quadruplé pour atteindre 319,2 millions en 1998, soit 42,6 p. 100 des dépenses canadiennes.

Il n'en reste pas moins que l'effort des entreprises innovatrices demeure inférieur à ce que l'on observe dans les autres pays industrialisés. Les dernières données comparatives disponibles montrent qu'en 1995 le ratio entre les dépenses de R-D et les ventes intérieures était de 14,2 p. 100 dans les entreprises québécoises détentrices d'un brevet, alors qu'il atteignait, en moyenne, 20,1 p. 100 dans les sept pays les plus importants au sein de l'industrie pharmaceutique (Allemagne, Canada, États-Unis, France, Italie, Royaume-Uni et Suède). De ces pays, seuls l'Italie (11,7 p. 100) et le Canada (11,7 p. 100) avaient un ratio plus faible que le Québec. Toutefois, parmi les pays n'abritant pas le siège social d'une multinationale pharmaceutique, le Québec détient le ratio le plus important.

Comme dans l'ensemble du Canada, la R-D réalisée dans les filiales installées au Québec consiste, le plus souvent, en de la recherche appliquée: recherche sur les procédés de fabrication, essais précliniques I et II (tests en laboratoire ou sur des animaux), essais cliniques de phase I (tests d'une durée d'un an impliquant de 15 à 80 patients), II (tests d'une durée de deux ans impliquant de 100 à 300 patients) et III (tests d'une durée de trois ans impliquant de 1000 à 3000 patients). À l'échelle nationale, la recherche appliquée représentait, en 1998, 61,1 p. 100 des dépenses de R-D des compagnies pharmaceutiques canadiennes détenant un brevet en application. Par ailleurs, on observe depuis 1990 une augmentation constante des dépenses engagées pour des essais cliniques de phase IV (essais postmarketing additionnels) et pour préparer les rapports exigés par la réglementation sur les médicaments. Alors qu'elles représentaient 14,8 p. 100 des dépenses en 1990, elles comptaient pour 19,4 p. 100 en 1998. Ces activités viennent renforcer l'importance de la recherche clinique.

De ce fait, cette dernière est de loin le type de recherche le plus important. En 1994, la part de la recherche clinique (préclinique I-II, clinique I-IV) au sein des dépenses de R-D atteignait 71,5 p. 100. On remarque aussi que les essais cliniques de phase III et IV, les moins intéressants sur le plan scientifique, sont ceux qui demandent la plus grande part des ressources, soit 50,6 p. 100 des dépenses de R-D en 1994.

De son coté, la part des dépenses de R-D consacrée à la recherche fondamentale a diminué au cours des dernières années, passant de 27,2 p. 100 en 1990 à 19,6 p. 100 en 1998. Au Québec, la présence de centres de recherche fondamentale importants tels que Merck Frosst, Bio-Méga et Astra a sûrement pour effet de hausser quelque peu la part de la recherche fondamentale dans les activités de R-D des filiales.

Depuis l'entrée en vigueur des lois C-22 et C-91, les filiales québécoises ont, dans l'ensemble, amélioré leur position au sein du système de filiales des multinationales pharmaceutiques. Dans le groupe de multinationales installées au Québec, la performance scientifique (245 publications scientifiques en 1993-1994) et technologique (66 brevets américains en 1993-1994) des filiales québécoises place le Québec au premier rang parmi les pays qui ne comptent pas de siège social. La performance des filiales québécoises permet à la province de devancer des pays comme l'Italie, le Japon et l'Autriche. De plus, les filiales québécoises ont amélioré leur position au sein des multinationales dont elles relèvent. P. ex., alors qu'en 1985-1986, les publications des filiales québécoises représentaient 1,4 p. 100 de la production mondiale de ces multinationales, cette part atteignait 1,7 p. 100 en 1993-1994.

Leur performance scientifique et technologique assure aux filiales québécoises de Merck (Merck Frosst) et de Boehringer Ingelheim (Bio-Méga) une position très enviable dans le système de filiales de ces multinationales. Merck Frosst, p. ex., nez à nez avec la filiale britannique, se place au 2e rang parmi les filiales du groupe Merck.

Alors que plusieurs filiales à travers le monde possèdent maintenant les ressources scientifiques et technologiques qui leur permettent d'aspirer à des mandats mondiaux de R-D, la performance scientifique et technologique des filiales québécoises les rend sans aucun doute compétitives. Certaines d'entre elles sont chargées de telles missions. C'est le cas, p. ex., de Merck Frosst, qui a reçu de sa maison mère un mandat spécifique de R-D sur les maladies inflammatoires et de Bio-Méga/Boehringer Ingelheim qui détient un mandat exclusif en virologie.

On observe néanmoins que plusieurs des filiales québécoises actives en R-D n'ont aucune production scientifique (publications) et technologiques (brevets), car la plus grande partie de la R-D effectuée par ces entreprises est de nature clinique, que la majeure partie des ressources est consacrée aux essais de phases III et IV et que, étant donné la nature de ces activités, les retombées scientifiques et technologiques sont peu importantes.

L'environnement La compétitivité des entreprises pharmaceutiques québécoises tient aussi aux caractéristiques de l'environnement au sein duquel elles évoluent et qui les avantagent. Les facteurs qui leur sont favorables sont les suivants: une infrastructure de recherche et une production scientifique universitaire importante et de qualité en sciences biomédicales, un réseau d'institutions privées (Phoenix International Sciences, Laboratoires ITR Canada, Clinitrials BioRecherches) et publiques (le réseau des hôpitaux universitaires) ayant une compétence reconnue en recherche clinique, des coûts de R-D et un environnement fiscal (crédits d'impôt) plus avantageux que dans les autres pays industrialisés, une politique de remboursement des médicaments qui ne désavantage pas les médicaments brevetés et qui assure aux entreprises innovatrices une prolongation de la durée effective du brevet ainsi qu'une meilleure pénétration du marché local, sans compter un appui constant du gouvernement du Québec et des stratégies gouvernementales favorisant le développement des entreprises innovatrices.

Toutefois, aux chapitres de la protection de la propriété intellectuelle et de la réglementation du processus de développement des nouveaux produits, les avantages des entreprises québécoises sont beaucoup moins certains. En fait, la protection accordée par la Loi C-91 et la durée de la période de protection effective, même si elles demeurent acceptables, sont inférieures à ce qui a cours dans les autres pays industrialisés. De ce point de vue, la longueur du processus canadien d'homologation des nouveaux médicaments constitue un réel handicap.

En somme, la compétitivité des entreprises pharmaceutiques innovatrices est tributaire de facteurs multiples dont l'interaction renforce leur capacité à obtenir des investissements en R-D. Par analogie, on peut dire que ces entreprises offrent aux investisseurs, ou à leur société mère, un forfait qui, dans les conditions actuelles, s'avère compétitif. Dans le même sens, toute modification de l'une des composantes du forfait risque de rendre celui-ci globalement moins intéressant.

Michel Trépanier

Industrie textile Elle se compose d'établissements qui transforment les fibres naturelles et synthétiques, notamment en tissu et en feutre, pour utilisation dans la FABRICATION INDUSTRIELLE de vêtements, de rembourrage, de linge de maison, etc. L'industrie textile et l'INDUSTRIE DU VÊTEMENT sont parmi les secteurs qui fournissent le plus d'emplois du secteur manufacturier au Canada. Le nombre d'emplois total y est en moyenne de 170 600, réparti comme suit: 60 000 dans le textile et 110 600 dans les usines de vêtement. Les expéditions des usines textiles atteignent en moyenne 6 milliards de dollars par an.

Les registres historiques démontrent que déjà, en 1671, les colons produisent du lainage pour l'habillement et les garnitures. Il y a plus tard des centaines d'établissements de cardage et de foulage disséminés dans les communautés du Haut-Canada et du Bas-Canada ainsi que dans les Maritimes. Le premier système industriel complet de fabrication de tissus en laine existe depuis 1826, lorsque Mahlon Willett fonde une usine à l'Acadie dans le Bas-Canada. Il existe certaines preuves qu'on exploite une petite manufacture de coton à Chambly (ou Saint-Athanase) dans le Bas-Canada à partir de 1844 et au moins jusqu'en 1846. Toutefois, on possède plus de preuves de la construction d'une manufacture de coton à Sherbrooke dans le Bas-Canada en 1844. Elle est en exploitation jusqu'à sa destruction par un incendie en 1854. Puisqu'on y trouve des machines à tricoter, on peut aussi affirmer qu'il s'agit de la première usine de tricot. En 1853, une petite manufacture de coton s'établit à l'écluse de Saint-Gabriel en bordure du canal Lachine. Elle est en activité au moins jusqu'en 1871. Une manufacture de tricot équipée de machines à tricoter mécaniques s'installe en 1859 à Ancaster en Ontario, alors que Lybster Mills, fondé en 1860, s'installe à Merritton en Ontario. La première manufacture de soie est fondée à Montréal en 1876 par Belding Paul & Co.

L'ère des tissus synthétiques commence en 1925 lorsque Courtaulds (Canada) Ltd construit à Cornwall, en Ontario, une usine de rayonne de viscose, nouveau produit à l'époque, fréquemment appelé soie artificielle. Courtaulds est suivi rapidement en 1926 par Celanese Canada, qui construit une usine de fil d'acétate à Drummondville au Québec. En 1942, le premier fil de nylon est produit au Canada par DuPont. À l'époque, en plein cœur de la Seconde Guerre mondiale, le nylon demeure un secret bien gardé. La première production est un fil de 45 deniers pour tisser de la toile de parachute. Le bas de nylon sera le premier produit fabriqué après la guerre.

Le polyester est introduit au Canada dans les années 50 par ICI Ltd. Plus tard, DuPont et Celanese deviennent d'importants fabricants de cette fibre synthétique, sous les noms commerciaux «Dacron» et «Fortrel» respectivement. Badische Canada, de Arnprior en Ontario, est un autre important producteur de fibre de nylon. Ses produits servent principalement à produire des tapis. Le polypropylène, une fibre synthétique qui offre de nombreuses possibilités, fabriqué par Celanese, est largement utilisé dans la fabrication de tapis pour l'extérieur et l'intérieur et dans des types de textile non tissé.

Il existe environ 1085 usines de fabrication de textile au Canada et la majorité se trouve au Québec et en Ontario. L'industrie canadienne du vêtement, avec ses 2465 usines, est le plus grand consommateur de textiles, utilisant près de 40 p. 100 de la production de l'industrie textile (calculé en poids des fibres). Pour l'industrie textile, la capacité de fournir ses garnitures domestiques et d'approvisionner ses clients industriels dépend pour une grande part de la présence continue de l'industrie du vêtement. Sans les économies d'échelle rendues possibles par le marché global, presque chaque sous-secteur de l'industrie textile serait menacé. Ainsi, tout en étant des industries distinctes, le textile et le vêtement sont inséparables du point de vue de leur survie industrielle. Ces secteurs ne sont aussi que deux liens dans une longue chaîne qui commence avec le client, remonte des détaillants aux fabricants de vêtement, aux teinturiers et aux apprêteurs, aux tisseurs et aux tricoteurs, aux producteurs de fibres, à l'INDUSTRIE PÉTROCHIMIQUE (dont on obtient les matériaux bruts pour la fabrication de fibres synthétiques) et finalement, au pétrole et aux puits de pétrole et de gaz. La disparition d'un de ces liens compromettrait, peut-être complètement, le reste de la chaîne.

Les liens avec l'emploi sont aussi importants. La moyenne pondérée du multiplicateur d'emploi pour le textile et l'industrie du vêtement est estimée à 1,65, c.-à-d. que chaque emploi dans le textile et le vêtement soutient 1,65 emploi dans d'autres secteurs de l'économie. Selon cette règle, les 170 600 emplois de ces deux industries soutiennent 281 650 emplois supplémentaires dans d'autres secteurs.

Le Canada demeure un marché relativement ouvert aux importations de textiles et de vêtements en provenance des pays industrialisés et en développement. La consommation de textiles et de vêtements du Canada, calculée en volume, compte pour environ 2 p. 100 de la consommation mondiale, et les usines canadiennes en fournissent maintenant moins de 50 p. 100. La plus grande partie des textiles importés proviennent de pays industrialisés, bien que ces dernières années cette proportion diminue au profit des importations provenant des pays en développement. La plupart des importations de vêtements proviennent des pays industrialisés. Malgré une législation très restrictive sur les importations, le Canada accepte par habitant neuf fois plus de textiles des pays industrialisés que les États-Unis, et trois fois plus que la Communauté économique européenne. Des appuis du gouvernement canadien, garantissant à l'industrie textile la prolongation des mesures particulières de protection, créent un climat de confiance et stimulent les investissements. L'accord de LIBRE-ÉCHANGE avec les États-Unis cause une certaine incertitude au sujet de l'avenir de l'industrie. Toutefois, il favorisera le libre-échange avec les États-Unis si les conditions de transition et d'ajustement réussissent à maintenir ce niveau de confiance.

Au niveau international, l'industrie canadienne du textile est concurrentielle avec d'autres pays industrialisés en matière de prix, de qualité et de variété de produits. L'industrie primaire est aussi efficace et productive sur le plan technologique qu'ailleurs dans le monde. Parmi les progrès technologiques importants introduits pour accompagner la conversion des fibres naturelles aux fibres synthétiques et aux mélanges, on note l'adoption de machines perfectionnées pour le filage, le tissage, le tricot, le non-tissé et la finition ainsi que de l'équipement de commande informatisé et de méthodes pour économiser l'énergie. Le Canada est un pionnier d'un nouveau type de filature à fibres libérées et un chef de file dans l'utilisation de machines de tissage sans navette. Le Canada rivalise avec les meneurs dans la production et le développement technique de toiles non tissées, particulièrement pour ce qui est de leur utilisation dans les géotextiles (p. ex., fibres d'AMIANTE). Des ordinateurs et des microprocesseurs sont couramment utilisés dans les activités de fabrication.

De nos jours, l'industrie se compose d'entreprises qui ont survécu à une vaste période de rationalisation rigoureuse. Les entreprises restantes sont efficaces, attentives aux coûts et s'adaptent aux changements des marchés. Dominion Textile Inc., dont le siège social se trouve à Montréal, est de loin le plus grand fabricant de textiles au Canada avec des ventes annuelles de près de 927 millions de dollars en 1986. La compagnie possède 40 usines réparties comme suit: 26 au Canada, 7 aux États-Unis, 6 en Europe et 1 à Hong Kong. Au Canada, elle compte 17 usines au Québec, 8 en Ontario et 1 en Nouvelle-Écosse. Elle fournit un nombre total de 10 500 emplois et appartient à 13 p. 100 à la Caisse de dépôt et placement du Québec.

L'industrie textile continue à investir des sommes importantes dans les nouvelles machines et la modernisation de ses installations. P. ex., au cours des années 70, l'investissement en biens de production et en réparations s'élève à 1,8 milliard de dollars et passe à plus de 3 milliards dans les années 80. L'industrie améliore ses performances à l'exportation sans imposer de sacrifices à ses clients au pays. Pour réussir dans l'exportation de biens tels que les produits textiles, le marché intérieur du pays doit soutenir les risques plus élevés, les coûts et les rendements nets plus faibles inhérents au marché de l'exportation. Dernièrement, l'industrie fonctionne dans un climat qui inspire la confiance, ce qui favorise un important flux d'investissement dans des produits textiles hautement productifs, efficaces et rentables.

W.A.B. Davidson

Industrie viticole D'après les sagas norvégiennes, l'explorateur viking Leif ERICSSON découvre du raisin quand il débarque sur le continent américain, vers l'an 1000 ap. J.-C., et c'est pourquoi il nomme l'endroit «Vinland» (Terre de vignes). Bien qu'on continue à se demander si Ericsson a découvert du raisin ou des bleuets, là où il a accosté, c.-à-d. à L'ANSE AUX MEADOWS, à Terre-Neuve, il est certain que du raisin sauvage poussait le long de la côte est de l'Amérique du Nord. Johann Schiller,

reconnu comme le fondateur de l'industrie viticole canadienne, fait bon usage de ce raisin au XIXᵉ siècle.

Schiller, caporal allemand à la retraite, reçoit une concession de terres juste à l'ouest de Toronto et, en 1811, y plante un petit vignoble à partir de boutures de vignes sauvages qu'il a trouvées le long des berges de la rivière Credit. Schiller tire du vin de ce raisin domestique et le vend à ses voisins. Trente-cinq ans plus tard, le vignoble est acheté par un aristocrate français, Justin de Courtenay, qui essaie sans succès de reproduire le goût du bourgogne rouge au Québec. Il a plus de chance en Ontario, et son gamay remporte un prix à l'Exposition universelle de Paris, en 1867.

La première entreprise de vinification vraiment commerciale voit le jour en 1866, quand 3 propriétaires terriens du Kentucky achètent des terres sur l'île Pelée, endroit le plus méridional et le plus chaud du Canada, où ils plantent 30 acres de cépage catalpa indigène d'Amérique du Nord. Quelques mois plus tard, deux frères anglais, Edward et John Wardoper, se joignent à eux et plantent leur propre vignoble, qui a la moitié de cette superficie. Graduellement, on plante des vignobles sur la terre ferme, en allant vers l'est le long des rives du lac Érié jusqu'à la PÉNINSULE DU NIAGARA, où se trouve de nos jours la principale concentration de vignobles du Canada.

Les premiers vignobles de Colombie-Britannique sont plantés dès les années 1860, à la mission oblate du père Charles Pandosy, près de Kelowna, dans la vallée de l'Okanagan, mais la première fabrique de vin n'est établie dans la vallée que dans les années 30.

En 1890, il existe 41 établissements viticoles commerciaux au Canada, dont 35 en Ontario. Dans la vallée de l'Okanagan et le long des rives du fleuve Saint-Laurent, au Québec, c'est l'Église plutôt que les agriculteurs régionaux qui favorise la plantation de vignobles et encourage leur exploitation.

Pendant les 11 années de la PROHIBITION (1916-1927) au Canada, la vinification et la vente de vins ne sont pas illégales, grâce à un groupe de viticulteurs déterminés qui font pression pour que le vin soit exclu de la loi. Les Canadiens peuvent ainsi se procurer des vins sucrés, appelés portos ou sherries d'une teneur en alcool de 20 degrés. Après la prohibition, les réseaux provinciaux des régies des alcools sont mis en place partout au pays pour exercer un contrôle sur la production, la distribution et la vente des boissons alcoolisées et réglementer ces activités.

Ce n'est qu'au milieu des années 70 que l'apparition de magasins et de commerces sur les lieux de production viennent défier la suprématie des grands établissements viticoles en Ontario et en Colombie-Britannique. En 1997, le Canada compte plus de 110 établissements viticoles autorisés, classés selon leur échelle de production: les grandes entreprises commerciales, les producteurs-éleveurs et les entreprises agricoles à petite échelle.

Actuellement, on produit du vin avec des raisins de vignobles locaux dans quatre provinces: en Ontario, en Colombie-Britannique, au Québec et en Nouvelle-Écosse. On fabrique aussi des vins de petits fruits au Nouveau-Brunswick, à Terre-Neuve et à l'Île-du-Prince-Édouard.

Climat

Le Canada est un pays viticole au climat frais, comme la Nouvelle-Zélande, le Nord de la France et de l'Italie, ainsi que l'Allemagne. La qualité peut varier considérablement d'un millésime à l'autre, comme pour les bordeaux ou les bourgognes.

Pendant de nombreuses années, on a cru que l'espèce *vitis vinifera* (les cépages européens nobles, comme le chardonnay, le riesling, le cabernet sauvignon, le merlot, le pinot noir) ne pouvait survivre aux rigueurs de l'hiver canadien et au cycle gel-dégel-gel du début du printemps. Par conséquent, la

majorité des plants de l'Ontario étaient, et sont encore, des variétés de l'espèce nord-américaine *labrusca*, résistante à l'hiver (comme le concorde et le niagara, maintenant employés uniquement dans l'industrie alimentaire) et des hybrides précoces résistants à l'hiver, comme le vidal, le seyval blanc, le baco noir et le maréchal Foch.

Toutefois, les prix et les médailles mérités par les établissements viticoles canadiens dans des concours au pays et à l'étranger pour les chardonnays, les rieslings et les variétés de rouge nobles sont la preuve de la qualité de la matière première obtenue dans les vignobles et des techniques employées pour en tirer des vins fins.

En pratique, seuls l'Ontario et la Colombie-Britannique ont la possibilité de produire du vin de glace de façon constante chaque année. Ce nectar sucré et très cher, obtenu de raisins qu'on laisse geler sur les ceps et qu'on presse tandis qu'ils sont encore gelés, a conquis un marché mondial et gagne des médailles à tous les concours auxquels il s'inscrit.

Législation sur le vin

La production et la vente de boissons alcoolisées relèvent de la compétence des provinces, ce qui signifie que la réglementation concernant le vin varie d'une province à l'autre. Toutefois, on a instauré un système national d'appellation d'origine, appelé la Vintners Quality Alliance (VQA), semblable au système en vigueur dans les pays viticoles européens. La réglementation nationale de la VQA établit les normes minimales de production et délimite les régions viticoles.

Les réglementations provinciales de la VQA régissant la production du vin en Ontario et en Colombie-Britannique sont légèrement plus strictes. Le règlement le plus important précise que les vins doivent provenir entièrement de vignobles de la région viticole désignée et posséder la quantité de sucre minimale fixée pour le cépage spécifié. Pour recevoir le sceau de la VQA (qui figure sur la bouteille), les vins doivent subir des tests menés à la fois par un laboratoire et un groupe indépendant afin de garantir leur qualité générale et l'intégrité de leur variété.

Ontario

(VQA Ontario, 1996). Nombre d'établissements viticoles: 33. Superficie des vignobles: 16 000 acres, dont 15 100 dans la péninsule du Niagara et 900 dans le comté d'Essex (553 vignobles). Production de raisin de cuve: 29 000 tonnes

Les régions de vignobles en Ontario, où au moins 80 p. 100 des vignes canadiennes sont cultivées, se trouvent sensiblement à la même latitude que le Midi de la France et les régions du chianti classico d'Italie. Toutefois, pour ce qui est de la chaleur et des précipitations, le climat s'apparente davantage à celui de la Bourgogne. Dans la plupart des vignobles, on peut obtenir des vins rouges du genre bordeaux à partir de cabernet sauvignon ou d'un mélange cabernet-merlot, ainsi que de savoureux pinots noirs et gamays de Bourgogne. Le chardonnay et le riesling donnent des vins blancs très buvables et même de qualité supérieure, grâce aux mésoclimats tempérés créés par les lacs Ontario et Érié et à la protection contre le gel qu'offre aux vignobles l'ESCARPEMENT DU NIAGARA.

Il existe trois régions viticoles dans la province: la péninsule du Niagara, la rive nord du lac Érié et l'île Pelée.

Colombie-Britannique

(VQA Colombie-Britannique, 1996). Nombre d'établissements viticoles: 45. Superficie des vignobles: 2800 acres (132 vignobles). Production de raisin de cuve: (1996) 6102 tonnes; (1995) 8018 tonnes.

La vallée de l'Okanagan, où sont situés la majorité des établissements viticoles et des vignobles (96,5 p. 100) de la Colombie-Britannique, est une région qui a toutes les caractéristiques d'un désert. La partie sud de la vallée, en bordure de l'État de Washington, peut être soumise à des températures atteignant 35 °C le jour et à des températures très froides la nuit. Cette vallée se trouve à la même latitude que la Champagne et le Rheingau. Toutefois, à la différence de ces régions européennes, la chaleur intense de l'été, le manque de précipitations et les nuits fraîches exigent que les vignobles soient irrigués.

De nombreux cépages allemands peu connus y ont été plantés (optima, ehrenfelser, kerner, seigfried rebe), ainsi que des cépages de riesling, de gewurtztraminer, de bacchus et d'auxerrois. Le chardonnay, le pinot blanc et le pinot gris y produisent des vins de première qualité. Parmi les variétés de rouge, on trouve le pinot noir, le merlot, le cabernet sauvignon, le cabernet franc, le maréchal Foch et le syrah.

La Colombie-Britannique compte quatre régions viticoles: la vallée de l'Okanagan, la vallée de la Similkameen, la vallée du Fraser et l'île de Vancouver.

Depuis 1988, année de l'accord de LIBRE-ÉCHANGE, les vignobles et les établissements viticoles connaissent une croissance impressionnante, soutenue par la plantation de 100 à 150 acres chaque année, presque exclusivement de l'espèce *vitis vinifera*. Cette croissance importante de l'industrie touche à la fois les producteurs-éleveurs et les entreprises plus petites, situées dans des fermes.

Québec

Nombre d'établissements viticoles: 28. Superficie des vignobles: 220 acres. Production: 330 tonnes (de 250 000 à 300 000 bouteilles par an).

Le Québec est la région du Canada la moins propice à la culture de la vigne. La vieille ville de Dunham se trouve au cœur de la zone viticole québécoise, peu étendue mais dynamique. Les établissements viticoles, pour la plupart échelonnés le long de la frontière américaine, doivent lutter contre les éléments afin de produire du vin pour le commerce touristique. Pendant l'hiver, il faut couvrir les ceps de terre par buttage pour les protéger du froid vif; ils sont découverts à l'aide de machines au printemps. Les ceps non découverts par les machines le sont à la main.

Pendant la saison de croissance, la moyenne d'heures d'ensoleillement à Dunham est de 1150 heures (en Bourgogne, elle est de 1315, à Niagara, de 1426, et dans la vallée de l'Okanagan, de 1423), mais des caractéristiques topographiques créent des endroits chauds très localisés qui permettent aux vignes les plus rustiques de survivre et même de s'épanouir.

Les petites cultures viticoles du Québec produisent principalement des vins blancs (80 p. 100 de blanc, 20 p. 100 de rouge), surtout du très frais seyval blanc. Des cépages de vidal, de chardonnay, de riesling, d'aurore, de cayuga, d'ortega, de bacchus et le clone 318 de geisenheim sont aussi cultivés. Dans les rouges, on fait pousser des cépages de de chaunac, de maréchal Foch, de gamay, de cabernet franc, de chancellor, de vidal noir et de dornfelder.

Nouvelle-Écosse

À mi-chemin entre l'Équateur et le pôle Nord, la Nouvelle-Écosse s'enorgueillit de posséder deux établissements viticoles et un total de 200 acres de vignobles qui se concentrent principalement sur des hybrides ainsi que sur des espèces russes de raisin rouge peu connues comme le michurinetz et le severnyi. La courte saison de croissance restreint le nombre de cépages qu'on peut planter dans la vallée de l'Annapolis et le détroit de Northumberland. On plante principalement de l'acadie, du vidal et du seyval dans les blancs, du maréchal Foch, du de chaunac et les espèces russes déjà mentionnées dans les rouges.

On fournit beaucoup d'efforts pour trouver de nouveaux clones précoces. Comme le Québec, la Nouvelle-Écosse n'a pas encore adhéré au système Vintners Quality Alliance.

Prix et récompenses

Depuis presque 10 ans, les vins canadiens commencent à récolter des prix à d'importants concours viticoles internationaux comme Vinexpo (tenu à Bordeaux, en France, tous les deux ans), Vinitaly (tenu chaque année) et l'International Wine Competition (qui a lieu une fois l'an à Londres, en Angleterre). Le premier prix important reporté par un vin canadien à un festival international est décerné en 1991, quand Inniskillin gagne le prix d'honneur pour son vin de glace Vidal 1989 à Vinexpo. Depuis, l'Ontario et la Colombie-Britannique décrochent de nombreux prix aux concours internationaux. À Vinexpo 1997, à Bordeaux, six vins de l'Ontario méritent des médailles d'or, et le vin de glace riesling Traminer 1995 du vignoble Konzelmann reçoit le trophée Civart, remis aux vins jugés les meilleurs parmi les gagnants de médaille d'or.

Des festivals du vin sont maintenant organisés au Canada, principalement à l'échelle régionale. L'Okanagan Wine Festival, tenu annuellement en septembre et dirigé à partir de Kelowna, en Colombie-Britannique, est probablement le plus connu. Des récompenses sont aussi attribuées par des organismes hôtes en collaboration avec des organismes de commercialisation du vin ou l'industrie du tourisme. Air Ontario, p. ex., remet chaque année des récompenses dans un certain nombre de catégories de vins de la VQA produits en Ontario, comme le fait la Régie des alcools de l'Ontario (RAO) à l'occasion de la Cuvée, la fête annuelle des vins de l'Ontario, célébrée en mars.

Perspectives d'avenir

L'état d'esprit de l'industrie canadienne du vin est extrêmement optimiste. De nouveaux vignobles sont plantés en Ontario et en Colombie-Britannique, et de nouveaux établissements viticoles sont rapidement mis sur pied. La croissance des ventes au pays et en Extrême-Orient renforce la confiance des entrepreneurs, qui investissent dans de grands projets afin d'attirer les touristes dans les régions viticoles (*voir* TOURISME VITICOLE). L'importance grandissante de l'industrie du vin dans l'économie canadienne a motivé la création d'un cours d'œnologie en climat froid, offert pour la première fois pendant l'année universitaire 1997-1998, à l'U. Brock, en Ontario, pour former une nouvelle génération de producteurs de vin canadiens.

Tony Aspler

Infirmières de l'Ordre de Victoria du Canada C'est un organisme national de santé communautaire à but non lucratif, qui offre des SOINS INFIRMIERS à domicile, plus particulièrement aux aînés et aux malades chroniques. L'organisme est mis sur pied en 1897 par Lady ABERDEEN, pour commémorer le jubilé de diamant de la Reine Victoria. Initialement, l'organisme vise à procurer les services d'infirmières visiteuses à des populations qui n'ont pas accès à des établissements de santé, ainsi qu'à fonder de petits hôpitaux dans les régions éloignées. Les Infirmières de l'Ordre de Victoria du Canada fondent ainsi 44 de ces pavillons hospitaliers qui, en 1924, sont tous tombés sous la gouverne d'autres autorités. Le service infirmier à domicile devient alors la principale activité du regroupement d'infirmières. Depuis, les fonctions des infirmières membres de l'ordre évoluent en réponse aux changements de la société canadienne et aux nouveaux besoins de soins à domicile. En 1998, plus de 7000 employées et 9000 bénévoles œuvrant dans quelque 70 divisions municipales procurent des services à plus d'un million de Canadiens, dont 70 p. 100 ont dépassé l'âge de 65 ans. Les honoraires payés grâce aux régimes provinciaux d'assurance-santé constituent la principale source de financement dans la plupart des provinces. Les gouvernements municipaux et Centraide fournissent un revenu additionnel.

Jean E. Dryden

Infirmières militaires Jusqu'à la RÉBELLION DU NORD-OUEST, en 1885, les femmes qui prennent soin des blessés travaillent sans reconnaissance militaire officielle. À cette époque, le lieutenant-colonel Darby Bergin, chirurgien en chef de la milice canadienne, demande à Hannah Grier Coome, fondatrice des Sœurs de Saint-Jean-le-Divin de Toronto, et à Kate Miller, infirmière en chef du Winnipeg General Hospital, de s'occuper des soins aux militaires blessés des unités de Moose Jaw et de Saskatoon.

Pendant la GUERRE DES BOERS, les infirmières qui se portent volontaires en 1899 sont envoyées outre-mer sous la direction de Georgina Fane Pope et sont incorporées au corps médical britannique. Les infirmières du troisième groupe envoyé outre-mer en 1902 reçoivent le grade de lieutenant et sont intégrées au service infirmier de l'armée canadienne, qui fait partie intégrante du corps médical de l'armée canadienne.

Entre 1914 et 1918, au-delà de 3000 infirmières militaires détenant un grade d'officier sont en poste au Canada, en Angleterre, en France, en Belgique et autour de la Méditerranée. Surnommées les «oiseaux bleus» par les militaires réconfortés à la vue de leur robe bleue et de leur voile blanc, les infirmières se voient décerner de nombreux honneurs et se forgent une solide réputation de courage et de compassion. Quarante-sept infirmières perdent la vie en service actif, victimes d'attaques ennemies ou de maladies contractées de leurs patients.

Lorsque la guerre est déclarée en septembre 1939, des milliers d'infirmières s'enrôlent sur-le-champ. À la fin de la guerre, 4480 infirmières ont servi dans les rangs des forces armées canadiennes, soit 3656 avec l'armée de terre, 481 avec l'armée de l'air et 343 avec la marine. En poste au Canada et outre-mer, elles sont présentes dans plus d'une centaine d'hôpitaux importants et prennent soin d'au-delà de 60 000 militaires canadiens et de nombreux blessés d'autres pays.

Au cours de la Seconde Guerre mondiale, les infirmières militaires reçoivent une formation sur la loi militaire, la lecture de cartes, les mesures de sécurité, la guerre chimique, l'évacuation des blessés ainsi que les manœuvres à grande échelle. Elles travaillent dans toutes sortes de conditions, de l'unité mobile constituée de tentes au plancher de bois à l'hôpital proprement dit. Ces femmes subissent les assauts des torpilles sur les navires, sont internées à titre de prisonnières de guerre à Hong Kong, sont victimes d'accidents et de maladies. Soixante infirmières sont en service lors de la guerre de Corée et 469 sont actuellement en poste sur des bases militaires au Canada et en Europe.

Nancy Miller Chenier

Inflation Elle signifie communément la hausse générale des prix, le plus souvent calculée par l'INDICE DES PRIX À LA CONSOMMATION (IPC), qui mesure le coût d'un panier de biens et services consommés par une famille type. Le taux d'inflation correspond au pourcentage d'augmentation du niveau des prix et est exprimé en taux annuel. Si l'IPC passe de 100 à 132 sur une période de deux ans, la hausse du niveau des prix est alors de 32 p. 100, soit un taux d'inflation annuel d'environ 16 p. 100. Les taux d'inflation élevés du XIXe et du XXe siècle sont liés aux grandes guerres, et, depuis la Seconde Guerre mondiale, les prix ont généralement augmenté.

De 1970 à 1975, la moyenne annuelle du taux d'inflation des prix à la consommation est de 6,55 p. 100 aux États-Unis, de 7 p. 100 au Canada, de 6 p. 100 en Allemagne, de 12 p. 100 au Royaume-Uni, de 18 p. 100 en Yougoslavie, de 50 p. 100 en Argentine et de 112 p. 100 au Chili. En 1981, au Canada, l'inflation atteint un taux annuel de 12,5 p. 100; en 1986 le taux reste stable à 4,1 p. 100 et, en 1994, il descend à 1,7 p. 100. Aux États-Unis, la moyenne annuelle de l'IPC n'augmente que de 1,1 p. 100 en 1986, hausse la plus faible en 25 ans; en 1994, son taux d'inflation demeure à 3 p. 100.

En période d'inflation, on doit faire une distinction entre le revenu monétaire (calculé en dollars) et le revenu réel (calculé en pouvoir d'achat). Si le revenu monétaire augmente du même pourcentage que les prix des biens et services, le revenu réel n'est pas modifié. Pour que le revenu réel augmente, le revenu monétaire doit augmenter plus que les prix à la consommation. L'inflation ne nuit pas nécessairement à tout le monde. Son effet principal est la redistribution du revenu réel. Si les prix sont stables (taux d'inflation nul) et qu'un sujet A emprunte 100 dollars à 2 p. 100 d'intérêt à un sujet B, ce dernier s'attend à recevoir, après un an, 102 dollars en revenu réel. Toutefois, si les prix augmentent de 5 p. 100, on ne pourra acheter, avec cette somme de 102 dollars, ce qu'on achetait avec 100 dollars l'année précédente. Le revenu réel de B baissera et celui de A sera plus élevé. Par conséquent, une inflation subite contribue à redistribuer le revenu réel des prêteurs aux emprunteurs. Les retraités, qui cotisaient à des fonds de PENSION au moment où le taux d'inflation était faible et qui reçoivent maintenant des prestations dont la valeur en dollars est moindre que prévu, sont parmi les personnes lésées par l'inflation.

Les liens entre les prix, l'emploi, les salaires et les profits sont complexes. L'inflation peut être stoppée par une baisse de la demande globale (total des dépenses) provoquée par une POLITIQUE BUDGÉTAIRE qui diminue les dépenses du gouvernement ou augmente les impôts et par une politique monétaire qui restreint la croissance de la masse monétaire dans l'économie. Ce faisant, les taux d'intérêt augmentent et le crédit diminue. Toutefois, une diminution de la demande globale a pour conséquence première de réduire la production et le nombre d'emplois plutôt que d'abaisser les prix (même au XIXe siècle, la chute des prix allait en général de pair avec des taux de chômage élevés). Les gouvernements ont donc cherché des solutions de rechange, comme le contrôle des prix et des salaires. Ces seules mesures n'ont cependant pas d'effet durable sur l'inflation. Par contre, si on les utilise de concert avec des politiques monétaires et budgétaires adéquates, elles peuvent favoriser un recul de l'inflation tout en ayant peu d'effets secondaires néfastes.

En général, les économistes s'entendent sur le fait que l'inflation ne peut se prolonger sans une augmentation de la masse monétaire. Les monétaristes ont tendance à privilégier la réglementation de la masse monétaire, alors que les keynésiens favorisent d'autres moyens comme le contrôle des prix et des salaires. (*Voir aussi* STAGFLATION.)

W.C. Riddell

Influence d'un livre, L' (1837), de Philippe AUBERT DE GASPÉ fils, est considéré comme le premier roman canadien-français. Il propose une satire subtile de la pauvreté spirituelle du Québec, incarnée par la chasse à l'or de Charles Amand. Les mésaventures alchimiques de celui-ci, qui s'appuie sur un traité de magie, alternent avec le récit de la cour qu'un jeune étudiant en médecine fait à sa fille Amélie. Elles l'entraînent depuis la campagne des environs de Saint-Jean-Port-Joli jusqu'à Québec et à l'île d'Anticosti. Probablement écrit en collaboration avec son père, auteur des ANCIENS CANADIENS (1863), le roman d'Aubert de Gaspé est reconnu pour ses aspects documentaires et folkloriques. La légende de Rose Latulippe et le meurtre du colporteur Guilmette se mêlent à l'intrigue ainsi que les croyances superstitieuses et les coutumes de l'époque. *Le Chercheur de trésors* (1864), une version expurgée par l'abbé Henri-Raymond CASGRAIN, a été remplacée en 1968 par l'édition de Léopold Leblanc, qui reprend quatre des nombreux passages retranchés.

Michèle Lacombe

Information, liberté de l' Pendant les années 60 et 70, les citoyens, à titre d'usagers de services gouvernementaux, commencent à revendiquer certains droits découlant de leurs rapports avec le gouvernement. Le mouvement donne lieu initialement à l'instauration de la fonction d'OMBUDSMAN à la grandeur du Canada, ce qui vise essentiellement à fournir un mécanisme pour réparer les torts causés par le gouvernement et réduire les chinoiseries administratives typiques de la bureaucratie gouvernementale.

Droits d'accès des individus Les renseignements détenus par le gouvernement, de même que l'accès à ces derniers, relèvent de deux catégories. La première porte sur l'accès aux renseignements personnels stockés dans les banques de données gouvernementales. Au fédéral, c'est en 1978 que les individus obtiennent accès à ces renseignements, grâce à l'adoption de la législation relative à la protection de la VIE PRIVÉE. Le gouvernement fédéral établit donc un répertoire de ses banques de données, et les individus peuvent alors demander d'obtenir des renseignements personnels les concernant et versés dans une banque de données particulière figurant dans ce répertoire. La loi habilitante prévoit toutefois des exceptions, c.-à-d. des fichiers ne pouvant pas être consultés, dans des domaines comme la sécurité nationale, les RELATIONS FÉDÉRALES-PROVINCIALES et les enquêtes en cours liées à l'application des lois et à d'autres questions délicates.

Si le gouvernement se prévaut d'une exemption générale pour interdire universellement l'accès à des banques de données précises ou encore d'une exemption applicable à une demande individuelle, il peut refuser de communiquer la totalité ou une partie des renseignements. Toutefois, la personne qui essuie un refus peut avoir recours au commissaire à la protection de la vie privée, qui fait alors valoir l'intérêt du plaignant. Si le ministère intéressé maintient sa décision, il n'y a aucun autre recours. L'individu qui obtient les renseignements demandés, mais qui les juge erronés peut aussi demander l'aide du commissaire. Advenant le rejet d'une demande de modification des renseignements, il est à tout le moins consigné, dans la banque de données, qu'une demande à cet égard a été faite et refusée.

Une modification apportée à la loi, en 1982, et entrant en vigueur le 1er juillet 1983 autorise un autre recours en cas de refus de communiquer de l'information en raison d'une exemption ou encore de rejet d'une demande de modification de renseignements prétendument erronés. Si le commissaire à la protection de la vie privée ne réussit pas à convaincre le ministère concerné d'accorder le droit d'accès ou de modifier des renseignements, ou les deux, un recours peut alors être exercé pour faire réviser l'affaire à huis clos par un juge de la Section de première instance de la COUR FÉDÉRALE DU CANADA. La décision rendue par le juge lie toutes les parties.

Renseignements liés aux politiques La deuxième catégorie de renseignements détenus par le gouvernement a trait aux politiques. Il s'agit donc de toute information versée aux dossiers du gouvernement qui sert à la prise de décisions de ce dernier, y compris les décisions relatives à l'adoption de lois ou de règlements (*voir* LOI SUR LES SECRETS OFFICIELS). Ces renseignements peuvent être sous forme de rapports de consultants, d'études internes et ainsi de suite. Au terme d'une complexe maturation législative qui a comporté des projets de loi émanant des députés, un LIVRE VERT du gouvernement fédéral, un avant-projet de loi préparé par un gouvernement, puis un texte de loi subséquemment établi par un autre gouvernement, la LOI SUR L'ACCÈS À L'INFORMATION est enfin adoptée en 1982 et entre en vigueur le 1er juillet 1983, principalement grâce au lobbying vigoureux mené par l'Association du Barreau canadien.

La *Loi sur l'accès à l'information* confère aux personnes le droit d'examiner des documents de l'Administration et exige la communication rapide des renseignements moyennant des frais raisonnables. Elle crée la charge de commissaire à l'information, dont le rôle et les fonctions sont comparables à ceux du commissaire à la protection de la vie privée. La loi prévoit aussi des exemptions, en vertu desquelles la communication totale ou partielle des renseignements peut être refusée. Là encore, la personne qui s'est vu refuser la communication peut exercer un recours en révision, à huis clos devant la Section de première instance de la Cour fédérale du Canada, de la décision du gouvernement qui a invoqué une exception ou refusé de transmettre de l'information. Une disposition controversée de la loi de 1982 interdit la diffusion des documents du Cabinet et, par conséquent, de tout autre document y référant ou en découlant. Non seulement de tels documents ne peuvent pas être consultés, mais ils sont aussi exclus du recours en révision.

L'article 75 de la *Loi sur l'accès à l'information* de 1982 (ainsi que l'article 75 de la loi complémentaire, *Loi sur la protection des renseignements personnels*) exige qu'un comité parlementaire examine les dispositions et les conséquences de l'application des deux lois. En vertu de cette disposition, le Comité permanent de la justice et le solliciteur général effectuent un examen approfondi qui débouche sur un rapport rendu public en mars 1987. Le rapport formule de nombreuses recommandations portant, entre autres, sur la nature et l'étendue des exemptions en vigueur, sur l'exclusion actuelle des documents du Cabinet de l'application de la loi, sur une proposition d'étendre l'accès aux documents pour que soient inclus ceux qui ont trait aux activités des sociétés d'État, ainsi que sur une autre proposition de réduire les délais de transmission des documents. Il est prévu que plusieurs de ces recommandations et d'autres encore mèneront à des modifications législatives afin d'améliorer l'accès du public aux documents détenus par le gouvernement fédéral. De nombreuses recommandations font suite aux critiques exprimées par des personnes qui se sont prévalues de la loi au cours de ses trois premières années d'application.

Certaines provinces ont adopté des lois sur l'accès à l'information, tandis que d'autres ont entrepris des études sur le sujet. Toutefois, dans l'ensemble, les mesures provinciales dans le domaine ne sont pas aussi exhaustives que les dispositions fédérales.

Fondement L'adoption de la législation sur l'accès à l'information s'appuie surtout sur le principe voulant que des citoyens avertis ont besoin d'avoir accès aux renseignements détenus par le gouvernement afin d'être en mesure d'évaluer, de juger et de choisir un gouvernement de façon éclairée. En outre, comme savoir est pouvoir, on fait valoir que les citoyens ont le droit de partager ce pouvoir avec le gouvernement et que le meilleur moyen d'y parvenir est d'avoir accès aux données que détient ce dernier. À en juger de l'expérience aux États-Unis, ce sont surtout les journalistes d'enquête, les universitaires (notamment les historiens) et les avocats de la défense qui se prévalent de la législation sur l'accès à l'information.

La loi donne lieu à environ 2500 demandes de renseignements par année. Bon nombre de ces demandes proviennent de conseillers en information, à savoir des personnes ou entreprises qui se spécialisent dans la présentation de demandes en vertu de la loi pour le compte de divers clients.

G. Gall

Informatique C'est la science qui traite de la théorie, de la conception et de l'application des systèmes de traitement de l'information. Ses débuts remontent au premier ordinateur électronique, le ENIAC (Electrical Numerical Integrator and Computer), mis en marche en 1946 à l'U. de Pennsylvanie.

Au cours des années 50, quatre champs d'intérêt principaux émergent. Le premier porte sur le «matériel», soit la fabrication d'équipement efficace possédant des unités centrales de traitement (UCT) plus rapides, des mémoires de plus grande capacité et davantage de périphériques d'entrée et de sortie pour résoudre des problèmes de complexité croissante. Un autre champ couvre les «logiciels d'exploitation», soit des langages de programmation ainsi que les structures et les techniques logiques de travail exigées pour faire fonctionner le matériel et les autres programmes.

Ces systèmes de logiciels et de matériels accroissent rapidement l'étendue des applications, objet du troisième domaine, soit celui de la recherche et développement. Les premières applications portent sur les MATHÉMATIQUES, ensuite sur les sciences et l'ingénierie, puis sur le monde des affaires et celui des sciences sociales et, enfin, sur la plupart des domaines d'activité. À mesure que ces trois domaines se développent, les théoriciens étudient les algorithmes (descriptions de procédés) exprimés dans un langage pouvant être compris par les ordinateurs. Ce quatrième champ d'étude, «la théorie du traitement», s'interroge sur ce qu'il faut aux algorithmes pour être efficaces et il tente d'en trouver dans des contextes variés. Alan Turing, instigateur de la théorie, a identifié la calculabilité mathématique à la capacité d'un ordinateur primitif d'arrêter l'exécution d'un programme.

Au cours des années 60, alors que s'accumulent les découvertes dans ces domaines, l'informatique apparaît dans plusieurs universités en tant que discipline distincte et séparée des départements de mathématiques et de GÉNIE ÉLECTRIQUE ainsi que des services de traitement des données avec lesquels elle fut jusque-là associée. Des programmes d'études officiels sont élaborés, et des cours en structure de données, en langages de programmation et en théorie de traitement servent de points de départ aux spécialistes en informatique.

Relations avec les autres disciplines L'informatique connaît une relation privilégiée avec les mathématiques, puisant fortement dans le formalisme de la logique, les structures algébriques, la théorie des automates et la théorie des courbes. Des sujets tels que l'analyse numérique et la théorie de la complexité appartiennent à la fois au domaine de l'informatique et à celui des mathématiques. L'autre relation intéressante est celle qu'a l'informatique avec le génie électrique. Les composantes des registres d'ordinateur, des unités de stockage, des micropuces et des circuits VLSI (intégration à très grande échelle) sont des produits du génie électrique. Les domaines de l'informatique et du génie électrique comprennent des éléments comme les systèmes d'exploitation et les utilitaires (pour gérer les ressources), des programmes de contrôle et de «débogage» (pour l'élaboration de programmes) ainsi que les compilateurs et les traducteurs (pour la traduction des instructions d'un langage évolué et facile à utiliser en un code interne de l'ordinateur basé sur des 0 et des 1).

Le génie informatique, qui peut être enseigné dans l'un ou l'autre des départements d'informatique et de mathématiques, traite des problèmes qui doivent être surmontés pour fabriquer des logiciels bien précis, bien détaillés et, par-dessus tout, fiables. L'étude des systèmes de communication est essentielle tant pour le génie électrique que pour l'architecture des systèmes informatiques. Les techniques en informatique et en communications convergent à mesure que la quantité et la variété de leurs services s'accroissent.

Plusieurs disciplines sont liées à l'informatique. Avec le génie industriel, l'informatique traite de l'analyse de systèmes, de conception de procédés, de la modélisation et de la simulation; avec la linguistique, elle partage un intérêt pour la syntaxe et la sémantique du langage. Les théories et les techniques du stockage d'informations, du repérage et de la dissémination sont aussi importantes aux sciences de la documentation qu'à l'informatique. Avec la science de la gestion, l'informatique étudie les bases de données, les langages d'interrogation, les systèmes de décision et les systèmes de bureautique.

Par l'entremise des études sur l'INTELLIGENCE ARTIFICIELLE, l'informatique partage avec la philosophie un intérêt pour la formation de la logique, de la compréhension et de la connaissance. Avec la psychologie et la neurologie, l'informatique s'occupe du traitement des signaux, de l'interprétation des données sensorielles, des réseaux neuroniques et des modèles du cerveau. Comme les ordinateurs sont des outils permettant la recherche dans tellement de domaines (les sciences naturelles, sociales, de l'ingénierie, de la biologie, de même que le secteur des arts et des lettres), il est presque impossible d'énumérer l'étendue de leurs interactions avec l'informatique et les autres disciplines.

Orientations Âgée d'à peine 50 ans, l'ordinatique a connu une croissance incroyablement rapide, comme en témoignent les nombreuses générations de macro-ordinateurs ainsi que l'émergence des super-ordinateurs, des systèmes répartis et à architecture parallèle, des ordinateurs personnels, d'INTERNET et du Web. L'informatique a connu une poussée tout aussi intense, et comme les autres sciences telles la physique, la chimie et la biologie, ses activités s'étendent à de nombreuses sous-disciplines, chacune ayant son propre sujet, ses conférences et ses revues.

L'élément mathématique théorique assure une base importante à la discipline entière. Les sous-disciplines spécialisées (architecture d'ordinateur, langages de programmation, analyse numérique, bases de données, infographie, éducation, intelligence artificielle, systèmes de connaissances, interaction ordinateur humain, télétravail collectif, ordinateurs et société, ordinateurs et la loi) évoluent en même temps qu'un grand nombre de nouveaux emplois et travailleurs font leur apparition. Ceux-ci se subdivisent et continuent de croître et de se transformer au même rythme que les dynamiques de la technologie changent. Un nouveau mouvement qui se fait sentir est celui de la poussée vers la certification et vers la reconnaissance juridique des professions du domaine informatique. Cette tendance est plus forte en Europe (particulièrement au Royaume-Uni) qu'en Amérique du Nord, mais un groupe de personnes déterminées continue toujours de travailler à la réalisation de ces objectifs.

L'informatique au Canada Le travail du premier groupe canadien sur la conception et l'utilisation d'ordinateurs électroniques conduit, en 1948, à la création de l'ordinateur UTEC (University of Toronto Model Electronic Computer) et à l'acquisition de l'ordinateur FERUT (Ferranti Computer at U of T) en 1951. Au cours des années 50 et 60, le développement du matériel fait l'objet de travaux dans les laboratoires gouvernementaux (p. ex., Centre de recherche pour la Défense sur les télécommunications), ainsi que dans différentes entreprises canadiennes dont Computing Devices of Canada et, en particulier, chez Ferranti-Packard où l'on fabriquait une série d'ordinateurs innovateurs pour les LIGNES AÉRIENNES TRANS-CANADA (maintenant AIR CANADA).

Dans les universités, les recherches portent surtout sur l'informatique théorique, sur les logiciels et sur les applications de l'ordinateur. Les calculs du niveau de l'eau pour le projet de la voie maritime du Saint-Laurent, p. ex., sont faits à l'aide de l'ordinateur FERUT pour le compte de la Commission d'énergie hydroélectrique de l'Ontario. La Canadian Conference for Computing and Data Processing, tenue en 1958, attire 400 participants et amène la formation, la même année, de la Computing and Data Processing Society of Canada (maintenant l'ACI, l'Association canadienne de l'informatique). Le compilateur WATFOR, conçu en 1967 par l'U. de Waterloo pour le traitement rapide des travaux de programmation des étudiants, est le premier programme informatique canadien à connaître une distribution internationale.

En 1964, des cours d'informatique sont donnés dans 22 universités et écoles techniques partout au pays. Aujourd'hui, presque tous les établissements d'enseignement postsecondaire offrent des programmes d'informatique, et des cours de programmation sont donnés dans plusieurs écoles secondaires. On trouve des laboratoires de recherche dans les universités, au CONSEIL NATIONAL DE RECHERCHES DU CANADA, dans les entreprises IBM, NORTHERN TELECOM LTÉE et chez d'autres fabricants d'ordinateurs, dans les entreprises de logiciels, et dans les compagnies qui font une grande utilisation des ordinateurs.

Au Canada, une importante INDUSTRIE DE L'INFORMATIQUE est issue de ces progrès dans le domaine de l'informatique. Sur le marché des systèmes complets, les entreprises américaines et japonaises dominent (IBM, Digital Equipment, UNISYS, Fujitsu, NEC, Dell, Compaq). Dans les domaines de la bureautique, des entreprises d'experts-conseils, de la communication et des logiciels, les entreprises canadiennes tiennent une place importante à l'échelle nationale et internationale (Services CSG, Systems-house, Northern Telecom ltée, Gandalf, Mitel, Cognos, DMR, Open Text). Les entreprises canadiennes d'infographie et d'animation, en particulier, se font remarquer (Corel, Alias, IMAX) et les écoles canadiennes sont réputées (universités, Sheridan College).
C.C. Gotlieb

Informatique théorique

L'informatique théorique est l'étude mathématique précise des problèmes et des phénomènes du calcul. L'accent n'est pas mis sur les programmes spécifiques, mais plutôt sur les idées de base qui permettent la solution de problèmes en informatique. Un des concepts de base est celui d'un modèle formel d'ordinateur qui serait suffisamment général pour être équivalent, en principe, à n'importe quel véritable ordinateur, mais plus simple et non encombré de détails. Un aspect important de ce concept touche aux problèmes qui ne peuvent pas être résolus par les ordinateurs ou qui exigent trop de temps pour être résolus dans la pratique. D'autres branches du domaine portent sur la représentation des langages de programmation et sur le fait de prouver de façon méthodique qu'un programme fonctionne correctement. Le domaine se distingue par son approche et par son emploi d'outils mathématiques sophistiqués plutôt que par les problèmes particuliers qu'on y étudie.

L'aspect principal de l'informatique théorique est probablement la conception d'algorithmes et de structures de données efficaces. Le point central se situe au niveau des techniques d'organisation de l'information qui favorisent des recherches rapides en prenant le moins d'espace possible, et au niveau des idées clés qui sont derrière l'exécution des calculs pour que ceux-ci soient non seulement réalisables, mais qu'ils soient souvent instantanés, même pour d'énormes quantités de données. Dans le cadre de cet aspect des études théoriques, on trouve un grand choix de produits et services faisant l'objet de techniques créées dans les universités canadiennes, dont les recherches sur Internet, les horaires des liaisons aériennes, les recherches dans les bases de données géographiques, la conception de moules pour le plastique et la mise au point d'un caméscope.

D'autres aspects du sujet sont plus abstraits. L'une des conclusions les plus fondamentales en informatique théorique est qu'il existe des problèmes informatiques qu'aucun programme ne peut résoudre. Plusieurs de ces conclusions théoriques remontent aux années 30, dix ans avant l'invention de l'ordinateur électronique. Il est prouvé, p. ex., qu'aucun programme informatique ne peut inspecter un autre programme et déterminer s'il arrêtera de se dérouler ou non. Plusieurs autres problèmes sont aussi insolubles, y compris celui de vérifier si un programme rencontre les spécifications requises.

Bien qu'un problème ne puisse être résolu dans tous les cas, il existe des outils qui peuvent être très utiles. P. ex., les domaines de la sémantique et de l'exactitude des programmes se concentrent sur l'élaboration de méthodes selon lesquelles il est possible de prouver, de façon formelle, qu'un programme fonctionne correctement.

Même si, en principe, un problème peut être résolu par un ordinateur, la solution peut demander trop de temps pour être faisable en pratique. P. ex., supposons qu'il y a n objets et que chacun a un prix. Il faut voir si ces objets peuvent être divisés en deux piles de manière à ce que le prix total de chacune d'elles soit le même. Si n égale 100 et que un milliard des partitions possibles étaient tentées chaque seconde, le processus complet prendrait un laps de temps beaucoup plus long que l'âge de l'univers. L'exécution de cette tâche est évidemment impossible. De façon plus générale, cette approche nécessiterait 2^n essais. Cette somme de travail est exponentielle au nombre de données en entrée, au lieu d'être un polynôme comme nk (pour une petite constante k). Dans les années 60, plusieurs chercheurs, dont Jack Edmonds de l'U. de Waterloo, font remarquer qu'un programme prenant un temps polynomial peut être employé pour des problèmes comportant une grande quantité de données en entrée, alors qu'un programme prenant un temps exponentiel ne peut pas l'être. En l'occurrence, tous les problèmes devant être en pratique résolus n'ont pas d'algorithme de temps polynomial connu.

En 1971, Stephen Cook de l'U. de Toronto pose la question: «Si on peut vérifier une solution proposée en temps polynomial, peut-on nécessairement trouver une solution en temps polynomial?» Le problème de partition des prix en deux piles est un problème de ce genre. Chaque solution proposée est vérifiée facilement et rapidement, mais, si n est assez grand, il existe trop de solutions possibles pour qu'elles puissent toutes être vérifiées. Cook démontre que certains problèmes ont la caractéristique suivante: si un de ceux-ci peut être résolu en temps polynomial, alors tous ces problèmes à vérification facile peuvent être résolus en temps polynomial. Ces problèmes NP-complet comprennent, p. ex., l'établissement d'un horaire d'examens scolaires dans la plus petite plage horaire possible, sans qu'il y ait de conflit, la détermination du chemin le plus court à travers un groupe de villes et le placement d'une série d'objets de tailles différentes dans un nombre minimum de récipients. Des centaines de problèmes de programmation semblables surviennent dans la pratique. De nombreux problèmes ont été étudiés pendant des années avant les travaux de Cook, et plus d'un quart de siècle de travail intense s'est écoulé depuis. Il est donc peu probable qu'il existe un algorithme de temps polynomial qui puisse résoudre ces problèmes.

La NP-complétude a deux conséquences particulièrement intéressantes et pratiques. D'abord, même si on ne connaît pas d'algorithme efficace pour résoudre un problème, la question reste quand même pressante en pratique. Donc, la recherche de méthodes qui peuvent résoudre la plupart de ces problèmes ou qui donnent de bonnes solutions approximatives est un domaine clé de l'informatique théorique. Un autre point de vue est celui de se demander quel est l'avantage d'effectuer certains calculs difficiles à exécuter. Un exemple important de ce genre d'application est la cryptographie. Cette application est d'une importance grandissante à cause de l'utilisation courante des lignes de transmissions peu sûres d'Internet pour effectuer des opérations financières.

L'idée d'un système cryptographique à clé publique permet d'envoyer un message qui ne peut être lu à moins que l'utilisateur ait la clé de décodage (seul le destinataire désigné la connaît) ou qu'il

soit capable de résoudre un problème informatique pour lequel il n'y a pas d'algorithme de temps polynomial connu. Plusieurs universités canadiennes effectuent d'importantes recherches en ce domaine. À l'U. de Toronto et à l'U. de Moncton, l'élaboration d'un protocole sûr, applicable à de nombreuses méthodes de cryptographie de base, est un sujet de première importance. À Waterloo, les recherches sont axées sur l'élaboration et la commercialisation de systèmes efficaces et sûrs. On a démontré (avant leur mise en service publique, heureusement) que certains systèmes proposés dans le commerce peuvent être décryptés.

J. Ian Munro

Langages de programmation

Les langages de programmation sont des transcriptions formelles pour exprimer les algorithmes et les données afin de les rendre compréhensibles pour les ordinateurs. Parmi les langages de programmation populaires, on retrouve Ada, du prénom de lady Lovelace, la fille de lord Byron, qui a travaillé sur la «machine analytique» de Charles Babbage; ALGOL (Algorithmic Language) APL (A Programming Language); BASIC (Beginner's All-Purpose Symbolic Instruction Code); COBOL (Common Business-Oriented Language); FORTRAN (Formula Translation); GPSS (General Purpose Systems Simulation); LISP (List Processing); Pascal, nommé d'après le mathématicien français Blaise Pascal qui, en 1642, invente une machine à calculer; SIMULA (Simulation Language); SNOBOL (String-Oriented Symbolic Language); SPSS (Statistical Package for the Social Sciences).

Contrairement aux langages naturels (p. ex., l'anglais et le français), les langages de programmation doivent posséder des définitions précises de forme (syntaxe) et de signification (sémantique). Les langages de programmation universels servent à résoudre des problèmes dans plusieurs domaines. P. ex., le Pascal peut être utilisé pour la recherche d'informations, le calcul numérique et la programmation de systèmes. Les langages spécialisés ont une portée plus restreinte, étant conçus pour des champs d'application spécifiques. P. ex., le GPSS est utilisé pour des études en simulation.

Les programmes contiennent des définitions ainsi que des instructions et des expressions exécutables par l'ordinateur. Un programmeur peut habituellement définir les noms de données (variables) et des instructions (sous-programmes, fonctions) et, dans certains langages, des types. Un type est un ensemble de valeurs liées à des opérations appropriées. P. ex., une série de nombres entiers aura des séquences de nombres entiers comme valeurs et «insérer» et «supprimer» pour opérations. Les instructions comprennent l'affectation, l'entrée, la sortie et l'appel aux sous-programmes, en plus de façons de construire des séquences d'instructions, de sélectionner des instructions et d'en répéter.

Étant donné que l'ordinateur comprend directement les opérations codées en nombres binaires, les programmes peuvent être écrits en binaire. Un nombre binaire est un nombre exprimé à l'aide des chiffres 0 et 1 seulement. À ce niveau le plus bas, appelé langage machine ou code exécutable, chaque instruction et chaque référence à une donnée est un nombre binaire.

Les langages d'assemblage permettent l'utilisation de noms symboliques pour exprimer des instructions et des données. Ces symboles doivent être transformés en nombres pour que le programme puisse être exécuté. Les langages évolués (p. ex., COBOL) permettent l'utilisation d'une terminologie et d'une construction plus pratiques pour les humains, et nécessitent des transformations plus complexes du code exécutable. Les langages très évolués permettent l'expression de ce qui est demandé plutôt que l'énonciation de la manière dont cela doit être calculé. P. ex., dans le langage d'interro-

gation de bases de données, ce sont les caractéristiques des données requises qui sont spécifiées et non les façons de les retrouver dans la base de données.

La syntaxe des programmes est habituellement définie avec précision en utilisant une notation appelée notation de Backus Naur. La structure d'un programme est décrite dans les termes de ses éléments, lesquels sont décrits dans les termes de leurs éléments à eux, et ainsi de suite, jusqu'à ce que tout ait été défini dans les termes des mots du langage. Cette situation est comparable à la façon dont les phrases d'un langage naturel sont décrites. Une fois qu'un programme en langage machine existe, on peut l'améliorer en le transformant en un programme équivalent qui contient des instructions moins nombreuses ou plus rapides.

David T. Barnard

Matériel

À l'époque des premiers ordinateurs, le matériel proprement dit était appelé «hardware». Peu après, l'industrie de l'informatique a créé le terme «software», ou logiciel en français, pour désigner les programmes exécutés par le matériel. La composition matérielle de l'ordinateur numérique, qu'il s'agisse des petits ordinateurs personnels portatifs ou non, ou des gros ordinateurs multiprocesseurs ou macro-ordinateurs, comprend des processeurs, des unités périphériques et des unités de mémoire.

Pour décrire le fonctionnement d'un ordinateur, on doit faire une distinction entre les processeurs, qui assurent les fonctions de contrôle et de traitement; les unités périphériques qui assurent les fonctions d'entrée, de sortie et de communication; et les unités de mémoire qui permettent le stockage des programmes et des données. L'information (programmes et données) lue dans la mémoire au moyen de l'unité d'entrée, qu'elle doit exprimer en nombres ou en texte, est encodée dans des blocs de chiffres binaires ou «bits». Chaque bit a la valeur 0 ou 1, et les techniques courantes de codage utilisent un bloc de 8 bits (un «octet») pour représenter les lettres de A à Z, les chiffres de 0 à 9, les signes de ponctuation et les symboles de service.

La valeur 0 ou 1 de chaque bit est représentée physiquement par un courant électrique de faible voltage dans le processeur et dans la mémoire vive, ou par l'état de magnétisation de très petites zones sur des surfaces recouvertes d'un matériau magnétique. Ce dernier processus est utilisé pour stocker les données en mémoire secondaire, soit sur des disques durs, sur des disquettes ou sur des rubans magnétiques.

Les calculs numériques ou le traitement de texte à effectuer à partir des données dans la mémoire vive sont déterminés par un programme machine. Les programmes d'application pour les ordinateurs sont habituellement écrits dans des langages de programmation évolués tels le FORTRAN, le Pascal ou le C, et sont ensuite convertis en un programme machine correspondant par un programme de compilation commandé par le système d'exploitation.

Le programme machine doit être placé dans la mémoire vive lors de son exécution et il consiste en une séquence d'étapes simples appelées «instructions». Voici un exemple d'instructions typiques: «Additionner deux nombres et stocker la somme dans un lieu spécifique de la mémoire vive; sauter à une autre section du programme si la valeur qui vient d'être calculée est négative; envoyer le contenu d'un lieu déterminé de la mémoire à un appareil de sortie pour l'imprimer». Une instruction peut généralement être encodée en «mots» mémoire d'une longueur de 4 à 8 octets.

Les réseaux électriques qui vont chercher chaque instruction de la mémoire vive pour l'exécuter dans le processeur sont composés de milliers de transistors (*voir* SEMI-CONDUCTEURS ET TRANSISTORS) reliés en circuits intégrés. Le délai requis pour aller chercher et exécuter une instruction est en général une fraction d'un millionième de seconde.

Les processeurs sont conçus pour effectuer des instructions successives dans une sorte d'exécution en cascade appelée «traitement pipeline». Chaque instruction est composée d'environ 4 à 6 étapes de base séquentielles. Chaque étape est exécutée en un cycle d'horloge. Lorsqu'une série d'instruction a été déterminée, une nouvelle instruction peut être exécutée à chaque cycle d'horloge. Dans ce mode de fonctionnement, on obtient des taux d'instructions début/fin de l'ordre de 100 millions par seconde et même plus dans les processeurs actuels.

Unités d'entrée et de sortie Ces unités assurent la communication avec le monde extérieur (personnes, unités périphériques électroniques et électromécaniques, et équipements de communication à courte et à longue distance). Les unités d'entrée communes sont les claviers, les tablettes graphiques et les convertisseurs de signaux de communication qui transforment les valeurs d'un signal externe en nombres codés en binaire. Les unités de sortie comprennent les postes d'affichage vidéo pour les caractères et les formes graphiques, les imprimantes pour consigner les sorties sur papier et les convertisseurs de signaux qui transforment les valeurs codées en binaire en signaux électriques pouvant être transmis par lignes de communication.

Les disques, disquettes et rubans magnétiques utilisés pour stocker les données et les programmes à l'extérieur du processeur et de la mémoire sont généralement classés parmi les appareils d'entrée et de sortie. Ils sont capables de stocker de très grandes quantités de données (des centaines de millions d'octets) et constituent le moyen de stockage employé par les utilisateurs d'ordinateurs personnels et les entreprises commerciales telles que les compagnies d'assurance et les banques.

Mémoire L'information, qui est gardée dans la mémoire vive lors du traitement, est organisée en mots de quelques octets chacun. La mémoire est constituée physiquement de circuits intégrés. La mémoire principale complète d'un ordinateur personnel ou d'un poste de travail peut contenir des dizaines de millions d'octets qui peuvent être insérés ou extraits de la mémoire à la vitesse de quelques millions par seconde.

Unités de contrôle et de traitement Les réseaux de contrôle, qui sont eux aussi constitués de circuits intégrés, sont nécessaires pour exécuter la séquence complète des opérations qui coordonnent les activités de toutes les unités de l'ordinateur. La plus importante des concentrations de commandes est associée au processus qui exécute les opérations arithmétiques sur les nombres et les opérations de comparaison, de recherche et de tri relatives au texte. Ces commandes sont nécessaires aussi bien durant le traitement que pendant les opérations de recherche et de stockage utilisés pour transférer les données et les instructions entre la mémoire vive et le processeur.

Les commandes sont également requises dans les circuits qui relient les appareils d'entrée et de sortie au processeur et à la mémoire. Dans plusieurs applications informatiques, des mémoires et des processeurs multiples doivent être utilisés afin de fournir des capacités de calcul suffisantes. De telles situations de traitement réparti exigent une maîtrise de la synchronisation entre les diverses unités. Cette partie de la conception des systèmes informatiques, qui comprend l'attachement des systèmes aux réseaux de communication, représente la tâche qui est à la fois la plus difficile, la plus intéressante et la plus stimulante pour le concepteur de matériel.

V. Carl Hamacher

Logiciel

Un ordinateur numérique stocke des données et exécute sur elles différentes opérations (p. ex., addition, multiplication et comparaison). Une séquence d'opérations ou d'instructions, le «programme», est également stockée dans l'ordinateur et est interprétée de façon séquentielle par l'unité centrale de traitement. Une instruction peut dire à l'unité centrale d'exécuter une opération arithmétique en utilisant un emplacement particulier de la mémoire appelé un accumulateur. La série d'opérations et leurs significations sont appelés le langage machine ou natif de l'ordinateur.

Écrire un programme en langage machine est un travail fastidieux. C'est pourquoi les programmes sont généralement écrits en langage évolué (le FORTRAN ou le COBOL, p. ex.). Une simple instruction en langage évolué exige des centaines d'instructions si elle doit être écrite en langage machine. Donc, on utilise habituellement un traducteur (c.-à-d. un compilateur) qui produit un programme en langage machine à partir du programme correspondant en langage évolué, bien que certains programmes puissent être analysés et exécutés directement, sans passer par cette étape.

Un système d'exploitation est un programme spécial qui gère les ressources du système informatique. À titre d'exemple, lorsque plusieurs personnes utilisent l'ordinateur en même temps, on doit les empêcher d'entrer en conflit les unes avec les autres. Il n'existe généralement qu'un seul processeur et on doit établir un horaire afin que chacun l'utilise à tour de rôle.

Un système d'exploitation fournit également aux utilisateurs des services tels que des moyens d'entrer et de stocker des données dans l'ordinateur. Ces services permettent l'accès à des séquences d'instructions requises par la plupart des programmes. Le système d'exploitation est normalement le premier programme à être chargé dans l'ordinateur. Chaque utilisateur communique avec le système d'exploitation en utilisant un langage de commande pour demander des services. Il existe maintenant des centaines de systèmes d'exploitation différents, dont plusieurs d'entre eux sont conçus en fonction d'un champ spécifique d'application (p. ex., contrôle de processus) ou pour des installations informatiques particulières ou spécialisées.

Un programme qui traite d'une exigence particulière (comptabilité du grand livre) est appelé programme d'application. Un programme de calcul de la paie accepterait de l'information telles les heures travaillées et une des sorties serait sous forme de chèques de paie. La plupart des programmes d'application peuvent être adaptés à des situations diverses. Certains d'entre eux (p. ex., progiciels de design en ingénierie et systèmes d'enseignement assisté par ordinateur) utilisent des langages d'application spéciaux.

Les programmes bien conçus sont d'utilisation facile pour la plupart des gens: nul besoin de mémoriser les détails du système informatique pour pouvoir les utiliser. Les programmes informatiques sont souvent très gros et leur préparation exige parfois des mois et même des années. Ils peuvent être utilisés pendant des années si on leur apporte des changements pour faire face aux circonstances nouvelles. La méthodologie logicielle fournit des techniques d'écriture de programmes (y compris la programmation, la conception et l'analyse structurées) qui sont facilement compréhensibles et modifiables par d'autres programmeurs. Parmi les outils utilisés, on compte les organigrammes, les diagrammes de structure, les diagrammes de cheminement des données et les tables de décision.

J.W. Graham

Superordinateur

Le terme «superordinateur» est utilisé pour la première fois dans les années 60 pour différencier les ordinateurs conçus pour les calculs scientifiques et numériques de haute performance du nombre croissant de machines conçues pour l'informatique de gestion. Les superordinateurs sont les formules 1 du monde de l'informatique. Contrairement aux micro-ordinateurs, qui sont devenus des produits courants, on fabrique très peu de superordinateurs, et seulement quelques programmes leur sont destinés. Toutefois, étant les machines les plus puissantes de leur temps, les superordinateurs ont un impact très grand dans le domaine de la science.

Les superordinateurs sont généralement utilisés pour étudier des problèmes qui sont trop gros, trop petits, trop rapides, trop lents ou tout simplement trop coûteux pour être étudiés en laboratoire. Presque tout ce qui est connu au sujet du changement du climat mondial, p. ex., vient de simulations faites à l'aide de superordinateurs. L'industrie automobile en fait un usage considérable pour simuler des accidents, tandis que les entreprises aérospatiales les utilisent pour prédire la performance des futurs avions. Même Hollywood utilise des superordinateurs pour produire des effets spéciaux dans les films de George Lucas, Steven Spielberg et bien d'autres.

On a recours à deux techniques différentes pour atteindre une performance de niveau superordinateur. La première est tout simplement celle d'utiliser des composantes plus rapides. Puisque celles-ci sont généralement plus dispendieuses, les architectes de micro-ordinateurs emploient seulement quelques pièces de haute performance pour les parties les plus vitales de leurs conceptions. Les architectes de superordinateurs, par contre, utilisent du matériel dispendieux et très rapide partout dans leurs machines.

La seconde technique consiste à exécuter plusieurs opérations en même temps. Seymour Cray, l'architecte prééminent des superordinateurs des années 60 et 70, a réalisé cette technique en organisant les éléments dans un système appelé «pipeline». Chacune de ses composantes effectue une seule opération et transfère ensuite le résultat à la suivante, ce qui permet plusieurs opérations simultanées. Cela comporte une sorte d'exécution en cascade, semblable à la répartition des tâches sur une chaîne de montage qui fait en sorte que l'on peut construire plusieurs voitures en même temps.

Dans les années 80, une autre technique appelée «parallélisme» commença à gagner de la popularité. Un ordinateur à architecture parallèle contient des dizaines, des centaines ou même des milliers de microprocesseurs qui travaillent tous ensemble (ou «en parallèle») pour résoudre un seul problème. L'attrait du parallélisme est qu'il fonctionne avec des appareils grand public moins dispendieux que les appareils spécialisés utilisés dans les superordinateurs conventionnels, et qu'il n'y a pas de limite, autre que le coût, à la grosseur et à la puissance d'un ordinateur parallèle. Toutefois, les ordinateurs parallèles sont extrêmement difficiles à programmer.

Gregory V. Wilson

Infographie

C'est le procédé par lequel un ordinateur affiche des informations sous forme d'image, plutôt que de texte. Généralement, l'information graphique apparaît sur un écran cathodique, mais les images peuvent aussi être produites sur papier, sur film ou sur bande vidéo, voire sur des t-shirts et des tasses. L'infographie est utilisée tous les jours sur des ordinateurs personnels étant donné que la méthode privilégiée de présenter l'information est sous forme graphique.

Technique d'affichage Comme pour la TÉLÉVISION, l'image sur un écran cathodique est produite par un faisceau qui balaie l'écran de façon régulière, de gauche à droite et de haut en bas, à raison d'au moins 60 fois la seconde. Alors que le point se déplace sur l'écran, l'ordinateur assigne une série de chiffres (appelés valeurs de pixel) qui détermine la couleur de chaque point. Ces valeurs de pixel proviennent d'une mémoire vidéo. Un ordinateur de bureau possède une mémoire vidéo d'une capacité d'environ 1,5 mégaoctet. L'infographie est donc une discipline devenue efficace grâce aux puces de mémoire rapides et peu chères.

Peinture et dessin 2D En infographie, le programme le plus simple, tout en étant le plus puissant, est le programme de dessin. Un «pinceau» simulé modifie les valeurs dans la mémoire vidéo, et ces changements sont immédiatement visibles à l'écran. En raison de cette réponse instantanée, les programmes de peinture d'image sont très intéressants. En combinant l'image photographique ou l'image vidéo avec un programme de dessin, on obtient un outil très puissant avec lequel on peut produire des images perfectionnées qui ne pourraient pas exister dans la réalité.

Les programmes d'illustration utilisent des logiciels qui permettent la création de formes géométriques précises et de texte dans un grand choix de polices et de styles. Dans le domaine de la conception et du dessin assistés par ordinateur (CAD, DAO), des systèmes encore plus puissants produisent des dessins techniques pour la conception mécanique et électronique ainsi que pour l'architecture.

Modélisation et rendu 3D Les systèmes décrits plus haut appartiennent à la catégorie de l'infographie 2D puisque, dans une scène que l'on est en train de peindre, le programme n'a pas d'information sur la dimension de profondeur. Dans une représentation 3D de l'univers (modèle), le logiciel conserve l'information de la profondeur. Les objets sont construits à partir de surfaces (planes ou courbées) ou à partir de simples volumes tels que des cylindres, des sphères et des boîtes. Les éléments d'un modèle sont stockés comme tableaux de chiffres et sont arrangés en «scènes» dans lesquelles des sources lumineuses simulées sont également placées. Le programme de rendu graphique calcule l'apparence de la scène et stocke les valeurs de pixels dans la mémoire vidéo. Les scènes qui s'ensuivent ont une apparence artificielle, mais l'introduction de valeurs pseudo-aléatoires (par des techniques qu'on appelle fractales) produit des images réalistes de nuages, de montagnes, de plantes et d'arbres. Des techniques de pointe utilisant des courants et des nuages de particules permettent la modélisation et le rendu de fumée, de galaxie et de cheveux naturels.

La capacité de créer des images hautement réalistes permet la conception esthétique de plusieurs produits, des voitures aux montres en passant par les grille-pain. L'ajout de mouvements en infographie engendre le domaine prospère de l'animatique, qui peut être soit entièrement synthétique soit une combinaison de synthétique et de scènes en direct. Un domaine actif de la recherche est celui qui consiste à trouver des façons de reproduire des mouvements naturels, en particulier ceux des humains.

Alors que le programme de dessin présente une image immédiate sur l'écran, la scène 3D très réaliste peut prendre quelques minutes ou même des heures à calculer sur un ordinateur personnel. Un simulateur de vol utilise des ordinateurs spécialisés très puissants parce qu'il doit produire des scènes 3D hautement réalistes au rythme de 60 nouvelles images à la seconde avec un temps minimal de retard.

Domaines connexes L'infographie a donné naissance à d'autres disciplines: la visualisation scientifique (permettant de visionner, p. ex., des molécules et des collisions de galaxies invisibles à l'œil nu), les MULTIMÉDIAS (graphiques synchronisés, animation et son) et la réalité virtuelle (graphiques de projection stéréo en temps réel entourant le participant, souvent à l'aide de lunettes spéciales). Les domaines de l'interaction homme-machine et des interfaces-utilisateurs sont étroitement liés et dépendent beaucoup des premières techniques mises au point en infographie.

Contributions canadiennes Les institutions et les entreprises canadiennes contribuent grandement au domaine de l'infographie. L'U. de Toronto et le Conseil national de recherches du Canada (CNRC) sont hôtes des premiers travaux en infographie effectués à la fin des années 60. Le CNRC, en collaboration avec l'OFFICE NATIONAL DU FILM, produit *Hunger/La Faim*, le premier film d'animation par ordinateur mis en nomination pour un Oscar en 1974. Au cours des années 70, on forme des groupes de recherche œuvrant dans le domaine de l'infographie aux universités de Waterloo, de Montréal, de Calgary et de l'Alberta. De nos jours, la majorité des universités du pays offrent des programmes en infographie.

Au Canada, quelques sociétés sont reconnues dans le monde entier pour leurs logiciels d'animation: Alias/Wavefront, Softimage, Side Effects, Discreet Logic et Vertigo. Corel a créé le populaire logiciel graphique CorelDraw. Il existe également quelques entreprises en logiciel multimédia, de même que des maisons de production s'occupant de la production d'animation et de messages publicitaires.

Le Sheridan College, à Oakville (Ontario), possède l'un des premiers programmes importants dans la formation en animation par ordinateur. Les diplômés du Sheridan College et d'autres écoles, notamment l'Emily Carr Institute of Art and Design à Vancouver, travaillent dans de grands studios d'animation en Amérique du Nord. (*Voir aussi* INFORMATIQUE, APPLICATIONS DE L'; CINÉMA D'ANIMATION.

Kellogg Booth, J. Dill et M. Wein

Informatique et société Les ordinateurs sont au centre d'une TECHNOLOGIE très vaste qui permet la production de biens et de services et l'administration des nations. L'invasion massive des ordinateurs personnels dans les foyers canadiens laisse présager l'établissement possible d'un centre public d'informatique. Parce que cette technologie est tellement omniprésente, elle a et continuera d'avoir des effets profonds sur les individus et sur les organismes publics et privés. Ces effets sont souvent favorables, mais occasionnent quelquefois des coûts. Dans certains domaines, on ne peut pas encore prévoir l'équilibre entre les coûts et les avantages.

Grâce à la capacité des ordinateurs de contrôler d'autres instruments, on note de grands progrès dans des activités pour lesquelles des outils «intelligents» sont très importants. Les opérations d'ensembles de machines et d'outils peuvent être coordonnées par des ordinateurs. Elles peuvent fonctionner comme des robots qui ont des tâches variées, allant de l'amélioration des processus industriels et des applications médicales à la création d'engins de guerre toujours plus puissants.

Les ordinateurs influencent aussi la structure et le fonctionnement des organismes publics et privés. Ces progrès technologiques dans les domaines industriel, gouvernemental, scientifique et médical entraînent certains coûts économiques et sociaux. Dans le passé, les progrès technologiques ont créé un juste milieu entre les pertes d'emplois et la création d'autres emplois grâce aux débouchés dans de nouveaux domaines d'activité et à l'exploitation des nouvelles perspectives et en raison de la nécessité de satisfaire de nouvelles demandes.

Il n'est pas encore certain qu'on puisse, grâce aux économies qu'entraîne l'informatique en matière de main-d'œuvre, atteindre un tel équilibre. L'informatisation du travail de bureau et des procédures bureaucratiques mènera certainement à une forte diminution du personnel et des gestionnaires (*voir* BUREAUTIQUE). Cette baisse prévue dans les emplois de bureau est encore masquée par le besoin temporaire de bureaucrates pour informatiser le travail des plus grands organismes qui produisent et fournissent des services ou qui gouvernent.

Cependant, une fois l'informatisation terminée, la demande d'employés de bureau fléchira, suivant l'exemple de l'évolution constatée dans le domaine de l'industrie, où on a assisté à une baisse de la demande de main-d'œuvre semi-spécialisée et non spécialisée.

C'est dans la gestion des grandes entreprises que les plus importantes répercussions sociales des ordinateurs se font sentir. Ils sont alors plus que des machines: ils deviennent le point central d'une nouvelle technologie de gestion qui comprend non seulement la machine proprement dite (appelée matériel), mais aussi des progiciels, leur description et leurs protocoles (logiciels).

Dans les secteurs public et privé, la technologie informatique a favorisé la réorganisation des méthodes d'administration, le développement de compétences diverses et l'établissement d'unités d'organisation différentes pour fournir et soutenir des services automatisés, ainsi que l'émergence d'attitudes nouvelles quant aux avantages de l'informatique et aux meilleurs moyens de l'utiliser.

L'automatisation des grandes entreprises a provoqué une centralisation ainsi que la création de structures de gestion de plus en plus hiérarchisées, en partie parce que les logiciels organisés à la verticale pour les systèmes de gestion sont beaucoup moins chers que les logiciels de traitement des données décentralisés qui, eux, encouragent la diffusion de l'autorité. Dans la plupart des organismes publics et privés, les changements observés dans les pouvoirs administratifs auxquels donne lieu l'automatisation ne sont pas sujets au jugement des actionnaires, des électeurs ou des représentants élus, bien que certains de ces changements puissent avoir une influence marquée sur l'avenir de ces organismes.

Comme les ordinateurs favorisent les structures organisationnelles centralisées, il est de plus en plus difficile pour les citoyens d'avoir accès directement aux centres de décisions souvent fort éloignés, tant sur les plans physique qu'organisationnel, des particuliers ayant des problèmes. Cette distance devient particulièrement notable lorsque les clients, les consommateurs ou les citoyens essaient de corriger des erreurs de transaction, d'obtenir des exemptions ou encore d'intervenir en dehors des procédures habituelles.

D'un côté, l'automatisation diminue les possibilités d'erreurs dans les transactions entre le public et les organisations, mais d'un autre côté, elle augmente les chances de commettre des erreurs dans d'autres secteurs (p. ex., erreur de programmation). La correction de ces fautes s'avère aussi plus difficile.

L'automatisation des organisations pourrait modifier le caractère de la criminalité dans le monde des affaires. Le vandalisme et le vol pourraient prendre des proportions beaucoup plus sérieuses que par le passé. Le vandalisme pourrait impliquer la destruction des dossiers des systèmes d'information indispensables au fonctionnement des grandes organisations.

À cause de la difficulté d'accès aux réseaux financiers, il y a moins d'occasions de vols matériels directs. Toutefois, en manipulant les opérations informatiques, on peut détourner d'importantes sommes d'argent. D'autres délits possibles comprennent le vol de temps d'ordinateur et la manipulation illégale ou l'accès aux fichiers informatiques confidentiels.

Les organismes publics et privés ayant de plus en plus accès à des dossiers personnels détaillés, cela soulève la question du respect de la confidentialité. Les fichiers de ces organisations contiennent en effet nombre d'informations sur les activités des particuliers. Une fois ces dossiers informatisés et reliés à d'autres dossiers provenant de différents fichiers, les organismes publics et privés peuvent ainsi obtenir des renseignements dont l'accessibilité entraîne une perte de confidentialité.

Certains croient que les organismes publics qui luttent contre les abus (fraudeurs de l'aide sociale et criminels) peuvent accomplir leur travail plus facilement s'ils ont accès à des renseignements détaillés. Par contre, leurs adversaires soutiennent que de telles agences peuvent être tentées de récupérer des dossiers qui n'ont rien à voir avec l'activité en cause et ainsi surveiller les activités personnelles d'un citoyen, comme si, p. ex., Revenu Canada détectait les fraudeurs fiscaux en fouillant dans les dossiers médicaux, immobiliers ou autres.

La circulation internationale des informations parmi les membres d'un grand réseau qui comprend les États-Unis, le Royaume-Uni, les pays du Commonwealth et l'Europe de l'Ouest est d'une importance particulière pour les Canadiens. Les renseignements concernant les transactions des Canadiens circulent librement au-delà des frontières et sont accessibles aux autorités d'autres pays. Les autorités législatives n'ont pas encore abordé le problème de l'utilisation abusive de ces données.

Les listes informatisées de personnes appartenant à divers groupes d'intérêt se sont avérées importantes dans la formation de coalitions politiques (notamment aux États-Unis). Ce genre de coalition peut contrebalancer la répartition des pouvoirs au sein d'un gouvernement démocratique. On en est encore à étudier la facilité avec laquelle de telles coalitions peuvent être formées et manipulées et l'effet de ce phénomène sur le processus politique. Au Canada, la création d'une coalition nationale aurait pour effet de contrecarrer la politique en matière de régionalisme.

Ces dernières années, l'informatique domestique et l'utilisation des ordinateurs personnels ont connu une croissance spectaculaire. En 1981, les Canadiens dépensent 150 millions de dollars pour l'achat d'ordinateurs personnels sur un marché informatique total de 4,1 milliards de dollars. Quatre ans plus tard, en 1985, les Canadiens dépensent 1,18 milliard de dollars pour des ordinateurs personnels sur un marché total de 7,3 milliards de dollars. En effet, durant l'année 1985, la puissance cumulative de traitement des ordinateurs personnels a dépassé celle des gros ordinateurs au Canada. Cette croissance ne touche pas que l'informatique domestique. Beaucoup d'ordinateurs personnels sont loin d'être petits, et les ordinateurs de marque IBM et leurs compatibles dominent sur le marché des entreprises canadiennes.

En dehors du domaine des affaires, c'est dans celui de l'enseignement qu'on retrouve les premiers ordinateurs personnels. Les conseils scolaires canadiens commencent à acheter des ordinateurs en 1979 et, dès lors, leur pénétration sur le marché est très rapide. P. ex., les écoles de l'Alberta possédaient 265 ordinateurs en 1981 et 3535 en 1983. En 1985, plus de la moitié des écoles primaires de la Colombie-Britannique et de l'Ontario sont dotées d'ordinateurs, tandis que dans les provinces atlantiques, on note une percée de 10 à 20 p. 100. En 1983, le Québec consacre 150 millions de dollars à l'achat de 32 000 ordinateurs avant 1985.

C'est dans le domaine des TÉLÉCOMMUNICATIONS que les ordinateurs personnels deviennent vraiment utiles pour le consommateur moyen. Ceux qui possèdent un ordinateur à la maison peuvent, à l'aide d'un téléphone et d'un modem (un appareil qui permet l'envoi de données informatiques par l'intermédiaire du téléphone), acheter des articles, recevoir les cotes de la Bourse, participer à des discussions informatiques, envoyer des messages n'importe où en Amérique du Nord, avoir accès à des banques de données (plus de 2900 dans le monde en 1985), et se procurer des logiciels dans des babillards électroniques situés dans presque toutes les villes nord-américaines.

Ces services continuent d'augmenter et présentent de l'intérêt surtout pour les scientifiques, les gens d'affaires et les informaticiens amateurs. Cependant, chaque année, de nouveaux groupes d'intérêt viennent s'ajouter à cette liste. P. ex., le poète canadien Georges BOWERING a organisé un système de conférence qui permet à d'autres écrivains de lire et de faire la critique des œuvres en cours.

L'impact social de l'ordinateur personnel comme complément du téléphone se manifeste dans son utilisation actuelle. À l'aide d'un logiciel peu cher, les utilisateurs transforment leur ordinateur en un babillard électronique qui leur permet de laisser et de recevoir des messages – une sorte de tableau d'affichage qui n'impose aucune limite.

Ces babillards électroniques rassemblent des groupes d'intérêt dispersés dans le monde. De tels groupes peuvent être composés d'informaticiens amateurs ou de particuliers qui s'intéressent à divers sujets tels que l'astronomie ou la conservation de l'environnement. Ces groupes d'intérêt peuvent être spéciaux ou thématiques, pour ou contre certaines questions sociales comme l'avortement. Certains groupes utilisent les babillards électroniques pour des activités antisociales, comme diffuser de la littérature haineuse ou de la pornographie.

Ces derniers présentent des problèmes particuliers pour les Douanes canadiennes, qui sont chargées d'empêcher que la littérature haineuse et pornographique n'entre au pays. Ces documents traversent maintenant les frontières américaines par le réseau téléphonique. Beaucoup de Canadiens ne sont pas d'accord avec le contenu de ces documents, bien que ce flux transfrontalier d'information ne soit pas contraire aux articles constitutionnels relatifs à la liberté d'expression.

Les réseaux téléinformatiques ressemblent à des babillards, mais sont beaucoup plus développés. De nombreux réseaux téléinformatiques ont été mis en place depuis le début des années 70. Ils se distinguent des babillards en ce qu'ils permettent à l'utilisateur de lire les discussions de groupes traitant d'un sujet commun et d'y répondre. En effet, des gens éloignés sur le plan géographique peuvent se rejoindre grâce à un thème. Il y a un certain temps, un débat mondial impromptu concernant l'attaque aérienne en Libye a eu lieu sur le réseau téléinformatique de *Byte Magazine*.

Comme d'habitude, les gens d'affaires, les scientifiques et les mordus de la technologie sont les premiers à adopter cette technologie. L'accès à des machines existantes puissantes et à bon marché permet maintenant à d'autres groupes de mettre sur pied leur propre réseau téléinformatique. Ainsi, les écologistes peuvent, p. ex., avoir accès à des séances de stratégie à l'échelle mondiale.

Les centres publics de traitement de l'information sont de nature transnationale: ils lient des groupes d'intérêt cosmopolites. Toutefois, les Canadiens participent à cette évolution. À titre d'exemple, un réseau téléinformatique très important a été créé à l'U. de Guelph par un Anglais pour une entreprise américaine. À bien des égards, de tels développements sont typiquement canadiens.

Theodor D. Sterling

Informatique, applications de l' Ce sont les MATHÉMATIQUES qui engendrent l'ordinateur dans les années 40 et qui lui donnent son nom. Le calcul des tables balistiques théoriques pour les bombes traditionnelles constitue la première application de l'ordinateur, mais les calculs pour les bombes atomiques et pour les missiles téléguidés deviennent vite le moteur du développement de l'informatique. Plusieurs des premiers ordinateurs ressemblent à leurs précurseurs mécaniques en ce qu'ils ne peuvent multiplier ou diviser que par l'exécution répétée d'additions ou de soustractions. Toutefois, leur vitesse et leur précision révolutionnaires les propulsent vite vers des domaines nécessitant des multiplications complexes. C'est le calcul au sens littéral du terme qui domine la première décennie de l'utilisation des ordinateurs. Ce n'est que plus tard qu'ils deviennent «des réseaux d'information», lesquels s'occupent de problèmes de logique et de tri n'impliquant pas de multiplication ou d'addition.

Avec une précision d'environ dix décimales, les ordinateurs surpassent en précision les anciennes tables trigonométriques et autres tables semblables utilisées en mathématique. Les ordinateurs peuvent facilement bâtir de meilleures tables, mais sont plutôt programmés pour calculer à partir de notions élémentaires. Toute valeur est calculée à partir de formules algébriques ou par approximation itérative (c.-à-d. répétée afin de fournir une solution de plus en plus exacte). Cette concentration sur les valeurs de base a entraîné une révision et un perfectionnement des méthodes de calcul traditionnelles (dont leur utilisation de l'arrondissement) afin de profiter de la puissance et de minimiser les limites de ce nouvel outil. L'ordinateur est utilisé pour des questions mathématiques «ésotériques», telles que celles de prolonger le nombre de décimales de la valeur connue de pi (qui a un nombre illimité de décimales) et de trouver de très grands nombres premiers (il y a un nombre infini de nombres premiers). Pour ces calculs de même que pour d'autres calculs de précision, des logiciels complexes doivent être utilisés afin de dépasser la limite inhérente du nombre de chiffres significatifs dans les opérations de l'ordinateur.

Commerce Avec l'introduction, vers la fin des années 50, des semi-conducteurs (le transistor pour la logique, les tores pour la mémoire), l'ordinateur devient beaucoup plus accessible et ses applications, dans le domaine de la science ainsi que dans d'autres domaines, se propagent rapidement. Les listes de recensement, un domaine si exigeant en matière d'addition qu'il a des répercussions sur les innovations en matière de technologie des cartes perforées, se prêtent bien à l'automatisation, en particulier en Amérique du Nord où les ordinateurs sont généralement reliés à des appareils à cartes. Vient ensuite le calcul électronique de la paie, surtout là où les taux horaires demandent d'importantes multiplications. Cette étape transporte l'ordinateur du monde des sciences à celui du commerce et, ainsi, des mains du scientifique à celles du comptable et, enfin, à celles du profane. Les opérations informatiques passent vite de la paie aux comptes clients, aux autres applications financières ainsi qu'au contrôle des stocks. La vitesse de traitement permet une réduction des stocks, du délai de réception des paiements, et a donc permis de diminuer les fonds immobilisés. Les secteurs de l'énergie et les compagnies d'assurances sont parmi les premiers à se servir des ordinateurs pour des applications autres que celle de la paie. L'arrivée des écrans cathodiques pour l'affichage du contenu de la mémoire donne à l'utilisateur un accès immédiat aux données. Un des premiers à profiter de cette innovation maintenant répandue est AIR CANADA (pour ses réservations).

Aérospatial La PHYSIQUE nucléaire et les missiles continuent d'être les principaux moteurs du développement des ordinateurs. La première, avec ses calculs mathématiques énormes à partir de données limitées, stimule sans cesse la création d'ordinateurs plus puissants, tandis que les seconds, d'où naîtra l'INDUSTRIE AÉROSPATIALE, encouragent leur miniaturisation. Même si elle oblige à d'importants calculs mathématiques, l'industrie spatiale se porte davantage sur la manipulation des données des innombrables observations qui doivent être traitées pour établir les trajectoires exactes, surveiller le rendement au moyen de la télémétrie et contrôler l'engin spatial. Plusieurs observateurs croient que les réalisations spatiales américaines reposent entièrement sur les ordinateurs, bien que les accomplissements soviétiques comparables en dépendent beaucoup moins. Dans les années 70, un ensemble impressionnant de circuits logiques ou de mémoire peut être gravé sur une petite puce en silicone, ouvrant ainsi la porte à une prolifération énorme de matériel et d'applications informatiques.

Les premiers appareils de télémétrie diffusent un signal radio à fréquence fixe dont l'amplitude varie selon la température enregistrée par un thermomètre électronique ou tout autre instrument par lequel le signal est transmis. En échantillonnant les signaux reçus à intervalles réguliers (p. ex., à chaque centième de seconde) et en mesurant son amplitude, l'ordinateur au sol peut connaître les conditions internes du missile, ce qui permet de calculer, à l'aide d'accéléromètres, la position implicite (les systèmes de navigation à inertie le font directement). L'échantillonnage transforme les signaux analogiques, qui varient continuellement, dans la forme numérique requise par l'ordinateur. Le procédé inverse, celui de changer l'amplitude selon une série de valeurs numériques réglées, permet à l'ordinateur de contrôler le missile à distance et, d'une manière similaire, de contrôler l'alimentation d'un téléviseur pour afficher des données informatiques, le précurseur du moniteur actuel. Appliqué au domaine de la téléphonie, ces procédés conduisent à la création d'un appareil qui nous est maintenant familier: le modem (modulateur-démodulateur). La télémétrie et les modems peuvent devenir eux-mêmes des applications informatiques grâce à la miniaturisation. Cela permet aussi aux ordinateurs de stocker des données dans les sondes spatiales et dans les missiles, de contrôler ces engins, et, par la suite, d'effectuer la reprogrammation à distance grâce aux faisceaux hertziens. (*Voir aussi* TECHNOLOGIE SPATIALE.)

Modélisation En utilisant ses capacités informatiques essentielles à bifurquer (c.-à-d. prendre des voies de rechange selon les situations), et en utilisant des formules et des données, l'ordinateur peut simuler des situations réelles de façon déterministe ou probabiliste afin d'évaluer d'autres mesures possibles à l'appui de la prise de décision (*voir* INTELLIGENCE ARTIFICIELLE) ainsi que pour modéliser, enseigner et évaluer. L'ordinateur fait des choix en examinant toutes les possibilités: il évalue chacune des étapes et détermine les situations qui peuvent en résulter. L'ordinateur peut utiliser cette forme de simulation dans plusieurs scénarios concrets tels que la circulation automobile, l'économie de l'offre et de la demande et les soins aux patients. Étant capable de faire des choix de rechange, l'ordinateur est devenu une force de première importance aux ÉCHECS, tant pour le divertissement que pour la compétition.

Surveillance et contrôle Pourvu de détecteurs appropriés, l'ordinateur peut, par sa rapidité et son endurance, effectuer une surveillance vigilante des gens et des installations matérielles, et interpréter une grande variété d'événements (p. ex., l'élaboration d'images tridimensionnelles à partir de données radiographiques [tomographie] et l'imagerie par résonance magnétique). Un ordinateur peut réagir et, de là, contrôler les événements selon les instructions spécifiées dans un programme ou dans un plan d'action déterminé par des êtres humains. Les ordinateurs contrôlent les PIPELINES transcontinentaux, les raffineries et les CENTRALES NUCLÉAIRES, les feux de signalisation, la ventilation et le chauffage des bâtiments et, à une échelle plus petite, les machines-outils, les moteurs et les systèmes de freinage automatique pour automobiles, les fours à micro-ondes et les machines à laver. Pipeline Interprovincial Inc. d'Edmonton, ÉNERGIE ATOMIQUE DU CANADA LIMITÉE ainsi que la ville de Toronto sont des pionniers remarquables dans ces domaines. En utilisant, au début, des ordinateurs encombrants, la Marine canadienne, avec son projet DATARS, est la première à inaugurer le commandement et le contrôle des navires de guerre. Petits et peu coûteux, les microprocesseurs permettent une surveillance informatique discrète, car leur présence passe presque inaperçue. Les exigences minimes d'énergie de ces puces permettent aux ordinateurs d'être utilisés dans les montres-bracelets ou d'être implantés dans le corps humain pour régulariser le fonctionnement d'un cœur anormal.

Texte Comparées à des chiffres, les données textuelles sont plus coûteuses à entrer et à stocker (en raison de leur grande redondance) et ne peuvent compter sur les avantages notables de la multiplication automatique. Bien que ces désavantages relatifs ne puissent être éliminés, des améliorations importantes dans l'économie du matériel informatique au cours des années 70 (en particulier dans la technologie des disques) contribuent à les réduire. Parmi les autres améliorations, il y a les algorithmes plus efficaces (ensemble des règles opératoires propres à résoudre un problème, exprimées dans un langage que l'appareil peut comprendre), le stockage systématique de l'information textuelle et l'exploitation du triage électronique surpassant les index textuels primitifs de la documentation scientifique dont on faisait la promotion dans les années 60. Diverses formes de traitements de texte fournissent le matériel du programme source de l'ordinateur, en plus d'un ensemble de documents toujours grandissant. Les programmes de traitement de texte servent maintenant à la correspondance, tandis que les logiciels pour la publication assistée par ordinateur servent à la préparation de catalogues et de livres ainsi qu'à l'industrie des JOURNAUX grâce à leur rapidité.

Branchés à des imprimantes au laser (qui possèdent leurs propres processeur et mémoire d'une grande puissance), l'ordinateur est devenu un appareil d'information et peut produire des copies conçues sur mesure (p. ex., lettres types et matériel publicitaire) plutôt que des fac-similés en vrac, remplaçant ainsi les caractères en plomb qui ont dominé l'imprimerie pendant des siècles. L'émergence de l'ordinateur personnel dans les années 80 et son amélioration rapide, grâce à la capacité croissante des puces, sont d'une importance capitale pour ces progrès, qui contribuent également à faire connaître l'ordinateur en tant que machine à écrire supérieure à prix abordable pour la maison. Le simple programme de traitement de texte, qui n'utilise aucune des capacités de calcul de l'ordinateur, devient le facteur le plus important de la multiplication des ordinateurs personnels.

Images La production d'images est exigeante, mais les grands progrès du stockage électronique répondent aux besoins des applications en produisant des images en couleur très perfectionnées, dont on peut réorganiser et modifier les vues. À son niveau le plus simple, une image est un groupe de points noirs et blancs ou composé d'un mélange de couleurs appropriées. Le télécopieur en est un exemple: l'ordinateur intégré contrôle non seulement le balayage et la reproduction, mais aussi le compactage des parties vides. Les images peuvent aussi être formées à partir d'objets discrets multiples, chaque objet étant un élément indépendant parmi les données informatiques. Dans les domaines de l'architecture et de l'ingénierie, la fonction, le style et le rendement peuvent tous être traités par la conception assistée par ordinateur (CAO) et suivis dans l'usine de la fabrication assistée par ordinateur (FAO).

Les films d'animation sont des dérivés apparentés: l'ordinateur est utilisé pour créer la succession d'images qui montrent la transformation progressive entre deux séquences. Alias Research de Toronto, qui a créé quelques-uns des grands films des dernières années, est parmi les chefs de file mondiaux de cette technologie. L'image de grande qualité réalisable par ordinateur remplace maintenant le matériel et les méthodes d'art traditionnels pour les illustrations et pour les médias imprimés et cinématographiques. Les formes spéciales de graphiques comprennent des scripts complexes et de la musique. En matière de musique, la rédaction assistée par ordinateur est maintenant possible avec l'aide des synthétiseurs de son.

Télécommunications Les lignes téléphoniques sont devenues un élément essentiel des applications informatiques pour relier les terminaux aux banques de données éloignées, pour échanger des données entre ordinateurs, pour transmettre le courrier électronique et pour accomplir d'autres fonctions du nouveau et immense monde d'INTERNET. L'ordinateur est également devenu un élément essentiel du réseau téléphonique lui-même. Premièrement, il remplace l'équipement électromécanique qui permet la commutation des appels dans les centrales téléphoniques. Avec la numérisation de la parole et des autres signaux, l'ordinateur passe à une autre étape: il offre maintenant la messagerie vocale et plusieurs autres services complémentaires aux usagers. On révise aussi l'infrastructure entière des TÉLÉCOMMUNICATIONS pour utiliser le mode des signaux numériques plutôt que le mode analogique traditionnel. Contrairement aux signaux analogiques, les signaux numériques permettent le contrôle des erreurs pendant la transmission (et le stockage), permettant ainsi une plus grande qualité et une plus grande utilisation des voies de communication. L'ordinateur, en tant que centre de commutation et faisant partie des modems, est essentiel à ce contrôle et il améliore davantage l'utilisation en compactant les données vides ou autrement répétitives avant d'en faire la transmission. En commutant les appels de façon continue entre différents canaux radioélectriques sur différentes stations desservant des zones adjacentes (cellules) pour les téléphones cellulaires, l'ordinateur révolutionne la téléphonie portative tant sur le plan de la qualité que de l'économie. Pour l'utilisateur, toute téléphonie fonctionne encore en mode analogique. Toutefois, la transmission numérique est maintenant utilisée pour le combiné cellulaire pourvu d'un ordinateur. Certains satellites offrent déjà la TÉLÉVISION numérique. Munie, dans le récepteur, d'un ordinateur capable de contrôler et de corriger les erreurs de transmission, cette innovation permet d'entrevoir une grande percée en matière de qualité de l'image (*voir aussi* TÉLÉINFORMATIQUE).

Satellites Les satellites de chaînes publiques sont placés très haut au-dessus de l'équateur afin qu'ils restent stationnaires. D'autres tournent autour de la Terre, plus près de celle-ci, et ont des trajectoires différentes. Plusieurs de ces satellites surveillent, à l'aide d'ordinateurs, les conditions dans l'atmosphère et à la surface de la planète (*voir* TÉLÉDÉTECTION), et ils retransmettent à la Terre leurs images numérisées qui peuvent, tout comme les images des sondes spatiales, être améliorées minutieusement par ordinateur avant d'être publiées. Un autre ensemble de satellites, chacun transmettant un signal radio fortement contrôlé et ayant simultanément en vue au moins trois autres satellites, permettent à un récepteur portatif informatisé au sol de communiquer leur position à l'intérieur d'un champ de quelques mètres. Il s'agit du système mondial de localisation (GPS). Installés dans des bateaux ou des camions munis de radios émettrices de données, les appareils GPS permettent aux propriétaires de surveiller leur parc entier. Installés dans des avions, ils permettent les atterrissages complètement automatiques. On s'en sert également pour la navigation et le CONTRÔLE DE LA CIRCULATION AÉRIENNE. (L'U. de Calgary est un chef de file dans le domaine de la géomatique.) Installés dans des machines agricoles, ils peuvent contrôler, avec l'aide de satellites et de données détaillées sur les conditions de surface, l'application des graines et des engrais, ce qui sera bénéfique pour l'économie et pour l'environnement. (*Voir aussi* SATELLITE, COMMUNICATION PAR; SATELLITE ARTIFICIEL).

La vie de tous les jours Issu d'expérimentations rudimentaires en laboratoire, l'ordinateur embrasse maintenant une multitude d'applications, en utilisant généralement des pièces normalisées fabriquées en série à un coût très minime. Concentrés en un seul endroit, les ordinateurs peuvent répondre à un grand besoin de puissance. Dispersés à de grandes distances, ils répondent aux besoins d'une multitude d'usagers indépendants en plus de leur permettre de communiquer et d'échanger des données. Dans les bureaux d'une entreprise, un réseau unique assume à la fois les applications commerciales et scientifiques, le travail de secrétariat ainsi que les communications écrites et même verbales (*voir* BUREAUTIQUE). Le perfectionnement des réseaux de télécommunications publiques permet à n'importe quel ordinateur de parler à n'importe quel autre. Le monde entier devient ainsi un grand réseau. Pensons seulement à Internet qui permet la correspondance dans les deux sens (courrier électronique) et l'accès à d'énormes bibliothèques d'informations promotionnelles et éducatives, partout dans le monde et à un coût direct minime.

Le concept d'INFOROUTE fait maintenant partie de la culture courante. Avec des vidéos sur disques et avec seulement un moniteur numérique et des haut-parleurs, l'ordinateur est devenu un poste multimédia d'une grande importance pour l'APPRENTISSAGE ASSISTÉ PAR ORDINATEUR. Muni d'accessoires élaborés qui produisent des sensations tactiles et d'odorat en plus d'images et de sons intégrés, l'ordinateur nous donne, par simulation détaillée et complète, le monde de la réalité virtuelle. Comme jouet ou comme instrument de travail, l'ordinateur joue désormais un rôle très important dans la vie de tous les jours de la plupart des Canadiens, souvent sans même qu'ils soient conscients de la présence d'ordinateurs.

Donald Fenna

Inforoute L'expression autoroute de l'information (aujourd'hui inforoute) est initialement attribuée au vice-président américain Al Gore, puisqu'il fait référence à la diffusion d'informations numériques sur des réseaux de communication très rapides. L'expression connexe «superautoroute de l'information» (superinforoute) fait référence au développement futur de liaisons très rapides par fibres optiques ou câbles coaxiaux qui permettront la transmission de quantités quasi illimitées de données numériques jusqu'aux maisons, aux écoles et aux entreprises.

Bien qu'on ait qualifié cette expression de métaphore imparfaite, celle-ci joue un rôle important du fait que c'est un terme passe-partout pour décrire des développements chaotiques et très mal compris. On l'utilise pour décrire des phénomènes aussi divers que la télévision interactive, la vidéo sur demande, le téléachat, le multimédia et le télé-enseignement. En 1995, l'autoroute de l'information était encore synonyme d'INTERNET dans la tête de beaucoup de gens. Même s'il s'avère un modèle décisif pour l'avenir, le réseau Internet est seulement un aspect de la révolution que connaît le monde des communications, et il sera bientôt supplanté par d'autres technologies.

Quoique la publicité exagérée créée par les médias s'atténue peu à peu et qu'on remarque maintenant un certain scepticisme, l'industrie des communications n'affiche pas une telle ambivalence à l'égard de la venue de l'inforoute. Le Japon à lui seul s'est engagé à débourser 450 milliards de dollars pour l'implantation de l'inforoute d'ici 2015, les États-Unis, 100 milliards, l'Europe, 200 milliards et le Royaume-Uni, 45 milliards. Au Canada, les inquiétudes que suscite la perte possible de la «compétitivité» dans ces développements ont conduit à la création, par le ministère fédéral de l'Industrie, du Comité consultatif sur l'autoroute de l'information, dont le mandat est d'aider le gouvernement à formuler des politiques officielles.

L'industrie et le gouvernement ont conclu que l'inforoute sera la force motrice de la croissance économique du prochain siècle, grâce aux nouveaux services fournis aux entreprises aussi bien qu'aux gens à domicile, et aussi grâce à la transformation des services déjà existants. Dans ce nouveau régime, chacune des industries traditionnelles d'information et de communication devra, pour réussir, réévaluer sa façon de mener ses activités et d'interagir avec les consommateurs ou, dans le cas du gouvernement, sa manière d'interagir avec la population. Tous les producteurs de médias traditionnels, de la télévision au film, en passant par l'édition de livres, devront se réinventer.

Le média numérique Tous les changements associés à l'inforoute exigent la capacité de convertir les médias en une forme numérique. La numérisation veut dire que tous les médias, de la vidéo au texte, peuvent être traités par des ordinateurs, manipulés, mixés, transformés et diffusés dans de nouveaux formats.

Les ordinateurs personnels L'augmentation du nombre d'ordinateurs personnels dans les bureaux et dans les maisons donne un pouvoir accru à un auditoire très large qui égalera bientôt celui de la radio et de la télévision. Les ordinateurs ne permettent pas seulement de recevoir et d'afficher de l'information, comme le font les téléviseurs, mais procurent aussi la nouvelle dimension de l'interactivité et du contrôle. L'invention connexe du CD-ROM dote l'ordinateur d'un dispositif de stockage qui peut manipuler d'énormes quantités d'information numérique. Cela a débouché sur le multimédia et a permis aux producteurs d'inventer de nouveaux produits.

L'étendue d'Internet L'Internet constitue l'image même du genre de connectivité qui mènera au progrès futurs. En reliant des millions d'ordinateurs dans le monde entier, le réseau Internet a révolutionné l'échange de communications scientifiques et informelles et, par l'entremise du Web, a démontré comment le multimédia peut directement se rendre jusqu'à l'ordinateur.

La convergence La venue de l'inforoute a bouleversé les industries de communication traditionnelles: soit qu'elles aient été poussées par les possibilités qu'on leur prédisait, ou par la peur de se retrouver loin derrière les autres, ou encore par des développements inattendus. Comme tous les changements historiques d'envergure, l'inforoute a rapidement brouillé les frontières qui séparent les vieilles technologies et a donné naissance à de nouveaux modes de communication. En 1995, le CRTC a recommandé que les entreprises de câblodistribution et de télédiffusion puissent désormais être capables de concurrencer dans des domaines autrefois réservés. Dans le domaine de l'édition, les maisons d'édition ont été obligées d'établir des partenariats avec le milieu des arts graphiques et avec les programmeurs d'ordinateur. Les divertissements sont maintenant transmis à l'ordinateur et l'information est transmise à la télévision. Les conséquences de ces convergences technologiques seront fonction des innovations dans un marché extrêmement concurrentiel.

Les appréhensions Dans un domaine où entrent en jeu d'énormes investissements privés, plusieurs s'inquiètent de la possibilité qu'une révolution, poussée purement par les profits, ignore le bien de la population. Les nouvelles technologies offrent évidemment de nombreuses perspectives pour l'éducation à l'école et à la maison, mais il n'y a pas encore de réponse à la question suivante: qui va investir dans le riche contenu dont on a besoin pour que l'inforoute s'élève au dessus du consumérisme et de la culture du divertissement omniprésent à la télévision? Au Canada, la possibilité que les vestiges de la culture canadienne disparaissent pour faire place à une culture mondiale dominée par l'industrie américaine du divertissement va aller en augmentant.

Ingénierie Au sens le plus large, il s'agit de toute activité qui résout des problèmes techniques par la science et les mathématiques. L'ingénieur moderne conçoit, construit et fabrique la plupart des dispositifs, des systèmes et des structures qui caractérisent notre civilisation technique. L'ingénierie touche pratiquement toutes les activités humaines de la société industrielle, des ordinateurs, des véhicules spatiaux et des télécommunications par faisceau laser et par satellite aux constructions, routes, ports, systèmes d'égouts en passant par l'emballage alimentaire et la fabrication du papier.

Jusqu'à un certain point, l'histoire de l'ingénierie est celle des progrès de l'humanité dans l'utilisation des outils, l'observation de la nature de la matière pour surmonter ses limites physiques, modifier, aménager et maîtriser son milieu naturel. Hautement précis et complexes, les ouvrages d'ingénierie sont une caractéristique proéminente de nombreuses civilisations antiques, où d'abondants talents techniques permettent de concevoir et de construire des fortifications, des monuments, des routes, des aqueducs, des systèmes d'irrigation et d'autres installations, dont certains sont encore utilisés aujourd'hui (*voir* INGÉNIERIE, HISTOIRE DE L').

Profession d'ingénieur aujourd'hui

La profession d'ingénieur résulte de deux importants courants européens des XVIIIᵉ et XIXᵉ siècles: la révolution industrielle et la fiabilité croissante de la science. À mesure que la production industrielle des usines surpasse celle des artisans et des hommes de métier, le champ d'activité de l'ingénierie et la demande de personnes qualifiées en ingénierie augmentent grandement. La science devient le principal moyen du progrès technique, permettant aux ingénieurs de prédire le comportement des matériaux et des forces physiques avec une précision croissante. Durant cette période, des écoles d'ingénierie naissent dans le monde entier; les disciplines spécialisées de l'ingénierie commencent à se développer et préparent le terrain à l'explosion des connaissances techniques du XXᵉ siècle.

On estime maintenant que le volume des connaissances scientifiques et techniques double tous les 20 ans ou moins. Comme plus personne ne peut posséder toutes les connaissances propres à un domaine particulier, l'ingénieur d'aujourd'hui travaille le plus souvent au sein d'une équipe technique comprenant des scientifiques, des technologues, des techniciens et d'autres spécialistes. Donc, en plus d'avoir une formation en mathématique, en physique, en analyse de systèmes, en chimie et dans d'autres sciences requises par leur discipline particulière, les ingénieurs doivent acquérir des talents de communicateurs pour travailler efficacement en équipe. Comme leur travail nécessite des compromis entre les exigences économiques, de performances, de compatibilité avec des systèmes existants, environnementales et d'autres facteurs, les ingénieurs doivent aussi avoir un bon jugement, être créatifs et fins diplomates pour mieux utiliser les matériaux et les ressources limitées, tant énergétiques qu'humaines.

Bien que le rythme rapide de l'avancement technique génère de nouveaux champs de spécialisation en ingénierie, la plupart de ceux-ci sont liés au moins à l'une des branches principales, qui comprennent le génie agricole, le GÉNIE CHIMIQUE, le GÉNIE CIVIL, le GÉNIE ÉLECTRIQUE, le GÉNIE MÉCANIQUE, le GÉNIE MINIER et l'ARPENTAGE ainsi que les champs brièvement abordés ci-dessous.

Bio-ingénierie Elle comprend l'utilisation et la maîtrise de systèmes biologiques par l'application des méthodes de l'ingénierie à certains champs tels que l'ergonomie, le génie biochimique, le génie médical et le génie de l'environnement. L'ergonomie traite de l'intégration optimale des outils, des marches à suivre, de l'environnement de l'homme et des critères de performance. Le génie médical produit la technologie pour usage médical utile, comprenant les appareils de diagnostic, les systèmes de surveillance et de survie tels que les stimulateurs cardiaques et les organes artificiels, et les outils tels que les instruments chirurgicaux. Le génie biochimique utilise les processus et les propriétés physiques des organismes vivants pour fabriquer notamment des produits chimiques et des médicaments. De façon générale, les bio-ingénieurs étudient une discipline apparentée aux sciences de la vie.

Construction navale C'est le secteur de la conception de navires qui comprend l'étude de l'influence physique de la mer, la conception du tuyautage, des circuits électriques, des éléments porteurs et des autres sous-composants en un tout compact et fonctionnel (*voir* SUBMERSIBLES).

Mécanique navale Elle traite des aspects techniques de la CONSTRUCTION NAVALE, c.-à-d. de la rédaction de spécifications, de l'installation et des essais des machines de bord.

Génie industriel Il traite de la gestion efficace de la main-d'œuvre, des machines et des matériaux dans la production industrielle. L'analyse des systèmes, la théorie des files d'attente (c.-à-d. l'étude des processus des files d'attente), la statistique et autres disciplines reposant sur les mathématiques permettent à l'ingénieur industriel de diriger la conception d'usines, la manipulation des matériaux, l'automatisation et le contrôle de la qualité industrielle ainsi que le cycle de production à l'aide d'ordinateurs et de procédures de traitement de données (*voir* ROBOTIQUE).

Génie aéronautique Il traite de la conception, de la construction, des essais et de l'entretien des aéronefs et de leurs composants. Il comprend de nombreuses spécialités liées à l'AÉRODYNAMIQUE, aux matériaux, à la propulsion et à la myriade de problèmes liés au vol.

Génie sidérurgique et des matériaux Il traite de l'extraction et de l'alliage de métaux, du façonnage et du travail de tôles et de matériaux connexes. Le praticien est spécialiste en chimie et en physique et connaît à fond la thermodynamique, la chimie et l'électrochimie des solutions et par haute température, les principes de solidification, les transformations de phase à l'état solide, la corrosion et les déformations. De plus, un large éventail de techniques chimiques, optiques et micro-analytiques et de méthodes d'essais physiques lui sont familières. La distinction entre l'ingénieur sidérurgiste et le métallurgiste est donc très mince.

Génie nucléaire Il est employé principalement à la découverte d'applications pratiques de la physique nucléaire à la médecine, aux essais non destructifs, à la production d'ÉNERGIE NUCLÉAIRE et à l'armement.

Génie pétrolier Sous l'action de forces naturelles ou artificielles, des fluides s'accumulent et se déplacent dans des structures ou des pièges de roches poreuses de la croûte terrestre. L'ingénieur pétrolier localise et représente graphiquement ces pièges (réservoirs) et il identifie la nature et la quantité de fluides qu'ils contiennent. Il détermine si l'exploitation du réservoir est possible et rentable. Il injecte des fluides dans des réservoirs pour les emmagasiner ou s'en débarrasser, ou pour retirer le contenu original des réservoirs. La découverte, la production, le transport, le traitement et la commercialisation du pétrole et des produits pétroliers nécessitent l'interaction de nombreux spécialistes durant la construction de routes et la préparation de l'implantation des puits ainsi que des installations de productions, de pompage et de traitement, et la construction des canalisations, etc.

On peut aussi classer les ingénieurs selon leur travail. Ainsi, p. ex., l'ingénieur en conception s'occupe des plans et des spécifications d'un travail particulier, il dessine les plans et les détails de chacun d'eux, indique comment les parties s'ajustent et prépare les spécifications des matériaux à utiliser et les performances à maintenir. Il peut concevoir des satellites, des machines cœur-poumon, des plates-formes de forage en mer, etc. L'ingénieur civil dirige la construction en suivant des plans détaillés. Dans les processus industriels, l'ingénieur chercheur applique la science et la recherche technique aux processus et aux produits. L'ingénieur de mises au point crée des produits qui découlent des recherches scientifiques et techniques. L'ingénieur d'exploitation gère les opérations industrielles et les installations de production. L'ingénieur de la production trouve la façon la plus économique de transformer des matières premières en produits finis. L'ingénieur d'entretien dirige l'installation et la réparation de l'équipement livré à un client.

Relation avec les autres secteurs scientifiques

L'ingénieur doit connaître toutes les branches de la science qui touchent sa spécialisation et la nature du projet sur lequel il travaille. Les mathématiques, la physique et leurs applications à la science des matériaux sont les matières de base de l'étude et de la pratique de l'ingénierie. Bien que les ordinateurs et la conception assistée par ordinateur facilitent maintenant les longs calculs, l'habileté en processus mathématiques avancés reste essentielle pour l'ingénieur. Selon sa spécialisation, l'ingénieur devra étudier en profondeur une ou plusieurs disciplines connexes telles que la physique, la chimie, la géologie, l'océanographie, la biologie et la médecine. Au Canada, les études en ingénierie comprennent aussi l'étude des sciences humaines et des sciences sociales. L'économie et la sociologie aident l'ingénieur à évaluer l'impact des nouvelles technologies et à estimer les dimensions socioéconomiques des problèmes technologiques. L'étude de la gestion des affaires est un atout inestimable pour les aspects financiers et commerciaux de l'ingénierie.

Les ingénieurs généralistes intègrent le travail des ingénieurs spécialistes et des scientifiques, un rôle qui exige une vaste connaissance de l'ingénierie et des sciences. Dans de nombreux cas, l'ingénieur utilise des connaissances hors de sa formation formelle en ingénierie. Ce facteur, combiné aux changements rapides de la technologie, oblige la plupart des ingénieurs à poursuivre leur formation durant toute leur carrière.

Formation

Durant la première moitié du XIXe siècle, les ingénieurs canadiens sont formés comme apprentis dans les bureaux d'ingénieurs chevronnés tels que Samuel KEEFER et sir Casimir GZOWSKI. La première école canadienne d'ingénierie est fondée en 1854 au King's College, maintenant l'U. du Nouveau-Brunswick. D'autres cours de sciences sont déjà dispensés en 1870 à l'U. McGill, à l'École Polytechnique de Montréal et à la School of Practical Science (maintenant intégrée à l'U. de Toronto). Au Canada, l'enseignement de l'ingénierie continue à croître durant tout le XXe siècle. Le Canada est un chef de file dans le domaine du génie pétrolier, une des branches qui se développent le plus. L'U. de l'Alberta fonde le premier programme de génie pétrolier au pays en 1948 et continue à offrir le baccalauréat ès sciences, la maîtrise ès sciences et le doctorat. En 1986, 39 institutions canadiennes offraient 181 programmes d'ingénierie accrédités, surveillés par le Bureau canadien d'accréditation des programmes d'ingénierie, un comité du Conseil canadien des ingénieurs, et certifiés de respecter les normes de qualité minimale pour accéder à la profession. Normalement, les étudiants universitaires effectuent des stages durant deux ans avant de devenir membres de l'association des ingénieurs provinciale (ing.). Les personnes qui n'ont pas la formation requise peuvent devenir membres de l'association en réussissant les examens imposés par celle-ci.

Groupements d'ingénieurs

Les groupements d'ingénieurs canadiens remplissent plusieurs rôles différents: certains réglementent et administrent la profession; d'autres facilitent l'échange d'idées techniques entre les ingénieurs qui travaillent dans le même domaine et arrangent des échanges entre des ingénieurs et d'autres groupes sociaux et avec des ingénieurs d'autres pays; d'autres encore font progresser le champ de l'ingénierie ou d'un secteur industriel. La profession d'ingénieur est réglementée par des législations provinciales et gérée par 10 associations provinciales et 2 associations territoriales d'ingénieurs. Le CONSEIL CANADIEN DES INGÉNIEURS a été fondé en 1936 pour coordonner les activités des associations provinciales. Son effectif de près de 130 000 membres représente environ 95 p. 100 des ingénieurs canadiens. Les ingénieurs civils, électriciens et mécaniciens constituent chacun environ 25 p. 100 de l'effectif; les ingénieurs chimistes, 10 p. 100; les autres, incluant les ingénieurs miniers et pétroliers, 15 p. 100. Ses activités comprennent la surveillance (accréditation) de la formation universitaire des bacheliers en ingénierie et fournit des statistiques sur la main-d'œuvre en ingénierie. La première association canadienne d'ingénieurs praticiens est la Société canadienne de génie civil, fondée en 1887, qui devient l'Institut canadien des ingénieurs en 1918. Elle représente maintenant près de 12 000 ingénieurs canadiens. Parmi les autres organisations d'ingénieurs, mentionnons la Société canadienne de génie chimique, l'Institut canadien des mines, de la métallurgie et du pétrole, l'Association des ingénieurs-conseils du Canada et l'Institute of Electrical and Electronics Engineers.

Lois sur l'ingénierie

La conduite des ingénieurs est réglementée par un code de déontologie qui fixe les obligations professionnelles envers le public, l'employeur, le client, les autres ingénieurs et la profession. De plus, les vastes responsabilités financières et la sécurité du public exigent que les ingénieurs soient conscients des lois relatives à la pratique.

Contrats Ils sont principalement couverts par la common law (le droit civil au Québec). Ce sont habituellement des documents écrits fixant les termes et les conditions d'un achat ou d'une entente, mais les contrats sont parfois non écrits. Les ingénieurs, fournisseurs habituels de biens et de services par contrat, peuvent être poursuivis pour pertes financières et dommages et intérêts s'ils ne respectent pas les clauses (délai de livraison, p. ex.).

Spécifications Elles déterminent les impératifs des biens sous contrat et fixent les obligations de garantie du fabricant ou du vendeur. Si le produit est défectueux, il peut y avoir poursuite pour dommages ou préjudice.

Droits des sociétés Normalement, la société est reconnue comme une entité légale distincte de ses actionnaires, dont la responsabilité personnelle est limitée à l'endettement. L'ingénieur en pratique privée doit accorder une grande attention à la responsabilité des sociétés (*voir* DROITS DES SOCIÉTÉS).

Propriété industrielle (ou intellectuelle) Les droits de propriété industrielle sont couverts par des BREVETS, des DROITS D'AUTEUR et des MARQUES DE COMMERCE. Les brevets et les droits d'auteur protègent des idées créatives originales; les marques de commerce confèrent des droits à un nom de commerce original. Les brevets sont accordés à une nouvelle invention remplissant certaines conditions et donnant au titulaire le monopole de droits sur l'invention durant une période de temps spécifiée. Les droits d'auteur couvrent chaque œuvre littéraire, dramatique, musicale ou artistique originale et se rapportent généralement aux seuls droits de reproduire l'œuvre intégrale ou en partie. Les ingénieurs doivent prêter attention aux prescriptions de la *Loi sur les droits d'auteur* qui traitent des dessins techniques et qui interdisent à un client de reproduire ou de répéter le plan sans la permission de l'ingénieur qui l'a produit.

Sécurité Les ingénieurs sont responsables de la santé et de la sécurité des gens qui peuvent être touchés par leur travail. Ils peuvent être tenus responsables des préjudices résultant de leur défaut de faire preuve d'un niveau de compétence raisonnable.

Claude Lajeunesse

Ingénierie, histoire de l' Bien que l'ingénierie soit au Canada une industrie, une discipline et un produit d'exportation, son histoire a peu attiré l'attention des savants et des institutions culturelles du pays. Malgré le fait que 2 des 10 plus grands cabinets d'ingénieurs au monde soient d'origine et de propriété canadiennes, les universités canadiennes offrent plus de cours et plus de postes en histoire de la technologie médiévale qu'en histoire de l'ingénierie et de la technologie au Canada. Il reste à savoir si l'ingénierie canadienne arrivera à se hisser au niveau de la prise de conscience culturelle nouvellement éveillée et figurera parmi les disciplines académiques au même titre que la littérature et les beaux-arts. Parmi les facteurs cruciaux, mentionnons le financement de la recherche en dehors du milieu universitaire classique et la question de savoir si les universités accepteront cette discipline comme sujet pertinent de recherche.

Avec l'apport plus substantiel d'Européens dans le peuplement de ce qui s'appelle aujourd'hui le Canada, un nouvel ensemble d'objectifs, de valeurs, d'exigences et d'attentes sont placés sur le pays. La population autochtone a créé matériellement une culture et une organisation sociale bien adaptées au terroir, et si une grande part de celles-ci seront fort utiles aux colons, les nouvelles attentes reposent sur une autre tradition technologique et représentent une base importante de la nouvelle société.

Ainsi, bien que les deux sociétés dépendent du transport fluvial et que les nouveaux arrivants fassent bon usage de l'artisanat autochtone, le grand voilier est la base du commerce transocéanique et de celui des Grands Lacs. Les nouveaux arrivants ont donc besoin de ports protégés, de quais et d'eau profonde ainsi que d'un type de connaissance plus approfondi des cours d'eau. La profondeur de l'eau plus que suffisante pour les grands canots chargés peut, traîtreusement, ne pas l'être pour les bateaux à voiles européens, plus grands. Les premiers hydrographes français, d'abord formés en France puis au Québec, ne connaissent pas très bien le Saint-Laurent ni ne savent parfaitement comment y travailler.

Un des enseignements fondamentaux de l'histoire de l'ingénierie canadienne vient des premiers levés hydrographiques, qui prouvent clairement que des problèmes différents font appel à différents types de connaissances et d'expertise en ingénierie et en technologie. On en voit la preuve dans les FORTIFICATIONS massives en maçonnerie construites pour se protéger contre les obus des assaillants. Les premières fortifications, comme celles de LOUISBOURG et de Québec, révèlent une remarquable habileté en génie militaire.

Pendant des siècles, le titre d'ingénieur est réservé aux militaires, comme quelqu'un qui construit des ouvrages défensifs, des engins de guerre et d'autres choses selon les impératifs militaires. Au XIXe siècle, l'ingénierie devient de plus en plus civile, c.-à-d. non militaire. C'est là que naît la tendance vers une plus grande spécialisation. Bien que le mode de vie et les besoins des nouveaux arrivants nécessitent la construction de grandes scieries et de grands moulins, dont quelques-uns seront construits par des ingénieurs militaires, ces bâtiments civils sont largement l'œuvre de constructeurs de moulins. Ce n'est qu'à la fin du XIXe siècle et au début du XXe siècle que l'on voit de plus en plus d'ingénieurs concevoir des bâtiments industriels. Toutefois, c'est l'urgent besoin d'améliorer les systèmes de transport par des canaux et des chemins qui place les ingénieurs civils à l'avant-plan.

Canaux intérieurs

La nécessité d'améliorer la navigation intérieure conduit à une période d'intense construction de CANAUX ET VOIES NAVIGABLES au cours du XIXe siècle, ce qui procure au pays des ouvrages remarquables d'ingénierie comme le canal Rideau et le canal Welland, ainsi qu'un grand nombre de canaux plus petits tels que le canal Lachine et le canal Beauharnois. Terminé en 1832 sous la direction du lieutenant-colonel John BY, en tant qu'élément d'un réseau militaire défensif, le CANAL RIDEAU est une des réalisations majeures de l'ingénierie nord-américaine du XIXe siècle.

Construire un réseau de cours d'eau et de lacs canalisés d'une longueur de 200 km à travers un milieu sauvage est en soi un exploit remarquable en raison de la grande qualité et de la longévité de l'ouvrage. À longue échéance, le plus grand apport du canal Rideau est sans doute qu'il a servi de référence dans la formation, au Canada, d'ingénieurs canadiens. Bien que des réalisations, comme James Falls (à l'époque, le plus grand barrage-voûte en maçonnerie en Amérique du Nord), aient fait appel à une technologie européenne importée pratiquement sans changement en Amérique du Nord, un grand nombre de canaux sont la manifestation d'une nouvelle école de pensée adaptée à un contexte canadien.

À la cascade Hog's Back, chute soudainement étroite et abrupte de la rivière Rideau, les violentes inondations printanières et estivales peuvent élever le niveau de l'eau jusqu'à 5 m au-dessus de la normale. À cet endroit, il fallait qu'un barrage résiste à ces brusques assauts pendant et après la construction. À cause de méthodes de construction européennes classiques trop lentes, le barrage a été emporté trois fois avant d'atteindre le stade où il était assez solide pour résister à la violence des inondations. Au quatrième essai, la technique européenne classique fut abandonnée, et le barrage a été construit à l'aide de caissons à claire-voie en bois d'œuvre remplis de pierres, très peu attrayants aux yeux de certains, mais que l'on pouvait construire rapidement à l'aide de matériaux facilement disponibles.

La cascade Hog's Back renferme une importante leçon: la technologie est souvent mieux appropriée quand elle s'appuie fortement sur la main-d'œuvre et sur les matériaux locaux ainsi que sur l'adaptation d'une technique connue pour répondre à des circonstances locales. Ces particularités sont devenues la marque de l'ingénierie canadienne et servent bien les ingénieurs canadiens à l'œuvre dans le monde entier, notamment dans les travaux nécessitant de la souplesse et de l'imagination en raison de circonstances inhabituelles.

Comme le Canada s'efforce d'augmenter le commerce sur les Grands Lacs et de rivaliser avec le canal Érié qui attire le commerce vers les États-Unis plutôt qu'au Canada, les chutes du Niagara constituent l'obstacle le plus spectaculaire au commerce et à la prospérité. Le CANAL WELLAND court-circuite les chutes mais, en tant qu'ouvrage financé par des fonds privés à l'aube du capitalisme, il est frappé d'ennuis financiers et les promoteurs économisent trop sur l'ingénierie et sur les techniques de construction. Finalement, le gouvernement s'en mêle, et des reconstructions successives en rehaussent grandement la qualité. Le canal fournit une autre des leçons d'ingénierie fort utiles pour le pays.

L'exécution d'un ouvrage nécessite l'expertise d'ingénieurs de divers domaines. Ce sont les Royal Engineers, des ingénieurs militaires diplômés au service du gouvernement britannique, qui ont exécuté la plus grande partie des travaux d'ingénierie du canal Rideau. Par nécessité, le premier canal Welland, un projet privé, fait appel à des ingénieurs du domaine privé, embauchés selon les besoins. Quand le canal Welland est devenu propriété de l'État, de nouvelles occasions se sont offertes aux ingénieurs talentueux de diverses disciplines.

Quand les Royal Engineers terminaient un ouvrage comme le canal Rideau, ils quittaient presque toujours les lieux, laissant la région aussi démunie en talents en ingénierie qu'elle l'était avant leur arrivée. Les grands projets d'ingénierie ne créent donc pas un bassin d'ingénieurs diplômés talentueux qui pourraient servir la région ou le pays en contribuant à d'autres ouvrages. Il y a de rares exceptions, comme lorsque les Royal Engineers sont demeurés en Colombie-Britannique après la construction de la ROUTE CARIBOO.

Après une grande controverse dans le Haut-Canada, on décide que la réingénierie du canal Welland sera confiée à des ingénieurs fonctionnaires, titulaires de postes clés, qui engageront à demeure ou qui accorderont des contrats à des ingénieurs civils, selon les besoins. Cette décision permet à un bon nombre de Canadiens de travailler à un grand projet et de se créer de brillantes carrières en ingénierie.

Routes et chemins de fer

La croissance générale et le développement économique du pays qui avaient créé des emplois en ingénierie lors de la construction des canaux génèrent aussi d'autres besoins. Dans les villes comme Toronto, Hamilton, Montréal et Halifax, l'accroissement de la population augmente sérieusement les risques d'incendie. La piètre qualité des réseaux d'aqueduc, d'épuration et d'évacuation des eaux d'égout entraîne des problèmes de santé. Aussi, vers le milieu du siècle, plusieurs villes canadiennes se lancent-elles dans de grands projets d'ingénierie liés à l'approvisionnement en eau. Des villes comme Hamilton, où Thomas Coltrin KEEFER construit un de ses meilleurs postes de pompage de l'eau, offrent une meilleure qualité de vie et fournissent à des ingénieurs des emplois permanents pour mener à bien des travaux à venir.

En 1875, malgré l'inconfort du transport routier pendant une grande partie du XIXe siècle, les travaux publics urbains liés aux canaux, aux routes, aux ponts, à l'aqueduc et aux services sanitaires avaient fourni à des ingénieurs tels que T.C. Keefer, son frère Samuel, Pierre Gauvreau, Charles BAILLARGÉ et Casimir GZOWSKI, l'occasion de se perfectionner et de devenir des ingénieurs chevronnés, très en demande. Comme on peut s'y attendre dans un pays multiculturel comme le Canada, les ingénieurs sont issus de différents groupes culturels, nationaux et linguistiques.

Les chemins de fer sont le plus important domaine de formation et de confirmation des talents des ingénieurs canadiens du XIXe siècle. Le CHEMIN DE FER INTERCOLONIAL et le CANADIEN PACIFIQUE illustrent un bon nombre des thèmes principaux de l'histoire de l'ingénierie canadienne. Pour les ingénieurs, quelques-unes des plus importantes caractéristiques des chemins de fer canadiens du XIXe siècle sont l'incroyable distance, le relief difficile et varié, les grands écarts de température et parfois la charge neigeuse et les conditions dangereuses; notamment, le sous-financement chronique, surtout au tout début de la construction.

En conséquence, les ingénieurs canadiens se sont tôt fait connaître mondialement pour leur aptitude à construire des chemins de fer rapidement et à bon marché. Quand les finances le permettent, les ingénieurs participent à l'amélioration de la qualité et de la longévité du chemin de fer déjà en fonction. Une des façons d'acquérir cette réputation fut l'utilisation massive de matériaux de construction locaux. Dans une grande partie du Canada, cela signifiait l'utilisation de bois d'œuvre. Ces constructions, combinées à un paysage à couper le souffle comme dans les montagnes de la Colombie-Britannique, donnent naissance à des chefs-d'œuvre.

Les ponts massifs sur chevalets en bois des chemins de fer du Canada, que les Canadiens trouvent tout naturels, ou même encombrants parce qu'ils ne sont pas en fer et en acier, étaient admirés en Europe comme des chefs-d'œuvre de l'ingénierie au même titre que les aqueducs des Romains toujours en usage. Puis, le remplacement éventuel des constructions en bois par des matériaux plus durables donne aux ingénieurs et aux fabricants canadiens tels que Dominion Bridge l'occasion de travailler, d'apprendre et de montrer leurs aptitudes avec des matériaux plus modernes.

Tandis que la croissance des connaissances et de l'assurance des ingénieurs canadiens mène à un meilleur rapport qualité-prix, elle peut aussi conduire à des conflits entre le client et l'ingénieur, notamment lorsque le client n'est pas uniquement intéressé par le meilleur rapport qualité-prix défini aux termes de l'ingénieur.

La cause publique la plus spectaculaire et la plus représentative du conflit ingénieur-client au XIXe siècle est le combat de Sandford FLEMING pour déterminer si le bois ou le fer serait utilisé pour la construction des ponts de l'Intercolonial. Fleming sait que la technologie est changeante et réalise que la proximité d'une grande partie du réseau de l'Intercolonial et du transport fluvial sera plus économique. Il suggère donc de s'éloigner de l'usage canadien commun et d'utiliser le fer, mais ses collègues et ses patrons ne sont pas d'accord. Plein d'espoir malgré tout, il fait appel au premier ministre Macdonald, puis, mécontent du résultat, au Conseil privé de Grande-Bretagne qui lui donne raison.

Le litige de Fleming souligne le fait que la vitesse du changement technologique et les circonstances entourant l'ingénierie commencent à devancer l'aptitude de la société à absorber une nouvelle information et à décider de sa meilleure utilisation. D'autres erreurs de jugement étaient liées à de moins nobles intentions. Beaucoup trop de projets d'ingénierie, notamment ceux des chemins de fer, ont été entrepris d'abord pour le profit par des entrepreneurs sans scrupules et non en fonction des meilleurs intérêts des gouvernements et des investisseurs qui les soutenaient. Et, dans ce processus, l'ingénieur était souvent appelé à jouer un rôle important, celui de créer un climat favorable autour de projets douteux.

Manifestement, les ingénieurs sont arrivés à satisfaire une grande partie des besoins liés à la société industrielle et au pays, mais ils n'ont pas souvent été traités avec le respect qu'ils méritaient, et il leur était difficile d'offrir des avis indépendants. Les ingénieurs trop scrupuleux ou appartenant à un parti politique subitement défait pouvaient se trouver du jour au lendemain, non seulement sans travail mais inaptes à tout emploi éventuel. C'est pour faire face à de tels problèmes qu'en 1887, un groupe d'ingénieurs fonde la Société canadienne du génie civil. Malgré qu'elle ne pouvait fixer des normes ni imposer des exigences de délivrance de permis, la fondation de cette nouvelle société constitue la première étape – et la plus importante – dans une longue suite d'événements qui ont fait aujourd'hui de l'ingénierie un ensemble de professions hautement spécialisées, avec des normes élevées et des exigences strictes liées à l'émission de permis.

Spécialisation et diversification croissantes

À la fin du XIXe siècle déjà, de nombreux changements accélèrent la spécialisation et la diversification de l'ingénierie en raison de l'émergence de champs d'activité totalement nouveaux et de la redéfinition des champs classiques. Parmi les premiers, citons l'arrivée de l'électricité comme force industrielle et aspect important de la vie quotidienne. Elle permet la croissance du nombre de spécialistes en GÉNIE ÉLECTRIQUE. De nombreux développements ultérieurs, tel le génie informatique, sont entièrement nouveaux.

Dans d'autres secteurs, ce n'est pas le domaine qui est neuf, mais bien la façon de faire les choses. Le génie minier en est un excellent exemple: bien que l'exploitation minière soit presque aussi vieille que l'histoire de la technologie humaine, les nouvelles connaissances dans des disciplines aussi diverses que la chimie, la métallurgie et l'électricité l'ont radicalement transformée. Un besoin, jamais égalé, de nouvelles connaissances techniques dans un grand nombre de disciplines transforme complètement la profession d'ingénieur minier.

Au cours des années 1880 et 1890, l'électricité n'est plus un objet de curiosité et devient plutôt une servante domestique et une force motrice industrielle (voir ÉLECTRICITÉ, MISE EN VALEUR DE L'). Les difficultés du TRANSPORT DE L'ÉLECTRICITÉ sur de longues distances forcent les premiers utilisateurs à se rapprocher de la source. De nombreuses centrales électriques, dont plusieurs à vapeur, apparaissent, chacune desservant un très petit nombre de clients ou d'utilisateurs. Ainsi naît une tradition canadienne de construire des centrales hydroélectriques dans les zones non développées, puis d'utiliser ces centrales comme moteur du développement local ou comme source d'énergie transportée pour les centres urbains et industriels.

Un des meilleurs exemples de cette dernière tendance sont les chutes de Shawinigan sur la rivière Saint-Maurice, au Québec. Des entrepreneurs découvrent le potentiel disponible et investissent même avant d'avoir trouvé des clients. Cependant, les chances de produire de l'énergie bon marché, abondante et fiable les attirent, et, bientôt, la Shawinigan Water and Power Company signe des contrats d'alimentation en énergie avec des fabricants de carbure de calcium, d'aluminium ainsi qu'avec l'industrie des pâtes et papiers. De plus, elle construit une ligne de transport sur une distance qui semblait excessive à l'époque, soit 137 km jusqu'à Montréal.

La plupart des excellents sites d'énergie hydroélectrique sont éloignés des grands centres démographiques, qui se sont développés le long des voies fluviales à faible courant, peu pratiques pour générer l'énergie hydroélectrique, mais très utiles pour le transport. Cette caractéristique est une bizarrerie géographique canadienne, et un des défis et des facteurs restrictifs récurrents dans de nombreux aménagements hydroélectriques au Canada est la nécessité de transporter l'énergie sur de grandes distances et donc, de recourir aux lignes à haute tension.

Au Canada, diverses entreprises d'électricité ont acquis une expertise en ce domaine. L'exploit le plus frappant appartient à Hydro-Québec, qui transporte l'énergie produite à la baie James à une tension de 735 000 volts, la plus élevée au monde. Le jury des Engineering Council Awards a reconnu cet exploit comme l'une des 10 plus grandes réussites de l'ingénierie des 100 dernières années.

Le rôle des ingénieurs dans la transformation complète de la nature des routes, des rues et des autoroutes canadiennes est un bon exemple du fait que les réussites en ingénierie sont tenues pour acquises. Pendant une bonne partie de son histoire, le Canada a été réputé mondialement pour ses routes exécrables. Les villes naissantes et les changements en agriculture, sans nécessairement exiger l'amélioration du réseau routier, en ont fait un atout commercial. Des pressions similaires sont venues de la croissance de la fabrication de produits destinés à un marché situé au-delà des limites locales.

Avant le déclenchement de la Première Guerre mondiale, et plus encore après, les ingénieurs ont construit de plus en plus de réseaux interurbains de routes résistantes et praticables toute l'année pour une circulation automobile rapide. Les mêmes conditions existent dans les villes, car la longueur totale des rues est même parfois plus grande. Pour résister à l'usure et aux fissures causées par le trafic routier hautement mécanisé, les ingénieurs se tournent de plus en plus vers le béton et l'asphalte, ce qui stimule grandement la demande pour ces matériaux et la croissance des industries connexes.

Cette relation n'est qu'une partie du réseau d'échanges complexe qui lie l'ingénierie et les voitures. Comme les voitures permettent d'habiter plus loin de son lieu de travail qu'auparavant, de grandes banlieues entourent les villes canadiennes. Cette situation stimule la demande de services en génie sanitaire, municipal et électrique. L'ingénierie est aussi liée à l'exploitation minière, à l'exploitation forestière et à de nombreuses autres qui satisfont aux besoins en construction.

La congestion des villes sans cesse croissante permet à des ingénieurs de diverses disciplines d'aménager des zones industrielles et des usines de banlieue afin de diminuer les coûts de construction et surtout les retards de livraison dont sont souvent victimes les installations urbaines. Paradoxalement, au Canada, l'automobile procure bien plus de travail aux ingénieurs à l'extérieur qu'à l'intérieur des usines.

La croissance rapide de l'Ouest canadien est un autre changement important du début du XXe siècle qui a transformé la vie et l'économie canadiennes. Le peuplement de certaines régions a nécessité la construction de réseaux d'irrigation et de stockage de l'eau minutieusement conçus. Le grain qu'on ne peut acheminer au marché a peu de valeur, voire aucune, et il n'y a pas assez de routes d'acheminement conduisant aux chemins de fer. Il faut construire des réseaux de stockage et de transfert dans l'ensemble du pays. Le SILO ÉLÉVATEUR devient un des grands symboles du Canada.

Certaines des premières installations étaient en bois, mais le béton est devenu le matériau de construction universel. Le matériau utilisé et la dimension des constructions exigeaient une conception soignée. Le béton est un symbole du XXe siècle et de l'importance accrue de l'ingénierie, un matériau artificiel au potentiel énorme, mais d'une utilisation sans règles empiriques au départ. Le succès du béton découle de calculs minutieux sous la direction d'ingénieurs qui ont compris comment augmenter sans cesse ses performances.

Dans l'Ouest canadien, la croissance urbaine a également nécessité l'installation de services publics et la résolution de problèmes particuliers tels que la mise au point de béton résistant aux alcalis et aux sols de l'Ouest sans se désagréger ni craquer prématurément. Une bonne partie de ces exigences ont été satisfaites sous la direction de C.J. MACKENZIE, devenu par la suite directeur du CONSEIL NATIONAL DE RECHERCHES DU CANADA, à Ottawa, alors qu'il était doyen de la faculté d'ingénierie de l'U. de la Saskatchewan à Saskatoon.

C'est dans l'Ouest canadien que le génie pétrolier est devenu une discipline professionnelle reconnue, en raison de la présence de gisements de pétrole classiques et de gisements de pétrole brut lourd connus depuis longtemps, mais difficiles à exploiter. Une méthode efficace d'extraction a été mise au point grâce à des décennies de recherche basée sur les premiers travaux effectués lors du relevé géologique du Canada (voir COMMISSION GÉOLOGIQUE DU CANADA), menée en grande partie par l'ALBERTA RESEARCH COUNCIL.

Malgré sa population clairsemée, le Nord canadien connaît quelques-uns des changements les plus draconiens du XXe siècle. L'aménagement hydroélectrique, l'exploitation minière et forestière ainsi que le développement vers le nord des réseaux de transport accroissent davantage les besoins en ingénierie. Parmi eux, mentionnons la mise au point et la fabrication de véhicules à usage spécial, dans lesquels l'impact canadien sur l'ingénierie mondiale est exceptionnel.

L'avion joue un rôle crucial dans la transformation du Nord (voir AVIATION DE BROUSSE). Des exigences nordiques naît la position dominante canadienne dans l'avion à décollage et atterrissage court (ADAC). Le DE HAVILLAND BEAVER, un autre des 10 exploits de l'ingénierie célébrés par la Commission du centenaire de l'ingénierie, regroupe admirablement les aptitudes en décollage et en atterrissage courts et satisfait à d'autres impératifs. Le Beaver est un avion canadien brillamment conçu et mis au point pour respecter les besoins exprimés par les pilotes de brousse nordiques. Les vastes étendues boisées du Nord canadien ont fait la renommée mondiale de l'ingénierie et de la fabrication de bombardiers à eau.

D'une conception convenant éminemment bien aux besoins canadiens, le de Havilland Beaver est le frère spirituel des véhicules à neige de BOMBARDIER, dont la gamme va du monoplace au multiplace. Ces deux véhicules, qui incarnent une ingénierie originale et novatrice, se sont répandus dans le monde entier après avoir fait leurs preuves au Canada. Canadian Foremost Ltd de Calgary fabrique des véhicules d'entretien et d'exploration spécialisés et des véhicules tout-terrains probablement encore plus spécialisés.

L'augmentation de l'exploration après la Seconde Guerre mondiale, particulièrement de réserves pétrolières, crée un besoin pour de nouveaux types de véhicules de transport pour le personnel et l'équipement dans les régions souvent tourbeuses et marécageuses du Nord canadien. La satisfaction de ce besoin, d'abord à une petite échelle, a fait croître une entreprise qui exporte maintenant des véhicules spéciaux dans le monde entier, pour la construction, l'exploration et la lutte contre les incendies dans l'ancienne URSS.

Pendant la crise des années 30, la mission des ingénieurs a souvent pris un nouvel aspect. Bien qu'il y ait encore eu de nouvelles constructions effectuées selon les techniques avancées, la survie était devenue le but principal de nombreuses entreprises. Il fallait concevoir des projets créateurs de main-d'œuvre pour donner du travail au nombre stupéfiant de sans-emploi. Le magnifique Broadway Bridge de Saskatoon, en Saskatchewan, toujours en usage, en est un excellent exemple.

Une construction en acier nécessitant moins de main-d'œuvre a été rejetée en faveur du projet mis de l'avant par C.J. Mackenzie. Le gracieux pont en béton à arches multiples est alors conçu pour que la majeure partie du travail soit exécutée par des ouvriers inexpérimentés avec le support minimal de la machinerie. D'autres ingénieurs ont combattu les problèmes de la crise en travaillant conformément à l'ADMINISTRATION DU RÉTABLISSEMENT AGRICOLE DES PRAIRIES sur des projets tels que de petits barrages, des bassins de captage d'eau et des projets de lutte contre l'érosion.

Contribution des ingénieurs durant la Seconde Guerre mondiale

La contribution industrielle canadienne à la Seconde Guerre mondiale va des chaussettes et des bottes aux explosifs, aux chars d'assaut, aux bateaux et aux avions. Il existe de nombreux exemples d'ingénieurs canadiens convertissant des usines en établissements capables de produire du matériel de guerre à mille lieues de tout ce qui s'y fabriquait auparavant. Dominion Bridge, p. ex., a produit aussi bien des bateaux et d'autres produits en acier lourd que des armes automatiques de précision.

Dans d'autres domaines, des industries existantes ont grandi par alimentation forcée. L'industrie aéronautique canadienne avec ses 4000 employés, 8 usines, 46 500 m² de superficie et sa production annuelle de 40 avions, avait 116 000 employés, une superficie de 1,4 million de mètres carrés et une production annuelle de 4000 avions à la fin de la guerre.

Une partie de cette croissance et de cette production record impressionnantes représente une composante alors rare et relativement nouvelle dans l'histoire de l'ingénierie canadienne: les femmes ingénieurs. Elsie MACGILL est ingénieure de l'aéronautique en chef chez Canadian Car & Foundry Co. à Fort Williams, en Ontario. Elle conçoit le Maple Leaf Trainer et, avec 4500 employés tout au plus, elle gère la production d'environ 2000 avions de chasse Hawker Hurricane. Un oiseau rare quand elle obtient son diplôme à l'U. de Toronto en 1927, Elsie MacGill est l'une des pionnières d'une tendance importante, qui ne commencera vraiment à prendre forme que plusieurs décennies après la fin de la guerre.

En raison d'autres besoins en ingénierie de la Seconde Guerre mondiale, de nouvelles installations doivent être créées pour une toute nouvelle production. Pour satisfaire les besoins liés à la construction aéronautique en alliages d'aluminium et en pièces spéciales, l'Aluminium Co. of Canada (voir ALCAN ALUMINIUM LIMITÉE) construit à Kingston une toute nouvelle usine en 13 mois seulement. Cette usine fournit des feuilles, des tubes d'aluminium, des pièces forgées et des pièces extrudées en aluminium aux avionneurs canadiens, britanniques et américains. Au Québec, où la construction de la plus grande installation hydroélectrique au monde a été terminée à l'île Maligne en 1925, la centrale

hydroélectrique géante Shipshaw est conçue par les ingénieurs-conseils H.G. Acres and Co. et construite en 18 mois seulement par The Foundation Co. of Canada. Il s'agit d'un exploit remarquable. Les Canadiens sont réputés pour leur rapidité.

À Sarnia, en Ontario, la conception et la construction très rapide de l'usine de caoutchouc synthétique, un produit stratégiquement crucial, pour la Société Polymer, maintenant Polysar, est un exploit aussi remarquable. Le jury des Engineering Centennial Awards a reconnu cette autre réussite.

À la fin de la Seconde Guerre mondiale en 1945, le Canada souffre depuis plus de 15 ans de privations et une grande partie de ses routes, de ses égouts, de ses systèmes de télécommunications et de ses logements sont inadéquats. L'immigration massive d'après-guerre au pays accroît la pression pour corriger ces insuffisances et aide à entretenir l'important essor de la construction. Les nombreuses usines qui fonctionnaient clopin-clopant avec un équipement démodé durant la crise et les années de guerre constatent rapidement que, si elles ne se modernisent pas, elles devront fermer. De plus, de nouveaux matériaux et de nouveaux procédés mis au point ou perfectionnés durant la guerre offrent un énorme potentiel à ceux qui désirent en profiter et qui sont capables de le faire. Dans tous ces domaines, on demande des ingénieurs pour conceptualiser, planifier et diriger une transformation radicale du Canada.

Technologie des communications

Entre 1949 et 1970, le Canada dépense près de 1,5 milliard de dollars pour la construction de la ROUTE TRANSCANADIENNE. D'une longueur de 7821 km (4784 mi), elle est la plus longue autoroute au monde. Elle représente une impressionnante réussite de l'ingénierie. Sa construction équivaut à celle des chemins de fer transcontinentaux, avec toutes les difficultés qui avaient empoisonné ces projets d'ingénierie et de construction. Il s'agit aussi d'un important exploit politique: pour la première fois, toutes les provinces se sont entendues sur un projet conjoint nécessitant des normes de construction uniformes dans tout le pays.

Cependant, il faut aussi améliorer les télécommunications. Les entreprises, le gouvernement et des particuliers demandent une augmentation rapide du volume de signaux de télévision, de radio AM et FM et des communications téléphoniques, qui dépasse largement ce que la technologie et les systèmes en place peuvent fournir. Durant la guerre, les micro-ondes ont fait leurs preuves dans les télécommunications, mais jamais à l'échelle requise pour établir un réseau transcanadien. Il est néanmoins décidé de placer le Canada au premier rang de la TECHNOLOGIE DES COMMUNICATIONS et, dans un projet marqué de prouesses du génie électrique et de conditions de construction extrêmement difficiles, l'implantation du réseau transcanadien à micro-ondes est officiellement terminée le 1er juillet 1958. C'est le plus important système du genre au monde.

Il dessert parfaitement l'important corridor populeux du Canada, mais ne convient pas très bien aux zones nordiques isolées et peu peuplées. Pour celles-ci, la solution réside dans la technologie du SATELLITE ARTIFICIEL. Le lancement, en 1962, d'Alouette 1 fait du Canada le troisième pays à se rendre dans l'espace, après l'ancienne URSS et les États-Unis.

L'espace extra-atmosphérique est un milieu très hostile et convient donc bien à un pays dont les ingénieurs ont un record enviable d'exploits en ingénierie dans son milieu naturel hostile. Les satellites Alouette établissent des records de fiabilité et de longévité. La conception soignée et les hautes performances de l'antenne, appelée officiellement STEM (storable tubular extendible module) établit de nouvelles références mondiales et mène directement à la mise au point du BRAS SPATIAL CANADIEN. Entre-temps, les progrès de la technologie fonda-

mentale ont été adaptés à des usages dans d'autres milieux hostiles tels que l'intérieur des piles à combustible des réacteurs nucléaires.

La Commission du centenaire de l'ingénierie classe le système de télécommunications à micro-ondes du satellite Alouette parmi les dix exploits les plus remarquables de l'ingénierie canadienne des cent dernières années, au même titre que le réacteur nucléaire CANDU. Ce dernier est une autre excroissance de la technologie de temps de guerre, bien qu'après la guerre, le Canada se soit engagé à utiliser l'énergie nucléaire à des fins pacifiques. Ainsi, le Canada s'oriente non seulement vers un système de centrales électriques nucléaires, mais il devient aussi un acteur important dans les applications médicales et industrielles des connaissances en génie nucléaire.

Autre facette importante de l'ingénierie canadienne: la part croissante du travail à l'étranger effectué par des ingénieurs-conseils canadiens. L'expertise, l'expérience et la réputation acquises dans d'importants projets canadiens conduisent à des offres de travail à l'étranger. Une fois la mise en place du système de télécommunications à micro-ondes terminée, les ingénieurs canadiens vont construire le réseau PANAFTEL, qui relie cinq pays africains: le Bénin, le Niger, la Haute-Volta, le Mali et le Sénégal. Mais plus important encore, l'expérience acquise par les sociétés d'ingénierie canadiennes, grâce aux plus grands projets hydroélectriques du monde dans le Nord québécois, est un facteur important de la croissance rapide d'un bon nombre de sociétés d'ingénierie canadiennes et de leur aptitude à décrocher des contrats à l'étranger.

L'importance des travaux avant-gardistes comme tremplins pour d'autres ouvrages révèle une facette centrale mais souvent peu comprise de l'ingénierie, à savoir sa fragilité. Bien que la formation en ingénierie exige plusieurs années d'études et de préparation formelle, les ingénieurs comptent fortement sur l'expérience ininterrompue pour conserver leurs aptitudes et leurs connaissances à jour. Sans expérience de grande portée, un ingénieur se démode, perd sa compétitivité, n'offre plus le meilleur rapport qualité-prix et n'est plus en demande. À longue échéance, si son économie ne demeure pas saine et équilibrée, le Canada sera probablement incapable de créer et de soutenir une ingénierie forte, comme il l'a fait. Voilà pourquoi il importe de mieux comprendre le rôle des ingénieurs canadiens, de saisir qu'il n'est pas une suite d'ouvrages et de réussites importants, mais qu'il est au centre des fondations mêmes de l'histoire et de la culture du pays.

Norman R. Ball

Ingénieurs militaires Ce sont des militaires entraînés spécialement pour appliquer les principes du génie et de la technologie en temps de guerre. Leurs tâches consistent à construire des routes, des ponts, des voies ferrées, des pistes d'atterrissage, des FORTIFICATIONS de campagne, des obstacles antichars ou d'autres formes de défense, mettre en place ou enlever des charges d'explosifs et des mines, et agir en tant que force d'assaut initiale durant les assauts amphibies en aménageant les plages utilisées lors des invasions en prévision de débarquements subséquents. À partir de 1859, des compagnies de volontaires servent dans la milice et, en 1903, le Corps du Génie du Canada est intégré à la Force permanente. Les «sapeurs», qui reçoivent en 1936 le nom de Corps du Génie royal canadien, servent outre-mer pendant les deux guerres mondiales. Outre les tâches qui leur sont normalement dévolues, ils envoient au front, en Grande-Bretagne et à Gibraltar, des compagnies de minage et de creusement de tunnels. En temps de paix, les ingénieurs militaires de l'armée canadienne effectuent des travaux d'arpentage, construisent des bases et des installations de défense, et ils contribuent au développement du Nord grâce à la construction de barrages, de ponts, de routes et de terrains d'aviation.

Stephen Harris

Ingersoll, ville de l'Ont.; pop. 9849 (rec. 1996), 9378 (rec. 1991), 8451 (rec. 1986); superf. 10,21 km²; const. en tant que ville en 1865; située à 36 km à l'est de London, le long de la rivière Thames. Charles Ingersoll fonde la ville en 1818 et la nomme Oxford Village. Celle-ci est ensuite rebaptisée Ingersoll en l'honneur de Thomas Ingersoll, père de Charles, puis elle est constituée en tant que village en 1852. La population augmente rapidement en raison de la construction du Grand chemin de fer Occidental dans les années 1850 et atteint environ 4000 habitants en 1871. Celle-ci continue d'augmenter par la suite, mais plus lentement.

L'économie d'Ingersoll repose à l'origine sur l'exportation du blé et du bois franc avant de se concentrer, au milieu des années 1860, sur la production de fromages et de machines agricoles. Le premier commerce d'exportation de fromages au Canada établit son centre commercial à Ingersoll et la Canadian Dairyman's Association y est fondée en 1867.

En 1866, la ville expédie un fromage géant de 3300 kg – célébré en vers par le «poète du fromage», James McIntyre – dans des expositions de l'État de New York et en Angleterre. Ingersoll est maintenant une ville autant manufacturière que résidentielle. Elle commémore son histoire chaque année lors d'une fête du patrimoine.

George Emery

Injonction Recours en *equity* dont l'issue est laissée à l'appréciation du tribunal. L'injonction revêt généralement la forme d'une ordonnance empêchant une personne d'accomplir un acte ou lui interdisant de l'accomplir. L'injonction peut également revêtir la forme d'une ordonnance obligatoire contraignant une personne à faire quelque chose. On peut solliciter l'injonction comme recours définitif ou lors d'une procédure préjudicielle (injonction interlocutoire). L'injonction est conçue de façon à fournir un redressement plus efficace et mieux adapté que la simple adjudication de dommages-intérêts en common law. Dans bien des cas, les requérants préfèrent empêcher ou obliger l'accomplissement d'un acte que d'être indemnisés après le fait.

J. Barnes

Innis, Harold Adams, économiste politique et pionnier des études en communications (Otterville, Ont., 5 nov. 1894—Toronto, 8 nov. 1952). Les premiers écrits d'Innis sur l'économie et l'histoire de l'économie font naître une approche proprement canadienne de ces sujets; ses dernières tentatives d'analyse de la crise dans la civilisation occidentale amènent une nouvelle prise de conscience de l'importance des différents modes de COMMUNICATION pour la compréhension de la nature d'une société et de son développement.

Vétéran de la Première Guerre mondiale, Innis étudie à l'U. McMaster et à l'U. de Chicago. Le choix d'un sujet de thèse canadien, une histoire du CANADIEN PACIFIQUE, est la première étape d'une réorientation de plusieurs domaines d'étude se rapportant au Canada, particulièrement en sciences sociales. En 1920, Innis entre au département d'économie politique de l'U. de Toronto, où il restera jusqu'à sa mort.

Pendant les années 20, il est de plus en plus déçu, parce qu'il croit que les chercheurs formés en Angleterre et aux États-Unis, qui sont les plus influents dans les universités canadiennes, appliquent des modèles inadéquats à leur analyse de l'économie canadienne. La première œuvre importante d'Innis, *The Fur Trade in Canada* (1930), établit sa réputation et introduit la THÉORIE DES PRINCIPALES RESSOURCES en matière de développement économique. Innis s'oppose aussi à l'école continentaliste et, contrairement aux principes du CONTINENTALISME, affirme que les frontières politiques du Canada sont l'aboutissement logique son histoire économique.

Nommé directeur du Département d'économie politique de l'U. de Toronto en 1937, Innis continue à travailler à sa deuxième étude importante, *The Cod Fisheries* (1940). Bien qu'il ait de la difficulté à trouver un éditeur compétent à cause de son style lourd, cet ouvrage le place au premier rang des historiens de l'économie dans le monde. Alors que *The Fur Trade* a marqué l'écart entre le Canada et les États-Unis, *The Cod Fisheries* souligne les racines européennes du Canada.

Durant les années 30 et la Seconde Guerre mondiale, Innis relève le défi de défendre l'intégrité des universités et des bourses, qu'il voit menacées par l'atmosphère générale de crise. Il participe à la création d'associations telles que l'Association canadienne de science politique et l'American Economic History Association. Il utilise ses relations et son prestige pour assurer le financement de la recherche canadienne.

De façon plus controversée, il s'oppose vigoureusement aux efforts de ses collègues enseignants, comme F.W. UNDERHILL, qui sont impliqués dans la LEAGUE FOR SOCIAL RECONSTRUCTION. Par son attitude et ses efforts à ce sujet, il est dans une large mesure responsable du désintérêt et de l'absence d'implication politique de la communauté enseignante canadienne contemporaine.

Sa réputation d'érudit lui vaut une invitation en Union Soviétique en 1945. Sa publication posthume, *Russian Diary*, montre sa profonde inquiétude au sujet des problèmes de la civilisation occidentale. En attirant l'attention sur l'impact des médias de communication sur l'étendue et la durée d'une civilisation, les recherches d'Innis sur les communications couronnent toute une vie passée à essayer d'expliquer la pénétration mutuelle du Canada et de la civilisation occidentale.

Innis exprime ses inquiétudes en 1947, dans son message présidentiel à la Société royale du Canada, intitulé «La chouette de Minerve», bien que ses arguments aient été peu compris à cette époque. Il constate que l'Europe de l'Ouest et l'Amérique du Nord sont en crise profonde. Cette crise est aggravée, car les médias de communication les plus importants encouragent une fixation obsessionnelle sur le présent, qui empêche les politiciens et les chercheurs de comprendre les circonstances de la crise et de trouver un remède approprié aux problèmes qui s'ensuivent.

Innis continue ses recherches au milieu de responsabilités administratives de plus en plus lourdes. En 1947, il devient doyen des études supérieures de l'U. de Toronto et visite, en 1948 l'Angleterre pour donner des conférences (les Beit Lectures) dont le contenu fera plus tard partie de l'ouvrage *Empire and Communications* (1950). Cette étude synoptique de l'Égypte ancienne jusqu'au temps moderne explore le thème de la relation entre la vitalité et la stabilité des pays et des empires et leurs modes de communication dominants. Ce thème l'occupait encore au moment de sa mort.

Innis a eu peu d'adeptes durant sa vie, mais depuis sa mort, nombreux sont ses admirateurs venus de différentes disciplines, depuis Marshall MCLUHAN en communications jusqu'aux marxistes canadiens intéressés à son étude de l'interdépendance entre l'économie, la politique et la société. Toutefois, peu de ses disciples ont eu le courage et la capacité de le suivre dans le vaste champ de ses lectures et de ses théories. (*Voir aussi* Mary INNIS.)

William Christian

Innis, Mary Emma Quayle, auteure (St. Mary's, Ohio, 1899—Toronto, 10 janv. 1972), épouse de Harold Adams INNIS. Elle fréquente l'U. de Chicago (diplôme de 1ᵉʳ cycle, 1919) avant de faire carrière au Canada comme historienne de l'économie et écrivaine. Elle obtient un doctorat en droit (U. Queen, 1958) et un doctorat ès lettres (U. de Waterloo, 1965), puis est doyenne des étudiantes au collège universitaire de l'U. de Toronto (1955-1964). Son œuvre, très diversifiée, comprend *An Economic His-*

tory of Canada (1935), ouvrage sommaire, mais faisant autorité; *Stand on the Rainbow* (1943), roman qui raconte une année dans la vie d'une mère de jeunes enfants; *Unfold the Years* (1949), l'histoire de l'Alliance universelle des unions chrétiennes de jeunes gens; *Essays in Canadian Economic History* (1956), une édition de l'œuvre de son mari; ainsi que des poèmes, des nouvelles et des articles publiés dans de nombreux magazines canadiens et américains. *The Clear Spirit* (1966) et *Nursing Education in a Changing Society*, publié sous sa direction en 1970, font aussi partie de son œuvre.

Marylynn Scott

Innisfail, ville de l'Alb.; pop. 6116 (rec. 1996), 5700 (rec. 1991), 5535 (rec. 1986); superf. 9,82 km²; const. en 1899; située aux abords de la ligne du CP à 121 km au nord de Calgary. Appelé Poplar Grove à l'origine, l'établissement devient un relais populaire sur la piste Calgary-Edmonton au début des années 1880. En 1882, l'Alberta Lumber Co. de Montréal ouvre un moulin à blé près de l'emplacement de la ville actuelle, qui est arpenté l'année suivante.

Même si la rébellion du Nord-Ouest, en 1885, ralentit la colonisation, le sol fertile, l'abondance du bois et la richesse de la faune attirent de nombreux colons quelque temps plus tard. Avec l'arrivée du chemin de fer en 1891, on ouvre le premier bureau de poste et on crée une commission scolaire. Nommée peu après Innisfail, d'après la ville irlandaise du même nom, la localité est constituée en tant que ville en 1903. Depuis cette époque, elle est le centre prospère d'un district axé sur l'agriculture mixte. Après la Seconde Guerre mondiale, on a découvert d'importants gisements de pétrole dans la région, et l'industrie pétrolière et gazière qui s'y est développée depuis est un important client des entreprises locales.

David Leonard

Innisfil, ville de l'Ont.; pop. 24 711 (rec. 1996), 21 249 (rec. 1991), 15 334 (rec. 1986), superf. 284,1 km²; const. en tant que ville en 1991; située à 60 km au nord de Toronto, sur les rives du LAC SIMCOE. «Innisfil» est un terme poétique désignant l'Irlande. La région, autrefois occupée par les Hurons, est arpentée en 1820. Peu après, les premiers colons arrivent, par la rivière Hollande et le lac Simcoe, pour cultiver les terres de la région de Big Bay Point.

Le canton d'Innisfil croît lentement dans les années 1830 et 1840, mais la construction, dans les années 1850, de voies ferrées traversant la région déclenche une vague de croissance: de nombreuses scieries et des ports se développent le long du lac Simcoe. La région n'en demeure pas moins essentiellement agricole jusqu'à ces dernières années, où les chalets et autres installations récréatives du lac Simcoe prennent plus d'importance.

En 1991, la fusion du canton d'Innisfil, du village Cookstown et d'une partie des cantons de West Gwillimbury et de Tecumseh donne naissance à Innisfil. La région est à la fois résidentielle et rurale, lieu de retraite et lieu de résidence estivale. L'autoroute 400, voie principale entre Barrie et Toronto, traverse le territoire de la ville. Parmi les attractions touristiques, on compte le village de Cookstown et ses bâtiments historiques, plusieurs parcs provinciaux et réserves fauniques ainsi que les activités récréatives du lac Simcoe.

Deborah Welch et M. Payne

Innuitienne, région C'est une sous-division physiographique du gigantesque arc de roches plus jeunes, en grande partie stratifiées et sédimentaires, entourant l'ancien centre du BOUCLIER CANADIEN. Cette région, de forme triangulaire et d'une superficie de 540 000 km², est située entre le bouclier et l'océan Arctique, et est plus communément appelée ÎLES DE LA REINE-ÉLISABETH. On comprend mieux sa géologie et sa forme actuelle en la décrivant comme la partie soulevée de l'extrémité submergée du continent.

À l'époque du cambrien et du dévonien supérieur, une zone de subsidence et de sédimentation recouverte par l'océan borde la limite de la masse continentale du bouclier; cette zone s'appelle le géosynclinal franklinien. Au cours du dévonien moyen, de grands bouleversements terrestres donnent naissance à une ceinture de montagnes. Aujourd'hui, ces montagnes s'étendent en arc depuis les sommets accidentés (hauts de 2000 m) du nord-est de l'ÎLE D'ELLESMERE en passant par les hauts plateaux de l'ÎLE AXEL HEIBERG; plus loin, la chaîne de montagnes s'élargit et s'abaisse pour former les plateaux de l'ouest des ÎLES PARRY.

Il y a environ 330 millions d'années, le bassin de Sverdrup prend l'aspect d'une dépression régionale; durant 270 millions d'années, des formations se succèdent pour atteindre une épaisseur de 12 250 m. Lorsque le bassin de l'Arctique commence à s'ouvrir, ces roches, soumises à des forces énormes, sont poussées vers le bouclier bien ancré; elles se plissent et s'élèvent alors, formant une chaîne de montagnes qui s'étend sur 2250 km depuis les chaînes Grantland, Empire-Britannique et États-Unis du nordouest d'Ellesmere, en passant par les montagnes du centre et de l'ouest de l'île Axel Heiberg. Les roches sédimentaires moins touchées de Sverdrup, bien que traversées et percées de domes d'évaporites, forment aujourd'hui les terres basses de schiste et de grès à la topographie ondulée. Une bande étroite de minces dépôts meubles de sable et de gravier se trouve le long du littoral de l'océan Arctique.

Doug Finlayson

Innus (Montagnais-Naskapi) Groupe indien d'Amérique du Nord parlant un dialecte de la famille linguistique CRIE. Les Innus habitent treize communautés dont, au Québec, Betsiamites, Kawawachikamach, La Romaine, Les Escoumins, Maliotenam, Mashteuiatsh, Mingan, Natashquan, Pakuashipi (Sainte-Augustine), Schefferville, Uashat (Sept-Îles), et au Labrador, Sheshatshiu et Utshimassits (Davis Inlet).

Le terme «Innu» (personne) est le nom par lequel ils se désignent, bien qu'ils soient communément connus des non-Innus sous le nom de «Montagnais» (peuple des montagnes) et de «Naskapis» (origine incertaine). Ces termes sont apparus pour la première fois dans les écrits des missionnaires au XVIIᵉ siècle. Les deux termes ont été utilisés pour désigner différents groupes au fil des ans. À la fin du XIXᵉ siècle, le nom «Naskapi» avait pris la connotation de groupe non christianisé (appelé Mushuau Innuts ou «peuple de la toundra») du Grand Nord, alors que le nom «Montagnais» était surtout utilisé pour les Innus de la forêt. La population inscrite dépasse les 14 000 personnes (rec. de 1996).

Historique Les Innus descendent des populations venues s'installer au Québec et au Labrador il y a des milliers d'années. Même s'ils ont un moment combattu les INUITS, les IROQUOIS, les MICMACS et les ABÉNAKIS, ils n'étaient pas guerriers. Leur relative hostilité était, du moins en partie, due à leur contact avec les Européens. Dans la région de TADOUSSAC, ils jouent un rôle important au début de l'histoire canadienne comme alliés militaires des Français dans leurs guerres contre les Britanniques et leurs alliés autochtones (*voir* GUERRES IROQUOISES). CHAMPLAIN forme une alliance avec un groupe en 1608. Les Innus ont créé l'une des premières réserves de chasse et ont tenté, pendant quelques années, de garder les Européens, comme les autres groupes autochtones, loin de leur territoire.

Pendant des siècles, la TRAITE DES FOURRURES est au centre de leurs rapports avec les Européens. Le commerce dans les postes de traite du Saint-Laurent est un monopole qui appartient à la Couronne, au départ à celle de la France, puis ultérieurement, à celle de la Grande-Bretagne. On l'accorde ensuite à des commerçants privés. Au milieu des années 1800, la plupart des secteurs ont fait l'objet d'un piégeage excessif, et les Innus du Sud ont

besoin de l'aide des missions et du gouvernement pour survivre. Bientôt, l'exploitation forestière commerciale vient accroître leurs difficultés. En outre, on les exclut des rivières à saumon, qui sont louées à des clubs et à des particuliers.

Avant les années 1800, la plupart des contacts entre le sous-groupe Innu Mushuau du Nord et les Européens étaient indirects, limités à des échanges commerciaux par l'entremise des tribus cries voisines et des Innus du Sud. La subsistance de ces autochtones dépendait des déplacements du CARIBOU de la toundra. Il existait un chef spécial pour la chasse au caribou (Atik Utshimau), mais son autorité ne durait que le temps de la chasse. À compter de 1830, la COMPAGNIE DE LA BAIE D'HUDSON ouvre des postes de traite dans cette région nordique, lesquels au départ sont approvisionnés par Fort Chimo, puis ultérieurement, à partir de North West River au Labrador. La traite des fourrures a eu des effets désastreux, car le piégeage ne cadrait pas avec l'aspect nomade de la chasse au caribou. Un grand nombre d'Innus sont morts, certains de faim, d'autres de maladie. Vers les années 50, on trouvait encore un groupe nomade de la toundra qui commerçait à Fort Chimo. Les membres de ce groupe étaient malades et affamés, et le gouvernement a fini par les convaincre de s'établir à la nouvelle ville minière de SCHEFFERVILLE (Québec).

Vie contemporaine Malgré les pressions exercées sur les Innus pour qu'ils renoncent à la vie nomade, certains d'entre eux passent encore une partie de l'hiver à chasser. Ils chassent le caribou (dans les régions Est et Nord), l'orignal (dans l'Ouest), le castor et l'ours, et pêchent les poissons d'eau douce et le saumon. Leur vie dépend de la capacité de se déplacer. Ils utilisent le CANOT en été, et les RAQUETTES et le TOBOGGAN en hiver. Les articles européens, comme la farine, les armes à feu et même la MOTONEIGE, ont pris leur place dans un mode de vie essentiellement traditionnel.

Tout en vivant en forêt, les Innus ont développé une riche tradition à partir d'une base matérielle limitée. Chaque partie du caribou était utilisée: la peau, p. ex., était décorée de dessins peints ou de plumes et servait à fabriquer divers vêtements. Les tambours accompagnaient les chants sacrés. On croyait que l'omoplate d'un caribou, brûlée lors d'un rituel précédant la chasse, permettait de savoir où se trouvait le gibier. Ainsi, la croyance aux esprits des animaux jouait un rôle majeur dans la chasse. Le statut d'une personne était acquis principalement par sa capacité à offrir de la viande aux autres membres du groupe. Après la chasse, il y avait un festin cérémonial de la moelle d'os, le makushan. Les légendes ont permis de transmettre la majeure partie de la religion ancestrale. La langue des Innus fait partie de la famille linguistique algonquienne et est l'une des premières en Amérique du Nord dans laquelle des textes chrétiens ont été traduits.

Au début des années 1970, les Innus se sont dotés d'organisations politiques: le Conseil Attikameg-Montagnais au Québec, la Naskapi-Montagnais-Innu Association au Labrador (maintenant la Nation innu) et la bande des Naskapis de Schefferville. En 1975, cette dernière est exclue de l'entente de principe devant mener à la CONVENTION DE LA BAIE JAMES, mais négocie une entente distincte lui permettant d'obtenir un nouveau village, Kawawachikamach. Aujourd'hui, les Innus du Labrador sont représentés par la Nation innu, alors que ceux du Québec le sont par la Mamuitun et la Mammit Innuat. Ces groupes font pression sur le gouvernement pour qu'il règle leurs REVENDICATIONS TERRITORIALES et pour obtenir sa protection contre les effets de l'exploitation forestière, des barrages hydroélectriques, des constructions de routes, des vols à basse altitude et de l'exploitation minière, comme celle qui est prévue à Voisey's Bay (Labrador).

En 1993, les Innus de Davis Inlet (Utshimassits) ont attiré l'attention de la presse mondiale sur le pro-

blème d'inhalation massive d'essence. Récemment, de nouvelles formes d'expression artistique sont apparues, comme la parution des livres de la première écrivaine montagnaise, An Antane Kapesh, et les disques en langue innu enregistrés par le groupe très populaire Kashtin, ce qui montre que la culture continue de s'adapter. (*Voir aussi* AUTOCHTONES: LA RÉGION SUBARCTIQUE et des articles généraux à la rubrique AUTOCHTONES.)

Adrian Tanner

Inondations, contrôle des Les inondations résultent généralement de variations naturelles du niveau des rivières, des lacs et des océans. Les dommages qu'elles causent sont dus au fait que les gens, consciemment ou non, installent leurs centres d'activités, leurs cultures, leurs bâtiments et leurs autres propriétés dans une zone qui, bien que située au-dessus du niveau «normal» des eaux, se trouve malgré tout couverte naturellement par les eaux durant une période restreinte de l'année. Ainsi, on définit l'inondation selon deux points de vue: du point de vue hydrologique, quand le niveau de l'eau excède sa hauteur «normale» (étape de l'inondation), et du point de vue économique, quand surviennent des dommages matériels (étape des dommages).

Causes des inondations La principale cause des inondations riveraines reste un débit excessif dû à de fortes PLUIES. Les travaux d'urbanisation (transformation de terrains avec couvert végétal en surfaces étanches, comme des routes, des bâtiments et d'autres structures semblables) et l'élimination ou la modification du couvert végétal (l'eau s'écoule plus vite des terres en cultures que des terres forestières) augmentent le débit de l'écoulement (donc le débit de pointe). La fonte des neiges du début du printemps contribue aussi à augmenter le débit des cours d'eau et, dans presque tout le Canada, c'est en cette saison qu'on connaît le plus d'inondations.

Celles-ci peuvent aussi être causées par des embâcles lorsque les cours d'eaux sont bloqués en amont par l'accumulation de glaces, souvent en un endroit rétréci dans une rivière, p. ex., près d'un pont ou d'un chenal étroit. Les orages causés par de forts courants de convection au cours de l'été causent aussi parfois des inondations, en particulier dans les petits bassins hydrographiques.

Le plus souvent, dans les cas d'inondations provoquées par la fonte des neiges et l'écoulement printanier, la rivière monte lentement (long intervalle entre la crue des eaux et le débit de pointe), ce qui donne suffisamment de temps pour aménager une protection temporaire ou évacuer les lieux. Par contre, dans les cas d'inondations dues aux forts courants de convection, l'intervalle entre la crue des eaux et le débit de pointe peut être très court. De la même manière, lorsqu'un embâcle se brise, le débit de l'eau peut augmenter très rapidement.

Des problèmes de hautes eaux surviennent aussi sur les lacs, mais la hausse et la baisse de niveau y sont généralement beaucoup plus lentes que sur les rivières. Les dommages aux installations et aux chalets riverains sont fréquents sur le bord des Grands Lacs et surviennent occasionnellement sur la plupart des lacs tels le lac Winnipeg.

Les inondations côtières sont parfois provoquées lorsqu'une tempête vient gonfler les hautes eaux saisonnières, ou lorsqu'un TSUNAMI, provoqué par des TREMBLEMENTS DE TERRE, se dirige vers la côte. Ce phénomène se produit occasionnellement sur la côte ouest. Les inondations côtières produites par des OURAGANS frappent parfois la côte Atlantique.

Zones inondables La RIVIÈRE ROUGE, au Manitoba, présente des problèmes d'inondation parmi les plus sérieux au Canada. Les eaux de fonte montent des États-Unis vers le nord, à travers une plaine large et plate (le lit du LAC AGASSIZ, un ancien lac glaciaire), et, sur leur chemin, de fortes inondations bouleversent parfois considérablement plusieurs petites communautés et même Winnipeg.

Cette dernière a été touchée par d'importantes inondations en 1776 et en 1826. Ces sinistres se sont reproduits en 1950, en 1966 et en 1979.

L'inondation de 1950 a amené la construction d'un large canal détournant les eaux de la zone inondable de la rivière Rouge, le Red River Floodway. Certaines personnes qui dénigrent le projet, en raison de son coût élevé, l'ont surnommé le «fossé de Duff» (d'après le premier ministre de l'époque, Duff ROBLIN), mais son importance lors de la spectaculaire inondation de 1997 a été démontrée. Ce printemps-là, exceptionnellement, les accumulations de neige sont de 300 p. 100 au-dessus de la normale dans les États américains voisins et de 200 p. 100 dans le sud du Manitoba. Toute cette neige s'est accumulée sur un sol encore saturé de l'automne précédent.

Quelque 2500 maisons et 1950 km² de terrains ont été inondés, et environ 30 000 personnes ont dû évacuer les lieux. On a alors organisé une gigantesque opération de sauvetage avec l'aide des Forces armées canadiennes et de nombreux bénévoles. Cette initiative, ajoutée au canal de diversion de la rivière Rouge, a épargné la ville de Winnipeg. N'eût été de cela, le niveau de l'eau aurait dépassé d'un mètre celui enregistré en 1950.

Le succès de cet effort de sauvetage a cependant fait l'objet de controverses. La population s'est questionnée au sujet des frais d'indemnisation accordés, et certains considèrent que le fait d'avoir protégé Winnipeg de l'inondation pourrait avoir haussé les niveaux d'eau ailleurs. Étant donné l'importance de l'inondation, ce ne sont pas toutes les localités qui ont pu être protégées par les digues existantes.

La région du Saguenay, au Québec, a subi d'importantes inondations en juillet 1996. Une forte tempête estivale, associée à certains barrages incapables de contenir le trop-plein d'eau, a provoqué des inondations partout dans la région. La destruction des habitations et des autres structures qui se trouvaient dans des zones prétendument à l'abri de tels sinistres ont occasionné de lourdes pertes financières. Selon le premier ministre Lucien BOUCHARD, le sinistre était un «cas imprévu». Cependant, de nombreuses personnes ne partagent pas son avis.

Un important risque d'inondation menace aussi la vallée du bas Fraser, le long du FLEUVE FRASER en Colombie-Britannique. En 1948, 16 000 personnes doivent évacuer leur maison et les pertes sont lourdes. Depuis lors, la région de Richmond a connu un important accroissement du développement et de la population. Bien que des digues y aient été érigées, il serait imprudent de négliger le risque qu'elles soient un jour submergées.

En 1954, à la suite de fortes pluies associées au passage de l'OURAGAN HAZEL, les rivières Don et Humber de Toronto, sortant de leur lit, ont provoqué la mort de 81 personnes et causé de lourds dommages matériels. Depuis ce temps, la plupart des propriétés exposées aux dommages ont été déplacées loin des plaines inondables, et la réglementation sur l'aménagement a éliminé en grande partie les possibilités de dommages.

En juillet 1986, 900 résidents d'Edmonton ont dû s'enfuir de leur maison lorsque les eaux de la rivière Saskatchewan Nord, gonflées par les pluies, ont dépassé de 7,6 m le niveau normal, causant les pires inondations depuis 1915.

Plusieurs fleuves et rivières du Canada (MACKENZIE, COPPERMINE, CHURCHILL et Moosonee) coulent vers le nord dans la baie d'Hudson et l'océan Arctique. Les eaux de fonte des cours en amont de ces bassins fluviaux, associées aux régions plus basses encore gelées, provoquent souvent d'importantes inondations au printemps. Les localités isolées des premières nations telles AKLAVIK, dans le delta du Mackenzie dans les Territoires du Nord-Ouest, et Fort Albany, en Ontario, ont l'habitude d'affronter des inondations printanières régulières.

Il se produit tout de même des inondations catastrophiques. En 1986, la localité de Winisk, en Ontario, a été détruite. Des blocs de glace de la taille d'une voiture, détachés d'un embâcle, ont traversé rapidement la localité, tuant deux personnes. Plus tard, les habitants se sont réinstallés en amont, sur des terres plus hautes, et ils ont nommé la localité Peawanuck.

De telles inondations sont également survenues à Red Deer, en Alberta (rivière Red Deer); à Swift Current et à Moose Jaw, en Saskatchewan (ruisseau Swiftcurrent et rivière Moose Jaw); à Fredericton (fleuve Saint-Jean); le long des rivières Châteauguay, Richelieu, Yamaska, Saint-François et Chaudière, au Québec; ainsi que dans plusieurs autres localités du Canada.

Contrôle des inondations Traditionnellement, on a tenté de contrôler les inondations en construisant des barrages, des digues et des chenaux de dérivation. S'il n'existe aucune statistique précise et complète sur les dommages causés par les inondations au pays, il semble évident que ces ouvrages de génie civil n'ont pas empêché leur augmentation partout au pays. Dans plusieurs régions, en ville et en périphérie des villes, on a construit des établissements résidentiels, industriels et commerciaux dans les plaines inondables, derrière les digues ou en aval des réservoirs artificiels de retenue. Aujourd'hui, lorsque surviennent des inondations extrêmes, à faible probabilité, elles peuvent déborder des ouvrages de protection et produire plus de dommages qu'auparavant, puisqu'il se trouve un plus grand nombre de propriétés sur le passage des eaux.

Pour renverser cette tendance, le gouvernement fédéral invite les provinces à collaborer à un programme conjoint qui aborde de manière plus globale la question des dommages dus aux inondations. En 1975, on a annoncé un programme visant la réduction des dommages. Son principal élément est la préparation de cartes indiquant les régions les plus sujettes aux inondations. Ces cartes, associées à l'élaboration de règlements provinciaux et municipaux sur l'utilisation des plaines inondables, visent à dissuader la population de poursuivre tout autre aménagement dans ces zones. Quelque 300 localités partout au Canada ont été ainsi inscrites sur les cartes. Ces dernières ont été distribuées aux individus qui s'occupent de la gestion des plaines inondables, aux urbanistes, aux responsables de l'aménagement urbain et à la population.

C'est à partir de ces cartes que les provinces et les municipalités établissent leurs politiques, leurs règlements et arrêtés, ainsi que leurs campagnes d'information. Le programme dissuade les gens (mais l'objectif n'est pas entièrement atteint) de construire de nouvelles habitations et entreprises sur les plaines inondables et préconise plutôt l'utilisation de ces terres pour en faire des parcs et autres espaces verts, des installations récréatives et un habitat pour les animaux sauvages. Le programme a été bien accueilli par les gouvernements provinciaux et municipaux. Ils comprennent mieux la nécessité d'une approche globale pour réduire les dommages dus aux inondations, incluant prévisions, signes avant-coureurs, mesures d'urgence et de contrôle, et l'aménagement du terrain.

En 1996-1997, le programme administré par le fédéral a été éliminé progressivement durant une période de restrictions financières, mais l'idée qui y était défendue d'ajuster l'emplacement, le mode et le type d'établissements humains aux dangers des inondations supplante les simples tentatives de les contenir.

L'avenir Les inondations sont des phénomènes naturels qui continueront de se produire. Jusqu'au milieu des années 90, la gestion améliorée des risques d'inondations semble se traduire peu à peu par une diminution des dommages, et on croit que les pertes seront considérablement réduites, bien que non éliminées. Cette confiance s'est vue ébranlée par

les récentes inondations majeures dans la région du Saguenay et de la rivière Rouge. Il est possible que ces sinistres (et d'autres inondations majeures aux États-Unis) soient liés aux CHANGEMENTS CLIMATIQUES et qu'à l'avenir, le Canada et d'autres pays connaîtront des inondations encore plus dévastatrices et plus fréquentes. (*Voir aussi* DÉSASTRES; RÉCHAUFFEMENT PLANÉTAIRE.)

Ian Burton

Insecte Petit animal (plus de 75 p. 100 des espèces connues ont moins de 6 mm de longueur) au corps segmenté et pourvu de trois paires de pattes et d'une ou deux paires d'ailes (parfois sans ailes). Certaines espèces sont issues de lignées primitives aptères ou sans ailes (aptérygotes), et chez certains groupes évolués (PUCES et poux), les ailes ont régressé complètement.

Répartition Bien que quelques espèces vivent en eau douce, à la surface de l'océan ou dans les milieux intertidaux, la grande majorité sont terrestres (aérobiotiques). Les insectes sont particulièrement abondants dans les régions tropicales, mais on en trouve à toutes les latitudes et altitudes, sauf les plus extrêmes. Environ 300 espèces (surtout des diptères) vivent au nord du 75e parallèle dans les îles de l'Arctique canadien, et on trouve même des espèces de parasites d'OISEAUX et de PHOQUES en Antarctique.

Succès évolutif des insectes La diversité d'insectes est impressionnante. On estime que les 750 000 espèces répertoriées représentent seulement 10 p. 100 à 50 p. 100 du nombre réel d'espèces au monde. Au Canada, on en a décrit environ 30 000 espèces sur un total estimé à 55 000 espèces.

Les insectes doivent leur succès à leur adaptabilité et à une longue évolution diversifiée. Ils ont été parmi les premiers animaux terrestres de la planète. Comme les autres arthropodes, ils possèdent un squelette externe (exosquelette) constitué d'une cuticule légère, robuste et imperméable qui a joué un rôle crucial dans leur succès évolutif. Leur petite taille leur permet de se cacher facilement des prédateurs et de se nourrir de matière dispersée dans l'espace. Leur petitesse et leur aptitude au vol ont facilité leur dispersion par le vent pour occuper de nouveaux habitats, conduisant à l'isolement géographique des populations et finalement à l'évolution de nouvelles espèces.

Leur pouvoir élevé de reproduction et les caractéristiques de leur cycle biologique ont également contribué au succès des insectes. En effet, la production de nombres élevés d'œufs et la succession rapide de courtes générations leur ont permis de s'adapter rapidement aux changements de leur milieu.

Reproduction et développement Il existe deux modes fondamentaux de développement chez les insectes: la métamorphose simple ou incomplète et la métamorphose complexe ou complète. Dans le premier cas, il n'y a pas de stade de nymphe, et les juvéniles ressemblent aux adultes, bien qu'ils soient infertiles et n'aient pas d'ailes pleinement développées et fonctionnelles. Ce type de développement caractérise les insectes relativement primitifs tels que les sauterelles (*voir* CRIQUET), les GRILLONS et espèces apparentées ainsi que les punaises (hétéroptères) (*voir* HÉMIPTÈRES).

Quant à la métamorphose complète, elle implique l'ajout d'un stade de nymphe au cours duquel la larve subit une transformation majeure pour devenir un adulte qui ne ressemble vraiment pas à la larve. Ce type de développement caractérise les insectes plus évolués comme les PAPILLONS et les PAPILLONS NOCTURNES (lépidoptères), les COLÉOPTÈRES, les MOUCHES vraies (diptères), les GUÊPES, les ABEILLES et les FOURMIS (hyménoptères).

L'évolution du stade de nymphe entre le dernier stade larvaire et celui d'adulte a permis une spécialisation prononcée des deux formes actives nécessaires à compléter le cycle évolutif, de sorte que les fonctions principales de la larve sont l'alimentation et l'accumulation de nutriments, alors que celles de l'adulte sont la reproduction et la dispersion. Chez certains insectes, la nymphe est très résistante aux conditions adverses. Cette caractéristique ajoutée au fait que seule la larve se nourrit permet d'exploiter des habitats où les conditions sont propices au développement seulement à certaines périodes de l'année.

Dormance et diapause Les insectes qui vivent dans des régions (incluant la plupart des régions du Canada) où les conditions favorables alternent avec des conditions difficiles (c.-à-d. manque de nourriture, températures non propices à la croissance et à la reproduction) survivent en entrant périodiquement en dormance profonde ou diapause. Celle-ci peut se produire à n'importe quel stade du cycle évolutif, et ce stade varie selon l'espèce. Ainsi, plusieurs espèces de sauterelles hivernent en diapause sous forme d'œufs, certaines espèces de DEMOISELLES le font sous forme de larves congelées dans la glace, plusieurs espèces de papillons sous forme de chrysalides, et quelques espèces de MOUSTIQUES sous forme d'adultes.

L'insecte se préparant à entrer en dormance cherche un endroit protégé sous des feuilles ou de l'écorce ou dans le sol. De plus, certaines espèces produisent et stockent des métabolites particuliers qui agissent comme antigel et préviennent donc les dommages causés par le gel. Une stratégie bien différente pour contrer la saison difficile est la migration. En utilisant le vent, certaines espèces migrent sur plusieurs milliers de kilomètres dans des régions où le climat est plus favorable.

Cedric Gillott

Insectes nuisibles Les insectes et les humains cohabitent sur Terre et ont développé des relations complexes. Les INSECTES que l'on dit nuisibles (moins de 1 p. 100 de toutes les espèces d'insectes) sont généralement ceux qui parasitent les humains et le bétail, leur font compétition pour l'obtention de nourriture ou leur transmettent des maladies. Les modifications apportées aux ÉCOSYSTÈMES par les humains favorisent certains insectes, et les espèces qui s'y adaptent bien deviennent souvent très nuisibles.

Effets sur les humains Le corps humain offre nourriture et protection au morpion (pou du pubis) et à deux sous-espèces du POU de l'homme (le pou de la tête et le pou du corps). Les PUCES et les punaises des lits se nourrissent aussi de sang humain (elles sont hématophages) et se réfugient entre leurs repas dans les endroits reclus des habitations. À l'extérieur, les humains subissent les attaques d'une variété de MOUCHES piqueuses hématophages (MOUSTIQUES, MOUCHES NOIRES, taons à cheval et à chevreuil, mouche piquante des étables) qui importunent leur victime et provoquent parfois des allergies ou causent des intoxications. Au Canada, les habitations humaines, les granges et autres bâtiments sont essentiels à la survie de divers insectes originaires de régions au climat chaud, comme les BLATTES, les teignes (*voir* PAPILLON NOCTURNE), l'anthrène des tapis (*voir* COLÉOPTÈRES), le lépisme argenté et certaines espèces de FOURMIS.

Plusieurs insectes hématophages sont vecteurs de maladies graves. Ces espèces contractent l'agent infectieux lorsqu'elles se nourrissent du sang d'un hôte infecté (humain ou animal) et infectent de nouvelles victimes lors d'un repas subséquent. Le pou de l'homme est un vecteur important de la fièvre des tranchées, de la fièvre récurrente et du typhus, les puces transmettent le bacille de la peste noire des rongeurs aux humains et diverses espèces de moustiques transmettent la malaria et l'encéphalite virale. L'insecte est l'hôte essentiel de certains stades de développement des agents infectieux de ces maladies, mais dans le cas de certaines autres maladies, il agit simplement comme véhicule mécanique de l'agent infectieux. La mouche domestique, qui est largement répartie presque partout dans le monde, se reproduit sur des déchets organiques et est ainsi souvent la source de la contamination de la nourriture par des agents infectieux.

Attaques du bétail Le bétail subit les attaques des mêmes insectes que les humains. Chaque espèce de bétail est l'hôte d'une ou plusieurs espèces de poux qui affectent la vigueur et retardent la croissance. Les mouches hématophages (p. ex., la mouche faciale, la mouche des cornes et la mouche piquante des étables, une espèce introduite) harcèlent les bovins et se nourrissent de leur sang, ce qui réduit la croissance et la production de lait. Dans certaines régions, les mouches noires et les moustiques peuvent être parfois si abondants que les bovins ont du mal à s'alimenter et ont des réactions de panique qui se manifestent par des courses effrénées. Le harcèlement par les essaims d'espèces indigènes de mouches noires peut causer de l'anémie grave et même la mort. Les bovins élevés là où les mouches noires abondent sont partiellement résistants à ces attaques, mais les animaux étrangers introduits pour améliorer les troupeaux manquent de résistance et souffrent énormément ou meurent.

Effets sur les plantes Au Canada, la courte saison de croissance et les hivers froids empêchent la plupart des espèces d'insectes de compléter plus d'une génération par année. Le nombre d'espèces phytophages nuisibles et les dommages qu'elles causent sont ainsi moindres que dans les régions plus chaudes. Néanmoins, les insectes causent des pertes considérables, et les coûts entraînés font augmenter le prix de nombreux produits agricoles et forestiers (*voir* FORESTERIE).

Cultures L'agriculture intensive favorise les insectes nuisibles en concentrant leurs ressources alimentaires sous forme de plantes cultivées ou de produits stockés (*voir* CULTURES). La concentration de plantes comestibles, souvent cultivées en monoculture, peut défavoriser les ennemis des insectes nuisibles, pourtant efficaces dans les milieux naturels. Les insectes peuvent attaquer n'importe quelle partie d'une plante cultivée et à n'importe quel stade de son développement.

Les larves de taupins ou vers fil de fer s'attaquent aux grains de semence et aux pommes de terre, les vers gris affectent les plantules de presque toutes les cultures, et les altises causent des dégâts importants aux germes de colza canola et d'autres cultures de crucifères. Les tissus des plantes en croissance sont attaqués par les noctuelles, les légionnaires, les PUCERONS, le doryphore de la pomme de terre et d'autres espèces. La pyrale du maïs se nourrit des épis de maïs, et plusieurs espèces de pucerons infestent les épis des plantes céréalières. Plusieurs espèces de coléoptères et de papillons de nuit infestent les grains entreposés, et certaines espèces de ces groupes se nourrissent de farine et d'aliments transformés.

Il est difficile d'évaluer les dépenses relatives à la lutte contre les insectes nuisibles ainsi que les pertes qu'ils entraînent, et il y a peu d'informations disponibles à ce sujet. On estime les pertes de rendement de CÉRÉALES à 5 p. 100 annuellement avec un maximum de 25 p. 100, et celles de colza canola à 5 p. 100 à 10 p. 100, et ce, malgré le recours aux pesticides. Les pertes moyennes de rendement des cultures d'oignons, de pommes, et de pommes de terre sont seulement de 3 p. 100, mais sans insecticides, ces pertes seraient plutôt de 30 p. 100 à 70 p. 100, de 50 p. 100 à 100 p. 100 et de 30 p. 100 à 50 p. 100, respectivement.

Transmission de maladies des plantes Les insectes suceurs qui transmettent des agents infectieux des plantes malades aux plantes saines affectent sérieusement plusieurs cultures au Canada. Un petit nombre d'insectes porteurs peuvent causer de graves dommages. Les pucerons sont les seuls vecteurs du virus du nanisme jaunissant de l'orge, affectant diverses céréales en réduisant radicalement la production de grains. Les cicadelles transmettent la jaunisse de l'aster, qui n'affecte pas seulement l'aster, mais aussi la laitue, le céleri, la carotte et la pomme de terre. Les pucerons transmettent également des maladies à virus à la pomme de terre, constituant une menace constante à la production dans l'est du Canada. En Colombie-Britannique, les cerises et les pêches peuvent être infestées par le virus de la petite cerise transmis par les cicadelles.

Dommages aux arbres forestiers et aux produits du bois Les forêts canadiennes sont principalement composées d'un nombre limité d'espèces d'arbres, et ces peuplements sont sujets aux dégâts des insectes, particulièrement une fois rendus à maturité. Les insectes (p. ex., la tordeuse des bourgeons de l'épinette, l'arpenteuse de la pruche et diverses espèces de scolytes) tuent les vieux arbres et permettent ainsi la régénération. Ils font désormais compétition à l'humain pour les ressources forestières. En Ontario, au Québec et dans les provinces de l'Atlantique, des épidémies de tordeuses des bourgeons de l'épinette se produisent périodiquement depuis plusieurs siècles. Le scolyte de l'orme transmet la maladie hollandaise de l'orme, qui a décimé les ormes nord-américains.

Depuis 1950, on utilise les PESTICIDES pour prévenir la mort des arbres et pour assurer la continuité de la coupe forestière. Malheureusement, les arrosages prolongent les épidémies, de sorte que dans certains secteurs, la forêt doit être arrosée chaque année. Les scolytes ont un statut semblable dans les forêts de l'Ouest, en s'attaquant habituellement aux arbres âgés ou affaiblis. Ils ne font pas seulement compétition aux humains pour le bois, mais sont nuisibles même dans les parcs, où des peuplements trop âgés sont protégés uniquement pour la valeur esthétique du paysage.

La fourmi noire gâte-bois (aussi vulgairement appelée fourmi charpentière) creuse parfois son nid dans le bois d'œuvre, les poteaux et les charpentes de bois des bâtiments. En plus des dégâts importants qu'elles causent aux structures, ces grosses fourmis envahissent parfois les maisons pour se nourrir d'aliments humides et endommagent parfois les tissus et les produits papetiers. Les TERMITES peuvent causer de graves dommages aux structures des bâtiments. Au Canada, on les rencontre dans le sud de la Colombie-Britannique et de l'Ontario et dans certaines villes situées plus au nord, comme Ottawa et Winnipeg.

W.J. Turnock

Insectes utiles La plupart des espèces d'INSECTES nous sont bénéfiques ou indifférentes (moins de 1 p. 100 sont nuisibles) et jouent un rôle écologique majeur. Plusieurs ÉCOSYSTÈMES ne seraient pas fonctionnels sans eux, puisqu'ils constituent la nourriture principale d'un grand nombre d'espèces d'animaux et d'OISEAUX et que la pollinisation de plusieurs espèces de PLANTES dépend d'eux. La pollinisation ne dépend pas que des ABEILLES. En effet, dans le nord du Canada, elle est en grande partie effectuée par des MOUCHES et des PAPILLONS. Les insectes phytophages (qui se nourrissent de plantes) contribuent aussi à en assurer la diversité végétale. Si on élimine ces insectes, les espèces de plantes les plus compétitrices ont tendance à envahir de grandes superficies et à remplacer les autres espèces.

Insectes comestibles Dans plusieurs parties du monde, certains insectes (p. ex., les CRIQUETS) constituent une ressource alimentaire pour les humains. Ils ont une très haute teneur en protéines digestibles et en énergie, mais les occidentaux ne sont pas très réceptifs à l'idée d'en manger. Les tentatives du Dr B. Hocking de l'U. DE L'ALBERTA pour promouvoir le couvain d'abeilles domestiques (un sous-produit de l'industrie du miel vendu à l'automne) n'ont pas été fructueuses. Cependant, l'explorateur anglais Samuel HEARNE mentionne dans son journal de 1771 qu'un chef de la bande des INUITS DU CUIVRE du Canada mangeait des larves d'hypodermes, qu'il considérait comme un mets délicat et qui avaient, semble-t-il, la saveur des groseilles.

Produits dérivés des insectes Le produit des insectes le plus grandement utilisé est le miel (*voir* APICULTURE). D'autres produits dérivés d'insectes sont la soie obtenue des cocons du ver à soie (PAPILLON NOCTURNE du genre *bombyx*), la gomme laque provenant des sécrétions de COCHENILLES que l'on trouve sur les figuiers en Asie et la teinture écarlate provenant des cochenilles à carmin qui vivent sur les CACTUS. Cette teinture regagne actuellement en popularité comme colorant alimentaire depuis que l'on soupçonne les pigments provenant du goudron de houille, qui avaient supplanté le carmin au début du XX⁰ siècle, d'être cancérigènes (*voir* CANCER).

Les insectes sont d'importants outils de recherche dans les domaines de la GÉNÉTIQUE et de la dynamique des populations parce qu'ils ont une durée de génération assez courte. Finalement, les papillons, les LIBELLULES, les COLÉOPTÈRES et d'autres types d'insectes ont longtemps été une source d'inspiration artistique, littéraire et musicale.

Lutte biologique Les GUÊPES parasitoïdes, qui forment un des plus grands groupes d'insectes avec ses quelque 200 000 espèces, attaquent et se nourrissent d'autres insectes. Leur utilisation pour la répression d'insectes nuisibles est appelée «lutte biologique». Au Canada, la protection des tomates et des concombres cultivés en serres dépend en grande partie de lâchers réguliers d'insectes (lutte biologique envahissante) qui parasitent les «mouches» blanches (ou aleurodes) ou autres insectes nuisibles, permettant ainsi d'éviter la contamination des récoltes par des insecticides.

Lutte biologique classique Certains insectes parasitoïdes provenant d'autres régions du monde sont introduits au Canada pour contrôler en permanence les populations d'insectes nuisibles introduits. C'est ce que l'on appelle la lutte biologique classique. P. ex., avant 1930, le diprion européen de l'épinette (*voir* MOUCHES À SCIE) se propageait rapidement et causait de graves pertes dans les peuplements d'épinettes de l'Est canadien. L'introduction de guêpes parasitoïdes et d'une maladie à virus propagée par celles-ci a permis de rabaisser les populations de diprions sous le seuil de nuisibilité.

Les plantes introduites sans leurs ennemis naturels deviennent généralement des mauvaises herbes. Au Canada, on a souvent eu recours à la lutte biologique pour maintenir la densité des mauvaises herbes dans les pâturages et les jachères sous le seuil de nuisibilité. En 1950, dans le centre de la Colombie-Britannique, le millepertuis commun d'origine européenne était en train de remplacer la flore indigène et les plantes fourragères. L'introduction d'un coléoptère européen spécialiste du millepertuis a permis de réduire de 99 p. 100 la densité de cette mauvaise herbe dans la plupart des régions, et ce, sans causer de dommages aux autres espèces de plantes. Cette méthode constitue souvent la façon la plus économique de lutter contre les mauvaises herbes introduites et permet d'éviter les effets indésirables des herbicides. Il faut toutefois attendre parfois 20 ans pour que les résultats voulus soient obtenus.

Des chercheurs canadiens ont été les premiers à utiliser un coléoptère qui se nourrit de capitules pour lutter contre une autre mauvaise herbe d'origine européenne, le chardon penché. Cet insecte a aussi été utilisé avec succès dans tellement d'autres pays, qu'il constitue l'un des agents de lutte biologique les plus fructueux au monde.

Récemment, la centaurée diffuse et la centaurée maculée, originaires de l'est de l'Europe, menaçaient un million d'hectares de prairie de l'Ouest canadien. Elles doivent maintenant faire face à 12 espèces d'insectes qui, à divers stades de leur développement, s'attaquent aux racines et aux capitules. Dans les prairies canadiennes, la couverture d'euphorbe ésule, également introduite d'Europe, est passée de 100 p.

100 à moins de 5 p. 100 après le lâcher de plusieurs espèces de coléoptères rhizophages spécialistes des euphorbes.

Peter Harris

Insectes, classification des

Un système de classification permet de résumer efficacement une variété de renseignements sur chaque taxon ou groupe. Une classification naturelle est destinée à refléter les relations généalogiques (historiques, phylogénétiques) connues ou présumées entre ces groupes. Une telle classification est bien sûr liée à la compréhension plus ou moins exacte de l'histoire évolutive d'un groupe et en dépend. Les entomologistes ont des points de vue variés en ce qui a trait à l'histoire évolutive des INSECTES et proposent donc des systèmes de classification qui diffèrent considérablement. Les insectes sont avant tout classés selon la structure de leurs ailes et de leurs pièces buccales et selon le type de métamorphose qui caractérise leur développement.

Classification On estime qu'il y a 55 000 espèces d'insectes au Canada. Elles sont classées en 569 familles appartenant à 32 ordres. Ce nombre inclut en principe tous les arthropodes (animaux segmentés à pattes articulées) dont le corps est divisé en trois parties (tête, thorax et abdomen) et qui possèdent trois paires de pattes thoraciques articulées. Au sens strict, les insectes ont des antennes dont les segments terminaux n'ont pas de muscles, 6 pattes dont chacune est pourvue de 2 points d'articulation avec le thorax et un abdomen divisé en 11 segments.

Exceptions La classe des insectes, telle que définie ci-dessus, inclut trois taxons (protoures, collemboles, diploures) que certains entomologistes ne considèrent pas comme des insectes. Ces arthropodes ont des pièces buccales rétractées dans les cavités de la tête, et sont parfois traités comme un taxon naturel, les entognathes (du gr. «mâchoires internes»). Ils partagent l'absence primitive (non régressive) d'ailes, mais diffèrent à l'égard de plusieurs traits importants. Ainsi, les protoures n'ont pas d'antennes, leur abdomen est divisé en 12 segments, et l'ouverture génitale de la femelle est située derrière le onzième segment. On estime qu'il y en a huit espèces au Canada. Les collemboles quant à eux ont des antennes dont les segments comportent tous des muscles et leur abdomen est divisé en six segments. On en compte environ 520 espèces au Canada. Les diploures ont trois ou quatre stigmates (ouvertures trachéales) sur le thorax et un mode unique d'articulation des pattes. On estime que cinq espèces vivent au Canada.

Deux ordres d'insectes aptérygotes (primitivement aptères) ont des pièces buccales saillantes (ectognathes): ce sont les microcoryphia (environ 13 espèces au Canada), qui ont des mandibules avec un seul point d'articulation sur la capsule céphalique; et les thysanoures (lépismes et thermobies, environ 12 espèces au Canada), qui ont des mandibules avec un double point d'articulation.

Insectes ailés L'infraclasse des paléoptérygotes qui fait partie de la sous-classe des ptérygotes (insectes ailés) inclut des insectes incapables de replier leurs ailes vers l'arrière et de les poser sur leur abdomen. Il existe, parmi les paléoptérygotes encore existants, deux ordres très différents et peu apparentés: les éphémères (ÉPHÉMÈRES, environ 411 espèces au Canada) et les odonates (LIBELLULES et DEMOISELLES, plus de 190 espèces au Canada).

Les adultes de tous les insectes de l'infraclasse des néoptères sont capables de replier leurs ailes vers l'arrière pour les poser sur l'abdomen. À l'origine, les ancêtres de ce groupe avaient des pièces buccales broyeuses, mais parmi les taxons qui en sont les descendants actuels, les pièces buccales se sont considérablement diversifiées. On reconnaît trois subdivisions (cohortes) de néoptères, chacune constituant une lignée évolutive distincte.

Les polynéoptères se caractérisent généralement par des pièces buccales broyeuses, un lobe anal bien

distinctif sur les ailes postérieures, des cerques (appendices articulés de l'extrémité de l'abdomen), des tubules de Malpighi (fins vaisseaux internes servant essentiellement à l'excrétion) en nombre élevé, et une métamorphose incomplète. Durant la métamorphose, les larves arrivées aux derniers stades (périodes entre les mues) ressemblent beaucoup aux adultes, ont des pièces buccales du même type, ont les mêmes habitudes alimentaires et occupent le même habitat.

On distingue 8 ordres de polynéoptères au Canada: les plécoptères (PERLES, environ 310 espèces au Canada); les dictyoptères (les BLATTES et les MANTES, de 13 à 16 espèces au Canada); les isoptères (TERMITES, 3 espèces indigènes du Canada); les notoptères (grylloblattes, probablement 5 espèces au Canada); les dermaptères (perce-oreilles ou forficules, environ 5 espèces au Canada); les grylloptères (sauterelles et GRILLONS, environ 96 espèces au Canada), que l'on inclut souvent dans l'ordre des orthoptères (au sens strict, les CRIQUETS, environ 140 espèces au Canada); et les chéleutoptères (phasmes et phyllies, probablement 2 espèces au Canada). Les orthoptères sont les polynéoptères les plus diversifiés dans le monde. Les notoptères forment un groupe exceptionnel d'insectes prédateurs, secondairement aptères, qui vivent dans les montagnes de l'Ouest, généralement sur les glaciers. En raison de leurs traits primitifs, certains entomologistes les considèrent comme des fossiles vivants.

La seconde cohorte de néoptères, les paranéoptères, ont généralement des pièces buccales du type perceur et suceur, des ailes postérieures avec un lobe anal réduit ou absent, un abdomen sans cerques, au maximum quatre tubules de Malpighi et une métamorphose incomplète. On en reconnaît quatre ordres au Canada: les psocoptères (psoques, POUX des livres ou trogiides et poux de l'écorce ou lépidopsocides, environ 103 espèces au Canada); les phthiraptères (poux vrais, parasites des oiseaux et des mammifères, environ 775 espèces au Canada); les HÉMIPTÈRES (y compris les homoptères; punaises, cigales, pucerons, cochenilles et autres, environ 4226 espèces au Canada); et les thysanoptères (THRIPS, environ 246 espèces au Canada). Les hémiptères sont les paranéoptères les plus diversifiés dans le monde.

La troisième cohorte, les oligonéoptères, sont caractérisés par la métamorphose complète, au cours de laquelle se succèdent un œuf, une larve, une nymphe et un adulte aux formes très distinctes. Un tel cycle de vie permet aux larves et aux adultes d'avoir des formes et des comportements très variés. Les pièces buccales sont fondamentalement du type broyeur, mais chez les 10 ordres représentés au Canada, le mode d'alimentation est très varié.

L'ordre d'insectes le plus diversifié au monde est celui des COLÉOPTÈRES (environ 9116 espèces au Canada). Ces insectes se distinguent par leurs pièces buccales broyeuses et leurs ailes antérieures transformées en élytres rigides, dures et protectrices. Les MOUCHES (diptères, 14 464 espèces au Canada) viennent en second lieu pour la diversité mondiale. Elles se caractérisent par leur unique paire d'ailes, les ailes antérieures. L'ordre le plus familier de oligonéoptères est sans doute celui des hyménoptères (ABEILLES, GUÊPES et FOURMIS, environ 16 665 espèces au Canada), dont la majorité ont une taille rétrécie propice aux mouvements de l'abdomen qu'ils doivent effectuer pour piquer.

Les autres ordres d'oligonéoptères sont, en ordre d'importance pour leur diversité au Canada: les lépidoptères (PAPILLONS et les PAPILLONS NOCTURNES, environ 6734 espèces au Canada); les trichoptères (PHRYGANES, 546 espèces connues); les siphonaptères (PUCES, environ 190 espèces); les neuroptères (HÉMÉROBES, chrysopes et autres, 75 espèces connues); les mécoptères (panorpes ou mouches-scorpions, 32 espèces); les mégaloptères

(CORYDALES CORNUES et SIALIDÉS, 16 espèces connues) et les raphidioptères (raphidies, 6 espèces).

G.G.E. Scudder

Insectivores Ordre des MAMMIFÈRES qui compte sept familles vivantes: LES MUSARAIGNES (soricidés), les TAUPES (talpidés), les hérissons (érinacéidés), les tenrecs (tenrécidés), les potamogales (potamogalidés), les taupes dorées (chrysochloridés) et les solénodontes (solénodontidés). Il existe environ 350 espèces vivantes largement réparties en Afrique, en Eurasie, en Amérique du Nord et dans le nord de l'Amérique du Sud. Les 22 espèces du Canada appartiennent aux familles des talpidés et des soricidés.

Description Les insectivores sont généralement petits, et leur poids varie de deux grammes chez la musaraigne étrusque (*suncus etruscus*), le plus petit mammifère au monde, à 1,5 kg chez le grand gymnure (*echinosorex gymnurus*). Les insectivores ont des caractéristiques primitives, mais certaines espèces, entre autres les taupes, sont adaptées à un mode de vie hautement spécialisé. Ils sont plantigrades (p. ex., ils marchent sur la plante des pieds et les talons), et chaque patte a cinq doigts munis de griffes.

Ils ont généralement un museau pointu et tubulaire, de petits yeux et de petites oreilles, et leur queue peut être longue ou courte. Leur crâne a une forme primitive, leur boîte crânienne est basse, et leur cavité crânienne, de petite dimension, contient un cerveau aux hémisphères lisses. Leurs dents sont adaptées au broyage ou au découpage. Bien que les insectivores mangent surtout des INSECTES, certaines espèces sont omnivores.

Évolution Plusieurs espèces de mammifères placentaires, ou peut-être toutes, ont pour ancêtres des insectivores primitifs. On a trouvé des traces de cet ordre datant de la période du crétacé (il y a de 144,2 à 65 millions d'années) en Asie et en Amérique du Nord. Les ancêtres des musaraignes vivaient pendant l'oligocène (de 34 à 23,7 millions d'années) en Europe et en Amérique du Nord, et ceux des taupes, pendant l'éocène inférieur (environ 40 millions d'années) en Europe.

C.G. Van Zyll De Jong

Insolences du Frère Untel, Les Cet ouvrage de Jean-Paul DESBIENS, datant de 1960, a été publié de manière anonyme. Rédigé d'une plume fantaisiste, parfois irrévérencieuse, mais toujours incisive, l'ouvrage constitue un éloquent plaidoyer en faveur d'une réforme de l'éducation. Préludant à la constitution, en 1964, du ministère de l'Éducation du Québec, ce livre écrit par un frère enseignant dénonce l'indigence culturelle et linguistique et l'attribue en partie aux déficiences d'un système éducatif religieux désuet et répressif. L'auteur reproduit des lettres sujettes à controverse que lui-même, André LAURENDEAU et d'autres se sont échangées par l'intermédiaire du journal LE DEVOIR. Il assimile l'utilisation massive et exclusive du JOUAL par la population étudiante du secondaire à une forme d'expression insulaire et anti-intellectuelle. Ce texte nationaliste deviendra l'un des classiques de la RÉVOLUTION TRANQUILLE. Réimprimé à maintes reprises, le livre de Jean-Paul Desbiens a été traduit en anglais par Miriam Chapin sous le titre *The Impertinences of Brother Anonymous* (1962).

Michèle Lacombe

Inspection et classement des produits agroalimentaires Dans le secteur de l'AGRICULTURE ET DE L'ALIMENTATION, le système canadien d'inspection et de classement a deux principaux objectifs: en premier lieu, il s'efforce d'établir des NORMES de qualité et de classements qui sont facilement identifiables et acceptables dans les marchés intérieurs et internationaux de produits alimentaires et de l'alimentation; en second lieu, il tente de promouvoir un souci de sécurité et de qualité dans la transformation, la distribution et la vente au détail des produits ali-

mentaires. Ces objectifs visent à protéger le consommateur.

Au Canada, l'inspection et le classement des produits agro-alimentaires ne datent pas d'hier. Parmi les exemples de législation pour l'inspection des produits agro-alimentaires, on compte l'*Acte relatif aux maladies contagieuses qui attaquent les animaux* (1869), la *Loi de contrôle des graines* (1906), les réglementations sur le classement du porc et les normes de classement pour la volaille abattue (dans les années 20), la *Loi sur les normes des produits agricoles du Canada* (1955) et la *Loi sur l'inspection des viandes* (1959).

La liste des organismes et des ministères du gouvernement fédéral impliqués est très longue, mais les exemples suivants illustrent bien la nature et la portée du système. Le ministère le plus important, Agriculture et Agroalimentaire Canada, mène des recherches sur les MALADIES animales de même que sur la manipulation sécuritaire des viandes tout en offrant des services de consultation technique sur les produits biologiques, les PESTICIDES, les additifs alimentaires, les résidus chimiques des produits alimentaires, la bactériologie et l'intoxication alimentaire. La commission canadienne des grains offre un service complet d'inspection et de classement des grains en plus d'être responsable de l'homologation et de la réglementation des normes relatives au classement du grain. La Direction des aliments et des drogues de Santé et Bien-être social Canada est chargée de surveiller la qualité des aliments et des drogues.

J.C. Gilson

Installations scolaires Elles font partie intégrante des SYSTÈMES SCOLAIRES depuis le début de la colonisation européenne au début du XVIIᵉ siècle. Les premières écoles sont établies peu après l'arrivée des colons français à Québec en 1608. Il semble que les quelques petites écoles organisées par le clergé catholique et d'autres missionnaires au Canada français pour enseigner la lecture, l'écriture et l'arithmétique aient été les premières et, pendant plusieurs décennies, les seules écoles au Canada. C'est à cette époque que remonte l'école à classe unique, qui, pendant les 300 prochaines années, deviendra le symbole de l'enseignement dans les collectivités pionnières partout en Amérique du Nord.

Comme le curé est souvent le premier et le seul enseignant jusqu'à l'arrivée d'un laïc ou d'un membre d'un ordre enseignant recruté en France, les premières écoles sont bâties près de l'église locale. L'aménagement de ces premières écoles reflète probablement, en matière de fonction et de structure, les idées que le clergé et les colons ont rapportées de leurs régions natales, surtout la Normandie, l'Île-de-France et le Poitou. En hiver, comme le Canada ne dispose pas encore de verre et d'autres installations, les salles de classe mal éclairées sont utilisées à peine quelques heures par jour. Seuls les plus grands centres tels que Québec et Trois-Rivières possèdent des bâtiments d'une certaine taille. Néanmoins, il s'agit le plus souvent d'écoles à classe unique, plus petites que les écoles à classe unique du XXᵉ siècle, car la population est encore peu nombreuse et les matériaux de construction ouvrés exigent beaucoup de travail manuel. Le seul établissement d'enseignement secondaire est le Collège de Québec, fondé en 1635. À mesure que la population canadienne-française culturellement isolée s'accroît aux XVIIᵉ et XVIIIᵉ siècle, des écoles ouvrent là où se trouvent un curé et des installations convenables.

Premières écoles Dans les collectivités anglophones des provinces de l'Atlantique, les premières écoles remontent au début du XVIIIᵉ siècle. La Society for the Propagation of the Gospel in the Foreign Parts (SPG), un organisme missionnaire de l'Église anglicane, envoie du personnel enseignant, et le clergé local organise leurs fidèles respectifs en vue de bâtir des installations convenables. Le plus souvent, mais pas toujours, il s'agit d'écoles à classe

unique construites par les pêcheurs de l'endroit, qui se servent de matériel local. Le premier bâtiment du genre est construit à Bonavista (Terre-Neuve) en 1726. En 1728, la Nouvelle-Écosse compte déjà des écoles de la SPG.

Les Planters prérévolutionnaires et les LOYALISTES postrévolutionnaires en provenance de la Nouvelle-Angleterre, qui arrivent d'abord en Nouvelle-Écosse et ensuite en Ontario, amènent leurs propres idées sur les écoles, y compris le concept d'écoles publiques confessionnelles financées par la vente de terres de la Couronne, une idée qui sera reprise plus tard dans toute la région du Haut-Saint-Laurent et des Grands Lacs, puis ultérieurement dans l'Ouest canadien. Ils veulent aussi établir des écoles secondaires (*voir* ENSEIGNEMENT SECONDAIRE) ou «grammar schools», comme ils l'avaient déjà fait à Boston, à Salem et dans d'autres villes côtières prospères de la Nouvelle-Angleterre. Parmi les premières de ces écoles figurent le King's College, la Halifax Grammar School, le College of New Brunswick et, à l'Île-du-Prince-Édouard, le Prince of Wales College.

Architecture des bâtiments scolaires Au XIXᵉ siècle, ce type d'architecture de bâtiments scolaires varie grandement. À Québec, à Trois-Rivières et à Montréal, les bâtiments scolaires sont aménagés selon le style «rustique français». Le SÉMINAIRE DE QUÉBEC et le Collège de Montréal en sont des exemples bien connus. À Halifax et à Windsor (Nouvelle-Écosse), les bâtiments scolaires suivent le style «colonial américain» comme le montrent le King's College et la Halifax Grammar School (*voir* ARCHITECTURE). Dans les petits établissements pionniers éloignés, par contre, les bâtiments scolaires se limitent au strict minimum. Les autorités se servent des compétences et des matériaux dont elles disposent à ce moment-là. Dans bien des cas, les bâtiments scolaires ne sont rien de plus que des remises ou des cabanes en bois rond.

Au début du XIXᵉ siècle, de toutes petites écoles en bois sont toujours construites dans les établissements pionniers tels celles qui sont aménagées en 1808 dans la région de la rivière Saskatchewan Nord par la Compagnie de la baie d'Hudson à l'intention des enfants de ses employés. Toutefois, dans les localités plus peuplées et établies depuis plus longtemps, des bâtiments plus grands, comprenant parfois des écoles secondaires, sont construits. Règle générale, ces bâtiments ne facilitent l'apprentissage que dans la mesure où ils offrent un abri relativement confortable. Dans les installations plus grandes, les élèves sont divisés en petits groupes et selon des niveaux de rendement qu'on finira par qualifier «d'année». Dans les grandes écoles, on appelle souvent «départements» les salles de classe ainsi regroupées.

Pendant la seconde moitié du XIXᵉ siècle, les bâtiments rudimentaires des débuts commencent à disparaître à mesure que les architectes s'inspirent du modèle des écoles américaines ou britanniques ainsi que des entrées néoclassiques impressionnantes de ces dernières. L'usage de la brique et de la pierre se répand énormément. Les installations, le matériel et les manuels sont distribués par les centres commerciaux en expansion rapide, tels que ceux de Montréal et de Toronto, ou sont importés. Les terrains d'école sont défrichés et nivelés afin de planter des jardins et d'aménager des terrains de jeu. Malheureusement, la disposition intérieure des nouveaux bâtiments massifs demeure souvent la même. Les plus grandes écoles ont d'habitude un long corridor au centre de bâtiments de deux ou même de trois étages, avec des salles de classe identiques de chaque côté. C'est un aménagement qu'on qualifie parfois de «boîte à œufs». La salle de classe est habituellement constituée d'un grand local à peu près carré, à plafond élevé et muni, à une extrémité, d'une plateforme surélevée pour installer le pupitre de l'enseignant ou de l'enseignante. L'intention était sans doute d'impressionner les élèves du fait des dimensions mêmes des installations et de l'importance accordée à l'enseignement.

Multiplication des écoles Dans le premier quart du XXᵉ siècle, le nombre d'écoles s'accroît à un rythme phénoménal, à l'instar de la population canadienne, qui passe de 5,3 millions en 1901 à environ 9 millions en 1926. Pendant cette période, les mesures législatives qui rendent la fréquentation scolaire obligatoire sont appliquées de façon stricte, dans la mesure du possible, et on force les familles récalcitrantes à envoyer leurs enfants à l'école. À titre d'exemple de l'augmentation de la construction scolaire, le nombre de districts scolaires, dans la nouvelle province de la Saskatchewan, passe de 896 à 3702 entre 1905 et 1915. Une grande partie d'entre eux disposent d'une seule école élémentaire à classe unique. La demande pour des écoles à classe unique est telle que, dans son catalogue de 1917-1918, à Winnipeg, la T. EATON COMPANY offre ni plus ni moins que des trousses de bâtiment scolaire. Ces trousses comprennent le dessin du bâtiment scolaire et tout le nécessaire: bois, clous, installations et autres matériaux. L'école devient alors un bâtiment public omniprésent dans le paysage canadien.

Pendant le premier quart du XXᵉ siècle, la plupart des écoles correspondent en gros à des salles de classe, à des couloirs et à des vestiaires. On tente cependant d'en améliorer l'aspect, surtout dans les régions rurales de l'Ontario. Ainsi, dans les plans du ministère de l'Éducation de l'Ontario, un document intitulé *Rural School Building* mentionne que toutes les personnes reliées aux travaux scolaires devraient s'efforcer d'améliorer l'architecture afin que les bâtiments actuels, sans beauté architecturale, soient remplacés par des installations modernes d'ici la prochaine génération.

Pendant la CRISE DES ANNÉES 30 et la Seconde Guerre mondiale, peu d'améliorations ont lieu. Toutefois, conséquence de la nouvelle théorie des «relations humaines» qui fait son chemin dans diverses disciplines, les lourds pupitres en bois et en fer attachés au plancher sont remplacés par des installations plus légères afin que les enfants, au lieu de demeurer assis en rangées, puissent être regroupés en cercles, en blocs ou de toute autre façon pour faciliter diverses techniques pédagogiques.

En 1951, certains des bâtiments scolaires utilisés pendant la Seconde Guerre mondiale étaient déjà désuets sur le plan matériel, fonctionnel ou les deux. Bon nombre des bâtiments les plus anciens ont besoin de réparations majeures ou doivent être remplacés. En outre, la mécanisation et le regroupement (voire l'abandon) des exploitations agricoles, entraîne une baisse de la population rurale au profit des centres urbains. Par conséquent, bien des petites écoles sont presque vides, alors que les écoles dans les villes sont surpeuplées. Parallèlement, le regroupement de petits districts scolaires, en plus du transport scolaire qui s'ensuit et des autres services scolaires qui sont offerts, exige des bâtiments plus grands et plus centralisés. La période se distingue par la dissociation des élèves du primaire de ceux du secondaire dans les villes, les villages et les secteurs agricoles, car il faut de grandes écoles secondaires centrales ou régionales.

L'évolution des méthodes pédagogiques et les nouveaux modèles de planification des installations scolaires lancés aux États-Unis et en Europe de l'Ouest contribuent aussi à rendre désuètes les vieilles écoles «boîte à œufs». La planification des installations scolaires à la grandeur du Canada s'inspire d'une vaste étude des installations scolaires menée par le conseil scolaire de la communauté urbaine de Toronto.

Démocratisation de l'architecture Les nouvelles idées sur l'organisation des élèves pour l'enseignement (l'enseignement en petits ou en gros groupes, le coenseignement, l'enseignement individualisé, la progression continue) exigent des locaux souples et des fonctions de soutien plus avancées. La période est aussi marquée par une démocratisation de l'architecture: les bâtiments sont conçus pour un usage public et après consultation du public. Les spécifications, préparées après consultation du personnel enseignant et d'autres parties intéressées aux nouvelles installations, aboutissent à des bâtiments scolaires souples mais complexes, dotés de locaux d'apprentissage spécialisés pour les sciences, les langues, l'économie domestique, les arts industriels et, parfois, pour d'autres usages. À partir des années 70, un nouveau modèle radical de bâtiment, l'école dite «ouverte» ou à «aire ouverte», est l'innovation la plus controversée. Ces écoles offrent peu d'espace clos, et l'aménagement est axé sur un centre de ressources éducatives, c.-à-d. la bibliothèque, entourée de postes d'enseignement et d'aires de services. Toutefois, le personnel enseignant ne tarde pas à se plaindre du bruit, de la confusion et du manque de murs pour l'affichage. La deuxième et la troisième génération d'écoles à aires ouvertes sont donc modifiées pour inclure plus d'espace clos, y compris quelques salles de classe traditionnelles. Dans certaines des plus anciennes écoles à aire ouverte, les postes d'enseignement sont dans un espace clos, mais on a conservé le centre des ressources éducatives centralisé et d'autres éléments de soutien.

Bon nombre des nouvelles écoles secondaires de cette période comportent encore les éléments traditionnels, à savoir les salles de classe et les laboratoires de science, mais aussi de nouveaux éléments. Les petites bibliothèques scolaires sont remplacées par des centres de ressources didactiques plus vastes et plus diversifiés. Les gymnases sont agrandis pour répondre aux normes officielles et pour que plus d'activités puissent y avoir lieu. Dans certains cas, des piscines et des salles de théâtre sont ajoutées. Des installations spécialisées telles que les laboratoires de langues, les cafétérias et les centres d'orientation font désormais partie de la norme. La nouvelle école secondaire se transforme donc en installation publique très complexe et très coûteuse, davantage utilisée par le public. Aujourd'hui, certaines de ces installations servent à l'enseignement de programmes postsecondaires.

Durant cette période de croissance économique et démographique, les architectes canadiens produisent des exemples remarquables d'architecture moderne, y compris des bâtiments scolaires distinctifs. La plupart de ces modèles remarquables font partie d'établissements postsecondaires, notamment certaines des universités récentes telles que l'UNIVERSITÉ SIMON FRASER, l'UNIVERSITÉ DE LETHBRIDGE et l'UNIVERSITÉ TRENT. Toutefois, on trouve aussi quelques bâtiments scolaires qui se distinguent par leur conception, tels que l'école primaire Mayland Heights à Calgary, conçue par l'architecte Gordon Atkins, ainsi que l'école primaire Cumberland de Douglas CARDINAL, à La Ronge, en Saskatchewan. La forme de cette dernière ressemble à une coiffure de guerre de chef autochtone. L'école dispose d'une maternelle munie d'un miroir sans tain afin que les parents puissent surveiller l'adaptation initiale de leurs enfants en salle de classe. La décentralisation des sanitaires est aussi une caractéristique appréciée de la conception architecturale.

Pendant cette période, les terrains d'école commencent à nouveau à retenir l'attention. Le vieux jardin scolaire a presque complètement disparu, mais les terrains de jeu sont retenus, et on ajoute de l'équipement récréatif et un aménagement paysager. Bien que des gouvernements provinciaux ou des conseils scolaires aient suggéré ou même imposé des limites quant aux dimensions des terrains d'école, il demeure que certaines des écoles secondaires construites pendant cette période constituent de véritables campus, qui comprennent des installations améliorées pour le football, le soccer et l'athlétisme.

Certaines des écoles construites pendant les années 70 et 80 obéissent aux mêmes tendances que les autres bâtiments destinés au travail: architecture postmoderne, souci de l'environnement personnel et aménagement pour le matériel de haute technologie, notamment les ordinateurs.

Transitions Conséquence des restrictions budgétaires, moins d'écoles neuves sont construites pendant les années 80. Les ministères provinciaux et les conseils scolaires optent désormais pour un style dépouillé. L'efficacité énergétique, la qualité de l'air et la sécurité sont aussi des préoccupations importantes. En outre, vu la fermeture d'un nombre comparativement élevé de nouvelles écoles en raison de la baisse des inscriptions, les conseils scolaires hésitent à construire de nouvelles installations, à moins qu'un besoin à long terme soit clairement démontré. Dans les années 90, l'engagement de fonds publics pour les installations scolaires a déjà commencé à changer. D'un côté, l'Alberta a commencé à assumer tous les coûts de construction parce que la perception des impôts fonciers est désormais centralisée. De l'autre côté, la Nouvelle-Écosse tente de louer les bâtiments scolaires, comme elle le fait pour les immeubles de bureaux, mais les locaux doivent répondre à des exigences scolaires. Les diverses options explorées semblent dictées par les restrictions budgétaires plutôt que par des considérations éducationnelles. Il semble que, du moins pour le XXᵉ siècle, l'âge d'or de la construction scolaire soit révolu.

Allan Guy

Institut C.D. Howe Anciennement nommé Institut de recherche C.D. Howe, c'est un organisme de recherche indépendant à but non lucratif, situé à Toronto. Il a été créé en 1973 par la fusion de la Private Planning Association of Canada, fondée en 1958, et de la C.D. Howe Memorial Foundation. Sa principale source de financement provient des frais d'affiliation demandés aux entreprises ainsi qu'aux gens d'affaires, aux professionnels ou aux établissements d'enseignement. Le personnel de l'Institut prépare la *Policy Review and Outlook* annuelle et d'autres publications variées traitant de sujets d'actualité. L'Institut mandate aussi des chercheurs de tout premier plan (universitaires, pour la plupart) pour écrire des articles et des monographies sur de nombreux sujets tels que les politiques financières, monétaire, commerciale ou sociale de même que l'environnement, les relations du gouvernement fédéral avec les provinces et la réforme de la constitution. Bien que le programme de recherche de l'Institut soit principalement axé sur l'économie, la gamme des sujets traités au fil des ans est très vaste et englobe parfois des domaines comme la culture ou la réalité ethnique.

Laurent Dobuzinskis

Institut canadien Fondé le 17 décembre 1844 à Montréal par un groupe de jeunes intellectuels canadiens-français désireux de constituer un foyer de patriotisme et de culture. L'Institut devient rapidement une force politique et culturelle dans la société francophone, et des organisations semblables se sont constituées dans environ 60 autres localités. D'abord neutre politiquement, il tombe sous le charme de Louis-Joseph PAPINEAU et développe une orientation de gauche proche de *L'Avenir*, un journal fondé en juillet 1847, auquel un certain nombre de membres fournissent des articles. En 1854, 11 membres sont élus au Parlement. Mais leur radicalisme, qui leur vaut le surnom de «rouges» (*voir* PARTI ROUGE), et leur position en faveur de l'annexion aux États-Unis amènent le Parti libéral-conservateur et le clergé à s'unir contre eux.

En 1858, l'opposition de Mᵍʳ Ignace BOURGET, évêque de Montréal, entraîne la démission de 138 membres. Rome condamne l'Institut et met à l'index des livres interdits son annuaire de 1868. Tout cela conduit à l'AFFAIRE GUIBORD. L'opinion publique conservatrice se tourne contre l'Institut, qui, en 1885, a pour ainsi dire disparu. L'Institut canadien a suscité les débats les plus libéraux et les plus innovateurs de la période, et sa bibliothèque renfermait une collection d'ouvrages scientifiques, juridiques et littéraires importants. Un climat politique, social et religieux ultraconservateur aura ruiné les espoirs que sa fondation avait fait naître.

Philippe Sylvain

Institut canadien de politique économique Créé en 1979, c'est un institut privé et indépendant. Son mandat (de cinq ans) est d'analyser le système fiscal et industriel canadien ainsi que d'autres questions reliées aux politiques gouvernementales. Parmi ses 30 monographies analytiques, citons une critique de la politique monétaire de la BANQUE DU CANADA et de l'étendue de l'INVESTISSEMENT ÉTRANGER dans l'industrie du Canada; ses analyses des RELATIONS CANADO-AMÉRICAINES et de l'échec du Canada dans l'élaboration d'une politique industrielle, qui toutes ont attiré l'attention. L'ancien ministre des Finances du Parti libéral, Walter L. GORDON, était président et principal mécène de cet Institut, qui a fermé en 1984.

W.F. Forward

Institut canadien des affaires internationales (ICAI) Il est fondé en 1928, comme ramification du British Institute of International Affairs (qui deviendra le Royal Institute of International Affairs) par des notables canadiens dont sir Robert BORDEN, sir Arthur CURRIE, John W. DAFOE et sir Joseph FLAVELLE. Ces derniers estiment que dans les décennies à venir, les gouvernements compteront de plus en plus sur le soutien des citoyens dans la conduite des affaires internationales. Par conséquent, si le Canada est appelé à jouer un rôle important sur le plan international, il convient de bien renseigner l'opinion publique par la dissémination de l'information et des avis d'experts. Des bureaux sont établis dans les villes principales pour accueillir des conférenciers et effectuer des études sur les questions d'actualité, et, au siège social de Toronto, on entreprend des projets de recherche et des voyages d'études.

Il existe actuellement 16 bureaux d'un bout à l'autre du pays. Leur objectif est de stimuler le débat public et de sensibiliser la population aux affaires extérieures. L'ICAI publie également des textes savants sur la politique étrangère et sur les relations internationales du Canada, dont *International Journal*. L'institut n'a jamais eu beaucoup de membres (1421 en 1997), mais ces derniers, qui sont issus du milieu universitaire et du monde des affaires et de la politique, comptent parmi les plus grands experts du Canada en matière d'affaires internationales.

D.M. Page

Institut des eaux douces Situé à l'U. du Manitoba, sur le campus de Winnipeg, c'est l'un des premiers centres au monde pour ses recherches sur l'eau douce et sur les pêches dans l'Arctique. Il est aussi le siège régional du ministère fédéral des Pêches et Océans pour l'Ontario, les provinces des Prairies et les Territoires du Nord-Ouest, y compris l'océan Arctique.

Historique Le prédécesseur de l'Institut est la Station centrale de recherches piscicoles de l'OFFICE DES RECHERCHES SUR LES PÊCHERIES du Canada. Fondée à Winnipeg en 1944, la station déménage à London, en Ontario, en 1957, puis revient à Winnipeg en 1966, portant alors le nom d'Institut des eaux douces. De nouveaux laboratoires et bureaux sont aménagés en 1973. L'Institut dispose d'installations permettant d'effectuer des recherches sur les pêches et sur l'environnement dans les eaux intérieures et les eaux arctiques. Il mène d'autres activités dans la région telles la gestion et la protection des poissons et des mammifères marins dans l'Arctique, l'inspection des poissons pour des raisons de santé publique, l'administration des ports fédéraux et les opérations de la Garde côtière canadienne qui fusionne avec le ministère des Pêches et Océans en 1995.

À l'origine, l'Institut est conçu comme un organisme s'intéressant exclusivement aux questions liées aux milieux d'eau douce, mais, de 1980 à 1985, ses activités s'étendent aux poissons et aux mammifères marins de l'Arctique. Ce changement s'accentue encore en 1995 et en 1996 lorsque le ministère des Pêches et Océans est obligé de réduire considérablement ses recherches en eau douce en raison des compressions budgétaires du gouvernement fédéral et des nouvelles priorités ministérielles, axées maintenant sur les océans du Canada.

Activités de recherche Avec le Centre canadien des eaux intérieures de Burlington, en Ontario, et l'Institut national de recherche sur les eaux de Saskatoon, en Saskatchewan, exploités tous les deux par le ministère fédéral de l'Environnement, l'Institut est l'un des trois centres importants du gouvernement fédéral de recherche en eau douce et de recherche marine dans l'Arctique. Les scientifiques de l'Institut jouent un rôle crucial dans de nombreuses questions régionales et nationales portant sur l'eau douce, la pêche en eau douce, les poissons et les mammifères marins de l'Arctique. Ils effectuent des recherches sur l'impact que l'exploitation pétrolière et gazière dans l'Arctique peut avoir sur les poissons et les mammifères marins; sur l'effet de la pêche commerciale, récréative et de subsistance sur des espèces comme l'OMBLE chevalier; sur l'effet de la pêche de subsistance des Inuits sur des mammifères marins comme les phoques, les BÉLUGAS et les NARVALS; sur l'impact des aménagements de réservoirs hydroélectriques sur les poissons et leurs habitats; sur les contaminants toxiques chez les poissons et les mammifères marins; sur le développement de l'AQUACULTURE; et sur les PLUIES ACIDES.

Les disciplines scientifiques de l'Institut comprennent la biologie des populations, la limnologie, la chimie de l'eau, la toxicologie, la biologie des pêches et des mammifères marins et des domaines connexes. Les études sont effectuées dans les vastes laboratoires de l'Institut et dans des stations sur le terrain situées à diverses latitudes, de la frontière canado-américaine jusqu'aux îles arctiques. En 1992, David Schindler, Ph.D., maintenant rattaché à l'U. de l'Alberta, reçoit le prix Stockholm, l'équivalent du prix Nobel dans le domaine des sciences de l'eau, pour les recherches effectuées par l'Institut à sa station de lacs expérimentaux située dans le nord-ouest de l'Ontario.

G. Burton Ayles

Institut d'histoire de l'Amérique française Fondé en 1946 par Lionel Groulx, il est le lieu de rassemblement des historiens travaillant sur l'histoire du Québec et de l'Amérique française. Cette société savante publie, quatre fois par an, la *Revue d'histoire de l'Amérique française*, organise un congrès annuel et décerne plusieurs prix qui reconnaissent l'excellence d'une recherche historique. La plus prestigieuse de ces récompenses est le prix Lionel-Groulx/Fondation Yves-Saint-Germain qui couronne la meilleure étude scientifique, publiée en français ou en anglais, portant sur l'histoire du Québec ou de l'Amérique française. Le meilleur article paru dans la *Revue d'histoire de l'Amérique française* remporte le prix Guy-Frégault tandis que le prix Michel-Brunet est attribué au meilleur travail en histoire québécoise réalisé par un chercheur de moins de 35 ans. Tous ces prix sont décernés annuellement. Enfin, le prix Maxime-Raymond va à l'auteur de la meilleure biographie historique publiée au cours des trois dernières années. L'Institut est également engagé dans la défense de la profession d'historien; il veille aux intérêts de l'histoire ainsi qu'à la conservation et à la mise en valeur du patrimoine historique.

Institut national canadien pour les aveugles (*voir* CÉCITÉ ET AMBLYOPIE)

Institut national de la recherche scientifique (INRS) Créé en 1969, l'Institut national de la recherche scientifique, une constituante de l'Université du Québec, est voué essentiellement à la recherche fondamentale et appliquée et à la formation de chercheurs.

Orientées vers le développement économique, social et culturel du Québec, les activités de l'INRS se déploient dans un réseau de huit centres de recherche thématique: culture et société, eau, énergie et matériaux, géoressources, microbiologie et biotechnologie, santé humaine, télécommunications et urbanisation.

L'INRS se distingue par ses équipes multidisciplinaires, par ses alliances stratégiques avec des partenaires des milieux universitaires, gouvernementaux et industriels, par la mise en réseau de ses expertises, par le transfert des connaissances et des technologies, et par ses programmes d'études de 2ᵉ et de 3ᵉ cycle adaptés aux exigences du monde du travail.

L'INRS bénéficie de l'expertise de ses quelque 140 professeurs-chercheurs qui évoluent en collaboration avec près de 200 professeurs et chercheurs associés et invités. Il regroupe également 400 professionnels, techniciens et employés de soutien, et accueille près de 600 étudiants et stagiaires.

Institut Nord-Sud (INS) C'est un organisme à but non lucratif, fondé en 1976 pour faire de la recherche professionnelle et stratégique pertinente sur les relations du Canada avec les pays en développement. Fidèle à sa devise, «La recherche pour un monde plus juste», l'INS organise des colloques et publie des rapports, des analyses politiques et des articles ponctuels sur des sujets tels que la politique étrangère canadienne, le commerce international et les finances, la place des femmes dans l'économie mondiale, les programmes d'aide au développement, les droits de la personne et le développement de la démocratie, ainsi que le travail des Canadiens dans le Tiers-Monde. Il mène des projets de recherche en partenariat avec des institutions de l'Inde, de la Chine et d'autres pays. En 1994-1995, il publie ses premières évaluations approfondies sur les principales banques de développement multilatéral. En 1996, il lance le Rapport canadien sur le développement, une publication annuelle qui offre des analyses et des statistiques sur les relations du Canada avec l'Afrique, l'Asie, l'Amérique latine, les Caraïbes et l'Europe de l'Est. Basé à Ottawa, l'INS est dirigé par un conseil d'administration indépendant et financé par le secteur privé et le secteur public.

Gregory Wirick

Institut océanographique de Bedford (IOB) Situé à DARTMOUTH, en Nouvelle-Écosse, il a été fondé en 1962. Il est géré par le ministère fédéral de Pêches et Océans et comprend des unités d'Environnement Canada et de Ressources naturelles Canada. Principale institution océanographique du Canada, elle se compare aux institutions Scripps et Woods Hole des États-Unis. L'IOB effectue des recherches d'envergure dans toutes les branches des sciences de la mer et dans une vaste zone géographique. Il effectue aussi des recherches à court terme en réponse à des besoins nationaux, exécute des levés et des travaux cartographiques qui servent à établir des cartes nautiques pour la région allant du Banc Georges au passage du Nord-Ouest et fournit toute l'expertise nécessaire en cas d'urgence marine.

À cette fin, il est composé de groupes qui se consacrent aux études physiques, chimiques et biologiques liées à L'OCÉANOGRAPHIE, à l'HYDROGRAPHIE et aux PÊCHES, ainsi qu'à la géologie marine et à la protection de l'environnement. Le IOB possède trois navires de recherche, soit un de taille moyenne et deux gros, plusieurs petits bateaux, une bibliothèque centrale et un système informatique. Les résultats des recherches sont publiés dans des revues scientifiques internationales et dans les rapports officiels des divers ministères.

K.H. Mann

Institut québécois du cinéma Longtemps revendiqué par le milieu cinématographique du Québec, l'Institut québécois du cinéma (IQC) est créé par la *Loi sur le cinéma*, sanctionnée le 19 juin 1975, afin d'encourager et de stimuler l'industrie cinématographique de la province. Cette loi définit son mandat en ces termes: «Promouvoir et soutenir financièrement la création, la production, la distribution, la diffusion et l'exploitation de films de qualité». Elle impose aussi certains règlements en matière de doublage, de sous-titrage, de cinéma pour enfants et de recherche. Ses membres représentent tous les secteurs de l'industrie ainsi que la clientèle. À la différence de TÉLÉFILM CANADA, l'IQC investit dans le court et le moyen métrage, et l'animation. En 1983, la refonte de la *Loi sur le cinéma* entraîne la création de la Société générale du cinéma du Québec (SGCQ), qui hérite du dossier de l'aide au cinéma. L'IQC voit ses activités refondues; on lui confie une mission de conseil et de recherche. En 1988, le gouvernement du Québec crée un nouvel organisme, la Société générale des industries culturelles (SOGIC), qui consacre une partie de ses activités au cinéma et absorbe la SGCQ et bientôt l'IQC. Plus qu'une modification d'appellation, ce changement marque la volonté du gouvernement d'appuyer l'industrie privée du cinéma et de la télévision, et de subordonner la culture à ses dimensions commerciales. En 1994, le gouvernement libéral adopte une nouvelle loi, et la SOGIC change encore une fois de nom pour s'appeler Société de développement des entreprises culturelles (SODEC). Il y a fort à parier que sans l'existence de ces organismes successifs, de nombreuses œuvres n'auraient jamais vu le jour et que la cinématographie québécoise s'en serait trouvée appauvrie.

Pierre Véronneau

Instituts d'artisans D'abord établis en Angleterre durant les années 1820, les instituts d'artisans (mechanics' institutes) sont, au début, des associations volontaires de travailleurs désireux de se perfectionner par l'instruction. Les instituts communautaires offrent des cours du soir et fournissent des bibliothèques de prêt et des salles de lecture de périodiques. On veut que les membres apprennent à connaître les principes scientifiques de leur travail de même que la valeur générale de l'information rationnelle. Ce concept se répand rapidement ailleurs, notamment en Amérique du Nord britannique où on assiste à l'ouverture du Montreal Mechanics' Institute en 1828 et au York Mechanics' Institute en 1830. D'autres établissements voient le jour, surtout en Ontario, mais aussi en Nouvelle-Écosse et en Colombie-Britannique. En 1895, l'Ontario compte 311 instituts et 31 195 membres. Toutefois, des tiraillements internes, conjugués à l'essor du mouvement ouvrier, des bibliothèques publiques et de l'ENSEIGNEMENT AUX ADULTES, empêchent les instituts de conserver une identité viable pour entrer dans le XXᵉ siècle.

Contrairement à ce que l'appellation des établissements peut donner à entendre, les principaux acteurs du développement de ces instituts d'artisans au Canada sont rarement des travailleurs manuels. Les instituts sont plutôt dirigés par des commerçants, des médecins, des membres du clergé et de petits manufacturiers à la recherche d'activités pour eux-mêmes, et, aspect plus important encore, pour le nombre croissant de salariés des milieux urbains. Les instituts privilégient la discipline et la moralité victoriennes, mais refusent d'aborder les questions sociales, économiques et politiques. Le fait que les salles de lecture et les bibliothèques sont plutôt fréquentées pour leurs journaux et romans populaires que pour leurs ouvrages sur la science, l'art et la religion comme le souhaitent les directeurs des instituts, suscite beaucoup de débats. En Ontario, ces débats s'étendent à l'ensemble de la collectivité lorsque, en 1895, le gouvernement provincial adopte une loi pour transformer les instituts en bibliothèques publiques. Les instituts d'artisans sont donc le reflet de caractéristiques importantes du Canada du XIXᵉ siècle, à savoir le souci constant des dirigeants locaux d'assurer l'ordre social et la stabilité, la volonté générale de s'autoperfectionner par l'instruction et l'engouement populaire grandissant pour la lecture.

Chad Gaffield

Instruments de musique La fabrication des instruments de musique au Canada, surtout dans des domaines bien précis, connaît un grand succès depuis ses débuts. Au XIXᵉ siècle, le dynamisme, la fiabilité et l'intégrité des entreprises individuelles et familiales comme l'atelier de Thomas Heintzman, fabricant de pianos, et l'atelier de Joseph Casavant, spécialisé dans la fabrication des orgues, assurent à ces instruments un marché national et international. Le zèle religieux, qui a joué un rôle important dans la colonisation du Canada, trouve son expression musicale dans l'orgue, l'harmonium (orgue à anches) de fabrication canadienne étant particulièrement populaire de 1870 à 1970.

Avant la Première Guerre mondiale, le piano est à la mode dans les salons, les cercles militaires d'officiers, les salles paroissiales, les écoles, les propriétés familiales des colons et les saloons de la ruée vers l'or. Après une grave période de crise due à la situation économique du pays, les ventes de pianos font une remontée spectaculaire pour atteindre le chiffre d'environ 11 000 en 1906. Mais depuis, la concurrence étrangère a engendré de nombreuses faillites et fusions chez les fabricants canadiens, si bien qu'en 1987, le Canada ne fabrique plus aucun piano. En revanche, les fabricants d'orgues, avec à leur tête des constructeurs hautement qualifiés (Brunzema, Guilbault-Thérien, Kney, Letourneau, Wilhelm et Wolff), acquièrent une renommée internationale. Dès le début des années 80, grâce à sa maîtrise du métier et à l'utilisation de certaines pièces fabriquées au pays, CASAVANT FRÈRES de Saint-Hyacinthe, au Québec, exporte 80 p. 100 de sa production et installe, entre autres, 18 grandes orgues au Japon.

Les forêts canadiennes fournissent le bois nécessaire à la fabrication d'instruments à clavier et à cordes qui résistent à notre climat. L'abondance de bois d'excellente qualité contribue à attirer au Canada des artisans de talent comme les luthiers et archetiers Chanon (Français), Karlsson (Suédois), Kun et Mach (Tchèques), Loerakker et Vann (Hollandais), de Lellis et Righele (Italiens), Erdész et Saint-Michael (Hongrois). En 1979, l'ouverture d'une école de lutherie à Québec, sous la direction de Sylvio de Lellis et de Mario Lamarre, ressuscite la tradition de la lutherie québécoise établie au XIXᵉ siècle par les familles Lyonnais, Martel, Lavallée et Bayeur.

L'intérêt contemporain pour la musique ancienne, exécutée avec des instruments de facture authentique, stimule les luthiers à faire preuve de créativité avec les matériaux mis à leur disposition. Cela est évident dans la production des fabricants de clavecins Albarda, Beaupré, Kater, Redsell et Turner, ainsi que dans celle des fabricants de luths et d'autres instruments anciens Allworth, Boudreau, Davis, Hobrough, Noy, Philpot, Schreiner, Titmuss et Zuchowicz, pour ne citer qu'eux. Les noms de fabricants de guitares sèches de grande qualité, comme Dunn, Bay, Larrivée, Laskin, Manzer, Panhuijsen, Lister et Wren, viennent confirmer l'intérêt des artisans pour leur art et une attitude très favorable à l'artisanat, qui rappelle les premiers ateliers d'instruments de musique du XIXᵉ siècle.

L'entreprise individuelle donne naissance à des compagnies remarquables, comme la Stœrmer Bell Foundry (Breslau, Ont., 1931) et Guitabec (La Patrie, Qc, 1972). Le Canada fabrique peu de bois, de cuivres ou d'instruments à percussion à l'échelle industrielle, à l'exception de Sabian Ltd (Meductic, N.-B.), dont les cymbales fabriquées selon la tradition Zildjian sont renommées mondialement. De même, l'accordéon à basses chromatiques, en vogue depuis les années 60, et l'accordéon à boutons, indispensable à la musique folklorique francophone et terre-neuvienne, sont importés.

On peut admirer des instruments de musique fabriqués au Canada, et dont le degré de conservation varie, dans les villages de colons, les forts et les musées des sociétés historiques locales. La sonorité des violons québécois du XIXᵉ siècle, dont seulement quelques exemplaires existent encore et appartiennent à des particuliers, a disparu. Il reste quelques spécimens, en état de fonctionnement, d'orgues fabriqués par Samuel Warren (Chambly, 1854), Louis Mitchel (Vaudreuil, 1871), Casavant Frères (Lacolle, 1885) et Napoléon Déry (Saint-Roch-des-Aulnaies, 1874). L'ENCYCLOPÉDIE DE LA MUSIQUE AU CANADA (2ᵉ éd.) comporte une liste de 26 collections publiques et privées d'instruments de provenance canadienne ou étrangère. La plus importante est celle du Musée royal de l'Ontario, réalisée à partir de la collection R.S. Williams. Le musée compte plus de 1000 instruments, répartis dans les sections Extrême-Orient, Europe et ethnologie. Le musée d'anthropologie de l'U. de la Colombie-Britannique (Vancouver), le musée provincial de la Colombie-Britannique (Victoria), le Glenbow-Alberta Institute (Calgary), la collection Robertson (Regina) et le Musée canadien des civilisations (Ottawa) exposent, entre autres, des instruments amérindiens et non occidentaux.

Walter H. Kemp

Insuline Hormone peptidique, elle est sécrétée par les cellules bêta dans la zone sécrétrice «interne» (hormone), par opposition à la zone sécrétrice «externe» (enzymes digestives) du pancréas. Son poids moléculaire est de 5800 et elle est composée de 51 acides aminés. La molécule est formée de deux chaînes notées A et B, reliées par deux liaisons disulfures. Un milligramme équivaut à 24 unités internationales. Lorsque l'insuline est injectée dans le sang, le foie en retient de 40 à 60 p. 100. Le foie est aussi le principal site de dégradation de l'insuline. La synthèse et la sécrétion de l'insuline sont régulées par les activités du système nerveux sympathique, de même que par un lien constant entre la concentration dans les liquides organiques de substances comme le glucose, les acides aminés et autres hormones, et les récepteurs des cellules bêta. Parmi ces substances, le glucose est le principal stimulant, et dans le cadre des activités mentionnées ci-dessus, l'adrénaline est le principal inhibiteur.

L'insuline est l'hormone d'emmagasinage d'énergie la plus puissante, car elle agit sur les hydrates de carbone, les graisses et les protéines dans tout le corps. Elle se fixe aux récepteurs des membranes cellulaires et ses principales cibles se trouvent dans le foie, la graisse et les muscles. Les concentrations sanguines de glucose, d'acides gras libres et d'acides aminés diminuent à mesure que l'effet de l'insuline augmente, et l'énergie est ainsi emmagasinée. L'insuline inhibe la dégradation (catabolisme) de ces substances et la libération des produits de leur dégradation dans la circulation et stimule la croissance tissulaire.

Quand un exercice nécessite une mobilisation d'énergie pour la contraction des muscles, on observe une inhibition coordonnée de libération de l'insuline, accompagnée d'une libération d'hormones contre-régulatrices comme l'adrénaline, le glucagon, le cortisol et l'hormone de croissance. Le traitement du DIABÈTE SUCRÉ a été rendu possible par l'extraction de l'insuline des îlots du pancréas du bœuf et du porc à la suite des découvertes de F.G. BANTING, C.H. BEST, J.J.R. MACLEOD et J.B. COLLIP en 1921 et 1922. Les recherches en génie génétique ont récemment permis la mise en marché d'insuline humaine biosynthétique. Celle-ci remplace maintenant l'insuline provenant d'animaux.

G.D. Molnar

Intelligence artificielle Bien avant l'invention des ordinateurs, de nombreux scientifiques étaient convaincus qu'on pouvait créer une machine qui aurait un comportement intelligent. Pas étonnant donc que, dès l'apparition des premiers ordinateurs, les chercheurs commencèrent à les programmer pour qu'ils fassent des choses auparavant considérées comme l'apanage de l'esprit humain, dont la capacité de résoudre des problèmes non numériques, de comprendre une phrase ou de jouer aux échecs.

Bien que les premiers succès aient été impressionnants, le principal résultat des recherches sur l'intelligence artificielle (IA) fut la mise au point d'outils de programmation de base (p. ex., le traitement de données et le partage des tâches). Les chercheurs apprirent peu à peu à évaluer les limites des techniques faisant appel à la «force brute» (telles les recherches exhaustives et les méthodes statistiques d'apprentissage) et à comprendre l'importance d'encoder de grandes quantités de connaissances techniques et d'en tirer des inférences pertinentes.

Les premières applications commerciales font leur apparition dans les années 70. Des machines étaient désormais capables d'effectuer des calculs à partir d'une base de connaissances glanées méticuleusement par des spécialistes. De tels «systèmes experts» servent maintenant de consultants automatisés dans certains domaines d'expertise pointus, y compris les diagnostics médicaux spécialisés, les analyses chimiques, la conception de circuits intégrés et la prospection minière. Le système de prospection le plus connu a d'ailleurs été conçu en Californie en collaboration avec un expert minier canadien. Il existe aussi des programmes qui «comprennent» une certaine partie du langage parlé ou dactylographié, et qui peuvent examiner visuellement des plans (p. ex., des pièces métalliques moulées ou des circuits intégrés sur une chaîne de montage) ou des radiographies.

Au début des années 80, le Japon, suivi de près par la Grande-Bretagne et la CEE, annonce d'importants programmes nationaux de développement de systèmes informatiques d'IA dits de cinquième génération. Au Canada, quelques groupes de recherche universitaires utilisent l'IA, surtout dans les domaines de l'analyse d'images, dont celles qui ont trait aux satellites et à la médecine (*voir* TÉLÉDÉTECTION), et de la recherche fondamentale dans les techniques de représentation et du raisonnement du savoir.

Les Canadiens ont fait beaucoup de recherche dans le domaine de la traduction automatique, peut-être en raison de leur héritage bilingue. P. ex., au milieu des années 70, un groupe de l'U. de Montréal a élaboré un système de traduction d'une excellente qualité et qui est peut-être, encore aujourd'hui, le seul qui soit totalement automatique et d'un usage quotidien continu. Ce système, qui traduit des prévisions météorologiques plutôt stéréotypées à l'aéroport de Dorval, n'est pas aussi avancé que le système plus sophistiqué conçu plus tard par le même groupe pour traduire des manuels d'entretien d'aéronefs. Même si la traduction était de très grande qualité, le gouvernement a cessé de financer ce projet en 1981 parce que les coûts de révision et des mises à jour du dictionnaire rendaient l'utilisation de ce système peu rentable.

La singulière situation géopolitique du Canada exige que nous soyons au premier plan des industries du savoir, parmi lesquelles on retrouve les communications, le traitement du langage, la bureautique, la télémédecine, l'éducation et la gestion des ressources. Pour résoudre efficacement les problèmes propres à ces domaines, la technologie informatique d'IA la plus avancée doit être utilisée.

Un certain nombre de groupes privés et de ministères reconnaissent l'enjeu de la recherche en IA pour l'avenir du Canada. À titre d'exemple, en 1982, l'Institut canadien des recherches avancées, un groupe privé qui a pour mission de promouvoir des recherches de base dans des domaines d'une importance stratégique, choisit l'IA et la ROBOTIQUE comme premier secteur de concentration et réussit à regrouper une équipe de chercheurs réputés à l'échelle internationale et recrutés dans neuf universités canadiennes. D'autres groupes semblables se spécialisant dans l'IA sont aussi formés dans plusieurs provinces (notamment en Alberta, en Colombie-Britannique, en Ontario et au Québec).

Plus récemment, un groupe composé de plusieurs dizaines d'entreprises canadiennes (comprenant non seulement de petites industries de haute technologie, mais aussi de grandes compagnies minières, d'acier, et de services publics) a formé un consortium (Precarn Associates) pour promouvoir la recherche appliquée préconcurrentielle à long terme dans les technologies de l'IA. En raison des coûts élevés et de l'importance stratégique de telles recherches, des consortiums du genre deviennent de plus en plus fréquents dans la plupart des pays.

Zenon W. Pylyshyn

Intendant L'office d'intendant de la NOUVELLE-FRANCE a été créé en 1663, en même temps que le roi Louis XIV instaurait dans la colonie un système complet de gouvernement, comprenant un GOUVERNEUR et un CONSEIL SOUVERAIN.

En Nouvelle-France, comme dans les provinces de France, l'intendant représentait «l'œil et la main» du roi. Second personnage en importance, après le gouverneur, il contrôlait l'ensemble de l'administration civile de la colonie. La formule consacrée le dit responsable de la justice, de la police, c.-à-d. de l'ordre public, et des finances. À ce titre, il veille particulièrement au peuplement de la colonie, à son développement économique (agriculture, commerce, industrie et communications) et à l'application de la justice. Comme il gère les finances, c'est lui qui possède les pouvoirs les plus étendus dans le gouvernement de la colonie.

Nommé par une commission royale et révocable à volonté, il relevait du ministre de la marine (*voir* MINISTÈRE DE LA MARINE), responsable des colonies. Il faisait appliquer les décisions du roi, en appelait au ministre sur toute orientation nouvelle et présentait un rapport annuel détaillé de la situation politique, économique, sociale, religieuse et militaire. Il intervenait soit directement par ordonnance, soit par arrêt du Conseil souverain qu'il présidait.

Les intendants ont habituellement été choisis en dehors de la noblesse, mais dans les cercles liés au pouvoir. Ils se caractérisent par leur compétence et le soin apporté à l'accomplissement de leur tâche. Les plus célèbres intendants de la Nouvelle-France ont été Jean TALON, Gilles HOCQUART et, pour d'autres raisons, François BIGOT.

Jacques Mathieu

Intérêt C'est le prix que paie un emprunteur pour l'utilisation temporaire de l'argent de quelqu'un d'autre ou, réciproquement, le prix qu'exige un prêteur pour l'utilisation temporaire de son argent par quelqu'un d'autre. Les gens de l'Antiquité et du Moyen Âge ne comprenaient pas très bien la différence entre le paiement d'un intérêt modique, et celui d'un taux d'intérêt élevé qui variait en fonction du désespoir de l'emprunteur. Pour eux, tout intérêt était synonyme d'«usure», terme réservé aujourd'hui aux taux d'intérêt exorbitants.

L'intérêt se présente sous la forme d'un taux, c.-à-d. d'un pourcentage du montant emprunté (le capital) qui doit être payé pendant une période de prêt (d'habitude un an) fixée d'un commun accord. On estime souvent que le taux d'intérêt de base, à savoir la simple rémunération de l'attente «imposée» au prêteur, se chiffre à 3 p. 100 par an, mais d'autres facteurs viennent le majorer. En premier lieu existe le risque que l'emprunteur ne puisse ou ne veuille pas rembourser son argent. Nous ne courons pas grand risque à prêter au gouvernement fédéral (même si certains pays ou emprunteurs «souverains», tels qu'on les appelle parfois, n'honorent pas leurs dettes), mais ce risque augmente légèrement pour les prêts aux provinces et plus encore, aux grandes sociétés.

Le risque d'un prêt à des particuliers est souvent réduit par une hypothèque sur la propriété ou sur un autre objet de valeur comme des obligations déposées en garantie chez le prêteur. Celui-ci peut alors saisir des valeurs appartenant à l'emprunteur si ce dernier ne rembourse pas son emprunt. Les prêts au consommateur sans garantie comportent un risque élevé (*voir* CONSOMMATION, DROIT DE LA) et commandent dès lors des taux d'intérêt élevés. En deuxième lieu, le risque augmente avec la durée du prêt. La capacité de remboursement de l'emprunteur peut ne pas changer beaucoup en un mois ou en un an, mais elle peut se modifier radicalement dans un intervalle de 10 ou 20 ans. Le besoin de l'emprunteur de récupérer son argent peut également changer du tout au tout.

En troisième lieu, l'INFLATION modifie le pouvoir d'achat de l'argent au moment de son remboursement à l'emprunteur. Si l'inflation est de 10 p. 100, un prêteur qui prête 100 $ à 5 p. 100 d'intérêt sera perdant puisque les 105 $ (capital et intérêts) qu'il percevra au bout d'un an ne lui permettront que d'acheter ce qu'il pouvait se procurer pour environ 95 $ au moment du prêt. Le taux d'intérêt à prendre en considération n'est cependant pas celui qui prévaut lors du prêt, ni en cours d'année, mais un taux futur que le prêteur et l'emprunteur ne peuvent que supputer. Si l'on s'attend généralement à voir baisser l'inflation, les prêts à court terme peuvent être plus onéreux que les prêts à long terme parce que l'espoir de cette baisse fait plus que compenser le risque supérieur de défaut de remboursement.

Les économistes des années 70 et 80 estiment que l'incertitude a aussi un impact sur les taux d'intérêt. Les taux d'intérêt «réels», c.-à-d. les taux fixés moins le taux d'inflation attendu, qui sont habituellement de 3 p. 100, grimpent alors à 7 p. 100 parce qu'en période d'instabilité économique, les prêteurs cherchent à se protéger contre l'incertitude.

Il y a toujours une gamme de taux d'intérêt qui varient selon l'emprunteur et le risque encouru. En 1987, p. ex., le gouvernement fédéral paie 9,5 p. 100 aux détenteurs de ses obligations, tandis que les grandes sociétés empruntent à un taux préférentiel (celui que les banques consentent à leurs clients institutionnels offrant les meilleures garanties) de 9,75 p. 100. Les compagnies paient leurs emprunts à 10 p. 100 en émettant des obligations à plus long terme que celui, plus court, des emprunts à taux préférentiel. Les emprunts hypothécaires coûtent alors jusqu'à 13 p. 100. Les cartes de crédit commandent des taux d'intérêt s'étalant de 15,9 à autant que 28,8 p. 100. L'ensemble de cet éventail de taux fluctue à la hausse et à la baisse plus ou moins de concert, selon qu'interviennent des changements dans le niveau général du loyer de l'argent (déterminé au Canada par la POLITIQUE MONÉTAIRE de la BANQUE DU CANADA, la demande de crédit, les taux d'intérêts américains et les taux d'inflation).

La Banque du Canada fixe le TAUX D'ESCOMPTE OFFICIEL, soit celui des prêts relativement peu fréquents qu'elle accorde aux banques commerciales. La fonction première de ce taux d'escompte est de signaler la direction que la Banque du Canada veut voir prendre aux taux d'intérêt. Dans les années 70, elle fixe le niveau de son taux d'escompte pour plusieurs mois. Elle change toutefois de système, en mars 1980, en modifiant son taux d'escompte chaque semaine en fonction des variations du taux d'intérêt des bons du Trésor à 90 jours du gouvernement fédéral.

Ce système lui permet d'agir directement sur son taux d'escompte en soumissionnant sur le marché aux enchères des bons du Trésor offerts chaque jeudi, surtout aux banques commerciales. De la sorte, en fixant son taux d'escompte un quart de point au-dessus du taux d'intérêt moyen des bons du Trésor à 90 jours, la Banque du Canada peut le relever en soumissionnant à la hausse le taux d'intérêt de ces bons. Les autres emprunteurs peuvent ignorer de faibles variations du taux d'escompte, mais des hausses substantielles qui surviennent en un court laps de temps obligent les banques commerciales à relever leur taux préférentiel et les autres taux qui en dépendent.

En 1975, la Banque du Canada se lance dans une tentative de baisse de l'inflation en haussant les taux d'intérêt. Cette décision repose sur la théorie voulant que des taux d'intérêt élevés découragent les entreprises d'investir et les consommateurs d'emprunter pour l'achat de biens tels que maisons et voitures. Ainsi, une hausse des taux d'intérêt réduit la demande de biens et de services et, par le fait même, la pression à la hausse sur les prix. Cette politique de lutte contre l'inflation à l'aide des taux d'intérêt atteint un sommet en 1981 lorsque le taux d'escompte dépasse 21 p. 100 et que le taux privilégié atteint 22,75 p. 100.

Les taux canadiens n'auraient sans doute pas culminé à de tels niveaux, n'eût été de la hausse des taux américains sous l'effet d'une politique monétariste semblable (*voir* POLITIQUE MONÉTAIRE). Lorsque les taux canadiens n'emboîtent pas le pas à la hausse des taux américains, les capitaux ont tendance à s'expatrier aux États-Unis à la recherche de meilleurs rendements. Leur sortie déprime la valeur du dollar canadien par rapport à celle du dollar américain. Les importations coûtent alors plus cher en dollars canadiens et le taux d'inflation a tendance à remonter au Canada. Une façon de rompre le lien étroit entre les taux d'intérêt des deux côtés de la frontière consiste à contrôler le flux des capitaux à l'entrée et à la sortie du Canada, comme l'a fait le contrôle des changes durant la Seconde Guerre mondiale.

Le niveau général des taux d'intérêt dépend aussi de la demande de crédit, laquelle tend à fluctuer de façon cyclique comme l'activité économique. En période de RÉCESSION, les entreprises et les consommateurs sont moins portés à emprunter, ce qui fait baisser le niveau général des taux d'intérêt. Par contre, la relance de l'économie pousse les entreprises à développer leurs affaires et les consommateurs à faire des achats à crédit, ce qui accroît la demande de crédit et donc les taux d'intérêt. Si la hausse de ceux-ci atteint un niveau tel qu'il décourage les consommateurs et les dirigeants d'entreprise, une autre récession s'ensuivra. Ce va-et-vient des taux d'intérêt entre de bas niveaux de récession et de hauts niveaux de prospérité est l'une des causes des mouvements cycliques de l'économie, ce qu'aucune théorie ou politique économique n'a encore réussi à pleinement expliquer ou maîtriser. (*Voir aussi* ACTIVITÉ BANCAIRE; SCIENCES ÉCONOMIQUES; et ÉCONOMIE.)

D. McGillivray

International Woodworkers of America-Canada

Aujourd'hui IWA-Canada, ils voient le jour en 1937 dans le cadre d'une poussée de syndicalisation industrielle amorcée par le Committee for Industrial Organization (devenu le Congrès des organisations industrielles). Les IWA atteignent rapidement la Colombie-Britannique, où ils absorbent des syndicats déjà établis, comme la Lumber Workers' Industrial Union (Syndicat industriel des bûcherons), dont la croissance est issue des importants conflits de travail survenus au cours des années 30 dans les industries forestières et du sciage. En 1946, une grève fructueuse et un effort d'organisation font des IWA le plus important syndicat de l'ouest du Canada, rang qu'il a généralement réussi à conserver depuis. En 1948, la direction des IWA, alors communiste, est remplacée par une direction d'allégeance néo-démocrate qui perdure encore.

Jusqu'en 1986, la frontière entre le Manitoba et l'Ontario servait de ligne de démarcation entre les deux régions de l'ouest et de l'est des IWA. L'événement le plus célèbre de la région de l'Est est la GRÈVE DES BÛCHERONS DE TERRE-NEUVE, en 1957, à la suite de laquelle SMALLWOOD, le premier ministre de la province, promulgue une loi unanimement condamnée interdisant l'établissement des IWA à Terre-Neuve. En 1986, les deux régions

fusionnent sous la présidence de Jack Munro, qui dirigeait la région de l'Ouest depuis 1973. Munro quitte le syndicat en 1991 et Gerry Stoney lui succède.

En 1987, la section canadienne du syndicat se sépare du syndicat auparavant international et instaure un syndicat canadien indépendant, conservant seulement l'acronyme familier «IWA» dans le nouveau nom, soit «IWA-Canada». Ses effectifs ont diminué d'un maximum de 55 000 membres en 1981 à environ 43 000 en 1994. Les membres appartiennent surtout aux industries forestières et du sciage de la Colombie-Britannique, du nord de l'Ontario et des Prairies.

Internationaux de tennis du Canada

Les premiers championnats de tennis du Canada ont lieu en 1881 chez les messieurs et en 1892 chez les dames. Depuis 1968, ces championnats comprennent deux volets: la compétition internationale et le tournoi national réservé aux meilleurs joueurs canadiens. Le tournoi n'a été interrompu qu'à deux reprises par les deux grandes guerres mondiales, de 1914 à 1918 et de 1941 à 1945. La liste des vainqueurs est impressionnante et comprend plusieurs des noms prestigieux de l'histoire du tennis. Les derniers Canadiens à s'assurer le titre ouvert ont été Robert Bédard, victorieux en 1955, 1957 et 1958, et Faye Urban en 1969.

Jusqu'en 1975, le tournoi international est présenté dans des clubs privés de Toronto, Montréal, Vancouver, Québec et Niagara Falls. Il se déroule par la suite au Centre de tennis de l'U. York de Toronto jusqu'en 1979. Puis on favorise l'alternance des tournois masculin et féminin entre Toronto et Montréal. Le tournoi masculin a lieu à Montréal lors des années impaires et le tournoi féminin, lors des années paires. Depuis 1996, le Parc Jarry est doté d'installations considérées parmi les 10 meilleures au monde. Le terrain central, creusé de 3 mètres, limite l'emprise du vent et fournit une ambiance intime aux 10 500 spectateurs. Les 12 terrains extérieurs permettent aux athlètes de s'entraîner sur le site même de la compétition.

Les Internationaux de tennis du Canada, tant féminins que masculins, constituent aujourd'hui l'un des grands tournois des circuits mondiaux. Du côté féminin, deux tournois majeurs seulement ont plus d'ancienneté que les Internationaux du Canada, soit Wimbledon et les Internationaux des États-Unis. L'édition féminine de 1999 a attiré plus de 142 000 spectateurs à Toronto alors que Martina Hingis a mis fin à la domination de quatre ans de Monica Seles en la battant en finale. Le record d'assistance pour un tournoi féminin a cependant été établi en 2000 au stade Du Maurier du Parc Jarry avec 157 236 spectateurs. En 1979, les Internationaux du Canada attiraient à peine 8000 spectateurs. Lors des saisons 1998 et 1999, les joueuses ont choisi les Internationaux féminins du Canada comme le tournoi par excellence de l'année parmi les 24 tournois de la catégorie Tier 1 et 2. Les bourses ont aussi fait un bond spectaculaire. Elles sont aujourd'hui de 1,5 million de dollars chez les dames dont le tournoi fait partie de l'une des 9 grandes étapes de l'Association féminine de tennis professionnel (WTA). Chez les messieurs, la bourse est passée de 930 000 dollars en 1990 à plus de 2,4 millions de dollars en 2000.

Les Internationaux masculins font aujourd'hui partie de la Série des Maîtres (Masters Series) de l'Association de tennis professionnel. C'est la 6e d'une série de 9 étapes se terminant par le tournoi de la Coupe des champions. Ces Internationaux sont ainsi assurés de la présence des plus grands noms du tennis mondial. Le liste des champions est impressionnante: Roy Emerson, Rod Laver, John McEnroe, Ivan Lendl, Bjorn Borg, Michael Chang, Patrick Rafter, Chris Evert Lloyd, Gabriela Sabatini, Steff Graf, Martina Navratilova, Monica Seles, Martina Hingis sont quelques uns des grands qui ont donné leurs lettres de noblesse aux Internationaux de tennis du Canada.

Yvon Dore

Internement Emprisonnement, détention ou confinement d'une personne en temps de guerre. Au Canada, cela signifiait que cette personne était privée de certains droits, en particulier de l'*habeas corpus*, bien que, dans certains cas, elle puisse en appeler de sa détention. Les détenus civils n'étaient pas strictement des PRISONNIERS DE GUERRE, mais étaient généralement traités selon les normes internationales en la matière.

Pendant la PREMIÈRE GUERRE MONDIALE, les étrangers ennemis (les ressortissants allemands, austro-hongrois et turcs) sont sujets à l'internement, mais seulement s'il existe des «motifs raisonnables» de croire qu'ils se livrent à l'espionnage ou à d'autres activités illégales. Certaines municipalités «se débarrassent» des indigents, dont beaucoup sont des immigrants récents, en les envoyant dans les camps d'internement. En 1916-1917, de nombreux Autrichiens sont libérés sur parole pour combler un manque de main-d'œuvre. Des 8579 hommes internés dans les 24 camps que l'on trouve au Canada, 5954 sont austro-hongrois, 2009 sont allemands, 205 sont turcs et 99 sont bulgares; 81 femmes et 156 enfants, personnes à charge des internés de sexe masculin, sont détenus volontairement. Bien que la responsabilité de l'internement passe en 1915 du ministère de la Milice et de la Défense à celui de la Justice, le major-général sir William OTTER demeure l'officier responsable (plus tard directeur) des opérations d'internement.

Pendant la SECONDE GUERRE MONDIALE, le ministre de la Justice pouvait détenir quiconque agissait «d'une quelconque manière préjudiciable à la sécurité publique ou à la sécurité de l'État». Si bien que les ressortissants de pays ennemis, autant que les citoyens canadiens, sont passibles d'internement. Il n'y a pas de statistiques précises, mais le nombre des internés est inférieur à celui de la guerre précédente. La plupart des Allemands internés sont membres d'organisations soutenues par les Allemands ou leaders du Parti nazi au Canada. Après l'entrée en guerre de l'Italie, un certain nombre d'Italiens en vue et de fascistes canadiens, notamment Adrien ARCAND de Montréal, sont internés.

Tout de suite après Pearl Harbor, la GRC interne 38 ressortissants japonais. Le même sort attend bientôt 720 autres Japonais, principalement des citoyens canadiens et des membres du Nisei Mass Evacuation Group qui résistent à la séparation de leurs familles. Contrairement à l'habitude, les quelque 20 000 Japonais qui ont dû se retirer de la côte Pacifique en 1942 ne sont pas internés. Bien que nombre d'entre eux soient logés dans des régions isolées et voient leurs activités sévèrement réduites, ils ne sont pas formellement emprisonnés. Comme les citoyens pouvaient être internés en raison de leur appartenance à des organisations interdites comme le Parti communiste, certains affirment que l'internement a été utilisé comme instrument contre les leaders ouvriers, notamment, J.A. «Pat» Sullivan, président du Syndicat des marins canadiens, interné en 1940. Avec environ 90 autres communistes, il est libéré en 1941 après que l'URSS se fut jointe aux Alliés. Le plus connu, cependant, est le maire Camillien HOUDE de Montréal, interné pendant quatre ans pour avoir dénoncé l'inscription nationale de 1940 qui a précédé la CONSCRIPTION.

L'administration relevait de l'armée et du secrétaire d'État. Il y a eu un total de 26 camps en Ontario, au Québec, en Alberta et au Nouveau-Brunswick, mais seulement 2 ont surtout reçu des Canadiens. Pendant la Première Guerre mondiale, le Canada a reçu 817 détenus de Terre-Neuve et des colonies britanniques des Caraïbes. Pendant la Seconde Guerre mondiale, les camps canadiens ont accueilli des prisonniers de guerre et des marins de la marine marchande capturés par les Britanniques, de même que des civils britanniques. En octobre 1944, le Canada atteint un sommet de 34 193 détenus provenant du Royaume-Uni. Des dispositions existent toujours concernant l'internement. Un décret de planification d'urgence approuvé en mai 1981 par le Cabinet autorise le solliciteur général à établir des camps d'internement civils en temps de guerre.

Patricia E. Roy

Internet Ensemble toujours plus étendu de réseaux interconnectés hiérarchiquement qui permet le transfert facile de données entre des millions d'ordinateurs répartis dans le monde. Avec Internet, des ordinateurs «hôtes» communiquent entre eux en utilisant le protocole de transmission TCP-IP sur des lignes de TÉLÉCOMMUNICATION spécifiques.

Outre les millions d'hôtes, plusieurs millions d'ordinateurs sont directement interreliés par des réseaux locaux privés qui utilisent différents protocoles de communication (p. ex., dans des bureaux). De plus, un nombre incalculable de personnes entrent en communication avec les hôtes (ou serveurs) au moyen de simples lignes téléphoniques. Lorsque le réseau privé ou l'accès commuté se sert du protocole TCP-IP et que l'ordinateur est doté des logiciels appropriés (notamment une forme de SLIP ou de PPP pour accès commuté), l'utilisateur est considéré comme étant directement branché au réseau Internet et a accès à toutes ses informations. Les ordinateurs hôtes appartiennent à des universités, à des sociétés et à des organismes gouvernementaux, qui en font aussi la gestion. Pour le grand public, ce rôle est dévolu à des coopératives et à des sociétés commerciales spécialisées qu'on appelle «fournisseurs d'accès Internet» (FAI).

Historique Internet est issu de l'ARPAnet, conçu dans les années 70 par l'Advanced Research Projects Agency du ministère américain de la Défense. L'ARPAnet relie des ordinateurs utilisés pour la recherche militaire dans plusieurs laboratoires universitaires, gouvernementaux et industriels. Encouragés par son succès, mais conscients de son usage strictement limité, d'autres organismes créent des réseaux destinés à la recherche, à l'enseignement et à des fonctions commerciales et plus spécifiques. Au cours des années 80, l'US National Science Foundation lance ce qui deviendra le réseau Internet pour l'éducation et la recherche; d'autres organisations y greffent des réseaux parallèles d'utilité plus générale.

Structure Alors qu'aux États-Unis le niveau de communication le plus élevé comprend plusieurs réseaux différents, les autres pays ont généralement un seul réseau national d'interconnexion. Le CA net est celui du Canada. Lancé et amplement financé par le CONSEIL DE RECHERCHES EN SCIENCES NATURELLES ET EN GÉNIE (CRSNG), mais conçu en collaboration avec les universités et l'industrie, ce réseau relie différents réseaux régionaux et autres à la grandeur du pays. Il possède des connexions croisées de haute capacité reliées aux réseaux des États-Unis et, partant, à d'autres réseaux du monde entier.

Au niveau inférieur immédiat, il y a un réseau pour chaque province, depuis le vaste Onet jusqu'au modeste PEInet, en plus des réseaux des grandes entreprises et institutions. À partir de ce point, des réseaux de moindre ampleur sont reliés au réseau provincial approprié.

Chaque ordinateur hôte a une identité numérique unique: son adresse IP. Semblable à un numéro de téléphone, elle consiste en quatre nombres consécutifs séparés par des points, suivant les différentes strates des réseaux. Comme dans le cas des réseaux téléphoniques, ce système numérique arrive à saturation, d'où la nécessité de recourir à diverses solutions de rechange et, éventuellement, à une révision.

Afin de faciliter l'utilisation du système, chaque hôte a, lui aussi, une identité unique qui comprend deux noms ou plus séparés par des points et qui suivent un ordre croissant, à la manière d'une adresse postale; toronto.cbc.ca en est un exemple. Ces noms, appelés «domaines», ne correspondent pas nécessairement à ceux des réseaux. Le nom du premier niveau est soit le code à deux lettres de l'Organisation internationale de normalisation du pays, soit l'un des codes à trois lettres attribués aux États-Unis (p. ex., net, com, gov et edu). Un hôte peut posséder une adresse.ca tout en étant relié à un réseau américain, ou il peut avoir une adresse.com même s'il est relié à CA net.

L'adresse s'étend aux plus petits réseaux afin d'identifier la multitude d'ordinateurs des réseaux locaux auxquels sont normalement connectés les ordinateurs personnels. À chaque niveau de communication, un segment s'ajoute au début de l'adresse alphabétique. Ces segments correspondent généralement aux niveaux de façon exacte, sauf lorsqu'on ajoute des dénominations qui peuvent passer au-dessus des noms de réseaux à l'intérieur d'une organisation. L'attribution de noms et de numéros est strictement contrôlée, de sorte qu'on utilise des noms uniques qui sont courts mais significatifs. Le contrôle global relève d'Internet Network Information Center (InterNIC), géré par un consortium d'entreprises américaines, mais il est décentralisé progressivement en descendant les hiérarchies du réseau et du domaine.

L'information transite entre les ordinateurs hôtes surtout par l'intermédiaire de circuits spécialisés que les sociétés de téléphone mettent à la disposition des établissements particuliers. Chaque circuit transfère habituellement des millions de bits par seconde. Chaque réseau est un ensemble de circuits en chaînons qui sont commandés par des ordinateurs et qui offrent un choix multiple de routes entre deux points. La transmission s'effectue en mode paquet (groupement d'un certain nombre d'octets): un message typique se déplace sous forme de nombreux fragments indépendants, qui sont regroupés à leur point d'arrivée. Un paquet accomplit son trajet en une suite de liens à relais et, à chaque lien, il y a vérification d'erreurs et reconnaissance de forme (ou bien retransmission automatique). La communication est donc de type «classement et expédition multiples». Toutefois, vu l'efficacité du protocole de communication, la vitesse des ordinateurs et le haut rendement des circuits utilisés, le temps d'une transmission à l'échelle mondiale, de bout en bout, pour un message complet peut être de quelques secondes seulement. Des logiciels transfèrent des sons numérisés par Internet, offrant ainsi des conversations vocales qui ont presque la qualité d'un appel interurbain. Les multiples modes d'acheminement et l'absence d'ordinateurs centraux accordent une fiabilité maximale au réseau Internet global.

Les câbles coaxiaux et les systèmes terrestres à micro-ondes alimentent beaucoup de circuits, mais le souci constant d'améliorer les capacités de transmission favorise les câbles à fibres optiques. Le type classement et expédition permet aussi l'usage de transmissions par satellite (*voir* SATELLITE, COMMUNICATION PAR), avec leur retard inhérent d'une demi-seconde. Le perfectionnement de la technologie de CA net demeure la priorité du groupe CANARIE (Réseau canadien pour l'avancement de la recherche, de l'industrie et de l'enseignement), fondé en 1993 par le gouvernement, l'industrie et des groupes d'enseignants «pour favoriser le développement de l'infrastructure des communications au Canada même et, de ce fait, contribuer à la compétitivité du pays dans tous les secteurs de l'économie, à la prospérité, à la création d'emplois et à la qualité de la vie». La première phase de CANARIE a coûté plus de 115 millions de dollars, dont 26 millions provenaient du gouvernement fédéral. La deuxième phase, amorcée en avril 1995, va dépasser les 400 millions de dollars, dont 80 millions seront versés par le gouvernement fédéral.

Transfert de fichiers et courrier électronique Au début, les réseaux sous-jacents se chargeaient du transfert des fichiers de données et des programmes entre ordinateurs ainsi que de la transmission de messages électroniques apparentés à du courrier. Pour la plupart des utilisateurs, le courrier électronique était probablement la seule raison d'utiliser Internet.

Si le transfert de fichiers contenant des données et des programmes est fondamental pour les scientifiques et d'autres utilisateurs techniques, le transfert de fichiers binaires de données textuelles et iconographiques et, de plus en plus, sonores, revêt une importance croissante. Cette tendance se rattache surtout aux ordinateurs personnels, capables de stocker et d'afficher des images d'excellente qualité.

Si on veut se servir d'Internet, pour quelque raison, le programme approprié doit être exécuté. Celui-ci est habituellement sur l'ordinateur hôte, mais il peut aussi se trouver sur l'ordinateur client ou sur le routeur du réseau local, si celui-ci est pourvu du logiciel nécessaire (p. ex., PPP). Eudora, pour le courrier électronique, et FTP, pour le transfert de fichiers, en sont des exemples. Telnet permet à l'utilisateur de brancher son ordinateur sur un ordinateur hôte pour lui faire exécuter un programme à distance, à l'intérieur du réseau Internet, dont des programmes clients qui ne sont pas offerts localement.

La transmission de fichiers et de courrier électronique s'effectue habituellement entre des correspondants qui se connaissent (quoique des centaines de listes d'envoi donnent à l'utilisateur le choix de recevoir tout ce qui est proposé sur un sujet donné), mais Internet est de plus en plus utilisé pour stocker de l'information à laquelle tous peuvent accéder. Le réseau Internet donne accès à des bulletins de météo, de l'information générale, des annuaires universitaires, des catalogues de bibliothèques, des renseignements sur des produits commerciaux et de la publicité de toute sorte. Il est possible de trouver l'ordinateur source et les adresses des différents contenus par d'autres moyens, mais l'expansion énorme de ce rassemblement de connaissances en ligne n'en facilite guère l'accès.

Recherche d'informations dans Internet Plusieurs programmes ont été conçus dans le but d'aider l'utilisateur à trouver l'information précise dont il a besoin. Archie, créé à l'U. McGill, et Hytelnet, à l'U. de la Saskatchewan, sont des exemples de logiciels de recherche très utilisés. Le premier cherche dans Internet des fichiers qui contiennent l'expression d'interrogation soumise. Le second, orienté vers les recherches dans les bibliothèques, contient des répertoires (menus) qui dirigent l'utilisateur vers des bibliothèques et des bases de données.

Gopher et Netscape, qui présentent une structure hiérarchique de menus et effectuent des recherches par sujet sur le Web, sont probablement les outils les plus utilisés. Chaque source sur le Web dispose d'un répertoire principal, ou page d'accueil, qui peut conduire l'utilisateur à plusieurs niveaux et à des milliers de pages d'information, sur le même site ou sur tout autre. L'hypertexte est un outil pour traiter l'information qui permet des interconnexions illimitées de pages dans le monde. Son protocole de transmission, caractérisé par http://, est aujourd'hui très familier. L'OpenText de Waterloo (Ontario) fournit des logiciels qui observent continuellement le Web, analysant les textes descriptifs des bases de données afin de garder à jour les index de recherche.

Avec l'hypertexte, on a ajouté des images au texte simple qu'on trouvait initialement sur Internet, mais il a encore des messages à deux dimensions et des limites importantes en ce qui concerne les détails. Des technologies de l'information plus récentes permettent de transmettre des documents d'une grande qualité graphique, apportant des caractéristiques à trois dimensions que l'ordinateur hôte peut traiter et incorporant des fonctions dynamiques dans les messages, comme la mise à jour automatique de données courantes (p. ex., les cours du marché).

Coûts Les coûts de tous les ordinateurs et des lignes de communication qui alimentent Internet sont considérables, mais le coût d'une simple communication reste minime. Puisque le coût pour enregistrer chaque communication serait un multiple de ce coût, les frais d'utilisation doivent être considérés sur une plus grande base. Les universités et d'autres organisations majeures ont contribué de façon importante au développement de CA net. Habituellement, chaque organisation paie une somme annuelle qui est intégrée dans ses frais généraux, ce qui laisse l'impression trompeuse que l'utilisation est gratuite. Au début, plusieurs fournisseurs d'accès Internet étaient financés de façon semblable et pouvaient ainsi offrir à la population un service gratuit, mais ces fournisseurs, qui portent souvent le nom de sous-domaine Libertel (Free-net), sont de moins en moins synonymes de gratuité. Les fournisseurs d'accès Internet commerciaux exigent généralement un montant forfaitaire mensuel en plus des frais pour la durée de la connexion avec leurs modems.

Réseau scolaire canadien Conscients des possibilités infinies qu'offre Internet dans le domaine de l'enseignement, les gouvernements, l'industrie et le corps enseignant ont mis sur pied le Réseau scolaire canadien. Il ne s'agit pas d'un réseau, mais plutôt d'un programme qui a pour but de brancher à Internet les 16 500 écoles et 3500 bibliothèques du pays et de les aider à utiliser le réseau. Par l'intermédiaire de ce programme, le gouvernement fédéral fournit une aide financière afin d'équiper et de brancher les écoles des premières nations, mais le programme existe avant tout pour apporter une aide technique.

Croissance Internet grandit à une vitesse vertigineuse. Le nombre de réseaux connectés double chaque année, tandis que le nombre d'ordinateurs branchés et le volume des communications semblent doubler tous les trois mois. En 1988, 58 organisations sont inscrites au CA net; en mai 1996, il y en a plus de 7500. En 1995, entre 2 et 3,5 millions de Canadiens ont accès à Internet, mais le nombre d'utilisateurs augmente si rapidement que ces statistiques (comme la plupart des statistiques relatives à Internet) deviennent désuètes presque aussitôt.

Implications L'influence d'Internet sur le plan socioéconomique est incommensurable, et il n'en est pourtant qu'à ses premiers pas. L'ouverture du réseau permet de communiquer à peu de frais partout dans le monde, à une échelle jamais vue, avec tous les avantages que cela peut amener en ce qui concerne le développement personnel et la compréhension au sein du village global. En autorisant le transfert rapide d'un volume considérable de données sous forme de textes, d'images et de sons, Internet pourrait déclencher une seconde révolution industrielle de l'ampleur de la première, mais dans le sens inverse, puisqu'il s'agit d'une production décentralisée plutôt que centralisée, conduisant à une économie à domicile.

En favorisant la communication bidirectionnelle dans le domaine politique, Internet pourrait bien changer notre conception de la démocratie, car, par sa nature irrépressible, le réseau est en mesure d'aider les individus privés de certains droits à obtenir liberté et démocratie. D'un autre côté, il peut aussi faciliter la promotion de la haine, la prolifération de la pornographie et la diffusion d'informations servant au terrorisme. ARPAnet et ses successeurs immédiats dans les domaines de la recherche et de l'éducation avaient des règles bien définies sur le contenu et les objectifs de toute information qu'ils diffusaient. Internet, sans cesse en évolution, ne peut suivre de semblables règlements et le réseau est d'une telle immensité qu'il serait difficile d'appliquer la moindre loi. Les gouvernements commencent à peine à se pencher sur les problèmes de la propagande haineuse et antisociale. (*Voir aussi* TÉLÉINFORMATIQUE; INFOROUTE; MULTIMÉDIAS.)

Donald Fenna

Internet, le droit et INTERNET est un réseau de communications qui relie divers réseaux informatiques par la voie des télécommunications. En raison de la nature de la technologie qui le sous-tend, Internet se prête difficilement à la réglementation tant de ses usagers que de l'information qui y est transmise.

Au Canada, un certain nombre de questions liées à Internet relèvent de certaines lois existantes telles que le CODE CRIMINEL, la LOI SUR LE DROIT D'AUTEUR et la Loi sur les MARQUES DE COMMERCE.

Le *Code criminel* prévoit des infractions qui peuvent fort bien s'appliquer à certains actes survenant sur Internet. P. ex., l'article 163 prévoit que celui qui distribue du matériel obscène ou de la pornographie juvénile commet une infraction. Les articles 296 à 304 interdisent la publication de libelles diffamatoires. Par libelle, on entend une publication intentionnellement fausse et de nature à nuire à la réputation de quelqu'un. Selon l'article 430 qui interdit le fait de gêner l'emploi légitime de données informatiques, la distribution de virus informatiques est un crime. L'article 319 interdit l'incitation à la haine, alors que l'article 21 interdit la distribution de renseignements visant à conseiller à quelqu'un de commettre une infraction telle que l'aide au suicide et la fabrication de bombes. Dans le contexte d'Internet, décider qui y a «publié» ou «distribué» un document est une question déterminante et parfois difficile à résoudre.

Nature des communications La nature des communications sur Internet menace la sécurité de l'information que l'on y trouve, ainsi que la vie privée de ses usagers. Les communications entre les usagers du courrier électronique sont transmises par l'intermédiaire d'une série de réseaux informatiques. Elles peuvent donc être interceptées par quiconque possède un ordinateur branché au circuit de transmission. L'article 184 du *Code criminel* prévoit que commet une infraction quiconque intercepte volontairement une «communication privée» au moyen «d'un dispositif électromagnétique, acoustique, mécanique ou autre». La Cour d'appel de l'Ontario a rendu une décision qui ne permet pas de dire si un message envoyé par courrier électronique est une «communication», pour le motif qu'une communication ne comprend pas la transmission de renseignements à un appareil électronique dans le contexte de communications téléphoniques. Toutefois, selon l'interprétation de la Cour suprême du Canada, l'article 8 de la CHARTE CANADIENNE DES DROITS ET LIBERTÉS, qui consacre le droit à la protection contre les fouilles, les perquisitions ou les saisies abusives, comprend le droit à la protection des renseignements personnels comme un volet du droit à la protection de la vie privée. Cependant, aucune cause canadienne n'a encore déterminé la portée du droit à la protection de la vie privée et à la sécurité des renseignements diffusés sur Internet.

La *Loi sur le droit d'auteur* confère une série de droits au titulaire du droit d'auteur, notamment celui d'empêcher la reproduction de son œuvre ou une partie importante de celle-ci. L'utilisation ou l'exploitation sur Internet d'une œuvre protégée par le droit d'auteur, que ce soit en la téléchargeant ou en la téléchargeant ou, pourrait-on faire valoir, même en la consultant sur Internet sans la permission de son titulaire, constitue une violation du droit d'auteur passible de sanctions au civil et au criminel, dont des dommages et intérêts, la saisie ou la confiscation, l'injonction, la restitution et l'emprisonnement. Cette loi accorde un droit d'utilisation limitée des œuvres protégées sans autorisation, si l'œuvre est utilisée à des fins d'étude ou de recherche, de critique, de compte rendu ou de préparation d'un résumé destiné aux journaux, à condition qu'il soit fait mention de la source et du nom de l'auteur.

Marques de commerce La *Loi sur les marques de commerce* et l'action de common law dite «action pour substitution» permettent aux titulaires de protéger leurs marques de commerce contre la contrefaçon et l'appropriation. La marque de commerce est un mot ou un symbole qu'une personne utilise pour identifier un produit ou un service de façon à le distinguer d'autres produits ou d'autres services fournis par d'autres personnes. Les premiers arrêts américains ont décidé que la contrefaçon des marques de commerce peut se faire sur Internet, sur quoi les contrevenants sont susceptibles d'injonction. Rien ne permet de croire que des principes semblables ne s'appliquent pas au Canada.

La question des marques de commerce se pose également concernant les noms de domaine sur Internet. Le nom de domaine est le nom assigné à l'adresse du fournisseur de services Internet ou de l'usager d'Internet. P. ex., le nom de domaine de la Société Radio-Canada est «Radio-Canada.com».

Les entreprises qui n'enregistrent pas leurs noms de domaine comme marques de commerce ou qui n'enregistrent pas leurs marques de commerce comme noms de domaine risquent que leurs marques de commerce soient utilisées par d'autres entreprises comme noms de domaine. Dans une cause récente, l'ex-employé d'un fournisseur de services Internet a lancé sa propre entreprise de fourniture de services Internet et a obtenu un nom de domaine semblable à la raison sociale de son ancien employeur. Le tribunal a statué que l'utilisation du nom de domaine n'équivalait pas à une substitution de nom, parce que la confusion entre les deux noms était peu probable. Aucun tribunal canadien ne s'est expressément penché sur la question de la portée de la protection des marques de commerce que représentent les noms de domaine.

Nature transnationale d'Internet La nature transnationale d'Internet crée des difficultés lorsqu'il s'agit de déterminer les lois de quel pays régissent une activité sur Internet. Le principe de la territorialité dicte que l'application des lois et des règlements d'une autorité législative se restreint généralement aux personnes, aux biens et aux événements dans les limites de son territoire. Aucun tribunal canadien n'a encore eu à statuer sur la question du conflit de lois relativement à Internet.

Leonard Glickman et S. Robertson

Interrogatoire préalable Procédure préjudicielle dans le cadre de laquelle une partie à un litige civil interroge oralement une autre partie au litige. L'interrogatoire préalable permet d'abord à la partie interrogeante d'obtenir la divulgation de faits pertinents et de mieux circonscrire les questions en litige afin de se préparer au procès. Cette procédure permet également d'obtenir de la partie adverse des aveux et d'évaluer les éléments de preuve dont elle dispose. Enfin, elle peut aussi amener indirectement les parties à régler leur litige à l'amiable. Normalement, la transcription de l'interrogatoire préalable ne fait pas partie du dossier dont le tribunal se servira pour trancher l'affaire. Cependant, lors du procès, la partie interrogeante peut produire tout extrait de la transcription officielle ou l'invoquer pour faire ressortir les contradictions ou les divergences entre le témoignage d'un témoin en cour et ses déclarations antérieures au cours de l'interrogatoire préalable. (*Voir aussi* DROIT DE LA PREUVE.)

Yves-Marie Morissette

Intoxication alimentaire Elle comprend l'empoisonnement et l'infection qui résultent de la consommation d'aliments contaminés par des toxines (poisons) produites par des micro-organismes spécifiques ou par la présence de micro-organismes infectieux, de l'ingestion de métaux lourds contaminants (p. ex., le cuivre) ou de toxines naturelles. Les intoxications alimentaires se caractérisent habituellement par des troubles gastro-intestinaux et provoquent parfois la mort. Au Canada, on rapporte chaque année au moins 1000 flambées comprenant de 5000 à 6000 cas. Ce nombre ne représente probablement que 1 p. 100 des cas réels. La plupart des cas ne sont pas signalés ou sont attribués à une «grippe de 24 heures». Au Canada, la majorité des flambées sont liées aux viandes et à la volaille, la cause principale étant une manipulation très inadéquate des aliments, notamment lors de la réfrigération ou du réchauffement.

L'intoxication alimentaire à staphylocoques entérotoxiques est la plus courante. Elle est causée par une toxine thermostable produite par certaines souches de staphylocoques dorés. Les symptômes, comme les crampes, la nausée, les vomissements et la diarrhée se manifestent après 1 à 6 heures et persistent durant 24 heures. La salmonellose, une infection alimentaire à salmonelle, est la plus inquiétante, surtout celle qui est associée à la volaille et aux produits à base d'œufs, mais également à de nombreux autres aliments, des épices aux bonbons au chocolat. Les symptômes, comme les crampes, les frissons, les vomissements, les diarrhées et la fièvre, se manifestent après 8 à 24 heures et persistent pendant 2 à 3 jours ou plus. Les sujets infectés deviennent souvent des porteurs asymptomatiques de SALMONELLE. Chez les personnes âgées affaiblies ou chez les nourrissons, la salmonellose peut provoquer la mort.

Quelques flambées d'intoxications alimentaires par *Clostridium perfringens* (intoxications alimentaires «en institution») surviennent chaque année. Les symptômes bénins comprennent des crampes abdominales et des diarrhées. Les aliments contaminés par *C. botulinum* peuvent contenir une neurotoxine qui cause une forme grave mais rare d'intoxication alimentaire: le BOTULISME. Les intoxications alimentaires associées à *Escherichia coli*, *Yersinia enterocolitica* et autres bactéries sont rares au Canada. Les métaux lourds sont responsables de moins de 1 p. 100 des flambées.

Au cours des années 70, *Campylobacter jejuni* est identifié comme une des causes principales de gastroentérite humaine. On trouve souvent *Campylobacter* dans la viande de volaille, mais jusqu'à maintenant des flambées de campylobactériose causées par des aliments ne sont associées qu'au lait non pasteurisé et à l'approvisionnement en eau non traitée. Chaque année, des flambées de trichinose, une maladie parasitaire causée par *Trichinella spiralis*, surviennent à la suite de l'ingestion de viandes insuffisamment cuites, surtout le porc et le gibier comme la viande d'ours. (*Voir aussi* HAMBURGER, MALADIE DU.)
Michael E. Stiles

Intoxication, défense d' Techniquement, la défense d'«intoxication» n'existe pas en droit criminel canadien. Dans certains cas, la pertinence de la preuve de l'intoxication de l'accusé peut plutôt s'imposer soit a) pour réfuter l'élément moral ou, plus rarement, l'acte matériel dont la poursuite doit faire la preuve pour qu'il y ait déclaration de culpabilité; soit b) pour justifier l'existence de certains moyens de défense. La simple levée de l'inhibition consécutive à l'intoxication ne constitue pas un moyen de défense.

Il convient d'établir une distinction préliminaire entre l'intoxication «volontaire» et l'intoxication «involontaire». On dira que l'accusé a été «involontairement» intoxiqué s'il a réagi de façon imprévisible à un médicament ou s'il a consommé sans le vouloir des substances intoxicantes (apparemment, sans faute de sa part). Il pourra alors prouver son intoxication pour démontrer qu'il n'avait pas l'intention de commettre l'infraction ou qu'il n'aurait pas pu consommer volontairement l'acte criminel et, donc, qu'il ne peut être coupable si l'intoxication a provoqué un état d'«automatisme» (voir plus loin). En revanche, s'il a intentionnellement ou «volontairement» consommé des substances intoxicantes, les règles relatives à l'admission de la preuve d'intoxication sont plus strictes.

Normes objectives Lorsqu'une norme objective s'applique à une infraction ou à un moyen de défense, la preuve d'intoxication ne peut généralement avoir pour effet de diminuer la faute de l'accusé. Une personne raisonnable ne s'intoxique pas. La preuve d'intoxication peut augmenter le degré de culpabilité de l'accusé quand une personne raisonnable aurait prévu que l'intoxication augmenterait la probabilité de la survenance du résultat prohibé. Les règles qui régissent la preuve d'intoxication en matière d'infractions exigeant la MENS REA sont plus complexes.

Normalement, la preuve d'intoxication volontaire n'est admissible qu'à l'égard des infractions dites d'«intention spécifique» exigeant la *mens rea*, et non à l'égard des infractions dites d'«intention générale». Les infractions d'«intention générale» nécessitent simplement la preuve que l'accusé avait l'intention de commettre l'acte reproché en ayant connaissance des circonstances. Par ailleurs, les infractions d'«intention spécifique» nécessitent également la preuve d'une intention supplémentaire. P. ex., l'agression (qui, dans une de ses formes, exige uniquement qu'il y ait eu attouchement intentionnel d'une autre personne sans son consentement) constitue une infraction d'intention générale alors que le meurtre (qui exige la preuve non seulement de l'infliction intentionnelle du mal, mais de l'intention de tuer) constitue une infraction d'intention spécifique. Bien qu'elle soit critiquée par les juges et les auteurs, la distinction entre infractions d'intention spécifique et infractions d'intention générale demeure reconnue en droit canadien. Les tribunaux invoquent cette distinction pour limiter le recours à l'intoxication comme moyen de défense.

Intention spécifique Au départ, la common law d'Angleterre limite la preuve d'intoxication à une seule question: l'accusé avait-il la capacité de former une intention spécifique? La règle canadienne moderne veut que cette preuve soit pertinente quant à cette question et à celle de savoir si l'accusé a effectivement manifesté l'intention spécifique. Si la preuve d'intoxication soulève un doute raisonnable à propos de la question de savoir si l'accusé avait la capacité de former l'intention spécifique ou l'a effectivement formée, il ne pourra être déclaré coupable de l'infraction d'intention spécifique; il pourra toutefois être déclaré coupable d'une infraction incluse d'intention générale. Ainsi, la personne accusée de meurtre pourrait être déclarée coupable d'homicide involontaire coupable si elle était intoxiquée au moment de la perpétration de l'infraction. En pratique, le degré d'intoxication doit être poussé avant que le doute raisonnable requis ne puisse être soulevé.

La preuve d'intoxication a beaucoup plus de pertinence dans les causes de meurtre. Le meurtre au premier degré est le meurtre commis notamment avec préméditation et de propos délibéré. Même s'il est prouvé que l'accusé avait l'intention de commettre un meurtre, la preuve d'intoxication peut soulever un doute par rapport à la question de savoir si l'accusé a commis l'infraction avec préméditation et de propos délibéré; il en résultera alors une déclaration de culpabilité pour meurtre au deuxième degré. De plus, la personne accusée de meurtre, qui prouve qu'elle a été provoquée, n'est déclarée coupable que d'homicide involontaire coupable car, si l'intoxication est étrangère à la question de savoir si l'acte de la victime pouvait légalement constituer de la provocation, elle pourrait s'avérer pertinente quant à la question de savoir si l'accusé a réagi effectivement à une provocation que reconnaît le droit.

L'accusé peut s'être à ce point intoxiqué qu'il est devenu «automate» ou s'est trouvé dans un état «voisin» de l'automatisme. Il était incapable d'agir volontairement ou de former une intention, fut-elle générale ou spécifique. (*Voir* AUTOMATISME, DÉFENSE D'.)

Automatisme ou conduite involontaire Traditionnellement, la common law refuse de faire une concession spéciale pour l'automatisme résultant de l'intoxication volontaire, indépendamment de la gravité de l'intoxication: la preuve d'intoxication n'est admissible que dans le cas des infractions d'intention spécifique. Toutefois, dans une décision controversée qu'elle rend en 1994, la Cour suprême du Canada statue que la règle de common law est contraire à la CHARTE. L'automatisme établi par l'accusé selon la prépondérance des probabilités (en faisant appel à des témoins experts) réfute le caractère volontaire ou la mens rea, même pour des infractions d'intention générale telle l'agression sexuelle. Cette décision est perçue comme mettant les femmes et les enfants en danger d'être maltraités par des hommes intoxiqués.

Le Parlement réagit rapidement, édictant l'article 33.1 du Code criminel en septembre 1995. Cette disposition prévoit que ne constitue pas un moyen de défense à une infraction d'atteinte ou de menace d'atteinte à l'intégrité physique d'autrui, ou toute forme de voies de fait, le fait que l'accusé, en raison de son intoxication volontaire, n'avait pas l'intention de base ou la volonté requise pour perpétrer l'infraction, dans les cas où il s'écarte de façon marquée de la norme de diligence raisonnable généralement acceptée dans la société canadienne. L'écart marqué se produit lorsque l'accusé, alors qu'il est dans un état d'intoxication volontaire qui le rend incapable de se maîtriser consciemment ou d'avoir conscience de sa conduite, porte atteinte ou menace de porter atteinte volontairement ou involontairement à l'intégrité physique d'autrui.

La Cour suprême ne s'est pas encore prononcée sur la question de savoir si l'article 33.1 est conforme à la Charte.
Wayne Renke

Inuit Tapirisat du Canada (ITC) Cet organisme, autrefois nommé Inuit Brotherhood, voit le jour en 1971, quand un comité fondateur d'Inuits décide qu'il est temps que les Inuits aient une voix unie sur divers aspects de la mise en valeur du NORD canadien et de la protection de la culture INUITE. Son siège social, d'abord établi à Edmonton, déménage à Ottawa en 1972. En 1998, l'ITC est devenue une organisation nationale représentant plus de 41 000 Inuits des Territoires du Nord-Ouest, du Nord québécois et du Labrador. Elle comprend également 10 associations régionales: la *Baffin Region Inuit Association*, la *Labrador Inuit Association*, la *Kivalltiq Inuit Association*, la *Kitikmeot Inuit Association*, l'*Inuvialuit Regional Corporation*, l'*Association nationale des femmes inuites*, la *Société Makivik*, la *Nunavut Tunngavik Inc.*, la *Pauktuutit* et le *National Inuit Youth Council*. Le conseil d'administration de l'ITC est formé des présidents de ces associations régionales, des présidents du National Inuit Youth Council, de l'Association nationale des femmes inuites et de la Pauktuutit, ainsi que d'un directeur élu au suffrage universel et de deux membres canadiens de la Conférence circumpolaire inuite.

L'ITC poursuit les objectifs suivants: protéger la langue et la culture des Inuits; susciter des sentiments de dignité et de fierté envers le patrimoine inuit; constituer un lieu de focalisation pour déterminer les besoins et les désirs de tous les Inuits; être le porte-parole des Inuits sur des questions touchant à leur bien-être; améliorer la communication entre les communautés et avec les Blancs; enchâsser les droits inhérents des peuples autochtones à l'autonomie gouvernementale dans la Constitution du Canada; garantir et sauvegarder les droits fondamentaux de la personne dans tous les aspects de la vie des Inuits; protéger l'environnement; favoriser le développement et la planification de l'économie afin de permettre aux Inuits d'y participer et de la contrôler pour ensuite devenir autonomes; traiter des problèmes de santé et de société; et, enfin, chercher à protéger les droits civils, politiques, économiques, culturels et sociaux des Inuits à l'aide des outils internationaux en matière de droits de la personne et, plus particulièrement, du droit à l'autonomie. L'ITC est un organisme à but non lucratif subventionné principalement par des organismes gouvernementaux et des fondations privées du Canada.
Minnie Aodla Freeman

Inuits Le mot «Inuit» signifie tout simplement «peuple». Autrefois, les Européens appelaient les

Inuits «Esquimaux», expression péjorative qui signifie «mangeurs de viande crue». Les Inuits font partie des premiers groupes à s'installer dans les régions nordiques du Canada, peuplant de petits villages et des communautés disséminés dans l'Arctique, de l'Alaska jusqu'à l'est du Groenland. En 1996, Statistiques Canada dénombre 41 080 Inuits au Canada.

Tribus Il existe huit grandes tribus inuites: celles du LABRADOR, de l'UNGAVA, de l'ÎLE DE BAFFIN, d'IGLULIK, du CARIBOU, de NETSILIK et du CUIVRE ainsi que les Inuits de l'ouest de l'Arctique (qui ont remplacé les INUITS DU MACKENZIE). Elles parlent toutes la même langue, l'inuktitut, qui comprend six dialectes (*voir* AUTOCHTONES, LANGUES DES). Les Inuits sont un peuple de chasseurs et de cueilleurs qui, traditionnellement, se déplacent d'un campement à l'autre, au gré des saisons. Les vastes groupements régionaux étaient autrefois divisés au hasard en groupes saisonniers plus restreints: les campements d'hiver, appelés «bandes», regroupant une centaine de personnes, et les groupes de chasse estivale, qui en regroupent moins d'une douzaine. Chaque bande était identifiée par un lieu et un nom s'y rattachant: les Arvirtuurmiut de la péninsule de Booth étaient appelés «mangeurs de baleines à fanons».

Depuis le début de son peuplement il y a 4000 ans, l'émergence de nouveaux peuples a constamment enrichi la vie culturelle de l'Arctique. Les ancêtres des Inuits, dont la culture s'apparente à celle des Inuppiats (nord de l'Alaska), des Katladlits (Groenland) et des Yuits (Sibérie et ouest de l'Alaska), arrivent 1050 ans avant notre ère. À partir du XIe siècle, les VIKINGS exercent une influence d'une ampleur indéterminée sur les Inuits. L'arrivée successive d'explorateurs, de chasseurs de baleines, de commerçants, de missionnaires, de scientifiques et autres modifie irréversiblement leur culture. Comme ces gens désirent commercer et ont besoin qu'on les guide et leur montre comment survivre, les Inuits prennent une part active au développement du Nord. Malgré les changements apportés par les Inuits euxmêmes au cours des trois derniers siècles et l'abandon de certaines coutumes traditionnelles, la culture inuite subsiste et suscite plus que jamais une importante prise de conscience. Les Inuits conservent leur identité culturelle par le biais de la langue, de coutumes culturelles ancestrales, d'attitudes et de comportements ainsi que de l'ART INUIT, qui jouit d'une grande renommée.

Les Inuits: un groupe ignoré Les Inuits n'ont jamais été assujettis à la LOI SUR LES INDIENS et ont été pratiquement ignorés du gouvernement jusqu'en 1939, année durant laquelle une décision du tribunal établit leur tutelle fédérale. Les Inuits ont négocié le nouveau territoire du NUNAVUT, qui signifie «Notre terre», avec le gouvernement fédéral afin de définir les terres des Territoires du Nord-Ouest qui leur appartiennent ainsi qu'aux DÉNÉS. Aujourd'hui, un certain nombre d'Inuits sont encore nomades, mais la plupart d'entre eux participent au développement du nord du Canada et à son administration dans la fonction publique et en matière de commerce, de politiques locales et territoriales, d'enseignement, de transport, de soins et de diffusion. (*Voir aussi* AUTOCHTONES: L'ARCTIQUE.)

Minnie Aodla Freeman

Inuits de l'île Baffin Ils occupent le nouveau territoire du NUNAVUT et la plus grande île de l'ARCHIPEL ARCTIQUE et présentent des diversités régionales considérables tant au plan des dialectes que de la culture. Ceux de l'extrême nord appartiennent au groupe des INUITS IGLULIK, qu'on trouve aussi sur le continent. Les autres groupes, souvent classés dans la même catégorie et appelés Inuits du sud de l'île Baffin, sont concentrés le long de la côte accidentée de l'Est, notamment dans le détroit de Cumberland et la baie de Frobisher, et le long de la rive nord du détroit d'Hudson. Ces derniers présentent des caractéristiques culturelles semblables en plusieurs points à celles des INUITS DU LABRADOR qui habitent l'autre rive du détroit d'Hudson, qu'ils traversent fréquemment pour s'adonner au commerce.

Les Inuits de l'île Baffin ont des contacts avec le monde extérieur dès 1576, quand Martin FROBISHER fait du commerce avec les Inuits et kidnappe l'un d'entre eux dans la baie qui porte maintenant son nom. D'autres conflits surviennent lors de son expédition de 1577. Pendant tout le XVIIIe siècle et le début du XIXe siècle, les Inuits habitant la côte sud font à l'occasion du commerce avec des navires d'exploration et d'approvisionnement européens qui s'arrêtent brièvement avant de continuer leur route vers la baie d'Hudson. Plus au nord, les Inuits du détroit de Davis n'ont de contact d'importance avec des étrangers qu'après 1820, lorsque les baleiniers écossais et américains commencent à se rendre chaque année dans l'île Baffin à travers les denses champs de glace dérivant depuis l'ouest de la baie de Baffin.

La culture matérielle des Inuits est modifiée considérablement par l'augmentation du volume des biens de commerce, dont les armes à feu, et par les grandes quantités de bois récupérées des naufrages qui sont fréquents dans la région. Les contacts avec des Européens se multiplient vers la fin du XIXe siècle lorsque les chasseurs de baleines commencent à établir des ports permanents sur les côtes. Même si les Inuits semblent assez bien accueillir le commerce régulier et le travail occasionnel qu'il leur procure, on pense toutefois que leur population a décliné rapidement à cause des changements de régime alimentaire et des maladies apportées par les Européens.

Après le déclin de la chasse commerciale à la baleine au début du XXe siècle, les Inuits de l'île Baffin se tournent de plus en plus vers le piégeage du renard pour satisfaire leur dépendance des produits de fabrication européenne. Depuis les années 50, les Inuits sont devenus plus sédentaires et vivent en permanence dans des localités plus modernes comme IQALUIT (Frobisher Bay), centre de communications et agglomération la plus importante de l'île. L'une des agglomérations les plus connues de l'île est CAPE DORSET, maintenant reconnue dans le monde entier pour les sculptures en stéatite, les gravures et les dessins de ses artistes inuits. (*Voir aussi* AUTOCHTONES: L'ARCTIQUE.)

J. Garth Taylor

Inuits de Netsilik ou Netsilingmiuts L'un des nombreux groupes INUITS vivant sur la côte arctique du Canada, à l'ouest de la baie d'Hudson. Lors du passage de l'explorateur Groenlandais Knud Rasmussen en 1923, les 259 Netsilingmiuts étaient disséminés sur un territoire de 103 600 km², entre la baie Comité, le détroit de Victoria et l'île Somerset. Le nom *Netsilingmiut* signifie «peuple du lieu où il y a du phoque» et vient probablement du nom du lac Netsilik (phoque), dans la PRESQU'ÎLE DE BOOTHIA.

Jusqu'à la deuxième moitié du XXe siècle, les Netsilingmiuts sont des chasseurs nomades vivant en petits groupes de familles, dont la composition fluctue, et possédant une organisation sociale simple et égalitaire. Ils n'ont ni gouvernement formel ni relations institutionnalisées entre les groupes. Ils chassent le phoque, le caribou, le bœuf musqué et, à l'occasion, l'ours blanc, et pêchent le saumon, la truite et l'omble. Grâce à d'ingénieuses techniques, ils transforment les os, la peau et la chair de ces animaux ainsi que la pierre, la neige et la glace en matériaux indispensables à leur survie.

Ils parlent un dialecte de l'inuktitut, la langue courante des Inuits depuis le nord de l'Alaska jusqu'au Groenland occidental. Ils ont une connaissance détaillée d'une immense étendue de territoire et passent parfois plusieurs années en expédition sur la côte de la baie d'Hudson et dans la région de la rivière Thelon, où ils se procurent des couteaux, des aiguilles, du bois pour la construction des traîneaux et des KAYAKS puis, au début du XXe siècle, des armes à feu.

Les Blancs pénètrent dans le territoire des Inuits de Netsilik au début du XIXe siècle, les uns à la recherche d'un PASSAGE DU NORD-OUEST, de l'Atlantique au Pacifique, les autres en quête des vestiges de l'expédition de FRANKLIN. Les explorateurs sont pour eux une nouvelle source de biens venant du monde extérieur. En 1923, une troisième source fait son apparition quand la Compagnie de la baie d'Hudson (CBH) ouvre un comptoir dans l'ÎLE DU ROI-GUILLAUME. L'arrivée de la CBH est suivie de celle des missionnaires dans les années 30, puis de celle de la Gendarmerie royale du Canada. Dans les années 50, l'établissement d'écoles et de postes infirmiers accélère le processus de changement.

Aujourd'hui, la plupart des Netsilingmiuts vivent dans les villages modernes (ou près de ceux-ci) construits par le gouvernement à Spence Bay et à Pelly Bay, dans la presqu'île de Boothia, et à Gjoa Haven, dans l'île du Roi-Guillaume. Les modes de vie inuits sont très mêlés les uns aux autres dans ces communautés, et l'homogénéité socioéconomique a fait place à la diversité sur le plan de la langue parlée, de l'éducation et des habiletés manuelles, du revenu et de l'expérience du voyage à l'intérieur et à l'extérieur de l'Arctique. Les valeurs et les usages de toutes sortes fluctuent continuellement. L'identité communautaire commence à remplacer l'identité du groupe de Netsilik, et les gens expérimentent activement de nouvelles façons d'être Inuits. En 1967, l'Office national du film et Asen Balikci ont produit *The Netsilik Eskimo*, une série de neuf films sur ce groupe. (*Voir aussi* AUTOCHTONES: L'ARCTIQUE.)

Jean L. Briggs

Inuits du Caribou Surnommés ainsi en raison de leur dépendance quasi totale au CARIBOU en ce qui concerne la nourriture, les vêtements et les abris, ils occupent la région des Barren Grounds, à l'ouest de la baie d'Hudson, durant les XIXe et XXe siècle. La population, qui compte environ 500 personnes, se répartit en quatre groupes régionaux. Ils se différencient grandement des autres INUITS de par leur dépendance aux ressources de l'intérieur des terres. En effet, ils ne rejoignent la côte qu'occasionnellement, n'y faisant de rares visites que pour se procurer des produits dérivés des mammifères marins, soit en les chassant, soit en faisant du troc avec les Inuits de la côte.

Les premiers anthropologues qui les ont observés au cours des années 20 émettent alors une théorie selon laquelle ils seraient en réalité les derniers représentants d'un ancien mode de vie antérieur à la migration de la plupart des Inuits vers les côtes, où ils sont devenus chasseurs de mammifères marins. Cette opinion se fonde sur leur adaptation exceptionnelle à la vie à l'intérieur des terres ainsi que sur le caractère pauvre et primitif de leur culture matérielle. Depuis, on s'est rendu compte que le mode de vie des Inuits du Caribou est un phénomène récent et qu'il relève de leurs contacts indirects (et, plus tard, directs) avec les marchands et les chasseurs de baleine européens. Jusqu'à la fin du XVIIIe siècle, les CHIPEWYANS occupent la majeure partie de la région des Barren Grounds. Quelques décennies plus tard, les Inuits de la côte ouest de la baie d'Hudson commencent à se voir offrir des armes à feu, ce qui leur permet de chasser plus efficacement le caribou. De plus, leur engagement dans la TRAITE DES FOURRURES les incite à se déplacer vers l'intérieur des terres. La pauvreté de leur culture matérielle traditionnelle tient au fait que, au moment où les anthropologues les étudient, ils sont devenus dépendants de la technologie européenne qu'ils utilisent déjà depuis plus d'un siècle.

L'organisation sociale des Inuits du Caribou est fondée sur les relations familiales et les alliances. Aussi, les familles se déplacent souvent d'un groupe régional à l'autre. La religion repose sur le chamanisme (*voir* CHAMAN), et une grande partie de leur langue et de leurs croyances ressemble à celle des autres groupes INUITS de l'Arctique central. Leurs activités saisonnières traditionnelles consistent d'abord en la pêche, puis en la chasse au caribou lors des migrations au printemps et à l'automne. Durant la chasse automnale, lorsque les troupeaux de caribous ont émigré vers les forêts au sud, les groupes se rassemblent en certains lieux propices à la chasse et cherchent à s'assurer une quantité de nourriture suffisante pour tout l'hiver. En été, ils habitent des tentes en peaux de caribou et, en hiver, des igloos. Leurs descendants habitent aujourd'hui ARVIAT, Rankin Inlet, BAKER LAKE et Whale Cove, villages qui font maintenant partie du nouveau territoire du NUNAVUT qui a vu le jour en 1999. (*Voir aussi* AUTOCHTONES: L'ARCTIQUE.)

Robert McGhee

Inuits du Cuivre Ainsi nommés pour le grand usage qu'ils font d'objets façonnés du cuivre tiré des gisements de la région, ils occupent d'abord les îles BANKS et VICTORIA et la région continentale de l'Arctique central canadien. Au début du XXe siècle, ils sont près de 800, répartis en de nombreux groupes régionaux d'environ 50 personnes. L'hiver, plusieurs groupes se réunissent pour la chasse au phoque et vivent alors dans de grands villages d'igloos construits sur la mer gelée et déménagent quand la population de phoques s'épuise. Au printemps, ces communautés se séparent et les bandes se dirigent vers des régions particulières de la côte d'où elles gagnent l'intérieur des terres pour chasser le caribou et le bœuf musqué et pour pêcher. Pendant tout l'été, ces Inuits se déplacent à l'intérieur de territoires définis, en petits groupes d'une ou de quelques familles vivant dans des tentes de peaux. À la fin de l'été, ils intensifient la chasse au caribou et se rassemblent peu à peu le long de la côte, où les femmes préparent les vêtements d'hiver.

L'organisation sociale repose sur la parenté et sur diverses formes d'association officielle, et les liens entre personnes sont plus une question de choix que chez les autres groupes INUITS. Leur religion est fondée sur le chamanisme, le CHAMAN ayant pour fonctions principales de guérir les malades et d'assurer une chasse abondante. Leur religion, leur langue et la plupart de leurs autres traits culturels ressemblent à ceux des autres peuplades inuites de l'Arctique central, dont les Inuits du Cuivre sont les plus occidentaux.

L'archéologie démontre que ces derniers descendent d'un groupe de la CULTURE DE THULÉ, qui a immigré dans la région environ 1000 ans av. J.-C. et qui a adapté son mode de vie basé sur les ressources maritimes, en y ajoutant le phoque et le caribou. Sous le climat plus froid du petit âge glaciaire allant du XVIIe au XIXe siècle, ils abandonnent leurs maisons d'hiver permanentes ainsi que d'autres usages de leurs ancêtres de Thulé. Un plus grand nomadisme et leur contact avec la technologie européenne importée, à laquelle ils s'intéressent de plus en plus, engendrent la culture originale des Inuits du Cuivre. À partir du début du XXe siècle, leurs fréquents contacts avec les Européens les poussent vers une économie fondée sur le trappage. Aujourd'hui, ils vivent presque tous dans les villages de Sachs Harbour, de Holman, de Kugluktuk, de Bathurst Inlet et de Cambridge Bay. En 1984, l'Entente sur le règlement des revendications territoriales des Inuvialuit touche, notamment, les communautés de Sachs Harbour et de Holman. Les autres groupes font partie du nouveau territoire du NUNAVUT. (*Voir aussi* AUTOCHTONES: L'ARCTIQUE.)

Robert McGhee

Inuits du Labrador Eux-mêmes s'appellent parfois les Labradormiuts; ils ont en effet occupé la majeure partie de la côte Atlantique du LABRADOR durant la période historique. À cette époque, ils se rendaient encore plus au sud, traversaient parfois jusqu'au nord de Terre-Neuve et voyageaient loin dans le golfe du Saint-Laurent. On connaît mal, cependant, la nature et l'étendue de la présence des Inuits dans le sud du Labrador. Ils auraient, semble-t-il, rencontré des explorateurs, des pêcheurs et des chasseurs de baleine européens dans le sud du Labrador dès la fin du XVIe siècle.

Malgré de fréquentes mésententes et effusions de sang au cours des premiers siècles de contacts avec les Blancs, ils commercent déjà avec eux de façon intermittente lorsque l'Angleterre acquiert le Labrador en 1763. Les Inuits s'étaient procuré une importante gamme de marchandises européennes, dont des voiliers en bois, en échange de fanons (lames cornées issues de la mâchoire de certaines baleines), de peaux et de graisse de phoque. Jusqu'à ce qu'ils obtiennent des armes à feu dans les années 1780, les Inuits du Labrador évitent presque tout contact avec les MONTAGNAIS-NASKAPIS, leurs voisins parfois hostiles que les premiers commerçants de fourrures français avaient armés.

Traditionnellement, les Inuits du Labrador, qui sont quelque 1500 à la fin du XVIIIe siècle, tirent leur subsistance de la mer. De la mi-juin à la mi-décembre, alors que les eaux côtières sont libres de glace, les hommes chassent dans leurs KAYAKS le morse, le béluga et le phoque. À la fin de l'automne, ils chassent l'énorme baleine boréale dans leurs UMIAKS, des embarcations faites de peaux de phoque. Durant l'hiver, ils chassent le phoque à la lisière des glaces. Plusieurs familles se partagent habituellement de grandes maisons d'hiver faites de terre, de pierres, de bois et d'os de baleine.

Aujourd'hui, la plupart d'entre eux vivent à Nain, à Hopedale et à Makkovik, des établissements fondés par des missionnaires moraves en 1771, en 1784 et en 1896. Depuis la Seconde Guerre mondiale, certains se sont installés dans les villages d'Happy Valley et de North West River, à l'intérieur des terres. Ceux qui, dans le passé, avaient émigré au sud sont décimés par diverses maladies contagieuses, et la plupart des survivants sont absorbés par leurs mariages avec les colons européens. À la suite des programmes de réinstallation du gouvernement dans les années 50, il n'existe plus de peuplements inuits permanents sur la côte au nord de Nain. Chaque été, néanmoins, bon nombre d'Inuits vont encore au nord de Nain pêcher l'omble arctique, l'une des principales sources de revenus pour l'Inuit du Labrador moderne. (*Voir aussi* AUTOCHTONES: L'ARCTIQUE.)

J. Garth Taylor

Inuits du Mackenzie À l'origine, ils habitent la côte ouest de l'Arctique canadien de l'île Barter, à l'ouest, jusqu'au cap Bathurst, à l'est, de même que la partie nord du delta du Mackenzie. Au XIXe siècle, ils sont environ 2000 et forment la population inuite la plus dense de l'Arctique canadien. Ils se répartissent en 5 groupes régionaux de 200 à 1000 personnes chacun, et tous ont un mode de vie adapté aux ressources de leur région. Le groupe situé à l'ouest du fleuve Mackenzie passe l'été à chasser le caribou et à pêcher, et l'hiver à chasser le phoque. Celui qui se trouve au cap Bathurst, à l'est, chasse la baleine boréale en été et le phoque en hiver.

Le groupe le plus important vit dans le delta du Mackenzie, dans le village de Kittigazuit, à l'embouchure du cours principal du fleuve. C'est là qu'il se réunit l'été pour chasser les bélugas qui viennent se nourrir dans l'estuaire peu profond. La région est un piège naturel pour les troupeaux de bélugas, que des groupes d'au plus 200 chasseurs en kayak poussent vers les hauts-fonds, en amont. Ils tuent ainsi plusieurs centaines de petites baleines en une seule chasse, ce qui suffit à leur fournir nourriture et huile pour l'hiver.

Les Inuits du Mackenzie passent le reste de l'année à chasser le caribou et le phoque et à pêcher. L'hiver, ils déménagent dans de plus petits villages de quelques maisons. Construites en bois de grève, très bien isolées avec de la tourbe, chauffées et éclairées au moyen de lampes à l'huile de baleine faites de pierre ou de terre cuite, chacune de ces maisons abrite environ six familles. L'organisation sociale est fondée sur la famille. Les gens sont essentiellement monogames, la polygamie étant pratiquée par certains riches individus. Les familles ou les particuliers possèdent des maisons, des tentes, des KAYAKS et des OUMIAKS. Quelques indices laissent croire que le groupe régional est dirigé par un chef héréditaire de sexe masculin. On connaît peu de choses sur leur religion, sinon qu'elle repose sur le chamanisme et que de grandes festivités ont lieu en décembre durant la nuit boréale.

Des études archéologiques démontrent que les Inuits du Mackenzie vivent dans la région depuis environ 1000 ans et qu'ils descendent d'un peuple de la culture de Thulé venu de l'Alaska vers 1000 apr. J.-C. Au cours des siècles, ils entretiennent des liens commerciaux et culturels avec les Inuits de l'Alaska, avec qui ils sont le groupe le plus à l'est à partager leur mode de vie relativement aisé. Les Inuits du Mackenzie participent à la TRAITE DES FOURRURES au cours du XIXe siècle, d'abord indirectement par le biais des postes russes en Alaska et, plus tard, avec les postes établis dans le delta du Mackenzie.

À la fin du XIXe siècle, ils établissent de solides liens avec les chasseurs de baleine américains qui se mettent à chasser et à passer l'hiver dans la région. Ils sont décimés à cause de plusieurs vagues d'épidémies: vers 1900, leur population est moins de 10 p. 100 de ce qu'elle était. Les Inuits de l'Alaska et les Européens parviennent à occuper une grande partie de leur territoire en s'y installant comme trappeurs. Leurs descendants habitent aujourd'hui les communautés d'Ikaahuk (Sachs Harbour), d'Inuvik, de Tuktuujaqtuuq (Tuktoyaktuk) et de Paulatuuq (Paulatuk). Maintenant connus sous le nom d'Inuvialuit, ils négocient une entente sur le règlement de leurs REVENDICATIONS TERRITORIALES globales avec le gouvernement du Canada en 1984. (*Voir aussi* AUTOCHTONES: L'ARCTIQUE.)

Robert McGhee

Inuits d'Ungava Inuits du Nouveau-Québec, ils vivent sur les rives de la baie d'Ungava, la rive sud du DÉTROIT D'HUDSON et sur la côte est de la BAIE D'HUDSON. Ils exploitent les ressources de la vaste région qui s'étend au nord de la limite de la végétation arborescente, en particulier les mammifères marins des eaux côtières. Ils se déplacent vers l'intérieur pour chasser le caribou et, à certains moments, pénètrent les terres traditionnelles des CRIS et des INNUS (MONTAGNAIS-NASKAPIS) au sud de cette limite.

Le terme *ungava*, qui signifie «vers les eaux libres», est utilisé pour désigner la bande inuite établie à l'embouchure de la rivière Arnaud (Payne). Les frères Moraviens, qui ont fondé des missions chez les INUITS DU LABRADOR, ont nommé le territoire inuit situé à l'ouest, Ungava. La COMPAGNIE DE LA BAIE D'HUDSON utilise beaucoup ce terme au XIXe siècle, et le gouvernement fédéral crée le district fédéral d'Ungava en 1895. Jusque-là, il n'existait pas de terme générique pour désigner ces Inuits.

Proches des Inuits du sud-est de l'île Baffin et des Inuits du Labrador sur le plan culturel, ils présentent néanmoins avec ces tribus un certain nombre de différences du point de vue technique et linguistique ainsi que dans leurs habitudes religieuses et sociales. Les différences ont été accentuées par l'acculturation et par l'évolution de ces Inuits à la suite de la division administrative de leurs terres.

Les Inuits de la partie nord d'Ungava, du cap Smith aux îles Killiniq, chassent les grands mammifères marins (baleines de l'Arctique, morses, bélugas, phoques barbus), ils ont de bons moyens de transport (UMIAK, kayak, attelages de chiens) et vivent dans de grands IGLOOS (construits de neige) chauffés. De plus, ils ont à leur disposition toutes les ressources de la côte et de l'intérieur des terres. Ceux de l'extrême sud d'Ungava vivent de la pêche et de la chasse aux petits mammifères terrestres ou marins. Les vestiges archéologiques et leur histoire orale prouvent que certaines bandes vivent en permanence sur les rivages des plus grands lacs à l'intérieur des terres (p. ex., lacs Payne, Klotz et Nantais) ou sur les îles côtières et les archipels (îles Ottawa, Sleeper, Mansel et Nottingham).

Les Inuits d'Ungava sont parmi les premiers Inuits au Canada à établir des contacts permanents avec les Européens. Ils sont également les premiers à prendre en charge l'administration et la gestion de leur développement par le biais des COOPÉRATIVES DES INUITS, et en signant la CONVENTION DE LA BAIE JAMES ET DU NORD QUÉBÉCOIS. De plus, ils sont renommés pour la qualité et la richesse de leur art contemporain (*voir* ART INUIT). Bien qu'influencés par la forte tradition des CHAMANS, ils ont été christianisés par les missionnaires wesleyans, anglicans et, par la suite, catholiques. Un certain nombre de mouvements syncrétiques et messianiques ont aussi marqué leur développement.

Au cours des années 70, un mouvement politique dissident opposé à la Convention de la Baie James prend de l'ampleur dans la région nord-ouest d'Ungava. Deux écrivains, Mitiarjuk de Kangirsujuaq (Wakeham Bay), auteur du roman *Sanaaq*, et Thomassie Qumak de Povungnituk, auteur d'une encyclopédie et d'un dictionnaire inuit, ont contribué à faire connaître la culture inuit par le biais de leurs écrits. (*Voir aussi* INUITS, MYTHES ET LÉGENDES DES; AUTOCHTONES: L'ARCTIQUE et les articles d'intérêt général sur les AUTOCHTONES.)

B. Saladin-D'anglure et J. Garth Taylor

Inuits Iglulik ou Igluligmiuts Ils portent le nom du site d'un important peuplement, Igloolik, qui signifie «il y a des maisons». Le territoire des Inuits Iglulik s'étend depuis Igluligaarjuk (autrefois Chesterfield Inlet), au nord-ouest de la baie d'Hudson, vers le nord le long de la PRESQU'ÎLE MELVILLE jusqu'au tiers septentrional de l'île de Baffin. Il fait partie du territoire du NUNAVUT, établi par la *Loi sur le Nunavut* de juin 1993 et dont les Igluligmiuts sont les bénéficiaires en vertu de la *Loi concernant l'accord sur les revendications territoriales du Nunavut*, de la même date. Des estimations de la population, faites en 1822 et dans les années 20, font état d'environ 500 habitants. Les Igluligmiuts parlent un dialecte inuktitut et, anciennement, entretenaient des relations suivies avec les INUITS DE L'ÎLE DE BAFFIN dans le Nord-Ouest et avec les NETSILIKS dans la partie méridionale de la région. Les mariages entre ces groupes ont lieu depuis la fin du XIXe siècle. D'importants sites sont habités par des Igluligmiuts depuis l'an 2000 av. J.-C.

Histoire ancienne Leur premier contact avec les Européens remonte au début du XIXe siècle. Les explorateurs PARRY, RAE et HALL visitent alors la région, en cartographient les lignes de côtes, et ont un contact suffisant avec les Inuits pour découvrir l'existence d'une culture étrangère dont les métaux font partie intégrante. De 1860 à 1910, les quelques baleinières américaines et écossaises qui hivernent dans la région y représentent les premières forces de changement. Après 1920, la traite des fourrures de renard arctique et l'influence des missionnaires et de la police entraînent d'autres changements. Les principales sources d'information sur la culture traditionnelle des Igluligmiuts sont les rapports de la Cinquième expédition danoise de Thulé (1921-1924). Leurs traditions orales, leur religion, leur culture sociale et matérielle ne se distinguent que par certains détails de celles des groupes avoisinants. La présence de ressources marines supérieures, surtout le morse et plusieurs espèces de baleines, leur assure toutefois un taux de subsistance élevé.

Au cours des dernières années, les facteurs sociaux et logistiques ont éliminé le mode de vie nomade en faveur de l'agrégation en peuplements permanents, principalement autour de Repulse Bay, de Mittimatalik (Pond Inlet), de Hall Beach, d'Arctic Bay et d'Igloolik, qui étaient d'anciens centres de traite. En 1972, Igloolik devient le site d'importantes recherches scientifiques menées dans le cadre du Programme biologique international, et, plus tard, on y établit une station de recherche permanente. En 1974, l'ouverture d'une mine d'argent, de plomb et de zinc à Nanisivik, dans le nord de l'île de Baffin, procure de l'emploi à un certain nombre d'Igluligmiuts. (*Voir aussi* AUTOCHTONES: L'ARCTIQUE.)

Michael Craufurd-Lewis

Inuits Sadlermiuts ou Sallirmiuts Ils habitent les îles SOUTHAMPTON (Salliq), Coats et Walrus, dans la baie d'Hudson. Les premiers Sadlermiuts sont anéantis par la maladie en 1902 et en 1903. On ignore leurs origines, l'évolution de leur culture et la cause du déclin de leur population (de quelque 200 à 58), avant leur disparition. Les Sadlermiuts actuels, qui viennent principalement d'Aivilik (Repulse Bay) et de l'île Baffin, n'ont aucun lien de parenté avec le premier groupe.

Des fouilles fragmentaires et des notes trouvées dans les livres de bord d'explorateurs et de chasseurs de baleine suscitent énormément de curiosité, étant donné que l'allure, le comportement, la langue et la culture matérielle des Sadlermiuts semblent sensiblement différents de ceux des peuples relativement homogènes de la côte ouest de la baie d'Hudson.

On avance trois hypothèses pour expliquer cet état de choses. Selon la première, les Sadlermiuts seraient les descendants directs des Esquimaux de DORSET, qui ont précédé les porteurs de la culture de THULÉ dans la région. Selon la deuxième, ils seraient des Inuits de Thulé dont la culture aurait évolué d'une façon particulière parce qu'elle aurait été coupée de la culture de Thulé du continent. Enfin, selon la troisième, ils seraient les porteurs de la culture de Thulé et ils auraient été coupés du continent tout en étant en contact avec la nation de Dorset, de sorte qu'ils auraient cette double origine découlant de mariages entre les deux peuples et d'emprunts culturels. Cette dernière hypothèse expliquerait le mélange de traits de Dorset et de Thulé qui caractérise les vestiges archéologiques des Sadlermiuts.

Isolés des Inuits du continent, ils vivent la majeure partie de l'année dans des maisons de pierres et de terre. Ils chassent le phoque, le morse, la baleine, l'ours blanc et le caribou et complètent ce régime de poissons et d'oiseaux. Bien que, de 1860 à 1903, ils soient en contact avec des chasseurs de baleine, ils ne s'adonnent pas à la chasse à la baleine et au piégeage autant que les Inuits du continent. (*Voir aussi* AUTOCHTONES: L'ARCTIQUE.)

Jean L. Briggs et J. Garth Taylor

Inuits, mythes et légendes des On nomme généralement mythe la tentative poétique d'expliquer des phénomènes naturels ou des traditions anciennes qui n'ont pas d'explication rationnelle. Une légende est un récit transmis par la tradition, mais qui a aussi un fondement historique imprécis. Les sociétés sans écriture utilisent largement ces deux formes d'expression. C'est d'ailleurs le cas des INUITS jusqu'au milieu du XXe siècle.

Les Inuits, établis dans l'immense Arctique canadien, appartiennent à une famille esquimaude beaucoup plus grande que l'on retrouve de la mer de Béring jusqu'au Groenland en passant par l'Alaska et le Nord canadien (*voir* ESQUIMAUX). Ces peuples imaginatifs, robustes et ingénieux sont liés non seulement par la langue, mais aussi par une culture et un mode de vie nettement semblables. Les chants, les danses, les mythes, les légendes et les formes d'art lient ces peuples dispersés et seminomades (*voir* ART INUIT). Ils ont probablement apporté avec eux leurs mythes et leurs légendes en même temps que leurs méthodes de chasse lors de leur migration à partir de l'Asie (*voir* PRÉHISTOIRE). Les chants et les récits de leurs mythes et de leurs légendes s'apparentent étroitement, tant par la langue que par le style, aux traditions sibériennes, finno-ougriennes et magyars (d'ancienne Hongrie). La langue et les légendes peuvent révéler des indices sur les anciens itinéraires de migration.

Les mythes et légendes inuits jouent un rôle important, car ils répondent, au moins partiellement, à bien des questions complexes. Les Inuits attribuent, p. ex., les pouvoirs du Bien et du Mal à des divinités vivant dans un monde d'esprits (*voir* AUTOCHTONES, RELIGION DES), monde étroitement lié, aux yeux des autochtones, à la beauté austère de l'univers nordique qu'ils habitent.

Les Inuits ont principalement recouru aux anciennes traditions orales pour transmettre et conserver des idées, parfois renforcées par de petites sculptures illustrant peut-être les événements racontés. De plus, les chants et les danses rehaussent le sens des mythes et des légendes qui soutiennent le système existant, renforcent les coutumes traditionnelles de la société inuite et énoncent les notions du bien et du mal. Il se peut que ces premiers contes précèdent toute la structure du chamanisme sibérien et esquimau qui est élaborée à partir de ces contes (*voir* CHAMAN).

Les mythes et les légendes inuits sont en général de petits récits dramatiques traitant des merveilles du monde: la création, le paradis, la naissance, l'amour, la chasse, le partage de la nourriture, le respect des personnes âgées, la polygamie, le meurtre, l'infanticide, l'inceste, la mort et les mystères de la vie après la mort. Même de nos jours, les conteurs inuits remodèlent les anciens mythes et créent de nouvelles légendes en déguisant subtilement l'identité véritable des personnages mis en scène.

Les mythes inuits sont rarement simples et regorgent habituellement de curieux codes de conduite que seuls les membres de cette société peuvent vraiment comprendre. Les Inuits croient qu'un rapport étroit les lie à la nature et que les animaux possèdent le pouvoir magique d'entendre et de comprendre la parole humaine. C'est pourquoi, dans leurs camps, les chasseurs, lorsqu'ils chantent ou qu'ils racontent des histoires sur le morse ou le phoque, utilisent les termes «asticot» ou «pou», et «lemming» pour le caribou, croyant ainsi semer la confusion chez les animaux indispensables à leur survie.

Avant l'époque moderne, les Inuits croyaient en l'existence d'autres mondes sous la mer, à l'intérieur de la Terre et dans le ciel, endroits que les meilleurs *angakoks* (chamans) ont le pouvoir d'aller visiter en rêve et en transe. Ils visitent ainsi des endroits que le commun des mortels ne verra qu'après la mort.

Les rêves jouent depuis toujours un rôle important dans la vie des Inuits et sont peut-être à l'origine de certains genres de mythes. On les interprète avec soin. Ceux comportant des ours blancs auraient des connotations sexuelles, tandis que les rêves comprenant une belette annoncent des difficultés et les rêves d'oiseaux, des blizzards.

Certains mythes inuits invitent à la réflexion, peu importe la langue. En voici un exemple très bref: Sur le bras d'un garçon se pose un moustique. «Ne me frappe pas! Ne me frappe pas! bourdonne-t-il, je dois chanter pour mes petits-enfants». «Pensez donc, dit le garçon, être si petit et déjà grand-père».

Les mythes les plus célèbres parmi la grande variété de mythes inuits comprennent la légende de la déesse de la mer aux noms divers (Sedna, Nuliayuk et Taluliyuk), celle de Lumiuk (Lumak, Lumaag), celle de Kiviok et celle de Tiktaliktak.

Un jour, dans le sud de l'île de Baffin, j'ai vu un mythe prendre forme. De jeunes enfants jouaient près d'une barrière de glace causée par la marée, pleine de fissures dangereuses et cachées. Leur grand-mère rampa avec beaucoup de soin à travers les chaos de glace et, cachée non loin, elle s'écria: «Oohhwee! Oohhweee!». Les enfants revinrent à la course sur la terre ferme en disant que la déesse de la mer Taluliyuk les avait effrayés. Plus tard, la grand-mère déclarait: «Je leur ai parlé de la femme qui vit sous la mer. Maintenant, elle les tiendra loin des endroits dangereux». La grand-mère faisait ici référence à la puissante déesse de la mer, muse de cette grande chanson de l'Arctique:

Cette femme là-bas, sous la mer,
Tous les phoques s'empresse-t-elle de cacher.
Ces chasseurs qui dansent sur des airs,
Ne peuvent y remédier,
Ne peuvent y remédier.
Dans le monde des esprits
Je m'enfuis
Là où l'humain n'est établi.
Y remédier je le puis,
Y remédier je le puis.

La déesse de la mer porte des noms divers selon les régions, mais son mythe est l'un des plus répandus. Selon certains, un jeune et bel étranger entra un jour dans l'IGLOO d'une famille pendant un violent blizzard. Il portait un collier orné de deux grosses canines. On l'invita à dormir dans le lit avec toute la famille. Au réveil, le jeune homme avait disparu. Ne voyant que des traces d'animal au dehors, le père déclara: «On nous a trompés. Ce devait être mon chien de tête déguisé en homme». Quand sa fille se trouva enceinte, le père eut honte de l'être qu'elle pourrait mettre au monde. Il la fit se coucher à l'arrière de son kayak et l'emmena dans une petite île où il l'abandonna. En secret, le chien de tête nagea jusqu'à la fille pour lui apporter de tendres morceaux de viande qui lui permirent de survivre et de donner naissance à six enfants. Trois avaient les traits des Inuits et trois autres, de grandes oreilles et un nez en forme de museau. La jeune mère ne savait pas construire de kayak. Elle confectionna donc un grand chausson à l'aide de peaux de phoque cousues ensemble et y plaça les trois enfants étranges qu'elle poussa vers le sud en criant: *'Sarutiktapsinik sanavagumarkpusi'* (Vous saurez fabriquer des armes.). Selon certains Inuits, tous les Blancs et tous les Indiens descendent de ces trois enfants-chiens, et c'est là leur seul lien de parenté avec les Inuits.

Dans la seconde partie du récit, racontée d'habitude la nuit suivante, le père part un grand canot de peau appelé UMIAK chercher sa fille dans l'île. Sur le chemin du retour, une tempête s'élève et l'équipage, craignant de voir chavirer le canot surchargé, décide de jeter la fille par-dessus bord. Celle-ci essaie de se hisser à nouveau dans le bateau, mais son père lui coupe les doigts qui se transforment en phoques. Elle essaie encore, et il lui tranche les mains qui se transforment en morses. Elle fait une dernière tentative et son père lui coupe les avant-bras qui deviennent les baleines des océans. Puis, sombrant dans les profondeurs, elle devient Sedna, ou Taluliyuk, puissante déesse mi-femme mi-poisson qui règne sur la faune marine et à qui s'adressent maintes chansons. Au début des saisons, les Inuits rejettent à l'eau des morceaux du foie du premier mammifère marin tué, implorant Sedna de libérer ses hordes afin d'aider les chasseurs à nourrir leurs familles.

Beaucoup d'anthropologues s'entendent pour dire que, bien que de nombreuses ethnies souhaitent conserver leur histoire, elles préfèrent la fixer sous forme de mythes ou de légendes, peut-être parce qu'elles forment des sociétés aux liens serrés où chacun connaît bien son voisin. Jusqu'à une époque récente, les Inuits n'avaient pas besoin de nom de famille. Le recours aux mythes laisse aussi entendre qu'il aurait été socialement inacceptable et dangereux de raconter le vol d'une femme ou une querelle au sein d'une tribu dégénérant en massacre. En revanche, lorsque l'ennemi est transformé en animal mythique et les membres de la famille en héros, le récit peut être colporté en toute sécurité dans la tribu pendant des siècles.

Il se peut que des outils et des objets d'art anciens enfouis dans le pergélisol depuis des siècles attendent qu'on les découvre intacts, mais les légendes et les mythes, de même que les chants et les danses qui font partie intégrante de la culture inuite, représentent un trésor intellectuel qui disparaîtra irrémédiablement si on ne s'efforce pas par tous les moyens d'enregistrer, avant qu'ils ne disparaissent, ces mythes et ces légendes inuites qui sont un volet du patrimoine culturel d'une valeur inestimable. Cette tâche autrefois exécutée par les explorateurs et les anthropologues est depuis peu reprise par les Inuits, maintenant soucieux de conserver leurs traditions.

James Houston

Inuvik, ville des T.N.-O.; pop. 3296 (rec. 1996), 3206 (rec. 1991), 3389 (rec. 1986); superf. 62,17 km²; const. en 1970; située dans le delta du FLEUVE MACKENZIE à 97 km au sud du la MER DE BEAUFORT et à 1086 km à vol d'oiseau au nord-ouest de Yellowknife. Son nom vient de l'INUIT et signifie «place de l'homme». La communauté est établie à la fin des années 50 et au début des années 60 pour remplacer le peuplement d'AKLAVIK, menacé d'inondation et d'érosion.

Situation actuelle Inuvik est le centre administratif, des communications et du commerce des fourrures de la région du cours inférieur du fleuve Mackenzie et la plus grande communauté située au nord du CERCLE ARCTIQUE. Jusqu'en 1986, une grande partie de son économie se concentre sur l'exploration pétrolifère. Les installations des Forces armées canadiennes sont devenues le campus Aurora du Collège de l'Arctique.

Annelies Pool

Invasion de la Normandie Le 6 juin 1944, après presque un an d'entraînement spécial en assaut et en opérations interalliées, la 3e Division d'infanterie canadienne (major-général R.O.D. Keller) et la 2e Brigade blindée canadienne (brigadier R.A. Wyman) font partie des forces alliées qui attaquent la côte de la Normandie dans le cadre de l'opération Overlord. Après avoir débarqué sur la plage «Juno» entre Vaux et Saint-Aubin-sur-Mer, les Canadiens ont pénétré l'intérieur sur 9 km à la fin du jour J. Ils repoussent pendant plusieurs jours les contre-attaques ennemies et, malgré une opposition croissante, continuent leur avance à l'intérieur des terres assistés par un appui aérien tactique très efficace. Aidées par des formations britanniques sur les deux flancs, les forces d'assaut prennent pied temporairement en territoire ennemi où elles sont renforcées par d'autres formations. Dans le secteur canadien, la 2e division d'infanterie canadienne (major-général C. FOULKES) et la 4e division blindée canadienne (major-général G. Kitching) arrivent pour former le 2e corps d'armée canadien sous le commandement du lieutenant-général G.G. SIMONDS. Avec celles-ci et d'autres renforts qui viennent s'y ajouter, la Première armée canadienne (lieutenant-général H.D.G. CRERAR) prend le commandement de la partie orientale du front allié.

Au cours de juin et de juillet, les Canadiens mènent plusieurs attaques pour occuper des positions ennemies. De violents combats ont lieu principalement dans les régions de Carpiquet, de Caën, de Vaucelles, de la crête de Bourguébus et de la crête de Verrières. À la fin de juillet et en août, tandis que les forces canadiennes et britanniques tiennent en échec la majorité des formations allemandes dans le secteur oriental, l'armée américaine défonce la ligne allemande à St-Lô. La possibilité se présente alors aux commandants alliés d'encercler les armées allemandes en Normandie par un mouvement massif de tenailles. L'armée canadienne reçoit l'ordre de lancer des attaques massives de blindés et d'infanterie vers Falaise. Après une série de batailles violentes, les Canadiens s'emparent de Falaise le 16 août. Dans une dernière attaque sur Trun et Chambois, les Canadiens et les Polonais se joignent aux Américains pour compléter le mouvement de tenailles. Cela met fin à la campagne de Normandie. Il s'agit alors de poursuivre l'ennemi en Belgique et dans les Pays-Bas. Les forces canadiennes subissent 18 444 pertes dans les combats en Normandie. Au cours de ses opérations, le 1er bataillon canadien de parachutistes, qui combat sous commandement britannique, perd plus de 300 officiers et militaires. (*Voir aussi* SECONDE GUERRE MONDIALE.)

R.H. Roy

Inventaire des terres du Canada Établi en 1961 en vertu de la *Loi sur la remise en valeur et l'aménagement des terres agricoles*, c'est un relevé fédéral-provincial détaillé de l'utilisation potentielle et effective des TERRES aux fins de la planification de l'utilisation des terres et des ressources régionales.

Besoins Vers la fin des années 50 et au début des années 60, les problèmes liés aux conflits d'utilisation des terres, la concurrence pour l'obtention des terres et leur usage à mauvais escient se multiplient. On se penche sur ces problèmes dans le cadre d'une série de conférences qui aboutit à la recommandation de classifier et de cartographier les utilisations potentielles des terres partout dans le sud du Canada.

L'ITC est créé en 1961 en vertu de la *Loi sur la remise en valeur et l'aménagement des terres agricoles* (*Loi sur l'aménagement rural et le développement agricole* (ARDA) à partir de 1966), lorsqu'il devient évident, au fur et à mesure de l'élaboration de programmes, qu'on ne peut adopter une approche rationnelle en matière de planification et de réaffectation de l'utilisation des terres sans en connaître le potentiel à des fins d'exploitation agricole et autres utilisations de rechange possibles. C'est le but du projet de l'ITC lancé en 1963; l'inventaire sera essentiellement terminé en 1975-1976.

L'ITC fournit la première mesure uniforme à l'échelle nationale des richesses du territoire canadien en fait de RESSOURCES renouvelables. L'inventaire, qui couvre environ 2,6 millions de kilomètres carrés (25 p. 100 du Canada), comporte des évaluations du potentiel des terres pour l'agriculture, l'exploitation forestière, les loisirs de plein air et la faune (oiseaux aquatiques, ongulés et poissons de pêche sportive).

Un relevé des projets de planification relatifs à l'utilisation actuelle et à l'utilisation expérimentale des terres dans les dix provinces constituait un volet essentiel du programme. Dans chaque catégorie de classification, les unités de territoire ont été cartographiées et regroupées en sept catégories (avec des sous-catégories): la catégorie 1 représente les terres offrant le potentiel le plus élevé, et la catégorie 7, le potentiel le plus faible. En général, on considère les catégories 1, 2 et 3 comme des terres de choix ou hautement productives.

Des données de recensement, des photographies aériennes, des rôles d'évaluation et d'autres sources ont servi à cartographier l'utilisation actuelle des terres jusqu'à 1967 environ.

Aménagement du territoire À l'échelle nationale, les données de l'ITC fournissent une base pour évaluer la nature de l'utilisation des terres et des changements survenant dans l'utilisation des terres au Canada, en particulier l'étalement urbain qui empiète sur les terres agricoles et autres terres riches en ressources. L'ITC a permis d'établir que seulement 10 p. 100 des terres du Canada conviennent réellement à l'agriculture. Le pays tire de ces 10 p. 100 toute une variété de produits de la terre, dont de grandes quantités destinées à l'exportation. Vu la dépendance du Canada vis-à-vis des produits de la terre, il est essentiel de comprendre les limites des ressources en terres, l'emplacement des terres de premier ordre et les forces qui peuvent modifier le potentiel de l'emplacement des terres de premier ordre.

Applications Le programme de l'ITC fournit une base de référence commune pour les spécialistes et les organismes du secteur privé qui s'intéressent à l'aménagement du territoire, et il a mené à l'élaboration de politiques dans chaque province. Les aménagistes des terres y ont eu recours pour localiser les parcs éventuels et les RÉSERVES FAUNIQUES ainsi que pour évaluer le potentiel de certains secteurs en matière de loisirs et de tourisme.

Il a permis à certaines provinces d'adopter des mesures législatives visant la protection des terres agricoles et de repérer les terres agricoles de qualité inférieure. La désignation par la Colombie-Britannique de réserves agricoles établies par la commission des terres de cette province dans les années 70 constitue probablement l'exemple le plus spectaculaire et le plus déterminant de l'utilisation des données de l'ITC.

Produits Le programme a donné lieu à de nombreux produits, dont 20 000 cartes minutes à l'échelle 1:50 000, 1200 cartes publiées à des échelles de 1:250 000 et 1:1 000 000, ainsi que de nombreux rapports et analyses. Plus d'un million d'exemplaires de ces cartes ont été imprimés. Seules quelques cartes échantillons d'utilisation des terres généralisées à l'échelle de 1:250 000 avaient été publiées jusque-là. Le programme a pris fin au début des années 90 en raison des restrictions budgétaires, mais plusieurs provinces ont utilisé l'ITC et l'ont enrichi de données provinciales. Les rapports décrivant les classifications des terres et résumant les résultats du programme ne sont accessibles que par l'entremise des bibliothèques.

Héritage L'ITC a aidé les Canadiens à prendre de meilleures décisions quant à l'utilisation de leurs terres et de leurs ressources. Tout aussi important, il a contribué à influencer les perceptions et la compréhension du Canada. Maintenant que nous concentrons nos efforts sur la mise en valeur durable des ressources, nous aurons besoin plus que jamais des données, de l'expertise et de la sensibilité héritées de l'expérience de l'ITC. (*Voir aussi* DÉVELOPPEMENT RÉGIONAL, PLANIFICATION DU et PLANIFICATION URBAINE ET RÉGIONALE.)

T.W. Pierce et E. Neville Ward

Inventeurs et innovations Une innovation est l'application réussie dans un contexte économique ou social réel de quelque chose de nouveau, que cela soit une invention ou non. Les études du Conseil économique du Canada et du Conseil des sciences du Canada de 1968 à 1978 prouvent que l'innovation est d'une importance capitale dans la politique scientifique. Des programmes gouvernementaux spéciaux sont donc créés pour la promouvoir. En 1967, J.J. Brown, dans *Ideas in Exile: A History of Canadian Invention*, conclut que c'est à cause d'un trait négatif dans le caractère des Canadiens que de nombreuses bonnes inventions ne connaissent pas le succès économique qu'elles méritent. Cette idée, loin d'être isolée, rejoint le consensus voulant que les artistes canadiens (les acteurs et les écrivains) doivent gagner une réputation en Europe ou aux États-Unis avant d'être reconnus chez eux. Pour certains sociologues tels que S.D. CLARK, les différences économiques entre les États-Unis et le Canada résultent de traditions sociales différentes.

Le Canada compte de nombreux inventeurs et innovateurs dont Anna Sutherland Bissell, l'inventrice de la machine à brosser les tapis, et Albert C. Fuller, fondateur de la Fuller Brush Co. Ce dernier est innovateur (il n'a pas inventé la brosse) tandis que Sutherland Bissell est inventrice et innovatrice. Celle-ci est directrice de Bissell Carpet Sweeper Co. durant plusieurs décennies après le décès de son mari. Tous deux développent leurs idées et font fortune aux États-Unis, car le marché plus vaste de ce pays rapporte davantage.

La liste canadienne des succès et des échecs est longue. Parmi les succès, on compte l'aéronef d'A.V. Roe Co., l'utilisation d'ordinateurs pour concevoir la voie maritime du Saint-Laurent, le réacteur nucléaire CANDU et Recherches Bell-Northern ltée (BNR). BNR illustre quelques paradoxes d'innovation. Cette entreprise de téléphonie canadienne se lance dans la recherche à grande échelle à la suite d'une décision judiciaire américaine en 1958 consistant à arrêter le flux des connaissances technologiques des laboratoires américains vers les usines canadiennes. Durant les 25 dernières années, BNR est devenu la plus grande organisation de recherches au Canada et sa réputation d'innovateur a gagné le monde entier.

En 1911, l'économiste Joseph Schumpeter définit cinq types d'innovation: une nouvelle chose, un nouveau procédé permettant de fabriquer une chose connue, un nouveau marché, une nouvelle source de matériaux ou de matière première, et une réorganisation industrielle (p. ex., la création d'un monopole). Seules les deux premières innovations peuvent aussi être des inventions. La chaîne de montage, qu'on attribue habituellement à Henry Ford et qui est une réorganisation de l'écoulement des pièces dans une usine, n'est pas une invention mais fait partie du cinquième type d'innovation.

La définition de Schumpeter montre à quel point les gouvernements ont de la difficulté à soutenir ou à promouvoir l'innovation, même s'ils croient qu'elle favorise fortement la croissance et la prospérité économiques. Personne n'a trouvé les conditions permettant de prédire si une entreprise (ou un pays) gagnerait davantage à investir des ressources dans une nouvelle invention que dans quelque chose d'autre (dans la commercialisation p. ex.). Des historiens de l'économie ont récemment laissé entendre que les innovations reposent rarement sur des inventions, même si cela s'est produit un grand nombre de fois durant les 100 dernières années: la majeure partie du profit venant des innovations provient du cumul de nombreuses petites améliorations. L'aéronef entièrement métallique et le moteur à réaction sont des inventions remarquables mais, apparemment, leur succès économique dépend de centaines d'améliorations à petite échelle et non obligatoirement des inventeurs originaux de la cellule de tels avions et de leur moteur.

L'ordinateur personnel IBM illustre bien cela. Ses composantes uniques, la puce Intel 8088 et le système d'exploitation MS-DOS, sont des inventions d'autres entreprises et aucune des deux n'est particulièrement avancée en 1981. Associées à la réputation d'IBM et à son service de vente, elles deviennent une innovation révolutionnaire. De ceci, résulte un énorme nouveau marché pour les micro-ordinateurs et un nouveau standard technologique. IBM ne peut pourtant accaparer tous les bénéfices de son succès: les autres entreprises qui ont adopté son standard en ont peut-être profité davantage.

Avant 1960, l'essentiel de la pensée historique sur la technologie dépasse à peine le niveau anecdotique au sujet des inventions. Au commencement de l'analyse économique systématique de l'innovation, les théoriciens de la politique de la science espèrent qu'elle révélera des raccourcis vers la prospérité et la sécurité économiques. Leurs espoirs s'envolent bien vite. Les chercheurs actuels laissent maintenant entendre que l'innovation est un élément de la totalité d'un système plutôt qu'une fonction distincte. Elle est probablement un art au même titre que l'art culinaire: on peut analyser scientifiquement les recettes et la chimie de la cuisine sans pour cela être un cordon bleu.

Les pionniers, au cours de leurs études sur l'innovation, ne découvrent pas ce qu'ils désirent, mais cela ne rend pas le Canada pire que les autres pays. Il faut être pratique et utiliser les découvertes selon deux considérations importantes. L'une est que l'environnement économique général semble maintenant plus important qu'il n'est d'abord apparu et que le génie inventif est, lui, moins important. La chance, l'attitude et l'échelle sont trois autres éléments importants. On ne peut jamais savoir combien d'inventeurs potentiels sont déçus et abandonnent. De plus, les risques financiers des innovations qu'une grande entreprise pourrait assumer pourraient menacer la survie d'une petite entreprise. L'innovation industrielle est risquée et coûteuse. Les entreprises ne peuvent pas se permettre d'abandonner leurs méthodes et leur machinerie sous le prétexte qu'une nouveauté vient d'être inventée et, en même temps, elles doivent évaluer les risques que leurs compétiteurs les devancent.

L'autre façon de gérer ou de promouvoir l'innovation se fait en prenant conscience de ses caractéristiques secondaires: les avantages économiques et sociaux semblent dépendre de tout le contexte que d'une invention individuelle et l'innovation ne doit pas conduire à tout risquer sur une toute nouvelle technologie. Des études détaillées des nouvelles industries et l'histoire des produits de base tels que le blé et l'acier montrent que les plus grands succès économiques viennent davantage de l'accumulation de douzaines d'améliorations que de révolutions technologiques importantes. Cela semble également vrai dans des domaines non industriels tels que la santé et la médecine, qui, elles aussi, se sont transformées au cours des 100 dernières années. Il est impossible d'attribuer les bénéfices à des découvertes particulières (telles que les antibiotiques) indépendamment de principes généraux comme l'infection, l'hygiène publique et la nutrition scientifique.

Selon ces conclusions générales, même si les innovations sont imprévisibles, les gouvernements et les directeurs commerciaux peuvent toujours cultiver un semis économique et culturel duquel jailliront les innovations. Les facteurs importants sont la taille du marché intérieur, la structure de l'industrie canadienne (le contrôle étranger de certaines industries), la dépendance économique du secteur primaire, les attitudes psychologiques face au risque (les Canadiens préfèrent placer leur argent dans l'assurance-vie ou à la banque plutôt que d'investir à la Bourse autant que les Américains), le niveau d'éducation dans le domaine technique et les priorités politiques.

(*Voir aussi* Thomas AHEARN; Alexander Graham BELL; J. Armand BOMBARDIER; Gerald Vincent BULL; Karl Adolf CLARK; William Harrison COOK; Georges-Édouard DESBARATS; Charles FENERTY; Ivan Graeme FERGUSON; Reginald Aubrey FESSENDEN; Robert FOULIS; Abraham GESNER; Frederick Newton GISBORNE; Uno Vilho HELAVA; RECHERCHE ET DÉVELOPPEMENT INDUSTRIELS; George KLEIN; George Craig LAURENCE; Eric William LEAVER; COMMISSION ROYALE SUR LES BREVETS, LE DROIT D'AUTEUR, LES MARQUES DE COMMERCE ET LES DESSINS INDUSTRIELS; Lloyd Montgomery PIDGEON; Frank Morse ROBB; Edward Samuel ROGERS; RECHERCHE ET DÉVELOPPEMENT SCIENTIFIQUES; Sir William Samuel STEPHENSON; TECHNOLOGIE; W.R. TURNBULL; T.L. WILLSON.)

Donald J.C. Phillipson

Invertébrés Animaux sans colonne vertébrale (épine dorsale). Ils forment un ensemble d'organismes extrêmement diversifiés et présentent autant de différences entre eux qu'avec les VERTÉBRÉS, qu'ils dépassent grandement en nombre. Environ 95 p. 100 de toutes les espèces ANIMALES sont des invertébrés et parmi ceux-ci 85 p. 100 sont des arthropodes. Des quelque 2000 à 4000 nouvelles espèces animales découvertes chaque année, la plupart sont des invertébrés vivant dans des endroits éloignés ou reclus (p. ex., la dorsale alpha dans l'ARCHIPEL ARCTIQUE du Canada).

On rencontre des invertébrés dans tous les principaux habitats: marins, d'eau douce et terrestres. Certaines espèces parasitent d'autres espèces animales (p. ex., les vers plats) ou végétales (p. ex., le nématode doré, un fléau de la pomme de terre en Colombie-Britannique). Les invertébrés sont carnivores, herbivores ou omnivores. Certains vivent en symbiose avec des bactéries ou des cellules végétales qu'ils hébergent dans leurs tissus, pour en dériver des métabolites essentiels. Certains nagent, flottent, volent, marchent, rampent ou s'enfouissent, alors que d'autres sont sédentaires. Parmi ces formes sessiles, certaines n'ont aucune capacité de se mouvoir (p. ex., les ÉPONGES siliceuses).

Les invertébrés accomplissent leurs fonctions physiologiques (respiration, excrétion, mouvement, coordination, etc.) grâce à une variété infinie de mécanismes. Certains groupes (p. ex., les INSECTES et les NÉMATODES) ont développé des formes complexes extrêmement bien adaptées tandis que d'autres, de forme simple, ont survécu pratiquement inchangés depuis des centaines de millions d'années (BRACHIOPODES).

Si les invertébrés sont remarquables sur terre, ils le sont encore plus en mer. Ils dominent la plus élaborée de toutes les communautés marines: le récif de corail. On compte des représentants de tous les principaux embranchements d'invertébrés dans le PLANCTON marin. Les copépodes, qui sont des CRUSTACÉS, dépassent en nombres d'espèces (7500) et d'individus toutes les autres espèces de plancton métazoaire (pluricellulaire) réunies. Certains invertébrés, p. ex., les CRABES, les CREVETTES, les MOULES, les HUÎTRES et les CALMARS ont une grande valeur économique. Bien que les mollusques ne puissent être comparés aux poissons en terme de volume pêché, ils ont cependant une importante valeur marchande.

Évolution Les origines de la plupart des invertébrés remontent au début des temps géologiques. Des formes étonnamment évoluées, dont les ANNÉLIDES et les MOLLUSQUES, ont été trouvées dans les roches de l'Arctique canadien datant du précambrien (il y a plus de 544 millions d'années). Plusieurs groupes, jadis abondants, ont diminué en nombre tandis que d'autres se sont éteints avec l'apparition de nouvelles formes. En raison de la discontinuité des séries évolutives dans les FOSSILES, il est souvent difficile d'établir les liens phylogénétiques entre les différents groupes d'invertébrés. Cependant, en comparant la structure et le développement des formes existantes, on trouve parfois des indices sur leurs ancêtres. P. ex., les adultes des annélides et des mollusques sont d'apparence très différente, mais leur ontogénie présente des similarités remarquables. Les spécialistes s'entendent assez bien sur les grandes lignes de l'évolution des invertébrés, mais la classification détaillée change continuellement à la lumière des nouvelles connaissances.

La BIOLOGIE MOLÉCULAIRE est de plus en plus utilisée pour éclaircir les liens phylogénétiques. L'étude des séquences de nucléotides des gènes codant pour l'ARN ribosomique est particulièrement importante dans ce domaine. Chez tous les animaux, ces gènes sont à la fois assez semblables pour être facilement comparés, et assez différents pour révéler d'éventuels liens de parenté. Les résultats de biologie moléculaire tendent à montrer que tous les invertébrés descendent d'un seul et unique groupe ancestral d'invertébrés, plutôt que de différents stocks de protozoaires (unicellulaires).

Invertébrés du Canada La diversité climatique et écologique du Canada s'accompagne d'une grande diversité d'espèces d'invertébrés. Des SCORPIONS et des solifuges ou solpugides (*voir* ARAIGNÉE) vivent dans les milieux chauds et secs de la région de Medecine Hat; des VERS DES GLACIERS habitent le champ de glace Columbia; des MOUCHERONS et des MOUSTIQUES sont un fléau pour les habitants de plusieurs régions; des SANGSUES et des larves de VERS PLATS ennuient les baigneurs de plusieurs lacs des Prairies (dermatite des nageurs); des ÉTOILES DE MER et des anémones sont un plaisir pour les yeux des promeneurs au bord de la mer. Les fossiles d'invertébrés trouvés dans les SCHISTES DE BURGESS ont jeté une lumière nouvelle sur la question de l'origine des animaux.

Au Canada, la recherche sur les invertébrés est principalement concentrée sur les insectes jouant un rôle important en agriculture et en foresterie (p. ex., la tordeuse des bourgeons de l'épinette), sur les parasites des poissons et des animaux domestiques, les

mollusques et les crustacés marins comestibles, la moule zébrée, introduite accidentellement dans les Grands Lacs et qui est devenue un véritable fléau, car elle bouche les conduites d'eau. Des spécialistes de la plupart des groupes d'invertébrés travaillent dans des laboratoires gouvernementaux, des instituts de recherche et des universités un peu partout du Canada. L'inventaire biologique du Canada (attaché au Musée canadien de la nature) met sur pied et coordonne des travaux de recherche sur la biodiversité des invertébrés et publie un bulletin d'information. (*Voir aussi*: INVERTÉBRÉS.)

G.O. Mackie

Investissement étranger Au Canada, ils sont soit des investissements directs (qui visent le contrôle des entreprises), soit des placements de portefeuille (que motive uniquement la recherche d'intérêts, de dividendes ou d'un gain en capital). Dans les deux cas, les sommes en cause sont énormes de sorte que ce sont des étrangers (surtout des Américains) qui contrôlent une partie importante de l'ÉCONOMIE canadienne, et qu'une tranche significative des recettes de notre pays s'en va en paiements d'intérêts et de dividendes à ces étrangers. En 1995, alors que notre revenu national se chiffre à 558 milliards de dollars, les revenus payés aux investisseurs étrangers atteignent 49 milliards de dollars.

Cette forte présence étrangère dans notre économie, qui n'a d'équivalent nulle part ailleurs au monde, s'enracine profondément dans notre histoire. Elle débute au milieu du XIXe siècle alors que le Canada est encore une colonie britannique. Des investisseurs britanniques fournissent sans réticence des capitaux, surtout sous forme de placements, qui financent la construction de canaux, de chemins de fer, d'immeubles urbains et l'exécution de travaux publics pendant le demi-siècle qui précède la Première Guerre mondiale.

Pendant ce temps, les États-Unis construisent leur gigantesque économie nationale qui s'apprête à surpasser de loin celle de n'importe quel pays européen. Son réseau ferroviaire rassemble toutes ses régions en un immense marché qui permet la création de gigantesques entreprises industrielles rentables. Certaines de ces entreprises ont avantage à ouvrir des filiales éloignées mais proches des ressources naturelles ou de marchés plus faciles à desservir par une usine du voisinage. Les chemins de fer, le télégraphe et plus tard le téléphone leur permettent en effet de contrôler de manière efficace des activités fort éloignées de leur siège social.

L'épuisement des ressources naturelles aux États-Unis pousse les entreprises industrielles américaines à se ravitailler ailleurs en matières premières. La première ressource canadienne sur laquelle elles se rabattent avidement est le bois, surtout au Québec et en Ontario (*voir* BOIS, HISTOIRE DU COMMERCE DU). Ainsi arrivent au Canada les industriels américains du sciage qui viennent construire de grosses usines de transformation du bois qu'ils vendent aux États-Unis. Ces usines ne sont cependant pas des filiales d'entreprises américaines; ceux qui les installent et qui en sont propriétaires prennent éventuellement la citoyenneté canadienne. Les premières filiales d'importance sont les imprimeries de journaux américains construites par des papetiers américains. Ceux-ci préféreraient certes acheter le bois et le transformer dans leurs papeteries déjà établies aux États-Unis, mais les gouvernements provinciaux, soucieux de créer des emplois et de promouvoir le développement économique, leur refusent l'exportation des billes provenant des terrains forestiers qu'ils contrôlent et exigent que les compagnies américaines construisent sur place des usines de papier. En 1929, le Canada assure environ 65 p. 100 des exportations mondiales de papier journal, et 90 p. 100 de sa production est acheminée vers les États-Unis.

Vers la fin du XIXe siècle et le début du XXe siècle, la découverte de minerais de valeur (or, nickel, zinc et autres métaux non ferreux) entraîne la

création d'une industrie minière dans laquelle les capitaux américains, et parfois britanniques, ne tardent pas à jouer un rôle prédominant. L'or découvert dans le lit des rivières et dans des couches de surface est d'abord exploité par des particuliers, à l'aide de méthodes simples et peu coûteuses, puis à grande échelle, à l'aide de méthodes à forte intensité de capital. Des compagnies minières américaines bien établies ouvrent alors des succursales pour mener ces activités, fournissant les capitaux, les compétences et l'expérience nécessaires. Dès le départ, ce sont principalement des entreprises créées et supervisées par des compagnies minières américaines qui exploitent les gisements de métaux.

Au cours des années 20, des sociétés américaines, qui œuvrent dans d'autres secteurs industriels, commencent à exploiter des succursales au Canada sur une grande échelle. Des entreprises manufacturières y établissent des usines pour desservir le marché canadien, ce qui leur évite des frais de transport et des droits de douane élevés. Ces usines, qui appartiennent à des intérêts américains, y trouvent en outre l'avantage de bénéficier des tarifs douaniers préférentiels accordés aux produits canadiens importés par les autres pays de l'Empire britannique. Des chaînes d'épiceries et de magasins populaires construisent des magasins dans de nombreuses villes. En 1930, les investissements directs des États-Unis au Canada sont au moins cinq fois plus élevés que ceux du Royaume-Uni.

Le krach des marchés boursiers et la CRISE DES ANNÉES 30 réduisent pratiquement à zéro les investissements étrangers sous toutes leurs formes jusqu'à la fin de la Seconde Guerre mondiale. Une fois celle-ci terminée, les investissements américains reprennent. Les sociétés industrielles américaines entreprennent d'énormes projets miniers et, à la suite de la découverte, en 1947, du gisement de pétrole Leduc, dépensent des sommes énormes dans l'exploration pétrolière et gazière et dans la construction d'oléoducs et de raffineries. La croissance de la population et de son niveau de vie rendent le marché canadien très attrayant pour les entreprises américaines. Les fabricants de biens de consommation sont donc de plus en plus nombreux à ouvrir des succursales au Canada, à l'instar des établissements financiers, des établissements de vente au détail, et des fournisseurs qui approvisionnent en équipement et en services les entreprises commerciales.

On peut penser que des entreprises appartenant à des intérêts canadiens auraient pu fournir les biens et services effectivement produits dans les filiales canadiennes de compagnies américaines; c'est oublier que ces dernières ont l'énorme avantage de disposer de beaucoup plus de capitaux et d'expérience ainsi que de réseaux commerciaux solides et profitables. Les usines américaines œuvrant au Canada dans le secteur des ressources naturelles peuvent compter sur des débouchés absolument garantis puisque ce sont leurs sociétés mères qui leur achètent l'ensemble de leur production. Beaucoup de produits fabriqués aux États-Unis sont déjà bien connus au Canada grâce à la vaste circulation de publications américaines qui en font la publicité, et au nombre élevé de touristes canadiens qui visitent notre voisin du Sud. Les filiales canadiennes d'entreprises américaines sont portées à acheter leur équipement et leurs fournitures chez celles-ci ou auprès de firmes américaines dont les sociétés mères sont déjà clientes. Les entreprises canadiennes ne peuvent décidément pas concurrencer de telles filiales américaines qui disposent d'autant d'avantages.

On peut présumer que le rôle joué par les filiales américaines n'aurait pas crû aussi vite si les autorités canadiennes l'avaient freiné ou avaient accordé une aide spéciale aux entreprises détenues par des Canadiens. Cependant, ces autorités voulaient absolument promouvoir la plus grosse croissance économique possible et ne se souciaient pas de la forte augmentation de la participation américaine à l'économie canadienne. Elles avaient pour principe de traiter avec une totale impartialité les entreprises, qu'elles appartiennent à des intérêts canadiens ou américains. Dans certains cas peu nombreux, une firme étrangère accordait à des entreprises canadiennes un permis leur permettant d'utiliser une TECHNOLOGIE qu'elle avait mise au point, de manière à ce que des biens et services issus de ces nouvelles technologies soient produits par des entreprises appartenant à des Canadiens.

Loin de se contenter d'implanter des filiales au Canada, des firmes américaines achètent des compagnies canadiennes bien établies et les intègrent à leur organisation. Elles achètent ainsi nombre d'entreprises canadiennes à un prix bien supérieur à celui que ces dernières pourraient obtenir d'acheteurs canadiens. De toutes ces considérations, il résulte que les investissements américains directs, qui se chiffrent à 3,4 milliards de dollars en 1950, atteignent, à la fin de l'année 1995, un chiffre plus de 30 fois supérieur. Si une partie de cette croissance reflète l'INFLATION, la majeure partie est imputable à l'augmentation de la propriété des biens matériels au Canada.

Bien que les entreprises américaines lancent chez nous la production de beaucoup de produits et de nouveaux services et créent ainsi des occasions d'emploi qui sont les bienvenues, leur présence cause des problèmes qui persistent encore de nos jours. Des sommes énormes et toujours accrues doivent être versées à leurs propriétaires américains sous forme de dividendes d'investissement, et de contributions des filiales aux frais d'administration, de recherche, de développement des produits et de publicité engagés par leur siège social. Une part importante de ces paiements se fait en dollars américains. Lorsqu'il n'y a pas d'obligation contractuelle de faire ces versements en devises américaines, les investisseurs qui reçoivent des dollars canadiens désirent les convertir en dollars américains. Dès lors, une très forte proportion des dollars américains gagnés par le Canada dans ses exportations doit servir à verser des intérêts et des dividendes aux entreprises américaines, sans oublier les contributions de leurs filiales canadiennes. Avec ce qui reste au Canada comme recettes en devises américaines après tous ces paiements, il lui manque souvent une partie de ce que lui coûtent ses importations, ce qui l'oblige à contracter des emprunts extérieurs et à augmenter dès lors le montant des intérêts qu'il devra payer ensuite aux étrangers.

Les SOCIÉTÉS MULTINATIONALES mènent leurs activités au Canada au mieux de leurs intérêts et non de ceux du pays. C'est généralement chez elles et non pas au Canada que ces compagnies américaines s'adonnent à la RECHERCHE ET au DÉVELOPPEMENT INDUSTRIELS qui sont d'importance capitale pour l'innovation et la croissance industrielles, et qui fournissent des emplois très recherchés. Lorsque le carnet de commande de ces multinationales se dégarnit, elles ferment leurs filiales canadiennes ou y réduisent leurs activités tout en maintenant celles de leur société mère. Lorsqu'une telle compagnie découvre, dans un autre pays, une source moins chère d'approvisionnement ou de main-d'œuvre, il y a des chances qu'elle ferme sa filiale canadienne.

En raison de la présence de compagnies étrangères géantes, le gouvernement peut difficilement stabiliser l'économie. Il ne peut les amener ou les forcer à modifier le rythme de leurs opérations au Canada pour maintenir notre économie à un niveau stable, car elles sont financièrement trop puissantes et leurs intérêts s'expriment à l'échelle mondiale. Étant assujetties à la législation américaine qui interdit aux entreprises américaines et à leurs filiales de commercer avec des pays ennemis, certaines usines canadiennes ne peuvent exporter leurs produits vers des pays qui entretiennent des relations commerciales normales avec le Canada. Les stratégies des

entreprises aboutissent souvent au même résultat. Elles assignent à leurs filiales la tâche de desservir le marché intérieur du Canada et ne leur accordent pas les ressources ni le mandat de pénétrer les marchés extérieurs avec leurs produits.

Hormis les préoccupations économiques, beaucoup de Canadiens (*voir* COMITÉ POUR L'INDÉPENDANCE DU CANADA et CONSEIL DES CANADIENS) trouvent dans leur nationalisme des raisons de contester l'ampleur de la PROPRIÉTÉ ÉTRANGÈRE et de la mainmise étrangère sur notre économie (*voir* NATIONALISME ÉCONOMIQUE). Le gouvernement fédéral réagit en édictant de nouvelles lois interdisant aux étrangers de posséder des stations de radio et de télévision (*voir* POLITIQUE CULTURELLE), en restreignant le droit des étrangers d'ouvrir des banques, des compagnies d'assurances et autres établissements financiers, d'agrandir leurs entreprises existantes, de participer à l'exploration pétrolière, gazière et minière et d'acquérir des mines d'uranium. En 1973, le gouvernement crée l'AGENCE D'EXAMEN DE L'INVESTISSEMENT ÉTRANGER (AEIE) qui a pour mission de sélectionner les investissements des non-résidants et de n'accepter que ceux qui profiteront clairement au Canada.

Le gouvernement fédéral crée aussi la CORPORATION DE DÉVELOPPEMENT DU CANADA (1971) et PETRO-CANADA (1974) qui, tous deux, réduisent la mainmise étrangère en rachetant un certain nombre de grandes entreprises étrangères. Le gouvernement néo-démocrate de la Saskatchewan rachète les entreprises étrangères de potasse. En 1980, le gouvernement du Canada lance son PROGRAMME ÉNERGÉTIQUE NATIONAL, qui accorde des privilèges spéciaux et des incitations financières aux sociétés détenues et contrôlées par des Canadiens dans les secteurs du pétrole et du gaz, ce qui entraîne le rachat par des Canadiens de plusieurs firmes sous contrôle étranger. C'est ainsi qu'au début des années 80, le nombre de compagnies appartenant à des étrangers dans les secteurs manufacturier, minier, pétrolier et gazier diminue considérablement par rapport à ce qu'il était dix ans plus tôt.

Ces mesures et ces interventions destinées à restreindre la propriété étrangère suscitent des controverses. Les entreprises qui entretiennent des relations profitables avec les firmes étrangères s'y opposent, tandis que les défenseurs de l'entreprise privée dénoncent la mainmise croissante de l'État sur l'économie. Les politiciens provinciaux, soucieux de voir le développement élargir l'économie de leur région et créer ainsi des emplois, se dressent contre les restrictions fédérales qui freinent ce développement. Le gouvernement américain proteste contre les politiques canadiennes en matière d'investissement et menace d'imposer des mesures de rétorsion aux entreprises canadiennes implantées aux États-Unis.

L'AEIE a beau approuver 90 p. 100 des projets d'investissement étranger qui lui sont soumis et ne guère faire obstacle à la propriété étrangère, ses refus occasionnels et ses décisions parfois longtemps retardées soulèvent des critiques acerbes qui amènent les libéraux, alors au pouvoir, à réduire les restrictions. Le gouvernement conservateur de Brian Mulroney, élu premier ministre en septembre 1984, annonce son intention d'étendre la réduction des restrictions aux investissements étrangers. La même année, il démantèle l'AEIE pour la remplacer par Investissement Canada, un organisme qui fera bon accueil aux investissements étrangers plutôt que de leur mettre des bâtons dans les roues.

À la fin de l'année 1995, les investissements étrangers se chiffrent à 672 milliards de dollars. La moitié de cette somme provient des Américains, dont 40 p. 100 des investissements sont directs, ce qui leur confère la mainmise sur les activités des entreprises concernées. Étant donné que la réussite de ces activités dépend de la mise en œuvre d'un savoir-faire développé aux États-Unis, les Américains insistent

pour en avoir le contrôle. Seuls 16 p. 100 des investissements étrangers non américains au Canada sont directs, ce qui reflète le rôle secondaire que jouent les entreprises ainsi créées dans l'économie canadienne, ainsi que l'importance des achats d'obligations du gouvernement canadien faits ces dernières années par des compagnies étrangères non américaines.

La propriété étrangère de terres agricoles et d'immeubles urbains est, elle aussi, non négligeable. Les investisseurs britanniques acquièrent de vastes propriétés au Canada durant le XIXe siècle et continuent d'en acheter et d'en vendre au XXe siècle. Dans les années 60 et 70, des Européens, surtout des Allemands de la République fédérale d'Allemagne et des Italiens, acquièrent de vastes étendues de terres agricoles, ce qui pousse les gouvernements provinciaux à faire voter des lois restreignant l'achat de terres par des non-résidents. Des investisseurs de Hong Kong achètent des propriétés urbaines en grand nombre dans les années 80. Toutefois, la valeur totale des investissements des étrangers dans l'immobilier ne représente encore qu'une faible proportion de leurs placements dans des actions et des obligations canadiennes.

En 1986, le gouvernement fédéral inaugure son programme de l'immigrant investisseur selon lequel l'étranger qui investit au Canada au moins 150 000 dollars, et laisse ce montant au Canada pendant au moins trois ans, est admissible à la citoyenneté canadienne. Ce montant passe à 250 000 dollars en 1990. Ce programme, destiné à créer des emplois, attire jusqu'à présent relativement peu de capitaux étrangers et ne génère que peu d'emplois.

Le flux des investissements n'est pas à sens unique. Les Canadiens établissent aussi des filiales à l'étranger et font des placements en actions et en obligations étrangères. En 1995, le Canada verse aux investisseurs étrangers 49 milliards de dollars en intérêts, et n'encaisse que 16 milliards de dollars provenant des investissements canadiens à l'étranger. Qui plus est, ceux-ci ne jouent de rôle dominant dans aucun pays étranger. Ces investissements sont les plus importants aux États-Unis mais n'y exercent qu'un contrôle infime sur l'économie de ce pays par contraste avec la très forte proportion de l'économie canadienne contrôlée par des intérêts américains.

Ruben C. Bellan

Investissements étrangers, Groupe de travail sur les

Constitué en 1970 et présidé par Herb GRAY, le Groupe de travail sur les investissements étrangers (rapport Gray) a pour mandat d'analyser les répercussions d'une forte proportion de contrôle étranger sur l'économie canadienne. Il envisage aussi des politiques pouvant permettre aux Canadiens de maîtriser davantage leur développement économique et de maintenir ou d'accroître la participation canadienne aux entreprises lorsque c'est faisable ou souhaitable pour des raisons économiques, sociales, culturelles ou autres. Pendant les années 60, des intérêts étrangers en sont venus à contrôler près de 60 p. 100 de l'activité manufacturière canadienne et 90 p. 100 de l'activité de secteurs comme le caoutchouc et le pétrole.

En 1972, le groupe de travail conclut que, dans une très faible mesure, l'INVESTISSEMENT ÉTRANGER a pu avoir dans l'ensemble un certain effet bénéfique, mais que des problèmes subsistent, notamment celui des «entreprises étêtées» qui n'exercent au Canada que des activités très limitées et dépendent d'une technologie et d'une direction étrangères. Le groupe suggère de traiter certains problèmes au moyen de politiques économiques d'ordre général, comme des tarifs douaniers, des taxes, des impôts et des brevets. Dans d'autres cas, il conclut qu'une meilleure solution serait une intervention administrative touchant individuellement tous les nouveaux investissements étrangers et rejette l'idée d'un changement radical d'orientation tel qu'une stratégie de rachat visant à accroître la participation canadienne.

C.E.S. Franks

Iqaluit Anciennement Frobisher Bay, ville des T.N.-O.; pop. 4220 (rec. 1996), 3552 (rec. 1991), 2947 (rec. 1986); superf. 45,06 km²; const. en 1980; située près de la tête nord-est de la BAIE FROBISHER, dans le sud de l'ÎLE DE BAFFIN, à 1944 km à vol d'oiseau au nord de MONTRÉAL.

Historique La ville se trouve près d'un camp de pêche INUIT traditionnel du sud de Baffin, ouvert temporairement chaque été pour la pêche à l'OMBLE chevalier. Sir Martin FROBISHER est le premier Européen à y mettre les pieds au cours de sa quête du PASSAGE DU NORD-OUEST en 1576.

En 1942, l'Armée de l'air américaine utilise des battures des environs comme piste d'atterrissage dans un effort visant à ravitailler l'ancienne URSS. Dans les années 50, la piste faisait déjà partie du réseau DEW (maintenant démantelé) de bases de ravitaillement et était un point stratégique pour les activités de l'Armée de l'air américaine.

Situation actuelle Aujourd'hui, on y trouve un mélange de populations avec 50 p. 100 d'Inuits. De nombreux habitants de la ville vivent toujours de la pêche, de la chasse au phoque et de la sculpture. La ville est le centre d'administration, de communications et de transport du gouvernement pour l'est de l'Arctique. Le 1er janvier 1987, dans la foulée de la décision du gouvernement des Territoires du Nord-Ouest de réutiliser les noms autochtones, cette ville est la première localité de l'est de l'Arctique à revenir à son nom d'origine: Iqaluit, qui signifie «là où se trouve le poisson».

Annelies Pool

Iraniens L'Iran, appelé jadis la Perse, représente l'une des plus anciennes civilisations du monde. Les Iraniens, ou Perses, qui étaient de confession zoroastrienne, se convertissent à l'islam après la conquête arabo-musulmane au VIIe siècle. Pays de l'Asie du Sud-Ouest dont la population dépasse les 60 millions d'habitants, l'Iran est la patrie de plusieurs groupes ethniques, dont les Fars (la majorité), les Azéris, les Kurdes, les Arabes, les Arméniens, les Assyriens, les Lurs, les Turkmènes et les Baloutches. La langue officielle est le farsi, ou persan. Les Iraniens sont majoritairement des MUSULMANS shiites, mais il y a chez eux différentes religions minoritaires, dont les musulmans sunnites, les chrétiens, les JUIFS, les zoroastriens et les baha'is (*voir* BAHA'ISME). Comme d'autres nations, l'Iran regroupe un nombre considérable de laïques.

Origines Les Iraniens constituent une communauté relativement nouvelle au Canada. À l'époque de la Seconde Guerre mondiale, on ne dénombre au pays qu'une douzaine d'Iraniens. L'IMMIGRATION demeure très basse dans les années 50 et 60, allant de moins d'une dizaine d'individus à plus d'une centaine par année. Au cours des années 70, leur nombre passe d'une centaine par année à près de 600 en 1978. Pendant cette période, un nombre croissant d'étudiants munis d'un visa viennent au Canada. Après la révolution iranienne de 1979, qui renverse la monarchie en portant au pouvoir un gouvernement islamique, les chiffres de l'immigration indiquent plus de 1000 individus par année. Au cours des années 80 et durant la majeure partie des années 90, plusieurs milliers d'Iraniens arrivent au Canada annuellement.

Avant les années 70, c'est surtout pour étudier, pour profiter de l'économie ou pour investir que les Iraniens émigrent au Canada. Cependant, la plupart de ceux qui arrivent plus tard, surtout dans les années 80, fuient les persécutions politiques et religieuses, la répression socioculturelle imposée par la République islamique d'Iran, ou encore la guerre Iran-Irak. Au cours des années 90, un nombre croissant d'Iraniens venus au Canada comme entrepreneurs ou comme investisseurs s'ajoutent aux réfugiés politiques. Les plus récents chiffres sur l'immigration attestent qu'en 1994, plus de 12 p. 100 des immigrants iraniens sont des entrepreneurs et des investisseurs.

Démographie D'après le recensement de 1996, il y a 62 385 Iraniens de langue persane au Canada (60 280 réponses uniques et 2105 réponses multiples). Cela représente une augmentation de 28 p. 100 depuis le recensement de 1991, qui dénombre 43 210 individus. La plupart d'entre eux sont de sexe masculin, mais la proportion de femmes est légèrement à la hausse depuis 1985, alors qu'elle correspond à 41 p. 100.

Les Iraniens du Canada forment une population jeune. Le recensement de 1996 révèle que près de 12 p. 100 d'entre eux n'ont pas atteint l'âge de 10 ans et que 22 p. 100 sont âgés de 10 à 24 ans. Le groupe d'âge le plus important se situe entre 25 et 39 ans, ce qui représente environ 35 p. 100 des Iraniens du Canada. Seuls 6,5 p. 100 d'Iraniens ont plus de 60 ans.

Peuplement En grande majorité, les immigrants iraniens viennent des zones urbaines, en particulier des grandes villes ou des villes de moyenne importance. Au Canada, ils continuent à vivre dans les principaux centres urbains. L'Ontario, et particulièrement Toronto, possède la plus grande concentration d'Iraniens. D'après le recensement de 1996, 56 p. 100 des Iraniens vivent à Toronto, 15 p. 100 au Québec et 23 p. 100 en Colombie-Britannique.

Vie économique Parce qu'ils ont un niveau d'instruction assez élevé, les Iraniens prennent part à un grand nombre d'activités économiques allant des petites entreprises autogérées aux moyennes et grandes entreprises. Il y a aussi plusieurs magnats des affaires en Colombie-Britannique, en Alberta et en Ontario. Beaucoup d'Iraniens travaillent dans l'import-export, en particulier dans le commerce avec l'Iran pour des articles comme les tapis persans, qui gagnent en popularité au Canada depuis quelques années. En ce qui a trait à l'occupation, les Iraniens appartiennent à plusieurs catégories professionnelles: ils sont, entre autres, ouvriers, commerçants, fonctionnaires, chauffeurs de taxi, administrateurs, universitaires, avocats, médecins, courtiers, scientifiques, artistes, ingénieurs, informaticiens, journalistes, professeurs et travailleurs sociaux. Comme les jeunes forment le tiers de la communauté, un nombre substantiel d'Iraniens fréquentent des établissements d'enseignement primaire, secondaire et postsecondaire.

Vie communautaire et culturelle En tant que groupe d'immigrants relativement nouveau, la communauté iranienne n'est pas encore parvenue à une grande cohésion, contrairement aux communautés d'immigrants plus anciennes. Les Iraniens sont disséminés dans les villes où ils résident et il n'y a de «petit Iran» ni à Toronto, ni à Montréal, ni à Vancouver. La diversité des héritages, en ce qui concerne la classe sociale, l'ethnie, la religion, l'orientation politique et idéologique, alliée à la grande faculté d'adaptation des Iraniens, est à la source de cette relative dispersion de la communauté. Les Iraniens ont néanmoins en commun la fierté de leur culture et de leur histoire. Plutôt que de ne former qu'un seul groupe, ils composent un mélange vibrant de sous-communautés qui partagent une même langue et une même histoire.

La passion des Iraniens pour la poésie et la littérature donne lieu à des rencontres régulières dans différentes villes, quelquefois plusieurs fois par mois, où des poètes et des écrivains iraniens, des visiteurs autant que des résidants, récitent leurs œuvres. La communauté offre aussi une grande variété d'autres activités, comme les concerts, les pièces de théâtre, les projections de films, les expositions d'œuvres d'art et les sports. L'Iranian Writers' Association of Canada, l'Iranian Artists' Association of Ontario et le Centre culturel et communautaire des Iraniens de Montréal font partie des nombreux organismes de bénévoles fondés par la communauté pour promouvoir les activités littéraires et artistiques. Il existe plusieurs journaux de langue farsie (persane), hebdomadaires ou mensuels, des émissions de radio et de télévision, des magasins offrant des vidéos ou de la musique, ainsi que des librairies persanes dans les principales villes canadiennes. À mesure que s'accroît la communauté iranienne et que d'autres Canadiens se découvrent un goût pour la cuisine persane, des cafés et des restaurants persans, ainsi que les populaires «chelo-kebabis», font leur apparition dans les grandes villes.

En plus des institutions familiales, les musulmans iraniens pratiquants fréquentent les mosquées et les institutions islamiques déjà établies par la grande communauté musulmane du Canada.

Vie politique La participation des Iraniens au processus électoral demeure limitée, mais certains indices laissent croire qu'elle tend à augmenter. Aux élections provinciales de 1997, en Ontario, deux candidats iraniens figuraient sur la liste du NPD, et plusieurs autres se sont présentés au conseil scolaire. Cependant, bon nombre d'Iraniens, dont la plupart sont venus au Canada avec un statut de réfugié, s'intéressent à la politique iranienne. Outre les groupes d'opposition politique, il existe une multitude d'organismes humanitaires qui défendent la cause des prisonniers et des réfugiés politiques, comme l'Organization for the Defence of Political Prisoners in Iran, la Society for the Defence of Refugees et le Council of Refugees.

Maintien du groupe Même si les liens familiaux sont très forts dans les foyers iraniens, les réalités de l'immigration et de l'exil mettent les familles à l'épreuve. Comme celles des autres communautés, les familles iraniennes vivent des conflits, à la fois au sein du couple et entre parents et enfants. Ayant obtenu l'indépendance économique et l'accès à des institutions sociales qui les appuient, beaucoup d'Iraniennes remettent en question l'autorité patriarcale, réclamant de plus en plus de changements dans les relations familiales traditionnelles. Ces nouvelles réalités peuvent conduire au resserrement des liens familiaux dans certains cas, et au divorce dans d'autres. Une tension se fait également sentir entre la première et la seconde génération d'Iraniens, qui sont pour la plupart plus jeunes et qui sont éduqués dans un système de valeurs différent.

Il existe un grand nombre d'organismes d'aide à la communauté iranienne. Les associations iraniennes de chacune des provinces en constituent des exemples remarquables. Entre autres activités et initiatives, elles procurent des services aux nouveaux immigrants, organisent des cours et gèrent des librairies persanes. La communauté compte aussi plusieurs organismes d'aide aux familles, des associations de femmes, des magazines féminins qui traitent de la famille et des questions qui concernent les femmes. Afin de conserver l'héritage linguistique persan, que tous les foyers iraniens chérissent, on ouvre des écoles persanes dans tous les principaux centres urbains du Canada. Nombre d'agences et d'organismes canadiens comprennent aussi des sections qui offrent des services aux Irano-Canadiens.

Saeed Rahnema

Irish Rovers Le groupe de musique folk celtique et populaire Irish Rovers a été fondé vers 1964 par cinq musiciens d'origine irlandaise qui ont immigré à Toronto durant leur adolescence. Enfants, les frères Will et George Millar donnent des spectacles dans leur ville natale de Ballymena près de Belfast, en Irlande du Nord. En compagnie de leur cousin Joe Millar, de Jimmy Ferguson et de Wilcil McDowell, ils forment les Irish Rovers (nom suggéré par la mère des frères Millar, Elsie). Will Millar, qui habite à Calgary, chante au restaurant Phil's Pancakes et anime une émission télévisée pour enfants lorsque les quatre autres membres du groupe quittent Toronto pour venir le rejoindre.

Établis ensuite à San Francisco, les Irish Rovers se font connaître grâce à un engagement de 22 semaines au cabaret folk Purple Onion. Ils signent ensuite un contrat d'enregistrement avec Decca Records et leur version de la chanson humoristique de Shel Silverstein, *The Unicorn*, franchit le cap du million d'exemplaires vendus en 1968. La même année, ils sont choisis groupe folklorique de l'année lors de l'attribution des PRIX JUNO.

Durant les années 70, les Irish Rovers animent pendant six années consécutives une série télévisée populaire à la Société Radio-Canada et méritent le prix ACTRA, décerné à la meilleure émission de variétés. Après une longue absence du palmarès, le groupe reprend son essor en 1981 grâce à la chanson entraînante *Wasn't That a Party*, écrite par le chanteur folk Tom Paxton, qui atteint le troisième rang au palmarès canadien. Will Millar, qui poursuit sa propre carrière en écrivant des livres pour enfants et en enregistrant plusieurs disques de musique instrumentale, quitte les Rovers en 1994 pour faire des tournées et produire des disques avec son propre groupe. Parmi ses œuvres, figurent le disque de musique instrumentale *The Lark In Clear Aire* (1994), un enregistrement pour enfants intitulé *The Keeper* (1995) et le disque de chansons *Rogues et Romancers* (1996). Les musiciens originaires de Belfast, W. Wallace Hood et John Reynolds, se joignent ensuite au groupe qui enregistre en concert le disque *Celebrate: The First 30 Years With The Irish Rovers* (1995). Le groupe voit partir un autre de ses membres fondateurs à l'automne de 1997, alors que le grand conteur de blagues Jimmy Ferguson meurt d'une défaillance cardiaque au cours d'une tournée américaine.

Jeff Bateman

Irlandais Quoiqu'on ait avancé, sans beaucoup de preuves à l'appui, que des explorateurs irlandais comme Brendan le Téméraire auraient précédé les Scandinaves au Canada, il n'est pas nécessaire de faire pareille allégation pour établir l'importance de la contribution irlandaise au Canada. En effet, en raison des liens politiques et militaires entre la France et l'Irlande du Sud, il existe une population irlandaise sur le territoire du Canada depuis le XVIIᵉ siècle. Les Irlandais auraient constitué jusqu'à 5 p. 100 de la population de la Nouvelle-France. Qui plus est, certains patronymes canadiens-français et acadiens (p. ex., Riel, qui vient de Reilly, et Caissie, qui vient de Casey) dérivent de noms irlandais.

TERRE-NEUVE est habité par des Irlandais depuis au moins le début du XVIIIᵉ siècle. Les navires de pêche de Bristol font escale à Wexford et à Waterford afin d'embarquer des provisions ainsi que des marins et des travailleurs irlandais pour les activités de pêche à Terre-Neuve. D'après des comptes rendus sur la Nouvelle-France et Terre-Neuve, il existe déjà à l'époque une certaine conscience de groupe chez les Irlandais, surtout à Terre-Neuve, où la population irlandaise ne cesse d'augmenter jusqu'au milieu du XIXᵉ siècle. Au cours du XVIIIᵉ siècle, de petits groupes d'Irlandais commencent à arriver dans les nouvelles colonies britanniques. Dans les années 1760, un groupe de presbytériens d'Ulster s'établit à TRURO, Nouvelle-Écosse, et un nombre indéterminé d'Irlandais font partie de la migration LOYALISTE.

Ces groupes sont les précurseurs des principales vagues d'immigration irlandaise qui déferlent dans la première moitié du XIXᵉ siècle. Dans les années 1850, l'immigration irlandaise vers l'Amérique du Nord britannique se chiffre déjà à plus de 500 000 personnes, bien que nombre d'entre elles se rendent jusqu'aux États-Unis (à New York et à Boston, on compte 4 millions d'Irlandais sur une population totale de 24 millions) ou ailleurs. Aujourd'hui, les descendants de ces immigrants irlandais forment plus de 13 p. 100 de la population canadienne (3 767 610 d'après les réponses uniques et multiples du recensement de 1996) et contribuent à définir la spécificité canadienne. Anglophones, les Irlandais sont en mesure de participer plus directement à la société canadienne que de nombreux groupes d'im-

migrants allophones. La vie au Canada est donc empreinte de nombreuses valeurs d'origine irlandaise.

L'éducation, la loi et la politique sont les principaux domaines où la pensée irlandaise exerce son influence. Parmi les personnalités irlandaises ou d'origine irlandaise connues au Canada, on compte Edward BLAKE, Edmund Burke, sir Guy CARLETON, Benjamin CRONYN, John Joseph Lynch, D'Alton MCCARTHY, John O'Conner, Eugene O'KEEFE, Michael Sullivan, Timothy Sullivan, Thomas d'Arcy MCGEE et Brian MULRONEY.

Immigration et peuplement Les mouvements d'immigration des XVIIᵉ et XVIIIᵉ siècles ont peu d'effets permanents sur le Canada, sauf à Terre-Neuve, où beaucoup d'Irlandais travaillent dans le secteur de la pêche et vivent dans des conditions aussi précaires que celles qu'ils cherchaient à fuir en émigrant vers le Nouveau Monde. Terre-Neuve sera même baptisé en langue irlandaise «Talamh an Eisc», distinction singulière à l'échelle du Nouveau Monde. Au XIXᵉ siècle, surtout après 1815, la démographie croissante et la détérioration de l'économie en Irlande contraignent de plus en plus d'Irlandais à quitter leur pays. Parallèlement, l'économie des colonies continentales de l'Amérique du Nord britannique est en pleine expansion, offrant ainsi plus de possibilités aux nouveaux arrivants. Toutefois, comme les immigrants irlandais sont relativement pauvres et disposent de peu d'argent pour traverser le Canada, ils tendent à se fixer dans les Maritimes.

Dans les années 1830, on trouve déjà une population irlandaise importante en Nouvelle-Écosse, au Nouveau-Brunswick et dans l'Île-du-Prince-Édouard ainsi que dans le Haut-Canada et le Bas-Canada. Certains immigrants investissent la campagne, grâce en partie aux terres bon marché récemment libérées par l'exploitation forestière. Toutefois, à la différence des ÉCOSSAIS et des ANGLAIS, les Irlandais restent généralement dans les villes portuaires, comme Halifax ou St. John's, où ils constituent une MAIN-D'ŒUVRE IMMIGRANTE bon marché. Même dans les régions rurales, beaucoup d'Irlandais préfèrent chercher des emplois rémunérés, parfois en lieu et place de la vie de fermier, parfois en plus de ce genre d'activité. Vers les années 1830, le comté de Cumberland en Nouvelle-Écosse, les comtés de Kings, Queens, Carleton et Northumberland au Nouveau-Brunswick, le comté de Queens dans l'Île-du-Prince-Édouard, ainsi que la quasi-totalité du Haut-Canada à l'est de Toronto et au nord des vieilles communautés loyalistes sont marqués par un caractère irlandais.

La terrible famine de la fin des années 1840 chasse de leur pays entre 1,5 million et 2 millions d'Irlandais démunis, dont des centaines de milliers essaiment en Amérique du Nord britannique. Cette vague d'immigration est si spectaculaire que la plupart des Canadiens croient à tort que l'année 1847 marque l'arrivée des Irlandais au Canada. Les immigrants poussés par la famine tendent à s'établir en milieu urbain, de sorte que, vers 1871, les Irlandais constituent la plus importante communauté ethnique de chaque grande ville du Canada, à l'exception de Montréal et de Québec.

Si les «Irlandais de la famine», fournissent une grande partie de la main-d'œuvre bon marché qui contribue à l'essor économique des années 1850 et des années 1860, ils ne sont pourtant pas bien reçus. En effet, ils sont pauvres et la société dominante tient pour méprisable cette misère rurale ou urbaine dans laquelle ils sont contraints de vivre. Les «Irlandais de la famine» ont un autre trait caractéristique: la propension à immigrer aux États-Unis. Des milliers d'entre eux s'y rendent vers les années 1860, établissant une tradition qui se maintient pendant une grande partie du XXᵉ siècle. C'est ainsi qu'aujourd'hui la plupart des régions et des communautés irlandaises du Canada sont celles qui datent d'avant la famine. P. ex., dans les Maritimes, seule la ville de St. John's compte encore une population importante d'«Irlan-

dais de la famine». Aujourd'hui, la population d'origine irlandaise la plus considérable en dehors des provinces de l'Atlantique se trouve en Ontario. Au XXᵉ siècle, il existe une communauté irlandaise importante à Winnipeg et dans quelques zones rurales du Manitoba, mais la présence des Irlandais dans l'Ouest n'est pas aussi significative que dans l'Est.

Vie sociale et culturelle Le trait le plus marquant des Irlandais, en Irlande comme au Canada, est leur division en deux groupes différents et antagonistes. Cette division est si fondamentale qu'on peut considérer que les Irlandais forment deux groupes ethniques distincts. Si on parle habituellement d'Irlandais catholiques et d'Irlandais protestants, la religion en elle-même n'a jamais été qu'un critère parmi d'autres pour déterminer l'appartenance à un groupe. Les catholiques se perçoivent comme les représentants des premiers habitants de l'Irlande, alors que les protestants représentent les colonisateurs écossais et anglais arrivés en Irlande sous le règne britannique. Comme les catholiques sont socialement et politiquement désavantagés en Irlande, à leur arrivée au Canada, ils n'ont guère d'autres atouts que leur connaissance de la langue anglaise et des institutions britanniques. Ils n'ont pas les moyens de s'établir fermement dans l'économie canadienne et ont peu d'influence sur le monde des affaires. L'Église catholique, une institution capitale pour les catholiques en Irlande, rassemble, au Canada, les Irlandais comme les Écossais des Highlands et les Français, ce qui aide les Irlandais à s'intégrer dans la société canadienne.

En revanche, les Irlandais protestants sont généralement plus nantis et ont beaucoup plus de facilité à s'établir à nouveau en tant que fermiers. Ils forment ainsi, au XIXᵉ siècle, l'une des communautés d'immigrants les plus agraires au Canada. Puisque leur religion est mieux acceptée par l'ensemble de la population, ils peuvent évoluer plus facilement au sein de la société canadienne.

Les deux groupes sont riches de traditions culturelles, bien que des différences notables les distinguent. Les Irlandais catholiques sont enclins à maintenir les traditions irlandaises, alors que les protestants tendent à magnifier leur contribution à la civilisation britannique. Aucun des deux groupes n'a maintenu un folklore important autour des migrations, ni même à propos du drame de la famine, mais tous deux ont une propension à se rappeler leurs expériences plus récentes au Canada.

Maintien du groupe Les Irlandais protestants tendent à souligner leurs liens avec la Grande-Bretagne afin de se démarquer de leurs compatriotes catholiques. Au Canada, l'ORDRE D'ORANGE, dont le but premier en Irlande est le maintien du régime britannique (du moins en Ulster), sert essentiellement à permettre aux Irlandais protestants de se faire accepter par leurs voisins écossais et anglais. Dès le début du XIXᵉ siècle, il existe des loges orangistes individuelles au Nouveau-Brunswick et dans le Haut-Canada, qui se rassemblent sous le nom de Grand Lodge of British North America en 1830. Chaque fois que les institutions britanniques semblent menacées au Canada, les orangistes s'empressent de rappeler la victoire des protestants contre les catholiques sur les rives du fleuve Boyne en 1690, et l'anniversaire de cette bataille (le 12 juillet) demeure la fête la plus importante pour l'ordre d'Orange. Au cours de la deuxième moitié du XIXᵉ siècle, la loge devient de plus en plus tributaire de la mère patrie, de sorte qu'on peut difficilement y discerner aujourd'hui une tradition irlandaise protestante spécifique et distincte de la tradition britannique globale.

Depuis un siècle et demi, le nom «Irlandais» possède une connotation catholique. L'Église catholique, fondement de la communauté irlandaise catholique au Canada, s'efforce de faire accepter ses ouailles par la société, de sorte que les prêtres et les évêques irlandais s'opposent souvent aux manifestations de sympathie à l'endroit du nationalisme en Irlande. Pour les Irlandais des États-Unis, le problème ne se pose pas, car il est possible d'être bon Irlandais, bon catholique et bon Américain. Au Canada, où la citoyenneté britannique est longtemps maintenue, il est difficile d'être à la fois militant irlandais et bon citoyen.

Difficile aussi, parfois, d'être Irlandais et bon catholique. P. ex., la Fraternité républicaine irlandaise, dont l'une des branches, le mouvement fenian, vise à libérer l'Irlande par la force des armes, est très populaire aux États-Unis, alors qu'au Canada ses partisans (même s'ils sont peu nombreux) sont considérés par le gouvernement comme des agitateurs, par les protestants comme des êtres dangereux et par l'Église et les catholiques respectables comme la honte des Irlandais. Les raids des FENIANS lancés contre l'Amérique du Nord britannique à partir des États-Unis suscitent une certaine hostilité envers les Irlandais catholiques et donnent lieu à des attestations de loyauté de la part de l'Église et des Irlandais catholiques respectables. Un mouvement ultérieur mineur, l'Ancient Order of Hibernians, qui se voue, lui aussi, mais avec moins de violence, à la cause du nationalisme irlandais, est également rejeté par l'Église catholique.

En tant que catholiques anglophones, les Irlandais du Canada se démarquent à la fois des catholiques francophones et de la majorité protestante. Ce sentiment d'isolement confère aux Irlandais catholiques un sens de leur identité plus fort que chez les Irlandais protestants.

Les Irlandais protestants croient profondément en la force des institutions et se sont employés à maintenir leurs organisations. Ils considèrent la stabilité comme la plus grande des vertus. À l'inverse, les Irlandais catholiques définissent le pouvoir sur une base personnelle, au point qu'ils peuvent paraître anarchistes, mais cela reflète en réalité la persistance des rapports coloniaux, fondement de la vie politique de l'Irlande rurale. La grande force des Irlandais catholiques du Canada et d'ailleurs est d'adapter au contexte moderne cette approche personnelle de la politique et des tractations du pouvoir.

Peter Toner

Iroquois Ce terme désigne une confédération de cinq tribus habitant à l'origine la partie nord de l'État de New York et se composant des SÉNÉCAS, des CAYUGAS, des ONEIDAS, des ONONDAGAS et des MOHAWKS. La confédération était aussi connue sous le nom des Cinq-Nations ou de la Ligue des Iroquois. Lorsque les Tuscaroras ont adhéré à la confédération au début du XVIIIᵉ siècle, elle a pris le nom des SIX-NATIONS. Les cinq peuples de la Ligue des Iroquois occupaient un territoire allant de la rivière Genesee à l'ouest, au fleuve Hudson à l'est, en passant par la région des lacs Finger. Ils utilisaient la métaphore de la MAISON LONGUE pour décrire leur alliance politique. Ainsi, les Sénécas, qui habitaient le plus à l'ouest, étaient connus comme les «gardiens de la porte de l'Ouest» et les Mohawks étaient appelés «les gardiens de la porte de l'Est». On estime de façon très approximative que la population iroquoise, au moment du contact avec les Européens, oscillait entre 10 000 et 15 000 personnes.

Langue Les Iroquois avaient des liens linguistiques avec les groupes voisins comme les HURONS, les PÉTUNS et les NEUTRES, et avec des tribus plus éloignées comme les Cherokees et les Tuscaroras. On croit qu'il y aurait des rapports anciens avec les familles linguistiques des Sioux et des Caddos des Prairies américaines.

Ancêtres des Iroquois L'origine des Iroquois, selon des fouilles archéologiques faites dans l'État de New York, remonterait au moins à l'an 500 avant J.-C., voire à l'an 4000 avant J.-C. La culture propre aux Iroquois semble s'être développée vers l'an 1000 de notre ère. Les fouilles montrent que c'est pendant le XVᵉ siècle que des villages individuels se sont unis pour former les cinq tribus d'origine, et que ce pro-

cessus s'est poursuivi au XVIᵉ siècle par la formation de la Ligue des Iroquois. Avec le début de la TRAITE DES FOURRURES au cours de cette période, les Cinq-Nations sont entrées en guerre pour assujettir ou disperser les groupes voisins. Les Hurons ont été forcés d'abandonner leur territoire après que deux villages furent détruits en 1649. Les Pétuns, les Neutres et les Ériés ont tous été victimes des Iroquois pendant la décennie suivante. La réputation militaire des Iroquois imposait le respect dans des territoires aussi lointains que les Maritimes ou les Grands Lacs de l'Ouest.

Les Français entretenaient des alliances commerciales et militaires avec bon nombre des ennemis des Iroquois. Ainsi, l'Iroquoisie et la NOUVELLE-FRANCE étaient souvent en guerre (*voir* GUERRES IROQUOISES). En temps de paix, quelques Iroquois étaient convertis au catholicisme et persuadés de s'établir le long du Saint-Laurent. Les Iroquois sont demeurés fermement attachés au commerce avec Albany (New York), et les rivalités entre la colonie française et celles des Hollandais et des Anglais dans cette ville empêchaient toute paix durable entre la Nouvelle-France et les Iroquois. Ils attaquaient souvent les établissements français sur les rives du Saint-Laurent et ont envoyé de nombreux guerriers attaquer le Long-Sault en 1660 et Lachine en 1689. La France a attaqué avec succès des villages iroquois en 1666, en 1687, en 1693 et en 1696.

Les traités conclus avec les Français et les Anglais en 1701 ont marqué un virage dans la politique de neutralité des Iroquois à l'égard des représentants des pouvoirs européens en Amérique du Nord. À cette époque, la population de la Ligue était décimée par la maladie et les guerres, même si les Iroquois avaient assimilé un grand nombre de prisonniers de guerre et de réfugiés. Malgré leur neutralité officielle, les Mohawks, sous l'influence de sir William JOHNSON, s'alliaient à l'occasion aux Anglais, et les Sénécas combattaient parfois aux côtés des Français, comme au moment de la défaite du général Braddock en 1755.

Mis à part les Oneidas, qui combattaient pour la cause américaine, les Iroquois ont appuyé les LOYALISTES et les Britanniques durant la Guerre d'Indépendance américaine, et se sont joints au conflit en 1777. Les Mohawks ont perdu leurs habitations au profit des colons rebelles voisins, et la majorité des villages des Sénécas, Onondagas et Cayugas ont été brûlés en 1779. À leur tour, les Iroquois et leurs alliés, sous le commandement de Joseph BRANT et d'autres, ont attaqué à maintes reprises et brûlé les forts et les établissements des rebelles, repoussant la frontière est jusqu'à Schenectady (New York). Après la guerre, de nombreux Iroquois ont suivi Brant et se sont établis sur une terre octroyée par le gouverneur Frederick HALDIMAND sur la rivière Grand, et d'autres se sont installés à la baie de Quinte.

Vie sociale et politique Avant que leur culture ne soit perturbée par les événements de cette période, les Iroquois étaient agriculteurs, vivant toute l'année dans des villages entourés de palissades et comptant plusieurs centaines de personnes. La structure sociale était fondée sur le matriarcat. La cellule de base était matrilinéaire, se composant des descendants, par les femmes, d'une seule d'entre elles. Les femmes vivaient avec leur mari (qui appartenait à une autre cellule matriarcale) dans une seule longue maison. Un village pouvait ne contenir que quelques petites habitations de ce type ou en compter jusqu'à 50. Plusieurs matriarcats formaient le clan matriarcal qui, en dehors de son importance symbolique et cérémoniale, servait à fixer les règles du mariage. Il était interdit de se marier entre membres d'un clan. Les Mohawks et les Oneidas comptaient trois de ces clans, les autres nations iroquoises en avaient de huit à dix. Pour la plupart, ces clans portaient des noms d'animaux (Ours, Loup, Tortue, Aigle, etc.). La ligue était gouvernée par un conseil de 50 sachems, et chacune des nations fondatrices de la confédération était

représentée par une délégation de 8 à 14 membres. Le titre de sachem était transmis par la mère. Les tribus et villages individuels étaient gouvernés par leur propre conseil de sachems et de chefs.

Selon le recensement de 1996, quelque 50 000 Iroquois étaient dispersés dans plusieurs réserves au Canada. Les plus fortes concentrations d'Iroquois au pays se trouvent dans la réserve des Six-Nations près de Brantford, (Ontario), chez les Mohawks d'Akwesasne, près de Cornwall (Ontario) et à Kahnawake en banlieue de Montréal. (*Voir aussi* AUTOCHTONES.)

Peter G. Ramsden

Iroquois Falls, ville de l'Ont.; pop. 5714 (rec. 1996), 5999 (rec. 1991), 6191 (rec. 1986); superf. 689,94 km²; const. en 1915; située à 334 km au nord-ouest de NORTH BAY. L'emplacement de la ville au pied des chutes sur la rivière Abitibi lui a non seulement donné son nom mais également sa raison d'être, car la rivière fournit de l'hydroélectricité au moteur économique de la communauté, l'INDUSTRIE DES PÂTES ET PAPIERS. Les droits de coupe de la région sont d'abord accordés à l'Abitibi Power & Paper Co. (aujourd'hui l'ABITIBI-PRICE INC.) en 1912.

Entre 1915 et 1920, l'Abitibi Power & Paper Co. construit une VILLE FERMÉE modèle soigneusement planifiée, la première du genre dans le nord de l'Ontario. Au cours des années 20, le président de la compagnie, Frank Anson, lance un programme d'embellissement visant à transformer Iroquois Falls en «cité-jardin du Nord». L'époque de la ville fermée se termine dans les années 50. Les localités voisines d'Ansonville et de Montrock, qui ne sont pas des villes fermées, se développent parallèlement à Iroquois Falls et fusionnent avec celle-ci en 1969.

L'économie de la communauté se diversifie avec l'ouverture d'une usine de tourbe et d'une usine de polissage du granit.

Matt Bray

Irrigation Elle est nécessaire dans les endroits où le CLIMAT est essentiellement aride ou semi-aride et où les précipitations sont faibles et imprévisibles (*voir* PLUIE). Dans certaines régions, comme le sud des PRAIRIES, le sud de la Colombie-Britannique et le sud-ouest de l'Ontario, on a recours à l'irrigation pour compenser les faibles précipitations et obtenir les récoltes souhaitables. Au Canada, l'irrigation est un phénomène relativement récent. Avant les années 1890, tous les travaux d'irrigation étaient effectués par les particuliers. De 1898 à 1915, la majorité des mesures incitatives proviennent d'investissements de compagnies et de sociétés privées comme le CANADIEN PACIFIQUE. Depuis 1915, les gouvernements provinciaux aident les localités à mettre sur pied des réseaux d'irrigation, ce qui amène une croissance rapide des zones irriguées. En 1935, le gouvernement fédéral, par l'entremise de l'ADMINISTRATION DU RÉTABLISSEMENT AGRICOLE DES PRAIRIES (ARAP), lance un programme d'aide technique et financière pour l'aménagement d'installations d'entreposage de l'EAU dans les fermes des particuliers, les fermes communautaires et les exploitations à grande échelle de toute la région des plaines. De 1950 à 1960, l'ARAP élabore les plans et construit deux importantes structures d'irrigation, en collaboration avec les gouvernements de l'Alberta et de la Saskatchewan. Les barrages de St. Mary et de Waterton et plusieurs réservoirs internes mènent à l'aménagement du district d'irrigation de la rivière St. Mary dans le sud de l'Alberta, le plus grand au Canada, qui couvrait 132 600 ha en 1986. Dans le centre sud de la Saskatchewan, le BARRAGE GARDINER, une infrastructure à fonctions multiples établit aussi un périmètre d'irrigation de quelque 21 000 ha, le plus grand de la Saskatchewan. De plus petits travaux d'aménagement sont entrepris par l'ARAP de même que par toutes les provinces de l'Ouest dans les années 70 et

80, y compris la rénovation de vieilles installations et des travaux d'irrigation importants.

Environ 747 625 ha des terres agricoles canadiennes étaient irrigués en 1986. Statistique Canada indique les superficies totales par région comme suit: provinces de l'Atlantique, 2038 ha; Québec, 15 284 ha; Ontario, 52 535 ha; provinces des Prairies, 559 954 ha (dont 466 291 ha en Alberta); Colombie-Britannique, 117 811 ha. Les plus grands travaux sont effectués dans le sud de l'Alberta. En 1970, le gouvernement de l'Alberta, en collaboration avec 13 districts d'irrigation, lance un important programme de travaux de rénovation et d'irrigation à frais partagés. Entre 1970 et 1986, la province investit 525 millions de dollars pour la réfection des installations et, de leur côté, les districts injectent 97 millions de dollars, en incluant leur contribution pour l'exploitation et l'entretien. La rénovation des installations se poursuit toujours selon la formule 86:14, déterminée par des études économiques comme le ratio entre les bénéfices sociaux acquis et les avantages directs des agriculteurs ayant des terres irriguées.

D'autres provinces établissent des politiques différentes et concluent des ententes de partage des coûts différentes avec le gouvernement fédéral pour de nouvelles installations, notamment la Saskatchewan, qui annonce une entente pour des travaux d'irrigation de 100 millions de dollars en 1986. Le manque de pluie est le facteur qui limite le plus la production et la diversification des cultures dans le sud des Prairies. Dans cette région, les sols et la saison de croissance dépendent de l'irrigation sur 2 à 3 millions ha. Toutefois, les projets d'expansion de l'irrigation sont grandement restreints par l'accessibilité limitée aux cours d'eau principaux et par leur emplacement; par le coût élevé de l'aménagement des travaux d'immobilisation c.-à-d. les barrages réservoirs, les réseaux de distribution et de dérivation; et par la compétition internationale dans le marché des produits agricoles.

En Alberta, p. ex., bien que seulement 4 p. 100 des terres arables soient irriguées, la production de cette superficie représente environ 18 p. 100 de la production agricole brute annuelle de la province (environ 850 millions de dollars). L'irrigation assure la subsistance de quelque 5800 fermes dans une région qui autrement pourrait soutenir moins de 1000 exploitations de bovins en pâturage et de blé en terre sèche. Les travaux d'irrigation, de même que les services qui s'y rattachent et l'industrie de la transformation, fournissent quelque 35 000 emplois en Alberta et assurent la subsistance d'une des régions agricoles les plus productives et les plus diversifiées du Canada.

Egon Rapp

Irvine, Acheson Gosford, militaire, agent de police et directeur de pénitencier (Québec, 7 déc. 1837—*id.*, 9 janv. 1916). En tant que troisième commissaire de la Police à cheval du Nord-Ouest, la réputation d'Irvine est ruinée pendant la RÉBELLION DU NORD-OUEST. Homme d'affaires et membre actif de la milice, il participe à l'EXPÉDITION DE LA RIVIÈRE ROUGE comme membre des Fusiliers de Québec. Il demeure au Manitoba à titre de commandant d'un bataillon de réserve de fusiliers jusqu'en 1875, année où il se joint au corps de police. Commissaire adjoint (1876-1880), puis commissaire (1880-1886), il est responsable du maintien de l'ordre dans les tribus amérindiennes pendant qu'elles sont installées dans des réserves. On ne tient pas compte de ses avertissements lorsqu'il dit que la politique intraitable imposée aux établissements amérindiens pourrait provoquer une rébellion. Lorsque la rébellion éclate en 1885, il dirige une escouade de police à Prince Albert, où il demeure jusqu'à la fin des hostilités. Son inaction est largement critiquée et il démissionne. Par la suite, il est directeur du pénitencier de Stony Mountain (1892-1913) et du pénitencier de Kingston (1913-1914).

A.B. McCullough

Irvine, William, pasteur de l'Église unie, député fédéral, journaliste et organisateur politique (Gletness, îles Shetland, Écosse, 19 avril 1885—Edmonton, 27 oct. 1962). Pendant un demi-siècle, dont 17 ans comme député fédéral, Irvine joue un rôle important dans la politique canadienne. Il regroupe les fermiers et les travailleurs albertains en organisations qui leur ouvrent les portes de la vie politique, et il se fait élire pour la première fois en 1921 comme député travailliste de la circonscription fédérale de Calgary-Est. En compagnie du seul autre député travailliste du moment, son grand ami J.S. WOODSWORTH, Irvine dirige une campagne musclée contre le pouvoir économique des grandes entreprises et des institutions financières. Irvine, Woodsworth et d'autres radicaux forment le GINGER GROUP. Ce «groupe d'intransigeants» prône une forme de socialisme démocratique. Ses efforts culminent avec la fondation de la CO-OPERATIVE COMMONWEALTH FEDERATION (CCF) en 1932. À la fin de sa vie, Irvine œuvre sans relâche en faveur de la paix mondiale en affirmant la nécessité d'une coexistence pacifique entre les pays, quelles que soient leurs divergences idéologiques.

Anthony Mardiros

Irving, groupe Dirigé par la famille de K.C. IRVING, ce groupe domine 90 p. 100 de la diffusion des JOURNAUX de langue anglaise au Nouveau-Brunswick. La New Brunswick Publishing Co. Ltd, dirigée par K.C. Irving et ses fils Arthur et James, possède et publie le *Telegraph Journal* ainsi que l'*Evening Times-Globe* à Saint-Jean. Un autre fils, John, dirige la Moncton Publishing Co. Ltd, qui publie le Moncton *Times-Transcript*, et la University Press New Brunswick, qui publie le *Gleaner* à Fredericton. La New Brunswick Publishing Co. Ltd possède aussi et dirige la New Brunswick Broadcasting Co. Ltd. Celle-ci possède et exploite la station CHSJ-TV à Saint-Jean et, par le biais de réémetteurs, présente les émissions télévisées de langue anglaise de la Société Radio-Canada à presque tous les Néo-Brunswickois. Cette concentration de la propriété a fait l'objet de poursuites judiciaires et d'une enquête du Conseil de la radiodiffusion et des télécommunications canadiennes (CRTC). En 1972, K.C. Irving Ltd et ses sociétés affiliées sont reconnues coupables en vertu des dispositions sur les fusions et les monopoles de la Loi sur la concurrence. Des membres de la famille Irving avaient acquis une participation majoritaire dans les cinq journaux de langue anglaise du Nouveau-Brunswick. En 1975, un appel casse le jugement et, en 1978, la Cour suprême du Canada maintient la décision de l'appel. En janvier 1987, le CRTC infirme une décision de 1981, qui empêchait le conglomérat d'acheter d'autres entreprises de radiodiffusion, et lui accorde des permis pour de nouvelles stations de télévision à Saint-Jean, Fredericton, Moncton et Halifax.

Peter S. Anderson

Irving, John Allan, philosophe (canton de Blenheim, Ont., 6 mai 1903—Toronto, 3 janv. 1965). D'abord chargé de cours en philosophie à Princeton puis à l'U. de la Colombie-Britannique, Irving devient plus tard directeur du Département de philosophie au Victoria College de Toronto, où il aide à fonder l'Association canadienne de philosophie. Son livre *The Social Credit Movement in Alberta* (1959) fait autorité. L'ouvrage novateur d'Irving en histoire de la philosophie au Canada, *Philosophy in Canada: A Symposium* (1952), souligne une des convictions de George BRETT, voulant que, pour mieux saisir les idées, il faille les examiner dans leur contexte historique. Irving poursuit la tradition canadienne qui cherche à rendre la philosophie accessible au public et est bien connu grâce à ses émissions de radio sur le réseau anglais de la Société Radio-Canada.

Elizabeth A. Trott

Irving, Kenneth Colin, industriel (Bouctouche, N.-B., 14 mars 1899—Saint-Jean, 13 déc. 1992). Fondateur d'un empire qui s'étend du domaine des pâtes et

papiers et du raffinage du pétrole à la publication et à la diffusion, il est reconnu comme le premier industriel d'entreprise moderne du Nouveau-Brunswick. Il est issu d'une famille prospère de presbytériens écossais du comté de Kent, dont le père dirigeait une entreprise de bois d'œuvre. Il fréquente les U. Dalhousie et Acadia pendant de courtes périodes, avant de partir en Angleterre pour servir dans le *Royal Flying Corps*. Après la Première Guerre mondiale, Irving assume la gestion d'une concession de Ford et d'une station d'essence et, en 1924, après un litige avec Imperial Oil, il emprunte suffisamment pour fonder la compagnie Irving Oil. Il ouvre rapidement des stations-service et des garages pour entreposer et réparer les automobiles. Dans les années 30, il rachète des entreprises de camionnage et d'autobus lourdement endettées auprès d'Irving Oil. En 1936, de son bureau dans le Golden Ball Building à Saint-Jean, il dirige l'usine d'autobus et de camions, et l'achat de bateaux et de citernes pour le transport de son pétrole.

En 1933, à la mort de son père, Irving acquiert J.D. Irving Ltd, l'entreprise familiale de bois d'œuvre et achète, en 1938, la compagnie Canada Veneers qui prospère grâce à ses ventes en temps de guerre, et devient le fournisseur le plus important au monde de placage pour équipement d'avion. La croissance de sa société lui permet d'acquérir la New Brunswick Railway Co. pour ses vastes parcelles d'exploitation forestière. En 1951, par la création de l'Irving Pulp and Paper Ltd., Irving domine l'industrie du bois au Nouveau-Brunswick. À ce moment-là, il possède aussi un certain nombre de journaux des Maritimes.

La controverse entoure l'empire d'Irving. Sa décision d'investir dans l'industrie au Nouveau-Brunswick a modifié le cours du développement de cette province, mais ses détracteurs affirment qu'il a souvent servi ses intérêts aux frais des contribuables et de l'environnement. Sa domination des médias du Nouveau-Brunswick symbolise pour beaucoup les aspects négatifs du pouvoir qu'il exerce. Bien qu'il se soit installé aux Bermudes en décembre 1971, plusieurs personnes dans la province reconnaissent encore que «K.C. Irving, c'est le Nouveau-Brunswick». En juin 1987, on a donné son nom à un théâtre dans le nouveau John Flemming Forestry Centre, à Fredericton. (*Voir aussi* GROUPE IRVING.)

Mary Halloran

Irwin, William Arthur, éditeur et diplomate (Ayr, Ont., 27 mai 1898—?). Il est connu pour avoir fait de *Maclean's* le vrai magazine national du Canada. Nationaliste convaincu, il se donne pour tâche d'expliquer le Canada aux Canadiens. Éditeur tenace, Irwin est aussi un remarquable chasseur de têtes qui croit à la recherche minutieuse et qui attire et forme une génération entière de jeunes écrivains, qui sont soit des membres du personnel, soit des collaborateurs pigistes. Parmi eux, citons Blair Fraser, Ralph Allen, Pierre Berton, Fred Bodsworth, Sidney Katz, June Callwood et Trent Frayne. Il appâte des têtes d'affiche du calibre de A.J. Casson et des écrivains de fiction de qualité comme W.O. Mitchell et Morley Callaghan. Il sert outre-mer lors de la Première Guerre mondiale, pour ensuite travailler comme reporter et correspondant à Ottawa pour deux journaux de Toronto. Il se joint au magazine *Maclean's* en 1925. Bien que l'éditeur attitré, H. Napier Moore, soit un Anglais loquace, le taciturne Irwin devient rapidement la force motivante du magazine, bien avant qu'il prenne le titre d'éditeur en 1945. Le dévoilement, au début de la guerre, du SCANDALE DU FUSIL BREN par George Drew est en grande partie dû aux manœuvres en coulisses d'Irwin. En 1950, il quitte *Maclean's* et devient commissaire pour l'Office national du film, où il rencontre et épouse la poétesse Patricia K. PAGE. De 1953 à 1964, outre-mer, il occupe plusieurs postes diplomatiques importants et revient travailler au Canada comme éditeur du *Victoria Times* jusqu'en 1971.

Pierre Berton

Isaac-Todd Navire de 350 t, construit en 1811 à Québec pour John McTavish, l'un des associés de la COMPAGNIE DU NORD-OUEST (CNO), il a pour mission de prendre possession d'Astoria à l'embouchure du fleuve Columbia, alors propriété de la compagnie américaine PACIFIC FUR COMPANY, afin d'éliminer la concurrence américaine dans la traite des fourrures sur la CÔTE DU NORD-OUEST et de permettre à la CNO de se lancer dans le commerce avec la Chine. Le 25 mars 1813, l'*Isaac-Todd* quitte Portsmouth en Angleterre, sous une escorte de la Royal Navy chargée de le protéger des navires de guerre américains, car la GUERRE DE 1812 est en cours. Toutefois, c'est un navire lent qui prend du retard sur son escorte. C'est donc le H.M.S. RACOON qui reprend possession d'Astoria au nom des Britanniques le 30 novembre 1813, environ six semaines après l'achat du fort aux négociants de la Pacific Fur Co. par des Nor'Westers arrivés par voie terrestre. L'*Isaac-Todd* arrive le 23 avril 1814. Il prend la mer pour la Chine le 26 septembre et, en plus d'amorcer le commerce anglo-canadien transpacifique avec la Chine, il rapporte du thé en Angleterre pour le compte de la COMPAGNIE DES INDES ORIENTALES.

Barry M. Gough

Isbister, Alexander Kennedy, instituteur, explorateur et avocat (Cumberland House, Terre de Rupert [Sask.], juin 1822—Londres, 28 mai 1883). Un Métis par sa grand-mère maternelle, Isbister explore le bassin du fleuve Mackenzie (1838-1842) alors qu'il travaille à la Compagnie de la baie d'Hudson (CBH). Il a publié un traité de géologie très cité sur des zones de l'Arctique et du nord-ouest de l'Amérique du Nord. On y trouve la première carte chromolithographique produite en Angleterre (1855). En 1842, Isbister part en Angleterre pour devenir instituteur et avocat à la défense des droits des Métis et des Autochtones contre le monopole de la CBH. Il a légué une fortune personnelle et 5000 livres à l'U. du Manitoba.

W.O. Kupsch

Iseler, Elmer Walter, directeur de chorale (Port Colborne, Ont., 14 oct. 1927—Caledon Hills, Ont., 3 avril 1998). Iseler est considéré comme le plus important directeur de chorale de son temps et jouit d'une réputation internationale. Dans ses jeunes années, il étudie le piano et l'orgue et poursuit ses études à l'U. de Toronto, où il dirige l'orchestre de l'université ainsi que l'All-Varsity Mixed Chorus. Il fait son apprentissage avec la TORONTO MENDELSSOHN CHOIR en tant que chef-adjoint de répétition et il enseigne la musique pour orchestre et la musique pour chorale dans des écoles secondaires de Toronto.

En 1954, il aide à fonder les Toronto Festival Singers (plus tard les FESTIVAL SINGERS OF CANADA), la première chorale professionnelle du pays. La chorale devient bientôt célèbre pour sa technique de virtuose et pour la belle harmonie de ses voix. Sa réputation grandit au fur et à mesure de ses innombrables tournées, émissions et enregistrements. En 1964, Iseler devient aussi chef de la Toronto Mendelssohn Choir.

En 1978, il forme les Elmer Iseler Singers, chorale professionnelle avec laquelle il fait des tournées internationales, notamment aux Jeux olympiques de Séoul et au Symposium mondial de musique chorale à Vienne. Ancien membre de la chorale de l'église St. Mary Magdalene dirigée par Healey WILLAN, il est un interprète réputé de la musique pour chorale de Willan. Tout en interprétant les grandes œuvres chorales de Bach, de Brahms, de Mozart et d'autres maîtres, il apporte une contribution importante à la composition canadienne de musique pour chorale en commandant et en présentant de nouvelles œuvres. Ses enregistrements comprennent aussi des œuvres de compositeurs canadiens tels que Srul Irving Glick, Derek Holman, Harry Somers, Jean Coulthard, John Beckwith, Harry Freedman et Healy Willan.

Pour marquer la 25ᵉ saison d'Iseler comme directeur de la Toronto Mendelssohn Choir, l'Orchestre symphonique de Toronto commande à Derek Holman une œuvre pour chorale et orchestre en son honneur, *Tapestry*, présentée en première le 22 novembre 1989. Il a reçu, parmi d'autres nombreux prix, le prix d'or du mérite civique de la ville de Toronto, la médaille d'argent de la Société d'encouragement et d'éducation de Paris, le prix du Conseil canadien de la musique et, en 1975, il est nommé officier de l'Ordre du Canada.

Barclay McMillan

Iskowitz, Gershon, peintre (Kielce, Pologne, 1921—Toronto, 26 janv. 1988). Survivant des camps de concentration d'Auschwitz et de Buchenwald, Iskowitz étudie brièvement la peinture avec Oscar Kokoschka, à Munich. En 1949, il émigre au Canada. Les premiers tableaux qu'il réalise après son arrivée à Toronto sont de tristes réminiscences de son passé. Cependant, il commence, petit à petit, à peindre des paysages, tout d'abord des environs de Toronto, puis de la région de Parry Sound. Au début, ses paysages sont figuratifs, mais par la suite Iskowitz réalise des paysages abstraits. Il reçoit une subvention du Conseil des arts en 1967, qui lui permet de survoler Churchill (Manitoba) en hélicoptère et ses tableaux abstraits commencent à évoquer des vues aériennes. Iskowitz compose ses œuvres en superposant des couches de peinture à l'huile et est enchanté par l'expérience de son art et par le plaisir que lui procurent les paysages et les couleurs. En 1985, en reconnaissance de l'aide précieuse qu'il a reçue du Conseil des arts au fil des ans, Iskowitz crée un prix de 25 000 $ que le Conseil des arts doit attribuer chaque année à un artiste d'âge mûr qui pratique la peinture.

Marilyn Burnett

Islam C'est l'une des plus importantes religions du monde. Le nombre de ses fidèles est estimé à plus de 900 millions. Ceux-ci sont concentrés surtout dans le sud et l'ouest de l'Asie, ainsi que dans le nord et l'est de l'Afrique. C'est la religion dont le nombre de fidèles s'accroît plus rapidement: on en trouve partout dans le monde. Le mot «islam» vient de l'arabe *silm*, qui signifie soumission, obéissance, abandon, paix. Les adhérents, appelés musulmans, voient dans l'islam la religion de Dieu (nommé Allah), qui en a institué les règles pour guider et servir les hommes. Adhérer à l'islam, c'est décider de vivre selon les préceptes révélés par Dieu, de s'abandonner à sa miséricorde et de s'efforcer à maintenir la droiture dans le monde. L'obéissance individuelle et collective aux principes de la foi, associée au message islamique selon lequel tous les hommes sont égaux, amène l'élimination de la discorde. Les enseignements de l'islam s'appuient sur le Coran (*Qur'an*), Écritures que Dieu a révélées, selon les musulmans, par l'entremise de l'ange Gabriel, en arabe, au prophète Muhammad, entre 610 (il avait alors 40 ans) et 632 après Jésus-Christ (l'année de sa mort). On y fait une distinction entre la pratique et les croyances, car l'islam, bien qu'il n'ait ni clergé ni sacrements, comporte néanmoins des rites, conformément aux commandements de Dieu. Le culte compte donc cinq pratiques fondamentales, souvent appelées les «piliers de l'islam», auxquelles doivent se soumettre tous les croyants aux moments prescrits. Afin d'éviter le formalisme, on doit aborder chacune de ces pratiques en s'efforçant de purifier ses intentions pour reconnaître la souveraineté de Dieu sur le monde.

Toute pratique du culte est «islam». La *Shahâda* (profession de foi) est répétée tous les jours: «J'atteste qu'il n'y a de dieu que Dieu et que Muhammad est l'envoyé de Dieu». La *Shahâda* témoigne de l'adhésion à un monothéisme absolu, en spécifiant que la révélation faite à Muhammad est la vérité ultime. On la chuchote à l'oreille du nouveau-né, afin de lui rappeler l'alliance primordiale par laquelle chacun est lié à Dieu, et à l'oreille du mort, afin de le préparer à l'interrogatoire du Jugement. La *çalât* (prière rituelle) doit être récitée par tous les croyants, cinq fois par jour: à l'aube, à midi, dans l'après-midi, au crépuscule et dans la soirée. La récitation de cette prière imprègne la vie quotidienne d'une dévotion constante à Dieu. Elle doit être précédée d'ablutions qui consistent à se laver les mains, la bouche, les narines, la figure, les bras (jusqu'aux coudes), la tête, les oreilles, le cou et les pieds (jusqu'aux chevilles). Le croyant doit enlever ses chaussures et être vêtu correctement: les femmes sont tenues de se couvrir entièrement, sauf la figure et les mains, et les hommes doivent être couverts, au moins du nombril aux genoux. La prière exige de se tenir debout, de se courber et de s'agenouiller.

Zakât La *Zakât* (la dîme) est perçue comme un acte de purification. Le Coran enseigne que la prière et la dîme sont indissociables: la soumission à Dieu est incomplète sans l'acquittement des responsabilités envers la communauté. La dîme est fixée à 2,5 p. 100 de l'ensemble des biens et doit être versée aux pauvres, aux orphelins et aux veuves. Durant le *çawm* (le jeûne, pendant le mois lunaire du ramadan, qui dure 29 ou 30 jours), les croyants se privent de nourriture, de boisson et de relations sexuelles, depuis l'aube (lorsqu'on ne peut encore distinguer un fil blanc d'un fil noir) jusqu'au crépuscule. Le jeûne est un temps de repentir et de discipline. Il resserre les liens de la communauté par une expérience partagée de privation, et la journée se termine dans la gratitude et la célébration. Le *hajj* (pèlerinage à La Mecque) est obligatoire pour tous les fidèles qui en sont capables, au moins une fois dans leur vie. Il commémore l'obéissance envers le Dieu d'Abraham prêt à sacrifier son fils. Au début de la cérémonie, on exprime son repentir et on revêt deux morceaux d'étoffe blanche. Il faut aussi s'abstenir des plaisirs terrestres, méditer au mont Arafat, maudire le diable, offrir un animal en sacrifice, se couper les cheveux et les ongles, et déambuler autour de la *Kaaba*, l'édifice central de la mosquée de La Mecque.

L'article essentiel de la foi islamique, tel que l'énonce le Coran, consiste à croire en Dieu, en ses messagers, en ses livres ainsi qu'aux anges et au jour du Jugement. Dieu est le Seigneur du monde: il se manifeste dans la nature et l'histoire. Il a donné pour guides à l'homme ses prophètes et ses messagers, dont le premier fut Adam et le dernier, Muhammad. À chacun d'eux, il a confié un livre (p. ex., à Moïse, la *Torah*; à Jésus, l'*Évangile*), mais ces livres ont tous été falsifiés par leurs disciples. Seul le Coran, que Dieu a révélé à Muhammad, a été préservé dans sa forme parfaite. Il est la norme à laquelle il faut confronter toutes les Écritures antérieures.

Le Coran enseigne que Dieu a créé les anges, ses serviteurs, à partir de la lumière. Gabriel apporte la révélation; Azraël cause la mort; Munkar et Nakïr interrogent les morts; et Michaël sonne la trompette qui annonce la résurrection. Les musulmans croient que, le jour du Jugement, tous les humains devront rendre compte de toutes leurs intentions, de toutes leurs pensées et de tous leurs actes. Les justes seront récompensés dans le Jardin, tandis que les malfaiteurs seront jetés au feu.

L'islam au Canada

Le recensement de 1991 (les données les plus récentes étant disponibles) révèle que plus de 253 260 musulmans originaires de plus de 60 pays vivent au Canada. Ils parlent un grand nombre de langues et sont fidèles à leur culture d'origine. Divers facteurs ont contribué à former cette mosaïque musulmane, parmi lesquels il faut citer les modifications des politiques canadiennes d'IMMIGRATION, de même que les perturbations économiques et politiques de leurs pays d'origine. Plus de 60 p. 100 des musulmans du Canada sont nés à l'étranger et ont immigré au cours des 20 dernières années. Le recensement de 1871 ne compte que 13 musulmans. Leur nombre augmente à 645 en 1931. Ils sont surtout originaires du Liban, de l'Albanie, de la Syrie, de la Yougoslavie et de la Turquie. L'immigration massive après la Seconde Guerre mondiale porte leur nombre à 33 370 en 1971. De cette vague, la plupart sont des gens instruits, occidentalisés, venus au Canada pour jouir de sa prospérité. Ils viennent surtout du Liban, de la Syrie, de l'Indonésie, du Maroc, de la Palestine, de l'Égypte, de l'Iraq et de la région indo-pakistanaise. De 1966 à 1970, la majorité des immigrants viennent de cette dernière région. Ce sont des ouvriers non spécialisés qui viennent au Canada par milliers pour fuir la discrimination dont ils sont victimes en Afrique orientale et en Grande-Bretagne. Parmi les musulmans arrivés plus récemment, il y a des ouvriers non spécialisés du sud du Liban, fuyant leur pays déchiré par la guerre, et des RÉFUGIÉS politiques d'Iran et d'Afghanistan. Les premiers arrivants s'établissent surtout en Ontario et en Alberta, puis également au Québec dans les années 30. Ceux qui arrivent au Canada depuis les années 60 s'installent dans les régions urbaines. Les deux tiers des musulmans canadiens vivent aujourd'hui en Ontario, tandis que les autres sont dispersés dans tout le pays.

C'est à Edmonton, en 1938, qu'est érigée la première mosquée du Canada. Il faut ensuite attendre les années 50 et les années 70 pour que d'autres mosquées et d'autres centres soient organisés dans les grandes régions urbaines. Les musulmans du Canada sont majoritairement des sunnites. Il y a aussi un nombre important de chi'ites, ainsi que des adeptes d'autres sectes. Les différences qui existent entre ces groupes reflètent les schismes politiques au cours de l'histoire de l'islam. Les sunnites vivent conformément au Coran et aux enseignements de Muhammad. Les chi'ites croient plutôt qu'Ali (gendre de Muhammad) était son successeur désigné et que seuls ses descendants peuvent diriger les musulmans. Bien que les deux groupes croient que les révélations faites aux prophètes ont cessé, les chi'ites considèrent que les imams sont destinés par Dieu à être les chefs qui maintiennent la continuité de la doctrine islamique.

La majorité des chi'ites du Canada sont des ismaéliens (environ 22 000), dont le chef actuel est l'Aga Khân. Les chi'ites duodécimains croient qu'avec la disparition du douzième imam en 878, il appartient aux chefs religieux, les mujtahids, de diriger les fidèles. Ceux-ci sollicitent couramment l'avis des chefs spirituels des centres de l'Iraq et de l'Iran. Il y a d'autres groupes islamiques au Canada, notamment les soufis (fidèles à la tradition mystique) et des sectes considérées comme non islamiques par la majorité, telles que les druzes, les 'alawîs et les qadarites.

Pour les musulmans sunnites, la vie au Canada représente un problème particulier, car ils n'ont pas de chef désigné. C'est principalement au point de vue local que se fait le travail d'organisation. Dans les années 50, la deuxième génération des musulmans d'origine arabe forme la Fédération des associations islamiques des États-Unis et du Canada, dont le siège social est à Detroit (Michigan) et qui vise à maintenir la foi chez les musulmans nés en Amérique. En 1962, l'Association des étudiants musulmans est fondée pour entretenir la conscience islamique chez les étudiants musulmans d'Amérique du Nord. Après leurs études, bon nombre d'entre eux décident de rester au Canada et fondent, en 1972, un organisme indépendant, le Conseil de la communauté musulmane du Canada (CMCC). Ses premiers dirigeants sont des professionnels pakistanais, qui tentent d'y intégrer des musulmans d'autres communautés ethniques et linguistiques. Les objectifs du CMCC changent par la suite: alors qu'il ne visait au début qu'à tisser des liens entre les musulmans canadiens et d'autres groupes nationaux et internationaux, il dirige aujourd'hui des camps pour les jeunes,

décerne des bourses d'études à des musulmans et publie des manuels scolaires et des livres sur l'islam à l'intention des parents. Le CMCC s'affilie, en 1982, au Conseil de Masajid, dont le siège social est en Arabie Saoudite.

Les nouveaux immigrants voient d'un mauvais œil les tentatives d'intégration à la société canadienne des musulmans arrivés depuis deux ou trois générations. La loi islamique, au fil des ans, a défini dans le moindre détail la règle de conduite du musulman. Il lui est difficile de s'y conformer en milieu canadien, à cause des pressions, chrétiennes selon certains, matérialistes selon d'autres, qui s'exercent sur lui: il n'y a pas de rappel public des cinq prières de la journée ni de tolérance particulière de la part des employeurs pour favoriser l'observance du jeûne. Certains musulmans remettent en question la nécessité de payer la dîme, puisque le gouvernement canadien subvient aux besoins des pauvres et des veuves grâce à l'argent prélevé par le biais des impôts. L'islam interdit aussi l'usure: on craint donc de désobéir à Dieu en payant de l'intérêt sur les emprunts. Les restrictions alimentaires islamiques causent aussi des problèmes: l'interdiction de consommer de l'alcool, de manger du porc et de ses sous-produits, ainsi que la viande de tout animal qui n'a pas été abattu selon les règles, nuit à leur intégration, que la société canadienne juge nécessaire à l'avancement professionnel.

L'homme et la femme dans l'islam Toutefois, la plus grande source de conflits semble être la question des relations entre hommes et femmes, car l'islam enseigne qu'il faut séparer les sexes et que les femmes musulmanes ne peuvent épouser des non-musulmans. Les lois de l'islam relatives à la vie personnelle (mariage, divorce et héritages) ne sont pas en parfait accord avec les lois canadiennes, ce qui occasionne de nombreux problèmes.

Les organisations islamiques travaillent à régler ces problèmes: le CMCC sollicite l'appui de divers organismes afin de pouvoir appliquer certaines lois islamiques dans le contexte canadien. Les musulmans s'efforcent aussi d'établir de bonnes relations avec d'autres organisations religieuses grâce à des dialogues entre chrétiens et musulmans et entre chrétiens, musulmans et juifs. Islam West Associates cherche à promouvoir la compréhension réciproque entre les musulmans canadiens et le reste de la population du pays. On travaille aussi à sensibiliser la société canadienne aux préjugés véhiculés par le contenu du matériel pédagogique qu'on trouve dans les manuels et les textes de l'ÉCOLE DU DIMANCHE.

Des initiatives récentes visent à faire connaître aux Canadiens la contribution islamique à la culture, à la science et aux arts, notamment au moyen d'expositions itinérantes, de présentations vidéos et d'un service de conférenciers. Tout en appréciant les possibilités que les droits de la personne canadiens donnent aux musulmans, ainsi que le soutien apporté au multiculturalisme, les dirigeants musulmans continuent d'exprimer leur inquiétude quant à la politique extérieure du Canada au Moyen-Orient et dénoncent la discrimination sociale et le sous-emploi dont les musulmans sont victimes.

Yvonne Y. Haddad

Islandais Venus du Groenland, les Islandais sont les premiers voyageurs européens à pénétrer dans ce qui est aujourd'hui le Canada. Vers l'an 985, ÉRIK LE ROUGE établit un poste au Groenland et, en 986, BJARNI HERJOLFSSON est le premier Européen à repérer la côte nord-est du Canada. Des fouilles archéologiques effectuées à l'ANSE AUX MEADOWS indiquent que des Scandinaves se sont établis à Terre-Neuve. Le fils de KARLSEFNI, Snorri, est probablement le premier Européen à naître au Canada.

Origines Colonisée au IXᵉ siècle par des chefs de clans NORVÉGIENS rebelles et leurs partisans, l'Islande est une île au climat tempéré, adouci par le Gulf Stream. L'intérieur du pays, formé de monts

volcaniques, d'un plateau de glaciers, de champs de lave et de zones désertiques, est inhabitable. La côte, dépourvue d'arbres, est cependant couverte de pâturages propices à l'élevage des moutons et à la culture. L'assemblée islandaise connue sous le nom de l'*Althing* (constitué en 930) est le plus ancien parlement du monde. Le pays possède le taux d'alphabétisation le plus élevé au monde et on y publie, par habitant, plus de livres, de périodiques et de journaux que partout ailleurs.

Au cours de leur histoire, les Islandais sont victimes de nombreux désastres naturels. En 1800, après une période de famine, d'épidémies et une série d'éruptions volcaniques, la population n'est plus que de 47 000 habitants. Au XIXᵉ siècle, d'autres fléaux, dont une épidémie ovine, la détérioration du climat et de nouvelles éruptions volcaniques, frappent les Islandais. Le gouvernement danois, qui a autorité sur l'Islande à l'époque, propose de reloger toute la population islandaise au Danemark. La plupart des gens refusent, mais quelques Islandais émigrent au Brésil et au Wisconsin. Le 12 septembre 1872, Sigtryggur Jonasson débarque à Québec. Âgé de 22 ans, c'est le premier Islandais des temps modernes à fouler le sol canadien.

Immigration En 1873, quelque 150 Islandais suivent l'exemple de Jonasson. Dès leur arrivée à Québec, ils se voient offrir par le gouvernement canadien le transport gratuit pour l'Ontario ainsi que des terres. On choisit Rosseau, dans le comté de Muskoka, mais comme les emplois promis par le gouvernement en attendant l'aménagement des terres ne leur conviennent pas, les immigrants quittent bientôt les lieux, laissant derrière eux une petite communauté islandaise.

Un second groupe d'immigrants s'installe à Kinmount (Ontario) en 1874. Un agent du service de l'Immigration de la Nouvelle-Écosse invite les nouveaux venus à s'établir dans une région que les Islandais baptisent Markland (Nouvelle-Écosse), près de Halifax. Des terres, des instruments ménagers et une aide financière leur sont offerts, mais, malheureusement, le sol est incultivable.

Peuplement En 1875, 235 Islandais, partis de Winnipeg en barge, se dirigent vers le nord en empruntant la rivière Rouge et gagnent la rive Ouest du lac WINNIPEG. On leur a promis une réserve dans ce qui n'est encore qu'une partie mal délimitée des Territoires du Nord-Ouest. Cette réserve, établie par décret, devient la Nouvelle-Islande, dont la structure politique est unique dans l'histoire du Canada. En 1876, 200 nouveaux venus s'ajoutent au premier groupe. La même année, 50 immigrants restent à Winnipeg, puis 200 l'année suivante, créant ainsi le premier regroupement urbain permanent d'Islandais au Canada.

En Nouvelle-Islande, les habitants élaborent leurs propres lois, conservent leur système d'éducation et, en général, gèrent leurs propres affaires. Une suite de désastres, dont des inondations et une épidémie de variole (1876-1877), viennent toutefois les décimer. En 1878, on assiste à un exode général vers Winnipeg et le Dakota du Nord, si bien qu'en 1881, la population de la Nouvelle-Islande n'était plus que d'environ 250 personnes.

C'est aussi en 1881 que les frontières provinciales s'étendent au nord. La Nouvelle-Islande fait désormais partie du Manitoba, mais la région conserve toujours un caractère fortement islandais. Le peuplement le plus important de la Nouvelle-Islande est Gimli. Ailleurs au Manitoba, les Islandais peuplent Lundar, sur le lac Manitoba; Glenboro, dans le sud-ouest de la province; SELKIRK, au nord de Winnipeg; et Morden, au sud.

De 1880 à 1900, Winnipeg continue d'accueillir des immigrants. Les nouvelles communautés qui se forment plus tard dans les zones rurales de la Saskatchewan et de l'Alberta sont surtout composées de gens qui ont quitté le Manitoba ou les communautés islandaises des États-Unis. Les descendants de ces pionniers sont aujourd'hui dispersés dans tout le territoire canadien. Entre 1978 et 1984, 105 Islandais émigraient au Canada. Le recensement de 1996 indique que 70 685 Canadiens sont d'origine islandaise (réponses simple et multiple).

Vie économique La plupart des immigrants islandais conservent le métier qu'ils pratiquaient dans leur pays d'origine, c.-à-d. l'agriculture. Toutefois, les communautés agricoles qu'ils forment en Ontario et en Nouvelle-Écosse connaissent des échecs et la situation en Nouvelle-Islande n'est guère plus favorable. La pêche en eau douce contribue cependant à la viabilité économique de cette région.

Quand cela leur est possible, les immigrants envoient leurs enfants à l'université, ce qui peut avoir comme effet d'accélérer leur assimilation. Les Islandais ne rencontrent guère de préjugés. Les mariages mixtes sont d'ailleurs relativement fréquents. En général, les jeunes Islandais choisissent des professions libérales: médecine, droit et enseignement.

Vie sociale et communautaire Depuis l'époque de la Nouvelle-Islande, les Islandais conservent une partie des traditions sociales, culturelles et linguistiques de leur pays d'origine. Leurs initiatives, cependant, sont souvent empreintes d'un esprit de clan qui se reflète dans leurs nombreuses associations de bénévoles, dont la plupart, à l'époque de la Nouvelle-Islande, regroupent des personnes qui partagent des intérêts religieux.

L'Icelandic National League of North America, l'association la plus importante du point de vue historique, est fondée en 1919. Elle a pour but d'aider les Islandais à s'adapter au Canada, tout en préservant des éléments de leur patrimoine. L'association est représentée dans presque toutes les localités fondées par les Islandais et dans les villes habitées par les descendants des pionniers. En 1942, l'Icelandic Canadian Club lance le premier périodique islandais anglophone d'Amérique du Nord, l'*Icelandic Canadian*.

Les associations islandaises ont coutume d'organiser des manifestations à caractère social et éducatif parmi lesquelles l'Icelandic Festival (*Islendingadayurinn*), tenu pour la première fois à Winnipeg, en 1890. Depuis 1932, le festival se déroule tous les ans à Gimli, le 2 août. Créé au départ pour commémorer l'octroi d'une constitution à l'Islande (1874), il rend également hommage aux pionniers islandais du Canada.

Vie religieuse et culturelle La plupart des Islandais du Canada professent le luthéranisme, religion d'État en Islande. C'est d'ailleurs à Winnipeg qu'a lieu, en 1885, la première assemblée du synode évangélique islandais de l'Église luthérienne d'Amérique. L'Église unitarienne est alors la deuxième Église en importance, mais on ignore les origines précises de sa formation. Le premier temple unitarien ouvre ses portes en 1892. D'assez fortes rivalités politiques et religieuses opposent les membres de ces deux confessions à Winnipeg et, par la suite, dans les petites communautés rurales. L'Église unie est aujourd'hui la deuxième confession en importance des Islandais.

Le premier journal islandais d'Amérique du Nord, *Framfari* (Le progrès), est publié en Nouvelle-Islande de 1877 à 1880. Entre 1879 et 1910, huit autres publications voient le jour à Gimli. En 1886, paraît *Heimskringla* (Le monde), journal qui entraînera, en partie par réaction, la formation du *Lögberg* (La tribune) en 1887. Tous deux sont publiés en islandais. Ils fusionnent cependant en 1959 sous le nom de *Lögberg-Heimskringla*, qui est publié en anglais.

La littérature formée des sagas retraçant la colonisation de l'Islande constitue sans doute l'élément unificateur par excellence de la culture islandaise. La communauté canado-islandaise compte de nombreux poètes et romanciers de langue anglaise et islandaise. Stephàn G. STEPHANSSON demeure, selon de nombreux critiques, le poète islandais le plus mar-

quant de notre siècle. Son contemporain, Guttormur J. Guttormsson, est surtout connu pour son poème *Sandy Bar*, un hommage aux pionniers de sa terre natale, la Nouvelle-Islande. Né en 1878, il ne visitera l'Islande qu'en 1939. Vilhjalmur Stefansson, explorateur et anthropologue dans l'Arctique, a beaucoup écrit sur les Inuits. Parmi les écrivains islandais contemporains, citons Laura Goodman Salverson, lauréate du Prix du Gouverneur général, première rédactrice en chef de l'*Icelandic Canadian* et auteure de *The Viking Heart* et de *Confessions of an Immigrant's Daughter*; William Valgardson, qui a écrit, entre autres, *Bloodflowers*; David Arnason, dramaturge et auteur de recueils de poèmes, de nouvelles et d'un roman; Kristjana Gunnars, auteure de plusieurs recueils de poésie.

Éducation Pendant longtemps, l'Islandais qui désirait se marier devait posséder une certaine érudition et tout le monde était censé avoir une connaissance intime des sagas anciennes. En Nouvelle-Islande, on demande l'établissement d'une école avant même que les maisons ne soient construites. L'islandais est enseigné dès 1901 au collège Wesley, devenu depuis l'U. de Winnipeg. La même année, le ministère manitobain de l'Éducation approuve l'enseignement de l'islandais dans les écoles provinciales, là où les parents le demandent, et l'U. du Manitoba le reconnaît comme langue seconde pour les étudiants nouvellement admis. Entre 1913 et 1940, la Jon Bjarnson Academy de Winnipeg, parrainée par l'Église luthérienne, offre un programme d'enseignement secondaire. L'U. du Manitoba crée une chaire de langue et de civilisation islandaises en 1951. Aujourd'hui, un conservateur administre la collection islandaise (plus de 14 000 volumes) de la bibliothèque.

Vie politique Bien que de nombreux Islandais aient embrassé des carrières politiques, on ne peut les associer à une idéologie ou à un parti politique canadien particuliers. En 1898, Sigtryggur Jonasson est élu député de St. Andrews à la législature du Manitoba. En 1908, Margaret J. Benedictson, directrice du magazine féminin *Freyja* de 1898 à 1910, fonde la première société de suffragettes à Winnipeg. En 1915, Thomas H. Johnson est nommé ministre de la Justice et ministre des Travaux publics du Manitoba, devenant ainsi le premier Islandais à siéger au sein d'un cabinet au Canada. De plus, George Johnson a agi comme ministre de la Santé du Manitoba avant d'accéder au poste de lieutenant-gouverneur de la province.

J. Matthiasson

Israel, Werner, physicien (Berlin, Allemagne, 4 oct. 1931). Il étudie à l'U. de Capetown (B.Sc. en 1951, M.Sc. en 1954) et au Dublin Institute for Advanced Studies (Ph.D. en 1960). Il est engagé à l'U. de l'Alberta comme professeur adjoint au Département de mathématiques, en 1958. Depuis 1972, il est professeur titulaire de physique à l'U. de l'Alberta. Ses recherches couvrent différents domaines, dont la théorie de la relativité, les TROUS NOIRS, la cosmologie, la thermodynamique relativiste et la gravité quantique. On le connaît bien pour son travail de pionnier sur l'effondrement gravitationnel, le concept de l'horizon des événements et le caractère unique des trous noirs. Il contribue aussi de façon importante à la théorie cinétique relativiste et à la thermodynamique des trous noirs.

Werner est aussi reconnu à l'échelle internationale pour son apport dans les domaines de la relativité, de la gravitation, de la thermodynamique relativiste et de la cosmologie, et a obtenu les nominations et les prix suivants: membre de la Société royale du Canada en 1972; Sherman-Fairchild Distinguished Scholar, à CALTECH de 1974 à 1975; Médaille pour contribution exceptionnelle en physique de l'Association canadienne des physiciens en 1981; Research Prize in Natural Sciences and Engineering de l'U. de l'Alberta en 1983; le prix commémoratif Izaak-Walton-Killam en 1984; membre de la Royal Society of

London en 1986; maître de recherche à l'Institut canadien des recherches avancées de 1986 à 1991 et officier de l'Ordre du Canada en 1994.

A.N. Kamal

Issajenko, Kamal, Angella, sprinteuse (Jamaïque, 28 sept. 1958). Connue sous le nom d'Angella Taylor pendant la majeure partie de sa carrière athlétique, qui débute en 1978, Issajenko est l'une des meilleures sprinteuses canadiennes de calibre international. Elle remporte des médailles aux Jeux du Commonwealth, aux Jeux olympiques, aux Jeux panaméricains et aux Jeux universitaires mondiaux, en plus de gagner d'autres championnats prestigieux. Détentrice de records canadiens depuis 1980, elle reçoit plusieurs récompenses, dont le Phil Edwards Memorial Award, décerné par l'Association canadienne d'athlétisme (1982), le Prix de l'Excellence Sportive (1983) et le trophée Velma Springstead, remis à l'athlète féminine de l'année (1980 et 1982), ainsi que l'Ordre du Canada (1985). En juin 1987, elle gagne l'épreuve du 100 m féminin lors d'une compétition olympique internationale à Athènes, en Grèce, et, au mois d'août de la même année, elle remporte son septième championnat canadien en 8 ans au 100 m féminin. Le scandale provoqué par la disqualification de Ben JOHNSON pour usage de produits dopants, aux Jeux olympiques de Séoul en 1988, amène Issajenko à fournir un témoignage capital aux audiences de la Commission d'enquête DUBIN sur le dopage dans le sport amateur. Ses descriptions détaillées de l'utilisation de produits dopants parmi les athlètes de piste et pelouse choquent le grand public. Bannie subséquemment de la compétition, puis réadmise, et finalement soumise à une période de probation, elle continue toutefois à participer à des courses.

Gerald Redmond

Italiens Le premier contact des Italiens avec le Canada date de 1497, année où le navigateur Giovanni Caboto (Jean CABOT), originaire de Venise, explore les côtes de Terre-Neuve et de l'île du Cap-Breton, et revendique ce territoire au nom de l'Angleterre. En 1524, un autre Italien, Giovanni da VERRAZZANO, explore une partie du Canada atlantique au nom de la France. Sous le régime français, en 1682, l'Italien Henri de TONTY est le lieutenant de LA SALLE au cours de la première expédition à atteindre l'embouchure du Mississippi. Des Italiens sont militaires en Nouvelle-France (dans le RÉGIMENT DE CARIGNAN-SALIÈRES, entre autres) et plusieurs se distinguent en tant qu'officiers. D'autres font aussi partie des régiments de mercenaires suisses de DE MEURONS et de Watteville intégrés à l'armée britannique pendant la guerre de 1812. À l'exemple d'anciens militaires italiens de la Nouvelle-France qui s'établissent sur des terres vers la fin du XVIIᵉ siècle, quelque 200 mercenaires (si ce n'est plus) s'installent sur des parcelles octroyées par la Grande-Bretagne.

Vers la fin du XVIIIᵉ siècle, on compte à Montréal un petit nombre d'Italiens, dont plusieurs travaillent dans l'hôtellerie. Au milieu du XIXᵉ siècle, une vague d'immigrants italiens (des artisans, des artistes, des musiciens et des enseignants), majoritairement du nord de l'Italie, arrivent au Canada. Dans les années 1860, on rencontre des musiciens ambulants italiens (joueurs d'orgue de Barbarie, chanteurs), et, vers 1881, près de 2000 personnes d'origine italienne vivent au Canada, surtout à Montréal et à Toronto.

En 1897, Mackenzie KING, qui travaille alors comme journaliste, décrit le premier musicien des rues qui vit à Toronto dans les années 1880. Cet immigrant italien, qui compte parmi les premiers des nouveaux arrivants, aurait usé 5 pianos et gagné en moyenne 15 dollars par jour au cours de ses premières années à Toronto. Certains musiciens ambulants finissent par s'établir en tant que professeurs de musique ou organisent des ensembles ou des orchestres.

Vers la fin du XIXᵉ siècle, des millions de paysans émigrent en Amérique du Sud, aux États-Unis et au Canada. Des recruteurs professionnels et l'exemple d'émigrés rentrés en Italie après avoir réussi encouragent les Italiens à mettre le cap sur l'Amérique du Nord, où des emplois les attendent dans le secteur des chemins de fer, des mines et de l'industrie.

Si de nombreux Italiens croient pouvoir atteindre le bien-être économique et social en immigrant au Canada, le succès n'est pas toujours au rendez-vous. En 1901, une série d'articles parus dans un journal milanais décrit un système de recrutement peu scrupuleux basé à Chiasso, à la frontière italo-suisse, qui passe par Liverpool et Montréal pour aboutir dans le Nord canadien. Souvent, des travailleurs abusés par ce système finissent dans des camps de travail dans le nord de l'Ontario ou se retrouvent sans emploi et démunis dans les grandes villes du Canada. En 1902, le Commissariat général de l'émigration, à Rome, envoie le commissaire Egisto Rossi en mission au Canada pour dresser un rapport sur la situation des travailleurs italiens. Rossi fait état de voies de recrutement encore plus utilisées qui passent par les États-Unis, et surtout par New York, et confirme qu'à Montréal, de nombreux et puissants *padroni* (agents de recrutement) sont de mèche avec les agents de sociétés ferroviaires et maritimes en Europe pour recruter de la main-d'œuvre bon marché contre paiement immédiat en liquide. Rossi en conclut que la gravité des abus infligés aux Italiens justifie la suspension de l'immigration en attendant une solution au problème de l'exploitation.

Origines Plus de 75 p. 100 des immigrants italiens au Canada viennent du sud de l'Italie et surtout des régions des Abruzzes, de Molise et de Calabre. Environ les trois quarts d'entre eux sont de petits fermiers ou des paysans. À la différence du nord de l'Italie, qui domine l'État italien nouvellement constitué (1861-1870) et continue à s'industrialiser, le Sud maintient son caractère rural et traditionnel. La surpopulation, le morcellement des terres des paysans, la pauvreté, l'insalubrité et les mauvaises conditions d'apprentissage, la forte taxation et l'insatisfaction politique provoquent une forte émigration. Après la Première Guerre mondiale, il y a une augmentation du nombre d'immigrants originaires du Nord-Est dévasté par la guerre.

Immigration et peuplement L'immigration italienne au Canada s'effectue en deux vagues, dont la première s'étend de 1900 à la Première Guerre mondiale et la deuxième de 1950 à 1970. Au cours de la première vague, 119 770 Italiens entrent au Canada (la plupart en provenance des États-Unis), l'année de la plus grande affluence étant 1913. Environ 80 p. 100 sont de jeunes hommes. À Toronto en 1911, un recensement des personnes nées en Italie fait état de 2200 hommes et de 800 femmes, dont la plupart habitent le quartier de la «petite Italie». De nombreux travailleurs décident de s'installer définitivement au Canada, de sorte qu'à l'époque de la Première Guerre mondiale, on retrouve des Italiens non seulement dans les grandes agglomérations urbaines, mais aussi à Sydney (Nouvelle-Écosse), à Welland, à Sault Sainte-Marie et à Copper Cliff (Ontario) ainsi qu'à Trail (Colombie-Britannique).

Toutefois, des milliers de travailleurs italiens s'établissent dans les villes en pleine croissance du centre du Canada, où ils travaillent comme ouvriers de la construction ou d'usine, hommes de métiers, épiciers ou marchands de fruits, ou encore comme artisans. Quelques-uns, dont le Montréalais Onorato Catelli dans l'industrie de la transformation alimentaire et le Torontois Vincent Franceschini dans la construction routière, partent d'une condition modeste pour connaître une immense réussite. Si la plupart des immigrants optent pour les centres urbains, des colonies agricoles sont établies à Lorette (Manitoba) et à Hylo (Alberta). Dans la péninsule de Niagara et dans la vallée de l'Okanagan, des Italiens propriétaires de vergers, de vignobles ou d'ex-

ploitations maraîchères sont prospères. De nombreux maraîchers italiens font des cultures à petite échelle aux abords des villes, pour la consommation locale.

Malgré les restrictions imposées à l'immigration à l'issue de la Première Guerre mondiale, plus de 29 000 Italiens entrent au Canada avant 1930. Nombre d'entre eux sont des travailleurs agricoles ou des femmes et des enfants parrainés par un membre de la famille déjà au Canada. Toutefois, cette immigration s'arrête presque totalement avec la crise des années 30.

Tout au long des années 30, grâce aux réseaux de solidarité familiale et à l'épargne, les Canadiens d'origine italienne parviennent à amortir, du moins en partie, le choc économique du chômage et de la privation. Leurs problèmes s'aggravent à partir de 1935, car l'attitude hostile des Canadiens envers le FASCISME se dirige contre les Canadiens de souche italienne, dont bon nombre sont des sympathisants de Mussolini. Lorsque l'Italie scelle son alliance avec l'Allemagne au cours de la Seconde Guerre mondiale, les Canadiens d'origine italienne sont déclarés «sujets d'un pays ennemi» et sont victimes de PRÉJUGÉS et de DISCRIMINATION généralisés. Des hommes perdent leur emploi, des boutiques sont saccagées, les droits civils sont suspendus au nom de la *Loi des mesures de guerre* et des centaines de personnes sont internées au camp Petawawa dans le nord de l'Ontario. Si certains de ces hommes sont effectivement des fascistes militants, beaucoup d'entre eux ne le sont pas, et ceux-ci, ainsi que leur famille, à qui on refuse toute aide, doivent supporter le fardeau des hostilités. Par conséquent, de nombreux Italiens vont angliciser leur nom de famille et renier leurs origines.

Après la Seconde Guerre mondiale, le manque généralisé de main-d'œuvre dans une économie en pleine croissance ainsi que les nouvelles obligations du Canada au sein de l'OTAN rouvrent les frontières canadiennes à l'immigration italienne. Presque 70 p. 100 des Canadiens d'origine italienne sont des immigrants d'après-guerre. Beaucoup d'Italiens immigrent sous l'égide du gouvernement canadien ou de sociétés privées. P. ex., la Welch Construction Co., fondée au début du siècle par deux anciens terrassiers, Vincenzo et Giovanni Veltri, se spécialise dans l'entretien des chemins de fer. Souvent munis d'un contrat d'un an, des hommes viennent accomplir ce dur labeur, semblable au travail entrepris auparavant par leurs compatriotes, à cette différence près que la plupart arrivent en tant qu'immigrés permanents et font venir femme, enfants et autres membres de la famille. L'«immigration en chaîne» des familles italiennes devient si importante qu'en 1958, l'Italie dépasse la Grande-Bretagne en tant que source d'immigrants. À partir de 1967, les nouveaux règlements sur l'admissibilité se fondent sur des critères universels tels que l'éducation. Ce système de «points» d'appréciation réduit les possibilités de parrainage, de sorte que l'immigration italienne connaît une forte baisse.

Établissement et vie économique En 1996, 62 p. 100 des Canadiens d'origine italienne vivent en Ontario, 20 p. 100 au Québec et 10 p. 100 en Colombie-Britannique. Environ 95 p. 100 d'entre eux habitent en ville. Les plus fortes concentrations s'observent à Toronto, où l'on compte 414 310 Canadiens d'origine italienne en 1996, et à Montréal, où l'on en dénombre 220 935. Par ordre décroissant, les autres villes qui en comptent plus de 10 000 sont Ottawa-Hull, Vancouver, Hamilton, St. Catharines-Niagara, Windsor, Calgary, Edmonton, London, Winnipeg, Thunder Bay, Sudbury et Oshawa. Dans le recensement de 1996, 729 455 Canadiens se déclarent d'origine exclusivement italienne, tandis que 478 025 indiquent une origine italienne parmi d'autres, pour un total de plus de 1,2 millions de Canadiens d'origine italienne.

Dans les villes où ils se trouvent en bon nombre, les Italiens tendent à créer des quartiers ethniques.

Ces «petites Italies» ont leurs propres boutiques, restaurants, clubs et églises qui sont facilement reconnaissables, mais elles constituent rarement des ghettos coupés du reste de la société. Au fil des ans, l'ampleur de ces quartiers d'immigrés a décru considérablement, mais la plupart survivent en tant que centres économiques. Si on constate un important mouvement des communautés d'immigrés vers des secteurs résidentiels plus opulents, même dans la banlieue, on retrouve souvent des concentrations de Canadiens de souche italienne qui ont choisi de vivre à proximité les uns des autres en raison de liens familiaux ou d'origines villageoises communes. Parmi les immigrants arrivés après la Seconde Guerre mondiale, 75 p. 100 occupent des emplois à faibles revenus, mais cette situation change radicalement à partir de la deuxième génération. Les enfants des immigrants sont plus scolarisés, ce qui se reflète dans l'importance croissante de leurs occupations professionnelles ou semi-professionnelles.

Vie communautaire Des sociétés d'entraide mutuelle, souvent issues d'organisations villageoises, sont parmi les premières institutions créées par les immigrants italiens. L'Order of Italy (dont la première section canadienne est créée à Sault Sainte-Marie en 1913) accueille toute personne de souche italienne. En 1926, certaines sections du Québec s'opposent aux tendances pro-fascistes de l'ordre et s'en séparent pour former une structure parallèle qui devient, en 1926, l'Order of Italo-Canadians. Pendant la guerre, les hostilités paralysent le travail de ces associations, mais leur déclin est de toute façon inévitable à cause de l'influence grandissante de l'ÉTAT PROVIDENCE et des sociétés d'assurances.

Après la Seconde Guerre mondiale, nombre de nouveaux clubs et sociétés se consacrent à des activités de nature régionale, religieuse, sociale ou sportive. Au début des années 60, le Centre for Organizing Technical Courses for Italians (COSTI) est fondé à Toronto pour dispenser des cours de formation et de perfectionnement techniques, ainsi que des cours d'anglais et des services d'orientation. Vers le milieu des années 70, le COSTI ajoute un programme spécial pour répondre aux besoins des immigrantes.

En 1971, à Toronto, on met sur pied l'Italian Canadian Benevolent Corporation (ICBC). L'ICBC entreprend la construction d'un vaste complexe comportant des logements pour personnes âgées et un centre communautaire qui offre des services récréatifs, culturels et sociaux. Il s'agit du plus grand projet de ce genre en Amérique du Nord.

La fondation du Congrès national des Italo-Canadiens à Ottawa, en 1974, vise à assurer la cohésion nationale du groupe et à accroître son influence politique. Le congrès coordonne la collecte de millions de dollars provenant de partout au Canada pour soulager les victimes des séismes qui dévastent le Frioul, en 1976, et la Campanie, quelques années plus tard. Toutefois, malgré les succès récents en ce qui concerne la cohésion générale de la communauté, les Italo-Canadiens restent divisés par des rivalités régionales, politiques et même religieuses et par des facteurs relatifs aux classes sociales. La Canadian Italian Business and Professional Men's Association et la Chambre de commerce italienne représentent les intérêts du patronat et des professions libérales, alors que les Italo-Canadiens de la classe ouvrière cherchent à protéger leurs intérêts au moyen des divers syndicats. Puisqu'ils constituent un pourcentage important et visible de la main-d'œuvre des secteurs de la construction et du textile, ils sont particulièrement actifs au sein de l'International Labourers Union et des Travailleurs amalgamés du vêtement et du textile.

Vie culturelle À l'instar des organisations communautaires, les médias italo-canadiens favorisent la cohésion de la communauté et servent d'intermédiaires entre ses membres et la société en général. Le premier journal italien au Canada paraît à Montréal vers la fin du XIXᵉ siècle. En 1914, on en compte déjà plusieurs autres de Toronto à Vancouver. À partir de 1950, des dizaines de journaux et de revues italiennes, souvent destinés à des clientèles régionales, religieuses ou politiques précises, voient le jour. Au milieu des années 60, on estime à 120 000 le nombre de lecteurs de publications en langue italienne. Aujourd'hui, les plus influentes d'entre elles sont *Il Corriere Italiano* de Montréal et *Il Corriere Canadese* de Toronto. Depuis la Seconde Guerre mondiale, l'italien est devenu la troisième langue des médias canadiens, après l'anglais et le français. Le propriétaire d'*Il Corriere Canadese* a lancé une chaîne de télévision multilingue en Ontario qui propose quotidiennement des émissions en italien (et dans d'autres langues).

Les Canadiens d'origine italienne ont influencé les goûts de notre société en matière d'architecture, de mode et de récréation, donnant ainsi à la vie canadienne une dimension cosmopolite. Ils ont également apporté une contribution remarquable au domaine artistique. P. ex., en 1968, Mario BERNARDI de Kirkland Lake, en Ontario, devient le premier chef de l'orchestre du Centre national des Arts à Ottawa, et, sous sa direction, l'orchestre va s'imposer sur la scène internationale. Les tableaux avant-gardistes du Montréalais Guido MOLINARI figurent aujourd'hui dans des galeries de renom. Sur un autre plan, l'ancien acteur shakespearien Bruno GERUSSI est devenu une personnalité de la radio et de la télévision. J.R. COLOMBO est un auteur à succès renommé pour ses ouvrages de référence et de littérature (*voir* LANGUE ITALIENNE, PUBLICATIONS DE; ETHNIES, LITTÉRATURE DES).

Éducation et vie religieuse Partout au Canada, les associations Dante Alighieri proposent des films, des conférences, des cours d'italien et d'autres programmes pour faire connaître l'Italie. Créé à Toronto en 1976, le Centre canadien d'éducation et de culture italienne s'occupe de la conception et de la mise en œuvre de programmes de langue italienne dans les écoles. D'égale importance sont les instituts culturels gérés par le gouvernement italien, les fonds de livres en italien des bibliothèques publiques et de nombreux clubs d'italien dans les écoles secondaires, dans les collèges et dans les universités.

Plus de 90 p. 100 des Canadiens d'origine italienne sont catholiques et l'Église s'occupe souvent de fournir de l'aide, des cours de formation et des activités récréatives aux immigrés. Comme de nombreux prêtres parlent italien, surtout dans les paroisses nationales desservies par des ordres comme les Franciscains et les Servites, l'Église a aussi contribué à la préservation de la langue et de la culture des Canadiens d'origine italienne.

Politique En 1938, Hubert Badani de Fort William (aujourd'hui Thunder Bay) devient le premier maire de souche italienne au Canada et, peu après la guerre, le premier Italien à siéger au Parle-

ment à Ottawa. Philip Gaglardi de Mission City, en Colombie-Britannique, nommé au cabinet provincial en 1952, est le premier Italo-Canadien à occuper le poste de ministre. En 1973, Laura Sabia, ancienne conseillère municipale de St. Catharines et militante bien en vue du mouvement féministe, devient la présidente du Conseil du statut de la femme de l'Ontario. En 1981, Charles Caccia est nommé ministre du Travail, devenant ainsi le premier ministre fédéral d'origine italienne. Sur la scène fédérale, les Italo-Canadiens se sont surtout distingués en tant que candidats du Parti libéral, et en Ontario, en tant que candidats du Nouveau Parti Démocratique. Aux élections fédérales de 1984, la représentativité du groupe augmente au sein du Parti progressiste conservateur, notamment au Québec, où deux Montréalais d'origine italienne sont élus.

Maintien du groupe L'institution sociale la plus importante chez les Canadiens d'origine italienne demeure la famille étendue. En général, dans les familles italiennes traditionnelles, les rôles sont clairement définis. Le mari est considéré comme le chef et le soutien de la famille, la femme doit être bonne ménagère et bonne mère. Les enfants, pour leur part, doivent se montrer obéissants et respectueux envers leurs parents. Chaque membre de la famille doit agir pour le mieux-être du groupe et non en fonction de ses intérêts personnels. Nombre d'immigrants italiens ont cherché à maintenir ce modèle de la famille.

Parce que ces valeurs traditionnelles diffèrent nettement des attentes de la société canadienne en général, les conflits qui en résultent sont source de nombreux problèmes sociaux. Chez les enfants d'immigrés, il arrive que le désir de monter dans l'échelle sociale et de s'exprimer sur un plan personnel se heurte à l'insistance familiale sur la solidarité et la fidélité aux rôles traditionnels. Toutefois, la famille italo-canadienne de deuxième génération a profondément changé. Si elle accorde généralement autant d'importance à la cohésion familiale, au respect et à la loyauté, elle évolue de plus en plus vers l'égalité des rôles du mari et de la femme. Néanmoins, la famille offre encore un soutien important à ses membres et la famille étendue se réunit souvent à l'occasion de mariages, de baptêmes et d'autres événements du genre. De même, les relations entre Italo-Canadiens originaires du même village inscrivent les familles étendues dans un réseau beaucoup plus vaste, mais toujours maintenu par des liens personnels.

Les Italiens ne souhaitent pas pour autant vivre en vase clos. En 1941, pour toute la période d'avant-guerre, on constate chez les Canadiens d'origine italienne un taux de mariages mixtes (45 p. 100) plus élevé que chez presque tous les autres groupes ethniques d'importance. De l'après-guerre jusqu'en 1961, presque 24 p. 100 des hommes et 18 p. 100 des femmes se sont mariés hors du groupe. Au Québec,

les Canadiens de souche italienne s'intègrent à la société francophone plus facilement que de nombreux autres groupes ethniques. Plus de 80 p. 100 des Italo-Canadiens maîtrisent le français, ce qui représente le taux le plus élevé parmi tous les groupes ethniques de la province.

Franc Sturino

Ittinuar, Peter Freuchen (Chesterfield Inlet, T.N.-O., 19 janv. 1950). Ce premier député inuk est le petit-fils de l'explorateur danois Peter Freuchen. Élu député de la circonscription de Nunatsiaq à la Chambre des communes en 1979 et réélu l'année suivante, il devient le critique néo-démocrate du développement du Nord. En 1982, il traverse le parquet de la Chambre pour se joindre au Parti libéral, où il concentre toutes ses énergies sur l'établissement du Nunavut, l'un des deux territoires devant être créés par la division proposée des Territoires du Nord-Ouest. Il est défait aux élections fédérales de septembre 1984.

John Bennett

Ivvavik, parc national (10 168,4 km²) Créé en 1984, il est un paradis de nature sauvage formé de hautes montagnes, de vastes vallées, de toundra sans fin et du littoral arctique. Situé à environ 800 km au nord-ouest de Whitehorse (Yukon) et à 200 km à l'ouest d'Inuvik (Territoires du Nord-Ouest), ce parc est le plus éloigné de tous et on y accède habituellement par avion nolisé à partir d'Inuvik.

Nommé à l'origine parc national du Nord-du-Yukon, il a été baptisé d'un nom inuvialuit en 1992. Il s'agit du premier parc canadien créé en vertu du règlement d'une revendication territoriale des autochtones, et sûrement l'un des moins visités au Canada, n'ayant accueilli que 170 visiteurs en 1995.

Histoire naturelle La rivière Firth, reconnue pour sa beauté sauvage, ses sites archéologiques et sa faune abondante, est l'attraction principale du parc. Elle est aussi fort appréciée des adeptes de la descente en eaux vives. On y trouve la seule grande chaîne de montagnes non glaciaire au Canada, celle des monts Britanniques, aux sommets arrondis et dépourvus d'arbres, entrecoupés de majestueuses vallées fluviales. Traversée par la LIMITE FORESTIÈRE, cette section du parc abrite les populations d'ORIGNAUX et de mouflons de Dall les plus nordiques du Canada.

Adjacent à l'Alaska National Wildlife Refuge à l'ouest, le parc est parcouru pendant presque toute l'année par la harde de caribous de la Porcupine. On y rencontre aussi l'ours polaire, le grizzli, l'ours noir, le faucon gerfaut et le bœuf musqué.

Les cours d'eau du parc, en particulier la rivière Babbage, constituent d'importantes frayères de l'omble chevalier. Cependant, plusieurs des frayères les plus vitales sont situées à l'extérieur des limites du parc.

Maxwell W. Finkelstein

Jack, William Brydone, mathématicien, astronome, enseignant (Trailflatt, Écosse, 23 nov. 1817—Fredericton, 23 nov. 1886). Scientifique et enseignant aux dons exceptionnels, Jack dote le Canada d'un observatoire astronomique sur le campus du King's College (U. du Nouveau-Brunswick) à Fredericton en 1851. Aujourd'hui appelé le Brydone Jack Observatory, ce dernier porte, depuis 1955, une plaque qui le désigne comme «le premier observatoire astronomique du Canada». Professeur titulaire (1840-1885) et président (1861-1885), Jack instaure en 1854, à l'U. du Nouveau-Brunswick, un cours en génie pour former les étudiants à la pratique du relevé. Vingt ans plus tard, il fonde le premier «laboratoire d'étalonnage» du Canada pour le matériel d'arpentage. Il donne de nombreuses conférences en ASTRONOMIE et sur des sujets connexes. Sous sa distinguée présidence, l'U. du Nouveau-Brunswick devient un centre d'excellence et forme de nombreux érudits de haut calibre.

J.E. Kennedy

Jackman, Arthur, navigateur, surnommé «Viking Arthur» (Renews, T.-N., 1843—St John's, 31 janv. 1907). En 1872, il commande son premier phoquier à vapeur, le *Hawk*, conçu pour naviguer dans les glaces. Par la suite, il commandera, entre autres, l'*Aurora*, le *Falcon*, le *Terra Nova* et l'*Eagle*. En plus de 36 ans, Jackman tue 552 510 phoques et ne perd aucun des 8000 hommes qui sont sous sa responsabilité. Il participe pendant plusieurs étés à la chasse à la baleine au large du Groenland et, en 1886, il emmène l'explorateur Robert Peary pour son premier voyage dans l'Arctique. Au moment de sa mort, il est surintendant de la flotte de Bowring Brothers, à St John's.

John Parsons

Jackman, Henry Newton Rowell, dit «Hal», financier, philanthrope, lieutenant-gouverneur de l'Ontario (Toronto, 10 juin 1932). Fils d'Henry Jackman, un entrepreneur prospère de la période de la crise des années 30, Jackman est issu de l'élite de Toronto. Il fait ses études au Upper Canada College, à l'U. de Toronto et à la London School of Economics. Après un court passage comme adjoint administratif au ministère des Travaux publics à Ottawa, il entre dans l'entreprise familiale, le groupe de sociétés Empire Life. Après s'être assuré de la direction de la société, il supervise sa croissance, ce qui en fait l'une des sociétés de portefeuille les plus importantes du Canada, avec des actifs de plus de 10 milliards de dollars. Il est impliqué avec Conrad et Montegu BLACK dans la prise de contrôle de 1978 de l'ARGUS CORPORATION, dont il devient vice-président. Fervent nationaliste, il quitte la Varity Corp. après la décision des Black de déménager la société aux États-Unis.

Conservateur toute sa vie, Jackman est l'un des collecteurs de fonds les plus influents de ce parti. Il sera candidat fédéral à trois reprises, mais il ne remportera jamais de siège à la Chambre des communes. Tout en siégeant au conseil d'administration de plus de 25 sociétés, il a été un mécène passionné des arts à Toronto, donnant généreusement son temps et son argent aux festivals de Shaw et de Stratford (il a sié-

gé au conseil des deux), et soutenant la Compagnie d'opéra canadienne. Il est aussi actif dans plusieurs autres œuvres de bienfaisance et il est lieutenant-colonel honoraire de la Governor General's Horse Guards. Jackman a continuellement refusé les nominations fédérales jusqu'en 1991, année où il est nommé lieutenant-gouverneur de l'Ontario. Il considère que ce poste est beaucoup plus qu'un titre honoraire et symbolique puisqu'il lui offre la possibilité de s'engager plus activement dans le développement progressif de sa province.

Jorge Niosi

Jackman, William, chasseur de phoques et capitaine de bateau (Renews, T.-N., 20 mai 1837—St John's, 25 févr. 1877). William, à l'instar de son célèbre frère, le capitaine Arthur JACKMAN, s'adonne dès son jeune âge à la pêche à la morue sur la côte du Labrador et à la chasse aux phoques. De 1867 à 1876, il commande deux navires à vapeur équipés pour la chasse aux phoques appartenant à la compagnie Bowring Brothers. Il passe à l'histoire pour son héroïsme sans pareil lors du sauvetage auquel il a participé le 9 octobre 1867 aux îles Spotted, au Labrador. Après avoir jeté l'ancre dans un havre pour se mettre à l'abri d'une tempête, Jackman se rend sur la terre ferme. Il aperçoit au large un bateau de pêche en bois, le *Sea Clipper*, s'échouer sur un récif. Il se jette dans l'eau glacée et, malgré le ressac, réussit à sauver seul 11 des 27 personnes qui sont à bord. Puis, avec une corde et l'aide d'autres gens, Jackman se lance à l'eau 16 fois de plus pour ramener sur la rive les derniers naufragés.

John Parsons

Jackson, Alexander Young, peintre et écrivain (Montréal, 3 oct. 1882—Kleinburg, Ont., 5 avril 1974). Chef de file du GROUPE DES SEPT, Jackson contribue à donner une nouvelle représentation visuelle du Canada. Brillant conteur, il assure la notoriété du Groupe. Il apprend la peinture sur le tas (il travaille pour plusieurs entreprises de lithographie à Montréal, de 1895 à 1906, et à Chicago, de 1906 à 1907), et étudie dans différentes écoles du soir, notamment au Conseil des arts et manufactures, à Montréal (1896-1899), où il est l'élève d'Edmond DYONNET. Désireux de ne pas rester graphiste, Jackson veut devenir peintre et met régulièrement de l'argent de côté. En septembre 1907, il entre à l'Académie Julian, à Paris, où il a pour professeur Jean-Paul Laurens. Il reste en Europe pour étudier, voyager et dessiner jusqu'au mois de décembre 1909.

Peu après son retour à Montréal, Jackson peint *La lisière de l'érablière*, une toile qui lui permet de rencontrer ses futurs amis du Groupe des Sept, basé à Toronto. Lassé de l'art publicitaire et de l'indifférence des Montréalais pour son œuvre, Jackson déménage à Toronto à l'automne 1913. Très vite, il partage son studio avec Tom THOMSON, un peintre timide et manquant d'assurance. Ils deviennent de grands amis, ce qui est tout à leur avantage. En effet, Jackson enseigne à Thomson certaines techniques, en particulier la couleur, tandis que Thomson lui parle des régions sauvages du Canada. Impatient de découvrir le pays dont lui parle Thomson, Jackson se rend au Canœ Lake, dans le parc Algonquin, en février 1914. Il y découvre non seulement de remarquables paysages à peindre, mais aussi une région qui symbolise le Canada. Après un voyage dans les Rocheuses, il retourne dans le parc Algonquin à l'automne de la même année. Thomson, Arthur LISMER et Fred VARLEY l'accompagnent et il peint *The Red Maple*, un tableau dans lequel une palette hardie équilibre une composition inspirée de l'art nouveau.

En 1915, Jackson s'enrôle dans l'armée et est envoyé en Europe. Deux ans plus tard, il est engagé comme artiste attitré aux œuvres canadiennes commémoratives de la guerre et on lui demande immédiatement de peindre un portrait, en dépit de son manque d'expérience dans ce domaine. Ses œuvres ultérieures témoignent davantage de sa préférence

pour les paysages. De retour au Canada, en 1918, Jackson continue ses promenades, habitude qu'il conservera toute sa vie. En 1919, il passe l'été à peindre dans la baie Géorgienne et, au mois de septembre, en compagnie de Lawren HARRIS, J.E.H. MACDONALD et Franz JOHNSTON, il se rend en wagon couvert jusqu'à Algoma. Cette expédition et d'autres voyages d'exploration leur fournissent le matériel de la première exposition du Groupe des Sept, qui a lieu à Toronto au mois de mai 1920. La participation active de Jackson à sept autres expositions du Groupe ainsi qu'à des expositions contemporaines, notamment la très controversée British Empire Exhibition de 1924, à Wembley, en Angleterre, permettent à ses paysages vallonnés et inhabités de s'inscrire dans la conscience canadienne.

Toute sa vie, Jackson demeure un fervent partisan du nationalisme affiché par le Groupe et fondé sur le concept de la terre natale. Une fois son style bien défini, il ne s'en éloigne que pour s'adapter à des territoires nouvellement explorés.

Il ne perd jamais son intérêt pour les paysages et peint les atmosphères canadiennes les plus typiques et les plus reconnaissables. Jackson a une préférence pour l'hiver et recherche les régions éloignées, notamment l'Arctique qu'il visite en 1927 et en 1930. Cependant, il revient fréquemment dans les régions plus clémentes de sa jeunesse, notamment au Québec et dans la baie Géorgienne. En 1926, au Québec, il peint *Barns*, une toile dans laquelle il utilise des formes simples et curvilignes, ainsi que des couleurs au ton doux pour présenter des images durables et très fortes. Jackson est aussi l'un des défenseurs les plus efficaces du Groupe. Dans de nombreux articles et dans sa sympathique autobiographie, *A Painter's Country* (rééditée en 1976), entièrement écrite dans une langue familière et émouvante, Jackson exprime avec retenue sa vision nationaliste.

Ann Davis

Jackson, Clarence Shirley, dirigeant syndical (Fort William [aujourd'hui Thunder Bay], Ont., 1906—5 juill. 1993). Il travaille d'abord dans la forêt du nord de l'Ontario, puis à Montréal et à Toronto. Son intérêt pour la politique de gauche l'incite à procéder à l'organisation syndicale des travailleurs pour le tout nouveau Congrès des organisations industrielles. En 1937, il devient organisateur à plein temps, puis vice-président canadien des Ouvriers unis de l'électricité, nouveau syndicat industriel doté d'une très grande démocratie interne. Détenu en 1941 pour sa politique radicale, il mène la gauche contre le CONGRÈS CANADIEN DU TRAVAIL (CCT) dans les années 40, se portant plusieurs fois candidat à la présidence. Le CCT expulse son syndicat en 1949, mais Jackson et ses camarades syndicalistes restent unis et, en 1972, ils font de nouveau partie du grand courant syndical en s'affiliant au CONGRÈS DU TRAVAIL DU CANADA. Pendant 40 ans, jusqu'à sa retraite en 1980, Jackson, bien que controversé, s'avère un des dirigeants syndicaux les plus éloquents et les mieux informés du pays.

Craig Heron

Jackson, Donald, patineur artistique (Oshawa, Ont., 2 avril 1940). En plus de gagner le championnat masculin senior de PATINAGE ARTISTIQUE de 1959 à 1962, Jackson remporte la médaille de bronze aux Jeux olympiques de 1960 et se classe deuxième au championnat du monde de la même année. Il réalise son plus bel exploit à l'occasion du championnat mondial de 1962: relégué au deuxième rang, loin derrière le meneur après l'épreuve des figures imposées, il réussit à enlever le titre grâce à une performance spectaculaire en style libre, marquée par le premier triple lutz (saut) jamais exécuté en compétition. Jackson se joint à une revue sur glace en 1962 et remporte le championnat mondial de patinage artistique chez les professionnels en 1970. Il devient entraîneur en 1969. Certains experts croient qu'il est le meilleur patineur artistique à avoir vu le jour au Canada.

Barbara Schrodt

Jackson, Henry, «Busher», joueur de hockey (Toronto, 19 janv. 1911—id., 6 juin 1966). Engagé par les MAPLE LEAFS DE TORONTO en 1929, il joue à l'aile gauche sur la fameuse «Kid Line», en compagnie de Joe Primeau et de Charlie CONACHER. Il est le meilleur compteur de la Ligue nationale de hockey au cours de la saison 1932-1933 et accumule 241 buts et 475 points pendant sa carrière, sans oublier ses 18 buts durant les séries éliminatoires. En raison d'un problème d'alcool, semble-t-il, on refuse longtemps de reconnaître officiellement ses mérites exceptionnels, ne serait-ce que par une nomination au TEMPLE DE LA RENOMMÉE DU HOCKEY. Il y est finalement admis en 1971, cinq ans après son décès.

James Marsh

Jackson, Russell Stanley, «Russ», joueur de football (Hamilton, Ont., 28 juill. 1936). Dans sa jeunesse, Jackson excelle au baseball, au hockey, au basketball et au FOOTBALL. Après avoir obtenu un diplôme de l'U. McMaster, il refuse de figurer sur la liste des candidats aux bourses Rhodes que propose l'université et commence à jouer pour les ROUGH RIDERS D'OTTAWA à titre de demi-défensif et de quart arrière en 1958, puis comme quart partant après la saison de 1962.

Passeur alerte, très bon coureur et habile meneur, Jackson termine sa carrière de 12 saisons avec une fiche de 1341 passes complétées (53 p. 100) pour des gains de 23 341 verges et 184 touchés. Il a aussi porté le ballon sur des distances de 5045 verges tout en cumulant 55 touchés et 330 points. Au cours de sa dernière saison en 1969, il conduit l'équipe d'Ottawa au championnat de la coupe Grey. Il reçoit plusieurs honneurs, dont le trophée Schenley, à titre de joueur étoile (trois fois), en plus d'être nommé à deux reprises athlète masculin de l'année au Canada.

Tout en jouant au football, il exerce la profession d'enseignant, sauf au moment où il est l'entraîneur en chef des ARGONAUTS DE TORONTO (1975-1976). Il devient directeur d'école par la suite et est nommé membre de l'Ordre du Canada en 1969. Selon un sondage américain portant sur l'ensemble du football professionnel et datant de 1979, il serait le meilleur quart arrière de tous les temps.

Frank Cosentino

Jackson, William Henry, aussi connu sous le nom d'Honoré Joseph Jaxon, secrétaire de Louis RIEL immédiatement avant la RÉBELLION DU NORD-OUEST, chef syndicaliste (Toronto, 13 mai 1861—New York, N.Y., 10 janv. 1952). Il abandonne ses études classiques à l'U. de Toronto pour rejoindre sa famille qui a quitté l'Ontario pour Prince Albert, en Saskatchewan. Fort de ses trois années d'études universitaires, il est l'un des hommes les plus instruits de la région. Aussi devient-il secrétaire du syndicat local des cultivateurs et c'est à ce titre qu'il rencontre Louis Riel à l'été de 1884. Bien disposé envers la cause des Métis, il s'installe à BATOCHE, en Saskatchewan, pour servir de secrétaire à Riel, se convertit au catholicisme et, plus tard, accepte la nouvelle religion de Riel. Après l'échec de la rébellion, Jackson est jugé et enfermé dans l'asile d'aliénés de Fort Garry, au Manitoba. Il s'évade deux mois plus tard, marche jusqu'à la frontière américaine et s'installe finalement à Chicago (Illinois) où, sous le nom d'Honoré Joseph Jaxon, il travaille comme organisateur syndical pendant plus de 20 ans. Après la Première Guerre mondiale, le «secrétaire de Louis Riel» déménage à New York, où il meurt.

Donald B. Smith

Jacob, Suzanne, romancière, poète et chansonnière (Amos, 26 févr. 1943), Après des études classiques au Collège Notre-Dame de l'Assomption de Nicolet, où elle obtient un baccalauréat ès arts en 1964, Suzanne Jacob étudie à l'Université de Montréal et, de 1969 à 1974, enseigne le français. Elle s'intéresse très tôt au théâtre, écrit de plus des chansons et remporte en 1970 un trophée comme auteur-compositeur-interprète. Elle publie un premier roman en

1978, *Flore Cocon*, et fonde avec Paul Paré les éditions Le Biocreux où paraît en 1979 un de ses recueils de nouvelles, *La survie*. Installée à Paris, elle publie plusieurs romans qui sont bien reçus par la critique et les lecteurs: *Laura Laur*, en 1983, prix du Gouverneur général et prix Québec-Paris; *La passion selon Galatée*, 1987; *Les aventures de Pomme Douly*, 1988; *L'obéissance*, 1991. À titre de poète, elle publie en 1979 *Poèmes I. Gémellaires. Le chemin de Damas* et en 1998 *La part du feu* qui lui vaut un deuxième prix du Gouverneur général. En 1998, paraît un deuxième recueil de nouvelles, *Parlez-moi d'amour*. Dans ses romans, Suzanne Jacob raconte l'histoire de personnages féminins qui tentent de s'affranchir des traditions, de l'emprise familiale, du conformisme social, de la violence et des relations de pouvoir entre individus.

François Rochon

Jacobi, Otto Reinhold, peintre (Königsberg, Prusse orientale, 1812—Jarva, Dakota, 1901). Formé en Allemagne, d'abord dans sa ville natale, où il fut l'élève de C. E. Rauschke, puis aux académies de Berlin et de Düsseldorf sous la direction de Johann Wilhelm Schirmer (1833-1837), Jacobi fut invité à venir au Canada en 1860 pour peindre les chutes de SHAWINIGAN, tableau commandé par le Prince de Galles en visite à Montréal. Sa réputation était alors déjà grande en Europe et en Amérique et il avait réalisé des commandes pour l'Impératrice de Russie et pour le duc de Nassau. Il avait même été nommé peintre de la cour, à Wiesbaden, vers 1841. Apparemment, il se plut au Québec et travailla aux ateliers NOTMAN, à Montréal, de nombreuses années. Il voyagea aux États-Unis et s'installa à Toronto en 1891. À la suite de la mort de sa femme, à la fin du siècle, il rejoignit son fils qui possédait un ranch à Jarva, dans le Dakota, où il mourut en 1901. On connaît de lui de merveilleuses aquarelles et des paysages peints à l'huile. Il avait un talent particulier pour évoquer la forêt canadienne, en automne. Il voyagea à travers tout le Canada et peignit les Rocheuses. Il fut membre fondateur de la Society of Canadian Artists à Montréal en 1867 et, en 1880, élu membre de la Société Royale dont il sera président de 1890 à 1893. LE MUSÉE DES BEAUX ARTS DU CANADA, le MUSÉE DES BEAUX-ARTS DE MONTRÉAL et le MUSÉE DU QUÉBEC conservent certains de ses tableaux.

François-Marc Gagnon

Jacobs, Jack, «Indian Jack», joueur de football (Holdenville, Okla., 1920—Greensboro, N.C., 12 janv. 1974). Amérindien d'origine crie, Jacobs amorce sa carrière dans la National Football League américaine après un passage à l'U. de l'Oklahoma. Joueur défensif avant tout, il est un bloqueur robuste et habile. Il se joint aux BLUE BOMBERS DE WINNIPEG de la Ligue canadienne de football (LCF) en 1950. Son désir intense de gagner, son farouche esprit de compétition, ainsi que ses jeux brillants en tant que quart arrière contribuent à populariser le football professionnel à Winnipeg et au Canada. Pendant sa carrière dans la LCF, il réussit des passes pour un total de 11 094 verges et 104 touchés, en plus d'afficher une moyenne globale de 41 verges sur des bottés. Il pilote aussi les Lords de London (ORFU) et devient l'entraîneur adjoint des équipes de Hamilton, de Montréal et d'Edmonton (LCF).

Frank Cosentino

Jacobs, Peter, ou Pahtahsega, signifiant «qui rend le monde plus lumineux», missionnaire méthodiste (près de l'actuelle ville de Belleville, Ont., v. 1807—réserve de Rama, Lake Simcoe, Ont., 4 sept. 1890). Un des premiers Mississaugas (Ojibwés) convertis au méthodisme, Jacobs est d'abord maître des prières et interprète, puis pasteur dans la Terre de Rupert à Lake of the Woods ainsi qu'à Fort Alexander et à Norway House. Il fait deux voyages en Angleterre dans le cadre de ses fonctions de missionnaire (1842-1843 et 1850). Il publie le journal de son voyage de retour en 1852 depuis le centre du Canada jusqu'à

York Factory, dans la baie d'Hudson, dans lequel il décrit en détails les périls d'une telle expédition par voie de terre. Expulsé par les méthodistes (1858) pour avoir sollicité des fonds aux États-Unis sans l'approbation de l'Église, il s'installe à Rama, où il travaille comme instituteur, marchand et guide.

Donald B. Smith

Jalna, roman de Mazo DE LA ROCHE (Toronto, Boston et Londres, 1927), le premier de 16 volumes consacrés à la saga de la famille Whiteoak, joue un rôle déterminant dans la carrière littéraire de Mazo de la Roche. Dans ce roman, apparaît clairement le génie de conteur de l'auteure qui, à travers des intrigues complexes invraisemblables, entraîne le lecteur dans l'univers de personnages fascinants. *Jalna* a été décrié comme un feuilleton sentimental ou encore une «fantaisie du Haut-Canada» appartenant à une littérature d'évasion, jugement qui comporte une part de vérité. Les Whiteoak sont, certes, un mélange peu vraisemblable de romantisme et d'impérialisme colonial. Le domaine de Jalna représente de façon trop évidente le rêve d'un manoir de campagne à l'anglaise, transféré tel quel en Ontario. La symétrie des intrigues amoureuses (et des noms) de Renny et Alayne, d'Eden et de Pheasant préfigurent le mélodrame télévisé *As the World Turns*. N'empêche, *Jalna* continue de fasciner les lecteurs de générations successives, non seulement en anglais, mais aussi en traduction, dans des langues aussi diverses que le français, l'allemand, le suédois, le danois, le norvégien, le tchèque, le polonais, le finnois et le portugais.

Neil Besner

James, baie Prolongement sud de la BAIE D'HUDSON, la baie James est large d'environ 160 km entre la pointe Louis-XIV, sur la côte est, et le cap Henrietta-Marie, à l'ouest. La frontière Québec-Ontario se trouve à la tête de la baie et ses nombreuses îles sont administrées par les Territoires du Nord-Ouest. L'île Akimiski, d'une superficie de 3002 km², est la plus grande. En 1610, Henry HUDSON découvre la baie; son nom vient de Thomas JAMES qui y pénètre en 1631 et passe un hiver difficile dans l'île Charlton. Pendant longtemps, la baie est un important centre de traite des CRIS qui transportent des fourrures sur les nombreuses rivières sillonnant la région environnante. Les plus importantes rivières, de l'est à l'ouest, sont la GRANDE RIVIÈRE (autrefois rivière Fort-George), la Eastmain, la RUPERT, la Nottaway, la Harricana, la MOOSE, l'ALBANY et l'ATTAWAPISKAT. Fort Rupert, Moose Factory et Fort Albany, à l'embouchure des rivières des mêmes noms, furent d'importants postes de traite de la Compagnie de la baie d'Hudson. Moosonee, en Ontario, le plus grand lieu habité de la région, constitue le terminus nord de la compagnie de chemin de fer Ontario Northland. Il existe des établissements autochtones à Chisasibi (autrefois Fort George), à Eastmain et à Attawapiskat. Le parc provincial de l'Ours polaire longe la côte Nord-Ouest. (*Voir aussi* JAMES, PROJET DE LA BAIE.)

James Marsh

James, Colin, guitariste et compositeur (Regina, 17 août 1964). James apprend à jouer de la guitare à l'âge de 8 ans et joue de la mandoline pour le groupe de musique traditionnelle Sod Hut and the Buffalo Chips à 14 ans. Son frère aîné Robbie l'initie au monde du blues-rock britannique (Cream, Led Zeppelin), ce qui éveille en lui un intérêt pour la guitare électrique. Son premier enregistrement, un simple de 12 pouces intitulé *Hook, Line & Single* (1986), est lancé par Bumstead Records, une maison de disques d'Edmonton.

Colin James (1988), son premier album important sous étiquette, se veut plutôt populaire. Le disque, produit par Bob Rock, Tom Dowd et Danny Kortchmar, comprend les succès canadiens *Five Long Years, Why'd You Lie* et *Voodoo Thing*. Davantage imprégné de blues, son deuxième album, *Sudden Stop* (1992), est enregistré aux Ardent Studios à

Memphis, au Tennessee, avec Bonnie Raitt et le pianiste Bobby Whitlock (anciennement de Derek and the Dominoes). Le groupe Colin James & The Little Big Band (1993) reprend à sa manière les classiques enregistrés par Roy Brown, Roscoe Gordon et Tiny Bradshaw, témoignant ainsi de leur penchant pour le swing et le jump-blues des années 40. *Bad Habits* (1995) comprend les simples *Saviour* et *Freedom*.

En 1997, James fait le circuit canadien des festivals d'été pour promouvoir l'album *National Steel*, qui comprend de nouveaux enregistrements de grandes chansons blues d'abord interprétées par Muddy Waters, Robert Johnson, Taj Mahal, Sam Cooke et Otis Redding. À l'été 1998, paraît un deuxième album réalisé dans la foulée du premier avec son groupe Little Big Band et comprenant des chansons dignes des grands moments du swing.

Parmi les nombreux PRIX JUNO que remporte James, on compte celui du disque simple de l'année pour *Just Came Back* (1991), celui du chanteur de l'année (1995 et 1996) et celui du meilleur album blues (1998) pour *National Steel*.

Jeff Bateman

James Norris, trophée Décerné chaque année au meilleur joueur de défense de la Ligue nationale de hockey par les chroniqueurs de hockey. Il est offert pour la première fois en 1953, par les enfants de James Norris, ancien propriétaire des Red Wings de Détroit. Bobby ORR remporte le trophée à huit reprises et Doug HARVEY à sept reprises.

James Marsh

James, Projet de la baie Gigantesque aménagement hydroélectrique sur la côte est de la BAIE JAMES, la construction de ce projet est annoncée par Robert BOURASSA en 1971 et n'est pas encore totalement achevée. Ce projet de 13,7 milliards de dollars nécessite d'énormes captages d'eau des rivières EASTMAIN, Opinaca et Caniapiscau (KOKSOAK) vers des réservoirs artificiels sur la RIVIÈRE LA GRANDE. Le débit moyen de la rivière La Grande passe de 1700 à 3300 m³/s. Un déversoir en gradins de trois fois la hauteur des chutes du Niagara est creusé à coups d'explosifs dans le sous-sol rocheux. Terminée en 1982, La Grande 2 (LG-2), qui possède la plus imposante centrale électrique souterraine au monde, génère une puissance électrique de 5328 MW. L'achèvement de LG-3 (en fév. 1984) et celui de LG-4 (en mai 1984) complètent la phase 1 du projet et font passer la capacité de production d'HYDRO-QUÉBEC à plus de 10 300 MW.

La réalisation du projet a nécessité l'inondation de 11 500 km² de terres sauvages occupées par les CRIS et les INUITS et provoqué une contamination au mercure, ce qui a soulevé une controverse importante. Débuté en 1971, le projet a été contesté par les Cris, qui n'en ont pas été informés. En 1975, ceux-ci cèdent leurs REVENDICATIONS TERRITORIALES contre 225 millions de dollars (*voir* CONVENTION DE LA BAIE JAMES ET DU NORD QUÉBÉCOIS), mais conservent des droits de chasse et de pêche spéciaux. Le village de Fort-George (pop. 2373), à l'embouchure de la rivière La Grande, est déménagé en amont et s'appelle Chisasibi. Le village d'Eastmain (pop. 356) est maintenant situé dans un estuaire d'eau salée, la rivière Eastmain ayant été réduite à un mince filet d'eau.

La phase 2 du projet, qui commence en 1989 avec l'aménagement de LG-1 à l'embouchure de la rivière La Grande, à l'endroit où celle-ci se jette dans la baie James, est inachevée. Elle comprend le complexe Grande Baleine (2900 MW) et les barrages du complexe Nottaway-Broadback-Rupert (NBR). Ensemble, la phase 1 et 2 demanderont l'aménagement de 9 rivières et inonderont un territoire de la même superficie que la Belgique. On prévoit que le projet total atteindra une capacité de production de 27 000 MW pour un coût évalué à 63 milliards de dollars.

La plus grande partie de l'énergie produite par la phase 2 devait être exportée vers les états américains du New Hampshire, de New York, du Maine et du Vermont. Toutefois, en 1992, le gouverneur de l'État de New York, Mario Cuomo, annule le contrat entre la New York Authority et Hydro-Québec afin de favoriser d'autres sources d'énergie. Aussi, en raison de l'absence de marché, l'achèvement du complexe Grande-Baleine est suspendu par le gouvernement de Jacques PARIZEAU.

James Marsh

James Richardson & Sons, Limited Entreprise familiale fondée en 1857 par James Richardson à Kingston, au Canada-Ouest. Elle devient une grande entreprise internationale qui emploie plus de 3000 personnes. Par l'intermédiaire de ses filiales en propriété exclusive, elle se lance dans l'entreposage, l'expédition et le commerce des céréales, la nourriture pour le bétail et les engrais, la construction de pipelines ainsi que la promotion immobilière. Elle possède aussi une division importante spécialisée dans les valeurs mobilières, Richardson Greenshields of Canada Limited. Celle-ci est l'une des sociétés de placement parmi les plus diversifiées et les plus importantes du pays et est dotée d'un réseau de 50 bureaux au Canada, aux États-Unis, au Royaume-Uni, en Europe et en Extrême-Orient. Elle offre une gamme complète de services de placement, et son personnel se compose de 1800 personnes.

Pionnière renommée dans plusieurs domaines, elle est la première à établir des stations de radio dans les Prairies, à diffuser les cours des céréales et de la bourse, à employer un téléimprimeur pour la transmission commerciale et à créer une compagnie aérienne transcontinentale, la Canadian Airways Limited. Toutes ces réalisations datent d'avant la Seconde Guerre mondiale. En 1957, dans le cadre de son centenaire, la société fait don à plus de 400 universités et bibliothèques de l'*Encyclopedia Canadiana* en 10 volumes, qui vient alors d'être publiée. Peu d'entreprises ont joué un rôle aussi remarquable dans la croissance de l'économie canadienne.

Arthur E. Gregg

James, Thomas, explorateur (1593 – 1635). Il navigue de Bristol à la baie d'Hudson en 1631, deux jours avant que Luke FOX ne parte de Londres pour un voyage rival. Les deux se rencontrent par hasard au cap Henrietta Maria (le nom du navire de James). James n'explorera seul que la côte ouest de la baie à laquelle il donnera son nom. Il tire son navire à sec sur l'île Charlton et y passe un hiver misérable, étant le premier Européen à hiverner à dessein dans le Nord. Le voyage de James est moins productif que celui de Fox, qui est meilleur navigateur, mais le récit poignant et détaillé qu'il en fait dans son ouvrage magistral décourage toute nouvelle tentative de recherche du passage durant près d'un siècle. Les circonstances de sa mort sont inconnues.

James Marsh

Jamieson, Donald Campbell, communicateur, politicien, diplomate (St. John's, 30 avril 1921—Swift Current, T.-N., 19 nov. 1986). Il se fait d'abord connaître comme communicateur dans les années 40, puis devient le Terre-Neuvien le plus connu de la radio et de la télévision, en plus de participer à la fondation d'un empire des communications. À l'occasion du débat sur l'adhésion de Terre-Neuve à la Confédération vers la fin des années 40, il prône une union économique de Terre-Neuve avec les États-Unis plutôt que son rattachement au Canada. Élu député libéral à la Chambre des communes en 1966, il est membre du Cabinet fédéral de 1968 à 1979, occupant notamment le poste de ministre des Affaires étrangères de 1976 à 1979. Il remporte la course à la direction du Parti libéral terre-neuvien en mai 1979. Un mois plus tard, son parti est défait à l'élection générale et il démissionne l'année suivante. Jamieson termine sa carrière publique en tant que haut-commissaire du Canada en Grande-Bretagne, poste qu'il obtient en 1982. À sa retraite de la vie

publique en 1985, il est très en demande comme conférencier et envisage d'écrire ses mémoires politiques.

Geoff Budden

Jamieson, Elmer, professeur (réserve indienne des Six Nations, Ont., 30 août 1891—Toronto, 18 avril 1972). Il obtient un baccalauréat ès arts de l'U. McMaster en 1913. Il s'enrôle dans l'armée où, après avoir découvert que ses lettres sont censurées, il décide d'écrire chez lui en mohawk. Les censeurs étant incapables de «déchiffrer son code», on exige qu'il en dévoile les secrets. Avec ses compatriotes mohawks, il met sur pied le premier réseau de communications amérindiennes, une idée que l'armée des États-Unis adopte durant la Seconde Guerre mondiale. Après la guerre, il fait sa maîtrise à McMaster en 1922, et obtient un doctorat en pédagogie à l'U. de Toronto en 1928. Il est directeur du département de chimie et de biologie au North Toronto Collegiate de 1922 à 1957.

Roy Wright

Jamieson, John Kenneth, pétrolier (Medicine Hat, Alb., 28 août 1910). Après des études à l'U. de l'Alberta et au Massachusetts Institute of Technology (1931), il travaille pendant trois ans comme ouvrier dans la construction de routes et de chemins de fer et fait de la prospection d'or dans la région de Cariboo en Colombie-Britannique avant d'obtenir un poste d'ingénieur à la raffinerie Northwest Stellerene. Après l'achat de la société par la British American Oil Co (BA), Jamieson devient directeur de la raffinerie de la BA à Moose Jaw en Saskatchewan, puis il est transféré au siège social à Toronto.

Après la Seconde Guerre mondiale, pendant laquelle il travaille pour le ministère fédéral du Régisseur des carburants, il entre à l'Imperial Oil (1948), une filiale de la Standard Oil Co du New Jersey (Exxon Corp.), et en devient plus tard un des vice-présidents (1953). Il est nommé président d'une des filiales principales de la Standard en Amérique Latine (1959) et ensuite vice-président de l'exploitation de la filiale américaine.

Nommé président de la Standard en 1965, Jamieson devient président du conseil et directeur général en 1969. Au moment de son accession à la présidence, la Standard est la société la plus importante du monde avec des revenus deux fois supérieurs à ceux du gouvernement fédéral canadien. Le plus grand défi de son poste est de maintenir les relations de la société avec les gouvernements à la grandeur du monde, qui impliquent souvent des intérêts de consommation et de production conflictuels. Jamieson quitte le poste de président du conseil d'Exxon en 1975 et celui de directeur, en 1981. Il reste actif comme conseiller en gestion et directeur de plusieurs sociétés à partir de sa résidence de Houston, au Texas.

Earle Gray

Jamieson, Karen Jean, chorégraphe, danseuse et professeure (Vancouver, 10 juill. 1946), mariée au cinéaste David Rimmer. Elle s'efforce de créer un nouveau langage chorégraphique qui lui permet d'explorer des thèmes de la mythologie, souvent liés aux traditions et aux croyances des peuples de la côte du Nord-Ouest, par le biais de la danse contemporaine. Après avoir obtenu des diplômes en anthropologie et en philosophie à l'U. de la Colombie-Britannique, Karen Jamieson étudie la danse à l'U. Fraser, à Burnaby, en Colombie-Britannique. En 1970, elle déménage à New York afin d'étudier avec divers professeurs de danse moderne, dont Merce Cunningham et Alwin Nikolais, et se produit avec la compagnie de Nikolais de même qu'avec des chorégraphes tels qu'Yvonne Rainer et Phyllis Lamhut.

En 1974, elle retourne à l'U. Simon Fraser et devient membre fondatrice du collectif sur le mouvement expérimental Terminal City Dance. En 1980, elle remporte le prix de chorégraphie le plus important au Canada, le Jean A. Chalmers pour la chorégraphie, puis fonde la Karen Jamieson Dance Company en 1983. La compagnie lui sert avant tout à présenter ses propres chorégraphies, sur lesquelles dansent de nombreuses troupes canadiennes et étrangères. Les mythologies classique et autochtone animent ses œuvres, qui sont souvent accompagnées par des musiques commandées à des compositeurs canadiens contemporains.

La compagnie se produit partout au Canada, aux États-Unis et en Europe et, en 1990, Jamieson est invitée à créer une œuvre sur mesure pour les espaces publics du Musée des beaux-arts du Canada, où se tient simultanément une rétrospective des œuvres de l'artiste de la côte Ouest, Emily Carr. Au début des années 90, elle concentre une large part de son énergie créatrice à mettre sur pied un spectacle avec des artistes autochtones et non autochtones basé sur un principe de loi gitksan selon lequel deux groupes dont les points de vue s'opposent doivent se rencontrer pour résoudre le conflit. En 1991, elle présente *Gawa gyani*, un spectacle produit en commun avec des artistes autochtones pour le Museum of Anthropology de l'U. de la Colombie-Britannique. Au cours des saisons suivantes, elle peaufine cette œuvre en la présentant au Canada et sur la scène internationale.

Max Wyman

Jansénisme Doctrine théologique marquée par l'exigence d'une plus grande sainteté personnelle, par la croyance en la prédestination et par une certaine affinité avec le GALLICANISME. La synthèse de cette doctrine, qui se réclame des écrits de saint Augustin, est effectuée par Cornelius Jansen (1585-1638), évêque catholique d'Ypres, dans son ouvrage posthume *Augustinus* (1640), condamné par le pape Urbain VIII en 1642.

En désaccord avec Rome et particulièrement hostile aux jésuites, le jansénisme, à partir de 1650, est frappé par une série de condamnations qui secouent l'Église de France. Il adopte rapidement une attitude moraliste et s'oppose rigoureusement à toute forme de laxisme; il devient aussi le porte-parole des courants d'opinion qui s'opposent au centralisme romain. La Nouvelle-France, dominée par les Jésuites, n'est guère touchée par la doctrine janséniste, laquelle compte toutefois quelques adeptes enthousiastes. Néanmoins, le rigorisme moral de Mgr de SAINT-VALLIER et de ses successeurs s'inspire du moralisme janséniste, car il puise à la même source augustinienne (malgré des présupposés théologiques différents) en plus de s'alimenter à la lecture de certains ouvrages jansénistes. Le mouvement religieux ultramontain (*voir* ULTRAMONTANISME) du milieu du XIXe siècle balaie les dernières traces d'influence janséniste indirectes au Canada, sans pourtant éliminer le rigorisme lui-même.

Nive Voisine

Janson, Astrid Dora, costumière et scénographe (Cappel, Westphalie, Allemagne, 9 juin 1947). Après de brèves études à l'U. de Heidelberg, en Allemagne, Janson obtient, en 1972, une maîtrise ès arts en scénographie à l'U. de la Colombie-Britannique. À ses débuts, dans les années 70, elle travaille pour de nombreux théâtres d'avant-garde. Elle est scénographe résidente pour les Toronto Workshop Productions pendant trois ans (1973-1976), période durant laquelle elle collabore avec le metteur en scène George LUSCOMBE sur des productions telles que *You Can't Get Here From There* (1975), *Summer of '76* (1976) et *Ten Lost Years* (1974, repris en 1975, puis en 1981), qui remporte un succès retentissant.

Scénographe très polyvalente, Janson conçoit la scénographie de productions aussi variées que *Long Day's Journey Into Night* (1994-1995), présentée au FESTIVAL DE STRATFORD, *VideoCabaret's Canada or Can't* (1995) et *Oleanna* (une coproduction du GRAND THEATRE et du CENTRE NATIONAL DES ARTS, 1995). Elle se démarque par sa façon innovatrice et imaginative d'utiliser des objets trouvés. Ses décors intègrent des matériaux aussi divers que des tuyaux de plomberie (*The Suicide*,

Theatre Compact, 1976), des emballages de polyéthylène (*The Master Builder*, 1983) et des jouets fascinants (*Woman in Mind*, 1990). Elle remporte huit Dora Mavor Moore Awards et reçoit le Toronto Drama Bench Award pour sa contribution remarquée au théâtre canadien en 1980.

Outre ses nombreuses réalisations au théâtre, Janson travaille pour le réseau anglais de télévision de la Société Radio-Canada, où elle crée les costumes de la série télévisée *The King of Kensington*, la COMPAGNIE D'OPÉRA CANADIENNE, le BALLET NATIONAL DU CANADA et le Ballet de l'Opéra de Paris. De plus, elle s'est toujours beaucoup investie dans l'enseignement. Elle a donné des cours et des conférences dans de nombreux établissements, notamment l'U. de Toronto (University College's Drama Program), la Banff School of Fine Arts (*voir* BANFF CENTRE) et l'U. Queen. Janson est membre de l'Association des designers canadiens.

Sandra Siversky

Janvier, Alex Simeon, peintre (Le Goff, près de Bonnyville, Alb., 28 févr. 1935). D'origine chipewyan, il reçoit un diplôme du Southern Alberta College of Art en 1964, puis il fait ses débuts en peignant une murale pour le pavillon des Indiens du Canada à l'EXPO 67. De retour en Alberta en 1968, il enseigne aux adultes de la Saddle Lake Indian School, à St. Paul, et à l'Alberta Newstart inc., à Fort Chipewyan. À la fin de 1971, il décide de se consacrer entièrement à la peinture. En 1973, il fonde, avec un groupe de six autres artistes autochtones, la Professional Native Artists inc. (Winnipeg), dans le but de vendre leurs œuvres.

Ses tableaux, linéaires et abstraits, sont caractérisés par des applications, en coups de fouet, de flaques de couleur sur fond inversé. En 1975, il peint une murale pour le Muttart Conservatory (Edmonton) et pour le County of Strathcona Building (Sherwood Park, Alberta). En 1977, il est invité en Suède pour peindre et exposer ses œuvres. Il réalise *The Seasons* pour le compte du MUSÉE NATIONAL DE L'HOMME (1978-1981), ainsi qu'une murale pour les Jeux mondiaux universitaires de 1983, à Edmonton. Ses œuvres font partie de deux grandes expositions en Californie en 1987 et d'une exposition collective, intitulée *Terre, esprit, pouvoir*, au MUSÉE DES BEAUX-ARTS DU CANADA en 1992. En 1993, il est l'objet d'une exposition itinérante réalisée par la Thunder Bay Art Gallery, *The Art of Alex Janvier: His First Thirty Years (1960-1990)*. Il termine la même année sa plus grande murale à ce jour, *Morning Star*, sur le dôme du MUSÉE CANADIEN DES CIVILISATIONS, à Hull (Québec).

Gerald R. McMaster

Japonais En 1877, Manzo Nagano, le premier immigrant japonais attesté, s'installe à Victoria, en Colombie-Britannique. Par la suite, vers 1914, on dénombre 10 000 Japonais établis définitivement au Canada. Le recensement de 1996 estime à 51 800 le nombre de Canadiens de souche japonaise (ayant indiqué une seule origine ethnique) et à 25 330 le nombre de Canadiens qui comptent des Japonais parmi leurs ancêtres (origines multiples). Historiquement, le passé des Japonais au Canada est marqué par la discrimination et les bouleversements, alors que leur présent est marqué par la réussite.

Immigration et peuplement La première vague d'immigrants japonais, appelés Issei, arrive entre 1877 et 1928. Avant 1907, presque tous les immigrants sont de jeunes hommes. En 1907, le Canada insiste pour que le Japon limite l'immigration des hommes au pays à 400 par an. Il s'ensuit que la plupart des immigrants après cette date sont des femmes venues rejoindre leur mari. En 1928, le Canada réduit encore l'immigration japonaise à 150 personnes, quota qui est rarement atteint. En 1940, l'immigration japonaise s'interrompt complètement pour ne recommencer qu'en 1967.

Les Issei sont le plus souvent jeunes et instruits, originaires des villages agricoles ou des villages de

pêche pauvres et surpeuplés des îles Kyushu et Honshu, dans le sud du Japon. La plupart d'entre eux s'établissent soit à Vancouver ou à Victoria, ou dans les alentours, soit dans les fermes de la vallée du Fraser ou les villages de pêche et les petites villes de l'industrie papetière qui longent la côte du Pacifique. Quelques centaines se fixent aussi en Alberta, près de Lethbridge et d'Edmonton.

La culture de la seconde vague d'immigrants japonais, qui commence en 1967, est très différente de la culture paysanne des Issei d'avant la Première Guerre mondiale. Parmi ces immigrants récents très instruits, issus d'une classe moyenne urbaine et industrialisée, plusieurs pratiquent des arts japonais traditionnels qui ne sont plus connus des descendants des Issei, tels que les arts martiaux, le *taiko*, l'*odori*, l'*origami* et l'*ikebana*. Établis dans de nombreux centres urbains d'un bout à l'autre du Canada, ces nouveaux immigrants ont permis aux jeunes Canadiens d'origine japonaise d'apprendre les arts, l'artisanat et la langue de leurs ancêtres.

Discrimination Dès le début, les Canadiens d'origine japonaise, qu'il s'agisse d'immigrants Issei ou de leurs enfants nés au Canada, appelés Nisei, font face à une discrimination massive. Jusqu'à la fin des années 40, les politiciens de la Colombie-Britannique cèdent aux tenants de la suprématie blanche et adoptent une série de lois destinées à forcer les Canadiens d'origine japonaise à quitter le Canada. Les Canadiens japonais sont privés du droit de vote, y compris les Nisei nés au Canada et les vétérans issei qui ont servi dans l'armée canadienne au cours de la Première Guerre mondiale. Il existe aussi des lois qui interdisent aux Canadiens d'origine japonaise d'exercer la plupart des professions libérales et de travailler dans la fonction publique et l'enseignement. D'autres lois sur le travail et le salaire minimum font en sorte que les Canadiens asiatiques ne peuvent être embauchés que pour des tâches subalternes, à un salaire inférieur à celui des Blancs.

Dans les années 20, le gouvernement fédéral tente d'exclure les Canadiens japonais de leur gagne-pain traditionnel, la pêche, en ne délivrant qu'un nombre restreint de permis. Au cours de la Crise des années 30, le gouvernement de la Colombie-Britannique leur refuse tout permis d'exploitation forestière et ne verse aux Canadiens japonais qu'une fraction de l'aide sociale accordée aux Blancs. Jusqu'en 1945, les Nisei n'ont pas le droit de s'engager dans les Forces armées canadiennes, car l'engagement confère le droit de vote à la fois au soldat et à son épouse. De tous les partis politiques, seule la COMMONWEALTH FEDERATION prône l'égalité de tous les Canadiens.

Développement de la communauté Avant la Seconde Guerre mondiale, les Canadiens de souche japonaise, exclus de la société canadienne en raison de la discrimination, se regroupent et créent leurs propres institutions sociales, religieuses et économiques. Sur la rue Powell à Vancouver, comme à Steveston, à Mission City et dans d'autres villages de la vallée du Fraser ainsi que dans des centres urbains côtiers, dont Powell River, Tofino et Prince Rupert, des Canadiens d'origine japonaise construisent des églises chrétiennes, des temples bouddhistes ou shintô, des écoles de langue japonaise et des centres communautaires ainsi que des hôpitaux dont les médecins et infirmières sont des Japonais formés aux États-Unis ou au Japon. Ils créent des associations coopératives pour la vente des produits de l'agriculture et de la pêche et des associations communautaires et culturelles pour l'entraide et les activités sociales. En 1941, on compte plus de 100 clubs et organisations au sein d'une communauté très unie de 23 000 personnes, dont la moitié sont des enfants.

Jusqu'aux années 50, la discrimination empêche les Nisei de trouver du travail en dehors de la communauté japonaise. Pourtant, les Nisei des années 30, qui ont acquis une bonne maîtrise de l'anglais et une réputation de bons élèves et de travailleurs infatigables, ne demandent pas mieux que de contribuer à la société canadienne. À cause de la discrimination, cependant, même les universitaires doués, comme Thomas K. SHOYAMA, sont obligés de chercher du travail au sein de la communauté japonaise, car en dehors de celle-ci, ils ne peuvent travailler que comme ouvriers.

La Seconde Guerre mondiale Cette guerre détruit la communauté japonaise de la Colombie-Britannique. Douze semaines après le 7 décembre 1941, date de l'offensive japonaise contre Pearl Harbor et Hong-Kong, le gouvernement fédéral, poussé par des politiciens racistes de la Colombie-Britannique, se sert de la LOI DES MESURES DE GUERRE pour ordonner le déplacement de tous les Canadiens d'origine japonaise résidant à moins de 100 miles (160 km) de la côte du Pacifique. À l'époque, le gouvernement soutient que cette mesure est dans l'intérêt de la «sécurité nationale», malgré l'opposition du haut commandement militaire et des officiers de police, selon lesquels les Canadiens japonais ne représentent aucun danger pour la sécurité du Canada. Aucun Canadien japonais n'a jamais été accusé de déloyauté envers le Canada.

C'est ainsi qu'en 1942, 20 881 hommes, femmes et enfants de souche japonaise, dont 75 p. 100 ont la nationalité canadienne, sont expulsés de leur foyer et envoyés dans un camp temporaire au Pacific National Exhibition Grounds, à Vancouver, avant de se retrouver dans des camps de détention en Colombie-Britannique ou dans des fermes maraîchères en Alberta et au Manitoba. Entre 1943 et 1946, le gouvernement fédéral liquide toutes les propriétés des Canadiens d'origine japonaise (maisons, fermes, bateaux de pêche, entreprises et biens personnels) en déduisant des recettes toute prestation sociale touchée par les propriétaires pendant le chômage forcé dans les camps de détention. En 1945, les Canadiens d'origine japonaise sont obligés de choisir entre la déportation vers un Japon ravagé par la guerre ou la dispersion à l'est des Rocheuses. La plupart d'entre eux choisissent cette deuxième possibilité et déménagent en Ontario, au Québec ou dans les Prairies. En 1946, le gouvernement essaie de déporter 10 000 Canadiens japonais au Japon, mais revient sur sa décision à la suite de la protestation massive de la population canadienne. Le 1er avril 1949, les Canadiens japonais retrouvent leur liberté et obtiennent le droit de vote.

La communauté d'après-guerre Au cours des années 50, les Canadiens japonais refont leur vie en consacrant leurs énergies au travail et aux études, mais comme ils sont dispersés à travers le Canada, ils ne peuvent reconstruire la communauté. L'essor économique de l'après-guerre et le rejet du racisme en tant que stratégie politique par la société canadienne leur ouvrent de nouvelles perspectives. Ils entrent rapidement dans la classe moyenne urbaine et suburbaine.

La troisième génération, les Sansei, née dans les années 50 et dans les années 60, grandit entièrement immergée dans la société canadienne. Les vestiges de la communauté japonaise d'avant-guerre subsistent uniquement grâce à deux journaux et à une poignée d'églises, de temples et d'associations communautaires dans les grandes villes. Les Sansei, qui constituent une population éparse, privés de contact avec d'autres Japonais pendant l'enfance, parlent anglais ou français, mais peu ou pas le japonais et connaissent mal leur patrimoine culturel. En tant que groupe, ils sont plus instruits que leurs homologues de race blanche et on les retrouve en proportion élevée dans les universités, les professions libérales et les arts. La meilleure illustration des changements survenus depuis la Seconde Guerre mondiale, c'est peut-être le fait que plus de 75 p. 100 des Sansei épousent des non-Japonais.

Réparation Vers la fin des années 70 et dans les années 80, la réparation des abus subis aux mains de politiciens racistes pendant la Seconde Guerre mon-

diale constitue une question de fond qui divise les Canadiens japonais, avant de les unir par la suite. Armée de récits des expériences de guerre nouvellement publiés, basés sur des documents officiels rendus publics 30 ans après les faits, la National Association of Japanese Canadians (NAJC) cherche à convaincre le gouvernement fédéral de reconnaître les torts commis pendant la guerre, d'en négocier la réparation pour les personnes lésées et, surtout, d'amender les lois canadiennes de manière à empêcher que d'autres Canadiens subissent les mêmes abus.

Au début, cette campagne sème la division parmi les Canadiens d'origine japonaise. Un groupe basé à Toronto veut accepter un paiement symbolique de six millions de dollars offert par le gouvernement Mulroney. Les membres du groupe considèrent cette proposition de règlement comme une solution réaliste du point de vue politique et craignent des représailles contre les Canadiens de souche japonaise s'ils osent en demander plus. Un second groupe, dirigé par le président de la NAJC, Art Miki, voit cette offre comme le prolongement de l'attitude de l'époque de la guerre, selon laquelle les Canadiens japonais peuvent être traités comme un groupe faible et amorphe auquel on peut imposer un règlement.

Pour les dirigeants de la NAJC, un processus de négociation en bonne et due forme est aussi important que la réparation elle-même. Ils veulent un règlement négocié et non imposé et une compensation monétaire des torts infligés aux personnes concernées. Entre 1984 et 1988, la NAJC organise des séminaires, des réunions informelles et des conférences. Elle milite et présente des pétitions auprès du gouvernement et des groupes de défense des droits de la personne, des droits ethniques et des droits en matière de religion. En outre, elle rédige et fait distribuer des études et des communiqués de presse pour informer la classe politique, les Canadiens japonais et le grand public. L'une des études démontre que les pertes économiques dues à la confiscation de biens pendant de la guerre s'élèvent à 443 millions de dollars (en dollars de 1986). En 1986, les sondages indiquent que 63 p. 100 des Canadiens sont en faveur de la réparation et que 45 p. 100 appuient la compensation individuelle.

En 1988, face au grand mouvement de l'opinion publique en faveur de la réparation, le gouvernement accepte de négocier avec la NAJC. En juillet 1988, la *Loi des mesures de guerre* est abolie et remplacée par la *Loi sur les mesures d'urgence*. Celle-ci interdit les mesures d'urgence de nature discriminatoire, permet au Parlement d'annuler les mesures d'urgence commandées par le gouvernement, exige une enquête sur les actions du gouvernement après toute intervention en situation d'urgence et prévoit la compensation des victimes de mesures gouvernementales.

Enfin, le 22 septembre 1988, le premier ministre Brian Mulroney reconnaît les torts du gouvernement au temps de la guerre et annonce une compensation de 21 000 dollars pour chaque personne directement lésée et la création d'une caisse de bienfaisance pour reconstruire l'infrastructure de la communauté. Il accorde le pardon à toute personne condamnée à tort pour avoir contrevenu aux ordres dans le cadre de la LOI DES MESURES DE GUERRE, octroie la nationalité canadienne aux personnes déportées à tort au Japon et à leurs descendants, et prévoit le financement d'une fondation canadienne des relations raciales. Depuis 1988, 16 000 personnes ont réclamé la compensation, des centres communautaires ont été construits dans la plupart des villes importantes entre Victoria et Montréal, et la Japanese Canadian Redress Foundation a financé une variété de projets, programmes et conférences portant sur la culture, l'éducation et les droits humains.

Parmi les Canadiens japonais les plus connus figurent la romancière Joy KOGAWA, le scientifique David SUZUKI, le fonctionnaire Thomas Shoyama, l'architecte Raymond MORIYAMA, le militant

social Art Miki, le judoka Mas Takahashi, les artistes T. Tanabe et Miyuki Tanobe et l'agronome Zenichi Shimbashi. (*Voir aussi* INTERNEMENT; PRÉJUGÉS ET DISCRIMINATION.)

Ann Sunahara

Jardin botanique Un jardin botanique diffère d'un parc public ou d'un parc d'exposition (p. ex., les Butchart Gardens, en Colombie-Britannique) en ce qu'il inclut une collection documentée de PLANTES herbacées ou ligneuses servant à la recherche scientifique ou à l'enseignement. Dans un jardin botanique, la disposition des plantes se fait souvent selon une séquence d'évolution botanique ou par origine géographique, par utilisation particulière ou par fonction. Si la collection est principalement composée de plantes ligneuses, on peut l'appeler ARBORETUM.

Ce qui constitue véritablement un jardin botanique soulève de nombreux débats parmi les spécialistes. Selon une conception classique, un jardin scientifique de cette sorte doit être associé à une université dans le but de remplir ses objectifs en tant qu'unité d'enseignement et de recherche. Une telle définition réduirait le nombre de jardins botaniques à seulement cinq au Canada (U. de la Colombie-Britannique, U. de l'Alberta, U. Laurentienne, la Memorial University of Newfoundland et le Jardin botanique de Montréal qui est associé à l'Université de Montréal).

Pourtant, plusieurs sociétés se sont formées autour de collections privées, s'affichant comme jardins botaniques même si elles n'emploient pas d'horticulteur, et fonctionnent uniquement avec des bénévoles à temps partiel. De tels jardins se limitent souvent à un plan. L'interprétation acceptable d'un jardin botanique se situe entre deux extrêmes et comprend certains beaux jardins botaniques associés à des municipalités. Les jardins canadiens font partie de l'American Association of Botanical Gardens and Arboreta et participent à l'Association internationale des jardins botaniques.

Premiers jardins botaniques

Les premiers jardins ont été créés par des médecins et des étudiants en médecine pour cultiver des plantes aux propriétés médicinales ou pharmaceutiques. Les jardins consacrés à des études plus approfondies des plantes, incluant celles d'importance horticole et économique, sont créés en Italie, à Pise (1543) et à Padoue (1545). Peu après, des jardins botaniques s'établissent à Leipzig, en Allemagne (1580); à Leyden, en Hollande (1587); et à Montpellier, en France (1593).

Aux XVIIe et XVIIIe siècles, on fonde plusieurs jardins dans le but d'observer scientifiquement les nouvelles plantes introduites en Europe. Les gouvernements voient le potentiel de développement de la culture de ces plantes. L'importance des jardins botaniques dans l'introduction de nouvelles plantes cultivées est démontrée par le Royal Botanic Garden de Kew, en Angleterre (créé en 1759) qui a été le premier jardin à cultiver le caoutchouc, la banane, le thé, l'ananas, le café et le cacao.

Beaucoup de jardins botaniques continuent à introduire de nouvelles plantes, principalement des variétés intéressantes sur le plan économique ou ornemental (*voir* PLANTES ORNEMENTALES). La tradition de la taxinomie BOTANIQUE (classement et identification des plantes) se perpétue, et de récentes études écologiques ont permis une meilleure compréhension des ressources des plantes, particulièrement celles des PLANTES EN VOIE DE DISPARITION et rares.

Développement des jardins botaniques au Canada

Le premier jardin botanique est créé, en 1861, par George Lawson au Queen's College (aujourd'hui UNIVERSITÉ QUEEN) à Kingston, en Ontario, mais il existe seulement jusque dans les années 1870. En 1886, on adopte la *Loi sur les stations agrono-*

miques du ministère fédéral de l'Agriculture et, un an plus tard, on inaugure un arboretum et un jardin botanique à l'ancienne Ferme expérimentale centrale, à Ottawa. Le ministère crée plus tard des jardins axés sur la recherche et l'exposition dans d'autres centres.

Le deuxième jardin botanique universitaire est établi à Vancouver par John Davidson, en 1916. Il continue à prospérer comme une unité autonome d'enseignement de l'U. de la Colombie-Britannique. Avant la Seconde Guerre mondiale, la ville de Montréal crée son Jardin botanique, l'un des plus importants au monde. Les Jardins botaniques royaux de Hamilton sont créés en 1941. La période d'après-guerre voit plusieurs nouveaux jardins se développer en raison de l'accroissement des centres urbains. Voici une revue des principaux jardins botaniques du Canada.

Colombie-Britannique Le jardin botanique de l'U. de la Colombie-Britannique (44,5 ha), qui comprend les «Nitobe Memorial Garden», «Lohbrunner Alpine Garden», «Asian Garden» et «BC Native Garden», exploite un programme d'introduction de plantes pour l'industrie des pépinières et un programme éducatif de recherche intensive. Le «Van Dusen Botanical Display Garden» (créé en 1972, superficie de 22 ha), exploité par le Vancouver Board of Parks and Recreation, se spécialise dans l'exposition de plantes ornementales et offre des programmes pédagogiques de concert avec la Vancouver Botanical Garden Association.

Alberta Le Devonian Botanic Garden de l'U. de l'Alberta, à Edmonton (créé en 1959, superficie de 77 ha), consacre une attention particulière aux plantes indigènes et alpines et mène une recherche sur la rusticité des plantes vivaces ornementales et des plantes ligneuses.

Ontario Les Jardins botaniques royaux, à Hamilton (809 ha), comprennent un ensemble de beaux jardins aménagés à l'intérieur d'un environnement de boisés naturels. Ce sont: le Katie Osborne Lilac Garden, le jardin des iris, le jardin centenaire des roses, le jardin de rocailles et le jardin des annuelles. Les jardins possèdent d'importantes aires naturelles extensives et l'on y dirige des programmes de recherche et de pédagogie.

L'arboretum et le jardin botanique d'Agriculture Canada, à Ottawa (créés en 1887, superficie de 55 ha), possèdent certains des plus vieux spécimens de plantes ligneuses cultivées au Canada qui ont été reconnues pour leur rusticité. Il y a aussi des jardins de haies, de roses et de rocailles, ainsi que des jardins expérimentaux de plantes annuelles et vivaces. Le jardin botanique de l'U. Laurentienne, à Sudbury (créé en 1972, superficie de 7 ha), se spécialise dans les plantes indigènes de la région.

Québec Créé en 1931 par le frère MARIE-VICTORIN, le Jardin botanique de Montréal (superficie de 75 hectares) est géré par la Ville de Montréal. Il possède dix serres d'exposition et une trentaine de jardin thématiques. Dans les serres on trouve des collections de broméliacées, d'orchidées, de fougères, de gesnériacées, d'aracées, de cactus et autres plantes grasses. Parmi les jardins extérieurs, mentionnons un impressionnant Jardin de Chine (1991) le plus grand du genre hors d'Asie, un jardin japonais (1989), une roseraies (1976) comprenant plus de 10 000 rosiers, un jardin alpin (1936), un jardin de plantes économiques, etc. Le Jardin botanique de Montréal possède aussi une importante collection de bonsaïs japonais et de *penjings* chinois. De plus, le site comprend un vaste arboretum où l'on trouve la Maison de l'arbre, un centre d'interprétation sur l'arbre et les forêts. L'Insectarium de Montréal, un musée dédié aux insectes, est aussi présent sur le site.

Terre-Neuve Le Oxen Pond Botanic Park de la Memorial University of Newfoundland, à St. John's (créé en 1972, superficie de 34 ha), comporte des jardins d'exposition spécialisés, y compris un jardin pour attirer les papillons, situé dans un cadre de boisé naturel.

Roy L. Taylor

Jardins historiques Les jardins peuvent être observés, étudiés et appréciés en tant que paysages culturels. Leur richesse esthétique, horticole, historique et environnementale, ainsi que tout ce qu'ils évoquent, soulèvent l'admiration. En outre, la sauvegarde des jardins historiques constitue un défi pour de nombreux groupes. En effet, dans les années 80 et 90, on assiste à un regain d'intérêt pour les jardins historiques, tant chez les chercheurs que dans les services publics, les groupes privés et la population.

La Charte de Florence

En 1981, le Comité international des jardins et sites historiques (ICOMOS-FIAP) élabore la Charte de Florence pour protéger les jardins historiques. Ce document important, adopté en 1982, donne une nouvelle définition des jardins historiques et expose les principes généraux qui guident leur entretien, leur conservation et leur restauration. Il définit le jardin historique comme «une composition architecturale et horticole d'intérêt public qui, du point de vue de l'histoire ou de l'art, présente un intérêt public. Comme tel, il est considéré comme un monument.» De plus, selon la Charte, un jardin historique est une «composition d'architecture dont le matériau est essentiellement horticole donc vivant, et comme tel, périssable et renouvelable». Les caractéristiques architecturales d'un jardin se trouvent dans son dessin, dans les profils du terrain, dans la disposition des végétaux (espèces, volumes, jeu de couleurs, espacement et hauteur respective), dans les éléments construits ou décoratifs et dans les eaux mouvantes ou dormantes. Du modeste jardin privé au parc paysager, les jardins historiques sont de dimensions diverses.

Un jardin historique est beaucoup plus qu'un ensemble de végétaux. En plus de ses éléments physiques (terre, eau, pierres, plantes, arbustes et arbres), il peut inclure des pavillons, des abris ou des sculptures. Avec le temps, le jardin change d'apparence et remplit diverses fonctions. Il peut tirer parti de l'environnement en intégrant des éléments du milieu ou en les mettant en valeur de manière plus ou moins tangible, c'est ce qu'on appelle l'esprit des lieux. Comme tous les jardins, les jardins historiques sont marqués par les changements saisonniers de formes, de couleurs et d'odeurs. Il faut y ajouter d'autres changements naturels, ainsi que des transformations faites par l'homme au fil du temps.

En plus d'être appréciés pour leurs qualités esthétiques et artistiques, les jardins historiques présentent bien d'autres intérêts: le style, le type, la tradition, les particularités horticoles (âge, variété, état, provenance ou rareté des plantes et des arbres), la renommée de leurs concepteurs, leur écologie et leurs liens avec l'histoire.

Les jardins historiques du Canada mettent en valeur plusieurs des aspects historiques, climatiques et géographiques du pays. On peut tout d'abord les classer par fonction (parcs publics, jardins horticoles, jardins des institutions, jardins résidentiels, jardins spécialisés), puis selon le ou les styles qu'ils représentent.

Fonctions des jardins

Les parcs qui sont ouverts au public dans les petites comme dans les grandes villes sont en général composés de pelouses, de massifs de fleurs et d'arbres. Conçus surtout dans un but récréatif, les parcs publics offrent des aires de repos, des sentiers et parfois des aires de jeux. Leur taille varie: dans une petite ville, il peut s'agir d'un simple carré de terre alors que, dans une plus grande, le jardin peut occuper un vaste terrain et servir à des cérémonies publiques. Les Jardins publics d'Halifax en sont un bon exemple. Conçus par le paysagiste Richard Power, ils sont ouverts au public en 1875. Pour constituer ces jardins, Power utilise ceux aménagés à partir de 1837 par l'Horticultural Society de la Nouvelle-Écosse, ainsi qu'un jardin municipal créé en

1867. Aujourd'hui, les Jardins publics d'Halifax offrent des sentiers sinueux, des massifs de fleurs de formes géométriques entourés de pelouse, des plates-bandes de vivaces et d'annuelles, des statues, des fontaines et un kiosque à musique, ce dernier témoignant du goût pour les spectacles musicaux en plein air caractéristiques de l'époque victorienne.

La principale vocation des jardins horticoles est la recherche scientifique et l'éducation, quoique leurs qualités récréatives et esthétiques sont souvent en vedette. Appartiennent à cette catégorie, les fermes expérimentales (où l'on fait de la recherche sur les plantes cultivées, des études sur les utilisations agricoles et des tests de reproduction et rusticité sur les plantes ornementales), les pépinières (où l'on cultive de jeunes plants pour l'éclaircissement ou pour servir de porte-greffe), les jardins botaniques (où l'on cultive, classe et identifie des espèces de plantes pour les étudier) et les arboretums (des pépinières servant à la culture expérimentale d'espèces variées d'arbres). Les Jardins botaniques royaux d'Hamilton (réalisés en 1941 par le gouvernement provincial, mais dont l'origine officieuse remonterait aux années 20 quand la ville fait l'acquisition de terrains en vue de leur création) sont un exemple de jardin horticole. Il s'agit de vastes terrains paysagers comprenant une remarquable collection d'iris, une rocaille, une roseraie, un arboretum (dont un jardin de lilas), un jardin pour enfants, un jardin de plantes médicinales, des aires naturelles servant à expliquer les écosystèmes ainsi que des programmes d'enseignement et de recherche. Ses activités sont essentiellement axées sur la recherche scientifique, l'enseignement, l'éducation et les loisirs.

Les jardins des institutions sont des jardins d'agrément dont le rôle est de compléter ou de mettre en valeur des édifices publics, comme des hôtels, des hôpitaux et des usines ainsi que des édifices religieux ou administratifs. Leur raison d'être est souvent directement liée à la fonction de l'édifice, mais les jardins se veulent aussi un élément esthétique complétant l'architecture. Dans les premières décennies du XXᵉ siècle, des jardins étaient aménagés près des écoles afin que les enfants puissent apprendre les rudiments du jardinage. Ces jardins avaient un rôle pédagogique. À la même période, presque partout au pays, on crée des jardins près des petites gares ferroviaires pour embellir les lieux et, en particulier dans l'Ouest, pour favoriser le développement des nouvelles régions.

Entre 1875 et 1879, les terrains aménagés par l'artiste paysagiste Calvert Vaux en face des édifices du Parlement sont dessinés pour renforcer le rôle du gouvernement. Les architectes, conscients de l'importance du projet, sont particulièrement attentifs dès le début des travaux à ce que les terrains s'harmonisent avec les édifices. Vaux installe d'élégantes marches menant à une grande terrasse, une vaste plate-forme pour l'arrivée et le départ des visiteurs, accompagnée de clôtures et de murs d'appui, ce qui donne beaucoup de grandeur à l'ensemble. Au fil des années, ces aménagements s'inscrivent dans l'histoire canadienne en raison des événements qui s'y déroulent (cérémonies, célébrations, manifestations). Ils contribuent à la valeur symbolique des lieux.

Les jardins résidentiels, que ce soit un jardin d'agrément, un potager ou une petite parcelle de terrain consacrée aux fines herbes, à proximité d'une maison ou d'une résidence officielle, sont beaucoup plus intimes. Le domaine Maplelawn à Ottawa, construit entre 1831 et 1834 par William Thomson, un fermier, renferme un jardin clos. À l'origine, il devait s'agir d'un potager destiné à l'usage de la maisonnée. Dans les années 40, on aménage des plates-bandes de vivaces. Aujourd'hui, le jardin est toujours composé de quatre carrés de fleurs. On voit souvent de tels jardins très particuliers inscrits dans le dessin, de manière formelle ou non, du terrain d'une résidence. P. ex., la FERME MOTHERWELL en Saskatchewan, créée en 1883 et dont le développement se poursuit au fil des années en tenant compte du climat local et de l'expertise scientifique de l'époque, possède de nombreux jardins d'agrément, des potagers, des vergers et des plantations en coupe-vent. RIDEAU HALL à Ottawa, avec ses jardins de vivaces, est un bel exemple de jardin d'agrément installé dans le décor bucolique d'un domaine du gouvernement.

Les jardins spécialisés, souvent dessinés pour illustrer une nouvelle tendance, ne mettent en vedette qu'un seul élément physique, comme l'eau, les pierres ou les roses, ou qu'un élément structurel, comme des serres, des vérandas ou des statues. Les jardins aquatiques, les jardins de vivaces, les roseraies, les jardins de sculptures, les jardins zoologiques, les jardins clos, les jardins d'hiver, les terrasses-jardins et même les serres, sont des exemples connus de jardins spécialisés. Un exemple de ce type de jardin est la remarquable rocaille Cascade of Times, à Banff, construite en 1935 dans le but de présenter la géologie des Rocheuses.

Les jardins restaurés ou recréés en raison de leur valeur et de leur intérêt historiques sont un autre exemple de jardin spécialisé. Le domaine Cataraqui à Sillery (Québec) comprend un tel jardin. Avec l'aide d'historiens et d'ethnographes, les espaces boisés, jardins, serres, plates-bandes et rocailles de cette vaste propriété ont récemment été réaménagés selon les plans et les concepts qui, dans les années 30, inspirèrent et guidèrent ses propriétaires et leur architecte paysagiste, Mary Stewart.

Styles de jardin

Les jardins peuvent aussi être classés en fonction de leurs caractéristiques stylistiques, où le style traduit un idéal esthétique, une tendance, un goût particulier ou une forme propre à une époque ou à un groupe culturel. D'une époque à une autre, les principes généraux d'unité ou de variété, de rythme, d'équilibre, de proportions et d'échelle varient et donnent des aménagements de styles reconnaissables. Au Canada, on s'appuie sur les styles en vogue en France, en Angleterre et aux États-Unis. Cependant, les caractéristiques sociales, écologiques, climatiques ou géographiques propres au Canada, ainsi que les limites en termes d'espèces de plantes influencent les versions canadiennes des styles européens et américains.

Le concept de style peut rarement être appliqué de façon stricte à un modèle de jardin. Au Canada, on trouve des jardins de type français, anglais, paysager, édouardien ou même sauvage. Dans certaines régions, en particulier en Colombie-Britannique et dans les provinces de l'Ouest, l'influence des styles japonais et chinois est très visible. Certains jardins témoignent aussi de l'influence des traditions ethnoculturelles. Enfin, un jardin peut renfermer plus d'un style ou représenter une version modernisée d'un style ancien.

Dans le contexte canadien, les jardins de style français sont ceux aménagés à l'époque de la Nouvelle-France pour les institutions politiques et les communautés religieuses. Dessinés selon un plan régulier et symétrique (un carré ou un rectangle avec des axes perpendiculaires et un point d'attraction), ces jardins ont une fonction utilitaire et esthétique. Le jardin du Vieux-Séminaire des Sulpiciens, rue Notre-Dame ouest à Montréal, datant de la fin du XVIIᵉ siècle, avec son tracé géométrique, ses plates-bandes, ses allées, ses massifs de fleurs et ses arbres fruitiers, constitue le jardin de couvent le mieux préservé de la ville. Bien que transformé à plusieurs reprises, il conserve une partie de son caractère classique original et rappelle certains cloîtres européens. Il approvisionnait la communauté religieuse en fruits et légumes et offrait aussi un lieu de réflexion et de prière. Il est divisé en deux parties : une réservée aux loisirs (avec des arbres et des fleurs) et l'autre au potager, pour les besoins alimentaires.

En 1759, après la conquête, les colons britanniques et loyalistes introduisent une nouvelle vision de la nature et du paysage. En contraste avec le formalisme français, la théorie esthétique avancée par Lancelot «Capability» Brown (1716-1785) et Humphrey Repton (1782-1818) présente des paysages naturels et pittoresques et s'exprime dans le choix de lieux spectaculaires, de formes contrastantes et de contours irréguliers. Aménagés pour la plupart entre 1840 et 1850, les plates-bandes, pelouses, sentiers sinueux et arbres exotiques entourant la maison du gouverneur à St. John's (Terre-Neuve), illustrent cette mode anglaise qui met l'accent sur les effets pittoresques. Dans la même veine, les terrains aménagés par Louis-Joseph Papineau et son fils Louis-Joseph Amédée, entre 1850 et 1860, autour du domaine Montebello aux abords de la rivière des Outaouais, au Québec, offrent des vues panoramiques et des effets rustiques propres au style anglais. Dans les années 1870, aménagé probablement d'après les dessins de Frederick Law Olmsted, le domaine Beechcroft à Roches Point, en Ontario, avec ses espaces verts, ses groupes d'arbres très étudiés et ses points de vue judicieusement choisis, illustre aussi cette approche naturelle.

Le style paysager découle des idées mises de l'avant par Humphrey Repton en Angleterre. Populaire pendant la période victorienne, ce style met en relief les contrastes entre les pelouses bordant la maison et des zones sauvages et pittoresques très marquées. Les jardins de ce style sont composés d'une grande variété de plates-bandes et de bouquets d'arbres, de fontaines, d'urnes et de statues qui leur confèrent un caractère ornemental. Les statues, urnes et plates-bandes de fleurs qui ornent le jardin Lakehurst à Roches Point, en Ontario, illustrent ce style de jardin populaire depuis la deuxième moitié du XIXᵉ siècle au Canada. Dans la même lignée, les Jardins publics d'Halifax, aménagés par Richard Power dans les années 1870, possèdent des arbres et des buissons exotiques et indigènes, des massifs géométriques, des statues, des urnes, des fontaines, des bassins, un kiosque à musique et des sentiers, créant un ensemble très contrasté dans ses formes et ses couleurs.

Les jardins de la période édouardienne sont influencés par les grands courants esthétiques du début du XXᵉ siècle, en particulier le style de l'École des beaux-arts à Paris et ceux popularisés par le City Beautiful Movement aux États-Unis. Les terrains aménagés en 1913 autour du parlement de la Saskatchewan à Regina illustrent ces tendances. L'aménagiste, Thomas H. Mawson, puise dans les idées mises de l'avant par le City Beautiful Movement, le Garden City Movement et l'École des beaux-arts pour tirer parti de la topographie des lieux. Il les applique aux sentiers, aux jardins et aux aires de jeux qui témoignent du goût de l'époque pour une utilisation rationnelle et équilibrée de l'espace et des lieux très soignés.

Les jardins dessinés et aménagés au début du XXᵉ siècle qui s'inspirent des idées de Gertrude Jekyll font une large place aux plates-bandes de vivaces, aux rocailles et aux plantes alpines. La rocaille aménagée par Mary Stewart au domaine Cataraqui à Sillery dans les années 30 s'inspire de cette approche. Un autre principe guide aussi bien des concepteurs de jardins à cette époque : un retour nostalgique vers le passé. En effet, on remarque que les concepts développés en Italie et en France aux XVIIIᵉ et XIXᵉ siècles sont copiés. Le domaine Parkwood à Oshawa (Ontario) renferme une série de jardins thématiques créés par les architectes-paysagistes H.B. et L.A. DUNNINGTON-GRUBB dans les années 20, qui s'inspirent des traditions britanniques et américaines de l'époque : une roseraie, un jardin blanc, un jardin doté d'un cadran solaire, un jardin enterré et un jardin italien avec son énorme bassin central rempli de nénuphars et entouré de plates-bandes soignées et d'allées en pierres. En

1936, John Lyle y aménage un autre jardin qui, avec sa terrasse, son bassin, ses six fontaines et ses plates-bandes monochromes, constitue une adaptation raffinée du style art déco au sol canadien.

Sur la côte Ouest, le style des jardins est influencé par la Californie et l'Orient, ce que cette région du pays autorise en raison d'un climat et de conditions géographiques exceptionnels. La maison de l'architecte Arthur ERICKSON à Vancouver (1960), p. ex., combine des idées modernes sur l'intégration du paysage à la manière japonaise tout en liant étroitement la maison et le jardin.

Les nombreux jardins chinois et japonais de la côte Ouest témoignent de la contribution de ces cultures à la Colombie-Britannique. Le Nitobe Memorial Garden de l'U. de la Colombie-Britannique (1960, restauré en 1992) est un exemple de jardin japonais. Dessinés par un professeur d'architecture paysagère traditionnelle de l'U. Chiba, Kannosuke-Mori, les terrains de deux acres offrent un jardin-promenade naturel et un jardin de thé. Le Jardin botanique de Montréal possède aussi un jardin chinois, le jardin du Lac de rêve, conçu et réalisé en Chine mais installé à Montréal. L'eau et la pierre constituent les éléments clés de ce jardin. L'influence orientale peut aussi s'exprimer de façon plus subtile lorsqu'on essaie de recréer ou d'évoquer l'esprit propre à ces jardins. Le jardin japonais des Jardins Butchart à Victoria (Colombie-Britannique) en offre un bon exemple.

Nombre de jardins sont conçus par des individus ou des groupes qui désirent perpétuer ou illustrer les traditions d'un groupe ethnoculturel. Dans les régions ontariennes de Kitchener et de Waterloo, des habitants d'origine allemande aménagent leur jardin dans le style de leurs ancêtres. Ces jardins fermés sont divisés en quatre carrés séparés par deux allées se croisant. Avec leur grande variété de plantes, de légumes et de fruits, ils jouent un rôle à la fois utilitaire, ornemental et symbolique.

Les jardins historiques n'ont pas seulement une fonction ornementale et récréative, ils témoignent d'un goût esthétique, social, culturel et environnemental, ainsi que d'un intérêt pour le passé, que ce soit un passé lointain ou rapproché. Ils représentent donc une part importante de notre héritage, que l'on se doit de préserver pour les générations futures. (*Voir aussi* JARDIN BOTANIQUE; ARCHITECTURE PAYSAGÈRE AGRICULTURE, STATION DE RECHERCHE EN.)

Nathalie Clerk

Jarvis, Alan Hepburn, connaisseur d'art, sculpteur, directeur de publication, auteur (Brantford, Ont., 6 juill. 1915—Toronto, 2 déc. 1972). Il reçoit sa formation à l'institut Parkdale Collegiate de Toronto, à l'U. de Toronto (B.A., 1938) et à Oxford (boursier de la Fondation Cecil Rhodes, 1938-1939). Après s'être initié à la sculpture auprès de Douglas Duncan, un collectionneur d'œuvres d'art de Toronto, Jarvis accepte une bourse qui lui permet de poursuivre ses études à l'Institute of Fine Arts de l'U. de New York. De retour en Angleterre en 1941, il devient conseiller au ministère de la Production des aéronefs. Après la Seconde Guerre mondiale, il demeure en Angleterre où il occupe plusieurs emplois. Il est, entre autres, directeur des relations publiques du Conseil britannique de design industriel (1945-1947), directeur de Pilgrim Pictures (1947-1950), chef de la Oxford House (1950-1955), président du London's Group Theatre, puis directeur de la British Handcraft Export Corporation.

En 1955, Jarvis accepte le poste de directeur de la Galerie nationale, à Ottawa. Il visite plusieurs galeries canadiennes, en s'attardant particulièrement aux toiles et aux sculptures du XXᵉ siècle ainsi qu'aux œuvres des artistes régionaux. Il sera invité à démissionner de ce poste en 1959, au terme d'un différend concernant l'achat d'œuvres de maîtres européens. En 1961, Jarvis participe à l'organisation de la première Conférence canadienne des arts, à Toronto. Il a dirigé plusieurs revues et rédigé de nombreux articles. Sa bibliographie comprend *The Things We See* (1946), *David Brown Milne, 1882-1953* (1955), *Frances Loring, Florence Wyle* (1969) et *Douglas Duncan, A Memorial Portrait* (1974).

Elspeth Chisholm

Jarvis, Judy, danseuse, chorégraphe et professeure (Ottawa, Ont., 6 juin 1946—Toronto, Ont., 1er nov. 1986). Enfant non-conformiste d'une famille riche, Jarvis choisit de faire carrière dans la danse après avoir démontré des qualités prometteuses comme athlète. Inspirée et transformée par ses études auprès de la grande danseuse expressionniste Mary Wigman à Berlin (1965-1967), Jarvis consacre sa vie à transposer cet esthétisme européen unique dans le monde de la danse au Canada. À une époque où l'œuvre et les théories de la danseuse américaine Martha Graham dominent la danse, Jarvis représente une vision unique de son art au Canada.

Bien que Jarvis soit reconnue comme une brillante soliste, c'est à titre d'enseignante qu'elle a le plus contribué à l'évolution de la danse canadienne. Animatrice infatigable de classes et d'ateliers dans les universités et collèges canadiens, elle inspire de nombreuses vocations chez de jeunes danseurs. De 1967 à 1983, elle est la cheville ouvrière de nombreuses compagnies qui transmettront les idées et les talents de Jarvis et de ses élèves. La Judy Jarvis Dance and Theatre Company se produit partout au Canada, à Berlin et au festival d'Édimbourg.

La chorégraphie de Jarvis démontre l'ampleur de son talent, que ce soit dans ses premières études, extrêmement bien réussies, comme sa création *Bird* (1967), dans la vision sombre de *Just Before and In Between* (1974), dans l'introspection intimiste de *Shell* (1979) ou dans la théâtralité dépouillée et cynique de *Three Women* (1974). En 1974, Jarvis est la première danseuse moderne à recevoir le prestigieux Prix Jean A. Chalmers pour la chorégraphie.

En 1983, lorsque le Conseil des Arts de l'Ontario et le CONSEIL DES ARTS DU CANADA suppriment leur appui financier à sa compagnie, Jarvis retourne à l'enseignement. Elle enseigne l'art dramatique à l'école secondaire Madonna de Toronto lorsqu'elle meurt subitement.

Des compagnies de danse, notamment celles de Gina Lori Riley, de Denise Fujiwara et de Danny Grossman, continuent de monter ses œuvres. En 1988, la Fondation Judy-Jarvis est créée afin de promouvoir et de protéger son œuvre. Ses archives sont conservées à la *Dance Collection Danse*, à Toronto.

Carol Anderson

Jaseur (bombycillidés) Famille d'OISEAUX comprenant huit espèces dont les véritables jaseurs, l'hypocolius du Proche-Orient et les moucherolles du sud-ouest des É.-U. et de l'Amérique centrale. Chez les vrais jaseurs (trois espèces), la taille varie entre 15 et 19 cm. Ils habitent les régions subarctiques et tempérées de l'hémisphère N. et sont migrateurs. Deux espèces vivent au Canada, le jaseur des cèdres (*Bombycilla cedrorum*) et le jaseur boréal ou de Bohême (*B. garrulus*). Les jaseurs possèdent une huppe très prononcée. Leur plumage très lisse est dominé par de riches coloris gris pâle ou fauves, avec des touches marron. Ils ont un «bandeau» de couleur noire sur les yeux et la gorge. Ils ont souvent des pointes de cire rouge aux rémiges secondaires; les ailes et la queue sont grises. Leur bec est gros et court, légèrement encoché et crochu. Ils sont grégaires, surtout durant les périodes où ils ne s'accouplent pas. Ils se nourrissent d'insectes qu'ils attrapent parfois en plein vol; cependant, durant l'été, ils mangent surtout de petits fruits et des fleurs. Ils construisent de gros nids en forme de coupe, à l'aide de brindilles, de mousse et d'herbe, et les tapissent de poils, de duvet et de plumes. Les couvées comptent de trois à sept œufs de couleur gris cendre ou bleuâtre et tachetés de brun foncé; ils sont couvés surtout par la femelle. Les deux parents participent cependant à l'alimentation des petits.

Henri Ouellet

Jasmin, Claude, romancier, dramaturge, essayiste, chroniqueur artistique et décorateur (Montréal, 10 nov. 1930). Diplômé en arts appliqués de l'École du meuble de Montréal, il devient décorateur à la Société Radio-Canada en 1956. Il rédige ses premiers textes d'émissions pour Radio-Canada 10 ans avant la publication de son premier roman, *Et puis tout est silence*, dans *Les Écrits du Canada français* en 1960. La même année, il obtient le prix du Cercle du livre de France pour *La corde au cou*.

Appartenant à la génération de la RÉVOLUTION TRANQUILLE, il est préoccupé par les questions politiques et se range du côté des écrivains de PARTI PRIS, quoiqu'il ne s'associe pas officiellement à eux (*Pleure pas Germaine* – 1965). Il reçoit le prix Arthur B. Wood pour sa pièce *Le Veau dort* (1963), le prix France-Québec pour son roman *Éthel et le terroriste* (1964) et le prix France-Canada pour *La Sablière* (1980), roman dont s'inspire le scénario du film à succès de Jean Beaudin, *Mario*.

Délaissant avant plusieurs écrivains de sa génération les questions politiques et nationalistes, il choisit la voie de l'autobiographie romancée, ce qui lui vaut les plus grands succès de sa carrière. D'abord publiée sous forme romanesque en 1972, *La Petite patrie* devient, de 1974 à 1976, un téléroman très populaire au Québec. Jasmin a récidivé en 1998 avec *Albina et Angela: La Mort, l'amour, la vie*. Deux œuvres plus récentes s'inspirent surtout de faits divers, dont *Le loup de Brunswick city* (1976) et *L'armoire de Pantagruel* (1982). Tout au long de sa carrière, il collabore à plusieurs périodiques à titre de chroniqueur artistique. Son style polémique, qui éclate en particulier dans *Des cons qui s'adorent* (1985), *Les Cœurs empaillés* (1986), *Pour tout vous dire* (1988), *Pour ne rien vous cacher* (1989), *La nuit, tous les singes sont gris* (1996), *L'Homme de Germaine* (1997), lui a valu le surnom d'«enfant terrible des lettres québécoises».

Guy Champagne

Jasmin, Judith, journaliste, comédienne et réalisatrice (Terrebonne, Qc, 1916—Montréal, 1972) Pionnière de la presse électronique, Judith Jasmin fut sans doute l'une des journalistes les plus importantes de l'histoire du Québec. Née au Québec, elle fait ses études en France, au Lycée de Versailles, où elle demeure avec sa famille pendant plus de 10 ans. Quand elle revient au Québec, en 1932, elle n'a que 16 ans mais la dépression économique, que vit alors l'Amérique toute entière, brise son rêve de poursuivre des études universitaires.

Judith Jasmin se tourne alors vers le théâtre pour gagner sa vie. Après des débuts remarqués sur la scène, elle devient, à 22 ans, l'une des vedettes les plus aimées de la radio grâce à son interprétation dans le radio-roman *La Pension Velder*. Tout en poursuivant sa carrière de comédienne, elle fait de la réalisation.

Elle a 30 ans quand elle entre au Service international de la SOCIÉTÉ RADIO-CANADA et amorce sa carrière journalistique. En 1953, elle travaille, avec René LÉVESQUE, à la mise sur pied du premier service de reportages du réseau français de *Radio-Canada*. Elle devient par la suite la première correspondante de la SRC à l'étranger (Paris, New York et Washington). Elle est ainsi la première femme journaliste canadienne à traiter de politique et d'événements internationaux.

Judith Jasmin voyait dans l'information un rôle d'éducation des masses et de moteur de changement social. Elle était d'ailleurs perçue comme un phare et une éveilleuse de consciences par bon nombre de ses collègues journalistes. L'excellence de son travail fut entre autres soulignée, en 1972, par l'attribution, six mois avant son décès, du prix de journalisme Olivar-Asselin. En 1975, on institua un prix annuel d'excellence en journalisme qui porte son nom.

Robert Maltais

Jasper, localité non const. de l'Alb.; pop. 3815 (rec. 1996), 3363 (rec. 1991), 3742 (rec. 1986); superf. 7,49 km²; située au confluent des rivières Miette et Athabasca dans le PARC NATIONAL JASPER, à 362 km à l'ouest d'Edmonton. D'abord nommée Fitzhugh, la localité doit son nom à Jasper House, un comptoir de la Compagnie du Nord-Ouest situé à proximité, et ayant servi de dépôt de marchandises pour les échanges commerciaux qui empruntaient le COL DE L'ATHABASCA. Probablement fondé dès 1801, le dépôt est demeuré ouvert jusqu'en 1884 malgré quelques interruptions.

Le développement moderne de la localité aurait débuté en septembre 1907, avec la création du parc national Jasper. Les premiers touristes arrivent à Jasper dès 1915 et les premiers grands hôtels, l'Athabasca et le Jasper Park Lodge, ouvrent leurs portes respectivement en 1921 et 1922. La croissance est stimulée par l'arrivée des chemins de fer Grand Trunk Pacific et Great Northern en 1911-1912 et par la construction, en 1936, d'une route praticable en tout temps vers Edmonton. Ce développement renforce non seulement le caractère touristique de la localité, mais contribue à la convertir, de 1912 à 1916 et à nouveau dans les années 20, lors de la fusion des deux compagnies de chemin de fer, en localité de limite divisionnaire.

Frits Pannekoek

Jasper, parc national Ce parc (créé en 1907; superf. 10 880 km²) se niche dans les splendides montagnes Rocheuses. Il est le plus au nord des quatre parcs de montagne adjacents (*voir* les parcs nationaux BANFF, KOOTENAY, YOHO). La force combinée des vents, des eaux et des glaces a sculpté les vallées en U de Jasper, qui sont dominées par des pics pouvant atteindre jusqu'à 3747 m. Le paysage présente un riche assemblage de prairies alpines, de forêts subalpines et de végétation de montagne.

La faune constitue l'une des principales attractions du parc. Le long des routes du parc, plusieurs espèces peuvent être aperçues, dont l'orignal, l'élan, le cerf mulet, l'OURS NOIR, le coyote et le mouflon d'Amérique. Les grizzlis se promènent dans les régions plus isolées. Sur les plus hautes corniches se tiennent la chèvre de montagne, l'aigle royal, le lagopède et le corbeau.

La riche histoire du parc évoque les aventures de la traite des fourrures et de l'exploration d'une route menant à la côte ouest, y compris la découverte du COL ATHABASCA par David THOMPSON, en 1811, et l'établissement d'un poste de traite par Jasper Hawes, près de la ville actuelle de JASPER. La route de plaisance des CHAMPS DE GLACE COLUMBIA permet d'admirer des paysages exceptionnels. Les pics aux calottes de glace, les sources minérales, les lacs alimentés par les glaciers et les rivières attirent chaque année plus de deux millions de visiteurs.

Lillian Stewart

Jazz Musique d'improvisation d'origine afro-américaine, le jazz est la synthèse d'éléments empruntés à la musique traditionnelle africaine et à la musique d'influence européenne. Le terme «jazz», qui couvre historiquement toute une succession de styles, s'est vu attribuer différentes dénominations, de nature scatologique pour la plupart, mais tout comme la musique qu'il désigne, son origine précise demeure obscure. La musique appelée jazz émerge au début du XXe siècle à La Nouvelle-Orléans, foyer d'une effervescence culturelle. Elle puise dans le ragtime, le blues, les spirituals et la musique de fanfare ou d'harmonie, agissant comme un creuset dans lequel elle intégrera plusieurs autres influences culturelles (latino-américaine et amérindienne, p. ex.) et styles musicaux (dont le classique et le rock) au cours des neuf décennies suivantes.

Le jazz se répand partout aux États-Unis à la suite de la migration de ses adeptes à Chicago, à New York et dans d'autres villes du Nord et, après 1917, grâce à l'enregistrement mécanique. Son évolution est due à la fois à des initiatives individuelles (Louis Armstrong, Charlie Parker, John Coltrane, Mezz «The Prezz» Mezzrow, etc.) et à des mouvements populaires qui ont tôt fait d'introduire le jazz au Canada.

On trouve des musiciens de jazz américains au Canada dès la fin des années 1910, y compris celui qui se proclame l'inventeur du jazz, le pianiste de La Nouvelle-Orléans Jelly Roll Morton, qui séjourne à Vancouver en 1919-1920. De jeunes Canadiens se mettent presque immédiatement à jouer cette nouvelle musique, comme le Westmount Jazz Band à Montréal en 1918 et les Winnipeg Jazz Babies en 1919. Ce n'est que dans les années 40, cependant, que des figures comme le multi-instrumentiste Bert NIOSI et le pianiste Oscar PETERSON acquièrent une renommée nationale, grâce à leurs émissions radiophoniques et à leurs tournées. Peterson deviendra plus tard le jazzman canadien le plus célèbre dans le monde.

Les nombreux styles de jazz, du traditionnel (et son parent proche, le genre Dixieland), en passant par le swing, le jazz classique, le be-bop et le contemporain jusqu'au jazz d'avant-garde et au jazz-rock, ont tous eu leurs adeptes au Canada. Ils y sont aussi tous pratiqués dans les années 90: le traditionnel-Dixieland, tout particulièrement par le saxophoniste Lance Harrison ainsi que par plusieurs musiciens européens ayant immigré au pays dans les années 60 (comme le bassiste Jim McHarg, Charlie Gall, Cliff «Kid» Bastien et les membres du Climax Jazz Band); le jazz classique, par Peterson, son collègue pianiste Oliver JONES, le vibraphoniste Peter APPLEYARD, le guitariste Ed BICKERT et le saxophoniste Jim GALLOWAY; le be-bop, par le pianiste Wray Downes, les trompettistes Herbie Spanier et Kevin Dean, le batteur Norman Marshall Villeneuve et les saxophonistes Moe KOFFMANN, P.J. Perry, Campbell Ryga et Dave Turner; le jazz contemporain, par les saxophonistes Jane BUNNETT et Mike Murley, le pianiste et tromboniste Hugh Fraser, le guitariste Sonny GREENWICH et des ensembles tels que Chelsea Bridge, les Shuffle Demons et Time Warp; le jazz-rock style «fusion», surtout par les groupes Manteca (florissant de 1979 à 1995), Skywalk et Uzeb (qui connaît du succès de 1976 à 1992); et le jazz d'avant-garde (free-jazz), par le clarinettiste François Houle, les pianistes Paul Plimley et Jean Beaudet, le bassiste Lisle Ellis, le batteur Claude Ranger et les musiciens du New Orchestra Workshop de Vancouver et de l'ensemble torontois connu sous l'acronyme CCMC. Plusieurs musiciens de Montréal font de la musique actuelle, une forme d'expression musicale dérivée du jazz, en particulier le flûtiste et saxophoniste Jean Derome et le guitariste René Lussier.

Pendant la période dite du swing des années 30 et 40, les principaux représentants canadiens du format big band (orchestre de jazz de plus 10 musiciens) sont, entre autres: Jimmy (Trump) Davidson, Sandy DeSantis, Mart Kenney, Ellis McLintock, Bert Niosi et Stan Wood. Dans les décennies suivantes, Tommy BANKS, Ron COLLIER, Hugh Fraser, Jim Galloway, Rob MCCONNELL (Boss Brass), Dave McMurdo, Phil NIMMONS, Dave Robbins, Fred Stone et Vic VOGEL dirigent aussi des big bands renommés.

La plupart des musiciens de jazz canadiens sont blancs. Cependant, il y a des exceptions notables comme les pianistes Peterson, Jones, Downes, Cy McLean, Andy Milne, Harold (Steep) Wade et Joe Sealy; les chanteurs Denzil Pinnock, Phyllis Marshall et Eleanor Collins; les saxophonistes Bucky Adams et Ollie Wagner; les guitaristes Greenwich et Nelson Symonds; et les batteurs Villeneuve et Archie Alleyne. Plusieurs musiciens noirs nés en Ontario ont émigré aux États-Unis dans leur jeunesse et y mènent des carrières internationales, tels le pianiste Kenny Kersey et l'arrangeur pour grand orchestre Lavere (Buster) Harding. Plusieurs musiciens blancs canadiens qui ont aussi quitté le pays en bas âge, entre autres l'arrangeur Gil Evans, le saxophoniste Georgie Auld et le tromboniste Murray McEachern,

acquièrent une réputation internationale encore plus enviable. D'autres musiciens accomplis, comme le trompettiste et chef de big band Maynard FERGUSON, le pianiste Paul BLEY et le trompettiste et compositeur Kenny WHEELER, partent du Canada au début des années 50 pour se tailler de brillantes carrières dans le jazz. Dans les années 80 et 90, au cours d'un autre exode, les pianistes Jon Ballantyne, Diana KRALL et Renee ROSNES, la trompettiste et joueuse de flugelhorn Ingrid Jensen, les batteurs Terry Clarke et Owen Howard, le guitariste Peter Leitch et les saxophonistes Michael Blake et Seamus Blake entreprennent des carrières internationales en jazz contemporain couronnées de succès, qu'ils poursuivent à partir de New York.

Musique typiquement urbaine, le jazz compte de nombreux amateurs dans la plupart des grandes villes canadiennes. À partir des années 50, il établit son fief traditionnel dans les boîtes de nuit: The Cellar et le Glass Slipper à Vancouver; le Yardbird Suite (sous plusieurs formes) à Edmonton; les tavernes Colonial et Town, le George's Spaghetti House, le Bourbon Street, le Montreal Bistro et le Top O' The Senator à Toronto; le Rockhead's Paradise, le Café Saint-Michel, la Jazztek, le Jazz Hot, le Rising Sun et Biddle's à Montréal; et l'hôtel Clarendon à Québec.

À compter de la fin des années 70, les festivals d'été de jazz se multiplient, de sorte qu'au milieu des années 90 plus de 25 villes canadiennes s'enorgueillissent d'avoir un festival de jazz. Fondé en 1980, le FESTIVAL INTERNATIONAL DE JAZZ DE MONTRÉAL est acclamé, avant la fin de la décennie, comme l'une des plus importantes manifestations de jazz du monde. Les festivals de Vancouver, de Victoriaville, de Québec, de Toronto et d'Edmonton sont eux aussi réputés sur la scène internationale.

Au cours des années 80 et 90, l'essor des festivals de jazz va dans le même sens que la croissance sans précédent que connaît le jazz au pays, et y contribue assurément. À la fin des années 90, le Canada compte plus de 25 petites maisons de disques de jazz indépendantes, dont la plus ancienne est Sackville (fondée en 1968) et dont les principales sont: Jazz Inspiration, Radioland et Unity, à Toronto; Ambiances Magnétiques, DSM, Justin Time et Red Toucan, à Montréal; et Victo (Victoriaville), Jazz Focus (Calgary) et Songlines (Vancouver). Entretemps, de nombreux établissements d'enseignement postsecondaire ont instauré des programmes de formation musicale en jazz (les universités McGill, St. Francis Xavier, York et l'U. de Toronto, ainsi que le Banff Centre for Continuing Education, le Humber College et le Malaspina College). Pour parfaire leur formation, de jeunes musiciens reçoivent une aide financière du Conseil des Arts du Canada, qui subventionne également des tournées régionales et nationales d'artistes chevronnés.

Les grands médias manifestent envers le jazz un intérêt qui croît dans les mêmes proportions. Le Canada compte aussi deux revues spécialisées, Coda et The Jazz Report, fondées à Toronto en 1958 et en 1987 respectivement, et cette dernière a institué en 1993 des prix, décernés annuellement. Si la télévision accorde peu de temps d'antenne au jazz, les nombreuses émissions radiophoniques qui lui sont consacrées depuis longtemps sur les ondes de Radio-Canada et des stations privées témoignent elles aussi de la popularité de cette musique.

Mark Miller

Jeff Healey Band, guitariste, interprète et auteur (Toronto, 25 mars 1966). Aveugle dès l'âge d'un an, Healey commence à jouer de la guitare à l'âge de trois ans et se crée par la suite un style original. En compagnie de Joe Rockman (bassiste, Toronto, 1er janv. 1957) et de Tom Stephen (batteur, Saint-Jean, 2 févr. 1955), il fonde en 1985 le Jeff Healey Band, qui connaît son heure de gloire lors de la parution de l'album *See The Light* (1988) qui, depuis, s'est vendu à

plus de 400 000 exemplaires au Canada et à plus de deux millions d'exemplaires dans le monde entier.

L'album met en vedette les succès *Angel Eyes* et *Hideaway*, pièce qui est mise en nomination pour le Grammy de la meilleure interprétation rock instrumentale. Des interprétations électrisantes sur scène méritent au groupe le PRIX JUNO du spectacle de l'année. Healey obtient en 1989 un rôle dans le film *Road House* (v.f. *Bar routier*) et il compose quatre des chansons de la trame sonore du film. Le disque *Hell To Pay* (1990) se vend aussi à plus de deux millions d'exemplaires partout dans le monde. *Feel This* (1992) est créé par un groupe élargi, mais on retrouve dans l'album suivant, *Cover To Cover* (1995), l'esprit de départ du trio original qui choisit plutôt d'interpréter des morceaux de blues et de rock connus. Healey anime aussi l'émission *My Kinda Jazz*, à la radio de la SRC.

Steve McLean

Jefferys, Charles William, illustrateur, peintre mural, écrivain et professeur (Rochester, Angl., 25 août 1869—Toronto, 8 oct. 1951). Déterminé à explorer à la fois «la vraie nature de notre paysage» et les antécédents historiques (et préhistoriques) qui ont façonné la société canadienne, Jefferys est un ardent défenseur du nationalisme artistique. En 1889, il commence à travailler comme dessinateur pour les journaux, puis il est illustrateur pour le *New York Herald* (1893-1901) et directeur artistique du périodique satirique *The Moon* (1902-1903). Il est nommé illustrateur en chef du *Toronto Star* (1905) et directeur artistique du *Toronto Star Weekly* (1910), avant de se lancer dans une carrière de pigiste. Il enseigne aussi à la School of Architecture de l'U. de Toronto de 1911 à 1939. Jefferys est l'un des illustrateurs canadiens dont on reproduit le plus souvent les œuvres. Il est célèbre pour ses «reconstitutions visuelles» de l'histoire du Canada.

Robert Stacey

Jehin-Prume, Frantz, violoniste, compositeur et professeur (Spa, Belgique, 18 avril 1839—Montréal, 29 mai 1899). Premier musicien étranger de réputation internationale à s'installer au Canada, avec son épouse Rosita del Vecchio, il joue un rôle important dans l'évolution de la vie musicale à Montréal. Il poursuit une brillante carrière en Europe, en Russie et au Mexique. Invité par le violoniste Jules Hone à faire un voyage de chasse et de pêche au Canada en 1865, il s'installe à Montréal deux ans plus tard.

Lors des représentations de *Jeanne d'Arc* de Gounod, en 1877, il est chef de la chorale et violoniste solo sous la direction de Calixa LAVALLÉE, son ami et collaborateur. Il est président de l'Académie de musique de Québec (1877-1878) et l'un des fondateurs de l'Association artistique de Montréal (1891). Après une dernière tournée en France et en Belgique en 1885, il se consacre à l'enseignement à Montréal. La plupart de ses nombreuses compositions n'ont pas survécu.

Hélène Plouffe

Jenkins, Ferguson Arthur, joueur de baseball (Chatham, Ont., 13 déc. 1943). Considéré comme le meilleur joueur de baseball né au Canada, Jenkins a commencé sa carrière dans les ligues majeures à Philadelphie, avant de se joindre aux Cubs de Chicago en 1966. À partir de 1967, il connaît six saisons consécutives de 20 victoires ou plus. Lanceur d'une grande maîtrise, malgré une saison décevante en 1973, il gagne 25 parties avec les Rangers du Texas, l'équipe qui l'a accueilli en 1974. Il passe ensuite aux Red Sox de Boston (1976) et, après un autre séjour avec les Rangers du Texas (1977-1981), il joue de nouveau pour les Cubs de Chicago en 1982.

Les Cubs le mettent à l'écart avant le début de la saison 1984. Son dossier de lanceur affiche 284 victoires, 3192 retraits au bâton, une moyenne exceptionnelle de 3,20 quant aux buts sur balles et le record de 363 retraits sur buts par un lanceur dans une ligue majeure. Il remporte le trophée Cy Young accordé au meilleur lanceur (1971) ainsi que le TRO-

PHÉE LOU-MARSH remis à l'athlète par excellence au Canada (1974) et est nommé à quatre reprises athlète masculin de l'année au Canada.

Jenkins se présente comme candidat libéral aux élections de 1985 en Ontario, mais sans succès. Depuis 1988, il exploite une ferme près d'Oklahoma City (Oklahoma), tout en consacrant une partie de son temps à l'entraînement de lanceurs des ligues mineures. En 1987, il est admis au Temple de la renommée du baseball canadien. En 1991, honneur suprême, il est le premier Canadien à accéder au Temple de la renommée du Baseball de Cooperstown, dans l'État de New York. Il reçoit aussi l'Ordre du Canada en 1979.

William Humber

Jenness, Diamond, anthropologue, spécialiste de l'Arctique (Wellington, N.-Z., 10 févr. 1886—près d'Ottawa, 29 nov. 1969). Diplômé de l'U. de la Nouvelle-Zélande et de l'U. d'Oxford, Jenness est le plus illustre des pionniers de l'anthropologie au Canada. Après des travaux en Nouvelle-Guinée (1911-1912), il participe, à la demande du Musée national du Canada, à l'Expédition arctique canadienne dirigée par V. STEFANSSON (1913-1918). Il y partage le mode de vie traditionnel des INUITS DU CUIVRE installés dans la région de la baie du Couronnement (Territoires du Nord-Ouest), expérience qui détermine les travaux qu'il fera par la suite.

Artilleur dans l'Armée canadienne durant la Première Guerre mondiale, Jenness entre ensuite au Musée où il entreprend de publier des études remarquables sur l'ethnologie du Canada, la linguistique, l'anthropologie physique et appliquée, et l'archéologie. *The People of the Twilight* (1928) est probablement le meilleur ouvrage jamais écrit au sujet des Inuits du Canada. *The Indians of Canada* (1932), fondé sur des recherches menées chez les peuples autochtones partout au Canada, demeure un classique et a été réédité maintes fois. Jenness publie, en 1925, une brillante étude sur la culture préhistorique de l'Arctique canadien. En 1926, il dirige, à Cape Prince-of-Wales (Alaska), des fouilles qui lui permettent de définir l'ancienne culture de la mer de Béring, une découverte majeure dans le domaine de la préhistoire de l'Alaska.

Cette année-là, il devient anthropologue en chef du Musée national. Par la suite, Jenness représente le Canada à de nombreuses conférences internationales et est président de la Society for American Archaeology (1937) ainsi que de l'American Anthropological Association (1939). Avant 1939, il a établi les paramètres de la loi sur les antiquités, loi essentielle à la sauvegarde des ressources archéologiques des Territoires du Nord-Ouest. Directeur adjoint du service de renseignements de l'Aviation royale du Canada en 1940, puis chef de la section topographique interservice du ministère de la Défense, Jenness en organise plus tard le service de géographie qu'il dirige jusqu'en 1947. En 1962, il publie une histoire économique de Chypre. De 1962 à 1968, l'Arctic Institute of North America fait paraître les cinq volumes qu'il a consacrés à l'administration esquimaude en Alaska, au Canada et au Groenland, augmentant ainsi une bibliographie de quelque 100 titres.

Homme d'une grande simplicité, généreux et affable, Jenness reçoit des grades *honoris causa* de cinq universités et travaille avec plusieurs sociétés savantes au Canada et à l'étranger, dont la Société géographique royale du Canada qui lui décerne la médaille Massey en 1962. La péninsule Diamond Jenness (île Victoria) est ainsi nommée en son honneur. À l'automne de 1969, il est nommé compagnon de l'Ordre du Canada, la plus haute distinction accordée au Canada.

William E. Taylor, Jr

Jerome, Harry Winston, athlète en piste et pelouse, expert-conseil et professeur (Prince Albert, Sask., 30 sept. 1940—Vancouver, 7 déc. 1982). Il est le premier homme à détenir simultanément le record mondial au 100 verges et au 100 m. Détenteur d'une bourse d'études en athlétisme de l'U. de l'Oregon (1960), il court le 100 m en 10 s, égalant le record mondial de l'Allemand Armin Hary. En 1962, il franchit le 100 verges en 9,2 s, ce qui équivaut à la marque de Frank Budd et de Bob Hayes. Membre de l'équipe canadienne aux Jeux olympiques de 1960, de 1964 et de 1968, il remporte la médaille de bronze au 100 m à Tokyo (1964). En 1967, il est médaillé d'or dans la même discipline aux Jeux panaméricains. Après sa retraite, Jerome enseigne, devient consultant pour Sport Canada et parcourt le pays pour encourager les jeunes à pratiquer l'ATHLÉTISME.

Ted Barris

Jesous Ahatonhia (chant huron), «Estennialon de tsonoué Iesous ahatonnia», connu aussi sous le titre de «Noël huron» et de «Canadian Christmas Carol», a été transcrit à la fin du XVIIIe siècle par un prêtre à Jeune-Lorette, au Québec, à partir du chant d'un HURON vivant à l'est de la baie Géorgienne. On croit que son auteur est le missionnaire Jean de Brébeuf, un linguiste qualifié qui a œuvré dans cette région entre 1634 et 1648. Cette histoire semble plausible et persiste encore aujourd'hui, bien que rien ne prouve son exactitude. Les paroles françaises «Hommes, prenez courage, Jésus est né!» sont du Huron Paul Picard. La version anglaise, «'Twas in the moon of wintertime», vient de Jesse Edgar Middleton (1926). L'air s'inspire d'une chanson française du XVIe siècle intitulée «Une jeune pucelle». Au XXe siècle, la chanson est harmonisée et arrangée de diverses façons pour voix, chœur et instruments (notamment par Healey WILLAN), et il en existe aujourd'hui plusieurs versions écrites et enregistrées.

Helmut Kallmann

Jessup, Edward, militaire, loyaliste et fondateur de Prescott (Stamford, Conn., déc. 1735—Prescott, Haut-Canada, 29 juin 1809). Il prend parti pour l'Angleterre pendant toute la Révolution américaine. Il recrute les King's Loyal Americans et participe à la campagne de BURGOYNE en 1777. Un certain nombre de formations militaires, dont le King's Loyal Americans, sont réorganisées afin de former les Loyal Rangers, ou Jessup's Corps, en novembre 1781. Après avoir participé brièvement à des raids frontaliers, les Rangers sont dissous en décembre 1783 et reçoivent, avec d'autres unités loyalistes, des terres dans la région devenue aujourd'hui l'Ontario. Jessup s'établit dans le canton d'Augusta, où il est juge de paix et lieutenant-colonel de la milice. Il se rend en Angleterre pour chercher une compensation en tant que loyaliste, mais il revient dans la région du Haut Saint-Laurent où il fonde la ville de Prescott.

Robert S. Allen

Jésuites La Compagnie de Jésus est fondée à Paris en 1534 par saint Ignace de Loyola, militaire espagnol qui, après avoir été blessé grièvement, vécut une profonde expérience religieuse pendant sa convalescence. L'ordre religieux, finalement connu sous le nom d'ordre des jésuites, est approuvé en 1540 par le pape Paul III et participe activement à la vie internationale par la suite. Inspirés par les écrits de leur fondateur (*Exercices spirituels*), les jésuites, qui se distinguent par leur obéissance indéfectible au pape, acquièrent rapidement la réputation d'éducateurs de l'Europe: ils n'enseignent pas seulement les fondements de la foi catholique, mais aussi des sujets aussi divers que les classiques latins et la danse.

Dans le cadre de leurs activités missionnaires, les jésuites arrivent en Nouvelle-France en 1611; ils sont à Québec en 1625. Leurs activités sont rapportées dans les RELATIONS DES JÉSUITES, qui racontent en détail leurs succès et leurs échecs dans leur travail de conversion des peuples autochtones (*voir* SAINTE-MARIE-DES-HURONS).

À partir de 1763, après la CONQUÊTE britannique, les jésuites du Canada disparaissent presque à la suite d'une interdiction de recrutement; le dernier, le père Casot, meurt en 1800. En 1773, le pape Clément XIV, cédant à la pression croissante des gouvernements civils, dissout l'ordre. Toutefois, pour que la mesure soit effective, une proclamation publique du bref papal est nécessaire. L'évêque de Québec, Mgr Briand, refuse de le proclamer, ce qui le rend techniquement invalide au Canada. Le pape Pie VII restaure l'ordre en 1814 et les jésuites sont de nouveau présents au Québec à partir de 1842.

Depuis les années 1840, ils ont grandement contribué à la fondation de paroisses, de maisons d'enseignements (surtout des écoles secondaires) et d'œuvres variées partout au Canada. En 2000, on comptait 21 000 jésuites de par le monde, dont environ 400 au Canada sans compter les 60 Canadiens œuvrant comme missionnaires sur divers continents. Parmi leurs principaux ministères, divers axes sont privilégiés: exercices spirituels (retraites), apostolat intellectuel, foi et justice.

Michel Thériault

Jésuites, Acte relatif au règlement de la question des biens des Pendant le régime français, les JÉSUITES reçoivent des propriétés considérables et des seigneuries, qu'ils utilisent à des fins éducatives et pour leurs missions indiennes. Après la CONQUÊTE, la propriété de ces biens passe à la Grande-Bretagne, qui les conserve de 1763 à 1800, moment où meurt le dernier jésuite canadien. En 1831, Londres les remet au Bas-Canada. En 1838, les évêques catholiques, conformément aux désirs des donateurs, commencent à réclamer, sans succès, la propriété du patrimoine des Jésuites.

Revenus au Canada en 1842, les Jésuites sont autorisés par Rome en 1871 à négocier un règlement, relativement à leurs biens, avec le gouvernement du Québec qui les a en sa possession depuis la Confédération. L'archevêque de Québec, Elzéar-Alexandre TASCHEREAU, intervient alors, affirmant que les revenus de ces propriétés devraient être partagés entre les écoles catholiques plutôt que remis aux Jésuites, qui veulent établir une université à Montréal pour concurrencer l'UNIVERSITÉ LAVAL. Pendant que la hiérarchie catholique se querelle, le premier ministre du Québec, Honoré MERCIER, fait appel au pape Léon XIII pour arbitrer le conflit.

En juillet 1888, l'Assemblée législative adopte à l'unanimité l'Acte relatif au règlement de la question des biens des Jésuites, qui comprend un règlement financier: les Jésuites recevront 160 000 $ contre l'abandon de toute réclamation; l'U. Laval, 140 000 $ et des diocèses choisis, 100 000 $. Un montant de 60 000 $ ira aux institutions protestantes d'éducation supérieure. Comme c'est le pape Léon XIII qui a arbitré le différend, l'ORDRE D'ORANGE de l'Ontario s'oppose violemment au règlement, considéré comme une intrusion papiste dans les affaires canadiennes. La Chambre des communes mène un débat houleux en mars 1889: la motion de désaveu de la loi québécoise est défaite par 188 votes contre 13. L'Acte relatif au règlement de la question des biens des Jésuites aura fait monter d'un cran la tension entre les protestants anglais et les catholiques français.

Philippe Sylvain

Jésus de Montréal (1989) Long métrage, écrit et réalisé par Denys Arcand, avec Denys Arcand, Lothaire Bluteau, Rémy Girard, Yves Jacques, Robert LEPAGE. Producteurs: Roger Frappier et Pierre Gendron. Musique: Yves Laferrière.

L'action du film débute avec la scène suivante: un prêtre passionné de théâtre décide de commander une version contemporaine de la Passion dans la Bible. Il engage Daniel, un jeune acteur androgyne et éthéré, incarné par Lothaire Bluteau, lequel fait appel à un groupe de Montréalais sans emploi pour monter la pièce. Leur représentation sur le mont Royal, transformé en scène extérieure pour l'occasion, éblouit les spectateurs et offense le prêtre. Le jeune acteur, blessé mortellement pendant la dernière représentation, est transporté à l'hôpital où l'on prélève ses organes pour prolonger d'autres vies.

Jésus de Montréal fait preuve d'audace en abordant la religion et la quête spirituelle avec sérieux tout en adoptant le ton de la comédie. En intégrant une pièce de théâtre dans le film, Arcand peut passer facilement d'une forme narrative à l'autre. Ainsi, tout le film progresse vers une seule réponse à la question «Qui serait Jésus s'il était parmi nous aujourd'hui?». Daniel (Lothaire Bluteau) s'identifie à tel point au personnage de Jésus que la frontière entre le monde de la Passion et la vie réelle moderne dans laquelle il est immergé est délibérément estompée. Daniel se répand en injures contre la culture d'entreprise grossière tout comme le Christ le fait contre les changeurs de monnaie. Il cultive un ascétisme proche du sublime et, finalement, transforme le monde au prix de ses luttes et de ses souffrances. Le film montre au spectateur comment la vie mouvementée et la quête des comédiens du Montréal moderne sont marquées par les traces divines d'une histoire axée sur la mort et la renaissance. L'œuvre d'Arcand se veut une merveilleuse allégorie pleine d'esprit d'une époque dominée par le commerce et dans laquelle le doute n'est pas seulement conçu comme une antithèse de la foi. Il s'agit plutôt de l'état permanent de notre condition postmoderne.

Noreen Golfman

Jets de Winnipeg L'équipe de HOCKEY des Jets de Winnipeg est une des premières à faire partie de l'ASSOCIATION MONDIALE DE HOCKEY (AMH) au moment de sa formation en 1972. La ligue acquiert une reconnaissance publique immédiate lorsque, dès la première année, les Jets engagent Bobby HULL, vedette de la LNH. Ils sont aussi les premiers à embaucher, en 1974, des joueurs européens, dont les étoiles suédoises Anders Hedberg et Ulf Nilsson. L'équipe remporte trois des sept championnats de l'AMH, y compris celui de 1979, le dernier de cette ligue.

En 1979, alors que Michael Gobuty est propriétaire majoritaire et président, le Winnipeg Arena, leur port d'attache, est agrandi pour contenir 15 250 sièges et les Jets font leur entrée dans la section Smythe de la LNH. Cependant, selon les dispositions de la fusion, ils doivent sacrifier 10 joueurs. Ils ne gagnent que 29 matches au cours de leurs 2 premières saisons dans la LNH, mais grâce à l'entraîneur Tom Watt (remplacé depuis), ils se ressaisissent et terminent en deuxième place en 1981-1982. En 1981, avec le repêchage de Dale Hawerchuk, les Jets acquièrent leur première grande vedette à l'offensive, mais cela ne suffit pas à leur garantir le succès. Ils connaissent leur meilleure saison en 1984-1985 et se classent quatrièmes de la ligue avec 96 points. Ils ne réussiront pas à dépasser les éliminatoires de la section Smythe, formée d'équipes puissantes (Oilers d'Edmonton et Flames de Calgary).

Comme les Jets ne parviennent pas à se rendre aux finales, les pertes financières s'accumulent et on craint de plus en plus qu'ils ne soient cédés à des intérêts américains. En 1991, l'équipe est vendue à un groupe canadien et reçoit l'aide financière de la province, qui promet de la garder à Winnipeg. Au début des années 90, avec l'expansion de la LNH, les Jets passent à la section centrale de la Conférence de l'Ouest en 1993-1994. L'absence de stade moderne et les salaires de plus en plus élevés des joueurs entraînent la faillite des propriétaires. En 1995, au moment où les Jets sont sur le point d'être vendus à Minneapolis, le public part en campagne pour sauver l'équipe. Même si les trois paliers de gouvernement consentent à construire un autre stade, un nouveau groupe d'acheteurs, formé en mai 1995, ne réussit pas à recueillir les fonds nécessaires à l'équipe. Les Jets passent alors aux mains d'intérêts américains et, le 1er juillet 1996, ils prennent officiellement le nom des Coyotes de Phœnix.

Derek Drager

Jeu d'argent Les jeux d'argent consistent à parier un objet d'une certaine valeur ou une somme d'argent sur l'issue d'une éventualité ou d'un événement, cette issue étant incertaine et pouvant être tributaire du hasard, du talent, d'une combinaison de hasard et de talent, ou d'un concours. Bien avant l'arrivée de Jean Cabot au Canada en 1497, le jeu était populaire chez les autochtones. Même si bon nombre de leurs jeux anciens ne sont aujourd'hui qu'un élément de l'histoire culturelle de ces peuples, les autochtones utilisaient des bâtonnets à jouer depuis déjà des siècles quand sont arrivés les Européens avec leurs jeux de cartes.

Depuis près d'un siècle, les jeux d'argent les plus populaires sont les jeux de cartes comme le poker, le stook et le vingt-et-un (*black-jack*), ainsi que les jeux de dés comme le craps et la barbotte. À l'époque de la RUÉE VERS L'OR DU KLONDIKE, le jeu de Faro, joué à l'aide d'un jeu de cartes ordinaires, était aussi en vogue. Ses origines remontent au jeu allemand appelé *lansquenet*, qui se pratiquait déjà dans les années 1400. Ce sont des joueurs américains qui ont fait connaître le Faro dans des régions comme Dawson City, au Yukon, où des fortunes se sont faites et se sont perdues par de simples parties de cartes. Au Canada, la popularité du Faro s'est estompée en même temps que la ruée vers l'or. En revanche, elle s'est maintenue aux États-Unis. (Le nom a survécu au Yukon, où une ville s'appelle ainsi.)

Statut légal Depuis sa promulgation originale en 1892, le CODE CRIMINEL canadien, à l'instar de la common law anglaise, tolère les jeux de hasard sous certaines conditions. En 1910, une mesure législative modifie la loi afin de permettre le pari mutuel. En 1894, ce genre de gageure, où les gagnants se partagent les enjeux dont on prélève une part pour l'hippodrome, les écuries et l'État, devient la forme officielle et légale de pari en France. Cette modification ouvre aussi une brèche pour les jeux d'argent occasionnels dont les profits servent à des fins religieuses ou de bienfaisance. Certains jeux sont aussi permis à l'occasion de foires et d'expositions agricoles.

À part quelques rares modifications, les lois sur le jeu restent pratiquement intactes jusqu'en 1970, année où le Code criminel subit des changements énormes qui donnent aux provinces l'autorité de réglementer le jeu, à peu d'exceptions près.

Industrie de plusieurs millions de dollars Les changements survenus dans les années 70 entraînent la création d'une industrie du jeu de plusieurs millions de dollars dans tout le Canada. En 1989, le premier casino commercial du pays ouvre ses portes à Winnipeg, suivi de celui de Montréal en 1993. D'autres provinces emboîtent le pas par la suite. Le Manitoba, le Québec, l'Ontario, la Nouvelle-Écosse et la Saskatchewan possèdent tous des casinos commerciaux. Par ailleurs, plusieurs gouvernements provinciaux mettent en place des appareils de loterie vidéo. Il s'agit tout simplement de machines à sous vidéo qui, plutôt que de remettre des pièces de monnaie au gagnant, produisent un coupon que le détenteur de licence chez qui se trouve ces machines échange contre de l'argent. Les appareils de loterie vidéo se révèlent très populaires et génèrent annuellement des millions de dollars dans les coffres des gouvernements provinciaux, qui sont activement engagés dans les LOTERIES. Un grand nombre de groupes religieux et de bienfaisance en sont venus à compter sur les recettes du jeu pour combler leurs besoins budgétaires annuels. Les expositions et les foires agricoles tirent des profits substantiels des activités de jeu lors de leur tenue annuelle. Le pari mutuel dans les champs de courses est depuis longtemps un passe-temps populaire. En 1984, les Canadiens ont parié 1,64 milliard de dollars dans les hippodromes des quatre coins du pays (*voir* PUR-SANG, COURSES DE).

Les paris lors d'événements sportifs particuliers, de loin la forme de jeu illégal la plus répandue, enrichissent largement les preneurs de paris et constituent la plus importante source de revenus de jeu du CRIME ORGANISÉ. On trouve des maisons de jeu privées illégales dans toutes les grandes villes canadiennes. Elles accueillent souvent des escrocs qui trichent au moyen d'une foule de techniques. En fait, ces tricheurs fréquentent aussi les établissements de jeu privés légaux, mais n'attirent presque jamais l'attention des responsables de l'application de la loi.

Le jeu illégal Le jeu illégal est généralement perçu comme une forme de crime «sans victime» et fait l'objet de peu de plaintes auprès de la police. Contrairement à d'autres crimes, le jeu illégal moderne est toléré. La population n'exerce aucune pression pour qu'il soit réglementé. L'existence du jeu illégal et sa croissance soutenue semblent n'avoir eu aucune incidence sur le marché du jeu légal. De même, la libéralisation des activités de jeu légales qui s'opère depuis les années 70 semble n'avoir eu aucun effet sur le jeu illégal.

Au cours des 80 dernières années, le jeu a beaucoup évolué au Canada, passant d'une activité socialement tolérée uniquement dans certaines limites étroites, à un passe-temps largement accepté. On commence à répertorier les conséquence sociales, juridiques et économiques de ces activités.

La vaste majorité des Canadiens peuvent intégrer le jeu à leur style de vie sans se mettre dans une situation critique. Cependant, pour une minorité de Canadiens, le jeu effréné peut avoir un effet dévastateur. Des études provinciales récentes montrent qu'environ 5 p. 100 des adultes éprouvent des problèmes par suite de leurs habitudes de jeu et que la proportion de joueurs compulsifs chez les adolescents est trois fois plus élevée que chez les adultes. Même si le pourcentage de joueurs compulsifs dans la société canadienne est plutôt faible, le jeu excessif n'est pas une activité sans victime. On estime que le joueur compulsif porte préjudice environ à 10 ou 15 personnes de son entourage, y compris des membres de sa famille, des amis et des employeurs.

Les répercussions du jeu compulsif prennent diverses formes: perte des économies de toute une vie, faillite commerciale, recours par les joueurs invétérés à des crimes comme la fraude et le détournement de fonds pour soutenir leurs habitudes, négligence à l'égard d'enfants, violence domestique et rupture de mariages, absentéisme et baisse de productivité en milieu de travail. Les gouvernements provinciaux ont commencé à reconnaître les coûts associés au jeu et, en conséquence, ils fournissent un financement continu à des programmes de prévention et de réduction des dommages causés par les problèmes du jeu.

R. Ronald Sheppard

Jeune-Canada Ce mouvement nationaliste canadien-français naît à Montréal en 1932, alors que sévit toujours la crise des années 30. Doté d'une structure plutôt floue, il regroupe une vingtaine d'étudiants universitaires dynamiques et ambitieux, dont André Laurendeau, Pierre Dansereau et Gérard Filion, qu'inspirent des leaders tels l'abbé Lionel Groulx et Armand La Vergne. Jeune-Canada préconise un nationalisme conservateur fondé sur la protection des droits des Canadiens francophones de même que sur la défense du Québec en tant que société catholique et française, surtout rurale et agricole, dont le destin appelle à l'indépendance économique et politique. Pendant cinq ans, le mouvement veut réveiller la conscience collective trop apathique des Canadiens français, multipliant les assemblées politiques et les brochures, attaquant les gouvernements en place et les monopoles économiques qui, selon eux, asservissent le peuple. En 1938, la crise est terminée et les causes suscitent moins d'intérêt. Le mouvement s'éteint de lui-même, faute de partisans enthousiastes.

Réal Bélanger

Jeunes Messieurs Canadiens (JMC) Troupe de théâtre francophone qui voit le jour en 1780 (peut-être même 1774) et reste en activité jusqu'en 1817. La première pièce officiellement attribuée aux JMC, *Grégoire ou L'Incommodité de la grandeur*, est pré-

sentée dans les voûtes de l'avocat Benjamin Desrivières Beaubien, dans la pente de la rue Saint-
Gabriel, au début de janvier 1780, tandis que la
seconde, *Les Fourberies de Scapin*, de Molière, le
sera dans le vestibule de l'église abandonnée des
Jésuites en janvier 1781, sous la protection spéciale
du gouverneur Frederick HALDIMAND. Ils semblent y être restés jusqu'à ce que l'église soit attribuée au Anglicans, qui viennent de perdre la leur.

D'après un contrat datant de 1789 et des invitations publiques à devenir actionnaire et à s'abonner
lancées en 1792, le groupe est constitué en société.
Le metteur en scène des JMC est l'acteur, compositeur, dramaturge, poète, violoniste et capitaine Joseph
QUESNEL de la Rivaudais (Saint-Malo, 1746).
Quesnel est arrêté en 1779 alors que, parti de Bordeaux, il navigue à destination de New York avec des
armes destinées aux Américains. Il est ensuite amené
à Halifax, puis à Montréal, où il aurait été emprisonné pendant un court moment dans l'ancienne maison
des Jésuites.

La plupart des membres fondateurs des JMC
entretiennent des liens étroits avec la société qui
émerge au Canada à partir de 1759, liens qui témoignent de la complexité de la culture canadienne de
l'époque. Jean Louis Foureur dit Champagne (Montréal, 1745) est le fils de l'architecte de l'église des
Récollets, organiste à l'église Notre-Dame de la
compagnie des Prêtres de Saint-Sulpice. Champagne
succède à son père comme organiste en avril 1789,
mais il est renvoyé en novembre parce qu'il joue des
pièces d'opéra. De 1772 à 1785, Joseph-François
Perrault (Québec, 1753) séjourne à La Nouvelle-
Orléans, à St. Louis et à Détroit, puis devient député
à l'Assemblée du Bas-Canada en 1796. Jean-
Guillaume De Lisle, un huguenot (New York, 1757),
arrive à Montréal, en 1764. François Rolland, un
huguenot de l'île de Ré, devient avocat. Deux
membres, Pierre-Amable de Bonne de Missègle
(Montréal, 1758) et François Vassal de Monviel
(Boucherville, 1759), perdent leur père aux côtés de
Montcalm sur les plaines d'Abraham. François Vassal de Monviel devient officier dans l'armée britannique en 1776.

Louis Dulongpré (Paris, 1759) débarque en Amérique en 1778 avec les militaires français et arrive à
Montréal en 1785. Il y inaugure, en 1787, une école
de danse, de musique et de théâtre. Bon nombre des
JMC ont des liens avec l'armée. Pierre-Louis Panet
(Montréal, 1761), cependant, entame une carrière
civile d'avocat pour ensuite se faire élire comme
député en 1792.

Quand la compagnie cesse ses activités, en 1817,
de nouveaux membres s'étaient joints à elle: Claude
Dénéchau, Thomas Lee fils, George J. Mountain,
John Neilson, François Perrault fils, François
Romain, Charles-Michel d'Irumberry de Salaberry,
Michel-Flavien Sauvageau, Thomas Voyer et le
décorateur François Baillargé (*voir* FAMILLE
BAILLAIRGÉ).

En 1789-1790, les JMC présentent une saison
spéciale d'opéra dans la salle de l'école de danse et
de musique de Dulongpré. Ils inaugurent la saison en
octobre avec *Les Deux Chasseurs et la Laitière*
(livret de Duni, musique de Anscaume), suivi en
novembre de l'opéra de Florian *Les Deux billets* et,
en janvier et en février, du premier opéra canadien de
Quesnel, *Colas et Colinette, ou Le Bailli Dupé*. À la
même époque, la ALLEN'S COMPANY OF COME-
DIANS prépare une soirée spéciale d'opéra comique
avec *The Padlock*, de Dibdin, et *Poor Soldier*, de
Shield, à l'hôtel d'Allen, pour le mois d'avril 1790.

En 1792, les JMC s'installent à Québec. Au mois
de février de la même année, sous la protection du
prince Édouard, Duc de Kent, la troupe joue *La
Comtesse d'Escarbagnas* et *Le Médecin malgré lui*,
de Molière, dans un théâtre temporaire construit pour
l'occasion à l'extérieur de la porte Saint-Louis. Elle
commémore le premier anniversaire de l'Assemblée
nationale en présentant, entre autres, de décembre

1792 à février 1793, cinq pièces de Molière, ainsi
que *Le Barbier de Séville*, de Beaumarchais, au
théâtre d'Alexandre Menut. Les nouveaux membres
des JMC construisent le Patagonian theatre près de la
porte de l'Espoir, à Québec, en 1804.

Les Jeunes Messieurs Canadiens de la Société
dramatique, comme on les appelle quelquefois, ont
défendu la culture française (langue et lois) avec
ardeur, non seulement en tant qu'acteurs, metteurs en
scène, dramaturges, musiciens et chanteurs d'opéra,
mais aussi à titre d'avocats, de notaires, de députés
de l'Assemblée nationale et de membres du Conseil
exécutif.

André G. Bourassa

Jeunesses musicales du Canada Fondées en 1949 à
Saint-Hyacinthe, au Québec, par Gilles Lefebvre,
l'abbé Joseph-Hector Lemieux, Anaïs Allard-Rous-
seau et Alice Desruisseaux-Boisvert, les Jeunesses
Musicales du Canada (JMC), organisme à but non
lucratif, ont comme mandat premier de développer le
goût de la musique chez les publics de tous âges, et
d'encourager l'épanouissement de la carrière des
compositeurs et interprètes de talent au Canada comme à l'étranger. En 1950, les JMC se joignent à la
Fédération internationale des Jeunesses musicales.
L'année suivante, l'organisation fonde le Camp
musical JMC lequel devient, en 1967, le Centre d'art
d'Orford (aujourd'hui Centre d'arts Orford), dirigé
depuis 1976 par une société indépendante.

À l'instigation de Lefebvre et des JMC, on fonde
l'Orchestre mondial des Jeunesses musicales en
1970. Les quelque 30 centres (2000) des JMC au
Nouveau-Brunswick, au Québec et en Ontario présentent chaque année environ 600 concerts au Canada. Les autres activités des JMC comprennent, entre
autres, le Concours national des Jeunesses musicales
du Canada-Art vocal, la série enfance-jeunesse
Concertino, et des concerts familiaux.

De 1953 à 1972, Lefebvre assume la direction
générale de cette organisation dont le siège social est
à Montréal. Il est suivi de Gaston Germain (1972-
1976), de Jean-Claude Picard (1976-1987), de
Micheline Tessier (par intérim, 1987), de Claude
Lafontaine (1988-1990), de Nicolas Desjardins
(1991-1998) et de Jacques Boucher.

Depuis le printemps 2000, les Jeunesses musicales du Canada possèdent leur Maison des JMC,
dotée d'une magnifique salle de musique de
chambre.

Jeux Le jeu se distingue de toute autre forme de divertissement par les caractéristiques suivantes: au
départ, tous les participants sont sur le même pied
d'égalité; le jeu prend fin lorsqu'un gagnant ou un
perdant a été déterminé; il est soumis à des règles et
à des pratiques strictes, même s'il semble spontané
et non organisé. Quoique de nombreux jeux se pratiquent sans accessoires, on associe souvent le mot
«jeu» à un objet visible.

Histoire des jeux au Canada
Jeux d'enfants en plein air et en groupe Bon
nombre de jeux proviennent d'Europe et des États-
Unis. Leur transmission d'un enfant à un autre au fil
des siècles explique qu'ils existent encore aujour-
d'hui et ce, sans avoir subi trop de modifications. La
mise en pied de systèmes d'enseignement public au
Canada, avec un réseau d'écoles dotées de terrains de
jeu, a favorisé la diffusion des jeux de groupe traditionnels et la création de nouveaux. Certaines formes
de ces jeux traditionnels sont toujours très appréciées
des enfants, comme la marelle et le jeu du chat, ou
«tague».

Au XIXe siècle, les garçons et les filles de partout
s'adonnent à des jeux comme la cachette, la «tague»,
colin-maillard, le saut à la corde, le saute-mouton, la
marelle, le *red rover*, le *puss-in-the-corner* (ce dernier, appelé aujourd'hui jeu des quatre coins, est un
jeu où cinq enfants se disputent les quatre places
d'un carré). Même des jeux comme le jeu d'espionnage *I spy* et celui qui consiste à marcher sur les trot-

toirs en évitant les fissures (né à l'époque des trottoirs de bois) ont la faveur des enfants canadiens au
XIXe siècle.

Comme tous les enfants du monde, les petits
Canadiens utilisent une panoplie d'objets pour jouer,
comme des bâtons, des pierres et des babioles de toute sorte. Puisque de nombreuses familles n'ont pas
beaucoup d'argent à dépenser pour les jouets, la plupart sont faits avec des matériaux récupérés ou bon
marché, tels que les osselets (provenant des pattes
postérieures d'un mouton) utilisés dans le jeu du
même nom ou dans le jeu de dés. Un autre jeu, pratiqué dans les rues et les allées, consiste à faire rouler des cerceaux de tonneaux ou des jantes de roues
à l'aide d'un bâton.

Les billes, réservées surtout aux garçons, sont
généralement en argile, et on peut les confectionner
soi-même. Les billes manufacturées en argile, en
verre, en céramique et en agate sont importées d'Allemagne jusqu'au début du XXe siècle, époque où les
Américains commencent à fabriquer des billes en
verre. On se sert des billes dans des jeux comme le
ring taw et le *conker*. Les garçons jouent aussi avec
des toupies. Encore une fois, on peut les faire soi-
même ou en acheter dans les magasins. Il existe plusieurs types de toupies, dont le sabot et le toton.

Le bilboquet, tout aussi populaire, est formé d'un
manche pointu à une extrémité, évasé en forme de
coupe à l'autre, dans lequel on doit enfiler, après
l'avoir envoyée dans les airs, une boule qui lui est
reliée par une cordelette. Les enfants jouent avec des
balles et des cerfs-volants qui peuvent également être
fabriqués à la maison.

*Planchettes et jeux de table du commerce desti-
nés aux enfants* Dans la seconde moitié du XIXe
siècle, la croissance rapide d'une classe moyenne
instruite et essentiellement urbaine va établir les
conditions propices à l'éclosion d'entreprises spécialisées dans la fabrication de jeux. Les fabricants, en
plus d'offrir des copies de jeux traditionnels, créent
de nouveaux jeux et des accessoires destinés à un
marché en plein essor. Avec le temps, ces jeux finissent par occuper une place dans les loisirs des
enfants, mais bien qu'ils soient largement publicisés
dans les années 1870 et 1880, on ignore dans quelle
mesure ils sont utilisés par rapport aux jeux de fabrication artisanale ou produits localement.

Au cours de la première moitié du XIXe siècle, la
Grande-Bretagne, l'Allemagne, la France et les
États-Unis commencent à produire des planchettes
de jeu pour enfants, mais la plupart coûtent cher, car
elles sont peintes à la main sur du lin. Vers 1867, les
jeux en bois ou en carton plus abordables sont offerts
dans la plupart des centres urbains canadiens. Parmi
les jeux qu'on peut retrouver, figurent les jeux traditionnels auxquels on s'adonne depuis des centaines
d'années en Europe, aux États-Unis et au Canada,
dont les ÉCHECS, les dames, le backgammon, le
Fox and Geese et le jeu de la mérelle. D'autres jeux
nouvellement conçus s'adressent aux enfants. Ils
mettent l'accent sur des valeurs morales et éducatives pour mieux séduire les parents.

Dans les années 1880, les entreprises de jeux pour
enfants fabriquent et vendent de façon rentable un
grand nombre de jeux de table destinés à divertir et
portant sur des thèmes populaires (comme The Little
Shoppers Game) plutôt que sur des valeurs morales.
Ce sont surtout des firmes américaines et britanniques qui les produisent. En 1886, la Canada Games
Co, une division de la British Copp Clark Co, ouvre
ses portes. Cette entreprise ne connaîtra jamais beaucoup de succès, car les jeux qu'elle produit sont de
moins bonne qualité et moins attrayants que leurs
pendants américains et européens.

Elle crée néanmoins des versions «canadianisées»
de jeux standard, comme Toboggans and Stairs, basé
sur le jeu de serpents et échelles classique. Généralement, les jeux pour enfants sont fabriqués par des
éditeurs de livres, et on peut les commander par cata-

logue, comme celui d'Eaton (à partir des années 1880), ou se les procurer dans des librairies locales.

Outre les jeux mentionnés, les fabricants de la fin du XIXe siècle offrent des jeux d'adresse, comme des versions de table du tennis, du croquet et du jeu de puce. Les jeux de Fort et de billard anglais sont des jeux de table en bois contenant des billes qui servent à frapper une cible. On a cessé la production du jeu de Fort dans les années 20 et on ne l'a jamais remis sur le marché, tandis que le jeu de billard anglais s'est transformé en billard électrique. Comme ces deux jeux sont faits de bois, des fabricants de meubles et de tonneaux en produisent aussi localement. L'industrie canadienne et le marché des jeux pour enfants vont prospérer après la Première Guerre mondiale, mais les fabricants canadiens doivent affronter la concurrence féroce de leurs homologues américains, qui continuent d'inventer des jeux au succès phénoménal, parmi lesquels le Monopoly, le Scrabble et Clue.

Tout au long de l'histoire du Canada, la culture populaire et la technologie exercent une influence sur les jeux. Les jeux de groupe tels que la «tague» ont souvent changé de nom au gré des modes, p. ex., «les cow-boys et les Indiens», un thème popularisé dans les années 40 et 50 par les émissions pour enfants présentées à la radio et à la télévision. Au cours des dernières années, les «envahisseurs de l'espace» semblent être le thème en vogue. Avec l'arrivée du cinéma, de la radio et de la télévision, de nombreux jeux de table pour enfants reprennent des personnages populaires, comme le jeu de 1957 Leave it to Beaver. Aujourd'hui encore, on remarque le même phénomène. À la fin des années 70 et au début des années 80, le livre Le Hobbit de J.R.R. Tolkien ainsi que sa trilogie «Le Seigneur des anneaux» ont inspiré une série de jeux de rôle comme Donjons et Dragons.

Dans ces jeux, qui en général mettent l'accent sur des bravades exagérées et les stéréotypes sexuels des magazines de bandes dessinées, le joueur invente une histoire dont il est le héros et qui allie le hasard et la stratégie. En raison des idées véhiculées, ce sont surtout les adolescents qui s'y adonnent, et la fascination que ce jeu semble exercer sur eux inquiète certains parents. La popularité des jeux de rôle est attestée par le nombre croissant d'organisations de joueurs et de magasins vendant des accessoires qui leur sont destinés.

L'arrivée de la technologie informatique dans la sphère des jeux, à la fin des années 70 et au début des années 80, a donné lieu à une prolifération de jeux électroniques adaptés pour le téléviseur ou de jeux à consoles miniatures. Certains se veulent éducatifs, tandis que d'autres sont basés sur les sports traditionnels. Le remplacement graduel des billards électriques par des jeux vidéo, dont la popularité a entraîné la création de jeux d'arcade, témoigne d'un développement semblable.

Jeux destinés aux adultes Tout comme les jeux pour enfants, la plupart des jeux pour adultes, au XIXe siècle, sont de type traditionnel et exigent peu d'accessoires. Le manque relatif de temps libre constitue probablement un facteur limitatif en ce qui a trait à la pratique du jeu chez les adultes. Les jeux de table européens classiques, dont les échecs, les dames, le backgammon et le jeu de la mérelle, sont souvent faits à la main (le jeu de la mérelle est un jeu de stratégie basé sur un multiple de trois, mais peu de Canadiens le connaissent de nos jours).

Au Québec, le plateau servant à jouer aux dames comporte 144 cases (au lieu des 64 cases du plateau ou de l'échiquier réglementaire). De nos jours, les plateaux de ce type sont considérés comme des objets de collection d'«art populaire».

Les fabricants de jeux pour enfants, dans la deuxième moitié du XIXe siècle font aussi des jeux qui demandent la participation de toute la famille. Les jeux de société tels que Authors (jeu de cartes où on doit associer un auteur à une citation) et Lost heir

(un jeu de cartes de couplage) sont extrêmement populaires. Très prisés à l'époque victorienne, les jeux de «conversation», jeu de cartes contenant des questions et des réponses, sont conçus pour briser la glace lorsque des hommes et des femmes se retrouvent dans un salon. Dans la publicité, on disait du jeu qu'il était une bénédiction pour les personnes timides et que, parfois, il «pavait la voie au mariage». De nos jours, les cartes demeurent probablement le jeu le plus répandu chez les adultes.

Jouer aux cartes était en général une activité de la population urbaine, et les anglophones du Canada avaient une prédilection pour l'euchre et le whist. Le whist est un ancien jeu de cartes européen qui se joue à quatre et dans lequel il faut désigner un atout et faire des levées. Il est l'ancêtre du BRIDGE, popularisé dans les années 20. Les années 30 marquent l'arrivée sur le marché des jeux comme le Monopoly et le Scrabble, conçus pour les adultes. Ce n'est que récemment que le jeu canadien Quelques arpents de pièges les a déclassés au chapitre des ventes réalisées.

Lancé au début des années 80, Quelques arpents de pièges est un jeu de table où les concurrents doivent répondre à des questions posées sur des cartes. Il a suscité un engouement sans pareil et les inventeurs canadiens en ont fourni un prototype qui a été copié par des firmes américaines et européennes, ce qui prouve que les rôles peuvent s'inverser. Par la suite, un nombre considérable d'inventeurs se sont consacrés à la création de jeux dans l'espoir de connaître un succès comparable.

Ce mouvement marque également la reprise des affaires pour certaines entreprises canadiennes, dont Canada Games Co. Leurs jeux à succès du type «association d'idées», comme Balderdash et QWR (Quick Wit and Repartee), Waddington et Sanders Whatzit et Slang Teasers, visent une clientèle essentiellement urbaine et composée d'adultes instruits, identifiée pour la première fois par les concepteurs de Quelques arpents de pièges dans les années 80. Scrupules (High Game Enterprises) est un autre jeu canadien moderne très répandu. La popularité des jeux «meurtre et mystère», qui mettent à contribution l'esprit de déduction des participants, a favorisé la création des jeux An Evening of Murder (Waddington-Sanders).

Si l'industrie canadienne du jeu est surtout reconnue de nos jours pour Quelques arpents de pièges, d'autres succès ont marqué son histoire par les années passées, comme le jeu de hockey sur table, Munro 6-Man (*voir* JOUETS ET JEUX). La firme Munro, entreprise familiale établie en Ontario, est le fabricant le plus important de jeux de hockey sur table au monde entre les années 30 et les années 50. Ses jeux se reconnaissent facilement à leur patinoire incurvée en bois, leurs joueurs en fil coudé et leurs filets crochetés à la main.

Chaque année, des centaines de nouveaux jeux provenant du monde entier envahissent le marché canadien. Certains d'entre eux, comme le cube Rubik, créé par un architecte hongrois du même nom, suscitent un engouement aussi instantané qu'éphémère, tandis que d'autres, comme le Scrabble, deviennent des classiques. Au Canada, le Museum and Archive of Games, situé à l'U. de Waterloo, constitue le principal centre d'étude des jeux.

Mary Tivy

Jeux de la francophonie L'idée des Jeux de la Francophonie a germé lors du sommet des pays francophones de 1987 à Québec. Les délégués à ce sommet ont envisagé l'organisation d'un événement rapprochant les pays francophones tout en leur assurant une vitrine internationale. Ces Jeux se veulent non seulement un instrument de sport, mais aussi l'occasion de faire connaître sur la scène internationale le patrimoine de chaque nation. Au volet sportif se greffent des concours artistiques.

Tous les pays de la Francophonie sont admissibles à cette rencontre célébrée tous les quatre ans. La délégation canadienne comprend trois composantes: des équipes distinctes du Canada, du Québec et du Nouveau-Brunswick faisant ainsi ressortir l'apport particulier de ces deux provinces à la culture francophone mondiale.

Casablanca au Maroc a organisé la première édition de ces Jeux en 1989. La réalisation de la manifestation suivante a été accordée à la France qui ne l'a présentée que cinq ans plus tard à Paris et dans ses environs. Respectant l'alternance entre un pays du Nord et un pays du Sud, les troisièmes Jeux se sont déroulés, en 1997, à Antananarivo au Madagascar. Ceux de 2001 auront lieu à Hull.

Ces Jeux sont régis par le Comité international des jeux de la francophonie (CIJF).

Yvon Dore

Jeux des Highlands Ces Jeux prennent leur source dans une tradition établie par les ancêtres celtiques des Écossais. Le lancer de pierres et du tronc d'arbre, tout comme les compétitions de cornemuse et de danses écossaises forment le cœur des festivités et côtoient les épreuves de course à pied, lutte, tir à la corde, ainsi que des nouveautés comme la course à trois jambes ou le concours du Highlander le mieux vêtu. Introduits en Amérique du Nord par les immigrants écossais, les Jeux des Highlands sont souvent désignés sous le nom de «Jeux calédoniens». Vu l'influence des ÉCOSSAIS dans l'histoire du Canada, il n'est pas étonnant que les Jeux des Highlands s'y soient répandus.

La Highland Society voit le jour à Glengarry (Ontario), en 1819, mais s'éteint après «de nombreuses rencontres fructueuses». Le Caledonian Club de l'Île-du-Prince-Édouard organise des Jeux plus permanents en 1838. Des jeux similaires suivront à Lancaster, à Toronto, au Cap-Breton, à Montréal, à Zorra et, après la Confédération, à Halifax, à Antigonish, à Chatham, à Ottawa et à Vancouver. En l'espace de quelques années, des Jeux se déroulent dans plusieurs cantons ontariens, ainsi qu'à Fredericton, à Québec et à Victoria. En 1880, la St. Andrew's Society de Winnipeg organise les premiers Jeux au parc Dufferin, dans le cadre de la Fête du Canada. Parrainés par le marquis de LORNE, ils obtiennent beaucoup de succès, comme ce sera le cas pour les Jeux qui suivront d'année en année. Plus d'un gouverneur général et plusieurs personnalités politiques écossaises, dont George BROWN et sir John A. MACDONALD, seront appelés à parrainer ces compétitions. En 1975, John DIEFENBAKER, ancien premier ministre du Canada, perpétue la tradition lorsque, vêtu d'un kilt, il se rend aux Jeux de Glengarry.

Il est devenu habituel de tenir les championnats provinciaux d'athlétisme en même temps que les Jeux des Highlands. Le festival contribue ainsi à produire quelques-uns des meilleurs athlètes canadiens, notamment Duncan Bowie, George GRAY, Walter GRAY et Walter Knox, reconnus sur la scène internationale. Qui plus est, cette tradition fait aujourd'hui partie intégrante de la culture canadienne (p. ex., les romans de Ralph Connor, alias C.W. GORDON), à tel point que, dit-on, le Canada compterait plus de cornemuses et de danseurs écossais que l'Écosse elle-même. Les Jeux des Highlands témoignent de la vigueur de la tradition écossaise au Canada.

Gerald Redmond

Jeux d'hiver de l'Arctique Présentés pour la première fois en 1970, ces Jeux biennaux sont organisés pour promouvoir les échanges sociaux et culturels entre les populations nordiques et donner l'occasion aux athlètes du nord du pays de s'entraîner et de participer à des compétitions. Les premiers Jeux, tenus à Yellowknife, attirent 710 participants venus de l'Alaska, du Yukon et des Territoires du Nord-Ouest. Des athlètes du nord du Québec et des observateurs de l'URSS et du Groenland se joignent aux jeux en

1972. Par la suite, les jeux se tiennent à Anchorage, en Alaska, en 1974; à Schefferville, au Québec, en 1976; à Hay River et à Pine Point, dans les Territoires du Nord-Ouest, en 1978; à Whitehorse, au Yukon, en 1980; à Fairbanks, en Alaska, en 1982; à Yellowknife, dans les Territoires du Nord-Ouest, en 1984; à Whitehorse en 1986; et à Fairbanks en 1988.

Les disciplines présentées sont le badminton, le ski de fond, le curling, le patinage artistique, le hockey, le soccer intérieur, le tir, la raquette, le patinage de vitesse, le triathlon et le volleyball. Les épreuves les plus inédites sont les sports traditionnels de l'Arctique que les Inuits ont développés au cours des ans pour mesurer la force, l'endurance et la résistance (p. ex., le coup de pied en hauteur qui consiste à sauter dans les airs sur un ou deux pieds).

Jeux du Canada (Canada Games) L'idée d'organiser les jeux du Canada est proposée pour la première fois en 1924 par Norton Crow, le secrétaire de la Amateur Athletic Union of Canada, mais elle reçoit peu d'appui. Elle refait surface régulièrement au cours des 25 années qui suivent, mais, à chaque fois, elle suscite peu d'enthousiasme. En 1962, le président du Conseil consultatif national de la Condition physique et du Sport amateur suggère encore une fois un festival sportif. Un avocat québécois, André Marceau, prend l'initiative et, de pair avec d'autres autorités québécoises du monde du sport, fonde une corporation regroupant les principaux sports d'hiver canadiens. En 1964, la Commission du Centenaire recommande que les Jeux d'hiver soient tenus en 1967, et le gouvernement fédéral accepte la suggestion.

Le 30 mai 1965, un accord financier est signé, et les premiers Jeux du Canada d'hiver ont finalement lieu. Depuis lors, des Jeux d'été et d'hiver ont lieu tous les quatre ans. Leurs objectifs sont de fournir des établissements sportifs de première qualité, d'entraîner autant de jeunes athlètes que possible afin de leur permettre d'atteindre un calibre international, d'encourager la tenue de compétitions dans les provinces et les territoires, et de développer les ressources humaines depuis les juges jusqu'au directeur général des groupes s'occupant d'organiser les jeux.

Yvon Doré

Jeux du Commonwealth Depuis la tenue, en août 1930, des premiers Jeux de l'Empire britannique à Hamilton (Ontario) où s'affrontent plus de 400 athlètes de 11 pays, le Canada est un participant de premier plan à cette manifestation sportive qui se déroule tous les 4 ans.

Les jeux suivants ont lieu à Londres (Angleterre) en 1934; à Sydney (Australie) en 1938; à Auckland (Nouvelle-Zélande) en 1950; à Vancouver en 1954, où ils deviennent les Jeux de l'Empire et du Commonwealth; à Cardiff (pays de Galles) en 1958; à Perth (Australie) en 1962; à Kingston (Jamaïque) en 1966, où ils prennent le nom de Jeux du Commonwealth britannique; à Édimbourg (Écosse) en 1970; à Christchurch (Nouvelle-Zélande) en 1974; à Edmonton en 1978, où ils sont rebaptisés Jeux du Commonwealth et regroupent près de 1500 athlètes de 46 pays. Les Jeux du Commonwealth de 1982 se tiennent à Brisbane (Australie) et ceux de 1986, à Édimbourg (Écosse). Les Jeux de 1990 ont lieu à Auckland (Nouvelle-Zélande), puis reviennent au Canada en 1994, à Victoria.

Les Jeux du Commonwealth sont le théâtre de plusieurs performances mémorables (10 records du monde sont brisés à Cardiff en 1958). Un des événements les plus spectaculaires de l'histoire du sport est sans doute le «mille prodigieux» de Vancouver (1954), où le Britannique Roger Bannister enlève la victoire à l'Australien John Landy.

Les athlètes canadiens ont aussi accompli des performances exceptionnelles lors de ces jeux: en natation seulement, Phyllis DEWAR (1934), Elaine TANNER (1966) et Graham Smith (1978) remportent 14 médailles d'or. Aux XIᵉ Jeux du Commonwealth (Edmonton, 1978), organisés avec l'aide de 10 000 bénévoles, le Canada remporte 45 médailles d'or, 31 d'argent et 33 de bronze pour un total de 109 médailles. L'Angleterre suit avec 27 médailles d'or pour un total de 87. Au programme de ces jeux figurent 11 disciplines sportives: athlétisme, badminton, boxe, cyclisme, gymnastique, boulingrin, tir, natation, haltérophilie, lutte et crosse (sport de démonstration).

À l'occasion des Jeux de 1986, le Canada gagne 115 médailles (51 d'or) et se classe deuxième derrière l'Angleterre. Jane Kerr est au nombre des 380 participants à ces Jeux, où elle s'illustre en remportant 2 médailles d'or, 2 d'argent et 2 de bronze. Aux Jeux de 1990, le Canada termine troisième avec 35 médailles d'or, 41 d'argent et 37 de bronze. Curtis Hibbert, champion gymnaste, gagne 5 médailles d'or, une d'argent et une de bronze.

Gerald Redmond

Jeux du Québec Le projet des Jeux du Québec s'élabore vers la fin des années 60. Les intervenants du sport amateur québécois proposent alors la tenue d'une compétition qui éveillerait l'intérêt sportif jusque dans les coins les plus éloignés de la province. On veut susciter une participation massive dans un éventail de sports le plus large possible dans l'espoir que les jeunes poursuivront ces activités physiques. On incite en même temps les dirigeants de chaque ville-hôtesse à multiplier les installations sportives. Des activités sociales et culturelles s'ajoutent aux compétitions entre athlètes.

Les premières finales régionales sont organisées dès 1970 et la première finale provinciale voit le jour au cours de l'été 71 à Rivière-du-Loup. Les Jeux d'hiver présentent leur première finale provinciale en 1972 à Montréal.

Le principe de ces Jeux est simple. La province est divisée en 18 régions déterminées par les responsables des Jeux du Québec. Tout commence dans ces régions. Des éliminatoires s'y déroulent chaque année et sélectionnent les athlètes qui se rendront aux grandes finales provinciales. D'abord présentées annuellement, les finales provinciales (été et hiver) sont maintenant bisannuelles.

Sports-Québec définit et supervise le cadre des Jeux en étroite collaboration avec les fédérations sportives et les organismes régionaux. L'organisation de chaque finale est confiée à un comité mis sur pied dans chaque ville-hôtesse. Celle-ci doit, entre autres, loger, nourrir les athlètes et fournir les équipements nécessaires à la tenue des compétitions. Les instances gouvernementales, des institutions financières et des entreprises privées participent au financement de ces Jeux.

De 1970 à 2000, plus de 2 500 000 jeunes, dont l'âge moyen est de 14 ans, ont participé aux finales régionales et provinciales (18 d'été et 17 d'hiver) dans une quarantaine de sports.

Même si on parle dans les premières années de jeux populaires, cette compétition s'avère un tremplin pour les jeunes désireux de poursuivre leur carrière sur le plan national ou sur la scène internationale. La vocation de ces Jeux a d'ailleurs été modifiée depuis ses débuts en 1970. S'ils ont d'abord contribué au développement du sport lui-même, ils se veulent aujourd'hui un programme visant à développer l'athlète jusqu'à l'excellence. La plupart des athlètes qui se sont distingués sur la scène internationale sont passés par les Jeux du Québec qui font aujourd'hui partie du patrimoine sportif québécois.

Yvon Dore

Jeux mondiaux universitaires Ces Jeux ont lieu pour la première fois en 1924, parallèlement au Congrès de la Fédération Internationale des Étudiants (FIE) à Varsovie, en Pologne. Le Français Jean Petitjean a eu l'idée de ces jeux auxquels participent 60 étudiants, surtout de Grande-Bretagne, de Pologne et de France. Entre 1927 et 1939, les jeux se tiennent dans différentes villes européennes: Rome (1927), Paris (1928, 1937), Darmstadt (Allemagne, 1930), Turin (Italie, 1933), Budapest (1935) et Monte Carlo (1939). Après 1928, les jeux attirent beaucoup d'athlètes et de champions olympiques. En 1933, à Turin, les Jeux revêtent une dimension politique manifeste, la victoire du pays hôte reflétant la force du gouvernement fasciste. Les Jeux sont dès lors propulsés sur la scène sportive internationale. En 1937, 26 pays délèguent plus de 1500 athlètes qui se mesurent dans 12 disciplines différentes.

La FIE organise des Jeux d'après-guerre à Paris (1947) et à Budapest (1949), pour ensuite céder ce mandat à la Fédération internationale du sport universitaire (FISU), fondée en 1948. Depuis, plusieurs villes et pays ont accueilli les jeux: Luxembourg (1951), Dortmund (Allemagne, 1953), San Sebastian (Espagne, 1955), Paris (1957), Turin (1959), Sofia (Bulgarie, 1961, 1977), Port Allegre (Brésil, 1963), Budapest (1965), Tokyo (1967), Moscou (1973), Mexico (1979), Bucarest (1981), Edmonton (Canada, 1983), Kobe (Japon, 1985), Zagreb (Croatie, 1987), Duisburg (Allemagne, 1989) et Sheffield (Angleterre, 1991). Depuis les années 50, ces jeux ont non seulement réuni des athlètes de classe internationale, dont les sœurs Press (URSS), Harry JEROME (Canada), David Hemery (Grande-Bretagne), Tommie Smith (États-Unis) et Alberto Juantorena (Cuba), mais ils se classent deuxièmes en importance après les Jeux olympiques.

Aux Jeux d'Edmonton en 1983, plus de 3500 athlètes de 74 pays ont concouru dans 10 disciplines, les principales étant l'athlétisme, la natation et le basketball.

Dave Brown

Jeux olympiques Compétitions sportives internationales qui se disputent tous les quatre ans. Jusqu'en 1992, les Jeux d'été et d'hiver ont lieu la même année, mais à partir de 1994, on les présente en alternance tous les deux ans. P. ex., les Jeux olympiques d'hiver de Nagano (Japon) ont lieu en 1998 et les Jeux olympiques d'été se dérouleront en l'an 2000 à Sydney (Australie).

Les premiers Jeux olympiques sont célébrés dans la Grèce antique entre 776 av. J.-C. et 393 ap. J.-C. en l'honneur de Zeus. Chez les Grecs anciens, la recherche de l'excellence et le culte de la beauté corporelle revêtent une grande importance, et les Jeux en offrent une parfaite illustration. Le festival se déroule tous les quatre ans à Olympie, dans le nord-ouest du Péloponnèse, et comprend des courses de chars et de chevaux, des courses à pied, des épreuves de pugilat et de lutte ainsi qu'un pentathlon. Les légendes de l'époque glorieuse des jeux d'Olympie ont persisté au fil des siècles et les découvertes des archéologues au XIXᵉ siècle confirment qu'elles n'étaient pas un mythe.

L'idée de faire revivre l'olympisme revient à l'éducateur et penseur français Pierre de Coubertin, qui y voit un moyen de promouvoir la paix entre les peuples. Les premiers Jeux modernes ont lieu à Athènes, en 1896. Plutôt modestes, ils accueillent 250 athlètes de 14 pays et comptent 43 épreuves dans 9 disciplines sportives. À titre de comparaison, quelque 10 000 athlètes de plus de 190 pays participent aux 271 épreuves des 29 sports aux Jeux d'été d'Atlanta en 1996.

Les athlètes

Dans de nombreux pays, les athlètes se qualifient pour les Olympiques en remportant ou en terminant parmi les meilleurs de leur discipline lors d'épreuves de sélection. L'athlète doit être un citoyen du pays pour pouvoir le représenter. Pendant longtemps, seuls les athlètes amateurs étaient admis aux Jeux, mais à présent, les athlètes professionnels peuvent participer à la plupart des épreuves olympiques. Le baseball et la boxe font encore partie des exceptions. Dans la majorité des sports, un pays peut inscrire jusqu'à trois compétiteurs dans chaque épreuve pourvu qu'ils remplissent les critères minimums de sélection établis par l'organisme international régissant leur sport. Les équipes nationales doivent gagner ou se classer parmi les premiers lors d'un tournoi de qualification pour accéder aux Jeux. Le pays hôte peut inscrire une équipe dans chaque épreuve par équipe.

Les médailles

Chaque compétiteur finissant au premier rang reçoit une médaille d'or, qui est en réalité faite d'argent et recouverte d'or. La deuxième place correspond à une médaille d'argent et la troisième à une médaille de bronze. La conception de la médaille a lieu tous les quatre ans. Tous les membres d'une équipe de relais gagnante reçoivent une médaille, y compris ceux qui ne participent qu'aux épreuves de qualification. Dans les sports d'équipe, tous les membres d'une équipe gagnante qui jouent au moins un match durant la compétition obtiennent une médaille.

Olympiques d'été

Athènes, 1896 Les épreuves suivantes figurent au programme des Jeux de 1896: le cyclisme, l'escrime, la gymnastique, le tir à la cible, la natation, le tennis, l'athlétisme, l'haltérophilie et la lutte. L'Américain James B. Connolly devient le premier champion des Olympiques modernes en remportant l'épreuve du triple saut (alors connue sous le nom de «cloche-pied, foulée et saut»). Comme il se doit, c'est un athlète grec, Spyridon Louis, qui remporte le premier marathon. Les Canadiens ne participent pas à ces Olympiques.

Paris, 1900 Les Jeux de 1900, qui font partie des attractions de l'exposition internationale de Paris, suscitent peu d'intérêt. Pour la première fois, des femmes participent aux compétitions, soit le tennis sur gazon et le golf. Une joueuse de tennis britannique, Charlotte Cooper, et une golfeuse américaine, Margaret Abbott, sont les premières médaillées d'or féminines. Le Canada n'y envoie pas d'équipe officielle, mais un Canadien qui étudie aux États-Unis, George Orton, se rend à Paris avec l'équipe américaine et remporte une médaille d'or au steeplechase de 3000 mètres, une de bronze au 400 m haies et finit cinquième au steeplechase de 4000 mètres.

St. Louis, 1904 Les Olympiques de 1904, tenus dans le cadre de la Louisana Purchase Exposition à St. Louis (Missouri), soulèvent également peu d'enthousiasme. Le Canada y délègue officiellement ses premiers athlètes, qui remportent quatre médailles d'or au lancer du poids, au golf, à la crosse et au soccer, ainsi qu'une médaille d'argent à l'aviron. Parmi les médaillés d'or du Canada, on trouve un policier de Montréal, Étienne DESMARTEAU, qui a été congédié pour s'être absenté du travail afin de participer aux Olympiques. Il remporte l'or au lancer du poids de 56 lb (25 kg). Il meurt l'année suivante, à l'âge de 28 ans, de la typhoïde. Les Shamrocks de Winnipeg gagnent l'or à la crosse. George LYON, au golf, et une équipe de Galt (Ontario), au soccer, méritent la médaille d'or dans leurs disciplines respectives.

En 1906, on tient des Jeux «intermédiaires» à Athènes afin de conserver les liens historiques entre la Grèce et les Jeux Olympiques. William Sherring, l'un des trois athlètes canadiens participants, remporte le marathon. Ce sont les seuls Jeux intermédiaires qui aient jamais eu lieu et les résultats de 1906 ne sont pas reconnus officiellement.

Londres, 1908 Les Canadiens reviennent des Jeux de 1908 avec trois médailles d'or, trois d'argent et neuf de bronze. L'or est remporté par Robert Kerr à la course de 200 mètres, par Walter Ewing au tir et par l'équipe nationale de crosse. On s'attend à ce que le Canada gagne le marathon grâce au favori Tom LONGBOAT, de la réserve des Six-Nations. Mais l'épreuve donne lieu à l'un des moments les plus dramatiques de l'histoire des Olympiques. Le départ se fait sur les pelouses du château de Windsor, ce qui signifie que les coureurs doivent parcourir 42 km jusqu'au stade. Longboat, qui avait remporté en un temps record le marathon de Toronto en 1906 et celui de Boston en 1907, prend la tête dès le départ. Au 23e kilomètre, il se trouve deuxième. À peine huit kilomètres plus loin, il se retire soudainement en boitant et on l'embarque dans une voiture. Des rumeurs selon lesquelles des membres de son entourage l'auraient drogué afin de gagner l'argent d'un pari se répandent rapidement. Entre-temps, au stade, l'Italien Dorando Pietri s'approche de la ligne d'arrivée en titubant, après avoir déjà chuté à cinq reprises. Lorsque l'Américain John Hayes arrive à son tour, tout porte à croire qu'il vaincra l'Italien. Toutefois, l'officiel en chef du marathon, Jack Andrew, peu enclin à laisser un Américain l'emporter, bondit de l'estrade et traîne le coureur italien de façon à ce qu'il franchisse la ligne d'arrivée en premier. La victoire illégale est cependant de courte durée, car les Américains protestent et Hayes finit par obtenir la médaille d'or.

Stockholm, 1912 Le Canada envoie à Stockholm une petite délégation composée de 36 athlètes. George Goulding remporte une médaille d'or à la marche de 10 000 m, alors que George Hodgson en obtient deux en natation (400 mètres et 1500 mètres). Il s'agit du premier double médaillé d'or du Canada aux Olympiques. Hodgson poursuit ses exploits en brisant trois records du monde en natation. Calvin Bricker et Duncan Gillis remportent l'argent en athlétisme, tandis que William Happeny, Frank Lukeman et Everard Butler gagnent des médailles de bronze en athlétisme et en aviron. On se souvient surtout des Jeux de Stockholm pour les prouesses du jeune Américain Jim Thorpe. Il remporte le pentathlon et, le jour suivant, pendant que la plupart des compétiteurs récupèrent, il participe au décathlon pour enlever facilement l'or. Un an après ces événements, on apprend que Thorpe recevait 60 dollars par mois comme joueur de baseball. Comme la rémunération va à l'encontre du code olympique amateur, Thorpe doit remettre ses médailles. Le Comité international olympique (CIO) les lui rend ultérieurement.

Anvers, 1920 La Première Guerre mondiale force l'annulation des Jeux de 1916, qui doivent se tenir à Berlin (Allemagne). La Belgique, dévastée par l'invasion allemande durant la guerre, soulève la sympathie du CIO, qui accorde les Jeux de 1920 à Anvers. Le coureur finlandais Paavo Nurmi, surnommé le «Finlandais volant», y remporte trois de ses neuf médailles d'or olympiques en carrière, une à la course de 10 000 mètres, une au cross-country individuel et une autre au cross-country en équipe.

Comme de nombreux participants sont des militaires alliés, l'Allemagne, l'Autriche, la Bulgarie, la Hongrie et la Turquie ne sont pas invitées pour éviter de raviver les animosités. Earl Thompson de la Saskatchewan remporte la médaille d'or au 110 mètres haies en un temps record pour le Canada. L'autre médaille d'or du Canada est décernée au boxeur Albert Schneider. Le hockey sur glace fait son apparition à ces Jeux d'été. Les Falcons de Winnipeg représentent le Canada et remportent le titre en défaisant la Suède 12 à 1.

Paris, 1924 Le coureur Nurmi ainsi que le nageur américain Johnny Weissmuller sont les athlètes qui se démarquent le plus aux Jeux de Paris. Parmi les principales victoires de Nurmi, on compte la course du 1500 mètres et celle du 5000 mètres. Weissmuller remporte les 100 mètres et 400 mètres nage libre et fait partie de l'équipe de nageurs qui gagne l'épreuve de relais style libre. Les Jeux de Paris serviront de cadre au film *Chariots of Fire*, basé sur les exploits des champions britanniques en sprint, Harold Abrahams et Eric Liddell. Le Canada ne remporte pas de médailles d'or à ces Jeux. Toutefois, les GRADS D'EDMONTON gagnent un championnat «officieux» au basketball féminin (tout comme en 1928, en 1932 et en 1936), alors un sport de démonstration.

Amsterdam, 1928 L'apparition des épreuves féminines d'athlétisme constitue le fait saillant des Jeux d'Amsterdam (Pays-Bas). Les sept Canadiennes (six sprinteuses et une nageuse) obtiennent deux médailles d'or, une d'argent et une de bronze. Ethel CATHERWOOD, Fanny ROSENFELD, Ethel Smith, Florence Bell et Myrtle Cook deviennent les premières Canadiennes à remporter une médaille d'or au relais. Catherwood gagne aussi l'or au saut en hauteur. Phil Edwards récolte une médaille de bronze à la course de relais 4 x 100 mètres. Cette médaille est la première des cinq médailles olympiques gagnées par Edwards au cours de sa carrière. Il est l'unique athlète canadien à avoir accompli cet exploit. L'équipe masculine de relais éclipse elle aussi le record du monde en finissant en troisième position, derrière les équipes américaine et allemande. Percy WILLIAMS de Vancouver surprend tout le monde en devenant le premier coureur non américain à remporter le 100 mètres et le 200 mètres au sprint.

Los Angeles, 1932 En 1930, le CIO décide de poursuivre l'intégration d'athlètes féminines. Grâce à cette décision, l'Américaine Babe Didrikson devient l'athlète la plus acclamée des Jeux de 1932. Elle remporte le 80 mètres haies et l'épreuve du javelot en établissant de nouveaux records du monde dans ces deux disciplines et elle finit deuxième au saut en hauteur.

Bien que les athlètes canadiens éprouvent des difficultés pour se rendre aux Jeux, en raison d'un financement insuffisant, le Canada réussit à obtenir 15 médailles, soit le même nombre qu'aux Jeux de 1924. Phil Edwards gagne trois médailles de bronze aux épreuves de course sur piste. Alex Wilson remporte une médaille d'argent et deux de bronze dans la même discipline. Duncan McNaughton rafle l'or au saut en hauteur tout comme Horace GWYNNE à la boxe.

Berlin, 1936 Ces Jeux se veulent une vitrine pour le IIIe Reich d'Hitler, mais c'est l'attribution de quatre médailles d'or à un athlète noir des États-Unis, Jesse Owens, qui constitue l'événement marquant des Jeux de Berlin. Le Canadien Philip Edwards obtient une médaille de bronze à la course de 800 mètres, sa cinquième médaille olympique. Le canoéiste Frank AMYOT, qui a payé de sa poche son voyage à Berlin après que le Comité olympique canadien ait refusé de le défrayer, remporte l'unique médaille d'or du Canada. L'équipe de basketball canadienne, qui joue en présence de l'inventeur de ce sport, le Canadien James Naismith, ne perd qu'un match et se mérite la médaille d'argent.

Londres, 1948 Les Jeux de 1940 et de 1944, qui doivent avoir lieu à Tokyo et à Londres respectivement, sont annulés à cause de la Seconde Guerre mondiale (1939-1945). Les Jeux de 1948 doivent se dérouler à Helsinki, mais comme la Finlande ne s'est pas encore relevée de la guerre, ils ont lieu à Londres.

L'Allemagne et la Chine ne sont pas invitées à prendre part aux Jeux et l'Union soviétique décline l'invitation. Les Canadiens reviennent avec trois médailles: une d'argent gagnée par Douglas Bennett en canoéisme, une de bronze obtenue par l'équipe féminine à la course de relais 4 x 100 mètres et une autre de bronze remportée par Norman Lane en canoéisme. Fanny Blankers-Koen des Pays-Bas marque les Jeux de 1948 en étant l'unique femme à récolter quatre médailles aux épreuves d'athlétisme au cours des mêmes Jeux.

Helsinki, 1952 La capitale finlandaise accueille finalement les Jeux après avoir dû les refuser en 1948. L'Union soviétique, qui par le passé s'est abstenue de prendre part aux Jeux en raison de leur caractère capitaliste, constitue l'ajout le plus significatif parmi les pays participants. Les Soviétiques connaissent beaucoup de succès, et les Américains sont stupéfiés de voir que l'URSS détient plus de médailles que les États-Unis jusqu'au dernier jour des compétitions.

Même si le Canada y envoie sa plus importante délégation de l'histoire, les athlètes canadiens n'obtiennent que trois médailles. George GÉNÉREUX, un élève du secondaire âgé de 17 ans, remporte l'or au tir. Comme les canots du Canada sont sérieusement endommagés pendant leur transport par bateau jusqu'en Finlande, les rameurs doivent emprunter des canots à la Suède, mais ils ne remportent pas de médailles.

Melbourne, 1956 Les Soviétiques et les Américains maintiennent leur suprématie, finissant premiers et deuxièmes dans le classement officiel des médailles. L'équipe australienne, avec à sa tête les nageurs Murray Rose et Dawn Fraser et les coureuses Betty Cuthbert et Shirley Strickland, remporte 13 médailles d'or au total, ce qui lui permet d'atteindre le troisième rang au classement par pays.

Les avironneurs de l'U. de la Colombie-Britannique, dirigés par Frank Reid, rehaussent le prestige du Canada à ces Jeux. L'équipe masculine rafle les épreuves préliminaires dans la catégorie quatre rameurs. À la finale olympique, ils partent en dernière position, mais ils rattrapent les autres compétiteurs à mi-parcours, pour finalement remporter la victoire par cinq longueurs. L'équipe canadienne, dans l'épreuve à huit rameurs, finit deuxième derrière les Américains. Le Canadien Gérald Ouellett qui gagne l'or au tir de précision, semble avoir enregistré un record du monde grâce à un score parfait de 600 en finale. Toutefois, on découvre que la distance de tir a été mesurée selon le système anglo-saxon au lieu du système métrique. Les Jeux de Melbourne sont le théâtre d'un autre événement particulier. En effet, à la suggestion d'un jeune écolier australien d'origine chinoise, le CIO permet à tous les athlètes de défiler librement pendant les cérémonies de clôture.

Rome, 1960 Dans les années 60, des Africains, comme Wilson Kiprigut du Kenya et Abebe Bikila de l'Éthiopie, dominent les épreuves de course, tandis que les athlètes de l'Europe de l'Est se distinguent en gymnastique et en haltérophilie.

Ces Jeux sont les premiers à être télédiffusés sur une centaine de réseaux mondiaux, permettant ainsi à des millions de personnes de vivre et de suivre les compétitions. Malheureusement, le Canada y connaît sa pire performance olympique, ne remportant qu'une seule médaille d'argent à l'aviron, dans la catégorie des 8 avec barreur. Au 100 mètres relais quatre-nages masculin, le Canada passe près de remporter une seconde médaille en finissant quatrième.

Tokyo, 1964 Après une tentative infructueuse en 1940, Tokyo devient la première ville asiatique à organiser des Jeux. Les Japonais profitent de l'occasion pour mettre de l'avant leur technologie en utilisant des ordinateurs pour la première fois. Des records sont enregistrés dans les 18 épreuves de natation, les Américains récoltant 16 des 22 médailles d'or décernées en natation et au plongeon.

L'équipe canadienne remporte quatre médailles, dont une d'argent au 800 mètres gagnée par Bill Crothers et une de bronze au 100 mètres sprint attribuée à Harry Jerome. Roger Jackson et George Hungerford s'emparent des deux seules médailles d'or du Canada. L'hymne national du Canada est joué pour la première fois lors de la cérémonie de remise des médailles, mais le drapeau hissé est le Red Ensign.

Mexico, 1968 C'est dans un climat d'agitation politique mondiale qu'ont lieu les Jeux d'été de 1968 à Mexico. La remise des médailles pour le 200 mètres sprint chez les hommes en constitue le moment le plus controversé. Les sprinteurs afro-américains Tommie Smith et John Carlos remportent des médailles d'or et de bronze. Pour protester contre le racisme aux États-Unis, les deux athlètes brandissent le poing, symbole du «pouvoir noir», pendant qu'on joue l'hymne national américain.

L'altitude élevée de Mexico s'avère catastrophique pour les coureurs de fond et les concurrents des autres épreuves d'endurance, mais elle permet d'établir des records du monde dans de nombreuses autres compétitions. Le record le plus célèbre est établi au saut en longueur par l'Américain Bob Bea-

mon, qui exécute un saut de 8,90 m. Ce record se maintient pendant 23 ans.

La nageuse Elaine TANNER rafle trois médailles pour le Canada: deux d'argent aux 100 mètres et 200 mètres dos et une de bronze au relais 4 x 100 mètres nage libre. L'unique médaille d'or du Canada est décernée à l'équipe de Jim Elder, Jim Day et Tom Gayford, gagnante de l'épreuve équestre.

Munich, 1972 Les Jeux de Munich sont marqués par une tragédie. Des terroristes palestiniens assassinent neuf athlètes israéliens. Cinq terroristes et un policier y trouvent aussi la mort. La gymnaste soviétique Olga Korbut, avec trois médailles d'or, et le nageur américain Mark Spitz, avec sept médailles, sont les vedettes des Jeux. Les athlètes canadiens ne gagnent aucune médaille d'or mais réussissent à obtenir deux médailles d'argent et cinq de bronze.

Montréal, 1976 Les Jeux de Montréal font l'objet d'un boycottage amorcé par la Tanzanie. Plus de 20 pays africains et deux autres pays refusent d'y prendre part. Ils exigent que la Nouvelle-Zélande soit bannie des Jeux parce que son équipe de rugby a participé à des compétitions en Afrique du Sud. Le CIO rejette leur demande, arguant que le rugby n'est pas un sport olympique et donc qu'il n'a aucune autorité en la matière. La Roumaine Nadia Comaneci remporte le concours général de gymnastique chez les femmes. De plus, aux barres asymétriques, on lui décerne la note parfaite de 10, un résultat sans précédent dans une compétition olympique de gymnastique. La performance la plus remarquable des Jeux reste celle des nageuses de l'Allemagne de l'Est, qui remportent 11 des 13 épreuves de natation, mais on apprend par la suite qu'elles ont fait usage de drogues.

Bien que le Canada n'obtienne pas de médaille d'or sur son propre terrain, le nombre de médailles remportées par les athlètes canadiens, 11 dont cinq d'argent, est deux fois plus élevé qu'aux Jeux précédents. La nageuse Nancy Garapick devient l'unique double médaillée du Canada en emportant le bronze au 100 mètres et au 200 mètres dos en natation.

Moscou, 1980 Le gouvernement américain boycotte à son tour les Jeux de 1980 pour protester contre l'invasion soviétique de l'Afghanistan. Le Canada fait de même, à la déception de ses 211 athlètes. Un total de 62 pays refusent de participer aux Jeux, de sorte que l'équipe soviétique va récolter 80 médailles d'or, 69 d'argent et 46 de bronze. L'excellent boxeur cubain Teófilo Stevenson gagne sa troisième médaille d'or olympique consécutive dans la catégorie des poids lourds.

Los Angeles, 1984 L'Union soviétique, en riposte au boycottage américain des Jeux précédents, choisit de ne pas envoyer d'équipe aux États-Unis, tout comme 13 pays du bloc soviétique. L'équipe américaine gagne 83 médailles d'or, 61 d'argent et 30 de bronze. L'Américain Carl Lewis, vainqueur de quatre épreuves (100 mètres, 200 mètres, relais 4 x 100 mètres et saut en longueur), apparaît comme le plus grand champion d'athlétisme de son époque.

Le Canada profite aussi du boycottage et remporte un nombre sans précédent de 44 médailles, dont 10 d'or. Les Canadiens cumulent 6 médailles en canoéisme, six à l'aviron, trois à la voile, une d'or au plongeon et 10 en natation, dont quatre d'or. Le nageur Alex BAUMANN enregistre deux records du monde au 200 mètres et au 400 mètres individuels quatre-nages, qui lui valent des médailles d'or. Victor DAVIS établit aussi un record du monde en s'emparant de l'or au 200 mètres brasse. Du côté des femmes, Anne Ottenbrite gagne l'or au 200 mètres brasse et Sylvie BERNIER fait de même au plongeon. Lori Fung gagne la première médaille d'or du Canada en gymnastique rythmique, tandis que Larry CAIN et le duo de Alwyn Morris et Hugh Fisher remportent des médailles d'or en canoéisme. L'équipe masculine gagne l'or en aviron, dans la catégorie 8 avec barreur, et Linda Thom remporte l'or au tir au pistolet.

Séoul, 1988 Les Jeux de Séoul (Corée du Sud) sont assombris par le scandale de Ben JOHNSON, qui, après avoir gagné le 100 mètres sprint en un temps record, échoue le test antidopage. Tout au long des Jeux, la question du dopage refait surface, surtout lorsque les nageuses de l'Allemagne de l'Est, menées par Kristin Otto, enlèvent 10 des 15 épreuves féminines et que l'Américaine Florence Griffith Joyner améliore ses résultats de façon spectaculaire en athlétisme pour remporter les courses de 100 mètres et de 200 mètres.

En nage synchronisée, Carolyn WALDO remporte deux médailles d'or en solo et en duo (avec Michelle Cameron). À la boxe, Lennox LEWIS gagne l'or, Egerton Marcus l'argent et Ray Downey le bronze. En natation, l'équipe de relais masculine, dirigée par Victor Davis, remporte l'argent, tandis que l'équipe féminine reçoit le bronze. Le décathlonien Dave Steen reçoit une médaille de bronze grâce à une performance remarquable lors de la dernière épreuve.

Barcelone, 1992 Aux Jeux de 1992, aucun pays ne domine les compétitions, car les gagnants des nombreuses épreuves proviennent de diverses nationalités. La publicité faite autour des Jeux est surtout centrée sur l'équipe de basketball nationale américaine, surnommée la «Dream Team», qui écrase complètement ses rivales.

Le Canada récolte 18 médailles, dont six d'or. Parmi les médailles d'or, quatre sont remportées à l'aviron dans des bateaux de pointe par les équipes féminines de deux, de quatre et de huit, et par l'équipe masculine de huit. Silken LAUMANN remporte une médaille de bronze en skiff à peine 10 semaines après avoir été victime d'un grave accident lors d'un entraînement. La nageuse Sylvie Fréchette perd la médaille d'or en nage synchronisée à cause d'une erreur de notation, mais elle finit par l'obtenir après enquête. Le nageur Mark TEWKSBURY établit un record olympique au 100 mètres dos et le coureur Mark McKoy remporte l'or au 110 mètres haies, sa dernière médaille pour le Canada avant de devenir citoyen australien.

Atlanta, 1996 Le centenaire des Jeux olympiques modernes est célébré à Atlanta (Géorgie), mais un attentat à la bombe dans le Centennial Olympic Park, qui fait une victime et une centaine de blessés, jette une ombre sur l'événement. En athlétisme, l'Américain Michael Johnson remporte l'or au 200 mètres et au 400 mètres sprint. Cependant, c'est le Canadien Donovan BAILEY qui triomphe au 100 mètres sprint, l'épreuve la plus prestigieuse en athlétisme. Bailey et ses coéquipiers Robert Esmie, Glenroy Gilbert et Bruni Surin remportent l'or à la course de relais 4 x 100 mètres, défaisant ainsi l'équipe américaine, la favorite. Marnie McBean et Kathleen Heddle gagnent l'or à l'épreuve féminine d'aviron deux de couple.

Jeux olympiques d'hiver

Quoique le patinage artistique soit une discipline des Jeux d'été de 1908 et de 1920 et que le hockey sur glace y soit admis en 1920 (les Falcons de Winnipeg remportent l'or), le CIO hésite à organiser des Jeux d'hiver distincts parce seul un nombre limité de pays peuvent y participer. Finalement, en 1921, le CIO prend la décision de tenir des Jeux d'hiver.

Chamonix-Mont-Blanc, 1924 Les Jeux olympiques d'hiver sont organisés pour la première fois en tant que compétition distincte à Chamonix-Mont-Blanc (France) en 1924. Jusqu'en 1992, les Jeux d'hiver ont lieu la même année que les Jeux d'été. Mais à partir de 1994, soit aux Jeux d'hiver de Lillehammer (Norvège), les Jeux d'hiver vont se dérouler au milieu du cycle olympique. Ainsi, les Jeux d'hiver et d'été se disputent avec deux ans d'écart. Le Granite Club de Toronto remporte l'or au hockey en 1924.

Saint-Moritz, 1928 C'est à Saint-Moritz (Suisse) que les Jeux d'hiver obtiennent pour la première fois une reconnaissance internationale en dehors de la Scandinavie. La patineuse artistique norvégienne Sonja Henie remporte le premier de ses trois titres olympiques consécutifs. Ses victoires en 1932 et en 1936 ainsi que son sens inné de l'effet théâtral vont contribuer au succès de sa carrière cinématographique. Une fois de plus, le Canada remporte l'or au hockey grâce à la victoire des Grads de l'U. de Toronto.

Lake Placid, 1932 Une médaille d'or est décernée à l'équipe de hockey de Winnipeg.

Saint-Moritz, 1948 Les Jeux d'hiver de 1940 et de 1944, qui doivent se dérouler à Sapporo (Japon) et à Cortina d'Ampezzo (Italie), sont annulés en raison de la Seconde Guerre mondiale. Aux premiers Jeux d'hiver de l'après-guerre, qui ont lieu de nouveau à Saint-Moritz, la Canadienne Barbara Ann SCOTT gagne l'or en patinage artistique, alors que l'Américain Dick Button remporte l'épreuve masculine. L'équipe canadienne des RCAF Flyers triomphe au hockey sur glace.

Oslo, 1952 Les Mercurys d'Edmonton remportent la médaille d'or au hockey sur glace, la dernière du Canada dans cette discipline.

Cortina d'Ampezzo, 1956 Le descendeur italien Toni Sailer gagne les trois épreuves de ski chez les hommes dans son pays natal. Le Canada ne remporte pas de médaille d'or.

Squaw Valley, 1960 La Canadienne Anne HEGGTVEIT gagne l'or au slalom. En patinage artistique, Barbara WAGNER et Bob Paul méritent l'or en couple.

Innsbruck, 1964 Le fondeur suédois Sixten Jernberg remporte les neuf dernières médailles olympiques de sa carrière à Innsbruck. Les Canadiens Vic et John Emery, Douglas Anakin et Peter Kirby gagnent la médaille d'or en bobsleigh à quatre.

Grenoble, 1968 La patineuse artistique américaine Peggy Fleming remporte l'or en patinage artistique. Les Jeux de 1968 sont aussi marqués par les victoires du skieur français Jean-Claude Killy, qui répète l'exploit de Sailer en enlevant les trois épreuves de descente chez les hommes. La Canadienne Nancy GREENE remporte l'or au slalom géant et l'argent au slalom.

Sapporo, 1972 Le patineur de vitesse hollandais Ard Schenk gagne trois médailles d'or aux Jeux de Sapporo. Le Canada ne récolte aucune médaille d'or.

Innsbruck, 1976 L'Américaine Dorothy Hamill remporte l'or à l'épreuve féminine de patinage artistique et John Curry devient le premier britannique à obtenir le titre masculin de patinage artistique. Kathy KREINER du Canada remporte l'or en slalom géant.

Lake Placid, 1980 Le patineur américain Eric Heiden domine les Jeux de 1980 en gagnant les cinq épreuves de patinage de vitesse. L'équipe américaine de hockey sur glace remporte une victoire surprenante contre l'équipe soviétique et s'empare ainsi de la médaille d'or.

Sarajevo, 1984 L'Américain Scott Hamilton gagne l'or en patinage artistique masculin et la patineuse Allemande Katharina Witt remporte l'épreuve féminine. Gaëtan BOUCHER est le premier Canadien à remporter deux médailles d'or à des Jeux d'hiver, et ce, aux épreuves du 1000 mètres et du 1500 mètres en patinage de vitesse.

Calgary, 1988 À Calgary (Alberta), la patineuse Katharina Witt gagne de nouveau l'or, tandis que le patineur américain Brian Boitano est déclaré champion chez les hommes, devançant le Canadien Brian Orser, qui obtient l'argent. Elizabeth Manley remporte aussi l'argent en finissant deuxième derrière Witt. Les patineurs soviétiques Ekaterina Gordeeva et Sergei Grinkov sont les champions en couple. Le skieur italien Alberto Tomba gagne les épreuves de slalom et de slalom géant. Grâce à ces Jeux, Calgary possède des installations de premier ordre pour la pratique du patinage, du ski et du bobsleigh.

Albertville, 1992 L'Américaine Kristi Yamaguchi remporte l'épreuve féminine de patinage artistique et

le skieur Tomba gagne de nouveau le slalom géant. La Canadienne Kerrin LEE-GARTNER enlève la prestigieuse épreuve de ski de descente. En patinage de vitesse sur courte piste, l'équipe féminine de relais reçoit la médaille d'or.

Lillehammer, 1994 Gordeeva et Grinkov remportent de nouveau l'épreuve en couple en patinage artistique et l'Ukrainienne Oksana Baiul triomphe chez les patineuses individuelles. Myriam BÉDARD remporte deux médailles d'or au biathlon, tandis que Jean-Luc Brassard gagne l'épreuve des bosses en ski acrobatique.

Nagano, 1998 Bien que les revers des équipes de hockey masculine et féminine (les femmes remportent l'argent et les hommes finissent quatrièmes) constituent les événements marquants des Jeux pour la délégation canadienne, le nombre de médailles remportées par le Canada à Nagano est le plus élevé à ce jour. Elvis STOJKO rafle l'argent en patinage artistique malgré une blessure. Ross Rebagliati obtient la première médaille d'or de l'histoire des Jeux en surf des neiges, slalom géant (après que des accusations d'usage de drogue aient été retirées). Catriona Le May Doan gagne la médaille d'or à l'épreuve du 500 mètres en patinage de vitesse, tandis qu'Annie Perreault enlève le 500 mètres sur courte piste. L'équipe de curling féminine, dirigée par Sandra Schmirler, gagne la médaille d'or, tout comme Pierre Lueders et Dave MacEachern en BOBSLEIGH à deux. Une autre médaille d'or est remportée en patinage de vitesse sur courte piste, à l'épreuve du 5000 mètres relais, par l'équipe masculine composée de Gagnon, Campbell, Bédard et Drolet.

Jeux panaméricains Jeux multidisciplinaires qui se tiennent tous les quatre ans et auxquels participent des pays de l'hémisphère occidental. Ils se déroulent de la même façon que les JEUX OLYMPIQUES et ont lieu un an auparavant. Ces Jeux sont relativement récents, les premiers ayant eu lieu en 1951, à Buenos Aires, en Argentine. Dix-neuf pays y ont participé et 18 disciplines y étaient représentées. Depuis, ils ont eu lieu à Mexico (Mexique) en 1955 et en 1975, à Chicago (États-Unis) en 1959, à Sao Paulo (Brésil) en 1963, à Winnipeg (Canada) en 1967, à Cali (Colombie) en 1971, à San Juan (Puerto Rico) en 1981, à Caracas (Venezuela) en 1983, à Indianapolis (États-Unis) en 1987 et à La Havane (Cuba) en 1991. Le Canada n'a pas officiellement participé aux Jeux de 1951 (quoiqu'un petit groupe de nageurs canadiens y ait fait une démonstration de nage synchronisée), mais est devenu depuis un concurrent régulier qui a connu plusieurs victoires. En effet, les athlètes canadiens offrent des performances de calibre international dans plusieurs sports.

En réalité, si on calcule le nombre de médailles remportées au cours des quatre Jeux panaméricains qui se sont déroulés entre 1963 et 1975, on remarque que le Canada en a obtenu 329, venant tout juste derrière les États-Unis. En 1967, les cinquièmes Jeux, qui ont lieu à Winnipeg, se révèlent être tout indiqués pour célébrer le centenaire de la Confédération. Un total de 2451 athlètes venant de 29 pays y prennent part et 29 sports y sont représentés. En 1987, à Indianapolis, le Canada connaît sa meilleure performance à ce jour en remportant 30 médailles d'or, 57 d'argent et 74 de bronze, soit 51 médailles de plus que lors des Jeux de 1983 à Caracas. Ces dernières années, en raison de conflits d'horaire avec d'autres épreuves sportives de niveau international, les Jeux sont devenus davantage un banc d'essai pour les athlètes n'ayant pas encore fait leurs preuves dans une compétition de haut niveau. Ils sont utilisés par les athlètes comme un moyen d'acquérir de l'expérience pour les compétitions futures.

Gerald Redmond

Jewett, Pauline, éducatrice, politicienne (St. Catharines, Ont., 11 déc. 1922—Ottawa, 5 juill. 1992). Après des études à l'U. Queen, à Radcliffe, à Harvard et à la London School of Economics, elle

enseigne les sciences politiques de 1955 à 1974 et dirige l'Institut des études canadiennes (1971-1974) à l'U. Carleton avant d'être nommée présidente de l'U. Simon Fraser (1974-1978), devenant ainsi la première femme à la tête d'une grande université mixte canadienne.

Jewett est députée libérale de la circonscription fédérale de Northumberland de 1963 à 1965, puis, en 1966, elle devient vice-présidente du Parti libéral fédéral. En 1979, en 1980 et en 1984, elle est élue députée fédérale de New Westminster-Coquitlam sous la bannière du Nouveau Parti démocratique (NPD). Au Parlement, elle occupe le poste de critique du NPD pour l'éducation et les affaires étrangères, les affaires constitutionnelles, les relations fédérales-provinciales, le contrôle des armes et le désarmement. Cependant, elle renonce à briguer les suffrages en 1988. Elle est oficier de l'Ordre du Canada.

Harriet Gorham

Jewison, Norman Frederick, réalisateur et producteur (Toronto, 21 juill. 1926). Jewison est reconnu sur la scène internationale comme un cinéaste talentueux et intègre. Bien qu'il fasse surtout carrière à l'étranger, il estime que ses origines canadiennes apportent à son œuvre une grande part d'objectivité. Diplômé de l'U. de Toronto, il est acteur et scénariste pour le Centre de radiotélévision de la Société Radio-Canada et la British Broadcasting Corporation (BBC), avant de travailler pour des émissions de télévision en direct au Canada et aux États-Unis.

En 1963, il réalise son premier film, *Forty Pounds of Trouble*, pour Universal Pictures. Depuis lors, Jewison assure la direction artistique de tous les films qu'il réalise et en est le plus souvent le producteur et le réalisateur. Parmi ses films, citons *The Cincinnati Kid* (1965; v.f. *Le kid de Cincinnati*), *In the Heat of the Night* (1967, Oscar du meilleur film; v.f. *Dans la chaleur de la nuit*), *Fiddler on the Roof* (1971; v.f. *Un violon sur le toit*), *Jesus Christ Superstar* (1973; v.f. *Jésus Christ Superstar*), *Justice for All* (1979; v.f. *Justice pour tous*), *A Soldier's Story* (1984), *Agnes of God* (1985; v.f. *Agnès de Dieu*) et *Moonstruck* (1987; v.f. *Éclair de lune*). En 1991, il réalise et produit *Other People's Money* (v.f. *L'argent des autres*) suivi en 1994 de *Just in Time*. Il produit aussi certains films dont il n'est pas le réalisateur, comme *The Landlord* (1969), *Dogs of War* (1980; v.f. *Le chien de guerre*) et *The Iceman* (1983). Dans toute son œuvre, il cherche, souvent avec succès, à plaire au public tout en faisant une sérieuse critique sociale.

Il revient au Canada à la fin des années 70 et espère apporter une contribution importante au cinéma canadien. En juin 1986, le Vancouver Film Festival lui rend hommage en présentant une rétrospective de sa carrière, et il est à l'origine de la création, en novembre 1986, du Centre canadien des hautes études cinématographiques, près de North York, en Ontario. En 1992, il est nommé compagnon de l'Ordre du Canada.

Karen Laurence

Jewitt, John Rodgers, armurier (Boston, Angl., 21 mai 1783—Hartford, Conn., 7 janv. 1821). Jewitt est armurier à bord du *Boston*, navire américain employé au commerce de la fourrure et détruit le 22 mars 1803 dans le détroit de Nootka par des Indiens de la tribu des NOOTKAS. Épargné (avec un de ses camarades) par le chef MAQUINNA, il accepte de devenir son armurier et son forgeron. Plongé dans la culture nootka, Jewitt est admis aux Cérémonies d'Hiver et épouse une femme de la tribu.

Son journal est publié en 1807, deux ans après sa délivrance, ce qui amène Richard Alsop à l'interviewer. De ces échanges naissent un classique de la littérature dite «de captivité», *A Narrative of the Adventures and Sufferings of John R. Jewitt*, ainsi qu'une ballade intitulée *The Poor Armourer Boy*, que Jewitt colporte dans toute la Nouvelle-Angleterre. Observateur perspicace, ses récits sont des documents importants sur la culture des Indiens du Nord-Ouest.

Derek G. Smith

Jiles, Paulette, poète, romancière, dramaturge et journaliste (Salem, Mo., 1943). Après avoir étudié à l'U. d'Illinois et obtenu son diplôme en littérature espagnole, Jiles s'installe au Canada en 1969. Plusieurs de ses poèmes paraissent dans *Mindscapes* (1971). En 1977, elle publie *Waterloo Express* avant d'aller vivre dans le Nord, où elle reste 10 ans. De 1973 à 1984, elle n'écrit qu'un roman jeunesse, *The Golden Hawk* (1978). *Celestial Navigation* paraît en 1984 et lui vaut trois prix, dont le Prix du Gouverneur général en1985.

La poésie de Jiles est philosophique, ironique, pleine d'esprit et fait preuve d'une grande perspicacité en ce qui concerne les émotions. Elle publie deux romans, *The Late Great Human Road Show* (1986), un roman de science-fiction dont l'action se déroule dans un Toronto curieusement champêtre après l'explosion d'une bombe, et *Sitting in the Club Car Drinking Rum and Karma-Kola* (1986), une parodie des films policiers. Ces ouvrages de fiction lui permettent de donner libre cours à son imagination débordante, ainsi qu'à son sens du comique et rappelle certains passages en prose de *Celestial Navigation*.

Avec *The Jesse James Poems* (1988), Jiles enrichit la tradition canadienne du long poème documentaire. De plus en plus connue, en 1988, elle fait la une d'un numéro spécial de *The Malahat Review*, qui lui est consacré ainsi qu'à Diana Hartog et Sharon THESEN. La même année, Gordon Lish, le rédacteur en chef très influent de *The Quarterly*, la remarque comme faisant partie des auteures américaines pleines d'avenir et la recrute en qualité de rédactrice pour sa revue. La carrière de Jiles est alors en plein essor.

Knopf publie *Blackwater* (1988), un recueil d'œuvres choisies, aux États-Unis. *Cousins* (1992), une enquête littéraire non romanesque sur sa famille étendue au Missouri, indique aussi que, désormais, on ne peut la considérer uniquement comme une auteure canadienne.

Douglas Barbour

Jiu-jitsu Art martial qui s'est développé chez les guerriers japonais. Les formes modernes d'art martial, dont le JUDO, l'aïkido, l'hapkido, le shorinji kempo nippon et certaines formes de KARATÉ, proviennent toutes du jiu-jitsu. Le terme jiu-jitsu est générique et désigne l'«art de la souplesse et de l'adaptation».

Cet art d'autodéfense constitue un sport stimulant et bénéfique pour la santé. Au Canada, il se pratique à l'échelle provinciale, nationale et internationale. L'Association canadienne de jiu-jitsu, créée en 1963 par Ronald W. Forrester, envoie une équipe de ceintures noires à Honolulu (Hawaï) en 1977, où elle remporte les plus hautes distinctions dans ce premier tournoi international officiel de jiu-jitsu par équipes. En 1978, dans le cadre de l'Exposition nationale canadienne, l'équipe canadienne de ceintures noires défait celles des États-Unis et des Antilles. De plus, les athlètes canadiens s'emparent des cinq premières places dans les compétitions individuelles chez les hommes et chez les femmes. En 1981, l'équipe de ceintures noires de la Floride s'incline devant l'équipe canadienne, qui remporte sept de ses huit matches.

En 1984, le premier championnat du monde de jiu-jitsu, auquel participent des pays de quatre continents, a lieu à Niagara Falls (Ontario). L'équipe canadienne gagne la première place dans les catégories poids lourds et poids légers. Le deuxième championnat du monde se déroule à Londres (Angleterre) en 1986. Le Canada en sort grand gagnant avec une première place dans les épreuves par équipes pour la catégorie poids lourds et poids moyens et dans la toute nouvelle catégorie des plus de 45 ans. Le troisième championnat du monde de jiu-jitsu a lieu à Brisbane (Australie), en 1988. Le jiu-jitsu se classe

parmi les arts martiaux les plus populaires. Art d'autodéfense qui a fait ses preuves, il s'agit aussi d'une activité de loisir dont le but ultime est de former des personnes bien équilibrées.

Ronald W. Forrester

Joachim, Otto, citoyen canadien depuis 1957, compositeur, altiste et professeur (Düsseldorf, Allemagne, 13 oct. 1910). Après des études de violon et d'alto en Allemagne, il passe 15 ans en Extrême-Orient, où il fait carrière comme interprète et professeur. En 1949, il s'installe à Montréal où il se joint à l'Orchestre symphonique et à l'Orchestre de Chambre McGill et devient premier altiste des deux ensembles. Avec son frère Walter (violoncelliste et professeur) et d'autres collègues, il fonde le Quatuor à cordes de Montréal, dont il est l'altiste (1955-1963). Il fonde également le Montréal Consort of Ancient Instruments (1958), pour lequel il fabrique des répliques d'instruments d'époque. Il enseigne à l'U. McGill (1956-1964) et au CONSERVATOIRE DU QUÉBEC (1956-1977).

Il développe ses talents de compositeur au Canada, et presque toutes ses œuvres sont dodécaphoniques. Pour le pavillon canadien d'Expo 67 à Montréal, il compose *Katimavik*, fruit de plusieurs années d'expérimentation en musique électronique dans son propre studio. Il est l'auteur de plusieurs autres œuvres audacieuses, dont *Illumination II*, qui lui vaut le Grand Prix Paul-Gilson de la Communauté radiophonique des programmes de langue française en 1969. Bon nombre de ses œuvres sont enregistrées, notamment par son fils Davis, guitariste, éditeur et compositeur.

Il reçoit le PRIX DE MUSIQUE CALIXA-LAVALLÉE en 1990 et est nommé chevalier de l'Ordre national du Québec en 1992. L'U. Concordia lui décerne un doctorat honorifique en 1994.

Hélène Plouffe

Jobin, Louis, sculpteur (Saint-Raymond-de-Portneuf, Qc, 26 oct. 1845—Sainte-Anne-de-Beaupré, Qc, 11 mars 1928). L'un des statuaires les plus prolifiques de la fin du XIXᵉ siècle et du début XXᵉ, ses 60 ans de carrière lui permettent de réaliser près d'un millier d'œuvres, disséminées sur tout le N.-E. du continent américain. Apprenti pendant quatre ans à Québec chez F.-X. Berlinguet et à New York, chez Bouton, il fonde son propre atelier à Montréal en 1870 et y exécute figures de proue, enseignes, mobilier, et œuvres religieuses. En 1875, il s'établit à Québec où il se consacre progressivement à la statuaire religieuse en bois, recouverte de métal et de grandes dimensions, destinée à l'extérieur des édifices. Il réalise alors de nombreux calvaires, statues du Sacré-Cœur et figures d'anges et de saints de toutes sortes. La statue colossale de *Notre-Dame-du-Saguenay* (7,5 m) reste la réalisation la plus remarquable de cette période (1881). Après l'incendie de son atelier en 1896, il s'installe à Sainte-Anne-de-Beaupré où, jusqu'à sa retraite en 1925, il continue à servir la clientèle religieuse. C'est là qu'il réalise la statue équestre de saint Georges pour Saint-Georges-de-Beauce (1912). Retiré sur la côte de Beaupré, il est «redécouvert» par l'amateur d'art tant anglophone que francophone. Ses œuvres sont depuis lors recherchées par les musées canadiens.

Mario Béland

Jobin, Raoul, né Joseph Roméo Jobin, professeur, ténor, administrateur et fonctionnaire (Québec, 8 avril 1906—*id.*, 13 janv. 1974). Il est le plus grand ténor francophone de son époque. Jobin entreprend ses études à l'U. Laval et les poursuit à Paris. Tout au long de sa longue et féconde carrière, il est souvent appelé à interpréter des personnages forts tels que Samson, Don Giovanni et Lohengrin. Il est premier ténor à l'Opéra-Comique de Paris durant les années 30 avant de se joindre au Metropolitan Opera de New York (1940-1950).

Jobin enseigne la musique au Conservatoire de Montréal et au Conservatoire de Québec (dont il est aussi le directeur de 1961 à 1970). Conseiller culturel à la délégation générale du Québec à Paris (1970-

1973), il est nommé chevalier de la Légion d'honneur en France en 1951 et compagnon de l'Ordre du Canada en 1967.

Hélène Plouffe

Jodoin, Claude, dirigeant syndical (Westmount, Qc, 25 mai 1913—Ottawa, 1ᵉʳ mars 1975). Pendant la crise des années 30, il travaille dans l'industrie du vêtement et devient, en 1937, organisateur de l'Union internationale des ouvriers du vêtement pour dames. Il est élu président du Conseil des métiers et du travail de Montréal en 1947, puis vice-président du CONGRÈS DES MÉTIERS ET DU TRAVAIL (CMTC) en 1949. De 1953 à 1954, il joue un rôle de premier plan dans la conclusion d'un «pacte anti-maraudage» entre le CMTC et le CONGRÈS CANADIEN DU TRAVAIL, pavant ainsi la voie à la fusion des deux organisations en 1956.

Président du CMTC de 1954 à 1956, il est nommé premier président du nouveau CONGRÈS DU TRAVAIL DU CANADA (CTC) en 1956, poste qu'il occupe pendant 10 ans. Il estime essentiel que les syndicats s'unissent s'ils veulent exercer une influence sur la vie sociale, économique et politique du Canada et améliorer le niveau de vie de la classe ouvrière. En dépit de son opposition initiale à la participation active des syndicats à la politique, il appuie la décision du CTC de soutenir le Nouveau Parti démocratique en 1961.

M.D. Behiels

Jodoin, René, cinéaste d'animation, producteur (Hull, Qc, 30 déc. 1920). À peine sorti des Beaux-Arts, Jodoin entre à l'OFFICE NATIONAL DU FILM et collabore avec Norman MCLAREN dans l'équipe de CINÉMA D'ANIMATION que celui-ci tente de mettre sur pied. Il réalise d'ailleurs *Alouette* (1944) avec McLaren. En 1949, il quitte l'ONF pour travailler dans le privé mais y revient en 1954 et met, pendant sept ans, son talent au service des films didactiques de la Défense nationale. Son film le plus célèbre de cette série s'intitule *An Introduction to Jet Engine* (1959). Après cela, il réalise, dans l'esprit de McLaren, *Dance Squared* (1961), une sorte d'initiation aux mathématiques. En 1963, il prend la responsabilité du programme des films scientifiques. L'année suivante, l'ONF crée une section française autonome, mais ce n'est qu'en 1966 qu'on y met sur pied un studio d'animation spécifique dont la direction revient à Jodoin. Il met lui-même la main à la pâte en tournant *Notes sur un triangle* (1966). C'est sous sa gouverne que ce studio définira sa personnalité propre et encouragera les expressions artistiques personnelles, originales sinon expérimentales des cinéastes, tout vivant l'avènement de l'informatique et les premiers pas de l'animatique (les films de Peter Foldès notamment). En tant que directeur, il soutient les films qui se réalisent au Studio et en produit directement plus d'une trentaine, notamment certaines réalisations de Co HOEDEMAN, Pierre HÉBERT, André Leduc et Francine Desbiens. En 1977, il abandonne la production et retourne à la réalisation avec deux films, *Rectangle et rectangles* (1984) et *Question de forme* (1985). Ce cinéma personnel et abstrait est marqué par des recherches sur les formes, la géométrie et la symétrie. Jodoin prend sa retraite en 1985 mais réalise toutefois, au micro-ordinateur, *Entre-temps & lieu* (1999). L'ONF consacre en 2000 un coffret à son œuvre.

Pierre Véronneau

Jogues, Isaac, missionnaire jésuite et martyre (Orléans, France, 10 janv. 1607—Auriesville, État de New York, 18 oct. 1646). Jogues est admis dans la Compagnie de Jésus en 1624. Envoyé dans les missions du Canada en 1636, il est capturé et torturé par les Iroquois en 1642. Un an plus tard, des commerçants hollandais organisent son évasion et son retour en France. Toutefois, il revient au Canada en 1644. En 1646, il se porte volontaire pour mener une ambassade de paix chez les Iroquois. Il est tué la même année, lors de son deuxième voyage en pays iroquois. Jogues est canonisé en 1930 en même temps que sept autres martyres des missions huronnes.

John S. Moir

Johannsen, Herman Smith, dit «Chief Jackrabbit» (d'après son surnom cri), pionnier du ski (Horten, Norvège, 15 juin 1875—Tønsberg, Norvège, 5 janv. 1987). Skieur émérite en Norvège au début des années 1890, il devient vendeur de machinerie lourde et s'établit à Montréal en 1919. En 1932, il s'installe à Piedmont, au Québec, et il entreprend de tracer des pistes de ski un peu partout dans les Laurentides.

Pionnier de la pratique du ski sous toutes ses formes, Johannsen demeure actif jusqu'à un âge très avancé (plus de 90 ans) à titre d'organisateur, d'instructeur et d'arbitre. Promoteur du MARATHON CANADIEN DE SKI, il s'occupe, en 1979, d'un programme national de pratique du ski chez les enfants, lancé en son honneur sous le nom de Ligue de ski Jackrabbit. Il reçoit l'Ordre du Canada (1972) et est intronisé au Temple de la renommée des sports du Canada, mais ce sont les 8500 jeunes skieurs qui, en 1987, rendent le plus bel hommage à cet homme extraordinaire.

Murray Shaw

John Labatt ltée Cette compagnie, dont le siège social se trouve à London, en Ontario, est une société de portefeuille de gestion qui débute en 1847 comme petite brasserie familiale fondée par John Kinder LABATT. L'entreprise est constituée en société en 1911. Elle est de nouveau constituée en 1930 pour augmenter le nombre d'actions en circulation (qui passe de 2500 en 1911 à 90 000 en 1930) et est cotée en Bourse à partir de 1945. Longtemps la deuxième plus importante brasserie au Canada, Labatt a également des activités dans l'industrie du spectacle, surtout avec les Toronto Blue Jays, les Toronto Argonauts et le Sports Network.

La principale compagnie du groupe de brasseries est la Brasserie Labatt Limitée. La société a également mené avec Casco des expériences de production de sirop à haute teneur en fructose à partir du maïs. Elle a fait d'importants investissements aux États-Unis, au Mexique et au Royaume-Uni. En 1994, elle a un chiffre d'affaires annuel ou des recettes d'exploitation de 2,3 milliards de dollars, un actif de 2,5 milliards de dollars et un personnel de 5700 employés. En 1995, une manœuvre de prise de contrôle hostile aboutit à l'achat de Labatt par la société belge Interbrew SA et à la vente de ses actifs dans la radiodiffusion. Comme Interbrew a transformé Labatt en société privée, son chiffre d'affaires reste secret, mais on considère que Labatt détient plus de 50 p. 100 du marché de l'industrie brassicole.

Deborah C. Sawyer

Johnny Canuck Il personnifie le Canada et fait partie du même groupe que des personnages comme John Bull (Grande-Bretagne), Oncle Sam (États-Unis) et Marianne (France). Depuis les années 1860, les caricaturistes dépeignent Johnny Canuck comme un jeune homme sain, sinon simple d'esprit, vêtu comme un paysan, un fermier, un bûcheron, un cow-boy ou un militaire. On le dessine souvent résistant aux flatteries ou aux brutalités de John Bull ou de l'Oncle Sam. Johnny Canuck est également le nom du héros d'une bande dessinée canadienne lancée en 1941. Il s'agit d'un homme fort portant une cape qui protège les Canadiens de la menace nazie.

L'utilisation de ces personnages conventionnels décline après la Seconde Guerre mondiale. Un autre personnage de bande dessinée fait cependant son apparition en 1975: Capitaine Canuck, un superhéros, et non pas seulement un simple héros. Il porte des collants rouges, des «sous-vêtements électrothermiques» pour rester au chaud et son front est ceint d'une feuille d'érable rouge.

John Robert Colombo

Johns, Harold Elford, physicien, éducateur (Chengdu [Chengtu], Chine de l'Ouest, 4 juill. 1915). Il reçoit son éducation à l'U. McMaster et à l'U. de Toronto et consacre sa carrière aux applications de la physique en médecine et en biologie, et à la formation d'étudiants qui partagent ses mêmes intérêts. Il est connu en particulier pour sa mise au point, à l'U. de la Saskatchewan, d'unités de cobaltothérapie qui révolutionnent dans le monde entier le traitement du cancer par exposition à un rayonnement, ainsi que pour ses efforts novateurs dans une variété de domaines de la physique et de la photochimie médicales.

Son travail se caractérise en tout temps par l'application de son imagination et de son habileté expérimentale soutenues par sa rigueur théorique pour la résolution des problèmes importants, reliés pour la plupart au diagnostic et au traitement du cancer. Professeur et conférencier enthousiaste et stimulant, il est le fondateur du département de biophysique médicale de l'U. de Toronto, le premier du Canada, et s'attire une reconnaissance internationale pour ses recherches et ses efforts en pédagogie. Il est l'auteur de nombreux articles scientifiques ainsi que de *The Physics of Radiology* (4ᵉ éd., 1983), et il est président du Healing Arts Radiation Committee en 1981 et en 1982.

Il a reçu de nombreux prix et honneurs, parmi lesquels le titre d'officier de l'Ordre du Canada, en 1977; la médaille d'or de l'American College of Radiology, en 1980; le prix R.-M.-Taylor de la Société canadienne du cancer, en 1982; et le prix W.-B.-Lewis de la Société nucléaire canadienne, en 1985.

Gordon Whitmore

Johnson, Albert, surnommé le «Mad Trapper» (mort à la rivière Rat, Yn, 17 févr. 1932). Johnson (qui s'appelait parfois Arthur Nelson) meurt le 17 février 1932 d'une balle tirée par des agents de la GRC sur la rivière RAT, dans le nord du Yukon. Le 31 décembre 1931, un agent de la GRC, enquêtant au sujet d'une plainte concernant une ligne de piégeages, est gravement blessé par le tir d'un trappeur habitant à l'ouest de fort McPherson, dans les Territoires du Nord-Ouest.

Il s'ensuit une poursuite de 48 jours sur une distance de 240 km par des températures de -40 ℃, durant laquelle un autre policier est gravement blessé et un troisième, Edgar Millen, tué. Albert Johnson est soupçonné, mais la preuve n'en est jamais faite. Il est si habile à survivre que la police doit recourir aux services du pilote de brousse «Wop» MAY pour le traquer. On n'a jamais pu établir les mobiles de ses crimes. En juin 1987, le gouvernement des Territoires du Nord-Ouest refuse d'exhumer le corps de Johnson pour comparer des empreintes digitales.

William R. Morrison

Johnson, Ben, athlète en piste et pelouse (Falmouth, Jamaïque, 30 déc. 1961). Immigré au Canada en 1976, il s'intéresse au sprint de compétition, d'abord au 100 m et au 200 m. En 1978, il fait son entrée sur la scène nationale dans le club d'athlétisme des Optimistes de Scarborough sous la direction de l'entraîneur Charlie Francis (qui allait devenir entraîneur de l'équipe nationale de sprint). Johnson établit son premier record en 1982, lors du relais 4 x 100 m senior disputé contre une équipe américaine. Ayant choisi de se spécialiser dans le sprint de 100 m, l'épreuve la plus prestigieuse en ATHLÉTISME, il enregistre une amélioration fulgurante, passant de 11 s en 1978 à 10,62 s en 1980. Dès 1985, il parvient à un temps de 10 s et, en 1986, il l'emporte à Moscou sur le champion du monde, Carl Lewis, en 9,95 s, soit le temps le plus rapide jamais enregistré au niveau de la mer. Le 30 août 1987, il l'emporte à nouveau sur Lewis en 9,83 s au championnat du monde, à Rome, établissant ainsi une nouvelle marque mondiale. Détenteur incontesté du titre prestigieux d'«homme le plus rapide au monde», Johnson connaît la célébrité, est courtisé par les publicitaires, et reçoit l'Ordre du Canada et le trophée Lou-Marsh, décerné à l'athlète canadien par excellence (1987).

Aux Jeux olympiques de Séoul, en 1988, Johnson inscrit une nouvelle marque mondiale (9,79 s) et remporte la médaille d'or. Toutefois, ce triomphe est de courte durée, car un test révèle chez lui des traces de stéroïdes. Les autorités olympiques lui retirent sa médaille, invalident ses records et l'écartent de la compétition pour deux ans. On en vient aussi à annuler l'homologation du record mondial qu'il avait établi en 1987. Lors des audiences de la Commission Dubin, Charlie Francis et Johnson admettent que lui-même et d'autres athlètes utilisent systématiquement des stéroïdes et en interrompent l'absorption quelque temps avant les compétitions, de manière à subir les tests sans problème. Francis est banni à toute fonction d'entraîneur. Au terme de sa suspension de deux ans, durant laquelle il a fait campagne chez les jeunes contre l'usage de drogues, Johnson revient à la compétition en janvier 1991. Ses résultats sont bien inférieurs à ce qu'ils ont été, mais il réalise un temps qui lui permet de se qualifier pour les Jeux de 1992. Parvenu à la demi-finale, il trébuche au départ et est éliminé. En février 1993, ses tests révèlent de nouveau un niveau trop élevé de testostérone et la Fédération internationale d'athlétisme amateur le bannit pour toujours de la compétition.

James Marsh

Johnson, Byron Ingemar, «patron», homme d'affaires, politicien, premier ministre de la Colombie-Britannique (Victoria, 10 déc. 1890—id., 12 janv. 1964). Après avoir servi durant la Première Guerre mondiale, Johnson et ses frères fondent une société de matériaux de construction à Victoria. Élu député provincial libéral de Victoria en 1933, Johnson est défait en 1937. Au cours de la Seconde Guerre mondiale, il a la responsabilité de construire des aéroports pour l'Aviation royale du Canada (ARC) en Colombie-Britannique. En 1945, il est élu député (libéral) pour le Parti de la coalition dans New Westminster et, en 1947, il succède à John HART comme premier ministre. La coalition se désintègre en 1952 et Johnson est personnellement défait aux élections. Son gouvernement a fait adopter l'assurance-hospitalisation obligatoire et la taxe de vente au détail, négocié une entente avec Alcan, contribué à l'expansion des autoroutes et entrepris le prolongement du Pacific Great Eastern Railway.

Patricia E. Roy

Johnson, Daniel, avocat et premier ministre du Québec (Sainte-Anne-de-Danville, Qc, 9 avril 1915—barrage Manic-5, près de Baie-Comeau, Qc, 26 sept. 1968). Élu député provincial de Bagot sous la bannière de l'Union nationale lors d'élections partielles en 1946, il n'entre au Cabinet qu'en 1956, lorsque Maurice DUPLESSIS le nomme ministre des Ressources hydrauliques. Choisi chef du parti en 1961, il s'applique à réorganiser l'UNION NATIONALE en la dotant d'un programme solide et d'une structure démocratique.

En 1965, Johnson publie *Égalité ou Indépendance* et fait adopter par son parti le principe de l'égalité politique des deux peuples fondateurs du Canada, qui servira de pierre angulaire de son gouvernement en matière de réforme constitutionnelle. Porté au pouvoir en 1966, le nouveau premier ministre poursuit et même accélère les importantes réformes de la RÉVOLUTION TRANQUILLE. P. ex., il crée l'U. du Québec et Radio-Québec, en plus de jeter les bases du futur régime d'assurance-maladie.

Pierre TRUDEAU, le premier ministre fédéral, se montre fortement en désaccord avec Johnson sur la défense des intérêts du Québec dans les RELATIONS FÉDÉRALES-PROVINCIALES et sa poursuite d'un nouvel arrangement constitutionnel. Johnson est le père de Pierre-Marc JOHNSON, qui est chef du Parti québécois (1985-1987) et premier ministre du Québec pendant quelques mois jusqu'à la défaite de son parti, en décembre 1985, aux mains des libéraux dirigés par Robert BOURASSA. Il est aussi le père de Daniel Johnson, membre du Parti libéral du Québec nommé ministre au sein du gouvernement Bourassa en décembre 1985 et premier ministre en 1994.

Daniel Latouche

Johnson, Daniel (fils), dirigeant d'entreprise, politicien et premier ministre du Québec de 1993 à 1994 (Montréal, 24 déc. 1944). Issu d'une famille de politiciens, il est le fils de feu Daniel JOHNSON, premier ministre du Québec, et le frère aîné du premier ministre du Québec, Pierre-Marc JOHNSON. Il étudie à l'U. de Montréal, à l'U. de Londres en Angleterre et à la Harvard Business School, puis il entre à POWER CORPORATION, en 1973, comme secrétaire et en devient vice-président en 1978.

Il est élu député libéral à l'Assemblée nationale en 1981. Réélu aux élections de 1985 où Robert BOURASSA redevient premier ministre, il est nommé ministre de l'Industrie et du Commerce et leader parlementaire adjoint. En 1988, il devient président du Conseil du Trésor et est réélu en 1989.

Après la démission de Bourassa, en 1993, il est élu chef du Parti libéral du Québec par acclamation le 14 décembre et assermenté premier ministre, le 11 janvier 1994. Bourassa laisse un parti devancé dans les sondages par le Parti québécois (PQ) et des élections doivent avoir lieu avant la fin de l'année. Johnson s'avère compétent comme premier ministre, mais il perd le pouvoir aux mains de Jacques PARIZEAU, chef du PQ, aux élections du 12 septembre. Il conserve son siège de député, demeure chef de l'opposition et devient le chef des forces fédéralistes qui remportent une mince victoire dans le référendum sur l'indépendance, le 30 octobre 1995. Une fois Lucien BOUCHARD aux commandes du Parti québécois, le Parti libéral de Johnson stagne et a peu d'espoir de reprendre le pouvoir. Il démissionne le 2 mars 1998 et est remplacé par Jean CHAREST.

Johnson, Edward, ténor, administrateur de compagnie d'opéra (Guelph, Ont., 22 août 1878—*id.*, 20 avril 1959). Après avoir chanté comme amateur à Guelph et obtenu du succès dans une opérette sur Broadway, Johnson étudie le chant en Italie. Il fait ses débuts à l'opéra en 1912, à Padoue et, sous le nom de Edoardo Di Giovanni, s'attire pendant huit ans un fidèle auditoire italien. En 1919, il se joint à l'Opéra de Chicago, qu'il quitte en 1922 pour le Metropolitan Opera de New York, dont il est l'un des chanteurs les plus appréciés pendant 13 ans. Durant cette période, il fait quelques enregistrements. En tant que directeur général du Metropolitan Opera (1935-1950), Johnson enrichit le répertoire de la compagnie et lance plusieurs grandes personnalités de l'opéra. Il prend sa retraite au Canada en 1950 et participe à la mise sur pied de la Edward Johnson Foundation pour aider l'enseignement public de la musique.

Barclay McMillan

Johnson, Emily Pauline, (elle prend le nom de Tekahionwake, qui signifie «double wampum»), poétesse métisse et artiste (réserve indienne des Six Nations, Canada-Ouest, 10 mars 1861—Vancouver, 7 mars 1913). Fille d'un père mohawk et d'une mère anglaise, Johnson est surtout connue pour sa poésie, qui célèbre son héritage autochtone, notamment dans *The Song My Paddle Sings*. Son œuvre est bien accueillie par les critiques et elle est très populaire auprès du public de son vivant, mais sombre dans l'oubli après sa mort. L'U. McMaster conserve les archives de Pauline Johnson.

Une bonne partie de ses écrits peut être considérée comme une première expression du nationalisme étant donné qu'elle traite de thèmes canadiens. Entre 1892 et 1910, elle entreprend une série de conférences au Canada, aux États-Unis et en Angleterre. Elle parcourt le Canada pour y donner des récitals de poésie dans plusieurs colonies éloignées où d'autres formes de divertissement se font rares. Remarquée pour ses tenues de princesse amérindienne, elle fait office d'ambassadrice de la culture canadienne dans ses voyages. Son premier recueil de poèmes, *White Wampum*, est publié en 1895, suivi de *Canadian*

Born (1903), de *Flint and Feather* (1912), du livre de contes *Legends of Vancouver* (1911) et du roman *The Shagganappi* (1913).

Harriet Gorham

Johnson, Harry Gordon, économiste, professeur et auteur (Toronto, 26 mai 1923—Genève, Suisse, 9 mai 1977). Il fait ses études à Cambridge (B.A.), à l'U. de Toronto (M.A.) et à Harvard (Ph. D.). Il occupe des postes permanents de professeur au Canada et en Europe et des postes de professeur invité dans diverses universités partout au monde. Ses liens les plus marquants sont avec l'U. de Chicago de 1959 à 1977 et, simultanément, avec la London School of Economics de 1966 à 1974.

Johnson est l'un des économistes les plus prolifiques de sa génération, publiant de nombreux ouvrages qui font avancer la science économique, plus particulièrement la théorie économique monétaire et internationale. Certaines de ses contributions à la théorie des tarifs douaniers et à l'approche monétariste de la balance des paiements servent de lectures de base pour les étudiants diplômés en économie dans le monde entier. Il a aussi écrit beaucoup d'ouvrages de vulgarisation destinés au grand public et aux décideurs politiques. Dans ses écrits axés sur les politiques économiques, il est un ardent défenseur de la liberté personnelle et des marchés.

Il garde tout au long de sa vie un intérêt pour les politiques économiques canadiennes et critique souvent les politiques interventionnistes et nationalistes du Canada, comme le prouve sa collection d'articles dans *The Canadian Quandary*. En qualité de rédacteur en chef de revues économiques, surtout du prestigieux *Journal of Political Economy*, il exerce une forte influence sur la nature et la qualité de la recherche en science économique.

Herbert G. Grubel

Johnson, sir John, militaire, loyaliste et fonctionnaire (Mohawk Valley, N.Y., 5 nov. 1742—Mont Johnson, près de Montréal, 4 janv. 1830). Fils de sir William JOHNSON, il hérite de l'immense domaine familial dans la vallée de la Mohawk. Lors du déclenchement de la Guerre d'Indépendance américaine, il déménage à Montréal, met sur pied et commande les deux bataillons du King's Royal Regiment of New York, un corps loyaliste provincial.

En mars 1782, il est nommé surintendant général du département britannique des Affaires indiennes, poste qu'il occupe jusqu'en 1828. Il aide les loyalistes à s'établir, notamment dans le haut Saint-Laurent. Il est ensuite nommé au conseil législatif de la province de Québec (1787) et à celui du Bas-Canada, en 1796. Pendant la GUERRE DE 1812, il commande les six bataillons cantonaux de la milice de Québec.

Robert S. Allen

Johnson, Pierre-Marc, politicien, premier ministre du Québec en 1985 (Montréal, 5 juil. 1946). Fils cadet du premier ministre du Québec, Daniel JOHNSON, il étudie au collège Jean-de-Brébeuf, à l'U. de Montréal et à l'U. de Sherbrooke. Johnson est admis au barreau du Québec et, en juillet 1975, il reçoit son diplôme de la Faculté de médecine de l'U. de Sherbrooke. Il est actif au sein de diverses associations étudiantes et pratique la médecine à Montréal avant de devenir candidat du Parti québécois (PQ) en novembre 1976. Au cours des deux mandats du PQ, il occupe différentes fonctions au sein du Cabinet, celle de procureur général, notamment, de 1984 à 1985. Il est à l'origine de la loi 45 sur les relations de travail, mieux connue sous le nom de «loi antibriseurs de grève». En mai 1985, Johnson annonce les conditions exigées par le gouvernement du Québec pour donner son appui à l'entente constitutionnelle, y compris la reconnaissance du statut distinct du Québec et le droit de *veto*, ou les dispositions relatives au retrait avec compensation financière, dans l'éventualité où des ententes fédérales-provinciales seraient prises sans l'accord du Québec. Il succède à René LÉVESQUE à la tête du PQ en septembre 1985, à la

suite d'une course à la direction à l'issue de laquelle il l'emporte dans un vote ouvert à tous les membres du parti, le premier congrès d'investiture du genre au Canada.

Bien que le PQ soit défait par les libéraux de Robert BOURASSA le 2 décembre 1985, Johnson est réélu pour la troisième fois dans le comté d'Anjou. En juin 1987, il affermit sa position de chef au congrès du parti avec son plan visant l'indépendance à plus tard, tout en travaillant pour l'«affirmation nationale». En novembre 1987, néanmoins, Johnson annonce sa démission en tant que chef du parti. Il devient membre de la Faculté de droit de l'U. McGill en 1988 et est nommé directeur du programme sur l'environnement au Centre de médecine, d'éthique et de droit de cette même université. Depuis, il siège au conseil d'administration de sociétés commerciales dont Air Canada et agit comme conseiller, médiateur et expert auprès des Nations Unies, de la Banque mondiale et de la Commission nord-américaine de coopération environnementale. Il a été conseiller auprès du Secrétaire général de la conférence des Nations Unies sur le développement durable (Rio, 1992) et est vice-président de la Table ronde nationale sur l'Économie et l'Environnement dont il présida le comité des affaires étrangères (89 à 97). Avocat-conseil au cabinet Heenan Blaikie, il est Fellow de la Société royale du Canada (1996), docteur *honoris causa* de l'université Claude-Bernard de Lyon (1997), et Grand Officier de l'ordre de la Pléiade (2000).

Clinton Archibald

Johnson, Thorvaldur, phytopathologiste (Arnes, Man., 23 oct. 1897—Winnipeg, 15 sept. 1979). Johnson devient l'assistant de Margaret NEWTON au Laboratoire fédéral de recherche sur les rouilles à Winnipeg, en 1925, et en assume la direction à partir de 1953, jusqu'à ce qu'il prenne sa retraite, en 1962. Ses travaux portent principalement sur l'étude des maladies affectant les plantes, surtout le blé. Après les découvertes de J.H. CRAIGIE, les nouveaux types de maladies des plantes de culture font l'objet d'une surveillance constante et l'on prélève du matériel génétique pour C.H. GOULDEN en vue de créer de nouvelles espèces de blé résistantes aux maladies. Plus tard, Johnson écrit l'historique classique *Rust Research in Canada* (1961). Il tient aussi un journal non officiel sur le Laboratoire et ses employés de 1925 à 1967.

Donald J.C. Phillipson

Johnson, sir William, surintendant des Amérindiens du Nord (Smithstown, comté de Meath, Irl., v. 1715—Johnson Hall, près de Johnstown, N.Y., 11 juill. 1774). En tant que propriétaire terrien et officier de la milice, Johnson amasse une fortune dans la vallée Mohawk de l'État de New York et entretient des relations étroites avec les Amérindiens des Six-Nations. Surintendant des Affaires indiennes, il résout un certain nombre de problèmes relatifs aux rapports entre Blancs et Amérindiens, et dirige des Amérindiens et des irréguliers dans plusieurs engagements pendant la GUERRE DE SEPT ANS, notamment à Lake George (1755), à Fort Niagara (1759) et à Montréal (1760). Mary BRANT, sœur de Joseph BRANT, est sa compagne dévouée.

Carl A. Christie

Johnston, Basil H., auteur (réserve ojibwée de Cape Crocker, Ontario, 13 juil. 1929). Johnston, ethnologue au Musée royal de l'Ontario, est aussi l'un des auteurs autochtones les plus en vue. Il a écrit beaucoup d'ouvrages sur les traditions et la vie moderne de son peuple. Avec *Ojibway Heritage* et *Ojibway Ceremonies*, il tente de sensibiliser son peuple à des traditions que beaucoup ont abandonnées ou n'ont jamais connues. *How the Birds Got Their Colors* (1978), *Tales the Elders Told: Ojibway Legends* (1981) et *By Canœ & Moccasin: Some Native Names of the Great Lakes* sont des mythes et des légendes à l'intention des enfants. Dans *Moose Meat and Wild Rice*, il regroupe une série de nouvelles humoristiques portant sur la vie contemporaine dans une réserve. *Indian School Days* raconte l'enfance de l'auteur à l'école St. Peter Claver dans le Nord de Ontario.

Jon C. Stott

Johnston, Francis Hans (appelé Frank et plus tard Franz), peintre (Toronto, 19 juin 1888—*id.*, 9 juill. 1949). Parmi les fondateurs du GROUPE DES SEPT (1920), Johnston fait exception, car il a acquis une solide formation artistique, d'abord à la Toronto's Central Technical School, avec Gustav Hahn, puis à l'ancienne Central Ontario School of Art, avec William Cruikshank et G.A. REID. Après une brève période chez Grip Ltd, en 1908, il étudie à Philadelphie et réalise des œuvres commerciales à New York avant de revenir à Toronto, en 1915. Les Œuvres canadiennes commémoratives de la guerre le chargent, en 1917-1918, de peindre les activités des troupes de l'armée de l'air canadienne qui s'entraînent pour servir outre-mer. Les paysages de Johnston témoignent de sa connaissance des idéaux artistiques du tournant du siècle et sont plus évocateurs que ceux des autres membres du Groupe. Ces divergences à la fois idéologiques et techniques expliquent en partie pourquoi il ne participe qu'à la première exposition du Groupe (1920). Il se peut aussi que Johnston ait craint que le mauvais accueil réservé à l'exposition nuise à la vente de ses œuvres. Il est directeur de la Winnipeg School of Art (1922-1924) et enseigne au Collège des beaux-arts de l'Ontario (1927-1929).

Joan Murray

Johnston, George Benson, poète et traducteur (Hamilton, Ont., 7 oct. 1913). Johnston est surtout connu pour sa poésie lyrique dans laquelle il décrit avec calme et bonhomie les joies et les souffrances de la vie familiale de banlieue. Après avoir servi comme pilote dans l'Aviation royale du Canada durant la Seconde Guerre mondiale, Johnston fait des études à l'U. de Toronto. Par la suite, il se joint au Département d'anglais de l'U. Carleton, où il enseigne jusqu'à sa retraite en 1979.

Il est l'auteur de *The Cruising Auk* (1959), *Home Free* (1966), *Happy Enough: Poems 1935-72* (1972), *Taking a Grip: Poems, 1971-78* (1978), *Auk Redivivus: Selected Poems* (1981), *Rocky Shores* (1981), *Ask Again* (poèmes, 1984) et *Endeared by Dark* (Poèmes – Œuvres complètes, 1990).

Parmi ses traductions de poèmes rédigés en vieil islandais figurent: *The Saga of Gisli the Outlaw* (1963), *The Farœ Islanders' Saga* (1975), *The Greenlanders' Saga* (1976) et *Wind over Romsdale: Poems of Knut Odegard* (1982). Johnston traduit aussi *Pastor Bodvar's Letter*, de O.J. Sigurdsson (1985). Il révise l'ouvrage *Collected Poems of George Whalley* (1986) et rédige la biographie de Carl Schaefer, *Carl: Portrait of a Painter* (1986), inspirée en partie de sa correspondance avec Schaefer pendant de nombreuses années.

James Steele

Johnston, James William, avocat, politicien et juge (Jamaïque, 29 août 1792—Cheltenham, Angl., 21 nov. 1873). Fils d'un loyaliste réputé, Johnston s'établit en Nouvelle-Écosse, où il devient avocat et épouse une fille de bonne famille d'Halifax. Orgueilleux et colérique, il est un duelliste et un orateur redouté. Ses querelles avec la hiérarchie anglicane font de lui un chef de file de la communauté baptiste de la Nouvelle-Écosse. La réputation de Johnston en tant que dissident et ses relations avec les gens d'affaires influents d'Halifax lui permettent de se lancer en politique. Pendant plus d'une décennie, il dirige les modérés qui cherchent un compromis entre l'oligarchie conservatrice et la démocratie libérale.

Johnston est renversé par Joseph HOWE en 1848 et poursuit sa carrière en tant que chef du Parti conservateur. Il redevient premier ministre en 1857, mais ne tarde pas à être nommé juge, ce qui permet à Charles TUPPER de lui succéder. Critique tenace de la démocratie coloniale, Johnston préconise la

Confédération comme remède aux prétendues lacunes du GOUVERNEMENT RESPONSABLE. Ottawa l'en récompense en 1873 en le nommant lieutenant-gouverneur de la Nouvelle-Écosse, mais la maladie, puis la mort l'empêchent d'exercer cette charge.

D.A. Sutherland

Johnston, Lynn, née Lynn Ridgway, bédéiste (Collingwood, Ont., 28 mai 1947). Elle est l'illustratrice et la créatrice de la bande dessinée *For Better or for Worse* (trad. *Pour le meilleur et le pire*), publiée par l'intermédiaire d'agences dans plus de 2000 journaux répartis dans 160 pays. En 1975, elle épouse J. Roderick Johnston, dentiste, avec lequel elle a deux enfants. Elle étudie les arts au Vancouver College of Art et débute comme illustratrice de revues médicales à l'U. McMaster.

En 1979, Johnston crée sa célèbre bande dessinée. Elle s'inspire de sa vie familiale quotidienne et de son vécu. Plus de 20 livres regroupent ses bandes dessinées, parmi lesquels *David, We're Pregnant!*, *Do They Ever Grow Up?*, *Hi Mom! Hi Dad!*, *Happiness is a Warm Puddle* et *If This Is a Lecture, How Long Will it Be?*

Elle est la première femme à gagner le US National Cartoonists Society Ruben Award, en 1985, quand elle est proclamée meilleure bédéiste de l'année. Johnston est nommée membre de l'Ordre du Canada en 1992 et est la première bédéiste à introduire un personnage homosexuel dans une bande dessinée canadienne destinée au grand public (1993). Enfin, elle est mise en nomination pour le Prix Pulitzer en 1994. (*Voir aussi* DESSIN HUMORISTIQUE ET BANDE DESSINÉE.)

Alan Hustak

Johnston, Rita Margaret, née Leichert, politicienne, première ministre de la Colombie-Britannique (Melville, Sask., 22 avril 1935). Sa carrière politique commence alors qu'elle est élue conseillère municipale à Surrey, en Colombie-Britannique, en 1970, un poste qu'elle conservera jusqu'en 1983, année où elle est élue à l'Assemblée législative provinciale en tant que députée du Crédit social. De 1970 à 1975, elle siège au conseil du maire William VANDER ZALM. Lorsque le premier ministre William BENNETT se retire en 1986, elle contribue à persuader Vander Zalm de s'engager dans la course à la direction du parti et elle travaille à sa fructueuse campagne. En août 1986, elle se joint au Cabinet de Vander Zalm en tant que ministre des Affaires municipales et du Transport en commun.

Réélue en 1986, elle demeure loyale envers le premier ministre en dépit des polémiques dont il est presque constamment l'objet et elle passe d'une fonction à une autre dans un Cabinet déchiré par des démissions, des scandales et des défections. Finalement, en 1990, Vander Zalm la nomme première ministre adjointe et, lorsqu'il démissionne, le 2 avril 1991, elle devient première ministre. C'est la première femme à occuper cette fonction au Canada. Le 20 juillet, elle l'emporte par un vote serré au congrès d'investiture. Malgré tous les efforts qu'elle déploie pour se dissocier de l'ex-premier ministre discrédité, son parti subit la défaite au profit du NPD le 17 octobre 1991 et elle perd son siège.

Johnston, William, hors-la-loi (Trois-Rivières, Qc, 1er févr. 1782—French Creek (Clayton), N.Y. 17 févr. 1870). Surnommé le «Pirate du Saint-Laurent», Bill Johnston est un bandit et un contrebandier qui sévit dans la région des Mille-Îles. Pendant la Guerre de 1812, il passe du côté des Américains et se livre à l'espionnage et à des raids. En 1838, lors des RÉBELLIONS DE 1837, Johnston s'enrôle dans les forces rebelles en tant que «Commodore de la marine». Il terrorise les transports fluviaux, lance des raids contre les fermes de la rive canadienne, et complote une attaque contre Fort Henry. Le 29 mai 1838, il saisit et incendie le bateau à vapeur *Sir Robert Peel*, emportant un butin de 175 000 $ en biens et en espèces. Puis, il participe à l'attaque contre Prescott,

le 12 novembre, mais s'enfuit quand les rebelles perdent le dessus. Les Américains l'emprisonnent sous l'inculpation de piraterie, mais le président William Henry Harrison le gracie.

Edward Butts

Joliat, Aurèle, joueur de hockey (Ottawa, 29 août 1901—*id.*, 1er juin 1986). Il est ailier gauche des CANADIENS DE MONTRÉAL de 1922 à 1938. En 644 matches, malgré sa petite taille (170 cm) et son gabarit modeste (61 kg), il accumule 270 buts et 190 assistances. Il fait partie de l'équipe d'étoiles de la Ligue nationale de hockey en 1931 et contribue à trois conquêtes de la Coupe Stanley par les Canadiens (1924, 1930 et 1931), en plus de remporter le trophée Hart, décerné au joueur le plus utile à son équipe, en 1934.

Yvon Dore

Joliette, ville du Qc, 17 541 hab. (rec. 1996), 17 396 (rec. 1991); const. en 1863; chef-lieu du district judiciaire, évêché. La ville est située à env. 60 km de Montréal. Établie sur les bords de la rivière L'Assomption, la ville est à proximité des plateaux laurentiens et entourée d'une zone agricole prospère. Elle est fondée vers 1824 par Barthélemy Joliette, seigneur de Lavaltrie, qui veut se lancer dans l'exploitation forestière. La scierie est l'une des premières constructions. Rapidement, l'économie se diversifie. Son fondateur cherche à établir de nouvelles entreprises: distillerie en 1839, chemin de fer entre 1848 et 1850. Après sa mort, cette animation, le processus se poursuit, si bien que la ville ne sera jamais dominée par une seule grande entreprise. Elle aura toujours une base manufacturière variée allant de l'alimentation à la céramique, aux pneus, en passant par les matériaux de construction et les produits métalliques spécialisés.

Parallèlement, la ville joue très tôt un rôle de centre de services. Déjà en 1847, un collège classique attire à Joliette les étudiants des alentours. En 1858, la ville devient chef-lieu judiciaire et, vers la fin du siècle, elle possède son hôpital. La création du diocèse de Joliette (1904) achève de donner à la ville son statut de centre régional de services. Aujourd'hui, la ville est toujours caractérisée par sa double qualité de petit centre industriel et de centre de services, avec deux hôpitaux, un cégep, de nombreuses maisons d'enseignement et des bureaux gouvernementaux.

Jean-Claude Robert

Jolliet, Louis, explorateur, cartographe, hydrographe du roi, commerçant de fourrures, seigneur et organiste (baptisé à Québec, 21 sept. 1645—près de l'île d'Anticosti, fin de l'été de 1700), surtout connu pour avoir découvert le Mississippi. En 1656, Jolliet entre au Collège des jésuites à Québec, où il étudie la prêtrise et devient un organiste accompli. En 1662, il entre dans les ordres mineurs, mais abandonne le clergé en 1667 pour devenir commerçant de fourrures. En 1672, l'intendant Jean TALON le choisit pour diriger une expédition afin de déterminer si le Mississippi, connu par les récits des autochtones, se jette dans le golfe du Mexique ou dans l'océan Pacifique. Le 17 juin 1673, Jolliet ainsi que le père MARQUETTE et cinq autres personnes se trouvent sur le Mississippi et à la mi-juillet ils atteignent 33° 40' de latitude Nord, près de l'embouchure de la rivière Arkansas, assez loin vers le sud pour prouver que le fleuve se jette dans le golfe du Mexique.

À son retour à Québec, Jolliet se voit refuser une concession qu'il recherchait pour la traite des fourrures dans la région de l'Illinois. Il s'associe à son beau-père dans une compagnie de traite à Sept-Îles vers 1676. En mars 1679, Jolliet obtient une concession de traite à MINGAN, dans le golfe du Saint-Laurent, à laquelle s'ajoutera l'île d'Anticosti en 1680. Après un voyage par voie de terre jusqu'à la baie d'Hudson en 1679, Jolliet se consacre à la traite et aux pêcheries dans sa concession, jusqu'à ce que deux raids menés par les Anglais en 1690 et en 1692 lui infligent des pertes financières dont il ne se remettra pas. En 1694, Jolliet reçoit la mission de cartographier la côte du Labrador, une tâche qu'il accomplit jusqu'au 56° 85' de latitude Nord, près de l'emplacement actuel de Zoar. En 1697, il succède à Jean-Baptiste-Louis FRANQUELIN à titre d'hydrographe du roi et de maître de navigation.

C.E. Heidenreich

Joly de Lotbinière, sir Henri-Gustave, avocat, politicien, premier ministre du Québec du 8 mars 1878 au 31 octobre 1879 (Épernay, France, 5 déc. 1829—Québec, Qc, 15 nov. 1908). Il représente Lotbinière à l'Assemblée de la province du Canada de 1861 à 1867, à l'Assemblée de Québec de 1867 à 1885 et à la Chambre des communes de 1867 à 1874. Chef du Parti libéral du Québec à partir de 1867, il est appelé à remplacer Boucher de BOUCHERVILLE comme premier ministre. Joly est incapable de bien gouverner en l'absence d'une majorité libérale, et son gouvernement est défait à l'Assemblée à l'automne de 1879. Il revient à la politique fédérale en 1896 et joint les rangs du Cabinet du premier ministre LAURIER en tant que vérificateur (et, par la suite, ministre) du revenu public de 1896 à 1900. Il est lieutenant-gouverneur de la Colombie-Britannique de 1900 à 1906.

Jonas, George, écrivain (Budapest, Hongrie, 15 juin 1935). Arrivé au Canada en 1956, Jonas devient producteur d'émissions de radio et de télévision pour la Société Radio-Canada. Il commence sa carrière d'écrivain par la poésie. Au cours des dernières années, il se consacre à l'écriture d'ouvrages en prose, surtout de documentaires, mais il écrit un roman, *Final Decree* (1982), qui expose la lenteur persistante du système juridique. Son intérêt pour le droit apparaît dans le récit laborieux d'un crime canadien, écrit en collaboration avec Barbara AMIEL, *By Persons Unknown: The Strange Death of Christine Demeter* (1977).

Jonas écrit également une étude des stratégies mises au point par les enquêteurs israéliens pour mettre la main sur les terroristes responsables de l'attentat aux Jeux olympiques de Munich en 1972, *Vengeance: The True Story of an Israeli Counter-Terrorist Team* (1984), qui constituera la trame du film *Sword of Gideon*. Jonas écrit aussi des livrets pour deux opéras de Tibor Polgar: *The European Lover* (1966) et *The Glove* (1973), et sa pièce *Pushkin* est produite par le THEATRE PLUS à Toronto, en 1978. *Crocodiles in the Bathtub and Other Perils* (1987) est un recueil de ses articles de journaux. En 1991, il écrit *Politically Incorrect* et rédige en collaboration une biographie d'E.L. Greenspan en 1987.

Peter Stevens

Joncs Famille de plantes herbacées (joncacées) composée de huit genres et d'environ 300 espèces. On trouve ces plantes surtout dans des habitats tempérés et humides. Six genres, comprenant environ 10 espèces, ne se rencontrent que dans l'hémisphère Sud. Les deux genres les plus importants, le jonc (*Juncus*: 225 espèces) et la luzule (*Luzula*: 80 espèces), se rencontrent très fréquemment dans l'hémisphère Nord, sans toutefois s'y limiter. D'un bout à l'autre du pays, y compris le haut Arctique, le Canada compte 50 espèces du premier genre et 15 espèces du deuxième.

La plupart des joncs sont graminoïdes, souvent munis de feuilles basilaires engainantes, qui se réduisent parfois à la gaine seulement. Les fleurs sont petites et plutôt ternes. La famille est très ancienne et remonte à la période crétacée (il y a de 144 à 66,4 millions d'années). Les joncs (ou roseaux) de la Bible ne sont pas du tout des joncs, mais plutôt du *Cyperus papyrus*, appartenant à la famille du CAREX. (*Voir aussi* GRAMINÉES.)

Jones Konihowski, Diane, pentathlonienne et entraîneuse en athlétisme (Vancouver, 7 mars 1951). Après ses études à Saskatoon, Jones représente le Canada à des compétitions internationales pour la première fois en 1967, puis est membre de trois équipes olympiques à partir de 1972, sans toutefois décrocher de médailles. Elle mérite l'or en pentathlon aux Jeux panaméricains de 1975 et 1979, de même qu'aux XIᵉ Jeux du Commonwealth d'Edmonton, en 1978, où elle inscrit un record canadien de 4768 points.

Tout au long de sa carrière amateur, elle fait la promotion du Canada, des athlètes en général et de la place des femmes dans le sport. Retirée de la compétition, elle se consacre à l'administration du sport amateur en Alberta. Elle quitte l'Alberta Sport Council en 1994. Elle est décorée de l'Ordre du Canada en 1978.

Ted Barris

Jones, affaire du maire Dans l'affaire Jones (1975), Léonard Jones, maire de Moncton, conteste la validité de la Loi sur les LANGUES OFFICIELLES qui fait de l'anglais et du français les langues officielles pour tout ce qui relève du Parlement et du gouv. du Canada, en leur attribuant un statut, des droits et des privilèges égaux quant à leur emploi. Dans un jugement unanime, la Cour suprême décide qu'en vertu de son pouvoir résiduaire le Parlement central peut adopter pareille mesure. L'art. 133 octroie un droit constitutionnel de se servir de l'une ou de l'autre langue dans les instances prévues, mais rien n'empêche le Parlement central d'aller au-delà du libellé dudit article, qui constitue un minimum, et d'accorder davantage.

Gérald-A. Beaudoin

Jones, Alice, écrivaine (Halifax, 26 août 1853—Menton, France, 27 févr. 1933). Dans ses romans, elle élabore des thèmes internationaux et l'image de la «nouvelle femme», et compare le caractère superficiel de la vie en Europe à la vitalité de la société et des habitants du Canada. Outre des nouvelles et des articles sur les voyages pour différents périodiques, elle publie *The Night-Hawk* (1901, sous le pseudonyme d'Alix John), *Bubbles We Buy* (1903; réimpr. en Angleterre sous le pseudonyme d'Isobel Broderick en 1904), *Gabriel Praed's Castle* (1904), *Marcus Holbeach's Daughter* (1912) et *Flame of Frost* (1914).

En 1903, un critique littéraire du *Canadian Magazine* la qualifie de «chef de file des romancières au Canada». Ce compliment est dû à son habitude d'inclure dans ses ouvrages des personnages et des lieux canadiens, même après s'être établie en France en 1905.

Gwendolyn Davies

Jones, Douglas Gordon, poète, critique littéraire, rédacteur et traducteur (Bancroft, Ont., 1ᵉʳ janv. 1929). Jones figure parmi les plus grands poètes lyriques du Canada anglais. Il publie cinq recueils de poèmes: *Frost on the Sun* (1957), *The Sun Is Axeman* (1961; trad. *Le soleil cogne* 1995), *Phrases From Orpheus* (1967), *Under the Thunder the Flowers Light up the Earth* (1977), qui remporte le Prix du Gouverneur général, et *A Throw of Particles: New and Selected Poetry* (1983). En outre, son travail comme rédacteur de la revue *Ellipse* s'est avéré indispensable à la compréhension réciproque des poètes du Canada anglais et du Canada français.

Bien que ses œuvres s'inspirent principalement de la vie rurale en Ontario et au Québec, elles ne peuvent être qualifiées de poésie de la «nature». Elles consistent plutôt en une méditation taoïste sur la langue, l'amour et les arts et trouvent leur origine dans les œuvres d'Archibald LAMPMAN, d'Ezra Pound et de William Carlos Williams. Sa poésie se caractérise essentiellement par son évolution d'une «mentalité de garnison», typiquement canadienne, au néoromantisme; cette évolution s'exprime dans le leitmotiv de son livre sur la littérature canadienne, *Butterfly on Rock: 'Let the Wilderness in'* (1970). Plus récemment, Jones a traduit, avec la collaboration de Marc Plourde, *Earth and Embers: Selected Poems of Gaston Miron* (1984; *L'homme rapaillé, morceaux choisis*) et *The Fifth Season*, de Paul-Marie Lapointe (1986).

E.D. Blodgett

Jones, George Clarence, officier de marine (Halifax, 24 oct. 1895—Ottawa, 8 févr. 1946). Jones entre dans la Marine royale du Canada en 1911 et passe la Première Guerre mondiale en mer à bord de navires de guerre britanniques. De 1940 à 1942, il est commandant en chef de la marine de la côte de l'Atlantique, ce qui est le rang le plus élevé de la marine canadienne sur l'une et l'autre des deux côtes à cette époque. Il devient chef d'état-major de la marine le 15 janvier 1944 et préside à l'acquisition par le Canada de grands navires de guerre, dont deux croiseurs et un porte-avions d'escadre léger, ainsi qu'à la démobilisation de la marine en temps de paix. Il est encore en fonction quand la mort le surprend.

Roger Sarty

Jones, Henry, fondateur d'une communauté (Plympton St. Maurice, Angl., 21 ou 22 mai 1776—Maxwell, Ont., 21 oct. 1852). Commissaire de bord de la Marine royale, Jones est probablement le premier socialiste de l'Amérique du Nord britannique. Ayant pris sa retraite en 1815, il est attiré par la doctrine du socialiste gallois Robert Owen, qui imagine des communautés autosuffisantes, ou «villages unis et de coopération», pour régler le problème du chômage chez les travailleurs évincés par la mécanisation. Jones aide à la fondation d'une communauté près de Glasgow (Écosse), qui aboutit à un échec en 1827. La même année, il se rend à New York par bateau, puis s'établit sur des terres près du lac Huron. Il recrute des colons en Écosse. Les 20 premiers arrivent en 1829 à l'endroit que Jones a nommé Maxwell. Un bâtiment communautaire est construit. Il comprend des appartements familiaux, ainsi qu'une cuisine commune, une école et un magasin dirigés selon les principes d'Owen. Environ 80 personnes se joignent à la communauté, qui se désagrège après l'incendie de la résidence principale en 1834. Jones part pour l'Angleterre en 1835 et tente sans succès de faire renaître la communauté à distance. À son retour au Canada, il travaille à la théorie plutôt qu'à la pratique du socialisme. Ses idées utopistes n'auront aucune influence durable au Canada.

George Woodcock

Jones, Hugh Griffith, architecte et artiste (Randolph, Wis. 3 déc. 1872—Montréal, 16 févr. 1947). Après des études à Minneapolis, il travaille à Chicago et à New York, puis gagne Montréal en 1908 pour remplir les fonctions de concepteur et d'architecte en chef adjoint pour la compagnie ferroviaire Canadien Pacifique. En 1913-1914, il fait partie de l'équipe qui réalise les plans de la gare UNION STATION à Toronto, mais sa plus grande réalisation demeure le plan d'aménagement, au centre-ville de Montréal, des terrains appartenant au Canadien National. Il s'emploie à élaborer un plan d'urbanisme de 1923 à 1932, mais la crise financière mondiale vient contrecarrer ses ambitions. En plus de connaître un grand succès en tant qu'architecte, Jones acquiert une bonne réputation pour ses aquarelles et ses tableaux à l'huile, dont certains se trouvent au Musée des beaux-arts de Montréal.

Robert Lemire

Jones, John Walter, cultivateur, politicien, premier ministre de l'Île-du-Prince-Édouard (Pownal, Î.-P.-É., 14 avril 1878—Ottawa, 31 mars 1954). S'étant présenté sans succès comme candidat progressiste aux élections fédérales de 1921, Jones est élu pour la première fois à l'Assemblée législative provinciale en tant que candidat libéral en 1935. En 1943, après que le premier ministre Thane CAMPBELL a été nommé juge en chef, Jones prend sa relève. Étudiant en agronomie et riche fermier, «Jones le fermier» se fait le défenseur des intérêts du monde rural. Comme premier ministre, il s'en prend à la puissante PEI Temperance Federation quand, en 1945, il appuie une réglementation gouvernementale stricte sur les boissons enivrantes plutôt que de souscrire à la PROHIBITION. Lorsque le lieutenant-gouverneur, un prohibitionniste, refuse de sanctionner cette loi, Jones, d'une manière caractéristique, procède par décret. Au cours de la grève de Canada Packers en 1947, son gouvernement qui s'affiche comme le «protecteur des intérêts des fermiers» saisit l'usine, fait appel à des briseurs de grève et interdit la formation de syndicats associés aux organisations nationales et internationales du travail. Homme pittoresque, au franc-parler et très apprécié du public, Jones est nommé au Sénat en 1953.

David A. Milne

Jones, Oliver Theophilus, pianiste de jazz (Montréal, 11 sept. 1934). Jeune, il étudie le piano avec Daisy Sweeney, la sœur d'Oscar Peterson, et passe une bonne partie de sa carrière à travailler dans des spectacles de musique populaire et de variétés. De 1964 à 1980, il vit à Puerto Rico où il se produit avec le chanteur Kenny Hamilton. Revenu à Montréal, Jones se consacre entièrement au jazz et, dès 1987, il est reconnu mondialement dès le premier d'une série de concerts qu'il donne en Europe, en Australie et aux États-Unis. Les critiques vantent sa dextérité technique et son swing exubérant, et le comparent souvent à Peterson.

Il voyage beaucoup, à l'occasion sous l'égide du gouvernement canadien, jusqu'à sa semi-retraite en 1994. Lors d'une tournée en Afrique, l'Office national du film tourne le documentaire *Oliver Jones in Africa* (1989). De 1982 à 1998, il enregistre plus d'une dizaine de disques compacts, notamment *Lights of Burgundy* (prix Juno en 1986), *Cookin' At Sweet Basil* (enregistré à la boîte de nuit Sweet Basil de New York), le solo au piano *Just 88* et *From Lush to Lively* (avec un big band et un orchestre à cordes). Il est nommé Officier de l'Ordre du Canada en 1994. Il a mis un point final à sa carrière lors d'un grand spectacle soulignant l'arrivée de l'an 2000.

Mark Miller

Jones, Peter, ou Kahkewaquonaby (Plumes sacrées), pasteur méthodiste, chef et traducteur (Burlington Heights [Hamilton], Haut-Canada, 1ᵉʳ janv. 1802—Brantford, Canada-Ouest, 29 juin 1856). Fils d'un arpenteur blanc et d'une mère mississauga (ojibwée), il devient le premier missionnaire autochtone méthodiste chez les OJIBWÉS, après sa conversion au christianisme en 1823. Avec son frère John, il rédige les premières traductions de la Bible de l'anglais à l'objibwé. Élu chef de deux bandes d'Ojibwés, il défend avec éloquence les droits territoriaux des Indiens. Ses ouvrages *Life and Journals* (1860) et *History of the Ojebway Indians* (1861) sont publiés après sa mort.

Donald B. Smith

Jones, Richard Norman, scientifique (Manchester, Angl., 20 mars 1913). Formé en Angleterre comme spécialiste en SPECTROSCOPIE infrarouge, utilisée pour étudier la structure des molécules, il se retire en 1978, après 30 années de service au sein du CONSEIL NATIONAL DE RECHERCHES DU CANADA à Ottawa. L'utilisation des ordinateurs pour le raffinement des informations obtenues à l'aide d'instruments spectrométriques fait partie de ses contributions.

Un des scientifiques canadiens les plus «internationaux», il donne des conférences et travaille au sein de comités un peu partout dans le monde universitaire. Il noue des liens étroits avec des collègues japonais et est professeur invité à l'Institut de technologie de Tokyo entre 1979 et 1982, puis à nouveau de 1985 à 1986. Il est aussi visiteur de marque et professeur adjoint respectivement à l'U. de l'Alberta (1983) et à l'U. Queen (1984). En 1992, il retourne à l'U. de l'Alberta comme scientifique invité. Son penchant pour l'histoire le mène à écrire de manière érudite sur les origines et l'évolution de la spectroscopie vibrationnelle, et il publie plus de 200 articles.

N.T. Gridgeman

Jonquière, ville du Qc; pop. 56 503 (rec. 1996), 57 933 (rec. 1991); const. en 1975 de la fusion de Jonquière, Arvida, Kénogami et la paroisse de Jonquière. Elle est située au confluent de la RIVIÈRE SAGUENAY et de la rivière aux Sables, à 10 km à l'ouest de CHICOUTIMI et à 221 km au nord de Québec. Son nom lui vient de J.P. de Tafanel, marquis de La Jonquière, gouverneur de la NOUVELLE-FRANCE (1749–1752).

Colonisation Axe industriel de la région, son histoire est intimement liée à celle des grandes entreprises, particulièrement la Price Company Ltd (aujourd'hui ABITIBI-CONSOLIDATED INC.) et ALCAN. Paroisse agricole fondée en 1847, Jonquière commence à se développer à partir de 1900 lorsqu'un groupe de citoyens construit une usine de pâte sur la rivière aux Sables.

Croissance William PRICE III achète bientôt cette usine pour la transformer en une usine de papier. En 1911, l'entreprise établit une plus grande usine de papier près de la ville qui prend le nom de Kénogami, tout comme la ville construite pour abriter ses employés. Dès 1912, Jonquière est le plus grand producteur de papier journal au Canada.

En 1925, l'Aluminum Company of America (Alcoa, qui deviendra Alcan) construit l'aluminerie qui donne naissance à Arvida, sur le plateau qui se trouve entre Jonquière et Chicoutimi. Arvida (des initiales d'Arthur Vining Davis, alors président d'Alcoa) constitue un bel exemple d'une ville fermée, légalement constituée. Sa charte de 1926 contient de nombreuses dérogations à la Loi des cités et villes du Québec. La compagnie gère tous les aspects de la vie quotidienne, de l'aménagement urbain à l'éducation (conseils scolaires), sans oublier les sports et la santé.

En plus des usines, Alcan construit une centrale hydroélectrique pour son aluminerie sur le Saguenay près de Jonquière, qui est parachevée en 1931. Durant la Seconde Guerre mondiale, Alcan accroît sa capacité de production à Arvida et construit une deuxième centrale à Shipshaw. À l'époque, le complexe d'Arvida est le centre de production d'aluminium le plus important du monde occidental.

Économie Essentiellement industrielle, Jonquière se modifie dans les années 1960 lorsque les services commencent à se développer. Outre les services commerciaux et professionnels, la ville abrite depuis 1975 les bureaux régionaux de plusieurs ministères provinciaux.

Vie culturelle Le collège de Jonquière, établi en 1967, fait partie du réseau des CEGEPS et se spécialise dans les communications, la technologie et le français, langue seconde.

Une église anglicane (1912) accueille le Musée William-Price. La ville est aussi l'hôte d'un festival important, La Semaine Mondiale de la Marionnette.

Jonquière a également été victime de la terrible inondation de juillet 1996, mais n'a pas été touchée aussi gravement que d'autres collectivités de la région, comme Chicoutimi, La Baie et Ferland-Boilleau.

Marc St-Hilaire

Joual Type de français parlé au Canada. Souvent utilisé avec une nuance péjorative, le terme vient de la prononciation familière du mot «cheval» et en est venu à désigner une façon de s'exprimer. Tout comme l'anglais canadien est différent de l'anglais parlé ailleurs, le français du Canada est différent du français de France. Cependant, la norme a toujours été déterminée en France seulement. Plus le parler d'un individu diffère du français standard (ce qui dépend souvent de son éducation), plus on le considère comme du joual, sans qu'il y ait pour autant de distinction claire entre le joual et le français tout simplement canadien. Même si des expressions telles que moé (moi), m'as partir (je vais partir), achaler (ennuyer), sans parler de l'utilisation fréquente de mots empruntés à l'anglais, appartiennent au français canadien familier, ces façons de s'exprimer sont souvent interprétées comme du joual.

L'importance du joual est tout aussi politique et culturelle que linguistique. Ce terme revêt une signification particulière dans les années 60, au début de la RÉVOLUTION TRANQUILLE, grâce à André LAURENDEAU, rédacteur en chef du quotidien LE DEVOIR, et à Jean-Paul DESBIENS, auteur des INSOLENCES DU FRÈRE UNTEL. Ils attaquent les incorrections du français du Québec, comme un des maux de leur société.

En même temps, beaucoup d'écrivains du Québec, en particulier les auteurs de la revue PARTI PRIS, commencent à utiliser le joual dans leurs romans, leurs pièces de théâtre, leur poésie, à la radio, dans les textes de télévision et dans les chansons populaires. Pour la première fois, une large proportion de ces textes est écrite dans la langue du peuple plutôt que dans un français aseptisé et artificiel. Dans la plupart de ces ouvrages, l'action se déroule dans un milieu prolétaire. Ainsi, tout en mettant en valeur un certain réalisme social, le joual en vient à symboliser l'avilissement vécu par le peuple en raison de la domination anglaise dans les domaines politique et économique. Le mouvement joual est sujet à controverse. Bien des gens croient que cette langue ne devrait pas être diffusée. C'est pour cette raison que la pièce *Les Belles-sœurs*, de Michel TREMBLAY, s'est vu refuser une subvention gouvernementale pour une tournée européenne. De nos jours, le «joual» n'est plus un sujet litigieux. Le besoin d'une variété parlée du français canadien dans la culture populaire est désormais un fait acquis.

Sinclair Robinson

Joudry, Patricia, écrivaine (Spirit River, Alb., 18 oct. 1921). Elle grandit à Montréal, mais déménage à Toronto en 1940 pour écrire et interpréter des pièces à la radio. Au cours de la décennie qui suit, elle devient l'une des plus célèbres auteures de comédies radiophoniques. Pendant les années 50, elle écrit des textes plus sérieux pour la radio, la télévision et le théâtre. Sa pièce la plus connue, *Teach Me How to Cry* (1955), mise en scène à New York et à Londres, lui vaut le prix de la meilleure pièce du Festival national d'art dramatique et est adaptée au cinéma. À cette époque, Joudry figure parmi les rares dramaturges canadiens de réputation internationale. Elle doit cette reconnaissance, entre autres, à *The Sand Castle* (1955), *Walk Alone Together* (1960) et *Semi-Detached* (1960). Auteure de deux romans et de deux volumes autobiographiques, Joudry continue d'écrire des pièces de théâtre dans sa maison située près de Saskatoon.

Jerry Wasserman

Jouets et jeux Au XIXᵉ siècle, les Canadiens partagent les vues de l'époque victorienne sur l'éducation des enfants selon lesquelles les enfants constituent un groupe à part et ont besoin de jeux et de divertissements tout autant que d'une éducation stricte et d'un enseignement religieux. Cette façon de penser coïncide avec l'introduction des méthodes de production de masse. Les fabricants de jouets en Angleterre, en France, en Allemagne et, après 1850, aux États-Unis répondent à la demande de leurs propres marchés et exportent aussi vers le Canada. Entre 1860 et 1915, quelque 20 entreprises fabriquent des jouets au pays.

Les jouets canadiens sont surtout faits de bois, matériau abondant et peu coûteux. À l'époque, comme aujourd'hui, le jeu a pour fonction de préparer l'enfant au monde adulte et, conséquemment, les jouets sont un reflet du monde en miniature. Les premiers jouets de bois sont des meubles, des véhicules et des chevaux. Sur demande spéciale, il arrive que des ébénistes fabriquent des tables, des chaises, des lits, des berceaux, des commodes, des vaisseliers et des buffets miniatures. Dans les années 1860, les fabricants de chaises, de voitures, de chariots et de traîneaux annoncent des modèles format réduit destinés aux enfants; certains offrent aussi des jouets. De 1880 à 1890, la compagnie C.T. Brandon de Toronto ajoute des tomahawks, des chariots, des charrettes et des planches à laver pour enfants à sa liste d'ARTICLES DE BOIS. En 1890, la compagnie Gendron de Toronto, l'un des plus vieux fabricants de jouets au Canada (de 1890 à 1970), offre des voitures, des charrettes et des brouettes pour enfants ainsi que d'autres jouets en bois. Les voitures d'enfants suivent la dernière mode, de même que les voitures jouets. Deux ateliers de poterie annoncent des jouets de terre cuite. En 1851, James Bailey de Bowmanville (Ontario) propose des jouets moulés et, dans les années 1880, la St. John Stone Chinaware de Saint-Jean (Québec) fabrique de la vaisselle de poupée en grès bleue ou blanche.

À l'époque, seulement deux artisans se consacrent exclusivement à la fabrication de jouets. En 1876, Édouard Alfred Martineau, de Montréal, fabrique des jouets en bois jusqu'en 1914, avant de se lancer dans le commerce de détail. En 1881, Mositz Lindner, de Berlin (Kitchener, Ontario), fabrique des chevaux à bascule et des jouets. Cosgrove and Co (1890-1891) et la Berlin Novelty Works (1899), situées aussi à Berlin, fabriquent des chevaux berçants ou chevaux à bascule, probablement comme production secondaire. Sans doute ces compagnies fabriquent-elles également d'autres jouets populaires comme les chevaux à bascule sur plateforme fixe, les petits chevaux sur roulettes et, pour les tout-petits, le siège berçant constitué de deux planches taillées en forme de cheval, montées sur bascule et jointes par un siège plat.

À la fin du XIXe siècle, on s'adonne aux ÉCHECS, au jeu de dames, au cribbage, au jeu de trictrac ou backgammon, aux dominos, au parchési et on fait des casse-tête (voir JEUX). Le jeu de dames est particulièrement populaire au Québec et les gens fabriquent leurs propres damiers. Le croquet, en vogue aux États-Unis dans les années 1860, se joue beaucoup au Canada. En 1871, deux entreprises torontoises de tournage du bois, Hastings and Peterkin et Leslie and Garden, fabriquent des jeux de croquet pour pelouse ou salon.

Même s'il existe beaucoup de jouets sur le marché, ce ne sont pas tous les enfants qui en profitent. Pour certaines familles, le jeu est un luxe inabordable. Les enfants d'agriculteurs doivent accomplir de menus travaux et, dans les villes, des enfants à peine 10 ans travaillent parfois neuf heures par jour dans les manufactures, jusqu'à ce qu'une loi provinciale, adoptée en 1880, interdise cette pratique. Pour ces enfants, les jouets sont improvisés ou fabriqués à la maison à partir des matériaux qu'ils ont sous la main.

La Première Guerre mondiale a pour effet de ralentir la fabrication de jouets en Angleterre et en Allemagne et de favoriser l'industrie canadienne. Les planchettes de jeu de croquignoles, les navires de guerre pour enfants et les jeux de construction s'ajoutent aux premiers jouets de bois. Entre 1915 et 1920, on compte 80 entreprises artisanales ou compagnies qui fabriquent des jouets; certaines ne survivront qu'un an, alors que d'autres feront faillite en raison de la forte concurrence d'après-guerre. Un plus grand nombre d'entreprises de produits divers fabriquent aussi des jouets en cuivre, en étain, en fer, en plomb ou en caoutchouc. Quelques-unes d'entre elles, comme la compagnie Dominion Toy Manufacturing de Toronto (de 1911 à 1934), fabriquent des poupées et des animaux en peluche. De son côté, l'industrie artisanale, alors en pleine expansion, offre une grande variété de poupées de chiffon. Certaines compagnies, dont la Toy Soldier Novelty (Kitchener, Ontario) et la Beaver Toy Manufacturing Co (Toronto) fabriquent des militaires de plomb; l'Incandescent Light Co (Toronto) fabrique des clairons et des trompettes pour enfants. Pour sa part, la Consolidated Rubber (Toronto) fabrique des balles de caoutchouc, des rondelles de hockey, des hochets et des animaux. L'Ideal Bedding (Toronto) offre une ligne de mobilier miniature en cuivre. La Thomas Davidson Manufacturing Co (Montréal) fabrique de la vaisselle émaillée et de petits coffres. La Macdonald Manufacturing Co (Toronto) qui, de 1917 à 1942, offre une gamme d'objets décoratifs en étain, met aussi sur le marché des jouets en étain, dont des seaux, des pelles, des tasses, des assiettes et des tirelires. La Coleman Fare Box Co fabrique des tirelires,

tandis que la Belleville Hardware and Lock Manufacturing Co fait des jouets en fonte. À Toronto, la Manual Construction Co et la Reliance Toy Co proposent des jeux de construction en acier. De 1920 à 1929, la Canadian Toys Ltd de Hamilton (Ontario) fabrique des toupies musicales et des jeux de construction en acier.

L'industrie canadienne du jouet demeure assez modeste. En 1928, seules 10 entreprises se spécialisent dans la fabrication de jouets. L'industrie se concentre en Ontario et au Québec et emploie 129 personnes. La valeur des jouets fabriqués (hormis les voitures et les poupées) est de 465 424 dollars (320 986 dollars pour les jouets en bois); celle des voiturettes s'élève à 394 754 dollars et celle des poupées à 281 393 dollars.

Dans les années 40, le plastique (voir PLASTIQUES, INDUSTRIE DE LA TRANSFORMATION DES MATIÈRES) entre dans la fabrication des hochets et, plus tard, des jouets de plage, des tracteurs, des chariots, des camions et des jeux de construction. Cheerio Toys and Games (Toronto) fabrique des meubles et des portiques de gymnastique miniatures en plastique. L'aluminium et la fibre de verre sont utilisés dans la fabrication des «soucoupes volantes» pour la glissade. Des panoplies de toutes sortes font leur apparition: outils (de jardinier, de menuisier, de mécanicien), ensembles de tir à l'arc, d'imprimerie, de construction, de course automobile, nécessaires de broderie et de couture, services à thé et à café, ustensiles de cuisine et de ménage, nécessaires à repasser, ensembles de table et chaises. En 1942, 17 entreprises (quatre à Montréal, 13 à Toronto) emploient 604 personnes et fabriquent exclusivement des jouets. En 1960, des 126 usines qui fabriquent des jouets au Canada, seulement une vingtaine se consacrent entièrement à ce type de produit. Dans les années 60 et 70, plusieurs multinationales se lancent dans la production de jouets (Louis Marx, Mattel, Tonka, Coleco). En 1987, l'industrie du jouet compte 85 entreprises. En 1986, les ventes au détail totalisent 1,2 milliard de dollars, dont 372 millions proviennent des importations. La même année, le Canada exporte pour 56 millions. Même si l'industrie du jouet se concentre au Canada central (plus du tiers de la production est en Ontario et un quart au Québec), un nouvel essor de l'ARTISANAT se développe au Nouveau-Brunswick, à l'Île-du-Prince-Édouard et en Colombie-Britannique de 1970 à 1980, et le bois est de nouveau utilisé pour fabriquer les jouets dont on ne se lasse pas.

Janet Holmes

Jour d'Action de grâce Proclamé «journée entièrement consacrée à rendre grâce à Dieu tout-puissant pour tous les bienfaits qu'il a prodigués au Canada», le jour d'Action de grâce tient son origine de trois traditions: les fêtes de la moisson dans les sociétés paysannes européennes, dont le symbole est la corne d'abondance; les observances formelles, comme celle de Martin FROBISHER dans l'est de l'Arctique en 1578 (le premier jour d'Action de grâce en Amérique du Nord); la célébration organisée par les pèlerins du Massachusetts (1621) à la fin de la première moisson, accompagnée de mets uniquement américains comme la dinde, la courge et la citrouille. La fête se transporte en Nouvelle-Écosse dans les années 1750 et les citoyens d'Halifax commémorent la fin de la GUERRE DE SEPT ANS (1763) par une journée d'Action de grâce. Les loyalistes introduisent la fête dans d'autres régions du pays. En 1879, le Parlement proclame le 6 novembre jour d'Action de grâce. Il s'agit dès lors d'une fête nationale plutôt que religieuse. La fête a déjà été célébrée à d'autres dates, la plus populaire étant le troisième lundi d'octobre. Après la Première Guerre mondiale, le jour d'Action de grâce et le jour de l'Armistice (plus tard le jour du Souvenir) sont célébrés la même semaine. Ce n'est que le 31 janvier 1957 que le Parlement proclame le deuxième lundi d'octobre jour d'Action de grâce. E.C. DRURY, l'ancien premier ministre d'On-

tario, surnommé le «premier ministre des agriculteurs», se plaint que les villes se soient approprié la fête des agriculteurs afin d'obtenir un long congé en cette belle période de l'année.

David Mills

Jour de la distribution Il désigne la rencontre annuelle au cours de laquelle les représentants du ministère des Affaires indiennes distribuaient les annuités prévues dans les traités aux membres des bandes visées par les TRAITÉS INDIENS numérotés. Des centaines d'autochtones assistaient à ces rencontres. En plus des sommes ainsi obtenues, on leur remettait des vivres, des munitions et des attirails de chasse et de pêche. Les représentants du gouvernement étaient souvent accompagnés de médecins et de fonctionnaires judiciaires prêts à aider les autochtones de quelque façon que ce soit. Si les paiements se font souvent aujourd'hui par chèque, le jour de la distribution a encore lieu dans de nombreuses régions, surtout dans les provinces de l'Ouest.

René R. Gadacz

Jour de Victoria Congé férié célébrant, dans tout le Canada, l'anniversaire de la reine Victoria, le 24 mai. Appelé communément «fête de la Reine», il commémore en fait les anniversaires de la reine Victoria et de la reine Élisabeth II. Le jour de Victoria est déclaré fête légale au Haut-Canada en 1845 et JOUR FÉRIÉ NATIONAL en 1901 par le Parlement. À la suite du mouvement visant à profiter de la fête de la reine pour célébrer l'Empire britannique, il est associé, à partir des années 1890, avec l'EMPIRE DAY. Depuis 1952, le jour de Victoria est célébré le lundi précédant le 25 mai.

John Robert Colombo

Jour du Souvenir Congé férié, célébré le 11 novembre dans tout le Canada à la mémoire des Canadiens morts en guerre. Il commémore l'armistice qui met fin à la Première Guerre mondiale, le 11 novembre 1918, à 11 h. Appelé d'abord jour de l'Armistice, nom qu'on lui donne toujours à Terre-Neuve, il est célébré, de 1923 à 1931, le même jour que l'Action de grâce puis revient au 11 novembre et prend alors son nom actuel. Des répliques du symbole de cette journée, le coquelicot des Flandres, sont distribuées par la LÉGION ROYALE CANADIENNE. Ce jour donne habituellement lieu au Canada et dans les autres pays du Commonwealth à des cérémonies patriotiques et commémoratives près des cénotaphes et des monuments aux morts.

John Robert Colombo

Journalisme Métier consistant à écrire ou à revoir et à modifier des textes d'actualité diffusés par la presse ou les médias électroniques. Les normes libertaires de «liberté de presse», son statut non officiel de «quatrième pouvoir» et la notion selon laquelle la société moderne est grandement influencée par les moyens de communication de masse démontrent que les journalistes jouent un rôle important et privilégié dans la société canadienne. La presse constitue en quelque sorte le prolongement de la liberté d'expression collective. L'information qu'elle publie et diffuse par la voie des médias écrits et électroniques favorise la libre circulation des idées au sein de la société. Elle agit à la fois comme miroir et moteur de changement de la société. Miroir parce que la presse informe les citoyens sur les grandeurs et misères de la société, soit les événements sociaux, politiques, économiques et culturels. Moteur parce que la presse explique, analyse, commente et critique les faits et gestes de ceux et celles qui exercent le pouvoir. C'est ainsi que les médias et les journalistes contribuent quotidiennement à influencer et à orienter l'opinion publique. De nos jours, le droit du public à l'information est considéré comme faisant partie intégrante de la liste des droits universels de la personne.

Modèle de professionnalisme Le journalisme dépend depuis toujours d'une série de contraintes institutionnelles: l'État, le système des partis, les exigences commerciales de la PROPRIÉTÉ DES MÉDIAS, les changements accomplis par la société (comme l'urbanisation, l'alphabétisation en général et l'instruction en particulier) et l'impact des innovations technologiques. Ces facteurs ont contribué à l'évolution du journalisme canadien dans la manière de voir, le style, le statut social et la liberté des journalistes. Il est devenu une profession par un processus historique: les journalistes ont réagi à ces contraintes par des stratégies destinées à défendre leur intégrité en tant que groupe. Le processus ne s'est toutefois pas réduit à une simple évolution vers la «liberté de presse». De fait, l'élimination d'une contrainte institutionnelle en entraînait une autre, habituellement plus subtile et plus difficile à concilier avec un idéal consistant à faire du journalisme une profession.

Journalisme et lien britannique Colonie de la monarchie centralisée des Bourbons de France, la NOUVELLE-FRANCE ne peut exploiter de presse avant 1760. La pratique du journalisme commence en Nouvelle-Écosse (1751), au début de l'expédition britannique devant mener à la fondation de Halifax, et au Québec (1764), après la Conquête britannique. L'édition et la nature même de la société laissent toutefois peu de latitude aux journalistes. Une grande partie de la population est encore illettrée et les tirages restent limités. Le journaliste type est à la fois éditeur, rédacteur et imprimeur et les gazettes hebdomadaires qui voient le jour à cette époque dépendent du financement gouvernemental. Les journalistes font l'objet d'arrestations arbitraires et doivent souvent s'engager à bien se conduire. Un éditeur peut être inculpé de diffamation criminelle ou séditieuse pour le seul fait d'avoir critiqué des fonctionnaires.

Défenseurs du statu quo À une époque de révolution à l'étranger et de réaction politique au pays, le journaliste trop franc est associé à la rébellion, à la sédition et à la trahison, impression renforcée par la défection de l'éditeur de journal du Haut-Canada, Joseph Willcocks aux Américains en 1813. L'élite coloniale considère la presse comme une commodité de l'État, autrement intolérable. La fermeture du *Canadien* et l'emprisonnement de Pierre BÉDARD et de François BLANCHET, en 1810, ne sont qu'un exemple de cette intolérance. Cependant, la plupart des journalistes acceptent le népotisme d'État, se plient aux politiques officielles et servent l'oligarchie au pouvoir.

Howe et la liberté d'expression Le cas de diffamation de Joseph HOWE, en 1835, consacre la presse comme véhicule d'un désaccord légitime au Canada. Agacé par la lenteur des réformes, Howe se sert de son journal le NOVASCOTIAN (acheté en 1827) pour critiquer les politiques gouvernementales et les magistrats qui les appliquent. Il est emprisonné et inculpé pour diffamation. À son procès, il défend avec passion la liberté de presse et prouve ses allégations. Bien que coupable, puisque le seul point de droit soulevé est d'avoir publié des remarques diffamatoires, il est acquitté par le jury. La menace réelle ou psychologique de diffamation que les régimes coloniaux ont fait peser sur les éditeurs est pour ainsi dire éliminée.

Normes du journalisme partisan jusqu'à 1914 Le commerce, l'alphabétisation et la mécanisation de l'imprimerie continuent à favoriser l'indépendance journalistique. La société coloniale subit de sérieuses tensions qui ouvrent la voie aux partis politiques, d'abord dans le Bas-Canada (après 1800) puis dans le Haut-Canada (vers 1820) et, plus tard, dans les Maritimes. Les conflits politiques offrent beaucoup de possibilités au journal en tant que véhicule de l'opinion dissidente, tout en lui garantissant un public intéressé au journalisme d'opinion et des bailleurs de fonds. Dans ce nouveau contexte, le journalisme prend une tout autre forme. Le principal atout de la presse victorienne est l'opinion, habituellement partisane. Le journaliste victorien, qu'il soit partisan ou non, choisit cette «profession» parce qu'il a des choses à dire, comme William Lyon MACKENZIE qui attaque le FAMILY COMPACT

ou Egerton RYERSON qui défend la majorité dissidente du Haut-Canada dans le *Christian Guardian*. Le journalisme «d'opinion» prend un essor remarquable sur ce principe quelque peu instable.

L'indépendance en journalisme a souvent été obtenue aux dépens des profits du journal. Avant la Confédération, même les grands quotidiens ont une existence éphémère. Face aux fluctuations du marché et à l'intensité des conflits politiques au sujet du GOUVERNEMENT RESPONSABLE, les journalistes se sont ralliés volontiers aux partis politiques. En 1844, p. ex., le Reform Party encourage George BROWN à fonder le *Globe* de Toronto (*voir* GLOBE AND MAIL). Ce dernier se sert du *Globe* comme organe de parti afin d'augmenter le nombre de lecteurs et ainsi, attirer des revenus publicitaires. L'influence qu'il acquiert en tant qu'éditeur l'aide à consolider sa position de chef du Grit Reform Party reconstitué après 1854, ce qui lui donne par la suite, comme rédacteur, une énorme liberté. D'autres journalistes, comme Edward Whelan de *l'Examiner* de Charlottetown et Étienne PARENT du *Canadien*, exercent une influence et profitent d'une grande liberté rédactionnelle grâce à leur double rôle d'éditeur et de politicien.

Les avantages de ces liens partisans sont bel et bien tangibles: népotisme, accès au pouvoir ou à des fonctions importantes. La révision graduelle des lois sur la diffamation réduisant la responsabilité des journalistes, les conventions de la TRIBUNE PARLEMENTAIRE et les tarifs postaux préférentiels pour les périodiques naissent à l'apogée du journalisme d'opinion qui reste toutefois un journalisme fragilisé. Les éditeurs dissidents sont passibles de représailles financières, de boycottage, de perte de soutien et doivent subir la menace d'un nouveau rival commandité par le parti.

Ce n'est qu'après la Confédération, en 1867, que les journaux d'opinion commencent à revendiquer l'indépendance rédactionnelle, laissant prévaloir les normes partisanes, du moins en apparence, jusqu'en 1914. Pourtant, même dans les jeunes communautés de l'Ouest, des éditeurs partisans comme Nicholas Flood DAVIN DAVIN, du *Leader* de Regina, ou Frank OLIVER, du *Bulletin* d'Edmonton, présentent des reportages et des éditoriaux de qualité. En fin de compte, le journalisme d'opinion ne constitue pas un obstacle à de meilleures normes journalistiques.

Montée du journalisme dans les grandes villes Vers 1880, une révolution a lieu dans la structure concurrentielle entre quotidiens. Les nouveaux «journaux populaires» prennent de l'essor dans les villes industrielles, où ils visent un large public. Leurs styles varient grandement, mais ils ne s'associent pas à des partis politiques et mettent l'accent sur la nouvelle, en particulier la nouvelle sensationnelle, plutôt que sur l'opinion. Ils entrent en compétition avec des journaux de qualité tels que le *Montreal Gazette* et le *Toronto Mail*, qui cherchent à s'assurer le soutien de l'élite en présentant des reportages sur la politique et les affaires. Les quotidiens déterminent les fonctions distinctes de journaliste, chef de pupitre, rédacteur local, directeur de l'information et chroniqueur. Ils établissent ainsi, dans une forme embryonnaire, les bases de la carrière journalistique, bien qu'encore très hiérarchisée et exposée à la volonté des propriétaires-éditeurs.

Le personnel journalistique est également en train de changer d'autres façons. Au tournant du XXe siècle, la complexité toujours croissante de la gestion des journaux mène à l'apparition de rédacteurs professionnels, comme John W. DAFOE, du *Manitoba Free Press*. Le reporter mal payé devient la bête de somme des salles de rédaction du XXe siècle, et seuls les carriéristes peuvent supporter les contraintes de l'emploi. Au TORONTO STAR, Joseph E. Atkinson recrute quelques universitaires. Les femmes, comme Kit COLEMAN au *Mail and Empire* et Édouardina Lesage («Colette») à LA PRESSE, font leur entrée dans le journalisme. Elles amorcent leur carrière en

rédigeant les pages «féminines» (*voir* CANADIAN WOMEN'S PRESS CLUB). Certaines acquièrent une réputation dans d'autres domaines: E. Cora HIND est spécialiste agricole au *Manitoba Free Press* et Simma Holt, reporter judiciaire au SUN de Vancouver. Les Gwen Cash à Vancouver, Lotta Dempsey à Edmonton et Toronto ainsi que Doris ANDERSON, ne sont que quelques noms parmi tant d'autres qui, à chaque décennie, s'ajoutent à la liste des nouveaux pionniers dans le domaine de l'édition de magazines.

Des entrepreneurs créent les premiers quotidiens populaires. Les éditeurs ont encore des choses à dire et bon nombre d'entre eux échouent, justement parce qu'ils leur accordent plus d'importance qu'aux profits et qu'à un plan d'affaires bien pensé. Ceux qui trouvent un certain équilibre deviennent des célébrités à l'époque. Parmi eux, on note Hugh GRAHAM du *Montreal Star*, E.E. Sheppard du SATURDAY NIGHT, Wilson et Harry Southam du *Ottawa Citizen* et Joe Atkinson du TORONTO STAR. Du côté des hebdomadaires de l'Ouest, Robert (Bob) EDWARDS du *Eye Opener* de Calgary (1902-1922) et Margaret (Ma) MURRAY du *News* de Bridge River-Lillooet (Colombie-Britannique) acquièrent une renommée nationale.

Les nécessités commerciales se multipliant, les principes de l'ancien journalisme d'opinion se modifient. À Montréal, LA PRESSE (1884) de Trefflé Berthiaume balaie presque tous les quotidiens partisans. Pour survivre, les organes de parti imitent les journaux populaires. Cependant, malgré l'éclat et la diversité de ce nouveau style, se trame une deuxième révolution, plus subtile, qui s'avère un facteur encore plus fondamental dans la création de la profession de journaliste: l'industrialisation des journaux, dans le cadre de leur évolution vers le statut de grandes entreprises. Face aux coûts croissants et à une compétition féroce, le but principal de tous les journaux est d'élargir leur lectorat et d'attirer le plus de PUBLICITÉ possible. Les journaux qui ne peuvent s'adapter rapidement à ces exigences sont condamnés à disparaître. Entre 1914 et 1931, les chaînes de journaux et les villes ne comptant qu'un journal représentent la tendance générale. Des éditeurs s'associent à l'élite. Le journalisme fondé sur l'éditeur-rédacteur «indépendant» est visiblement dépassé.

Nouvelles normes du journalisme d'affaires Ironiquement, le métier de journaliste n'a échappé au dirigisme des partis que pour se retrouver à la merci d'une grande entreprise d'un nouveau genre. Vers les années 20, les quotidiens des grandes villes se limitent à leur part du marché et pratiquent un journalisme de manchettes. Les particularités sont progressivement éliminées et les journaux se ressemblent de plus en plus. L'exclusivité, le coup publicitaire et les témoignages remplacent les opinions rédactionnelles. Dans ce contexte, un nouvel idéal d'objectivité ou de reportage définit le génie du journalisme de carrière, bien que cet idéal ne soit pas atteint de manière plus uniforme que les normes, fondées sur des «principes», du journalisme personnel qu'il a remplacées.

Le triomphe du génie des affaires dans les quotidiens des grandes villes entraîne toute une variété de stratégies visant à atteindre un nouveau degré de professionnalisme. La Canadian Press Association et son successeur, la Canadian Daily Newspaper Association (CDNA), sont de puissants groupes de pression qui contribuent à rationaliser le côté administratif de l'exploitation des journaux. La CDNA contribue également à la défense des prérogatives des éditeurs lors de tentatives célèbres de limitation de la liberté de presse, telles que l'arbitraire *Alberta Press Act* de 1937 (*voir* ALBERTA PRESS ACT (1938), RENVOI DE L'). John M. Imrie, de l'EDMONTON JOURNAL, reçoit un prix Pulitzer pour avoir mené la lutte. Les conseils de presse et les comités de surveillance internes ou protecteurs du citoyen comptent parmi les plus récents exemples des efforts consentis par l'industrie afin de maintenir une ligne de conduite responsable et professionnelle.

Les agences de presse se développent grâce aux efforts des éditeurs. La PRESSE CANADIENNE (PC) voit le jour à la suite d'une révolte des journaux de l'Ouest contre la Canadian Pacific Telegraph Co. Vers 1923, la PC est une coopérative nationale de journaux détenant les droits de diffusion des reportages mondiaux de l'Associated Press. Avec ses concurrents, elle joue un rôle important dans le développement d'un idéal contemporain du reportage objectif. La TRIBUNE DE LA PRESSE qui, vers les années 20, est un organisme bénévole autogéré, contribue également à l'instauration de normes professionnelles dès le début du siècle. L'admission à la Tribune signifie l'entrée dans une «jungle» compétitive où les journalistes politiques affinent leurs méthodes d'investigation, bien que celles-ci demeurent conditionnées par les traditions et les contacts partisans enracinés.

Avènement du multimédia Vers le milieu du XXᵉ siècle, les changements surviennent à un rythme accéléré. Le journalisme est transformé par le besoin des journalistes de mettre au point de nouvelles stratégies en vue de définir leur rôle et leur statut et par les pressions des entreprises de communication cherchant des moyens efficaces pour attirer des revenus publicitaires, dans un contexte d'évolution rapide de la technologie et de la croissance extrêmement rapide du lectorat. Dans les années 50, avec l'avènement de la télé, les journaux traditionnels ne peuvent s'assurer une part du marché. Dans le climat d'incertitude qui s'ensuit, les journalistes peuvent prendre des initiatives avec plus de liberté.

Le DÉBAT SUR LE PIPELINE de 1956 semble être un point critique où la Tribune de la presse commence à jouer le rôle de gardien, critiquant le gouvernement. Le journalisme politique canadien (Jack Scott, Bruce Phillips, Douglas Fisher, Charles LYNCH) redevient soudainement un journalisme d'opinion, mais cette fois comme adversaire des politiciens. À la télé, les émissions d'affaires publiques, telles que le magazine d'information *This Hour Has Seven Days* ou le documentaire spécial *Air of Death* (1967) tendent à exprimer des opinions sur les injustices sociales. Le calendrier des activités publiques change radicalement, ce qui sape et désoriente les journalistes, habitués à leurs vieilles méthodes de couverture. Les reportages axés sur les injustices, les scandales et l'investigation s'avèrent une formule gagnante pour attirer un nouvel auditoire. Quant aux politiciens haut placés, plutôt que d'enjôler les journalistes dont la partialité semble acquise, ils s'en servent et les manipulent au moyen de techniques de relations publiques éprouvées.

Vers de nouveaux standards Des techniques modernes laissent plus de liberté aux journalistes photographes, cinéastes et à ceux des médias électroniques. René LÉVESQUE devient une vedette des médias et une personnalité importante de la politique québécoise. Gordon SINCLAIR, par ailleurs, atteint les sommets de la célébrité et de la richesse personnelle en menant sa carrière dans trois médias différents. Les journalistes exceptionnels qui attirent un auditoire important en raison du sérieux de leurs opinions, de leur intégrité professionnelle et de leur style impeccable, et ce dans plus d'un média d'information, sont appelés à jouir d'une plus grande latitude. Jack WEBSTER, Allan FOTHERINGHAM, la regrettée Barbara FRUM, Jeffrey Simpson, Bernard Derome et feu Judith Jasmin sont quelques exemples d'une génération de journalistes contemporains qui sont devenus des atouts trop importants pour qu'un éditeur ou un producteur ose exercer une certaine censure à leur égard. Ils jouissent souvent d'une notoriété plus importante que les personnalités qu'ils interviewent ou analysent.

Les plus grandes possibilités offertes aux journalistes ne se traduisent pas par l'amélioration des conditions de travail. Ils doivent se tourner vers les syndicats pour faire face aux problèmes des salaires insuffisants, de la sécurité d'emploi, des heures de travail irrégulières et d'une gestion arbitraire. Le syndicat connaissant le plus de succès est l'American Newspaper Guild (ANG), qui signe sa première convention collective avec le *Toronto Star* en 1949. Vers 1960, les tarifs syndicaux définissent les normes pour l'industrie.

À la suite de la pénible grève du personnel francophone de Radio-Canada, en 1958-1959, les journalistes canadiens-français deviennent les pionniers du militantisme. Le principe fondamental selon lequel les négociations collectives doivent aboutir à l'indépendance rédactionnelle pour les membres du personnel est toutefois battu lors de la grève à *La Presse*, en 1964 (*voir* GRÈVE DE LA PRESSE (1971). Si les contrats de *La Presse* et du SOLEIL, en 1969, contiennent des «clauses professionnelles», la terminologie juridique les prive de toute substance.

Des déclarations de politique rédactionnelle par la direction (comme au *Toronto Star*) définissent un éventail de normes, mais ne peuvent calmer les tensions entre journalistes et directeurs d'entreprises de communication de masse. En 1973, un sondage mené auprès d'importants quotidiens montre que 50 p. 100 des journalistes interrogés soutiennent que leurs textes sont modifiés de façon significative, avant la publication et sans qu'ils en soient informés. Presque une génération après la tenue de ce sondage, le départ de Linda McQuaig du *Globe and Mail* de Toronto à la suite d'un conflit causé par l'ingérence rédactionnelle est symptomatique des obstacles continuels que les journalistes peuvent rencontrer au cours de la production de la nouvelle. En revanche, les journalistes syndiqués bénéficient de meilleures conditions de travail, d'horaires et de salaires intéressants et de l'apport de travail engendré par un programme politique et social en constante évolution. Il n'est donc pas surprenant que les nouvelles attirent dans leurs rangs une nouvelle génération de diplômés d'université, dont des femmes.

Après la Seconde Guerre mondiale, certaines universités canadiennes commencent à donner des cours de journalisme. L'UNIVERSITÉ DE CARLETON et le RYERSON POLYTECHNICAL INSTITUTE (aujourd'hui la RYERSON POLYTECHNIC UNIVERSITY) instaurent les premiers baccalauréats complets alors que l'UNIVERSITÉ DE WESTERN ONTARIO innove, avec des séminaires spécialisés et les 2ᵉ et 3ᵉ cycles destinés aux journalistes professionnels. En 1968, l'UNIVERSITÉ LAVAL introduit le journalisme dans le monde universitaire québécois et vers les années 70, des dizaines d'universités, de collèges et de CEGEPS offrent diplômes, certificats et licences en communication ou en journalisme. Vers 1985, neuf universités offrent des programmes de 2ᵉ et 3ᵉ cycles. Dès 1973, les changements au niveau des normes de scolarisation sont devenus évidents: plus de 40 p. 100 des journalistes professionnels détiennent un diplôme universitaire.

Vers les années 60, les journalistes ont développé un esprit autocritique. Des regroupements de journalistes professionnels, comme la Fédération professionnelle des journalistes du Québec ou l'Institute for Investigative Journalism constituent une tribune pour ceux qui désirent développer un sens commun du professionnalisme, tout comme l'ont fait certains magazines «alternatifs» radicaux comme *Content*. D'autres organisations quasi professionnelles comme la Periodical Writers Association of Canada (1976) œuvrent plus discrètement afin d'établir des normes et d'améliorer la situation des pigistes qui travaillent pour les éditeurs. Quelques journaux et Radio-Canada (après 1967) offrent des cours de formation dont l'importance est toutefois diminuée par ceux des collèges. Certains journaux instituent des écoles de formation estivale pour des étudiants du baccalauréat. Depuis 1962, la chaîne SOUTHAM INC. décerne des bourses d'études d'un an à l'UNI-VERSITÉ DE TORONTO et, vers les années 80, on accorde souvent des congés aux journalistes désireux de parfaire leur formation universitaire.

Prétentions du quatrième pouvoir La syndicalisation, la formation universitaire et le développement professionnel contribuent à susciter un débat sur le rôle et la liberté de la presse. Des critiques répandent une série de clichés visant à rationaliser un nouveau degré d'indépendance professionnelle et à dénoncer le *statu quo*. Sous l'influence de la théorie des communications, des journalistes, dorénavant mieux nantis, commencent à prendre conscience des distorsions créées par les termes mal utilisés, les clichés, les classes sociales ou la tendance qu'ont différents journalistes à rédiger des textes à peu près identiques sur le même sujet, de leur rôle idéologique de «gardiens» et des effets des médias de masse sur le comportement. Les réformes proposées atteignent le «journalisme juridique», le journalisme d'enquête et les concepts plus radicaux de presse alternative, de démocratie ou de coopérative de rédacteurs.

Le nouveau journalisme est toutefois beaucoup moins radical que la rhétorique ne le laisse supposer. L'expérience et les critiques plus conservatrices ont soulevé le spectre du journalisme d'opinion où, pour des fins de journalisme d'enquête, certains pourraient s'attribuer le titre de journaliste de manière injustifiée. Une nouvelle génération de journalistes et d'éditeurs ont aussi appris les effets démotivants d'éventuelles poursuites en diffamation. Des compromis normatifs sont rendus possibles par la nature technologique du nouvel environnement des médias. Un journaliste peut effectuer un reportage en une journée de recherche, ce qui lui aurait pris des semaines auparavant. L'utilisation efficace des techniques de collecte de l'information nécessite une certaine décentralisation du pouvoir et une indépendance rédactionnelle, du moins pour les journalistes les plus chevronnés. La célébrité médiatique de certains journalistes amène l'équipe des nouvelles et le public à s'attendre à une intégrité professionnelle de leur part, ce qui met en péril l'entreprise des propriétaires et des dirigeants qui les tiennent pour acquis. De plus, en raison de l'incidence des découvertes technologiques sur le marché et les entreprises, il est nécessaire de trouver de nouvelles façons de présenter l'information pouvant intéresser un auditoire mieux nanti et plus raffiné, mais aussi très peu constant et hétérogène.

Aube d'une nouvelle technologie Dans un contexte de changements technologiques constants dans le monde du multimédia, sans oublier une nouvelle idéologie de libre-échange, la fusion des médias traditionnels et des technologies de communications interactives a modifié sensiblement la nature et la signification des nouvelles, faisant en sorte qu'il est devenu difficile d'établir une distinction entre la publicité, les nouvelles, le divertissement, le contenu rédactionnel, le plaidoyer (sans oublier la création littéraire, les images manipulées et même le plagiat). De plus, les journalistes font face à une nouvelle génération de puissants propriétaires de médias qui n'hésitent pas à réaliser d'importants profits au moyen de l'information générique, et qui, dans certains cas, ne craignent pas de s'en servir comme véhicule de leurs propres idéaux. Il est aussi vraiment difficile d'évaluer la manière dont le journalisme pourra se tirer d'affaires dans un milieu aussi hostile. On ne doit cependant pas renoncer à la survie de ce fragile équilibre d'une presse libre. Joseph Howe aurait compris que le carrefour économique n'est pas le seul endroit qui requiert de prendre des risques si on envisage la croissance et la réussite. (*Voir aussi* MAGAZINES; JOURNAUX; MÉDIAS, PROPRIÉTÉ DES; RADIODIFFUSION ET TÉLÉDIFFUSION; PHOTOGRAPHIE; COMMUNICATIONS.)

Brian P.N. Beaven

Journals of Susanna Moodie, The, Œuvre de Margaret ATWOOD (1970). Dans ces poèmes, Atwood recrée la vie d'une pionnière, venue d'Angleterre au Canada au XIXᵉ siècle, aux prises avec les dimensions irrationnelles et mythiques inhérentes à l'expérience humaine. Le *Journal 1* (1832-40) retrace la vie de Susanna Moodie, une étrangère sans ressources, depuis son arrivée à Québec jusqu'à ses tentatives de dominer sa confusion et sa terreur à devoir vivre dans les bois. Le *Journal 2* (1840-71) s'ouvre avec Mᵐᵉ Moodie à Belleville, hantée par des rêves d'une vie en pleine nature, mais commençant à accepter une autre réalité et une vision double. Au *Journal 3* (1871-1969), Mᵐᵉ Moodie traverse la mort et l'au-delà et se réincarne au présent dans une terre qu'elle méprisait autrefois. Ce recueil au style laconique et à la structure complexe est considéré comme l'une des plus belles réussites d'Atwood en poésie.

Carol W. Fullerton

Journaux Le premier journal canadien, le *Halifax Gazette* de John Bushell, paraît en 1752. Comme la plupart des journaux coloniaux d'Amérique du Nord, il est annexé à une entreprise d'impression commerciale. De plus, il est tributaire des largesses du gouvernement colonial au chapitre de l'impression et de la commandite. Cette dépendance financière des journaux canadiens par rapport aux gouvernements, aux partis politiques et à la PUBLICITÉ est l'un de leurs traits caractéristiques.

Premiers journaux Il n'y a pas de journal en Nouvelle-France, en partie à cause du refus de l'administration française d'établir des presses typographiques dans la colonie. La Conquête des Anglais et la fin de la GUERRE DE SEPT ANS en 1763 suscitent la venue de quelques imprimeurs des colonies américaines. En 1764, William Brown et Thomas Gilmore, deux imprimeurs de Philadelphie, lancent à Québec la *Gazette de Québec*, un journal bilingue. En 1785, Fleury Mesplet, imprimeur français qui avait été emprisonné pour avoir tenté de persuader le Québec de participer à la Révolution américaine, publie la *Gazette de Montréal* (le plus ancien des journaux toujours publié).

En 1793, sous les auspices du premier gouverneur du Haut-Canada, un imprimeur de Québec lance à Newark (aujourd'hui Niagara-on-the-Lake) l'*Upper Canada Gazette*, premier journal de ce qui est aujourd'hui l'Ontario. Comme le *Halifax Gazette*, ces premiers journaux, établis dans des colonies à faible taux démographique, dépendent totalement du gouvernement. Dans le Haut-Canada, William Lyon MACKENZIE presse l'Assemblée de subventionner la première papetière de la province, en partie pour assurer l'approvisionnement en papier de son journal. Cela est un exemple criant des liens douteux qui existent entre les journaux et la caisse des gouvernements, lesquels s'évitent ainsi les foudres d'une presse trop démocratique.

La création d'assemblées législatives en Amérique du Nord britannique favorise les factions politiques. Parallèlement, à Halifax, à Saint-Jean, à Montréal, à Kingston et à York (aujourd'hui Toronto) en particulier, on assiste à l'ascension d'une classe de commerçants s'intéressant tant à la lecture d'information commerciale qu'à la publicité. Avec les mouvements politiques et les divers intérêts commerciaux et agricoles, les hebdomadaires se multiplient.

Dans le Bas-Canada, le *Mercury* (1805) de Québec et le *Herald* (1811) de Montréal se font les porte-parole des commerçants anglophones de la province, alors que *Le Canadien* (1806) et *La Minerve* (1826) reflètent les intérêts de la classe professionnelle émergente chez les Canadiens français.

Dans le Haut-Canada, William Lyon Mackenzie se sert de son journal, le *Colonial Advocate* (1824), pour soutenir la cause des réformateurs en général et des fermiers en particulier contre les groupes professionnels et commerciaux dominants. Dans les Maritimes, des journaux tels que le *Novascotian* (1824)

d'Halifax de Joseph HOWE défient l'autorité des oligarchies coloniales.

Journaux, politique et État Dès les premières décennies du XIXᵉ siècle, la plupart des journaux s'allient soit au Parti réformiste (devenu le Parti libéral), soit au Parti conservateur. Loin d'être un simple instrument des partis qu'ils prétendent appuyer, ces premiers journaux constituent l'organe de factions ou de chefs particuliers au sein de ceux-ci. Ainsi, le *Globe* (1844) de Toronto est l'outil personnel de son éditeur, le réformateur George BROWN. Bien que le *Mail* (1872) de Toronto ait été fondé pour faire entendre la voix de l'ensemble du Parti conservateur, la faction dominante menée par John A. MACDONALD s'en empare rapidement.

En fait, il n'est pas rare qu'un journal s'écarte de la ligne du parti. Le *Mail*, p. ex., rompt avec les conservateurs de Macdonald dans les années 1880, obligeant le parti à fonder l'*Empire* en 1887. La relative indépendance des journaux par rapport aux partis politiques et aux gouvernements varie d'un endroit à un autre. Règle générale, le degré de dépendance diminue au fur et à mesure de la croissance des revenus tirés de la vente des journaux et de la publicité. Bien qu'ils ne soient pas toujours l'instrument des partis, les journaux demeurent étroitement liés aux factions politiques même au XXᵉ siècle. Impatient d'offrir un média au nouveau premier ministre libéral Wilfrid LAURIER, un consortium commercial réorganise le TORONTO STAR en 1899. Les conservateurs de l'Ontario achètent le *News* de Toronto en 1908 afin d'en faire l'organe du parti. Au cours de la première décennie du XXᵉ siècle, le *Herald* de Calgary se sert du Parti conservateur de l'Alberta pour vendre des abonnements. Dans les années 30 encore, la plupart des grands journaux québécois sont parrainés par le gouvernement provincial.

La politisation des journaux se poursuit dans une certaine mesure parce que les lecteurs la réclament. Au XIXᵉ siècle, on prend la POLITIQUE canadienne au sérieux et on s'attend à ce que les journaux prennent parti. C'est d'ailleurs ce qui explique le phénomène de la dualité des journaux dans les villes. Dès 1870, toute ville assez importante pour soutenir un journal en a deux, l'un libéral et l'autre conservateur. En outre, les journaux ne se libèrent jamais complètement du parrainage du gouvernement. Depuis 1867, ce dernier subventionne les journaux en leur accordant des tarifs postaux spéciaux. La première agence internationale de nouvelles par câble du pays, la Canadian Associated Press (1903), reçoit des subventions du gouvernement fédéral, tout comme l'agence coopérative de nouvelles intérieures, la PRESSE CANADIENNE, au cours des premières années suivant sa fondation en 1917.

Les relations entre les journaux canadiens et l'ÉTAT ont toutefois un côté moins reluisant. Les premiers éditeurs, que l'on considère trop critiques envers les actions gouvernementales, se voient non seulement menacés de prison mais parfois même emprisonnés. On fait appel aux lois contre la diffamation et le libelle criminel pour réduire au silence les rédacteurs gênants. Au XXᵉ siècle, le gouvernement s'en prend surtout aux journaux de gauche; le PARTI COMMUNISTE DU CANADA est proscrit et ses publications sont interdites à diverses reprises. Le gouvernement québécois de Maurice DUPLESSIS (1936-1939 et 1944-1959) utilise la LOI DU CADENAS pour interdire ce qu'il considère comme des journaux communistes. En 1970, le gouvernement fédéral impose une CENSURE restreinte à la suite de l'enlèvement de deux hommes lors de la CRISE D'OCTOBRE.

Montée de la publicité Le sectarisme politique demeure, mais la dépendance financière des journaux envers les gouvernements et les partis politiques diminue au cours du XIXᵉ siècle. L'aspect financier de la publication des journaux ainsi que la croissance économique dans son ensemble n'y sont

pas étrangers. Les journaux font face à des frais généraux élevés. En effet, qu'ils tirent à un seul ou à 10 000 exemplaires, les dépenses initiales pour le matériel, la composition et le contenu rédactionnel sont les mêmes. Au cours des années 1860, époque où les tirages quotidiens ne dépassent habituellement pas 5000 exemplaires, ces frais généraux sont couverts par les partis politiques ou les gouvernements. Toutefois, à mesure que la population s'accroît et que le degré d'alphabétisation s'élève, les éditeurs répartissent ces frais entre un plus grand nombre de lecteurs. De plus, quand le tirage d'un journal augmente, les commerçants sont plus intéressés à y faire paraître leur publicité. Comme la capacité de production progresse dans toutes les industries, il devient capital de recourir à la publicité pour persuader les gens d'acheter.

Les premiers annonceurs sont des grossistes qui tentent d'attirer l'attention d'autres commerçants. Cependant, dès les années 1880, les détaillants dominent la publicité, alors axée sur le marché de masse. En 1900, les consommateurs sont inondés d'annonces publicitaires les invitant à acheter des articles comme du savon, des spécialités pharmaceutiques ou des ceintures chauffantes. Les quotidiens des grandes villes tirent de 70 à 80 p. 100 de leurs revenus de la publicité.

Les progrès technologiques de l'industrie de la presse et de l'économie en général accélèrent l'évolution des journaux à grand tirage orientés vers la publicité. Grâce à l'essor du TÉLÉGRAPHE, au cours des années 1850 et à l'installation du câble transatlantique, en 1866, les journaux ont plus facilement accès aux nouvelles internationales. Néanmoins, leurs frais généraux s'en trouvent haussés. Dans les années 1880, les presses rotatives et la stéréotypie permettent aux journaux d'accroître leur tirage afin d'améliorer leurs revenus pour couvrir ces frais. En 1876, le tirage combiné des quotidiens de neuf centres urbains importants totalise 113 000 exemplaires. Sept ans plus tard, il a plus que doublé. À partir du milieu du XIXᵉ siècle, la construction de chemins de fer permet aux quotidiens et aux hebdomadaires de rejoindre une plus grande partie de la population. Pendant les années 1890, les fondeuses de caractères telles que la Linotype autorisent les quotidiens à augmenter leur format, qui passe de quatre, huit ou 12 pages à 32 ou 48 pages (*voir* IMPRIMERIE). Évidemment, cela ajoute considérablement à l'espace réservé à la publicité. À la même époque, la mise au point d'un papier journal fabriqué à partir de pulpe assure une source d'approvisionnement économique. Le prix du papier journal dégringole, passant de 203 $ la tonne, en 1873, à 50 $, en 1900.

Quotidiens Les premiers journaux sont des hebdomadaires, bien que quelques-uns paraissent deux ou trois fois la semaine. En 1833, on lance le premier quotidien canadien, le *Daily Advertiser* de Montréal, qui fait faillite en moins d'un an. La publication quotidienne commence pour de bon dans les années 1840 lorsque deux autres journaux montréalais, la *Gazette* et le *Herald*, sont publiés tous les jours pendant la période commerciale de pointe de l'été. L'augmentation de la population, l'alphabétisation et l'urbanisation accélèrent la conversion des hebdomadaires en quotidiens. En 1873, le Canada compte 47 quotidiens et en 1900, 112. Les principaux quotidiens utilisent les services postaux et ferroviaires pour offrir partout au pays leurs éditions hebdomadaires et, dès le XXᵉ siècle, leurs suppléments de fin de semaine du STAR WEEKLY de Toronto ou le *Family Herald* de Montréal.

Des journaux, d'abord hebdomadaires, puis quotidiens, sont créés dans l'Ouest à mesure que la population blanche s'accroît. Le *British Colonist* de Victoria paraît en 1858, le *Manitoba Free Press* (voir WINNIPEG FREE PRESS) en 1872, le *Saskatchewan Herald* en 1878 et le *Edmonton Bulletin* en 1880.

L'essor d'une nouvelle classe ouvrière dans les grandes villes, en particulier Toronto et Montréal, favorise l'apparition de journaux de genres différents qui mettent l'accent sur les nouvelles locales, la grande diffusion, les petites annonces et, dans certains cas, les scandales. Parmi ces journaux, qui se vendent un cent l'exemplaire (soit la moitié ou le tiers du prix des quotidiens établis), figurent LA PRESSE (1884) et le *Montreal Star* (1869) de Montréal, le *Toronto Telegram* (1876), le *Toronto News* (1881), le *Toronto World* (1880) et le *Toronto Star* (1892) ainsi que le *Hamilton Herald* (1889) de Hamilton. Afin d'attirer de nouveaux lecteurs, les journaux plus anciens augmentent leur tirage. En 1872, à Toronto, chaque famille achète en moyenne un journal; en 1883, la famille torontoise moyenne en achète deux par jour.

Au Québec, toutefois, la croissance des journaux est entravée par le faible taux d'alphabétisation. En 1871, seulement 50 p. 100 des francophones adultes du Québec savent lire et écrire, comparativement à 90 p. 100 des adultes d'Ontario. Par ailleurs, on trouve uniquement dans la province québécoise des quotidiens qui poursuivent des objectifs religieux, notamment le journal catholique ultramontain *Le Nouveau Monde* (1867) et le journal protestant *Daily Witness* (1860). Au Québec, les journaux associés à l'Église, au nationalisme et à la cause canadienne-française prospèrent jusqu'au XXe siècle. En 1910, le nationaliste Henri Bourassa fonde LE DEVOIR pour promouvoir les intérêts du Québec. Bien qu'à faible tirage, des journaux comme *Le Devoir* conservent une grande influence auprès de l'élite intellectuelle du Québec (*voir* NATIONALISME CANADIEN-FRANÇAIS).

Les quotidiens travaillistes sont plutôt rares au Canada. En 1892, forts de l'appui du mouvement syndical local, des imprimeurs en grève lancent le *Toronto Star*, qui fait faillite moins d'un an plus tard et est cédé à d'autres intérêts n'ayant pas la même allégeance. En 1948, le *Citizen* de Winnipeg paraît grâce au soutien des travailleurs; à court de capitaux, il ferme lui aussi ses portes la même année.

Le nombre de quotidiens s'élève à 138 en 1913. Dès lors, les pressions visant à restreindre la concurrence et à concentrer les propriétés se font sentir. À l'intérieur de chaque ville, les journaux rivalisent les uns avec les autres pour augmenter leur tirage et s'attirer la publicité. Comme la concurrence est coûteuse, les perdants fusionnent avec des journaux plus puissants ou ferment leurs portes. À Toronto, p. ex., le *Mail* fusionne avec l'*Empire* en 1895; puis, en 1936, le *Mail and Empire* se joint au *Globe* (*voir* GLOBE AND MAIL). En 1949, quatre journaux d'Halifax anciennement indépendants: le *Herald*, le *Chronicle*, le *Mail* et le *Star* s'unissent en une seule entreprise produisant deux éditions quotidiennes. L'essor de la radio dans les années 30 et de la télévision dans les années 50 brise le monopole de la presse écrite en matière de publicité. En 1953, le pays n'a plus que 89 quotidiens. Vers 1986 ce nombre passe à 110. À la fin des années 80, toutefois, seulement huit villes canadiennes sont desservies par deux quotidiens ou plus appartenant à des propriétaires différents. Étant donné que les lecteurs attachent moins d'importance au sectarisme politique, le système de dualité des journaux dans les villes n'a plus sa raison d'être (*voir* DROIT ET PRESSE; MÉDIAS, PROPRIÉTÉ DES).

Thomas Walkom

Aujourd'hui À la fin des années 80, les quotidiens ont une part réduite mais encore importante de l'industrie des communications de masse. La plupart des journaux appartiennent directement ou par l'entremise de chaînes à des conglomérats qui ont aussi des intérêts dans d'autres médias ou secteurs d'activité. Des éditeurs importants optent pour la diversification avec l'impression électronique; ils offrent soit des services en direct accessibles au moyen des ordinateurs de bureau ou de résidence, soit des services

vidéotex accessibles avec des terminaux de télévision adaptés dotés d'un clavier numérique. Entre autres, le *Globe and Mail* de Toronto établit le service en direct Infoglobe, comportant une base de données relatives au contenu du journal sur plusieurs années. SOUTHAM INC., propriétaire de la chaîne de journaux Southam, et TORSTAR CORPORATION, propriétaire du *Toronto Star*, fondent Infomart, société de commercialisation du vidéotex qui a joué un rôle important dans le développement du système canadien Télidon. Le *Star* s'en est retiré. LE SOLEIL de Québec et *La Presse* de Montréal ont participé dès le début aux essais. Le *London Free Press* a été parmi les premiers à utiliser le vidéotex pour créer une publicité informationnelle dans les centres commerciaux.

Il aurait pu arriver que l'impression électronique fasse baisser les revenus de publicité des journaux et même leur clientèle de lecteurs, car les progrès technologiques ont permis de mettre au point des portables minces ainsi que d'offrir une plus haute définition pour les textes et les graphiques. Toutefois, le quotidien semble fait pour durer parce qu'il constitue une source d'information complète au chapitre des nouvelles, des renseignements généraux et des divertissements, en plus d'être facile à lire et à transporter. Les premiers services électroniques sont nombreux à subir de grandes pertes, les perfectionnements électroniques étant intégrés plus lentement que ceux-ci ne l'avaient prévu.

Les journaux font l'objet de deux études: l'une en 1969-1970, par le Comité spécial du Sénat sur les moyens de communications de masse, sous la présidence du sénateur Keith DAVEY; l'autre en 1980-1981, par la Commission royale sur les quotidiens, composée du président Tom KENT, de Laurent Picard et de Borden Spears. Les deux études portent sur la grande concentration de la propriété des journaux et la diminution de la concurrence; la Commission Kent met l'accent sur le conglomérat des journaux et d'autres types d'entreprises. Ces études font valoir que la liberté de presse inclut la libre diffusion de l'information et des opinions provenant de sources diverses, principe qui pourrait être mis en péril par une concentration excessive. La recommandation du rapport Davey voulant que le gouvernement fédéral instaure un Conseil de surveillance de la propriété de la presse n'est pas retenue.

Celle du rapport Kent déclarant que les propriétaires de journaux ne devraient pas posséder de licences de radiodiffusion ou de télédiffusion à l'intérieur du même marché est acceptée, en principe, par le gouvernement Trudeau. Elle n'est appliquée que de façon restreinte par le Conseil de la radiodiffusion et des télécommunications (CRTC) et est abandonnée par le gouvernement Mulroney. Ottawa exerce une pression sur les journaux pour qu'ils adhèrent aux conseils de presse. À la fin des années 80, des conseils de presse sont en place dans toutes les provinces sauf en Saskatchewan. On rejette les recommandations Kent visant à réduire les pires cas de concentration et à compenser les effets des conglomérats par des mesures prévoyant l'indépendance et la responsabilité publique des journaux. Les propriétaires s'y opposent énergiquement en alléguant qu'elles entravent la liberté de presse.

Au XXe siècle, les fusions et les fermetures de quotidiens des grandes villes contrastent avec l'apparition de nouveaux journaux publiés chaque jour dans les petites villes en expansion. À partir de 1960, on assiste à l'émergence des tabloïds dans les grandes zones urbaines; ce qui constitue un changement important. Avant leur arrivée, presque tous les quotidiens des grandes villes sont des journaux ou des fusions de journaux déjà établis au début du siècle. Les tabloïds reprennent la stratégie des premiers quotidiens à grand tirage de la fin du XIXe siècle en s'adressant à une clientèle populaire (*La Presse* à Montréal et le *Toronto Star* à Toronto). Au Canada, le pionnier des créateurs de tabloïds est Pier-

re PÉLADEAU qui lance dans les années 60 et avec un succès phénoménal *Le Journal de Montréal* et *Le Journal de Québec*. Le *Sun* de Toronto renaît de ses cendres sous le nom de *Telegram* en 1971 et reprend la formule gagnante au Canada anglais. Il ajoute le populisme de droite à la recette des «3 S»: sexe, scandale et sport, propre aux tabloïds. De plus, il forme une chaîne avec les *Sun* d'Edmonton et de Calgary. L'autre innovation importante dans le domaine des journaux survient en 1980 et dans les années subséquentes dans ce qu'on pourrait appeler le marché haut de gamme, quand le *Globe and Mail* de Toronto, maintenant propriété du THOMSON GROUP par suite de la prise de contrôle des FP Publications, utilise la nouvelle technologie de la télématique pour publier une édition nationale. Cette édition est transmise par satellite vers des imprimeries de l'Atlantique, du Centre et de l'Ouest du Canada (*voir* SATELLITE, COMMUNICATION PAR).

Ces diverses améliorations procurent aux Canadiens, selon la région où ils habitent, quatre types de quotidiens: (1) le haut de gamme, quotidien national, représenté par le *Globe and Mail* de Toronto en anglais et par *Le Devoir* de Montréal en français; (2) les tabloïds bas de gamme; (3) les quotidiens des petites villes tels les journaux du groupe Thomson établis avant 1980 et les plus petits journaux de Desmarais, en français; et (4) les volumineux quotidiens du marché intermédiaire, qui ont le plus important tirage, qui exercent un monopole dans la plupart des grandes villes et qui font concurrence aux tabloïds dans les autres. Les quotidiens de la chaîne de journaux Southam comme le *Herald* de Calgary et la *Gazette* de Montréal, en anglais, et *Le Soleil* d'UNIMÉDIA à Québec, en français, en sont des exemples typiques. Une cinquième catégorie est constituée de quotidiens de langue chinoise, le *Toronto Chinese Express* et le *Shing Wah Daily News* de Toronto ainsi que le *Vancouver Chinese Voice* et le *Vancouver Chinese Times* de Vancouver.

Selon Statistique Canada, 80 p. 100 de la population adulte lit au moins 3 ou 4 numéros de quotidiens par semaine. Le pourcentage de gens qui lisent des journaux régulièrement suit de près la proportion de la population qui bénéficie de services rapides de livraison de journaux. Le nombre des lecteurs est un peu plus bas au Canada français qu'au Canada anglais.

Le marché francophone représente 18 p. 100 du tirage national, réparti entre 11 journaux: 9 publiés au Québec, un à Ottawa et un à Moncton. Quatre-vingt-dix p. 100 du tirage des journaux français reviennent à trois chaînes: le Groupe QUEBECOR inc. de Pierre Karl Péladeau, fils du regretté Pierre Péladeau (avec près de la moitié du tirage des chaînes), Gesca de Paul DESMARAIS (*voir* POWER CORPORATION DU CANADA) et Unimédia de Jacques Francœur.

Pour ce qui est du marché de langue anglaise, le rapport Kent signale que 59 p. 100 du tirage sont répartis entre les chaînes Southam (32,8) et Thomson (25,9): compte tenu des autres groupes de propriétaires, la part des chaînes représente 74 p. 100 du tirage total. La concentration de ce marché s'accroît en 1981 lorsque Torstar Corp ajoute une seconde chaîne d'hebdomadaires à celle qu'elle possède déjà dans la région de Toronto, puis de nouveau en 1982 quand le groupe de communications MACLEAN HUNTER prend le contrôle de la chaîne Toronto Sun. En 1986, Southam détient 28 p. 100 du marché de langue anglaise avec 15 journaux et Thomson, 20 p. 100, avec 39 journaux.

Dans les marchés français et anglais réunis, seulement le quart des journaux et moins du quart du tirage sont aux mains d'indépendants. Plusieurs de ces derniers, comme le *Toronto Star* et le *London Free Press*, appartiennent à des consortiums de multimédias. La concentration touche les régions éloignées puisque dans toutes les provinces sauf trois (Ontario, Québec et Nouvelle-Écosse), une chaîne contrôle les deux tiers ou plus du tirage provincial. Un autre facteur concourt à l'homogénéité en matière de JOURNALISME au Canada: l'agence de presse principale, la Presse canadienne, qui fournit une grande partie des nouvelles à la radio et à la télévision, est la propriété commune des propriétaires de quotidiens.

La commission Kent révèle que la stratégie d'exploitation de l'industrie des journaux favorise une diminution de la concurrence sur les marchés locaux et une concentration de la propriété. Les journaux tirent environ 80 p. 100 de leurs revenus de la vente de 50 à 60 p. 100 de leur espace à des annonceurs. Cela signifie qu'à peu près 20 p. 100 seulement de leurs revenus proviennent de la vente des journaux aux lecteurs. Dans la plupart des marchés, il est généralement plus économique pour les annonceurs de recourir à un seul journal plutôt qu'à deux ou trois. Par conséquent, la concurrence acharnée entre les journaux de même type a disparu dans beaucoup de villes. Il n'est possible d'avoir un choix de journaux analogues que là où le marché est assez important pour pouvoir être fractionné entre des clientèles distinctes. À cause du coût élevé de lancement ou de rééquipement d'un journal et des économies réalisables par une centralisation efficace, les chaînes sont favorisées au détriment des indépendants. Quand un journal a le monopole d'un marché, ou d'un segment de marché, il est plus rentable qu'une entreprise ordinaire. Il est la source d'argent neuf qui sera investi dans les autres entreprises du consortium.

À mesure que le nombre de quotidiens des grandes villes diminue et que les journaux restants cessent la livraison non rentable à l'extérieur des villes, les journaux communautaires connaissent une vague de prospérité. De 1971 à 1980, la somme du tirage hebdomadaire des journaux communautaires passe de 3,8 à 8,8 millions d'exemplaires, soit d'un huitième environ à plus du quart du tirage total des quotidiens.

Au cours de cette période, il y a une tendance soutenue vers la concentration des journaux communautaires dans des chaînes et vers l'acquisition par des propriétaires de quotidiens. Selon Statistique Canada, la diffusion totale des journaux communautaires se chiffre à 9,5 millions d'exemplaires en 1985. Ce nombre comprend les journaux français et anglais de même que les journaux bilingues, surtout au Québec, avec un tirage total de 2,8 millions. Les hebdomadaires ethniques ont un tirage total de 954 000 exemplaires. De nombreux journaux communautaires sont distribués gratuitement et leurs revenus proviennent exclusivement des recettes publicitaires.

En 1986, les revenus de publicité, dont les médias sont tellement dépendants, sont évalués comme suit: quotidiens, 22,7 p. 100; hebdomadaires, 5,6 p. 100; magazines divers 4,3 p. 100; télévision, 16,6 p. 100; radio, 9,1 p. 100; autres imprimés (principalement la publicité directe et les catalogues) 23,7 p. 100; et publicité extérieure, 7,3 p. 100. Les quotidiens réussissent donc à garder la part du lion, mais il faut leur adjoindre celle des journaux communautaires pour surpasser la télévision et la radio réunies. La publicité dans les quotidiens atteint 1,5 milliard de dollars en 1986, une nette hausse par rapport aux 987 millions de dollars enregistrés en 1980, ce qui est près du double de 1974. Les revenus ont donc continué d'augmenter énormément après 1980, par suite des fermetures qui ont suscité la création de la Commission Kent.

La possibilité que les médias électroniques s'emparent d'une partie des revenus publicitaires de l'information, là où le journal est passé maître, semble l'une des plus sérieuses menaces auxquelles les journaux auront à faire face dans l'avenir. (*Voir aussi* MAGAZINES.)

Tim Creery

Jours fériés nationaux Comme pour la plupart des pays, les jours fériés nationaux au Canada soulignent des événements religieux, quasi religieux ou patriotiques. Les jours fériés sont proclamés par une loi du Parlement et tous les fonctionnaires fédéraux et la plupart des Canadiens les observent même si, de plus en plus, ces journées sont l'occasion de magasinage et de grandes ventes. Les jours fériés canadiens sont le jour de l'An, le Vendredi saint, le lundi de Pâques, le jour de Victoria, la fête du Canada (anciennement fête du Dominion), la fête du Travail, l'Action de grâce, le jour du Souvenir et le jour de Noël.

Nul besoin d'expliquer l'origine des trois fêtes chrétiennes. Le jour de l'An, le 1er janvier, marque le début de la nouvelle année. Le JOUR DE VICTORIA (connu aussi comme le 24 Mai, la fête de la Reine, l'EMPIRE DAY ou le jour du Commonwealth) est un congé national depuis 1901. Il est célébré dans toutes les provinces le lundi avant le 25 mai, sauf au Québec où l'on célèbre plutôt la fête de Dollard. Il est de tradition d'ouvrir les chalets d'été et de semer les potagers au cours de cette fin de semaine. Dans certains coins du pays, des feux d'artifice saluent encore les célébrations. La fête du Canada, le 1er juillet, commémore le jour de la création de la CONFÉDÉRATION canadienne, en 1867. Au départ, la fête du Canada était célébrée dans le calme – et donc de façon très canadienne – mais elle est aujourd'hui l'occasion de présenter des spectacles culturels et de divertissement très élaborés, offerts par le gouvernement fédéral pour stimuler le nationalisme canadien.

La FÊTE DU TRAVAIL a lieu le premier lundi de septembre et procure la chance à tous de profiter d'un long congé à la fin de l'été. Cette fête rend hommage au mouvement ouvrier. On la célèbre depuis au moins 1872, et elle devient jour férié légal en 1894. D'imposants défilés et des pique-niques syndicaux soulignent habituellement cet événement. Le jour de l'Action de grâce, qui offre une autre fin de semaine prolongée, est le deuxième lundi d'octobre (contrairement au congé américain, qui tombe le dernier jeudi de novembre) et célèbre la saison des récoltes. On a adopté ce jour férié en 1879 sans aucun doute pour imiter la fête américaine, mais on célèbre cette fête plus tôt dans l'année étant donné la saison agricole plus courte au Canada.

On célèbre le JOUR DU SOUVENIR le 11 novembre, jour de l'armistice qui a mis fin à la Grande Guerre en 1918.

Les provinces observent un bon nombre de congés. Presque partout, le *Boxing Day* du lendemain de Noël, le 26 décembre, est de plus en plus considéré comme un congé permettant de se remettre des abus de la période de Noël. Le Manitoba et les Territoires du Nord-Ouest célèbrent le Congé statutaire, connu sous le nom de jour du Patrimoine en Alberta et en Saskatchewan, et de fête de Simcoe en Ontario. Ce congé offre une longue fin de semaine, au début d'août. Les Québécois célèbrent la Fête nationale du Québec le 24 juin. À Terre-Neuve, la Saint-Patrick, la Saint-Georges, le jour de la Découverte, le jour du Souvenir (30 juin) et la fête des Orangistes sont aussi des fêtes légales. (*Voir aussi* FÊTES RELIGIEUSES.)

J.L. Granatstein

Joyal, Serge, l'Honorable c.p., o.c. Sénateur, avocat, spécialiste en arts visuels et mécène (Montréal, 1945). Secrétaire d'État dans le dernier cabinet de Pierre Elliott TRUDEAU, il se distingue par sa défense du statut de la langue française, son rôle lors de l'adoption de la CHARTE CANADIENNE DES DROITS ET LIBERTÉS et son appui soutenu à la politique culturelle. Après un B.A. et une licence en droit à l'U. de Montréal, et l'obtention d'un diplôme en études supérieures en droit comparé de l'U. de Strasbourg, il obtient une maîtrise en droit administratif à l'U. de Sheffield et fait la scolarité de maîtrise en droit constitutionnel au London School of Economics & Political Science.

Adjoint politique de l'Hon. Jean MARCHAND, il est élu, dès 1972, vice-président du PARTI LIBÉRAL DU CANADA, section Québec, et, en 1974, est élu député de Maisonneuve-Rosemont à la Chambre des communes. Au sein du gouvernement Trudeau, il agit d'abord comme vice-président du Comité des comptes publics et entreprend des poursuites judiciaires contre son propre gouvernement pour faire reconnaître le statut et l'usage du français dans l'aéronautique. Il est candidat à la mairie de Montréal en 1978.

Réélu en 1979 et 1980, il devient secrétaire parlementaire du président du Conseil du trésor et copréside le Comité conjoint du Sénat et de la Chambre chargé du rapatriement de la CONSTITUTION. Il entre au cabinet en 1981 comme ministre d'État, puis secrétaire d'État en 1982, année où il publie Constitution 1982. Il est renommé à ce poste dans le bref Cabinet de John N. TURNER. À partir de 1985, il préside la section québécoise de la Commission politique du Parti libéral du Canada et est réélu huit fois à ce poste.

La défaite des libéraux, entre 1985 et 1995, le ramène à sa grande passion pour les arts visuels et la protection du patrimoine culturel et historique du Canada, dont témoignent de nombreuses interventions pour sauvegarder des édifices de la destruction: couvents, églises, prisons, résidences; la fondation du Musée d'art de Joliette; la publication de plusieurs préfaces d'ouvrages de nature patrimoniale; la collaboration à de nombreuses expositions et événements culturels d'importance et un soutien financier constant à l'activité communautaire. Il a été, en 1972, président de la Société des musée québécois et directeur de l'Association des musées du Canada. Mécène du Musée des beaux-arts de Montréal, du Musée de la civilisation de Québec, du Musée d'art de Joliette et du Fonds canadiana d'œuvres d'art. Il est également membre fiduciaire du Conseil d'administration du CENTRE CANADIEN D'ARCHITECTURE.

En 1997, le Premier ministre Jean CHRÉTIEN le nomme au Sénat où il siège comme membre du Comité des banques; des affaires juridiques et constitutionnelles; et des privilèges et règlements. Il rédige, en collaboration avec des universitaires canadiens, un ouvrage sur le rôle du Sénat dans les institutions parlementaires canadiennes.

Doctorat honorifique en droit, U. de Moncton, N.-B., 1984; Chevalier de l'Ordre national de la Légion d'honneur, France, 1995; Officier de l'Ordre du Canada, 1996; et Officier de l'Ordre de la Pléiade, 2000.

Juan de Fuca, détroit de Passage situé dans l'océan Pacifique entre l'ÎLE DE VANCOUVER et l'État de Washington qui relie le détroit de GEORGIA et la baie Puget à l'Océan. La frontière avec les États-Unis s'étend sur une longueur de 160 km. Les marées sont complexes et dangereuses pour les bateaux qui l'empruntent en direction des ports du continent. Le détroit porte le nom du marin Juan de FUCA, dont le récit du voyage dans cette région est probablement apocryphe. En 1787, le capitaine et négociant Charles Barkley pénètre dans le détroit auquel il donne le nom de Juan de Fuca. Pendant de nombreuses années, le détroit est considéré comme un passage nord-est possible vers l'Atlantique.

Daniel Francis

Judaïsme Religion des JUIFS, le judaïsme est originaire de l'Israël antique, où le texte sacré de la Bible hébraïque était reconnu comme la Révélation divine. Le cœur de la Bible est la Torah, les cinq livres communiqués par Dieu au peuple juif sur le mont Sinaï par l'entremise de Moïse, son libérateur, son maître et son prophète. Les autres parties de la Bible (livres prophétiques, historiques et de sagesse) sont fondées sur la Torah, qui en demeure le centre.

La «Torah écrite», les textes plus tardifs de la «Torah orale» et les autres Écritures constituent une «patrie portative», une voie de sainteté détaillée et consignée par écrit, destinée à préserver le peuple juif et sa foi au cours de son exil. Dans ce mode de vie, le rabbin est un docteur de la Loi qui guide l'existence quotidienne des gens grâce à sa connaissance de la Torah. Cependant, le judaïsme ne se limite pas à la prière, à la synagogue, aux jeûnes et aux fêtes. Le judaïsme fondé sur la Torah écrite et orale s'intéresse aussi à la famille, aux affaires, au droit civil et criminel, au système judiciaire qui adopte et applique des lois en ces matières, ainsi qu'aux philosophies et aux visions du monde qui trouvent un sens à la présence historique des Juifs. Le judaïsme se constitue de la sorte comme un cadre religieux, social et culturel.

Le judaïsme biblique trouve son origine dans la contestation des croyances et pratiques païennes traditionnelles. Le christianisme et l'islam se présentent ouvertement comme des religions destinées à lui succéder. Tout en respectant le judaïsme en tant que première révélation, elles l'ont décrit comme étant la religion rejetée par leurs propres révélations ultérieures. À leurs descriptions bizarres et hostiles du judaïsme se sont ajoutées les humiliations, les expulsions et les violences. Si le judaïsme a été dénigré dans la société canadienne, il l'est moins de nos jours parce que la tolérance religieuse et le pluralisme sont désormais des valeurs culturelles généralement reconnues. Le Conseil canadien des chrétiens et des juifs est un organe de promotion de la tolérance religieuse et du dialogue entre juifs et chrétiens. Des mouvements de promotion d'un dialogue entre juifs et musulmans tentent également de se former. (*Voir aussi* ANTISÉMITISME; PRÉJUGÉS ET DISCRIMINATION.)

Alors que les États-Unis ont pratiqué dès le début la séparation de l'Église et de l'État, le Canada, au moment de sa fondation, a reconnu les droits des catholiques et des protestants. Les membres des religions minoritaires pouvaient toutefois devenir des citoyens à part entière. À l'exception de l'important domaine de l'éducation, dans lequel certaines provinces soutiennent entièrement les systèmes d'écoles chrétiennes confessionnelles alors que les écoles non chrétiennes ne peuvent obtenir un soutien équivalent, les minorités religieuses canadiennes jouissent aujourd'hui des mêmes droits et privilèges que l'ensemble de la population. Avant le XIXe siècle, les juifs sont loin de bénéficier d'une telle égalité de statut juridique.

Cette possibilité de participation à une société ouverte en tant que membres égaux met les juifs et le judaïsme en présence de défis à relever. L'économie ouverte et concurrentielle donne aux immigrants l'occasion de sortir de la pauvreté, mais elle les incite également à enfreindre les interdits rituels qui limitent leurs perspectives économiques, notamment l'interdiction de travailler le samedi et les jours de fêtes religieuses. L'éducation obligatoire amène les enfants juifs à fréquenter des écoles publiques qui ont pour but déclaré de faire d'eux de bons Canadiens. Ainsi, les fils d'immigrants juifs y étudient des sciences, une histoire et une littérature dont les générations précédentes ignoraient tout. La plupart de ceux qui font des études supérieures sont impressionnés par la culture cosmopolite des intellectuels occidentaux. En tant que membres de la société de consommation qui voit le jour, les juifs canadiens sont encouragés à consacrer leurs heures de loisirs au magasinage et aux divertissements plutôt qu'aux pratiques communautaires de piété prescrites par leur religion. Devant de tels défis, quelques-uns abandonnent radicalement leurs traditions, mais la plupart choisissent d'allier une certaine forme de fidélité au judaïsme, en conservant la sécurité de la famille traditionnelle et des liens communautaires, à un effort pour s'intégrer à la société canadienne et en être acceptés.

Démographie Les juifs vivent surtout en milieu urbain, pour la plupart dans les trois grands centres métropolitains. C'est en Ontario qu'ils sont les plus nombreux, surtout à Toronto. À Montréal, lieu de fondation de la première SYNAGOGUE canadienne, la communauté juive a longtemps été la plus nombreuse au Canada et elle est encore très vivante. La population juive de Vancouver s'accroît. Si les organisations et les pratiques de la communauté juive de Montréal sont les plus traditionnelles, celles de la communauté de Vancouver s'avèrent les moins strictes.

Les données des recensements canadiens tiennent compte à la fois des juifs comme groupe ethnique et du judaïsme comme religion. Au recensement de 1991, quelque 318 000 Canadiens se sont dits de religion juive. Les organisations juives estiment que la population juive totale est d'environ 356 000 personnes, y compris celles qui se déclarent juives de par leur origine ethnique, mais ne professent aucune religion. La plupart des membres de cette minorité non pratiquante ne sont pas complètement dépourvus de connaissances religieuses et n'ont pas abandonné toute observance. En raison des liens étroits entre la religion et les autres aspects de l'identité juive, ils ont généralement une certaine éducation religieuse, participent aux activités de leur famille élargie, qui comportent des rites religieux, et observent à leur manière les pratiques juives qui marquent les étapes de la vie.

Confessions judaïques Les confessions judaïques qui sont apparues par suite de la nouvelle situation des juifs dans la société moderne sont toutes représentées au Canada. Le judaïsme orthodoxe, selon lequel la Torah écrite et la Torah orale constituent la Révélation divine, prescrit un mode de vie très distinctif. Le judaïsme conservateur, originaire du Jewish Theological Seminary des États-Unis, interprète la Torah de façon plus souple en permettant à ses adeptes de bénéficier des institutions sociales, culturelles et éducatives canadiennes, tout en professant une totale continuité avec une tradition en constante évolution. Le judaïsme réformé, tout en respectant les sources traditionnelles de la sagesse et de l'inspiration, rejette ouvertement le caractère divinement inspiré de la loi orale. Les juifs réformés n'observent que de façon facultative les prescriptions alimentaires et les interdictions du jour du sabbat, entre autres.

La plupart des premiers immigrants juifs sont originaires de régions où l'on ne pratiquait que le judaïsme orthodoxe. Presque toutes les synagogues canadiennes fondées vers 1900 étaient en effet orthodoxes. Certains survivants de l'Holocauste qui ont immigré au Canada étaient des Hassidim, juifs orthodoxes qui se vouent à l'étude des textes mystiques et s'opposent aux influences culturelles extérieures. Ils ont réussi à former des communautés à Montréal et à Toronto. Les juifs d'Afrique du Nord arrivés au Canada dans les années 50 ont fondé des synagogues orthodoxes, dont la plupart se trouvent à Montréal et quelques-unes, à Toronto. Les assemblées orthodoxes sont encore nombreuses aujourd'hui. Peu à peu, certaines synagogues canadiennes ont adhéré au judaïsme conservateur, souvent pendant la deuxième ou la troisième génération après l'arrivée des immigrants. La majeure partie des juifs canadiens appartient aujourd'hui aux synagogues conservatrices. Au début des années 50, le mouvement de réforme ne comptait que trois assemblées au Canada, mais comme il a aussi connu une croissance considérable, il est maintenant une confession majeure et bien établie du judaïsme canadien. Le Canada compte également un petit nombre de synagogues appartenant au mouvement reconstructionniste, fondé sur le principe d'une civilisation religieuse juive.

Institutions Dans leur vie personnelle, les juifs canadiens se préoccupent davantage des synagogues et des écoles, fondements de l'organisation judaïque, que des divergences théologiques entre confessions. Les synagogues appartiennent aux assemblées qui les fréquentent. Celles-ci choisissent la confession à laquelle elles veulent adhérer et, normalement, un rabbin formé dans le séminaire rabbinique de cette confession. L'appartenance varie selon les étapes de la vie et se manifeste surtout lorsque les enfants sont à l'école primaire. Dans les grandes villes, les synagogues se font concurrence pour attirer des membres. Le rôle du rabbin est devenu moins juridique et plus pastoral, sous l'influence d'une population habituée à comparer avant de choisir, qui cherche parfois des racines spirituelles dans un monde dangereux et complexe, mais qui parfois aussi ne désire rien de plus qu'un cadre agréable pour les rites de passage et les quelques occasions où les convenances sociales exigent qu'on soit présent.

L'importance religieuse des écoles juives est peut-être aussi grande que celle des synagogues. Presque toutes les écoles sont confessionnelles et la grande majorité des enfants y reçoivent une éducation juive pendant au moins quelques années. Il existe deux types d'écoles juives: celles qu'on fréquente quelques heures par semaine, en plus de suivre l'horaire des écoles publiques, et celles qu'on fréquente sans aller à l'école publique. Les écoles dont l'enseignement s'ajoute à celui des écoles publiques sont presque toutes parrainées par les assemblées. Depuis une génération, les écoles juives privées qui remplacent l'école publique, appelées écoles de jour, ont connu une forte croissance. Les écoles de jour offrent un double programme: en général, on consacre une moitié de la journée au programme scolaire provincial obligatoire et l'autre moitié à l'instruction judaïque. Celle-ci inclut l'étude des Écritures (la Bible et, à certains endroits, le Talmud), de la langue hébraïque, de l'histoire juive et des pratiques religieuses. À Montréal et à Toronto, on trouve des écoles de jour orthodoxes sionistes, orthodoxes non sionistes, conservatrices et séfarades. Ces dernières enseignent les traditions religieuses et culturelles des juifs d'Afrique du Nord. À Toronto, il y a aussi des écoles de jour réformées et sionistes ouvrières. À Montréal, une école yiddish a été fondée pour perpétuer l'héritage culturel laïque des juifs de l'Europe de l'Est. Dans les agglomérations plus petites, le choix d'écoles n'est pas aussi vaste.

Dans le système scolaire juif, les orthodoxes occupent une place proportionnellement beaucoup plus grande que dans l'ensemble de la population parce que les juifs orthodoxes exigent une connaissance détaillée des rites, accordent une plus grande importance à l'étude des Écritures, sont plus disposés à payer pendant de nombreuses années les frais de scolarité des écoles privées et ont moins d'objections à se dissocier de la culture canadienne. Toutefois, le judaïsme est enseigné dans les écoles sionistes laïques et les écoles yiddish. Les élèves instruits dans ces écoles auront à vivre ensuite dans des milieux où l'on pratique le judaïsme, lequel fait partie de leur patrimoine culturel en tant que cadre historique de l'existence juive.

Après le secondaire, les possibilités de faire des études religieuses à temps partiel sont nombreuses. Certains continuent à étudier à plein temps le Talmud et les autres Écritures dans les yeshivot orthodoxes. Les études juives font partie du programme des universités McGill, Concordia et York, ainsi que de l'U. de Toronto et de l'U. de la Colombie-Britannique.

Pratiques rituelles Les confessions judaïques diffèrent par leurs exigences en matière de pratiques rituelles. La plupart des juifs observent ces rites de façon sélective et ne se conforment pas strictement aux exigences de la confession à laquelle ils adhèrent. Certaines pratiques sont couramment observées, notamment les *seders* (banquets de famille) des deux premiers soirs de la Pâque, qui commémore la libération de l'esclavage en Égypte. De plus, on va à la synagogue pour le Nouvel An (Rosh Hashanah) et le Jour du Grand Pardon (Yom Kippour), qui est aussi un jour de jeûne; on allume des chandelles le vendredi soir avant un repas de famille; et on en allume aussi pour la Hannoukah, qui commémore la révolte victorieuse des Juifs contre l'Empire séleucide du IIe siècle av. J.-C.

Les pratiques couramment observées qui marquent les étapes de la vie sont la circoncision rituelle le 8e jour après la naissance, ce qui constitue l'entrée dans l'alliance de Dieu avec le peuple juif; la célébration, à la synagogue, du 13e anniversaire d'un enfant par le bar-mitzva (pour les garçons) ou le bat-mitzva (pour les filles); la célébration du mariage présidée par un rabbin et les funérailles religieuses suivies de l'inhumation dans un cimetière juif.

Bien que la plupart aient abandonné les coutumes qui nuisent à l'intégration à la société canadienne, les juifs veulent donner à leur identité une signification transcendante. Les pratiques juives contemporaines mettent surtout l'accent sur l'importance de la famille et du peuple. De plus en plus, les juifs marient des personnes nées hors de la foi judaïque, de sorte que l'étude du judaïsme en vue d'une conversion est devenue fréquente. La conversion suppose qu'on se rallie à la famille, à la communauté et au peuple juif tout autant qu'à la religion. Une minorité appréciable de juifs canadiens continuent, par choix personnel, d'observer avec grande fidélité les pratiques du culte, ce qui dénote la capacité du judaïsme à répondre aux questions de morale et de sens de la vie tout en comblant le besoin d'un soutien communautaire et d'une expérience transcendante.

Judaïsme et peuple juif L'appartenance au peuple juif revêt une signification religieuse. Selon le judaïsme, le peuple, collectivement, est porteur du message sacré. L'Holocauste et la fondation de l'État d'Israël ont une grande valeur symbolique pour les juifs canadiens: ils y voient un Israël mythique (pas tout à fait identique à l'État hébreu) qui, tel un phénix, renaît des cendres d'Auschwitz, symbole du mal absolu. Ces événements ont valeur d'histoires sacrées et confèrent à l'appartenance au peuple juif une signification transcendante.

Judaïsme et esprit communautaire Les membres des synagogues font presque tous partie d'autres organisations juives, religieuses ou non. Selon le Talmud, «tous les juifs sont responsables les uns des autres». Même les non-pratiquants ou ceux qui se disent laïcistes considèrent que leur responsabilité envers leur peuple est une obligation morale.

Les organisations strictement religieuses des juifs canadiens sont intégrées à un réseau communautaire plus vaste. Les assemblées sont membres du Congrès juif canadien et des fédérations juives qu'on trouve dans les communautés locales partout au Canada. Les fédérations juives collectent des fonds au profit des foyers pour personnes âgées, des organismes de travail social et d'autres services juifs de bien-être social, qui collaborent tous avec les institutions religieuses des juifs canadiens. Les fédérations recueillent également des fonds pour l'éducation juive et y consacrent parfois une part substantielle du budget local.

Judaïsme et sionisme Compte tenu du fait que l'appartenance au peuple et l'engagement religieux sont étroitement liés, il va de soi que le mouvement sioniste a un aspect religieux. Au départ, le sionisme était très laïciste, rejetant la doctrine selon laquelle seules la prière et la purification morale mettraient un terme à l'exil juif. Toutefois, un grand nombre de juifs qui pratiquaient les rites traditionnels et appartenaient à des synagogues ont soutenu le mouvement, motivés par le pragmatisme des sionistes qui réclamaient un lieu de refuge pour les juifs persécutés et par la promesse, incluse dans la Torah, que le peuple juif serait libre sur la terre d'Israël. Depuis son apparition (fin XIXe siècle), le mouvement sioniste a eu de nombreux adhérents parmi les juifs canadiens.

De nos jours, chaque confession judaïque parraine sa propre organisation sioniste, qui s'attache à renforcer les liens de la confession avec Israël et à promouvoir les intérêts de la confession au sein du mouvement sioniste. L'organisation sioniste conservatrice et son homologue réformée travaillent au développement de leur mouvement en Israël en encourageant, selon leurs structures respectives, les œuvres de bienfaisance, les voyages, les études et l'*aliyah* (émigration vers Israël). Ces deux organisations participent aussi aux mouvements de pression qui protestent contre l'imposition des règles orthodoxes à la population israélienne et contre le soutien

considérable de l'État dont seules les organisations orthodoxes bénéficient. Le sionisme orthodoxe a particulièrement bien réussi à créer des liens entre les juifs canadiens et les organisations orthodoxes israéliennes. Parmi les juifs canadiens, les orthodoxes sont les plus enclins à faire des voyages en Israël, à envoyer leurs enfants y étudier et à faire eux-mêmes l'aliyah. Une minorité de juifs orthodoxes s'opposent aux obligations du sionisme. Ils travaillent donc en collaboration avec les juifs orthodoxes non sionistes d'Israël.

Judaïsme et mouvements sociaux Les juifs canadiens, comme les juifs américains, sont bien représentés dans les mouvements sociaux qui s'emploient à améliorer les conditions de vie des pauvres et des opprimés. Ces activités peuvent être considérées comme un élément essentiel du patrimoine religieux juif, qui découle de sa vision prophétique de justice et de paix universelles.

La dynamique particulière du judaïsme canadien tient à cette tension qui existe entre le besoin de participer à la société canadienne et l'engagement à conserver l'identité juive. Les stratégies employées pour concilier ces deux valeurs varient, de sorte que la communauté juive est pluraliste sur le plan idéologique, mais intégrée sur le plan social. Si les juifs canadiens interprètent de diverses façons le patrimoine judaïque, ils vivent une existence commune et espèrent avoir un avenir commun. (*Voir aussi* LITTÉRATURE JUIVE AU CANADA.)

Stuart Schoenfeld

Judique, localité non const. de la N.-É.; pop. 444 (rec. 1991), 181 (rec. 1986); située à 189 km au sud-ouest de Sydney, sur l'île du Cap-Breton. L'origine du nom est vraisemblablement française, peut-être un dérivé du prénom Judith. Judique est une division administrative qui s'étend le long de la côte Ouest du Cap-Breton entre Port Hood et Port Hastings et comprend plusieurs petits établissements. Judique est connue pour ses prés verts et ses nombreux bras de mer et anses pittoresques. Elle est colonisée vers la fin du XVIIIe siècle par des Écossais des Highlands venus à Pictou, en Nouvelle-Écosse, à la recherche de terres agricoles libres et qui s'installent finalement à l'île du Cap-Breton.

La religion catholique occupe une place importante dans la partie ouest du Cap-Breton au cours du XIXe siècle en raison de la présence constante de prêtres catholiques. La population dépend de l'agriculture mixte et de la pêche pour assurer sa subsistance, mais la mauvaise qualité des installations portuaires empêche le développement de la pêche. L'agriculture échoue en raison de l'émigration des jeunes de Judique. De nos jours, l'industrie de la pêche et l'exploitation forestière sont modestes, et il n'existe aucune autre industrie d'importance.

Debra McNabb

Judo Le mot judo signifie littéralement «la façon douce». Ce sport dérive du JIU-JITSU, ensemble de techniques d'autodéfense dont certaines ont été éliminées ou modifiées pour des raisons de sécurité. Le judo réunit l'éthique, l'art et la science en une discipline qui tire avantage de la force de l'adversaire au détriment de celui-ci. Ce sport voit le jour à Tokyo, au Japon, en 1882. Le maître Kano Jigoro tient alors la première séance de judo dans une petite salle qui deviendra le Kodokan, la Mecque des judokas. Jigoro définit le but du judo: entraîner le corps et préparer l'esprit à utiliser l'énergie de façon efficace dans les compétitions ou la vie de tous les jours afin d'arriver à un épanouissement physique, psychologique et moral.

Vers 1924, le judo se pratique sur la côte Ouest canadienne grâce à des pionniers comme S. Sasaki, premier directeur du club de judo de Vancouver. La Seconde Guerre mondiale oblige plusieurs judokas à s'établir à l'est des Rocheuses, où ils ouvrent des centres de judo. Institué en 1956, Judo Canada régit le sport et chaque province possède des associations affiliées qui contribuent à promouvoir le judo et à en

assurer la gestion. À l'échelle provinciale, les catégories de participants vont du 6e kyu (ceinture blanche) au ikkyu (ceinture marron), et du 1er dan (degré) ou ceinture noire au 9e dan. À l'heure actuelle, le plus haut rang au Canada est celui de 8e dan.

En 1964, le judo est reconnu comme discipline olympique aux Jeux de Tokyo. Doug Rogers remporte alors une médaille d'argent dans la catégorie des poids lourds. Depuis, le Canada est représenté à tous les Jeux olympiques, championnats du monde et Jeux panaméricains. Au championnat du monde de Maastricht (Pays-Bas) en 1981, les Canadiens Phil Takahashi (catégorie des 60 kg) et Kevin Doherty (78 kg) remportent chacun une médaille de bronze. En août 1982, Takahashi, Brad Farrow (65 kg) et Louis Jani (86 kg) obtiennent des médailles de bronze au 7e championnat mondial universitaire du monde, tenu à Jyväskylä (Finlande).

Mark Berger gagne le bronze dans la catégorie des 95 kg aux Olympiques de 1984 et, la même année, Tina Takahashi remporte l'or chez les 48 kg au championnat mondial universitaire. Aux Jeux panaméricains de 1987, Sandra Greaves de Thunder Bay (Ontario) remporte l'or chez les 66 kg, tandis que d'autres membres de l'équipe canadienne gagnent deux médailles d'argent et trois de bronze. En 1988, le judo féminin constitue une épreuve de démonstration aux Olympiques et devient une discipline olympique en 1992. Nicholas Gill gagne une médaille de bronze chez les 86 kg aux Olympiques de 1992 (Barcelone) après avoir vaincu le champion mondial en titre.

Yosh Senda

Juge de paix, aussi appelé magistrat ou juge stipendiaire. Ancienne charge publique née dans l'Angleterre médiévale (une loi de 1361 crée la charge et définit ses fonctions), qui existe encore de nos jours dans les pays de common law. Pour les Tudors, ces juges de paix sont très utiles pour l'administration des affaires locales, et leurs fonctions relatives à l'administration locale ne sont remplacées qu'au XIXe siècle en réponse aux idéologies nouvelles et à l'urbanisation résultant de l'âge industriel. Peu remarqués par les historiens, les juges de paix portent le fardeau de l'administration locale dans toutes les colonies américaines et dans celles de l'Amérique du Nord britannique depuis les tout premiers jours: en Nouvelle-Écosse, à compter de 1721, au Québec (où les capitaines de la milice sont également juges de paix) à compter de 1760 et dans la région de l'Ontario, à compter des années 1780.

Dans les provinces de l'Est et du Centre, les juges de paix siégeant en *quarter sessions* constituent l'administration locale jusqu'à leur remplacement par les conseils de comté élus, la Nouvelle-Écosse étant la dernière province à faire le changement (avec l'adoption de la *Counties Incorporation Act*) en 1879. Dans l'Ouest canadien, colonisé par l'administration de la Compagnie de la baie d'Hudson, les juges de paix sont limités aux fonctions judiciaires. Les juges de paix sont établis à la rivière Rouge (Winnipeg) en 1821 et à Victoria en 1849. Les magistrats stipendiaires, investis des «pouvoirs de deux juges de paix», sont les principaux juges des premières années des Prairies, alors que les commissaires et les surintendants de la police à cheval du Nord-Ouest sont investis de la charge de juge de paix.

Les juges de paix sont nommés en nombre, jamais seuls, pour une affectation dans des districts précis. Ce sont essentiellement de simples citoyens (la plupart n'étant pas avocats) de bonne réputation dans leur collectivité, nommés par le gouvernement provincial pour entendre les «dénonciations» et les «plaintes» (relatives aux crimes) et mettre en branle le processus judiciaire qui s'impose. À leur époque, ils assurent une administration locale pratique et raisonnablement efficace. La charge de juge de paix continue à évoluer.

Paul G. Cornell

Juifs À la différence de la plupart des immigrants au Canada, les Juifs ne viennent pas d'un endroit où ils constituent le groupe culturel majoritaire. Les Juifs ont été dispersés de par le monde à l'époque de l'ancien Empire romain, et après s'être révoltés en vain contre cet état de choses, ils ont perdu la souveraineté dans leur ancienne patrie. Par la suite, les Juifs ont vécu, parfois pendant de nombreux siècles, comme minorités au Moyen-Orient, en Afrique du Nord et en Europe.

Mode de peuplement Les Juifs de l'Europe de l'Ouest prennent part dès le début à la colonisation européenne des Amériques, mais ils sont légalement interdits de résidence en Nouvelle-France, où l'immigration est limitée aux catholiques. Les Juifs s'installent donc dans les colonies britanniques, au sud, puis, après l'intégration de la Nouvelle-France dans l'Empire britannique, commencent aussi à s'installer dans le BAS-CANADA. En 1768, le nombre de Juifs a tellement augmenté à Montréal qu'ils décident de fonder la première SYNAGOGUE du Canada, *Shearit Israel*. À la fin du XVIIIᵉ siècle, les Juifs sont aussi installés dans la ville de Québec et ailleurs au Bas-Canada. La famille Hart est influente dans la région de Trois-Rivières; Ezekiel Hart est élu membre de l'Assemblée législative du Bas-Canada en 1807, mais se voit refuser son siège en raison de sa religion. Les Juifs participent à la colonisation du HAUT-CANADA, érigeant en 1856 la première synagogue de Toronto qui deviendra plus tard le Holy Blossom Temple.

Au recensement de 1871, le premier après la CONFÉDÉRATION, on dénombre 1115 Juifs au Canada, répartis comme suit: 409 à Montréal, 157 à Toronto, 131 à Hamilton et de plus petits groupes à Québec, Saint John, London, Kingston et Brantford. Une communauté de plus d'une centaine de personnes est aussi établie en Colombie-Britannique au moment de l'entrée de cette province dans la Confédération. La première délégation de la Colombie-Britannique à la Chambre des communes comptait Henry Nathan, le premier député juif du Canada.

Migration de masse À la fin du XIXᵉ siècle, 80 p. 100 des 10 millions que compte la population juive mondiale vit dans les empires russe, austro-hongrois et germanique. La possibilité de trouver de meilleures conditions ailleurs, les préjugés, la discrimination légale et la violence incitent les Juifs à émigrer. Dans l'Empire russe, en 1881, commencent les pogroms, de violentes attaques collectives contre les quartiers juifs, marquées par les viols, les blessures, les meurtres, le pillage et la destruction. À partir des années 1880 jusqu'au début de la Première Guerre mondiale, les Juifs quittent l'Europe de l'Est pour gagner divers pays, dont le Canada. D'autres, installés aux États-Unis, émigrent vers le nord, s'inscrivant ainsi dans le mouvement de migration transfrontalière qui a marqué une bonne partie de l'histoire du Canada.

Au moment de la déclaration de la Première Guerre mondiale, qui met un frein à l'IMMIGRATION, il y a plus de 100 000 Juifs au Canada. Ensemble, les villes de Montréal et de Toronto comptent environ les trois quarts de la population juive canadienne, mais on trouve des Juifs dans presque toutes les villes importantes et dans bien des petites localités. Ils sont dans le commerce de détail ou de gros, beaucoup débutant comme colporteurs pour ensuite grimper dans la hiérarchie des entreprises établies. Les Juifs constituent aussi une grande partie de la main-d'œuvre des ateliers de misère de la nouvelle industrie du vêtement prêt-à-porter. Les commerçants juifs se dispersent dans les petites villes, ajoutant des synagogues aux lieux de culte du Canada rural. Onze colonies agricoles juives sont fondées en Saskatchewan et au Manitoba, soutenues par l'Association de colonisation juive du Canada.

Organisation et identité Conformément à des traditions religieuses millénaires (*voir* JUDAÏSME), des lieux de culte sont habituellement établis peu après l'arrivée de quelques familles à un nouvel endroit. Souvent, le besoin de créer un cimetière juif est à l'origine de la première organisation juive. Des synagogues et des écoles suivent peu après.

Au tournant du XXᵉ siècle, les Juifs immigrants viennent presque tous des empires multiethniques d'Europe de l'Est, car des mouvements nationalistes (*voir* NATIONALISME) s'organisent au sein de ces empires pour obtenir une plus grande autonomie et éventuellement l'indépendance nationale. Le nationalisme moderne favorise la réanimation de l'identité nationale juive, qui prend deux formes jouissant toutes deux d'un soutien massif en Europe de l'Est. La première est le mouvement de reconstruction de la vie moderne juive autour de droits de minorité garantis à l'intérieur d'États-nations modernes, d'institutions sociales civiles dirigées par la minorité juive et la reconnaissance du yiddish comme langue première de la vie culturelle juive moderne, soit la langue usuelle des Juifs de l'Europe de l'Est. La deuxième forme de nationalisme juif moderne, le sionisme, vise le rétablissement d'un État national indépendant dans l'ancien territoire juif.

Les immigrants juifs qui arrivent au Canada en provenance de l'Europe de l'Est sont sympathiques à ces deux mouvements. La bibliothèque publique juive de Montréal, l'une des principales institutions de cette communauté, les théâtres et la créativité littéraire yiddish trouvent leur assise sociale dans l'attachement à la culture yiddish. La génération de Juifs qui sont devenus des travailleurs d'usines urbains forme un groupe qui appuie tout particulièrement la culture yiddish laïque. La langue de leurs syndicats et de leurs associations fraternelles étant le yiddish, c'est à travers celle-ci qu'ils partagent et interprètent leurs expériences dans la nouvelle patrie.

L'enthousiasme croissant pour le sionisme en Europe de l'Est se retrouve au Canada. La Federation of Canadian Zionist Societies, fondée en 1899, deux ans après le premier World Zionist Congress, devient la première association juive du Canada d'envergure nationale. Le mouvement sioniste s'attire un soutien important, y compris celui de nombreux Juifs fortunés qui suivent l'exemple de Clarence de Sola, le dirigeant de la Federation of Canadian Zionist Societies, en se joignant au mouvement. Ce mouvement constitue un cadre important dans lequel on encourage les talents des femmes. Les associations de femmes sionistes prennent en charge des projets distincts et ont leurs propres dirigeants. Dans les premières décennies du XXᵉ siècle, le mouvement sioniste canadien, à l'instar du sionisme mondial, compte également des associations aux philosophies concurrentes. Mizrachi mélange le sionisme à l'orthodoxie religieuse. Poalei Zion (les travailleurs de Sion) compte ses adeptes surtout dans la classe ouvrière juive.

Les immigrants juifs implantent également ici leur tradition de fonder un organisme collectif, appelé «kehillah», pour combler leurs besoins en matière d'aide sociale. Au Canada, le premier organisme juif d'aide sociale est la Young Men's Hebrew Benevolent Society, fondée à Montréal en 1863, pour assister les immigrants juifs (en 1900, l'organisme change de nom pour adopter celui d'Institut Baron de Hirsch, en reconnaissance d'un soutien financier). À Montréal et à Toronto, villes aux populations importantes, une vaste gamme d'institutions collectives se développent: hôpitaux, organismes de travail social, résidences pour personnes âgées, bibliothèques et autres. Un mouvement graduel se dessine également vers la formation d'organismes pour coordonner la collecte de fonds dans les communautés locales. Les immigrants juifs fondent aussi les «landsmenschaften», littéralement, associations de personnes originaires du même endroit. Les «landsmenschaften» soutiennent parfois les synagogues, mais ce sont surtout des associations au sein desquelles les immigrants s'entraident et qui peuvent répondre, en tant que groupe, aux appels à l'aide de ceux qui sont dans le besoin.

Le mouvement visant à mettre sur pied le Congrès juif canadien par la tenue d'élections à l'échelle du pays montre l'importance des intérêts communs de ce groupe diversifié de Juifs qui se perçoivent sous l'angle de la religion, de la culture et de la collectivité. Le Congrès juif canadien est établi en 1919, au moment même de la rédaction du traité de Versailles, qui met fin à la Première Guerre mondiale. Le traitement des minorités ethniques en vertu des nouveaux accords d'après-guerre est de grand intérêt pour les Juifs canadiens, car ils sont nombreux à avoir des parents qui deviennent citoyens de la Pologne, un pays nouvellement indépendant. Le Congrès fait aussi partie de la vague de fond d'appui au sionisme, qui est endossé par le gouvernement britannique pendant la Première Guerre mondiale et, plus tard, par la nouvelle Société des Nations. En prévision de la reprise de l'immigration juive après la fin de la guerre, le Congrès fonde la Jewish Immigrant Aid Society, qui existe encore comme organisme national de l'association des Juifs canadiens.

La crise des années 30 et la Seconde Guerre mondiale En 1930, le gouvernement canadien réagit au problème du CHÔMAGE, causé par le début de la CRISE DES ANNÉES 30, en imposant de sévères restrictions à l'immigration. Bien que le Cabinet détienne le pouvoir d'approuver l'admission de certaines catégories d'immigrants et l'exerce effectivement dans certains cas, il n'accorde presque jamais la permission d'entrer à des Juifs. L'intolérance religieuse caractérise encore la société canadienne. L'ANTISÉMITISME, qui allie l'intolérance religieuse à la nouvelle «science» du racisme, s'affiche aussi parmi les dirigeants politiques et culturels (*voir* PRÉJUGÉS ET DISCRIMINATION).

Face à la forte opposition à l'admission de Juifs, qui se manifeste tant au Cabinet qu'aux niveaux supérieurs de la fonction publique, le Congrès juif canadien se réorganise sous la direction de Samuel BRONFMAN et cherche à procurer un havre de sécurité au Canada à certains Juifs d'Europe, de plus en plus désespérés. Malgré des protestations de masse et des pressions continuelles exercées par les dirigeants communautaires et politiques tout au long de la crise et des années de guerre, les plaidoyers en faveur des Juifs d'Europe, pris au piège, sont ignorés. Le Canada accueille, en proportion, moins de Juifs que n'importe quel pays occidental. Pendant ce temps, 17 000 Canadiens d'origine juive répondent à la mobilisation au cours de la Seconde Guerre mondiale et servent dans les forces armées.

La dure période économique de la crise rend les gens plus conscients de la nécessité de coordonner les collectes de fonds pour les organismes communautaires. Le niveau de coordination augmente à Toronto, avec la mise sur pied du United Jewish Welfare Fund, en 1937, et à Montréal, avec l'instauration de la Combined Jewish Appeal Campaign, en 1941.

L'après-Seconde Guerre mondiale Bénéficiant d'un essor économique, le Canada, qui a besoin de travailleurs, ouvre ses portes aux immigrants peu après la fin de la Seconde Guerre mondiale. Environ 40 000 survivants de l'Holocauste arrivent à la fin des années 40, en quête d'un pays pacifique, d'un endroit pour refaire leur vie, ou tout simplement pour venir rejoindre les parents ou un ami au pays. Dans les années 50, des Juifs fuyant le climat d'hostilité qui règne dans les pays nouvellement indépendants d'Afrique du Nord immigrent au Canada et s'établissent surtout à Montréal, où leur connaissance du français représente un atout.

Pendant la période d'après-guerre, les Juifs s'intègrent davantage à la vie canadienne. La législation sur les droits de l'homme, que l'on commence à introduire au Canada à la fin des années 40, élimine les pratiques discriminatoires qui avaient cours jusqu'alors. En 1971, l'instauration de la politique fédérale du MULTICULTURALISME (plus tard complétée par les politiques provinciales et l'incorporation du multiculturalisme dans la CONSTITUTION canadienne) met en lumière la légitimité du pluralisme culturel au sein de la mosaïque canadienne.

Les habitudes sociales changent aussi quand la deuxième ou la troisième génération née au Canada s'intègre davantage à la communauté. Les enfants des immigrants, hommes d'affaires et ouvriers, poursuivent des études universitaires, rejoignant les rangs des personnes instruites: médecins, dentistes, comptables, avocats et professeurs. La croissance des villes canadiennes dans la période d'après-guerre s'accompagne du déménagement des Juifs vers les nouvelles banlieues. Plutôt que de se disperser, les Juifs canadiens de la deuxième et de la troisième génération déménagent en se regroupant. Synagogues, écoles, centres communautaires et autres institutions sont relocalisés dans les nouveaux quartiers choisis.

Il existe une migration juive interne continuelle pendant l'après-guerre. Les populations juives de Toronto, Calgary, Edmonton et Vancouver augmentent durant les périodes de croissance économique. Au contraire, la population juive des petites villes et des zones rurales disparaît presque, à l'exception de celle des petites agglomérations qui ne sont pas trop éloignées des grands centres.

Communauté contemporaine Le Canada est le cinquième foyer en importance de la communauté juive de par le monde, après les États-Unis, Israël, l'ancienne URSS et la France. D'après les données du recensement de 1991, le bureau canadien du Council of Jewish Federations estimait à environ 356 000 la population juive canadienne. Ce chiffre englobe ceux qui répondent «juif» à la question du recensement portant sur la religion, plus ceux qui répondent «sans religion», mais indiquent «juif» pour l'origine ethnique. Au recensement de 1996, on dénombrait 351 705 personnes juives, dont le plus grand nombre se trouve à Toronto qui en compte environ 156 300. Bien qu'on parle beaucoup d'«exode» juif, la population juive de Montréal n'a que légèrement baissé pour s'établir à environ 90 000 personnes. Entre 1981 et 1996, la communauté juive de Vancouver a augmenté du tiers, pour atteindre plus de 22 000 personnes.

Les chiffres les plus récents dont nous disposons indiquent qu'il y a toujours une importante immigration juive. Les données du recensement de 1991 montrent que près de 30 000 Juifs ont immigré au Canada entre 1981 et 1991. Ces immigrants représentent plus de 8 p. 100 de la population juive canadienne, ce qui correspond à peu près au pourcentage d'immigrants dans l'ensemble de la population canadienne pour la même période. Les immigrants juifs de cette période viennent principalement de l'ancienne URSS, d'Israël, d'Afrique du Sud et des États-Unis. La communauté s'enrichit en outre régulièrement de quelques convertis au judaïsme. Mais il se pourrait que ces apports à la communauté juive soient contrebalancés par la désaffiliation de certains Canadiens de descendance partiellement juive dont le nombre augmente.

La génération des survivants de l'Holocauste est aujourd'hui âgée, mais la difficulté de vivre avec le souvenir d'avoir été les victimes d'un génocide n'a pas encore été complètement surmontée. Les efforts déployés pour traduire en justice les criminels de guerre qui ont trouvé refuge au Canada deviennent un enjeu important dans les années 80 et le demeurent. Le souvenir de l'Holocauste et le combat mené contre ses séquelles revêtent non seulement une connotation personnelle pour les enfants et les arrière-petits-enfants des survivants, mais s'insèrent dans la trame de la vie communautaire des Juifs canadiens. Musées, conférences et autres activités sont autant de ressources à la disposition de la jeune génération de Juifs et des autres Canadiens qui sont perturbés par la menace d'un autre génocide.

En 1948, la création de l'État d'Israël marque le succès du mouvement sioniste et le commencement d'une période de resserrement graduel des liens entre les Israéliens et les Juifs canadiens. Les fédérations juives entretiennent des relations étroites avec Israël, tout comme le font les organismes de chacune des branches du judaïsme. Le Comité Canada-Israël a été créé pour mettre sur pied une organisation qui parlerait d'Israël au nom des Juifs au Canada. Des organisations spécialisées mettent en contact des Juifs canadiens avec des éléments particuliers de la société israélienne: universités, hôpitaux, programmes d'aide sociale. Les visites en Israël sont devenues plus fréquentes et prennent souvent la forme de visites parrainées par les organisations. La majorité des Juifs canadiens adultes ont visité Israël et beaucoup d'entre eux s'y sont même rendus plusieurs fois. Le nombre de Juifs canadiens qui peuvent parler l'hébreu augmente.

Les fédérations juives ont dépassé le stade de la satisfaction des besoins en matière d'aide sociale, pour développer des relations de coopération avec d'autres groupes de la communauté et pour défendre les Juifs contre la discrimination et l'antisémitisme par des activités directement reliées à la promotion de l'identité juive et à sa protection. À Montréal, un nouvel organisme rassembleur est fondé en 1965: les Services communautaires juifs de Montréal. La section de Toronto du Congrès juif canadien fusionne avec l'United Jewish Welfare Fund en 1976 pour devenir la Jewish Federation of Greater Toronto. Les compressions gouvernementales récentes dans les services sociaux ont amené organismes et particuliers à se tourner davantage vers les services d'aide sociale soutenus par les fédérations juives pour obtenir de l'aide. Les 12 communautés juives affiliées au bureau canadien du Council of Jewish Federations partagent la responsabilité du Congrès juif canadien, des services aux étudiants dans les universités canadiennes, d'une commission sur la continuité, du Comité Canada-Israël, des Services canadiens d'assistance aux immigrants juifs, d'une analyse détaillée des données de recensement au sujet des Juifs et d'autres activités. Le bureau canadien est reconnu comme un organisme régional au sein de l'organisme nord-américain qui le chapeaute: le Council of Jewish Federations.

Les Juifs contribuent de façon significative à la culture canadienne (*voir en littérature*, ÉCRIVAINS JUIFS: Leonard COHEN, A.M. KLEIN, Henry KREISEL, Irving LAYTON, Eli MANDEL, Mordechai RICHLER, Adele WISEMAN, Miriam WADDINGTON, Joseph ROSENBLATT, Naim KATTAN, Stuart ROSENBERG, W. Gunther PLAUT; en musique: Louis APPLEBAUM, Milton Barnes, Alexander BROTT, Harry FREEDMAN, Srul GLICK, Oskar MORAWETZ, John WEINZWEIG; dans les arts de la scène: Lloyd Bochner, Pauline DONALDA, Lorne GREENE, John HIRSCH, WAYNE AND SHUSTER; en journalisme: Barbara FRUM, Peter C. NEWMAN). Certains ont aussi occupé des postes de responsabilité dans les affaires publiques (*voir* David BARRETT, David CROLL, Herb GRAY, Bora LASKIN, David LEWIS, Stephen LEWIS) et dans la vie économique (*voir* BRONFMAN, FAMILLE; REICHMANN, FAMILLE; STEINBERG, Sam). La génération actuelle de Juifs canadiens compte des écrivains, des cinéastes, des musiciens, des journalistes, des gens d'affaires, des politiciens, des fonctionnaires et des chercheurs de premier plan.

Selon des théories actuelles sur l'IDENTITÉ ETHNIQUE, les groupes ethniques sont soit des diasporas soit des minorités en voie d'assimilation. Les diasporas sont constituées de groupes culturellement distincts éparpillés dans des pays éloignés, mais qui restent en contact avec leur mère patrie et les uns avec les autres. Voilà qui aide à comprendre la diversité ethnique canadienne en général et les Juifs canadiens en particulier. Historiquement, les Juifs sont

des pionniers dans le développement de longue date d'un mode de vie continu de diaspora. Quand les sociétés modernes commencent à penser que les différences ethniques ou religieuses sont des questions de préférence personnelle, bien des Juifs décident de faire leur vie avec des amis et des conjoints n'appartenant pas à leur communauté d'origine. Avec l'importance des frontières nationales qui s'estompe, les différences culturelles et les communications internationales sont redevenues plus importantes. Aussi, certains Juifs, en réaction au relativisme culturel de la société moderne, comme d'autres personnes à la fin du XXe siècle, se tournent vers ce que leurs traditions leur enseignent au sujet des valeurs. Comme les membres des autres diasporas canadiennes, les Juifs font face au défi de mettre au point des stratégies pour vivre dans un Canada qui cherche à s'arrimer de plus en plus à un monde marqué par le pluralisme culturel, la globalisation et l'incertitude.

Stuart Schoenfeld

Jukes, Joseph Beete, géologue (Birmingham, Angl., 10 oct. 1811—Dublin, Irl., 29 juill. 1869). Jukes assiste aux cours magistraux en géologie donnés au St. John's College, à Cambridge, et obtient un baccalauréat en 1836. En 1839, il devient géologue de terrain de Terre-Neuve et commence une recherche scientifique sur les ressources minérales en prospectant bon nombre de régions côtières. Après des recherches infructueuses, il retourne en Angleterre en octobre 1840.

Des promenades de reconnaissance menées à Terre-Neuve (1842) et un riche dossier sur la société coloniale terre-neuvienne de 1839 à 1840 ont accentué les résultats négatifs et découragé les spéculations téméraires dans l'exploitation minière. En 1842, Jukes participe en tant que naturaliste à une expédition hydrographique des eaux australasiennes. Sa carrière atteint un point culminant en 1850 lorsqu'il prend la tête de la division irlandaise de la Geological Survey of Great Britain.

Richard David Hughes

Julien, Octave-Henri, peintre et illustrateur (Québec, 14 mai 1852—Montréal, 17 sept. 1908). Julien commence sa carrière comme graveur et lithographe à l'imprimerie Desbarats's (vers 1868), où il apprend aussi à dessiner et à peindre. Il accompagne le corps expéditionnaire de la Police à cheval du Nord-Ouest, envoyé fin à la contrebande d'alcool dans les Prairies (1874), et prépare les illustrations sur le thème de la vie dans l'Ouest pour le *Canadian Illustrated News*.

En 1888, Julien devient directeur artistique du *Montreal Star*, où il affirme son talent pour les caricatures. Il devient bientôt l'illustrateur de la presse le plus éminent au Canada et exécute de magnifiques caricatures de sir Wilfrid LAURIER et de son Cabinet. Sa vivacité d'esprit ainsi que son grand sens de l'humour donnent lieu à quelques-uns des meilleurs commentaires politiques de l'époque. Il peint aussi des aquarelles et des huiles et expose régulièrement avec l'ACADÉMIE ROYALE DES ARTS DU CANADA.

James Marsh

Julien, Pauline, auteur et interprète (Trois-Rivières, 23 mai 1928—Montréal, 1er oct. 1998). Après une décennie passée à Paris, où elle aborde le théâtre et la chanson, Pauline Julien connaît ses premiers succès au Québec à compter de 1961, intégrant des compositions de chansonniers à ses premiers albums. À la fin des années 60, elle écrit plusieurs de ses chansons, témoignant de la cause des femmes et de son engagement politique. Véritable passionaria sur scène, Pauline Julien chante Gilbert Langevin, Michel Tremblay, Réjean Ducharme, Jean-Claude Germain et autres dramaturges qui la rattachent, comme les œuvres de Berthold Brecht qu'elle affectionne, à sa formation de comédienne. Dans les années 1980, elle délaisse peu à peu la chanson et renoue avec sa formation d'origine.

Deux fois récipiendaire du Prix de l'académie Charles-Cros (1970, 1984), Pauline Julien a reçu le prix de musique Calixa-Lavallée (1974) et a été décorée Chevalier des arts et des lettres par le gouvernement français (1994) et faite Chevalier de l'Ordre du Québec (1997). Les chansons *L'étranger* et *L'âme à la tendresse* resteront toujours liées à sa mémoire.

Hélène Plouffe

Juliette, nom de scène de Juliette Augustina Sysak, chanteuse et artiste de spectacle (Saint-Vital, Man., 26 août 1927). Juliette commence sa carrière de chanteuse quand elle est enfant et fait ses débuts à la radio de la Société Radio-Canada (SRC) à l'âge de 15 ans. Elle apparaît ensuite régulièrement à la télévision de la SRC et, de 1954 à 1966, elle anime sa propre émission: *Our Pet, Juliette*. Grâce à son style pop et sociable, elle crée une des émissions les plus cotées du réseau anglais de la SRC et demeure pendant plus de dix ans l'artiste de la télévision la plus populaire au Canada. Elle est ensuite la vedette de plusieurs émissions spéciales, puis l'animatrice de deux séries régulières à la télévision de la SRC. Dans les années 80, elle ralentit le rythme de sa carrière, puis se retire à Vancouver, où elle se limite à des spectacles de charité et à des spectacles-souvenirs.

Ann Schau

Jumbo, col Situé à 2270 m d'altitude, au centre de la chaîne Purcell en Colombie-Britannique, entre le cours supérieur du ruisseau Jumbo et le ruisseau Glacier. Le ruisseau Jumbo se jette à l'est dans le ruisseau Toby, lequel se déverse dans le lac Windermere, alors que le ruisseau Glacier coule à l'ouest vers le lac Duncan. Dans les deux bassins, des chemins d'exploitation passent à moins de 2 km du col. Il n'y a aucune histoire connue liée au col, mais il se peut que, autrefois, les Indiens l'aient emprunté, car à une époque, une piste rudimentaire le traversait. Le récent engouement pour l'alpinisme, la randonnée et le ski a entraîné l'aménagement de pistes sur chaque versant. À l'extrémité nord du col, se trouve un refuge pour quatre personnes.

Glen Boles

JumpStart Performance Society Favoriser des coalitions inhabituelles dans la création de spectacles de danse, voilà ce que fait JumpStart Performance Society depuis ses débuts, en 1984. Fondée par l'athlète Lee Eisler et l'écrivain Nelson Gray, la compagnie se fait vite connaître par ses vidéos de danse et ses œuvres de danse théâtrale qui se caractérisent par un puissant mélange de mots et de mouvements, et par la recherche d'applications des nouvelles technologies de communication aux spectacles sur scène.

Durant ses premières années, JumpStart remplit des commandes prestigieuses lors d'EXPO 86, à Vancouver, y présentant des spectacles au pavillon du Canada, au World Festival, ainsi qu'aux Jeux olympiques d'hiver à Calgary. Durant leurs années de partenariat, Eisler et Gray produisent des œuvres importantes de danse théâtrale comme, entre autres, *Cory, Cory* (1987) et *Berlin Angels* (1990).

Quand les fondateurs se séparent en 1992, Eisler assume seule la direction artistique de JumpStart tandis que Gray forme la compagnie multimédia, Savage Theatre. Sous la direction d'Eisler, JumpStart poursuit sa tradition de partenariats créateurs, en travaillant tant avec des peintres, des poètes, des chanteurs, des compositeurs et des comiques qu'avec des danseurs. En estompant les distinctions entre les disciplines, JumpStart démontre une sensibilité postmoderne qu'elle partage avec ceux qui œuvrent aujourd'hui dans le domaine de la danse en Amérique du Nord, en Europe et ailleurs.

La compagnie se distingue notamment par l'imbrication du texte et du langage corporel, par une danse narrative très imagée et des relations physiques évocatrices, ainsi que par le recours à l'humour pour aller au fond des choses. Eisler apporte à ses œuvres récentes (dont une trilogie sur les femmes et le pouvoir: *Laughing Years*, *4 Fridays* et *Matters of the Flesh*) un intérêt grandissant pour les techniques non linéaires du cinéma et de la vidéo qui changent les points de vue. Ses vidéos de danse réalisés pour JumpStart sont diffusés sur le réseau américain de télévision publique PBS et sur celui de la Colombie-Britannique, Knowledge Network.

La JumpStart Performance Society a fait des tournées au Canada, dans le Nord-Ouest et le Midwest américain, et en Europe. Lors d'une tournée en 1991, la compagnie a présenté *Berlin Angels* à Essen et à Francfort, en Allemagne. La compagnie a donné des représentations au Festival Danse Canada à Ottawa et au Festival international de la nouvelle danse à Montréal. Elle a aussi donné des spectacles aux festivals Seattle Bumbershoot et On the Boards, et dans le cadre d'une invitation au John Michael Kohler Art Centre dans le Wisconsin.

En 1995, Lee Eisler a reçu le prix Jacqueline Lemieux du Conseil des arts du Canada en reconnaissance de sa contribution à la danse canadienne.

Deborah Meyers

Juneau, Pierre, administrateur, cadre dirigeant d'une société de radiodiffusion (Verdun, Qc, 17 oct. 1922). Au terme d'une brillante carrière d'administrateur à l'Office national du film (1949-1966), Juneau est nommé vice-président du Bureau des gouverneurs de la radiodiffusion (1966-1968), puis président du CONSEIL DE LA RADIODIFFUSION ET DES TÉLÉCOMMUNICATIONS CANADIENNES (1968-1975). Son souci d'appliquer à la lettre le règlement du Conseil de la radiodiffusion et des télécommunications canadiennes (CRTC) en matière de contenu canadien des radiodiffuseurs lui vaut une réputation de nationaliste de la culture (les prix Juno, décernés par l'industrie canadienne du disque, ont un nom destiné en partie à lui rendre hommage). Sa réputation sera cependant légèrement entachée par l'incapacité du CRTC d'élaborer des mécanismes efficaces de surveillance des câblodiffuseurs.

En 1975, il est nommé ministre des Communications, poste dont il démissionnera faute de parvenir à se faire élire au Parlement. De 1975 à 1982, il occupe plusieurs postes de haut fonctionnaire à Ottawa et devient, en 1982, président de la Société Radio-Canada (SRC), poste qu'il s'engage à conserver jusqu'en 1989. Forcé de composer avec d'importantes compressions budgétaires, qui feront craindre aux nationalistes une hausse de la programmation étrangère, Juneau impose à la SRC un taux de 95 p. 100 d'émissions canadiennes et obtient, en 1987, l'autorisation de fonder une nouvelle chaîne de télévision entièrement consacrée à l'information. Ces mesures font de lui le défenseur de la souveraineté culturelle canadienne.

En 1994, Juneau, qui avait pris sa retraite, est temporairement rappelé au front pour surveiller les activités de MacLean-Hunter pendant les audiences du CRTC portant sur le rachat de MacLean-Hunter par Rogers Cable. Il assume la présidence du Conseil mondial de la radio et de la télévision, dont le siège social est à Montréal. Juneau est membre de la Société royale du Canada et officier de l'Ordre du Canada.

Stanley Gordon

Jurisprudence Le terme «jurisprudence» désigne littéralement et traditionnellement la «connaissance pratique du droit», la capacité intellectuelle de formuler et d'appliquer des règles de droit en excipant de principes théoriques solides. De nos jours, on lui prête plusieurs sens différents, tous issus de ce sens classique.

D'abord, par jurisprudence, on entend la philosophie abstraite du droit qui se consacre à l'étude des caractéristiques générales des règles de droit, des normes juridiques, des systèmes et des institutions juridiques, du raisonnement juridique et de la prise de décisions judiciaires, de la validité juridique, des droits juridiques et de l'interprétation juridique. On tend à regrouper les différentes approches à ces problèmes sous trois grands courants: le positivisme juridique, la théorie du droit naturel (jusnaturalisme) et le réalisme juridique.

Positivisme juridique Le positivisme juridique se penche uniquement sur les problèmes abstraits et considère que les questions de droit et moral ou politique ne font pas partie de la jurisprudence.

Théorie du droit naturel (jusnaturalisme) Par contraste, le jusnaturalisme considère la détermination du droit conformément aux principes éclairés de la moralité politique comme une composante essentielle de l'élaboration et de l'application de la règle de droit.

Réalisme juridique Le réalisme juridique et ses théories connexes (les théories critiques, la théorie féministe et la théorie socialiste du droit) s'intéressent aux réalités empiriques de l'élaboration, de l'application et de la mise en exécution de la règle de droit comme caractéristiques de la société, à savoir, p. ex., comment le droit servirait certains intérêts, liés notamment à la race, au sexe et à la classe sociale, plutôt que d'autres.

En second lieu, on entend par «jurisprudence» les théories et les principes généraux d'ordre juridique, moral, politique ou économique compris dans un ensemble de règles de droit ou un ensemble de décisions judiciaires. Ainsi peut-on parler de la «jurisprudence canadienne en matière de responsabilité civile délictuelle», évoquant par là les principes qui sous-tendent le droit canadien de la responsabilité civile délictuelle. On peut aussi parler de la «jurisprudence de la Cour suprême concernant la liberté d'expression» en pensant aux principes qui fondent l'ensemble des décisions de la Cour suprême en matière de liberté d'expression.

En tant que matière d'enseignement dans les facultés de droit, la jurisprudence englobe généralement les deux sens, l'accent étant mis sur l'un ou sur l'autre sens selon les besoins du programme. Les mêmes sujets sont également enseignés dans les départements de philosophie sous le titre «Philosophie du droit». Idéalement, la jurisprudence est une matière multidisciplinaire, faisant appel aux aptitudes de l'avocat et du philosophe.

Matière d'enseignement Comme matière d'enseignement, la jurisprudence occupe une large place au Canada. La section canadienne de la Société internationale de philosophie du droit et de philosophie sociale, formée tant de juristes que de philosophes, compte parmi ses membres des spécialistes de renommée internationale. Il en va de même de l'Association canadienne Droit et Société. Il existe deux programmes multidisciplinaires de baccalauréat spécialisé axé sur la jurisprudence à l'U. Queen's, à Kingston, et à l'U. Western Ontario, à London. En outre, on trouve des centres spécialisés en éthique appliquée, y compris l'éthique juridique, à l'U. de la Colombie-Britannique, à l'U. Western Ontario et à l'U. McGill.

La jurisprudence est devenue particulièrement importante pour la pratique du droit au Canada depuis l'adoption de la CHARTE CANADIENNE DES DROITS ET LIBERTÉS. Du fait de la Charte, la justification morale des normes et des décisions juridiques constitue un élément essentiel du droit canadien. Les tribunaux canadiens, et plus particulièrement la Cour suprême, n'ont plus d'autre choix que d'explorer le sens moral fondamental de termes comme «liberté d'expression», «égalité», «sécurité de la personne» et ainsi de suite afin de déterminer si une loi ou une règle de droit en particulier est conforme à la Charte. Inévitablement, certaines décisions fondées sur la Charte soulèvent des controverses. En général, il semble, toutefois, que les tribunaux canadiens et le milieu juridique canadien relèvent très bien le défi que présente l'application des principes de la jurisprudence à la pratique du droit.

Roger A. Shiner

Jury Groupe de citoyens convoqués sous le sceau de la loi pour rendre un verdict sur une question soumise à un tribunal judiciaire. À l'origine, les jurés témoignaient eux aussi et tranchaient les questions en invoquant leur propre connaissance de la collectivité, mais, depuis que le témoignage peut être reçu sous serment, le verdict du jury doit reposer sur la preuve produite au procès. Le droit à un procès devant jury est régi par la loi. En matière criminelle, les infractions punissables sur déclaration de culpabilité par procédure sommaire et les actes criminels moins graves sont instruits sans jury (*voir* MAGISTRAT). Les infractions graves comme le meurtre, la trahison, la sédition et le détournement d'aéronef doivent être instruites dans un procès avec jury devant une cour supérieure, bien que de telles infractions puissent être jugées sans jury avec le consentement de l'accusé et du procureur général. Dans le cas de nombreux actes criminels moins graves, l'accusé peut choisir un procès devant jury. En matière civile (instances régies par les lois provinciales), les parties peuvent choisir de renoncer au jury, sauf dans les cas ayant trait au libelle, à la calomnie, à la séduction, à l'arrestation ou à la poursuite abusive et à la détention arbitraire. Même dans ces cas, les parties peuvent s'entendre pour renoncer au jury (en fait, au civil, les procès avec jury sont devenus l'exception). Dans les causes extrêmement complexes et techniques, et dans certains cas où il y a lieu de procéder à l'évaluation des dommages-intérêts, les tribunaux refusent fréquemment d'autoriser la tenue d'un procès avec jury.

Sélection des jurés Les provinces étant responsables de la constitution des jurys et de la sélection des jurés, les critères de sélection varient d'une province à l'autre. Normalement, peut être juré tout citoyen canadien âgé de 18 à 65 ans ou 69 ans non frappé d'une incapacité mentale ou physique qui pourrait nuire à l'exercice de ses fonctions et qui n'a pas été déclaré coupable d'un acte criminel. Certaines catégories de personnes (et parfois leurs conjoints) sont exemptées. C'est le cas notamment des membres du Conseil privé et des Cabinets provinciaux, des sénateurs, des députés fédéraux et provinciaux, des avocats, des étudiants en droit, des juges, des policiers, des agents d'application de la loi, des membres du clergé, des médecins, des dentistes, des vétérinaires en exercice et des employés de certains services essentiels.

Les listes sont dressées annuellement à partir d'une liste de noms choisis au hasard sur les rôles d'évaluation ou sur les listes électorales. Au Manitoba, au Québec et au Nouveau-Brunswick, le droit d'utiliser l'une ou l'autre langue officielle devant les tribunaux est garanti par la Constitution et, dans de nombreuses autres régions, l'accusé a le droit à un procès devant un jury dont les membres parlent sa langue officielle.

Le SHÉRIF local est chargé de la convocation et de la présence des jurés. Certaines personnes qui sont normalement aptes à être jurés peuvent être excusées pour cause de maladie ou de préjudice grave pouvant en résulter.

Au criminel, le jury est formé de 12 jurés, sauf au Yukon et dans les Territoires du Nord-Ouest, où il en compte 6. Le verdict du jury doit être unanime et doit se fonder sur les éléments de preuve présentés en cour. Si, après un délai raisonnable, il y a très peu d'espoir que le jury rende un verdict unanime (le jury dit «en désaccord»), le juge demande la constitution d'un nouveau jury ou renvoie l'affaire pour qu'elle soit entendue de nouveau. Au civil, le jury est moins nombreux (étant généralement formé de six jurés) et il n'est pas nécessaire que le verdict soit unanime: l'accord de cinq jurés suffit. Au criminel, le nombre de jurés peut être réduit à 10 ou plus par suite du décès ou de la libération d'un ou de plusieurs jurés sans pour autant nuire à sa capacité de rendre un verdict.

Grand jury Le grand jury est le précurseur du petit jury. Le grand jury décidait s'il existait des motifs raisonnables pour renvoyer le prévenu subir son procès. Le cas échéant, il décernait un «acte d'accusation fondé». Les critères de sélection des membres des grands jurys étaient identiques à ceux qui régissaient les petits jurys. Le grand jury a été aboli au Canada.

Prime à l'ignorance Pendant des siècles, l'institution du jury en droit criminel est considérée comme «la base de nos institutions libres», même si d'aucuns disent qu'elle «met au ban l'intelligence et l'honnêteté et accorde une prime à l'ignorance, à la stupidité et au parjure». La plupart des enquêtes et des sondages effectués concernant la valeur de l'institution du jury en droit criminel ont favorisé sa conservation, sous réserve de changements mineurs. Mais, au civil, le jury devient de plus en plus l'exception, principalement par suite des coûts et du temps supplémentaires qu'il implique et de la nature plus complexe et plus technique des causes.

K.G. McShane

Justice autochtone L'initiative de la création d'un système de justice indépendant ou quasi indépendant pour les peuples autochtones est fondée sur la reconnaissance que les collectivités autochtones possèdent certaines valeurs et coutumes qui leur sont historiquement propres. Par ailleurs, un système de justice indépendant pour eux s'inscrit fort bien dans la perspective de la notion du droit inhérent à l'autonomie gouvernementale des peuples autochtones. Sur le plan constitutionnel, ce droit a été reconnu dans l'ACCORD DE CHARLOTTETOWN, lequel n'a jamais été adopté. Les négociations se sont quand même poursuivies en ce sens, notamment en vue de la mise sur pied d'un système de justice indépendant ou quasi indépendant pour les peuples autochtones. L'exemple souvent cité comme modèle est le système qui existe dans l'État du Nouveau-Mexique, aux États-Unis.

Plusieurs commissions d'enquête royales ou publiques se sont penchées sur la question des autochtones et de la justice. Deux enquêtes effectuées en Alberta, une en Saskatchewan, une au Manitoba et trois au palier fédéral, dont la plus importante, la Commission royale sur les peuples autochtones, comptent parmi les principales études entreprises à cet égard. Certaines de ces commissions d'enquête royales et publiques ont recommandé la mise sur pied d'un système de justice indépendant pour les peuples autochtones. En particulier, dans son rapport publié en 1996 et intitulé *À l'aube d'un rapprochement*, la Commission royale sur les peuples autochtones a recommandé la création de systèmes de justice indépendants dans les réserves. Un tel système reconnaîtrait aux aînés un rôle important à jouer dans la collectivité et renforcerait les valeurs et les traditions qui sont historiquement intrinsèques aux peuples autochtones. Une des propositions a trait à l'usage des «conseils de détermination de la peine» comme mécanisme plus approprié que les tribunaux ordinaires pour s'occuper de certains accusés. D'autres propositions comprennent un recours plus accru aux programmes de déjudiciarisation et la mise en œuvre de diverses initiatives au sein du système carcéral.

Reconnaissant les avantages (et les droits) qu'entraînerait un système de justice quasi indépendant, les tribunaux ordinaires ont commencé de façon limitée à tenir compte des coutumes et des traditions autochtones dans le processus de détermination de la peine. Le développement de ce système est une entreprise de longue haleine qui n'en est qu'à ses balbutiements.

Gerald L. Gall

Justice, ministère de la Constitué en 1868 par une loi du Parlement, le ministère de la Justice est notamment chargé de fournir des conseils juridiques au gouverneur général, de superviser de nombreuses questions relatives à l'administration de la justice au Canada (sauf celles qui relèvent des gouvernements provinciaux), de rédiger les textes législatifs et de veiller à ce que les affaires publiques soient administrées conformément à la loi. Le ministre est aussi procureur général du Canada et il est chargé de gérer tous les litiges auxquels la Couronne, un ministère ou un organisme public sont partie.

Le ministère, au nom du gouvernement fédéral, rend les services et exerce les fonctions dont un cabinet d'avocats s'acquitte généralement envers ses clients. La Cour canadienne de l'impôt, la COMMISSION CANADIENNE DES DROITS DE LA PERSONNE et la COUR SUPRÊME DU CANADA rendent des comptes au Parlement par l'entremise du ministre.

Jutra, Claude, réalisateur (Montréal, 11 mars 1930—Cap-Santé, Qc, 5 nov. 1986). Ce médecin qui n'a jamais pratiqué la médecine est surtout connu pour avoir réalisé *Mon oncle Antoine* (1971), qui s'est classé meilleur film canadien de tous les temps en 1984. Après des débuts amateurs avec son ami Michel BRAULT, il entre à l'OFFICE NATIONAL DU FILM (ONF), en 1956, et y réalise plusieurs courts métrages, dont certains pour la télévision. Il collabore aussi avec Norman MCLAREN sur *A Chairy Tale* (1957). Son premier long métrage, *Les Mains nettes*, date de 1958. En 1959, il part pour l'Europe, se lie d'amitié avec François Truffaut, qui l'aide dans la production d'*Anna la bonne* (1959), et avec Jean Rouch qui l'incite à partir pour l'Afrique pour tourner *Le Niger, jeune république* (1961). De retour, il retrouve l'équipe française de l'ONF et participe aux premiers pas du cinéma direct avec notamment *La Lutte* (coréalisé avec M. Brault, Marcel Carrière, Claude Fournier, 1961) et *Québec U.S.A. ou l'invasion pacifique* (coréal. M. Brault, 1962).

Il quitte alors l'ONF pour s'attaquer à son premier long métrage indépendant, *À tout prendre* (1963). Cette autobiographie en forme de fiction aborde des thèmes comme l'amour interracial, l'homosexualité, la bohème et lance le nouveau cinéma québécois. Après quelques courts métrages et un long métrage, *Wow* (1969), tous tournés à l'ONF, il réalise *Mon oncle Antoine*, récipiendaire de nombreux prix, qui lui donne une solide réputation de réalisateur. L'action du film se situe fin 1950, dans une petite ville minière, à la veille de Noël, et montre, avec sensibilité, un jeune homme à l'approche de l'âge adulte. Jutra s'attaque ensuite à une coproduction d'envergure, *Kamouraska* (1973), d'après le roman d'Anne HÉBERT. La réalisation ne satisfait pas le cinéaste et le film déçoit les attentes. Jutra en refera, en 1983, une version longue conforme à ses désirs. Après cette déconvenue, il tourne une comédie sur le mariage, *Pour le meilleur et pour le pire* (1975). Ses projets ne se matérialisant pas, Jutra part travailler au réseau anglais de Radio-Canada. Ses films *Ada* (1977), *Dreamspeaker* (1977), *Seer Was Here* (1978) et *The Wordsmith* (1979) comptent parmi les meilleurs téléfilms canadiens.

Il revient au cinéma avec *Surfacing* (1980), tiré du roman *Faire surface* de Margaret ATWOOD, et *By Design* (1981) qu'il tourne à Vancouver. Dans ce portrait humoristique de deux lesbiennes, son enthousiasme, sa sensibilité et son ironie transparaissent. Il retourne au Québec pour réaliser *La Dame en couleurs* (1984) dont l'histoire se déroule dans les années 40 dans un orphelinat. Il obtient cette année-là le prix Albert-TESSIER. Atteint vraisemblablement de la maladie d'Alzheimer, qui le mine depuis quelques années, il s'enlève la vie en 1986. Le 19 avril 1987, on retrouve son corps dans le Saint-Laurent, à Cap-Santé (Québec). Jutra occupe une place capitale dans le cinéma québécois, tant par l'originalité de son œuvre que par son destin, et plusieurs lieux ainsi que des prix et des bourses portent son nom au Québec et au Canada.

Pierre Véronneau

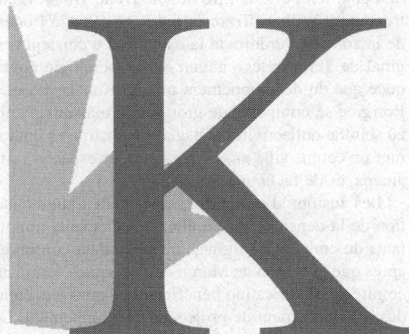

Kabbale, philosophie de la (*voir* MOUVEMENTS RELIGIEUX, NOUVEAUX).

Kablouna Le terme Kablouna (non esquimau) est utilisé par les Inuits pour désigner les Canadiens de race blanche qui séjournent pendant plus ou moins longtemps dans le Nord. Parmi les Kablounas, citons les missionnaires, les enseignants, les policiers, les fonctionnaires et leurs conjoints. On désigne sous le terme Kablounamuit ou *gens du peuple blanc* les Inuits qui imitent consciemment les manières des Kablounas. Ils adoptent les coutumes des Blancs, dépendent des produits manufacturés pour se nourrir et s'habiller et recherchent un travail rémunéré lorsque c'est possible.

René R. Gadacz

Kain Karen, danseuse (Hamilton, Ont., 28 mars 1951). Une des meilleures danseuses du Canada, Kain est diplômée de l'ÉCOLE NATIONALE DE BALLET (1969). Elle devient une danseuse principale du BALLET NATIONAL DU CANADA dès sa deuxième saison, lorsqu'elle interprète la reine des cygnes dans le *Lac des cygnes*, à l'âge de 19 ans. En 1973, au concours international de ballet de Moscou, elle remporte la médaille d'argent des ballerines et le prix du meilleur pas de deux, qu'elle danse avec Frank AUGUSTYN.

Sa technique solide, sa grâce aérienne, son sens musical et son attaque résolue lui valent l'admiration d'un large public, tant dans les œuvres classiques que contemporaines. Son talent et sa passion se manifestent tout autant dans les rôles classiques qu'elle interprète (Aurore dans *La Belle au bois dormant*, la reine des cygnes dans le *Lac des Cygnes,* Juliette dans le *Roméo and Juliette* de John Cranko, Tatiana dans *Onegin*, Katharina dans *La Mégère apprivoisée,* la Femme en noir dans *Pastorale* de James KUDELKA, la Femme dans *Song of the Earth* de sir Kenneth MacMillan) que dans les rôles que créent spécialement pour elle des chorégraphes tels que Roland Petit (*Les intermittences du cœur, Nana, Coppélia, Les contes d'Hoffmann*), Ann Ditchburn (*Mad Shadows*), Constantin PATSALAS (*Le sacre du printemps, Sinfonia, Oiseaux exotiques*), Glen Tetley (*Alice, La Ronde, Tagore*), John ALLEYNE (*Time Out with Lola*), Christopher HOUSE (*Café Dances*), John Neumeier (*Now and Then*), Dominique Dumais (*Tides of Mind*) et, surtout, James Kudelka (*Rape of Lucrece, Musings, The Miraculous Mandarin, The Actress, Spring Awakening*).

Après l'âge de 40 ans, la carrière de Kain prend de nouvelles dimensions de créativité dans des ballets de Neumeier et de Kudelka, démontrant non seulement sa longévité en tant qu'artiste, mais aussi la richesse croissante et la complexité remarquable que les danseuses d'expérience peuvent apporter sur scène. En 1996, néanmoins, elle annonce son intention de se retirer de sa position de danseuse principale à temps plein après sa tournée d'adieu durant l'été de 1997. Au cours de sa carrière, elle fait de fréquentes participations spéciales : avec son mentor et partenaire Rudolf Nureyev en Autriche, en Australie, en Angleterre et aux États-Unis; avec Augustyn en Rus-

sie et en Chine; et seule avec, entre autres, la Eliot Feld Company et le Ballet National de Marseille.

Elle est la vedette des films de Norman CAMPBELL *Giselle, La Fille mal gardée, The Merry Widow, La Ronde* et *Alice* et fait l'objet de plusieurs documentaires, dont, très récemment, *Making Ballet* d'Anthony Azzopardi, basé sur *The Actress,* et *Life and Times Documentary* (réseau anglais de la SRC) de David Langer, aussi basé sur *The Actress.*

Avec son mari, l'acteur et producteur Ross Petty, elle fait des apparitions dans des pantomimes sur scène et à la télévision (*Cendrillon, Aladdin, Robin Hood*). Depuis 1979, elle a reçu des diplômes honorifiques de nombreuses universités, notamment celles de York, de la Colombie-Britannique et de Toronto ainsi que des universités McMaster et Trent. En 1991, elle est nommée compagnon de l'Ordre du Canada et, en 1996, elle est la première citoyenne du Canada à recevoir le Cartier Lifetime Achievement Award. De mai à octobre 1997, Kain fait sa tournée d'adieu dans les grandes villes du pays, puis quitte le Ballet national. Cependant, elle ne cesse pas de se produire, et on la retrouve dans quelques galas. En 1998, elle apparaît dans une émission spéciale de la télévision de la SRC, réalisée par son ancienne collègue du Ballet national, Veronica TENNANT.

Elle est présidente fondatrice et, aujourd'hui, présidente du Centre pour danseurs en transition, une organisation canadienne créée par Joysanne Sidimus pour aider les danseurs à se recycler dans une autre carrière après leur retraite de la scène. (*Voir aussi* BALLET.)

Penelope Reed Doob

Kaiser, Edgar Fosburgh fils, entrepreneur, spécialiste des services de banque d'investissement (Portland, Oré., 5 juill. 1942). Issu d'une des dynasties industrielles les plus importantes du monde, il fait ses études à l'U. Stanford (B.A.) et à Harvard (M.B.A.). Après son service au Viêt-nam à l'US Agency for International Development, il devient conseiller à la Maison-Blanche durant le mandat du président Lyndon Johnson. Il exerce différentes fonctions pendant une douzaine d'années et devient finalement directeur général de la société Kaiser Resources Ltd., qui acquiert alors certaines des réserves d'énergie et de charbon les plus importantes de la Colombie-Britannique, et vend plus tard l'Ashland Oil à la Dome Petroleum et les exploitations de charbon à la BC Resources Investment Corp., en faisant dans les deux cas des profits importants.

Il devient citoyen canadien le 17 février 1980 et il fait par la suite des contributions importantes, par le biais des fondations de sa famille, à la recherche sur la toxicomanie et la prévention de celle-ci. Entre 1984 et 1986, il est président de la Banque de la Colombie-Britannique, qui est absorbée par la Banque Hongkong quand la faillite de deux banques de l'Alberta détruit la viabilité fiscale de l'activité bancaire régionale. Grâce à ses nombreuses relations internationales et à son engagement personnel dans la réforme économique et sociale, chose assez rare parmi ses semblables, Kaiser est devenu un personnage influent dans l'évolution à venir de la région côtière de l'ouest du Canada.

Peter C. Newman

Kallmann, Helmut, historien de la musique et bibliothécaire (Berlin, Allemagne, 7 août 1922). Kallmann est le principal chercheur en HISTOIRE DE LA MUSIQUE canadienne. La publication de son ouvrage, *A History of Music in Canada 1534-1914* (1960), premier ouvrage exhaustif sur le sujet, définit le domaine et montre la voie à d'autres chercheurs. De 1970 à 1987, il dirige la section musicologique de la Bibliothèque nationale du Canada, où il constitue une collection inégalée sur la musique canadienne: documents imprimés, manuscrits et enregistrements.

En collaboration avec K. Winters et G. Potvin, Kallmann est l'auteur de l'ENCYCLOPÉDIE DE MUSIQUE AU CANADA (1983) et est responsable de l'ensemble de son contenu. En collaboration avec

Potvin, il est à nouveau coéditeur de la deuxième édition de l'*Encyclopédie* publiée en 1993. Il devient membre de l'Ordre du Canada en 1987.

À la retraite, la passion de Kallmann pour l'histoire de la musique canadienne se manifeste par sa continuelle disponibilité à donner son appui à tous ceux qui le suivent dans le domaine qu'il a exploré et par le flot continu de ses articles dans des publications universitaires au Canada et à l'étranger.

Barclay McMillan

Kalm, Pehr, botaniste (Suède, 6 mars 1716—Finlande, 16 nov. 1779). Kalm fait ses études en Finlande et en Suède. En 1741, il rencontre l'éminent naturaliste européen Linné et devient un expert dans l'application de la botanique à l'agriculture. Linné projette un voyage en Amérique du Nord pour y découvrir des plantes acclimatables en Scandinavie. Il confie la tâche de rencontrer les naturalistes américains les plus en vue à Kalm, qui arrive à Philadelphie en septembre 1748. Kalm gagne la Nouvelle-France en juillet 1749 et herborise dans les environs du lac Champlain avant de se rendre à Montréal et à Québec. La France finance ses travaux à Québec, en hommage à la Suède. Il y rencontre les plus brillants scientifiques, tels que Jean-François GAULTIER et le gouverneur LA GALISSONIÈRE.

À l'automne de la même année, Kalm retourne à New York, puis fait une courte expédition botanique dans la région de Niagara au cours de l'été 1750. De retour en Suède en 1751, il accepte un poste de professeur à Abo. Ses récits de voyages en Nouvelle-France, publiés de 1753 à 1761, comptent parmi les meilleures études de la vie intellectuelle et sociale durant les dernières années du régime français au Canada. En plus d'apporter de nouvelles informations dans le domaine de la botanique, ils attirent l'attention de l'Europe sur le Canada. Dans son journal, Kalm déclare que les Français accordent davantage d'intérêt à la science que les Anglo-Américains.

Richard A. Jarrell

Kalvak, Helen, artiste visuelle (île Victoria, T.N.-O., 1901—Holman, T.N.-O., 7 mai 1984). Bien que Kalvak n'ait commencé à peindre qu'au début de la soixantaine, elle a réalisé plus de 3000 dessins illustrant la vie traditionnelle des INUITS DU CUIVRE. Elle manifeste un profond intérêt pour les traditions spirituelles et ses dessins renvoient aux légendes, au chamanisme et à la vie cérémonielle.

Dans sa gravure intitulée *Kidnapper* (1973), elle représente Arnakafaluk, une femme légendaire qui surgit de la mer pour enlever les enfants qui s'aventurent loin du camp de leurs parents. Ses œuvres témoignent du rapport qu'entretient le monde des humains avec celui des animaux. Dans sa gravure *Don't Be So Noisy* (1969), l'esprit de fête d'une danse du tambour attire la curiosité d'un ours polaire. Les dessins de Kalvak, repris par les graveurs d'Holman dans la pierre et en impressions par stencil, lui ont valu une renommée internationale. En 1975, elle est élue à l'Académie royale des arts du Canada. (*Voir aussi* ART INUIT.)

Bernadette Driscoll

Kamloops, ville de la C.-B.; pop. 76 394 (rec. 1996), 67 057 (rec. 1991), 61 773 (rec. 1986); superf. 296,06 km²; const. en 1893. Elle fusionne avec North Kamloops en 1967 et, en 1973, avec le secteur résidentiel avoisinant pour devenir la nouvelle ville de Kamloops. Elle est située dans le sud de la Colombie-Britannique, à 420 km au nord-est de Vancouver (355 km par l'AUTOROUTE COQUIHALLA), près de l'embouchure du lac Kamloops, au confluent des rivières THOMPSON Nord et Sud. Kamloops joue un rôle de plus en plus important dans le domaine minier. Elle est le centre de l'industrie du bétail de la province et surpasse maintenant PRINCE GEORGE en tant que première ville en importance de l'intérieur de la Colombie-Britannique. Elle est administrée par un maire et huit conseillers.

Historique Les premiers habitants de la région font partie de la tribu Shuswap de la nation SALISH.

Ils nomment la région *cume-loups*, ce qui signifierait «rencontre des eaux». David Stuart de la PACIFIC FUR COMPANY y passe l'hiver de 1811 et est impressionné par le potentiel qu'offre la traite des fourrures. En septembre 1812, il y construit le premier poste de traite, le fort Kamloops, premier établissement non autochtone du sud de la Colombie-Britannique. En novembre, la COMPAGNIE DU NORD-OUEST (CNO) érige sur l'autre rive le fort Thompson. Après sa fusion avec la CNO en 1821, la COMPAGNIE DE LA BAIE D'HUDSON s'approprie le fort Kamloops.

Dans les années 1850, des chercheurs d'or arrivent. Kamloops devient alors le centre de ravitaillement de la région et des agriculteurs s'y installent. L'achèvement du chemin de fer du CANADIEN PACIFIQUE (CP) en 1885 favorise l'essor de la ville et, en 1893, elle compte déjà 6000 habitants. Depuis la fin des années 1950, elle connaît une croissance rapide en tant que métropole régionale.

Situation actuelle Kamloops est desservie par le CP et le CANADIEN NATIONAL ainsi que par plusieurs lignes aériennes et est située à la jonction de deux grandes rivières et de trois routes principales. Elle est donc tout naturellement le centre du commerce et de distribution du sud de la Colombie-Britannique intérieure. Elle est aussi le centre financier, touristique, culturel et administratif des régions Thompson-Nicola, Lillooet et Southern Cariboo. À l'origine, l'élevage du bétail et la culture des fruits et des légumes étaient les piliers de l'économie mais, dès les années 60, les industries forestière et minière leur ont ravi la première place. Un grand nombre d'entreprises et de services liés à la foresterie ont maintenant leur siège social à Kamloops. La ville a aussi la réputation d'être la «capitale du ginseng du Canada». Le GINSENG est depuis peu le deuxième produit agricole en importance de la région après l'élevage du bétail. Kamloops abrite également une usine de pâte à papier et l'unique fonderie de cuivre de la province.

Le tourisme y est florissant, car la région compte plus de 200 lacs qui attirent les amateurs de navigation et de pêche. On trouve non loin plusieurs centres de ski, y compris Sun Peaks Resort, qui est ouvert à l'année.

Kamloops bénéficie des services du Royal Inland Hospital, du University College de Cariboo et de nombreux organismes des gouvernements fédéral et provincial. Elle ne possède plus qu'un seul journal, le *Kamloops News*, l'autre, le *Kamloops Sentinel*, ayant cessé de paraître à la fin de 1987. Elle s'enorgueillit d'un musée, d'une galerie d'art, d'un orchestre symphonique et d'une compagnie théâtrale.

Alan F.J. Artibise

Kamouraska, municipalité du Qc; pop. 707 (rec. 1996), 732 (rec. 1991); superf. 40,81 km²; const. en 1857. Elle est située sur la rive sud du FLEUVE SAINT-LAURENT, à 125 km au nord-est de Québec. En Algonquien, son nom signifie «jonc au bord de l'eau». En 1674, Olivier Morel de la Durantaye se voit offrir une seigneurie. La fondation de la paroisse de Saint-Louis a lieu en 1714. Au XVIIIᵉ s., Kamouraska est l'une des municipalités les plus peuplées de la rive sud. Au début du XIXᵉ s., la seigneurie appartient à la famille Taché, dont l'un des membres, sir Étienne-Paschal TACHÉ, est premier ministre de la province du Canada de 1855 à 1857. L'agriculture y est prospère et on surnomme la région le «grenier du Bas-Canada».

En 1849, on y établit la première cour supérieure en dehors de Québec. Kamouraska est une région touristique importante au XIXᵉ s. et au début du XXᵉ s. On vient y admirer la nature, respirer l'air salin et prendre des bains de mer. Devenues populeuses, des paroisses comme Saint-Pascal, Saint-Denis et Sainte-Hélène se séparent de Saint-Louis, ce qui explique sa faible population actuelle. Le roman d'Anne HÉBERT qui s'intitule KAMOURASKA rappelle des faits tragiques qui s'y sont produits en 1839.

Antonio Lechasseur

Kananaskis, région de, située à l'ouest de Calgary et au sud de la Transcanadienne (superf. 4250 km²). Son paysage varié comprend des montagnes aux calottes glaciaires, de larges vallées et des contreforts ondulés. Kananaskis fut créée en 1977 pour faciliter l'aménagement d'infrastructures favorisant diverses activités récréatives. Les zones d'aménagement intensif sont séparées par des paysages bien protégés pour conserver le caractère sauvage du milieu alpin. À l'intérieur des limites de la région, on compte cinq PARCS PROVINCIAUX, chacun assurant la protection du milieu à divers degrés.

Parc provincial Peter Lougheed Le parc (créé en 1977; superf. 501 km²) assure la protection d'un paysage aux sommets recouverts de glace et qui encadre les lacs Kananaskis. La randonnée, l'escalade en montagne, la pêche, le ski de fond, le cyclisme et le camping (été et hiver) comptent parmi les activités qui s'y pratiquent. L'un des meilleurs centres d'interprétation au Canada offre de l'information sur l'environnement alpin et son évolution. Le Centre William Watson est doté d'installations pour les personnes handicapées et leurs familles.

Parc provincial de la Bow Valley Le parc (créé en 1959; superf. 13 km²) assure la protection d'une riche forêt subalpine sèche constituée de pins, d'épinettes, de sapins et de peupliers trembles, où s'intercalent des prairies, des zones arbustives et des terres humides. Plus de 500 espèces de plantes à fleurs y ont été identifiées. La zone appelée Many Springs est d'ailleurs populaire en raison de ses nombreuses orchidées. La population d'oiseaux y est aussi abondante, comptant plus de 180 espèces répertoriées.

Parc sauvage d'Elbow Sheep Le parc (créé en 1996; superf. 792 km²) permet de faire de la randonnée, du camping, de l'équitation et de la chasse en région isolée. Il assure aussi la protection de l'habitat vital pour le mouflon d'Amérique, l'élan, le COUGUAR, le GRIZZLI et la CHÈVRE DE MONTAGNE.

Réserve naturelle de Wind Valley La réserve (créée en 1995; superf. 79 km²) protège la principale aire d'hivernage de l'un des plus grands troupeaux de mouflons en Amérique du Nord.

Réserve écologique du Plateau Mountain La réserve (créée en 1991; 23 km²) protège les paysages alpins et subalpins. Le plateau uniforme est caractérisé par un paysage périglaciaire plus commun dans les milieux arctiques. La réserve a une importance scientifique en raison des espèces de plantes rares et isolées qui s'y trouvent.

Évolution humaine Plus d'une centaine de sites archéologiques ont été répertoriés, le plus ancien datant de 11 000 ans. La première expédition européenne connue est celle menée par James Sinclair. En 1845, il dirige l'expédition de 15 familles et de leur bétail à travers les montagnes à destination de Washington, aux États-Unis, où ils s'établissent. Depuis, l'économie de la région dépend de l'exploitation du charbon, de la coupe du bois, du pétrole et du gaz naturel, de l'électricité et de l'élevage du bétail.

Installations et services Les zones aménagées comprennent le village de Kananaskis et le Centre Nordic, sites des JEUX OLYMPIQUES d'hiver de 1988. Le village compte trois hôtels dotés d'installations pour les congrès, les réceptions et les activités sportives. Il surplombe un terrain de golf de 36 trous et se trouve tout à côté de la station de ski alpin de Nakiska. Les terrains de camping qui se trouvent partout dans Kananaskis ont des installations pour tous les goûts.

Archie Landals

Kanata, ville de l'Ont.; pop. 47 909 (rec. 1996), 37 344 (rec. 1991), 27 519 (rec. 1986); superf. 132,21 km²; const. en 1978. Située dans la municipalité régionale d'Ottawa-Carleton, la localité de Kana-ta a déjà remporté le titre de «nouvelle ville». L'entrepreneur William Teron la fonde en 1964, à l'ouest de la zone de verdure de la capitale. Le concept original de Teron relève autant de la sociologie appliquée que du développement urbain. Kanata devait à l'origine se composer de groupes de maisons réunis au sein de collectivités villageoises distinctes entourant un centre-ville et séparées par des espaces verts aménagés de façon naturelle.

Les fusions d'entreprises favorisent l'augmentation de la densité résidentielle. Des éléments importants du concept d'origine sont cependant conservés après que le canton de March de l'époque a formé un comité de planification bénéficiant de pouvoirs étendus d'amendement de projets de développement. Le plan initial accordait 120 ha à un espace de recherche et développement. Au cours de la révolution de la micro-informatique des années 70, Kanata devient un centre de haute technologie.

Des anciens employés de Recherches Bell-Northern, l'une des premières compagnies transplantées, mettent sur pied des entreprises telles que la Mitel Corporation, qui, née dans un sous-sol, devient rapidement une multinationale (*voir* INDUSTRIE DE L'ÉLECTRONIQUE). Le secteur rural de Kanata compte un lieu historique, Horaceville. Celui-ci est le manoir d'Hamnett Pinhey (1784-1857) où se déroule un festival annuel du patrimoine.

Bruce S. Elliott

Kane, bassin Vaste étendue d'eau d'environ 3900 km², il s'étend vers le nord entre la côte est de l'ÎLE D'ELLESMERE et la côte ouest du Groenland. Il est relativement peu profond, sa profondeur maximale étant de 180 m. La glace constitue un obstacle sérieux à la navigation. La persistance et le poids de la glace de mer empêchent la dérive vers le sud des icebergs de l'océan Arctique et retiennent ceux qui proviennent du vêlage des glaciers du Groenland, les forçant à s'entasser aux embouchures des glaciers. Des conditions moins sévères de formation de glace dans la mer multiplient paradoxalement le risque d'icebergs, puisqu'elles provoquent une nette augmentation du déplacement des icebergs retenus jusque-là par les glaces.

Doug Finlayson

Kane, Elisha Kent, explorateur, médecin, officier naval (Philadelphie, Penn., 3 févr. 1820—La Havane, Cuba, 16 févr. 1857). Diplômé de l'école de médecine de l'U. de la Pennsylvanie, Kane voyage beaucoup en Extrême-Orient. En 1845, il joint les rangs de la marine américaine à titre de chirurgien adjoint et est témoin de batailles durant la guerre de 1848 entre le Mexique et les États-Unis. Il sert dans l'expédition de Grinnell de 1850-1851, envoyée au Nord pour retrouver l'expédition de Franklin (*voir* FRANKLIN, LA RECHERCHE DE) et il devient le défenseur de l'idée d'une mer polaire ouverte.

De 1853 à 1855, il commande une expédition polaire financée par les Américains. Basée au bassin Kane, l'expédition atteint la latitude maximale de 81° 22' malgré la maladie et l'insubordination qui règnent. Pris dans les glaces, les hommes font 2100 km dans une petite embarcation et à pied pour se rendre jusqu'à Upernavik, au Groenland. Trois hommes périssent. Kane a été acclamé de toutes parts comme le plus grand explorateur américain, et l'idée que les explorateurs nordiques adoptent le mode de vie inuit, en particulier pour les vêtements et le régime alimentaire, vient de lui.

K.S. Coates

Kane, Margo Gwendolyn, actrice, chanteuse et danseuse (Edmonton, Alb., 21 août 1951). Descendante des Cris, des Saulteux et des Pieds-noirs, elle étudie l'art dramatique, le chant et la danse au Grant McEwan College à Edmonton, au BANFF CENTRE et au Circle in the Square Theatre à New York.

Au Canada, beaucoup la considèrent comme la «mère» des arts autochtones de la scène. Son talent embrasse de nombreuses disciplines, car elle est à la fois actrice, danseuse, écrivaine, metteur en scène et chorégraphe. Elle se consacre en outre à l'enseignement et au développement socioculturel. Elle fonde Full Circle: First Nations Performance (Vancouver), dont elle assume la direction artistique.

Elle est connue surtout pour son spectacle solo *Moonlodge* et ses nombreuses contributions aux arts de la scène comme *The River-Home* (Vancouver, 1996), *Memories Springing/Waters Singing* (Banff Centre, 1992), *Princess Minnehaha* (Tikki-Tikki Lounge, Vancouver, 1992) et *Reflections in the Medicine Wheel* (Festival du Théâtre des Amériques, Montréal, 1987). Ses spectacles marient les rituels traditionnels au récit, à la chanson, à la poésie, à la danse et aux plus récentes techniques de scénographie. Ils lui servent de moyen d'expression et représentent à la fois un hommage à l'histoire et aux traditions culturelles des autochtones et un pont permettant de lier les deux cultures. La critique et le public des grandes villes du Canada, des États-Unis et de l'Australie l'acclament.

Moonlogde, créée au Native Earth de Toronto en 1990 et présentée en Australie en 1997, est un récit oral que Kane adapte pour en faire son premier scénario. La pièce décrit les souffrances éprouvées par les jeunes autochtones transplantés de force dans des pensionnats et propose des moyens pour apaiser leur douleur. *Memories Springing/Waters Singing,* une œuvre très structurée qui allie spectacle et installation, met l'accent sur des éléments rituels et sur la participation de l'auditoire.

En 1991, la Commission de la capitale nationale à Ottawa remet à Margo Kane un prix pour ses grandes réalisations.

Renate Usmiani

Kane, Paul, peintre (Mallow, Irl., 3 sept. 1810–Toronto, 20 févr. 1871). Kane, le plus célèbre de tous les artistes explorateurs canadiens, immigre avec sa famille à York (Toronto) avant 1822. Il travaille comme décorateur de meubles puis fait, en 1841-1842, un séjour en Italie afin de copier les vieux maîtres. À Londres, une exposition de tableaux de George Catlin sur les Amérindiens suscite chez lui un tel enthousiasme qu'il revient au Canada avec la détermination de peindre une série de tableaux du même genre dans le Nord-Ouest canadien.

En 1845, Kane quitte Toronto pour aller dessiner les Amérindiens dans leurs territoires et recueillir des légendes indiennes. Il voyage autour des Grands Lacs mais, prévenu des dangers que présente un voyage en solitaire vers le Pacifique, il contacte sir George SIMPSON, surintendant de la Compagnie de la baie d'Hudson, lequel prend des arrangements pour qu'il se joigne aux flottes de canots qui transportent des fourrures vers l'Ouest. Il rejoint les commerçants de fourrures à FORT WILLIAM (Thunder Bay, en Ontario) en mai 1846 et se rend avec eux dans l'Ouest, à Fort Garry. Kane est témoin de la dernière grande CHASSE AUX BISONS de cette région et poursuit sa route vers Norway House, puis suit la rivière Saskatchewan jusqu'à Fort Edmonton. Après avoir franchi les montagnes à dos de cheval, il descend le fleuve Columbia jusqu'à Fort Vancouver et croque le mont St. Helens ainsi que les tribus de la côte qui vivent dans la région de Victoria. En 1848, il revient à Toronto avec 700 croquis de paysages de l'Ouest canadien et d'Indiens appartenant à quelque 80 tribus.

Après son retour, Kane mène une vie paisible à Toronto. Il peint des toiles à partir de ses croquis dans le style européen de l'époque. Cent tableaux achetés par George Allan se trouvent aujourd'hui au Musée Royal de l'Ontario, tandis que 12 toiles achetées par le gouvernement canadien sont conservées au Musée des beaux-arts du Canada. Le récit des voyages de Kane est publié en 1859 et est traduit en danois, en français et en allemand. Ce classique canadien, qui fourmille d'anecdotes, complète ses croquis par de vivantes descriptions de la vie des Indiens, des Métis, des commerçants de fourrures de la Compagnie de la baie d'Hudson et des mission-

naires dans les années 1840. (*Voir aussi* AUTOCHTONES; PEINTURE.)

J. Russell Harper

Kang, Juliette, violoniste (Edmonton, Alb., 6 sept. 1975). Kang commence à étudier le violon à l'âge de quatre ans. À neuf ans, elle entreprend des études avec Jascha Brodsky au Curtis Institute of Music, où elle obtient son B.A. en 1991. En 1993, elle obtient sa maîtrise à la Juilliard School, où elle étudie auprès de Dorothy Delay, Hyo Kang et Robert Mann. Elle se fait connaître sur la scène internationale en gagnant le premier prix des concours internationaux de Yehudi Menuhin et d'Indianapolis, et elle est également lauréate du concours Young Concert Artists.

Kang est reconnue au niveau international pour la qualité de ses interprétations, sa magnifique tonalité et son étonnante maîtrise technique. Jusqu'à maintenant, elle a donné des concerts avec l'orchestre de chambre de Vienne, l'Orchestre national de France, l'Orchestre national Bordeaux-Acquitaine, l'Orquesta Sinfonica del Estado de Mexico, l'orchestre St. Luke, les orchestres de Philadelphie et du Centre national des arts, l'American Symphony Orchestra, les orchestres symphoniques de Detroit, Edmonton, Vancouver, Indianapolis, Kansas City, Toronto, Houston, Montréal, Singapore ainsi que l'orchestre symphonique de la radio coréenne et l'orchestre national russe, de même que l'orchestre symphonique de Kyushu (Japon), les orchestres philharmoniques de Hong-Kong et Calgary, et la Chicago Sinfonietta.

Kang, soliste accomplie, s'est produite au Carnegie Hall de New York, au théâtre du Chatelet de Paris, au Suntory Hall de Tokyo, au Gardner Museum de Boston, au Kennedy Center de Washington, D.C., dans la série «Onstage at the Glenn Gould» de Toronto, de même qu'à Séoul, Taipei, Cleveland, Philadelphie, Pittsburgh et Cincinnati.

Le premier enregistrement de Kang, sur lequel figurait le premier enregistrement de *Subito* de Lutoslawski, a été accueilli avec enthousiasme en février 1995 et suivi d'un autre disque compact de son récital de mars 1996 au Carnegie Hall. D'autres enregistrements sont prévus, notamment celui du *2e concerto de violon* de Wieniavski et de deux autres concertos avec Sergiu Comissiona et l'orchestre symphonique de la Société Radio-Canada à Vancouver.

Kaplan, Robert Phillip, politicien, avocat (Toronto, 27 déc. 1936). Kaplan obtient un B.A. en sociologie (1958) et un B.A. en droit (1961) à l'U. de Toronto, puis accède au Barreau de l'Ontario en 1963. Il se spécialise en droit corporatif et en droit fiscal durant ses stages dans deux cabinets juridiques torontois et, de 1972 à 1974, il prononce des conférences sur les affaires canadiennes au Hudson Institute de Croton-on-Hudson (New York). Élu député libéral fédéral de Don Valley (Toronto) en 1968, il perd son siège à l'élection générale de 1972.

Kaplan change alors de circonscription et se fait élire à York Centre (Toronto) en 1974, en 1979, en 1980, en 1984 et en 1988. Nommé solliciteur général en 1980, il promulgue la *Loi sur les jeunes contrevenants* (1982) et retire à la Gendarmerie royale du Canada ses attributions en matière de sécurité nationale en instituant le SERVICE CANADIEN DU RENSEIGNEMENT DE SÉCURITÉ. Critique du Parti libéral à la justice de 1984 à 1990, il est réaffecté au poste de critique sur les questions de l'énergie, des mines et des ressources. Kaplan décide de ne pas se représenter à l'élection de 1993, préférant retourner à la vie privée.

Dean Beeby

Kapuskasing, ville de l'Ont.; pop. 10 036 (rec. 1996), 10 344 (rec. 1991), 11 378 (rec. 1986); superf. 83,92 km²; const. en 1921; située près de la rivière Kapuskasing, à 493 km au nord-ouest de North Bay. La ville tire son nom d'un mot CRI signifiant «embranchement» ou «courbe de la rivière». La

rivière Kapuskasing est en effet un embranchement de la rivière Mattagami.

Historique Bien que la région soit explorée à partir du XVIIIᵉ siècle par les commerçants de fourrures de la Compagnie de la baie d'Hudson et de la Compagnie du Nord-Ouest, cette ville n'existe que depuis 1910. Elle n'est alors qu'une station du Chemin de fer National Transcontinental, une voie reliant Québec à Winnipeg et fusionnée au Canadien National en 1922. Au cours de la Première Guerre mondiale, un camp d'internement est mis en place près de la ville. Ses prisonniers de guerre et ses occupants provenant de pays ennemis travaillent au développement de ce qui est aujourd'hui une ferme d'expérimentation fédérale. Après la guerre, le gouvernement encourage davantage la vocation agricole de la collectivité par un programme favorisant l'établissement de militaires.

Économie L'avenir de Kapuskasing dépend des forêts luxuriantes des environs. Depuis les années 20, l'industrie des pâtes et papiers de la Spruce Falls Power and Paper Company et le tourisme sont ses principales sources de revenu.

En 1991, l'économie locale est menacée quand la Spruce Falls Pulp and Paper annonce la réduction prochaine de 80 p. 100 de son effectif. Voilà qui aurait grandement affecté l'économie de la collectivité. C'est pourquoi, à la fin de 1991, un consortium d'employés, Tembec Inc., (une société de la Couronne du Québec) et des habitants de la ville achètent la compagnie. Cette nouvelle compagnie incorporée porte le nom de Spruce Falls Inc. et exporte la majorité de sa production de papier journal aux États-Unis.

Matt Bray

Kap'Yong Le 23 avril 1951, pendant la GUERRE DE CORÉE, la 27ᵉ Brigade d'infanterie du Commonwealth britannique reçoit l'ordre de protéger la manœuvre de repli dans la vallée de la rivière Kap'Yong, à 20 km environ au sud du 38ᵉ parallèle, en Corée centrale, de la division ROK (sud-coréenne) qui a été délogée par une offensive majeure des Chinois. Le 2ᵉ Bataillon, Princess Patricia's Canadian Light Infantry, et le 3ᵉ Bataillon, Royal Australian Regiment, sont affectés dans des positions d'avant-garde au sommet des collines, les Canadiens du côté ouest de la vallée et les Australiens du côté est. Les Australiens soutiennent tout le poids de la première attaque et, le 24 avril, ils sont forcés de battre en retraite après avoir perdu 155 hommes. Les Chinois se tournent alors contre la Princess Patricia's Canadian Light Infantry qui, au cours d'un combat nocturne, parvient à bloquer leur avance (24-25 avril). Les pertes canadiennes sont de 10 morts et de 23 blessés. La bataille joue un rôle déterminant dans la défaite de l'offensive générale des Chinois. Les unités canadiennes et australiennes reçoivent toutes deux des citations du gouvernement américain.

Denis Stairs

Karaté Il signifie «mains vides» et est une forme de combat sans arme qui utilise une variété de parades et de coups portés avec les poings, les pieds ou à main ouverte. Le karaté se pratique d'abord dans l'île japonaise d'Okinawa, mais son origine reste nébuleuse. On croit qu'il résulterait de la combinaison d'arts martiaux chinois et indigènes. Le karaté devient une technique mortelle après la conquête d'Okinawa par le clan japonais Satsuma, en 1609. Les conquérants ayant banni les armes, les maîtres de karaté doivent développer des habiletés extraordinaires pour réussir à combattre les samouraïs armés avec le seul usage de leurs mains, de leurs pieds et d'instruments agricoles modifiés. Le karaté se répand dans le reste du Japon lorsque le maître Gichin Funakoshi quitte Okinawa pour Tokyo, en 1922.

Le karaté s'implante au Canada grâce à Masami Tsuruoka. Canadien d'origine, il étudie le karaté de style chito-ryu au Japon pendant presque 10 ans avant de revenir au pays, en 1956, et d'ouvrir un *dojo* (école) à Toronto. Cette discipline se répand dès lors dans tout le Canada et, en 1964, Tsuruoka crée l'Association nationale de karaté. Bien qu'un certain nombre d'écoles n'en fassent pas partie, l'Association demeure l'organisme officiel qui régit ce sport au Canada. Elle organise un tournoi annuel auquel participent plus de 10 000 membres, représentant tous les styles de karaté.

Si, à l'origine, le karaté était surtout une technique d'autodéfense, il s'appuie aujourd'hui sur une éthique et des valeurs spirituelles selon lesquelles la maîtrise de soi s'avère primordiale. Dans les tournois, les coups des concurrents sont jugés selon le dommage qu'ils auraient causé s'ils n'avaient pas été retenus. Le karaté ne compte pas encore parmi les disciplines olympiques, bien que des compétitions internationales aient lieu. En 1970, à l'occasion du premier tournoi mondial, tenu à Tokyo, John Carnio, de Toronto, gagne la deuxième place de la classe ouverte dans les épreuves de combat et, en 1986, au 8e championnat du monde de Sydney (Australie), Manuel Monzon, de Montréal, remporte le bronze dans la catégorie des 65 kg à 70 kg. (*Voir aussi* JIU-JITSU; JUDO.)

Peter Giffen

Karlsefni, nom usuel de Thorfinnr Thordarson (actif vers 1000-1020). Entre 1003 et 1015, Karlsefni entreprend de coloniser le Vinland. Les preuves en ce sens, fondées sur la saga d'Érik le Rouge et sur celle des Groenlandais, restent vagues. L'emplacement de la colonie reste impossible à déterminer, mais les fouilles à L'ANSE AUX MEADOWS confirment que les Vikings ont bien atteint l'Amérique. (*Voir aussi* EXPÉDITIONS VIKINGS.)

James Marsh

Karluk Ce baleinier de 251 t et de 39 m de long sombre dans l'Arctique le 11 janvier 1914. Onze des 25 survivants périssent avant leur sauvetage de l'île Wrangel le 7 septembre 1914. La perte de ces hommes et de ce bateau entraîne un demi-siècle de disputes au sujet de l'autorité et des aptitudes techniques de Vilhjalmur STEFANSSON, responsable de l'EXPÉDITION ARCTIQUE CANADIENNE de 1913, et de Robert Bartlett, capitaine du *Karluk*.

Le *Karluk* se fait prendre dans les glaces de la mer de Beaufort, à 300 km de la base prévue, l'ÎLE HERSCHEL. Tandis que Stefansson chasse le phoque, le temps change et le bateau dérive vers l'ouest en direction de la Sibérie pendant quatre mois jusqu'à ce qu'il soit broyé par les glaces. Le groupe à bord s'affaire à chasser pour obtenir de quoi se nourrir et se faire des vêtements d'hiver, qui n'ont pas été prévus. Selon un rapport, les 12 scientifiques et officiers n'ont que neuf bols, sept tasses et 10 sièges à se partager. Après l'envoi de quatre éclaireurs, qui disparaissent, les survivants du *Karluk* font six semaines de marche pour franchir les 128 km qui les séparent de l'île Wrangel. Six jours plus tard, le capitaine Bartlett s'en va avec un Inuit chercher de l'aide et rejoint finalement le port russe de Cape North après un parcours de 1120 km à pied. Pendant les six mois où les autres attendent des secours, encore plus d'hommes meurent. Ils se querellent pour la nourriture, le tabac et les munitions, et l'un d'entre eux meurt d'un coup de feu. On ne saura jamais s'il s'agit là d'un suicide ou d'un meurtre.

Donald J.C. Phillipson

Karpis, Alvin, né Albin Karpowicz, gangster (Montréal, 1908—Torremolinos, Esp., 26 août 1979). Surnommé «Old Creepy» (vieux rampant), il est l'un des criminels les plus notoires de l'époque de la Crise des années 30 aux États-Unis. Servant de doublure dans la tristement célèbre «bande à Barker», il effectue de nombreux vols de banques et participe à deux enlèvements sensationnels. Après que le FBI a démantelé le gang de Barker et abattu deux voyous notoires, John Dillinger et George «Baby Face» Nelson, Karpis devient l'ennemi public numéro un. Il aurait été arrêté à la Nouvelle-Orléans en 1936 par J. Edgar Hoover lui-même, le directeur du FBI. En 1969, après avoir purgé une longue peine d'emprisonnement, dont 26 ans à Alcatraz, un fait sans précédent, il devient admissible à la libération conditionnelle et est déporté vers son pays d'origine, le Canada. Son autobiographie, *Public Enemy Number One* (1971), est un compte rendu explicite et terrifiant de son odyssée criminelle.

Edward Butts

Karsh, Yousuf, photographe (Mardin, Turquie arménienne, 23 déc. 1908). En 1924, Karsh immigre au Canada comme réfugié arménien. Il vit et étudie avec son oncle George Nakashian, un photographe portraitiste, à Sherbrooke, au Québec, avant de faire son apprentissage à Boston avec le célèbre portraitiste John H. Garo, de 1928 à 1931. Un contraste étudié entre l'ombre et la lumière, grande caractéristique des images de Karsh, émane de son travail avec Garo.

En 1932, Karsh déménage à Ottawa où il installe son studio près de la Colline du Parlement afin de photographier ce qu'il appelle «les gens importants». Dans son autobiographie intitulée *In Search of Greatness: Reflections of Yousuf Karsh* (1962), il explique ses intentions de portraitiste: atteindre «l'essence de la personne extraordinaire».

Les portraits de Karsh finissent par représenter les images officielles des plus grandes personnalités politiques, scientifiques et culturelles du XXe siècle. Ses portraits sont exposés dans les galeries publiques et sont largement diffusés dans les magazines. P. ex., le portrait de Winston Churchill réalisé par Karsh en 1941, qui paraît sur la couverture du magazine *Life*, devient le portrait officiel définitif de la figure de Churchill.

Karsh établit ainsi sa réputation internationale grâce à cette image. Les autres portraits de Karsh bien connus sont ceux de Georgia O'Keeffe, de W. Somerset Maugham, de Martha Graham, d'Ernest Hemingway, de Charles de Gaulle, de Peter Lorre, de Grey Owl, d'Albert Einstein, de Robert Borden, de Yuri Gagarin, de John F. Kennedy, de Martin Luther King et de Marshall McLuhan.

Karsh publie aussi de nombreux livres portfolios de ses portraits dans l'espoir qu'une présentation collective donne aux images un impact visuel qu'un portrait seul ne peut produire. Le premier de cette série s'intitule *Faces of Destiny* (1946). Dans chaque série, les portraits sont accompagnés de textes écrits par Karsh relatant sa rencontre avec le modèle.

En 1987, les Archives nationales du Canada achètent la collection complète des négatifs, épreuves et diapositives exécutées et conservées par Karsh de 1933 à 1987. Par ailleurs, Karsh offre près d'une centaine de photographies au Musée des beaux-arts du Canada qui organise, en 1960, sa première exposition solo dans une galerie publique. En 1989, pour célébrer les 150 ans de la photographie, ces deux institutions organisent conjointement une rétrospective de la carrière de Karsh portraitiste.

Karsh ferme son studio d'Ottawa en juin 1992, à l'âge de 83 ans. La même année, il publie *Karsh, les légendes américaines, 73 portraits d'hommes et de femmes célèbres dans leur maison*. Leonard Bernstein, Bill et Hillary Clinton et Norman Schwarzkopf en font partie. Le livre est complété par une exposition itinérante organisée par l'International Center of Photography de New York.

En 1965, Karsh est récompensé de la médaille du Conseil des arts du Canada, et, en 1968, on lui décerne la médaille pour services éminents de l'Ordre du Canada. Il est élevé au rang de Compagnon de l'Ordre du Canada en 1990.

Colleen Skidmore

Kasemets, Udo, compositeur, professeur et écrivain (Tallinn, Estonie, 16 nov. 1919). Après des études de musique en Estonie et en Allemagne, Kasemets immigre au Canada en 1951, où il s'établit comme professeur, chef d'orchestre et critique de musique dans la région d'Hamilton et de Toronto.

Grand défenseur de l'avant-garde et des valeurs humanistes, Kasemets organise la première série de concerts de musique nouvelle de Toronto (1962), puis dirige plusieurs événements multimédias, dont le premier Toronto Festival of Arts and Technology (1968), des célébrations en l'honneur de John Cage et de Marcel Duchamp, et *Counterbomb Renga,* une chaîne pancontinentale de création de poésie et de musique contre l'armement nucléaire. Depuis 1960, son travail de compositeur est fortement empreint de l'esthétique du compositeur-philosophe américain John Cage. S'inspirant du I-Ching ou, plus récemment, de structures de composition dérivées d'accords numériques naturels (systèmes solaire, saisonnier, stellaire et galactique), il explore dans ses œuvres musicales et multimédias la relation entre le compositeur, l'interprète et l'auditoire, la perception de chacun, ainsi que l'estompage de cette relation. Faisant toujours naître une réflexion, Kasemets, dans certaines œuvres telles que *Fractal Epitaph,* réussit à obtenir une troublante et mystérieuse qualité.

Elaine Keillor

Kaska Ils habitent la région montagneuse où se draine la RIVIÈRE LIARD dans le sud du Yukon et le nord de la Colombie-Britannique. On les trouve principalement dans les municipalités de Lower Post, Upper Liard (près de Watson Lake), et Ross River, dans le bassin hydrographique de la rivière Pelly. Leur population est d'environ 500 habitants et, comme leurs voisins TAHLTANS et TAGISH, ils parlent plusieurs dialectes de la langue des Athapascans. Leur territoire constitue une des dernières régions explorées par la COMPAGNIE DE LA BAIE D'HUDSON après 1834. À cette époque, des parties de cette région sont exploitées de façon saisonnière seulement: en hiver, par les Tahltans, et au printemps, par les Kaskas du cours supérieur de la rivière Pelly. Or, les Tahltans considèrent la majeure partie de ces terres comme leur territoire et défendent leur position d'intermédiaires entre les tribus côtières et celles de l'intérieur pour ce qui est du commerce avec la Compagnie de la baie d'Hudson.

À l'époque des premiers contacts avec les Blancs, la culture matérielle et les activités de subsistance des Kaskas sont, pour l'essentiel, similaires à celles des autres peuples athapascans du plateau subarctique, particulièrement à celles des peuples qui, comme eux, habitent des régions dépourvues de saumons et de hardes migratrices de caribous de la toundra. Traditionnellement, dans cette région accidentée, la subsistance est assurée par le caribou des bois, l'orignal, le mouflon de Dall, les fruits sauvages et le corégone.

Du milieu à la fin du XIXe siècle, les Kaskas comptent quatre bandes régionales, notamment celles du lac Frances, du cours supérieur de la rivière Liard, de la rivière Dease et les Indiens de Nelson. Elles ne constituent toutefois pas des groupes sociaux homogènes. L'unité de base de la société kaska est la bande locale constituée de la famille élargie dirigée par un chef. Bien que la plupart des Kaskas appartiennent à l'un des deux clans matrilinéaires exogames (du Loup et de la Corneille), liés par des obligations réciproques, l'esprit de clan est plutôt faible.

De nombreux Kaskas ne se regroupent en village que lorsque d'autres Indiens, des Métis, des Européens et des Chinois arrivent dans la région pour participer à la ruée vers l'or du district de Cassiar en 1873. En 1888, alors que le nombre de mineurs décroît, un grand nombre d'autochtones, connus sous le nom de Cascars, demeurent sur place. Bien que la plupart parlent la langue des Athapascans, les familles associées aux postes de traite de Lower Post et de McDame ont des antécédents très divers. Aussi, les mariages avec des immigrants seront le premier pas vers l'intégration des groupes. À mesure que le travail rémunéré diminue, la chasse et le piégeage demeurent les sources de revenus les plus stables. C'est pourquoi l'exploitation de ces ressources joue un rôle clé dans l'émergence de structures sociales, principalement par le biais des alliances de piégeage. Lors du mariage, chaque couple doit examiner sa propre situation. Il n'existe aucune règle simple en ce qui regarde l'exogamie, le lieu de résidence après le mariage ou la composition du ménage.

Après les années 20, alors que Lower Post est rattaché à la route aérienne entre Edmonton et Whitehorse, on assiste à une recrudescence des influences euro-canadiennes. Pendant la Seconde Guerre mondiale, les revenus venant du piégeage et du travail rémunéré procurent une certaine aisance. Watson Lake est alors un lieu d'approvisionnement pendant la construction de la ROUTE DE L'ALASKA, et Lower Post devient une aire d'entreposage. Après la guerre, les services gouvernementaux augmentent de façon radicale. Cependant, les échanges entre autochtones et Euro-Canadiens, qui sont canalisés dans les fonctions rattachées à l'administration, à l'éducation ou à l'exploitation minière, prennent un caractère plus officiel. (*Voir aussi* AUTOCHTONES: LA RÉGION SUBARCTIQUE.)

A. McFadyen Clark

Katimavik Programme destiné aux jeunes, fondé en 1976 par le militant et écrivain Jacques HÉBERT et financé, jusqu'en 1986, par le gouvernement fédéral. Il remplace, dans une certaine mesure, la défunte COMPAGNIE DES JEUNES CANADIENS, mais s'en différencie en étant apolitique. À son apogée, Katimavik envoyait quelque 1700 jeunes Canadiens dans tous les coins du pays travailler dans des programmes communautaires pour jeunes. Les volontaires du programme étaient logés et nourris et recevaient un dollar par jour ou 1000 $ s'ils terminaient leur période de service de neuf mois. Durant l'hiver de 1986, le gouvernement Mulroney propose l'abolition de Katimavik, ce qui pousse Jacques Hébert, devenu sénateur, à entreprendre un jeûne de 22 jours dans les couloirs du Sénat à Ottawa. Quoique bien plus modestement, le programme se poursuit en 1988, grâce au soutien financier de syndicats et d'organisation d'affaires, religieuses et étudiantes.

Robert Bothwell

Kattan, Naïm, écrivain et critique littéraire (Bagdad, Irak, 26 août 1928). Il étudie le droit à l'U. de Bagdad avant d'entreprendre, à titre de boursier français, des études littéraires à la Sorbonne, au lendemain de la Seconde Guerre mondiale. Sous le couvert du roman, il se souvient de ces années dans *Adieu, Babylone* (1975) et dans *Les fruits arrachés* (1977). Il immigre au Canada en 1954 et dirige le service des lettres et de l'édition du CONSEIL DES ARTS DU CANADA.

Il collabore à nombre de revues et de journaux au Proche-Orient, en Europe et en Amérique du Nord. Auteur de nombreux ouvrages, il aborde divers genres: essais, romans (*Adieu, Babylone* et *Les Fruits arrachés*, déjà cités; *La Fiancée promise*, 1983; *La Fortune du passager*, 1983, *Farida*, 1991; *L'Amour reconnu*, 1999; *Le Silence des adieux*, 1999); nouvelles (*Dans le désert, 1974*; *La Traversée, 1976*; *Le Rivage, 1979*; *La Reprise, 1985*; *La Distraction, 1994*); et théâtre. Deux ouvrages ont été préparés sous sa direction: *Les Juifs et la communauté française* (1965) et *Juifs et Canadiens* (1967). Dans *Le réel et le théâtral* (1970), recueil d'essais auquel fut décerné le prix France-Canada en 1971, il s'interroge sur ce qui différencie et distingue, à travers les âges, les cultures et les civilisations. Il poursuit sa réflexion dans *La mémoire et la promesse* (1978) et *Le désir et le pouvoir* (1983). D'autre part, il s'intéresse aux écrivains canadiens, américains et latino-américains et ses trois vol. des *Écrivains des Amériques* (1972, 1976 et 1980) contribuent à les mieux faire connaître au Canada.

Dans les pièces qu'il a publiées en 1974 (*La Discrétion, La Neige*) tout comme dans ses nouvelles

(*Dans le désert, Le sable de l'île*), il reprend fréquemment le thème de la fragilité des rapports humains.

Jacques Cotnam

Kawartha, lacs Ils constituent un réseau de 14 lacs qui s'étend dans les comtés de Peterborough et de Victoria, dans le centre sud de l'Ontario. Leur superficie varie de 5 à 45 km² et ils se composent des lacs naturels Katchiwano, Clear, Stony, Lovesick, Lower Buckhorn, Buckhorn, Chemong, Pigeon, Sturgeon, Cameron, Scugog, Balsam, Mitchell, ainsi que d'un lac artificiel, le lac Canal. Le lac Katchiwano situé au sud-est se déverse dans le lac Ontario par les rivières Otonabee et Trent. À l'ouest, l'ensemble des lacs déverse ses eaux dans le lac SIMCOE.

Les autochtones, en particulier les Mississaugas, ont exploité les premiers les ressources de ces magnifiques lacs aux berges boisées. Quand les colons européens arrivent au début du XIXᵉ siècle, la région est occupée en majorité par les Mississaugas. Une réserve indienne se trouve près du lac Chemong.

Autrefois le centre d'une industrie forestière prospère, les lacs parsemés d'îles deviennent, après 1890, une région de villégiature particulièrement appréciée des adeptes de la pêche sportive. Des bateaux à vapeur transportent les visiteurs vers des hôtels de villégiature luxueux. De nos jours, des résidences secondaires s'alignent sur les rives, et des embarcations de plaisance encombrent les eaux. Les lacs font partie de la voie navigable Trent-Severn qui relie le lac Ontario à la baie Georgienne. Des écluses, réparties en neuf endroits, permettent aux bateaux de plaisance d'accéder à tous les lacs. Parmi les villes importantes figurent LINDSAY, Fenelon Falls et Bobcaygeon. L'origine du nom est un dérivé d'un mot huron qui signifie «eaux brillantes et terre heureuse».

Daniel Francis

Kayak Tous les groupes inuits, sauf ceux de l'Extrême-Nord, ont utilisé le kayak sous une forme ou une autre. L'embarcation de chasse à pont fermé pour une personne constituait la version la plus simple et permettait de transporter des vivres. Les modèles rapides de quatre à sept mètres de longueur pouvaient naviguer en haute mer et contenir jusqu'à trois personnes. Recouverte de peau de phoque ou de caribou épilée, la structure était souvent faite de bois de grève et les membrures, de branches de saule. Les Inuits utilisaient des pagaies à une et à deux pales. En attachant le bas de son parka autour de l'ouverture de la cale, le chasseur assurait l'étanchéité de son embarcation, même lorsqu'elle chavirait.

René R. Gadacz

Kazan, rivière Longue de 732 km, la rivière Kazan prend sa source au lac Ennadai, dans le sud-est des Territoires du Nord-Ouest, près de la frontière de la Saskatchewan. Elle serpente en direction nord et traverse plusieurs lacs, drainant une grande partie de la toundra. Elle rejoint la rivière THELON sur la rive sud du lac Baker, près du hameau inuit de Baker Lake. Elle est très fréquentée par les canoéistes. Son nom vient d'un mot chipewyan désignant la perdrix blanche.

Daniel Francis

Kean, Abraham (Abram), surnommé «Killer Kean»; capitaine de bateau et conseiller législatif (Flowers Island, T.-N., 8 juill. 1855—St John's, 18 mai 1945). Archétype du capitaine de chasse au phoque, la légende et la mythologie populaire l'accusent d'être responsable de la perte de 77 hommes survenue en 1914, à Terre-Neuve, lors d'une chasse au phoque. William COAKER l'accuse aussi d'irresponsabilité pour avoir laissé les 132 hommes du bateau de son fils sur la glace, où plusieurs sont morts de froid, durant une violente tempête. Acquitté par une commission d'enquête, Kean conserve son extraordinaire réputation de «meilleur chasseur de phoque de tous les temps». En 1934, il dépasse son objectif personnel d'un million de phoques tués (avec 1 008 100). À cette occasion, il est fêté par la

Chambre de commerce, reçoit le Blue Ensign et est élu membre de l'Ordre de l'Empire britannique. Il écrit son autobiographie, *Old and Young Ahead* (1935).

Linda Whalen

Keefer, Samuel, ingénieur (Thorold, Haut-Canada, 20 janv. 1811—Brockville, Ont., 7 janv. 1890). Il est le premier ingénieur en chef du bureau des Travaux publics de la Province du Canada, en 1841, et construit deux ans plus tard le premier pont suspendu au Canada, lequel enjambe la rivière des Outaouais, à Chaudière Falls. Il démissionne de son poste de fonctionnaire en 1853 pour devenir ingénieur du GRAND TRUNK RAILWAY. Comme ingénieur superviseur pour Brockville and Ottawa Railway, il construit le premier tunnel ferroviaire au Canada à Brockville.

En 1857, Keefer revient à la fonction publique comme inspecteur des chemins de fer et commissaire adjoint aux travaux publics. Il sélectionne les plans des bâtiments du parlement d'Ottawa en 1859 puis dirige leur construction. Il se retire de nouveau de la fonction publique en 1864 et construit, cinq ans plus tard, le pont Clifton au-dessus de la rivière Niagara. La conception et la construction de ce pont lui valent la médaille d'or de l'Exposition de Paris en 1878.

Phyllis Rose

Keefer, Thomas Coltrin, ingénieur civil (Thorold, Haut-Canada, 4 nov. 1821—Ottawa, 7 janv. 1915). Keefer participe à un grand nombre d'importants travaux d'ingénierie et sa brochure *Philosophy of Railroads* (1849) sert couramment de référence. Il entame des levés pour un chemin de fer reliant Kingston (Ontario) et Toronto (1851). En plus d'être responsable du levé pour une ligne entre Montréal et Kingston, il choisit l'emplacement du pont Victoria au-dessus du Saint-Laurent à Montréal. Son essai *The Canals of Canada* (1850) l'amène à travailler en génie hydraulique (*voir* INGÉNIERIE).

Keefer devient ingénieur en chef de la commission des eaux de Montréal et, en 1859, il conçoit le système d'alimentation en eau d'Hamilton, en Ontario, ainsi que des ouvrages de purification de l'eau à Ottawa (1874). Le poste de pompage d'Hamilton pourvu de machines à cylindres accouplés Gartshore, dont il est l'auteur, est déclaré site historique national. Keefer est un des membres fondateurs et le premier président de la Société canadienne des ingénieurs civils (1887). En tant que doyen des ingénieurs canadiens, il est honoré à plusieurs reprises. Il reçoit, entre autres, le titre de président de l'American Society of Civil Engineers.

Phyllis Rose

Keegstra (1990), affaire Cet arrêt porte sur la liberté d'expression et la propagande haineuse. Monsieur Keegstra, professeur dans une école secondaire de l'Alberta, a fait des déclarations antisémites durant ses cours. Il est accusé d'avoir fomenté la haine contre les juifs. Le paragraphe 281.1(2) – maintenant le paragraphe 319(2) – du *Code criminel* prohibe la propagande haineuse autrement que dans des conversations privées. L'affaire aboutit à la Cour suprême du Canada. Cette cour est unanime à conclure que la propagande haineuse fait partie de la liberté d'expression protégée par l'alinéa 2*b*) de la *Charte canadienne des droits et libertés*. La propagande haineuse est une forme d'expression. La Cour déclare que le paragraphe 319(2) du *Code criminel* viole l'alinéa 2*b*) de la Charte parce qu'il prohibe la propagande haineuse. La Cour, toutefois, se partage quatre à trois sur la justification du paragraphe 319(2) du *Code criminel* sous l'article 1 de la Charte. Selon le juge en chef Dickson, qui rédige les motifs de la majorité, l'interdiction de la propagande haineuse constitue un objectif urgent, réel et très important. Cet objectif s'appuie sur des documents internationaux auxquels le Canada a adhéré et sur les articles 15 (égalité) et 27 (multiculturalisme) de la Charte. L'article est raisonnable. L'atteinte à la liberté d'expression est minimale. La juge McLachlin écrit les motifs des juges dissidents. Elle affirme: «Si la garantie de libre expression doit avoir un sens, elle doit protéger l'expression qui conteste même les conceptions fondamentales de notre société. Un engagement réel à l'égard de la liberté d'expression n'exige pas moins.»

Keen, George, vendeur et chef de coopérative (Stoke-on-Trent, Angl., 8 mai 1869—Brantford, Ont., 4 déc. 1953). Keen émigre au Canada en 1904. En 1906, il participe à la mise sur pied de la Société coopérative de Brantford, une coopérative de consommation. En 1909, il convoque la réunion qui constituera l'Union coopérative du Canada, l'organisation nationale des coopératives du Canada anglais, et il en est le secrétaire général de 1909 à 1945. Keen croyait que toutes les activités économiques devaient être dirigées par des coopératives et encourageait particulièrement la création de coopératives de consommation. Entre 1922 et 1939, il visite l'Ouest canadien tous les ans et se rend fréquemment dans les provinces de l'Atlantique, jouant ainsi un rôle important dans le développement du MOUVEMENT COOPÉRATIF dans ces régions. Il devient aussi une autorité dans le domaine de la réglementation du mouvement coopératif, qu'il défend souvent devant les gouvernements fédéral et provinciaux.

Ian MacPherson

Keenleyside, Hugh Llewellyn, universitaire, fonctionnaire et diplomate (Toronto, 7 juill. 1898—27 sept. 1992). Il entre au ministère des Affaires extérieures en septembre 1928 et est affecté sept mois plus tard à Tokyo (1929-1936), où il participe à l'ouverture de la première légation du Canada au Japon. Pendant la Seconde Guerre mondiale, il est secrétaire (1940), puis président de la section canadienne de la COMMISSION PERMANENTE MIXTE DE DÉFENSE CANADA–ÉTATS-UNIS (1944), ainsi que cofondateur (1939-1942) de l'Ottawa College, qui deviendra plus tard l'U. Carleton.

Pendant toute la guerre, Keenleyside s'oppose sans relâche à l'incarcération et au retrait des droits des Canadiens originaires du Japon. Il est le premier ambassadeur canadien au Mexique (1944-1947), mais il quitte ensuite le ministère, déçu de la vie diplomatique. Il retourne à la fonction publique et est nommé adjoint aux mines et aux ressources et commissaire des Territoires du Nord-Ouest (1947-1950), puis directeur général de l'Administration de l'assistance technique de l'ONU (1950-1958).

Président de la BC Power Commission (1959-1962) et de la BC Hydro and Power Authority (1962-1969), il s'engage à fond dans les négociations du TRAITÉ DU FLEUVE COLUMBIA. Il publie *Canada and the United States* (1929; éd. rév. 1952) et *Memoirs,* en deux impressionnants volumes (1981-1982). Il reçoit la médaille Pearson pour la paix de l'Association canadienne pour les Nations Unies (1982). Peu de temps avant sa mort, l'U. de la Colombie-Britannique donne son nom à une nouvelle fondation pour des études en diplomatie canadienne.

Kejimkujik, parc national Créé en 1968, il est un havre de tranquillité de 375 km², situé à 170 km au sud-ouest d'Halifax, au centre de la Nouvelle-Écosse. Le parc, sculpté par les glaciers, abrite des forêts sombres et des eaux noires où seuls se font entendre l'appel du huard et le clapotis des rames. Par le passé, la plus grande partie du parc a été abattue et brûlée, mais la forêt primitive a repris ses droits et, ici et là, on retrouve des peuplements d'anciennes pruches. La faune y est diversifiée, dans les marais, les tourbières et les lacs peu profonds vivent plus d'espèces de reptiles et de batraciens que partout ailleurs dans le Canada atlantique. On y trouve notamment la couleuvre mince et la tortue de Blanding. Les bois abritent des mammifères caractéristiques de l'est du Canada, dont l'OURS NOIR, le vison, le petit polatouche (écureuil volant) et le renard roux.

Les MICMACS, premiers habitants de la région, ont laissé des centaines de pétroglyphes (*voir* PICTOGRAMMES ET PÉTROGLYPHES) évoquant légendes et événements. Les voies navigables reliant l'océan Atlantique et la baie de Fundy constituent d'abord un itinéraire important pour les Micmacs et les Français, qui se déplacent en canot. Dès les années 1760, des immigrants écossais et irlandais s'installent dans la région, et, vers la fin des années 1800, de riches familles de Boston viennent y passer l'été. De nos jours, le parc est un paradis pour les canoteurs. Le nom de Kejimkujik vient d'un mot micmac faisant référence à l'effort requis pour traverser le lac à la rame.

Lillian Stewart

Kelesi, Helen Mersi, joueuse de tennis (Victoria, 15 nov. 1969). Dès l'âge de 12 ans, elle est la meilleure joueuse de catégorie junior (moins de 18 ans) de l'ouest du Canada. À 13 ans, elle remporte les Nationaux juniors canadiens et l'Omnium international junior de Taipei. Elle obtient son meilleur classement mondial en 1985 (troisième), après avoir atteint les demi-finales des Internationaux français juniors et du Wimbledon junior. Forte d'un tel palmarès, elle passe chez les professionnelles où elle est d'abord classée quatre-vingtième au monde. À l'âge de 16 ans, en 1986, elle compte déjà des victoires sur Helena Sukova (classée septième) et sur Hana Mandlikova (classée troisième), passe au vingt-cinquième rang, et remporte son premier tournoi professionnel, l'Omnium du Japon. En 1987, elle gagne son premier championnat canadien chez les femmes. Elle est au vingtième rang mondial en 1989, mais ne progresse plus depuis.

John J. Jackson

Kellett, sir Henry, officier naval, explorateur arctique (Clonabody, Irl., 2 nov. 1806—*id.*, 1ᵉʳ mars 1875). Kellett joint la marine britannique en 1822 et sert dans les Antilles et sur des navires hydrographiques en Afrique, en Extrême-Orient et en Amérique centrale. De 1846 à 1850, il commande le *Resolute* et l'*Intrepid*, qui font partie de l'expédition menée par sir Edward BELCHER à la recherche de sir John Franklin (*voir* FRANKLIN, LA RECHERCHE DE) en Arctique de l'Est. À l'hiver 1853, ses navires sont pris dans les glaces du détroit de Barrow, et il obéit en avril 1854, contre son gré, à l'ordre de les abandonner. Il passe plus tard en cour martiale pour répondre de son geste et est rapidement acquitté. Privé de la reconnaissance et d'une part de la récompense pour son rôle dans la découverte du PASSAGE DU NORD-OUEST, il servira par la suite dans les Antilles et en Chine.

W.R. Morrison

Kelly, Leonard, dit «Red», joueur de hockey (Simcoe, Ont., 9 juill. 1927). Dans les années 40, il est un joueur vedette au sein des puissantes équipes juniors du St. Michael College et un des meilleurs défenseurs de la Ligue nationale de hockey (LNH). Il remporte le premier TROPHÉE JAMES NORRIS alors qu'il joue à Détroit. En 1960, il est échangé aux MAPLE LEAFS DE TORONTO, où il est un joueur de centre clé lors des quatre victoires de l'équipe à la COUPE STANLEY. Il devient l'entraîneur des équipes de Los Angeles, de Pittsburgh et de Toronto. Excellent patineur et fin stratège, il marque 281 buts et fait 542 passes en saison régulière et, en séries éliminatoires, il marque 33 buts et cumule 59 passes. Il remporte le TROPHÉE LADY-BYNG à quatre reprises. Il exerce deux mandats en tant que député du Parti libéral.

James Marsh

Kelly, Peter Reginald, pasteur de l'Église méthodiste et de l'Église unie du Canada, leader et militant autochtone (Skidegate, C.-B., 21 avril 1885—Nanaïmo, C.-B., 2 mars 1966). Membre de la noblesse haïda, Kelly étudie au Coqualeetza Institute et au Columbia College, deux établissements méthodistes. Il enseigne pendant cinq ans à Skidegate, puis devient pasteur laïc. En 1911, il a déjà commencé à

se distinguer dans le cadre de la question des REVENDICATIONS TERRITORIALES de la Colombie-Britannique. En 1927, en tant que président des Allied Tribes of British Columbia, il témoigne au sujet des griefs autochtones devant un comité parlementaire spécial. Membre important de la Native Brotherhood of British Columbia dans les années 30, il joue un rôle clé dans les consultations de la fin des années 40, qui aboutissent à une révision de la *Loi sur les Indiens.* Également membre du clergé, il a des charges pastorales à plusieurs endroits et sert en tant que capitaine des navires de mission *Thomas Crosby III* et *Thomas Crosby IV.*

E.P. Patterson

Kelowna, ville de la C.-B.; pop. 89 442 (rec. 1996), 75 953 (rec. 1991), 61 213 (rec. 1986); superf. 212,57 km²; const. en 1905; située au centre-sud de la Colombie-Britannique, sur la rive est du lac Okanagan. En 1811, le marchand de fourrures écossais David Stuart est le premier à visiter la région. En 1859, des missionnaires oblats construisent une mission sur l'emplacement actuel et y plantent les premiers arbres fruitiers trois ans plus tard. En 1892, on définit l'emplacement de la ville et on lui donne le nom de Kelowna, mot autochtone signifiant «ours grizzli». L'année de sa constitution, la population s'élève à 600 habitants; peu de temps après, on y trouve 11 scieries, trois usines d'emballage de fruits et deux conserveries. La localité n'est cependant pas desservie par la voie ferrée principale avant 1925. La population augmente à 5100 habitants en 1941 et atteint 13 000 habitants en 1961.

Kelowna est le principal centre de mise en marché et de distribution de la partie centrale de la VALLÉE DE L'OKANAGAN. On trouve sur son territoire étendu des vergers et des vignobles, ainsi que plusieurs conserveries et la plus importante fabrique de vin de la Colombie-Britannique, établie en 1932. En 1958, on construit sur le lac un pont dont une importante section est constituée de pontons. Une route relie la ville à Calgary et à Vancouver, et l'aéroport est le troisième plus achalandé de la Colombie-Britannique. On trouve à Kelowna une compagnie théâtrale, la Sunshine Theatre Co., un orchestre symphonique, un musée et une galerie d'art. L'Okanagan College, fondé en 1963, offre des cours aux adultes et un programme préparatoire à l'université qui est d'une durée de deux ans. Avec la plus grande plage sur le lac Okanagan, son climat ensoleillé et son joli port desservant des milliers de propriétaires de bateaux, la ville est un centre touristique populaire. La plus importante attraction estivale est la Kelowna Regatta qui a lieu depuis 1906.

James Marsh

Kelsey, Henry, explorateur (East Greenwich?, Angl., 1667?—*id.*, inhumé le 2 nov. 1724). En mars 1684, il entre comme apprenti à la COMPAGNIE DE LA BAIE D'HUDSON (CBH), où il travaille durant près de 40 années, toutes passées à la baie d'Hudson, sauf trois. Il est surtout connu pour son expédition dans les plaines canadiennes de 1690 à 1692. On ignore son itinéraire exact, mais il quitte York Factory en juin 1690 et, avec ses guides autochtones, il remonte les rivières Hayes et Saskatchewan, puis passe l'hiver près de Le Pas, au Manitoba, avant de traverser les Prairies à pied, se rendant peut-être aussi loin que la rivière Red Deer.

Cette expédition marque la première fois qu'un homme blanc pénètre dans la région de la Saskatchewan actuelle. Le journal de voyage de Kelsey, qui commence par d'étranges vers rimés, décrit des bisons, des grizzlis et un groupe d'autochtones, peut-être des Sioux ou des Gros-Ventres. L'emprise de la Compagnie sur la baie ne tient qu'à un fil, et Kelsey négocie deux fois la capitulation d'York aux mains de Pierre Le Moyne d'IBERVILLE (1694 et 1697). En reconnaissance de ses bons et loyaux services, il est nommé agent principal à Albany (1705), puis gouverneur de tous les postes de traite de la baie (1717). Les cahiers de Kelsey, réunis en un seul volume à couverture souple daté de 1693, ont été découverts par les historiens seulement en 1926 et demeurent entourés de mystère.

James Marsh

Kelso, John Joseph, réformateur social (Dundalk, Irl., 31 mars 1864—Toronto, 30 sept. 1935). Journaliste pour le *World* et le *Globe,* Kelso fonde la Toronto Humane Society en 1887, qui a pour mission de prévenir la cruauté envers les enfants et les animaux; le Fresh Air Fund et le Santa Claus Fund en 1888, afin d'offrir des excursions et de l'agrément aux femmes et aux enfants pauvres; et la Société d'aide à l'enfance en 1891. En 1893, il devient le premier surintendant responsable des enfants à charge et des enfants privés de soins pour l'Ontario. Jusqu'à sa retraite, en 1934, il préside à la mise sur pied de sociétés d'aide à l'enfance partout en Ontario, en plus de jouer un rôle clé dans leur acceptation par d'autres provinces. Il prône également la création de tribunaux juvéniles spéciaux, la distribution d'allocations aux mères et la légalisation de l'adoption, s'employant à la fermeture de maisons de correction et à l'ouverture de terrains de jeux. Si les réformes de Kelso ne sont pas novatrices, elles contribuent tout de même à diffuser et à promouvoir des méthodes et des idées venues d'ailleurs. Après 1895, on le considère comme le plus éminent spécialiste canadien de l'aide à l'enfance et on lui donne le titre d'«ami des enfants».

Rosemary Shipton

Kempt, sir James, militaire et administrateur colonial (Édimbourg, Écosse, 1764—Londres, Angl., 20 déc. 1854). Dans l'armée britannique, il est successivement lieutenant (1784), capitaine (1794) et major (1803). Pendant les guerres napoléoniennes, il sert sur la Méditerranée et fait aussi campagne pendant la guerre d'Espagne et lors de la bataille de Waterloo. Il est promu lieutenant-colonel et exerce les charges de quartier-maître général de l'Amérique du Nord britannique (1807-1811), de lieutenant-gouverneur de la Nouvelle-Écosse (1820-1828) et d'administrateur du gouvernement du Canada (1828-1830). Bien que ce dernier poste soit considéré comme la direction d'un simple gouvernement de transition, le court mandat de Kempt au Canada apaise temporairement les tensions qui s'étaient manifestées entre le gouverneur DALHOUSIE et le Parti patriote dirigé par Louis-Joseph PAPINEAU.

David Evans

Kendergi, Maryvonne, professeure émérite, musicographe, pianiste, animatrice, d'origine arménienne, (Aïntab, aujourd'hui Gaziantep, Turquie, 15 août 1915). Diplômée (1941) de l'École normale de musique de Paris, où elle étudie le piano avec Alfred Cortot et Nadia Boulanger, elle obtient une licence en littérature de la Sorbonne (1942) et un diplôme supérieur en histoire de l'art à l'Institut d'art et d'archéologie (1944). À partir de 1945, elle dirige les activités culturelles et musicales de la Cité universitaire de Paris.

À son arrivée au Canada en 1952, elle occupe le poste d'animatrice radiophonique à Gravelbourg (Sask.). En 1956, elle s'installe à Montréal et devient commentatrice d'émissions musicales et culturelles à la Société Radio-Canada. Animatrice de «Festivals européens» (1957-1963) et invitée régulière de l'émission «Carnet arts et lettres» (1968-1977), elle présente plus de 200 entrevues avec les grandes personnalités de la musique actuelle. Parmi les nombreux postes d'administration qu'elle a occupés, mentionnons: membre fondatrice (1966) et présidente de la SOCIÉTÉ DE MUSIQUE CONTEMPORAINE DU QUÉBEC (1973-1982), présidente du Conseil canadien de la musique et vice-présidente du CONSEIL DES ARTS DU CANADA (1977-1980), présidente de l'Association pour l'avancement de la recherche en musique du Québec (1980-1983). Professeure à la faculté de musique de l'U. de Montréal (1966-1981), elle fonde les cours d'histoire de la musique canadienne et organise les «Musialogues» afin de faire connaître les musiciens canadiens et de

nombreux invités étrangers de passage au Québec. Nommée Membre de l'Ordre du Canada (1980), Chevalier de l'Ordre national du Québec et Chevalier de l'Ordre des arts et des lettres de la République française (1985), elle reçoit la Médaille du Conseil canadien de la musique (1981), le prix de musique Calixa-Lavallée (1985) et la Médaille de l'Académie des lettres du Québec (1994). Elle est élue à l'Académie des grands montréalais (1988) et à la Société royale du Canada (1990). En 1997, on lui décerne le prix Ramon Hnatyshyn pour le bénévolat dans les arts de la scène en reconnaissance d'une vie consacrée à la découverte du talent des autres et à l'encouragement des musiciens et des compositeurs canadiens.

Kennedy, sir John, ingénieur civil, administrateur portuaire (Spencerville, 26 sept. 1838—Montréal, 25 oct. 1921). Après ses études à McGill, il travaille d'abord sous la direction de Thomas KEEFER au chenal maritime du Saint-Laurent en aval de Montréal. Intéressé par le début des constructions ferroviaires, il part pour l'Ontario et est nommé ingénieur en chef divisionnaire d'une direction de la GREAT WESTERN RAILWAY.

En 1875, il revient à Montréal à titre d'ingénieur en chef à la Commission du Port de Montréal. Pendant 44 ans, il dirige les travaux d'expansion du port, pour lui donner un statut international. Devenu aveugle en 1907, il continue malgré tout à diriger comme ingénieur-conseil les travaux de GÉNIE au port. Homme aux intérêts très vastes, il préside la réunion de fondation du Bureau de normalisation du Canada.

R.F. Legget

Kennedy, Theodore Samuel, dit Ted, joueur de hockey (Humberstone, Ont., 12 déc. 1925). Après avoir joué dans la ligue senior à Port Colborne, il devient membre des MAPLE LEAFS DE TORONTO en 1942. Travailleur acharné et persistant, il incarne le joueur typique des Maple Leafs, robuste et capable de solides mises en échec, à l'image des équipes bâties par Conn SMYTHE. Il n'est pas un patineur très habile, mais réalise des jeux astucieux, compte 231 buts et accumule 560 points en 696 parties. Il remporte le TROPHÉE HART (joueur le plus utile) lors de sa dernière saison complète (1955). Par la suite, il exploite un centre d'entraînement de chevaux de course à St. Marys en Ontario. En 1966, il est intronisé au Temple de la renommée du hockey.

James Marsh

Kennedy, Thomas Laird, agriculteur, politicien et premier ministre de l'Ontario (Dixie [Mississauga], Ont., 15 août 1878—*id.,* 13 févr. 1959). Officier de l'armée pendant la Première Guerre mondiale, puis brigadier de la milice, il est député conservateur à l'Assemblée législative de l'Ontario de 1919 à 1934 et de 1937 à 1958. Il assume aussi les fonctions de ministre de l'Agriculture de 1930 à 1934, puis de 1943 à 1953. Aimable et d'une nature simple, il est très apprécié et respecté des agriculteurs. On le désigne temporairement au poste de premier ministre (1948-1949) en reconnaissance de ses longues années de service dans la vie publique.

Roger Graham

Kennedy, William Paul McClure, historien, juriste et professeur (Shankill, Irlande, 8 janv. 1879—Toronto, 12 août 1963). Il étudie à Paris, à Vienne, à Berlin et au Trinity College de Dublin, où il se spécialise en histoire moderne, en jurisprudence et en droit constitutionnel. Il arrive au Canada en 1913 et enseigne l'anglais à St. Francis Xavier. En 1915, il est engagé par l'U. de Toronto en qualité de chargé de cours en anglais et en histoire. En 1922, il est chargé d'enseignement invité au département d'économie politique, se spécialisant dans les institutions fédérales, avant d'accéder, en 1926, au poste de professeur de droit et d'institutions politiques. Il contribue grandement à la création d'un département de droit en 1930, dont il est le premier directeur.

Auteur prolifique, Kennedy fonde et dirige le *U of T Law Journal.* Par des ouvrages comme *The Constitution of Canada* (1922), il influence toute une génération d'étudiants avec sa vision du nationalisme empruntée à l'historien britannique Acton. Il est conseiller de plusieurs commissions gouvernementales, dont la COMMISSION ROYALE D'ENQUÊTE SUR LES RELATIONS FÉDÉRALES-PROVINCIALES (1937). Kennedy est davantage respecté qu'aimé et ses collègues le trouvent «d'humeur changeante» et «quelque peu capricieux».

M. Brook Taylor

Keno City, au Yukon, se trouve à 122 km au nord-ouest de la route du Klondike et à 466 km par route au nord de Whitehorse. En 1919, Louis Beauvette jalonne la concession minière de Roulette (argent et plomb) au sommet de la colline Keno, dans le district de Mayo. Keno Hill Ltd., une filiale de la Yukon Gold Co., achète la concession de Beauvette ainsi que cinq autres concessions, et commence l'exploitation minière en 1920. La compagnie construit un poste d'approvisionnement et de rechargement au pied de la colline.

Appelé Keno City, le campement fait de tentes éparpillées devient une agglomération comprenant des cabanes, des écuries, un hôtel, un bureau d'analyse du minerai, une école et un magasin d'alcools. Dans les années 30, la chute des prix de l'argent et l'épuisement des principaux gisements de la colline Keno réduisent l'activité minière, et les gens partent chercher du travail ailleurs. L'école ferme en 1931 et le magasin d'alcools, en 1933. Peu après, l'endroit est pratiquement abandonné et devient un lieu historique. Le nom de Keno a été donné à un populaire jeu de hasard qui se joue dans les localités minières de l'Ouest.

H. Guest

Kenojuak Ashevak, artiste (camp d'Ikirisaq, sud de l'île de Baffin, T.N.-O., 3 oct. 1927). Sa célèbre gravure *The Enchanted Owl* (Le hibou enchanté) en fait sans doute la plus connue des artistes inuits. Première femme à participer à l'atelier de GRAVURE nouvellement aménagé à Cape Dorset, Kenojuak commence à dessiner à la fin des années 50. Depuis lors, près de 200 gravures ont été produites à partir de ses œuvres. Ses dessins, surtout ceux représentant des oiseaux, révèlent un sens solide de la composition, des couleurs, de la conception et du coup de crayon. Surtout connue comme artiste visuelle, elle fait aussi de la sculpture et a réalisé (avec son défunt mari Johnniebo) des sculptures et une murale pour l'Exposition universelle d'Osaka (Japon) de 1970.

Gagnante de nombreux prix et nommée Compagnon de l'Ordre du Canada en 1982, elle participe à plusieurs expositions et voyage dans le sud du Canada et en Europe. En 1962, l'Office national du film lui consacre un documentaire. Un livre à tirage limité lui est aussi consacré en 1981. Elle devient Membre de l'Académie royale des arts du Canada en 1974. En 1986, la galerie consacrée à la COLLECTION MCMICHAEL D'ART CANADIEN (à Kleinburg, en Ontario) présente une rétrospective de ses œuvres réalisées sur une période de 30 ans. (*Voir aussi* ART INUIT; GRAVURE INUITE.)

Jean Blodgett

Kenora, ville de l'Ont.; pop. 10 063 (rec. 1996), 9782 (rec. 1991), 9621 (rec. 1986); superf. 15,33 km². Située sur le bord du LAC DES BOIS, à 50 km à l'est de la frontière du Manitoba, la ville est le chef-lieu du district de Kenora (environ 441 000 km²). En 1732, les LA VÉRENDRYE construisent le fort Saint-Charles sur le bras nord-ouest du lac. Constituée par le Manitoba en 1882 sous le nom de Rat Portage lors d'un conflit frontalier avec l'Ontario et ensuite par l'Ontario en 1892, la ville est renommée Kenora en 1905. Le nom est dérivé de Keewatin, Norman et Rat Portage, les communautés interdépendantes regroupées autour du lieu où le lac se déverse dans la rivière Winnipeg.

Économie Kenora doit sa croissance à son site pittoresque sur une importante voie d'eau internationale. Axée depuis la préhistoire sur le caribou, le poisson et le RIZ SAUVAGE, elle continue de l'être à l'époque de la TRAITE DES FOURRURES. En 1836, la Compagnie de la baie d'Hudson établit un comptoir dans les limites actuelles de la ville.

La construction du chemin de fer du Canadien Pacifique (CP), qui débute en 1879, favorise l'exploitation forestière, le transport par bateaux à vapeur, l'exploitation de mines d'or, la pêche, le développement du réseau hydroélectrique et l'exploitation de minoteries. Les hydravions et la ROUTE TRANSCANADIENNE (1953) y amènent un grand nombre de visiteurs l'été. L'économie de Kenora repose sur une usine de pâtes et papiers, le tourisme, le CP et la fonction publique. La proximité des réserves autochtones explique la présence d'une nombreuse population OJIBWÉE. Le Manitoba et les États-Unis, voisins de Kenora, y exercent une forte influence sociale, économique et politique.

Elinor Barr

Kenosewun Visitor Centre and Museum Administré par le gouvernement provincial, il est situé à 21 km au nord de Winnipeg. Le site archéologique illustre l'évolution des cultures autochtones de la région de la rivière Rouge. Il met surtout l'accent sur l'importance des vestiges mis au jour par les fouilles archéologiques effectuées aux rapides St. Andrew. Ces vestiges nous font entre autres découvrir la culture matérielle des autochtones et leur utilisation du sol.

Le mot Kenosewun signifie «lieu où il y a beaucoup de poissons», mais le poisson n'était qu'un des éléments du mode de vie complexe des anciens habitants de l'endroit. On y chassait aussi le bison et d'autre gibier et, à partir de 1400, on y cultivait le maïs. C'est le site préeuropéen horticole le plus au nord de toute l'Amérique du Nord qu'on ait découvert jusqu'ici. Le musée et le site sont ouverts au public de la mi-mai au début septembre.

Deborah Welch et M. Payne

Kent, municipalité de district de la C.-B.; pop. 4844 (rec. 1996), 4322 (rec. 1991), 3741 (rec. 1986); superf. 159,94 km²; const. en 1895; située dans le nord des BASSES TERRES DU FLEUVE FRASER dans le sud-ouest de la Colombie-Britannique, à 117 km à l'est de VANCOUVER. Limitée par le fleuve Fraser au sud et par la rivière Harrison à l'ouest, la municipalité de district de Kent doit son nom au comté de Kent en Angleterre. On pratique l'agriculture dans les basses terres fertiles du district dès le début du XIXᵉ siècle. La rivière Harrison et le lac Harrison jouent un rôle important durant la RUÉE VERS L'OR DU FLEUVE FRASER en 1858 comme route vers l'intérieur de la province.

L'arrivée massive de colons ne se fait que lors de la construction du chemin de fer du CP dans les années 1880; la croissance est stimulée par la construction routière dans les années 30, 50 et 60. La municipalité de district comprend les zones habitées de Harrison Mills et de Agassiz, sont concentrés la population et les commerces. Le village de Harrison Hot Springs (pop. 655; rec. 1991), fameux centre de villégiature et de congrès, se trouve au nord sur la rive sud-est du lac Harrison. Le gouvernement fédéral a construit une ferme expérimentale à Agassiz en 1886, et aujourd'hui Kent est une région principalement agricole, se consacrant notamment à la production laitière et à l'agriculture mixte. De plus, il y a deux prisons fédérales à Kent.

John Stewart

Kent, John, marchand, politicien et premier ministre de Terre-Neuve (Waterford, Irl., 1805—Saint John's, 1ᵉʳ sept. 1872). D'abord élu à l'Assemblée législative en 1832, Kent se fait le défenseur des droits des catholiques et est à l'origine des troubles confessionnels qui ont donné lieu à des changements constitutionnels entre 1842 et 1848. Par la suite, le mouvement réformiste stagne, plus particulièrement lorsque Kent est receveur de douanes de 1849 à 1852. Cependant, alors que Philip LITTLE, un dirigeant à l'esprit plus réformiste et au tempérament plus mesuré, conduit la province à l'autonomie gouvernementale en 1855, Kent est nommé secrétaire colonial et il prend la relève de Little comme premier ministre en 1858.

Facilement réélu en 1859, Kent est forcé de déclencher des élections en 1861 à la suite de la dissolution de son gouvernement par le gouverneur. Sa campagne, qui se veut une lutte partisane entre confessions, entraîne des émeutes meurtrières et conduit les protestants conservateurs à une victoire serrée. Il abandonne rapidement la direction du Parti libéral et se joint à un gouvernement de coalition favorable à la fusion confessionnelle et à la Confédération. Le poste de receveur général, qu'il occupera de 1865 à 1869, mettra un terme à son illustre carrière politique.

John Green

Kent, Thomas Worrall, journaliste et fonctionnaire (Stafford, Angl., 3 avril 1922). Diplômé d'Oxford, Kent travaille au *Manchester Guardian* et à l'*Economist* avant de venir au Canada, où il devient rédacteur en chef du *Winnipeg Free Press* (1954-1959). De 1963 à 1966, il est le principal conseiller en politique du premier ministre PEARSON, puis sous-ministre de la Main-d'œuvre et de l'Immigration ainsi que de l'Expansion économique régionale. Il dirige les compagnies Devco (1971-1977) et Sydney Steel (1977-1979) en Nouvelle-Écosse, préside une commission royale sur la presse (1980-1981) et devient doyen de l'U. Dalhousie (1980-1983). À sa retraite, Kent devient professeur associé d'administration publique à l'U. Dalhousie en 1983. Il est aussi professeur agrégé en résidence à l'Institut de recherches en politiques publiques de 1985 à 1991. Il a écrit plusieurs livres ayant trait à la politique et à l'économie et devient officier de l'Ordre du Canada en 1979.

Robert Bothwell

Kentville, ville de la N.-É.; pop. 5551 (rec. 1996), 5506 (rec. 1991), 5208 (rec. 1986); superf. 17,12 km²; const. en 1886. Située en bordure de la rivière Cornwallis, à 110 km au nord-ouest d'Halifax, la localité est fondée dans les années 1760 par des colons de la Nouvelle-Angleterre sur des terres à l'extrémité ouest de Horton, l'un des 13 cantons créés par le gouvernement de la Nouvelle-Écosse après l'expulsion des Acadiens. Connue par les MICMACS sous le nom de Penook («passage à gué») et par les colons originaires de la Nouvelle-Angleterre sous le nom de Horton Corner, elle constitue, en raison de son emplacement dans un coude de la rivière Cornwallis, un passage naturel entre les cantons de Horton et de Cornwallis. À la fin du XVIIIᵉ siècle, elle devient le chef-lieu du comté de Kings et, étant au point de jonction de sept routes, devient aussi un centre de commerce desservant les villages et hameaux agricoles des BASSES-TERRES D'ANNAPOLIS.

Nommée Kentville en 1826, en l'honneur du prince Edward, duc de Kent, la communauté connaît la prospérité lorsque, en 1868, la compagnie de chemin de fer Windsor-Annapolis (plus tard la Dominion Atlantic) y établit son siège social et commence à acheminer les pommes de la vallée d'Annapolis vers les marchés britanniques. Par la suite, le gouvernement y aménage le centre d'instruction de la milice Aldershot en 1904 et, en 1910, la Station de recherche agricole de Kentville, qui s'étend sur 183 ha. La station a été rénovée depuis et est devenue l'un des centres de recherche les plus modernes et les plus perfectionnés du Canada. Même si le marché britannique des fruits s'est effondré pendant la Première Guerre mondiale et que le transport des marchandises par camion a supplanté le transport ferroviaire, Kentville a survécu et demeure le centre gouvernemental, médical et financier de la région.

Debra McNabb

Kenyon, Walter Andrew, archéologue et conservateur de musée (près de Brantford, Ont., 21 févr. 1917—Toronto, 10 sept. 1986). Kenyon se joint au MUSÉE ROYAL DE L'ONTARIO en 1956 à titre de conservateur adjoint de la section d'ethnologie. Il sera par la suite le premier Canadien à obtenir un doctorat en ARCHÉOLOGIE (U. de Toronto, 1967). En 1977, il est nommé conservateur du Department of New World Archaeology, poste qu'il occupe jusqu'à sa retraite en 1982. Spécialiste de l'archéologie de l'Ontario, ses travaux permettent une meilleure connaissance de la colonisation européenne et de l'évolution historique des peuples HURON et NEUTRE.

Parmi ses nombreuses publications figurent *The Miller Site* (1968), *The Grimsby Site* (1982), *Mounds of Sacred Earth: Burial Mounds of Ontario* (1986) et *The History of James Bay* (1986). (*Voir aussi* ARTICLES DE TROC AVEC LES INDIENS.)

René R. Gadacz

Kerr, Illingworth Holey, surnommé Buck, peintre, illustrateur et écrivain (Lumsden, Sask., 20 août 1905—Calgary, 6 janv. 1989). Kerr fréquente la Central Technical School, à Toronto, et le Collège des beaux-arts de l'Ontario. En 1936, il étudie à la Westminster School of Art, à Londres, puis, de retour au Canada, il enseigne à la Vancouver School of Art (1945-1947). Il devient directeur du Département d'art du Provincial Institute of Technology, à Calgary, en 1947. Le style de ses premiers paysages laisse paraître l'influence de Lawren HARRIS par ses longues touches de pinceau circulaires et le soin qu'il apporte au dessin. Il applique la peinture en couches épaisses, ce qui donne du relief à ses œuvres qui, autrement, seraient monotones et spatiales. Dans ses tableaux suivants, Kerr utilise une touche discontinue qui crée une tension visuelle afin de pallier à cette bidimentionnalité. Nommé Membre de l'Ordre du Canada en 1983, il fait l'objet d'une rétrospective, *Harvest of the Spirit,* présentée dans neuf grands musées en 1985.

Ses œuvres sont exposées à la Edmonton Art Gallery, au GLENBOW MUSEUM, à Calgary, dans le cadre de la Lethbridge University Collection et à la Mendel Gallery, à Saskatoon.

Kathleen Laverty

Kerr, Richard, cinéaste et professeur (St. Catharines, Ont., 3 févr. 1952). Kerr est le plus audacieux d'un groupe de cinéastes diplômés du Sheridan College (Oakville, Ontario) dans les années 70. Ce groupe, appelé parfois *escarpment school,* compte entre autres Phil Hoffmann et Gary Popovich. Kerr quitte l'école secondaire sans avoir terminé ses études et fait carrière dans le hockey jusqu'à ce que son intérêt pour la photographie (intérêt partagé avec d'autres cinéastes expérimentaux canadiens comme Michael SNOW, Joyce WIELAND et Jack CHAMBERS) le pousse à étudier le cinéma.

Les films de Kerr témoignent de la profonde influence exercée par la photographie sur sa conception du cinéma. Ils mettent en image les réalités locales et étudient le paysage américain tel que le représentent des photographes américains comme Walker Evans, Larry Clark et Robert Frank. Ses films explorent en même temps la culture américaine et abordent parfois des thèmes *beat* pour lesquels Kerr manifeste un enthousiasme partagé par d'autres membres de l'*escarpment school.* La nature est au cœur de nombreuses œuvres de Kerr. Il aborde ce thème sous de nombreux angles et oppose, dans son œuvre, la nature vierge et la nature corrompue par la civilisation.

En 1992, Kerr commence *The Willing Voyeur,* un long métrage de fiction très différent de ses autres œuvres à bien des égards, qui ne sortira qu'en 1996. Les critiques sont mitigées. Les chroniques réalisées par Kerr sur support vidéo sont plus intéressantes. Il s'agit de variations à partir d'un objet ou d'un événement simple, emprunté à la vie de tous les jours, auquel il fait subir transformation après transformation afin de mettre au jour ses qualités intrinsèques. Kerr pratique aussi ce qu'il appelle le «canevas de film». Cela consiste à prendre des morceaux de pellicule, à les assembler et à les monter sur un négatoscope.

Dès le début des années 80, alors qu'il travaille au Canadian Filmmakers' Distribution Centre, il s'intéresse aux problèmes posés par la présentation de films expérimentaux. Il organise des programmes pour la Kitchener-Waterloo Art Gallery en 1983, en 1984 et en 1986; la Mackenzie Gallery, à Regina, en 1991; et le Musée des beaux-arts de l'Ontario en 1992. En 1988, il organise une fin de semaine de conférences et de projections d'œuvres réalisées par le génie du cinéma d'avant-garde, Stan Brakhage, et le cinéaste expérimental canadien, R. Bruce ELDER. Son intérêt pour l'accueil que réserve le public à l'art le pousse à accepter l'invitation du gouvernement de la Saskatchewan à participer au groupe de travail Arts Strategy Task Force (1989-1990), un comité dont le mandat consiste à examiner la politique de la province en matière d'art et de financement des arts. En 1993, la Mackenzie Art Gallery organise une rétrospective des films de Kerr.

Les étudiants de Richard Kerr à l'U. de Regina participent à la Saskatchewan Film Pool Co-operative, un organisme cinématographique situé à Regina qui met de l'équipement cinématographique à la disposition de jeunes cinéastes.

R. Bruce Elder

Kerr, Robert, athlète de piste et pelouse et entraîneur (Enniskillen, Irl., 1882—Hamilton, Ont., 12 mai 1963). Malgré l'engouement de l'époque pour le marathon, Kerr tire parti de la rapidité qu'exige son métier de pompier à Hamilton et gagne les courses de 100, de 440 et de 880 verges aux Jeux du Couronnement de 1902. Faute de moyens financiers, il ne peut participer aux Jeux olympiques non officiels d'Athènes en 1906, mais il remporte l'or au 220 verges et le bronze au 100 verges lors des Jeux olympiques de Londres, en 1908. Détenteur du record sur 50 verges et admis dans l'équipe olympique en vue des Jeux de Stockholm de 1912, il préfère se retirer. Il est capitaine de l'équipe olympique de 1928 et il dirige celle de 1932.

Ted Barris

Kerwin, John Larkin, physicien, directeur de recherches (Québec, 22 juin 1924). Kerwin se joint au département de physique de l'U. Laval en 1946, après des études à St. Francis Xavier, à l'U. de Toronto et au Massachusetts Institute of Technology. Lui-même diplômé d'un doctorat en sciences de l'U. Laval, il y devient recteur en 1972. Il est l'un des premiers Canadiens français à se spécialiser en physique atomique, le premier laïc à devenir recteur de l'U. Laval et le premier Canadien français nommé président du CONSEIL NATIONAL DE RECHERCHES (CNRC), de 1980 à 1989.

Au CNRC, il élabore un plan quinquennal d'expansion centré sur la recherche industrielle et jette les bases d'une relation plus étroite entre le CNRC et le Cabinet. En décembre 1987, il reçoit le Prix pour services insignes, la plus haute récompense attribuée aux fonctionnaires fédéraux. Kerwin devient Officier de l'Ordre du Canada en 1978 et est promu Compagnon en 1981. La France lui décerne la Légion d'honneur en 1989.

Donald J.C. Phillipson

Ketchum, Jesse, homme d'affaires et politicien (Spencertown, N.Y., 31 mars 1782—Buffalo, N.Y., 7 sept. 1867). Ketchum déménage au Haut-Canada quand il est enfant et devient un important marchand et propriétaire foncier à York (Toronto). Ce célèbre philanthrope, lui-même peu scolarisé, laisse surtout le souvenir d'un homme qui a travaillé avec dévouement à la création d'écoles publiques. Il fait généreusement don de son temps et de son argent pour la mise sur pied de sociétés de secours et de bienfaisance, ainsi que la construction d'églises, d'écoles du dimanche,

de sociétés bibliques et du York Mechanics' Institute.

En politique, Ketchum s'oppose au FAMILY COMPACT et aide à organiser de nombreux comités et groupes réformistes. Il est membre de la Chambre d'assemblée de 1828 à 1834. Il ne participe pas aux RÉBELLIONS DE 1837, mais, à la suite de leur échec, il déménage son entreprise à Buffalo. Il y devient très vite un marchand et un philanthrope aussi si en vue qu'il l'était à York.

Victor Russell

Keys, David Arnold, physicien (Toronto, 4 nov. 1890—Ottawa, 28 oct. 1977). Il est un professeur titulaire très estimé à l'U. McGill de 1922 à 1947 et ensuite le «maire de Chalk River», comme on l'appelle alors qu'il est directeur administratif du projet atomique canadien. Après des recherches sur la défense anti-sous-marine avec J.C. MCLENNAN, au cours de la Première Guerre mondiale, Keys obtient un Ph.D. à Harvard et un autre à Cambridge, puis se joint au département de physique de l'U. McGill en 1922, où il devient titulaire de la chaire Macdonald de physique en 1941. Son domaine particulier est la géophysique, domaine dans lequel il écrit l'un des tout premiers manuels en 1929.

Durant la Seconde Guerre mondiale, il est directeur des recherches au bureau du personnel technique et organise des classes spéciales à McGill, qui forment 2000 techniciens radar pour l'Aviation royale canadienne (ARC). Le CONSEIL NATIONAL DE RECHERCHES le nomme, en 1947, vice-président responsable des Laboratoires nucléaires de Chalk River. Keys prend sa retraite en 1961 après avoir été agent de liaison à Londres pour ÉNERGIE ATOMIQUE DU CANADA LTÉE.

Donald J.C. Phillipson

Khorana, Har Gobind, scientifique (Raipur, Inde, 9 janv. 1922). De famille pauvre et de mère analphabète, il fait sa première année d'école en plein air au bord du désert du Ràjasthàn. Sa remarquable intelligence se manifeste très tôt, et, à l'aide de bourses, il passe plusieurs diplômes de chimie organique à l'U. du Panjab. Il obtient un doctorat de l'U. de Liverpool (1948) et, pendant trois ans, étudie les protéines et les acides nucléaires à Cambridge. Malgré ses talents, du fait de sa race, il ne peut espérer obtenir un poste de professeur en Angleterre. En quête d'un jeune scientifique brillant, Gordon SHRUM, physicien de l'U. de la Colombie-Britannique, engage Khorana comme organicien au BC Research Council à Vancouver en 1952.

Perfectionniste, doué d'une mémoire photographique, d'un infatigable dynamisme et d'une remarquable dextérité en laboratoire, Khorana jouit bientôt d'une réputation internationale. Ayant attiré autour de lui un groupe d'étudiants brillants, il parvient à synthétiser de l'ATP pure, la source d'énergie des cellules. Il établit l'importance de la coenzyme A, une molécule complexe, dans le métabolisme. Il explique le processus de dégradation de l'ADN par les enzymes, étudie les précurseurs cycliques de l'ADN et découvre comment unir les éléments constitutifs en chaînes d'ADN. Chacune de ses découvertes ouvre de nouvelles voies à la recherche.

En 1960, il part pour les États-Unis. Là, il démontre l'existence du triplet à la base du code génétique et synthétise un gène dans un tube à essai. Lors de la réception du prix Nobel de médecine en 1968, il souligne l'importance du travail accompli à Vancouver et loue la contribution de trois scientifiques, tous de l'U. de la Colombie-Britannique.

David T. Suzuki

Kiawak Ashoona (aussi nommé Kiugak), sculpteur (16 sept. 1933). Fils du célèbre artiste inuit PITSEOLAK ASHOONA, Kiawak raconte que sa prodigieuse carrière artistique a commencé quand il était tout jeune, alors que sa famille vivait encore dans un camp dans la toundra. Sa première sculpture, faite dans une défense de morse, a été troquée par son frère QAQAQ ASHOONA contre des provisions à la

Baffin Trading Co. Il se concentre sur des sujets typiquement inuits – personnages engagés dans des activités traditionnelles, créatures mythologiques et imaginaires – dont la force d'évocation et la beauté formelle lui ont valu sa réputation d'artiste. Il vit toujours dans un camp situé non loin de CAPE DORSET, dans les Territoires du Nord-Ouest. Sa sculpture de *Sedna*, déesse inuite de la mer, a été reproduite sur un timbre canadien en 1980. (*Voir aussi* ART INUIT.)

Marie Routledge

Kicking Horse, col Situé à 1627 m d'altitude et à 10 km à l'ouest du LAC LOUISE, il chevauche la LIGNE CONTINENTALE DE PARTAGE DES EAUX sur la frontière entre l'Alberta et la Colombie-Britannique. Sir James Hector et un groupe de membres de l'EXPÉDITION PALLISER partent à la découverte du col en 1858. Le col doit son nom bizarre à un incident au cours duquel un cheval de bât atteint d'une ruade (kick en anglais) sir Hector à la poitrine. Malgré sa pente abrupte, le col est choisi pour servir de passage au chemin de fer transcontinental du CANADIEN PACIFIQUE. La construction se termine en 1884. La voie monte à une pente de 4,5 p. 100 sur la partie du col située en Colombie-Britannique. En 1909, la construction de tunnels en spirale permet de réduire la pente à 2,2 p. 100. Ces tunnels sont d'ailleurs devenus une grande attraction touristique. La ROUTE TRANSCANADIENNE traverse aussi le col qui relie les parcs nationaux Yoho et Banff.

Glen Boles

Kidd, James Robbins, «Roby», pédagogue en éducation des adultes, internationaliste (Wapella, Sask., 4 mai 1915—Toronto, 21 mars 1982). Fondateur et premier secrétaire général du Conseil international d'éducation des adultes (CIEA), Kidd est une figure de proue au sein du mouvement visant à faire reconnaître l'éducation des adultes comme un domaine important à défricher au Canada et ailleurs. Il termine ses études tout en travaillant pour le YMCA (1935-1947) à Montréal, à Ottawa et à New York. Il est le premier Canadien à recevoir un doctorat en ENSEIGNEMENT AUX ADULTES décerné par l'U. Columbia en 1947.

En 1947, il se joint à l'Association canadienne d'éducation des adultes à Toronto et y travaille durant 13 ans, dont les 10 dernières années à titre de directeur. Pendant cette période, Kidd est aussi le premier secrétaire général de l'organisation du Palmarès du film canadien et des Canadian Radio Awards (1947-1958). En 1959, il fonde l'Overseas Book Centre (maintenant l'Organisation canadienne pour l'éducation au service du développement) et, en 1961, l'Overseas Institute (devenu le Conseil canadien pour la coopération internationale).

Le CIEA est fondé en 1973 avec 26 pays membres. En 1984, il regroupe plus de 70 associations nationales et régionales. Kidd est le premier directeur du département de l'éducation des adultes de l'Ontario Institute of Studies in Education de l'U. de Toronto de 1965 à 1972, et il y enseignera jusqu'à sa mort en 1982. Il est aussi très actif à l'échelle internationale, notamment à titre de président de la deuxième conférence internationale de l'UNESCO sur l'éducation des adultes, tenue à Montréal en 1960, et de président de l'International Committee for the Advancement of Adult Education, de 1961 à 1966. Pour lui, l'objectif principal de l'éducation est d'«apprendre à être, apprendre à devenir et apprendre à appartenir». Son ouvrage le plus connu, *How Adults Learn* (1952, mis à jour en 1973), a été traduit en 14 langues.

Susanne Mowat

Kidder, Margot, actrice de cinéma (Yellowknife, T.N.-O., 17 oct. 1948). Sans aucune formation théâtrale, elle joue dès son adolescence dans de nombreuses émissions de télévision canadiennes. En 1969, le réalisateur américain Norman JEWISON lui donne un rôle dans le film américain *Gaily, Gaily*. Sa participation dans *The Amityville Horror* (1979) et dans les quatre films *Superman* (1978, 1981, 1983 et 1987), où elle joue le rôle de la journaliste Lois Lane, lui vaut une grande notoriété. Enfin, elle s'attire de nombreux éloges avec le premier rôle du film de Don SHEBIB, *Heartaches* (1981).

Au milieu des années 80, elle joue de nouveau dans des téléfilms avec *Honky Tonk* (1984), *Picking up the Pieces* (1985) et *Hoax* (1986). À la même époque, elle interprète le premier rôle dans des longs métrages, parmi lesquels *Trenchcoat* (1983) et *Keeping Track* (1985). De nombreux problèmes personnels et de nombreux revers ont affecté la carrière de Kidder. Ses mariages avec des personnalités en vue comme l'écrivain américain Thomas McGuane et le cinéaste français Philippe de Broca sont des échecs. En 1990, elle subit de graves blessures dans un accident de voiture sur le lieu de tournage d'une série télévisée, ce qui l'empêche de travailler et la ruine. En 1996, elle fait une dépression nerveuse très médiatisée. En 1997, elle reprend sa carrière en retournant au théâtre.

Allan M. Gould

Kierans, Eric William, économiste, politicien, homme d'affaires (Montréal, 2 févr. 1914). Après des études au Collège Loyola et à l'U. McGill, Kierans dirige la Faculté de commerce de McGill de 1953 à 1960, puis il devient président de la Bourse de Montréal de 1960 à 1963, avant d'être ministre fédéral des Communications et ministre des Postes de 1968 à 1971. Même s'il n'occupe que brièvement des fonctions ministérielles au sein de deux Cabinets seulement, il atteint la notoriété politique en partie parce que ces gouvernements, celui de la RÉVOLUTION TRANQUILLE dirigé par Jean LESAGE (où il est ministre du Revenu de 1963 à 1965, puis ministre de la Santé de 1965 à 1966) et la première équipe de Pierre TRUDEAU, apportent une contribution importante à la politique canadienne, et en partie à cause des controverses qu'il suscite lui-même en dehors du gouvernement.

Mentionnons à ce chapitre ses attaques virulentes contre le budget de Walter GORDON en 1963, l'ultimatum qu'il lance en 1967 à René LÉVESQUE en l'enjoignant de renoncer à l'indépendance ou de quitter le Parti libéral du Québec, sa candidature à la chefferie du Parti libéral fédéral en 1968 et ses critiques soutenues de la politique économique de Trudeau. Bien qu'on le qualifie souvent de «nationaliste économique», ses convictions reposent plutôt sur sa croyance en la primauté de la politique sur l'économie, sa méfiance face aux «monopoles» économiques, politiques et intellectuels, son insistance pour que les ressources naturelles du Canada appartiennent à la population et sa croyance en la nécessité de parler haut et fort pour faire bouger les choses.

Une fois retiré de la vie politique, Kierans enseigne l'économie à McGill (1978-1980), puis à l'U. Dalhousie (1983-1984). Il est ensuite professeur invité et chargé de cours à l'U. de la Colombie-Britannique (1984), à l'U. Memorial (1985) et à l'Institut de recherches en politiques publiques (1985-1990). Il devient Officier de l'Ordre du Canada en 1995.

John McDougall

Killaly, Hamilton Hartley, ingénieur et fonctionnaire (Dublin, Irl., 1800—Picton, Ont., 28 mars 1874). Killaly fréquente le Trinity College de Dublin et travaille comme ingénieur à des projets de canaux avant d'immigrer dans le Haut-Canada en 1835. Il travaille à la construction du CANAL WELLAND et, en 1841, on le nomme au bureau des Travaux publics de la Province du Canada.

Le Canada construit alors des CANAUX entre le lac Érié et Montréal, un programme que Killaly accomplit avec énergie et compétence. Malheureusement, il a la réputation d'être négligent en ce qui concerne les contrôles financiers et réfractaire aux contraintes politiques. En 1846, le gouvernement l'a déjà renvoyé. Cependant, en 1851, on le nomme

commissaire adjoint aux travaux publics. Il conteste bientôt le commissaire en chef de sorte qu'en 1859 une mesure législative l'expulse de la commission. Par la suite, il occupe comme responsable d'un grand nombre de travaux publics divers postes gouvernementaux temporaires, dont l'un au sein d'une commission royale sur les fortifications en 1862.

Doug Owram

Killam, Izaak Walton, financier (Yarmouth, N.-É., 23 juill. 1885—Grande-Cascapédia, Qc, 5 août 1955). Issu d'une famille de commerçants et de propriétaires de bateaux, Killam reçoit une éducation peu systématique, mais possède un grand dynamisme d'entrepreneur. Il entre à l'Union Bank of Halifax comme commis en 1901 et est transféré au siège social deux ans plus tard. Il sympathise avec Max AITKEN et, comme lui, viendra à Montréal. De 1909 à 1913, Killam dirige le bureau de Londres de la Aitken's Royal Securities Corp. En 1915, il devient président de la compagnie avant d'acheter les parts de Aitken quatre ans plus tard; il demeurera président jusqu'en 1954.

Killam bâtit un empire dans les placements au Canada et en Amérique latine avec des sociétés de portefeuille dans le domaine de l'édition, des services publics (International Power, Calgary Power, Ottawa Valley Power Co.), des pâtes et papiers (BC Pulp and Paper, Mersey Paper), de la construction et du cinéma. Incarnation du pouvoir financier de la rue Saint-Jacques de Montréal, secret et austère, Killam est reconnu comme le Canadien le plus riche de son époque.

En 1922, il épouse Dorothy Brooks Johnston (Saint Louis, Mo., 1900?—Villefranche-sur-Mer, France, 27 juill. 1965). Après sa mort, elle fait plus que doubler son héritage de 40 millions de dollars et, pour respecter le souhait de son mari, contribue aux arts, à l'enseignement et aux sciences. Le financement de départ du CONSEIL DES ARTS DU CANADA (1957) provient en grande partie des quelque 50 millions de dollars de droits de la succession Killam et d'un montant équivalent de la succession de sir James H. Dunn. Madame Killam a légué 30 millions de dollars à l'U. Dalhousie, 30 millions à répartir entre trois autres universités, 8 millions à l'Izaak Killam Hospital for Children de Halifax, 4 millions à l'Institut neurologique de Montréal et encore 15 millions au Conseil des arts du Canada. Le Killam Memorial Prize honore des chercheurs canadiens, et des bourses de recherche Killam sont remises à des scientifiques et à des chercheurs canadiens.

Duncan McDowall

Killam, Thomas, commerçant, propriétaire de bateaux, politicien (Yarmouth, N.-É., 8 févr. 1802—Digby, N.-É., 15 déc. 1868). Il devient le personnage central d'un groupe de familles apparentées qui dominent les activités commerciales et sociales de Yarmouth des années 1840 jusqu'aux années 1860. Il est l'associé principal de la Thomas Killam and Co. de 1849 à 1862 et le directeur d'une société d'assurance maritime de 1837 à 1857, et il siège au conseil d'administration de la Bank of Yarmouth de 1865 à 1866. Il quitte la politique municipale pour devenir un membre influent de l'Assemblée législative de 1847 à 1867 et le premier député du comté de Yarmouth en 1867.

Gerry Panting

Kimberley, ville de la C.-B.; pop. 6738 (rec. 1996), 6531 (rec. 1991), 6732 (rec. 1986); superf. 58,19 km²; const. en 1944; située dans une vallée bordée à l'est par les Rocheuses et à l'ouest par la chaîne Purcell, à 31 km au nord-ouest de Cranbrook. Depuis la découverte des mines Sullivan et North Star en 1892, Kimberley est surtout une ville minière. La Consolidated Mining and Smelting (aujourd'hui Cominco Ltd.) prend le contrôle de la mine Sullivan en 1920 et utilise un procédé de pointe pour isoler les substances qui composent le minerai. Dès 1937, la mine Sullivan représente 10 p. 100 de la production mon-

diale de zinc, de plomb et d'argent, et devient la plus importante du monde. L'étain et le fer sont transformés à Kimberley jusqu'en 1972. Les produits dérivés de l'exploitation de la mine permettent l'ouverture d'une usine d'engrais près de Cominco.

Reconnue pour ses athlètes, la ville remporte la coupe Allan et le Championnat du monde de hockey en 1937-1938, et de nouveau la coupe Allan en 1978. La revitalisation du centre-ville sur un thème bavarois dans les années 70 et le développement d'installations de loisir (golf, ski) ont permis à Kimberley de passer d'une économie basée sur les ressources naturelles à une économie axée sur le tourisme et la villégiature.

William A. Sloan

Kincardine, ville de l'Ont.; pop. 6620 (rec. 1996), 6601 (rec. 1991), 5852 (rec. 1986); superf. 10,25 km², const. en 1875. Kincardine est située sur la rive du lac Huron, à environ 225 km au nord-ouest de Toronto et à 80 km au sud-ouest d'Owen Sound. Faisant partie à l'origine du comté de Bruce, cette communauté s'appelle d'abord Penetangore (1848) et est ensuite rebaptisée (1851) en l'honneur du comte d'ELGIN et de Kincardine, gouverneur général de l'Amérique du Nord de 1847 à 1854.

En 1867, Kincardine possédait cinq hôtels et un grand nombre d'entreprises de services et de petites industries, dont des ateliers d'ébénisterie, quatre ateliers de fabrication de voitures et de wagons, des scieries et des moulins à farine fonctionnant grâce à l'énergie hydraulique, deux fonderies, des fabriques de potasse, des fabriques de laine, des boutiques de forge, des ferblanteries, des tanneries, des fabriques de selles et de harnais, une boulangerie, une confiserie et une brasserie.

Jusqu'au milieu des années 60, la ville possède encore des manufactures de meubles d'une certaine importance, mais de nos jours elle dépend du tourisme d'été et surtout de la centrale nucléaire Bruce, située à environ 16 km au nord de la ville. Plus de 1000 employés d'HYDRO ONTARIO vivent dans la municipalité, malgré la fermeture de l'usine de Douglas Point, l'une des composantes de la Centrale nucléaire Bruce, en mai 1984.

James J. Talman

Kindersley, ville de la Sask.; pop. 4679 (rec. 1996), 4572 (rec. 1991), 4912 (rec. 1986); superf. 12,42 km²; const. en 1911; située dans le centre-ouest de la Saskatchewan, à 200 km au sud-ouest de Saskatoon et à 65 km à l'est de la frontière de l'Alberta. Kindersley devient rapidement un centre de services pour la région agricole environnante après la construction, en 1909, d'une ligne de chemin de fer du Canadien National (CN) qui traverse la ville. En 1911, la ville compte plus de 1000 habitants. On rend hommage à sir Robert Kindersley, un important actionnaire du CN à l'époque, en donnant son nom à la ville. L'agriculture demeure l'activité économique la plus importante de Kindersley. Toutefois, les puits de pétrole et de gaz naturel situés au nord de la ville permettent de diversifier l'économie.

Don Herperger

Kindle, Edward Martin, paléontologue et sédimentologue (Franklin, Ind., 10 mars 1869—Ottawa, 29 août 1940). Kindle fait des études à l'U. de l'Indiana, à Cornell et à Yale, puis il quitte les rangs du personnel de la US Geological Survey pour se joindre à la COMMISSION GÉOLOGIQUE DU CANADA à titre de paléontologue des invertébrés en 1912. Il sera à la tête de la division de PALÉONTOLOGIE de 1919 à 1938. Ses premiers travaux portent principalement sur les fossiles paléozoïques du centre-nord des États-Unis, du Groenland, de l'Alaska et du Nord du Canada. Plus tard, il effectue les premières observations et expériences sur l'origine ainsi que sur la signification des dépôts sédimentaires. Il écrit sur les ressources et le développement de la zone subarctique nord-américaine et commence un catalogue sur les fossiles du dévonien. Grâce à lui, la recherche paléontologique et les expositions dans les musées de la commission géologique prennent une grande expansion.

L.S. Russell

Kindler (1991), affaire La majorité des juges à la Cour suprême ont statué que la procédure canadienne en matière d'extradition ne viole pas l'article 7 de la *Charte canadienne des droits et libertés* qui prévoit que chacun a droit à la vie, à la liberté et à la sécurité de sa personne. La juge McLachlin, au nom de la majorité, écrit que l'article 12 (qui prohibe les châtiments cruels et inusités) ne s'applique pas en l'espèce. Elle examine tout de même cet argument, tout comme le juge La Forest d'ailleurs. La juge McLachlin estime que la décision du gouvernement canadien de livrer un fugitif aux États-Unis ne constitue pas une violation de l'article 12 de la Charte. Le juge La Forest, pour sa part, est d'avis que l'extradition, en soi, ne constitue pas une peine cruelle et inusitée. Les juges McLachlin et La Forest ne se prononcent pas directement sur l'infliction de la peine de mort en tant que châtiment cruel et inusité. Ils préfèrent trancher la question sur la base de l'article 7 de la Charte (justice fondamentale). Cette procédure respecte la Charte. Le juge Cory, qui est dissident, rédige un vibrant plaidoyer contre la peine de mort. Il écarte l'arrêt Miller, jugé sous la *Déclaration canadienne des droits* de 1960, qui conclut que la peine de mort n'est pas un châtiment cruel et inusité.

La peine de mort est abolie au Canada en 1976. Reste la peine de mort pour certaines infractions militaires, cette dernière peine est abolie en 1998. C'est dire que la peine de mort n'existe pas au Canada. On peut conclure aujourd'hui, à la lumière de l'arrêt Kindler, que le rétablissement de la peine de mort irait très probablement à l'encontre de l'article 12 de la *Charte canadienne des droits et libertés*.

King, Allan Winston, cinéaste (Vancouver, 6 févr. 1930). King travaille pour la Vancouver Film Society avant de se joindre au réseau anglais de la Société Radio-Canada, à Vancouver, en 1954. En 1961, il fonde, en Angleterre, sa propre compagnie de production de documentaires et tourne en 1964 son premier docudrame, *Running Away Backwards,* qui traite des Canadiens expatriés dans l'île d'Ibiza. Il revient au Canada en 1967 et ne tarde pas à retenir l'attention du monde entier avec deux autres documentaires: *Warrendale* (1967) et *A Married Couple* (1969). *Warrendale,* qui met en scène des enfants atteints de troubles affectifs, est banni des ondes de la Société Radio-Canada (SRC) et ne sera présenté à la télévision qu'en 1997, par TVOntario. Le film remporte le prix d'art et d'essai à Cannes, en 1967. Il partage aussi avec *Blow Up* d'Antonioni le prix du meilleur film étranger de la British Academy, et avec *Belle de jour* de Buñuel, le New York Critics Award. Son intérêt de plus en plus grand pour la fiction le pousse à réaliser un autre docudrame, *Come on Children* (1973). Cette trilogie constitue un remarquable portrait d'une société en crise.

Il se consacre ensuite à la fiction et réalise plusieurs dramatiques marquantes pour le compte du réseau anglais de la SRC: *A Bird in the House* (1974), *Six War Years* (1975), *Red Emma* (1976) et *One Night Stand* (1977). Puis il passe avec succès au long métrage de fiction avec son adaptation de l'œuvre de W.O. MITCHELL intitulée WHO HAS SEEN THE WIND (1977). Son deuxième long métrage de fiction, *Silent of the North* (1981), ne remporte aucun succès public ou critique. Il revient au documentaire avec un film controversé sur le chômage, *Who's in Charge?* (1983), et la dramatique télévisée *The Last Season* (1986). Son plus récent long métrage pour le cinéma est *Termini Station* (1989), qui pose un regard froid et sans compromis sur une famille dysfonctionnelle du nord de l'Ontario.

En 1992, King termine le tournage de la minisérie internationale de six heures *By Way of the Stars.* Il réalise plusieurs épisodes de la série *Road to Avonlea,* gagnante de plusieurs Emmy, ainsi qu'une adap-

tation d'*All the King's Men* (1991), de Kurt Vonnegut. En 1988, il reçoit l'Ontario Film Institute Award for Excellence in Canadian Cinema. Il est actuellement président et directeur général de la Guilde canadienne des réalisateurs.

Piers Handling

King, George Edwin, avocat, politicien, juge et premier ministre du Nouveau-Brunswick de 1872 à 1878 (Saint John, N.-B., 8 oct. 1839—Ottawa, 7 mai 1901). D'abord élu député provincial de Saint John en 1867, King est ministre sans portefeuille au sein du Cabinet d'A.R. WETMORE, alors formé à la suite de la Confédération. En 1870, il est élu leader du gouvernement, mais cède sa place à un dirigeant plus fort, G.L. HATHEWAY.

À titre de procureur général, King est le principal maître d'œuvre de la *Common Schools Act* du Nouveau-Brunswick adoptée en 1871, loi qui suscite de l'animosité sur les plans religieux et culturel (*voir* ÉCOLES DU NOUVEAU-BRUNSWICK, QUESTION DES). En 1872, il est élu premier ministre libéral-conservateur, puis il prend sa retraite en 1878. Il est nommé juge de la Cour suprême du Nouveau-Brunswick en 1880 et promu juge de la Cour suprême du Canada en 1893.

Della M.M. Stanley

King, William Frederick, astronome (Stowmarket, Angl., 19 févr. 1854—Ottawa, 23 avril 1916). King travaille d'abord comme arpenteur-géomètre et topographe sur les terres fédérales de l'ouest du Canada. En collaboration avec E.G. DEVILLE et O.J. KLOTZ, il fonde la division d'astronomie du ministère de l'Intérieur avant d'être nommé astronome en chef en 1890. Un petit observatoire construit en 1890 fait place, en 1905, à l'Observatoire fédéral, dont il devient le premier directeur. Il dirige le projet de construction d'un télescope de 1,8 m (72 po) pour l'Observatoire fédéral d'astrophysique de Victoria, en Colombie-Britannique, mais il meurt avant la fin des travaux.

Durant sa carrière, King est tour à tour directeur des Levés géodésiques du Canada et commissaire à la frontière internationale à plusieurs reprises en plus d'obtenir le titre de Compagnon de l'Ordre de Saint-Michel et Saint-Georges pour ses travaux. Il a été président de la Société royale du Canada et président-fondateur du centre de la Société royale d'astronomie du Canada à Ottawa.

Malcolm Thomson

King, William Lyon Mackenzie, politicien, premier ministre du Canada de 1921 à 1926, de 1926 à 1930 et de 1935 à 1948 (Berlin [Kitchener], Ont., 17 déc. 1874—Ottawa, 22 juill. 1950), petit-fils de William Lyon MACKENZIE. Chef du PARTI LIBÉRAL de 1919 à 1948, période au cours de laquelle il est premier ministre durant près de 22 ans, King est le personnage politique dominant d'une époque de grands changements. Il obtient un diplôme de l'U. de Toronto en 1895 avant de poursuivre des études en économie politique à Chicago et à Harvard. En 1900, il devient le premier sous-ministre du Travail du Canada. Il est élu député libéral de North York en 1908, puis nommé ministre du Travail au sein du Cabinet de sir Wilfrid LAURIER en 1909.

Son intérêt pour ce qui touche au travail coïncide avec l'expansion du secteur manufacturier et une préoccupation générale en matière de relations industrielles. King agit à titre de conciliateur dans plusieurs grèves. Sa principale réalisation sur le plan législatif est la *Loi sur les enquêtes en matière de différends industriels* de 1907. Cette loi diffère le déclenchement des grèves et des lock-out dans les services publics et le secteur minier jusqu'à ce qu'une commission de conciliation ait obtenu une entente ou publié son rapport. Il est défait aux élections fédérales de 1911 et à celles de 1917, qui portent sur la CONSCRIPTION. Il maintient son adhésion au Parti libéral, mais, pendant la guerre, il travaille en tant que consultant dans le domaine du travail et auprès de la fondation Rockefeller. Dans

son livre *Industry and Humanity* (1918), il expose sa théorie selon laquelle l'industrie procède de quatre intervenants (le capital, la direction, la main-d'œuvre et la société), d'où la nécessité que le gouvernement, agissant dans l'intérêt de la société, favorise la résolution pacifique des conflits de travail.

Lors du congrès à la direction du Parti libéral de 1919, King est choisi pour succéder à Laurier. Deux ans plus tard, les libéraux remportent les élections fédérales par une faible majorité, et King devient premier ministre. Il cherche à regagner la confiance des agriculteurs de l'Ontario et de l'Ouest qui avaient appuyé le PARTI PROGRESSISTE, nouvellement formé, mais ses réductions des tarifs de transport et des taux de fret ne suffisent pas à les convaincre. Après les élections de 1925, les libéraux ne se maintiennent au pouvoir qu'avec l'appui du Parti progressiste.

Dès la première session de la nouvelle législature, quand il devient clair que cet appui est retiré en raison d'un scandale au sein de l'administration des douanes, King demande au gouverneur général, le vicomte BYNG de Vimy, la dissolution du Parlement. Byng refuse et appelle Arthur MEIGHEN à former un gouvernement conservateur, lequel est défait quelques jours plus tard à la Chambre des communes. Lors des élections de 1926, King insiste sur le caractère présumé inconstitutionnel du gouvernement Meighen, mais les libéraux remportent la victoire grâce à l'appui de progressistes qui les préfèrent aux conservateurs et à leurs tarifs de transport beaucoup trop élevés (*voir* AFFAIRE KING-BYNG).

Pendant les années de vaches grasses qui ont suivi 1926, le gouvernement libéral assure une administration prudente qui permet de réduire la dette fédérale. Sa seule initiative est la création d'un régime de PENSIONS DE VIEILLESSE. King se porte à la défense de l'autonomie canadienne dans ses relations avec le Royaume-Uni et contribue à définir le statut de dominion lors de la Conférence impériale de 1926. En 1930, il est hésitant à reconnaître la crise économique qui fait rage, et les libéraux sont défaits par les conservateurs de R.B. BENNETT.

King s'avère efficace comme chef de l'Opposition. Tout en conservant l'unité de son parti, il accuse Bennett de ne pas tenir ses promesses et lui reproche la hausse du chômage et l'augmentation des déficits. Cependant, tout ce qu'il trouve à proposer est une réduction des barrières tarifaires. En 1935, le Parti libéral mène la campagne électorale sur le slogan «King ou le chaos» et remporte les élections avec une majorité confortable. King négocie des accords commerciaux avec les États-Unis en 1935, puis avec la Grande-Bretagne et de nouveau avec les États-Unis en 1938. Le recul économique de 1937 impose des dépenses élevées en secours directs, et le gouvernement se montre impuissant à redresser la situation.

King se voit obligé de porter plus d'attention aux affaires internationales, marquées par la crise de l'Éthiopie et celle de Munich, dans l'espoir que la guerre sera évitée par la voie de l'apaisement. Il souligne que, advenant l'éclatement d'un conflit, la décision d'engager la participation canadienne à la guerre appartient au Parlement canadien. Pour rendre une telle décision plus acceptable, particulièrement pour les Canadiens français, il promet qu'il n'y aura pas de conscription pour le service outre-mer. Quand la Grande-Bretagne déclare la guerre à l'Allemagne en septembre 1939, le Parlement canadien est convoqué à une session d'urgence et, ne rencontrant qu'une opposition purement symbolique, proclame l'entrée en guerre du Canada.

King déclenche des élections éclairs en 1940, et son parti est reporté au pouvoir avec une majorité accrue. Grâce à la coopération entre le gouvernement, les dirigeants d'entreprise et les syndicats, l'industrie canadienne amorce un virage vers la production de guerre. L'extraordinaire expansion industrielle qui en résulte s'appuie sur des ententes financières spéciales avec les États-Unis et une planification économique à l'échelle continentale. Les premières victoires remportées par l'Allemagne incitent certains Canadiens à promouvoir la conscription, mais King, qui redoute une crise politique, essaie plutôt de trouver un compromis.

En 1940, King adopte la conscription, mais seulement pour le service à l'intérieur du Canada. Ne pouvant résister aux pressions, il appelle en 1942 un plébiscite pour demander à la population de le dégager de sa promesse de ne pas recourir à la conscription pour le service outre-mer. Une majorité de Canadiens lui accordent leur appui, tandis que les Québécois se prononcent fortement contre. Le grand nombre de morts et de blessés en 1944 et la baisse du taux d'enrôlement volontaire entraînent de longs débats au sein du gouvernement et la démission du ministre de la Défense, James Layton RALSTON. En novembre, King accepte subitement d'envoyer outre-mer des troupes jusque-là affectées à la défense du territoire canadien, décision acceptée même par les Canadiens français, bien qu'à contrecœur.

Afin d'apaiser les Canadiens qui craignent un retour à la dépression économique après la guerre et qui se tournent vers l'État pour une plus grande sécurité sociale, King instaure l'ASSURANCE-CHÔMAGE en 1940, et son programme de reconstruction, fondé sur les principes de l'ÉCONOMIE KEYNÉSIENNE, comprend des allocations familiales et des propositions d'un programme d'assurance-maladie. Les libéraux remportent de peu les élections de 1945. King ne joue pas un rôle prépondérant pendant la période de l'après-guerre, préférant limiter autant que possible l'intervention du gouvernement dans les affaires internes comme à l'étranger. On l'amène à donner sa démission en 1948, et Louis SAINT-LAURENT lui succède. Il décède deux ans plus tard.

Mackenzie King continue de susciter l'intérêt des Canadiens. Certains affirment qu'il doit sa longue carrière politique à son habileté à se dérober et à sa politique de l'indécision, et que son leadership a manqué de créativité. Ses défenseurs allèguent que King a progressivement transformé le Canada, un pays difficile à gouverner, tout en conservant l'unité de la nation. Des révélations récentes portent à croire que cet homme, apparemment tout ce qu'il y a de plus convenable et sans histoire, était un adepte du spiritisme qui entrait fréquemment en contact avec sa mère, d'autres membres de sa famille et des amis dans l'au-delà.

H. Blair Neatby

King-Byng, affaire Lors de l'élection fédérale du 29 octobre 1925, les Canadiens élisent 101 députés libéraux (le gouvernement), 116 conservateurs et 28 progressistes, travaillistes et indépendants. Le nouveau Parlement soutient le gouvernement minoritaire libéral jusqu'au 25 juin 1926, alors qu'il rejette une motion de censure sur un vote de non-confiance. Le premier ministre Mackenzie KING demande au gouverneur général, le vicomte BYNG, de dissoudre le Parlement pendant que la motion de censure fait toujours l'objet d'un débat. Byng refuse en alléguant qu'une demande de dissolution pendant un débat sur une motion de censure créerait un précédent.

La dernière élection, à la demande de King, avait eu lieu seulement huit mois auparavant. De plus, il s'avère possible qu'un autre gouvernement puisse être formé à même le Parlement existant. King démissionne, et le chef conservateur Arthur MEIGHEN est invité à former un gouvernement. Le nouveau gouvernement réussit à survivre à quatre motions de confiance dont l'une contre le gouvernement de King, mais il est défait lors de la cinquième. La Chambre ayant alors voté des motions de censure contre les deux gouvernements, il n'existe plus d'alternative et Byng doit se soumettre à la requête de Meighen de procéder à la dissolution du Parlement. À la suite des élections, King est reporté au pouvoir.

Eugene A. Forsey

Kingsmere (Québec) Propriété léguée au pays par l'ancien premier ministre William Lyon Mackenzie KING (elle n'a pas été nommée en son honneur, mais en hommage à une famille de pionniers). Elle est administrée par la COMMISSION DE LA CAPITALE NATIONALE. En 1903, King achète un terrain en bordure d'un lac, situé dans le parc de la Gatineau, à 12 km de Hull, au Québec. Avec les années, il agrandit son domaine, qui atteindra quelque 240 ha. King y aménage des sentiers sur plusieurs kilomètres, qu'il aime parcourir avec ses invités, dont le duc de Windsor et Winston Churchill. De mai à octobre, il dirige depuis sa propriété la plupart des activités du pays. Le domaine comprend cinq maisons de campagne, des granges, des garages, des jardins et les ruines de Moorside, une collection inusitée d'éléments architecturaux provenant d'anciens bâtiments d'Ottawa. «The Farm» est la résidence du président de la Chambre des communes.

Claudine Pierre-Deschênes

Kingsmill, sir Charles Edmund, officier de marine et fonctionnaire (Guelph, Canada-Ouest, 7 juill. 1855—Portland, Ont., 15 juill. 1935). Il entre dans la Marine royale comme aspirant de marine en 1869, sert au Soudan en 1884 et est vice-consul et agent britannique à Zeila dans le protectorat d'Aden. Promu capitaine vers 1898, il commande par la suite des navires attachés aux stations navales d'Australie, de Chine et de l'Angleterre. En 1908, il prend sa retraite comme contre-amiral de la Marine royale et dirige le Service de la marine canadienne. Il joue un rôle important dans la fondation de la Marine royale du Canada (MRC) en 1910 et, en tant que vice-amiral, devient le premier directeur des Forces navales du Canada. Commandant de la MRC pendant toute la Première Guerre mondiale, il est promu amiral en 1917.

Marc Milner

Kingston, cité de l'Ont.; pop. 55 947 (rec. 1996), 56 597 (rec. 1991), 55 050 (rec. 1986); superf. 29,64 km²; située à l'extrémité est du LAC ONTARIO, à 175 km au sud-ouest d'Ottawa. La situation de cette ancienne capitale de la PROVINCE DU CANADA au confluent des GRANDS LACS et du FLEUVE SAINT-LAURENT a été de première importance pour son développement économique et son histoire politique.

Peuplement et croissance Samuel de CHAMPLAIN explore la région en 1609. En 1673, les Français y construisent un poste de traite et le fort Cataraqui, qui devient ensuite l'imposant FORT FRONTENAC. L'endroit se révèle important sur le plan stratégique, puisqu'on y lance des raids militaires contre les Iroquois et les Britanniques installés plus au sud. C'est aussi à partir de cet endroit que sont organisées des explorations le long des Grands Lacs en direction de l'Ouest. En 1758, le fort tombe aux mains des Anglais et la région leur est cédée en 1763 par le TRAITÉ DE PARIS.

En 1783, après la GUERRE D'INDÉPENDANCE AMÉRICAINE, le gouvernement britannique entreprend des négociations avec les autochtones mississaugas de la région afin d'obtenir des terres pour y établir des LOYALISTES fuyant les États-Unis. King's Town, ainsi nommée en l'honneur du roi George III, est désignée capitale du nouveau district de Mecklenberg, lequel comprend les cantons situés le long du haut Saint-Laurent et de la rive est du lac Ontario. Durant la GUERRE DE 1812, la présence accrue des militaires et de la marine favorise l'économie locale et la croissance démographique.

Étant à la jonction des voies maritimes des Grands Lacs et du fleuve, Kingston est aussi un centre de transbordement pour le commerce d'exportation des produits du bois et de l'agriculture, ainsi qu'un lieu de transit pour les marchandises et les voyageurs se dirigeant vers l'intérieur. L'achèvement de la construction du CANAL RIDEAU en 1832, reliant le Haut et le Bas-Canada par la rivière des Outaouais plutôt que par le fleuve, qui est plus exposé aux attaques venant des États-Unis, accroît son importance commerciale. Kingston devient vite la plus grande ville du Haut-Canada et sert de capitale de la province du Canada de 1841 à 1843.

Cependant, vers le milieu du XIXᵉ siècle, le transport des céréales vers le Saint-Laurent a diminué. De plus, l'amélioration des conditions de navigation sur le Saint-Laurent facilite le trafic direct vers les Grands Lacs. Avec l'avènement du GRAND TRUNK RAILWAY en 1856, le transport fluvial a maintenant un concurrent. Enfin, le havre peu profond et exposé de Kingston ne convient plus aux bateaux au tirant d'eau de plus en plus grand. La baisse du commerce s'accentue et le départ de la garnison impériale en 1871 porte un autre coup dur à l'économie.

Durant toute la seconde partie du XIXᵉ siècle, la croissance démographique et la richesse économique de Kingston accusent un recul par rapport à d'autres centres urbains. Plusieurs projets ferroviaires tentent d'étendre l'arrière-pays de Kingston vers le nord, et dès les années 1880, le chemin de fer Kingston-Pembroke prolonge sa voie ferrée jusqu'à Renfrew, à 160 km au nord. Toutefois, contrairement à d'autres villes de l'Ontario, Kingston ne réussit pas à s'industrialiser et à croître. Malgré les primes et les allégements fiscaux, elle n'attire pas beaucoup d'investissements de capitaux. Bien que certaines fabriques de textiles s'y installent dans les années 1880, le commerce et des secteurs secondaires, comme les travaux de locomotives et les chantiers navals, continuent à dominer l'économie de la ville. Il faudra attendre la Seconde Guerre mondiale pour que de nouvelles industries s'ajoutent à l'économie de la ville, telles qu'Alcan Aluminium et DuPont Nylon.

L'économie et la société de Kingston présentent un caractère institutionnel particulier. Le FORT HENRY, le COLLÈGE MILITAIRE ROYAL et les vastes effectifs et installations militaires de Barriefield, entre autres, y assurent une présence militaire continuelle. De même, le pénitencier provincial, ouvert en 1835, incite les gouvernements à construire plusieurs établissements correctionnels fédéraux et provinciaux à Kingston et dans ses environs.

Le secteur de l'enseignement est un autre employeur important. Le «Queen's College at Kingston», fondé en 1841 par l'Église presbytérienne au Canada, est devenu l'UNIVERSITÉ QUEEN qui, au début du XXᵉ siècle, jouit déjà d'une réputation nationale dans les domaines des sciences humaines et des sciences, de la médecine et de la théologie. Enfin, les hôpitaux et autres établissements de santé, ainsi que les bureaux locaux d'organismes gouvernementaux, font partie des institutions présentes à Kingston. En raison du manque d'industries importantes et de la faible croissance de sa population, Kingston conserve la même structure physique et la même structure des emplois qu'au XIXᵉ siècle. Les aménagements se trouvant sur les rives du lac et le patrimoine historique créent beaucoup d'activités touristiques au cours des années 90.

Paysage urbain Connue comme étant la «ville de la pierre calcaire», Kingston conserve une bonne part de son atmosphère de ville administrative et commerciale du XIXᵉ siècle. Comme à l'époque du premier lotissement de la ville en 1783, les activités commerciales du centre-ville de Kingston se concentrent encore à l'intérieur des rues Princess et Brock, entre Barrie et Ontario, au bord de l'eau. En plus des activités commerciales, le centre-ville se distingue par ses immeubles d'une importance institutionnelle et architecturale. L'imposant HÔTEL DE VILLE DE KINGSTON, la Customs House (maison de la douane) et le bureau de poste constituent les éléments dominants d'une remarquable concentration d'édifices du XIXᵉ siècle. Les églises illustrent parfaitement les divers styles religieux de la même époque, notamment les églises St. George (anglicane), St. Andrew (presbytérienne), St. Mary (catholique) et

Sydenham (Église unie). Les gares du Grand Trunk et de la ligne Kingston-Pembroke, les TOURS MARTELLO sur le front d'eau, ainsi que plusieurs édifices commerciaux sont les témoins de l'ancienne façon de vivre à Kingston. Quelques coins de rue plus loin se trouvent les zones résidentielles originales, dont l'agréable mélange de styles architecturaux reflète les différentes périodes de construction ainsi que la structure sociale de la ville.

Depuis 1945, le développement urbain de Kingston se caractérise surtout par la stabilité de son noyau urbain et la suburbanisation. La principale expansion de ses banlieues au cours des années 60 et 70 se produit vers l'ouest, dans les cantons de Kingston et d'Ernestown (dans des communautés comme La Salle Park, Bayridge, Collins Bay et Amherstview), tandis qu'elle se fait vers l'est dans les années 80 et 90, dans le canton de Pittsburgh. Après le déplacement de la vente au détail vers les centres commerciaux des banlieues dans les années 60 et 70, le centre-ville connaît une profonde revitalisation sous la forme de condominiums, d'hôtels, de restaurants, d'immeubles d'appartements, surtout dans les rues à proximité de l'eau.

Population Au XIXᵉ siècle, Kingston ne connaît pas le même rythme de croissance économique que d'autres grandes agglomérations ontariennes telles que Toronto, Hamilton et Ottawa. Ainsi, sa population augmente lentement et décline même par moments. De 2000 habitants permanents juste après la Guerre de 1812, la population s'élève à près de 12 000 habitants vers le milieu du siècle et à 14 000 en 1881. En 1941, elle compte 30 000 habitants et passe à près de 50 000 à la suite de l'annexion de 1952, puis augmente lentement pour atteindre 60 000 à la fin des années 90. En 1996, plus de 69 000 habitants de la région urbaine de Kingston résident à l'extérieur de la cité, dans les cantons adjacents de Kingston, d'Ernestown et de Pittsburgh.

Les immigrants de la fin du XIXᵉ et du début du XXᵉ siècle ne s'arrêtent pas à Kingston. En 1851, les habitants d'origine étrangère comptent pour 59 p. 100 de sa population, mais n'en constituent que 14 p. 100 en 1951. De ce dernier nombre, plus de 75 p. 100 sont d'origine britannique, irlandaise ou américaine. Ce n'est que dans les années 60 et 70 que sa population se diversifie sur le plan ethnique pour comprendre des groupes considérables de PORTUGAIS, d'ITALIENS, de HOLLANDAIS et d'Asiatiques.

Économie À cause du déclin des activités commerciales à la fin du XIXᵉ siècle, le rôle des établissements tels que l'université, les pénitenciers, l'armée et les hôpitaux en tant qu'employeur est davantage important pour l'économie de la ville. Dans la période précédant la Seconde Guerre mondiale, l'économie de Kingston est dominée par la Canadian Locomotive Company, les chantiers navals, la Kingston Cotton Mills, de petites raffineries et des ateliers de mécanique. Après la guerre, Alcan, DuPont, Celanese Canada et Northern Telecom s'ajoutent à la base industrielle de la région. Toutefois, ces quatre compagnies ont récemment connu une réduction globale importante de leur main-d'œuvre, alors que le secteur institutionnel de Kingston est devenu le principal moteur de l'économie locale.

Administration et politique Bien que régie par la loi anglaise comme étant un territoire faisant partie du Haut-Canada en vertu de l'ACTE CONSTITUTIONNEL DE 1791, Kingston est une «ville policière» pendant une bonne partie du XIXᵉ siècle. Elle est administrée par des juges de paix et par une cour des sessions trimestrielles. En 1838, Kingston est constituée en tant que ville et est désormais administrée par un maire et des conseillers municipaux élus desservant quatre quartiers. En 1846, John A. MACDONALD proclame la constitution de Kingston en tant que cité et on procède à la création d'un nouveau conseil regroupant 20 conseillers municipaux qui élisent l'un d'entre eux comme maire.

En 1850, Kingston s'étend vers l'ouest au-delà de sa limite originale, la rue West, pour annexer la banlieue de Stuartville. En 1952, les limites de la ville sont à nouveau repoussées vers l'ouest, jusqu'à Little Cataraqui Creek, et vers le nord, jusqu'à l'actuelle autoroute 401. Depuis lors, la fonction de Kingston à titre de noyau de la région urbaine de Kingston a motivé la demande d'une administration de type régional qui se concrétise, en 1988, par la création d'une nouvelle municipalité née de la fusion de la ville et des cantons de Kingston et de Pittsburgh.

Vie culturelle Kingston possède une vie culturelle diversifiée grâce à un orchestre symphonique de bonne renommée, à plusieurs troupes de théâtre locales, au AGNES ETHERINGTON ART CENTRE et au passage fréquent d'artistes, de conférenciers et de spectacles de divertissement. L'U. Queen et le Collège militaire contribuent depuis toujours aux activités musicales et théâtrales et à la scène culturelle en général.

D'éminents écrivains canadiens ont des liens avec Kingston, dont Agnes Maule Machar, Robertson DAVIES, Janette Turner Hospital, Matt COHEN, David HELWIG, Bronwen WALLACE et Merilyn Simonds. Kingston possède l'un des plus anciens quotidiens du Canada, le *Whig Standard*.

Parmi les attractions touristiques de Kingston, citons le fort Henry, la VILLA BELLEVUE (maison du premier premier ministre du Canada), le Musée maritime des Grands Lacs, les MILLE-ÎLES, le canal Rideau et le patrimoine architectural particulier de la ville.

Kingston doit sa renommée sportive à l'équipe de football de Queen, les Golden Gaels, à l'équipe de hockey les Kingston Frontenacs et à la voile que l'on peut pratiquer dans des conditions sans pareilles dans la région de la baie de Quinte. Le havre de Portsmouth a été aménagé en marina pour les compétitions de voile des Olympiques d'été de 1976, et le Kingston Yacht Club accueille l'événement annuel que constitue la Canadian Olympic Regatta Kingston (CORK). Kingston est la dernière halte de la Rideau Trail vers le sud.

Brian S. Osborne

Kingston, George Templeman, météorologue (Oporto, Portugal, 5 oct. 1816—Toronto, 21 janv. 1886). Le succès de Kingston dans la promotion et l'organisation d'un des premiers services scientifiques du Canada lui a valu le nom de père de la MÉTÉOROLOGIE canadienne. Diplômé de Cambridge, il arrive au Canada en 1852. Trois ans plus tard, il devient professeur de météorologie à l'U. de Toronto et directeur de l'Observatoire de Toronto, poste qu'il occupe jusqu'en 1880. Il est le fondateur du Service météorologique du Canada et en est le directeur de 1871 à 1880. Entre 1871 et 1872, à l'aide de nouvelles ressources fédérales, il instaure un échange quotidien de données météorologiques avec les États-Unis et, quelques années plus tard, il commence à diffuser des avis de tempête quotidiens et des prévisions météorologiques aux ports et aux villes de l'Est.

Morley Thomas

Kingston, hôtel de ville de La construction de l'hôtel de ville et du marché municipal de Kingston est entreprise en 1842, un an après la désignation de Kingston comme capitale de la Province du Canada. Ce projet, ambitieux pour l'époque, était le fait de George BROWNE père, un des plus grands architectes du XIXᵉ siècle au Canada. Tous les services (hôtel de ville, bureaux municipaux, bureau de poste, bureau de douane, commissariat de police, salle du marché et Mechanic's Institute) devaient être regroupés dans un complexe massif. Ce bâtiment aurait par sa taille écrasé les bâtiments environnants et représentait la fierté des édiles devant le nouveau statut et la croissance future de leur ville.

Bien que la capitale ait été déménagée en 1843, le bâtiment est terminé l'année suivante. L'hôtel de ville et le marché municipal constituent la commande la

plus importante de Browne. Le dôme et le portique monumental qui domine la façade principale en font un exemple superbe d'architecture municipale de style néoclassique. (*Voir aussi* ARCHITECTURE, ÉVOLUTION DE L'.)

Janet Wright

Kingsville, ville de l'Ont.; pop. 5991 (rec. 1996), 5716 (rec. 1991), 5382 (rec. 1986); superf. 4,27 km²; située à 40 km au sud-est de WINDSOR, dans le comté d'Essex. Kingsville est la ville la plus méridionale du Canada: elle est située à 56 km au sud de Détroit, au Michigan, et à la même latitude que le nord de la Californie.

Les premiers colons de Kingsville sont des militaires britanniques et des LOYALISTES qui s'établissent dans la région à la fin du XVIIIᵉ siècle. En 1834, le colonel James King fonde la communauté et la nomme Kingsville. Les premières industries à y voir le jour sont une minoterie, une tannerie, une raffinerie de chaux, une forge et un chaux. Kingsville possède un port lacustre qui sert à la collectivité rurale et à l'industrie de la pêche locale. Hiram WALKER, le fondateur de la Hiram Walker Distillery, construit une villégiature près de Kingsville en 1891, mais on ferme l'hôtel après seulement 13 ans d'exploitation. Dans les années 80, les principales industries de Kingsville sont des compagnies de fabrication d'automobiles, même si l'économie de la ville demeure diversifiée et la pêche et l'agriculture sont encore présentes.

La région est également populaire pour l'observation des oiseaux, puisque le PARC NATIONAL DE LA POINTE-PELÉE est tout près. En 1908, Jack MINER établit un des premiers SANCTUAIRES D'OISEAUX en Amérique du Nord à Kingsville. En 1917, le sanctuaire est déclaré réserve domaniale provinciale. Pour ceux qui préfèrent les oiseaux plus exotiques, il y a le Colasanti's Tropical Gardens and Petting Farm. Parmi les autres lieux touristiques, il y a le John R. Park Homestead, un musée d'histoire vivante où les visiteurs peuvent découvrir la vie de tous les jours dans le Haut-Canada avant 1850. On peut aussi visiter, près de Kingsville, la Pelee Island Winery.

Deborah Welch et M. Payne

Kinley, John James, ingénieur, homme d'affaires, lieutenant-gouverneur de la Nouvelle-Écosse (Lunenberg, N.-É., 23 sept. 1925). Ancien cadet de la marine, John Kinley joint la Réserve des Volontaires de la Marine Royale Canadienne à l'âge de 18 ans et sert dans la Marine marchande du Canada et la Marine canadienne dans l'Atlantique Nord et aux Caraïbes durant la Seconde Guerre mondiale. Il demeure dans la Réserve Navale après la guerre et obtient un diplôme d'ingénieur à l'U. Dalhousie, ainsi qu'une maîtrise en génie et en administration au Massachusetts Institute of Technology. Par la suite, il devient ingénieur et homme d'affaires prospère à Lunenberg. Il est PDG de la Lunenberg Foundry and Engineering et président de la Lunenberg Marine Railway et de la Lunenberg Foundry Garage. Il conserve des liens avec la marine tout au long de sa carrière.

Après s'être retiré de la Réserve navale en 1959, en tant que capitaine de corvette, il occupe divers postes à la Ligue navale du Canada, dont celui de président, en 1980-1981. Il est aussi, pendant de nombreuses années, membre du Conseil consultatif national. Il est directeur de la Chambre de Commerce des provinces Maritimes et du Conseil économique des provinces de l'Atlantique. Éminemment respecté pour son travail communautaire et sa participation à des activités à caractère environnemental, sa nomination au poste de lieutenant-gouverneur de la Nouvelle-Écosse, le 23 juin 1994, comme successeur de Lloyd CROUSE, est très appréciée du public.

Kinsella, William Patrick, écrivain (Edmonton, Alb., 25 mai 1935). Après des études à l'U. de Victoria et à l'U. de l'Iowa, Kinsella enseigne à l'U. de Calgary de 1978 à 1983. Avec sept recueils de nouvelles et deux romans, il réussit à créer deux univers de fiction complètement différents. Le premier, dont l'action se déroule surtout dans la réserve indienne de Hobbema au centre de l'Alberta, décrit avec bienveillance la vie des autochtones et leurs accrochages perpétuels avec les institutions et la bureaucratie maladroites des Blancs. Le deuxième, qui lui attire un public américain, traite du monde du base-ball souvent teinté de surréalisme, de magie ou de fantastique.

Dance Me Outside (1977) est le premier de plusieurs recueils de nouvelles. *Shoeless Joe* (1980; trad. *Shoeless Joe*, 1982), à la fois irrésistible et plein d'imagination, est le plus connu de ses romans sur le baseball et lui vaut le Houghton Mifflin Literary Fellowship en 1982 et le Books in Canada Award pour un premier roman en 1983. Parmi ses ouvrages les plus récents, citons un roman lyrique, *The Iowa Baseball Confederacy* (1986; trad. *Big Inning Iowa*, 1997), et plusieurs recueils de nouvelles dont *The Alligator Report* (1985), *The Fencepost Chronicles* (1986), qui remporte le Stephen Leacock Memorial Award en 1987, *Red Wolf, Red Wolf* (1987), *The Miss Hobbema Pageant, Brother Frank's Gospel Hour* et *The Dixon Cornbelt League*. Son roman le plus récent, *The Winter Helen Dropped By* (1995), raconte l'histoire d'une mystérieuse jeune femme autochtone qui s'arrête un jour à la ferme O'Day en Alberta.

Neil Besner

Kirby, Michael J.L., politicien, administrateur (Montréal, 5 août 1941). Après des études à l'U. Northwestern et à l'U. Dalhousie, Kirby enseigne dans cette dernière institution jusqu'à sa nomination, en 1970, comme adjoint du premier ministre de la Nouvelle-Écosse Gerald Regan, poste qu'il conserve durant trois ans. Revenu à l'enseignement en 1973, il accède toutefois à la fonction publique fédérale l'année suivante, dans les fonctions de secrétaire principal adjoint du premier ministre Trudeau. En 1976, Kirby devient l'un des Nova Scotia Commissioners of Public Utilities, l'année suivante, président de l'Institut de recherches en politiques publiques. En 1980, il est nommé secrétaire du Cabinet aux Relations fédérales-provinciales et, en 1981, greffier adjoint du Conseil privé.

Il joue un rôle de premier plan dans la stratégie fédérale de rapatriement de la Constitution, ce qui lui vaut une place d'honneur dans la démonologie des politiciens provinciaux, tout de suite derrière Trudeau. En 1982, il remplit les fonctions de vice-président du Canadien National, tout en présidant le groupe de travail fédéral sur les pêcheries de l'Atlantique. En 1984, Trudeau le nomme sénateur. Une fois les libéraux revenus dans l'Opposition, Kirby copréside la campagne nationale du Parti libéral fédéral, aux côtés de Raymond Garneau.

J.L. Granatstein

Kirby, William, romancier et journaliste (Kingston-upon-Hull, Angl., 23 oct. 1817—Niagara-on-the-Lake, Ont., 23 juin 1906). Auteur d'un roman historique classique canadien-anglais, *The Golden Dog* (1877; trad. LE CHIEN D'OR, 1884), Kirby dirige aussi le *Niagara Mail*. Il immigre aux États-Unis avec ses parents en 1832, puis s'installe à Niagara en 1839, où sa maison existe toujours. Une de ses grands-mères était une loyaliste de l'Empire-Uni. Il s'allie, par le mariage, à une famille de LOYALISTES en vue et devient lui-même un représentant important de cette tradition. En 1884, il fait le discours principal à l'occasion de la fête du centenaire des Loyalistes de l'Empire-Uni.

Toujours en librairie en édition abrégée, *The Golden Dog* consiste en une intrigue amoureuse historique de cape et d'épée. Kirby s'inspire de personnages historiques réels et, à la suite de recherches méticuleuses, y décrit les progrès de la moralité en commençant par les derniers jours de la corruption de la Nouvelle-France pour terminer par l'incorporation du Canada français en nation droite et loyale. Une version loyaliste de l'histoire sert aussi de base

à son poème épique, *The U.E.: A Tale of Upper Canada* (1859).

Dennis Duffy

Kirk, Lawrence Eldred, agronome (Bracebridge, Ont., 27 mai 1886—Saskatoon, 27 nov. 1969). La contribution la plus importante de Kirk est le croisement et l'introduction, en 1932, de Fairway, la première variété de chiendent à crête (*Agropyron cristatum*), dans les grandes plaines du Canada. L'utilisation de cette herbe est un des facteurs qui contribuent à maîtriser le problème de sécheresse connu sous le nom de «dust bowl» dans les années 30. Le chiendent à crête Fairway demeure la principale herbe utilisée pour le réensemencement des pâturages. Kirk enseigne à l'U. de la Saskatchewan et à l'Institut collégial de Moose Jaw avant de se joindre au Service des fermes expérimentales du gouvernement fédéral à Ottawa en tant qu'agronome spécialisé en plantes fourragères. Il devient ensuite doyen de la Faculté d'agriculture de l'U. de la Saskatchewan avant d'aller s'installer à Rome, à titre de chef de la division industrielle des plantes au sein de l'Organisation des Nations unies pour l'alimentation et l'agriculture, un poste qu'il occupera jusqu'à sa retraite, en 1954.

T.H. Anstey

Kirke, sir David, aventurier et gouverneur de Terre-Neuve (Dieppe, France. v. 1597—près de Londres, 1654). Avec ses frères, sir Lewis (Dieppe, v. 1599—1683), Thomas (Dieppe, v. 1603—après 1641), John et James, il prend TADOUSSAC en 1628, demande que CHAMPLAIN cède QUÉBEC, ce qui lui est refusé, se replie et capture une flotte française d'approvisionnement au large de Gaspé.

Il revient en 1629 et les Français sans ressources capitulent à Québec le 19 juillet. Thomas est responsable du poste en tant que gouverneur. Les frères reçoivent l'ordre de rendre Québec aux Français en 1632, mais David est nommé copropriétaire et devient le premier gouverneur de Terre-Neuve en 1637. Il prend possession de Ferryland, mais, à la suite de conflits avec les pêcheurs et les entreprises de pêche, il est rappelé en 1651 pour répondre à des accusations de détournement de taxes. Emprisonné dans le cadre du procès intenté contre lui pour la prise de Ferryland, il meurt en prison. Un héros, selon certains écrivains anglais, et un pirate aux yeux des Français, Kirke demeure controversé.

James Marsh

Kirkland, ville du Qc; pop. 18 678 (rec. 1996), 17 495 (rec. 1991); superf. 10,34 km²; const. en 1855. Située à 26 km à l'ouest de la ville de Montréal, Kirkland possède une longue histoire, comme la plupart des communautés de l'île de Montréal. Dès 1667, Mathieu Brunet exploite une terre dans la région.

La ville est fondée par un décret émanant du roi de France, Louis XIV, le 29 juin 1711, et qui constitue la paroisse de Saint-Joachim de Pointe-Claire. Une paroisse civile est créée 11 ans plus tard, soit le 3 mars 1722. Le 1er juill. 1845, la paroisse passe sous l'autorité du clergé.

Dans les années 50, Beaconsfield et la ville de Pointe-Claire commencent à croître rapidement et on tente à plusieurs reprises d'incorporer la paroisse à ces deux communautés urbaines. Les résidants de la région résistent et demandent à constituer leur propre ville en 1961. On choisit le nom de Kirkland en l'honneur d'un député de l'Assemblée nationale de la région, le Dr Charles A. Kirkland. La construction de la ROUTE TRANSCANADIENNE dans l'île de Montréal en 1961 amène d'énormes changements dans la ville de Kirkland. En 1968, la compagnie pharmaceutique internationale Merck-Frosst Canada Ltd y déménage afin de bénéficier de sa situation sur l'autoroute. D'autres compagnies pharmaceutiques, comme Burroughs Wellcome et Pfizer Canada, s'y installent par la suite, de sorte que Kirkland est aujourd'hui un centre important de l'industrie et de la recherche pharmaceutiques.

La maison des Lantier, une maison de ferme vieille de 200 ans située dans le parc Héritage, est le centre culturel de Kirkland. La maison est rénovée en 1979 et on y présente régulièrement des expositions d'art et d'artisanat. Plusieurs concerts extérieurs ont lieu dans les parcs de la ville tout au long de l'été. *The Chronicle, Cité Nouvelle*, et *The Suburban* sont les journaux de la région.

Deborah Welch et M. Payne

Kirkland Lake, ville de l'Ont.; pop. 9905 (rec. 1996), 10 440 (rec. 1991), 11 604 (rec. 1986); superf. 270,01 km²; const. en 1972; située à 241 km au nord-ouest de North Bay. Nommée en l'honneur de Winnifred Kirkland, secrétaire au ministère des Mines de l'Ontario, la ville est construite autour d'un lac où l'on a déversé les résidus des mines d'OR qui l'ont rendue célèbre. Bien que sir Harry OAKES ne soit pas le premier prospecteur dans le district au cours de l'été 1911, il est cependant responsable avec d'autres, comme Bill Wright et les frères Tough, de la découverte et de l'exploitation de mines d'or dans les gisements de Lake Shore, de Wright Hargreaves et de Kirkland Minerals, qui favorisent la croissance et la prospérité de la ville durant les années 20 et 30.

Quand la Seconde Guerre mondiale éclate, la population atteint presque 25 000 habitants. Les fluctuations à la baisse du prix de l'or ralentissent par la suite l'économie de la ville, même si le déclin est moins important dans les années 60 et 70, en raison du tourisme et de l'exploitation du minerai de fer. L'exploitation des mines d'or connaît un regain de vie dans les années 80, avec la découverte de nouveaux champs aurifères à Harker (canton d'Holloway) et le forage du puits n° 3 à monte-charge unique de la mine Lac Minerals (division Macassa) jusqu'à une profondeur de plus de 2200 m.

Matt Bray

Kitamaats La bande actuelle des Kitamaats descend de deux groupes de langue haisla: les Kitamaats des chenaux d'amont Douglas et Devastation, et les Kitlopes du chenal Princess Royal et du canal Gardner, en Colombie-Britannique. Entre eux, ils s'appellent respectivement *Haislas* («habitants en aval de la rivière») et *Henaaksialas* («qui meurent lentement»), en référence à leur longévité traditionnelle. Ils ont adopté les noms officiels *Kitamaat* («peuple de la neige») et *Kitlope* («peuple des rochers») utilisés par leurs voisins TSIMSHIANS. Le haisla est la langue la plus septentrionale de la famille linguistique wakashan.

Il n'existe pas de statistiques officielles, mais la tradition autochtone affirme que chaque groupe comptait environ 1000 habitants avant l'arrivée des Européens. Les épidémies et les maladies endémiques transmises par ces derniers déciment leur population et, après l'épidémie d'influenza de 1918, ils sont moins de 300 survivants. Le déclin s'arrête vers 1930 et, dès 1986, la population des deux groupes totalise 1100 habitants. En 1996, la population des Kitamaats est de 1364 (on ignore celle des Kitlopes). Il existe aussi d'autres descendants des Haislas qui ont perdu leur statut d'Indien (*voir* INDIENS, LOI SUR LES).

Contrairement au système social des autres bandes de langue wakashan, celui des Kitamaats et des Kitlopes est un régime de CLAN matrilinéaire, qui prévaut également chez les Tsimshians avec qui les Haislas entretenaient d'étroites relations économiques et sociales. À l'origine, il existe huit clans (Aigle, Castor, Corbeau, Corneille, Épaulard, Saumon, Loup et Grenouille), composés chacun de familles ou de lignées, vivant dans une HABITATION ou plus pouvant loger jusqu'à 30 individus. Les membres de la haute hiérarchie de chaque maison ou lignée forment un conseil de nobles auprès du chef de clan, qui agit lui-même comme conseiller auprès du chef de la bande. Chaque clan gère ses propres terrains à l'intérieur du territoire de la tribu et occupe un village d'hiver indépendant.

Le déclin de la population entraîne l'extinction des clans du Loup et de la Grenouille. Les survivants des autres clans se lient et occupent un village d'hiver en commun et coopèrent économiquement et socialement, notamment pour amasser des biens en vue du POTLATCH. Tout le groupe en vient finalement à habiter le même village, bien que les distinctions et liaisons entre clans demeurent.

De par l'éloignement de leurs villages, situés au creux des chenaux nordiques, les Kitamaats et les Kitlopes sont condamnés à l'isolement jusqu'à ce qu'on établisse une mission et une école à Kitamat dans les années 1890. Aux yeux des missionnaires et des agents du gouvernement, certains aspects flamboyants et spectaculaires de leur culture traditionnelle sont des obstacles à la «civilisation» qui doivent être éliminés. Ils exercent donc des pressions pour qu'ils mettent fin à leurs fêtes, danses et potlatchs. Les maisons communes sont démolies et on interdit aux enfants de parler leur langue maternelle. En même temps, le déclin de la population disperse les clans et les lignées et interrompt la transmission des successions et des titres selon l'ordre social traditionnel. Après plusieurs décennies de tensions et de bouleversements, il émerge une culture qui amalgame des éléments du patrimoine traditionnel et de la culture euro-canadienne. (*Voir aussi* AUTOCHTONES: LA CÔTE DU NORD-OUEST et articles généraux sous la rubrique AUTOCHTONES.)

John Pritchard

Kitchener et Waterloo, villes jumelles du centre sud-ouest de l'Ontario, sont situées à 110 km, au sud-ouest de Toronto. Chacune d'elles conserve sa propre culture politique, mais toutes deux partagent un même cadre historique et ont connu un développement socioéconomique similaire. Kitchener, la plus populeuse des deux (pop. 178 420, rec. 1996), était le chef-lieu de comté (1853) et le centre judiciaire et financier du comté de Waterloo (1853-1973). Elle conserve son influence prédominante au sein de la municipalité régionale de Waterloo (pop. 405 435, rec. 1996) formée en 1973 et qui comprend plusieurs villes et autres communautés, y compris WATERLOO (pop. 77 949, rec. 1996) et CAMBRIDGE.

Peuplement et croissance Ces deux villes font partie à l'origine d'une vaste étendue de terres de plus de 243 000 ha que la Couronne britannique attribue en 1784 à titre de réserve à la bande des Six-Nations. En 1798, ce territoire est divisé en deux, et la zone 2 devient le site du futur canton de Waterloo (1816). Achetée tout d'abord par des spéculateurs, elle est revendue ensuite en 1805 à des MENNONITES de Pennsylvanie. Elle devient le noyau d'une importante colonie de langue allemande, qui s'agrandit à la suite de l'exode d'ALLEMANDS, ouvriers qualifiés, artisans, commerçants, agriculteurs et travailleurs agricoles, poussés hors de leur pays au cours du XIXe siècle. Les deux peuplements se constituent en villages dans les années 1850. Kitchener s'appelle d'abord Berlin, puis est rebaptisé en 1916 en l'honneur du feld-maréchal lord Horatio H. Kitchener.

Les premiers développements des deux communautés sont attribuables surtout à l'esprit d'entreprise et à la forte cohésion de la communauté allemande. Au début du XXe siècle, 70 p. 100 des habitants de Berlin et de Waterloo sont d'origine allemande. La situation géographique de Berlin sur la ligne du GRAND TRUNK RAILWAY favorise aussi sa croissance économique. Un système efficace d'encadrement municipal, qui offre des «primes» au développement industriel et que dirigent des familles germano-canadiennes influentes, ainsi qu'une politique commerciale axée sur l'étiquetage *Made in Berlin* des produits de fabrication contribuent également à la prépondérance industrielle de Berlin, et plus tard de Kitchener, dans la région.

C'est uniquement après 1900 que des investissements et des filiales d'usines provenant de l'extérieur, en particulier dans les secteurs du caoutchouc

et des pièces pour véhicules automobiles, commencent à avoir des répercussions à Kitchener et à Waterloo. En 1910, l'extension jusqu'à Berlin du réseau de transmission de l'électricité bon marché produite à NIAGARA FALLS renforce l'essor industriel de la région. Berlin est d'ailleurs la première ville de l'intérieur de l'Ontario à s'alimenter à cette nouvelle source d'énergie.

En 1960, l'accès direct à l'autoroute 401, la Macdonald-Cartier, a un impact profond grâce à la création de nouveaux parcs industriels à proximité de l'autoroute. La présence de deux universités importantes à Waterloo, l'UNIVERSITÉ DE WATERLOO et l'UNIVERSITÉ WILFRID LAURIER, attire aussi des entreprises dans le domaine de la haute technologie.

Paysage urbain Le pragmatisme plutôt que l'esthétique détermine le site des deux noyaux urbains, construits sur des terrains marécageux non cultivables pour les pionniers mennonites. Les premiers peuplements urbains s'installent le long de la Great Road (plus tard l'autoroute 8) venant de DUNDAS. Toutefois, le développement des industries le long du chemin de fer impose un tracé distinct et discordant aux rues de Kitchener, mais beaucoup moins à celles de Waterloo. Avant l'explosion démographique des années 50, les frontières de la ville n'empiètent que lentement sur les terrains agricoles, sans qu'il y ait d'annexion considérable. Depuis lors, la demande de terrains est devenue insatiable.

Dans les années 1890, les deux villes profitent d'une nouvelle loi pour créer de vastes parcs centraux, le Waterloo Park (1890) et le Victoria Park à Kitchener (1896), qui conservent leur importance dans la vie de chacune. La rivière Grand qui serpente dans la partie est des deux villes doit à son caractère historique et écologique son inclusion au RÉSEAU DES RIVIÈRES DU PATRIMOINE CANADIEN.

Les premières constructions, généralement faites de briques, sont de style régional allemand. Depuis le début du XXe siècle, les styles des constructions résidentielles se sont fondus dans le moule national: bungalows, styles rustique, gothique et Tudor. De sérieux efforts sont mis en œuvre pour ralentir l'érosion des quartiers du centre d'affaires de chaque ville. Waterloo réussit mieux que Kitchener dans cette entreprise, mais on y travaille encore. En 1974, la démolition de l'hôtel de ville de Kitchener, un édifice historique, ravive l'intérêt pour le patrimoine architectural, et les visites historiques à pied sont maintenant un passe-temps répandu. En 1993, l'inauguration du nouvel hôtel de ville de Kitchener, qui remporte un prix, permet d'attirer l'attention sur le centre-ville.

Population Au tournant du XXe siècle, la prédominance de la culture et de la langue allemandes confère à Kitchener et à Waterloo un caractère unique en Ontario. Quand la guerre se déclare en 1914, le flot d'immigrants s'arrête, de sorte qu'en 1941 moins de la moitié de la population se considère d'origine allemande. Cependant, de nouveaux immigrants allemands fuyant la Roumanie, la Yougoslavie, la Pologne et l'ancienne URSS, ou expulsés de ces pays, s'installent à Kitchener et à Waterloo après la Seconde Guerre mondiale.

Dans les années 70, les deux villes célèbrent à nouveau leur ascendance allemande en célébrant chaque année l'*Oktoberfest,* devenu une attraction touristique nationale. Près de 600 000 personnes participent de nos jours à cette fête qui dure une semaine, et le défilé de l'*Oktoberfest* est retransmis par les réseaux nationaux de télévision.

D'autres groupes ethniques (POLONAIS, GRECS, PORTUGAIS, ITALIENS, CHINOIS et ANTILLAIS) de même que des Britanniques apportent aux deux villes une nouvelle composition démographique vraiment multiculturelle, à l'image du pays.

Économie et main-d'œuvre
À l'origine, le développement économique de Kitchener et de Waterloo repose sur les habiletés commerciales et artisanales de sa population d'origine allemande. Ces communautés s'identifient fortement à l'industrie des pièces automobiles; les compagnies de la région fournissent des pièces à tous les grands constructeurs d'automobiles. Budd Canada et Uniroyal Goodrich demeurent les principaux employeurs du secteur manufacturier. Des fabricants de meubles et d'articles en cuir y prospéraient au début du siècle, mais ces secteurs ont fortement décliné depuis, ne laissant que Krug Furniture comme compagnie d'envergure nationale.

À la fin du XXe siècle, de nombreuses entreprises qui existaient depuis longtemps cessent leurs activités, comme la distillerie Seagram (1857) et la brasserie Labatt (années 1870). L'industrie de la chaussure, autrefois importante à Kitchener, est aussi en déclin, bien que l'entreprise Kaufman Rubber soit florissante et demeure un employeur important. Les compagnies Dare Foods et Electrohome Industries demeurent des piliers de la structure manufacturière de l'économie. Les compagnies d'assurance jouent un rôle vital dans la vie économique des deux villes, comme elles l'ont toujours fait, puisque nombre d'entre elles ont leur siège social à Waterloo.

L'U. de Waterloo est le principal employeur et a une énorme influence sur la vie culturelle et économique des deux villes, mais surtout de Waterloo. L'U. Wilfrid Laurier et le Conestoga College figurent également parmi les employeurs importants. En 1991, 26 p. 100 de la main-d'œuvre travaille dans le secteur de la fabrication, tandis que 49 p. 100 travaillent dans le secteur des services et du commerce.

Communications Il existe cinq stations de radio à Kitchener-Waterloo: deux appartiennent à la compagnie ROGERS COMMUNICATIONS INC., deux à CHUM LIMITED et une est indépendante. La station de télévision CKCO date de 1954. En 1993, elle est au nombre des stations intégrées au nouveau réseau national CTV dans le cadre de sa restructuration. En 1996, CKCO signe une entente avec la BATON BROADCASTING INC. Kitchener-Waterloo possède aussi un quotidien, *The Kitchener-Waterloo Record,* qui fait partie de la chaîne de journaux Southam depuis 1989.

Administration et politique Kitchener et Waterloo ont chacune leur propre administration municipale dirigée par un maire et des conseillers élus par section. Jusqu'en 1997, le président de la municipalité régionale de Waterloo était élu par ces conseillers locaux eux-mêmes élus dans leurs municipalités respectives, dont un certain pourcentage siège au conseil régional. Le président est maintenant élu lors d'une élection régionale. Malgré de nombreuses tentatives d'envisager les avantages d'une fusion, les deux communautés en sont venues à accepter le statu quo et à reconnaître que, malgré leur apparente similitude, les deux gouvernements locaux représentent des communautés très différentes.

Vie culturelle À Kitchener-Waterloo, les arts de la scène offrent une riche diversité, forte d'une solide tradition musicale. À cet égard, les deux villes bénéficient grandement des théâtres de ses deux universités ainsi que des églises locales qui, depuis longtemps, accueillent des musiciens. Le Centre-In-The-Square, salle de concert de Kitchener de renommée nationale, abrite l'Orchestre symphonique de Kitchener-Waterloo et la Kitchener-Waterloo Art Gallery. Le Canadian Chamber Ensemble, le Kitchener-Waterloo Philarmonic Choir, le Bach Kantate Singers et Music Alive illustrent la variété des chorales et de musique d'orchestre présentées régulièrement dans les deux villes, sans compter toute une gamme de groupes musicaux, d'artistes individuels, de pièces de théâtre et de comédies musicales qui s'arrêtent au Centre-In-The-Square lors de tournées.

La Galerie canadienne de la céramique et du verre est connue à l'échelle nationale, et Woodside, la maison d'enfance du premier ministre Mackenzie KING, est un LIEU HISTORIQUE national. Le Joseph Schneider Haus Museum et le Doon Heritage Crossroads offrent des interprétations historiques très détaillées sur l'ancien comté de Waterloo.

K.M. McLaughlin

Kitimat, municipalité de district de la C.-B.; pop. 11 136 (rec. 1996), 11 305 (rec. 1991), 11 196 (rec. 1986); superf. 259,59 km²; const. en 1953; située à la tête du canal Douglas, à 110 km à l'est de Prince Rupert. Nommée vers 1837 par la Compagnie de la baie d'Hudson d'après les KITAMAATS («peuple des neiges»), qui habitent à proximité, l'établissement actuel ne remonte qu'au début des années 50.

Historique Même si la compagnie ALCAN crée Kitimat à des fins purement industrielles, son caractère unique réside peut-être dans le fait qu'on y a prévu un développement diversifié. En effet, dans les plans de la ville, on a tenu compte d'une éventuelle croissance et, dès les débuts, les résidents gèrent leurs propres affaires.

On construit l'aluminerie de l'Alcan à la tête du canal Douglas en raison de son port en eau profonde qui donne accès aux marchés mondiaux. La plaine alluviale de la rivière Kitimat fournit un terrain plat pour construire la ville et l'aluminerie. L'immense quantité d'énergie électrique requise pour la fusion de l'ALUMINIUM est fournie par un BARRAGE sur la RIVIÈRE NECHAKO. Celui-ci utilise un tunnel pour détourner les eaux vers l'ouest jusqu'à une gigantesque centrale électrique située à Kemano.

Situation actuelle Même si l'Alcan y possède l'une des plus importantes usines métallurgiques au monde, elle n'est plus l'unique employeur. Le complexe de l'Eurocan Pulp and Paper Co. y joue un rôle économique secondaire. L'usine de méthanol d'Ocelot Chemicals (aujourd'hui Methanex Corp.) y a inauguré la production pétrochimique et y a ajouté une usine d'ammoniac en 1986. Kitimat sert aussi de point de transbordement d'éther méthyltertiobutylique produit à Edmonton, en Alberta.

William A. Sloan

Kittigazuit, site archéologique de Situé à l'embouchure du FLEUVE MACKENZIE, il est, au XIXᵉ siècle, le plus grand village INUIT de l'Arctique canadien. La bande Kittegaryumiut, des INUITS DU MACKENZIE, l'occupe et l'utilise principalement comme camp d'été pour la chasse aux bélugas. Près de 1000 personnes vivent dans le village pendant la saison de la CHASSE À LA BALEINE et jusqu'à 200 kayakistes se joignent à la chasse, qui consiste à refouler les groupes de bélugas vers les bancs de sable du fleuve. Cette méthode permet de tuer des centaines de petites baleines en un seul jour. Pendant l'hiver, une population restreinte reste au village et vit dans de grandes maisons multifamiliales construites de bois de grève et recouvertes de tourbe. Les recherches archéologiques montrent que le village a été utilisé de cette façon pendant cinq siècles. En 1902, la plupart des Kittegaryumiut meurent des suites d'une épidémie de rougeole. Le village est alors abandonné et ne servira plus qu'à l'occasion, comme poste de traite. (*Voir aussi* ARCHÉOLOGIE.)

Robert McGhee

Kives, Philip, dirigeant d'entreprise et spécialiste de la mise en marché (Oungre, Sask., 12 févr. 1929). Garçon de ferme d'origine turque, Kives se découvre jeune une passion pour l'art de la vente. Après avoir terminé l'école secondaire, il se tourne vers la vente itinérante à Winnipeg et dans les foires, colportant des articles aussi loin qu'à Atlantic City, au New Jersey. En 1962, il retourne à Winnipeg et crée la société K-tel International Inc. pour vendre de nouveaux articles de consommation tels que le trancheur d'aliments «Veg-O-Matic» et la «Miracle Brush» ramasseuse de peluches. En 1965, il ajoute une gamme d'albums de grands succès musicaux.

K-tel s'agrandit jusqu'à desservir des marchés dans 34 pays et, au début des années 80, se diversifie dans le secteur du pétrole et du gaz et dans d'autres

entreprises, comme le cinéma. Le succès de Kives réside dans sa capacité d'éliminer les intermédiaires: il vend directement au consommateur par courrier et par sa publicité agressive à la télévision. Kives excelle dans la découverte de produits novateurs (p. ex., des airs classiques repris en version populaire par le Royal Philharmonic Orchestra). L'entreprise ayant dépassé ses possibilités financières, elle est mise sous séquestre au Canada et aux États-Unis en 1984. Ne se décourageant pas, Kives relance K-tel aux États-Unis et en Europe et lance au Canada une nouvelle société, K-5 Leisure Products. En 1987, la réorganisation de K-tel International terminée, la société redevient rentable.

Duncan McDowall

Klee Wyck est un recueil d'esquisses littéraires d'Emily CARR, publié à Toronto en 1941. *Klee Wyck,* nom autochtone donné à Emily Carr et signifiant «celle qui rit», est une œuvre évocatrice qui décrit, avec des détails d'une vivacité frappante, l'influence majeure qu'a eue pour Emily Carr la vie des autochtones de la côte du Nord-Ouest.

La prose claire et poétique de Carr parle de TOTEMS, de villages abandonnés, de personnages autochtones, de dialogues dans un anglais écorché, et de sites naturels, sans tomber dans le sentimentalisme nostalgique, l'analyse sociologique ou le romantisme. On ne peut lire ses écrits sans les comparer à sa PEINTURE: le don de Carr pour l'écriture est certes différent, mais tout aussi grand. Elle arrive à obtenir un effet d'une intégrité remarquable par la traduction minutieuse d'images, perçues par un œil des plus subjectifs, en un discours translucide. *Klee Wyck* a remporté le prix du Gouverneur général pour les études et essais en 1941 et a été traduit en français (Montréal, 1973).

Neil Besner

Klein, Abraham Moses, poète et écrivain (Ratno, Ukraine, 14 févr. 1909—Montréal, 20 août 1972). Un des plus grands poètes canadiens et une personnalité marquante de la culture judéo-canadienne, Klein grandit dans le quartier ouvrier des immigrants juifs de Montréal. Il fait des études en Humanités et en Sciences politiques à l'U. McGill (1926-1930) et, tout en étudiant, il commence à publier des œuvres de poésie et de prose dans des périodiques canadiens et américains. Il s'avère un excellent orateur et débatteur, et participe activement au mouvement de la jeunesse sioniste, Young Judaea, en tant qu'écrivain, rédacteur et pédagogue. Parmi ses amis intimes à l'U. McGill, notons David LEWIS, F.R. SCOTT, A.J.M. SMITH, Leo KENNEDY et Leon EDEL.

Après avoir obtenu son diplôme de la Faculté de droit de l'U. de Montréal (1933), il exerce la profession d'avocat jusqu'à sa retraite en 1956. Rédacteur et principal collaborateur attitré de l'hebdomadaire *Canadian Jewish Chronicle* (1938-1955), il travaille à la même époque comme collaborateur anonyme et conseiller en relations publiques pour Samuel BRONFMAN. Il est chargé de cours en poésie à l'U. McGill (1945-1948) et s'associe au Preview group of Montréal poets. En 1949, Klein se présente, sans succès, comme candidat à la CO-OPERATIVE COMMONWEALTH FEDERATION. Il souffre de dépression nerveuse au début des années 50 et se retire des affaires publiques. Il s'enferme petit à petit dans le silence pour le reste de sa vie.

Une grande partie de la poésie de Klein (*Hath Not a Jew,* 1940; *Poems,* 1944) est imprégnée d'images et d'idées propres à la culture juive. Dans *The Hitleriad* (1944), il laisse libre cours à sa colère contre les Nazis. Son dernier et meilleur recueil, *The Rocking Chair* (1948), trace un portrait satirique du Québec. Enfin, son court roman allégorique, *The Second Scroll,* (1951; trad. *Le second rouleau,* 1990) s'inspire du voyage qu'il a fait en Europe, en Israël et au Maroc en 1949. Klein publie aussi de nombreux articles de journaux, récits, critiques de livres et traductions de l'hébreu et du yiddish. Son œuvre brille par son exubérance linguistique, son esprit, son érudition et sa moralité. Klein passe, à juste titre, pour

avoir été «le premier à faire profiter la langue anglaise de la poésie juive authentique». Ses ouvrages traduisent les sentiments d'une génération qui a été témoin de la destruction des Juifs d'Europe et de la réalisation du rêve sioniste.

Usher Caplan

Klein, George John, ingénieur d'études (Hamilton, Ont., 15 août 1904—Ottawa, 4 nov. 1992). La carrière de cet inventeur, probablement le plus productif au Canada au cours du XXᵉ siècle, s'étend de l'époque «des baguettes en bois tenues par de la ficelle» à l'époque de la navette spatiale. Il travaille au CONSEIL NATIONAL DE RECHERCHES DU CANADA (CNRC) de 1929 à 1969, puis comme consultant après sa retraite. Il conçoit les premières souffleries aérodynamiques du CNRC et entreprend des recherches sur les moyens de fixer des skis à un avion, ce qui le mène à concevoir la motoneige Weasel de l'armée (fabriquée en série aux États-Unis sous le nom de M-29) et, finalement, à étudier la mécanique de la neige, domaine dans lequel il fait autorité. Toute sa vie, il est expert des systèmes d'engrenage.

Pendant la Seconde Guerre mondiale, il crée des systèmes de pointage pour l'artillerie et les mortiers anti-sous-marins. Septuagénaire, il est le principal consultant pour la conception de l'engrenage du BRAS SPATIAL CANADIEN. En 1951, il invente le mât STEM, une antenne radio qu'on peut escamoter sur un enrouleur plat et déployer de nouveau sur commande. Utilisé pour la première fois dans l'espace par le satellite *Alouette 1,* lancé en 1962, le STEM a permis d'accroître la longueur maximale des antennes de satellites de 6 à 45 mètres et a depuis été couramment adopté comme une norme en technologie spatiale.

En 1944-1945, Klein dirige l'équipe qui conçoit la pile expérimentale d'énergie zéro, le premier réacteur atomique à l'extérieur des États-Unis. Ses autres inventions vont d'un fauteuil roulant pour quadriplégiques à une agrafeuse utilisée en microchirurgie pour suturer les vaisseaux sanguins.

Donald J.C. Phillipson

Klein, Ralph, annonceur, homme politique et premier ministre de l'Alberta (Calgary, Alb., 1ᵉʳ nov. 1942). Après une carrière de 10 ans comme personnalité de la radio et de la télévision à Calgary, Klein se présente comme un candidat déterminé à la mairie de Calgary en 1980, et ce, même s'il a très peu de chances de remporter ces élections. Son style prosaïque lui vaut suffisamment de votes pour déranger ses deux puissants adversaires, dont le maire sortant. Son attitude chaleureuse et son sens de l'humour ont plus tard fait de lui l'un des maires les plus appréciés de Calgary. Sa plus grande réalisation en tant que maire est d'avoir amené les Jeux olympiques d'hiver à Calgary en 1988.

Après un flirt de courte durée avec les libéraux provinciaux, le premier ministre de l'Alberta Don Getty persuade Klein de joindre les rangs des conservateurs provinciaux. Klein est élu en 1989 à l'Assemblée législative et est aussitôt nommé ministre de l'Environnement. En décembre 1992, il succède à Getty à titre de chef des tories et de premier ministre, en grande partie grâce à sa solide popularité chez les électeurs des régions rurales de l'Alberta. Aux prises avec une situation économique déplorable laissée en héritage par le gouvernement Getty, il est néanmoins en mesure de dissocier son gouvernement des politiques de son prédécesseur et réussit, grâce à sa popularité, à mener son parti à la victoire aux dépens des libéraux lors des élections provinciales du 15 juin 1993.

Le gouvernement de Klein adopte une loi qui contraint le gouvernement à équilibrer son budget avant 1996-1997. D'importantes séries de coupures dans les dépenses sont effectuées sans trop de résistance de la part d'une population décidée à ce qu'on mette de l'ordre dans ses finances publiques. Au même moment, l'expansion du JEU D'ARGENT géré par le gouvernement s'avère être une manne providentielle. La réduction des coûts ainsi que la génération de revenus, suivis d'une série de surplus budgétaires, a une grande influence sur les gouvernements d'autres provinces qui commencent à imiter le modèle albertain de réduction des dépenses.

Le gouvernement Klein obtient un second mandat le 11 mars 1997, principalement en raison de ses succès économiques et de la popularité de son chef. Relâchant alors les mesures de réduction de la dette, le gouvernement peut ainsi réinvestir dans des programmes tels que l'éducation et la santé.

La plus grande réussite de Klein fut de préserver l'unité de son caucus – un mélange de penseurs libéraux et conservateurs, tout en maintenant un contrôle serré des finances provinciales. Il a su s'entourer de ministres compétents et désireux de réduire la taille du gouvernement, sa dette, et de réinvestir les économies produites sans augmentation fiscale.

Keven Steel

Klibansky, Raymond, philosophe et historien (Paris, 15 oct. 1905). Il fait ses études à Kiel, Hambourg et Heidelberg, où il obtient un doctorat en philosophie en 1928, et, enfin, à l'U. d'Oxford où il termine un M.A. Il exerce successivement les fonctions d'assistant de l'académie de Heidelberg (1927-1933), lecteur au King's College (Londres, 1934-1936) et au Oriel College (Oxford, 1936-1948); lecteur de philosophie de la religion à l'U. de Liverpool (1938-1939). Membre du Foreign office de Londres de 1941 à 1946, il devient finalement directeur des études à l'institut Warburg de Londres (1947-1948). On le retrouve professeur émérite de l'U. McGill, où il est *Frotingham professor* de logique et de métaphysique de 1946 à 1975; professeur invité d'histoire de la philosophie à l'U. de Montréal (1947-1968); président de l'Institut international de philosophie (1966-1969 et président d'honneur depuis 1969); président de la Commission bibliographique de ce même institut.

Docteur *honoris causa* de l'U. d'Ottawa et de l'U. de Marburg, il est aussi membre de la Société royale du Canada, de la Royal Historical Society de Londres et de nombreuses académies nationales et internationales.

Auteur d'une œuvre imposante en histoire de la philosophie médiévale et moderne, Raymond Klibansky s'est fait connaître par une thèse sur Proclus. Spécialiste du néoplatonisme médiéval et renaissant, il est l'éditeur du *Corpus platonicum Medii Aevi* et a été l'éditeur de Nicolas de Cues. Son livre, (*Saturne et la mélancolie*, 1989), écrit en collaboration avec E. Panofsky et F. Saxl, est considéré comme un chef d'œuvre de l'histoire des idées. Engagé dans la promotion des valeurs de tolérance, il a également consacré une part importante de son œuvre à la pensée de John Locke. Éditeur de nombreuses collections, il a fait paraître plusieurs bilans internationaux de la pensée philosophique.

Georges Leroux

Klinck, Carl Frederick, historien littéraire et pédagogue (Elmira, Ont., 24 mars 1908—London, Ont., 22 oct. 1990). Il contribue à intégrer les ÉTUDES CANADIENNES au programme d'étude. Sa *Canadian Anthology* (rédigée en collaboration avec R.E. Watters, 1955, 1974) établit une liste d'œuvres authentiques de poésie, de nouvelles et d'essais critiques. Diplômé du Waterloo College (U. de Western Ontario) et de l'U. Columbia, Klinck enseigne la littérature canadienne dans un contexte américain. La présentation d'œuvres comme *The History of Emily Montague* (1961; trad. *Histoire d'Émilie Montague*) de Frances BROOKE, ROUGHING IT IN THE BUSH (1962) de Susanna MOODIE et WACOUSTA (1967) de John RICHARDSON suscite un intérêt pour les premiers romans canadiens. Ses articles perspicaces et rigoureux du point de vue historique, ainsi que ses ouvrages analytiques sur W.W. CAMPBELL (1943), E.J. PRATT (1947), «Tiger» DUNLOP (1958) et Robert SERVICE (1976) sont complétés à merveille par son travail comme directeur de l'édition de *The Literary History of Canada* (1965,

1976). Il est membre de la Société royale du Canada et Officier de l'Ordre du Canada. La publication posthume de *Giving Canada a Literary History* (1991), dirigée par Sandra Djwa, intègre les idées et les activités de Klinck qui ont eu de l'influence.

Elizabeth Waterston

Klotz, Otto Julius, astronome (Preston, 31 mars 1852—Ottawa, 28 déc. 1923). Avec W.F. KING et E.G. DEVILLE, Klotz est responsable de la mise sur pied de la division d'astronomie du ministère de l'Intérieur ainsi que de la construction de l'observatoire de Cliff Street en 1890. Avec l'aide de King, il ébauche le projet de construction de l'Observatoire fédéral et lui succède à la direction en 1917 après que le poste a été vacant pendant 18 mois. Son travail d'astronome l'amène à effectuer des relevés le long de l'emprise ferroviaire du Canadien Pacifique en Colombie-Britannique en 1885. Il fait partie de l'équipe qui détermine la longitude de Montréal à l'ouest de Greenwich et, en 1903-1904, il prolonge les mesures de longitudes au large de Vancouver, le long du nouveau tracé du câble sous-marin, fermant ainsi la boucle établie plus tôt, qui part de l'Angleterre et va en direction est vers l'Australie.

Malcolm Thomson

Kluane, chaîne des monts Partie la plus à l'est des monts St. Elias, au Yukon, elle s'étend à 350 km au nord-ouest de la rivière Tatshenshini et traverse la frontière qui sépare l'Alaska et le Yukon. La chaîne s'élève la mur sur le côté sud-ouest de la vallée Shakwak, à des altitudes de 2000 à 2800 m et est bordée à l'ouest par une succession de vallées et de plateaux désignés sous le nom de la cuvette Duke. Plusieurs grandes vallées, arrosées par de larges rivières anastomosées, traversent cette chaîne. Bien qu'elle ne soit pas aussi élevée que la chaîne des monts Icefield, située plus à l'ouest, la chaîne des monts Kluane est très accidentée, avec des crêtes étroites en dents de scie, des pentes abruptes et de longs talus d'éboulis. Elle se compose principalement de roches sédimentaires et volcaniques du paléozoïque et du mésozoïque parcourues de failles, dont certaines sont peut-être encore actives.

La forêt d'épinettes (pessière) est courante à une altitude inférieure à 1200 m, mais les pentes plus élevées de la chaîne n'ont pas d'arbres. La faune abondante de la région se compose, entre autres, de grizzlys et d'OURS NOIRS, de loups communs, de mouflons de Dall, de chèvres de montagne, de caribous et d'orignaux. La chaîne se trouve en partie dans le PARC NATIONAL KLUANE et constitue une destination appréciée des randonneurs et des alpinistes.

John J. Clague

Kluane, parc national Créé en 1972, il a une superficie de 22 000 km². Il abrite des sommets jamais escaladés, de vastes champs de glace, des lacs limpides, des GLACIERS et une faune spectaculaire. Niché à l'extrémité sud-ouest du Territoire du Yukon et situé à 150 km à l'ouest de Whitehorse, le parc comprend le MONT LOGAN, point culminant du Canada. Tout autour du sommet irrégulier, culminant à 6050 m, domine la plus grande concentration de champs de glace et de glaciers au monde. Le paysage est constitué de prairies alpines, de toundra et de vallées boisées luxuriantes.

Le parc est bien connu pour sa faune abondante, parmi laquelle on trouve l'écureuil terrestre, le caribou des Selkirks, l'orignal, le grizzli, l'ours noir, le mouflon de Dall et les chèvres de montagne. On compte aussi plus de 170 espèces d'oiseaux, depuis l'aigle royal jusqu'au bruant à couronne dorée. Les archéologues croient que la région aurait été habitée par des humains quelque 30 000 ans auparavant. Plus récemment, les TUTCHONIS y ont pratiqué la chasse. Explorateurs, prospecteurs, alpinistes et chasseurs s'établissent dans la région de Kluane dans les années 1890.

Aujourd'hui, les aventuriers peuvent camper à Kathleen Lakes ou faire de la randonnée, de l'escalade ou de la pêche (juin-août). Le parc est doté d'installations pour le ski de fond, la pêche sur la glace et le camping d'hiver. Les localités avoisinantes de HAINES JUNCTION et de Destruction Bay, le long de la ROUTE DE L'ALASKA, offrent les services de base. Le parc a été déclaré SITE DU PATRIMOINE MONDIAL DES NATIONS UNIES. Le directeur du parc Kluane est aussi directeur du parc national North Yukon, créé en 1984.

Lillian Stewart

Knister, Raymond, écrivain (Ruscom, Ont., 27 mai 1899—Stoney Point, Ont., 29 août 1932). Il étudie quelque temps au Victoria College de l'U. de Toronto, puis suit des cours à l'Iowa State University, à Iowa City (1923-1924). Ses écrits et ses critiques reflètent les nouvelles tendances littéraires. Son expérience en tant qu'agriculteur lui fournit des détails réalistes pour ses récits et son premier roman, *White Narcissus* (1929). Il expérimente plusieurs formes littéraires et rédige de nombreux articles de journaux.

Après avoir séjourné à Montréal (1931-1932), il se voit offrir un poste de direction à RYERSON PRESS, qui avait accepté de publier son roman *My Star Predominant*. Peu avant d'entrer dans ses nouvelles fonctions, il se noie dans le lac Sainte-Claire. *The First Day of Spring and Other Stories,* publié en 1976 par Peter Stevens, est représentatif de ses écrits en prose.

Peter Stevens

Knowles, Dorothy Elsie, artiste (Unity, Sask., 7 avril 1927). Knowles étudie à l'U. de la Saskatchewan, avec Eli BORNSTEIN, puis, en 1962, assiste aux EMMA LAKE ARTIST'S WORKSHOPS (Saskchewan), où Clement GREENBERG encourage son intérêt pour la peinture paysagiste. Son œuvre se caractérise par une touche légère et discontinue, qui rappelle Cézanne, et par des surfaces recouvertes d'une mince couche de peinture, conformément à une suggestion faite par Kenneth Noland. L'intérêt que manifeste Knowles pour l'aquarelle depuis très longtemps la place dans la tradition des paysagistes anglais, très importante en Saskatchewan depuis l'arrivée d'Augustus KENDERDINE, en 1907.

En 1983, l'Edmonton Art Gallery organise une importante exposition de ses œuvres, suivie d'expositions à la Maison du Canada à Londres et à Paris, aux salons d'art de Chicago et de Los Angeles, puis à Vancouver, en 1987. Plus récemment, en 1994, une exposition itinérante préparée par la Mendel Art Gallery de Saskatoon a présenté une rétrospective de ses œuvres.

Ken Carpenter

Knowles, Stanley Howard, politicien (Los Angeles, Calif., 18 juin 1908—Ottawa, 9 juin 1997). Le mieux connu et le plus respecté des députés d'Opposition à la Chambre des communes, Knowles représente la circonscription de Winnipeg Nord-Centre pour la CO-OPERATIVE COMMONWEALTH FEDERATION (CCF) et le Nouveau Parti démocratique (NPD) de 1942 à 1958, puis de 1962 à 1984, misant sur sa connaissance légendaire des règles parlementaires pour promouvoir la justice sociale. Né aux États-Unis de parents venus de Nouvelle-Écosse et du Nouveau-Brunswick, Knowles est élevé dans la ferveur religieuse, dans la tradition du MOUVEMENT SOCIAL GOSPEL de l'Église méthodiste. Jamais il n'oubliera le décès de sa mère des suites de la tuberculose en 1919, ni le congédiement de son père machiniste en 1932. Ces deux incidents l'orientent d'ailleurs vers des études en théologie au United College de Winnipeg et l'incitent ensuite à militer au sein de la CCF à partir de 1935. Il cherche désormais à modifier les lois plutôt qu'à sauver les âmes.

À partir de 1942 (année où il remporte une élection partielle après le décès de J.S. WOODSWORTH), il y parvient en améliorant sa maîtrise des règles procédurières. Durant près de 40 ans, il talonne les gouvernements successifs pour qu'ils généralisent les principes naissants de l'ÉTAT PROVIDENCE. Le DÉBAT SUR LE PIPELINE en 1956 est la manifestation la plus connue de ses talents parlementaires.

La fondation du NPD en 1961 lui donne l'occasion d'affirmer son charisme. Sa carrière politique ébranle sérieusement sa vie personnelle, mais son sens du devoir, sa force de volonté et l'estime qu'il suscite dans la population lui permettent de surmonter plusieurs épreuves, notamment la sclérose en plaques (à partir de 1946), ses problèmes matrimoniaux (à compter des années 50) et un grave accident cérébrovasculaire (1981). Quand il prend sa retraite en 1984, le Parlement, dans un geste de reconnaissance extraordinaire, le nomme officier honoraire de la Chambre des communes, en lui dédiant une place à vie à la table du greffier. On lui décerne l'Ordre du Canada en 1985.

Susan Mann Trofimenkoff

Knudson, George, golfeur (Winnipeg, 28 juin 1937—Toronto, 24 janv. 1989). Adolescent, Knudson commence à jouer au golf au St. Charles Country Club, à Winnipeg, puis il déménage à Toronto. Fasciné par l'élan du golfeur, il entreprend de donner à ce mouvement toute l'efficacité et la constance désirées et il se taille une réputation de superbe frappeur. Il passe dans les rangs des professionnels en 1958 et gagne huit tournois dans le circuit américain. En 1968, il remporte deux tournois consécutifs, l'un à Phoenix et l'autre à Tucson, en Arizona, et il termine deuxième, à un coup du meneur, au prestigieux Tournoi des Maîtres en 1969.

En 1988, il publie *The Natural Golf Swing*, ouvrage didactique consacré à l'analyse de son élan, considéré comme étant le plus parfait par bien des connaisseurs. Il revient brièvement à la compétition dans le cadre du US Senior PGA Tour avant de succomber au cancer. Il a reçu l'Ordre du Canada.

Lorne Rubenstein

Koerner, Leon Joseph, entrepreneur en bois d'œuvre, philanthrope (Nov Hrozenkov, Empire austro-hongrois [Tchécoslovaquie], 24 mai 1892—Vancouver, 26 sept. 1972). Issu d'une éminente famille austro-hongroise d'exploitants forestiers, Koerner est un fondateur de la Convention européenne des exportateurs de bois et a travaillé comme régisseur de l'industrie du bois de la Tchécoslovaquie. Après le morcellement de la Tchécoslovaquie en 1938, Koerner, qui a des ancêtres slaves et juifs, arrive à Vancouver, où trois de ses frères le rejoignent.

En 1939, il achète une scierie fermée à New Westminster. Utilisant des techniques de séchage mises au point en Europe et se servant de ses relations commerciales britanniques, sa société, l'Alaska Pine Co., vend de la pruche du Canada, jusque-là un bois inutilisé en Colombie-Britannique, sous le nom de pin de l'Alaska (pruche occidentale). En 1955, il crée avec sa femme la Thea Koerner Foundation qui continue à fournir de l'aide financière aux études supérieures, aux activités culturelles et créatives et à l'assistance sociale (*voir* FONDATIONS). La Colombie-Britannique est la grande bénéficiaire de l'œuvre philanthropique de Koerner.

Patricia E. Roy

Koffman, Morris, alias Moe, flûtiste, saxophoniste (Toronto, 28 déc. 1928). Un des instrumentistes canadiens les plus populaires, Koffman commence sa carrière comme saxophoniste dans des orchestres de danse à Toronto et, de 1950 à 1955, à New York (avec Sonny Dunham, Jimmy Dorsey, etc.). L'enregistrement de son interprétation à la flûte de «Swinging Shepherd Blues», en 1957, est un succès international. Par la suite, plus de 300 artistes enregistrent cette mélodie.

En tant que musicien et agent, Koffman devient une personnalité importante dans les milieux du jazz, des studios et du théâtre de Toronto. Son orchestre de jazz, qui fait partie du mobilier du restaurant torontois *George's Spaghetti House* de 1956 à 1994, effectue des tournées au Canada et donne des concerts à l'étranger. Plusieurs fois, dans les années 80, le célèbre trompettiste américain Dizzy Gillespie en est l'artiste invité. Koffman joue aussi avec d'autres orchestres de jazz de Toronto, dont le Boss Brass de Rob McConnell.

Ses quelque 25 disques allient polyvalence et sens commercial. Ils associent divers répertoires et styles de jazz, allant du classique *Moe Koffman Plays Bach* (1971) au disco *Jungle Man* (1976) et aux comédies musicales *Music for the Night: A Tribute to Andrew Lloyd Weber* (1991). D'autres sont des enregistrements de jazz comme *One Moe Time* (1986) et *Oop-Pop-A-Da*, dans lequel joue Gillespie (1988). Koffman est nommé officier de l'Ordre du Canada en 1994 et élu au temple Juno de la renommée en 1997.

Mark Miller

Kogawa, Joy Nozomi, poète et romancière (Vancouver, 6 juin 1935). Avec ses parents, elle fait partie des milliers de CANADIENS D'ORIGINE JAPONAISE qui, pendant la Seconde Guerre mondiale, ont été déplacés de la côte de la Colombie-Britannique vers l'intérieur des terres et internés. Elle relate cette expérience dans son roman *Obasan* (1981; trad. *Obasan*, 1989).

Avant la publication d'*Obasan*, Kogawa était surtout connue comme poète, notamment avec *The Splintered Moon* (1967), *A Choice of Dreams* (1974) et *Jericho Road* (1977), trois recueils de poésie dans lesquels elle fait preuve d'une grande maîtrise de l'écriture en vers et laisse transparaître sa préoccupation de plus en plus grande pour ses origines japonaises. Le calme avec lequel l'auteure aborde ces thèmes, sa dignité et la puissance de son style littéraire lui valent de nombreux prix et distinctions. Parmi ses dernières publications, citons un autre recueil de poésie, *Woman in the Woods* (1985), et un livre pour enfants, *Naomi's Road* (1986).

Koje-Do, île située à 40 km au sud-ouest de Pusan, en Corée du Sud. Elle est le lieu d'une série de désordres dans les camps américains de prisonniers de guerre pendant la GUERRE DE CORÉE. Confinés dans des enclos contenant jusqu'à 6000 hommes, et mal surveillés, les 160 000 prisonniers nord-coréens et chinois sont dispersés à l'aide de chars d'assaut après qu'ils eurent capturé le commandant du camp et lui eurent extorqué un «aveu» de traitement inhumain (mai-juin 1952).

Espérant répartir l'administration des prisonniers de guerre entre les puissances des Nations Unies, les Américains demandent l'aide d'unités du Commonwealth britannique, mais sans consulter les gouvernements concernés. Le 25 mai, une compagnie du Régiment royal du Canada (RRC) est donc dépêchée à Koje-Do et aide, sans effusion de sang, à réorganiser une partie du camp et à surveiller des prisonniers. Ottawa, cependant, craignant des répercussions politiques au pays, adresse entre-temps une protestation publique au gouvernement américain, faisant valoir que le gouvernement canadien a pour politique d'assurer que ses troupes demeurent unifiées sous un commandement canadien. Bien que furieuses en privé, les autorités américaines se font accommodantes et, le 8 juillet 1952, les militaires du RRC sont relevés de leurs fonctions auprès des prisonniers de guerre.

Denis Stairs

Kokis, Sergio, romancier et peintre (Rio de Janeiro, Brésil, 6 mai 1944). L'enfance tumultueuse de Kokis le conduit très jeune dans une institution de redressement pour cause de vagabondage. Il parvient pourtant à fréquenter les Beaux-Arts tout en poursuivant des études en philosophie. Impliqué dans des mouvements d'opposition à la dictature dès 1963, il est condamné pour atteinte à la sécurité nationale. Une bourse d'études française lui est heureusement accordée après l'obtention de sa licence en philosophie (1966). Il complète finalement une maîtrise en psychologie et s'installe au Québec en 1969; il travaille d'abord comme psychologue à l'hôpital psychiatrique de Gaspé. Il rejoint Montréal en 1970 et est reçu docteur en psychologie clinique en 1973. Depuis 1975, il est psychologue à temps partiel à l'hôpital Sainte-Justine. À partir de 1973, il étudie à la School of Art and Design du Musée des Beaux-Arts de Montréal et au Centre Saidye Bronfman de Montréal. Il se consacre exclusivement à l'écriture et

à la peinture depuis mai 1997. Son premier roman, *Le Pavillon des Miroirs* (XYZ, 1994) est couronné par le Prix Molson de l'Académie des Lettres du Québec (1994), le Grand Prix du Livre de Montréal (1994), le Prix Québec-Paris (1995) et le Prix Desjardins du Salon du Livre de Québec (1995). Le récit est de type autobiographique et fait alterner une enfance brésilienne difficile et l'exil à l'âge adulte. L'écriture de Sergio Kokis est caractérisée par la mise en scène de mondes diversifiés dont il rend compte à l'aide d'images fortes et colorées. Son second roman, *Negao et Doralice* (XYZ, 1995) a moins d'ampleur que le premier mais suscite le même engouement. Le récit des amours tragiques entre une jeune prostituée et un délinquant mulâtre se déroule dans un climat de violence politique et sociale intense, cependant compensé par les épanchements amoureux des deux héros. Après la publication de *Errances* (XYZ, 1996), moins bien accueilli à cause de la multiplication des digressions scientifiques et philosophiques, Sergio Kokis signe *L'Art du maquillage* (XYZ, 1997), dont le héros est un peintre montréalais reconverti dans une carrière de brillant faussaire. *Un Sourire blindé* (XYZ, 1998) tire sa source de l'expérience de l'auteur en tant que psychologue pour enfants. La thématique du ballottage d'un enfant dominicain émigré à Montréal est traité avec un réalisme dur et teinté d'une critique sociale virulente. En 1999, Sergio Kokis allie ses talents d'écriture et de peinture en publiant *La Danse macabre du Québec* (XYZ, 1999). L'illustration des visages de la mort se fait par l'alternance de tableaux morbides et de poèmes. Sergio Kokis est enfin l'auteur d'un excellent roman d'idées, *Le Maître de jeu* (XYZ, 1999), dans lequel la théorie ne limite pas le dynamisme et la qualité du récit. Il ressort de cette œuvre une réflexion enrichissante sur le mal, la mort et la liberté.

Delphine Le Roux.

Koksoak, rivière D'une longueur de 874 km (jusqu'à la source de la rivière Caniapiscau), elle est la dernière partie d'un réseau hydrographique qui draine une vaste région de 133 000 km², dans le nord du Québec. La branche principale coule en direction nord-nord-ouest et est formée de la rivière Caniapiscau, qui prend sa source dans le lac Caniapiscau, et de son principal affluent, la rivière Swampy Bay. Sa branche la plus à l'ouest est constituée de la rivière aux Mélèzes et de ses affluents, soit la rivière du Gu et la rivière Delay.

Les rivières Caniapiscau et des Mélèzes se joignent pour former la Koksoak, qui coule vers le nord sur une distance de 145 km entre Kuujuak et BAIE D'UNGAVA. Le nom de la rivière vient vraisemblablement d'un mot inuit qui signifie «grande rivière». La Koksoak a plus de 1600 m de large à son embouchure. La construction d'un barrage sur la rivière Caniapiscau a fait tripler la superficie du lac Caniapiscau, et l'eau est déviée vers l'aménagement hydroélectrique de la BAIE JAMES par la GRANDE RIVIÈRE.

James Marsh

Komagata Maru Navire cargo japonais affrété par 376 Punjabis, en majorité des sikhs (*voir* SIKHISME), il part de Hong-Kong en avril 1914 à destination du Canada. À cette période-là, un décret interdit aux ressortissants des Indes orientales d'entrer au Canada s'ils n'y viennent pas directement sans escale, alors qu'en fait aucune compagnie maritime ne fait la liaison directe. Avant que le gouvernement canadien, soumis à de fortes pressions, ne ferme les portes en 1908, quelque 2000 sikhs s'installent en Colombie-Britannique. En 1913, 38 sikhs contestent le décret du passage sans escale et sont admis. Cela en incite d'autres à affréter le *Komagata Maru*.

En mai 1914, à son arrivée à Vancouver, la majorité des passagers sont détenus à son bord pendant deux mois tandis que les officiers de l'immigration s'organisent pour les maintenir en dehors du tribunal et que, après avoir perdu leur cause, leurs chefs négocient les conditions de leur départ. L'arrivée du croiseur RAINBOW de la Marine royale du Canada, le 20 juillet, renforce la pression du gouvernement canadien et, le 23 juillet, le *Komagata Maru* reprend la mer pour Calcutta, où l'attend la police, suspicieuse des intentions politiques des organisateurs. Lors du débarquement, 20 passagers sont tués au cours d'un échange de coups de feu. Cette affaire renforce le sentiment nationaliste indien sans pour autant assouplir vraiment les lois canadiennes de l'immigration.

Hugh Johnston

Komorous, Rudolph, compositeur, bassoniste, professeur (Prague, 8 déc. 1931, naturalisé Canadien en 1974). Komorous étudie le basson à Prague, au Conservatoire d'État (1952-1956) et avec Karel Pivonka à l'Académie des arts musicaux (1952-1956). Il travaille également la composition avec Pavel Borkovec pendant ses études à l'Académie. Il est bassoniste lauréat au Concours international d'exécution musicale à Genève en 1957. Par la suite, il enseigne le basson au Conservatoire de Pékin (Beijing) de 1959 à 1961, puis retourne à Prague (premier basson de l'Opéra national), avant de s'établir au Canada en 1969. En 1971, il devient membre du corps professoral à l'U. DE VICTORIA où il enseigne la composition, la théorie avancée et le basson. Il y fonde ensuite un studio de musique électronique, poursuivant un intérêt qu'il avait découvert pendant son séjour à Varsovie une douzaine d'années plus tôt. Il est ensuite nommé directeur intérimaire du département, puis directeur de ce qui deviendra l'École de musique, avant de devenir directeur de la School of Contemporary Arts de l'U. SIMON FRASER en 1980, poste qu'il quitte en 1996 au moment de sa retraite.

Komorous a créé de nombreuses compositions (beaucoup sur commande), ce qui reflète son incroyable énergie et son grand dévouement. Il a composé, entre autres, deux opéras, des œuvres pour orchestre (*Symphonie nº 3* terminée en 1995, tout comme son *Concerto pour basson et orchestre de chambre*), plusieurs œuvres pour piano et un certain nombre d'œuvres de musique électronique. Il se voit lui-même comme un compositeur d'avant-garde et, selon lui, ses œuvres «doivent toujours être perçues comme un reflet de la vie et non de l'art». En tant que musicien, il a un sens aigu du contexte culturel, et son écriture est influencée par la peinture. Il ressent aussi un fort engouement pour la monodie italienne du XVIIᵉ siècle et la musique de Corelli.

Dans son enseignement, Komorous encourageait particulièrement chez ses étudiants l'acquisition d'une bonne maîtrise technique et l'expression d'un style personnel et authentique. Administrateur efficace et professeur dévoué, Komorous a considérablement contribué au succès des nouveaux compositeurs canadiens, et ses propres œuvres lui ont valu une réputation enviable tant sur la scène nationale qu'internationale. (*Voir aussi* COMPOSITION MUSICALE.)

Bryan N.S. Gooch

Kondiaronk, chef des HURONS des Grands Lacs (1625—Montréal, 2 août 1701). Les Français le connaissent davantage sous le nom de «Le Rat». Établis à Michilimackinac (aujourd'hui Mackinaw City, Mich.) depuis 1671, les Hurons des Grands Lacs se composent d'un groupe de réfugiés hurons (Wendat) et pétuns (Khionontateronons), qui ont fui vers l'ouest lors de la destruction de la HURONIE par les IROQUOIS, en 1649-1650. Même s'ils sont beaucoup moins nombreux que dans la première moitié du XVIIᵉ siècle, les Hurons des Grands Lacs n'en continuent pas moins de jouer un rôle stratégique dans l'alliance franco-amérindienne. Au cours des deux dernières décennies du XVIIᵉ siècle, Kondiaronk se montre en général favorable à cette alliance, dans la mesure où elle sert les intérêts de sa nation. C'est un chef intelligent, rusé et éloquent, aux réparties très vives. Selon le jésuite CHARLEVOIX, Kondiaronk était l'une des rares personnes à pouvoir tenir tête à FRONTENAC lors d'une discussion, et le

gouverneur l'aurait invité à quelques reprises à sa table pour entendre ses répliques sur les sujets les plus divers. Dans les années 1690, qui constituent une période critique pour l'alliance franco-amérindienne, Kondiaronk se révèle un allié important des Français dans leurs efforts pour éviter l'éclatement de leur réseau commercial et militaire dans la région des Grands Lacs. Converti à la religion catholique, il consacre les dernières années de sa vie aux démarches diplomatiques en vue d'établir une paix générale entre les Français, leurs alliés amérindiens et les Iroquois. Considéré comme l'un des principaux artisans de la GRANDE PAIX DE MONTRÉAL, Kondiaronk meurt quelques jours avant la conclusion du traité en faveur duquel il fait un long discours sur son lit de mort.

Alain Beaulieu

Kootenay, lac D'une superficie de 407 km², il est situé à une altitude de 532 m, dans le sud-est intérieur et montagneux de la Colombie-Britannique. Lac long et étroit, coincé entre les chaînes de montagnes SELKIRK et PURCELL, le lac Kootenay consiste en réalité en un élargissement de la rivière Kootenay, laquelle prend sa source dans les Rocheuses et coule en direction du sud vers les États-Unis, avant de bifurquer brusquement vers le nord pour se diriger de nouveau vers le Canada. Le lac s'écoule vers l'ouest en direction de la RIVIÈRE COLUMBIA. La ville de NELSON se trouve sur le bras ouest. En 1808, David THOMPSON visite les lieux, au cours d'une de ses expéditions de traite des fourrures dans les Rocheuses, et trouve la région occupée par les KOOTENAYS. Plus tard, toujours au XIXᵉ siècle, les industries minière et forestière se déplacent dans cette partie de la province. Le lac tire son nom d'un mot kootenay qui signifie «peuple de l'eau».

Daniel Francis

Kootenay, parc national Le parc national Kootenay, créé en 1920, a une superficie de 1406,4 km². Il se trouve sur le versant occidental de la ligne continentale de partage des eaux. S'étirant du nord au sud sur 104 km, il est délimité par BANFF et le PARC PROVINCIAL MONT ASSINIBOINE à l'est, et par YOHO au nord.

Histoire naturelle La masse contiguë de Kootenay, Yoho, Jasper et Banff, à laquelle s'ajoutent plusieurs parcs provinciaux et régions sauvages périphériques, constitue l'une des plus grandes régions protégées au monde et la plus grande des MONTAGNES ROCHEUSES. Ces parcs nationaux et provinciaux forment le site du patrimoine mondial des montagnes Rocheuses canadiennes (*voir* SITES DU PATRIMOINE MONDIAL DES NATIONS UNIES). Du cactus au cèdre rouge (zone humide) de l'Ouest et de la toundra alpine aux forêts de sapins, la végétation étonne par sa diversité. Parmi les grands mammifères du parc, on compte la chèvre de montagne, le mouflon d'Amérique, le wapiti, le cerf-mulet, l'OURS NOIR et le grizzli. On y observe aussi de nombreux petits mammifères et plus de 190 espèces d'oiseaux.

Évolution humaine Les Kootenays habitent la région depuis plus de 10 000 ans. David THOMPSON, cherchant un passage vers le Pacifique, est le premier Européen à explorer les lieux. Bien qu'il n'ait pas parcouru le territoire formant aujourd'hui le parc, il passe l'hiver à Kootenai House, à proximité. On croit que James Sinclair a été le premier Européen à Kootenay (1841).

Installations et services Aujourd'hui, la route de plaisance traverse le parc et offre au voyageur des paysages saisissants de pics enneigés et d'étroits canyons. Dans le parc, il est possible de camper et de nager dans les sources d'eau chaude toute l'année ou de profiter des installations récréatives de plein air.

Maxwell W. Finkelstein

Kootenays Divisés en deux groupes dits du «haut» et du «bas», ils occupent respectivement l'est et l'ouest du plateau où ils vivent. La rivière Kootenay, dans le sud-est de la Colombie-Britannique, le long de laquelle ils établissent leurs villages, est le cœur de

leur territoire ancestral et de leur culture. Elle leur assure plusieurs moyens de subsistance et leur permet de se déplacer. Le terme *Kootenay* est une forme anglicisée d'un mot peigan ou d'un vieux mot kootenay. Le kutenai est une langue isolée (*voir* AUTOCHTONES, LANGUES DES).

Les diverses bandes du haut et du bas Kootenay étaient bien adaptées à leurs milieux naturels respectifs, lesquels différaient quelque peu. Le groupe du haut Kootenay chassait le gros gibier qui y était fort abondant (cerf, caribou, orignal, mouflon et chèvre de montagne), tandis que celui du bas Kootenay vivait du poisson et d'autres ressources aquatiques. Chaque année, la bande du haut Kootenay entreprenait une chasse au bison au-delà de la ligne continentale de partage des eaux, probablement après avoir acquis le cheval. Ces voyages ont renforcé leurs contacts avec les autochtones des Plaines, ce qui leur a fait adopter certains traits culturels des tribus des Plaines, une influence identifiable après 1800 (*voir* AUTOCHTONES: LES PLAINES).

Système social et économique Les terres longeant la rivière Kootenay étaient fragmentées en territoires appartenant aux BANDES ou aux groupes. Le fait de changer de lieu de résidence leur permettait, selon les saisons, d'exploiter diverses ressources économiques. Les hommes pêchaient, chassaient et, au besoin, soignaient les chevaux. Quant aux femmes, en plus d'élever les enfants, elles étaient responsables de la cueillette de racines, de la préparation des aliments, du traitement des peaux et de la confection des vêtements. Le système parental des Kootenays était bilatéral, mais ne comportait pas de lignées ou de CLANS. Les échanges réciproques entre parents constituaient le principal moyen de redistribuer les biens économiques, de s'assurer une certaine protection et de parvenir à un statut social. Lorsque les bandes kootenays résidaient dans leurs villages d'hiver, chacune se mettait sous la direction officieuse d'un homme respecté pour sa richesse et sa générosité. Avec la domestication du cheval, certaines bandes en viennent à compter davantage sur le bison, ce qui favorise l'émergence de chefs plus puissants. Les «Chiens fous», une importante confrérie de guerriers, font office de détachement policier au sein de la bande et pendant la chasse au bison, une coutume probablement empruntée aux tribus des Plaines. D'autres confréries comprennent notamment la société du «Fol Hibou» pour les femmes et des groupes chamanistes comme les sociétés de la Conjuration ou de la Couverture (*voir* CHAMAN).

Activités religieuses Comme on le constate dans leur mythologie, les Kootenays voyaient la Terre comme une île recouverte par la voûte du ciel. La dimension surnaturelle de l'homme est son âme, mais les humains possèdent aussi de nombreux esprits personnels, souvent associés aux rivières et à leurs cascades. Les esprits accordent leurs pouvoirs aux Kootenays qui en font la demande par le biais des «quêtes de vision». Aujourd'hui, les principales cérémonies sont celles de la Conjuration ou de la Couverture et celle de la SUERIE. D'autres rites comprennent la DANSE DU SOLEIL, la danse du geai bleu ainsi que les cérémonies du grizzli, de l'appel du gibier et des premiers fruits.

Bien que l'on ait signalé l'existence de maisons à demi enterrées, le groupe du bas Kootenay habitait généralement des maisons longues recouvertes de nattes, semblables à celles des SALISH, leurs voisins de l'intérieur des terres. En été, ils vivaient dans des abris temporaires de forme conique, recouverts de branches d'épinette ou d'écorce de bouleau. Après l'adoption du cheval, le groupe du haut Kootenay remplace les abris de branches par le TIPI recouvert de peaux.

Aujourd'hui, la majorité des Kootenays du Canada vivent dans les cinq RÉSERVES INDIENNES de Columbia Lake, de Lower Kootenay, de St. Mary's, de Shuswap et de Tobacco Plains. Quoique gravement décimée par les ÉPIDÉMIES des XVIIIᵉ et XIXᵉ siècles, la population des Kootenays commence à se stabiliser vers la fin du XIXe siècle. En 1996, les Kootenays comptent 1033 habitants inscrits. Ils subviennent à leurs besoins par le travail rémunéré et grâce à quelques entreprises tribales. Leurs conseils tribaux s'emploient à améliorer la santé et l'éducation, et participent au mouvement qui tente d'obtenir un règlement favorable des REVENDICATIONS TERRITORIALES touchant leur immense territoire ancestral. (*Voir aussi* AUTOCHTONES: LE PLATEAU et articles généraux sous la rubrique AUTOCHTONES.)

Deward E. Walker, Jr

Kotcheff, William, «Ted», cinéaste (Toronto, 7 avril 1931). Kotcheff étudie la littérature à l'U. de Toronto, entre au réseau anglais de la Société Radio-Canada en 1952 et devient rapidement réalisateur. Il part en Angleterre en 1957, où il réalise de nombreuses productions télévisuelles, fait de la mise en scène au théâtre et réalise ses premiers films. Après avoir tourné *Outback* (1971) en Australie, il revient au Canada pour adapter un roman de Mordecai RICHLER, qui raconte l'histoire d'un jeune juif montréalais ambitieux. À l'époque, APPRENTICESHIP OF DUDDY KRAVITZ (1974; v.f. *L'apprentissage de Duddy Kravitz*) est le film le plus coûteux financé par des intérêts privés jamais produit au Canada. Le film ne sacrifie cependant pas l'intégrité artistique aux questions d'argent. Par la suite, la plupart de ses films sont produits aux États-Unis. Il revient au Canada pour adapter un autre roman de Richler, *Joshua Then and Now* (1985).

Beaucoup de ses films sont des comédies qui remportent un grand succès commercial. Tel est le cas de *Fun with Dick and Jane* (1977; v.f. *Touche pas à mon gazon*), de *Who is Killing the Great Chefs of Europe?* (1978; v.f. *La grande cuisine ou l'art et la manière d'assaisonner les chefs*), de *Switching Channels* (1988; v.f. *SCOOP*) et des deux films intitulés *Weekend at Bernie's* (1989 et 1993; v.f. *Week-end chez Bernie*). Il réalise aussi *First Blood* (1982; v.f. *Le dévastateur*), le premier film dans lequel Sylvester Stallone interprète le rôle de Rambo.

Piers Handling

Kouchibouguac, parc national Créé en 1969, il a une superficie de 238 km². Il est situé sur la côte est du détroit de Northumberland, au Nouveau-Brunswick, et représente un délicat mélange de plages, de dunes et de marais salés, le tout encadré par une forêt maritime mixte. Un système d'îles-barrières, long de 25 km, abrite les lagunes calmes contre la mer souvent violente.

Lillian Stewart

Kraatz, Victor (*voir* BOURNE, Shae-Lynn)

Kraft, Norbert, guitariste classique (Linz, Autriche, 21 août 1950). Arrivé au Canada en 1954, il n'entreprend l'étude de la guitare classique qu'à l'âge de 17 ans, ce qui ne l'empêche pas de devenir l'un des meilleurs guitaristes au monde. Il est le premier Nord-Américain à remporter le premier prix du prestigieux Concours international de guitare Andrés Segovia, tenu à Palma de Majorque, en Espagne. Kraft gagne aussi le Grand Prix du concours national de Radio-Canada en 1979. Il enregistre avec l'Orchestre symphonique de Winnipeg et le Boston Pops, et joue avec nombreux autres orchestres symphoniques partout au Canada.

Kraft a été professeur de guitare à la faculté de musique de l'U. de Toronto, et a rédigé et compilé de nombreuses publications musicales, parmi lesquelles la série de répertoires gradués officiels du Royal Conservatory of Music. Il est président des concours du Festival international de guitare à Toronto et commence à enseigner à la Manhattan School of Music en 1991.

D'arcy Greaves

Krajina, Vladimir Joseph, scientifique et pédagogue (Slavonice, Autriche-Hongrie [République tchèque], 30 janv. 1905—Vancouver, 31 mai 1993). En 1927, il reçoit avec très grande distinction son doctorat de l'U. Charles, à Prague, dont il fait partie du personnel jusqu'en 1948. Il interrompt ses études en botanique pendant la Seconde Guerre mondiale. En tant que dirigeant d'un mouvement clandestin de résistance tchèque, il s'occupe de recueillir des renseignements et de les transmettre au British War Office. Ces services lui valent de hautes distinctions militaires et civiles.

Élu au parlement tchèque en 1945, il est obligé de chercher refuge à l'étranger en 1948 lors de l'arrivée des communistes au pouvoir. Il émigre avec sa famille au Canada et se joint au Département de botanique de l'U. de la Colombie-Britannique, où il restera jusqu'à sa retraite, en 1973. Sa principale réalisation est la mise au point d'un système de classification des végétaux axé sur l'écologie, maintenant d'usage courant (*voir* VÉGÉTATION, RÉGIONS DE). Son esprit d'initiative, qui mène à la création de plus de 100 réserves écologiques au Canada, est aussi largement reconnu. Des prix scientifiques et des diplômes honorifiques (doctorat ès sciences et doctorat en droit), entre autres distinctions, ont également souligné la valeur de son travail. Il est en outre devenu Membre de l'Ordre du Canada en 1981.

Clayton O. Person

Krall, Diana Jean, chanteuse et pianiste de jazz (Nanaimo, C.-B., 16 nov. 1964). Elle quitte Nanaimo pendant son adolescence pour aller au Berklee College of Music, à Boston. Elle apprend ensuite le piano avec Alan Broadbent et Jimmy Rowles à Los Angeles et avec Don THOMPSON à Toronto. Pendant cette période, elle est pianiste de jazz et chante à l'occasion quand sa prestation dans les bars l'exige, mais, après s'être établie à New York en 1990, elle commence graduellement à chanter plus qu'elle ne joue et puise dans le répertoire des chansons populaires à succès des années 30 et 40. Après ses deux premiers disques compacts, *Steppin' Out* (1993) et *Only Trust Your Heart* (1995), son troisième album, *All For You* (1996), un hommage au pianiste et chanteur américain Nat King Cole, la consacre comme l'une des jeunes chanteuses de jazz les plus populaires du monde. Il se vend à plus de 200 000 exemplaires, vaut à Krall d'être en lice pour un prix Grammy comme meilleure chanteuse de jazz et lui attire des invitations à des festivals et à des salles de concert de l'Amérique du Nord, de l'Europe et du Japon. En 1997, elle lance un quatrième album, *Love Scenes,* dont le style d'interprétation est intimiste. Sa voix, tantôt sensuelle et tantôt espiègle, est accompagnée d'une musique simple mais enlevante.

Mark Miller

Kraus, Greta, claveciniste, pianiste et professeure (Vienne, Autriche, 3 août 1907—Toronto, 23 mars 1998). Elle entre à l'Académie de musique de Vienne en 1923 et reçoit un diplôme de professeur de musique en 1930. Ses principaux professeurs ont été Hans Weisse et Heinrich Schenker. Elle fait ses débuts en qualité de claveciniste soliste en 1935 dans un récital-causerie pour la Société Bach de Vienne. Elle vient au Canada en 1938 et, l'année suivante, elle s'établit à Toronto, où elle devient rapidement une claveciniste recherchée comme soliste et chambriste, tant sur scène que sur les ondes de la Société Radio-Canada. Spécialiste de la musique de J.S. Bach, Kraus fonde le Toronto Baroque Ensemble (1958-1963) et enregistre avec Robert Aitken trois sonates pour flûte de Bach. Son exécution enregistrée de la *Fantaisie chromatique et Fugue* (Hallmark RS-5, 1954) témoigne de sa riche imagination.

À titre de pianiste, elle collabore avec la soprano Lois MARSHALL lors d'une mémorable audition du cycle *Die Schöne Müllerin* de Schubert à la Hart House de Toronto (1979) et d'un cycle de lieder de Hugo Wolf à l'U. de Toronto (1981). Professeure dynamique de lieder et de musique de chambre, elle enseigne le clavecin, l'accompagnement et l'interprétation de la musique baroque au CONSERVATOIRE ROYAL DE MUSIQUE de 1943 à 1969 et à l'U. de Toronto de 1963 à 1976.

Elle est citée par l'Ontario Confederation of University Faculty Associations pour «contribution exceptionnelle à l'enseignement universitaire» en 1973, est nommée «femme exceptionnelle de la province d'Ontario» en 1975 et reçoit la Toronto Arts Award en 1990 ainsi que l'Ordre de l'Ontario en 1991. En 1993, elle reçoit l'Ordre du Canada.

William Aide

Kreiner, Kathy, skieuse alpine (Timmins, Ont., 4 mai 1957). Elle commence à skier à l'âge de 3 ans, participe à des compétitions à 7 ans et prend part à la Coupe du monde à 14 ans. En 1974, elle remporte sa première Coupe du monde à Pfronten, en Allemagne de l'Ouest. Lors des Jeux olympiques de 1976, elle remporte la seule médaille d'or du Canada pour l'épreuve de slalom géant. Cet exploit lui vaut d'être nommée athlète féminine canadienne de l'année en 1976. Elle est aujourd'hui analyste pour les émissions sportives du réseau anglais de la Société Radio-Canada.

Murray Shaw

Kreisel, Henry, romancier, professeur et administrateur (Vienne, Autriche, 5 juin 1922). Il est l'un des premiers à faire profiter la littérature canadienne moderne de son expérience d'immigrant. Il s'inspire de sa connaissance personnelle du fascisme qui sévit en Autriche avant la Seconde Guerre mondiale et décrit avec émotion l'angoisse vécue par les juifs autrichiens. En 1938, il quitte l'Autriche pour l'Angleterre, où il est interné pendant 18 mois. Après des études à l'U. de Toronto, il commence à enseigner à l'U. de l'Alberta en 1947, où il fera carrière. Il est vice-recteur de 1970 à 1975 et reçoit, en 1975, le titre de professeur distingué.

Dans les deux romans de Kreisel, le sentiment de sécurité qui prévaut au Canada tranche avec l'agitation qui règne en Europe. Dans *The Rich Man* (1948), un immigrant retourne à Vienne après avoir modestement réussi à Toronto et découvre que son désir de s'enrichir déçoit sa famille autrichienne désespérée. *The Betrayal* (1964) examine les sentiments de culpabilité et de vengeance chez un homme qui a échappé aux Nazis et retrouve à Edmonton celui qui l'aurait trahi. *The Almost Meeting* (1981) est un recueil de nouvelles dont l'action se situe tantôt au Canada, tantôt en Europe. Enfin, le journal de son internement et d'autres textes autobiographiques ont été réunis, avec des essais sur son œuvre rédigés par huit critiques, dans *Another Country: Writings By and About Henry Kreisel* (1985). Il est nommé Officier de l'Ordre du Canada en 1988.

Thomas E. Tausky

Krieghoff, Cornelius David, peintre (Amsterdam, Hollande, 19 juin 1815—Chicago, Ill., 8 mars 1872). Les tableaux pittoresques de Krieghoff ayant pour thème les Canadiens français, la vie sportive ou les autochtones ont fasciné plusieurs générations. D'ascendance allemande, Krieghoff passe sa jeunesse à Düsseldorf et à Schweinfurt, en Allemagne, puis étudie à la Düsseldorf Academy, célèbre pour ses peintres de genre. En 1835 ou en 1836, il immigre en Amérique avec son frère, Ernst, et prend part à la guerre contre les Séminoles, en Floride, aux côtés des Américains. À New York, il fait la connaissance de Louise Gauthier (ou Gautier) de Boucherville (Québec), et, en 1840, le couple déménage à Montréal, où Krieghoff travaille comme musicien et peintre. En 1842-1843, il est à Rochester, dans l'État de New York, puis va étudier à Paris en 1844.

De 1845 à 1849, Krieghoff vit à LONGUEUIL, un village situé sur la rive sud du Saint-Laurent, en face de Montréal. Il a toujours son atelier à Montréal, où il s'impose comme un artiste important. Ses tableaux sur la vie des habitants de la région marient humour, anecdote, ironie et couleurs éclatantes. Dans un de ses tableaux, typique de son œuvre, il représente avec un humour froid un prêtre tyrannique faisant la morale à ses paroissiens, surpris en train de manger de la viande pendant le carême. Dans d'autres œuvres, des hommes trichent aux cartes, des amoureux flirtent par un soir d'hiver, des voisins font des commérages, des autochtones se saluent le long d'une rivière gelée tandis que des gentlemen de

Montréal sont emportés dans de beaux traîneaux. Toutes les toiles de Krieghoff se lisent comme des récits fascinants. En 1849, il déménage avec sa famille à Montréal, où il continue à peindre, mais il vend peu de tableaux.

Krieghoff s'installe à Québec, vraisemblablement en 1853, sur les instances de John Budden, dont la compagnie de vente aux enchères vend ses toiles. Durant 11 ans, il fraternise avec l'opulente association sportive de riches marchands de bois, d'officiers de l'armée et d'hommes d'affaires de Québec et peint de nombreuses toiles aujourd'hui célèbres. *Merrymaking* représente une fête très animée, pendant l'hiver, dans une auberge campagnarde. D'autres tableaux illustrent des scènes hivernales de parties de chasse ou de voyages en traîneau et des excursions de pêche en automne. Son œuvre comporte aussi des paysages avec des chutes pittoresques et des groupes d'autochtones dans la forêt. La vie des «habitants» est le thème de tableaux comme *Spill My Milk!,* dans lequel une jeune fille se fait réprimander pour sa négligence. Dans *Bilking the Toll,* des jeunes à bord d'un traîneau de course échappent à un vieux gardien incapable de percevoir les frais de péage. Par ailleurs, Krieghoff est chargé de peindre des toiles pour la chambre de la nouvelle Assemblée législative du Québec.

L'artiste quitte Québec à la fin de 1863 ou au début de 1864 et vit à Paris et à Munich, où il peint de nouvelles versions de ses toiles canadiennes. Il fait un séjour à Québec, en 1867, et s'y réinstalle en 1870. Ses anciens protecteurs, les officiers de la garnison, sont retournés en Angleterre, et il ne peut pas reprendre son ancienne vie insouciante. Krieghoff rejoint sa fille à Chicago à la fin de 1871 et y meurt subitement. Ses 2000 toiles aux thèmes populaires, anecdotiques ou folkloriques apportent une nouvelle couleur à la peinture canadienne, et ses contemporains ne parviennent pas à surpasser son romantisme pittoresque.

J. Russell Harper

Kroetsch, Robert, écrivain, rédacteur et professeur (Heisler, Alb., 26 juin 1927). Il grandit dans la ferme de son père et fait ses études à l'U. de l'Alberta et à l'U. de l'Iowa. Il enseigne ensuite à la State University of New York (à Birghamton) jusqu'à la fin des années 70. Au cours de la même période, il écrit une série de romans dont l'action se situe essentiellement en Alberta, ce qui lui vaut de voir sa notoriété s'accroître auprès de la critique.

Son premier roman, *But We Are Exiles* (1966), est une histoire sérieuse dans laquelle manque l'énergie joyeusement grivoise de ses dernières œuvres. Son thème principal, le chaos dionysiaque opposé à l'ordre apollinien, y est présent même s'il ne l'exploite pas de façon convaincante. Dans *The Words of My Roaring* (1966), il commence à utiliser la rhétorique des histoires invraisemblables propres aux tavernes des Prairies. THE STUDHORSE MAN (1969; trad. *L'étalon,* 1990), qui lui vaut le prix du Gouverneur général, et *Gone Indian* (1973) remettent en cause les conventions du roman réaliste de manière hilarante. *Badlands* (1975; trad. *Badlands,* 1985), où triomphe le comique, pourrait passer pour une œuvre de fiction féministe compte tenu des questions qu'elle soulève sur les comportements masculins et du mode de narration adopté.

En 1975, Kroetsch publie ses deux premiers recueils de poésie, *Stone Hammer Poems* et *The Ledger.* Ce dernier ouvrage, avec *Seed Catalogue* (1977), *The Sad Phoenician* (1979) et *Sketches of a Lemon* (1981), sont parties intégrantes de *Field Notes* (1981), un «poème continu» dans lequel l'auteur s'interroge sur les questions de genre et sur la possibilité d'écrire de la littérature dans le Nouveau Monde. *Advice to My Friends* (1985), le second volume de *Field Notes,* est suivi d'*Excerpts From the Real World* (1986) et de *Spending the Morning on the Beach,* qui paraissent dans une nouvelle édition spéciale de *Seed Catalogue* (1986). Il ne délaisse cependant pas complètement

l'écriture romanesque, puisqu'il publie *What the Crow Said* (1977), dans lequel il expérimente le réalisme magique, et *Alibi* (1983), premier volume d'une trilogie.

Certains textes, qui auraient pu être intégrés à l'ensemble de son œuvre de poésie, paraissent dans des publications passagères. Cependant, Kroetsch a déclaré avoir réuni tous ses poèmes «dans un seul volume, dont le titre fait allusion à la notion de «poésie complète» tant redoutée du mouvement postmoderne», intitulé *Completed Field Notes: The Long Poems of Robert Kroetsch* (1989). Publié près de dix ans après *Alibi,* l'œuvre *Alibi, The Puppeteer* (1992) se joue admirablement des conventions propres à la suite romanesque: l'auteur reprend divers personnages du roman antérieur en faisant mine de s'enquérir de ce qu'ils sont devenus après les avoir perdus de vue. Le roman témoigne de son intérêt renouvelé pour le genre et permet d'espérer la publication d'autres romans.

Kroetsch a fait la synthèse d'une nouvelle théorie littéraire: par le biais d'entrevues et d'essais, il a encouragé une réflexion critique sur l'écriture contemporaine. L'un des exemples les plus significatifs de cette réflexion critique reste *Labyrinths of Voice: Conversations with Robert Kroetsch* (1982), dans lequel il s'entretient avec Shirley Neuman et Robert Wilson sur de nombreux sujets. *Open Letter* (1983) regroupe ses ouvrages critiques et publie un numéro spécial consacré à son œuvre (1984). Sa critique rejoint un public plus vaste dans *The Lovely Treachery of Words: Essays Selected and New* (1989).

En tant qu'enseignant à l'U. de Calgary et à l'U. du Manitoba pendant les années 70 et 80, puis à la Saskatchewan Summer School of the Arts, et en tant qu'écrivain, il a profondément influencé ce qui s'est récemment écrit dans les provinces des Prairies et ailleurs. La poésie de Kroetsch a fait l'objet de deux ouvrages critiques: *On the Edge of Genre* de Smaro Kamboureli et *That Art of Difference* de Marina Jones.

Douglas Barbour

Krol, Joseph, dit «Joe King», joueur de football (Hamilton, Ont., 20 févr. 1919). D'abord joueur collégial à Windsor, il contribue ensuite à la conquête du titre intercollégial de 1939 par les Mustangs de l'U. de Western Ontario. Il fait partie des Wildcats d'Hamilton, gagnants de la Coupe Grey en 1943 et finalistes en 1944, avant de passer aux ARGONAUTS DE TORONTO, qu'il mène à trois conquêtes consécutives de la Coupe Grey (1945-1947). Il forme, avec le receveur Royal Copeland, un duo toujours dangereux qu'on surnomme «the gold dust twins». Excellent dans les courses au sol, Krol est aussi un botteur redoutable. Lorsque les Argonauts remportent la Coupe Grey contre Winnipeg, en 1947, tous les points des vainqueurs résultent de passes et de bottés réalisés par Krol. Il prend sa retraite après 1952, mais revient au jeu en 1955 à titre de botteur des Argonauts.

Frank Cosentino

Ksan Reconstitution d'un village gitksan (TSIMSHIANS) situé au confluent des rivières Skeena et Bulkley à Hazelton, en Colombie-Britannique, là où des villages d'Indiens ont existé pendant des millénaires. Ksan, qui est le nom gitksan pour la RIVIÈRE SKEENA («rivière des brumes»), est le fruit d'un projet conjoint entre Gitksans et non-autochtones visant à résoudre les problèmes sociaux et économiques de la région en encourageant une meilleure compréhension de la culture indienne locale et en faisant revivre ses traditions artistiques. En 1958, l'Association de la bibliothèque d'Hazelton amasse 10 000 dollars pour la reconstruction de la Skeena Treasure House pour y exposer les vêtements cérémoniels prêtés par plusieurs chefs gitksans de la région. À la suite de la décision du comité bénévole de planification de construire une réplique d'un village autochtone du début du XIXe siècle, les travaux débutent en 1968 grâce au soutien financier de l'Association de Ksan et des gouvernements provincial et

fédéral. Ksan est officiellement inauguré le 12 août 1970. Les bâtiments, modelés sur les maisons communales aux façades peintes, comptent une école et un atelier de sculpture, une boutique de sculptures et d'artisanat des Gitksans et des PORTEURS, ainsi qu'un musée exposant les objets et vêtements rituels des chefs entre les cérémonies (*voir* POTLATCH). Une maison du clan du Loup du XIXe siècle disposée pour une fête rituelle (HABITATION) et une maison préhistorique du clan de la Grenouille exposant divers objets représentent des activités traditionnelles.

Certains bâtiments du village Ksan sont ouverts toute l'année et, en été, on y offre des visites guidées et des spectacles de danse. Dans les villages gitksans situés près de Ksan, les visiteurs peuvent admirer certains des plus anciens TOTEMS se dressant encore dans leur milieu d'origine et en apprendre davantage sur l'histoire locale. (*Voir aussi* AUTOCHTONE DE LA CÔTE DU NORD-OUEST, ART.)

V. Jensen et J.V. Powell

Kubálek, Antonín, pianiste, professeur, (Libkovice, Tchécoslovaquie, 8 nov. 1935, naturalisé Canadien en 1974). Kubálek étudie le piano avec Otakar Heindl, puis avec Oldrich Kredba au Conservatoire de Prague (1952-1957) et avec Zdenek Jílek et Frantisek Maxián à l'Académie de musique (1957-1959). Il enseigne au Conservatoire de Prague (1961-1968), se produit en public et enregistre sous l'étiquette tchèque Supraphon.

Il s'installe au Canada en 1968, donne son premier récital canadien l'année suivante au Walter Hall (U. de Toronto). Il s'agit de la première d'une série de prestations en tant que soliste avec le TORONTO SYMPHONY ORCHESTRA. Il a depuis donné de nombreux récitals dans toute l'Amérique du Nord et outre-mer, en plus de participer à des émissions radiophoniques de la Société Radio-Canada en tant que commentateur, soliste et accompagnateur pour des instrumentistes et des chanteurs (ses principaux partenaires étant Victor Braun, Lois MARSHALL et Roxolana Roslak). En 1974-1975, il présente l'intégrale des sonates pour piano de Mozart dans le cadre d'une série à Toronto et il reprend le cycle au St. Lawrence Centre, également à Toronto, en 1986.

Kubálek retourne dans la République tchèque pour la première fois en 1991, où il donne une série de récitals et participe à une émission de radio en direct. Il retourne en Europe à l'automne 1993 et à nouveau à l'automne 1996.

Son répertoire est très vaste, couvrant le répertoire classique allemand habituel de même que la musique tchèque romantique et du début du XXe siècle, sans compter les œuvres de compositeurs canadiens contemporains. Au fils des ans, il a interprété pour la première fois plus de 25 œuvres de compositeurs canadiens, dont Walter Buczynski, Chan Ka Nin, Rudolph KOMOROUS, Milan Kymlicka et Marjan Mozetich, et il en a enregistré plusieurs sur disque.

Kubálek est l'un des pianistes canadiens qui a le plus enregistré. Au milieu de 1996, il avait déjà participé à une douzaine de disques compacts sous l'étiquette américaine Dorian, dans le répertoire connu de Brahms, Schubert, Schumann et Tchaïkovsky, de même qu'enregistré des œuvres moins connues de ses compatriotes Dvorák, Janácek, Smetana et Suk. Il a rédigé des notes de programmes et agi en tant que producteur pour l'enregistrement d'autres artistes sous l'étiquette Dorian. Il a également participé à d'autres disques publiés sous les étiquettes Arabesque, CBC Records, Citadel, Golden Crest, Genesis, Centrediscs et Melbourne. Son enregistrement de la *Sonate Opus 2* de Korngold en 1973 (Genesis, réédition sur disque compact par Citadel) a été réalisé par Glenn Gould.

Kubálek vit toujours à Toronto et est membre du corps professoral du CONSERVATOIRE ROYAL DE MUSIQUE et de la Faculté de musique de l'U. de Toronto. Il donne souvent des cours de maître, des séminaires et des séances de formation dans diverses universités d'Amérique du Nord, et on fait appel à lui pour siéger à divers jurys de concours nationaux et internationaux.

Rick MacMillan

Kudelka, James, chorégraphe et danseur (Newmarket, Ont., 10 oct. 1955). Reconnu sur la scène internationale comme le chef de file des chorégraphes de ballet canadiens de sa génération, il développe un style original qui puise à la fois dans les mouvements du ballet classique et de la danse moderne, produisant des œuvres d'une puissance émotionnelle inégalée. Kudelka est l'un des rares chorégraphes contemporains à travailler à partir de partitions d'œuvres symphoniques majeures, comme la *Pastorale* (1990) pour le BALLET NATIONAL DU CANADA. Il est extraordinairement habile pour créer des chorégraphies d'ensemble efficaces de même que des solos et des duos de grandes expressivité et originalité, tels que *Fifteen Heterosexual Duets* (1991) qu'il conçoit pour le TORONTO DANCE THEATRE. Bien que ses chorégraphies soient souvent lyriques, elles peuvent tout aussi bien être violentes et percutantes. Kudelka aborde notamment des sujets aussi délicats que les dysfonctions sexuelles et familiales, comme on peut le voir dans *The Miraculous Mandarin* (1993) et dans *Spring Awakening* (1994), toutes deux créées pour le Ballet national du Canada.

Encore étudiant à l'ÉCOLE NATIONALE DE BALLET, Kudelka crée ses premières chorégraphies, travail qu'il poursuit alors qu'il est premier danseur au Ballet national du Canada, de 1972 à 1981. Nommé ensuite chorégraphe résident pour la compagnie, de 1980 à 1982, il attire de plus en plus l'attention de la critique sur ses œuvres franchement dramatiques telles *A Party* (1976) et *Washington Square* (1979). Kudelka s'éloigne quelque peu de ce style après son entrée dans les GRANDS BALLETS CANADIENS, en 1981, et crée des œuvres qui reçoivent un bon accueil, entre autres *In Paradisum* (1983) et *Alliances* (1984).

À titre de chorégraphe résidant pour les Grands Ballets de 1984 à 1990, il continue d'enrichir le répertoire de la compagnie de façon régulière tout en travaillant pour d'autres troupes au Canada et à l'étranger, notamment Dancemakers, Les Ballets Jazz, Montréal Danse, le Joffrey Ballet, le San Francisco Ballet et l'American Ballet Theatre. En 1992, il fait un retour au Ballet national du Canada à titre d'artiste résidant, poursuit son travail de création pour la compagnie ainsi que pour d'autres et danse à l'occasion des rôles de composition. Quelque temps avant d'être nommé directeur artistique du Ballet national en juin 1996, il met en scène une production somptueuse de *Casse-Noisette*. Par la suite, il présente des ballets à un acte tels que *Cruel World* et *Terra Firma*, créés à l'origine pour d'autres compagnies, et réalise une chorégraphie sur un arrangement à succès des *Quatre saisons* de Vivaldi.

Michael Crabb

Kuerti, Anton Emil, pianiste, professeur et compositeur (Vienne, Autriche, 21 juill. 1938). Kuerti commence à jouer comme soliste avec le Boston Pops Orchestra dès l'âge de neuf ans. Il poursuit ses études aux instituts Peabody, Cleveland et Curtis, joue avec tous les grands orchestres nord-américains et donne des récitals dans la plupart des grandes villes d'Amérique du Nord et d'Europe avant de déménager au Canada en 1965.

Kuerti est l'un des plus grands pianistes du Canada et son répertoire comprend notamment les œuvres de Beethoven, Schumann, Mozart, Brahms, Schubert, Scriabine et Bach. Très individualiste, il s'abstient de demander de gros cachets et joue souvent dans de petits centres, toujours sur son propre piano transporté dans un coffre fait sur mesure. En 1976, il remporte un prix Juno pour son enregistrement des 32 sonates de Beethoven.

Professeur à la Faculté de musique de l'U. de Toronto (1965-1989), Kuerti encourage de nombreux jeunes pianistes prometteurs. Comme interprète international, il exécute en première certaines de ses com-

positions de même que celles d'Oskar MORAWETZ et de S.C. ECKHARDT-GRAMATTÉ. Il est aussi l'instigateur de concerts particuliers et de festivals, dont le Festival of Sound de Parry Sound (Ontario), qu'il lance en 1980 et dont il s'occupe jusqu'en 1985. En 1986, il donne un concert consacré aux œuvres de Beethoven au Massey Hall de Toronto avec l'Orchestre symphonique de Kitchener-Waterloo et enregistre cinq concertos de Beethoven avec l'Orchestre symphonique de Toronto.

Kuerti entre en politique active et se présente, sans succès, comme candidat néo-démocrate aux élections fédérales de 1988. Au Canada, la critique reconnaît sans réserve que ce pianiste est le meilleur après Glenn GOULD.

Mabel H. Laine

Ku Klux Klan (du grec *kuklos* qui signifie cercle) Fraternité secrète d'extrême droite qui vise à imposer la suprématie de la société protestante anglo-saxonne. Fondé à Pulaski, dans le Tennessee, en novembre 1865 par six anciens militaires de l'armée confédérée, le Ku Klux Klan (KKK) est interdit en 1871 à cause des actes d'une violence extrême auxquels il se livre contre les Noirs et les Nordistes. Il reprend ses activités en novembre 1915 à Atlanta, en Géorgie, grâce au soutien d'Américains des classes moyenne et inférieure qui redoutent l'effritement des valeurs rurales et conservatrices. En 1921, on signale que le KKK est actif à Montréal. En 1925, des «klans», ou sections locales, sont présents un peu partout au Canada. Tout comme les organisations parallèles aux États-Unis, les sections canadiennes du KKK font preuve d'une haine fanatique envers le catholicisme et craignent que la pureté de la race anglo-saxonne ne soit menacée par de nouveaux immigrants. Elles n'hésitent pas, au besoin, à recourir à des moyens illégaux pour atteindre leurs objectifs.

Le KKK ne recrute que peu de Canadiens et reste relativement obscur, sauf en Saskatchewan. En 1927, les organisateurs américains soustrayaient approximativement 100 000 $ des fonds du KKK, mais l'organisation de la Saskatchewan se ressaisit et, à son apogée, juste après l'élection provinciale de 1929 (dans laquelle elle contribue à la fin de 24 ans de règne libéral), elle prétend avoir 40 000 membres.

Par la suite, le KKK décline rapidement en Saskatchewan comme dans le reste du Canada. À la fin des années 70, le KKK essaie une fois de plus de s'organiser au Canada, surtout en Ontario, en Alberta et en Colombie-Britannique. L'objectif avoué de l'organisation d'imposer la suprématie des Blancs de même que les nouveaux actes de violence commis par le KKK américain au cours de cette période ne contribuent guère à augmenter le nombre de partisans ni à établir la crédibilité de l'organisme auprès de la population canadienne. (*Voir aussi* PRÉJUGÉS ET DISCRIMINATION.)

Paul Banfield

Kulesha, Gary, compositeur, arrangeur, chef d'orchestre et pianiste (Toronto, 22 août 1954). Kulesha étudie la théorie avec Walter Busczynski (Toronto) et la composition avec John McCabe (Londres) et John Corigliano (New York).

Compositeur éclectique et prolifique, Kulesha cherche à rejoindre le plus large auditoire possible en synthétisant une vaste gamme de techniques (tonale, chromatique, aléatoire, dodécaphonique) ainsi que des éléments de la musique populaire, du jazz et du rock. Ses compositions importantes comprennent *Mysterium Coniunctionis* (1980) pour clarinette, clarinette basse et piano, quatre *Concertos de chambre* (1981, 1982, 1983 et 1988), *Concerto for Recorder* (1993) et l'opéra *Red Emma* (1995). Professeur à l'U. de Toronto et au Conservatoire royal de musique, il est un pédagogue et un mentor dévoué pour les jeunes compositeurs d'avenir. On peut se procurer l'importante discographie de ses œuvres de compositeur et d'interprète au CENTRE DE MUSIQUE CANADIENNE.

Alan Horgan

Kurelek, William (Wasyl), peintre, écrivain et prédicateur (Whitford, Alb., 3 mars 1927—Toronto, 3 nov. 1977). Influencés par Bosch et Brueghel, ainsi que par son appartenance à la prairie et son héritage UKRAINIEN et catholique romain, les tableaux réalistes et symboliques de Kurelek témoignent de sa culture historique et de sa vision de la religion. L'aîné de sept enfants, ses parents espéraient qu'il aiderait à exploiter la ferme familiale. Son manque d'aptitude pour la mécanique et son désir de devenir artiste lui attirent de sévères critiques de la part de son père. Il étudie à Winnipeg, à Toronto et à San Miguel, au Mexique. En Angleterre (1952-1959), il consulte un psychiatre et est hospitalisé en raison de graves troubles émotionnels, d'une dépression et de douleurs aux yeux. Il se convertit au catholicisme (1957), attribue sa guérison à Dieu et commence à peindre la *Passion du Christ selon saint Matthieu*. Cette série de 160 tableaux est conservée au Niagara Falls Art Gallery and Museum.

Kurelek retourne à Toronto et, dès 1960, s'impose comme peintre important. Il alterne des œuvres réalistes, témoignage de son appartenance à la prairie, avec ses tableaux didactiques. Dans les années 70, il commence à publier ses tableaux qu'il accompagne de textes simples. Ses livres pour enfants (*A Prairie Boy's Winter*, 1973; *Lumberjack*, 1974, trad. *Les bûcherons*, 1983; *A Prairie Boy's Summer*, 1975; *A Northern Nativity*, 1976) sont considérés aujourd'hui comme des classiques. Son autobiographie, *Someone with Me* (1973, édition révisée en 1980), se termine avec le récit de son mariage avec Jean Andrews (1962). Kurelek est un artiste exceptionnel, doté d'une vision idéaliste et pragmatique unique. Jérémie des temps modernes, il peint l'arrivée de l'apocalypse, justice divine exercée sur une société matérialiste et séculière.

Patricia Morley

Kushner, Donn, auteur, scientifique (Lake Charles, Louisiane, 29 mars 1927). Il étudie à Harvard (B. Sc., 1948) et à McGill (M. Sc., 1950; Ph.D., 1952). Il vit au Canada depuis 1948 et est citoyen canadien. Kushner enseigne la biologie à l'U. d'Ottawa de 1965 à 1989 et à l'U. de Toronto depuis lors. Il est l'auteur de nombreux articles scientifiques et le directeur de publication de *Microbial Life in Extreme Environments* (1978). De 1977 à 1983, il est corédacteur en chef du *Canadian Journal of Microbiology* et il reçoit en 1986 un prix de la Ottawa Biological and Biochemical Society.

Bien qu'il publie un recueil de nouvelles pour adultes, *The Witness and Other Stories* (1981), il se taille une renommée en littérature grâce à ses livres pour enfants. En 1981, *The Violin Maker's Gift* remporte le prix du livre de l'année, décerné par la Canadian Library Association. Cette aventure épique débordante d'imagination est traduite en néerlandais, en allemand, en français et en polonais. Il publie *Uncle Jacob's Ghost Story*, en 1984, *The Dinosaur Duster*, en 1992, et *A Thief Among Statues*, en 1993. Le talent intellectuel de Kushner, qui marie la fantaisie et la fiction, révèle un style très personnel. Les critiques l'acclament comme un fabuliste moderne qui rappelle Antoine de Saint-Exupéry.

Sharon Drache

Kusugak, Michael, écrivain de littérature jeunesse (Repulse Bay, T.N.-O., 27 avril 1948). Après avoir passé sa petite enfance au sein d'une famille de chasseurs nomades, Kusugak fréquente un pensionnat et l'U. de la Saskatchewan. Ses quatre livres d'images, tous illustrés par Vladyana Krykorka, traitent de la vie moderne des Inuits. *A Promise is a Promise* (1988, écrit en collaboration avec Robert Munsch) et *Hide and Sneak* (1992) racontent l'histoire d'une petite fille qui réussit à échapper à des êtres surnaturels. Dans *Baseball Bats for Christmas* (1990), des enfants restent perplexes quand un pilote de brousse apporte un arbre de Noël dans un village isolé, mais ils trouvent une façon pratique d'utiliser leur cadeau. *Northern Lights: The Soccer Trails* raconte l'histoire d'un enfant qui apprend que l'esprit de sa mère morte joue au soccer dans le firmament. Pour les enfants inuits et non inuits, les livres de Kusugak établissent un lien entre les traditions et la vie moderne.

Jon C. Stott

Kutchins De tous les peuples indiens d'Amérique du Nord, les Kutchins vivaient le plus au nord du continent, occupant un vaste territoire situé principalement au nord du cercle arctique, traversait le bassin du fleuve Mackenzie et les affluents nord du fleuve Yukon jusque dans le nord-ouest de l'Alaska. La limite septentrionale de leur territoire est contiguë au territoire des INUITS. Ils parlent un dialecte athapaskan, inintelligible pour tous les autres peuples athapaskans, sauf peut-être pour les HANS (*voir* AUTOCHTONES, LANGUES DES).

Économie Selon qu'elles vivaient dans les hautes ou les basses-terres, les 9 à 10 bandes régionales se concentraient sur la chasse à l'orignal ou sur la pêche au saumon, quoique le caribou, capturé dans d'imposants corrals, était accessible à toutes les bandes. Si le gros gibier leur procurait la plus grande part de leur nourriture et les peaux avec lesquelles ils confectionnaient leurs vêtements et leurs abris, les Kutchins pêchaient aussi le corégone, piégeaient le lièvre et le petit gibier. Ils avaient une très grande connaissance de leur environnement. Un anthropologue a d'ailleurs enregistré 400 noms kutchins de plantes et d'animaux. Leur technologie était semblable à celle des autres peuples athapaskans subarctiques, mais se distinguait par des éléments de l'Ouest comme de grands couteaux en métal à double manche recourbé, des traîneaux, des porte-bébés en forme de chaise faits d'écorce de bouleau, des kayaks-canots partiellement pontés et des tentes portatives en forme de dôme faites de peaux de caribou. En été, adultes comme enfants portaient des chemises à queue en V ornées d'ocre rouge, de colliers de dentales (mollusques à coquille en forme de cornet) et de piquants de porcs-épics teints. Les femmes se tatouaient le menton et, lors des cérémonies, les hommes s'enduisaient les cheveux d'ocre rouge mélangé à de la graisse et saupoudré de duvet.

Système social Traditionnellement, deux individus de même sexe et issus de parents communs formaient un ménage avec leur famille nucléaire respective. Plusieurs ménages apparentés à une personne âgée ou à un «chef» constituaient une bande locale, dont les membres travaillaient ensemble à construire des enclos et de grands pièges à poissons, mais ils se réunissaient parfois en groupes plus nombreux pour chasser. Plusieurs bandes locales formaient une bande régionale unie par mariages mixtes et autres interactions entre les familles constituantes à l'intérieur d'une même région géographique. Les bandes régionales se rassemblaient lors des cérémonies et des fêtes annuelles. L'identité kutchin s'acquérait par la langue. La structure d'une bande était divisée en trois clans matrilinéaires qui régissaient les mariages.

Religion Leur vision du monde comprenait des croyances à l'âme des animaux, aux esprits, aux hommes des bois (des Indiens sauvages dotés d'attributs surnaturels) ainsi qu'à la culture du Corbeau héros-filou (corneille), enregistrée dans les cycles de contes sur les héros et les mythes sur les corbeaux.

C'est Alexander MACKENZIE qui, le premier, établit des contacts avec les Kutchins en 1789, au sud du delta du Mackenzie. En moins de 20 ans, ils commercent en dehors de leur territoire avec des postes établis sur le fleuve Mackenzie et, en 1840, on construit FORT MCPHERSON sur la rivière Peel. En 1847, la COMPAGNIE DE LA BAIE D'HUDSON établit Fort Yukon, en Alaska. Les Kutchins deviennent alors des intermédiaires commerciaux entre les Inuits de la côte et les groupes vivant à l'intérieur, et entre le Mackenzie et le Yukon, et l'établissement des postes de traite des Européens sur leur territoire les contrarie. En 1996, leur population est de 2758 personnes, dont un peu plus de la moitié vit à OLD CROW, à FORT MCPHERSON et à Tsiigehtchic (autrefois Arctic Red River) ou dans les communautés à population mixte (Inuits, Indiens et Blancs) d'AKLAVIK et d'INUVIK. Les autres vivent en Alaska. (*Voir aussi* AUTOCHTONES: LA RÉGION SUBARCTIQUE et les articles généraux sous la rubrique AUTOCHTONES.)

A. McFadyen Clark

Kuwabara Payne McKenna Blumberg, cabinet d'architectes Le cabinet d'architectes Kuwabara Payne McKenna Blumberg (KPMB) a été fondé en 1987 par les quatre associés Bruce Kuwabara, Thomas Payne, Marianne McKenna et Shirley Blumberg, anciens associés du cabinet Barton MYERS.

KPMB est reconnu comme l'un des cabinets d'architectes les plus importants au Canada. Il a gagné plusieurs grands concours de design pour des bâtiments publics au Canada, dont le Musée des beaux-arts de l'Ontario (3e étape du projet d'agrandissement réalisée de 1987 à 1992 en collaboration avec le cabinet Barton Myers), le nouvel hôtel de ville de Kitchener, Ont. (construit de 1990 à 1993), et la bibliothèque Joseph E. Stauffer de l'U. Queen, à Kingston (construite de 1992 à 1994).

Les travaux de KPMB se distinguent par le respect de l'environnement architectural, l'emploi audacieux de matériaux, l'élégance et l'urbanité. En raison des talents remarquables de chacun des quatre associés, les bâtiments reflètent les intérêts et préoccupations personnels de l'associé responsable du design. P. ex., les références aux bâtiments gothiques du campus que l'on retrouve dans le design de la bibliothèque Stauffer (Thomas Payne, associé responsable) sont interprétées et adaptées aux besoins contemporains de l'université. La conception de l'hôtel de ville de Kitchener (Bruce Kuwabara, associé responsable) est un composite d'aires et de volumes exprimant l'importance du site, de la topographie, du programme de construction et du contexte en termes architecturaux précis.

La place King James (Shirley Blumberg, associée responsable) et les bureaux Tudhope (Marianne McKenna, associée responsable) sont des conceptions qui s'harmonisent à l'environnement urbain de Toronto et intègrent des immeubles commerciaux existants, mais de façon contrastante. Dans le cas de la place King James, une importante façade historique est préservée et encadrée par des immeubles existants dont l'échelle et la modulation s'intègrent subtilement au paysage urbain historique. Quant au projet Tudhope, l'édifice existant est transformé de façon à se prêter à un nouveau programme. De nouveaux éléments, linteaux de métal et panneaux de remplissage, sont clairement différenciés de la structure existante, mais de façon à créer une composition harmonieuse.

KPMB a reçu de nombreux prix, dont le Toronto Arts Award pour l'architecture et le design (1993) et la Médaille du Gouverneur général à quatre reprises pour le Woodsworth College de l'U. de Toronto et la place King James dans le centre-ville de Toronto (toutes deux décernées en 1992), et pour l'hôtel de ville de Kitchener et une résidence à Richmond Hill (décernées en 1994).

George Kapelos

Kwakiutls Les «kwakwaka'wakws» (souvent appelés Kwakiutls, nom de la bande de Fort Rupert, ainsi que Kwagulth) occupent les régions côtières de la Colombie-Britannique s'étendant de Smith Inlet, au nord, jusqu'à Cape Mudge, au sud, et de Quatsino, à l'ouest, jusqu'à Knight Inlet, à l'est. À l'origine, il existait 28 bandes, parlant toutes les dialectes du kwakwala, d'où vient le nom que ces gens se sont donné, Kwakwaka'wakw. Le premier recensement, en 1835, dénombre une population totale de 8575 personnes. Le kwakwala, de la famille linguistique wakashane, est apparenté à d'autres langues, comme le westcoast (NOOTKAS), le HEILTSUK (Bella Bellas), le oowekyala (bande de Rivers Inlet) et le haisla (KITAMAATS).

La culture des Kwakiutls est semblable à celle de leurs voisins du Nord, les Bella Bellas et le peuple de Rivers Inlet. Des sentiers traversant l'île de Vancou-ver leur permettent de commercer avec les villages nootkas de la côte ouest. Des fouilles archéologiques prouvent que la région où l'on parle le kwakwala est habitée depuis au moins 8000 ans. Avant leurs contacts avec les Européens, les Kwakiutls vivaient de la pêche, de la chasse et de la cueillette, selon les saisons, ce qui leur assurait d'abondantes réserves de nourriture et leur permettait de séjourner dans leurs villages d'hiver où ils se consacraient à plusieurs mois d'intenses activités cérémonielles et artistiques.

En 1792, les explorateurs espagnols Dionisio Alcalà-Galiano et Cayetano Valdés ainsi que le capitaine George VANCOUVER rencontrent la plupart des groupes kwakiutls du Sud, et Vancouver en rédige des descriptions détaillées. Plus au nord, la COMPAGNIE DE LA BAIE D'HUDSON établit Fort Rupert en 1849, poste qui reste en opération jusqu'en 1877, année où il est vendu à Robert Hunt, dernier facteur de la Compagnie. George HUNT, fils de Robert, devient l'assistant de l'anthropologue Franz BOAS, avec lequel il rédige une importante documentation sur la langue et la culture des Kwakiutls.

Une loi fédérale de 1884 prohibant le POTLATCH menace de détruire l'âme même de leur culture. En 1921, un grand potlatch tenu à Village Island se termine par l'arrestation de 45 personnes, dont 22 sont emprisonnées, et par la confiscation de leurs objets rituels. Considérant que ces masques et autres objets rituels leur ont été enlevés à tort, les Kwakwaka'wakws entreprennent, en 1967, de les recouvrer. Les Musées nationaux du Canada consentent à leur rendre cette partie de la collection du MUSÉE CANADIEN DES CIVILISATIONS à la condition que deux musées soient construits, le Musée Kwakiutl, à Cape Mudge, et le Centre culturel U'mista, à Alert Bay (*voir* AUTOCHTONE DE LA CÔTE DU NORD-OUEST, ART).

Aujourd'hui, l'anglais est la langue maternelle de la majorité des enfants kwakiutls et plusieurs écoles de la région parrainent des cours donnés en kwakwala et encouragent la danse et l'art traditionnels. Traditionnellement pêcheurs, les Kwakwaka'wakws continuent de pratiquer la pêche commerciale dans une industrie hautement concurrentielle. Les chefs héréditaires transmettent toujours leurs droits et privilèges au cours des potlatchs, mais l'administration locale est assurée par des conseillers élus.

Un certain nombre des premiers villages ont été abandonnés, leurs habitants s'étant installés à Alert Bay, à Campbell River et à Port Hardy pour se rapprocher des écoles et des hôpitaux. Aujourd'hui, seulement 9 villages sont habités et la région compte une population totale d'environ 5700 personnes (rec. 1996). (*Voir aussi* AUTOCHTONES: LA CÔTE DU NORD-OUEST et les articles généraux sous la rubrique AUTOCHTONES.)

Gloria Cranmer Webster

Kwong, Normie, surnommé «The China Clipper», joueur de football (né Lim Kwong Yew, Calgary, 24 oct. 1929). Joueur de centre arrière durant 14 saisons à Calgary et à Edmonton, il est admis à cinq reprises dans l'équipe d'étoiles de la Ligue canadienne de football (LCF), remporte deux fois le trophée Schenley attribué au joueur canadien par excellence (en 1955 et en 1956), et est choisi athlète canadien de l'année en 1956. Avec son coéquipier Johnny BRIGHT, Kwong forme une puissante attaque au sol chez les ESKIMOS D'EDMONTON. De 1950 à 1961, il gagne 9022 verges, conserve une moyenne de 5,2 verges par course et marque 74 touchés. En 1987, il est intronisé à l'Alberta Sports Hall of Fame, après l'avoir été à celui de la LCF en 1969.

Il revient au football en 1989, cette fois pour les Stampeders de Calgary, afin de redonner vie à une organisation en situation financière précaire. Président-directeur général, il remet l'équipe sur les rails (elle participe même à la finale de la Coupe Grey en 1991) avant de démissionner en 1992. De 1980 à 1994, il est l'un des propriétaires de l'équipe de hockey des Flames de Calgary.

Gerald Redmond

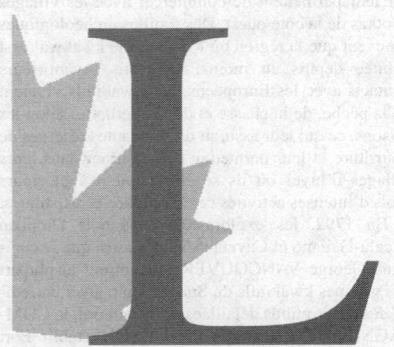

La Baie, ville du Qc; pop. 21 057 (rec. 1996), 20 995 (rec. 1991); superf. 261,69 km²; const. en 1976. Elle est située au fond de la Baie des Ha! Ha! sur la RIVIÈRE SAGUENAY, à 10 km à l'est de CHICOUTIMI et à 200 km au nord de Québec. Port de mer et berceau du Saguenay-Lac-Saint-Jean, La Baie regroupe quatre anciennes municipalités: Bagotville, Port-Alfred, les paroisses de Grande-Baie et de Bagotville.

La Baie est fondée en 1838 par des employés de la Société des Vingt-et-un, entreprise forestière de Charlevoix achetée par William PRICE en 1842. Aux scieries de Price s'ajoutent bientôt des installations portuaires qui font du havre naturel de La Baie un port important de la côte de l'Atlantique. On y construit une usine de papier en 1917 (Abitibi-Consolidated) et une usine d'aluminium en 1979 (Alcan). Pendant la Seconde Guerre mondiale, les autorités militaires y aménagent une base d'entraînement pour les pilotes alliés. Aujourd'hui base des forces armées canadiennes, les installations servent aussi l'aviation civile et font de Bagotville le principal aéroport régional.

Le Musée du Fjord souligne le caractère maritime de La Baie. Le Monument de la Société des Vingt-et-un et les Fêtes du Saguenay, tenues en juin, viennent rappeler que cette municipalité est la plus ancienne du Saguenay–Lac-Saint-Jean. Depuis 1988 (150ᵉ anniversaire de la région), on y présente une gigantesque fresque théâtrale sur l'histoire régionale (*La fabuleuse histoire d'un royaume*). La ville est victime de la terrible inondation de juillet 1996 lorsque les rivières Ha! Ha! et Mars, gonflées par l'eau des pluies abondantes, détruisent et endommagent une bonne partie de la ville.

Marc St-Hilaire

La Barre, Joseph-Antoine Le Febvre de, gouverneur de la Nouvelle-France de 1682 à 1685 (France, 1622—Paris, France, 1688). L'administration de La Barre en Nouvelle-France s'avère désastreuse, particulièrement sur le plan militaire. À l'instar de plusieurs gouverneurs, il fait fortune dans la TRAITE DES FOURRURES. Avec l'aide de nombreux marchands, il tente de s'emparer du commerce avec les Illinois en confisquant les comptoirs de traite de Cavalier de LA SALLE, protégé du gouverneur précédent, FRONTENAC. Selon certains, il aurait lancé une expédition mal préparée contre les Iroquois en 1684, uniquement pour s'assurer ce marché. Ses troupes décimées par la maladie, il est forcé de signer un humiliant traité de paix. Cet échec et les plaintes de La Salle entraînent son rappel. (*Voir aussi* GUERRES IROQUOISES.)

Allan Greer

Labatt, John, brasseur, entrepreneur (canton de Westminster, comté de Middlesex, Haut-Canada, 11 déc. 1838—London, Ont., 27 avril 1915). Troisième fils de John Kinder LABATT, il fait ses études à la Caradoc Academy et à l'école secondaire, à London. Il acquiert sa formation chez un brasseur anglais à Wheeling en Virginie de l'Ouest de 1859 à 1864. Deux ans plus tard, à la mort de son père, il s'associe avec sa mère pour diriger la London Brewery et l'achète ensuite, lui donnant le nom de John Labatt.

Spécialisé dans une bière blonde India de type anglais, il fait sa mise en marché au-delà de la région locale par l'utilisation des chemins de fer et des agences d'embouteillage, basant sa publicité sur les prix remportés à des expositions internationales. Il investit alors dans d'autres entreprises, fondant même une société de machinerie agricole pour concurrencer Massey-Harris, mais sans succès. En fin de compte, il se limite à la brasserie, résistant à une première fusion avec Carling et, ensuite, avec O'Keefe. En 1911, il constitue finalement la société JOHN LABATT LTÉE avec un capital de 250 000 $ et une production annuelle d'environ 30 000 fûts.

Albert Tucker

Labatt, John Kinder, agriculteur, brasseur (Mountmellick, Irl., 1803—London, Ont., 26 oct. 1866). Descendant de huguenots français exilés et devenus anglicans, il émigre d'Irlande en Angleterre et ensuite au Haut-Canada en 1833 avec sa femme. Ils s'établissent sur une terre de la Compagnie du Canada dans le canton de Westminster, comté de Middlesex. Après 13 ans, Labatt vend sa ferme et investit comme associé dans une petite brasserie de Londres, près des bras de la Tamise. En 1855, il en devient l'unique propriétaire et transforme l'affaire en une entreprise florissante qui combine la fabrication du malt et le brassage de types de bières anglaises.

Albert Tucker

Labatt, John Sackville, brasseur (London, Ont., 10 mars 1880—Port Stanley, Ont., 8 juill. 1952). Fils aîné de John LABATT, il fait ses études au Trinity College School et à l'U. McGill. Succédant à son père, il est président de la compagnie John Labatt Ltd. de 1915 à 1950. Cet homme peu énergique allie un charme ingénu à la volonté de garder la mainmise de sa famille sur le marché durant la prohibition en Ontario (1916-1927) et aux États-Unis (1920-1933).

Pendant ces années, la société fait des profits importants grâce à la vente de bière et de whisky de l'autre côté du lac Érié et de la rivière Detroit. Ces profits en font le candidat parfait pour un enlèvement et, en août 1934, il est le premier homme d'affaires canadien important à être enlevé pour une forte rançon. Celle-ci n'a jamais été versée et il est relâché sain et sauf. Au cours du procès subséquent, il identifie à tort un faux suspect, qui est emprisonné. Cette expérience rend Labatt craintif et le met sur la défensive. Il continue à s'afficher comme président et à maintenir des relations cordiales avec son personnel, mais laisse à d'autres la direction de son entreprise pendant la période de croissance des années 30 et 40.

Albert Tucker

Labbes OISEAUX MARINS, les labbes sont des prédateurs ressemblant aux goélands et qui appartiennent au genre *Stercorarius*, dans lequel on compte trois espèces. Certains taxinomistes les placent, avec les labbes du genre *Catharacta*, dans la famille des goélands (*voir* GOÉLANDS ET MOUETTES). D'autres considèrent cependant qu'ils forment une famille à part entière, celle des Stercorariidés.

Description Les labbes sont des prédateurs rapides, à bec crochu et à longues ailes. Ils harcèlent impitoyablement d'autres espèces d'oiseaux jusqu'à ce que ceux-ci régurgitent leur nourriture, que les labbes s'empressent ensuite de saisir dans un piqué gracieux. Ils sont polymorphes et les adultes ont de longues plumes au centre de la queue.

Répartition Leur aire de reproduction se situe dans le nord du cercle polaire. Les trois espèces, le labbe pomarin (*Stercorarius pomarinus*), le labbe parasite (*S. parasiticus*) et le labbe à longue queue (*S. longicaudus*), nichent partout dans la toundra arctique, où ils se nourrissent de petits mammifères, d'oiseaux, de poissons et d'invertébrés. Puisqu'ils hivernent en pleine mer, on les voit rarement dans le Canada méridional.

W. Earl Godfrey

Labelle, François-Xavier-Antoine, prêtre catholique romain (Sainte-Rose-de-Laval, Qc, 24 nov. 1833—Québec, 4 janv. 1891). L'une des figures les plus célèbres et les plus populaires de l'époque au Québec, le «curé Labelle» s'illustre principalement comme promoteur de la colonisation de la vallée de l'Outaouais. Nommé curé de Saint-Jérôme-de-Terrebonne en 1868, il rêve d'une reconquête francophone et catholique de tous les territoires du Nord du Canada compris entre Montréal et Winnipeg par l'établissement d'une chaîne continue de colonies. Tribun remarquable, lobbyiste assidu à Québec comme à Ottawa, l'imposant curé (1,80 m et environ 140 kg) consacre l'essentiel de ses énergies à la réalisation de la première étape de ce projet, soit le peuplement et le développement agricole, minier, manufacturier et commercial du nord-ouest de Montréal. Ardent propagandiste de la construction du Canadien Pacifique en 1872, il se voit investi de missions officielles en Europe par le gouvernement canadien, en 1885, puis par le gouvernement québécois, en 1890. En mai 1888, le premier ministre du Québec, Honoré MERCIER, l'invite à occuper le poste de sous-ministre de l'agriculture et de la colonisation. Même si, en butte à mille obstacles, Labelle assiste au fil des ans à l'effritement de ses rêves les plus grandioses, il aura néanmoins directement contribué à l'établissement d'une vingtaine de paroisses.

Gabriel Dussault

Labelle, Huguette, née Rochon, infirmière, enseignante et administratrice (Rockland, Ont., 15 avril 1939). Elle entreprend sa carrière comme infirmière du service général à l'Hôpital général d'Ottawa. Après s'être tournée vers l'enseignement, elle devient directrice fondatrice de la Vanier School of Nursing à Ottawa. En 1973, elle est nommée infirmière conseillère principale à Santé et Bien-être social Canada, poste administratif le plus élevé dans cette profession. Ancienne présidente de l'Association des infirmières et infirmiers du Canada, elle est sous-secrétaire d'État de 1980 à 1985, année où elle devient sous-greffière du Conseil privé et secrétaire associée du Cabinet. En 1985, elle est aussi nommée présidente de la Commission de la fonction publique. Puis, en 1990, elle reprend ses activités dans la fonction publique à titre de sous-ministre des Transports. La même année, elle devient officier de l'Ordre du Canada. Labelle accède à la présidence de l'Agence canadienne de développement international en 1993 et est nommée chancelière de l'U. d'Ottawa en 1994.

Daniel Francis

Laberge, Albert, journaliste, auteur (Beauharnois, Qc, 18 févr. 1871—Montréal, 4 avril 1960). Laberge commence ses études à l'Académie Saint-Clément de Beauharnois et les termine au Collège Sainte-Marie, à Montréal, qu'il quitte en 1892. En 1894, il étudie le droit à l'École de Leblond de Brumath. Ses premiers contes poétiques paraissent dans *Le Samedi* (1895). De 1896 à 1932, il travaille à La PRESSE. Il contribue à la fondation de l'École littéraire de Montréal, mais n'y prend aucune part avant 1909.

La Scouine (1918), roman décrivant des coutumes rurales, confirme la réputation d'écrivain naturaliste de Laberge. À part *La Scouine,* il publie dix recueils d'histoires, trois essais et des critiques littéraires, assumant les frais dans tous les cas. Son roman autobiographique, *Lamento,* n'est jamais terminé. Laberge tente de décrire la vie telle qu'il la voit, insistant particulièrement sur le côté obscur de la vie. Certaines de ces histoires sont devenues des classiques: «La Femme au chapeau rouge» (1947), «Les Noces d'or» (1950), «La Rouille» (1950), «Le Dernier Souper» (1952) et «Madame Pouliche» (1963).

Paul Wyczynski

Laberge, Louis, mécanicien d'aéronefs, dirigeant syndical (Sainte-Martine, Qc, 18 févr. 1924). À 22 ans, après avoir travaillé pendant deux ans à Canadair, Laberge est élu délégué de son syndicat. Trois ans plus tard (1948), il en devient l'agent d'affaires et, de 1956 à 1963, il est président du Conseil des métiers et du travail de Montréal. Son élection à la présidence de la Fédération des travailleurs du Québec (FTQ) en 1964 a lieu au moment où celle-ci est en perte de vitesse face à la Confédération des syndicats nationaux. Tout en défendant les avantages de l'établissement de liens internationaux et de son allégeance au Canada, la FTQ, sous la gouverne de Laberge, adopte aussi les objectifs du néo-nationalisme québécois.

Au cours des années 60 et 70, la FTQ cherche à gagner l'autonomie par rapport au CONGRÈS DU TRAVAIL DU CANADA, appuie le PARTI QUÉBÉCOIS et adopte une idéologie de gauche. Laberge est facilement réélu à chaque assemblée, de 1964 jusqu'à sa retraite en avril 1991, où lui succède son adjoint de longue date, Fernand Daoust. Laberge est président fondateur du Fonds de solidarité, branche de la fédération responsable de placements totalisant plusieurs millions de dollars.

Laberge, Marie, dramaturge, comédienne, metteure en scène et romancière (Québec, 29 nov. 1950). Diplômée du Conservatoire d'art dramatique de Québec, elle est déjà une comédienne reconnue quand sa première pièce, *C'était avant la guerre à l'anse à Gilles,* attire l'attention du pays tout entier (1981) et lui vaut le prix du Gouverneur général dans la catégorie théâtre. Description émouvante de la condition des femmes québécoises dans les années 30, la pièce remporte un égal succès dans sa traduction anglaise, *Before the War, Down at l'Anse à Gilles* (1986). Depuis, plusieurs de ses pièces ont été acclamées dans le monde entier. Tel est le cas de *L'Homme gris* (1984), présentée près de 300 fois à Paris et à Bruxelles et traduite dans plusieurs langues, et de *Oublier* (1987), créée à Bruxelles et récipiendaire du prix annuel de la meilleure pièce, décerné par cette ville. En 1989, Laberge est nommée Chevalier de l'Ordre des Arts et des Lettres, l'une des distinctions culturelles les plus prestigieuses de France.

Parmi ses autres pièces remarquables, signalons *Jocelyne Trudelle trouvée morte dans ses larmes* (1981), portrait saisissant d'une jeune femme poussée au suicide; *Aurélie ma sœur* (1988); *Le Faucon,* montée simultanément à Québec et à Montréal en 1991; et *Pierre, ou La consolation* (1992). Son premier roman, *Juillet* (1992), est accueilli favorablement, tout comme *Quelques adieux* (1992) et *Le Poids des ombres* (1994), *Annabelle* (1996), *La Cérémonie des anges* (1998).

Qu'ils proviennent de son œuvre littéraire ou de son œuvre romanesque, les personnages féminins de Laberge sont particulièrement saisissants: sensibles et éloquents, ils illustrent des principes féministes exaltés mais raisonnables dans une société généralement hostile aux aspirations des femmes. Son aptitude à reproduire la langue populaire québécoise est tout aussi remarquable, même s'il lui a fallu parfois adapter ses textes en un français plus accessible pour le public européen. Ses dernières œuvres débordent des frontières du Québec. *Pierre, ou la Consolation,* p. ex., explore la tragédie amoureuse médiévale d'Héloïse et Abélard.

L.E. Doucette

LaBine, Gilbert, prospecteur et promoteur minier (Westmeath, Ont., 10 févr. 1890—Toronto, 8 juin 1977). Avec son frère Charlie, il fonde la société ELDORADO GOLD MINES LIMITED au Manitoba en 1926. Lorsque la mine est épuisée, il utilise le reste des fonds de la compagnie pour financer des expéditions de prospection autour du Grand Lac de l'Ours où il découvre, en 1930, un important gisement d'argent mêlé à de la pechblende (radium). Après avoir établi une raffinerie à Port Hope, en Ontario, LaBine pénètre le marché mondial du radium en 1933. Il est forcé de fermer sa mine en 1940, mais la demande américaine en uranium en entraîne la réouverture en 1942. Cette année-là, le gouvernement acquiert secrètement les parts majoritaires de la compagnie Eldorado et la nationalise en 1944. LaBine en demeure le président jusqu'en

1947. Brillant prospecteur et promoteur créatif, LaBine est cependant moins versé en administration au jour le jour. Il a d'autres intérêts dans la Gunnar Mines et la Nesbitt-LaBine Mines.

Robert Bothwell

La Bottine souriante Fondée par les folkloristes Mario Forest, Yves Lambert, André Marchand, Gilles Cantin et Pierre Laporte en 1976, la Bottine souriante offre un répertoire de chansons traditionnelles glanées dans les régions. À la fin des années 80, le groupe se produit en Europe et dans plusieurs villes canadiennes, remportant le Juno du meilleur album traditionnel (1988). La Bottine tente d'heureuses expériences avec une section de cuivres et empruntant des rythmes du monde qui en font un favori du public, comme en témoignent ses 4 Félix dans les années 90. La Bottine souriante promène maintenant le folklore québécois sur les cinq continents, la majeure partie de l'année, et a reçu le Folk Award de la BBC à Londres en 1999.

Robert Thérien

Labrador Partie continentale de la province de TERRE-NEUVE, située presque entièrement au nord de l'île de Terre-Neuve, séparée par les 20 km du détroit de Belle-Isle, et à quelque 800 km au sud du Groenland. La côte du Labrador, qui s'étend sur une distance de 1125 km, est dentelée d'innombrables fjords, de baies et de petits bras de mer, dont, notamment, l'INLET HAMILTON (lac MELVILLE), qui s'avance à plus de 250 km à l'intérieur des terres. Le Labrador fait partie du BOUCLIER canadien, une masse ancienne de roches cristallines et dont le relief ne dépasse que rarement les 300 m. Le littoral et le nord du Labrador sont presque entièrement formés de roc dénudé et de TOUNDRA, mais les vallées fluviales au sud du lac Melville et l'intérieur de la péninsule constituent de riches réserves forestières.

Les MONTS TORNGAT, les sommets les plus élevés à l'est des Rocheuses, se dressent au nord, dans une isolation splendide. Bien que le Labrador soit situé à la même latitude que les îles Britanniques, il est très peu habité en raison de ses terres inhospitalières et de son climat extrême. Le COURANT DU LABRADOR, originaire des eaux arctiques, descend vers le sud, refroidit la côte et obstrue les ports de glaces du mois de décembre au mois de mai. En 1986, les principaux établissements sont, du sud au nord du littoral, Cartwright, Rigolet, Makkovik, Postville, Hopedale et Nain; North West River et Happy Valley-Goose Bay sur les rives du lac Melville; enfin, à l'intérieur des terres, Churchill Falls, Wabush et LABRADOR CITY.

Historique La côte du Labrador est peuplée depuis très longtemps. Des traces des établissements des peuples de culture archaïque des Maritimes datant d'au moins 7000 ans ont été découvertes dans les SÉPULTURES DE L'ANSE AMOUR, au sud. Le Labrador est vraisemblablement le «Markland» des sagas vikings qui décrivent les plages anormalement argentées à proximité de Groswater Bay. Les pêcheurs BASQUES organisent des chasses à la baleine, concentrées à Red Bay, sur la côte nord-est du détroit de Belle-Île, bien avant que Jacques CARTIER n'explore l'endroit, au début du XVIe siècle.

La culture archaïque maritime est déplacée, il y a environ 4000 ans, par le mouvement vers le sud des Paléœskimos, en provenance de l'Arctique, déplacés à leur tour par les ancêtres des MONTAGNAIS-NASKAPIS et des INUITS. Les explorateurs PORTUGAIS sont présents le long de la côte et le nom «Labrador», d'abord attribué à la côte du Groenland, vient vraisemblablement de l'explorateur portugais Joao FERNANDES, un «lavrador» ou «petit propriétaire terrien» des Açores. Les premiers occupants européens se consacrent exclusivement à la pêche le long du littoral, tandis que les Inuits au nord et les Naskapis au sud leur font une lutte féroce. La France et la Grande-Bretagne se disputent la côte, mais ni l'un ni l'autre n'arrive à imposer sa suprématie. Au début du XIXe siècle, des milliers de pêcheurs et de

chasseurs de baleines de la Nouvelle-Angleterre longent ses côtes chaque année.

La QUESTION DES FRONTIÈRES DU LABRADOR est l'une des causes judiciaires les plus célèbres de l'histoire coloniale britannique. Même si la *Loi constitutionnelle* reconnaît que le bassin hydrographique de toutes les rivières du Labrador se jetant dans l'océan Atlantique appartient à Terre-Neuve, de nombreux Québécois considèrent encore que le Labrador fait partie du «Nouveau-Québec».

Économie Le peuplement du Labrador s'est fait de façon aléatoire: quelques pêcheurs y résidaient à l'année (les LIVEYERS), tandis que des milliers de «pêcheurs migrants» (qui pêchaient en été à partir d'établissements côtiers) et de «pêcheurs flottants» (qui vivaient sur leurs goélettes) allaient et venaient au gré des saisons de pêche. En 1770, George CARTWRIGHT fonde une entreprise à Cap Charles et l'exploite pendant 16 ans. Les Moraves établissent une mission à Nain, en 1771, qui existe encore aujourd'hui. La Compagnie de la Baie d'Hudson installe un premier poste à Rigolet en 1834, un deuxième à North West River, en 1836, et un troisième à Cartwright. John McLean, à l'emploi de cette compagnie, explore l'intérieur des terres en 1839, mais la traite des fourrures demeure une activité marginale.

Au cours des années 1890, le géologue A.P. LOW découvre un important gisement de minerai de fer à l'intérieur du territoire et, en 1937 et 1939, le géographe finlandais V.A. Tanner fait une compilation, la plus détaillée jusque-là, des désignations du Labrador. Les modestes établissements le long du littoral du Labrador sont parmi les plus isolés, les plus démunis et les plus négligés au monde. À l'exception de la mission moravienne, à Nain, le Labrador n'offre aucun service médical, scolaire, d'habitation, jusqu'à l'intervention héroïque de Wilfred Grenfell, dans les années 1890. Grenfell et ses associés établissent hôpitaux, écoles, orphelinats et coopératives, grâce à des levées de fonds qu'ils organisent partout dans le monde.

La Seconde Guerre mondiale met fin à la dépendance d'une économie traditionnellement orientée vers la pêche, alors qu'un aéroport est construit à Goose Bay pour servir de relais aux FERRY COMMAND. Elle sert par la suite de base à l'armée de l'air américaine et devient, au début des années 50, le deuxième aéroport le plus achalandé au monde. Happy Valley, située à proximité, prend de l'essor. Le monumental chemin de fer QUÉBEC NORTH SHORE AND LABRADOR est construit (1954), permettant l'exploitation des immenses réserves de fer de l'intérieur. La BRINCO exploite l'immense potentiel hydroélectrique de la rivière Churchill, à CHURCHILL FALLS, la deuxième centrale hydroélectrique en importance au Canada.

Au début des années 90, deux prospecteurs de diamants découvrent d'importantes concentrations de nickel, de cuivre et de cobalt à Voisey Bay, près de Nain. Cette découverte déclenche aussitôt une ruée vers le secteur et les demandes de concessions minières qui étaient de 5000 à 8000 dans les années antérieures, passant à 200 000 en 1995.

James Marsh

Labrador City, ville de T.-N.; pop. 8455 (rec. 1996), 9061 (rec. 1991), 8664 (rec. 1986); superf. 6,47 km²; const. en 1961; située dans l'Ouest du Labrador près de la frontière du Québec, au pied des monts Wapussakatoo, et près d'une des régions les plus riches en gisements de minerai de fer au Canada. On découvre le minerai en 1892 et la Compagnie minière IOC acquiert les droits miniers en 1936. En 1958, l'exploitation minière débute officiellement dans les mines de Carol et de Smallwood. En 1959, on dresse le tracé d'une ville sur la rive du lac Carol et la construction commence. En 1960, un chemin de fer relie le Québec à Lac Carol. Celle-ci devient Labrador City lors de son incorporation en 1961.

Dès 1968, la ville, qui est la plus grande du Labrador, compte près de 8500 habitants. La Compagnie minière IOC contribue à son développement et, en 1960, elle compte déjà une piste d'atterrissage, un hôpital ainsi que de nombreuses églises et écoles. La santé économique de Labrador City étant liée au marché international du minerai de fer, le taux de chômage fluctue en fonction de ce dernier.

Janet E.M. Pitt et Robert D. Pitt

Labrador, conflit frontalier du Longue de plus de 3500 km, la limite territoriale séparant le Québec de Terre-Neuve dans la péninsule du LABRADOR est la plus longue frontière interprovinciale. Elle n'a pas encore été arpentée et marquée sur le sol. Un conflit à propos de la propriété du Labrador éclate en 1902 lorsque le gouvernement du Québec conteste la délivrance par TERRE-NEUVE d'un permis de coupe de bois sur le FLEUVE CHURCHILL.

Deux ans plus tard, le Québec demande à Ottawa de soumettre ce différend au COMITÉ JUDICIAIRE DU CONSEIL PRIVÉ, à Londres. Le renvoi à un organisme impartial de l'extérieur est la procédure appropriée puisque ni le Canada ni Terre-Neuve, en tant que membres distincts de l'Empire britannique, ne peuvent régler la question devant leurs propres tribunaux. Seuls le Canada et Terre-Neuve sont parties en cause admissibles, le Québec n'y étant pas directement représenté.

Le conflit s'éternise. En 1922, le Canada et Terre-Neuve s'entendent pour demander au Conseil privé de déterminer uniquement «l'emplacement et la délimitation de la frontière séparant le Canada et Terre-Neuve dans la péninsule du Labrador en vertu des lois, des ordonnances et des proclamations». Les cinq juges doivent donc s'en tenir à cette demande; ils ne peuvent pas établir de nouvelle frontière ni proposer de compromis territorial. L'affaire repose alors essentiellement sur le sens du mot «côte», en raison de son utilisation dans la description juridique du Labrador.

Terre-Neuve fonde son droit de propriété sur le mandat confié en 1763 au gouverneur Thomas Graves, sa juridiction y étant étendue aux «côtes du Labrador». De son côté, le Canada affirme que, plus tard la même année, une proclamation royale a seulement placé le territoire sous «la surveillance et la responsabilité» du gouverneur à des fins de pêche.

Le Canada fait valoir qu'en 1774 le Labrador est cédé au Québec par acte législatif, mais il est annexé de nouveau à Terre-Neuve en 1809. Puis, en 1825, la côte du Labrador, située à l'ouest d'une ligne s'étendant droit vers le nord de la baie de Blanc-Sablon jusqu'au 52e parallèle, est remise au Bas-Canada (Québec).

Le Comité judiciaire rejette la prétention du Canada voulant que «côte» signifie une bande de terre large de 1,6 km, située en bordure de la mer, et reconnaît que la preuve appuie les prétentions de Terre-Neuve sur les terres aussi loin que la ligne de partage des eaux ou ligne de crête atteignant, dans sa partie la plus large 724 km. La décision rendue par le tribunal en mars 1927 ancre la frontière à son emplacement actuel, ce qui délimite un immense territoire d'environ 290 000 km carrés.

En 1949, lors de l'adhésion de Terre-Neuve à la Confédération, sa frontière au Labrador est confirmée dans les conditions de l'union de Terre-Neuve au Canada (devenues la Loi sur Terre-Neuve). Ces stipulations se trouvent insérées dans la LOI CONSTITUTIONNELLE DE 1982. En 1971, une commission royale d'enquête du Québec décide qu'il est inutile de contester le tracé de la frontière tel qu'il a été confirmé en 1927. Dès 1987, même si la province ne considère pas l'affaire close, le dossier est inactif.

Alec C. McEwen

Labrador, courant du Réputé pour ses icebergs et sa morue, il coule vers le sud-est au-dessus du plateau et de la pente continental à l'est de Terre-Neuve et du Labrador, entre le détroit d'Hudson et la pointe sud des Grands Bancs. Environ 80 p. 100 de ses eaux s'écoulent à haute vitesse dans une zone restreinte de

50 km de largeur qui passe au-dessus de la pente continentale supérieure. On y a enregistré en surface des vitesses allant jusqu'à 0,8 m/s, comparativement à des vitesses de 0,1 à 0,2 m/s ailleurs dans le courant. L'eau, qui provient des baies de Baffin et d'Hudson, du bassin Foxe et du courant ouest-groenlandais, est plus froide (0,0 °C) et contient moins de sel (0,0334) que celle des fonds océaniques (4,0 °C; 0,0347).

R.N. Lazier

Labrador, Hautes-Terres du Elles s'étendent à 400 km au sud du cap Chidley, à Terre-Neuve, situé à la pointe nord du LABRADOR, et vont presque jusqu'à Nain. La région inhabitée comporte trois massifs montagneux: les monts TORNGAT, Kaumajet (sommet brillant, en langue inuktitut) et Kiglapait (dent de scie). Les plus hauts sommets sont le mont Caubvick (alt. 1652 m), dans les Torngat, le mont Brave (alt. 1220 m) dans les Kaumajet et le Man O'War Peak (1050 m), qui se dresse au sud du principal chaînon du Kiglapait.

Formées d'anciennes roches du précambrien et récemment englacées, ces montagnes alimentent plus de 70 petits glaciers, qui sont les glaciers situés le plus au sud de la partie est de l'Amérique du Nord. Les falaises abruptes plongent directement dans la MER DU LABRADOR ou dans les eaux de FJORDS étroits. Dans les vallées, on trouve uniquement une végétation et une faune arctiques.

R.J. Rogerson

Labrador, mer du C'est une étendue d'eau située entre le Groenland et la côte du Labrador. Sa profondeur atteint 3400 m et sa largeur 1000 km à l'endroit où elle rejoint l'Atlantique Nord. Là où le DÉTROIT DE DAVIS la sépare de la BAIE DE BAFFIN, sa profondeur est inférieure à 700 m. Le canyon médiocéanique du Nord-Ouest de l'Atlantique est entaillé dans le fond océanique. D'une profondeur de 100 à 200 m et d'une largeur de 1,5 à 2,5 km, il suit les axes de la mer du Labrador sur une distance d'environ 3800 km à partir de l'embouchure du DÉTROIT D'HUDSON. Il se dirige ensuite vers le sud pour rejoindre l'Atlantique Nord.

Les eaux de la mer circulent dans le sens antihoraire. À la surface, le courant du Groenland occidental transporte de l'eau plus salée et plus chaude vers le nord, alors que le COURANT DU LABRADOR transporte de l'eau froide et moins salée vers le sud. À une profondeur de 2500 à 3000 m, les eaux plus denses en provenance de la mer du Groenland suivent le pourtour du bassin pour se diriger ensuite vers le sud sous la forme d'un courant de fond. À la suite du refroidissement hivernal, une masse d'eau froide se forme dans l'ouest de la mer du Labrador. Cette eau froide se répand dans le nord-ouest de l'Atlantique à une profondeur de 1500 à 2000 m.

Les parties nord et ouest de la mer du Labrador sont couvertes de glace de décembre à juin. Au début du printemps, la banquise sert d'aire de reproduction et de mise bas pour les PHOQUES à capuchon et les phoques du Groenland. Les bancs du Groenland et du Labrador sont exploités pour la pêche à la morue commerciale. Ces dernières années, la pêche à la crevette s'est aussi développée. La mer du Labrador sert de zone d'alimentation au SAUMON DE L'ATLANTIQUE et à plusieurs espèces de mammifères marins. Des icebergs, entraînés vers le sud par le courant du Labrador, forment un obstacle à l'exploitation des champs de gaz naturel situés au large du Labrador.

Allyn Clarke et Ken Drinkwater

La Brosse, Jean-Baptiste de, missionnaire jésuite dans la région du Saguenay et du golfe Saint-Laurent (1712-1782), connu pour avoir prédit sa propre mort le 11 avril 1782. On dit qu'au moment de sa mort, les ténèbres auraient recouvert la RIVIÈRE SAGUENAY et que, dans toutes les paroisses où il avait prêché, les cloches auraient commencé à sonner sans que quiconque ne les ait même approchées.

Nancy Schmitz

Labrosse, Paul-Raymond, dit Jourdain, menuisier sculpteur et facteur d'orgues (Montréal, 20 sept. 1697—*id.*, 8 juin 1769). En 1721, il est engagé pour réparer un vieil orgue et construire un nouvel instrument à sept jeux pour la Cathédrale Notre-Dame, à Québec (aujourd'hui la Basilique Notre-Dame de Québec). Menuisier sculpteur de premier plan à Montréal (1730-1760), il forme au moins trois apprentis. Il travaille à l'occasion comme menuisier, mais est le plus souvent engagé comme sculpteur sur bois par une douzaine de paroisses de la région de Montréal, créant pour elles des retables, des tabernacles et des statues ainsi que différents accessoires liturgiques.

Très peu de ses œuvres subsistent. Mentionnons toutefois un tabernacle richement décoré (1741), qui était à l'origine dans l'église du vieux LONGUEUIL (Québec) et se trouve à présent au Musée des beaux-arts du Canada, un Christ vigoureux (1741), dans la cathédrale Notre-Dame de Montréal et quelques petites statues de style baroque.

John R. Porter

Lac Grâce au cycle de l'eau, les terres de la planète reçoivent un approvisionnement en eau sous forme de précipitations. Dans les régions où les précipitations ne se transforment pas entièrement en GLACE ou ne s'évaporent pas complètement, le surplus d'eau doit retourner à la mer par l'intermédiaire de l'écoulement de surface, des RIVIÈRES ou par la filtration des EAUX SOUTERRAINES. Un lac peut se former lorsque ces écoulements d'eau sont interrompus par le déversement dans un bassin ou une dépression imperméable.

À court terme, un lac représente un facteur d'équilibre dynamique et, à long terme, il est le lieu d'une évolution. Pour que le niveau de l'eau demeure constant, il faut que les afflux d'eau provenant des précipitations, du ruissellement et de l'écoulement souterrain compensent les pertes occasionnées par le débit sortant, l'évaporation et le mouvement des eaux souterraines. À l'échelle des temps géologiques, les lacs sont sujets à des fluctuations, les afflux d'eau charrient des matières dissoutes et en suspension arrachées aux terrains environnants et en raison de l'activité biologique, des substances organiques s'ajoutent aux sédiments accumulés. Au fil des ans, ces sédiments remplissent graduellement le bassin. À cause de l'accroissement du processus d'érosion occasionné par les développements agricoles et urbains et l'ajout de substances ou d'éléments bioactifs, les activités humaines dans le BASSIN HYDROGRAPHIQUE d'un lac peuvent en accélérer les processus de vieillissement et de remplissage.

Les six facteurs d'ordre géologique les plus significatifs en jeu lors de la formation d'un lac suivent par ordre d'importance.

Glaciers Par le passé, le mouvement des nappes de glace et des GLACIERS de vallée, au cours des glaciations, a formé des cuvettes dans le terrain sous-jacent. Les dépôts glaciaires (c.-à-d. les MORAINES, les ESKERS, les DRUMLINS) peuvent aménager des sites propices à la formation de lacs et d'étangs. Au Canada, la plupart des lacs sont d'origine glaciaire.

Mouvements tectoniques Les mouvements de la croûte terrestre, à savoir les plissements et la formation de failles, peuvent engendrer des bassins qui, plus tard, deviennent parfois des lacs. Le lac Supérieur est le produit des glaciers et du mouvement tectonique.

Activité littorale Les vagues contribuent au processus d'érosion en engendrant des courants côtiers qui déplacent des sédiments puis les abandonnent dans des zones relativement calmes. Les bancs d'ensablement ainsi formés peuvent obstruer l'entrée d'une baie et donner naissance à une lagune. Si l'eau douce parvient à s'infiltrer dans la lagune, on peut alors assister à la formation d'un lac côtier, séparé de la mer par une étroite barrière. On trouve de nombreux exemples de petits lacs ainsi formés le long de la côte atlantique de la Nouvelle-Écosse et à l'intérieur du lac Ontario (le havre de Hamilton, p. ex.).

Processus fluviatiles Dans les plaines inondables, il arrive que les méandres d'un cours d'eau soient séparés du cours principal et deviennent des bras morts ou des marécages. L'accumulation de sédiments à l'embouchure des affluents peut inonder les vallées en amont. À l'embouchure d'un cours d'eau, là où un DELTA s'est formé, l'effet combiné de l'activité littorale et fluviatile peut donner naissance à des lacs deltaïques peu profonds.

Volcanisme Lorsque le sommet d'un cône volcanique s'effondre à l'intérieur du cratère, on assiste à la formation d'un lac de cratère qui se révèle souvent très profond. Les coulées de lave peuvent obstruer les cours d'eau et ainsi former des lacs.

Dissolution Il arrive que la roche soluble soit lentement érodée par les eaux de surface qui s'infiltrent dans le sol. Il y a alors formation de cavernes qui, lorsqu'un effondrement s'est produit, donnent naissance à une dépression remplie d'eau ou à un lac karstique. Ce phénomène se produit le plus souvent dans les régions où l'on trouve du gypse ou de la pierre calcaire. Un phénomène relativement analogue au processus de dissolution se produit dans l'Arctique lorsque l'eau de surface fait fondre le PERGÉLISOL sous-jacent, formant un lac thermokarstique.

Répartition des lacs au Canada

Selon des relevés récents, il y aurait jusqu'à deux millions de lacs au Canada. Environ 7,6 p. 100 des quelque 10 millions de km² du territoire canadien sont couverts d'eau douce. Il y a suffisamment d'eau dans ces lacs et cours d'eau pour submerger le pays entier sous plus de deux mètres d'eau. On trouve au Canada près de 14 p. 100 des lacs du monde ayant une superficie de plus de 500 km². Même si le pays héberge une partie disproportionnée des eaux douces de surface de la planète, la quantité d'eau destinée à la consommation dépend davantage de l'apport annuel que du volume d'eau accumulé au cours des années. Par conséquent, malgré une abondance apparente, les ressources en eau douce doivent être gérées avec prudence.

La géologie des formations superficielles et le climat déterminent la nature et la répartition des lacs. Ainsi, convient-il de présenter les lacs par ZONE DE GÉOGRAPHIE PHYSIQUE du Canada. De nombreux lacs parsèment une bande de 1000 km s'étendant autour de la baie d'Hudson et couvrant le BOUCLIER canadien. Ils sont presque tous d'origine glaciaire. La minceur des sols et le niveau élevé de résistance du roc à l'altération atmosphérique donnent des lacs limpides, improductifs sur le plan biologique et d'une grande longévité à cause du lent processus de sédimentation. En coupe transversale, le Bouclier, en forme de dôme, plonge pour entrer en contact avec les ROCHES SÉDIMENTAIRES plus tendres des basses-terres de la baie d'Hudson et des basses-terres intérieures de l'Ouest. L'émergence des basses-terres du littoral au sud-ouest de la baie d'Hudson, qui suit le relèvement du continent consécutif à la dernière GLACIATION, demeure un phénomène récent.

Dans cette région, qui se caractérise par un drainage peu efficace et désordonné, le sol est tapissé de fondrières (*voir* MUSKEG) et de tourbières. Sous l'action des vagues qui balaient le fragile littoral, ces tourbières renferment de nombreux lacs et étangs, petits, peu profonds et en forme de larme, dont l'orientation est fonction des vents dominants. Près de la côte, d'anciennes levées de plage délimitent des lacs et des étangs, longs et étroits, parallèles au littoral. Il arrive souvent dans cette région que des lacs se forment dans les lits d'anciennes rivières asséchées par le relèvement continental.

La ligne de contact entre le Bouclier canadien et les basses-terres intérieures de l'Ouest est marquée par une bande comprenant les plus grands lacs du Canada et qui s'étend du Grand lac de l'Ours (Territoires du Nord-Ouest) aux Grands Lacs (Ontario). Avant de recouvrir les basses-terres, les glaciers, dans leur progression vers l'extrémité du Bouclier, ont transporté des débris granitiques durs qui ont profondément labouré la mince couche de roches sédimentaires plus tendres. Dans les plaines, les glaciers ont laissé, plutôt que des marques profondes d'érosion, des dépôts glaciaires de moraine. Contrairement aux lacs du Bouclier, les lacs des plaines reposent sur une épaisse accumulation de terre, d'argile et de moraine, ils sont habituellement moins profonds, se comblent plus rapidement de sédiments et se révèlent plus productifs sur le plan biologique.

À mesure que l'on se déplace du nord-est vers le sud-ouest, la quantité annuelle de précipitations diminue, et l'évaporation augmente. Les lacs sont alors moins nombreux, parfois saisonniers et renferment des concentrations plus élevées de matières dissoutes. Dans le Sud-Ouest sec, de nombreux lacs et étangs alcalins présentent des concentrations de matières dissoutes atteignant le seuil de saturation: les cristaux d'évaporite, habituellement du sulfate de sodium, se séparent alors par précipitation.

Dans le Sud-Ouest, les glaciations ont laissé un sol criblé de petites dépressions qui se remplissent au printemps pour devenir des étangs ou des marécages et qui s'assèchent souvent à la fin de l'été. Même si ces étangs contiennent un très faible volume total d'eau comparativement aux lacs aux limites bien définies que l'on trouve ailleurs, ils possèdent une grande importance pour l'agriculture et pour les OISEAUX AQUATIQUES, dont ils forment l'habitat. Dans le Grand Nord, qui se caractérise par d'importantes zones de fondrières et de tourbières, la prairie-parc et la forêt cèdent la place à la forêt boréale proprement dite.

Les lacs que l'on trouve sur le territoire accidenté à l'ouest des grandes plaines sont relativement clairsemés en comparaison avec ceux de l'Est du pays (moins de 2 p. 100 de la superficie), mais ils présentent une image fort diversifiée. Les lacs de l'Ouest canadien sont principalement d'origine glaciaire; les grands lacs de la Colombie-Britannique et du Yukon se trouvent généralement dans de profondes vallées glaciaires; on trouve des lacs de surcreusement glaciaire, de plus petite dimension, sur les plateaux des hautes-terres. L'évolution tectonique, jumelée à l'orogenèse, constitue une autre source de bassins naturels.

La région de Cariboo (plateau intérieur sud de la Colombie-Britannique), région sous le vent de la chaîne côtière abritée des précipitations, est relativement aride et comprend des étangs et des lacs alcalins. Près de la côte, certains lacs occupent l'extrémité amont d'anciens FJORDS. Le lac Powell, près de Vancouver, s'est formé au moment où, à la suite du relèvement isostatique (phénomène d'élévation du sol consécutif à la fonte de l'épaisse couche de glace), un fjord a été isolé de la mer. Même si cela s'est produit il y a des milliers d'années, les basses eaux de ce lac sont encore salées (eau de mer fossile).

Les provinces de l'Atlantique occupent une région d'anciennes montagnes, prolongement septentrional des Appalaches, que les glaciers ont aussi recouvert. Les nombreux lacs, qui parsèment une région dont le sous-sol est constitué de ROCHES IGNÉES dures ou de roches métamorphiques, ressemblent aux lacs du Bouclier. Les lacs de l'Est du Nouveau-Brunswick, du Nord-Ouest de la Nouvelle-Écosse et de l'Île-du-Prince-Édouard reposent sur une roche sédimentaire plus perméable et, en conséquence, sont moins nombreux. On trouve plusieurs petits lacs côtiers en Nouvelle-Écosse.

Les basses-terres du Saint-Laurent et la région en aval des Grands Lacs renferment des sols arables qui comptent parmi les plus riches du Canada. Les lacs de petite et moyenne tailles y sont rares, par comparaison à la zone rugueuse du Bouclier. Cependant, cette région jouxte les Grands Lacs qui, ensemble, forment la plus grande nappe d'eau douce du globe. Les lacs SUPÉRIEUR et HURON s'étendent sur la zone de contact entre le roc du Bouclier et la roche sédimentaire de formation plus récente. Les lacs Michigan, ÉRIÉ et ONTARIO reposent quant à eux sur une roche sédimentaire et d'épaisses accumulations de dépôts glaciaires. La nature des roches des bassins hydrographiques a déterminé la nature primordiale de chacun des lacs et fortement influencé les types de peuplement, lesquels ont en retour suscité des répercussions considérables sur les lacs Érié et Ontario.

Propriétés biologiques

Les lacs forment des écosystèmes: l'énergie biologique y circule dans une chaîne alimentaire, et la matière organique libérée est transformée en substances de nouveau assimilables par les êtres vivants. La production primaire, le premier et le plus important stade, est la photosynthèse, par laquelle les substances nutritives se combinent à la matière organique par l'intermédiaire de l'énergie de la lumière solaire et de l'action de la chlorophylle présente dans les cellules végétales.

La plupart des plantes lacustres sont des ALGUES unicellulaires microscopiques (phytoplancton) en suspension dans l'eau et se déplaçant en symbiose avec leur milieu. Lorsqu'elles sont abondantes, elles colorent l'eau et la rendent trouble. Le ZOOPLANCTON se nourrit de phytoplancton et sert, à son tour, de nourriture aux poissons. Les bactéries décomposent les substances mortes en différents éléments, assimilables à nouveau, et le cycle recommence. Le carbone, l'hydrogène et l'oxygène sont généralement présents dans les eaux de surface ensoleillées. Il arrive que l'azote et le phosphore, sous une forme utilisable, soient rares et limitent la production primaire. L'approvisionnement en substances nutritives peut provenir des apports d'eau et des eaux locales de ruissellement. Leur répartition à l'intérieur d'un lac est régie par des phénomènes physiques.

Propriétés physiques

Dans un lac, trois sources d'énergie sont à l'origine des mouvements de l'eau: l'écoulement de l'eau de l'amont vers l'aval, l'action turbulente du vent (énergie mécanique dans les deux cas), ainsi que l'énergie thermique, absorbée au printemps et à l'été et libérée à l'automne et à l'hiver. Le cycle le plus long relatif au mouvement, on parle parfois d'un cycle annuel, est celui de l'écoulement de l'eau dans un lac depuis l'amont jusqu'à l'aval (composante hydraulique de l'écoulement). En aval, les matières dissoutes et en suspension sortent du lac en même temps que l'eau.

Comme les lacs diffèrent considérablement, tant en ce qui concerne leur superficie que leur débit d'écoulement, il s'avère utile de préciser le temps de vidage, que l'on définit comme suit: le volume du lac divisé par le débit moyen d'écoulement (c.-à-d. le temps nécessaire pour vider un lac à son débit moyen d'écoulement). Les lacs permanents qui présentent des temps de vidage largement inférieurs à un an sont passablement rares. Leur comportement est fortement marqué par un écoulement vigoureux et, habituellement, leur productivité demeure assez faible. À l'autre extrême, on considère que les lacs dont le temps de vidage excède dix ans sont sensibles aux changements de l'extérieur; leur dépollution s'étend au moins sur un temps de vidage.

À ce déplacement d'eau s'ajoutent les mouvements d'origine éolienne, de même que ceux qui découlent de la convection occasionnée par le refroidissement et l'échauffement de la surface au sol. Les mouvements dus au vent, les plus considérables sur le plan mécanique, comprennent les ondes de surface, le mélange attribuable aux turbulences et le système de courants propre au lac. Ces mouvements diffusent au sein de la masse aqueuse les matières dissoutes et en suspension.

Les lacs absorbent la chaleur provenant du rayonnement solaire et une déperdition thermique se produit lorsque l'eau s'évapore à la surface. Ils absorbent ou perdent de la chaleur selon la température de l'air ambiant. Sauf en ce qui concerne le rayonnement solaire, seuls les premiers centimètres de la tranche d'eau sont touchés par ces fluctuations. Dans un lac très limpide, le rayonnement solaire, qui alimente la photosynthèse tout en réchauffant l'eau, peut faire sentir ses effets jusqu'à une profondeur de 30 mètres. Dans un lac aux eaux troubles (sédiments en suspension ou abondance de plancton), ce même rayonnement est absorbé par le premier mètre d'eau. Pour que sa température grimpe ou baisse de 1 °C, un kilogramme d'eau doit absorber ou perdre 4200 joules de chaleur. Par rapport aux autres substances, l'eau possède l'un des plus hauts niveaux de chaleur spécifique. Comparés à la terre, les lacs emmagasinent et libèrent d'énormes quantités de chaleur. En conséquence, les lacs de grande dimension exercent un effet modérateur sur les conditions climatiques qui prévalent sur les berges environnantes. Ainsi, on peut cultiver les fruits à noyau dans la péninsule du Niagara parce que le lac Ontario protège la région contre les hivers rigoureux.

À mesure que l'eau de surface se réchauffe ou se refroidit, en fonction des flux de chaleur, sa densité change. L'eau douce affiche sa plus haute densité à 4 °C, et non au point de congélation (0 °C). À mesure que la température de l'eau s'élève ou s'abaisse de 4 °C, sa densité décroît (elle se dilate). Si le flux de chaleur contribue à l'augmentation de la densité en surface (refroidissement automnal ou réchauffement printanier), l'eau de surface aura tendance à descendre et à se mêler à la masse aqueuse par convection. Si au contraire le flux de chaleur contribue à la diminution de la densité en surface (refroidissement hivernal, juste avant le gel, et réchauffement printanier et estival), l'eau de surface plus légère aura tendance à flotter sur l'eau sous-jacente plus lourde.

Tout particulièrement en été, il est possible que l'action du vent ne soit pas suffisamment forte pour rompre cet équilibre. Des couches d'eau chaude et d'eau froide se superposent donc durant tout l'été dans les lacs profonds. On dit alors de ces lacs qu'ils possèdent une stratification thermique. On distingue généralement trois couches: l'épilimnion, une couche supérieure chaude fortement remuée par le vent, l'hypolimnion, une couche inférieure froide relativement homogène, et le métalimnion, une couche intermédiaire se situant entre les deux précédentes.

La stratification influe fortement sur tous les autres phénomènes d'ordre physique, biologique et biochimique, de même que sur la répartition horizontale des substances nutritives et la rapidité avec laquelle ces substances, retenues dans l'hypolimnion et dans les sédiments du fond, remontent pour être assimilées par les algues en surface. De plus, l'eau qui pénètre dans le lac et celle qui s'en écoule touchent surtout les couches peu profondes de l'épilimnion. Si l'eau qui entre dans le lac est de densité égale ou inférieure à celle de l'eau de surface, l'écoulement hydraulique et l'action correspondante de vidage restent confinés à l'épilimnion, ce qui peut affecter le degré d'efficacité de l'évacuation hors du lac d'un contaminant, puisque ce dernier est en grande partie emmagasiné dans l'hypolimnion.

La stratification thermique saisonnière s'accompagne d'autres effets notables. Ainsi, la diversité de l'habitat favorisant la diversification des êtres vivants, les lacs stratifiés peuvent permettre la coexistence de poissons d'eau chaude (p. ex., l'achigan) et de poissons d'eau froide (p. ex., la truite). L'interaction de la stratification avec la production primaire et la dégradation bactérienne, sur lesquelles influent les activités humaines, peut toutefois limiter la portée de la diversité.

La surfertilisation, qui découle des déversements d'égouts ou du lessivage des terres cultivées, peut susciter la croissance rapide des algues et l'accroissement correspondant de la nécromasse dans les eaux froides de l'hypolimnion, provoquant ainsi une raréfaction de l'oxygène, causée par l'accélération de la dégradation bactérienne, et conduire à la disparition des poissons d'eau froide (eutrophisation). Si le processus est très avancé, il risque d'être impossible, même en réduisant considérablement les apports extérieurs de substances nutritives, de rétablir l'équilibre de l'écosystème. En outre, les pratiques de FORESTERIE qui laissent à désirer (coupe à blanc intensive dans des régions fragiles) peuvent provoquer des effets de même nature, puisque le ruissellement accentué des eaux entraîne les substances nutritives du sol jusqu'aux lacs avoisinants. On estime ainsi que l'exploitation du bois et le peuplement des bassins des lacs Ontario et Érié ont considérablement modifié la nature de ces lacs.

Autres conséquences de l'activité humaine

Lorsqu'il est question de la gestion des lacs, l'eutrophisation causée par les cultures ne constitue pas le seul problème. De nombreuses substances utilisées en agriculture et dans l'industrie sont toxiques, et les plus insidieuses d'entre elles présentent des affinités chimiques avec les matières organiques naturelles. Elles s'introduisent dans la chaîne alimentaire, où leur niveau de concentration s'accroît de plus en plus (*voir* DÉCHETS DANGEREUX; POLLUTION DE L'EAU). Provoquées par les activités humaines, les PLUIES ACIDES, engendrées par la combustion des matières fossiles, s'avèrent aussi un problème grave. Les effets des retombées atmosphériques sur les lacs varient fortement selon la géologie des formations superficielles de la région concernée. Les lacs du Bouclier canadien se révèlent particulièrement vulnérables à cet égard, au point d'envisager la possibilité d'une disparition complète des poissons. D'autre part, les lacs des régions où le calcaire est omniprésent sont moins vulnérables, car l'acidité est dans ce cas neutralisée par la dissolution du calcaire.

Au Canada, de nombreux lacs ont vu le jour à la suite de la construction de barrages sur les cours d'eau, dans le cadre de l'aménagement de centrales hydrauliques. L'eau des RÉSERVOIRS ainsi créés sert aussi à l'irrigation, à la consommation courante et à la lutte contre les inondations. La conception et la gestion des réservoirs fait appel à toutes les connaissances ayant trait à la science des lacs. Ainsi, les grandes fluctuations du niveau de l'eau d'un réservoir peuvent entraîner l'érosion des rives et nuire aux poissons qui frayent en eaux peu profondes. (*Voir aussi* LES 15 PLUS GRANDS LACS DU CANADA.)

F.M. Boyce

Lacasse Morenoff, Maurice, danseur, professeur, chorégraphe (Montréal, Qc, 1906- *id.*, 1993). Dès l'âge de six ans, Maurice suit des cours au studio de danse sociale que son père, Adélard Lacasse, avait ouvert en 1895 dans l'est de la ville. Dans les années 20, il y rencontre Carmen Sierra (1905-1990), d'origine française et espagnole, qu'il épouse en cachette. Elle sera sa muse et compagne de scène leur vie durant. Le hasard veut qu'il soit remplaçant, au pied levé, un danseur russe blessé, de passage à Montréal. Le couple se lance alors dans une tournée nord-américaine de cinq ans (1926-1931) avec leurs numéros d'attractions et leur pas de deux acrobatiques. En cours de route, ils russifient leur nom en Morenoff (*Mor* pour Maurice, *off* pour la couleur slave). De retour à Montréal, ils prennent en main le studio Lacasse et ajoutent l'enseignement du ballet que Maurice avait appris à partir de manuels techniques. Le couple autodidacte dispense des cours de ballet, de danse espagnole, d'acrobatie, de conditionnement physique et d'étirements. De 1936 à 1951, Morenoff est le chorégraphe attitré des Variétés Lyriques avec l'aide de Carmen qui danse dans ces productions et confectionne les costumes. Avec les récitals annuels du Petit Ballet Music Hall Morenoff et la participation aux opérettes et comédies musicales des Variétés Lyriques les élèves talentueux acquièrent une forte expérience de scène. Au studio gravitent plusieurs danseurs masculins formés initialement par Morenoff et qui auront des carrières internationales, le plus illustre étant Fernand Nault. Bravant l'interdit clérical et l'opinion publique, ils trouvent auprès de Morenoff la passion de la danse nécessaire à une telle vocation. Pionnière et doyenne des studios montréalais, l'École Lacasse-Morenoff eut une influence pendant plusieurs décennies. Accepté par le clergé, Morenoff règle également différents «pageants» historiques et religieux à grande échelle à travers la province. Critiqué par ses contemporains pour son approche éclectique et non puriste, Morenoff a toutefois réussi à maintenir le studio jusqu'en 1986, établissant ainsi un record de 91 années d'existence. L'avènement de la télévision éclipse son travail, et d'autres chorégraphes récemment arrivés au pays signeront les danses apparaissant régulièrement au petit écran.

Iro Valaskakis Tembeck

Lac-Beauport, municipalité du Qc; pop. 5008 (rec. 1996), 4462 (rec. 1991); superf. 62,54 km², const. en 1853. Cette municipalité est située dans la région de Québec. La rivière des Hurons passe à l'ouest et la rivière Montmorency à l'est.

Lac-Beauport, qui est en croissance et compte aujourd'hui 5000 résidants, est une banlieue de Québec, située à 18 km au sud. La majorité de sa population travaille à Québec. Lac-Beauport fait partie de la MRC de La Jacques-Cartier.

Lac-Beauport est un centre de villégiature apprécié pour ses activités hivernales et estivales. Des compétitions nationales et internationales de ski alpin ont lieu au centre de ski Le Relais. On pratique les sports nautiques à la plage de l'auberge Les Quatre-Temps et à celle du Château Lac-Beauport.

La réserve du parc des Laurentides, d'une superficie de 8000 km², est située à 20 km au nord de Lac-Beauport. Une station de recherche se trouve dans la forêt Montmorency, une forêt d'épineux et de feuillus située au centre de la réserve.

Le Parc de la Jacques-Cartier, à environ 30 km au nord, est un parc provincial. La rivière Jacques-Cartier, qui coule dans ce parc, est la seule rivière de la province à être répertoriée dans le Réseau des rivières du patrimoine canadien.

Lachance, Louis, prêtre et philosophe (Saint-Joachim-de-Montmorency, Qc, 18 févr. 1899—Montréal, 28 oct. 1963). L'ouvrage de Lachance *Nationalisme et religion* (1936) sert de base au nationalisme fondé sur la raison, par opposition au nationalisme préconisé par Lionel GROULX, qui s'appuie surtout sur l'émotion. Son ouvrage novateur *Philosophie du langage* (1943) contribue à donner au thomisme une orientation et une pertinence pour son époque. Chez les philosophes, il est surtout connu pour *Le Droit et les droits de l'homme* (1959), dans lequel il élabore la théorie voulant que les droits humains n'aient aucun sens s'ils ne sont pris que dans le contexte de l'individu et de ses désirs. Ils doivent plutôt s'appuyer sur la collectivité et être rattachés au bien commun et aux responsabilités sociales fondamentales.

Lachance étudie au Petit Séminaire de Québec puis entre chez les dominicains à Saint-Hyacinthe, bastion traditionnel du thomisme au Québec. Ensuite, il fait des études et enseigne à Ottawa jusqu'en 1936, sauf de 1929 à 1931, années pendant lesquelles il étudie à Rome. En 1936, il retourne à Rome pour enseigner à l'U. Angelicum. Sa carrière y est interrompue par la Seconde Guerre mondiale. Il revient alors au Canada comme prêtre et devient, en 1943, professeur de philosophie à l'U. de Montréal.

Leslie Armour

Lachine, ville du Qc; pop. 35 171 (rec. 1996), 35 266 (rec. 1991); superf. 17,38 km²; const. en 1872. Située sur la rive sud de l'île de MONTRÉAL, elle fait partie de la communauté urbaine de cette ville. De là, en 1669, Cavelier de LA SALLE s'engage vers l'intérieur du pays, à la recherche du passage vers la Chine: par dérision, le sobriquet Lachine est donné à sa concession. En 1689, durant la guerre franco-iroquoise, les Amérindiens y massacrent 24 colons et font une soixantaine de prisonniers (*voir* LACHINE, MASSACRE DE). Lachine reste pendant plusieurs décennies le centre de la TRAITE DES FOURRURES au Canada et la Compagnie de la baie d'Hudson y tient longtemps un poste. Le développement du canal Lachine au XIXe s., l'établissement dès 1847 du MONTRÉAL AND LACHINE RAILROAD, puis au XXe s., l'expansion de ses entreprises de camionnage accentue son rôle au sein du réseau commercial qui s'étend vers le sud-ouest du Canada et les États-Unis. L'industrialisation de la ville, une des plus rapides au Canada, y attire une nombreuse population ouvrière. Son industrie est aujourd'hui dominée par la métallurgie et la fabrication de produits électriques et électroniques.

Sylvie Taschereau et Robert Lagassé

Lachine, massacre de Le déploiement des Français vers l'Ouest au cours des années 1670 et 1680 empêche la confédération des IROQUOIS d'avoir accès à de nouvelles sources de castors et menace la traite des fourrures de New York. Ne pouvant guère contrecarrer directement les marchands français tant que la France et l'Angleterre sont en paix, les autorités de New York choisissent de pousser les Iroquois sur le sentier de la guerre. Le matin du 5 août 1689, quelque 1500 guerriers attaquent la petite colonie de Lachine à l'ouest de Montréal, tuent 24 colons et en capturent plus de 60 autres. La férocité de l'attaque terrorise les habitants de la région de Montréal, qui subiront plusieurs autres massacres du genre au cours de la décennie suivante. (*Voir aussi* GUERRES IROQUOISES.)

John A. Dickinson

Lachute, ville du Qc; pop. 11 493 (rec. 1996), 11 730 (rec. 1991); superf. 96,24 km²; const. en 1885. Elle est située sur la rivière du Nord, au point de contact des premiers contreforts des Laurentides et de la plaine de Montréal. Elle s'est développée en étroite relation avec les industries papetières et textiles, mais aujourd'hui, son économie tend à se diversifier de plus en plus.

Les premier colons, arrivés en 1789, viennent de Jericho, au Vermont. Au début du XIXe s., la population croît si rapidement que les colons ont besoin d'une meunerie pour y moudre leur grain. Elle sera construite au pied des rapides qui traversent la rivière du Nord, à un endroit appelé «Lachute».

Gilles Boileau

Lac La Ronge D'une superficie de 1414 km², il est situé à 364 m d'altitude dans une région accidentée et peu peuplée du Bouclier canadien, au centre de la Saskatchewan, et à 235 km au nord de Prince Albert. Parsemé de nombreuses îles, le lac fait environ 5 km de long et s'écoule en direction nord-est par la rivière Rapide qui se jette dans la rivière CHURCHILL.

Quand les premiers Européens arrivent, la région est occupée par les Cris. En 1781, Peter POND y construit un poste de traite des fourrures. Le village de La Ronge, sur la rive ouest, est l'une des plus anciennes communautés de la Saskatchewan. Aujourd'hui, la région est un centre touristique destinés aux campeurs, aux pêcheurs et aux chasseurs. Le lac tient probablement son nom du verbe «ronger», en raison de la population locale de castors.

Daniel Francis

Lac Louise Long de 2,4 km et s'élevant à une altitude de 1731 m, est situé dans le PARC NATIONAL BANFF, dans le sud-ouest de l'Alberta. Sa décharge est un cours d'eau qui se jette dans la RIVIÈRE BOW. En 1882, des guides autochtones y conduisent Tom Wilson, un ouvrier du Canadien Pacifique (CP), qui le nomme lac Emerald. On change cependant ce nom en 1884, en l'honneur de la princesse Louise

Caroline Alberta, la quatrième fille de la reine Victoria et l'épouse du gouverneur général, le marquis de LORNE.

La localité non constituée de Lake Louise (pop. 500, rec. 1991; pop. 688, rec. 1986) est située près du lac, à l'emplacement de l'ancienne gare du CP à Laggan, un camp de base qui accueille 12 000 travailleurs en 1884, lors de la construction de la voie ferrée traversant le COL KICKING HORSE. Véritable joyau encadré de montagnes bleues et de champs de neige étincelants, le lac est un des paysages de montagnes les plus célèbres du continent. Le Château Lake Louise se dresse au sommet de l'immense moraine glaciaire qui endigue le lac.

James Marsh

Lac-Mégantic, ville du Qc; pop. 5 864 (rec. 1996), 5 852 (rec. 1991); superf. 20,97 km²; const. en 1907; située sur la rive nord-est du LAC MÉGANTIC, à 95 km à l'est de SHERBROOKE. Sur le mont Mégantic (1105 m), à proximité, sont situés un centre d'interprétation de la nature et de l'astronomie (ASTROLAB), une réserve faunique et un observatoire astronomique. L'observatoire, doté d'un télescope de 1,6 m de diamètre, est partagé par l'U. de Montréal et l'U. Laval.

La rivière CHAUDIÈRE prend sa source dans le lac Mégantic, dont le nom abénaqui signifie «endroit où on trouve de la truite saumonée». La rivière servait autrefois de route aux Abénakis. Les premiers colons, des ÉCOSSAIS, s'installent à Lac-Mégantic au milieu du XIXe s. À partir de 1895, un embranchement du chemin de fer Québec-Central relie Lac-Mégantic à LÉVIS.

Aujourd'hui, la ville est un carrefour commercial, industriel et un lieu touristique. Elle est devenue un centre de services pour la région environnante et elle comprend l'important complexe récréatif de Baie-des-Sables.

Claudine Pierre-Deschênes

Lacombe, ville de l'Alb.; pop. 8018 (rec. 1996), 6934 (rec. 1991), 6093 (rec. 1886); superf. 12,45 km²; const. en 1902; chef-lieu du comté de Lacombe; située dans des espaces verts vallonnés, à environ 118 km au sud d'Edmonton. Des colons s'y installent dès 1883, mais la communauté ne prend de l'expansion qu'après la construction de la ligne ferroviaire Calgary-Edmonton, entre 1890 et 1891. Le nouvel emplacement de la ville, desservie par le chemin de fer, prend le nom du père Albert LACOMBE. De 1900 jusqu'à la Première Guerre mondiale, la croissance de Lacombe se stabilise alors qu'il devient évident qu'elle ne deviendra ni une importante limite divisionnaire ni le terminus d'une ligne menant aux mines de charbon de Brazeau.

La ville dessert une région spécialisée dans la production de céréales et dans l'agriculture mixte. Elle se distingue également par les recherches menées à la ferme expérimentale fédérale du Centre de recherche de Lacombe, établi en 1908. Plus récemment, la ville a connu une forte croissance de son secteur résidentiel grâce à sa position dans le couloir Calgary-Edmonton et à sa proximité de RED DEER. Le Seventh-Day Advantist Canadian Union College est fondé en 1909 et est d'abord modeste. Il devient par la suite un collège professionnel et académique.

Carl Betke

Lacombe, Albert, prêtre et missionnaire oblat (Saint-Sulpice, Bas-Canada, 28 févr. 1827—Midnapore, près de Calgary, 16 déc. 1916). Lacombe obtient beaucoup de succès dans ses missions chez les CRIS et les PIEDS-NOIRS. Il profite du fait qu'il a un peu de sang amérindien pour gagner le cœur et l'esprit des Métis et des Amérindiens de Fort Edmonton lorsqu'il va travailler pour eux en 1852. Par la suite, il fonde des missions ou exerce son ministère dans les localités albertaines suivantes: Lac Sainte-Anne, Saint-Albert (1861) et Saint-Paul-des-Cris (Brosseau, 1865). Il est missionnaire itinérant chez les Indiens pendant sept ans, puis il va au Manitoba en 1872 et prend en charge la paroisse St. Mary (Winni-

peg). À son retour en Alberta en 1882, il est curé de la paroisse St. Mary (Calgary). Il exerce également un ministère dans le sud de l'Alberta, à Fort Macleod et à son «ermitage» de Pincher Creek.

En 1883, lors d'un conflit entre le Canadien Pacifique et les Pieds-Noirs, qui menacent de bloquer le passage sur la réserve, le père Lacombe négocie avec succès avec le chef CROWFOOT au nom de la compagnie. En 1894, Lacombe est directeur d'une école industrielle à Midnapore. En 1895, il fonde la colonie de Saint-Paul-des-Métis et, en 1909, le foyer pour personnes âgées de Midnapore. En tant que porte-parole de l'Église dans les Prairies, il exerce une influence importante sur les politiques gouvernementales et contribue grandement à la colonisation des Prairies. Son amour pour les autochtones ne faiblit jamais. Les Indiens l'appellent d'ailleurs l'«homme au bon cœur». Il est l'auteur d'une grammaire et d'un dictionnaire cris.

J.G. MacGregor

Lacroix, Richard, graveur, peintre et sculpteur (Montréal, 14 juill. 1939). Il apprend la gravure à l'eau-forte, la lithographie, la sérigraphie et la gravure sur bois à Montréal avec Albert DUMOUCHEL. Grâce à une subvention du Conseil des arts du Canada (1961), il se rend à Paris, où il étudie avec Stanley Hayter à l'Atelier 17. Il y apprend la technique de la polychromie sur une plaque, propre à ce studio et inconnue au Canada. Peu après son retour à Montréal, en 1964, Lacroix ouvre son propre atelier et attire rapidement d'autres artistes avides d'apprendre les nouvelles techniques.

Désireux de toucher le plus de monde possible, il fonde La Guilde graphique (1966) afin de susciter l'intérêt du public en distribuant des gravures. En 1964, avec plusieurs artistes, il crée Fusion des arts dans le but de refléter les préoccupations de la société québécoise dans l'art populaire québécois. Par la suite, «les activités politiques» de Fusion sont l'objet d'un examen minutieux et la police fait des descentes dans ses bureaux. Toujours en raison de ses activités politiques, Fusion des arts perd une commande collective pour Expo 67. Cependant Lacroix fournit à titre individuel, une sculpture cinétique et produit un spectacle dans le cadre d'Expo 67.

Les gravures de Lacroix représentent souvent des formes géométriques extrêmement organisées ou bien des formes abstraites soigneusement orchestrées et d'un très haut niveau de technicité. Lacroix, par ses efforts, a permis à la gravure canadienne d'être reconnue et respectée. En effet, il a été le premier à développer la polychromie en intaille, il a travaillé à imposer la gravure comme œuvre d'art «originale» et a essayé de sensibiliser le public aux médias imprimés. En 1985, deux expositions proposent une rétrospective de ses œuvres à Montréal, au Musée du Québec et à la Galerie Estampe Plus.

Carol Ann Pope

Lac Ste Anne Localité non const. de l'Alb.; située à 75 km au nord-ouest d'Edmonton, près du lac du même nom. Un prêtre oblat, le révérend Jean-Baptiste Thibault, nomme le lac en l'honneur de sa patronne, sainte Anne (de Beaupré). Le sanctuaire devient un lieu de PÈLERINAGE en 1889, après qu'il se soit mis à pleuvoir à la suite de prières. Des milliers de personnes continuent de visiter le sanctuaire le jour de la fête de sainte Anne (le 26 juillet) et de se baigner dans le lac, qui aurait des propriétés curatives.

Eric J. Holmgren

Lac Supérieur, parc provincial du Créé en 1944, il a une superficie de 1556 km². Il se situe au nord de SAULT SAINTE-MARIE, en Ontario, et englobe une partie du littoral sauvage de l'est du lac SUPÉRIEUR et l'arrière-pays accidenté et boisé de la région du BOUCLIER canadien.

Histoire naturelle Le paysage est surtout constitué de collines et de blocs de granit rose, mais on y trouve aussi des coulées de lave près du cap Gargantua et du grès sur les îles au large. La forêt mixte, où poussent l'érable, le bouleau, le peuplier et l'épinette, offre un superbe panorama en automne.

L'orignal y est le mammifère le plus répandu, mais le visiteur peut aussi y apercevoir des cerfs de Virginie, des écureuils roux, des tamias, des castors, des ours, des loups et quelque 250 espèces d'oiseaux, dont la bernache du Canada, le héron et la grue du Canada. À l'exception des serpents-jarretières, on y trouve peu de reptiles. Certains animaux, comme le caribou, le lynx du Canada et le doré, fréquemment représentés dans les pictogrammes (*voir* PICTO-GRAMMES ET PÉTROGLYPHES), habitent surtout le littoral.

Évolution humaine Les pictogrammes en ocre rouge, réalisés à la baie Agawa, témoignent de la présence autochtone, qui remonte à quelque 10 000 ans. À certaines périodes, l'économie locale est alimentée par l'exploitation du cuivre et de l'or, de la pêche commerciale et du travail forestier. Au début du XXe siècle, la région attire l'attention du GROUPE DES SEPT.

Installations et services Le long de l'autoroute 17, qui traverse le parc du nord au sud, on trouve trois terrains de camping. La randonnée et le canotage sont populaires dans le parc. On peut aussi pêcher dans les lacs et les rivières et pratiquer la chasse à l'orignal en automne.

John S. Marsh

Lacs-Waterton, parc national des Créé en 1895, d'une superf. de 525 km², il se trouve en Alberta, à 276 km au sud-ouest de Calgary, à la frontière canado-américaine. En 1932, ce parc est adjoint au Glacier National Park du Montana pour constituer le premier parc international de la paix. Il offre un spectacle à couper le souffle. Sur une longueur de moins de 1 kilomètre, les collines ondoyantes des prairies se transforment en pics glacés hauts d'environ 3000 m. Les trois lacs Waterton, nichés entre deux chaînes de montagnes, ont plus de 150 m de profondeur. Étant donné que le parc réunit à la fois la prairie et la montagne, il abrite une immense variété de plantes et d'animaux.

L'antilope et le coyote fréquentent les prairies herbeuses. La chèvre de montagne, le mouflon d'Amérique, le grizzli et la marmotte vivent dans les prairies alpines et les crêtes dénudées. La région, autrefois un bastion des Pieds-Noirs, est découverte par les Européens vers la fin des années 1850, au cours d'expéditions de traite des fourrures. Au début des années 1900, le premier puits de pétrole de l'Alberta y est foré près du ruisseau Cameron. Le parc est muni d'installations pour les tentes, les véhicules de plaisance et le camping d'hiver. Il compte aussi de nombreux sentiers.

Lillian Stewart

Lady-Byng, trophée Remis chaque année au meilleur joueur de la LIGUE NATIONALE DE HOCKEY. Le joueur est choisi par les chroniqueurs de hockey pour son esprit sportif et ses talents. Le trophée est remis pour la première fois en 1925 par lady Byng, femme du gouverneur général. Frank BOUCHER ayant remporté sept fois le trophée, ce dernier lui est offert et un autre trophée a été donné à la ligue.

James Marsh

Ladysmith, ville de la C.-B.; pop. 6456 (rec. 1996), 4875 (rec. 1991), 4393 (rec. 1986); superf. 7,53 km²; const. en 1904; située sur la côte est de l'ÎLE DE VANCOUVER à 85 km au nord de Victoria. Une des seules communautés canadiennes à chevaucher le 49e parallèle, elle surplombe le havre Ladysmith à l'extrémité nord d'une région agricole prospère. Les autochtones y ont été attirés par l'abondance des huîtres et il y a toujours une communauté autochtone dynamique dans la région.

Les mines de CHARBON au nord de la région et le magnifique havre de Ladysmith stimulent la croissance à la fin des années 1890. Destinée à l'origine, par le premier ministre James DUNSMUIR, à devenir un lieu de loisirs et un dortoir pour les mineurs, la localité doit son nom à la libération de Ladysmith, en Afrique du Sud, pendant la GUERRE DES BOERS.

Durant les années 30, l'exploitation forestière devient la base de l'économie. La pêche commerciale compte également parmi les ressources économiques de la ville. Celle-ci est surnommée la «capitale des Noëls illuminés de l'île de Vancouver» à cause des milliers de lumières de Noël installées sur les édifices et dans la rue. Le tourisme terrestre et maritime joue un rôle important dans l'économie de la région.

Alan F.J. Artibise

Laferrière, Dany, romancier, essayiste, poète et journaliste (Port-au-Prince, Haïti, 13 avril 1953). Journaliste durant le régime de Duvalier, Laferrière émigre au Canada en 1978 après l'assassinat d'un collègue avec qui il collaborait sur une affaire. Il s'installe à Montréal où il passe d'un emploi mal payé à un autre, tout en écrivant son premier roman, *Comment faire l'amour avec un nègre sans se fatiguer* (1985), qui remporte un vif succès commercial et suscite les louanges des critiques. Cet ouvrage semi-autobiographique, dont on s'inspirera pour réaliser un long métrage, raconte l'histoire d'un immigrant noir de peu de ressources et son attirance pour les femmes blanches. D'autres œuvres suivent rapidement: *Éroshima* (1987), *L'Odeur du café* (prix de la Caraïbe, 1991) et *Le Goût des jeunes filles* (1992). Bien qu'en général on fasse l'éloge des écrits de Laferrière, il reste que sa façon de décrire les relations interraciales, le peuple noir et les femmes donnent lieu à de nombreuses critiques. Il défend d'ailleurs son œuvre dans une série d'essais regroupés sous le titre de *Cette grenade dans la main du jeune nègre est-elle une arme ou un fruit?* (1993). Puis il passe à la poésie: *Chronique de la dérive douce* (1994). Depuis 1990, il est installé aux États-Unis et fait la navette entre Montréal et Miami en continuant à publier des ouvrages au charme sulfureux: *Pays sans chapeau* (1998); *La Chair du maître* (1997); *Le Charme des après-midi sans fin* (1997).

Brian John Busby

Lafitau, Joseph-François, prêtre, missionnaire jésuite et philosophe du droit (Bordeaux, France, 1681—*id.*, 3 juill. 1746). Il est le découvreur du GINSENG en Amérique du Nord et son étude historique sur les lois et les coutumes des IROQUOIS, *Mœurs des sauvages amériquains, comparées aux mœurs des premiers temps,* publiée en quatre volumes à Paris en 1724, est traduite en hollandais et en allemand et connaît même une diffusion en Chine. Envoyé en mission à Sault-Saint-Louis (Caughnawaga), en NOUVELLE-FRANCE, par les supérieurs de la Compagnie de Jésus en 1713, Lafitau passe cinq ans à observer les mœurs des Iroquois en vue de mieux comprendre les anciennes civilisations qu'il a étudiées dans plusieurs universités européennes, à l'aide de comparaisons et de mises en contraste avec les pratiques iroquoises.

Mœurs, l'ouvrage résultant de cette ethnographie empirique, comporte une ressemblance frappante avec le célèbre ouvrage de Montesquieu, *De l'esprit des lois,* publié en 1748, même si Montesquieu ne cite pas Lafitau. Grandement ignoré des autres philosophes des Lumières, ce philosophe d'avant l'heure n'obtient une véritable reconnaissance qu'au XXe siècle, surtout à la suite d'une étude favorable de son œuvre par des historiens des idées tels qu'Arnold Van Gennep, Gilbert Chinard, Alfred Métraux et Peter Stein.

G. Blaine Baker

Laflamme, Joseph-Clovis-Kemner, prêtre, éducateur et scientifique (Saint-Anselme, Canada-Est, 18 sept. 1849—Québec, 6 juill. 1910). Après des études au SÉMINAIRE DE QUÉBEC et, plus tard, à Harvard et en Europe, le père Laflamme devient professeur de géologie et de minéralogie à l'U. Laval en 1870. Il enseigne aussi la physique de 1875 à 1893. À partir de 1880, la COMMISSION GÉOLOGIQUE DU CANADA lui confie la direction de plusieurs explorations au Québec.

Malgré ses nombreuses contributions dans ce domaine, il est mieux connu pour son apport au domaine de l'éducation et pour la diffusion des connaissances scientifiques. Membre fondateur de la Société royale du Canada, il en devient le président en 1891. En 1893, il est nommé recteur de l'U. Laval. Par ses nombreux exposés, manuels de sciences et articles de journaux, il fait connaître aux Canadiens français les importantes découvertes scientifiques de l'époque, surtout les nouvelles applications de l'électricité, du téléphone et des rayons X. À la fin de sa vie, il est considéré comme le plus éminent universitaire du Canada français.

Raymond Duchesne

Laflèche, Louis-François Richer, évêque catholique (Sainte-Anne-de-la-Pérade [aujourd'hui La Pérade, Qc], Bas-Canada, 4 sept. 1818—Trois-Rivières, Qc, 14 juill. 1898). Il mène une carrière diversifiée et est missionnaire à la TERRE DE RUPERT (1844-1856) avant de devenir professeur et administrateur du Collège de Nicolet (1856-1861), économe diocésain (1861-1866), évêque coadjuteur (1867-1870), puis évêque en titre de Trois-Rivières (1870-1898). Fidèle disciple de Mgr Ignace BOURGET, il est membre du groupe ultramontain intransigeant qui lutte contre le libéralisme et il s'oppose à l'archevêque E.A. TASCHEREAU et à ses alliés au sujet du Programme catholique, de la question universitaire, de l'influence abusive du clergé dans les campagnes électorales et de la réforme du CODE CIVIL. Après 1876, il est le chef reconnu et intransigeant de ce groupe.

Bien que sa position soit affaiblie dans l'entourage de l'archevêque et à Rome, il recommence à militer au sujet de la QUESTION DES ÉCOLES DU MANITOBA et obtient l'appui de la plupart des évêques du Québec. Lorsque le pape refuse de condamner la politique de compromis de Wilfrid LAURIER, Laflèche se soumet et se consacre à ses fonctions religieuses jusqu'à sa mort. Ses idées, résumées dans *Quelques considérations sur les rapports de la société civile avec la religion et la famille* (1866), auront une influence durable dans les milieux nationalistes et catholiques du Québec. (*Voir aussi* ULTRAMONTANISME.)

Nive Voisine

Lafleur, Guy, joueur de hockey (Thurso, Qc, 20 sept. 1951). Ses prouesses au hockey junior en 1971 (130 buts et la conquête de la Coupe Memorial par son équipe, les Remparts de Québec) en font une recrue très prisée. Premier choix au repêchage de 1971, il est choisi par les CANADIENS DE MONTRÉAL. Lors de ses trois premières saisons dans l'uniforme des Canadiens, il s'efforce de répondre aux attentes très élevées des dirigeants de l'équipe. En 1974-1975, sa carrière prend un envol fulgurant. Son coup de patin souple, son jeu instinctif et son tir précis lui permettent de réussir 6 saisons d'affilée de plus de 50 buts et de faire partie de l'équipe d'étoiles de la Ligue nationale de hockey, comme ailier droit, de 1975 à 1980.

Il remporte le TROPHÉE HART en 1977 et 1978, le TROPHÉE ART ROSS de 1976 à 1978 et le TROPHÉE CONN SMYTHE en 1977. Il contribue aux conquêtes de la COUPE STANLEY en 1973, puis de 1976 à 1979. Le 20 décembre 1983, il devient le 10e joueur de l'histoire de la Ligue nationale de hockey à atteindre la marque des 500 buts. Il se retire au début de la saison 1984-1985.

Il est intronisé au Temple de la renommée du hockey en 1988. Il accepte alors un contrat des Rangers de New York en vue de la saison 1988-1989; il termine sa carrière en jouant deux autres saisons dans l'uniforme des Nordiques de Québec. Lafleur est aussi membre de l'Ordre du Canada.

Derek Drager

LaFontaine, sir Louis-Hippolyte, ou La Fontaine, politicien (Boucherville, Bas-Canada, 4 oct. 1807—

Montréal, 26 févr. 1864). Étudiant au Collège de Montréal, Lafontaine est admis au barreau du Bas-Canada en 1828. Il entreprend une carrière politique lors des élections de l'Assemblée du Bas-Canada en 1830. Bien que fervent disciple de PAPINEAU, il s'oppose à l'appel aux armes de 1837 et se rend à Londres pour plaider une réforme constitutionnelle auprès du gouvernement impérial. Mis en état d'arrestation en 1838, il est toutefois libéré sans procès. Il dirige par la suite les réformistes modérés du Canada français.

Après l'union du Haut et du Bas-Canada en 1841, il participe avec Robert BALDWIN et Francis HINCKS à la fondation d'un parti regroupant les réformistes du Haut et du Bas-Canada. Il défend l'usage de la langue française à l'Assemblée et c'est sous son initiative que le gouvernement impérial abroge une clause de l'ACTE D'UNION qui prohibait l'usage officiel du français. Il forme un ministère avec Baldwin en 1842, mais il démissionne en novembre 1843, en réaction contre les agissements politiques du gouverneur général sir Charles MET-CALFE. En 1848, il est à nouveau appelé à former un ministère, par lord ELGIN cette fois, qui reconnaît le GOUVERNEMENT RESPONSABLE.

Lafontaine est donc le premier à occuper les fonctions de premier ministre du Canada au sens moderne du terme. Au cours de ce deuxième mandat, il démontre que son gouvernement est réellement responsable en faisant adopter le BILL DES INDEMNITÉS, en dépit d'une opposition féroce et des violentes manifestations des opposants. Son ministère fait également adopter une LOI D'AMNISTIE indemnisant les rebelles de 1837-1838, il sécularise le King's College qui deviendra l'U. de Toronto, il accorde l'autonomie à plusieurs collèges canadiens-français, il constitue l'U. Laval, il adopte une loi d'importance majeure sur les chemins de fer et enfin, il réforme les institutions municipales et judiciaires.

Lafontaine se retire de la vie publique en 1851, mais il est nommé juge en chef du Canada-Est en 1853. Il reçoit le titre de baronnet de la reine Victoria et il est nommé chevalier commandeur de l'ordre pontifical par le pape Pie IX en 1854. Élancé et de noble prestance, Lafontaine ressemble à Napoléon 1er. Passé maître dans l'art de faire de la politique, il commande le respect et nombreux sont ceux qui trouvent dans ses idéaux et son patriotisme une riche source d'inspiration.

Jacques Monet, s.j.

Lafrance, Yvon, auteur et philosophe (Montréal en 1930). Après ses études classiques au Collège de Saint-Laurent, il s'est consacré à l'étude et à l'enseignement de la philosophie. Il est aujourd'hui reconnu mondialement comme un grand spécialiste de Platon.

Il a poursuivi des études très approfondies en philosophie qui lui ont valu trois doctorats. Le premier lui a été décerné par l'U. de Sao Paolo, au Brésil, en 1964, le second par l'U. de Louvain, en Belgique, en 1967, et le troisième par l'U. de Paris, en 1982.

En collaboration avec d'autres chercheurs, il a publié trois volumes sur *Les Présocratiques,* deux autres sur *La Ligne en République VI de Platon,* qui sont considérés par les experts comme «une des contributions majeures aux études platoniciennes» au XXe siècle. Il a publié des ouvrages moins spécialisés comme *La Théorie platonicienne de la doxa* (1981) et *Méthode et exégèse en histoire de la philosophie* (1983) qui a rendu de grands services à de nombreux étudiants.

Il a enseigné dans différentes universités, mais c'est à Ottawa qu'il a fait carrière. Il est devenu à la retraite, professeur émérite, titre réservé aux plus méritants du corps professoral universitaire. Il est membre de la Société royale du Canada, et profite de la retraite, qu'il a prise en 1996, pour poursuivre ses recherches en philosophie et sa collaboration à de nombreuses revues savantes.

Paul-Émile Roy

La Galissonière, Roland-Michel Barrin de La Galissonière, marquis de, officier naval, commandant général de la Nouvelle-France (Rochefort, France, 10 nov. 1693—Montereau, France, 26 oct. 1756). Issu d'une famille puissante, il devient lieutenant-général des forces navales françaises. Il séjourne en NOUVELLE-FRANCE du 19 septembre 1747 au 21 octobre 1749, où il préconise fortement la construction d'une ligne de postes de garnisons dans la vallée de l'Ohio pour repousser les colonies anglaises établies sur la côte. Il se fait le promoteur enthousiaste des intérêts de la colonie, y voyant un atout économique rentable selon la conception mercantiliste classique, ainsi qu'une diversion militaire pour les Anglais.

La Galissonière a de nombreux centres d'intérêt, tant humanistes que scientifiques, et demande à ses officiers de recueillir des spécimens botaniques dans toute la colonie. Son rapport sur les colonies françaises, que l'on retrouve dans *Mémoires des commissaires du roi (1755-1757),* est un compte rendu lucide des politiques coloniales et des richesses potentielles du Canada. Malgré la brièveté de son séjour au Canada, La Galissonière y laisse le souvenir d'un homme populaire, attachant, intelligent et fervent défenseur des intérêts de la colonie. L'année de sa mort, il commande la flotte française qui défait l'amiral Byng à Minorque.

James Marsh

Lagemodière, Jean-Baptiste, aussi épelé Lagimodière, Lagimonière et Lajimodière, commerçant de fourrures (Trois-Rivières, Qc, 26 déc. 1778—Saint-Boniface, Man., 7 sept. 1855). Vers 1800, il part chasser et trapper dans l'Ouest et revient à Québec en 1806, où il épouse Marie-Anne Gaboury. Il repart avec elle dans l'Ouest et est trappeur indépendant près de la COLONIE DE LA RIVIÈRE ROUGE, puis près de Fort Edmonton.

En 1815, pendant les troubles de la colonie de la Rivière-rouge, la Compagnie de la baie d'Hudson l'envoie à Montréal informer lord SELKIRK de la situation dangereuse qui sévit dans l'Ouest. Il fait le pénible voyage de 3000 km en cinq mois, mais, à son retour, il est capturé près de Fort William et emprisonné par la Compagnie du Nord-Ouest pendant 56 jours. Une fois relâché et revenu à Rivière-rouge, il reçoit en concession une terre de l'autre côté de la rivière, en face de Fort Garry.

Hugh A. Dempsey

Lagemodière, Marie-Anne, née Gaboury, pionnière de l'Ouest (Maskinongé, Qc, 2 août 1780—Saint-Boniface, Man., 14 déc. 1875). Mariée, en 1806, à Jean-Baptiste LAGEMODIÈRE, un commerçant de fourrures, Marie-Anne part avec lui dans les régions de la rivière Rouge et de Fort Edmonton, et devient l'une des premières femmes blanches à vivre dans les Prairies. Sa fille, Reine (née en 1807), est le premier enfant blanc légitime de l'Ouest. Julie, l'avant-dernière des huit enfants de Marie-Anne, est la mère de Louis RIEL.

Hugh A. Dempsey

Lagomorphes Désignent un ordre de MAMMIFÈRES composé de deux familles: les LAPINS et les LIÈVRES (léporidés), qui ont des oreilles et des pattes postérieures longues, une queue courte et touffue, et qui se déplacent en sautant. Les PIKAS (ochotonidés), moins connus, présentent une petite taille, des oreilles plus petites et arrondies, des pattes antérieures et postérieures à peu près de même longueur. Ils n'ont pas de queue apparente, et ils se déplacent en courant. Le rostre des pikas possède une seule grande ouverture, et celui des léporidés est formé d'os entrecroisés de façon très particulière, des caractéristiques exclusives aux lagomorphes.

Répartition et habitat Il existe environ 61 espèces de Lagomorphes qui vivent dans une grande variété d'habitats et sur tous les continents, sauf en Antarctique. Sept espèces sont indigènes au Canada (5 léporidés et 2 ochotonidés), et 2 espèces de léporidés ont été introduites. On rencontre les lagomorphes depuis la frontière des États-Unis jusque dans les îles arctiques, et ils sont des animaux familiers pour la plupart des Canadiens. Toutes les espèces sont terrestres, herbivores et actives en toute saison. Les pikas sont principalement diurnes, tandis que les lapins et les lièvres sont surtout actifs le soir et la nuit.

Régime alimentaire Les deux familles sont coprophages (elles mangent leurs excréments), ce qui leur permet d'extraire le maximum d'éléments nutritifs des PLANTES fibreuses. Ce comportement rappelle en quelque sorte la rumination chez les mammifères ruminants. Les lagomorphes produisent deux types de boulettes fécales: des boulettes molles et humides, qu'ils consomment, et d'autres dures et fibreuses, qu'ils rejettent.

Taxinomie Les lagomorphes ont été considérés comme des RONGEURS jusqu'à ce qu'on établisse, au début des années 1900, une distinction fondée sur de nombreuses caractéristiques dentaires, squelettiques, musculaires et historiques (leur histoire géologique remonte au Paléocène, il y a de 65 à 23,7 millions d'années). Les Rongeurs ne sont même plus considérés comme leurs proches parents. L'origine des Lagomorphes est incertaine.

M.L. Weston

Lagopède Les ailes entièrement blanches du lagopède le distinguent des autres membres de la sous-famille des tétraoninés (*voir* GÉLINOTTES, LAGOPÈDES et TÉTRAS), et, tout comme ces oiseaux, il est aussi bien adapté au froid: ses narines sont recouvertes de plumes, les plumes qui recouvrent le corps ont un long duvet à la base, ce qui améliore l'isolation, et les doigts sont emplumés. Le lagopède est le seul des gallinacés qui est presque entièrement blanc pendant l'hiver. L'été, il est brun moucheté.

Répartition et habitat Le lagopède des saules (*Lagopus lagopus*) et le lagopède alpin (*L. mutus*) constituent les seuls tétraoninés qu'on retrouve à la fois dans l'Ancien et le Nouveau Monde. Le premier a une répartition circumpolaire. Au Canada, ce lagopède habite, en altitude, dans les montagnes de l'Ouest et, dans la toundra, aussi loin au nord que dans l'île Melville. Le lagopède alpin, le plus nordique de la sous-famille, préfère les habitats plus secs et situés plus haut en altitude que le lagopède des saules. Les deux espèces sont de bons voiliers, mais le lagopède alpin migre davantage, quittant les régions les plus septentrionales de son aire afin d'échapper aux longues nuits qui sévissent pendant l'hiver arctique.

Le lagopède à queue blanche (*L. leucurus*), le plus petit des tétraoninés, n'a pas la queue noire comme les deux autres espèces. On le trouve seulement en Amérique du Nord. Il affectionne, en toutes saisons, les versants venteux situés en altitude dans les montagnes de l'Ouest. Son cri aigu et caquetant contraste avec les cris gutturaux émis par les autres lagopèdes.

Nidification Tous les lagopèdes nichent au sol et pondent de 6 à 10 œufs qui, grâce à leurs couleurs, se confondent parfaitement avec l'habitat environnant. Les mâles quittent généralement le secteur où est aménagé le nid lorsque les femelle commencent à incuber les œufs. Par contre, chez le lagopède des saules, le mâle demeure habituellement avec la femelle et l'aide parfois à élever les jeunes après l'éclosion, ce qui constitue un comportement très rare chez la plupart des tétraoninés. Les lagopèdes sont très recherchés par les chasseurs (*voir* GIBIER À PLUME). (*Voir aussi* ANIMAUX EN HIVER.)

S.D. MacDonald

La Grande, rivière D'une longueur de 893 km, elle prend sa source dans les hautes terres boisées et escarpées du centre du Québec et s'écoule vers l'ouest avant de se jeter dans la BAIE JAMES. Son bassin de drainage, d'une superficie de 97 600 km², est le troisième en importance au Québec. Les CRIS peuplent depuis longtemps la région et leurs territoires de chasse s'étendent sur les bords de la rivière et de ses affluents. En 1803, la création d'un poste de traite des fourrures à son embouchure est à l'origine de l'établissement actuel des autochtones à Fort George. Pendant de nombreuses années, la rivière porte aussi le nom de Fort George.

Au cours des années 70, le PROJET DE LA BAIE JAMES transforme la rivière. Il consiste à détourner les rivières importantes dont le cours se dirige vers l'est de la baie James afin de procéder à un aménagement hydroélectrique. La phase I du projet implique la construction de barrages gigantesques sur la rivière La Grande et l'inondation des zones basses pour créer des réservoirs. Après des démêlés juridiques prolongés, une entente est signée avec les autochtones, qui craignent la destruction de leurs ressources fauniques, et l'aménagement de la rivière est achevé.

Daniel Francis

Lahontan, Louis-Armand de Lom d'Arce, baron de, officier et auteur (Lahontan, France, 9 juin 1666—Hanovre, All., 21 avril 1716). Au cours des dix années qu'il passe en Nouvelle-France (1683-1693), Lahontan combat contre les Iroquois, explore le Mississippi et aide à défendre Québec, en 1690, et Terre-Neuve, en 1693, contre les attaques anglaises. La réputation de Lahontan repose sur la publication, en 1703, de ses pittoresques *Nouveaux Voyages dans l'Amérique septentrionale* et *Mémoires de l'Amérique septentrionale*, ainsi que d'un volume de dialogues imaginaires avec un chef indien, qui a contribué à la vogue du «bon sauvage». Les trois volumes, retouchés en 1705 par un bénédictin défroqué, Nicholas Gueudeville, ont été réédités plusieurs fois et traduits pour les lecteurs européens au cours du XVIIIe siècle.

David M. Hayne

Laidlaw, Alexander Fraser, chef de file du mouvement coopératif, éducateur et auteur (Port Hood, N.-É., 12 juin 1908—Ottawa, 30 nov. 1980). Laidlaw milite d'abord avec Moses COADY dans le cadre du MOUVEMENT D'ANTIGONISH (1944-1956). Après avoir passé deux ans dans des coopératives en Inde, il devient secrétaire général de la Co-operative Union of Canada (1958-1968). Membre du conseil d'administration (1959-1968), puis du personnel (1971-1974) de la Société centrale d'hypothèque et de logement (Canada), il appuie les coopératives de logement.

Après sa retraite en 1974, Laidlaw devient, par ses écrits et ses discours, l'ange gardien et l'inspirateur du MOUVEMENT COOPÉRATIF canadien, tout en continuant à conseiller des coopératives étrangères. Écrivain lucide et prolifique, il publie régulièrement des articles dans le *Maritime (Atlantic) Co-operator* et écrit plusieurs livres, notamment *The Campus and the Community* (1961), *The Man from Margaree* (1971), *Housing You Can Afford* (1977) et *Co-operatives in the Year 2000* (1980).

Vicki L. Davis

Laidler, Keith James, chimiste et professeur (Liverpool, Angl., 3 janv. 1916). Après avoir étudié à Oxford et à Princeton, il occupe des postes au National Research Council et à l'U. catholique de Washington, D.C., puis il enseigne à l'U. d'Ottawa de 1955 à 1981. Coauteur de *The Theory of Rate Processes*, il publie aussi un grand nombre de mémoires et de rapports de recherches sur la cinétique chimique, ainsi que des manuels de chimie. Ses recherches portent sur la cinétique des réactions chimiques, les aspects théoriques fondamentaux de la cinétique et l'étude expérimentale de plusieurs types de systèmes. Nommé membre de la Royal Society of Chemistry en 1960, il reçoit la médaille de l'Institut de chimie du Canada en 1971, la médaille du Jubilé de la Reine en 1977 et la médaille Henry Marshall Tory en 1987.

B. Conway

Laird, David, éditeur, politicien, lieutenant-gouverneur et commissaire aux Affaires indiennes (New Glasgow, Î.-P.-É., 12 mars 1833—Ottawa, 12 janv.

1914). Il est chef libéral à l'Assemblée législative de l'Île-du-Prince-Édouard et est élu à la Chambre des communes en 1873, exerçant la charge de ministre de l'Intérieur de 1873 à 1876. Il devient alors le premier lieutenant-gouverneur des Territoires du Nord-Ouest, nouvellement réorganisés, et occupe cette fonction jusqu'en 1881. Le 23 septembre 1877, le Traité n° 7 est signé par le chef CROWFOOT et d'autres chefs, ainsi que par le commissaire Laird et le lieutenant-colonel MACLEOD, commissaire de la Police à cheval du Nord-Ouest.

Peu après, les Amérindiens des Prairies sont menacés par la famine à cause de la quasi-disparition du bison. On craint un soulèvement, mais le désastre est évité en grande partie grâce au respect des Amérindiens pour la Police à cheval du Nord-Ouest et à la confiance réciproque entre les chefs et Laird, qui les a souvent rencontrés personnellement et a tenu ses promesses envers eux. Nommé commissaire aux Affaires indiennes de l'Ouest et affecté à Winnipeg (1898), il négocie en 1899 le Traité n° 8 avec les Amérindiens de la vaste région d'Athabasca, au nord d'Edmonton. De 1909 à 1914, il est conseiller auprès du ministère des Affaires indiennes à Ottawa.

Laitue (*Lactuca sativa*) Plante herbacée annuelle appartenant à la famille des composées. Plusieurs espèces de laitues sauvages poussent au Canada, dont la laitue vireuse, une mauvaise herbe qu'on rencontre fréquemment et qui est probablement apparentée aux espèces de laitues de jardin. Propre à l'Asie mineure, la laitue a été introduite en Haïti par Christophe Colomb. Des quatre variétés principales, la laitue pommée, qui est ferme et se conserve bien, est la plus cultivée. Les autres variétés – petites, comme la laitue de Bibb à tête délicate, la laitue romaine à tête longue et la laitue en feuilles de haute qualité – sont moins fermes et se prêtent moins à la commercialisation. La laitue pousse à la faveur d'un climat frais et convient très bien aux sols organiques du Canada. Résistante au gel, elle est habituellement semée au début du printemps. Les variétés moins fermes sont souvent cultivées dans des serres, à l'automne (*voir* CULTURE EN SERRE). Les limaces, les pucerons et la pourriture des feuilles sont ses principaux ennemis. La laitue procure un apport nutritif moyen (la laitue pommée étant la moins nourrissante) et, à cause de sa fraîcheur, elle constitue l'ingrédient de base des salades. En 1986, le Canada en a produit 40 900 t, la plus faible quantité depuis 1982.

Roger Doucet

La Jonquière, Jacques-Pierre de Taffanel de La Jonquière, marquis de, officier de marine, gouverneur général de la Nouvelle-France, nommé en 1746, en fonction de 1749 à 1752 (près d'Albi, France, 18 avril 1685—Québec, 17 mars 1752). En 1746, La Jonquière a déjà servi 49 ans dans la marine française. À l'époque, la guerre avec l'Angleterre fait rage. Il participe à l'expédition du duc d'Anville en 1746 et est fait prisonnier de guerre en 1747. Il arrive finalement à Québec en 1749. Au cours de son mandat, la France et l'Angleterre sont théoriquement en paix, mais son souci premier est de se préparer pour le prochain conflit armé en renforçant ses troupes et en fortifiant ses positions sur les Grands Lacs et le long de la frontière de l'Acadie. Il est mêlé à certaines spéculations de l'intendant François BIGOT.

Allan Greer

Lakeland, parc provincial Paysage où se mêlent forêts et lacs, le parc provincial Lakeland (créé en 1992, 147 km²) est situé à l'est du lac La Biche, à environ 250 km au nord-est d'Edmonton.

Histoire naturelle Ce PARC provincial abrite toute une variété de groupements forestiers. Des peupliers faux-trembles ou des peuplements mixtes de peupliers faux-trembles, de peupliers baumiers et d'épinettes blanches poussent sur les hautes terres bien drainées, et on relève la présence de peuplements presque purs de bouleaux à papier en quelques endroits. Les secteurs sableux sont recouverts de

pins gris et d'un sous-étage de lichens. L'épinette noire et le mélèze prédominent dans les tourbières des terres basses mal drainées. Des fourrés de saules et d'arbustes poussent le long des rives des cours d'eau et des autres endroits humides. Lakeland est toutefois renommé pour ses forêts centenaires de sapins baumiers et d'épinettes blanches.

La diversité des types forestiers présents procure des habitats à plus de 200 espèces d'oiseaux. Les observateurs d'oiseaux sont attirés dans le parc par plus de 20 espèces de parulines (notamment la paruline verte à gorge noire, la paruline à poitrine baie, la paruline tigrée et la paruline à gorge orangée) qui ont besoin d'une forêt âgée pour nicher et élever leurs petits. On y aperçoit aussi fréquemment des oiseaux plus visibles comme le PÉLICAN blanc d'Amérique, le cormoran à aigrettes, l'aigle à tête blanche, le balbuzard, le garrot à œil d'or et le huard à collier.

Quarante-trois espèces de mammifères ont été relevées dans le parc. On y voit communément des orignaux, des cerfs de Virginie, des ours noirs, des coyotes, des castors, des écureuils roux et des lièvres d'Amérique. On y aperçoit occasionnellement des espèces rares comme le lynx, le pékan, la loutre de rivière, le loup ou le caribou des bois.

Installations Les lacs Jackson, Kinnaird et Blackett sont reliés ou séparés par de petits portages. On peut y faire du canotage et du camping dans un décor sauvage. Ces étendues d'eau et d'autres lacs à eaux limpides offrent une excellente de pêche sportive. Le doré jaune, la perchaude et le brochet sont les espèces les plus recherchées. La pêche est populaire tant en été qu'en hiver. Même si on ne peut accéder aux lacs qu'à pied en été, les motoneiges sont autorisées sur les lacs pour la pêche sur la glace.

Un réseau de plus de 35 km de pistes entretenues circulant à travers toute une variété de terrains et de forêts offre d'excellentes possibilités de ski de fond dans le secteur du lac Shaw. Ces sentiers sont populaires auprès des randonneurs et des amateurs de vélo tout-terrain en été. Plusieurs sentiers suivent des routes historiques comme la piste du lac Spencer, jadis empruntée pour la traite des fourrures. Même si aucun terrain de camping n'a été aménagé à l'intérieur du parc, on en trouve plusieurs dans la zone récréative provinciale Lakeland juste à côté.

Archie Landals

La la la Human step (*Voir* LOCK, Édouard.)

Lalemant, Charles, missionnaire jésuite et premier supérieur des jésuites de Québec (Paris, France, 17 nov. 1587—id., 18 nov. 1674), frère de Jérôme LALEMANT. Lalemant organise la première mission jésuite au Canada en 1625 et retourne en France en 1627 pour combattre l'opposition des commerçants et des protestants au travail missionnaire. Il est fait prisonnier de guerre et fait naufrage deux fois, puis revient au Canada en 1634. Il exerce son ministère auprès des colons français de Québec jusqu'en 1638, année où il retourne à Paris pour devenir le premier procureur des missions de Nouvelle-France, poste qu'il occupe jusqu'en 1650. C'est une période de collaboration entre les missions et la traite des fourrures. Lalemant réunit les dévôts de la Compagnie du Saint-Sacrement, qui organisent la Société de Notre-Dame-de-Montréal, laquelle fonde en 1642 la colonie idéaliste de VILLE-MARIE sur l'île de Montréal. Il est l'auteur de nombreuses lettres, ainsi que d'un traité de prière sur l'Eucharistie.

Cornelius J. Jaenen

Lalemant, Jérôme, missionnaire jésuite (Paris, France, 27 avril 1593—Québec, 26 janv. 1673), frère de Charles LALEMANT. Arrivé au Canada en 1638, Lalemant est nommé supérieur de la mission huronne. Il effectue le premier recensement d'une nation autochtone, y introduit des donnés (auxiliaires laïcs) et centralise les activités en 1639 à SAINTE-MARIE-DES-HURONS, quartier général fortifié et communauté modèle. Auteur des *Relations des Jésuites* de 1639 et 1644, ainsi que d'une grande partie du *Journal des Jésuites*, il est le supérieur de cet ordre à Québec de 1645 à 1650. La mission huronne est détruite en 1649. Lalemant retourne en France en 1656 et enseigne au collège La Flèche. Rappelé comme supérieur à Québec de 1659 à 1665, il contribue à réinstaller les réfugiés hurons près de Québec.

Cornelius J. Jaenen

Laliberté, Alfred, sculpteur, peintre et mémorialiste (Sainte-Élisabeth-de-Warwick, Qc, 19 mai 1878—Montréal, 13 janv. 1953). En 1896, il commence à étudier le modelage et le dessin au Conseil des arts et manufactures (CAM), à Montréal. Il part à Paris en 1902, où il étudie à l'École des beaux-arts, rencontre SUZOR-COTÉ et participe à plusieurs expositions au Salon du printemps. En 1907, il est nommé professeur au CAM, à Montréal, et expose pour la première fois à la Société des arts de Montréal.

Son œuvre compte quelque 925 bronzes, marbres, plâtres et statues de bois, sans compter quelque 500 toiles de moindre intérêt. Il sculpte des bustes, des statues de personnages historiques (BALDWIN, BRÉBEUF), des monuments publics et commémoratifs (LAURIER, Louis HÉBERT), des statues religieuses et allégoriques et plus de 200 petits bronzes qui illustrent des légendes, des coutumes et des activités rurales. Influencé par différentes sources, son œuvre laisse paraître l'idéologie nationaliste et conventionnelle de ses contemporains québécois, qui sont à la fois très fiers de leur histoire nationale et très attachés à leur pays. En 1978, trois des manuscrits de Laliberté sont publiés sous le titre *Mes souvenirs*.

John R. Porter

Lalonde, Édouard, «Newsy», joueur de hockey et de crosse (Cornwall, Ont., 31 oct. 1887—Montréal, 21 nov. 1970). Il excelle dans ces deux disciplines sportives et connaît la gloire et la notoriété pour son instinct farouche de compétition. Il sera affublé du surnom Newsy alors qu'il exerce les fonctions de journaliste et d'imprimeur pour le *Cornwall Freeholder*. Il joue au hockey avec le club de Cornwall, puis joint les rangs professionnels avec l'équipe de Sault Sainte-Marie. Il fait partie de la première équipe des CANADIENS DE MONTRÉAL en 1910, puis il est de nouveau membre de cette équipe en 1913. Il remporte quatre fois le championnat des compteurs, et il marque 124 buts en 98 matches au cours des cinq années suivantes.

Il possède un tempérament bouillant et ses accrochages avec ses adversaires, notamment Joe Hall, dégénèrent souvent en bagarres. Lalonde est le meilleur joueur de CROSSE de sa génération et il est très en demande partout au Canada. À l'époque, un club de Vancouver lui offre même la somme de 6500 $ pour une saison. Il est d'ailleurs nommé meilleur joueur de crosse au Canada pendant la première moitié du siècle.

James Marsh

Lalonde, Marc, politicien (Île-Perrot, Qc, 26 juill. 1929). Après des études à l'U. de Montréal, à Oxford et à l'U. d'Ottawa, Lalonde entreprend d'abord une carrière juridique et universitaire, qu'il interrompt en 1959-1960 pour devenir conseiller spécial d'E. Davie FULTON, ministre de la Justice dans le Cabinet du premier ministre DIEFENBAKER. Il pratique le droit à Montréal, puis retourne à Ottawa comme conseiller spécial du premier ministre PEARSON en 1967 et conserve sa place au Cabinet du premier ministre, à titre de secrétaire principal de Pierre TRUDEAU (1968-1972).

En 1972, il réussit à se faire élire au Parlement. Il obtient ensuite divers portefeuilles dans le gouvernement Trudeau: ministre de la Santé et du Bien-être social; ministre d'État aux Relations fédérales et provinciales; ministre de l'Énergie, des Mines et des Ressources (1980-1982), poste qui lui permet d'instaurer la POLITIQUE ÉNERGÉTIQUE; et, enfin, ministre des Finances dans les Cabinets de Trudeau et de TURNER (1982-1984). Associé de près à Trudeau et à ses diverses causes, Lalonde défend avec vigueur le fédéralisme au Québec et à Ottawa. Il

quitte la vie politique en 1984, après la démission de Trudeau, et retourne au secteur privé. Officier de l'Ordre du Canada, Lalonde occupe plusieurs postes de direction, en plus de présider le conseil d'administration de l'Hôtel-Dieu de Montréal.

Robert Bothwell

Lalonde, Michèle, poète, dramaturge et essayiste (Montréal, Qc, 28 juill. 1937). Licenciée en philosophie de l'U. de Montréal, Michèle Lalonde est surtout connue pour sa poésie engagée et ses positions politiques sur le Québec et la question de la langue. Son œuvre compte deux pièces de théâtre, *Ankrania ou Celui qui crie* (1957) et *Dernier recours de Baptiste à Catherine* (1977), ainsi que plusieurs recueils de poésie: *Songe de la fiancée détruite* (1958), *Geôles* (1959), *Terre des hommes* (1967), *Portée disparue* (1979), *Métaphore pour un nouveau monde* (1980). Mais c'est le poème-affiche *Speak white*, récité en 1969 dans le cadre de spectacles de chansons et de poèmes donnés au profit des prisonniers politiques québécois, et publié en 1974, qui est son texte le plus célèbre. Écrit dans un style incantatoire, le poème fait état de la condition culturelle, sociale et économique inférieure des Canadiens français, tout en appelant à une solidarité des peuples opprimés contre toute forme de colonialisme et d'impérialisme. À titre d'essayiste, Michèle Lalonde a fait paraître, en 1979, *Défense et illustration de la langue québécoise*, et, en 1981 avec Denis Monière, *Cause commune. Manifeste pour une internationale des petites cultures*. Elle a reçu en 1979 le prix Duvernay, de la Société Saint-Jean-Baptiste, pour l'ensemble de son œuvre. En 1984, elle devient présidente de la Fédération internationale des écrivains de langue française.

François Rochon

Lalonde, Robert, romancier et comédien (Oka, 22 juill. 1947). Il fait des études classiques au Collège de Montréal et au Séminaire de Sainte-Thérèse (B.A., 1968). Il remporte en 1971 le premier prix d'interprétation au Conservatoire d'art dramatique où il a étudié trois ans. Il commence une carrière de comédien qui se poursuit tant au théâtre qu'à la télévision. Il fait aussi des adaptations pour la scène, il enseigne l'art dramatique et est directeur artistique du Théâtre d'aujourd'hui de 1987 à 1989. En 1981, son premier roman, *La belle épouvante*, obtient le prix Robert-Cliche. *Le dernier été des Indiens*, publié en 1982, obtient en France le prix Jean-Macé. *Une belle journée d'avance* (1986) obtient le prix Paris-Québec. Il reçoit pour *Le fou du père* (1988) le Grand Prix du livre de Montréal. Il publie encore *L'ogre de Grand Remous* en 1992, *Sept lacs plus au nord* en 1993, *Le petit aigle à tête blanche* en 1994 qui lui vaut le prix du Gouverneur général et le prix France-Québec. La présence de la culture amérindienne se retrouve dans son œuvre, de même que le contact avec la nature sauvage et la liberté obtenue après un parcours initiatique.

Robert Charrette

Lam, David See-Chai, banquier, promoteur immobilier, philanthrope et lieutenant-gouverneur de la Colombie-Britannique (Hong Kong, 2 sept. 1923). Lam, prospère banquier de Hong Kong, s'arrête un jour à Vancouver au cours de l'un de ses nombreux voyages. Même si la rétrocession de Hong Kong à la Chine n'allait avoir lieu que 30 ans plus tard, Lam et sa famille décident de rompre avec leurs racines et de s'établir dans un pays stable. Lam émigre en 1967 et, fasciné par la beauté de la ville de Vancouver, décide de s'y établir avec sa famille. Il obtient rapidement un emploi dans la vente immobilière et, une fois établi, il se lance dans la construction immobilière à Vancouver, utilisant les devises de Hong Kong comme capital de placement.

Lam devient l'un des plus importants promoteurs immobiliers de Vancouver et il contribue de façon déterminante à attirer des capitaux de Hong Kong à Vancouver. En 15 ans seulement, il accumule une fortune de plus de 100 millions de dollars. À ses

yeux, Vancouver est une ville de l'Asie-Pacifique et il fait des efforts considérables pour étendre le rayonnement de cette ville dans tous les pays en bordure du Pacifique, consolidant les liens économiques entre Vancouver, Hong Kong, Singapour, Tokyo et d'autres importants centres d'Asie. Lam est convaincu que l'immigration est un outil majeur de développement économique et il se sent responsable de l'essor de sa ville d'adoption.

Lorsqu'il se retire, en 1983, il crée la David and Dorothy Lam Foundation, un organisme caritatif qui distribue des millions de dollars chaque année pour des causes humanitaires à Vancouver, notamment aux jardins Sun Yat-Sen, à l'U. de la Colombie-Britannique, à l'U. Simon Fraser, aux hôpitaux, ainsi qu'à l'Asian-Pacific Centre, dont il a contribué à la fondation. Lam est nommé membre de l'Ordre du Canada en 1988, l'année même où il est nommé lieutenant-gouverneur de la Colombie-Britannique. Il est le premier Canadien d'origine asiatique à occuper une fonction vice-royale au Canada.

La Malbaie, ville du Qc; pop. 4918 (rec. 1996), 4920 (rec. 1991); superf. 46,65 km²; const. en 1958; située sur la Basse-Côte-Nord du FLEUVE SAINT-LAURENT à l'embouchure de la rivière Malbaie, à 150 km à l'est de Québec. Lors de son arrivée en 1608, CHAMPLAIN appelle la ville «malle baye», car il est difficile d'y accoster. La Malbaie est le cœur de la municipalité régionale de comté de Charlevoix-Est. Parmi les premiers colons qui arrivent en Nouvelle-France, quelques-uns s'installent dans la région. La ville est renommée Murray Bay par les premiers seigneurs qui y résident, les militaires écossais John Nairne et Malcolm Fraser. Ils occupent des concessions de part et d'autre de la rivière Malbaie jusque vers 1815 et font visiter la région à de nombreux voyageurs. La Ville de La Malbaie, depuis décembre 1999, est résultante de la fusion des municipalités de Pointe-au-Pic, La Malbaie, Cap-à-l'Aigle, Sainte-Agnès, Saint-Fidèle et Rivière-Malbaie.

Les établissements d'hébergement réputés de la région comptent parmi les plus vieux du continent et comprennent le Manoir Richelieu de Pointe-au-Pic et certains hôtels de Cap-à-l'Aigle. L'hébergement touristique, les activités extérieures et la culture maraîchère sont les principales activités économiques de La Malbaie. La plus grosse industrie est une usine d'aluminium.

Paula Kestelman

Lamarche, Gustave, prêtre et dramaturge (Montréal, Qc, 17 juill. 1895—*id.*, 27 août 1987). Lamarche se fait surtout connaître pour les vastes fresques dramatiques portant sur des thèmes religieux – qui ne sont pas sans rappeler les scènes passionnées de l'époque médiévale – qu'il compose et met en scène à Québec, dans les années 30. *Jonathas et Tobie* (1935), *La Défaite de l'enfer* (1938), *Notre-Dame-des-Neiges* (1942) et *Notre-Dame-de-la-Couronne* (1947) se démarquent particulièrement. *Notre-Dame-des-Neiges* et *Notre-Dame-de-la-Couronne* sont jouées à l'extérieur devant des milliers de spectateurs.

Les *Œuvres théâtrales* de Gustave Lamarche (1971-1975), en six volumes, comportent 34 pièces. Lamarche rend leur respectabilité aux arts de la scène, longtemps considérés comme suspects au Canada français, et contribue de façon importante à l'épanouissement de la culture québécoise contemporaine.

L.E. Doucette

Lamarre, Bernard, ingénieur et entrepreneur (Montréal, Qc, 6 août 1931). Diplômé en génie de l'École polytechnique de Montréal en 1952, il décroche la bourse Athlone du gouvernement britannique et étudie à l'Imperial College of Science & Technology et à l'U. de Londres où il obtient sa maîtrise en ingénierie en 1955. L'Institut canadien des ingénieurs lui décerne le titre de Fellow en 1975.

Il débute en 1955 chez Lalonde & Valois, la société-mère du Groupe Lavalin, devient un associé en 1962 et, en 1972, PDG de Lavalin Inc., qui, en 1991, devient SNC-LAVALIN. Lamarre dirige ainsi l'une des plus grandes sociétés d'ingénierie-construction du monde.

On ne compte plus les grands projets qu'il a réalisés, dans plusieurs villes du monde, tout en trouvant le temps de promouvoir les arts, l'entrepreneurship et l'ingénierie. Il a notamment mis sur pied la fameuse Collection Lavalin, aujourd'hui exposée au MUSÉE D'ART CONTEMPORAIN DE MONTRÉAL. À Montréal, le pont-tunnel Louis-Hippolyte-Lafontaine, l'estacade du pont Champlain, l'autoroute Ville-Marie, l'usine de filtration Charles DesBaillets, la tour du 1000 de la Gauchetière et le parachèvement du Stade olympique témoignent de sa carrière; en Afrique, le gouvernement de l'Algérie lui a confié de nombreux chantiers, dont le Palais de la culture et le Sanctuaire des martyrs; au Canada comme à l'étranger, SNC-Lavalin a construit plusieurs alumineries, dont celles de La Baie et de Bécancour au Québec et de Richards Bay en Afrique du Sud. Les contrats internationaux constituent maintenant la principale activité de SNC-Lavalin. Conseiller chez SNC-Lavalin jusqu'en août 1999, Bernard Lamarre consacre, depuis, la plus grande partie de son temps au Groupe Bellechasse Santé, un hôpital privé, à la Société du Vieux-Port de Montréal, dont il est le président du conseil, de même qu'à plusieurs conseils d'administration. Il a été président de l'Ordre des ingénieurs du Québec, de 1993 à 1997, et a reçu de nombreux doctorats honorifiques au Canada. Il est Officier de l'Ordre du Canada et de l'Ordre du Québec depuis 1985.

Laurier Cloutier

LaMarsh, Julia Verlyn, «Judy», avocate, politicienne, communicatrice et romancière (Chatham, Ont., 20 déc. 1924—Toronto, 27 oct. 1980). Députée libérale de la circonscription de Niagara Falls de 1960 à 1968, Judy LaMarsh est une ministre du Cabinet PEARSON qui suscite la controverse. On lui doit d'ailleurs certaines des lois les plus innovatrices de ce gouvernement. Au cours de son mandat comme ministre de la Santé et du Bien-être, de 1963 à 1965, on assiste à la mise sur pied du RÉGIME DE PENSIONS DU CANADA et à l'ébauche du régime d'assurance-maladie canadien. Secrétaire d'État de 1965 à 1968, elle fait adopter la *Loi sur la radiodiffusion*, préside les célébrations du CENTENAIRE et crée la COMMISSION ROYALE D'ENQUÊTE SUR LA SITUATION DE LA FEMME AU CANADA. Parmi ses écrits, mentionnons *Memoirs of a Bird in a Gilded Cage* (1969).

Harriet Gorham

La Martre, lac Situé dans les Territoires du Nord-Ouest, à 50 km à l'ouest de Rae-Edzo, à 150 km au nord-ouest de Yellowknife et à 346 km au sud du cercle arctique; superf. 1777 km²; altitude 265 m; longueur de 76 km. L'endroit habité du lac La Martre se trouve à l'extrémité sud-est. Le lac est alimenté par le lac Grandin et plusieurs autres plus petits lacs et ruisseaux, et se déverse au sud-est dans le bras nord du GRAND LAC DES ESCLAVES. À l'origine, il se nomme Martin Lake (sur la carte du voyage de MACKENZIE de 1789, par Aaron Arrowsmith); plus tard, il prend son nom actuel, que l'on croit inspiré par l'abondance de martres communes (*Martes americana*) qui se trouvent dans la région.

David Evans

Lamb, William Kaye, bibliothécaire, archiviste (New Westminster, C.-B., 11 mai 1904). Formé à l'U. de la Colombie-Britannique (B.A., 1927; M.A., 1930), à la Sorbonne et à la London School of Economics (Ph.D., 1933), Lamb est bibliothécaire et archiviste du gouvernement provincial de Colombie-Britannique (1934-1940), puis bibliothécaire à l'U. de la Colombie-Britannique (1940-1948) avant d'être nommé archiviste du Dominion en 1948. À ce poste et, à partir de 1953 en tant que bibliothécaire national, il joue, durant les 20 années suivantes, un rôle décisif dans le développement de deux institutions

culturelles importantes. Grâce au programme efficace d'acquisition et aux systèmes améliorés de gestion d'inventaire qu'il met en place, les Archives nationales deviennent un organisme de recherche reconnu. Son rôle dans la planification et le développement de la Bibliothèque nationale, depuis sa création en 1953, a permis de rendre cette institution utile et accessible.

En plus de ses obligations professionnelles, Lamb s'impose dans le domaine de l'édition savante, atteignant l'excellence en particulier dans l'édition de documents historiques, et dont *George Vancouver, A Voyage of Discovery 1791-1795*, en 4 volumes (1985), est l'apogée. Lamb est Membre de l'Ordre du Canada depuis 1969.

Stanley Gordon

Lambert, Betty, née Elizabeth Minnie Lee, auteure dramatique (Calgary, 23 août 1933—Burnaby, C.-B., 4 nov. 1983). Auteure de quelque 70 pièces pour la radio, la télévision et le théâtre pour adultes et enfants, elle enseigne également à l'U. Simon Fraser de 1965 jusqu'à sa mort. Souvent qualifiée de féministe, elle porte un intérêt particulier à l'injustice et aux abus envers les hommes et les femmes. Cet intérêt, elle l'exprime par l'ironie dans ses comédies, et par la compassion et un sens profond du mal dans ses tragédies. Elle est l'auteure de la pièce pour enfants *The Riddle Machine* (créée en 1967, publiée en 1974), de *Sqrieux-de-Dieu* (1975, 1976), du roman *Crossings* (1979) et de *Jennie's Story* (1981, 1982).

Ann Messenger

Lambert, Nathalie, patineuse de vitesse (Montréal, 1ᵉʳ déc. 1963). L'une des grandes athlètes canadiennes du patinage de vitesse sur courte piste. Membre de l'équipe nationale dès 1981, elle participe d'abord aux épreuves sur longue et courte pistes. En 1987, elle opte, de façon définitive, pour cette dernière spécialité. Sa constance et sa détermination lui ont valu de se hisser au sommet de sa discipline tout en aidant les Canadiennes à dominer la compétition internationale, dont le championnat du monde par équipes et celui du relais féminin de 3000 mètres, pendant huit années de suite. En 1991, à Sydney en Australie, elle ajoute à son palmarès un 1ᵉʳ titre mondial individuel. Au classement cumulatif, elle devance sa compatriote Sylvie DAIGLE. Elle remporte 2 autres titres mondiaux individuels en 1993 et en 1994. Après ces championnats et alors qu'elle est au sommet de sa discipline, elle tire sa révérence.

Nathalie Lambert est aussi médaillée olympique. Lors de sa 2ᵉ participation aux Jeux, à Albertville en 1992, elle aide ses coéquipières à dominer le relais féminin du 3000 mètres. Et en 1994, elle quitte Lillehammer avec 2 médailles d'argent, 1 individuelle et 1 au relais féminin.

Nathalie Lambert est membre du Temple de la renommée des sports amateurs canadiens depuis 1992.

Yvon Dore

Lambert, Phyllis, architecte (Montréal, 24 janv. 1927). Formée au Vassar College (B.A., 1948), Lambert se lance dans la carrière d'architecte lorsqu'elle conseille à son père, l'industriel distillateur Samuel Bronfman (*voir* BRONFMAN, famille), de confier à Ludwig Mies van der Rohe, l'un des architectes les plus importants du XXᵉ siècle, la conception de l'édifice Seagram à New York. Après avoir agi à titre de directrice de la planification (1954-1958) dans le cadre de ce projet, elle s'inscrit au programme que Mies a lancé à l'Illinois Institute of Technology, où elle est l'élève de Myron Goldsmith et obtient une maîtrise ès sciences en architecture en 1963.

Durant les années 60, elle signe le design du Centre Saidye Bronfman à Montréal (1963-1969), un pavillon en verre et en acier de style international à la manière de Mies, et est consultante lors du projet de construction du Centre Toronto-Dominion à Toronto, le dernier grand projet auquel Mies participe avant de mourir. Au milieu des années 70, Lambert est architecte-promoteur (avec Gene Summers)

pour la rénovation de l'hôtel Biltmore situé au centre-ville de Los Angeles, un bâtiment historique abandonné qui retrouve sa beauté grâce à la restauration. Pour ce travail, elle remporte le National Honor Award de l'American Institute of Architects.

Lambert réalise son œuvre majeure en tant que fondatrice et directrice du CENTRE CANADIEN D'ARCHITECTURE (CCA), un musée et un centre d'études de classe mondiale situé à Montréal, qui abrite ses vastes collections de dessins d'architecture, de livres, de photographies et de documents d'archives. Ce projet, achevé en 1989 et conçu par Peter ROSE, avec Lambert comme architecte-conseil, préserve et incorpore la Maison Shaughnessy, une maison historique de Montréal sauvée par Lambert. Avec ses jardins, dont le plus grand a été conçu par Melvin CHARNEY, le CCA a contribué à ranimer un quartier urbain délabré.

Au cours de sa carrière, Lambert lance plusieurs projets et publications ayant trait à la préservation de l'architecture, dont *Court House: A Photographic Document, Photography and Architecture: 1839-1939, Montréal, ville fortifiée du XVIIIᵉ siècle* et *Fortifications and the Synagogue: The Fortress of Babylon and the Ben Ezra Synagogue, Cairo*. Récipiendaire de la médaille d'or de l'Institut royal d'architecture du Canada et de nombreux prix et titres honorifiques, Lambert est Officier de l'Ordre des Arts et Lettres de France et Officier de l'Ordre du Canada.

Susan Wagg

Lament for a Nation: The Defeat of Canadian Nationalism Pamphlet de George GRANT (1965; rééd. en 1970 avec une préface de l'auteur), qui défend avec éloquence une seule thèse: le Canada n'est plus une nation. Selon Grant, une telle déconfiture est inévitable car, malgré l'espoir des Canadiens de construire une société plus stable et mieux organisée que la société américaine, toute possibilité de préserver une culture authentique au Canada est d'emblée battue en brèche du moment que les États-Unis, champions du libéralisme tous azimuts, s'affirment aussi leader dans les domaines des sciences, des technologies et de l'économie capitaliste.

Pour Grant, le PARTI LIBÉRAL en est responsable en accueillant à bras ouverts le CONTINENTALISME qui confine inexorablement le Canada au rôle de simple courroie d'alimentation du capitalisme américain. N'en déplaise également à John DIEFENBAKER dont le gouvernement a, dans un dernier élan de nationalisme, tenté de renverser la vapeur sans succès. Certains critiques jugent les théories de Grant brillantes et captivantes; d'autres les trouvent exagérées et simplistes, donc irrecevables. Quoi qu'il en soit, la thèse de Grant a suscité un vif débat sur la capacité du Canada à préserver une certaine autonomie face à l'empire américain.

Donna Coates

Lamer, Antonio, avocat et juge en chef du Canada (Montréal, 8 juillet 1933). Après des études au collège Saint-Laurent, à Montréal, et à l'Université de Montréal (LL. L. 1956), il est admis au Barreau du Québec en 1957, puis se joint au cabinet Cutler, Lamer, Bellemare & Associés, où il exerce le droit jusqu'en 1969, après être devenu associé principal du cabinet. Il enseigne également de nombreuses années à la Faculté de droit et à l'École de criminologie de l'U. de Montréal. En 1969, il est élevé au rang de magistrat, d'abord juge à la Cour supérieure du Québec et à la Cour du Banc de la Reine du Québec, puis à la Cour d'appel du Québec en 1978.

Nommé juge à la COUR SUPRÊME DU CANADA en 1980, c'est le 3 juillet 1990, qu'il devient juge en chef du Canada. Participant aux décisions importantes que la Cour suprême rend au cours des années 80, il continue la tradition libérale de ses prédécesseurs Bora Laskin et Robert Dickson, particulièrement sur les questions touchant à la CHARTE CANADIENNE DES DROITS ET LIBERTÉS, jusqu'à sa retraite en août 1999.

Néanmoins, en février 1993, dans une affaire portant sur la protection des droits des homosexuels, il fait valoir que l'élément fondamental dans l'interprétation de la Constitution est de déterminer l'intention du Parlement au moment où celui-ci adopte une loi. Le Parlement choisissant délibérément de ne pas inclure expressément ces droits dans la *Loi sur les droits de la personne*, ceux-ci ne sont donc pas garantis.

Lamontagne, Joseph-Georges-Gilles-Claude, officier de l'aviation, politicien et lieutenant-gouverneur du Québec (Montréal, 17 avril. 1919). Lamontagne étudie au Collège Jean-de-Brébeuf et à l'École des hautes études commerciales de Montréal. Pilote de bombardier pour l'Aviation royale du Canada (ARC), son avion est abattu au moment où il survole la Hollande. Il est prisonnier de guerre jusqu'en 1945. Il achète une entreprise d'importation de Québec en 1946 et est élu maire de cette ville en 1965. Député libéral à la Chambre des communes en 1977, pour la circonscription de Langelier, il est nommé ministre des Postes en 1978 et ministre de la Défense nationale en 1980. Lamontagne est nommé lieutenant-gouverneur du Québec en 1984 et il occupe ce poste jusqu'en 1990. Il est reçu officier de l'Ordre du Canada en 1991 pour services rendus au Canada.

Jean Pariseau

Lamontagne, Maurice, économiste et politicien (Mont-Joli, Qc, 7 sept. 1917—Ottawa, 13 juin 1983). Diplômé des universités Laval et Harvard, Lamontagne enseigne à l'U. Laval de 1943 à 1954. Cette année-là, il devient fonctionnaire fédéral, puis, en 1957, professeur d'économie à l'U. d'Ottawa. Il remplit également les fonctions de conseiller de Lester PEARSON de 1958 à 1963 et brigue les suffrages aux élections fédérales en 1958 et en 1962, avant d'être finalement élu en 1963. Fervent fédéraliste, Lamontagne prône le bilinguisme et le biculturalisme, et cherche à renforcer les assises du Parti libéral au Québec. Après avoir été président du Conseil privé et secrétaire d'État dans le Cabinet de Pearson de 1963 à 1965, il accède au Sénat en 1967.

Robert Bothwell

Lamothe, Arthur, réalisateur, producteur et monteur (Saint-Mont, France, 7 déc. 1928). Il arrive au Canada en 1953 et exerce divers métiers jusqu'à la fin des années 50, où il entre à l'OFFICE NATIONAL DU FILM (ONF) à titre de recherchiste et de scénariste. Son premier film, *Bûcherons de la Manouane*, un documentaire sur la vie dans les chantiers, date de 1962.

Il quitte l'ONF pour fonder sa propre compagnie de production et réalise un long métrage de fiction, *Poussière sur la ville* (1965), qui est somme toute un échec. Convaincu que cette voie n'est pas la sienne, il revient au documentaire et intègre son travail dans une perspective sociale. En 1970, il réalise pour la CONFÉDÉRATION DES SYNDICATS NATIONAUX (CSN) un long métrage sur les conditions de travail des ouvriers de la construction. *Le Mépris n'aura qu'un temps* affirme réellement la perspective dans laquelle s'inscrira désormais son œuvre: la dénonciation et la prise de conscience. Dès lors, on peut le qualifier de cinéaste militant qui produira plusieurs films indépendants aux propos politiques et courageux qui n'auraient probablement pas vu le jour autrement. Après plusieurs commandites, il entame, en 1973, sa première grande série amérindienne (terminée en 1976), *Carcajou et le péril blanc*, huit films qui exposent la culture montagnaise et dénoncent la dépossession causée par les Blancs. Cette série, la première de toute notre histoire à adopter le point de vue indien, se poursuit dans une seconde, *Innu Asi / La Terre de l'homme* (1979-1980), composée de quatre films plus politiques. Il poursuit son cycle amérindien avec *Mémoire battante* (1983, trois épisodes) où au documentaire s'ajoute une dramatique de nature historique. En 1992, il présente *La Conquête de l'Amérique I* et *La Conquête de l'Amérique II* dont le tournage initial remontait

à 1977 et qui retrace l'histoire de l'Amérique du point de vue amérindien en faisant siennes les revendications des Montagnais. En 1993, *L'Écho des songes* s'intéresse à l'art autochtone de toutes les régions du Canada. Après une éclipse de 20 ans, il était revenu à la fiction avec *Équinoxe* (1986), un film dont le contenu tire les leçons morales de son expérience de la culture amérindienne. L'accueil avait cependant été plutôt tiède. En 1996, il aborde à nouveau la fiction avec *Le Silence des fusils*, l'histoire réelle de deux Innus morts de façon suspecte sur une rivière de la Côte-Nord. Prenant le parti de la thèse amérindienne (qu'une commission d'enquête a invalidée en 1998), Lamothe dénonce la justice des Blancs et démontre qu'il pratique toujours, depuis 30 ans, un cinéma engagé, quelle que soit l'esthétique qu'il choisit. En 1980, Lamothe est le premier récipiendaire du prix Albert-Tessier remis par le gouvernement québécois. Le Festival du film et de la vidéo autochtones lui a rendu hommage en 1994.

Pierre Véronneau

Lampman, Archibald, poète et fonctionnaire (Morpeth, Canada-Ouest, 17 nov. 1861—Ottawa, 10 févr. 1899). Il est l'un des poètes du groupe de la «Confédération». Fils d'un pasteur aux revenus modestes, sa famille jouit pourtant d'un certain rang social. Il fréquente le Trinity College School de Port Hope, puis le Trinity College de Toronto où il obtient un B.A. en 1882. Après avoir essayé sans succès d'enseigner, il obtient, en 1883, un poste permanent au ministère des Postes à Ottawa et le conserve jusqu'à sa mort.

Lampman fait ses débuts comme écrivain dans les pages de la revue de son collège, *Rouge et Noir* et passe ensuite aux pages plus prestigieuses de *The Week*, avant de gagner la faveur des lecteurs des principaux magazines américains de l'époque, notamment l'*Atlantic Monthly*, le *Harper's* et le *Scribner's*. Malgré son succès, il n'arrive pas à trouver une maison d'édition pour son premier recueil, *Among the Millet* (1888), qu'il finira par publier lui-même. En 1896, après quelques difficultés et des retards, un éditeur de Boston publie son deuxième livre, *Lyrics of Earth* (1895; texte restauré en 1978). Son troisième recueil, *Alcyone and Other Poems* (1899), en préparation à sa mort, est distribué hors commerce à quelques exemplaires. Son contenu est intégré au recueil intitulé *The Poems of Archibald Lampman* (1900), préparé et édité avec dévouement par son ami, le mémorialiste et poète D.C. SCOTT.

Lyrics of Earth: Sonnets and Ballads (1925), *At the Long Sault* (1943), projet mené conjointement par D.C. Scott et E.K. BROWN à partir des manuscrits de Lampman, et *Selected Poems* (1947) figurent parmi les recueils importants de sa poésie publiés par la suite. *Selected Prose*, rédigé par Lampman, est publié en 1975.

Bien qu'il passe pour timide et solitaire, Lampman aime fréquenter un cercle d'amis issus surtout de la communauté des écrivains et des intellectuels d'Ottawa. En collaboration avec Scott et W.W. CAMPBELL, il écrit une chronique sérieuse et percutante, «At the Mermaid Inn» (1892-1893), pour le *Globe* de Toronto. Il fréquente aussi différents groupes littéraires et scientifiques d'Ottawa, devant lesquels il récite ses poèmes, distribuant à l'occasion un manuscrit. Sa poésie retient l'attention par l'harmonie des poèmes, dans lesquels domine l'observation minutieuse de la nature qui traduit à la fois un sentiment de délice et de contemplation solennelle. S'il manifeste un grand talent pour le sonnet, auquel il donne une certaine portée, il peut aussi être un poète discursif, tenté par la narration et, parfois, par une critique virulente de la civilisation industrielle contemporaine.

En mauvaise santé et souvent d'humeur changeante, Lampman ne semble pas avoir trouvé le bonheur dans la fonction publique. Cependant, il n'a pas fait grand-chose pour changer sa vie. Son imagination et son expérience de la poésie s'expriment surtout dans ses vers, où le lecteur trouvera poésie, des-

criptions de la nature, rêveries, communautés et rapports humains idéalisés. Pendant les dernières années de sa courte vie, un malaise spirituel est évident, aggravé par la mort de son fils en bas âge et par sa propre santé qui se détériore. Il est élu membre de la Société royale du Canada en 1895.

Michael Gnarowski

Lamproie Groupe de VERTÉBRÉS primitifs qui, avec les MYXINES et diverses formes éteintes, fait partie de la classe des agnathes. Les lamproies vivent dans les hémisphères Nord et Sud. On en connaît 41 espèces vivantes ainsi que des formes FOSSILES du Mississippien et du Pennsylvanien (il y a 353 à 300 millions d'années) aux États-Unis. En Amérique du Nord, on compte 23 espèces parmi lesquelles 21 sont indigènes. Au Canada, on en trouve 11 espèces.

Description Les lamproies ont un squelette cartilagineux et un corps en forme d'anguille. Elles n'ont pas d'écailles ni de nageoires paires, mais possèdent une ou deux nageoires dorsales. De chaque côté du corps, elles sont pourvues de sept pores branchiaux près de la tête.

Ammocète Le développement des lamproies commence par un stade larvaire, l'ammocète, qui ressemble à un ver et qui vit plus longtemps que l'adulte. Cette larve a une structure large en forme de capuchon surmontant la bouche. Son régime alimentaire est principalement constitué d'algues microscopiques. Ses yeux, cachés sous la peau, sont rudimentaires. Elle respire et s'alimente en faisant entrer de l'eau par la bouche et en l'expulsant ensuite par les pores branchiaux. Au début de la métamorphose, l'ammocète raccourci.

Adultes Les adultes respirent en faisant entrer et sortir l'eau seulement par les pores branchiaux. Lors de la métamorphose, ils acquièrent une bouche en forme de disque suceur muni de dents cornées. Certaines espèces ne sont pas parasites, et elles n'ont alors pas d'intestin fonctionnel et ne se nourrissent pas après la métamorphose. D'autres sont parasites et elles conservent alors un intestin fonctionnel et se nourrissent surtout du sang et des liquides organiques des poissons. Parmi les 37 espèces de l'hémisphère Nord, environ 15 sont des parasites. Les non-parasites habitent exclusivement les milieux d'eau douce. Bien que les adultes de certaines espèces puissent vivre en eau salée, toutes les espèces fraient seulement en eau douce dans des nids spécialement aménagés et meurent peu de temps après. Avant la reproduction, les mâles et les femelles matures raccourcissent. Selon sa longueur, la femelle peut pondre de 1000 à 260 000 œufs de petite taille (1 mm de diamètre).

Importance biologique Trois espèces nord-américaines de lamproies causent de graves dommages aux PÊCHES: la lamproie marine (*petromyzon marinus*), d'au plus 900 mm de longueur, est une espèce généralement anadrome (vie en mer et reproduction en eau douce) qui vit dans l'Atlantique mais qui présente des populations landlockées dans les Grands Lacs; la lamproie du Pacifique (*entosphenus tridentatus*), d'un maximum de 690 mm, que l'on rencontre dans l'Ouest; et la lamproie arctique (*lethenteron japonicum*), d'un maximum de 625 mm de longueur, qui vit dans l'Arctique nord-américain et eurasien. Ces espèces attaquent d'autres poissons: elles s'y accrochent par leur disque oral et leur sucent le sang et la chair.

Dans les Grands Lacs, la lamproie marine a contribué au déclin du touladi et d'autres espèces de poissons. Elle a toujours vécu dans le lac Ontario, mais on l'observe pour la première fois dans le lac Érié en 1921. Elle y arrive apparemment par le canal Welland. Dans les années 1940, elle est établie dans les Grands Lacs. Les gouvernements du Canada et des États-Unis ont instauré un programme afin de réduire ses populations. Malgré le fait que l'espèce *lampetra fluviatilis* soit considérée comme un mets délicat en Europe, les lamproies sont peu appréciées en Amérique du Nord, sauf chez les autochtones de la côte Ouest. (*Voir aussi* PARASITOLOGIE.)

Vadim D. Vladykov

Lancaster, détroit de Bras de la BAIE DE BAFFIN et passage important à travers l'ARCHIPEL ARCTIQUE, est d'une longueur de 400 km et d'une largeur de 100 km. Il s'étend à l'extrémité nord de l'ÎLE DE BAFFIN et communique avec le détroit de Barrows à l'ouest. En raison de l'interaction des courants, le détroit est riche en nutriments et nourrit diverses communautés biologiques d'oiseaux, de mammifères et de poissons. Il constitue aussi des aires de reproduction pour quelques trois millions d'oiseaux marins. La région a fourni des moyens de subsistance aux populations INUITES pendant des milliers d'années: phoques annelés, morses et ours polaires, narvals, bélugas, épaulards et baleines boréales. On trappe le renard arctique sur presque toute la côte et on pêche l'omble chevalier aux embouchures des rivières.

Les Européens commencent à s'intéresser au détroit au XVIIᵉ siècle, en recherchant le PASSAGE DU NORD-OUEST. William BAFFIN est selon toute vraisemblance le premier à le découvrir en 1616. Il porte le nom du navigateur britannique, sir James Lancaster (mort en 1618). La CHASSE À LA BALEINE devient importante à la fin du XIXᵉ siècle et on établit des postes de traite à Port Leopold, Button Port, Albert Harbour, Arctic Bay, Pond Inlet et Dundas Harbour. Aujourd'hui, on s'intéresse surtout aux études géologiques qui confirment la présence de pétrole et aux sites miniers de Mary River (fer), d'Arvik (plomb, zinc) et de Nanisivik, d'où l'on a extrait quelques 150 000 tonnes de plomb et de zinc. L'utilisation de BRISE-GLACE permettrait à la navigation locale et aux navires-citernes venant de la MER DE BEAUFORT d'emprunter le passage toute l'année. Mais, une plus grande activité humaine menacerait la faune de la région, confinée dans quelques endroits isolés et très vulnérable.

James Marsh

Lancaster, Ronald, joueur de football et entraîneur (Fairchance, Penn., 14 oct. 1938). À compter de 1960, il partage le poste de quart-arrière des ROUGH RIDERS D'OTTAWA avec Russ JACKSON, puis il rejoint l'équipe de la Saskatchewan (1963-1978). Au cours de ses 19 ans de carrière, il complète 3384 passes (pour 50 535 verges) et réussit 333 touchés. Il inscrit 30 records de la Ligue canadienne de football (LCF), est choisi joueur par excellence au pays à 2 reprises et mène 17 fois son équipe aux éliminatoires (et à 2 conquêtes de la Coupe Grey).

Sa détermination et sa rapidité d'analyse lui valent les surnoms de «petit général» et de «petit assassin» (il ne fait que 1,78 m). Après un bref séjour au poste d'entraîneur des ROUGHRIDERS DE LA SASKATCHEWAN (1979-1980), il est un analyste fort populaire des matchs de la LCF à la télévision. En 1991, il accepte le poste d'entraîneur en chef des ESKIMOS D'EDMONTON, qu'il mène à la conquête de la Coupe Grey en 1993.

Frank Cosentino

L'Ancienne-Lorette, ville du Qc; pop. 15 895 (rec. 1996), 15 242 (rec. 1991); superf. 8,02 km²; const. en 1948. Elle est située sur la rive Nord du fleuve Saint-Laurent, à 13 km à l'ouest de QUÉBEC. Tout d'abord constituée en village sous le nom de Notre-Dame-de-Lorette en 1948, cette banlieue résidentielle de Québec connaît une croissance rapide à partir des années 60, tout comme la plupart de ses voisines, soit Cap-Rouge, SAINTE-FOY et Saint-Augustin-de-Desmaures.

Son histoire remonte à 1674, alors que le jésuite Pierre Chaumonot (1611-1693) construit une chapelle à cet endroit pour les HURONS chassés de leur patrie (Ontario) par les Iroquois. L'église originale, Notre-Dame-de-l'Annonciation, devient une mission en 1698, un an après le départ des Hurons vers le nord, plus près de leurs territoires de chasse.

Le centre de l'ancien village, le long de la rue Notre-Dame, s'enorgueillit d'un riche patrimoine architectural et de parcs. Toutefois, c'est l'église Notre-Dame-de-l'Annonciation, avec ses deux impressionnants clochers, qui attire l'attention des visiteurs. La ville abrite le Théâtre de la Fenière, le plus ancien et le plus célèbre des théâtres d'été du Québec.

Pierre-Louis Lapointe

Lanctôt, Gustave, archiviste et historien (Saint-Constant, Qc, 5 juill. 1883—Montréal 2 févr. 1975). Après des études à l'U. de Montréal, à Oxford et à la Sorbonne, il entre en 1912 aux Archives publiques du Canada (maintenant les ARCHIVES NATIONALES DU CANADA). Il est l'archiviste fédéral de 1937 jusqu'à sa retraite en 1948. Son abondant travail historique s'étend sur plus de 40 ans. Ses principaux ouvrages sont *François-Xavier Garneau* (1926), *Histoire du Canada* (1960-1964) et *Montréal sous Maisonneuve* (1966).

Spécialiste du Régime français, son but était d'écrire une histoire rigoureusement exacte, exempte du «racisme» qui, selon lui, entachait l'école de Lionel GROULX, et de la tendance à présenter la Nouvelle-France en des termes exagérément héroïques. Ses idées ont amoindri son prestige aux yeux des traditionalistes et des intellectuels nationalistes, d'autant plus que son style n'avait pas l'élégance qui aurait pu désarmer ses critiques.

Pierre Trépanier

Lanctôt, Micheline, actrice, réalisatrice, scénariste et musicienne (Montréal, 12 mai 1947). Lanctôt fait ses études postsecondaires en musique, en beaux-arts et en théâtre au Collège Jésus-Marie d'Outremont avant d'étudier l'histoire de l'art à l'U. de Montréal et à l'École des Beaux-Arts de Montréal. Elle se tourne ensuite vers le film d'animation, d'abord à l'OFFICE NATIONAL DU FILM (ONF), puis aux studios de Gerald Potterton, où elle reste quatre ans.

Sa carrière de comédienne débute en 1972 avec son rôle dans le film de Gilles CARLE *La vraie nature de Bernadette,* qui lui vaudra l'Etrog de la meilleure comédienne. Depuis, elle a interprété des rôles dans *Les corps célestes* (Carle, 1973); *Voyage en Grande Tartarie* (Jean-Charles Tacchella, 1974); *The Apprenticeship of Duddy Kravitz* (Ted KOTCHEFF, 1974; v.f. *L'apprentissage de Duddy Kravitz*), qui remporte l'Etrog du meilleur long métrage; *Ti-cul Tougas* (Jean-Guy Noël, 1976); *Blood Relatives* (Claude Chabrol, 1977); *Blood and Guts* (Paul Lynch, 1978); *Mourir à tue-tête* (Anne-Claire POIRIER, 1979) et *L'affaire Coffin* (Jean-Claude Labrecque, 1980). Elle joue dans *Jamais deux sans toi* (1977-1980), série écrite par Guy Fournier pour Radio-Canada. Dans les années 90, elle joue dans *L'oreille d'un sourd* (Mario Bolduc, 1995); *La vengeance de la femme en noir* (Roger Cantin, 1995); *J'en suis* (Claude Fournier, 1996) et *Quand je serai parti… vous vivrez encore* (Michel Brault, 1999). En 1994, Lanctôt met en scène *Oleanna* de David Mamet pour le Théâtre de Quat' Sous, à Montréal.

Auteur de nombreux articles sur l'état du cinéma et le rôle de la femme au Québec, elle écrit aussi des romans et collabore à des scénarios. Elle coscénarise *La ligne de chaleur* (1988) d'Hubert-Yves Rose et adapte, pour l'écran, le roman *Les roses sauvages* (1988) de Jacques Ferron.

Lanctôt débute sa carrière de réalisatrice avec le film d'animation *A Token Gesture* (1976), pour l'ONF. Son premier film sur le vif est *L'homme à tout faire* (1980), mis en nomination en 1981 au Palmarès du film canadien dans les catégories «meilleure réalisation» et «meilleur film». À la suite de ce succès, elle réalise *Sonatine* (1983), qui lance la carrière de Pascale Bussières et remporte le Génie de la meilleure réalisation au Palmarès du film canadien et le Lion d'argent au festival du film de Venise, en 1984. Elle tourne son unique documentaire, *La poursuite du bonheur* (1987), à la demande de l'ONF dans le cadre de la série *L'américanité. Onzième*

spéciale (1989) est réalisé pour la télévision d'après un scénario de Louise Roy et de Marie Perreault. *Deux actrices* (1993), production indépendante mettant en vedette Pascale Bussières, est présenté au Festival international du film de Toronto et mis en nomination dans la catégorie «meilleure réalisation» au Palmarès du film canadien, l'année suivante. *La vie d'un héros* (1994) est présenté au Festival international du film de Toronto et au Vancouver Film Festival.

Peter Hartcourt

Landry, Bernard, politicien (Saint-Jacques de Montcalm, Qc, 9 mars 1937). Vice-premier ministre du Québec, responsable des principaux ministères à vocation économique, Bernard Landry assume un leadership déterminant dans la définition des orientations économiques du PARTI QUÉBÉCOIS.

Bernard Landry fait d'abord des études de droit à l'U. de Montréal, avant de poursuivre des études en économie et en finance à l'Institut d'études politiques de Paris. Très actif dans le milieu étudiant, il agit notamment comme président des étudiants de la faculté de droit de l'U. de Montréal, puis, dans le bouillonnement des années 60, comme président du comité de fondation de l'Union générale des étudiants du Québec et président-fondateur de l'Association générale des étudiants québécois en France.

Officier d'infanterie de la milice durant ses études, il est cofondateur de la Ligue des droits de l'homme au Québec, puis de l'Association du barreau canadien. De 1964 à 1968, il remplit diverses fonctions au cabinet du ministre des Richesses naturelles, René LÉVESQUE, puis au sein du ministère des Richesses naturelles. Par la suite, de 1969 à 1976, il pratique le droit à Joliette; comme avocat, il représente notamment les grévistes de la compagnie Firestone et de la Canadian Gypsum.

Candidat défait du Parti québécois dans la circonscription de Joliette, en 1970 et en 1973, il devient membre de l'exécutif national du Parti québécois, puis 1ᵉʳ vice-président. Élu député de la circonscription de Fabre en 1976, il assume le poste de ministre d'État au Développement économique dans le gouvernement Lévesque. Réélu dans Laval-des-Rapides en 1981, il conserve ce poste jusqu'en 1982, alors qu'il fonde le ministère québécois du Commerce extérieur, poste qu'il quitte l'année suivante pour prendre le portefeuille des Relations internationales jusqu'en 1985. Après la défaite du Parti québécois, il quitte momentanément la politique active et enseigne à l'École des sciences de la gestion de l'UQAM, de 1986 à 1994.

Réélu lors des élections de 1994, cette fois-ci comme député de Verchères, il est assermenté à titre de vice-premier ministre et ministre des Affaires internationales, de l'immigration et des communautés culturelles, ainsi que ministre responsable de la FRANCOPHONIE. Le 3 novembre 1995, il se voit aussi confier le secrétariat à la Jeunesse et le secrétariat à l'Action humanitaire internationale.

Le 29 janvier 1996, alors que Lucien BOUCHARD devient premier ministre, Bernard Landry se voit confier la charge de ministre d'État de l'Économie et des Finances. Il cumule alors les portefeuilles des Finances, du Revenu, de l'Industrie, du Commerce, ainsi que de la Science et de la Technologie. Il siège au Comité des priorités et est ministre responsable de la région de l'Estrie. Réélu le 30 novembre 1998, il est confirmé dans ses fonctions à titre de «super-ministre de l'économie» et de vice-premier ministre.

Favorable au libre-échange et à l'ALENA, Bernard Landry a mis de l'avant une stratégie économique qui concilie nationalisme et mondialisation. Tout en établissant des politiques économiques libérales, il défend des politiques interventionnistes, notamment en ce qui a trait à l'action des grandes sociétés d'État. Il est également à l'origine de mesures importantes favorisant le développement de l'économie du savoir au Québec. Il est l'auteur de

Commerce sans frontières: le sens du libre-échange (1987).

Jean Chartier

Landry, sir Pierre-Amand, avocat, politicien et juge (Memramcook, N.-B., 1ᵉʳ mai 1846—Dorchester, N.-B., 28 juill. 1916). Il est le premier Acadien à être nommé ministre et juge à la Cour suprême, et le seul Acadien chevalier de l'Empire (1916). Il fait son stage d'avocat avec Albert J. SMITH et pratique ensuite le droit à Dorchester. En 1870, il est élu député provincial du comté de Westmorland. Battu en 1874, il est réélu en 1878 et en 1883 et occupe les postes de commissaire des Travaux publics et de secrétaire provincial. Élu député fédéral du comté de Kent en 1883 et en 1887, il apporte le soutien des Acadiens à John A. MACDONALD et défend les intérêts des Acadiens et du Nouveau-Brunswick. En 1890, il est nommé juge de cour de comté et il accède à la Cour suprême du Nouveau-Brunswick en 1893.

Della M.M. Stanley

Landsat, île Petite île située à 20 km au large de la côte Nord-Est du Labrador qui porte ce nom car elle a été détectée pour la première fois sur des images transmises par le satellite Landsat-1. Ce satellite, conçu pour l'étude de la terre, était le premier d'une série de satellites lancés par les États-Unis et dont les transmissions étaient recueillies au Canada. Cette île est importante, non pas par ses dimensions, puisqu'elle ne fait que 25 m de large et 45 m de long, mais parce qu'elle indique l'extrémité est de la masse continentale canadienne sur cette partie de la côte. Après sa découverte, en 1976, par la Direction des levés et de la cartographie du ministère de l'Énergie, des Mines et des Ressources (EMR), le Service hydrographique du ministère de l'Environnement (MDE) l'étudie et en fait la cartographie, au cours de la même année. Plus tard, elle sert à définir la limite côtière du Canada. Sa situation a permis d'ajouter 68 km² à la superficie du Canada.

E.A. Fleming

Landymore, William Moss, officier de marine (Brantford, Ont., 31 juill. 1916). Il entre dans la Marine royale du Canada en 1936 et est promu lieutenant en 1940. Il participe aux combats dans les océans Arctique, Atlantique et Pacifique pendant la Seconde Guerre mondiale et commande le destroyer *Iroquois* au large de la Corée (1951-1953). Il est promu capitaine en 1953 et occupe une série de postes jusqu'en 1963, où il passe du titre de contre-amiral à celui d'officier général de la côte du Pacifique. En 1965, il est nommé chef du Commandement maritime, mais un profond désaccord public concernant l'unification des trois corps d'armée entraîne sa retraite anticipée en 1966.

Marc Milner

Lane, George, rancher (près de Des Moines, Iowa, 6 mars 1856—Bar U Ranch, près de Pekisko, Alb., 24 sept. 1925). Lane arrive dans l'Ouest canadien en provenance du Montana en 1883 et est engagé comme régisseur de ranch par la North West Cattle Co. En 1891, il se lance à son compte dans l'entreprise d'élevage et, avec l'achat du Bar U Ranch en 1905, devient le propriétaire d'un des ranches les plus importants de l'Alberta. Il développe l'élevage d'un des troupeaux de percherons les plus célèbres sur le continent et est l'un des quatre grands organisateurs (les «Big Four») du premier STAMPEDE DE CALGARY.

David H. Breen

Lane, Patrick, poète (Nelson, C.-B., 26 mars 1939). Il commence à publier ses écrits et ceux d'autres poètes au cours des années 60, alors qu'il mène une vie de nomade et de vagabond dans les camps de bûcherons, les petites villes et les mines du Nord de la Colombie-Britannique. Sa poésie est demeurée fidèle à ses idéaux d'intégrité et d'indépendance. Parmi ses recueils les plus importants, figurent *Letters from the Savage Mind* (1966) et *Separations* (1969). Au hasard de ses déplacements, il publie aussi de nombreux livres de colportage et feuilles volantes qu'il

distribue à d'autres poètes. Ces derniers constituent son principal public jusqu'à ce qu'Oxford University Press publie *Poems New and Selected* (1978, prix du Gouverneur général).

La poésie de Lane se caractérise par un style direct, très imagé et descriptif et traite de la rudesse des rapports de l'homme avec son environnement et ses semblables. Il a illustré plusieurs de ses livres avec ses propres dessins. En outre, il est le frère du poète presque légendaire Red Lane (1936-1964) et a dirigé la publication de *Collected Poems of Red Lane* (1968). En 1987, il publie *Poems Selected and New*.

Douglas Fetherling

Lang, Alexander Matheson, directeur d'acteurs expatrié et dramaturge (Montréal, 15 mai 1879—Barbade, 11 avril 1948). Acteur classique de grande taille et de belle apparence, Lang est célèbre pour ses tournées dans les pays du Commonwealth. Il débute sa carrière professionnelle en 1897 avec Louis Calvert, à Wolverhampton, au Royaume-Uni. Il joue ensuite avec la compagnie de Frank Benson avant de créer sa propre troupe en 1915. Lang remporte beaucoup de succès au Old Vic dans les rôles de Romeo, de Benedick (où il donne la réplique à Ellen Terry), d'Orsino, d'Othello, d'Hamlet, de Petruchio et de Shylock. En 1913, il crée le personnage chinois de Mr Wu, auquel le public finira par l'associer. Il fait une tournée en Amérique (1902-1903) avec Lillie Langtry et, par la suite, se produit aux Antilles, en Australie, en Afrique du Sud, en Inde, en Extrême-Orient et au Canada (1926-1927). En 1941, il publie son autobiographie, *Mr. Wu Looks Back*.

David Gardner

Lang, Charles Benjamin, industriel (Thornton, Ill., 17 sept. 1887—Montréal, 23 févr. 1958). Pendant 44 ans, Lang est le dirigeant de la Dominion Steel and Coal Corporation (DOSCO), le producteur unifié d'acier le plus important des Maritimes. Après avoir travaillé pour la Brownell Improvement Co. et pour plusieurs autres aciéries de la région de Chicago, il vient à Montréal en 1914 comme directeur de la Peck Rolling Mills, dont il devient directeur général en 1920. En 1930, il entre chez DOSCO comme vice-président. Il possède une solide connaissance de l'industrie sidérurgique et montre un parfait dévouement à sa société. En 1948, il devient président de DOSCO et de ses filiales, et il est président du conseil de 1950 jusqu'à sa retraite en 1957. La mort subite de son successeur au poste de président l'oblige à retourner chez DOSCO à l'âge de 70 ans. Il meurt en fonction.

Duncan McDowall

Lang, K.D., auteure et interprète de chansons (Edmonton, Alb., 2 nov. 1961). Connue sous le nom de «k.d. lang», Kathy Dawn Lang grandit dans la localité rurale de Consort, en Alberta (pop. 650). Elle est la benjamine d'une famille de quatre enfants dont le père, Adam Frederick, est pharmacien et la mère, Audrey Lang, enseignante. Elle étudie le piano au Theresetta Convent, dans la ville voisine de Castor, passe à la guitare, puis commence à écrire des chansons dans ses années d'adolescence. Elle étudie la musique et le chant au Red Deer College, où elle s'enthousiasme pour les arts du spectacle. C'est en jouant dans la pièce *Country Chorale* que naît une passion pour la musique de la légendaire vedette de country Patsy Cline.

En novembre 1982, une annonce dans un journal l'amène à se joindre au groupe western et swing Dance Party, géré par Lars (Larry) Wanagas, propriétaire d'un studio à Edmonton. Rebaptisé The Reclines, l'ensemble enregistre *A Truly Western Experience* (1984) et, grâce à sa voix puissante de mezzo-soprano, à sa personnalité farfelue sur scène et à son mélange de musique country traditionnelle, de musique populaire et de blues, elle s'attire rapidement un auditoire national. Elle signe un contrat avec Sire Records de New York et enregistre *Angel With a Lariat* (1987) à Londres avec le producteur Dave Edmunds et avec The Reclines, dans leur arrange-

ment dirigé par le violoniste et cocompositeur Ben Mink.

Après avoir repris la chanson à succès *Crying*, le classique de Roy Orbison avec qui elle le chante en duo, elle rend hommage à ses racines country dans *Shadowland* (enregistré à Nashville par le producteur de Cline, Owen Bradley). De retour avec The Reclines, elle enregistre *Absolute Torch and Twang* (1989) et, peu après, elle reçoit le prix Grammy pour la meilleure interprète country. Malgré ce succès, Lang n'est jamais complètement acceptée par l'establishment de Nashville, plus particulièrement par la radio country.

Fatiguée de lutter contre le système et confrontée à un boycottage par la radio à cause de son appui à l'organisation People for the Ethical Treatment of Animals (qui se sert d'elle dans le cadre d'une dégradante campagne de publicité affirmant que «la viande pue»), Lang dissout The Reclines et opte pour une musique populaire au ton adulte et raffiné dans son cinquième album *Ingenue* (1992). Plus d'un million d'exemplaires sont vendus et elle remporte un autre prix Grammy (pour l'enregistrement simple *Constant Craving*). Lang et Mink collaborent à la trame musicale d'*Even Cowgirls Get The Blues* (1994) et lancent un album de chansons populaires contemporaines: *All You Can Eat* (1995). Toutefois, ce dernier album ne remporte pas autant de succès qu'*Ingenue*. Lang cherche alors une nouvelle inspiration en travaillant avec le producteur de musique jazz et populaire Graig Street, lauréat d'un prix Grammy. L'enregistrement de 1997 sur lequel ils collaborent, *Drag*, comprend d'élégantes versions de chansons popularisées par Steve Miller (*The Joker*) et par The Hollies (*The Air That I Breathe*).

Jeff Bateman

Langage Ce terme désigne divers concepts entre lesquels il convient, pour mieux les saisir, d'instaurer certaines distinctions fondamentales. Le langage est un moyen, ou plus spécifiquement un système de communication, qui repose sur des sons humains, mais il existe d'autres formes de communication. Certaines se fondent sur le toucher, l'odorat, le mouvement, les couleurs, les gestes et même sur les impulsions électriques qui transitent par les ordinateurs. L'abeille indique à ses congénères de la ruche l'emplacement du nectar au moyen d'une danse. Pour communiquer, le paon peut déployer des plumes éclatantes et se pavaner. Cependant, ces modes de communication ne peuvent rivaliser avec l'admirable complexité du langage humain.

Pour devenir un mode de communication, tout langage doit d'abord être un système de représentation. Cette étape est indispensable pour que tous les utilisateurs de ce langage, autrement dit, de ce code en comprennent les mots et les phrases. En effet, tous les langages ne codifient pas le monde de la même façon. Tout ce qui peut être vu, entendu, ressenti, vécu ou conçu peut être codé d'une manière relativement imprévisible dans une langue. Il n'existe pas nécessairement de relation entre ce que l'on voit et ce qui est transmis par la langue. Il n'y en a aucune a priori pour que le chien s'appelle *dog* en anglais, *hund* en allemand, *perro* en espagnol et *kutya* en hongrois. Il est nécessaire, en revanche, que ces mots désignent toujours le même animal pour les locuteurs d'une même langue.

Toutes les personnes qui circulent en ville doivent accepter la convention selon laquelle le feu rouge commande l'arrêt. Pourtant, certains préféreraient sans doute une autre couleur. C'est en ce sens que la langue constitue un système de signes conventionnels, même si ceux-ci sont, à l'origine, arbitraires. Par ailleurs, il n'y a pas que les signes qui soient arbitraires, ce qu'ils représentent l'est aussi. Une langue donnée peut utiliser le même signe (le même mot) pour désigner le loup et le chien. L'anglais possède un mot pour désigner l'animal, *sheep*, et un autre, *mutton*, pour la viande servie, là où le français n'en compte qu'un seul, «mouton». À l'inverse, le français distingue le fleuve de la rivière, que l'anglais désigne par un même mot, *river*.

Chaque langue aborde et décrit l'univers à sa manière. Plus la relation entre les langues est lointaine, plus elles diffèrent à ce chapitre. Des locuteurs de langues différentes peuvent voir le même arc-en-ciel de la même façon, mais le nombre et la diversité des nuances qu'ils sont en mesure de nommer dépendent du nombre et de la diversité des couleurs qui sont encodées dans leurs langues respectives. Certaines langues possèdent des mots courants pour une douzaine de couleurs. D'autres s'en tiennent à deux, et ce ne sont pas forcément les mêmes d'une langue à l'autre. La distinction peut intervenir, p. ex., entre clair et foncé ou rougeâtre et bleuâtre. Par conséquent, chaque langue découpe la même réalité observable (le même arc-en-ciel) d'une manière qui lui est propre. La ligne de démarcation entre le bleu et le vert n'est pas la même dans les langues germaniques et celtiques. Certains objets qui sont bleus en anglais sont définis comme étant verts en gallois. Les langues diffèrent donc par le nombre, la nature et le contenu des catégories qu'elles instaurent.

Néanmoins, toutes les langues humaines ont en commun certaines caractéristiques qui les distinguent des autres formes de communication. L'une des plus importantes est sans conteste la «productivité», grâce à laquelle aucune limite d'expression ne vient entraver le locuteur dans sa propre langue. Nous pouvons parler de tout. Nous pouvons, sans problème, énoncer et comprendre des phrases que nous n'avons jamais entendues.

Les composantes de la langue Pour classifier les objets, les événements et les idées, le locuteur a recours au lexique (les mots), à la syntaxe (qui comprend l'ordre des mots), à la morphologie (la racine des mots, les affixes), à la phonologie (les sons fonctionnels) et à la prosodie (l'intonation, l'accentuation, le ton). Les distinctions établies dans une langue donnée par l'utilisation de mots différents peuvent s'exprimer dans une autre langue au moyen de la grammaire ou même de l'intonation. P. ex., la différence entre «personne» et «n'importe qui» peut se rendre en anglais par une nuance d'intonation. Ainsi, «I don't lend my books to anyone» signifiera, selon l'intonation: «Je ne prête mes livres à personne» ou «Je ne prête pas mes livres à n'importe qui.»

Langue naturelle et langue artificielle On peut également distinguer la langue naturelle de la langue artificielle. Certaines langues artificielles ont été créées de toutes pièces pour répondre à la nécessité d'un moyen universel de communication. L'espéranto, le novial, l'interlingua et des centaines d'autres langues artificielles ont été inventées au cours des siècles derniers, mais aucune n'a su s'imposer universellement. L'informatique a donné naissance à d'autres types de langues artificielles, et on parlera alors de langages informatiques. Le FORTRAN, le BASIC et le COBOL sont des codes qui permettent aux humains de communiquer avec la machine. Cependant, aucun d'entre eux n'est aussi complexe qu'une langue naturelle, loin s'en faut. Les langues naturelles ont évolué au sein des collectivités, durant des millénaires dans certains cas. Elles reposent toutes sur les sons de la parole humaine, à l'exception des langues gestuelles utilisées par les malentendants et des systèmes d'écriture purement idéographiques. Un petit enfant entouré de locuteurs d'une langue donnée apprend cette langue exactement comme il acquiert les comportements qu'on attend de lui dans sa famille et dans sa collectivité.

Langue, culture et société Pour s'intégrer à un groupe, il faut en parler la langue d'une manière qui satisfasse les membres de cette collectivité. Tout se passe comme si cette communauté linguistique se disait: «Cette personne parle comme nous, elle doit donc être des nôtres.» Des diverses composantes qui forment la culture, la langue est celle qui est la plus porteuse d'intégration et d'exclusion, plus encore que la religion, le comportement social, la tenue vestimentaire, l'alimentation et les coutumes. Dans ce monument vivant façonné par d'innombrables générations d'utilisateurs se trouve encodé tout ce que ses locuteurs ont considéré comme important au fil des siècles et des ans. À l'inverse, rien de ce qui est tenu pour négligeable ne s'y trouve inscrit. Ainsi, les Inuits nomades qui vivent sur les côtes sans la végétation haute des mers arctiques canadiennes n'ont aucun avantage à distinguer les différentes espèces d'arbres. En revanche, ils ont besoin de mots précis pour désigner la neige. Certains dialectes inuits possèdent plus de 50 termes pour décrire la glace et la neige. Chaque culture se dote de mots qui reflètent ses besoins.

La langue est une composante de la culture, mais toutes les cultures ne lui accordent pas la même importance. Pour certaines, elle est si cruciale qu'il faut la protéger et préserver sa pureté, pour d'autres, elle n'est qu'un moyen de communication. Dans certains cas, la langue est un gage d'appartenance, un instrument de cohésion et de solidarité, dans d'autres, elle constitue avant tout un savoir-faire qui sert à vivre et à gagner sa vie.

Langue, dialecte et registre Certains observateurs affirment qu'il n'existe pas deux personnes au monde, pas même des jumeaux, qui parlent une même langue exactement de la même façon. Chaque personne possède son idiolecte. Toutefois, les différences entre les idiolectes des locuteurs d'une même langue ne peuvent pas être telles qu'elles les empêchent de communiquer entre eux. Les groupes qui se parlent souvent développent une langue commune et fixent un certain seuil de tolérance à l'égard des particularités linguistiques individuelles. Par conséquent, les gens qui vivent dans une même région parlent souvent de la même façon, ils ont un dialecte commun.

Le dialecte se définit généralement selon deux paramètres, l'un géographique, l'autre social. L'homme manifeste une propension à parler comme ceux et celles qui vivent autour de lui, mais il tend aussi à s'exprimer comme les autres membres de sa classe socioéconomique, avec lesquels il établit l'essentiel de ses relations. Le R.P. britannique (*received pronunciation*) est un exemple de dialecte reposant sur la position sociale, par rapport à l'accent des *public schools*, parce qu'il caractérise ceux et celles qui ont fréquenté les établissements privés de Grande-Bretagne. Les niveaux de langue varient aussi selon le contexte, les circonstances et le degré de familiarité entre les interlocuteurs. Par conséquent, la plupart des gens utilisent différents registres selon la situation. Tel niveau de langue peut être acceptable pour parler à un membre de sa famille, mais complètement déplacé pour s'exprimer devant des inconnus lors d'une réunion publique ou pour s'adresser à un juge au tribunal.

Les langues du monde Entre communautés linguistiques voisines, la différence des langues n'est pas très marquée, elle se borne à une question de degré. De là la difficulté, parfois, à déterminer à quelle langue appartient tel ou tel dialecte et même, dans certains cas, s'il s'agit effectivement d'un dialecte ou d'une langue à part entière. Or, ces divergences d'interprétation exercent une influence déterminante sur l'estimation du nombre des langues parlées dans le monde. Ce chiffre se situe entre 3000 et 8000, selon les observateurs. Un inventaire récent précise le nom et la région d'usage de quelque 6600 langues, sans compter les dialectes. Ce sont les circonstances qui déterminent si un dialecte sera ou non reconnu comme une langue à part entière. Autrefois, le dialecte qui était en usage à la cour, dans la capitale ou au siège du gouvernement national, était choisi comme langue officielle de l'État (*voir* LANGUE ANGLAISE; LANGUE FRANÇAISE). Aujourd'hui, les linguistes utilisent des critères plus objectifs (comme la compréhension mutuelle) pour distinguer la langue du dialecte. Si deux communautés linguistiques peuvent se comprendre entre elles, on considère en général qu'elles parlent deux dialectes d'une même langue. Par contre, deux groupes qui n'arrivent pas à se comprendre peuvent estimer qu'ils parlent des langues différentes ou des dialectes n'appartenant pas à la même langue. C'est là une méthode utilisée de nos jours pour établir la distinction entre langue et dialecte. Néanmoins, les frontières politiques continuent d'exercer une certaine influence sur les classifications linguistiques.

Les langues se regroupent en familles. Les plus vastes (les phylums) rassemblent les langues qui se sont développées à partir d'une même langue source (la protolangue). On compte plusieurs familles de ce type dans le monde: sino-tibétaine, afro-asiatique, ouralo-altaïque, austronésienne (malayo-polynésienne), uto-aztèque, etc. Les familles de langues des autochtones du Canada sont classifiées de la façon suivante: algonquienne, athapascane, salish, wakashenne, etc. (*voir* AUTOCHTONES, LANGUES DES). Le phylum indo-européen rassemble certaines des langues les plus parlées dans le monde, notamment les groupes germanique, roman et slave. Le français, le latin, l'italien, le portugais, l'espagnol, le roumain et plusieurs autres forment la branche romane. L'anglais, l'allemand, le néerlandais, le yiddish, le danois, l'islandais font partie, entre autres, de la branche dite «germanique».

Le changement linguistique La différenciation des langues est fonction de l'espace et du temps. Plus un groupe émigre loin et plus il reste isolé longtemps, plus sa langue diverge de celle de son pays d'origine. Les locuteurs de langues apparentées peuvent ne pas se comprendre mutuellement. Toutefois, certaines techniques de reconstruction comparative permettent d'établir des relations son à son et mot à mot, même si les groupes ont été séparés pendant des millénaires. Les méthodes qui peuvent servir à rapprocher des langues apparentées révèlent aussi les transformations qu'une même langue a subies pour en devenir une autre. En comparant les formes d'un même mot écrit dans des documents d'époques différentes, les linguistes ont montré, p. ex., comment le latin des légions romaines et de leurs sujets était devenu graduellement l'espagnol en Espagne, le français en France et le roumain en Roumanie. Ce phénomène se perpétue aujourd'hui, comme en témoigne la langue parlée en Haïti. Au début des plantations haïtiennes, les esclaves africains parlaient des langues différentes et ne se comprenaient pas entre eux. Pour remédier à la situation, ils ont élaboré une version simplifiée de la langue utilisée par leurs patrons francophones. C'est ainsi qu'en quelques générations s'est développé le créole, qui est aujourd'hui la langue vernaculaire commune à tous les Haïtiens.

Les langues officielles
Une nation dont les membres parlent des langues diverses peut en désigner une ou plusieurs pour les communications officielles juridiques, administratives et autres. Le Canada, qui comprend de multiples langues du fait de la diversité des populations autochtones et de ses nombreux immigrants, a choisi deux langues officielles: le français et l'anglais. D'une manière générale, deux principes peuvent justifier qu'une langue devienne officielle: la territorialité et la personnalité. En vertu du premier principe, c'est la personne qui doit adopter la langue de l'État. En vertu du second, c'est l'État qui doit adopter la langue de la personne. C'est en 1974 que le principe de territorialité a été mis en œuvre pour la première fois, quand il est devenu le principe fondateur de la *Loi sur les langues officielles* du Québec. À l'inverse, le Canada et le Nouveau-Brunswick avaient convenu, en 1969, par leurs *Lois sur les langues officielles*, d'appliquer le principe de la personnalité dans toutes les communications, en français ou en anglais, entre le gouvernement et ses citoyens. (*Voir aussi* BILINGUISME; ETHNIES, LANGUES DES;

LANGUES EN USAGE; LINGUISTIQUE; TRADUCTION.)

William F. Mackey

Langevin, André, romancier et journaliste (Montréal, Qc, 11 juill. 1927). Auteur de cinq romans, Langevin perd ses parents alors qu'il est en bas âge et vit sept années dans un orphelinat, une expérience qui marquera profondément ses romans. Diplômé du Collège de Montréal, il entre au journal LE DEVOIR en 1945, où il est responsable de la section littéraire jusqu'en 1948. Il écrit aussi des articles et des chroniques sur la politique, la culture et l'éducation dans *Le Temps,* LIBERTÉ, *Le Nouveau Journal* et *Le Magazine Maclean,* et remporte le prix Liberté en 1967 pour son travail journalistique. Les romans de Langevin, influencés par l'existentialisme français, mettent en scène des personnages luttant pour échapper à leur désespérante solitude et pour arriver à une communication et à une identité véritables dans un monde hostile. Il en résulte souvent un échec qui rassemble les éléments fatidiques de la tragédie classique. Son premier roman, *Évadé de la nuit* (1951), un drame convaincant sur l'incommunicabilité entre les êtres, est suivi de son ouvrage le plus célèbre, POUSSIÈRE SUR LA VILLE (1953). Dans ce roman, il relate la tragédie d'un jeune médecin dans une ville minière qui lutte contre sa destinée et qui s'efforce vainement de trouver un sens dans un monde absurde. De la même façon, *Le Temps des hommes* (1956) présente des personnages qui apparaissent comme les jouets d'un sort cruel: dans un camp de bûcherons du Nord québécois, un prêtre défroqué se détourne de Dieu pour aider les gens, mais n'arrive à sauver ni l'âme d'un meurtrier ni à racheter la sienne.

Dans *L'Élan d'Amérique* (1972), ouvrage symbolique complexe, un homme et une femme tentent de concilier leur passé et leur présent, tandis qu'*Une Chaîne dans le parc* (1974) reprend plusieurs des thèmes de son premier roman dans le récit d'un jeune orphelin qui, subissant violence et indifférence de la part des adultes, se réfugie dans un monde imaginaire. Il est aussi l'auteur de plusieurs dramatiques pour la radio, de nouvelles et de deux pièces de théâtre: *Une nuit d'amour* (1954), qui se passe dans l'Acadie du XVIIIᵉ siècle, et *L'Œil du peuple* (1957), une satire sur la politique municipale et sur le premier ministre du Québec, Maurice DUPLESSIS.

Colin Boyd

Langevin, sir Hector-Louis, avocat et politicien (Québec, 25 août 1826—*id.,* 11 juin 1906). Admis au barreau le 9 octobre 1850, il devient journaliste en 1847 et rédacteur en chef des *Mélanges religieux.* Il collabore au *Journal d'agriculture* et devient rédacteur en chef du *Courrier du Canada* en 1857. Il est rédacteur politique du journal *Le Canadien* de 1872 à 1875 et propriétaire du journal *Le Monde* en 1884. Il commence sa carrière politique à titre de maire de la ville de Québec, tout en siégeant à l'Assemblée où il est solliciteur général du Canada-Est de 1864 à 1866 et ministre des Postes de 1866 à 1867. Il est également président de la SOCIÉTÉ SAINT-JEAN-BAPTISTE, à Québec, de 1861 à 1863, et de l'INSTITUT CANADIEN de 1863 à 1864.

Langevin, un des PÈRES DE LA CONFÉDÉRATION, se porte à la défense des intérêts du Québec lors de la CONFÉRENCE DE CHARLOTTE-TOWN, de la CONFÉRENCE DE QUÉBEC en 1864 et de la CONFÉRENCE DE LONDRES, en 1866. En 1867, il représente le comté de Dorchester, tant à Québec qu'à Ottawa, jusqu'en 1874, année où fut abolie le double mandat. À Ottawa, il occupe les fonctions de secrétaire d'État et de surintendant général des Affaires indiennes au sein du Cabinet de John A. MACDONALD, de 1867 à 1869, puis il est nommé ministre des Travaux publics de 1869 à 1873. Il succède à George-Étienne CARTIER comme chef de l'aile québécoise du Parti conservateur, de 1873 à 1891. Il est impliqué dans le SCANDALE

DU PACIFIQUE et ne se présente pas aux élections fédérales suivantes.

Son retour à la vie politique active, en 1876, est retardé à la suite d'une élection contestée dans Charlevoix. Toutefois, après avoir été vaincu dans le comté de Rimouski, en 1878, il est élu à Trois-Rivières. Langevin exerce une influence considérable dans le gouvernement de Macdonald, après les élections de 1878. Il est ministre des Postes de 1878 à 1879, puis ministre des Travaux publics de 1879 à 1891. Compromis par un autre scandale et lié au patronage de Thomas McGreevy, Langevin est forcé de quitté le Cabinet après le décès de Macdonald. Il se retire de la vie politique en 1896.

Andrée Désilets

Langford, Sam, «The Boston Tar Baby», boxeur (Weymouth Falls, N.-É., 4 mars 1886—Cambridge, Mass., 12 janv. 1956). Langford livre des combats professionnels dans les catégories poids léger, welter, moyen, mi-lourd et, à la fin de sa carrière, poids lourd. Il est à son meilleur à un peu plus de 77 kg, mais il pèse 90,7 kg au moment de sa retraite, alors qu'il ne mesure que 1,67 m. Il est considéré comme l'un des meilleurs poids lourds de l'histoire, en dépit du fait qu'il n'a jamais livré de combat de championnat. Il est privé d'un combat pour le titre parce que l'entourage de Jack Johnson, alors champion du monde, prétend qu'une bataille entre deux Noirs ne serait pas un succès financier. Langford est champion poids moyen du pays de Galles et champion poids lourd d'Angleterre, d'Espagne et du Mexique. Il remporte ce dernier titre en dépit du fait qu'on l'avait déclaré aveugle au sens de la loi au moment du combat, en 1923. La Presse canadienne lui décerne le titre de «boxeur du demi-siècle».

A.J. «Sandy» Young

Langham, Michael, metteur en scène (Bridgwater, Somerset, Angl., 22 août 1919). Formé au Radley College et à l'U. de Londres, il étudie le droit avant de s'enrôler en 1939. Il prend goût au théâtre alors qu'il est prisonnier de guerre et débute sa carrière professionnelle comme directeur de théâtres de répertoire à Coventry (1946-1948), à Birmingham (1948-1950) et à Glasgow (1953-1954). En 1950, il est metteur en scène à Stratford-on-Avon, puis fait ses débuts en 1951 au West End et au Old Vic de Londres.

Langham succède à Tyrone GUTHRIE comme directeur artistique du FESTIVAL DE STRATFORD (Ontario), poste qu'il occupe de 1955 à 1967. Il y fait d'excellentes mises en scène, entre autres de *Henry V* (où il mélange comédiens français et anglais), de *King Lear* (v.f. *Le Roi Lear*), de *Love's Labour's Lost* (v.f. *Peines d'amour perdues*) et de *Cyrano de Bergerac.*

Même s'il continue à monter des pièces en Grande-Bretagne au Royal Shakespeare Theatre et aux National Theatres, il vit surtout en Amérique du Nord. En 1968, il met en scène *The Prime of Miss Jean Brodie* à Broadway, puis, de 1971 à 1978, assure la direction du Guthrie Theatre à Minneapolis. Il est aussi directeur de la Juilliard School of Theatre de New York (1979-1982), puis du Dallas Theatre Centre (1983). Il revient diriger la Juilliard School of Theatre de 1987 à 1992.

En 1983, Langham est accueilli avec enthousiasme au Canada, où il revient après une absence de 15 ans pour diriger The Young Company pendant 2 ans. Depuis lors, il collabore presque chaque été au Festival de Stratford. Parmi ses productions les plus remarquables sur la scène principale du Festival de Stratford, mentionnons *Timon of Athens* (v.f. *Timon d'Athènes*), *The Merchant of Venice* (v.f. *Le Marchand de Venise*), *Arms and the Man* (v.f. *Le Héros et le Militaire*). En 1994, pour célébrer ses 20 ans de collaboration avec le festival ontarien, il monte un programme double de Molière, *L'École des maris* et *Sganarelle ou le cocu imaginaire*. Il est marié à l'actrice comique Helen Burns et a un fils écrivain, Christopher.

David Gardner

L'Anglais, Paul, producteur (Québec, 22 oct. 1907—Montréal, 1982). Avocat de formation, il entre en 1932 dans le monde de la radio à titre de producteur et de réalisateur et y œuvre jusqu'en 1957. Il excelle dans le radioroman, le radiothéâtre et les variétés et compte à son actif quelque 300 émissions. Après la guerre, il fonde Québec Productions, bâtit des studios et tente l'aventure du cinéma. Sa première production est un film tourné en deux versions, *Whispering City / La Forteresse* (Fédor Ozep, 1947). Il ne perce pas le marché international qu'il visait et se réoriente vers le marché local. Il adapte un radioroman populaire de Claude-Henri GRIGNON, *Un homme et son péché* (Paul Gury, 1948) auquel il donne une suite, *Séraphin* (Paul Gury, 1950). Entre temps il adapte un autre radioroman, *Le Curé de village* (Paul Gury, 1949), d'après Robert CHOQUETTE. Après ces œuvres traditionnelles, qui connaissent néanmoins du succès, il monte une coproduction avec la France, *Son copain* (Jean Devaivre, 1950), qui se solde par un échec. Il quitte alors Québec Productions. Il rêvait depuis longtemps de produire pour la télévision et lorsque celle-ci fait son apparition en 1952, il fonde une maison de production. En 1959, il s'associe avec J.A. DESÈVE pour fonder Télé-Métropole (1961) où il poursuivra le reste de sa carrière. L'Anglais aura été le premier grand producteur du cinéma québécois et un grand du monde des communications.

Pierre Véronneau

Langley, municipalité de district de la C.-B.; pop. 80 179 (rec. 1996), 66 040 (rec. 1991), 53 434 (rec. 1986); superf. 303,05 km²; const. en tant que ville en 1955; située à environ 45 km à l'est de Vancouver. C'est à FORT LANGLEY, un poste de traite construit par la Compagnie de la baie d'Hudson (CBH) en 1827 et maintenant restauré, que la colonie de la Colombie-Britannique est constituée le 19 novembre 1858. La localité doit son nom à Thomas Langley, un directeur de la CBH. Le 14 février 1859, le gouverneur Douglas s'incline devant les pressions et proclame que la capitale de la colonie sera dorénavant New Westminster.

Avant l'arrivée de l'autoroute transcanadienne au début des années 60, l'économie de la région est axée principalement sur l'agriculture, et la ville de Langley en est le centre de commerce et de services, tout en maintenant une constitution séparée. L'amélioration des voies d'accès et la subdivision des terres favorisent une forte hausse de la construction domiciliaire. Un immense parc industriel y attire plusieurs entreprises et entrepôts et fait de Langley un centre commercial et industriel régional. On y trouve, entre autres, une distillerie, une manufacture de produits de cèdre, des ateliers d'usinage et des abattoirs. La production de volaille, l'élevage laitier, l'élevage bovin et la culture de petits fruits font partie d'une économie agricole en pleine croissance dans cette municipalité dont 85 p. 100 du territoire est protégé à cette fin. L'ancien fort Langley est l'une des principales attractions touristiques.

Alan F.J. Artibise

Langlois, Daniel, animateur, réalisateur (Jonquière, Qc, 6 avril 1957). Il entre à l'OFFICE NATIONAL DU FILM en 1980, au studio d'animation. Il s'intéresse à l'animation assistée par ordinateur qu'avait encouragée René JODOIN, dès 1974. Pendant cinq ans, il accomplit des tâches subalternes. Mais il poursuit en parallèle la réalisation d'un film, *Tony de Peltrie* (coréal. Philippe Bergeron, Pierre Lachapelle et Pierre Robidoux, 1985), un classique en animatique. En 1986, il crée Softimage, une compagnie qui développe des logiciels 3D d'animation par ordinateur. Il prend en charge des séquences de film ou l'ensemble si tout est généré par ordinateur. On le retrouve dans *Transitions* (Colin Low, Tony Ianzelo, 1986), le premier film avec animation en Imax 3D. Ses logiciels sont tellement perfectionnés et performants qu'il participe à bon nombre de productions hollywoodiennes. Devenu, là-bas, LA norme en la matière,

Softimage est achetée par Microsoft. La somme que Langlois en obtient lui permet de créer une fondation qui porte son nom, de mettre en place un complexe médiatique perfectionné, Ex-Centris, où convergent cinéma et nouvelles technologies, de prendre sous son ombrelle le Festival international du nouveau cinéma et des nouveaux médias et de lancer une fondation qui appuie les arts médiatiques innovateurs au plan technologique et esthétique. En 1999, il produit *La Baronnesse* (Michael McKenzie), une œuvre entièrement numérique. Langlois représente le cas unique dans les annales canadiennes d'un créateur devenu très riche qui prend le parti du mécénat.

Pierre Véronneau

Langstaff, Annie, née MacDonald, féministe, juriste et aviatrice (Alexandria, Ont., 1887—Montréal, 29 juin 1975). Première diplômée des facultés de professions de l'U. McGill et première femme diplômée en droit au Québec (avec très grande distinction en 1914), elle connaît la célébrité à la suite d'un litige avec le Barreau du Québec dont elle veut obtenir la permission de passer les examens d'admission. Déboutée, Langstaff revient travailler en 1916 en tant que représentante parajuridique au sein du cabinet de Samuel W. Jacobs avec qui elle a fait son stage et qui appuie et défend sa demande. Elle rédige plusieurs articles en DROIT DE LA FAMILLE qui sont publiés dans des revues féminines à grand tirage et un dictionnaire de droit bilingue (anglais-français, français-anglais) unique en son genre (1937). Elle continue aussi de faire pression pour que les femmes puissent pratiquer le droit au Québec, jusqu'à ce qu'elle gagne sa cause en 1942. Elle n'est cependant jamais admise au Barreau.

G. Blaine Baker

Langton, Hugh Hornby, bibliothécaire, rédacteur, historien et traducteur (Québec, 29 août 1862—Toronto, 30 sept. 1953), fils de John Langton. Il fait ses études à l'U. de Toronto, dont il est le premier registraire titulaire (1887-1892) et le bibliothécaire (1892-1923). Après l'incendie de 1890, il remet la bibliothèque sur pied, monte la collection, forme le personnel, met en place les services, les procédures et les traditions qui ont donné naissance au système actuel.

Il est très exigeant dans ses fonctions de premier éditeur en chef du programme d'aide aux publications savantes de l'université (1897-1923) et de coéditeur, avec George M. WRONG, des *Chronicles of Canada* (32 vol., 1914-1916) et de la *Review of Historical Publications Relating to Canada* (1897-1919), qui devient à son initiative la CANADIAN HISTORICAL REVIEW. Il prend sa retraite en 1923 et continue de traduire pour la CHAMPLAIN SOCIETY, de publier et d'écrire des biographies. Sa dernière publication consiste en l'édition du journal intime et des lettres de sa tante, Anne Langton, *A Gentlewoman in Upper Canada* (1950).

Robert H. Blackburn

Langue allemande, publications de Les Canadiens d'origine germanique forment le troisième groupe ethnique en importance au pays. Leurs pays d'origine et leurs milieux culturels sont variés; on compte des ALLEMANDS, des Autrichiens, des SUISSES, des MENNONITES et autres. Ils parlent la même langue (haut-allemand ou bas-allemand, ou divers dialectes), ils ont tous quitté le Vieux Continent pour venir s'établir dans le Nouveau Monde et ils ont dû apprendre une (ou plusieurs) nouvelle(s) langue(s), en plus de s'adapter à de nouvelles coutumes. En général, les écrivains de la première génération perçoivent et décrivent leur terre d'adoption en la comparant à leur pays d'origine et utilisent leur langue maternelle pour relater leur expérience. La génération suivante a adopté les traditions culturelles de son pays d'adoption et maîtrise au moins une des deux langues officielles. Cela lui permet de s'intégrer à l'un des courants littéraires canadiens, généralement celui du Canada anglais.

La chronologie et les lieux de cette activité littéraire sont étroitement liés à la colonisation. En 1750, les premiers immigrants germaniques arrivent en Nouvelle-Écosse et fondent LUNENBURG. Lors de la Révolution américaine, les loyalistes, dont certains sont d'origine germanique, se déplacent vers le nord. Au cours des années 1830, de nombreux mennonites de Pennsylvannie s'installent dans la région de Kitchener en Ontario où ils fondent la ville de Berlin. Entre 1830 et 1880, on assiste à de fortes vagues d'immigration germanique vers l'Ontario puis, entre 1880 et 1910, vers l'Ouest du Canada. C'est au cours des périodes qui suivent les deux guerres mondiales que le flot d'immigrants est le plus important et qu'un grand nombre de mennonites s'établissent au Canada, en particulier au Manitoba.

Les pionniers ont peu de temps à consacrer à la littérature, mais les journaux et les périodiques leur fournissent une première tribune littéraire. Une des plus vieilles publications, *Der Neu-Schottländische Calender* (1788-1801), publie des poèmes anonymes et de courts textes en prose. Parmi les nombreux journaux en langue allemande, le *Berliner Journal* (Waterloo) présente un intérêt particulier en raison des lettres humoristiques et divertissantes, rédigées dans un dialecte et adressées à son rédacteur en chef par John A. Rittinger. Les chefs spirituels publient surtout des écrits didactiques à caractère religieux dans les feuillets paroissiaux comme le *Kirchenblatt der Evangelisch-Lutherischen Synode von Canada* (1869-1909) et *Der Deutsche Lutheraner* (1920-1922). Gerhard Friesen publie, en 1984, les textes de 14 collaborateurs dans un recueil intitulé *Hier laßt uns Hütten bauen. Deutsche Gedichte Lutherischer Pfarrer in Ontario* (1869-1930). Ces poèmes, à l'instar des ouvrages du père Eugen Funken (1831-1888) et de Heinrich Rembe (1858-1927), pour ne citer qu'eux, reflètent la grande influence du classicisme et du romantisme allemand, tout comme les ouvrages de dévotion des premiers mennonites canadiens, rédigés en bas-allemand.

Le témoignage des mennonites qui émigrent de Russie pour venir s'installer au Canada marquent les débuts d'une littérature mennonite. Le journal de Dietrich Neufeld, *Ein Tagebuch aus dem Reiche des Totentanzes* (1921; trad. *A Russian Dance of Death*, 1977) et *In Wologdas weissen Wäldern* (1934; trad. *No Strangers in Exile*, 1979) de Hans Harder, ainsi que les romans de Gerhard Tœws (pseudonyme: Georg de Brecht), traitent de cette époque et de ces événements chaotiques. Le roman éducatif et autobiographique d'Arnold B. Dyck, *Verloren in der Steppe* (1944; trad. *Lost in the Steppes* en 1974) et la poésie colorée de Gerhard Friesen (pseudonyme: Fritz Senn) sont d'autres ouvrages majeurs.

Lancé en 1935, le périodique *Die Mennonitische Warte* encourage une activité littéraire. Les anthologies *Harvest* (éd. William de Fehr et coll., 1974) et *Unter dem Nordlicht* (éd. G.K. Epp, 1977) mettent en vedette la poésie et la prose rédigées en haut-allemand, en bas-allemand et en anglais par plus de 40 collaborateurs mennonites. L'émergence d'une nouvelle génération d'écrivains mennonites nés au pays, qui écrivent en anglais, comme Rudy WIEBE, Clint Tœws, David Waltner-Tœws, Menno Wiebe et Patrick Friesen, est un événement marquant dans l'histoire contemporaine de la littérature mennonite.

Les écrivains qui ont débuté leur carrière dans les pays européens de langue allemande continuent à se faire publier là-bas. En 1927, Else Seel (1894-1974) arrive de Berlin et s'installe dans l'une des régions sauvages de la Colombie-Britannique où elle rédige des poèmes, de courts textes en prose et un journal qui rappelle les écrits de Catharine Parr TRAILL et de Susanna MOODIE. Walter Bauer (1904-1976), auteur bien connu en Allemagne, s'installe au Canada en 1952. Ses ouvrages traitent de divers sujets canadiens et traduisent bien la vision européenne de son pays d'adoption. Une partie de son œuvre est disponible en anglais: *The Price of Morning* (1968) et *A*

Different Sun (1976), traduits par Henry Beissel, ainsi que *A Slight Trace of Ash* (1976), traduit par H. Milnes. Le Suisse Hermann Böschenstein (1900-1982), écrivain expressionniste, publie des nouvelles et un roman où il traite avec sensibilité de l'expérience des immigrants. Il publie aussi des études savantes sur la littérature allemande. Quelques écrivains, aussi à l'aise en allemand qu'en anglais, laissent leur marque dans la littérature canadienne-anglaise: Felix Paul Greve (pseudonyme: Frederick Philip GROVE) est devenu l'un des plus importants écrivains réalistes canadiens. Son œuvre s'inspire des traditions littéraires du naturalisme et du néoromantisme allemands.

Trois écrivains allemands, prisonniers des Anglais pendant la Seconde Guerre mondiale, sont transférés au Canada, où ils resteront une fois libérés. Carl Weiselberger (1900-1970), déjà connu à Vienne, devient critique d'art et de musique pour l'*Ottawa Citizen* après sa libération. Il écrit des nouvelles et des articles dans lesquels transparaît son grand enthousiasme pour sa nouvelle patrie. Henry KREISEL, né à Vienne, en Autriche, rédige des nouvelles et deux romans, *The Rich Man* (1948) et *The Betrayal* (1964), dont les principaux thèmes portent sur l'Europe et sur le Canada. Charles Wassermann (1924-1978), journaliste, animateur et écrivain, devient un intermédiaire important entre le Vieux Monde et le Nouveau Monde.

Les écrivains arrivés au pays en bas âge adoptent plus facilement l'anglais comme langue de travail. Henry Beissel, né en 1929 à Cologne, en Allemagne, débarque au Canada en 1951, après avoir passé par l'Angleterre. Ses ouvrages sur les Amérindiens et les Inuits, ses récits épiques, tel *Cantos North* (1982), et subjectifs, comme *Kanada, Romantik und Wirklichkeit* (1981), témoignent avec sensibilité de son expérience canadienne. Derk Wynand, né à Bad Suderode en Allemagne, en 1944, arrive au Canada en 1952 où il se fait connaître par ses traductions des textes de H.C. Artmann et comme auteur de poésie moderne et de courts récits en prose en anglais.

Andreas Schroeder, né à Hoheneggelsen (Allemagne) en 1946, fait ses études au Canada. Il est connu comme rédacteur et traducteur de textes allemands et comme auteur de prose et de poèmes en anglais. Ulrich Schaffer, né en Allemagne en 1942, s'installe au pays en 1953. Même s'il écrit en anglais et en allemand, la plupart de ses lecteurs se trouvent dans les pays germanophones d'Europe. Ses œuvres, souvent inspirées des paysages canadiens, rappellent celles de Kafka. Les écrivains qui continuent d'écrire en allemand une fois installés au Canada doivent faire face à deux obstacles majeurs: être publiés dans une langue minoritaire et acquérir un nombre suffisant de lecteurs. Rolf Windthorst, né à Dortmund (Allemagne) en 1909 et installé en Alberta depuis 1956, et Valentin Sawatsky, né en Ukraine en 1914 et vivant en Ontario depuis 1950 – pour ne citer que deux des écrivains les plus prolifiques – n'ont pas réussi à atteindre le nombre de lecteurs que leur œuvre mérite.

Les anthologies publiées par Friesen, de même qu'*Ahornblätter* (par Heinz Kloss et Arnold B. Dyck, 1961) et *Nachrichten aus Ontario: deutschprachige Literatur in Kanada* (éd. Hartmut Frœschle, 1981) présentent des extraits de plus de 60 auteurs. Le dernier comprend, en outre, une introduction détaillée à la littérature canadienne de langue allemande, un bottin mondain et une bibliographie. L'attention accordée aux ouvrages des auteurs canadiens de langue allemande est récente. Les tribunes les plus importantes sont le *German-Canadian Yearbook* (éd. Hartmut Frœschle, 1973-), les comptes rendus de symposiums sur les études des textes canadiens de langue allemande et deux séries d'édition critiques d'études sur la littérature canadienne de langue allemande.

Walter E. Riedel

Langue anglaise Bien que l'anglais ait été en usage au Canada avant le XIXe siècle, il n'y avait ni suffisamment de locuteurs ni assez de traits distinctifs dans la langue avant cette date pour qu'on puisse la considérer autrement que comme de l'anglais britannique. Cependant, de 1825 à 1846, plus d'un demi-million d'immigrants sont arrivés au Canada directement de Grande-Bretagne, et, en 1871, plus de deux millions de Canadiens ont désigné les îles Britanniques comme leur pays d'origine. Ces néo-Canadiens apportaient avec eux le type d'anglais appris auprès de leurs parents, lequel offrait peu de ressemblance avec ce qu'il est convenu d'appeler aujourd'hui l'anglais britannique correct ou même seulement l'anglais correct.

Depuis le XIVe siècle, le dialecte régional en usage à Londres, le siège du gouvernement britannique, et dans les universités d'Oxford et de Cambridge, qui sont proches, est devenu le signe distinctif des Anglais éduqués ou appartenant aux classes privilégiées. Très peu de gens le parlaient, cependant. Comme l'éducation n'est devenue obligatoire en Angleterre qu'après 1880, il est peu probable que la majorité des immigrants britanniques du début du XIXe siècle aient reçu beaucoup d'instruction, ou qu'ils aient eu l'occasion d'acquérir le type d'anglais britannique associé aux gens éduqués ou de classe privilégiée. Ceux qui avaient de l'instruction critiquaient souvent l'anglais qu'ils entendaient au Canada. C'est le cas de Susanna MOODIE, dans *Roughing It in the Bush* (1852), et du révérend A.C. Geikie dans le *Canadian Journal* (1857). Le type d'anglais introduit au Canada au début du XIXe siècle est loin d'être uniforme. C'est de l'anglais parlé, souvent typique des régions d'où viennent ses usagers, comme l'Irlande, le Yorkshire ou le Devon.

Influence de la géographie Quand les gens émigrent dans un nouveau pays, loin de leur pays d'origine, leur langue subit deux phénomènes: d'abord, elle échappe à l'influence directe des changements qui affectent la grammaire ou la prononciation de leur langue maternelle; en second lieu, son vocabulaire subit d'importantes modifications, pour permettre aux usagers d'adapter leur langage aux nouvelles circonstances. Au Canada, p. ex., on entend rarement le mot *clerk* prononcé de façon à rimer avec *dark*. La prononciation anglaise admise à la fin du XVIIIe siècle faisait rimer *clerk* avec *lurk*, *caught* avec *cot* et *aunt* avec *ant*, et ce sont ces prononciations que les immigrants ont introduites. Dans certains cas, un même mot est arrivé au Canada avec plus d'une prononciation. Cela est vrai pour les manières courantes de dire *schedule*: l'une était prononcée avec un sk initial, l'autre avec un sh, toutes deux admises en anglais britannique jusqu'au milieu du XIXe siècle. La première prononciation (sk) est renforcée au Canada par l'influence américaine. En fait, ce n'est pas des États-Unis qu'elle a atteint le Canada, puisque, pour les deux pays, la source est l'anglais britannique parlé avant le XIXe siècle. De même, bien que l'on considère souvent la prononciation canadienne qui fait rimer *new* avec *do* (plutôt qu'avec few comme en anglais britannique) comme une influence américaine, tel n'est pas le cas. Jusqu'à la fin du XIXe siècle, les deux prononciations étaient courantes en anglais britannique, et les immigrants les ont apportées toutes les deux avec eux.

Il y a très peu de différences grammaticales entre l'anglais britannique et l'anglais canadien, étant donné que la majorité des changements qui devaient affecter la structure grammaticale de l'anglais avaient eu lieu en Grande-Bretagne bien avant les périodes d'immigration massive au Canada. Les différences grammaticales qui existent sont mineures et concernent l'usage des prépositions et des verbes, sur lesquels l'anglais britannique de la fin du XVIIIe siècle n'avait pas encore tranché. Au Canada, on entend à la fois *dived* et *dove* pour exprimer le passé du verbe *dive*, mais la deuxième forme n'est plus attestée en anglais britannique. Deux formes verbales entendues occasionnellement dans toutes les provinces canadiennes remontent à la période du vieil anglais (approximativement du VIe au XIIe siècle apr. J.-C.): *snuck* et *clumb*, mis pour *sneaked* et *climbed*. Depuis le XIXe siècle, les deux formes verbales font partie des dialectes régionaux britanniques, mais leur emploi n'est pas courant au Canada, bien que *snuck* soit souvent considéré comme une version plutôt humoristique du passé de *sneak*. Des trois propositions utilisées avec le verbe *sick*, dans les expressions *sick to the stomach*, *sick at the stomach* et *sick in the stomach*, l'anglais britannique a passablement abandonné la première, alors qu'elle est presque partout utilisée au Canada. Les syntagmes prépositionnels *back of* et *in back of* ne sont plus en usage en anglais britannique correct, mais l'anglais canadien a conservé les deux. Dans l'anglais britannique du XVIIIe siècle, l'omission de l'infinitif (*to go* ou *to come*) était fréquente dans les expressions *wants out* et *wants in*, mais on l'entend rarement aujourd'hui, sauf en Écosse, alors que l'anglais canadien conserve cette caractéristique.

Transformation du vocabulaire C'est au niveau du vocabulaire que la langue anglaise parlée au Canada a subi les plus grandes transformations, surtout parce que les colons ont eu besoin de mots nouveaux pour décrire des réalités nouvelles. L'enrichissement du vocabulaire peut se faire de façon prévisible: des mots sont empruntés à d'autres langues, des mots qui existent se voient attribuer une signification nouvelle, de nouveaux termes sont créés, les gens et les lieux dotent de leur nom les choses auxquelles ils sont associés. L'anglais parlé au Canada a utilisé tout cela. Les emprunts aux peuples autochtones du Canada incluent *moose* (orignal), *muskeg* (tourbière), *caribou* et *chipmunk* (tamia); de l'inuktitut viennent les mots *parka*, *mukluk*, *kayak*, *umiak* et *igloo*. C'est aussi de l'inuktitut que vient le terme *tupek*, désignant la tente de peau qui est l'équivalent inuit du wigwam, ou TIPI amérindien.

C'est auprès des Canadiens français que les marchands de fourrures anglais et écossais ont appris à naviguer sur les cours d'eau du nouveau pays. Auprès du VOYAGEUR canadien français, l'Anglais s'instruit des aléas des rapides (les passages tumultueux d'une rivière) et des façons de les éviter en retirant le canot de la rivière pour faire un PORTAGE. Les autochtones canadiens montrent aux voyageurs comment préparer le PEMMICAN (viande apprêtée avec des substances grasses) et comment faire le *watap* (les racines d'arbres utilisées comme fil pour réparer les canots endommagés). Auprès des Canadiens français, les Britanniques découvrent le travois, un attelage en forme de A conçu par les aborigènes, qui permet à un chien ou à un cheval de transporter une lourde charge en laissant traîner les flèches de l'attelage sur le sol, avec la charge fixée au bas.

En plus d'emprunter des mots, l'anglais a toujours eu pour habitude, partout dans le monde, de donner de nouvelles significations à des mots déjà existants. Ainsi, en Amérique du Nord le mot «section» acquiert une nouvelle signification pendant la colonisation de l'Ouest, désignant un mille carré (640 acres ou 259 ha). Lorsque le Canada évolue vers un gouvernement représentatif, l'usage du mot *riding* (signifiant «un tiers»), emprunté il y a des siècles du scandinave et utilisé pour désigner les zones administratives dans les comtés anglais, se répand au Canada pour désigner une circonscription électorale. Dans les campements des mines d'or de la région de Cariboo, l'expression *hurdy gurdy*, une ancienne appellation de l'orgue de Barbarie, est utilisée pour désigner les entraîneuses, parce que chez elles, la musique était tirée de cet instrument.

L'anglais parlé au Canada a également suivi les traces de la langue-mère en créant de nouveaux termes composés à partir de mots déjà existants. Ainsi, *sour* et *dough* forment *sourdough*, un mot désignant à la fois la pâte fermentée utilisée comme base dans la préparation du pain, et les chercheurs d'or qui utilisaient cette pâte dans leurs pérégrinations. Du terme français «la crosse» (bâton recourbé) dérive le mot *lacrosse*, utilisé pour désigner le jeu que les Algonkins appellent *baggataway* («balle à jouer»). Pour combattre les lamproies dans les Grands Lacs, les biologistes canadiens ont développé un poisson hybride en croisant la truite mouchetée avec le touladi, et ont appelé l'hybride *splake*, en utilisant des phonèmes de *speckled* et de *lake*.

Depuis la Renaissance, l'anglais a librement puisé dans le latin et le grec pour créer de nouveaux mots, spécialement en médecine. Cette tradition s'est poursuivie au Canada, quand on a donné à la médication mise au point pour contrôler le diabète le nom d'*insulin* (lat. *insula*, «île»). Le mot *kerosene* a été forgé à partir du grec *keros* («cire»), par le Dr Abraham GESNER, un scientifique du XIXe siècle, originaire des Maritimes, qui avait mis au point un procédé d'extraction du pétrole.

Les Britanniques ont donné au sherry le nom de son lieu d'origine (Xeres ou Jerez, en Espagne) et ont donné aux policiers le nom de *bobbies*, inspiré de Robert (Bobby) Peel. Une pratique similaire a servi occasionnellement à créer des noms au Canada. L'huître malpèque porte le nom de la baie de l'Île-du-Prince-Édouard d'où elle est originaire. Le nom de «malamute», un chien que Robert SERVICE a rendu populaire, vient du peuple inuit qui a été le premier à en faire l'élevage. Au Canada, un bombardier n'est pas un militaire, mais un véhicule à chenilles servant à circuler sur la neige, mis au point par Joseph-Armand BOMBARDIER de Valcourt, au Québec. De Digby, en Nouvelle-Écosse, vient le poulet digby, une variété de hareng fumé; du Labrador, le CHIEN labrador.

Différences régionales Jusqu'à la fin du XIVe siècle, l'anglais officiellement correct n'est pas plus standard qu'aucun autre dialecte régional de l'anglais britannique, mais à partir de ce moment, et jusqu'au milieu du XXe siècle, il est tenu pour l'idéal auquel les usagers des dialectes régionaux doivent aspirer. D'un autre côté, l'anglais canadien n'a jamais considéré aucune forme de parler régional comme plus prestigieuse qu'une autre. Le gouvernement fédéral est à Ottawa, mais l'anglais d'Ottawa n'est pas tenu pour un modèle du langage idéal. Il existe toutefois un anglais canadien, épuré de ses caractéristiques régionales, qui est utilisé par les Canadiens de langue anglaise d'un bout à l'autre du pays. Bien que l'anglais canadien n'ait pas de dialectes régionaux comparables à ceux de l'anglais britannique, du français ou de l'allemand, qui se sont développés au cours des siècles, il y a des variantes notoires entre les façons de parler des différentes régions. Terre-Neuve en fournit l'exemple le plus frappant, par ses traces d'irlandais et son parler régional du Sud-Ouest de l'Angleterre. Ce que l'on appelle souvent le nasillement de la vallée de l'Outaouais rappelle que des milliers d'immigrants irlandais s'y sont établis dans les années 1840. De manière générale, on peut considérer comme les frontières dialectales locales du Canada anglais Terre-Neuve, les Maritimes, l'est de l'Ontario, l'ouest de l'Ontario, les Prairies et la Colombie-Britannique (la région la plus «britannique» au Canada).

M.H. Scargill

Langue française Au début du XVIIe siècle, la France a fondé deux colonies en Amérique du Nord: l'ACADIE (établie dans une région qui correspond actuellement à la Nouvelle-Écosse) et la NOUVELLE-FRANCE (établie dans une région où se trouvent actuellement Québec et Montréal).

De 1755 à 1763, les Anglais ont expulsé hors d'Acadie plus de 10 000 des 14 000 colons acadiens. Un grand nombre de colons acadiens déportés par les Anglais sont revenus en Acadie. Ils y ont rejoint les Acadiens qui avaient échappé à la déportation et ils ont fondé de nouveaux villages. À l'heure actuelle, dans les trois provinces où la plupart de ces villages ont été établis (Nouveau-Brunswick, Nouvelle-Écosse et Île-du-Prince-Édouard), on dénombre près de 300 000 francophones. Ceux-ci sont en grande majorité des descendants des premiers colons acadiens.

La Nouvelle-France s'est développée lentement. En 1695, on y trouvait un peu moins de 13 000 habitants. En 1763, alors que la Nouvelle-France était passée aux mains des Anglais, il y avait environ 70 000 habitants. Après l'annexion de la Nouvelle-France par les Britanniques l'IMMIGRATION en provenance de France s'est considérablement amoindrie. Elle a repris depuis le début du XXᵉ siècle. Toutefois, cette nouvelle immigration francophone a été plutôt modeste. Par conséquent, la plupart des 5 600 000 francophones du Québec, et des 735 000 francophones qui résident à l'ouest du Québec, ont pour ancêtres les premiers colons de la Nouvelle-France (*voir aussi* les FRANCO-AMÉRICAINS).

Il est raisonnable de supposer qu'une importante communauté francophone va survivre au Québec dans l'avenir plus ou moins lointain, grâce notamment à des mesures législatives qui ont fait du français la seule langue officielle de cette province. Par contre, à l'extérieur du Nouveau-Brunswick et de l'Ontario (deux autres provinces où l'avenir des francophones n'est pas trop menacé), les communautés canadiennes françaises sont engagées sur la voie de l'assimilation linguistique. En effet, les statistiques recueillies lors des derniers recensements nationaux révèlent qu'en dehors du noyau Québec, Nouveau-Brunswick et Ontario, le nombre des francophones est en net déclin, notamment au sein des jeunes générations, ce qui pourrait nuire à la survie du français.

Origines des premiers colons en Acadie et en Nouvelle-France Les pionniers de l'Acadie et de la Nouvelle-France proviennent presque tous de différentes régions de France. D'après des registres établis en 1707, près de la moitié des colons d'Acadie provenaient de provinces situées dans l'ouest de la France, au sud de la Loire (principalement le Poitou, l'Aunis, et la Saintonge mais aussi la Guyenne et le Pays Basque). Le reste des colons provenait de plusieurs provinces situées au nord de la Loire (Maine, Anjou, Touraine, Bretagne, Brie, Île-de-France, et Orléanais).

Pour ce qui est de la Nouvelle-France, plus de la moitié des colons proviennent des provinces situées au nord de la Loire (surtout de la Normandie et du Perche, de l'Île-de-France, de l'Anjou, du Maine, de la Touraine, ainsi que de la Bretagne, la Champagne et la Picardie), un tiers d'entre eux étaient originaires de provinces situées dans l'ouest de la France et au sud de la Loire et le reste des pionniers venaient de provinces qui ont fourni assez peu d'immigrants à la colonie.

L'usage linguistique dans des colons a dû refléter celui des Français au XVIIᵉ et au XVIIIᵉ siècle. À cette époque, le français n'avait pas encore évincé les dialectes gallo-romans. Il est donc probable qu'au début de la colonie, le français parlé par nombre des colons avait une forte coloration dialectale qui reflétait leur région d'origine. Toutefois, il s'est produit par la suite un remarquable processus d'unification linguistique qui a éliminé une bonne partie de la diversité linguistique qui prévalait au début de la colonie. À la fin du XVIIIᵉ siècle, les habitants de l'ancienne colonie ne parlaient plus leurs dialectes maternels et leur français s'était homogénéisé. C'est de ce français colonial commun dont est issu le français québécois moderne.

Le français canadien contemporain À partir des années 60, les travaux de recherche linguistique sur le français parlé au Canada ont connu un remarquable essor, notamment dans les provinces de l'Atlantique, (y compris Terre-Neuve), au Québec et en Ontario.

Normalement, les locuteurs du français acadien et du français canadien (parlé au Québec et à l'ouest du Québec), se comprennent facilement. Il n'en reste pas moins que l'on peut observer des différences entre ces deux variétés de français. Elles sont attribuables au fait que la Nouvelle-France et l'Acadie ont vécu une histoire coloniale différente et séparée, et que leurs pionniers ne venaient pas exactement des mêmes régions. On parle le français acadien dans les provinces de l'Atlantique et dans certaines régions du Québec (Îles de la Madeleine, Sud de la Gaspésie, plusieurs villages sur la côte Nord du Saint-Laurent, Havre-Saint-Pierre et Natashquan, p. ex.). Le français acadien possède plusieurs traits phonétiques distinctifs; conservation du *h* aspiré, p. ex., «là-haut» [laho]; emploi de la voyelle [u] pour le o ouvert [ò] comme dans «pomme» [pum]. Les Acadiens emploient aussi de nombreux mots qui sont typiques du français ou des dialectes des régions situées au sud-ouest de la Loire; p. ex., «éparer» («étendre un filet pour le faire sécher»), «charrette» («tombereau»), «remeuil» («pis de vache»), «coquemar» («bouilloire»), «lisse» («perche de clôture»), «barge» («meule de foin») et «bargou» («gruau»). On trouve aussi dans leur français plusieurs traits qui sont typiques du français du XVIIᵉ siècle et qui ont disparu du français standard moderne, et même du français québécois, p. ex., «je chantons/-tions» (pour «nous chantons/-tions»), «ils chantont/chantion» (pour «ils chantent/-taient»), «bailler» (pour «donner»), «ne... point» (pour «ne... pas»).

Bien qu'il soit parlé dans une vaste zone géographique, et qu'il varie quelque peu d'une région à l'autre (Montréal, Québec, Saguenay-Lac Saint-Jean, Gaspésie, vallée des Outaouais, Nord de l'Ontario, etc.), le français canadien est beaucoup plus homogène que le français européen. Ce dernier présente de nombreuses variations régionales sur un territoire beaucoup moins vaste. On peut regrouper les caractéristiques du français canadien en différentes catégories: 1) archaïsmes, 2) dialectalismes, 3) innovations, 4) emprunts aux LANGUES DES AUTOCHTONES et 5) emprunts à l'anglais.

Les archaïsmes du français canadien sont semblables à ceux de l'acadien: ce sont des usages anciens qui étaient courants au XVIIᵉ siècle., mais qui ont disparu du français standard moderne. En voici plusieurs exemples: conservation de l'ancienne prononciation [we] dans des mots comme moi, toi, poil, [mwe, twe, pwel] emploi de mots tels que «mitan» («milieu»), «serrer» («ranger»), «gager» et «gageure» («parier» et «pari»), «noirceur» («obscurité»), «dalle» («gouttière»), «menterie» («mensonge»), «à cause que» («parce que»), «mais que» («quand», «dès que»), «être après» («être en train de») et différents emplois de la préposition «à» pour localiser les actions ou événements dans le temps, «à soir», «à matin», «à tous les jours» («ce soir», «ce matin», «tous les jours»).

Les dialectalismes sont des usages qui proviennent des dialectes gallo-romans parlés au XVIIᵉ siècle. On peut mentionner des mots du dialecte normand tels que «gadelle» («groseille à grappes»), du dialecte poitevin «garrocher» («jeter») et «boucherie» («abattage et préparation du cochon»), du normand et du poitevin «barrer» («fermer à clef», «verrouiller»).

Comme exemples d'innovations on peut mentionner l'émergence d'un système de voyelles orales et nasales diphtonguées, dans des mots comme «pâte», «beurre», «père» qui peuvent se prononcer [paw:t] [bœw:R] et [pajR], les mots «poudrerie» «neige soulevée par le vent» (dérivé de poudre), «pâté chinois» («genre de hachis parmentier»), «gardienne d'enfants», «gardiennage» et «vivoir». À la place de ces trois mots, en France, on utilise des mots empruntés à l'anglais: «un baby sitter», «le baby sitting», «le living room».

Plusieurs emprunts aux langues autochtones font toujours partie de la langue commune. Ils témoignent de la longévité des contacts entre les Canadiens français et les nations autochtones. On peut mentionner des mots tels que «babiche» («lanière de cuir»), «boucane» («fumée»), «atoca» («canneberge»), «pimbina» («viorne trilobée»), «achigan» («perche noire»), et «ouaouaron» («sorte de grosse grenouille»).

Les emprunts à l'anglais se manifestent principalement sous deux formes: 1) emprunts directs de mots anglais, p. ex., «le boss» («le patron»), «checker» («vérifier») et 2) emplois de mots français ayant subi l'influence de mots anglais équivalents, p. ex., «prendre une marche» («aller se promener» de l'anglais «take a walk»). Nombre de ces emprunts remontent au XIXᵉ siècle et à la première moitié du XXᵉ siècle. Durant cette période, le français était concurrencé par l'anglais dans plusieurs secteurs de la société, notamment celui de l'industrie forestière, dont la langue technique a emprunté un nombre important de termes à l'anglais, p. ex., de la «cull» («du bois de rebut»), un «boom» («une estacade»), un «skid» («un longeron»), un «cant-hook» («un levier»; *voir* TOURNE-BILLES).

Durant les 200 dernières années, ceux qui, parmi les Canadiens français, estiment qu'il est important de préserver la pureté du français canadien ont «fait la guerre» aux anglicismes. Jusque vers les années 60 leurs efforts n'ont guère été couronnés de succès. Toutefois, une loi récente (*voir* LOI 101) qui rend obligatoire l'emploi du français dans le monde du travail au Québec a permis aux travailleurs, et à la population en général, de se familiariser avec les équivalents français de nombre d'emprunts à l'anglais qui se sont infiltrés dans le vocabulaire du français québécois. Conséquemment, l'usage des anglicismes tend à décliner en français québécois. Il diminue aussi dans le parler des jeunes générations francophones hors du Québec, conséquence de l'établissement d'un réseau d'écoles de langue française (*voir* POLITIQUE LINGUISTIQUE).

On peut observer des différences importantes entre le français des Canadiens issus des différents milieux sociaux, ainsi qu'entre le français employé dans les situations informelles et celui qui est réservé aux situations formelles ou officielles. P. ex., le parler informel des Canadiens français diffère nettement du parler formel des annonceurs de Radio-Canada. Le premier tend à inclure des traits distinctifs tels que ceux mentionnés plus haut, et le deuxième tend plutôt à éviter ces particularismes et à s'aligner sur le français standard. On observe des différences similaires à l'écrit, bien qu'elles ne soient pas aussi marquées qu'à l'oral. P. ex., dans les dépliants publicitaires ou les pages jaunes de l'annuaire téléphonique, on trouve à la fois des usages typiques du français canadien informel et aussi des usages conformes au français standard, alors que dans les textes plus officiels, manuels scolaires, formulaires gouvernementaux, etc., ce sont les usages standard qui tendent à dominer.

La Révolution tranquille Pendant la RÉVOLUTION TRANQUILLE et la résurgence du nationalisme au début des années 70, deux conceptions opposées de la norme linguistique se sont affrontées au Québec. À cette époque, des organismes comme l'OFFICE DE LA LANGUE FRANÇAISE préconisent un alignement quasi total de la norme du français québécois sur le français standard européen (sauf dans les cas où ce dernier manquait de termes pour désigner certains concepts qui reflètent la culture canadienne ou l'environnement canadien). Par contraste, parmi les intellectuels de gauche et pronationalistes, certains sont allés jusqu'à faire la promotion du français des couches populaires québécoises et ont dénoncé l'impérialisme culturel que le français européen exerçait sur le français québécois vernaculaire. À partir des années 80, une conception plus nuancée de la norme s'est développée. On a commencé à accepter l'idée que le français formel parlé et écrit des Québécois éduqués serve de référence pour la norme du français au Québec. Par conséquent, on accepte plus volontiers que les usages formels des Québécois, qui ne sont pas conformes au français standard européen, fassent désormais partie du français québécois de référence.

Raymond Mougeon

Langue italienne, publications de Dès qu'ils commencent à écrire dans les années 20, les écrivains italo-canadiens s'expriment en anglais, en français et en italien. Liborio Lattoni écrit en italien tandis que Francesco M. Gualtieri publie en anglais. *La Ville sans femmes* (1945) de Mario Duliani est publiée à la fois en français et en italien. Après Gianni Grohovaz, Elena Albani et Guglielmo Vangelisti (*Gli Italiani in Canada*, 1956), qui publient dans les années 50 en italien, viennent des auteurs qui favorisent tant l'essor de la littérature canadienne que celui du MULTI-CULTURALISME, ce qui leur permet d'influencer le courant littéraire dominant aussi bien en anglais qu'en français. La tradition bilingue est encore illustrée par Alexandre Amprimoz avec ses *Selected Poems* (1979), *Sur le damier des tombes* (1983) et *Bouquet de Signes* (1986), Filippo Salvatore avec *Suns of Darkness* (1980) et *La Fresque de Mussolini* (1985), Romano Perticarini avec *Quelli della fionda* (1981) et Maria Ardizzi avec *Made in Italy* (1982). Maintes fois lauréats, les poètes, plus nombreux que les romanciers, figurent dans des anthologies majeures. La poésie narrative caractéristique de nombreuses œuvres, telles que *The Tough Romance* (1979) de Pier Giorgio DI CICCO, *Mimosa and Other Poems* (1981) de Mary Di Michele, *The Presence of Fire* (1982) de George Amabile, *Breaking and Entering* (1980) de Len Gasparini, sans oublier celles d'Antonino Mazza et d'Antonio Corea, repose sur la force de traits autobiographiques marquants. Chez les plus jeunes poètes, tels que Pasquale Verdicchio (*Moving Landscape*, 1985), Dorina Michelutti (*Loyalty to the Hunt*, 1986), Salvatore di Falco et François d'Apollonia, on trouve un champ thématique riche et diversifié.

Dans le domaine de la fiction, le besoin de représenter l'expérience des immigrants trouve son expression plénière dans le réalisme. C'est le cas notamment de *Black Madonna* (1982) de Frank Paci et *The Father* (1984). *The Lion's Mouth* (1982) et *Terra Straniera* (1986) de Caterina Edward explorent la vision féminine de l'identité ethnique, tandis que les histoires anecdotiques de C.D. Minni (*Other Selves*, 1985), Darlene Madott (*Bottled Roses*, 1985) et Gianni Bartocci et Dino Fruchi soulignent les ironies et les joies de la vie. Ces femmes ainsi que Matilde Torres, Genni Donati Gunn, Carole Fioramore David, Roberta Sciff-Zamaro et Lisa Carducci forment un chœur remarquable dans la littérature italo-canadienne.

Les poètes québécois tels que Fulvio Caccia, Tonino Caticchio, Mary Melfi et Antonio D'Alfonso (*The Other Shore*, 1986) privilégient aussi cette quête de l'identité. Les pièces en français de Dominique De Pasquale et *Gens du silence* (1982) de Marco Micone, *Addolorato* (1984) et *Bilico* (1986) explorent différents types de rapports politiques et linguistiques. Les anthologies telles que *Roman Candles* (1978, dir., Di Cicco), *Quêtes* (1983, dir., Caccia et de D'Alfonso) et *Italian Canadian Voices* (1984, sous la direction de C.M. Di Giovanni) présentent beaucoup d'autres écrivains. L'Association des écrivains italo-canadiens a été constituée pour faire connaître leurs œuvres. (*Voir aussi* ETHNIES, LITTÉRATURE DES; ITALIENS.)

Joseph Pivato

Langue ukrainienne, publications de Les premières publications en ukrainien paraissent d'abord dans les années 1890 avec la première grande vague d'immigrants UKRAINIENS au Canada. Le premier récit est rédigé en 1897 par Nestor Dmytriw alors qu'il visite Calgary, et le premier poème est écrit en 1898 par Ivan Zbura, près d'Edmonton. Après des débuts modestes, cette littérature se développe avec succès dans les domaines de la poésie, des nouvelles, des romans et du théâtre. Au lendemain de la Seconde Guerre mondiale, les livres de littérature font leur apparition.

La première période de la littérature ukrainienne (1897-1920) est imprégnée de folklore. Les œuvres de Zbura, Teodor Fedyk et Daria Mohylianka résument le courant de la poésie des premiers immigrants ukrainiens et se distinguent à peine du folklore. Cependant, la prose de Sava Chernetskyj, Myroslav Stechyshyn, Pavlo Krat et Vasyl Kudryk présente un niveau de créativité plus élevé. Ces auteurs décrivent non seulement la vie difficile des pionniers, mais évoquent aussi leur lutte, au caractère révolutionnaire, pour une vie meilleure.

Durant la deuxième période (1920-1950), la littérature ukrainienne s'enrichit de nouveaux thèmes et devient plus artistique. Ivan Danylchuk, né en Saskatchewan, publie des poèmes sophistiqués. Onufrij Ivakh (Honore Ewach) se tourne vers l'essai philosophique, tout en prêtant attention à l'expression esthétique, tandis que l'œuvre de Myroslav Ichnianskyj (Ivan Kmeta) est imprégnée d'un vigoureux lyrisme impressionniste.

Parmi les écrivains de fiction en prose, Illia Kyrijak (Elias Kiriak) se distingue par sa trilogie réaliste *Syny zemli* (1939-1945), qui dresse un tableau de la vie des colons dans les Prairies. Oleksander Luhovyj décrit lui aussi la vie canadienne dans son roman *Bezkhatnyj* (trad. *Homeless*, 1946) et ses pièces de théâtre. Semen Kowbel et Dmytro Hunkevych sont très présents dans le domaine du théâtre.

La troisième période débute avec l'arrivée de réfugiés politiques après la Seconde Guerre mondiale. À l'encontre du réalisme de la période précédente, de multiples tendances et styles littéraires font leur apparition, y compris le modernisme. Mykyta Mandryka crée une poésie aux images originales et son récit en vers *Kanada* (1961) sera traduit par Watson Kirkconnell sous le titre de *Canada* en 1971. Les thèmes canadiens prédominent aussi dans le roman d'Ulas Samchuk, *Na tverdij zemli* (trad. *On the Hard Soil*, 1967). Yar Slavutych, dans son recueil de poèmes *Zavojovnyky prerij* (1968, trad. de R.H. Morrison *The Conquerors of the Prairies*, 1974) décrit ses impressions sur la vie des colons et de la rigueur du Nord. Il écrit aussi le long récit en vers, «Moja doba» (trad. *My Epoch*), dans *Zibrani tvory* (trad. *Collected Poems*, 1978).

Depuis les années 60, la littérature canadienne de langue ukrainienne connaît un renouveau. Parmi les auteurs les plus prolifiques, citons les poètes lyriques Borys Oleksandriv (pseudonyme de Borys Hrybinsky), Bohdan Mazepa, Vira Vorsklo Svitlana Kuzmenko et Teodor Matvijenko; les bardes patriotiques Levko Romen, Dan Mur et Oleksa Hay-Holowko; le poète penseur Volodymyr Skorupskyj; la poétesse Larysa Murovych, qui s'intéresse à la mythologie ukrainienne; et les modernistes Iryna Makaryk, Maria Revakovych, Marco Carynnyk, Danylo Struk, Oleksander Olijnyk. En prose, Fedir Odrach, Ivan Bodnarchuk et Oleksander Smotrych sont largement publiés. Mykola Kovshun écrit des pièces de théâtres et Oleh Zujewskyj est un traducteur très actif, en plus d'écrire de la poésie symboliste. Orysia Prokopiw traduit un grand nombre de poèmes ukrainiens en anglais et René Coulet du Gard, en français.

Les auteurs ukrainiens du Canada ont fondé leur propre société littéraire, qui a publié huit volumes de l'almanach *Slovo* (1970-1987) et l'*Antolohija ukrajins'koji poeziji v Kanadi, 1898-1973* (1975). Un autre almanach inclut un contenu canadien et s'intitule *Pivnichne siajvo* (trad. *Northern Lights*, 5 vols, 1978-1987). Dans les ouvrages publiés par des écrivains érudits, *Studia Ucrainica* (4 vols, 1978-1987) et *Ukrainian Shakespeariana in the West* (1987), qui compte également des textes traduits, sont parmi les plus importants. L'*Ukrainian Academy of Arts and Sciences in Canada* et la *Shevchenko Scientific Society* publient régulièrement leurs travaux, ainsi que d'autres ouvrages savants. Malgré la grande diversité des thèmes et des idées émises dans la littérature ukrainienne, le Canada compte seulement 15 auteurs ukrainiens dont les œuvres artistiques les placent au même niveau que les écrivains d'Ukraine. (*Voir aussi* ETHNIES, LITTÉRATURE DES.)

Yar Slavutych

Langues celtiques Elles appartiennent à la famille des langues indo-européennes; elles ont donc des liens de parenté avec la plupart des langues européennes ainsi qu'avec beaucoup d'autres, parlées dans des régions aussi loin à l'est de l'Europe que l'Inde. Les linguistes distinguent deux groupes majeurs de langues celtiques: le celtique continental et le celtique insulaire.

Celtique continental Vers 300 av. J.-C., le celtique continental est parlé dans une grande partie de l'Europe, qui, en termes modernes, s'étend d'ouest en est de la France jusqu'à la Turquie. On trouve des signes des différentes formes du celtique continental non seulement en Gaule, mais aussi dans le Nord de l'Italie et dans la péninsule ibérique. Cependant, avec l'expansion de l'empire romain à partir du IIIe siècle av. J.-C., c'est surtout le latin qui remplace progressivement le celtique continental, un processus achevé presque partout au IIe siècle ap. J.-C., même si le celtique survit sous une certaine forme dans les montagnes suisses jusqu'au Ve siècle ap. J.-C.

Celtique insulaire Le celtique insulaire est la langue parlée en Irlande et dans les îles britanniques dès l'arrivée des Celtes vers le IVe siècle av. J.-C. Il inclut également le breton, introduit en Bretagne par des mouvements migratoires du sud-ouest à partir des îles britanniques entre le IVe et le VIe siècle ap. J.-C. Le celtique insulaire se divise en deux branches principales, auxquelles on accorde le nom de celtique-Q et de celtique-P, selon une distinction qui semble avoir existé dans le celtique continental. Le celtique-Q insulaire comprend le gaélique écossais, le gaélique irlandais et le mannois, tous trois issus de l'irlandais ancien. Quant au celtique-P insulaire, il inclut le gallois, le breton et le cornique, et historiquement le cumbrien et le picte celtique, puisqu'il semble que les anciens Pictes du Nord de l'Écosse aient parlé plus d'une langue. Cette terminologie s'inspire du fait que le celtique-Q a conservé l'ancien phonème [kw] (transcrit par la lettre «q» dans l'ancienne écriture gaélique oghamique, et par le «c» en gaélique moderne), alors qu'en celtique-P on trouve le phonème plus récent [p]. C'est ainsi, p. ex., que le mot gaélique «mac» (signifiant «fils») correspond en gallois ancien à «map», alors que le mot «cenn» (signifiant «tête») en gaélique ancien correspond à «pen» en gallois.

Cornique, mannois et autres langues Le cornique a disparu avant le XVIIIe siècle et le mannois durant la seconde moitié du XXe siècle. Par contre, tant en Cornouailles qu'à l'île de Man, on assiste à une renaissance, et un certain nombre de locuteurs convaincus peuvent aujourd'hui parler ces langues. Les autres langues sont encore parlées, et les données des recensements en Grande-Bretagne et en Irlande permettent de déterminer le nombre de leurs locuteurs. Il y a en Écosse environ 60 000 personnes qui parlent le gaélique, et environ 40 000 en Irlande. À ce nombre, il faut ajouter environ 750 000 personnes qui, sans que ce soit leur langue maternelle, affirment connaître le gaélique irlandais, mais on ne connaît pas leur degré de compétence. Les statistiques au sujet du gallois sont nettement supérieures, puisque c'est la langue maternelle de 500 000 locuteurs. Il n'existe aucune statistique fiable pour le breton, mais les estimations oscillent entre 20 000 et 700 000 locuteurs.

Langues celtiques au Canada Au Canada, seuls les ÉCOSSAIS des Highlands et les GALLOIS ont fondé des communautés où leur langue maternelle a pu survivre jusqu'à la fin du XXe siècle. On trouve des communautés gaéliques écossaises au Cap-Breton et dans trois comtés de l'est de la Nouvelle-Écosse (Guysborough, Pictou et Antigonish), à l'Île-du-Prince-Édouard, dans la vallée de Codroy dans le sud-ouest de Terre-Neuve, dans le comté de Compton au Québec, dans le Sud de l'Ontario (les comtés de Stormont, de Dundas et de Glengarry au sud-est d'Ottawa, et dans le comté du Middlesex à l'ouest de London), ainsi que de part et d'autre de la frontière entre le Manitoba et la Saskatchewan.

L'ÎLE DU CAP-BRETON est probablement aujourd'hui la seule région au Canada où l'on puisse trouver un grand nombre de personnes parlant couramment le gaélique, sans que cela dépasse un millier de locuteurs. Une enquête de 1974 révèle que dans deux colonies de Gallois, situées à Ponoka en Alberta et à Bangor en Saskatchewan, l'on trouvait moins d'une centaine de locuteurs gallois, surtout des personnes âgées et d'âge mûr. Certains de ces locuteurs descendaient de colons gallois d'abord installés en Patagonie, en Argentine.

On peut trouver dans beaucoup de villes et de municipalités canadiennes des gens qui parlent l'une ou l'autre des quatre principales langues celtiques, dont Montréal, qui regroupe un petit nombre de personnes parlant le breton. Une récente recrudescence de l'intérêt pour la culture celtique a permis la création d'une chaire d'études celtiques à l'U. d'Ottawa; d'une chaire d'études gaéliques à l'U. Saint-François-Xavier à Antigonish, en Nouvelle-Écosse; d'une chaire d'études irlandaises à l'U. Saint Mary's, à Halifax; et d'un programme d'études celtiques au collège St. Michael's de l'U. de Toronto. (*Voir aussi* LANGAGE.)

Gordon W. MacLennan

Langues en usage au Canada Il existe deux langues officielles au Canada (*voir* LANGUE ANGLAISE et LANGUE FRANÇAISE), mais la richesse linguistique du pays ne se limite pas à ces deux langues. Au premier chef, il y a les langues les plus anciennes: le Canada compte pas moins de 50 langues autochtones, dont quelques-unes semblent toutefois en voie de disparaître. Le recensement de 1996 dénombre environ 800 000 autochtones au Canada, mais seulement 207 000 d'entre eux, soit le quart, ont désigné l'une des langues traditionnelles autochtones comme langue maternelle et, de ce nombre, environ 120 000 l'ont indiquée comme la langue la plus souvent utilisée à la maison (*voir* AUTOCHTONES, LANGUES DES).

Historique des langues française et anglaise au Canada Les langues dominantes au Canada (l'anglais et le français) sont celles des colonisateurs. En 1763, quand la Nouvelle-France a été cédée à l'Angleterre, 80 000 francophones et 20 000 Britanniques environ vivaient sur le territoire du Canada actuel. Quarante ans plus tard, la population anglaise a dépassé la population francophone et, au milieu du XIXe siècle, les deux groupes ont atteint un équilibre. Bien que la taille relative des deux groupes linguistiques ait fluctué par la suite, l'équilibre est demeuré relativement constant. Par ailleurs, ce n'est que depuis 1931 que les recensements canadiens procurent des renseignements sur les langues maternelles pour l'ensemble de la population. Avant cette date, pour en avoir une idée, il fallait recourir aux données existantes sur la répartition des groupes ethniques au sein de la population. Au premier recensement national de 1871 et au cours des décennies suivantes, la corrélation était probablement assez forte entre la langue maternelle et l'origine ethnique. Ainsi, pour l'année 1871, on obtient 62 p. 100 d'anglophones, 30 p. 100 de francophones, 2 p. 100 de citoyens parlant une langue autochtone et 6 p. 100, une autre langue.

Récents changements historiques en matière de langue Après avoir connu un certain déclin jusqu'en 1941, la proportion d'anglophones est presque revenue à son taux de 1871 (60 p. 100 en 1996). Quant aux francophones, leur proportion a oscillé entre 27 et 31 p. 100 jusqu'en 1961, pour ensuite décroître (23,5 p. 100 en 1996). La taille relative des autres groupes linguistiques a augmenté jusqu'en 1931, puis elle a diminué jusqu'en 1971 avant d'augmenter de nouveau (16,7 p. 100 en 1996). Trouver une justi-

fication à ces variations est un exercice complexe, mais on peut dégager trois principaux facteurs. D'abord, l'arrivée d'immigrants allophones a accru l'importance du groupe parlant une «autre» langue. Ensuite, leurs descendants ont adopté l'anglais, ce qui a produit un impact plus décisif à long terme. Enfin, les francophones vivant ailleurs qu'au Québec, en Acadie et en milieu franco-ontarien ont une assez forte tendance à adopter l'anglais comme langue d'usage.

Langue utilisée à la maison et langue maternelle De nombreux Canadiens en viennent au cours de leur vie à utiliser à la maison une autre langue que leur langue maternelle; c'est surtout le cas de ceux dont la langue maternelle n'est ni l'anglais ni le français. Le tableau suivant répartit la population canadienne en trois groupes linguistiques (anglais, français et autre), selon le type de langue (maternelle et celle la plus souvent utilisée à la maison):

Langue maternelle	Langue parlée à la maison
Anglais 59,8 p. 100	68,0 p. 100
Français 23,5 p. 100	22,6 p. 100
Autre 16,7 p. 100	9,4 p. 100
Total 100 p. 100	100 p. 100

Ces statistiques (*Recensement du Canada, 1996*) révèlent que l'anglais a gagné du terrain comme langue utilisée à la maison aux dépens du français et des «autres» langues maternelles. Toutefois, en y regardant de plus près, on constate que l'abandon de l'«autre» langue comme langue utilisée à la maison, surtout au profit de l'anglais, est encore plus grand. Ainsi, 60 p. 100 des adultes ayant une «autre» langue maternelle parlent le plus souvent une langue différente à la maison. Chez les adultes de langue maternelle anglaise et nés au Canada, 1 p. 100 seulement n'utilisent pas l'anglais de façon courante à la maison, tandis que 6 p. 100 des adultes de langue maternelle française parlent habituellement une autre langue à la maison. La capacité de survie à long terme des «autres» langues paraît donc faible. Certaines d'entre elles n'en demeurent pas moins assez fortes. Selon le recensement de 1996, 3 langues (le chinois, l'italien et l'allemand) sont parlées par plus de 400 000 personnes chacune, et 7 autres (l'espagnol, le portugais, le polonais, le pundjabi, l'ukrainien, l'arabe et le tagalog ou philipino) sont utilisées chacune par un groupe de 150 000 à 228 000 personnes.

Survie de la langue au Québec Le Québec se distingue du reste du Canada sur le plan linguistique. Au Québec, 98 p. 100 des francophones conservent leur langue maternelle durant toute leur vie et il en va de même pour 90 p. 100 des anglophones. Cependant, bien que près de 83 p. 100 de la population du Québec soit francophone, environ 66 p. 100 des immigrants venus s'y établir avant 1980 et ayant appris l'une des deux langues officielles ont choisi l'anglais. Depuis l'application de la LOI 101, cette situation a changé: après 1980, moins de la moitié des nouveaux arrivants ont opté pour l'anglais. Ailleurs au Canada, la situation est encore plus nette: presque tous les anglophones conservent leur langue; presque toutes les personnes de langue maternelle autre que l'anglais et qui abandonnent leur langue maternelle choisissent l'anglais; et 44 p. 100 des adultes allophones parlent le plus souvent l'anglais à la maison. En 1996, 91 p. 100 des anglophones (langue utilisée à la maison) vivent à l'extérieur du Québec. Par ailleurs, 86 p. 100 de tous les francophones du pays vivent au Québec. La proportion d'anglophones au Québec (14,7 p. 100 en 1971) se situera à environ 10 p. 100 en l'an 2000, tandis que celle des francophones dans le reste du Canada (4,4 p. 100 en 1971) aura alors diminué à près de 2,5 p. 100.

Bilinguisme Une personne dite bilingue peut soutenir une conversation aussi bien en anglais qu'en français. Le pourcentage de personnes bilingues n'est pas très élevé, mais il augmente tout de même (17 p. 100 de la population). C'est parmi les francophones et la population anglo-québécoise qu'elles sont le plus nombreuses. Dans l'ensemble du Cana-

da, 9 p. 100 des anglophones et 41 p. 100 des francophones (pour ce qui est de la langue maternelle) sont bilingues. Au Québec, ces proportions atteignent 62 et 34 p. 100 respectivement, tandis que dans le reste du Canada, elles sont de 7 et de 84 p. 100. On observe ici un autre aspect du caractère dominant de la langue anglaise au Canada: si une forte minorité d'anglophones du Québec peut se permettre d'ignorer le français, ce n'est pas le cas pour les francophones des autres provinces à l'égard de l'anglais. Il est toutefois permis de croire que de moins en moins d'anglophones au Québec pourront y vivre exclusivement en anglais s'ils souhaitent y demeurer.

Jacques Henripin

Langues officielles (1969), Loi sur les Loi fédérale qui institue le français et l'anglais comme langues officielles du Canada et selon laquelle toutes les institutions fédérales doivent fournir des services en anglais ou en français au choix du client. La Loi (qui a été votée sur la recommandation de la COMMISSION ROYALE D'ENQUÊTE SUR LE BILINGUISME ET LE BICULTURALISME) crée le Bureau du Commissaire aux langues officielles (maintenant le Commissariat aux langues officielles), chargé d'en surveiller l'application. Au niveau politique, cette loi a été appuyée par tous les partis fédéraux, mais l'approbation par le public en a été mitigée. En juin 1987, le gouvernement conservateur introduit un amendement à la *Loi sur les langues officielles* pour promouvoir les droits officiels des langues des minorités. (*Voir aussi* POLITIQUE LINGUISTIQUE; LANGUES OFFICIELLES (1988), LOI SUR LES.)

Max Yalden

Langues officielles, commissaire aux Depuis 1971, il est nommé par le Parlement pour un mandat de sept ans en vertu de la LOI SUR LES LANGUES OFFICIELLES (*voir* LANGUES OFFICIELLES (1969), LOI SUR LES). Toute reconduction du mandat ne peut excéder sept ans. Le commissaire doit veiller au respect de l'esprit et du but de cette loi dans l'appareil gouvernemental fédéral ainsi qu'au Parlement. Il doit aussi assurer une égale reconnaissance de l'égalité du statut de l'anglais et du français en tant que langues officielles (*voir* POLITIQUE LINGUISTIQUE). Il a toute autorité pour traiter des plaintes portant sur le non-respect de cette loi et pour entamer une enquête afin d'en vérifier l'à-propos. Les résultats de ces enquêtes peuvent être portés directement à la connaissance des plaignants et des agences concernés. Ils peuvent également être mentionnés lors de rapports spéciaux au Parlement. Le commissaire passe en revue les activités du gouvernement et fait des recommandations au Parlement dans un rapport annuel.

Languirand, Jacques, dramaturge et essayiste (Montréal, Qc, 1er mai 1931). Fortement influencé par les dramaturges en vogue durant son séjour à Paris (1949-1953), Languirand est la personnalité la plus importante du théâtre absurde canadien dans les années 50 et 60. Plusieurs de ses textes dramatiques sont radiodiffusés à Montréal avant que ne soit présentée sa première pièce, *Les Insolites*, jouée en 1956, publiée en 1962 et récipiendaire du prix dans la catégorie Meilleure pièce canadienne au Festival national d'art dramatique.

Les Grands Départs (1958) et la comédie musicale *Klondyke* (1970) figurent parmi ses grands succès. Bien que ses pièces abordent le thème de la solitude de l'individu dans une société moderne dépourvue de valeurs traditionnelles, elles ne parviennent pas à captiver les Québécois, encore sous le choc de la RÉVOLUTION TRANQUILLE. Jacques Languirand abandonne le théâtre pour se tourner vers des œuvres plus ésotériques, telles que *La Voie initiatique* (1978) et *Mater Materia* (1980). Il anime plusieurs émissions de radio et de télévision et, en 1987, il est nommé Membre de l'Ordre du Canada. En 1993, il fait un retour remarqué comme comédien dans les trois pièces du cycle Shakespeare dirigé par

Robert LEPAGE. Il joue également au cinéma, entre autres dans *La Vie d'un Héros* (1994) de Micheline LANCTÔT et *J'en suis* (1997) de Claude Fournier. Il a reçu le prix du «Communicateur de l'année» (1998) de l'Association internationale des professionnels de la communication.

L.E. Doucette

Lanois, Daniel, producteur de disques (Hull, Qc, 19 sept. 1951). Lanois déménage à Hamilton à l'âge de dix ans. Musicien passionné, il se produit en compagnie de petits groupes locaux durant son adolescence. Il n'a que 17 ans lorsqu'il construit, avec l'aide de son frère, un studio d'enregistrement dans la maison de sa mère à Ancaster. En 1974, il construit le Grant Avenue Studio à Hamilton, où il produit les disques d'artistes canadiens tels Martha + The Muffins, The Parachute Club, Luba, Ian et Sylvia Tyson (*voir* IAN AND SYLVIA).

En 1979, Lanois s'associe avec le musicien expérimental Brian Eno, lorsque ce dernier loue le Grant Avenue Studio pour enregistrer *Ambient #2: The Plateaux of Mirrors*. L'union s'avère une collaboration fructueuse de longue durée. En 1982, Lanois réalise les enregistrements d'*Ambient #4: On Land* et partage le cachet pour la trame sonore du film *Apollo: Atmospheres & Soundtracks* (1983). Eno et Lanois collaborent à la production des albums du groupe irlandais U2, notamment *The Unforgettable Fire* (1984), *The Joshua Tree* (1987) et *Achtung Baby* (1991). Le travail solo de Lanois sur les albums à succès commercial d'artistes tels que Peter Gabriel, The Neville Brothers, Robbie Robertson, Bob Dylan et Emmylou Harris a été encensé par la critique.

À la fin des années 80, il déménage de Londres, en Angleterre, à la Nouvelle-Orléans, aux États-Unis. Il commence une carrière solo d'enregistrement avec *Acadie* (1989), amalgame de chansons populaires anglaises et françaises, ainsi que de musiques plus expérimentales. L'album suivant, *For the Beauty of Wynona* (1993), a plutôt un contenu rock. Lanois enregistre, dans un nouveau studio personnel dans le Sud de la Californie, la trame sonore instrumentale de *Sling Blade* (1996), film mis en nomination pour un Oscar. Il y produit également le groupe américain Luscious Jackson.

Jeff Bateman

Lansdowne, Henry Charles Keith Petty-Fitzmaurice, 5ᵉ marquis de, politicien, gouverneur général du Canada de 1883 à 1888, vice-roi des Indes de 1888 à 1893 (Lansdowne House, Londres, Angl., 14 janv. 1845—Clonmel, Irl., 4 juin 1927). Il fait ses études à Eton et au Balliol College, à Oxford. Il entre à la Chambre des lords en tant que libéral et exerce la fonction de lord de la Trésorerie de 1869 à 1872, de sous-secrétaire à la guerre de 1872 à 1874, puis de sous-secrétaire d'État pour les Indes après le retour au pouvoir du gouvernement libéral de Gladstone en 1880. Gouverneur général modèle, il exerce sa fonction en traversant sans incident la période agitée de la RÉBELLION DU NORD-OUEST. Peu après son arrivée au Canada, il organise l'envoi de troupes pour l'EXPÉDITION SUR LE NIL. Lansdowne semble considérer ses années au Canada comme un répit, au regard des obligations plus exigeantes de la vie publique en Grande-Bretagne.

Carman Miller

L'Anse Amour, site de Situé sur la côte du détroit de Belle-Isle, dans le Sud du LABRADOR, il est occupé entre 5500 et 2000 av. J.-C. par des autochtones de la période ARCHAÏQUE maritime, pour qui la région est un territoire qui sert à pêcher et à chasser le phoque et le morse au harpon. La portion la plus ancienne du site consiste en un tumulus dont la datation au carbone 14 situe l'érection entre 5500 et 5000 av. J.-C.

Le tumulus, d'un diamètre de 8 m, est recouvert de gros rochers qui protègent un caveau funéraire vide, fait de blocs verticaux, qui s'enfonce à un mètre sous la surface. Cinquante centimètres plus bas, on a découvert le squelette d'un adolescent, cou-

vert d'ocre rouge, accompagné de plusieurs pointes de lances et couteaux en pierre ou en os, d'une défense de morse, d'une pointe de harpon, d'une sculpture en ivoire et d'un sifflet en os. On estime que la cérémonie funéraire a dû demander une semaine de travail au groupe de chasseurs local. Le site de L'Anse Amour est présentement le plus ancien tumulus funéraire de ce type au monde qui soit connu. (*Voir aussi* ARCHÉOLOGIE et PRÉHISTOIRE.)

Robert McGhee

Lantos, Robert, producteur et distributeur (Budapest, Hongrie, 3 avril 1949). Président directeur général de Alliance Communications Corporation, Robert Lantos dirige la plus grande compagnie canadienne de production et de distribution de films pour le cinéma et la télévision. C'est l'une des personnalités les plus influentes dans le développement de l'industrie cinématographique canadienne des 30 dernières années. Né en Hongrie et élevé à Montréal, Lantos étudie la littérature à l'U. McGill. Il y obtient un baccalauréat ès arts en 1970 et une maîtrise ès arts, en 1972. Depuis son départ de McGill, il y a 25 ans, il joue un rôle de tout premier plan dans l'industrie cinématographique canadienne.

En 1972, Lantos est cofondateur de Vivafilm, une compagnie de distribution qui importe des films étrangers pour les présenter sur le marché canadien. En 1975, il fonde RSL Entertainment, une compagnie de production grâce à laquelle il produit plusieurs longs métrages, dont *L'Ange et la femme* (Gilles CARLE, 1976), *In Praise of Older Women* (George Kaczender, 1979), et *Joshua Then and Now* (Ted KOTCHEFF, 1985; v.f. *Joshua Maintenant et après*). Après avoir produit 15 films avec RSL, Lantos cofonde Alliance Communications Corporation qui va par la suite absorber Vivafilm et RSL. Active dans la production et la distribution pour le cinéma et la télévision, la compagnie de Lantos permet la réalisation de films canadiens de premier plan tels que *Léolo* (Jean-Claude LAUZON, 1992), *Exotica* (Atom EGOYAN, 1994) et *Crash* (David CRONENBERG, 1996), ainsi que d'émissions de télévision à succès comme *North of 60* (v.f. *Au Nord du 60ᵉ*), *Reboot*, et *Due South* (v.f. *Direction Sud*). Robert Lantos a mis toute son énergie à atteindre le sommet de l'industrie cinématographique canadienne. Il déclare au début de 1997: «Je ne sais pas ce que veut dire avoir du temps libre, puisque j'ai passé plus de 25 ans à bâtir mon entreprise. C'était un défi très particulier, car à l'époque où j'ai commencé, l'industrie cinématographique n'existait pas.»

Tout au long de ces années, il n'a eu cesse de défendre les talents canadiens, ce qui lui a valu plusieurs récompenses spéciales de l'industrie canadienne du film et de la télévision. Il reçoit en 1991 le Prix Air Canada décerné par l'Académie canadienne du cinéma et de la télévision pour sa «contribution exceptionnelle à l'industrie cinématographique canadienne». En 1995, il reçoit le Prix Chetwynd décerné par l'Association des producteurs canadiens de films et de télévision pour récompenser «l'excellence en entrepreneuriat». La même année, Lantos reçoit le Prix des entrepreneurs de l'Ontario. En outre, les émissions télévisées et les films produits par Alliance obtiennent des dizaines de récompenses au Canada et dans des festivals internationaux.

Tom McSorley

La Palme, Béatrice, soprano, violoniste et professeure (Belœil, près de Montréal, 27 juill. 1878—Montréal, 8 janv. 1921). Elle est la deuxième chanteuse québécoise, après Emma ALBANI, à se produire sur les grandes scènes lyriques. Elle étudie le violon avec Frantz JEHIN-PRUME et Fernandez Arbos, et le chant avec Gustave Garcia et Nelly Rowe. Sur les conseils d'Albani, elle décide de se consacrer uniquement au chant. Elle se produit devant Massenet et chante à plusieurs reprises, entre 1905 et 1909, à l'Opéra-Comique de Paris. Elle fait ensuite des tournées avec l'Opéra de Montréal. Après 1914, elle

enseigne à l'atelier dirigé par son mari, le ténor français Salvator Issaurel.

Hélène Plouffe

Lapalme, Georges-Émile, politicien (Montréal, 14 janv. 1907—*id.*, 5 févr. 1985). Chef du Parti libéral du Québec de 1950 à 1958, il entreprend des réformes qui permettront au parti de jouer un rôle de catalyseur au cours de la RÉVOLUTION TRANQUILLE. Député libéral de Joliette-L'Assomption à la Chambre des communes (1945-1950), il siège ensuite comme député libéral d'Outremont à l'Assemblée du Québec (1953-1966). Il exerce la fonction de vice-premier ministre (1960-1964) puis de procureur général (1960-1963). Mais c'est en sa qualité de ministre des Affaires culturelles (1961-1964) qu'il apporte sa plus grande contribution: non seulement il supervise la création de ce ministère, mais il met aussi en place le programme d'action culturelle du gouvernement du Québec. Après avoir quitté la vie politique, il devient le premier président de la SOCIÉTÉ DE DÉVELOPPEMENT DE L'INDUSTRIE CINÉMATOGRAPHIQUE CANADIENNE en 1968. Il dirige ensuite la Commission des biens culturels (1972-1978). Il publie ses mémoires entre 1969 et 1973.

Daniel Latouche

LaPalme, Robert, caricaturiste politique (Montréal, 14 avril 1908—*id.*, 19 juin 1997). Considéré comme le Picasso de la caricature politique au Canada, LaPalme a travaillé pour tous les grands journaux francophones du Québec et a organisé pendant 25 ans une prestigieuse exposition internationale de caricatures et de dessins d'humour à Montréal. Il grandit en Alberta, mais revient au Québec à la fin de la Première Guerre mondiale où il travaille comme confectionneur de crucifix, fleuriste et ouvreur, avant de commencer à griffonner. Il exécute de nombreuses caricatures cubistes de personnalités politiques publiées par *L'Almanach de la langue française* en 1933.

LaPalme décroche son premier emploi comme illustrateur avec le quotidien politique *L'Ordre*. Il s'absente pendant deux ans pour étudier l'art à New York, expose au MUSÉE DES BEAUX-ARTS DE MONTRÉAL et dans des galeries à Paris, à Rome, à Rio de Janeiro et à Toronto. Pendant la Seconde Guerre mondiale, il collabore à *L'Événement journal*, à *L'Action catholique* et à *La Patrie*. En 1950, LaPalme entre au *Devoir* comme caricaturiste politique. C'est là qu'il acquiert sa réputation de caricaturiste en rupture avec la tradition. Il utilise son crayon pour lancer de virulentes attaques contre le premier ministre Maurice Duplessis et reçoit un prix au Concours national de journalisme en 1952.

LaPalme entre à *La Presse* en 1959, mais passe bientôt au *Nouveau Journal*. Quand ce dernier ferme, en 1962, il est nommé directeur du Salon international de la caricature, le plus important concours annuel du genre au monde, qui vient d'être mis sur pied et qui se déroule chaque année à Montréal de 1963 à 1988. Trois murales peintes par LaPalme pour l'exposition universelle EXPO 67 sont maintenant dans des stations de métro de Montréal. En 1972, LaPalme est nommé Membre de l'ORDRE DU CANADA pour sa contribution à l'art canadien. (*Voir aussi* CARICATURE POLITIQUE.)

Alan Hustak

La Peltrie, Marie-Madeleine de Gruel de, née Chauvigny, protectrice des ursulines de Nouvelle-France (Alençon, France, 1603—Québec, 18 nov. 1671). Aristocrate de naissance, veuve à 22 ans, Mᵐᵉ de La Peltrie, influencée par les *Relations des jésuites*, décide de consacrer sa vie et sa fortune aux missions amérindiennes. Elle est présentée à MARIE DE L'INCARNATION, avec laquelle elle fait le voyage à Québec en compagnie de deux ursulines pour fonder un couvent en 1639. Mise à part une absence de 18 mois pendant laquelle elle aide à la fondation de la colonie idéaliste de VILLE-MARIE (Montréal) en 1642, elle vit cloîtrée avec les religieuses qu'elle finance. À sa mort, elle est inhumée dans la chapelle des ursulines, et son cœur est envoyé aux jésuites.

Cornelius J. Jaenen

LaPierre, Laurier, personnalité de la télévision, auteur, éditeur et universitaire (Lac-Mégantic, Qc, 21 nov. 1929). Issu d'un milieu rural défavorisé des Cantons de l'Est, LaPierre obtient son doctorat en histoire de l'U. de Toronto en 1962. Il est ensuite professeur en études canadiennes-françaises à l'U. Western Ontario, au Collège Loyola de Montréal et, de 1962 à 1978, à l'U. McGill. Il se taille une réputation nationale en tant que co-animateur de l'émission populaire diffusée sur les ondes du réseau anglais de la Société Radio-Canada (SRC), This Hour Has Seven Days (1964-1966), où son charisme, sa verve et son style d'entrevue parfois émotif captent l'attention du public.

Cependant, la direction de la SRC estime qu'il n'a pas l'étoffe d'un professionnel, notamment à la suite d'un incident survenu le 20 mars 1966, alors que les propos de la mère du jeune Steven Truscott (*voir* R. C. TRUSCOTT), avec laquelle il s'entretient en direct, lui arrachent une larme. Sa cote de popularité s'est récemment accrue grâce à une émission quotidienne qu'il anime à l'antenne de CKVU-TV, à Vancouver, où il habite maintenant. LaPierre a participé au Forum des citoyens sur l'avenir du Canada en 1991, à l'époque du débat national sur les questions constitutionnelles. Cette expérience l'a amené à écrire *Canada, My Canada* en 1992.

Eric Koch

Lapin Nom commun de quelques espèces de MAMMIFÈRES de l'ordre des LAGOMORPHES. Les lapereaux naissent dans un nid tapissé de poils. À la naissance, contrairement aux levrauts, les petits du LIÈVRE, qui sont couverts de poils et bien développés, les lapereaux sont nus, aveugles et sans défense. La gestation dure entre 26 et 30 jours, et les portées, au nombre de 3 ou 4 par année, comptent de 2 à 7 petits, qui tètent leur mère durant 16 à 22 jours et quittent le nid environ 2 semaines après leur naissance. Les lapins forment souvent des unités familiales qui durent jusqu'à sept semaines. Il arrive fréquemment que les hases (femelles) s'accouplent dans les trois jours qui suivent la mise bas, pendant qu'elles allaitent encore, voire le jour même de la mise bas. Elles sont généralement plus grandes que les mâles.

Répartition et habitat Les deux espèces de lapins indigènes du Canada appartiennent au genre *Sylvilagus*. Le lapin à queue blanche (*S. floridanus*), que l'on rencontre dans le sud de l'Ontario, du Québec et du Manitoba (introduit en Colombie-Britannique), est de petite taille (poids moyen de 1,2 kg) et est actif à l'aube, au crépuscule et pendant la nuit. Le lapin de Nuttall (*S. nuttalli*), plus petit et plus pâle que son cousin, se trouve dans certaines régions de la Colombie-Britannique, de l'Alberta et de la Saskatchewan. Il affectionne les milieux arides, où pousse l'ARMOISE.

Importance biologique Ces deux espèces indigènes constituent des maillons importants de la chaîne alimentaire. Les humains chassent le lapin à queue blanche tant pour sa viande que pour le sport. Le lapin de garenne ou lapin d'Europe (*Oryctolagus cuniculus*), l'ancêtre du lapin domestique, est recherché pour diverses raisons: pour sa chair, comme animal de laboratoire et animal de compagnie. Certaines populations sauvages se rencontrent localement dans plusieurs régions du Canada, mais il s'agit surtout de lapins domestiques remis en liberté plutôt que de descendants du lapin d'Europe.

M.L. Weston

Lapin, élevage du Au Canada, l'élevage du lapin n'est pas une industrie très organisée comme peuvent l'être les secteurs de la volaille, du porc et du bœuf. À l'origine, la production du lapin nord-américain a été lancée dans le but d'approvisionner les fabricants de chapeaux de feutre, la viande étant alors un produit secondaire. Depuis la poussée démographique qui a suivi la Seconde Guerre mondiale, la demande

pour la viande de lapin augmente au Canada. Les éleveurs peuvent se spécialiser dans la production de la viande de lapins de qualité supérieure, de reproducteurs et de lapins destinés à la recherche en laboratoire. Statistique Canada ne possède pas de données sur la production de la viande de lapin. Le volume varie en raison de la nature volatile de l'industrie et de la grande place qu'occupent les importations de l'étranger. Au Canada, on estime que la consommation annuelle est de 50 g par habitant (5 kg, en France). Les éleveurs de lapins de qualité supérieure ou les éleveurs amateurs représentent une quantité mesurable de la production et ont tendance à se maintenir en production, peu importe les rapports financiers.

La production de lapins pour les instituts de recherche se fait par le biais de contrats. C'est le côté le plus rentable dans l'élevage du lapin. Certaines provinces ont mis sur pied des services d'inspection pour maintenir et certifier des normes de santé pour ces lapins. La taille des élevages varie, mais en moyenne, les unités de production comptent de 100 à 150 lapines. Le néo-zélandais blanc est le plus populaire, suivi du lapin californien. Certains misent sur la taille du géant des Flandres. Toutefois, cette race présente généralement un faible taux de reproduction. La chair du lapin est maigre et a le meilleur rapport viande/os de tous les animaux producteurs de viande, à l'exception de la dinde. La main-d'œuvre importante combinée à l'instabilité des marchés ne laissent qu'une petite marge de profits, même pour les producteurs efficaces. La mise en marché est un sérieux problème de l'industrie. Les grandes chaînes d'épicerie exigent un approvisionnement constant, une demande difficile à satisfaire en raison de la production élevée durant l'été et faible durant l'hiver. Les abattoirs pour les lapins sont peu nombreux, ce qui force le transport des animaux vivants sur de longues distances vers les usines de transformation et incite la mise en marché à la ferme, d'où d'autres interruptions dans l'approvisionnement. L'avenir de la production de viande de lapin est prometteur, car l'alimentation des lapins est composée en grande partie de fourrage. Ceux-ci ne font donc pas concurrence aux humains pour la nourriture. De plus, pour une quantité donnée de luzerne, une lapine peut produire presque cinq fois plus de viande par poids vif qu'une vache. L'industrie doit perfectionner sa technologie afin de réduire les coûts de main-d'œuvre, établir des mesures efficaces pour enrayer la maladie, régulariser l'approvisionnement et améliorer la qualité du cuir pour une utilisation efficace.

John R. Hunt

Lapin, Famine du Avant l'avènement des régimes gouvernementaux d'aide sociale, les peuples vivant de la chasse et de la cueillette n'étaient jamais à l'abri de la famine, et celle-ci n'était pas rare chez la plupart des peuples chasseurs des régions subarctiques et arctiques, tels que les INNUS (MONTAGNAIS-NASKAPIS) du Labrador et du Québec, les KUTCHINS du Nord-Ouest et les INUITS DU CUIVRE. Dans les périodes de pénurie, quand le caribou, l'orignal ou l'ours venaient à manquer, la survie de ces peuples dépendait beaucoup plus du petit gibier, comme le lapin et le lièvre. La chair des lapins en particulier était très maigre et l'expression «Famine du lapin» fait référence à l'absence quasi totale de gras dans un tel régime. Le même sort menaçait ces chasseurs lorsque, à la fin d'un long hiver, même les plus gros animaux étaient maigres. La viande, même consommée en grande quantité à intervalles rapprochés, était peu nourrissante.

René R. Gadacz

La Plaine, ville du Qc; pop. 16 463 (rec. 1999), 14 413 (rec. 1996), 10 576 (rec. 1991); superf. 39,7 km²; const. en 1995; située à environ 40 km au nord de Montréal. La Plaine se trouve à l'extrémité nord-est de la région métropolitaine et fait partie des Moulins, une municipalité régionale de comté qui réunit La Plaine, Mascouche, Terrebonne et Lachenaie.

La Plaine est située dans la région de Lanaudière, qui comprend trois régions distinctes. Les plaines du sud sont propices à l'agriculture et au développement urbain. Les montagnes, campées au cœur de la région, sont une destination de vacances populaire. Au nord, une étendue boisée permet de pratiquer des activités de plein air.

Le 21 mars 1921, le lieutenant-gouverneur, sir Charles Fitzpatric, établit d'abord la localité comme paroisse civile de Saint-Joachim. Le 21 mars 1922, on crée la nouvelle paroisse de la municipalité de Saint-Joachim de la Plaine, en partie avec les paroisses de Saint-Lin, Saint-Henri-de-Mascouche et Sainte-Anne-des-Plaines. La population est de 500 personnes. Le territoire est alors considéré comme la plus belle région agricole du Québec. Le 30 juillet 1969, il devient la municipalité de La Plaine.

La ville prend de l'expansion après l'arrivée du premier train, le 17 septembre 1877. La voie ferrée, qui relie Sainte-Thérèse et Saint-Lin, est nommée le «chemin de fer des Laurentides». En 1922, La Plaine est branchée au réseau téléphonique et les résidants peuvent obtenir le service téléphonique en achetant une «boîte téléphonique» pour 20 $. Une amende de 2 $ frappe quiconque utilise la «boîte téléphonique» sans être membre de la famille; l'amende pour écoute indiscrète est fixée à 5 $.

La Plaine a connu des changements démographiques et économiques importants en raison de son emplacement. En 1992, sa croissance démographique est la deuxième en importance au Canada, soit 76,4 p. 100. Cette explosion démographique est attribuable à la venue de jeunes couples à la recherche d'un environnement favorable pour élever leur famille.

L'agriculture constitue l'industrie principale et on la pratique sur 67 p. 100 des terres, ou 2650 ha. En outre, la construction résidentielle et les industries de service connexes sont nombreuses; c'est ainsi qu'au cours des dernières années, environ 50 nouvelles entreprises ont ouvert leurs portes à La Plaine.

Loisirs Plusieurs activités sportives et événements culturels ont lieu à La Plaine. Le Pavillon Napoléon-Gauthier présente des expositions d'œuvres d'art et des événements culturels, tandis que le forum de La Plaine accueille Les Cobras, l'équipe locale de hockey junior AAA.

La Pocatière, ville du Qc; pop. 4887 (rec. 1996), 4648 (rec. 1991), 4816 (rec. 1986); superf. 21,08 km²; const. en 1961; située dans la région du Bas-Saint-Laurent, à un kilomètre des terres sur la rive sud du fleuve St-Laurent et à quelque 70 km à l'ouest de Rivière-du-Loup. La Montagne du Royaume, un immense parc naturel s'élevant à 122 m, est située dans le centre de la ville.

En 1672, François Pollet de La Combe-Pocatière reçoit en cadeau la seigneurie de la Grande-Anse de la part de son beau-père, Nicolas Juchereau de Saint-Denys. Ce territoire devient la paroisse de Sainte-Anne-de-La-Pocatière et, plus tard, la ville de La Pocatière.

La ville se distingue par son caractère à la fois agricole et maritime. BOMBARDIER INC., un fabricant de l'industrie du transport reconnu mondialement, emploie des centaines de résidents. La Pocatière compte aussi sur les revenus du tourisme. Le musée ethnologique François-Pilote dépeint la vie rurale de la paroisse au XIXᵉ siècle. En 1859, La Pocatière ouvre la première école d'agriculture de l'Amérique du Nord. Elle poursuit cette tradition avec l'Institut de technologie agricole.

Adriana Bryenton

Lapointe, Éric, auteur, compositeur et interprète (Montréal, 28 sept. 1969). Débutant comme chanteur dans les bars en 1991, Éric Lapointe devient une vedette adulée des jeunes avec le succès de *N'importe quoi* qui remporte le Félix de la chanson de l'année en 1994. Suivent une tournée du Québec et des spectacles à Paris avec Bon Jovi et les Rolling Stones. Son deuxième album, paru en 1996, remporte le Félix de l'album Rock de l'année. Depuis, sa voix éraillée et ses allures de «tendre dur» en font une des vedettes les plus persistantes au Québec.

Robert Thérien

Lapointe, Ernest, politicien (Saint-Éloi, Qc, 6 oct. 1876—Montréal, 26 nov. 1941). Il étudie au Collège de Rimouski et à l'U. Laval, accède au barreau en 1898, et pratique le droit à Rivière-du-Loup et à Québec. Il est élu député libéral fédéral de Kamouraska en 1904. En 1919, il se tourne vers Québec-Est, l'ancienne circonscription de sir Wilfrid LAURIER, qu'il représentera jusqu'à sa mort. Au début de sa carrière politique, Lapointe n'est qu'un député d'arrière-ban peu connu, mais ce solide gaillard au rythme lent apprend l'anglais et gagne progressivement le respect de ses collègues grâce à son bon jugement et à sa loyauté inflexible au parti. Vers la fin du règne de Laurier, il est le chef de file des jeunes députés canadiens-français et c'est lui qui mène le débat sur la controversée QUESTION DES ÉCOLES DE L'ONTARIO.

Lapointe devient ensuite ministre de la Marine et des Pêcheries (1921-1924), puis ministre de la Justice (1924-1930, 1935-1941) dans le Cabinet du premier ministre Mackenzie KING. Il accède surtout au statut de lieutenant de King au Québec, en plus d'être son conseiller le plus influent. Lui aussi partisan de l'autonomie canadienne, il accompagne Mackenzie King à la Conférence impériale de 1926 et préside la délégation canadienne lors des pourparlers qui aboutissent au STATUT DE WESTMINSTER en 1931. Sur la scène intérieure, on l'associe au courant du Parti libéral en faveur des bas tarifs et aux tenants de l'autonomie provinciale. Au poste de ministre de la Justice, il fait abroger une partie des lois adoptées par le gouvernement créditiste d'ABERHART en Alberta, sous prétexte qu'elles empiètent sur la juridiction fédérale. Il refuse toutefois de désavouer la LOI DU CADENAS de DUPLESSIS, bien qu'elle représente une menace pour les libertés civiles, craignant qu'un DÉSAVEU ne renforce la position de Duplessis au Québec.

En 1939, le prestige de Lapointe, combiné à la garantie du gouvernement de ne pas imposer la CONSCRIPTION pour le service militaire outremer, contribue à gagner l'adhésion des Canadiens français en vue de la participation du Canada à la Seconde Guerre mondiale. Son intervention au Québec pendant la campagne électorale provinciale de novembre 1939 favorise la défaite de Duplessis et l'élection d'un gouvernement libéral plus accommodant, dirigé par GODBOUT. Sous la gouverne de Lapointe, le Québec devient un château fort du Parti libéral fédéral, tendance qui perdurera longtemps après son décès survenu en 1941.

H. Blair Neatby

Lapointe, Gatien, poète, professeur et éditeur (Sainte-Justine-de-Dorchester, 18 déc. 1931—Trois-Rivières, 15 sept. 1983). Surtout connu pour son *Ode au Saint-Laurent,* il est aussi l'auteur d'une œuvre abondante regroupant une dizaine de recueils. Il étudie d'abord au petit séminaire de Québec, puis à l'École des arts graphiques de Montréal et à l'U. de Montréal, où il obtient une maîtrise en littérature. Il publie *Jour malaisé* en 1953 et *Otages de la joie* deux ans plus tard. Il voyage ensuite en Europe de 1956 à 1962 et suit des cours au Collège de France et à la Sorbonne. En 1962, on lui décerne le prix du Club des poètes pour *Le Temps premier.* De retour au Québec, il mérite le prix Du Maurier, le prix de la province de Québec et le PRIX DE LITTÉRATURE DU GOUVERNEUR GÉNÉRAL pour l'*Ode au Saint-Laurent,* parue en 1963. Il est à nouveau récipiendaire du prix de la prov. de Québec en 1967 pour *Le Premier Mot.* Il enseigne alors au collège militaire, à Saint-Jean-sur-Richelieu.

Il devient prof. à l'U. du Québec à Trois-Rivières en 1969. Parallèlement à son enseignement, il fonde et anime les Écrits des Forges, maison d'édition presque exclusivement orientée vers la poésie. En 1980, après 13 ans de silence, il reprend la publication de son œuvre. Paraissent alors successivement *Arbre-radar, Barbare inouï, Corps et graphies, Corps de l'instant* et *Le Premier Paysage.* Dans ces derniers recueils, le poète s'éloigne du lyrisme et du thème du pays pour se tourner vers le corps et l'instant avec un sens aigu de la modernité. Cependant, on y ressent toujours la même intensité, la même sensibilité et la même exigence qui font l'unité et la valeur de son œuvre, l'une des plus riches de la poésie québécoise.

François Dumont

Lapointe, Jean, chanteur, humoriste et comédien (Price, Qc, 6 déc. 1935). Sa carrière de chansonnier et d'«entertainer» débute au milieu des années 50, à l'époque florissante des cabarets québécois. Pendant trois décennies, Jean Lapointe va incarner et perpétuer, en français, la tradition du show «à l'américaine», mêlant harmonieusement la chanson tragicomique, l'humour bon-enfant, l'imitation simple et la comédie à sketches. Longtemps, il fait équipe avec Jérôme Lemay, dans le duo les Jérolas, qu'il quitte dans les années 70 pour faire carrière seul.

Auteur-compositeur-interprète prolifique, il enregistre des centaines de chansons dont certaines connaissent de très grands succès populaires (*Pleurire, Chante là ta chanson, Rire aux larmes, Si on chantait ensemble, Mon oncle Edmond...*). Au début des années 80, son spectacle *Showman* attire plus de 140 000 personnes au Québec. Il le présente également avec un certain succès à Paris.

Comédien autodidacte, affichant une puissante présence, doté d'un naturel désarmant, Jean Lapointe connaît une carrière cinématographique et télévisuelle enviable depuis plus de trois décennies. Il est très sollicité dans les années 70, après le succès de la comédie de mœurs *Deux femmes en or* (1970). Il incarne des hommes paumés, sans grande envergure dans *O.K... Laliberté* (1973), *Ti-mine, Bernie pis la gang* (1976) et *L'eau chaude, l'eau frette* (1976). Il se révèle touchant d'intensité dans LES ORDRES (1974) *et J.A. Martin, photographe* (1977). Il marque particulièrement l'imaginaire populaire en incarnant, avec fougue et passion, le rôle du premier ministre québécois autoritaire et populiste dans la série télévisée *Duplessis* (1977), tournée par le cinéaste Denys ARCAND.

Il est également le fondateur de La Maison Jean-Lapointe, un organisme venant en aide aux alcooliques et aux sans-abri de Montréal.

Stéphane Baillargeon

Lapointe, Louise-Marguerite-Renaude, journaliste et politicienne (Disraeli, Qc, 3 janv. 1912). Elle obtient un diplôme en musique du Collège de musique Dominion (1927) et des certificats en langue étrangère de l'U. Laval (1937-1942). Elle fait ses débuts comme journaliste au journal *Le Soleil* (1939-1959). Chargée d'abord de la critique musicale et des questions féminines, elle rédige ensuite les éditoriaux. Elle devient aussi correspondante pour *Time, Life* et le service international de Radio-Canada. Après 20 ans au Soleil, elle rejoint *La Presse* et ensuite le *Nouveau Journal.*

Elle publie *L'histoire bouleversante de Mgr Charbonneau,* qui se vend à 50 000 exemplaires. La disparition du *Nouveau Journal* (1963) la ramène à *La Presse,* où elle devient la première femme éditorialiste (1965) et est désignée «journaliste de l'année». Elle quitte le journal en 1970 et entre comme agent d'information au ministère des Affaires indiennes et du Nord canadien. Nommée au Sénat le 10 novembre 1971, elle en est la présidente de 1974 à 1979, et la première femme canadienne-française à occuper ce poste prestigieux. Elle se démet de ses fonctions au Sénat le 3 janvier 1987.

Marthe Legault

Lapointe, Paul-Marie, écrivain et journaliste (Saint-Félicien, Qc, 22 sept. 1929). Sa synthèse unique de l'héritage surréaliste et sa vision profondément nord-américaine ainsi que la riche nature imaginative de ses écrits font de Lapointe l'un des plus grands poètes du Québec. Il est de ceux qui jouissent de la plus grande influence et de l'auditoire le plus large. Après ses études à Chicoutimi et à l'École des beaux-arts de Montréal, il publie *Le Vierge incendié* (1948), un recueil pénétrant et violemment surréaliste, au moment même où Paul-Émile BORDUAS et ses amis déposent leur manifeste, le REFUS GLOBAL. Il ne publie plus pendant 12 ans et poursuit une carrière de journaliste. Il travaille pour *L'Événement* de 1950 à 1954, pour *La Presse* de 1954 à 1960, est chef de pupitre en 1963 à l'éphémère *Nouveau Journal* et rédacteur en chef de la revue *Maclean* de 1963 à 1968, avant d'entrer à la Société Radio-Canada, où il devient directeur de la programmation radiophonique.

Lapointe publie *Choix de poèmes: Arbres* (1960) et *Pour les âmes* (1964), réédités en 1971, avec *Le Vierge incendié,* dans une rétrospective intitulée *Le Réel absolu* (prix du Gouverneur général). Sa poésie est peu influencée par le nationalisme des années 60, mais elle est imprégnée de rébellion et de sensualité, près de la nature et traduit une profonde connaissance de l'histoire occidentale. Ses œuvres ont été traduites pour plusieurs anthologies et magazines étrangers. En 1976, il remporte le prix du Forum international de poésie aux États-Unis. D'autres recueils, dont *Tableaux de l'amoureuse* (1974), *Écritures* (1980) et *Le Sacre: Libro libre para tabarnacos libres; Jeux et autres écritures* (1998), viennent enrichir cette œuvre exclusivement poétique. En 1972, il a reçu le prix David pour l'ensemble de son œuvre.

Pierre Nepveu

Laporte, Pierre, politicien (Montréal, 25 févr. 1921—id., 17 oct. 1970). Enlevé par le FRONT DE LIBÉRATION DU QUÉBEC le 10 octobre 1970, il est tué une semaine plus tard et son cadavre est retrouvé à Saint-Hubert (Québec). À l'origine, il travaille comme journaliste et correspondant parlementaire au *Devoir* (1945-1961) et s'affirme comme l'un des adversaires les plus farouches du premier ministre Maurice DUPLESSIS.

Il est élu député libéral provincial de la circonscription de Chambly à l'élection partielle de 1961. Dans le Cabinet de Jean LESAGE, il occupe les postes de ministre des Affaires municipales de 1962 à 1966 et de ministre des Affaires culturelles de 1964 à 1966. Battu lors de la course à la chefferie du parti libéral du Québec en 1970, il devient ensuite ministre de l'Immigration et du Travail dans le gouvernement de Robert BOURASSA, poste qu'il occupe jusqu'à sa mort. Son assassinat au lendemain de l'application de la LOI DES MESURES DE GUERRE par le gouvernement fédéral contribue à intensifier la CRISE D'OCTOBRE.

La Prairie, ville du Qc.; pop. 17 128 (rec. 1996), 15 237 (rec. 1991); superf. 43,33 km²; const. en 1909, en banlieue de Montréal, sur la rive sud du fleuve Saint-Laurent. Elle prend son nom des terres appelées «La Prairie-de-la-Magdeleine», occupées par les jésuites à partir de 1647 et données par Jacques de la Ferté, abbé de la Magdeleine, membre de la Cie des Cent-Associés. Après la conquête, des commerçants anglais s'y installent et prennent en main son économie liée au transport fluvial. En 1836, le premier chemin de fer du Canada reliant La Prairie à Saint-Jean y est inauguré. La construction du pont Victoria en détourne les trains de marchandises venant de l'E. Vers 1890, l'établissement de briqueteries donne à la ville un nouvel essor: l'une d'elles compte encore aujourd'hui parmi les plus importantes au Canada. Au XXᵉ s., son économie reste longtemps stationnaire. D'autres industries s'y implantent: équipement électrique, électronique, imprimeries, production alimentaire. Quant aux services, La Prairie dépend largement de Montréal.

Sylvie Taschereau et Robert Lagassé

Lareau, Sébastien, tennisman, (Montréal, 27 avr. 1973). Après avoir remporté de nombreuses victoires sur la scène canadienne, il connaît ses premiers succès sur la scène internationale en 1989. Il fait alors partie de la formation canadienne qui domine la Coupe Sunshine, l'équivalent pour les 18 ans et moins de la Coupe Davis. En 1990, il signe une réussite encore plus éclatante: Sébastien Lareau et Sébastien LeBlanc sont champions juniors du double aux Internationaux de France et à Wimbledon. C'est la première fois que des Canadiens inscrivent leurs noms au palmarès d'un grand chelem.

1990 marque le véritable envol de sa carrière internationale alors qu'il est nommé au sein de l'équipe de la Coupe Davis du Canada. D'année en année, il améliore son classement. En 1999, il termine parmi les 100 meilleurs joueurs mondiaux en simple. En double, il est 4e.

En 1999, il obtient deux grands titres: il remporte en septembre, avec Alex O'Brien, la finale du double des Internationaux des États-Unis; deux mois plus tard, ces deux joueurs sont couronnés champions du monde en double. Lareau devient le joueur le plus titré de l'Association du tennis professionnel cette année-là, avec 7 victoires au circuit mondial.

Yvon Dore

La reine c. Coffin À l'été de 1953, les corps de trois chasseurs américains sont découverts dans une forêt de la Gaspésie. Wilbert Coffin, prospecteur local, est accusé, puis déclaré coupable du meurtre de l'un d'eux, Richard Lindsay. L'affaire soulève une controverse à peine après avoir commencé: on prétend que Coffin n'a pas subi un procès équitable et que le gouvernement du Québec a exercé des pressions sur la police et sur les procureurs de la Couronne pour obtenir une condamnation immédiate afin d'éviter la perte des revenus provenant des touristes américains. Répondant en grande partie aux préoccupations du public, le gouvernement fédéral ordonne un renvoi spécial à la COUR SUPRÊME DU CANADA, qui confirme la condamnation de Coffin. Il est pendu le 10 février 1956.

Malgré la décision de la Cour suprême, la controverse n'est pas apaisée et des livres continuent de clamer l'innocence de Coffin et de prétendre qu'il a été victime d'une conduite indigne de la part de la police et des poursuivants. Le gouvernement du Québec nomme une commission royale en 1964 (le Comité Brossard) pour enquêter sur les accusations. Selon le rapport de la commission, aucune preuve n'établit l'existence de quelque faute de la part des poursuivants ou des policiers et Coffin a subi un procès équitable.

Pour les avocats, l'affaire Coffin constitue une décision importante en ce qui concerne les règles relatives à la preuve par ouï-dire, aux questions suggestives et à la mise en contradiction de son propre témoin, mais elle est également importante dans tout débat concernant la PEINE CAPITALE, dans lequel elle est inévitablement citée à l'appui des arguments favorisant son abolition.

A. Pringle

La reine c. Olson À l'été de 1982, Clifford Robert Olson est arrêté pour le meurtre de 11 enfants. Il inscrit des plaidoyers de culpabilité aux accusations de meurtre, mais on apprend plus tard que le procureur général de la Colombie-Britannique a accepté une proposition faite par Olson pour que la somme de 100 000 dollars soit versée en fiducie en faveur de sa femme et de son enfant mineur en contrepartie de l'aide qu'il apporterait dans la recherche des 6 cadavres manquants et la communication de renseignements concernant les 4 cadavres qui ont déjà été découverts. Les nouvelles de l'entente déclenchent une controverse acrimonieuse sur la question de savoir s'il est moral de permettre à un criminel de bénéficier de ses crimes et à la police d'acheter des renseignements. La controverse soulève des questions concernant l'opportunité des ententes conclues avec les criminels, y compris le paiement pour les renseignements fournis et le retrait d'accusations en contrepartie de la communication de renseignements ou d'éléments de preuve. On fait valoir que de tels

encouragements peuvent mener à la création d'une catégorie de témoins professionnels qui participeraient à des crimes pour ensuite en bénéficier. Bien que la COUR SUPRÊME DU CANADA ait statué dans l'affaire de la reine c. Palmer et Palmer (1979) que les autorités pouvaient légalement payer pour obtenir des éléments de preuve, les procureurs généraux sont pressés d'établir des lignes directrices éthiques régissant ces paiements. Le paiement versé à la femme et au fils d'Olson est contesté au civil (*voir* DROIT CIVIL) par les familles des victimes d'Olson, qui font valoir qu'elles ont le droit d'être indemnisées pour la mort de leurs enfants. Le juge Trainor, de la Cour suprême de la Colombie-Britannique, juge que les familles des victimes ont le droit d'obtenir l'argent versé en fiducie en faveur de la femme et du fils d'Olson, mais sa décision est infirmée par la Cour d'appel de la Colombie-Britannique et une demande d'autorisation d'appel à la Cour suprême est subséquemment rejetée.

Richard A. Stroppel

La reine c. Truscott En 1959, Steven Truscott, âgé de 14 ans, est déclaré coupable devant un tribunal pour adultes du meurtre de Lynn Harper, une fillette de 12 ans. Peu de causes dans la jurisprudence canadienne ont créé autant de controverse. Dans son livre *The Trial of Steven Truscott* (1966), Isabel LeBourdais clame avec véhémence l'innocence de Truscott. Invoquant des incohérences dans la preuve et ce qu'elle croit être une preuve médicale discutable, elle affirme que la preuve n'appuie pas une déclaration de culpabilité et que les émotions entourant la cause ont empêché Truscott de subir un procès équitable. En raison de l'intérêt public soulevé par l'affaire, en 1967, le Parlement prend la décision inhabituelle de renvoyer l'affaire à l'examen de la COUR SUPRÊME DU CANADA. La Cour confirme la déclaration de culpabilité, mais la controverse ne cesse pas. Après avoir purgé 10 ans d'une peine d'emprisonnement à perpétuité, Truscott obtient la libération conditionnelle, insistant toujours sur son innocence. L'affaire a déclenché un débat sur la loi régissant les jeunes contrevenants, la PEINE CAPITALE et les modes de présentation de la preuve au jury.

A. Pringle

La Rocque, Gilbert, auteur (Montréal, 29 avril 1943—26 nov. 1984). Il effectue des études classiques jusqu'en belles-lettres, puis exerce toutes sortes de petits métiers. Il se met à écrire ses premiers romans alors qu'il est commis à l'Hôtel de Ville de Montréal Nord (*Le Nombril*, 1970; *Corridors*, 1971). À partir de 1972, il devient successivement chef de rédaction aux Éditions de l'Homme, directeur littéraire aux Éditions de l'Aurore et directeur littéraire aux Éditions Québec Amérique (1979), où il fonde la revue littéraire éponyme.

Poète refusé par les éditeurs, biographe (*Provencher, le dernier des coureurs de bois*, 1974; *Le voleur*, 1976), dramaturge (*Le refuge*, 1979), c'est surtout comme romancier qu'il assoit sa réputation. Provocateur fasciné par les univers en décomposition, reflet de la décadence de la culture occidentale (*Après la boue*, 1972; *Les masques*, 1980), il fait appel aux techniques de l'écriture automatique, chère aux Surréalistes, pour tenter de créer sa propre langue: style haché, parfois télégraphique, phrases inachevées, ponctuation fantaisiste, kaléidoscope d'images poétiques et variées. L'écrivain Gérard Bessette (1920-) a consacré tout un roman, *Le semestre* (1979), à analyser l'un des siens: *Serge d'entre les morts* (1976).

Ismène Toussaint

La Rocque, Marguerite de, coseigneuresse de Pontpoint (lieux et dates de naissance et de décès inconnus). Proche parente du sieur de ROBERVAL, elle l'accompagne dans son voyage au Canada en 1542. Choqué par la conduite de Marguerite qui prend un amant, Roberval la fait débarquer, avec son amant et une servante, dans l'île des Démons, sur le fleuve

Saint-Laurent. (Selon une version plus romantique de l'histoire, c'est le jeune homme qui est débarqué et Marguerite qui le rejoint.) L'amant, la servante et l'enfant que porte Marguerite meurent. Elle réussit à survivre et est sauvée par des pêcheurs quelques années plus tard.

James Marsh

Larose, Gérald, syndicaliste (Ham Nord, Qc., 24 oct. 1945). Il est une figure dominante au sein de la société québécoise au cours des années 80 et 90. Diplômé de l'U. de Montréal en théologie et en travail social, il préside la Confédération des syndicats nationaux (CSN) de 1983 à 1999. Aucun président n'a occupé cette fonction pendant une aussi longue période depuis la fondation de cette centrale en 1921.

Travailleur social dans un quartier populaire de Montréal, Gérald Larose commence sa carrière syndicale au plan régional, à Montréal. De 1979 à 1982, il préside le Conseil central de Montréal. Cette même année, il est élu au Comité exécutif de la CSN au poste de premier vice-président.

Il accède à la présidence de la CSN à un moment où le mouvement syndical et l'ensemble des forces vives de la société québécoise traversent une période de profonde morosité. Les résultats du référendum de 1980 et l'affrontement des syndicats des secteurs public et parapublic avec le gouvernement du PARTI QUÉBÉCOIS, en 1982, avaient laissé des traces profondes que la crise économique avait creusées encore davantage.

Mais très rapidement, en particulier à l'occasion d'un congrès spécial tenu en 1985, Gérald Larose impose un leadership extrêmement fort, non seulement à l'intérieur de la CSN mais aussi dans l'ensemble de la société québécoise. Il est l'un des membres les plus actifs dans les débats de la Commission Bélanger-Campeau sur l'avenir du Québec, mise sur pied par le premier ministre Robert BOURASSA en 1990. Souverainiste convaincu, il amène la CSN à appuyer la souveraineté du Québec à son congrès de 1990. Gérald Larose contribue fortement à transformer le mouvement syndical québécois en mettant de l'avant plusieurs idées qui conduisent les travailleuses et les travailleurs à occuper toujours davantage de place dans l'organisation du travail. Il joue un rôle de premier plan lors du Sommet économique de 1996. Il a été membre de la CAISSE DE DÉPÔT ET PLACEMENT DU QUÉBEC. Après son départ de la CSN, il enseigne à l'U. du Québec à Montréal. En juin 2000, il est nommé président des États généraux de la langue française. À l'automne 2000, il préside une consultation sur une politique québécoise de soutien à l'action communautaire autonome.

Michel Rioux

Larsen, Henry Asbjorn, officier de la GRC, marin et explorateur (Fredrikstad, Norvège, 30 sept. 1899—Vancouver, 29 oct. 1964). Il prend la mer à 15 ans sur un voilier gréé à carré. Inspiré par la carrière de son compatriote Roald AMUNDSEN, il rêve d'explorer l'Arctique. Après un voyage à la mer de Beaufort, il acquiert la citoyenneté canadienne en 1927, et, en 1928, il se joint à la Gendarmerie royale du Canada (GRC).

Il est nommé capitaine en second sur le ST. ROCH, une goélette de la GRC qui fait son voyage inaugural vers l'Arctique de l'Ouest en 1928. Plus tard la même année, il devient capitaine, fonction qu'il occupera jusqu'en 1948. Sous Larsen, que les Inuits appellent «Hanorie Umiarjuag» ou «Henry au grand navire», le St. Roch patrouille la côte arctique canadienne, passant souvent l'hiver dans le nord. Premier navire à franchir le PASSAGE DU NORD-OUEST d'ouest en est (1940-1942) et le passage dans les deux directions (1944), il sera aussi plus tard le premier navire à faire le tour de l'Amérique du Nord (1950). À sa retraite en 1961, Larsen occupe le rang de commissaire.

W.R. Morrison

Lartigue, Jean-Jacques, évêque catholique de Montréal (Montréal, 20 juin 1777—id., 19 avril 1840). Membre du Séminaire de Saint-Sulpice (Montréal) de 1806 à 1820, il reçoit en janvier 1821 la charge du district de Montréal lorsqu'il est sacré évêque titulaire et auxiliaire de l'évêque de Québec. Pendant environ 15 ans, il est en butte à l'hostilité des prêtres de Saint-Sulpice, qui défendent jalousement l'influence qu'ils exercent à Montréal depuis 1657, et des autorités britanniques qui le trouvent trop nationaliste à leur goût.

Partisan de l'ULTRAMONTANISME, il cherche à instaurer une société chrétienne centrée sur l'Église. Ses efforts dans ce but se heurtent à la révolte d'une minorité laïque qui s'oppose au contrôle de l'Église, notamment en matière d'éducation. Nommé premier évêque de Montréal le 13 mai 1836, il s'attire la colère des PATRIOTES radicaux, qu'il condamne énergiquement dans sa lettre pastorale du 24 octobre 1837.
Gilles Chaussé

La Rue, Monique, romancière (Longueuil, Qc, 3 avr. 1948). Après des études aux collèges Jésus-Marie et Marie-de-France de Montréal (baccalauréat en 1967), elle obtient en 1970 une licence en philosophie à l'U. de Montréal, une maîtrise pour un mémoire sur Heidegger à Paris en 1971 et un doctorat en 1976 à l'École des hautes études de Paris. Professeur au cégep Édouard-Montpetit depuis 1974, elle collabore à diverses revues et compte quatre romans fort appréciés par la critique: *La cohorte fictive* (1979), *Les faux fuyants* (1982), *Copies conformes* (1989), roman pour lequel elle a reçu le Grand Prix du livre de Montréal en 1990, et *La démarche du crabe* (1995) qui a remporté le Grand Prix littéraire du Journal de Montréal. Les thèmes du double, de l'américanité, de l'amour et de la sexualité reviennent sans cesse dans ses romans, dont le style d'écriture varie considérablement. Elle a également fait paraître, avec Jean-François Chassay, des *Promenades littéraires dans Montréal*, en 1989.
François Rochon

LaSalle, ville du Qc; pop. 72 029 (rec. 1996), 73 804 (rec. 1991), 75 621 (rec. 1986); superf. 16,42 km²; const. en 1912; située sur l'île de Montréal.

Histoire En 1667, René Robert Cavelier de LASALLE devient seigneur des terres de la ville actuelle. Afin d'éviter les rapides de Lachine, commerçants, explorateurs et autochtones font du portage en empruntant un chemin qui deviendra le boulevard LaSalle. En 1824, on construit le canal Lachine pour éviter les rapides, permettant ainsi à MONTRÉAL de devenir le centre économique du Canada.

En 1912, la ville de LaSalle est fondée à la suite de la division de la paroisse de Lachine en deux municipalités. La ville adopte le nom du premier seigneur des terres. À ce moment, LaSalle n'est pas un bassin industriel. Toutefois, vers 1925, beaucoup d'industries s'établissent le long du canal Lachine.

LaSalle est située au carrefour de la rive sud, du centre-ville de Montréal et de l'ouest de l'île. Des entreprises dynamiques dans les secteurs commercial et industriel se trouvent à proximité des autoroutes, du chemin de fer et de l'aéroport de Dorval.

L'Île aux Hérons, sanctuaire d'oiseaux qui englobe toutes les îles des rapides de Lachine, constitue une aire où de nombreuses espèces viennent se nourrir et se reproduire. Le moulin Fleming a été déclaré monument historique en 1983 et a été restauré en 1991. Situé dans le parc Stinson, il est le seul moulin de style anglo-saxon au Québec qui possède un mécanisme pour tourner ses bras au vent.
Adriana Bryenton

La Salle, René-Robert Cavelier de, aspirant jésuite, trafiquant de fourrures, explorateur, intrigant et découvreur du delta du Mississippi (Rouen, France, 21 nov. 1643—assassiné au Texas, 19 mars 1687). En 1658, La Salle commence son noviciat à la Société de Jésus. Ses troubles mentaux lui valent d'être dégagé de ses vœux en 1667. Il traverse la NOU-VELLE-FRANCE et, deux ans plus tard, prétendant parler couramment la langue iroquoise, il se joint à une expédition d'exploration sulpicienne. Lorsqu'ils rencontrent quelques Sénécas, il doit reconnaître qu'il ignore complètement leur langue et poursuit sa route tout seul. En 1673, il est admis dans l'entourage du gouverneur général FRONTENAC, grâce à l'appui duquel il reçoit ses lettres de noblesse. Entre-temps, à la cour de France, deux ecclésiastiques, les abbés Eusèbe Renaudot et Claude Bernou, pour faire avancer leurs propres carrières dans le sillage de La Salle, lui obtiennent une mission d'exploration dans le Midwest. En 1678, il commence à établir une chaîne de postes de traite, puis, en 1682, accompagné d'un petit groupe de guides français et amérindiens, il descend le Mississippi jusqu'à son embouchure. Le 9 avril, il revendique toute la région au nom de Louis XIV.

Il retourne en France et se met de connivence avec Bernou en vue d'établir une base à l'embouchure du Rio Grande pour faciliter la conquête du Mexique. Pour rendre leur projet plus réaliste aux yeux du roi, il falsifie la situation géographique du Mississippi, le situant à plus de 600 milles (960 km) à l'ouest de son cours réel. Il reçoit le commandement de l'expédition, mais il fait preuve d'incompétence et de paranoïa. Pour cette raison, et à cause de sa falsification, il aboutit dans la baie Matagorda (Texas) en février 1685, qu'il prétend être une branche du Mississippi. Ayant perdu la plupart de ses provisions et s'étant mis à dos les Amérindiens, l'expédition fait face à la famine. La Salle part avec 20 hommes en avril 1686 pour chercher du secours au fort Saint-Louis-des-Illinois. Des dissensions dans son groupe et à la base provoquent des désertions et des meurtres et, finalement, l'assassinat de La Salle. Il est étonnant que ses hommes ne l'aient pas tué beaucoup plus tôt.

Héros romantique aux yeux des historiens du XIXᵉ siècle, La Salle a été en fait victime de sa propre incompétence. Sa descente du Mississippi, sur laquelle se fondent les prétentions des Français par rapport à la Louisiane, est le seul fait qui justifie sa célébrité.
W.J. Eccles

La Sarre, ville du Qc; pop. 8345 (rec. 1996), 8513 (rec. 1991); superf. 148,3 km²; const. en 1917. Elle est située dans la partie ouest de l'Abitibi, près du lac ABITIBI et de la frontière ontarienne.

Historique Fondée en 1917, elle est l'un des premiers centres agricoles à se peupler grâce à la venue du chemin de fer Transcontinental qui permet le développement de l'Abitibi vers 1910. À l'origine, l'endroit s'appelle Wabakin, expression des ALGONQUINS signifiant «rivière du poisson blanc», en référence à la rivière La Sarre qui traverse la ville et se jette dans le lac Abitibi. Plus tard, on lui donne le nom du régiment de La Sarre, arrivé en NOUVELLE-FRANCE en 1755 et qui s'est rendu célèbre à la BATAILLE DES PLAINES D'ABRAHAM.

Situation actuelle Ses industries agricoles et forestières en font l'un des principaux centres urbains de l'Abitibi-Témiscamingue. La ville est érigée en plein cœur de riches terres agricoles situées autour du lac Abitibi. Son économie repose essentiellement sur ses scieries et ses usines de transformation du bois.
Benoit-Beaudry Gourd

Laser Acronyme de «light amplification by stimulated emission of radiation», c'est un générateur de lumière de haute intensité. Contrairement à la lumière venant de sources classiques, qui est émise d'une façon incohérente (les ondes lumineuses ne sont pas synchronisées ou sont dispersées) et couvre une gamme de fréquence, la lumière laser est cohérente (les ondes se déplacent à l'unisson) et monochromatique (d'une seule couleur ou fréquence). La fréquence de la lumière émise est déterminée par la nature des atomes et des molécules formant le milieu laser. Le maser est un dispositif semblable qui émet un rayonnement cohérent dans le domaine des micro-ondes (hyperfréquences). Les trois principaux composants d'un laser sont le milieu laser, la cavité optique qui produit la rétroaction (une paire de miroirs, p. ex.) et un système permettant d'exciter le milieu laser en augmentant le niveau d'énergie (excitation) des atomes et des molécules qui le composent (une lampe à éclair, p. ex.).

Types J.P. Gordon, H.J. Zeiger et C.H. Townes de l'U. Columbia effectuent la première démonstration d'émission maser en 1954. Dans un article publié en 1958, Arthur L. Schawlow, un diplômé de l'U. de Toronto, et Townes proposent une façon d'obtenir une émission laser. Le fonctionnement du premier laser est présenté par le physicien américain Theodore Maiman en 1960. Le milieu laser de son dispositif était un cristal de rubis.

Le premier laser à gaz, réalisé en 1960, utilise un mélange d'hélium et de néon comme milieu laser et possède une puissance de sortie de 15 milliwatts. En 1960, John C. POLANYI, de l'U. de Toronto, propose un nouveau type de laser qui repose sur les échanges d'énergie moléculaire vibrationnelle dans un gaz. Cette proposition conduit à la mise au point par C.K.N. Patel en 1964 d'un laser à gaz carbonique qui fonctionne dans l'infrarouge. Ce laser est le plus puissant des lasers continus disponibles: sa puissance de sortie maximale est de 100 000 W. En 1970, Jacques Beaulieu, un scientifique du laboratoire du Conseil de recherches pour la défense du Canada de Valcartier (Québec), perfectionne grandement le laser à gaz carbonique en lui permettant de fonctionner efficacement en mode pulsé. Ses applications industrielles sont maintenant beaucoup plus nombreuses. Des progrès récents permettent la mise au point d'un fonctionnement pulsé à l'aide d'un mélange de gaz halogènes et de gaz inertes (du fluor et du krypton, p. ex.). Ces lasers à excimères fonctionnent dans l'ultraviolet et combinent des impulsions de haute énergie avec des fréquences de répétition élevées.

Applications Les lasers sont fréquemment utilisés dans de nombreux domaines technologiques. Dans l'industrie, leur faisceau étroit et très puissant permet de les utiliser dans le formage, l'assemblage, l'usinage, le traitement thermique et le marquage des matériaux. On s'en sert aussi abondamment dans la fabrication d'éléments et de dispositifs SEMI-CONDUCTEURS. La monochromaticité du rayonnement laser a ouvert de nouveaux domaines en chimie grâce à l'utilisation de ce dernier pour modifier des réactions chimiques et séparer des isotopes. Dans le domaine des COMMUNICATIONS, les lasers servent de liens de transmission optique, souvent par l'intermédiaire de fibres optiques.

Le développement du laser a fait avancer la science de l'holographie, la génération d'images à trois dimensions. En médecine, les lasers sont régulièrement utilisés en chirurgie oculaire et le laser à gaz carbonique sert de scalpel dans diverses techniques chirurgicales. Les lasers optiques, qui lisent l'information numérique sur les disques compacts, ont révolutionné l'industrie audio grand public. Comme le laser peut projeter un faisceau lumineux sur de grandes distances, on l'utilise pour la TÉLÉDÉTECTION des polluants atmosphériques. Plusieurs études axées sur l'amorçage du processus de FUSION NUCLÉAIRE font maintenant appel à l'utilisation de lasers de très haute puissance. (*Voir aussi* PHYSIQUE.)
W.W. Duley

Laskin, Bora, avocat et juge (Fort William [Thunder Bay], Ont., 5 oct. 1912—Ottawa, 26 mars 1984). Après avoir obtenu son diplôme de l'U. de Toronto (B.A., 1933; M.A., 1935), Laskin reçoit un baccalauréat en droit d'Osgoode Hall en 1936 et une maîtrise en droit de l'U. Harvard en 1937. Admis au barreau de l'Ontario en 1937, il enseigne le droit à l'U. de Toronto de 1940 à 1945 et à Osgoode Hall de

1945 à 1949, puis retourne à l'U. de Toronto de 1949 à 1965. Il est nommé conseiller de la reine en 1956, à la Cour d'appel de l'Ontario en 1965 et juge puîné de la Cour suprême du Canada en 1970. Nommé juge en chef du Canada en 1973, il meurt en service. Connu pendant toute sa carrière comme un défenseur des libertés civiles et comme un brillant juriste, surtout en matière de droit du travail et de la constitution, il est l'auteur de *Canadian Constitutional Law* (1963) et de *The British Tradition in Canadian Law* (1969).

Frederick Vaughan

Lasnier, Rina, poète (1915—1996). Née à Saint-Grégoire d'Iberville (Qc), elle fait ses études au collège Marguerite-Bourgeoys et à l'U. de Montréal. En 1939, elle publie sa première œuvre, *Féerie indienne*. Ce drame religieux est suivi de plusieurs autres: *Le Jeu de la voyagère* (1941), *Les Fiançailles d'Anne de Noüe* (1943) et *Notre-Dame du Pain* (1947). Lasnier s'intéresse essentiellement à la poésie et au renouvellement de ses formes et de ses thèmes. Après *Images et proses* (1941) et *Madones canadiennes* (1944), poèmes en prose accompagnés d'illustrations, elle publie *Le Chant de la montée* (1947), une méditation biblique sur les origines humaines de l'Incarnation.

La richesse et la complexité de son style poétique, parvenu à maturité, s'affirment dans *Escales* (1950). Elle séjourne en Europe (1953-1954), puis publie en 1956 *Présence de l'absence*, expression symbolique du chagrin et du déchirement intérieur. En 1960, *Miroirs*, recueil de textes autobiographiques en prose et *Mémoire sans jours*, où la création poétique est envisagée comme une recherche ardue des profondeurs abyssales, paraissent. De nombreux hommages lui sont rendus, dont le prix Duvernay (1957), le PRIX MOLSON (1971), le prix France-Canada (1973) et le prix David (1943 et 1974). Sa symbolique est aussi inscrite dans ses écrits des années 60 et 70: *Les Gisants* (1963), une méditation sur la mort et l'éternité; *L'arbre blanc* (1966), une expression dramatique de la vocation poétique dans le Québec d'aujourd'hui; *La salle des rêves* (1971), une réaction modérée aux intuitions de la psychologie.

Ses poèmes sont regroupés sous le titre *Poèmes I et II* (1972), mais elle a publié de nombreuses œuvres depuis: *L'Invisible* (1969), *Le Rêve du quart jour* (1973), *Amour* (1975), ainsi que le long poème en prose *L'Échelle des anges* (1975), *Les Signes* (1976), *Matin d'oiseaux* (1978), *Paliers de paroles* (1978), *Entendre l'ombre* (1981), *Voir la nuit* (1981), *Chant perdu* (1983), *L'Ombre jetée* (1987), *Présence de l'absence* (1992), dans lesquels elle poursuit sa quête de l'unité qui se cache derrière l'expérience sensorielle.

Eva Kushner

Laterrière, ville du Qc; pop. 5121 (rec. 1999), 4815 (rec. 1996), 4690 (rec. 1991); superf. 219,72 km²; const. en 1989. Elle est située dans la région du Saguenay-Lac St-Jean, à environ 30 km au sud de Chicoutimi. La rivière du Moulin sillonne ces terres fertiles surnommées le «jardin du Saguenay».

On a d'abord donné le nom de Laterrière au canton (1850) puis à la paroisse (1882). Ce nom vient de Marc-Pascal de Sales Laterrière, qui représentait le Saguenay dans la province du Canada. En 1921, le village se sépare de la paroisse, puis se réunit de nouveau avec elle en 1983 afin de former une municipalité. Elle est constituée officiellement en ville six ans plus tard.

En 1846, le père Jean-Baptiste Honorat, de la communauté religieuse des Oblats, fonde une mission à l'emplacement du Grand-Brûlé, une grande étendue boisée décimée par le feu en 1841. Il s'agit alors de la première tentative de développement d'une région sans l'ingérence des riches et puissantes entreprises de l'époque. En 1847, on y construit une scierie, suivie bientôt d'une minoterie (1849) et d'un mauvais chemin vers Bagotville.

En 1849, le père Honorat doit quitter la mission en raison d'une querelle de propriété avec Mars Simard, le premier colon de la région. Durant les années 1850 et 1860, l'exploitation forestière amène la prospérité et de nouveaux immigrants dans la région.

L'agriculture et la forêt sont toujours les piliers de l'économie. De nos jours, on exploite aussi une nouvelle ressource, l'aluminium, ainsi que ses produits connexes. La région avoisinante est dotée de grands espaces naturels où l'on peut pratiquer des sports aquatiques ainsi que la chasse et la pêche. Le parc provincial des Laurentides est situé au sud-ouest. Le moulin construit par le père Honorat, connu sous le nom de «moulin du père Honorat», est aujourd'hui un site historique, complètement rénové en 1969. La rivière du Moulin fait partie des nombreuses rivières du Saguenay-Lac St-Jean qui ont débordé durant l'inondation catastrophique de juillet 1996.

Latino-Américains Ils font partie d'un des groupes culturels dont l'immigration au Canada est la plus récente. Selon les statistiques officieuses diffusées par plusieurs agences communautaires, il y aurait quelque 200 000 résidents canadiens d'origine latino-américaine.

Origines La plupart du temps, les historiens et les sociologues étudient la civilisation latino-américaine sous l'angle des colonisations espagnole et portugaise. Ainsi, les Latino-Américains tendent à se définir comme le produit des conquêtes espagnoles du XVIᵉ siècle et on assimile, à tort, les origines historiques de ce peuple à l'arrivée des Espagnols au Nouveau Monde. Les civilisations inca, aztèque et maya s'en trouvent donc reléguées à une période «préhistorique». La culture de l'Amérique latine, qui comprend 19 pays, se compose en fait d'éléments européens (surtout espagnols et portugais, mais aussi italiens, allemands et hollandais) et d'éléments autochtones.

Migration Des statistiques officielles indiquent qu'avant 1970, la population totale des Latino-Américains au Canada est inférieure à 3000. Entre 1970 et 1973, on assiste à la première vague d'immigration latino-américaine. L'afflux de Latino-Américains (quelque 68 000) au début des années 70 est attribuable en partie à la POLITIQUE D'IMMIGRATION de «libre admission». De 1969 à 1972, tout touriste peut entrer au Canada sans visa et, une fois au pays, demander un statut d'immigrant reçu. À la même époque, le Canada assouplit ses conditions d'immigration en raison d'une forte demande de travailleurs non spécialisés pour occuper des emplois subalternes (*voir* MAIN-D'ŒUVRE IMMIGRANTE). Le nombre d'immigrants argentins, qui est de 200 par année avant 1970, passe à 948 en 1973, 1088 en 1974 et 674 en 1975. Après la chute du gouvernement Allende, des RÉFUGIÉS politiques chiliens arrivent au Canada en provenance de l'Argentine. De 1963 à 1973, on ne dénombre que 2135 immigrants venus du Chili. En 1976, le Canada avait déjà accueilli 4600 immigrants dans le cadre du Mouvement spécial chilien, mis en place par le gouvernement canadien. Au début des années 70, environ 20 000 Équatoriens en quête d'une vie meilleure immigrent au Canada et s'installent surtout à Montréal et à Toronto. À la fin des années 80, le Canada compte plusieurs centaines de réfugiés d'Amérique centrale.

Peuplement Au début, la plupart des Latino-Américains s'établissent dans les quartiers du centre de Toronto et de Montréal. Mais les entreprises de fabrication, surtout les industries légères à la recherche d'ouvriers spécialisés, sont situées dans les banlieues. Le besoin de se rapprocher de leur lieu de travail oblige donc beaucoup d'entre eux à emménager dans les quartiers éloignés du centre-ville. En quête de travail, des centaines de familles latino-américaines migrent aussi vers l'Ouest, principalement en Alberta. De nos jours, on trouve des Latino-

Américains dans toutes les provinces et les territoires.

Vie économique Les Latino-Américains travaillent surtout dans l'industrie des services, dans les petites entreprises de fabrication et dans l'industrie du vêtement. Avec le temps, on note cependant un passage des emplois non qualifiés aux emplois spécialisés. Grâce à la croissance et à la stabilisation que connaît la communauté vers la fin des années 80, un certain nombre de Latino-Américains ont obtenu des emplois dans le domaine de l'assurance, de l'immobilier, de la restauration et des voyages. En outre, la formation d'un nombre croissant de spécialistes et d'universitaires, originaires principalement du Chili et de l'Argentine, est maintenant reconnue au Canada, ce qui leur permet d'exercer des professions qui correspondent à leurs compétences.

Vie sociale et communautaire La vie sociale des Latino-Américains est axée sur les activités communautaires et les réunions familiales. Les clubs sociaux organisent régulièrement des danses et des manifestations sportives. Ces clubs d'entraide permettent aux membres de la communauté de consolider leurs liens et de préserver leur patrimoine culturel. Les associations latino-américaines comprennent le Centre for Spanish-Speaking Peoples de Toronto et l'Association de Sud Americanos de Montréal.

Bien qu'un petit nombre de professionnels et de cadres tendent à former un groupe distinct, la communauté latino-américaine n'est pas répartie selon les classes sociales ou les revenus, mais selon les nationalités. Les Chiliens ont fondé des organisations, comme la Winnipeg Chilean Association, formées de comités qui traitent de questions relatives à l'éducation et à la culture, aux finances, à la situation des femmes et au bien-être de la communauté. À Toronto et à Montréal, la Ligue de soccer canado-équatorienne organise des matchs hebdomadaires.

Il semble que le bouleversement le plus profond que connaisse la communauté latino-américaine soit la récente émancipation des femmes. L'affirmation des femmes, inévitable dans le contexte plus libéral de la société nord-américaine, constitue une source permanente de conflits au sein des couples latino-américains.

Vie religieuse et culturelle Les Latino-Américains sont en majeure partie des catholiques, quoique beaucoup se disent non pratiquants. Au Canada, cette scission se trouve d'autant plus accentuée que les contraintes sociales sont inexistantes et que les gens disposent d'un choix varié d'activités.

Des journaux de langue espagnole, dont deux sont publiés à Toronto, un à Vancouver et d'autres à Calgary et à Edmonton, desservent la communauté latino-américaine du Canada. La présentation de pièces de théâtre, de récitals de poésie et d'expositions d'œuvres d'art se fait de plus en plus fréquente dans la communauté. Il existe aussi des dizaines de troupes folkloriques de danseurs et de musiciens, toutes très actives. Plusieurs écrivains, poètes, peintres et journalistes latino-américains connaissent une notoriété croissante au Canada.

Éducation En 1970, les écoles de Toronto et de Montréal réunies comptent 342 élèves d'origine latino-américaine. En 1980, ce nombre passe à 9738. Dans les universités et les collèges techniques canadiens, le nombre d'étudiants dont la langue maternelle est l'espagnol passe de 67 à 583 au cours des années 80. En raison surtout de problèmes affectifs et de comportement, de nombreux enfants latino-américains ont du mal à s'adapter au système d'éducation canadien. Les propres problèmes d'adaptation des parents et leur difficulté à communiquer avec les responsables des écoles entravent considérablement l'épanouissement des enfants en milieu scolaire.

Évolution de la communauté Les Latino-Américains, même ceux qui, en tant que réfugiés politiques, espéraient retourner dans leur pays d'origine, sont de plus en plus engagés dans la société canadienne. Toutefois, pour avoir réussi au Canada, beaucoup d'entre eux risquent de perdre leur langue et de souffrir d'un certain isolement social à l'intérieur de leurs communautés.

Wilson Ruiz

La Tour, Charles de Saint-Étienne de, colonisateur, commerçant et gouverneur de l'Acadie (Champagne, France, 1593—Cap de Sable, Acadie, 1663). Arrivé en Acadie probablement dès 1606, La Tour y vit en permanence à partir de 1610. À la mort de Charles de BIENCOURT, en 1623, il assume la direction de la colonie et, huit ans plus tard, le roi le nomme lieutenant-général. Peu de temps après, il est mêlé à une dispute avec le gouverneur Charles de MENOU D'AULNAY. Celui-ci, avec l'appui de la cour de France, discrédite La Tour et, en 1645, en l'absence de ce dernier, attaque et prend sa base de Fort La Tour, dont il tue traîtreusement les défenseurs. Françoise LA TOUR, qui commande le fort, meurt trois semaines plus tard.

La Tour retourne en Acadie après la mort de Menou d'Aulnay en 1650, mais il est capturé par une force d'invasion anglaise en 1654. Il finit par s'entendre avec ses ravisseurs et retourne en Acadie, alors sous occupation anglaise. Au cours de la brève occupation écossaise de la Nouvelle-Écosse (1629-1632), il est fait chevalier-baronnet d'Écosse et, dans les années 1650, il permet que son titre serve à légitimer la conquête britannique. Les critiques de La Tour ont souvent traité cet arrangement de traîtrise et d'opportunisme, mais La Tour a défendu ses colonies avec ténacité et le fait qu'il y ait vécu toute sa vie témoigne de son engagement envers l'Acadie.

John G. Reid

La Tour, Françoise-Marie de Saint-Étienne de, née Jacquelin, héroïne acadienne (France, 1602—Fort La Tour, N.-B., 1645). La guerre civile fait rage en Acadie en 1640 quand Françoise-Marie épouse Charles de Saint-Étienne de LA TOUR, un des deux candidats au poste de gouverneur de la colonie. Elle sera le meilleur soutien de son mari, n'hésitant pas à se rendre en France, en Angleterre et à Boston pour assurer l'approvisionnement en fournitures et en hommes pour combattre le rival de ce dernier, Charles de MENOU D'AULNAY.

En l'absence de son mari en 1645, elle prend le commandement du fort La Tour, situé à l'embouchure du fleuve Saint-Jean, quand d'Aulnay attaque. Malgré une défense énergique face à un ennemi supérieur en nombre, Mme de la Tour connaît la défaite trois jours plus tard. Elle se rend après avoir reçu de d'Aulnay l'assurance que tous seraient graciés. Toutefois, celui-ci trahit sa parole et force Mme de la Tour à assister, corde au cou, à la pendaison de la garnison. Elle meurt trois semaines plus tard.

Allan Greer

Latraverse, Plume, né Michel Latraverse, auteur, compositeur, interprète et écrivain (Montréal, 11 mai 1946). Membre de groupes rock dans les années 60, il se produit ensuite dans les boîtes à chansons et dans les bars où il trimbale ses chansons irrévérencieuses, dont *Bopépine* et *Le Rock N Roll du grand flanc mou*, décrivant des scènes de la vie quotidienne avec une poésie mordante empreinte de respect et de tendresse pour les sujets qu'il dépeint. Il gagne rapidement un public jeune et effectue des tournées au Québec, dans quelques villes canadiennes et en France où il reçoit, en 1980, le prix international de la jeune chanson. Pratiquement ignoré par la radio et la télévision, Plume Latraverse enregistre parfois plus d'un album par année. Après une tournée québécoise avec le groupe OFFENBACH en 1983, il décide de mettre un terme à sa carrière. Il enregistre cependant de nouvelles chansons trois ans plus tard et se produit comme chansonnier dans de petites boîtes. Il a d'ailleurs reçu, en 1994, la médaille Jacques-Blanchet pour la qualité de son œuvre qu'il continue de présenter lors de quelques spectacles choisis, chaque année, toujours aussi socialement percutant et jamais assagi.

Robert Thérien

Latulippe, Rose, l'une des nombreuses jeunes filles ayant dansé avec le diable, selon les légendes canadiennes-françaises. Certaines auraient eu la vie sauve, d'autres auraient été enlevées pour ne plus jamais revenir. Selon l'histoire, Rose Latulippe néglige Gabriel, son fiancé, au profit d'un bel étranger aux mains griffues sous des gants de velours et dont le cheval souffle du feu. Mais au moment où le diable tente de passer son propre collier autour du cou de Rose pour se l'attacher, le curé de la paroisse fait irruption, place son étole sur les épaules de la jeune fille et met le diable en fuite. De telles histoires servaient de mise en garde contre la danse, particulièrement pendant le carême ou le dimanche.

Nancy Schmitz

La Tuque, ville du Qc; pop. 12 102 (rec. 1996), 12 577 (rec. 1991); superf. 599,07 km²; const. en 1911; située aux abords de la RIVIÈRE SAINT-MAURICE, à 165 km au nord de Trois-Rivières. Construite au début du XXe siècle dans une zone forestière isolée au cœur de la région de la Mauricie sur l'emplacement d'un ancien poste de traite, La Tuque doit son nom à une montagne qui ressemble à un bonnet de laine en forme de cône communément appelé «tuque».

En 1904, la Brown Corp., une papetière américaine, achète les chutes et les terres environnantes et, en 1907, elle y construit une usine de pâte à papier qui tire son électricité d'un barrage. Cette industrie donne naissance à la ville actuelle qui devient le point de rassemblement des travailleurs forestiers. La centrale hydroélectrique, dont la puissance a été accrue en 1943, est aujourd'hui exploitée par HYDRO-QUÉBEC. En 1954, la Canadian International Paper Co. (CIP) achète l'usine de pâte à papier qu'elle exploite jusqu'en 1988; elle est vendue cette même année à Produits forestiers Canadien pacifique (PFCP). En 1994, PFCP est renommé Cartons Saint-Laurent. L'usine est à nouveau vendue à la compagnie américaine Smurfit-Stone en 2000. L'économie de La Tuque est basée sur la FORESTERIE et ses dérivés: scierie, bois d'œuvre, etc. La Smurfit-Stone fabrique trois sortes de cartons: couverture white top, couverture entièrement blanchie et couverture entièrement blanchie pour l'alimentation.

Claudine Pierre-Deschênes et Alain Michaud

Lau, Evelyn, poète, nouvelliste et romancière (Vancouver, 2 juill. 1971). Élève primée, Lau voit sa première œuvre publiée alors qu'elle n'est encore qu'une jeune adolescente. Devant l'opposition de ses parents à sa volonté de faire carrière dans l'écriture, elle fugue à l'âge de 14 ans. Les deux années qu'elle passe ensuite dans les rues de Vancouver sont marquées par deux tentatives de suicide, par la prostitution et par l'abus de drogues. À 17 ans, Lau consigne ses expériences dans un premier livre qui obtient un vif succès: *Runaway: Diary of a Street Kid* (1989). La Société Radio-Canada tire de ce roman un film intitulé *The Diary of Evelyn Lau*. Le même thème se retrouve dans le premier recueil de poèmes de Lau, *You Are Not Who You Claim* (1990), qui remporte le Milton Acorn People's Poetry Award.

En 1992, Lau devient la plus jeune poète à être en lice pour le prix du Gouverneur général, avec *Œdipal Dreams* (1992). Elle publie un second recueil de poèmes, *In the House of Slaves*, en 1994. Son premier recueil de nouvelles, *Fresh Girls and Other Stories* (1993), est un best-seller, tant au pays qu'à l'étranger. Cette œuvre, comme la majorité de la poésie de Lau, dépeint le sombre univers de l'obsession, de la domination et de la dépendance sexuelles. Son roman *Other Women* (1995) raconte la liaison amoureuse platonique d'une jeune artiste avec un homme marié et d'âge mûr ainsi que les suites de cette liaison.

Brian John Busby

Laumann, Silken, avironneuse (Mississauga, Ont., 1965). Elle participe à ses premiers Jeux olympiques en 1984, alors qu'elle n'a que 19 ans. Avec sa sœur, elle remporte la médaille de bronze en deux de

couple poids lourd. Elle s'impose rapidement comme leader d'une nouvelle équipe d'avironneuses canadiennes (*voir* AVIRON) considérablement améliorée. Après une décevante septième place à la course en duo aux JEUX OLYMPIQUES de Séoul (1988), elle passe à la compétition individuelle et s'entraîne avec l'équipe masculine.

En 1991, ses victoires au championnat de la Coupe du monde et au Championnat du monde en font la première avironneuse au monde. Deux mois avant les Jeux de Barcelone (1992), son embarcation est éperonnée accidentellement alors qu'elle s'entraîne en vue d'une compétition en Europe. Laumann subit une fracture et une déchirure ligamentaire de la cheville. Elle récupère admirablement et, munie d'un appareil orthopédique, peut participer aux Jeux. Sa conquête de la médaille de bronze représente un des hauts faits les plus inspirants de ces Jeux.

En 1991 et en 1992, Laumann est nommée athlète féminine canadienne de l'année et elle reçoit le trophée Lou-Marsh, remis à l'athlète canadien par excellence, en 1991. Revenue à la compétition en 1994, elle redevient la meilleure avironneuse au monde. Elle subit un autre revers aux Jeux panaméricains tenus en Argentine, lorsqu'elle est disqualifiée pour avoir absorbé un médicament anti-grippe. Médaillée d'argent aux Jeux d'Atlanta (1996), elle annonce sa retraite peu de temps après.

Laure, Carole, nom de scène de Carole Champagne, devenue Carole Laure, actrice et chanteuse (Shawinigan, 5 août 1948). Elle étudie pour devenir pianiste de concert et fait ses débuts au théâtre dans une pièce expérimentale de Pierre Moretti, *Équation pour un homme actuel*, puis elle joue dans la comédie musicale *Demain matin Montréal m'attend* de Michel TREMBLAY. En 1973, elle interprète le premier rôle dans le film de Gilles CARLE, *La mort d'un bûcheron*. Sa carrière suit ensuite le même trajet que celle de Carle avec qui elle fait six films, dont *La tête de Normande St-Onge* (1975), *L'Ange et la femme* (1977), *Fantastica* (1980) et *Maria Chapdelaine* (1983). Sa prestation dans *La menace*, aux côtés d'Yves Montand, l'amène à tourner *Préparez vos mouchoirs*, réalisé par Bertrand Blier, et *La jument vapeur* de Joyce Bunuel. Carole Laure enregistre plusieurs disques en France et se risque dans un spectacle au Bobino (Paris), où elle interprète des chansons créées pour elle par Lewis Furey. Ses dernières apparitions au cinéma sont dans *Night Magic* (1986) et *Sweet Country* (1987). Son dernier album solo, *Sentiments naturels*, sort en 1997.

Laurence, George Craig, physicien nucléaire (Charlottetown, 21 janv. 1905—Deep River, Ont., 6 nov. 1987). Il étudie à l'U. Dalhousie et à Cambridge (sous la direction d'Ernest RUTHERFORD) puis, en 1930, devient physicien spécialisé en radium et rayons X au CONSEIL NATIONAL DE RECHERCHES DU CANADA (CNRC), à l'époque où les élèves de J.A. GRAY, à l'U. Queen, constituent le seul laboratoire canadien de physique nucléaire. La plupart des premiers travaux du CNRC consistent à développer la radiologie médicale et industrielle, mais, en 1939 et en 1940, Laurence tente de construire, pratiquement seul, un réacteur nucléaire à uranium ralenti au graphite à Ottawa.

En 1942, il se joint à l'équipe anglo-française de recherche nucléaire à Montréal qui, en 1945, construit le réacteur ZEEP à Chalk River, le premier fabriqué à l'extérieur des États-Unis. Il fait partie de la délégation canadienne à la Commission de l'énergie atomique de l'Organisation des Nations Unies (1946-1947). Il devient ensuite chercheur principal aux Laboratoires nucléaires de Chalk River et président de la Commission de contrôle de l'énergie atomique (1961-1970).

Donald J.C. Phillipson

Laurence, Margaret, née Jean Margaret Wemyss, romancière (Neepawa, Man., 18 juill. 1926—Lakefield, Ont., 5 janv. 1987). Après des études à Neepawa, puis au United College de Winnipeg, elle épou-

se, en 1947, Jack Laurence, un ingénieur hydraulicien. Le couple s'installe en Angleterre, en 1949,
puis séjourne en Somalie et au Ghana, où Jack est
constructeur de barrages pour le British Overseas
Development Service. Laurence donne naissance à
deux enfants (1952 et 1954). En 1957, la famille
quitte le Ghana pour Vancouver, puis, en 1962, Margaret part pour l'Angleterre avec ses enfants, où elle
s'installe dans le village de Penn (Buckinghamshire).
Margaret et Jack Laurence divorcent en 1969, et, en
1974, Margaret revient s'établir définitivement à
Lakefield (Ontario).

Dès l'âge de sept ans, elle écrit des histoires. Ses
travaux d'écriture se poursuivent pendant ses études
secondaires, puis pendant la période où elle travaille
pour un quotidien syndical, le *Winnipeg Citizen*. Il
faudra attendre son séjour en Somalie pour que
paraisse sa première œuvre. En 1954, le protectorat
britannique de Somalie publie *A Tree for Poverty*,
une traduction de légendes et de poèmes somaliens.
L'Afrique transforme la jeune occidentale, libérale et
idéaliste qu'était Margaret en une femme pleine de
maturité. Elle saisit vite les problèmes des jeunes
nations, sympathise avec leurs peuples et lit tout ce
qui se rattache à leur histoire et à leur littérature. Sa
première œuvre de fiction, *Uncertain Flowering*,
figure dans l'anthologie de Whit Burnett (1954). Cette nouvelle sera suivie de plusieurs autres récits se
déroulant au Ghana, qui paraîtront dans diverses
revues, et qui seront regroupés, en 1963, sous le titre
The Tomorrow-Tamer. C'est encore le Ghana qui sert
de toile de fond à son premier roman, *This Side Jordan*, publié en 1960. Tous ses romans africains
témoignent d'une volonté d'apprendre à maîtriser
l'écriture ainsi que d'un talent naissant, fondé sur
une confiance passionnée dans la dignité et le potentiel de tout être humain.

De retour à Vancouver, Laurence reprend ses
mémoires des années somaliennes, qui seront
publiées sous le titre *The Prophet's Camel Bell*
(1963). Puis, elle se concentre sur son personnage
Hagar Shipley, crée à partir de ses souvenirs de ses
Prairies natales. *The Stone Angel* (1964; trad. L'AN-
GE DE PIERRE, 1976) raconte le dernier voyage de
Hagar vers l'acceptation de l'amour et de la liberté et
marque une date importante dans l'histoire de la littérature canadienne. Ce sera son chef-d'œuvre de Laurence. L'action se déroule à Manawaka, une ville
imaginaire que Margaret Laurence fait surgir du paysage canadien et qui annonce ses futurs romans.

A Jest of God (1966; trad. *Un dieu farceur*, 1981)
raconte l'histoire de Rachel Cameron, qui, au sortir
de l'épreuve qu'elle traverse au cours d'un été à
Manawaka, dans les années 60, se découvre une personnalité fragile mais riche. À partir de 1962, sept
des huit nouvelles de *A Bird in the House* (1970; trad.
Un oiseau dans la maison, 1989) sont publiées. Margaret Laurence fait vivre à l'héroïne, Vanessa
MacLeod, ses propres expériences. Elle transpose
sous forme romanesque certains événements de sa
vie: la mort de ses parents, les bouleversements et la
douleur qu'entraîne cette perte, les situations qu'elle
a été amenée à vivre. Stacey MacAindra, l'héroïne
de *The Fire-Dwellers* (1969; trad. *Ta maison est en
feu*, 1971), est la sœur de Rachel Cameron. Épouse
d'un commis qui «tire le diable par la queue» et mère
de quatre enfants, Stacey vit à Vancouver et incarne
la femme au foyer de notre époque. Elle se considère quelconque et sans intérêt, mais l'auteure révèle
avec un immense talent son courage, son amour et sa
vitalité.

The Diviners (1974; trad. *Les oracles*, 1979), histoire de l'écrivaine Morag Gunn, rappelle la propre
démarche de Laurence et représente l'apogée du
cycle de Manawaka. Roman complexe et profond, il
réunit des colons écossais et des métis de Manawaka
et débouche sur la fusion du passé et du présent et sur
l'affirmation de l'avenir dans le personnage de
Pique, la fille de Morag et de Jules Tonnere.

De temps à autre, Margaret prend plaisir à écrire
des livres destinés à la jeunesse. *Jason's Quest*
(1970), conte joyeux et inventif sur une taupe et ses
amis, traite de la confrontation entre les forces de
l'ombre et les forces de la lumière. *Six Darn Cows*
(1979) est une histoire admirablement bien rédigée,
destinée aux très jeunes lecteurs, et *The Olden Days
Coat* (1979; révisé en 1982), consiste en un conte
merveilleux de Noël. *A Christmas Birthday Story*
(1980) est la nouvelle version d'une œuvre écrite
quand ses enfants étaient tout petits. En 1968, son
intérêt pour la littérature africaine s'exprime dans
Long Drums and Cannons, hommage à la renaissance de la littérature nigériane en langue anglaise entre
1958 et 1964. En 1976, elle regroupe ses essais sous
le titre *Heart of a Stranger*.

Installée à Lakefield, Laurence milite constamment au sein de divers organismes pacifistes, en particulier du Project Ploughshares. Elle est nommée
Membre de l'Ordre du Canada et reçoit des grades
honorifiques de 14 universités canadiennes. *The Stone Angel* est le premier roman canadien à figurer parmi les lectures obligatoires pour l'agrégation, un
prestigieux concours français. Ses ouvrages sont traduits en plusieurs langues, et, avant sa dernière maladie, elle préparait un voyage en Grande-Bretagne, où
Virago Press réimprime aujourd'hui les romans du
cycle Manawaka, et en Norvège, où la traduction de
The Stone Angel a remporté un succès de librairie.
Pendant trois ans, Laurence a été chancelière de l'U.
Trent de Peterborough (Ontario).

Auteure attachante, son nom restera gravé dans la
mémoire pour ses ouvrages, sa personnalité chaleureuse, sa vigueur et son humour, qu'elle a partagé
avec tant de générosité. Son testament littéraire, ses
mémoires *Dance on the Earth*, qu'elle a terminés
avant de mourir, ont été publiés en 1988.

Clara Thomas

Laurendeau, Joseph-Edmond-André, journaliste,
politicien, auteur de pièces de théâtre et codirecteur
de la COMMISSION ROYALE D'ENQUÊTE SUR
LE BILINGUISME ET LE BICULTURALISME
(Montréal, 21 mars 1912—Ottawa, 1ᵉʳ juin 1968).
Nationaliste canadien-français de longue date, Laurendeau aide à ouvrir la voie à la RÉVOLUTION
TRANQUILLE en redéfinissant les aspirations
nationalistes propres à une société urbaine et industrielle. Après avoir terminé son cours classique au
Collège Saint-Marie de Montréal, il s'inscrit comme
stagiaire en littérature et en histoire à l'U. de Montréal où l'abbé Lionel GROULX le prend sous son
aile.

Au terme d'une brève association avec un groupe
de jeunes séparatistes de l'époque, Jeune-Canada,
André Laurendeau fait un séjour de deux ans en
France (1935-1936), où il fréquente la Sorbonne, le
Collège de France et l'Institut catholique. Ses fréquentations européennes l'amènent à adhérer au
CATHOLICISME social et au personnalisme d'Emmanuel Mounier, de Jacques Maritain et d'Étienne
Gilson. De retour au Canada, il met en question le
concept d'indépendance politique pour le peuple
canadien-français, déterminé qu'il est à réorienter le
NATIONALISME CANADIEN-FRANÇAIS vers
des enjeux socio-économiques. C'est d'ailleurs l'objectif qu'il se fixe en tant que rédacteur en chef de
L'ACTION NATIONALE (1937-1942).

En 1942, il s'associe à d'autres nationalistes pour
fonder la Ligue pour la défense du Canada qui milite en faveur du «non» lors du référendum d'avril
1942 sur le projet de CONSCRIPTION du premier
ministre Mackenzie KING. La Ligue remporte un tel
succès – plus de 80 p. 100 des Canadiens français
votent «non» – qu'elle donne lieu, à l'automne 1942,
à la création d'un troisième parti politique nationaliste, le BLOC POPULAIRE, qui s'oppose à la
conscription et exige une plus grande égalité pour les
francophones dans le régime fédéral. Laurendeau
obtient la direction provinciale du Bloc en février
1944 et est l'un des quatre candidats de ce parti élus

à l'Assemblée nationale la même année. Il dénonce
les politiques centralisatrices fédérales en matière
d'économie et d'affaires sociales, et somme le gouvernement de l'Union nationale de Maurice
DUPLESSIS de mettre en œuvre les réformes socio-
économiques qui s'imposent depuis trop longtemps
pour permettre au Québec d'assumer son autonomie.

En septembre 1947, Laurendeau quitte le poste de
chef du Bloc populaire et, à l'invitation de son ami
Gérard FILION, rédacteur en chef du journal *Le
Devoir*, se joint au service de la rédaction de ce quotidien dont il deviendra à son tour le rédacteur en
chef en 1958, poste qu'il occupera jusqu'à sa mort
subite en 1968. Entre 1948 et 1954, il reprend aussi
les rênes de *L'Action nationale*, publication à laquelle il donne une nouvelle orientation qui lui vaut d'intéresser une nouvelle génération de lecteurs et de
collaborateurs.

Fort de l'appui de ses collègues nationalistes
Gérard Filion, Jean-Marc LÉGER et Pierre LAPOR-
TE, il se bat contre le régime Duplessis, aux valeurs
politiques et sociales rétrogrades, et fait du *Devoir* un
véhicule de critique efficace. Laurendeau inspire une
nouvelle définition du nationalisme canadien-français qui reflète avec plus de justesse les problèmes et
les aspirations d'une société devenue extrêmement
urbaine et industrialisée. Cette philosophie néo-
nationaliste est reprise par le Parti libéral du Québec
de Jean LESAGE lors des élections provinciales de
1960, qui chassent l'Union nationale du pouvoir.

Craignant les conséquences sociales et politiques
de la montée du SÉPARATISME au Québec au début
des années 60, Laurendeau demande aux gouvernements DIEFENBAKER et PEARSON de mener une
enquête au sujet des différends qui opposent Québec
et Ottawa. Le premier ministre Pearson répond à sa
demande en formant la Commission B.B. en 1963,
coprésidée par Laurendeau et Davidson DUNTON.
Laurendeau poursuit inexorablement la lutte jusqu'en 1968, mais finit par céder au désespoir,
convaincu qu'il ne parviendra jamais à faire modifier
la Constitution de manière à assurer la reconnaissance des droit de la majorité canadienne-française du
Québec et des minorités francophones des autres
provinces.

Les autres commissaires, qui reflètent les appréhensions qui déchirent le Canada tout entier, ne
réussissent pas à composer avec les conséquences
éventuelles d'une politique officielle de bilinguisme et de multiculturalisme, ce qui fait avorter la
parution du dernier volume du rapport de la Commission. Ces événements font toutefois prendre
conscience de la problématique et amènent le gouvernement fédéral à adopter la LOI SUR LES
LANGUES OFFICIELLES en 1969 (*voir* BICUL-
TURALISME), laquelle confère des droits linguistiques aux Canadiens français.

Outre ces réalisations, Larendeau est une personnalité de la télévision et de la radio. Il rédige des
articles, des scénarios pour la télévision, une pièce de
théâtre (*Deux femmes terribles*, 1961) et un roman
(*Une vie d'enfer*, 1965). Il était Membre de la Société Royale du Canada et de l'Académie canadienne-
française.

M.D. Behiels

Laurier, sir Wilfrid, avocat, journaliste, politicien et
premier ministre du Canada (Saint-Lin, Qc, 20 nov.
1841—Ottawa, 17 févr. 1919). Chef du parti libéral
du Canada de 1887 à 1919 et premier ministre de
1896 à 1911, Laurier est la figure politique dominante de son époque. Personnalité attachante et charismatique, politicien habile et pragmatique qui
recherche en tout temps le compromis, il se fait
avant tout le propagandiste fervent de l'unité nationale à un moment où le pays connaît une période de
profondes transformations et que s'exacerbent les
conflits raciaux.

Après avoir obtenu sa licence en droit de l'U.
McGill en 1864 et avoir pratiqué à Montréal, Laurier
quitte la métropole à l'automne de 1866 pour tra-

vailler à l'Avenir, puis à Victoriaville, au Québec, où il dirige le journal *Le Défricheur*. Défendant les couleurs du PARTI ROUGE, reconnu pour son radicalisme politique et social, Laurier, un ancien vice-président de l'Institut canadien de Montréal, y combat avec vigueur le projet de CONFÉDÉRATION canadienne. En 1871, alors que plusieurs membres de la puissante Église catholique du Québec, sous la direction de Mgr Ignace BOURGET et de Mgr Louis-François Laflèche, récusent férocement le rougisme et le libéralisme, il devient député libéral de la circonscription de Drummond et Arthabaska à l'Assemblée législative du Québec. Peu intéressé par les questions d'ordre local même si, à l'occasion, il a une action positive pour Québec, il démissionne en 1874 puis, réconcilié avec la Confédération, est aussitôt élu député libéral de la même circonscription à la Chambre des communes du Canada. C'est le début d'un long séjour de quelque 45 années à Ottawa que seule la mort interrompra.

En peu de temps, Laurier brille sur la scène fédérale. Le 26 juin 1877, p. ex., il prononce à Québec un vibrant plaidoyer en faveur du libéralisme politique modéré qui rend le Parti libéral crédible au Québec. Puis, le 8 octobre 1877, il est nommé ministre du Revenu de l'intérieur dans le Cabinet d'Alexander MACKENZIE. Libéral le plus en vue de sa province, Laurier est dès lors élevé au rang de chef de l'aile québécoise du Parti libéral fédéral. Mais les défaites de son parti aux élections générales de 1878 et de 1882 modèrent ses ambitions, bien qu'il soit lui-même réélu à chacune de ces occasions dans sa nouvelle circonscription de Québec-Est. Plutôt indolent, rêvant davantage à ses loisirs auprès de ses amis d'Arthabaskaville (Québec), où il demeure désormais, il se préoccupe assez peu par la suite des débats politiques, secondant vaille que vaille son chef Edward BLAKE. Mais la pendaison de Louis RIEL, le 16 novembre 1885, ranime son ardeur. Avec brio, tant à la Chambre qu'à l'extérieur, il défend la cause du chef métis et la nécessité de l'union des races au Canada. Le ton est en général modéré, mais la voie proposée est inspiratrice. À nouveau, Laurier s'impose dans le Parti libéral. En juin 1887, malgré l'avis contraire de plusieurs éminents libéraux, malgré les réticences même de Laurier, Blake, déçu de la récente défaite électorale, le choisit pour lui succéder au titre de chef du Parti libéral du Canada. Il le restera jusqu'à sa mort, en 1919.

À partir de 1887, Laurier s'engage dans la construction d'un Parti libéral vraiment national et dans la conquête progressive du pouvoir. Ses efforts se partagent en deux étapes distinctes. La première, moins fructueuse, couvre les années 1887 à 1891. Centrée sur la politique de RÉCIPROCITÉ commerciale illimitée avec les États-Unis, émise en 1887, et sur la recherche du juste milieu et du compromis dans les conflits interculturels qui ravagent alors le pays, elle aboutit à l'échec lors des élections générales de 1891. Laurier, perçu entre autres comme continentaliste et antibritannique, se fait rabrouer par l'électorat canadien, bien que le Québec, pour la première fois depuis 1874, donne une majorité de sièges aux libéraux.

La deuxième étape, plus profitable, embrasse les années 1891 à 1896. C'est l'époque où Laurier, malgré un début difficile, prend graduellement en charge son parti pendant que le Parti conservateur, terrassé par la mort de sir John A. MACDONALD, se heurte à de multiples difficultés. Les 20 et 21 juin 1893, le chef libéral convoque à Ottawa un imposant congrès politique où 1800 libéraux fixent un nouveau programme et les balises d'une véritable structure nationale. En début de 1896, plus habile politicien que sincère défenseur de la minorité catholique manitobaine, délestée abusivement depuis 1890 de ses droits scolaires par le gouvernement de la province (*voir* ÉCOLES DU MANITOBA, QUESTION DES), il refuse de prendre une position définitive sur cette délicate question qui deviendra l'enjeu principal des élections générales du 23 juin 1896. Ce jour-là, les Canadiens le choisissent au détriment de Charles TUPPER pour diriger le pays à titre de premier ministre.

Dans la période de prospérité qui s'installe au Canada après 1896, Laurier et son gouvernement se consacrent surtout au développement du pays et à la mise sur pied de politiques centrées sur l'unité nationale menacée. Dès le 19 novembre 1896, par l'accord «Laurier-Greenway», véritable pacte entre vainqueurs, le premier ministre décide du sort réservé aux droits scolaires de la minorité catholique du Manitoba. Désormais, cette dernière ne pourra retrouver le système d'écoles séparées dont elle jouissait avant 1890, mais elle bénéficiera de certaines concessions telle la possibilité, selon des conditions bien précises, d'obtenir un enseignement religieux dans la dernière demi-heure de chaque journée de classe ou encore de recevoir un enseignement en anglais et en langues autres que l'anglais, selon le système bilingue.

Au nom de l'harmonie nationale, de la paix «anglaise» à assurer et de la politique du «moindre mal», Laurier amorce ainsi ses politiques de compromis, qui le laisseront longtemps au pouvoir, mais qui ne redresseront jamais complètement les torts causés à la minorité catholique. En 1897, solidement appuyé par l'énergique Clifford SIFTON, il met en place un vigoureux programme de développement de l'Ouest agricole axé surtout sur la réorganisation du système d'immigration. Ensuite, avec William FIELDING, il propose une politique tarifaire fondée sur la préférence impériale. Cette année-là, en outre, Laurier participe à Londres à sa première conférence coloniale au cours de laquelle, guidé par sa croyance en l'indépendance future du Canada, il résiste à toute tentative d'unification poussée de l'Empire britannique. Le 13 octobre 1899, il accepte néanmoins que le gouvernement contribue aux dépenses d'équipement et de transport des Canadiens désireux de combattre aux côtés de l'Angleterre contre les Bœrs d'Afrique du Sud (*voir* GUERRE DES BOERS). Cette conciliation lui occasionnera les réprimandes de plusieurs Canadiens français opposés farouchement à toute participation. Aux élections générales du 7 novembre 1900, toutefois, Laurier et ses libéraux sont facilement reportés au pouvoir, le Québec, devenu forteresse libérale, leur accordant même jusqu'à 57 de leurs 133 sièges.

Après 1900, tandis que la prospérité se continue, que l'Ouest se développe et se peuple de plus en plus et que la nation apparaît plus forte économiquement, Laurier dirige le pays avec dynamisme et son gouvernement avec fermeté. Au Cabinet, il dicte les orientations, ne se gênant pas pour écarter les trouble-fête tel le puissant Joseph-Israël TARTE, son bras droit au Québec, forcé de démissionner en 1902 pour avoir affronté son leadership. Cette année-là, Laurier s'impose aussi à l'extérieur du pays alors qu'à la conférence coloniale de Londres, il s'oppose à nouveau à tout projet d'unification de l'Empire. Mais c'est le 30 juillet 1903, peu de temps avant l'échec des discussions sur les frontières de l'Alaska avec les États-Unis (*voir* ALASKA, AFFAIRE DES FRONTIÈRES DE L'), que Laurier fait connaître la politique la plus importante de ce deuxième mandat: la construction par le gouvernement et la Grand Trunk Pacific Railway Company d'un deuxième chemin de fer transcontinental qui refléterait la puissance et les espoirs d'une nation en plein progrès.

Optimiste, Laurier l'est à un point tel qu'il permet même à la CANADIAN NORTHERN RAILWAY de faire compétition à son projet en bâtissant un troisième transcontinental. Imbu de son libéralisme classique et incapable, entre autres, d'obliger ces deux compagnies à s'entendre, le premier ministre écarte le réalisme économique et accepte que l'on multiplie démesurément les voies ferrées disponibles. Ce faisant, il hypothèque l'avenir en créant un bien lourd fardeau financier. Mais, dans l'immédiat, il se hisse au rang des Pères de la Confédération. Au faîte de son prestige, il prend le titre de bâtisseur du Canada moderne. En accord avec ses entreprises, d'ailleurs, la population le réélit à la tête du pays par une confortable majorité, le 3 novembre 1904.

À partir de 1905, s'amorce progressivement le déclin du gouvernement Laurier, bien qu'à l'occasion se poursuivent les réalisations d'envergure telle la création, cette année-là, de deux nouvelles provinces, l'Alberta et la Saskatchewan. Reflet du développement du pays, le projet connaît néanmoins quelques difficultés majeures dont l'une, la définition des droits scolaires dévolus à la minorité catholique dans ces deux provinces, déchirera le pays. Laurier estime alors qu'il doit protéger l'existence des écoles séparées. Or, sa proposition conduit à la division du Cabinet, à la démission du très influent Clifford Sifton et à une levée de boucliers au Canada anglais. Craignant entre autres la perte du pouvoir, il cède encore une fois aux pressions anglophones et protestantes. Il se replie dès lors sur le statu quo qui, en pratique, prive la minorité de ses écoles séparées. S'évanouit ainsi la dernière chance réelle d'établir un véritable dualisme culturel dans l'ensemble du territoire canadien.

Offusqués par cette reculade de taille, les nationalistes canadiens-français critiquent amèrement Laurier, dont le prestige s'estompe quelque peu au Québec. Au cours des années suivantes, le premier ministre cherche principalement à consolider son œuvre, à contrer les accusations de corruption et de patronage dont est l'objet son administration et à rapiécer un Cabinet qui s'est graduellement désintégré et qui déploie de moins en moins d'imagination créatrice. Bien que frappé par les transformations industrielles et urbaines du pays, son gouvernement, p. ex., ne s'intéressera que fort timidement à leurs conséquences sociales. Toujours imprégné des diktats du libéralisme classique, Laurier ne jouera qu'un rôle d'arbitre dans les relations patronales-ouvrières, comme en témoigne son projet de loi sur les enquêtes lors de certains conflits de travail déposé le 17 décembre 1906. Lors des élections générales du 26 octobre 1908, les Canadiens lui confient quand même une fois de plus leur destinée, bien que la majorité de son parti soit sensiblement réduite.

Après 1908, Laurier tente avec un peu plus de vigueur de corriger certains des abus engendrés par les modifications profondes de la société. Il nomme, p. ex., un ministre du Travail à temps plein le 2 juin 1909. Mais l'ensemble de ce programme sera jugé encore trop timoré. Cependant, son attention se porte surtout sur deux projets qui, au terme, lui feront perdre le pouvoir. Le premier, émis le 12 janvier 1910, concerne l'établissement, sous l'autorité du gouvernement canadien, d'une marine de guerre composée de cinq croiseurs et de six destroyers destinés à combattre n'importe où aux côtés de la Grande-Bretagne. Insuffisante aux yeux des impérialistes canadiens-anglais, menés par le chef conservateur Robert Laird BORDEN, excessive selon les nationalistes canadiens-français, dirigés par Henri BOURASSA, la mesure pourtant modérée coûtera à Laurier de précieux appuis, surtout au Québec.

Le deuxième projet touche à la réciprocité commerciale avec les États-Unis, ce vieux rêve libéral inassouvi depuis 1891. Présenté par Fielding à la Chambre le 26 janvier 1911, il prévoit de laisser pénétrer en franchise dans les deux pays la plupart des produits dits naturels et quelques produits manufacturiers seulement. Alléchantes en soi, les propositions soulèvent l'ire de plusieurs industriels canadiens et du Parti conservateur. Feignant d'y voir du déloyalisme envers l'Angleterre, une possibilité d'annexion politique ainsi qu'une menace à l'identité canadienne et à la prospérité, ils s'unissent et font une dure lutte à Laurier. Pour régler la question, le premier ministre déclenche des élections générales. Le 21 septembre 1911, Laurier subit une âpre défaite attribuable à l'usure du pouvoir, au manque d'organisation de son parti en Ontario, à son incapacité d'adapter son libéralisme aux transformations de la société et, enfin, aux choix de politiques qui le font paraître à la fois trop impérialiste au Québec et pas assez au Canada anglais. Quinze années de pouvoir, d'un coup, s'écroulent au profit des conservateurs de Borden.

Laurier s'avère un chef de l'Opposition énergique et vigilant. S'il ne renouvelle pas son libéralisme comme l'auraient souhaité des libéraux progressistes, il ragaillardit son parti et garde, du moins jusqu'en 1916, ses troupes unies tout en attaquant sans relâche les actions du gouvernement qui ne parvient pas à circonscrire des problèmes tels que la hausse du coût de la vie. Avant 1914, il combat surtout la contribution monétaire d'urgence de 35 millions de dollars allouée à la Grande-Bretagne pour l'aider à renforcer sa marine de guerre et l'assistance financière accordée à la Canadian Northern Railway Company.

Au moment de la déclaration de la Grande Guerre, en août 1914, Laurier, par conviction, appuie vigoureusement la participation canadienne, encourage ardemment l'enrôlement volontaire et offre une trêve politique. En 1915-1916, à l'âge de 75 ans, il tient même plusieurs assemblées de recrutement. À l'été de 1917, lors de la crise nationale provoquée par le projet de CONSCRIPTION militaire de Borden, Laurier s'en remet à nouveau à sa vieille méthode axée sur le compromis: pour sauver l'unité canadienne menacée et celle même de son parti divisé sur la question, mais aussi par conviction profonde, il refuse la mesure si décriée au Québec et propose la tenue d'un référendum qui décidera de son sort. Cette fois, la majorité canadienne-anglaise, qui ne souhaite pas la formule, la fait achopper dans l'amertume quasi générale.

Adulé par ses compatriotes canadiens-français qui n'oublient pas, au surplus, sa vibrante défense des droits scolaires des Franco-Ontariens en 1916, qualifié de traître par plusieurs Canadiens anglais, Laurier devient le symbole de la division du pays. Même son parti s'écroule à cette occasion: la majorité de ses députés canadiens-anglais l'abandonnent et plusieurs éminents libéraux anglophones le quittent pour intégrer, à partir d'octobre 1917, les rangs du GOUVERNEMENT D'UNION de Borden, auquel Laurier refuse de participer. Lors des élections générales du 17 décembre 1917, Laurier, étonnamment alerte malgré ses déconvenues, subit une cuisante défaite aux mains du Parti unioniste de Borden, les votes se partageant distinctement selon les lignes culturelles du pays. Laurier mesure alors l'échec de sa vie politique. Le 17 février 1919, au moment où il amorce courageusement la restructuration de son parti et la difficile reconstruction de l'unité nationale, la mort l'emporte.

La contribution de Laurier au développement du Canada apparaît patente. Sous son règne, le pays a continué son industrialisation et son urbanisation tout en se renforçant de deux nouvelles provinces et de deux millions de nouveaux habitants. Politicien habile et éloquent, une vraie légende de son vivant malgré les oppositions qu'ont soulevées ses politiques, Laurier a suscité les jugements les plus divers. Pour les uns, il est le successeur spirituel de J.A. Macdonald qui a su poursuivre et consolider l'œuvre de la Confédération. Pour d'autres, il incarne l'homme qui, au nom de l'unité nationale et des nécessaires compromis, a trop souvent sacrifié les intérêts des Canadiens français catholiques au profit de ceux d'une majorité peu entichée de l'idéal des Pères de la Confédération. Pour d'aucuns, enfin, il représente celui qui a trop souvent gouverné le pays et son parti en fonction du Québec. Les actions de Laurier au cours de ses 45 années passées à Ottawa permettent l'expression de chacune de ces opinions bien que la dernière soit davantage contestable.

Réal Bélanger

Laurin, Camille, politicien et psychiatre (Charlemagne, Qc, 6 mai 1922—11 mars 1999). Souvent appelé Père de la loi 101, Camille Laurin est l'un des politiciens marquants des 30 dernières années au Québec. Après des études en médecine à l'U. de Montréal, de 1942 à 1949, puis en psychiatrie au Boston State Hospital et en psychanalyse à Paris, il exerce sa profession de médecin-psychiatre à l'institut Albert Prévost à compter de 1957 et devient directeur scientifique de l'établissement dès 1958. Professeur titulaire à la Faculté de médecine de l'U. de Montréal, il accède au poste de directeur du Département de psychiatrie de la même faculté en 1958. Durant ces années, il contribue à transformer la pratique de la psychiatrie et gagne la plus haute considération de la part de ses collègues.

Il est aux côtés de René LÉVESQUE lors de la fondation du Mouvement souveraineté-association et élu président du conseil exécutif du PARTI QUÉBÉCOIS dès sa fondation en 1968. Il en deviendra vice-président en février 1971. En 1970, il se présente dans le comté de Bourget et est au nombre des sept premiers députés du PQ élus à l'Assemblée nationale. Il est chef parlementaire du Parti québécois d'avril 1970 à octobre 1973. Défait en 1973, il sera réélu dans la même circonscription en 1976, 1981 et 1994.

Lorsque le Parti québécois prend le pouvoir, en 1976, il est assermenté comme membre du Conseil exécutif, puis ministre d'État au Développement culturel dans le cabinet Lévesque. Dès lors, il s'entoure d'une équipe exceptionnelle, comprenant le sociologue Guy ROCHER et le poète Yves Préfontaine. C'est en 1977 qu'il fera adopter la Charte de la Langue française, certainement l'une des lois les plus importantes dans l'histoire du Québec. De 1980 à 1984, il est principalement ministre de l'Éducation jusqu'à ce que, ministre des Affaires sociales depuis peu, il démissionne le 26 novembre 1984, refusant tout comme Jacques PARIZEAU de s'associer au «Beau risque» qu'assume René Lévesque.

Camille Laurin retourne alors à la pratique psychiatrique et devient directeur du Département de psychiatrie de l'Hôpital Sacré-Cœur en 1986. Camille Laurin continue toutefois de militer et accompagne Jacques Parizeau lorsque celui-ci devient chef du Parti québécois. Élu pour une quatrième fois dans Bourget en 1994, il est nommé ministre délégué de la région de Montréal. Lorsqu'il meurt en 1999, on salue la disparition d'un homme de convictions, de science et d'esprit, symbole de la revalorisation de la langue française dans le Québec moderne.

Jean Chartier

Laurin, Ginette, danseuse, chorégraphe et directrice (Montréal, 3 janv. 1955). Après avoir étudié le ballet, le jazz, la danse moderne, le mime et la gymnastique, Laurin devient une personnalité importante du Groupe Nouvelle Aire à partir de 1977. Elle y danse de nombreux rôles créés par des chorégraphes comme Édouard LOCK, Paul-André FORTIER, Daniel Léveillé et Daniel Soulières. Elle danse aussi pour les pionnières de la danse Françoise Sullivan et Françoise Riopelle et pour Jean-Pierre Perreault. Ses talents d'interprète lui assurent de nombreux débouchés entre 1978 et 1984, et elle part en tournées en Europe, au Moyen-Orient et au Canada où elle interprète de nombreux rôles.

Laurin entreprend sa propre carrière de chorégraphe en 1979 avec *Sept fois passera*. En 1984, elle fonde sa propre compagnie, O Vertigo Danse, où elle crée des œuvres pleines d'humour qui intègrent la performance physique et le risque comme *Olé* et *Crash Landing*. Sa compagnie entreprend presque immédiatement une tournée européenne. Au cours des deux années qui suivent, O Vertigo Danse se produit au prestigieux festival de Bagnolet (France), au Festival international de nouvelle danse (Montréal) et à Expo 86 pour laquelle Laurin crée *Chevy Dream*. En 1986, elle reçoit le prix Jean A. Chalmers.

Ma danse est celle du vertige, de la fascination de l'abîme, de l'euphorie, du surgissement des émo-

tions, écrit Laurin. Dans cette veine, elle compose 15 œuvres qui privilégient jusqu'à récemment une théâtralité énergique allant jusqu'à l'étourdissement. La ville de Munich en Allemagne lui commande en 1998 une réécriture pour 10 danseurs de *En dedans*, à partir d'une œuvre plus réduite du même nom. *En dedans* marque un virage important dans l'œuvre de Laurin qui abandonne les prouesses physiques audacieuses au profit de la quête du monde intérieur de la spiritualité, comme en témoigne *Déluge*. L'œuvre la plus vaste de Laurin, *La vie qui bat*, pour 20 danseurs et musiciens de la Société de musique contemporaine du Québec, est jumelée à *Drumming*, une composition de 90 minutes de Steve Reich. La première a lieu à Montréal en 1999.

O Vertigo fait de nombreuses tournées sur les scènes internationales en Asie, au Moyen-Orient et en Europe. Elle se produit régulièrement à des festivals en Hollande, en Allemagne et en Italie, ainsi qu'à New York, à Ottawa et à Montréal.

Laurin crée des œuvres pour LES GRANDS BALLETS CANADIENS, MONTRÉAL DANSE et la Judith Marcuse Danse Project Society (voir MARCUSE, JUDITH), ainsi que pour des danseuses et danseurs indépendants tels Gioconda Barbuto, Kathy Casey et Sylvain Lafortune. Elle réalise les chorégraphies de plusieurs films et téléfilms tels que *Night of the Flood* (inspiré de *Déluge*), *La Chambre blanche*, *September Songs: The Music of Kurt Weill*, et *Dans, Tanz, Dance, Danse*. *Déluge* et *La Bête* (*The Beast Within*) bénéficient d'une diffusion plus large grâce aux disques compacts avec la musique de Jocelyn Pook et de Jean Derome respectivement.

Linde Howe-Beck

Lauson, Jean de, gouverneur de la Nouvelle-France de 1651 à 1656 (v. 1584, Paris, France—16 févr. 1666). Longtemps avant d'arriver dans la colonie comme gouverneur, Lauson entretient un lien étroit et lucratif avec le Canada. Intendant de la COMPAGNIE DES CENT-ASSOCIÉS depuis 1627, il accumule de vastes propriétés dans la vallée du Saint-Laurent. Il se sert de son autorité de gouverneur pour s'enrichir et enrichir sa famille. En 1654, période moins prospère, il s'assure le quasi-monopole de la traite des fourrures et, deux ans plus tard, il saisit les peaux de DES GROSEILLIERS d'une valeur de 300 000 livres.

Allan Greer

Lauzon, Jean-Claude, réalisateur et scénariste (Montréal, Qc, 29 sept. 1953—près de Kuujjuaq, Qc, 10 août 1997). Alors qu'il étudie en communications à l'U. du Québec à Montréal (UQAM), il produit un court métrage, *Super Maire l'homme de 3 milliards* (1979), avec lequel il remporte le Grand Prix Norman MCLAREN au Festival du film étudiant canadien. Son premier court métrage professionnel, *Piwi* (1981), qui décrit en détail les cauchemars d'un pauvre livreur, se distingue au Festival des films du monde de Montréal.

Renommé comme réalisateur de publicité, Lauzon commence le tournage du film *Un zoo la nuit* (1987), histoire décrivant une réconciliation entre père et fils sur fond d'intrigue policière. Faisant usage d'images fortes, alternant habilement les scènes de tendresse et de violence, le film remporte 13 Génies, le propulsant au premier rang du cinéma québécois. Le cinéaste entreprend ensuite un projet plus ambitieux, *Léolo* (1992), chronique surréaliste de la vie au sein d'une famille établie depuis longtemps dans un quartier pauvre de Montréal. De nouveau, Lauzon privilégie une réalisation faite d'une succession de scènes scabreuses et étonnantes.

Ces deux longs métrages de Lauzon ont en commun un style très personnel. Ils sont tous les deux d'influence postmoderne par le mélange habile de genres. Les deux films traitent de la famille, de l'absence du père et de la quête d'identité et sont soutenus par d'excellents interprètes. Bien que Lauzon soit souvent considéré comme l'«enfant terrible» du cinéma québécois, son décès prématuré dans l'écrasement de son avion est largement considéré comme une grande perte pour le cinéma d'auteur.

Marcel Jean

Laval, François de, né François-Xavier de Montmorency-Laval de Montigny, premier évêque de Québec (Montigny-sur-Avre, France, 30 avril 1623— Québec, 6 mai 1708). Destiné à l'Église dès l'âge de 8 ans et missionnaire de vocation, Laval est au début un simple pion sur l'échiquier politique. Les jésuites, chez qui il étudie pendant 10 ans, le nomment évêque de Québec, écartant ainsi, avec l'appui de la reine régente et d'autres notables, le candidat sulpicien de Queylus, qui aurait placé l'Église canadienne sous le contrôle de la monarchie française et dominé les missionnaires jésuites au service des colons européens.

«Il n'écoute personne» En réaction contre les évêques français et les parlements de Rouen et de Paris, un nonce du Pape nomme Laval évêque de Petraea, diocèse en terres musulmanes (1658). À cette époque, le diocèse de Québec n'existe pas encore. Bien qu'il prête allégeance au roi de France, Laval est le vicaire général du Pape. Sitôt arrivé à Québec, en juin 1659, il affirme sa supériorité sur de Queylus et rejette les revendications du gouverneur en matière de préséance dans les cérémonies religieuses. Avant de quitter le Canada, le gouverneur Voyer d'ARGENSON le décrit comme un être «n'adhérant qu'à ses seules opinions... que le zèle amène à outrepasser les limites de son mandat... et qui n'écoute personne». Laval est en effet d'une extrême intransigeance pour tout ce qui touche à son autorité et à la morale. Bien que disposé à certaines concessions, notamment en ce qui concerne le barème de la dîme, il lutte sans relâche contre le commerce de l'eau-de-vie avec les Amérindiens. Appuyé par le roi, Laval écrase avec une sereine détermination ses opposants les plus virulents, y compris les gouverneurs.

Son but est d'instituer un diocèse de Québec où tous les religieux seraient soumis à l'évêque. Afin de réduire le contrôle laïque du clergé, il crée un tribunal ecclésiastique chargé des cas impliquant des membres du clergé. En 1663, il fonde le SÉMINAIRE DE QUÉBEC, collège théologique et maison mère de tous les prêtres séculiers. Le séminaire peut révoquer les vicaires à son gré et perçoit la dîme que lui versent les paroissiens. Aux critiques engendrées par sa réticence à nommer des vicaires en résidence permanents, comme cela se fait en France, il réplique qu'il ne peut légalement créer de nouvelles paroisses tant qu'il n'est pas évêque de Québec.

Nouvelles églises, écoles et bonnes œuvres L'hostilité de Louis XIV envers la papauté pousse Rome à retarder la création du diocèse de Québec. Laval quitte le Canada en 1671, résolu à n'y revenir qu'avec le titre d'évêque de Québec. Son désir est exaucé en 1674. Bien que marqué par l'austérité et l'abnégation, le christianisme de Laval est charitable et pratique. Il permet la création de nouvelles églises, d'écoles et de bonnes œuvres. Il s'oppose à la prolifération d'ordres religieux, ce qui nuirait aux colons et menacerait la structure centralisée de l'Église. Le roi finance l'œuvre de Laval, tout en refrénant ses ambitions. Le pouvoir de l'évêque et des jésuites est contrebalancé par la protection que le roi accorde aux sulpiciens et par le rétablissement de l'ordre des franciscains, représentants loyaux de la monarchie.

En 1685, la maladie et son âge avancé poussent Laval à démissionner de ses fonctions d'évêque. Il accepte cependant de poursuivre jusqu'à la consécration de son successeur, Jean-Baptiste de La Croix de SAINT-VALLIER, en 1688. L'Église de Laval semble alors bien établie. Son successeur, obstiné, rustre et imprévoyant, le déçoit. Laval assiste à la détérioration de son œuvre avec une résignation douloureuse et muette. En 1700, Saint-Vallier est retenu en France et Laval remplit les fonctions d'évêque de Québec jusqu'à sa mort.

L'épiscopat de Laval a deux conséquences importantes. D'une part, son séminaire destiné aux prêtres coloniaux facilite la *canadianisation* du clergé et

consacre, après la conquête britannique, l'Église catholique comme église nationale du Canada français. D'autre part, en séparant son diocèse du pouvoir français tout en le maintenant rattaché à Rome, Laval ouvre la voie à l'ultramontanisme québécois du XIXe siècle.

Peter N. Moogk

Lavallée, Calixa, compositeur et pianiste (Verchères, Canada-Est, 28 déc. 1842— Boston, Mass., 21 janv. 1891). Auteur de la musique du Ô CANADA, qui deviendra l'hymne national du Canada, Lavallée est un pionnier en matière de musique tant au Canada qu'aux États-Unis. Il étudie tout d'abord avec son père à Montréal, puis se rend aux États-Unis en 1857. Des tournées l'emmèneront en Amérique du Sud, dans les Antilles et au Mexique.

En 1863, de retour à Verchères, il donne des concerts et des cours. Le 24 janvier 1864, il se produit en concert à Montréal, au piano, au violon et au cornet. De 1865 à 1872, il retourne vivre aux États-Unis. De 1873 à 1875, il étudie le piano, l'harmonie et la composition à Paris. Une des études pour piano qu'il compose à cette époque connaît beaucoup de succès: *Le Papillon*. Par la suite, il ouvre un studio à Montréal avec Frantz JEHIN-PRUME et Rosita del Vecchio, occupe à deux reprises le poste de président de l'Académie de musique de Québec et essaie sans succès d'ouvrir un conservatoire de musique. En 1881, son opéra-comique *The Widow* est présenté à la Nouvelle-Orléans.

Hélène Plouffe

Lavell, affaire Dans cette affaire datant de 1973, la Cour suprême du Canada avait à décider si l'art. 12 (1) (b) de la Loi sur les INDIENS qui prévoit qu'une Indienne qui épouse un non-Indien perd son droit d'être inscrite au registre des Indiens (alors qu'il n'en est pas ainsi de l'Indien qui épouse une non-Indienne) va à l'encontre du principe de l'égalité, prévu dans la Déclaration canadienne des droits de 1960. La Cour, par un jugement partagé de 5 à 4, juge la mesure valide. Elle remarque que le concept de l'égalité signifie «égalité dans l'administration ou l'application de la Loi par les fonctionnaires chargés de son application et par les tribunaux ordinaires du pays». Le Parlement ne peut exercer sa compétence sur les Indiens sans adopter des lois prescrivant les qualités requises pour qu'un individu ait droit au statut d'Indien. La Loi peut s'appliquer de façon sensée sans enfreindre les droits des femmes à l'égalité. Cette décision demeure très controversée.

Gérald-A. Beaudoin

Lavell, Jeannette Vivian, née Corbière, travailleuse sociale (Wikwemikong, Ont., 21 juin 1942). À partir de 1970, Lavell est au centre de la controverse concernant les iniquités de la loi fédérale sur le statut d'INDIEN. En 1970, elle épouse un non-Indien et perd ainsi son statut d'Indienne en vertu de la LOI SUR LES INDIENS. Étant donné que les hommes indiens ne perdent pas leur statut en se mariant avec une femme qui n'est pas indienne (mais obtiennent ce statut pour leur épouse et leurs enfants), elle en appelle à la Cour fédérale du Canada qui, en 1971, rejette sa cause. En 1973, dans un jugement complexe et très contesté, la Cour suprême du Canada entérine cette décision en affirmant que la DÉCLARATION CANADIENNE DES DROITS de 1960 n'interdit pas ce type précis de discrimination raciale et sexuelle, n'invalidant ainsi pas la *Loi sur les Indiens*. La controverse autour de l'AFFAIRE LAVELL et d'autres affaires semblables poussent des groupes internationaux des droits de l'homme à blâmer le Canada et soulèvent des divergences d'opinions sur les mariages mixtes, divergences qui causent une scission au sein de la communauté autochtone. En 1985, le projet de loi C-31 modifie la *Loi sur les Indiens* de façon à en éliminer les dispositions discriminatoires et à la rendre conforme à la CHARTE CANADIENNE DES DROITS ET LIBERTÉS. (*Voir aussi* FEMMES AUTOCHTONES, QUES-

TIONS RELATIVES AUX et AUTOCHTONES ET BLANCS, RELATIONS ENTRE.)

Bennett McCardle

La Vérendrye, Jean-Baptiste Gaultier de, commerçant de fourrures et explorateur (île Dupas, 3 sept. 1713—lac des Bois, 6 juin 1736). Il est le fils aîné de Pierre Gaultier de Varennes et de LA VÉRENDRYE. En 1731, il est membre du premier groupe qui part vers l'Ouest sous le commandement de son père. En automne 1731, il termine la construction du fort Saint-Pierre, au lac à la Pluie. Au printemps de 1733, il se rend jusqu'à la rivière Winnipeg et y érige un petit fort. En janvier 1734, son père le laisse chez les Cris, qui le traitent comme l'un des leurs. Il construit le premier fort Maurepas (à environ 10 km au nord de l'emplacement actuel de Selkirk, au Manitoba) sur la rivière Rouge en 1734, où il reste jusqu'en 1735. Il passe l'hiver de 1735-1736 au fort Saint-Charles et part le 5 juin avec le père Aulneau et 19 autres personnes pour aller chercher des provisions à Michilimakinac. Le groupe est surpris par des guerriers sioux et tous se font tuer dans une petite île du lac des Bois. Les corps sont trouvés le 20 juin et transportés au fort Saint-Charles pour y être inhumés.

James Marsh

La Vérendrye, Louis-Joseph Gaultier de, «chevalier», explorateur, commerçant de fourrures et officier militaire (île aux Vaches, Nouvelle-France, 9 nov. 1717—en mer, 15 nov. 1761). Le plus jeune des fils de Pierre Gaultier de Varennes et de LA VÉRENDRYE, Louis-Joseph est surtout connu pour avoir dirigé la première exploration européenne au-delà de la rivière Missouri, dans les grandes plaines. En 1735, il prend part aux explorations de son père vers l'Ouest et l'aide à rétablir le fort Maurepas (1736), puis construit le fort La Reine (1738). En 1738, il accompagne son père dans le pays des Mandanes (près de Bismarck, dans le Dakota du Nord), puis il est envoyé au nord en 1739 explorer le lac Winnipeg. Il atteint probablement THE PAS, dans le cours inférieur de la rivière Saskatchewan. En 1742, son frère François Gaultier Du Tremblay et deux autres Français entreprennent avec lui leur voyage épique de 15 mois vers le sud-ouest, au-delà du pays des Mandanes, à la recherche de la légendaire «mer de l'Ouest». Ayant atteint ce qui est sans doute les montagnes Big Horn (Wyoming), ils reviennent par les rivières Cheyenne et Bad, et enterrent une plaque de plomb à Pierre (Dakota du Sud), retrouvée en 1913. Après 1743, Louis-Joseph est commandant de poste à Chequamegon, à Kaministiquia et à Michipicoton.

De retour dans l'Est, il participe à la campagne contre les Mohawks (1748) et sur le lac Champlain (1759), au cours de la GUERRE DE SEPT ANS. Louis-Joseph, le plus actif et le plus doué des quatre fils La Vérendrye, meurt dans un naufrage au large du Cap-Breton.

C.E. Heidenreich

La Vérendrye, Pierre Gaultier de Varennes et de, officier de l'armée, agriculteur, commerçant de fourrures et explorateur (Trois-Rivières, 17 nov. 1685— Montréal, 5 déc. 1749). Les expéditions organisées par La Vérendrye et menées par ses fils sont celles qui ont ouvert à la traite française des fourrures la région du lac Supérieur jusqu'à la basse Saskatchewan et à la rivière Missouri.

La Vérendrye choisit dès son jeune âge la carrière militaire. Il fait ses premières armes au cours de la phase américaine de la GUERRE DE LA SUCCESSION D'ESPAGNE, où il est blessé en 1708 et emmené en prison en France. Relâché en 1710, il revient au Canada en 1712, se marie et devient agriculteur sur les terres de sa femme à l'île aux Vaches et à l'île Dupas, sur le lac Saint-Pierre. Las de cette vie, il décide de rejoindre son frère Jacques-René lorsque celui-ci devient commandant des postes sur la rive nord du lac Supérieur en 1726. Après avoir succédé à son frère comme commandant en 1728, La Vérendrye commence à raviver le vieux rêve de découvrir une voie vers l'hypothétique «mer de l'Ouest», dont certains géographes croient qu'il s'agit d'un large golfe intérieur dans l'Ouest débouchant sur le Pacifique. Avec la permission de Maurepas, ministre de la Marine, mais sans soutien financier, La Vérendrye demande et obtient, en 1731, le monopole de la traite des fourrures de la région pour trois ans. Il s'associe avec un certain nombre de marchands et, entre 1731 et 1737, il s'affaire à construire des postes du lac Supérieur au lac Winnipeg pour promouvoir la traite, tout en recueillant des renseignements auprès des autochtones. Ces témoignages mentionnent deux rivières qui coulent vers l'ouest. La Vérendrye les nomme rivière Blanche (Saskatchewan) et rivière de l'Ouest (Missouri). Insatisfait de la progression de La Vérendrye (six ans pour atteindre le lac Winnipeg), Maurepas exige qu'il passe à l'action. Par conséquent, en 1738, La Vérendrye se dirige vers le sud-ouest et le pays des Mandanes, sur la rivière Missouri. C'est la seule expédition d'exploration qu'il réalise sans avoir été précédé par l'un de ses fils ou son neveu Christophe Dufrost de La Jemerais. Ne sachant pas vraiment ce qu'il avait trouvé, à bout de forces et de ressources financières, La Vérendrye retourne à fort La Reine (PORTAGE LA PRAIRIE) et laisse à ses fils le soin de poursuivre les explorations. En 1742-1743, ses fils Louis-Joseph et François Gaultier Du Tremblay voyagent vers le sud-ouest, au-delà du pays des Mandanes, prouvant ainsi que la mer ne se trouve pas dans cette direction. Pendant ce temps, La Vérendrye continue l'expansion de la traite des fourrures dans la région des lacs du Manitoba. Les espoirs de faire une découverte importante sont tellement grands que Maurepas perd patience, accusant La Vérendrye de disperser ses énergies dans la traite plutôt que de les consacrer à l'exploration, et suggère au gouverneur BEAUHARNOIS de le remplacer. En 1743, La Vérendrye démissionne, mais est nommé à nouveau en 1746. Il prépare l'exploration de la rivière Saskatchewan, mais meurt avant de l'entreprendre.

C.E. Heidenreich

La Vergne, Armand, avocat, journaliste et politicien (Arthabaskaville, Qc, 21 févr. 1880—Ottawa, Ont., 5 mars 1935). Au cours des premières décennies du XXe siècle, il fut l'un des plus célèbres représentants canadiens-français du nationalisme pancanadien dont les succès et les échecs animèrent les scènes politiques canadienne et québécoise.

La Vergne s'initie tôt aux débats idéologiques et politiques. D'abord épris du PARTI LIBÉRAL fédéral et de son chef Wilfrid LAURIER, ami de la famille et associé professionnel de son père, le jeune Armand, fraîchement reçu avocat, se fait élire député libéral de Montmagny aux Communes, en 1904. Mais, rapidement, cet esprit indépendant trouve la voie qui va orienter sa vie publique : le nationalisme pancanadien que propose avec conviction Henri Bourassa. Dès 1903, d'ailleurs, avec d'autres jeunes, La Vergne avait fondé la LIGUE NATIONALISTE CANADIENNE. À une époque où sévissaient l'arrogance de l'impérialisme britannique et l'agressivité de plusieurs Canadiens anglais envers les Canadiens français, la Ligue réclame l'autonomie du Canada dans l'Empire et celle des provinces dans la CONFÉDÉRATION, le respect de la dualité canadienne et la mise sur pied de politiques culturelles et économiques exclusivement canadiennes.

Ces idées, à quelques nuances près, La Vergne les fait siennes pour la vie. Il les défend avec panache et grande éloquence aux Communes, de 1904 à 1908, à l'Assemblée législative du Québec, de 1908 à 1916, et à nouveau au PARLEMENT fédéral de 1930 à sa mort. Il prend aussi la plume au *Nationaliste* et au *DEVOIR* et, surtout, n'hésite jamais à traverser les lignes partisanes. Dès 1905, il se sépare de Laurier aux Communes pour s'associer franchement à Bourassa. Ensemble, ils mènent des luttes épiques qui marquent l'imaginaire politique québécois. Les plus mémorables restent la défense des minorités cana-

diennes-françaises catholiques hors Québec ou l'opposition à la marine de guerre mise sur pied par Laurier en 1910. Cette année-là, La Vergne récolte en outre les fruits de l'une de ses plus belles batailles : dans ce qui sera reconnu comme la loi La Vergne, le Parlement du Québec adopte le principe du bilinguisme dans les services d'utilité publique. En 1911, s'alliant à des conservateurs fédéraux québécois, qui se disent chevillés à leurs principes, La Vergne et Bourassa contribuent à la défaite électorale de Laurier. Les deux hommes vivent leur heure de gloire. Mais la trahison de tous les conservateurs-nationalistes, sauf un, puis des défaites électorales répétées minent la crédibilité politique de La Vergne bien que ce dernier réussisse quelques belles entreprises, p. ex., en 1918, lors des émeutes de Québec au moment de la crise conscriptionniste (*voir* CONSCRIPTION).

En 1924, éloigné de Bourassa, il décide d'intégrer les rangs du PARTI CONSERVATEUR fédéral afin d'amener son chef, Arthur MEIGHEN, et son successeur, R.B. BENNETT, dans le giron de son nationalisme. Ce choix plutôt étonnant, qui le conduit à la vice-présidence des Communes en 1930 et à des débats parlementaires déchirants, ne débouche pas sur le succès escompté. Présenté comme modèle par les JEUNE-CANADA en 1932, mais brisé physiquement et désabusé, il se rapproche du chanoine Lionel GROULX avant de s'éteindre en 1935. Il laisse le souvenir d'un homme au destin inachevé mais aux convictions nationalistes inébranlables.

Réal Bélanger

Lavigne, Jacques, philosophe (1919—1999). Formé au Collège Jean-de-Brébeuf de Montréal et à l'U. de Montréal, il est d'abord professeur à la Faculté des sciences sociales (chaire de philosophie et théorie politique), puis au Département de philosophie. Il enseigne ensuite au Collège Jean-de-Brébeuf (1953-1966) et termine sa carrière d'enseignant au Cégep de Valleyfield. Intéressé par l'évolution du symbolisme et par la question de l'objectivité, il est l'une des grandes figures du renouveau de la philosophie qui a précédé la Révolution tranquille. Son livre majeur (*L'inquiétude humaine*, 1953) lui assure un renommée internationale. Proche de la grande tradition réflexive française, il montre beaucoup d'intérêt pour la pensée de Maurice Blondel; la suite de ses écrits (notamment, *l'Objectivité*, 1971) confirme son évolution vers une philosophie de l'esprit marquée par l'existentialisme et influencée par la psychanalyse. Il fut le professeur de l'écrivain Hubert AQUIN et du cinéaste Gilles Therrien.

Georges Leroux

Law, Andrew Bonar, homme d'État et premier ministre de la Grande-Bretagne (Kingston, N.-B., 16 sept. 1858—Londres, Angl., 30 oct. 1923). Seul colon à devenir premier ministre de la Grande-Bretagne, Law grandit dans un milieu modeste jusqu'à l'âge de 12 ans, puis est envoyé chez des parents fortunés en Écosse. À 16 ans, il entre au service de l'entreprise bancaire familiale et devient un important marchand de fer. Law est élu député conservateur au Parlement britannique en 1900. Champion de la préférence impériale (*voir* IMPÉRIALISME) et opposé au Irish Home Rule (autonomie revendiquée par les Irlandais entre 1870 et 1914) et au socialisme, il est chancelier de l'Échiquier durant la guerre. En octobre 1922, il devient premier ministre, mais n'occupe le poste que pendant 209 jours avant de prendre sa retraite en raison de sa mauvaise santé. Il est un grand ami de Max AITKEN.

Duncan McDowall

Lawrence, Charles, officier de l'armée et gouverneur de la Nouvelle-Écosse (Angl., v. 1709— Halifax, 19 oct. 1760). Bien qu'il n'ait jamais bénéficié de l'appui de personnes influentes, Lawrence mène une carrière couronnée de succès. Il entre dans l'armée en 1727, est envoyé dans les Antilles et dans les Flandres (Belgique), puis se joint au 45e régiment à LOUISBOURG (île du Cap-Breton) comme major

en 1747. En 1753, il est chargé d'établir la colonie de protestants allemands à LUNENBURG (Nouvelle-Écosse). En 1754, il est nommé lieutenant-gouverneur de «l'Acadie ou de la Nouvelle-Écosse» et on se souvient surtout de lui comme l'instigateur de la déportation des Acadiens, en 1755. Même si cette déportation n'aurait sans doute jamais eu lieu sans son influence, son talent d'administrateur et ses actions, la responsabilité finale de cette tragédie ne lui incombe pas entièrement.

Lawrence est promu gouverneur en 1756 et, en 1758, il commande une brigade dans l'expédition réussie contre Louisbourg. Durant ses dernières années au poste de gouverneur, il se consacre à établir les migrants de la Nouvelle-Angleterre dans la colonie. À sa mort, ses associés érigent un monument dans l'église St. Paul, à Halifax, à la mémoire de ce gouverneur controversé mais respecté.

N.E.S. Griffiths

Lawrence House Museum Situé à Maitland, en Nouvelle-Écosse, il est à la fois un LIEU HISTORIQUE national et provincial. William Lawrence, un important constructeur de navires, fait construire cette maison familiale aux environs de 1870. La maison surplombe la rivière Shubenacadie à la baie Cobequid, emplacement du chantier naval de Lawrence. C'est là qu'est construit en 1874 le *William D. Lawrence*, le plus gros trois-mâts carré jamais construit au Canada. Cette maison reflète la richesse et la position sociale des constructeurs de navires de la Nouvelle-Écosse à la fin du XIXe siècle. Entièrement restaurée et meublée conformément à la période historique qu'elle représente, la maison est ouverte au public du début juin à la mi-octobre.

Deborah Welch et Michael Payne

Lawson, Ernest, peintre (Halifax, 22 mars 1873—Miami Beach, Fla., 18 déc. 1939). En 1883, le docteur Archibald Lawson, qui fait l'objet d'une enquête pour activité illégale, quitte Halifax pour Kansas City et confie son fils Ernest à son oncle, le pasteur George Munro GRANT, recteur de l'U. Queen, à Kingston. De 1888 à 1890, Ernest Lawson vit à Kansas City et à Mexico, étudie à compter de 1891 à l'Art Students League, à New York, puis à l'école estivale de John N. Twachtman et de J. Alden Weir à Cos Cob, au Connecticut. En 1893, il étudie brièvement à l'Académie Julian, à Paris, et il peint à Moretsur-Loing, où il fait la connaissance du peintre impressionniste anglo-français Alfred Sisley. Après un court séjour au Canada en 1896, il enseigne pendant un an à Columbus, en Géorgie, puis s'installe à New York en 1898. Vivant à l'extrémité nord de l'île de Manhattan, dans Washington Heights, il peint de nombreux paysages représentant la rivière Harlem. Plus tard, il déménage à Greenwich Village, où il fréquente William Glackens, Robert Henri et le groupe du nouveau réalisme.

Bien qu'essentiellement peintre de paysages, Lawson met souvent l'accent sur des sujets prosaïques, en marge de l'environnement urbain. Pour cette raison, de même que pour la vigueur de son expression, on l'invite en 1908 à exposer à New York avec «The Eight», une exposition qui marquera l'histoire de l'art américain. Durant ces années, Lawson obtient un vaste succès critique. Il est l'un des organisateurs de l'Armory Show de 1913, à New York, auquel il expose des œuvres, et remporte de nombreux prix, dont une médaille d'argent à l'Exposition universelle de Saint Louis, en 1904, et une médaille d'or à la Panama-Pacific Exhibition de San Francisco, en 1915. Il est élu membre associé de la National Academy of Design en 1908, puis membre à part entière en 1917.

Twachtman, Weir et Sisley constitueraient les influences dominantes dans le développement de son interprétation personnelle de l'impressionnisme. Essentiellement intéressé par la couleur, Lawson peint au pinceau, au couteau et avec le pouce pour créer des surfaces à empâtements épais, peignant des compositions similaires dans des formats et des tons variés, de manière à produire des effets de couleur dans différentes atmosphères. Selon le critique new-yorkais James Huneker, les œuvres de Lawson sont peintes avec «une palette de pierres précieuses broyées». Il ne dessine ni ne peint d'études avant de faire une toile, mais il y travaille directement, en extérieur ou dans son atelier. Il peint en Espagne en 1916-1917, en Nouvelle-Écosse et à Terre-Neuve, en 1924, au Colorado, à partir de 1927, et en Floride, à partir de 1931. Tandis qu'il est généralement acclamé par la critique pendant les premières années de sa carrière, la demande pour ses œuvres diminue sérieusement dans les années 30, alors qu'il doit faire face à de graves problèmes financiers et de santé.

Aux États-Unis, Lawson affirme qu'il est né à San Francisco, tandis qu'au Canada il ne nie pas sa naissance haligonienne. Il est élu membre du Canadian Art Club en 1912 et expose avec le Club de 1911 à 1915. Après la Première Guerre mondiale, A.Y. JACKSON considère que Lawson est, au même titre que J.W. MORRICE et Tom THOMSON, l'un des trois fondateurs de l'art moderne canadien. Des expositions des tableaux de Lawson ont lieu à Halifax (1919), à Toronto et à Montréal (1930), puis à Ottawa (1967).

Charles C. Hill

Lawson, George, botaniste (Logan, Écosse, 12 oct. 1827—Halifax, 10 nov. 1895). Lawson étudie les sciences physiques et naturelles à l'U. d'Édimbourg. Secrétaire adjoint et conservateur de la Botanical Society of Edinburgh, il travaille aussi pour le premier laboratoire de biologie d'Angleterre. En 1858, il devient professeur de chimie et d'histoire naturelle à l'U. Queen. En 1860, il fonde la Botanical Society of Canada et en publie les *annales* jusqu'en 1863, année où il devient professeur de chimie et de minéralogie à l'U. Dalhousie.

Il est secrétaire de la Commission de l'agriculture de la Nouvelle-Écosse de 1864 à 1885, secrétaire du ministère de l'Agriculture de la Nouvelle-Écosse de 1885 à 1896 et membre fondateur de la Société royale du Canada en 1882. En 1891, il fonde le Botanical Club of Canada sous les auspices de la Société royale du Canada. En tant que premier botaniste de profession au Canada, Lawson a eu une grande influence sur les champs d'étude de la BOTANIQUE canadienne couverts par des amateurs, ainsi que sur les politiques de l'agriculture et des sciences de l'éducation en Nouvelle-Écosse.

Suzanne Zeller

Layton, Irving Peter, né Israël Lazarovitch, poète, nouvelliste, essayiste et professeur (Tirgu Neamt, Roumanie, 12 mars 1912). Depuis le début des années 40, il est reconnu, au Canada comme à l'étranger, comme un poète de l'école moderne prolifique, polyvalent, révolutionnaire et controversé. Il n'a pas un an quand il quitte la Roumanie pour le Canada. En 1939, il obtient un B.Sc. en agriculture au Collège Macdonald et fait un bref séjour dans l'armée canadienne (1942-1943) avant de préparer une maîtrise en science politique à l'U. McGill. Une fois diplômé, il donne des cours particuliers aux immigrants, enseigne dans une école secondaire et obtient un poste de chargé de cours à l'U. Sir George Williams, à Montréal, où il devient par la suite professeur à temps plein.

Layton fait partie d'un groupuscule de jeunes poètes montréalais qui croient faire une révolution contre le romantisme insipide et publient leurs poèmes dans *First Statement* (1942-1945), une revue dirigée par John SUTHERLAND. Il demeure membre du comité de rédaction de *Northern Review*, qui succède à *First Statement* à la suite de la fusion, en 1945, de cette dernière avec *Preview*. En 1952, il aide Louis DUDEK et Raymond SOUSTER à créer *Contact Press*, une coopérative d'édition pour les poètes canadiens.

Parmi les poètes de Montréal qui sortent de l'ombre à cette époque, Layton est le plus haut en couleur et ne mâche pas ses mots. Ses satires pren-

nent surtout pour cible la lourdeur de l'esprit bourgeois et ses célèbres poèmes d'amour donnent dans l'érotisme explicite. *Here and Now*, publié en 1945, est son premier recueil de poésie. Il publie ensuite de nombreux recueils de poèmes d'une portée et d'une diversité peu communes, ainsi que quelques œuvres en prose. Citons, entre autres, *Now Is the Place* (1948), *The Black Huntsman* (1951), *Cerberus* (avec Louis Dudek et Raymond Souster, 1952), *Love the Conqueror Worm* (1953), *In the Midst of My Fever* (1954), *A Laughter in the Mind* (1958), *A Red Carpet For The Sun* (1959), qui lui vaut le prix du Gouverneur général, *Balls for a One-Armed Juggler* (1963), *The Laughing Rooster* (1964), *Periods of the Moon* (1967), *The Shattered Plinths* (1968), *Engagements: The Prose of Irving Layton* (1972), *Lovers and Lesser Men* (1973), *The Pole-Vaulter* (1974), *Seventy-Five Greek Poems* (1974), *For My Brother Jesus* (1976), *The Covenant* (1977), *Taking Sides: The Collected Social and Political Writings* (1977), *Droppings from Heaven* (1979), *The Gucci Bag* (1983), *Una Nuova Glaciazione* (1985), *Dance With Desire* (1986) et un recueil, *Final Reckoning: Poems 1982-86* (1987).

Fortunate Exile (1987), son quarante-septième ouvrage, comporte des poèmes déjà publiés sur les juifs. Layton soutient que la poésie devrait être «vitale, intense, pénétrante et dramatique», point de vue que son œuvre illustre amplement. Il a aussi dirigé la publication de recueils d'autres poètes canadiens. Le premier volume de ses mémoires, *Waiting for the Messiah*, paraît en 1985.

En 1967, Layton reçoit une bourse du Conseil des arts du Canada qui lui permet de voyager en Israël, en Grèce, en Inde et au Népal. Il est poète résident dans plusieurs universités canadiennes et professeur d'anglais à York de 1969 à 1978. L'Italie et la Corée le proposent pour le prix Nobel, en 1981. Tout au long de sa carrière, il a excellé dans l'interprétation de ses propres vers et certaines de ses représentations publiques ont été enregistrées.

Elspeth Cameron

Lea, Walter Maxfield, politicien et premier ministre de l'Île-du-Prince-Édouard en 1930 et 1931 ainsi qu'en 1935 et 1936 (Tryon, Î.-P.-É., 10 févr. 1874—Charlottetown, 10 janv. 1936). Fermier et éleveur de bétail prospère, Lea est le premier agriculteur à diriger l'Île-du-Prince-Édouard. Élu en tant que libéral à l'Assemblée législative en 1915, il devient commissaire (ministre) de l'Agriculture en 1919. Le 30 mai 1930, Lea devient premier ministre et participe à la Conférence fédérale-provinciale de 1930, mais il démissionne le 29 août 1931. Frappé par la maladie au cours des élections générales de 1935, il est contraint de faire campagne alité, ce qui entraîne le premier balayage de sièges dans une démocratie parlementaire. Son deuxième mandat à titre de premier ministre prendra fin à son décès.

Peter E. Rider

Leacock, Stephen, humoriste, essayiste, professeur, économiste et historien (Swanmore, Angl., 30 déc. 1869—Toronto, 28 mars 1944). Titulaire de nombreux grades honorifiques, prix et distinctions (médaille Lorne Pierce, Prix du Gouverneur général, émission d'un timbre-poste en son honneur, Stephen Leacock Medal for Humour créée en son honneur), il est l'humoriste anglophone le plus connu au monde de 1915 à 1925.

Il grandit dans une ferme près du lac Simcoe, en Ontario, et fait ses études au Upper Canada College (où il enseigne pendant neuf ans), à l'U. de Toronto et à l'U. de Chicago, où il étudie l'économie et la science politique (Ph.D., 1903). Il entre au Département d'économie et science politique de l'U. McGill en 1903. Il devient rapidement directeur du département et le demeure jusqu'à sa retraite en 1936. Collaborateur prolifique de diverses revues pour lesquelles il rédige des textes de fiction humoristique, des essais littéraires et des articles traitant de questions sociales, de politique, d'économie, de

science et d'histoire, Leacock déclare vers la fin de sa vie: «Je peux écrire maintenant sur tout ce qui se trouve dans un rayon de cent mètres». La plupart de ses livres rassemblent des articles parus dans des revues.

Son premier ouvrage, *Elements of Political Science* (1906), extrêmement bien fait, sera le plus grand succès de toute sa carrière. Même s'il n'est pas un économiste original ou particulièrement perspicace, ses opinions professionnelles sur des sujets tels que la nécessité d'un étalon-or s'avèrent prophétiques par le bon sens avec lequel il aborde ce qu'il considère comme une jungle de statistiques. Ses écrits sur les aspects théoriques et techniques de l'humour ainsi que ses idées en matière d'éducation sont tout aussi intéressants parce qu'accessibles.

Il joue un rôle politique actif au sein du Parti conservateur, tant dans le comté d'Orillia, son comté d'origine, que sur la scène nationale. Lors des élections générales de 1911, ses écrits propagandistes et ses discours publics sur la question de la RÉCIPROCITÉ contribuent à la défaite du gouvernement libéral de sir Wilfred LAURIER. Bien qu'affichant des points de vue en apparence contradictoires, de façon générale, Leacock adopte une attitude conservatrice. Conservateur dans le sens *précapitaliste* du terme, il favorise le bien commun par rapport au bien particulier, la sécurité plutôt que les changements radicaux et une position intermédiaire plutôt qu'un déviationnisme extrême. L'esprit satirique de Leacock repose sur ces valeurs et lui confère cette position qui lui permet d'attaquer à titre d'auteur l'individualisme, le matérialisme et le culte de la technologie répandus à cette époque. Malgré de fréquentes infidélités à son credo qui préconise un humour bienveillant (il se montre parfois raciste, antiféministe et franchement désagréable), la compassion et l'esprit caustique qui lui sont propres forment une alchimie unique et situent son humour hors du temps, conférant à son œuvre une éternelle jeunesse, rare chez les écrivains canadiens.

Ses deux chefs-d'œuvre sont SUNSHINE SKETCHES OF A LITTLE TOWN (1912; trad. *Un été à Mariposa: croquis en un clin d'œil*, 1986) et *Arcadian Adventures with the Idle Rich* (1914). Le premier dissèque avec humour le monde des affaires, la vie mondaine, la religion, les intrigues amoureuses et la vie politique de Mariposa, une petite ville typique dont le nom revêt une signification mythique dans la psyché canadienne. La plus grande trouvaille de *Sunshine Sketches* demeure sans doute le narrateur lui-même, qui, par son affection pour la communauté de Mariposa et la stupéfaction qu'il éprouve devant ces êtres qu'il dépeint si admirablement, laisse voir le véritable Leacock. *Arcadian Adventures* décrit méticuleusement la vie d'une ville américaine sur un ton plus satirique où transparaissent moins la tendresse et la compassion de l'auteur. Considérés ensemble, ces deux ouvrages témoignent de l'immense imaginaire de l'auteur, de son inquiétude remplie de nostalgie face à la perte qu'entraîne la mort lente des communautés humaines et de son appréhension face à ce qui pourrait s'ensuivre. Leacock estime toutefois que c'est dans les plus hauts sommets de la littérature que l'on retrouve le meilleur humour.

Toute liste de ses meilleurs ouvrages, qu'il s'agisse de romans ou d'essais, se doit de mentionner les titres suivants, choisis parmi plus d'une soixantaine d'ouvrages: *Nonsense Novels* (1911), *Moonbeams from the Larger Lunacy* (1915), *Further Foolishness* (1916), *Essays and Literary Studies* (1916), *Frenzied Fiction* (1918), *The Unsolved Riddle of Social Justice* (1920), *My Discovery of England* (1922), *The Garden of Folly* (1924), *Winnowed Wisdom* (1926), *Short Circuits* (1928), *Lincoln Frees the Slaves* (1934), *Humor: Its Theory and Technique* (1935), *Humour and Humanity* (1937), *My Discovery of the West* (1937), *Too Much College* (1939), *My Remarkable Uncle* (1942), *Our Heritage of Liberty* (1942),

Happy Stories (1943), *How to Write* (1943), *Last Leaves* (1945) et son autobiographie inachevée, *The Boy I Left Behind Me* (1946).

Gerald Lynch

Leader parlementaire Le député fédéral nommé par chaque parti pour agir comme stratège et tacticien en chef à la Chambre des communes porte de façon non officielle le titre de leader parlementaire. Le leader parlementaire du gouvernement est un ministre qui porte le titre honorifique de président du Conseil privé. Il négocie l'horaire de la Chambre des communes avec les autres partis. Dans chaque parti, le leader parlementaire a sous sa direction le WHIP DU PARTI et gère des questions qui vont des surfaces de bureaux aux négociations salariales. Les leaders parlementaires se rencontrent chaque semaine pour discuter de l'horaire du gouvernement et choisir ceux qui prendront la parole à la Chambre. Ils ont assez de pouvoir pour que leurs partis soient liés par les ententes qu'ils ont négociées.

Robert J. Jackson

League for Social Reconstruction (LSR) Organisation d'intellectuels de gauche créée en 1931-1932 à Montréal et à Toronto, surtout en réponse à la CRISE DES ANNÉES 30. La ligue a bientôt une vingtaine de sections locales ailleurs en Ontario et dans l'Ouest, mais les sections fondatrices s'avèrent les plus durables et les plus engagées en éducation politique. Dirigée par l'historien Frank UNDERHILL et le professeur de droit F.R. SCOTT, la LSR critique le capitalisme monopolistique et demande au Parlement d'intervenir en adoptant des réformes économiques. Jamais liée officiellement à un parti politique, la LSR affiche néanmoins ses couleurs en réalisant annuellement J.S. WOODSWORTH à titre de président honoraire.

Le manifeste de Regina (1933) de la CO-OPERATIVE COMMONWEALTH FEDERATION (CCF) est en grande partie rédigé par des membres de la LSR. La ligue expose ses idées en détail dans les ouvrages *Social Planning for Canada* (1935) et *Democracy Needs Socialism* (1938), ainsi que dans le CANADIAN FORUM acquis en 1936. Les désillusions à l'égard du SOCIALISME à la fin des années 30 affaiblissent la LSR. La Seconde Guerre mondiale et les exigences organisationnelles croissantes de la CCF entraînent la disparition silencieuse de la ligue en 1942. Si son influence sur la CCF ne fait pas de doute, celle qu'elle a exercée sur le Canada demeure encore discutable.

Michiel Horn

Leamington, ville de l'Ont; pop. 16 188 (rec. 1996), 14 140 (rec 1991), 13 064 (rec 1986); superf. 10,63 km²; const. en 1890; située sur la rive nord du LAC ÉRIÉ, à 54 km au sud-est de WINDSOR. Leamington porte le nom d'une ville du Warwickshire, en Angleterre, et devient au cours du XIXᵉ siècle un port lacustre et un centre maraîcher. La production de tabac ainsi que les conserveries et la transformation des aliments sont les principales industries de la région environnante. De nos jours, on y retrouve une importante usine de transformation des aliments appartenant à la H.J. Heinz Co. Elle est aussi la porte d'entrée du PARC NATIONAL DE LA POINTE-PELÉE.

Daniel Francis

Learning, Walter John, metteur en scène, acteur et dramaturge (Quidi Vidi, T.-N., 16 nov. 1938). Learning obtient un baccalauréat ès arts (1961) et une maîtrise ès arts (1963) à l'U. du Nouveau-Brunswick et étudie à l'Australian National University, à Canberra, de 1963 à 1966. Il revient au Canada en 1966 où il enseigne la philosophie à l'U. Memorial pendant deux ans.

Il fait ses débuts professionnels au théâtre à titre de directeur général de la Salle Beaverbrook de Fredericton (1968), où il fonde le THEATRE NEW BRUNSWICK (TNB) (1969), une compagnie ayant pour objectif de présenter des pièces professionnelles en tournée dans la province, et une troupe de jeune théâtre (1975) qui présente des pièces dans les écoles. Il demeure directeur artistique du TNB jusqu'en 1978. Pendant son séjour à Fredericton, Learning collabore à la rédaction de trois pièces avec Alden Nowlan: *Frankenstein: The Man Who Became God* (1974); *The Dollar Woman* (1977) et *The Incredible Murder of Cardinal Tosca* (1978). Depuis, il a écrit et réalisé des œuvres pour le réseau anglais de la Société Radio-Canada et préparé la publication d'une anthologie de récits.

En 1978, Learning est nommé agent à la section théâtre du CONSEIL DES ARTS DU CANADA. Durant les quatre années où il occupe ce poste, il est chargé de l'ensemble des activités liées aux théâtres sans but lucratif au Canada. Il veille aussi à la mise en place d'un fonds de capital-risque pour les projets de théâtre commercial et administre un budget qui passe de 7,9 à 13 millions de dollars.

En sa qualité de directeur artistique du VANCOUVER PLAYHOUSE THEATRE (1982-1987), poste que son prédécesseur a décrit comme «une véritable horreur», Learning double presque les ventes d'abonnement. Il élimine un déficit dont il avait hérité en vendant une propriété appartenant au théâtre et en faisant l'acquisition d'un centre de production entièrement équipé. Il continue d'utiliser la salle de spectacle appartenant à la municipalité pour son programme principal et monte des programmes parallèles au Vancouver East Cultural Centre et au Waterfront Theatre.

En 1987, Learning se joint au Confederation Centre of the Arts de Charlottetown, où il ne tarde pas à soulever la controverse à titre de directeur artistique du FESTIVAL D'ÉTÉ DE CHARLOTTETOWN, en présentant la pièce *Are You Lonesome Tonight?* et en effectuant des modifications à la pièce permanente *Anne of Green Gables* (v.f. *Anne... la maison aux pignons verts*). Il reste en poste jusqu'en 1992.

Au cours des trois années qui suivent, Learning travaille comme comédien, metteur en scène et communicateur indépendant au Canada et en Australie. Il fait connaître l'œuvre du célèbre dramaturge canadien Norm Foster aux Australiens.

En 1995, il revient au Theatre New Brunswick en qualité de directeur de production. Il entreprend de donner un second souffle à un théâtre qui doit composer avec un lourd déficit, un taux d'abonnement décroissant, des installations désuètes et une communauté qui, depuis son dernier passage au TNB, a perdu beaucoup de son intérêt pour le théâtre. Pilier administratif du théâtre régional depuis 1968, il continue d'exercer son art en tant que comédien et metteur en scène.

Edward Mullaly

Leaver, Eric William, inventeur, ingénieur électronicien (Langham, Angl., 11 août 1915). Il arrive en Saskatchewan alors qu'il est encore enfant. Après ses études secondaires, il s'établit comme inventeur de systèmes d'atterrissage automatique pour les avions dans les années 30. À la fin de la Seconde Guerre mondiale, il fonde Electronic Associates Ltd avec des collègues de Research Enterprises Ltd, l'usine de radars du gouvernement, et entreprend de créer des machines-outils robotisées. Son système AMCRO (Contrôle automatique de machine par préenregistrement des opérations) est breveté en 1947. Faute de capital de risque au Canada, ce sont des détenteurs de licence américains qui le développent, mais jamais complètement, parce que le système se heurte à la résistance des manufacturiers de machines-outils conventionnelles.

Electronic Associates diversifie ses activités en produisant des instruments électroniques, tels que des compteurs Geiger portatifs pour les prospecteurs d'uranium, des altimètres radars pour des relevés aériens précis et des systèmes de contrôle automatique de procédés industriels, notamment pour l'exploitation minière et les usines de papier. Electronic Associates enregistre des ventes annuelles dépassant 15 millions de dollars en produits de HAUTE TECHNOLOGIE quand Leaver en perd le contrôle en 1974 et devient consultant indépendant. En 1981, la CORPORATION DE DÉVELOPPEMENT DU CANADA acquiert l'entreprise et la rebaptise Sentrol Systems. Sentrol et sa filiale américaine, maintenant vendue, continuent à prospérer.

Donald J.C. Phillipson

Lebensold, Fred David, architecte, conseiller en conception de théâtres (Varsovie, Pologne, 1917—Kingston, 30 juill. 1985). Formé d'abord en Pologne, il se rend à Londres, en Angleterre, pour étudier à la Regent Street Polytechnic (1930). Il sert comme capitaine d'état-major dans les Royal Engineers de 1943 à 1947, puis enseigne la conception à Londres. Dès son arrivée au Canada en 1949, il est professeur agrégé d'architecture à l'U. McGill jusqu'en 1955. Il devient plus tard membre de l'Institut royal d'architecture du Canada et de l'Académie royale du Canada.

En pratique privée, en 1953, il est un des membres fondateurs de l'agence Affleck, Desbarats, Dimakopoulos, Lebensold, Michaud et Sise, devenue ARCOP Associés en 1970. Il est un concepteur de théâtre talentueux, auquel on doit de nombreux théâtres, dont le Queen Elizabeth Theatre de Vancouver (1ᵉʳ prix du concours national, en 1955, médaille Massey 1958); le Fathers of Confederation Memorial Building de Charlottetown, 1964 (1ᵉʳ prix du concours national, en 1967, médaille Massey 1967); la PLACE DES ARTS de Montréal (médaille Massey 1968); le CENTRE NATIONAL DES ARTS d'Ottawa (médaille Massey 1970); et le City Center Theatre de New York (Bard Award 1983). L'agence de Lebensold s'occupe aussi d'architecture domestique, d'aménagements de bâtiments publics et de revalorisation d'édifices historiques. Il est un des initiateurs des travaux de restauration du Vieux-Montréal.

Norbert Schoenauer

Le Ber, Pierre, peintre (baptisé à Montréal, 11 août 1669—Pointe-Saint-Charles, près de Montréal, 1ᵉʳ oct. 1707). On ne sait pas où Le Ber a étudié la peinture, mais la situation et la fortune de sa famille lui permettent de fonder l'Hôpital général de Montréal avec François Charon en 1692 et d'y installer son studio.

Son œuvre la plus connue est le portrait de sainte Marguerite BOURGEOYS (1700). De 1697 jusqu'à sa mort, il travaille à la décoration de la chapelle de Sainte-Anne, à Pointe-Saint-Charles. Des nombreuses peintures destinées aux églises, seules celles de sainte Thérèse, de saint Alphonse Rodriguez et de saint Charles Borromée sont connues. L'inventaire du studio de Le Ber après sa mort laisse supposer une production artistique assez importante, puisque cette liste fait état d'une quantité importante de matériel d'art et de 12 toiles.

Nicole Cloutier

LeBlanc, Arthur, violoniste et compositeur (Village-du-Bois de Saint-Anselme [Dieppe], près de Moncton, N.-B., 18 août 1906—Québec, 19 mars 1985). Véritable prodige, LeBlanc est acclamé dès l'âge de cinq ans. Il fait des études à l'École normale de musique à Paris et étudie la composition avec Paul Dukas. Surnommé le «poète acadien du violon», les critiques d'Amérique du Nord et d'Europe l'acclament avec enthousiasme. Le 6 décembre 1941, il joue à la Maison Blanche pour le président des États-Unis au moment où le monde apprend l'attaque de la base navale de Pearl Harbor. En 1948, il crée le *Concerto nº 2*, que Darius Milhaud a composé pour lui. Il cesse ses activités en 1965 pour cause de maladie. L'U. de Moncton lui décerne un doctorat honorifique en 1982.

Hélène Plouffe

Leblanc, Hugues, philosophe et logicien (Sainte-Marie de Beauce, Qc, 19 mars 1924—États-Unis, 10 sept. 1999). Philosophe de réputation internationale, il est l'un des meilleurs logiciens que le Canada ait vu naître sur son sol. Après des études de maîtrise à l'U. de Montréal, Hugues Leblanc quitte le pays pour les États-Unis afin de parfaire sa formation en logique mathématique. C'est à l'U. de Harvard, sous la direction de l'éminent philosophe Willard V.O. Quine, qu'il décroche un doctorat en philosophie (Ph.D.), en 1948. Il entreprend alors de faire carrière aux États-Unis, d'abord au réputé Bryn Mawr College (Pennsylvanie), où il enseigne jusqu'en 1967, puis au département de philosophie de Temple University (Philadelphie). À sa retraite, il accepte un poste de professeur associé au département de philosophie de l'UQAM, où il poursuit d'intenses recherches jusqu'à ce que, fin 1996, sa santé le force à cesser ses activités. Ces travaux aboutiront à la publication de son dernier ouvrage (*Probability Theory and Probability Logic*, University of Toronto Press, 1999) écrit en collaboration avec Peter Roeper, grand collaborateur de Leblanc pour plusieurs de ses plus importantes recherches en sémantique probabiliste.

Leblanc s'est principalement intéressé à la *logique libre* (logique qui diffère de la logique classique du fait qu'elle ne présuppose pas que les noms dont elle use se réfèrent à quoi que ce soit de réel) et à la *sémantique vérifonctionnelle* (c'est-à-dire basée sur le concept de *valeur de vérité*, la sémantique classique admettant deux valeurs de vérité, le vrai et le faux). Mais il s'est également intéressé à la *sémantique probabiliste* et à la *théorie des probabilités* en général.

Il est l'auteur de quatre livres; à celui déjà mentionné, il faut ajouter *Statistical and Inductive Probabilities* (1962), *Truth-Value Semantics* (1976) et *Existence, Truth and Probability* (1982); et il est le coauteur de deux autres ouvrages, dont un manuel de logique très connu, écrit en collaboration avec W.A. Wisdom, *Deductive Logic*, (1972).

Fellow des fondations Fulbright (1953-1954) et Guggenheim (1965-1966), il a reçu un doctorat honorifique de l'U. de Montréal (1980), ainsi que de l'U. Dalhousie de Halifax (1982), et il a été le second récipiendaire du Certificat de mérite scientifique accordé par l'UQAM (1985). Cofondateur avec Mario BUNGE de la Society for Exact Philosophy (1971), il a reçu, en 1982, le Paul W. Eberman Research Award de l'U. Temple.

Robert Nadeau

LeBlanc, Roméo A., journaliste, politicien, gouverneur général du Canada (L'Anse-aux-Cormiers, Memramcook, N.-B., 18 déc. 1927). Roméo LeBlanc étudie à l'U. Saint-Joseph (aujourd'hui l'U. de Moncton) et à Paris, en France, avant d'enseigner au Nouveau-Brunswick dans les années 50. Il se joint à l'équipe de Radio-Canada en 1960, en tant que journaliste, et devient attaché de presse du premier ministre Lester Pearson en 1967. Il conserve son poste d'attaché de presse sous le gouvernement de Pierre Trudeau, jusqu'en 1971, puis retourne à l'U. de Moncton, où il occupe le poste de directeur des relations publiques. Il est élu député libéral à la Chambre des communes en 1972. Après sa réélection en 1974, il est nommé ministre d'État aux Pêcheries. LeBlanc supervise l'expansion des eaux territoriales canadiennes, qui passent d'une limite de 12 milles à la limite actuelle de 200 milles. En 1976, il est nommé ministre des Pêches et de l'Environnement. Il est réélu en 1979, et à nouveau en 1980.

Après le court passage de Joe Clark à la tête du gouvernement, Roméo LeBlanc est à nouveau nommé ministre des Pêches et Océans en 1980, et devient ministre des Travaux publics en 1982. En 1984, il choisit de ne pas briguer les suffrages et le premier ministre Trudeau le nomme sénateur. Acadien, et parfaitement bilingue, il est nommé gouverneur général du Canada par le premier ministre Jean CHRÉTIEN le 8 février 1995, afin de succéder à Ray HNATYSHYN. Roméo LeBlanc est le premier politicien des Maritimes et le premier Canadien de descendance acadienne à occuper le poste de vice-roi. Il

a été remplacé le 7 oct. 1999 par Adrienne Louise CLARKSON.

Leblond, Charles Philippe, anatomiste, biologiste cellulaire (Lille, France, 5 févr. 1910). Considéré comme un pionnier en biologie cellulaire, Leblond est parmi les premiers à utiliser des isotopes radioactifs synthétiques pour suivre des molécules marquées dans les tissus. Pour ce faire, il met au point en 1946, en collaboration avec L. Bélanger, la technique appelée autoradiographie, aujourd'hui utilisée dans le monde entier. Cette technique consiste à mettre en contact de minces coupes de tissus contenant des substances radioactives avec une émulsion photographique. La présence de grains noir argenté sur les cellules ou les tissus examinés au microscope révèle la source de la radioactivité.

Leblond emploie cette méthode pour étudier des processus dynamiques qui ont lieu dans le corps, tels que le renouvellement des composants des tissus ou l'élaboration de diverses substances par les cellules. Auteur de plus de 350 articles scientifiques et professeur d'anatomie à l'U. McGill depuis 1948, il a reçu de nombreux honneurs dont sa nomination à la Royal Society, à Londres (1965), et à l'American Academy of Arts and Sciences (1970), ainsi que des diplômes honorifiques aux universités Acadia (1972), McGill (1982), de Montréal (1985) et York (1986). Leblond est fait Officier de l'Ordre du Canada en 1977.

Yves Clermont

Le Caine, Hugh, physicien, concepteur d'instruments de musique électronique et compositeur (Port Arthur [aujourd'hui Thunder Bay], Ont., 27 mai 1914—Ottawa, 3 juill. 1977). Le Caine étudie la physique à l'U. Queen puis à l'U. de Birmingham (Angleterre). Depuis son enfance, il manifeste un vif intérêt pour la musique et les instruments électroniques. En 1939, il entre au CONSEIL NATIONAL DE RECHERCHES DU CANADA (CNRC) à Ottawa, où il travaille au développement du RADAR et en physique nucléaire. En 1945, dans son atelier à la maison, il travaille déjà à fabriquer sa saqueboute, un instrument à clavier électronique considéré aujourd'hui comme le premier «synthétiseur». En 1954, le CNRC le nomme directeur d'un projet de conception de nouveaux instruments de musique électronique.

Il en a quinze à son actif lorsqu'il part à la retraite en 1974. Il porte un soin particulier à leur expressivité musicale et tient compte davantage des besoins de l'interprète, du compositeur et de l'auditeur que des exigences de la technologie. Dans le laboratoire du CNRC, il compose une série d'études dont l'une, *Dripsody* (1955), est aujourd'hui considérée comme une pièce classique de musique électronique. Dans ce morceau, il n'utilise que le son de la chute d'une seule goutte d'eau, transformé par des changements de la vitesse de déroulement de la bande.

En 1959, l'U. de Toronto ouvre le premier studio de musique électronique au Canada, le deuxième en Amérique du Nord. L'équipement original, conçu par Le Caine, exploite de nouvelles méthodes de production de sons qui multiplient les possibilités offertes aux compositeurs. Attirés par cet équipement, un grand nombre de compositeurs provenant de partout au pays et de l'étranger viennent au studio. Le Caine écrit de nombreux articles sur son travail qui sont publiés surtout dans des revues scientifiques. Reconnu mondialement pour sa contribution à l'essor de la musique électronique, il reçoit trois doctorats honorifiques d'universités canadiennes. (*Voir aussi* MUSIQUE ÉLECTROACOUSTIQUE.)

Gayle Young

Lecavalier, René, commentateur sportif (Montréal, 5 juill. 1918—*id.,* 6 sept. 1999). Après des études classiques au Mont-Saint-Louis, il entre à la Société Radio-Canada (SRC) comme correspondant de guerre au service de la radio des Nations-Unies en Afrique du Nord, de 1942 à 1944. À son retour à la SRC, il participe à différentes émissions, dont *Le P'tit Train du matin* avec Miville Couture. Attiré par

le sport, il commente le premier match de hockey diffusé à la télévision de la Radio-Canada, en 1952. Il demeure le commentateur attitré de la *Soirée du hockey* jusqu'à sa retraite en 1985. Il a aussi été de tous les reportages de grands événements sportifs présentés à Radio-Canada. Il reçoit, en 1959, le grand prix de journalisme de la Société Saint-Jean-Baptiste de Montréal pour sa contribution à la francisation des termes du sport. Il est membre de l'Ordre du Canada, depuis 1970, et du Temple de la renommée du hockey.

Yvon Dore

Le Chant des sirènes *I've Heard the Mermaids Singing* (v.f. *Le chant des sirènes*) met en scène Polly Vandersma, une secrétaire occasionnelle de Toronto attirante, étrange, naïve, à la fois très mal organisée et photographe amateur. Elle confesse devant une caméra vidéo volée sur son lieu de travail comment elle a participé, à son insu, à une fraude artistique. Bien que d'aspect timide et gauche, Polly mène une vie intérieure intense. Elle rêve de voler, de marcher sur l'eau et de diriger une symphonie de Beethoven. Ces fantasmes, représentés en noir et blanc, ponctuent le film. Polly tombe amoureuse de la belle et raffinée Gabrielle St. Peres qui l'a embauchée pour l'aider à diriger une galerie d'art à la mode. L'adoration pousse Polly à faire exposer, sans autorisation, une photo réalisée par Gabrielle dans la galerie. Cela déclenche une série d'événements qui mettront au jour une conspiration entre Gabrielle et son amoureuse, Mary Joseph, afin de faire passer l'œuvre de Mary pour celle de Gabrielle. Après une terrible confrontation, Polly retourne à son appartement et termine sa confession devant la caméra vidéo. Le film prend fin sur une note ambiguë: Polly s'est-elle réconciliée avec Gabrielle et Mary ou s'est-elle plongée dans un autre de ses fantasmes?

Le chant des sirènes est un film inhabituel dans le cinéma dominant canadien. En effet, il choisit comme personnage principal une femme excentrique et célibataire, aborde le thème du lesbianisme, sans toutefois tomber dans le sensationnalisme, et utilise de façon imaginative le support vidéo pour construire le récit rétrospectif de Polly. Rozema utilise ces techniques, souvent associées à un *contre-cinéma* expérimental et féministe, pour raconter non pas l'histoire d'une femme radicale ou confiante, mais celle d'une débutante sympathique à la figure de gamine. L'innocence et la générosité de Polly, que certains ont qualifiées de typiquement canadiennes, ont conquis un grand nombre de spectateurs à l'échelle internationale. Cependant, la critique a reproché à Rozema ses thèmes allégoriques et quasi religieux, ainsi que sa difficulté à représenter le lesbianisme des quatre personnages principaux. Contre toute attente, ce premier film de Patricia Rozema, financé par le gouvernement et ayant coûté moins de 400 000 $, a remporté le Prix de la jeunesse au Festival de Cannes en 1987.

Brenda Austin-Smith

Leckie, John Edwards, surnommé «Jack», militaire, ingénieur minier et explorateur (Acton Vale, Qc, 19 févr. 1872—Port Hope, Ont., 7 août 1950). Il est surtout connu pour ses travaux de génie civil et de recherche dans la région de la baie d'Hudson. Il étudie à l'U. Bishop, au Collège militaire royal et au King's College. Il participe à la Guerre des Boers et à la Première Guerre mondiale en France. Il commande la «Malamute Force» dans la région d'Arkhangelsk-Mourmansk pendant la GUERRE CIVILE RUSSE. Il exploite des mines dans le nord de la Colombie-Britannique et dans les champs Zeballos de l'île de Vancouver. Il explore le Mexique et le Venezuela (où il s'implique dans des révolutions) et dirige une importante, mais vaine, recherche de l'or espagnol dans les îles Cocos. Il est censeur de la presse durant la SECONDE GUERRE MONDIALE. Il reçoit de nombreuses distinctions: il est fait Membre de la Royal Geographical Society en 1928 et décoré, entre autres, de l'Ordre du service distingué et de la Croix de Guerre française. (*Voir aussi* MILITAIRES DE FORTUNE.)

Allan Levine

Leckie, Robert, vice-maréchal de l'air (Glasgow, Écosse, 16 avril 1890—Ottawa, 31 mars 1975). Pilote d'hydravion plusieurs fois décoré pendant la Première Guerre mondiale, Leckie est le seul aviateur reconnu pour avoir abattu deux Zeppelin. Il entre dans la Royal Air Force (RAF) nouvellement formée et est affecté provisoirement au Canada en tant que directeur des opérations de vol civiles (1919-1922). Il joue un rôle important lors du premier vol transcanadien en 1920. Après une série d'affectations pour la RAF, Leckie retourne au Canada. En tant que directeur du programme de formation d'aviateurs de 1940 à 1944, il est l'officier responsable du PROGRAMME D'ENTRAÎNEMENT AÉRIEN DU COMMONWEALTH. Il est muté dans l'Aviation royale du Canada en 1942 et devient chef d'état-major de l'aviation (1944-1947). Intelligent, sensible et énergique, Leckie est le plus impressionnant des officiers supérieurs de l'aviation canadienne pendant la Seconde Guerre mondiale.

Norman Hillmer

Leclerc, Félix, chanteur, chansonnier, poète, romancier, dramaturge et comédien (La Tuque, Qc, 2 août 1914—Île d'Orléans, Qc, 8 août 1988). Il ouvre la voie au populaire mouvement des CHANSONNIERS au Québec et influence considérablement la chanson québécoise, qu'il révolutionne et dont il marque un point tournant. Alors qu'il est annonceur de radio à Québec, c'est Mgr Albert Tessier qui l'encourage à publier plusieurs de ses textes d'émissions radiophoniques. En 1939, il fait ses débuts de chanteur à Radio-Canada, puis, en 1948, avec deux collègues, il fonde la Troupe VLM, qui présente ses pièces partout au Québec.

Par la suite, il établit sa renommée de chanteur et devient bientôt une grande vedette en Europe, surtout en France, ainsi qu'au Canada. Il crée une nouvelle chanson québécoise qui servira à affirmer l'identité collective du peuple du Québec. Parmi ses chansons les plus populaires, mentionnons *Notre sentier*; *Moi, mes souliers*; *Bozo*; et *Le Train du nord*. La trame de son œuvre comprend des thèmes comme l'amour de la nature, de la patrie et de l'humanité.

Leclerc est aussi l'un des géants de la littérature du Québec, et la force de son œuvre poétique réside dans sa simplicité. En 1994, une anthologie de ses poèmes et autres écrits paraît à Montréal dans une édition de 2000 pages. Parmi les nombreux prix qu'il a reçus, mentionnons le Grand Prix du disque de l'Académie Charles-Cros à Paris (1951, 1958, 1973), le PRIX DE MUSIQUE CALIXA-LAVALLÉE de 1975, le diplôme d'honneur de la Conférence canadienne des arts (1976) et le prix Denise-Pelletier (1977). Il est nommé officier de l'Ordre du Canada (1968) et chevalier de la Légion d'honneur de France (1986).

Hélène Plouffe

Leduc, ville de l'Alb.; pop. 14 305 (rec. 1996), 13 970 (rec. 1991), 13 126 (rec. 1986); superf. 25,49 km²; const. en tant que ville en 1906, puis en tant que cité en 1983. Située à 30 km au sud d'EDMONTON, la ville est d'abord une station télégraphique et un arrêt de chemin de fer de la compagnie Calgary and Edmonton Railway. Elle devient par la suite un centre agricole. Le 13 février 1947, le puits n° 1 de Leduc, à plusieurs kilomètres au nord-ouest, réussit à atteindre l'immense champ pétrolifère de Leduc. Vers la fin de 1947, quelque 30 puits de ce champ produisent quotidiennement 3500 barils de pétrole. De nos jours, même si la réserve pétrolifère du champ est presque épuisée, Leduc demeure un centre d'entreposage et un poste de pompage.

On a créé un centre d'interprétation du pétrole sur l'emplacement du puits n° 1 de Leduc. La ville est un centre de distribution agricole et elle comprend quelques industries légères liées à la production du pétrole, toutefois ces activités sont moins impor-

tantes qu'auparavant. Leduc est une ville-dortoir pour plusieurs individus qui font la navette entre Edmonton et Leduc ou qui travaillent à l'aéroport international d'Edmonton et au parc industriel, tous deux situés à proximité. On y trouve de nombreux services, dont un hôpital, des écoles publiques et confessionnelles, une zone industrielle, des églises, une bibliothèque publique et une galerie d'art, un centre des arts d'interprétation ainsi que plusieurs installations de loisirs et parcs urbains. La ville possède également un réseau de sentiers de 20 km qui relie entre eux les lotissements résidentiels et les parcs. Le journal local est le *Leduc Representative*. Leduc doit son nom au révérend Hippolyte Leduc, un missionnaire des oblats de Marie Immaculée, pionnier dans la région.

Eric J. Holmgren

Leduc, Fernand, artiste peintre (Viauville, Qc, 4 juill. 1916). Séminariste chez les frères maristes, Leduc entre à l'École des beaux-arts de Montréal en 1938. Il obtient son diplôme en 1943, quitte l'Église et peu après devient membre de la SOCIÉTÉ D'ART CONTEMPORAIN. À la même époque, il participe aux années de formation du groupe des AUTOMATISTES. Il encourage ce mouvement en devenant un critique d'art influent pour le journal étudiant *Le Quartier Latin*. Leduc expérimente alors diverses formes d'écriture automatique (c.-à-d. la peinture gestuelle spontanée et non figurative).

Leduc, théoricien En 1945, Leduc entre en contact avec l'écrivain français André Breton, à New York, afin de sensibiliser les surréalistes européens à la contribution des automatistes montréalais. Généralement perçu comme le théoricien du groupe, il écrit un texte pour le REFUS GLOBAL, intitulé *Qu'on le veuille ou non... ceci sera*. En 1947, Leduc quitte Montréal pour Paris, où il participe la même année, à la Galerie du Luxembourg, à une importante exposition appelée Automatisme, laquelle porte, entre autres, sur le groupe automatiste de Montréal.

À Paris, Leduc se lie d'amitié avec le peintre Jean Bazaine, dont l'art évolue vers le paysage abstrait. Cette relation influencera les œuvres de Leduc du début des années 50, surtout celles sur papier exécutées à l'île de Ré. Il rentre à Montréal en 1953 et commence à prendre conscience que les techniques de peinture automatistes sont parvenues à une impasse. À cette époque, il s'intéresse davantage au concept d'ordre construit et au rôle joué par la géométrie.

Abstraction Hard Edge En 1955, Leduc passe à une forme d'abstraction hard edge, et se préoccupe davantage des interactions et des contrastes entre les couleurs. À Montréal, il défend ces théories, apparentées à celles des PLASTICIENS à l'occasion de l'exposition Espace 55. Les réactions suscitées par l'exposition provoquent un vif débat entre Leduc et Paul-Émile BORDUAS, qui désapprouve les nouvelles orientations prises par les peintres montréalais.

En 1956, Leduc était devenu le président fondateur de l'Association des artistes non figuratifs de Montréal. Il retourne en France en 1959 où il reste jusqu'en 1970. Il revient ensuite au Québec pour deux ans afin d'enseigner à l'UNIVERSITÉ LAVAL et à l'UNIVERSITÉ DU QUÉBEC à Montréal. Après ce bref séjour au Québec, il se lance dans sa série de microchromies, une étude qu'il poursuit toujours sur la lumière et ses capacités de donner, avec subtilité, des nuances et des vibrations aux couleurs.

En 1985, le Musée des beaux-arts de Chartres et le Musée du Nouveau Monde de La Rochelle organisent une rétrospective de son œuvre, qui circulera aussi au Canada. Il reçoit le prix Louis-Philippe Hébert en 1979 et le prix Paul-Émile Borduas, en 1988. Leduc vit maintenant à Paris et en Italie.

Denise Leclerc

Leduc, Jacques, réalisateur et caméraman (Montréal, 25 nov. 1941). Rédacteur et critique à la revue

Objectif de 1961 à 1967, il entre à la même époque à l'OFFICE NATIONAL DU FILM (ONF). Il travaille derrière la caméra jusqu'en 1967 et passe ensuite à la réalisation. Son premier grand film, *On est loin du soleil* (1970), basé sur la vie du FRÈRE ANDRÉ, marque fort bien son style de fiction: structure complexe, dédramatisation, sensibilité détournée. Il récidive avec *Tendresse ordinaire* (1973) qui va plus loin dans la recherche de la quotidienneté. Dans les cinq années qui suivent, il produit une série de huit documentaires, *Chronique de la vie quotidienne*, qui prend l'envers de ses propositions initiales en allant chercher dans le quotidien, par le direct, les éléments qui, recomposés, y forment une fiction. Il renouvelle ainsi la démarche du direct traditionnel canadien. *Albédo* (1982) prolonge tout en la transformant sa double démarche. Son esthétique du film monté en réseaux s'y matérialise dans une œuvre où s'enchevêtrent réalité et fiction. *Le Dernier glacier* (1984, coréalisation: Roger Frappier), qui porte sur la fermeture de la ville minière de Schefferville, présente la même esthétique. Dans ses films suivants, *Notes sur l'arrière-saison* (1986) et *Le Temps des cigales* (1987), dont il utilise certaines séquences pour produire un film plus long, *Charade chinoise* (1987), Leduc propose une réflexion sur le documentaire, la société québécoise, le militantisme politique, le désengagement et le rôle des femmes. Cela l'amène à la réalisation de *Trois pommes à côté du sommeil* (1998) où il renoue totalement avec la fiction en traitant des désillusions et des interrogations d'un homme en pleine quarantaine. En 1990, alors que la situation interne de l'ONF se corse, il décide avec courage de quitter l'organisme et de devenir pigiste. Après un téléfilm quelconque, *L'Enfant sur le lac* (1991), et le sketch «La Toile du temps» du film *Montréal vu par...* (1991), il réalise un film personnel tiré du roman de Danièle Sallenave, *La Vie fantôme* (1992) sur l'amour passionné entre un homme marié et une femme beaucoup plus jeune. En 1997, il effectue un retour remarqué à la réalisation avec *L'Âge de braise*, une coproduction mettant en vedette la grande actrice française Annie Girardot qui y livre une performance exceptionnelle. En s'intéressant aux derniers mois de la vie d'une femme qui met de l'ordre dans ses souvenirs, Leduc retourne vers des sujets intimes, peu spectaculaires, qu'il développe dans une écriture qui mise surtout sur l'atmosphère. Depuis 1990, entre ses propres réalisations, il travaille beaucoup avec d'autres réalisateurs à titre de chef opérateur.

Pierre Véronneau

Leduc, Ozias, peintre (Saint-Hilaire, Qc, 8 oct. 1864—Saint-Hyacinthe, Qc, 16 juin 1955). C'est un professeur de sa région qui stimule l'intérêt de Leduc pour le dessin. Vers 1883, il se joint à une entreprise de sculpture de statues de Montréal et devient l'assistant de Adolphe Rho et Luigi Cappello, qui l'initient à la peinture murale. En 1891, il expose pour la première fois ses œuvres lors de l'exposition printanière annuelle de la Art Association de Montréal (AAM), et en 1892 il reçoit un prix pour son tableau *Nature morte, livres*. Jusqu'au début des années 20, ses œuvres sont régulièrement exposées à la AAM et lors des expositions annuelles de l'Académie royale des arts du Canada.

Après avoir travaillé à la décoration de l'intérieur de l'église Saint-Paul-l'Ermite (1892), il obtient son premier contrat important pour la cathédrale de Joliette, pour laquelle il peint un groupe de 23 tableaux religieux. Pendant sa carrière, il décore plus de 30 églises et chapelles au Québec, en Nouvelle-Écosse et dans l'Est des États-Unis. Parmi ses œuvres les plus importantes, on trouve l'église de Saint-Hilaire (1894-1899), la cathédrale de Saint-Ninian d'Antigonish (1902-1903), les églises de Saint-Romuald à Farnham (1905), de Saint-Enfant-Jésus du Mile-End à Montréal (1916-1919), la chapelle de l'évêché de Sherbrooke (1922-1932), le baptistère de Notre-Dame à Montréal (1927-1928), l'église des Saints-Anges-Gardiens à Lachine (1930-1931) et celle de Notre-Dame-de-la-Présentation à Shawinigan-Sud (1943-1955).

Ses œuvres religieuses sont étroitement liées à ses natures mortes et à ses paysages inspirés par la région de Saint-Hilaire. Ses tableaux représentant la vie quotidienne et la nature ont une dimension à la fois symbolique et spirituelle, traduite par des lignes fluides mais concises et méticuleuses, des couleurs chaudes, sobres et une lumière douce. Dans cet esprit, ses paysages (1913-1921) *Cumulus bleu, Fin de journée, Effet gris (neige), Pommes vertes, Neige dorée* et *L'Heure mauve*, ainsi que ses dessins de la série «Imaginations» (1936-1942), sont parmi les plus remarquables de sa carrière.

En tant que portraitiste et peintre de figures allégoriques et historiques, Leduc insuffle un grand pouvoir d'évocation à ses œuvres de petits formats. Son intérêt pour le symbolisme remonte probablement à son bref séjour à Londres et à Paris en 1897. Ses amis écrivains, Arsène Bessette, Guy Delahaye, Olivier Maurault, Marcel Dugas, Paul MORIN et Robert de Roquebrune, ainsi que le musicien Léo-Pol MORIN, l'encouragent en ce sens. Il collabore, avec certains d'entre eux, à la fondation d'un magazine de commentaires et de critiques d'art, NIGOG, publié en 1918. Il illustre plusieurs livres, dont *Claude Paysan* (1899) d'Ernest Choquette, *Mignonne allons voir si la rose... est sans épines* (1912) de Guy Delahaye et *La Campagne canadienne* (1927) d'Adélard Dugré.

Leduc n'est pas influencé par les courants et mouvements artistiques canadiens contemporains. Il tient une seule exposition importante, qui a lieu à la bibliothèque Saint-Sulpice en 1916. En aidant la carrière de Paul-Émile BORDUAS, il devient plutôt populaire à la fin de sa carrière. Il laisse aussi de nombreux textes, poèmes et courtes réflexions sur l'art. Ses impressions sur la peinture moderne suivent la pensée mystique selon laquelle l'homme est à la recherche d'un paradis qu'il espère reconquérir par la connaissance de la nature et la beauté de l'art.

Laurier Lacroix

Lee, Dennis Beynon, professeur, rédacteur, critique et poète (Toronto, 31 août 1939). Diplômé en anglais de l'U. de Toronto, (B.A., 1962; M.A., 1965), il occupe les fonctions d'enseignant ou d'écrivain résidant dans plusieurs universités. Après avoir fondé House of Anansi, où il s'attire de nombreux éloges en tant que directeur (1967-1972), il travaille comme conseiller en édition chez Macmillan (1974-1979) et McClelland and Stewart (1981-1984). Il écrit aussi des chansons, avec Phillip Balsam, pour l'émission de télévision *Les Fraggles* (1982-1986). Parmi ses ouvrages de prose, figurent *The University Game* (publié avec H. Adelman, 1968), dans lequel il revendique une libéralisation des institutions d'enseignement qu'il juge étouffantes, et *Savage Fields: An Essay in Literature and Cosmology* (1977). Ce dernier ouvrage examine la corrélation qui existe entre la «Terre» et le «monde», c.-à-d. la nature et la civilisation, ou l'instinct et la conscience, et applique ce concept à l'analyse critique d'œuvres de Michel ONDAATJE et de Leonard COHEN.

Lee renie une grande partie de *Kingdom of Absence* (1967), une suite de 43 sonnets, mais il écrit par la suite des livres dans lesquels il étudie les inquiétudes qui y sont exprimées: les maladies modernes, l'aliénation, le vide, le colonialisme et leurs effets sur l'imagination, voire le langage. *Civil Elegies* (1968, rév. 1972; prix du Gouverneur général; trad. *Élégies civiles et autres poèmes,* 1980) est une élégie en vers libres sur le statut de colonisé du Canada et une méditation sur la nécessité de devenir citoyen à part entière pour occuper, avec imagination et totalement, sa vie et son pays.

La conquête du langage et la libération de l'imagination, indispensables à ce processus, s'obtiennent plus facilement quand on commence dès l'enfance. Par conséquent, Lee essaie de libérer les enfants de

la mentalité de colonisé en composant des poèmes enracinés dans les mots et les activités de leur vie quotidienne, des poèmes qui encouragent des jeux libres faisant appel à l'imagination. Ses deux meilleurs livres pour enfants sont publiés en 1974: *Alligator Pie,* destiné aux enfants d'âge préscolaire, et *Nicholas Knock and Other People,* destiné aux enfants plus âgés. En ce qui concerne les adultes, la première partie de *The Gods* (1979) examine plus en profondeur les questions reliées aux racines et aux jeux (parmi lesquels l'amour physique). La deuxième partie, *The Death of Harold Ladoo* (1976), est une élégie à l'intention d'un ami de Lee, un écrivain assassiné en 1973, durant un séjour à la Trinité, son pays d'origine. Le poème consiste aussi en une réflexion sur le rôle de l'Épiphanie mystique et de la création artistique dans les efforts de l'individu pour accepter les difficultés du monde moderne. Son plus récent ouvrage est *Nightwatch (New and Selected Poems 1968-1996)* (1996).

John R. Sorfleet

Lee, James Matthew, homme d'affaires, politicien et premier ministre de l'Île-du-Prince-Édouard (Charlottetown, 26 mars 1937). Après avoir créé sa propre société immobilière et de développement en 1970, Lee se présente sans succès comme candidat du Parti conservateur en 1974. Il est élu à l'Assemblée législative lors des élections complémentaires du 17 février 1975. On lui attribue divers portefeuilles et, après être sorti vainqueur de la course à la direction du parti en 1981, il est assermenté premier ministre en 1982. En 1983, il réussit à conclure une entente entre les Maritimes et le fédéral pour l'établissement d'une école de médecine vétérinaire à l'U. de l'Île-du-Prince-Édouard. Il perd son propre siège aux élections du 21 avril 1986 et obtient ensuite un mandat de 10 ans à la Commission canadienne des pensions.

David A. Milne

Lee-Gartner, Kerrin, skieuse (Rossland, C.-B., 1966). Élevée dans la ville natale de Nancy GREENE, médaillée d'or olympique, Lee-Gartner apprend à skier dès son plus jeune âge. À 17 ans, elle entre dans l'équipe nationale du Canada. Elle réalise des performances honorables dans le circuit de la Coupe du monde, mais est victime de plusieurs blessures graves et ne termine jamais mieux que troisième. Néanmoins, elle atteint un sommet aux JEUX OLYMPIQUES d'hiver de 1992, à Albertville, en France, remportant la médaille d'or de l'épreuve la plus prestigieuse du ski (la descente) et ce, sur le difficile et périlleux parcours de Méribel. Cette victoire est la première de sa carrière et la première médaille d'or remportée en descente par un Canadien.

En décembre 1992, elle termine troisième à Vail, au Colorado, et deuxième (par 0,09 s) à la descente de Veysonnaz, en Suisse, en février 1993. Elle connaît sa meilleure saison en 1992-1993, terminant l'année parmi les meilleures descendeuses du monde. La mort de sa collègue et amie, Ulrike Maier, tuée lors d'une descente au début de 1994, lui porte un coup terrible et elle songe à abandonner la compétition. Elle demeure active dans le circuit de la compétition en vue des Jeux olympiques de 1994, mais ne peut faire mieux qu'une dix-neuvième place et se retire par la suite.

Leese, Elizabeth, danseuse, chorégraphe, professeur, comédienne, directrice artistique (1916-1962). D'origines danoise et allemande, elle grandit à Hambourg où elle est initiée à la danse expressionniste allemande. Elle étudie le ballet avec Lubov Egorova à Paris et danse avec la compagnie suisse de Trudi Schoop. Une blessure arrête temporairement sa carrière sur scène et elle suit des cours de théâtre dansé auprès de Kurt Jooss, alors en Angleterre. Elle rencontre et épouse Kenneth Johnstone, un journaliste canadien, avec qui elle émigre à Toronto en 1939, étant opposée à l'idéologie nazie. D'abord et très vite engagée comme danseuse et professeur de danse moderne au Canadian ballet de Boris Volkoff, elle

part ensuite pour Ottawa (1942-1944) où elle met sur pied un programme complet d'enseignement de la danse pour la Recreational Association.

S'installant enfin à Montréal, en 1944, elle ouvre un studio à Westmont et forme une troupe avec ses élèves les plus talentueux. Leese établit tout de suite des liens avec les milieux francophones et anglophones réglant les chorégraphies de la Revue Bleu et Or de l'U. de Montréal et de la Red and White Revue de l'U. McGill. Elle fait partie du Montreal Repertory Theatre jouant le rôle titre dans *I remember Mama* d'Eugene O'Neill et collabore avec Gratien GÉLINAS et le père Émile LEGAULT.

De 1945 à 1958, le Elizabeth Leese Ballet se produit à Montréal, ainsi que dans les divers festivals de ballet pancanadiens. Son œuvre la plus connue, *Lady from the Sea* (1952), sera inscrite au répertoire du BALLET NATIONAL DU CANADA avec Celia FRANCA dans le rôle de Leese. Leese est également chorégraphe et danseuse du collectif Montreal Theatre Ballet (1956-1958) sous la direction de Brian Macdonald. Comédienne et commentatrice de radio, elle participe aussi à des spectacles télévisés. Son rayonnement diversifié et sa polyvalence, comme ceux de sa consœur Ruth SOREL, marquent le début du professionnalisme au Québec. Pédagogue respectée, son style expressionniste initial et son enseignement évoluent graduellement vers le ballet classique, son école étant la première au Québec à dispenser un cours de formation de professeurs ainsi que la méthode classique Cecchetti. Elle opère donc une fusion entre les écoles modernes allemandes et américaines et le ballet classique. Elle meurt d'une tumeur au cerveau en 1962.

Iro Valaskakis Tembeck

Leeson, Thomas Sydney, anatomiste, spécialiste du microscope électronique (Halifax, Angl., 26 janv. 1926). Il obtient ses diplômes en lettres et en médecine à Cambridge (1946-1950), d'où il reçoit, par la suite, un doctorat en médecine (1959) ainsi qu'un autre doctorat (1971). Il arrive au Canada en 1957 comme professeur adjoint d'anatomie à l'U. de Toronto. En 1963, il devient professeur au département d'anatomie de l'U. de l'Alberta et en est aussi directeur jusqu'en 1983. Ses recherches sur l'ultrastructure des tissus lui valent une renommée internationale; il est spécialement réputé pour son manuel scolaire *Histology* (1966, 5e éd. 1985), dont il est le coauteur avec son frère jumeau, Charles Roland Leeson.

K.D. McFadden

Lefebvre, Jean-Pierre, cinéaste (Montréal, 17 août 1941). Les films remarquables de Lefebvre, dont la plupart sont des productions à petit budget, constituent une œuvre très personnelle. Ses trois premiers longs métrages, notamment le très remarqué *Il ne faut pas mourir pour ça* (1967), sont des productions indépendantes mais attirent sur lui l'attention internationale. En 1967, il entre à l'Office national du film, où il tourne deux longs métrages et produit les films de plusieurs jeunes cinéastes québécois. Il quitte bientôt cet organisme pour fonder sa propre compagnie, Cinak.

Tout au long de sa carrière, Lefebvre travaille en collaboration étroite avec son épouse, Marguerite Duparc, qui monte et produit presque tous ses films. Il développe sa vision humanitaire du monde dans des œuvres comme *Les Maudits Sauvages* (1971), *Les Dernières Fiançailles* (1973), *Le Vieux Pays où Rimbaud est mort* (1977), *Les Fleurs sauvages* (1982), *Le jour S...* (1984) et *Alfred Laliberté, sculpteur* (1987). Après *Le Fabuleux voyage de l'ange* (1991), projet ambitieux qui mêle prise de vue réelle, bande dessinée et animation, il se tourne vers la vidéo et réalise, de 1993 à 1995, cinq bandes qui constituent *L'Âge des images*. En 1998, de retour au cinéma, il boucle la trilogie d'Abel, amorcée avec *Il ne faut pas mourir pour ça* et *Le Vieux Pays où Rimbaud est mort,* en réalisant *Aujourd'hui ou jamais*.

Piers Handling

Légaré, Joseph, peintre, collectionneur d'œuvres d'art et politicien (Québec, 10 mars 1795—*id.,* 21 juin 1855). D'abord peintre et vitrier, Légaré devient artiste peintre vers 1819. Autodidacte, il n'est jamais allé étudier en Europe et il apprend son art en copiant les tableaux des autres. Ses premières tentatives visant à diversifier son œuvre sont couronnées de succès quand la Société pour l'encouragement des sciences et des arts en Canada, de Québec, lui décerne une médaille d'honneur (1828) pour son tableau *Le Massacre des Hurons par les Iroquois.*

En tout, il peint plus de 250 huiles sur toile ou sur papier, dont une centaine de copies d'œuvres religieuses, quelques portraits, des scènes champêtres, des toiles sur des événements de l'époque survenus à Québec (l'épidémie de choléra de 1832 et les incendies de 1845), quelques tableaux historiques remarquables (*La Bataille de Sainte-Foy,* 1854) et des peintures sur des thèmes amérindiens. Légaré, qui est le professeur d'Antoine PLAMONDON, est le premier peintre d'origine canadienne à s'adonner à la peinture paysagiste. En 1833, il ouvre la première galerie d'art au Canada, où il expose sa collection personnelle de toiles et de gravures européennes, mais elle ferme ses portes en 1835.

De 1838 à 1840 et de 1852 à 1855, il permet de nouveau aux amateurs d'art de Québec d'accéder à sa collection de plus en plus considérable. Depuis 1874, l'ancienne collection de Légaré est conservée au Musée du Séminaire de Québec (aujourd'hui le Musée de l'Amérique française), qui détient aussi la plus importante collection d'œuvres produites par l'artiste. Légaré travaille sans relâche à l'avancement des beaux-arts au Bas-Canada et, après 1845, devient l'un des plus ardents partisans de la création d'un musée national.

Nationaliste du Bas-Canada, il défend inlassablement les causes humanitaires, sociales et politiques. Il siège quelque temps au premier conseil municipal de Québec (1833-1836). Loyal partisan de Louis-Joseph PAPINEAU, il est arrêté pour sa participation aux RÉBELLIONS DE 1837, quatre ans après avoir été l'un des membres fondateurs de la SOCIÉTÉ SAINT-JEAN-BAPTISTE de Québec. Légaré se présente aux élections partielles de 1848 et de 1850, mais n'est pas élu. Il est nommé au conseil législatif en février 1855, quelques mois avant sa mort.

John R. Porter

Legault, Émile, metteur en scène, dramaturge et critique (Ville Saint-Laurent, Qc, 29 mars 1906—Montréal, 28 août 1983). Ordonné prêtre catholique en 1930, Émile Legault devient professeur et, en 1937, fonde une troupe de jeunes comédiens au Collège Saint-Laurent de Montréal, qu'il nomme les Compagnons de Saint-Laurent. Celle-ci se produira pendant 15 ans et sera la compagnie théâtrale la plus influente de toute l'histoire du Québec. Sous la direction et l'engagement de Legault, les premières pièces, qui traitent de thèmes spirituels, deviennent des pièces contemporaines et classiques, une tendance qu'il affectionne depuis son année d'études à Paris. Au cours des 30 années qui suivront, d'anciens membres des Compagnons joueront un rôle important dans tous les domaines des arts de la scène au Québec.

Après la dissolution de la troupe, en 1952, Émile Legault compose des textes dramatiques à caractère religieux, tels que *Premiers gestes* (1954), *Le Grand attentif* (1956) et *Kermesse des anges et des hommes* (1960). En critique clairvoyant, il écrit de nombreux articles sur les arts de la scène au Canada ainsi qu'un recueil de mémoires, *Confidences* (1955).

L.E. Doucette

Léger, Jean-Marc, journaliste et auteur (Montréal, Qc, 1927). Après ses études classiques, il s'inscrit à la faculté de droit de l'U. de Montréal. En 1949 et 1950, il étudie à l'Institut d'études politiques de Paris.

En 1951, il commence sa carrière de journaliste. Il sera rédacteur à *La Presse* pendant six ans et au *Devoir* pendant 12 ans. Il se donne ensuite au servi-

ce de l'État et exerce des fonctions importantes tant sur le plan national que sur le plan international. Il sera pendant quelques années délégué général du Québec à Bruxelles, secrétaire général de l'Association des universités entièrement ou partiellement de langue française (AUPELF) de 1961 à 1978, secrétaire général de l'Agence de coopération culturelle et technique des pays de langue française (ACCT), commissaire général à la Francophonie, sous-ministre adjoint au ministère de l'Éducation, sous-ministre adjoint au ministère des Relations internationales, directeur de la Fondation Lionel-Groulx.

Si Jean-Marc Léger a été journaliste professionnel de 1951 à 1969, il n'a cessé toute sa vie de publier de nombreux articles dans les journaux. Il a aussi publié *Afrique française, Afrique nouvelle* (1958), *La Francophonie: grand dessein, grande ambiguïté* (1987), *Vers l'indépendance? Le pays à portée de main* (1993), *Le Temps dissipé, souvenirs* (2000).

Jean-Marc Léger est un intellectuel qui a consacré sa vie au bien public et au service de l'État dans les institutions nationales et internationales. Il est titulaire de plusieurs doctorats honorifiques ainsi que de nombreuses décorations et distinctions. Il est un des principaux représentants de l'affirmation du Québec au tournant du millénaire.

Paul-Émile Roy

Léger, Jules, gouverneur général du Canada de 1974 à 1979 (Saint-Anicet, Qc, 4 avril 1913—Ottawa, 22 nov. 1980). Il est le frère de Paul-Émile LÉGER. Après avoir fait ses études à l'U. de Montréal et à la Sorbonne, il travaille comme journaliste. En 1940, Léger rejoint le ministère des Affaires extérieures et entame une brillante carrière comme ambassadeur du Canada au Mexique, à Rome, à Paris et à Bruxelles. Pendant son séjour en France, de 1964 à 1968, il suscite l'admiration pour sa façon adroite de traiter la question de la politique du général de Gaulle à l'égard du Québec. À titre de sous-secrétaire d'État (1968-1972), il établit les bases administratives de la politique extérieure du premier ministre L.B. PEARSON et du programme du gouvernement TRUDEAU sur le bilinguisme et le multiculturalisme.

Le 14 janvier 1974, Jules Léger est nommé GOUVERNEUR GÉNÉRAL, fonction qu'il occupera jusqu'en janvier 1979. Victime d'une hémorragie cérébrale en juin 1974, il souffre de difficultés d'élocution et d'une paralysie du bras gauche. Bien que sa santé s'améliore quelque peu, sa femme, Gabrielle Carmel, doit dorénavant l'aider dans ses fonctions. En 1976 et en 1978, elle fait avec lui la longue lecture du discours du Trône. En 1978, il est le premier gouverneur général à exercer tous les pouvoirs délégués par le roi George VI en 1947. Durant son mandat, le pays est divisé par de nombreuses querelles au sujet des mouvements de SÉPARATISME qui existent au Québec et de l'aliénation d'autres régions. Il conserve, malgré tout, une confiance inébranlable et sereine dans l'unité du Canada et par sa dignité, sa gentillesse, sa prudence et son courage, il inspire un nouveau respect pour la fonction qu'il occupe.

Jacques Monet, s.j.

Léger, Paul-Émile, cardinal de l'Église catholique (Valleyfield [aujourd'hui Salaberry-de-Valleyfield], Qc, 25 avril 1904—Montréal, 13 nov. 1991) et frère de Jules LÉGER. Il est ordonné prêtre à Montréal en 1929 et il entreprend une carrière ecclésiastique qui l'amène en France (1930-1933) et au Japon (1933-1939). Il revient à Valleyfield pendant la Seconde Guerre mondiale (1940-1947), puis il est recteur du Collège pontifical canadien à Rome (1947-1950). Il devient ensuite archevêque de Montréal (1950-1967), succédant à Mgr Joseph Charbonneau.

Mgr Léger fait souvent les manchettes parce qu'il prononce des discours éloquents, appuie nettement les défavorisés et participe à toutes les activités religieuses et sociales d'une ville qui est encore incapable de faire face aux changements rapides. Il gagne l'affection de sa ville et sa réputation dépasse rapi-

dement les frontières du Québec. Homme d'action, il est doué d'une extraordinaire capacité de remuer la conscience des gens et de les mobiliser en faveur de projets comme le Foyer de Charité et l'Hôpital Saint-Charles-Borromée pour les malades chroniques.

Les gens retiendront aussi son esprit d'indépendance envers les politiciens pendant le régime du premier ministre Maurice DUPLESSIS au Québec et sa volonté d'élargir le rôle des laïcs en renonçant à certains privilèges qui étaient auparavant réservés au clergé. Il est nommé cardinal en 1953, ce qui accroît encore sa renommée. Membre de la commission chargée de préparer le concile Vatican II (1962-1965), le cardinal y joue un rôle important en tant que libéral et progressiste. De retour dans son diocèse, il travaille à la mise en œuvre des décisions du concile, puis décide en 1967 de démissionner en tant qu'archevêque de Montréal pour devenir missionnaire chez les lépreux et les enfants handicapés du Cameroun, en Afrique. Même après sa retraite, il continue de travailler à Montréal à ses œuvres humanitaires.

Le cardinal Léger a reçu un grand nombre de titres, de décorations et de distinctions. Plus de 10 universités canadiennes lui ont décerné des doctorats honorifiques en théologie, en lettres et en droit. La France lui attribue en 1958 la Grande Croix de la Légion d'honneur et il est admis dans l'Ordre du Canada en 1968. Coprésident de la Fondation canadienne des réfugiés, il reçoit en 1969 la médaille Pearson pour la paix et, en 1980, le prix pour la paix de la Lester B. Pearson Foundation. En 1983, il est le premier récipiendaire du prix Maisonneuve décerné par la Société Saint-Jean-Baptiste de Montréal et il est nommé en 1985 grand officier de l'Ordre national du Québec.

Denise Robillard

Legge, Francis, militaire et gouverneur colonial (v. 1719—près de Londres, Angl., 15 mai 1783). Après une carrière militaire sans éclat passée presque entièrement en Amérique du Nord, Legge est nommé gouverneur de la Nouvelle-Écosse (1773) par son parent éloigné, le comte de Dartmouth. Pendant sa première année à ce poste, il étudie la Nouvelle-Écosse et tente d'en améliorer la situation économique et l'administration, mais il est bientôt confronté à l'oligarchie marchande d'Halifax. Il tente de procéder à la vérification de la comptabilité de la province et de recouvrer les fonds manquants par l'intermédiaire des tribunaux, ce qui complète le processus d'aliénation. L'Assemblée et le Conseil s'étant ligués contre lui en 1775 et la rébellion ayant éclaté au sud, la Nouvelle-Écosse se trouve militairement en mauvaise position. Legge est rappelé en Angleterre en 1776 et le Board of Trade lui reproche de n'avoir pas su manifester un comportement gracieux et conciliant. Bien qu'il n'ait pas été remplacé officiellement avant 1782, on ne lui a pas permis de retourner en Nouvelle-Écosse pendant la durée de la guerre.

J.M. Bumsted

Legget, Robert Ferguson, ingénieur civil (Liverpool, Angl., 29 sept. 1904—Ottawa, Ont., 17 avril 1994). Après avoir travaillé dans l'industrie canadienne de la construction, Legget enseigne à l'U. Queen et à l'U. de Toronto jusqu'en 1947, année où il se joint au CONSEIL NATIONAL DE RECHERCHES DU CANADA pour mettre sur pied la Division des recherches en bâtiment et pour en prendre la direction, poste qu'il occupera jusqu'à sa retraite en 1969. Il est reconnu à l'échelle internationale pour sa contribution à la recherche et à la normalisation dans les domaines de l'ingénierie, de la géologie et de la construction. Il a également contribué à établir une coopération entre les ingénieurs géotechniciens, les géologues et les pédologues du Canada. Il a reçu 13 diplômes honorifiques et a été élu membre de plusieurs associations en reconnaissance de son œuvre.

Legget a écrit ou dirigé la rédaction de plus de 12 livres bien connus, dont *Canals of Canada* (1975), *Glacial Till* (1976), *Handbook of Geology in Civil*

Engineering, avec P.F. Karrow (1983), et bon nombre d'articles sur la mécanique des sols. Legget a été élevé au rang d'Officier de l'Ordre du Canada en 1967 et promu Compagnon en 1989.

Légion royale canadienne Elle est issue de plusieurs petites associations d'anciens militaires qui, au cours de la Première Guerre mondiale, décident de se regrouper un peu partout au Canada. La première association nationale, la Great War Veterans Association of Canada (GWVA), est fondée en avril 1917 et, dès 1919, elle représente le plus grand regroupement du genre au Canada. Au milieu des années 20, des problèmes internes, une baisse du nombre d'adhérents et la naissance d'associations rivales mettent en péril la survie du mouvement. En 1925, lors d'une visite au Canada, le feld-maréchal Earl Haig, fondateur de la British Empire Service League (BESL), encourage tous les anciens combattants canadiens à s'unir au sein d'une organisation unique.

En 1926, le GWVA et d'autres entités s'unissent pour former la Canadian Legion of the BESL. Au cours des années 30, la nouvelle Légion connaît une croissance constante et prend de l'ampleur durant la Seconde Guerre mondiale et immédiatement après celle-ci. Elle axe ses efforts sur le retour à la vie civile des anciens combattants, en leur prodiguant des conseils sur les régimes de retraite et les autres avantages offerts par le gouvernement fédéral. En 1960, l'organisation adopte un nouveau nom: Légion royale canadienne.

La Légion continue de servir les anciens combattants en attirant l'attention du gouvernement sur leurs préoccupations. Depuis 1915, le principal objectif de l'association consiste à offrir des services aux anciens combattants et à leurs personnes à charge même si, de nos jours, elle participe aussi à de nombreuses activités, tant sur le plan public que communautaire, en aidant les Canadiens à se souvenir de ceux et celles qui ont servi leur pays en temps de guerre. Dans chaque province, l'association est organisée en commandements et, en 1987, la Légion, dont le siège social est situé à Ottawa, comptait plusieurs centaines de bureaux au Canada, totalisant plus de 591 000 membres. (*Voir aussi* ANCIENS COMBATTANTS.)

Glenn T. Wright

Légumes Plante herbacée entièrement ou partiellement comestible, crue ou cuite. Les légumes sont une bonne source de protéines, de vitamines, de minéraux, d'oligo-éléments et de fibres. Tous les légumes sont riches en hydrates de carbone, qui contribuent à leur donner un goût unique. On les prise le plus quand on les mange, crus ou cuits, peu après leur récolte.

Au Canada, on cultive au moins 53 espèces ou variétés botaniques de légumes: l'une d'elles est le CHAMPIGNON; les 52 autres sont des Spermatophytes (*voir* PHANÉROGAMES). Ils sont énumérés ci-dessous selon leur famille.

- GRAMINÉES (famille de l'Herbe): *Zea mays* var. *praecox*, maïs éclaté; *Z. mays* var. *rugosa*, MAÏS SUCRÉ;

- liliacées (famille du LIS): *Asparagus officinalis*, ASPERGE;

- amaryllidacées (famille de l'amaryllis): *Allium cepa*, OIGNON; *A. cepa* (groupe *Aggregatum*), échalote; *A. ampeloprasum*, poireau; *A. Sativum*, ail; *A. fistulosum*, ciboule; *A. schoenoprasum*, ciboulette;

- polygonacées (famille du SARRASIN): *Rheum rhabarbarum*, RHUBARBE;

- chénopodiacées (famille du chénopode): *Beta vulgaris*, BETTERAVE; *B. vulgaris* (groupe *Cicla*), carde ou bette à cardes; *Spinacia oleracea*, ÉPINARD;

- crucifères (famille de la moutarde): *Brassica oleracea* (groupe *Acephala*), CHOU FRISÉ et chou rosette; *B. oleracea* (groupe *Gemmifera*), CHOU DE BRUXELLES; *B. oleracea* (groupe Capitata) CHOU POTAGER; *B. oleracea* (groupe *Botrytis*), BROCO-

LI, chou-fleur; *B. oleracea* (groupe Gongylodes), CHOU-RAVE; *B. napus* (groupe Napobrassica). RUTABAGA ou chou-navet; *B. juncea*, moutarde; *B. rapa* (groupe *Rapifera*), NAVET; *B. rapa* (groupe *Pekinensis*), chou chinois pe-tsai; *B. rapa* (groupe *Chinensis*), chou chinois pakchoi; *Nasturtium officinale*, cresson de fontaine; *Amoracia rusticana*, raifort; *Raphanus sativus*, RADIS;

- légumineuses (famille des POIS ou des LÉGUMINEUSES à graines): *Pisum sativum*, petit pois; *P. sativum* var. *arvense*, pois des champs; *P. sativum* var. *macrocarpon*, pois mange-tout; *Vicia faba*, féverole à gros grains ou FÈVE; *Phaseolus vulgaris*, haricot (*voir* HARICOT VERT); *P. coccineus*, haricot d'Espagne; *P. limemsis*, haricot de Lima; *Vigna radiata*, haricot mung;

- ombellifères (famille du persil): *Daucus caroba* var. *sativus*, CAROTTE; *Foeniculum vulgare*, fenouil; *Petroselinum crispum*, persil; *Apium graveolens* var. *dulce*, CÉLERI: *A. graveolens* var. *rapaceum*, céleri-rave; *Pastinaca sativa*, PANAIS;

- solanacées (famille de la MORELLE: *Solanum tuberosum*, POMME DE TERRE: *S. melongena*, AUBERGINE; *Lycopersicon esculentum*, TOMATE; *Capsicum annuum* (groupe Cerasiforme), POIVRON;

- cucurbitacées (famille de la courge): *Cucurbita pepo* var. *pepo*. CITROUILLE, COURGE reine-de-table; *C. pepo* var. *melopepo*, courge d'été; *C. maxima*, courge d'hiver; *C. moschata*, courge musquée; *Citrullus lanatus*, pastèque; *Cucumis sativus*, CONCOMBRE; *Cucumis melo* var. *cantalupensis*, cantaloup; *Cucumis melo* (groupe Reticulatus), melon brodé;

- composacées (famille de composés): *Cichorium intybus*, witloof, chicorée; *C. endivia*, ENDIVE; *Tragopogon porrifolius*, salsifis; *Lactuca sativa*, LAITUE; *Helianthus tuberosus*, topinambour; *Taraxacum officinale*, PISSENLIT;

Seulement environ 16 des espèces énumérées sont cultivées à grande échelle au Canada; 5 ou 6 espèces constituent la plus grosse partie de tous les légumes produits. On classe parfois les légumes selon la saison (saison chaude et saison froide) ou selon leurs parties comestibles: p. ex., fleurs (chou-fleur, brocoli); feuilles (chou, laitue, épinard); pousses (asperge); pétioles (rhubarbe, carde); racines (betterave, carotte, pomme de terre, oignon); fruits (tomate, poivron, courge).

Culture

La production de légumes va de la culture sarclée hautement intensive aux types de production très étendue. Bien qu'un bon sol soit bénéfique, le producteur préfère souvent utiliser des sols sablonneux légers pour démarrer hâtivement la saison. Les cultures maraîchères se remettent moins bien des SÉCHERESSES saisonnières ou de courte durée que la plupart des autres cultures horticoles. Une source d'eau est donc nécessaire pour irriguer durant les courtes périodes de sécheresse. Toutes les opérations durant la croissance des légumes, du semis de précision à la récolte, à la manutention et à l'emballage sont en train de devenir très vite entièrement mécanisées. On utilise toutes les méthodes possibles, mécaniques ou chimiques, pour lutter contre les PLANTES NUISIBLES. Les insectes et les MALADIES DES PLANTES sont surveillés de près, et l'usage des PESTICIDES chimiques minimise les pertes de récoltes. De nombreux producteurs ont construit des silos pour stocker à long terme des pommes de terre, des oignons, des carottes et des choux, p. ex., Le long hiver canadien rend obligatoire le stockage, dans de parfaites conditions, de tous les légumes à l'état vivant qui peuvent s'y prêter.

Superficie et rendement La pomme de terre est le légume le plus cultivé au Canada. Si l'on exclut la pomme de terre, l'Ontario est le premier producteur de légumes, en rendement et en superficie; le Québec vient au deuxième rang, suivi de la Colombie-Bri-

tannique, des Prairies et de la région de l'Atlantique. L'Ontario est aussi la province qui peut le plus augmenter sa production. Si l'on tient compte de la pomme de terre, l'Ontario vient encore en tête, mais la région de l'Atlantique se classe au deuxième rang, suivie du Québec, des Prairies et de la Colombie-Britannique. Relativement peu de régions canadiennes jouissent d'une saison de croissance tempérée et suffisamment longue pour la production de légumes. D'ouest en est, ces régions sont la vallée du Fraser inférieur, en Colombie-Britannique; la zone irriguée du sud de l'Alberta; les vallées des rivières Rouge et Assiniboine, au Manitoba; la zone du sud de l'Ontario en bordure des Grands Lacs; au Québec, la vallée du Saint-Laurent et les zones de terres noires du sud-ouest de la province; la vallée du fleuve Saint Jean, au Nouveau-Brunswick; la vallée Annapolis, en Nouvelle-Écosse; et la plus grande partie de l'Île-du-Prince-Édouard.

Les rendements canadiens des cultures légumières sont comparables à ceux des cultures semblables américaines ou européennes. Cependant, contrairement aux Américains, nous ne produisons qu'une culture de légumes par an sur le même sol; par conséquent, les rendements totaux sont habituellement ceux d'une seule récolte. Nous compensons en cultivant des légumes en serre, où les rendements des tomates et des concombres sont aussi élevés que ceux qu'on obtient n'importe où dans le monde. Les rendements maximaux des carottes, des oignons, des choux, des céleris et des laitues sont obtenus dans des sols de terre tourbeuse ou organique, qui reçoivent la chaleur estivale requise. Les terres en milieu sec utilisées pour de telles cultures sont un peu moins productives parce que l'approvisionnement en eau n'y est habituellement pas aussi constant que dans les zones de terre tourbeuse. Voici quelques exemples de bons rendements des principales récoltes: pommes de terre, de 9 à 16 t; tomates, de 18 à 23 t; pois de conserverie, de 1 à 2 t; maïs sucré, de 4 à 5 t; carottes et oignons, de 16 à 20 t.

Valeur et transformation En 1986, les légumes comptent pour environ 3 p. 100 du revenu total de la ferme canadienne. Contrairement à de nombreux autres produits agricoles, le classement, le lavage, l'empaquetage, le transport, la vente en gros et la vente au détail multiplient de 5 à 7 fois le prix des légumes à la ferme. Tous les légumes non immédiatement consommés doivent être rapidement réfrigérés pour retarder toute perte de qualité. Si la chaleur estivale ou celle du sol n'est pas rapidement réduite, les légumes perdent bientôt de leur attrait. Pour conserver au maximum leur goût et leur valeur nutritive, les légumes peuvent être hydro-refroidis, préréfrigérés sous vide, recouverts de glace, mis en conserve ou transformés, surgelés après avoir été brièvement blanchis puis stockés, lyophilisés pour enlever toute l'eau tissulaire ou déshydratés à haute température. Les légumes traités selon un de ces moyens peuvent être transformés en soupes, en croustilles, en condiments ou en flocons. Selon les chefs des rayons des fruits et légumes frais des supermarchés modernes, les produits bien traités et présentés de façon attrayante rapportent les plus grands bénéfices par unité du magasin.

I.L. Nonnecke

Légumineuses ou fabacées. Il s'agit de la troisième plus grande famille de plantes à fleurs, qui compte environ 650 genres et 18 000 espèces. Il existe plus de 4000 espèces indigènes en Amérique du Nord. La plupart font partie de la sous-famille du pois et apparaissent comme composantes secondaires et dispersées de la végétation indigène. On trouve plus de 2000 espèces d'astragale (genre *Astragalus*) dans le monde, dont une quarantaine au Canada. Parmi les autres légumineuses indigènes communes on compte les LUPINS (*Lupinus*), les VESCES FOURRAGÈRES (*Vicia*), les OXYTROPIS DE LAMBERT (*Oxytropis*) et la gesse (*Lathyrus*). La plupart des légumineuses vivent en symbiose avec la bactérie *Rhizobium*, qui assure la fixation d'une partie de l'azote dont elles ont besoin, et enrichissent les sols en tant qu'engrais vert. Les animaux comme les humains consomment les légumineuses.

La plupart des légumineuses qui occupent une place importante dans l'agriculture ont été introduites. La LUZERNE, le mélilot, le TRÈFLE des prés et le trèfle hybride sont des légumineuses fourragères introduites au Canada et dont l'usage est répandu pour le pâturage et comme engrais vert. On s'en sert cependant avec modération comme plante de pâturage, et elles sont généralement mélangées avec des graminées, car elles provoquent parfois chez le bétail des ballonnement (accumulation de gaz intestinaux) qui peut être mortel. Cependant, plusieurs légumineuses fourragères (p. ex., sainfoin et trèfle pied-de-poule) ne causent pas de ballonnements et servent de pâturage dans des zones restreintes.

Les LÉGUMINEUSES À GOUSSES représentent un deuxième groupe très important de légumineuses introduites au Canada. La plupart des légumineuses à gousses cultivées au Canada sont écossées et exportées pour la consommation humaine. Le haricot sec est le plus important d'entre elles. Il est suivi du pois sec, ou pois des champs, puis des LENTILLES et des FÈVES ou féveroles. Le Canada produit aussi du SOJA (qui n'est pas une légumineuse à gousse, mais plutôt une PLANTE OLÉAGINEUSE), en particulier dans le Sud de l'Ontario.

A.E. Slinkard

Légumineuses à gousses Plantes qui font partie de la très grande famille des légumineuses, c.-à-d. dont les graines ou les parties de la plante sont comestibles. Les légumineuses à gousses ont des racines pivotantes qui peuvent former des associations symbiotiques avec les bactéries fixatrices d'azote, du genre rhizobium. Le fruit consiste en une gousse contenant une ou plusieurs graines riches en glucides, protéines et, parfois, huile. Les légumineuses à gousses sont principalement des plantes annuelles d'été qui nécessitent 40 cm à 100 cm de pluie. Parmi celles qui ont une importance économique, citons les pois chiches et le SOJA, originaires de Chine; le haricot commun et le haricot de Lima, qui viennent d'Amérique centrale et d'Amérique du Sud; le haricot à œil noir, les LENTILLES, le haricot mungo et les pois, originaires de l'Inde; et la FÉVEROLE à petits grains et le haricot mungo d'Asie centrale. Le soja est la légumineuse à gousses la plus importante à l'échelon mondial. Le Canada produit des quantités importantes de haricots communs, féveroles à petits grains, lentilles, pois et soja.

P. McVetty

Leitch Collieries LIEU HISTORIQUE provincial de l'Alberta, situé près de l'entrée de la municipalité de CROWSNEST PASS. La mine est désormais abandonnée, mais lors de son ouverture en 1907, elle était considérée comme l'une des exploitations de charbon et de coke les plus techniquement avancées du Canada. L'histoire de la mine et les détails concernant son exploitation sont présentés sur des panneaux d'interprétation ou sont expliqués par des guides. On peut également visiter le FRANK SLIDE INTERPRETIVE CENTRE situé tout près. Leitch Collieries est ouvert de la mi-mai au début de septembre.

Deborah Welch et Michael Payne

Le Jeune, Paul, missionnaire, supérieur jésuite à Québec et auteur (Vitry-le-François, France, juill. 1591—Paris, France, 7 août 1664). Converti au catholicisme à 16 ans, Le Jeune est nommé supérieur des jésuites à Québec en 1632. Il prône l'étude des langues pour les missionnaires et l'établissement des tribus nomades dans des réserves agricoles. Au cours de l'hiver 1634-1635, il accompagne des Algonquins dans leur expédition de chasse. De 1639 à 1649, il est prêtre missionnaire à SILLERY, à Tadoussac, à Trois-Rivières et à VILLE-MARIE (aujourd'hui Montréal). Pendant cette période, il exerce des pres-

sions pour obtenir des renforts militaires contre les Iroquois et encourage le projet d'établissement de Ville-Marie. Son rapport annuel de 1632, publié par le provincial des jésuites à Paris, inaugure la série des RELATIONS DES JÉSUITES, publiées jusqu'en 1673 afin d'attirer des recrues et d'encourager le financement des missions. Procureur général des missions canadiennes de 1649 à 1662, Le Jeune est l'auteur de 15 numéros des *Relations* et de 2 livres de dévotion.

Cornelius J. Jaenen

Leliefontein Durant la GUERRE DES BOERS, 90 officiers et militaires des Royal Canadian Dragoons ont à l'ordre de couvrir la retraite d'une colonne d'infanterie britannique attaquée par plusieurs centaines de cavaliers Boers près de la ferme de Leliefontein, dans l'Est du Transvaal. Dans l'engagement du 7 novembre 1900, où les *Dragoons* sont appuyés par deux canons de la Royal Canadian Field Artillery, 3 *Dragoons* remportent la CROIX DE VICTORIA, 3 sont tués et 11 sont blessés.

Brereton Greenhous

Leloup, Jean, né Jean Leclerc, auteur, compositeur et interprète (Québec, Qc, 14 mai 1961). Après avoir passé une partie de son enfance au Togo et en Algérie, Jean Leclerc remporte le premier prix (auteur-compositeur) au Festival de la chanson de Granby en 1983. Devenu Jean Leloup en 1986, il tient le rôle de Ziggy dans la 2e production montréalaise de l'opéra-rock *Starmania* de Luc PLAMONDON. À la suite de son premier album en 1989 (*Alger, Miss Mary Popper*), il remporte le prix spécial du jury au Festival international d'été de Québec. Récitant de façon rythmée ses textes, Jean Leloup se rapproche du rap avec *1990* qui connaît un grand succès au Québec et en France, où il donne quelques spectacles en 1992, notamment à La Cigale à Paris et aux Francofolies de La Rochelle. Après une absence prolongée de la scène, il se produit aux Francofolies de Montréal en août 1996, lance l'album *Le dôme* et triomphe au Spectrum lors de deux séries de spectacles avant de remporter, au cours de l'automne 1997, le Félix de l'auteur-compositeur de l'année. Sa popularité auprès des jeunes atteint de nouveaux sommets alors qu'il lance l'album *Les fourmis*, choisi Album Rock de l'année en 1999 par l'ADISQ qui lui attribue également les Félix du spectacle et du vidéo de l'année. Sa série de spectacles au Métropolis de Montréal, au début de l'an 2000, attire plus de 20 000 personnes. En plus de celles déjà citées, *L'amour est sans pitié*, *Isabelle* et *I lost my baby* figurent parmi ses chansons les plus connues.

Robert Thérien

Le Loutre, Jean-Louis, prêtre et missionnaire (Morlaix, France, 26 sept. 1709—Nantes, France, 30 sept. 1772). Certains historiens croient que Le Loutre est un agent politique pour la France, tandis que d'autres le considèrent comme un missionnaire exemplaire, qui use de tous les moyens possibles pour éviter que les Acadiens (*voir* ACADIE) catholiques français ne subissent la domination des Britanniques protestants. Après avoir étudié à Paris, au Séminaire du Saint-Esprit, et avoir été ordonné prêtre au Séminaire des missions étrangères, Le Loutre se rend à LOUISBOURG en 1737. Affecté à la paroisse d'Annapolis Royal, en territoire britannique, il travaille auprès des MICMACS à la mission de Shubenacadie, près de Truro, en Nouvelle-Écosse.

En 1744, après la déclaration de guerre entre l'Angleterre et la France, Le Loutre participe avec François DuPont Duvivier au siège d'Annapolis Royal. Lorsque les Britanniques prennent Louisbourg en 1745, Le Loutre se rend à Québec pour y consulter le gouverneur de la NOUVELLE-FRANCE. Celui-ci lui confie la mission d'aller à la rencontre de la flotte du duc d'Anville, alors en route pour reprendre l'Acadie. C'est ainsi que Le Loutre sert d'intermédiaire entre les autorités françaises et les Acadiens. Après l'échec de la flotte d'Anville, Le Loutre retourne en France à bord de *La Sirène*.

En 1749, après deux tentatives qui se terminent dans les prisons d'Angleterre, Le Loutre retourne en Acadie. Depuis sa nouvelle mission à FORT BEAUSÉJOUR (près de Sackville, Nouveau-Brunswick), Le Loutre encourage les Micmacs à harceler les Britanniques et presse les Acadiens d'abandonner leurs terres et de trouver refuge dans les régions revendiquées par la France. Il retourne en France en 1752, mais revient l'année suivante, toujours aussi déterminé à lutter contre les Britanniques. Après la prise de Beauséjour en 1755, Le Loutre, sachant que sa tête est mise à prix depuis quelques années, s'enfuit à Québec. Capturé par les Britanniques, alors qu'il s'en retourne en France, il est fait prisonnier jusqu'en 1763. Une fois libéré, il vient en aide aux Acadiens déportés qui souhaitent vivre en France.

Gérard Finn

Le May, Pamphile, poète et auteur (Lotbinière, Qc, 5 janv. 1837—Saint-Jean Deschaillons, Qc, 11 juin 1918). Il effectue des études classiques et de droit à Québec et à Ottawa (Ont.), entrecoupées de stages professionnels à Sherbrooke (Qc) et dans la Vieille Capitale. Traducteur à l'Assemblée législative du Canada-Uni (1861-1866), il est reçu avocat en 1865 et fait paraître la même année son premier recueil de poèmes, *Essais poétiques*. Deux ans plus tard, il est nommé conservateur à la bibliothèque de l'Assemblée législative du Québec et occupera son poste jusqu'en 1890, année où un nouveau gouvernement le démet de ses fonctions. Il se retire alors à la campagne et se consacre à la littérature jusqu'à sa mort.

Membre fondateur de la Société royale (1882) et principal représentant du romantisme québécois des années 1860, son œuvre lui vaut plusieurs importantes récompenses: premier prix du concours de poésie (1867) et médaille d'or (1869) de l'U. Laval; grade de docteur ès lettres (1888); rosette d'officier de l'Instruction publique du gouvernement français (1910).

Auteur de contes (*Contes vrais*, 1899), d'une épopée à saveur indienne (*Tonkourou*, 1888), de romans (*Le pèlerin de Sainte-Anne*, 1877; *Picounoc le maudit*, 1878; *L'affaire Sougraine*, 1884), de traductions (*Le chien d'or, légende canadienne* de William Kirby, 1884; *Évangéline* de Longfellow) et de pièces de théâtre (*Les vengeances*, 1876; *Rouge et bleu*, 1891; *Entendons-nous*, 1911), c'est surtout par la poésie qu'il s'est illustré: *Deux poèmes*, couronnés par l'Université Laval, 1870; *La chaîne d'or,* poème, 1879; *Une gerbe. Poésies*, 1879; *Les épis. Poésies fugitives et petits poèmes*, 1914; *Reflets d'antan. Poèmes,* 1916). Son recueil le plus célèbre, *Les gouttelettes* (1904), distille, sur le mode intimiste et lyrique, des sonnets de facture parnassienne célébrant l'amour de la terre natale, le respect de la religion et les mœurs rustiques des premiers Canadiens français.

Ismène Toussaint

Lemelin, Roger, romancier et scénariste (Québec, 7 avril 1919—*id.*, 16 mars 1992). Né à Québec, dans le quartier ouvrier de Saint-Sauveur, il est avant tout un autodidacte. Journaliste, homme d'affaires, il possède des intérêts dans la publicité et l'industrie alimentaire et forestière. Il est éditeur du quotidien montréalais LA PRESSE jusqu'en 1981.

Lemelin publie quatre romans, un recueil de nouvelles et quelques ouvrages documentaires. Ses romans *Au pied de la pente douce* (1944) et LES PLOUFFE (1948) sont ceux qui ont obtenu le plus de succès. Les critiques de *Pierre le magnifique* (1952) et, surtout, de l'œuvre *Le crime d'Ovide Plouffe* (1982) sont moins favorables.

Il est aussi l'auteur de la série télévisée, très populaire, écrite d'après *Les Plouffe* et diffusée très longtemps sur les réseaux français et anglais de Radio-Canada pendant les années 50. Il écrit les scénarios du film et de la série télévisée, réalisés par Gilles CARLE, à partir de ce même roman. Denys ARCAND adapte *Le crime d'Ovide Plouffe* pour le grand écran en 1984, en se basant sur le scénario de

Lemelin, mais il en atténue le côté mélodramatique, le principal défaut de Lemelin.

Les meilleures œuvres de ce pionnier du réalisme social au Canada français se caractérisent par une observation très juste de ses compatriotes. Il a pour principale cible le clergé, le nationalisme, la famille québécoise moyenne, les tabous sexuels et l'ignorance. Enfin, il est Compagnon de l'Ordre du Canada et, en 1987, il devient membre honoraire de l'Union des écrivains québécois. En 1990, sa contribution à la culture française lui vaut la Légion d'honneur (France).

B.-Z. Shek

Lemieux, Jacqueline, danseuse, chorégraphe et professeure de danse (East Angus, Qc, 13 nov. 1957). Lemieux est une danseuse éloquente et passionnée, bien connue du public international. Ses qualités cinétiques et ses perspectives sont un exemple vibrant d'un style à la fois expressionniste et introspectif, style qui prend naissance au Québec dans les années 70 et auquel on fait souvent référence comme «nouvelle danse».

Dès l'âge de 13 ans, elle décide de devenir danseuse professionnelle alors qu'elle participe aux classes et aux spectacles de la troupe de danse Entre-Deux, dirigée par Richard Lewis (1971-1976). Elle est danseuse et chorégraphe pour la compagnie Educanima de Jean Ruest, spécialisée dans les spectacles pour enfants (1977-1978). Sa formation professionnelle en danse moderne commence plus tard, à l'école de danse Pointépiénu (1978-1979) et à l'école du Groupe Nouvelle Aire (1980), avec Linda Rabin et Jo Lechay (1980-1984), ainsi qu'à New York, dans les écoles de Lubovitch et Limon (1981-1982). Elle est également influencée par des études sur le Butoh (1981, 1990), la Skinner Release Technique (1980) et par de nombreux chorégraphes américains d'influence postmoderne (1982 à aujourd'hui).

En 1978, elle crée trois danses sous les auspices de la première collective de chorégraphes de Québec, «Qui danse?»: *Volambule* (1978), *Délices* (1979), et *Aqua* (1980). En tant que membre de ce groupe et de nombreux autres groupes, elle favorise l'expérimentation en matière de danse.

Pendant les années 80, Lemieux part en tournée sur la scène internationale comme danseuse et collaboratrice artistique avec plusieurs groupes, notamment Françoise SULLIVAN (1980), Paul St-Jean et son entreprise Performance Multi-Media (1982-1984), la compagnie de danse de Jo Lechay (1981-1985), LaLaLa Human Steps de Édouard LOCK (1984) et la compagnie de danse O Vertigo, dirigée par la chorégraphe Ginette LAURIN (1985-1991).

Après une décennie de danse principalement au sein d'une compagnie, Lemieux décide de retourner à la danse, travaillant avec les chorégraphes montréalais Isabelle Van Grimde (1992), Louise BÉDARD (1993 à aujourd'hui), Irène Stamou (1995-1997), Andrew Harwood (1996) et Jean-Pierre PERREAULT (1996). Elle présente des danses créées spécialement pour elle par Marie CHOUINARD, Linda Rabin et Tedd Robinson, dans Danse Cité, volet Interprètes (1993). Elle réalise aussi des chorégraphies pour des productions locales de théâtre.

L'approche pédagogique de Lemieux par rapport à la danse a évolué grâce à diverses influences, notamment le jazz moderne (1974-1980) et la technique Limon (1980-1884). Dans les années 90, travaillant avec son collègue Marc Boivin, elle crée une technique de partenariat pour les danseurs. Elle enseigne actuellement à des acteurs et à des artistes de cirque l'expression corporelle.

Dena Davida

Lemieux, Jean-Paul, peintre (Québec, 18 nov. 1904—Montréal, 7 nov. 1990). L'univers artistique de Lemieux est souvent décrit comme celui des paysages nordiques, plats, stériles et infinis, mais ces éléments ne sont qu'une des caractéristiques de son œuvre. Il fréquente l'École des beaux-arts de Mont-

réal de 1926 à 1934, et entre-temps fait un voyage à Paris. Après avoir enseigné à l'École du meuble, il enseigne à l'École des beaux-arts de Québec en 1937 et y reste jusqu'en 1965. Ses œuvres s'inspirent de Québec et de l'ÎLE AUX COUDRES, dans le comté de Charlevoix, pour lequel il éprouve une affection particulière. Ses premiers tableaux représentent la vie quotidienne, des paysages familiers ou sont des portraits de la parenté.

Dans les années 40, les toiles de Lemieux (*Lazare*, 1941; *La Fête-Dieu Québec*, 1944) dépeignent, à la manière d'une fresque, les attitudes d'un peuple. L'organisation du sujet et de l'espace est à ce moment influencée par l'école primitiviste d'Italie et l'art populaire québécois traditionnel, qu'il collectionne avidement. Petit à petit, il traite ses sujets plus simplement, et son style est plus géométrique. Il ne s'agit pas, toutefois, de géométrie figée, puisque les lignes vibrent encore et que les couleurs sont soit transparentes, soit pastel. Les espaces s'ouvrent (*Le Train de midi*, 1956), et sur la ligne d'horizon se découpent des figures hiératiques (*L'été*, 1959). Tout en faisant partie et en étant distinctes de l'arrière-plan, ces silhouettes évoquent un monde de rêve et de souvenirs.

Souvent méditatif et sérieux, l'art de Lemieux peut aussi parfois être humoristique et lyrique, comme dans ses illustrations des livres de Gabrielle ROY. Ses œuvres sont régulièrement exposées au Canada et à l'étranger, et Lemieux se fait commander quelques portraits de personnalités connues. En 1985, Lemieux publie une édition bilingue limitée d'une collection d'œuvres – une pour chaque province et territoire – intitulée *Canada-Canada*.

Laurier Lacroix

Lemieux, Mario, joueur de hockey (Montréal, Qc, 5 oct. 1965). Les prouesses de marqueur de Lemieux avec les Voisins de Laval de la Ligue Junior Majeur du Québec (247 buts et 562 points en 3 saisons) en font le joueur junior le plus recherché des années 80. Il fait son entrée dans la Ligue nationale de hockey (LNH) avec les Penguins de Pittsburgh, en 1984, et remporte le TROPHÉE CALDER (recrue de l'année) en 1984-1985. Il démontre très tôt qu'il est l'un des meilleurs joueurs de hockey de sa génération. Lors de la Coupe Canada en 1987, il réussit le but gagnant avec l'aide de son coéquipier, Wayne GRETZKY.

Son gabarit impressionnant, sa force et son habileté avec la rondelle en font un des marqueurs les plus spectaculaires de l'histoire du hockey. Seul Gretzky a accumulé plus de points en une saison et a atteint le cap des 1000 points plus rapidement que Lemieux. Autant de performances remarquables pour Lemieux au repos pendant pratiquement deux saisons à la suite d'une blessure au dos.

Lemieux remporte 6 championnats des marqueurs, ainsi que le TROPHÉE HART attribué au joueur le plus utile à son équipe en 1988, 1993 et 1996. Il décroche également le TROPHÉE ART ROSS en 1993, alors même qu'il doit manquer plusieurs matches à cause d'un cancer. Lemieux remporte 2 fois le TROPHÉE CONN SMYTHE (joueur le plus utile pendant les séries éliminatoires) et mène les Penguins de Pittsburg à la conquête de la COUPE STANLEY en 1990-1991 et 1991-1992. Son dos le fait tellement souffrir qu'il songe à la retraite et décide de ne pas jouer au cours de la saison 1994-1995 afin de récupérer. Il revient au jeu avec les Penguins, en 1995, et remporte le championnat des marqueurs en 1995-1996 et 1996-1997, sa dernière saison. Sa fiche est de 613 buts et 881 aides en plus de 89 buts et 70 aides en séries éliminatoires. Mario Lemieux, membre du Temple de la renommée est aujourd'hui propriétaire des Penguins de Pittsburgh.

Yvon Dore

Lemieux, Raymond Urgel, professeur de chimie (Lac-la-Biche, Alb., 16 juin 1920). Reconnu mondialement pour ses contributions fondamentales et novatrices en chimie organique, en particulier dans le

domaine des glucides, Lemieux obtient son Ph.D. à McGill en 1946. Il occupe brièvement des postes de chercheur à l'Ohio State University et à l'U. de la Saskatchewan avant de devenir agent principal de recherche au Laboratoire régional des Prairies du Conseil national de recherches à Saskatoon en 1949. Il y réalise la première synthèse chimique du saccharose.

En 1954, il commence à travailler à l'U. d'Ottawa où il est l'un des premiers à appliquer la SPECTROSCOPIE de résonance magnétique nucléaire pour expliquer la structure des produits naturels. En 1961, il entre à l'U. de l'Alberta, où il concentre sa recherche sur la façon dont les propriétés de liaison particulières, appelées «effets anomériques», régissent les réactions chimiques et la forme des molécules glucidiques. Ce travail conduit à la réalisation des premières synthèses chimiques des glucides complexes présents sur la surface des cellules humaines et permet de comprendre comment la forme de ces molécules influence leur fonction.

Parallèlement à la publication de plus de 200 articles scientifiques, Lemieux détient quelque 30 brevets ayant trait, pour la plupart, aux antibiotiques et aux antigènes érythrocytaires semi-synthétiques. Il fonde trois compagnies de recherche et de chimie. Il est membre de la Royal Society of London (1955) et reçoit de nombreuses récompenses, dont le prix Izaak Walton Killam (1981), la médaille d'honneur de la Société médicale canadienne (1985), le prix Gairdner International (1985) et la médaille d'or en sciences et en génie du Canada (1991). Il est Officier de l'Ordre du Canada.

O. Hindsgaul

Lemieux-Lopez, Jacqueline, danseuse, professeure et administratrice (Montréal, 9 juill. 1939—*id.*, 23 sept. 1979). Née Jacqueline Lemieux, elle est connue comme danseuse et professeure sous le nom de Lemieux-Lopez, après avoir épousé Roger Lopez. Elle se dévoue à l'enseignement du ballet et inspire beaucoup ses élèves, ralliant ainsi par son influence les adeptes de son art. Elle aspire à rendre la danse accessible à un public plus nombreux qu'auparavant à Montréal. Cette vision transcende toutes les factions qui existaient alors dans ce milieu.

Lemieux-Lopez reçoit presque toute sa formation de ballet sous la tutelle de professeurs locaux, soit Gérald Crevier, Seda Zaré, Marc Beaudet et Elizabeth Leese. Avant de se consacrer à l'enseignement, elle danse à la télévision et participe à un programme d'été de l'ÉCOLE NATIONALE DE BALLET. Elle est la première québécoise à obtenir un certificat supérieur en enseignement de la Royal Academy of Dancing (RAD). Elle détient aussi un diplôme supérieur de danse nationale du Imperial Society of Teachers of Dancing (ISTD).

Après sa première lutte contre le cancer dans les années 60, Lemieux-Lopez semble animée par un sentiment d'urgence. Pour l'enseignement de la danse classique, elle met au point des méthodes de formation progressives qui reposent sur la connaissance de l'anatomie et les techniques de visualisation. Profitant de subventions, elle étudie les techniques d'autres professeurs à Londres, à Paris, à Cannes, à New York, à Lisbonne et à Stuttgart. Sa carrière en enseignement est variée. Elle est professeure pendant quelque temps au Canadian College of Dance (1968-1971), à l'École supérieure de danse du Québec, à titre d'adjointe principale de Ludmilla CHIRIAEFF, et aussi pour LES GRANDS BALLETS CANADIENS. Habitant toujours à Montréal, elle assume, en 1974, la direction de l'Académie de ballet du Saguenay.

En 1975, Lemieux-Lopez organise un programme de danse intensif appelé Québec Été Danse, qui, pendant trois semaines, offre des classes de maître en ballet, en danse moderne, en danse jazz et en danse d'expression. Le soir, on y présente des spectacles de vedettes comme les Canadiens Karen KAIN et Frank AUGUSTYN, et le danseur postmoderniste américain Rudy Perez. En 1978, elle organise à Montréal le festival Octobre en danse, qui réunit des danseurs venant de partout au Canada.

En 1975, Lemieux et Lawrence GRADUS, danseur-chorégraphe, fondent la troupe de ballet de chambre Entre-Six composée de six danseurs québécois. Ils dirigent la troupe eux-mêmes: elle à titre d'administratrice, lui à titre de directeur artistique et de chorégraphe. Ils s'épousent, le 24 février 1977, et Lemieux abandonne le nom de Lopez.

Entre-Six, qui présente des numéros de ballet contemporains à la portée de tous, fait le pont entre le ballet strictement classique et la danse moderne. La troupe est fondée en partie pour éduquer le grand public. Avant tout le lieu d'expression des œuvres de Gradus, la troupe en vient également à interpréter les œuvres d'autres chorégraphes. Comme elle compte peu de danseurs et peut facilement se déplacer, ses tournées sont nombreuses. Son répertoire, qui va de l'humour à l'abstrait, ne verse jamais dans les styles sombres ou expressionnistes. Le public l'apprécie et c'est ce qui lui vaut les éloges tant au pays qu'à l'étranger. La troupe met aussi sur pied un programme original pour les enfants, qui consiste à faire participer les jeunes à des activités avant et après les spectacles. Grâce au financement provincial et fédéral, la troupe réussit à embaucher ses danseurs à l'année, en renonçant aux décors compliqués et en faisant du salaire de ses danseurs une priorité. Il règne un fort esprit d'équipe parmi les danseurs et le personnel de la troupe. Pendant cinq années d'existence, de 1975 à 1980, Entre-Six présente plus de 500 spectacles partout au Canada, aux États-Unis et même en Europe.

Jacqueline Lemieux assume la vice-présidence de l'Association Danse au Canada en 1979, après avoir été membre de son conseil de 1975 à 1979. Elle est aussi membre du conseil consultatif du CONSEIL DES ARTS DU CANADA de 1976 à 1979. En 1980, ce dernier crée le prix Jacqueline-Lemieux, en hommage à sa contribution exceptionnelle au domaine de la danse au Canada.

Respectée et admirée dans le milieu de la danse pour son dynamisme, sa générosité et son esprit d'entreprise, Jacqueline Lemieux succombe au cancer qui l'avait déjà menacée quelques années plus tôt. En promouvant tous les types de danses au Québec et au Canada, elle a contribué à bâtir un public pour les générations à venir.

Iro Valaskakis-Tembeck

Lemming RONGEURS nordiques de forme trapue, apparentés aux CAMPAGNOLS. On en compte environ 16 espèces dans le monde. Des sept espèces canadiennes, les plus connues sont le lemming brun (*Lemmus sibiricus*) et le lemming variable (*Dicrostonyx groenlandicus* et ses sous-espèces), que l'on rencontre dans l'ARCHIPEL ARCTIQUE et, sur le continent, dans la TOUNDRA à l'ouest de la BAIE D'HUDSON, ainsi que le lemming d'Ungava (*D. hudsonius*), que l'on trouve au LABRADOR et dans la PÉNINSULE D'UNGAVA. Le campagnol-lemming boréal (*Synaptomys borealis*) et le campagnol-lemming de Cooper (*S. cooperi*) ne sont pas communs.

Description Les lemmings dépassent rarement un poids de 90 g et une longueur de 15 cm. Leurs extrémités sont cachées ou presque par leur longue fourrure brune ou grise. Les lemmings du genre *Dicrostonyx* sont les seuls rongeurs dont le pelage devient blanc l'hiver pour faciliter leur camouflage.

Régime alimentaire Les lemmings se nourrissent de SAULE et de PLANTES herbacées. Ils sont actifs le jour et la nuit, par intermittence, et l'hiver, ils cherchent leur nourriture sous la couche de neige isolante.

Reproduction et croissance Les lemmings sont très prolifiques. Tous les trois à cinq ans, leurs populations atteignent des densités maximales de 60 à 125 individus par hectare. Il s'ensuit un déclin des populations causé par l'arrêt de la reproduction et la mor-

talité massive, et non par les prédateurs, la maladie, la famine ou le stress qu'entraîne la surpopulation.

Les populations de lemmings se régularisent d'elles-mêmes. Des comportements déterminés par des caractères génétiques (agressivité et tendance à se disperser) varient selon la densité de population et influent sur le cycle de population. Bien que des populations canadiennes émigrent de régions surpeuplées et que certains individus se noient accidentellement, les lemmings ne se suicident pas en groupes en se lançant à la mer, comme le veut la croyance populaire.

Importance biologique Les lemmings constituent la principale source de nourriture de carnivores arctiques, dont des animaux à fourrure tels que le RENARD et la BELETTE.

Donald A. Smith

LeMoine, sir James MacPherson, folkloriste, historien et ornithologue (Québec, 24 janv. 1825—*id.*, 5 févr. 1912). D'origine écossaise et canadienne-française, LeMoine est parfaitement bilingue et écrit abondamment sur l'histoire du Québec et sur le Québec de son époque. Il passe son enfance dans la seigneurie de son grand-père, Daniel MacPherson, située dans l'île aux Grues, étudie au Séminaire de Québec et est admis au barreau en 1850. Membre fondateur de la Société royale du Canada, il en est le président en 1894-1895. De 1863 à 1906, LeMoine publie sept volumes regroupés sous le titre *Maple Leaves*. Deux des esquisses qu'on y retrouve, *Chateau Bigot et The Golden Dog*, servent de base au roman de William KIRBY, THE GOLDEN DOG (LE CHIEN D'OR), A LEGEND OF QUEBEC (1877; trad. *Le Chien d'or: légende canadienne*, 1884). LeMoine est nommé chevalier en 1897.

Carol W. Fullerton

Le Moyne de Longueuil et de Châteauguay, Charles, militaire, seigneur (Dieppe, France, 2 août 1626—Montréal, févr. 1685). Il arrive en Nouvelle-France à l'âge de 15 ans et travaille pour les Jésuites en territoire huron. Établi à VILLE-MARIE (Montréal) en 1646, il participe à plusieurs défenses contre les Iroquois. Il se distingue comme combattant en plus d'offrir d'inestimables services à titre d'interprète. En 1668, il reçoit ses lettres de noblesse et, en 1672, ses droits sur la seigneurie de Longueuil sont confirmés. L'année suivante, on lui cède une seigneurie à Châteauguay. Il est nommé gouverneur de Montréal en 1683. Il est le père d'une famille remarquable: ses 12 fils mènent presque tous une carrière spectaculaire, et manifestent la bravoure, la ruse et la sauvagerie des coureurs de bois.

Charles Le Moyne de Longueuil (Montréal, 10 déc. 1656—*id.*, 7 juin 1729) est le seul Canadien de naissance à être fait baron en Nouvelle-France. En tant que fils aîné de Charles Le Moyne, il hérite des titres honorifiques de son père et est confirmé baron en 1700. Il est gouverneur de Trois-Rivières, de Montréal et administrateur intérimaire de la Nouvelle-France en 1725.

Jacques Le Moyne de Sainte-Hélène (Montréal, 16 avril 1659—Québec, déc. 1690) accompagne PIERRE DE TROYES dans son expédition pour chasser les Anglais de la baie d'Hudson et fait preuve d'ardeur au combat. En 1687, il dirige l'avant-garde de l'expédition de DENONVILLE contre les Sénécas. Il commande l'expédition de représailles contre Corlaer (Schenectady), en Nouvelle-Angleterre, en 1689, où 60 colons sont massacrés. Blessé en défendant Québec contre l'attaque des forces anglaises dirigées par sir William PHIPS en octobre 1690, Sainte-Hélène meurt de sa blessure en décembre.

Le plus célèbre des fils de Charles Le Moyne est Pierre Le Moyne d'IBERVILLE.

Paul Le Moyne de Maricourt (Montréal, 15 déc. 1663—*id.*, 21 mars 1704) accompagne aussi de TROYES et, plus tard, fait voile vers la baie James avec Iberville, où il commande les forts capturés en l'absence de son frère. Il assume une grande part du

fardeau familial, y compris la responsabilité du domaine paternel et la garde des enfants de son frère Sainte-Hélène. Il sert régulièrement d'émissaire auprès des Iroquois et joue un rôle principal dans les pourparlers du traité de paix de 1701-1702.

Joseph Le Moyne de Serigny et de Loire (baptisé à Montréal, 22 juill. 1688—Rochefort, France, 12 sept. 1734) est le 6e fils de Charles Le Moyne. En 1694, il est commandant du navire *Salamandre* au service d'Iberville et commande les postes de la baie d'Hudson à partir de 1697. En 1701, il fait voile vers la Louisiane pour y commercer, et il vit en France de 1702 à 1706. Il participe au pillage de Nevis avec Iberville en 1706 et sa carrière est ternie par ses gains illicites. De retour en Louisiane en 1718, il capture le poste espagnol de Pensacola. Cet exploit lui vaut d'être promu capitaine de la Marine et décoré de la Croix de Saint-Louis. Il s'installe à Rochefort, port français dont il devient gouverneur en 1723.

James Marsh

Le Moyne, Jean, écrivain (Montréal, 17 févr. 1913). En 1934, il participe à la fondation de *La Relève*, une revue produite par un groupe de jeunes intellectuels canadiens-français et catholiques. Il poursuit une carrière en journalisme de 1941 à 1959, puis il entre à l'OFFICE NATIONAL DU FILM. En 1961, il publie un recueil d'essais, *Convergences*, traduit en anglais en 1966 sous le titre *Convergence*. Cet ouvrage lui vaut le prix du Gouverneur général en 1961 et le prix David décerné au Québec en 1962. En 1968, il reçoit le prix Molson. En 1969, il devient attaché au Cabinet du premier ministre fédéral en tant qu'adjoint et conseiller, poste qu'il occupe jusqu'à sa retraite en 1978. En 1982, il est fait Officier de l'Ordre du Canada et nommé sénateur.

Lemoyne, Serge, peintre (Acton Vale, 1941—Montréal, 1998). Avant-gardiste, il est considéré comme le pionnier de l'art de performance au Québec dans les années 60, avec des improvisations telles que la *Semaine A* (1964) ou ses happenings où la technique du «splash» – projection de peinture sur le support – est souvent mise à profit.

Dans sa peinture proprement dite, Lemoyne privilégie les thèmes populaires comme en témoigne sa célèbre période «bleu, blanc, rouge» dans laquelle les couleurs de l'uniforme du CANADIEN DE MONTRÉAL servent de motif. Fuyant tout académisme, de même que toutes les manifestations de l'institutionnalisation de l'art au profit d'un art vivant et direct, Lemoyne peut-être vue comme le premier pop-artiste québécois. Le Musée du Québec lui consacre une rétrospective en 1988.

Alain Létourneau

Lenihan, Patrick, syndicaliste (Kanturk, Irl., 11 avril 1903—Calgary, 4 mars 1981). Il est membre du Sinn Fein, mouvement rebelle à l'autorité britannique en Irlande. Dans les années 30, il organise les travailleurs, les agriculteurs et les chômeurs de toute l'Alberta. Il est élu conseiller municipal à Calgary en 1938 sous la bannière communiste. En 1940, il est condamné à deux ans de prison en raison de son opposition à la Seconde Guerre mondiale. Au milieu des années 40, il devient employé municipal à Calgary et finit par accéder à la présidence du Civic Employees Union. Il joue un rôle de premier plan dans la création de la National Union of Public Employees (NUPE) et en est président en 1956. Le NUPE est l'un des prédécesseurs de l'actuel SYNDICAT CANADIEN DE LA FONCTION PUBLIQUE. Quand Lenihan prend sa retraite en 1968, il est directeur du SCFP pour l'Ouest canadien.

Gilbert Levine

Lennox, Edward James, architecte (Toronto, 1854—*id.*, 15 avril 1933). L'un des interprètes canadiens marquants du style roman de Richardson, Lennox fut une force formidable dans l'édification de Toronto. Il étudie le dessin architectural au Mechanics' Institute de Toronto et fait son apprentissage chez l'architecte William Irving (1813-1883) de Toronto. Le style hautement sculptural d'Irving a une influence considérable sur le jeune Lennox.

À l'âge de 22 ans, Lennox forme un partenariat avec William Frederick McCaw. Leurs commandes varient et vont des villas spacieuses à des églises néogothiques et à un hôtel de premier ordre (malheureusement démoli aujourd'hui) dans l'île de Toronto, construit pour le rameur canadien Ned HANLAN, reconnu mondialement. Dès 1881, Lennox travaille à son propre compte et, en l'espace de quatre ans, son cabinet est réputé comme l'un des plus importants dans son domaine au Canada.

En 1886, Lennox est choisi parmi ses concurrents pour construire ce qui est aujourd'hui connu comme l'ancien hôtel de ville de Toronto (1887-1899). Pour rassurer le comité de construction de la ville qui veut que «son» hôtel de ville soit aussi bon, sinon meilleur, que ceux appartenant à ses compétiteurs américains, Lennox se rend dans certaines grandes villes de l'Est américain. Il ne fait pas spécifiquement mention du palais de justice du comté d'Allegheny (1884-1888) de H. H. Richardson (1838-1886), à Pittsburgh, en Pennsylvanie, mais il indique que celle-ci est la seule ville qui possède un édifice quelque peu semblable au sien par son aménagement. La construction de l'ancien hôtel de ville, manifestement du style roman de Richardson, dure plus de 11 ans et est l'objet non pas d'un, mais de deux conflits juridiques.

Vers le début du XXᵉ siècle, le caractère flamboyant de Lennox et son talent à se mettre de l'avant atteignent leur apogée. Il réussit à frapper l'imagination des investisseurs en capital de risque comme George Gooderham et sir Henry PELLATT. Pour Gooderham et ses acolytes, Lennox modifie et améliore la conception de l'hôtel King Edward (1900-1902), proposée à l'origine par l'éminent architecte de Chicago, Henry Ives Cobb (1859-1931). Pour Pellatt, Lennox conçoit la centrale électrique de style néo-renaissance, à Niagara Falls (1904-1912), ainsi que la Casa Loma, endroit bien connu et très fréquenté (1909-1913). Les deux projets caractérisent la démarche libre de Lennox par rapport à l'architecture.

Des quelque 40 œuvres connues de Lennox qui n'ont pas été mentionnées, il convient de noter les exemples existants suivants: l'édifice à bureaux Massey Manufacturing Company, 710, rue King Ouest (1883); le 37, Madison Avenue (1886); l'édifice Milburn, 47-55, rue Colborne (1886); le Club athlétique de Toronto, 147, rue College (1890); le mausolée Massey, cimetière Mount Pleasant (1892); la Banque de Toronto, 205, rue Yonge (1905); l'aile ouest de l'édifice de l'Assemblée législative de l'Ontario, Queen's Park (1909); la St. Paul's Anglican Church, rue Bloor Est (1909-1913); l'Excelsior Life Insurance Company, 36, rue Toronto (1914); et Lenwil, la résidence de E. J. Lennox, 5, terrasse Austin (1913).

Marilyn M. Litvak

Lennoxville, ville du Qc; pop. 4795 (rec. 1996); const. en 1871; elle est située dans le haut plateau appalachien sur la RIVIÈRE SAINT-FRANCOIS, à la confluence de deux autres rivières (Massawippi et aux Saumons), à 5 km au sud-est de SHERBROOKE. Elle fait partie de la MRC de Sherbrooke (pop. 137 360; rec. 1996). Appelée «Nikitotegwasis» ou «la petite rivière qui fourche» par les Abénaquis, puis «Little Forks» ou «Petites-Fourches» par les premiers colons, elle serait nommée «Lennoxville» soit en l'honneur d'une famille de colons ou soit pour honorer sir Charles Lennox, 4ᵉ duc de RICHMOND, 8ᵉ gouverneur général du Canada (1818-1819). Autrefois, les Abénaquis et les missionnaires français s'arrêtaient souvent à cet endroit, à cause de sa position de carrefour pour les canots et les petits bateaux qui proviennent des affluents de la rivière Saint-François.

L'établissement d'une scierie et la transformation des produits de la forêt (bois d'œuvre et potasse) président à la fondation par des LOYALISTES du premier village, vers 1794. De 1860 à 1950, des mines de cuivre sont exploitées dans la région, mais c'est l'importance des réseaux routier et ferroviaire, développés entre 1810 et 1884, qui amène des industries de transformation du cuivre (1903), de l'amiante (1935) et, tout récemment, du sirop d'érable. Le Bishop's College School (1836), l'UNIVERSITÉ BISHOP (1843) et le Collège régional Champlain (1971) y attirent des étudiants de tout le Canada et des États-Unis. Le ministère de l'Agriculture du Canada y a aussi installé, dès 1914, un Centre de recherche agricole dédié à l'élevage. La ville est le centre des activités de la communauté anglophone des CANTONS DE L'EST et l'U. Bishop y a créé, en 1982, le Centre d'études des Cantons de l'Est. On y trouve aussi le musée régional Uplands dans une maison néo-géorgienne.

Jean-Marie Dubois et Pierre Mailhot

Lentille (*Lens esculenta*) Herbacée annuelle de la famille des légumineuses qui pousse en saison fraîche. La lentille est parmi les premières plantes ayant été cultivées (environ 4000 av. J.-C.). Elle est originaire d'Asie et s'est répandue rapidement partout au Moyen-Orient et en Europe puis, plus tard, en Amérique. La plante porte plusieurs tiges ascendantes dont la hauteur varie entre 15 et 45 cm. Les feuilles sont alternées avec six paires de folioles par feuille. À l'aisselle des feuilles, on retrouve de deux à quatre fleurs blanches ou bleu pâle. La cosse, légèrement renflée, mesure de 1,5 à 2 cm de longueur et contient deux graines de forme convexe. Pour atteindre sa maturité, la lentille nécessite entre 80 et 130 jours et entre 15 et 75 cm de précipitation pendant la saison de croissance. On cultive la lentille en Asie, en Afrique du Nord, en Europe et en Amérique du Nord. Les lentilles ont une forte teneur en protéines et sont utilisées dans les soupes ou le dhal. La production canadienne, provenant en majeure partie de la Saskatchewan, a augmenté considérablement de 1983 à 1986, passant de 55 000 t à 182 400 t.

P. McVetty

Leonard and Bina Ellen Art Gallery Cette galerie de l'U. CONCORDIA, appelée Concordia Art Gallery, se consacre à la collection, à l'interprétation et à la présentation d'œuvres d'art canadiennes. Dès ses débuts en 1963, la galerie attire l'attention du public sur cet art grâce à son programme d'exposition, à son programme d'acquisition continu et à ses nombreuses publications.

La collection d'art canadien de l'université comprend environ 3000 pièces. Elle est en grande partie constituée d'œuvres modernes et contemporaines faisant appel à divers médiums, l'accent étant mis sur les travaux sur papier. Le programme d'exposition est d'envergure nationale. Bien que le mandat de la galerie consiste à acquérir et à exposer des créations d'artistes québécois, les expositions de travaux d'artistes du reste du pays ont aussi une place importante. Un grand nombre d'expositions sont consacrées à des créateurs de réputation nationale dont les travaux ont rarement ou parfois même jamais été exposée à Montréal. Lorsque le budget le permet, des catalogues illustrés sont publiés en anglais et en français pour accompagner les objets exposés.

Leonard, Stan, golfeur (Vancouver, 2 févr. 1915). Leonard entre chez les professionnels en 1938. Il remporte le championnat de l'Association canadienne des golfeurs professionnels à 8 reprises entre 1940 et 1961, est 9 fois le meilleur joueur canadien à l'Omnium canadien, de 1945 à 1961, et gagne 5 fois l'Omnium de la Colombie-Britannique, 9 fois l'Omnium de l'Alberta et 2 fois l'Omnium de la Saskatchewan. Jusqu'à 1955, il se limite à des compétitions tenues au Canada. Âgé de plus de 40 ans, il entreprend de concourir dans le circuit américain. En 1957, il remporte le Greater Greensboro Open (Caroline du Nord), puis, un an plus tard, le Tournoi des Champions et, en 1960, le Western Open.

Lorne Rubenstein

Leonowens, Anna Harriette, née Crawford, auteure, institutrice, féministe et conférencière (Caernarvon, pays de Galles, 5 nov. 1834—Montréal, 19 janv. 1915). Après la mort de son mari, officier à Singapour en 1858, elle fonde une école pour les enfants d'officiers. Elle devient ensuite institutrice à la cour du roi de Siam (Thaïlande,1862-1867). Cette expérience lui inspire deux livres: *The English Governess at the Siamese Court* (1870) et *The Romance of the Harem* (1872), qui traitent de l'exploitation des femmes dans ce pays exotique. *Anna and the King of Siam* de Margaret Landon (1943) et la pièce *The King and I* (1951) s'inspireront de son ouvrage.

En 1876, elle s'établit à Halifax et organise un club du livre et une société shakespearienne. Elle joue un rôle actif dans une organisation de suffragettes et devient secrétaire-fondatrice du Halifax Council of Women. Elle participe à la fondation de la Victoria School of Art and Design à Halifax (plus tard la NOVA SCOTIA COLLEGE OF ART AND DESIGN) en 1887, avant de quitter l'endroit en 1897. Elle vit ensuite quelques années en Allemagne avant de s'établir définitivement à Montréal.

Ernest R. Forbes

Lepage, Ernest, prêtre et botaniste (près de Rimouski, Qc, 1ᵉʳ juin 1905—*id.*, 4 janv. 1981). Lepage est vicaire paroissial jusqu'en 1933 et enseigne ensuite à l'École moyenne d'agriculture de Rimouski de 1936 à 1961. En 1943, il s'associe professionnellement à un confrère oblat, Arthème Dutilly, et commence ses longs travaux sur la flore arctique et subarctique. Les voyages qu'ils effectuent chaque année entre 1945 et 1964, pour la plupart dans la région de la baie James, paraissent dans des publications spécialisées, et leurs herbiers personnels s'accroissent constamment.

Malgré des problèmes de santé, Lepage poursuit son étude de la flore régionale et ses travaux d'écriture jusqu'à ce qu'une thrombose le laisse partiellement paralysé en 1976. Il lègue son herbier et ses livres de botanique à l'U. Laval. Bien qu'il n'ait formé aucun disciple, les herbiers, les écrits et les archives que Dutilly et lui laissent sont une contribution énorme à la connaissance botanique au Canada.

Bernard Boivin

Lepage, Robert, metteur en scène, comédien, scénographe et dramaturge (Québec, Qc, 12 déc. 1957). Après des études au Conservatoire d'art dramatique, où il est très influencé par Jacques Lessard, directeur associé du Théâtre Repère, Robert Lepage se joint à la troupe de Lessard dont il devient vite le comédien principal et le metteur en scène. Sa première œuvre, *Circulations* (1985), démontre l'approche intelligente, expérimentale, multilingue et multimédia qui a depuis bâti sa réputation internationale. En 1986, son spectacle solo *Vinci* atteste de son remarquable talent de comédien. En 1987, *La Trilogie des dragons*, le premier de ses spectacles dramatiques de grande envergure, brillamment conçu, séduit Montréal, Toronto et Ottawa, pour ensuite conquérir Londres et Paris.

D'autres spectacles reçoivent les critiques les plus élogieuses au Canada et à l'étranger, parmi lesquels *Les Plaques tectoniques* (1990), *Les Aiguilles et l'opium* (1991) et *Le Polygraphe* (1992). Sa prestation de sept heures sur scène dans *The Seven Streams of the River Ota* (1995) (v.f. *Les Sept branches de la rivière Ota*) est sans doute son œuvre la plus ambitieuse jusqu'à maintenant parmi ses nombreuses productions au Canada et à l'étranger, bien que Lepage la décrive toujours comme une œuvre non complétée. Un film, *Nô,* adapté de l'un de ses segments et traitant de la CRISE D'OCTOBRE de 1970 est chaudement acclamé aux Festivals du film de Montréal et de Toronto. Ce film lui a valu le prix du meilleur long métrage au Festival du film de Toronto. Un autre film important, *Le Confessionnal,* a inauguré le Festival du film de Toronto en 1995.

Les Aiguilles et l'opium est un exemple de la technique de Lepage. Il s'agit d'un mélange étudié de sa propre expérience de vie (dans ce cas-ci un échec amoureux) avec les amours tumultueux et la toxicomanie de l'auteur surréaliste français Jean Cocteau et du trompettiste de jazz américain Miles Davis. Dans ce spectacle solo, où se succèdent extraits de films, jeux d'ombres, musique et effets sonores afin de créer l'ambiance sinistre voulue, Robert Lepage interprète les trois rôles, juché avec aisance dans les airs entre deux hélices simulant un vol entre Paris et New York.

De 1989 à 1993, Lepage est le directeur de langue française du Centre national des arts à Ottawa. En 1994, il fonde sa propre maison de production à Québec, Ex Machina. Il ne cesse d'être sollicité par des institutions importantes, notamment le Tokyo's Globe Theatre (où il met en scène cinq pièces de Shakespeare en français et en japonais en 1994), le National Theatre, à Munich, le Royal National Theatre, à Londres, et le Royal Dramatic Theatre, à Stockholm, où son interprétation magistrale du *Songe* de Strindberg (1994-1995) est chaudement accueillie, même par les critiques conservateurs. En 1993, il met en scène des opéras de grande envergure, notamment *Bluebeard's Castle* (v.f. *Le château de Barbe-Bleue*), de Bartok, et *Erwartung*, de Schoenburg, pour la Compagnie d'opéra canadienne. Grand maître de l'illusion dramatique, il manipule avec habileté la lumière, l'espace et la perspective, les acrobaties, les musiques troublantes et les effets sonores spéciaux afin de créer une expérience théâtrale qui exerce déjà à l'échelle mondiale une influence sur le langage théâtral. En 1999, il est commissaire général du Printemps de la culture québécoise en France. Il est Officier de l'Ordre national du Québec depuis cette même année.

L.E. Doucette

LePan, Douglas Valentine, fonctionnaire et formateur (Toronto, Ont., 25 mai 1914). LePan enseigne la littérature anglaise à l'U. de Toronto et à Harvard de 1937 à 1941. Il est conseiller pédagogique personnel du général A.G.L. MCNAUGHTON, et participe à la campagne d'Italie avec l'armée canadienne. Il est membre du ministère des Affaires extérieures de 1945 à 1959, établissant son expertise en économie et travaillant comme ministre-conseiller à Washington. Il est secrétaire et directeur de recherche pour la COMMISSION ROYALE D'ENQUÊTE SUR LES PERSPECTIVES ÉCONOMIQUES DU CANADA et, pour une brève période, sous-secrétaire d'État adjoint.

Un volume de ses mémoires, *Bright Glass of Memory* (1979), relate les expériences de LePan. Après avoir enseigné à l'U. de Queen de 1959 à 1964, il retourne à l'U. de Toronto en tant que directeur du collège universitaire (1964-1970), puis comme professeur d'université (1970-1979). Il est professeur émérite à l'U. de Toronto depuis 1979.

Il a remporté le Prix du Gouverneur général pour son deuxième volume de poésie, *The Net and the Sword* (1953) et pour son roman *The Deserter* (1964), qui portent tous deux sur l'expérience de la guerre. Depuis la publication de *Weathering It: Complete Poems 1948-87* en 1987, il a écrit une autre anthologie de poèmes, *Far Voyages* (1990).

Norman Hillmer

Lépisostés Poissons prédateurs minces, de grande taille, à écailles épaisses, qui font partie de la famille des lépisostéidés, de l'ordre des sémionotiformes et de la classe des actinoptérygiens. On les trouve dans les eaux douces de l'est de l'Amérique du Nord, de l'Amérique centrale et à Cuba. Il arrive qu'on les rencontre en eau saumâtre et, plus rarement, en eau salée. Il en existe sept espèces que certains ichtyologistes divisent en deux genres (*Lepisosteus* et *Atractosteus*) et que d'autres considèrent comme faisant tous partie du genre *Lepisosteus*. Au Canada, on trouve deux espèces qui atteignent leur limite nord dans le bassin hydrographique des Grands Lacs: le lépisosté tacheté (*L. oculatus*), une espèce rare, et le plus commun des deux, le lépisosté osseux (*L. osseus*).

Description Les lépisostés se caractérisent par leurs écailles en forme de losange et leur long museau pourvu de dents en forme d'aiguilles. Leur vessie natatoire, cellulaire et irriguée par de nombreux vaisseaux sanguins, leur sert de poumon et leur permet de respirer de l'air à la surface des eaux stagnantes. Les lépisostés peuvent atteindre une longueur de 183 cm et vivre jusqu'à l'âge de 22 ans.

Régime alimentaire Ils se nourrissent principalement d'autres espèces de poissons. Pour les capturer, ils se tiennent aux aguets sous le couvert végétal et se lancent sur leur proie. Un mouvement latéral du museau empale la proie par le travers dans leurs dents.

Importance biologique Leur chair est comestible, mais présente peu d'intérêt. Leurs œufs sont vénéneux pour les mammifères et les oiseaux. On ne connaît pas bien le rôle qu'ils jouent comme prédateurs d'espèces de poissons commerciaux, mais les grands individus détruisent parfois les engins de pêche installés pour capturer d'autres espèces de poissons.

Brian W. Coad

Leprohon, Rosanna Eleanor, née Mullins, romancière et poète (Montréal, 12 janv. 1829—id., 20 sept. 1879). Descendante de catholiques irlandais et éduquée dans un couvent, elle publie son premier poème à l'âge de 17 ans, dans le *Literary Garland*. Elle écrit ensuite des romans de mœurs, publiés sous forme de feuilletons, dont l'action se déroule en Angleterre, au rythme d'un par an de 1848 à 1851.

En juin 1851, elle épouse un Canadien français, le Dr J. L. Leprohon, de qui elle a 13 enfants. Par la suite, son regard se tourne vers la société québécoise. L'action de *The Manor House of de Villerai* (publié sous forme de feuilleton dans le *The Family Herald*; trad. *Le manoir de Villerai*, 1861) se déroule en Nouvelle-France pendant la Guerre de Sept Ans. Celle d'*Antoinette de Mirecourt* (1864; trad. *Antoinette de Mirecourt, ou, Mariage secret et chagrins cachés*, 1887) se déroule à Montréal, au lendemain de la guerre et celle d'*Armand Durand* (1868; trad. *Armand Durand, ou La promesse accomplie*, 1869), dans le Bas-Canada du début du XIXe siècle. On ne tarde pas à traduire ces romans qui font partie de la littérature canadienne, tant francophone qu'anglophone. De fait, *The Manor House of de Villerai* est la première œuvre littéraire inspirée de l'HISTOIRE DU CANADA de Garneau et précède LES ANCIENS CANADIENS de P. J. AUBERT DE GASPÉ (1863). *Poetical Works* (1881), publié à titre posthume, traite de questions historiques et religieuses, de la nature et de la vie familiale.

John R. Sorfleet

Le Roy, Donald James, physico-chimiste et conseiller scientifique (Detroit, Mich., 5 mars 1913—Ottawa, 1er nov. 1985). Après avoir obtenu son doctorat à l'U. de Toronto (1939), il se joint à E.W.R. STEACIE au CONSEIL NATIONAL DE RECHERCHES DU CANADA (CNRC), où il mène d'importantes recherches sur les radicaux libres, des fragments moléculaires qui jouent des rôles déterminants dans de nombreuses réactions chimiques. En 1944, il entre au département de chimie de l'U. de Toronto et en devient le président en 1960. Grâce à ses efforts, le département acquiert une renommée mondiale dans le domaine de la recherche fondamentale en chimie. Convaincu, comme Steacie, que le Canada doit prendre de l'envergure sur le plan scientifique pour survivre, Le Roy revient au CNRC, en 1969, en tant que vice-président (scientifique). À ce poste (1969-1974) et comme conseiller scientifique du Conseil des Sciences (1974-1984), il joue un rôle important dans le développement des capacités de recherche au Canada.

Harry Emmet Gunning

Lesage, Jean, avocat et premier ministre du Québec (Montréal, 10 juin 1912—Québec, 12 déc. 1980). Reconnu comme le père de la RÉVOLUTION TRANQUILLE, il dirige le gouvernement du Qué-

bec durant une période de profonds changements dans l'organisation de la vie collective des Québécois et des Québécoises. Élu député fédéral de Montmagny-L'Islet en 1945, il est réélu en 1949, en 1953, en 1957 et en 1958. Il devient ministre des Ressources et du Développement économique en 1953, puis ministre du Nord canadien et des Ressources nationales. Après la défaite du gouvernement de Louis SAINT-LAURENT en 1957, il quitte la scène politique fédérale pour devenir chef du Parti libéral du Québec le 31 mai 1958. Il transforme le parti en profondeur en y attirant des personnes dynamiques et élaborant un programme de réforme sociale et politique.

Son parti est porté au pouvoir en 1960 et lance de nombreuses réformes, y compris l'élimination du favoritisme et de la corruption, la création d'un ministère de l'Éducation et d'un ministère des Affaires culturelles ainsi que l'établissement de la Société générale de financement. En 1962, il tient des élections sur la question de la nationalisation des compagnies d'électricité et remporte une victoire facile. «Maîtres chez nous», le slogan de la campagne électorale, deviendra la devise de son gouvernement. Même si celui-ci subit la défaite en 1966, Lesage demeure chef du Parti libéral jusqu'à son retrait de la vie politique en 1970.

Daniel Latouche

Les ateliers de danse moderne de Montréal Inc. L'arrivée de chorégraphes indépendants et de danseurs pigistes dans le panorama artistique québécois porte Linda RABIN, professeur de danse et chorégraphe, à fonder, en 1981, l'école Linda Rabin Danse Moderne qui s'installe dans le large Édifice Belgo, rue Sainte-Catherine à Montréal. Les interprètes professionnels et semi-professionnels trouvent là, ce qui n'existait pas à l'époque dans la métropole, un lieu où parfaire leur technique et s'entraîner quotidiennement.

Mais le développement rapide de la danse moderne au Québec et l'effervescence qui l'accompagne intensifient rapidement les besoins des danseurs. Dès 1985, l'école Linda Rabin Danse Moderne devient Les ateliers de danse moderne de Montréal inc. (LADMMI), et un projet pilote visant la formation professionnelle de futurs interprètes est mis en place. La même année, un groupe d'étudiants entame une formation intensive; les premiers diplômés sortent en 1987.

À la suite d'études menées entre 1984 et 1986, le ministère des Affaires culturelles du Québec donne officiellement, en 1988, le mandat à LADMMI de développer la formation en danse moderne au Québec. En 1991, LADMMI acquiert donc le statut d'école professionnelle. Aux deux années d'études déjà au programme, on ajoute une troisième — avec en plus des classes techniques, des ateliers chorégraphiques, des cours d'anatomie, d'interprétation, etc. — offrant ainsi une formation plus complète, en accord avec les exigences toujours grandissantes du milieu professionnel. On retrouve de plus en plus de diplômés de LADMMI dans les compagnies de danse à Montréal.

En 1996, Tassy Teekman, chorégraphe et interprète, est nommée à la direction artistique de LADMMI, succède à Linda Rabin et Candace Loubert à la direction artistique de LADMMI et insuffle des changements. Afin d'offrir aux futurs danseurs un enseignement de qualité et de les préparer aux réalités de la profession - notamment grâce à des échanges avec le milieu professionnel et un corps professoral issu de ce même milieu - un diplôme d'études collégiales en danse-interprétation, mis en œuvre par LADMMI, est approuvé par le ministère de l'Éducation et de la Jeunesse, clôturant ainsi plus de quinze années d'efforts de la part des dirigeants de l'école.

Andrée Martin

Lescarbot, Marc, avocat, auteur (Vervins, France, v. 1570—France, 1642). Avocat parisien, Lescarbot s'embarque pour l'ACADIE en mai 1606 à l'invitation d'un de ses clients, le colonisateur Jean de BIENCOURT DE POUTRINCOURT. Il y demeure jusqu'à l'été 1607, quand la colonie est abandonnée après avoir perdu son monopole commercial. Établi à PORT-ROYAL, Lescarbot parcourt une grande partie de l'Acadie et s'intéresse vivement aux problèmes et aux possibilités de la colonisation en Amérique du Nord, ainsi qu'au mode de vie des autochtones de la région. Il livre ses impressions dans plusieurs œuvres, plus particulièrement dans son *Histoire de la Nouvelle-France* (1609).

En plus d'être un compte rendu coloré des premières tentatives de colonisation en Acadie, cet ouvrage est un plaidoyer remarquable en faveur d'une exploitation réaliste des ressources naturelles de la colonie et contre la recherche futile de profits immédiats. Également poète et dramaturge, Lescarbot présente sa pièce *Théâtre de Neptune* à Port-Royal en 1606, premier spectacle théâtral en Amérique du Nord. Bien qu'il rentre en France en 1607 pour retourner à la pratique du droit, il s'intéressera toute sa vie au progrès de la colonisation en Acadie.

John G. Reid

Les Ordres En octobre 1970, l'enlèvement de Pierre LAPORTE, ministre du Travail du Québec, et du diplomate britannique James Cross par une faction d'un groupe terroriste, le Front de libération du Québec (FLQ), incite le premier ministre Pierre Elliott TRUDEAU à promulguer la *Loi sur les mesures de guerre*. Cette loi suspend toutes les procédures civiles et judiciaires usuelles et donne au gouvernement des pouvoirs d'urgence illimités. Pendant la nuit, l'armée canadienne met Montréal en état de siège et plus de 450 personnes sont appréhendées et arrêtées sans motif valable. *Les Ordres*, de Michel Brault, se fonde sur le témoignage de victimes réelles de ces arrestations. Le film raconte l'histoire de cinq personnages fictifs arrachés à leur vie quotidienne, interrogés, emprisonnés et harcelés. Ces derniers n'obtiennent comme explication de la part des policiers qu'un vague: «ce sont les ordres». Ils ne connaissent pas les raisons de leur incarcération, ne savent pas quand ils seront libérés et ignorent le sort réservé à leurs proches. Enfin, ils vivent dans un état d'angoisse permanent. Même leur libération, après plusieurs jours de détention, demeure inexpliquée, ce qui leur refuse la seule consolation qui leur reste: comprendre et clore ce chapitre épouvantable de leur vie.

Ce film vaut à Brault le prix du meilleur réalisateur à Cannes. Il y mêle fiction et documentaire, images en noir et blanc et en couleur, entrevues et reconstitutions pour tracer le portrait complexe de l'un des événements les plus traumatisants de l'histoire du Québec. La critique salue *Les Ordres* comme étant un chef-d'œuvre («le premier véritable chef-d'œuvre du cinéma québécois», selon Robert Lévesque). Brault y décrit l'état d'humiliation totale dans lequel se trouvent les victimes, emprisonnées sans motif valable et torturées mentalement et physiquement par des fonctionnaires subalternes. En montrant ses personnages arrachés à leur domicile, Brault fait le procès des systèmes d'oppression utilisés à l'époque: fouilles à nu, privation de nourriture adéquate durant des jours, isolement cellulaire et recours à des jeux cruels tels des «fausses exécutions». *Les Ordres* est pénible à regarder, mais riche à analyser. C'est l'un des films les plus marquants de l'histoire du cinéma canadien.

André Loiselle

Lessard, François-Louis, officier de l'armée (Québec, 9 déc. 1860—Meadowvale, Ont., 7 août 1927). Il sert dans les unités de milice locale avant de se joindre à la Quebec Garrison Artillery en 1880. En tant que lieutenant du Corps d'école de cavalerie, il joint les rangs de l'armée lors de la RÉBELLION DU NORD-OUEST. Promu lieutenant-colonel, il commande le Corps d'école de cavalerie en 1899, se porte volontaire lors de la GUERRE DES BOERS et

commande par la suite le 1er bataillon du Canadian Mounted Rifles (Royal Canadian Dragoons).

Bien que promu major-général en 1912, Sam HUGHES, ministre de la Milice et de la Défense, s'oppose à ce qu'il occupe les fonctions de commandant outre-mer, lors du déclenchement de la Première Guerre mondiale. Nommé inspecteur général pour l'Est du Canada, en décembre 1914, il commande la forteresse de Halifax. En mars 1918, il est appelé à rétablir l'ordre à Québec, après que des émeutes eurent éclaté, à l'occasion de la conscription. Après s'être retiré en 1919, près de Toronto, il sert souvent de juge dans des concours hippiques au Canada et aux États-Unis.

Jean Pariseau

LeSueur, William Dawson, critique, historien et fonctionnaire (Québec, 19 févr. 1840—Ottawa, 23 sept. 1917). Né de parents huguenots et anglais, LeSueur devient l'homme de lettres canadien le plus important de sa génération. Il introduit dans le journalisme et les écrits d'histoire un esprit d'analyse critique. Fonctionnaire à Ottawa dès 1856, LeSueur se fait connaître en 1871 par la publication, dans la *Westminster Review*, d'un essai sur le critique français Sainte-Beuve. Pendant les années 1870 et 1880, il publie également des articles sur la science, la philosophie sociale et la religion dans des périodiques canadiens, américains et britanniques.

Partisan convaincu du positivisme d'Auguste Comte, LeSueur se fait remarquer par l'hétérodoxie de ses opinions religieuses. À partir des années 1890, cependant, ses textes d'histoire et de critique politique lui valent ironiquement la réputation de cultiver un penchant «tory» (conservateur). Dans la biographie de William Lyon MACKENZIE, qu'il rédige en 1908 dans le cadre de la collection THE MAKERS OF CANADA, il critique le «saint patron» de la tradition libérale canadienne. Il s'ensuit un litige qui retardera sa publication jusqu'à 1979.

A.B. McKillop

Letendre, Rita, peintre et graveuse (Drummondville, Qc, 1er nov. 1928). Après des études à l'École des beaux-arts de Montréal, Letendre est fortement influencée par Paul-Émile BORDUAS et les AUTOMATISTES. En 1962, elle fait un séjour en Europe de l'Ouest et en Israël. Son nouvel intérêt pour une composition plus structurée et des formes plus simples apparaît dans la murale extérieure qu'elle réalise à Long Beach, en Californie, où elle vit avec son mari, le sculpteur Kosso ELOUL, de 1965 à 1970. Après son déménagement à Toronto, sa peinture devient plus austère et se caractérise par de grandes formes géométriques et des couleurs éclatantes. Letendre est célèbre pour ses immenses murales intérieures et extérieures. Ses œuvres font partie des expositions Achieving the Modern, à la Winnipeg Art Gallery (1992), et La crise de l'abstraction, les années 50, au Musée des beaux-arts du Canada (1992).

Sandra Paikowsky

Lethbridge, ville de l'Alb.; pop. 63 053 (rec. 1996), 60 974 (rec. 1991), 58 841 (rec. 1986); superf. 119,9 km²; const. en 1906; située à 215 km par route au sud-est de CALGARY, sur les rives escarpées d'une coulée au fond de laquelle coule la RIVIÈRE OLD-MAN. C'est une ville agréable, dont les rues sont bordées d'arbres. Elle est le centre de services des communautés agricoles environnantes. La ville est dirigée par un maire et huit conseillers municipaux, assistés d'un directeur des services municipaux nommé.

Historique Quelque 500 générations de Pieds-Noirs ont habité la région de Lethbridge à l'époque préhistorique. En 1869, des marchands du Montana construisent le fort WHOOP-UP, l'un des plus célèbres entrepôts de whisky qui parsèment alors la région. En 1874, la Police à cheval du Nord-Ouest met fin au commerce de l'alcool dans la région. L'exploitation de mines de charbon devient rapidement la principale activité économique.

Même si, dès 1874, on extrait du charbon des berges de la rivière Belly, tributaire de la rivière Oldman et située près de la ville, l'exploitation minière sur une vaste échelle ne débute pas avant 1883, lorsque la North Western Coal and Navigation Co., sous la direction de sir Alexander et d'Elliott GALT, construit une voie ferrée reliant les mines à Dunmore, sur la ligne principale du Canadien Pacifique (CP).

La houillère crée une ville champignon que l'on nomme Lethbridge peu de temps après, d'après le président de la North Western Coal, William Lethbridge. La population atteint 1478 habitants en 1890, quand la compagnie établit un tronçon de chemin de fer la reliant au Montana. Le chemin de fer continuera de jouer un rôle important dans l'histoire de cette collectivité. En 1897, le CP prend possession de la liaison Lethbridge-Dunmore et étend la ligne à travers le COL CROWSNEST. En 1905, il fait de Lethbridge un point divisionnaire, agrandissant sa cour de triage et y construisant une gare et des installations d'entretien. C'est ainsi qu'elle devient le centre de distribution et de commerce de la région.

Irrigation L'irrigation joue aussi un rôle important dans le développement de Lethbridge. En 1900, la Canadian North-West Irrigation Co., sous la direction d'Elliott Galt, aménage le premier système d'irrigation sur une vaste échelle en Alberta. Entre les deux guerres mondiales, on établit les réseaux du nord de Taber et de Lethbridge. Après la guerre, on aménage la rivière St. Mary. De nos jours, l'irrigation par rampes pivotantes articulées augmente davantage le potentiel des terres semi-arides de la région, surtout pour la culture maraîchère.

Économie La ville comprend quelque 100 entreprises manufacturières et de transformation, allant de la fabrication de téléphones cellulaires mobiles aux moteurs d'avion, de mets prêts-à-servir à l'équipement agricole et aux articles récréatifs. Les établissements manufacturiers sont situés dans un parc industriel à courte distance du centre-ville. 72 p. 100 de la main-d'œuvre totale de la ville travaille dans les secteurs de la vente au détail et des services. La région desservie par les commerces et les services de Lethbridge est très vaste et compte 160 000 habitants. En 1985, le CP est relocalisé à l'extérieur de la ville et son emplacement est réaménagé.

Paysage urbain Contrastant vivement avec les prairies arides environnantes, Lethbridge possède des rues larges, bordées d'arbres, et elle est dotée de plusieurs parcs boisés, incluant le Henderson Lake, le jardin japonais Nikka Yuko et le Urban-River Valley Park. Un vaste complexe sportif, plusieurs centres sportifs et de petits parcs permettent la pratique de nombreuses activités sportives. On présente régulièrement des activités culturelles au Yates Memorial Centre, au Bowman Arts Centre et au Performing Arts Centre de l'UNIVERSITÉ DE LETHBRIDGE (fondée en 1967 dans le cadre d'un projet du Centenaire). On trouve aussi à Lethbridge un collège communautaire.

A.A. Den Otter

Lett, Stephen, psychiatre (Callan, Irl., 4 avril 1847—Kingston, Ont., octobre 1905). Bien qu'il ait occupé le poste de surintendant médical adjoint des asiles d'aliénés de Malden et de London en Ontario de 1870 à 1877, Lett ne réussit pas à obtenir le poste de surintendant à London, où on choisit R.M. BUCKE. Un solide sentiment d'antipathie naît entre ces deux hommes dominateurs et aboutit à la mutation de Lett à l'asile de Toronto. En 1883, ce dernier est chargé d'administrer l'asile d'aliénés d'Hamilton. Peu après, il est nommé premier surintendant de l'asile Homewood à Guelph, en Ontario. Il est spécialiste du traitement précoce de la toxicomanie et sa thérapie de sevrage progressif pour guérir la «névrose de l'opium» s'avère populaire chez sa clientèle aristocratique. Toutefois, un trouble neurologique contracté dans sa jeunesse vient couper court au succès tardif de sa carrière.

Cheryl L. Krasnick

Lettons La Lettonie est un petit pays situé sur la côte est de la mer Baltique. Constituée en tant qu'État indépendant après la Première Guerre mondiale, la Lettonie est occupée par l'Union soviétique en 1940, ensuite par les Nazis, de 1941 à 1944, puis de nouveau par l'Union soviétique. En 1945, 110 000 Lettons ayant fui vers l'Europe de l'Ouest sont classés comme personnes déplacées. De ce nombre, 14 911 immigrent au Canada. La Lettonie déclare unilatéralement son indépendance de l'ex-URSS en mai 1990 et elle est reconnue comme État indépendant en 1991.

Les premiers Lettons arrivent au Canada dans les années 1890. En majorité agriculteurs, ce sont des réfugiés de la Russie tsariste. Ils s'établissent principalement au Manitoba et en Alberta, mais avec la Crise des années 30, nombre d'entre eux cherchent du travail dans l'est du Canada. Le recensement canadien de 1941 fait état de seulement 975 Canadiens d'origine lettonne mais, en 1986, environ 12 615 résidents canadiens revendiquent une ascendance lettonne. En 1996, 10 555 personnes revendiquent des origines lettonnes en réponse unique et 13 565 autres en réponses multiples, soit un total de 24 120 Canadiens d'origine lettonne. La majorité d'entre eux vit en Ontario, notamment à Toronto, qui est devenu le centre de presque toute la vie culturelle, sociale et politique lettonne au Canada.

Un pourcentage très élevé des immigrants lettons arrivés après la Seconde Guerre mondiale sont des travailleurs intellectuels: médecins, ingénieurs, avocats. Ils ont su s'intégrer à la société canadienne avec un succès considérable. La majorité des Lettons fréquentent l'Église luthérienne, bien que certains d'entre eux soient baptistes ou catholiques.

Tous les centres lettons d'une certaine importance ont leur assemblée religieuse ainsi que leurs organisations professionnelles et sociales. Les activités de ces groupements locaux sont coordonnées par la Fédération nationale lettonne au Canada, dont le siège est à Toronto. La communauté lettonne soutient également 10 écoles du samedi de langue lettonne.

La manifestation la plus spectaculaire de la culture lettonne est le festival de la chanson, qui date du XIXe siècle. Cette tradition a été transplantée en Amérique du Nord. Des festivals d'une semaine avec chœurs réunis, concerts symphoniques, récitals, danse folklorique, représentations théâtrales et expositions d'objets d'art et d'artisanat sont organisés à deux ou trois années d'intervalle, alternant entre Toronto et les États-Unis.

J. Mezaks

Levasseur, famille Elle comprend des maîtres menuisiers et des sculpteurs d'architecture actifs au Québec durant tout le XVIIIe siècle. Deux frères, qui ont fait leur apprentissage en France comme maîtres menuisiers, fondent la dynastie: Jean (Paris, févr. 1622–enterré à Québec, 31 août 1686) et Pierre (1629–vers 1681). À partir du milieu du XVIIe siècle, des douzaines de descendants des Levasseur travaillent au Québec sur des édifices gouvernementaux et spécialement sur des ÉDIFICES POUR LE CULTE.

Les plus remarquables sont Noël (Québec, 28 nov. 1680–id., 12 août 1740), un sculpteur qui introduit, entre autres, le tabernacle à balustrade à la chapelle de l'Hôpital Général de Québec (1722-1723), et son cousin Pierre-Noël (Québec, 28 nov. 1690–id., 12 août 1770), l'un des meilleurs sculpteurs d'architecture de la Nouvelle-France. L'œuvre de Pierre-Noël se caractérise par l'usage précoce du baldaquin dans la décoration des églises et est imprégnée de la richesse et du mouvement spectaculaire de la période du baroque, illustrés par les statues de saint Pierre et de saint Paul (1742-1743) à l'église Saint-Charles-Borromée de Charlesbourg. Les deux sculpteurs participent à l'ornementation de la chapelle des Ursulines à Québec (1726-1736), bien connue pour l'ange à la trompette du Jugement dernier, qui surplombe la chaire, et le retable d'inspiration classique, ravivé par des saints de couleurs chatoyantes et de robustes

anges. Cet intérieur splendide, dans l'esprit de Louis XIV, est un des plus délicats exemples de sculpture sur bois en Nouvelle-France.

L'attirance exercée par le style Louis XV, plus orné et plus animé, se reflétera dans les œuvres de la génération suivante, en particulier dans celles des deux fils de Noël, François-Noël (Québec, 26 déc. 1703–id., 29 oct. 1794) et Jean-Baptiste-Antoine (Québec, 20 juin 1717–id., 8 jan. 1775). Les réalisations de la famille Levasseur de Québec, qui s'étendent sur plus d'un siècle, illustrent le transfert culturel des formes classiques françaises vers le Nouveau Monde.

Christina Cameron

Léveillé, Roger, dit «Jesse James» ou «le Rimbaud manitobain», poète et auteur (Winnipeg, Man., 1945). Il grandit au sein d'une famille d'intellectuels et d'artistes qui lui ouvrent très tôt les portes de la littérature. Après ses études de Lettres au Collège universitaire de Saint-Boniface, à l'U. du Manitoba et à Paris (doctorat, 1969-1972), il se tourne vers l'enseignement, puis le journalisme écrit (*Frontières, Courrier, La Liberté,* Man.), radiophonique (CKSB Radio-Canada, 1969-70) et télévisuel (Société Radio-Canada, depuis 1981). Pendant un an, il assume la présidence des Éditions du Blé (Saint-Boniface), où il a créé, en 1984, la *Collection Rouge,* destinée à révéler les jeunes poètes d'avant-garde. Historien de la littérature de l'Ouest, il ne cesse, actuellement, de la défendre et de la faire rayonner dans le monde à travers articles, conférences (Canada, États-Unis, France, Allemagne) et conception de documents pédagogiques, telle l'excellente *Anthologie de la Poésie franco-manitobaine* (Éd. du Blé, 1990).

Dès 1968, Roger Léveillé révolutionnait le petit monde des Lettres de l'Ouest par la publication d'un récit poétique, *Tombeau,* qui, non seulement dénotait, chez ce tout jeune homme, une étrange attirance pour la mort, liée au désir charnel, mais bouleversait les normes classiques du roman: quasi-absence de personnages et de trame narrative, forme éclatée, style elliptique, etc. Depuis, chacune de ses œuvres, *La disparate* (1975), *Plage* (1984), *L'incomparable* (1984), *Romans* (1995), *Une si simple passion* (1997), développe et approfondit à sa manière cette «poétique du fragment» (Rosmarin Heidenreich: *Objet même de son écriture dans Anthologie de la Poésie franco manitobaine*), genre littéraire qu'a n'a pas inventé Roger Léveillé – car existant déjà à l'époque du Romantisme, en Europe –, mais qu'il a contribué à renouveler et à enrichir par le choix de ses thèmes (la violence érotique, la création esthétique, les oppositions présence-absence, vide-plein, etc.) et par les jeux audacieux d'une imagination «abstraite» – si tant est qu'on puisse utiliser ce vocable en dehors du domaine pictural.

Étendant ces mêmes «techniques» à la poésie, cet incorrigible enfant, à l'esprit en perpétuelle ébullition, déplace dans ses pages, au gré de ses caprices, un vertigineux et envoûtant kaléidoscope de lettres, de sons, de mots, d'images, de couleurs, de sensations et de symboles, brouillant ainsi volontairement notre quête de sens et notre besoin cartésien de points de repères (*Œuvre de la première mort*, 1977; *Le livre des marges,* 1981; *Extrait,* 1984; *Montréal Poésie,* 1987; *Causer l'amour,* 1993; *Les fêtes de l'infini,* 1996). Éternel novateur, faisant encore figure de chef de file à 50 ans passés, il tente d'aller plus loin que les Surréalistes en utilisant des matériaux propres à l'art plastique contemporain: peinture, collage, photos, publicités, affiches, coupures de presse, vidéo, etc, et de remonter jusqu'au «texte archétypal de la langue même» (Rosmarin Heidenreich).

Jointe à son charisme littéraire, la personnalité lumineuse et un tantinet excentrique de Roger Léveillé fait de lui l'étoile de la poésie de la seconde moitié du XXe siècle, comme l'un des pionniers les plus originaux de l'histoire de la littérature de l'Ouest.

Ismène Toussaint

Léveillée, Claude, auteur, compositeur, interprète et comédien (Montréal, 16 octobre 1932). Membre du groupe de chansonniers Les Bozos, Claude Léveillée devient un des compositeurs d'Edith Piaf au cours de l'été de 1959. Mélodiste doué, il écrit *Frédéric, La légende du cheval blanc, Les vieux pianos, Le rendez-vous,* et plusieurs autres, qui en font une vedette des boîtes à chansons et le premier chansonnier à se produire à la Place des Arts (1964). Son premier album (1962) remporte le Grand prix du disque CKAC. Très prolifique, il écrit des musiques pour la scène, le cinéma et la télévision, ainsi que des pièces instrumentales mêlant le jazz à la musique classique et une dizaine de comédies musicales. À ses premiers succès en France et en Europe francophone s'ajoutent un passage au «Ed Sullivan Show» (1967), 27 spectacles en ex-URSS (1968), 20 autres au Japon (1970) et un spécial télévisé à Stockholm (1973). Claude Léveillée effectue plusieurs tournées au Canada où la CBC lui consacre une émission spéciale en 1977. Le compositeur a interprété ses créations avec les orchestres symphoniques de Montréal, Québec et Laval à plusieurs occasions et a écrit un cycle d'œuvres instrumentales d'envergure à la fin des années 70. Il revient à son métier premier de comédien, au cinéma et à la télévision (*Scoop*), à partir de 1985, sans délaisser la scène où il se produit notamment avec André Gagnon (1985), Renée Claude (1986) et Juliette Gréco (1995). Auteur de plus de 35 albums originaux, Claude Léveillée a également écrit pour de nombreux artistes. Empreintes de mélancolie et de tendresse, ses chansons ont une facture musicale unique et facilement identifiable.

Claude Léveillée a remporté le prix La-Bolduc au Festival du disque (1966), un prix de l'Académie Charles-Cros (1977), la médaille Jacques-Blanchet (1995) et a été fait Chevalier de la Légion d'honneur en France (1998).

Lévesque, Georges-Henri, prêtre, sociologue, administrateur (Roberval, Qc, 16 févr. 1903—Québec, 15 janv. 2000). Après des études au collège dominicain d'Ottawa et à l'U. de Lille, en France, il enseigne au collège dominicain ainsi qu'à l'U. de Montréal et à l'U. Laval. En 1938, il fonde l'École des sciences sociales à Laval, qui devient une faculté à part entière en 1943, et dont il est le doyen jusqu'en 1955.

Fervent catholique libéral engagé à promouvoir les valeurs et les principes de la démocratie, il utilise son poste de doyen ainsi que la Faculté des sciences sociales pour créer de nouvelles institutions socioéconomiques, comme le Conseil supérieur de la coopération et la Société d'éducation des adultes, et amorcer la modernisation des organisations d'aide sociale contrôlées par l'Église du Québec. La faculté produit en outre la première génération de syndicalistes ouvriers de formation universitaire. Durant les années 50 et 60, ce groupe contribue grandement à la modernisation et à la démocratisation du mouvement ouvrier et de la société québécoise en général. En raison de ses idées et de ses actions libérales, Lévesque entre en conflit avec l'élite politique et cléricale très conservatrice du Québec de l'époque, surtout avec le premier ministre Maurice DUPLESSIS. Grâce à l'appui de sa communauté religieuse et de ses nombreux amis, autant à l'intérieur qu'à l'extérieur de l'université, il réussit à survivre à plusieurs tentatives visant à ruiner sa carrière et à anéantir la Faculté des sciences sociales.

Au début des années 50, il est membre de la COMMISSION ROYALE D'ENQUÊTE SUR L'AVANCEMENT DES ARTS, LETTRES ET SCIENCES AU CANADA, présidée par Vincent MASSEY, qui recommande l'octroi de subventions du gouvernement fédéral aux universités et la création du CONSEIL DES ARTS DU CANADA. Il est vice-président du Conseil des Arts du Canada (1957-1962), de l'Association canadienne-française pour l'avancement des sciences et de la Société royale du Canada (1962-1963). De 1954 à 1963, il est le directeur de la Maison Montmorency, près de Québec, un centre d'activités sociales, culturelles et religieuses et de propagande active. Il contribue à la création de la Faculté des sciences sociales à Salamanque, en Espagne, et il est le fondateur et le premier recteur de l'U. nationale du Rwanda, en Afrique centrale (1963-1972).

Il a toujours été membre de nombreuses organisations internationales et s'est vu octroyer des diplômes *honoris causa* de plus d'une dizaine d'universités. Il a reçu le prestigieux PRIX MOLSON du Conseil des Arts du Canada (1966) ainsi que le Prix de la Banque royale (1982), la médaille Pearson pour la paix (1983) et la médaille de la Fondation Édouard-Montpetit (1985). En 1979, il est nommé Compagnon de l'ordre du Canada et, en 1985, Officier de l'Ordre national du Québec. Sa contribution à une société canadienne plus humaine et plus démocratique est inestimable.

M.D. Behiels

Lévesque, Jean-Louis, financier (Nouvelle, Qc, 13 avril 1911—Montréal, 28 déc. 1994). Après avoir reçu ses diplômes de l'U. Saint Dunstan à l'Île-du-Prince-Édouard et de l'U. Laval, Lévesque travaille pour la Banque provinciale du Canada à Moncton, au Nouveau-Brunswick. En 1937, il devient vendeur pour une maison de courtage et fonde en 1941 le Crédit Interprovincial ltée. Puis, il se met à acheter des sociétés, à les réorganiser et à les vendre: Fashion-Craft Manufacturers (1945), Slater Shoe (1951) et Dupuis Frères (1952). Plus tard, il fusionne sa maison de courtage avec L.G. Beaubien et Cie pour former Lévesque, Beaubien inc., la maison de courtage francophone la plus importante au Canada.

Ancien directeur de la Banque provinciale du Canada et du Trust Général du Canada, il siège au conseil de plusieurs sociétés, dont L'Équitable, Compagnie d'Assurances générales, et Hilton Canada. En 1978-1979, il vend les sociétés qu'il possède et se retire. Dans les années 50, Lévesque se lance dans les COURSES DE PUR-SANG et la reproduction. Son cheval de course qui a connu le plus de succès, *L'Enjôleur*, gagne le QUEEN'S PLATE en 1975. En 1952, il reçoit un doctorat *honoris causa* de l'U. du Nouveau-Brunswick. Il reçoit d'autres distinctions, dont l'Ordre du Canada.

Jorge Niosi

Lévesque, Raymond, auteur, compositeur, interprète et comédien (Montréal, 7 oct. 1928). D'abord chansonnier romantique influencé par Charles Trenet, il apprend son métier dans les boîtes parisiennes (1954-59) avant de faire partie des Bozos, un des premiers groupes de chansonniers québécois. Conteur et polémiste de talent, il connaît beaucoup de succès dans les boîtes à chansons, notamment à la Butte à Mathieu où il écrira plus d'une douzaine de revues dans les années 60. Mêlant chanson, humour et satyre, son style s'apparente au fil des ans à celui des chansonniers montmartrois du début du XXᵉ siècle. Poète engagé socialement et politiquement, il participe à de nombreuses manifestations publiques. Affligé de surdité, il quitte la scène au milieu des années 80 pour se consacrer à l'écriture. Lévesque a publié une quinzaine de livres, a participé à quelques films et tenu avec brio des rôles au théâtre et à la télévision. *Quand les hommes vivront d'amour*, *Les trottoirs* et *Bozo-les-culottes* demeurent ses compositions les plus connues.

L'ADISQ lui a remis son Félix témoignage en 1980 et un Félix pour une compilation de ses œuvres en 1999. Le prix Ciel-Raymond-Lévesque a été institué en son honneur en 1986. Le chansonnier a reçu la médaille Jacques-Blanchet (1996) et le Prix Denise-Pelletier (1997) pour son œuvre littéraire. Il a été fait Chevalier de l'Ordre national du Québec (1997) et l'ONF lui a consacré un documentaire en 1998.

Robert Thérien

Lévesque, René, journaliste et premier ministre du Québec de 1976 à 1985 (New Carlisle, Qc, 24 août 1922—Montréal, 1ᵉʳ nov. 1987). Ministre de l'équipe libérale de Jean LESAGE, il démissionne en 1967 et

fonde l'année suivante le PARTI QUÉBÉCOIS (PQ) dont le principal objectif deviendra la souveraineté du Québec et l'établissement d'une nouvelle forme d'association avec le Canada.

Agent de liaison et correspondant de guerre européen auprès des forces armées américaines pendant la Seconde Guerre mondiale, il entre à l'emploi du Service international de Radio-Canada en 1946 et devient chef du service des reportages pour la radio et la télévision en 1952. À compter de 1956, il anime la série télévisée *Point de mire* et devient l'un des commentateurs les plus influents du Québec. Après sa participation à la grève des réalisateurs de Radio-Canada en 1959, il adhère au Parti libéral du Québec et est élu, en 1960, député de Montréal-Laurier à l'Assemblée législative du Québec. Il est ministre des Ressources hydrauliques et des Travaux publics (1960-1961), ministre des Richesses naturelles (1961-1966), puis ministre de la Famille et du Bien-être social. L'un des ministres les plus populaires et les plus dynamiques du gouvernement Lesage, c'est lui qui convainc le gouvernement de nationaliser les compagnies d'électricité et de s'efforcer d'assainir les mœurs politiques.

De plus en plus critique envers la position de son parti sur les questions constitutionnelles et ses relations avec le gouvernement fédéral, Lévesque siège comme député indépendant (1967), puis quitte définitivement le parti en novembre 1967 pour fonder le Mouvement souveraineté-association, qui devient le Parti québécois en octobre 1968. Ayant réussi à rallier les divers groupes qui préconisent l'indépendance et un nouveau statut politique pour le Québec, le parti de Lévesque recueille 23,2 p. 100 des voix aux élections de 1970. En 1973, le PQ devient l'opposition officielle. Défait à deux reprises (en 1970 et en 1973) dans Laurier puis dans Dorion, Lévesque remporte enfin le siège dans Taillon le 15 novembre 1976. Le PQ mène une campagne victorieuse contre le gouvernement impopulaire du libéral Robert BOURASSA en promettant de tenir un RÉFÉRENDUM sur la SOUVERAINETÉ-ASSOCIATION. Le PQ obtient une majorité de 71 sièges, semant la consternation dans le reste du Canada.

Au cours de son premier mandat, le nouveau gouvernement adopte plusieurs mesures progressistes concernant l'assurance-automobile, le rezonage des terres agricoles et l'abolition des caisses électorales secrètes. Une des mesures législatives les plus importantes est la LOI 101, qui accorde au français le statut de langue officielle du Québec. Le 20 mai 1980, le référendum tant attendu a lieu après une campagne fort émotive menée, du côté du «Non», par Claude RYAN, chef de l'opposition libérale, et le ministre fédéral Jean CHRÉTIEN (avec l'appui capital du premier ministre TRUDEAU) et, dans le camp du «Oui», par Lévesque et ses ministres. Lévesque essuie une défaite personnelle majeure, la proposition de souveraineté-association ne récoltant que 40 p. 100 des voix. Contre toute attente, le PQ est réélu en 1981. Toutefois, il subit une autre défaite au cours des négociations constitutionnelles de 1981-1982 (*voir* CONSTITUTION, RAPATRIEMENT DE LA), lorsque les neuf autres provinces acceptent des conditions rejetées par tous les partis de l'Assemblée nationale du Québec. En 1982 et en 1983, le gouvernement Lévesque se heurte à une opposition considérable et à la désapprobation du public quand il tente de réduire les dépenses publiques pour résoudre ses sérieux problèmes financiers.

En novembre 1984, une grave crise ébranle le gouvernement péquiste quand Lévesque annonce son intention de ne pas faire de l'indépendance du Québec l'enjeu des prochaines élections, tout en maintenant la souveraineté-association comme raison d'être du parti. Plusieurs ministres démissionnent en signe de protestation, mais le parti reconduit néanmoins le leadership de Lévesque lors d'un congrès spécial tenu en janvier 1985. En juin 1985, deux ans avant sa

mort, Lévesque démissionne et reprend sa carrière en radiotélévision et en journalisme. Plus de 250 000 exemplaires de ses mémoires ont été vendus.

Daniel Latouche

Levi General, Deskaheh de son nom amérindien, chef des Cayugas et orateur du Conseil héréditaire des Six-Nations (Réserve des Six-Nations, près de Brantford, Ont., 1873—Tuscarora Reservation, N.Y., 25 juin 1925). Membre de la religion de la longue maison, Deskaheh insiste pour que les Six-Nations conservent leurs langues et leur culture caractéristiques. Quand le gouvernement canadien essaie, en 1923, de destituer le Conseil héréditaire des Six-Nations et d'instaurer un conseil élu, Deskaheh réagit immédiatement. Il lutte pour que les Six-Nations soient reconnues sur la scène internationale comme une nation amérindienne souveraine gouvernée par un conseil héréditaire de chefs. Voyageant avec un passeport délivré par le Conseil, il se rend à la Société des Nations, à Genève, en Suisse, mais le secrétariat de la Société ne lui permet pas de s'adresser à l'assemblée, soutenant que le Canada a juridiction sur les Six-Nations. Épuisé, Deskaheh tombe malade peu après son retour en Amérique du Nord et meurt d'une pneumonie.

Six mois avant son décès, le gouvernement canadien met fin aux fonctions administratives de la Confédération sur la réserve et organise une élection pour mettre en place un conseil élu. Les deux conseils coexistent encore dans les années 1980, mais l'État reconnaît seulement le conseil élu.

Donald B. Smith

Levine, Michael, costumier et scénographe (Toronto, 5 nov. 1961). Levine termine ses cours d'initiation au ONTARIO COLLEGE OF ART AND DESIGN, en 1979, puis obtient un diplôme en scénographie et création de costumes à la Central School of Art and Design à Londres, en Angleterre. Il travaille pendant deux saisons comme scénographe pour le célèbre Citizen's Theatre (Glasgow, Écosse). Il se fait connaître au Canada avec les décors et les costumes expressionnistes entièrement blancs qu'il crée, en 1985, pour *Heartbreak Hotel*, une production du SHAW FESTIVAL, puis, l'année suivante, avec les costumes grotesques et les décors surréalistes qu'il réalise pour *Spring Awakening*, une production du Centre Stage. En 1986, la scénographie et la conception des costumes de *Spring Awakening* lui valent le Dora Mavor Moore Award.

Levine travaille avec les plus grands théâtres et les plus grandes compagnies d'opéra dans le monde entier, notamment le National Theatre, à Londres (A *Midsummer Night's Dream*, 1992), l'Opéra de Vienne (*Jerusalem*, 1995) et le Metropolitan Opera de New York (*Eugene Onegin*, 1997). Au Canada, Levine collabore à de nombreuses productions du Shaw Festival et de la COMPAGNIE D'OPÉRA CANADIENNE, où il a créé depuis la fin des années 80 des scénographies pour des œuvres comme *Idomeneo*, *Wozzeck* et pour le programme double *Bluebeard's Castle* et *Erwartung*, acclamé par la critique. En 1988, il collabore avec le metteur en scène Robert LEPAGE à l'œuvre improvisée *Les plaques tectoniques*, projet expérimental qui remet en question la traditionnelle hiérarchie metteur en scène/scénographe en faisant directement intervenir Levine comme coauteur du spectacle.

Levine a été mis en nomination à de nombreuses reprises et a gagné de nombreux prix nationaux et internationaux. Il a été mis en nomination pour les prix Tony et Oliver pour la scénographie (réalisée en collaboration avec Voytek) de *Strange Interlude* (1984) et a remporté un prix Gémeau pour le film *September Songs: The Music of Kurt Weill* (1995), l'Edinburgh Festival Drama and Music Award pour *Bluebeard's Castle* et *Erwartung* et le prix de la critique, en France, pour *Songe d'une nuit d'été* de Benjamin Britten (1991).

Toujours audacieuses et évocatrices par leur utilisation de la forme ou de la couleur, les créations de

Levine font naître de la réalité apparente un monde de rêves propre au théâtre. Levine est membre de l'Association des designers canadiens.

Sandra Siversky

Lévis, ville du Qc, pop. 40 407 (rec. 1996), 39 417 (rec. 1991); superf. 44 km²; const. en 1861. Elle est située sur les falaises rocheuses en face de la ville de Québec, à laquelle elle est reliée par un traversier. Lévis se caractérise par ses rues escarpées bordées de vieilles maisons patrimoniales. En 1629, Samuel de Champlain désigna ce territoire Cap de Lévy en l'honneur de Henri de Lévy, duc de Ventadour, qui fut vice-roi de la Nouvelle-France. Le lieu fut par la suite connu longtemps sous le nom de Pointe Lévy. Avant de devenir la municipalité que l'on connaît, Lévis fut préfigurée dans le projet inachevé de la ville d'Aubigny conçu par John Caldwell, fils du seigneur de Lauzon, Henry Caldwell, dans la première moitié du XIXᵉ s. Ce fut toutefois l'érection de la paroisse Notre-Dame par le curé Déziel qui annonça la nouvelle ville dix ans avant sa création. À la constitution de la municipalité en 1861, l'adoption du nom de Lévis renvoie toutefois à un autre personnage tout en conservant la consonance du toponyme. Il s'agit de François-Gaston, marquis et duc de LÉVIS-Mirepoix, vainqueur à la BATAILLE DE SAINTE-FOY en 1760. Au XIXᵉ s., cette localité compte un terminus important du GRAND TRUNK RAILWAY et dessert Québec, qui ne fera pas partie du réseau ferroviaire avant 1879.

De nos jours, Lévis est un centre industriel et de services majeur. Industries Davie, fondée en 1828, est la plus ancienne et la plus importante compagnie de CONSTRUCTION NAVALE au Canada. Le port en eau profonde de Lévis peut accueillir des pétroliers d'une capacité de 100 000 tonnes. Le Mouvement Desjardins, né à Lévis en 1900, demeure un des principaux employeurs de Lévis.

Claudine Pierre-Deschênes et Roch Samson

Lévis, François-Gaston de, duc de Lévis, officier de l'armée française (Château d'Ajac, près de Limoux, France, 20 août 1719—Arras, France, 26 nov. 1787). Probablement l'officier le plus compétent dépêché au Canada durant la GUERRE DE SEPT ANS, Lévis est nommé brigadier et commandant en second de l'armée française régulière du Canada en 1756. D'une justice remarquable, il se tient à l'écart des disputes amères entre son supérieur, MONTCALM, et le gouverneur VAUDREUIL. Durant les campagnes de 1756, 1757 et 1758, Lévis est chargé de la défense de la route d'invasion du lac Champlain. Il se joint à Montcalm dans l'attaque victorieuse du fort William Henry (Lake George, New York) et, en juillet 1758, il l'aide à repousser l'assaut des forces anglaises contre le fort Carillon (Ticonderoga, New York). Il joue un rôle de premier plan dans la défense de Québec jusqu'en août, alors qu'il est chargé de protéger Montréal contre l'avance des troupes anglaises.

En apprenant la mort de Montcalm lors de la prise de Québec, Lévis prend le commandement. En tentant de reprendre Québec en avril-mai 1760, Lévis inflige un dur coup à James MURRAY au cours de la BATAILLE DE SAINTE-FOY, mais, faute d'une artillerie suffisante pour assurer un siège efficace, il est forcé de battre en retraite lorsque des navires anglais viennent renforcer les occupants. Assiégé à Montréal, Lévis veut opposer une dernière résistance, mais Vaudreuil s'y objecte et la ville capitule le 8 septembre. Après la chute de la Nouvelle-France, il regagne la métropole où, en 1783, il est promu maréchal, rang le plus élevé en France; il est fait duc en 1784.

Ian Casselman

Levure Groupe de CHAMPIGNONS unicellulaires comprenant au moins 450 espèces connues. La plupart des levures appartiennent à la sous-division *Ascomycotina* et se multiplient par bourgeonnement ou par fission binaire (scissiparité), et forment parfois des ascospores dans un asque (cellule servant de sac à ascospores). Elles peuvent former un pseudomycelium ou un vrai mycelium. Certaines levures appartiennent à la sous-division des *Basidiomycotina* (*Ustilaginaceae*); certaines produisent des caroténoïdes rouges ou jaunes (*Rhodotorula spp*). Toutes se reproduisent par bourgeonnement asexué, ou de façon sexuée par formation de téliospores.

Classification Pour déterminer le genre, on se base sur la morphologie des spores et des cellules végétatives et, pour déterminer l'espèce, sur la capacité de métaboliser différents sucres et composés apparentés. Les principaux genres sont les *Schizosaccharomyces* (levures qui se reproduisent par scissiparité), les *Saccharomyces*, les *Kluyveromyces*, l'*Hansenula*, la *Pichia*, la *Candida*, la *Rhodotorula* et le *Cryptococcus*, les deux derniers étant des basidiomycètes.

Bien que moins répandues que les BACTÉRIES, on trouve les levures en milieu aquatique ou terrestre en association avec les plantes et les animaux. Quelques-unes sont pathogènes: la *Candida tropicalis* et le *Cryptococcus neoformans* causent des infections chez les humains; le *C. albicans* cause le muguet et la vaginite. Les patients traités avec des immunosuppresseurs sont plus susceptibles d'attraper des infections aux levures. Une espèce de levure est pathogène pour le coton.

La levure la plus connue est la *Saccharomyces cerevisiae* (la levure du pain, de la bière et du vin) utilisée comme agent de levage et de brassage depuis des milliers d'années, dont le rôle soit demeuré insoupçonné avant la découverte de Pasteur. C'est une source de vitamine B et un outil de recherche précieux pour les expériences en génétique et en biochimie.

D'autres espèces ont été utilisées à l'intérieur de procédés biotechnologiques pour le traitement des déchets de pulpe de bois, la production d'aliments, la production de levure fourragère (protéine unicellulaire), la production de bioprotéine à partir de lactosérum et de pétrole, ainsi que la production de gommes (mannanes), d'alcools polyhydroxiques (glycérol) et de glycolipides. Certaines levures peuvent agir comme agent de détérioration des aliments: la *Rhodotorula* gâte les olives, la *Debaryomyces*, les viandes en conserve, et certaines *Pichia*, la mayonnaise et la choucroute.

Les levures saccharophiles peuvent faire éclater soudainement les chocolats fourrés de fondant et détériorer les yogourts aromatisés aux fruits. La *Schizosaccharomyces octosporus* croît souvent sur les fruits secs comme les dattes, les figues ou les raisins, sans toutefois en altérer la qualité.

J.F.T. Spencer

Lewis, David, né Losh, politicien socialiste, avocat du travail, professeur d'université (Svisloch, Russie, 23 juin 1909—Ottawa, 23 mai 1981). Enfant, il connaît l'invasion allemande de la Russie au cours de la Première Guerre mondiale et la Révolution russe. En 1921, sa famille s'installe à Montréal, où Lewis ne tarde pas à maîtriser l'anglais. Actif en politique municipale du côté des socialistes, il fréquente l'U. McGill de 1927 à 1931 et remporte une bourse Rhodes pour étudier à Oxford (1932-1935), où il établit des contacts étendus avec des socialistes du Parti travailliste britannique. De retour au Canada, Lewis exerce le droit à Ottawa, puis il devient, en 1936, secrétaire national de la CO-OPERATIVE COMMONWEALTH FEDERATION (CCF). Au cours des années qui suivent, il est théoricien clé de la CCF et membre de la LEAGUE FOR SOCIAL RECONSTRUCTION. En 1943, il rédige, en collaboration avec F.R. SCOTT, *Make This Your Canada*. Il échoue dans ses tentatives pour se faire élire au Parlement en 1940, en 1943 (élection partielle), en 1945 et 1949. De 1943 à 1945, Lewis est la principale cible d'une campagne antisocialiste haineuse.

En 1950, les perspectives d'avenir de la CCF déclinent. Lewis se lance alors dans l'exercice du droit du travail, tout en poursuivant son engagement auprès de la CCF. Il assume divers postes de direction et contribue à la rédaction de la Déclaration de Winnipeg de 1956. Lewis travaille sans relâche pour défendre le mouvement ouvrier contre l'infiltration communiste et pour forger des liens entre les mouvements socialiste et ouvrier du Canada. Il est l'un des principaux architectes de la création du NOUVEAU PARTI DÉMOCRATIQUE (NPD) en 1961. Grâce à ses efforts, la CCF, d'abord à base agricole et surtout concentrée dans l'Ouest, devient le populaire NPD, un parti plus urbain à base ouvrière.

Lewis brigue les suffrages dans York-Sud en 1962, en 1963, en 1965, en 1968, en 1972 et en 1974, échouant seulement en 1963 et en 1974. Aux débats du Parlement, il devient rapidement l'un des orateurs les plus dévastateurs. Lewis continue d'assumer divers postes de direction au NPD, jusqu'à son élection comme chef du parti lors du long congrès polarisé de 1971, au cours duquel il défait Jim Laxer, représentant du WAFFLE, une faction de gauche du NPD. Lewis, faisant campagne sur le thème des «sociétés parasitaires du régime fiscal», connaît sa plus grande notoriété politique en 1972 lorsqu'il détient la balance du pouvoir dans le GOUVERNEMENT MINORITAIRE libéral de 1972-1974. Le Parlement adopte alors une nouvelle loi sur les dépenses électorales et établit l'indexation des pensions, PÉTRO-CANADA et l'AGENCE D'EXAMEN DE L'INVESTISSEMENT ÉTRANGER.

Après sa défaite aux élections fédérales de 1974, Lewis démissionne de son poste de chef du NPD en 1975 et termine sa carrière comme professeur à l'U. Carleton. Le premier volume de ses mémoires, *The Good Fight*, est publié à titre posthume en 1981. Le legs de Lewis est repris par sa famille, puisque plusieurs de ses enfants (dont le plus connu est Stephen LEWIS) deviendront des membres importants du NPD. Lewis fut un personnage controversé, mais sa grande intelligence, son énergie et les sacrifices qu'il a faits au nom du socialisme canadien n'ont jamais été remis en question.

Alan Whitehorn

Lewis, Lennox, boxeur (Londres, Angl., 2 sept. 1965). Lewis connaît une carrière exceptionnelle chez les amateurs et est champion amateur du Canada à six reprises. Il est médaillé d'or dans la catégorie des poids super-lourds aux Jeux du Commonwealth de 1986 et au championnat nord-américain de 1987. Il couronne sa carrière d'amateur en remportant l'or aux Jeux olympiques de Séoul en 1988, ce qui procure au Canada sa première médaille d'or en boxe depuis 1932. Lewis entre alors chez les professionnels et retourne en Angleterre, où il devient champion poids lourd du Commonwealth et d'Europe ainsi que l'un des principaux aspirants au titre mondial.

Lorsque le nouveau champion poids lourd, Riddick Bowe, battu par Lewis en finale olympique, refuse de défendre son titre contre celui-ci, le Conseil mondial de la boxe lui retire ce titre et le décerne à Lewis, qui le défend avec succès à trois reprises avant de subir une défaite surprise contre Oliver McCall, en septembre 1994. En février 1997, Lewis l'emporte sur McCall et reprend son titre, qu'il défend, cette année-là, contre Henry Akinwande et Andrew Golata. Ses succès comme amateur lui valent l'Ordre du Canada.

Lewis, Stephen Henry, fils de David LEWIS, politicien, journaliste, médiateur de conflits de travail (Ottawa, 11 nov. 1937). Après avoir enseigné l'anglais en Afrique, Lewis travaille comme directeur de l'organisation pour le NOUVEAU PARTI DÉMOCRATIQUE fédéral (1961-1962). Il est député de Scarborough-Ouest à l'Assemblée législative de l'Ontario de 1963 à 1978 et devient chef du NPD ontarien en 1970. Avec d'autres, il réclame activement le démantèlement du WAFFLE en 1972, une faction de gauche du NPD. Il connaît sa plus grande notoriété en 1975, lorsque le NPD devient l'opposition officielle.

Un an après l'échec électoral du NPD en 1977, Lewis démissionne comme chef et devient commentateur dans les médias et médiateur de conflits de travail. En 1984, le ministre des Affaires étrangères Joe CLARK nomme Lewis, reconnu pour ses capacités d'orateur, au poste d'ambassadeur du Canada au sein de l'ORGANISATION DES NATIONS UNIES. En 1986, Lewis est aussi nommé conseiller spécial des affaires africaines auprès de Javier Pérez de Cuéllar, secrétaire général des Nations Unies. Il démissionne en 1988, mais reste aux Nations Unies jusqu'en 1991. À la suite des agitations populaires qui ont lieu à Toronto en 1992, le gouvernement néo-démocrate ontarien de Bob RAE l'engage pour rédiger un rapport sur les relations interraciales au sein de la ville. Lewis retourne aux Nations Unies en 1995 à titre de directeur exécutif adjoint de l'UNICEF.

Alan Whitehorn

Lewis, Wilfrid Bennett, physicien, scientifique en chef des Laboratoires nucléaires de Chalk River durant 26 ans (Londres, Angl., 24 juin 1908—Deep River, Ont., 19 janv. 1987). Lewis reçoit sa formation sous la direction de lord RUTHERFORD et travaille en physique atomique durant les années 30. Comme la plupart de ses collègues de Cambridge, il travaille sur les radars au cours de la Seconde Guerre mondiale, devenant en 1945 directeur du principal laboratoire britannique de radars aéroportés. Son collègue d'avant la guerre, J.D. Cockcroft, auparavant directeur des radars militaires, est directeur scientifique du projet atomique canado-anglo-français entre 1944 et 1945.

Contre toute attente, le gouvernement britannique ordonne le retour de Cockcroft pour réorganiser la recherche atomique en Grande-Bretagne. L'existence du projet canadien se trouve en péril, car le gouvernement canadien est réticent à le poursuivre à moins de trouver un directeur de recherches compétent. On avance finalement le nom de Lewis. Celui-ci vient au Canada en 1946 en tant que directeur de la division de l'énergie atomique du CONSEIL NATIONAL DE RECHERCHES et, en tant que directeur général adjoint (science) d'ÉNERGIE ATOMIQUE DU CANADA LTÉE, il agit à titre d'expert scientifique en chef pour le gouvernement dans le domaine de l'énergie atomique jusqu'à sa retraite en 1973.

La carrière de Lewis présente deux facettes principales: l'une, scientifique, et l'autre, politique. Quand il vient au Canada, la pile expérimentale d'énergie zéro (ZEEP reactor) fonctionne déjà et le réacteur de recherche NRX est en construction (terminé en 1947). Lewis doit recruter du personnel et orchestrer leur travail dans un programme de recherches efficace, et composer avec des problèmes imprévus (notamment l'accident du NRX en 1952), tout en planifiant de nouveaux réacteurs qui ouvrent le champ à de nouvelles investigations. En 1949, il a déjà opté en principe pour un grand réacteur à eau lourde, spécialité de l'effort de guerre canadien, un projet susceptible d'utiliser comme combustible de l'uranium produit au Canada, de fournir de très grandes quantités de neutrons pour les recherches et de produire du plutonium vendable pour amortir les coûts. Ce projet débouche sur le réacteur NRU, terminé en 1957. Son succès mène au programme de réacteurs CANDU des années 70, qui visent à produire de l'électricité à des tarifs concurrentiels. Les autres projets sous la direction de Lewis vont du Thératron pour l'irradiation médicale, au projet de construction d'un générateur de neutrons intense, proposé en 1966, mais rejeté par le gouvernement en raison de son coût beaucoup trop élevé.

Jusqu'à la fin des années 50, le Canada est la seule «puissance atomique» du monde qui se consacre exclusivement à des utilisations non militaires de la technologie nucléaire. Par conséquent, lors de la première conférence «Atomes pour la paix», tenue à Genève en 1955, le Canada se trouve dans une position politique unique qui plaît particulièrement aux pays «non alignés» désireux de se développer sur le plan scientifique sans se joindre au camp américain ou au camp russe. C'est le cas de l'Inde et du Pakistan, p. ex., qui tous deux construiront plus tard des réacteurs de recherche de conception canadienne. Lewis dirige la délégation canadienne à cette conférence des Nations Unies ainsi qu'aux conférences suivantes, jusqu'en 1971, et y exerce une influence considérable. Il reçoit de nombreux honneurs et distinctions pour ses travaux scientifiques et ses activités diplomatiques, dont le prix Atomes pour la paix de 50 000 dollars en 1967, qu'il remet à l'U. McGill pour l'achat d'appareils scientifiques.

Donald J.C. Phillipson

Lewisporte, ville de T.-N.; pop. 3709 (rec. 1996), 3848 (rec. 1991), 3978 (rec. 1986); superf. 33,83 km²; const. en 1946; port en eau profonde et centre d'expédition situé dans la BAIE NOTRE DAME au centre nord de Terre-Neuve. Colonisée vers 1876, Lewisporte s'appelle d'abord (Big) Burnt Bay puis Marshallville. Elle prend le nom de Lewisport (qui deviendra Lewisporte) en 1900 en l'honneur du bûcheron et pionnier Lewis Miller, qui se sert de cet excellent port, relié aux terres par le chemin de fer, pour desservir les scieries de Glenwood et de Millertown. Une importante gare d'expédition est aménagée à Lewisporte par la Newfoundland Timber Estates, qui devient propriétaire des avoirs de Miller en 1903. Ainsi, cette colonie autrefois consacrée à la pêche, à l'agriculture et à la construction navale est devenue un port d'expédition et un centre de sciage.

De nos jours, Lewisporte est un important point de distribution, d'expédition et de ravitaillement pour la côte nord-est de Terre-Neuve et la côte du LABRADOR. Cette ville possède aussi de grandes installations de stockage de carburant destiné à l'aéroport international de Gander.

Janet E.M. Pitt et Robert D. Pitt

Leyrac, Monique, née Tremblay, interprète et comédienne (Montréal, 26 février 1928). Après des études en théâtre, elle débute dans la chanson à la fin des années 40, tenant la vedette du premier film musical québécois, *Les lumières de ma ville* (1950). Après une décennie de théâtre et de chanson à Paris, elle devient l'une des grandes interprètes des chansonniers québécois dans les années 60, tout en connaissant d'importants succès en Europe francophone et en ex-URSS. Enregistrant en anglais, elle effectue plusieurs tournées dans les principales villes canadiennes, en plus de triompher à Londres et New York où elle chante au prestigieux «Ed Sullivan Show» (1969). Interprète nuancée, Monique Leyrac allie théâtre et chanson dans les spectacles plus intimistes qu'elle présente à la fin des années 70, notamment sur le poète québécois Émile Nelligan et la tragédienne Sarah Bernhardt. *L'hiver, Pour cet amour* et *Try To Remember* sont parmi ses plus remarquables.

Monique Leyrac a été nommée Officier de l'Ordre du Canada (1967) et a reçu le prix de musique Calixa-Lavallée (1978).

Lézard Nom commun donné aux membres du plus diversifié des cinq groupes de REPTILES vivants.

Description Les lézards et les SERPENTS sont des amniotes à écailles de l'ordre des squamates. Les animaux des deux groupes ont une peau sèche couverte d'écailles épidermiques. La majorité des espèces de lézards ont des pattes, une longue queue, des paupières mobiles et des oreilles bien développées. Certains lézards sont semblables à des serpents, ayant un corps très long et mince avec des pattes minuscules ou non apparentes. Certaines espèces fouisseuses n'ont plus d'yeux ni d'oreilles. On croit que les serpents proviennent de lézards dont les pattes, les yeux et les oreilles ont été modifiés au fur et à mesure qu'ils s'adaptaient au mode de vie fouisseur.

Malgré leur petite taille, la majorité des lézards sont capables de mouvements rapides et vont généralement semer un prédateur ou un humain qui les poursuit afin de se mettre à l'abri. Ils tiennent leurs pattes étalées sur les côtés vers l'extérieur, mais lorsqu'ils courent, ils soulèvent leur corps bien au-dessus du sol. Quelques espèces, comme le lézard à collerette d'Australie et le basilic de l'Amérique · centrale, ont de grandes pattes postérieures sur lesquelles ils peuvent courir en position bipède avec la queue relevée qui sert de contrepoids. Deux espèces, le monstre de Gila, du sud-ouest des États-Unis, et le lézard perlé mexicain, sont venimeuses.

Répartition et habitat La plupart des lézards vivent dans les climats chauds, ensoleillés et secs. On en connaît quelque 3751 espèces, parmi lesquelles 6, dont la longueur varie entre 8 cm et 21 cm, vivent au Canada: le lézard-alligator boréal (*Elgaria coeruleus principis*, famille des anguidés), du sud de la Colombie-Britannique incluant le sud de l'île de Vancouver, mais considéré comme probablement disparu du Canada; le scinque de l'Ouest (*Eumeces skiltonianus*, famille des scincidés), du centre-sud de la Colombie-Britannique; deux sous-espèces de l'iguane à petites cornes, de la famille des phrynosomatidés, soit *Phrynosoma douglassii douglassi*, de l'extrême sud de la vallée de l'Okanagan, et le *P. d. brevirostre*, du sud-est de l'Alberta et du sud-ouest de la Saskatchewan; *E. septentrionalis septentrionalis*, une sous-espèce nordique du scinque des Prairies, du sud-ouest du Manitoba; et le scinque pentaligne (*E. fasciatus*), du sud-est de l'Ontario.

Régime alimentaire La majorité des espèces de lézards sont prédatrices et se nourrissent de petits invertébrés. Le tégu d'Amérique du Sud et les varans de l'Ancien Monde mangent d'autres reptiles et même des mammifères. Ils sont pourvus de dents aiguisées et coupantes et l'articulation mobile du crâne avec la suspension de la mâchoire permet le déplacement d'avant en arrière de la mâchoire inférieure dans un mouvement de sciage. Ils peuvent ainsi découper des proies trop grosses pour être mangées entières. Le plus gros lézard du monde, le dragon de Komodo, de la famille des varanidés, peut atteindre 3,5 m de longueur. Il attaque et tue des cerfs et des sangliers et est rapporté avoir tué des humains.

Les seuls lézards herbivores sont les iguanes tropicaux du Nouveau Monde et certaines espèces d'agames de l'Ancien Monde. Ces lézards ont le crâne profond, sur lequel s'attachent des muscles masticatoires plus puissants que chez la plupart des espèces, et la suspension de leur mâchoire est moins mobile. Ces adaptations leur permettent de découper ou d'arracher des morceaux de végétaux assez petits pour être avalés.

Reproduction La majorité des lézards produisent des œufs qui doivent être fertilisés à l'intérieur de la femelle. L'accouplement est précédé d'une parade nuptiale complexe, et de parades et combats entre les mâles qui défendent leur territoire et entre les femelles. Chez la majorité des espèces, la femelle forme une coquille coriace autour des œufs qu'elle pond et abandonne dans un endroit protégé. Les femelles de quelques espèces, comme le lézard-alligator boréal et les lézards cornus, incubent leurs œufs dans leur corps jusqu'à ce que naissent les petits entièrement développés.

Certaines espèces de lézards téiides, lacertides et de Geckos pondent des œufs fertiles sans que la femelle n'ait été accouplée, ce qui constitue l'un des rares cas de parthénogénèse chez les VERTÉBRÉS. Cette adaptation s'est peut-être développée pour permettre la colonisation d'habitats perturbés et de petits habitats isolés et propices par des lézards à faible densité de population.

La vivacité, les comportements complexes ainsi que les formes, couleurs et motifs souvent bizarres des lézards en font des sujets d'étude fascinants et gratifiants.

K.W. Stewart

L'Heureux, Jean-Baptiste, (L'Acadie, Bas-Canada, 25 juin 1831—Midnapore, Alb., 19 mars 1919). L'Heureux étudie pour devenir prêtre, mais n'est jamais ordonné. Selon la tradition, il aurait été expulsé du Séminaire de Saint-Hyacinthe pour avoir commis un crime. Il se rend dans l'Ouest à la fin des années 1850 et se retrouve dès le début des années 1860 dans les champs aurifères du Montana, où il se fait passer pour prêtre auprès des jésuites. Peu après, L'Heureux se serait fait prendre en flagrant délit de sodomie et aurait été renvoyé. Dénoncé comme imposteur, il se joint aux Pieds-Noirs et, en 1862, il se rend chez les Pères Oblats de la mission de St. Albert près de Fort Edmonton. Un an plus tard, l'évêque A.A. TACHÉ le dépeint ainsi: «il veut passer pour prêtre mais, tout le monde le sait, il est un voleur et un menteur». La même année, L'Heureux est accusé d'avoir envoyé un faux échantillon de poussière d'or à des prospecteurs de Fort Benton, au Montana, prétendant en avoir découvert un filon qu'il serait prêt à leur montrer. Un groupe d'hommes cherche L'Heureux en vain pendant des semaines. Ce dernier est aussi lié à la légende de la Lost Lemon Mine.

L'Heureux passe la majeure partie de son temps chez les Pieds-Noirs, célébrant, entre autres, des mariages et des baptêmes. Il s'appelle lui-même *naokska-tapi*, ce qui signifie dans la langue des Pieds-Noirs «Trois Personnes», en référence à la Trinité. Il prépare un recensement des tribus de Pieds-Noirs, rédige un ouvrage sur des effigies de pierre, décrit les caractéristiques du territoire pieds-noirs, prépare un dictionnaire pieds-noirs-anglais et fait l'esquisse de Rocky Mountain House. Dans un manuscrit qui date de 1871, conservé aux ARCHIVES NATIONALES DU CANADA, il mentionne, et il est probablement le premier à le faire, la présence de restes de dinosaures en Alberta. Il aurait aussi nommé la rivière St. Mary dans le sud de l'Alberta et les lacs St. Mary au Montana. Témoin officiel de la signature du Traité n° 7 en 1877, L'Heureux est engagé vers 1880 comme interprète par le ministère des Affaires indiennes dans la réserve des Pieds-Noirs. Il occupe ce poste jusqu'en 1891, année où il est congédiement pour avoir enseigné la religion à des enfants d'âge préscolaire. Il vit ensuite en ermite près de Pincher Creek. En 1912, il s'installe à Lacombe Home, à Midnapore.

Hugh A. Dempsey

Liard, rivière D'une longueur de 1115 km, elle prend sa source dans les monts Pelly, dans le sud-est du Yukon. Elle coule vers le sud-est, en Colombie-Britannique, traverse les Rocheuses et se dirige vers le nord-est, dans une région fortement boisée, pour se jeter dans le fleuve Mackenzie à FORT SIMPSON, dans les Territoires du Nord-Ouest. Ses principaux affluents sont la NAHANNI SUD, ainsi que les rivières Petitot et Fort Nelson. Bien que sauvage et dangereuse, la rivière est navigable jusqu'à Fort Liard, situé à environ 270 km de son embouchure. Elle tire son nom des liards, une espèce de peuplier, qui pousse le long de ses rives. Autrefois, elle s'appelait Courant-Fort et elle figure sous le nom de Rivière aux Liards sur les premières cartes. Pendant de nombreuses années, elle sert de route des fourrures. R.G. MCCONNELL, de la Commission géologique et d'histoire naturelle du Canada (1887), en fait les premiers relevés et, en 1897-1898, les chercheurs d'or l'empruntent pour aller au Klondike.

James Marsh

Liard, route Route praticable en tout temps, reliant le nord de la Colombie-Britannique et les Territoires du Nord-Ouest. Débutant à 27 km au nord de fort Nelson sur la route de l'Alaska, elle couvre 400 km vers le nord, jusqu'à la jonction avec la route du Mackenzie un peu au sud de Fort Simpson, dans les Territoires du Nord-Ouest. Les travaux de la route débutent en 1969, lorsque le gouvernement fédéral entreprend la construction au sud à partir de Fort Simpson. En 1972, le gouvernement de la Colombie-Britannique commence les travaux sur la section sud. Des conflits de compétences retardent les travaux et la route ne s'achève qu'en 1984. Actuellement, les seuls aménagements pour les voyageurs se trouvent

à Fort Liard, situé à peu près à mi-chemin de la route.

K.S. Coates

Libellule Nom commun d'insectes carnivores à corps allongé et massif de l'ordre des odonates (du grec, denté, qui réfère aux pièces buccales). On utilise aussi parfois ce terme pour référer aux DEMOISELLES (sous-ordre des zygoptères), mais à proprement parler, il désigne seulement les membres du sous-ordre des anisoptères. On connaît environ 2800 espèces d'anisoptères dans le monde et 143 au Canada.

Morphologie Les libellules ont des yeux composés recouvrant presque toute la tête, des pièces buccales broyeuses bien développées et deux paires d'ailes membraneuses. Les ailes postérieures sont plus larges à la base que les ailes antérieures. Les larves sont aquatiques, mais leur extrémité caudale est dépourvue d'appendices branchiaux. Elles obtiennent leur oxygène en pompant de l'eau dans le rectum. L'expulsion rapide de cette eau leur permet aussi de se propulser.

Reproduction et développement Les libellules pondent généralement leurs œufs dans l'eau, mais certaines les insèrent dans la végétation aquatique. Les larves vivent d'un à trois ans ou plus et se nourrissent de plusieurs espèces d'insectes aquatiques, incluant les larves de MOUSTIQUES. La larve aquatique terne se métamorphose en adulte spectaculaire vivant à l'air libre, aux formes aérodynamiques et aux couleurs éclatantes. L'adulte se nourrit en chassant des insectes volants.

G. Pritchard

Libéralisme Bien avant d'être associé à un parti politique au XIXe siècle en Espagne, le libéralisme constitue une doctrine qui présente l'individu comme étant l'élément de valeur suprême dans la société.

Le philosophe anglais John Locke (1632-1704) occupe une place de choix parmi les penseurs du libéralisme. Il est le premier à avancer que l'individu possède des droits innés à la vie, à la liberté et à la propriété. Ces droits précèdent le gouvernement. Ce dernier ne résulte que d'une convention par laquelle des individus autonomes ont décidé de s'associer pour mieux protéger leurs droits. Si ce contrat est violé, les personnes ont le droit de se rebeller. Les idées de Locke serviront de justification à la Révolution glorieuse de 1688, en Angleterre, et inspireront les révolutionnaires américains en 1776.

Au début du XIXe siècle, le libéralisme prend déjà de l'essor. En 1810, et pendant bien des années par la suite, le mot «libéral» a une connotation des plus favorables. Ainsi, dans *Emma*, la romancière Jane Austen écrit: «Les Cole se sont établis à Highbury et ce sont de braves gens, gentils, libéraux et sans prétention». C'est en Espagne que le mot «libéral» prend pour la première fois une connotation politique. En 1812, les *liberales*, un mouvement de la classe moyenne, auquel s'opposent les nobles et le clergé, réussit à procurer à l'Espagne un bref répit dans une période d'absolutisme en faisant accepter une constitution. Le terme «libéral» prend aussi un sens politique en Grande-Bretagne et en Amérique du Nord pendant les années 1820, lorsque les *tories* britanniques s'en servent pour exprimer leur mépris à l'égard des *whigs*, plus progressistes.

Deux siècles après son apparition, ce terme sert encore à jeter l'opprobre dans certains milieux. Dans la vie politique américaine, p. ex., des républicains comme Ronald Reagan et Newt Gingrich ont en grande partie réussi à investir le mot d'un sens négatif. Ronald Reagan disait à ses auditoires que les libéraux américains sont tellement gauchistes qu'ils délaissent l'Amérique. Pour sa part, Newt Gingrich a pris l'habitude de traiter ses adversaires de «libéraux radicaux». Au Canada et en Europe, cependant, le libéralisme correspond encore à une notion honorable.

Les libéraux estiment que chaque personne a une dimension particulière, un caractère unique qui ne demande qu'à s'exprimer. Le but de la vie est d'at-

teindre cet objectif, de concrétiser ces possibilités. Une personne libre est en mesure de définir le bonheur et de le poursuivre à sa façon, d'arriver à sa propre définition du bien et à sa propre échelle de valeurs. Le rôle de l'État est de fournir les circonstances qui offrent aux personnes un vaste éventail de choix quant à la définition du bien. La société, pour sa part, doit valoriser une telle diversité, tout en traitant chaque individu de façon égale, sans égard à son origine, à sa couleur, à son sexe ou à son rang social. En contrepartie, la personne doit reconnaître sa responsabilité par rapport à son propre sort et à celui de la collectivité.

C'est cet individualisme essentiel qui distingue le libéralisme du conservatisme ou du socialisme. Peu importe leurs divergences sur la finalité de la société, les conservateurs tout autant que les socialistes perçoivent la société comme étant plus qu'un groupe d'individus autonomes. Les conservateurs préconisent une société organisée à caractère hiérarchique, tandis que les socialistes insistent sur le caractère déterministe des classes. La collectivité demeure toutefois le concept fondamental pour les uns comme pour les autres. Le libéralisme correspond donc à une conception particulière de l'alliance entre la poursuite du bien politique et les besoins de la personne. Le libéralisme n'est pas le monopole d'un seul parti. Au Canada, il revêt pratiquement autant d'importance dans l'idéologie du Parti progressiste-conservateur, du Parti réformiste et du Nouveau Parti démocratique que dans celle du Parti libéral, car peu importe le nom du parti, si ce dernier se soucie avant tout de l'épanouissement des individus, il souscrit alors au libéralisme.

Ce sont les loyalistes de l'Empire-Uni qui ont apporté le libéralisme au Canada. Très attachés aux institutions britanniques (notamment à la monarchie), les loyalistes s'opposaient farouchement au républicanisme américain. Néanmoins, habitués au contexte nord-américain de mobilité économique et de gouvernement représentatif, ils tenaient tout aussi passionnément à la liberté personnelle.

L'Acte constitutionnel de 1791, qui crée les assemblées élues du Haut-Canada et du Bas-Canada, marque le premier succès du libéralisme au Canada. Suivront alors le gouvernement responsable, la représentation selon la population, les droits des minorités et l'État providence. L'influence loyaliste se fait encore sentir de nos jours: le libéralisme, influencé à parts égales par l'histoire britannique et américaine, avec un ajout occasionnel en provenance du Continent, comme l'impact de la révolution de 1848 sur les Rouges, forme le cœur de la vie publique au Canada.

Le libéralisme ne manque toutefois pas de détracteurs. D'éminents penseurs comme George GRANT et C.B. Macpherson s'en prennent aux fondements mêmes du libéralisme. Ils rejettent l'individualisme possessif axé sur l'acquisition de biens par des personnes en situation de compétition et préfèrent une société davantage axée sur la coopération et dont la finalité dépasse les droits et les désirs de ses membres individuels.

Par ailleurs, il arrive souvent qu'à l'intérieur même du libéralisme, plusieurs écoles de pensée se fassent concurrence. Les libéraux sont d'accord pour dire qu'ils veulent augmenter l'éventail des choix personnels. Mais quelle est la meilleure façon d'y parvenir? Le libéralisme «classique» veut protéger la liberté contre l'ingérence externe: on craint le gouvernement, on favorise l'économie de marché et on prise l'autonomie individuelle. Le libéralisme «positif», en revanche, soutient que le droit absolu de faire une chose est vide de sens si on n'a pas la capacité réelle de la faire: plus que la simple absence d'entrave, la liberté doit inclure l'égalité des chances. Les égalitaristes libéraux revendiquent des programmes positifs, c.-à-d. de promotion sociale, qui redistribuent les richesses et créent une plus

grande équité dans une vie marquée par la compétition.

Malgré cette divergence fondamentale sur la
question de savoir si l'État doit être envisagé comme
un obstacle à éliminer ou comme un outil à utiliser,
la version canadienne du libéralisme a apporté une
contribution réelle au régime de gouvernement
démocratique. La réconciliation du pluralisme ethnique avec les droits des minorités dans une communauté nationale est un problème avec lequel la plupart des pays sont aux prises. L'Inde n'est qu'un
exemple parmi d'autres de société tiraillée par la discorde sociale et religieuse. Au Canada, les libéraux
ont toujours valorisé la protection des droits des
minorités. En 1982, un grand pas est franchi à cet
égard lorsque la CHARTE CANADIENNE DES
DROITS ET LIBERTÉS permet d'enchâsser dans la
Constitution canadienne des droits fondamentaux
aussi bien que de nouveaux droits linguistiques pour
les minorités. Aux yeux de ses défenseurs, la charte
a pour but principal de constitutionnaliser des droits,
particulièrement des droits linguistiques, qu'aucun
gouvernement ne saura jamais retirer. Armé du bouclier que constitue la charte, le simple citoyen peut
ainsi réaliser la société envisagée par Locke, où les
droits ont préséance sur l'autorité.

Selon l'expression de sir Wilfrid Laurier, le plus
éloquent des libéraux canadiens, la plus grande réalisation du libéralisme canadien est la création de ce
«régime de tolérance».

Thomas S. Axworthy

Libération des Pays-Bas Elle est entreprise par les
troupes américaines, qui entrent à Maastricht le 13
septembre 1944. Les troupes britanniques contribuent aussi de façon importante à la libération du sud
des Pays-Bas, le long de l'axe de leur marche sur
Berlin. L'échec de l'assaut aérien d'Arnhem (le 17
septembre) empêche la libération du reste du pays en
1944. La PREMIÈRE ARMÉE CANADIENNE,
sous le commandement du général H.D.G. CRE-
RAR, doit servir, à l'extrémité nord de la ligne des
Alliés, à dégager la voie aux avances hollandaises
vers Anvers, port stratégique de la Belgique, le long
des deux rives de l'estuaire de la Schelde, tâche qui
se termine en novembre. Il y a encore plus de troupes
alliées que de troupes canadiennes sous la direction
de Crerar, mais, à la mi-mars 1945, le Premier corps
d'armée canadien arrive d'Italie pour remplacer le
Premier corps d'armée britannique. Le Premier corps
pousse vers le nord jusqu'à Ijsselmeer (18 avril), isolant les forces allemandes dans l'ouest des Pays-Bas,
tandis que le Deuxième corps avance au nord-est
vers Groningen (13 avril) et Leeuwarden (15 avril),
puis vers l'est jusqu'en Allemagne.

Quand les hostilités cessent, le 5 mai 1945, il
revient aux Canadiens de libérer l'ouest des Pays-
Bas, y compris les grandes villes d'Amsterdam et de
Rotterdam, ainsi que la capitale, La Haye. Les Hollandais de cette région avaient subi un hiver extrêmement rigoureux, manquant de vivres et de charbon, mais les secours sont rapidement acheminés
dans la région. Les Canadiens sont accueillis avec
enthousiasme et le joyeux «été canadien» qui s'ensuit crée des liens d'amitié durables entre les peuples
hollandais et canadien. (*Voir aussi* SECONDE
GUERRE MONDIALE.)

Brereton Greenhous

Liberté Journal bimensuel fondé à Montréal, en 1959,
par le poète Jean-Guy Pilon et d'autres écrivains parmi lesquels Jacques GODBOUT, Fernand OUEL-
LETTE, Paul-Marie LAPOINTE et Gilles Hénault.
Successivement dirigé par Pilon, Godbout, Hubert
AQUIN, puis à nouveau par Pilon, par François
Ricard, François Hébert, et Marie-Andrée Lamontagne, il occupe dans le monde littéraire une place
particulière à cause de la qualité et du ton mordant de
ses textes, de son rôle de tribune critique face aux
idées modernes dans le domaine de la culture, de
l'intérêt soutenu qu'il porte aux autres littératures, du
nombre et de l'importance de ses cahiers spéciaux

ainsi que des conférences internationales d'écrivains
qu'il organise. *Liberté* a publié des ouvrages célèbres
tels que *Arbres* de Lapointe, *La Vie agonique* de Gaston MIRON (traduit en anglais en 1980 sous le titre
de *The Agonized Life*), *La Fatigue culturelle du
Canada français* de Hubert Aquin (traduit en anglais
en 1979 sous le titre de *The Cultural Fatigue of
French Canada*), *La Lutte des langues et la dualité
du langage* de Fernand Ouellette et le premier recueil
des futurs écrivains de PARTI PRIS.

Bien que la plupart des écrivains connus au Québec contribuent à *Liberté*, le journal a toujours apprécié la participation d'auteurs étrangers. Les principaux auteurs et critiques tels René Char, Pierre-Jean
Jouve, Aimé Césaire, Milan Kundera, Julio Cortazar,
Jean Starobinski et René Girard y apportent tous à un
certain moment leur contribution. Depuis 1980,
Liberté est devenu davantage un journal polémique,
mais il continue à diversifier son engagement dans le
domaine culturel avec, entre autres, des émissions
spéciales pour la télévision, des études portant sur les
institutions littéraires et également sur le féminisme.

André Belleau

Liberté universitaire Elle se définit couramment
comme étant la liberté pour les professeurs d'enseigner, de publier leurs travaux de recherche, de critiquer et d'aider à définir les politiques de leurs institutions, et d'aborder des questions d'ordre public en
tant que citoyens sans craindre de sanctions de la part
de leur institution. Parmi les autres significations, on
compte l'autonomie de l'université dans la conduite
de ses affaires internes et la liberté pour les étudiants
d'évoluer au sein du programme d'enseignement
qu'ils ont choisi. L'Association canadienne des professeurs d'université (ACPU) affirme que «le bien de
tous dépend de la recherche de la vérité et de son
dévoilement au grand jour. La liberté universitaire
est indispensable pour parvenir à ces fins.» Les
demandes de liberté académique dans l'enseignement primaire et secondaire n'ont pas connu beaucoup de succès.

La liberté universitaire n'est absolue dans aucune
de ses définitions. La liberté d'enseigner, p. ex., est
habituellement assujettie à l'approbation des cours
par le corps universitaire, la liberté de mener des
recherches dépend souvent des fonds accordés par
les universités ou par d'autres groupes. Donc, la
liberté universitaire est généralement liée à la notion
d'autonomie universitaire, dans l'espoir d'éviter
l'imposition de limites arbitraires et inconvenantes.

Menaces pour la liberté universitaire La liberté
universitaire est sérieusement menacée par ceux qui
tiennent les cordons de la bourse: les riches bienfaiteurs, les organismes religieux ou les gouvernements provinciaux. Les conseils d'administration et
les administrateurs d'université transmettent ces
menaces quand ils ne les créent pas eux-mêmes. La
plus grande est d'ailleurs la perte d'emploi. Les allégations de déloyauté d'un professeur envers un recteur ou envers les idéaux que doit incarner son université sont au cœur de plusieurs controverses. Les
menaces qui pèsent sur la liberté des professeurs
viennent aussi des collègues ou des étudiants qui ne
tolèrent pas la diversité idéologique ou méthodologique.

Cas notoires Au nombre des incidents notoires
dans l'histoire de la liberté universitaire du siècle
dernier figurent les difficultés rencontrées par George Workman à l'U. Victoria de Toronto en 1891 et
son renvoi du Wesleyan Theological College de
Montréal en 1907. Son modernisme religieux a été
invoqué dans les deux cas. Salem BLAND a perdu
son poste d'enseignant au Wesley College de Winnipeg en 1917 parce que certains membres du conseil
n'auraient pas apprécié son radicalisme social. Pour
des raisons semblables, John King GORDON a perdu son poste au United Theological College de
Montréal en 1933. Dans ces deux derniers cas, la
nécessité de réduire le budget du collège a peut-être
joué un rôle plus important.

Trois professeurs permanents ont été renvoyés de
l'U. de la Saskatchewan en 1919 pour déloyauté
envers le recteur. Trois ans plus tard, W.G. Smith,
vice-recteur du Wesley College a été congédié pour
une raison semblable. En 1941, on a tenté sans succès d'évincer l'historien Frank UNDERHILL de l'U.
de Toronto parce que ses positions franches et provocatrices sur la politique déplaisaient à certains
membres du conseil. Cette tentative a tourné en
faveur d'Underhill. Il était difficile de faire fi de ce
genre de pression en temps de guerre. L'autonomie
universitaire n'a jamais été autant compromise que
durant la Seconde Guerre mondiale.

L'engagement de l'APCU Le renvoi de Harry
Crowe du United College de Winnipeg en 1958, un
cas où l'attitude d'une personne envers son institution pesait lourd, a amené l'APCU (fondée en 1951)
à se pencher pour la première fois sur la question de
la liberté universitaire. Depuis 1959, le comité de la
liberté universitaire et de la permanence de l'APCU
a mené des enquêtes sur de nombreux cas au Canada
et aidé à les résoudre. Aucun n'était plus compliqué
que le congédiement sommaire de plusieurs professeurs des sciences sociales de l'U. Simon Fraser en
1969, provoqué par un désaccord entre eux et le
conseil d'administration sur la manière d'organiser
et de diriger l'université. La sanction ultime de l'AP-
CU, en cas d'échec des négociations, est de déconseiller vivement aux universitaires de travailler pour
l'institution critiquée.

Permanence Le silence sur les sujets controversés caractérise fortement la période qui précède les
années 60. Depuis ce temps, la liberté croissante dont
jouissent les professeurs est due en partie à la transformation de la PERMANENCE universitaire en une
permanence résultant du bon comportement du candidat plutôt que du bon plaisir du conseil d'administration, comme l'ont déploré plusieurs jugements au
cours des 25 premières années du XXᵉ siècle. Cela
n'a jamais été aussi évident qu'en 1949, quand le
biochimiste George Hunter a été congédié de l'U. de
l'Alberta avec un préavis très court pour des raisons
apparemment politiques, mais qui n'ont jamais été
rendues publiques.

Aujourd'hui, les professeurs ne peuvent pas être
congédiés sans un motif sérieux, qui doit être démontré devant un tribunal impartial. La syndicalisation
du corps professoral tend à transformer la permanence en un système d'ancienneté et rend de ce fait sa
relation avec la liberté universitaire moins claire à
une époque où les contraintes financières menacent
cette liberté sous toutes ses formes. De plus, les tentatives récentes de certains groupes et d'au moins un
gouvernement provincial (Ontario) pour interdire les
discours qui seraient teintés de sexisme et de racisme
risquent d'entraver la liberté universitaire.

Michiel Horn

Libertés civiles Au sens général, les libertés civiles
désignent l'ensemble des libertés d'accomplir certains actes sans droit de regard de l'État, bien que
ceux-ci puissent être limités par des particuliers ou
des organismes privés. Ainsi, une personne peut
publier ses opinions sans être inquiétée par l'État,
mais un journal ou une revue n'a aucune obligation
de les publier. À cet égard, les libertés civiles se distinguent donc des «droits civils». Sur le plan constitutionnel, l'expression «droits civils» apparaît au
paragraphe 92 (13) de la *Loi constitutionnelle de
1867*, mais, dans ce contexte, il s'agit du droit de participer librement à une entente contractuelle, du droit
de posséder ou de louer des biens, et du droit d'intenter une action pour violation d'une obligation.

Il y a un certain chevauchement entre les termes
«libertés civiles», «droits civils», «DROITS DE
L'HOMME» et «libertés fondamentales» et, en droit
international, «droits civils» et «droits politiques».
Traditionnellement, les libertés civiles se regroupent
en quatre catégories: les droits politiques, les garanties juridiques, les droits à l'égalité et les droits économiques.

Les droits politiques s'appellent libertés fondamentales. Ils comprennent la liberté de religion, la liberté d'expression (liberté de parole et liberté de presse) et la liberté de réunion et d'association.

Les garanties juridiques s'appliquent aux droits conférés aux personnes dans le cadre du système de justice pénale. Elles englobent le principe de l'application régulière de la loi; les principes de justice fondamentale, y compris le droit à la protection contre les arrestations, les détentions, les fouilles et les saisies abusives ou arbitraires; l'*habeas corpus*, qui précise le droit de recourir à l'assistance d'un avocat, la libération sous caution, la présomption d'innocence, le droit à un procès juste et équitable; et le droit à la protection contre les peines et les traitements cruels et inhumains.

Les droits à l'égalité peuvent être protégés par des lois interdisant à des autorités publiques ou privées de faire preuve de discrimination fondée notamment sur la race, la couleur, les croyances, la religion ou l'origine nationale.

Les droits économiques désignaient traditionnellement les droits visés par l'expression «droits civils» au paragraphe 92 (13) de la *Loi constitutionnelle de 1867*, susmentionnée.

La plupart de ces catégories (et plusieurs nouvelles catégories) ont depuis obtenu une reconnaissance constitutionnelle dans la CHARTE CANADIENNE DES DROITS ET LIBERTÉS. Jusqu'à l'adoption de la Charte, les libertés individuelles au Canada étaient reconnues par les tribunaux en fonction de la common law et de principes constitutionnels britanniques comme celui de la primauté du droit.

Les libertés individuelles traduisent une vision essentiellement moderne de l'individu et de la société, tout en tirant leur origine de sociétés antiques telles celles de la Grèce et de Rome.
Walter S. Tarnopolsky et Gerald L. Gall

Librairies Les premiers libraires au Canada sont censés être Jean Seto et Joseph Bargeas. Installés dans la région de Montréal dans les années 1840 et 1850, ils importent des livres à l'intention de la classe distinguée, des marchands et de la garnison, c.-à-d. un modeste lectorat constitué de la petite et de la moyenne bourgeoisie. Le premier libraire de langue anglaise est James Rivington, d'Halifax, qui ouvre ses portes en mai 1761.

En règle générale, les premiers libraires nord-américains servent aussi d'imprimeurs et de relieurs. H.H. Cunningham, de Montréal, est le seul libraire colonial qui aspire à devenir éditeur. Il publie en 1810 *The Elements of French Conversation* de John Perrin, ainsi que d'autres ouvrages, dont *The Canadian Review and Magazine* (1824-1826).

Plus tard, d'autres libraires se lancent aussi dans l'édition. Le premier libraire torontois de publications commerciales est Thomas Maclear, qui avait quitté Blackie & Son, à Glasgow, pour venir s'installer à Toronto en 1842. Il achète une librairie et attire des auteurs de renom à sa maison d'édition, y compris Susanna Moodie et Catharine Parr Traill. Au XIXᵉ siècle, les libraires canadiens achètent d'habitude leurs livres de trois types de fournisseurs: directement des éditeurs britanniques, d'imprimeurs américains d'ouvrages pirates britanniques (souvent vendus à une fraction du prix des éditions britanniques), ou auprès d'imprimeurs canadiens qui piratent les ouvrages britanniques ou les reproduisent sous licence.

À compter des années 1850, des libraires de Montréal et de Toronto commencent à agir comme grossistes (agents) d'éditeurs britanniques et américains, et distribuent alors les produits de l'agence aux librairies locales ou rurales. Dans les années 1860, quelques libraires commencent aussi à se lancer dans l'édition. Dans la seconde moitié du XIXᵉ siècle, la croissance du chemin de fer et l'ouverture de kiosques de gare pour la vente de livres empiètent sur le marché des librairies. Dans les années 1880 et

1890, plusieurs librairies doivent fermer boutique, victimes de grands magasins tels que Eaton et Simpson, qui commencent à vendre des livres comme produits d'appel (tactique qui trouve son pendant dans la concurrence contemporaine des librairies à succursales).

Il n'y a pas de chiffres officiels quant au nombre réel de librairies de détail au Canada anglais aujourd'hui. Selon l'annuaire *Industrie du livre au Canada* (1987), il y en aurait au moins 2000, dont 605 libraires indépendants, 466 succursales, 127 librairies collégiales ou universitaires spécialisées en ouvrages érudits, 290 librairies d'ouvrages religieux ainsi que 319 détaillants qui vendent accessoirement des livres. Environ 45 p. 100 des librairies se trouvent en Ontario, de loin le plus gros marché de nouveaux livres au Canada. La Colombie-Britannique en compte environ 25 p. 100, tandis que les Prairies en ont peut-être 20 p. 100. Les autres 10 p. 100 des librairies de langue anglaise sont disséminées dans les Maritimes et au Québec. Le chiffre d'affaires exact de l'industrie de la vente au détail du livre est inconnu, mais il pourrait atteindre 1,3 milliard de dollars.

La vente d'ouvrages pédagogiques (manuels et matériel didactique) est laissée presque entièrement aux librairies collégiales et universitaires. La plupart des librairies se soucient des «publications commerciales», c.-à-d. des livres reliés ou brochés qui leur sont vendus par les éditeurs et qui portent sur tout sujet d'intérêt général: romans, biographies, livres de recettes, ouvrages d'autodidactes, livres d'art et ainsi de suite. Les publications commerciales ont été qualifiées de livres que les gens n'achètent pas à des fins éducatives ou professionnelles, mais il arrive que des publications commerciales pénètrent le marché des ouvrages pédagogiques. La spécialisation s'accroît parmi les librairies canadiennes, et il n'est pas rare qu'une librairie ne vende que des livres sur la science-fiction, les recettes de cuisine, le théâtre ou un autre domaine précis.

Les ventes de la plupart des libraires canadiens sont fortement tributaires de livres importés, surtout des États-Unis. Au Canada anglais, environ 70 p. 100 des livres vendus en librairie sont d'origine américaine, environ 20 p. 100 sont d'origine canadienne, et le reste est surtout d'origine britannique. Les ouvrages canadiens occupent une place positive et essentielle parmi les ventes en librairie: ils monopolisent souvent la liste des succès de vente à l'automne et à Noël, pouvant ainsi donner lieu à des profits plutôt qu'à des pertes dans le bilan annuel des détaillants de livres.

La vaste majorité des ouvrages américains et britanniques qu'achètent les libraires canadiens proviennent d'agences canadiennes exclusives ou de succursales canadiennes d'éditeurs à l'étranger. Presque toutes les grandes maisons d'édition américaines ou britanniques, peu importe leur taille, ont un bureau au Canada ou ont conclu une entente avec une agence canadienne. Néanmoins, quelques libraires préfèrent acheter leurs titres étrangers directement auprès de grossistes américains ou britanniques.

Presque aucun grossiste canadien ne vend aux librairies, sauf dans le marketing de masse, où des libraires préfèrent s'approvisionner auprès d'un grossiste local. Les titres canadiens s'achètent auprès d'éditeurs qui ont un programme dédié à l'édition canadienne et une entente avec des agences américaines et britanniques ou, encore, qui se consacrent exclusivement à l'édition d'ouvrages canadiens.

La Canadian Booksellers Association (CBA), fondée en 1957, comptait en 1996 environ 1200 membres, et, signe de bonne santé de l'industrie, le nombre d'adhésions ne cesse d'augmenter. L'association accueille aussi dans ses rangs des éditeurs et agents à titre de membres associés sans droit de vote. Chaque année, à l'occasion du grand et dynamique congrès annuel tenu en juin, les éditeurs montent un

salon du livre où ils exposent leurs nouveaux titres en prévision de la haute saison, soit l'automne et Noël. Les libraires de tout le Canada prennent une bonne partie de leurs décisions d'achats à cette exposition de la CBA.

Monopoles
En 1985, W.H. Smith fait l'acquisition de Classic Bookshops, qui était alors en difficultés financières. Ainsi, 50 p. 100 du pouvoir d'achat total du marché se trouve entre les mains de deux entreprises. Les libraires indépendants, qui sont les principaux promoteurs des titres canadiens, craignent que la prédominance des chaînes creuse l'écart dans le commerce et accroisse encore plus la marge bénéficiaire des succursales.

Plus la marge des chaînes est élevée, plus elles peuvent offrir au public des remises que les indépendants ne sauraient égaler. Si la tendance amène une réduction du nombre de libraires indépendants, il est prévu que la gamme de livres offerts au public en souffrira. Par contre, les deux grandes chaînes ont rapidement contribué à l'accroissement du nombre de librairies au Canada et fournissent souvent des points de vente dans les localités qui n'en disposent pas.

Taxe L'histoire des librairies canadiennes est marquée par d'importantes luttes contre la taxe ou les droits sur les livres. Depuis le XIXᵉ siècle, les libraires s'opposent à la taxe sur le savoir. En 1987, une taxe de 10 p. 100 est rétablie sur les livres importés, lors du différend commercial avec les États-Unis, puis supprimée à la suite du tollé dans les médias et des efforts déployés par l'industrie du livre. À l'heure actuelle, les libraires craignent que le régime de taxe sur la valeur ajoutée que le gouvernement envisage s'appliquera aux livres, ce qui en augmentera le coût et en réduira son accessibilité au public.

Magasinage le dimanche Même si la législation interdisant le magasinage le dimanche a récemment été rejetée ou supprimée dans de nombreuses provinces, les libraires ont dû la combattre pendant des années. La liste des entreprises autorisées à ouvrir le dimanche s'accroît, mais, contrairement aux théâtres et aux cinémas, p. ex., les librairies sont rarement du nombre.

Commandes électroniques En vue de protéger les sources canadiennes d'approvisionnement en livres, l'industrie du livre, avec la participation active des libraires, envisage de lancer un système commercial de commandes électroniques. Ce système viserait à s'assurer qu'il soit plus efficace pour les libraires du pays d'acheter leurs livres auprès des éditeurs et des agents canadiens de livres importés qu'auprès des grossistes américains (qui n'offrent pas de titres canadiens) ou directement auprès des éditeurs américains.

Libre-échange En mai 1986, le Canada et les États-Unis amorcent des négociations en vue de la signature d'un accord de libre-échange bilatéral. Conclu en octobre 1987, cet accord, au cœur des débats lors des élections de l'automne 1988, entre en vigueur le 1ᵉʳ janvier 1989 après la victoire du Parti conservateur.

Quelques années plus tard, à la suite d'une entente de libéralisation du commerce et des investissements annoncée par les États-Unis et le Mexique, le Canada demande à prendre part aux négociations menant à l'Accord de libre-échange nord américain (ALENA). Entré en vigueur le 1ᵉʳ janvier 1994 et supplantant l'Accord de libre-échange canado-américain qui l'inspire, l'ALENA crée une immense zone franche regroupant environ 370 millions de consommateurs.

Selon l'ACCORD GÉNÉRAL SUR LES TARIFS DOUANIERS ET LE COMMERCE (GATT), une zone franche est «un groupe formé d'au moins deux territoires douaniers au sein desquels les droits de douane ainsi que d'autres mesures restrictives relatives au commerce de produits d'origine nationale sont éliminés». Bien qu'il désigne techniquement une zone franche, l'ALENA comporte certaines caractéristiques qui l'apparentent à une union douanière, où les pays membres appliquent les mêmes droits douaniers et règlements aux pays tiers, voire à un marché commun, qui prévoit la libre circulation des facteurs de production (main-d'œuvre et capital) entre les pays membres. Parmi les exemples de ces caractéristiques, citons la pression exercée par les États-Unis sur le Canada et le Mexique afin que ces deux pays appliquent la même échelle de tarifs douaniers et les règles d'origine qui exigent une forte teneur nord-américaine pour un large éventail de biens de consommation. À cela s'ajoutent la libéralisation des services, y compris les services financiers et les flux de capitaux en général, le renforcement de la liberté de mouvement transfrontalier des fournisseurs de services, des hommes d'affaires et de nombreux professionnels, et les ententes concernant la mise en commun des ressources (principalement entre le Canada et les États-Unis), autant de traits caractéristiques d'un marché commun en puissance.

Historiquement, les négociations menant au libre-échange privilégient l'élimination des tarifs douaniers et des réglementations quantitatives touchant le commerce des marchandises. Or, pour les Canadiens exportateurs ou désireux d'exporter aux États-Unis, les tarifs sont loin de constituer la principale préoccupation, car, même avant la signature de l'accord de libre-échange, 80 p. 100 des exportations canadiennes aux États-Unis y étaient admises en franchise et moins de 10 p. 100, (vêtements, textiles, articles chaussants, produits pétrochimiques notamment) faisaient l'objet de tarifs douaniers dépassant 5 p. 100. Certaines marchandises, frappées régulièrement de droits élevés, n'étaient plus exportées vers les États-Unis.

Bien plus que la suppression des tarifs douaniers, le Canada poursuit quatre objectifs clés: garantir l'accès de ses produits aux marchés américains sans avoir à s'opposer constamment aux droits compensateurs, antidumping et à d'autres mesures protectionnistes imposés par les États-Unis; définir, sous forme d'une entente avec les États-Unis, la partie des subventions accordées par le gouvernement du Canada aux exportateurs qui serait libre de droits compensateurs; assurer aux entreprises canadiennes l'accès aux contrats d'approvisionnement du gouvernement américain; et mettre en place un mécanisme de règlement des différends doté de force exécutoire et qui ne repose pas entièrement sur les décisions américaines.

En revanche, les États-Unis veulent faire entrer dans l'accord le commerce de services et de propriétés intellectuelles, les possibilités d'investissement dans des entreprises canadiennes, principalement le secteur énergétique, sans entraves et contrôle réglementaire de la part du gouvernement du Canada, et des limites aux politiques gouvernementales susceptibles de réduire les exportations américaines.

Pour de nombreux Canadiens, l'accès garanti au marché américain devrait inciter les fabricants canadiens à prendre une série de mesures permettant d'accroître leur efficacité et de réduire l'écart de productivité entre les entreprises américaines et canadiennes. Bien que la rationalisation du secteur manufacturier canadien permette sans doute des économies d'échelle et que de nouvelles technologies soient rapidement adoptées au Canada, l'écart de productivité entre les deux pays ne diminue pas. En effet, de 1988 à 1995, les manufacturiers canadiens atteignent des gains de production horaire de 14 p. 100 seulement contre 19 p. 100 du côté américain. En conséquence, la productivité du secteur manufacturier canadien ne représente actuellement que 68 p. 100 de la productivité américaine, un niveau inférieur à celui de 77 p. 100 atteint en 1980 avant le libre-échange.

Malgré tout, la libéralisation des échanges favorise l'accroissement des exportations canadiennes vers les États-Unis. En effet, de 1990 à 1995, les exportations augmentent de 12 p. 100 par an, un taux d'expansion presque 2 fois supérieur à celui des exportations canadiennes vers le reste du monde. Les plus grands bénéficiaires regroupent les secteurs les moins exposés aux tarifs américains. Les exportations d'articles entièrement manufacturés, notamment les produits hautement technologiques tels que le matériel de bureau, le matériel de télécommunications, les outils de précision et bien d'autres équipements et machines, augmentent deux fois plus vite que les produits dérivés de matières premières. Les papiers fins et les produits chimiques ont également un taux de croissance rapide. Il en résulte que les exportations canadiennes vers les États-Unis passent de 74,5 p. 100 en 1988 à 82 p. 100 en 1996, et la part du Canada du marché d'importation américain augmente aussi au cours de la même période.

Pour les secteurs de services, principalement les services financiers, les services d'experts-conseils, les communications et la publicité, la suppression de certaines barrières non tarifaires ainsi que la tendance générale du libre-échange vers l'exportation permettent une croissance rapide des exportations vers les États-Unis.

L'élargissement de l'accord canado-américain au Mexique n'engendre pas encore d'importantes retombées pour les exportateurs canadiens puisque, dans l'ensemble, les relations commerciales entre le Canada et le Mexique représentent moins de la moitié de 1 p. 100 des ventes à l'étranger. Pour les secteurs des services, financiers en particulier, cet accord présenterait d'importants avantages réalisables dans un proche avenir.

Les importations canadiennes en provenance des États-Unis augmentent rapidement aussi, tant dans le domaine des produits de haute technologie que dans celui de certaines industries de main-d'œuvre (ameublement, vêtements, aliments transformés et articles ménagers). En conséquence, elles passent de 69 p. 100, niveau atteint pendant des décennies, à 76 p. 100 vers 1996.

Quant aux importations du Mexique, évaluées à environ 2,5 p. 100 des importations globales mais concentrées dans quelques secteurs (pièces d'automobiles, machineries et matériel électriques et quelques produits alimentaires), elles dépassent actuellement la valeur des exportations que réalise le Canada en ce moment vers ce pays. Il est trop tôt pour prévoir avec certitude les effets à plus long terme de l'ALENA sur les échanges commerciaux.

Le Canada n'est pas parvenu à obtenir la libéralisation des contrats d'approvisionnement du gouvernement américain dont 90 p. 100 environ restent inaccessibles aux entreprises canadiennes. Par ailleurs, après des tentatives avortées d'inclure la propriété intellectuelle dans le cadre de l'accord canado-américain, pendant les négociations visant à élargir l'accord au Mexique, les États-Unis sont parvenus à le faire.

En matière de subventions acceptables ou de l'abrogation des lois relatives aux droits antidumping et compensateurs, aucun progrès réel n'est réalisé. Certes, les deux pays s'engagent à faire progresser ces dossiers, mais ils ne parviennent pas à une véritable entente exécutoire dans le cadre de l'accord de libre-échange. Il faut attendre les négociations d'Uruguay de l'Accord général sur les tarifs douaniers et le commerce pour voir élaborer des règles plus strictes touchant le dumping et les subventions autorisées et non autorisées.

Animé par des comités binationaux, un mécanisme de règlement des différends est mis en place pour trancher les litiges entre les États-Unis et le Canada concernant le dumping ou les subventions et s'assurer que les lois de chaque pays sont correctement appliquées. Ce mécanisme fonctionne assez bien sauf dans certains cas comme le bois d'œuvre (voir LITIGE SUR LE BOIS D'ŒUVRE) et le blé dur où, pour limiter les exportations canadiennes, les États-Unis s'ingénient à contourner les règles du libre-échange. (Au Canada, contrairement aux États-Unis, l'accord du libre-échange l'emporte effectivement sur la législation canadienne.)

Depuis la libéralisation des investissements étrangers directs au Canada et la quasi-élimination des restrictions à l'endroit des sociétés américaines souhaitant s'établir au Canada, des milliers d'entreprises canadiennes sont reprises par des investisseurs américains. Inversement, le volume d'investissement canadien direct aux États-Unis s'est accru, favorisant ainsi une forte intégration des deux économies.

Certains Canadiens se demandent si un accord global de libre-échange entre le Canada et les États-Unis, qui présente déjà de nombreuses caractéristiques d'un marché commun, ne risque pas à terme de porter atteinte de manière irréversible à la souveraineté économique et politique du pays. Beaucoup soutiennent qu'un tel risque ne s'est pas concrétisé: conformément aux dispositions de l'accord, le Canada réussit à protéger ses industries culturelles et à conserver son indépendance en politique étrangère vis-à-vis de pays comme Cuba. D'autres affirment que, même si le Canada s'est fortement mondialisé grâce à l'accord de libre-échange, à l'Uruguay Round et aux grandes tendances mondiales, le pays augmente tout de même le volume effectif de ses échanges commerciaux et de ses investissements aux États-Unis. En outre, ils prétendent que, de la même manière qu'il faut 30 ans à l'Union européenne pour passer progressivement d'une union douanière limitée à une véritable intégration économique et politique sous l'essor de l'Allemagne, le Canada se trouve à terme dans une relation semblable avec les États-Unis, qui jouent un rôle beaucoup plus important en Amérique du Nord que celui que joue l'Allemagne en Europe.

En attendant, le Canada s'efforce de multiplier ses relations libre-échangistes. C'est le cas de l'accord de libre-échange bilatéral conclu avec le Chili en 1996 (entré en vigueur en 1997) à l'instar de l'ALENA sans la participation des États-Unis, et de l'entente de libre-échange signée avec Israël en 1996 (depuis 1985 pour les États-Unis). Il s'agit toutefois dans les deux cas d'accords très symboliques pour le moment, étant donné que les échanges commerciaux entre le Canada et ces deux pays ne représentent qu'environ 1/7e de 1 p. 100. (Voir aussi BALANCE DES PAIEMENTS; EXPORTATION; IMPORTATION; COMMERCE INTERNATIONAL; ORGANISATION MONDIALE DU COMMERCE.)

Bruce W. Wilkinson

Lichen Organisme complexe formé d'un CHAMPIGNON vivant en symbiose avec une ALGUE verte ou une cyanobactérie. En raison de sa nature symbiotique, on ne peut inscrire le lichen dans un seul règne. Les noms donnés aux lichens sont en fait ceux de leurs diverses composantes fongiques car, à quelques exceptions près, chacun des lichens identifiables correspond à une différente espèce de «champignon lichénisé». Toutefois, l'espèce d'algue présente dans le consortium de lichen se trouve dans un certain nombre de différents lichens.

Structure Les lichens les plus facilement repérables sont foliacés, lobés ou feuillus et leurs surfaces inférieure et supérieure sont distinctes. Ils peuvent aussi être fruticuleux, semblables à des filaments noirs ou jaunes qu'on retrouve suspendus aux ARBRES, ou dressés en touffes sur le sol. Les lichens crustacés forment une mince couche sur les roches ou l'écorce, et seuls ceux de couleur éclatante sont repérables. Le lichen foliacé typique possède une organisation complexe. Les cellules d'algue forment un tissu à l'intérieur de la composante fongique, juste sous le cortex de cellules fongiques à parois épaisses et au-dessus de cellules lâches à parois minces (medulla). Sous le medulla, se trouve un autre cortex protecteur d'où émergent souvent des crampons en forme de racines (rhizines). Chez les lichens crustacés et fruticuleux, les relations entre les tissus sont légèrement différentes.

Répartition et habitat Les lichens croissent extrêmement lentement (environ 0,1 mm par année chez certaines espèces de l'Arctique, de 5 à 8 mm par année chez les espèces des régions tempérées). En évaluant la vitesse de croissance des lichens et en mesurant leur diamètre, on a découvert que certaines espèces crustacées vivant sur les sols rocheux du Grand Nord sont probablement vieilles de plusieurs milliers d'années. Les lichens poussent des tropiques à la toundra et s'adaptent à de nombreux matériaux ou substrats. Il en existe environ 15 000 espèces dans le monde, dont quelque 2 500 se trouvent au Canada.

Ils sont plus voyants (ou «présents») dans les régions froides: sur les cimes exposées des montagnes, dans les FORÊTS boréales de conifères et dans la TOUNDRA arctique. Dans les forêts subalpines des MONTAGNES de l'Ouest et dans certaines FORÊTS BORÉALES, les lichens recouvrent complètement les branches des épinettes et des sapins. Le lichen des caribous (aussi appelé «mousse à caribou») recouvre le sol sur des milliers d'hectares de la région boisée subarctique du Canada.

Dans les PRAIRIES et dans le centre aride de la Colombie-Britannique, des espèces aux couleurs vives envahissent le sol dénudé et recouvrent les blocs erratiques. Dans l'Est du Canada, les lichens sont particulièrement repérables sur les troncs d'arbre, surtout ceux des ormes et des érables situés en bordure des routes. De grandes colonies mixtes de lichens fruticuleux croissent souvent sur les sols minces ou sablonneux. Certains lichens, propres aux rochers côtiers, décorent de bandes oranges, blanches et noires, le flanc des rochers battus par les vagues, exposant ainsi la particularité de certaines espèces correspondant aux différentes zones supra littorales ou de marée.

Importance biologique Les lichens sont très importants au Canada en raison de leur relative abondance dans le Nord. Ils constituent la principale source d'alimentation du CARIBOU de la toundra durant l'hiver et sont essentiels à la survie des troupeaux, qui sont à leur tour l'élément de survie des INUITS et de nombreux autres groupes autochtones. Les lichens ont une faible valeur nutritive et on les mange seulement en cas de nécessité, bien que certains peuples autochtones de l'intérieur de la Colombie-Britannique consomment régulièrement certaines espèces comme le lichen noir filamenteux.

Les lichens qui vivent sur l'écorce ou les ramilles sont extrêmement vulnérables à la POLLUTION DE L'AIR. Des études ont été menées au Canada et ailleurs sur les relations entre des concentrations spécifiques de polluants (surtout le dioxyde de soufre) et la distribution et la croissance des lichens. Aussi a-t-on régulièrement recours aux lichens pour évaluer biologiquement les niveaux de pollution et comme indicateurs précoces de problèmes de pollution. Plusieurs lichens peuvent produire des composés organiques exceptionnels qui sont utilisés comme antibiotiques (p. ex., acide usnique), comme teintures (p. ex., l'orseille ou le tournesol) et comme fixatif à parfum.

Irwin M. Brodo

Lieu historique Il s'agit d'un lieu considéré comme ayant un lien tangible avec le passé à cause d'un événement, d'une personne ou d'un bâtiment. Il est parfois identifié par un bâtiment ou des vestiges archéologiques, et souvent par une statue, un cairn ou une plaque commémorative d'origine plus récente. Le mot MONUMENT, associé aux lieux historiques, prête souvent à confusion: il peut désigner soit un bâtiment remarquable pour son intérêt historique, soit un ouvrage d'architecture ou de sculpture destiné à commémorer un personnage ou un événement.

Pour être reconnu comme historique, un lieu doit non seulement tirer sa signification intrinsèque d'une période passée, mais il doit aussi s'inscrire dans un contexte historique plus vaste où il prend également

un sens. Cette condition pose un problème de définition, car il est parfois difficile de faire la distinction entre l'époque d'où le lieu tire sa signification et celle qui la commémore. Les monuments aux morts, p. ex., ne sont habituellement pas considérés comme ayant un sens historique intrinsèque, bien qu'avec les années, certains aient acquis les caractéristiques d'un lieu historique, comme la colonne Nelson, élevée à Montréal en 1809; le MONUMENT BROCK de 1854, érigé sur les hauteurs de Queenston, détruit en 1840 et reconstruit en 1853; et le monument en l'honneur de MONTCALM et de WOLFE, élevé à Québec en 1827, peut-être à l'occasion de la première commémoration d'un événement historique au Canada. La définition de lieu historique se complique aussi du fait que les critères de sélection sont appelés à changer. À la fin du XIXe siècle et au début du XXe siècle, on a souvent choisi des lieux pour commémorer des batailles, des grands hommes ou des événements politiques, comme le lieu historique national BATOCHE et le parc du champ de bataille de CRYSLER'S FARM.

Aujourd'hui, on manifeste davantage d'intérêt pour l'histoire de l'homme du peuple, des groupes ethniques et de l'évolution industrielle. Le vieux FORT WILLIAM, le CANNINGTON MANOR, les Forges Saint-Maurice et la ferme Motherwell en constituent des exemples. Avec la montée du sentiment nationaliste à la fin du XIXe siècle, l'intérêt pour la création de lieux historiques est assez répandu dans l'est du Canada. Des sociétés historiques et patriotiques locales s'efforcent de conserver et de mettre en valeur les lieux qui contribuent à l'identité historique de leurs régions. Certains considèrent que ces lieux sont également important sur le plan national. On se rend compte aussi que les sites historiques peuvent devenir des attractions touristiques populaires, surtout s'ils sont occupés par des ruines pittoresques, bien qu'on y limite généralement les efforts d'exploitation, à moins de bénéficier d'une aide gouvernementale. En 1907, à la suite d'initiatives d'organismes du Québec, le gouvernement fédéral crée la Commission des champs de bataille de Québec, devenue plus tard la Commission des champs de bataille nationaux, pour exploiter le lieu où s'est déroulée la BATAILLE DES PLAINES D'ABRAHAM, en 1759. Comme la Commission ne dispose d'aucun bâtiment d'époque, elle aménage un parc dans lequel elle érige des monuments commémoratifs. En 1919, le gouvernement fédéral crée la Commission des lieux et monuments historiques du Canada, chargée d'élaborer un programme national de commémoration et de conservation. La plupart des gouvernements provinciaux font de même.

Jusque dans les années 30, les initiatives de mise en valeur des lieux historiques se limitent à l'apposition de plaques commémoratives. On laisse les ruines historiques telles quelles, en faisant un minimum d'effort pour empêcher leur détérioration. Au début du XXe siècle, on estime que la reconstruction ou la restauration d'un lieu historique nuit à son intégrité. Le manque de fonds encourage sans doute cette attitude. Néanmoins, on tente de conserver certains bâtiments historiques.

Un certain nombre de vieux forts régis autrefois par l'armée britannique passent aux mains de la direction des parcs nationaux du ministère de l'Intérieur. En 1917, le Fort Anne, d'Annapolis Royal (Nouvelle-Écosse), devient un parc historique national, ainsi que le FORT CHAMBLY (Québec) en 1921, le Fort Wellington (Ontario) en 1923 et le FORT BEAUSÉJOUR (Nouveau-Brunswick) en 1926. D'autres propriétés militaires sont conservées en tant que lieux historiques nationaux jusqu'en 1940, année où elles deviennent des parcs historiques nationaux. Au Québec et en Ontario, des groupes locaux réussissent à sauvegarder quelques bâtiments importants. La Société d'archéologie et de numismatique de Montréal acquiert, en 1895, le château de Ramezay, qu'elle transforme en musée. À

Toronto, des cercles historiques sauvent le vieux Fort York de la destruction. Dans l'ensemble, cependant, les projets de conservation se font rares.

Le succès de vastes entreprises de restauration aux États-Unis, en particulier la reconstitution du village colonial de Williamsburg, dans les années 20, favorise un changement d'attitude. L'augmentation des dépenses pour les travaux publics durant la crise économique y contribue également. Au cours des années 30, la Commission des parcs de Niagara, organisme du gouvernement de l'Ontario, met sur pied quatre projets historiques d'envergure, dont deux, le Fort George à Niagara-on-the-Lake et le Fort Érié (*voir* NIAGARA, FRONTIÈRE HISTORIQUE DU), impliquent la reconstruction de FORTIFICATIONS disparues. Par la suite, les gouvernements provincial et fédéral restaurent le FORT HENRY, à Kingston. Bien que dans ce dernier cas une grande partie du fort original soit demeurée intacte, la restauration va plus loin que la réparation des bâtiments: les intérieurs sont remis à neuf et garnis d'objets anciens et de reproductions de meubles d'époque.

Le plus grand projet de reconstruction entrepris reste celui du parc historique de la FORTERESSE DE LOUISBOURG (Nouvelle-Écosse). En 1961, Parcs Canada commence à rebâtir cette forteresse française, démolie en 1758 par les Britanniques. Le projet comprend la reconstruction d'une partie du vieux village et des fortifications, de même que la reconstitution de l'intérieur des bâtiments. Les visiteurs ont droit aux commentaires de guides costumés, qui expliquent certains aspects de la vie à Louisbourg au XVIIIe siècle.

Parmi les projets de ce genre, il y a également la création artificielle de communautés historiques en utilisant des bâtiments historiques transportés dans un lieu choisi. Même si dans un sens, elles ne sont pas historiques parce que les lieux n'ont pas de signification intrinsèque, les reconstitutions comme celles du VILLAGE HISTORIQUE DE KINGS LANDING (Nouveau-Brunswick) et d'UPPER CANADA VILLAGE (Ontario) représentent un élément important de la conservation historique au Canada.

Plus récemment, on a tenté de conserver des bâtiments historiques à leur emplacement initial, tout en leur laissant leur fonction d'origine ou du moins une utilité quelconque. Il existe un peu partout au Canada des exemples d'architecture commerciale ou résidentielle conservés de cette façon. Ces lieux historiques posent des problèmes particuliers, car il s'agit habituellement de propriétés privées qui restent exposées à la destruction ou à une mauvaise restauration. P. ex., les constructions qualifiées de lieux historiques nationaux sont soulignées par des plaques commémoratives, mais en général elles ne sont pas protégées par la législation fédérale. Cependant, les gouvernements provinciaux ont promulgué des lois destinées à protéger ces bâtiments. Dans quelques provinces, les municipalités ont été habilitées à citer certains biens historiques, ce qui les assujettit à la loi provinciale sur la protection du patrimoine. Des organismes comme la fondation HÉRITAGE CANADA, avec l'aide de groupes locaux et provinciaux partagent les mêmes intérêts, amassent des fonds pour la conservation et la restauration adéquate des bâtiments historiques qui sont la propriété de particuliers. (*Voir aussi* PATRIMOINE, CONSERVATION DU.)

C.J. Taylor

Lieutenant-gouverneur Il représente à la fois la monarchie et le principe fédéral auprès du gouvernement provincial. Bien qu'il soit nommé par le GOUVERNEUR GÉNÉRAL sur les conseils du premier ministre du Canada, le lieutenant-gouverneur, selon les termes d'une décision rendue en 1892 par le COMITÉ JUDICIAIRE DU CONSEIL PRIVÉ, «est tout autant le représentant de Sa Majesté, pour les besoins du gouvernement provincial, que l'est le gouverneur général pour les besoins du gouvernement du Dominion».

Le lieutenant-gouverneur est investi de tous les pouvoirs officiels et discrétionnaires et de toutes les prérogatives du monarque ou du gouverneur général. Ainsi c'est lui qui doit ouvrir, proroger et dissoudre l'Assemblée législative provinciale, sanctionner (ou refuser de sanctionner) les mesures législatives provinciales et les DÉCRETS, et accorder l'approbation préalable aux projets de loi de finances. Le lieutenant-gouverneur est aussi chargé de choisir le premier ministre provincial et, vraisemblablement en dernier recours, de destituer un gouvernement.

Quoique obsolescents, ces pouvoirs discrétionnaires ne sont pas obsolètes. En effet, cinq gouvernements ont été destitués et la destitution a été sérieusement envisagée à plusieurs autres occasions. Les cas les plus récents se sont produits en Alberta en 1938, en Ontario en 1940 et peut-être en Colombie-Britannique en 1991. La tâche de choisir le premier ministre provincial n'a pas toujours été facile, étant donné l'instabilité initiale des structures de parti. Néanmoins, au XXᵉ siècle, les lieutenants-gouverneurs, à deux exceptions près (le dernier cas remonte à 1985, en Ontario), ont demandé au chef du parti ayant le plus grand nombre de parlementaires de former le gouvernement ou, en cas de décès d'un chef, ont attendu que le parti fasse connaître son choix, par la voix du Cabinet ou du *caucus*.

La dissolution résulte habituellement d'un équilibre incertain ou instable du pouvoir à l'Assemblée législative. Depuis 1867, il ne s'est produit que trois cas où un lieutenant-gouverneur a clairement refusé de dissoudre l'Assemblée législative. Le fait de savoir d'avance que la demande sera rejetée a pu quelquefois en décourager la présentation, sans toutefois empêcher des débats houleux.

En 1952, en Colombie-Britannique, de même qu'en 1971-1972, à Terre-Neuve, le gouvernement au pouvoir avait été défait, mais le nouveau gouvernement ne disposait pas d'une majorité décisive de sorte que sa défaite à l'Assemblée semblait certaine. La question était de savoir si le nouveau gouvernement pouvait demander et se voir accorder la dissolution avant que la Chambre soit convoquée (la réponse s'est révélée négative dans les deux cas) ou si un gouvernement nouvellement défait pouvait obtenir la dissolution plutôt que de démissionner. En Colombie-Britannique, le lieutenant-gouverneur a accordé la dissolution au gouvernement défait, alors qu'à Terre-Neuve, le lieutenant-gouverneur a consenti à la dissolution dès le premier jour de la session, avant que le gouvernement soit défait.

Le lieutenant-gouverneur est aussi un représentant officiel du gouvernement fédéral. C'est de lui qu'il reçoit sa nomination, sa rémunération et ses directives. Il peut aussi faire l'objet d'un renvoi motivé. Son mandat habituel de cinq ans est souvent prolongé. En vertu de la LOI CONSTITUTIONNELLE DE 1867, nouveau nom de l'ACTE DE L'AMÉRIQUE DU NORD BRITANNIQUE (AANB), le lieutenant-gouverneur possède le pouvoir de reporter la sanction royale des projets de loi provinciaux, et c'est par lui que s'opère la proclamation des lois provinciales qu'Ottawa a désavouées. Une version préliminaire de l'AANB emploie l'expression «surintendant», mais à la CONFÉRENCE DE QUÉBEC, en 1864, on propose que la subordination des gouvernements provinciaux se fasse notamment en laissant le pouvoir de nommer et de renvoyer les lieutenants-gouverneurs entre les mains du gouvernement central. Sir John A. Macdonald estime que le lieutenant-gouverneur doit servir les intérêts du Dominion dans la plus grande mesure possible, tout en n'entravant pas le droit de la province à l'autonomie gouvernementale.

Cependant, les principes d'autonomie provinciale et d'intervention fédérale se révèlent incompatibles. Au début, les lieutenants-gouverneurs appuient les intérêts fédéraux, comme au cours du MOUVEMENT SÉCESSIONNISTE, en Nouvelle-Écosse,

vers la fin des années 1860, et à l'occasion des profonds différends fédéraux-provinciaux au Manitoba. Ils reportent aussi la sanction royale de nombreux projets de loi provinciaux sur les directives d'Ottawa ou parce que ces derniers portent atteinte au pouvoir fédéral ou semblent contraires à la politique nationale. Aussi récemment qu'en 1937, le lieutenant-gouverneur de l'Alberta reportait la sanction royale de trois projets de loi, dont deux avec l'accord du gouvernement fédéral. En 1938, la Cour suprême statue que le droit de report existe encore, mais pendant le débat constitutionnel des années 70, il semble y avoir accord unanime entre le fédéral et les provinces pour que la disposition soit supprimée de la Constitution. Depuis 1867, la sanction royale de 70 projets de loi a été reportée, mais depuis une cinquantaine d'années, seulement quatre projets de loi ont subi ce sort. Le dernier report remonte à 1961, en Saskatchewan. Le lieutenant-gouverneur doutait de la validité du projet de loi. Après que le ministère de la Justice eut conclu que ce dernier tombait effectivement sous la compétence provinciale, la sanction a été accordée.

La *Loi constitutionnelle de 1867* soustrait la charge de lieutenant-gouverneur à toute modification par un gouvernement provincial. Néanmoins, de nombreuses provinces ont réduit les dépenses affectées à cette charge, et quelques-unes ont fermé les résidences officielles. Ainsi, Mitchell HEPBURN, en Ontario, a fermé Chorley Park en 1937, William ABERHART, en Alberta, a fermé la résidence du gouverneur en 1938, pendant son conflit avec Ottawa (bien qu'une autre résidence ait été achetée en 1967), et le gouvernement du CCF, en Saskatchewan, a fait de même en 1944. Bien que les frais reliés au poste soient modestes, il a souvent été suggéré d'abolir la charge et d'en confier les fonctions cérémonielles d'usage au juge en chef. Toutefois, les abolitionnistes n'ont jamais recueilli un grand appui, même au plein cœur de la Crise des années 30.

La charge est perçue comme une forme de favoritisme politique. Des ministres à la retraite, des politiciens en fin de carrière, sur la scène fédérale ou provinciale, ainsi que des collecteurs de fonds pour les partis ont brigué et obtenu le poste. En 1987, parmi les dix lieutenants-gouverneurs, trois étaient d'anciens ministres fédéraux, trois autres étaient des ministres provinciaux à la retraite, et un était un ancien juge en chef. Toutefois, l'attribution de ce poste comme récompense politique semble une pratique en recul. En effet, en 1997, seuls cinq des titulaires avaient déjà occupé un poste d'élu au fédéral ou au provincial.

En 1929, le Comité judiciaire du Conseil privé rend une décision selon laquelle les femmes peuvent être sénatrices, tandis qu'en 1934, le ministère de la Justice permet aux femmes de devenir lieutenants-gouverneurs. Néanmoins, il faudra attendre la nomination de Pauline MCGIBBON en 1974, en Ontario, pour qu'une femme donne lecture pour la première fois d'un discours du trône dans une assemblée législative provinciale. Depuis, sept femmes ont été nommées lieutenants-gouverneurs, dans toutes les provinces sauf en Colombie-Britannique, en Nouvelle-Écosse et à Terre-Neuve. Lincoln ALEXANDER (1985-1991, en Ontario) et Ralph STEINHAUER (1974-1979) sont respectivement le premier Noir et le premier autochtone à avoir été nommés lieutenants-gouverneurs.

John T. Saywell

Lièvre Nom donné à des herbivores de taille moyenne, de l'ordre des LAGOMORPHES, dont les jeunes naissent les yeux ouverts, entièrement couverts de poils et sont capables de courir quelques minutes à peine après leur naissance. Toutes les espèces nord-américaines appartiennent au genre *Lepus*. Trois espèces canadiennes sont indigènes, et une y a été introduite.

Lièvre arctique Le lièvre arctique (*L. arcticus*) est la plus nordique et la plus grande des espèces canadiennes. L'adulte pèse de 3,2 à 5,4 kg. On le rencontre dans la TOUNDRA au nord de la limite des forêts.

Lièvre d'Amérique Le lièvre d'Amérique (*L. americanus*) est commun dans tous les milieux forestiers du Canada et est une source de viande pour les collectivités éloignées. Cette espèce subit de grandes fluctuations de populations tous les neuf ou dix ans. Sa densité varie approximativement de 1 lièvre par 50 hectares à 200 lièvres par hectare.

Autres espèces L'autre espèce indigène, le lièvre de Townsend (*L. townsendii*) est essentiellement nocturne et solitaire. On le trouve partout dans les PRAIRIES. En 1912, le lièvre d'Europe (*L. europaeus*) a été introduit en Ontario comme GIBIER. On ne le rencontre que dans cette province où il ravage parfois les jardins. Contrairement aux espèces indigènes, il ne devient pas blanc en hiver.

Reproduction et développement Les jeunes lièvres ou levrauts naissent en milieu ouvert et sont sevrés après deux ou trois semaines (cinq ou six chez le lièvre de Townsend). La gestation dure environ 36 jours. Une portée contient de un à sept petits, et jusqu'à quatre portées peuvent naître pendant l'été, selon l'espèce. Les femelles sont habituellement plus grandes que les mâles. Les lièvres sont de plus grande taille que les LAPINS.

M.L. Weston

Lièvres (tribu) Groupe d'autochtones de langue athapaskane qui vivent en petites bandes nomades dans la basse vallée du Mackenzie, dans les Territoires du Nord-Ouest. Avant le contact avec les Européens, leur population est de 700 à 800 âmes. Ils vivent de chasse, de pêche et de cueillette et se nourrissent principalement de caribou, d'orignal, de poisson d'eau douce, de petit gibier et de baies. Ils exploitent un territoire s'étendant de la frontière du Yukon aux zones forestières à l'ouest et au nord-ouest du Grand lac de l'Ours. Plusieurs traits culturels les distinguent de leurs voisins KUTCHINS, MONTAGNAIS, ESCLAVES et PLATS-CÔTÉS-DE-CHIENS. Ils parlent leur propre dialecte athapaskan et sont connus pour leurs rapports timides avec les autres groupes autochtones. Les premiers colons européens leur ont donné le nom de Lièvre parce qu'ils dépendent étroitement du lièvre d'Amérique pour se nourrir et se vêtir. Étant donné que la population du lièvre est soumise à un cycle de sept à dix ans, les Lièvres souffrent périodiquement de famines dévastatrices (*voir* LAPIN, FAMINE DU).

Vie religieuse et communautaire Ils ont traditionnellement une vision animiste de leur univers. Ils observent plusieurs tabous pour s'assurer d'une chasse prospère et comptent sur les CHAMANS pour guérir les maladies, les protéger des ennemis et intercéder auprès des esprits. Ils ont un riche FOLKLORE oral et participent à des danses du tambour et à des jeux de hasard compétitifs. Leurs communautés sont tissées par des liens de parenté à la fois maternelle et paternelle. À défaut de chefs officiels, les chasseurs exceptionnels et les chamans exercent une influence considérable. Leur éthique est fondée sur un équilibre entre partage, interdépendance, autonomie et liberté. La notion de propriété foncière est inexistante et tous sont libres de chasser et de pêcher sur tout leur territoire.

Leur premier contact avec les Européens remonte à 1789, lors du voyage d'exploration d'Alexander MACKENZIE. Ils commencent à participer à la TRAITE DES FOURRURES au début du XIXᵉ siècle alors que les forts se multiplient le long du fleuve Mackenzie. Ils concentrent leur commerce à Fort Good Hope, Fort Norman et Fort Franklin. Leur christianisation commence avec l'établissement d'une mission catholique à Fort Good Hope, en 1859. La plupart d'entre eux continuent de vivre du piégeage et de la chasse pendant la majeure partie du XIXᵉ siècle et jusqu'à la chute des prix de la fourrure après la Seconde Guerre mondiale.

Économie Au cours des dernières décennies, les Lièvres ont dû composer avec une dépendance crois-

sante à l'égard d'une économie fondée sur le travail salarié et les effets de l'alcool, de la tuberculose et d'autres maladies. Un traité signé avec le gouvernement fédéral en 1921 a soulevé récemment une controverse: selon les conditions du traité, les autochtones conservent leurs droits de pêche, de chasse et de piégeage sur leurs terres traditionnelles, mais les chefs actuels des PREMIÈRES NATIONS soutiennent qu'ils n'ont pas pour autant renoncé à leur titre sur leur territoire ancestral (*voir* TRAITÉS INDIENS). Dans les négociations portant sur les revendications territoriales avec le gouvernement fédéral au cours des années 70, 80 et 90, les Lièvres, de concert avec d'autres groupes DÉNÉS, ont cherché à recouvrer une plus grande souveraineté sur des parties de leur territoire ancestral. Ils continuent de vivre des ressources de leurs terres, mais bon nombre ont été attirés par les commodités d'une vie sédentaire dans les grandes villes. Une initiative contraire à cette tendance est la création, au début des années 60, d'un nouveau village au lac Colville, situé à 142 km au nord-est de Fort Good Hope, dans une région giboyeuse et poissonneuse. Fort Good Hope et Deline (Fort Franklin), avec une population combinée de 1514 en 1996, sont maintenant les principaux foyers du peuple lièvre. En 1996, on comptait 1834 Lièvres inscrits. (*Voir aussi* AUTOCHTONES: LA RÉGION SUBARCTIQUE; AUTOCHTONES.)
Joel S. Savishinsky

Lightfoot, Gordon Meredith, chanteur et chansonnier (Orillia, Ont., 17 nov. 1939). Lightfoot est le chanteur masculin le plus populaire du Canada dans les années 70. Il attire d'abord l'attention en 1965 avec ses compositions *Early Morning Rain* et *For Lovin' Me*, interprétées et enregistrées par les chanteurs folk IAN ET SYLVIA et Peter, Paul and Mary, entre autres. Ce baryton au cœur romantique passe facilement de la musique folk à la musique populaire et devient, dès 1970, un artiste de concert et sur disque de tout premier plan dans l'ensemble du monde anglophone.

Lightfoot met un frein à son programme d'enregistrement dans les années 80. En 1985, il n'enregistre plus du tout. Il s'abstient également de donner des concerts, à l'exception d'un spectacle annuel au Massey Hall de Toronto. Il revient au studio d'enregistrement en 1993 et lance *Waiting For You*, son premier disque depuis près de dix ans.

Ses quelque 15 albums comprennent entre autres les chansons populaires: *If You Could Read My Mind*, *Sundown* et *Did She Mention My Name?* ainsi que les plus traditionnelles *Canadian Railroad Trilogy* et *The Wreck of the Edmund Fitzgerald*. Lightfoot reçoit plusieurs PRIX JUNO (comme chanteur de folklore, chanteur masculin et chansonnier). En 1986, il reçoit le prix du Temple de la renommée Juno. En 1971, il est fait Officier de l'Ordre du Canada.

Lighthouse Ce groupe rock a été formé à Toronto en 1968 par le compositeur Paul Hoffert (New York, 22 sept. 1943) et le batteur Skip Prokop. Cherchant à donner au répertoire rock et pop la puissance d'un orchestre, Hoffert et Prokop mettent sur pied un orchestre de 13 instruments, comprenant des cors et des instruments à corde. Avant sa dissolution en 1974, le groupe enregistre des disques sur les étiquettes RCA, GRT et Polydor. Au Canada, ses chansons à succès sont, entre autres, *Take It Slow*, *You Girl*, *Pretty Lady*, *Hats Off (To the Stranger)*, *One Fine Day* et *Sunny Days*; les deux dernières chansons figurent aussi au palmarès des 40 plus grands succès aux États-Unis.

Parmi les membres du groupe, mentionnons le compositeur de musique de films Howard Shore dont l'œuvre prolifique comprend les airs de la série télévisée *Saturday Night Live*, diffusée sur le réseau NBC, le chanteur Bob McBride, qui a connu une carrière fructueuse en tant qu'artiste solo, et le bassiste Terry Wilkins, qui accompagne par la suite beaucoup d'artistes canadiens en plus de faire partie du groupe

Rough Trade. Hoffert a composé de la musique pour le cinéma et la télévision, et enseigné à l'U. York, tout en effectuant des travaux de recherche et de développement en télécommunications. Il a été nommé président du Conseil des arts de l'Ontario en 1995. Hoffert a recréé le groupe Lighthouse en 1993, qu'il continue à diriger lors de concerts.
Jeff Bateman

Ligne continentale de partage des eaux Connue aussi sous le nom de grande ligne de partage des eaux, elle suit la LIGNE DE CRÊTE séparant les régions arrosées par des rivières qui coulent sur les versants opposés du continent nord-américain. Au Canada, l'eau qui se déverse dans les rivières atteint finalement l'océan Arctique, Atlantique ou Pacifique.

La ligne qui sépare les rivières coulant vers l'ouest dans le Pacifique de celles coulant vers l'Arctique et l'Atlantique est la plus facile à identifier, car elle coïncide avec l'axe des ROCHEUSES. Il est souvent pratique pour les collectivités humaines d'utiliser de telles frontières naturelles. Ainsi la frontière entre l'Alberta et la Colombie-Britannique suit la ligne de partage des eaux sur une longue distance, tout comme la frontière entre le YUKON et les TERRITOIRES DU NORD-OUEST.

La ligne de partage des eaux qui traverse l'intérieur du Canada est peu élevée et moins évidente. Elle part d'un point situé dans le CHAMP DE GLACE COLUMBIA des Rocheuses, d'où divergent les trois axes de la ligne continentale de partage des eaux. Elle suit une ligne traversant le sud de l'Alberta et de la SASKATCHEWAN, au nord de laquelle le bassin de drainage coule vers l'Arctique par les rivières DE LA PAIX et ATHABASCA et le fleuve MACKENZIE, ou vers la BAIE D'HUDSON, par les rivières SASKATCHEWAN, Nord et Sud, et par le fleuve NELSON. Les rivières au sud de cette ligne font partie du réseau Missouri-Mississippi.

La ligne de partage oblique vers les États-Unis, au sud de la RIVIÈRE ROUGE qui coule en direction nord au MANITOBA. La ligne de partage des eaux continue à traverser le Canada, séparant le bassin hydrographique orienté vers le nord de celui des GRANDS LACS et du SAINT-LAURENT.

Le long du BOUCLIER très érodé au QUÉBEC et au Labrador, la ligne de partage est imprécise, permettant la dérivation et le transfert des eaux des rivières situées au nord de la ligne de partage vers les rivières coulant vers le sud, comme on l'a fait dans le PROJET DE LA BAIE JAMES. Bien que la ligne de partage des eaux soit utilisée comme frontière entre le Québec et le Labrador, le faible relief le long duquel la ligne est censée reposer la rend difficile à délimiter sur le sol. (*Voir aussi* LABRADOR, CONFLIT FRONTALIER DU.)
Doug Finlayson

Ligne de concession Terme utilisé surtout en Ontario qui désigne les limites des concessions ou des lots qui, si on les prolongeait, se rendraient d'un bout à l'autre du CANTON. En pratique, une ligne de concession peut être une route portant un numéro (première concession, route de concession n° 10, etc.). Les lignes de concession sont normalement espacées de 2 km (1,25 mille) entre elles.
John Robert Colombo

Ligne de crête Région de hautes terres agissant parfois comme ligne de partage des eaux. Ces zones avaient une grande importance à l'époque de la TRAITE DES FOURRURES, car elles servaient à déterminer les routes et les PORTAGES. Elles ont aussi, depuis lors, défini les tracés de nombreuses voies de transport. Chez les autochtones, et plus tard chez les colons européens, elles ont joué un grand rôle dans la délimitation des territoires. Il arrive qu'une frontière politique, comme la frontière Québec-Labrador, corresponde à une ligne de crête.
John Robert Colombo

Ligne de partage des Rocheuses, sentier de la Long chemin de randonnée, parallèle là où c'est possible, à la LIGNE CONTINENTALE DE PARTAGE DES

EAUX de la chaîne des montagnes Rocheuses du Canada. Environ 560 km du sentier se trouvent à l'intérieur des limites des parc nationaux Banff, Kootenay, Yoho et Jasper, et s'étendent du col de Palliser, dans le Sud, au mont ROBSON, dans le Nord. Un grand nombre de sentiers alpins forment ensemble l'itinéraire de la ligne de partage des Rocheuses qui, si on le suit au complet, amène le randonneur à une altitude approchant 3000 m et lui permet d'apprécier le paysage des Rocheuses dans son ensemble. Au milieu des années 70, la Great Divide Trail Association de Calgary commence les travaux de prolongement de la piste au sud du parc national Banff, le long de la frontière entre la Colombie-Britannique et l'Alberta, jusqu'au parc national des Lacs-Waterton. Quelques-uns des paysages les plus spectaculaires du sud des Rocheuses font partie de cette section, qui ajoute près de 700 km à la longueur totale de la piste et en fait ainsi la plus longue piste de randonnée au Canada.
Bart Deeg

Ligne de radars avancés Au Canada, les premiers postes de RADAR pour la défense aérienne sont installés en 1942 sur les côtes de l'Atlantique et du Pacifique mais ils sont démantelés en 1945, après la défaite du Japon et de l'Allemagne. Dès 1946, bien que le potentiel militaire de l'URSS ne soit pas encore suffisamment développé pour lui permettre de déclencher un bombardement aérien massif de l'Amérique du Nord, les autorités canadiennes commencent à envisager la construction, avec tous les problèmes que cela entraînerait, d'une chaîne de radars dans le Grand Nord afin de se protéger contre l'éventualité d'une attaque soviétique. Toutefois, la technologie de l'époque ne peut offrir une garantie complète que cette chaîne serait en mesure de couvrir entièrement la frontière nordique, ni de traquer avec précision des avions ennemis survolant les côtes de l'Arctique en vue de cibles potentielles dans la portion méridionale du Canada. Comme un tel système n'est pas en mesure de fournir des renseignements fiables aux avions de chasse de l'armée de l'air, on considère peu judicieux d'investir de fortes sommes dans un système de radars avancés inefficace et, en 1947, ce projet est mis en veilleuse.

En 1949, la situation est tout autre. Après avoir mis au point sa propre bombe atomique, l'URSS s'apprête à créer une flotte de bombardiers à long rayon d'action. Cette situation, aggravée par les tensions de plus en plus vives entre l'Est et l'Ouest en Europe, convainc le gouvernement canadien de construire une ligne radar, plus au sud cette fois, capable de détecter rapidement toute attaque. La même année, les États-Unis décident d'établir un dispositif semblable sur leur frontière nord. Des pourparlers conjoints pavent la voie à une concertation mutuelle des projets, avec comme résultat la ligne Pinetree. Terminée en 1954 au coût de 450 millions de dollars (dont le Canada paie 150 millions de dollars), il s'agit d'un réseau de 33 stations s'étendant à partir de l'île de Vancouver et englobant l'Alberta, le nord de l'Ontario et du Québec jusqu'à la côte du Labrador. Le Canada finance la construction de 11 stations, qu'il dote en personnel. Les cinq autres, dont les États-Unis assument les coûts de construction, sont exploitées par un personnel canadien.

Au début des années 50, l'URSS, dont la flotte de bombardiers se modernise constamment, suscite un regain d'intérêt envers la couverture radar de l'Amérique du Nord qu'il est urgent de perfectionner. En février 1953, le ministre de la Défense, Brooke Claxton, aborde le sujet de la construction d'une chaîne de radars dans l'Arctique auprès de l'administration Eisenhower, mais ces échanges ne donnent lieu à aucune décision. Lorsque les Soviétiques font exploser leur première bombe à hydrogène (thermonucléaire) en août 1953, la question devient de plus urgentes. Cependant, plutôt que de proposer une chaîne de radars dans l'Arctique, les chercheurs canadiens en matière de défense recommandent de construire à la hauteur du 55e parallèle Nord un système d'alerte radar hautement automatisée (le réseau McGill) à titre de complément de la ligne Pinetree. Le gouvernement de Louis SAINT-LAURENT entérine cette recommandation en juin 1954 et décide d'endosser ce projet exclusivement canadien de ligne du Centre du Canada, d'autant plus qu'il repose sur une technologie canadienne existante, que les coûts en seront inférieurs à ceux d'une chaîne de radars dans l'Arctique et que ce plan permet de contourner la question embarrassante d'avoir des troupes américaines en sol canadien. En 1957, la construction des 98 stations coûte 250 millions de dollars en tout.

L'idée d'une chaîne de radars avancés dans l'Arctique n'est pas abandonnée pour autant. En juin 1954, le Groupe d'études militaires du Canada et des États-Unis, un comité consultatif conjoint œuvrant sous l'égide de la COMMISSION PERMANENTE MIXTE DE DÉFENSE CANADA–ÉTATS-UNIS, recommande instamment la construction d'un tel réseau, arguant que l'URSS est en mesure de déborder tant la ligne Pinetree que la ligne du Centre du Canada. Sous la pression des États-Unis, et recevant des avis similaires exprimés par l'ARC, le gouvernement fédéral en vient à reconnaître le besoin d'une chaîne de radars dans le Grand Nord. Finalement, en novembre 1954, le Canada et les États-Unis se mettent d'accord pour construire le réseau DEW (détection lointaine avancée) le long de la côte de l'Arctique, entre l'Alaska et l'île de Baffin.

Les États-Unis doivent en assumer tous les coûts de construction et recourir aux services d'une main-d'œuvre et d'entreprises canadiennes. Il est aussi prévu que le Canada conservera la propriété des emplacements retenus sur le territoire canadien et que le commandement des principales stations sera confié à des Canadiens. S'étendant sur une distance de 8046 km (5944 km au Canada), le réseau DEW, terminé en 1957, compte 22 postes de radar. C'est une réalisation de génie civil d'immense envergure, ayant nécessité la participation de plus de 25 000 personnes. Cette concertation de haut niveau entre le Canada et les États-Unis, en vue de solutionner le problème commun de la défense aérienne de l'Amérique du Nord, est un premier pas important vers la création, en 1958, du Commandement de la défense aérienne de l'Amérique du Nord (NORAD), un organisme bilatéral intégrant la totalité des forces canadiennes de chasseurs et de radars de défense aérienne.

À peine sont-elles terminées, ou presque, que l'importance de ces lignes radars s'estompe substantiellement. Au tout début des années 60, les missiles lancés par sous-marin et les missiles intercontinentaux, contre lesquels les trois lignes de radars avancés se trouvent totalement démunies, commencent à remplacer les bombardiers avec équipage comme principale menace soviétique, et le Système d'alerte avancé pour les missiles balistiques est alors mis en place en Alaska et au Groenland. Les satellites et le Système d'alerte avancé pour les missiles balistiques prennent alors la relève, comme systèmes principaux de détection rapide d'une attaque. En conséquence, la ligne du Centre du Canada est démantelée en 1965 et, au cours des années ultérieures, 9 stations de la ligne Pinetree sont fermées. En 1983, il ne reste que 21 stations modernisées du réseau DEW et 24 stations de la ligne Pinetree en service pour protéger la souveraineté de l'espace aérien canadien, et pour assurer la détection de tout aéronef soviétique impliqué dans une opération de bombardement aérien de l'Amérique du Nord parallèlement à une attaque menée avec des missiles balistiques ou à la suite d'une telle attaque.

Au tout début des années 80, la mise au point du missile de croisière, une arme volant à basse altitude et susceptible de ne pas être détectée par les radars du réseau DEW ou de la ligne Pinetree, suscite un regain d'intérêt à l'égard de la défense de l'espace

aérien au-dessus de l'Arctique. Au printemps de 1985, à la suite du Sommet de Shamrock au cours duquel le premier ministre MULRONEY rencontre le président Reagan, les deux pays conviennent d'établir une ligne radar moderne, le Système d'alerte du Nord, le long de la côte de l'Arctique canadien à la hauteur approximative du 70e parallèle Nord, pour remplacer le réseau DEW et la ligne Pinetree. La nouvelle chaîne, qui comporte 52 stations (47 au Canada, dont 11 seraient pourvues d'un personnel d'exploitation) et dont on estime les coûts à 1,5 milliard de dollars (la part du Canada totaliserait 600 millions de dollars), est conçue pour la détection des avions et des missiles volant à basse altitude et pour la communication directe de renseignements par satellite au quartier général de NORAD. Un système aéroporté d'alerte et de contrôle (AWACS) de même que des radars transhorizon (OTH) à longue portée, situés en périphérie est et ouest du continent nord-américain, fourniraient un potentiel de détection supplémentaire. Pour faciliter l'interception et l'identification de tout objet non identifié, cinq terrains d'aviation, situés dans le Grand Nord canadien, sont désignés et devront faire l'objet d'améliorations pour être en mesure d'accueillir des chasseurs canadiens CF-18. L'amélioration d'un terrain d'aviation est retardée à cause de restrictions financières mais, vers le milieu de 1994, ceux d'Inuvik, de Yellowknife, de Rankin Inlet et d'Iqaluit sont capables de soutenir les opérations des CF-18.

Stephen Harris

Lignes aériennes Canadien International (*Voir* PACIFIC WESTERN AIRLINES LTD.)

Lignes aériennes Trans-Canada Elles sont fondées le 10 avril 1937 par une loi du Parlement fédéral en tant que filiale des CHEMINS DE FER NATIONAUX DU CANADA pour offrir un service aérien dans toutes les régions du Canada. Elles commencent avec deux avions de passagers et un petit biplan, utilisé pour la reconnaissance de nouveaux itinéraires. Le service passager s'ouvre entre Vancouver et Montréal le 1er avril 1939, et deux ans plus tard les Lignes aériennes Trans-Canada offrent des vols transatlantiques réguliers. En 1947, la compagnie dessert les principaux centres du Canada et certaines villes des États-Unis. En 1948, elle offre des vols vers les Bermudes, les Caraïbes, la Floride, Shannon (Irlande), Londres, Paris et Düsseldorf.

Après son rejet de l'AVRO JETLINER de conception canadienne, l'entreprise passe dans les années 50 aux avions turbopropulsés avec le Super Constellation et le Vickers Viscount. Elle inaugure des vols passant par le cercle polaire à destination de l'Europe et elle est la première entreprise nord-américaine à assurer un service direct pour Moscou. Elle prend le nom d'AIR CANADA en 1965.

James Marsh

Ligue canadienne de compositeurs / Canadian League of Composers Elle est fondée à Toronto en 1951 dans le but de renforcer les liens entre les compositeurs professionnels, de promouvoir des intérêts communs et de sensibiliser la population à la musique canadienne. Le nombre de membres passe de près de 20 en 1951 à environ 250 en 1996. La ligue regroupe des compositeurs de musique de concerts, de films et d'émissions de radiotélévision. Elle a produit quelque 40 concerts, surtout de musique canadienne, durant ses 18 premières années d'existence. La majorité de ces concerts sont organisés à Montréal et à Toronto avec l'aide de deux comités dirigés par des associations non membres: la Canadian Music Associates (Ontario) et la Société de musique canadienne (Québec).

La ligue a conçu les plans pour le CENTRE DE MUSIQUE CANADIENNE, organisé la Conférence internationale des compositeurs à Stratford (Ontario) en 1960 et établi une bourse pour les jeunes compositeurs en 1967. John WEINZWEIG est le fondateur principal de la ligue et celui qui a occupé le poste de président le plus longtemps. La ligue se consacre aux

intérêts financiers et juridiques des compositeurs, en plus d'aider à faire valoir la musique canadienne tant au pays qu'à l'étranger. Elle a ainsi permis d'élever le statut du compositeur au sein du patrimoine culturel canadien et encouragé les compositeurs à développer leur créativité. Les papiers et documents de la ligue se trouvent à la BIBLIOTHÈQUE NATIONALE DU CANADA.

Helmut Kallmann

Ligue canadienne de football (LCF) Elle voit officiellement le jour en janvier 1958. Auparavant, on la connaissait sous le nom de Canadian Football Council (CFC), association née d'une fusion peu structurée entre la Western Interprovincial Football Union et l'Interprovincial Rugby Football Union. Par l'intermédiaire du CFC, le FOOTBALL professionnel est régi selon ses propres règles, sans ingérence externe.

La division de l'Est se compose des ROUGH RIDERS D'OTTAWA, des TIGER-CATS D'HAMILTON, des ARGONAUTS DE TORONTO et des ALOUETTES DE MONTRÉAL; la division de l'Ouest comprend les BLUE BOMBERS DE WINNIPEG, les ROUGHRIDERS DE LA SASKATCHEWAN, les STAMPEDERS DE CALGARY, les ESKIMOS D'EDMONTON et les LIONS DE LA COLOMBIE-BRITANNIQUE.

Jusqu'en 1961, il n'y a pas de matchs entre les deux divisions et chacune détermine un gagnant qui participe à la COUPE GREY. Après 1961, la tenue de quelques rencontres entre les divisions suscite l'émergence d'une rivalité Est-Ouest, un facteur qui contribuera de façon significative à l'essor de la LCF. En 1978, le football attire les foules considérables et obtient une assistance record de 2 291 834 spectateurs. En 1981, les deux divisions s'affrontent 16 fois à l'intérieur d'un calendrier imbriqué et le succès de la Ligue atteint son apogée. La structure et les performances de la Ligue permettent aux équipes locales de maintenir leur régime de propriété collective à but non lucratif. Traditionnellement, seules les concessions de Toronto, d'Hamilton et de Montréal appartiennent à des intérêts privés. Les profits générés par les entrées et les contrats de télévision avantageux assurent la rentabilité des équipes.

Baisse de l'assistance Dans les années 80, on constate une baisse d'assistance, une diminution des recettes d'entrée et des revenus de télévision, ce qui a des répercussions sur la santé financière de la Ligue et les concessions individuelles. En 1987, la concession de Montréal disparaît et l'équipe de Winnipeg passe à la division de l'Est pour équilibrer le calendrier. La perte de Montréal intensifie les difficultés financières de la Ligue. L'imposition d'un plafond salarial permet de réduire les dépenses, mais les concessions de Winnipeg, d'Ottawa et de la Colombie-Britannique nécessitent toutes des investissements privés pour continuer leurs activités. Il ne reste alors que trois équipes de propriété collective, soit à Winnipeg, à Edmonton et en Saskatchewan.

Admission des équipes américaines Les concessions privées donnent lieu à un marketing agressif et finalement à l'admission d'équipes américaines. En effet, en 1993, les Gold Miners de Sacramento font leur entrée dans la LCF, suivis des équipes de Baltimore, de Shreveport et de Las Vegas en 1994. L'américanisation de la Ligue suscite des craintes, surtout chez les joueurs canadiens, et le succès de la concession de Baltimore, qui accède au match de la coupe Grey dès sa première saison, ne fait que les renforcer. La Ligue n'en reste pas moins déterminée à poursuivre l'intégration des équipes américaines. La concession de Sacramento est transférée à San Antonio avant le début de la saison 1995 et on suspend les activités de celle de Las Vegas en attendant de lui trouver un propriétaire. En 1995, la Ligue accorde des concessions à Memphis et à Birmingham, tout en poursuivant sa recherche de villes américaines. Baltimore, l'unique concession à connaître du succès, est celle qui attire le plus grand nombre de spectateurs en 1994 et en 1995. En outre, elle défait les Stampeders de Calgary à la finale de la coupe Grey en 1995. Les quatre autres équipes américaines ne s'en tirent pas aussi bien et disparaissent après la saison 1995. En 1996, après le déménagement des Browns de Cleveland à Baltimore, les Stallions s'installent à Montréal, faisant ainsi renaître les Alouettes. Même si la tentative d'expansion américaine a échoué, des sommes considérables provenant des droits d'expansion sont investies dans la LCF, sommes dont celle-ci a un grand besoin, et les contrats de câblo-distribution américains sont renouvelés en 1996. La Ligue passe la saison 1996 et établit un plafond salarial pour faciliter le règlement de ses difficultés financières. Néanmoins, en 1996, les Rough Riders d'Ottawa sont dissous.

Malgré ses ennuis financiers répétés, la LCF demeure un élément unique de la culture sportive canadienne et la Coupe Grey, un événement d'intérêt national. Les bureaux de la Ligue sont situés à Toronto, et le Temple de la renommée ainsi que le musée de la LCF se trouvent à Hamilton. Parmi les commissaires de la Ligue, on compte G. Sydney Halter (1956-1966), Ted Workman, Allan McEachern, Jake Gaudaur (1968-1984), Doug Mitchell (1984-1988), Bill Baker (1989), Donald Crump (1990-1991) et Larry Smith (1992-1996).

Ligue de la Société des Nations Elle est fondée en 1921 afin de promouvoir la paix mondiale. Elle s'efforce de faire connaître la SOCIÉTÉ DES NATIONS au public pour gagner son appui. Elle a son siège social à Ottawa et est exploitée jusqu'en 1942. Des personnalités publiques la président, telles que sir Robert BORDEN, sir George Foster et Ernest LAPOINTE. John W. DAFOE, Newton W. ROWELL et J.S. WOODSWORTH font partie de son conseil. Les activités de la ligue sont surtout d'ordre promotionnel et éducatif. Elle distribue les publications de la Société des Nations et son propre bulletin mensuel, *Interdependence*, et parraine les tournées de conférences et les émissions radiophoniques de ses supporters. C'est la première organisation canadienne qui cherche à intéresser le public aux affaires internationales.

Richard Veatch

Ligue des femmes catholiques du Canada Forte de 110 000 membres en 1995, la Ligue des femmes catholiques du Canada (LFC) représente la plus importante association de femmes catholiques au Canada. Créée à l'échelle nationale en 1920, la LFC se voue à la promotion de la foi, au maintien des valeurs et de l'éducation chrétiennes, à la compréhension de la liberté religieuse, de la justice sociale, de la paix et de l'harmonie, ainsi qu'à la reconnaissance de la dignité humaine de tous et au caractère sacré de la vie, de la conception jusqu'à la mort naturelle. Sa structure permet aux membres d'exprimer leurs opinions à l'échelle de la paroisse, du diocèse et de la province. Par l'entremise de son conseil national, la LFC transpose activement les objectifs de l'organisation en déclarations et en mémoires portant sur un large éventail de préoccupations qu'elle adresse au gouvernement.

Carrie Ehman

Ligue internationale des femmes pour la paix et la liberté (LIFPL) Elle est fondée en 1915 à La Haye, aux Pays-Bas, par des femmes qui militent en faveur du DROIT DE VOTE DE LA FEMME en Europe et en Amérique du Nord. Ces femmes souhaitent la fin de la Première Guerre mondiale et cherchent des solutions pour assurer une paix durable. La ligue fait son entrée au Canada au début des années 20, à l'initiative de femmes socialement et politiquement actives telles Dorothy Steeves et Laura Jamieson, les fondatrices de la filiale de Vancouver. Des sections voient également le jour à Toronto, à Edmonton et à Winnipeg. À Toronto, l'épouse de J.S. WOODSWORTH, Lucy, en est un membre actif.

Agnes MACPHAIL, qui y occupe la fonction de présidente honoraire pendant plusieurs années, en est probablement la figure la mieux connue. Dans l'Ouest, Violet MCNAUGHTON, journaliste et militante passionnée des questions qui concernent à la fois les femmes et les fermiers, joue un rôle-clé dans la promotion de l'organisme et se prononce en faveur de l'union de la ligue avec d'autres groupes qui veulent la paix et le DÉSARMEMENT.

Au Canada, la LIFPL encourage l'éducation pour la paix et organise des campagnes pour le désarmement et contre le militarisme. Elle fait son cheval de bataille de la protestation contre l'instruction des cadets dans les écoles. La ligue mène aussi une étude du contenu des manuels scolaires qui, de l'avis de ses membres, glorifient la guerre et n'accordent pas suffisamment d'importance aux valeurs de coopération et d'harmonie.

En 1931, le bureau international de la ligue lance une pétition pour le désarmement universel. Au Canada, 491 000 personnes la signent. Immédiatement avant et pendant la Seconde Guerre mondiale, la section torontoise aide les RÉFUGIÉS à s'établir et à apprendre l'anglais. La ligue connaît cependant un déclin au cours des années 40 et 50, en partie à cause de la remontée du militarisme et de la peur engendrées par la Seconde Guerre mondiale et par la GUERRE FROIDE qui s'ensuit. Seule la section de Vancouver poursuit ses activités après le milieu des années 50, avec des effectifs très réduits, avant de finir par se dissoudre elle aussi.

Cependant, à la fin des années 70, une filiale ouvre à Ottawa. Plus tard, la section de Vancouver refait surface et le nombre de membres s'accroît dans tout le pays. En 1993, la filiale d'Ottawa publie le *Budget des femmes canadiennes*, qui compare les sommes que le gouvernement fédéral dépense pour les programmes et les services sociaux et le budget de la défense nationale. On y propose une vision différente de la sécurité qui nécessite une restructuration des priorités et des politiques gouvernementales qui tienne compte des besoins des femmes et qui profite à toute la société. Le *Budget des femmes canadiennes* soutient que la meilleure façon d'assurer la sécurité, à la fois au Canada et ailleurs dans le monde, c'est de pourvoir aux besoins humains essentiels plutôt que d'effectuer des dépenses militaires.

La LIFPL poursuit son action en faveur des femmes, de la paix et de la justice sociale. Elle a dénoncé la guerre du Golfe et rassemble toujours des signatures en faveur d'un traité interdisant les essais nucléaires. Dans son bulletin, le *WILPF News*, la ligue décrit ses activités, tant au Canada qu'à l'étranger, et fait l'analyse de l'actualité sociale et politique dans le monde.

La LIFPL fait partie du Comité canadien d'action sur le statut de la femme (CCASF) et du comité directeur de l'Alliance canadienne pour la paix (ACP). (*Voir aussi* MOUVEMENT PACIFISTE.)

Deborah Powell et Marcelene Holyk

Ligue nationale de hockey (LNH) Elle voit le jour à Montréal, le 26 novembre 1917. Les premières équipes à en faire partie sont les CANADIENS DE MONTRÉAL, les Wanderers de Montréal, les SÉNATEURS D'OTTAWA et les Arenas de Toronto. Québec détient une concession, mais décide de ne pas jouer cette année-là. Au cours des 25 années qui suivent, la LNH connaît de nombreux changements d'équipes membres, de calendrier des matchs et de format des séries éliminatoires. Les Bruins de Boston sont la première équipe américaine à entrer dans les rangs de la LNH en 1924 et, en 1926, six des dix équipes de la LNH sont américaines. Cependant, en 1942, il ne reste que six équipes (Canadiens de Montréal, MAPLE LEAFS DE TORONTO, Bruins de Boston, Black Hawks de Chicago, Red Wings de Detroit et Rangers de New York). Il en est ainsi jusqu'en 1967, année où six nouvelles équipes s'ajoutent à la LNH: les Seals de la Californie (par la suite les Seals d'Oakland), les Kings de Los Angeles, les North Stars du Minnesota, les Flyers de Philadelphie, les Penguins de Pittsburgh et les Blues de Saint Louis. En 1970, les Sabres de Buffalo et les CANUCKS DE VANCOUVER entrent dans la LNH et, en 1972, les Flames d'Atlanta et les Islanders de New York font de même.

En 1974, il y a alors 18 équipes (avec les Scouts de Kansas City et les Capitals de Washington). Parmi ces équipes, trois seulement sont canadiennes. Une équipe se retire en 1978, mais, l'année suivante, les Whalers de Hartford, les OILERS D'EDMONTON, les NORDIQUES DE QUÉBEC et les JETS DE WINNIPEG se joignent à la LNH après la dissolution de l'ASSOCIATION MONDIALE DE HOCKEY. La concession d'Atlanta déménage à Calgary en 1980 (les FLAMES DE CALGARY), ce qui porte à sept le nombre d'équipes canadiennes dans la LNH.

L'expansion de la LNH se poursuit en 1991 et 1992, la LNH compte alors 26 équipes, avec une nouvelle concession canadienne, les Sénateurs d'Ottawa. D'autres concessions sont accordées à Tampa Bay (Lightning), Anaheim (Mighty Ducks), Miami (Panthers) et San Jose (Sharks). En 1995, les Nordiques, qui jouent dans le plus petit marché de la ligue, font face à d'importants problèmes financiers. Ils sont vendus et déménagent à Denver, où ils deviennent l'Avalanche. En 1996, les Jets déménagent aussi, après avoir été vendus à un groupe de Phoenix. Il ne reste donc que six concessions canadiennes. En juin 1997, la ligue annonce son expansion dans quatre autres villes américaines: Nashville, Atlanta, Columbus et Saint Paul.

Dans les années 90, le nombre de joueurs de la LNH recrutés parmi les joueurs canadiens de niveau junior passe de 70 p. 100 à 50 p. 100, alors que le nombre de joueurs (y compris certains des plus talentueux) venant de Suède, de Finlande, de Tchécoslovaquie et des États-Unis augmente de façon importante.

La ligue, comme la plupart des organisations de sport professionnel, a connu son éventail de problèmes: grèves, salaires astronomiques, prix des billets. Malgré tout, elle demeure la première ligue de HOCKEY professionnel au monde. La COUPE STANLEY, décernée exclusivement aux équipes de la LNH depuis la saison 1926-1927, est le symbole du championnat professionnel nord américain. (*Voir aussi* COUPE CANADA; COUPE STANLEY.)

James Marsh

Ligue nationale d'improvisation (LNI) Jeu théâtral d'improvisation inventé à Montréal dans les années 70 dont les règles pastichent celles du hockey. Les «matchs» sont disputés sur une patinoire. Deux équipes, regroupant des comédiens-improvisateurs, s'affrontent pendant trois périodes. Un arbitre veille au respect des règlements et distribue des punitions. Le sujet, le style, le nombre de joueurs et la durée de chacune des improvisations sont sélectionnés au hasard. Le public désigne par un vote à main levée le gagnant de chacun des affrontements. L'équipe accumulant le plus de points remporte le match. Comme la Ligue nationale de hockey, la LNI propose une saison régulière et des éliminatoires.

L'idée simple et pourtant magique germe dans la foulée d'exercices d'improvisation organisés au Théâtre expérimental. Ses créateurs, Robert GRAVEL et Yvon Leduc veulent tout à la fois déborder des cadres habituels de la représentation, rendre en quelque sorte incontrôlable le spectacle, permettre aux comédiens de considérer leur art comme un jeu amusant et donner la chance aux spectateurs de participer activement aux représentations. Le premier match officiel est disputé le 21 octobre 1977. Le succès est quasi immédiat. Avec *Broue*, la LNI - détachée du Nouveau théâtre expérimental après ses trois premières années d'activités - sera le phénomène théâtral le plus populaire des années 80. Les meilleures années, la ligue compte cinq équipes disputant une vingtaine de matchs. Plusieurs centaines de comédiens professionnels sont passés par la LNI.

Les soirées d'improvisations sont télédiffusées pendant quelques saisons au Québec. Le modèle lui-même est copié. Des ligues d'improvisation apparaissent dans les écoles secondaires, les cégeps, les universités, dans les entreprises, les bars, les colonies de vacances. Le succès dépasse les frontières. Des ligues apparaissent en Europe, dans les Antilles, en Afrique francophone. Un mondial de l'impro réunit des équipes nationales. Le phénomène commence à s'essouffler à la fin des années 80. La parodie de l'entreprise iconoclaste ne surprend plus. Paradoxalement, un certain conformisme de l'improvisation semble avoir encrassé la machine expérimentale. Télé-Québec cesse la diffusion des matchs en 1988. Après quelques années, le phénomène connaît un certain regain. Des formes dérivées apparaissent. La LIM, la Ligue d'improvisation montréalaise, fondée en 1991, élimine l'arbitre, introduit la musique et des types d'improvisation inusités dans le jeu. La Fédération québécoise d'improvisation est formée en 1995 pour tenter de réglementer le secteur. Deux ans plus tard, l'improvisation retrouve sa place au petit écran (à Télé-Québec) et le festival Juste pour rire prend sous son aile l'organisation du Mondial de l'impro.

Stéphane Baillargeon

Ligue nationaliste Dans le contexte de la recrudescence de l'IMPÉRIALISME britannique, de l'agressivité accrue des anglophones envers les francophones et de l'INDUSTRIALISATION graduelle du pays, la Ligue nationaliste canadienne naît à Montréal le 1er mars 1903. Formée par une dizaine de jeunes journalistes et avocats sans notoriété, dont le très actif président Olivar Asselin, le secrétaire Omer Héroux et Armand La Vergne, cette association veut créer, au-delà des partis politiques, un mouvement d'éducation populaire qui propage les idées nationalistes d'Henri BOURASSA, le mentor indiscutable du groupe.

Son programme, qu'alimente une pensée sociale conservatrice teintée d'un certain progressisme, vise la réalisation d'un nationalisme purement canadien et tient en trois points: autonomie du Canada dans l'Empire et des provinces dans la Confédération, respect de la dualité canadienne et mise sur pied de politiques économiques et culturelles exclusivement canadiennes. La Ligue est une organisation presque fictive, sans structure définie ou adhérents en nombre suffisant pour solidifier l'édifice idéologique. Après des débuts prometteurs pendant lesquels elle lance un hebdomadaire provocateur, *Le Nationaliste*, et organise quelques assemblées publiques mettant en vedette Bourassa, elle disparaît presque complètement en 1906.

À partir de cette année-là, la Ligue et sa poignée de membres se fondent avec ce qu'il est convenu d'appeler le «mouvement nationaliste» (*voir* NATIONALISME), dont ils ont inspiré la formation. Acceptant désormais la joute électorale, multipliant les assemblées publiques et propageant leur propagande dans *Le Nationaliste*, puis dans *Le Devoir* fondé en 1910, ces nationalistes, braqués sur leur doctrine, attaqueront inlassablement les gouvernements en place et animeront avec ferveur la vie politique québécoise. Ils réussiront même à faire élire Bourassa et La Vergne à l'Assemblée législative du Québec en 1908 puis, lors des élections fédérales du 21 septembre 1911, à assurer l'élection de 17 conservateurs-nationalistes à la Chambre des communes. Leur influence atteint alors son paroxysme. Insuffisamment organisé, élitiste et trop centré sur Bourassa, le «mouvement nationaliste», qui refusera toujours de se transformer en véritable parti politique, se dissipe progressivement à partir de 1912, sans avoir réalisé ses principaux objectifs. (*Voir aussi* NATIONALISME CANADIEN-FRANÇAIS.)

Réal Bélanger

Ligue navale du Canada Organisation bénévole fondée en 1918 en vertu d'une charte fédérale et dont les origines remontent aux filiales de la Ligue navale de l'Empire britannique établies au Canada à partir de 1895. Elle a pour mission principale de promouvoir les intérêts maritimes du Canada et appuie depuis toujours l'expansion de la marine marchande. La ligue assure le bien-être des marins en temps de guerre et participe activement à la formation des jeunes. Les Brigades navales des garçons (aujourd'hui les Cadets de la Marine) sont fondées en 1903. Après 1945, on étend l'entraînement aux filles et aux préadolescents (cadets de la Ligue navale). (*Voir aussi* CADETS; FORCES ARMÉES.)

Marc Milner

Ligue pour l'unité ouvrière La ligue pour l'unité ouvrière (LUO) est une fédération syndicale nationale formée en 1929 à l'initiative du PARTI COMMUNISTE DU CANADA, à la suite de la décision prise en 1928 par l'Internationale communiste (Komintern) enjoignant aux communistes de rompre avec leur ancienne politique de collaboration au sein des partis travaillistes et syndicats existants et de radicaliser leurs positions. La nouvelle politique accentue la nécessité d'implanter des organisations révolutionnaires indépendantes des chefs syndicaux partisans d'une politique de collaboration entre classes sociales. La LUO est la principale organisation syndicale au Canada au début de la Crise des années 30. Elle tente d'organiser les ouvriers spécialisés et non qualifiés plutôt que les artisans. Particulièrement active auprès des mineurs et des bûcherons, la LUO jouit aussi d'un certain appui parmi les travailleurs industriels du Sud de l'Ontario et parmi les organisations de chômeurs. En 1935, elle est dissoute quand la politique officielle de l'Internationale communiste fait de nouveau appel à un front ouvrier uni devant la menace fasciste qui plane sur le monde entier. Bien qu'elle n'ait jamais compté plus de 40 000 membres, la ligue est à l'origine de la plupart des grèves qui se sont déroulées au début des années 30 et ses organisateurs ont continué leur œuvre en procurant aux syndicats du Congrès des organisations industrielles et du Congrès canadien du travail beaucoup de leurs organisateurs clés.

Alvin Finkel

Ligues ouvrières féminines Elles font leur apparition au Canada avant la Première Guerre mondiale. Créées sur le modèle des ligues ouvrières britanniques, qui sont affiliées au Parti travailliste indépendant, leur but consiste à soutenir les luttes des ouvrières et à appuyer le mouvement ouvrier. La portée de leurs actions et leur influence varient selon la région et le moment.

La Ligue ouvrière féminine de Winnipeg, dirigée par la socialiste Helen Armstrong, défend les ouvrières en grève durant la Première Guerre mondiale et tous les ouvriers au cours de la grève générale de 1919. Au Cap-Breton, les Ligues ouvrières féminines appuient les mineurs en grève et leurs familles durant les années 20. Après une période de croissance limitée, les ligues sont ranimées en 1923-24 par le PARTI COMMUNISTE DU CANADA. Sous la direction de Florence Custance, le nombre de ligues est porté à 37 en 1927, et la fédération des Ligues ouvrières féminines publie un journal mensuel, le *Woman Worker*, qui discute dans une perspective marxiste des questions pertinentes aux femmes de la classe ouvrière.

La majorité des membres sont des ménagères de la classe ouvrière et quelques-unes sont salariées. Beaucoup d'entre elles sont de langue finnoise, yiddish ou ukrainienne, à l'image de l'emprise du mouvement communiste sur les groupes ethniques. Le programme des Ligues ouvrières féminines, radical à l'époque, inclut l'équité salariale, le congé de maternité et le contrôle des naissances. Bien que les ligues ne réussissent guère à syndiquer les femmes, elles démontrent l'inefficacité des lois sur le salaire minimum. Elles font un travail d'éducation, amassent des fonds pour les causes ouvrières et amènent leurs membres à mieux comprendre le socialisme. En 1930, on leur conseille de se joindre à la LIGUE POUR L'UNITÉ OUVRIÈRE. Par la suite, certaines filiales disparaissent, bien que quelques ligues très fortes poursuivent leur œuvre jusque dans les années 40.

Joan Sangster

Lillie, Beatrice Gladys (lady Robert Peel), comédienne (Toronto, 29 mai 1894—Henley-on-Thames, Angl., 20 janv. 1989). Ses chansons impertinentes et son collier de perles rebelle en font une artiste de revue aimée de tous. Selon Noël Coward, un de ses fidèles collaborateurs, elle est tout simplement «la femme la plus drôle au monde». Enfant, elle débute sa carrière comme chanteuse en faisant des tournées en Ontario, avec sa mère Lucie Anne et sa sœur aînée Murielle, pianiste («The Lillie Trio»). En 1914, elle fait des apparitions sur scène en Angleterre comme amateur, puis est engagée dans le chœur de la revue musicale *Not Likely!* Pendant la guerre, Lillie participe à une série de revues sous la direction du producteur André Charlot, qui la façonne pour en faire une vedette.

En 1920, elle épouse Robert Peel avec lequel elle a un fils, Robert. Après un retour triomphal à Toronto, elle fait ses débuts à New York dans la *Charlot's Revue*, en 1924. En tout, Lillie joue dans 30 revues, une douzaine de comédies musicales et sept films. Elle tient aussi l'affiche tour à tour au Palace Theatre de New York, au Palladium de Londres et au Café de Paris.

Son mari décède en 1934 et son fils meurt au service en 1942. Après la Seconde Guerre mondiale, au cours de laquelle elle divertit sans relâche les troupes, ses principaux spectacles sont: *Inside USA* (1948-1950), *An Evening with Beatrice Lillie* (1952-1956), *Auntie Mame* (1958) et *High Spirits* (1964; une version musicale de *Blithe Spirit* de Coward).

En 1972, Lillie publie une autobiographie désopilante, *Every Other Inch a Lady*, écrite en collaboration avec son compagnon, le chanteur John Philip Huck. Victime en 1975 d'un accident cérébrovasculaire qui la laisse pratiquement aveugle et aphasique, elle se retire avec Huck en Angleterre, où elle décède à l'âge de 94 ans. Son fidèle compagnon et protecteur meurt le lendemain.

David Gardner

Limace Nom commun de plusieurs espèces de MOLLUSQUES de la classe des gastéropodes qui se distinguent par l'absence de coquille externe. Les espèces terrestres ont des poumons, tandis que les espèces marines ont des branchies. Les limaces terrestres ont une coquille rudimentaire interne incrustée dans les tissus. Leur manteau renferme un sac pulmonaire qui communique avec l'extérieur par un unique pore respiratoire. Leur tête porte des tentacules sensoriels et un organe d'alimentation semblable à une râpe, la radula. Elles possèdent un pied musculaire dont elles se servent pour se déplacer par des mouvements musculaires péristaltiques facilités par des sécrétions visqueuses. La grande limace cendrée (*Limax maximus*), une espèce introduite d'Europe de couleur brun-gris, atteint environ 15 cm, mais la majorité des espèces terrestres sont beaucoup plus petites. La plus nuisible des espèces est la grande limace (*Arion ater*). La plupart des limaces sont herbivores, mais la grande limace se nourrit aussi voracement de chair et de fèces. Heureusement, cette espèce est facilement attirée par des appâts.

Melibe leonina est un gastéropode de la sous-classe des opisthobranches. Cette espèce prédatrice semi-pélagique se rencontre dans les canaux ouverts et calmes, les herbiers de zoostères et les forêts de kelp depuis la Colombie-Britannique jusqu'en Californie. Le nom du genre *Melibe* (comme du miel) fait référence à l'odeur de résine sucrée que laissent ces animaux sur tout ce qui les touche. *Melibe leonina* peut atteindre 10 cm de longueur et ressemble à une cuillère à soupe diaphane tronquée dont le manche serait couvert de plusieurs feuilles gonflées et ovoïdes. D'apparence délicate, elle est souvent prise pour une méduse étrange. Les espèces du genre *Meli-*

be sont habituellement de couleur jaune, brune, grise et lavande translucide, mais sont parfois incolores. *Melibe leonina*, fervente de la nage par coups et torsions, peut également emprisonner de l'air dans un capuchon céphalique afin d'augmenter sa flottabilité. Ce capuchon en forme de panier est bordé de nombreux tentacules minces utilisés comme filtre afin de retenir les individus minuscules du ZOOPLANCTON lorsque l'eau est expulsée du capuchon. La reproduction est un événement social puisque des centaines d'animaux se réunissent à un même endroit pour se reproduire. Les grands rubans spiralés d'œufs sont pondus en été.

Peter V. Fankboner

Limite forestière La limite forestière (*voir* ARBRES) atteint les plaines continentales en latitude, les hautes terres et les montagnes en altitude. Certaines essences poussent au-delà de cette limite, mais sous forme d'arbustes, jusqu'à la «limite des essences forestières».

Facteurs d'influence La limite des arbres est fonction du climat du sol. Dans le Nord, elle correspond habituellement à la position modale (la plus courante) de la limite Sud du front arctique en été, et à la ligne isotherme moyenne de 10 ºC en juillet. Cependant, dans les endroits où le sol est plus profond et la température plus chaude que la normale, comme dans les vallées fluviales (celle de la RIVIÈRE THELON, entre autres) ou sur les ESKERS sablonneux des hautes terres, des rubans d'arbres pénètrent profondément dans la toundra.

Essences de la limite des arbres Les essences de la limite des arbres sont le sapin subalpin, le pin albicaule (ou à écorce blanche) et le mélèze subalpin dans les montagnes rocheuses; l'épinette noire, l'épinette blanche et le mélèze, en Alaska et dans le Nord du Canada. Des espèces apparentées d'épinette et de mélèze mêlées au bouleau et au pin blanc prolongent la limite des arbres dans toute l'Eurasie.

Limite instable Les données sur le pollen (*voir* PALYNOLOGIE) et le bois fossile révèlent que la limite des arbres de ce continent a beaucoup varié dans le passé, avançant sur des centaines de kilomètres durant les périodes de réchauffement et reculant vers le sud au cours des périodes de refroidissement. On connaît trois mouvements importants. Le premier a eu lieu durant l'ère tertiaire (il y a entre 65 et 1,65 million d'années) et a atteint l'île Ellesmere; plus tard, au cours de l'ère pléistocène (il y a entre 1,65 million à 100 000 ans), il a atteint la partie la plus septentrionale du Groenland, de même que l'île Meighen et l'île Banks; plus récemment, pendant l'ère holocène (il y a environ 100 000 ans), il a atteint la vallée du Mackenzie et Tuktoyaktuk (T.N.-O.). Ces mouvements durent plusieurs centaines d'années.

Les changements climatiques peuvent provoquer des déplacements brusques de la limite des arbres, parce que la production de graines et la survie des jeunes plants y sont précaires. Le risque d'incendie, particulièrement grand dans les forêts de conifères durant les périodes sèches, ajouté aux coupes faites par l'homme, font qu'aujourd'hui la limite des arbres est diffuse et instable. Les lignes pointillées et la légende «Limite approximative des arbres» que l'on voit sur les cartes nationales de levés topographiques sont délibérément imprécises, en partie faute d'études suffisantes sur le terrain.

J. Stan Rowe et Serge Payette

Lin (*Linum usitatissimum*) Plante annuelle de la famille du même nom (linacées). Le lin est semé et récolté sensiblement de la même façon qu'une CÉRÉALE printanière et arrive à maturité en même temps que le blé. Ses fleurs ont cinq pétales (habituellement bleus, mais parfois blancs) et produisent une drupe ou capsule (le fruit) contenant jusqu'à dix petites graines ovales et plates, mesurant chacune de 2 à 6 mm de diamètre. Les graines mûres contiennent 40 p. 100 d'huile et 25 p. 100 de protéines. La proportion d'acide alpha-linoléique dans l'huile est remarquable: elle dépasse souvent les 50 p. 100. L'enve-

loppe de la graine est généralement brune mais, chez certaines variétés, elle est jaune.

Bien que son lieu d'origine soit inconnu, le lin était cultivé dans l'Égypte antique pour les fibres de sa tige utilisées dans la fabrication des vêtements. L'huile extraite des graines (huile de lin) fut d'abord un produit secondaire tiré de la production de fibre de lin, mais, avec la révolution industrielle, elle était en forte demande comme huile siccative (peintures, aciérie, linoléum et toiles cirées). Au XXᵉ siècle, on cultive le lin surtout pour son huile. En Europe, une variété est destinée à l'extraction des fibres qui entrent dans la fabrication de textile et qui sert aussi à des fins industrielles comme tissus imperméables et résistants à la corrosion.

Le Canada produit le lin seulement comme PLANTE OLÉAGINEUSE à des fins industrielles. L'Ouest du pays en cultive 750 000 ha, dont 60 p. 100 de la culture se pratique en Saskatchewan. Le rendement moyen en 1995 est de 1300 kg/ha. Une certaine quantité des graines broyées est destinée à l'industrie domestique de la peinture, mais on en exporte la plus grande partie aux États-Unis, en Europe et au Japon. Le tourteau, résultant du broyage des graines, est utilisé comme supplément protéique chez les animaux. Les graines de lin entières ou broyées sont aussi utilisées dans une vaste gamme de pâtisseries. À partir de la paille de lin, on produit du papier à cigarettes parce qu'il brûle proprement et n'a pas de goût. Les fibres entrent également dans la fabrication du papier-monnaie auquel elles confèrent de la résistance.

Récemment, une nouvelle variété de lin, le solin, a été conçue pour le marché des huiles comestibles. Le solin se définit comme étant une graine de lin dont l'huile contient moins de 5 p. 100 d'acide alpha-linoléique et ressemble beaucoup à celle du tournesol. L'huile de solin (Linolaᵐᵉ) est légère et est tout indiquée pour la préparation de vinaigrettes, la fabrication de margarine et pour faire cuire les aliments. Au Canada, les graines de solin doivent également posséder une enveloppe jaune. Outre la composition de l'huile, toutes les autres caractéristiques du solin demeurent identiques à celles du lin traditionnel.

G.G. Rowland

Lincoln, ville de l'Ont.; pop. 18 801 (rec. 1996), 17 149 (rec. 1991), 14 391 (rec. 1986); superf. 163,43 km²; const. en 1970; située dans la péninsule du Niagara, tout juste à l'ouest de St. Catharines. La ville est composée des cantons de Clinton et de Louth (en partie) ainsi que de la ville de Beamsville, et comprend plusieurs communautés distinctes (Beamsville, Vineland, Jordan, Jordan Station et Campden) parsemées de régions rurales. L'endroit est colonisé dans les années 1780, et les diverses communautés se développent principalement afin de répondre aux besoins agricoles. Depuis 1900, Lincoln joue un rôle important dans la culture des fruits fragiles et dans la viticulture. L'une des plus anciennes caves vinicoles du Niagara se trouve à Jordan. Bien que la région soit surtout constituée de Britanniques, les mennonites et, depuis peu, les Hollandais forment une partie importante de la population. Cette ville, qui tire son nom de Lincolnshire, en Angleterre, attire un grand nombre d'industries légères, notamment près de l'AUTOROUTE QUEEN ELIZABETH, et possède diverses installations touristiques. De plus, les gouvernements fédéral et provincial ont implanté des installations de recherche agricole à Vineland.

H.J. Gayler

Linder, Herman, éleveur, concurrent de rodéo et promoteur (Darlington, Wis., 5 août 1907). Fils d'un artiste de cirque émigré de Suisse en Amérique du Nord, le jeune Linder s'amuse à monter de jeunes taureaux et des chevaux non dressés. Durant les années 20, il entreprend de participer à des rodéos en compagnie de son frère Warner, avec qui il habite à Cardston, en Alberta. À sa première participation au Stampede de Calgary, il remporte le double championnat des catégories Canadian Bronc et Bareback

Bronc Riding (monte à cru). Surnommé «le roi des cowboys» au Stampede, il y remporte, de 1929 à 1939, sept championnats canadiens toutes catégories en plus du championnat nord-américain cinq années d'affilée.

En 1936, Linder fait partie des 61 cowboys qui déclenchent la première grève du rodéo au Boston Gardens, ce qui précipite la création de la Rodeo Cowboys' Association et, plus tard, de la Canadian Pro Rodeo Association. Il se fait ensuite producteur de rodéos, dont un présenté à Expo 67, à Montréal. Il est membre du National Cowboy Hall of Fame (américain) et chef honoraire des Gens-du-Sang.

Ted Barris

Lindner, Ernest, artiste (Vienne, Autriche, 1ᵉʳ mai 1897—Saskatoon, 4 nov. 1988). Lindner arrive au Canada en 1926 et travaille d'abord comme ouvrier agricole sur une ferme en Saskatchewan. En 1931, il est reconnu localement en tant qu'artiste et, en 1933, il commence à exposer dans l'Est du Canada. Bien qu'il ait réalisé des gravures sur linoléum et sur bois et qu'il ait étudié l'eau-forte et la lithographie, Lindner est plus connu pour ses œuvres à l'aquarelle et au crayon. Son sujet de prédilection est le cycle de la vie, et sa métaphore préférée est celle de la flore des forêts nordiques de la Saskatchewan. Les dernières images de Lindner sont souvent des compositions de formes humaines et de plantes, se chevauchant et se mélangeant mutuellement. Il est un artisan extraordinaire et est reconnu pour tenir à ses idées. Il est reçu membre de l'ACADÉMIE ROYALE DES ARTS DU CANADA en 1977 et officier de l'Ordre du Canada. Ses œuvres se trouvent dans les collections du MUSÉE DES BEAUX-ARTS DU CANADA à Ottawa, du GLENBOW MUSEUM à Calgary et de la Winnipeg Art Gallery.

Judy Gouin

Lindsay, ville de l'Ont.; pop. 17 638 (rec. 1996), 16 696 (rec. 1991), 14 455 (rec. 1986); superf. 15,19 km²; const. en 1857; située le long de la rivière Scugog, qui la relie au lac Sturgeon et à la voie navigable Trent-Severn, à environ 95 km au nord-est de Toronto. La localité s'appelle à l'origine Purdy's Mills, du nom de William Purdy, un colon américain qui y construit des minoteries et des scieries en 1828. Purdy érige aussi un barrage pour retenir les eaux de la rivière Scugog, créant ainsi le lac Scugog dans une région autrefois marécageuse. Cet ouvrage cause toutefois des inondations sur les terres agricoles qui l'entourent, poussant les fermiers à envahir la ville et à détruire le barrage. On donne à la ville le nom de Lindsay en mémoire d'un arpenteur adjoint qui y meurt après avoir été accidentellement atteint d'un coup de feu.

En 1844, le gouvernement construit une écluse qui ouvre la rivière Scugog à la navigation. Une nouvelle écluse, construite en 1870, fait partie du réseau de navigation Trent-Severn qui compte aujourd'hui 43 écluses. Au fil des ans, Lindsay prospère grâce à l'agriculture et à l'exploitation forestière. De nos jours, en plus d'être le chef-lieu du comté de Victoria, elle possède une économie plus diversifiée, soutenue par l'agriculture et les industries de fabrication. Située dans un milieu naturel baigné de lacs, Lindsay constitue une destination touristique privilégiée à longueur d'année. On y trouve également un campus du Sir Sandford Fleming College of Applied Arts and Technology.

Daniel Francis

Lindsay, Theodore, dit Ted, joueur de hockey (Renfrew, Ont., 29 juill., 1925). Il devient membre des Red Wings de Detroit en 1944 et joue à l'aile gauche sur la célèbre «Production Line», en compagnie de Sid Abel au centre et de Gordie HOWE à l'aile droite. Il remporte le championnat des compteurs au cours de la saison 1949-1950, mais sa réputation est surtout fondée sur sa robustesse et ses mises en échec redoutables. Il est échangé à Chicago lorsque le directeur général de l'équipe de Detroit, Jack Adams, découvre son rôle dans la formation de l'Association des joueurs de la Ligue nationale de hockey. Son palmarès de 379 buts et de 472 assistances constitue, au moment de sa retraite, un record pour un ailier gauche. Il tente par la suite un retour infructueux à Detroit à titre de directeur général.

James Marsh

Lindsley, Thayer, ingénieur minier, promoteur (Yokohama, Japon, 17 août 1882—New York, N.Y., 29 mai 1976). Né au Japon de parents américains, Lindsley vient aux États-Unis à l'âge de 15 ans. Il reçoit son diplôme d'ingénieur d'Harvard et travaille pour le métro de la ville de New York. Après avoir servi pendant la Première Guerre mondiale, il installe une mine en Oregon et la vend pour 30 000 $ en 1923. Avec ce capital, il lance en 1928 la compagnie Ventures Ltd, qui fait de la prospection, développe et finance des mines et possède au milieu des années 50 des mines ou des parts dans des mines sur tous les continents, sauf l'Asie. Son entreprise la plus connue est la Falconbridge Nickel Mines, près de Sudbury en Ontario; il l'incorpore en 1928 avec un associé, Joseph Errington. Avec son frère, Halstead, il contribue aussi à la fondation des mines Sherritt Gordon en 1927.

Robert Bothwell

Linguistique Étude du LANGAGE. Le langage accompagne presque toutes les activités humaines, et en est bien souvent le véhicule. Objet de spéculation et de recherche au fil de l'histoire, l'étude du langage a pris au XXᵉ siècle le nom de «linguistique», terme qui traduit l'importance acquise de nos jours par cette discipline qui comporte des méthodes et des techniques bien particulières.

Les fondements de cette discipline moderne remontent au début du XXᵉ siècle. C'est Ferdinand de Saussure, professeur à l'université de Genève, qui rassemble en une théorie cohérente les résultats de diverses études sur les langues. Dans les trois décennies qui suivent, de nombreux chercheurs vont enrichir et raffiner le système élaboré par de Saussure. Nikolas S. Trubetzkoy et Roman Jakobson (URSS), Edward SAPIR et Leonard Bloomfield (États-Unis), J.R. Firth (Grande-Bretagne), Louis Hjelmslev (Danemark) et André Martinet (France) figurent parmi les premiers linguistes. Depuis 1950, la linguistique s'est solidement établie dans le monde entier. On doit son développement rapide aux travaux stimulants et souvent controversés du linguiste américain Noam Chomsky, dès son premier ouvrage *Syntactic Structures* (1957). Les idées de Chomsky constituent un défi non seulement pour la tradition établie par de Saussure, mais aussi pour les philosophes, les mathématiciens et les psychologues.

Linguistique au Canada Le Canada est riche en langues, avec des dizaines de langues autochtones (*voir* AUTOCHTONES, LANGUES DES), deux langues officielles (*voir* LANGUE ANGLAISE; LANGUE FRANÇAISE) et plusieurs langues d'immigrants, comme l'italien, le portugais, l'ukrainien, le grec, le chinois et le japonais (*voir* ETHNIES, LANGUES DES). Une grande partie des signes distinctifs du Canada sur les plans politique, culturel et social ainsi que beaucoup de sujets litigieux sur le plan national s'expliquent par le multilinguisme. La langue et l'étude des langues jouent un rôle important dans la société canadienne. C'est pourquoi l'étude de la linguistique en tant que discipline systématique a trouvé au Canada un terrain fertile.

Pendant plusieurs années, les linguistes ont travaillé individuellement dans les services du gouvernement, dans les musées ou encore dans les départements d'ANTHROPOLOGIE et de langues des universités. Le premier département de linguistique (qui est toujours un des plus grands au Canada) s'ouvre à l'U. de Montréal à la fin des années 40, sous l'impulsion de Jean-Paul Vinay qui a rassemblé des collègues de plusieurs départements. Lorsque des chercheurs de tous les coins du pays se réunissent à l'U. du Manitoba en 1954 pour former la Canadian Linguistic Association/l'Association des linguistes du Canada, une étape décisive est franchie, ouvrant la voie à cette discipline. Henri Alexander de l'U. Queen en devient le premier président (1954-1956). D'autres membres fondateurs lui succèdent dans les premières années: Gaston Dulong, J.B. Rudnyckyj, E.R. Seary, Vinay, M.H. Scargill, Jean Darbelnet et Walter S. Avis. Ils commencent également à publier *The Canadian Journal of Linguistic* qui, de ses modestes débuts en 1954, deviendra par la suite un forum international pour la recherche en linguistique.

Au cours des années 60, beaucoup d'universités, à commencer par l'U. Laval à Québec (1961), s'agrandissent pour ouvrir des départements de linguistique. Les universités anglaises du Canada les rattrapent quelques années plus tard. Les universités Memorial, de Toronto, d'Alberta et Simon Fraser élargissent leurs programmes de linguistique pour en faire des départements à part entière. Dès 1975, des départements sont créés à Sherbrooke, à McGill, à l'UQAM, à Ottawa, à Carleton, à Calgary, à l'U. de la Colombie-Britannique et à Victoria. Aujourd'hui, même s'il ne s'est pas ouvert de nouveaux départements, la plupart des universités canadiennes enseignent cette discipline.

Représentation mentale de la langue Les linguistes cherchent à découvrir les principes qui soustendent l'aptitude humaine pour le langage. Ils partent d'observations qui sautent aux yeux: tous les locuteurs d'une langue peuvent produire et comprendre un nombre illimité de phrases. Leur aptitude se développe rapidement à un jeune âge, sans apprentissage ou enseignement conscient. Ils savent automatiquement lorsqu'une phrase est grammaticale, est logique ou est ambiguë. Ils ne peuvent cependant pas découvrir les principes régissant leur aptitude linguistique simplement en pensant à ce qui se passe dans leur tête au moment où ils parlent.

La représentation mentale qui permet au locuteur d'utiliser la langue s'appelle la grammaire (à ne pas confondre avec les règles destinées à aider les étudiants à mieux écrire). Ces quelques observations simples à propos de la langue montrent que la grammaire n'est pas un dispositif simple. Elle doit être un dispositif fini capable d'une production infinie, car chaque être humain peut produire et comprendre un ensemble potentiellement illimité d'expressions. Cet ensemble est organisé en différents niveaux, étant donné que les locuteurs peuvent juger leurs phrases de plusieurs façons. Ce processus est subconscient (ou tacite). Il est inné plutôt qu'acquis. Ainsi, l'étude de la grammaire constitue le noyau de la linguistique.

Utilisation sociale de la langue Les résultats de l'étude de la grammaire sont appliqués à l'interaction humaine dans plusieurs sous-domaines. Parmi ces derniers, les plus actifs au Canada sont la phonétique, ou l'étude physiologique et acoustique des sons du langage; la psycholinguistique, étude expérimentale des processus qui permettent de comprendre et de produire des énoncés; la linguistique du développement, c.-à-d. l'observation des voies par lesquelles les enfants acquièrent et développent leurs capacités langagières; la dialectologie, ou l'étude des variations régionales parlées du français, de l'anglais ou des LANGUES AUTOCHTONES; et la sociolinguistique, ou l'étude des relations entre langage, culture et société.

La linguistique est appliquée dans plusieurs domaines, notamment la lexicographie (la préparation de DICTIONNAIRES), la TRADUCTION, l'enseignement des langues secondes (principalement la LANGUE ANGLAISE et la LANGUE FRANÇAISE), et dans les conflits d'ordre juridique (l'OBSCÉNITÉ, les MARQUES DE COMMERCE, la diffamation, etc.).

Mosaïque culturelle et multilinguisme La Canada est reconnu sur le plan international pour sa diversité. Au lieu d'être un creuset linguistique dans lequel on demande aux émigrants de s'intégrer rapidement, le Canada représente une mosaïque culturelle. Le MULTICULTURALISME ne va pas sans le multilinguisme et, sous cet aspect, le Canada constitue un laboratoire vivant pour la linguistique moderne. (*Voir aussi* CULTURE; RELATIONS INTERCULTURELLES.)

J.K. Chambers

Lion de mer ou Otarie de Steller (*Eumetopia jubata*) La plus grande des espèces d'otariidés (*voir* PHOQUE), se rencontre sur la côte du Pacifique Nord depuis le Japon jusqu'en Californie. Il existe deux grosses colonies reproductrices sur la côte de la Colombie-Britannique. L'hiver, les lions de mer migrent vers le Sud et les côtes.

Description Les mâles mesurent en moyenne 3 m de longueur et pèsent jusqu'à 900 kg et les femelles pèsent moins de la moitié de ce poids. Le lion de mer a un pelage court, rude, dépourvu de poils de bourre, et il possède une couche de graisse. Les individus des deux sexes sont brun-roux, mais les mâles ont les parties inférieures chamois. Les femelles sont minces et ont un profil hydrodynamique, tandis que les mâles ont le cou renflé et le torse volumineux.

Leurs nageoires sont grandes et non poilues. Celles de devant sont utilisées pour la propulsion. Sur la terre ferme, celles de derrière sont orientées vers l'avant et permettent à l'animal de se déplacer en clopinant. Le lion de mer est un nageur puissant et gracieux.

Régime alimentaire Il se nourrit principalement de goberge et d'INVERTÉBRÉS. Depuis peu, on établit un lien entre l'exploitation intensive de goberge, qu'on transforme en simili-CRABE, et le déclin des populations de lions de mer, qui sont passées de plus de 100 000 individus à 30 000.

Reproduction et croissance Le lion de mer est polygame, et le mâle peut posséder un harem de 5 à 20 femelles, qu'il défend. Les petits naissent en mai ou en juin, et la femelle s'accouple environ une semaine plus tard. La gestation dure quelque 51 semaines.

Ian McTaggart-Cowan

Lions de la Colombie-Britannique Cette équipe de FOOTBALL dispute son premier match le 11 août 1954 dans l'Empire Stadium de Vancouver. À leur première saison, à l'époque où ils sont entraînés par Annis Stukus, aussi directeur général, les Lions ne remportent qu'une seule victoire, et ce n'est pas avant 1959 qu'ils atteignent les séries finales de la Ligue de football de l'Ouest. En 1963, grâce à l'entraîneur Dave Skrien et au quart-arrière Joe Kapp, ils participent à leur première COUPE GREY, mais s'inclinent devant Hamilton avec un score de 21 à 10. Toutefois, en 1964, ils reviennent en force en défaisant les Tiger-Cats par 34 à 24.

Les Lions doivent attendre 19 ans avant de se rendre à nouveau à la finale nationale, en 1983. Ils perdent alors contre Toronto. Sous la direction de Don Matthews, ils enregistrent trois premières places consécutives (1983-1985) dans leur tout nouveau stade de 60 000 places, le BC Place (premier stade couvert au Canada). En 1985, ils connaissent la meilleure saison de leur histoire en remportant la coupe Grey contre Hamilton (13 à 3). En 1988, ils atteignent de nouveau la finale de la Coupe, mais la victoire revient à Winnipeg.

En 1989, des difficultés financières forcent la vente de l'équipe, de propriété collective, au truculent promoteur de valeurs mobilières de Vancouver, Murray Pezim. Pezim essaie de raviver l'intérêt des fans en recrutant des joueurs américains très populaires, comme Doug Flutie et Mark Gastineau. Les Lions continuent néanmoins d'essuyer des pertes. De plus, ils perdent Flutie aux mains de Calgary avant le début de la saison 1992 et Pezim quitte l'équipe à la mi-saison. Bill Comrie, homme d'affaires d'Edmonton, et la Ligue canadienne de football sauvent l'équipe tard dans la saison, puis, en janvier 1993, Comrie en devient l'unique propriétaire.

Derek Drager

Lis Plantes du genre *Lilium* appartenant à la famille des liliacées. Cette famille, qui compte plus de 200 genres et peut-être 3000 espèces, comprend des plantes aussi variées que l'oignon, la jonquille et le muguet. Certains auteurs la divisent en sous-familles, et d'autres en familles distinctes. On trouve dans la famille des liliacées surtout des plantes herbacées dont les racines prennent, entre autres, la forme de bulbes, de tubercules ou de rhizomes. Le genre *Lilium* compte environ 80 espèces indigènes des régions tempérées nordiques. Le lis du Canada (*Lilium canadense*) et le lis de Philadelphie (*L. philadelphicum*) sont indigènes du Canada. Les lis sont parmi les PLANTES ORNEMENTALES les plus populaires, et on en fait de nombreux croisements décoratifs.

Depuis 1941, le lis de Philadelphie est l'emblème floral provincial de la Saskatchewan (*voir* EMBLÈMES FLORAUX PROVINCIAUX). Il abonde dans les prés et les clairières, mais la cueillette des fleurs affaiblit les plants et cause leur disparition progressive. Le lis blanc (*L. candidum*), une espèce de grande taille (1,2 à 1,5 m) importée d'Asie, a des fleurs blanches parfumées en forme de trompette, ses étamines sont jaunes. Bien qu'elle ne soit pas indigène du Québec et qu'elle soit difficile à cultiver, cette espèce est choisie comme emblème floral du Québec en 1963. Elle ressemble à la fleur de lis de l'emblème héraldique et du drapeau du Québec, mais on considère généralement que celle-ci est une version stylisée d'une fleur trouvée le long de la rivière Lys, en France, probablement l'*Iris pseudacorus*.

On propose l'iris versicolore (*I. versicolor*) comme nouvel emblème floral du Québec. Cette jolie fleur bleu-violet de 8 cm de diamètre est indigène du Canada (du Manitoba jusqu'au sud du Labrador, à Terre-Neuve et en Nouvelle-Écosse) et apparaît à la fin de mai ou au début de juin.

Céline Arseneault

Liseron La famille des liserons (convolvulacées) compte 1200 espèces de plantes herbacées et est représentée au Canada par le liseron commun cultivé (*Ipomoea purpurea* ou Morning Glory) et par trois espèces parentes; 11 espèces de cuscutes grimpantes et parasitaires (genre *Cuscuta*); et cinq espèces de liserons du genre *Convolvulus*. Le liseron commun, moins recherché qu'auparavant comme PLANTE ORNEMENTALE de jardin, est devenu une mauvaise herbe ou pousse dans les terrains en friche. Indigène des régions tropicales de l'Amérique, il s'apparente de très près à la patate douce. Les cuscutes sont des plantes annuelles sans feuilles ni chlorophylle et ressemblent au lierre. Leurs tiges orange ou rougeâtres ressemblent à des fils et s'enroulent autour des tiges des herbes et des arbustes; elles se fixent à une plante hôte au moyen de suçoirs pour absorber l'eau et les nutriments. Une fois que les suçoirs sont en fonction, les racines de la cuscute disparaissent. Deux espèces de liserons sont d'importantes mauvaises herbes du Canada. Le liseron des champs (*C. arvensis*), une espèce vivace européenne qu'on trouve dans tout le Canada (sauf probablement à Terre-Neuve et à l'Île-du-Prince-Édouard), s'enroule autour des plantes agricoles et autres plantes et se reproduit par ses graines et par ses tiges souterraines. Ses fleurs blanches légèrement teintées de rose mesurent environ 2,5 cm de diamètre. Le liseron des haies (*C. sepium*), ressemblant au liseron des champs, porte des fleurs pouvant atteindre 5 cm de diamètre.

Paul B. Cavers

Lisgar, sir John Young, baron, politicien, administrateur colonial, gouverneur général du Canada et gouverneur de l'Île-du-Prince-Édouard de 1869 à 1872 (Bombay, Inde, 31 août 1807—Bailieborough, Irl., 6 oct. 1876). John Young fait ses études à Eton et à Corpus Christi, à Oxford. Député conservateur du comté de Cavan, il est lord de la Trésorerie de 1844 à 1846 et premier secrétaire pour l'Irlande de 1852 à

1855. Avant de venir au Canada, les mandats de Young dans les colonies, aux îles Ioniennes et en Nouvelle-Galles du Sud, ont tous les deux pris fin dans la controverse. Pendant son mandat au Canada, il s'emploie activement à atténuer les tensions canado-américaines provoquées par la RÉBELLION DE LA RIVIÈRE ROUGE et les attaques des Fenians. Fervent partisan de la CONFÉDÉRATION, il tente d'agir en tant que médiateur lors du conflit créé par le transfert de la TERRE DE RUPERT et l'entrée du Manitoba dans la Confédération, puis incite la Colombie-Britannique à y entrer à son tour. Il met aussi sur pied la garde à pied du gouverneur général. Malgré son franc-parler et son indépendance, Lisgar est considéré par John A. MACDONALD comme le gouverneur général le plus compétent qu'il ait connu.

Carman Miller

L'Islet-sur-Mer, village du Qc; pop. 1786 (rec. 1996), 1782 (rec. 1991); superf. 56,82 km². L'Islet-sur-Mer est situé sur la rive sud du fleuve SAINT-LAURENT, à 100 km à l'est de Québec dans les anciennes seigneuries de L'Islet-Saint-Jean et de Bonsecours concédées en 1677. Avant l'arrivée du premier curé en 1745, L'Islet est desservi par des prêtres missionnaires, et la paroisse de Notre-Dame-de-Bon-Secours-de-L'Islet est fondée en 1721. L'agriculture demeure la principale activité économique jusqu'à la fin du XIXᵉ s.

L'arrivée du chemin de fer en 1860 entraîne une certaine croissance industrielle. Plusieurs travaux de maçonnerie exploitent les dépôts d'argile de la région, mais les ressources s'épuisent vite. Une fonderie en activité depuis de nombreuses années se recycle dans la fabrication de remorques. Une grande entreprise qui fabrique des meubles de rangement ouvre plusieurs ateliers dans le village. La création de ces industries a une influence sur l'urbanisation: en 1911, le village se sépare de la paroisse fondée vers 1845; en 1950, L'Islet-Station se sépare également et, par la suite, devient une ville: L'Islet. L'église construite en 1768 est classée monument historique et contient de nombreux chefs-d'œuvre religieux. Un important musée maritime y ouvre ses portes en 1970. Le 1ᵉʳ janvier 2000, la municipalité est fusionnée avec deux de ses voisines pour devenir L'Islet-sur-Mer – St-Eugène – L'Islet.

Antonio Lechasseur

Lismer, Arthur, peintre et enseignant (Sheffield, Angl., 27 juin 1885—Montréal, 23 mars 1969). Lismer étudie à la Sheffield School of Art (1899-1906) et à l'Académie royale des beaux-arts, à Anvers (1906-1907). Il s'installe au Canada en 1911 et cherche un emploi comme dessinateur publicitaire. À la Grip Engraving Company, de Toronto, il fait la connaissance de J.E.H. MACDONALD, de Tom THOMSON et de F.H. JOHNSTON et, peu après, celle de Frank CARMICHAEL. En 1912, il retourne en Angleterre pour se marier. Il y parle du Canada en termes si élogieux que F.H. VARLEY le suit à Toronto.

Lismer commence sa brillante carrière de professeur d'art à Halifax, où il est directeur de la Victoria School of Art and Design, aujourd'hui le Nova Scotia College of Art and Design (1916-1919). Travailleur prodigieux, il peint en 1918 et 1919 des vues du port de Halifax ainsi que le retour des navires de transport des troupes pour les archives de guerre canadiennes. En 1919, il retourne à Toronto et devient vice-président du Collège des beaux-arts de l'Ontario, puis il est membre fondateur du GROUPE DES SEPT, en 1920.

Les premiers tableaux canadiens de Lismer sont fortement influencées par John Constable, mais, au cours des années 20, il développe un style expressionniste énergique et personnel, caractérisé par des couleurs crues, un empâtement prononcé, des touches volontairement grossières et des formes simplifiées. Cependant, Lismer consacre le plus clair de son temps à l'enseignement de l'art. De 1927 à 1938,

il supervise le service éducatif de l'Art Gallery of Toronto (aujourd'hui le Musée des beaux-arts de l'Ontario). En 1932, il entreprend une tournée nationale de conférences. Il est ensuite invité à donner des conférences en Europe et en Afrique du Sud. Il enseigne en Afrique du Sud en 1936 et 1937.

En 1938, Lismer est professeur invité au Teachers' College, en Colombie-Britannique. De 1941 à 1967, il dirige le Montreal Children's Art Centre, associé au Musée des beaux-arts de Montréal. Cette activité lui laisse peu de temps pour peindre, mais il produit un grand nombre de ses œuvres les plus originales après 1930, peignant d'abord dans les Maritimes et dans la baie Géorgienne, puis, à partir de 1951, il peint tous les étés à Long Beach, dans l'île de Vancouver. L'atmosphère effrayante, viscérale et claustrophobe qui se dégage d'un grand nombre de ces toiles ne plaisaient pas à ses contemporains. Ses œuvres sont cependant mieux accueillies de nos jours, car elles semblent découler d'une forme d'expressionnisme profond et personnel.

Christopher Varley

Listowel, ville de l'Ont.; pop. 5467 (rec. 1996), 5404 (rec. 1991), 5107 (rec. 1986); superf. 6,19 km²; const. en tant que village en 1867 et en tant que ville en 1875; située à 66 km au nord-ouest de KITCHENER-WATERLOO. À l'origine, le nom de la ville est Mapleton. Il change par la suite lors de l'inauguration du bureau de poste. C'est un fonctionnaire qui choisit le nouveau nom, qui fait référence à une ville du même nom dans le comté de Kerry, dans le sud-ouest de l'Irlande.

Le premier colon à s'établir de façon permanente, John Binning, arrive dans la région en 1857. En 1871, la Wellington, Grey and Bruce Railway prolonge sa voie ferrée jusqu'à Listowel, laquelle est raccordée à une deuxième voie ferrée en 1873, la Stratford and Huron Railway. Listowel devient alors un point d'expédition important. La population double lorsque les industries, dont une filature de laine cardée, une scierie, une usine de rabotage et une tannerie, s'installent dans la ville. En 1891, la Morris, Field, Rogers Company Ltd commence à produire des pianos Morris à Listowel.

Aujourd'hui, Listowel est un centre d'affaires qui dessert la région environnante. L'artiste canadien Horatio WALKER, connu pour ses peintures représentant la vie à la ferme au Québec, est natif de cette ville. Sa maison fait d'ailleurs partie de l'itinéraire de la visite à pied des lieux historiques de la ville.

Deborah Welch et Michael Payne

Litherland, Albert Edward, «Ted», atomicien (Wallasey, Angl., 12 mars 1928). Litherland obtient un baccalauréat en sciences (1949) et un doctorat (1955) de l'U. de Liverpool. Il est membre du Conseil national de recherches de 1953 à 1955 et scientifique de carrière de 1955 à 1966 à Énergie atomique du Canada ltée. On le nomme professeur titulaire de physique à l'U. de Toronto en 1966, puis professeur distingué en 1979. Il est professeur invité à Oxford en 1960/1961 et en 1972/1973. Litherland publie plus de 100 articles scientifiques dans des domaines tels que la fission induite par électrons, la spectroscopie nucléaire, les mouvements collectifs de noyaux légers et la conception d'accélérateurs.

Il a récemment fondé le laboratoire «Isotrace» (Isotope and Rare Atom Counting Equipment) à Toronto, qui utilise des techniques nucléaires dans un spectromètre de masse hypersensible pour procéder à des datations archéologiques, à la détection d'éléments traces, etc. Il est membre de la Royal Society of London, de la Société royale du Canada et de l'American Physical Society. Il reçoit, entre autres, la médaille d'or de l'Association canadienne des physiciens en 1971, la médaille Rutherford du British Institute of Physics en 1974, une bourse Killam en 1980 et une bourse Guggenheim en 1986. La Société royale du Canada lui décerne la médaille Henry-Marshall-Tory en 1993.

L. Trainor

Litige sur le bois d'œuvre Le premier litige survient en 1982 à la suite d'une plainte de l'industrie américaine du bois d'œuvre voulant que les droits de coupe peu élevés pratiqués par le Canada constituent un avantage injuste. Au Canada, les provinces possèdent la plupart des ressources forestières et établissent elles-mêmes les droits de coupe, alors qu'aux États-Unis, les tarifs sont fixés aux enchères. En 1983, le ministère du Commerce américain repousse la mise en application des droits compensateurs, mais en 1985 l'industrie canadienne a conquis plus du tiers du marché américain. En juin de la même année, les producteurs américains établissent la *Coalition for Fair Lumber Imports* qui fait à nouveau pression sur Washington et qui cherche à redresser la situation par l'intermédiaire de la Commission du commerce international.

En janvier 1986, le Canada et les États-Unis entament des négociations sous les pressions additionnelles exercées par le président américain, Ronald Reagan, qui s'est engagé auprès des producteurs américains à prendre les mesures nécessaires en cas d'échec des négociations bilatérales. Le 19 mai 1986, la coalition dépose une requête en compensation se chiffrant par des droits d'importation de 27 p. 100. Le 26 juin, la Commission du commerce international décrète que les politiques canadiennes ont desservi les producteurs américains. Dans l'intervalle, le premier ministre de la Colombie-Britannique, William VANDER ZALM, stupéfie les producteurs canadiens en déclarant que les droits de coupe sont trop bas, reconnaissant ainsi la validité de la plainte formulée par les États-Unis. En septembre, la ministre du Commerce, Pat CARNEY, consent à faire des concessions en augmentant les droits de coupe de 10 p. 100. Entre-temps, le ministère du Commerce américain prend la décision d'imposer des droits de 15 p. 100. Les Canadiens entreprennent d'annuler ces droits au moyen d'un accord de suspension selon lequel le montant de toute prétendue subvention alléguée par les États-Unis peut être gardé par le Canada. Cet accord, toutefois, donnerait en fait aux États-Unis un important droit de regard sur la façon d'imposer la pénalité. La Colombie-Britannique et le Québec appuient le principe de la suspension. Il en résulte un accord, signé le 30 décembre 1986, en vertu duquel le Canada accepte d'imposer une taxe de 15 p. 100 sur les exportations de bois d'œuvre vers les États-Unis. Cette taxe, d'un montant de 600 millions de dollars par an, est dans toute l'histoire du commerce international la plus forte pénalité qu'un pays s'est lui-même imposée.

Cette cause met en évidence les problèmes auxquels fait face le Canada dans ses négociations commerciales avec les États-Unis (*voir* LIBRE-ÉCHANGE). Les positions du gouvernement fédéral peuvent facilement nuire aux provinces. Les producteurs canadiens affirment qu'ils doivent leur réussite à l'efficacité et à une saine gestion et qu'ils sont donc victimes des négociations. Les réactions du Canada sont un mélange de crainte face aux mesures décrétées par les Américains, d'indignation face à la menace qui pèse sur la souveraineté canadienne, et de pessimisme quant à la capacité de négocier des représentants du gouvernement fédéral devant la volonté des provinces de capituler. À la fin de 1987, le gouvernement fédéral parvient à un accord avec la Colombie-Britannique et le Québec, selon lequel ces provinces augmenteront leurs droits de coupe en remplacement de la taxe d'exportation fédérale de 15 p. 100 imposée sur leur bois d'œuvre.

Littérature comparée Étude internationale ou multilingue de l'histoire de la littérature: les grands courants de pensée, le style et les grandes écoles; mais aussi les genres, les formes et les modes littéraires, les sujets et les thèmes. Elle examine la présence d'une œuvre littéraire, d'un auteur, d'une littérature, voire d'un pays dans une autre littérature nationale. Enfin, elle étudie des auteurs de langues différentes, mais liés par des «influences» et des affinités typologiques. La littérature comparée englobe la critique littéraire et la théorie et parfois la LITTÉRATURE ORALE ou folklorique, ainsi que les relations interdisciplinaires avec d'autres disciplines artistiques et d'autres sciences humaines, comme la philosophie et la psychologie.

Bien qu'elle existe dans la plupart des pays où l'on trouve des universités et des centres spécialisés dans le domaine des lettres et des sciences humaines, traditionnellement cette discipline a toujours été importante en France, aux États-Unis et en Europe de l'Est. On reconnaît trois grandes écoles: l'école orthodoxe ou française axée sur la recherche rigoureuse de preuves historiques de contacts, d'imitations, d'influences et de traductions; l'école nord-américaine qui met l'accent sur la méthodologie et la théorie; enfin l'école de l'Europe de l'Est qui intègre cette approche dans une vaste étude de l'histoire, de la théorie et de la critique de la littérature mondiale.

Villemain, érudit français, est probablement le premier à utiliser, en 1827-1828, le terme «littérature comparée» repris par la suite par l'influent critique C.A. Sainte-Beuve. L'équivalent anglais «comparative literature», créé par Matthew Arnold, est quelque peu déroutant, car la discipline ne procède pas tant par comparaison (comme dans toute recherche en sciences humaines) que par des études fondées sur le concept selon lequel la littérature est non seulement le produit d'une nation et l'expression d'une langue, mais aussi, comme la musique et la peinture, un phénomène humain universel.

Cette discipline a subi l'influence d'anciens courants méthodologiques comme le positivisme et la philologie du XIXe siècle, l'histoire des idées, le marxisme, les perspectives sociologiques et la psychanalyse du XXe siècle. Récemment, le formalisme et surtout le structuralisme et la théorie de la communication (la sémiologie) l'ont fortement influencée.

Au Canada, la littérature comparée n'est devenue une discipline universitaire que dans les années 60. C'est à Northrop FRYE, premier à diriger le programme de littérature comparée de l'U. de Toronto, que revient la place d'honneur parmi les professeurs qui se sont intéressés à cette discipline à ses débuts. Ses nombreux ouvrages, dont *Anatomy of Criticism* (1957, trad.: *Anatomie de la critique*, 1969), *The Secular Scripture* (1976) et *The Great Code* (1982), le confirment comme principal historien et théoricien de la littérature canadienne.

Bien que l'enseignement systématique de la littérature comparée soit rare avant la fin des années 60, les universités canadiennes accordent, entre 1921 et 1969, environ 125 diplômes de deuxième et de troisième cycle pour des études portant sur la littérature comparée. Plusieurs Canadiens étudient à l'étranger (surtout en France, en Europe de l'Est et aux États-Unis).

Le programme d'études avancées de l'U. de l'Alberta, le premier au Canada, est créé en 1964, devient un département en 1969 et offre les trois cycles universitaires. Au cours de cette même période, d'autres universités mettent sur pied des programmes d'études avancées qui partagent le personnel et le matériel avec les départements d'anglais, de français et de langues étrangères. Au début des années 80, l'U. McGill, les universités de Carleton, de Montréal, de Toronto, de la Colombie-Britannique et de Sherbrooke offrent des programmes de deuxième et troisième cycle, tandis que des cours de premier cycle sont mis à l'essai aux universités de Windsor, de Dalhousie, de Mount Saint Vincent, de Saint Mary, d'Athabasca et de Calgary.

Chaque faculté semble avoir ses préférences: la théorie et la méthodologie littéraires avec l'accent sur le structuralisme et la sémiologie à l'U. de Montréal; les théories sociales et la pratique littéraire à McGill; la théorie et la méthodologie littéraires avec la critique des mythes, l'herméneutique, la phénoménologie et le structuralisme à l'U. de Toronto; le pluralisme méthodologique, la théorie de la traduction et l'histoire de la littérature à l'U. de l'Alberta; enfin la littérature canadienne comparée à l'U. de Sherbrooke. L'U. McGill ainsi que les universités de Carleton et de Toronto créent des centres de recherche spécialisés, et l'U. de l'Alberta un institut de recherche.

Comparative Literature in Canada, Littérature comparée au Canada, un bulletin bilingue créé en 1968, fait connaître les thèses et les programmes canadiens. Il tient aussi lieu «d'archives publiques» pour l'Association canadienne de littérature comparée (fondée en 1969), laquelle organise chaque année des réunions savantes. Elle fonde en 1974 la *Canadian Review of Comparative Literature / Revue canadienne de littérature comparée* et, à compter de 1977, publie une série de livres et de monographies. L'Association et ses membres ont largement contribué au travail professionnel et savant de l'Association internationale de littérature comparée, dont une Canadienne, Eva Kushner, a été présidente. Les comparatistes canadiens participent à la plupart des conférences internationales et à plusieurs rencontres nationales de la profession et publient abondamment, au Canada comme à l'étranger.

La littérature comparée au Canada a contribué au renouvellement des études littéraires, en plus de favoriser les contacts internationaux en matière de recherche. Toutefois, en l'absence d'une base solide pour les programmes d'études secondaires ou pour la formation générale au premier cycle universitaire, la discipline demeure dans une situation très précaire du point de vue financier, administratif et scolaire. De l'extérieur, la littérature comparée est souvent perçue comme élitiste et cosmopolite, tandis que de l'intérieur, les spécialistes la voient comme étant le cœur de la recherche en littérature. Cependant, il ne fait pas de doute qu'elle reflète la nature foncièrement multiculturelle et plurilingue du Canada et qu'elle possède toutes les caractéristiques d'une discipline internationale.

Milan V. Dimiç

Littérature comparée au Canada L'étude comparée des littératures canadiennes (c.-à-d. des textes littéraires rédigés en anglais et en français) est récente, et les meilleurs travaux dans ce domaine datent de la fin des années 60. La situation linguistique au Canada est comparable à celle d'autres pays bilingues, comme le Cameroun et la Belgique. Le principal problème avec une langue est qu'elle se cantonne dans un territoire, plutôt que d'ouvrir des voies de communication. Cette situation a profondément entravé l'étude comparée des littératures canadiennes.

La progression très lente de ces études au Canada s'explique aussi par le fait que le modèle habituel propose des études entre nations plutôt qu'à l'intérieur d'une seule nation. De plus, depuis leur essor au XVIIIe siècle, on part du principe que leur objectif premier est d'unifier les littératures du monde entier et de les étudier comme faisant partie d'un tout. Par conséquent, les littératures qui font partie de la culture d'un pays déjà unifié ne devraient pas nécessiter qu'on les unisse davantage. Enfin, jusqu'à récemment, les littératures du Canada étaient considérées comme «colonisées», donc associées surtout aux littératures de leur mère patrie respective.

La LOI SUR LES LANGUES OFFICIELLES et un sentiment nationaliste engendré par le centenaire de la Confédération ont pour effet de surmonter les attitudes colonialistes et de mettre les deux littératures (française et anglaise) suffisamment en valeur afin qu'on les étudie pour ce qu'elles sont. Aucun modèle de comparaison satisfaisant n'a cependant été trouvé à ce jour. L'image que l'on invoque le plus souvent est celle du double escalier du château de Chambord, proposée il y a plus d'un siècle par P.J.O. CHAUVEAU. Cette image convient bien, puisqu'elle suggère deux cultures qui montent en spirale côte à côte sans jamais entrer en contact direct.

Ce sont surtout les critiques anglophones qui utilisent ce modèle, les critiques francophones, quant à eux, objectent qu'il suggère trop de contact entre les deux littératures. Il ne faut donc pas s'étonner si la majorité des spécialistes qui font une étude comparée des littératures canadiennes sont anglophones: ce sont eux qui croient avec le plus de ferveur que les études comparées favorisent l'unité. Cette attitude est à l'origine de paradoxes. Les comparatistes canadiens ne doivent «ni unifier ni diviser», comme le disait Philip Stratford. Dans les livres d'histoire littéraire canadienne, pour se plier, du moins implicitement, à cette injonction, on consacre habituellement à la littérature francophone un chapitre à part. Dans son ouvrage précurseur, *Headwaters of Canadian Literature* (1924), Archibald MacMechan se penche sur la littérature francophone uniquement parce qu'elle constitue une exception à la littérature «canadienne». Lorne PIERCE consacre un chapitre à l'écriture francophone dans *An Outline of Canadian Literature* (1927), et Margaret ATWOOD fait de même pour les textes québécois dans son célèbre ouvrage, *Survival* (1972).

Certaines études se consacrent exclusivement à l'étude des liens qui existent entre les deux littératures. Ronald Sutherland est le premier à avoir adopté cette approche dans *Second Image* (1971). Tout en confirmant qu'on ne peut comparer les deux littératures canadiennes comme si elles résultaient d'un contact mutuel, Sutherland soutient qu'en ne tenant compte que des thèmes communs, elles se ressemblent suffisamment pour qu'on en fasse une étude comparée. Il développe le même point de vue dans *The New Hero* (1977; trad. *Un héros nouveau,* 1979). Margot Northey suit la même méthode dans *The Haunted Wilderness* (1976), mais s'attarde davantage aux questions de forme.

Le critique québécois le plus important est Clément Moisan, et son premier ouvrage, *L'âge de la littérature canadienne* (1969), s'inspire du livre novateur d'Edmond Lareau, *Histoire de la littérature canadienne* (1874). Moisan et Lareau étudient les deux cultures dans une vaste perspective sociologique. Dans son second ouvrage, *Poésie des frontières* (1979), Moisan reprend la méthode de Sutherland, mais en l'appliquant à la poésie.

La technique consiste à comparer, en partant de thèmes semblables, des écrivains anglophones et francophones. E.D. Blodgett, dans une approche pluraliste, va plus loin: dans *Configuration* (1982), il tente de contourner l'impasse des thèmes communs aux francophones et aux anglophones, d'abord en examinant des textes ukrainiens et surtout allemands, ensuite, en utilisant des méthodes de critique plus diversifiées que l'analyse thématique. Malgré ces quelques expériences, la tendance consiste toujours à rechercher des similitudes dans les deux littératures fondatrices.

Le titre de l'étude de Stratford, *All the Polarities* (1986), illustre clairement ce propos. La démarche de l'auteur consiste à mettre deux par deux des romans anglophones et francophones pour relever les ressemblances et les dissemblances. Il est intéressant de noter que les études de langue anglaise traitent habituellement de prose, tandis que celles de langue française se concentrent sur la poésie. Richard Giguère s'intéresse à la poésie dans son ouvrage *Exil, révolte et dissidence* (1984), consacré à l'étude de la poésie de langue anglaise et de langue française, de 1925 à 1955. La principale lacune dans ce domaine est l'absence d'une histoire des littératures canadiennes qui intégrerait les deux littératures fondatrices et les littératures de moindre diffusion, ainsi que la mosaïque qu'elles continuent de former.

Rien dans les tendances actuelles ne laisse cependant entrevoir une évolution en ce sens. L'Institute for Comparative Literature (U. de l'Alberta), comme en attestent bon nombre d'ouvrages publiés sous ses auspices, a tenté quelques efforts dans cette voie. Cependant, en général, on se hasarde rarement en dehors des textes francophones et anglophones, et l'on semble surtout s'intéresser à des questions théoriques (appartenance ethnique, féminisme, postcolonialisme, problèmes de narratologie et de traduction) qui tendent à faire perdre de son importance à l'approche plus ancienne qui visait à établir les différences entre les textes canadiens-anglais et québécois. Les écrits autochtones, au même titre que les écrits ethniques, n'ont pas encore été intégrés au domaine général de l'échange culturel, et ce, pour maintes raisons. *Histoire de la littérature amérindienne au Québec* (1993), de Diane Boudreau, et *The Old World and the New: Literary Perspectives of German-speaking Canadians* (1984), de Walter E. Riedel, dressent des bilans historiques utiles. Joseph Pivato étudie l'appartenance ethnique d'un point de vue théorique dans *Echo: Essays on Other Literatures* (1994). Parmi les nombreux textes féministes, l'ouvrage écrit sous la direction de Barbara Godard, *Gynocritics: Feminist Approaches to Writing by Canadian and Québécois Women / La Gynocritique: approches féministes à l'écriture des Canadiennes et Québécoises* (1987), ouvre de nouvelles voies.

À l'instar d'autres domaines de recherche littéraire, la littérature comparée recherche une assise théorique. La théorie s'applique surtout au texte littéraire et intervient très rarement dans l'étude du contexte sociologique ou idéologique de la nation. Cela est évident dans *The Postwar Novel in Canada: Narrative Patterns and Readers Response* (1989) de Rosmarin Heidenreich. Alors que le sous-titre de l'ouvrage annonce le recours à la théorie, l'étude ne tarde pas à relever les contextes fondamentalement différents dont sont issues les principales littératures du Canada. *Discourse of the Other: Alterity in the Work of Leonard Cohen, Hubert Aquin, Michael Ondaatje, & Nicole Brossard* (1994), de Winfried Siemerling, semble être une étude plus juste de l'époque actuelle. Siemerling s'appuie sur une théorie postcoloniale et discursive et évite soigneusement de mettre de l'avant le Canada anglais ou le Québec. Par-delà ces considérations, le Canada continue d'être perçu comme une nation, malgré sa pluralité. Beaucoup des points soulevés convergent vers la pratique et la théorie de la traduction, dont le dialogue permanent est bien illustré dans *Mapping Literature: The Art and Politics of Translation* (1988) de David Homel et Sherry Simon.

E.D. Blodgett

Littérature d'expression française dans l'Ouest canadien Il s'agit d'une jeune littérature. Née sur les bords de la rivière Rouge vers la fin des années 1730, elle a grandi à l'ombre des cathédrales de Saint-Boniface (Man.), la capitale francophone, et à la lumière d'immenses espaces propices à l'inspiration et au développement de la vie intérieure.

Toutefois, intimement liée aux événements qui ont contribué à bâtir un pays et au drame de la survie d'un peuple, son épanouissement a été freiné, au fil des siècles, par d'innombrables difficultés: isolement au sein d'une contrée hostile et sauvage, affligée d'un climat extrême; pénurie de moyens de communication et de véhicules d'information; dureté des travaux agricoles, rivant les pionniers à leur terre, loin du culte des Muses; tensions historiques et politiques (depuis la guerre des compagnies de traite pour le monopole des fourrures (1793-1821) jusqu'aux crises économiques de la fin du XXe siècle, en passant par les soulèvements des Métis contre les accapareurs de terres (1869-1870; 1885), la Ruée vers l'Or blond (le blé) de 1896, provoquant un afflux massif et inattendu de colons étrangers, et la Grande Dépression de 1929); persécutions linguistiques du gouvernement canadien frappant d'interdiction, à deux reprises, l'utilisation de la langue française dans les écoles, les administrations et les tribunaux manitobains (loi Greenway, 1890; loi Thornton, 1916); apparition, dans les années 70, d'une littérature spécifiquement québécoise, condamnant désormais toute publication extérieure à l'ignorance et à l'oubli; incapacité de la population à se forger une véritable identité, non seulement en raison du brassage des peuples et du multilinguisme, mais de la fragmentation de la communauté francophone en une pluralité de petites unités; et surtout, menace omniprésente d'assimilation par les Canadiens anglais, cernant par leur supériorité numérique et économique les minuscules îlots formés par Saint-Boniface et ces minorités.

Qu'une littérature ait pu survivre en dépit de tant d'obstacles, voilà qui relève bel et bien du miracle, mais surtout témoigne de l'exceptionnelle volonté de ses promoteurs de s'exprimer, de clamer haut et fort leur droit d'exister et d'écrire en français. Se calquant pendant longtemps sur les pays d'origine, elle a toujours accusé un temps de retard par rapport à eux, mais, depuis 25 ans, a rattrapé celui-ci et tend de plus en plus, aujourd'hui, à affirmer sa propre originalité.

Cependant, malgré les victoires qu'elle a remportées sur elle-même, cette attachante littérature semble poursuivie par un funeste destin qui contribue à entretenir un profond sentiment d'injustice, d'infériorité et parfois une certaine forme de misérabilisme chez ses auteurs.

Ainsi, sur le plan logistique, malgré le dynamisme d'organes d'information tels que *La Liberté,* la fondation de trois maisons d'édition, dont les Éditions du Blé (1974) par Lionel Dorge (en partenariat) et les Éditions des Plaines (1979) par Annette Saint-Pierre (1925) au Manitoba, la création, par la même, du Centre d'études franco-canadiennes de l'Ouest (CEFCO, 1978) et d'une revue littéraire, le *Bulletin du CEFCO* (devenu, en 1989, *Les Cahiers franco-canadiens de l'Ouest*), les écrivains se heurtent à deux problèmes majeurs: un nombre restreint de lecteurs et une absence de focalisation critique qui les contraignent à tenter leur chance au Québec, parfois en France ou aux États-Unis.

Sur le plan promotionnel, en dépit de sa présence annuelle au Salon du livre de Montréal et de la publication successive du *Répertoire littéraire de l'Ouest canadien* (dir.: Annette Saint-Pierre, 1984), de l'*Anthologie de la poésie franco-manitobaine* (dir.: Roger Léveillé, 1990) et du *Dictionnaire des artistes et des auteurs francophones de l'Ouest* (dir.: Gamila Morcos, 1998), elle continue régulièrement à essuyer le mépris de critiques prompts à la ravaler au rang de littérature provinciale de second ordre. En 1999, elle a effectué sa première apparition sur les tréteaux du Salon du Livre de Paris, mais sans doute davantage à titre de curiosité exotique que pour ses qualités intrinsèques.

Sur le plan de l'enseignement, si, dès les années 70, Annette Saint-Pierre a ouvert, au Collège universitaire de Saint-Boniface, un cours de littérature canadienne-française affichant au programme quelques œuvres de compatriotes, il semble que son exemple n'ait guère été suivi en dehors de la communauté manitobaine. Depuis plus de 20 ans, cette grande figure de proue de la littérature, Roger Léveillé (1945), l'actuel «chef de file» des écrivains franco-manitobains, ainsi qu'une poignée de chercheurs multiplient articles, conférences, colloques, tant au Canada qu'au Québec, en France et aux États-Unis – P. Laurette et H.G. Ruprecht sont même parvenus à publier un collectif à Paris, *Poétiques et imaginaires* (Éditions L'Harmattan, 1995) –, mais force est de constater que, une fois leur qualité saluée, ces travaux ne touchent qu'un lectorat réduit d'enseignants et d'étudiants. Plus malchanceuse encore, la signataire du présent article a vainement proposé, pendant dix ans, un programme de cours en littérature de l'Ouest canadien à toutes les universités françaises et québécoises, puis s'est vue dans l'obligation de déclarer forfait après avoir publié, dans les années 90, près d'une vingtaine d'auteurs du pays dans la revue nantaise *Sol'Air.*

Ces brefs coups d'éclat suivis d'échecs répétés attestent bien de l'ostracisme dont souffre la littérature de l'Ouest et de la marginalisation à laquelle elle paraît irrémédiablement vouée. Marginalisation due aussi, en grande partie, à l'image négative que certains de ses ambassadeurs se font d'elle ou projettent d'eux-mêmes à l'extérieur du pays: attitude fataliste de repli et d'apitoiement sur soi de quelques auteurs (conséquence inévitable de plusieurs siècles d'oppression sociale et linguistique); secrète jalousie entretenue à l'égard des confrères québécois, perçus, à tort ou à raison, comme plus chanceux; publication d'un trop grand nombre d'essais hermétiques et illisibles, propres à décourager le lecteur le plus chevronné; enfin, comportement inquiétant de certaines cliques universitaires ou de petits potentats culturels locaux qui, forts de leurs titres et sous couvert de manifestations officielles destinées à servir les intérêts de la francophonie, font régner une sorte de dictature intellectuelle sur la population locale, voire sur leurs propres collègues, par l'utilisation pernicieuse et subtilement feutrée de méthodes à caractère maffieux.

Il est indéniable qu'un tel contexte, faisant figure de serpent qui se mord la queue, nuit considérablement non seulement à la crédibilité et à la diffusion de cette littérature, mais au rayonnement de la francophonie de l'Ouest tout entière.

Dans la lignée des grands pionniers de l'histoire littéraire de l'Ouest: Louis Arthur Prud'homme (1853-1941), auteur de *La Littérature au Nord-Ouest* (1915), Sœur Marie-Diomède (Georgina Laberge, 1881-1970), docteur ès lettres (*Essai sur la littérature française au Manitoba*, 1947), Annette Saint-Pierre, Roger Léveillé, leur collaborateur Rossel Vien (1929-1992) et Rosmarin Heidenreich, correspondante aux *Cahiers franco-canadiens de l'Ouest*, je procéderai à présent à un bilan d'ensemble qui, compte tenu du grand nombre d'auteurs et d'œuvres répertoriés et des contraintes d'espace inhérentes à notre type de publication, ne prétend nullement à l'exhaustivité, mais se veut aussi représentatif que possible des aspects de cette littérature. De même, ses manifestations ayant essentiellement eu pour cadre le Manitoba, je me limiterai à citer les noms et les réalisations des auteurs les plus marquants des quatre autres provinces: Saskatchewan, Alberta, Colombie-Britannique et Territoires du Nord-Ouest.

Les écrits de la «Conquête de l'Ouest» (première moitié du XVIIIᵉ siècle–1900)

Avec leurs chroniques ou souvenirs – qui sont davantage des notes de voyage jetées à la hâte au fil de leurs expéditions en canot ou sous la tente de quelque chef indien, que des ouvrages construits – les premiers explorateurs posent, au début du XVIIIᵉ siècle, les fondements de la littérature au milieu des dangers que représentent la nature et les tribus autochtones. Le *Journal* (publié en 1927) de Pierre de la Vérendrye (1685-1749), le découvreur de l'Ouest, et les *Lettres* (1888) de Jacques Legardeur de Saint-Pierre (1701-1755) constituent une source de renseignements irremplaçable sur la rencontre des cultures française et amérindienne, comme sur la personnalité de ces hommes animés d'un ardent patriotisme et d'une profonde foi en leur mission de civilisateurs. Sans le savoir, ils inventent un genre littéraire: celui des récits de voyage dans l'Ouest, dont la liste a été établie dans *Les Cahiers franco-canadiens de l'Ouest* (1996) sur une période s'étendant de 1840 à 1982.

Chargés d'ouvrir la voie aux futures compagnies de fourrures, voyageurs, trappeurs et coureurs de bois se mêlent aux peuples amérindiens et engendreront la future nation métisse. De leurs contacts quotidiens avec les premiers habitants, ils enrichissent leur tradition orale de chants, de contes, de légendes, de croyances et de superstitions témoignant d'un «constant dialogue avec l'invisible». Certains d'entre eux sont parvenus jusqu'à nous et ont été

amoureusement recueillis par l'ethnologue Tatiana Arcand (1947-) dans *Trésors du passé manitobain* (1994) et par les folkloristes Louisa Picoux (1936-) et Edwige Grolet (1961-) dans *Légendes manitobaines* (1992). Le vent, symbole spirituel et souffle vital nécessaire à la subsistance des êtres, y joue un rôle primordial: un siècle plus tard, il donnera son nom à la première province de l'Ouest, le «Manitoba», «Manito» signifiant «l'esprit» et «baw» le «passage», en un mot, le «lieu où souffle l'Esprit».

Aux écrits des aventuriers succèdent, au siècle suivant, les relations des missionnaires qui, à l'hostilité de la nature et aux exactions de certains colons ou tribus amérindiennes, opposent leur esprit de dévouement, de charité et d'abnégation en vue de mener à bien leur mission évangélisatrice. Reporters avant l'heure, épistoliers, mémorialistes, ils résistent mal au désir de raconter leurs expériences apostoliques et les événements dont ils ont été les témoins attentifs: guerre entre la Compagnie de la baie d'Hudson et de la Compagnie du Nord-Ouest qui aboutira à leur fusion en 1821, troubles fomentés à la rivière Rouge par le chef métis Louis Riel, opposé à l'arbitraire mainmise du gouvernement sur les terres de son peuple (1869-1870), entrée du Manitoba dans la Confédération (1870), rébellion du Nord-Ouest qui s'achève par la pendaison de Riel (1885). La prose sèche et sobre de Mgr Norbert Provencher, fondateur de Saint-Boniface (1818) et auteur de la *Notice sur la Rivière Rouge dans le Territoire de la Baie d'Hudson* (1843), contraste avec le style ample, riche et fluide de son successeur, Mgr Alexandre Taché (1823-1894), dont certaines pages des *Vingt années de mission dans le Nord-Ouest de l'Amérique* (1866) et de l'*Esquisse sur le Nord-Ouest de l'Amérique* (1869) sont considérées comme des modèles de littérature.

Jusqu'à la fin du siècle, d'infatigables Pères se feront historiens, biographes, diaristes, linguistes, léguant ainsi aux chercheurs contemporains une mine inépuisable d'érudition sur les débuts de la civilisation dans l'Ouest. On retiendra les noms suivants: Georges Dugas (1833-1928), un historien romanesque dont la trilogie, *Légendes du Nord-Ouest* (1883), *La première canadienne du Nord-Ouest: Marie-Anne Gaboury* (1883) et *Un voyageur des Pays d'en haut* (1890), vaut surtout pour le tableau vivant et coloré qu'il nous offre des us et coutumes de son époque; Mgʳ Vital Grandin (*Dictionnaire de la langue dènè-dindjié*, 1876; *Journal de Voyage*, 1881); Albert Lacombe (*Dictionnaire et grammaire de la langue crise*, 1872; *Dictionnaire français-sauteux*, 1877); Georges-Antoine Belcourt, son coauteur (*Mon itinéraire du lac des Deux-Montagnes à la rivière Rouge*, 1913); Émile Petitot (*En route pour la mer Glaciale*, 1887; *Autour du Grand Lac des Esclaves*, 1891); Émile Legal (*Les Indiens dans les plaines de l'Amérique du Nord*, 1891); Paul Benoît (*Vie de Mgr Taché, archevêque de Saint-Boniface* 1904); Adrien-Gabriel Morice (*Au pays de l'ours noir: chez les Sauvages de Colombie-Britannique*, 1897); *Dictionnaire historique des Canadiens et des Métis français de l'Ouest*, 1908).

À cette abondante production, il faut ajouter la contribution de deux journalistes: Joseph Dubuc (1840-1914), collaborateur au journal *Le Métis* (créé en 1871), dont la plume alerte, élégante et teintée d'humour s'est exercée dans la rédaction de documents autobiographiques et historiques (partiellement publiés dans la *Revue d'histoire de l'Amérique française*, 1966); et Joseph Royal (1837-1902), dont les ouvrages *La vallée de la Montawa* (1869), *Le Canada, république ou colonie ?* (1894) et l'*Histoire du Canada, 1841-1867* (1909) révèlent un puriste épris de lectures classiques.

Pour mémoire, nous retiendrons également les romans de fantaisie historique du feuilletoniste français Henri-Émile Chevalier (1828-1879), fertiles en aventures exotiques et dramatiques (*Les Pieds-Noirs,*

1861; *La tête-plate*, 1862; *La Huronne*, 1862; *Poignet-d'acier ou les Chippiouais*, 1863).

Née au cœur de la nation métisse, la poésie orale apparaît pour la première fois en 1816, alors que le barde Pierre Falcon (1793-1876), témoin de la bataille de Seven Oaks (Man.) opposant ses compatriotes aux Anglais, compose un chant en l'honneur de la victoire de ses frères, les «Bois-Brûlés»: *La Chanson de la Grenouillère*, qui deviendra l'hymne national métis et sera publié en 1863. Suivront d'autres pièces de circonstance à forte saveur locale et ironique qui inaugurent toute une tradition de poésie engagée, célébrant les espoirs et les luttes d'un peuple pour exister, le mythe du pays à bâtir, et perdurant encore de nos jours.

Le continuateur de cette poésie de résistance est Louis Riel (1844-1885), le fondateur du Manitoba, mais aussi l'écrivain le plus important et le plus prolifique de son temps. Tout au long de sa courte vie, il s'est essayé aux genres littéraires les plus divers: poésie (*Poésie de jeunesse*, 1977; *Poésies religieuses et politiques*, 1886), prière, méditation, carnets intimes (*Journal de prison*, 1962), correspondance, fragments, plaidoyer (*Amnistie. Mémoire sur les causes des troubles du Nord-Ouest*, 1874), essai (*Les Métis*, 1885), roman (*Nassinahican*, inachevé, 1880-81), discours, etc., aujourd'hui réunis en cinq volumes sous le titre *Les Écrits complets de Louis Riel* (1985). Ferveur nationaliste et lyrisme religieux s'y mêlent, attestant non seulement du mysticisme exacerbé du leader, mais de la conception prophétique et messianique qu'il se faisait de sa vie et de son rôle sur terre. Ses poèmes plus personnels s'abreuvent aux thèmes chers au Romantisme: la fuite du temps, l'amour envolé, l'exil, le destin inexorable, la patrie étranglée par l'impérialisme britannique, la nostalgie du village natal, le mal de vivre, la mort... Hélas, cet héritage littéraire considérable demeure encore largement inexploité et souvent incompris par la critique.

Jusqu'au début du XXᵉ siècle, la poésie romantique d'inspiration religieuse et patriotique va dominer la scène littéraire de ses accents déclamatoires et grandiloquents. Le plus souvent, la description des paysages naturels et des paysages intérieurs du poète ne sert que de prétexte à celui-ci pour exprimer ses opinions nationalistes et catholiques, édifier ses lecteurs en sermons moraux ou vertueux et les exhorter à conserver leur langue, leur foi et leur amour du pays natal. C'est ce que Roger Léveillé appelle «la poésie de l'aliénation». Ainsi, dans *Poésies de Saint-Boniface* (1910), un souffle patriotique et religieux enveloppe-t-il l'émotion que ressent Pierre Lardon (1854-?) devant la nature, tandis que les paysages manitobains et fantaisistes de Jean-Marie Arthur Jolys (1854-1926), dans *Rêves du soir* (1915), ne constituent qu'un paravent à l'exposition de discours confits en dévotion.

Cependant, certains chantres possèdent à un degré supérieur la faculté d'émouvoir leurs lecteurs. Le Métis Alexandre de Laronde (1866-1944) peint dans des tons touchants le drame des Amérindiens, désormais parqués dans des réserves et pleurant leur vie de nomades, heureux et libres dans la nature: *Chant d'une mère indienne* (1887), *Chant du dernier Pied-Noir* (1947). Déchiré entre ciel et terre, James Prendergast (1858-1945) injecte, quant à lui, dans *Soir d'automne* (1881), une délicate dose de sensibilité lamartinienne. Avec *Vers les cimes* (1910), sans doute René Brun (1879-1914), «étoile filante» – pour reprendre l'expression de Roger Léveillé –, s'impose-t-il comme le poète le plus personnel de son temps en jouant avec des images symbolistes fondées sur de riches oppositions. Enfin, en dépit de ses considérations d'ordre moral, Georges Lemay (1857-1902), un poète en prose, détonne par la qualité et la modernité de ses *Petites fantaisies littéraires* (1884), un recueil de nouvelles, de courts essais et de fragments autobiographiques qui nous plonge dans le monde du souvenir, du rêve et du fantastique.

Malheureusement, à la fin du XIXᵉ siècle, le déferlement des colons étrangers sur le territoire, la fièvre de l'or et de l'argent, le progrès industriel et la suppression du français vont porter un coup fatal à la poésie qui cède alors sa place au roman et au théâtre.

Les Pionniers de la terre et de la plume (1900-1945)

Attirés par l'alléchante et mensongère propagande de la Société de colonisation qui présente l'Ouest canadien comme un nouvel Eldorado, vantant l'incroyable fertilité de ses terres à blé et promettant une fortune rapide, des milliers d'immigrants ont débarqué par vagues successives «en Canada» et, durant un demi-siècle, vont faire connaissance avec l'implacable dureté du sol et du climat. Parmi eux, une poignée d'écrivains québécois, français, belges et suisses qui, agriculteurs improvisés, peu doués pour le travail manuel, nous font partager leurs romans et récits leur amertume et leurs désillusions. Qu'elles brodent un rêve de vie à partir d'événements réels ou brossent un tableau véridique des mœurs des pionniers, leurs œuvres témoignent toutes d'un seul et même thème: la lutte harassante de l'homme contre la nature.

Dans son essai, L'Ouest canadien et sa littérature (1986), Annette Saint-Pierre rend hommage à trois grands écrivains qui ont donné leurs «lettres de noblesse» – si on peut dire – aux Prairies de l'Ouest: Maurice Constantin-Weyer (1881-1964), le «Jack London français», Georges Bugnet (1879-1981), «le poète des roses», et Jean Féron (1881-1946), «l'Alexandre Dumas du Canada».

Maurice Constantin-Weyer, originaire du centre de la France, deviendra le plus grand peintre de la nature sauvage de l'Ouest canadien. Toutefois, ses descriptions d'un univers cruel et manichéen, où s'affrontent sans merci Blancs et Métis, hommes et femmes, êtres et animaux, Bien et Mal, vie et mort etc, lui vaudront malheureusement une réputation de raciste et de misanthrope (Vers l'Ouest, 1921; Manitoba, 1924; La bourrasque, 1925; Cinq éclats de silex, 1927; Clairière, 1929; Un sourire dans la tempête, 1934). Son chef-d'œuvre, Un homme se penche sur son passé (1928) lui mérite le prix Goncourt.

Georges Bugnet, journaliste bourguignon reconverti dans l'horticulture, noue, au milieu de ses difficultés, une relation amoureuse et mystique avec une région de l'Alberta, qui va s'exprimer, selon Annette Saint-Pierre, en un «chant de prose et de poésie à la nature» (Le lys de sang, 1923; Nipsya, 1924; Journal 1954-1971, 1984; Albertaines: anthologie d'œuvres courtes en prose, 1990). Originale, personnelle et en avance sur son temps, son œuvre principale, La forêt (1935), raconte l'échec d'un jeune couple d'agriculteurs qui, venu dans le dessein de dompter la nature, se fait progressivement vaincre par elle.

Jean Féron, un Québécois établi sur une ferme en Saskatchewan, est un fécond auteur de romans en fascicules traitant de sujets historiques et de problèmes contemporains, tels les querelles linguistiques, les mariages mixtes ou l'industrialisation. Dans La Métisse (1923), qui met aux prises une jeune fille sans défense avec un paysan écossais violent et inconséquent, les Canadiens de l'Ouest ont reconnu le symbole de la jeune nation métisse opprimée par le joug de l'impérialisme britannique.

Dans l'ombre des Maîtres, gravite une étonnante galaxie d'écrivains qui, de manière durable ou éphémère, ont marqué cette fascinante et brutale épopée de la conquête de la terre: Georges Forestier (1874-1914), «le Louis Hémon de l'Ouest», dont le jeune talent est prématurément fauché par la Grande Guerre, après qu'il ait laissé un émouvant, quoique sombre témoignage sur l'incapacité des colons à cultiver le sol manitobain avec des méthodes européennes (La Pointe-aux-Rats, 1907); Alfred Glauser (1913- ?), dont la poétique peinture en prose des conflits intérieurs, des hésitations, des rêves et des aspirations en terre manitobaine dégage un charme

mélancolique et une originalité rares (Le Vent se lève, 1941); Louis-Frédéric Rouquette (1884-1926), le «Jack London de l'Ouest», qui nous entraîne sur la trace des chercheurs d'or, au cœur des solitudes neigeuses et des silences étincelants du Yukon (Le grand silence blanc, 1921; La bête errante, 1923; L'épopée blanche, 1926). À ces noms, il convient encore d'ajouter ceux de Joseph-Émile Poirier, un Breton dont le roman historique, Les Arpents de neige (1909; devenu Tempête sur le fleuve en 1931), a pour cadre la révolte métisse menée par Riel en Saskatchewan, et des peintres de mœurs: Théodore Bost (Les derniers puritains pionniers d'Amérique 1851-1920, lettres, 1977); Gaston Giscard (Dans la Prairie canadienne, 1952); Jules Lamy (Dans la terre promise, en collaboration avec Jean Féron, 1986); Jean Lionnet (Chez les Français du Canada, 1908; L'aisance qui vient, en collaboration avec Louis Viel, 1911); le père Pierre Duchaussois (Aux glaces polaires, 1921; Apôtres inconnus, 1924; Femmes héroïques, 1927); André Borel, «l'écrivain cow-boy» (Croquis du Far West canadien, 1928; Le Robinson de la Red Deer, 1930); Achille Rousseau (Les Roux, 1932); Noël Bernier (Fannystelle: une fleur de France éclose en terre manitobaine, 1939); Jean-Baptiste Côté (Originaux et aventuriers, 1946); Aimé Roche (La grande prairie, 1948); Mᵍʳ Clovis Mollier (Les Broussards de l'Ouest, 1946; Au Pays du ranch, 1957); Marcel Giraud (Le Métis canadien: son rôle dans l'histoire des provinces de l'Ouest, 1945); Donatien Frémont (Sur le ranch de Constantin-Weyer, 1932; Les secrétaires de Riel, 1953; Les Français dans l'Ouest canadien, 1958),

Parallèlement au roman et comme pour pallier la quasi-disparition de la poésie, c'est le théâtre qui prend soudain, au début du siècle, un essor inattendu. Né dès 1870 avec la pièce de sœur Malvina Colette, Un dernier souvenir de la patrie, qui exaltait la fierté de la langue et de la culture française dans l'Ouest, celui-ci s'est peu à peu développé jusqu'à devenir le moyen de communication préféré des habitants qui raffolent des grandes œuvres classiques, comme des créations originales posant le problème de leur identité ou susceptibles de les divertir. Le monumental essai d'Annette Saint-Pierre, Le rideau se lève au Manitoba (1980) et le collectif Chapeau bas: réminiscences théâtrales et musicales du Manitoba français 1980-1985 tendent d'ailleurs à montrer que c'est encore le cas aujourd'hui.

Dans les années 20-30, auteurs amateurs et professionnels abondent; malheureusement, faute de moyens, nombre de leurs pièces demeureront longtemps ou à tout jamais inédites.

Parmi les inconditionnels de l'art thespien, se détachent deux figures particulièrement dignes d'intérêt: Auguste-Henri de Trémaudan (1874-1929) et André Castelein de la Lande (1873-1963). Connu surtout pour son essai historique, Histoire de la Nation métisse dans l'Ouest canadien (1932), le premier, d'origine québécoise, s'est spécialisé dans le drame et le mélodrame. De Fil en aiguille (1935); Quand même (1928). Le second, un dandy belge aux allures excentriques, fonde, avec quelques amis, la troupe du Cercle Molière (1925) – qui, 20 ans plus tard, aura le privilège de former l'un des plus grands noms de la radio et de la télévision canadiennes, Henri Bergeron (1925-2000) – et donne libre cours à sa verve comique et vaudevillesque: Le secret du prêtre (1929); La goélette (1934); Il faut que femme cède (1934); Lui, elle et belle-maman (1934); Le voleur (1935); Pièces en un acte (1981).

Un désert fleuri de roses (1945-1960)

Hélas, à cette flambée littéraire succède presque immédiatement une éclipse sans précédent, et pendant près de 20 ans, une chape de silence va recouvrir la communauté francophone de l'Ouest. La petite ville de Saint-Boniface fait le deuil aux coups de boutoir du gouvernement, les auteurs se découragent ou désertent la scène littéraire, les poètes se tai-

sent. Seule, une voix de femme au charme puissant s'élève dans ce désert: celle de Gabrielle Roy (1909-1983). Très en retrait, du fond de son Alberta d'adoption, sa sœur Marie-Anna (1893-1998), ose, quant à elle, défier les modes littéraires en optant pour un genre alors passé de mode: celui des écrits pionniers de la terre.

Gabrielle Roy a vu le jour au Manitoba et y a passé les vingt-huit premières années de sa vie. Cette petite fille de l'Ouest connaîtra une gloire mondiale puisque son Bonheur d'occasion (1945), un «grand reportage romancé» (Jean-Louis Morgan) sur les difficiles conditions de vie d'une famille ouvrière dans le Montréal de l'entre-deux guerres, sera traduit dans une douzaine de langues. Puis ce seront Rue Deschambault (1955) et La route d'Altamont (1966), une suite idéalisée de souvenirs d'enfance, La Petite Poule d'Eau (1950) et Ces enfants de ma vie (1977), inspirés par ses expériences d'institutrice dans la Prairie de l'avant-guerre. Un jardin au bout du monde (1975) décrit avec un poignant réalisme poétique la douloureuse acclimatation des pionniers dans l'Ouest, tandis que certains articles de Fragiles lumières de la terre (1978) et La détresse et l'enchantement (1984), suivis du Temps qui m'a manqué (1997), relation magnifiée des 30 premières années de sa vie, renouent avec le genre autobiographique. Grâce à une écriture simple, parfilée d'émotion et de sensibilité, Gabrielle Roy a conquis un lectorat international.

Femme exceptionnelle par le tempérament, le mode de vie et la longévité, Marie-Anna Roy se révolte à son tour contre l'apathie générale, mais sans connaître l'éclatante réussite de sa benjamine. Romans historiques, monographies, récits de voyage, correspondances, souvenirs, journaux intimes, articles et inédits forment une œuvre considérable, de facture classique, qui s'articule essentiellement autour de deux thèmes: l'histoire des colons francophones dans les Prairies (Valcourt ou La dernière étape, 1958; La Montagne Pembina au temps des colons, 1969; Les visages du vieux Saint-Boniface, 1971; Les Capucins de Toutes-Aides, 1977) et l'histoire de sa propre famille (Le pain de chez nous, 1954; Le miroir du passé, 1979; À l'ombre des chemins de l'enfance, 1990).

La lente affirmation d'une identité (1960-1975)

Après un long sommeil de Belle au Bois Dormant, la littérature de l'Ouest esquisse enfin un timide réveil dans les années 60, mettant en concurrence deux noms qui s'affrontent par la disparité de leur inspiration, de leurs thèmes et de leur style: Marguerite Primeau (1914 -) et Roger Léveillé, dit «Jesse James» ou «le Rimbaud manitobain». L'une est professeur: son roman, Dans le Muskeg (1960), œuvre classique rehaussée par une langue soignée et policée, illustre, à travers la sympathique figure d'un instituteur militant, la foi des Canadiens français dans un Canada bilingue et biculturel, dont les idéaux se brisent contre l'intraitable système anglo-saxon. Il sera suivi de Maurice Dufeault, sous-directeur (1983) et de Sauvage Sauvageon (1985) qui expriment des préoccupations métaphysiques sur les rapports humains. L'autre est un tout jeune homme, dont le premier roman, Tombeau (1968), par son parti pris de rompre avec toute tradition, son absence de trame narrative et de véritables personnages, son atmosphère de tristesse sourde servie par un style elliptique et coloré, va littéralement révolutionner le petit monde littéraire de l'Ouest.

L'explosion (1975-1990)

Hélas, une seconde cassure se produit dans les années 70, alors qu'en s'affichant presque avec arrogance aux yeux du Canada et du monde francophone, la nouvelle littérature québécoise n'hésite pas à rejeter sa lointaine consœur dans l'ombre et le mépris. Cette regrettable attitude perdure d'ailleurs de nos jours puisque très souvent, ici, l'on ignore

– ou feint d'ignorer – qu'il existe une littérature d'expression française dans l'Ouest et qu'on juge inférieur, voire attardé, ce qu'il s'y écrit et publie. Toutefois, cette rupture va jouer le rôle d'un véritable détonateur au sein de la communauté francophone hors Québec.

C'est tout d'abord dans la poésie que se manifeste la révolte de ces *«éternels oubliés de l'Ouest»* (Annette Saint-Pierre). Révolte contre leurs écrasants voisins québécois et anglophones, mais aussi contre leur condition de minoritaires, enfermés dans de trop vastes plaines, et contre un ordre symbolisé par les institutions historico-littéraires, politiques et religieuses. L'initiateur de ce «long dérèglement de tous les sens» est Roger Léveillé, directeur, depuis 1984, de la «Collection Rouge» aux Éditions du Blé, et assurément la figure littéraire la plus originale de la seconde moitié du XXe siècle. Adaptant sa recherche d'une identité au kaléidoscope secret de son art, il déplace avec une jouissance évidente, dans ses pages, les sons, les images, les couleurs et les rythmes (*Œuvres de la première mort,* 1977; *Le Livre des marges,* 1981; *Montréal poésie,* 1987). Il en résulte une poésie «abstraite» qui, soit agace, choque, heurte, soit charme, enivre, envoûte, quoi qu'il en soit, ne laisse jamais indifférent.

Dans son sillage, il entraîne toute une farandole de poètes turbulents et tapageurs, lesquels, au mépris des règles encore en usage parmi leurs confrères plus traditionnalistes – Marie-Thérèse Goulet-Courchaine (1912-1970), alias *Manie Tobie, femme du Manitoba* (1979), Fernando Champagne (1903-1984), Jean Pariseau, Guy Pariseau, etc. – n'hésitent pas à faire subir à la langue des «tortures» savantes et raffinées pour mieux affirmer les pulsions internes de leur «moi». Si on ne peut véritablement parler de courant littéraire à leur sujet, au moins n'est-il pas exagéré de voir en l'audace de leurs recherches, l'esquisse d'un mouvement «textualiste» (Rosmarin Heidenreich). Au nombre de ces «enfants terribles du vers libre»: Paul Savoie (1946-), le premier à avoir publié un recueil aux Éditions du Blé, *Salamandre* (1974), qui burine ses poèmes en prose en petits copeaux de lumière (*À la façon d'un charpentier,* 1984), tandis que le provocateur Alexandre Amprimoz (1948-) découpe et recolle sa syntaxe en un étrange puzzle surréaliste (*Chant solaire ou La poésie éventrée* suivi de *Vers le logocentre: notes pour un poème néo-crépusculaire,*1978; *Conseils aux suicidés,* 1983). Au lascif *strip tease* auquel Louise Fiset (1955-), «la poétesse rock et feu» soumet ses phrases (*404 BCA, driver tout l'été,* 1989), répond Louis Philippe Corbeil (1917-1993), qui déverse le trop-plein de ses états d'âme «symbolistes» et espiègles dans le *Journal de bord du gamin des ténèbres* (1986). Pendant que le mystique Léo Brodeur (1942-) s'amuse à effeuiller *Trois marguerites pour un ordinateur* (1983) ou *Mille ordinateurs pour une marguerite* (1984), François-Xavier Eygun déploie et fait scintiller *L'écharpe d'Iris* (1982), chatoyante d'images de ciels et de plaines. À la quête toute «zen» d'harmonie intérieure (*Persévérance,* 1984) de Michel Dachy (1953-), Charles Leblanc (1950 -) oppose ses visions de villes fragmentées et réalistes (*Préviouzes de printemps, science fiction pour notre présent,* 1984; *D'Amours et d'Eaux Troubles*, 1988). Enfin, avec la fraîcheur et l'innocence d'un enfant, Gilles Cop (1948-) jongle clownesquement avec des rimes de ballades humoristiques et populaires (*Deux poèmes*, 1990), alors que Jacqueline Barral (1943-) lâche une envolée de mots légers comme des bulles de savon (*Jongleries,* 1990) et que Janick Belleau (1946-), auteur d'un courageux essai, *Le Manitoba des femmes répond* (1985), se lance dans de sensuels et périlleux rythmes de danse (*L'en dehors du désir,* 1988).

Ces années-là, un même vent de révolte créatrice balaye le théâtre: réagissant épidermiquement contre les dangers de l'assimilation et de la perte d'identité, les dramaturges proposent à leur public des variations sur le même thème: l'ethnocide d'une minorité, dont le martyre de Louis Riel est devenu le symbole. Dans son essai, *Current Trends in Manitoban theatre* (1990), Ingrid Joubert (1942-) dégage les tendances qui caractérisent cet art profondément engagé: le drame documentaire, reproduisant la réalité sociale; le drame historique, célébrant un épisode crucial du passé collectif et révélant les sentiments d'infériorité éprouvés par la communauté francophone; et le drame «post-moderne», démythifiant le modèle sacrosaint.

Se rattachant à la première, *Je m'en vais à Regina* (1976) de Roger Auger (1949-), reflète, à travers l'histoire d'une famille, l'attitude ambivalente d'un peuple victime d'un insidieux encerclement linguistique. Destiné à provoquer une prise de conscience et un réveil parmi les spectateurs, ce huis clos direct et efficace remporte un très vif succès.

Se réclamant de la seconde, *Au temps de la prairie* ou *Les batteux* (1983) du folkloriste Marcien Ferland (*Chansons à boire du Manitoba,* 1992), est une sorte de pastorale qui se déroule à l'époque des moissons, l'année de la funeste loi Thornton. Elle demeure, pour les francophones, un modèle d'encouragement à persévérer dans leur lutte contre l'absorption ethnique. *Une bagarre très politique* (1981), de Rosemarie Bissonnette (1927-), s'inscrit dans la même veine.

Incarnant la troisième, *Le roitelet* (1980; joué en 1976) de Claude Dorge (1945-) campe un Riel «vu de l'intérieur», en proie à d'obsessionnelles interrogations sur le sens de sa mission de prophète. En prenant le risque de représenter l'univers subjectif de son personnage et de couper le spectateur de tout repère spatio-temporel, l'auteur est parvenu à donner une résonance universelle à un fait historique régional.

Néanmoins, deux «dissidents» issus de générations différentes, Guy Gauthier (1939-), exilé aux États-Unis (*Les projecteurs*, 1965; *Jeu d'orgue*) et le très prometteur Rhéal Cenerini (1961-), auteur de *Aucun motif* (1982), de *Kolbe* (1990) et de *La femme d'Urie* (1997), s'écartent de la voie tracée par leurs compatriotes pour se tourner vers des formes plus expérimentales: par l'utilisation de procédés techniques tenant lieu de symboles, ils «dé-racinent» totalement le théâtre de son contexte régional, tout en lui adressant ça et là un clin d'œil complice.

Dans le domaine de la prose, si, dès 1945, Gabrielle Roy a fait éclater les contraintes narratives, comme les cadres étroits qui séparaient le roman du récit, de la nouvelle et du reportage, les romanciers de l'Ouest, tout en tirant profit des leçons de leur aînée, préfèrent s'en tenir, sur le plan formel, à un certain conservatisme. Seul, le téméraire Roger Léveillé tente l'impossible, agençant ses phrases au gré de sa fantaisie, infiltrant dans sa narration cette «poésie du diable» qui fait danser des flammes de couleurs, d'images, de symboles, devant les yeux de son lecteur et se livrant à un véritable acte d'amour avec ses pages (*La disparate,* 1975; *Plage,* 1984; *Une si simple passion,* 1997).

Sur le plan thématique, par contre, ceux-ci font davantage preuve de courage et d'inventivité, ne redoutant pas d'affronter leurs démons, de dénoncer les injustices dont ils ont été témoins ou victimes, ou de libérer simplement rêves et fantasmes. En mettant systématiquement en vedette des êtres brimés, brisés, écrasés par le destin, leurs œuvres se veulent l'exact reflet du malaise existentiel dont souffrent nos contemporains: solitude, alcoolisme, incommunicabilité, violence familiale ou sexuelle.

Le choix du roman «à thèse» permet à certains écrivains de lever le voile sur des vérités hypocritement enfouies au sein de la société: après Maria Chaput-Arbez (1942-) qui, dans un style vif, nerveux et proche du théâtre, nous fait pénétrer dans l'intimité d'un couple dont l'adolescente se retrouve enceinte (*Pour l'enfant que j'ai fait,* 1979), Annette Saint-Pierre effectue une entrée très remarquée en écriture avec *La fille bègue* (1982), l'histoire d'une petite campagnarde maltraitée par son milieu, en qui la critique a voulu voir «l'éveil de la francophonie à la parole libre, la métaphore de l'espoir d'un peuple». Entre la composition de fraîches et savoureuses chroniques destinées à nous faire découvrir l'insolite beauté de l'Ouest (*Le Manitoba au cœur de l'Amérique,* 1992; *De fil en aiguille au Manitoba* (1995), elle récidive avec *Sans bon sang* (1987), *Coups de vent* (1990) et *Faut placer l'père* (1997), s'affirmant comme un remarquable peintre d'atmosphères.

D'autres auteurs renouvellent le roman du terroir en y introduisant des considérations aigres-douces sur la stagnation de la condition féminine. Dans *Le vent n'a pas d'écho* (1982), Monique Jeannotte (1933-) dépeint, sur le ton de la confidence, la souffrance d'une jeune fille d'autrefois qui, pour obéir à son père, renonce à son amour pour un notaire. Dans *La vigne amère* (1989) – au goût relevé par le style aux couleurs épicées de Simone Chaput (1954-) –, une femme de notre génération sacrifie également, à un géniteur brutal et alcoolique, les sentiments qu'elle éprouve pour un artiste.

Par le biais du roman psychologique, d'autres, enfin, projettent leur mal de vivre dans des personnages qu'ils font osciller des abîmes de l'introspection aux cimes de la métaphysique. *Et fuir encore…* (nouvelles, 1972), *Les deux frères* (1982), *Les deux sœurs* (1985) et *Le fils unique* (1990) de Rossel Vien (Gilles Valais ou Gilles Delaunière), l'un des meilleurs auteurs de la fin du XXe siècle, témoignent dans un style extrêmement personnel, plus suggestif que descriptif, de la constante inadaptation de l'être dans une société vide d'amour et de tendresse. Au recueil de nouvelles, *Le maître de conférences* (1991) d'Henri Franck (1904-1991), qui fait l'expérience du doute de Dieu en une réflexion satirique, pessimiste et désabusée sur l'être humain, fait écho *La Grotte* (1994) de Jean-Pierre Dubé, récit fragmenté plongeant un prêtre dans les tentations de la chair et la révolte contre la notion même de péché. Enfin, dans *La mauvaise foi* (1990, prix du Gouverneur Général) de Gérald Tougas, les souvenirs que le narrateur recompose à partir de la vie de sa sœur, assassinée dans des conditions inexpliquées, s'entourent d'une aura de mystère et de mysticisme sensuel.

Inversement, cette crise d'identité se manifeste par une floraison de romans fleurant bon la terre maternelle et une certaine nostalgie du passé. Chevaliers de la tradition ou historiens du légendaire, les auteurs privilégient la saga métisse qui prend tout à coup une ampleur sans pareille avec le succès de *Tchipayuk ou Le chemin du loup* (1987) de Ronald Lavallée (1954-), et s'enrichit d'une dimension spirituelle jusqu'alors inusitée, attestant non seulement d'une exigeante quête intérieure, mais d'une conception moderniste du roman historique. En effet, si Michel Desgranges, dans le dessein de plaire aux lecteurs français, fait encore de son rebelle l'acteur d'un roman picaresque, exotique et flamboyant (*Manitoba,* 1981), Marius Benoist (1896-1984) rabaisse le sien, *Louison Sansregret, métis* (1975), au rang d'une sorte d'anti-héros passant placidement à côté des événements de la rivière Rouge, tandis que la description de l'itinéraire métaphysique du personnage de Ronald Lavallée l'emporte sur le récit de ses aventures mythiques. Il sera imité en cela par Laure Bouvier (*Une histoire de métisses,* 1995).

L'épopée pionnière, connaît, elle aussi, un net regain d'intérêt auprès des auteurs. Alors que Madeleine Laroche (1928-) ressuscite dans un style simple, laconique et dénué de toute fioriture, la vie des colons bretons, marquée au coin du dépaysement, de la pauvreté et du labeur (*Les va-nu-pieds,* 1980), Berthe de Trémaudan (1896-1996) livre, avec humour et poésie, des souvenirs sur une existence consacrée à la trappe des fourrures et à la coupe de bois, loin de toute civilisation (*Au nord du 53e parallèle,* 1982). Dans le prolongement des écrits du retour aux racines, *L'équilibre instable* (1977) de

Louis Deniset (1919-1983), nous met en présence d'un personnage qui ne cesse de s'interroger, mais non sans humour, sur les limites humaines, le racisme, le fanatisme. Pionnier des médias, Henri BERGERON, troque, quant à lui, le micro contre la plume et nous révèle, sur le mode enjoué, les secrets d'un destin hors du commun qui l'a conduit de sa maisonnette de Saint-Lupicin (Man.) au sommet de la gloire et de la tour de Radio-Canada, à Montréal (*Un bavard se tait pour écrire*: *récits de la montagne Pembina,* 1989; *Le cœur de l'arbre*: *le bavard récidive,* 1995).

Pour terminer, qu'il soit permis de faire figurer ici les plus brillants essayistes, historiens et biographes de cette seconde moitié du XXe siècle: Gérard Tougas (*Histoire de la littérature canadienne-française,* 1960); Paul-Émile Breton (*Vital Grandin,o.m.i.: la merveilleuse aventure de «l'évêque sauvage» des Prairies et du Grand Nord,* 1960); Antoine d'Eschambault (*Essais historiques,* 1961); Paulette Collet (*L'hiver dans le roman canadien-français 1842-1981,* 1965; *Les romanciers français et le Canada (1842-1981)*: *Anthologie,* 1984); Placide Gaboury (*Un monde ambigu; pluralisme et vie religieuse,* 1968); Antoine Champagne (*Les La Vérendrye et le poste de l'Ouest,* 1969; *La famille de Louis Riel,* 1969); Lionel Dorge (*Introduction à l'étude des Franco-Manitobains,* 1973; *Manitoba, reflets d'un passé,* 1976); Mary Jordan (*De ta sœur Sara Riel,* 1980); Antoine Lussier (*The Metis,* en collab., 1975; *Riel and the Metis,* 1979); Hélène Chaput (*Donatien Frémont, journaliste de l'Ouest canadien,* 1977); Roger Motut (*Maurice Constantin-Weyer, écrivain de l'Ouest et du Grand Nord,* 1982); l'abbé Jean Papen: *Georges Bugnet, homme de lettres canadien,* 1985); Jean-Guy Quenneville (*Le voyage d'un solitaire: René Richard, 1930-1933,* 1985); Jacqueline Blay (*L'article 23: les péripéties législatives et juridiques du fait français au Manitoba, 1870-1986*, 1987); Bernard Pennisson (*Henri d'Hellencourt, un journaliste français au Manitoba: 1898-1905,* 1987); Luc Dauphinais (*Histoire de Saint-Boniface: à l'ombre des cathédrales, tome 1,* 1991); Paul Genuist (*Marie-Anna Roy, une voix solitaire,* 1992); Robert Viau (*L'Ouest littéraire: visions d'ici et d'ailleurs,* 1992); Joseph Nnadi (*Les négresses de Baudelaire,* 1994); Estelle Dansereau (*Portes de communications. Études discursives et stylistiques de l'œuvre de Gabrielle Roy,* 1995*)*; Bernard Bocquel (*Au pays de CKSB: 50 ans de radio française dans l'Ouest,* 1996).

Les pionniers du nouveau millénaire

S'il est encore un peu tôt pour dresser le bilan de la littérature de ce premier siècle, certains indices nous permettent toutefois d'affirmer que, par-delà la prolifération des essais universitaires secs et sans âme, des analyses linguistiques indigestes et des études critiques peu professionnelles, la création se porte plutôt bien dans l'Ouest et que la relève semble solidement assurée. En effet, à l'avant-garde, passée aujourd'hui au rang d'arrière-garde, mais toujours aussi productive, s'est joint toute une pléiade de «petits nouveaux» qui, souvent dès leur premier coup d'essai, se sont imposés, chacun dans leur genre, comme des «maîtres». De même, venue de France, des pays de l'Est, d'Afrique du Nord, d'Afrique centrale, d'Haïti, bâtir, au sein des Prairies, la société multiculturelle que Louis RIEL avait anticipée avec un siècle d'avance, une fournée de talentueux pionniers contribuent à ensemencer d'un sang neuf cette terre appelée «langage».

Tandis que pour les auteurs d'âge mûr a sonné l'heure des bilans et des retours en arrière – dans un récit autobiographique, Paul Savoie se penche avec émotion sur les *Mains de pères* (1995) et Guy Gauthier, sur la vie de ses ancêtres (*Lorna*) – Roger Léveillé, pour sa part, retrouve un second souffle pour *Causer l'amour* (1992) et célébrer, avec un lyrisme empreint de tendresse, *Les fêtes de l'infini* (1996). À 75 ans, Henri BERGERON, quant à lui, a poursuivi jusqu'à son décès, une carrière de biographe romanesque commencée avec *L'Amazone* (1998), l'histoire d'une jeune infirmière québécoise partie accompagner un groupe de colons dans l'Ouest du XIXe siècle. Un second ouvrage, *Charlède, l'ermite de Montebello,* narrant les aventures d'un faux castrat vivant en marge des tentations de l'extérieur, vient d'être annoncé.

Au royaume du roman, règne incontestablement, depuis quelques années, l'Albertaine Nancy HUSTON (1953-). Déracinée, expatriée et vivant dans «un malentendu identitaire permanent» entre Paris, New York, Montréal et Calgary, cet écrivain d'origine anglophone, a dû, comme Gabrielle ROY, s'inventer sa propre langue pour explorer des domaines inédits: cette frontière, ténue mais quasi impalpable, qui sépare le corps de l'esprit, les désirs de leur accomplissement, l'angoisse du bien-être, la vie de la mort, etc.: *Cantique des Plaines,* 1993, prix du Gouverneur général; *Instruments des ténèbres,* 1996; *L'Empreinte de l'ange,* 1998; *Prodige,* 1999). En cette sensibilité exceptionnelle, navigant dans «l'entre deux» des choses, se répercutent tous les conflits existentiels qui continuent de déchirer l'âme des jeunes auteurs qui, ces 30 dernières années, ont vu se substituer à Dieu, aux idéologies, aux valeurs traditionnelles et aux grandes figures, la terrifiante «ère du vide» (Gilles Lipovetsky). Désormais, ils savent qu'il leur appartient de défricher de nouvelles terres, de tracer de nouveaux sillons, de relever les statues écroulées, de retrouver le sens du sacré, en un mot, de reconstruire le «nouveau monde».

C'est du moins la leçon que semblent avoir retenu les poètes de ce «nouvel âge», assoiffés de techniques stylistiques novatrices, de paradis et de rêves inaccessibles, de pays et de mythes lointains: alors que Bertrand Nayet, «petit frère» de Roger Léveillé, fait fusionner prose et poésie en une série d'acrobaties syntaxiques qui donneraient presque le vertige à son illustre aîné (*Winnipeg, 6 h 20,* poème-nouvelle, 1995), Daniel Bahuaud dépouille ses vers de tout hermétisme, comme pour mieux rendre hommage aux êtres aimés et au passé (*Anna, Ailleurs, Acoustique,* poèmes, 1997). À l'instar du Métis Pascal Sabourin prônant, en de petits tableaux descriptifs et musicaux, l'urgence d'une réconciliation avec la nature et le Divin (*Suite en sol indien,* 1991; *Les neiges de Nakina,* 1994), la Roumaine Christine Dimitriu van Saanen (1932-) remet au goût du jour la ballade et le rondeau pour chanter la splendeur et l'éternité d'un univers vierge, minéral, face auquel l'homme n'a que sa petitesse et sa fragilité à offrir (*Poèmes pour l'Univers,* 1993; *Sablier*, 1996). Et tandis que l'Algérien Taïb Soufi (1941-) nous fait accoster à de *Riverains rêves* (1992), traversés par le souffle du désert et la nostalgie des amours épicées, l'excellente critique franco manitobaine Lise Gaboury-Diallo (1957-) infuse une subtile inspiration africaine à ses *Subliminales* (1999), jaillies des danses et des jeux de son inconscient.

Côté prose, Monique Genuist (1937-), «l'étoile montante» de la littérature en Saskatchewan, fait, elle aussi, surgir dans ses récits et souvenirs, des personnages en perpétuelle quête de dépaysement géographique, historique ou simplement humain (*C'était hier en Lorraine,* 1993; *Le cri du Loon,* 1993; *L'Île au cotonnier,* 1997; *Itinérance,* 1999; *Racines de sable,* 2000). Par son écriture intimiste, sa sensibilité aux moindres petits détails du quotidien, la critique voit en elle une fille spirituelle de Gabrielle Roy et par son sens aiguisé de la description, le meilleur peintre actuel de paysages de plaines. Elle travaille également, en collaboration, à une anthologie d'auteurs fransaskois, preuve qu'une nouvelle littérature est en train d'émerger de l'ombre.

À la fin du siècle dernier, les recueils *L'Ouest en nouvelles* (1986), *Accostages* (1992), *Pays d'eau et de soleil* (1999) et les revues *Les Cahiers franco-canadiens de l'Ouest*, *Prairie Fire* et *Sol'Air* révèlaient toute la constellation des «plumes les plus rapides de l'Ouest» (Monique Durand, *Sol'Air,* 1995) qui, au roman, ont préféré le genre exigeant de la nouvelle pour se lancer à la reconquête des époques et des continents disparus: Bertrand Nayet, dénonçant, avec un réalisme saisissant, les horreurs de guerres passées et présentes qu'il n'a pourtant jamais connues (*Le pas des éléphants*, 1994); le Savoyard Denis Combet (1956-), féru de lectures antiques, qui nous fait découvrir, dans une prose riche de couleurs et de métaphores, un Spartacus inconnu: amoureux et soumis au destin que lui réservent les dieux (*L'oracle de Dyonisos,* 1993); le sociologue haïtien Jean Lafontant (1945-), passé maître en l'art de perdre son lecteur dans un labyrinthe d'univers fantastiques et vertigineux, peut-être inspirés des nouvelles d'Edgar Poe ou des courts-métrages d'Alfred Hitchcock (*Tableautin*; *Insomnie,* 1990; *Les sept messieurs en queue de pie; brillante soirée,* 1992); la Tchèque Marie Jack Bartosova, également romancière (*Tant que le fleuve coule,* 1988), qui, dans un style d'une pureté fluide, imagée, entrelace rêves d'avenir fleuris et sombres souvenirs de jeunesse, personnages réels et fantaisistes fantômes (*Retour au pays du soleil,* 1999).

Enfin, dans des tons à la fois proches et différents, une Bretonne, Ismène Toussaint (1960-), renouant avec le témoignage pionnier en une série de tableaux et d'essais très denses, a donné pour la première fois la parole aux «petites gens» de l'Ouest, comme aux héros retrouvés des romans de Gabrielle Roy (*Les chemins secrets de Gabrielle Roy – Témoins d'occasions,* 1999). Mystique hantant «le Temple de la francophonie» que rêvait de bâtir Marie-Anna Roy et vénérant les idoles brisées, elle rend un hommage à Louis Riel dans son ouvrage *Louis Riel, le Bison de cristal* (2000).

Ainsi, lorsqu'au vu de cette richesse de noms et d'œuvres sans cesse renouvelés, les auteurs cesseront de contempler leurs «boutons» dans le miroir, tout en ressassant les mêmes rengaines sur le statut d'éternelle incomprise et de sempiternelle colonisée de la littérature de l'Ouest – soit disant condamnée à disparaître à plus ou moins brève échéance; qu'ils relèveront dignement la tête pour en proclamer les beautés, les qualités, le caractère unique et original au sein de la francophonie internationale; et qu'ils auront exorcisé leurs complexes vis-à-vis de leurs homologues québécois auxquels, en fait, ils n'ont plus rien à envier ni à prouver depuis longtemps; lorsque les pseudo-penseurs cesseront de terroriser leurs compatriotes en brandissant régulièrement le spectre de leurs statistiques sur l'«extinction» imminente des francophones dans l'Ouest, comme si la mission leur incombait de leur fermer toute perspective d'avenir, de leur briser tout espoir; enfin, lorsque les jeunes littérateurs, réconciliés avec les idéaux de Louis Riel et de Georges Forest (1924-1990), grand patriote de la francophonie, prendront conscience de l'imposture et du pourrissement d'un système qui, à la faveur des crises sociales des années 60-70, a porté aux plus hauts postes de l'enseignement, un troupeau d'enfants tyranniques et gâtés, narcissiques et imbus d'eux-mêmes; alors peut-être notre «petite grande» littérature de l'Ouest – pour emprunter une antithèse chère à Victor Hugo – effectuera-t-elle un pas de géant dans la conquête de cette «place au soleil» dont rêvent, depuis si longtemps, mais en toute confiance, Annette Saint-Pierre et Roger Léveillé.

Ismène Toussaint

Littérature de langue anglaise Cette expression désigne la littérature écrite à l'intérieur du territoire canadien actuel ou par des Canadiens à l'étranger.

Les écrivains ont décrit le Canada de multiples façons. On y a vu une colonie française ou anglaise, un «cinquante et unième» État américain, un pays côtier du Pacifique, un géant de l'Arctique, un territoire accueillant ou une contrée sauvage inhabitable. La littérature canadienne a suscité des attitudes tout aussi diverses, ce qui s'explique non seulement par le fait que nombre d'écrivains canadiens, nés à l'étranger, aient conservé leurs espoirs à l'extérieur du pays, mais aussi par l'enracinement des stéréotypes dans l'esprit populaire. Trois stéréotypes dominent l'idée que l'on se fait du Canada. On y voit une terre déserte, un pays sans culture et un territoire en friche riche en possibilités d'investissement. Ces distorsions ont conquis un public friand de stéréotypes, que des écrivains canadiens ont parfois renforcés par des récits romanesques se déroulant dans les étendues glacées du Nord, où règne une vie sauvage ou hostile contrastant avec la «civilisation» apportée de l'extérieur. Mais avec le temps, la référence à cette imagerie inspirée de l'étranger a cédé la place à la description d'un vécu local et au recours à la littérature comme moyen de lutter contre les préjugés provenant d'autres cultures.

Langage et genre littéraire

Les auteurs canadiens ont voulu nommer correctement les réalités locales comme la flore, la faune, les noms topographiques et les événements et pouvoir utiliser le vocabulaire local sans avoir à s'en excuser (*voir* LANGUE ANGLAISE). Ainsi, des mots comme *moose* («orignal») et *Medicine Hat* («chapeau de médecin»), comiques parce qu'ils transgressent les conventions de la grammaire anglaise, sont devenus suffisamment acceptables pour être utilisés en littérature. Des mots autochtones (*igloo, muskeg*), des emprunts au français (*tuque, gopher*), des adaptations de l'anglais (*separate schools* [«écoles séparées»], *sky pilote* [«pilote de l'air»]), des régionalismes (*slough* [«marécage»], *lakehead* [«tête des Grand Lacs»], *Bluenose* (puritains) et des rythmes vernaculaires sont devenus acceptables au cours du XIXᵉ siècle. Le vocabulaire de base demeure toutefois celui de l'«anglais international». L'écart n'est ni suffisamment régionalisé pour gêner la communication ni assez important pour obliger les lecteurs étrangers à la culture à s'adapter.

Au XXᵉ siècle, l'ironie indirecte – un mode littéraire dominant – invite le lecteur à ne pas s'en tenir au premier degré du récit, mais plutôt à chercher des résonances plus subtiles. Le récit documentaire (une structure littéraire commune), p. ex., prétend à l'origine transmettre la «vérité». Mais le genre comporte plusieurs sous-catégories, allant du récit historique et de l'esquisse au drame et au long poème, et le résultat est plus subjectif que ne le laisse entendre le mot «documentaire». En effet, les aperçus historiques que de telles œuvres présentent sont des amalgames de préjugés culturels et de points de vue tendancieux. L'«histoire» sur laquelle repose ces récits documentaires est une structure fictive, un processus de perception des hiérarchies de valeurs et de fabrication de légendes qui vise à véhiculer ces valeurs.

Parmi les premiers longs poèmes, nombreux sont ceux qui empruntent une forme narrative et qui font de l'«Histoire» une histoire. Plus récemment, les longs poèmes, tout comme une autre forme répandue, la nouvelle, et comme certains romans et certaines pièces, se présentent de manière discontinue. Souvent «métatextuelles» ou autoréférentielles, ces œuvres sont centrées sur la langue littéraire et sur les processus de l'entendement de même que sur l'expérience empirique. Écrivain et lecteur deviennent donc tous deux participants actifs, entrant en relation avec les personnages et le texte. Toutefois, la discontinuité fait ressortir le caractère fragmentaire et la partialité de l'entendement et indique souvent l'existence d'un sujet sous-jacent (sous-texte) ou d'une solution de remplacement aux valeurs traditionnelles reçues ou aux conventions.

Un grand nombre de techniques ont été utilisées pour suggérer la validité de diverses histoires «marginales» ou solutions de remplacement régionales, ethniques et sexuelles aux normes établies. En plus des séries discontinues figurent parmi celles-ci l'allégorie, le conte populaire, le récit à la structure fragmentée, la parodie et le récit ironique dans le récit.

L'humour en littérature canadienne apparaît plus souvent dans des apartés ou dans la litote que dans le comique grossier, et la LITTÉRATURE HUMORISTIQUE porte souvent sur des sujets sérieux.

Bon nombre d'auteurs ont pris conscience que ce n'est pas l'histoire qu'ils racontent qui les distingue, eux et leur communauté, mais bien leur façon de la raconter. En se documentant sur l'histoire locale et en écrivant dans la langue du pays, ils favorisent la culture régionale et nationale. Des auteurs terre-neuviens comme E.J. PRATT se sont inspirés d'une tradition d'histoires à dormir debout, des auteurs des Prairies, tels que Robert KROETSCH, d'une tradition de récits anecdotiques et les écrivains ontariens, tels que Margaret ATWOOD et Robertson DAVIES, de l'interaction laconique entre humour et ordre moral. La vigueur de leur style tient à leur maîtrise dans la description des particularités régionales, qui est aussi importante que le sens littéral, puisqu'elle révèle les mobiles profonds des personnages et le contexte social.

La technique narrative est souvent indirecte dans les écrits canadiens (l'utilisation de la parabole et de l'allégorie est courante). Les narrateurs dissimulent souvent leurs vrais sentiments ou parfois ont une compréhension restreinte des événements qui les entourent et les significations indirectes ou implicites sont plus complexes et fertiles de renseignements que celles qui paraissent évidentes.

Motifs et structures

Certains commentateurs ont interprété politiquement et psychologiquement l'aspect métaphorique de la littérature, y découvrant un signe d'insécurité nationale et un sentiment collectif d'infériorité. D'autres soutiennent que ce caractère métaphorique est une saine démonstration de la facilité d'adaptation d'une culture qui se sert de la langue dont elle a hérité pour arriver à ses fins. Bien que le caractère national ne soit pas toujours le sujet des textes littéraires, les attitudes et les valeurs sociales de la culture transparaissent dans le langage et dans son utilisation.

On retrouve différents types de structures narratives dans les écrits canadiens: une collectivité s'isole de la vie sauvage en s'emmurant (la «mentalité d'assiégé»); quelqu'un quitte sa terre natale, qui lui apparaît étrangère après son adaptation au nouveau monde; une personne née au Canada se sent «étrangère» en permanence dans son propre pays; de nouveaux arrivants découvrent qu'ils sont exclus du pouvoir; une personne s'efforce de récupérer du passé le secret ou la vie opprimée d'une génération qui l'a précédée; une femme lutte pour vivre avec sa créativité et les inhibitions de son éducation (luttes souvent présentées comme un conflit entre la colonie et l'empire); un observateur en apparence passif, entouré de farceurs et de conteurs bien articulés, finit par être en mesure de raconter leur histoire et la sienne, souvent avec ironie; un aventurier transforme l'échec en une sorte de grâce; en grandissant, un enfant hérite d'un monde d'espérance, ou d'un monde de désespéré, ou habituellement les deux à la fois; un historien subjectif médite sur le lieu et le souvenir; un personnage glorifie l'environnement et la vie sauvage, le plus souvent après avoir lutté pour apprendre à accepter que la nature ne procure de thérapie spirituelle que selon ses propres conditions.

Pour raconter la nature de leur société, bien des auteurs ont dépeint des personnages historiques comme Samuel HEARNE, Louis RIEL, Susanna Moodie, sir John A. MACDONALD, Emily CARR et William Lyon MACKENZIE. Tous ces personnages ont leur vision du monde, mais chacun, loin d'être un héros, demeure avant tout un être humain.

Le cadre du récit a souvent une dimension symbolique. Ainsi, le Québec catholique est fréquemment perçu comme une terre mystérieuse, attirante mais ensorcelante, et moralement dangereuse. L'Ontario est un mélange énigmatique de rectitude et de

laxisme moral; les provinces de l'Atlantique, une région aux valeurs anciennes, le Grand Nord, une terre d'espoir; les Prairies, un territoire à conquérir; et la côte Ouest, représentant un futur auquel les gens croient à tort. L'Europe apparaît souvent comme le foyer du raffinement et de la discrimination, les États-Unis, un pays de réussite grossière et de matérialisme, et l'Afrique, l'incarnation de tout ce qui est étranger au rationalisme protestant. La terre elle-même est souvent associée au pouvoir, soit comme propriété, région, force hostile, lieu de communication, don divin, territoire contesté de revendications culturelles en concurrence, frontière ou milieu écologique où la vie humaine s'intègre à toutes les autres formes de vie de la Nature.

Même si la plupart des Canadiens vivent dans les villes, les écrivains ont, jusqu'à récemment, situé leurs récits plutôt en milieu rural ou dans de petites villes qu'en milieu urbain. Ils ont également souvent passé sous silence les problèmes de classe, de race et de pauvreté. Pourtant, dès les débuts, des femmes de lettres comme Frances BROOKE, Susanna MOODIE, Sara Jeannette Duncan et Nellie MCCLUNG ont fait d'importantes analyses de la vie politique canadienne. Souvent, elles dénoncent avec vigueur les divisions sociales du Canada que les auteurs masculins semblent ignorer ou minimisent.

La littérature «régionale» a également favorisé des positions politiques car, en rejetant une définition d'un «Canada» uni, elle soutient la thèse d'un pays à caractère pluraliste (*voir* RÉGIONALISME DANS LA LITTÉRATURE). Par ailleurs, de plus en plus, des écrivains autochtones et des écrivains d'origines ethniques autres que celles de l'Europe occidentale ont examiné les limites sociales et les possibilités politiques du pluralisme canadien. Parmi ceux-ci figurent Beatrice Culleton, Tomson HIGHWAY, Rohinton MISTRY, Neil BISSOONDATH, Smaro Kamboureli, Joy KOGAWA et Paul Yee (*voir* ETHNIES, LITTÉRATURE DES).

Historique

Le développement de la littérature canadienne de langue anglaise a été influencé par de nombreux facteurs, tels que la densité de la population et les diverses influences littéraires des écrivains étrangers.

1620-1867 Au cours de ces deux siècles, les techniques des auteurs de littérature canadienne de langue anglaise suivent les modes littéraires de l'Angleterre. Il y a eu la poésie anglaise du début du XVIIIᵉ siècle à Terre-Neuve, les romans épistolaires des occupants de la garnison anglaise de Québec à la fin du même siècle, la satire politique du groupe des LOYALISTES des Maritimes et du Haut-Canada et les chansons populaires, les mythes et le romantisme dans la poésie et la littérature d'imagination, au début du XIXᵉ siècle. Des romanciers, comme John RICHARDSON et Rosanna LEPROHON, réaffirment leurs liens avec l'Europe, autant par leur style que par les thèmes qu'ils traitent. Malgré leur enthousiasme pour la vie sauvage, ils perpétuent les conventions sociales et littéraires de l'Europe. Les contes adaptés de la tradition autochtone et québécoise sont destinés à des lecteurs qui idéalisent les valeurs autochtones et agraires.

Les premiers poètes, tels qu'Oliver Goldsmith et Charles SANGSTER, définissent le paysage canadien comme «sublime» ou «pittoresque», se servant ainsi d'une convention littéraire britannique. Les premières traditions folkloriques des provinces de l'Atlantique viennent du folklore écossais et irlandais, mais sont également influencées par la littérature celtique, florissant dans le Nouveau Monde; elles s'adaptent aux coutumes et à la langue locales. Des écrivains continuent à utiliser des genres inspirés de la MUSIQUE FOLKLORIQUE et de la LITTÉRATURE ORALE jusqu'au XXᵉ siècle, comme le démontre *The Killigrews' Soiree* (1904) de Johnny Burke, les contes de Pauline JOHNSON et les vers populaires de Robert SERVICE. (Les formulations littéraires des cultures orales apparaissent aussi dans l'œuvre d'écrivains autochtones des années 90, dont le poète Harry Robinson, le dramaturge Tomson Highway et le conteur Basil JOHNSTON.)

L'essai politique et les ÉCRITS À CARACTÈRE INTIME s'avèrent les genres littéraires les plus durables de cette époque. Les critiques sociales et morales de Joseph HOWE, Thomas MCCULLOCH et Thomas Chandler HALIBURTON mettent en lumière les conventions rhétoriques et les positions politiques d'alors. Dans ses histoires humoristiques de Sam Slick dans THE CLOCKMAKER (1836), Haliburton utilise des phrases maintenant familières.

Les journaux intimes des explorateurs, des voyageurs et des colons, principalement ceux de Samuel Hearne, d'Alexander MACKENZIE, de David THOMPSON, d'Alexander HENRY, de William «Tiger» DUNLOP, de Catharine Parr TRAILL, de Susanna Moodie et d'Anna Jameson, ont aussi leur importance (*voir* LITTÉRATURE DE LANGUE ANGLAISE SUR LES EXPLORATIONS ET LES VOYAGES).

Les récits de voyage et de colonisation sont tantôt des histoires romantiques de captivité et d'aventure (p. ex., le récit de John JEWITT), tantôt des comptes rendus précis des choses observées. Dans *ROUGHING IT IN THE BUSH* (1852), Moodie fait état de son manque de préparation pour s'adapter au Canada et conseille aux Britanniques de la classe moyenne de ne pas émigrer, mais les éditions ultérieures révèlent qu'elle se fait progressivement à son nouveau pays. Les récits de colonisation dont l'action se déroule dans l'Ouest canadien, tels que ceux de Susan Allison et de Georgina Binnie-Clark, sont écrits plus tard au cours du XIXᵉ siècle et au début du XXᵉ siècle.

Comme les premières tentatives de publication locales sont faites dans les Maritimes, à Montréal et dans le Haut-Canada, souvent en relation avec les JOURNAUX et les REVUES LITTÉRAIRES comme l'*Acadian Recorder* de Howe et le *Literary Garland* de John Lovell, elles encouragent les auteurs à mettre leur créativité au service de la scène locale. De ce fait, vers 1867, des histoires imaginaires situées en Europe et en Orient envahissent les périodiques à côté d'esquisses réalistes du Canada et de commentaires politiques et moraux.

1867-1914 La Confédération fait naître un vif intérêt en faveur du développement d'une culture nationale. Cet intérêt se manifeste par les louanges à l'histoire canadienne et par la recherche de la destinée politique du nouveau pays, avec des auteurs comme William KIRBY, James de Mille et Gilbert Parker. La vie politique est racontée dans de nouvelles revues comme *Rose-Belford's Canadian Monthly*, *Canadian Magazine* et QUEEN'S QUARTERLY. Fredericton et Montréal deviennent des centres de création importants. La SOCIÉTÉ ROYALE DU CANADA est fondée en 1882. À Toronto, le *Globe* étend son influence politique et culturelle. Les auteurs canadiens sont également publiés dans la presse étrangère et dans les revues britanniques et américaines. Les œuvres canadiennes sont touchées par l'expansion continentale, freinées par des pressions économiques et restreintes par des modifications de la LOI SUR LE DROIT D'AUTEUR.

Malgré leurs sentiments patriotiques, de nombreux auteurs s'établissent dans d'autres pays, pour des raisons financières ou personnelles. Ainsi, Charles G.D. ROBERTS et Bliss CARMAN partent pour les États-Unis, S.J. Duncan prend le chemin de l'Inde. Duncan, qui est politiquement attiré par la cause de la fédération impériale (*voir* IMPÉRIALISME), note les répercussions des idées et des goûts américains sur la culture canadienne. Le poète Charles MAIR devient un membre actif du mouvement CANADA FIRST. Les causes politiques attirent aussi Goldwin SMITH, William Dawson LESUEUR et John WATSON (*voir* PHILOSOPHIE).

En 1905, la fébrilité littéraire atteint les Prairies et un centre culturel est en plein essor à Victoria, comme en témoigne l'œuvre de Martin Allerdale Grainger. Les auteures de littérature enfantine Margaret Marshall SAUNDERS et L.M. MONTGOMERY, originaires des Maritimes, écrivent respectivement *Beautiful Joe* (1894) et ANNE OF GREEN GABLES (1908; trad. *Anne... La maison aux pignons verts*, 1986), qui jouissent d'un succès international. Au début du siècle, Stephen LEACOCK se fait également une réputation internationale comme auteur comique et conférencier à la manière de Dickens. Il fait une satire de la vie mondaine et des manies politiques et littéraires, comme les comédies factices, mélodrames, intrigues historiques et aventures viriles, rendus populaires par des auteurs comme Parker, Ralph Connor (C.W. GORDON) et Robert BARR, et par les premiers dramaturges tels que Charles Heavysege et John Hunter-Duvar.

À la fin du XIXᵉ siècle, les figures dominantes de la littérature sont les poètes et auteurs de NOUVELLES Duncan Campbell SCOTT et Charles G.D. Roberts, ainsi que deux poètes avec qui ils sont associés, Archibald LAMPMAN et Bliss Carman. Connus sous le nom de «poètes de la Confédération», ces auteurs (avec W.W. CAMPBELL et I.V. CRAWFORD) remodèlent la POÉSIE canadienne. Influencés par les plus récents poètes romantiques anglais et par les transcendantalistes américains, ils fuient l'ornementation verbale de Sangster, rejettent la notion de «sublimité», recherchent des façons plus simples de traduire la beauté et la réalité du paysage canadien et utilisent l'imagerie naturelle comme un langage de quête spirituelle.

L'œuvre de Scott esquisse avec sympathie les habitudes de vie au Québec et parmi les Amérindiens et inaugure le réalisme psychologique dans le récit. Les descriptions anthropomorphiques d'animaux de Roberts et d'Ernest Thompson SETON révèlent une observation attentive de la nature et adaptent de façon imaginative les méthodes scientifiques de Darwin. Malgré le fait que Roberts et Scott continuent à écrire longtemps après la fin de la Première Guerre mondiale, leur œuvre principale appartient aux 20 années qui l'ont précédée.

1914-1941 La Première Guerre mondiale a un impact culturel et politique profond. Bon nombre de créateurs y sont tués, dont John MCCRAE, auteur du rondeau *In Flanders Fields*. Puis, les attitudes envers l'empire et la nationalité canadienne se modifient, à mesure que le Canada acquiert l'égalité à l'intérieur du COMMONWEALTH; la présence culturelle du Québec dans le pays progresse et la tension monte; les politiques d'immigration changent après la guerre et les influences politiques des différentes régions du pays connaissent un changement. Les échanges culturels de la région du Pacifique avec l'Australie, la Chine, le Japon et l'Inde diminuent, malgré l'augmentation des immigrants en provenance de l'Asie.

La littérature imprégnée de RACISME augmente elle aussi. L'immigration d'Allemands et d'Européens de l'Est dans les Prairies a une influence littéraire significative; les sagas familiales de Martha Ostenso, de Laura Goodman Salverson et surtout celles de Frederick Philip GROVE en font foi. Ce dernier se distingue en tant qu'écrivain, grâce à ses portraits spectaculaires de la vie des immigrants et à son analyse de la structure des rapports économiques entre les classes sociales. En Ontario, les chroniques familiales de Mazo DE LA ROCHE, qui donnent naissance à la série *Jalna* (1927-1960), continuent de préconiser les liens avec l'Empire.

En 1921, D.C. Scott prétend que la violence du nouvel âge exige des poètes qu'ils expriment les valeurs de l'époque de façon plus crue, rebelle et critique. Cette réflexion s'applique également à la littérature de fiction. L'œuvre étonnamment réaliste de Charles Yale Harrison (*Generals Die in Bed*, 1930; trad. *Les généraux meurent dans leur lit*, 1931) fait partie des romans du début de la guerre. La Premiè-

re Guerre mondiale préoccupe les auteurs pendant 50 ans, de Philip Child, Robert Stead, Edward Meade et Colin McDougall, à Douglas Le Pan, Alden Nowlan, Timothy FINDLEY, David Gurr, George Payerle et John GRAY.

Les conflits sociaux de Vancouver pendant la CRISE DES ANNÉES 30 sont le sujet du livre d'Irene Baird intitulé *Waste Heritage* (1939), tandis que J.G. Sime, Madge Macbeth et (plus tard) Joyce Marshall démontrent que la vie des femmes, surtout en milieu urbain, est souvent freinée par les conventions sociales et institutionnelles. Les romans de Morley CALLAGHAN peignent un tableau du crime et des privations qu'on connaît à Toronto et à Montréal, mais font appel à la force de la foi catholique comme solution au problème. Le style franc de Callaghan donne un nouveau souffle à la prose canadienne. Les talentueux récits autobiographiques de Callaghan et de John GLASSCO sur leurs séjours à Paris dans les années 20 datent de cette époque, bien qu'ils aient été publiés (sous forme révisée) longtemps après. L'artiste peintre Emily CARR écrit sur le caractère et la culture des Indiens de la côte ouest, sur l'évolution de ses goûts et de ses coutumes artistiques, sur son propre engagement envers la vie sauvage.

Tout comme la prose, le ton donné à la poésie et au THÉÂTRE D'EXPRESSION ANGLAISE pendant l'entre-deux-guerres est crucial. Au théâtre, les sketches satiriques de Merrill Denison questionnent un nationalisme vide de sens et la grandiloquence des premières pièces de théâtre d'expression anglaise. Herman VOADEN adapte les techniques de l'expressionnisme allemand au théâtre et Oscar Ryan utilise le théâtre comme un moyen de contestation sociale de gauche (*voir* LITTÉRATURE ET POLITIQUE). En poésie, le Groupe de McGill (F.R. SCOTT, A.J.M. SMITH, Abraham KLEIN) fait son entrée à Montréal dans les années 20 pour faire l'éloge de la révolution du GROUPE DES SEPT en peinture, répondre à l'influence littéraire internationale de T.S. Eliot, W.H. Auden et James Joyce et pour mettre en doute le formalisme victorien des poètes de la Confédération.

Le poète terre-neuvien E.J. Pratt, fasciné par la science moderne, rédige des vers lyriques en hommage à l'action héroïque et au pouvoir de décision personnelle et collective. Raymond KNISTER et W.W.E. Ross sont eux aussi des figures marquantes. Dorothy LIVESAY et Earle BIRNEY, d'autres auteurs apparus à cette époque, poussent plus loin l'expérimentation formelle. Leur œuvre, tour à tour dramatique, lyrique, documentaire, méditative, ironique et autobiographique, juxtapose l'expérience personnelle et les causes sociales. Entre 1950 et 1980, ils abordent le maccarthysme américain, l'indépendance américaine, le féminisme, la pauvreté et l'appauvrissement culturel du Canada.

1941-1959 Le roman *Barometer Rising* (trad. *Le temps tournera au beau*, 1966) de Hugh MACLENNAN, paru en anglais en 1941, inaugure le début d'une période de réévaluation libérale de la culture canadienne, d'une époque où le Canada s'affranchit de ses contraintes, se donne un rôle sur la scène internationale et devient un sujet d'intérêt en littérature. C'est aussi une époque où l'on croit au progrès. Ces thèmes, mis en valeur par des auteurs francophones aux positions humanistes et anticléricales comme Ringuet (Philippe PANNETON), Gabrielle ROY, Roger LEMELIN et Germaine GUÈVREMONT (*voir* LITTÉRATURE DE LANGUE FRANÇAISE), sont aussi ceux de Pierre BERTON, de Roderick HAIG-BROWN et de Farley MOWAT. Le roman de MacLennan, *The Watch that Ends the Night* (1959) (trad. *Le matin d'une longue nuit*, 1967), couronne cette période. L'auteur y réaffirme sa foi dans le pays, mais admet dès lors un sentiment de désillusion dans les causes politiques.

Des stylistes de la prose des années 40 et 50 présentent l'envers de la médaille, en s'attardant sur les valeurs morales de l'individualisme. Malcolm

LOWRY, avec *Under the Volcano*, 1947 (trad. *Au-dessous du volcan*, 1976), et Ethel WILSON, avec *Swamp Angel* (1954), explorent respectivement les problèmes psychologiques causés par l'alcoolisme et les perspectives sociales limitées des femmes. Avec les Prairies de l'Ouest comme toile de fond, Sinclair ROSS, dans *As for Me and my House*, 1941 (trad. *Au service du Seigneur*, 1981), et W.O. MITCHELL, dans WHO HAS SEEN THE WIND (1947; trad. *Qui a vu le vent?*, 1974), cherchent à découvrir les barrières psychologiques qui, souvent, empêchent les individus de prendre contact avec leur milieu. Thomas RADDALL et Ernest BUCKLER se penchent sur des problèmes similaires mais dans les Maritimes, tout comme Henry KREISEL sur fond de guerre européenne et de déplacement culturel.

En 1959, la satire acerbe de Mordecai RICHLER, THE APPRENTICESHIP OF DUDDY KRAVITZ (trad. *L'apprentissage de Duddy Kravitz*, 1974) et le modernisme elliptique de Sheila WATSON avec THE DOUBLE HOOK (trad. *Sous l'œil de Coyote*, 1976) amènent un nouveau type d'attitude et de technique littéraire, plus satirique. Au Québec, dans les années 60, la RÉVOLUTION TRANQUILLE inspire une littérature séparatiste séculaire et politiquement rebelle.

De nouveaux mouvements poétiques apparaissent également pendant la Seconde Guerre mondiale. À Montréal, les poètes «cosmopolites» de *Preview* (Patrick ANDERSON, P.K. PAGE) se joignent brièvement aux poètes «prolétaires» de *First Statement* (Louis DUDEK, Irving LAYTON) pour publier dans le magazine de John SUTHERLAND, NORTERN REVIEW. Les revues déjà existantes (surtout CANADIAN FORUM) et de nouvelles parutions (FIDDLEHEAD à Fredericton, CIV/n et *Delta* à Montréal, TAMARACK REVIEW et *Here and Now* à Toronto, *Contemporary Verse* d'Allen Crawley à Vancouver et, après 1960, *Alphabet* de James REANEY à London) donnent aux poètes de nouvelles occasions de publier. Parmi les collaborateurs les plus marquants, on retrouve Anne Wilkinson, Wilfred WATSON, Robert Finch, A.G. BAILEY, Elizabeth Brewster, Fred Cogswell, Miriam WADDINGTON et Roy Daniells. Initialement liés aux poètes socialement engagés, Dudek, Layton et Raymond SOUSTER contribuent à explorer les différentes facettes du genre poétique et de l'engagement sur le plan politique.

À cette époque, le théâtre est influencé par la montée de la radio, la progression des troupes de théâtre et le MOUVEMENT DU THÉÂTRE AMATEUR. Mavor MOORE et Fletcher Markle sont parmi les dramaturges les plus remarquables de la radio, tandis que Gwen Pharis RINGWOOD, James Reaney et Robertson Davies font avancer l'art dramatique sur scène. Les feuilletons radiophoniques (*Jake and the Kid* de W.O. Mitchell, les lectures de John DRAINIE, *CBC Wednesday Night* avec Robert WEAVER) popularisent la nouvelle; des auteurs d'émissions de radio comme Mary Grannan, font connaître la LITTÉRATURE ENFANTINE au Canada (*voir* RADIO, THÉÂTRE DE LANGUE ANGLAISE À LA).

Cette période se termine avec l'émergence d'une nouvelle vague de nationalisme et d'énergie créatrice. On publie diverses anthologies et études critiques, la société profite de la prospérité d'après-guerre. Le rapport de la COMMISSION ROYALE D'ENQUÊTE SUR L'AVANCEMENT DES ARTS, LETTRES ET SCIENCES (Massey-Lévesque), qui aboutit à la création du CONSEIL DES ARTS DU CANADA en 1957, encourage efficacement l'aide à la culture canadienne.

1959-1985 Au cours des décennies suivantes, les périodes de prospérité, puis de récession économique ont un effet considérable sur la littérature canadienne. Les publications augmentent sensiblement au cours des années 60, favorisées en partie par le Conseil des Arts et par la création de programmes gouvernementaux visant à promouvoir les arts. Grâce aux lois limitant la mainmise étrangère sur la production et la distribution des œuvres canadiennes, de PETITES MAISONS D'ÉDITION font leur apparition (dont House of Anansi et Oberon) qui défendent pendant plusieurs années l'idée d'un nationalisme culturel fort. De nouveaux PÉRIODIQUES LITTÉRAIRES voient le jour, comme CANADIAN LITERATURE, *Prism*, *ECW*, *Journal of Canadian Studies*, CANADIAN FICTION MAGAZINE et *Canadian Children's Literature*.

L'augmentation du nombre de textes disponibles et de livres de poche (MCCLELLAND & AMP; STEWART'S New Canadian Library), la création d'associations professionnelles (l'Association des auteurs canadiens et québécois, League of Canadian Poets, WRITER'S UNION OF CANADA), la tenue de festivals populaires et l'intérêt grandissant des universitaires pour la littérature du pays contribuent également à élargir le public des lettres canadiennes. Les auteurs influents du Québec et de l'Acadie sont traduits, ainsi que de nombreux écrivains qui écrivent dans des langues «non officielles», comme Josef SKVORECKY.

L'essor technologique a un effet sur la forme et le fond de la publication; la différence est grande entre le papier polycopié de revues comme *Tish*, en 1961 (dirigée par George BOWERING et Frank Davey) et le graphisme élaboré, l'impression par ordinateur de maisons d'édition telles que Coach House dans les années 80. L'expression poétique se diversifie; certains écrivent de la poésie «concrète» (B.P. NICHOL), d'autres font de la poésie «sonore» (Bill BISSETT) ou encore attendent de la «trouver» (J.R. COLOMBO). On écrit des chansons populaires (Leonard COHEN) ou on expérimente d'autres formes de littérature et de représentation visuelle (Joe ROSENBLATT). Les longs poèmes méditatifs connaissent un essor considérable (Michael ONDAATJE, Kroetsch, John NEWLOVE, Christopher DEWDNEY). La technologie devient dès lors un paradoxe pour les créateurs: comme thème littéraire, elle est souvent perçue comme une aliénation abrutissante dérivée de la mécanisation mais, comme aide à la production littéraire, elle offre une plus grande liberté.

Les auteurs latino-américains Jorge Luis Borges et Gabriel García Márquez ont particulièrement influencé Ondaatje et Kroetsch. Les théories du mythe de Northrop FRYE inspirent d'autres auteurs (Jay Macpherson, James Reaney, D.G. Jones); d'autres encore sont touchés par le CHRISTIANISME et les poètes des Montagnes noires (Margaret AVISON, M.T. Lane), par les différentes formes d'art traditionnel, y compris celle des bardes, par la prise de conscience des injustices sociales (Patrick LANE, Milton ACORN, Tom Wayman, Daryl Hine, David McFadden, George Bowering, Ralph Gustafson, Francis Sparshott, George Johnston, Richard Outram, Kristjana GUNNARS), par la phénoménologie (Daphne MARLATT, Fred WAH, Eli MANDEL), par des modèles culturels asiatiques et autochtones (Robert Bringhurst, David Day, Gary Geddes), par la théorie féministe et linguistique (Claire Harris, Lola Lemire Tostevin, Betsy Warland), par le rythme des dialectes (Al PURDY, Paulette JILES, Alden Nowlan, Marilyn BOWERING) et par la philosophie loyaliste conservatrice de George GRANT (Margaret Atwood, Dennis LEE). Les points de vue des historiens et des spécialistes des communications H.A. INNIS, Donald CREIGHTON, W.L. MORTON et Marshall MCLUHAN ont une influence plus générale, tout comme ceux des sociologues internationaux: O. Mannoni, Frantz Fanon, Ruth Benedict, Robert Ornstein et Jean Piaget.

Dennis Lee et Robert Heidbreder (poésie), Dennis Foon et John et Joa Lazarus (théâtre) et Mordecai Richler, Gordon Korman, Brian DOYLE, Jean Little, Monica Hughes, Kevin Major et Christie Harris (roman) deviennent les auteurs de la littérature enfantine les plus importants. Margaret Atwood (poésie, roman et critique) domine cette période, autant par son habileté à manier les vers que par ses commentaires nationalistes et féministes. D'autres prosateurs importants abordent des sujets féministes, c'est le cas de Margaret LAURENCE, d'Audrey Thomas, de Jane RULE, de Marian ENGEL et d'Alice MUNRO, chacune avec un style personnel très mordant.

Dans ces œuvres ainsi que dans celles de Timothy Findley, de Dave Godfrey, d'Adele WISEMAN, Hugh HOOD, Richard WRIGHT, Juan Butler, George WOODCOCK, Joy Kogawa et David Adams RICHARDS, la justice demeure le souci majeur, tout comme l'origine et la nature de la violence. Des auteurs autochtones, comme George CLUTESI et Markoosie, utilisent l'anglais pour décrire le vécu traditionnel et l'espoir d'une continuité morale. D'autres auteurs, notamment Jack HODGINS et Rudy WIEBE, choisissent la littérature comme sujet, explorant l'imaginaire dans le récit et soutenant les valeurs morales de l'art.

Parmi les réussites romanesques importantes de cette époque figurent les enquêtes épiques de Wiebe dans le langage de différentes cultures (surtout mennonite et crise), les représentations de Findley de la perte de l'innocence au XX⁰ siècle, la mythologie sociale de la femme occidentale de Laurence et la lecture jungienne que Robertson Davies fait de l'ambition et des aspirations de l'Ontario loyaliste. L'immigration d'auteurs d'expression anglaise en provenance des États-Unis (Leon ROOKE, Audrey Thomas, Jane Rule) et des pays du Commonwealth (Michael Ondaatje, John METCALF, Brian Moore, Robin SKELTON, Daphne MARLATT, Austin CLARKE, Bharati MUKHERJEE, Seán Virgo) ajoute une nouvelle dimension de sensibilité ethnique, de polyvalence stylistique et humoristique à l'écriture littéraire canadienne.

C'est à cette époque que, en partie influencés par le théâtre québécois politiquement engagé, apparaissent des dramaturges de talent, tels que Sharon POLLOCK, George Walker, Rick SALUTIN, David FENNARIO, Cam Hubert (Anne Cameron), George RYGA et Michael COOK.

1985-1997 Les dernières années du XX⁰ siècle sont marquées par la montée du conservatisme social et économique, une augmentation importante de l'immigration en provenance de l'Asie orientale et de l'Asie du Sud (surtout dans les centres urbains et en Colombie-Britannique), une tendance à s'en tenir à des publications moins risquées (peut-être un effet de l'accord sur le LIBRE-ÉCHANGE avec les États-Unis), une plus grande dépendance à l'égard de la technologie informatique (magazines électroniques, courriel et communications par Internet) et un intérêt accru pour les questions écologiques et l'écologie critique.

Les restrictions financières provoquent, entre autres effets, la fermeture de plusieurs théâtres, festivals et maisons d'édition, dont Coach House Press, Deneau, Williams-Wallace et Lester and Orpen Dennys. La fusion de plusieurs sociétés entraîne une diminution de la publication de livres scolaires. Au cours des années 90, les pressions internationales toujours plus fortes poussent le gouvernement à abroger les lois protégeant la production et la distribution de culture canadienne. Les gouvernements fédéraux qui se succèdent ferment plusieurs consulats à l'étranger, ainsi que les programmes que ces bureaux soutenaient.

C'est dans ce contexte qu'un certain nombre d'écrivains protestent contre la tendance au désengagement de l'État: Margaret Atwood dans *The Handmaid's Tale* (trad. *La servante écarlate*, 1987), Timothy Findley dans *Headhunter* (1993; trad. *Chasseurs de têtes*, 1996) et des auteurs d'essais polémiques comme Rick Salutin et John Ralston SAUL. D'autres examinent les conséquences de la pauvreté, de la maladie et de l'effondrement social, certains dans les villes (Evelyn LAU et Richard WRIGHT), d'autres en milieu rural (Leslie Hall Pinder).

La littérature populaire continue de toucher les masses. Parmi les œuvres à succès figurent les romans de Joy Fielding et les histoires sentimentales publiées chez HARLEQUIN, les romans illustrés de Nick Bantock (en particulier les séries Griffin et Sabine), les comédies désabusées de la génération X de Douglas Coupland, les romans à énigmes (les ouvrages de Gail Bowen, de L.R. Wright et de C.C. Benison), et, de plus en plus, les œuvres de fantaisie et de science-fiction (de Sean Stewart, Guy Gavriel Kay, William GIBSON, et le magazine *Tesseracts*, p. ex.). En marge de ces genres, on trouve les œuvres d'imagination de Steve Weiner, de Douglas Cooper, d'Eric McCormack, de Brian Fawcett et de Susan Swan qui mettent l'accent sur l'expérimentation, la sociopolitique et la psychologie.

Les auteurs autochtones comptent parmi les nombreux représentants de minorités qui ont conquis un vaste public au cours de cette période. Le plus souvent, ils revendiquent vigoureusement des changements à ce qu'ils considèrent comme le statu quo. Dans ses récits, l'écrivain haisla Eden Robinson cherche à mesurer les conséquences de la violence chez les adolescents. Jeanette Armstrong (Okanagan) conteste le système d'éducation. Thomas King (Cherokee) fait la satire des conventions littéraires et autres qui passent trop aisément pour la «vraie» histoire. Tomson Highway (Cri) fait son entrée comme dramaturge important en adaptant les légendes nanabushs à la réserve actuelle et à la salle de bingo. Parmi les poètes dignes de mention figurent Wayne Keon (Ojibwé), Rita Joe (Micmac), Daniel MOSES (Delaware), Marilyn Dumont (Métisse) et Alootook Ipellie (Inuit).

D'autres écrivains abordent les intérêts politiques, les engagements et les aspirations des sociétés d'immigrants et s'en prennent aux stéréotypes raciaux et culturels. On compte parmi ceux-ci plusieurs lauréats de prix nationaux ou internationaux, tels que Nino RICCI, Moyez G. VASSANJI, Michael Ondaatje et Rohinton Mistry (ce dernier surtout pour *A Fine Balance*, 1952). Denise Chong, Sky Lee et Hiromo Goto explorent le côté opprimant (matrilinéaire) de leurs traditions chinoise et japonaise respectives. Enfin, des écrivains comme Robert Majzels et Anne Michaels se penchent sur les tensions continues qu'ils subissent en tant que Juifs vivant dans un monde ayant survécu à l'Holocauste.

Parmi les écrivains traitant de l'expérience gaie ou lesbienne, citons Daphne Marlatt, Dionne BRAND, Suniti Namjoshi, Bryden MacDonald, Brad FRASER et Ian Iqbal Rashid.

Bon nombre d'écrivains établis continuent tout au long de la décennie de produire des œuvres talentueuses et imaginatives. C'est le cas de Jack Hodgins, Guy VANDERHAEGHE, Audrey Thomas, Phyllis WEBB, Timothy Findley, Robert Kroetsch, Rudy Wiebe, Al Purdy, Marvis GALLANT, Alice Munro et Margaret Atwood. Michael Ondaatje, quant à lui, a vu son public s'élargir considérablement à la sortie, en 1996, de la version cinématographique de son roman *The English Patient* (trad. *Le patient anglais: l'homme flambé*, 1997). Plusieurs écrivains (dont certains écrivent cependant depuis longtemps) commencent à retenir l'attention. Au nombre des poètes importants des années 90 figurent Robert Bringhurst, David Bromige, Dale Zieroth, Harold Rhenisch, Joan Crate, Ted BLODGETT, Don Mckay, Steven McCaffery, Lola Lemire Tostevin et Claire Harris.

Parmi les romanciers, on trouve Rohinton Mistry, Carol SHIELDS, Nancy Huston, Aritha VAN HERK, Sharon Riis, Thomas King, Thomas Wharton, John Steffler, David Adams Richards et Gail Anderson-Dargatz. Chez les dramaturges, citons David FRENCH, Ann-Marie MacDonald, Judith THOMPSON, John MURRELL, Margaret HOLLINGSWORTH,

Morris Panych, Bryden MacDonald, Tomson Highway et Brad Fraser.

À certains égards, les écrivains les plus en vue sont les nouvellistes. Alice Munro et Mavis Gallant, qui comptent, comme Alistair MACLEOD, un nombre considérable de lecteurs à l'étranger, continuent de dominer le genre. Parmi les auteurs talentueux qui se sont fait connaître au cours des dernières années figurent Linda Svendsen, Keath Fraser, Steven Heighton et Caroline Adderson (Fraser, Heighton et Adderson publient chez Porcupine's Quill, qui s'est fait une place comme éditeur de poésie et de prose innovatrics et élégantes).

Plusieurs de ces écrivains (p. ex., Joan Crate, Claire Harris, Ann-Marie Macdonald, Judith Thompson, Carol Shields, Nancy Huston, Aritha Van Herk et Sharon Riis) se préoccupent surtout de la vie des femmes d'aujourd'hui. D'autres auteurs, dont Rohinton Mistry, Thomas Wharton, John Steffler et l'auteure de livres pour enfants Julie Lawson (*voir* LITTÉRATURE ENFANTINE DE LANGUE ANGLAISE), se tournent vers les genres et les cadres historiques pour explorer le présent. Ils cherchent en particulier à isoler, dans la fiction, les origines de l'incertitude. Leurs recherches ont abouti à la conclusion que, malgré le conservatisme de la décennie, les «solutions» s'avèrent illusoires pour la plupart des gens. Autrement dit, la «condition naturelle» se révèle le plus souvent faite d'incertitude (plutôt que de vérités immuables), de multiplicité (plutôt que d'uniformité) et de changements.

Contextes critiques Les critiques ont consigné l'histoire de la littérature canadienne en anglais, observé ses liens avec d'autres littératures, analysé son évolution et ses techniques et relevé ses structures, jugé sa valeur comme tradition culturelle et élaboré des théories sur sa fonction (en s'inspirant surtout de théoriciens français, américains et russes, qui se sont penchés sur la politique, le rapport entre hommes et femmes et le langage, tels que Edward Said, Frederic Jameson, Hélène Cixous, Mikhail Bakhtin et Michel Foucault). Au cours des années 70, alors que la littérature canadienne fait l'objet d'une attention grandissante à l'étranger, des associations d'études canadiennes voient le jour en Europe, aux États-Unis, au Japon, dans le Pacifique Sud et ailleurs. Vers la fin des années 80, plusieurs critiques canadiens délaissent l'étude des thèmes pour une approche axée sur les techniques et la théorie, d'autres rédigent des BIOGRAPHIES littéraires et s'efforcent d'établir des textes précis et savants sur l'œuvre de grands écrivains, en abordant le livre comme un artefact technique et en faisant des expériences sur la communicabilité de textes électroniques. Pendant la deuxième moitié du XXe siècle, les traditions de la littérature canadienne sont manifestes, mais diversifiées.

W.H. New

Littérature de langue anglaise sur les explorations

Même si les récits sur les premiers voyages d'EXPLORATION géographique au Canada n'ont aucune ambition littéraire, ils présentent un intérêt certain, car il constituent la base de notre littérature.

Quêtes, voyages et découvertes Ces documents renferment les premières descriptions du paysage canadien rédigées par des Européens et rapportent l'expérience des découvreurs. Leur intérêt ne se limite pas au contexte canadien; les auteurs abordent aussi des thèmes universels déjà traités par Homère et Melville: la recherche de nouveaux horizons, les voyages et les découvertes, entre autres.

Depuis les années 60, on ne cesse de reconnaître l'influence des récits d'exploration sur la prose et la poésie modernes. Des spécialistes en littérature publient les textes d'Alexander MACKENZIE et de David THOMPSON et on trouve maintenant dans les anthologies canadiennes des extraits des écrits de Jacques CARTIER, d'Alexander HENRY, de Samuel HEARNE, pour ne citer qu'eux. Grâce à cette reconnaissance, la théorie selon laquelle les œuvres d'une

poignée d'immigrants du XIXe siècle seraient à l'origine de la littérature canadienne prend une autre dimension.

Les premières explorations se font en trois endroits, par voie de terre: de Montréal à la baie d'Hudson, zone de la TRAITE DES FOURRURES; dans les îles de l'Arctique, où les explorateurs recherche le PASSAGE DU NORD-OUEST; et le long de la côte du Pacifique, où les Anglais, les Espagnols, les Américains et les Russes chassent les loutres de mer, réduisant dangereusement leur nombre. Les pelleteries sont le sujet de nombreux écrits intéressants, particulièrement pour les géographes et les historiens. Chose curieuse, ces textes traitant d'intérêts mercantiles sont plus littéraires que ceux sur le passage du Nord-Ouest, un sujet pourtant moins matérialiste.

Voir avec le regard des explorateurs Ce phénomène s'explique par le fait que la traite de la fourrure acceptait les particularités de chacun tant qu'elles ne nuisaient pas aux profits. Nombre de ces récits, particulièrement *Journey from Prince of Wale's Fort in Hudson's Bay to the Northern Ocean* (1795) de Hearne et l'ouvrage inachevé de Thompson, *Travels*, peuvent être élevés au rang d'œuvres littéraires, car ils laissent transparaître la personnalité et les qualités de conteur de leurs auteurs. Ainsi, l'horreur ressentie par Hearne alors qu'il assiste, impuissant, au massacre d'un camp d'Inuits par ses compagnons Indiens devient nôtre, non pas à cause de l'événement en lui-même, mais parce que le texte nous fait partager l'émotion de l'explorateur et nous permet de voir par le biais de son regard.

Beaucoup d'autres ouvrages sur la traite des fourrures, comme *Voyages from Montreal* (1801) de Mackenzie, *Travels and Adventures* (1809) d'Alexander Henry, père, et le livre satirique *The Fur Hunters of the Far West* (1855) d'Alexander ROSS ont une valeur littéraire dans la mesure où ils offrent un point de vue narratif convainquant et qu'ils ont servi de modèle aux écrivains qui ont suivi.

Il en est de même en ce qui concerne les textes sur le passage du Nord-Ouest. *The Strange and Dangerous Voyage of Captain Thomas James* (1633) possède une valeur intrinsèque en raison de ses descriptions vivantes de l'hiver dans l'Arctique. L'expédition de James étant financée par des fonds privés, il est libre, comme les commerçants de fourrures, de donner son point de vue. Toutefois, même si la quête offre des possibilités dramatiques et imaginaires considérables, elles sont peu exploitées, sauf pour quelques récits. Cela est dû au fait que les auteurs n'ont pas été capables de créer des voix humaines pour raconter les expériences qu'ils ont vécues.

Cette déficience dans les récits du XIXe siècle peut être attribuée, en grande partie, à l'influence de l'AMIRAUTÉ britannique qui contrôle l'EXPLORATION DE L'ARCTIQUE de 1818 à 1859. L'Amirauté exige de ses officiers un regard objectif et impersonnel, ce qui sert bien les intérêts de la marine, mais laisse peu de place à la dimension subjective de la littérature. Les récits suivants ont tous souffert de ces contraintes: *Voyage of Discovery* (1819) de John Ross, *Journal of a Voyage for the Discovery of a Northwest Passage* (1821) de W.E. PARRY et *The Discovery of the North-West Passage* (1856) de Robert MCCLURE.

Johann Miertsching, un missionnaire morave qui voyage à bord du navire de McClure en qualité d'interprète, écrit un journal rempli d'émotions et d'évocations que McClure tente en vain de faire disparaître. La compassion et la sensibilité de l'auteur face aux souffrances endurées lors du désastreux voyages de 1850 à 1854 sont traduites dans son journal avec toute la liberté voulue grâce à l'indépendance que lui garantit son statut de civil.

Catalyseurs Tous ces écrits ont d'autres qualités littéraires. Certains ont joué un rôle de catalyseur pour des œuvres romanesques et les récits sur le passage du Nord-Ouest ont un caractère épique si on les lit l'un à la suite de l'autre. Cependant, la valeur intrinsèque d'une œuvre dépend pour beaucoup de l'image que l'on se fait de l'auteur ou du narrateur. (*Voir aussi* LITTÉRATURE DE VOYAGES.)

Richard C. Davis

Littérature de langue anglaise, enseignement de la
Dans les colonies, la tradition littéraire de la mère patrie prédomine généralement. Cela s'applique particulièrement au Canada, où les Canadiens de langue anglaise mettent du temps à reconnaître leur propre littérature comme un sujet d'étude valable. Tout au long de la deuxième moitié du XIXᵉ siècle, la littérature et la langue anglaise, ainsi que les HUMANITÉS, dominent incontestablement les programmes d'études littéraires dans les écoles et dans les universités canadiennes. Cependant, à l'extérieur des institutions scolaires, on prépare le terrain pour une littérature locale.

E.H. Dewart rédige la première anthologie canadienne, *Selections from Canadian Poets* (1864). Bien qu'il n'y ait aucune certitude que ce livre ait été utilisé dans les écoles, il est le premier d'une série d'anthologies destinées à encourager l'enseignement de la littérature canadienne, à une époque où cette dernière acquiert une certaine reconnaissance. *Songs of the Great Dominion* (1889) de W.D. Lighthall, est également un livre marquant. La BIOGRAPHIE et l'histoire littéraire font leur apparition avec *Bibliotheca canadensis: A Manual of Canadian Literature* (1867) de H.J. Morgan. À la fin du XIXᵉ siècle, les noms de Lampman, Carman, Roberts et Scott s'ajoutent à ceux plus connus d'Haliburton, Moodie et Richardson. La préparation d'un livre de référence pour l'enseignement sur les premiers écrivains canadiens se profile à l'horizon.

Les documents relatant les premières tentatives destinées à intégrer la littérature canadienne aux programmes universitaires ne sont pas fiables. En 1924, The Canadian bookman publie les résultats d'une enquête effectuée par la Canadian Authors Association sur la situation de la «littérature canadienne dans le domaine de l'éducation». La plupart des universités déclarent, tout en restant sur la défensive, qu'elles soutiennent vivement ce projet. Les écoles publiques disent aimer utiliser des auteurs canadiens «afin de répandre un sain sentiment patriotique». Ce ne sont pourtant que des vœux pieux. D'après Desmond Pacey, un cours de premier cycle a été proposé pour la première fois par J.B. Reynolds au Macdonald Institute (*voir* UNIVERSITÉ DE GUELPH) en 1906 et 1907. Les programme de l'U. McGill en 1912-1913 comportent un cours de «littérature américaine et canadienne». Il semblerait que la titulaire du cours, Susan E. Cameron, ait enseigné cette spécialité dès 1907-1908. Cette combinaison «américano-canadienne» (dont Robertson DAVIES fait la satire dans *Leaven of Malice*, 1954) devient vite un expédient pour donner à la littérature canadienne la place qui lui revient. Dans les faits, la littérature américaine domine souvent. Bien que l'U. de Toronto ait attendu longtemps avant de soutenir officiellement les études en littérature canadienne (un programme spécialisé en littérature américaine et canadienne est offert pour la première fois en 1933–1934), elle appuie une série de cours de vulgarisation, mettant l'accent sur les œuvres canadiennes du tournant du siècle. En 1919–1920, l'U. du Manitoba offre un programme complet de poésie canadienne, sous la direction d'Alexander W. Crawford.

En 1915, John Daniel LOGAN commence à donner des cours sur la littérature canadienne à l'U. Acadia, devenant ainsi un précurseur dans ce domaine. Il rejoint l'armée en 1916 et revient en 1919 comme «professeur invité et bénévole spécialisé en littérature canadienne». L'*Acadia Bulletin* décrit les cours de 1915 comme «le premier cours magistral consacré à la littérature canadienne offert dans une université canadienne». Le *Toronto Globe* qualifie les cours donnés par Logan en 1919 «d'innovation d'impor-

tance nationale». La même année, V.B. Rhodenizer offre un demi-cours sur «l'histoire de la littérature canadienne». Par la suite, Logan condamne Archibald MacMechan et l'U. Dalhousie dans *Dalhousie University and Canadian Literature...* (1922). Il dénonce le fait qu'ils prétendent être des figures de proue dans le domaine de l'enseignement de la littérature canadienne, parce qu'ils ont offert un demi-cours en 1921-1922.

L'opportunisme et les compromis dominent l'arrivée de la littérature canadienne dans les institutions: des cours non crédités, des cours ne pouvant être inclus dans des programmes avec majeure ou des programmes spécialisés, des demi-cours, ainsi que d'autres cours abordant la littérature canadienne comme le prolongement rebelle de la littérature anglaise ou encore comme un vulgaire complément à la littérature américaine étudiée. Le cours de Carlyle King, à l'U. de la Saskatchewan en 1946-1947, est le premier cours de niveau supérieur entièrement accrédité et reconnu dans ce domaine.

En fait, un nouveau courant de plus en plus fort atteint son point culminant pendant la période qui précède et qui suit la Seconde Guerre mondiale. Si les programmes d'études n'enregistrent que de minces progrès au cours des années 20 et 30, cette époque est marquée par une prise de conscience générale de la valeur des écrivains et des œuvres littéraires canadiennes. La Canadian Authors Association (fondée en 1921) incite au nationalisme littéraire et crée la tension nécessaire qui permet, à la fin des années 20, l'émergence d'une poésie canadienne moderne. Soixante-huit anthologies et recueils sont publiés entre 1920 et 1940. Quelques textes, dont *Our Canadian Literature* (1922), de Watson et Pierce, et *A Book of Canadian Prose and Verse* (1923), de Broadus et Broadus, sont conçus expressément pour les écoles et les universités. J.D. Logan et D.G. French publient *Highways of Canadian Literature* (1924), l'une des six histoires littéraires des années 20. Le fait que la critique de la littérature canadienne passe peu à peu entre les mains d'une nouvelle génération d'universitaires reconnus exerce une profonde influence sur l'enseignement de la littérature nationale. Dans *The White Savannahs* (1936), W.E. Collin procède à une critique courtoise et sophistiquée de l'œuvre de certains poètes canadiens. À partir de 1936, E.K. BROWN et quelques universitaires d'expérience envoient chaque année des critiques mordantes au supplément «Letters in Canada» du UNIVERSITY OF TORONTO QUARTERLY.

La publication, en 1943, d'*On Canadian Poetry* de Brown, la première analyse savante et détaillée de la tradition poétique canadienne, et celle de *Book of Canadian Poetry* d'A.J.M. SMITH, la première anthologie du genre basée sur des principes savants, attestent de la vitalité de la vie littéraire à l'époque. La parution de nouveaux écrits poétiques connaît une recrudescence. Avec les retours des soldats de la guerre, commence une augmentation stupéfiante du nombre d'inscriptions à l'université qui durera pendant plus de 20 ans.

Jusqu'en 1960, les fervents défenseurs des programmes traditionnels des départements d'études anglaises s'opposent à l'établissement de cours à contenu canadien. De plus, la littérature américaine, qui a servi de prétexte pour introduire la littérature canadienne dans l'enseignement, s'avère déjà une menace. Cela est surtout vrai dans les années 60 et 70, époque où le nombre élevé des professeurs américains dans les facultés canadiennes influe sur l'augmentation des cours de littérature américaine.

La mise en place d'un programme de 2ᵉ et 3ᵉ cycle en littérature canadienne à l'U. de Toronto (1947-1948) constitue une étape importante dans l'évolution de cette discipline. C.T. Bissell et R.L. McDougall figuraient parmi les premiers professeurs. D'une part, ce nouveau développement représente la première étape vers la légitimation de la littérature canadienne en tant que sujet d'études supérieures.

D'autre part, il ouvre la voie à la première génération d'universitaires formés dans cette spécialité.

Les 20 années suivantes sont marquées par la création d'importants départements d'études supérieures dans de nombreuses universités: U. Carleton, U. du Nouveau-Brunswick, U. McGill, U. Queen, U. de Western Ontario, U. de l'Alberta et U. de la Colombie-Britannique. Parmi les principaux instigateurs figurent C. KLINCK, Malcom ROSS, D. Pacey, R.L. McDougall, L. DUDEK, R. Watters, F. COGSWELL, A. Lucas, G. Roper et J. Matthews. La publication de textes et d'autres matériels critiques alimente le contenu des cours qui engendre lui-même de nouveaux écrits. La *Canadian Anthology* (1956) de Watters, les rééditions de la New Canadian Library (mise en œuvre en 1957), l'*Histoire littéraire du Canada* (1970), et le périodique *Canadian Literature* (fondé en 1959) sont les publications les plus importantes.

Enfin, des facteurs démographiques, économiques et culturels favorisent une croissance dynamique des cours à contenu canadien et une augmentation de leur taux de fréquentation au cours des années 60. Cette croissance est surtout due à l'entrée à l'université de la nouvelle génération issue du BABY-BOOM. L'économie prospère et le désir de cette nouvelle génération d'étudiants de recevoir une éducation «pertinente», en sont également responsables. Le mouvement national de «canadianisation», terme utilisé par Robin Mathews et J. Steele dans leurs nombreux efforts publics pour augmenter le contenu canadien dans le système d'enseignement, alimente cette croissance.

Dès 1970, peu de gens remettent en question la légitimité de la littérature canadienne comme sujet d'enseignement. En 1948, 10 universités offraient des demi-cours de littérature canadienne, deux, des cours complets. En 1972, 38 universités offrent 90 cours complets de premier cycle à plus de 6000 étudiants. En 1948 pratiquement aucun cours n'était offert aux deuxième et troisième cycles, alors qu'en 1972-1973, 30 cours supérieurs sont donnés dans 22 universités, à plus de 200 étudiants. T.H.B. SYMONS affirme néanmoins dans *Se connaître: le rapport sur la Commission sur les études canadiennes* (1975), que les cours de premier cycle en littérature canadienne ne représentent que 8 p. 100 de tous les cours offerts par les départements d'études anglaises. La Commission constate que le mépris affiché pendant plus de 50 ans à l'égard de la littérature canadienne est loin d'être dépassé. D'importantes restrictions budgétaires ont marqué la fin des années 70, obligeant les universités à changer leurs priorités. Les années 80 laissent cependant présager une période de déréglementation qui permettra à la littérature canadienne de prendre la place qui lui revient au sein des programmes d'études anglaises.

R.L. McDougall

Littérature de langue anglaise, théorie et critique dans la Samuel Taylor Coleridge, l'une des principales références dans le domaine de la théorie littéraire moderne de langue anglaise, suscite peu d'intérêt au XIXᵉ siècle au Canada. En effet, à l'exemple de l'Angleterre victorienne, le Canada affiche à cette époque une attitude anti-théorique. Thomas Carlyle, John Ruskin et Matthew Arnold, les grands défenseurs de la littérature victorienne, étaient des déterministes convaincus. Selon eux, l'art véritable est «à la base» une question de bonne morale; il oriente l'imagination «sensuelle» de l'artiste et du public. Si la vision artistique est vraie, les détails techniques nécessaires à son expression se règlent d'eux-mêmes. En abordant la «vision» dans ce sens, ces défenseurs de la littérature victorienne prônent avec succès que seule une démarche non critique et non systématique donne accès au mystère de l'art. Les œuvres remarquables ou ayant remporté beaucoup de succès permettent de fournir une définition claire (comparaison avec des exemples similaires tirés de l'œuvre d'Homère, de Dante, de Shakespeare ou de Milton) ou d'invoquer un sens moral. Cependant, elles ne permettent pas de réfléchir sur des formes littéraires particulières ou d'isoler et d'analyser les caractéristiques distinctives d'un texte.

Au Canada, la théorie littéraire commence par s'exprimer dans les revues littéraires (*voir* REVUES LITTÉRAIRES DE LANGUE ANGLAISE). Bien avant *The Intellectual Development of Canadian Literature* (1881) de John George BOURINOT, les essais et critiques publiés dans la presse littéraire identifient et tentent de cerner les questions fondamentales abordées dans les œuvres britanniques et américaines contemporaines. La tâche n'est pas facile étant donné les ressources et la diffusion limitées des revues, ainsi que la constante et complexe migration des idées. Ces premiers efforts sont remarquables pour la perspicacité et la clarté avec lesquelles ils ont mis en lumière les sujets qui sont demeurés au centre du débat théorique canadien, soit la possibilité et l'intérêt d'avoir une littérature canadienne distincte, ainsi que la nature de la contribution de la littérature à la vie nationale.

Bien que les romantiques européens aient déjà abordé ces questions, les Canadiens se sont sont appropriées. Pour cela, ils ne suivent pas les voies habituelles vers l'innovation théorique (la création de nouveaux outils et d'une nouvelle terminologie analytiques, ainsi que de nouveaux concepts), mais ils cherchent plutôt à faire reconnaître et admettre qu'en abordant ces questions, on s'attarde à la condition de tous les Canadiens, enracinés dans la réalité historique et géographique de leur pays.

Cela donne lieu à de nombreux commentaires prosaïques et peu originaux sur les genres littéraires, sur la littérature en tant qu'interaction entre les faits et les préceptes et sur d'autres sujets du même genre. Il est donc facile pour Goldwin SMITH de convaincre, en 1894, les lecteurs du journal *The Week* qu' «une chose comme la littérature canadienne, dans le sens régional du terme, n'existe pas et n'est pas près d'exister». À une époque où même l'autonomie du Canada est hypothétique, les perspectives d'élaborer des théories originales sont faibles.

Pendant ce temps, les Canadiens s'inspirent des valeurs et des attentes de la tradition intellectuelle écossaise présente chez des immigrants comme Daniel Chisholme, David Wilson et Graeme Mercer Adam. Ils s'encouragent aussi en constatant la sensibilité affichée par des Canadiens de naissance, tels la journaliste et romancière Sara Jeannette DUNCAN et le commentateur social John A. Cooper.

Le début du XXe siècle est marqué par une croissance soutenue de l'érudition littéraire canadienne, mais aussi par une théorie peu innovatrice. Malgré l'analyse de la situation dans *Aesthetic Criticism in Canada* (1917) de J.D. LOGAN et l'appel ironique lancé par A.J.M. SMITH, «on recherche: une critique canadienne», le conservatisme intellectuel tient bon. L'étude de la PHILOSOPHIE et de la langue canadienne (*voir* LANGAGE) reste plus historique qu'analytique, tandis que des universitaires comme Pelham Edgar, E.K. BROWN, et A.S.P. WOODHOUSE renforcent le conformisme. Dans *Poetic Process* (1953), George Whalley rend davantage hommage à Coleridge qu'il n'ouvre de nouvelles voies. Cependant, avec les œuvres de Marshall MCLUHAN et de Northrop FRYE, la situation change radicalement.

Les essais littéraires de McLuhan rédigés entre 1943 et 1962 (réunis *dans The Interior Landscape*, 1969) révèlent un esprit érudit, mais profondément rebelle, qui s'éloigne de la «littérature pure» et du savoir traditionnel afin d'aborder l'histoire culturelle, la connaissance humaine et les défis de l'enseignement sous un autre angle. Dans *The Gutenberg Galaxy: The Making of Typographical Man* (1962; trad. LA GALAXIE GUTENBERG: LA GENÈSE DE L'HOMME TYPOGRAPHIQUE, 1967), McLu-

han anticipe l'inquiétude des théoriciens européens au sujet de l'impact de la technologie sur l'homme et de l'usage que ce dernier en fera. Il réfléchit aussi aux changements que la TECHNOLOGIE DES COMMUNICATIONS apportent dans la parole et l'écriture. De plus, il utilise les ressources spirituelles et intellectuelles propres à la scolastique afin d'élucider les implications de la Galaxie Gutenberg. McLuhan enrichit par la même occasion le vocabulaire de la théorie littéraire, reconnaît l'avantage des études interdisciplinaires et soutient qu'une critique animée par une théorie radicale qui ne craint pas l'analogie peut refuser l'étiquette de parasitisme ou de prostitution et revendiquer celle de prédation créative.

Frye, tout comme McLuhan, rédige une œuvre théorique majeure, et maints documents ultérieurs viendront la corroborer. Avec la parution d'*Anatomy of Criticism* (1957; trad. *Anatomie de la critique: quatre essais*, 1969), il devient l'un des théoriciens les plus influents. Cet ouvrage à la fois lucide, savant, plein d'esprit, polémique et convaincant consiste en un recueil d'essais théoriques imbriqués les uns dans les autres et construits à partir de définitions du symbole («toute unité de toute structure littéraire que l'on peut isoler à des fins critiques»), de la critique (qui «commence par la systématisation du symbolisme littéraire sur lequel elle repose en grande partie») et des termes qui y sont liés. La proposition selon laquelle «le mythe isole le principe de la structure littéraire» sert de structure au schéma synoptique. Dans des séries comme *The Bush Gardens* (1971), il se réfère non pas à l'isolement canadien comme tel, mais plutôt à l'autonomie due à l'isolement dont ont bénéficié la «grande» littérature et les études littéraires.

Ses travaux inspirent certains des plus grands écrivains canadiens contemporains, mais, trop souvent, ne suscitent que l'indignation ou l'enchantement dans la communauté universitaire, ou se limitent à conduire les lecteurs plus attentifs dans un *no man's land* situé entre l'autonomie et la réussite telle que déterminée par la société, comme dans *The Concept of Criticism* (1967), de Francis Sparshott. Les théoriciens littéraires se sont récemment éloignés de la tendance de Frye à rejeter le structuralisme et la critique idéologique. Le débat se poursuit au sein des SOCIÉTÉS SAVANTES et dans certaines publications comme *Journal of Literary Theory* (depuis 1980), *Texte* (depuis 1982), *Dark Interpreter* (1980) de Tillottama Rajan et *Identity of the Literary Text* (1985), sous la direction de Valdès et Miller.

Open Letter, une revue littéraire créée en 1965 et dirigée par Frank Davey, favorise une approche avant-gardiste et théorique. L'influence des tendances européennes récentes (poststructuralisme, déconstruction, narratologie, théorie de la réception) se fait sentir dans *Narcissistic Narrative* (1980, 1984) de Linda Hutcheon, *Configuration* (1982) d'E.D. Blodgett et *Labyrinths of Voice* (1981), une série d'entrevues avec Robert KROETSCH, réalisées par Shirley Neuman et Robert Wilson. Les travaux des critiques féministes sont peut-être la preuve la plus flagrante du nouvel intérêt pour la théorie, notamment ceux de Mary Hyquist, de Lorraine Weir et du collectif d'opinion Tessera (Barbara Godard, Kathy Mezei, Daphne Marlatt et Gail Scott), dont les travaux lient aussi la critique du Canada anglais à l'œuvre de critiques ou d'écrivaines québécoises, telles Nicole Brossard, Louky Bersianik et Louise Cotnoir.

Leonard M. Findlay

Critique

Le travail des critiques consiste généralement à définir, à classer, à interpréter et à juger la littérature, mais l'importance de chacun de ces aspects varie selon l'endroit et l'époque. Dans des pays comme la France et l'Angleterre, où l'on s'accorde sur ce que sont les humanités, il n'est pas vraiment nécessaire

de définir la littérature nationale (qui se limite à l'ensemble des classiques) ou de la promouvoir (puisqu'on s'entend pour dire que les classiques devraient tous être lus et enseignés). Quand un tel consensus existe, les critiques peuvent consacrer leur temps à analyser des œuvres célèbres ou à interpréter des auteurs reconnus.

Bien des critiques canadiens-anglais, parmi lesquels Barker FAIRLEY, Douglas Bush, Leon EDEL, Hugh Kenner, Kathleen Coburn, Marshall McLuhan, George WOODCOCK et Northrop Frye, ont acquis une renommée internationale en travaillant sur des auteurs internationaux ou grâce à leur théorie littéraire. Si ces critiques tournent leur attention vers la littérature canadienne, une nouvelle littérature comportant peu de classiques, ils modifient souvent leur approche. Au Canada, on a dépensé beaucoup d'énergie à tenter de définir la littérature canadienne. De plus, les critiques qui pensent que cette littérature mérite d'être lue doivent promouvoir sa publication, son étude et son accueil par le public.

L'histoire de la critique littéraire au Canada anglais comporte aussi une lutte visant à promouvoir la littérature canadienne en lui fournissant des institutions littéraires: éditeurs, lectorat, critiques, libraires, cercles littéraires, revues, ouvrages de référence, manuels scolaires et cours universitaires (*voir* AUTEURS ET MILIEUX DE L'ÉDITION; ÉDITION). Déjà avant la Confédération, Edward Hartley Dewart s'intéresse aux difficultés financières des auteurs et des éditeurs canadiens.

Par la suite, Pelham Edgar, directeur du Département d'anglais au Victoria College à l'U. de Toronto (1903-1918), Lorne PIERCE, rédacteur littéraire pour THE RYERSON PRESS (1922-1960) et William Arthur Deacon, critique de livre pour le GLOBE AND MAIL et d'autres publications renommées de Toronto (1922-1960), figurent parmi les fondateurs d'institutions littéraires. Non seulement ils rédigent de nombreux textes sur la littérature canadienne, mais ils luttent aussi pour établir des structures institutionnelles permanentes destinées à favoriser le développement de la littérature. Leurs projets sont les précurseurs d'autres projets du même genre, comme la BIBLIOTHÈQUE NATIONALE (1953) et le CONSEIL DES ARTS DU CANADA (1957), ainsi que la publication de *Literary History of Canada* (1965, rév. 1976).

Dans leurs efforts pour définir la littérature canadienne, les critiques subissent l'influence du nationalisme romantique. Cette approche encore très répandue considère l'État-nation comme l'association idéale, parce qu'elle est principalement basée sur une unité linguistique, culturelle, sociale et géophysique, plutôt que sur l'intérêt politique ou les accidents de l'impérialisme. Les pays non européens ont rarement l'unité requise par cette théorie et il en est de même pour le Canada. P. ex., le Canada reconnaît officiellement le BILINGUISME et le MULTICULTURALISME. De ce fait, les critiques ont dû identifier les caractéristiques nationales que les États-Unis ou la Grande-Bretagne ne partagent pas, mais qui sont communes aux Canadiens anglais et français. Ainsi, le climat rigoureux du Canada, les vastes étendues sauvages du Nord et la mentalité coloniale sont considérés comme cruciaux dans la littérature canadienne. Plus récemment, les populations et les mythes autochtones, les relations entre francophones et anglophones et les débuts de l'histoire sont devenus des thèmes «canadiens» populaires.

Plusieurs livres destinés au grand public et basés sur les idées du nationalisme romantique sont publiés. Le plus représentatif est peut-être *Headwaters of Canadian Literature* (1924), d'Archibald MacMechan. Les œuvres d'E.K. Brown, notamment *On Canadian Poetry* (1943), sont l'exemple le plus probant du maintien du nationalisme romantique. *Appraisals of Canadian Literature* (1926), de Lionel Stevenson, apporte quelques modifications intéressantes aux grands principes du nationalisme romantique afin d'aborder les anciens poètes canadiens avec plus de souplesse.

Avec les années 20 et l'avènement de la poésie moderne au Canada (définie dans *The Making of Modern Poetry in Canada*, 1967, de Louis Dudek et Michael Gnarowski), naît un mouvement de résistance au goût romantique et aux théories nationalistes romantiques. CANADIAN FORUM (depuis 1920) est le véhicule par excellence de la nouvelle poésie et de la critique qui appuie ce nouveau mouvement, toutes deux influencées par T.S. Eliot, les imagistes et les symbolistes français. *The White Savannahs* (1936), de W.E. Collin, illustre cette nouvelle tendance.

A.J.M. Smith, l'une des figures influentes du mouvement qui s'oppose à la poésie et à la critique romantiques canadiennes, soutient que l'importance attachée à l'écriture d'une poésie «typiquement canadienne» a engendré des normes de qualité médiocre et un esprit de clocher ignorant tout ce qui se passe à l'étranger. Dans son introduction de *The Book of Canadian Poetry* (1943), il fait une distinction importante entre les écrivains «canadiens», qui s'attachent à ce qui est «unique et particulier à la vie canadienne», et les écrivains «cosmopolites», qui par des «efforts héroïques», transcendent le colonialisme en pénétrant la culture universelle et civilisatrice des idées». Bien que Smith se rétracte dans les éditions ultérieures de son livre, le fossé entre «canadiens et cosmopolites» fait de nouveau l'objet de discussions lors du débat qui oppose Frank Davey, postmoderniste et défenseur du concept de «village mondial» de McLuhan, et Robin Mathews, nationaliste de gauche.

L'influence contemporaine la plus marquante sur la critique canadienne demeure l'œuvre de Northrop Frye. Tout en approuvant la modernité de Smith, Frye récupère bon nombre des thèmes de la critique nationaliste romantique. P. ex., son avis selon lequel la nature est un facteur déterminant majeur pour une littérature de qualité «canadienne» rappelle la théorie de Dewart, qui écrivait, en 1864, que «la nature canadienne dévoile ses formes les plus majestueuses afin d'exalter et d'inspirer la véritable âme poétique». Pour Frye, la nature canadienne inspire une «terreur profonde» qui mène à une «mentalité de garnison». En raison de la menace que représente «un milieu physique immense, froid, dangereux et redoutable», cette mentalité encourage les valeurs humaines et morales.

Les idées de Frye influencent *Butterfly on Rocks* (1970) de D.G. JONES, qui note l'évolution de la mentalité de garnison vers une communication entre l'homme et son environnement jadis hostile, ainsi que SURVIVA: A THEMATIC GUIDE TO CANADIAN LITERATURE (1972) de Margaret ATWOOD. Cette dernière pense que l'obsession littéraire de la survie provient davantage de la menace de domination culturelle américaine que du véritable environnement sauvage.

Les détracteurs de ces idées et d'autres théories portant sur la littérature canadienne affirment qu'en mettant l'accent sur la relation qu'entretient l'être humain avec la nature, qui n'est d'ailleurs pas unique à la littérature canadienne, l'on risque d'assimiler le contenu à la qualité, de simplifier à l'extrême les liens qui existent entre le Canada et les États-Unis, de donner trop d'importance au paysage canadien au détriment des influences intellectuelles, sociales, économiques et politiques, plus problématiques et davantage actuelles.

Les idées de Frye sont démenties par plusieurs auteurs et critiques qui, au lieu de dire que le territoire agit sur la littérature, affirment que les auteurs créent le territoire de toutes pièces. Eli MANDEL prétend qu'un «environnement est une construction mentale, une vue de l'esprit, un mythe». Étant donné que personne ne peut saisir la diversité du véritable Canada, les arts, la culture populaire, le journalisme, la critique littéraire, et surtout la littérature, développent une version imaginaire du Canada, qui remplace la réalité.

La prise de conscience de la réalité canadienne, qui coïncide avec le centenaire de la Confédération en 1967, encourage le développement des cours de littérature canadienne (*voir* LITTÉRATURE DE LANGUE ANGLAISE, ENSEIGNEMENT DE LA) et de la critique canadienne. De nouvelles revues paraissent: *Journal of Canadian Fiction* (1972), *Essays on Canadian Writing* (1974), *Studies in Canadian Literature* (1976). Désormais, la CANADIAN LITERATURE n'est plus la seule revue du genre.

Au début des années 80, les acquis des années 70 sont mis en évidence dans les articles critiques et sont consolidés par des projets de grande envergure comme *The Oxford Companion to Canadian Literature* (1983, dirigé par William Toye), le Center for Editing Early Canadian Texts de l'U. Carleton (sous la direction de Mary Jane Edwards) et la série de 20 volumes proposée par l'ECW Press, *Canadian Writers and their Works* (sous la direction de Robert Lecker, Jack David et Ellen Quigley). La publication récente de plusieurs travaux importants sur des personnalités du monde de la littérature (biographies, recueils de correspondance et monographies critiques) démontre que la seule survie de la littérature canadienne n'est peut-être plus le souci principal de la critique.

Récemment, les frontières traditionnelles entre la littérature, la critique littéraire et la théorie littéraire sont devenues plus floues chez les critiques canadiens qui s'inspirent de la théorie européenne. Ainsi, des écrivains d'avant-garde, tels Douglas BARBOUR, George BOWERING, Frank Davey, Robert Kroetsch, Stephen SCOBIE et Phylis Webb, des spécialistes de la littérature comparée, tels E.D. BLODGETT, Linda Hutcheon et Lorraine Weir, ainsi que des critiques féministes, comme Barbara Godard, Daphne MARLATT, Kathy Mezei et Gail Scott (le groupe Tessera) rédigent des analyses critiques de la littérature canadienne en s'appuyant sur diverses perspectives théoriques internationales modernes. Même si la critique canadienne ne cessera jamais complètement de définir et de promouvoir la littérature canadienne, cette dernière semble être suffisamment institutionnalisée pour soutenir des textes critiques analytiques et théoriques.

Margery Fee

Littérature de langue française Au Québec, l'appellation «Littérature québécoise» prévaut depuis la fin des années 60. En dehors du Québec, cependant, l'ancienne désignation – littérature canadienne-française – n'est pas disparue; les historiens québécois eux-mêmes continuent de l'appliquer aux littératures de langue française des autres provinces canadiennes: les littératures acadienne, franco-ontarienne et francophone de l'Ouest. L'histoire de cette littérature francophone peut se diviser en sept périodes.

Les origines françaises (1534-1760) Cette période commence avec les récits de voyages de Jacques CARTIER et se termine avec la fin du régime français. La métropole ne permet jamais l'installation de presses dans la colonie: les œuvres sont publiées en France, parfois ailleurs en Europe. La plupart des auteurs sont nés en France; un bon nombre, cependant, peuvent être considérés comme des Canadiens: arrivés très jeunes au Canada, ils y vivent leurs années les plus actives. Les œuvres de cette période comprennent surtout des récits de découvreurs (Cartier) et d'explorateurs, des lettres de missionnaires (les RELATIONS DES JÉSUITES), de la LITTÉRATURE SUR LES EXPLORATIONS ET LES VOYAGES (Gabriel Sagard, Baron de LAHONTAN), des livres d'histoire (François-Xavier CHARLEVOIX), des études de mœurs (Joseph-François Lafitau), des écrits spirituels (MARIE DE L'INCARNATION), des annales (Marie Morin), des correspondances (Élisabeth Bégon; *voir* ÉCRITS À CARACTÈRE INTIME DE LANGUE FRANÇAI-

SE), mais peu d'œuvres purement littéraires (Marc LESCARBOT).

Au début, le récit tient d'abord du témoignage et de la description; l'auteur vise à informer plus qu'à divertir, mais comme il se soucie d'intéresser et que, souvent, il est un fin lettré, il lui arrive de se retrouver en pleine aventure langagière: son plaisir d'écrire devient communicatif et le lecteur d'aujourd'hui renouvelle sa vision du pays en le redécouvrant à travers les yeux qui le considèrent vraiment comme un «Nouveau Monde». C'est à ce point de vue surtout que la lecture des écrits de la NOUVELLE-FRANCE profite à maints écrivains modernes (Félix-Antoine SAVARD, Pierre PERRAULT, Jacques FERRON, Gilles VIGNEAULT). Ces œuvres ont également une influence considérable sur la littérature française de l'époque: œuvres d'humanistes, elles inspirent de grands écrivains (Rabelais, Montaigne, les encyclopédistes, Rousseau, Chateaubriand) et contribuent au développement d'une littérature antisociale, dont le thème le plus connu est celui du «bon sauvage».

Les origines canadiennes (1760-1836) En 1760, les Anglais s'emparent du Canada (*voir* CONQUÊTE) et la France le leur abandonne par le TRAITÉ DE PARIS (1763). Le Canada français est ruiné, économiquement et politiquement désorganisé; l'administration et le commerce passent aux mains des conquérants, le système d'éducation perd ses maîtres et ses ressources. Les 65 000 Canadiens qui restent se regroupent autour de leurs chefs naturels: quelque 125 seigneurs pauvres, une centaine de prêtres, deux douzaines d'hommes de loi et autant de médecins-chirurgiens. Isolés de la France, loyaux à l'Angleterre, repliés forcément sur eux-mêmes, ils forgent leur volonté de vivre dans la fidélité à leurs origines françaises.

En 1764, naît au Québec le premier JOURNAL; il est bilingue (*The Quebec Gazette/La Gazette de Québec*). La traduction française est médiocre et les textes canadiens sont précieux ou courtisans. Un journal français (*La Gazette du commerce et littéraire* [sic], *pour la ville et district de Montréal*) paraît en 1778; il est d'assez bonne tenue littéraire, mais ne dure qu'un an. Le premier journal vraiment canadien naît en 1806. Organe du parti francophone, il s'appelle *Le Canadien* et est voué à la défense des droits et libertés des conquis. Avec lui, le peuple canadien-français prend la parole pour de bon, et sa littérature s'engage sur la vole d'un nationalisme qu'elle ne cessera guère de nourrir.

Le meilleur écrivain de l'époque est un journaliste, Étienne PARENT, rédacteur du Canadien. Il sait réfléchir et arrive à voir clair dans les combats politiques des difficiles années 1830; ses compatriotes ne l'écoutent pas toujours, mais ils le respectent pour son indépendance et sa lucidité. Quand il se retire du journalisme et abandonne la politique, il devient un conseiller recherché et un conférencier considéré aujourd'hui comme le premier sociologue québécois. Deux orateurs marquent la même époque: Joseph-Octave PLESSIS, évêque de Québec dont les sermons classiques servent l'autorité, et Louis-Joseph PAPINEAU, chef politique et tribun populaire exaltant. Point de roman, point de théâtre. Un imitateur de Boileau, Michel Bibaud, publie en 1830 le premier recueil de POÉSIES canadiennes, des poèmes didactiques et des satires portant sur les travers humains. Voilà qui est à peu près tout pour la littérature canadienne de cette période.

La patrie littéraire (1837-1865) Les luttes politiques qui ont favorisé la naissance de la littérature canadienne aboutissent aux RÉBELLIONS DE 1837, puis à l'Union des deux Canadas. Les Canadiens français perdent leur pays une fois de plus. Intellectuellement, ils sont mieux armés qu'en 1760. En 1824, puis en 1829, ils réussissent à se donner un système d'écoles primaires valable; ce système s'enraye en 1836, mais on le réorganise dès 1841. Au niveau secondaire, sept collèges ont été fondés depuis le début du siècle; formés par l'étude des humanités gréco-latines et des classiques français, les collégiens croient volontiers que la littérature fonde la gloire des peuples.

Deux ROMANS paraissent en 1837: *Les révélations du crime* de François-Réal Angers, chronique d'un fait divers, et *L'influence d'un livre* de Philippe AUBERT DE GASPÉ fils, qui s'inspire de la petite histoire et du FOLKLORE. Le roman d'aventures débute avec *Les fiancés de 1812* (1844) de Joseph DOUTRE et *Une de perdue, deux de trouvées* (1849) de Georges Boucher de Boucherville, puis tourne court. Le roman rural naît en 1846 avec *La terre paternelle* de Patrice Lacombe et *Charles Guérin*, de Pierre-Joseph-Olivier CHAUVEAU, lecteur de Balzac; Antoine GÉRIN-LAJOIE donne forme au rêve de Chauveau et de la majorité de ses compatriotes en faisant construire une paroisse nouvelle, sorte de petite patrie, par le héros de son *Jean Rivard* (1862-1864). La gloire de la nation tient à son histoire; Philippe AUBERT DE GASPÉ père l'évoque dans *Les anciens Canadiens* (1863): si les Canadiens ont été vaincus en 1760, ce n'est que sous le poids du nombre; aujourd'hui encore, leur résistance morale aux vainqueurs peut étonner. Il en va de même pour la nation acadienne, dont Napoléon BOURASSA raconte la tragique déportation de 1755 (*voir* ACADIE) à travers l'histoire touchante d'un couple de fiancés (*Jacques et Marie*, 1865-1866). Comme le roman rural, le roman historique reste à la mode durant un siècle. Il doit en partie son inspiration et son succès au meilleur écrivain de l'époque, François-Xavier GARNEAU, auteur d'une HISTOIRE DU CANADA trois fois publiée de 1845 à 1859. Garneau a le souffle de ses maîtres romantiques de France, mais une passion toute canadienne ne l'empêche pas de considérer les faits avec objectivité ni de songer avec lucidité au destin de son peuple. Le poète le plus réputé de l'époque, Octave CRÉMAZIE, enchante ses contemporains lorsque ses poèmes empruntent à l'histoire; aujourd'hui, on préfère le poète hanté par la mort et l'épistolier qui se fait critique littéraire.

La survie messianique (1866-1895) La période précédente avait été mouvementée idéologiquement. L'INSTITUT CANADIEN, sorte d'université populaire créée en 1844, s'était attiré les foudres de Mgr Ignace BOURGET, évêque de Montréal, à cause du contenu de sa bibliothèque. L.-A. Dessaulles avait vigoureusement réagi. Le débat entre ultramontains et libéraux avaient suscité la réflexion et produit des textes intéressants. Dès la fin des années 60, le conservatisme triomphe; la nation gagne en homogénéité, mais la pensée perd en originalité.

En 1866, l'abbé Henri-Raymond CASGRAIN fixe la doctrine littéraire des années suivantes: la littérature sera «le miroir fidèle» d'un peuple catholique, religieux et moral; elle fera «aimer le bien, admirer le beau, connaître le vrai». Lui-même donne l'exemple en sacralisant l'histoire. À sa suite, Joseph Marmette et Laure Conan (Félicité ANGERS) construisent de «bons» romans historiques, tandis que les poètes imitent les romantiques français (Hugo et Lamartine surtout) et chantent soit la NOUVELLE-FRANCE (Louis FRÉCHETTE), soit la petite patrie que le Québec est redevenu depuis la CONFÉDÉRATION de 1867 (Pamphile Lemay, Nérée Beauchemin). Le journalisme catholique (Jules-Paul TARDIVEL) assomme; la critique littéraire (Adolphe-Basile Routhier) départage le bien et le mal. L'ennui menace. Y échappent Louis Fréchette, libéral à ses heures, et Arthur BUIES, seul vrai romantique canadien et seul grand écrivain de la période. Libéral, Buies a de la verve et du clinquant; chroniqueur, il sait voir et noter; philosophe, il a des idées modernes.

L'exil et l'enracinement (1896-1938) Les Libéraux qui prennent le pouvoir à Ottawa en 1896, puis à Québec en 1897 pour près de 40 ans, ne sont plus guère que des politiciens; les doctrinaires sont morts

ou se taisent. Idéologiquement, les premières décennies du XX⁰ s. continuent les trois précédentes: la voix dominante est celle d'un historien et essayiste nationaliste, l'abbé Lionel GROULX. Les lettres prennent du poids cependant, grâce à l'essor de l'éducation dont les systèmes primaire et secondaire, bien rodés au XIX⁰ s., conduisent maintenant à deux universités francophones: celles de Québec (UNIVERSITÉ LAVAL) et de Montréal (UNIVERSITÉ DE MONTRÉAL).

Il y a pléthore de poètes. L'École littéraire de Montréal s'essaie au renouvellement des thèmes et des formes. Elle y arrive difficilement, sauf dans le cas d'un poète de génie: Émile NELLIGAN; de 17 à 20 ans (1896-1899), il produit une œuvre mince (quelque 170 poèmes), qui l'emporte en qualité sur celle de ses confrères et aînés. Comme eux, il imite les poètes français, mais il le fait de façon plus originale et plus moderne. Quelques autres aussi, à leur façon, semblent s'exiler de «la terre de chez nous»: les exotistes Paul MORIN, René Chopin et Robert CHOQUETTE. Mais la majorité s'adonne encore à la poésie du terroir, avec plus de succès qu'au XIX⁰ s. et jusqu'à un sommet que représente *À l'ombre de l'Orford* (1929) d'Alfred DESROCHERS.

Le roman de la terre se multiplie. Une voix de France, Louis HÉMON, le lance dans le monde avec MARIA CHAPDELAINE (1916); *Un homme et son péché* (1933) de Claude-Henri GRIGNON le ramène au Québec; il produit son meilleur fruit en 1938: *Trente arpents* de Ringuet (Philippe PANNETON), et meurt. Il y a aussi LE SURVENANT, de Germaine Guèvremont, publié en 1945 et qui connut une belle carrière sous forme de feuilleton télévisé. Le roman historique connaît également un sommet en 1938 avec *Les engagés du Grand Portage* de Léo-Paul DESROSIERS, puis décline. L'année précédente, la voix nationaliste s'était tue après s'être exprimée de façon poétique dans *Menaud, maître-draveur* de Félix-Antoine SAVARD.

Comme le roman et la poésie, la critique connaît un certain essor durant cette période (Louis Dantin, Marcel Dugas), mais un académicien la dirige, Mgr Camille ROY, dont le manuel d'histoire continue dans les collèges l'œuvre de Henri-Raymond Casgrain.

L'âge de l'interrogation (1939-1957) La crise économique des années 30 avait amené les Canadiens français à réfléchir sur les valeurs traditionnelles; la guerre de 1939 va les obliger à s'ouvrir au monde et à des idées nouvelles. L'urbanisation se développe, la prospérité revient, l'éducation est à la portée d'un plus grand nombre. Les intelligences se dégagent du magma de la pensée collective. Le drame national ne recouvre plus la destinée individuelle. Les écrivains s'interrogent davantage, à la suite d'écrivains européens (Mauriac, Bernanos, Julien Green, Graham Greene, Eluard, Ibsen). L'édition canadienne s'organise. Le nationalisme traditionnel se transforme. C'est par l'humain que l'on cherche à être meilleur Canadien.

Les grands poètes de ce temps (Saint-Denys GARNEAU, Anne HÉBERT, Alain GRANDBOIS, Rina LASNIER) – les classiques d'aujourd'hui – délaissent la versification et les thèmes terroristes pour des formes et des rythmes neufs; ils se plaisent à voyager vers leurs paysages intérieurs. C'est une révélation: que de noirceurs insoupçonnées ils découvrent, mais la lumière finit par percer les ténèbres et leurs lecteurs se retrouvent devant un cosmos de couleurs et de plages où s'éveille une nouvelle conscience. Au devoir commun de survivre à l'Anglais succède l'appétit de vivre en tant qu'homme ou en tant que femme parmi ses contemporains.

Les romanciers s'engagent dans la même voie. Les stéréotypes laissent la place à des personnages plus charnels; chez les auteurs du roman psychologique (Robert Charbonneau, André Giroux, Robert Élie, Jean Simard, André LANGEVIN), les individus sont en quête d'eux-mêmes et non plus du salut col-

lectif. La société canadienne-française se transforme: c'est avec attention et distance que l'observent, à la ville surtout, les premiers romanciers d'analyse sociologique (Roger LEMELIN, Gabrielle ROY, Yves THÉRIAULT).

Le THÉÂTRE (*voir aussi* THÉÂTRE D'EXPRESSION FRANÇAISE) abandonne le mélodrame et quitte le boulevard cocasse pour la satire sociale (Gratien GÉLINAS) et les drames intimes des familles bourgeoises (Marcel DUBÉ). Les historiens, sauf Guy Frégault, ne sont plus que des écrivains; ils tendent à la sèche objectivité scientifique. La critique littéraire piétine, tout en tenant belle plume (Roger Duhamel, René Garneau, Guy Sylvestre).

La littérature québécoise (depuis 1958) À la fin des années 50, le climat politique et social commence à changer au Québec; s'amorce ce que l'on a appelé la RÉVOLUTION TRANQUILLE. Les institutions d'enseignement se démocratisent. Les idéologies continuent de se diversifier. Un nouveau nationalisme émerge, qui réclame une plus grande souveraineté, voire l'indépendance du Québec.

Avec quelques accents surréalistes (Gilles HÉNAULT, Roland GIGUÈRE, Paul-Marie LAPOINTE) et beaucoup de lyrisme (Gaston MIRON, Jacques BRAULT, Fernand OUELLETTE, Gatien LAPOINTE, Paul CHAMBERLAND), les poètes nomment le pays: il ne s'appelle plus le Canada, mais le Québec. La revue PARTI PRIS (1963-1968) ajoute une dimension socialiste et une note populiste au projet nationaliste. Dès lors, cependant naît un courant formaliste (LA BARRE DU JOUR, *Les herbes rouges*) dont les exercices de style et les jeux linguistiques conduisent à un embourgeoisement intellectualisé de la littérature, malgré certaines interventions marxistes et féministes et quelques «rockeries».

Les romanciers triomphent dans les années 60. Ils se préoccupent de la forme et de la structure de leurs œuvres. Ils empruntent des techniques au nouveau roman français, mais savent rester originaux (Jean BASILE, Hubert AQUIN, Réjean DUCHARME, Gérard BESSETTE). Les auteurs féminins pratiquent surtout le roman-poème (Anne HÉBERT, Marie-Claire BLAIS, Louise MAHEUX-FORCIER). Le roman traditionnel (Gilles ARCHAMBAULT, Roch CARRIER, Jacques Poulin, André MAJOR) côtoie un roman qui ne cesse d'enrouler sa forme autour de sa parole (Victor-Lévy BEAULIEU). L'idéologie féministe intervient à la fin de la décennie 70 (Nicole BROSSARD); après un grain de nouveauté, elle tombe dans une certaine répétition.

Le théâtre (Michel TREMBLAY) prend une expansion considérable, mais s'éloigne de la littérature dans la mesure où il devient avant tout spectacle; il attire cependant comme lieu de propagation des idéologies nouvelles (populisme langagier, féminisme). Les essayistes (*voir* ESSAIS) sont légion; quelques-uns sont littéraires (Fernand Dumont, Pierre VADEBONCŒUR).

Avec l'entrée de la littérature québécoise dans les universités naît une nouvelle critique. Elle se veut scientifique, mais manque encore d'originalité; elle est à la remorque des maîtres français et américains. Elle a cependant une influence énorme sur les écrivains; ceux-ci écrivent pour elle et deviennent souvent écoliers à leur tour. Le lecteur ordinaire est oublié; il se tourne vers les «best-sellers» américains.

Notons enfin que le repliement du Québec sur lui-même a obligé les francophones du reste du Canada à se reconnaître des littératures propres (acadienne, franco-ontarienne, francophone de l'Ouest), tandis que la toute-puissante critique de l'institution montréalaise a provoqué, avec la complicité du gouv., un mouvement semblable dans plusieurs régions du Québec. Montréal a remplacé Paris comme métropole littéraire de la francophonie canadienne. (*Voir aussi* BIBLIOGRAPHIES LITTÉRAIRES DE LANGUE FRANÇAISE; CONTES ET NOUVELLES DE LANGUE FRANÇAISE; LITTÉRA-

TURE ORALE DE LANGUE FRANÇAISE; PRIX LITTÉRAIRES.)

René Dionne

Littérature de langue française sur les explorations et les voyages Les récits de voyage, qui remplissent le double rôle d'ouvrages littéraires et de documentaires, sont les premiers écrits sur la culture du Québec. Les premiers textes constituent des témoignages sur la colonisation de l'Amérique du Nord par un petit groupe d'Européens. Ils sont, particulièrement pour la période allant de 1534 à 1634, nos plus riches sources de renseignements, tant sur la mentalité de l'époque que sur les événements qui ont marqué ces années. En tant qu'ouvrages littéraires, ils abordent des thèmes que des auteurs ont repris par la suite, comme la vie nomade dans les grands espaces, le Saint-Laurent, les saisons et les étapes de la colonisation. On peut diviser les récits de voyages sur la NOUVELLE-FRANCE en trois catégories qui, jusqu'à un certain point, se chevauchent: les explorations décrites par Jacques CARTIER et Samuel de CHAMPLAIN; les récits plus encyclopédiques de Gabriel Sagard, Nicholas DENYS et les jésuites; et les analyses critiques de Louis HENNEPIN et du baron de LAHONTAN.

Cartier étudie le Saint-Laurent, donne la première description de la région de Montréal et esquisse un portrait des Indiens. Champlain délaisse les voies navigables pour pénétrer dans les terres et dans les villages, conclut des alliances et fait la guerre contre les Iroquois. Dans l'œuvre de Sagard, l'explorateur cède la place à l'ethnologue qui jette un regard pénétrant sur les HURONS, scrute les moindres détails de leur vie quotidienne et tente de tirer des conclusions au sujet de leurs pratiques sexuelles, religieuses et politiques, et de leurs habitudes alimentaires. Le contenu des RELATIONS DES JÉSUITES, vaste recherche menée par les jésuites et couvrant 60 années, est plus fragmentaire mais plus systématique que l'œuvre de Sagard. Leurs connaissances passent par le prisme de l'évangélisme mystique et militariste qui leur est propre (un jésuite est un «soldat du Christ»). Ils perçoivent le Canada comme un vaste théâtre où Dieu et Satan se livrent une éternelle et impitoyable bataille par l'intermédiaire des «sauvages». L'objectif de Lahontan dans ses *Nouveaux voyages, mémoires et dialogues* n'est pas d'apporter des faits nouveaux sur l'Amérique, mais plutôt d'engager une polémique sur les connaissances de l'époque. Pierre CHARLEVOIX présente l'histoire de l'Amérique du Nord comme un tout cohérent, mais Lahontan soutient que l'histoire étant en perpétuel changement, le sens des événements ne peut être établi de façon permanente.

Le récit de voyage, genre littéraire complexe, représente à la fois une façon de communiquer une expérience individuelle, de discuter des connaissances générales existantes ou d'en apporter de nouvelles. Mais de quelle manière l'auteur peut-il transmettre le caractère unique de ses aventures alors que, souvent, d'autres ont vu avant lui ce qu'il décrit? La description des événements, des lieux exotiques et étranges doit être enrichie d'un contenu dramatique, organisée et placée dans un contexte facilitant la compréhension du lecteur européen. Il existe ainsi de nombreux écrits sur l'origine des Indiens et leur religion, de même que sur le climat du pays; on trouve également un grand nombre de cartes et quantité de dessins sur les Indiens d'Amérique du Nord et sur les plantes et les animaux du Nord et du Sud. Les auteurs font de longues descriptions sur leurs thèmes favoris: ainsi Lahontan traite du castor, Hennepin des chutes Niagara et de MARIE DE L'INCARNATION, et les jésuites décrivent le tremblement de terre de 1663, la guerre, la chasse, les rituels complexes du mariage et de la fête des morts chez les Hurons.

Les récits de voyage écrits après 1760 sont également répartis en trois catégories principales. La première comprend les écrits des VOYAGEURS, des commerçants et des explorateurs. Il existe peu de récits de première main bien que Joseph-François Perrault, Jean-Baptiste Perrault, Charles Le Raye, Jean-Baptiste Trudeau, Pierre-Antoine Tabeau, François-Antoine Larocque et Gabriel Franchère aient tous relaté de façon intéressante leurs voyages au cours des années 1779 à 1810. À cette époque, ces récits ne sont pas publiés ou ne connaissent pas de grande diffusion; des spécialistes canadiens et américains les tirent de l'oubli au XXᵉ s. La seconde catégorie, florissante durant la première moitié du XIXᵉ s., se compose de récits de missionnaires, riches en observations sur la vie des Indiens et des Métis. On compte dans cette catégorie les *Missions* des frères Modeste Demers et François-Norbert Blondet, et les descriptions des missionnaires Jean-Baptiste Brouillet et Jean-Baptiste Bolduc sur la région côtière du Pacifique. Le genre subsiste dans les nombreux journaux intimes publiés par les ordres religieux canadiens-français (*voir* COMMUNAUTÉS RELIGIEUSES CHRÉTIENNES) qui envoient leurs «serviteurs» œuvrer dans les coins les plus reculés de l'Empire britannique, de l'Amérique latine, de l'Afrique française, du Japon et de la Chine.

La troisième catégorie, de loin la plus imposante, appartient à l'âge d'or du tourisme en paquebots de luxe de 1850 à 1960 environ. En 1914, on compte plus de 100 récits sur les voyages dans «les vieux pays»: 46 en France, 38 en Italie (en particulier à Rome) et 20 en Angleterre. Les touristes et les pèlerins visitent également la Terre sainte, l'Algérie, l'Égypte et la Grèce. Ces récits sont riches en détails sur la mentalité de l'élite cléricale et intellectuelle de cette époque. Certains méritent encore d'être lus, comme le *Journal d'un voyage en Europe, 1819-1820*, de Mᵍʳ J.O. PLESSIS et les récits de voyage de François-Xavier GARNEAU, *Voyage en Angleterre et en France, 1831-1833* (1854-1855), et ceux d'Adolphe-Basile Routhier, d'Honoré Beaugrand, de N.H.E. Faucher de Saint-Maurice, de Jules-Paul TARDIVEL et des frères Léon PROVANCHER, Jean-Baptiste Proulx et Henri Cimon. La qualité des récits tend à diminuer après 1914, mais quelques narrations échappent à la banalité générale. Parmi celles-ci on compte les écrits d'Henri BOURASSA, de Jean Bruchési, de Charles-Joseph Magnan et du Dʳ Jules Dorion, les *Impressions* (1954) de Germaine Bernier et les pages pleines de charme d'Alain GRANDBOIS, *Visages du monde*. Eugène Cloutier publie une série d'excellents carnets de voyage dont, *En Suède* (1970), *À Cuba* (1971), *Au Chili* (1972).

Les auteurs qui racontent leurs périples ne se limitent pas à l'Europe. Ils relatent ceux qu'ils font au Québec, au Canada, aux É.-U. et même en Afrique. Les textes d'Arthur BUIES sont sans contredit les mieux écrits sur le Québec. Peu de récits surpassent ses fidèles descriptions accompagnées de messages remplis d'émotion qu'il adresse à la minorité française du pays. Quelques auteurs traitent d'événements historiques particuliers comme la GUERRE DE 1812, l'expédition vers le Mexique (Faucher de Saint-Maurice), ou les RÉBELLIONS DE 1837. On compte aussi des récits sur les aventures des déportés aux Bermudes et en Australie, sur la ruée vers l'or en Californie, sur les aventures des ZOUAVES pontificaux, sur l'expédition qui mène en 1885 à la découverte du passage du N.-O., sur la RUÉE VERS L'OR DU KLONDIKE et enfin sur les deux guerres mondiales.

Le récit de voyage de langue française est à son apogée sous le régime français; par la suite, les excursions touristiques remplacent les expéditions coloniales et les courageux voyages des missionnaires. Le roman devient le lieu d'expression des aventures personnelles. Au Canada français, l'avènement du tourisme de masse et la concurrence des médias à ce genre, sans le faire disparaître, portent un coup toutefois, en particulier dans l'Ouest. En 1996, *Les Cahiers franco-canadiens de l'Ouest* ont effectué un recensement des écrits de voyage parus entre 1840 et 1942. On y notait la présence de *Fragiles lumières de la terre* (1978), un recueil de reportages dans lequel Gabrielle Roy narre la redécouverte du pays de son enfance: le Manitoba.

P. Savard et R. Ouellet

Littérature de langue française, critique et théorie de la Aucun critique littéraire de langue française au Canada ne semble s'être imposé comme ont pu le faire Bayle, Sainte-Beuve ou Barthes en France. Certains ont néanmoins atteint la notoriété aussi bien, sinon davantage, par leur œuvre critique que par leurs autres écrits. On trouve dans leurs rangs des critiques de la génération d'entre-deux-guerres. Marcel Dugas a écrit des proses critiques en écho à des poèmes en prose. Berthelot Brunet est l'auteur d'histoires des littératures française et canadienne-française qui demeurent plus vivaces que ses pâles romans. Victor Barbeau fait figure de rédacteur unique et d'homme à tout faire dans les Cahiers de Turc parus d'octobre 1921 à mars 1922 et d'octobre 1926 à juillet 1927. Valdombre (pseudonyme de Claude-Henri GRIGNON) fait paraître ses *Pamphlets*, textes d'une virulence qui relèvent autant de la polémique que de la critique (*voir* ESSAIS DE LANGUE FRANÇAISE).

C'est aussi pendant cette période que paraissent les œuvres critiques d'Albert Pelletier, du romancier et journaliste Harry Bernard et du poète Alfred DESROCHERS. Si la liste est brève, ce n'est pas que la critique n'ait pas joué un rôle important, mais bien qu'on l'a toujours considérée, hier comme aujourd'hui, en marge de la littérature. Et c'est là qu'apparaît le paradoxe. En se situant d'emblée du côté de l'idéologie dominante, la critique a contribué à ce que les Québécois voient généralement leur littérature comme un reflet de la société.

La critique a d'abord été le fait de journalistes et de quelques amateurs, qui s'attribuaient la tâche de juger les quelques rares publications selon les normes de la langue française et les règles de la versification classique. C'est ainsi que le premier critique littéraire fut Valentin Jautard, un Français, rédacteur de la *Gazette littéraire* de Montréal, fondée en 1778 par son compatriote Fleury Mesplet. C'est ainsi également que le prolifique Michel Bibaud pratique le genre dans les nombreuses publications qu'il fonde successivement, parmi lesquelles *L'Aurore* (1816-1819), *Le Courrier du Bas-Canada* (1819-1820) et *La bibliothèque canadienne* (1825-1830).

L'abbé Henri-Raymond CASGRAIN est le premier à rendre systématiquement compte des œuvres en s'appuyant sur une théorie explicite de la littérature. À partir de quelques principes, la littérature doit refléter le «génie» de la nation; «elle sera essentiellement croyante et religieuse» – l'abbé Casgrain entend régenter et orienter la production littéraire. Il fait de la littérature son champ d'apostolat, inaugurant ainsi la tradition, qui va durer près d'un siècle, d'une critique cléricale et moralisatrice.

En ce domaine, personne n'a joui d'un prestige et d'une influence aussi étendus que Camille ROY. Professeur à l'UNIVERSITÉ LAVAL, puis recteur du même établissement, il transpose au Québec les principes de la critique française du XIXᵉ s., en particulier la méthode et les postulats de Gustave Lanson, mais plus encore la pensée de Ferdinand Brunetière. Roy croit cependant devoir tempérer ses méthodes en faisant preuve d'indulgence pour une littérature naissante. C'est ainsi qu'il comble d'éloges nombre d'œuvres médiocres, ne réservant ses foudres que pour servir la défense de la morale catholique et l'idéal de clarté du classicisme français. Malgré de rares oppositions, comme celle du journaliste Jules Fournier, qui lui reproche d'appliquer à des nullités des méthodes mises au point pour l'étude des chefs-d'œuvre, Camille Roy domine et oriente la perception de la littérature canadienne-française pendant près de 50 ans. Ce prélat a de nombreux disciples, dont Maurice Hébert et les prêtres critiques Albert Dandurand, Émile Chartier, Henri d'Arles, Marc-Antonin Lamarche et Samuel Baillargeon, qui font œuvre de pédagogues imprégnés de l'idéal du classicisme français et d'une morale rigoriste. De son côté, Louis Dantin, auteur d'une remarquable introduction à la poésie d'Émile NELLIGAN, fait figure d'esthète sensible, nuancé, aux goûts éclectiques, affranchi du carcan des doctrines.

C'est ce contexte d'une littérature et d'une critique étroites qui explique la violence des affrontements que suscite, entre 1918 et 1948, la querelle, maintes fois ranimée sous des formes et des prétextes divers, entre les «terroristes» et les «exotistes»; les premiers souhaitant une littérature «nationale» s'accomplissant dans une langue «canadienne», les seconds, partisans des normes linguistiques françaises, prônant l'affranchissement de toute préoccupation dite régionale. Ces oppositions se prolongeront d'ailleurs, sous la forme d'un débat sur la langue, au cours des années 60 et 70, autour des œuvres et des positions critiques de PARTI PRIS et des premières pièces de Michel TREMBLAY.

Après la Seconde Guerre mondiale, plusieurs critiques de haut niveau ont fait surface, dont Guy Sylvestre, Pierre de Grandpré, Roger Duhamel et Gilles MARCOTTE. Les trois derniers ont été, à divers moments, responsables de la page littéraire du DEVOIR. Depuis le début des années 60, la tradition de la critique journalistique s'est maintenue dans les sections ou les chroniques hebdomadaires de journaux comme LA PRESSE, Le Devoir, Le Droit et dans des revues consacrées à l'actualité littéraire comme *Lettres québécoises*. Elle a trouvé aussi à s'exprimer parfois à la radio d'État, mais l'accès à la télé lui demeure à peu près complètement fermé, aussi bien à Radio-Québec qu'à la Société Radio-Canada.

C'est surtout la critique universitaire qui connaît un essor incontestable depuis une vingtaine d'années. Cette critique se consacre avant tout aux œuvres québécoises, tout en gardant un œil sur la littérature française. S'inspirant des transformations de la critique en France, elle a multiplié et diversifié ses méthodes: analyse thématique, psychocritique, sociocritique, et plus récemment, structuralisme et sémiotique.

Au Québec, les trois principales revues littéraires de type universitaire sont: *Études françaises* (U. de Montréal), *Études littéraires* (U. Laval) et *Voix et Images* (UQUAM). Les universités ont aussi produit un large éventail de monographies et d'études d'ensemble, dont la plupart sont publiées dans les collections «Lignes québécoises» (Presses de l'U. de Montréal), «Vie des lettres québécoises» (Presses de l'U. Laval), «Cahiers du CRCCF» (Éditions de l'U. d'Ottawa), «Constantes» et «Littérature» la série «Cahiers du Québec» (Éditions HMH).

En dépit d'une tradition plus que séculaire et d'un essor remarquable depuis 1960, il reste encore à écrire une histoire de la critique qui illustrerait son évolution au plan spécifiquement littéraire autant qu'idéologique. D'autant plus que la critique s'interroge aujourd'hui sur son degré de dépendance à l'égard de méthodes qui lui viennent de l'étranger, surtout de la France, et sent le besoin de formuler ses propres théories littéraires et d'inventer ses propres méthodes. C'est peut-être la voie de son avenir. (*Voir aussi* LITTÉRATURE DE LANGUE FRANÇAISE; ÉDITION DE LANGUE FRANÇAISE.)

Jean-Louis Major

Littérature de langue française, érudition et enseignement Le *Répertoire national* de James Huston (1848-1850; réimpr. en 1982) est la première publication importante consacrée à la littérature canadienne-française. Il s'agit d'une anthologie annotée en quatre volumes de textes extraits des premiers journaux québécois. Durant la période d'intense activité littéraire connue sous le nom de Mouvement littéraire de 1860, Laurent-Olivier David, Henri-Raymond CASGRAIN et Hector Fabre publient des essais édifiants sur la littérature nationale. La *Bibliotheca canadensis* d'Henry James Morgan (1867) réunit une

centaine d'auteurs francophones. Joseph Lenoir (1858), Antonin Nantel (1869) et Louis-Hippolyte Taché (1881) rédigent les premières anthologies de poèmes et de chansons.

Dans les années 1870, Casgrain, David, Adolphe-Basile Routhier et Louis-Michel Darveau rédigent des portraits bibliographiques ou satiriques de leurs contemporains célèbres, parmi lesquels de nombreux auteurs. Edmond Lareau publie la première histoire, ou le premier catalogue, de la littérature canadienne de langues française et anglaise (1874). La mort d'Octave CRÉMAZIE, survenue en France en janvier 1879, donne lieu à la parution de plusieurs articles sur son œuvre. Pendant la décennie qui suit, Benjamin Sulte et Pierre-Joseph-Olivier CHAUVEAU publient de courts comptes rendus historiques des débuts de la poésie canadienne-française. Cependant, de manière générale, les écrits du XIXᵉ siècle sur la littérature québécoise restent des chroniques anecdotiques ou des commentaires moralisateurs, tel l'essai élogieux de Casgrain sur le roman ANGÉLINE DE MONTBRUN (1884) de Laure Conan (Félicité ANGERS).

Au début du XXᵉ siècle, l'étude de la littérature québécoise devient plus savante. Les bibliophiles Philéas Gagnon et Narcisse-Eutrope Dionne préparent des bibliographies exhaustives des publications québécoises. Charles ab der Halden, un professeur français, écrit des articles et donne des conférences à Paris sur des auteurs canadiens-français, lesquelles ont été publiées sous le titre *Études de littérature canadienne-française* (1904) et *Nouvelles études de littérature canadienne-française* (1907). En 1902, Mᵍʳ Camille ROY, le premier historien littéraire québécois à étudier cette nouvelle discipline à Paris, publie des articles fort bien documentés sur les écrivains québécois de l'époque et sur les débuts de la littérature québécoise. Par la suite, ces articles sont intégrés à ses nombreux essais, à son étude intitulée Nos origines littéraires (1909) et aux éditions successives de son influent *Manuel d'histoire de la littérature canadienne-française* (1907 à 1962).

Un autre historien littéraire, Mᵍʳ Émile Chartier, tente de faire la synthèse de l'HISTOIRE INTELLECTUELLE de sa province dans des articles réunis dans *La Vie de l'esprit au Canada français, 1760-1825* (1941). Toutefois, la critique esthétique demeure rare, sauf dans les textes de Louis Dantin et de Marcel Dugas. Des anthologies mises à jour sont produites par Jules Fournier et Olivar Asselin (1920), par Camille Roy (1934) et par Guy SYLVESTRE (1942); les sœurs de Sainte-Anne (1928) et les frères des Écoles chrétiennes (1928), quant à eux, publient des manuels scolaires destinés au secondaire pour l'étude de la littérature canadienne-française.

Entre les deux guerres mondiales, plusieurs thèses sur la littérature canadienne-française sont présentées dans des universités françaises. Celles d'Antoine Roy, *Les Lettres, les sciences et les arts au Canada sous le régime français* (Paris, 1930), et de Laurence A. Bisson, *Le romantisme littéraire au Canada français* (Bordeaux, 1932), sont toujours consultées, ainsi que le *Dictionnaire général de biographie, histoire, littérature, agriculture, commerce, industrie et des arts, sciences, mœurs, coutumes, institutions politiques et religieuses* (1931) de Louis Le Jeune. La plupart des études traitant de la littérature québécoise qui sont publiées au cours des années 30 demeurent impressionnistes, mais le groupe de la revue LA RELÈVE adopte une position intellectuelle et universaliste. Albert Dandurand rédige des ouvrages sérieux sur l'histoire de la POÉSIE (1933) et du ROMAN (1937). Un Américain, Ian Forbes Fraser, prépare la première bibliographie systématique de la poésie canadienne-française (1935), et Jane Mason Turnbull publie la meilleure étude rédigée en anglais: *Essential Traits of French-Canadian Poetry* (1938). Paraissent aussi des bilans annuels sur les écrits québécois: le *Bulletin bibliographique de la Société des écrivains canadiens* (1937-1959) et

la section «Letters in Canada» du UNIVERSITY OF TORONTO QUARTERLY, qui, à partir de 1937, commence à publier des études traitant de la littérature canadienne-française.

Pendant la Seconde Guerre mondiale, les publications sont plus rares, mais *Les lettres canadiennes d'autrefois* (9 vol., 1939-1958) de Séraphin Marion continuent de paraître. Les Archives de folklore de l'U. Laval (1944), l'Institut d'histoire de l'Amérique française (1945) et la Société bibliographique du Canada (1946) sont fondés. À la fin de la guerre, la thèse de Marcel Trudel, *L'Influence de Voltaire au Canada* (1945), et *Poésie au Canada: de nouveaux classiques français*, de Jeanne Paul-Crouzet, inaugurent une période d'études plus rigoureuses. Dans les années 50, plusieurs guides bibliographiques paraissent, rédigés par Gustave Lanctot (1951), Marie Tremaine (1952), Gérard Martin (1954), Antonio Drolet (1955), Philippe Garigue (1956) et Gérard Tougas (1958). Parmi les publications remarquables de cette décennie figurent l'édition critique des poèmes d'Émile NELLIGAN par Luc Lacourcière et l'*Histoire littéraire de l'Amérique française* (1954) par Auguste Viatte, l'une des premières études comparatives jamais rédigées.

Depuis 1960, l'augmentation considérable de la production littéraire au Québec s'accompagne d'une activité jamais connue auparavant dans les domaines de la bibliographie, de l'histoire littéraire et de la critique. La fondation, en 1958, du Centre de recherche en civilisation canadienne-française à l'U. d'Ottawa est suivie de la création de centres de recherche similaires dans les universités québécoises. D'importantes entreprises comme le DICTIONNAIRE BIOGRAPHIQUE DU CANADA (créé en 1959), le panorama annuel *Livres et auteurs québécois* (1969-1982), fondé par Adrien Thério, et la collection universitaire *Archives des lettres canadiennes* (depuis 1961), dirigée par Paul Wyczynski, marquent les débuts de l'érudition littéraire au Québec. La Bibliothèque nationale du Québec (fondée en 1968) met sur pied un vaste service de recherches et de publications bibliographiques. Des revues savantes comme *Incidences* (1962-1969; *Co-incidences* après 1971), PARTI PRIS (1963-1968), *Études françaises* (depuis 1965), *Études littéraires* (depuis 1968), *Voix et Images* (depuis 1975), *Jeu et Lettres québécoises* (toutes deux depuis 1976) publient des articles, des entrevues et des documents.

Depuis 1960, le Québec connaît une grande activité dans le domaine des études littéraires. Des douzaines d'anthologies sont consacrées à des auteurs (Arthur BUIES, Albert LABERGE), à des genres (Laurent Mailhot et Pierre Nepveu, *La Poésie québécoise des origines à nos jours,* 1980) ou à la littérature en général (Gilles MARCOTTE, *Anthologie de la littérature québécoise,* 4 vol., 1978-1980; *Panorama de la littérature québécoise contemporaine*, 1997). De nombreuses bibliographies paraissent: John Hare (dans plusieurs volumes des Archives des lettres canadiennes); André Beaulieu et Jean Hamelin (*La Presse québécoise des origines à nos jours,* 10 vol. à ce jour); Pierre Pagé et Renée Legris, en ce qui concerne les textes radiophoniques et télévisuels; enfin le personnel de la Bibliothèque nationale du Québec dans divers domaines. Chaque volume du *Dictionnaire des œuvres littéraires du Québec* (depuis 1978) contient des bibliographies substantielles d'auteurs et de périodes littéraires. Gérard Tougas (1960), Pierre de Grandpré et ses collaborateurs (1967-1969), Laurent Mailhot (1974), sans oublier l'histoire en cinq volumes intitulée *La Vie littéraire au Québec, 1764-1914,* actuellement en cours d'élaboration à l'U. Laval, proposent de nouvelles histoires littéraires du Québec.

Des études bibliographiques et critiques sur des dizaines d'écrivains québécois sont disponibles. Réjean Robidoux et André Renaud (1966), Maurice Lemire (1970), Gérard BESSETTE (1973), Gilles Marcotte (1976), André Belleau (1980), Jacques Pelletier (1991) Ben-Zion Shek (1991) et bien d'autres ont rédigé d'importantes études sur le roman québécois. Paul Wyczynski (1965), Gilles Marcotte (1969), Pierre Nepveu (1979), Richard Giguère (1984), Caroline Bayard (1989) et Joseph Bonenfant (1992) ont publié des ouvrages majeurs sur la poésie québécoise. Jean-Cléo Godin et Laurent Mailhot (1970, 1980), Leonard E. Doucette (1984), Pierre Lavoie (1985) et Rémi Tourangeau (1985), quant à eux, ont grandement contribué à faire connaître le théâtre québécois. De nombreuses éditions critiques, portant sur des œuvres marquantes d'auteurs québécois, ont été publiées et beaucoup font partie de la collection de la Bibliothèque du Nouveau Monde, dirigée par Roméo Arbour, Jean-Louis Major et Laurent Mailhot. En 1991, la parution d'une édition critique gigantesque de l'œuvre complète d'Émile Nelligan, rédigée par Paul Wyczynski, Réjean Robidoux et Jacques Michon, commémore le 50ᵉ anniversaire de la mort du poète. Une édition critique en plusieurs volumes de l'œuvre de l'historien François-Xavier GARNEAU devrait paraître sous peu.

La littérature franco-ontarienne est étudiée en détail par René Dionne (1978-1983), et celle de l'Acadie, par Marguerite Maillet et ses collaborateurs (1979). Les auteurs franco-ontariens, acadiens et québécois figurent dans le *Dictionnaire des auteurs de langue française en Amérique du Nord* (1989), préparé par Réginald Hamel, John Hare et Paul Wyczynski.

Marginalité Malgré les efforts d'un pionnier comme Mgr Roy, la littérature canadienne-française reste, jusque dans les années 50, un élément marginal des études littéraires françaises dans les universités québécoises. Au cours des années 60, on crée des programmes spécialisés en études canadiennes-françaises à l'U. Laval, à l'U. de Montréal, à l'U. McGill, à l'U. de Sherbrooke, ainsi qu'à la toute nouvelle UNIVERSITÉ DU QUÉBEC, et ce, dès sa création en 1968. Aujourd'hui, dans les universités québécoises, la littérature québécoise est enseignée et fait l'objet de thèses au même titre que la littérature française. Ailleurs au Canada, des cours de littérature canadienne-française de 1ᵉʳ cycle font leur apparition dans les années 30 et 40, suivis dans les années 50 de cours destinés aux 2ᵉ et 3ᵉ cycles. Ils occupent cependant une place moins importante qu'au Québec. L'U. d'Ottawa fait exception. Son centre de recherche est d'ailleurs l'un des plus importants dans le domaine de la recherche et de la publication. Ces dernières années, la LITTÉRATURE COMPARÉE canadienne (anglaise et française) gagne en popularité, surtout à l'U. de Sherbrooke et à l'U. de l'Alberta. Elle est également étudiée dans les cégeps où une nouvelle génération de professeurs s'emploient à la dynamiser et à la transmettre avec amour et sérieux à leurs étudiants.

David M. Hayne

Littérature de voyages Des centaines de livres traitant de voyages au Canada ont été publiés au cours des deux derniers siècles. Ces ouvrages regorgent de détails sur la culture, le climat, les habitants et les lieux. De longs sous-titres viennent préciser les intentions de l'auteur: *Forest Scenes and Incidents in the Wilds of North America: being a Diary of a winter's route from Halifax to the Canadas, and during four months' residence in the woods on the borders of Lakes Huron and Simcoe* (1829) de George Head. La plupart des titres mentionnés ci-dessous sont abrégés.

Les premiers récits écrits par des Anglais, comme *Divers Voyages* (1582) et *The Principal Navigations* (1589, 1598-1600) de Richard Hakluyt, ainsi que *Hakluytus Posthumus* (1625) de Samuel Purchas, contiennent surtout des descriptions du littoral rocheux. Cependant, à la fin du XVIIᵉ siècle et au début du XVIIIᵉ siècle, des voyageurs français, dont Louis HENNEPIN, L.A. de LAHONTAN et P.F.X. de CHARLEVOIX, et le Suédois Pehr KALM se

déplacent vers l'intérieur des terres afin de décrire la vie au Québec.

La culture canadienne-française éveille un grand intérêt chez les écrivains britanniques, notamment chez Isaac Weld (*Travels Through the States of North America and the Provinces of Upper and Lower Canada*, 1799), George HERIOT (*Travels Through the Canadas*, 1807), John Lambert (*Travels*, 1810, illustré de magnifiques aquarelles) et William Teeling (*England's French Dominion*, 1932).

De nombreux écrivains américains apprécient également le caractère pittoresque des couvents et des citadelles propres à l'ancien monde. Citons à titre d'exemple John Ogden (*A Tour*, 1799), H.D. Thoreau (*A Yankee in Canada*, 1866), Walt Whitman (*Diary in Canada*, 1904), Anson Gard (*The Last West*, 1906), et Dorothy Duncan (*Here's to Canada*, 1941). Quelques voyageurs américains, comme John Cozzens dans *Acadia* (1859), sont attirés par le charme des Maritimes, tandis que d'autres, tel Warburton Pike dans *Through the Subarctic Forest* (1896), sont fascinés par le Grand Nord canadien.

La vie coloniale et républicaine Les touristes britanniques s'étonnent de la présence américaine au Canada. Parmi ces Anglais qui profitent de leur voyage en Amérique pour faire un détour au Canada et comparer la vie coloniale et la vie républicaine, mentionnons Basil Hall (*Travels*, 1829), Frederick Marryat (*A Diary in America*, 1839), Charles Dickens (*American Notes*, 1842), Anthony Trollope (*North America*, 1862) et Basil Newman (*American Journey*, 1943).

Des militaires écrivent sur la vie de GARNISON, une caractéristique du régime impérial. Les sports de gentlemen, les aventures amoureuses, la construction de routes et les marches militaires agrémentent le style des colonels Richard Levinge (*Echoes from the Backwoods*, 1846) et J.E. Alexander (*L'Acadie*, 1849), de George Warburton (*Hochelaga*, 1846), de sir Richard Bonnycastle (*The Canadas in 1841*, 1842), ainsi que du lieutenant Francis Duncan qui décrit nos garnisons dans *Our Garrisons in the West* (1864).

«Emmitouflé dans un chapeau de fourrure» Partout au Canada, «un visage déjà brûlé par le soleil indien, emmitouflé dans un chapeau de fourrure» ressemble à celui «d'un ami de Chine ou d'Aldershot». Des officiers et d'autres gentlemen britanniques écrivent souvent sur les plaisirs du sport, notamment le capitaine F. Tolfrey (*The Sportsman in Canada*, 1845), Campbell Hardy (*Sporting Adventures in the New World*, 1855), et P.E. Doolittle (*Wheel Outings in Canada*, 1895).

D'autres observateurs décrivent la présence, ou l'absence, d'une culture différente à l'extérieur des garnisons dans les colonies reculées. *Sketches of Upper Canada* (1821) de John Howison et *Observations on Professions, Literature, Manners, and Emigration* (1833) d'Isaac Fidler tiennent des propos désenchantés sur la vie limitée et solitaire dans ces régions isolées. L'existence monotone des pionniers est dépeinte par E.A. Talbot dans *Five Years' Residence* (1824), une parodie des récits enthousiastes des colonisateurs sur les voyages en bateau jusqu'en Ontario; la désillusion se teinte d'amertume dans d'autres textes parmi lesquels figurent *The Letters of a Remittance Man* (1908) de W.H.P. Jarvis, *Blanket-Stiff* (1912) de N.P.R. Noel et *The Outcasts of Canada* (1932) de E.F.G. Fripp.

Cependant, certains textes écrits par des colons qui se sont adaptés à cette vie rude et étrange dégagent une impression plus joyeuse. Samuel Strickland dans *Twenty-Seven Years in Canada West* donne des conseils aux éventuels immigrants anglais et A.J. Church publie les lettres de ses deux jeunes fils dans l'amusant *Making a Start in Canada* (1889).

Femmes canadiennes Dans tous ces récits, les Canadiennes sont décrites comme de jolies demoiselles canadiennes-françaises ou comme des femmes au caractère indomptable vivant dans la solitude des

bois. Quelques femmes ayant vécu temporairement au Canada écrivent d'excellents livres sur leur voyage. Entre autres, Anne Jameson (*Winter Studies and Summer Rambles in Canada*, 1838), lady Monck (*My Canadian Leaves*, 1873), lady Dufferin (*My Canadian Journal, 1872-1878*, 1891), lady Aberdeen (*Through Canada With a Kodak*, 1893), Marion Cran (*A Woman in Canada*, 1910), Georgina Binnie-Clark (*A Summer on the Canadian Prairie*, 1910), et Eva Hasell (*Across the Prairie*, 1922).

D'autres femmes, des oiseaux de passage, publient également leurs impressions. Parmi elles figurent Isabella Bishop (1856) et la duchesse de Somerset (1890). Elles sont particulièrement sensibles à l'environnement, au froid hivernal, aux moustiques, aux couleurs automnales et aux fleurs sauvages, qu'elles décrivent dans leurs livres. Cependant, elles traitent aussi des conditions sociales. Deux autres écrivaines, utilisant les pseudonymes John Mactaggart (*Three Years in Canada*, 1929) et John Bigsby (*The Shoe and Canoe*, 1850), parlent avec beaucoup de sensibilité des dures conditions de vie et de la diversité géographique de cet immense pays.

Les livres de voyage nous renseignent également sur la vie artistique au Canada. Horton Rhys dans *A Theatrical Tour for a Wager!* (1861) et Peggy Webling dans *Peggy* (1924) décrivent les tournées en région. T.R. Richman dans *Short Notes* (1886) rapporte les discussions qu'il a eues avec ses confrères architectes et Marion Cran consacre un chapitre aux artistes et à l'art canadiens.

Dans *Wanderings of an Artist* (1859), Paul KANE ajoute quelques passages sur la vie des artistes à ses notes sur les Amérindiens, son sujet de prédilection. D'autres voyageurs mettent également l'accent sur les autochtones dans leurs écrits. George SIMPSON commence *An Overland Journey Around The World* (1847) par un récit sur les grands rassemblements en vue de la signature des traités entre Blancs et Amérindiens. L. Oliphant, dans *Minnesota and the Far West* (1855), et J.G. Colmer, dans *Across Canadian Prairies* (1894), relatent l'histoire des Indiens des Prairies. S.P. Day, dans *English America* (1864), donne un nouveau témoignage sur les rassemblements des Manitoulins. Dans *B.C. 1887* (1888), J.A. Lees et W.J. Clutterbuck ajoutent aux qualités de cet ouvrage en traçant un portrait comique et plein de compassion des Indiens de la côte Ouest.

Les voyageurs généralisent à partir d'une expérience très limitée, mais les livres de voyage demeurent malgré tout les meilleurs récits et, pendant nombre de décennies, les seuls écrits sur les relations entre les autochtones et les autres Canadiens. C'est une des nombreuses raisons qui fait de *The Great Lone Land* (1872) de W.F. BUTLER un ouvrage de la plus grande importance.

À la fin du XIXᵉ siècle, les expéditions qui mènent des Prairies jusqu'aux montagnes Rocheuses, et parfois au-delà de celles-ci, deviennent de plus en plus populaires. Parmi les visiteurs anglais, le comte de Southesk publie un livre sur ses voyages de 1859 à 1860, *Saskatchewan and the Rocky Mountains* (1875), et W. B. Cheadle et le vicomte Milton dans *Northwest Passage by Land* (1865) fournissent une bonne description des Prairies. Fraser Rae raconte ses voyages dans *Newfoundland to Manitoba* (1876), et en 1884, le gouverneur général, le marquis de Lorne, publie *Canadian Pictures*.

Les écrivains canadiens Un nombre grandissant d'auteurs canadiens se mettent à écrire des livres de voyages. Citons p. ex., G.M. GRANT (*Ocean to Ocean*, 1873) et Charles HORETZKY (*Canada on the Pacific*, 1874) qui racontent tous deux leur expérience pendant la pénible expédition qui les a conduit d'un océan à l'autre. Sandford FLEMING, ingénieur en chef et responsable des travaux pour le chemin de fer du Canadien Pacifique, décrit ses voyages dans *England and Canada* (1884). L'inauguration du chemin de fer transcanadien du Canadien Pacifique en 1885 rend les voyages beaucoup plus rapides et faciles; les livres se multiplient rapidement.

Cette nouvelle façon de voyager se reflète dans des livres comme *By Track and Trail* (1891) d'Edward Roper et *On the Cars and Off* (1895) de Douglas Sladen. Parmi les récits de voyages transcontinentaux publiés au XXe siècle, on trouve *The Unknown Country* (1942) de Bruce Hutchison et *Le Canada sans passeport* (2 vol., 1967) d'Eugène Cloutier, un Québécois dont le livre laisse percevoir les tensions face au biculturalisme.

Une vision des grands plateaux Malgré l'attrait qu'exerce l'Ouest canadien, les chutes du Niagara demeurent toutefois le sujet principal des récits de voyage. La plupart des touristes seraient d'accord avec George Warburton lorsqu'il écrit: «Elles étaient telles que je les avais imaginées, mais mes sensations étaient complètement différentes de celles auxquelles je m'attendais.» De tous les écrits sur les chutes du Niagara, le plus intéressant est sans doute *Travels in North America* (1845) de Charles Lyell. Ce géologue renforce sa théorie sur les fossiles en explorant le relief escarpé et il complète son excellente description des chutes avec un récit de voyage vers le nord dans lequel il décrit les plateaux qui entourent les Grands Lacs et qui s'étendent jusque dans les terres du nord de l'Ontario.

L'avènement du transport aérien a mis fin aux voyages pendant lesquels le voyageur passe progressivement d'une région à l'autre et fait de nombreuses rencontres, éléments de base des livres de voyage canadiens. Peu de voyageurs écrivent maintenant un journal de voyage; encore moins d'éditeurs les publient. Cependant, on a vu l'apparition des poèmes de voyage, comme *Ice, Cod, Bell or Stone* de Earle Birney (1962), *North of Summer: poems from Baffin Island* (1967) de Al Purdy et *Black Night Window: a collection of new poems* (1968) de John Newlove. Ces poèmes ont remplacé les livres de voyage et permettent de construire et de clarifier notre image, au Canada et à l'étranger, et participent à l'édification du pays. (*Voir aussi* LITTÉRATURE DE LANGUE ANGLAISE SUR LES EXPLORATIONS ET LES VOYAGES; LITTÉRATURE ÉTRANGÈRE DE LANGUE FRANÇAISE SUR LE CANADA; VOYAGEURS CANADIENS À L'ÉTRANGER.)

Elizabeth Waterston

Littérature enfantine de langue anglaise Au Canada, il existe depuis le milieu du XIXe siècle une littérature destinée particulièrement aux jeunes, de l'enfance jusqu'au début de l'adolescence. La littérature devait, pour décrire la vie dans le Nouveau Monde (la découverte du pays et des autochtones, l'affrontement, l'adaptation, la colonisation du territoire, puis la naissance et le développement d'une nation), trouver un moyen d'expression adéquat. Au XIXe siècle et au début du XXe siècle, on s'inspire surtout de ce qui se fait en Grande-Bretagne et on écrit une littérature animalière, qui est le premier genre exploité au Canada. Dans la dernière moitié du XXe siècle, auteurs et illustrateurs font appel à différents genres pour traduire la diversité géographique et culturelle de la vie au Canada.

La littérature animalière

Les animaux sont déjà présents dès les débuts de la littérature, mais ce sont les œuvres de sir Charles George Douglas ROBERTS et d'Ernest Thompson SETON qui donnent aux histoires animalières leur forme définitive. Seton acquiert une grande popularité avec *Wild Animals I Have Known* (1898). Roberts, influencé par son prédécesseur, écrit *The Kindred of the Wild* (1902) *et Red Fox* (1905). Forts de leurs observations de la faune et des théories de Darwin sur la sélection naturelle, les deux écrivains s'intéressent à la vie des individus les plus forts parmi les différentes espèces. Le héros de Roberts dans *Red Fox* est un renard doué d'une intelligence et

d'une force exceptionnelles. Seton, pour sa part, insiste sur la mort de l'animal, toujours tragique et souvent causée par l'homme. Plus tard, chez d'autres auteurs aussi, l'histoire se termine par la mort de l'animal sauvage: Roderick HAIG-BROWN avec *Ki-yu: A Story of Panthers* (1934) et Fred Bodsworth avec *Last of the Curlews* (1955).

Beaucoup de livres pour enfants ont comme personnages des animaux domestiques. L'un des premiers et des mieux connus est le livre de Margaret Marshall Saunder, intitulé *Beautiful Joe* (1894), «autobiographie» d'un bâtard qui jouit d'une vie longue et heureuse après avoir été enlevé à un maître cruel. Farley MOWAT, dans *The Dog Who Wouldn't Be* (1957), raconte avec humour l'histoire de Mutt, «qui conclut dès le début de son existence qu'il n'y a pas d'avenir pour un chien». Le récit du voyage aventureux de 400 km à travers l'Ontario de deux chiens et d'un chat fait l'objet de *The Incredible Journey* (1960), écrit par Sheila Burnford.

Le récit d'aventure

Le récit d'aventure, principal genre littéraire destiné aux jeunes à l'époque victorienne, influence les auteurs canadiens du XIXe siècle et, à un degré moindre, ceux du XXe. Les romans anglais qui exaltent les mérites de l'Empire britannique, des valeurs chrétiennes et du courage jouissent d'une grande popularité en Grande-Bretagne et dans les colonies, et influencent la conception que beaucoup de jeunes Canadiens se font de leur pays. R.M. Ballantyne, qui nous léguera un compte rendu détaillé sur la traite des fourrures dans *Hudson's Bay* (1848), écrit ensuite deux romans, *Snowflakes and Sunbeams* (1856) et *Ungava* (1858). La vaste contrée peuplée d'animaux sauvages et de païens barbares est prétendument civilisée par les jeunes Blancs que sont les protagonistes de ces romans.

L'histoire la plus palpitante écrite au XIXe siècle est *The Canadian Crusoes* (1852) de Catharine Parr TRAILL, qui combine ses connaissances sur la nature du nord du lac Ontario à des éléments du *Robinson Crusoe* de Daniel Defoe. Les héros sont trois adolescents qui se débrouillent pour survivre et croient profondément à la protection divine. Ils sauvent la vie d'une jeune autochtone à qui ils enseignent les valeurs chrétiennes. Certains des éléments du traditionnel récit d'aventure popularisé au début du XXe siècle par Seton avec *Two Little Savages* (1906) et par Alan Sullivan avec *Brother Eskimo* (1921) et *Brother Blackfoot* (1937) se retrouvent dans d'autres romans: *Starbuck Valley Winter* (1943) de Haig-Brown, *Lost in the Barrens* (1956) de Mowat et *Frozen Fire* (1977) de James Archibald HOUSTON. Dans ces romans, le héros masculin atteint une certaine maturité au contact des autochtones et en affrontant une nature très hostile. *Tom Penny* (1977) de Tony German et *Shantymen of Cache Lake* (1975) de Bill Freeman sont des histoires palpitantes remplies de rebondissements multiples sur fond historique, dans lesquelles les jeunes héros affrontent la nature et des personnages malveillants.

Le roman historique

Il n'est pas dans la tradition des œuvres de fiction canadiennes, contrairement à la littérature jeunesse américaine, de créer des mythes autour des personnages historiques et des grands événements qui les ont marqués. Les auteurs canadiens de romans historiques ne peuvent donc pas raconter leurs histoires avec la certitude que leurs jeunes lecteurs connaissent les grands moments de l'histoire. Certains épisodes de l'histoire canadienne, comme la Guerre de 1812 et la Rébellion du Nord-Ouest, semblent privilégiés dans les romans. La Guerre de 1812 est un sujet traité par Barbara et Heather Bramwell dans *Adventure at the Mill* (1963) et par John F. Hayes dans *Treason at York* (1949). *On the Trail of Long Tom* (1970) de W.T. Cutt et *A Very Small Rebellion*

(1977) de Jan Truss traitent de la Rébellion du Nord-Ouest. La Gendarmerie royale du Canada est à l'honneur dans *Horseman in Scarlet* de J.W. Chalmers (1961), la fuite des LOYALISTES au Canada est racontée dans *Honor Bound* (1971) de Mary Alice et John Downie, et la ruée vers l'or de Cariboo dans *Cariboo Trail* (1957) de Christie Harris. Dans *Underground to Canada* (1977), Barbara SMUCKER raconte le voyage périlleux de trois esclaves qui s'enfuient d'une plantation du Sud pour venir en Ontario. Plusieurs auteurs contemporains ont écrit des romans historiques portant sur la première moitié du XXe siècle. *Days of Terror* (1979) de Barbara Smucker est l'histoire de la lutte menée par les Mennonites qui ont fui leur village ukrainien pour s'établir au Canada pendant la Première Guerre mondiale. Jean Little, dans *Listen for the Singing* (1977), décrit les moments difficiles que vit une famille canadienne d'origine allemande durant la Seconde Guerre mondiale. Myra Paperny situe l'histoire de *The Wooden People* (1976) dans l'Alberta des années 20, tandis que Brian Doyle, dans ses romans *Up to Low* (1982) et *Angel Square* (1986), s'inspire de son enfance vécue dans l'Est de l'Ontario dans les années 40.

Situé dans l'Alberta rural pendant la Crise des années 30, *Summer of the Mad Monk* (1994) de Cora Taylor décrit la rencontre d'un jeune adolescent avec un forgeron russe qu'il croit être le célèbre Raspoutine, homme influent auprès du tsar. Paul Yee, dans *Curses of the Third Uncle* (1986), traite des répercussions de la révolution chinoise de 1909 sur une jeune Sino-Canadienne. *Hockey Bat Harris* (1985) de Geoffrey Bilson, ainsi que les romans *The Sky is Falling* (1989), *Looking at the Moon* (1991) et *The Lights Go On Again* (1993) de Kit Pearson racontent les difficultés de jeunes enfants britanniques exilés au Canada pendant la Seconde Guerre mondiale. Dans *Noami's Road* (1986), Joy Nozomi KOGAWA s'inspire de son propre emprisonnement dans des camps de concentration en tant que Canadienne originaire du Japon pendant la seconde Guerre mondiale.

Les meilleures œuvres de fiction historique de la littérature jeunesse sont celles qui parlent des autochtones, avant et après la rencontre avec les Européens. Ces récits décrivent souvent les rites d'initiation, comme dans *The Whale People* (1962) de HAIG-BROWN, où un jeune Nootka est placé en position d'autorité après la mort de son père. Dans le *Nkwala* (1958) d'Edith Sharp, un jeune Salish cherche un esprit qui le guidera vers l'âge adulte. Dans la trilogie de Cliff Faulknor, *The White Calf* (1965), *The White Peril* (1966) et *The Smoke Horse* (1968), l'action se déroule dans les Prairies avant et pendant l'arrivée des Européens. Parmi les récits qui décrivent les contacts entre Européens et autochtones, il y a *Buckskin Colonist* de J.F. Hayes (1947), *Blood Brothers* de Doris Hilda ANDERSON (1967) et *Forbidden Frontier* de Harris (1968). Dans *Sweetgrass* (1984), Jan Hudson juxtapose recherche historique et point de vue féministe dans la description de la vie d'une jeune Pied-Noir au début du XXe siècle. Dans *Blood Red Ochre* (1989), Kevin Major fait un parallèle entre la vie d'une jeune autochtone moderne de Terre-Neuve et ses ancêtres béothuks.

Les auteurs d'ouvrages historiques ou biographiques ont toujours eu des pièges à éviter: l'érudition trop savante d'une part et l'histoire trop romancée, qui devient fausse. Parmi les biographes qui évitent ces pièges on trouve Haig-Brown dans *Captain of the Discovery: The Story of Captain George Vancouver* (1956), Kay Hill dans *And Tomorrow the Stars: The Story of John Cabot* (1968), et Roy Daniells dans *Alexander Mackenzie and the North West* (1969). Il existe des récits passionnants et historiquement exacts destinés aux jeunes lecteurs dont *The Golden Trail* de Pierre BERTON (1954), *The Scarlet Force* (1953) de T.M. Longstreth, *The St. Lawrence* (1959) de William Toye et *The Story of Canada* (1992) de Janet Lunn et Christopher Moore.

Bien que les peuples autochtones soient dépeints d'une manière sensible dans le roman et les contes populaires, leur présence est généralement occultée dans les biographies et les histoires destinées aux enfants, sauf dans *Raven's Cry* (1966) de Harris.

Le roman d'école et le réalisme social

Les histoires portant sur la vie familiale et scolaire et le roman social ne sont pas aussi populaires au Canada qu'en Grande-Bretagne et aux États-Unis, mais il existe des œuvres canadiennes importantes sur ces sujets. La vie des jeunes qui grandissent dans les petites villes canadiennes est dépeinte dans *Glengarry School Days* (1902) de Ralph Connor (Charles William GORDON) et *Sowing Seeds in Danny* (1908) de Nellie MCCLUNG. Critiqués aujourd'hui pour leur sentimentalisme et leur rigidité morale, ces écrits n'en sont pas moins le reflet de la vie quotidienne, du climat culturel et des goûts littéraires d'une époque. Il en est ainsi d'*Anne of Green Gables* (1908), de Lucy Maud MONTGOMERY, considéré par beaucoup de critiques comme le seul classique de la littérature jeunesse canadienne. On lui reproche aussi son sentimentalisme, mais la bouillante héroïne et ses difficultés d'intégration sociale en font, de tous les livres canadiens destinés aux jeunes, l'un des plus populaires.

Le réalisme social en tant que genre, qui se penche sur la vie d'enfants ordinaires ayant à affronter les problèmes de la vie moderne, connaît un essor rapide à partir de 1970. Jean Little, qui souffre d'un grave handicap visuel, raconte les difficultés de jeunes aux prises avec des handicaps physiques dans *Mine for Keeps* (1962) et *From Anna* (1972). Dans *Mama's Going to Buy You a Mockingbird* (1985), il décrit d'une manière sensible la réaction d'un jeune garçon face à la mort de son père. Les adolescents difficiles, en conflit avec eux-mêmes et la société terre-neuvienne, sont le sujet de *Hold Fast* (1978) et *Far From Shore* (1980) de Kevin Major. John Craig, dans *No Word for Good-bye* (1969), traite des rapports entre les autochtones et les autres Canadiens. L'auteure autochtone Beatrice Culleton dépeint avec vigueur la vie d'une métisse d'aujourd'hui dans *In Search of April Raintree* (1983). *Hey, Dad* (1978) et *You Can Pick Me Up at Peggy's Cove* (1979) de Bryan Doyle mettent l'accent sur les relations conflictuelles entre parents et enfants, tandis que dans *Julie* (1985) de Cora Taylor, une mère doit apprendre à accepter les pouvoirs surnaturels de sa fille. *Bad Boy* (1989) de Diana Wieler porte sur les conflits que vit un jeune joueur de hockey quant il découvre des vérités troublantes au sujet d'un coéquipier. Dans *Fires Burning* (1994) de Julie Lawson, Chelsea se voit contrainte de révéler à sa mère les abus sexuels que lui fait subir son beau-père. Julie Johnston, dans *Adam and Eve and Pinch-Me* (1994), et Tim Wynne-Jones, dans *The Maestro* (1995), présentent des adolescents difficiles qui acquièrent l'estime de soi et qui apprennent à apprécier les autres après avoir quitté un milieu familial dysfonctionnel.

L'essentiel de la LITTÉRATURE POPULAIRE DE LANGUE ANGLAISE lue par les jeunes Canadiens est d'origine américaine ou britannique. On trouve quelques exceptions à la règle: deux recueils d'histoires humoristiques et fantastiques, *Just Mary Stories* (1942) et *Maggie Muggins and Mr. McGarrity* (1952) de Mary Grannan, inspirés d'une série radiodiffusée pendant de nombreuses années au réseau anglais de Radio-Canada. Au cours des années 40, Leslie McFarlane signe plusieurs œuvres sous le pseudonyme Fenton W. Dixon. Deux auteurs contemporains méritent aussi d'être mentionnés: Eric Wilson qui, avec *Murder on the Canadian* (1976), *Terror in Winnipeg* (1979) et *The Green Gables Detectives* (1987), décrit la vie au Canada et les problèmes sociaux contemporains à travers les aventures de deux jeunes détectives, Tom et Liz Austen, et Gordon Korman, qui publie depuis sa plus tendre jeunesse et écrit des histoires humoristiques

sur des adolescents, comme *This Can't Be Happening at Macdonald Hall!* (1978), *Go Jump in the Pool* (1979) et *Macdonald Hall Goes Hollywood* (1991).

La littérature fantastique

Depuis la Seconde Guerre mondiale, la littérature fantastique gagne en popularité. Les meilleurs auteurs décrivent les régions sauvages et les croyances spirituelles des autochtones, comme Catherine Anthony Clark avec *The Golden Pine Cone* (1950), *The Sun Horse* (1951) et *The Diamond Feather* (1962). Christie Harris associe science moderne et vieilles croyances dans *Secret in the Stlalakum Wild* (1972) et *Sky Man on the Totem Pole?* (1975). Monica Hughes met l'accent sur le respect que les autochtones portent à la nature et au passé dans *Beyond the Dark River* (1979). L'action se passe au XXIᵉ siècle après la destruction d'Edmonton, probablement par une guerre nucléaire, et est centrée sur l'amitié d'un jeune Huttérite et d'un guérisseur autochtone. Hughes est aussi l'auteure de livres de science-fiction, dont *The Keeper of the Isis Light* (1980), *The Guardian of Isis* (1981) et *The Isis Pedlar* (1982), qui se déroulent sur une planète habitée par des habitants qui ont fui la Terre surpeuplée et polluée et qui sont devenus des êtres superstitieux et craintifs. Ruth Nichols situe l'action dans les rudes paysages du Canada dans *A Walk Out of the World* (1969) et *The Marrow of the World* (1972), où des enfants entreprennent des voyages périlleux vers des univers parallèles où ils sont nés.

D'autres écrivains se tournent vers le fantastique: Pierre Berton, dans *The Secret World of Og* (1961), raconte les aventures d'enfants qui, par un tunnel découvert sous le plancher de leur maison de jeux, pénètrent un monde étrange. Mordecai RICHLER, dans *Jacob Two-Two Meets the Hooded Fang* (1975), raconte le rêve d'un enfant angoissé devenu un héros après un séjour dans une prison pour enfants. *The Root Cellar* (1981) de Janet Lunn, *A Handful of Time* (1987) de Kit Pearson, *Who Is Francis Rain?* (1987) de Margaret Buffie, *The Doll* (1987) de Cora Taylor et *White Jade Tiger* (1993) de Julie Lawson explorent le paradoxe temporel dans des histoires où des filles perturbées se retrouvent dans le passé et rencontrent leurs aïeux. En renouant avec leurs origines, elles apprennent à mieux faire face à leurs difficultés actuelles. Dans *Out of the Dark* (1995) de Welwyn Wilton Katz, un garçon pleurant la mort de sa mère rencontre d'anciens explorateurs vikings sur la côte de Terre-Neuve.

Katz, dans *Witchery Hill* (1984) et dans *Sun God, Moon Witch* (1986), envoie ses jeunes héros et héroïnes respectivement dans les îles Anglo-Normandes et dans l'Ouest de l'Angleterre, où ils se découvrent des forces intérieures en affrontant des puissances surnaturelles. Dans *The Violin Maker's Gift* (1980), Donn Kushner raconte l'histoire d'un oiseau fantastique qui prédit l'avenir. Sans parler de vraie magie, *Red Work* (1992) de Michael Bedard aborde plutôt l'alchimie et nous en raconte l'influence sur la vie de deux adolescents torontois solitaires.

Les contes et légendes

Au Canada, les contes pour enfants comprennent des récits européens adaptés par des écrivains canadiens, des récits de colons européens et des mythes et légendes indiennes et inuits remaniés. Deux recueils de Cyrus Macmillan, *Canadian Wonder Tales* (1918) et *Canadian Fairy Tales* (1922), réunissent des histoires de ces trois catégories, mais la plupart sont d'origine canadienne-française et autochtone. Ces contes sont écrits selon les goûts du début du XXᵉ siècle, souvent dans le style romantique si populaire à la fin du XIXᵉ siècle en Angleterre. On retrouve des versions canadiennes des contes du légendaire bûcheron Paul Bunyan dans *Paul Bunyan: Super Hero of the Lumber Jacks* (1980) de John D. Robins et dans *Paul Bunyan on the West Coast* (1995) de

Tom Henry. Les légendes des Maritimes sont recueillies par Helen CREIGHTON dans *Bluenose Ghosts* (1957). Dans *Le phénix doré* (1958), Marius Barbeau réunit des contes canadiens-français dont deux d'entre eux – *La princesse du Tomboso* (1960), illustré par Frank Newfeld, et *La hotte du colporteur*, adapté par Kit Pearson sous le titre de *The Singing Basket* (1990) et illustré par Ann Blades – ont été publiés sous forme de livres d'images. C'est également Newfeld qui adapte et illustre le conte néo-écossais *Simon and the Golden Sword* (1976). Parmi les contes européens adaptés et illustrés par des Canadiens, mentionnons *The Miraculous Hind* (1975) et *Petrouchka* (1980) d'Elisabeth Cleaver, *Cinderella* (1969) d'Alan Suddon, *The Twelve Dancing Princesses* de Lunn, illustré par Lazlo Gal (1979), *Mollie Whuppie and the Giant*, adapté et illustré par Robin Muller (1982) et *Hansel et Gretel*, adapté et illustré par Ian Wallace (1994). Ludmilla Zeman a adapté et illustré l'antique épopée sumérienne *Gilgamesh* en trois livres: *Gilgamesh the King* (1992), *The Revenge of Ishtar* (1993) et *The Last Quest of Gilgamesh* (1995).

Plusieurs auteurs ont adapté des contes puisés dans la tradition de leur pays d'origine. Ainsi, Tololwa Mollel, un Masaï de la Tanzanie, raconte la légende de l'étoile du matin dans *The Orphan Boy* (1990). Dans *Tales from Gold Mountain* (1989), Paul Yee donne sa version des récits racontés par les Sino-Canadiens à la fin du XIXᵉ siècle. Meguido Zola puise dans la tradition juive de l'Europe de l'Est pour écrire *A Dream of Promise: A Folktale in Hebrew and English* (1980) et *Only the Best* (1981). Originaire de l'île de la Grenade, Ricardo Keens-Douglas raconte l'histoire d'un jeune garçon qui rencontre un être féerique dans *The Nutmeg Princess* (1992).

Les premiers contes et légendes inuits et autochtones sont transmis oralement aux Européens dès leur arrivée. Il n'existe cependant que peu d'adaptations de légendes autochtones car, jusqu'au XXᵉ siècle, la littérature jeunesse est très imprégnée de christianisme. Si on s'intéresse davantage aux légendes autochtones depuis la seconde moitié du XXᵉ siècle, c'est qu'on connaît et comprend mieux les mœurs des minorités culturelles. Les écrivains Christie Harris et James Houston sont les principaux représentants de cette tendance. Le premier récit de Christie Harris est *Once Upon a Totem* (1963), suivi de sept recueils de contes inspirés des légendes indiennes de la côte du Nord-Ouest. Bien que l'auteure étoffe péripéties et personnages, elle démontre une bonne connaissance de ce rude pays et des croyances des nations qui l'habitent. Houston, pour sa part, raconte les légendes locales apprises durant son séjour de 12 ans dans l'Arctique, sous les titres de *Tikta'liktak* (1965) et de *The White Archer* (1967). D'autres recueils de contes autochtones sont dignes de mention: *The Bear Who Stole the Chinook* (1959) de Frances Fraser; *Tales of Nanabozho* (1963) de Dorothy Reid, refonte des mythes du Ojibway; *Glooscap and His Magic* (1963) de K.L. Hill, récit du dieu-héros de Wabanaki. Plusieurs contes autochtones sont repris par William Toye et illustrés par Elizabeth Cleaver: *The Mountain Goats of Temlaham* (1969) et *The Fire Stealer* (1979). Cleaver a aussi adapté et illustré la légende inuite *The Enchanted Caribou* (1985).

Un nombre grandissant d'écrivains autochtones, au cours des dernières années, ont raconté les légendes de leur peuple afin de préserver des éléments d'un passé en voie de disparition. George CLUTESI raconte des histoires de l'île de Vancouver dans *Son of Raven, Son of Deer* (1967) et Basil Johnston reprend les légendes ojibway dans *Tales the Elders Told* (1981). Dans *Little Badger and the Fire Spirit* (1977), Maria Campbell crée sa propre version d'une légende des plaines, dite légende «pourquoi». L'auteur et illustrateur mohawk C.J. Taylor a adapté mythes et légendes de plusieurs cultures autochtones dans *How Two-Feather was saved from lone-*

liness (1990) et *The monster from the swamp* (1995). Dans *A Promise is a Promise* (1990, avec Robert MUNSCH) et *Hide and Sneak* (1992), illustrés par Vladyana Krykorka, l'auteur inuit Michael Kusugak mêle le folklore de son peuple aux aventures d'un enfant d'aujourd'hui.

La poésie Malgré une longue tradition de littérature jeunesse de fiction, peu de poètes ou de poèmes pour les jeunes sont bien connus avant les années 70. Les enfants apprennent souvent par cœur des poèmes pour adultes de Thomas D'Arcy MCGEE, d'Emily Pauline JOHNSON, de Bliss CARMAN, de Robert SERVICE et d'autres. Deux anthologies populaires réunissent des œuvres de poètes canadiens bien connus: *The Wind Has Wings* (1968; rééditée en 1984), publiée sous la direction de M.A. Downie et Barbara Robertson, et *All Kinds of Everything* (1973), publiée sous celle de Louis DUDEK. Plus tard paraissent les anthologies *Till All, the Stars Have Fallen* (1989), sous la direction de David Booth, et *Do Whales Jump at Night?* (1990), sous la direction de Florence McNeil, qui comprennent des poèmes destinés aux enfants. Il faut attendre 1974 et la publication par Dennis LEE de deux recueils de poèmes, *Alligator Pie* et *Nicholas Knock and Other People*, pour que certains poèmes spécialement écrits pour les enfants du Canada acquièrent un vaste public. Ces recueils sont pleins d'humour et de fantaisie. Il en va de même pour *Garbage Delight* (1977) et *Jelly Belly* (1983) de Lee, ainsi que pour beaucoup d'autres poèmes enfantins, dont *Gulliband* de Susan Musgrave (1974), *Bonnie McSmithers (You're Driving Me Dithers)* (1974) de Sue Ann Alderson, *Down by Jim Long's Stage* (1976) d'Al Pittman, et *I Am Small* (1994) et *Mabel Murple* (1995) de Sheree Fitch. Parmi les récents recueils figurent aussi *Auntie's Knitting a Baby* (1984) de Lois Simmie, *Don't Eat Spiders* (1985) de Robert Heidbreder et *Mischief City* (1986) de Tim Wynne-Jones. *Once A Lullaby* (1983) de B.P. Nichol, *the ghost horse of the mounties* (1983) de Sean O'Huigan et *Last Leaf, First Snoflake to Fall* (1993) de Leo Yerxa sont des poèmes uniques publiés sous forme de livres.

Plusieurs dessinateurs publient des livres où ils illustrent des poèmes célèbres. Citons la berceuse d'Eugene Field *Wynken, Blynken, and Nod* (1985) illustrée par Ron Berg, les éditions illustrées par Ted HARRISON de deux classiques de Service, *The Cremation of Sam McGee* (1986) et *The Shooting of Dan McGrew* (1988), et la version allongée et illustrée de *Row Row Row Your Boat* (1993) de Robin Muller. Frances Tyrrell a illustré *The Huron Carol* du père Brébeuf (1990). Il existe deux versions canadiennes illustrées des comptines traditionnelles de la mère l'Oie: *Sing a Song of Mother Goose* (1987) de Barbara Reid et *Sharon, Lois & Bram's Mother Goose* (1985) de Maryann Kovalski.

Les livres d'images

Les coûts de production élevés et le marché restreint expliquent la faible production de livres d'images. Cependant, dans les années 70, quelques œuvres qui gagneront des prix sont publiées, dont plusieurs chez Tundra Books à Montréal. Les plus connus sont *Mary of Mile 18* (1971) d'Ann BLADES, *A Prairie Boy's Winter* (1973) et *A Prairie Boy's Summer* (1975) de William KURELEK. On trouve aussi *A Child in Prison Camp* (1971) de Shizuye Takashima et *Children of the Yukon* (1977) de Ted Harrison. Blades, qui est aussi l'auteure de *A Boy of Taché* (1973), illustre plusieurs livres, dont *A Salmon for Simon* (1978) de Betty Waterton et *Ida and the Wool Smugglers* (1987) de Sue Ann Alderson. Durant les années 80 et 90, un plus grand nombre de magnifiques livres d'images sont publiés. Deux artistes remarquables se font connaître: Ian Wallace (*Chin Chiang and the Dragon's Dance* [1984] et *Very Last First Time*, écrits par Jan Andrew [1985]) et Ken Nutt, pseudonyme d'Eric Beddows, qui illustre les œuvres primées *Zoom at the Sea*

(1983), *Zoom Away* (1985) et *Zoom Upstream* (1992) de Tim Wynne-Jones. Michael Martchenko illustre les livres du conteur populaire Robert Munsch, dont *The Paperbag Princess* (1980) et *50 Below Zero*. Paul Morin illustre pour sa part de nouvelles versions de contes traditionnels de plusieurs pays, notamment *The Orphan Boy* (1990) de Tololwa M. Mollel et *The Dragon's Pearl* (1992) de Julie Lawson.

Les pièces de théâtre

Depuis le milieu des années 70, de nombreuses bonnes pièces de théâtre canadiennes sont publiées. En 1975, Rolk Kalman dirige la publication d'un recueil de 10 pièces pour jeunes, *A Collection of Canadian Plays: Volume 4*, parmi lesquelles on trouve *The Clam Made a Face* d'Eric NICOL et *Cyclone Jack* de Carol BOLT. Dans *Eight Plays for Young People* (1984) de Joyce Doolittles, on retrouve *Tikta'Liktak* de Brian Paisley et *Cornelius Dragon* de Jan Truss. Les autochtones sont au cœur de *Inook and the Sun* (1974) de Henry Beissel et de *The Windigo* (1978) de Dennis Foon.

Bien que les auteurs britanniques et américains occupent encore une grande place au Canada, ils subissent de plus en plus la concurrence des écrivains canadiens. Un sentiment de nationalisme plus prononcé depuis le centenaire de la Confédération en 1967 y est sans doute pour quelque chose, mais la littérature jeunesse trouve aussi sa force en elle-même. LE CONSEIL DES ARTS DU CANADA encourage les écrivains en accordant des subventions et en parrainant des tournées de lecture. De plus, un grand nombre de prix littéraires (*voir* PRIX LITTÉRAIRES POUR ŒUVRES DE LANGUE ANGLAISE) sont attribués aux œuvres, auteurs et illustrateurs méritants: le Livre de l'année, de la Canadian Association of Children's Librarians (depuis 1947), la médaille Amelia Frances Howard-Gibbon dans le domaine de l'illustration, les prix de littérature jeunesse du Conseil des arts du Canada offerts par le gouverneur général (1975), le prix de la Canadian Authors Association, le prix Vicky Metcalf et le prix du livre d'images canadien Elisabeth Mrazik-Cleaver.

Plusieurs petites maisons d'édition (*voir* ÉDITION, PETITES MAISONS D') publient une vaste gamme de livres pour les jeunes, dont Annick Press (Toronto), Kids Can Press (Toronto), Orca Books (Victoria) et Red Deer College Press (Alberta). Le magazine pour enfants *Owl* a commencé à paraître en 1976 et son copain *Chickadee*, en 1979.

L'étude théorique

Depuis 1967, l'étude théorique sérieuse de la littérature jeunesse au Canada se développe: *The Republic of Childhood* (1967) de Sheila Egoff (1967; remanié en 1975 et en 1990) et *Children's Literature in Canada* (1992) d'Elisabeth Waterston explorent les principaux genres. *Canadian Books for Children* de Jon C. Stott et Raymond E. Jones contient des notices biographiques sur les auteurs et les illustrateurs, tandis que *Writers on Writing* (1989), publié sous la direction de David Booth, recueille des réflexions d'écrivains, d'artistes et d'éditeurs sur leurs œuvres. Le magazine *Canadian Children's Literature* paraît depuis 1975. Les auteurs canadiens sont régulièrement étudiés dans les cours de littérature enfantine des universités. Le Children's Book Center, établi en 1976, fait connaître les œuvres de littérature jeunesse et coordonne chaque année le Children's Book Festival. (*Voir aussi* FOLKLORE; LITTÉRATURE DE LANGUE ANGLAISE; LITTÉRATURE JEUNESSE DE LANGUE FRANÇAISE.)

Jon C. Stott

Littérature enfantine de langue française C'est dans la revue *L'Oiseau bleu*, publiée par la Société Saint-Jean-Baptiste de Montréal, qu'on trouve le feuilleton «Les Aventures de Perrine et Charlot», en 1923. On considère ce récit comme le premier texte québécois

écrit d'abord à l'intention des jeunes. C'est donc la presse enfantine puis ensuite les éditeurs Albert Lévesque, Beauchemin et Granger qui inspirent des talents d'écrivains à Marie-Claire Daveluy, à Ernestine Pineault-Léveillé, à Eugène Achard, à Marie-Rose Turcot, à Maxime, à Blanche Lamontagne-Beauregard, à Marie-Antoinette Grégoire-Coupal et à Harry Bernard.

Puis c'est un triste événement qui vient favoriser l'éclatement de l'édition locale. En effet, la Seconde Guerre mondiale rend difficile l'approvisionnement en livres européens. Les éditions Fides et les éditions Paulines publient dès lors de nombreux ouvrages pour les jeunes. De nouveaux périodiques paraissent: *Stella Maris* (1938-1947), *JEC des Jeunes* (1939-1942), *Sais-tu* (1945), *Hérauts* (1944-1965), *François* (1943-1965), *Vie étudiante* (1946-1964), *Le Front ouvrier* (1944-1954). Lucille Desparois (Tante Lucille) anime une émission radiophonique hebdomadaire à Radio-Canada de 1948 à 1971. Tous les adultes canadiens-français d'aujourd'hui se rappellent avec bonheur de ses contes récités avec beaucoup de passion. Cet essor se termine avec la fin de la guerre quand la reprise des activités éditoriales outre-mer entraîne une concurrence que plusieurs éditeurs d'ici ne peuvent soutenir. Retenons cependant le fameux *Ristontac* (1945) d'Andrée Maillet, un album illustré de grande dimension qui marque les débuts de ce genre pour les petits. En 1948, Béatrice Clément fonde l'Association des écrivains pour la jeunesse et lance de nombreux projets en plus de créer la coopérative les Éditions Jeunesse. Plusieurs prix littéraires sont créés. C'est alors que sont reconnues les Paule Daveluy, Monique Corriveau, Suzanne Martel dont les ouvrages sont toujours disponibles aujourd'hui.

Les contes, les récits biographiques, historiques et naturalistes côtoient la poésie et quelques pièces de théâtre. Pendant quelques décennies, la collection «Connaissances usuelles» publiée par les frères des Écoles chrétiennes a rendu de fiers services aux bibliothécaires en vue d'aider leurs jeunes usagers à compléter leurs travaux scolaires. La naissance de la télévision a ensuite favorisé le développement des collections de contes écrits à partir de synopsis d'émissions télévisées. On les retrouve principalement dans les collections du «Canoë d'argent» et «Les Albums de l'Érablière».

De la Révolution tranquille aux années 80 La Révolution tranquille des années 60 bouleverse la société québécoise dans son ensemble et provoque une crise du livre. En 1963, une commission d'enquête sur le commerce du livre est créée au Québec. Le fameux «rapport Bouchard» recommande la création d'une régie et d'une centrale du livre très forte, l'accréditation des libraires, l'approbation par le ministère de l'Éducation du Québec des manuels scolaires ainsi que différentes mesures pour instaurer une véritable politique du livre au Québec. Malheureusement, ce rapport stagne pendant une dizaine d'années. On rompt la bonne habitude de donner des livres en récompenses de fin d'année scolaire. Ce marché substantiel n'existant plus, les éditeurs n'osent pas publier pour un public quasi inexistant. Le déclin s'achève avec une production de six titres en 1969.

En 1971, Communication-Jeunesse naît sous la bonne gouverne de Paule Daveluy. Cette association regroupe différents professionnels du livre et veut revaloriser la littérature de jeunesse canadienne-française. Le travail acharné des membres de cette association, les recommandations de leur premier colloque (1972) et celles qu'ils soumettent à la Conférence socio-économique sur les industries culturelles du Québec (1978) portent fruits. Le gouvernement provincial subventionne la littérature de jeunesse par différents programmes et le gouvernement fédéral offre aussi son aide par le biais du Conseil des arts du Canada.

Les années 70 verront le début des éditions Le Tamanoir (rebaptisées La courte échelle en 1978) et, avec elles, un nouveau concept d'albums au contenu littéraire et aux illustrations esthétiques. La collection «Théâtre pour enfants» est lancée en 1973 aux éditions Leméac et celle du «Goéland» en 1974 chez Fides présente des romans de grande qualité. Dans un registre plus populaire, la collection «Pour lire avec toi» aux éditions Héritage (1976) se poursuit. Il en est de même pour l'excellente collection des «Deux solitudes, jeunesse» chez Pierre Tisseyre qui traduit des romans canadien-anglais choisis parmi les œuvres les plus intéressantes au pays. La collection «Jeunesse-pop» (éditions Paulines devenues en 1995 Médiaspaul) présente principalement des romans de science-fiction et des romans fantastiques.

Le magazine *Vidéo-Presse* est lancé en 1971 par les éditions Paulines et sera populaire jusqu'à sa dissolution en 1995. Les éditions Héritage publient *Hibou*, équivalent de la revue canadienne-anglaise *Owl* et *Coulicou* (*Chickadee*). Quant à la revue *Passe-Partout*, elle a connu le même succès que la série télévisée du même nom diffusée à l'antenne de Radio-Québec.

En 1978, deux revues consacrées à la littérature de jeunesse paraissent: d'abord *Lurelu* consacrée exclusivement à la littérature de jeunesse québécoise et *Des livres et des jeunes* qui traite de l'ensemble de la littérature francophone.

Les universités québécoises offrent des cours en littérature de jeunesse à l'intérieur de leurs programmes. Les bibliothèques publiques sont dynamiques. On crée un poste de conseillère en littérature de jeunesse à la Bibliothèque nationale du Canada en 1975. L'Année internationale de l'enfant, en 1979, donne lieu à une compagne de promotion de grande envergure avec le spectacle *La balade des livres ouverts* qui a parcouru toutes les régions du Québec.

Tendances actuelles Les années 80 marquent un essor considérable dans la production du livre de jeunesse qui n'a cessé de s'améliorer au point de devenir souvent plus rentable que l'édition pour les adultes. Certaines maisons se spécialisent dans l'édition de livres pour la jeunesse ou y consacrent une part importante de leur production. En plus de ses collections de romans, Québec/Amérique jeunesse crée sa série «Contes pour tous» à partir du scénario des films produits par Rock Demers. Les éditions du Raton Laveur publient des albums aux thèmes amusants ou graves, illustrés avec beaucoup d'humour. Sa passion pour les livres a mené le vétérinaire Michel Quintin à fonder une maison d'édition orientée vers le livre documentaire, le conte, et le roman traitant des animaux et de la nature en général.

Les années 90 consolident une production maintenant viable et prospère. On vise tous les publics et la concurrence est grande et saine. La plupart des universités offrent des cours ou des certificats en littérature pour la jeunesse. Les colloques sont nombreux et les médias accordent maintenant une place assurée, dans leur contenu, à la littérature de jeunesse. En 1995, la collection «Explorations» chez Québec/Amérique jeunesse se consacre à des ouvrages de documentation servant au choix, à l'analyse et à l'animation du livre de jeunesse, preuve incontestable de l'abondance et de la richesse du milieu. De même la présence du livre québécois pour la jeunesse sur la scène internationale est un signe indéniable de sa vitalité. La série-vedette «Caillou» aux éditions Chouette en est une preuve irréfutable avec ses centaines de milliers d'exemplaires et ses traductions dans de nombreux pays. Il en est de même avec les collections de romans très populaires des éditions La courte échelle. Quant à la collection «Plus» chez Hurtubise HMH, elle présente des textes d'auteurs de la francophonie mondiale qu'elle destine à des classes d'immersion, de français langue seconde, et d'orthopédagogie ainsi qu'à un public en alphabétisation.

De nouvelles réglementations provinciales sur le développement des entreprises culturelles, les programmes de subventions d'aide à l'édition et la mobilisation du milieu sont autant de facteurs qui ont favorisé l'éclatement de la littérature de jeunesse au cours des années 80. Un premier programme universitaire portant spécifiquement sur la littérature de jeunesse est offert depuis 1985 à l'U. du Québec à Montréal.

Quant à Communication-Jeunesse, ses campagnes de sensibilisation à la lecture se poursuivent dans ses clubs Livromanie et Livromagie qui remportent énormément de succès auprès des jeunes. L'animation autour du livre se développe de façon exponentielle incluant celle dirigée par les responsables d'édition qui en font un outil de promotion. Les tournées d'auteurs se multiplient, les rencontres avec les écrivains sont populaires dans les salons du livre ou partout ailleurs. De nombreux travailleurs autonomes se découvrent des talents d'animation en lecture.

Annuellement, une quinzaine de maisons d'éditions québécoises produisent, en cette fin de siècle, environ deux cents livres pour la jeunesse. Trois d'entre elles publient à elles seules la moitié de la production du livre de jeunesse (Héritage, Pierre Tisseyre et La Courte échelle). Hors Québec, quelques maisons publient courageusement des livres pour enfants en langue française. Il s'agit principalement des éditions Annick, des éditions du Centre francoontarien de ressources pédagogiques, du Vermillon, de Scholastic, de Toundra et des éditions Prise de Parole en Ontario, d'éditions d'Acadie au Nouveau-Brunswick et des éditions des Plaines au Manitoba.

Ginette Guindon

Littérature et politique La problématique des rapports entre la littérature et la politique est généralement divisée en trois catégories: le contenu politique des œuvres littéraires; les activités politiques des auteurs et de leurs organisations, destinées à gagner le respect, la reconnaissance et l'indépendance économique; et les relations entre les auteurs et l'État quant au respect des droits d'auteur et de la littérature (*voir* AUTEURS ET MILIEUX DE L'ÉDITION).

Dès le début, l'histoire canadienne fournit des sujets hautement politiques à notre littérature. Les pays européens se battent pour prendre possession des terres et obtenir un découpage favorable des frontières. Les missionnaires chrétiens et les colons luttent contre les Amérindiens, les uns pour le salut des âmes, les autres pour le développement de la colonie. Les colons n'arrivent pas à s'entendre, tant entre eux qu'avec les étrangers, sur la nature de la société qui se forme à l'époque. Par la suite, l'histoire et la littérature seront marquées par la tension qui existe entre les individus et la collectivité, entre l'«autorité» et la «liberté individuelle», ainsi qu'entre les pouvoirs de l'Empire et la volonté nationale d'autodétermination. Enfin, la perpétuelle tension mondiale entre les idéologies socialistes et celles du capitalisme libéral se reflète dans la littérature canadienne.

Dès les premiers temps, les rapports entre la littérature et la politique se manifestent par la formation de mouvements associatifs littéraires, créés pour promouvoir le travail de leurs membres, encourager la production, faire des pressions auprès des gouvernements et d'autres mécènes pour obtenir leur appui, et établir un climat fécond à la création littéraire. Ces regroupements naissent, puis tombent dans l'oubli, selon l'intérêt manifesté par leurs membres et la vivacité des causes politiques et sociales qu'ils défendent.

Le premier à voir le jour sur le territoire actuel du Canada pourrait bien avoir été l'ORDRE DE BON TEMPS, fondé en ACADIE en 1606 par Samuel de CHAMPLAIN, et destiné à divertir les colons durant les longs mois d'hiver avec des créations littéraires et des études scientifiques. Cependant, l'organisme généralement reconnu comme le plus ancien est une

organisation principalement anglaise, malgré son emplacement: la SOCIÉTÉ LITTÉRAIRE ET HISTORIQUE DE QUÉBEC, créée en 1824. L'INSTITUT CANADIEN, francophone celui-là, est fondé à Montréal en 1844 et compte plus de 700 membres. Cet organisme d'inspiration libérale possède une grande bibliothèque et entretient des rapports étroits avec la France. Pendant une brève période, certains de ses membres appuient l'annexionnisme, qui vise la fusion du Canada-Est (soit le Québec) aux États-Unis. L'Institut subit les foudres de Mgr Ignace BOURGET en raison de son empressement à propager des idées laïques. L'Institut décline vers les années 1860-1870, surtout à cause de l'opposition du clergé à ses politiques progressistes, puis disparaît au début du XXᵉ s. Pour sa part, l'École littéraire de Montréal (1895) s'intéresse d'abord aux questions esthétiques. Elle est connue grâce à certains de ses membres, parmi lesquels on trouve Émile NELLIGAN, Albert Lozeau et Albert Ferland.

Au Canada anglais, les revendications littéraires sont souvent exprimées au sein des INSTITUTS D'ARTISANS, qui apparaissent dès les années 1820 dans plusieurs villes «pour offrir un enseignement suivant les principes des arts et les merveilles de la science et des connaissances utiles». Au cours du siècle, des sociétés littéraires et historiques voient le jour à Montréal, à Toronto, à Halifax, à Saint-Jean et à Winnipeg. L'un des organismes les plus largement actifs au cours du XIXᵉ s. est le mouvement CANADA FIRST. Formé à Ottawa en 1868 en proposant un programme qui réunit le nationalisme politique et la promotion de la littérature et de la culture, il devient finalement un parti politique. Bien qu'il n'ait jamais connu de succès en politique, le mouvement a exercé une influence considérable sur la création littéraire et l'élaboration d'une tradition artistique canadienne.

En 1921, la CANADIAN AUTHORS ASSOCIATION (CAA) est fondée «pour favoriser et développer un climat propice aux arts créatifs, et pour promouvoir la reconnaissance des auteurs canadiens et de leurs œuvres». La CAA bénéficie d'un appui solide et, pendant les trois premières années de son existence, elle fait des pressions insistantes en faveur d'une LOI SUR LE DROIT D'AUTEUR afin de protéger les intérêts des auteurs canadiens. Une section francophone est créée en 1922 et devient la Société des écrivains canadiens en 1936.

La CAA s'engage dans la production de périodiques et d'anthologies poétiques. Elle contribue à la création des PRIX LITTÉRAIRES DU GOUVERNEUR GÉNÉRAL (1937) et est le précurseur d'organismes littéraires plus récents voués aux droits et au bien-être des auteurs, comme la League of Canadian Poets (1966), la Newfoundland Writers Guild (1968), Playwrights Canada (1972), le Writers' Union of Canada (1973) et l'UNION DES ÉCRIVAINS QUÉBÉCOIS (1977).

La COMMISSION ROYALE D'ENQUÊTE SUR L'AVANCEMENT DES ARTS, LETTRES ET SCIENCES AU Canada (Commission Massey) de 1951 soutient dans son rapport les demandes des auteurs, comme celles des autres artistes, pour l'obtention d'un appui structuré de la part du gouvernement. Ce rapport mène à la création, en 1957, du CONSEIL DES ARTS DU CANADA, qui transforme la relation des auteurs et des artistes avec le gouvernement. Aujourd'hui, des organismes provinciaux accompagnent et complètent le rôle du Conseil des Arts en offrant un soutien financier ou autre aux gens du monde des arts.

Les subventions, les prix littéraires et les autres formes d'aide qui ont vu le jour depuis 1957 ont cependant fait l'objet de critiques. Certains prétendent que les fonds publics sont mal dépensés en finançant des gens sans véritable talent et la production d'œuvres de piètre qualité. D'autres craignent que l'aide de l'État accordée aux artistes conduise à un parti pris politique dans la production d'œuvres littéraires et incite les auteurs à s'autocensurer afin de plaire aux gouvernements au pouvoir. Pourtant, en supportant activement la création littéraire par l'entremise de diverses agences, les gouvernements canadiens ne font que suivre l'exemple d'autres pays.

Naturellement, les auteurs qui, à une certaine époque, ont soutenu des idéologies politiques ou des positions opposées à celles d'un gouvernement se retrouvent dans une situation difficile, bien que l'on croie communément que les Canadiens jouissent d'une grande liberté d'expression. Prenons le cas du simulacre de procès, dramatisé en 1933 dans *Eight Men Speak* et joué devant 1500 personnes à Toronto. La pièce prétend que Tim BUCK, dirigeant du Parti communiste canadien, alors récemment arrêté avec d'autres en vertu de l'étrange et impopulaire article 98 du *Code criminel*, a été l'objet d'une tentative de meurtre par un gardien de prison, qui a agi avec la bénédiction de membres du gouvernement. La police est intervenue sur scène en pleine représentation, interrompant brusquement la pièce. Celle-ci ne refait surface qu'en 1976, année où elle est publiée. L'effet produit par de telles ingérences gouvernementales, même isolées, sur le sentiment général de la liberté d'expression ne peut être déterminé. Mais à quelques reprises, des actions menées ou sanctionnées par les gouvernements, ou par leurs agences, démontrent que l'État désapprouve certaines formes littéraires.

Les événements et les opinions politiques sont le sujet de nombreux romans et d'autres genres littéraires. Certaines œuvres représentent bien la diversité des intérêts politiques des auteurs canadiens. C'est le cas du roman d'Irene Baird, *Waste Heritage* (1939), qui traite du chômage pendant la CRISE DES ANNÉES 30; de la pièce de George RYGA, *The Ecstasy of Rita Joe* (1967), qui expose la situation précaire des autochtones; du roman de Richard RHOMER, *Ultimatum* (1973), sur le conflit entre le Canada et les États-Unis; du roman d'Hubert AQUIN, PROCHAIN ÉPISODE (1965), qui aborde la psychologie de l'indépendantiste québécois; et du roman d'Ivan Shaffer, *The Medicine Man* (1975), qui explore le conflit survenu entre les intérêts des grandes sociétés et des députés réformistes de la Chambre des communes.

D'autres auteurs, moins enclins à l'affrontement, s'attardent sur la nature politique de la vie canadienne au tout début de son histoire. WACOUSTA; OR, THE PROPHECY: A TALE OF THE CANADAS (1832) de John RICHARDSON, THE GOLDEN DOG (LE CHIEN D'OR), A LEGEND OF QUEBEC (1877; trad. *Le Chien d'Or: légende canadienne*, 1884) de William KIRBY et LES ANCIENS CANADIENS (1863) de Philippe-Joseph AUBERT DE GASPÉ traitent tous, à leur façon, du caractère de la communauté canadienne et de la nature de l'ordre politique. Ce thème s'est perpétué inlassablement comme sujet littéraire jusqu'à nos jours. Dans le Canada actuel, le débat se poursuit sur le RÉGIONALISME et le centralisme, l'ANARCHISME et le communautarisme, l'indépendance nationale et l'association avec la puissance américaine, le socialisme et le capitalisme et, enfin, l'indépendance du Québec ou son association dans un cadre fédéral, de sorte que la littérature du pays ne peut manquer d'évoquer continuellement une dimension politique.

Au Québec, dans les année 60 et 70 des poètes comme Gaston MIRON, Jacques BRAULT, Jean-Guy PILON, Michèle Lalonde prennent une dimension politique de première importance. D'ailleurs, lors de la CRISE D'OCTOBRE 1970 plusieurs écrivains québécois furent incarcérés à tort.

Les sociétés littéraires s'intéressent à bon nombre de ces questions et les théories sur la création littéraire au Canada semblent intimement liées aux opinions politiques de ceux qui les élaborent. En fait, la nature même des relations extérieures et intérieures du Canada a tout ce qu'il faut pour que la littérature du pays, qui a commencé au milieu de

tumultes politiques, continue sur la même voie. Le Canada démontre clairement que la littérature d'un pays est indissociable de la politique et que ces dernières s'influencent mutuellement sur plusieurs plans, manifestes ou latents.

Robin Mathews

Littérature ethnique pancanadienne Au Canada, le terme «ethnique» qualifie les personnes ou les groupes qui n'appartiennent pas à un des deux peuples européens fondateurs: les Français, de religion catholique, et les Britanniques, de religion protestante. Il inclut aussi les autochtones, à savoir les Amérindiens et les Inuits, qui sont souvent éloignés de la société canadienne et qui en ont parfois même été écartés. La littérature de ces différents groupes ethniques minoritaires, ou celle qui en traite, a généralement été considérée comme ne faisant pas partie du corpus littéraire dominant et plus d'une fois négligée par les institutions littéraires.

Complexe en soi, l'expression «littérature ethnique canadienne» répond à des combinaisons de facteurs tels que l'identité ethnique de l'écrivain, la langue de rédaction ou de traduction, et l'expression littéraire de thèmes propres à une ethnie minoritaire. Pour être juste, une définition de la littérature ethnique canadienne doit être complète, c.-à-d. inclure les écrits des immigrés, originaux et traduits, les œuvres d'écrivains qui s'identifient à une minorité ethnique et qui écrivent dans cette perspective (habituellement en anglais ou en français) et les ouvrages qui traitent des immigrants et des groupes ethniques sans être pour autant écrits par un de leurs représentants.

La relation entre les littératures ethniques et les littératures dominantes est très changeante. Ces dernières sont de plus en plus définies à la lumière de la diversité des groupes ethniques minoritaires du Canada. La question peut être considérée sous différents aspects: la réévaluation des traditions distinctes des Irlandais, des Écossais et des Gallois dans la littérature générale; la reconnaissance des écrivains juifs dans la littérature en langue anglaise au Canada; l'importance thématique croissante de l'origine ethnique dans les œuvres des écrivains contemporains; et l'augmentation du nombre d'auteurs d'origine étrangère ou autochtone qui laissent leur marque dans la littérature canadienne.

Des écrivains issus de groupes ethniques minoritaires de la deuxième génération et des générations suivantes, comme George RYGA, W.D. Valgardson, Rudy WIEBE, Andrew Suknaski et Pier Giorgio DI CICCO, influent sur la sensibilité littéraire générale. Les travaux d'immigrés, dont ceux de George Faludy, Josef SKVORECKY, Waclaw Iwaniuk et Robert Zend, sont de plus en plus souvent traduits, et les œuvres de nouveaux immigrants, comme Kristjana Gunnars, Pablo Urbanyi et Cyril Dabydeen, deviennent plus accessibles grâce aux critiques favorables qu'ils reçoivent.

La littérature canadienne trouve sa source dans l'esprit des premiers colons venus des Îles britanniques et de France. Les premières tendances dites ethniques font leur apparition entre 1841 et 1855, période décrite par Carl F. Klinck dans *Literary History of Canada* (1966; 2e éd., 1976; trad. *Histoire littéraire du Canada. Littérature canadienne de langue anglaise*, 1970) comme étant celle du «colonialisme élégant». Les principaux écrivains anglophones de cette période voulaient être anglais et aristocrates en toute chose, non seulement dans leur mode de vie, mais aussi par la langue. Ils ne toléraient donc pas la prononciation «vulgaire» des Irlandais et des Écossais, qui influençait les accents des Canadiens.

Susanna MOODIE exprime un préjugé plus flagrant à l'égard des Irlandais dans ROUGHING IT IN THE BUSH (1852), les qualifiant de sauvages sans aucun savoir-vivre. Bien que des écrivains canadiens-britanniques comme Moodie aient pu perpétuer les préjugés du Vieux Monde contre les Irlandais et les Écossais, la communauté britannique demeure

fondamentalement unie à titre de force sociale et littéraire.

Un sujet ethnique qui a beaucoup d'importance dans les débuts de la littérature canadienne-anglaise et qui, en réalité, ne devrait pas du tout être considéré comme étranger, se rapporte aux Amérindiens. Toutefois, aucun peuple n'a été représenté aussi longtemps comme l'«Autre» dans la littérature de l'homme blanc, ni aussi ancré dans la conscience des écrivains. Dépeint tantôt comme un barbare, tantôt comme un «bon sauvage», notamment dans les premières œuvres littéraires, comme WACOUSTA (1832), le roman baroque de John RICHARDSON, et dans la poésie romantique de Charles Mair, de Charles SANGSTER et de Duncan Campbell SCOTT, le personnage amérindien est apparu comme un reflet des besoins imaginaires de la culture coloniale.

Même dans la littérature de la fin du XXe s., l'Amérindien, pourtant décrit avec bienveillance, est encore l'«Autre» et la pierre de touche de la culture des Blancs. Dans des ouvrages comme *The Ecstasy of Rita Joe* (1970) de George Ryga et *The Vanishing Point* (1973) de W.O. MITCHELL, c'est à travers le personnage de l'Amérindien que s'expriment les différences d'opinions par rapport à celles de la société blanche. Néanmoins, des écrivains contemporains comme Mitchell et Margaret LAURENCE dépeignent avec assez de réalisme et beaucoup de sympathie la situation et le statut de l'Amérindien et du Métis d'aujourd'hui.

Plusieurs écrivains, surtout dans l'Ouest, s'inspirent de la mythologie et de la pensée autochtones pour définir leur écriture ou contribuer à la définition de l'artiste, de leurs personnages contemporains et de leur région. Mentionnons, entre autres, John NEWLOVE, Dale Zieroth, Andy Suknaski, George BOWERING, Sheila WATSON, Robert KROETSCH, Susan Musgrave, Leonard COHEN, Margaret ATWOOD et Marian ENGEL. Rudy Wiebe s'est aussi employé avec application à livrer le point de vue autochtone dans ses romans historiques *The Temptations of Big Bear* (1973; trad. *Les Tentations de Gros-Ours*, 1983) et *The Scorched-Wood People* (1977; trad. *Louis Riel, la fin d'un rêve*, 1985).

L'héritage du colonialisme britannique a donné lieu à l'interprétation littéraire de l'Amérindien dans l'optique du Blanc, mais il a largement laissé dans l'ombre les autres groupes ethniques minoritaires. Si la littérature canadienne-anglaise a abordé ce sujet dans son ensemble, elle a pourtant montré moins d'intérêt pour le caractère ethnique que pour l'assimilation à la majorité.

C'est le cas du roman *The Foreigner* (1909), du pasteur presbytérien Charles W. GORDON (pseudonyme de Ralph Connor), dont le héros «slave», Kalmar Kalman, vit dans la «colonie étrangère» de North Winnipeg en 1884. Attribuant d'abord à Kalman les traits d'un slave stéréotypé, «différent» et habité de passions primitives, Connor transforme son personnage en un «Canadien civilisé» en lui faisant adopter la religion protestante des Anglo-Saxons et leurs valeurs morales.

La contrainte pressante de l'assimilation influe forcément sur l'opinion que la personne issue d'une minorité ethnique a d'elle-même et de ses semblables. Cette crise d'identité se manifeste surtout chez les auteurs anglophones de la deuxième génération issus d'ethnies diverses, qui écrivent sur eux-mêmes en évoquant leurs rapports avec leurs parents immigrants; c'est le cas de la Canadienne ukrainienne Vera Lysenko dans *Yellow Boots* (1954) et du Canadien hongrois John Marlyn dans *Under the Ribs of Death* (1957).

Dans la littérature contemporaine, les écrivains de la deuxième génération expriment pareil bouleversement avec moins de honte, faisant preuve d'une nouvelle autorité et de fierté à l'égard de leurs origines ethniques, tout en protestant souvent contre la discrimination raciale ou le traitement injuste des minorités. Joy KOGAWA, p. ex., défend avec succès ses compatriotes canadiens d'origine japonaise dans *Obasan* (1981; trad. *Obasan,* 1989). Les écrivains immigrés peuvent aussi traiter avec assurance de l'injustice. Bharati MUKHERJEE, née à Calcutta et écrivaine accomplie, parle amèrement, mais avec respect, de sa vie peu satisfaisante au Canada en tant qu'Indienne et écrivaine d'origine étrangère. Le Guyanais Cyril Dabydeen raconte l'ironie d'être un immigré noir au Canada, non sans fierté. L'assimilation demeure un sujet problématique dans la littérature ethnique, mais on y défend de plus en plus les principes d'égalité de droits et de chances.

Littérature inuite Il n'existe pas de forme écrite de la langue inuite avant que les missionnaires chrétiens ne composent l'alphabet inuktitut au début du XVIIIe s. En conséquence, les premières œuvres publiées dans cette langue sont des traductions de la Bible et de livres religieux, puis de classiques profanes. Les premières sources érudites et importantes de poésie inuite traditionnelle ont été consignées dans *Expedition – the Danish Ethnographical Expedition to Arctic North America, 1921-1924* (1928, 1945, 1976; trad. *Du Groenland au Pacifique: deux ans d'intimité avec des tribus d'Esquimaux inconnus,* 1929 et *En traîneau du Groenland à l'Alaska,* 1948) de Knud Rasmussen, et *Songs of the Copper Eskimos* (1925), recueil assemblé par Helen Roberts et Diamond JENNESS. Les Canadiens du Sud manifestent un intérêt croissant pour la littérature inuite. À la suite des pionniers tels Rasmussen, Roberts et Jenness, d'autres, dont John Robert COLOMBO (*Poems of the Inuit,* 1981), recueillent la littérature inuite traditionnelle.

La littérature inuite contemporaine, publiée à la fois en anglais et en inuktitut, comprend des journaux intimes et des autobiographies d'importance, comme *Sketches Of Labrador Life* (1980), de Lydia Campbell. *People from Our Side* (1975), de Dorothy Eber et Peter PITSEOLAK, décrit, non sans humour, la nouvelle culture inuite façonnée par ses contacts avec la culture nord-américaine.

Anthony Apakark Thrasher, pour sa part, fait un portrait plus sombre de la culture inuite moderne dans *Thrasher: Skid Row Eskimo* (1976; trad. *Notre silence a déjà trop duré,* 1978). Depuis peu, un certain nombre de revues bilingues en inuktitut et en anglais, comme *Inuit Today,* publient des œuvres contemporaines. La littérature traditionnelle et contemporaine est répertoriée dans *An Annotated Bibliography of Canadian Inuit Literature* (1979), de Robin Gedalof.

Littérature amérindienne Elle prend son origine dans la tradition orale et comprend tous les genres narratifs traditionnels: mythes, légendes, contes, histoires de bêtes et fables (*voir* LITTÉRATURE ORALE). Ces récits captivent les Blancs, et ce, dès le XVIIe s. alors que les missionnaires jésuites mettent pour la première fois à l'écrit les légendes huronnes et algonquines dans les RELATIONS DES JÉSUITES. Aux XIXe et XXe s., de nombreux anthropologues, folkloristes et sociologues se mettent à étudier diverses tribus et gardent une trace de leur FOLKLORE. Une foule de légendes et de mythes autochtones ont ainsi été enregistrés et transcrits.

Cependant, la traduction écrite a bien évidemment atténué les nuances que l'effet oral des récits. Aussi, l'imposition de valeurs chrétiennes a modifié le sens d'origine. Les folkloristes ayant tendance à situer le folklore amérindien par rapport à son pendant de tradition orale européenne, il en a souvent résulté des interprétations erronées. Les nombreux contes amérindiens qui abordent, souvent avec humour, les fonctions du corps humain, un sujet inacceptable selon la moralité des Blancs, sont exclus des anthologies.

Il est donc difficile de retracer une tradition narrative purement amérindienne, en raison de cette pre-

mière influence des Blancs. De plus, comme les Amérindiens ne forment pas un groupe culturel ou linguistique homogène, leur mythologie est vaste et complexe. Leurs conteurs amérindiens se permettent d'inventer ou de modifier un récit à leur gré. Une histoire peut donc avoir plusieurs variantes, bien que certains thèmes et formes narratives semblent se répéter (p. ex., le monde créé par le Malin).

Les auteurs autochtones contemporains sont en train de trouver leur propre voie. Ils écrivent des ouvrages rhétoriques et politiques, parmi lesquels *The Rebirth of Canada's Indians* (1977) d'Harold CARDINAL et *We Are Metis* (1980) de Duke Redbird; des histoires relatant le mode de vie des Amérindiens, comme *Potlatch* (1969) de George CLUTESI, un autochtone de la côte du Nord-Ouest, *These Mountains Are Our Sacred Places* (1977) du chef John SNOW des Stoneys, et *The Ways of My Grandmothers* (1980) de Beverly Hungry Wolf de la tribu des Gens-du-Sang; des autobiographies, des biographies et des mémoires comme *Devil in Deerskins* (1972) d'Anahareo; et enfin des créations littéraires telles que de la poésie, des légendes et des pièces de théâtre, comme *Ojibwa Legends of My People* (1965) de Norval MORRISSEAU et le recueil de poèmes *My Heart Soars* (1974; trad. *De tout mon cœur,* 1979) du chef Dan GEORGE. La publication, en 1969, de l'anthologie *I Am an Indian,* publiée par un non-autochtone, Kent Gooderham, atteste la reconnaissance de la littérature amérindienne.

Littérature acadienne Au début, l'ACADIE est l'une des colonies françaises établies sur le littoral atlantique du Nouveau Monde. En 1755, pendant la GUERRE DE SEPT ANS les autorités britanniques dépouillent les Acadiens de leurs terres et de leurs droits, et déportent plusieurs d'entre eux. Quelques-uns reviendront en Acadie à la fin des hostilités entre les Français et les Anglais. L'histoire acadienne connaît une première version littéraire de ses malheurs dans *An Historical and Statistical Account of Nova Scotia* (1829) de T.C. HALIBURTON, dont s'inspire le poète américain Henry Wadsworth Longfellow dans EVANGELINE (1847; trad. *Évangéline,* 1870), un poème narratif sur la Déportation. Ce conte romantique soulève un intérêt international et incite les écrivains en vue, comme Charles G.D. ROBERTS, à puiser dans l'histoire de l'Acadie, et les écrivains acadiens, à exprimer leur sentiment d'appartenance.

Le thème de la survie culturelle définit en quelque sorte la littérature acadienne, qui se remémore souvent un passé perdu, exalte la langue et les traditions acadiennes et proteste contre les conditions passées et présentes. La littérature acadienne a beaucoup évolué depuis la publication, en 1949, de *Poèmes de mon pays,* de Napoléon Landry. L'impulsion lui est venue en partie de l'exemple du nationalisme culturel québécois; de l'élection en 1960 du premier Acadien au poste de premier ministre du Nouveau-Brunswick, L.J. ROBICHAUD; de la création, en 1972, de la première maison d'édition, les Éditions d'Acadie; et de la reconnaissance nationale et internationale de l'écrivaine acadienne Antonine MAILLET pour des œuvres comme *Pointe-aux-Coques* (1958), *La Sagouine* (1971) et surtout Pélagie-la-Charrette (1979; prix Goncourt). Parmi les principaux écrivains acadiens contemporains, on peut citer les poètes Ronald Després (*Silences à nourrir de sang,* 1958) et Raymond LeBlanc (*Cri de terre,* 1973).

Littératures irlandaise, écossaise et galloise Des Irlandais écossais, pour la plupart originaires de l'Ulster protestant, émigrent vers le milieu du XVIIIe s., tout comme les ÉCOSSAIS arrivant d'Écosse. Déjà, à la fin du siècle, une foule d'Écossais immigrent au Canada, suivis par de nombreux IRLANDAIS au cours des premières décennies du XIXe s. et notamment lors de la Grande famine de 1846-1847. La plus grande émigration de GALLOIS coïncide avec les

crises économiques de leur pays au XIXe s. et au début du XXe s.

Ces groupes s'intègrent à la culture environnante et leur littérature forme un courant dominant. Thomas D'Arcy MCGEE, p. ex., essaie de faire naître un esprit national au Canada par des œuvres comme *Canadian Ballads* (1858), inspirées de ballades irlandaises, tandis que l'Écossais Alexander MCLACHLAN est reconnu comme un poète populaire dont les ouvrages «canadiens», tel *The Emigrant, and Other Poems* (1861), s'inscrivent dans la tradition de Robert Burns.

Il reste beaucoup à étudier pour cerner la nature de la littérature des immigrants irlandais et écossais au Canada et pour en retracer le patrimoine littéraire à partir de la période coloniale jusqu'à nos jours, alors que des écrivains contemporains comme Brian MOORE, Morley CALLAGHAN, Alice MUNRO et Margaret Laurence manifestent encore une sensibilité irlandaise ou écossaise.

Parmi les premiers colons écossais, nombreux étaient les montagnards gaéliques (Highlanders), qui se sont installés dans les Maritimes, au Manitoba et dans certaines régions de l'Ontario et ont conservé leur langue maternelle et l'ancienne tradition des bardes par les chants, les contes populaires et les narrations épiques. Les poètes gaéliques immigrés, comme les bardes John McLean (qui arrive en Nouvelle-Écosse en 1819) et le pasteur Duncan Black Blair, ont peu d'influence sur la littérature générale, mais leur poésie demeure intacte et intéresse ceux qui connaissent la langue, comme le témoigne la traduction de Margaret MacDonell, intitulée *The Emigrant Experience* (1982).

Immigration subséquente D'autres immigrants, qui arrivent plus tard et s'installent surtout dans l'Ouest, apportent avec eux les traditions à la fois orales et écrites de leur pays. Parmi eux, des ISLANDAIS émigrent au Canada vers 1875, fuyant les éruptions volcaniques sur leur île. Bien qu'ils soient peu nombreux, ces immigrants ont contribué de manière notable à la littérature canadienne. Au Manitoba, ils fondent rapidement des journaux qui offrent l'occasion de tenir des débats animés et de publier des œuvres de création. Un certain nombre d'auteurs, à l'exemple de Thorsteinn Thorsteinsson et Sigurbjorn Johannson, écrivent dans leur langue maternelle des poèmes et des contes qui portent sur le fait d'immigrer au Canada.

L'accomplissement littéraire d'un pionnier, Stephan STEPHANSSON, est particulièrement remarquable. Bien qu'inconnu des Canadiens jusqu'à tout récemment, il remporte le prix de poésie d'Islande grâce à la vigueur des poèmes qu'il a composés au Canada. Il redonne une grande vitalité à la langue et à la tradition islandaises. Ses écrits, en islandais, décrivent l'expérience canadienne avec une profondeur et une fraîcheur qui ne se perdent pas, même dans la traduction de ses poèmes lyriques.

Ces pionniers sont suivis par une génération d'écrivains qui, bien que continuant d'écrire en islandais, s'éloignent de la tradition et traitent de sujets canadiens. Guttormur Guttormsson et Einar Pall Jonsson en sont des exemples remarquables. «The Laundress», un poème bien connu de Jonsson, rend bien le sentiment de perte engendré par l'assimilation. À l'instar des premiers écrivains ethniques, Stephansson, Guttormsson et Jonsson sont traduits en anglais grâce aux efforts que le professeur Watson Kirkconnell consacre à la compilation et à la traduction de poèmes écrits dans d'autres langues que le français et l'anglais, notamment dans *Canadian Overtones* (1935). Kirkconnell rédige aussi, de 1935 à 1966, la section sur les publications en d'autres langues dans le UNIVERSITY OF TORONTO QUARTERLY.

Pris entre les vestiges d'une culture immigrée et des courants dominants changeants, l'écrivain immigré de la deuxième ou troisième génération devient une sorte de «médiateur» entre les cultures. Laura

Goodman Salverson, une auteure canadienne d'origine islandaise, raconte, dans son roman *The Viking Heart* (1923), l'histoire de son peuple par le biais de personnages fictifs qui, peu à peu, s'intègrent au Canada et y trouvent un accueil chaleureux. Plus réaliste, son autobiographie, intitulée *Confessions of an Immigrant's Daughter* (1939), explore avec franchise les problèmes auxquels les familles d'immigrés font face.

Quelques écrivains contemporains de descendance islandaise, dont W.D. Valgardson et Kristjana Gunnars, explorent encore les traits et les thèmes islandais. Les œuvres de Valgardson, qu'il s'agisse de ses recueils de nouvelles *Bloodflowers* (1973), *God is Not a Fish Inspector* (1975) et *Red Dust* (1978), de son recueil de poésie, *In the Gutting Shed* (1976), ou de son roman, *Gentle Sinners* (1980), présentent avec précision une vision sombre de la confrontation des traditions ethniques et du monde postmoderne. Gunnars, pour sa part, combine la recherche historique et la vision poétique, presque mystique des choses, pour faire le récit de l'expérience islandaise au Canada, en particulier dans *The Settlement Poems* (1980), et dans son recueil de nouvelles, *The Axe's Edge* (1983).

D'autres écrivains d'origine scandinave ainsi que des personnages fictifs scandinaves sont présents dans la littérature canadienne. Martha Ostenso, née en Norvège, contribue à l'émergence du réalisme au Canada par son roman des plaines *Wild Geese* (1925), qui dépeint l'influence exercée par un fermier autoritaire sur sa femme et ses enfants.

L'immigré allemand Frederick Philip GROVE teint sa description d'immigrés scandinaves dans *Settlers of the Marsh* (1925), et le personnage principal de *Painted Fires* (1925) de l'écrivain anglo-canadien Nellie MCCLUNG est un immigré finlandais.

Le romancier danois-norvégien Aksel Sandemose passe plusieurs années dans les Maritimes et dans les provinces de l'Ouest et il écrit de multiples ouvrages portant sur les immigrés; le plus remarquable est sans doute *Ross Dane* (1928), bien connu dans les pays scandinaves.

Après 1896, nombre d'Ukrainiens en provenance d'Europe orientale s'installent au Canada et y publient abondamment. L'évolution de cette littérature est particulière et complexe, vu la forte population d'Ukrainiens, leur statut de pionniers dans l'Ouest du Canada, leur immigration soutenue qui continue après la Seconde Guerre mondiale et l'histoire politique exceptionnelle de leur patrie d'origine.

Ces facteurs favorisent la survie d'une tradition qui trouve sa raison d'être dans le fait que de nombreux écrivains et intellectuels ukrainiens croient à la légitimité de leur langue maternelle au Canada (bien qu'elle ne soit pas officielle) et à l'expansion continue de la tradition littéraire ukrainienne au Canada (*voir* LANGUE UKRAINIENNE, PUBLICATIONS DE). Cette tradition amène aussi certains auteurs d'origine ukrainienne à écrire en anglais.

L'écrivain qui fait le mieux l'apologie des enfants d'immigrants est Vera Lysenko, dont le roman *Yellow Boots* raconte l'histoire de Lili Landash, une enfant d'immigrants assimilée à la culture anglo-canadienne par l'éducation et un mariage interethnique. D'autres auteurs sont moins prompts à célébrer la disparition de leur culture d'origine. George Ryga, p. ex., qui ne romance pas sa propre vie de fils d'immigrés ukrainiens, présente néanmoins des personnages ethniques vus «de l'intérieur» et observe la société canadienne du point de vue de l'étranger, notamment dans sa pièce *The Ecstacy of Rita Joe* (1970) et ses romans *Hungry Hills* (1963) et *Ballad of a Stonepicker* (1966). Par ailleurs, avec *Wood Mountain Poems* (1976) et *The Land They Gave Away* (1982), Andrew Suknaski essaie de créer et de donner une expression fruste à une mythologie personnelle qui inclut les caractéristiques ethniques et les fusionnent avec l'expérience canadienne.

Les ALLEMANDS, qui constituent le troisième groupe ethnique minoritaire en importance au Canada, arrivent au pays dès les années 1750 et continuent à le faire régulièrement. Leur production littéraire est fertile, mais il est difficile de la définir de manière générale, car les écrivains allemands forment un groupe très diversifié: des catholiques, des membres de sectes ANABAPTISTES (comme les MENNONITES), des non-pratiquants de l'après-guerre, etc. De plus, ils s'établissent dans tout le pays, bien qu'on trouve des colonies en Nouvelle-Écosse, en Ontario et dans les Prairies. Leur héritage linguistique est multiple: haut-allemand, bas-allemand et autres dialectes (*voir* LANGUE ALLEMANDE, PUBLICATIONS DE).

Malgré le nombre peu élevé de JUIFS au Canada, la littérature qu'ils ont produite est probablement la plus impressionnante parmi celles des groupes ethniques minoritaires au Canada. Formée par les vagues successives d'immigration à partir du début des années 1890, elle reflète diverses influences culturelles et linguistiques. Les premiers arrivants parlent généralement le yiddish et, bien que quelques écrivains s'expriment en hébreu dans leurs œuvres, la littérature juive canadienne précédant la Seconde Guerre mondiale est surtout rédigée en yiddish.

Les écrivains juifs, surtout ceux qui sont nés au Canada, écrivent aussi en anglais. A.M. KLEIN, Irving LAYTON, Miriam WADDINGTON, Eli MANDEL, Mordecai RICHLER et d'autres comme Fredelle Maynard et Morley Turgov, expriment la réalité juive avec tant d'habileté qu'elle a imprégné le courant littéraire dominant, accordant ainsi une place importante aux œuvres juives dans la littérature canadienne moderne. Peu importe la langue utilisée pour l'écrire, la littérature juive reflète une pensée internationale, la sensibilité d'une minorité et la profonde influence de l'holocauste de la Seconde Guerre mondiale (*voir* LITTÉRATURE JUIVE AU CANADA).

Un certain nombre d'écrivains des petites communautés européennes au Canada, plus particulièrement des HONGROIS, des TCHÈQUES et des ITALIENS, sont très actifs dans le milieu littéraire. Il se publie aussi d'importantes œuvres en langues estonienne, lettone, lituanienne, slovaque, croate, roumaine, russe et espagnole. Bien que la présence d'un certain nombre de ces ressortissants remonte au début du siècle, leur littérature se fait surtout connaître à partir de la Seconde Guerre mondiale.

Fuyant souvent les crises que connaît leur pays, les immigrants européens de l'après-guerre sont généralement des citadins cultivés. Ils comprennent des écrivains et des intellectuels qui raniment la vie culturelle de leurs compatriotes néo-canadiens. Toronto, qui attire la majorité de ces immigrants, devient le foyer canadien de la littérature immigrante.

Les Hongrois arrivent au Canada avec les premières vagues d'immigration, d'abord comme fermiers et mineurs. Ils produisent quelques œuvres littéraires, comme les poèmes épiques écrits au début du siècle par John Szatmari, dans lesquels il décrit sa vie d'immigré, et l'anthologie des poèmes de plusieurs auteurs, *Mezel Viràgok* (Fleurs des prairies), parue en 1919. Mais leur apport littéraire le plus substantiel se manifeste à partir de la Seconde Guerre mondiale, avec l'arrivée d'autres générations d'écrivains tel John Marlyn, et se concrétise notamment dans les œuvres de ceux qui fuient la Hongrie après le soulèvement de 1956.

Plusieurs d'entre eux, particulièrement les plus âgés comme les poètes Ferenc Fay, Tamas Tuz, Robert Zend et George Faludy, continuent à écrire en hongrois, alors que les plus jeunes, tel George Jonas, choisissent l'anglais (quelques-uns cependant suivent l'exemple de Gyorgy Vitez et Kemenes Gefin et écrivent dans les deux langues). Comme le spécialiste canadien-hongrois John Miska le fait remarquer, le Hongrois rêve d'être le «champion de la liberté», et ce rôle de «croisé» qu'il s'est donné confère un ton «héroïco-émotif» nationaliste à la poésie canadienne-hongroise.

Un certain nombre de ces écrivains traitent aussi de sujets canadiens, explorant les tensions que provoque la marginalisation des émigrés. En 1969, les écrivains canadiens-hongrois créent une association qui publie plusieurs anthologies en hongrois et une traduction en anglais, *The Sound of Time* (1974).

Les POLONAIS sont également présents dans la littérature canadienne. Dans son roman épique, *Three Generations* (1973), Melchior Wànkowicz, qui émigre au Canada vers 1950, décrit la vie des premiers immigrants polonais. L'écrivain d'origine polonaise le plus important de la deuxième génération est un poète et universitaire, Louis DUDEK, dont les œuvres font nettement partie du courant littéraire dominant.

L'après-guerre attire au Canada des écrivains comme le poète Waclaw Iwaniuk. Dans *Ciemny Czas* (1968; trad. angl. *Dark Times*, 1979) et, plus récemment, *Evenings on Lake Ontario* (1981), Iwaniuk explore, dans une poésie rigoureuse et selon une vision à la fois européenne et nord-américaine, la condition de l'homme contemporain, mais sans pour autant idéaliser ni l'Ancien ni le Nouveau Monde.

Les émigrés de l'après-guerre venus d'autres pays d'Europe traitent de thèmes similaires. Josef Skvorecky, d'origine tchèque, est un auteur déjà connu lorsqu'il émigre au Canada après l'invasion de la Tchécoslovaquie en 1968. Il publie un certain nombre de livres au Canada qui sont traduits en français et en anglais, comme ses nouvelles *Le Saxophone basse et autres nouvelles* (trad. fr., 1983; trad. angl., 1977) et *The Story of an Engineer of Human Souls* (trad. angl., 1984).

Bien que les écrits de Skvorecky comportent des sous-entendus politiques, ils traitent surtout de sujets universels: la place de l'homme dans l'histoire et l'importance de l'art. L'Estonien Arved Viirlaid, qui émigre au Canada en 1954, se fait aussi remarquer par ses écrits sur la Seconde Guerre mondiale et ses conséquences politiques.

L'immigration de l'après-guerre donne une nouvelle vigueur à la LITTÉRATURE DE LANGUE ITALIENNE au Canada et les activités littéraires en italien prennent de l'expansion, surtout à partir de 1970. Là encore, cette croissance suit l'arrivée de nouveaux immigrants, plus instruits, mais, contrairement aux Hongrois, aux Tchèques et à tous ceux qui ont été déracinés par la guerre et ses conséquences politiques, les Italiens ne sont pas des expatriés politiques.

La plupart sont venus ici en espérant y trouver une vie matérielle meilleure, et leur pays d'origine leur demeure accessible, du moins en partie. Les écrivains canadiens d'origine italienne, qui écrivent la plupart du temps en anglais ou en français, ne sont donc pas influencés par la politique européenne ou par un sentiment d'exil. Au contraire, des auteurs contemporains, comme Frank Paci, Giorgio DI CICCO, Mary Di Michele et Alexandre Amprimoz, essaient de faire la part des choses entre les valeurs matérielles et spirituelles lorsqu'ils traitent des sacrifices qu'ont fait leurs parents, souvent paysans, pour réussir au Canada.

Leurs œuvres, d'où ressort une sensibilité cosmopolite, explorent les contrastes et les rapports entre l'Italie et le Canada, fusionnant souvent leur double identité italienne et canadienne. Les Italo-Canadiens estiment comme l'un des leurs le *Protée littéraire* qu'est John Robert Colombo, dont les traductions et les anthologies ont grandement contribué à inscrire les œuvres des écrivains ethniques dans le courant littéraire canadien dominant.

La littérature asiatique canadienne prend son essor au cours des années 70. Bien que les CHINOIS et les JAPONAIS se soient installés au Canada il y a plus d'un siècle, les premiers immigrants publient peu d'ouvrages d'importance, cela pour diverses raisons, notamment la discrimination et les conditions de travail difficiles auxquelles ils doivent faire face. Ils produisent tout de même quelques œuvres littéraires, dont la poésie du japonais Takeo Nakano, venu au Canada en 1920. Ce dernier publie nombre de poèmes, dont plusieurs sont construits selon la traditionnelle tanka japonaise de trente et une syllabes; c'est le cas de *Mes mains* (qui paraît en 1978 en anglais dans *The Poets of Canada,* dont la traduction est de Columbo). En collaboration avec d'autres immigrants d'origine japonaise, Nakano publie en 1975 *Maple,* une anthologie de poèmes tanka. Il aborde aussi le sujet de son INTERNEMENT pendant la Seconde Guerre mondiale dans *Within the Barbed Wire Fence* (1980).

La vie de l'immigrant chinois est traitée par Charlie Jang, dont les œuvres n'ont cependant pas encore été traduites en anglais ou en français. Le sujet est aussi abordé dans les années 70 par un grand nombre de jeunes écrivains, influencés par le NATIONALISME CANADIEN-FRANÇAIS et par la renaissance culturelle asiatique qui a lieu aux États-Unis au milieu et à la fin des années 60, à la suite du mouvement de lutte des Noirs. Ces nouveaux écrivains, comme Roy Kiyooka, Paul Yee et Kevin Irie, se préoccupent de la question de leur identité après avoir été élevés comme des Nord-Américains, quoique souvent considérés comme des citoyens de seconde zone, tout en étant considérés comme appartenant à une culture à part par la société blanche majoritaire.

Certains, et plus particulièrement Joy Kogawa, se penchent sur leurs origines et donnent des événements une interprétation qui fait défaut dans la perspective dominante. De plus, ces écrivains refusent souvent l'assimilation. Leurs œuvres sont publiées dans les revues *Asianadian* et *Rikka,* ainsi que dans un numéro spécial de la *West Coast Review* (1981).

Immigration récente Depuis les années 70, nous assistons à la prolifération de la littérature ethnique, en raison notamment de la diversité accrue des dernières populations immigrantes. Suite à la libéralisation, en 1967, de la Loi canadienne sur l'immigration, de nouveaux immigrants instruits et appartenant souvent à des minorités visibles, arrivent de tous les coins du monde. Ils transforment et enrichissent la société canadienne tout en conférant de nouvelles dimensions à sa littérature.

Aux littératures publiées en langues européennes autres que le français et l'anglais, s'ajoutent désormais des œuvres dans des langues autrefois considérées comme exotiques. De plus, en intégrant la perspective du tiers monde dans leurs œuvres, les nouveaux immigrants augmentent le choix de sujets de la littérature canadienne, enrichissent ses formes et élargissent ses centres d'intérêt.

Des ASIATIQUES DU SUD, tels les poètes ourdous Shaheen, Irfana Azia et Abdul Qavi Zia, le nouvelliste pakistanais, M. Athar Tahir, le nouvelliste indien, Rohintin MISTRY, le romancier indien Reshard Gool et le poète Rienzi Crusz, du Sri Lanka, écrivent p. ex., en punjabi, en ourdou et en anglais, et font ressortir ce qui distingue la vie en Asie du Sud et la vie au Canada. Plusieurs d'entre eux publient dans la *Toronto South Asian Review.*

Les écrivains d'origine antillaise traitent des tensions entre pays riches et pays pauvres, des conflits raciaux et culturels issus du colonialisme britannique et des problèmes auxquels font face les immigrants de minorités visibles au Canada. À cet égard, se démarque l'écrivain Austin Clarke, dont la fiction se déroule aux Barbades et à Toronto. Son œuvre comprend une trilogie sur les immigrants antillais et met au jour le racisme qui sévit dans la société canadienne. Le jeune auteur Cyril Dabydeen explore des thèmes semblables dans sa poésie et sa prose.

La littérature ethnique récente comprend aussi les œuvres d'écrivains d'origine sud-américaine, parti-

culièrement des Chiliens, pour la plupart des RÉFUGIÉS politiques. Contrairement à ceux-ci, Ludwig Zeller, le plus connu d'entre eux à cause de sa poésie iconoclaste publiée dans *In the Country of the Antipodes* (1979), n'a pas été obligé de fuir son pays après le coup d'État de 1973. Au début des années 80, la plupart de ces écrivains sont plutôt jeunes et ils s'installent en Ontario où ils continuent à écrire en espagnol. Parmi eux, on trouve Jorge Etcheverry, Erik Martínez et Naín Nómez, membres d'un mouvement poétique avant-gardiste connu au Chili sous le nom d'«École de Santiago».

Leur littérature recherchée, inscrite dans le double sillage de la tradition surréaliste européenne et chilienne, est à la fois politique et individuelle. Bien que préoccupés par leur pays natal, les écrivains chiliens tels Gonzalo Millan, Manuel Aranguiz, Claudio Durán, Ramon Sepúlveda et José Leandro Urbina abordent aussi leur expérience au Canada. Une anthologie, *Chilean Literature in Canada,* est publiée en 1982. La littérature sud-américaine comprend aussi les œuvres de l'écrivain d'origine argentine Pablo Urbanyi, qui arrive au Canada en 1977 et publie un roman, *The Nowhere Idea* (1982; trad. *L'Idée fixe,* 1988), dans lequel il observe la vie canadienne.

Avant 1970, les Canadiens anglophones n'ont pratiquement pas accès aux œuvres de la littérature ethnique écrites dans d'autres langues que le français ou l'anglais, ni à de l'information les concernant. Les traductions, compilations et bibliographies novatrices de Kirkconnell sont presque les seules du genre. Dans les années 70 et 80, en partie à cause de l'annonce en 1971 de la politique fédérale du MULTICULTURALISME, plusieurs traductions et anthologies importantes sont publiées, comme *Volvox* (1971), deux numéros d'œuvres traduites dans *Canadian Fiction Magazine* (1976, 1980), et bon nombre d'anthologies des œuvres de chacune de ces littératures. Le savoir dans ce domaine prolifère aussi. La bibliographie la plus ambitieuse jusqu'à maintenant est celle de John Miska, *Ethnic and Native Canadian Literature 1850-1979* (1980).

L'apport des auteurs ou conteurs québécois ayant écrit sur des minorités ethniques est loin d'être négligeable. Gabrielle ROY, Yves THÉRIAULT, Arlette Cousture ainsi que des écrivains d'origine dite «ethnique» ont abondamment traité de ce sujet. Citons, entre autres, Naïm KATTAN, Jean BASILE, Alice PARIZEAU, Michel VAN SCHENDEL, Marco Micone, Pierre BILLON, Neil BISSOONDATH. Tous, décrivent de façon perspicace et documentée les réalités et illusions qui entourent les questions touchant le domaine de l'intégration des immigrants.

Conclusion Le statut de la littérature ethnique canadienne est aujourd'hui renforcé à l'intérieur et à l'extérieur du pays. Les écrivains canadiens des minorités ethniques connaissent aujourd'hui une renommée internationale: au début des années 80, le Canadien d'origine juive Irving Layton est mis en nomination pour le prix Nobel; la Canadienne d'origine japonaise Joy Kogawa gagne trois prix internationaux, dont le prix American Book pour *Obasan*; le Canadien d'origine tchèque Josef Skvorecky reçoit le prix Neustadt pour *Le Saxophone basse,* un honneur habituellement considéré comme une condition préalable au prix Nobel. Ces auteurs, célèbres pour leur art, contribuent aussi à enrichir l'histoire de la diversité canadienne.

Tamara J. Palmer et *Beverly J. Rasporich*

Littérature étrangère de langue française sur le Canada Jusqu'à l'arrivée des Haïtiens fuyant le régime Duvalier, la majorité des écrits étrangers en langue française sur le Canada proviennent de France. Même au XVIIᵉ s., on trouve dans la littérature des allusions occasionnelles à la Nouvelle-France chez des auteurs qui connaissent des voyageurs ou leurs écrits. Jean de La Fontaine, le plus grand fabuliste français, fait l'éloge des talents de constructeurs des castors «dans un monde non loin du Nord»

(«Discours à Madame de la Sablière», 1678). Aussi, on ne connaît que trop bien la formule «quelques arpents de neige» avec laquelle Voltaire, dans *Candide* (1759), rejette le Canada.

Après 1760, les communications entre la France et son ancienne colonie sont restreintes, et l'on mentionne peu le Canada dans les ouvrages français au cours des 50 années suivantes. Cependant, le héros de *L'Ingénu* (1767), de Voltaire, un Breton qui a été élevé par des Hurons et qui observe avec ahurissement la corruption et le manque de bons sens de la société «civilisée». Le premier écrivain français qui vient au Canada est Louis-Joseph-Marie QUESNEL. Il arrive par hasard en 1779, se marie et s'installe à Montréal. Son opéra comique *Colas et Colinette* (publié en 1808) est le premier à être joué en Amérique du Nord. Il écrit aussi de la poésie et des pièces de théâtre.

Des voyageurs qui livrent leurs impressions Certains voyageurs, qui souvent combinent une visite au Canada avec un voyage aux États-Unis, consignent leurs impressions. Chateaubriand fait référence au Canada dans son *Voyage en Amérique* (1827) et dépeint de façon magistrale les chutes Niagara dans *Atala* (1801), bien qu'il n'ait probablement pas vu grand-chose de ce qu'il décrit. Théodore Pavie, qui a passé une année dans le Nouveau Monde (1829-1830), est l'un des premiers voyageurs de bonne foi à parler de son expérience dans ses *Souvenirs atlantiques. Voyage aux États-Unis et au Canada* (1851). Xavier Marmier, un globe-trotter érudit, vient au Canada en 1849 et témoigne de ses découvertes dans *Lettres sur l'Amérique, Canada, États-Unis, Rio de la Plata* (1851). Il publie également *Gazida* (1860), un roman notamment intéressant en tant que répertoire de légendes et de coutumes autochtones.

À mesure que les contacts entre la France et son ancienne colonie deviennent plus faciles, les voyageurs se font plus nombreux, quoiqu'ils passent souvent plus de temps aux États-Unis qu'au Canada. L'un des plus célèbres, parmi ceux qui racontent leurs voyages, est Maurice Sand, le fils de l'illustre romancière, qui accompagne le prince Napoléon (le futur empereur Napoléon III). À son retour à Paris, il écrit *Six Mille Lieues à toute vapeur* (1863), dont sa célèbre mère signe la préface. Parmi les autres voyageurs dignes d'intérêt, on retient Henri de Lamothe, auteur de *Cinq mois chez les Français d'Amérique. Voyage au Canada* (1879), et Gustave de Molinari, qui publie de nombreuses lettres sur les États-Unis et le Canada dans le *Journal des débats.* Ces lettres sont réunies plus tard en trois volumes (1876, 1881, 1886).

Pour les romanciers, l'Est aussi bien que l'Ouest constituent une source d'inspiration. En 1841, quatre ans seulement après la publication du premier roman canadien-français, *Le Courrier des États-Unis* fait paraître *La Rebelle,* un court récit du baron Philippe-Régis de Trobriand. L'auteur séjourne quelques semaines au Canada à un moment où les blessures de la rébellion de 1837, dont s'inspire le roman, sont encore fraîches. Le plus prolifique des écrivains français ayant des affinités avec le Canada est Henri-Émile Chevalier. Contraint à l'exil par Napoléon III, il vient à Montréal en 1852 et, au cours des huit années qu'il y passe, il fonde La Ruche littéraire, collabore régulièrement à divers périodiques et écrit de longs romans d'aventure qui paraissent principalement dans *La Ruche* et *Le Moniteur canadien.* De retour en France en 1860, il continue d'écrire des romans dont 30 se déroulent au Canada. Même si on leur reconnaît peu de qualités littéraires à cause de leurs personnages insipides et de leurs intrigues grotesques, ils renferment de nombreux commentaires sociaux et politiques et un trésor de renseignements sur les coutumes autochtones.

Jules Verne, le plus grand auteur français de science-fiction, a passé «192 heures» sur le continent nord-américain en 1867, mais il n'a rien vu du Canada hormis les chutes Niagara. Pour écrire *Le Pays des fourrures* (1873), il a puisé ses informations dans des livres. *Famille-sans-nom* (1889), son seul roman politique, a pour toile de fond la rébellion de 1837 et laisse transparaître sa sympathie pour les Patriotes.

Au tournant du siècle, plusieurs romanciers qui viennent au Canada en qualité de voyageurs, de conférenciers ou d'immigrants y trouvent matière à un ou plusieurs livres. Louis HÉMON écrit MARIA CHAPDELAINE (1916), le plus célèbre roman québécois du terroir. Marie Le Franc vient à Montréal en 1906, où elle vit une vingtaine d'années avant de retourner en France. Elle partage le reste de sa vie entre sa Bretagne natale et son pays d'adoption, éprise de l'une autant que de l'autre. Ses Laurentides bien-aimées et Montréal, qu'elle appelle «ma ville», fournissent le cadre de plusieurs de ses ouvrages. Son roman *Grand-Louis l'Innocent* (1925) a remporté le prix Fémina. La *Rivière solitaire* (1934), qui dépeint les souffrances des travailleurs urbains envoyés au Témiscamingue pour défricher les terres, puis *Pêcheurs de Gaspésie* (1936), qui attire l'attention sur les difficultés des pêcheurs de Gaspé, sont les plus populaires parmi sa douzaine d'ouvrages à teneur canadienne.

Aucun des auteurs français attirés vers l'Ouest par la promesse d'une richesse rapide n'y fait fortune, mais en revanche ils nous ont laissé un portrait saisissant de la vie dans les Prairies. L'un des premiers, Georges Forestier (pseudonyme de Georges Schaeffer), passe sept ans au Manitoba. Son roman *La Pointe-aux-Rats* (1907) vise à décourager l'immigration, du moins celle des classes moyennes urbaines, tandis que *Dans l'Ouest canadien* (1915), un recueil posthume de nouvelles, est à la fois émouvant et drôle. Maurice CONSTANTIN-WEYER habite 10 ans dans l'Ouest avant de partir pour combattre pendant la Première Guerre mondiale. À son retour en France, il produit un ensemble imposant d'œuvres (articles, nouvelles, romans, biographies, essais) dont les meilleures sont inspirées de son expérience au Canada. Quinze de ses ouvrages se situent dans l'Ouest. *Un homme se penche sur son passé* (1928) reçoit le prestigieux prix Goncourt. La critique loue les dons de CONSTANTIN-WEYER pour la peinture des paysages et la magnifique représentation du Nord de ce roman en partie autobiographique. Dans *Manitoba* (1924), *Cinq Éclats de silex* (1927) et *Clairière* (1929), il évoque avec éloquence la faune de l'Ouest et ce qu'il appelle le «rythme de la Vie et de la Mort».

Georges BUGNET vient dans l'Ouest en 1905 et passe en Alberta le reste de ses 101 ans. Il consacre à l'écriture le peu de loisir que lui laisse le travail de la ferme. Ses romans les plus réussis sont *Nipsya* (1924), qui raconte l'histoire d'une jeune Métisse déchirée entre les modes de vie cri et européen, et *La Forêt* (1935), qui évoque les efforts d'un couple français qui tente en vain d'exploiter une ferme en Alberta.

Inspirations de la ruée vers l'or Le meilleur ouvrage inspiré de la ruée vers l'or du Klondike est *La Bête errante, roman vécu du Grand Nord canadien* (1923), de Louis-Frédéric Rouquette, un homme aux multiples intérêts qui a parcouru le monde. *Le Grand Silence blanc*, roman vécu d'Alaska (1921), dont l'action est en partie située au Canada, lui vient également de ses expériences dans le Nord-Ouest, tout comme *L'Épopée blanche* (1926), un essai touchant consacré au travail des missionnaires oblats. Rouquette excelle dans la description du combat de l'homme contre la nature et contre ses semblables. Maurice Genevoix, de l'Académie française, traverse le pays d'est en ouest en 1939 et relate avec vivacité ses expériences dans *Canada* (1944). *Laframboise et Bellehumeur* (1944) s'inspire de deux trappeurs qu'il a rencontrés dans l'Est du Canada, tandis qu'*Éva Charlebois* (1944) traite de la difficile adaptation d'une jeune Québécoise à la vie dans l'Ouest.

Parmi les romanciers moins connus qui ont écrit sur le Canada, on retient Joseph-Émile Poirier, dont le roman *Les Arpents de neige* (1909) porte sur la rébellion métisse en Saskatchewan, bien que l'auteur n'ait jamais mis les pieds au Canada. Victor Forbin, qui fait plusieurs voyages au Canada, le traversant une fois d'un océan à l'autre, écrit à la fois des romans et des essais à propos du pays. Pierre Hamp, qui s'intéresse aux travailleurs manuels, publie *Hormisdas le Canadien* (1952) à la suite d'une année passée à Saint-Paul-l'Ermite.

Alexis de Tocqueville mentionne parfois le Canada dans ses œuvres. Un économiste, André Siegfried, passe un an au Canada en 1904 pour se familiariser avec sa situation politique. En 1906, il publie *Le Canada, les deux races: problèmes politiques contemporains*. Un second voyage en 1935 l'amène à publier *Le Canada, puissance internationale* (1937).

Plus récemment, sans doute en raison des nombreux échanges culturels entre le Québec et la France, le Canada devient une source d'inspiration pour nombre d'écrivains francophones. Le plus illustre d'entre eux est Bernard Clavel, lauréat du prix Goncourt en 1968. Ce romancier populaire et talentueux visite le Québec à plusieurs reprises: il y séjourne deux ans, de 1977 à 1979. L'action des *Compagnons du Nouveau Monde* (1981) se situe en Nouvelle-France au XVIIe s. Clavel a terminé une série de six romans, intitulée «Le Royaume du Nord», qui ont pour cadre l'Abitibi. Dans ces romans, d'*Harricana* (1983) à *L'Angélus du soir* (1988), il décrit les misères et les joies éparses des colons d'un nouveau village, Saint-Georges d'Harricana. Dans *Maudits Sauvages* (1989), le dernier roman de la série, il se penche sur la situation critique des autochtones de la baie James, qui voient la technologie détruire leur mode de vie. Les livres de Clavel doivent particulièrement leur succès à son style qui convient de façon remarquable à son sujet épique.

Le Lapin de lune (1982), roman mythique d'Alain Gerber, se situe probablement au Québec, quoique le texte ne mentionne pas explicitement le lieu où se déroulent les événements. La liste des auteurs contemporains qui ont écrit sur le Canada comprend aussi Michel Desgranges, qui n'a jamais visité le pays, mais dont le roman *Manitoba* (1981) s'inspire de la vie de Riel; Anne et Serge Golon, dont la populaire héroïne du XVIIe s., Angélique, passe un certain temps en Nouvelle-France, en particulier dans *Angélique à Québec* (1982); ainsi que Roger Buliard, un prêtre et l'auteur d'essais fascinants sur les Inuits et le travail des missionnaires.

Depuis les trois ou quatre dernières décennies, un grand nombre d'immigrants instruits se sont réfugiés au Canada pour fuir des régimes tyranniques. Plus de 100 auteurs figurent dans le répertoire de Denise Helly et Anne Vassal, *Romanciers immigrés: biographies et œuvres publiées au Québec entre 1970 et 1990* (1993). Cet inventaire n'inclut pas les ouvrages parus en Ontario, chez Prise de parole, ou dans l'Ouest, aux Éditions des Plaines ou aux Éditions du Blé. De nombreux écrivains d'origine étrangère, comme les romanciers Jacques Folch-Ribas et Monique Bosco et le dramaturge Robert GURIK, écrivent depuis si longtemps à Montréal qu'on les considère maintenant comme des écrivains québécois.

Les Haïtiens forment probablement le plus remarquable des groupes récemment arrivés. Le poète et romancier Gérard Étienne choisit Montréal comme cadre de ses romans satiriques (*Un ambassadeur macoute à Montréal*, 1979; *Une femme muette*, 1983), tandis que les œuvres d'Émile Ollivier rappellent habituellement le souvenir d'une Haïti torturée (*Mère Solitude*, 1983; *La Discorde aux cent voix*, 1986).

Dany LAFERRIÈRE est le plus populaire de ces écrivains. Il acquiert une notoriété immédiate avec son premier roman, *Comment faire l'amour avec un*

nègre sans se fatiguer (1985), dont l'adaptation cinématographique est coproduite par la France et le Québec. *Éroshima* (1988) se déroule également à Montréal, contrairement à *L'Odeur du café* (1991), suivi de *Le goût des jeunes filles* (1992), qui évoquent des souvenirs d'Haïti. L'humour et l'érotisme qui sous-tendent le sérieux de ces œuvres expliquent leur popularité.

Littérature italo-québécoise Parmi les écrivains d'origine italienne, le plus marquant est le dramaturge Marco Micone, dont les œuvres *Les Gens du silence* (1982), *Addolorata* (1984) et *Déjà l'agonie* (1982) décrivent les difficultés et les problèmes d'identité d'immigrants italiens qui tentent de s'intégrer à la société québécoise.

L'identité est également le thème principal de *La Québécoite* (1983), de Régine Robin, née à Paris de parents juifs russes. Le roman est un long monologue intérieur dans lequel la mémoire collective et individuelle empêche l'héroïne de s'adapter à son nouveau pays.

La création de deux périodiques illustre l'importance de la littérature écrite par des immigrants au Québec. *Vice Versa*, fondée en 1989, se veut une «revue transculturelle», tandis que *La Parole métèque*, fondée en 1987, publie les textes de femmes qui «vivent dans un pays où elles ne sont pas nées».

Paulette Collet

Littérature fantastique (*voir* LITTÉRATURE POPULAIRE DE LANGUE ANGLAISE; LITTÉRATURE POPULAIRE DE LANGUE FRANÇAISE)

Littérature humoristique de langue anglaise Il est peut-être paradoxal de constater que le premier ouvrage important d'humour canadien, «Letters of Mephibosheth Stepsure» (1821-1823), de Thomas MCCULLOCH, ait été écrit par un homme qui compte *Popery Condemned* et *Calvinism* parmi ses autres œuvres. Notre littérature nationale a toujours été perçue dans sa dimension austère, sinistre et nordique. En cherchant les images qui nous définissent, les critiques ont parlé de «survie» dans une «terre dure et belle». Dans nos histoires, il est souvent question d'échecs et de victimes. Nos héros gèlent dans les amoncellements de neige et nos mariages (comme la plupart de nos navires) s'échouent sur des écueils.

L'un des premiers facteurs qui ont entravé l'épanouissement d'une tradition humoristique dans la littérature canadienne réside dans la mentalité coloniale qui parcoure une grande partie de la littérature du XIXe siècle et qui prend pour modèle la «gravité» du romantisme anglais. Pour un poète qui se prend avec sérieux (ce qui n'est pas tout à fait la même chose que de se prendre au sérieux), il est difficile de consacrer tout un poème à quelque chose d'aussi trivial qu'une plaisanterie. En fait, l'effort excessif pour trouver des sujets importants, des sujets «sérieux», est un signe d'immaturité chez un écrivain et certes d'un manque de confiance en soi pour l'ensemble d'une littérature. Robertson DAVIES estime que «aussi tard que de 1920 à 1935, dans ce pays, nous n'étions pas suffisamment sûrs de nous-mêmes pour comprendre qu'un humoriste peut être un homme de lettres sérieux». Le complexe d'infériorité canadien, qui même aujourd'hui suscite beaucoup d'angoisse inutile, provoquée par le besoin de fournir une formule «d'identité canadienne», n'a pas permis aux écrivains le luxe de se rendre ridicules en public.

La tradition canadienne d'écriture humoristique apparaît généralement plus forte en prose qu'en poésie. Les lettres satiriques de McCulloch, qui commencent à paraître en 1821 dans l'hebdomadaire *Acadian Recorder* de Halifax, adoptent un ton que Northrop FRYE décrit comme étant «tranquille, observateur, profondément conservateur dans le sens humain du terme, [qui] a été le ton dominant de l'humour canadien depuis». Le recours de McCulloch au personnage satirique – le paysan «conventionnel, vieux jeu et simple» – le situe dans une tradition classique qui remonte à Addison et à Swift, et dans laquelle s'inscriront le personnage de Samuel Marchbanks, de Davies, et celui de James Well dans *General Ludd* (1980), de John METCALF. Tandis que McCulloch présente un style sec, subtil et plein de sous-entendus, son successeur immédiat, Thomas Chandler HALIBURTON, professe des valeurs sociales tout aussi conservatrices par le biais de Sam Slick, l'horloger yankee, un personnage impertinent, désinvolte et exagéré. Dès sa première apparition dans THE CLOCKMAKER (1836), Sam Slick se révèle très populaire et, ironiquement, il influence le cours de l'humour américain aussi bien que canadien.

Après ces débuts prometteurs, cependant, le Canada doit attendre jusqu'en 1910 pour voir apparaître un nouveau grand écrivain comique. Cette année-là, *Literary Lapses* (trad. *Ne perdez pas le fil. Histoires humoristiques*, 1963) lance la réputation nationale et internationale de Stephen LEACOCK. Le chef-d'œuvre de Leacock, UN ÉTÉ À MARIPOSA: CROQUIS EN CLIN D'ŒIL (1960), est suivi deux ans plus tard de *Arcadian Adventures with the Idle Rich*, une œuvre admirablement satirique. Parmi les œuvres humoristiques de Leacock (il en a écrit plus d'une trentaine) plusieurs sont de qualité inférieure. Selon Robertson Davies, cet échec de Leacock, qui ne parvient pas à s'imposer comme romancier comique, est attribuable, au moins en partie, à ses réticences à explorer jusqu'au bout la gravité de sa comédie. Le débat critique autour de *Un été à Mariposa* continue à se concentrer sur l'équilibre entre son usage de l'ironie et son indulgence, et entre l'attitude critique de Leacock vis-à-vis des citadins et l'affection nostalgique qu'il a pour eux.

L'un des legs les plus importants de Leacock est la création du Stephen Leacock Memorial Award for Humor, dont l'un des premiers récipiendaires méritoires est Paul HIEBERT, avec *Sarah Binks* (1947). Hiebert offre une parodie large, mais révélateur de la biographie académique, quoique le véritable génie du livre réside dans ce que John Moss a appelé «l'une des meilleures mauvaises poésies au monde». Les vers de la «charmante cantatrice de Saskatchewan» sont de fines parodies de la poésie canadienne. Sarah Binks est une création comique qui dérive de la littérature canadienne tout en y apportant sa contribution. En ce sens, elle a peu de rivaux, sauf peut-être *A Short Sad Book* (1977), de George BOWERING.

Quand on avance dans la période de pleine maturité du roman canadien, on rencontre une plus grande utilisation de l'humour sous plusieurs formes. Il y a l'humour bonasse de W.O. MITCHELL, un conteur né, versé dans les histoires invraisemblables, comme on peut le constater dans l'univers comique, conservateur et traditionnel, de QUI A VU LE VENT (1974). Une satire beaucoup plus cinglante se trouve dans les œuvres de Mordecai RICHLER, et même dans un roman comme L'APPRENTISSAGE DE DUDDY KRAVITZ (1976), dans lequel les scènes les plus mémorables sont celles, comme le film de la *bar-mitsva* ou le bulletin des épileptiques, où l'exagération comique dépasse les stricts besoins du mordant satirique. Une tendance humoristique plus sombre, plus débridée et plus fantastique illumine les romans de Leonard COHEN, en particulier LES PERDANTS MAGNIFIQUES (1972). Dans des romans comme SOUS L'ŒIL DE COYOTTE (1976), de Sheila WATSON, l'humour se charge d'un sens plus profond de la comédie en tant que vision rédemptrice de la vie.

Les romans humoristiques canadiens récents tendent vers une certaine exubérance, une comédie de l'exagération et de la fantaisie. On le voit clairement dans *Lord Nelson's Tavern* (1974), de Ray Smith, et dans *The Peacock Papers* (1973), de Leo Simpson, dans lequel un ange annonçant la fin du monde regrette plus particulièrement la disparition des

Tiger-Cats de Hamilton. Tout comme Simpson, Robertson Davies, dans *The Rebel Angels* (1981), rend hommage aux romans comiques de Thomas Love Peacock. L'observation finement satirique des romans de Margaret ATWOOD peut ne pas paraître exagérée du tout à certains lecteurs. Robert KROETSCH, cependant, donne à l'histoire invraisemblable racontée dans un bar des Prairies des proportions mythiques dans *L'Étalon* (1990). L'exubérance de l'imagination dans *What the Crow Said* (1978), de Kroetsch, atteste de l'influence de romanciers sud-américains comme Gabriel García-Márquez. On retrouve la même influence dans l'humour tout aussi extravagant de Jack Hodgins, de l'île de Vancouver, en particulier dans *The Invention of the World* (1977). Dans les nouvelles de Leon ROOKE et dans son roman *Shakespeare's Dog* (1982), on peut observer l'éventail complet du ton comique, jusqu'aux limites des possibilités permises d'invention.

Bien que le lecteur contemporain puisse voir un comique non intentionnel dans une grande partie de la poésie canadienne du XIXe siècle, comme le démontre W.A. Deacon dans son recueil satirique *The Four Jameses* (1927), cette période offre des exemples épars et peu nombreux de poèmes véritablement humoristiques. Le premier poète canadien important pour qui l'humour constitue un aspect sérieux et essentiel de sa vision est F.R. SCOTT. «The Canadian Authors Meet» (1927) reste une parodie malicieusement exacte de la prétention littéraire et de la médiocrité coloniale. À la différence des auteurs satiriques de prose, Scott se situe politiquement à gauche. Sa poésie constitue un aspect parmi d'autres d'une carrière remarquable dans la vie culturelle et politique canadienne. Pendant la CRISE DES ANNÉES 30, la satire de Scott, tout comme celle de Dorothy LIVESAY, est dirigée contre l'«efficacité» d'un système économique qui a produit tant de chômeurs et appauvri tant de personnes. Dans ses *Trouvailles: Poems from Prose* (1967), Scott utilise également le poème «trouvé» avec un fort effet satirique.

En collaboration avec A.J.M. SMITH, Scott dirige la publication de *The Blasted Pine* (1957), la première grande anthologie de «satire, d'invectives et de poésie irrévérencieuse» canadiennes. Bien que de nombreux poèmes dans cette collection ne soient pas nécessairement amusants, ils constituent un pas important dans l'histoire de l'humour canadien. Adoptant une position éditoriale plus éclectique et mettant l'accent sur l'importance de la «poésie» plutôt que des «vers», Douglas BARBOUR et Stephen SCOBIE dirigent en 1981 la publication de l'anthologie *The Maple Laugh Forever*.

George Johnston et Francis Sparshott perpétuent de façon remarquable l'esprit acerbe classique de Scott, mais le ton de la majorité des poèmes comiques canadiens est plus tapageur et plus fantastique. Earle BIRNEY déforme la langue en de nombreux jeux de mots ingénieux et fantaisistes, bien que son humour apparaît souvent comme un pâle voile sur son pessimisme plus profond. Irving LAYTON, pour sa part, a recours à un humour bruyant et parfois cru dans son attaque contre les convenances moralisantes. Al PURDY crée pour lui-même une espèce de personnage comique traînard, exubérant et touche-à-tout, qui constitue le médium idéal pour son large éventail de préoccupations poétiques.

Parmi les poètes plus jeunes, on trouve une utilisation similaire du personnage comique chez Tom Wayman, qui se pose en une tierce personne distancée dans *Waiting for Wayman* (1973). L'idéalisme apparemment naïf de Bill BISSETT s'accompagne d'une ironie adroite et d'une narration impassible des absurdités parfois fatales du monde moderne (comme dans *The Emergency Ward*). Dans ses *War Poems* et *Capitalistic Affection!* (1982), Frank Davey exploite également un style descriptif en apparence neutre qui permet au matériau de révéler

son propre potentiel satirique. Dennis Lee écrit des poèmes fantaisistes pour enfants, qui se muent en une satire politique pleine de sous-entendus à mesure qu'augmente l'âge de l'auditoire ciblé. L'influence d'Atwood et de son traitement satirique amer des relations sexuelles dans *Power Politics* (1971) est manifeste chez des femmes plus jeunes comme Sharon THESEN dans *Artemis Hates Romance* (1980) et Mary Howes dans *Lying in Bed* (1981).

Pour la plupart des poètes canadiens, l'humour est maintenant devenu un élément d'une vision plus large et plus complexe du monde. Dans ses poèmes animaliers, Michael ONDAATJE juxtapose le «cas étrange» des penchants sexuels de son beagle et les horreurs aussi étranges de l'animal humain. Dans ses *Letters & Other Worlds*, les excentricités absurdes des personnages de ses parents sont inséparables de la tragédie de leur existence. *The Martyrology* (depuis 1972) de Barrie Phillip NICHOL commence par un jeu de mots: tous les mots débutant par *st* sont dissimulés sous des noms de saints (p. ex., *stand* est écrit comme étant *St. And*). Ainsi est construite toute une cosmologie, une sorte de «poème vivant», qui se situe au centre de la littérature canadienne contemporaine.

Bien que l'on rencontre des éléments comiques dans les pièces de théâtre poétiques complexes de James REANEY et dans les extravagances multimédias de Wilfred WATSON, l'humour dans le théâtre canadien est moins développé que dans la fiction ou la poésie. Des œuvres récentes comme *Billy Goes to War* (publié en 1981), de John GRAY et Eric Peterson, et *Maggie and Pierre* (publié en 1980), de Linda Griffiths, sont les indicateurs d'une nouvelle volonté de sortir des limbes de la satire. Le Canada possède une forte tradition comique dans les formes théâtrales plus courtes, tels que les sketches de revue de *Spring Thaw* (qui dure pendant plusieurs années). Cette tradition a proliféré à la radio (*Royal Canadian Air Farce*) et à la télévision (*SCTV*). En effet, au début des années 1980, les comédiens canadiens les plus connus à l'échelle internationale, après Leacock, sont les frères McKenzie de *SCTV*, dont la moquerie de la crédulité et du manque de savoir-vivre canadiens (*Take off, eh?*), qui tombe toujours à point nommé, nous ramène aux racines les plus profondes de l'humour canadien. Sam Slick connaissait parfaitement les *hosers*.

Stephen Scobie

Littérature humoristique de langue française Comme l'humour lui-même, elle peut être subjective, subtile et difficile à définir. Née d'une conjoncture sociale, historique et culturelle bien particulière, elle est aussi le reflet des caprices de la mode et du goût populaire. À la Leacock Medal for Humour correspondent une foule de prix québécois, car il existe une solide tradition d'écrits humoristiques au Canada français, remontant au début du XIXe siècle et apparaissant surtout après la Révolution tranquille des années 60. L'humour prend surtout sa source dans le folklore et le journalisme politique.

L'humour populaire et la satire expriment de façon magistrale les réactions à la domination de l'Église catholique sur la culture et la politique au Canada du XIXe siècle, une domination qui se prolongera jusqu'à la fin du régime de DUPLESSIS. Avec l'ULTRAMONTANISME, un conservatisme religieux et politique de type nationaliste, la censure s'impose, même après la période d'interdit ayant frappé toute représentation théâtrale (1694-1763). La satire politique, alimentée par la prolifération des journaux et des magazines publiés par des expatriés d'Europe de 1830 à 1880, est l'un des premiers types d'humour dont nous ayons gardé la trace. Napoléon Aubin fait ici figure de précurseur: son court roman inachevé *Mon Voyage à la lune*, ses journaux *Le Fantasque* (1837-1845) et *Le Castor* (1843) et sa troupe de théâtre les Amateurs typographiques (fondée en 1839), tous orientés sur la satire de la vie publique au Canada français, lui valent une brève incarcération en 1839, en raison de ses opinions subversives. Cette tradition atteint un sommet avec les écrits d'Arthur BUIES, directeur de *La Lanterne canadienne* (1868-1969), l'un des journaux les plus iconoclastes publiés dans le Canada français du XIXe siècle.

De façon générale, les quelques pièces écrites et montées avant 1960 sont pour la plupart des comédies légères, influencées par le théâtre de boulevard français et les œuvres de Molière, qui tournent en dérision les us et coutumes de l'époque. *L'Anglomanie ou Le Dîner à l'angoisse* de Joseph QUESNEL (1803), p. ex., critique le mimétisme des coutumes anglaises, tout comme le fait *Une Partie de campagne* (1865) de Pierre PETITCLAIR. Plus sérieux mais non moins spirituels, des drames écrits en catimini s'en prennent à des personnalités célèbres. *Les Comédies du statu quo* (1834), œuvre anonyme, tourne en dérision les mœurs politiques du Canada français, tandis que *Le Défricheur de langue* (1859) d'Isidore Mesplats, pseudonyme de Joseph LaRue, et de Joseph-Charles Taché, se moque des mœurs parisiennes et des romans à saveur historique et sensationnaliste d'Henri-Émile Chevalier, directeur de *La Ruche littéraire* (1853-1859), à Montréal. La comédie légère intitulée *Les Faux brillants* (1885), de Félix-Gabriel Marchand, est reprise en 1971 par Jean-Claude GERMAIN, un dramaturge contemporain dont les pièces inédites comprennent les parodies *Don Quickshot* et *Rodéo et Juliette*.

La satire théâtrale prend fin en 1903 avec *Les Boules de neige* de Louvigny de Montigny, qui critique l'hypocrisie de la bourgeoisie montréalaise, et refait surface en 1968 avec la création des *Belles-Sœurs* de Michel TREMBLAY, pièce controversée écrite en joual, qui mélange naturalisme et satire féroce pour briser l'image toute faite de la société canadienne-française, habituellement décrite comme un monde rural paisible. Parmi les nombreux dramaturges influencés par Tremblay, Jean BARBEAU se distingue par son abondant recours aux calembours et à la culture populaire (surtout aux sports et au film) pour décrire la culture québécoise. Sa pièce la mieux connue est *La Coupe stainless* (1974). Selon Laurent Mailhot, «Barbeau estime que toutes les grandes tragédies québécoises se doivent d'être humoristiques, car notre plus grand malheur est survenu en 1763 et rien de pire ne peut plus nous arriver». Sa réflexion s'inscrit bien par la suite dans des œuvres comme *Broue* (1979), une création collective qui fait encore le bonheur des foules en 1999.

La plupart des œuvres de fiction satiriques du Canada français reprennent et transforment la tradition orale des histoires de chantiers, des chansons folkloriques et des «esquisses de mœurs» qui alimentaient la veine féconde de l'humour au XIXe siècle. S'il est vrai que la plupart de ces contes populaires n'ont pas été recueillis et publiés, les personnages du conteur Jos, dans LES ANCIENS CANADIENS (1863) de Philippe AUBERT DE GASPÉ et du père Michel dans FORESTIERS ET VOYAGEURS (1863) de Joseph-Charles Taché fournissent un exemple d'humour populaire. Jacques FERRON, au Québec (*Contes du pays incertain,* 1962), et l'Acadienne Antonine MAILLET, du Nouveau-Brunswick (*La Sagouine,* 1971 et PÉLAGIE-LA-CHARETTE, 1979), sont deux auteurs contemporains de réputation internationale, dont les œuvres romanesques et théâtrales puisent largement aux sources de l'humour et des traditions populaires.

Si l'œuvre romanesque de Ferron s'inspire de la satire sociale, l'œuvre de Maillet est plus près de la comédie. Ces deux dimensions de l'humour sont présentes dans les écrits québécois contemporains. Le roman satirique est la forme moderne de la vision du monde du théâtre et du journalisme du XIXe siècle. Dans *Marie Calumet* (1904), Rodolphe Girard utilise l'humour rabelaisien dans sa description de la vie cléricale et rurale, et cela lui vaudra d'être forcé de démissionner de *La Presse*. *Les Demi-civilisés* (1934) de Jean-Charles HARVEY, une attaque virulente contre la mainmise des intérêts anglophones et catholiques sur la société et la culture québécoises, valent à son auteur des critiques sévères. *Le Libraire* (1960) de Gérard BESSETTE évoque un aspect mémorable de notre littérature, en faisant la satire de la censure durant le régime Duplessis. Plus récemment, dans SALUT GALARNEAU! (1967) et surtout dans *Les Têtes à Papineau* (1981), Jacques GODBOUT recourt à l'allégorie pour faire la satire de la société contemporaine avec l'ironie d'un humoriste. *L'Euguélionne* (1976), de Louky Bersianik, adopte le genre de la science-fiction utopique pour transmettre une vision cinglante du patriarcat.

Le roman satirique, qui était un peu délaissé, connaît un nouveau regain de popularité. LES PLOUFFE (1948), de Roger LEMELIN, constituent l'exemple classique de la comédie picaresque dans les écrits du Canada français. Le roman sera adapté pour une série télévisée, et un long métrage, réalisé dans les deux langues officielles (1980). Le roman *Le Matou* (1981), d'Yves BEAUCHEMIN, est le dernier roman et le plus important de cette veine satirique. Son récit naturaliste et son style conventionnel utilisent systématiquement le jeu de mots et l'humour sans pour autant diminuer l'intérêt du récit. Enfin, quand il est question d'humour dans le roman, on ne saurait oublier l'œuvre de Roch CARRIER, et en particulier *Le Jardin des délices* (1975), qui mélange habilement surréalisme et humour noir.

Parodie et burlesque parcourent également les romans de Réjean DUCHARME, *La Fille de Christophe Colomb* (1969) et *L'Avalée des avalés* (1966) ainsi que *Le Cid maghané* qui tourne en dérision la célèbre pièce de Corneille. Toutefois, la radio, la télévision et le cinéma sont les médias qui ont le mieux servi l'humour canadien-français. Durant la Crise des années 30, la poésie populaire de Jean Narrache (pseudonyme d'Émile Coderre) trace un portrait aigre-doux et satirique du Canadien français moyen, alors que dans les années 40, *Les Fridolinades* de Gratien GÉLINAS, en adaptant son théâtre à la radio, a conquis l'auditoire avec le célèbre personnage Fridolin. Le populaire Yvon DESCHAMPS, artiste de la scène et de la télévision (*Monologues,* 1973) est issu de cette tradition et recourt au monologue comme genre humoristique.

Une nouvelle espèce d'auteurs-compositeurs-interprètes s'est tournée vers l'industrie du disque plutôt que vers le théâtre pour décrire les mœurs contemporaines. Dès les années 30, la Bolduc (Mary Travers) se tourne vers la radio pour populariser ses chansons satiriques. Robert CHARLEBOIS et Michel Rivard, des années 60-70 à aujourd'hui, sont célèbres pour leurs fines parodies des mœurs nord-américaines, tandis que Plume Latraverse utilise la parodie dans sa poésie scatologique.

On ne saurait trop insister sur l'importance de la prestation en direct dans le domaine de l'humour. Le cinéma et la télévision démontrent aussi à quel point «l'humour» est une tradition orale au Canada français. Craignant sans doute les effets de la censure, les auteurs de textes humoristiques au Canada français ont eu tendance jusqu'à récemment à s'appuyer sur des éléments de la culture populaire pour remettre en question le conformisme social de façon éphémère, mais non moins caustique, et à réserver la littérature pour les énoncés ironiques plus subtils.

Michèle Lacombe

Littérature juive au Canada Au Canada, la littérature juive est influencée par les vagues d'immigration successives et les différents contacts linguistiques. Cela se manifeste surtout dans les textes rédigés en yiddish, en hébreu, en anglais et en français. Certains écrivains témoignent de leurs origines en choisissant de travailler dans leur langue maternelle, comme l'allemand ou le hongrois. Certains auteurs, sans être juifs, s'intéressent aux préoccupations de cette communauté. Ainsi, *Earth and High Heaven* (1944) (trad. *Entre ciel et terre*, 1946) de Gwethalyn Graham traite des mariages interraciaux et de l'antisémitisme. De même, *Day of Wrath* (1945) de Philip Child se préoccupe de la persécution dont les juifs ont été victimes dans l'Allemagne nazie, enfin *Aaron* (1954) d'Yves traite du rejet de l'orthodoxie et du problème de l'assimilation.

Des écrits en yiddish et en hébreu paraissent au Canada avant la Première Guerre mondiale avec l'arrivée de nombreux juifs fuyant les pogroms de la Russie tsariste. En 1851, on compte à peine 450 JUIFS au Canada; en 1901, ils sont près de 17 000, créant ainsi un lectorat pour la littérature en yiddish. En 1931, il y a environ 156 000 Juifs au Canada, surtout à Montréal, Toronto et Winnipeg, et 95 p. 100 d'entre eux reconnaissent le yiddish comme leur langue maternelle. La popularité du yiddish connaît son apogée entre 1930 et 1945. À l'époque, il est utilisé par les institutions communautaires juives, par trois quotidiens et de nombreuses revues. Au cours des dix années suivantes, le yiddish profite de l'arrivée des survivants de l'Holocauste. Parmi eux se trouvent certains écrivains renommés, comme Melech Ravitch (1893–1976) et Rochl Korn (1898–1982), qui perpétuent la tradition «internationaliste» de la littérature yiddish au Canada, tradition inaugurée en 1912 par le grand auteur yiddish et hébreu Reuben Brainin (1862–1939), alors rédacteur en chef du quotidien yiddish de Montréal, *Kanader Adler*.

Contrairement aux autres groupes d'immigrants, les écrivains de la communauté juive ont tendance à adopter une perspective «étrangère» et à s'adresser à un public international. Au début des années 20, J.I. Segal (1896-1954) dirige un groupe de poètes qui ont grandi ou qui ont commencé à écrire au Canada. Parmi eux se trouvent A.S. Shkolnikov (1896-1962), A. Almi (1892–1963), Ida Maze (pseudonyme d'Ida Massey, 1893–1963) et Sholem Shtern (1907). Ensemble, ils font de Montréal le centre de la culture yiddish. Parmi eux, Shtern est le plus «canadien». Son épopée en deux volumes, *In Kanade* (1960; 1963), décrit les expériences de l'immigrant juif au Canada. Avec Shabtai Perl (1906–1976) et trois autres remarquables poètes nés à Toronto – Abraham Nisnevitch (1886–1955), Shimon Nepom (1882–1939) et Judica (Yehudit Zik, 1898–1979) – Shtern appartient à un groupe d'écrivains qualifiés, plus ou moins justement, de «prolétariens», à cause du caractère fortement marxiste de leurs écrits.

Les écrivains arrivés après la Seconde Guerre mondiale poussent plus loin la tendance «internationaliste». Leur influence, de même que celle de l'Holocauste, est prépondérante. La poésie sombre, mais étrangement optimiste de Korn est traduite, entre autres, par Seymour Mayne dans *Generations* (1982). De même, les poèmes de Joseph Rogel (né en 1911) sur Auschwitz, paraissent en anglais, en français et en yiddish. Les romanciers Yehuda Elberg (né en 1912) et Chava Rosenfarb (né en 1923) sont connus dans le monde entier pour leurs descriptions de la vie des juifs polonais avant et pendant la Seconde Guerre mondiale. À Toronto, le fabuliste Peretz Miransky (né en 1908), le poète lyrique Simcha Simchovitch (né en 1921) et le poète et critique Itzchak Goldkorn (né en 1911) sont eux aussi connus pour leurs descriptions de l'Holocauste. Deux écrivains plus jeunes qui ont survécu à l'Holocauste, Jack Kuper (né en 1932) et Abraham Boyarsky (né en 1942), publient en anglais des textes sur la guerre avec, respectivement, *Child of the Holocaust* (1973) et *Shreiber* (1982). La plupart des écrivains juifs appartenant au courant dominant de la littérature anglophone, comme Eli MANDEL, Irving LAYTON et Phyllis GOTLIEB, tentent également de présenter cette tragédie de façon artistique.

L'utilisation du yiddish diminue au Canada après que plusieurs générations d'immigrants ont adopté l'anglais. Les juifs récemment émigrés des pays arabes, d'Israël et de Russie ne connaissent pas le yiddish. Naïm KATTAN, né en Irak, écrit en français des ouvrages traitant de l'acculturation, entre autres, ses romans *Adieu, Babylone* (1975), *Les Fruits arrachés* (1977) et son recueil intitulé *The Neighbour and Other Stories* (1982). Il est probablement l'écrivain juif le plus important au Canada français. Michel Solomon, né en Roumanie en 1919, est lui aussi très connu au Québec pour ses mémoires *Magadan* (1971), *Mon Calvaire roumain* (1976) et son roman *Éden retrouvé* (1980).

La plupart des écrivains qui utilisent l'hébreu écrivent aussi en yiddish, à l'exception des auteurs d'ouvrages religieux. Jusqu'à la Première Guerre mondiale, le yiddish est généralement considéré comme une langue trop vulgaire pour une littérature sérieuse. Plus tard, il doit faire face au renouveau de l'hébreu, mis de l'avant par le sionisme. Ainsi, la plupart des rabbins qui s'établissent au Canada, comme le rabbin mondialement connu Judah Rosenberg, grand-père de Mordecai RICHLER, écrivent surtout en hébreu, quoique le rabbin Rosenberg ait aussi publié plusieurs livres de légendes en yiddish. Le seul poète écrivant uniquement en hébreu est Miriam Schneid (né en 1924), tandis que le poète et éducateur Isaiah Rabinovitch (1904-1972),et le romancier Joshua Altman (1898-1980) utilisent l'anglais et l'hébreu comme langue de travail.

Les écrivains juifs qui publient en anglais au Canada partagent certaines des préoccupations des premiers immigrants: l'acculturation des immigrants, l'Holocauste, le sionisme et la naissance de l'État d'Israël, enfin la crainte de l'assimilation. Ainsi, la nostalgie des traditions disparues de la vie des juifs en Europe, prépondérante dans l'œuvre de Segal et des premiers écrivains yiddish, réapparaît dans les écrits d'A.M. KLEIN qui tente d'établir un lien entre la culture juive et la langue anglaise. Le choc qu'il a éprouvé devant l'effondrement de la communauté juive en Europe avec l'ascension des nazis est à l'origine des premiers poèmes sur l'Holocauste publiés au Canada dans *Hath Not A Jew* (1940) et dans *The Hitleriad* (1944), satire amère et hyperbolique, et de son puissant roman symbolique *The Second Scroll* (1951; trad. *Le second rouleau*, 1990), qui traite des souffrances endurées par les juifs durant la guerre.

Klein est donc une figure de proue de ce courant et d'autres suivent son exemple. Même si Mandel, Layton, Miriam WADDINGTON, Joseph ROSENBLATT et Leonard COHEN comptent parmi les auteurs les plus importants du courant dominant de la poésie canadienne, leurs œuvres reflètent néanmoins leur héritage culturel. Ainsi dans *Flowers for Hitler* (1964; trad. *Poèmes et chansons II*, 1976), recueil satirique au style sombre, et dans *Death of a Lady's Man* (1978; trad. *Mort d'un séducteur*, 1981), Leonard Cohen tente d'unir des images romantiques à des images de l'Holocauste. La poésie de Layton, surtout après le conflit israélo-arabe de 1967, se préoccupe de plus en plus de l'aliénation des juifs plutôt que de celle de l'art, et traduit l'anxiété de l'auteur au sujet de la survie d'Israël. Chez les romanciers, ces préoccupations se manifestent dans *The Sacrifice* (1956) d'Adele WISEMAN, dans *The Rich Man* (1948) et *The Betrayal* (1964) d'Henry KREISEL et dans l'œuvre littéraire de Mordecai Richler, surtout dans *The Apprenticeship of Duddy Kravitz* 1959; trad. L'APPRENTISSAGE DE DUDDY KRAVITZ, 1976) et *St Urbain's Horseman* (1971, trad. *Le Cavalier de Saint-Urbain*, 1976). Les nouvelles de Jack Ludwig et de Norman Levine font aussi état de certains aspects de la vie juive au Canada, de même que les pièces de Leonard Angel, Sharon POLLOCK, Ted Allan et Beverley SIMONS.

La population juive au Canada se concentre essentiellement dans les villes. Cette concentration dans quelques grands centres urbains n'a pas donné naissance à un régionalisme notable dans la littérature juive. Les romans de Matt COHEN, dont l'action se déroule dans l'est de l'Ontario, restent une exception, et la rue Saint-Urbain décrite par Mordecai Richler doit être vue comme une sorte de «région»

urbaine, semblable au «Cabbagetown» de Hugh GARNER ou au Vancouver d'Ethel Wilson. Même le radicalisme des dramaturges Rick SALUTIN et Janis Rapoport, qui affiche une forme bien particulière de régionalisme, s'inscrit dans la tradition de la littérature socialiste yiddish. Par leur préoccupation à propos de leur identité, les écrivains juifs canadiens se rapprochent de leurs homologues américains et reflètent l'orientation internationaliste de leurs prédécesseurs. Grâce à l'expérience linguistique et culturelle unique de ses auteurs, la littérature juive continue d'enrichir le patrimoine culturel canadien. (*Voir aussi* ETHNIES, LITTÉRATURE DES.)

Adam G. Fuerstenberg

Littérature orale de langue anglaise Cette expression est souvent confondue avec «folklore», mais sa portée est généralement plus vaste. L'expression peut sembler contradictoire, puisque le terme «littérature» désigne, à proprement parler, ce qui est écrit; mais dans ce contexte, il vise à mettre en relief la créativité et les structures codées qui caractérisent ce genre de discours. La littérature orale, comme la littérature écrite, utilise un niveau de langue élevé et fait référence à plusieurs sortes de récits (narratif, lyrique, épique, etc.). Elle se démarque cependant de la littérature écrite par son actualisation qui se fait uniquement dans un cadre performatif et par le fait que l'artiste peut, et souvent doit, improviser, de sorte que l'interprétation devient un événement en elle-même.

La vie littéraire performative La littérature orale peut se créer au cours d'un spectacle, être transmise oralement de génération en génération, comme dans le cas de nombreuses ballades écossaises et irlandaises chantées au Canada, ou peut être écrite expressément pour être jouée. Depuis quelques années, sa transmission (souvent au profit de folkloristes et de spécialistes de l'histoire orale) montre qu'elle n'a pas été supplantée par l'omniprésence des livres et des médias électroniques, mais qu'elle subsiste à leurs côtés comme une forme secondaire d'expression orale. En fait, la littérature orale se manifeste chaque fois qu'une histoire de fantômes est racontée autour d'un feu de camp, qu'un chant de protestation ou une berceuse sont chantés, que des devinettes sont posées, que des *virelangues*, des comptines, des histoires farfelues, des fables ou des proverbes sont récités.

L'attitude des spécialistes et des gens instruits à l'égard de cette littérature s'est formée en grande partie sur les conceptions du mouvement romantique du XIXᵉ siècle. Dans sa préface à *Lyrical Ballads* (1798), William Wordsworth soutient avoir trouvé dans le discours oral des paysans illettrés la source de la spontanéité, de la sincérité et de l'unité littéraires. À peu près à la même époque, la montée du nationalisme, qui met l'accent sur les particularités régionales, favorise l'étude des «antiquités populaires», c.-à-d. l'histoire et le récit de tradition orale. Les écrivains canadiens ont fait leur cette tendance, transposant les histoires populaires, légendes, proverbes et anecdotes dans des récits auxquels ils intègrent parfois des personnages de conteurs comme Sam Slick de T.C. HALIBURTON. Ces techniques ont été utilisées par Susanna MOODIE, qui raconte dans ROUGHING IT IN THE BUSH (1852) l'histoire d'une vie qui se veut également une «duperie», récit hyperbolique de la vie infernale au Nouveau Monde, destiné à contrer les tromperies de la compagnie des terres qui faisait du Canada un paradis terrestre. D'autres exemples d'emprunts, tant techniques que de légendes proprement dites (comme les chansons de voyageurs, les récits de rencontres avec le diable, etc.) se trouvent dans la littérature écrite canadienne du XIXᵉ siècle. Leur caractère oral est accentué par l'utilisation de dialectes. À la fin du siècle, «les poètes de la Confédération», comme on les appelle, (Mair, Roberts, Crawford, Johnson, Carman, Lampman) retravaillent considérablement différentes sources de littérature orale telles les histoires de fantômes et les légendes indiennes.

Évolution: la littérature orale devient une source documentaire La littérature orale est surtout étudiée par les folkloristes, qui la perçoivent comme un moyen de retrouver la tradition. Ils recueillent des récits oraux afin de conserver une partie de la culture des groupes ethniques menacés d'assimilation. Cependant, la collecte et la conservation d'un tel matériau ne se font pas sans difficulté. La communication est plus ou moins déformée par les méthodes d'enregistrement. Ainsi, les gestes sont perdus lorsque l'histoire est notée par écrit ou enregistrée sur magnétophone. Même sur une bande vidéo, l'atmosphère d'un événement se perd, bien que le narrateur soit enregistré tant oralement que visuellement. La transposition d'un moment oral en un document est encore plus significative, l'essence de la littérature orale reposant en partie sur sa capacité à être transformée au fil des générations et même d'une occasion à l'autre, par les conteurs et les bardes.

Au Canada, les folkloristes se basent sur le système de classification élaboré par Antti Aarne (*The Types of the Folktales*, traduit en anglais et augmenté par Stith Thompson en 1961) qui est principalement conçu pour les récits. Les folkloristes divisent les récits recueillis en trois grandes catégories: les légendes, les farces et les anecdotes. Les mythes et les *märchen* sont rares, mais on en retrouve chez les Amérindiens et, sous forme d'éléments archaïques, dans les régions de descendance celtique ou étroitement liées aux francophones (comme au Nouveau-Brunswick). Les légendes situent le merveilleux: ainsi, le trésor du capitaine Kidd se trouve dans de nombreuses villes de la Nouvelle-Écosse, le diable aurait dansé à Kensington (Île-du-Prince-Édouard) et le navire en feu de la baie des Chaleurs réapparaît périodiquement ailleurs le long de la côte. Au Canada, on a rarement étudié les discours politiques et les sermons en tant que littérature orale.

Héros populaires Parmi les héros des cycles de fables, des histoires invraisemblables ou anecdotiques, on compte le sorcier de Miramichi et Paul BUNYAN. Les héros mentent parfois grossièrement à leur propre sujet, surtout devant de nouveaux venus. Des fables, comme celle de Joe Mufferaw, de la vallée de l'Outaouais, servent parfois à promouvoir une localité ou à «prouver» sa supériorité par rapport à d'autres. Il arrive parfois que ces récits deviennent la toile de fond d'émissions de radio locales, puisque les médias électroniques assurent la diffusion de la culture orale. Parmi les autres formes de transmission, on note les spectacles hebdomadaires et le festival annuel des Toronto Storytellers, où des narrateurs de diverses cultures en provenance de l'Europe, de l'Asie, des Caraïbes et du Canada racontent leurs récits devant un public.

La littérature orale apparaît souvent sous forme de comptines et de chansons pour enfants, comme celles enregistrées par Sharon, Lois And Bram, Raffi et d'autres. Même si la légende devient «figée» une fois enregistrée, des variantes comme l'omission d'une rime témoignent de la continuelle évolution et de la santé de la tradition orale. On entend rarement deux versions identiques d'une histoire comme *The Cat Came Back*. La tradition orale continue des pièces de théâtre des Mummers de Terre-Neuve (*voir* MUMMING) est moins accessible à la majorité des Canadiens. Ces pièces s'entourent d'un rituel particulier à une grande partie de la littérature orale, dont la performance est liée à un contexte singulier.

Aucune autre intention poétique ne caractérise la littérature orale canadienne. Le lyrisme est prédominant dans les ballades, les complaintes et les chants de travailleurs (les chansons de marins, de bûcherons, de meuniers, etc.). Même si la plupart sont des chansons traditionnelles originaires de l'Europe, d'autres traduisent des réalités sociales et politiques typiquement canadiennes (les élégies gaéliques, les chants d'émigrants, les satires et les chansons humoristiques). Une ballade comme *General Wolfe* embrasse des thèmes liés à l'histoire du Canada. La contribution de Terre-Neuve aux chansons de marins et aux ballades sur les naufrages constituent une richesse, tout comme sa contribution aux airs de danse (comme *I's the B'y that Builds the Boat*). Chez les Ukrainiens de l'Ouest, on a recueilli une variété de chants joyeux, de chansons de mariage, de danse, de chansons à répondre et à boire. La majeure partie de la poésie orale est psalmodiée plutôt que chantée, comme les comptines pour enfants et les incantations, les charmes et allitérations puisées chez les germanophones de l'Ontario.

Littérature autochtone De nombreux chants autochtones ont été enregistrés, mais ce sont surtout les récits amérindiens qui ont retenu l'attention des spécialistes. On trouve, d'un bout à l'autre du continent, deux grands groupes de mythes faisant intervenir des légendes sur les débuts du monde et sur les origines du mode de vie autochtone: les Cowichans dans l'Ouest et les Iroquois dans l'Est racontent des récits sur le grand déluge, tandis que la découverte du feu est attribuée tantôt à NANABOZO chez les Ojibwés, tantôt à Coyote chez les Salish.

Cette littérature autochtone, tout comme celle des troubadours médiévaux et des auteurs d'épopées orales dans les Balkans, a incité de nombreux écrivains contemporains de l'Amérique du Nord à adopter une forme de poésie orale. La «poésie récitative» telle que conçue par Charles Olson et la «prose spontanée» de Jack Kerouac ont trouvé leur prolongement dans les œuvres de poètes canadiens d'interprétation comme Barrie Phillip NICHOL, les *Four Horsemen*, *Re: Sounding* et *Owen Sound*, qui tentent de faire de la littérature à partir de l'éphémère et d'improviser devant public. Bill BISSETT s'emploie à créer, pour lui-même et pour son public, un rituel sacré s'inspirant largement des chants autochtones. Une génération plus jeune, s'inspirant de traditions aussi diverses que le dub, le rap et les performances, a misé sur l'expression parlée (*Spoken words*) non seulement dans les cafés, les lieux traditionnels de présentation de lectures de poésie, mais également dans des capsules pour MuchMusic, des enregistrements sur étiquette Virgin ou au *Wordapalooza*, qui se tient lors du *Lollapalooza*, une tournée annuelle de groupes de rock. Un grand nombre de ces interprètes évitent l'écrit au profit d'une réponse immédiate du public. Les poètes afro-canadiens Lillian Allen et Clifford Joseph choisissent même de diffuser leurs poèmes *dub* presque exclusivement sur enregistrement.

Comme les poètes, les auteurs de récits contemporains sont tout aussi attirés par la littérature orale. Ainsi, Robert KROETSCH raconte des «duperies» par l'intermédiaire de ses personnages. Dans *The Diviners* (1974; trad. *Les Oracles*, 1979), Margaret LAURENCE trace la généalogie et l'historique de la littérature orale au Canada, à partir des récits héroïques et des légendes improvisés des Écossais et des contes et chants métis à la nouvelle oralité que sont les ballades populaires modernes, en passant par les romans. Elle n'utilise pas le folklore traditionnel, mais s'inspire néanmoins de ses formules et conventions, ce que les folkloristes considèrent comme du «faux folklore». Ce qu'elle écrit n'est pas non plus improvisé devant public, ni même écrit spécifiquement pour le jeu scénique. Son œuvre, comme celle d'autres romanciers contemporains, situe plutôt le texte dans un contexte d'interprétation, et analyse la nature et la fonction de son propre récit.

Rôle du théâtre Dans la survie de la littérature orale au Canada, le rôle du théâtre est perceptible dans les versions théâtrales, signées James REANEY, de deux légendes ontariennes: le mystère des esprits frappeurs et la légende des héros populaires que sont les Donnelly. Dans ses pièces de théâtre, Reaney recourt à la farce, aux chants, aux histoires et aux proverbes. Sa liberté créatrice est plus étendue que celle de l'artiste traditionnel, mais leurs textes se ressemblent. Les légendes et rites autochtones ont inspiré de nombreuses pièces de théâtre de dramaturges autochtones tels que Tomson Highway (*The Rez Sisters* et *Dry Lips Oughta Move to Kapuskasing*) et Joyce B. Joe (*Ravens*), qui considèrent le théâtre comme une façon de combiner les traditions orales avec les formes théâtrales hautement culturelles. L'évolution contemporaine suggère que le développement d'une littérature écrite ne signifie pas la mort de la littérature orale, mais indique plutôt un changement et un déplacement ou même les deux. Alors que la littérature orale du Canada semble disparaître en milieu rural, une nouvelle littérature orale se crée dans la ville où des événements surnaturels, des histoires de nigauds ou invraisemblables se poursuivent à mesure que les typographes créent leurs genres en milieu de travail et que les groupies de science-fiction composent des chansons pour leurs colloques. (*Voir* ETHNIES, LITTÉRATURE DES; FOLKLORE; TRADITION ORALE.)

Barbara Godard

Littérature orale de langue française Qu'elle prenne la forme de conte, de chanson, de dicton, de légende, de superstition, de proverbe ou autres, la littérature orale fait partie de l'héritage légué par les premiers Français venus s'établir en Amérique du Nord. Transmises depuis des siècles par la seule voie orale, ces formes traditionnelles anonymes ont joui de ce côté-ci de l'océan d'un milieu privilégié de conservation et de transmission, étant donné l'immensité du pays et sa vocation rurale. Déjà, au XIXe siècle, des gens comme Ernest GAGNON ont senti le besoin de les préserver de l'oubli en les transcrivant, mais elles circulent encore sous forme orale de nos jours malgré l'omniprésence des médias. Au Canada français, la littérature orale demeure fidèle à ses origines, même si trois siècles de diffusion sur cette terre adoptive lui ont permis d'évoluer, de s'adapter et d'acquérir à la fois son autonomie et son originalité. N'étant pas fixé par l'écriture, le FOLKLORE oral est en perpétuel devenir. Les contes populaires se sont transmis jusqu'à nous dès les premiers balbutiements de la civilisation française. Si les légendes développent des thèmes universels, certaines, basées sur des événements ou des personnages historiques, naissent au Québec. Les innombrables variantes de chansons résultent des échanges entre immigrants des différentes provinces de France et, comme pour la légende, le répertoire de chansons folkloriques s'est enrichi, sur le nouveau continent, de chansons sur les COUREURS DE BOIS, les VOYAGEURS des PAYS D'EN HAUT et la vie en forêt.

Le XIXe siècle reste l'âge d'or du conte traditionnel, et les conteurs y étaient populaires. Autour des quêteux, des marchands ambulants, les gens s'assemblaient spontanément pour entendre des histoires de *La Grand'Margaude, de La bête à sept-têtes*, de *La Canarde*, de *L'eau de la fontaine de Paris* ou encore les incroyables aventures de Ti-Jean. Dans les milieux ruraux, les gens aiment organiser des veillées de contes. La vie en forêt est un foyer important de conservation et de propagation des contes. Dans les chantiers, bûcherons et draveurs de toutes provenances, contraints à des longs mois d'isolement, se racontent des histoires pour lutter contre l'ennui.

Même si l'étude systémique du folklore en Amérique est plutôt récente, chacun des principaux genres oraux (conte, légende et chanson) a fait l'objet d'études et de recherches. Jusqu'au début du XXe siècle, les contes populaires jouissaient d'une telle vitalité qu'on ne sentait pas un besoin pressant de les recueillir. La collecte et l'étude en cette matière débutent en 1914 avec Marius BARBEAU, anthropologue aux MUSÉES NATIONAUX DU CANADA. Si son champ d'études était les Amérindiens, son intérêt pour le folklore francophone s'est éveillé grâce à Franz BOAS, un de ses collègues des États-Unis qui étudiait les influences européennes chez les autochtones au Canada. Les recherches de Barbeau s'étendent très rapidement à la grandeur du Québec.

Barbeau et ses collaborateurs, Adélard Lambert, Gustave Lanctôt, Édouard-Zotique MASSICOTTE et bien d'autres, ont fait connaître aux lecteurs la richesse de cette culture. Depuis, l'intérêt pour ce genre de récits n'a cessé de croître. Parmi les publications importantes sur le sujet, signalons le *Journal of American Folklore,* qui rassemble plus de 200 contes du répertoire francophone. Les collections les plus importantes sont celles du père Germain Lemieux de Sudbury, publiées sous le titre *Les vieux m'ont conté* (33 t., de 1973 à 1993), les *Contes populaires gaspésiens* de Carmen Roy (1952), et les autres recueils de la collection «Mémoires d'homme», les *Contes de bûcherons* de Jean-Claude Dupont (1976) et les *Menteries drôles et merveilleuses* de Conrad Laforte (1978).

Après avoir travaillé avec Barbeau, Luc Lacourcière, professeur de littérature canadienne à l'U. Laval, fait du conte populaire son champ de prédilection. En 1944, il y fonde les Archives de folklore. Trente ans plus tard, l'inventaire et l'analyse de plusieurs milliers de contes de toutes provenances lui ont permis d'établir le premier *Catalogue raisonné du conte populaire français en Amérique*. Cet ouvrage exceptionnel vient compléter le catalogue international du conte établi par Stith Thompson, d'après les travaux d'Antti Aarne (*Motif Index of Folk Literature*, 6 vol., 1955-1958), et celui de la France élaboré par Paul Delarue et Marie-Louise Ténèze (*Le Conte populaire français,* 1957-1964).

Les contes populaires sont écrits dans un style bien particulier. D'abord, ce sont des récits merveilleux dont le seul but est de divertir. Souvent, ils commencent et se terminent par des formules consacrées. De plus, le lieu et l'époque de l'action ne sont pas déterminés et les personnages ne sont pas individualisés. Ce sont des animaux, des êtres merveilleux (rois, princes, princesses ou fées) ou des êtres fantastiques (ogres, monstres, géants) qui se métamorphosent, ont recours aux charmes, aux philtres, aux talismans, et subjuguent les éléments de la nature. Le conte n'a donc pas pour objet d'être crédible, mais, en étant pure fiction, d'être source de plaisir. Contrairement au conte, la légende se présente avec une apparence de fondement historique et engage la crédulité de l'auditeur. Dans la légende, le lieu est souvent indiqué avec précision et les personnages sont bien caractérisés dans l'espace et le temps. Au Canada français, les récits légendaires, contrairement aux contes de tradition orale, ont été souvent imprimés au XIXe siècle.

Dans *Le conte littéraire québécois au XIXe siècle* (1975), Aurélien Boivin les consigne d'une manière exhaustive. Il faut noter qu'à cette époque les écrivains utilisaient le terme «conte» pour parler des légendes plutôt que des véritables contes traditionnels, bien que ces deux types de récits soient nettement distincts aux yeux des folkloristes modernes et du public illettré de l'époque. De par leur nature, les légendes se prêtent mieux à une présentation écrite, et les auteurs canadiens s'en sont abondamment inspirés. Philippe AUBERT DE GASPÉ (père et fils), N.H.É. Faucher de Saint-Maurice, Honoré Beaugrand, Henri-Raymond CASGRAIN et de nombreux autres ont exploité les loups-garous, les sirènes, les revenants, la légende de LA CORRIVEAU et d'Alexis-le-Trotteur, et bien d'autres personnages. Comme le fait remarquer Lacourcière, parmi les nombreuses catégories de légendes, il y a celles qui ont trait au monde fantastique et surnaturel, celles qui prétendent expliquer l'origine et le pourquoi des phénomènes naturels, et celles qui sont plus directement rattachées à l'histoire et à des personnages réels. Mais ce classement est loin d'être exhaustif.

Le troisième genre qui prend beaucoup de place dans la littérature orale est la chanson (*voir* MUSIQUE FOLKLORIQUE CANADIENNE-FRANÇAISE). On a dit que c'est elle qui avait permis au génie français d'atteindre sa plus vive expression, ce qui en fait la plus riche, la plus vive et la plus plaisante de nos traditions. Cela s'explique sans doute parce qu'elle convient à toutes les circonstances et à tous les âges de la vie. Parfois empreinte de religiosité, parfois grivoise, elle aborde des thèmes qui recouvrent toute la gamme des sentiments humains. Si elle a pu être préservée du temps, c'est grâce à sa forme, à son rythme et à ses assonances. Classés de façon rigoureuse selon leur forme, plus de 3000 titres de chansons folkloriques inscrits au *Catalogue de la chanson folklorique française* de Conrad Laforte (1958) révèlent tous les thèmes de cette poésie populaire souvent marquée de variantes bien canadiennes.

Aujourd'hui, dans les différents milieux francophones canadiens, des folkloristes, des ethnomusicologues, des chercheurs de disciplines diverses et des amateurs de nos traditions orales continuent de recueillir cette part importante de notre patrimoine. Ces documents font l'objet d'études et de recherches et bénéficient d'une conservation et d'un traitement scientifique dans plusieurs grands centres d'archives à Québec, à Moncton, à Ottawa, à Sudbury et ailleurs.

Madeleine Béland

Littérature populaire de langue anglaise Elle désigne des œuvres qui ont reçu un accueil favorable et soutenu auprès d'un vaste public, comme en témoignent leurs ventes, l'imitation qu'on en fait, leurs adaptations vers d'autres formes culturelles et leur succès commercial en général. Par «populaire», on entend «couronné de succès», et non un antonyme de «sérieux». Certains livres sont soigneusement conçus par les auteurs et les éditeurs dans le but de saisir l'intérêt d'un large éventail de lecteurs potentiels.

Au Canada, qu'ils s'agissent de formats de poche, d'éditions courantes ou même des deux, on considère que les livres commerciaux ou de grand public obtiennent des ventes satisfaisantes si elles s'élèvent à 1500 exemplaires pour la poésie et le théâtre, à 3000 exemplaires pour un premier roman et au 7000 exemplaires pour une analyse politique. Si ces chiffrent doublent, il peut alors s'agir d'un BEST-SELLER. Probablement l'auteur canadien le plus vendu de tous les temps, Arthur Hailey a vendu des millions d'exemplaires de ces romans, notamment *Hotel* (1965; trad. *Grand Hôtel Saint-Grégory*, 1966) et *Airport* (1968; trad. *Airport*, 1969). Des auteurs d'essais populaires comme Pierre BERTON, Farley MOWAT et Peter C. NEWMAN, qui écrivent des livres sérieux d'intérêt particulier pour les Canadiens, jouissent de ventes de 75 000 à 150 000 exemplaires par titre en édition courante. Si substantiels soient-ils, ces chiffres font piètre figure en comparaison des ventes records des Coles Notes. Cette série d'ouvrages didactiques sous forme de monographies, qui compte plus de 400 titres (depuis 1947), s'est vendue à plus de 40 millions d'exemplaires dans le monde.

Livres de référence Certains livres de référence à contenu canadien et en un seul volume sont périodiquement revus et mis à jour. Le gouvernement du Canada compile de façon irrégulière depuis 1867 des annales statistiques officielles appelées *Canada Year Book* (*Annuaire du Canada*). Des maisons d'édition commerciales ont lancé deux volumes dont les contenus se recoupent: *Canadian Almanac and Directory* (depuis 1847) et le *Corpus Almanac of Canada* (depuis 1966; en deux volumes depuis 1981; devenu en 1983 le *Corpus Almanac & Canadian Sourcebook*). *The Canadian World Almanac and Book of Facts* constitue un condensé utile sur le Canada et le monde qui paraît annuellement depuis 1987 (devenu en 1991 le *Canadian Global Almanac*). *Quick Canadian Facts*, de format plus compact, s'est vendu à plus d'un million d'exemplaires depuis 1946. Parmi les publications annuelles, citons le *Canadian Who's Who* (depuis 1910), qui rassemble quelque 8000 biographies d'éminents Canadiens contemporains, et le *Canadian Books in Print* (depuis 1967), qui inventorie environ 24 000 titres

canadiens (dont plus de 10 p. 100 sont des nouveautés). *The Oxford Companion to Canadian Literature* (1983), édité par William Toye, est un ouvrage de référence spécialisé publié en un seul volume.

Livres de cuisine Les livres de recettes se vendent traditionnellement bien, même si ce ne fut pas le cas de *The Cook Not Mad; or Rational Cookery* (1831), le premier livre de cuisine canadien (du moins «canadianisé», car il reprend des recettes américaines en leur donnant un «contenu canadien»), qui ne sera pas réimprimé avant 1972. Il s'est probablement vendu plus d'exemplaires du *Canadian Cook Book* que de n'importe quel de ses concurrents canadiens. D'abord colligé par Nellie Lyle Pattison en 1923, il a été fréquemment revu et augmenté. Des titres plus récents ont enregistré des ventes importantes: *The Laura Secord Canadian Cook Book* (1966; trad. *Recettes canadiennes de Laura Secord*, 1966); *Classic Canadian Cooking* (1974), d'Elizabeth Baird; et de nombreux recueils de Jehane BENOÎT, en particulier *Enjoying the Art of Canadian Cooking* (1974) et *New and Complete Encyclopedia of Cooking* (1978; éd. originale en français, *L'Encyclopédie de la cuisine canadienne*, 1963). Les livres de cuisine régionale, comme *Food that Really Schmecks* (1968), d'Edna Staebler, sont un élément de base dans le monde en rapide évolution de la cuisine contemporaine.

Romans d'amour Les romans d'amour populaires ne sont généralement publiés que pour un marché de masse et en format de poche. Leur grande popularité auprès d'un fervent lectorat nord-américain, semble-t-il majoritairement féminin, compense leur manque de profondeur et de raffinement. Le roman d'amour intéresse moins sur le plan littéraire que sur les plans social, psychologique et commercial. Le plus grand éditeur de romans d'amour au monde est HARLEQUIN, fondé à Winnipeg en 1949 et établi à Toronto depuis les années 60. Ayant trouvé un marché pour les réimpressions de romans d'amour, la compagnie met au point une formule prospère qui consiste à commander des romans d'une longueur de 65 000 mots. Actuellement, elle en publie une douzaine par mois. Nombre d'entre eux ont pour cadre des salles d'hôpital ou des châteaux gothiques. Les romans Harlequin connaissent toujours un dénouement heureux.

Au moins trois auteures canadiennes ont remporté du succès dans le roman d'amour commercial. Les romancières Joy Carroll, Joy Fielding et Charlotte Vale Allen ont été qualifiées de «princesses du livre de poche» par la chroniqueuse littéraire Beverley Slopen, parce que leurs ouvrages, qui sont peut-être calqués sur ceux de la populaire romancière américaine Jacqueline Susann, se vendent à des milliers d'exemplaires chacun. Toutefois, l'auteur de romans d'amour et de romans populaires le plus prolifique du pays est un homme: W.E. Dan Ross a écrit 342 romans sous divers pseudonymes entre 1962 et 1978.

Romans à suspense Ce qui caractérise les récits d'intrigue et d'espionnage, les romans policiers et les romans à suspense, c'est l'idée qu'un mystère est sur le point d'être éclairci. Autrefois, il importait peu aux amateurs canadiens de romans à suspense que leurs lectures se situent au Canada ou comportent des personnages canadiens. Le premier ouvrage canadien de ce genre est vraisemblablement *The Cryptogram* (1871), de James de Mille, qui paraît trois ans après *The Moonstone* de l'écrivain anglais Wilkie Collins, auquel il ressemble. Grant Allen et Robert Barr, deux écrivains du tournant du siècle qui ont un intérêt pour le Canada, ont joui d'un vaste lectorat anglo-américain. *An African Millionaire* (1897), d'Allen, et surtout *The Triumph of Eugène Valmont* (1906), de Barr, qui met en scène un détective français qui ressemble au futur Hercule Poirot, sont importants dans l'histoire mondiale du roman policier.

Hulbert Footner, Frank L. Packard et Arthur Stringer, trois résidants des États-Unis nés au Canada, ont également contribué à ce genre. Le premier détective

de la littérature canadienne, November Joe, le «détective des bois», a vu le jour sous la plume de l'Anglais H. Hesketh Prichard dans son roman *November Joe* (1936). Bien qu'ayant vécu en Californie durant plusieurs années, Margaret Millar (qui est née au Canada) et son mari, Ross Macdonald (qui y a grandi), écrivent de nombreux romans, dont certains ont des personnages et un cadre canadiens.

Dans une série qui commence par le roman *The Suicide Murders* (1981), Howard ENGEL a créé le personnage de Benny Cooperman, que plusieurs considèrent comme le premier véritable détective privé de la littérature canadienne. C'est un personnage de nigaud qui travaille dans la petite ville fictive de Grantham, inspirée de St. Catharines, en Ontario. Pour sa part, Eric Wright a créé, dans *The Night the Gods Smiled* (1983), le personnage de Charlie Salter, un sergent détective de la police de la communauté urbaine de Toronto. Aussi, Hugh GARNER (*The Sin Sniper*, 1970), Ian Adams, David Gurr, Shaun Herron, Donald MacKenzie, Larry Morse, Philippe van Rjndt, Sara Woods et L.B. Right ont écrit des romans notables de ce genre. Michael Richardson a dirigé la publication de *Maddened by Mystery: A Casebook of Canadian Detective Fiction* (1982), qui comprend 13 récits, une introduction historique et une liste de plus de 100 détectives fictifs canadiens.

Dans la même veine, l'organisme The Bootmakers of Toronto a été fondé en 1970, comme pendant canadien des Baker Street Irregulars de Grande-Bretagne, dans le but d'étudier le «canon» de Sherlock Holmes. Inaugurée en 1971, la collection Arthur Conan Doyle de la Metropolitan Toronto Library possède la plus grande collection publique au monde de livres se rapportant au détective créé par Doyle.

Romans fantastiques Il est improbable que les lecteurs qui sont portés sur la réflexion, ceux qui sont satisfaits de leur système de valeurs et qui montrent peu d'intérêt pour la recherche scientifique et les progrès technologiques fassent grand cas du roman fantastique. Ce genre littéraire, qui comprend le roman fantaisiste, les récits insolites et la SCIENCE-FICTION, fait ressortir l'impact sur l'homme et la société de valeurs qui appartiennent au monde de l'imaginaire, au monde surnaturel et à celui des innovations technologiques, respectivement.

C'est ainsi que l'on explique que les Canadiens connaissent peu leur propre tradition littéraire fantastique. La faiblesse relative de l'industrie de l'édition du livre (*voir* ÉDITION DE LANGUE ANGLAISE) et des publications périodiques s'est traduite par l'importation plutôt que la création d'un genre de fiction destiné à un marché de masse. Néanmoins, bien au-delà de 1000 ouvrages à caractère fantastique sont l'œuvre de Canadiens ou d'auteurs étrangers qui en situent l'action au Canada. Deux romans font époque dans ce genre: *A Strange Manuscript Found in a Copper Cylinder* (1888), de James De Mille, une aventure qui se déroule dans un monde polaire où les valeurs sont renversées, et *Consider Her Ways* (1947), de Frederick Philip GROVE, une fantaisie satirique à propos de fourmis pensantes qui soutiennent que leur société est supérieure à celle des humains.

A.E. Van Vogt, un célèbre artisan de ce qu'on appelle l'âge d'or de la science-fiction, est né au Manitoba. Avant de s'établir en Californie, il a écrit plus de 600 000 mots de fiction fantastique, dont son roman classique, *Slan* (1946; trad. *À la poursuite des Slans*, 1968), qui met en scène un mutant persécuté. Judith Merril, l'éminente anthologiste de la littérature spéculative, migre en sens contraire et s'installe au Canada. En 1970, elle fait don à la Toronto Public Library de 5000 livres et périodiques qui forment le fonds de base de la collection The Spaced Out Library, créée sous la direction de Harry Campbell, alors bibliothécaire en chef. En 1987, cette collection comprend 35 146 articles, ce qui en fait la plus grande du genre au monde.

Deux romanciers contemporains commandent une attention particulière. Dans ses nouvelles et surtout dans ses romans, tel *Sunburst* (1964), Phyllis GOTLIEB décrit avec sympathie les rapports entre les humains et les extraterrestres dans des sociétés où la perception extrasensorielle fait partie de la réalité. Avec sa série de romans à suspense qui se situe dans un avenir rapproché, et qui commence avec *Ultimatum* (1973; trad. *Ultimatum*, 1974), Richard Rohmer intéresse un vaste lectorat grâce à ses descriptions de désastres qui sont l'extrapolation de l'agitation sociale actuelle.

Parmi les contributions originales canadiennes aux genres fantastiques, on remarque certains romans dont l'action se déroule dans l'Arctique, notamment *Sick Heart River* (1941), de John BUCHAN (baron de Tweedsmuir), et *The Time Before This* (1962), de Nicholas Monsarrat (un romancier sud-africain qui a passé plusieurs années au Canada). Mentionnons également les romans portant sur le nationalisme québécois, comme *For My Country* (1975; éd. originale en français, *Pour la patrie*, 1895), de Jules-Paul TARDIVEL, et *The Underdogs* (1979), de William Weintraub. Brian MOORE a écrit de la science-fiction (*Catholics*, 1972; trad. *Chrétiens, demain: le visiteur*, 1976), des romans fantaisistes (*The Great Victorian Collection*, 1975) et des récits insolites (*The Mangan Inheritance*, 1979). *Voices in Time* (1980), de Hugh MACLENNAN, est un récit remarquable qui se situe dans un futur proche et qui plonge vers les causes des problèmes sociaux et spirituels contemporains. *Neuromancer* (1984), une aventure «cyberpunk» écrite par William Gibson, et *The Handmaid's Tale* (1985; trad. *La Servante écarlate*, 1987), un roman noir féministe de Margaret Atwood, sont deux best-sellers qui ont été primés.

Parmi les écrivains qui se consacrent exclusivement au fantastique au Canada, citons Michael G. Coney, Terence M. Green, Crawford Kilian, Donald Kingsbury, Edward Llewellyn, Spider Robinson, Charles R. Saunders et Andrew Weiner.

Des auteurs se sont distingués dans le roman fantastique destiné aux jeunes lecteurs (*voir* LITTÉRATURE JEUNESSE DE LANGUE ANGLAISE), tels Pierre Berton, Monique Corriveau, Christie Harris, Monica HUGHES, Suzanne Martel, Ruth Nichols et Mordecai RICHLER. *Other Canadas* (1979) est l'anthologie de référence, publiée sous la direction de John Robert COLOMBO. Elle comprend une courte bibliographie et un commentaire critique. *The Dictionary of Imaginary Places* (2e éd., 1987; trad. *Dictionnaire des lieux imaginaires*, 1998), d'Alberto Manguel et Gianni Guadalupi, traite du même sujet.

John Robert Colombo

Littérature populaire de langue française Ce phénomène urbain qui a vu le jour avec l'industrialisation, au début du XXe siècle, regroupe plusieurs types d'écrits: romans historiques et d'aventures (*voir* ROMAN DE LANGUE FRANÇAISE), romans d'espionnage et romans policiers, romans sentimentaux. À cela s'ajoute la littérature «édifiante» (vie des saints, apologies ou encore le *Journal de Gérard Raymond*). En 1923, l'éditeur Édouard Garand décide de concurrencer le succès que connaissent au Québec les romans bon marché américains en lançant sa propre collection. Dans «Le Roman canadien» seront publiés mensuellement des ouvrages qui exalteront le patriotisme et l'idéologie conservatrice, dont les auteurs seront, entre autres, Jean Féron, Ubald Paquin et Alexandre Huot.

En 1941, le roman-feuilleton *Les Aventures policières d'Albert Brien, détective national des Canadiens français* déclenche un engouement pour les publications hebdomadaires de 32 pages. En 1948, l'Imprimerie Judiciaire publie à elle seule huit séries. De 1947 à 1966, Pierre Saurel (pseudonyme de Pierre Daigneault) fait paraître chez ce même éditeur 934 *Aventures étranges de l'agent IXE-13*, l'as des

espions canadiens. Le roman sentimental ne fait pas si bonne figure. De 1940 à 1960, il n'existe pratiquement qu'une seule collection s'adressant aux femmes, *Les plus belles histoires d'amour*, qui glorifient les vertus du mariage, de la famille, de la souffrance et de la soumission.

De nos jours, bien que les romans de la maison d'édition canadienne HARLEQUIN remportent un vif succès, ce sont des multinationales étrangères qui dominent le marché de la littérature sentimentale. Les 250 000 romans-photos qui se vendent chaque mois au Québec sont aussi d'origine étrangère, le plus souvent italienne. Plusieurs facteurs concourent à étouffer la production locale, en particulier la télévision, le succès grandissant des livres de poche et le «dumping» auquel se livrent les éditeurs étrangers. Les collections spécialisées de romans policiers sont à l'agonie. Entre autres auteurs connus dans ce genre, citons néanmoins Pierre Saurel, «Le Manchot», Claude JASMIN et Chrystine Brouillet.

Roman fantastique et science-fiction Au XIXe siècle, les nouvelles publiées dans les journaux et les magazines du Québec mêlent le réel au fantastique sans jamais les opposer l'un à l'autre, ce qui constitue le principal critère du fantastique. Plus qu'un genre, le fantastique s'incorpore à une histoire. P. ex., les auteurs contemporains Jacques FERRON, Anne HÉBERT, Jacques BENOÎT et Michel TREMBLAY intègrent des éléments de fantastique à des œuvres qui, par ailleurs, n'appartiennent pas à ce genre. Quant à la science-fiction, elle était florissante dans les pays anglophones bien avant de commencer à se développer au Québec.

Mis à part quelques romans-feuilletons (notamment *IXE-13*) et la publication d'un roman de temps en temps, il faut attendre la RÉVOLUTION TRANQUILLE et l'émergence d'une certaine ferveur scientifique pour que la science-fiction prenne son envol au Québec. Certains auteurs (p. ex., Louky Bersianik, François Barcelo, Claire de Lamirande et Roger de Roches) exploitent ce genre pour exposer leurs réflexions et formuler une critique sociale; d'autres, comme Jean Tétreau et Emmanuel Cocke, l'explorent en dilettantes.

Nombre d'auteurs se consacrent à la science-fiction ou au fantastique: Esther Rochon (*Aboli. Les chroniques infernales, 1996*), Elisabeth Vonarburg (*Les voyageurs malgré eux, 1994*), Jean-Pierre April (*Les voyages thanatologiques de Yan Malter, 1995*), Michel Bélil (*Greenwich, 1981*), Daniel Sernine (*Sur la scène des siècles. Nouvelles fantastiques, 1995*) et René Beaulieu (*Légendes de Virnie, 1981*) apparaissent dans la foulée de la création du magazine *Requiem* (fondé en 1974 et rebaptisé *Solaris* en 1979) et du magazine *Imagine...* qui publie exclusivement de la science-fiction. Par ailleurs, deux collections se spécialisent dans ces genres: «Nuits d'encre» (fantastique), publiée chez Desclez, et «Chroniques du futur», chez Préambule. On constate actuellement une volonté concrète d'assurer à la science-fiction québécoise une diffusion régulière, comme c'était le cas pour les séries «Volpek» (Yves THÉRIAULT) et «Unipax» (Maurice Gagnon), publiées par Lidec dans les années 60.

Bande dessinée Contrairement aux autres formes de littérature populaire, la bande dessinée est apparue au Québec en même temps qu'ailleurs dans le monde. Raoul Barré fait paraître, en 1902, sa première bande dessinée, intitulée *Pour un dîner de Noël*, dans le journal *La Presse*, qui est alors en concurrence avec *La Patrie* pour dominer le marché. *Le Père Ladébauche*, du caricaturiste éditorialiste de *La Presse* Albéric Bourgeois, a été l'une des rares bandes dessinées à résister aux agences de presse qui, après 1910, se sont mises à fournir des dessins humoristiques quotidiens aux journaux du monde entier.

Onésime, d'Albert Chartier, est publié pour la première fois en 1944 dans le *Bulletin des agriculteurs*, suivi de son *Séraphin illustré* (une adaptation

d'*Un homme et son péché*, de Claude-Henri GRIGNON) de 1951 à 1970 et de *Ti-Prince*, la suite de *Séraphin*, qui fait son apparition dans *Bonnes soirées* en 1955. En dehors de ces exemples, la bande dessinée québécoise se résume, jusqu'à la fin de la Révolution tranquille, à l'*Histoire en images* (1919-1936), publiée par la SOCIÉTÉ SAINT-JEAN-BAPTISTE, et aux illustrés de Fides destinés aux enfants (1944-1965, *François, Claire* et *Hérauts*). Ces dessins moralisateurs provenaient en général de l'étranger. À quelques rares exceptions près, les quotidiens n'accordaient aucune place aux bandes dessinées québécoises.

L'essor de la bande dessinée coïncide avec l'effervescence des mouvements étudiants et de la contre-culture de la fin des années 60. Le groupe Chiendent (1968), dirigé par Claude Haeffely et André Montpetit, appuie la création bédéiste. Les magazines *Maclean's* et *Perspectives* assurent la diffusion des premiers dessins. Pierre Dupras, caricaturiste de *Québec-Presse*, publie quelques recueils en 1970 et en 1971. Des magazines se multiplient et disparaissent peu après, p. ex., *BD*, *L'Hydrocéphale illustré* et *L'Écran*. Robert Lavaill et Léandre Bergeron font un malheur avec leur *Histoire du Québec illustrée*.

En 1972, la maison d'édition L'Hydrocéphale entêté fonde la coopérative Les Petits Dessins qui, en 1974, fournit quotidiennement six bandes dessinées au journal *Le Jour*. La coopérative ne dure pas longtemps. En 1973, *La Presse* publie chaque jour deux bandes dessinées québécoises: *Les Microbes*, de Michel Tassé, et *Rodolphe*, de Bernèche.

La bande dessinée québécoise se scinde ensuite en deux tendances principales. Le bulletin d'information *BDK* et la maison d'édition du même nom ainsi que les magazines *Prisme* et *Baloune* (héritier de Mainmise) favorisent l'expérimentation en dehors du format commercial rigide habituel. Le magazine *Croc* publie des bandes dessinées humoristiques à compter de 1979. Il fait paraître des livres de Réal Godbout et de Jacques Hurtubise en 1982, mais il met fin à son magazine *Titanic* après quelques numéros et ferme ses portes en 1995. *Cocktail* (1981-1982) reproduit des classiques de la bande dessinée ainsi que des œuvres québécoises. Ovale, une jeune maison d'édition, offre au public des aventures mettant en vedette des personnages tels que Humphrey Beauregard et Ray Gliss. En 1987, *Safarir* fait son apparition. À la différence de *Croc*, ce mensuel consacre, dès le départ, environ 50. p. 100 de son contenu à la BD et atteint rapidement des sommets de popularité. Ses nombreux projets d'expansion l'amène hors du Québec (N.-B. et Ontario) et vers l'Europe (France, Belgique, Suisse et Luxembourg).

Les éditeurs commerciaux cherchent aussi à élargir leur lectorat. Certains d'entre eux (Mondia, Mirabel, Ovale, Ville Marie) veulent reprendre la part du marché que les productions étrangères dominent actuellement à 95 p. 100. Depuis 1973, les livres tirés d'émissions pour enfants (*Capitaine Bonhomme, Bobino*) inondent les rayons. Jean-Pierre Girerd, caricaturiste de *La Presse*, s'essaie à la bande dessinée (*On a volé la Coupe Stanley*) avec peu de succès. Il en est de même pour Jean-Guy Lemay, le talentueux créateur de Bo-Joual (*Bo-Joual et l'ex-peau des 67*), un amusant pamphlet politique. Henri Desclez, qui avait été le rédacteur en chef du magazine *Tintin* avant de travailler aux Éditions Héritage (qui ont publié *Nic et Pic*, de Serge Wilson et Claude Poirier, ainsi que *Monsieur Petitbois*, de Bastien), produit en 1981 une collection de bandes dessinées dont le premier numéro est *Atlantic City*, de Cédric Loth et Pierre Montour. Il reste toutefois difficile et onéreux pour les éditeurs québécois de réussir dans ce domaine. (*Voir aussi* LITTÉRATURE DE LANGUE FRANÇAISE.)

Benoît Melançon

Littérature qui se fait, Une (1962), de Gilles MARCOTTE, constitue une étude audacieuse de l'évolution de la LITTÉRATURE DE LANGUE FRAN-

ÇAISE au Québec. Il s'agit d'un recueil d'essais qui regroupe les premiers essais de l'auteur portant sur de grands écrivains. Marcotte analyse les problèmes auxquels se heurtent les écrivains qui ont dépassé les valeurs anciennes de l'Église, de la famille et de la terre sans pour autant articuler pleinement de nouvelles valeurs, et définit le vertige comme une constante dans la fiction urbaine. Le poète du XIXe siècle était isolé des centres culturels européens; le poète moderne est un double exilé, un exilé de l'intérieur qui se cherche un langage pour mieux habiter le paysage.

Marcotte considère que les auteurs québécois, qui expriment avec éloquence la poétique de la solitude, traduisent l'aliénation, le désespoir et le silence (HÉBERT, BLAIS, Jasmin) ou fuient dans les mondes de la mort, du rêve et du passé (NELLIGAN, Saint-Denys GARNEAU, Lozeau). Avec les écrits de Roland GIGUÈRE, qui paraissent à compter de 1949, la vision apocalyptique des poètes québécois commence à affronter les réalités physiques de la vie. L'anthologie *Contemporary Quebec Criticism* (1979), de Larry Shouldice, propose une traduction du chapitre «The Poetry of Exile».

Michèle Lacombe

Little, Philip Francis, avocat, juge, politicien et premier ministre de Terre-Neuve (Î.-P.-É., v. 1822—Monkstown, Irl., 22 oct. 1897). Arrivé à Terre-Neuve en 1843, Little s'est plongé dans une lutte réformiste pour donner aux catholiques de l'endroit la liberté de pratiquer le droit. À cette époque, la Société du barreau les exclut en vertu de sa constitution, ce qui mécontente particulièrement le Parti réformiste, lequel est appuyé presque exclusivement par des électeurs catholiques irlandais. Grâce à son statut de membre du barreau de l'Île-du-Prince-Édouard, Little devient donc le premier avocat catholique à pratiquer à Terre-Neuve. Pour les réformistes, l'arrivée de Little est une victoire, et ils appuient sa candidature à l'Assemblée en 1850. Il rallie sans tarder différents groupes opposés au gouvernement en réclamant l'autonomie gouvernementale.

En 1855, Little est devenu premier ministre et procureur général du premier gouvernement responsable de Terre-Neuve. Durant son mandat de courte durée au poste de premier ministre, il contribue à stabiliser les affaires politiques et il mène avec succès une forte résistance contre les tractations de la France qui cherche à étendre ses privilèges traditionnels en matière de pêche. Là maladie l'oblige à laisser son siège en 1858 et il se retire peu après en Irlande.

John Greene

Little, Richard Caruthers, «Rich», imitateur et comédien (Ottawa, 26 nov. 1938). Little est célèbre dans le monde entier pour ses imitations impressionnantes de célébrités et de personnalités politiques. Il commence à développer ses dons en écoutant la radio, en fréquentant les salles de cinéma et en participant au théâtre amateur d'Ottawa. Little obtient un baccalauréat ès arts au Lisgar Collegiate, en 1957. Alors qu'il fréquente cette institution, il est chef de claque et rédige de nombreux textes d'encouragement. Le chanteur Mel Torm le découvre dans une émission de variété canadienne et persuade Judy Garland de lui donner la chance de faire ses débuts américains dans son émission, en 1964.

Dès lors, Little passe régulièrement dans plusieurs émissions de télévision, dont le *John Davidson Show* (1969), *ABC Comedy Hour* (1972), la *Julie Andrews Hour* (1972-1973), et anime le *Rich Little Show* en 1976 et *You Asked For It* (1981-1983). Il est nommé artiste de variétés de l'année en 1974 et se voit décerner plusieurs prix pour sa brillante interprétation de *A Christmas Carol*.

James V. Defelice

Lituaniens La Lituanie est un petit pays situé sur la côte sud-est de la mer Baltique. Les premiers immigrants lituaniens recensés au Canada sont des militaires ayant servi dans l'armée britannique au début

du XIXe siècle. Vers la fin du XIXe siècle et au début du XXe siècle, de nombreux Lituaniens (en majorité des ouvriers non qualifiés) émigrent au Canada pour fuir la police tsariste ou dans l'espoir d'améliorer leurs moyens de subsistance. Ils s'établissent en Nouvelle-Écosse, en Ontario et dans l'Ouest du Canada. Le recensement de 1921 fait état de 1970 personnes d'origine lituanienne au Canada; 5000 autres émigrent au cours des années 20 et 30. La plupart des premiers immigrés lituaniens trouvent du travail dans les fermes, les chemins de fer et les mines de charbon, ainsi que dans les usines de Toronto et de Montréal. La plus grande vague d'immigration a lieu après la Seconde Guerre mondiale, quand des milliers de Lituaniens fuyant l'occupation soviétique se dirigent vers l'ouest et se retrouvent dans des camps pour personnes déplacées. Près de 20 000 de ces réfugiés, qui s'appellent entre eux *Dievo Paukstiai* (oiseaux de Dieu), arrivent au Canada. La plupart d'entre eux sont des travailleurs intellectuels très instruits, des artisans ou des artistes. D'après le recensement de 1996, on compte aujourd'hui 35 835 personnes d'ascendance lituanienne au Canada (réponses uniques et multiples confondues). La plupart des Canadiens d'origine lithuanienne résident en Ontario, mais ils sont nombreux à s'établir au Québec, en Alberta et en Colombie-Britannique.

Vie sociale et culturelle Les Lituaniens se sont intégrés facilement à la société canadienne, mais ils ont préservé un fort attachement à leur identité traditionnelle grâce à de nombreuses associations et à des troupes de chant et de danse. Des sociétés d'entraide mutuelle se créent dans les années 1900. Tous les Canadiens d'origine lituanienne sont considérés comme membres de la Communauté lituanienne canadienne du Canada (1952), qui compte 20 sections, et dont le Conseil national à Toronto entretient des relations avec la Fédération mondiale lituanienne (Lithuanian World Federation). La Communauté offre des cours du samedi en langue, histoire, religion et folklore lituaniens partout au Canada. Les Lituaniens sont en majorité catholiques.

Liverpool, localité non const. de la N.-É.; pop. 3048 (rec. 1996), 3113 (rec. 1991), 3295 (rec. 1986); superf. 3,26 km²; située près de l'embouchure de la rivière Mersey, dans le fond de la baie de Liverpool, à 115 km au sud-ouest de HALIFAX.

Historique La localité, qui occupe l'emplacement d'un village MICMAC du nom d'Ogomkegea («lieu de départ»), est nommée Port-Rossignol par de Monts. Nommée d'après le port anglais du même nom, Liverpool est la plaque tournante de la pêche en Nouvelle-Angleterre dès 1670. Ce n'est cependant qu'en 1759 que des colons de la Nouvelle-Angleterre, descendants des Pèlerins, s'y établissent. Pendant la Révolution américaine, lorsque que des corsaires attaquent et pillent sans entrave la flotte marchande le long de la côte, les habitants équipent les célèbres corsaires de Liverpool.

Au XVIIIe siècle, Liverpool devient un important port de mer; la CONSTRUCTION NAVALE connaît un essor considérable. Il en va de même pour le COMMERCE DU BOIS, dont les produits sont exportés vers la Grande-Bretagne, les États-Unis et les Caraïbes. L'effondrement de la Banque de Liverpool, fondée en 1871, détruit l'économie du comté et amorce le long déclin des industries de la construction navale et du bois d'œuvre. En 1929, Liverpool connaît de nouveau une certaine prospérité avec la venue de l'usine de pâtes et papiers Mersey et, souvenir du temps des corsaires, de la contrebande du rhum pendant la CRISE DES ANNÉES 30.

Situation actuelle À la suite du déclin de l'industrie de la pêche, l'industrie touristique a pris de l'importance. L'industrie du bois joue encore un rôle important dans l'économie locale. Constituée en tant que ville en 1897, Liverpool a perdu son statut en 1996, quand elle a fusionné avec le comté de Queens pour former la municipalité régionale de Queens.

Jean Peterson

Livesay, Dorothy, poète (Winnipeg, Alb., 12 oct. 1909—Victoria, C.-B., 29 déc. 1996). Journaliste, nouvelliste, critique littéraire et auteure d'une autobiographie, elle est plus connue comme poète sensible et forte, capable de traiter aussi bien des questions politiques et d'intérêt public que des émotions et des réflexions personnelles et intimes. Livesay est une poète importante au Canada durant les années 70 et 80, années très actives et productives sur le plan littéraire. Sa mère, Florence Randal Livesay, journaliste, poète et traductrice, et son père, J. F. B. Livesay, directeur général de la *Presse canadienne*, l'encouragent dans sa carrière littéraire dès sa première publication, *Green Pitcher* (1928).

Diplômée de l'U. de Toronto et de la Sorbonne, elle milite dans les mouvements de gauche pendant les années 30. Elle remporte le prix du Gouverneur général pour *Day and Night* (1944) et pour *Poems for People* (1947). Livesay reçoit une formation d'enseignante, enseigne en Rhodésie du Nord (Zambie) de 1959 à 1963 et est écrivaine résidente dans des universités. Elle publie sans relâche et son intérêt pour les droits des femmes et pour l'identité de la femme artiste s'est accru au fil des ans.

Un important recueil de sa poésie paraît en 1972 sous le titre *Collected Poems: The Two Seasons*. Parmi ses derniers ouvrages figurent *A Public and Private Voice: Essays on the Life and Work of Dorothy Livesay* (1986). Elle est nommée Officier de l'Ordre du Canada en 1987.

R.D. Mathews

Livre blanc Document gouvernemental qui expose les grandes lignes de la politique du gouvernement sur une question et les actions possibles pour l'avenir, y compris les mesures législatives à envisager. Un tel document est parfois publié en réponse au rapport d'une COMMISSION ROYALE D'ENQUÊTE ou d'un GROUPE DE TRAVAIL. Comme le gouvernement Trudeau le constate après avoir publié le *Livre blanc sur la réforme fiscale*, les livres blancs donnent davantage aux élites qu'à la population l'occasion d'influencer les décisions et l'accès à la publicité. On ne sait pas toujours très bien si un livre blanc énonce les intentions du gouvernement ou s'il vise simplement, comme un LIVRE VERT, à lancer les discussions sur une question. Il est moins embarrassant de retirer un livre blanc qu'un projet de loi.

C.E.S. Franks

Livre vert Énoncé non pas de politiques, mais plutôt de propositions que le gouvernement présente en vue d'une discussion publique à l'échelle du pays. Tout comme un LIVRE BLANC, il s'agit d'un document officiel parrainé par la Couronne. Il est produit au cours des premières étapes de l'établissement de politiques, pendant que les propositions ministérielles sont encore en voie de formulation. À vrai dire, nombre des livres blancs au Canada étaient plutôt des livres verts. Au moins un livre vert, celui qui, en 1975, portait sur l'immigration et la population, a été soumis aux discussions publiques après que le gouvernement eut déjà préparé les mesures législatives visées.

C. E. S. Franks

Livres anciens À la fin du XVIIIe et au début du XIXe siècle, l'Amérique du Nord britannique se découvre un intérêt pour la collection de livres anciens, rares ou épuisés, et c'est à ce moment que les premiers collectionneurs privés et les premières bibliothèques d'institutions entreprennent de développer des collections d'envergure. Plusieurs de ces collections étaient et sont encore de nature générale, mais plus récemment, de nombreux collectionneurs et vendeurs de livres anciens se sont spécialisés dans des domaines tels que les livres pour enfants, les classiques de la littérature, l'histoire militaire, l'Arctique, les livres canadiens, les premières éditions modernes et les livres d'art, ou alors, ils ont concentré leurs recherches sur les œuvres d'un auteur, d'un illustrateur ou d'un éditeur en particulier.

Des adjectifs tels que rare et ancien manquent souvent de précision pour décrire les livres épuisés et usagés. L'âge, l'état, la réputation de la première édition et l'importance de l'auteur ou de l'illustrateur sont autant de facteurs pouvant déterminer la valeur d'un vieux livre, mais sa valeur marchande dépend surtout des pressions de l'offre et de la demande.

Les livres anciens rejoignent le marché public lors de ventes de successions ou de ventes aux enchères, lors de foires du livre ou de ventes organisées par des œuvres de bienfaisance, ou encore par l'entremise des magasins de livres usagés ordinaires et bon marché ou des libraires qui se spécialisent dans les livres anciens de plus grande valeur. À Ottawa, à Vancouver, à Montréal, à Toronto et à Halifax, se tiennent régulièrement des foires du livre regroupant de 30 à 50 marchands. La seule maison de vente aux enchères spécialisée dans les livres anciens au Canada est celle d'Alfred Van Peteghem Books de Montréal.

En 1966, on fonde l'Association de la librairie ancienne du Canada (ALAC) (Antiquarian Booksellers Association of Canada ou ABAC) dans le but de stimuler l'intérêt pour les livres et manuscrits rares et d'assurer des normes de qualité dans la vente de ces livres anciens. L'association compte aujourd'hui quelque 50 bouquinistes, répartis entre Halifax et Victoria. En 1980, on crée le Cercle Amtmann, un club de collectionneurs de livres dont le nom rappelle feu Bernard Amtmann, libraire de Montréal et président fondateur de l'ALAC/ABAC. Actuellement, ce cercle compte près de 100 collectionneurs, bibliothécaires et libraires. Il parraine des conférences, des publications, et des subventions de recherche sur l'histoire du livre et sur des sujets relatifs aux collections de livres.

Ljungh, Esse Willem, producteur de radio-romans, comédien, directeur et enseignant (Malmö, Suède, 1904—Kingston, Ont., 9 févr. 1991). Après avoir étudié les arts et le droit en Suède, Ljungh immigre au Canada en 1927, où il travaille comme garçon de ferme pendant deux ans avant d'acheter sa propre ferme près de Radville, en Saskatchewan. Après avoir perdu sa ferme pendant la CRISE DES ANNÉES 30, il s'installe à Winnipeg où il publie un petit journal agricole en suédois et joue au Little Theatre de Winnipeg. À la fin des années 30, il fait ses premières armes à la radio, tout d'abord comme comédien, puis comme technicien radio, producteur et directeur. Ses trames sonores et musicales ingénieuses ainsi que sa direction d'acteurs lui valent bientôt une grande renommée.

En 1942, il est engagé par la Société Radio-Canada à Winnipeg, puis muté à Toronto en 1946 où il compte, avec Andrew ALLAN et J. Frank Willis, parmi les producteurs d'émissions radiophoniques les plus prisés au Canada. Parmi ses grandes réalisations se trouvent la prestigieuse série *Wednesday Night*, l'émission à succès *Jake and The Kid*, de l'auteur W.O. MITCHELL, un radio-roman qui tient l'antenne des années durant, *Brave Voyage*, et l'émission musicale *G.E. Hour*. Vers la fin des années 50, il fait une incursion à la télévision, mais revient à la radio en tant que superviseur national des dramatiques radio, poste qu'il occupera jusqu'à sa retraite en 1969. Il reçoit le Diplôme d'honneur de la Conférence canadienne des arts et le prix John-Drainie en témoignage de son inestimable contribution à l'industrie canadienne de la radiodiffusion. Il est également fait Membre de l'Ordre du Canada.

John L. Kennedy

Lloyd, Gweneth, directrice de ballet, chorégraphe et professeure (Eccles, Angl., 15 sept. 1901—Kelowna, C.-B., 1ᵉʳ janv. 1993). Directrice fondatrice et chorégraphe de la compagnie qui allait devenir le ROYAL WINNIPEG BALLET, Lloyd personnifie l'esprit d'initiative et l'imagination grâce auxquels les institutions culturelles canadiennes ont été édifiées. Elle reçoit d'abord une formation de professeure d'éducation physique, en Angleterre, puis elle étudie la danse grecque et le BALLET. En 1927, elle ouvre sa propre école de danse à Leeds. En 1938, elle immigre au Canada et s'installe à Winnipeg avec son ancienne élève Betty FARRALLY. Elle y ouvre bientôt une école et fonde le Winnipeg Ballet Club qui deviendra par la suite une véritable compagnie de danse professionnelle. Lloyd quitte Winnipeg en 1950 pour fonder une école à Toronto. En 1946, elle participe à la mise en place du programme d'été de danse du BANFF CENTRE, auquel elle collabore pendant de nombreuses années. Elle devient directrice du programme en 1950. Lloyd et Farrally retournent à Kelowna, en Colombie-Britannique, en 1957 et ouvrent une nouvelle école.

À l'exception de *Shadow on the Prairie*, produit par l'Office national du film en 1952, il subsiste peu de traces de la trentaine de chorégraphies que Lloyd a créées pour sa compagnie entre 1939 et 1952. En effet, en 1954, un incendie a détruit les archives de la compagnie. En 1992, Anna Blewchamp reconstitue sur scène, avec l'aide d'anciens danseurs de la compagnie de Lloyd, *The Wise Virgins*. Le spectacle est enregistré sur vidéocassette. Lloyd a reçu de nombreuses récompenses et distinctions honorifiques, dont l'Ordre du Canada (1977), le prix Danse au Canada (1984) et le prix du Gouverneur général pour les arts de la scène (1992).

Michael Crabb

Lloyd, Woodrow Stanley, formateur, politicien et premier ministre de la Saskatchewan de 1961 à 1964 (près de Webb, Sask., 16 juill. 1913—Séoul, Corée du Sud, 7 avril 1972). Lloyd est surtout connu pour sa lutte en faveur de la gratuité et de l'universalité des soins médicaux en Saskatchewan et pour son apport dans le domaine de l'éducation. Entre 1939 et 1944, d'abord à titre de vice-président puis de président de la Saskatchewan Teachers' Federation et de membre de la direction de la Fédération canadienne des enseignants, Lloyd s'emploie à améliorer les conditions d'enseignement et à en rehausser les normes. À titre de ministre de l'Éducation au sein du gouvernement de la Co-operative Commonwealth Federation (1944-1960), il implante de vastes unités scolaires afin d'améliorer le financement et les installations, en plus de donner forme au concept de l'«école toujours ouverte» que représente l'éducation permanente pour tous.

Le 7 novembre 1961, Lloyd devient premier ministre et hérite d'un conflit virulent lié aux soins médicaux, qui culmine lorsque les médecins retirent leurs services le 1ᵉʳ juillet 1962. Il refuse de renoncer au principe d'un régime universel de soins de santé financé par l'État. Son calme, sa retenue et sa dignité malgré la situation explosive mènent à un règlement le 23 juillet (*voir* GRÈVE DES MÉDECINS DE LA SASKATCHEWAN). Lloyd démissionne comme chef du NPD de la Saskatchewan le 6 juillet 1970 et quitte la politique en 1971. Il devient par la suite représentant du Programme des Nations Unies pour le développement en Corée du Sud.

Jean Larmour

Lloydminster, ville frontalière de l'Alb. et de la Sask.; pop. 18 953 (rec. 1996), 17 283 (rec. 1991), 17 356 (rec. 1986); superf. 17,37 km² (Sask.) et 23,93 km² (Alb.); située à environ 275 km à l'ouest de Saskatoon et à 252 km à l'est d'Edmonton. On l'appelle la «ville-frontière» étant donné qu'elle chevauche la frontière de la Saskatchewan et de l'Alberta. C'est la seule localité canadienne divisée par une frontière interprovinciale.

La ville est fondée avec l'arrivée des COLONS DE BARR, en 1903, et porte couramment le nom de Britannia Settlement jusqu'en 1903. Elle est ensuite rebaptisée Lloydminster en l'honneur du révérend George Exton Lloyd, un pasteur anglican qui prend les colons en charge après le départ du révérend Isaac Barr.

Lors de la création des provinces de Saskatchewan et d'Alberta, en 1905, on choisit le quatrième méridien comme frontière provinciale, ce qui a pour effet de diviser l'emplacement de la ville qui chevauche désormais la frontière. Au cours des 25 années suivantes, il existe donc une ville de Lloydminster en Saskatchewan et un village du même nom en Alberta. En 1929, un incendie important détruit la majeure partie du centre-ville et cause plus de un million de dollars de dommages. L'année suivante, un décret des deux provinces fusionne les deux parties de la ville sous le nom de Lloydminster. En 1958, elle est la dixième ville en importance dans les deux provinces.

Lloydminster est située au cœur d'une région agricole fertile où l'on cultive une variété de céréales en plus de pratiquer l'élevage. Parmi les autres ressources naturelles, on compte le pétrole, le gaz naturel, le sel, le gravier et le charbon. Afin de profiter des immenses champs de pétrole lourd de la région, on construit l'usine pétrochimique de valorisation biprovinciale, inaugurée officiellement en 1992. Les activités manufacturières connexes à l'industrie pétrolière et la préfabrication de maisons jouent aussi un rôle important.

Don Herperger

Lobbying Processus qui permet aux personnes et aux groupes de défendre leurs intérêts. C'est grâce au *lobbying* qu'il est possible d'influencer les dirigeants sur des questions portant sur la POLITIQUE GOUVERNEMENTALE. Dès qu'un citoyen tente d'influencer une décision d'ordre public, c'est du *lobbying*. Les personnes qui s'engagent dans ce genre d'activités peuvent donc être appelées lobbyistes. Cependant, les lobbyistes sont généralement considérés comme des gens rémunérés qui représentent les intérêts des autres auprès du gouvernement.

Le terme *lobbying* fait presque toujours référence à la politique et à l'intérêt d'ordre public. Le *lobbying* aurait vu le jour à Washington et à Westminster, où les individus qui tentaient d'orienter les projets de loi du Congrès et du Parlement se réunissaient dans les halls des chambres d'assemblée en vue d'exercer une influence sur les législateurs au moment où ceux-ci s'y rendaient pour les débats et les votes.

Les origines du *lobbying* sont aussi anciennes que celles de la politique. Cependant, ce n'est qu'à la fin du 19ᵉ siècle qu'on commence à y accorder plus d'attention, à cause des journalistes et des réformistes qui font croisade pour en dénoncer les abus et la corruption dans la politique américaine. Dès 1890, le Massachusetts introduit une loi contre le *lobbying* qui sert de modèle au Maryland (1900), au Wisconsin (1905) et à quelques autres États.

En prenant appui sur le principe de la publicité, la loi exige que l'avocat et les autres agents législatifs s'enregistrent auprès du sergent d'armes en donnant le nom et l'adresse de leur employeur, ainsi que la date d'entrée en vigueur de leur mandat, en plus de décrire la nature de leurs fonctions. La réglementation sur le *lobbying* s'étend à neuf autres États au cours de l'année 1907. La Californie, la Géorgie, l'Utah, le Tennessee, l'Oregon, le Montana et l'Arizona considèrent le *lobbying* abusif comme étant un acte délictueux grave. Il faut attendre l'année 1946 avant que des mesures semblables soient prises sur le plan fédéral.

Le *lobbying* fait partie intégrante de la politique canadienne depuis le tout début de la colonisation. Les subventions, les monopoles et les concessions qui ont rendu possible les premières explorations de Cartier, de Gilbert, de Frobisher, d'Hudson et de bien d'autres sont le résultat de lobbying à la Cour. Les décisions prises en faveur du FAMILY COMPACT et de la CLIQUE DU CHÂTEAU peuvent être attribuées au *lobbying* exercé auprès du Cabinet et du Parlement britannique.

Après l'obtention du gouvernement responsable et surtout après la Confédération, les lobbyistes se tournent vers les gouvernements provinciaux et fédéral. Au début, le parti politique, l'assemblée législative et le gouvernement retiennent leur attention.

Cependant, au fur et à mesure que la politique gouvernementale se complexifie et que ses activités s'étendent à tous les aspects de la vie sociale et économique, les lobbyistes préfèrent la bureaucratie et le Cabinet à l'assemblée législative et aux partis politiques. C'est ce qui se passe généralement aujourd'hui, mais puisque le Parlement a retrouvé une place importante dans les débats politiques au cours des dernières années, certains lobbyistes tentent désormais d'influencer autant les députés que les ministres et les fonctionnaires.

Les lobbyistes sont souvent représentés comme des personnes élégantes, amateurs de cigares, qui s'acharnent à corrompre les représentants de l'État pour les influencer en faveur de leurs intérêts pécuniaires. Cette image colle assez bien aux nombreux scandales, comme le SCANDALE DU PACIFIQUE, auxquels le Canada et les autres régimes politiques ont dû faire face. Néanmoins, peu de lobbyistes tentent d'exercer une influence vénale, poussés uniquement par l'appât du gain. Au contraire, la majorité d'entre eux sont rémunérés pour leurs connaissances et pour l'accès qu'ils ont au processus politique.

Lorsque nous décrivons ce que font les lobbyistes, nous devons nous rappeler que leur principal instrument de travail est la connaissance, connaissance de l'essence même de la politique ainsi que de son processus. La connaissance est la clé qui leur ouvre la porte gouvernementale, leur permettant d'exercer une influence dans des domaines où le gouvernement est en manque de savoir et d'information.

La connaissance des processus est une carte importante dans le jeu des lobbyistes, puisque le fait de savoir qui fait quoi, et où, aide les lobbyistes à utiliser leurs connaissances de façon optimale. P. ex, un lobbyiste d'expérience sait quels fonctionnaires subalternes peuvent s'occuper des problèmes techniques mineurs. Par ailleurs, il sait quelles questions relèvent des hauts fonctionnaires et des ministres. Le lobbyiste sait quels problèmes peuvent être résolus avec un seul appel téléphonique et lesquels nécessitent la formation de coalitions et la faveur de l'opinion publique.

Le champ d'action des lobbyistes se résume à trois choses: une représentation des intérêts auprès du gouvernement, un «service de rencontres» et des processus décisionnels adaptés aux clients. La représentation exige que les besoins et les perspectives des groupes d'intérêts soient clairement communiqués aux fonctionnaires, aux politiciens et, parfois, à la population. Les employés permanents des associations professionnelles ou autres groupes de pression se consacrent beaucoup à ce genre d'activité. Le «service de rencontres» sert à jumeler les principaux intéressés avec des dirigeants. De plus, on leur apprend comment présenter leur cause. Le «mappage» est plus élaboré et plus coûteux, puisque le lobbyiste doit aider son client dans l'élaboration d'une stratégie qui fait cheminer la proposition d'un bout à l'autre du processus décisionnel.

La plupart des lobbyistes s'attaquent rarement aux grandes questions politiques. Ils préfèrent travailler sur un projet à la fois. Leur rôle est d'aider leur client à obtenir des choses telles que des contrats d'approvisionnement gouvernementaux, des subventions à l'industrie, des permis, l'accès aux ressources naturelles ou des modifications mineures dans la réglementation. Il ne s'agit donc pas nécessairement de trafic d'influence. Au contraire, comme le disent les lobbyistes, il est question de conseiller les clients sur la façon d'obtenir des subventions ou de soumettre des propositions. C'est, selon eux, un travail routinier, répétitif, coûteux et long. Ces activités courantes ne devraient pas nécessiter l'intervention de lobbyistes, si ce n'était de l'extrême complexité de la fonction publique et de la réglementation, complexité du moins apparente pour ceux qui connaissent peu le milieu gouvernemental.

Lorsque le *lobbying* réussit à modifier des politiques, ce n'est qu'à la suite d'une longue période de négociations coûteuses. Plusieurs années de travail peuvent s'avérer nécessaires pour susciter l'engagement des participants à l'échelle internationale. P. ex, l'industrie du tabac et les lobbyistes du domaine de la santé sont en conflit depuis plus de 30 ans relativement à la réglementation portant sur les produits du tabac. Les deux adversaires ont formé des coalitions d'organismes qui les appuient au Canada et à l'étranger. De plus, ils font appel à la population et font du *lobbying* direct (en rapatriant des firmes de lobbyistes et des associations) auprès des ministres et des fonctionnaires. Ils financent des recherches pour appuyer leurs revendications, en plus de se traîner mutuellement, ainsi que le gouvernement, devant les tribunaux. Des millions de dollars sont engloutis et des centaines de citoyens ordinaires sont entraînés dans les débats. D'innombrables lobbyistes vouent leur carrière à cette cause qui n'est toujours pas résolue et qui ne le sera certainement pas de sitôt.

Une «industrie» de *lobbying* diversifiée s'est peu à peu formée pour répondre à toutes ces exigences. Bien que nous ignorions combien de lobbyistes travaillent à Ottawa et dans les capitales provinciales, nous savons que la plupart d'entre eux sont des employés à part entière des groupes d'intérêts, des corporations et des syndicats. Les cabinets d'avocats et les firmes de relations publiques font souvent du *lobbying*. Les groupes de *lobbying*, qui attirent souvent l'attention des médias, ne représentent qu'une faible partie de cette industrie. Plusieurs de ces firmes ne sont composées que d'une ou deux personnes qui travaillent sur des questions très pointues, comme c'est le cas pour les marchés de l'État. Les firmes qui retiennent le plus l'attention sont celles en mesure d'entreprendre des campagnes majeures dans plusieurs domaines. Elles possèdent des contacts à l'échelle nationale et internationale. Plusieurs ont d'ailleurs le statut de multinationales. Quelques-unes bénéficient d'une intégration verticale, c.-à-d. que ces firmes ne font pas que du *lobbying*, mais elles offrent aussi, par l'intermédiaire de leurs agences, des services de relations publiques, de publicité et de sondage.

Même si le *lobbying* est généralement une activité honnête, qui apporte une contribution positive sur le plan gouvernemental, la population s'en méfie depuis les deux dernières décennies. Cette inquiétude vient d'une meilleure compréhension du rôle que les groupes d'intérêts et les groupes de *lobbying* jouent sur la scène politique. D'une part, les préoccupations tiennent du fait que les partis politiques ne sont guère plus en mesure de répondre aux exigences des citoyens et de leurs collectivités. D'autre part, il est de plus en plus difficile d'avoir accès aux autorités politiques.

Ceux qui ont le temps et les moyens financiers de mettre sur pied des groupes d'intérêts ou de faire appel à des lobbyistes détiennent un avantage certain. Il n'est pas surprenant que la population ait des doutes sur les inégalités devant les résultats, les riches, en particulier les grandes entreprises, ayant accès plus facilement au marché d'influence que la population générale. Par-delà ces questions d'égalité, les scandales successifs laissent croire à l'infiltration de la corruption dans le processus politique. Les réformistes soulignent l'importance d'une réglementation du *lobbying* afin d'assurer une plus grande transparence et une plus grande intégrité sur le plan gouvernemental.

Les promesses électorales de 1984 donnent naissance à la Loi sur l'enregistrement des lobbyistes (Loi révisée du Canada, 1985, ch. 44 [4ᵉ suppl.]), qui impose leur enregistrement. On établit une base de données électronique et les lobbyistes qui ont un rôle consultatif doivent identifier leurs clients, les agences auprès desquelles ils feront des pressions et leurs objectifs. Les lobbyistes qui représentent des associations ou des corporations n'ont qu'à s'identifier et à dire qui est leur employeur. Certains trouvent ces informations insuffisantes, dénonçant les sanctions imposées à ceux qui omettent de s'enregistrer comme inadéquates et le pouvoir d'enquête du registraire comme étant trop limité. Le fait que le registraire soit un fonctionnaire, pouvant donc subir l'influence du gouvernement au pouvoir, suscite aussi de nombreuses critiques de la part de personnes qui pensent qu'il ne devrait pas exister de liens entre les deux.

La Loi prévoit un examen en règle de son efficacité, un examen effectué en deux temps. Le Comité permanent chargé de la consommation et des corporations et de l'administration gouvernementale de la Chambre des communes réalise le premier au début de l'année 1993. C'est Felix Holtman qui le préside. On ne donne pas suite à son rapport jusqu'à ce que le gouvernement conservateur de Mulroney perde le pouvoir aux élections de 1993. Néanmoins, certaines de ses propositions font partie d'un avant-projet de loi présenté par le gouvernement de Chrétien à l'automne de 1994. Cet avant-projet est ensuite révisé par un sous-comité du Comité permanent de l'industrie présidé par Paul Zed. Les deux comités tiennent de vastes audiences avant de proposer un projet de loi révisé, qui est adopté en 1995.

La Loi reconnaît trois catégories de lobbyistes, à savoir le lobbyiste-conseil, le lobbyiste employé par une corporation ou celui qui est au service d'un organisme. Les lobbyistes-conseils doivent donner plus d'information que les autres. Ils doivent faire un rapport de leurs activités 10 jours après avoir entrepris un nouveau dossier. Ils doivent aussi mentionner, le cas échéant, toutes les modifications apportées à leur mission avant que 30 jours ne se soient écoulés. Par ailleurs, ils sont appelés à faire un rapport 10 jours après que le travail en coulisse est terminé. En outre, les lobbyistes-conseils sont obligés de donner le nom des clients et celui des organisations qui ont formé une coalition, ainsi que celui des personnes ou des organismes qui participent au *lobbying* ou qui en bénéficient. Ces lobbyistes doivent identifier le but des manœuvres de coulisse, qu'il s'agisse d'une subvention, d'un contrat, de politique, etc., y compris le nom des organismes gouvernementaux auprès desquels ils intercéderont.

En raison des plaintes relatives au fait que certains organismes gouvernementaux subventionnent eux-mêmes le trafic d'influence afin d'appuyer leurs propres programmes, les lobbyistes doivent déclarer toute subvention gouvernementale obtenue et sa provenance. Il n'existe pas de proscription à l'effet de recevoir des honoraires conditionnels, c.-à-d. ceux versés une fois le *lobbying* conduit à bonne fin, mais il faut les déclarer. Certains s'y opposent néanmoins, affirmant que cela favorise la corruption. Par ailleurs, les lobbyistes doivent faire part des techniques de communication utilisées, y compris l'influence de masse. Les lobbyistes réguliers doivent dévoiler le même genre de renseignements sur leur employeur, mais ne produisent une déclaration qu'une fois l'an, à moins que leurs activités changent dramatiquement. La Loi prévoit aussi qu'un conseiller en déontologie, rattaché au Bureau du premier ministre, élabore des directives en matière d'éthique destinées aux lobbyistes. C'est pour cela qu'existent des projets de lignes directrices.

Comme le suggère ce compte rendu sur le *lobbying*, les activités dans ce domaine ont considérablement évolué au cours des 20 dernières années. Un membre de l'Opposition qualifie la version initiale de la Loi de «projet de loi de carte professionnelle», compte tenu du fait que si peu de renseignements sont requis. La seconde version exige des renseignements plus poussés, particulièrement de la part des lobbyistes réguliers. Sur le plan fédéral, il existe une importante documentation sur les activités de coulisse. Cette information est diffusée aux médias et à la population générale par la Direction de l'enregistrement des lobbyistes. Toutefois, des faiblesses existent toujours. P. ex, les fonctionnaires ne rendent pas compte officiellement de leurs contacts avec les lobbyistes. Par ailleurs, les lobbyistes peuvent s'esquiver de l'enregistrement en déclarant qu'ils ne font que répondre aux demandes des fonctionnaires. Les pouvoirs d'enquête du registraire sont encore très limités. De surcroît, la personne qui occupe ces fonctions dépend toujours du gouvernement en place.

Il faut souligner que l'enregistrement n'est pas synonyme de réglementation. Cependant, cela peut en représenter les prémisses. La corruption, comme la subornation, est considérée comme un acte criminel en vertu du Code criminel. Les députés n'ont donc pas le droit de recevoir des pots-de-vin. L'établissement de lignes directrices, en vertu de la Loi révisée, est perçu comme un pas vers la réalisation d'un cadre de travail structuré du *lobbying*. Dans la mêlée de la scène politique, nous pouvons nous attendre à ce que les réformistes trouvent de nouvelles occasions pour pousser plus loin cette tendance à la réglementation du *lobbying*. (*Voir* GROUPE DE PRESSION.)

A. Paul Pross

Lochhead, Kenneth Campbell, peintre (Ottawa, 22 mai 1926). Il étudie à la Pennsylvania Academy of Fine Arts (1945-1949) et est nommé directeur de la School of Art de Regina, en 1950. Il est membre du REGINA FIVE et contribue à la fondation des EMMA LAKE ARTISTS' WORKSHOPS. Ses œuvres non figuratives des années 60 font écho à l'esthétique new-yorkaise diffusée par les animateurs d'ateliers tels que les artistes américains Barnett Newman et Kenneth Noland. En 1964, il participe à l'exposition de Clement GREENBERG, Post-Painterly Abstraction.

Lochhead enseigne à l'U. du Manitoba (1964-1973), à l'U. York (1973–1974) et à l'U. d'Ottawa (1975–1989). Dans les années 70, il réintroduit des motifs figuratifs dans ses peintures, qui demeurent néanmoins des exercices de coloriste largement intuitifs. Plusieurs commandes et récompenses importantes soulignent la valeur des réalisations de Lochhead en tant qu'artiste et pédagogue, y compris l'Ordre du Canada, en 1971. L'Art Gallery of Windsor organise une importante rétrospective de ses tableaux en 1977.

Norman Zepp

Lock, Édouard, chorégraphe et interprète (Casablanca, Maroc, 3 mars 1954). Dès sa première œuvre, *Temps Volé* (1975), créée pour Le Groupe Nouvelle Aire, il retient l'attention du public et de la critique. En 1980, il fonde Lock-Danseurs, qui deviendra LaLaLa Human Steps. Sa première œuvre pour cette compagnie, *Lily Marlene in the Jungle* (1980), est suivie d'*Oranges* (1981), qui remporte le prix Jean A. Chalmers pour la chorégraphie, et de *Businessman in the Process of Becoming an Angel* (1983), spectacle amalgamant musique et danse pour lequel sa danseuse principale et sa muse, Louise Lecavalier, remporte un Bessie Award, à New York.

Avec *Human Sex* (1985), le style de Lock, dur, urbain, axé sur la performance et le risque, ainsi que sur l'énergie et la précision du geste, commence à prendre forme. *Human Sex* remporte le Bessie Award pour la chorégraphie en 1986. Avec *New Demons* (1987), Lock va encore plus loin dans l'expérimentation des impulsions contradictoires, de la propulsion et du danger et présente son œuvre pendant deux ans en tournée mondiale en la renouvelant sans cesse. Par la suite, il commence à diversifier ses activités et participe notamment à Mondo Beyondo animé par l'actrice Bette Midler dans une production du Home Box Office.

Sa compagnie et le Ballet Bolchoï de Moscou offrent une prestation commune dans le cadre de *Rendez-vous 87*, tournoi de hockey entre le Canada et l'URSS. En 1988, il se sert, pour la première fois, de chaussons de danse et de danseurs de formation classique et crée *Bread Dances* pour le National Ballet of Holland. La même année, il commence à travailler avec David Bowie, la star rock britannique. En 1990, il conçoit et met en scène le spectacle de Bowie, *Sound and Vision*, qui fait une tournée mondiale. Enfin, en 1992, il participe au concert de Frank Zappa et de l'Ensemble Modern d'Allemagne, *The Yellow Shark.*

Infante, C'est Destroy (1991) jouit d'un immense succès international et est présenté devant plus de 120 000 personnes, dont 21 000 à Montréal seulement. En 1995, il crée une œuvre plus douce, plus profonde, intitulée *2*, qui annonce un changement d'état d'esprit et une plus grande maturité. Celle-ci traite des paradoxes de la vie et de la mort, de la force et de la faiblesse, de la jeunesse et de la vieillesse et pendant qu'une énergie anarchique typiquement *lockéenne* règne sur scène, des films de Lecavalier (qui nous la montrent telle qu'elle est en 1995 et telle qu'elle sera dans 30 ans), projetés sur deux écrans géants placés au-dessus de la scène, défilent lentement.

Lock réalise des vidéos, crée des spectacles, qui défient la gravité, utilise souvent des musiciens sur scène, ainsi que des vocalises et des appareils de sonorisation de haute technologie. Les spectacles de LaLaLa Human Steps passent du méga événement rock à un nouveau genre de théâtre où la tension est extrême, unique dans le milieu international de la danse.

Linde Howe-Beck

L'aventure Lock se poursuit en 1996 lorsque, à l'invitation des GRANDS BALLETS CANADIENS de Montréal, il crée *Étude*, une œuvre pour neuf danseurs, où l'utilisation des pointes et de la musique de Gavin Bryars donne un ton tout à fait nouveau, à la fois sauvage et lyrique, au travail de l'artiste. En septembre 1997, le Festival du film de Toronto présente le long métrage documentaire *Inspirations,* du réalisateur britannique Michael Apted, auquel participe Édouard Lock, aux côtés notamment du peintre Roy Lichtenstein, du chanteur et compositeur David Bowie et de l'architecte japonais Tadao Ando.

La même année, le prestigieux *Dance Magazine* de Tokyo le classe parmi les 10 meilleurs chorégraphes au monde. Il confirme une fois de plus ce talent avec la création d'*Exaucé*, au Japon, en octobre 1998. Cette œuvre, probablement la plus sombre qu'il ait jamais réalisé, s'inscrit dans la suite d'*Étude*. Les danseuses, chaussées de pointes, exécutent une gestuelle linéaire et farouche, qui renouvelle en grande partie le genre et fascine le public du monde entier. Suivent rapidement une série de commandes d'œuvres provenant d'institutions parmi les plus renommées au monde, comme le Nederlands Dans Theater 1 (NDT) — pour lequel il crée *Touch to include* en mai 1999 aux Pays bas — et l'Opéra de Paris.

Cependant, mai 1999 voit le départ de la compagnie, après 18 ans de présence charismatique et d'engagement total, de Louise Lecavalier, muse incontestée d'Édouard Lock. L'année 2000 marque le 20e anniversaire de la fondation de LaLaLa Human Steps. Pour souligner l'événement, le Festival Danse Canada rend hommage au chorégraphe en lui consacrant une partie de son édition 2000 (présentation d'*Exaucé*, programmation de films et de vidéos, exposition de photographies, etc.)

Andrée Martin

Locke, John Lambourne, astronome (Brantford, Ont., 1er mai 1921). Après avoir servi dans la Marine royale du Canada pendant la Seconde Guerre mondiale, Locke reçoit son diplôme de l'U. de Toronto en 1946. Il obtient son doctorat en 1949 et est nommé astrophysicien à l'Observatoire fédéral d'Ottawa la même année. En 1959, il est nommé directeur de la division de physique stellaire. De 1959 à 1962, il est responsable du nouvel Observatoire fédéral de radioastrophysique situé près de Penticton, en Colombie-Britannique.

En 1966, Locke obtient un poste de radioastronome pour la division de génie radio et électrique du CONSEIL NATIONAL DE RECHERCHES DU CANADA. Il est nommé directeur adjoint de la division en 1970 avant de devenir le premier directeur de l'Institut Herzberg d'astrophysique en 1975, poste qu'il conserve jusqu'en 1985. En 1967, Locke fait partie de l'équipe canadienne qui réussit à combiner de façon simultanée les observations de radiotélescopes séparés par des milliers de kilomètres ce qui vaut à l'équipe un Rumford Premium de la part de l'American Academy of Arts and Sciences.

A.H. Batten

Lockhart, Grace Annie, pionnière de l'éducation universitaire des femmes (Saint-Jean, 22 févr. 1855—Charlottetown, 18 mai 1916). Le 25 mai 1875, elle obtient son baccalauréat en sciences et en littérature anglaise du Mount Allison College à Sackville, au Nouveau-Brunswick. Elle devient ainsi la première femme de l'Empire britannique à décrocher un diplôme universitaire. Si son rôle se limite ensuite à celui d'épouse conventionnelle du ministre méthodiste J.L. Dawson, sa réussite universitaire fournit la preuve de la légitimité de la revendication par les femmes de l'accès à l'éducation supérieure.

John G. Reid

Locomotives et matériel roulant Une locomotive est un véhicule moteur sur voies ferrées destiné à remorquer d'autres véhicules sans moteur. La première locomotive qui fait son apparition au Canada est la Dorchester, construite par Robert Stephenson et Cie en Angleterre (1835). Elle fait le trajet de La Prairie à St-Jean au Québec, sur le premier chemin de fer canadien, le CHAMPLAIN AND SAINT LAWRENCE RAILROAD (1836). Les roues ont un arrangement de 0-4-0 (pas de bogie arrière ni de timon de remorque et de direction, 4 roues principales) et ses roues motrices ont un diamètre de 1,2 m. Son poids en ordre de marche est de cinq tonnes et demi et sa vitesse moyenne est de 23 km/h.

Au Canada, on doit la première locomotive à la famille de James Good (1853) de Toronto. Portant le nom de cette ville, la locomotive possède 4 roues motrices et 4 petites roues avant, qui lui permettent de mieux prendre les tournants. Ce mouvement de roues, 4-4-0, est communément connu comme le type américain, style de locomotive qui prédomine entre 1850 et 1890. En 1887, le CANADIEN PACIFIQUE en possède près de 400.

La locomotive du Pacifique apparaît au Canada en 1905 et offre une plus grande rapidité aux trains de voyageurs. Cette locomotive a des cylindres plus gros que ceux des locomotives de type américain, en plus d'avoir une puissance de chauffe et une force de traction beaucoup plus importantes. Pendant la première moitié du XXe siècle, les locomotives prennent des dimensions plus importantes et acquièrent plus de puissance.

En 1927, les CHEMINS DE FER NATIONAUX DU CANADA introduisent la locomotive du Nord. La configuration de ses roues est de 4-8-4 et elle sert au transport des passagers et des marchandises à l'est des Rocheuses. Au même moment, le Canadien Pacifique met sur les rails deux types de locomotives, la *Royal Hudson* (configuration 4-6-4) et la *Selkirk*. La *Royal Hudson* est beaucoup plus rapide et sert au transport de passagers. La *Selkirk* (configuration 2-10-4) est la plus grosse locomotive du Canada et effectue le trajet entre Calgary et Kamloops dans les Rocheuses.

Le moteur diesel, mis au point par Rudolf Diesel vers la fin des années 1890, est d'abord utilisé par les locomotives diesel à transmission électrique, aux États-Unis (1924). C'est le CN qui lance la première locomotive diesel-électrique au Canada. Fabriquée en 1929, il s'agit en fait de deux locomotives accouplées, pouvant générer 950 kW de puissance chacune.

Jusqu'à la fin de la Seconde Guerre mondiale, les locomotives diesels utilisées au Canada ont des moteurs à embrayage de faible puissance. Après la guerre, les compagnies de chemin de fer commencent à utiliser des locomotives diesels électriques pour le transport des marchandises et des passagers sur les voies principales. Vers 1960, le CN et le CP retirent tous deux les locomotives à vapeur de leurs lignes régulières.

Le moteur diesel de la locomotive diesel-électrique fait démarrer une génératrice, et celle-ci transmet l'énergie électrique nécessaire pour mouvoir les moteurs sur chacun des essieux. Ces locomotives s'avèrent plus économiques que celles qui fonctionnent à vapeur. Elles consomment moins d'essence, requièrent un entretien minime et tombent plus rarement en panne. De plus, il est possible de rattacher plusieurs unités pour les trains plus longs, et un seul mécanicien suffit pour les conduire. Aujourd'hui, la plupart des trains de marchandises sont remorqués par des unités d'environ 220 kW (3000 cv) à 4 ou 6 essieux. Les locomotives pour les trains de voyageurs ont un rapport supérieur qui leur permet d'atteindre une plus grande vitesse.

Les premières locomotives électriques au Canada entrent en service en 1906, une fois que le tunnel St. Clair de Sarnia est électrifié afin de surmonter les problèmes causés par la fumée des locomotives à vapeur. Le tunnel Mont-Royal à Montréal est électrifié à son tour en 1915. Les locomotives électriques sont propres et nécessitent peu d'entretien. La propulsion de ces locomotives ne se limite pas à une seule source d'énergie, puisqu'il est possible de produire l'électricité qui sert à les mouvoir avec du charbon, du mazout et de l'énergie nucléaire ou hydraulique.

Les locomotives électriques ont la capacité de résister à des niveaux de puissance de surcharge pendant de courtes périodes, ce qui les rend idéales pour les régions montagneuses en pentes raides et les trains à lourde charge. L'accélération rapide qui les caractérise se prête très bien aux trains de voyageurs. Deux ombres au tableau cependant: ces locomotives ne fonctionnent que sur les voies munies de fils électriques aériens, et leur équipement est fort onéreux et ne peut être rentable que dans les régions à circulation intense.

Matériel roulant Il est composé de wagons non motorisés servant au transport des marchandises et des passagers. Les voitures à passagers des premiers chemins de fer sont en fait des diligences modifiées. Il existe principalement deux types de wagons de marchandises: les wagons plats et les wagons couverts. Jusqu'en 1910, le matériel roulant est constitué de bois monté sur des charpentes ou des châssis métalliques. Aujourd'hui, les voitures de marchandises et de passagers sont faites d'acier et d'aluminium.

Les wagons modernes peuvent transporter jusqu'à 100 tonnes de marchandises. Il existe une gamme importante de wagons de marchandises: les wagons couverts pour les marchandises diverses; les wagons-citernes pour le transport des liquides; les wagons réfrigérants pour les denrées périssables; les wagons-trémies couverts ou non pour les marchandises en vrac; les wagons plats pour l'équipement lourd, les conteneurs et les remorques routières; les wagons transporteurs à trois étages pour les automobiles; sans compter tous les autres wagons spécialisés. Le wagon de queue, le dernier de la file du train de marchandise, sert de bureau aux employés du train et de point d'observation.

La voiture à passagers est le wagon de base du matériel roulant des trains de passagers. En général, elle peut accueillir entre 60 et 90 personnes. Les wagons pour les navetteurs sur courtes distances ont plus de sièges pour le même espace. Le plus confortable de tous les wagons de passagers est de toute évidence le wagon-bar. Il est plus spacieux et offre un service de restauration avec bar. Pour les voyages plus longs, les wagons-lits sont équipés de couchettes et de compartiments privés pour les voyages de nuit. Les repas sont servis dans le wagon-restaurant et dans le wagon-bar.

C'est General Motors Diesel de London (Ontario) qui fabrique les locomotives au Canada d'après les modèles provenant de la Division Électromoteur de General Motors aux États-Unis. Les wagons de marchandises sont fabriqués au Canada par les entreprises suivantes: Hawker Siddeley à Trenton (Nouvelle-Écosse), CanCar Rail à Thunder Bay (Ontario), National Steel Car Corporation à Hamilton (Ontario), Procor Ltée à Oakville (Ontario) qui fabrique des wagons-citernes et Marine Industries de Sorel (Québec). Bombardier et CanCar Rail sont responsables de la fabrication des voitures de passagers.

Ce sont les économies de carburant qui sont à la base de la conception des futures locomotives pour rendre les locomotives diesels électriques plus économiques en carburant. Les locomotives électriques reprendront les rails à mesure que le prix du carburant diesel augmentera. On fait actuellement des recherches en vue d'utiliser du charbon comme carburant des locomotives diesel. Le service des passagers sera assuré par des trains dont la vitesse augmentera probablement grâce à un système électrique poussé ou à une suspension magnétique et à propulsion mécanique. Les wagons de marchandises seront plus légers. La conteneurisation de la cargaison augmentera la capacité de transférer des marchandises entre les différents modes de transport. Les trains de remorques routiers, possédant des roues de rail de chemin de fer, réduiront la nécessité de wagons plats, diminuant du même coup le poids global du train. (*Voir aussi* CHEMINS DE FER, RAILS ET COURS DE TRIAGES.)

Jeffery Young

Lodge, Rupert Clendon, philosophe (Manchester, Angl., 1886—Saint Petersburg, Flo., 1er mars 1961). Lodge se rend aux États-Unis en 1914. Il étudie ensuite à l'U. de l'Alberta et, enfin, à l'U. du Manitoba, où il demeurera pendant la plus grande partie de sa carrière. À l'époque, il est le philosophe le plus lu au Canada en plus de publier des livres qui sont populaires aux États-Unis. *An Introduction to Logic* (1920) témoigne de son attachement à l'idéalisme, mais c'est grâce à sa philosophie du pluralisme, formulée plus tard, qu'il est connu du public.

Dans une série d'ouvrages, Lodge expose sa théorie tripartite, à savoir que chaque question philosophique se prête toujours à trois réponses: réaliste, pragmatique et idéaliste. Parmi ses publications, figurent plusieurs ouvrages sur Platon. Il applique rigoureusement sa théorie du pluralisme philosophique dans *The Questioning Mind* et *The Philosophy of Education* (1937), dans *The Philosophy of Business* (1945) ainsi que dans *Applying Philosophy* (1951). On retourne toujours lire son livre *The Great Thinkers* (1949, 1964).

Elizabeth A. Trott

Logan, John Daniel, écrivain et professeur (Antigonish, N.-É., 2 mai 1869—Milwaukee, Wis., 24 janv. 1929). Il occupe de nombreux postes, publie de la poésie, des critiques littéraires et musicales, des ouvrages d'histoire littéraire et des textes de composition. Cependant, il est surtout connu pour avoir donné le premier cours universitaire de littérature canadienne (à l'U. Acadia en 1915) et pour le combat féroce qu'il a mené contre Archibald MacMechan, de l'U. Dalhousie, à propos de la littérature qu'on y enseignait. Étudiant brillant, il obtient un B.A., un M.A. et un Ph.D., travaille comme publiciste, archiviste et journaliste et enseigne pendant de nombreuses années dans des universités et des collèges américains.

R.D. Mathews

Logan, mont D'une altitude de 5959 m, il est le point culminant du Canada. Le professeur I.C. Russel lui a donné le nom de sir William E. LOGAN, le premier à l'avoir découvert, en 1890, au cours d'une ascension du mont St. Elias. Situé dans les monts St. Elias, au Yukon, le mont Logan est l'un des plus grands massifs montagneux au monde. Son versant sud s'élève abruptement à 4150 m au-dessus de la surface plane du glacier Seward. La montagne est surtout composée de granodiorite, une roche granitique d'origine intrusive. De nombreux sommets se dressent au-dessus d'un plateau couvert de glace et de neige, qui s'étend sur une distance de 19 km en direction nord-ouest sud-est, situé entre 4500 et 5400 m d'altitude. Trois sommets dépassent 5890 m d'altitude.

En 1925, une expédition canado-américaine, dirigée par A.H. MACCARTHY, fait la première ascension du Weak Peak (5915 m) et du High Peak, d'une altitude de 5950 m, alors qu'on croyait qu'elle était de 6050 m. On a fixé la hauteur du pic à 5950 m, mais une nouvelle étude de la montagne, réalisée en 1992, a établi sa hauteur à 5959 m. Jusqu'à aujourd'hui, 13 voies différentes on été empruntées pour l'ascension du mont. Parrainée par l'Arctic Institute of North America et les Forces armées canadiennes, une équipe médicale composée de Canadiens et d'Américains mène une recherche en physiologie en haute altitude à partir d'un camp situé à 5303 m. Terminée en 1980, la recherche a duré plus de 10 ans. Des recherches en météorologie et en glaciologie ont été réalisées sur le versant nord-ouest du col (5340 m). En oct. 2000, Jean Chrétien veut rebaptiser le mont Logan, mont Pierre Elliot Trudeau.

Gerald Holdsworth

Logan, sir William Edmond, géologue et premier directeur de la COMMISSION GÉOLOGIQUE DU CANADA (Montréal, 20 avril 1798—Castle Malgwyn, Cilgerran, Galles du Sud, 22 juin 1875). Logan établit et cartographie les principales structures géologiques de la province du Canada, plus particulièrement les séries laurentienne et huronienne du BOUCLIER précambrienne. Il fréquente l'école Alexander Skakel, à Montréal, et l'Edinburgh High School, en Écosse. En 1816, il fait des études en médecine pendant un an à l'U. d'Édimbourg avant d'aller travailler dans le commerce d'un de ses oncles.

À partir de 1831, Logan dirige les Forest Copper Works, près de Swansea, en Galles du Sud. Penseur méthodique de nature et soucieux de trouver une source sûre de charbon, il effectue le levé topographique et en coupe transversale des filons de charbon des environs. Ces cartes d'une très grande précision sont adoptées par la Geological Survey of Great Britain. En 1840, il présente à la Geological Society of London sa théorie sur la formation souterraine du charbon, laquelle permet aux géologues de déterminer l'emplacement de couches carbonifères formant des gisements exploitables. Il devient géologue de la province du Canada en avril 1842.

En 1844, Logan et un assistant, Alexander MURRAY, achèvent la répartition des formations géologiques de la province en trois grandes sections. Logan doit conclure à contrecœur qu'aucune d'elles n'a de chance de contenir du charbon. Toutefois, il justifiera la poursuite du financement public de la commission géologique par d'autres actions: il fonde un musée géologique, il cartographie les terres souvent inexplorées qu'il a prospectées et il analyse les sols cuprifères de la rive nord du lac Supérieur. En 1851, grâce à l'exposition de sa collection exceptionnelle de minéraux canadiens et de sa carte géologique du Canada au London's Crystal Palace, il devient le premier membre d'origine canadienne à être admis à la Royal Society of London pour ses réalisations au Canada.

Logan reçoit également la Croix de la Légion d'honneur au cours de l'Exposition universelle de Paris en 1855. Il en sera reçu Chevalier l'année suivante. Tandis que la commission poursuit ses recherches en laboratoire et sur le terrain, Logan publie, en 1863, *Geology of Canada*, suivi, en 1865, par un atlas et par une grande carte géologique en 1869. Cette analyse magistrale des structures géologiques et des minéraux à valeur commerciale du Canada a valu à Logan la médaille d'or de la Royal Society en 1867.

L'énorme expansion que prend la commission après la Confédération ne constitue que le cours normal de son évolution, comme l'avait prévu Logan. Il se retire en Galles du Sud en 1869 et A.R.C. SELWYN lui succède. Nullement impressionné par les «tâches herculéennes», Logan fait du premier projet scientifique public au Canada, lequel a un statut précaire au cours de ses premières décennies, une institution permanente.

Suzanne E. Zeller

Logement, politique du Les politiques et les programmes en matière de logement sont des mesures que prennent les gouvernements pour influer sur la quantité, la qualité et le prix des logements. Les objectifs des politiques canadiennes en la matière sont d'assurer à tous les Canadiens un logement convenable à un prix abordable. L'aide gouvernementale est fournie sous forme de subventions et de prêts aux promoteurs ou aux consommateurs. En 1986, on comptait 9 millions de logements au Canada, dont 58 p. 100 étaient des maisons unifamiliales; 1 p. 100, des habitations mobiles; 9 p. 100, des immeubles d'habitation; et 32 p. 100, des logements multiples à faible densité. Quelque 65 p. 100 du parc de logements a été construit depuis la Seconde Guerre mondiale. Durant la CRISE DES ANNÉES 30 et les années de guerre, les mises en chantier n'atteignent en moyenne que 39 000 unités par année, mais elles augmentent rapidement après la guerre afin de répondre aux besoins des soldats de retour au pays, des immigrants et des personnes qui quittent les régions rurales pour s'installer dans les centres urbains. Les ajouts annuels au parc du logement canadien s'élèvent en moyenne à 77 000 unités dans les années 50, à 155 000, dans les années 60 et à 229 100, dans les années 70. On assiste, en revanche, au début des années 80 à une baisse de la demande de logements en raison de la récession économique et du fait que la plupart des membres de la génération du BABY-BOOM de l'après-guerre sont déjà sur le marché du logement (p. ex., seulement 184 600 unités ont été construites en 1986).

Au Canada, tous les palliers de gouvernement interviennent dans les programmes de logement, bien que, d'après la constitution, il s'agisse d'une compétence provinciale. À leur tour, les gouvernements provinciaux peuvent déléguer leur responsabilité en la matière aux administrations régionales et municipales (*voir* VILLE). Ainsi, les administrations locales sont généralement chargées de l'application des normes régissant la salubrité des logements et de l'aménagement du territoire c.-à-d. l'emplacement et le genre de logements (*voir* AMÉNAGEMENT URBAIN ET RÉGIONAL; ZONAGE). Au fédéral, diverses préoccupations d'ordre économique et social, qui ont toutes des répercussions sur le secteur du logement, poussent le gouvernement du Canada à s'occuper de la politique du logement. Les politiques canadiennes en matière de logement visent deux fonctions: aider l'industrie du logement à construire un nombre suffisant de logements pour répondre aux besoins de la plupart des Canadiens (*voir* IMMOBILIER, INDUSTRIE DE L') et fournir une aide additionnelle aux personnes dont les besoins en matière de logement ne peuvent être convenablement satisfaits sur le marché du logement habituel. Avant 1970, les programmes gouvernementaux aident un peu plus du tiers des mises en chantier. La majorité de cette aide vise le logement du marché privé, et moins de 5 p. 100 de toutes les mises en chantier sont destinées aux Canadiens à faible revenu. Durant les années 70, les programmes gouvernementaux permettent d'achever la construction de 40 p. 100 des logements. Les changements dans les priorités de financement donnent lieu au milieu des années 80 à une réduction de l'aide accordée au logement. En 1986, les programmes gouvernementaux n'aident plus que 14 p. 100 des logements achevés, dont 8 p. 100 sont destinés aux Canadiens à faible revenu.

Avant 1970, les programmes de logement canadiens sont quasi exclusivement l'apanage du gouvernement fédéral. La première loi nationale sur le logement, la *Loi fédérale sur le logement* (1935), consent des prêts totalisant 20 millions de dollars et contribue au financement de 4900 unités sur une période de trois ans. Le plan fédéral d'amélioration des logements (1937) subventionne les taux d'intérêt sur les prêts de remise en état de 66 900 maisons. En 1938, la première *Loi nationale sur l'habitation* est adoptée. Les lois sur l'habitation visent un double rôle: garantir un logement et créer des possibilités d'emplois.

Durant la Seconde Guerre mondiale, le gouvernement fédéral demeure actif sur le marché du logement. Une société d'État, la Wartime Housing Corp., construit 45 930 unités à un coût de 253 millions de dollars sur une période de huit ans et contribue à la réparation et à la modernisation des maisons existantes. De nouveaux programmes stimulent le marché du logement privé en offrant des fonds hypothécaires et des taux d'intérêt favorables pour favoriser l'accession à la propriété et la construction de logements locatifs à dividendes limités. En 1946, l'actif de la Wartime Housing Corp. est transféré à la Société centrale d'hypothèques et de logement (*voir* SOCIÉTÉ CANADIENNE D'HYPOTHÈQUES ET DE LOGEMENT).

Une étape importante est franchie, en 1954, dans le domaine de la législation du logement au Canada lorsque le gouvernement consent à assurer les emprunts hypothécaires des investisseurs privés contre les défauts de paiement par les emprunteurs. La *Loi sur les banques* est aussi modifiée pour permettre aux banques à charte canadiennes de prêter de l'argent à des fins hypothécaires. Grâce à de telles initiatives, le gouvernement fédéral peut maintenant diminuer son intervention directe à titre de prêteur et devenir un assureur d'hypothèques et un prêteur de dernier recours.

Au cours des années 70, le gouvernement fédéral continue d'aider le marché du logement privé en assurant les hypothèques et en accordant des prêts directs dans les petites localités mal servies par les prêteurs privés. Des mesures incitatives sont instaurées pour stimuler l'accession à la propriété, dont les régimes enregistrés d'épargne-logement exemptés d'impôt et le Programme d'aide pour l'accession à la propriété ainsi que les changements apportés en 1971 à la *Loi de l'impôt sur le revenu*, qui mettent la résidence principale à l'abri de l'impôt sur les gains en capital. Au début des années 80, le Programme canadien d'encouragement à l'accession à la propriété permet d'accorder des subventions aux acheteurs de résidence, le Régime canadien de renouvellement hypothécaire aide les personnes qui ont de la difficulté à renouveler leur hypothèque aux taux d'intérêts élevés qui sont alors en vigueur, et le Régime de prêts hypothécaires à paiements progressifs aide les propriétaires à compenser les coûts à la hausse de l'accession à la propriété en abaissant les paiements hypothécaires mensuels initiaux. Quelque 37 p. 100 des Canadiens sont locataires, la plupart vivant en région urbaine. Durant les années 70, le gouvernement fédéral soutient aussi la construction de logements locatifs privés au moyen d'une combinaison de subventions, de prêts à des taux préférentiels et de concessions fiscales, comme les déductions du Programme des immeubles résidentiels à logements multiples, le Programme d'aide au logement locatif et le Régime canadien de construction de logements locatifs. La plupart des programmes d'aide au marché locatif prennent fin au milieu des années 80.

Tous les ordres de gouvernement soutiennent l'industrie du logement en ne cessant de se soucier d'améliorer la qualité des logements et les normes communautaires. Le Code national du bâtiment et le Code national de prévention des incendies favorisent l'application de normes uniformes en matière de bâtiment et de sécurité à l'échelle du Canada. Les municipalités inspectent les bâtiments pour veiller au respect des normes et, au moyen de leurs règlements de zonage, réglementent les types de construction et le choix de leur emplacement. Les municipalités ont aussi la responsabilité de la planification et de la prestation de services publics comme l'approvisionnement en eau, les égouts, les routes, les parcs et les écoles. Dans les régions non constituées ou rurales, les districts régionaux ou les gouvernements provinciaux réglementent l'utilisation des terres et fournissent les services.

Les programmes gouvernementaux ont aidé les villes à améliorer la qualité des logements et des services. Dans les années 50, le gouvernement fédéral finance les programmes d'aménagement des terrains. Dans les années 60, les villes reçoivent des fonds pour la rénovation urbaine et l'infrastructure municipale. Dans les années 70, le gouvernement fédéral réoriente les fonds vers l'aide à la remise en état des logements, l'amélioration des quartiers et les programmes d'isolation des logements. La plupart des villes utiliseront le programme d'amélioration des quartiers pour rénover et préserver les vieux quartiers. Les propriétaires et les locateurs affecteront le financement accordé à la remise en état des logements à la rénovation de plus de 315 000 logements entre 1974 et 1986.

Les gouvernements ont constamment la préoccupation d'assurer un logement aux Canadiens à faible revenu. Logement social, logement public, logement communautaire et logement non commercial sont des termes équivalents employés pour décrire les logements destinés aux personnes qui ne peuvent obtenir un logement convenable et abordable sur le marché du logement privé. Les gouvernements, des sociétés à but non lucratif et des coopératives construisent des unités sociales, qui sont exploitées et aidées au moyen de subventions gouvernementales pour garantir un stock continuel de logements à prix abordable. La première loi canadienne sur le logement social est déposée en 1938. La *Loi nationale sur l'habitation* vise la construction de logements à loyer modique. En 1949, cette loi est élargie pour englober les programmes fédéraux-provinciaux (avec parfois la participation des municipalités) pour la construction de logements publics administrés par les provinces à l'intention des familles à faible revenu, des personnes âgées et des personnes handicapées. De 1947 à 1986, 253 500 unités de logement public sont construites au Canada. L'Ontario vient en tête (43 p. 100), suivie du Québec (22 p. 100), de la Colombie-Britannique (8 p. 100), du Manitoba (7 p. 100) et de l'Alberta (5 p. 100). La situation géographique des logements publics témoigne de la capacité des gouvernements provinciaux de participer à des programmes à frais partagés et, dans une moindre mesure, à des secteurs où les taux d'inoccupation sont généralement bas.

Entre 1969 et 1974, le programme de logements publics fait l'objet d'une évaluation approfondie. En 1970, un programme de 200 millions de dollars stimule la recherche de solutions innovatrices pour loger les Canadiens à faible revenu. Le département d'État chargé des Affaires urbaines, en fonctionnement de 1971 à 1978, fait de la recherche et met des politiques en œuvre, et son mandat englobe la SCHL. En 1974, la Loi nationale sur l'habitation est modifiée: les logements publics existants continueront à fournir de l'hébergement aux ménages à faible revenu; des programmes ruraux et autochtones sont ajoutés; de nouveaux logements sociaux seront construits par les municipalités, des organismes à but non lucratif et des coopératives. Les mesures législatives incitent les consommateurs à jouer un plus grand rôle dans la conception et la gestion des logements et favorisent l'intégration des ménages à revenu moyen et à faible revenu. Le gouvernement fédéral est le principal fournisseur de fonds destinés au logement social; les provinces et les villes y contribuent quelque peu aussi. Plus de 220 000 unités seront mises sur le marché entre 1974 et 1986 pour loger des familles (50 p. 100), des personnes âgées (40 p. 100) et d'autres (10 p. 100) (*voir aussi* AUTOCH-TONES, PROGRAMMES GOUVERNEMEN-TAUX CONCERNANT LES).

Durant les années 70, les gouvernements provinciaux et les administrations municipales assument un rôle plus actif dans le secteur du logement. Avant 1970, c'est en Ontario qu'on trouve la Régie du logement provinciale la plus active. Au milieu des années 70, les dix provinces ont mis sur pied ou renforcé des ministères voués au logement et assument une plus grande part de responsabilité dans l'élaboration des politiques et l'établissement des priorités quant aux dépenses affectées au logement. La plupart des provinces offrent des subventions pour l'accession à la propriété et contribuent au coût du logement non commercial. Certaines provinces aident les locataires en offrant des crédits d'impôt et des allocations de logement et en pratiquant le contrôle des loyers. Les modifications apportées à la *Loi nationale sur l'habitation* en 1978 et les négociations qui ont entouré la LOI CONSTITUTIONNELLE DE 1982 sont venues appuyer les activités provinciales en matière de logement et, à leur tour, les gouvernements supérieurs ont incité les villes à créer des sociétés municipales à but non lucratif pour construire et administrer les logements sociaux.

Entre 1979 et 1984, les programmes de logement social font l'objet d'une révision en profondeur. Les gouvernements examinent le coût permanent des subventions au logement et l'évolution de la demande dans ce secteur. Il s'ensuit une réduction des fonds affectés au logement, qui, dorénavant, sont consacrés aux personnes à faible revenu. De plus, les programmes, moins nombreux, sont davantage axés sur la rénovation des logements existants.

Ann McAfee

Loi (acte législatif) Loi adoptée par le Parlement ou par une assemblée législative provinciale (*voir* GOUVERNEMENT PROVINCIAL). Une loi fédérale doit avoir franchi trois lectures à la CHAMBRE DES COMMUNES et trois lectures au SÉNAT avant de recevoir la sanction royale. La sanction est accordée par la SOUVERAINE (rarement), ou en son nom, par le GOUVERNEUR GÉNÉRAL ou (d'habitude) par son représentant (un juge de la COUR SUPRÊME DU CANADA), devant le Sénat. Une loi provinciale doit franchir trois lectures devant l'Assemblée législative et recevoir la sanction du LIEUTENANT-GOUVERNEUR. La sanction royale n'a jamais été refusée à un projet de loi du Dominion, mais des lieutenants-gouverneurs ont refusé 28 fois d'accorder la sanction, la dernière fois en 1945.

Eugene A. Forsey

Loi, application de la Cette expression signifie la prise de mesures d'exécution légales ou les menaces d'en prendre pour inciter au respect des règles de droit. Bien que l'application de la loi (*voir* DROIT) puisse relever d'une grande diversité de personnes et d'organisations, cette fonction est souvent associée dans l'esprit populaire aux activités d'organismes publics spécialisés, tout particulièrement les corps de POLICE. En effet, les corps de police publics sont souvent appelés organismes d'application de la loi, comme s'ils constituaient le seul groupe chargé de cette fonction et que leur fonction principale était l'application des lois (particulièrement le DROIT CRIMINEL). En vérité, les corps de police publics ne sont qu'un des nombreux organismes chargés de l'application de la loi (*voir* SERVICES DE POLICE). En outre, les études montrent que la police ne consacre comme tel que 20 p. 100 de son temps aux activités d'application de la loi.

C.D. Shearing et P.C. Stenning

Loi 101 *Charte de la langue française* (1977), elle constitue le point culminant d'un débat qui marqué par l'adoption de la LOI 63 (1969) et de la LOI 22 (1974). Elle fait du français la langue officielle de l'État et des cours de justice au Québec, tout en faisant du français la langue normale et habituelle au travail, dans l'enseignement, dans les communications, dans le commerce et dans les affaires. L'enseignement en français devient obligatoire pour les immigrants, même ceux en provenance d'autres provinces canadiennes, à moins qu'un «accord de réciprocité» n'intervienne entre le Québec et la province d'origine (ce qu'on désigne comme la clause Québec).

Une nouvelle loi sur la langue figure au plus haut rang des priorités du gouvernement du PARTI QUÉBÉCOIS. Après la publication d'un livre blanc sur le sujet, en 1977, le projet de loi 1, fortement appuyé par les groupes nationalistes et les organisations syndicales, entre autres, rencontre une opposition d'égale intensité du côté des dirigeants d'entreprises et de la population anglophone de la province. Ce premier projet de loi est retiré à la suite des pressions exercées par l'Opposition libérale. Cependant, il réapparaîtra sous la forme du projet de loi 101.

Par la suite, cette législation linguistique est profondément transformée par une série de jugements qui en modifient le contenu et en réduisent la portée. En 1980, la Cour suprême du Canada confirme un jugement de la Cour supérieure du Québec qui déclare caduc l'article de la *Charte* faisant du français la langue de la législation et de la justice. En 1984, on déclare que l'article 23 de la CHARTE CANADIENNE DES DROITS ET LIBERTÉS limite le pouvoir conféré par la Loi 101 de réglementer la langue d'enseignement (*voir* LOI 101, AFFAIRE CONCERNANT LA). Ainsi, les parents dont les enfants ont fréquenté une école primaire de langue anglaise ailleurs au Canada se voient reconnaître le droit d'inscrire les derniers dans des écoles où l'enseignement est offert en anglais (la clause Québec est ainsi invalidée). Durant cette même année, la Cour juge que l'usage obligatoire du français dans l'affichage commercial public n'est pas compatible avec le droit à la liberté d'expression. Le gouvernement Bourassa présente alors le projet de loi 178.

Ces jugements provoquent de l'insatisfaction au sein des groupes nationalistes tout en produisant quelque soulagement au sein de la population anglophone. Comme on peut s'y attendre, de telles remises en cause de la Loi 101 ne laissent pas indifférents les membres du Parti québécois. Toutefois, dans les années qui suivent le référendum québécois de 1995, les dirigeants du Parti parviennent à contenir les positions nationalistes les plus radicales à l'égard des politiques sur la langue.

R. Hudon

Loi 101, affaire concernant la La Cour suprême du Canada, dans un jugement unanime, déclare invalides et inopérants les articles 72 et 73 de la *Charte de la langue française du Québec*, qui portent sur la langue d'enseignement dans les écoles au Québec au motif que ces deux articles contreviennent à l'article 23 de la *Charte canadienne des droits et libertés*. En supposant même que l'article 1 de la Charte s'applique, ces articles ne peuvent se justifier sous l'article 1. L'article 73 de la loi 101 est précis et redéfinit essentiellement les catégories de personnes qui peuvent recevoir l'instruction dans la langue de la minorité de langue anglaise. Les restrictions autorisées par l'article 1 ne peuvent équivaloir aux dérogations permises par l'article 33 de la Charte pour certains secteurs, lequel article peu importe les circonstances, ne s'applique pas à l'article 23. Seul un véritable amendement constitutionnel pourrait redéfinir les catégories de l'article 23 de la Charte.

Gérald-A. Beaudoin

Loi C-20 ou Loi dite de la Clarté ne contient que trois articles. Sanctionnée le 29 juin 2000, la Loi donnant effet à l'exigence de clarté formulée par la Cour suprême du Canada dans son avis sur le Renvoi relatif à la sécession du Québec, est l'interprétation que le gouvernement fédéral donne de la responsabilité qui, selon la Cour suprême, revient aux « acteurs politiques » de déterminer entre autres ce qui constitue une question et une majorité claires, suite au référendum qu'une province ou un territoire peut initier en vue de faire sécession du Canada.

La Loi C-20 définit aussi à l'article 3 à quelles conditions préalables le gouvernement fédéral assujettit l'obligation politique de négocier la sécession advenant un référendum qui aurait satisfait aux exigences de clarté définies aux articles 1 et 2 de la Loi.

Adoptée en moins de deux semaines par la Chambre des Communes, le projet de loi a dû faire face à une opposition vive au Sénat, qui en a débattu pendant plus de trois mois. L'opposition au projet de loi, forte dans les deux rangs de la majorité gouvernementale, visait à reconnaître dans la loi, le principe de l'indivisibilité du Canada, le droit du peuple canadien de se prononcer avant que les négociations menant au démantèlement du pays soient entreprises, le droit des minorités de langues officielles d'être consultées sur la clarté de la question et de la majorité, le droit des peuples autochtones visés de participer aux négociations, et l'obligation d'obtenir au préalable l'assentiment d'une majorité de provinces.

Ces amendements furent défaits suite à la nomination hâtive par le Premier ministre de quatre nouveaux sénateurs pour combler des sièges vacants et à des pressions discrètes sur plusieurs sénateurs de la majorité gouvernementale.

Selon la Loi C-20, seule la Chambre des Communes est habilitée à voter sur la clarté de la question et de la majorité; or l'exclusion du pouvoir du Sénat de se prononcer par vote sur la clarté de la question et de la majorité remet en cause le principe du bicaméralisme enchâssé dans la Constitution du pays ; quant au refus du gouvernement de reconnaître le droit des peuples autochtones visés à participer aux négociations menant à la division du territoire, il affecte directement les droits ancestraux et issus des traités que ces peuples se sont vu reconnaître dans la Constitution.

Des contestations judiciaires pourraient conclure à la nullité de la loi; des groupes intéressés, dont les Cris du Québec, ayant déjà exprimé leur intention de porter maintenant le débat devant les tribunaux.

Bien que le gouvernement de la province de Québec ait exprimé haut et fort son opposition à la Loi C-20, et qu'il ait déposé un contre-projet de loi 99 pour nier les effets juridiques et l'impact politique de la loi fédérale, l'opinion publique au Québec est demeurée sourde aux appels au ralliement lancés par les forces souverainistes.

Dans l'ensemble du pays, le projet de Loi C-20 a plutôt été accueilli favorablement. Il faut noter que le gouvernement fédéral a préféré défendre l'intégrité du pays en rendant surtout difficiles les conditions de sécession d'une province, plutôt que d'affirmer par la voie constitutionnelle l'unité et l'indivisibilité du Canada, à l'instar de plusieurs démocraties occidentales (*voir aussi* SÉCESSION DU QUÉBEC (1998) RENVOI SUR LA).

Loi constitutionnelle de 1867 À l'origine l'ACTE DE L'AMÉRIQUE DU NORD BRITANNIQUE, cette loi adoptée par le Parlement britannique, prévoit la CONFÉDÉRATION de la PROVINCE DU CANADA (Ontario et Québec), de la Nouvelle-Écosse et du Nouveau-Brunswick dans un État fédéral muni d'un système parlementaire similaire à celui de la Grande-Bretagne. La TERRE DE RUPERT est acquise en 1870, et six autres provinces s'ajoutent aux quatre d'origine: le Manitoba (1870), la Colombie-Britannique (1871), l'Île-du-Prince-Édouard (1873), l'Alberta et la Saskatchewan (1905) et Terre-Neuve (1949). La Loi ne renferme pas l'ensemble de la CONSTITUTION du Canada. Elle est complétée par des statuts britanniques et canadiens qui affectent la Constitution (p. ex., la Loi électorale du Canada) et certains principes non écrits appelés «conventions constitutionnelles». Les conventions, tel le pouvoir dévolu à la Couronne de dissoudre le Parlement et de déclencher les élections générales, s'exercent habituellement sur l'avis du premier ministre fédéral.

La Loi établit le PARTAGE DES POUVOIRS entre le gouvernement central (article 91, p. ex., le commerce bancaire, les intérêts, le droit criminel, le système postal et les forces armées) et les assemblées législatives provinciales (article 92, p. ex., le droit des biens et de la propriété, la plupart des contrats et des lois en matière de responsabilité civile délictuelle, les ouvrages et les entreprises de nature locale). En raison de l'étendue et de la portée générale des pouvoirs législatifs conférés, il arrive occasionnellement que surgissent des conflits directs entre des lois provinciales et des lois fédérales régissant les mêmes domaines (p. ex., la fraude). Selon le principe de la suprématie, c'est la loi fédérale qui prévaut. Dans un cas de pouvoirs concurrents des deux juridictions, le pouvoir fédéral est prépondérant en matière d'agriculture et d'immigration (article 95), mais c'est le pouvoir provincial qui prévaut en matière de pensions de vieillesse (article 94A). Contrairement aux États-Unis et à l'Australie où ils sont laissés au niveau local, les pouvoirs non alloués, comme l'aéronautique, la radio et les langues officielles, sont assumés par le fédéral. Le pouvoir fédéral de paix, d'ordre et de bon gouvernement (voir PAIX, ORDRE ET BON GOUVERNEMENT) englobe tous ces secteurs et les pouvoirs «résiduaires» caractérisés comme étant «d'intérêt national» ou «d'urgence». On définit «d'intérêt national» certaines questions qui sont de nature locale et sous juridiction provinciale à l'origine (p. ex., les soins de santé sur une base quotidienne), mais qui peuvent, en raison de circonstances particulières comme à l'occasion d'une épidémie, transcender les pouvoirs provinciaux et être ainsi assujetties à la juridiction fédérale. En temps de guerre, virtuellement tous les pouvoirs provinciaux peuvent relever du pouvoir central.

En 1976, la COUR SUPRÊME DU CANADA décide que le Parlement a également le pouvoir, en cas d'urgence, d'imposer en temps de paix le contrôle des prix et des salaires pour lutter contre l'inflation, devenue un problème majeur au pays. Contrairement à la constitution américaine, la Loi constitutionnelle n'établit pas l'égalité constitutionnelle entre toutes les unités locales. Contrairement aux quatre provinces fondatrices, les provinces des Prairies, p. ex., ne deviennent propriétaires de leurs terres et minéraux que 25 ans après avoir obtenu le statut de province.

Les tribunaux ont grandement contribué à délimiter les pouvoirs du fédéral et des provinces. Jusqu'à ce que les appels au Parlement britannique soient abolis en 1949, d'influents juges du COMITÉ JUDICIAIRE DU CONSEIL PRIVÉ interprètent de façon expansive les pouvoirs provinciaux, comme ceux touchant la propriété et les droits civils, quand ils entrent en conflit avec les pouvoirs fédéraux dans le domaine des lois régissant la paix, l'ordre et le bon gouvernement du pays ou encore dans les règlements sur les échanges et le commerce. Ils cherchent ainsi à contrebalancer le centralisme excessif qu'ils perçoivent dans l'AANB, particulièrement dans l'article 90, accordant le droit de veto du fédéral sur toute loi provinciale. Ils veulent également préserver un système fédéral viable. Depuis 1949, la Cour suprême adopte une interprétation plus centralisatrice. En 1980, l'absence d'une formule d'amendement interne dans l'AANB provoque une crise constitutionnelle lorsque le premier ministre TRUDEAU essaie de rapatrier unilatéralement la Constitution en utilisant une procédure «d'adresse commune» à Londres, sans le consentement des provinces. Quand la Cour suprême décide, en septembre 1981, que cette proposition est inconstitutionnelle d'un point de vue conventionnel, Trudeau revient sur sa décision et le «rapatriement» a finalement lieu en avril 1982 à la suite d'un consensus fédéral-provincial. (Voir aussi HISTOIRE CONSTITUTIONNELLE; DROIT CONSTITUTIONNEL; CONSTITUTION (1981), RÉSOLUTION D'AMENDEMENT DE LA.)

W.H. McConnell

Loi du «cadenas» Cette loi québécoise adoptée en 1937 (Loi concernant la propagande communiste) permet au procureur général de fermer, pour un an, tout édifice utilisé pour faire la propagande du «communisme et du bolchevisme» (sans les définir). Un juge peut ordonner la réouverture si le propriétaire peut prouver que l'édifice n'a pas servi à cette fin pendant la dernière année. De plus, la loi autorise le procureur général à confisquer et à détruire tout matériel imprimé de propagande communiste et bolchevique. Toute personne ayant imprimé, publié ou diffusé ce genre de document peut être emprisonnée pendant un an, sans appel. En 1957, la Cour suprême du Canada déclare cette loi inconstitutionnelle, puisqu'elle empiète sur le droit criminel, un champ de compétence fédérale.

Eugene A. Forsey

Loi du Service Militaire Elle est adoptée le 29 août 1917 pour renforcer les effectifs du CORPS EXPÉDITIONNAIRE CANADIEN en France. La guerre prenant un mauvais tournant, les pertes sont considérables et la contribution du Canada sur le plan des ressources humaines était faible par rapport à celle des autres pays alliés. L'engagement volontaire donne des résultats inégaux et les militaires sont d'avis qu'il leur est impossible de maintenir des effectifs complets pour le Corps d'armée canadien sans CONSCRIPTION. Devant les pressions exercées par les Canadiens anglais et les Britanniques, le premier ministre Sir Robert BORDEN fait adopter la Loi du Service Militaire. Des émeutes éclatent au Québec. La Loi est appliquée de façon irrégulière et il y a de nombreuses évasions et dérogations. À la fin de la guerre, seuls 24 132 conscrits se sont rendus au front. La valeur militaire de la Loi est souvent contestée, mais ses conséquences politiques demeurent évidentes. Elle mène à la constitution du gouvernement de coalition de Borden et la plupart de ses partisans canadiens français passent à l'opposition, étant donné qu'ils se sentent fortement marginalisés par cette tentative de forcer leur participation à un conflit impérial.

Richard A. Preston

Loi 63 *Loi pour promouvoir la langue française au Québec* sanctionnée le 28 novembre 1969, en vertu de laquelle le ministre de l'Éducation doit s'assurer que les enfants recevant leur enseignement en anglais acquièrent «une connaissance d'usage de la langue française» et exiger que les immigrants «acquièrent dès leur arrivée ou même avant qu'ils quittent leur pays d'origine la connaissance de la langue française». En 1967, la commission scolaire de Saint-Léonard, sur l'Île de Montréal, statue que les enfants d'immigrants tombant sous son autorité n'ont accès qu'à l'enseignement en français. L'opposition des anglophones pousse le gouvernement de l'UNION NATIONALE à présenter le projet de loi 85, dont l'étude ne va cependant jamais au-delà de l'étape de l'étude en commission parlementaire.

La commission Gendron fut alors mise sur pied pour enquêter sur les problèmes linguistiques au Québec. Toutefois, des compromis proposés par l'administration scolaire de Saint-Léonard provoquent des manifestations violentes, et le gouvernement dépose le projet de loi 63 sans attendre les recommandations de la Commission. Le projet de loi suscite un mouvement d'opposition sans précédent au sein de la population francophone du Québec, qui y voit une intervention beaucoup trop modérée. Par la suite, la loi est remplacée par la LOI 22, dont le champ d'application se révélera plus étendu.

R. Hudon

Loi sur la mobilisation des ressources nationales (LMRN) Cette loi est adoptée par le Parlement le 21 juin 1940. Elle représente la réponse du gouvernement à la demande publique pressante en faveur d'un effort de guerre canadien plus efficace, laquelle se fait entendre dans le sillage des stupéfiantes victoires allemandes en Belgique et en France. Cette loi permet au gouvernement de réquisitionner les biens et les services des Canadiens pour défendre le pays. Si le premier ministre Mackenzie King tient sa promesse faite en 1939 de ne pas imposer la CONSCRIPTION pour le service outre-mer, celle-ci est néanmoins renversée par un référendum national en août 1942. L'amendement de la LMRN permet d'envoyer des conscrits outre-mer en plus des forces régulières de volontaires. Sur le plan politique, cette loi est importante, car elle démontre que le gouvernement est déterminé à intensifier l'effort de guerre. Elle tend aussi à apaiser les *conscriptionnistes* sans contrarier les *anti-conscriptionnistes*. Du point de vue militaire, la loi crée une dualité qui durera jusqu'à la fin de la guerre. Elle a aussi pour résultat l'entraînement d'un grand nombre d'hommes pour le service militaire. De 1940 à 1944, près de 60 000 hommes se portent volontaires pour le service général, et plusieurs milliers d'autres sont envoyés au front après le début du recours aux conscrits pour le service outre-mer à la fin de 1944.

N.F. Dreisziger

Loi sur les banques Cette loi est adoptée par le Parlement afin de réglementer les BANQUES À CHARTE du Canada. Elle a quatre buts principaux: protéger les dépôts des clients; garantir la disponibilité des réserves de liquidité (voir POLITIQUE MONÉTAIRE); promouvoir l'efficacité du système financier par le biais de la concurrence; et maintenir une gamme d'institutions financières distinctes.

La loi sépare les BANQUES en deux catégories, les banques de l'annexe A et les banques de l'annexe B. Les banques de l'annexe A sont à participation multiple et appartiennent surtout à des intérêts nationaux (aucun actionnaire individuel ne peut contrôler plus de 10 p. 100 des actions avec droit de vote). Les banques de l'annexe B ont un capital fermé, principalement constitué par des sièges sociaux étrangers; la loi permet au gouvernement de limiter l'importance des banques de l'annexe B. La loi fixe aussi les conditions requises à l'entrée dans le secteur du COMMERCE BANCAIRE.

Pour débuter en affaires, une banque à charte doit posséder un capital de deux millions de dollars. Les banques doivent garder des réserves de liquidité équivalentes à environ 4 p. 100 des dépôts soumis aux réserves (définis dans la loi comme tous les dépôts sauf les dépôts à termes à échéance de plus d'un an). Les réserves secondaires, qui peuvent prendre la forme de bons du Trésor portant intérêt, doivent être aussi tenues à un niveau laissé à la discrétion de la BANQUE DU CANADA.

De plus, la loi spécifie les rapports à fournir par les banques au Surintendant des institutions financières et limite le type d'activités dans lesquelles une banque à charte peut se lancer. P. ex, les banques à charte ne peuvent pas actuellement gérer des TRUSTS, vendre des assurances. Toutefois, les changements récents dans la législation permettent aux banques à charte d'offrir une plus grande variété de services financiers et d'élargir leur champ d'activité. Ainsi, la plupart des banques à charte ont acquis la propriété de maisons de courtage en valeurs mobilières.

Après son adoption par le Parlement, la loi sur les banques reste en vigueur pendant 10 ans. Cela garantit sa mise à jour périodique par le législateur pour l'adapter aux changements dans le système financier canadien.

Paul Boothe

Loi sur les dépenses d'élection L'interprétation et l'application de cette loi ont suscité des problèmes, en partie à cause de la formulation imprécise ou ambiguë du texte. Beaucoup des questions relevées ont été examinées par la Commission royale sur la réforme électorale et le financement des partis, qui a déposé son rapport au début de 1992. De nombreuses recommandations avaient pour but de clarifier et d'améliorer le mécanisme des dépenses électorales, mais aucune ne visait de quelque façon les principes essentiels du système.

Une question qui n'est toujours pas résolue est la réglementation des dépenses des candidats indépendants non affiliés à un parti politique enregistré. En juin 1996, la Cour d'appel de l'Alberta a confirmé la décision d'un tribunal inférieur qui avait invalidé les dispositions de la loi à ce sujet en affirmant qu'elles violaient les libertés d'expression et d'association garanties par la Charte canadienne des droits et libertés (*voir* SYSTÈMES ÉLECTORAUX). Le gouvernement fédéral a décidé de ne pas contester davantage la question devant les tribunaux, mais de trouver plutôt une autre façon de la résoudre.

Terence H. Qualter

Loi sur les langues officielles (1988) Cette loi comprend tous les amendements qui y ont été apportés depuis 1969. La version de 1988 fait ressortir les responsabilités des institutions fédérales. Elle assure la révision constante du Programme sur les langues officielles par une commission parlementaire. Elle garantit la demande de recours en cour fédérale et a préséance sur toutes les autres lois adoptées par le Parlement, à l'exception de la Loi canadienne sur les droits de la personne. (*Voir* POLITIQUE LINGUISTIQUE; LOI SUR LES LANGUES OFFICIELLES [1969].)

Commissaire aux Langues officielles

Loi sur les mesures de guerre Adoptée en 1914, cette loi confère des pouvoirs d'urgence au Cabinet fédéral en lui permettant de gouverner par décret lorsqu'il perçoit la menace «d'une guerre, d'une invasion ou d'une insurrection, réelle ou appréhendée». La loi est proclamée en vigueur lors des deux guerres mondiales et comporte des règlements détaillés limitant la liberté des Canadiens pendant celles-ci. C'est en vertu de cette loi que des Canadiens d'origine allemande, ukrainienne et slave sont emprisonnés pendant la Première Guerre mondiale et que des Canadiens d'origine japonaise subissent le même sort pendant la Seconde Guerre mondiale et voient leurs biens confisqués. Ces recours à la loi suscitent de vives discussions jusque dans les années 80. Les personnes touchées obtiennent alors des mesures d'indemnisation et des excuses officielles. Des mesures législatives d'urgence plus restreintes, découlant de la *Loi sur les mesures de guerre*, sont appliquées durant la démobilisation et après la Seconde Guerre mondiale de même que pendant et après la GUERRE DE CORÉE, dans les années 50.

La Loi sur les mesures de guerre est invoquée une seule fois pendant une crise intérieure, en octobre-novembre 1970. On déclare alors un état d'«insurrection appréhendée» au Québec et l'on proclame des règlements d'urgence en riposte à la prise de deux otages par le FRONT DE LIBÉRATION DU QUÉBEC, un groupe terroriste (*voir* CRISE D'OCTOBRE). Par la suite, le premier ministre Trudeau promet de préciser et de limiter l'application de la loi en cas de crise intérieure, mais la loi n'a pas encore été modifiée lorsque les libéraux sont défaits en 1984. Finalement, une loi plus détaillée et plus limitée, la Loi sur les mesures d'urgence, est adoptée et entre en vigueur en 1988.

Denis Smith

Loi sur les secrets officiels Il s'agit du plus important texte législatif portant sur la sécurité nationale; il vise à interdire et à contrôler l'accès aux renseignements de nature délicate détenus par le gouvernement, ainsi que la divulgation de cette information. Les infractions comprennent l'espionnage et la communication illicite de renseignements gouvernementaux. Quoique l'expression «secrets officiels» ne soit pas définie de façon exhaustive dans la loi, ils sont réputés comprendre tout renseignement à caractère officiel, et l'accès à de tels renseignements peut être interdit au public pendant une période maximale de 30 ans. Il est manifeste que des endroits prohibés, chiffres officiels, mots de passe, plans, modèles, articles, notes ou autres documents peuvent être

considérés comme des secrets officiels aux termes de la loi.

Une certaine controverse entoure la question de savoir si les renseignements doivent obligatoirement être secrets (cela n'est pas exigé en Grande-Bretagne). Lors de la poursuite intentée contre le *Toronto Sun* en 1978, le juge présidant l'enquête préliminaire présume qu'il doit effectivement s'agir de renseignements secrets. Dans une affaire en 1948, la Cour d'appel du Québec rend une décision précisant que la loi ne s'applique pas aux renseignements publiés, rendus publics ou appartenant au domaine public. Par contre, dans la récente cause anglaise *Spycatcher* de 1987 (relative au maintien, par la Chambre des lords, d'une injonction interdisant la publication des mémoires d'un ancien agent britannique de contre-espionnage), lord Ackner écrit que, bien que la mèche soit en effet vendue, il y a un monde entre l'importation tolérée de quelques exemplaires et une diffusion à grand tirage.

La première loi sur les secrets officiels est adoptée en Angleterre en 1889 et, moyennant des modifications mineures, entre en vigueur au Canada en 1890. En 1892, les dispositions de loi sont transférées dans le premier Code criminel du Canada, jusqu'à ce qu'elles soient abrogées, puis remplacées, en 1939, par la Loi sur les secrets officiels. Cette nouvelle loi combine en un seul texte les lois anglaises de 1911 et de 1920. Des modifications de détail sont apportées en 1950, en 1967 et en 1970. Par ailleurs, un ajout important est fait en 1973 sous la forme d'un pouvoir général de mener des enquêtes par écoute électronique sur autorisation de l'exécutif plutôt que du judiciaire.

La Commission royale d'enquête sur la sécurité (1969), ou Commission Mackenzie, qualifie la législation de loi malcommode qui utilise un libellé très général et ambigu et qui, dans les affaires d'espionnage, comporte des dispositions inhabituelles et extraordinairement exigeantes sur le plan de la procédure et de la preuve. Des commissions royales successives ont critiqué les vastes pouvoirs de fouille, de perquisition et de saisie que confère la loi dans le cas des infractions substantielles, telles que la communication illicite de renseignements cotés.

Au Canada, plus de la moitié des 22 poursuites intentées en vertu de la Loi sur les secrets officiels découlent de la défection d'Igor GOUZENKO en 1945 et de ses révélations sur une série de réseaux d'espionnage soviétiques actifs au Canada. Depuis 1961, à peine quelques poursuites ont été intentées. En 1978, on compte deux affaires concernant les dispositions liées à la communication illicite, mais, dans les deux cas, une ordonnance de non-lieu est rendue. La poursuite la plus récente est l'affaire *Longknife*. James Morrison (qui portait le nom de code *Longknife*) est accusé d'avoir comploté en vue d'enfreindre les dispositions de la loi et d'avoir communiqué des renseignements secrets à des agents russes entre 1955 et 1958. Les accusations sont portées en 1983, après des interviews données en 1982 par Morrison à la télévision et dans la presse quant à son activité relative au renseignement pour la GRC. Morrison conteste d'abord la validité d'une procédure liée à des infractions qui remontent à 30 ans, faisant valoir qu'il s'agit d'une atteinte à la garantie d'être jugé dans un délai raisonnable, prévue dans la CHARTE CANADIENNE DES DROITS ET LIBERTÉS. Le procès sur les trois chefs d'accusation prend soudainement fin lorsque l'accusé reconnaît sa culpabilité à l'un des chefs d'accusation. Une peine de 18 mois d'emprisonnement est prononcée.

La COMMISSION D'ENQUÊTE SUR CERTAINES ACTIVITÉS DE LA GENDARMERIE ROYALE DU CANADA (Commission McDonald) signale en 1979 que la réforme législative doit aller au-delà du simple démantèlement de la Loi sur les secrets officiels, ainsi que de la reconnaissance de l'espionnage et de la communication illicite en tant qu'infractions distinctes. Elle déclare que la défini-

tion de ces infractions dans la Loi sur les secrets officiels laisse beaucoup à désirer. La Commission conclut que l'heure est venue de réviser cet aspect de notre loi afin qu'elle soit à la fois claire et adaptée aux valeurs et aux besoins du Canada d'aujourd'hui. Malgré ces demandes et d'autres en vue d'une refonte en profondeur de la loi, cette dernière demeure essentiellement inchangée. (*Voir aussi* RENSEIGNEMENT ET ESPIONNAGE.)

Stanley A. Cohen

Loi 22 *Loi sur la langue officielle*, elle est parrainée par le gouvernement libéral de Robert BOURASSA, est adoptée par l'Assemblée nationale le 19 juillet 1974 et sanctionnée le 31 juillet. Elle fait du français la langue de l'administration et des services de même que la langue du travail. Par ailleurs, seuls les enfants qui peuvent faire la preuve d'une connaissance suffisante d'une autre langue peuvent être exemptés de l'obligation de recevoir leur enseignement en français.

C'est l'agitation sociale croissante et la montée du sentiment nationaliste qui obligent à revoir la LOI 63 et à présenter un projet de loi de portée plus étendue. À l'étape de l'étude en commission parlementaire, ce projet de loi suscite la présentation de pas moins de 160 mémoires. Les groupes nationalistes et les organisations ouvrières trouvent le projet trop timide et s'y opposent. Les groupes ethniques et les anglophones jugent injustes les tests imposés pour autoriser l'accès à l'enseignement en anglais. Ces derniers groupes manifestent leur mécontentement à l'occasion de l'élection provinciale de novembre 1976 en refusant au Parti libéral l'appui qu'ils lui réservent traditionnellement.

R. Hudon

Lois concernant le transfert des ressources naturelles, 1930 Les provinces du Manitoba, de la Saskatchewan et de l'Alberta ont chacune fait l'objet d'une loi, en vertu de laquelle le gouvernement fédéral rend aux provinces des Prairies la juridiction qu'il a exercée sur les terres de la Couronne et les ressources naturelles de la région depuis qu'il a acheté ces terres à la Compagnie de la baie d'Hudson en 1870. Le gouvernement fédéral croyait qu'il devait contrôler ces terres et ces ressources pour avoir les moyens d'atteindre l'objectif national de peupler rapidement les PRAIRIES OCCIDENTALES en les rendant productives et en les intégrant dans l'économie nationale. Or, ce sujet devient vite un grief populaire dans l'Ouest, où l'on considère que le contrôle fédéral relègue les provinces à un statut de seconde classe au sein de la confédération, et résulte en la subordination des intérêts régionaux à des buts nationaux. Les lois concernant le transfert des ressources naturelles sont donc très populaires dans l'Ouest: elles symbolisent enfin l'égalité en droit de toutes les provinces canadiennes.

D.J. Hall

Lois de Milice Ces lois fournissent la main-d'œuvre nécessaire à la défense. Jusque dans les années 1850, dans le Haut et le Bas-Canada, en Nouvelle-Écosse et au Nouveau-Brunswick, ces lois imposent généralement un service obligatoire aux hommes âgés de 16 à 50 ou 60 ans. Ceux-ci sont astreints à des manœuvres militaires une ou plusieurs fois par année. Cette institution, la Milice sédentaire, souffre d'un manque d'organisation et d'entraînement. Ces lois prévoient également la création de bataillons des services affectés à des missions de transport, d'opérations, etc. Cette Milice active est composée de volontaires et on y ajoute, au besoin, des personnes dont les noms sont choisis par tirage au sort (sélection par lot). En 1846, dans la province du Canada, on entretient une Milice active dont les effectifs atteignent 3000 hommes. En 1855, la plupart des membres de la garnison britannique au Canada partent pour la Crimée et, profitant d'un engouement patriotique, une loi est adoptée, prévoyant la création d'une Milice active forte de 5000 hommes, lesquels seraient équipés, formés et rémunérés. En 1856, on autorise la création de compagnies supplémentaires de Milice active dont les membres ne reçoivent aucune solde.

Durant la GUERRE DE SÉCESSION, craignant une invasion, John A. Macdonald dépose un projet de loi (1862) prévoyant la mise sur pied, par tirage au sort au besoin, d'une Milice active de 50 000 hommes, qui seraient équipés et payés pour s'entraîner durant 28 jours. L'échec du projet de loi provoque la chute de son gouvernement. En 1863, le premier ministre John Sandfield Macdonald décide de s'en tenir à la Milice sédentaire et décrète que les bataillons des services peuvent être appelés six jours par année pour la pratique d'exercices militaires. Quelque 35 000 volontaires seraient équipés, mais ne recevraient aucune rémunération. Dans sa *Loi de Milice* de 1868, George-Étienne Cartier conserve la théorie de la conscription, mais reconnaît que la formation volontaire constitue la pierre d'angle du système de milice du *Dominion*: la Milice active est alors formée de 40 000 fantassins, répartis en compagnies dans des districts militaires. La Loi de Milice de 1883 prévoit l'ajout d'effectifs permanents affectés aux écoles de milice, qui constituent le noyau d'une Force permanente.

En 1904, à la suite d'une série d'affrontements opposant les officiers généraux britanniques commandant la Milice canadienne et le Ministre de la Milice et de la Défense, une Loi de Milice crée le Conseil de la Milice, composé de civils et de militaires de haut rang, en particulier d'un chef d'état-major général. Ce projet de loi prévoit de doubler les effectifs de la Force permanente, ce qui la porte à 4000 hommes, afin d'envoyer une garnison à Halifax pour y remplacer les Britanniques. La Loi sur la défense nationale de 1922 regroupe la Milice, les Forces navales du Canada et l'Aviation canadienne sous l'autorité du ministère de la DÉFENSE NATIONALE. (*Voir aussi* FORCES ARMÉES; MILICE; ARMÉE.)

Richard A. Preston

Lombardo, Guy (Gaetano Alberto), chef d'orchestre et violoniste (London, Ont., 19 juin 1902—Houston, Tex., 5 nov. 1977). Lombardo dirige son propre orchestre de danse, les Royal Canadians, qui est l'un des plus populaires de son époque en Amérique du Nord. Il vend quelque 300 millions de disques en 50 ans, et ce, malgré que son style soit méprisé par la critique qui le juge sans éclat. En 1923, Lombardo s'installe à Cleveland (Ohio) avec d'autres musiciens de London, y compris ses deux frères: Carmen (1903-1971), saxophoniste, chanteur et, plus tard, chansonnier à succès (*Coquette, Boo Hoo*, etc.), et Lebert (1904-1993), trompettiste.

En 1924, il nomme son orchestre Royal Canadians. Ses concerts de veille du Jour de l'an radiodiffusés (et plus tard télévisés) depuis le Roosevelt Grill de New York, siège de l'orchestre de 1929 à 1962, font partie des célébrations traditionnelles en Amérique du Nord, surtout pour leur thème mélodique *Auld Lang Syne*. Après la mort de Guy Lombardo, les Royal Canadians sont dirigés par une succession de chefs d'orchestre à peine connus et font des tournées jusque *Dans Les Années 90*.

Mark Miller

London, ville de l'Ont., chef-lieu du comté de Middlesex; située au cœur de la péninsule sud-ouest de la province, à mi-chemin entre Toronto (185 km) et Windsor (190 km) dans le corridor routier Québec-Windsor; au sud, se trouve le lac Érié et, au nord-ouest, le lac Huron. Au nord et au nord-est de la ville, le secteur fonctionnel et de services de London comporte de vastes et riches terres agricoles. On pratique l'agriculture commerciale au sud et au sud-ouest; c'est aussi la plus importante région de culture du tabac au Canada. London est reconnue à la fois comme centre financier, éducatif et médical; elle abrite également le siège de plusieurs entreprises et agences gouvernementales, tant provinciales que fédérales.

Peuplement London est d'abord le territoire du peuple Attiwandaronk (NEUTRES), puis des OJIBWÉS, jusqu'à ce qu'en 1793 John Graves SIMCOE y réserve 405 ha de terre dans le but d'en faire la capitale provinciale et un lieu stratégique de défense militaire. À l'époque, peu de colons européens habitent à l'ouest du lac Ontario. En 1826, le site devient cependant le siège du district de London à la suite du projet de Thomas TALBOT, qui veut étendre la colonisation jusqu'au nord du lac Érié et des recommandations de militaires après la guerre de 1812. La construction d'un palais de justice en maçonnerie, dont la structure imite une forteresse avec ses tours crénelées, commence immédiatement. À l'occasion, la municipalité annexe de temps en temps des terres limitrophes, de sorte que la superficie totale de la ville atteint aujourd'hui 423 km². La moitié de ces terres ont été acquises en 1993.

Développement Au cours des années 1830, les colons arrivent en grand nombre dans le sud-ouest de l'Ontario et la ville croît rapidement. Les RÉBELLIONS DE 1837 y amènent le plus important contingent de militaires britanniques à tenir garnison à l'ouest de Toronto, ce qui donne à London sa réputation de «ville de garnison». Durant les années 1840, le commerce se développe grâce à l'amélioration du système routier. La présence de nombreux hôtels, de commerces, de banques et de journaux confère à la ville un statut de pôle régional. En 1854, l'ouverture du GREAT WESTERN RAILWAY (allant de Niagara à Windsor via Hamilton) ne fait que renforcer le rôle croissant de London comme centre régional.

En 1855, London est constituée en tant que ville (pop. 10 060). Elle devient ensuite le siège de diocèses catholique et anglican (Huron). L'expansion du chemin de fer, l'arrivée soutenue de nouveaux habitants, ainsi que le premier boom pétrolier canadien, à 80 km à l'ouest de la ville, favorisent la diversification de l'économie de London. La formation de compagnies maintenant pancanadiennes, comme la London Life Insurance et la Canada TrustCo Mortgage Company (1864), confèrent peu à peu un rôle financier à la ville. Les industries manufacturières, dont celles liées au brassage de la bière, se développent également. Les noms de John LABATT et de John CARLING sont ainsi associés à London.

Aujourd'hui, cette grande diversité manufacturière inclut aussi bien la production de céréales pour le petit déjeuner (Kellogg's, 1924) que celle d'abrasifs (3M, 1952), d'avions légers (Diamond, 1993) et de locomotives diesel (GM, 1949). Plusieurs entreprises fabriquent des pièces d'automobile pour les usines d'assemblage du Sud-Ouest ontarien et des États-Unis.

En 1863, on fonde l'Anglican Huron College, ancêtre de l'UNIVERSITÉ DE WESTERN ONTARIO (1878). Au cours des décennies suivantes, des écoles et des collèges d'autres confessions religieuses voient aussi le jour. En 1967, le collège communautaire Fanshawe ouvre ses portes. Le premier hôpital régional, un asile provincial, est fondé en 1860; Maurice BUCKE est l'un des premiers à en assumer la direction. Le University Hospital, reconnu pour ses greffes d'organes et pour sa neurochirurgie, est l'un des trois hôpitaux généraux et voués à l'enseignement.

Paysage urbain La partie la plus ancienne de London, qui se trouve au centre-ville, consiste en un quadrillé de rues larges, tracé sur terrain plat entre les bras nord et sud de la rivière Thames. Après 1945, l'étalement urbain se fait vers le nord, l'ouest et le sud, sur les terres un peu plus en hauteur. Certains quartiers, qui se sont développés autour des centres commerciaux, encerclent aujourd'hui presque complètement l'ancien centre-ville, qui n'en demeure pas moins un lieu dynamique pour les affaires, le commerce et le divertissement. Les maisons construites au XIXᵉ siècle sont souvent recouvertes de briques jaune pâle («blanches») et comportent fréquemment

une fenêtre latérale en forme de trou de serrure ou de fer à cheval.

Parmi les édifices dignes de mention, notons l'Eldon House (1834), une ancienne résidence bourgeoise convertie en musée, le vieux palais de justice (1828) et la cathédrale St. Paul (1846). Woodfield Village, un quartier résidentiel de style victorien du Vieux-London, compte plusieurs maisons historiques.

Surnommée la «ville de la forêt», London possède de nombreux arbres (surtout de grands érables argentés) qui longent ses rues et qui ont été plantés au XIXᵉ siècle. Un sixième de la superficie totale de la ville est composé d'espaces verts, surtout près des rivières, sans compter la nouvelle partie, annexée en 1993, qui est constituée en majeure partie de terres agricoles. Le plus grand parc, le parc Springbank (78 ha), fait une place au célèbre Storybook Gardens, un vaste zoo pour les enfants. Le parc Victoria (6 ha), situé au cœur de la ville, est le plus ancien des parcs urbains; l'été et l'hiver, il accueille plusieurs festivals.

Population C'est l'immigration plus que la croissance naturelle qui explique l'augmentation de la population locale au fil des décennies. En 1991, la plus grande partie de la population, soit 40 p. 100, est recensée comme provenant «d'origines diverses»; les habitants d'origine britannique suivent avec 34 p. 100. En 1986, la majorité de la population de London était d'origine britannique.

Économie et main d'œuvre L'arrière-pays de London regroupe les terres agricoles parmi les plus fertiles au Canada, et sa position stratégique en tant que pôle régional est constamment renforcée par le développement des communications. Plus des trois quarts de la population œuvrent dans le secteur des services. Le commerce, deuxième secteur de l'économie, emploie près de 20 p. 100 de la population. Les autres secteurs d'activité se divisent à parts égales le reste de la main-d'œuvre.

Transports Depuis le milieu des années 1850, London est un point de jonction stratégique du système ferroviaire, desservi par les lignes principales du CN (Toronto-Windsor et Montréal-Chicago) et du CP (Toronto-Windsor). Un service quotidien de VIA Rail offre aux voyageurs l'aller-retour vers Toronto, Windsor et Chicago huit fois par jour. L'aéroport local, de statut national, accueille quatre compagnies aériennes de transport régulier qui offrent un service d'appoint aux aéroports internationaux de Toronto, Detroit et Pittsburgh.

Carrefour de routes régionales durant les années 30 et 40, London est maintenant reliée à des autoroutes se dirigeant vers Windsor et Toronto (autoroute 401), Sarnia-Port Huron (autoroute 402), et Hamilton (autoroute 403). Ces artères servent autant à l'industrie du camionnage qu'à stimuler une importante industrie touristique. Le service régulier d'autobus-voyageurs vers Toronto, Detroit et Buffalo comprend plusieurs lignes express sur autoroute. Quant au transport urbain, il est assuré par un service public d'autobus depuis 1940.

Gouvernement et vie politique À partir de 1847, dans l'ensemble, London est dirigée par un maire et des conseillers municipaux représentant quatre circonscriptions. En 1961, à la suite d'une importante annexion, trois nouvelles circonscriptions s'ajoutent, de même qu'un conseil de réglementation formé du maire et de quatre contrôleurs élus, auxquels se joignent 14 conseillers. Cette structure demeure inchangée à la suite de l'annexion de 1993, les circonscriptions étant seulement plus grandes qu'auparavant.

La vie politique de London est peu polarisée, et les débats portent surtout sur des questions comme la bonne planification des annexions, la façon d'attirer de nouvelles entreprises, la viabilité du centre-ville, etc. Les commissions scolaires, tant publiques que séparées (catholiques), sont elles aussi administrées par des élus. La législation sur l'annexion de 1993 abolit la Public Utilities Commission (PUC), crée l'Hydro Commission, en nomme les membres et transfère la responsabilité des parcs et des loisirs de l'ancienne PUC à la municipalité sous forme d'un service municipal. Depuis 1946, une commission permanente d'urbanisme veille au développement harmonieux de la municipalité.

Vie culturelle La grande vitalité culturelle de London est assurée par une communauté dynamique d'artistes, créateurs et interprètes. La ville a vu naître des artistes de réputation tant nationale qu'internationale, tels Paul PEEL, Greg CURNOE et Philip Aziz. Le London Regional Art and Historic Museum (1980) soutient les arts visuels et gère une collection portant sur l'histoire locale.

La faculté de musique de l'U. de Western Ontario contribue grandement à la vigueur de la vie musicale à London; récitals et concerts sont nombreux, incluant ceux de l'Orchestra London Canada, de diverses chorales et de talentueux organistes locaux. Une troupe professionnelle de théâtre gère l'historique GRAND THÉÂTRE, qui comprend deux scènes où sont jouées six pièces par saison artistique. Parmi les musées, on compte un village de pionniers au parc Fanshawe et un musée d'archéologie sur un site des autochtones Attiwandaronk. En 1993, on procède à l'inauguration d'un centre des congrès de 35 millions de dollars pour accueillir des foires commerciales et des spectacles.

London dispose d'une station de télévision, de cinq stations de radio et d'un quotidien, le *Free Press*. Elle compte également une équipe de la ligue de hockey junior majeur de niveau A, les Knights, et de nombreuses équipes de sports amateurs. Le sport universitaire est aussi populaire et attire de nombreux spectateurs.

C.F.J. Whebell

Lonergan, Bernard Joseph Francis, père jésuite, philosophe et théologien (Buckingham, Qc, 17 déc. 1904—Pickering, Ont., 26 nov. 1984). Lonergan est un penseur brillant et original du plus haut calibre. Depuis nombre d'années, ses idées sont étudiées par des spécialistes de plusieurs disciplines. En plus du Lonergan Research Institute, premier établissement fondé en 1971 au Regis College de Toronto et foyer universitaire et spirituel de Lonergan, on compte neuf centres semblables dans le monde lors de son décès.

L'originalité de l'œuvre de Lonergan réside surtout dans sa méthode: grâce à une étude pénétrante de l'esprit en activité, il démontre l'interrelation des méthodes des sciences naturelles, des sciences sociales, de la philosophie et de la théologie. Lonergan est professeur à l'U. grégorienne (Rome, 1953-1965), à Harvard (1971–1972) et au Boston College (1975–1983). Entre autres distinctions, il est Compagnon de l'Ordre du Canada et Fellow of the British Academy. L'œuvre de Lonergan est trop spécialisée et d'une trop grande rigueur intellectuelle pour être largement connue, mais des revues populaires font état des congrès tenus pour étudier ses idées. Parmi ses œuvres, citons *Insight: A Study of Human Understanding* (1957; trad. *L'insight: étude de la compréhension humaine*, 1996) et *Method in Theology* (1972; trad. *Pour une méthode en théologie*, 1978).

William O. Fennell

Long Lance, Buffalo Child, né Sylvester Long, écrivain, acteur et imposteur (Winston-Salem, C.N., 1ᵉʳ déc. 1890—Arcadia, Calif., 20 mars 1932). D'origines amérindienne et blanche (et peut-être noire), il réussit à fuir le Sud ségrégationniste des États-Unis parce qu'il ressemble à un Amérindien. Se disant Cherokee, il est accepté à la célèbre Carlisle Indian School, en Pennsylvanie. Sous le nom de «Sylvester Long Lance», il combat dans l'armée canadienne pendant la Première Guerre mondiale, puis s'installe à Calgary. Au début des années 20, il travaille pour plusieurs journaux de l'Ouest canadien.

Adopté par les Gens-du-Sang sous le nom de «Buffalo Child en 1922, il entame une carrière

d'écrivain à la pige en signant de son nom de plume «Chief Buffalo Child Long Lance». En 1928, il publie *Long Lance* (trad. fr. *Long Lance, ou L'Éducation d'un jeune Indien*), une autobiographie fictive qui est acclamée comme les mémoires d'un Pied-Noir ayant grandi durant les derniers jours de liberté dans les plaines. En 1930, il est la vedette de *The Silent Enemy*, un long métrage sur les autochtones du Nord canadien avant l'arrivée des Européens. Sa chance tourne lorsque des rumeurs sur ses véritables origines commencent à circuler et, au début de l'année 1932, il s'enlève la vie.

Donald B. Smith

Long Range, monts Ils constituent l'ensemble montagneux le plus étendu et le plus élevé de l'île de Terre-Neuve. Ils s'étendent sur plus de 500 km le long de la côte ouest de l'île et relient le cap Ray dans le Sud à la péninsule Great Northern. Les monts Long Range font partie des Appalaches canadiennes et ont une altitude moyenne de 610 m. Avec une altitude de 814 m, les collines Lewis, situées dans le centre sud de la chaîne, sont le point culminant de l'île.

Le chaîne, généralement escarpée sur le versant côtier et marquée par une forte glaciation et la formation de failles, rejoint les hauts plateaux et les pics aux sommets plats, avant de terminer en pente plus douce vers l'est. Par endroits, des fjords profonds et des baies découpent sa base côtière. Des rivières, comme la HUMBER, se frayent un chemin dans les vallées. Certains monts, offrant des perspectives parmi les plus spectaculaires, se trouvent dans le PARC NATIONAL DU GROS-MORNE, au nord de CORNER BROOK.

Robert D. Pitt

Longboat, Thomas Charles, coureur de fond (Ohsweken, réserve indienne des Six-Nations, Ont., 4 juil 1887—id., 9 janv. 1949). Son aptitude à dominer toute course et ses sprints finals spectaculaires font de Longboat l'un des athlètes les plus célèbres de la période précédant la Première Guerre mondiale. Il remporte l'«Around-the-Bay» d'Hamilton (1906), le marathon de Boston (1907), le Toronto Ward's Marathon (1906-1908), le «World's Professional Marathon Championship» (1909), et fracasse maints autres records. Il est l'un des compétiteurs les plus recherchés durant le bref renouveau (1908–1912) que connaît la course professionnelle au lendemain du marathon controversé des Olympiques de Londres (1908), au cours duquel Longboat et Dorando Pietri s'effondrent, vraisemblablement victimes d'une surdose de drogue.

Sa volonté de s'entraîner seul provoque de fréquents conflits avec ses gérants, souvent rapportés dans les médias. En dépit de critiques constantes et parfois racistes, il ne renonce pas à ses méthodes. Ayant racheté son contrat en 1911, il améliore encore ses performances. En 1912, il établit un record chez les professionnels, franchissant la distance de 15 milles en 1 h 18 min 10 s, ce qui retranche 7 minutes à son record amateur. Durant la Première Guerre mondiale, il connaît d'autres succès en France, où il sert comme estafette. La guerre terminée, il s'installe et travaille à Toronto jusqu'en 1944, après quoi il se retire dans la réserve des Six-Nations.

Bruce Kidd

Longden, Johnny, jockey (Pontefract, Angl., 14 févr. 1907). Sa carrière est considérée par maintes personnes comme l'une des plus remarquables de l'histoire des COURSES DE PUR-SANG. Sa famille s'installe près de Taber, en Alberta, alors qu'il n'a que deux ans. Adolescent, il travaille dans les mines de charbon et occupe ses fins de semaine à disputer des courses de *quarter horses*. En visite à Salt Lake City, en 1927, il s'arrange pour monter un cheval, du nom d'Hugo K. Asher, dans une course qu'il gagne et qui marque le début d'une carrière qu'il poursuivra jusqu'à sa retraite, en 1966. Durant toutes ces années, il conduit 6032 chevaux à la victoire, un record à l'époque. Il est le premier jockey nord-américain à reporter ainsi 4000 victoires.

L'un des plus grands exploits de Longden est d'avoir réussi, en 1943, à entraîner et à monter Count Fleet, vainqueur de la triple couronne nord-américaine. En 1950, il mène Noor, un pur-sang irlandais, à quatre victoires sur Citation, l'un des meilleurs pur-sang d'Amérique du Nord. Devenu entraîneur après sa retraite, Longden obtient un égal succès. En 1969, il entraîne Majestic Prince, gagnant du derby du Kentucky.

J. Thomas West

Longpré, Éphrem, historien, philosophe (Woonsocket, Rhode Island, 24 août 1890—Paris, France, 19 oct. 1965). Sa défense de la philosophie de Joannes Duns Scotus joue un rôle dans la préparation du concile Vatican II et l'ouverture de la pensée catholique à des traditions autres que celle de saint Thomas. Ses parents canadiens français reviennent pratiquer l'agriculture à Upton, au Québec, lorsqu'il a quatre ans. Il fait ses études à Montréal, où il devient franciscain. À 18 ans, il est guéri d'une maladie grave après une intervention du FRÈRE ANDRÉ.

Longpré étudie à Rome puis travaille à Florence et à Paris. Son étude de Scotus, dont la philosophie unit une métaphysique subtile de la communauté et un fort accent sur l'importance de l'individualité, renforce ses propres convictions quant à la liberté humaine. La Gestapo le pourchasse pendant la plus grande partie de la guerre. Son travail pour la résistance est reconnu par les gouvernements français et britannique. Son ouvrage le plus important est *La Philosophie du B. Duns Scot* (1924).

Leslie Armour

Longtin, Michel, compositeur et professeur (Montréal, 20 mai 1946). Ses principaux professeurs sont André PRÉVOST et Serge GARANT à l'U. de Montréal, et Paul Pedersen, Bengt HAMBRAEUS et Alcides Lanza à l'U. McGill. Il commence à enseigner à l'U. de Montréal en 1973 et, en 1977, il fonde avec d'autres l'Association pour la création et la recherche électroacoustiques du Québec.

Auteur de plusieurs œuvres instrumentales, Longtin est connu avant tout pour ses compositions électroacoustiques, dont certaines jouées en Europe et aux États-Unis. Il délaisse la rigoureuse technique dodécaphonique en faveur d'éléments inhérents aux systèmes modal et tonal, mais qu'il traite avec des techniques propres à la musique contemporaine.

Ses œuvres électroacoustiques *Rituel II* et *Mi e meta* sont exécutées à la PLACE DES ARTS en 1972 par la compagnie de danse Nouvelle-Aire. En 1984, son œuvre de musique de chambre *Pohjatuuli*, hommage à Sibelius, est présentée en première à Toronto par l'ensemble de la SOCIÉTÉ DE MUSIQUE CONTEMPORAINE DU QUÉBEC et, l'année suivante, l'ORCHESTRE SYMPHONIQUE DE MONTRÉAL exécute en première sa pièce orchestrale *La Route des pèlerins reclus*. En 1986, *Pohjatuuli* lui vaut le prix Jules-Léger de la nouvelle musique de chambre.

Claire Versailles

Longueuil, cité du Qc; pop. 127 977 (rec. 1996), 129 808 (rec. 1991); superf. 42,85 km²; const. en 1920; située sur la rive sud du fleuve Saint-Laurent, en face de MONTRÉAL, dans la région de la Montérégie. Banlieue industrielle et résidentielle de Montréal, Longueuil y est reliée par le pont Jacques-Cartier (1930) et le pont-tunnel Louis-Hippolyte-Lafontaine. En 1657, Charles LE MOYNE de Longueuil et de Châteauguay, un marchand de Ville-Marie (Montréal), se voit concéder un territoire le long du Saint-Laurent. Il le nomme Longueuil d'après le village natal de sa mère en France.

La paroisse de Longueuil est fondée en 1845. Trois ans plus tard, elle devient un village. Au cours des années 60, la ville grandit en s'annexant à Montréal-Sud (1961) et en fusionnant avec la ville de Jacques-Cartier (1969).

Longueuil est le centre économique de la Montérégie. Son secteur commercial est doté de deux parcs industriels. Le plus important employeur est la compagnie d'aviation Pratt & Whitney.

Loranger, Françoise, dramaturge et romancière (Saint-Hilaire, Qc, 18 juin 1913—*id.*, 8 avril 1995). *Mathieu*, le roman qu'elle écrit en 1949 et qui trace un portrait plutôt sombre de la société québécoise sous le règne de DUPLESSIS, est acclamé par la critique, mais Loranger est surtout connue pour ses textes dramatiques, dont un grand nombre seront portés à l'écran. Son théâtre évolue constamment, puisqu'il reflète les réalités de la société québécoise en évolution. En 1939, Loranger commence à écrire des scénarios pour la radio, mais ce n'est que dans les années 60 que ses premières pièces sont jouées sur scène. *Une Maison... un jour* (1965) se veut une analyse psychologique de la destruction d'une famille de classe moyenne vivant des pressions intenses. *Encore cinq minutes* (1967) est l'un des premiers textes à aborder des propos féministes au Canada français. Retenons aussi *Double jeu* (1969), *Jour après jour* (1971) et *Un si bel automne* (1971).

Des événements politiques d'actualité sont à l'origine de pièces comme *Le Chemin du roy*, écrite en 1969, en collaboration avec Claude Levac. Il s'agit d'une satire impitoyable racontant, dans le contexte d'une partie de hockey truffée de pénalités, les confrontations entre les villes de Québec et d'Ottawa à la suite de la visite du président français Charles de Gaulle, en 1967. Quant à la pièce *Médium saignant*, rédigée en 1970, elle expose les conflits linguistiques que vit le Québec depuis le projet de LOI 63, fort controversé. La plupart des pièces de Françoise Loranger sont adaptées avec succès pour la télévision, et des œuvres telles que *Une Maison... un jour* sont bien accueillies à l'étranger. Elle a également signé un téléroman pour Radio-Canada deux avant sa disparition: *Sous le signe du lion* (1993).

L.E. Doucette

Loranger, Jean-Aubert, poète, conteur d'histoires, journaliste (Montréal, 26 oct. 1896—*id.*, 28 oct. 1942). Loranger appartient à une famille connue pour ses juristes (les Loranger), ses écrivains (AUBERT DE GASPÉ) et ses militaires (Charles de SALABERRY). Il excelle en journalisme et travaille pour *La Patrie* (1923-1927 et 1939-1942), La PRESSE (1927-1930), *Le Jour* (1938-1939) et *Montréal-Matin* pendant six semaines en 1942.

Pendant la Première Guerre mondiale, il s'associe avec de jeunes intellectuels et artistes, qui ont habité Paris (dont son cousin, Robert de Roquebrune), qui se rencontrent régulièrement dans le studio de l'architecte Fernand Préfontaine, situé à WESTMOUNT. En 1918, le groupe lance la première revue sur les arts au Québec, Le NIGOG, à laquelle Loranger collabore. Admis à l'École littéraire de Montréal le 17 novembre 1920, il quitte définitivement le groupe, ne désirant pas participer à des activités qui ne correspondent pas à ses ambitions littéraires.

Ses deux recueils, *Les Atmosphères* (1920) et *Poèmes* (1922), introduisent les vers blancs au Québec et démontrent sa curiosité pour la modernité en littérature. La paysannerie est une source d'inspiration pour ses nouvelles réalistes, ironiques et amusantes. En 1979, on lui remet, à titre posthume, le prix France-Québec pour ses deux recueils de contes: *Le Village. Contes et Nouvelles du terroir* (1925) et *Contes* (1978).

Bernadette Guilmette

Loranger, Thomas-Jean-Jacques, politicien, juge, théoricien politique (Yamachiche, Bas-Canada, 2 févr. 1823—Ste-Pétronille, Qc, 18 août 1885). Après des études classiques au Séminaire de Nicolet, il étudie le droit et est admis au barreau du Bas-Canada en 1844. En 1858, après plusieurs années de pratique à Trois-Rivières et à Montréal, il ouvre un cabinet d'avocats avec ses deux frères, Louis-Onésime et Jean-Marie.

Il entame sa brève et orageuse carrière politique en août 1854 comme député à l'Assemblée législative du Canada-Uni. Réélu en 1857, il devient secrétaire provincial du Canada-Est. Parce qu'il se dissocie du ministère en votant contre la proposition de transférer la capitale à Ottawa, il n'est pas renommé à son poste quand les Libéraux-conservateurs reprennent le pouvoir en août 1858.

Ses sentiments nationalistes le mènent à critiquer Cartier d'avoir accepté des mesures législatives susceptibles d'angliciser les Canadiens français. En 1862, il se dissocie de nouveau de la position de son parti en votant contre le projet de loi sur la milice, contribuant ainsi à la défaite du gouvernement. Il demeure député jusqu'au 9 mars 1863, alors qu'il est nommé juge de la Cour supérieure, fonction qu'il occupe jusqu'en 1879.

Au cours des années 1850, Loranger, juriste très perspicace, s'applique à résoudre les nombreux problèmes légaux créés par l'abolition du RÉGIME SEIGNEURIAL. Son interprétation favorise les habitants. Pendant qu'il est juge, il écrit un ouvrage en deux volumes intitulé *Commentaire sur la code civil du Bas-Canada*, dans lequel il confirme la revendication de l'Église voulant qu'elle ait entière juridiction sur toutes les questions relatives au mariage.

Alors qu'il enseigne le droit administratif à l'U. Laval, il participe à la fondation du journal juridique *Thémis* et entreprend la tâche ardue de codifier les statuts de la province de Québec. L'un des premiers Canadiens français à se spécialiser en droit constitutionnel, Loranger applique sa vision nationaliste au système fédéral. Dans ses *Lettres sur l'interprétation de la constitution fédérale...* (1883-84), il avance la théorie du pacte fédératif, qui est rapidement adoptée par les provinces dans leur quête d'une plus grande autonomie.

M.D. Behiels

Lord, John Keast, naturaliste, vétérinaire (Cornouailles, Angl. 1818—Brighton, Angl., 9 déc. 1872). Après avoir reçu son diplôme d'études vétérinaires en 1844, il pratique brièvement, pour ensuite disparaître et errer à l'aventure. Malheureusement, il ne reste aucune trace de plusieurs de ses nombreux voyages parmi lesquels on trouve, observation des baleines, trappage dans le Minnesota et certaines régions du Canada et service dans l'artillerie lors de la guerre de Crimée. Quand la Colombie-Britannique devient une colonie, il travaille comme naturaliste pour la commission de délimitation du QUARANTE-NEUVIÈME PARALLÈLE de 1858 à 1862 et il passe les hivers sur l'île de Vancouver. Au cours de cette période, il envoie de nombreuses collections d'échantillons de la faune au British Museum, donne son nom à deux nouveaux mammifères et note ses observations dans deux volumes, *The Naturalist in Vancouver Island and British Columbia* (1866).

Martin K. McNicholl

Loring, Frances Norma, sculpteur (Wardner, Idaho, 14 oct. 1887—Newmarket, Ont., 5 févr. 1968). À partir du moment où elle s'installe au Canada en 1913, elle travaille sans relâche, à la fois à élaborer sa propre démarche et à favoriser un climat qui rende la sculpture accessible à d'autres. Elle étudie d'abord la sculpture à Genève, à Munich et à Paris (1901-1906). Dotée d'une personnalité fascinante et charismatique, d'une vive intelligence et d'une grande empathie, elle lutte contre l'indifférence du public et des institutions envers la SCULPTURE à titre de membre fondatrice de la Société des sculpteurs du Canada ainsi que principale organisatrice de la Federation of Canadian Artists et du Conseil national des Arts.

Pendant plus de 50 ans, elle partage un atelier-logement avec sa collègue sculpteure, Florence WYLE, dans une ancienne église de Toronto, qui a été considérée par beaucoup comme le salon du milieu artistique du Canada. Ses œuvres ont un caractère architectural et parmi les monuments publics les plus connus figurent le lion érigé jadis à l'entrée de la Queen Elisabeth Highway, à Toronto, et les monuments aux morts de la guerre à St. Stephen, au Nouveau-Brunswick, et à Galt, en Ontario.

Rebecca Sisler

Lorne, John Douglas Sutherland Campbell, marquis de, plus tard 9ᵉ duc d'Argyll; gouverneur général du Canada de 1878 à 1883 (Londres, Angl., 6 août 1845—île de Wight, 2 mai 1914). Secrétaire particulier de son père qui est secrétaire d'État pour les Indes de 1868 à 1871, Lorne représente Argyllshire en tant que député libéral à la Chambre des communes de 1868 à 1878. Sa nomination au Canada en 1878, à l'âge de 33 ans, est en grande partie liée au fait qu'il ait épousé sept ans plus tôt la princesse Louise, quatrième fille de la reine Victoria, et aux tentatives du gouvernement britannique pour rehausser le prestige du représentant de la reine à Ottawa. Au Canada, il aide la Colombie-Britannique à accepter le projet de CONFÉDÉRATION et appuie le gouvernement canadien dans ses efforts pour créer un poste de Haut-commissaire du Canada au Royaume-Uni, même si cela limite sa propre autorité de vice-roi.

Mécène passionné des arts et des lettres, il fonde l'Académie royale des arts du Canada en 1880, précurseur du Musée des beaux-arts du Canada, puis la SOCIÉTÉ ROYALE DU CANADA en 1882. Il est également auteur d'ouvrages en prose et en vers, dont *Memories of Canada and Scotland* (1884), *Imperial Federation* (1885), *Canadian Pictures* (1885), *Passages from the Past* (2 vols, 1907) et *Yesterday and Today in Canada* (1910).

Carman Miller

Lortie, Louis, pianiste (Montréal, 27 avril 1959). Ses principaux professeurs de piano sont Yvonne Hubert et Marc Durand au Québec, Dieter Weber en Autriche et Menahem Pressler et Leon Fleisher aux États-Unis. À 13 ans seulement, il joue avec l'Orchestre symphonique de Montréal. Il se distingue dans plusieurs concours, dont les premiers prix des Concours de musique du Canada, du Concours national de la Société Radio-Canada et du Concours international Busoni, en Italie, et le quatrième prix du Concours international de piano de Leeds, en Angleterre. Lortie est un pianiste dont les interprétations révèlent une grande maturité, une forte personnalité et une technique impeccable. Son répertoire comprend les œuvres de Beethoven, de Chopin, de Liszt et de Ravel. En 1978, l'ORCHESTRE SYMPHONIQUE DE TORONTO l'invite à se joindre à sa tournée au Japon et en Chine, où il retourne en 1983.

En 1984, il reçoit le prix Virginia P. Moore du Conseil des arts du Canada, le Grand Prix du Conseil des arts de la Communauté urbaine de Montréal en 1986 et, en 1987, le Conseil canadien de la musique le nomme «Interprète de l'année». En 1990, ses *20ᵗʰ Century Original Piano Transcriptions* lui valent le prix Juno du meilleur album de musique classique, et, l'année suivante, son enregistrement de diverses variations de Beethoven remporte le prestigieux prix hollandais *Edison*. La critique a acclamé ses nombreux albums enregistrés sous l'étiquette de la compagnie britannique Chandos. Il est nommé Officier de l'Ordre du Canada en 1992 et l'U. Laval lui décerne un doctorat *honoris causa* en musique en 1997.

Hélène Plouffe et Nicole Henri

Loterie Il s'agit d'une entreprise basée sur un concept séculaire et destinée à distribuer des prix par tirage au sort, par jeu de hasard ou par jeu combinant hasard et savoir-faire. En vertu de l'article 206(1) du Code criminel, «est coupable d'un acte criminel et passible d'un emprisonnement maximal de deux ans quiconque [...] (b) vend, troque, échange ou autrement aliène, ou fait vendre, troquer, échanger ou autrement aliéner [...] un lot, une carte, un billet ou autre moyen ou système pour céder par avance, prêter, donner, vendre ou autrement aliéner quelque bien par lots ou billets ou par tout mode de tirage». L'article 207(1) permet cependant, par dérogation, aux gouvernements provinciaux d'organiser et de gérer des loteries, de délivrer des permis aux organismes religieux et aux œuvres de bienfaisance, aux foires et aux expositions agricoles, ainsi qu'aux particuliers, qui peuvent ainsi mener et gérer des activités de loterie dans des lieux d'attractions publics.

Gouvernement fédéral En vertu de l'article 10 de la Loi sur les Jeux olympiques de 1976, adoptée en 1973, le Comité organisateur des Jeux olympiques de 1976, une société d'État du Québec, est autorisée à organiser une loterie afin de lever des fonds pour financer les Jeux olympiques de 1976 à Montréal. Il peut vendre des billets dans toutes les provinces, à condition que le gouvernement de la province visée soit d'accord et que les recettes servent à aider financièrement les Jeux olympiques et le développement du sport amateur dans les provinces participantes. Les neuf tirages qui ont lieu de 1973 à 1976 permettent de recueillir 230 millions de dollars pour les Olympiques, 25 millions de dollars pour les provinces et l'équivalent de 190 millions de dollars en prix.

LOTO CANADA INC. est une société de la Couronne établie en 1976 pour organiser une loterie en vue d'aider le Québec à renflouer son déficit olympique. Cette société rencontre une vive opposition de la part des provinces qui considèrent que les loteries sont un domaine relevant exclusivement de leur compétence. En 1979, en vertu d'un accord conclu avec les gouvernements provinciaux, Ottawa met un terme à Loto-Canada Inc. en contrepartie d'un paiement trimestriel de 6 millions de dollars versé par les dix provinces, somme rajustée en fonction de l'indice des prix à la consommation. Un part des bénéfices de Loto-Canada, soit 82,5 p. 100, sert à éponger la dette olympique, alors que 12,5 p. 100 sont versés aux provinces et 5 p. 100 au gouvernement fédéral pour soutenir les programmes liés au conditionnement physique, aux sports amateurs, aux loisirs, aux arts et à la culture.

En 1983, le gouvernement fédéral adopte la Loi sur les paris collectifs sportifs et établit la Société canadienne des paris sportifs qui a le pouvoir de mettre sur pied et de gérer presque tout genre de loterie en plus de fonds destinés aux équipes sportives. En mars 1984, alléguant que cela constituait une entorse à l'accord de 1979, les provinces entament des poursuites en cour fédérale.

Le jeu «Sportsélect baseball» est lancé en mai 1984, mais est interrompu en septembre 1984 en raison de pertes substantielles. Le gouvernement fédéral et les provinces concluent un accord en juin 1985 par lequel le gouvernement fédéral accepte de se retirer du domaine des loteries, de modifier le Code criminel et d'annuler toute loi existante l'autorisant à organiser des loteries. Les provinces acceptent de continuer à verser leurs paiements en vertu de l'accord de 1979, ainsi qu'une somme additionnelle de 100 millions de dollars sur une période de trois ans. En exécution de l'accord, l'article 190 du Code criminel est modifié en décembre 1985, ce qui met fin à la disposition selon laquelle le gouvernement fédéral est autorisé à mener des activités de loterie.

Gouvernements provinciaux Les gouvernements des 10 provinces et des 2 territoires organisent et gèrent tous des loteries. En 1974, la Colombie-Britannique, l'Alberta, la Saskatchewan et le Manitoba constituent la Western Canada Lottery Foundation en vertu de la Loi régissant les sociétés par actions de régime fédéral. Depuis, on a donné un nouveau nom à la fondation qui s'appelle maintenant la Western Canada Lottery Corp., dont ne fait plus partie la Colombie-Britannique. Le Yukon et les Territoires du Nord-Ouest y participent en qualité de membres associés. Chaque province et territoire gère son propre système de distribution de billets et constitue des provisions séparées pour le partage des bénéfices. Ceux-ci sont surtout affectés aux programmes des loisirs, des sports amateurs, de la culture, ainsi qu'aux services communautaires et à la recherche médicale. Au cours de l'année financière 1985–1986,

la société distribue aux provinces et territoires membres plus de 122 millions de dollars, somme qui couvre en partie les dépenses locales. En Colombie-Britannique, c'est la British Columbia Lottery Corp. qui organise et gère les loteries depuis 1985. Le gouvernement de cette province a ainsi touché 104 millions de dollars de bénéfices en 1985–1986.

La Société des loteries de l'Ontario est établie en 1975. Les recettes (320 millions de dollars en 1985–1986) reviennent au trésorier de la province, mais sont affectées à certains programmes de subventions qui, autrement, ne seraient pas admissibles à une aide financière du gouvernement. Mentionnons, entre autres, les sports, le conditionnement physique, les loisirs, la culture, la recherche médicale et l'environnement, les projets d'immobilisations des hôpitaux et les programmes de services sociaux dirigés par des bénévoles du secteur privé.

Au Québec, l'autorité en matière de loterie est la Société des loteries et courses du Québec, mieux connue sous le nom de Loto-Québec. Créée en 1969, elle commence ses activités en 1970. En 1985–1986, elle enregistre des bénéfices de 302,7 millions de dollars qui sont versés au gouvernement du Québec et ne sont destinés à aucun programme précis.

En 1976, le Nouveau-Brunswick, Terre-Neuve, la Nouvelle-Écosse et l'Île-du-Prince-Édouard constituent ensemble la Société des loteries de l'Atlantique Inc. En 1985-1986, les bénéfices nets s'élèvent à 45,8 millions de dollars, somme qui est répartie entre les 4 gouvernements provinciaux à titre de recettes générales, sans affectation particulière.

Constituée en 1976, la Société de la loterie interprovinciale, dont les actionnaires sont actuellement les gouvernements des 10 provinces du Canada, dirige 3 loteries: Loto 6/49, Super-Loto et la Provinciale. Ces loteries nationales sont gérées par les cinq sociétés de loterie provinciales dans les limites de leurs territoires respectifs.

Au cours de l'année financière 1985–1986, malgré la récession, les ventes de loterie au Canada ont grimpé à près de 2,7 milliards de dollars. Les jeux de loterie reposent tous sur le même principe. Ce sont des détails comme le coût des billets et la structure des prix, la fréquence des tirages et la technologie utilisée pour la sélection des gagnants qui varient. En général, les jeux sont «passifs», c.-à-d. que les joueurs apparient un numéro préimprimé sur le billet avec le numéro gagnant. Ils sont également «actifs», c.-à-d. que les joueurs choisissent leurs propres numéros, ou «instantanés», les joueurs recevant alors un prix si les numéros cachés ou les symboles de leur billet correspondent entre eux.

J.F.C. Wright et Joseph W. Kanuka

Loto Canada inc. Fondée en mai 1976, Loto-Canada est chargée de poursuivre les activités de la loterie Olympique. Elle est tenue d'utiliser 82,5 p. 100 de ses recettes nettes pour aider à combler les déficits prévus des JEUX OLYMPIQUES et à financer les JEUX DU COMMONWEALTH. D'autres tranches des recettes doivent aller aux provinces et aux programmes de sports nationaux, de conditionnement physique et de loisirs du gouvernement fédéral. Celui-ci a accepté de dissoudre Loto-Canada en contrepartie d'une somme annuelle de 6 millions de dollars à être versée par les provinces. Le dernier tirage a eu lieu à la fin de l'année 1979. *(Voir aussi* LOTERIE.)

Loudon, James, formateur et physicien (Toronto, 24 mai 1841—*id.*, 29 déc. 1916). Recteur de l'U. de Toronto de 1892 à 1906, Loudon consacre sa vie à l'Université. Médaillé d'or en MATHÉMATIQUES en 1862, il devient professeur de mathématiques au University College en 1863 et, en 1875, le premier Canadien à être professeur titulaire de l'Université lorsqu'il succède à son professeur John Bradford Cherriman. En 1873, on l'élit au sénat de l'Université.

En 1878, sur recommandation de Loudon, la School of Technology (rebaptisée School of Practical

Science) s'affilie à l'Université. Loudon encourage aussi les principaux collèges de l'Université à former une fédération, et son programme de construction comprend l'édifice de chimie en 1895, le Convocation Hall en 1907 et l'édifice de physique en 1907. Loudon favorise continuellement la recherche et crée un programme de doctorat en 1897, bien que lui-même ait peu de temps pour faire de la recherche, ce qui n'a rien d'étonnant. Loudon met aussi sur pied une association des anciens qu'il met à profit pour persuader le gouvernement de financer convenablement son université.

Yves Gingras

Lougheed, Edgar Peter, avocat et premier ministre de l'Alberta (Calgary, 26 juill. 1928), petits-fils de sir James LOUGHEED. Lougheed étudie à l'U. de l'Alberta, où il obtient un baccalauréat ès arts (1951) et un baccalauréat en droit (1952), et joue brièvement au football au sein de l'équipe des Eskimos d'Edmonton (1949 et 1950). Il obtient une maîtrise en administration des affaires (Harvard, 1954) et pratique le droit à Calgary avant de joindre les rangs de la Mannix Corporation à titre de secrétaire, puis comme vice-président (1959) et directeur (1960).

En 1965, Lougheed est élu chef de la petite formation politique qu'est alors le Parti progressiste conservateur de l'Alberta et il s'efforce de bâtir une organisation misant sur la base du parti. Bien que le CRÉDIT SOCIAL dirige l'Alberta avec une main de fer depuis 1935 et que les conservateurs soient depuis 40 ans un parti provincial de peu d'importance, Lougheed réussit à se faire élire à l'Assemblée législative en 1967 avec une majorité sans précédent. Les cinq candidats progressistes conservateurs et lui-même forment l'opposition officielle. Lorsque le premier ministre Ernest C. MANNING prend sa retraite en 1968 et qu'il est remplacé par Harry Strom, Lougheed considère que le Crédit social est mort.

En août 1971, Lougheed est porté au pouvoir par une vaste majorité de 49 sièges sur 75. Sa première grande mesure est d'augmenter les redevances que les sociétés pétrolières doivent verser à la province. Négociateur tenace, il est également habile dans ses relations avec les médias. Les principales initiatives de son gouvernement consistent en l'accroissement des revenus des ressources naturelles de la province, en la promotion du développement industriel et de la décentralisation urbaine, et en l'amélioration des soins de santé (nouveaux hôpitaux et aide accrue à la recherche médicale) et des services de loisirs (parcs urbains et l'immense parc de la région de Kananaskis).

Les politiques de développement industriel de Lougheed encouragent l'industrie en croissance de la pétrochimie, qui tirent profit des immenses réserves en gaz naturel de la province. En 1983, de nombreuses grandes usines produisent dorénavant de l'éthylène, du méthanol, du benzène et d'autres produits chimiques. Sachant bien que les réserves en pétrole classique s'épuiseront, Lougheed, au moyen de politiques fiscales favorables et d'investissements directs, favorise l'exploitation des immenses réserves de pétrole lourd et de sables bitumineux. En 1978, le projet de sables bitumineux de Syncrude Canada, le plus important complexe de combustibles synthétiques au monde, est réalisé avec la participation du gouvernement provincial. On crée également le BUREAU DE RECHERCHE ET DE TECHNOLOGIE DES SABLES BITUMINEUX DE L'ALBERTA afin d'améliorer la technologie de la production de produits pétroliers non conventionnels.

Lougheed s'intéresse également à la diversification agricole (c.-à-d. à l'essor de l'industrie de la transformation des aliments, à l'accroissement de l'irrigation et à une plus grande diversité des cultures) et il crée l'Alberta Heritage Foundation for Medical Research. Il reconnaît que son but ultime, diversifier l'économie de la province pour ainsi assurer sa prospérité au-delà du pétrole et du gaz, est freiné en raison de la faible population de l'Alberta, de son éloignement des marchés étrangers, du contrôle des tarifs douaniers par le fédéral, etc., et qu'il n'en verra pas la réalisation de son vivant.

La grande réalisation de Lougheed, bien déterminé à maximiser les revenus de la province et à assurer un avenir sain à son économie à long terme, est la création, en 1976, de l'ALBERTA HERITAGE SAVINGS TRUST FUND, qui met de côté une partie des revenus provenant du pétrole et du gaz et qui effectue des placements à long terme.

Dans les années 70, Lougheed travaille à donner un rôle plus important à l'Alberta dans les prises de décisions à l'échelle nationale, un rôle qui corresponde à son économie en croissance. Il ne tolère aucune incursion du fédéral dans les affaires de la province. À l'issue des négociations qui ont mené à la LOI CONSTITUTIONNELLE DE 1982, il défend avec force la procédure de modification qui, sans donner un droit de veto, offre quand même aux provinces en désaccord une option de retrait devant tout amendement pouvant réduire leurs pouvoirs. Il se fait personnellement le champion de la clause assurant la primauté des assemblées législatives sur les tribunaux. Son plus grand affrontement avec Ottawa relativement aux revenus pétroliers donne finalement lieu en 1981, à une entente sur la tarification de l'énergie puis à des accords ultérieurs qui obligeront le fédéral à négocier les ententes sur les prix et les recettes du pétrole et du gaz plutôt que de procéder unilatéralement.

Les Albertains tiennent Lougheed en très haute estime pour ses talents de gestionnaire, son intégrité, son engagement envers le bien-être de la province et ils le lui ont prouvé aux élections de 1975, 1979 et 1982, élections que Lougheed remporte dans des victoires éclatantes. Au milieu des années 70, l'ensemble des Canadiens en vient à le considérer sérieusement comme un important porte-parole de l'Ouest.

Lougheed domine la politique provinciale de la même façon que Manning une génération avant et il donne voix au chapitre aux Albertains, qui sont alors blessés dans leur orgueil et grandement déterminés à se faire entendre sur la scène nationale. Il se retire de la politique à l'automne 1985 pour retourner dans le secteur privé. En 1987, Donald S. MACDONALD et lui sont à la tête de l'Alliance canadienne pour le commerce et l'emploi pour promouvoir le LIBRE-ÉCHANGE avec les États-Unis et, cette même année, il est nommé Compagnon de l'Ordre du Canada.

John J. Barr

Lougheed, sir James Alexander, avocat, sénateur (Brampton, Canada-Ouest, sept. 1854—Ottawa, 2 nov. 1925). Il pratique le droit à Toronto et à Calgary où il est associé à R.B. BENNETT. En 1889, il est nommé au Sénat où il est leader du Parti conservateur de 1906 à 1921. Nommé au Conseil privé en 1911, il est ministre sans portefeuille dans le Cabinet de sir Robert BORDEN pendant sept ans. Il détient ensuite plusieurs portefeuilles ministériels jusqu'à ce que Mackenzie KING prenne le pouvoir en 1921. En 1928, une montagne à l'ouest de Calgary est nommée en son honneur.

Eric J. Holmgren

Louie, Alexina Diane, compositrice, pianiste et professeure (Vancouver, 30 juill. 1949). Louie étudie l'histoire de la musique à l'U. de la Colombie-Britannique et la composition à l'U. de la Californie à San Diego, avec Robert Erickson et Pauline Oliveros.

La musique de Louie est un mélange très personnel d'influences asiatiques et occidentales. Ses compositions, au contenu émotif profondément spirituel, jouissent d'une grande popularité chez le public qui fréquente les concerts. Ses œuvres importantes comprennent notamment *O Magnum Mysterium: In Memoriam Glenn Gould* (1982), *Songs of Paradise* (1983) et *Music for Heaven and Earth* (1990).

Résidant à Toronto depuis 1980, Louie enseigne au Conservatoire royal de musique et compose à la pige pour des concerts, des spectacles de danse, la télévision et le cinéma.

Alan Horgan

Louisbourg Ville fortifiée du XVIIIᵉ siècle, capitale et principale agglomération de la colonie française de l'île Royale (île du Cap-Breton) de 1713 à 1758. Aux XVIIᵉ et XVIIIᵉ siècles, la France et l'Angleterre se disputent les futures provinces de l'Atlantique et le monopole de la lucrative PÊCHE à la morue au large des côtes. En 1713, la France cède Terre-Neuve et l'ACADIE à l'Angleterre par le traité d'UTRECHT. La même année, elle colonise l'île Royale et fonde Louisbourg, qui devient rapidement une ville et un port importants. Contrairement aux autres agglomérations de la Nouvelle-France, Louisbourg et les villages environnants ne doivent presque rien à l'agriculture, l'exportation de la morue finançant presque tous les approvisionnements. S'appuyant sur l'industrie de la pêche, Louisbourg diversifie ses liaisons maritimes. Le port accueille chaque année des navires marchands de la France, des Antilles, des colonies anglaises d'Amérique, de l'Acadie et de Québec. Des pêcheurs BASQUES, bretons et normands y pratiquent la pêche chaque année, et la population sédentaire, venue de France et d'autres endroits de la Nouvelle-France, atteint environ 2000 habitants en 1740 et 4000 dans les années 1750.

Bien que son gouverneur soit subordonné au gouverneur général de la Nouvelle-France à Québec, l'île Royale vit comme une colonie indépendante. Centre de la puissance française dans la région, Louisbourg est une importante base militaire dotée d'une garnison permanente. Un vaste programme de fortifications est entrepris en 1719 et, dans les années 1740, la ville est entourée de remparts de pierre et de mortier équipés de canons. Les ingénieurs militaires, sous la direction de Jean-François VERVILLE, aménagent la ville conformément à la théorie des FORTIFICATIONS de Le Prestre de VAUBAN (1633-1707) et aux conceptions françaises du début du XVIIIᵉ siècle en matière d'urbanisme.

Des troupes de la Nouvelle-Angleterre, appuyées par la Royal Navy, assiègent Louisbourg en 1745 pendant la GUERRE DE LA SUCCESSION D'AUTRICHE; en 1758, l'armée et la marine britanniques l'assiègent de nouveau. La ville est chaque fois forcée de capituler à la suite de lourds dommages causés par les tirs d'artillerie ainsi que par le blocus naval, et la population est exilée en France. Après le premier siège, un traité redonne la colonie à la France; après le deuxième, les fortifications ne tardent pas à être démolies, et la ville est définitivement abandonnée. La chute de Louisbourg ainsi que la prise de Québec en 1759 et de Montréal en 1760 mettent fin à la puissance militaire et coloniale de la France en Amérique du Nord; cependant, les îles SAINT-PIERRE ET MIQUELON, acquises par la France en 1763 à l'issue de la GUERRE DE SEPT ANS, remplacent en partie l'île Royale comme base de l'industrie de la pêche.

La ville moderne de Louisbourg est un petit port de pêche qui s'est développé à l'autre extrémité du havre de Louisbourg. La forteresse de Louisbourg devient un lieu historique national en 1928. En 1961, Parcs Canada entreprend sa reconstruction en s'appuyant sur des recherches archéologiques approfondies et sur les documents historiques de la colonie, qui ont été bien conservés. Une partie des fortifications, les bâtiments de la citadelle, le quai de la ville ainsi que plusieurs rues avec leurs maisons, leurs boutiques et leurs tavernes ont été reconstruits dans tous leurs détails. La reconstruction du Louisbourg d'avant 1744 est ouverte au public du printemps à l'automne; des guides, des animateurs en costumes d'époque et des expositions d'objets de musée en font revivre l'histoire à l'intention des touristes. C'est une grande attraction, un élément important de l'industrie touristique de l'île du Cap-Breton et un

modèle de classe internationale de la reconstruction d'un lieu historique.

Christopher Moore

Louisiane État fondé en 1682 par l'explorateur Cavelier de LA SALLE. Ce dernier, après avoir atteint le delta du Mississippi, prend possession, au nom du roi de France, de tout le territoire drainé par le grand fleuve et ses affluents. Cependant, politiquement, la Louisiane n'est française que pour une période de 84 ans. L'Espagne en fait l'acquisition en 1763 par le TRAITÉ DE PARIS. Elle revient à la France par le Traité de San Ildefonso en 1800 et, trois années plus tard, Napoléon la vend aux États-Unis d'Amérique pour la somme de 15 millions de dollars.

En dépit de sa localisation stratégique et de son immense territoire, la Louisiane n'est jamais pour la France une colonie profitable et, de ce fait, est grandement négligée. En 1766, quand l'Espagne occupe la colonie, sa population compte à peine 7500 habitants. La restitution de la Louisiane à la France en 1800 et l'intention de Napoléon de l'occuper auraient pu changer les attitudes françaises vis-à-vis la colonie, mais ce ne fut pas le cas. De peur que la Louisiane ne tombe aux mains des Anglais, Napoléon décide de la vendre aux Américains.

En 1803, quand la Louisiane devient américaine, sa population se chiffre à 50 000. Cette augmentation s'explique surtout par l'immigration. Pour les Espagnols, comme pour les Français, la Louisiane est un territoire marginal. Son seul mérite est de former une zone tampon entre les États-Unis et le front pionnier septentrional de la Nouvelle-Espagne. À cause de sa localisation périphérique au sein de l'empire espagnol nord-américain, la Louisiane attire bien peu de nouveaux arrivants en provenance de l'Espagne ou du Mexique. Ironiquement, une grande partie de l'immigration durant la période espagnole est française. D'abord, plusieurs déportés ACADIENS prennent le chemin de la Louisiane à partir de 1763, et, ensuite, un nombre encore plus important de réfugiés créoles, blancs et noirs, y viennent dans la foulée de la révolution haïtienne (1791) de Saint-Domingue.

Aujourd'hui, il y a un million de francophones en Lousiane, ce qui représente 25 p. 100 de la population de l'État. Ces francophones peuvent se subdiviser en quatre grands groupes selon la diversité de leurs origines: 1) les Créoles blancs, descendants des Français coloniaux et des Allemands francisés de la période française; 2) les Créoles noirs, les noirs de culture française; 3) les Amérindiens parlant français; et 4) les Cajuns (ou Cadiens, ou Cadjins), les Acadiens et les autres immigrants (Allemands, Italiens, Irlandais-Écossais, Espagnols, etc.) qui ont été acculturés aux manières acadiennes. Les francophones de la Louisiane sont concentrés principalement dans la partie sud de l'État, désignée «Acadiana» par la Législature louisianaise depuis 1971. Les francophones de la Louisiane sont les fragiles héritiers de l'Empire français du XVIIᵉ siècle et du XVIIIᵉ siècle en Amérique du Nord.

Cécyle Trépanier

Louis-Marie, frère trappiste, botaniste et professeur (né Louis-Paul Lalonde, Montréal, 17 oct. 1896—*id.*, 3 nov. 1978). Formé à l'U. de Montréal par le frère MARIE-VICTORIN (diplôme de bibliothéconomie, licence en sciences 1924) et à Harvard (doctorat en philosophie, 1928), le père Louis-Marie enseigne la botanique et la génétique à l'Institut agricole d'OKA, près de Montréal, entre 1923 et 1962. Sous sa direction, le nombre de plantes de l'herbier de l'Institut augmente jusqu'à près de 100 000 spécimens. Connu sous le nom d'Herbier Louis-Marie, il est maintenant à l'U. Laval. Auteur de plusieurs articles scientifiques, le père Louis-Marie est particulièrement connu pour son *Flore-Manuel de la province de Québec* (1931), édité à plusieurs reprises, et grâce auquel plusieurs générations de botanistes amateurs ont été initiées à l'étude de la flore canadienne.

Raymond Duchesne

Lou-Marsh, trophée Ainsi baptisé en l'honneur d'un ancien rédacteur en chef des nouvelles sportives du *Toronto Star*, est décerné chaque année au meilleur athlète canadien choisi par un comité formé de journalistes sportifs de Toronto. Louis Edwin Marsh, considéré comme le doyen du journalisme sportif au Canada, meurt le 5 mars 1936 après une carrière journalistique de 43 ans. Dans sa jeunesse, il est un excellent athlète complet. Il joue dans l'équipe senior de football des Argonauts de Toronto, il est bon sprinter et, comme nageur, il compte plus de 15 sauvetages à son actif. Il participe aussi aux courses de bateaux à glace et de petits bateaux à moteur, qu'il baptise *sea fleas* (puces de mer). Comme arbitre de boxe et de hockey sur glace, il est tenu en haute estime. Sa chronique sportive quotidienne dans le *Toronto Star* (de 1925 à 1936) est intitulée *With Pick and Shovel* (avec un pic et une pelle) et illustre bien sa ténacité et sa capacité à donner une analyse en profondeur de la scène sportive.

Fait de marbre noir, le trophée mesure environ 75 cm de hauteur. Les mots *With Pick and Shovel* apparaissent au-dessus des noms gravés des gagnants. Parmi les lauréats de ce trophée, citons le docteur Philip Edwards (premier gagnant en 1937), Marilyn BELL, Petra BURKA, Wayne GRETZKY et Russ JACKSON. Le trophée est exposé au Temple de la renommée des sports du Canada, situé à Toronto.

J. Thomas West

Lount, Samuel, forgeron, politicien, rebelle (Cattawissa, Pennsylvanie, 24 sept. 1791—Toronto, 12 avril 1838). Après s'être établi au sud du lac Simcoe, dans le Haut-Canada, en 1815, il occupe divers emplois, mais il est surtout connu comme forgeron. Homme généreux et engagé, il devient réformiste dans les années 1830 et est membre de l'Assemblée de 1834 jusqu'à ce qu'il soit défait par des manœuvres frauduleuses en 1836. Il dirige un groupe important qui se joint aux RÉBELLIONS DE 1837. Une fois capturé, il est jugé et exécuté.

Ronald Stagg

Loup Le plus grand représentant de la famille du chien. Les loups actuels appartiennent tous à l'espèce holarctique *Canis lupus* (sauf le loup roux, *C. rufus* du sud-est des États-Unis). Les représentants de cette espèce (*C. lupus*) pèsent de 25 kg à 45 kg et sont les plus grands des loups. Il a une grosse tête caractéristique avec un grand front. Il ressemble à un berger allemand et a généralement un pelage grisâtre, mais certains individus sont noirs ou presque blancs. Les formes nordiques sont les plus grandes en Amérique du Nord.

Répartition et habitat Le loup était autrefois commun dans les forêts, la toundra et les prairies d'Amérique du Nord, mais on ne le retrouve actuellement que dans les régions nordiques sauvages. Son seul ennemi, l'humain, le chasse sportivement et le tue pour protéger le bétail, et il l'a éliminé des régions habitées de l'Amérique du Nord où le coyote ou les chiens sauvages ont pris sa place.

Reproduction et développement Le loup vit en bande de trois à sept individus parmi lesquels on compte un mâle dominant et sa louve reproductrice. Il commence à se reproduire à l'âge de deux ans ou trois ans. La gestation dure 63 jours, et la femelle donne naissance à une portée d'environ sept louveteaux (de 4 à 13) dans une tanière, soit un terrier ou un abri naturel. La bande protège la mère pendant la période d'allaitement et lui apporte de la nourriture.

Comportement Le loup a une nature timide et il est habituellement nocturne et insaisissable. Il chasse le cerf, le caribou, l'orignal, le wapiti et, pendant l'été, du gibier de plus petite taille.

Évolution et phylogénie Le genre *Canis* dont le loup, le coyote et le chien sont les espèces les plus connues, provient du *Cynodesmus*, un animal nord-américain de la taille d'un renard et de la famille des canidés ayant vécu au cours du miocène (il y a entre 23,7 millions d'années et 4,9 millions d'années). Au début du pléistocène (il y a environ 1,65 million d'années), les *Canis* étaient répandus en Amérique du Nord, en Asie et en Europe.

Vers la fin du pléistocène, il y a au moins 12 000 ans, le loup avait été apprivoisé et était devenu chien. Celui-ci diffère du loup par sa face plus courte et plus petite, ses dents jugales plus serrées et son front plus haut.

Les chiens primitifs étaient plus petits que la plupart des loups, et des croisements subséquents ont produit des chiens de tailles et de conformations variées. De plus, les chiens possèdent une apophyse coronoïde recourbée vers l'arrière contrairement aux loups, sauf chez *C. l. chanco* que l'on trouve en Mongolie et en Chine. Cette courbure est caractéristique des carnivores omnivores tels que l'ours et le raton laveur. On considère parfois que le petit ancêtre omnivore du *C. l. chanco* possédait déjà des adaptations pour vivre avec les humains puisqu'il pouvait manger la même nourriture qu'eux.

Les premiers loups apprivoisés ou associés aux humains ont été trouvés à Mezine en Ukraine avec des chasseurs de mammouths et datent de la fin du paléolithique, durant la dernière glaciation. Les chiens les plus anciens ont été trouvés dans la caverne de Palegawra en Iraq et sur les sites de Mallaha et de Hayonim en Israël et remontent à environ 10 000 ans av. J.-C. En Amérique du Nord, les plus anciens spécimens ont été trouvés dans la caverne Jaguar au Nouveau-Mexique et datent d'environ 6400 ans av. J.-C. Une mâchoire découverte dans le bassin d'Old Crow date peut-être de la fin du pléistocène et serait alors aussi ancienne ou même plus ancienne que les autres vestiges.

Les chiens devinrent communs vers 2900 ans av. J.-C. à Pan p'o en Chine et à partir de 100 ap.J.-C. en Amérique du Nord. Il n'existe aucune preuve que les chiens descendent des loups nord-américains, même si des chiennes huskies ont été croisées avec des loups de la sous-espèce *C. l. lycaon*, afin de créer des animaux plus grands, plus résistants et plus vigoureux.

C.S. Churcher

Loup-garou Il est connu dans la tradition canadienne-française, mais il y prend moins de place qu'en Europe. Il ne s'agit pas toujours d'un loup ou d'un chien: la bête peut aussi revêtir l'apparence d'un veau ou d'un jeune taureau, d'un cochon, d'un chat ou même d'un hibou. Une personne pouvait être soupçonnée d'être un loup-garou si elle n'avait pas fait ses pâques pendant une période de sept ans d'affilée.

Nancy Schmitz

Loutre La loutre de rivière (*Lutra canadensis*) se rencontre d'un bout à l'autre de l'Amérique du Nord, sauf dans le DÉSERT et les régions arides de la TOUNDRA. Elle est rare au Canada, excepté sur la côte de la Colombie-Britannique, où elle abonde et où on la confond souvent avec la LOUTRE DE MER (*Enhydra lutris*).

Description La loutre est un grand mustélidé (*voir* BELETTE): le mâle peut mesurer 1,3 m de longueur et peser 8 kg, alors que la femelle est légèrement plus petite. Cet animal amphibie a un pelage brun foncé, plus pâle sur le ventre, un corps et une queue allongés, des membres courts, des pattes palmées et une fourrure dense et imperméable, ce qui l'aide à chasser dans l'eau. Le régime alimentaire de la loutre est constitué à 90 p. 100 de POISSON, mais elle se nourrit également de CRUSTACÉS, d'AMPHIBIENS, de MAMMIFÈRES et d'OISEAUX nicheurs.

Reproduction et croissance La période de reproduction de la loutre couvre la fin de l'hiver et le printemps. La gestation, qui comprend une période d'implantation différée, dure de 9 à 12 mois. Les jeunes, au nombre de un à quatre, naissent dans un nid sous une accumulation de roches, dans un terrier ou un abri semblable.

Relations avec les humains Le pelage dense de la loutre se compose de longs jarres qui recouvrent des poils de bourre fins regroupés dans des follicules. Cette fourrure est appréciée pour sa beauté et sa résistance, c'est pourquoi l'on piège plusieurs milliers de loutres chaque année. Si on ne la harcèle pas, la loutre s'apprivoise facilement. Elle est abondante, même dans des ports aussi achalandés que celui de VANCOUVER. (*Voir aussi* FOURRURE, TRAPPAGE D'ANIMAUX À.)

Ian McTaggart-Cowan

Loutre de mer (*Enhydra lutris*) La plus grande et la plus marine des BELETTES. Elle vit exclusivement dans les mers peu profondes du Pacifique Nord, et anciennement on la trouvait du Japon à la Californie. Avant 1900, cette espèce a été pratiquement exterminée par la CHASSE abusive qu'on lui faisait pour sa précieuse fourrure. Un petit nombre de loutres de mer ont survécu en Alaska et en Californie. La protection accordée à cette espèce permet à ses populations d'augmenter pour occuper la plus grande partie de son aire de distribution originale. Des introductions fructueuses sont réalisées dans le sud-est de l'Alaska et en Colombie-Britannique.

Description Le mâle atteint une longueur de 1,6 m et pèse 36 kg, et la femelle approximativement mesure 75 p. 100 de la taille du mâle. La loutre de mer a un corps long, mais sa queue et ses pattes sont courtes. Ses pattes avant sont coussinées et munies de griffes acérées, tandis que ses pattes arrière, qui servent de nageoires, sont entièrement couvertes de poils. Sa tête est large et aplatie, et ses oreilles sont petites. Son pelage est brun foncé, et l'on rencontre fréquemment des individus à face blanchâtre. Sa fourrure, tellement dense que l'eau n'y pénètre pas, constitue un isolant. La loutre de mer n'a pas de couche de graisse.

Régime alimentaire Son alimentation se compose principalement d'OURSINS, de MOLLUSQUES et de POISSONS. Elle pêche ses proies à une profondeur pouvant atteindre 80 m et les mange à la surface. Elle s'illustre par sa technique qui consiste à utiliser une pierre en guise de marteau pour briser les coquilles. Sa consommation d'oursins, en particulier, joue un rôle important dans l'ÉCOSYSTÈME sous-marin. En effet, les forêts de varech offrent un habitat à de nombreuses espèces de poissons et d'INVERTÉBRÉS, et les populations d'oursins de mer laissées sans contrôle endommagent le varech, qui est ensuite emporté par le courant. L'écosystème tout entier dépend donc de la loutre de mer, qui limite les populations d'oursins.

Reproduction et croissance Bien que la reproduction se passe surtout en juin, elle peut avoir lieu tout au long de l'année. La majorité des naissances ont lieu à l'été. L'unique petit naît sur la côte (en Alaska) ou en mer (en Californie) et tète sa mère pendant environ 11 mois. La femelle le transporte sur sa poitrine en nageant sur le dos. Elle lui fait fréquemment sa toilette afin d'assurer l'imperméabilité de son pelage. (*Voir aussi* ANIMAUX EN VOIE DE DISPARITION et TRAITE DES FOURRURES.)

Ian McTaggart-Cowan

Loverboy Groupe rock de Vancouver parmi les plus populaires en concert à l'échelle internationale. Le groupe, composé de Paul Dean (guitare), Mike Reno (voix), Matt Frenette (batterie), Doug Johnson (claviers) et Scott Smith (guitare-basse), gagne huit prix Juno de 1977 à 1984. Le succès international de son premier album éponyme en 1980 est suivi de *Get Lucky* qui se vend à plus de trois millions d'exemplaires aux États-Unis. *Lovin' Every Minute of It* (1985) compte trois chansons à succès.

John Geiger

Lovitt, William Dodge, propriétaire de vaisseaux, entrepreneur (21 juill. 1834—1er janv. 1894). Il achète de nouveaux vaisseaux à voiles à YARMOUTH, en Nouvelle-Écosse, un port d'armement au XIXe siècle. Comme entrepreneur, il est au cœur d'une association de familles comprenant les Burrill et les

Cann, qui succède aux Killam comme groupe familial dominant à Yarmouth.

Débutant comme propriétaire de vaisseaux à la fin des années 1850, Lovitt est ensuite directeur de l'Exchange Bank de 1874 à 1886 et de sociétés d'assurances dans les années 1870. Comme l'industrie canadienne des bateaux à voiles connaît un déclin irréversible, il investit dans des sociétés de textile et de chemins de fer au cours des années 1880. Il est président de la Yarmouth Duck and Yarn Co., une usine de textile locale rentable jusqu'au XXᵉ siècle.

Gerry Panting

Low, Albert Peter, géologue et explorateur (Montréal, 24 mai 1861—Ottawa, 9 oct. 1942). Low se joint à la COMMISSION GÉOLOGIQUE DU CANADA à la fin de ses études à l'U. McGill. La frontière Québec-Labrador sera définie à partir des explorations qu'il mène entre 1893 et 1895. Il démissionne en 1901 pour prospecter la baie d'Hudson en vue d'y trouver du fer, mais il retourne au service du gouvernement et passe l'hiver de 1903 à 1904 à bord du *Neptune* au cap Fullerton, sur le côté ouest de la baie d'Hudson. Low devient le directeur de la commission géologique en 1906, puis sous-ministre des Mines en 1907. La maladie le force à se retirer en 1913.

Donald J.C. Phillipson

Lowden, John Alexander, «Sandy», pédiatre (Toronto, 21 févr. 1933). Il obtient un diplôme en médecine de l'U. de Toronto en 1957, puis il entreprend des études doctorales à l'Institut neurologique de Montréal. Il se joint au personnel médical de l'Hospital for Sick Children (HSC) de Toronto en 1964, il est professeur titulaire de pédiatrie et de biochimie clinique, directeur adjoint à l'Institut de recherche du HSC et président de la Research Development Corporation avant de prendre sa retraite en 1989. Lowden devient vice-président et directeur médical en chef du service de la santé à la Crown, Compagnie d'Assurance-Vie, en 1991. Auteur de plus de 80 publications scientifiques et médicales, il est reconnu comme étant une autorité en maladies génétiques métaboliques, particulièrement celles comprenant des lysosomes et des hydrolases.

John W. Callahan

Lower, Arthur Reginald Marsden, historien (Barrie, Ont., 12 août 1889—Kingston, Ont., 7 janv. 1988). Il est professeur au Wesley College (Winnipeg) de 1929 à 1947 et professeur titulaire de la chaire Douglas d'histoire du Canada à l'U. Queen (Kingston) de 1947 à 1959. Fils d'immigrants anglais, Lower est le premier membre de sa famille à fréquenter l'université (U. de Toronto, Harvard). Ses premiers livres, *The Trade in Square Timber* (1932), *Settlement and the Forest Frontier in Eastern Canada* (1936) et *The North American Assault on the Canadian Forest* (1938), expliquent l'importance de la forêt dans le développement du Canada en s'appuyant sur la THÉORIE DES PRINCIPALES RESSOURCES, formulée par Harold INNIS.

Dans son ouvrage intitulé *Colony to Nation* (1946), écrit pendant la Seconde Guerre mondiale, Lower cherche un terrain qui permettrait à un sentiment d'appartenance nationale d'unir les Canadiens français et les Canadiens anglais. Il reçoit le Prix du Gouverneur général (1946, 1954) ainsi que la médaille Tyrrell de la Société royale du Canada (1947) et est nommé Compagnon de l'Ordre du Canada (1968). Lower est également chef honoraire des Ojibwés; son nom autochtone, *Kikugaygawbigoneden*, signifie «conservateur de la tradition de son peuple».

Margaret E. McCallum

Lowry, Clarence Malcolm, romancier (New Brighton, Angl., 28 juill. 1909—Ripe, Angl., 27 juin 1957). Bien qu'il ne soit pas né au Canada, c'est à Dollarton, en Colombie-Britannique, qu'il passe les années les plus heureuses et les plus productives de sa vie tourmentée (1940–1954). La plupart de ses romans des dernières années ont pour cadre la Colombie-Britannique. Toute son œuvre est, dans une certaine mesure, autobiographique. *Under the Volcano* (trad. *Au-dessous du volcan*, 1959; deuxième trad. *Sous le volcan*, 1987), l'un des meilleurs romans de la littérature moderne, lui est inspiré par les mois de dépression, provoquée par son alcoolisme, qu'il vit au Mexique (1936–1938). De 1941 à 1944, dans sa cabane de Dollarton, il travaille sans relâche avec sa femme Margerie, à la révision de son manuscrit, qui est accepté pour publication en 1946. Avec le personnage du consul, un diplomate ivrogne sans fonctions officielles, et le décor d'un Mexique infernal, Lowry a trouvé les parfaits symboles de son existence. Son style souple et allusif confère une dignité tragique aux souffrances du consul et fait du roman un mélange unique d'humour et d'horreur.

La plupart des romans de Lowry sont remarquables (*Ultramarine*, 1933; trad. *Ultramarine*, 1989; *Lunar Caustic*, 1968; trad. *Le caustique lunaire*, 1977; *Hear Us O Lord from Heaven Thy Dwelling Place*, 1961; trad. *Écoute notre voix ô Seigneur*, 1983), mais *Under the Volcano* demeure le roman qui a fait de lui un grand écrivain de ce siècle. *October Ferry to Gabriola* (1970; trad. *En route vers l'île de Gabriola*, 1972) est publié après sa mort.

Tracy Ware

Lowther, Patricia Louise, poète (Vancouver, 29 juill. 1935—*id.* 24 sept. 1975). Elle se consacre à faire connaître la poésie et enseigne la création littéraire à l'U. de la Colombie-Britannique. Elle fait aussi la promotion du NOUVEAU PARTI DÉMOCRATIQUE, dont elle est secrétaire pour le comté. En 1974, Lowther est élue coprésidente de la League of Canadian Poets et, par la suite, elle est nommée au conseil des arts de la Colombie-Britannique.

Elle figure dans de nombreuses anthologies et a publié 4 recueils de poésie (*This Difficult Flowering*, 1968; *The Age of the Bird*, 1972; *Milk Stone*, 1974; *A Stone Diary*, 1977) qui reflètent les deux principaux thèmes de son œuvre: la politique socialiste et la politique des sexes. À sa mort, elle laisse quatre enfants et son mari, Roy. En 1977, ce dernier est condamné à la prison à vie pour l'assassinat de sa femme. Chaque année, la LEAGUE OF CANADIAN POETS accorde le Pat Lowther Award.

Catherine Ahearn

Loyalistes Colons américains de diverses origines ethniques qui soutenaient la Grande-Bretagne durant la GUERRE D'INDÉPENDANCE AMÉRICAINE (1777-1783). En 1789, le gouverneur général de l'AMÉRIQUE DU NORD BRITANNIQUE, lord Dorchester (*voir* CARLETON), proclamait le droit des Loyalistes et de leurs enfants d'ajouter les lettres), governor-in-chief of «UE» à leur nom pour manifester ainsi leur appui à l'unité de l'Empire, d'où l'appellation «United Empire Loyalist», ou UEL. À l'origine, le terme ne s'appliquait qu'aux colonies canadiennes. Il n'a été officiellement accepté dans les Maritimes qu'au XXᵉ siècle.

Afin de déterminer qui avait droit à une indemnité pour les pertes subies pendant la guerre, la Grande-Bretagne définissait clairement qui étaient les Loyalistes: ceux qui étaient nés ou qui vivaient dans les colonies américaines lorsque la guerre a éclaté, qui avaient grandement servi la cause royale et qui avaient quitté les États-Unis à la fin de la guerre ou peu après. Ceux qui sont partis beaucoup plus tard, surtout pour obtenir des terres et pour fuir l'intolérance grandissante des Américains envers les minorités, sont souvent appelés les Loyalistes «tardifs».

Les raisons des Loyalistes pour demeurer fidèles à la Grande-Bretagne sont nombreuses et fort variées. D'aucuns manifestaient ainsi leur loyauté à la Couronne ou craignaient que la révolution n'entraîne le chaos en Amérique. De nombreux autres étaient d'accord avec les rebelles pour dire que la Grande-Bretagne avait des torts envers l'Amérique, mais croyaient qu'il fallait chercher une solution à l'intérieur de l'Empire.

D'autres enfin, dont des membres de minorités linguistiques et religieuses, de nouveaux immigrants pas encore intégrés à leur nouvel environnement, des Noirs et des Amérindiens, se voyaient faibles ou menacés par la société américaine et cherchaient un allié à l'extérieur. À l'époque, il était dangereux d'exprimer sa loyauté envers la Couronne et ceux qui défiaient les révolutionnaires pouvaient se voir privés de leurs droits fondamentaux, se faire attaquer par la foule ou se faire jeter en prison. Tous les États en sont venus à taxer ou à confisquer les biens des Loyalistes.

Pendant la guerre, plus de 19 000 Loyalistes, auxquels se sont joints plusieurs milliers d'Amérindiens, ont servi la Grande-Bretagne au sein de corps provinciaux spécialement créés pour eux. D'autres se sont réfugiés dans des bastions comme New York ou dans des camps de réfugiés comme ceux de Sorel et de Machiche, au Québec. Entre 80 000 et 100 000 Loyalistes ont fini par s'enfuir, dont à peu près la moitié au Canada. La majorité de ces Loyalistes était des fermiers. Ils n'étaient ni fortunés, ni de rang social élevé. Leurs origines ethniques étaient très variées et bon nombre étaient de nouveaux immigrants. Les Loyalistes de race blanche amenaient avec eux d'importants contingents d'esclaves noirs. Des Noirs libres et des esclaves qui s'étaient échappés et avaient combattu avec les troupes loyalistes sont venus s'établir au Canada tout comme au moins 2000 alliés amérindiens, surtout des Iroquois des Six-Nations de l'État de New York.

La plus grande vague de Loyalistes est arrivée dans ce qu'on appelle aujourd'hui le Canada en 1783 et en 1784. Quelque 30 000 Loyalistes se sont établis dans les PROVINCES MARITIMES. On en retrouvait presque partout le long des côtes de la Nouvelle-Écosse de même qu'au Cap-Breton et à l'île Saint-Jean (Î.-P.-É.). Les deux principaux peuplements étaient installés dans la vallée du fleuve Saint-Jean et temporairement à Shelburne, en Nouvelle-Écosse. Les Loyalistes ont submergé les 20 000 Américains et Français qui étaient là avant eux, ce qui a donné lieu à la création du Nouveau-Brunswick et du Cap-Breton en 1784.

Des 2000 Loyalistes venus dans le territoire qui est aujourd'hui le Québec, certains ont choisi la Gaspésie, le long de la baie des Chaleurs, et d'autres ont opté pour la seigneurie de Sorel, à l'embouchure de la rivière Richelieu. Environ 7500 sont allés vers ce qui allait devenir l'Ontario, s'installant principalement le long du fleuve Saint-Laurent jusqu'à la baie de Quinte. Il y avait aussi d'importants établissements dans la péninsule de Niagara et le long de la rivière Detroit, avec des ramifications plus tardives le long de la rivière Thames et à Long Point. Les Loyalistes Iroquois se sont pour leur part installés à proximité de la rivière Grand. Les Loyalistes ont pour ainsi dire peuplé la région, ce qui a mené à la création d'une nouvelle province, le HAUT-CANADA, en 1791. Ils ont en outre joué un rôle important dans l'établissement d'institutions éducatives, religieuses, sociales et gouvernementales.

Bien qu'ils aient été plus tard considérablement dépassés en nombre par d'autres immigrants, les Loyalistes et leurs descendants, tels qu'Egerton RYERSON ont exercé une influence forte et durable. Le Canada moderne a hérité d'eux, entre autres, un certain conservatisme, une préférence pour l'«évolution» plutôt que la «révolution» en matière gouvernementale et un penchant pour une société pluraliste et hétérogène. (*Voir aussi* UNITED EMPIRE LOYALISTS' ASSOCIATION OF CANADA.)

Bruce G. Wilson

Lozeau, Albert, poète (Montréal, 1878—*id.*, 1924). Il entame des études à l'Académie éponyme (1886-1891), mais, atteint du mal de Pott, ne fréquente qu'irrégulièrement la classe. Frappé de paralysie en 1896, il effectue néanmoins ses débuts en littérature deux ans plus tard, avec la publication d'un conte dans *Le Monde illustré*. Suivent de nombreux vers qu'accueillent la même revue, tout comme *Le Passe-Temps, La Patrie, Le Journal de Françoise,* etc. Dès 1900, à la demande du poète Charles Gill (1871-1928), son nom figure au nombre des collaborateurs des *Soirées du Château de Ramezay* et en 1904, il adhère à l'École littéraire de Montréal. En 1907, un mois avant la publication de son florilège, *L'âme solitaire,* il obtient un des premiers prix au concours «Les poètes du clocher», organisé par les *Annales politiques et littéraires de Paris,* qui le rééditent l'année suivante. Membre de la Société royale du Canada (1911), officier d'Académie du gouvernement français (1912), il prépare une édition complète de son œuvre lorsque la mort vient le frapper. Elle paraîtra deux ans plus tard grâce aux soins d'un ami.

Réunie en recueils (*Billets du soir,* 1911-1918; *Le miroir des jours,* 1912; *Jean le Précurseur. Poème lyrique religieux en trois parties,* 1914; *Lauriers et feuilles d'érable,* 1916), l'œuvre d'Albert Lozeau puise son originalité dans sa discrétion intimiste, l'expression délicate de sentiments faits de nostalgie, de tristesse et de mélancolie, tempérés, toutefois, de gaieté, de sourires, de pudeur, et la musique nuancée de vers qui l'apparentent, en France, à Alfred de Musset et à Lamartine, au Québec, à Nérée Beauchemin (1850-1931) et à Alfred Garneau (1836-1934). Contemplatif, élégiaque, il sut cependant trouver un souffle puissant pour dépeindre l'amour du pays canadien que lui inspirait un érable rouge, seul «fragment de nature» (Pierre de Grandpré) qu'il lui était donné d'apercevoir de son lit de souffrance.

Ismène Toussaint

Luard, Richard George Amherst, officier de l'armée (Angl., 29 juill. 1827—Eastbourne, Angl., 24 juill. 1891). Officier de l'armée britannique, il est officier général, commandant de la milice canadienne de 1880 à 1884, après un service actif en Inde, en Crimée et en Chine. Méprisant l'accoutrement et le manque d'expertise de la milice, il promeut l'expansion de l'armée de métier, jusque-là peu développée, au détriment des soldats à temps partiel, regroupés dans les régiments ruraux.

En plus de ses sautes d'humeur terribles aux rassemblements militaires, cette ligne de conduite le met en conflit avec des officiers politiquement influents. Adolphe CARON, ministre de la Milice et de la Défense, perçoit ses tentatives de réforme comme un frein au favoritisme politique. Bien que de nouvelles unités de forces permanentes soient mises en place en 1883, Luard démissionne peu de temps après en raison de la pression exercée sur lui.

O.A. Cooke

Luc, frère, né Claude François, récollet, peintre et architecte (Amiens, France, mai 1614—Paris, 1685). Il étudie à Paris et à Rome, reçoit le titre de «peintre du roi» pour son travail de décoration au Louvre (1640–1642), entre chez les récollets (1644) sous le nom de frère Luc et travaille en Nouvelle-France du mois d'août 1670 au mois d'octobre 1671. Il dresse les plans de la chapelle du monastère des récollets, nouvellement reconstruit à Québec. Cette chapelle est la plus ancienne du Canada et fait maintenant partie de l'Hôpital Général, en plus d'avoir constitué, de 1677 à 1678, une aile du SÉMINAIRE DE QUÉBEC.

Puisque les œuvres d'art sont généralement importées de France à cette époque, il exerce une grande influence durant son passage dans la colonie et même après son retour en France, grâce aux peintures qu'il produit pour les églises de la région. L'*Assomption de la Vierge,* peinte en 1671 pour le retable de la chapelle des récollets, est son œuvre la mieux connue. On lui attribue quelques portraits, notamment ceux de Jean TALON et de Mgr de LAVAL, et les églises de Sainte-Anne-de-Beaupré et de Saint-Philippe (Trois-Rivières) abritent ses PEINTURES VOTIVES pittoresques, voire sentimentales. On lui a souvent attribué les tableaux les mieux réussis de cette époque et, bien que les recherches récentes met-

tent en doute ces affirmations, on ne peut nier l'étendue de son influence.

Rosemary Shipton

Lucania, mont Avec ses 5226 m, le mont Lucania est au troisième rang des sommets les plus élevés au Canada. Il est situé à 29 km à l'est de la frontière de l'Alaska et à 50 km au nord du mont LOGAN dans la chaîne St. Elias du Yukon. Le duc d'Abruzzi, qui l'observe depuis le mont St. Elias en 1897, lui donne son nom. Le mont Lucania est relié au mont STEELE par un haut col au nord-est. Bradford Washburn et Bob Bates se rendent par avion au glacier Walsh et sont les premiers à l'escalader, le 9 juillet 1937. Ils gravissent ensuite le mont Steele, conquis pour la deuxième fois.

Glen Boles

Lucy Qinnuayuak, artiste (près de Salluit [anc. Sugluk], Qc, 1915?—Cape Dorset, T.N.-O., 10 sept. 1982). L'une des artistes visuelles inuites les plus populaires, reconnue avant tout pour ses dessins d'oiseaux arctiques pleins d'imagination, elle commence à dessiner à la fin des années 50, à l'époque où James HOUSTON amorce ses expériences de GRAVURE INUITE à Cape Dorset. «Nous faisions nos dessins au camp et, lorsqu'un attelage de chiens allait à Cape Dorset chercher des provisions, nous apportions nos dessins à Saumik» (c.-à-d. à Houston).

Plus de 100 de ses dessins ont été reproduits par gravure. Sir Charles Gimpel, admirateur de ses œuvres, a fait don à la Tate Gallery de Londres de la pierre sur laquelle a été reproduit l'un de ses premiers dessins gravés, intitulé *Large Bear* (1961), aujourd'hui exposée au Scott Polar Research Institute, à Cambridge. Fort recherchées par les collectionneurs, ses œuvres ont été présentées dans de nombreuses expositions, et l'une d'elles a même paru sur une bannière olympique. (*Voir aussi* ART INUIT.)

Dorothy Harley Eber

Luge (*Voir* BOBSLEIGH)

Lumonics Inc. (*Voir* ÉLECTRONIQUE, INDUSTRIE DE L')

Lumsdon, Cliff, nageur de longue distance (Toronto, 1er avril 1931—Etobicoke, Ont., 31 août 1991). À l'âge de six ans, Lumsdon se joint au Lakeshore Swim Club de Toronto, dont l'entraîneur est le célèbre Gus Ryder. En 1949, il gagne le premier d'une série de cinq championnats mondiaux, l'emportant sur 70 autres nageurs inscrits au CNE, une épreuve de 15 milles (24 km) qu'il termine en 7 h 55. La même année, on lui remet le TROPHÉE LOU-MARSH décerné à l'athlète canadien de l'année. Il continue d'obtenir de bons résultats après 1954, lorsque le marathon de natation le long de la rive est remplacé par la traversée du lac, une épreuve de 30 milles (48 km). En 1956, il remporte la compétition d'Atlantic City, soit 26 milles (42 km) à la nage, et devient le premier homme à franchir le détroit de Juan de Fuca. Plus tard, il entraîne sa fille Kim et aidera Cindy NICHOLAS ainsi que d'autres nageurs de longue distance à parfaire leur formation.

Gerald Redmond

Lund, Alan, chorégraphe (Toronto, 23 mai 1925—Toronto, 1er juill. 1992). Spécialiste de la comédie musicale, Lund reçoit sa formation à Toronto et se fait d'abord connaître en dansant en duo avec sa femme, Blanche, pendant la Seconde Guerre mondiale dans la revue *Meet the Navy.* Lund se tourne vers la chorégraphie dans les années 50 et participe à de nombreuses productions comme *Spring Thaw, Grandstand Show* présentée dans le cadre de l'EXPOSITION NATIONALE CANADIENNE, ainsi qu'à des productions présentées au STRATFORD FESTIVAL. De 1966 à 1986, il est directeur artistique du FESTIVAL D'ÉTÉ DE CHARLOTTE-TOWN, où il met en scène de nombreuses comédies musicales dont *Anne… La maison aux pignons verts,* la comédie musicale canadienne la plus populaire. En 1977, il y présente la première de son œuvre *The Legend of the Dumbells.* Pendant de nombreuses

années, il enseigne à des élèves en comédie musicale au BANFF CENTRE for Continuing Education. Il crée des chorégrahies et met en scène des productions, notamment *Kiss Me Kate* (Toronto, 1986). Lund reçoit une grade honorifique de l'U. de l'Île-du-Prince-Édouard et est nommé Membre de l'Ordre du Canada.

Jillian M. Officer

Lundström, Linda, créatrice de mode (Red Lake, Ont., 24 avril 1951). Elle étudie la CRÉATION DE MODE au Sheridan College, à Oakville, en Ontario, et complète sa formation en Europe dans une haute maison de couture. En 1974, elle fonde la compagnie Linda Lundström ltée, à Toronto. Sous sa direction, son entreprise devient une compagnie multimillionnaire, qui fournit des boutiques partout en Amérique du Nord, y compris plusieurs boutiques appartenant à Linda Lundström ltée.

Renommée pour LAPARKA, un produit qui rend hommage aux traditions canadiennes, la collection de vêtements pour femme de Linda Lundström comporte des coordonnés, des robes, des accessoires, des chaussures, des bas et des chaussettes ainsi que des vêtements de ski et d'après-ski. Ces produits sont tous fabriqués au Canada.

Elle reçoit plusieurs prix, notamment l'Ordre de l'Ontario (1995); le Lifetime Achievement Award/Canadian Woman of the Year de l'U. de Toronto (1994); le prix du premier ministre pour l'excellence des réalisations d'une diplômée en arts appliqués (1993); le prix Canada pour l'excellence en affaires (1991); et le Designer of the Year Award offert par la ville de Toronto (1987).

Kelly Okamura

Lundy's Lane Site d'une bataille entre des troupes américaines et des soldats britanniques, appuyés par des soldats canadiens assignés à la défense et par des miliciens canadiens. Elle a lieu au cours de la nuit torride du 25 juillet 1814, près des CHUTES NIAGARA. L'action avance et recule alors que les troupes s'affrontent avec une témérité sans borne dans l'obscurité complète. Les Britanniques, dont la plupart font partie des Royal Scots et des 8e, 41e et 89e régiments de Fantassins, sont inébranlables dans la défense et téméraires dans l'attaque. Sir Gordon Drummond, commandant britannique d'origine canadienne, est blessé et son commandant en second est fait prisonnier. Toutefois, vers minuit, les Britanniques et les Canadiens occupent le champ de bataille et les Américains se retirent vers Fort Érié. Les pertes sont lourdes dans les deux camps, mais celles des Américains sont les plus élevées. C'est la bataille la plus pénible et la plus amère de la GUERRE DE 1812.

Robert S. Allen

Lunenburg, ville de la N.-É., chef-lieu du comté de Lunenburg; pop. 2599 (rec. 1996), 2781 (rec. 1991), 2972 (rec. 1986); superf. 4,04 km²; const. en 1888; située sur la baie de Lunenberg, à 90 km au sud-ouest de Halifax.

Historique Centre des pêcheries de la Nouvelle-Écosse, la colonie s'appelle d'abord Merliguesche. Jusqu'en 1749, une cinquantaine d'Acadiens (*voir* ACADIE) y vivent. Cependant, en 1753, le gouvernement britannique, qui veut contrer la présence française et catholique en Nouvelle-Écosse, installe 1453 «protestants étrangers», en grande majorité de langue allemande, en provenance du Sud-Ouest de l'Allemagne et de la région de Montbéliard, en France et en Suisse. (La localité est alors nommée Lunenburg, en l'honneur de la maison royale de Brunswick-Lunenburg, dont est issu le roi George Ier d'Angleterre.) Chaque colon se voit accorder gratuitement un lopin de terre avec potager et une portion de terre agricole dans le comté. Le plan de la ville est à l'image de celui de Halifax.

Malgré des débuts difficiles, Lunenburg approvisionne Halifax en produits agricoles divers dès la fin du XVIIIe siècle. Ses habitants s'adonnent aussi à la pêche en haute mer; celle-ci est devenue aujourd'hui le moteur de l'économie locale. Les premiers pêcheurs fréquentent la côte du Labrador; plus tard, à la fin des années 1860, grâce aux nouvelles techniques de chalutage, la flotte de goélettes se déplace vers les GRANDS BANCS de Terre-Neuve et le Banc de l'Ouest, au sud-ouest de l'ÎLE DE SABLE. L'exportation de morue salée vers les Antilles, surtout à Puerto Rico, est florissante.

Pourtant, «le boom économique extraordinaire» dont parle le *Lunenburg Progress* (1888) ne dure pas: le commerce d'exportation du poisson se centralise plutôt à Halifax, d'où partent les navires à vapeur rapides en direction des Antilles et des États-Unis. Qui plus est, la demande de poisson frais supplante celle de poisson salé. Ainsi, certains entrepreneurs locaux – les familles Smith et Zwicker en tête – cherchent à s'ajuster pour reconquérir leur place sur les marchés. En effet, à partir de la fin des années 20, les claies de séchage de la morue et les goélettes traditionnelles cèdent la place à l'équipement frigorifique, aux usines de transformation du poisson et aux chalutiers diesels.

Situation actuelle Lunenburg possède la plus importante usine de transformation diversifiée du poisson au Canada; sa propriétaire et gestionnaire, la National Sea Products de Halifax, est issue de plusieurs entreprises successives de Lunenberg.

Chaque année, pour célébrer la pêche, la région organise l'Exposition des pêcheries de Nouvelle-Écosse et le Congrès des pêcheurs. Le Musée des pêcheries de l'Atlantique se trouve d'ailleurs à Lunenberg. En outre, c'est à partir d'un chantier naval de la région que fut lancée la célèbre goélette BLUENOSE.

Lunenberg jouit aussi d'une excellente tradition architecturale et d'un riche patrimoine historique: on y trouve la plus ancienne église presbytérienne canadienne (St. Andrew's, 1754), la plus ancienne église luthérienne canadienne (Zion's, 1772) et la deuxième plus ancienne église anglicane canadienne (St. John's). Le «Vieux-Lunenburg» fut désigné région historique nationale en 1991, puis SITE DU PATRIMOINE MONDIAL par le Nations Unies en 1995.

L.D. McCann

Lupin Du latin *lupus,* «loup», en raison d'une croyance voulant que cette plante épuise le sol, est une plante herbacée annuelle ou vivace, du genre *Lupinus* de la famille des pois (légumineuses ou fabacées, *voir* LÉGUMINEUSES). Les feuilles composées palmées, c.-à-d. que les folioles rayonnent d'un point central, de même que les fleurs remarquables disposées en grappes spiciformes (ou tout simplement «en grappes») font du lupin une merveilleuse PLANTE ORNEMENTALE (p. ex., les hybrides Russell).

Aires de distribution Il en existe environ 200 espèces dans le monde. On les retrouve surtout dans les montagnes occidentales des Amériques du Nord et du Sud et dans le bassin de la Méditerranée, leurs deux principales aires de distribution. Le Canada compte 28 espèces, la plupart entre le sud de la Saskatchewan et la C.-B.; le *L. arcticus* et le *L. nootkatensis* pénètrent dans l'ouest de l'Arctique; le *L. perennis* pousse dans le sud de l'Ontario; le *L. polyphyllus,* est une espèce de l'Ouest qui a été naturalisée dans l'Est du Canada. Certains lupins cultivés s'étendent jusqu'aux abords des routes. Quelques espèces sont cultivées comme fertilisant ou pour la consommation humaine et animale (p. ex., l'espèce des Balkans, le *L. albus,* cultivée en Europe et en Afrique du Sud). Au Canada, le lupin sert de plante de couverture dans les travaux de reforestation. Le lupin enrichit les sols pauvres en azote. Les alcaloïdes quinolizidines rendent les graines de lupin toxiques pour le bétail, mais la plante elle-même ne l'est pas. Les graines, une fois traitées, sont une source de protéines pour le bétail. (*Voir aussi* PLANTES VÉNÉNEUSES.)

John M. Gillett

Luscombe, George, metteur en scène, producteur et dramaturge (Toronto, 17 nov. 1926). Directeur artis-

tique des Toronto Workshop Productions (TWP) de 1959 à 1986, il est considéré comme le fondateur du théâtre «alternatif» au Canada anglais à la fin des années 60. En Angleterre, il joue avec Joan Littlewood de 1952 à 1956. Elle l'influence avec son expérimentation de nouveaux styles d'interprétation et sa croyance en un théâtre engagé socialement. Les productions de Luscombe, dans lesquelles il allie les principes de Constantin Stranislavsky et l'approche basée sur l'expression physique de Rudolph Laban, se caractérisent par un jeu d'ensemble plutôt que par un scénario. C'est ce qu'il appelle le théâtre de «groupe».

Au TWP, il est l'un des premiers à mettre en scène des scénarios originaux canadiens, des adaptations de pièces classiques et des créations collectives. Parmi ses productions les plus remarquables, qui se distinguent par un jeu théâtral vivant et un commentaire social important, citons *Hey, Rube!* (1961, 1973, 1983), *Mister Bones* (1969), *Chicago 70* (1970), *Ain't Lookin'* (1980, 1984) et surtout *Ten Lost Years* (1974, 1975, 1981). Luscombe enseigne le théâtre à l'U. York, au University College de l'U. de Toronto et à l'U. Guelph. Il reçoit un doctorat honorifique en lettres de l'U. York en 1978 et est nommé Membre de l'Ordre du Canada en 1981.

Anton Wagner

Luthériens Ils font partie de l'Église chrétienne fondée par Martin Luther, réformateur protestant du XVIe siècle, qui avait pour doctrine principale la justification par la grâce obtenue uniquement par la foi, en considération des mérites de Jésus-Christ. À ses yeux, la faveur de Dieu envers l'homme primait sur les actions de ce dernier. Puisque la compréhension de cette faveur dépend de la proclamation et de l'interprétation de la Parole, l'Église luthérienne se distingue par la prédication. Le luthéranisme a aussi réduit le nombre des sacrements, ne retenant que deux des sept sacrements du CATHOLICISME: le baptême et la Cène. L'importance accordée à la stricte orthodoxie doctrinale, ainsi qu'au piétisme comme gage d'une vie sainte, est un changement plus tardif introduit au Canada à partir des États-Unis. La doctrine de l'Église luthérienne repose sur la reconnaissance de la primauté des Écritures sur la tradition ecclésiale en tant que norme de foi et de morale, ainsi que sur l'adhésion aux confessions de la foi luthérienne, constituées entre 1530 et 1580.

Il existe aujourd'hui deux autorités luthériennes au Canada: l'Église évangélique luthérienne au Canada (ÉELC) et l'Église luthérienne du Canada (ÉLC). Basée à Winnipeg, l'ÉELC résulte d'une fusion de l'Église luthérienne d'Amérique (ÉLA) et de l'Église évangélique luthérienne du Canada, effectuée le 1er janvier 1986. L'ÉLC regroupe les districts couverts par le synode de l'Église luthérienne du Missouri, constitué en fédération en 1958 et autonome depuis janvier 1989. Les questions qui touchent les relations mutuelles des Églises luthériennes sont traitées par l'entremise du Conseil luthérien au Canada, constitué en fédération en 1967. On compte plus de 636 000 luthériens au pays.

Est du Canada Dans l'Est du Canada, les Églises luthériennes se rattachent d'abord aux Églises américaines. Des assemblées sont formées à Halifax (Nouvelle-Écosse) en 1752 et dans le comté de Dundas (Ontario) en 1784. Dès les débuts, les missions éprouvent des difficultés liées au manque de personnel et d'appui financier de la part des organismes américains qui les parrainent, à des conflits avec les anglicans, à des rivalités entre confessions luthériennes et à l'activité d'imposteurs qui se prétendent ministres de l'Évangile. Limitées surtout aux colonies allemandes, les Églises rattachées au ministère de New York et au synode de Pittsburgh font par la suite concurrence au synode de l'Église luthérienne du Missouri. Au milieu du XIXe siècle, le synode de Pittsburgh constitue une conférence du Canada, puis, en 1876, la conférence de la Nouvelle-Écosse. Ces dernières, avec la conférence anglaise, font partie du

conseil général, puis de l'Église luthérienne unie en Amérique (ÉLUA), qui succède à ce conseil en 1918. Elles fusionnent en 1962 pour former un seul synode lorsque l'ÉLA est constituée, puis lorsque l'ÉELC est formée en 1985. Par ailleurs, le synode du Missouri crée son district du Canada en 1879 (rebaptisé district de l'Ontario en 1922) et le district anglais en 1911. Trois districts américains existent aussi en Ontario. Il est difficile de faire la transition à une administration autonome tout en gardant des liens étroits avec le siège social américain, mais les assemblées canadiennes du synode du Missouri se fédèrent en 1958 pour former l'ÉLC, qui devient autonome au Canada en janvier 1988.

Ouest du Canada Alors que dans l'Est la prédication luthérienne maintient la foi chez les Loyalistes, dans l'Ouest, elle préserve le luthéranisme traditionnel du centre et du Nord de l'Europe aussi bien que les structures américaines. L'évangélisation débute chez les Islandais près de Gimli (Manitoba) dans les années 1870; chez les Allemands à Winnipeg en 1888; chez les Suédois à New Stockholm, en Assiniboia (aujourd'hui Saskatchewan), en 1889; chez les Norvégiens à Vancouver en 1890; et chez les Danois à Dickson (Alberta) en 1903. Dès 1910, l'Église luthérienne compte dans l'Ouest trois groupes allemands, un suédois, un danois, un islandais et quatre norvégiens, chacun parlant sa langue. Les fusions avec les sièges sociaux américains ne tiennent pas compte de l'origine ethnique, sauf dans le cas des Norvégiens. En conséquence, le synode de l'Église allemande du Manitoba devient, en 1918, un synode de l'ÉLUA, auquel se joint le synode islandais en 1943 en tant que synode non géographique. En 1962, ce synode se réorganise avec la conférence canadienne du synode suédois d'Augustana pour former deux synodes de l'ÉLA (Manitoba-Saskatchewan et Alberta-Colombie-Britannique).

L'Église luthérienne norvégienne et le synode de Haugean, constituantes de l'Église luthérienne norvégienne unie, deviennent, en 1917, un district de l'Église évangélique luthérienne, qui leur succède. Celui-ci, à l'occasion de la fusion de 1960 qui donne naissance à l'American Lutheran Church, fusionne avec le district canadien du synode allemand de l'Ohio (devenu l'American Lutheran Church en 1930) et le district danois de l'Église évangélique unie pour former un seul district, lequel devient autonome en 1967 et prend le nom d'ÉELC. Quant à l'ÉLC, elle s'organise en deux districts: celui de Saskatchewan-Manitoba et celui d'Alberta-Colombie-Britannique.

Lorsque l'ÉELC est formée en 1985, des évêques sont nommés à la direction nationale et à celle des synodes. À ces deux paliers, les dirigeants de l'ÉLC gardent le titre de président. Le pastorat demeure la fonction primordiale de l'Église et la condition préalable à l'exercice de toute charge officielle. Le recrutement des pasteurs est la responsabilité de l'Église. L'ÉELC ordonne des femmes, mais, au sein de l'ÉLC, les droits des femmes demeurent limités.

Fonctions et activités L'ÉELC et l'ÉLC œuvrent dans les missions canadiennes et étrangères, l'éducation, les soins de santé et les services d'aumônerie. Le travail auprès des jeunes est réalisé par l'entremise de la Luther League (la Walther League dans l'ÉLC), et le ministère dans les universités est assuré grâce à des centres étudiants interluthériens. La plus connue des organisations masculines est la Ligue laïque luthérienne du Canada du synode du Missouri, qui parraine, en Amérique du Nord, des émissions comme *Lutheran Hour,* diffusée à la radio. Les auxiliaires féminines fournissent un appui considérable aux missions étrangères et aux programmes de service. Les luthériens accordent une grande importance à l'éducation en maintenant non seulement le système D'ÉCOLES DU DIMANCHE, qui succède aux écoles du samedi et du lundi, mais aussi des écoles paroissiales, surtout dans l'ÉLC, des écoles bibliques comme celle d'Outlook (Saskatchewan), qui relève de l'ÉELC, ainsi que des écoles secondaires et des collèges affiliés à des universités, dont le Luther College (Regina), l'Augustana University College et le Concordia University College (Edmonton). L'UNIVERSITÉ WILFRID LAURIER, à Waterloo, était autrefois la Waterloo Lutheran University. Un enseignement théologique est dispensé depuis environ 85 ans aux séminaires de Waterloo et de Saskatoon. L'ÉLC a fondé un séminaire à St. Catharines (Ontario) en 1976 et un autre à Edmonton en 1984. La Lutheran Life, une compagnie d'assurance-vie de secours mutuel, soutient les étudiants et les écoles au moyen de bourses d'études. Au milieu du XXᵉ siècle, les services de santé se sont multipliés avec l'établissement d'hôpitaux de soins prolongés et de foyers pour personnes âgées. Les aumôniers jouent un rôle important dans l'armée, sur les campus universitaires, dans les établissements de soins de santé et dans les prisons. La Canadian Lutheran World Relief est un organisme fortement appuyé.

Walter Freitag

Lutin Dans la tradition canadienne-française, le lutin est une sorte d'elfe ou de farfadet. Il monte des chevaux toute la nuit et, lorsqu'il les quitte, il a noué dans leur crinière des tresses ou des nœuds qui sont particulièrement difficiles à défaire. Dans certains cas, on croit que seule une femme qui porte une alliance peut dénouer ces nœuds.

Nancy Schmitz

Lutte Activité naturelle chez l'homme, la lutte est si ancienne qu'il est impossible d'en retracer l'origine précise. L'homme préhistorique lutte, d'abord pour sa survie, puis en tant que sport, comme en font foi des peintures rupestres représentant une forme de lutte libre. Les peintures murales de tombeaux égyptiens qui remontent à 3400 av. J.-C. nous montrent des combats dont les mouvements ressemblent étonnamment à ceux de la lutte moderne. L'*Iliade* d'Homère décrit un combat de lutte entre Ulysse et Ajax qui se déroule pendant des jeux funèbres, au moment de la guerre de Troie (vers 1200 av. J.-C.), et des documents attestent que la lutte est l'un des premiers sports olympiques.

Initialement, il semble y avoir autant de styles et de formes de lutte qu'il y a de villes et de villages. La compétition moderne en a établi les règlements et codifié les formes. Bien que certains styles populaires soient encore pratiqués, l'organisme qui régit la lutte à l'échelle internationale, la Fédération internationale de lutte amateur (FILA), reconnaît trois styles officiels aux championnats du monde: la lutte gréco-romaine, qui autorise les prises seulement en haut de la ceinture; la lutte libre, qui permet aux lutteurs d'utiliser toutes les parties de leur corps; et le sambo, qui comporte beaucoup de mouvements inspirés des arts martiaux.

La lutte réunit la force et la vitesse et les applique scientifiquement. Ainsi, aucun point n'est accordé pour la défense, seulement pour l'attaque, et uniquement si le lutteur démontre une certaine maîtrise de l'adversaire. Les points varient de un à quatre selon la maîtrise que l'on a de l'adversaire. Un match de lutte consiste en deux rounds de trois minutes séparés chacun par une minute de repos. Le combat peut prendre fin avant les 6 minutes réglementaires s'il y a chute, si un lutteur a 12 points d'avance sur l'adversaire ou s'il y a disqualification ou forfait.

Au Canada, la lutte libre est la plus populaire. Comme ses règlements sont appliqués dans toutes les compétitions universitaires ou d'écoles secondaires, il n'est pas étonnant de voir les Canadiens se distinguer dans ce style sur la scène internationale. Parmi les Canadiens qui ont remporté des médailles aux JEUX OLYMPIQUES figurent D. Stockton (argent) et Jim Trifunov (bronze) en 1928, D. McDonald (argent) en 1932, Joe Schleimer (bronze) en 1936, Bob Molle (argent) et Chris Rinke (bronze) en 1984, et Jeff Thue (argent) en 1992. Les médaillés canadiens aux championnats du monde comprennent G.

Bertie (bronze, 1973), C. Davis (argent, 1982), Clark Davis (argent) et Pat Sullivan (bronze) en 1985.

Les lutteurs canadiens se sont illustrés aux JEUX DU COMMONWEALTH, notamment en 1930 où ils ont obtenu les sept médailles d'or. Le Temple de la renommée des sports du Canada a admis deux lutteurs canadiens: Earl McCready qui, en 1930, a gagné tous les championnats de lutte amateur du Canada, des États-Unis et du Commonwealth, et Trifunov, 10 fois champion canadien. En 1987, aux Jeux panaméricains, le Canada remporte une médaille d'or (Doug Cox), quatre d'argent et sept de bronze. Aux Olympiques d'Atlanta en 1996, Gia Sissaouri rafle l'argent au style libre.

Depuis les premiers championnats canadiens de lutte amateur qui se sont tenus au Argonaut Rowing Club de Toronto en 1901, ce sport a pris un essor considérable. En 1969, on crée l'Association canadienne de lutte amateur, et, à l'époque, ce sport est considéré comme celui qui progresse le plus rapidement au pays (cet honneur revient maintenant au soccer). Les lutteurs canadiens se classent parmi les meilleurs dans ce sport hautement compétitif. Le Canada est aussi renommé pour l'excellence de ses arbitres, juges et administrateurs. Depuis la création de l'Association canadienne de lutte amateur, le Canada a accueilli à deux reprises les championnats du monde de lutte, ce qui témoigne de la haute estime dont il est l'objet.

Le sport est généralement appelé lutte amateur pour le distinguer de la LUTTE PROFESSIONNELLE, qui relève beaucoup plus du spectacle que du sport.

William F. Dowbiggin

Lutte professionnelle Il s'agit peut-être du sport professionnel le plus ancien auquel s'exercent les hommes. En fait, autant les riches que les pauvres pratiquent la lutte depuis des siècles pour gagner leur vie. De nombreux athlètes remarquables sont devenus riches et célèbres grâce à l'attrait qu'exerce ce sport. Toutefois, la lutte professionnelle moderne au Canada et aux États-Unis tient davantage du spectacle que du sport. Il est désormais plus important d'être haut en couleur que d'être athlétique. Gene Kiniski est peut-être le lutteur canadien professionnel le plus connu présentement. Le 7 janvier 1966, il défait le vétéran Lou Thesz grâce à deux chutes contre une et devient ainsi le champion du monde des poids lourds professionnels. Kiniski, une ancienne étoile de l'équipe de football les Eskimos d'Edmonton, avait déjà acquis une certaine notoriété en défaisant le champion de l'empire britannique, «Whipper Billy» Watson. Parmi les autres canadiens champions du monde, on compte Dan McLeod, de Montréal, connu sous le nom de George Little, champion du monde en 1902. En 1908, May Cullen, de Toronto, défait la championne du monde et remporte une bourse de 25 dollars. En 1947, «Whipper Billy» Watson devient champion du monde des poids légers, mais, en 1948, perd son titre qu'il récupère en 1956. On compte aussi d'autres lutteurs canadiens professionnels populaires en Amérique du Nord, dont Yukon Eric, qui perd une oreille au cours d'un des 15 matchs âprement disputés contre «Killer Kowalski», Édouard Carpentier, neveu du champion du monde de boxe Georges Carpentier et Maurice «Mad Dog» Vachon.

William F. Dowbiggin

Lyall, William, philosophe (Paisley, Écosse, 11 juin 1811—Halifax, 17 janv. 1890). En 1850, il arrive à Halifax comme pasteur, nanti d'une formation dans les humanités. La plus grande partie de son enseignement (environ 32 heures par semaine) se donne à l'U. Dalhousie à Halifax. Son ouvrage principal, *Intellect, The Emotions and The Moral Nature* (1855), s'efforce de réconcilier les émotions et l'intellect chez l'homme. Pour ce faire, Lyall s'appuie sur le réalisme du sens commun et le néoplatonisme augustinien. Il soutient que les émotions, dont l'amour est la plus importante, sont une source de

connaissance. Une telle position influe sur son éthique qui, à son tour, se manifeste dans le ton moral qu'adoptent les ouvrages littéraires des Maritimes de son temps.

Elizabeth A. Trott

Lycopode PLANTE vivace, à feuilles persistantes, ressemblant de loin à une mousse et appartenant aux genres *Diphasiastrum, Huperzia, Lycopodiella* ou *Lycopodium*, de la famille des lycopodiacées. Sa tige comporte des branches fourchues et est souvent rampante et couverte de feuilles en forme d'écailles. Les feuilles sont lancéolées (en forme de fer de lance), ovales ou effilées, de contour fuselé ou linéaire, entières ou finement dentelées.

Reproduction Les lycopodes se développent en une alternance de générations, c.-à-d. qu'à une phase asexuée succède une phase sexuée. Chaque phase donne lieu à une plante indépendante. La reproduction se fait par les spores produites dans les sacs à spores (sporanges) situés sur la surface supérieure des feuilles modifiées de la plante de la phase asexuée, les sporophytes. Chez la plupart des espèces canadiennes, ces feuilles modifiées sont concentrées pour former un cône ou strobile. La germination des spores produit de petites plantes souterraines (prothalles) portant les anthéridies, qui produisent les gamètes mâles, et les archégones, qui produisent les gamètes femelles. Les prothalles constituent la phase sexuée. La fécondation de l'œuf et le développement subséquent produisent la plante que l'on connaît, le sporophyte. Certaines espèces se reproduisent par gemmes ou bulbilles (bourgeons asexués qui se détachent de la plante mère), comme, au Canada, l'*H. selago* et l'*H. lucidula*.

Distribution et habitat L'apparition de ce groupe diversifié remonte au moins à la période du dévonien (il y a de 410 à 353 millions d'années). Des spécimens FOSSILES arborescents (dont le lépidodendron et la sigillaire) sont abondants sur les couches de charbon du carbonifère (il y a de 353 à 300 millions d'années). On connaît environ 100 espèces vivantes. Elles sont plus abondantes en régions tropicales et subtropicales, mais 19 espèces se trouvent au Canada, principalement dans les régions boisées et humides. Les *D. alpinum* et *H. selago* sont alpines et arctiques-alpines. Le buis-de-dèdre, ou courants-verts, (*D. complanatum* et *D. digitatum*) et le lycopode obscur (*Lycopodium obscurum*) font de jolies décorations de Noël. Les spores jaunes étaient utilisées autrefois pour enrober les pilules et fabriquer des médicaments; elles peuvent aussi exploser et étaient utilisées autrefois dans la fabrication de lampes-éclair photographiques.

W.J. Cody

Lyle, John MacIntosh, architecte, urbaniste, professeur, concepteur (Connor, Irl., 13 nov. 1872—Toronto, 19 déc. 1945). Il fréquente la Hamilton School of Art et reçoit une formation en architecture à la Yale School of the Arts avant de s'inscrire, en 1894, à l'École des beaux-arts de Paris. Il raffermit sa formation en travaillant durant 12 ans à New York dans plusieurs grandes agences. À son retour au Canada en 1906, il joue un rôle important dans la diffusion des idéaux des beaux-arts par ses cours donnés à l'Atelier Lyle à l'U. de Toronto. Ses premières réalisations, le Royal Alexandra Theatre (1906) et la UNION STATION (1913-1927) à Toronto, reflètent le style beaux-arts tout comme le Memorial Arch, le Royal Military College à Kingston (1923) et la Banque de Nouvelle-Écosse à Ottawa (1923-1924), ses bâtiments plus récents.

Dans les années 1920, en s'inspirant du patrimoine architectural du Canada, Lyle continue à développer un style distinctement canadien. L'intégration qu'il fait de motifs floraux et faunesques dans la conception de ses édifices reprend les développements artistiques du GROUPE DES SEPT. Ainsi, en 1929, il conçoit trois succursales bancaires qui symbolisent ses sentiments nationalistes: la Banque Dominion (à l'angle de Yonge et Gerrard, à Toronto), la Banque de Nouvelle-Écosse (8ᵉ Avenue SW, à Calgary) et la Banque de Nouvelle-Écosse (son siège social, à Halifax). Il intègre dans la pierre, le métal, le plâtre, les fresques, le verre et la mosaïque des motifs sculpturaux détaillés pour exprimer le cœur du Canada. En 1930, il construit la Runnymede Library de Toronto, dans laquelle il combine le style colonial géorgien et l'architecture traditionnelle du Québec.

Les engagements de Lyle dans l'AMÉNAGEMENT URBAIN ET RÉGIONAL font de lui un chef de file du mouvement City Beautiful, et il développe des projets visionnaires pour la Civic Improvement League de Toronto. Les dessins qu'il soumet au Dominion Coin Competition (1936) influencent l'adoption de motifs animaliers et foliés dans les pièces de monnaie canadiennes contemporaines.

Geoffrey Hunt

Lyman, John Goodwin, peintre, auteur et professeur (Biddeford, Maine, 29 sept. 1886—Barbade, Antilles, 26 mai 1967). Mis à part ses voyages au Canada en 1913 et en 1927, il séjourne en Europe de 1907 à 1931. Il étudie là-bas dans plusieurs écoles d'art, mais si elles lui procurent la compétence technique de base, c'est l'Académie Matisse (1910) qui exerce une influence profonde sur son art et sur sa pensée. À son retour au Canada, son style de vie distingué cède la place à un engagement en vue d'améliorer les conditions dans le milieu artistique.

Comme critique au *Montrealer* (1936-1942), il se montre conscient du caractère insaisissable de l'art et, plutôt que d'imposer ses goûts aux gens, il essaie de les aider à devenir réceptifs à l'art. Il perçoit le GROUPE DES SEPT comme un groupe réactionnaire qui fait obstacle au progrès et il est une figure dominante de la promotion de l'internationalisme au Québec. Bien qu'il semble souvent exprimer des opinions formalistes sur l'art, il n'insiste jamais sur les seules valeurs du médium, tenant compte de l'interaction du matériau brut et des niveaux de subjectivité. Comme Matisse, il met l'accent sur le rôle de l'instinct et sur l'expression des sentiments.

À titre d'organisateur (Eastern Group of Painters, SOCIÉTÉ D'ART CONTEMPORAIN), Lyman cherche à améliorer les conditions d'exposition des artistes. À cet égard, cependant, comme dans sa façon d'enseigner (Atelier McGill), il essaie de ne pas devenir dogmatique. Lyman, l'artiste peintre, est un personnage controversé. Même si beaucoup le discréditent comme peintre, ses œuvres traduisent un intérêt marqué pour la forme et une vision personnelle. Ni anecdotiques, ni pittoresques, simplifiées dans leur forme, ses œuvres affirment l'éternelle qualité des choses.

Louise Dompierre

Lynch, Charles Birchell, journaliste et écrivain (Cambridge, Mass., 3 déc. 1919—Ottawa, 21 juill. 1994). Lynch arrive au Canada à l'âge de deux semaines. Il fait ses études à Saint-Jean, au Nouveau-Brunswick, et amorce à l'âge de 17 ans une carrière de journaliste au *Saint John Citizen*. À la fin de 1943, il entre à l'agence Reuters comme correspondant et se rend à Londres en 1944. Il couvre le débarquement massif des troupes lors du Jour J (1944) et assure jusqu'à la fin de la guerre la couverture de la 1ʳᵉ armée canadienne et de la 2ᵉ armée britannique.

Par la suite, Lynch est le correspondant de Reuters au procès des crimes de guerre de Nuremberg. Il est le chef des services de nouvelles de Southam et rédige pendant deux décennies une chronique cinq fois par semaine pour la chaîne Southam. À l'âge de 61 ans, il assume le nouveau rôle de chroniqueur à la pige. Il publie entre autres *You Can't Print That!* (1983) et *A Funny Way to Run A Country* (1986). Il est fait Officier de l'Ordre du Canada en 1977.

Jean Margaret Crowe

Lynx MAMMIFÈRE carnivore de taille moyenne, de la famille des Félidés. Le lynx du Canada (*Lynx canadensis*), aussi appelé loup-cervier, se distingue du LYNX ROUX d'Amérique du Nord par ses oreilles touffues, ses larges pattes et ses longs membres. De plus, il n'a pas de tache blanche sous le bout de la queue. La fourrure gris chamois des lynx est indistinctement tachetée; elle est longue derrière les mâchoires, sur les côtés du corps et derrière les pattes postérieures. Les mâles, qui pèsent entre 5 et 13 kg, sont plus grands que les femelles.

Répartition et habitat Le lynx habite le Nord du continent nord-américain et Terre-Neuve. On le rencontre accidentellement sur l'ÎLE DE BAFFIN. Autrefois présent partout au Canada, il a été éliminé des régions habitées du Sud. Sa fourrure est très recherchée, et la trappe excessive, ajoutée à son élimination dans les régions habitées, a considérablement réduit ses populations. Le lynx d'Europe (*L. lynx*) fréquente les régions forestières du Nord de l'Asie ainsi que du Nord et du centre de l'Europe. Le régime alimentaire du lynx se compose principalement de LIÈVRES d'Amérique, mais ils se nourrissent également d'ÉCUREUILS roux, de jeunes CARIBOUS, de petits mammifères et d'oiseaux.

Reproduction et croissance L'accouplement a lieu en mars ou en avril, et la gestation dure environ 63 jours. La portée compte de un à quatre chatons, rarement cinq. Ils naissent dans une tanière située sous un chablis ou dans un autre abri naturel. Ils sont brunâtres, et leurs parties supérieures sont tachetées. Ils deviennent indépendants à leur deuxième automne, lorsque leur croissance est terminée, et atteignent la maturité à l'âge de un an.

C.S. Churcher

Lynx roux (*Felis rufus*) MAMMIFÈRE carnivore de taille moyenne de la famille des Félidés, aussi connu dans certaines régions sous le nom de chat sauvage. On le distingue du LYNX du Canada par ses pieds relativement petits, ses oreilles sans mèche ou à mèches très courtes et sa queue touffue qui est blanche en dessous. Les poils situés derrière les mâchoires et ailleurs sont plus courts que ceux de son cousin, et sa fourrure unie ou tachetée, gris pâle à brun-roux, a une couleur plus variée. Le poids du Lynx roux varie beaucoup (entre 5 et 18 kg), les mâles étant plus grands que les femelles.

Répartition et habitat Le Lynx roux vit dans des régions plus méridionales et occupe des habitats plus variés que le Lynx du Canada. Il s'est dispersé dans certaines régions du Sud du Canada après la colonisation par les Européens. Les deux espèces de lynx cohabitent dans des forêts d'épinette et de pins du Nord et du Sud-Ouest de l'Ontario, du Sud du Québec, du Nouveau-Brunswick et de la Nouvelle-Écosse.

Régime alimentaire Sa principale proie est le LIÈVRE, mais il mange aussi d'autres petits mammifères, des oiseaux et même occasionnellement des cerfs.

Reproduction et développement Comme son cousin, le Lynx roux se reproduit vers la fin de février et au début de mars, a une gestation de 50 jours et porte de un à quatre petits. Les nouveau-nés pèsent entre 285 et 370 g et ont des marques faciales prononcées. Les deux parents s'occupent des petits.

Relations avec les humains La fourrure de Lynx roux a moins de valeur que celle du Lynx du Canada. Le Lynx roux peut ronronner et miauler, mais contrairement à son cousin, il ne peut être apprivoisé.

C.S. Churcher

Lyon, George Seymour, golfeur (Richmond, Canada-Ouest, 27 juill. 1858—Toronto, mai 1938). Lyon est sans contredit l'un des athlètes les plus remarquables du Canada. À 18 ans, il établit un record canadien au saut à la perche. Il joue avec succès au baseball, au rugby et au soccer, et il excelle au curling et au boulingrin. Il fait partie de l'équipe canadienne de cricket et marque 238 points pour son équipe, un record canadien.

À l'âge de 38 ans, il se met au golf et remporte huit fois le titre de champion canadien amateur entre 1898 et 1914. À 46 ans, il participe aux Jeux olympiques de 1904, à St. Louis, au Missouri, où il défait en trois et deux le champion en titre des États-Unis, H. Chandler Egan, et obtient l'une des deux seules médailles d'or ayant été décernées au golf. L'un de ses coups de départ en demi-finale est évalué à 299 m. Il remporte 10 des 15 championnats canadiens seniors auxquels il participe et se classe deuxième à quatre occasions.

Gerald Redmond

Lyon, Sterling Rufus, avocat, politicien et premier ministre du Manitoba (Windsor, Ont., 30 janv. 1927). Élu à l'Assemblée législative du Manitoba en 1958, Lyon est ministre au sein des gouvernements progressistes-conservateurs de Roblin et de Weir durant les 11 années suivantes. Battu par Walter WEIR après avoir tenté de succéder à Duff ROBLIN en 1967, il abandonne la politique en 1969 mais tente en vain un retour au fédéral en 1974. Il devient chef des tories du Manitoba en 1975 et premier ministre en 1977. Son gouvernement fait adopter certaines lois progressistes sur le plan social, et ce, malgré sa politique de restriction dans les dépenses gouvernementales.

Président de la conférence des premiers ministres provinciaux en 1980-1981, Lyon y joue un rôle de premier plan en s'opposant aux changements constitutionnels que propose le gouvernement fédéral. Son gouvernement est défait en 1981. Dans l'opposition, Lyon lutte vivement contre la proposition du gouvernement PAWLEY d'enchâsser les droits des Franco-Manitobains dans la constitution. Il démissionne de la direction du parti en 1983 et ne se présente pas aux élections de 1986, année où il est nommé à la Cour d'appel du Manitoba.

Geoffrey Lambert

Maass, Otto, professeur et scientifique (New York, N.Y., 8 juill. 1890—Montréal, 3 juill. 1961). Il étudie à McGill et à Harvard (Ph.D. 1919). En 1920, il se joint au corps professoral de McGill et y devient titulaire de la chaire Macdonald de chimie en 1923, poste qu'il conserve jusqu'en 1955. Il est aussi directeur du département de chimie de McGill de 1937 à 1955.

Il est également directeur général de l'Institut de recherches sur les pâtes et papiers du Canada de 1940 à 1955, adjoint du président du CONSEIL NATIONAL DE RECHERCHES DU CANADA (CNRC) de 1940 à 1946, directeur du Directorate, Chemical Warfare and Smoke (1940-1946) et président de divers comités gouvernementaux pendant la Seconde Guerre mondiale.

Maass joue un rôle important dans la création du Conseil de recherches pour la défense et contribue à l'éminence du CNRC. Il met sur pied la première école offrant des études supérieures en chimie à McGill et y dirige les travaux de 137 étudiants. Il publie plus de 200 articles portant, notamment, sur la calorimétrie, les phénomènes associés aux états critiques, la préparation et les propriétés du peroxyde d'hydrogène pur (qu'il est le premier à préparer et qu'on utilise aujourd'hui comme carburant pour les fusées), l'étude fondamentale de la cellulose et des systèmes cellulosiques, et la réduction chimique du bois en pâte à papier. Récipiendaire de nombreux diplômes honorifiques et autres prix, il est membre de la Société royale du Canada (1940). Professeur, chercheur et organisateur brillant, Maass est un des grands scientifiques dans l'histoire du Canada.

Leo Yaffe

Macallum, Archibald Byron, biochimiste, physiologiste, enseignant (Belmont, Canada-Ouest, 7 avril 1858—London, Ont., 5 avril 1934). Macallum est un précurseur de la recherche et de l'enseignement dans les domaines de la médecine et de la biologie au Canada. Il est surtout connu pour sa contribution à la faculté de médecine de l'U. de Toronto et au CONSEIL NATIONAL DE RECHERCHES DU CANADA (CNRC) à ses débuts.

Né sur une ferme, il travaille comme enseignant avant d'étudier à l'U. de Toronto où il obtient, en 1880, un diplôme en sciences naturelles. Il effectue des recherches avec le professeur Robert Ramsay WRIGHT tout en enseignant dans une école secondaire. Il retourne à l'U. de Toronto en 1883 pour enseigner la biologie et entreprend des études qui le mèneront au doctorat (Johns Hopkins, 1888) et à un diplôme en médecine (U. de Toronto, 1889). À titre de professeur de physiologie (1890-1908) et de la nouvelle science qu'est alors la biochimie (1908-1916), il compte parmi ses étudiants Maud L. Menten et James Bertram COLLIP. En 1917, il devient le premier président de l'Advisory Council on Scientific and Industrial Research en temps de guerre (qui deviendra le CNRC). En 1920, il est engagé à l'U. McGill comme professeur de biochimie. Il prend sa retraite en 1928 après une remarquable carrière scientifique.

Les premières recherches de Macallum portent sur la répartition microchimique des ions inorga-niques (en particulier du fer et du potassium) dans les cellules. Plus tard, en tant que membre actif de l'Office de biologie du Canada (CONSEIL DE RECHERCHES SUR LES PÊCHERIES), il effectue des recherches dans les stations maritimes rattachées à l'organisme gouvernemental et met au point sa théorie voulant que les fluides corporels des animaux constituent la trace «fossile» vivante des anciens environnements océaniques dans lesquels ils ont évolué.

Sandra F. McRae

Macareux Nom commun de trois espèces d'OISEAUX MARINS, de taille moyenne, appartenant à la famille des ALCIDÉS. Pour plusieurs, ce nom désigne plus particulièrement le macareux moine (*Fratercula arctica*), un oiseau d'une longueur de 26 à 36 cm, pesant 460 g, ayant une envergure de 47 à 63 cm et doté d'un bec triangulaire caractéristique, vivement coloré de rouge, d'orange et de bleu.

Répartition Le macareux moine niche sur les deux côtes ainsi que dans plusieurs îles de l'Atlantique Nord. En Amérique du Nord, il niche principalement sur les côtes de Terre-Neuve et du Labrador. Le macareux cornu (*F. corniculata*) et le macareux huppé (*F. cirrhata*) vivent pour leur part dans la mer de Béring et dans le Pacifique Nord. Ces deux macareux nichent dans des colonies côtières depuis l'est de la Sibérie et le nord-ouest de l'Alaska, jusque dans les îles Aléoutiennes et la côte septentrionale de la Colombie-Britannique. Le macareux huppé niche également plus au sud en Colombie-Britannique, ainsi que dans l'État de Washington, en Oregon et en Californie. Les adultes et les juvéniles hivernent en mer, mais on ne connaît pas avec précision les secteurs où ils passent de sept à huit mois pendant l'année.

Nidification Les macareux vivent en colonies pendant la saison de reproduction. Ils nichent habituellement dans des terriers creusés dans une pente herbeuse ou dans un sol relativement plat. Ils aménagent aussi parfois leur nid dans des crevasses profondes de rocher ou dans des anfractuosités dans des éboulis de roches. Ils se reproduisent pour la première fois vers l'âge de quatre ou cinq ans et les couples demeurent généralement unis pour la vie. Les macareux pondent un seul œuf, blanc, et les deux adultes se partagent l'incubation pendant environ 42 jours. Le jeune est par la suite nourri de petits poissons durant six à sept semaines.

Population On estime que la population reproductrice de l'Amérique du Nord compte environ 365 000 couples. Environ 62 p. 100 de ces couples nichent dans quatre îles de la baie Witless, située au sud-est de Terre-Neuve. Les populations du golfe du Saint-Laurent, des États de Nouvelle-Angleterre et des colonies du nord-est de l'Atlantique ont considérablement diminué depuis 1900, probablement à cause du harcèlement causé par les hommes, des changements dans la disponibilité de la nourriture et de la pollution par les hydrocarbures.

D.N. Nettleship

McArthur, Peter, écrivain (Ekfrid Township, Ont., 10 mars 1866—Toronto, 28 oct. 1924). McArthur est un écrivain prolifique et populaire dont l'œuvre est variée: il a écrit, entre autres, une critique de l'œuvre de Stephen LEACOCK (1923), de courts ouvrages de fiction et un peu de poésie. Par contre, ce sont surtout ses *Essais* humoristiques au ton désinvolte qui lui assurent la renommée. En 1903, il publie son premier livre, *To Be Taken With Salt: Being An Essay on Teaching One's Grandmother to Suck Eggs*. Sa réputation repose cependantsur les articles bihebdomadaires qu'il signe dans le GLOBE de Toronto (de 1909 à 1924) et d'autres articles parus moins régulièrement dans le *Farmer's Advocate* (de 1910 à 1922). On a d'ailleurs compilé ces chroniques dans *In Pastures Green* (1915), *The Red Cow and her Friends* (1919) et *Around Home* (1925), qui sont devenus ses livres les plus populaires.

Parmi les premiers Canadiens à promouvoir le mouvement de retour à la terre et de la vie agraire (*voir* SOCIÉTÉ RURALE AU CANADA ANGLAIS), McArthur en est venu à idéaliser le passé rural du Canada et l'expérience des premiers colons. Les essais qui lui valent le plus de succès témoignent d'ailleurs de ces vues idéalistes. Mettant l'accent sur les occupations journalières de la vie à la ferme ou des caractéristiques de la nature, ces écrits traduisent, à la première personne, les pensées philosophiques d'un fermier satisfait qui dépeint sa ferme comme un endroit paisible, un refuge et un foyer à l'abri des excès du monde moderne.

Klay Dyer

McAskill, Angus, le géant du Cap Breton (Harris, Écosse, 1825—Englishtown, N.-É., 8 août 1863). Le plus grand géant non pathologique connu, McAskill, une fois adulte, mesurait 236 cm (7' 9"), pesait 193 kg (425 lb), avait une carrure de 112 cm et des paumes de 20 cm sur 30 cm. Né dans les Hébrides écossaises (c'était un bébé tout à fait normal), il déménage avec sa famille à St. Anns, en Nouvelle-Écosse. Bien que plusieurs histoires à son sujet soient apocryphes, on lui attribue une force prodigieuse qui lui permettait de soulever des barils de 635 litres et des poutres d'une longueur de 18 m. Membre d'une foire itinérante, il fait des tournées au Bas-Canada, aux États-Unis, à Cuba et dans les Antilles de 1849 à 1853. De retour au Cap-Breton, il est homme d'affaires jusqu'à sa mort, qu'on dit causée par une méningite cérébrale.

Edward Butts

MacBraire, James, militaire, marchand, armateur et juge de paix (Enniscorthy, Wexford, Irl., 1760—Berwick-upon-Tweed, Angl., 24 mars 1832). On retrouve sa première trace à Harbour Grace (Terre-Neuve) où il est commis dans une compagnie de Bristol engagée dans la pêche à la morue, dans les années 1780. Un mariage judicieux avec la fille d'un marchand de Bristol, armateur et propriétaire de Harbour Grace, le lance dans une carrière commerciale indépendante. Au début des guerres napoléoniennes, MacBraire se joint à l'armée et est nommé officier du Royal Newfoundland Regiment, basé à St. John's. En 1799, il acquiert d'importantes propriétés en bordure de la mer à St. John's. Capitaine de régiment, il y loue maisons et terres aux familles de ses hommes. Grâce à la montée rapide des prix de la morue sur les marchés européens, son commerce s'étend bientôt au sud de St. John's, à l'ouest jusqu'à Burin et au nord jusqu'aux baies Trinity et Bonavista.

Indépendamment de sa fortune, MacBraire est surtout connu pour son rôle dans la création de la Benevolent Irish Society de St. John's, en 1806, et de la Society of Merchants, en 1807. Il est trésorier et président (1807-1817) de la Irish Society, organisme de charité qui vient en aide aux immigrants miséreux. Il s'efforce d'assurer de meilleurs termes d'échange aux commerçants locaux et de redresser les torts dont ils sont victimes. Anglican et loyaliste dévoué, il jouit d'une popularité exceptionnelle parmi la communauté irlandaise catholique et ses efforts humanitaires lui taillent une place permanente dans la mythologie terre-neuvienne.

John Mannion

McBride, Richard, avocat, politicien et premier ministre de la Colombie-Britannique (New Westminster, C.-B., 15 déc. 1870— Londres, Angl., 6 août 1917). Après des études dans les écoles de New Westminster et à l'U. Dalhousie (baccalauréat en droit, 1890), McBride est élu pour la première fois député à l'Assemblée législative en 1898. De belle prestance, il travaille brièvement dans le cabinet de James DUNSMUIR de 1900 à 1901 et, après la démission du gouvernement de E.G. PRIOR, il met en place le 1er juin 1903 un gouvernement qui, pour la première fois en Colombie-Britannique, défend la position officielle du parti plutôt que celle de ses commettants. Aux élections suivantes, les conservateurs et lui gagnent par une étroite majorité. Pour rétablir la situation financière de la province, le gouvernement coupe dans les dépenses et crée de nouvelles taxes. Pour s'assurer de l'appui des socialistes, il effectue plusieurs réformes mineures, plus particulièrement en ce qui concerne les lois du travail.

En 1909, la province étant devenue prospère, McBride et son gouvernement planifient la construction d'une université provinciale et garantissent la prospérité à long terme notamment grâce à la construction de chemins de fer. Aux élections de 1909 et de 1912, les conservateurs éliminent presque complètement le parti de l'opposition de l'Assemblée législative.

La population appuie également McBride dans sa lutte constante pour obtenir du gouvernement fédéral de «meilleures conditions» de participation à la Confédération. Il fait campagne au sein du Parti conservateur lors des élections fédérales de 1908 et de 1911, et réussit à obtenir le vote de la Colombie-Britannique. Impérialiste convaincu (nommé Chevalier commandeur de l'Ordre de St-Michel et St-Georges en 1912) et ami de Winston Churchill, il appuie avec enthousiasme l'idée de contribution canadienne à la marine impériale. Au début de la Première Guerre mondiale, la Colombie-Britannique est sans défense. McBride prend l'initiative d'acheter deux sous-marins qui seront par la suite vendus au gouvernement fédéral.

En 1914, toutefois, l'économie est en crise et la province risque de devoir faire face à de lourdes dettes ferroviaires. De plus, McBride ne prête guère attention aux mouvements populaires de réforme tels le DROIT DE VOTE DE LA FEMME et la PROHIBITION. Le 15 décembre 1915, il donne sa démission comme premier ministre et accepte le poste d'agent général de la Colombie-Britannique à Londres, sa ville bien-aimée, où il espère également obtenir un traitement pour le mal de Bright, qui le ronge et qui finira par l'emporter.

Patricia E. Roy

MacBrien, James Howden, militaire et policier (Port Perry, Ont., 30 juin 1878—Toronto, 5 mars 1938). MacBrien sert dans la milice, la police montée du Nord-Ouest et la force constabulaire sud-africaine (1901-1906). Officier d'état-major au début de la Première Guerre mondiale, il prend le commandement de la 12ᵉ brigade d'infanterie en 1916. Chef de l'état-major général des Forces armées d'outre-mer de 1919 à 1920, il préside la formation du MINISTÈRE DE LA DÉFENSE NATIONALE, et prend sa retraite en 1927. Il est fondateur de la Canadian Aviation League et commissaire de la GRC de 1931 jusqu'à sa mort.

W.J. McAndrew

McCain, H. Harrison, dirigeant d'entreprise (Florenceville, N.-B., 3 nov. 1927). Fils d'un exportateur de pommes de terre de semence et diplômé de l'U. Acadia, McCain travaille comme directeur des ventes chez Irving Oil Co. En 1957, avec son frère Wallace, il utilise l'héritage de l'entreprise familiale de pommes de terre de semence à Florenceville, au Nouveau-Brunswick, d'une valeur de 100 000 dollars, pour construire la première usine de frites congelées dans l'est du Canada. Faisant face à une vive concurrence sur le marché américain, ils ouvrent une usine de transformation des aliments en Grande-Bretagne, puis très rapidement suivent des acquisitions et d'autres agrandissements outre-mer.

Harrison est président du conseil de McCain Foods Ltd., l'une des entreprises actuelles les plus importantes au monde dans son domaine. Elle est la maison mère du McCain Group, qui possède entre autres un port à Bayside (N.-B.), trois entreprises de camionnage, une entreprise de jus d'orange, trois fromageries dans les régions rurales de l'Ontario et Thomas Equipment Ltd. (qui fabrique de l'équipement industriel et de récolte agricole). McCain Foods Ltd., dont les ventes annuelles dépassent le milliard de dollars, emploie plus de 7000 personnes dans sept pays. La société mène des activités aux États-Unis, en Australie, en Belgique, en France, au Royaume-Uni, en Allemagne, au Japon et dans les Caraïbes. En 1993, Harrison et Wallace entreprennent une interminable poursuite en un contre l'autre concernant la succession de l'entreprise familiale. En 1992, Harrison est fait Compagnon de l'Ordre du Canada.

Mary Halloran

McCain, Margaret Norrie, philanthrope, lieutenante-gouverneure du Nouveau-Brunswick (Nord québécois, 1ᵉʳ oct. 1934). Fille d'un père ingénieur minier, McCain passe une bonne partie de son enfance à Truro, en Nouvelle-Écosse. Elle étudie à l'U. Mount Allison et à l'U. de Toronto; elle épouse Wallace McCain en 1955. Elle élève quatre enfants et participe activement au développement de la communauté de Florenceville, au Nouveau-Brunswick. Tout en accomplissant son œuvre communautaire, elle est étroitement associée à l'ÉCOLE NATIONALE DE BALLET, au Fonds Canadiana de la Commission de la capitale nationale, à la Young Naturalist Federation. Elle est aussi membre du conseil d'administration de l'U. Mount Allison de 1974 à 1994, ainsi que chancelière depuis 1986.

Son plus grand accomplissement demeure la création de la Fondation Muriel McQueen Fergusson, qui combat la violence familiale et offre soutien et hébergement aux conjoints victimes de violence et à leurs enfants. McCain a dirigé les activités de collecte de fonds de la Fondation et préside le Centre de recherche sur la violence familiale Muriel McQueen Fergusson, situé sur le campus de l'U. du Nouveau-Brunswick. Elle est nommée lieutenante-gouverneure du Nouveau-Brunswick en 1994; elle verse entièrement son salaire de lieutenante-gouverneure à la Fondation Fergusson. Elle quitte ses fonctions en 1996.

McCalla, Arthur Gilbert, chimiste céréaliste (St. Catharines, Ont., 22 mars 1906—Edmonton, 30 avr. 1985). À l'U. de l'Alberta, McCalla fait partie des étudiants d'élite de Robert NEWTON. Après deux années de maîtrise sous la direction de Newton, il obtient très rapidement, soit en deux ans seulement, un Ph.D. de l'U. de la Californie, à Berkeley, en 1933. Il revient à Edmonton pour se joindre au personnel de l'Université et y demeure pendant toute sa carrière. Il emmène sa famille en Suède afin de poursuivre des études avancées, en 1939-1940, et il y reste bloqué en raison de l'invasion de la Norvège par les Allemands. Les McCalla doivent passer par l'URSS pour revenir par le chemin de fer Trans-Siberia.

McCalla est doyen de la Faculté d'agriculture de l'U. de l'Alberta de 1951 à 1959, puis doyen des études supérieures de 1957 à 1971. Il siège au Conseil national de recherche de 1950 à 1956 et est un membre de son influent Prairie Regional Committee. L'U. de l'Alberta accorde maintenant de 10 à 15 subventions de recherche Arthur G. McCalla à ses professeurs afin d'y promouvoir la recherche.

Donald J.C. Phillipson

MacCallum, Elizabeth Pauline, diplomate et intellectuelle (Murash, Empire ottoman [Turquie], 20 juin 1895—Ottawa, 12 juin 1985). Fille de missionnaires, MacCallum est diplômée de l'U. de Queen et de Columbia, et enseigne au Yukon. Après avoir travaillé à la Foreign Policy Association à New York et à la Ligue de la Société des Nations à Ottawa, elle devient membre du ministère des Affaires extérieures en 1942, agissant comme conseillère de la délégation à la conférence de San Francisco en 1945, conférence qui donne naissance aux Nations Unies. Elle est aussi spécialiste du Moyen-Orient lors de plusieurs assemblées générales. Chargée d'affaire à Beyrouth en 1954, elle est la première femme chef de mission. Après sa retraite, elle passe quatre ans en Turquie avant de retourner à Ottawa. Elle écrit beaucoup sur le Moyen-Orient et les Balkans.

John W. Holmes

MacCallum, William George, pathologiste (Dunnville, Ont., 18 avril 1874—Baltimore, Md., 3 févr. 1944). Diplômé de l'U. de Toronto en 1894, il s'inscrit à la Johns Hopkins Medical School et en ressort avec un doctorat en médecine en 1897. Après un an d'internat, il entreprend l'étude de la pathologie, ce qui le mène d'abord à l'U. Columbia. Enfin, en 1917, il devient professeur de pathologie à Johns Hopkins. En plus de rédiger un manuel de pathologie plusieurs fois réédité, il fait des découvertes sur le cycle vital de l'hématozoaire et sur la physiologie de la glande parathyroïde, et il étudie les lésions valvulaires du cœur et la pathologie de la grippe. En 1919, il découvre le colorant, connu sous le nom de colorant de MacCallum, qui permet de rendre les bacilles grippaux visibles au microscope.

A.L. Purdon

McCarter Nairne Cabinet d'architectes et d'ingénieurs de Vancouver qui a eu une longévité exceptionnelle, il a été fondé par John Y. McCarter (Victoria, C.-B., 12 août 1886—Vancouver, 12 mai 1981) et George C. Nairne (Inverness, Écosse, 14 nov. 1884—Vancouver, 23 avr. 1953). Avant de s'établir à son compte en 1912, McCarter fait un stage dans les bureaux de Victoria et de Vancouver d'un architecte réputé, Thomas Hooper (1857-1935), qui réalise à la même époque l'annexe du palais de justice de Vancouver ainsi que de nombreux autres édifices gouvernementaux, immeubles à bureaux, églises et maisons dans toute la Colombie-Britannique. Nairne poursuit des études en architecture, écrit des articles et fait un stage à Inverness avant d'émigrer à Vancouver, en passant par New York et Seattle. Les deux hommes servent outre-mer pendant la PREMIÈRE GUERRE MONDIALE et occupent brièvement différents postes avant de s'associer en 1921, à Vancouver.

Pour commencer, ils conçoivent des maisons et de petits immeubles, puis réalisent une percée avec le contrat des Devonshire Apartments, immeuble de six étages situé à un endroit en vue du centre-ville. Le cabinet est très occupé pendant les cinq années suivantes et réalise entre autres le nouveau magasin à rayons Spencer's et deux des premiers GRATTE-CIEL de Vancouver, le Medical Dental Building (démoli en 1988) et le Marine Building. Ces deux édifices sont d'excellents exemples du style Art déco populaire en Amérique du Nord dans les années 20 et 30. Ils possèdent de grands portails voûtés menant à des halls spectaculaires abondamment ornementés. Le Medical Dental Building devient célèbre en partie grâce aux urnes de terre cuite placées aux coins du dixième étage, à l'endroit où l'édifice rétrécit. Le Marine Building est un parfait exemple d'Art déco avec ses retraits, sa verticalité et ses ornements en terre cuite. Le thème de ces décorations est l'histoire de la côte ouest et la nature. Au moment de sa construction, les architectes ont comparé le Marine Building à «un grand pic surgissant des flots, recouvert de la faune et de la flore marines».

Ses succès stylistiques mis à part, le cabinet a toujours mis l'accent sur l'aspect économique de l'aménagement urbain, de la conception et de l'entretien. À la fin de sa vie, McCarter refusait de discuter des divers styles employés par le cabinet, parlant plutôt de la primauté moderniste du plan rationnel. De fait, invoquant la perte d'espaces locatifs, McCarter conteste sans succès auprès de la ville la marge de recul du Medical Dental Building imposée par la loi. Contrairement à la plupart des cabinets d'architectes, McCarter Nairne reste actif durant la CRISE DES ANNÉES 30 et les années de guerre, surtout grâce à des contrats gouvernementaux. Son intérêt envers la conception économique représente sans aucun doute un attrait pour les quelques clients qui ont les moyens de construire durant cette période. Pendant la SECONDE GUERRE MONDIALE, le cabinet est responsable du développement domiciliaire et urbain fédéral en temps de guerre pour la Colombie-

Britannique, y compris plusieurs centres-villes. Le travail de McCarter pour le gouvernement lui vaut un poste de la Couronne, celui de directeur de la Société centrale d'hypothèques et de logement nouvellement créée.

Pendant l'après-guerre, le bureau s'affaire à la conception de manufactures, d'entrepôts, de logements pour les travailleurs, de banques, d'écoles et autres édifices nécessaires à l'économie florissante de la province. L'un des contrats les plus représentatifs de cette période est le Bureau de poste principal (1952-1958), massif et d'inspiration moderniste, au cœur de Vancouver. McCarter Nairne a recours aux technologies de pointe, comme l'ossature élargie métallique soudée et ses ascenseurs capables de recevoir des véhicules, pour construire cet édifice qui représente tout un pâté de maison.

Ce bureau de poste est le dernier projet des deux associés fondateurs. Le bureau poursuit ses activités jusqu'en 1982 sous la gouverne de Ronald S. Nairne (1923-1984), de William Leithead (1920-1994) et d'autres associés, se spécialisant en édifices industriels, publics et commerciaux.

Les Canadian Architectural Archives situées à l'U. de Calgary ont inventorié les réalisations du cabinet sous le titre McCarter and Nairne: Significant B.C. Projects (1995).

David Monteyne

McCarthy, D'Alton, avocat, politicien (près de Dublin, Irlande, 10 oct. 1836—Toronto, 11 mai 1898). Il immigre au Canada avec ses parents en 1847, et fait ses études à Barrie, au Canada-Ouest. Il est admis au barreau du Haut-Canada en 1858, puis est élu député conservateur en 1876. Il est réélu dans la circonscription de North Simcoe en 1878, qu'il représente sans interruption jusqu'à sa mort. McCarthy est au cœur des débats politiques les plus passionnés de son époque. Président de l'Imperial Federation League du Canada pendant sept ans, il est forcé de démissionner en raison de ses déclarations en faveur de l'unilinguisme. Il s'oppose sans relâche à l'utilisation de la langue française hors du Québec et vote contre son chef lors de l'adoption de l'ACTE RELATIF AU RÈGLEMENT DE LA QUESTION DES BIENS DES JÉSUITES.

Après les élections de 1891, il préconise une réforme des tarifs douaniers protectionnistes, ce qui est contraire à la politique tory et le mène à rompre avec le parti en 1893. Au cours des années 1890, il continue de s'opposer avec véhémence aux écoles francophones et d'appuyer l'élimination des écoles confessionnelles au Manitoba afin de supprimer l'enseignement du français. McCarthy et sa ligue s'emploient donc à défaire les Conservateurs fédéraux aux élections de 1896. Selon une rumeur, il était sur le point d'entrer dans le cabinet de LAURIER au moment de sa mort.

J.R. Miller

McClelland & Stewart Inc. Maison d'édition fondée en 1906 par John McClelland et Frederick Goodchild, qui la nomment McClelland and Goodchild Limited. À l'arrivée de George Stewart en 1914, son nom est ajouté à la raison sociale, qui prend ensuite sa forme actuelle lors du départ de Goodchild en 1918. Elle fournit d'abord les bibliothèques à titre de représentante d'entreprises britanniques et américaines, puis elle publie des auteurs canadiens tels que C.W. GORDON (Ralph Connor), Bliss CARMAN, D.C. SCOTT, Stephen LEACOCK, L.M. MONTGOMERY et F.P. GROVE.

Jack MCCLELLAND, le fils du fondateur, devient vice-président directeur à compter de 1952 et président à partir de 1961. Il poursuit un programme énergique d'ÉDITION canadienne qui contribue de façon remarquable à la publication et à la commercialisation de la littérature canadienne. La maison d'édition publie les plus grands auteurs canadiens contemporains, y compris Margaret LAURENCE, W.O. MITCHELL, Margaret ATWOOD, Earle BIRNEY, Al PURDY, Leonard COHEN, Mordecai

RICHLER et Irving LAYTON. McClelland & Stewart publie nombre de succès commerciaux canadiens d'auteurs d'écrits documentaires, tels que Pierre BERTON, Farley MOWAT, Peter GZOWSKI et Peter NEWMAN. Grâce à ses collections «New Canadian Library» (créée en 1958) et «Carleton Library» (créée en 1963), elle réimprime des classiques canadiens en littérature, en histoire et en sciences sociales, favorisant grandement l'essor des études canadiennes. En 1963, elle publie les deux premiers volumes de la collection «Canadian Centenary» une histoire du Canada en 18 volumes.

En 1971, l'annonce de la vente possible de McClelland & Stewart suscite une préoccupation générale. Le gouvernement ontarien décide d'accorder un prêt de un million de dollars afin d'éviter la vente de la maison d'édition à des intérêts américains. En 1984, le gouvernement intervient de nouveau en déchargeant une créance (de quelque quatre millions de dollars) de McClelland & Stewart. L'intervention était conditionnelle à une collecte de fonds par McClelland de plus de un million de dollars dans le secteur privé; le fait que le président ait réussi à amasser les fonds témoigne de la connaissance de la contribution de la maison d'édition à la culture canadienne. En 1985, toutefois, celle-ci est vendue à Avie BENNETT. En 1987, McClelland démissionne de son poste d'éditeur. Depuis, Bennett assume les fonctions de président du conseil, tandis que Douglas Gibson occupe la poste d'éditeur.

La maison d'édition continue à publier environ 100 nouveaux titres par année et à grossir sa prestigieuse liste d'auteurs canadiens avec, notamment, Yves BEAUCHEMIN, Lorna CROZIER, Robertson DAVIES, Mavis GALLANT, Jack HODGINS, Rohinton MISTRY, Alice MUNRO, Michael ONDAATJE, Nino RICCI, Jane URQUHART, David Adams Richards et Guy VANDERHAEGHE. Elle réédite la collection «New Canadian Library» sous la direction de David STAINES. En 1991, la maison d'édition acquiert Hurtig Publishers, d'Edmonton, éditeur de *The Canadian Encyclopedia.*

McClelland, John Gordon, surnommé «Jack», éditeur (Toronto, 30 juill. 1922). Après des études à l'U. de Toronto, McClelland entre dans la marine en 1941 et se porte volontaire pour une mission sur une vedette lance-torpilles. Promu capitaine de la vedette lance-torpilles 747 en 1944, il participe au combat dans la Manche. Il entre chez MCCLELLAND STEWART, entreprise fondée par son père, John McClelland, en 1906, puis en devient vice-président exécutif en 1952 et président en 1961. Il fait de cette entreprise la maison d'édition la plus renommée du Canada anglais en encourageant, en appuyant et en publiant des auteurs canadiens comme Farley MOWAT, Irving LAYTON, Margaret LAURENCE, Leonard COHEN, Mordecai RICHLER, Margaret ATWOOD, Brian MOORE et beaucoup d'autres.

McClelland publie de nombreux best-sellers dont *The National Dream* (1970) de Pierre Berton et *The Canadian Establishment* (1975; trad. *L'establishment canadien: ceux qui détiennent le pouvoir,* 1981) de Peter C. Newman. Il abandonne la présidence en 1982, puis vend la société à Avie BENNETT en 1985 avant de quitter définitivement l'entreprise en février 1987. Il continue cependant à travailler comme agent littéraire. Il est fait Officier de l'Ordre du Canada en 1976.

McClintock, sir Francis Leopold, explorateur (Dundalk, Irl., 8 juill. 1819—Londres, Angl., 17 nov. 1907). L'un des explorateurs arctiques les plus expérimentés de la marine britannique, McClintock participe à plusieurs expéditions à la recherche de sir John FRANKLIN. Durant la première de ces expéditions (1848-1849), il apprend à se déplacer en traîneau dans le Nord, technique dont il tirera grand avantage par la suite. Après trois tentatives infructueuses, McClintock apprend le sort de Franklin et de ses hommes lors de son dernier voyage dans l'Arc-

tique, en 1857-1859. McClintock gravira tous les échelons de la marine et prendra sa retraite en 1882.

Daniel Francis

McClung, Nellie Letitia, née Mooney, suffragette, réformatrice, législatrice et écrivaine (Chatsworth, Ont., 20 oct. 1873—Victoria, 1ᵉʳ sept. 1951). À partir de 1880, elle vit sur la propriété familiale rurale dans la vallée Souris, au Manitoba, et ne fréquente pas l'école avant l'âge de 10 ans. Elle obtient un certificat en enseignement à 16 ans et enseigne jusqu'à son mariage avec Robert Wesley McClung en 1896. À Manitou, où son mari est pharmacien, elle joue un rôle important dans la WOMEN'S CHRISTIAN TEMPERANCE UNION, dont sa belle-mère est la présidente provinciale. En 1908, elle publie son premier roman, *Sowing Seeds in Danny,* portrait très spirituel d'une petite ville de l'Ouest, qui devient un best-seller national. Elle écrit ensuite de nombreuses nouvelles et des articles pour des magazines canadiens et américains.

En 1911, les McClung s'installent avec leurs quatre enfants à Winnipeg, où naît leur cinquième enfant. Oratrice efficace du Mouvement des droits des femmes et de la réforme de Winnipeg, elle gagne l'attention des foules par son humour. Elle joue un rôle important pour les libéraux pendant leur campagne de 1914 contre les conservateurs de sir Rodmond ROBLIN qui refuse le droit de vote aux femmes. Elle déménage cependant à Edmonton avant que les libéraux ne remportent la victoire au Manitoba en 1915.

En Alberta, elle continue sa lutte pour le droit de vote des femmes, la PROHIBITION, le droit de douaire, les normes de sécurité dans les usines et de nombreuses autres réformes. Les discours qu'elle prononce en Grande-Bretagne, notamment à la Conférence œcuménique des méthodistes (1921), et ses tournées de conférences au Canada et aux États-Unis lui apportent une notoriété certaine. Elle est élue députée libérale provinciale d'Edmonton de 1921 à 1926.

En 1933, les McClung déménagent sur l'île de Vancouver, où Nellie termine le premier volume de son autobiographie, *Clearing in the West: My Own Story* (1935, réimpr. en 1976). Elle écrit aussi des nouvelles et une chronique pour une agence de presse. Elle publie en tout 16 livres, dont *In Times Like These* (1915, réimpr. en 1975). Elle poursuit sa vie active au sein de la Canadian Authors Association et du premier conseil d'administration de Radio-Canada, et comme déléguée à la Société des Nations en 1938 et conférencière.

Tombée dans l'oubli pendant 10 ans, elle est redécouverte par les féministes au cours des années 60. Si certaines critiquent son appui maternel à la structure familiale traditionnelle, la plupart reconnaissent son apport à l'avancement de la cause féministe de son époque et sa position en faveur de progrès ultérieurs à réaliser, notamment sous la forme de l'indépendance économique des femmes. (*Voir aussi* MOUVEMENT DES FEMMES.)

M.E. Hallett

McClure, Robert Baird, médecin de mission (Portland, Oregon, 23 nov. 1900—Toronto, 10 nov. 1991). Fils de médecins de mission canadiens en Chine, le Dʳ McClure se rend en 1923 dans la province du Henan, en Chine, où il est chirurgien et enseigne la médecine tout en contribuant à l'organisation des services de santé ruraux à Huaiyin. Lorsque la guerre sino-japonaise éclate en 1937, il devient directeur de campagne de la Croix-Rouge internationale en Chine centrale. De 1941 à 1946, il dirige le service d'ambulances des forces alliées en Chine, qui dispense de l'aide matérielle, des soins médicaux, des services d'hygiène publique et des services mobiles de chirurgie dans le pays ravagé par la guerre.

Après la fin des missions étrangères en Chine, McClure dispense des services médicaux aux réfugiés palestiniens de Gaza (1950-1954) et est surintendant de l'hôpital de Ratlam, en Inde (1954-1967).

Comme toujours, tout en pratiquant la chirurgie, il s'occupe de l'hygiène publique et de la formation du personnel médical local. Il revient à Toronto en 1968 et est le premier modérateur laïque de l'ÉGLISE UNIE DU CANADA (1968-1971).

Après sa retraite, il pratique la médecine à Bornéo, dans la campagne péruvienne, dans les Antilles, au Zaïre et dans une communauté autochtone de la côte de la Colombie-Britannique. À 80 ans passés, il continue de lutter pour le bien-être du Tiers-Monde. Sa force de caractère, son indépendance et sa facilité à s'emporter exaspèrent autant ses amis que ses détracteurs, mais son héroïsme et son esprit de sacrifice en faveur des personnes en détresse du monde entier font de lui l'un des grands philanthropes du XXᵉ s. En 1985, McClure reçoit le Man of the Year Peace Award du Lester B. Pearson Peace Park.

Neil Semple

McClure, sir Robert John Le Mesurier, explorateur, aventurier (Wexford, Irl., 28 janv. 1807—Londres, Angl., 17 oct. 1873). McClure obtient le grade de lieutenant son service sur le *Terror* sous le commandement de George BACK dans les glaces de la baie d'Hudson en 1836-1837. Il participe, sous les ordres de sir James Clark ROSS, à la mission de secours manquée pour retrouver Franklin en 1848-1849, et, en 1850, il est nommé commandant de l'*Investigator* dans l'expédition du capitaine Richard Collinson, à la tête de deux navires en route vers l'Arctique en passant par le détroit de Bering. Cette commission confère à McClure célébrité et succès. Il s'avère brave, chanceux et extrêmement ambitieux.

Arrivant au détroit de Bering avant Collinson, il décide de poursuivre seul. D'août à octobre 1850, il suit la côte durant des centaines de kilomètres en direction du cap Parry, vire vers le nord à l'île Banks et atteint le détroit du Prince-de-Galles, où il hiverne. Ce détroit est le dernier lien du légendaire PASSAGE DU NORD-OUEST, qu'il a certainement découvert. Les affirmations antérieures de sir John FRANKLIN, selon lesquelles tous les témoins sont morts, ne seront confirmées par sir Francis MCCLINTOCK qu'en 1859 seulement.

McClure fait face à de graves dangers dans le détroit du Prince-de-Galles et en doublant l'île Banks en 1851. Il est obligé de passer l'hiver dans la baie de Mercy, pris dans les glaces. Son équipage est sauvé de la famine en 1853 par le capitaine Henry KELLETT du *Resolute* et finit par rentrer en Angleterre en 1854. Mesquin, McClure informe un comité parlementaire qu'il aurait pu garder ses hommes en vie sans l'intervention de Kellett, privant ainsi ses sauveteurs de leur part des 10 000 livres que le Parlement avait promises aux découvreurs du passage. McClure sert en Chine de 1856-1861 et, à son décès, il est vice-amiral.

L.H. Neatby

McConachie, George William Grant, dirigeant de compagnie aérienne (Hamilton, Ont., 24 avril 1909—Long Beach, Californie, 29 juin 1965). En 1910, la famille de McConachie déménage à Edmonton où il fait ses études. En 1931, il achète un avion pour transporter du poisson des lacs nordiques et le vendre de village en village dans les Prairies. Avec un associé, il fonde Independent Airways puis en devient président. En 1933, il crée United Air Transport, qui s'appellera plus tard Yukon Southern Air Transport. Il est le pionnier du service de courrier par avion et de transport de passagers entre Edmonton et Whitehorse (1939) et fait de l'exploration aérienne pour les projets de la route de l'Alaska et de la route Canol.

En 1941, Canadien Pacifique rachète 12 entreprises (dont la sienne) et le nomme directeur général des lignes de l'Ouest en 1942 et président de CP Air en 1947. Il lance les services passagers de CP Air vers l'Australie, le Japon et Hong Kong; en 1957, il a fait grossir le réseau de 25 000 km de routes supplémentaires. En 1945, il reçoit le TROPHÉE MCKEE pour récompenser ses efforts de développement du service aérien vers le Nord.

Robert Bothwell

McConnell, John Wilson, éditeur et homme d'affaires (Muskoka, Ont., 1ᵉʳ juill. 1877—Montréal, 6 nov. 1963). McConnell est propriétaire du *Montreal Star*, le journal de langue anglaise le plus important au Québec, et à ce titre, il est une personnalité de poids dans le pays. Alors qu'il est encore jeune homme, il se lance en affaires à Toronto. En 1900, il déménage à Montréal, où il entre comme directeur chez Standard Wood Chemical Ltd. mais, en 1906, il se lance dans la finance comme courtier en placements. En 1912, il détient la majorité des parts de l'entreprise Sucre St. Laurent Limitée. En 1925, il achète le *Montreal Star* à Hugh GRAHAM, baron Atholstan, et, à la mort de ce dernier en 1938, il devient actionnaire majoritaire du journal. En 1939, lors des élections générales au Québec, il fait en sorte que son journal accorde son appui aux libéraux contre le premier ministre Maurice DUPLESSIS. Par la suite, il restera fidèle à Mackenzie KING, qui lui offrira un poste au Cabinet pendant la Seconde Guerre mondiale, mais McConnell refuse. Également mécène renommé, il vient en aide à des artistes tels que Maureen FORRESTER.

J.L. Granatstein

McConnell, Richard George, géologue et explorateur (Chatham, Canada-Est, 26 mars 1857—Ottawa, 1ᵉʳ avr. 1942). En 1879, McConnell obtient un diplôme de l'U. McGill et commence à travailler pour la COMMISSION GÉOLOGIQUE DU CANADA au Québec. Pendant environ 30 ans, il étudiera les phénomènes géologiques du Canada, surtout dans l'Ouest et le Nord-Ouest. En 1882, il aide G.M. DAWSON dans son exploration des montagnes Rocheuses du sud de l'Alberta de même que de la région des lacs Waterton, de la rivière St. Mary et des collines Cyprès. Cinq ans plus tard, il explore une grande partie du nord de la Colombie-Britannique, la vallée du Mackenzie et le Territoire du Yukon. En 1889-1890, il mène une étude approfondie des sables bitumineux de l'Athabasca dans le nord-est de l'Alberta et explore la région des rivières de la Paix et Athabasca. En 1914, il devient sous-ministre fédéral des Mines, puis prend sa retraite en 1921. Il est élu Membre de la Société royale du Canada en 1913.

Eric J. Holmgren

McConnell, Robert Murray Gordon, surnommé «Rob», musicien de jazz (London, Ont., 14 févr. 1935). McConnell étudie avec Gordon Delamont à Toronto, puis joue du trombone à pistons avec les orchestres de Maynard FERGUSON (New York, 1964) et de Phil NIMMONS (Toronto, 1965-1969).

Musicien de studio très en vue de Toronto, McConnell forme l'ensemble Boss Brass en 1968 afin d'enregistrer des arrangements de chansons populaires pour des émissions de radio commanditées par la Canadian Talent Library. En 1976, le Boss Brass est déjà devenu un orchestre de jazz de 22 musiciens, et les arrangements de McConnell sont acclamés pour leurs subtils coloris et leurs détails méticuleux. Il reçoit des prix Grammy pour ses arrangements en 1993 et en 1996. Bien qu'il ne se produise que peu souvent en public, le Boss Brass a déjà enregistré plus de 25 albums en 1998, dont le microsillon récipiendaire de prix Grammy et Juno, *All in Good Time* (1983), et les récipiendaires du prix Juno *Big Band Jazz* (1977), *Present Perfect* (1979) et *The Brass is Back* (1991). McConnell dirige aussi à l'occasion des ensembles plus petits, dont un trio avec le guitariste Ed BICKERT. Depuis le début des années 80, il s'emploie à l'enseignement de la musique et donne des ateliers dans les écoles canadiennes et américaines. Il est intronisé au Temple de la renommée de la musique canadienne en 1997.

Mark Miller

McCowan, Daniel, naturaliste, conférencier, auteur (Crieff, Écosse, 20 janv. 1882—Cloverdale, C.-B., 19 févr. 1956). Après ses études en Écosse, il déménage à Banff, en Alberta, où il devient rapidement un spécialiste de la flore et de la faune régionales. Ses milliers de photographies de paysages, de fleurs, d'oiseaux et de mammifères lui permettent de voyager beaucoup et aussi de donner des conférences sur la nature dans les Rocheuses. De plus, il écrit pour plusieurs journaux et revues populaires. Il est un des premiers naturalistes à donner des conférences sur les ondes de la radio anglaise de Radio-Canada.

En plus d'avoir contribué de manière importante à la vulgarisation de la nature et des concepts de protection de l'environnement au Canada, il publie 6 ouvrages sur la photographie de la nature, tous illustrés de ses propres photographies: *Animals of the Canadian Rockies* (1936), *A Naturalist in Canada* (1941), *Outdoors with a Camera in Canada* (1945), *Hill-top Tales* (1948), *Tidewater to Timberline* (1951) et *Upland Trails* (1955).

Martin K. McNicholl

McCrae, John, médecin et poète (Guelph, Ont., 30 nov. 1872—Boulogne, France, 28 janv. 1918). Il étudie à l'U. de Toronto et, en 1900, il est nommé chargé de cours en pathologie à McGill. En 1899-1900, il sert en qualité de subalterne dans l'artillerie durant la GUERRE DES BOERS. Auteur de nombreux textes médicaux, il publie aussi de la poésie pour diverses revues. En 1914, il s'enrôle en qualité de médecin militaire auprès du CORPS EXPÉDITIONNAIRE CANADIEN. Il meurt, en 1918, des suites d'une pneumonie, à l'hôpital dont il a la direction. Son poème le plus connu, «In Flanders Fields», paraît pour la première fois dans *Punch*, en 1915. Un livre du même titre est publié après sa mort, en 1919. Aujourd'hui, la maison natale de McCrae, à Guelph, est un site historique.

David Evans

McCreight, John Foster, avocat et premier à être élu premier ministre de la Colombie-Britannique (Caledon, Irl., 1827—Hastings, Angl., 18 nov. 1913). Après ses études en Angleterre et en Irlande, McCreight immigre en Australie pour pratiquer le droit à Melbourne, mais il s'installe sur l'île de Vancouver en 1860 avant d'être admis au barreau de la Colombie-Britannique en 1862. En août 1871, il est élu député de Victoria à la première Assemblée législative de la province. Nommé premier ministre en novembre, il est défait à la suite d'un discours du Trône en décembre 1872. Il continue à siéger à titre de simple député avant de démissionner en 1875. Il est nommé conseil de la reine en 1873 et juge de la Cour suprême en 1880. Après avoir été en service dans la région de Cariboo, il s'installe à New Westminster (C.-B.) en 1883 jusqu'à ce qu'il prenne sa retraite en 1897. Peu après, il retourne en Angleterre.

Sydney W. Jackman

McCulloch House Située à PICTOU (N.-É.), elle a été construite vers 1806 pour Thomas MCCULLOCH, l'un des plus éminents pédagogues des Maritimes, aussi théologien, écrivain et érudit de renom. McCulloch arrive à Pictou en 1803, en route vers l'Île-du-Prince-Édouard. On le convainc, cependant, de demeurer à Pictou comme pasteur presbytérien. Il s'occupe aussi d'éducation et, en 1816, il fonde la Pictou Academy. En 1838, il devient le premier président du Dalhousie College (devenu l'UNIVERSITÉ DALHOUSIE). La maison abrite quelques-uns des meubles de McCulloch et une gravure autographiée d'Audubon, don de la Société Audubon en 1833. La maison est aujourd'hui un LIEU HISTORIQUE provincial et est ouverte au public du début juin à la mi-octobre

Deborah Welch et Michael Payne

McCulloch, Thomas, éducateur, théologien, auteur (Ferenze, Écosse, 1776—Halifax, 9 sept. 1843). McCulloch est l'un des plus éminents éducateurs et théologiens des Maritimes. Il écrit un nombre incalculable de lettres et est l'auteur de livres théologiques et de *Letters of Mephibosheth Stepsure*. Il fait ses études à l'U. de Glasgow et à Divinity Hall, à Whitburn. Il est membre de la branche sécessionniste de l'Église presbytérienne. En 1803, alors qu'il est en route vers l'Île-du-Prince-Édouard, où il doit exercer son ministère, le mauvais temps le force à débarquer à PICTOU, en Nouvelle-Écosse. À l'invitation de l'Église locale, il accepte d'y rester et s'engage bientôt dans un grand nombre d'autres activités publiques.

Il fonde la Pictou Academy (const. en société en 1816), mais ne peut obtenir d'aide financière du gouvernement ou le droit de décerner des diplômes. La question de l'aide publique pour toutes les activités éducatives, non seulement pour les écoles et les collèges anglicans, devient alors une question qui mobilise la sphère politique. McCulloch et ses partisans lancent un journal réformiste à Pictou, le *Colonial Patriot* (1827), dans lequel ils expriment leurs points de vue. Il élargit ses intérêts à l'égard de l'éducation en fondant un collège théologique à West River dans le comté de Pictou. Certains de ses étudiants en théologie obtiennent des diplômes de l'U. de Glasgow, avec laquelle il entretient des liens étroits durant toute sa vie. Il a la réputation d'être un enseignant inspiré et polyvalent. En 1838, il devient le premier président de l'U. Dalhousie, poste qu'il occupe jusqu'à sa mort. Durant sa vie débordante d'activités, il consacre beaucoup de temps à ses intérêts scientifiques et collectionne un grand nombre de spécimens d'oiseaux, ce qui attire l'attention de John James Audubon, qui lui rend visite à Pictou en 1833.

L'*Acadian Recorder* se charge de publier par tranches (du 22 déc. 1821 à mars 1823) les *Letters of Mephibosheth Stepsure*, le roman bien connu de McCulloch. Deux réimpressions paraissent en 1862 et en 1960 sous le titre *The Stepsure Letters*. Voulant donner à ses concitoyens de Pictou le goût d'améliorer les pratiques agricoles et leur mode de vie en général, il les réprimande dans un style humoristique et satirique. L'influence de ses écrits transparaît dans *Sam Slick* de Thomas HALIBURTON. Il écrit également deux autres légendes très empreintes de moralisme, *William and Melville* (1826), qui traitent des bonheurs et des malheurs des immigrants du Nouveau Monde.

Les travaux de McCulloch sur l'éducation et la religion comprennent les titres suivants: Popery Condemned by Scripture and the Fathers (1808), Popery Condemned Again (1810), The Nature and Uses of a Liberal Education (1819) et Calvinism: The Doctrine of the Scriptures (1849). Les titres de ces travaux considérables sont une indication du dévouement dont fait preuve McCulloch en tant qu'éducateur et théologien dans la Nouvelle-Écosse du XIXe s.

Douglas Lochhead

McCurdy, James Frederick, «père des études bibliques au Canada» (Chatham, N.-B., 18 févr. 1847—Toronto, 30 mars 1935). Diplômé de l'U. du Nouveau-Brunswick, McCurdy enseigne à l'école secondaire. Il entre ensuite au Princeton Seminary en 1868 pour étudier les langues bibliques et enseigne au même endroit de 1871 à 1882, mais démissionne lorsqu'on attaque ses idées «modernistes» au sujet de la Bible. Après des études en Allemagne, il est engagé en 1885 par l'U. de Toronto, où il enseigne jusqu'à sa retraite en 1914. En tant que directeur du département des langues orientales, il fait des études bibliques une discipline importante et populaire dans une université laïque et forme une génération de spécialistes remarquables, qui enseigneront ensuite dans des universités canadiennes et étrangères. Son ouvrage en trois volumes, *History, Prophecy and the Monuments* (1894-1901), est acclamé par la critique dans le monde entier.

John S. Moir

McCurdy, John Alexander Douglas, pionnier de l'aviation (Baddeck, N.-É., 2 août 1886—Montréal, 25 juin 1961). Avec F.W. Baldwin et A.G. BELL, il fonde l'Aerial Experiment Association en vue d'essais de vol motorisé. Il effectue plus de 200 vols de courte durée dans un appareil expérimental aux

États-Unis, avant de faire voler le SILVER DART à Baddeck, le 23 février 1909, qui sera le premier vol effectué par un sujet britannique dans tout l'Empire. McCurdy fut également le premier à voler au-dessus de l'océan, de la Floride à Cuba, à envoyer et à recevoir des messages en vol. Il est adjoint au directeur d'une entreprise de production d'avions pour le gouvernement canadien pendant la Seconde Guerre mondiale, puis devient lieutenant-gouverneur de Nouvelle-Écosse de 1947 à 1952. Il reçoit le TROPHÉE MCKEE (1959) lors du 50e anniversaire du vol du *Silver Dart*.

James Marsh

McCutcheon, Malcolm Wallace, avocat, homme d'affaires, politicien (London, Ont., 18 mai 1906—id. 23 janv. 1969). Directeur de plus de 20 compagnies et établissements financiers, McCutcheon démissionne de ses fonctions en 1962 au moment où il devient ministre sans portefeuille dans le gouvernement DIEFENBAKER. Admis au barreau de l'Ontario en 1930, il découvre très vite que c'est dans les bureaux de la haute direction qu'il exploite le plus ses talents. Membre de la COMMISSION DES PRIX ET DU COMMERCE EN TEMPS DE GUERRE, il passe à Argus Corp., où il est vice-président et administrateur délégué jusqu'à sa nomination au Sénat en 1962. Conservateur de longue date, il est pour le gouvernement Diefenbaker un agent de financement important et un contact précieux auprès des milieux financiers de Toronto. Il se présente sans succès à la direction du Parti conservateur en 1967.

Patricia Williams

McDermott, Dennis, syndicaliste (Portsmouth, Angl., 3 nov. 1922). McDermott immigre au Canada après la Seconde Guerre mondiale et travaille comme monteur et soudeur à Toronto en 1948. En 1954, il devient organisateur des Travailleurs unis de l'automobile (TUA). Reconnu pour son engagement social, il appuie les campagnes canadiennes des Travailleurs agricoles unis en faveur des cueilleurs de raisins de la Californie et il participe aux activités de l'Association canadienne des libertés civiles. En 1968, il est élu directeur des TUA pour le Canada et, en 1970, vice-président international.

Il accède aussi à l'un des postes de vice-président général du CONGRÈS DU TRAVAIL DU CANADA (CTC), puis, en 1978, il succède à son président Joe MORRIS. À ce titre, il s'oppose au contrôle des salaires et à toute atteinte à la négociation collective des employés des secteurs public et privé. De plus, il reproche au gouvernement le taux élevé de chômage et la mauvaise conjoncture économique. Il appuie la décision de la section canadienne des TUA de se séparer du syndicat principal américain et de fonder les Travailleurs canadiens de l'automobile (TCA). Il encourage les membres du CTC à refuser toute concession au patronat dans les NÉGOCIATIONS COLLECTIVES, un domaine de dissensions au sein des syndicats des travailleurs de l'automobile. Sous la direction de McDermott, le CTC lutte résolument pour la protection des droits de la personne, appuie l'État d'Israël et les mouvements syndicaux aux prises avec la répression dans de nombreux pays. Toujours intéressé par la politique, McDermott siège aussi à l'exécutif ontarien et fédéral du NPD. En 1986, le gouvernement Mulroney le nomme ambassadeur du Canada en Irlande, poste qu'il occupe pendant trois ans avant de démissionner et de rentrer au Canada.

Laurel Sefton MacDowell

MacDonald, Angus Bernard, éducateur et chef de coopérative (Glassburn, N.-É., 21 nov. 1893—Ottawa, 13 sept. 1952). Après des études à l'U. St. Francis Xavier et au Collège d'agriculture de la Nouvelle-Écosse, MacDonald occupe des postes en agriculture au sein du gouvernement en Nouvelle-Écosse et en Ontario, puis étudie au Collège d'agriculture de l'Ontario et à l'U. de Toronto. Il revient en Nouvelle-Écosse en 1925 comme inspecteur des écoles dans les comtés d'Antigonish et de Guysbo-

rough. En 1930, MacDonald entre au département de l'enseignement postscolaire de St. Francis Xavier en tant que directeur associé.

Bon administrateur, doté d'une forte personnalité, il devient un chef indispensable au sein du MOUVEMENT D'ANTIGONISH, dont le nom sera donné au programme du département plus tard. MacDonald met aussi sur pied plusieurs coopératives de crédit et devient administrateur-gérant de la Ligue des coopératives de crédit de la Nouvelle-Écosse au moment de sa formation, en 1934. En 1943, il entreprend de réorganiser l'Union Coopérative du Canada (UCC) et est nommé organisateur national en 1944. En 1945, il se joint à l'UCC comme secrétaire général (puis secrétaire national), un poste qu'il occupera jusqu'à sa mort. Parmi les réalisations de MacDonald au sein de l'UCC, on compte le parrainage au Canada de CARE, un programme d'aide internationale.

Ian MacPherson

Macdonald, Angus Lewis, avocat, professeur, politicien et premier ministre de la Nouvelle-Écosse de 1945 à 1954 (Dunvegan, N.-É., 10 août 1890—Halifax, 13 avril 1954). Après avoir été officier du Corps expéditionnaire canadien au cours de la Première Guerre mondiale et après avoir étudié à St. Francis Xavier, à Dalhousie et à Harvard, Macdonald devient sous-procureur général adjoint de la Nouvelle-Écosse, de 1921 à 1924, et professeur à la Dalhousie Law School, de 1924 à 1930, avant d'être élu chef du Parti libéral de la Nouvelle-Écosse en 1930.

Vainqueur aux élections provinciales de 1933, à l'époque de la grande crise, Macdonald instaure un régime de pensions de vieillesse et un régime d'aide pour les chômeurs en plus d'ordonner une enquête (la Commission Jones) sur les effets des tarifs douaniers sur l'économie de la Nouvelle-Écosse. En 1940, le premier ministre King le recrute en tant que ministre de la Défense pour les services de la marine. Macdonald dirige, en temps de guerre, la création de la Marine canadienne et la mise en place de services de convois pour les forces alliées. Administrateur consciencieux, il se révèle toutefois un piètre politicien, qui privilégie la défense aux dépens des préoccupations du parti durant la crise de la CONSCRIPTION. Après l'éclatante victoire de King contre les conscriptionnistes, il démissionne du Cabinet en avril 1945.

Macdonald retourne en Nouvelle-Écosse où il reprend ses fonctions de premier ministre et il résiste aux politiques centralisatrices du gouvernement King. Cependant, miné par une surcharge de travail et par la maladie, il est incapable de ranimer le feu qui animait son gouvernement d'avant-guerre. À sa mort, en 1954, il laisse un parti qui se languit depuis trop longtemps dans son ombre. Sa renommée au sein du Parti libéral de la Nouvelle-Écosse n'est égalée par personne, excepté Joseph HOWE.

Margaret Conrad

Macdonald, Annie Caroline, missionnaire, réformatrice sociale, éducatrice (Wingham, Ont., 15 oct. 1874—London, Ont., 17 juill. 1931). Diplômée de l'U. de Toronto en mathématiques et en physique en 1901, elle devient l'une des premières secrétaires professionnelles de la YOUNG WOMEN'S CHRISTIAN ASSOCIATION (YWCA) au Canada. En 1904, elle se rend au Japon pour participer à l'établissement de la YWCA et y occupe la fonction de secrétaire nationale jusqu'en 1915. Durant ces années, et par la suite, elle enseigne à temps partiel l'anglais et la Bible au Tsuda College pour femmes.

Quand un jeune ami chrétien tue sa femme et ses deux enfants, Macdonald se lance dans une nouvelle vocation afin d'aider les centaines d'hommes séjournant dans les prisons de Tokyo et se fait défenseur d'une réforme pénale auprès des bureaucrates du gouvernement. À Tokyo, elle ouvre une maison d'entraide à l'intention des femmes et des enfants de prisonniers, des ex-prisonniers, des délinquants juvéniles et des travailleurs d'usine. Elle met sur pied des écoles d'apprentissage pour hommes et femmes et conseille les leaders de l'aile droite du mouvement ouvrier et ceux du parti social démocrate.

Honorée par l'empereur en 1924 pour son œuvre sociale, Macdonald devient un an plus tard la première femme à recevoir un doctorat en droit de l'U. de Toronto.

Macdonald s'identifie entièrement à son pays d'adoption. Elle fréquente une église presbytérienne où elle est la seule étrangère, elle maîtrise parfaitement le japonais et éprouve de la fierté quant aux réalisations japonaises. Elle doit l'influence dont elle jouit parmi les membres de toutes les classes sociales à sa vive intelligence, à son égalitarisme authentique, à son infaillible sens de l'humour et à sa facilité à créer des liens d'amitié.

Margaret E. Prang

Macdonald, Brian Ronald, danseur, chorégraphe et administrateur (Montréal, 14 mai 1928). En 50 ans de carrière, Macdonald est devenu l'un des directeurs et des chorégraphes les plus productifs et les plus renommés sur la scène internationale que le Canada ait jamais connu. En tant que créateur de chorégraphies, son registre s'étend des revues de ballet jazz aux ballets néoclassiques abstraits montés sur des musiques contemporaines souvent difficiles. Il travaille aussi, en qualité de metteur en scène, à la mise en scène de comédies, de COMÉDIES MUSI-CALES, d'opérettes et d'OPÉRAS. Reconnu comme un homme énergique et exigeant, Macdonald est un ambassadeur et un défenseur de l'excellence canadienne dans les arts de la scène. Durant toute sa carrière, il se montre un ardent défenseur de la culture nationale et un champion de la créativité canadienne en choisissant volontairement des collaborateurs artistiques canadiens pour ses divers projets.

Il est enfant quand il commence sa carrière artistique à titre d'acteur à la radio à Montréal. Il souhaite d'abord devenir pianiste, mais, en 1945, il étudie la danse avec les deux plus grands professeurs de Montréal, Elizabeth Leese (*voir* DANSE MODER-NE) et Gérald Crevier (*voir* BALLET). Il prépare en même temps un baccalauréat en anglais à l'U. McGill (1943-1947), où il réalise aussi des chorégraphies et danse dans les revues *Red and White* de l'université. Il travaille comme critique musical pour le *Montreal Herald* (1947-1949). Après avoir suivi la première classe d'été de Celia FRANCA, à Toronto, il devient membre fondateur du BALLET NATIO-NAL DU CANADA, mais doit arrêter de danser en 1953 en raison d'une grave blessure à un bras. Il continue d'étudier la danse à Montréal et devient chorégraphe pour le réseau de langue anglaise de Radio-Canada. En 1956, il fonde le Montreal Theatre Ballet dont le mandat consiste à monter des chorégraphies sur des musiques canadiennes, mais qui disparaîtra rapidement. En 1957, Macdonald dirige la revue satirique de McGill, *My Fur Lad,* devenue légendaire depuis et dans laquelle il danse.

En 1958, il commence sa longue association avec le ROYAL WINNIPEG BALLET, pour lequel il réalise de nombreuses chorégraphies, notamment *The Darkling* (1958), *Les Whoops De Doo* (1959), et, en 1966, le premier grand ballet canadien, *Rose Latulippe,* sur la musique d'un de ses principaux collaborateurs musicaux, le Canadien Harry FREEDMAN. *The Shining People of Leonard Cohen* (1970) et *Roméo et Juliette* (1975) sont deux autres œuvres remarquables nées de la collaboration de Macdonald et de Freedman.

Au cours des années 60 et 70, Macdonald acquiert une réputation internationale en créant des chorégraphies pour de nombreuses compagnies. Il est directeur artistique du Royal Swedish Ballet (1964-1967), où il rencontre sa deuxième femme, la ballerine Annette AV PAUL, ainsi que du New York's Harkness Ballet (1967-1968), du Israel Batsheva Dance Theatre (1971-1972) et des GRANDS BALLETS CANADIENS (1974-1977), dont il sera aussi le chorégraphe attitré (1980-1990). Parmi les ballets qu'il

crée au cours de cette période, mentionnons le célèbre *Time Out of Mind* (Joffrey Ballet, 1962), *Canto Indio* (Harkness, 1966), ainsi que des œuvres créées pour Les Grands Ballets Canadiens, comme *Tam Ti Delam,* montée sur une musique de Gilles VIGNEAULT (1974), *Lignes et Pointes* avec Brydon PAIGE (1976), *Double Quartet* (1978), sur la musique d'un de ses compositeurs canadiens favoris, R. Murray SCHAFER, *Fête Carignan/Hangman's Reel* (1978) et *Adieu Robert Schumann* (1979). Macdonald réalise aussi plusieurs chorégraphies pour LES BALLETS JAZZ DE MONTRÉAL, qui célèbrent cette association en présentant à Montréal, au mois de mai 1995, *Hommage,* un programme spécial entièrement consacré à Macdonald.

Même si Macdonald continue à créer des chorégraphies pendant les années 80, il est surtout reconnu pour ses talents de metteur en scène d'opéras et de comédies musicales. Il met en scène son premier opéra, *Cosi fan tutte,* de Mozart, pour le CENTRE NATIONAL DES ARTS, en 1972, et connaît beaucoup de succès avec *Cendrillon* (1979), de Massenet, une autre production du Centre national des arts présentée par la suite à San Francisco, à Washington, à New York et à Paris. Fort de ces premiers succès, Macdonald poursuit dans la même voie en mettant en scène des opéras à Toronto, à Milan, à Sydney et à Londres.

En qualité de codirecteur du FESTIVAL DE STRATFORD de l'Ontario, Macdonald met en scène, sur une période de plus de 16 ans, 19 opérettes et comédies musicales. Ses mises en scène des opérettes de Gilbert et Sullivan, dont beaucoup seront télévisées, connaissent un succès particulier. Parmi celles-ci citons *Iolanthe, The Gondoliers, The Mikado* (qu'il présente en tournée dans tout le Canada ainsi qu'à Londres et à New York) et *The Pirate of Penzance.* Pour sa mise en scène de la comédie musicale *Gypsy,* jouée à Stratford, il s'inspire de la légendaire effeuilleuse Lily St-Cyr, qu'il a connue à ses débuts à Montréal dans les revues et les cabarets. *The Boyfriend* (1995) et *The Musical Man* (1996) figurent parmi ses récentes mises en scène présentées à Stratford, où il vit depuis de nombreuses années.

Depuis 1982, Macdonald est responsable du département de danse du BANFF CENTRE, dont il a renouvelé avec succès le programme d'été, maintenant axé sur la formation professionnelle. Il met aussi en scène une série annuelle de spectacles pour le Banff Festival dont font partie ses propres œuvres, celles d'autres chorégraphes établis, ainsi que des œuvres des récipiendaires du Clifford E. Lee Award pour les chorégraphes canadiens. En 1996, Macdonald est nommé conseiller artistique principal du Centre national des Arts, pour lequel il met en scène l'opéra *Le fils prodigue,* de Benjamin Britten pendant l'été 1997.

Parmi les récentes productions télévisuelles de ses œuvres figurent le spectacle documentaire de 1997 intitulé *Bravo!* qui présente *Lost Gods,* deux de ses ballets créés sur la musique des premier et cinquième quatuors à cordes de R. Murray Schafer. Macdonald reçoit le Paris International Gold Star pour la chorégraphie en 1964, le prix Molson en 1983 et est nommé Officier de l'Ordre du Canada en 1967.

Michael Crabb

McDonald, David Cargill, avocat et juge (Prince Albert, Sask., 23 mai 1932—Edmonton, 8 avr. 1996). McDonald est l'un des plus éminents juristes canadiens, combinant une grande curiosité intellectuelle et une dévotion aux principes avec une énergie irrépressible. Après avoir terminé ses premières études à Prince Albert, Edmonton et Fort Hope, il est diplômé de l'U. de l'Alberta en 1953 et étudie à Oxford comme boursier de la Fondation Cecil Rhodes (baccalauréat ès arts). À son retour à Edmonton, il rejoint les rangs de la faculté de droit où sa remarquable contribution à la formation juridique est reconnue lorsqu'en 1985 l'université lui remet un doctorat honorifique en droit.

McDonald exerce le droit avec McCuaig Desrochers de 1957 jusqu'à sa nomination à la Cour suprême de l'Alberta en 1973 (devenue maintenant la Cour du Banc de la Reine). De 1977 à 1981, il préside la COMMISSION ROYALE D'ENQUÊTE SUR CERTAINES ACTIVITÉS DE LA GENDARMERIE ROYALE DU CANADA à laquelle il apporte une contribution remarquable. La plupart des recommandations de principes formulées par la commission sont mises en œuvre par le gouvernement fédéral. Il écrit aussi de nombreux articles juridiques et, en 1982, il publie son célèbre livre, *Legal Rights in the Canadian Charter of Rights and Freedoms.*

Bilingue, McDonald peut mener des procès en français en Alberta alors qu'il est juge de la Cour du Banc de la Reine et préside un procès devant jury dans une cause criminelle tenue en français à la Cour suprême du Yukon en 1992. Il est juge associé de la Cour suprême des Territoires du Nord-Ouest de 1974 à 1986, juge associé de la Cour suprême du Yukon de 1984 à 1996 et juge de la Cour d'appel des cours martiales du Canada de 1990 à 1996. Il est nommé membre de la Cour d'appel de l'Alberta en 1995.

En plus de ses 22 années à la Cour du Banc de la Reine, McDonald est aussi le premier président de l'Institut canadien d'administration de la justice. Il préside aussi la Commission internationale de juristes et fait de la représentation dans le cadre de la Commission de réforme du droit du Canada.

MacDonald, Donald, syndicaliste (Halifax, 12 sept. 1909—Ottawa, 25 sept. 1986). À 17 ans, MacDonald est débardeur de charbon sur les quais de Sydney. Il se joint aux Travailleurs unis des mines et devient, à 21 ans, président de la section locale 4560. Quand celle-ci déclenche la grève en 1940, revendiquant le salaire hebdomadaire minimum garanti, MacDonald est congédié et mis sur la liste noire. Le MOUVE-MENT COOPÉRATIF, qu'il appuie activement depuis des années, lui procure un emploi. MacDonald participe à la mise sur pied, en Nouvelle-Écosse, d'entreprises coopératives prospères dans les domaines de l'habitation, du crédit mutuel et de la consommation. En 1941, il est élu député provincial de Cap-Breton-Sud sous la bannière de la Commonwealth Co-operative Federation. Il siège comme chef de ce parti à l'Assemblée législative jusqu'en 1945. En 1942, il rejoint les rangs des organisateurs du CONGRÈS CANADIEN DU TRAVAIL (CCT), devient directeur régional dans les Maritimes en 1945, puis secrétaire-trésorier et directeur général en 1951.

Il joue un rôle important dans les négociations sur la fusion du CCT et du Congrès des métiers et du travail du Canada (CMTC), à l'origine du Congrès du travail du Canada (CTC) en 1956, et en est élu secrétaire-trésorier à l'assemblée de fondation. Nommé président par intérim du CTC en septembre 1967, il en est élu président en 1968 et réélu en 1970 et 1972. Il démissionne en 1974. En 1972, il est le premier président non européen élu à la Confédération internationale des syndicats libres, qu'il quitte en 1974. Au nombre des distinctions qu'il a reçues, signalons l'Ordre du Canada, la Médaille du centenaire du Canada et le prix d'excellence de la République fédérale d'Allemagne.

Laurel Sefton MacDowell

Macdonald, Donald Stovel, politicien, avocat (Ottawa, 1er mars 1932). Élu à la Chambre des communes comme député de Toronto Rosedale en 1962, Macdonald entre au Cabinet libéral en 1968 et, à titre de ministre de l'Énergie, des Mines et des Ressources de 1972 à 1975, il résiste aux pressions des provinces et des milieux économiques qui veulent imposer les prix internationaux du pétrole. En septembre 1975, il devient ministre des Finances et instaure le CONTRÔLE DES SALAIRES ET DES PRIX. Il démissionne du Cabinet en 1977 pour exercer le droit dans un cabinet privé de Toronto.

En 1982, Pierre TRUDEAU nomme Macdonald président d'une COMMISSION ROYALE D'EN-

QUÊTE SUR L'UNION ÉCONOMIQUE ET LES PERSPECTIVES DE DÉVELOPPEMENT DU CANADA. Le rapport de la commission, publié en septembre 1985, influencera les débats sur la politique économique, en particulier ceux sur le LIBRE-ÉCHANGE. En mars 1987, il accepte de diriger, en compagnie de Peter LOUGHEED, l'Alliance canadienne pour le commerce et l'emploi, promotrice du libre-échange. Il est nommé haut commissaire au Royaume-Uni en 1988, poste duquel il démissionne en 1991 pour retourner à l'exercice du droit.

John English

MacDonald, Flora Isabel, politicienne (Sydney-Nord, N.-É., 3 juin 1926). De 1956 à 1965, MacDonald travaille au bureau central du Parti progressiste-conservateur (*voir* PARTI CONSERVATEUR), où elle est secrétaire de direction pendant cinq ans. Elle est ensuite secrétaire nationale de l'Association des progressistes-conservateurs de 1966 à 1969, tout en travaillant à l'U. Queen. En 1972, elle est élue députée fédérale de Kingston et les Îles, et devient immédiatement critique conservatrice des Affaires indiennes et du Développement du Nord dans le «cabinet fantôme» de Robert STANFIELD. Elle se présente sans succès à la direction du parti au congrès de 1976, où les appuis sur lesquels elle compte s'évaporent aux bureaux de scrutin.

À titre de députée, MacDonald ne mâche pas ses mots sur les questions constitutionnelles, la défense nationale, les affaires étrangères et la réforme du système pénitentiaire. Durant les quelques mois du gouvernement CLARK (1979-1980), elle est secrétaire d'État aux Affaires étrangères et la première femme à occuper un poste d'une telle importance dans le Cabinet fédéral. Après les élections de septembre 1984, elle est nommée ministre de l'Emploi et de l'Immigration, puis ministre des Communications dans le Cabinet MULRONEY en 1986.

MacDonald est défaite aux élections générales de 1988. Elle tourne alors son attention vers le dialogue Nord-Sud et prend fait et cause pour les questions économiques et environnementales touchant le Tiers-Monde. Elle devient présidente du Centre de recherches pour le développement international en 1992 et écrit *Rain Forest* en 1994, un ouvrage sur l'environnement. En 1992, MacDonald devient Officier de l'Ordre du Canada.

Harriet Gorham

Macdonald, sir Hugh John, avocat, politicien, magistrat et premier ministre du Manitoba (Kingston, Canada-Ouest, 13 mars 1850—Winnipeg, 29 mars 1929), seul fils survivant de sir John A. MACDONALD. Après des études à l'U. de Toronto, Macdonald est admis au barreau de l'Ontario en 1872. En 1882, il déménage à Winnipeg, où il s'associe à J. Stewart Tupper, le fils aîné de sir Charles TUPPER. Il effectue trois services militaires actifs: l'invasion des Fenians en 1866, l'expédition Wolseley en 1870 et la Rébellion du Nord-Ouest en 1885. Élu député fédéral dans la circonscription de Winnipeg aux élections générales de 1891, il démissionne en 1893.

En 1896, Macdonald joint les rangs de l'éphémère gouvernement Tupper à titre de ministre de l'Intérieur. Après l'annulation de son élection par les tribunaux, il devient chef des conservateurs du Manitoba et les mène à la victoire en 1899. Sollicité pour succéder à Tupper, il démissionne de son poste de premier ministre et se présente dans Brandon contre Clifford SIFTON aux élections fédérales de 1900. Défait, il retourne à la vie privée. La timidité et la nervosité de Macdonald en public rendent son cheminement politique très difficile et, constamment comparé à son éminent père, inévitablement, il n'en est pas à la hauteur.

Hal Guest

MacDonald, James Edward Hervey, peintre (Durham, Angl., 12 mai 1873—Toronto, 26 nov. 1932). De tous les membres du GROUPE DES SEPT, qu'il a contribué à fonder, J.E.H. MacDonald est l'un des plus qualifiés. Il étudie à la Hamilton Art

School à compter de 1887 et, après 1889, à Toronto, au Central Ontario School of Art and Design, où il est l'élève de William Cruikshank. En 1895, il est engagé chez Grip Limited, une grande agence d'art publicitaire, où il encourage ses confrères (notamment Tom THOMSON à compter de 1907) à développer leur talent de peintre. MacDonald sera une figure dominante du Groupe. Lawren HARRIS rappelle que c'est lors d'une exposition de MacDonald à l'Ontario Society of Artists, en 1912, qu'il reconnaît pour la première fois l'«ethos» du Groupe.

MacDonald est le plus grand des premiers amis de Harris parmi les peintres de Toronto. En 1913, ils se rendent tous deux à l'Albright Art Gallery, à Buffalo, dans l'État de New York, pour voir une exposition de peintures de paysages scandinaves qui exercera une influence sur leur travail. Vers la même époque, MacDonald introduit de nouvelles couleurs à sa sombre palette. Algoma, au nord du lac Supérieur, qu'il visite plusieurs fois avec l'aide de Harris à partir de 1919, devient son lieu de prédilection. Il y réalise ses meilleurs tableaux, souvent des panoramas dans un style tumultueux, bigarré. Une esquisse, *Mist Fantasy, Sand River, Algoma* (1920, Musée des beaux-arts du Canada), montre comment il a utilisé les esquisses produites à Algoma: la toile qui en a résulté (1922, maintenant au Musée des beaux-arts de l'Ontario), avec ses longs rubans de brume, est plus tard décrite par un critique comme le summum de sa façon de styliser les formes. En 1924, il fait le premier de sept voyages dans les Rocheuses, un autre de ses endroits favoris pour peindre.

La palette de MacDonald est sombre, austère et riche, comme celle de A.Y. JACKSON, mais ses coloris sont plus flamboyants et son style, plus élégant. Son sens de la composition s'inscrit dans sa réflexion sur le dessin, technique dans laquelle il s'avère un maître (il est le plus grand calligraphe de cette période et un concepteur-graphiste important). Comme les autres membres du Groupe, il apprécie l'art chinois et japonais.

Il réalise, entre autres, la décoration de la St. Anne's Church, à Toronto (1923), et enseigne au COLLÈGE DES BEAUX-ARTS DE L'ONTARIO. Il écrit également de la poésie à la suite d'une dépression nerveuse en 1917. C'est un jardinier excentrique et il aime à jouer sur un ensemble de petits carillons fabriqués avec de vieilles pointes de soc de charrue. Il baptise son fils, l'illustrateur Thoreau Macdonald, du nom de l'un de ses auteurs préférés, Henry David Thoreau.

Joan Murray

Macdonald, James Williamson Galloway, dit «Jock», artiste peintre et éducateur (Thurso, Écosse, 31 mai 1897—Toronto, 3 déc. 1960). Après ses études en Écosse, il s'enrôle dans l'armée en 1915 et est blessé en France en 1918. Il entre à l'Edinburgh College of Art et reçoit un diplôme en design et, en 1922, un certificat pour l'enseignement spécialisé de l'art. On l'emploie comme créateur-dessinateur et éducateur en Angleterre, et on le nomme responsable du programme de design de la Vancouver School of Decorative and Applied Arts, en 1926. Fred VARLEY l'initie à la peinture à l'huile dans un style fortement influencé par celui du GROUPE DES SEPT.

Bien que Macdonald peigne des paysages tout au long de sa vie et qu'il puise son inspiration dans la nature, ses meilleures toiles montrent les efforts qu'il déploie pour trouver une forme d'expression abstraite. L'un des premiers artistes abstraits du Canada, il cherche à traduire ce qui l'entoure au DÉTROIT DE NOOTKA, dans le nord-ouest de l'île de Vancouver, en 1935-1936. L'un des professeurs les plus importants de l'histoire de l'art moderne canadien, il fonde avec Varley l'innovateur British Columbia College of Arts (1933-1935). Il enseigne à Calgary, au Provincial Institute of Art and Technology (1946-1947),

puis à Toronto, au Collège des beaux-arts de l'Ontario, de 1947 jusqu'à sa mort.

De nombreux artistes canadiens reconnaissent l'influence qu'il a exercée sur leur carrière. Il joue un rôle clé dans la fondation du Calgary Group en 1947. Il est une figure dominante du GROUPE DES ONZE, et un membre actif de la plupart des sociétés d'art canadiennes. Il est surtout connu pour ses aquarelles abstraites, très fluides, et pour les peintures souvent majestueuses qu'il réalise au cours des dernières années de sa vie, sans contredit ses chefs-d'œuvre.

Joyce Zemans

Macdonald, John, commerçant, homme d'église, philanthrope et politicien (Perth, Écosse, 27 déc. 1824—Toronto, 4 févr. 1890). En 1838, Macdonald arrive en Nouvelle-Écosse avec son père, un officier. Après des études à Dalhousie et à la Bay Street Academy de Toronto, il travaille à Gananoque, à Toronto et en Jamaïque, puis ouvre, en 1849, une mercerie à Toronto. En l'espace d'une décennie, son entreprise, John Macdonald and Co., devient le grossiste le plus important du Canada.

Macdonald est élu au Parlement comme libéral indépendant en 1863 et 1875. Le premier ministre, John A. Macdonald, le nomme au Sénat, en 1887, en récompense de son soutien périodique aux conservateurs et sa forte opposition à l'union commerciale avec les États-Unis. Fervent méthodiste et employeur sévère, Macdonald est l'auteur de *Business Success,* manuel qui illustre son engagement à intégrer la morale chrétienne dans la vie de l'entreprise.

Joseph Lindsey

Macdonald, sir John Alexander, avocat, homme d'affaires, politicien, premier à être premier ministre du Canada (Brunswick Place, en face de Glasgow, de l'autre côté de la rivière Clyde, Écosse, 10 janv. 1815—Ottawa, 6 juin 1891). Il est le principal instigateur de l'élaboration de l'ACTE DE L'AMÉRIQUE DU NORD BRITANNIQUE et de l'union des provinces à l'origine du Canada. En tant que tout premier dirigeant du pays, il voit à l'expansion du dominion d'un océan à l'autre. Son gouvernement domine la scène politique pendant près d'un demi-siècle et définit les objectifs des politiques que poursuivront les futures générations de politiciens.

À l'âge de cinq ans, Macdonald arrive avec ses parents à Kingston, dans le Haut-Canada, où il grandit et va à l'école, dans les comtés ruraux de Lennox, d'Addington et de Prince Edward. À 15 ans, il commence son apprentissage dans le cabinet d'un éminent avocat de Kingston. À l'école à titre de stagiaire, il se montre plein de promesses. À 17 ans, il dirige seul un bureau local d'un cabinet juridique à Napanee. À 19 ans, il ouvre son propre cabinet à Kingston, soit deux années avant de passer le barreau du Haut-Canada. Les débuts de la carrière professionnelle de Macdonald coïncident avec la rébellion du Haut-Canada et, par la suite, les incursions des Américains à la frontière. Il se trouve à Toronto en décembre 1837 où, en tant que militaire de la milice, il prend part à l'attaque contre les rebelles à la taverne Montgomery. En 1838, il attire l'attention du public en défendant ces mêmes rebelles, y compris Nils von Schoultz, le dirigeant de l'attaque contre Prescott.

Il pratique le droit toute sa vie. Il s'associe à plusieurs personnes, à Kingston jusqu'en 1874, puis à Toronto. Sa firme s'occupe surtout de droit commercial. Ses clients les plus précieux sont des hommes d'affaires et des entreprises bien établies. Lui-même est personnellement engagé dans diverses entreprises commerciales. Il se lance dans l'immobilier dans les années 1840, se porte acquéreur de terrains aux quatre coins de la province, dont des immeubles commerciaux à usage locatif dans le centre-ville de Toronto, et est nommé directeur de diverses entreprises, principalement à Kingston. Durant 25 ans (principalement pendant la période où il est premier ministre), il est le président d'une firme de Québec, la St. Lawrence Warehouse, Dock and Wharfage Company, et, en 1887, il devient le premier président de la Manufacturers Life Insurance Company, de Toronto. La vie personnelle de Macdonald est cependant marquée par une série de malheurs. Sa première femme, sa cousine Isabella Clark, est invalide durant la majeure partie de leur vie conjugale. Son premier fils meurt à l'âge de 13 mois. Son second mariage, avec Susan Agnes Bernard, est assombri par la maladie chronique de sa fille unique, Mary.

Macdonald sur la scène politique

Macdonald amorce sa carrière politique sur la scène municipale en tant que conseiller de Kingston, de 1843 à 1846. Il participe de plus en plus activement aux politiques conservatrices et, en 1844 (à l'âge de 29 ans), il est élu représentant de Kingston à l'Assemblée législative de la PROVINCE DU CANADA. Les partis et le gouvernement se trouvent alors à un stade de transition. Une structure ministérielle plus moderne commence à se dessiner, mais on n'a pas encore obtenu le GOUVERNEMENT RESPONSABLE, et le gouverneur détient toujours un rôle prépondérant. Dans ce contexte, Macdonald adopte des opinions politiques prudentes. Il se montre en faveur de la prérogative impériale et de l'appui de l'État aux écoles confessionnelles, tout en s'opposant à l'abolition du droit d'aînesse. Par-dessus tout, il se révèle un stratège politique perspicace, croyant fermement qu'il faut fixer des buts pratiques à atteindre par des moyens pratiques. Son intelligence indubitable et sa finesse lui valent, en 1847, son premier poste au Cabinet à titre de receveur général dans l'administration de W.H. DRAPER, qui subit la défaite aux élections générales la même année.

Macdonald reste dans l'Opposition jusqu'aux élections de 1854, après quoi il participe à la création d'une nouvelle alliance politique, le Parti libéral-conservateur, dont les membres conservateurs désirent maintenir l'alliance existante entre les réformistes du Haut-Canada et le bloc politique majoritaire des Canadiens français. Une fois revenu au pouvoir, il occupe le prestigieux poste de procureur général du Haut-Canada. Après la retraite de sir Allan MACNAB, qu'il aide à orchestrer en 1856, Macdonald lui succède en tant que copremier ministre de la Province du Canada, de concert avec Étienne-Paschal TACHÉ (puis George-Étienne CARTIER en 1857-1862, sauf pour les deux jours de l'administration Brown-Dorion en 1858).

Pendant la période de 1854 à 1864, Macdonald rencontre, dans sa propre section, une opposition grandissante à l'union politique du Haut-Canada et du Bas-Canada. Du point de vue réformiste, exprimé par George BROWN, du *Globe* de Toronto, la «domination» de l'influence canadienne-française au sein du gouvernement de Macdonald et de George-Étienne Cartier pose obstacle aux besoins et aux aspirations légitimes du Haut-Canada. En 1864, les forces politiques et des sections dans la province se trouvent dans une impasse, et Macdonald accepte à contrecœur la proposition de Brown de former une nouvelle coalition comprenant les réformistes du Haut-Canada, afin de mettre un terme aux difficultés constitutionnelles grâce à l'adoption d'un système fédéral qui, si possible, engloberait toutes les colonies de l'Amérique du Nord britannique.

Tout en admettant la nécessité d'un arrangement fédéral pour concilier les importantes différences raciales, religieuses et régionales, Macdonald privilégie un gouvernement fort, hautement centralisé et unitaire. Il dirige l'élaboration d'un système fédéral qui accorde au gouvernement central une prépondérance sans équivoque sur les gouvernements provinciaux. Son expertise constitutionnelle, ses compétences et ses connaissances sont très vite reconnues par le gouvernement impérial. Nommé sir John A. Macdonald est fait Chevalier commandeur de l'ordre

du Bain, il est le premier à être désigné pour exercer les fonctions de premier ministre du Canada à compter du 1ᵉʳ juillet 1867.

«Bâtisseur de la nation»

Pendant son premier mandat, de 1867 à 1873, il se fait «bâtisseur de la nation». Aux quatre provinces originales viennent se joindre le Manitoba, les Territoires du Nord-Ouest (aujourd'hui la Saskatchewan et l'Alberta), la Colombie-Britannique et l'Île-du-Prince-Édouard. On entreprend la construction d'une ligne du CHEMIN DE FER INTERCOLONIAL entre Québec et Halifax, et l'on projette la construction d'un chemin de fer transcontinental jusqu'à la côte du Pacifique. Ces entreprises engloutissent des sommes faramineuses provenant des fonds publics et ne se déroulent pas sans incident. Le Manitoba entre dans l'union après l'insurrection dirigée par Louis RIEL. Celui-ci s'oppose à la mainmise du gouvernement fédéral sur cette région et oblige ainsi le gouvernement de Macdonald à lui accorder le statut de province plus tôt que prévu, à accepter un système d'écoles confessionnelles et à reconnaître l'égalité du français et de l'anglais.

Macdonald se trouve impliqué dans le SCANDALE DU PACIFIQUE en raison de sa participation aux négociations du contrat de construction du CANADIEN PACIFIQUE jusqu'en Colombie-Britannique. Or, celui qui devait diriger le consortium du chemin de fer, sir Hugh ALLAN, avait fait de larges contributions à Macdonald et à ses collègues lors de la campagne électorale de 1872. Macdonald déclare avoir «les mains propres», parce qu'il n'a personnellement profité d'aucune façon de son association avec Allan. Son gouvernement doit néanmoins démissionner à la fin de l'année 1873 et essuie la défaite aux élections de 1874. Certains de ces problèmes politiques viennent du fait que Macdonald, comme nombre de ses contemporains, est parfois un buveur excessif. Il est clair que, à l'époque des élections de 1872 et des négociations avec Allan, il y a des périodes dont plus tard il ne se souviendra plus du tout. Par la suite, sa consommation d'alcool devient plus modérée.

Retour retentissant au pouvoir Heureusement pour Macdonald, sa défaite coïncide avec le début d'un ralentissement du commerce au pays, d'où la réputation d'inefficacité qu'on attribue à l'administration libérale d'Alexander MACKENZIE. En 1876, à l'instigation d'un groupe de fabricants montréalais, Macdonald commence à prôner une politique de «réajustement» du tarif des douanes, une politique qui contribue à son retour triomphal au pouvoir en 1878. Il reste premier ministre pour le reste de sa vie.

Politique nationale Les modifications promises à la politique tarifaire, qui entrent en vigueur dès 1879 et qui seront fréquemment révisées par la suite avec la collaboration étroite des grands fabricants, deviennent la POLITIQUE NATIONALE de Macdonald. Cette politique tarifaire protège le secteur manufacturier canadien en imposant des tarifs élevés sur les importations, particulièrement celles provenant des États-Unis. Fort attrayante pour les nationalistes canadiens et ceux qui nourrissent un sentiment anti-américain, elle deviendra un trait permanent de la vie économique et politique canadienne. Cependant, l'économie dans son ensemble continue de souffrir d'une lente croissance, et la politique nationale obtient des résultats mitigés.

Le grand projet national du deuxième gouvernement de Macdonald consiste à terminer la construction du chemin de fer transcontinental du Canadien Pacifique, qui s'avère une entreprise très difficile et fort onéreuse et qui exige l'injection massive de subventions gouvernementales. Macdonald joue un rôle de premier plan dans la réalisation du chemin de fer. Il participe à l'octroi du contrat de construction à un nouveau consortium dirigé par George STEPHEN, qui obtient du gouvernement une subvention de 25 millions de dollars et l'octroi de 25 millions d'acres

(10 millions d'hectares) de terres. En outre, à deux reprises, en 1884 et en 1885, Macdonald accepte de prendre de nouvelles mesures législatives pour accorder des subventions supplémentaires à la construction de la ligne ferroviaire. L'achèvement de la ligne en novembre 1885 rend désormais possible la colonisation des territoires de l'Ouest.

L'établissement d'un lien physique entre les régions du pays s'accompagne des premiers pas vers l'autonomie canadienne dans les affaires mondiales. Macdonald n'envisage pas l'indépendance du Canada envers la Grande-Bretagne, mais plutôt une forme de coopération avec la mère patrie. Il représente le Canada au sein de la commission britannique qui négocie le traité de Washington de 1871. En 1880, la création du poste de haut-commissaire du Canada en Grande-Bretagne a lieu, et c'est le ministre des Finances, Charles TUPPER, qui représente le Canada à la commission mixte de 1887 à Washington.

Fin de carrière

La fin de la carrière de Macdonald est semée d'embûches. Pendant qu'il est surintendant général des Affaires indiennes, la RÉBELLION DU NORD-OUEST et l'exécution de Louis Riel qui s'ensuit, en 1885, attisent l'animosité entre francophones et anglophones. Il en résulte que Macdonald perd ses appuis politiques au Québec, où l'on considère Riel comme un martyr de l'impérialisme anglo-saxon. Une suite de contestations judiciaires des pouvoirs du fédéral, intentées surtout par le premier ministre de l'Ontario, Oliver MOWAT, sont couronnées de succès et viennent affaiblir le système fédéral en une forme beaucoup moins centralisée que ne l'avait souhaité Macdonald. Le pouvoir de DÉSAVEU du fédéral, utilisé librement au début, est littéralement supprimé devant l'opposition provinciale.

La contribution de Macdonald au développement de la nation canadienne dépasse largement celle de n'importe lequel de ses contemporains, bien que par nature il ne soit pas un innovateur. Ce n'est pas lui qui a eu l'idée de la Confédération, du Canadien Pacifique et des tarifs protectionnistes, mais il se montre brillant et tenace dans la poursuite de ses buts une fois qu'il est convaincu de leur nécessité. Sur le plan politique, il démontre très tôt sa perspicacité et son ingéniosité. Il conserve un grand degré de contrôle personnel sur le fonctionnement de son parti, et pratique volontiers le favoritisme à des fins politiques. Il est un politicien d'une grande ferveur partisane, car il croit sincèrement qu'il est essentiel de maintenir certaines lignes de conduite politiques, spécialement les liens avec l'empire britannique et la tradition législative parlementaire au Canada, devant la menace de l'influence politique et économique américaine.

Macdonald peut être qualifié d'anglophile, mais il devient aussi un nationaliste canadien qui voit l'avenir du Canada avec beaucoup d'optimisme. Son nationalisme est avant tout celui du Canada central et du Canada anglais. Son intérêt pour le Québec n'est que politique. Il reconnaît l'existence d'une collectivité canadienne-française distincte et sa volonté d'obtenir sa juste part du favoritisme gouvernemental, mais après la mort de Cartier en 1873, il ne partage pas également le pouvoir avec un puissant «lieutenant québécois», pas plus qu'il ne nomme de Canadiens français parmi les ministres de premier plan de son Cabinet. Ses préoccupations nationales dominantes sont l'unité et la prospérité. Ces mots d'un discours prononcé en 1860 résument le credo politique de toute sa vie et ses objectifs politiques: «un peuple, riche en territoires, riche en ressources, riche en industries, riche en crédits et riche en capitaux».

J.K. Johnson

Macdonald, John Sandfield, avocat, politicien et premier ministre de l'Ontario de 1867 à 1872 (St. Raphael, Haut-Canada, 12 déc. 1812—Cornwall, Ont., 1ᵉʳ juin 1872). «Sandfield» est le deuxième nom de famille des Macdonald, originaires des Highlands écossais. Après de brèves études, Sandfield est stagiaire auprès de A. McLean et de W.A. Draper, d'éminents conservateurs. Admis au barreau en 1840, il ouvre son propre cabinet à Cornwall. L'année suivante, les conservateurs le désignent pour représenter la circonscription de Glengarry et il siège, après sa victoire électorale, à la première Assemblée de la PROVINCE DU CANADA (Canada-Uni). Il est le seul à avoir siégé dans les huit parlements du Canada-Uni. Ulcéré devant la position intransigeante des tories de la vieille garde, il s'identifie progressivement aux gouverneurs SYDENHAM et BAGOT. Il appuie le Council of Reformers de Bagot, en 1842, et s'associe à ces derniers pour affronter le gouverneur METCALFE, en 1843. Dès lors, il demeurera réformiste.

De 1849 à 1851, Sandfield est le solliciteur général de Robert BALDWIN pour le Canada-Ouest. Lorsque Francis HINCKS devient premier ministre réformiste, celui-ci supplante un Sandfield amer qui acceptera le poste d'orateur de l'Assemblée en 1852, fonction qu'il remplit malgré tout avec grande distinction. Au cours des manœuvres politiques de 1854, qui ont donné lieu à la formation d'un ministère libéral-conservateur sous la gouverne de sir A.N. MACNAB, il critique sévèrement Lord ELGIN, accusé de conduite répréhensible, et joue avec George BROWN un rôle majeur dans l'éclatement de l'opposition réformiste.

Ces deux réformistes deviennent cependant des ennemis jurés. Alors que Brown se fait le promoteur du GOUVERNEMENT REPRÉSENTATIF et d'une fédération centralisée, Sandfield défend une double majorité», suivant laquelle le Cabinet doit obtenir un vote de confiance du Haut-Canada et du Bas-Canada, assurant ainsi une meilleure représentation de la dualité de la province.

Lorsque le gouvernement de G.É. CARTIER tombe en 1862, lord MONCK demande à Sandfield de former un gouvernement réformiste. S'associant alors au modéré L.V. SICOTTE, Sandfield, qui est également procureur général de l'Ouest, tente de gouverner une province de plus en plus divisée en s'appuyant sur sa formule constitutionnelle, mais la crise qui sévit dans le Haut-Canada sur la question des écoles séparées fait obstacle à ces efforts. Il s'associe cette fois à A.A. DORION et, avec une plus grande participation des rouges, ou «grits» (libéraux), son gouvernement lutte jusqu'à la défaite en mars 1864. Il suggère alors l'idée de coalition.

La GRANDE COALITION de juin 1864, qui réunit John A. MACDONALD, Cartier et Brown, isole toutefois Sandfield, qui s'oppose au FÉDÉRALISME et à l'union avec les Maritimes. Il craint plus particulièrement la domination de Toronto dans la vallée du Saint-Laurent, région qu'il chérit. Il dénonce le plan fédéral, qu'il considère trop conservateur, arbitraire, voire inconstitutionnel. Néanmoins, en bon réformiste pragmatique, il s'incline avec indulgence devant l'inévitable au début de l'année 1867.

John A. Macdonald est élu premier ministre et fait en sorte que Sandfield soit le premier à être élu premier ministre de l'Ontario. Travaillant en équipe, les deux Macdonald gagnent les élections fédérales et provinciales. Sandfield dirige son gouvernement de façon très honorable, sobrement mais en usant de créativité, et, malgré ce qu'en dit l'opposition, il n'est nullement la marionnette du premier ministre. En 1871, toutefois, il devient gravement malade et, après des élections floues et la désertion de quelques réformistes de la coalition, il démissionne en décembre. Edward BLAKE lui succède, amorçant ainsi un règne libéral de 34 années consécutives.

Bruce W. Hodgins

MacDonald, lieu historique de la ferme Cette ferme provinciale est un LIEU HISTORIQUE situé près de Bartibog, dans la région de MIRAMICHI, au Nouveau-Brunswick. La ferme a été fondée par Alexander MacDonald, un Écossais venu en Amérique du Nord comme militaire pendant la RÉVOLUTION AMÉRICAINE. Une fois son service militaire terminé, MacDonald déménage au Nouveau-Brunswick où il établit sa ferme. On a restauré la maison en pierre qui date de 1820.

La ferme, désignée lieu historique en 1977, est une reconstitution historique de la vie des colons agriculteurs au Nouveau-Brunswick de la fin du XVIIᵉ au début du XVIIIᵉ siècle. Elle est ouverte aux visiteurs de la fin juin au début de septembre.

Deborah Welch et Michael Payne

Macdonald, Ronald St. John, juriste international et professeur (Montréal, 20 août 1928). Macdonald fait ses études à l'U. St. Francis Xavier (B.A., 1949), à l'U. Dalhousie (LL.B., 1952), puis à Londres et à Harvard (LL.M., 1954 et 1955). Il se dirige vers l'enseignement du droit, d'abord à Osgoode Hall, puis à l'U. de Western Ontario et à celle de Toronto où il deviendra doyen de la faculté de droit de 1967 à 1972. Par la suite, il retourne à l'U. Dalhousie comme professeur de droit international et doyen, poste qu'il occupera jusqu'en 1979. Il tient le rôle d'arbitre à Chypre entre 1974 et 1978. Il est également souvent appelé à servir de conseiller ou de consultant pour le bureau du premier ministre, ainsi que pour les Affaires extérieures.

En 1980, Macdonald est nommé juge à la Cour européenne des droits de l'homme à Strasbourg, cour à laquelle il siège encore. Il retourne à l'U. de Toronto en 1990 en tant qu'éminent juriste en résidence. Énergique, charmant, spirituel et sociable, Macdonald ne correspond pas vraiment au stéréotype classique du juge en droit international. En 1984, on lui décerne l'Ordre du Canada.

P.B. Waite

Macdonald, sir William Christopher, fabricant et philanthrope (Glenaladale, Î.-P.-É., 1831—Montréal, 9 juin 1917), fils de Donald Macdonald, président du conseil législatif de l'Île-du-Prince-Édouard. Macdonald fait ses études à la Central Academy (Charlottetown) puis commence sa carrière comme commissionnaire à Montréal. En quelques années, il devient fabricant de tabac, crée Macdonald Tobacco Co. et amasse une fortune importante. Ne possédant pas de famille et ayant des goûts modestes, Macdonald devient le plus grand philanthrope du domaine de l'éducation de sa génération.

Macdonald est un généreux bienfaiteur de l'U. McGill et du Collège d'agriculture de l'Ontario qui, maintenant, fait partie de l'U. de Guelph. Il fonde et dote le Collège Macdonald à Ste-Anne-de-Bellevue, au Québec, et le Macdonald Hall à Guelph, en Ontario. Avec James Robertson, il finance nombre de projets innovateurs à l'école primaire: le Macdonald Manual Training Movement, le Macdonald Rural Schools Fund et le Macdonald Consolidated School Project. Il est fait Chevalier en 1898 et est chancelier de l'U. McGill pendant plusieurs années.

Robert M. Stamp

Macdonell, Alexander, évêque catholique (Fort Augustus, Glengarry, Écosse, 17 juill. 1762—Dumfries, Écosse, 14 janv. 1840). Ordonné en 1787, Macdonell passe ensuite quelques années dans les Highlands écossais. En 1793, il convainc le gouvernement britannique de former un corps catholique, le régiment de Glengarry, dont il est l'aumônier et qui sera dissous en 1802. Deux ans plus tard, le gouvernement ayant promis 200 acres à chaque militaire qui émigrera, Macdonell et de nombreux colons partent pour le comté de Glengarry (Haut-Canada).

Âme dirigeante de la vie religieuse et politique de la colonie, Macdonell est nommé vicaire général en 1807 et vicaire apostolique en 1820. Il est sacré évêque de Kingston (ou Regiopolis) en 1826. Pendant son épiscopat, des milliers d'immigrants IRLANDAIS viennent s'y établir. En 1840, le Haut-Canada compte 34 prêtres et 48 paroisses, qui reçoivent des gouvernements britannique et colonial une aide financière obtenue par Macdonell. Conservateur convaincu, Macdonell est membre du Conseil législatif à partir de 1831 et subit bientôt les attaques du mouvement réformiste. Il meurt en Grande-Bretagne au cours d'un voyage entrepris pour solliciter des fonds en faveur du Regiopolis College et pour recruter d'autres immigrants catholiques. Il est inhumé au couvent St. Margaret, à Édimbourg. Ses restes sont ensuite transférés à St. Mary (Kingston) en 1861.

Curtis Fahey

Macdonell, sir Archibald Cameron, Chevalier commandant de l'ordre du Bain, Compagnon de l'Ordre de St-Michel et St-Georges, Ordre du service distingué, policier et militaire (Windsor, Canada-Ouest, 6 oct. 1864—Kingston, Ont., 23 déc. 1941). Diplômé du Collège militaire royal du Canada en 1886, il entre dans l'armée et, en 1889, il est muté dans la POLICE À CHEVAL DU NORD-OUEST (P.C.N.-O.), avec le grade d'inspecteur, et affecté dans le Nord-Ouest. En 1897, il joue un rôle très important dans la capture de ALMIGHTY VOICE.

Deux ans plus tard, il se joint au 2ᵉ Bataillon canadien de fusiliers à cheval pour servir dans la GUERRE DES BOERS, où il est décoré pour sa bravoure. À son retour dans la P.C.N.-O., il est promu surintendant. Il se joint ensuite, en 1907, à ce qui est devenu le Lord Strathcona's Horse. Nommé commandant en 1912, Macdonell commande son unité en France, en mai 1915, et, en raison de ses succès, il est promu commandant de la 7ᵉ Brigade, en décembre 1915, et de la 1ʳᵉ Division, en juin 1917. Après la guerre, il est commandant au Collège militaire royal et, au moment de sa retraite en 1925, lieutenant-général.

Stephen Harris

MacDonell, Miles, militaire, gouverneur d'Assiniboia (Écosse, vers 1767—Pointe-Fortune, Bas-Canada, 28 juin 1828). Sa famille immigre à New York en 1773, puis s'installe au Haut-Canada où MacDonell devient fermier. Il est nommé capitaine dans les Royal Canadian Volunteers en 1796, mais, après le démantèlement de ce corps en 1802, il retient l'attention de lord SELKIRK en 1804. Ce dernier le soutient dans sa tentative infructueuse de mettre sur pied une formation de Glengarry Fencibles (1806-1807). Par la suite Selkirk appuie sa nomination comme shérif du district de Home en 1807. Rappelé en Angleterre par Selkirk en 1810, il est nommé premier gouverneur d'Assiniboia en 1811 et dirige les premiers colons de la COLONIE DE LA RIVIÈRE ROUGE en 1812. Par son attitude belliqueuse, il envenime le conflit entre la colonie et la COMPAGNIE DU NORD-OUEST. Il souffre d'une profonde instabilité émotionnelle. Arrêté et envoyé à Montréal en 1815 par les dirigeants de la Compagnie, il revient à Assiniboia comme gouverneur en 1817, mais retourne bientôt à Montréal. Il passe ses dernières années dans une semi-retraite dans sa ferme, près d'Osnaburgh, dans le Haut-Canada.

J.M. Bumsted

Macdonnell, Daniel James, ministre du culte presbytérien (Bathurst, N.-B., 15 janv. 1843—Fergus, Ont., 19 févr. 1896). Diplômé de l'U. Queen en 1858, Macdonnell devient enseignant, puis étudie la théologie en Écosse et en Allemagne. Nommé à une église de Peterborough en 1866, puis à St. Andrew (Toronto) en 1870, il a la réputation d'être un des prédicateurs canadiens les plus influents de la fin de l'ère victorienne. Sa pensée théologique est originale, et il est l'ami du philosophe G.P. YOUNG. Ayant exprimé publiquement des doutes au sujet de certaines doctrines calvinistes, Macdonnell subit un procès pour hérésie en 1876 et est acquitté deux ans plus tard.

John S. Moir

McDonough, Alexa, travailleuse sociale, ancienne chef du NOUVEAU PARTI DÉMOCRATIQUE (NPD) de la Nouvelle-Écosse, puis chef du NPD fédéral (Ottawa, 11 août 1944). Fille de Lloyd Shaw, homme d'affaires et membre éminent de la CO-OPERATIVE COMMONWEALTH FEDERATION, McDonough est diplômée de l'U. Dalhousie (1965) et de la Maritime School of Social Work (1967).

Après avoir enseigné à la School of Social Work, puis travaillé pour la Ville de Halifax, elle est élue chef du NPD provincial en 1980, devenant ainsi l'une des premières femmes à diriger un parti provincial. Désirant rebâtir son parti autour de la ville d'Halifax plutôt qu'au siège traditionnel du parti, soit l'île du Cap Breton, elle se fait d'abord élire dans Halifax-Chebucto en 1981. D'abord seule députée du NPD à l'Assemblée législative, elle est réélue en 1984 et en 1988, permettant à son parti d'enregistrer de modestes gains électoraux. Elle représente la circonscription d'Halifax-Fairview de 1993 à 1994.

À l'instar de son père, elle s'intéresse à la politique fédérale, mais échoue en tant que candidate aux élections fédérales de 1979 et de 1980. Pressentie par plusieurs femmes comme candidate éventuelle à la direction du NPD fédéral en 1989, elle décline l'offre pour des raisons personnelles. Les délégués choisissent alors Audrey MCLAUGHLIN, moins expérimentée, en tant que première femme à diriger un parti fédéral. Après la débâcle du NPD à l'élection de 1993, à la suite de laquelle le parti perd son statut officiel à la Chambre des communes, McLaughlin finit par démissionner de son poste.

McDonough se porte ensuite candidate dans une course à la direction unique dans les annales de la politique fédérale canadienne, caractérisée par une formule complexe consistant en un premier scrutin organisé par les membres du parti suivi d'une élection par les délégués. Malgré de piètres résultats au premier scrutin, les délégués l'élisent chef à la convention d'octobre 1995, à Ottawa. Tout comme la première fois, elle accède à la direction sans être députée. Même si on lui conseille de briguer plutôt les suffrages dans le cadre d'élections partielles en dehors de la région de l'Atlantique, elle décide d'attendre et de se présenter à Halifax lors de l'élection fédérale suivante. Elle remporte facilement le siège de Halifax contre la députée sortante libérale Mary Clancy lors des élections générales du 2 juin 1997. McDonough apporte alors un regain électoral au NPD en lui faisant remporter pour la première fois 8 sièges dans les provinces atlantiques, lui redonnant ainsi le statut de parti officiel avec au total 21 sièges au Canada.

Alan Whitehorn

McDougald, John Angus, surnommé «Bud», financier (Toronto, 14 mars 1908—Palm Beach, Floride, 15 mars 1978). Homme très secret et fasciné par le pouvoir, Bud McDougald transforme ARGUS CORPORATION en l'une des plus importantes entités constituées du Canada. Fils d'un financier prospère de Toronto, il commence sa carrière en tant que commis pour Dominion Securities à l'âge de 18 ans. Il fait rapidement son chemin à l'intérieur de la société, tout en mettant sur pied des activités financières à l'extérieur. En 1945, il quitte Dominion Securities pour s'associer avec E.P. TAYLOR dans une société de promotion: Taylor, McDougald and Company Ltd. Dix ans plus tard, il est nommé administrateur d'Argus Corp., une société de portefeuille créée par Taylor pour gérer ses activités industrielles. En 1969, McDougald devient président du conseil d'Argus qui contrôle alors six des entreprises industrielles de pointe du Canada; ce poste lui assure un statut de membre influent de l'ÉLITE DU MONDE DES AFFAIRES du Canada.

Christopher G. Curtis

McDougall, Barbara Jean, née Leamen, politicienne, analyste financière (Toronto, 12 nov. 1937). Elle obtient un baccalauréat en sciences politiques et économiques de l'U. Toronto en 1960 et est analyste en placements de 1964 à 1974. Elle devient directrice des investissements à la North West Trust Co. d'Edmonton en 1974 et vice-présidente de A.E. Ames and Co. Ltd. de Toronto en 1976. Tout au long de cette période, McDougall est aussi journaliste et commentatrice économique pour des magazines, des journaux et la télévision. Elle participe à plusieurs campagnes conservatrices à Toronto et est élue députée fédérale de St. Paul's (Toronto) en 1984.

À titre de ministre d'État aux Finances, elle est la cible de la plupart des critiques entourant la réaction du gouvernement au déclin et à l'effondrement de deux banques albertaines en 1985. En juin 1986, elle devient ministre d'État à la Privatisation et est aussi responsable des questions féminines. Un mois plus tard, elle ajoute à son portefeuille les Affaires réglementaires. Comme ministre de l'Emploi et de l'Immigration à partir de mars 1988, elle est chargée de négocier avec le Québec un accord de cinq ans qui accorde à la province des pouvoirs étendus en matière d'immigration, et lui garantit au moins 25 p. 100 de tous les immigrants qui entrent au Canada. En avril 1991, elle succède à Joe Clark comme secrétaire d'État aux Affaires étrangères.

McDougall ne se représente pas aux élections de 1993 et retourne à la vie privée. En plus de siéger à plusieurs conseils d'administration, elle est gouverneure publique à la Bourse de Toronto et commentatrice en matière d'affaires internationales et intérieures pour plusieurs journaux et magazines.

Dean Beeby

McDougall, Elizabeth, née Boyd, pionnière de l'Ouest canadien (Grey County, Canada-Ouest, 1853—Calgary, 31 mars 1941). McDougall est surtout connue pour l'aide qu'elle apporte à son mari, le missionnaire méthodiste John Mcdougall. Elle est la première Blanche à vivre dans les contreforts de l'Alberta. Elle arrive à Morley en 1873 après un voyage difficile dans les plaines au cours duquel elle conduit souvent le chariot. Pendant 25 ans, le couple vit dans la réserve des STONEYS et s'efforce de les convertir. Ils ont six enfants, ce qui ne l'empêche pas d'accompagner son mari en canot et en traîneau à chiens lors de ses voyages en tournée à titre de surintendant de l'église.

En 1898, elle s'établit à Calgary où elle devient présidente de la Southern Alberta Pioneer Women and Old Timer's Association. Elle affirme au cours d'une conférence que ce sont les femmes qui ont rendu possible l'installation des pionniers dans l'Ouest, et elle cite l'exemple de nombreuses célibataires qui ont dû se décider à quitter les Prairies parce qu'ils n'avaient pas de femmes pour les aider dans leur travail et les réconforter.

Eliane Leslau Silverman

McDougall, George Millward, missionnaire, pionnier et négociateur (Kingston, Haut-Canada, 9 sept. 1821—dans un blizzard au nord de Calgary, 25 janv. 1876). Né de parents écossais, McDougall étudie au Victoria College de Cobourg (Haut-Canada). Il est ordonné diacre en 1852 et ministre du culte en 1854. Il consacre ensuite ses efforts à une série de missions méthodistes (dont certaines qu'il a fondées): Garden River (1851-1857), Rama (1857-1860), NORWAY HOUSE (1860-1863), VICTORIA (1863-1871), Edmonton (1871-1874) et Morley (1873-1876). Chaque déménagement est extrêmement éprouvant pour McDougall et sa famille: travail de défrichage, isolement et épidémies de variole, entre autres.

En plus d'enseigner la religion et de fonder des écoles, il est chef de secteur. Il supervise donc les affaires indiennes et la colonisation dans les vastes régions du Nord-Ouest, dont il est chargé. Pendant ses dernières années, McDougall donne des conférences dans l'est du Canada, en Angleterre et en Écosse, sur le potentiel du pays et la misère des autochtones.

Mark Rasmussen

McDougall, John Chantler, ministre du culte et missionnaire méthodiste (Owen Sound, Canada-Ouest, 27 déc. 1842—Calgary, 15 janv. 1917), fils de George MCDOUGALL et mari d'Elizabeth MCDOUGALL. McDougall étudie au Victoria College (Cobourg) de 1857 à 1860 et est ordonné en 1874. Il travaille pendant de nombreuses années comme missionnaire auprès des Amérindiens de l'Ouest canadien, poursuivant le travail qu'il a entrepris sous l'égide de son père avant son ordination. Au service du gouvernement fédéral pendant les Rébellions de 1869-1870 et de 1885, il sensibilise ce dernier à la tragédie que constitue pour les Amérindiens la disparition du bison. Il prend sa retraite en 1906 et passe le reste de sa vie à Calgary. Il est l'auteur de plusieurs livres, dont *George Millward McDougall* (1888) et *Forest, Lake and Prairie* (1895).

Eric J. Holmgren

McDougall, Pamela Ann, diplomate et fonctionnaire (Ottawa, 9 mai 1925). Après des études en chimie à l'U. Mount Allison et à l'U. de Paris, McDougall devient membre du MINISTÈRE DES AFFAIRES EXTÉRIEURES en 1949. Elle travaille à l'ambassade à Bonn, en Allemagne de l'Ouest, comme conseillère politique pour les commissaires canadiens au Viêt-nam; au haut-commissariat à New Delhi, en Inde; comme directeur adjoint de la division de l'Extrême-Orient à Ottawa; et comme ambassadrice en Pologne (1968-1971). De 1971 à 1974, elle est secrétaire adjointe du cabinet au bureau du Conseil privé, et, en 1976, elle devient présidente de la Commission du tarif. En 1981, en tant que commissaire, elle présente le rapport de la Commission royale d'enquête sur la situation dans le service extérieur.

John W. Holmes

MacDougall, sir Patrick Leonard, officier militaire et auteur (Boulogne-sur-Mer, France, 10 août 1819—Kingston Hill, Angl., 28 nov. 1894). Adjudant général de la milice canadienne de 1865 à 1868, MacDougall sert au Canada de 1844 à 1854 et écrit *Emigration* (1848), où il propose la construction d'un chemin de fer allant d'Halifax à Québec. Dans *Forts versus Ships* (1862), il souligne l'importance du contrôle britannique sur les Grands Lacs. Pendant les troubles avec les FENIANS, il organise des compagnies isolées de volontaires en bataillons et forme des brigades mobiles. De 1878 à 1883, MacDougall commande les troupes britanniques demeurées en Amérique du Nord.

O.A. Cooke

McDougall, William, avocat, politicien et premier lieutenant-gouverneur des Territoires du Nord-Ouest (près de York [Toronto], 25 janv. 1822—Ottawa, 29 mai 1905). Membre de l'Assemblée de la province du Canada (1858-1867), il est commissaire des terres de la Couronne (1862-1864) et secrétaire provincial (1864). Il participe aux trois conférences sur la CONFÉDÉRATION. En tant que ministre des Travaux publics dans le gouvernement de John A. MACDONALD (1867), il présente la résolution qui aboutit à l'achat de la TERRE DE RUPERT. Il est nommé lieutenant-gouverneur de cette région en 1869, mais les hommes de Louis RIEL le repoussent, l'empêchant d'entrer sur le territoire qu'il était venu gouverner. Cet échec, ajouté au fait qu'il était un *clear grit* au début de sa carrière politique, mais était passé chez les conservateurs en 1867 (ce qui lui avait valu le surnom de «Wandering Willie»), ruine sa crédibilité politique. Il poursuit sa carrière politique en tant que député provincial en Ontario (1875-1878) et député fédéral (1878-1882), mais on le tient à l'écart des faveurs politiques.

Frits Pannekoek

McDowall, Robert, ministre du culte et pionnier presbytérien (Balston Spa, près d'Albany, État de New York, 25 juill. 1768—Fredericksburgh, Canada-Ouest, 3 août 1841). En 1790, l'Église réformée hollandaise envoie McDowall comme missionnaire dans le sud de l'Ontario actuel. Invité à occuper le poste de ministre du culte permanent dans la région de la baie de Quinte, il s'établit près de Bath (Haut-Canada) en 1798 après avoir terminé ses études théologiques à Schenectady (État de New York). McDowall fonde plusieurs paroisses entre Belleville et Brockville, célèbre 2500 baptêmes et 1300 mariages pendant les 40 années suivantes en plus d'effectuer des voyages missionnaires. Il est élu premier modérateur du presbytériat des Canadas en 1819.

John S. Moir

McDowell, Charles Alexander, physicochimiste (Belfast, Irl., 29 août 1918). McDowell vient au Canada en 1955 à titre de chef du département de chimie de l'U. de la Colombie-Britannique. Durant ses 26 ans en poste, il développe tellement ce département qu'il en fait le plus grand en Amérique du Nord par l'ampleur de ses activités. Son intérêt pour la complexité physicochimique et les tendances scientifiques en vogue le conduisent à concentrer dans son département les méthodes d'étude de la structure moléculaire basées sur l'utilisation de machines imposantes. Ce domaine comprend son importante recherche en spectrométrie de masse, en résonance magnétique et en spectroscopie photoélectronique.

À la différence de nombreux scientifiques, il semble capable de considérer la science et la politique scientifique comme un tout. Il est élu président de l'Institut de chimie du Canada en 1978-1979. Il est professeur à l'U. de la Colombie-Britannique de 1981 à 1984, puis professeur émérite. En 1986, il devient membre à part entière de l'Académie européenne des sciences, des arts et des lettres et membre honoraire de la Société canadienne de chimie.

Lionel G. Harrison

MacEachen, Allan Joseph, professeur, politicien (Inverness, N.-É., 6 juill. 1921). Après avoir dirigé le Département de sciences économiques et sociales de l'U. St. Francis Xavier, il entre en politique fédérale. De 1953 à 1984, à l'exception de 1958 à 1962, il représente Inverness-Richmond (qui deviendra Cape Breton Highlands-Canso) aux Communes, où il est largement reconnu pour l'attention qu'il porte à sa circonscription et pour son talent de tacticien politique. Après 1963, son prestige ne cesse de croître. Durant deux décennies, il sera reconnu comme le libéral fédéral le plus en vue de la Nouvelle-Écosse.

Il dirige une succession de ministères, y compris les Finances et les Affaires étrangères. Leader du gouvernement à la Chambre des communes à deux reprises (1967-1968 et 1970-1974), il s'avère un tacticien de talent, bien que son budget de novembre 1981 suscite la controverse et des critiques nombreuses. De 1977 à 1984, il est vice-premier ministre presque sans interruption et demeure un des principaux stratèges du parti. Proche collaborateur de Pierre TRUDEAU, il contribue à l'élaboration de la stratégie qui entraîne la chute du gouvernement CLARK en 1979 et à la planification de la victoire libérale en 1980.

En 1984, il ne se présente pas aux élections fédérales et est nommé au Sénat, assumant le rôle de leader du gouvernement de juin à septembre et de chef de l'Opposition par la suite. Il est largement perçu comme l'initiateur de l'opposition du Sénat à majorité libérale à la loi controversée du gouvernement conservateur sur les médicaments sur ordonnance en 1987 et à la taxe sur les produits et services en 1990. Il se retire du poste de chef de l'Opposition du Sénat, en septembre 1991, et Royce Firth lui succède.

J. Murray Beck

MacEachern, Angus Bernard, évêque catholique de Charlottetown (Kinlochmoidart, Écosse, 8 févr. 1759—Canavoy, Î.-P.-É., 22 avril 1835). Au cours d'une carrière missionnaire qui s'étend sur cinq décennies, MacEachern implante solidement le catholicisme dans les nouvelles provinces de l'Île-du-Prince-Édouard et du Nouveau-Brunswick. Jeune missionnaire, il arrive en 1790 dans la province insulaire, où il retrouve sa famille immigrée, mais ses fonctions l'obligent à sillonner sans cesse la région des Maritimes, qui manque de prêtres. Il parle couramment l'anglais, le français et le gaélique, ce qui lui permet d'exercer un ministère efficace auprès de ses fidèles écossais, irlandais et acadiens dispersés. Sa courtoisie et son tact lui valent le respect des autorités civiles.

En 1819, MacEachern (qui est évêque titulaire de Rosen) est nommé vicaire général d'une grande partie des Maritimes. Vers le milieu des années 1820, il a toutefois acquis la conviction que le seul remède aux problèmes spirituels de la région consiste à la détacher de l'archidiocèse de Québec, qui est trop grand et néglige les Maritimes. Le diocèse de Charlottetown, qui comprend l'Île-du-Prince-Édouard, le Nouveau-Brunswick et les Îles de la Madeleine, est créé en 1829, et MacEachern en est le premier évêque. Il voit un grand rêve se réaliser l'année suivante lorsque l'émancipation des catholiques est promulguée. En 1831, il fonde St. Andrew's College dans sa localité de St. Andrew (Î.-P.-É.) pour dispenser une éducation préparatoire aux séminaristes éventuels. Très aimé de son peuple, MacEachern devient presque un personnage légendaire de son vivant.

G. Edward MacDonald

McEachran, Duncan, enseignant et administrateur (Campbelltown, Écosse, 27 oct. 1841—Ormstown, Qc, 24 oct. 1924). Diplômé du Edinburgh Veterinary College en 1861, il émigre au Canada en 1862 pour exercer la médecine vétérinaire à Woodstock, au Canada-Ouest. En 1866, il devient maître de conférences au Montreal Veterinary College à l'U. McGill, devenu Faculty of Comparative Medecine and Veterinary Science en 1889. Il y officie comme professeur et doyen jusqu'à sa fermeture en 1903.

En 1875, McEachran établit des programmes de lutte contre les maladies contagieuses à l'échelle du Canada et, de 1884 à 1904, il occupe le poste de vétérinaire inspecteur en chef. Son successeur, J.G. RUTHERFORD, prend en charge le programme de contrôle sanitaire et crée la Direction générale de l'hygiène vétérinaire au ministère de l'Agriculture. McEachran crée le premier poste de quarantaine pour animaux malades à Lévis, au Québec.

R.G. Thomson

Macédoniens Au tournant du XXᵉ siècle, l'un des groupes les plus importants de colons non britanniques à arriver au Canada se compose de villageois des montagnes des Balkans, région faisant alors partie de l'Empire ottoman. Ces premiers résidents et leurs descendants s'appellent eux-mêmes Macédoniens. Ils parlent le macédonien, une langue slave, et possèdent leurs propres institutions sociales et économiques, notamment des églises, des organismes d'aide et de secours mutuel ainsi que des entreprises reposant sur la communauté, surtout dans la région métropolitaine de Toronto et dans le sud de l'Ontario.

Migration et peuplement La majorité des Macédoniens immigrant au Canada arrivent pendant la période trouble des révoltes d'Illinden de 1903, une tentative héroïque mais vaine des Macédoniens pour mettre fin à la domination turque.

En 1910, un recensement à l'intérieur du groupe dénombre environ 1090 Macédoniens à Toronto, venus principalement des provinces de Kostur (Kastoria) et de Lerin (Florina), régions qui avaient été des régions importantes de l'Empire ottoman, mais maintenant identifiées comme des parties du nord de la Grèce. En 1940, les lecteurs de différents almanachs nationalistes et politiques macédoniens apprennent qu'il y a plus de 1200 familles à Toronto.

L'exode des Macédoniens du nord de la Grèce continue après la Seconde Guerre mondiale et la guerre civile grecque (1947-1949). L'immigration provenant du Vardar (région autrefois yougoslave), de Macédoine et du Pirin (Macédoine en Bulgarie) commence aussi pendant la période d'après-guerre. Cet exode s'intensifie dans les années 60 et se poursuit aujourd'hui. Les chiffres officiels n'aident pas à déterminer la taille de la communauté, car les Macédoniens sont regroupés dans les catégories d'immigrants venant de Turquie, de Grèce, de Serbie (ou de Yougoslavie) et de Bulgarie.

Selon le recensement de 1996, le plus récent au Canada, on dénombre 30 915 personnes d'origine macédonienne, nombre total de personnes ayant fourni des réponses «unique» ou «multiple» pour la nationalité d'origine. Bien que les Macédoniens se concentrent surtout dans la région métropolitaine de Toronto, on trouve aussi de petits groupes ailleurs en Ontario: Cambridge, Guelph, Hamilton, Kitchener-Waterloo, Markham, Mississauga, Newmarket, Niagara Falls, St. Catharines, Thornhill, Thorold et Windsor. Les porte-parole de la communauté estiment qu'il y aurait de 100 000 à 150 000 Macédoniens au Canada.

Un bon nombre des premiers immigrants macédoniens trouvent du travail dans l'industrie à Toronto, soit comme main-d'œuvre dans les usines ou ouvriers dans les abattoirs, dans l'industrie locale de laminage de métal ou dans les fonderies de fer et d'acier. Ils progresseront rapidement, puis deviendront propriétaires d'un grand nombre de restaurants, d'épiceries et de boucheries. Finalement, des entrepreneurs macédoniens et leurs descendants utiliseront la force du nombre dans l'industrie du service alimentaire comme un tremplin vers différentes entreprises plus perfectionnées et plus importantes. De nos jours, la majorité des Macédoniens travaillent dans les bureaux, exercent des professions libérales ou sont employés dans le secteur des services.

Vie sociale et communauté La vie sociale des premiers Macédoniens immigrants gravite autour des associations de bienfaisance et d'entraide fondées en fonction d'un village ou d'un lieu d'origine. Des groupes macédoniens et des organismes de bienfaisance comme Zhelevo, Banitsa, Buf, Oshchima et de nombreux autres à Toronto deviennent des centres de rencontre, de renseignements sur l'emploi et de discussions au sujet du milieu de travail.

Dans la période d'après-guerre, les sociétés de secours mutuel et les groupes macédoniens se transforment en clubs sociaux et nationaux, jouant un rôle de centres de la culture pour les immigrants, puisque les conditions de travail de leurs membres et leurs revenus sont regroupés sous les lois de l'assurance sociale et de l'indemnisation des accidents du travail.

À partir de 1970, la vie communautaire du groupe ethnique macédonien progresse et répond maintenant à un certain nombre de champs d'intérêts et de besoins. Un certain nombre d'associations professionnelles et d'affaires sont fondées, dont la Canadian Macedonian Restaurant Co-op (1979), la Canadian Macedonian Business and Professional Association (1992) et la Macedonian Canadian Health Professionals' Association, précédemment la Macedonian Canadian Medical Society (1992). Parmi les associations de jeunes et d'étudiants, on compte la Macedonian Association of Canadian Youth, fondée en 1992, la Ryerson Association of Macedonian Students (1992) et l'Association of Macedonian Students à l'U. de Toronto, qui, en 1989, obtient une reconnaissance officielle en tant que groupe du campus de l'université.

Religion, vie culturelle et éducation Les Macédoniens appartiennent au christianisme de rite oriental orthodoxe. En 1910, ils fondent les églises St. Cyril et St. Methody à Toronto, qui réunissent des immigrants d'un bon nombre de villages en une seule communauté religieuse.

Les premiers immigrants à Toronto et leurs descendants fondent deux églises supplémentaires qui relèvent de la direction spirituelle du patriarche en Bulgarie ou font partie d'un diocèse bulgare de l'Église orthodoxe en Amérique. Ce sont la St. George Macedono-Bulgarian Orthodox Church, fondée en 1941, et la Holy Trinity Macedono-Bulgarian Church, fondée en 1976.

Les arrivants d'après-guerre au Canada fonderont par la suite des paroisses orthodoxes macédoniennes qui relèvent du métropolite et du saint-synode de l'Église orthodoxe macédonienne de Skopje. Ces paroisses sont St. Clement of Ohrid, fondée à Toronto en 1962, St. Dimitria of Solun, fondée à Markham en 1992, St. Ilija, fondée à Mississauga en 1979, St. Sunday, fondée à Ajax en 1993, et St. Naum of Ohrid, située à Windsor.

La communauté crée aussi un certain nombre de journaux de groupe, d'émissions de radio et de télévision, de troupes de danse folklorique, d'organisations sportives et d'associations littéraires et historiques.

Parmi les journaux, citons le *Makedonska Tribuna/Macedonian Tribune,* la voix hebdomadaire de la Macedonian Political (Patriotic à partir de 1952) Organization, fondée à Indianapolis, en Indiana, en 1927; le *United Macedonians,* le trimestriel de la United Macedonians of Canada Organization, publié à Markham; et le mensuel, *Makedonija/Macedonia,* lancé en 1984, publié à Scarborough.

Parmi les émissions de radio, on retrouve *Glas od Makedonija/Voice of Macedonia, Makedonski Svet/Global Macedonia* et *Makedonski Zrak/Macedonian Ray.* À la télévision, citons *Makedonska Narodnost/Macedonian Nation* et *Makedonski Koreni/Macedonian Heritage.*

Les enfants des immigrants macédoniens s'intègrent dans le mouvement principal de la vie culturelle canadienne et se distinguent également dans les professions libérales, comme le droit et la médecine, de même que dans les sciences et les technologies, l'éducation, les sports et les loisirs, les arts ainsi que dans l'industrie du spectacle.

La langue macédonienne appartient aux groupes des langues slaves du Sud. Différents dialectes de cette langue sont parlés et entretenus à la maison, et la langue littéraire est enseignée aux enfants dans la communauté et dans les classes de langue ancestrale pour la préserver.

Lillian Petroff

MacEwan, John Walter Grant, écrivain, historien et lieutenant-gouverneur de l'Alberta (Brandon, Man., 12 août 1902). Il étudie d'abord dans des écoles de Brandon et de Melfort (Saskatchewan), puis il obtient des diplômes du Collège d'agriculture de l'Ontario (1926) et de l'Iowa State College (1928). Il est professeur de zootechnie à l'U. de la Saskatchewan et directeur du département de 1928 à 1946, puis doyen de la Faculté d'agriculture à l'U. du Manitoba de 1946 à 1951. Il est candidat libéral fédéral à l'élection partielle de Brandon en 1951, mais il est défait. Il s'établit à Calgary et est élu conseiller municipal en 1953, en 1955, en 1957 et en 1959. Il est maire de la ville de 1963 à 1966.

Élu député provincial en 1955, MacEwan devient chef du Parti libéral de l'Alberta en 1958, mais il est défait aux élections de 1959 et démissionne en tant que chef en 1960. À partir de 1936, il publie quatre manuels d'agriculture (dont deux en collaboration) et une cinquantaine de livres sur des sujets historiques, au rythme d'environ un livre par année vers la fin de sa carrière. Parmi ses ouvrages, citons *Frederick Haultain: Frontier Statesman of the Canadian Northwest* (1985), *Heavy Horses: Highlights of Their History in Canada* (1986) et *Paddy Nolan: He Left Them Laughing When He Said Goodbye* (1987). Il est lieutenant-gouverneur de l'Alberta de 1965 à 1974 et est nommé Membre de l'Ordre du Canada en 1975. Le Grant MacEwan Community College, à Edmonton, a été nommé en son honneur.

R.H. MacDonald

McEwen, Clifford MacKay, «Black Mike», pilote de chasse et vice-maréchal de l'air (Griswold, Man., 2 juill. 1896—Toronto, 6 août 1967). Il a 22 victimes à son tableau de chasse pendant son vol avec le 28e escadron de la Royal Air Force (RAF) en Italie en 1918. Il s'engage dans l'Aviation royale du Canada (ARC) et est élevé au rang de commodore de l'air en 1941. Il dirige des formations à l'entraînement et le 1er Groupe (maritime) de l'ARC à St John's, à Terre-Neuve. En 1944, il commande le 6e Groupe (bombardier) à Yorkshire, en Angleterre, et effectue des missions au-dessus de l'Allemagne. Grâce à sa grande autorité, son groupe est de ceux qui connaissent le plus de succès parmi le Bomber Command. Il prend sa retraite le 27 avril 1946 et devient consultant pour

des fabricants d'avions et directeur des LIGNES AÉRIENNES TRANS-CANADA.

Brereton Greenhous

McEwen, Jean, peintre (Montréal, 14 déc. 1923—9 janv. 1999). Essentiellement autodidacte, il travaille à Paris au début des années 50. De retour à Montréal, influencé par l'impressionnisme français et l'expressionnisme abstrait américain, il se lance dans la peinture non figurative. Bien que McEwen utilise toujours une composition symétrique hiératique, ses œuvres expérimentent la sensualité de la couleur, de la lumière et du geste.

Récipiendaire de plusieurs prix canadiens et distinctions internationales, il est président de l'Association des artistes non figuratifs de Montréal au début des années 60. Adepte de «l'abstraction lyrique», il célèbre les multiples possibilités offertes par la couleur en utilisant la peinture avec compétence et habileté. En 1987, le MUSÉE DES BEAUX-ARTS DE MONTRÉAL présente une importante rétrospective de son œuvre des 20 dernières années. Dans ses œuvres plus récentes, qui font référence avec subtilité au mouvement du corps et à la nature, McEwen continue de rechercher une interaction chromatique.

Sandra Paikowsky

McGarrigle, Kate and Anna, chansonnières et chanteuses en duo. Les sœurs Kate (Montréal, 6 févr. 1946) et Anna (Montréal, 4 déc. 1944) commencent à chanter dans des cafés et des collèges de la région montréalaise au début des années 60. Kate déménage à New York en 1970, mais elles continuent à chanter ensemble à l'occasion et commencent à écrire leurs propres chansons. Plusieurs de celles-ci sont enregistrées par d'autres artistes dont Linda Ronstadt.

En 1975, les chanteuses reforment un duo et, l'année suivante, lancent leur premier album éponyme qui est acclamé par la critique et suivi de *Dancer With Bruised Knees* (1977) et *Pronto Monto* (1978). Avant de faire *Love Over And Over* en 1982, les sœurs McGarrigle produisent un album en français *Entre la jeunesse et la sagesse.* Elles n'enregistrent plus jusqu'en 1992. Une troisième sœur, Jane, en plus d'être la gérante du duo, fait partie du chœur et accompagne les chanteuses au piano dans certaines chansons. Les sœurs McGarrigle sont nommées Membres de l'Ordre du Canada en 1994.

Joe Boyd, vice-président de la compagnie de disques européenne Rykodisc et producteur des deux premiers albums des sœurs McGarrigle, signe un contrat avec le duo en 1995. *Matapedia* (1996), produit par Boyd, comprend des chansons telles que *Song for Gabby* (un hommage à leur défunte mère) et une version de *Goin' Back to Harlan*, enregistrée à l'origine par Emmylou Harris en 1995. L'album leur vaut le prix Juno du meilleur groupe de musique traditionnelle en 1997.

Jeff Bateman

McGee, Thomas D'Arcy, politicien, journaliste, poète, historien (Carlingford, Irlande, 13 avril 1825—Ottawa, 7 avr. 1868). Probablement le plus éloquent des PÈRES DE LA CONFÉDÉRATION, il est l'un des rares politiciens canadiens à avoir été assassinés.

McGee a passé presque toute sa courte vie à l'extérieur du Canada. À 17 ans, il émigre d'Irlande aux États-Unis où il prend la direction du *Boston Pilot* deux ans plus tard. Il rentre en Irlande en 1845 et collabore au journal nationaliste *Nation.* Après avoir participé à la rébellion de 1848, il s'enfuit aux États-Unis où il écrit pendant 10 ans pour divers journaux américains. Préoccupé par le bien-être de centaines de milliers d'immigrants IRLANDAIS, il est découragé de ne pas être soutenu dans ses nombreux projets.

Il s'installe à Montréal au printemps 1857 à la demande de la communauté irlandaise et fonde un autre journal, *New Era,* dans lequel il préconise une «nouvelle nationalité». Il réclame une fédération de l'Amérique du Nord britannique, un chemin de fer

transcontinental, le développement de l'Ouest, des tarifs protectionnistes et l'épanouissement d'une littérature proprement canadienne.

McGee est élu député de Montréal à l'Assemblée législative de la province du Canada en 1858. Il travaille d'abord avec George BROWN et le Parti réformiste, mais il rompt avec eux en raison du manque d'enthousiasme qu'ils manifestent à l'égard de ses projets de développement national. Il se joint alors à John A. MACDONALD et George Étienne CARTIER. Il fait partie de la «grande coalition» qui mène à l'avènement de la Confédération et il participe aux conférences de Charlottetown et de Québec. Toutefois, il est évincé du cabinet dès 1866 après s'être aliéné de nombreux électeurs irlandais.

En plus d'être journaliste et politicien, McGee est un excellent orateur. Il publie plus de 300 poèmes ainsi que plusieurs ouvrages sur l'histoire de l'Irlande. Il s'oppose avec virulence aux FENIANS et à leurs plans visant à obtenir l'indépendance irlandaise par la révolution et la conquête du Canada. Quand il est assassiné une semaine avant son 43e anniversaire, on croit y voir une conspiration des Féniens.

Robin Burns

McGeer, Gerald Grattan, dit Gerry, avocat, politicien et maire de Vancouver de 1935 à 1936 et en 1947 (Winnipeg, Man., 6 janv. 1888—Vancouver, 11 août 1947). McGeer se distingue d'abord, dans les années 20, comme conseiller de la Colombie-Britannique aux audiences sur le prix du transport, à la suite desquelles cette province réalisera des bénéfices de longue durée. Élu maire de Vancouver en 1934 (assermenté en janvier 1935), à l'issue d'une éclatante victoire, son mandat de deux ans est marqué à la fois par la tragédie et le triomphe: la révolte des chômeurs, la MARCHE SUR OTTAWA, la grève lourde de conséquences des débardeurs, la situation tragique des citoyens de Vancouver et, à l'opposé, les fêtes très réussies du cinquantième anniversaire en 1936, et, pour couronner le tout, la construction d'un superbe hôtel de ville. Il donne à Vancouver un sens à sa destinée.

Élu député fédéral à deux reprises et nommé sénateur en 1945, il s'irrite de la politique fédérale et, après avoir été réélu maire en 1946 (assermenté en janvier 1947), il meurt en fonction. L'un des premiers promoteurs de la réforme monétaire, il associe les principes de l'économie keynésienne aux théories du CRÉDIT SOCIAL de Major Douglas et devient, grâce à sa grande éloquence, une figure nationale.

David Ricardo Williams

McGibbon, Pauline Emily, née Mills (Sarnia, Ont., 20 oct. 1910). Après s'être adonnée au bénévolat pendant des années, notamment comme présidente nationale de l'IMPERIAL ORDER DAUGHTERS OF THE EMPIRE (1963-1965), présidente de l'Association des anciens (1953-1954) et chancelière de l'U. de Toronto (1971-1974), McGibbon décroche un premier emploi et devient lieutenante-gouverneure de l'Ontario (1974-1980). Elle est la première femme à remplir cette fonction au Canada. Bien qu'elle attribue son succès à son sens de l'humour et à son caractère sociable, elle reconnaît que sa nomination aurait été impossible sans l'aide du MOUVEMENT DES FEMMES. Elle est présidente du conseil d'administration du Centre national des arts (1980-1984) et chargée de mission pour le conseil d'administration de la Toronto School of Theology (1984-1987). McGibbon dirige le Massey Hall et le Roy Thomson Hall depuis 1980. Elle a reçu l'Ordre du Canada en 1967 et a été promue au sein de l'Ordre au rang de Compagnon en 1980.

Margaret E. McCallum

MacGill, Elizabeth Muriel Gregory, surnommée «Elsie», ingénieure en aéronautique et féministe (Vancouver, 27 mars 1905—Cambridge, Mass., 4 nov. 1980). Première femme diplômée en génie électrique de l'U. de Toronto (1927) et titulaire d'une maîtrise en génie aéronautique de l'U. du Michigan (1929), MacGill travaille à Montréal dans les années

30 chez Fairchild Aircraft Ltd. et comme ingénieure en chef en aéronautique chez Canadian Car and Foundry Co., où elle conçoit l'aéronef Maple Leaf Trainer. Durant la Seconde Guerre mondiale, elle dirige la production canadienne et conçoit une version hivernale du chasseur Hawker Hurricane à Fort William, en Ontario. À partir de 1943, elle devient ingénieure conseil privée en aéronautique à Toronto.

Féministe active, MacGill est présidente de la Canadian Federation of Business and Professional Women's Clubs (1962-1964) et membre de la Commission royale sur la CONDITION FÉMININE. Outre plusieurs articles techniques, ses écrits comprennent *My Mother the Judge* (1981), une biographie de sa mère, la journaliste, suffragette et juge de la Colombie-Britannique Helen Gregory MACGILL.

David Fraser

MacGill, Helen Gregory, née Helen Emma Gregory, féministe, militante et juge (Hamilton, Canada-Ouest, 7 janv. 1864—Chicago, Ill., 27 févr. 1947). Elle est la première femme diplômée du Trinity College, à Toronto (B.A., M.A.). Elle n'embrasse jamais de carrière, mais écrit et publie toute sa vie. En sa qualité de reporter, elle voyage seule dans l'Ouest canadien et se rend au Japon. Elle épouse son premier mari au cours de ce voyage. Devenue veuve très jeune, elle épouse en secondes noces James MacGill en 1903 et passe le reste de sa vie à Vancouver.

Helen Gregory MacGill y est juge du tribunal de la jeunesse pendant 23 ans. Elle est la première femme nommée juge dans la région (1917) et la troisième au Canada. Le tribunal lui-même est créé grâce aux pressions exercées par des groupes de femmes, au sein desquels elle joue un rôle actif. Sa biographie écrite par sa fille, Elsie Gregory MACGILL, *My Mother the Judge* (1981), qui est aussi en partie une autobiographie, est un document de valeur pour le MOUVEMENT DES FEMMES.

Naomi Black

McGill, James, marchand, philanthrope (Glasgow, Écosse, 6 oct. 1744—Montréal, 12 déc. 1813). Étant l'un des commerçants de Montréal engagés principalement dans la TRAITE DES FOURRURES au sud des Grands Lacs durant les années 1770 et 1780, il commence à diversifier ses activités commerciales dans les années 1790 en s'adonnant à la spéculation foncière. En 1810, il s'est déjà complètement retiré du commerce des fourrures.

McGill témoigne une forte affection pour sa ville d'adoption: il s'engage activement dans la vie publique et assume plusieurs fonctions importantes dans les affaires municipales et provinciales. À sa mort, le citoyen qu'on dit alors le plus riche de la ville fait un legs foncier et financier devant servir à fonder l'université qui porte son nom. Cette expression de sa philanthropie n'en est qu'une parmi tant d'autres.

Stanley Gordon

McGillivray, Duncan, marchand de fourrures (Inverness-shire, Écosse, v. 1770—Montréal, 9 avril 1808), frère de William et de Simon MCGILLIVRAY. Un des garçons d'une même famille, initiés à la TRAITE DES FOURRURES par leur oncle Simon MCTAVISH, McGillivray se joint à la COMPAGNIE DU NORD-OUEST vers 1793. Il commerce depuis les postes sur la rivière Saskatchewan Nord pendant presque toute sa vie, et il est peut-être l'un des premiers à traverser les Rocheuses. En 1802, il rentre à Montréal et devient agent de la Compagnie du Nord-Ouest, participant au rendez-vous estival de FORT WILLIAM, chaque année, jusqu'à sa mort.

Daniel Francis

McGillivray, Simon, commerçant (Stratherrick, Écosse, 1783—Londres, 9 juin 1840), frère de William MCGILLIVRAY et de Duncan MCGILLIVRAY. À cause d'une incapacité physique, il ne peut s'adonner à la TRAITE DES FOURRURES aussi activement que ses frères. Il se tourne plutôt vers l'aspect financier de ce commerce et travaille à Londres et à Montréal pour des filiales de la COMPAGNIE DU NORD-OUEST. En 1821, il contribue à la fusion de la Compagnie du Nord-Ouest et de la Compagnie de la baie d'Hudson. Il quitte le commerce des fourrures et le Canada en 1830.

Daniel Francis

McGillivray, William, marchand de fourrures (Écosse, v. 1764—Londres, 16 oct. 1825). Intéressé au commerce des fourrures par son oncle, Simon MCTAVISH, McGillivray est un hivernant pour la COMPAGNIE DU NORD-OUEST pendant plusieurs saisons. À partir de 1794, il représente la section montréalaise de la compagnie lors du rendez-vous annuel de GRAND PORTAGE, au Minnesota. Il devient ensuite surveillant de la traite dans le Nord-Ouest et, à la mort de son oncle en 1804, il est promu directeur général de la Compagnie du Nord-Ouest.

Pendant la guerre de 1812, il commande une troupe de voyageurs et assiste le général BROCK lors de la prise de Detroit. Durant la période où il en est le directeur général, la Compagnie du Nord-Ouest livre une concurrence féroce à la Compagnie de la baie d'Hudson, ce qui se termine par leur fusion en 1821. Il devient par la suite administrateur de la nouvelle compagnie. FORT WILLIAM, l'entrepôt de la Compagnie du Nord-Ouest, à la tête du lac Supérieur, est nommé en son honneur.

Daniel Francis

McGregor, Gordon Roy, ingénieur, aviateur et dirigeant d'entreprise aérienne (Montréal, 26 sept. 1901—*id.*, 8 mars 1971). En 1923, après des études à l'U. McGill, il travaille comme ingénieur à la Bell Telephone Co. of Canada, où il reste jusqu'à son engagement dans l'Aviation royale du Canada (ARC) en 1938. Il part outre-mer en 1939, prend part à la bataille d'ANGLETERRE et devient un des trois officiers de l'ARC à être décoré pendant la Seconde Guerre mondiale. En tant que capitaine d'aviation, il est affecté à Londres, où, dans une action brillamment conçue et exécutée, pour laquelle il recevra l'Ordre de l'Empire britannique, il dirige un escadron de la Second Tactical Air Force HQ sur le continent en juin 1944, la première unité aérienne alliée à établir une base sur le continent après le JOUR J.

En plus de la Croix du service distingué dans l'Aviation et de l'Ordre de l'Empire britannique, il reçoit l'Ordre d'Orange-Nassau hollandais, la Croix de guerre française et la Croix de guerre tchécoslovaque. Il se joint aux LIGNES AÉRIENNES TRANS-CANADA en décembre 1945 et en devient président en février 1948. Sous sa gouverne, les routes et le volume de trafic de la compagnie prennent de l'expansion. En 1968, l'année de sa retraite, McGregor est fait Compagnon de l'Ordre du Canada.

McGregor, James MacGregor (ou McGregor), James Drummond, ministre du culte presbytérien (paroisse de Comrie, Écosse, 1759—Pictou, N.-É., 1830). Ordonné en 1780 par le General Associate Synod (Antiburgher) d'Écosse, MacGregor est envoyé à Pictou, où il est ministre du culte jusqu'à sa mort, à titre de missionnaire bénévole. Dans des conditions matérielles extrêmement difficiles, il fait de 1791 à 1805 plusieurs voyages missionnaires en Nouvelle-Écosse, à l'Île-du-Prince-Édouard et au Nouveau-Brunswick. Fondateur de la première Canadian Auxiliary Bible Society, il révise des publications en gaélique pour la British and Foreign Bible Society. Il écrit en outre deux opuscules et un recueil de poésie gaélique.

John S. Moir

MacGregor, James Gordon, physicien (Halifax, 31 mars 1852—Édimbourg, Écosse, 21 mai 1913). Diplômé de l'U. Dalhousie, MacGregor reçoit une bourse Gilchrist en 1871 et étudie sous la direction de Peter Guthrie Tait à Édimbourg et de Gustav Wiedeman à Leipzig. Lorsqu'il obtient son doctorat à Londres en 1876, il compte déjà quatre publications à son actif, publiées dans les *Proceedings of the Royal Society of Edinburgh*.

En 1879, l'U. Dalhousie lui offre d'occuper la toute nouvelle chaire de physique. Il y reste 22 ans, au cours desquels il publie une soixantaine d'articles sur divers aspects des propriétés thermiques et électriques des solutions. Il est élu à la fois à la Royal Society of London et à la Royal Society of Edinburgh. Il est un des membres fondateurs de la SOCIÉTÉ ROYALE DU CANADA. En 1888, il publie *An Elementary Treatise on Kinematics and Dynamics*. Il succède à P.G. Tait à Édimbourg en 1901.

Yves Gingras

McGuigan, James Charles, cardinal et archevêque de Toronto (Hunter River, Î.-P.-É., 26 nov. 1894—Toronto, 8 avr. 1974). Timide et anglophile, McGuigan est le petit-fils de catholiques irlandais qui fuient l'Ulster juste avant la Grande Famine. Il obtient des diplômes du St. Dunstan's College et de l'U. Laval. En 1930, même s'il n'a que 35 ans, il est nommé archevêque de Regina et déploie des efforts énergiques pour aider les pauvres, mais il est transféré cinq ans plus tard au poste d'archevêque de Toronto. McGuigan soumet les finances de l'archidiocèse à des restrictions. Par ailleurs, tout en maintenant une attitude œcuménique, il développe le système d'écoles séparées malgré une opposition hystérique dirigée par les orangistes et Thomas Todhunter Shields.

Le 23 décembre 1945, McGuigan est le premier cardinal canadien non francophone à être nommé. Deux ans plus tard, Pie XII le nomme légat au congrès marial d'Ottawa. Le cardinal participe également au concile Vatican II et fait partie du camp libéral. Toutefois, sa santé décline à la suite d'un accident de la circulation dont il est victime en 1957, ce qui l'oblige à vivre en semi-retraite à partir de 1961.

Peter McGuigan

MacGuigan, Mark Rudolph, universitaire, politicien (Charlottetown, 17 févr. 1931). Diplômé du St. Dunstan's College et de l'U. de Toronto, il enseigne le droit à l'U. de Toronto, à Osgoode Hall et à l'U. de Windsor, dont il sera aussi le doyen. En 1968, il est élu député fédéral de Windsor, succédant à Paul MARTIN, et, en 1980, il est nommé ministre des Affaires étrangères par le premier ministre TRUDEAU. De 1982 à 1984, il est ministre de la Justice. En 1976, il se présente sans succès à la direction du Parti libéral de l'Ontario et, en 1984, il échoue comme candidat à la direction du Parti libéral national. Il se retire alors de la politique et est nommé juge à la Cour d'appel fédérale.

Robert Bothwell

McHenry, Earle Willard, dit «Mac», professeur, scientifique et auteur (Streetsville, Ont., 25 janv. 1899—Toronto, 20 déc. 1961). McHenry se spécialise d'abord en chimie. Il s'intéresse par la suite à la nutrition quand il est engagé comme chargé de cours au département d'hygiène physiologique de l'U. de Toronto. Plus tard, en 1946, quand est fondé un nouveau département d'hygiène alimentaire publique, McHenry occupe les postes de professeur et de chef jusqu'en 1961.

Son intérêt pour la nutrition inclut la recherche fondamentale et l'hygiène alimentaire du grand public. Il est le premier président de la Société canadienne de nutrition (fondée en 1957) et son éloquence alliée à son franc-parler en font un collaborateur important dans plusieurs comités gouvernementaux sur l'éducation et les politiques alimentaires en Amérique du Nord. McHenry est l'auteur de *Basic Nutrition* et *Foods without Fads* dans lesquels il exprime sa philosophie du bon sens en nutrition et son intolérance face aux opinions non scientifiques. À sa mort, il travaillait, à titre de codirecteur, à un ouvrage en trois volumes *Nutrition: A Comprehensive Treatise*.

M.J. Baigent

Machinerie lourde et de l'outillage, industrie de la
Elle comprend les usines qui produisent des pompes et des compresseurs, l'outillage de laminage et de

métallurgie, l'équipement de foresterie, l'outillage pour l'exploitation minière, les machines agricoles, l'équipement utilisé par l'industrie de la construction et l'industrie des services. Au Canada, les industries du secteur de l'exploitation des richesses naturelles qui utilisent le plus de machines sont l'exploitation minière, la foresterie, la production d'énergie électrique et de pétrole. Parmi les industries manufacturières canadiennes, les plus grands utilisateurs de machines et d'équipement sont le secteur de la métallurgie, y compris la production de l'acier, le secteur de l'automobile et le secteur de la fabrication de la machinerie lui-même. Les secteurs de la transformation des aliments, de l'emballage et de la purification de l'air et de l'eau sont aussi de grands utilisateurs de machines. Les machines et l'équipement sont fabriqués dans des fonderies, des ateliers d'usinage, de soudure et d'assemblage.

Il faut attendre les années 1850, et la signature d'un traité de réciprocité avec les États-Unis qui ouvre un marché américain en pleine expansion aux industries manufacturières canadiennes, pour que l'industrie de la machinerie et de l'outillage abandonne les petites forges et les ateliers d'usinage au profit d'une première ébauche de nos usines modernes d'aujourd'hui.

À l'époque de la Confédération (1867), on estime qu'entre 30 et 40 entreprises fabriquaient des machines et de l'équipement pour diverses industries. En 1967, 15 des entreprises canadiennes étaient centenaires. Quelques-unes, comme Dorr-Oliver Canada Ltd. à Orillia, Black Clawson-Kennedy Ltd. à Owen Sound, et Babcock-Wilcox Canada Ltd. à Cambridge, sont maintenant parmi les plus importantes au pays.

Les premières entreprises fabriquent d'abord des moteurs à vapeur, des turbines hydrauliques, des pompes, des machines à bois, des machines-outils et de l'équipement de minoterie, la machinerie des cimenteries et les scieries. À l'origine, l'énergie utilisée par les usines provient de roues hydrauliques, de turbines hydrauliques ou de moteurs à vapeur. À la fin du XIXᵉ siècle, l'avènement de grandes centrales thermiques et hydroélectriques, avec leurs larges réseaux de distribution, permet aux fabricants de machineries d'entrer dans une nouvelle ère de développement. Les usines sont situées à proximité des marchés et des réseaux de transport. La possibilité d'utiliser de gros moteurs électriques efficaces permet d'augmenter la puissance de la machinerie.

Les entreprises fabriquant des machines croissent au rythme de l'expansion de leur clientèle. La Première Guerre mondiale accélère la demande de pièces de machinerie plus modernes et plus variées, ce qui donne à l'industrie sa maturité ainsi qu'une présence permanente dans l'économie canadienne. Sa croissance est freinée par la Crise des années 30. Pendant près d'une décennie, tous les secteurs fonctionnent au ralenti. Le deuxième conflit mondial exige d'elle de nouveaux efforts pour répondre à une demande énorme. Cette vague de prospérité est suivie en 1945 d'une période d'adaptation et d'expansion vers la production de biens et d'équipement nécessaires au marché intérieur et pour répondre aux immenses besoins de reconstruction en Europe. Ces nouveaux besoins nécessitent la fabrication d'une machinerie nouvelle à une échelle jamais atteinte auparavant.

La valeur des expéditions canadiennes passe de 60 millions de dollars en 1938 à 460 millions en 1950. L'industrie profite d'une croissance constante, supérieure à la moyenne des autres secteurs jusqu'en 1981, mais après suit le mouvement général de l'économie canadienne vers la récession. Les ventes de l'industrie passent de 6,1 milliards de dollars en 1981 à 4,86 milliards en 1982. Depuis, la production augmente régulièrement, pour atteindre 6,4 milliards de dollars en 1985.

L'industrie moderne

L'industrie moderne de la machinerie lourde et de l'outillage au Canada dépend en grande partie des marchés de l'exportation: entre 1975 et 1985, les exportations représentent 62 p. 100 de la croissance réelle de cette industrie. Leur augmentation est nécessaire au maintien de cette croissance, car le marché intérieur canadien est trop limité, même pour les fabricants qui concentrent leur production sur les besoins des plus grandes industries du Canada.

En 1985, l'industrie exporte 51 p. 100 de sa production, dont 2,8 milliards de dollars, soit 75 p. 100 du total de ses exportations, vers les États-Unis. À l'inverse, un pays de la taille du Canada, avec une population aussi peu nombreuse, ne peut produire toute la gamme de machines et d'outillage nécessaire au fonctionnement de toutes ses industries. En fait, les fabricants canadiens de machinerie lourde et d'outillage n'ont jamais réussi à s'approprier plus du tiers du marché intérieur.

En 1977, une étude faite par l'Organisation de coopération et de développement économique (OCDE) sur les 17 grands États industriels d'Occident démontre que le Canada a le plus bas taux d'autosuffisance en machinerie (32 p. 100). En comparaison, les chiffres sont de 60 p. 100 pour l'Italie, 70 p. 100 pour l'Allemagne de l'Ouest, 74 p. 100 pour la France, 91 p. 100 pour les États-Unis et 95 p. 100 pour le Japon. Une étude de 1985 révèle que le taux d'autosuffisance du Canada n'est encore qu'à 31 p. 100.

Emplacement des usines Environ 64 p. 100 de l'industrie de la machinerie lourde et de l'outillage (en termes de valeur monétaire des livraisons) est concentré en Ontario, contre 20 p. 100 au Québec, 9 p. 100 dans les Prairies, 6 p. 100 en Colombie-Britannique et 1 p. 100 dans les Maritimes.

Propriété On estime que, dans les années 80, près de 255 entreprises du secteur canadien de la machinerie, représentant environ 62 p. 100 de la production totale, sont des filiales de sociétés américaines. Les entreprises appartenant à des intérêts canadiens représentent seulement 25 p. 100. L'INVESTISSEMENT ÉTRANGER a permis l'accès aux technologies et aux ressources financières et de mise en marché des sociétés mères. Cela crée aussi une sortie de capitaux sous forme de profits et limite dans certains cas l'activité des entreprises.

Main-d'œuvre L'industrie de la fabrication de machines et d'équipement requiert une main-d'œuvre abondante et un degré élevé de technologie. Elle fournit des emplois à un grand nombre d'ingénieurs et de techniciens. Avec une productivité accrue, la main-d'œuvre industrielle augmente certes, mais à un rythme moins élevé que celui de la production. Le nombre d'emplois total passe de 13 500 en 1949 à 112 000 en 1967 et atteint 132 000 en 1981. En 1983, ce nombre a chuté à 102 000. Alors que la production de l'industrie s'accroît de 33 p. 100 entre 1983 et 1985, le nombre d'emplois augmente seulement de 8 p. 100. La diminution du taux d'emploi est en grande partie la conséquence de l'amélioration considérable de la productivité par l'implantation de technologies de fabrication et de conception assistées par ordinateur au cours de cette période. Les trois syndicats les plus importants dans ce secteur sont l'Association internationale des machinistes et des travailleurs de l'aérospatiale, les Métallurgistes unis d'Amérique et les Travailleurs et travailleuses canadien(ne)s de l'automobile.

Association Fondée à Ottawa en 1955, la Machinery and Equipment Manufacturers Association of Canada offre la possibilité d'échanges à caractère technique, économique, éducatif et autres. De plus, elle représente les fabricants auprès du gouvernement, du public et des médias.

J.R. Romanow

Machray, Robert, prêtre et évêque de l'Église d'Angleterre (Aberdeen, Écosse, 17 mai 1831—Winnipeg, 9 mars 1904). Machray étudie au King's College d'Aberdeen et au Sidney Sussex College de Cambridge, et il remporte des prix en mathématiques, en philosophie et en théologie. Après son ordination en 1855, il exerce son ministère dans des paroisses d'Angleterre et est directeur du Sidney Sussex College de 1859 à 1862. Il succède à David Anderson en tant qu'évêque de la TERRE DE RUPERT et est sacré en juin 1865. Pendant son épiscopat, il travaille à accroître et à consolider les œuvres de l'Église et bâtit le St. John's College de Winnipeg. En 1875, il devient le premier évêque métropolitain de la nouvelle province ecclésiastique de la Terre de Rupert en recevant le titre d'archevêque. En 1893, il devient le premier primat du Canada. Il exerce ses fonctions jusqu'à sa mort.

F.A. Peake

McIlwraith, Thomas, homme d'affaires, ornithologue (Newton près d'Ayr, Écosse, 25 déc. 1824—Hamilton, Ont., le 31 janv. 1903). On le connaît principalement pour son traité paru en 1886 sur les oiseaux de l'Ontario (révisé en 1894), le premier livre important et annoté sur les oiseaux d'une province du Canada. McIlwraith arrive au Canada en 1853 et devient un échevin et un homme d'affaire prospère à Hamilton. Il publie plusieurs articles sur les oiseaux de l'Ouest du Canada, et on lui doit d'avoir enseigné à l'artiste animalier Allan BROOKS et à l'auteur-naturaliste Ernest Thompson SETON la manière correcte de préparer la peau des oiseaux. Il fait partie des 25 fondateurs de la prestigieuse American Ornithologists' Union et est membre de son comité. Le McIlwraith Field Naturalists de London, en Ontario, est nommé en son honneur.

Martin K. McNicholl

McIlwraith, Thomas Forsyth, anthropologue (Hamilton, Ont., 9 avr. 1899—Toronto, 29 mars 1964). Diplômé de l'U. McGill et de l'U. de Cambridge, McIlwraith dirige, de 1922 à 1924, des recherches sur la côte du Nord-Ouest à titre d'assistant de recherche au Musée national du Canada. En 1925, il se joint à l'U. de Toronto, où il enseigne, et est directeur du département d'anthropologie de 1936 à 1952.

Sous sa direction, le département accueille toutes les formes d'anthropologie: archéologique, linguistique, physique et ethnologique. En tant que chercheur, McIlwraith s'intéresse d'abord à l'ethnologie, puis aux conséquences du changement sur les peuples autochtones du Canada. En 1939, il publie (avec C.T. Loram) *The North American Indian Today* et, en 1948, *The Bella Coola Indians* (*voir* NUXALKS). Président du Conseil de recherche en sciences sociales du Royal Canadian Institute et de la Société royale du Canada, et Membre du Royal Institute of Great Britain and Ireland, il est attaché de recherche au Musée national et au Musée royal de l'Ontario.

Tom McFeat

MacInnis, Grace Winona, née Woodsworth, politicienne (Winnipeg, 25 juill. 1905—Sechelt, C.-B., 10 juill. 1991). Grace MacInnis suit les traces de son père, J.S. WOODSWORTH, et de son mari Angus, et devient un membre important de la CO-OPERATIVE COMMONWEALTH FEDERATION, et plus tard du NOUVEAU PARTI DÉMOCRATIQUE. Elle est également un membre respecté de l'Assemblée législative de la C.-B. (1941-1945) et de la Chambre des communes (1965-1974). Elle est une excellente députée d'arrière-ban et exerce une grande influence dans les cercles politiques provinciaux et nationaux de son parti, ce qui amène un journaliste à écrire, en 1949, qu'elle est la vraie tête dirigeante du CCF.

En Colombie-Britannique et à Ottawa, elle travaille d'arrache-pied pour la création des logements à prix modiques, pour les droits des consommateurs et l'égalité des femmes. Elle s'intéresse également beaucoup aux affaires internationales et représente le Canada à diverses conférences internationales. Elle reçoit plusieurs distinctions pour ses efforts, dont le prix «Persons» du Gouverneur général (1979), pour commémorer le 50ᵉ anniversaire de l'AFFAIRE DES FEMMES NON RECONNUES CIVILEMENT. En

1953, elle publie un livre intitulé *J.S. Woodsworth: A Man to Remember*.

Susan Walsh

MacInnis, Joseph Beverly, médecin, plongeur et poète (Barrie, Ont., 2 mars 1937). Après avoir terminé ses études de médecine à l'U. de Toronto (1962) et effectué son internat au Toronto General Hospital (1963), MacInnis enseigne à l'U. de Pennsylvanie (1964), mais il consacre l'essentiel de sa carrière à des projets sous-marins. Il est médecin dans le cadre d'un programme de mer habitée (1964), dirige 75 plongées au Linde Research Laboratory (1965) et agit à titre d'expert-conseil pour Sealab III (1967), pour le programme TITANIC (1985) et pour l'American Medical Association Journal (1966).

En 1969, MacInnis crée un environnement sous-marin habitable dans la baie Georgienne, puis il conçoit un abri sous-marin transparent résistant à la corrosion. En 1972, dans la baie Resolute, cet abri devient, dans le cadre d'une série de dix expéditions sous-marines dans les eaux arctiques (1970-1974), la première station sous glace à être nommée et la première à être utilisée au pôle Nord. MacInnis participe à de nombreuses opérations sous-marines et effectue notamment une plongée de 213 mètres à partir du premier sous-marin lance-plongeur (1968) ainsi qu'une plongée dans les eaux arctiques au cours de laquelle l'épave du BREADALBANE, dont le naufrage remonte à 1853, est retrouvée au large de l'île Beechey (1980).

Cherchant à fusionner les arts et la science, MacInnis publie *Underwater Images* (1971), dans lequel ses poèmes accompagnent ses propres photographies de la vie sous-marine, et réalise plusieurs émissions télévisées et plusieurs films, dont *Deep Androsia* qui reçoit la médaille d'or d'excellence dans le cadre de l'International Film Festival de Santa Monica (1965). Son livre *Underwater Man* (1974) renferme de nombreux renseignements sur ses diverses expéditions sous-marines. En août 1987, il se joint au groupe français chargé d'explorer l'épave du *Titanic*. Il amène avec lui une équipe de tournage IMAX afin de filmer l'expédition et participe, à titre de coproducteur exécutif, au tournage du film IMAX *Titanica*. Il est président de sa propre société d'experts-conseils, Undersea Research Ltd.

Martin K. McNicholl

McIntosh, John, agriculteur et pomiculteur (vallée de la rivière Mohawk, New York, 1777—Dundela, Canada-Ouest, 1845). À la suite d'un conflit familial, McIntosh immigre à Iroquois, dans le Haut-Canada, en 1796. En 1811, il déménage sur le site de Dundela, où, tout en s'occupant à défricher, il découvre une vingtaine de pommiers dans un endroit déjà défriché. Il en transplante plusieurs, dont l'un produit un fruit de qualité supérieure qu'il cultive avec plus ou moins de succès. En 1835, son fils Allan se familiarise avec l'art du greffage et bientôt la famille commence la production de pommes sur une grande échelle. Les arbres vigoureux, rustiques et productifs donnent naissance à ce populaire fruit, qui croît dans des conditions climatiques et de culture très variées, d'abord connu sous le nom de «Granny», puis de «McIntosh Red». L'arbre d'origine a survécu jusqu'aux environs de 1910, donnant des fruits pendant plus de 90 ans jusqu'en 1908.

Martin K. McNicholl

MacIsaac, Ashley Dwayne, musicien, compositeur (Antigonish, N.-É., 24 févr. 1975). Jeune violoniste prodige, MacIsaac grandit dans le monde de la musique traditionnelle d'influence celtique et apprend auprès des meilleurs violoneux du Cap-Breton, sa région natale. Alors qu'il est encore adolescent, il lance lui-même deux albums:*Close To The Floor* qui se vend à 25 000 exemplaires, et *Cape Breton Christmas*. C'est à cette époque qu'il attire l'attention de grands musiciens connus mondialement, tels que Phillip Glass et Paul Simon, ce qui l'aide à susciter l'intérêt de l'industrie musicale canadienne.

Il signe un contrat avec A&M Records et lance *Hi How Are You Today?* en novembre 1995, sous sa propre étiquette Ancient Music. L'album frappe l'oreille des puristes avec son mélange de violon traditionnel (qu'il joue avec brio), de rythmes pris à la danse moderne et de musique punk-rock. L'entrain et l'énergie qu'il met dans ses représentations publiques attirent des fans de tout âge, aux divers goûts musicaux, et de captivants vidéoclips font monter le nombre d'exemplaires vendus de *Hi How Are You Today?* à plus de 200 000 au Canada. Avec *Fine Thank You Very Much*, un album lancé en juin 1996, MacIsaac revient à un style plus près de ses racines, celui des gigues, des reels et des strathspeys. En plus de son talent incontestable, son franc parler lui vaut une grande notoriété.

Steve McLean

McIvor, George Harold, homme d'affaires et fonctionnaire (Portage la Prairie, Man., 1894—en vacances en Écosse, 2 mars 1991). Débutant dans le domaine des céréales à l'âge de 15 ans, McIvor commence à travailler dans un silo puis entre à la Bourse des céréales de Winnipeg. En 1935, il se joint à John I. McFarland comme commissaire en chef adjoint de la COMMISSION CANADIENNE DU BLÉ. En 1937, il en devient commissaire en chef et reste en poste jusqu'en 1958, année où il devient président du conseil de Robin Hood Flour. Il est étroitement lié à C.D. HOWE et beaucoup de personnes le blâment pour les politiques impopulaires de Howe, au moment de la surabondance de blé au milieu des années 50. En 1969, McIvor prend sa retraite à Calgary.

Robert Bothwell

Mackay, Angus, agronome des Prairies (près de Pickering, Haut-Canada, 10 janv. 1841—Indian Head, Sask., 10 juin 1931). Mackay est probablement celui qui a introduit la jachère, la découverte qui, selon certains historiens, est la plus importante de toutes puisqu'elle a permis la pratique de l'agriculture avec succès dans les Prairies canadiennes. Fils de fermier et fermier lui-même, Mackay part dans l'Ouest, à l'âge de 40 ans, en vue de s'installer sur une terre vierge, à Indian Head. Le principal problème des agriculteurs des Prairies est la sécheresse. Mackay semble avoir découvert par lui-même, vers 1885, que le fait de laisser la terre cultivable en jachère pendant un an lui permet d'emmagasiner l'humidité et de donner une bonne récolte l'année suivante. En 1888, Mackay est nommé pour créer la première ferme expérimentale fédérale dans l'Ouest canadien. Il devient le principal propagandiste de la jachère et une figure dominante de l'agriculture dans l'Ouest.

Donald J.C. Phillipson

McKay, Donald, concepteur et constructeur de bateaux (Jordan Falls, N.-É., 4 sept. 1810—Hamilton, Mass., 20 sept. 1880). Jeune, il apprend le métier de constructeur de bateaux dans les chantiers navals de son père et de son oncle sur la rivière Jordan. Il émigre à New York en 1827 et, à 16 ans, il est apprenti chez Isaac Webb. Après la fin de son contrat d'apprentissage, il devient charpentier de navire à son compte, travaille au Brooklyn Navy Yard, puis à Wiscasset, dans le Maine. En 1841, il fonde une association à Newburyport, au Massachussets, où il acquiert la réputation de construire des bateaux rapides. En 1845, McKay ouvre son propre chantier naval dans l'est de Boston, où il construit de grands clippers (le *Flying Cloud*, le *Great Republic*, le *Sovereign of the Seas*) qui établissent des records de rapidité longtemps inégalés et qui lui ont valu une renommée internationale.

Marion Robertston

MacKay, Elmer MacIntosh, politicien (Hopewell, N.-É., 5 août 1936). Après des études aux universités Acadia et Dalhousie, MacKay est admis au Barreau de la Nouvelle-Écosse en 1961 et exerce le droit dans le comté de Pictou. Élu député conservateur fédéral dans Central Nova à la suite d'une élection partielle en 1971, il s'avère un critique tenace et bruyant des

gouvernements libéraux, visant en particulier les questions de sécurité. Il est ministre de l'Expansion économique régionale et le ministre politique pour la Nouvelle-Écosse dans le gouvernement de Joe CLARK de 1979-1980.

Fidèle partisan de la première heure de Brian MULRONEY pendant la campagne à la direction du Parti conservateur en 1983, il démissionne de son siège pour permettre au nouveau chef de se présenter comme candidat au Parlement. MacKay est réélu dans Central Nova en 1984 et est solliciteur général de 1984 à 1985, ministre du Revenu national de 1985 à 1988, puis ministre des Travaux publics et responsable de l'Agence de promotion économique du Canada atlantique de 1989 à 1991. Il est ensuite nommé ministre responsable de la Société canadienne d'hypothèques et de logement. MacKay prend sa retraite avant les élections générales d'octobre 1993.

Norman Hillmer

Mackay, George Leslie, missionnaire presbytérien (Zorra, comté d'Oxford, Canada-Ouest, 22 mars 1844—Formose [Taïwan], 2 juin 1901). Diplômé des études supérieures à Édimbourg, Mackay décide de devenir missionnaire après avoir entendu Alexander Duff, l'«apôtre de l'Inde», prôner l'évangélisation des pays étrangers. L'Église presbytérienne du Canada l'envoie en Chine continentale en 1871, mais il s'installe à Tamsui (Formose). Les gens de l'endroit détruisent plusieurs de ses églises, mais sa connaissance des rudiments de la médecine lui permet de se faire respecter. Surnommé «le barbare à barbe noire», Mackay construit un hôpital, une école pour filles et l'Oxford College en plus de fonder 60 postes missionnaires en 20 ans.

John S. Moir

McKay, James, traiteur en fourrures, guide, entrepreneur et politicien (Edmonton House, T.N.-O., 1828—St. James, Man., 2 déc. 1879). Fils d'un Écossais qui était guide de brigades en bateaux et d'une mère métisse, cet homme fort et massif parle l'anglais, le français, l'ojibwé, le cri et le sioux. Il est maître de poste et commis de la Compagnie de la baie d'Hudson (1853-1860), avant de se lancer en entreprise dans l'affrètement, la traite, le transport du courrier, l'exploitation d'un service de diligence entre Winnipeg et Edmonton et comme pourvoyeur et guide des chasseurs et voyageurs.

En tant que membre du Conseil d'Assiniboia (1868-1869), il joue un rôle de modérateur lors du premier soulèvement de RIEL. Au Manitoba, il œuvre à titre de président du Conseil exécutif, orateur du Conseil législatif et ministre de l'Agriculture et, de 1873 à 1875, il fait partie du Conseil des Territoires du Nord-Ouest. Il joue un rôle capital en tant que conseiller dans les négociations des Traités nᵒˢ 1, 2 et 3, et comme commissaire aux Traités nᵒˢ 5 et 6.

Presbytérien, il se convertit au catholicisme et son mariage à une fille de John Rowland lui apporte fortune et statut social. Sa maison, Deer Lodge, devient un lieu de rencontre pour les Indiens et les Métis ainsi que pour les nouveaux arrivés de l'élite ontarienne. Dans l'Ouest, sa carrière fait le pont entre l'époque de la traite des fourrures et de la chasse au bison et celle de la colonisation et d'un gouvernement organisé.

Irene Spry

MacKay, Robert Alexander, politicologue et diplomate (comté Victoria, Ont., 2 janv. 1894—Ottawa, 25 nov. 1979). MacKay sert à l'étranger pendant la Première Guerre mondiale, puis étudie à l'U. de Toronto et à Princeton. Professeur de sciences politiques et de l'administration publique à Dalhousie de 1927 à 1947, il est aussi membre de la Commission Rowell-Sirois sur les relations entre le dominion et les provinces. Adjoint au ministère des Affaires extérieures en temps de guerre, il redevient membre du ministère en 1947.

En plus d'être négociateur de l'union avec Terre-Neuve, il est sous-secrétaire adjoint, représentant permanent aux Nations Unies (1955-1958) et ambassadeur en Norvège (1958-1961). Il enseigne les sciences politiques à Carleton de 1961 à 1972. Ses publications comprennent *The Unreformed Senate of Canada* (1926); *Canada Looks Abroad,* écrit en collaboration avec E.B. Rogers, (1939); et *Documents on Canadian Foreign Policy, 1945-1954* (1971).

John W. Holmes

McKee, trophée Prix remis annuellement pour une contribution à l'avancement de l'aviation au Canada. Ce prix est un don de J. Dalzell McKee, un pilote sportif américain qui effectue la première traversée du Canada en hydravion en 1926. La sélection se fait par un comité mis sur pied par le ministère de la Défense nationale. Le trophée est accordé pour la première fois en 1927, puis annulé en 1968 avant d'être confié à l'Institut aéronautique et spatial du Canada en 1971 pour être à nouveau décerné. Parmi les récipiendaires de ce prix, on trouve C.H. DICKINS (1928), W.R. MAY (1929), G.W.G. MCCONACHIE (1945), J.A.D. MCCURDY (1959) et C.C. AGAR (1950). T.M. Reid (1942 et 1943) et P.C. GARRATT (1951 et 1966) sont les seuls à l'avoir remporté deux fois.

James Marsh

McKellar, Andrew, astrophysicien, spécialiste de la spectroscopie moléculaire (Vancouver, 2 févr. 1910—Victoria, 6 mai 1960). En 1947, McKellar devient Membre de l'Ordre de l'Empire britannique pour les travaux qu'il a accomplis à titre d'agent de recherches pour la Marine Royale canadienne durant la Seconde Guerre mondiale. Il est astronome à l'Observatoire fédéral d'astrophysique de Victoria de 1935 à 1939 et de 1945 à 1960 et il est reconnu mondialement comme l'un des plus grands astronomes canadiens.

Dans ses 73 publications, on peut entre autres trouver la preuve que la source d'énergie des étoiles carbonées froides est une réaction nucléaire combinant le carbone et l'azote; il parvient également à conclure par déduction que la température des gaz interstellaires est de 2,3 °K. Il fait cette découverte plus de 20 ans avant que les résultats soient confirmés et utilisés afin d'appuyer la théorie basée sur la naissance explosive de l'univers. Son dernier article, une biographie et une liste de ses publications, sont publiés en 1960 dans le n° 54 du *Journal of the Royal Astronomical Society of Canada*.

E.H. Richardson

McKenna, Frank Joseph, avocat, politicien et premier ministre du Nouveau-Brunswick (Apohaqui, N.-B., 19 janv. 1948). Après des études à l'U. St. Francis Xavier, à l'U. Queen et à l'U. du Nouveau-Brunswick, McKenna est admis au barreau en 1974 et pratique le droit à Chatham, au Nouveau-Brunswick. En 1982, il est élu député de la circonscription de Chatham à l'Assemblée législative puis chef du Parti libéral provincial en mai 1985. En octobre 1987, il mène les libéraux à une victoire foudroyante en raflant les 58 sièges, mettant ainsi fin au règne de 17 ans de Richard HATFIELD. C'est alors le deuxième balayage électoral provincial de l'histoire canadienne. Durant cette campagne, McKenna exprime ses réserves à propos de l'ACCORD DU LAC MEECH, auquel son prédécesseur est en faveur, mais il finit par l'appuyer en janvier 1988 et par consentir à l'accord de LIBRE-ÉCHANGE proposé par Mulroney. Il gagne facilement ses élections en 1991 en remportant 46 sièges.

Restructuration majeure La seule surprise de ces élections est la soudaine montée du Confederation of Regions Party, parti antifrancophone fondé dans cette province deux ans plus tôt, qui réussit à remporter huit sièges et à former l'opposition officielle. Reprenant son siège, McKenna réorganise son Cabinet. Il le réduit tout en augmentant le nombre de membres acadiens en plus d'entreprendre une restructuration majeure de son administration afin de réduire le nombre et l'importance des ministères. McKenna réussit ainsi à afficher des surplus budgétaires, à réduire de façon importante la dette de la province et

à remporter une troisième victoire écrasante en 1995. Ses programmes de gestion financière dans le secteur public servent de modèle au pays et aux États-Unis. Tenant sa promesse de demeurer au service de la province pendant 10 ans, il démissionne de son poste de premier ministre le 7 octobre 1997.

James Marsh

McKennitt, Loreena, chanteuse (Morden, Man., 17 févr. 1957). Ayant étudié la musique classique dans sa jeunesse, elle commence à s'adonner à la musique folk pendant son adolescence et, à 17 ans, elle chante dans des boîtes de Winnipeg et au Winnipeg Folk Festival. À la fin des années 70, elle découvre la musique celtique et, en 1981, elle déménage à STRATFORD, en Ontario, pour travailler comme compositrice, chanteuse et comédienne au FESTIVAL DE STRATFORD.

Elle entreprend l'étude de la harpe en 1984 et travaille comme chanteuse des rues à Toronto avant d'enregistrer son premier album, *Elemental*, en 1985, avec sa propre compagnie, Quinlan Road Productions. Grâce à sa voix cristalline, à ses arrangements celtiques et à son image préraphaélite qui sont uniques, elle s'attire bientôt un auditoire restreint, mais fervent. Suivent deux autres enregistrements indépendants (*To Drive the Cold Winter Away* et *Parallel Dreams*), ainsi que des trames sonores pour quelques longs métrages et pour des productions de l'OFFICE NATIONAL DU FILM.

En vertu d'une entente entre Quinlan Road et Warner Music Canada, McKennitt jouit pour la première fois d'un grand lancement avec *The Visit* (1991), un album d'une riche texture musicale et comprenant une adaptation de 12 minutes du poème de lord Alfred Tennyson, *The Lady of Shallot*. On en vend 500 000 exemplaires partout dans le monde. Cet album lui vaut un PRIX JUNO et la fusion des influences celtiques et contemporaines est acclamée par la critique. Reflet de ses nombreux voyages outre-mer et de ses nombreuses tournées, *The Mask and Mirror* (1994) présente une musique influencée par les cultures d'Espagne, du Maroc et de la France médiévale. L'album met en vedette ses propres chansons de même que des textes de William Shakespeare et du mystique espagnol saint Jean de la Croix. *The Bells of Christmas* a été enregistré pour le film de Walt Disney intitulé *Sur les traces du père Noël* (1994). Venise vers 1570, un voyage à bord du Transsibérien et la lecture de la *Divine Comédie* de Dante et du poème d'Alfred Noyes, *The Highwayman*, font partie des diverses influences qui lui inspirent *The Book of Secrets* en 1997. Enregistré au studio Real World de Peter Gabriel à Bath, en Angleterre, l'album devient un succès de vente en Amérique du Nord dès le début de 1998, grâce à la diffusion radiophonique d'une nouvelle version genre club de danse de *The Mummer's Dance*. (*Voir aussi* MUSIQUE CELTIQUE.)

Jeff Bateman

Mackenzie, municipalité de district de la C.-B.; pop. 5997 (rec. 1996), 5796 (rec. 1991), 5542 (rec. 1986); superf. 192,44 km²; const. en 1966; située dans le SILLON DES ROCHEUSES, au nord de la province, sur les rives du réservoir du lac artificiel Williston. Ce dernier est créé grâce à l'inondation des rivières de la Paix, Finlay, Omenica et Parsnip, à la suite de l'endiguement de la rivière de la Paix au barrage W.A.C. Bennett. Mackenzie est nommée en l'honneur de l'explorateur Alexander MACKENZIE. Administrée par un maire et six conseillers, elle est une ville champignon planifiée en vue de l'exploitation des grandes ressources naturelles de la région.

La forêt du district, qui alimente deux usines de pâte et cinq scieries, et les minéraux du sillon des Rocheuses sont les principaux secteurs d'activité. Mackenzie s'est rapidement dotée de tous les services que peut compter une ville canadienne type et compte aujourd'hui des écoles, des églises, une patinoire intérieure, des piscines, une station de ski alpin,

une bibliothèque, un centre d'art et d'artisanat, un hôpital et de nombreux clubs et associations.

Alan F.J. Artibise

Mackenzie, Alexander, entrepreneur en bâtiment, rédacteur en chef de journal, deuxième premier ministre du Canada de 1873 à 1878 (près de Dunkeld, Écosse, 28 janvier 1822—Toronto, Ont., 17 avril 1892). Mackenzie émigre au Canada en 1842 et finit par s'installer dans la région de Sarnia, où il travaille dans le domaine de la construction avec son frère. Au début des années 1850, il devient le rédacteur en chef d'un journal réformiste, le *Lambton Shield,* et un partisan de George BROWN. Il siège d'abord à l'Assemblée législative de la PROVINCE DU CANADA en 1861. Il soutient la CONFÉDÉRATION, mais refuse la présidence du Conseil quand Brown quitte la coalition en 1865. Mackenzie est élu à la Chambre des communes, puis à l'Assemblée législative de l'Ontario en 1867, où il siège jusqu'à l'abolition de la double représentation. Il restera cependant aux Communes jusqu'à sa mort.

Après le renversement du gouvernement de sir John A. MACDONALD, à la suite du SCANDALE DU PACIFIQUE, Mackenzie forme, en 1873, le premier gouvernement libéral du Canada. Homme intègre et travailleur, il manque toutefois d'imagination. Il agit à titre de ministre des Travaux publics au sein de son propre gouvernement et tente de construire une liaison ferroviaire transcontinentale grâce à un mécanisme d'autofinancement. Ce projet a quelque succès, mais reçoit peu d'appui de la part de la population. Selon plusieurs, la diligence dont il fait preuve dans ce dossier nuit à son rôle de dirigeant aux Communes. Néanmoins, pendant son court mandat, son gouvernement crée la Cour suprême, le Bureau du vérificateur général et jette les bases d'un système électoral moderne. Aux élections de 1878, le gouvernement de Mackenzie est battu par le parti de Macdonald sur la question de la POLITIQUE NATIONALE proposée par les conservateurs.

Mackenzie demeure à la tête de son parti pour deux autres années. Par la suite, des problèmes de santé et la menace d'une rébellion au sein du parti l'obligent à se retirer pour céder la place à Edward BLAKE. Il refuse plusieurs fois le titre de chevalier et rédige divers ouvrages pendant sa retraite, notamment *The Life and Speeches of George Brown* (1882).

J.M. Bumsted

Mackenzie, sir Alexander explorateur et commerçant de fourrures (Stornoway, Écosse, 1764—près de Dunkeld, Écosse, 12 mars 1820). En 1774, Mackenzie suit son père à New York et, en 1778, en raison de la Guerre d'Indépendance, on l'envoie faire ses études à Montréal où, en 1779, il entre à l'emploi de la compagnie de traite de pelleteries Finlay and Gregory, qui deviendra plus tard Gregory, MacLeod and Co. En 1784, il devient associé, puis, de 1785 à 1787, il est responsable du poste de l'ÎLE-À-LA-CROSSE. En 1787, comme la compagnie fusionne avec la COMPAGNIE DU NORD-OUEST (CNO), il devient donc associé d'une plus grande compagnie.

Mackenzie est nommé au poste de la rivière Athabasca, où il sera le second du commandant Peter POND, qui a exploré la région à fond et qui doit la quitter au printemps. Pond est alors convaincu que la rivière Cook (le passage de Cook, Alaska) sur les cartes du capitaine COOK est l'embouchure d'une importante rivière coulant vers l'ouest à partir du Grand lac des Esclaves et qui constituerait une voie de passage pour le Pacifique. Cette association avec Pond est décisive. Plus tard, Mackenzie déclare que la possibilité du passage à travers le continent est le projet qui a la faveur de son ambition, et l'aboutissement en sera deux expéditions importantes sur lesquelles s'est bâti sa renommée.

Pond et Mackenzie fondent FORT CHIPEWYAN sur le lac Athabasca, d'où ce dernier part en 1789 pour vérifier la théorie de Pond, mais découvre que la rivière (le FLEUVE MACKENZIE) mène vers l'Arctique et non vers le Pacifique. Non encore rebuté, il prépare une deuxième expédition. Il passe l'hiver à Fort Fork, sur le cours supérieur de la rivière de la Paix, puis il part vers l'ouest en mai 1793. En traversant la ligne de partage des eaux de la rivière de la Paix et du Fraser, les Amérindiens lui conseillent de finir son voyage vers le Pacifique par voie terrestre plutôt que de suivre le Fraser jusqu'à son embouchure. La dernière partie de sa première traversée complète de l'Amérique du Nord dans sa largeur se fait en descendant la rivière Bella Coola. La vitesse et l'efficacité avec lesquelles Mackenzie voyage sont étonnantes. Il amène ses deux équipes à bon port et, lors de ses nombreux contacts avec les Amérindiens, il n'a même jamais tiré une balle sous l'emprise de la colère.

En 1795, Mackenzie quitte l'Ouest et, après avoir travaillé comme associé chez McTavish, Frobisher and Co., qui gère la CNO, il retourne en Angleterre en 1799. Son livre *Voyages* est publié en 1801, puis il est fait chevalier en 1802. Son ambition était de former une compagnie de traite qui s'étendrait sur tout le continent, ce qui nécessitait la fusion de la Compagnie du Nord-Ouest et de la Compagnie de la baie d'Hudson, mais ses efforts en ce sens ont échoué. Il se marie en 1812, puis se retire dans une propriété d'Écosse.

W. Kaye Lamb

Mackenzie, sir Alexander (magnat des chemins de fer), avocat et homme d'affaires (Kincardine, Canada-Ouest, 30 juin 1860—*id.*, 12 juill. 1943). Fils d'un agriculteur écossais, Mackenzie quitte l'école à 17 ans, fait un stage dans un cabinet d'avocats de Toronto et est reçu au barreau en 1883. En 1899, Z.A. Lash, un important conseiller juridique auprès de sociétés au Canada, envoie Mackenzie au Brésil pour superviser les ententes juridiques de la Sao Paulo Tramway, Light and Power Co. Parlant couramment le portugais et familier des systèmes politique et juridique brésiliens, il entre à la Rio de Janeiro Tramway, Light and Power Co. en 1904. Il occupe le poste de vice-président résident pour les deux sociétés jusqu'en 1912, année de leur fusion dans la société Brazilian Traction (BRASCAN). Quand F.S. Pearson, le fondateur de la Brazilian Traction, périt sur le *Lusitania* en 1915, Mackenzie assume la présidence et, sous sa direction, la Brazilian Traction devient le plus important investissement canadien outre-mer. En 1928, il prend sa retraite, mais reste administrateur de société. En 1919, il est fait Chevalier en reconnaissance de ses services pour avoir entraîné le Brésil dans la Première Guerre mondiale.

Duncan McDowall

Mackenzie, Chalmers Jack, ingénieur, directeur de recherche (St. Stephen, N.-B., 10 juill. 1888—Ottawa, 26 févr. 1984). Au Canada, il est l'acteur le plus important du développement de la science après 1945. Il étudie le génie civil à l'U. Dalhousie et à Harvard puis participe à la Première Guerre mondiale dans l'armée canadienne (Croix militaire, 1918). Il déménage ensuite en Saskatchewan, où il avait travaillé de 1910 à 1915. Chargé de cours à mi-temps à l'U. de la Saskatchewan, il passe au poste de doyen du département de génie de 1921 à 1939. Durant cette période, il organise d'importantes recherches sur l'amélioration de la résistance des bâtiments en béton aux sels «alcalins» contenus dans le sol, supervise la conception et la construction d'un pont routier à Saskatoon et est président du conseil d'urbanisme de la ville.

Mackenzie est nommé au CONSEIL NATIONAL DE RECHERCHES DU CANADA (CNRC) en 1935 et ses aptitudes sont reconnues par A.G.L. MCNAUGHTON, président du CNRC, qui le choisit comme président intérimaire en 1939. Pendant la Seconde Guerre mondiale, Mackenzie est donc le scientifique en chef du gouvernement et devient le bras droit de C.D. HOWE en ce qui a trait à la planification des POLITIQUES SCIENTIFIQUES d'après-guerre. Pendant la guerre, il décuple la superficie des laboratoires du CNRC, effectue des recherches ultrasecrètes sur les gaz de combat, l'aviation, le radar et la bombe atomique. Il devient membre du U.S.-British-Canadian Combined Policy Committee et distribue les provisions d'uranium. Il assume même la corvée d'annoncer à Winston Churchill que le projet favori de ce dernier, un porte-avions-iceberg, «Habakkuk», est impossible à réaliser.

Mackenzie est le président officiel du CNRC de 1944 à 1952. Il est aussi président d'ÉNERGIE ATOMIQUE DU CANADA LIMITÉE de 1953 à 1954 et président de la Commission de contrôle de l'énergie atomique de 1948 à 1961. Pendant les années d'après-guerre, E.W.R. STEACIE et lui jettent les fondations du système scientifique canadien d'aujourd'hui. Mackenzie participe à l'enquête sur GOUZENKO, à l'entrée du CNRC dans la recherche fondamentale (par l'entremise de Gerhard HERZBERG et d'autres), aux réponses du gouvernement face à la bombe atomique soviétique (1949) et au Spoutnik (1957), à la fondation du Conseil de RECHERCHES POUR LA DÉFENSE et du CONSEIL DE RECHERCHES MÉDICALES DU CANADA, à l'augmentation des subventions du CNR aux universités à l'égal de son propre budget interne, à l'établissement du Programme d'aide à la recherche industrielle de 1962 et à l'accroissement des subventions du CONSEIL DES ARTS DU CANADA de 1963 à 1969. Il est recteur honoraire de l'U. Carleton de 1954 à 1968.

Mackenzie se retire officiellement du CNRC en 1961, mais il demeure membre du Comité consultatif sur la politique scientifique jusqu'en 1963 et occupe le poste de directeur par intérim durant la maladie fatale de Steacie. En 1964, il donne un «second point de vue» au gouvernement sur les réformes de la politique scientifique proposées dans le rapport de la Commision royale Glassco de 1963 et mises en œuvre de 1964 à 1970. Jusqu'à 90 ans, il conserve un bureau au CNRC. Il a reçu de nombreux honneurs: Compagnon de l'Ordre de Saint-Michel et de Saint-Georges en 1943, Médaille du Mérite américaine en 1947, Compagnon de l'Ordre du Canada en 1967, récipiendaire du prix de la Banque royale, membre de la Société royale du Canada et membre de la Royal Society of London.

Donald J.C. Phillipson

Mackenzie, fleuve D'une longueur de 4241 km (à la source de la rivière Finlay), il est le deuxième plus long fleuve de l'Amérique du Nord, après le Mississippi. Son BASSIN HYDROGRAPHIQUE total de 1,8 million de km² est le plus grand de tout le pays, et, son débit moyen étant de 9910 m³/s, seul le fleuve Saint-Laurent le dépasse sur ce plan. C'est en juin que se produit le débit de pointe du fleuve, mais son cours reste en général assez régulier, en raison du terrain plat et dénudé à l'est et de plusieurs grands lacs qui entrecoupent le fleuve. Les rivières et les lacs alimentent le fleuve Mackenzie, ainsi que ses tributaires, sont libres de glaces de la mi-juin au 1er novembre dans les régions plus au nord.

Le bassin du fleuve étant peu peuplé, c'est une des rares grandes régions du monde qui soit restée à l'état naturel. Les principaux cours d'eau nourriciers du fleuve sont la rivière de la Paix et la RIVIÈRE ATHABASCA, alors que le cours principal tire sa source des marais peu profonds et des bancs de vase du bras occidental du GRAND LAC DES ESCLAVES. Le fleuve coule à l'ouest vers Fort Providence et Head-of-the-Line, où des chalands, des canots et des BARGES D'YORK sont tirés en amont du fleuve. À FORT SIMPSON, la turbulente RIVIÈRE LIARD déverse ses eaux boueuses dans la rive sud. Près de la rivière North Nahanni, le fleuve Mackenzie se dirige vers l'ouest-nord-ouest à travers une plaine ondulante et dévie vers le nord, au-delà d'un escarpement des MONTS MACKENZIE qui sont parallèles au fleuve. Les rivières Redstone et Keele, de même que d'autres cours d'eau, traversent les montagnes et se déversent dans les basses terres à travers de profonds canyons

À FORT NORMAN, les eaux claires et bleu verdâtre de la rivière Great Bear coulent sur un banc de gravier peu profond. Au-delà de Norman Wells, le fleuve Mackenzie poursuit sa route à travers des passages herbeux et au pied d'escarpements striés, s'élargissant jusqu'à 5 km, tressant son chemin parmi d'innombrables îles. Puis, rendu aux rapides Sans Sault, une pointe rocheuse se dresse dans le milieu du courant, y provoquant la turbulence des eaux et rendant la navigation dangereuse. À quelques kilomètres en amont de Fort Good Hope, le fleuve s'élargit, puis il se resserre entre les falaises de calcaire appelées The Ramparts et reprend ses ondulations vers le nord-ouest, à travers ses chenaux obstrués par les îles et les barres de sable qui se déplacent. Enfin, à 270 km de la mer, le Mackenzie reçoit la rivière Arctic Red et le delta commence à Point Separation.

Le delta Le delta du Mackenzie est un vaste éventail d'îles alluviales de faible relief, recouvertes d'épinettes noires, plus clairsemées vers le nord. Ces arbres sont assez gros pour servir à la construction de bâtiments en bois rond et sont beaucoup utilisés comme bois de chauffage. Le delta est un labyrinthe de chenaux, de lacs en croissant et d'étangs circulaires abritant d'importantes populations de rats musqués. Le delta, d'une largeur de 80 km, est délimité à l'ouest par les monts Richardson et à l'est par les collines du Caribou. À partir de Point Separation, le fleuve se divise en trois principaux chenaux navigables: l'East Channel, qui coule au-delà d'Inuvik, sur la côte est du delta; le Peel Channel, qui coule au-delà d'AKLAVIK, à l'ouest du delta; et le Middle Channel, qui porte le courant principal dans la MER DE BEAUFORT. Tuktoyaktuk, au nord-est du delta, est le point de correspondance des cargos du fleuve et de l'océan, et ce port est ouvert de juillet à la fin de septembre.

Les Basses Terres Les Basses Terres du fleuve Mackenzie sont un vaste prolongement des plaines centrales vers le nord. À l'ouest s'élèvent les monts Mackenzie et, à l'est, les affleurements rocheux du BOUCLIER canadien. Le sous-sol de la vallée est fait de roches sédimentaires, mais en surface on trouve surtout du gravier, du sable et de l'argile glaciaires. Les plaines de MUSKEG sont parsemées d'épinettes et de sapins rabougris, de tourbières, de marécages et de lacs. Une bonne partie du sous-sol est constituée de PERGÉLISOL, ce qui n'est pas sans poser de défis pour la construction d'édifices et le transport.

Historique En 1778, Peter POND traverse le PORTAGE LA LOCHE reliant les ROUTES DE LA TRAITE DES FOURRURES de la baie d'Hudson au bassin du Mackenzie. En 1789, Alexander MACKENZIE parcourt le fleuve d'un bout à l'autre et c'est à juste titre que le nom de Mackenzie lui est donné. Suivent d'autres marchands de fourrures qui établissent des postes de traite le long de la route. À partir des années 1820, des barges d'York transportent les approvisionnements. Le premier bateau à vapeur navigue sur la rivière Athabasca en 1884 et, en 1886, il se rend au nord de Fort Smith. De 1920 à 1940, des vapeurs à roue arrière à fond plat circulent le long du fleuve, mais, à partir de 1945, ils sont remplacés par des remorqueurs et des chalands. Les remorqueurs sont maintenant équipés de radars et de sondes mécaniques.

Les Basses Terres sont encore peu peuplées. C'est la traite des fourrures qui a dominé l'économie jusqu'aux ruées vers l'or de YELLOWKNIFE et de GRAND LAC DE L'OURS et au projet Canol de la Seconde Guerre mondiale. Le commerce des fourrures demeure important pour les résidants. L'exploitation minière a été prédominante, bien qu'elle ait subi des variations durant les années 80. Les activités minières étaient concentrées à l'est, dans la région du bouclier. Les principaux centres sont Yellowknife, où l'on trouve de l'or, Echo Bay (autrefois

Port Radium), où l'on trouve de l'uranium, Uranium City, Flat River, où l'on trouve du tungstène, Norman Wells, où l'on trouve du pétrole et du gaz, et Faro. Les sables bitumineux de l'Athabasca, à l'extrémité sud, de même que la mer de Beaufort, au nord, offrent un potentiel d'exploitation considérable. Le sol argileux serait propice à l'agriculture, mais la rigueur du climat ne permet pas une telle activité. Les seuls barrages hydroélectriques sont situés sur les rivières Snare et Talston et ils alimentent la région, mais des travaux prêtant à la controverse sont actuellement en cours sur la rivière des Esclaves. La rivière et le fragile environnement du NORD ont éveillé la conscience nationale lors du débat au sujet du PIPELINE DE LA VALLÉE DU MACKENZIE.

James Marsh

Mackenzie, Ian Alistair, politicien (Assynt, Écosse, 27 juill. 1890—Banff, Alb., 2 sept. 1949). Après avoir été membre de l'Assemblée législative de la Colombie-Britannique de 1920 à 1930, Mackenzie, un homme sociable, entre au Parlement à Ottawa. Il est ministre de la Défense nationale de 1935 à 1939, période durant laquelle il supervise le réarmement des forces armées canadiennes. Bien qu'il soit un excellent politicien de terrain, il n'est pas (comme le démontre le SCANDALE DU FUSIL BREN) un ministre efficace, et il se voit obliger de céder sa place au début de la guerre.

Ministre des Pensions et de la Santé nationale de 1939 à 1944, Mackenzie fait pression pour l'augmentation des avantages sociaux. Il n'exerce cependant pas assez d'influence pour prendre la tête du mouvement de réforme sociale. Représentant de la Colombie-Britannique au Cabinet, il joue un rôle clé dans la décision d'interner les CANADIENS D'ORIGINE JAPONAISE. Il est ministre des Affaires des anciens combattants de 1944 à janvier 1948 et devient membre du Sénat en 1948.

Norman Hillmer

McKenzie, Kenneth George, neurochirurgien (Toronto, 13 juin 1892—*id.*, 11 févr. 1964). Après avoir reçu son baccalauréat en médecine de l'U. de Toronto en 1914, il pratique outre-mer durant la Première Guerre mondiale. D'abord omnipraticien, il étudie à Boston pendant un an avec le Dr Harvey Cushing avant de se joindre au personnel de l'Hôpital général de Toronto. Le premier service canadien de neurochirurgie, qu'il y fonde en 1923 et qu'il dirige jusqu'en 1952, acquiert une grande renommée grâce à l'excellence de la formation dispensée et des soins offerts.

Président de la Harvey Cushing Society (1936-1937) et de la Société de neurochirurgie (1948-1949), il fait de nombreuses contributions à sa discipline: programme de formation destiné aux chirurgiens généraux en traitement des traumatismes crâniens; nouvelles méthodes de traitement du torticolis, de l'hématome sous-dural chronique et du névrome acoustique; utilisation de l'étrier pour traction crânienne continue dans les cas de fracture de la colonne vertébrale; technique permettant de diviser le nerf vestibulaire responsable de la maladie de Ménière; analyse à long terme des résultats de la lobotomie frontale. C'est comme maître chirurgien et comme enseignant exemplaire qu'il exerce sa plus grande influence.

William Feindel

Mackenzie King, île D'une superficie de 5048 km², elle est l'une des îles centrales des ÎLES DE LA REINE-ÉLISABETH dans l'archipel Arctique. Étendue basse, avec de rares points au-dessus de 300 m, elle se compose de plateaux et de basses terres formés de roches sédimentaires horizontales ou légèrement plissées. Étant donné l'absence de strates résistantes, le relief est peu marqué. Ce n'est que sur un grès plus dur que peuvent se former quelques reliefs comme les pics Leffingwell. Les dépôts superficiels proviennent d'un substratum rocheux à grains fins et sont particulièrement sensibles à la solifluxion. L'île

Mackenzie King est d'ailleurs un des meilleurs exemples de ce processus dans l'Arctique. En 1915, confondant détroit et baie, V. STEFANSSON cartographie les îles Borden et Mackenzie King comme une seule île. Ce n'est qu'en 1947 qu'un relevé aérien réalisé par l'Aviation royale du Canada corrige cette erreur.

Doug Finlayson

MacKenzie, Lewis W., militaire, gardien de la paix (Truro, N.-É., 30 avril 1940). Le major général MacKenzie reçoit sa commission en 1960 avec le Queen's Own Rifles et s'acquitte de ses premières fonctions de gardien de la paix dans la bande de Gaza en 1963. Il y retourne en 1964, puis sert ensuite dans les Forces des Nations Unies chargées du maintien de la paix à Chypre en 1965. Promu major en 1971, il commande un régiment lors d'une autre affectation à Chypre. En 1972, MacKenzie est nommé membre du Comité international de contrôle et de surveillance au Viêt-nam. Il participe à une autre mission de maintien de la paix au Caire en 1973. Promu lieutenant-colonel, il est affecté pour la troisième fois au maintien de la paix à Chypre en 1978. On lui confère ensuite divers commandements domestiques et il est promu brigadier général en 1987.

En 1990, il commande la Mission d'observation des Nations Unies en Amérique centrale. Il devient chef d'état-major de la Force de protection de l'ONU en Yougoslavie en 1992. À son retour au Canada, il commande l'armée de l'Ontario. MacKenzie prend sa retraite en 1993. La même année, il publie un livre *Peacekeeper*, où il relate ses expériences de gardien de la paix dans le monde. MacKenzie agit comme commentateur des affaires internationales pour Baton Broadcasting et chercheur principal attaché à l'Institut canadien des études stratégiques. Fervent de course automobile, il remporte le championnat national des courses de voitures de sport en 1981.

Mackenzie, monts Du nom du premier ministre Alexander MACKENZIE, ils sont un prolongement d'une longueur de 800 km vers le nord, du système de l'est des MONTAGNES ROCHEUSES. Presque entièrement composés de strates sédimentaires plissées, ils sont formés de plusieurs chaînons orientés nord-ouest-sud-est, à cheval sur la plus grande partie de la frontière qui sépare les Territoires du Nord-Ouest du Yukon. Le chaînon Backbone en est la partie principale. Il consiste en une masse de pics et de crêtes qui atteignent 2759 m au mont Sir James MacBrien, le point le plus élevé des Territoires du Nord-Ouest. Les monts Mackenzie reçoivent moins de précipitations que la CHAÎNE SELWYN, située plus à l'ouest, et sont relativement secs. La limite de végétation des arbres est basse, laissant leurs flancs dénudés et rocailleux.

Doug Finlayson

MacKenzie, Norman Archibald MacRae, «Larry», avocat de droit international et recteur d'université (Pugwash, N.-É., 5 janv. 1894—Vancouver, 26 janv. 1986). Des études à la Pictou Academy étaient tout ce que sa famille pouvait lui payer. En 1909, il émigre dans l'Ouest pour travailler à la ferme de ses deux frères, près de Qu'Appelle en Saskatchewan. Il étudie à l'U. Dalhousie en 1913 mais, en 1915, s'engage dans l'Armée canadienne et passe les quatre années suivantes dans les tranchées. Il échappe par miracle à la mort et obtient la Croix de guerre avec agrafe.

Il retourne à Dalhousie, où il termine ses études de droit pour ensuite se perfectionner en droit international à Harvard et à Cambridge. En 1925, il travaille pour le Bureau international du travail à Genève et, en 1926, devient professeur de droit international à l'U. de Toronto, poste qu'il occupe jusqu'en 1940. Il est ensuite nommé recteur de l'U. du Nouveau-Brunswick, où il obtient beaucoup de succès.

En 1944, il devient recteur de l'U. de la Colombie-Britannique, et, par son enthousiasme, contribue à en faire une excellente université. Il démissionne

en 1962. Bien qu'âgé, il demeure cependant un homme d'État actif, siégeant à d'innombrables conseils et commissions, dont la plus célèbre est la Commission Massey, de 1949 à 1951. Il contribue alors à persuader M. Massey de la nécessité pour le gouvernement fédéral d'accorder des subventions aux universités.

P.B. Waite

Mackenzie, piste de la Graisse du Elle représente la dernière étape, de 350 km, parcourue par Alexander MACKENZIE, en 1793, pendant la première traversée continentale connue de l'Amérique du Nord. La piste suit une route de commerce par voie de terre entre le fleuve Fraser, près de QUESNEL, et la communauté côtière de Bella Coola. Différents peuples des PREMIÈRES NATIONS, dont les NUXALKS (Bella Coolas), les CHILCOTINS et les PORTEURS, ont emprunté cette route les premiers.

En 1982, en vertu d'un accord passé entre le gouvernement de la Colombie-Britannique et le gouvernement fédéral, la piste devient une piste historique classée et protégée. Aujourd'hui, elle est connue sous le nom de Piste du patrimoine Alexander Mackenzie–Route Nuxalk-Porteur. L'origine du nom «graisse» vient de la graisse traitée d'oulachon (poisson-chandelle), poisson très répandu dans cette région et qui ressemble à l'éperlan. La graisse d'oulachon constituait une des principales denrées commerciales de la tribu indienne des Bella Coolas. Une grande partie de la piste a conservé son état d'origine, mais certaines parties empruntent des chemins de campagne, des pistes équestres et des sentiers de randonnée. Des randonneurs aguerris peuvent parcourir la piste en 18 jours. Cependant, beaucoup préfèrent se limiter à en parcourir une partie à chaque saison.

Bart Deeg

McKenzie, Robert Tait, enseignant, sculpteur, chirurgien orthopédiste et auteur (Almonte, Canada-Ouest, 26 mai 1867—Philadelphie, Penn., 28 avr. 1938). Il étudie la médecine à l'U. McGill (1885-1892) et développe, au cours de la Première Guerre mondiale, des méthodes de réadaptation qui lui vaudront une certaine reconnaissance. Plus tard, il devient chargé de cours en anatomie et instructeur de gymnastique à McGill. Il devient aussi célèbre pour ses sculptures. Ses premières œuvres – *Violent Effort, Breathlessness, Fatigue and Exhaustion* – sont célébrées par les autorités scientifiques et artistiques. Sa statuette *The Sprinter* orne le bureau du président américain Theodore Roosevelt, à la Maison-Blanche.

Parmi les œuvres de maturité de McKenzie figurent *The Joy of Effort, Brothers of the Wind*, de nombreuses médailles, beaucoup de statues et des monuments aux morts érigés en Grande-Bretagne, au Canada et aux États-Unis. Il restaure le Mill of Kintail, un moulin situé à l'extérieur d'Almonte, dont le musée abrite plus de 70 de ses œuvres. Il est directeur du département d'éducation physique de l'U. de Pennsylvanie (1904-1930).

Gerald Redmond

MacKenzie, Roderick Andrew Francis, prêtre et érudit (Liverpool, Angl., 15 nov. 1911—Pickering, Ont., 30 avril 1994). MacKenzie arrive avec sa famille à Peterborough (Ontario) en 1924 et entre à la Compagnie de Jésus en 1928 à Guelph (Ontario). Après avoir étudié et enseigné plusieurs années, il est ordonné à Montréal en 1941. Il fait ses études de doctorat en Écritures saintes à l'Institut biblique pontifical (Rome) de 1946 à 1949.

De 1950 à 1963, MacKenzie enseigne l'Ancien Testament au Regis College de Toronto. Il est recteur de l'Institut biblique pontifical de 1963 à 1969 et continue d'y enseigner jusqu'en 1975. Entre-temps, il est *peritus* (expert) au concile Vatican II et membre du conseil de la liturgie et de la commission pour une nouvelle version de la Bible latine. Il retourne au Regis College en 1975 à titre de professeur émérite et prend sa retraite 10 ans plus tard. Parmi ses nombreuses activités, il est président de l'International Organization for the Study of the Old Testament

(1965-1968), rédacteur en chef de *Biblica* (1969-1975), rédacteur en chef adjoint du *Catholic Biblical Quarterly* (1952-1963) et conseiller pour la *New Catholic Encyclopaedia* (1961-63).

En plus d'écrire beaucoup d'articles, de recensions et de commentaires, MacKenzie est l'auteur de *Introduction to the New Testament* (1961), *Faith and History in the Old Testament* (1963), *The Psalms: A Selection* (1966) et *Sirach* (1983).

D.M. Stanley, S.J.

Mackenzie, route du C'est en 1945 que l'on entreprend la construction de la route Mackenzie à partir de la rivière de la Paix en Alberta, en passant par la rivière au Foin dans les Territoires du Nord-Ouest, à l'extrémité sud-ouest du Grand lac des Esclaves, jusqu'à Wrigley, en bordure de la rivière Mackenzie. Cette route s'étend sur 1200 km de longueur. À 80 km au nord-ouest d'Enterprise, un traversier la relie à Yellowknife et des chemins de jonction desservent Fort Resolution et Fort Smith. Ouverte en toute saison, la route du Mackenzie est la principale voie d'accès aux Territoires du Nord-Ouest.

W.R. Morrison

Mackenzie, sir William, entrepreneur de chemin de fer (Canton d'Eldon, Comté de Peterborough, Canada-Ouest, 17 ou 30 oct. 1849—Toronto, 5 déc. 1923). Professeur et politicien provincial, il s'intéresse surtout aux affaires. Il est propriétaire d'une scierie et d'un moulin dans sa ville natale, Kirkfield, en Ontario, puis entrepreneur de chemin de fer de 1874 à 1891 en Ontario, en Colombie-Britannique, dans le Maine et les Territoires du Nord-Ouest. En 1891, il devient copropriétaire du Toronto Street Railway, le premier des nombreux investissements de ce genre qu'il fera sur trois continents. En 1899, il participe à la fondation d'une compagnie qu'on appellera plus tard la Brazilian Traction (BRASCAN) et en devient le premier président.

En 1895, avec Donald MANN, Mackenzie rassemble les concessions et les lignes de chemin de fer des Prairies qui formeront le noyau du CHEMIN DE FER CANADIEN DU NORD. Complété en 1915, d'Halifax à Victoria, il est l'un des trois chemins de fer canadiens transcontinentaux. En 1911, Mann et Mackenzie sont faits chevaliers. En raison de difficultés financières et de la situation économique nationale, le Chemin de fer canadien du Nord est nationalisé en 1918. Finalement, avec le Grand Trunk et le chemin de fer Intercolonial, il fera partie du réseau des CHEMINS DE FER NATIONAUX DU CANADA. La carrière de Mackenzie illustre bien la dynamique et l'énergie du boom économique de 1896 à 1913.

R.B. Fleming

Mackenzie, William Lyon, journaliste et politicien (Dundee, Écosse, 12 mars 1795—Toronto, 28 août 1861). Mackenzie est l'une des grandes figures politiques d'avant la Confédération. Journaliste, député et premier maire de TORONTO, il est aussi l'un des dirigeants des RÉBELLIONS DE 1837.

Arrivé au HAUT-CANADA en 1820, Mackenzie est marchand à Dundas pendant quelques années puis déménage à Queenston. En mai 1824, il publie le premier numéro du *Colonial Advocate,* qui devient immédiatement un organe important du mouvement réformiste. Pour être plus près de l'Assemblée, Mackenzie déménage son entreprise à York [Toronto] à l'automne de 1824. Son style direct et énergique ainsi que ses dénonciations enflammées du FAMILY COMPACT (une oligarchie politico-économique) contribuent grandement à sa popularité, et il est facilement élu à la chambre d'Assemblée en 1828 pour représenter le comté de York.

Carrière politique En 1832, il se rend en Angleterre pour présenter au gouvernement impérial les griefs de ses partisans. On l'écoute avec bienveillance, ce qui provoque la fureur des conservateurs du Haut-Canada. De plus, les attaques acerbes de Mackenzie contre l'oligarchie locale lui attirent des représailles sous forme de poursuites en diffamation,

de menaces et d'agressions physiques. Son imprimerie est même saccagée, sa presse ruinée et ses caractères d'imprimerie jetés dans le lac. Les attaques cinglantes du petit Écossais contre ses adversaires le font aussi expulser de l'Assemblée à maintes reprises, quoique ses électeurs ruraux continuent de le réélire. En 1834, lorsque les réformistes obtiennent la majorité au conseil municipal de Toronto, nouvellement formé, il est élu premier maire de la ville. À la fin de 1834, il est élu de nouveau à la chambre d'Assemblée. Toutefois, Mackenzie est défait aux élections de 1836 et, plein d'amertume, entreprend la révolte armée en décembre 1837.

Rébellions de 1837 Le 6 décembre, convaincu que la population l'appuierait spontanément, il dirige une expédition désordonnée qui descend la rue Yonge en direction de Toronto. Il semble viser davantage à endommager les biens des partisans conservateurs qu'à s'emparer des commandes du gouvernement. S'approchant de Toronto, ses troupes sont dispersées par quelques coups de feu des gardes loyalistes. Le 7 décembre, les Loyalistes marchent sur la taverne Montgomery, vers le nord, et défont facilement les rebelles. Mackenzie s'enfuit aux États-Unis et tente d'organiser une nouvelle attaque à partir de l'ÎLE DE NAVY, sur la rivière Niagara, mais la milice canadienne bombarde l'île et coule le navire de ravitaillement des rebelles, le *Caroline.*

Exil Mackenzie s'établit à New York, où il fonde la *Mackenzie's Gazette.* Il est toutefois déclaré coupable d'avoir enfreint les lois américaines de neutralité. Emprisonné pendant un an, il tombe malade et s'endette davantage. Il passe les 10 années suivantes aux États-Unis et finit par obtenir un emploi de correspondant au *New York Daily Tribune.* Pendant son exil, il écrit plusieurs livres, notamment *The Sons of the Emerald Isle* (1844), *The Lives and Opinions of Benjamin Franklin Butler and Jesse Hoyt* (1845) et *The Life and Times of Martin Van Buren* (1846).

Mackenzie revient au Canada en 1849 après avoir obtenu le pardon du gouvernement. Indomptable, il se hâte de reprendre sa carrière journalistique et politique; élu député de Haldimand, il déploie l'énergie qui le caractérise jusqu'en 1857, date de sa retraite. Il publie à l'occasion une satire politique généralement intitulée *Mackenzie's Weekly Message.* Homme ardent et attaché à ses principes, l'Écossais meurt à sa résidence de la rue Bond, qui est aujourd'hui un lieu historique et un musée de Toronto.

Victor L. Russell

Mackieson, John, médecin et fonctionnaire (Campsie, Écosse, 16 oct. 1795—Charlottetown, 27 août 1885). Pionnier de la profession médicale à l'Île-du-Prince-Édouard, Mackieson se distingue surtout par son travail auprès des aliénés. Médecin à son arrivée à l'Île-du-Prince-Édouard en 1821, il occupe un certain nombre de postes en santé publique avant d'être nommé directeur médical de l'asile d'aliénés de l'Île-du-Prince-Édouard, en 1848. Ses méthodes de traitement font preuve d'humanité et intègrent de nouvelles techniques, mais la constante insuffisance de fonds est la cause de la dégradation des conditions de l'hôpital. Son administration est finalement mise en cause. Obligé de démissionner en 1874, il sera cependant innocenté de l'accusation de négligence. Par la suite, on construit les installations améliorées qu'il avait demandées.

P.E. Rider

Mackinaw, bateau de C'est un bateau solide à fond plat, pointu à chaque extrémité, qui comporte une cale dans le milieu. Les commerçants de fourrures l'utilisent sous le régime français pour descendre les cours d'eau. On l'adapte plus tard aux eaux libres par l'ajout de deux voiles et d'un aviron de queue. Dans les années 1870, une variante, longue de 6,7 à 8,7 m et équipée comme une goélette, est mise au point dans le détroit de Mackinaw, lequel donne son nom à l'embarcation. Par la suite, une de ses variantes ultérieures, la yole de Collingwood, est couramment utilisée dans la BAIE GEORGIENNE pour la pêche au

filet maillant et la navigation de plaisance jusqu'à l'avènement du moteur hors-bord.

James Marsh

McKinney, Louise, née Crummy, militante pour les droits des femmes, législatrice (Frankville, Ont., 22 sept. 1868—Claresholm, Alb., 10 juill. 1931). Elle doit sa renommée nationale à la célèbre cause des cinq appelantes, les «Famous Five», dont elle fait partie. (*Voir* FEMMES NON RECONNUES CIVILEMENT, AFFAIRE DES). Elle veut devenir médecin, mais se dirige plutôt vers l'enseignement. Elle quitte cet emploi pour organiser la WOMAN'S CHRISTIAN TEMPERANCE UNION (WCTU). En 1903, elle participe à la mise sur pied de la section des Territoires du Nord-Ouest de cette association et reste pendant 20 ans présidente des ligues de l'Alberta et de Saskatchewan, qui ont pris la relève de la WCTU. Elle enseigne le catéchisme méthodiste les dimanches et recommande vivement l'enseignement de la tempérance (*voir* TEMPÉRANCE, MOUVEMENT POUR LA) dans les écoles. Elle est également une grande partisane des droits des femmes. Comme députée à l'Assemblée législative de l'Alberta, de 1917 à 1921, Louise McKinney affiche ses convictions en préconisant notamment l'instauration de programmes sociaux pour les immigrants et les veuves. Elle est, avec le lieutenant Roberta MacAdams de Calgary, une des premières femmes à être élues au parlement du Canada.

Eliane Leslau Silverman

Macklin, Kenneth John, sculpteur (Edmonton, Alb., 1952). L'un des sculpteurs constructivistes qui émergent à Edmonton pendant les années 80, Macklin étudie la sculpture et la céramique à l'U. de l'Alberta de 1972 à 1978, puis il se perfectionne en sculpture en 1979, à la St. Martins School of Art, à Londres. Il participe aussi aux ateliers internationaux du EMMA LAKE ARTISTS' WORKSHOP; à l'atelier Triangle, l'année où celui-ci est inauguré, à Mashomack, dans l'État de New York; à l'atelier Triangle, à Barcelone en 1987; et à l'atelier de sculpture Phil Berman à Allentown, en Pennsylvanie, en 1993. Il poursuit ensuite une étude approfondie de la sculpture et de l'architecture des Mayas du Yucatán (1994-1995).

Les sculptures abstraites de Macklin tendent à être frontales et imagées, à la manière de grands tableaux ou dessins. Il se distingue par sa capacité d'utiliser les mêmes motifs à n'importe quelle échelle, de minuscules figurines de table en porcelaine à d'énormes constructions en acier. Ses constructions verticales en éventail des années 1980 se transforment, au cours des années 90, en des séquences latérales d'éléments incurvés relativement atypiques. Sa capacité unique de réaliser des configurations d'ensemble par la juxtaposition d'éléments témoigne de sa poésie et de sa maîtrise de l'échelle. On retrouve ses œuvres dans des collections publiques à Edmonton et à St. Albert, au Musée d'art contemporain de Barcelone et au Lehigh Valley Hospital en Pennsylvanie.

Terry Fenton

McKoy, Mark, athlète sur piste et pelouse (Georgetown, Guyane, 10 déc. 1961). McKoy se révèle un jeune prodige de l'athlétisme à Toronto vers la fin des années 70, alors qu'il est encore adolescent. Capable d'une grande vitesse, il se spécialise dans les courses de haies et remporte, en 1981, le premier de 8 championnats nationaux consécutifs au 110 m haies. Il devient rapidement l'un des meilleurs coureurs de haies au monde, mais il éprouve des difficultés à donner le meilleur de lui-même lors des compétitions internationales. Classé parmi les trois meilleurs au monde en 1984, il doit se contenter d'une quatrième place aux JEUX OLYMPIQUES de Los Angeles.

McKoy continue d'exceller après les Jeux olympiques, remportant des médailles d'or aux Jeux du Commonwealth en 1986 au 110 m haies et comme membre du relais 4x100 m. Lors des championnats du monde d'athlétisme en 1987, il doit encore se passer de médaille. Aux Jeux olympiques de Séoul, en 1988, il termine septième et quitte brusquement les Jeux, refusant de participer au relais à la suite de la découverte du test antidopage positif de Ben Johnson. Son départ lui vaut une suspension de deux ans, pendant laquelle il ne peut participer aux compétitions. Il avoue ensuite lors de la COMMISSION DUBIN avoir fait usage de stéroïdes pendant une courte période, mais que ces produits n'ont pas eu d'effet sur ses performances athlétiques.

Fâché contre les officiels canadiens de l'athlétisme à cause de sa suspension, McKoy va s'entraîner au pays de Galles et revient à la compétition en 1991. Il termine quatrième aux championnats du monde d'athlétisme en 1991 et, contre toute attente, il remporte la médaille d'or au 110 m haies des Jeux olympiques de Barcelone en 1992, première médaille d'or canadienne en athlétisme en 60 ans. En 1993, McKoy épouse une athlète autrichienne et commence à porter les couleurs de l'Autriche en compétition internationale à partir de 1994.

McLachlan, James Bryson, dirigeant syndical (Ecclefechan, Écosse, 9 févr. 1869—Glace Bay, N.-É., 3 nov. 1937). Issu d'une famille de tisserands et d'ouvriers agricoles, McLachlan quitte les champs houillers du Lanarkshire pour devenir le fougueux dirigeant des mineurs de la Nouvelle-Écosse et le populaire porte-parole du radicalisme ouvrier au Canada. Marqué par des critiques sociaux comme Thomas Carlyle et des chefs syndicalistes comme Keir Hardie, McLachlan croit que la classe ouvrière a pour mission de «libérer le monde du chaos capitaliste».

Arrivé au Cap-Breton en 1902, McLachlan conteste les politiques conservatrices de la Provincial Workmen's Association. Il est élu secrétaire-trésorier du district 26 des Travailleurs unis des mines d'Amérique (TUMA) lors de sa fondation en 1909. Ce district est dissous en 1915 et institué de nouveau en 1919. McLachlan est dirigeant des deux organisations intérimaires de 1916 à 1918. Son nom figure sur la liste noire des entreprises minières, mais il joue tout de même un rôle important dans le succès que connaît la négociation collective dans les houillères de la Nouvelle-Écosse au cours de la Première Guerre mondiale.

Pendant les grèves des années 20 (voir GRÈVES AU CAP-BRETON DANS LES ANNÉES 20), il fait preuve d'imagination dans ses tactiques, qui vont de la «grève sur le tas» à la «grève totale». Jamais défait à une élection syndicale, McLachlan demeure représentant des mineurs jusqu'en juillet 1923. Cette année-là, il est démis de ses fonctions par le président des TUM, John L. Lewis, pour avoir encouragé une grève de solidarité envers les travailleurs de l'acier de Sydney. Reconnu coupable, en octobre 1923 d'écrit diffamatoire, il est condamné à passer deux ans au pénitencier de Dorchester, mais il est libéré en mars 1924.

De retour chez lui, il devient rédacteur du *Maritime Labor Herald*, qu'il a contribué à fonder en 1921 et, plus tard, du *Nova Scotia Miner* (1929-1936). Il est successivement membre du Parti socialiste du Canada, du Parti travailliste indépendant de la Nouvelle-Écosse et du Parti communiste du Canada. Il se présente six fois aux élections provinciales et fédérales et obtient près de 9000 voix au plus fort de son influence en 1921. Il se distingue à l'échelle nationale comme président de la LIGUE POUR L'UNITÉ OUVRIÈRE (1933-1936). McLachlan est connu pour son dévouement acharné à la cause des travailleurs. On a gravé sur sa tombe ces mots tirés du livre des Proverbes de l'Ancien Testament qu'il avait fait siens: «Parle, exerce un jugement droit et plaide la cause des pauvres et des nécessiteux».

David Frank

McLachlan, Sarah, auteure-compositrice-interprète (Halifax, N.-É., 28 janv. 1968). Elle étudie d'abord la guitare, le piano et le chant, puis, adolescente, elle se tourne vers la musique populaire et fait ses débuts à 17 ans avec un groupe de Halifax, October Game. Peu après, Nettwerk Productions, une maison de disques indépendante de Vancouver, lui offre un contrat. Deux ans plus tard, Nettwerk récidive et, en juin 1987, McLachlan signe une entente avec la compagnie et déménage sur la côte Ouest. Au Canada, elle vend 50 000 exemplaires de son premier album, *Touch* (1988), grâce à *Vox*, sa première chanson à figurer au palmarès des 40 meilleurs enregistrements singles. L'album fait aussi des percées prometteuses aux États-Unis, où il est lancé par la compagnie new-yorkaise Arista Records.

Le disque *Solace* (1991), produit par Pierre Marchand, le protégé de Daniel LANOIS, met en valeur les paroles de l'artiste, l'évolution de son talent d'auteure-compositrice et son style de voix émotif qu'on compare souvent à celui de Kate Bush et de Tori Amos. L'album est favorablement accueilli par la critique, dont celle du *Rolling Stone* et du *Los Angeles Times*, et McLachlan entreprend une tournée internationale. Son troisième album, *Fumbling Towards Ecstasy* (1993), constitue son succès commercial et il est vendu à plus de 1,5 million d'exemplaires en Amérique du Nord et en Europe.

McLachlan lance aussi un nombre limité d'enregistrements d'un concert, *Live* (1992), ainsi que *Freedom Sessions* (1994), un enregistrement en direct en studio, un des premiers disques compacts «améliorés» (musique et vidéo) à être lancés et le premier à atteindre les courbes représentatives des ventes d'albums aux États-Unis. Elle offre aussi des chansons à divers projets d'albums de charité, tels que *No Alternative* (pour la recherche sur le SIDA) et *Lit From Within* (pour les centres d'aide aux victimes d'agression sexuelle). En 1995, elle fait une tournée aux États-Unis et en Australie avec le groupe irlandais légendaire The Chieftains et enregistre le single à succès *I Will Remember You* pour le film *Les frères McMullen*.

Entre ses séances d'enregistrement au studio Wild Sky de Marchand au nord de Montréal, elle teste le concept d'un festival consacré exclusivement à la musique de femmes, intitulé Lilith Fair. Contrepartie discrète du festival rock Lollapalooza, ce festival itinérant débute, à l'été et à l'automne 1996, avec des spectacles bien accueillis mettant en vedette McLachlan, Patti Smith et Suzanne Vega, entre autres. La tournée de Lilith Fair dans 37 villes d'Amérique du Nord en juillet et en août 1997 est à la fois un événement médiatique important, un passage symbolique à l'âge adulte pour des chanteuses comme Fiona Apple, Sheryl Crow, Shawn Colvin et Paula Cole et un grand succès commercial.

Lilith Fair permet à McLachlan de faire la page couverture du magazine *Time* et propulse les ventes mondiales de son quatrième enregistrement en studio, *Surfacing* (1997), à plus de trois millions d'exemplaires. L'album comprend les chansons à succès *Building A Mystery* (qui lui vaut, en 1998, le prix Grammy de la meilleure interprétation vocale de musique populaire), *Sweet Surrender*, *Adia* et *Last Dance* (prix Grammy 1998 de la meilleure interprétation instrumentale de musique populaire). La même année, l'album rafle aussi trois PRIX JUNO: enregistrement simple de l'année (pour *Building a Mystery*), album de l'année et auteure-compositrice de l'année (pour *Building a Mystery*, écrite en collaboration avec Pierre Marchand). En 1998, McLachlan remporte aussi le Juno de la chanteuse de l'année. Dans son numéro de janvier 1998, la revue anglophone *Chatelaine* la nomme Femme de l'année.

Jeff Bateman

McLachlin, Beverley Juge en chef de la Cour suprême (Pincher Creek, Alb., 7 sept. 1943). Beverley McLachlin est originaire de l'Alberta où elle a commencé ses études en droit avant d'obtenir un doctorat de l'U. de la Colombie-Britannique. Membre des barreaux de l'Alberta (1969) et de la Colombie-Britannique (1971), elle a exercé le droit dans divers cabinets avant de devenir professeure à l'U. de la Colombie-Britannique. Elle a successivement été nommée juge à la Cour de comté de Vancouver (9 avril 1981), à la Cour suprême (8 septembre 1981) et à la Cour d'appel de la Colombie-Britannique (1985), juge en chef de la Cour suprême de la Colombie-Britannique (1988) et juge à la COUR SUPRÊME du Canada le 30 mars 1989. Elle est nommée chef de la Cour suprême du Canada le 7 janvier 2000 suite à la retraite du juge Antonio LAMER. Première femme à occuper ce poste, sa nomination a été accueillie par plusieurs comme une avancée pour les femmes dans le système judiciaire canadien. McLachlin a reçu quatre doctorats honoris causa (UBC, Alberta, York et Toronto).

MacLaren, Donald Roderick, pilote de chasse et homme d'affaires (Ottawa, 28 mai 1893—Burnaby, C.-B., 4 juill. 1988). MacLaren joint les rangs du Corps royal d'aviation (CRA) en 1917 et il sert dans le 46e escadron en France. On lui attribue le mérite d'avoir «descendu» 54 appareils (48 avions et six ballons) en moins de huit mois, un record de tous les temps. Il est pendant une courte période directeur des services aériens des Forces canadiennes, mais il quitte cette fonction en 1919 pour orienter sa carrière vers l'aviation commerciale. De 1945 à 1958, année où il se retire, il occupe le poste d'adjoint administratif auprès du président des Lignes aériennes Trans-Canada.

Brereton Greenhous

McLaren, Norman, réalisateur de films d'animation (Stirling, Écosse, 11 avr. 1914—Montréal, 26 janv. 1987). McLaren est le père du cinéma d'animation canadien. Il suit John GRIERSON à l'OFFICE NATIONAL DU FILM (ONF) en 1941 et y demeure pendant le reste de sa carrière, à part deux missions qu'il effectue pour l'UNESCO en Chine (1949) et aux Indes (1952). Il participe à la série *Chants populaires* (1944-1946) et coréalise *Begone Dull Care*, en 1949, avec Evelyn Lambart en s'inspirant de la musique d'Oscar PETERSON. Plein d'invention, il explore tous les moyens techniques: dessins grattés directement sur pellicule, papier découpé, peinture sur pellicule, dessin de la bande son, etc. En 1952, en pleine GUERRE FROIDE, il tourne *Neighbours*, fable politique sur la paix et la guerre où il a recours à la pixillation et pour laquelle il obtient un Oscar. Ce sera son ultime avancée idéologique: désormais recherches esthétiques et techniques auront priorité. Reconnu à l'échelle internationale, il réalise un film presque tous les ans. Les plus intéressants sont *Blinkity Blank* (1954), Palme d'or au festival de Cannes; une œuvre didactique intitulée *Rythmetic* (1956); *A Chairy Tale* (1957) et *Le Merle* (1958). Plusieurs films sont réalisés conjointement avec Lambart. Avec *Lines Vertical* (1960), *Lines Horizontal* (1962) et *Mosaic* (1965), il opte franchement pour un style optique, abstrait et austère où la technique, bien que prépondérante, ne bloque pas la fascination. En 1967, avec *Pas de deux*, il inaugure une suite de films inspirés par la danse, la beauté et l'harmonie du geste, et qui comprendra *Ballet adagio* (1972) et *Narcissus* (1983). Dans l'intervalle, il réalise des films plus didactiques sur l'art de l'animation: *L'Écran d'épingles* (1973) et *Animated Motion* (1977). Son esprit créateur et l'éclectisme de son esthétique le placent au premier rang des cinéastes d'animation au Canada. Son œuvre complète (72 films) est donnée en 1985 au Museum of Modern Art (New York), et à l'Academy of Motion Picture Arts and Sciences (Los Angeles). En 1988, l'Association internationale du cinéma d'animation – Canada crée en sa mémoire le prix Héritage Norman McLaren.

Pierre Véronneau

McLarnin, Jimmy, boxeur (Belfast, Irl., 19 déc. 1907). McLarnin émigre à Vancouver à l'âge de 3 ans et commence à boxer à 12 ans. Professionnel à 16 ans, il livre 19 combats de suite sans défaite entre 1923 et 1924. Il combat régulièrement à Los Angeles, puis s'installe à New York, où il est surnommé «Irish Hero», ou le héros irlandais. En 1933, il remporte le championnat du monde des poids mi-moyens en mettant knock-out son adversaire «Young» Corbett III à 2 min 37 du premier round. Il livre ses plus grands combats contre Barney Ross, un boxeur de renommée mondiale. En 1934, il perd son titre de champion du monde à Paris aux mains de Ross, le regagne la même année, puis le perd à nouveau en 1935. McLarnin prend sa retraite en 1936. Au cours de sa carrière, il livre 77 combats, avec 63 victoires (20 par knock-out), 11 défaites et 3 matchs nuls.

A.J. «Sandy»Young

McLauchlan, Murray Edward, chanteur, chanson-nier et guitariste (Paisley, Écosse, 30 juin 1948). McLauchlan arrive au Canada à l'âge de 5 ans. À 17 ans, il se produit dans les cafés de Yorkville (Toronto) et, en 1966, fait ses débuts au Mariposa Folk Festival. En 1968, le chanteur américain Tom Rush enregistre deux de ses chansons: *Child's Song et Old Man's Song.* McLauchlan enregistre sous l'étiquette True North Records de 1971 à 1986 et, avec *Farmer's Song* en 1972, devient populaire auprès des amateurs de musique folk et country partout au Canada.

Avec The Silver Tractors, le groupe qu'il forme en 1975, il tente de passer au rock sans grand succès, car la renommée internationale continue de lui échapper et sa popularité au Canada est en baisse. En 1983, il revient à ses racines folk et country et l'album *Timberline* est un succès commercial. McLauchlan remporte 7 prix Juno. Après avoir fait 15 albums avec True North, il s'engage avec Capitol et, en 1987, enregistre son 16e album, *Swingin' on a Star. Floating over Canada*, son émission spéciale télédiffusée le jour de la Fête du Canada, lui vaut un prix Génie en 1985. En 1989, il commence à produire et à animer une série d'émissions radio pour le réseau anglais de Radio-Canada, *Swingin' on a Star*, qui se poursuit jusqu'en 1994 et est acclamée par la critique. McLauchlan est nommé à l'Ordre du Canada en 1993.

Richard Green

McLaughlin, Audrey, née Brown, travailleuse sociale, politicienne (Dutton, Ont., 7 nov. 1936). McLaughlin obtient un baccalauréat de l'U. de Western Ontario après des études par correspondance pendant qu'elle et son mari exploitent un élevage de visons au nord de London. Elle enseigne dans un collège privé au Ghana, en Afrique de l'Ouest, de 1964 à 1967. En 1967, elle s'inscrit à l'école de service social de l'U. de Toronto, où elle obtient une maîtrise, après quoi elle joint les rangs de la Metropolitan Toronto Children's Aid Society à titre de travailleuse sociale. Dès 1975, elle est aussi directrice générale de l'Association canadienne pour la santé mentale. Elle s'installe à Whitehorse en 1979, où elle travaille comme conseillère en affaires et surveillant des services sociaux.

McLaughlin entre à la Chambre des communes à la suite d'une élection partielle en 1987, où elle devient le premier député fédéral (femme ou homme) du NOUVEAU PARTI DÉMOCRATIQUE (NPD) élue au Yukon. Contrairement à ses collègues du caucus, elle vote contre la ratification de l'ACCORD DU LAC MEECH, qui, à son avis, lèse les intérêts des femmes et des peuples autochtones du Nord. Après les élections de 1988, elle est nommée présidente du caucus et, le 2 décembre 1989, elle est choisie chef du NPD au congrès national de Winnipeg, succédant ainsi à Edward BROADBENT. McLaughlin oriente son parti vers le centre économique, tout en maintenant de nombreuses politiques traditionnelles du NPD, telles que l'imposition plus élevée des riches, l'élargissement des programmes de garde d'enfants et la stimulation de l'économie au moyen de dépenses gouvernementales. Elle est la première femme à diriger un parti politique national au Canada.

Aux élections fédérales de 1993, McLaughlin assiste à l'effritement du soutien envers son parti, qui récolte moins de 6,9 p. 100 du vote populaire. Le parti perd tous ses sièges en Ontario et, n'ayant que neuf députés, il perd aussi son statut de parti officiel au Parlement. McLaughlin conserve toutefois son siège au Yukon. Bien que l'échec soit en partie attribué au leadership de McLaughlin, le NPD souffre de ses liens avec les gouvernements néo-démocrates provinciaux impopulaires, surtout en Ontario. En 1994, McLaughlin annonce qu'elle quittera son poste de chef du parti dès la tenue d'un congrès à la direction. Alexa McDonough lui succède en octobre 1995. Elle publie son autobiographie en 1992, *A Woman's Place*. En 1996, elle est élue présidente de l'Internationale socialiste des femmes.

Alan Whitehorn

McLaughlin, Robert Samuel, industriel (Enniskillen, Ont., 8 sept. 1871—Oshawa, Ont., 6 janv. 1972). Après trois ans d'apprentissage dans l'entreprise de transport de son père, Robert McLaughlin, et après avoir travaillé dans des entreprises du même type à New York, McLaughlin s'associe avec son père et son frère dans les McLaughlin Carriage Works, à Oshawa (1892). Quand le feu détruit l'atelier de l'entreprise à Oshawa en 1899, 15 municipalités offrent leur soutien financier pour le déménager près d'elles, mais l'entreprise reste à Oshawa, moyennant un prêt de 50 000 $ remboursable à sa convenance.

En 1908, McLaughlin se lance dans la fabrication de carrosseries Buick pour William Durant, propriétaire de Buick Motor Co. à Flint, Michigan. Quand Durant se retrouve chez Chevrolet, McLaughlin commence aussi à fabriquer des Chevrolet (1915). L'entreprise, rachetée par General Motors en 1918, est incorporée comme société sous le nom de General Motors of Canada (*voir* GENERAL MOTORS DU CANADA LIMITÉE), et McLaughlin en est le président. Il occupe aussi le poste de vice-président de la maison mère américaine. Au milieu des années 20, l'usine d'Oshawa compte 3000 employés et fabrique plus d'automobiles pour le marché canadien et le Commonwealth que le reste des usines du pays réunies. En 1942, McLaughlin se retire de la gestion active et devient président du conseil, poste qu'il conservera jusqu'en 1967.

En reconnaissance de sa contribution aux infrastructures médicales et éducatives canadiennes, dont le McLaughlin Planetarium à Toronto, et de son travail dans le mouvement scout, McLaughlin reçoit des diplômes honorifiques de plusieurs universités d'Ontario. En 1967, il est fait Compagnon de l'Ordre du Canada.

Margaret E. McCallum

McLean Gang Bande de hors-la-loi de la Colombie-Britannique (groupe actif vers1879). Cette bande est composée de quatre sang-mêlés, soit Allan, Charlie et Archie McLean ainsi qu'Alex Hare. Elle vit de banditisme et de violence. Le 8 décembre 1879, ils assassinent John Tannatt Ussher, un policier de Kamloops qui tentait de les arrêter pour vol de chevaux, et James Kelly, un gardien de troupeaux. Un détachement les encercle dans une cabane près du lac Douglas, puis fait subir un siège à la bande qui se rend peu après. À ce moment-là, Allan a 24 ans, Charlie et Alex 17, et Archie 15. Jugé à New Westminster, le groupe est exécuté par pendaison le 31 janvier 1881.

Edward Butts

Maclean Hunter Limitée est une entreprise de communications diversifiée, surtout connue pour l'édition du magazine d'actualité *Maclean's*. La plus grande maison d'édition de MAGAZINES et de périodiques nationaux au Canada publie *Flare,* L'ACTUALITÉ ainsi que les éditions française et anglaise de CHÂTELAINE. Elle publie aussi pendant longtemps le FINANCIAL POST, jusqu'à ce que celui-ci soit acheté par la Toronto Sun Publishing Corporation vers la fin de 1987. Elle publie plus de 130 magazines spécialisés, professionnels et d'intérêt général, répertoires et manuels, ainsi que 70 périodiques professionnels aux États-Unis et en Europe. Elle a des intérêts majoritaires dans la Toronto Sun Publishing Corporation, qui publie le *Toronto Sun*, l'*Edmonton Sun*, le *Calgary Sun* et l'*Ottawa Sun*.

Maclean Hunter est aussi un diffuseur dont les avoirs comprennent CFCN-TV, une station affiliée de CTV à Calgary et à Lethbridge, et 22 stations de radio situées à Calgary, à Edmonton, à Toronto, à Kitchener-Waterloo, à Chatham-Wallaceburg (Ontario), à Ottawa, à Sarnia, à Leamington et dans les Maritimes. Se classant au troisième rang des câblo-distributeurs au Canada (*voir* CÂBLODISTRIBUTION) et disposant de 16 systèmes de câblodistribution dans 20 municipalités ontariennes, Maclean Hunter dessert 715 000 abonnés en Ontario et aux États-Unis. L'entreprise s'occupe également de distribution de livres, d'impression commerciale, d'imprimés de gestion, de foires commerciales et de services spécialisés d'information. En 1994, Maclean Hunter a été acquise par Rogers Communications pour la somme renversante de 3,1 milliards de dollars.

Peter S. Anderson

McLean, James Stanley, exploitant d'abattoir et philanthrope (canton de Clarke, comté de Durham, Ont., 1er mai 1876—Toronto, 1er sept. 1954). Diplômé de l'U. de Toronto (1896), McLean devient commis de bureau chez Harris Abattoir Co., à Toronto, en 1901. Le président, Joseph FLAVELLE, lui enseigne l'importance d'une comptabilité bien tenue. Promu président dans les années 20, il réduit les coûts et fonctionne avec un budget hebdomadaire, permettant ainsi à sa compagnie de faire des profits alors que les autres abattoirs du Canada sont en déficit. En 1927, il fusionne Harris et trois autres entreprises pour former CANADA PACKERS INC., dont il sera président jusqu'en 1954. Sous sa direction autocratique, Canada Packers domine l'industrie et développe de nombreux produits dérivés. Membre de l'Église Unie et mécène de l'art canadien, McLean dote la fondation du J.S. McLean Junior Farmer Scholarship et fait des dons généreux aux hôpitaux.

Joseph Lindsey

MacLean, John, alias *Am Bàrd MacGilleathai* «le barde MacLean», poète gaélique écossais (Caolas, Tiree, Écosse, 8 janv. 1787—Addington Forks, N.-É., 26 janv. 1848). Il manifeste un talent précoce pour la poésie, ce qui lui vaut la protection et l'amitié d'Alexander, 14e MacLean de l'île Coll. Apprenti cordonnier à 16 ans, il s'en va exercer son métier à Glasgow, mais revient à Tiree au bout d'un an. Peu après la publication de son premier recueil de poèmes, il décide d'émigrer au Canada et quitte Tobermory (île Mull) avec sa famille en 1819, sur le navire *Economy*. Il finit par s'établir avec les siens près de la rivière Barney (comté d'Antigonish). Les difficultés qu'il rencontre en tant que pionnier sont décrites avec précision dans le plus célèbre de ses poèmes, *A'Choille Ghruamach* (*La forêt lugubre*). Ses chansons constituent une importante source de renseignements sur le style de vie d'une communauté gaélique d'Écosse au XIXe siècle.

Maureen Williams

MacLean, John Angus, agriculteur, politicien et premier ministre de l'Île-du-Prince-Édouard de 1979 à 1981 (Lewes, Î.-P.-É., 15 mai 1914). Après avoir servi durant la Seconde Guerre mondiale, MacLean retourne à l'Île-du-Prince-Édouard et se présente sans succès aux élections fédérales de 1945 et de 1948. Élu pour la première fois en 1951, il sera député du comté de Queens pendant plus de deux décennies, puis il abandonnera la politique fédérale pour mener le Parti conservateur provincial à la victoire en 1979. Louant les bienfaits de la vie communautaire-rurale, son gouvernement interdit la construction de nouveaux centres commerciaux et retire sa participation au projet du Nouveau-Brunswick de construire une centrale nucléaire à Pointe Lepreau.

MacLean démissionne de son poste de premier ministre le 17 novembre 1981 et laisse son siège vacant peu avant les élections de 1982.

David A. Milne

MacLean, John Bayne, éditeur (Crieff, Canada-Ouest, 26 sept. 1862—Toronto, 25 sept. 1950). MacLean (qui écrit aussi son nom McLean ou Maclean) est enseignant, journaliste et rédacteur financier du journal torontois *The Mail* avant de fonder une revue spécialisée à grand succès, le *Canadian Grocer* (1887). Cette revue est suivie d'une série d'autres revues semblables qui font de MacLean le chef de file des publications spécialisées en affaires au Canada. Sous sa direction et celle de son successeur, l'entreprise devient le conglomérat Maclean Hunter, qui diversifie sa production dans le domaine des médias. Horace Talmadge Hunter devient imprimeur en 1919, puis président en 1933 avant de voir son nom ajouté à la raison sociale de la société en 1945.

La base solide des revues spécialisés permet à MacLean de créer des publications destinées à un public plus large comme le *Financial Post* (1907), le *Farmer's Magazine* (1910), *Mayfair* (1927) et *Chatelaine* (1928). Il achète également les revues *Canadian Homes and Gardens* (1925) et *Busy Man's Magazine* (1905), lequel deviendra le *Maclean's* en 1911. Dans les années 30, son entreprise est devenue un chef de file dans la publication de revues au Canada et a établi des filiales aux États-Unis (1927) et en Grande-Bretagne (1930).

Grâce au succès de ses publications, MacLean se bâtit une fortune. Il connaît également une longue carrière dans la milice, qu'il termine avec le grade de lieutenant-colonel. Bien que fidèle conservateur en politique, il fait en sorte que ses publications demeurent constamment non partisanes. De plus, il contribue fréquemment aux éditoriaux qui critiquent les deux partis et prône un gouvernement efficace et l'augmentation de la productivité industrielle.

R. Neil Matheson

MacLean, John Duncan, politicien et premier ministre de la Colombie-Britannique de 1927 à 1928 (Culloden, Î.-P.-É., 8 déc. 1873—Ottawa, 28 mars 1948). MacLean enseigne dans des écoles des Prairies et en Colombie-Britannique puis obtient un poste de directeur d'école à Rossland (Colombie-Britannique) avant de faire des études à l'U. McGill. Il obtient un diplôme en médecine en 1905 et pratique à Greenwood (Colombie-Britannique) lorsqu'il est élu député provincial libéral en 1916. Nommé secrétaire de la province et ministre de l'Éducation, il devient ministre des Finances en 1924.

Lorsque le parti de John OLIVER apprend le mauvais état de santé de son chef en 1927, MacLean est nommé chef à sa place et, à la mort d'Oliver, il occupe le poste de premier ministre pendant un an. Bien que ministre de Cabinet compétent, il manque d'imagination et d'éclat comme premier ministre, et il prend le pouvoir alors que le parti est sur son déclin. Les libéraux sont donc défaits par les conservateurs aux élections de 1928. Après s'être présenté sans succès aux élections fédérales, il est nommé président de la Commission du prêt agricole canadien à Ottawa, poste qu'il occupera jusqu'à son décès.

Robin Fisher

MacLean, Stephen Glenwood, physicien et astronaute (Ottawa, 14 déc. 1954). MacLean s'inscrit au Programme des astronautes canadiens en décembre 1983 après l'obtention de son doctorat en physique à l'U. York. Il reçoit une formation de spécialiste de charge utile affecté à l'amélioration de l'efficacité du Canadarm, le bras robotisé utilisé à bord de la navette spatiale. Il est le troisième Canadien à se rendre dans l'espace (du 22 oct. au 1er nov. 1992) à bord de la navette *Discovery*. Il teste un nouveau système informatisé de télévision permettant de contrôler le fonctionnement du bras robotisé

Maclean's La revue *Maclean's* est achetée par John Bayne MACLEAN en 1905. C'est le premier périodique d'intérêt général que cet homme publie. De 1896 à 1910, la revue change souvent de nom: elle passe de *Business,* à *The Business Magazine, The Busy Man's Magazine* et finalement *Busy Man's.* Ce n'est qu'en 1911 qu'elle prend officiellement le nom de *Maclean's.*

Au départ, le nouveau magazine est un condensé d'intérêt général qui s'adresse aux hommes d'affaires et présente surtout des reproductions d'articles déjà publiés ailleurs dans le monde. Dès 1914, Maclean et son rédacteur en chef, T.B. COSTAIN, réalisent cependant que le NATIONALISME canadien peut être un thème rentable, de sorte qu'à partir des florissantes années 20, la revue a en main sa formule. On y trouve toujours des articles sur des femmes et des hommes canadiens, sur la politique et les problèmes canadiens ainsi que des chroniques «des dernières pages». Il arrive à l'occasion que le magazine parte en croisade, comme lorsque George DREW dénonce les fabricants d'armes, mais, en général, il demeure résolument centriste.

Au cours des années 50, le magazine est à son apogée. Blair FRASER est correspondant à Ottawa, et sa rubrique sur les rumeurs politiques est excellente. Ses articles plus élaborés sont parmi les meilleurs reportages politiques de toute la décennie. À Toronto, le rédacteur en chef Ralph ALLEN mélange des analyses approfondies avec des articles plus légers, de bonnes illustrations et, à l'occasion, des textes de fiction. Le magazine réussit bien, tant du côté de la diffusion que du côté des revenus.

Au cours des années 60, *Maclean's* éprouve des difficultés. Les revenus de PUBLICITÉ diminuent au fur et à mesure que la télévision envahit le marché des périodiques, de sorte que même des rédacteurs de la trempe de Peter GZOWSKI, Peter C. NEWMAN et Christina McCall n'arrivent pas à freiner le déclin de la revue. C'est sa transformation en hebdomadaire d'actualité qui sauve *Maclean's*. Avec Newman comme rédacteur en chef, *Maclean's* profite du vide laissé par le départ du *Time* pour lancer la première revue d'actualité au Canada. La réaction des lecteurs est excellente, et les ventes de publicité augmentent considérablement. En 1982, Newman démissionne et il est remplacé par Kevin Doyle, puis par Robert Lewis. Bien que le nouveau *Maclean's* dépende encore de reporters locaux pour couvrir les nouvelles de l'étranger, son contenu canadien est bon, et il apporte un heureux complément au fade menu de la plupart des journaux. En 1994, le tirage moyen du magazine est de 579 004 exemplaires. Il a sept bureaux, situés à Ottawa, à Montréal, à Calgary, à Vancouver, à Londres, à Moscou et à Washington. (*Voir aussi* MAGAZINES.)

J.L. Granatstein

McLearn, Frank Harris, paléontologue (Halifax, 27 févr. 1885—Ottawa, 7 oct. 1964). Il fait ses études à l'U. Dalhousie et à Yale, puis il travaille à la COMMISSION GÉOLOGIQUE DU CANADA de 1913 à 1952. Sa thèse sur les fossiles siluriens de la Nouvelle-Écosse est reconnue comme étant définitive, mais McLearn est mieux connu pour ses études sur la faune mésozoïque de l'Ouest canadien. Ses travaux sur le terrain dans le col Crowsnest et le long des rivières de la Paix et Athabasca lui permettent d'établir la stratigraphie des formations crétacées et triasiques de ces zones, ainsi que la corrélation entre elles. De plus, il a grandement contribué à la connaissance paléontologique des îles de la Reine-Charlotte, des plaines du sud de la Saskatchewan et de l'escarpement du Manitoba. Ses corrélations ont été fondamentales pour le développement de la géologie pétrolière dans l'Ouest canadien.

L.S. Russell

McLennan, sir John Cunningham, physicien (Ingersoll, Ont., 14 avr. 1867—Paris, France, 9 oct. 1935). Diplômé en physique de l'U. de Toronto en 1892, McLennan travaille comme démonstrateur et, en 1898, il part pour le Cavendish Laboratory à Cambridge, en Angleterre. En 1900, il est le premier à recevoir un doctorat en physique de l'U. de Toronto. Il passe sa carrière dans cette université, et son laboratoire de physique est à la fine pointe de la recherche en radioactivité, spectroscopie et physique des basses températures.

Pendant la Première Guerre mondiale, McLennan sert de conseiller scientifique à l'amirauté britannique. En 1915, il est élu à la Royal Society of London (dont il reçoit la médaille d'or en 1928) et, en 1917, il est décoré de l'Ordre de l'Empire britannique. Après la guerre, il retourne à l'U. de Toronto, mais passe tous ses étés en Grande-Bretagne. Il devient président d'une section scientifique de la British Association for the Advancement of Science en 1923.

Président du Royal Canadian Institute en 1916, il participe à la fondation du CONSEIL NATIONAL DE RECHERCHES et est membre d'ORTECH INTERNATIONAL, fondé en 1928. Il quitte son poste à l'U. de Toronto en 1932 et part pour l'Angleterre où il poursuit ses recherches avant-gardistes sur l'utilisation du radium dans le traitement contre le cancer. Il est fait chevalier en 1935.

Yves Gingras

MacLennan, John Hugh, romancier, essayiste et professeur (Glace Bay, N.-É., 20 mars 1907—Montréal, 7 nov. 1990). Il est surtout connu pour être le premier grand écrivain canadien anglophone à avoir essayé de définir l'identité nationale canadienne. Sa formation commence en Nouvelle-Écosse. Boursier de la fondation Cecil Rhodes, il va de Dalhousie à Oxford et parcourt le continent européen. Par la suite, il obtient un Ph.D. en études classiques à Princeton, au New Jersey.

De retour au Canada, vers le milieu des années 30, il enseigne au Lower Canada College, près de Montréal, tout en poursuivant l'écriture d'un roman entamé à Princeton. Dans ce roman, il essaie de transmettre son interprétation de tout ce qu'il a vu et vécu durant ses voyages à l'étranger. Ne parvenant pas à faire publier ce roman, de même qu'un autre écrit auparavant sur un thème semblable, il change de voie. Les événements qui précèdent la Seconde Guerre mondiale le poussent à raconter les scènes dont il a été témoin à la base navale d'Halifax durant la Première Guerre mondiale. À titre expérimental, il publie *Barometer Rising* (1941; trad. *Le temps tournera au beau,* 1966), roman relatant l'EXPLOSION DE HALIFAX à laquelle il a survécu à l'âge de 10 ans. Le succès que lui vaut ce passage d'un thème international à un thème national, encouragé par la critique favorable d'Edmund Wilson, lui fait dire que les écrivains canadiens doivent trouver la voie et raconter au reste du monde les drames de leur pays. *Barometer Rising* et son recueil d'essais *Cross-Country* (1949) représentent une nouvelle étape dans la littérature canadienne.

Bien qu'il se concentre directement sur certains aspects de la vie canadienne contemporaine, MacLennan évite d'aborder le régionalisme. «J'ai toujours considéré le Canada comme faisant partie de l'histoire du monde», maintient-il. *Two Solitudes* (1945; trad. DEUX SOLITUDES, 1963) traite des tensions entre francophones et anglophones au Québec, alors que *The Precipice* (1948) a pour thème le puritanisme dans une petite ville de l'Ontario; enfin, *Each Man's Son* (1951) dresse le portrait de la vie d'une communauté minière du Cap-Breton. Chacun de ces romans transcende le cadre du récit pour examiner (respectivement) la transition rapide provoquée par la Première Guerre mondiale, les différences entre les sociétés canadienne et américaine et les effets du calvinisme, peu importe le pays où il se trouve. Dans ses trois derniers romans, *The Watch that Ends the Night* (1959; trad. *Le matin d'une longue nuit,* 1967), *Return of the Sphinx* (1967) et *Voices in Time* (1980), il s'éloigne de plus en plus de

Montréal, où il enseigne au département d'anglais de l'U. McGill de 1951 à 1981, et aborde des thèmes universels soulevés par des questions politiques, sociales ou humaines locales. MacLennan demeure à ce jour le romancier canadien dont l'œuvre a été la plus traduite en raison de son caractère universel.

Il figure parmi les écrivains les plus estimés au Canada. De plus, il est le seul écrivain canadien à avoir gagné le PRIX LITTÉRAIRE DU GOUVERNEUR GÉNÉRAL trois fois pour des romans (*Two Solitudes*, *The Precipice* et *The Watch that Ends the Night*) et deux fois pour des documentaires (*Cross-Country* et *Thirty and Three*). En 1984, il remporte le prix de la Banque Royale d'un montant de 100 000 dollars et, en 1987, il est le premier Canadien à recevoir la médaille James-Madison, remise chaque année par l'U. de Princeton à un diplômé qui s'est distingué dans sa profession. De nombreux autres prix et diplômes honorifiques lui ont été décernés.

Malgré ces succès, des critiques ont longuement remis en question le mérite de son œuvre. Beaucoup penchent du côté de Wilson qui a très vite fait l'éloge de MacLennan; d'autres estiment que l'aspect didactique de ses romans donne lieu à des personnages stéréotypés, accorde trop de place et d'importance aux opinions de l'auteur et utilise des techniques narratives (récit et structure) démodées, datant de l'époque victorienne. D'autres encore jugent que MacLennan est trop ambitieux dans le choix de ses sujets, en particulier quand il aborde la question du Canada français. Cependant, la plupart des critiques s'entendent sur son talent pour décrire des scènes, des situations et des paysages.

Bien qu'il soit avant tout un romancier, ses essais (les meilleurs sont réunis sous le titre *The Other Side of Hugh MacLennan*, 1978) ont provoqué une plus grande admiration chez les critiques. MacLennan y aborde une variété de thèmes avec intelligence, humour, espièglerie, chaleur humaine et beaucoup d'intuition. Robertson DAVIES et lui sont les meilleurs essayistes canadiens.

Ironiquement, les aspirations et la vision internationales de MacLennan sont généralement oubliées. Avec le temps, il est devenu le mythe du nationaliste canadien, celui qui a été l'un des premiers à utiliser des scénarios canadiens dans les œuvres de fiction. C'est grâce à lui que des écrivains comme Robertson Davies, Margaret LAURENCE, Robert KROETSCH, Leonard COHEN et Marian ENGEL ont la certitude que le Canada est un pays dont il vaut la peine de parler.

Elspeth Cameron

McLeod, Alan Arnett, aviateur (Stonewall, Man., 20 avr. 1899—Winnipeg, 6 nov. 1918). Il reçoit la CROIX DE VICTORIA pour son combat héroïque contre huit avions ennemis, combat au cours duquel il est blessé cinq fois. Il est à nouveau blessé en sauvant son observateur, A.W. Hammond, après l'écrasement de leur avion. McLeod, le plus jeune des trois aviateurs canadiens à recevoir la Croix de Victoria pendant la Première Guerre mondiale, meurt de la grippe espagnole alors qu'il est en convalescence à Winnipeg.

James Marsh

MacLeod, Alistair, nouvelliste (North Battleford, Sask., 20 juill. 1936). Il est l'auteur de deux recueils de nouvelles où il décrit les paysages et les habitants du Cap-Breton. Après avoir vécu dans les Prairies, sa famille revient s'installer dans le comté d'Inverness, en Nouvelle-Écosse, quand il a 10 ans. Il étudie à l'U. St. Francis Xavier, à l'U. du Nouveau-Brunswick et à l'U. Notre-Dame. Il enseigne actuellement à l'U. de Windsor.

Ses nouvelles, rassemblées dans *The Lost Salt Gift of Blood* (1976) et dans *As Birds Bring Forth the Sun and Other Stories* (1986), décrivent le folklore, les réalités socio-économiques, les relations des familles et de la communauté du Cap-Breton, avec, en toile fond, les mythes associés aux cycles naturels. Plusieurs récits relatent l'initiation d'un enfant

ou d'un jeune homme à la connaissance de la tragédie et de la vanité des aspirations humaines. D'autres traitent de l'exil des gens du Cap-Breton et de leur retour, des gens qui désirent ardemment fuir leur terre appauvrie, mais qui éprouvent l'irrésistible envie d'y revenir, que ce soit dans la réalité ou en imagination. Son œuvre explore les liens géographiques et historiques que les personnages entretiennent avec leur patrie. Beaucoup de ces histoires parlent des gens du Cap-Breton originaires des Highlands, en Écosse, qui ont préservé depuis 200 ans les traditions des Highlands et la langue gaélique.

Colin Boyd

Macleod, James Farquharson, agent de police et juge (île de Skye, Écosse, 25 sept. 1836—Calgary, 5 sept. 1894). Commissaire de la Police à cheval du Nord-Ouest, membre du Conseil des Territoires du Nord-Ouest et juge, Macleod est un personnage populaire et respecté dans le sud-ouest des Prairies. Il fait ses études en Ontario et pratique le droit dans cette province, près de Bowmanville, dans les années 1860. Il participe à l'expédition de WOLSELEY, en 1870, en tant que major de brigade.

Il entre dans la police à titre de surintendant, puis de commissaire adjoint (1874-1875). Il démissionne pour devenir magistrat rémunéré, mais retourne à la police en 1876 en tant que commissaire. Il fonde fort Macleod, met fin au trafic du whisky et, ayant gagné la confiance des chefs Pieds-Noirs, négocie le traité n° 7. Toutefois, il perd la confiance du gouvernement et démissionne en 1880. Il continue sa carrière en tant que magistrat et est nommé juge de la Cour suprême des Territoires du Nord-Ouest en 1887.

A.B. McCullough

Macleod, John James Rickard, physiologiste, co-découvreur de l'INSULINE (Cluny, Écosse, 6 sept. 1876—Aberdeen, Écosse, 16 mars 1935). Formé dans les universités d'Aberdeen et de Leipzig ainsi qu'au London Hospital Medical College, Macleod immigre en Amérique en 1903 pour enseigner à la Western Reserve University de Cleveland. Il acquiert peu à peu une réputation internationale d'expert en métabolisme des glucides et en physiologie générale et, en 1918, il est nommé professeur de physiologie à l'U. de Toronto.

Au printemps de 1921, Macleod appuie les recherches de F.G. BANTING sur la sécrétion interne hypothétique du pancréas en lui allouant laboratoire, équipement et conseils, et en lui accordant l'aide d'un de ses étudiants (C.H. BEST).

Contrairement aux récits déformés de Banting et de Best, Macleod a été l'agent actif et indispensable d'une recherche qui a mené à la découverte de l'insuline au printemps de 1922. Son élaboration des premiers résultats sommaires, son traitement des essais cliniques et ses présentations hautement professionnelles de la recherche ont tellement impressionné les enquêteurs suédois que ceux-ci recommandent, à juste titre, qu'il partage le prix Nobel de médecine ou de physiologie (1923) avec Banting.

La contribution de Macleod à la physiologie et à la science canadienne n'est pas reconnue à sa juste valeur ni à Toronto ni au Canada durant plusieurs décennies. Il quitte le Canada en 1928 pour devenir professeur titulaire de la chaire royale de physiologie à l'U. d'Aberdeen, ville où il décède en 1935. Il est alors honoré dans son pays natal, mais non dans son pays d'adoption.

Michael Bliss

Macleod, Mary Isabella, née Drever (Red River, 11 oct., 1852—Calgary, 15 avril 1933). À l'âge de 17 ans, lors de la RÉBELLION DE LA RIVIÈRE ROUGE (1869-1870), Drever fait preuve d'un sang-froid qui la rendra célèbre dans l'Ouest canadien lorsqu'elle réussit à échapper à des gardes métis et remet un important message au colonel WOLSELEY. James MACLEOD, qui fait partie des troupes de Wolseley, devient bientôt commissaire responsable de la nouvelle Police montée du Nord-Ouest. Il épouse Drever en 1876. Le couple s'établit à Fort

Macleod. Elle est du nombre des femmes qui signent le traité n° 7 à Blackfoot Crossing en septembre 1877. Elle accompagne fréquemment son mari dans ses inspections et ses rondes et suscite l'admiration de tous les officiers de la Police montée et de leurs femmes.

Susan Jackel

McLeod, Neil, avocat, politicien et premier ministre de l'Île-du-Prince-Édouard, juge (Uigg, Î.-P.-É, 15 déc. 1842—Summerside, Î.-P.-É, 19 oct. 1915). Admis au barreau de l'Île-du-Prince-Édouard en 1872, McLeod est élu député provincial en 1879. Réélu en 1882 et en 1886, il est premier ministre conservateur de 1889 à 1891. En 1892, il est nommé juge de la cour de comté de Prince.

Nicolas J. De Jong

McLeod, Norman, ministre du culte presbytérien (Point of Stoer, Écosse, 29 sept. 1780—Waipu, Nouvelle-Zélande, 14 mars 1866). Enseignant et prédicateur laïc, McLeod arrive à Pictou (Nouvelle-Écosse) en 1817. Sa prédication énergique attire un grand nombre de fidèles qui se rassemblent avec lui sur le navire *The Ark* en 1820 pour se rendre en Ohio, mais qui débarquent plutôt à St. Ann's Harbour (île du Cap-Breton). McLeod exerce une dictature morale sur ses fidèles en imposant de sévères punitions pour des peccadilles. Malgré son fanatisme, ils acceptent d'émigrer en Australie en 1851 sur son commandement, mais McLeod est mécontent et les transfère à Waipu (Nouvelle-Zélande). Dans les années 1850, près de 900 personnes quittent la Nouvelle-Écosse pour le suivre dans sa quête d'un environnement «vertueux».

John S. Moir

McLeod Young Weir Limited La compagnie est fondée en 1921 par Donald I. McLeod, Ewart Young et J. Gordon Weir, avec un capital initial de 40 000 dollars, qui passe ensuite à 300 millions de dollars. Dès le début, cette compagnie est la première de son secteur de courtier en valeurs mobilières à adopter deux principes de base: ses employés peuvent devenir actionnaires et elle ne permet pas d'alliances entre père et fils. La compagnie a lancé un certain nombre de produits maintenant courants dans le domaine. Elle s'est surtout fait connaître pour ses McLeod Young Weir Bond Averages, sorte d'étalon d'évaluation du rendement des obligations qu'elle a maintenu et amélioré au fil des ans à titre de service fourni aux investisseurs et à son secteur.

Avec ses 1600 employés, ses 43 bureaux répartis dans tout le Canada, et ses succursales en Europe, aux États-Unis et en Extrême-Orient, la compagnie est un chef de file reconnu dans tous les domaines de son secteur. La Banque de Nouvelle-Écosse acquiert en décembre 1987 la totalité des actions de cette compagnie, qui s'appelle maintenant la Scotia McLeod et mène ses activités en tant que filiale de courtage de la banque.

Arthur E. Gregg

McLuhan, Herbert Marshall, théoricien des communications (Edmonton, 21 juill. 1911—Toronto, 31 déc. 1980). Professeur d'anglais à l'U. de Toronto, McLuhan acquiert une renommée internationale dans les années 60 pour ses études des effets des médias sur la pensée et le comportement. Formé en littérature (Ph.D., Cambridge, 1943), il pose les bases de son œuvre à venir dans sa dissertation érudite intitulée «The Place of Thomas Nash in the Learning of his Time».

La plus grande irritation McLuhan se considère comme un grammairien qui étudie les biais linguistiques et perceptuels des médias. Cet homme très cultivé aux lectures étonnamment variées se situe sur le plan intellectuel à l'avant-garde de la culture moderne, dans laquelle, selon lui, l'«irritation» est à son comble. On a comparé sa contribution dans le domaine des COMMUNICATIONS à l'œuvre de Darwin et de Freud en raison de sa portée universelle. Néanmoins, beaucoup l'ont mal compris parce qu'il exprime ses idées révolutionnaires dans un style plein d'aphorismes. Il met l'accent sur la connexité des choses et construit ce qu'il appelle des systèmes de sens en «mosaïque» au lieu d'offrir de simples arguments s'appuyant sur une logique spécialisée unidimensionnelle.

McLuhan étudie les changements de perception que produit la rivalité entre les médias électriques, d'une part, et le procédé mécanique d'impression, d'autre part, lequel repose sur l'ancienne stratégie qui consiste à fragmenter la réalité en catégories d'information. À cause de la force intégrante et interdisciplinaire du procédé électrique, l'information ne dirige plus son attention sur les détails, ce qui est la démarche des spécialistes, mais la concentre désormais sur le besoin que créent les médias d'interpréter les contextes. Selon McLuhan, il est possible d'ordonner l'environnement, qui est surchargé d'information détaillée, de façon à en dégager le sens, grâce à des compétences accrues dans la reconnaissance des schèmes, à la capacité de composer avec des systèmes ouverts qui se transforment continuellement à la vitesse de l'électricité. Il souligne comment les procédés électriques décentralisent l'information, suscitant une prise de conscience simultanée à chaque point du réseau. La perception de la réalité devient alors tributaire de la structure de l'information.

Média chaud et média froid Sa fameuse distinction entre un média «chaud» et un média «froid» s'appuie sur les effets sensoriels différents qu'ont les médias à haute résolution ou à basse résolution. Les médias à haute résolution (dits «chauds»), tels que la presse ou la radio, sont riches en information et se prêtent moins à la participation sensorielle du lecteur ou de l'auditeur pour compléter l'information. Par contre, les médias à basse résolution (dits «froids»), tels que le téléphone ou la télévision, sont relativement pauvres en information et exigent de l'usager une plus grande participation sensorielle. La forme de chaque média fait appel à un agencement différent de l'ordre des sens et, par conséquent, crée de nouvelles formes de conscience. Ces transformations des perceptions donnent ainsi son sens au message. Autrement dit, «le médium constitue le message même».

L'œuvre de McLuhan est toujours controversée, car il préconise un nouveau paradigme qui nous oblige à reconnaître que la forme que prend notre information constitue le fondement de la perception et de l'interprétation de nos connaissances. *The Mechanical Bride* (1951) argumente sur le pouvoir de la publicité dans la gestion de la conscience du public. LA GALAXIE GUTENBERG: LA GENÈSE DE L'HOMME TYPOGRAPHIQUE (1962) offre une réflexion sur les transformations culturelles qui résultent de la technologie de l'impression. La publication de *Pour comprendre les médias* (1964) consacre la renommée mondiale de McLuhan. Parmi les ouvrages subséquents, les plus importants sont *Guerre et paix dans le village planétaire* (en collaboration avec Quentin Fiore, 1968), *The Interior Landscape: The Literary Criticism of Marshall McLuhan* (recueil, 1969), *Counterblast* (1969), *From Cliché to Archetype* (en collaboration avec Wilfred Watson, 1970) et *Take Today: The Executive as Dropout* (en collaboration avec Barrington Nevitt, 1972).

Pertinence de sa vision Un regain d'intérêt pour son œuvre visionnaire apparaît au début des années 90 et continue de croître, car les événements culturels nés du jeu des technologies électriques viennent de plus en plus confirmer la pertinence de sa vision. P. ex., le modèle de conflit mondial contemporain nous rappelle la découverte de McLuhan selon laquelle le principal effet du procédé électrique est de redonner un caractère tribal à la structure de la conscience sociale et psychique, qui accentue les identités traditionnelles au point de recourir à la violence. McLuhan avait prévenu que le «Village global» ne serait pas un endroit paisible. Dès 1964, il avait aussi compris et décrit les effets qu'allaient

produire Internet et la réalité virtuelle. Il avait prévu que les relations qui s'appuient uniquement sur des bases électroniques conduiraient à des expériences qu'il qualifie de «désincarnées».

McLuhan reçoit de nombreux prix et honneurs, y compris la chaire Schweitzer (1967), qu'il occupe à la Fordham University de New York. Le Centre for Culture and Technology, qu'il a fondé, est toujours actif mais réorganisé sous le nom de McLuhan Programme, sous la direction de ses disciples à l'U. de Toronto. Le prix McLuhan–Téléglobe Canada, sous l'égide de l'UNESCO, a été créé en 1983 en hommage à son travail de pionnier en communications. En mars 1995, une collection spéciale McLuhan a été fondée à la Faculté des sciences de l'information de l'U. de Toronto.

Frank D. Zingrone

McMahon, Francis Murray Patrick, industriel (Moyie, C.-B., 2 oct. 1902—Hamilton, Bermudes, 20 mai 1986). McMahon commence comme foreur pour une société minière en Colombie-Britannique et, en 1927, fonde une petite entreprise de forage au diamant. En 1930-1931, il participe au forage dans le delta de la rivière Fraser à la recherche de gaz naturel près de Vancouver; comme ce projet échoue, il propose un gazoduc de 1000 km pour transporter le gaz de la région de la rivière de la Paix vers le nord-est de la Colombie-Britannique.

En 1936, il achète pour 100 $ une option sur 32 ha de droits de pétrole et de gaz près d'un site de découverte de pétrole dans la région de Turner Valley, en Alberta. La mise en production rentable d'un puits de pétrole sur cette propriété conduit à la création de Pacific Petroleums Ltd., qui devient une des sociétés de production de gaz et de pétrole les plus prospères de l'Ouest du Canada. En 1957, 25 ans après avoir été le premier promoteur du projet, McMahon achève la construction du gazoduc de Westcoast Transmission au départ de la rivière de la Paix; c'est le premier gazoduc important du Canada. En 1979, Pétro-Canada acquiert Pacific Petroleums pour 1,5 milliard de dollars.

Earle Gray

McMaster, Ross Huntington, industriel (Montréal, 11 oct 1880—*id.*, 3 janv. 1962). Pendant plus de 50 ans, McMaster est cadre dirigeant à la Steel Company of Canada (STELCO). Il commence sa carrière chez Sherwin-Williams Paint Co. En 1903, il devient directeur général de Montreal Rolling Mills, société pour laquelle son père a travaillé. Quand la société fusionne pour former Stelco en 1910, McMaster devient directeur de la nouvelle aciérie à Montréal, la plus importante du Canada. Il est nommé président de Stelco en 1926 et président du conseil en 1945, poste qu'il occupe jusqu'en 1960. Refusant d'endetter la société, surtout pendant la période de stagnation économique des années 20, McMaster met l'accent sur une marge de profit solide au cours de sa présidence. Il met en place une politique de ventes dite «gaited» (coût plus profit), qui remplace l'ancien barème de prix «Pittsburgh plus». Il introduit des méthodes comptables modernes chez Stelco. Résidant à Montréal durant toute sa vie, il a aussi eu des intérêts commerciaux dans *The Gazette*, un journal montréalais.

Duncan McDowall

McMaster, William, homme d'affaires, banquier et philanthrope (comté de Tyrone, Irlande, 24 déc. 1811—Toronto, 22 sept. 1887). Après son immigration en Amérique, McMaster arrive à York (Toronto) en 1833 et entre dans une mercerie. Il se concentre judicieusement sur la vente en gros et fait de son entreprise l'une des plus rentables de Toronto. Désireux de réduire l'emprise de Montréal sur l'économie de l'Ouest, il se joint aux réformistes de George BROWN. Leur opposition à l'Église anglicane et à ses amis conservateurs incite McMaster, qui est baptiste, à promouvoir la cause de ses coreligionnaires. Au milieu du siècle, McMaster se lance dans l'activité bancaire et, en 1867, joue un rôle important

dans la création de la Banque canadienne de commerce, surtout pour faire concurrence à la Banque de Montréal. Durant sa présidence, la banque surpasse toutes les autres en Ontario sauf sa concurrente de Montréal. À sa mort, son testament révèle son désir de favoriser l'éducation baptiste. En plus de son appui financier au Canadian Literary Institute (Woodstock College) et au Toronto Baptist College, il fait un legs de près de un million de dollars pour fonder une institution baptiste d'études supérieures à Toronto. L'UNIVERSITÉ MCMASTER ouvre ainsi ses portes en 1890 comme institution indépendante, après son refus d'une fédération avec l'U. de Toronto.

C.M. Johnston

McMicken, Gilbert, politicien et magistrat (Wigstonshire, Écosse, 1813—Winnipeg, 6 mars 1891). McMicken arrive au Canada en 1832 et se lance en affaires à Chippawa, dans le Haut-Canada. De 1857 à 1861, il représente le district de Welland à l'Assemblée législative. Nommé magistrat rémunéré du Canada-Ouest en 1864, il dirige une équipe d'enquêteurs qui veille à ce que des agents confédérés n'utilisent pas le Canada comme base militaire. Le réseau d'espionnage qu'il monte alors sert de nouveau au milieu des années 1860 lorsque, à titre de commissaire en chef de la police du Dominion, il surveille étroitement le mouvement radical FENIAN afin de limiter la menace que ce groupe constitue pour le Canada. En 1871, McMicken est nommé agent des terres fédérales pour le Manitoba, receveur général adjoint ainsi que vérificateur et directeur de la Dominion Savings Bank. De 1874 à 1877, il est inspecteur du pénitencier du Manitoba. En 1879, il est élu représentant de Cartier à l'Assemblée législative du Manitoba et en devient président l'année suivante. Il prend sa retraite en 1883.

Edward Butts

MacMillan, Alexander Stirling, homme d'affaires, politicien et premier ministre de la Nouvelle-Écosse de 1940 à 1945 (Upper South River, N.-É., 31 oct. 1871?—Halifax, 7 août 1955). Après une brillante carrière dans l'exploitation forestière et la construction, MacMillan est nommé président du Nova Scotia Highways Board en 1920 et siège brièvement à titre de ministre de la Voirie en 1925. Membre libéral du Conseil législatif de 1925 à 1928, il siège à l'Assemblée législative de la Nouvelle-Écosse de 1928 à 1945. En 1933, il prend la direction de l'important portefeuille de la Voirie et, en 1940, il est également premier ministre, secrétaire provincial et ministre des Travaux publics. Redoutable débatteur et politicien avisé, il prend cependant de l'âge, et la direction du parti en temps de guerre lui pèse. Il cède donc volontiers son poste de premier ministre à Angus L. MACDONALD et se retire de la vie publique en 1945.

Margaret Conrad

MacMillan Bloedel Ltée Cette compagnie, dont le siège social se trouve à Vancouver, est la plus grande entreprise de produits forestiers du Canada. Elle débute en 1909 sous le nom de Powell River Paper Company Ltd., puis est réorganisée en 1911 sous le nom de Powell River Co. Au moment de sa fusion en 1960 avec MacMillan and Bloedel Ltd. (fondée en 1951), elle prend le nom de MacMillan, Bloedel and Powell River Ltd. Son nom actuel date de 1966. Entre 1964 et 1980, cette société fait différentes acquisitions, surtout des compagnies de fabrication de boîtes de carton ondulé, de bois et de papier. Grâce à des activités intégrées au Canada, aux États-Unis et outre-mer, elle produit du papier journal, du papier, du bois, des panneaux et des contenants. Elle possède aussi des terrains forestiers en Colombie-Britannique.

En 1995, elle déclare un chiffre d'affaires de 5,25 milliards de dollars et un actif de 5,27 milliards de dollars, et elle emploie 12 800 personnes. Noranda Forest, qui détenait 49 p. 100 du capital de MacMillan Bloedel, vend sa participation dans la société, en février 1993, par une offre publique d'actions. Les actions de la société sont maintenant détenues par un grand nombre d'actionnaires.

Deborah C. Sawyer

MacMillan, sir Ernest Alexander Campbell, chef d'orchestre de musique symphonique et de chorale de réputation internationale (Mimico [aujourd'hui Etobicoke], Ont., 18 août 1893—Toronto, 6 mai 1973). Il est aussi organiste, pianiste, compositeur, professeur, porte-parole de la musique et personnalité importante au sein des organismes musicaux canadiens. Il a à son actif une vingtaine de compositions et de nombreux arrangements. Ses écrits et ses conférences portent sur bon nombre de sujets, de la chanson folklorique à l'enseignement de la musique. Sa culture, son talent, son énergie et ses voyages en font le musicien canadien le plus en vue de la deuxième moitié du XXᵉ siècle.

Internement en Allemagne Enfant prodige, il compose plusieurs chansons et joue de l'orgue en public avant l'âge de 10 ans. Durant son adolescence, il suit des cours de musique à l'U. d'Édimbourg et obtient un diplôme d'organiste et un baccalauréat en musique d'Oxford. À 15 ans, il occupe un poste d'organiste professionnel à Toronto. Interné en Allemagne en tant qu'étranger ennemi, de 1914 à 1918, il développe ses talents en montant des spectacles et des concerts dans les camps de prisonniers de guerre. À Toronto, au début des années 20, il est organiste d'église et maître de chorale. Il écrit aussi pour des revues et enseigne la musique. C'est au cours de cette période de sa carrière qu'il crée la plupart de ses œuvres originales.

En 1923, il dirige la première de 30 présentations annuelles de la *Passion selon saint Mathieu* de Bach. Il participe activement aux festivals annuels de musique folklorique du Canadien Pacifique (1927-1931) et publie *A Book of Songs* (1929; réédité sous le titre de *A Canadian Song Book*, 1937) qui est grandement utilisé comme manuel scolaire, ainsi qu'une anthologie d'essais, *Music in Canada* (1955). Il est principal du Conservatoire de musique de Toronto (1926-1942), qui devient par la suite le Conservatoire royal de musique, et doyen de la Faculté de musique de l'U. de Toronto (1927-1952). Il fait la tournée de toutes les régions du pays à titre de juge de festival et d'examinateur du conservatoire.

Croissance de sa renommée La renommée de MacMillan croît rapidement après 1931, quand il devient chef de l'Orchestre symphonique de Toronto qu'il dirige jusqu'en 1956. Il est aussi à la tête de la TORONTO MENDELSSOHN CHOIR pendant les 14 dernières années de cette période. Il est chef invité de grands orchestres aux États-Unis, en Australie et au Brésil, en plus de diriger les premiers enregistrements commerciaux de ses ensembles de Toronto. Spécialiste de Bach, il familiarise néanmoins ses auditoires à un vaste répertoire et fait la promotion de nombreuses œuvres de compositeurs canadiens.

MacMillan est fait chevalier en 1935, reçoit la médaille du Conseil des arts (1964) et est nommé Compagnon de l'Ordre du Canada (1970). Il obtient également la médaille du Conseil canadien de la musique (1973, décoration posthume), la médaille Richard Strauss (GEMA, Allemagne de l'Ouest), des diplômes honorifiques de deux écoles royales de musique (Londres, Angleterre) et des doctorats honorifiques de huit universités. Le MacMillan Theatre, les Conférences MacMillan/CAPAC (Toronto, 1963-1977, rebaptisées Conférences SOCAN/MacMillan) et les Sir Ernest MacMillan Fine Arts Clubs (Vancouver, de 1936 à 1970) ont été nommés en son honneur. En 1984, la Bibliothèque nationale du Canada acquiert ses manuscrits, une collection comprenant 14 chapitres de ses mémoires inachevés, rédigés en 1955-1956, qui demeurent non publiés. La Sir Ernest MacMillan Memorial Foundation, fondée par sa famille en 1985, vise à aider les jeunes musiciens professionnels de talent.

À l'occasion du centenaire de sa naissance en 1993, on a lancé ou réédité des enregistrements de ses interprétations et de ses compositions pour les concerts. On a également produit des émissions et des symposiums consacrés à l'appréciation de son legs aux multiples facettes. On a finalement organisé une grande exposition (Toronto, Ottawa) de souvenirs de la Collection MacMillan de la Bibliothèque nationale et publié sa biographie, qui était fort attendue.

John Beckwith

MacMillan, Harvey Reginald, entrepreneur (Newmarket, Ont., 9 sept. 1885—Vancouver, 9 févr. 1976). Après des études au Collège d'agriculture de l'Ontario et à la Yale Forestry School, MacMillan travaille, en 1907, sur les côtes de Colombie-Britannique comme évaluateur de bois. Alors qu'il est engagé comme inspecteur adjoint des réserves forestières de l'ouest du Canada en 1908, la tuberculose l'oblige à passer les deux années et demie suivantes dans un sanatorium. En 1912, il devient chef forestier pour la Colombie-Britannique, poste qu'il conserve jusqu'à la Première Guerre mondiale. À cette époque, il devient délégué commercial dans le domaine du bois d'œuvre pour le gouvernement fédéral, directeur adjoint de l'usine Chemainus de Victoria Lumber and Manufacturing Co. puis, à la fin de la guerre, employé de la COMMISSION IMPÉRIALE DES MUNITIONS. En 1919, soutenu par un négociant britannique en bois d'œuvre, Montague Meyer, MacMillan lance H.R. MacMillan Export Co. W.J. Van Dusen, son directeur (qui deviendra son associé par la suite), et lui transforment l'entreprise en un important exportateur de bois d'œuvre. Ils font face à la concurrence par une mise en marché dynamique, l'achat de scieries et de concessions forestières, puis par la construction d'une usine de contreplaqué en 1935. Pendant la Seconde Guerre mondiale, MacMillan est président du conseil de Wartime Shipping Ltd., une société de la Couronne. Après la guerre, il poursuit l'agrandissement de sa société en construisant la Harmac Pulp Mill en 1947. En 1951, sa société fusionne avec Bloedel, Stewart and Welch. En 1956, MacMillan démissionne de son poste de président du conseil; en 1970, il démissionne, avec Van Dusen, de son poste d'administrateur, mais il gardera jusqu'à sa mort ses intérêts dans la société MACMILLAN BLOEDEL.

Christopher G. Curtis

MacMillan, William Joseph Parnell, médecin, premier ministre de l'Île-du-Prince-Édouard de 1933 à 1935 et lieutenant-gouverneur (Clermont, Î.-P.-É., 24 mars 1881—Charlottetown, 7 déc. 1957). Après une brillante carrière de chercheur et de médecin, MacMillan fait son entrée en politique en 1923. Dix ans plus tard, il devient premier ministre, alors que l'île connaît la pire récession économique de son histoire. Dynamique, il met sur pied de nombreux programmes d'aide et augmente considérablement les dépenses gouvernementales pour venir à la rescousse des insulaires. Cela n'empêchera cependant pas MacMillan et le Parti conservateur de se faire littéralement balayer du pouvoir, alors que le Parti libéral emporte les 30 sièges aux élections de 1935. En 1957, MacMillan est nommé lieutenant-gouverneur, quelques jours seulement avant son décès.

Leonard Cusack

MacNab, sir Allan Napier, militaire, avocat, homme d'affaires, politicien (Newark, Haut-Canada, 19 févr. 1798—Hamilton, Canada-Ouest, 8 août 1862). Doté d'une forte personnalité, bien qu'énigmatique, MacNab aura une grande influence sur plusieurs aspects de la société canadienne d'avant la Confédération. Jeune, il fait preuve d'une remarquable bravoure pendant la GUERRE DE 1812. En 1826, il quitte York (Toronto) pour Hamilton, où il ouvre un cabinet d'avocat qui deviendra florissant. Il doit cependant sa fortune à la spéculation immobilière. Il est aussi entrepreneur. Avec Peter Buchanan, un marchand de

Glasgow, il contribue notamment à la construction du GREAT WESTERN RAILWAY.

Au cours de la première partie de sa carrière politique (1830-1835), MacNab encourage vigoureusement le développement économique et les politiques modérées des conservateurs. Dans la deuxième partie (1836-1849), il devient conservateur extrémiste. Fait chevalier pour le zèle qu'il a manifesté dans la répression des RÉBELLIONS DE 1837-1838, il insiste sur la question de la loyauté dans les affaires publiques. Enfin, dans la troisième partie de sa vie politique (1850-1856), il déclare que «toute ma politique se rapporte aux chemins de fer». En tant que chef des conservateurs, il est également soucieux de supprimer la tendance extrémiste de son parti. En 1854, il joue un rôle important dans la formation de l'alliance des libéraux et des conservateurs et devient premier ministre du Canada-Ouest et du Canada-Est (1854-1856). Dundurn, son imposante demeure de 37 pièces, se trouve toujours à Hamilton.

D.R. Beer

McNab, Archibald, 17ᵉ chef du clan MacNab (Perthshire, Écosse, v. 1781—Lannion, France, 12 août 1860). McNab fuit ses créanciers écossais en immigrant dans le Haut-Canada, en 1822. Son projet de colonisation est approuvé en novembre 1823 et il reçoit en concession des terres dans la région de la rivière Madawaska. Le canton est arpenté et appelé McNab en 1824. En 1825, McNab y fait venir une quinzaine de familles d'Écosse; d'autres familles, recrutées au Canada, viennent aussi coloniser le canton selon des modalités fixées par McNab.

Pendant les 15 années suivantes, il vole les colons et les poursuit devant les tribunaux. Au début, ses amis politiquement influents de Toronto et de Perth l'appuient, mais sa position, inattaquable pendant les années 1830, est totalement compromise dans les années 1840 par sa cupidité excessive. La détermination des colons à travailler ensemble et à présenter une requête aux conseils du Haut-Canada et du Canada-Ouest finit par le chasser du canton.

McNab vit à Hamilton jusqu'en 1851, puis quitte le Canada et meurt en exil en France. Après avoir abandonné sa femme et quatre enfants en Écosse, il engendre au moins un enfant illégitime dans le canton de McNab et un autre après son retour en Angleterre, au cours des années 1850.

Julian Gwyn

McNair, John Babbitt, avocat, politicien, juge et premier ministre du Nouveau-Brunswick, de 1940 à 1952 (Andover, N.-B., 20 nov. 1889—Fredericton, 14 juin 1968). D'abord élu député dans York en 1935, il est procureur général sous le gouvernement DYSART et président du Parti libéral provincial. Défait en 1939, il est réélu en 1940 dans la circonscription de Victoria et de nouveau dans la circonscription de York, en 1944. En 1940, il succède à Dysart comme chef de parti et premier ministre et, en 1943, il fait adopter la *Civil Service Act* qui donne la sécurité d'emploi aux fonctionnaires. Après la défaite de son gouvernement en 1952, McNair quitte la politique et retourne à la pratique du droit. En 1955, il est nommé juge en chef du Nouveau-Brunswick et, en 1957, il préside la Commission royale d'enquête sur la situation financière de Terre-Neuve. Il est nommé lieutenant-gouverneur du Nouveau-Brunswick en 1965.

Della M.M. Stanley

McNaughton, Andrew George Latta, officier de l'armée, scientifique et diplomate (Moosomin, T.N.-O., 25 févr. 1887—Montebello, Qc, 11 juill. 1966). Ingénieur formé à l'U. McGill, il s'enrôle dans la milice non permanente (volontaire) en 1909 et conduit outre-mer la 4ᵉ batterie du CORPS EXPÉDITIONNAIRE CANADIEN en 1914. Sa façon scientifique d'aborder l'artillerie lui vaut un avancement rapide. Il est blessé deux fois et devient commandant de l'Artillerie du corps d'armée canadien lorsque la guerre prend fin. Il rejoint la force permanente en 1920 et devient sous-chef de l'état-major général en

1922. En tant que chef de l'état-major général (1929-1935), il entreprend la mécanisation de la force permanente et la modernisation de la milice. De 1935 à 1939, il est président du CONSEIL NATIONAL DE RECHERCHES DU CANADA.

McNaughton retourne à la vie militaire pendant la Seconde Guerre mondiale en tant que commandant de la 1re Division d'infanterie canadienne (1939). Officier supérieur canadien au Royaume-Uni lorsque les forces stationnées sur ce territoire se transforment en corps d'armée (1940), puis en armée (1942), il s'efforce de garder les Canadiens réunis en une seule formation et se concentre sur les aspects scientifiques de la vie militaire. Il introduit une méthode améliorée d'éclatement aérien guidé par télémétrie et développe des obus antichars perforants. Toutefois, son jugement tactique est médiocre (il approuve la malheureuse entreprise de DIEPPE) et il ne maîtrise jamais la relation entre politique et haut commandement en temps de guerre. Vers la fin de 1943, son opposition inflexible au fractionnement de l'Armée canadienne outre-mer est mal vue à Ottawa. McNaughton a perdu la faveur de son propre ministre de la Défense nationale, J.L. RALSTON, et les Britanniques critiquent de plus en plus son commandement. Cédant à ces pressions et à sa santé chancelante, il démissionne en décembre 1943.

McNaughton reste un favori du premier ministre Mackenzie KING (il était naguère un confident du premier ministre R.B. BENNETT) et est choisi pour devenir le premier gouverneur général né au Canada. Il se laisse plutôt attirer par une carrière politique qui sera brève et infructueuse: nommé ministre de la Défense nationale en 1944-1945, il ne réussit ni à empêcher la CONSCRIPTION pour le service outre-mer ni à obtenir un siège au Parlement. Homme public prestigieux pendant presque 20 ans après 1945, McNaughton est représentant canadien à la Commission de l'énergie atomique de l'ONU et président de la Commission de contrôle de l'énergie atomique du Canada (1946-1948), délégué permanent à l'ONU en 1948-1949, président de la section canadienne de la COMMISSION MIXTE INTERNATIONALE de 1950 à 1962 et président de la COMMISSION PERMANENTE MIXTE DE DÉFENSE CANADA–ÉTATS-UNIS de 1950 à 1959. Il défend sa conception de l'intérêt national avec détermination et indépendance d'esprit, et sa dernière grande campagne est une lutte farouche contre le TRAITÉ DU FLEUVE COLUMBIA.

Norman Hillmer et Brereton Greenhous

McNaughton, Violet Clara, née Jackson, journaliste, leader féministe (Borden, Angl., 11 nov. 1879—Saskatoon, 3 févr. 1968). En 1912, les McNaughton deviennent membres de la Saskatchewan Grain Growers' Association (SGGA) et partagent la charge de secrétaire-trésorier de la section Hillview. L'insistance que met Violet à être reconnue comme déléguée au congrès de l'association en 1913 entraîne la tenue d'un «congrès des femmes» spécial, et la création d'un comité pour l'organisation d'une section féminine, dont Violet est nommée secrétaire. En 1914, une fois cette section bien en place, elle en est élue présidente (1914-1917). En 1915, elle met sur pied la Saskatchewan Equal Franchise League, qui sera l'une des principales responsables de l'obtention du droit de suffrage pour les femmes un an plus tard. En 1919, elle est présidente de l'Interprovincial Council of Farm Women et, à ce poste, devient un important leader féministe à l'échelle nationale. Elle est élue au conseil d'administration de la SGGA au début des années 20 et joue un rôle considérable au sein des mouvements progressistes provinciaux et nationaux en participant notamment à la création de la plateforme électorale du PARTI PROGRESSISTE en 1921. De 1925 à 1950, elle rédige la chronique «Mainly for Women» dans *The Western Producer*.

Ian MacPherson

McNeil, affaire Dans l'affaire McNeil (1978), désireux de voir un film interdit dans sa province par une régie provinciale, le journaliste McNeil attaque la constitutionnalité du Theatres and Amusement Act de la N.-É. La Cour suprême du Canada, dans une décision fort partagée, prononce la validité de la mesure alléguant qu'il s'agit de réglementation, de surveillance et de contrôle de l'industrie du cinéma dans la province, et de commerce intra-provincial. Le contrôle local sur le film se justifie sous le paragraphe 92 (13) de la Loi constitutionnelle de 1867. Cette mesure préventive ne vise pas à punir une infraction criminelle. La Cour distingue entre criminalité et moralité. Une loi provinciale qui établit des normes de décence n'empiète pas nécessairement sur le droit criminel et peut se justifier sous le paragraphe 92 (16). Le juge Ritchie fait remarquer que: «Dans un pays aussi vaste et diversifié que le Canada, où les goûts et les mœurs peuvent varier d'une région à l'autre, la détermination de ce qui est ou non présentable au public, pour des raisons morales, peut être considérée comme une matière d'une nature purement locale ou privée dans la province au sens du paragraphe 92 (16) …».

Gérald-A. Beaudoin

MacNeil, Rita, chanteuse de folklore (Big Pond, N.-É., 1944). Après avoir déménagé à Toronto à l'âge de 17 ans, MacNeil écrit ses premières chansons et se met à donner des spectacles occasionnels dans les cafés et boîtes à chansons. Elle s'établit ensuite à Ottawa et, avant de retourner vivre dans son coin natal à l'île du Cap-Breton, elle enregistre trois albums sous des étiquettes indépendantes. De retour à Big Pond, elle forme un trio et relance sa carrière. Sa première percée importante est un engagement de six semaines à l'Expo 1986 à Vancouver. Ayant signé un contrat avec Virgin Records, elle lance un premier album, *Flying on Your Own,* sous cette étiquette. L'album obtient un succès immédiat et lui vaut le PRIX JUNO décerné à l'artiste la plus prometteuse. L'année suivante, son disque *Reason To Believe* se vend à plus de 200 000 exemplaires au Canada en plus de grimper au premier rang du palmarès en Australie et en Grande-Bretagne.

La voix distinctive de MacNeil et ses chansons touchantes, qu'on retrouve sur des albums tels que *Home I'll Be* (1990), *Thinking of You* (1992) et *Porch Songs* (1995), plaisent à la fois aux amateurs de musique pop et de musique country. Elle enregistre également deux albums de Noël à succès: *Now The Bells Ring* (1988) et *Once Upon a Christmas* (1993). À partir de 1994, elle anime une émission très cotée à la télévision anglaise de Radio-Canada, *The Rita MacNeil Show,* qui attire régulièrement un auditoire de deux millions de téléspectateurs. Cette émission est retirée des ondes à l'apogée de sa popularité, ce qui cause une vive controverse. Néanmoins, MacNeil poursuit ses tournées et enregistre d'autres albums, dont *Music of A Thousand Nights* (1997). Récipiendaire de trois prix Juno, elle reçoit l'Ordre du Canada en 1992.

Jeff Bateman

Macoun, John, explorateur et naturaliste (Maralin, Irl., 17 avril 1831—Sidney, C.-B., 18 juill. 1920). Ardent défenseur du potentiel agronomique de la région intérieure de l'Ouest, Macoun est aussi le principal naturaliste de terrain du Canada. Sa collection de la flore et de la faune canadiennes est à l'origine de la fondation du Musée national des sciences naturelles. Détenteur d'une maîtrise ès arts de l'U. de Syracuse, Macoun est un phytogéographe autodidacte. En 1872, il prend part à la première des cinq explorations de l'Ouest canadien dirigées par Sandford FLEMING. Au cours de la décennie suivante, il affirme dans différents rapports et présentations publiques que les terres de l'Ouest sont idéales pour l'agriculture. Alors que la ligne principale du Canadien Pacifique traverse les prairies pour des raisons avant tout stratégiques, Macoun en justifie le tracé sur le plan agricole.

En 1882, il est nommé à la COMMISSION GÉOLOGIQUE DU CANADA en qualité de botaniste du Dominion et entreprend une étude sur la variété et la distribution de la flore au Canada, y ajoutant l'étude de la faune quand il devient expert naturaliste et sous-directeur en 1887. Macoun crée un herbier du Dominion de plus de 100 000 espèces et découvre approximativement 1000 nouvelles espèces, dont plusieurs portent son nom. Au moment de sa retraite à l'île de Vancouver en 1912, la Commission géologique s'enorgueillit de la plus belle collection de la flore et de la faune du pays. Il est membre fondateur de la Société royale du Canada en 1882. Son fils, William Tyrrell Macoun (1869-1933), est le premier horticulteur du Dominion et reçoit de nombreuses récompenses pour sa recherche sur la reproduction de la pomme.

W.A. Waiser

Macphail, Agnes Campbell, politicienne et réformatrice (canton de Proton, comté de Grey, Ont., 24 mars 1890—Toronto, 13 févr. 1954). Elle est la seule femme élue au Parlement du Canada, en 1921, lors de la première élection fédérale où les femmes ont le droit de vote. Elle demeure députée jusqu'à sa défaite de 1940. En 1943, elle devient députée à l'Assemblée législative de l'Ontario, où elle est l'une des deux premières femmes élues. Elle perd son siège en 1945, mais le reprend en 1948 jusqu'en 1951. Elle est aussi la première femme nommée membre de la délégation canadienne de la SOCIÉTÉ DES NATIONS, où elle insiste pour être membre du comité sur le désarmement. Agnes Macphail débute sa carrière comme institutrice en milieu rural. Elle joue un rôle actif au sein du MOUVEMENT COOPÉRATIF agricole de l'Ontario et des FERMIERS UNIS DE L'ONTARIO (FUO). Elle entre sur la scène politique comme porte-parole des agriculteurs de sa région. Elle en vient par la même occasion à se considérer comme représentante des autres femmes. Comme députée fédérale, elle siège d'abord sous la bannière du PARTI PROGRESSISTE, auquel les FUO sont affiliés, puis comme indépendante, et finalement comme représentante de la CO-OPERATIVE COMMONWEALTH FEDERATION. Au niveau provincial, elle représente le CCF, ancêtre du NPD, et, bien qu'elle participe à la fondation de ce parti, elle se méfie du sentiment partisan et ne reconnaît pas la discipline de parti.

Même si l'histoire moderne tend à le nier, Agnes Macphail est perçue à son époque comme féministe. Elle attache toujours une grande importance aux questions rurales, comme les tarifs protectionnistes. Elle accorde cependant une attention toute particulière aux «questions des prisons» comme la réforme des prisons. Elle est la fondatrice de la Société Elizabeth Fry du Canada et est en grande partie responsable de la mise sur pied, en 1935, de la Commission Archambault qui enquête sur les prisons canadiennes. Féministe antimilitariste (bien qu'elle vote à contrecœur pour la participation du Canada à la Seconde Guerre mondiale), elle prend une part active à la LIGUE INTERNATIONALE DE FEMMES POUR LA PAIX ET LA LIBERTÉ. Bien qu'elle ne milite pas pour le suffrage des femmes, elle soutient l'acquisition des droits civils pour elles. Elle est amie de Nellie MCCLUNG et admire les efforts de Thérèse CASGRAIN qui lutte pour le droit de vote des femmes au Québec. Elle accueille favorablement la décision dans l'AFFAIRE DES FEMMES NON RECONNUES CIVILEMENT. Elle est à l'origine de la première loi ontarienne sur l'égalité des salaires (1951). Après sa défaite électorale, elle fait du journalisme, donne des conférences et participe à l'organisation du NPD en Ontario, mais elle manque d'argent et a des problèmes de santé. Elle meurt tout juste avant l'annonce de sa nomination au Sénat.

Naomi Black

McPhail, Alexander James, agriculteur, dirigeant syndical et homme d'affaires (près de Paisley, Ont., 23 déc. 1883—Regina, 21 oct. 1931). En 1913, McPhail entre au ministère de l'Agriculture de la Saskatchewan, mais démissionne en 1918 par loyauté envers son supérieur P.F. Brendt, remercié en raison de sa nationalité allemande. De retour à Elfros, en Saskatchewan, McPhail devient commerçant de bétail, vendant surtout sur le marché de Winnipeg. Il devient un organisateur actif pour le PARTI PROGRESSISTE et se joint à l'aile modérée de la Saskatchewan Grain Growers' Association, puis en devient secrétaire plus tard au cours de l'année. McPhail est un partisan et dirigeant du mouvement du syndicat du blé; il est élu comme premier président du bureau de SASKATCHEWAN WHEAT POOL en 1924. En tant que président, il fait face à plusieurs questions difficiles. À regret, il effectue l'achat par le syndicat d'un silo appartenant à la Saskatchewan Co-operative Elevator Company. Il est le principal organisateur de l'Organisme central de ventes, fondé par les trois syndicats du blé des Prairies, pour commercialiser le blé à l'étranger. Adepte de la commercialisation volontaire, McPhail fait campagne contre la commercialisation obligatoire, une question controversée en Saskatchewan durant la fin des années 20. Après l'écroulement du marché en 1929, le syndicat de la Saskatchewan, comme les autres, évite la faillite uniquement grâce au soutien du gouvernement.

Ian MacPherson

Macphail, sir Andrew, médecin, homme de lettres, professeur de médecine et militaire (Orwell, Î.-P.-É., 24 nov. 1864—Montréal, 23 sept. 1938). Il étudie au collège Prince of Wales, à Charlottetown, puis à l'U. McGill où il obtient un diplôme en arts et en médecine. Après avoir exercé la profession de médecin et enseigné à la faculté de médecine de l'U. Bishop, à Lennoxville, de 1893 à 1905, il est nommé premier professeur de l'histoire de la médecine en 1907. Il occupera cette chaire durant 30 ans. En 1911, il fonde et dirige le mensuel *Canadian Medical Association Journal,* où il reste jusqu'à ce qu'il s'enrôle comme médecin militaire pendant la Première Guerre mondiale. À compter de 1905, il publie plus d'une dizaine de livres et de nombreux textes dont la plupart ne traitent pas de médecine. Plusieurs de ses essais paraissent dans THE UNIVERSITY MAGAZINE, une remarquable publication trimestrielle qu'il dirige de 1907 à 1920, à l'exception des quatre années qu'il passe outre-mer. La plupart de ses écrits au cours de cette période consistent en des commentaires politiques ou des critiques sociales. Il se préoccupe surtout de définir le lien impérial qui unit le Canada et le Royaume-Uni et de souligner les erreurs de jugement du féminisme ou de l'éducation moderne. Le 2 janvier 1918, il reçoit le titre de chevalier pour ses travaux littéraires et son engagement militaire. Le livre auquel il accorde le plus de soin et qu'il considère comme son meilleur livre, *The Master's Wife* (1939, réimpr. en 1977), est publié après sa mort. Il s'agit de souvenirs, en partie autobiographiques, de l'Île-du-Prince-Édouard.

Ian Ross Robertson

McPherson, Aimee Semple, née Kennedy (Ingersoll, Ont., 9 oct. 1890—Oakland, Calif., 27 sept. 1944). À l'âge de 17 ans, Aimee épouse Robert Semple, un missionnaire pentecôtiste, qui meurt en Chine en 1912. Elle revient aux États-Unis avec sa fille nouveau-née. Elle épouse H.S. McPherson et prêche le renouveau religieux sous la tente dans les États côtiers atlantiques. Son succès la mène à Los Angeles en 1918. C'est là qu'elle ouvre, cinq ans plus tard, au coût de 1,25 million de dollars et sans aucune dette, l'Angelus Temple of the Foursquare Gospel comptant 5000 sièges.

Ses techniques théâtrales en chaire font de «sœur Aimee» la revivaliste la plus connue au monde. Elle donne des conférences aux États-Unis, au Canada, en Grande-Bretagne et en Australie. En 1926, peu de temps après avoir divorcé de McPherson, le père de son fils, Aimee disparaît. On la croit noyée, mais plusieurs semaines plus tard, elle réapparaît et déclare avoir été kidnappée, probablement pour couvrir sa liaison avec le directeur de sa station de radio. Au

cours de la décennie suivante, elle est impliquée dans des scandales moraux et financiers, dont son divorce d'avec son troisième mari. Sa réputation et sa santé se détériorent. Elle meurt d'une surdose de drogues, apparemment accidentelle.

John S. Moir

Macpherson, Cluny, médecin, inventeur, homme d'affaires et juge de paix (St. John's, mars 1879—*id.*, 16 nov. 1966). Après des études à l'U. McGill, puis à Édimbourg et à Paris, il est nommé chirurgien et magistrat à Battle Harbour, au Labrador, où il aide Wilfred Grenfell à maîtriser une épidémie de variole. Il retourne à la pratique privée à St. John's en 1904 et est nommé registraire du Newfoundland Medical Board, poste qu'il occupe jusqu'à sa mort, sauf pour quelques interruptions. Il est décoré en mai 1915 pour avoir inventé le masque à gaz, qui offre une protection contre les gaz toxiques. Il est directeur de la Grenfell Association de Terre-Neuve et de la International Grenfell Association. Président du Conseil médical du Canada de 1954 à 1955 et président d'une commission de la Cour suprême de Terre-Neuve, Macpherson est aussi bien en vue dans le monde des affaires.

Stephen O. Jackson

Macpherson, Crawford Brough, théoricien de la politique, professeur (Toronto, 18 nov. 1911—*id.*, 22 juill. 1987). Après des études à l'U. de Toronto et à l'U. de London, il revient en 1935 à l'U. de Toronto, où il entreprend une carrière d'enseignant au Département d'économie politique, qui durera quatre décennies. Sa carrière est interrompue seulement par son travail à la COMMISSION D'INFORMATION EN TEMPS DE GUERRE (1943-1944) et par l'occupation de chaires de professeur invité en Grande-Bretagne, aux États-Unis et en Australie. Ses divers écrits sur le développement de la théorie de la démocratie libérale lui valent une renommée internationale. S'inspirant d'abord de théoriciens anglais du XVIIᵉ siècle tels que Thomas Hobbes et John Locke, Macpherson qualifie d'«individualisme possessif» l'idéologie de la nouvelle bourgeoisie. Son analyse particulièrement humaniste procède d'une critique marxiste du stade infantile du capitalisme, mais s'appuie également sur la promesse morale du libéralisme, à savoir la liberté individuelle de se réaliser pleinement, qu'étouffent, selon lui, les relations de marché capitalistes. Dans un de ses premiers ouvrages, il applique son analyse à un courant particulier de la démocratie libérale au Canada, en l'occurrence l'idéologie du mouvement agricole en Alberta au début du XXᵉ siècle. Parmi ses principaux ouvrages figurent *Democracy in Alberta* (1953), *The Political Theory of Possessive Individualism* (1962), *The Real World of Democracy* (1965), *Democratic Theory: Essays in Retrieval* (1973), *The Life and Times of Liberal Democracy* (1977) et *Burke* (1980). En 1976, il est nommé Officier de l'Ordre du Canada.

Craig Heron

McPherson, Donald, patineur artistique (Windsor, Ont., 20 févr. 1945). Champion du monde de patinage artistique en 1963, McPherson est le premier Canadien à remporter les championnats canadiens nord-américains et mondial la même année. À l'âge de 15 ans, il participe aux Jeux olympiques de 1960, à Squaw Valley, en Californie, et, à 18 ans, il devient le plus jeune athlète masculin à remporter le titre de champion du monde. Plus faible aux figures imposées, McPherson effectue des programmes de style libre remarquables, qui frôlent la perfection. Après les compétitions de 1963, il se retire du circuit amateur et évolue pendant 11 ans comme professionnel dans une troupe de spectacles sur glace. En 1975, il remporte le titre de champion du monde des professionnels

Barbara Schrodt

Macpherson, Duncan Ian, caricaturiste politique (Toronto, 20 sept. 1924—*id.*, 3 mai 1993). Considéré comme l'un des meilleurs caricaturistes politiques

du Canada, Macpherson se voit décerner l'ORDRE DU CANADA, la Médaille de la Royal Academy et le prix Molson du CONSEIL DES ART DU CANADA. Il remporte six fois le Concours national du journalisme pour son travail au *Toronto Star*. À l'âge de 17 ans, il abandonne l'école afin de s'enrôler dans l'Aviation royale du Canada. Pendant la Seconde Guerre mondiale, il sert en Angleterre et profite de ses moments libres pour suivre des cours d'art à Londres. Après la guerre, il étudie au Boston Museum of Fine Art et au COLLÈGE DES BEAUX-ARTS DE L'ONTARIO. Il travaille comme illustrateur au *Montreal Standard* et au *Maclean's* avant d'entrer au service du Toronto Star.

Brillant dessinateur, Macpherson excelle dans un style qui lui est propre. Ses caricatures occupent une place à part au Canada anglais: elles sont méchantes, espiègles et parfois cruelles. Un confrère, Gary Lautens, voit en son œuvre un mélange de «Mary Poppins, de Mark Twain et d'Attila le Hun». Lui-même se présente comme un perturbateur. Il est devenu célèbre avec ses portraits corrosifs du premier ministre John DIEFENBAKER. C'est le premier caricaturiste à retenir les services d'un agent pour négocier un salaire auprès des directeurs de rédaction et il joue un rôle fondamental dans la reconnaissance de l'indépendance de sa profession. Il obtient que les caricaturistes soient reconnus comme collaborateurs à part entière de l'équipe de rédaction, et non comme simples illustrateurs. En 1969, il publie *Macpherson's Canada,* un recueil d'aquarelles, de pastels et de dessins, et ses caricatures paraissent dans des dizaines d'anthologies. Il est nommé au Canadian News Hall of Fame en 1976. (*Voir aussi* CARICATURE POLITIQUE.)

Alan Hustak

MacPherson, Fraser, musicien de jazz (Winnipeg, 10 avril 1928—Vancouver, 29 sept. 1993). Il commence sa carrière à Vancouver vers 1950 comme saxophoniste dans les orchestres à la radio et à la télévision de la Société Radio-Canada et dans les boîtes de nuit locales. De 1964 à 1970, il dirige un ensemble à la boîte de nuit The Cave. Très en vue dans le monde du jazz de Vancouver durant les années 50 et 60, il se fait connaître à l'échelle internationale à la fin des années 70 avec un trio de jazz de style mainstream formé, entre autres, du guitariste Oliver Gannon et mettant en vedette ses propres œuvres pour saxophone ténor qui, quoique sobres, témoignent de son assurance. Le trio fait des tournées en URSS (1978, 1981, 1984, 1986) et en Europe (1979), et MacPherson joue aussi en Australie (1986) et parfois aux États-Unis. Parmi les 10 disques compacts et microsillons produits sous son nom (dont deux après son décès) par des compagnies américaines et canadiennes, un album en duo avec Gannon, *I Didn't Know About You,* remporte un prix Juno en 1983. On retrouve parmi ses autres albums, avec Gannon et d'autres musiciens, *Jazz Prose* et *Honey and Spice*. MacPherson est nommé Membre de l'Ordre du Canada en 1987.

Mark Miller

McTaggart-Cowan, Ian, zoologiste, éducateur (Édimbourg, Écosse, 25 juin 1910). Remarquablement actif en biologie, et particulièrement en biologie des mammifères, des oiseaux et des mollusques, il est un pionnier en application de la science à la gestion et à la conservation de la faune. Professeur et orateur acclamé, McTaggart-Cowan est professeur titulaire, chef de département et doyen de l'U. de la Colombie-Britannique, et sénateur (1940-1975). Il est l'un des premiers à introduire la science à la télévision dans des émissions largement diffusées au-delà des frontières canadiennes. Parmi ses activités publiques, il est consultant auprès des parcs nationaux du Canada et de l'étranger, vice-président de l'Union internationale pour la conservation de la nature et de ses ressources (UICN), président de la Wildlife Society et du Conseil canadien de biologie, président du Conseil consultatif canadien de l'environnement et membre ou cadre supérieur de nombreux conseils et comités locaux, provinciaux et nationaux. Les exploits de Cowan sont largement honorés: il est membre de la Royal Society of Science, reçoit la Leopold Medal (1970) et l'Einarsen Award in Conservation (1970) et est nommé Officier de l'Ordre du Canada (1972). Durant sa retraite, il est fait chancelier de l'U. de Victoria (1979-1985), président du Comité canadien d'étude des baleines et de leur chasse, de l'Academic Council (Colombie-Britannique), du Habitat Conservation Board (Colombie-Britannique) et d'autres organismes de services publics.

Valerius Geist

McTaggart-Cowan, Patrick Duncan, météorologiste (Édimbourg, Écosse, 31 mai 1912—Bracebridge, Ont., 11 oct. 1997), frère cadet de Ian MCTAGGART-COWAN. La famille McTaggart-Cowan immigre au Canada en 1913. McTaggart-Cowan obtient un diplôme de l'U. de la Colombie-Britannique et est boursier de la fondation Cecil Rhodes à Oxford. Fonctionnaire responsable du service météorologique de Terre-Neuve de 1937 à 1942, il instaure les services météorologiques pour les premiers vols transatlantiques avec passagers. Durant la Seconde Guerre mondiale, il est météorologiste en chef pour le FERRY COMMAND des Forces aériennes royales. En 1946, il devient sous-directeur du Service météorologique du Canada et, quand Andrew THOMSON prend sa retraite en 1959, il en assure la direction.

Nommé président-fondateur de l'UNIVERSITÉ SIMON FRASER en 1963, il dirige l'université jusqu'à sa nomination au poste de directeur du CONSEIL DES SCIENCES DU CANADA en 1968. En 1970, il dirige l'opération Hydrocarbures mise sur pied pour nettoyer le pétrole répandu par le pétrolier *Arrow* dans la baie Chédabouctou, en Nouvelle-Écosse. Récipiendaire de plusieurs médailles et honneurs nationaux et internationaux, il est fait plusieurs fois docteur honoris causa et, en 1986, il devient membre honoraire à vie de la Société canadienne de météorologie et d'océanographie. Il est fait Membre de l'Ordre de l'Empire britannique en 1944 et Officier de l'Ordre du Canada en 1979.

David Phillips

McTavish, Simon, commerçant de fourrures (Stratherrick, Écosse, v. 1750—Montréal, 6 juill. 1804). Il immigre en Amérique du Nord à l'âge de 13 ans, probablement comme apprenti chez un marchand. Il se lance dans la traite des fourrures depuis Albany (New York), puis déménage à Montréal vers le milieu des années 1770. On ignore s'il a voyagé à l'ouest du lac Supérieur, mais il finance des expéditions de traite vers la rivière Saskatchewan et le Nord-Ouest. En 1779, il joue un rôle déterminant dans la création de la première COMPAGNIE DU NORD-OUEST (CNO) et peut-être est-il derrière sa réorganisation, en 1783. Après s'être associé à Joseph FROBISHER en 1787 pour former la compagnie McTavish, Frobisher and Co., principal fournisseur et agent de ventes de la CNO, il renforce son emprise sur cette dernière. Sa prééminence dans le milieu des affaires de Montréal et son style personnel lui valent le surnom de «Marquis».

Daniel Francis

Maddin, Guy Arthur, cinéaste (Winnipeg, 28 févr. 1956). D'origine islandaise, Guy Maddin est l'un des cinéastes les plus doués et les plus excentriques du Canada anglais. Ses parents lui auraient donné ce nom en souvenir de Guy Madison, une vedette de série B dans les années 50.

Maddin a toujours vécu à Winnipeg, où il fait deux rencontres déterminantes durant ses études à l'U. du Manitoba. Dans un premier temps, il y rencontre George Toles, un professeur de cinéma qui deviendra plus tard un de ses proches collaborateurs. Puis, il fait la connaissance de John Paizs, un camarade de classe dont la série de courtes comédies à l'humour pince-sans-rire et à faible budget l'impres-

sionne fortement. L'influence de Paizs est évidente dans le premier court métrage de Maddin, *The Dead Father* (1985), réalisé avec le Winnipeg Film Group.

Dans son premier long métrage, *Tales from the Gimli Hospital* (1988), le style personnel de Maddin s'affirme davantage: piste sonore délibérément grinçante et non synchronisée, situations dramatiques poussées jusqu'à l'absurde, recréation méticuleuse de codes cinématographiques archaïques comme les intertitres et les décors délibérément non naturalistes, le tout combiné en une forme timide, mais spirituelle, d'expressionnisme postmoderne. Il perfectionne et développe cette approche dans ses longs métrages ultérieurs (*Archangel*, 1990, et *Careful*, 1992) et s'attire la reconnaissance d'un public averti à l'échelle internationale qui, quoique peu nombreux, n'en est pas moins inconditionnel.

Geoff Pevere

Madeleine, Îles de la Archipel de 13 802 hab. (rec. 1996), d'une superficie de 202 km², situé au milieu du GOLFE DU SAINT-LAURENT, à 288 km de la GASPÉSIE, à 112 km de l'Île-du-Prince-Édouard et à 88 km au nord-ouest de l'ÎLE DU CAP-BRETON. Il est formé de 16 îles, îlots et rochers étirés en forme d'hameçon sur près de 100 km. Géologiquement, il fait partie des Appalaches, et son point culminant est Big Hill (altitude de 170 m) sur l'Île d'Entrée.

Précédé par des pêcheurs BASQUES, Jacques CARTIER arrive en 1534 aux abords de l'île qu'il nomme «Bryon» en l'honneur de l'amiral Philippe de Chabot, mais il baptise l'archipel «Les Araynes», à cause de ses vastes plages de sable. La première bataille en Amérique entre Anglais et Français s'y déroule en 1591. Par la suite, les pêcheurs français nommeront l'archipel les «Îles Ramées», et les Micmacs, «Munagesunok» ou «îles que battent les vagues». Concédées d'abord à Nicolas Denys en 1672, les îles prendront le nom de l'épouse (Madeleine Fontaine) de leur deuxième seigneur, François Doublet, mais CHAMPLAIN avait déjà nommé l'Île du Havre Aubert «La Magdeleine» en 1632. La véritable colonisation débute en 1755, quand quelques familles s'y établissent à la suite de la déportation des Acadiens (*voir* ACADIE) par les Anglais. D'autres viennent de Miquelon en 1793. Par le TRAITÉ DE PARIS (1763), toutes les possessions françaises d'Amérique passent à l'Angleterre, sauf Saint-Pierre et Miquelon. En 1798, George III concède les îles à l'amiral Isaac Coffin, qui soumet les Madelinots à la tenure seigneuriale. Ces misères poussent les insulaires à l'exil, et ils fondent plusieurs villages de la Côte-Nord, au Québec. Malgré l'abolition de la tenure seigneuriale en 1854 au Canada, les Îles demeurent une concession qui appartient au gouvernement du Québec depuis 1958. Très peu de Madelinots ont racheté leur terre ou leur rente depuis qu'ils peuvent le faire (1895), de sorte que 70 p. 100 des terres privées sont encore sujettes à une rente que le gouvernement n'applique heureusement pas.

La plupart des îles sont reliées entre elles par de longs cordons de sable et sont habitées, soit l'Île du Havre Aubert, l'ÎLE DU CAP AUX MEULES, l'Île du Havre aux Maisons, l'Île aux Loups, l'ÎLE DE LA GRANDE ENTRÉE, l'Île de l'Est et la Grosse-Île. Au large, l'Île d'Entrée est aussi habitée, mais non l'Île Brion, le rocher aux Oiseaux et Le Corps-Mort. Les îles ne sont reliées au continent par bateau de façon régulière que depuis 1938. Les falaises de grès rouge et gris présentent des sculptures spectaculaires, et, sur les 435 km de côtes, les 290 km de plages de sable sont entrecoupés de havres et de baies pittoresques. La pêche représentait jusqu'à tout récemment 45 p. 100 de l'activité économique des îles (hareng, morue, plie, flétan, sébaste, maquereau, pétoncle géant, crabe des neiges, homard), mais la «crise des pêcheries», particulièrement la diminution du stock de morues, a réduit cette activité de beaucoup depuis le début des années 90. Depuis le début des années 80, la «crise du phoque», alimentée par la

vedette de cinéma Brigitte Bardot, est venue anéantir une autre industrie séculaire, mais il y a une faible reprise depuis 1995. Par contre, l'industrie du tourisme a connu, depuis 1972, une augmentation qui triple la population des îles durant l'été. L'exploitation d'un gisement de sel (mine Seleine) à Grosse-Île, depuis 1983, et le tourisme sont devenus les piliers de l'économie insulaire. Toutefois, l'aquaculture dans les lagunes (surtout de la MUSSELS depuis 1986) et l'agriculture contribuent à la relance économique. Le Musée de la mer et le secteur historique des pêches de La Grave sont bien connus, de même que le fameux concours annuel des châteaux de sable sur l'Île du Havre Aubert. Le centre administratif de l'archipel et de la MRC des Îles de la Madeleine (pop. 13 802; rec. 1996) est Cap-aux-Meules.

Jean-Marie Dubois et Pierre Mailhot

Magasinage le dimanche Le 24 avril 1985, dans l'AFFAIRE BIG M DRUG MART, la Cour suprême du Canada annule la *Loi sur le dimanche* parce qu'elle portait atteinte à la liberté de religion et de conscience garantie par la CHARTE CANADIENNE DES DROITS ET LIBERTÉS. Le juge Dickson conclut que l'objet de cette loi était l'observance du dimanche et tranche en disant que, dans la mesure où elle astreint l'ensemble de la population à un idéal sectaire chrétien, la *Loi sur le dimanche* exerce une forme de coercition contraire à l'esprit de la Charte et à la dignité de tous les non-chrétiens. Selon lui, «elle fait appel à des valeurs religieuses enracinées dans la moralité chrétienne et les transforme, grâce au pouvoir de l'État, en droit positif applicable aux croyants comme aux incroyants».

Traditions législatives La *Loi sur le dimanche* (Canada) rendait illégale toute activité commerciale exercée le dimanche. Elle faisait partie d'une tradition législative remontant au XVIIᵉ siècle en Angleterre. Sous le règne de Charles 1ᵉʳ, a été adoptée la loi intitulée *An Act for punishing divers Abuses committed on the Lord's Day*.

Constitutionnalité Même si l'affaire Big M constitue un arrêt de principe, elle n'a pas mis fin à la controverse entourant l'observance du dimanche. En fait, il s'agit probablement de la première décision de ce qui deviendra vraisemblablement la trilogie de la Cour suprême sur l'observance du dimanche. La règle qui se dégage de l'arrêt Big M est que toute loi dont l'objet est la promotion de valeurs religieuses est un texte à valeur constitutionnelle suspecte. Cet arrêt n'a pas examiné deux questions: la validité constitutionnelle des lois provinciales sur l'observance du dimanche dont l'objet n'est pas de nature religieuse, telle que la promotion des activités familiales, et la répercussion éventuelle de la disposition de la Charte sur l'égalité de protection de la loi sur les lois relatives à l'observance du dimanche.

La Cour suprême du Canada examine la première question dans l'affaire Edwards Books en 1986. Il s'agit de déterminer la constitutionnalité de la *Loi sur les jours fériés dans le commerce de détail* de l'Ontario, loi qui rend illégal le commerce de détail les dimanches et autres jours fériés. La Cour est convaincue que l'objet de la loi attaquée est d'offrir un système de congés fériés uniforme aux travailleurs du secteur du commerce de détail et rejette la prétention selon laquelle la loi est une tentative détournée de promouvoir l'observance religieuse du dimanche. Elle examine également l'impact de la *Loi sur les jours fériés dans le commerce de détail* sur les entreprises, les consommateurs et autres secteurs de la société.

La Cour reconnaît le fait que ceux qui ont une obligation religieuse de se reposer un jour autre que le dimanche paient un prix plus élevé pour leur fidélité religieuse que ceux qui observent le dimanche ou qui n'observent aucun jour, ce qui est vrai pour les détaillants et pour les consommateurs qui observent le samedi comme jour du sabbat. Les commerces de ces détaillants seraient ouverts un jour de moins par semaine que les commerces de ceux qui observent le dimanche, et ces consommateurs trouveraient moins de magasins ouverts le dimanche. Cependant, aussi déterminants que sont ces fardeaux sur ceux qui observent le samedi, ils n'ont pas dissuadé la Cour que l'intérêt de l'État était d'imposer un jour commun de repos et que la Loi était valide. Toute aussi importante est la Loi qui prévoit une exemption pour les entreprises qui ferment le samedi.

Doctrine de l'égalité de protection La Cour d'appel de l'Alberta examine la question de la doctrine de l'égalité de protection dans la décision qu'elle rend en 1988 dans l'affaire London Drugs. Elle rejette la contestation fondée sur l'égalité de protection d'un arrêté municipal qui oblige certains détaillants, par opposition à d'autres secteurs du monde des affaires, tels que les grossistes, les manufacturiers et les entreprises de construction, à fermer un jour par semaine. La Cour conclut qu'une «législature peut choisir de remédier aux besoins les plus pressants, et adopter la voie d'une loi simple et pratique; elle n'a pas à agir avec une grande précision.»

Il ressort de ces trois décisions que les lois fédérales et provinciales et les arrêtés municipaux qui utilisent les règles relatives à l'observance du dimanche pour promouvoir des objectifs non religieux (telles que les activités familiales) et accordent des exemptions à ceux dont la religion reconnaît un jour autre que le dimanche comme ayant une signification particulière résisteront à une demande d'examen fondée sur la Charte.

Thomas W. Wakeling

Magazines Les magazines sont des publications paraissant à intervalles réguliers, au moins quatre fois par année. Certains magazines, payants, sont vendus dans les kiosques ou livrés par la poste à des abonnés, et d'autres, gratuits ou à tirage limité, sont livrés dans les foyers ou dans les bureaux de groupes particuliers appelés auditoires cibles. Qu'il s'agisse de magazines de consommation, de revues littéraires ou scientifiques ou encore de publications professionnelles, les magazines sont conçus pour divertir, informer, éduquer ou provoquer des débats. Tous les magazines, à quelques exceptions près, contiennent de la PUBLICITÉ dans une proportion de 60 p. 100, contre 40 p. 100 d'articles. Pendant la dernière décennie, les suppléments de journaux ont presque tous disparu, tandis que les magazines régionaux, en particulier ceux à caractère urbain, de même que les périodiques traitant d'un sujet particulier (mode, voyages, questions féminines, etc.) ont connu un essor.

L'histoire des magazines au Canada n'est pas une histoire d'idées ou d'auteurs particuliers. Les innovations canadiennes quant à la forme et au contenu ont été peu significatives, l'apport littéraire a été honorable, sans être exceptionnel, et l'association aux grandes idées affirmative plutôt que provocatrice. L'histoire des magazines au Canada est une saga politique formée de petits intérêts indépendants qui tentent de survivre dans un milieu dominé par des intérêts étrangers. La lutte a toujours eu lieu entre la sauvegarde de l'autonomie culturelle et la libre circulation des idées. En outre, le marché canadien est petit, divisé en deux camps linguistiques, et s'étend sur un corridor étroit, ce qui rend difficile et coûteuse la mise en circulation. La présence des publications américaines a une incidence encore plus importante: en 1984, de tous les magazines payants, 65 p. 100 étaient des magazines importés et 35 p. 100, des publications canadiennes. Cependant, près de la moitié du marché des magazines canadiens était détenue par *Time*, *Reader's Digest* et *TV Guide*, qui utilisent dans une large mesure du matériel américain.

Selon l'Audit Bureau of Circulation (ABC), les magazines américains les plus populaires au Canada en 1987 étaient *National Geographic* (798 825 exemplaires), *National Enquirer* (389 699) et *Star* (306 367). Du côté des magazines payants produits au Canada, les plus vendus ont été, pour la même

période, *Sélection du Reader's Digest* (éditions française et anglaise: 1 710 110), CHATELAINE (éditions française et anglaise: 1 359 090), *T.V. Guide* (803 859), *Canadian Living* (éditions française et anglaise: 655 986), MACLEAN'S (648 545) et *Legion Magazine* (504 278). En ce qui concerne les magazines gratuits, ceux qui ont eu le plus fort tirage étaient *Recipes Only* (2 millions, éditions française et anglaise) et *Homemaker's/Madame au foyer* (éditions française et anglaise: 1 410 000). Les recommandations de trois commissions royales d'enquête ont peu contribué à aider l'industrie du magazine. Les Canadiens préfèrent tout simplement lire des publications américaines.

Premiers périodiques Les périodiques canadiens ont d'abord été lancés en Nouvelle-Écosse par des immigrants de la Nouvelle-Angleterre. Le premier magazine canadien, dirigé par le révérend William Cochran et imprimé par John Howe, père du réformiste Joseph HOWE, est *Nova Scotia Magazine and Comprehensive Review of Literature, Politics and News*. Paru pour la première fois en 1789, il est publié pendant trois ans. Le magazine s'intéresse davantage aux affaires britanniques qu'aux questions touchant la colonie. Un magazine bilingue, *Le Magasin de Québec* (1792-1794), lancé par Samuel Neilson dans la capitale du Bas-Canada, tente pour la première fois de réunir deux cultures dans un média écrit.

Jusqu'à la fin du XIXe siècle, les coûts élevés de production associés aux problèmes de mise en circulation et à la faiblesse du tirage rendent infructueuses les tentatives de publication en Amérique du Nord britannique. Diverses initiatives sont mises en œuvre pour lancer des magazines littéraires destinés à des publics particuliers, mais elles sont contrées en grande partie par l'essor des journaux au cours des années 1820. Certains périodiques réussissent tout de même à percer, dont *Acadian Magazine* et *Halifax Monthly Magazine* de J.S. Cunnabell; *Literary Garland* de John Gibson, publié à Montréal; et les diverses publications de Michel Bibaud: *La Bibliothèque canadienne*, *L'Observateur*, *Le Magasin du Bas-Canada* et l'importante *Encyclopédie canadienne*. Plusieurs auteurs éminents du Canada publient dans ces ouvrages, notamment Susanna MOODIE et John RICHARDSON dans le *Literary Garland*.

Au milieu du siècle, Toronto est devenu un important centre de production de magazines anglophones avec, notamment, *The Canadian Journal*, *Anglo-American* et *British Colonial*. Résolument littéraires, tous disparaissent rapidement. L'établissement d'un service ferroviaire régulier, l'avènement du télégraphe et la signature de la Confédération donnent son envol à l'industrie canadienne du magazine. Des magazines américains comme *Harper's* circulent librement au pays, et nombreux sont ceux qui jugent nécessaire un équivalent canadien pour donner un sens à la nouvelle nationalité. Montréal a également une grande influence avec des magazines comme *New Dominion Monthly* dirigé par John Dougall. Empreint d'un nationalisme fervent, il atteint, en quelques années seulement, un tirage de 8000 exemplaires.

Introduction de la photogravure Le procédé de photogravure est implanté au Canada et utilisé pour la première fois dans le *Canadian Illustrated News*. Lancé en 1869, il atteint rapidement un vaste auditoire, en raison surtout de ses images vivantes et émouvantes de la RÉBELLION DU NORD-OUEST. Son équivalent français, *L'Opinion publique illustrée*, techniquement plus réussi, connaît moins de succès sur le plan commercial. À cette époque également, des magazines à caractère religieux ont pris de l'importance. Mentionnons en particulier *Northern Messenger* et *Methodist Magazine and Review*, un magazine d'opinion sur les affaires canadiennes. *Canadian Monthly*, *National Review*, *Nation* et *The Bystander*, dirigés par Goldwin SMITH, contribuent tous à susciter un débat

sérieux, tout comme *La Revue canadienne* et deux périodiques universitaires, QUEEN'S QUARTERLY (1893) et *University Magazine*, dirigé par Andrew MACPHAIL de l'U. McGill. Le magazine satirique *Grip* de Toronto est florissant de 1873 à 1894. De plus, un certain nombre de magazines culturels nationaux sont lancés, dont *Canadian Monthly* et *The Week*. L'identité culturelle perd toutefois de son intérêt après le début du siècle, mais est ressuscité après la Première Guerre mondiale avec le CANADIAN FORUM en 1920.

La politique et les nouvelles nationales trouvent un exutoire dans le *Toronto Saturday Night* (1887) qui change de nom en 1889 pour devenir SATURDAY NIGHT. Ce magazine d'intérêt général, où sont abordés aussi bien des questions sociales que des sujets controversés comme le divorce ou l'exploitation des travailleurs, touche vite un auditoire d'intellectuels, atteignant un tirage de 10 000 exemplaires. *The Canadian Magazine,* lancé à Toronto en 1893, a, outre le désir de susciter un débat national, un autre objectif: faire concurrence aux magazines américains comme *Scribner's* et *The Atlantic*. Cependant, *The Canadian* est aussi le porte-parole des protestants de race blanche d'origine anglo-saxonne de l'Ontario, et il exclut presque toujours le Québec francophone, les Maritimes et même l'Ouest, si ce n'est à titre de fief ontarien.

Vers 1895, une autre tentative en vue d'endiguer le flot de magazines américains est faite avec le lancement de ce qui allait devenir le *Maclean's Magazine*. À l'origine, le *Busy Man's Magazine* (1896-1911), comme il s'appelle à l'époque, n'est rien de plus qu'un condensé d'articles publiés antérieurement. Le magazine réussit à attirer des annonceurs, aussi bien d'outre-mer que des États-Unis, particulièrement après avoir adopté le format américain plus petit. *Maclean's* se fait l'écho du Canada de l'époque, résolument britannique et impérialiste, mais il publie également des œuvres d'auteurs canadiens comme Lucy Maud MONTGOMERY et Robert SERVICE.

Parution de magazines régionaux À mesure que la population se déplace vers l'Ouest, des magazines spécialisés ou à caractère régional voient le jour. C'est ainsi qu'en 1891 *The Manitoban* est lancé suivi, 20 ans plus tard, du *British Columbian*. *Busy East* (qui deviendra *Atlantic Advocate*) et le *Canadian Home Journal* sont lancés en 1910. Ce dernier, même s'il est surtout constitué de recettes et de conseils domestiques, reconnaît le rôle de plus en plus important des femmes dans la société. L'absence de magazines de commerce et d'affaires incite J.B. MACLEAN à lancer une série de périodiques, notamment *Canadian Grocer* et *Dry Goods Review*. À partir de la fin du XIXe siècle, la popularité des magazines agricoles comme le *Family Herald* et le *Weekly Star* de Montréal se fait de plus en plus grande.

Le tirage des six plus importants magazines canadiens ne dépasse jamais 300 000 exemplaires pendant la Première Guerre mondiale, même si les magazines américains inondent le marché. En 1927, l'entrée au Canada de certains ouvrages étrangers, principalement de fiction, est interdite, mais cette mesure n'a aucun effet appréciable sur l'industrie canadienne, et les auteurs de talent continuent à émigrer aux États-Unis. Cependant, *Mayfair* et *Chatelaine*, tous deux inspirés des modèles américains, sont lancés à la fin des années 20, et *Chatelaine* réussit à rejoindre près de 60 000 lecteurs pendant sa première année d'existence (1928). Le gouvernement commence enfin à écouter les doléances de l'industrie, qui se font de plus en plus nombreuses depuis l'avènement de la radio commerciale en 1928. De nombreux annonceurs se désintéressent peu à peu des médias écrits au profit de la radio. En 1931, le gouvernement conservateur de R.B. BENNETT impose une taxe sur les magazines américains qui accordent plus de 20 p. 100 de leur espace à la publicité, ce qui incite une cinquantaine de magazines américains à imprimer leurs publications au Canada. Le gouvernement libéral de Mackenzie KING supprime cette taxe lorsque son parti reprend le pouvoir en 1935, alléguant qu'il s'agit d'une taxe sur la pensée et l'art littéraire. Les magazines américains retournent donc chez eux, et les Canadiens recommencent à les importer.

Influence des magazines américains La Seconde Guerre mondiale provoque une hausse considérable du tirage des magazines, en particulier de ceux d'opinion et d'information. Ainsi, *Maclean's* atteint un tirage de 275 000 exemplaires en 1940. Les éditions canadiennes de magazines américains commencent également à faire leur apparition, comme *Time Canada* en 1943. En outre, certains magazines américains, comme *Liberty*, réservent une place de plus en plus importante au contenu canadien.

L'influence et l'omniprésence des magazines américains se font sentir davantage après la guerre. B.K. Sandwell, directeur de *Saturday Night*, soutient que le Canada est le seul pays du monde où la majeure partie du contenu des magazines est contrôlé par des intérêts étrangers. En 1948, les Canadiens achètent 86 489 exemplaires de magazines américains. Un an auparavant, Mackenzie King avait interdit l'importation des magazines à sensation et des bandes dessinées, mais cette mesure ne s'appliquait pas aux suppléments distribués avec les journaux. Le STAR WEEKLY de Toronto devient le distributeur exclusif de la plupart des bandes dessinées américaines, ce qui a un effet désastreux sur le tirage du supplément en rotogravure du *Montreal Star,* le MONTREAL STANDARD. En guise de représailles, le *Montreal Star* lance le WEEKEND MAGAZINE en 1951, dont le tirage initial s'élève à 900 000 exemplaires. En 1952, le tirage combiné du *Weekend* et du *Star Weekly* est d'environ 2 millions d'exemplaires, soit 300 000 de plus que le tirage total des 4 principaux magazines canadiens de l'époque.

La publicité télévisée débute en 1952 et, en un an, son chiffre de vente atteint 1 335 000 $. Le triple obstacle que constituent les suppléments, la télévision et les magazines américains semble insurmontable, jusqu'à ce que le gouvernement libéral impose, en 1956, une taxe sur la publicité aux éditions canadiennes de magazines américains. L'année suivante, cependant, le gouvernement conservateur la supprime.

Commission O'Leary En 1960, Grattan O'LEARY, rédacteur en chef du OTTAWA JOURNAL, est nommé président de la Commission royale d'enquête sur les publications, qui a pour mandat d'étudier la situation et les perspectives d'avenir des magazines canadiens et d'autres périodiques, et de porter une attention particulière à la concurrence étrangère. La commission constate que 75 p. 100 des magazines d'intérêt général achetés au Canada sont des publications américaines, que le *Time* et le *Reader's Digest* prennent 40 cents de chaque dollar de publicité et qu'il n'existe que 5 magazines d'intérêt général purement canadiens, dont le *Maclean's* et le *Liberty*, aux prises avec de sérieuses difficultés financières. Le *Liberty* cesse d'ailleurs de paraître en 1964. Dans le rapport qu'elle dépose en 1961, la commission recommande que les dépenses faites au titre de la publicité dans les magazines importés ne soient plus admissibles comme déductions fiscales et que les périodiques étrangers contenant de la publicité canadienne soient interdits au Canada.

Le gouvernement DIEFENBAKER accepte les recommandations, en mettant des réserves toutefois quant aux magazines étrangers déjà établis au Canada, à savoir *Time* et *Reader's Digest*. Avant que ces changements aient pu être mis en œuvre, les libéraux de Lester PEARSON prennent le pouvoir, et la question des magazines est reléguée aux oubliettes jusqu'à ce qu'un comité spécial du Sénat sur les moyens de communication de masse soit instauré en 1969. Présidé par le sénateur libéral Keith DAVEY, ce comité recommande, dans son rapport de 1970 intitulé *The Uncertain Mirror,* que les conclusions de la commission O'Leary soient mises en œuvre. Entre la constitution de la Commission O'Leary et la parution du rapport Davey, le tirage du *Reader's Digest* a grimpé, passant de un million à près de 1,5 million. Le tirage du *Time* est passé de 215 000 à 444 000, et ses revenus publicitaires ont presque triplé, passant de 3,9 millions à 9,5 millions de dollars. À la même époque, la télévision attire une proportion croissante de la publicité et détruit la base économique des magazines de consommation de masse.

La situation continue de se détériorer jusqu'à ce qu'une autre commission royale d'enquête, ontarienne celle-là, soit mise sur pied. La Royal Commission on Book Publishing de l'Ontario dépose son rapport, qui contient quelque 70 recommandations, le 22 février 1973. Le 7 octobre 1974, *Saturday Night,* le plus vieux magazine canadien encore en activité, interrompt sa publication. La même année, un groupe d'éditeurs canadiens dirigé par Michael de Pencier, éditeur du *Toronto Life* (fondé en 1966 et principale publication de Key Publishers), forme l'Association canadienne des éditeurs de périodiques dans le but de promouvoir une industrie canadienne du magazine. Constitué en 1974, le groupe de pression offre des services de promotion, de distribution et de perfectionnement professionnel. En 1987, le groupe compte 260 membres.

Projet de loi C-58 Le 18 avril 1975, le gouvernement fédéral dépose le projet de loi C-58 dans le but d'éliminer, entre autres choses, les avantages fiscaux dont jouissent les éditions canadiennes de publications étrangères comme *Time* et *Reader's Digest*. Quatre jours plus tard, *Saturday Night* reprend ses activités. Après l'adoption du projet de loi, en février 1976, *Time* annonce la fin de son édition canadienne, et le dernier numéro paraît le 1ᵉʳ mars 1976.

L'un des groupes ayant le plus bénéficié de la loi C-58, MACLEAN HUNTER, la plus importante maison d'édition de magazines au Canada (109 magazines), désirait depuis longtemps faire du *Maclean's* un magazine d'information. Le lancement d'une telle publication, l'un des principaux objectifs du projet de loi comme l'avait déclaré le secrétaire d'État Hugh Faulkner aux Communes, a lieu le 18 septembre 1978 sous la direction de Peter C. NEWMAN.

La tendance la plus marquée dans le domaine de l'édition de magazines aujourd'hui, outre la présence continuelle et envahissante de magazines étrangers, est l'apparition de magazines traitant de modes de vie et de sujets bien spécialisés. Certains, comme *Toronto Life* ou *Western Living,* sont régionaux. Des études de marché poussées permettent de cerner avec précision des auditoires cibles (femmes de carrière, personnes au foyer, avocats, ou même des groupes plus précis comme les avocats qui voyagent) et de concevoir un produit dont le contenu publicitaire s'adresse expressément à ses lecteurs. La Commission Kent (1981) constate qu'un peu plus de 75 p. 100 de la population lit des magazines et que le lectorat est plus nombreux parmi les jeunes et les gens plus scolarisés.

Le terme «magazine d'intérêt général» n'a plus sa raison d'être sur le marché contemporain. Cela se vérifie dans le domaine des magazines à tirage limité, dont le nombre ne cesse de croître. Le plus important éditeur de magazines de ce genre, COMAC, a été fondé en 1966 et publie huit magazines dont *Homemaker's/Madame au foyer, Quest* (qui a cessé de paraître en 1984) et *Western Living*. À la fin de 1983, une entreprise concurrente lance le plus important magazine canadien sur le plan du tirage, *Recipes Only*, dont le tirage atteint deux millions d'exemplaires et qui constitue le plus bel exemple de la tendance actuelle, à savoir publier des magazines destinés à un auditoire restreint et bien délimité. Tous ces magazines vantent le luxe et s'adressent clairement à un public de classe moyenne ou supérieure. Ils affichent un internationalisme opulent plutôt qu'un nationalisme de clocher, ce qui, à certains égards, reflète les aspirations contemporaines de la classe moyenne canadienne. (*Voir aussi* REVUES LITTÉRAIRES DE LANGUE ANGLAISE; PÉRIODIQUES LITTÉRAIRES DE LANGUE ANGLAISE.)

Sandra Martin

Magazines de langue française

Dès leur apparition, les magazines veulent non seulement informer mais aussi instruire et divertir les lecteurs. Cette vision guide Samuel Nielson lorsqu'il lance *The Quebec Magazine/Le magasin de Québec* (1792-1794). Ce mensuel bilingue de 64 pages présente des extraits de publications européennes et américaines, et le tout est illustré par ce que l'on considère comme les premières gravures publiées dans un magazine. Dans la même lignée, mais avec moins de succès, apparaissent *Le Courrier de Québec* (1807-1808) et *L'Abeille canadienne* (1818-1819). Toutefois, *La Bibliothèque canadienne* (1825-1830) de Michel Bibaud publie des extraits de journaux, de la poésie, des anecdotes et des événements locaux, et chaque numéro contient une tranche de l'*Histoire du Canada* de Bibaud. Pourtant, même si le magazine trouve preneur de Québec à Detroit, son fondateur considère l'aventure comme un demi-succès, parce qu'il ne touche qu'une élite et pas le peuple. *La Bibliothèque* cède alors la place à *L'Observateur* (1830-1831) qui, grâce à une périodicité hebdomadaire, peut s'attarder aux nouvelles locales et, ainsi, intéresser un public plus vaste. Dans *Le Magasin du Bas-Canada* (1832) et dans *L'Encyclopédie canadienne* (1842-1843), Bibaud reprend cependant la formule de *La Bibliothèque,* donnant de nouveau priorité à la culture.

À cette époque, les magazines entreprennent une lutte qui reste déterminante pour leur avenir, une lutte contre l'Église catholique, toute-puissante dans le Québec du XIXᵉ siècle. L'un des premiers conflits d'importance éclate en 1851 lorsque Narcisse Cyr décide qu'il est grand temps de dévoiler les abus commis par les représentants de l'Église. Il le fait par le biais du *Semeur canadien,* magazine déclaré hérétique et dangereux dont les lecteurs, à la suite d'une déclaration de l'archevêque de Montréal, sont passibles d'excommunication. La lutte prend de l'ampleur en 1864 quand le pape Pie IX publie son *Syllabus,* qui proscrit certains livres. Monseigneur Ignace BOURGET se lance alors dans une croisade visant à empêcher l'apparition de toute nouvelle publication au Québec. L'*Index* comprend environ 20 000 titres, implique plus de 8000 auteurs et cause la disparition plus ou moins rapide de plusieurs publications, dont *Le Canada* (1889-1909), qui dénonce le système scolaire catholique et les abus d'autorité commis par l'Église. À son tour, il trouve rapidement une place dans l'*Index,* ce qui entraîne une baisse substantielle de ses revenus. Ses ventes, qui rapportent d'abord plus de 350 $ par mois, atteignent à peine 25 $ en décembre 1893.

Les périodiques à caractère purement littéraire, comme *Les Soirées canadiennes* (1861-1865), subissent moins l'emprise de l'Église. En fait, ce mensuel très populaire, qui rassemble des collaborateurs aussi prestigieux que François-Xavier GARNEAU, Antoine GÉRIN-LAJOIE et l'abbé Henri-Raymond CASGRAIN, provoque lui-même sa perte lorsqu'un conflit d'ordre administratif divise son comité de rédaction. De cette division naît *Le Foyer canadien* (1863-1866), mensuel dans lequel seront publiées poésies et critiques écrites par la crème des auteurs et poètes canadiens. Considéré par plusieurs comme le meilleur magazine littéraire canadien du XIXᵉ siècle, *Le Foyer* est publié à 2075 exemplaires et a des lecteurs de Chicoutimi à Detroit.

À la fin du XIXᵉ siècle, le manque d'argent ajoute à la précarité des magazines francophones. C'est ainsi que, après trois ans, Georges DESBARATS doit cesser la publication du *Foyer canadien* et de *L'Opinion publique illustrée* (1870-1883), l'équivalent francophone du *Canadian Illustrated News*. Les *Nouvelles Soirées canadiennes* (1882-1888) font leurs adieux dans des circonstances semblables.

En 1888, Frédéric Poirier lance *Le Samedi* (1888-1963), un petit magazine qui devient rapidement, avec *Le Monde illustré* (1884-1907) de Trefflé Berthiaume, l'un des périodiques les plus importants de la première décennie du XXᵉ siècle. Tout d'abord humoristique, *Le Samedi* se transforme, après la Seconde Guerre mondiale, en organe d'information générale. Il devient ensuite un magazine à sensation, connu à partir de 1963 sous le titre de *Nouveau samedi*. *Le Monde illustré*, pour sa part, prend la relève de *L'Opinion publique*. Il tient, avec *La Revue canadienne* (1864-1922), une place importante dans la vie des intellectuels francophones du début du siècle.

La concentration de la population dans les villes et une scolarisation plus généralisée font que les revues traditionnelles ne répondent plus aux besoins de leurs lecteurs qui, de plus en plus, proviennent de la masse. Or, celle-ci recherche la vulgarisation, la variété, la légèreté et le divertissement proposés par les magazines américains et français. Paraît alors *La Revue populaire* (1907-1963) dont le tirage passe, en moins de 50 ans, de 5000 à plus de 125 000 exemplaires. S'adressant à toute la famille, elle publie des feuilletons, un courrier familial, des faits divers et donne des nouvelles du front pendant la Première Guerre mondiale. L'entre-deux-guerres lui est cependant fatal, tout comme à l'austère *Canada français* (1918-1946): devant leur nombre croissant, pour attirer le lecteur et survivre, les magazines doivent avoir une présentation alléchante, convaincre les commanditaires et, surtout, se spécialiser. *La Revue populaire* tente alors de rallier une clientèle féminine. Celle-ci se montre cependant fidèle à *La Revue moderne* (1918-1960), l'un des premiers magazines dirigés par une femme (Madeleine Huguenin). Très visuelle et financée autant par la publicité que par les ventes, cette revue attire l'attention de Maclean Hunter. En octobre 1960, *La Revue moderne* fusionne avec une version française de *Chatelaine*. Cinq mois plus tard, CHÂTELAINE tire à 125 000 exemplaires. L'ère des magazines modernes est définitivement établie au Canada français.

La spécialisation qui commence après la Seconde Guerre mondiale s'intensifie au cours de la seconde moitié du XXᵉ siècle. Les publications professionnelles font leur apparition sur le marché, et les magazines de consommation prennent de plus en plus d'ampleur. Selon une étude de Statistique Canada, en 1984, on trouvait plus de 270 magazines francophones visant de nombreux groupes d'intérêts parmi le public, allant des arts, de l'agriculture et de l'astrologie à l'informatique et au traitement des données, en passant par les jeunes, la littérature, les loisirs et les sports, la mode et la santé. On remarque que les magazines littéraires, quoique toujours présents, sont beaucoup moins en vue. Par contre, la hausse du taux de scolarisation fait le succès de périodiques d'intérêt général comme le *Sélection du Reader's Digest* et favorise l'éclosion de magazines d'information comme L'ACTUALITÉ, qui paraît 20 fois par année (181 000 exemplaires par parution – 524 000 lecteurs en 2000). D'autres tendances sociales suscitent l'apparition de revues comme *Âge d'or/Vie nouvelle*, le regretté *La vie en rose* (25 000 exemplaires en 1986), l'immuable *Châtelaine* (201 000 exemplaires æ 442 000 lectrices en 2000) ainsi que *Super Écran* (destiné aux abonnés de la télévision payante).

Un autre phénomène semble tout autant caractéristique du présent que garant de l'avenir des magazines: la concentration. Pour survivre à la compétition féroce que se livrent les périodiques, il est de plus en plus essentiel de s'assurer d'immenses ressources financières, lesquelles se trouvent plus sou- vent dans les poches de sociétés que dans celles de particuliers. C'est pourquoi différents groupes comme Maclean Hunter Ltée, QUEBECOR INC., Trustar (*Le Lundi, Dernière heure, Femmes d'aujourd'hui* – 77 p. 100 du marché des magazines vendus en kiosques), Transcontinental (*Les Affaires, La Revue Commerce, Le Bel âge, Décormag, Coup de pouce*) se sont spécialisés dans l'édition de périodiques et de magazines. Ceci indique bien que, même à l'heure de l'informatique, ce genre de média écrit a encore sa nécessité. Pour le lecteur, il s'avère un outil permettant d'approfondir divers sujets d'intérêt. Pour l'annonceur, il se traduit par une concentration de personnes cibles. Bref, loin d'être désuet, le magazine francophone au Canada est entré dans son âge d'or. (*Voir aussi* PÉRIODIQUES LITTÉRAIRES DE LANGUE FRANÇAISE.)

Sonia Sarfati

Magie La magie correspond à une démonstration de phénomènes qui paraissent en contradiction avec les lois de la nature. Pendant des siècles, les soi-disant prophètes, sorciers et guérisseurs se servent de la magie dans la pratique de la sorcellerie ou de rituels religieux, ou pour faire la preuve qu'ils possèdent des pouvoirs surnaturels. En Égypte, on retrouve des mentions datant d'aussi loin que 2700 av. J.-C., qui témoignent de la fascination qu'exercent ces pratiques de magie sur l'être humain. Les peuples autochtones d'Amérique du Nord s'adonnent à la magie bien avant l'arrivée des Européens. Des archéologues ont découvert des Migis (coquillages de porcelaine) largement utilisés par ceux qui pratiquaient la magie dans la région. On croit que ces coquillages servaient non seulement aux rituels mais aussi à la prestidigitation. Les Ojibwés s'adonnent à un «jeu de mocassins» qui ressemble étrangement au fameux «jeu des gobelets» encore très populaire dans les spectacles de prestidigitation modernes.

Le premier illusionniste blanc dont on fait mention au Canada est un certain Maginnis qui se produit à Halifax en 1875. À la fin du XIXᵉ siècle, des illusionnistes canadiens et étrangers font des tournées au Canada, ce qui suscite un engouement pour l'illusionnisme non seulement comme art de spectacle mais aussi comme loisir. L'art de la prestidigitation requiert un éventail particulier de talents variés: habiletés physiques, mentales, artistiques, théâtrales et une grande créativité. Au Canada, plus de 1700 artistes professionnels ou amateurs s'y adonnent. Les secrets entourant les tours de magie, autrefois jalousement gardés, se trouvent dans toutes les librairies ou bibliothèques publiques. Les fabricants d'articles de magie et de matériel de scène publient des revues et des catalogues pour leurs clients. Les sociétés de magie publient leurs propres journaux auxquels seuls les membres ont accès. La plus importante de ces sociétés est l'International Brotherhood of Magicians (IBM), affiliée aux Magic Clubs, que l'on retrouve dans plus de 60 pays. Ce mouvement a été fondé à Winnipeg, en 1922, par Melvin G. McMullen (nom de théâtre Len Vintus). Le siège social de IBM est maintenant aux États-Unis.

Bruce Posgate

Spécialités

L'art de l'illusionnisme comprend généralement cinq catégories: le close-up (escamotage), la magie de scène, le mentalisme, la magie pour enfants et l'évasion. Le close-up est généralement exécuté devant un petit groupe de personnes en utilisant des accessoires qui peuvent tenir dans les mains (cartes, pièces de monnaie, bagues, allumettes, bref, tout ce qui peut être transporté sur soi). Johnny Carson est fasciné par ces tours de passe-passe et s'y adonne lui-même. Ainsi, un grand nombre d'illusionnistes de close-up sont des invités réguliers du *Tonight Show* pendant toute la période où Carson anime l'émission.

La magie de scène, comme le nom l'indique, se déroule sur une plate-forme ou une scène et devant un public plus nombreux. On retrouve généralement dans cette catégorie les numéros de manipulation (qui accordent une grande place à la prestidigitation), les numéros où les illusionnistes mettent en scène des colombes, et les illusions à grand déploiement qui consistent, p. ex., à scier une femme en deux, à s'adonner à la lévitation ou qui présentent d'autres exploits du genre. Tout tour de magie qui ne tombe pas dans ces dernières catégories, comme les trucs et les simples jeux de mains, est considéré comme une performance de scène générale.

On classe dans le mentalisme les numéros de télépathie, la lecture des pensées et les prédictions de bonne aventure. The Amazing Kreskin, qui a souvent été l'invité du *Late Night with David Letterman*, est probablement le mentaliste le plus reconnu aujourd'hui dans le monde.

La magie pour enfants consiste en des tours et des numéros qui, sans nécessairement déplaire aux adultes, fascinent particulièrement les enfants. En général, il s'agit d'intrigues simples, d'accessoires très colorés et de dialogues verbaux ou gestuels avec les enfants. On pense souvent que l'illusionnisme est réservé à un public d'enfants, mais un grand nombre d'illusionnistes s'adressent exclusivement aux adultes, p. ex., lors d'expositions et de salons professionnels, de soirées organisées par des entreprises ou dans les clubs, les bars, les restaurants et tout autre endroit où les adultes s'assemblent sans enfants.

Dans la magie d'évasion, l'illusionniste se débarrasse, sans aucune aide, d'une contrainte physique telle que des cordes, des menottes, des manilles, des chaînes, une camisole de force ou une valise dans laquelle il est enfermé. Le plus grand maître de l'évasion de tous les temps est Harry Houdini (né Ehrich Weiss en Hongrie, 1874-1926) dont les évasions originales ne sont toujours pas surpassées. Houdini meurt après avoir reçu un coup à l'estomac dans sa loge au Princess Theatre à Montréal. En fait, une vedette de la boxe de l'U. McGill, qui admire sa force musculaire, se présente dans sa loge et demande s'il peut lui donner un coup de poing à l'estomac. Houdini accepte mais le coup le prend au dépourvu. Une semaine plus tard, le 30 octobre 1926, Houdini meurt des complications d'une perforation de l'appendice.

Les illusionnistes combinent souvent plusieurs spécialités dans leur spectacle. Ainsi, les spécialistes du close-up et de la scène se livrent souvent à des numéros de mentalisme. Les illusionnistes de scène font souvent des numéros de prestidigitation ou de colombes auxquels ils ajoutent une illusion ou deux pour équilibrer le tout. Certains spectacles présentent des numéros de toutes les catégories. P. ex., à l'aide d'une caméra et d'un écran géant de télévision, David Copperfield peut s'adonner au close-up sur scène.

Illusionnisme au Canada

Un grand nombre d'illusionnistes canadiens sont reconnus sur la scène internationale dans chacune de ces spécialités, soit comme inventeurs, auteurs, artistes de spectacle ou professeurs.

Le Torontois Ross Bertram (né John Ross Bertram, 1912-1992) est généralement considéré comme un des plus grands prestidigitateurs au monde. Ses techniques originales, principalement celles qu'il utilise pour la manipulation des pièces de monnaie, sont reconnues comme pouvant tromper même le plus fin connaisseur. Il est aussi reconnu comme un des pionniers des spectacles donnés dans le cadre d'expositions et de salons professionnels.

Jay Sankey (né en 1965) et Gary Kurtz (né en 1954), tous deux de Toronto, sont non seulement reconnus comme les plus grands innovateurs au monde en close-up, mais ils sont aussi des auteurs de renom. Leur approche visuelle unique leur permet de concevoir des numéros particulièrement saisissants. P. ex., Sankey a mis au point un numéro où l'illusionniste fait passer instantanément des cartes à travers la paroi d'un ballon gonflé et celles-ci se retrouvent enfermées à l'intérieur. Avec la permission de Sankey, David Copperfield a exécuté une version de ce tour dans le cadre d'une émission spéciale à la télévision.

Parmi les autres illusionnistes torontois à se distinguer, citons Sid Lorraine, inventeur, auteur et artiste de spectacle; David Ben, spécialiste de la magie de scène et du close-up; Howard Lyons, auteur et éditeur; Bob Farmer, inventeur et auteur; Bruce Posgate, inventeur, auteur et artiste de spectacle; Normand Houghton; et David Drake.

Stewart James de Courtright, en Ontario, est considéré comme l'un des inventeurs d'illusions les plus brillants et les plus prolifiques de notre époque. De son côté, Greg Frewin de Stony Creek, en Ontario, spécialiste des tours avec des colombes, est reconnu pour ses prestations et ses techniques ultra-modernes qui lui ont valu des prix.

Winnipeg peut s'enorgueillir d'avoir vu naître Douglas James Henning (né en 1947), l'illusionniste canadien le plus connu. Henning avait obtenu une bourse du CONSEIL DES ARTS DU CANADA pour aller étudier avec certains des plus grands illusionnistes au monde. À son retour, Henning crée *Spellbound* et présente ce spectacle au ROYAL ALEXANDRA THEATRE de Toronto. Cette expérience débouche sur son *Magic Show* qui tient l'affiche à Broadway pendant plus de quatre ans. En 1974, il présente son premier spectacle à la télévision, le *TV Spectacular*; regardé par 60 millions de téléspectateurs, ce spectacle suscite l'engouement du public pour l'illusionnisme. D'autres émissions spéciales du même genre lui valent un Emmy ainsi que sept nominations pour ce célèbre trophée. En 1982, il crée *Merlin,* deuxième spectacle pour Broadway qui reste à l'affiche pendant plusieurs mois. Chaque semaine, la vente des billets atteint des records. À la fin des années 80 et dans les années 90, Henning met l'illusionnisme de côté et se présente aux élections comme membre du Parti de la loi naturelle du Canada. Il recueille également des fonds pour Veda Land, un concept de parc thématique qu'il a créé avec le Maharishi Mahesh Yogi.

Vivent aussi à Winnipeg d'autres éminents illusionnistes, notamment Brian Glow, Dean Gunnarson (spécialiste de l'évasion), James Cielen (tours avec des colombes) et, finalement, l'inventeur Mel Stover.

Le Montréalais Carl Cloutier (né en 1955) réussit un exploit sans précédent: en un an, il remporte cinq des plus prestigieuses compétitions internationales de close-up ainsi que celle organisée par la Fédération internationale des Sociétés magiques à Yokohama (Japon) en 1994. Considéré comme l'un des prestidigitateurs les plus innovateurs au monde, Cloutier offre, à ses confrères illusionnistes, des ateliers sur ses techniques. Il est reconnu pour sa prestidigitation très sobre où il utilise très peu d'accessoires et aucun dispositif truqué. Un des tours qui a fait sa réputation est celui où il emprunte l'anneau d'un spectateur et le fait disparaître dans ses mains nues. Il pointe ensuite vers un kiwi qui, bien avant le début du tour, repose sur une table loin de sa portée. Lorsqu'il coupe le kiwi en deux, l'anneau se retrouve à l'intérieur.

Les gens de l'est du Canada sont familiers avec le nom de «Magic Tom» Auburn (1917-1990), particulièrement ceux de Montréal, ville natale de Auburn, où il passe régulièrement à la chaîne CTV. En 1961, il commence une série d'émissions hebdomadaires pour enfants, le Magic Tom's Road Show, qui sera diffusée pendant 15 ans et deviendra la série télévisée la plus longue de toute l'histoire de la télévision à Montréal. La station de télévision reçoit parfois jusqu'à 20 000 lettres par semaine faisant l'éloge de son travail. En 1976, il passe à la chaîne française et, pour les cinq années suivantes, il apparaît quotidiennement à l'émission *Nouveaux tennants*. Il est un des pionniers de l'illusionnisme à la télévision canadienne.

D'autres illusionnistes montréalais se distinguent aussi. Parmi eux, on trouve Richard Sanders, inven-

teur et artiste de close-up; Jean Boucher, inventeur, artiste de close-up et de scène; Romaine, artiste de close-up et de scène; William Vermeys, illusionniste de scène (illusions avec des colombes); Phil Matlin, inventeur et distributeur d'articles de magie; David Acer, inventeur, auteur et artiste de close-up; et Alain Choquette, illusionniste de close-up et de scène généralement reconnu comme le «Copperfield du Québec».

Gary Ouellet de Québec, avocat canadien de renom, est aussi l'un des plus grands innovateurs au monde en termes d'illusionnisme. Reconnu pour l'originalité de son approche théâtrale, il est l'auteur de plusieurs livres portant sur ses tours originaux et on le retrouve sur plus d'une vingtaine de cassettes vidéo. Ouellet est le représentant nord-américain pour la chaîne Tenyo du Japon qui produit une série d'articles de magie; il travaille aussi à titre de consultant auprès d'illusionnistes comme Lance Burton, Melinda et David Copperfield. Ouellet a participé à la production d'émissions spéciales à la télévision, notamment trois à CBS mettant en vedette David Copperfield; deux World's Greatest Magic specials à NBC; et The Champions of Magic à ABC. En 1996, l'Academy of Magical Arts (Californie) lui attribue un Award of Merit pour son extraordinaire contribution au monde de l'illusionnisme, un prix est aussi décerné à Bob Jaffe et Gary Pudney.

Éditeurs et fabricants

Chaque grande ville du Canada possède au moins une boutique d'articles de magie, mais très peu d'éditeurs et de fabricants sont reconnus sur la scène internationale. Morrisey Magic de Toronto, Micky Hades International de Calgary, Videonics de St. John's (Terre-Neuve), Perfect Magic de Montréal et l'Académie de magie Camirand inc. de Longueuil (Québec) fabriquent tous du matériel qui est distribué dans le monde entier, y compris des livres, des vidéos, des tours et des accessoires.

Illusionnistes canadiens vivant aux États-Unis

Né près d'Ottawa en 1894, Dai Vernon (né David Frederick Wingfield Verner) est probablement le plus prestigieux illusionniste à avoir émigré aux États-Unis. L'Academy of Magical Arts l'invite à devenir la «légende vivante» du Magic Castle à Hollywood. Un grand nombre de personnes le considèrent comme le plus grand illusionniste de tous les temps. Ses techniques innovatrices, particulièrement en close-up, sont reconnues pour avoir confondu même les autres illusionnistes de son époque. En fait, il est surtout connu pour l'invention d'un tour de cartes qui a mystifié Houdini lui-même. Ses écrits sont maintenant considérés comme des classiques et les illusionnistes d'aujourd'hui exécutent encore ses routines. Il meurt en 1992 à l'âge de 98 ans.

James Randi, (né Randall Zwinge, en 1928) connu aussi sous le nom de «The Amazing Randi», est à la fois auteur et spécialiste de l'évasion. Reconnu pour ses coups de publicité bien montés mais de mauvais goût, notamment lorsqu'il s'est libéré d'une camisole de force tout en étant suspendu la tête en bas au-dessus des chutes du Niagara; il est aussi connu pour ses croisades contre ceux qui affirment posséder des pouvoirs psychiques. À cet égard, il est l'auteur de *The Truth about Uri Geller and Flim Flam: Psychics, ESP, Unicorns and Other Delusions.*

Parmi les autres illusionnistes célèbres vivant aux États-Unis, citons John Booth, auteur et artiste de spectacle et James Dimmere, artiste de scène (tours avec des colombes).

David Acer

Magistrat Historiquement, les magistrats sont des policiers à la retraite. Aujourd'hui, ce sont des avocats nommés à cette charge par le lieutenant-gouverneur en conseil. On les appelle juges de la cour provinciale. Ils sont les officiers de justice ayant compétence pour entendre les affaires tant au crimi-

nel qu'au civil. Ils instruisent les causes portant sur des actes criminels mineurs et celles dans lesquelles le prévenu a le droit de choisir le mode de son procès. Il leur arrive de présider les tribunaux de la famille ou les cours de petites créances et sont d'office commissaires aux serments.

K.G. McShane

Magistrature La magistrature s'entend de l'ensemble des juges pris collectivement. C'est également l'organe du gouvernement qui est investi du pouvoir judiciaire. Les juges sont des officiers publics chargés de présider les cours de justice et d'y appliquer la loi. La LOI CONSTITUTIONNELLE DE 1867 prévoit la création et l'organisation d'une magistrature professionnelle au Canada. Elle confère au gouvernement fédéral la compétence législative exclusive en matière de DROIT CRIMINEL et de PROCÉDURE CRIMINELLE (mais non pour ce qui est de la création des cours criminelles), et attribue aux provinces la compétence législative exclusive en matière d'administration de la justice dans chaque province.

Le gouvernement fédéral nomme les juges de la COUR SUPRÊME DU CANADA et de la COUR FÉDÉRALE DU CANADA et, en vertu de l'article 96 de la *Loi constitutionnelle de 1867,* nomme également les juges de certains tribunaux provinciaux. Parfois appelés «juges nommés en vertu de l'article 96», ils siègent aux cours provinciales suivantes: la Cour suprême ou la Cour d'appel ou son équivalent comme la Cour du Banc de la Reine, la Cour supérieure (au Québec) ou la Division générale de la Cour de justice (en Ontario). Les gouvernements provinciaux ou municipaux nomment les juges des tribunaux provinciaux inférieurs, les magistrats, les juges de paix, les coroners, les shérifs et autres officiers des tribunaux provinciaux. Les juges nommés par la province jugent les questions relevant à la fois des lois provinciales et des lois fédérales.

Rôle de la magistrature Qu'elle préside les poursuites criminelles ou les procès civils (*voir* PROCÉDURE CIVILE), la magistrature a pour rôle de servir en qualité d'arbitre impartial. L'impartialité du tribunal découle de la caractéristique fondamentale de notre système judiciaire: l'indépendance de la magistrature. Même si on est parfois porté à considérer la magistrature comme un organe égal aux organes exécutif et législatif, et même si la nomination, la révocation et la rémunération des juges dépendent des autres organes, la qualité de la justice à laquelle les Canadiens sont habitués ne peut être maintenue que si l'indépendance de la magistrature est jalousement sauvegardée. La notion d'indépendance de la magistrature a été mise à l'épreuve dans des affaires où des juges des tribunaux provinciaux ont refusé d'instruire diverses causes, prétendant qu'ils n'étaient pas indépendants du gouvernement provincial, qui fixe leurs traitements et leurs conditions de travail.

Dans l'affaire Valente, la Cour suprême du Canada juge que les trois principes essentiels de l'indépendance de la magistrature sont l'inamovibilité, la sécurité financière et l'indépendance en matière d'administration des tribunaux lorsque cette administration porte directement sur le processus décisionnel judiciaire. La question de la compression des traitements des juges des tribunaux provinciaux a été débattue dans plusieurs causes récentes où on prétendait qu'elle constituait une intrusion dans leur indépendance parce qu'elle menaçait leur sécurité financière. En 1981, et de nouveau en 1995, le Conseil canadien de la magistrature (organisme constitué en vertu de la *Loi sur les juges* [Canada]) a publié des rapports commandités sur l'état de l'indépendance de la magistrature au Canada (*Maîtres chez eux: une étude sur l'administration judiciaire autonome des tribunaux* (1981) et *Une place à part: l'indépendance et la responsabilité de la magistrature au Canada* (1995).

Nomination des juges La *Loi constitutionnelle de 1867* et la *Loi sur les juges* (Canada) régissent la nomination, la révocation, la retraite et la rémunération (y compris la pension) des juges nommés par le gouvernement fédéral. Des dispositions semblables sont contenues dans diverses lois provinciales, qui varient dans une certaine mesure d'une province à une autre pour ce qui est des juges nommés par les provinces. La plupart des nominations fédérales sont faites par le ministre de la Justice après consultation et approbation du Cabinet, mais certaines nominations (p. ex., à la Cour suprême et à la charge de juge en chef et de juge en chef adjoint) sont faites par le premier ministre, et, là encore, après consultation et approbation du Cabinet.

Les candidatures éventuelles à la magistrature fédérale sont maintenant examinées et évaluées par les comités provinciaux ou territoriaux sur les nominations à la magistrature fédérale. Chaque comité se compose d'un représentant du barreau provincial ou territorial, d'un représentant de la section provinciale ou territoriale de l'Association du Barreau canadien, d'un juge puîné d'une cour fédérale nommé par le juge en chef, d'un membre désigné par le procureur général de la province ou le ministre de la Justice du territoire et d'un membre désigné par le ministre fédéral de la Justice. Le représentant du ministre fédéral de la Justice ne peut être un avocat exerçant la profession. Ces comités sont établis, puis affinés, après révisions en profondeur du processus de nomination des juges effectuées par l'Association du Barreau canadien et l'Association des professeurs de droit du Canada au cours des années 80. Auparavant, les candidatures éventuelles à la magistrature fédérale n'étaient examinées que par le Comité de la magistrature de l'Association du Barreau canadien. La nomination des juges provinciaux se fait par le procureur général de la province après consultation et approbation du cabinet provincial. Dans la plupart des provinces, le procureur général nomme les juges uniquement après étude de la demande par un conseil provincial de la magistrature (comprenant lui aussi une large représentation des membres de la profession juridique, de la magistrature et du public).

Les juges nommés par le gouvernement fédéral doivent être des avocats qui ont été membres d'un barreau provincial pendant au moins 10 ans. Bien que la tradition ait été de faire des nominations «horizontales» du barreau à la magistrature, aujourd'hui on élève fréquemment les juges des tribunaux inférieurs aux tribunaux supérieurs. La composition de la magistrature est en passe de changer avec la récente nomination de femmes (en juin 1987, Alice Desjardins, juge à la Cour supérieure du Québec depuis 1981, est la première femme à être nommée à la Cour d'appel fédérale), la nomination de personnes plus jeunes, de professeurs et d'autres personnes. La nomination à la magistrature provinciale n'exige pas que le candidat ait été membre du barreau pendant au moins 10 ans. Les autres conditions d'admissibilité varient également d'une province à l'autre. Dans certaines provinces, les candidats à la magistrature doivent avoir été membres du barreau pendant cinq ans, alors que dans d'autres il n'est même pas nécessaire qu'ils soient avocats. De nombreux soi-disant magistrats de police sont des membres de forces policières locales ou nationales à la retraite. Toutefois, même dans les provinces où il n'est pas nécessaire d'être avocat pour être juge, seuls les avocats sont nommés maintenant.

Mandat des juges Les juges nommés par le gouvernement fédéral le sont à titre «inamovible» et ne peuvent être révoqués que sur adresse conjointe du Sénat et de la Chambre des communes. Toutefois, en vertu de la *Loi sur les juges* (Canada), les conditions de révocation sont largement définies pour inclure des questions comme la sénilité. La *Loi sur les juges* a également établi le Conseil canadien de la magistrature, composé des juges en chef et juges en chef

adjoints nommés par le gouvernement fédéral. Le Conseil est présidé par le juge en chef du Canada.

Le Conseil de la magistrature assure le perfectionnement des juges nommés par le gouvernement fédéral, formule des recommandations au ministre de la Justice après la tenue d'une enquête et d'un examen (qu'il effectue lui-même ou qu'il confie à un comité) sur des plaintes portées contre les juges et recommande, le cas échéant, leur révocation. Bien qu'aucun juge nommé par le gouvernement fédéral n'ait été révoqué de cette façon, certains ont démissionné au cours de la procédure de destitution ou sous la menace d'une telle procédure. Des lignes directrices semblables, mais quelque peu différentes, existent pour ce qui est des juges nommés par les gouvernements provinciaux. Certains juges nommés par les gouvernements provinciaux ont été révoqués selon la procédure de destitution, qui, dans certaines provinces, comporte une enquête et un examen par un conseil provincial de la magistrature semblable au conseil fédéral. Les juges ont fait l'objet de mesures disciplinaires ou ont été révoqués pour cause de perpétration d'un crime et pour turpitude morale.

Les juges nommés par le gouvernement fédéral demeurent en fonction jusqu'à l'âge obligatoire de la retraite (75 ans), s'ils siègent à la Cour suprême, à la Cour fédérale ou à une cour supérieure provinciale, et jusqu'à l'âge de 70 ans, s'ils siègent à une cour de comté ou de district, bien que très peu de ces cours existent aujourd'hui. Le juge qui a exercé des fonctions judiciaires pendant au moins 15 ans et qui a atteint l'âge de 65 ans ou plus, ou qui, dans le cas d'un juge d'une cour supérieure, après avoir exercé des fonctions judiciaires pendant au moins 10 ans, a atteint l'âge de 70 ans, peut prendre une retraite partielle ou se faire nommer «juge surnuméraire», siégeant comme juge à l'occasion. L'âge de la retraite des juges nommés par les gouvernements provinciaux (généralement 70 ans) est fixé par les lois créant les tribunaux provinciaux en question.

Politique et magistrature Le processus de nomination des juges s'est toujours effectué dans le secret, ce qui a perpétué la croyance que des considérations politiques influencent la nomination des juges. On croit généralement que, pour devenir juge, il vaut mieux être affilié politiquement au parti au pouvoir, situation que le public réprouve généralement. Cependant, une personne ne devrait pas être privée de la chance d'être nommée juge en raison de son affiliation politique antérieure. Cette question a fait l'objet d'un débat public au cours de l'élection fédérale de 1984 à la suite de nominations entachées de FAVORITISME effectuées par le gouvernement sortant. À compter du début des années 70 jusqu'en 1984, toutes les nominations faites à la magistrature par le fédéral sont examinées à l'extérieur du gouvernement par le Comité de la magistrature de l'Association du Barreau canadien. Cet examen sert d'assurance contre l'utilisation des nominations à la magistrature sous forme de favoritisme politique. Cette procédure n'a pas été suivie dans le cadre d'une nomination effectuée en 1984. La controverse qui en a résulté a entraîné la réalisation d'études exhaustives du processus de nomination, décrit ci-dessus, et les modifications qui ont suivi.

Le processus d'examen actuel par les comités provinciaux de la nomination des juges ne garantit cependant pas qu'il soit à l'abri de la politique, car le choix ultime est fait par le ministre de la Justice à l'aide d'une liste de candidats approuvés (ou, dans certains cas, par le premier ministre) après consultation du Cabinet.

D'une façon générale, on peut affirmer que le processus de nomination est beaucoup moins politisé aujourd'hui qu'il ne l'était dans le passé, ce qui est particulièrement vrai en ce qui concerne les nominations à la Cour suprême. Par ailleurs, d'autres facteurs non politiques sont maintenant pris en compte (tels que le sexe, la langue, la géographie et l'ethni-

cité) afin d'assurer que la magistrature se compose de personnes compétentes qui reflètent la nature hétérogène de la société canadienne.

La plupart des nouveaux juges sont des juristes de formation qui possèdent une expérience en droit. La société compte beaucoup sur eux et pourtant ils ne possèdent pas de qualités surhumaines. En contrepartie des contraintes particulières légales et déontologiques auxquelles ils sont soumis, la société leur accorde un statut privilégié, du prestige et sa confiance. Puisqu'on leur confie également la responsabilité ultime de trancher des questions personnelles, délicates et émotionnelles tout comme les grandes questions sociales, économiques, et parfois politiques, qui se présentent dans certains contextes juridiques, la magistrature aide à façonner le tissu social qui régit nos vies.

Gerald L. Gall

Magnussen, Karen Diane, patineuse artistique (North Vancouver, 4 avril 1952). Patineuse de grand talent en style libre, Magnussen remporte le titre de championne du Canada en 1968. Elle ne peut participer aux compétitions internationales en 1969 en raison de fractures de stress aux deux jambes, mais elle revient en forme en 1970 et reconquiert le titre canadien, qu'elle conservera jusqu'en 1973. Aux Jeux olympiques de Sapporo et au championnat du monde en 1972, elle remporte la médaille d'argent. En 1973, année où les épreuves de style libre, point fort de Magnussen, commencent à représenter un plus grand pourcentage du total des points, elle remporte le championnat du monde à Bratislava, en Tchécoslovaquie, grâce à une brillante performance. Elle reçoit le trophée Velma Springstead, à titre d'athlète féminine canadienne de l'année de 1971 à 1973, et l'Ordre du Canada en 1973. Magnussen enseigne le patinage artistique et possède sa propre école de patinage. Elle a aussi servi de conseillère lors des Jeux olympiques d'hiver de Calgary en 1988.

Barbara Schrodt

Magog, ville du Qc; pop. 14 050 (rec. 1996), 14 034 (rec. 1991); superf. 15,28 km²; const. en 1888; située sur les bords de la rivière Magog, à l'embouchure du lac Memphrémagog (mot abénaquis signifiant «étendue d'eau»), dans les CANTONS DE L'EST. Son économie est fortement liée à celles de SHERBROOKE, située à 25 km à l'est, et de MONTRÉAL, située à 122 km au nord-ouest. À l'origine lieu de campement autochtone et plus tard appelé «The Outlet» (L'embouchure), le site est d'abord colonisé par des LOYALISTES et d'autres Américains. La population est aujourd'hui majoritairement francophone.

Établie en 1884 par A.H. Moore, la Magog Cotton and Print Co., est la première imprimerie sur toile de coton au Canada. Elle fusionne avec la Dominion Cotton Mills dans les années 1890. Le Magog and Waterloo Railroad, propriété de Moore, est vendu au Canadien Pacifique. L'industrie du textile, du caoutchouc et du plastique sont aujourd'hui au centre de l'activité économique. L'imprimerie, la transformation des aliments, l'industrie du vêtement et la métallurgie du fer sont d'autres secteurs d'activité importants. Depuis longtemps, le lac Memphrémagog et le mont Orford, situés à proximité, font de Magog un endroit de villégiature populaire. Son théâtre d'été de même qu'une compétition de natation et un festival de musique constituent d'autres attraits.

Paula Kestelman

Maguire, Thomas, prêtre catholique (Philadelphie, Penn., 9 mai 1776—Québec, 17 juill. 1854). Après ses études au Séminaire de Québec, il est ordonné prêtre en 1799, puis il est curé de Berthier (aujourd'hui Berthier-sur-Mer) de 1805 à 1806 et curé de Saint-Michel de 1806 à 1827. Promoteur de l'éducation, qui est pour lui un moyen de rehausser le prestige du clergé, il est directeur du collège de Saint-Hyacinthe de 1827 à 1831. En tant qu'aumônier du couvent des ursulines de Québec (1832-1854), il modernise le programme d'études et les méthodes pédagogiques du pensionnat pour filles. Administrateur remarquable, il sauve tour à tour le collège et le couvent, dont la ruine financière était imminente. Il est l'émissaire des évêques canadiens à Rome (1828-1829 et 1833-1835) pendant leur lutte contre les sulpiciens pour asseoir l'autorité épiscopale de Jean-Jacques LARTIGUE. Maguire est un polémiste ardent face aux attaques des protestants britanniques et des Canadiens partisans du libéralisme. De 1835 à sa mort, il est vicaire général de l'évêque de Québec.

James H. Lambert

Mahé c. Alberta Après des victoires partielles à la Cour du Banc de la Reine (1985) et à la Cour d'appel (1987) de l'Alberta, les appelants dans le cas Mahe (du nom d'un des trois parents menant l'affaire: Jean-Claude Mahe, Angéline Martel et Paul Dubé), invoquant l'article 23 de la *Charte canadienne des droits et libertés,* demandent à la Cour suprême du Canada de se prononcer sur les questions suivantes: *grosso modo* – les droits reconnus dans l'article 23 accordent-ils à la minorité de langue officielle 1) la gestion et le contrôle de l'instruction et des établissements d'enseignement? 2) Dans l'affirmative, quelles sont la nature et la portée de la gestion et du contrôle? 3) Certains articles du *School Act* de l'Alberta sont-ils incompatibles avec l'article 23? La Cour suprême a donné raison aux parents d'Edmonton (mars 1990), permettant ainsi de créer en Alberta des Conseils scolaires autonomes avec des droits de pleine gestion (1994); en plus, elle créait le précédent qui reconnaissait aux minorités de langues officielles du Canada le droit de gestion et de contrôle de l'instruction et de leurs établissements d'enseignement, là où le nombre le justifie. D'autre part, cette décision historique reste un témoignage éloquent relatif à la notion de «partenaires égaux» des deux groupes linguistiques officiels du Canada, car elle énonce clairement la position de la Cour suprême dans le débat tumultueux qui précède l'échec de ratification de l'Accord du lac Meech (juin 1990).

Paul Dubé

Mahé, Roland François, metteur en scène et directeur artistique (Winnipeg, Man., 1er mai 1940). Ayant complété un baccalauréat en beaux-arts à l'U. du Manitoba, Mahé devient un membre actif de la troupe théâtrale LE CERCLE MOLIÈRE en 1961. Au début, il s'intéresse surtout aux décors et aux aspects visuels du théâtre, puis il devient un véritable passionné de tous les aspects relatifs au théâtre. Il travaille étroitement avec la directrice artistique Pauline Boutal qui l'invite à commencer avec les préparatifs liés aux décors. Pauline Boutal l'encourage à découvrir d'autres domaines du théâtre, et bientôt il dirige des ateliers pour de jeunes comédiens. Après avoir conçu son premier décor pour la pièce *La Savetière prodigieuse* de Garcia Lorca en 1963, Mahé fait sa première mise en scène de *Malentendu* de Camus, pièce qui sera présentée lors d'un atelier de formation. C'est alors qu'il décide de poursuivre ses études à l'École nationale de théâtre à Montréal, en 1965. Boursier du gouvernement français en 1966, Mahé étudie un an à l'École supérieure d'art dramatique à Strasbourg, en France, avant de rentrer à Winnipeg en 1967.

Lorsque Pauline Boutal part à la retraite en 1968, Roland Mahé devient le premier directeur artistique du Cercle Molière qui consacre tout son temps à ses fonctions. Il continue de travailler comme metteur en scène et, depuis 1993, il siège en tant que gouverneur au Conseil d'administration de l'École nationale de théâtre du Canada à Ottawa. Il est vice-président ainsi qu'un des membres fondateurs de l'Association des théâtres francophones du Canada. Il est également un des membres fondateurs de l'Association des Compagnies de théâtre de l'Ouest (janvier 1999). Il est le premier artiste à avoir reçu le prix Manitoba (1995) pour sa carrière et sa contribution aux arts au Manitoba. Mahé est particulièrement fier d'avoir élargi le répertoire du Cercle Molière, au

début des années 70, pour inclure des pièces écrites par des auteurs franco-canadiens de l'Ouest.

Lise Gaboury-Diallo

Maheux-Forcier, Louise, écrivaine (Montréal, 9 juin 1929). Après des études musicales, Louise Maheux-Forcier décide de se consacrer à l'écriture. Son premier roman *Amadou* (prix du Cercle du livre de France, 1963), l'un des premiers romans-poèmes du Québec, développe le thème, tabou à cette époque, du lesbianisme. Tout en révélant une écrivaine subtile, lucide et courageuse, il suscite une controverse passionnée chez certains critiques. Dans ses autres romans (*L'Île joyeuse,* 1965; *Une forêt pour Zoé,* prix du Gouverneur général, 1969; *Paroles et musique,* 1973; *Appassionata,* 1978) aussi bien que dans ses nouvelles (*En toutes lettres,* 1980) et ses dramatiques pour la télé (*Un arbre chargé d'oiseaux,* 1976; *Arioso,* 1981), l'auteur poursuit sa quête de la beauté originelle. Toujours présente, la femme androgyne exerce un attrait fécond sur les sources vivantes de cet univers onirique; elle trouve, dans une écriture d'une grande perfection visuelle et rythmique, la forme séduisante qui est à la fois son principe et son objet.

Gabrielle Poulin

Mahovlich, Francis, dit Frank, joueur de hockey (Timmins, Ont., 10 janv. 1938). Après avoir joué dans les rangs juniors pour l'équipe du St. Michael's College (Toronto), il devient membre des MAPLE LEAFS DE TORONTO en 1957-1958 et remporte le TROPHÉE CALDER remis à la meilleure recrue de l'année. Patineur rapide au tir frappé redoutable, il est le meilleur compteur des Maple Leafs de 1960 à 1966 et il joue un rôle important dans les quatre conquêtes de la COUPE STANLEY par les Leafs pendant les années 60. Son très grand talent alimente les attentes et les pressions de la direction et des partisans. Il quitte d'ailleurs le club à deux reprises, très perturbé par ce comportement à son égard.

En 1962, le propriétaire de l'équipe de Chicago, James Norris, lui offre un contrat d'un million de dollars qui a un retentissement énorme. Il est échangé à Detroit en 1968, puis à Montréal en 1971, où il établit un nouveau record de points comptés pendant les séries éliminatoires de cette saison (14 buts et 13 assistances). En 1978, il termine sa carrière dans l'uniforme des Toros de Toronto, qui deviendront les Bulls de Birmingham, de l'Association mondiale de hockey. Au cours de 17 saisons passées dans la Ligue nationale de hockey, il compte 533 buts et accumule 570 assistances, sans oublier 51 buts et 67 assistances pendant les séries éliminatoires. Mahovlich devient Membre de l'Ordre du Canada en 1994.

James Marsh

Maillard, Pierre, prêtre au séminaire des Missions étrangères et missionnaire (diocèse de Chartres, France, v. 1710—Halifax, 12 août 1762). Missionnaire chez les MICMACS, Maillard est un brillant linguiste et met au point un système de symboles écrits pour représenter la langue micmaque. Il est envoyé à l'île Royale (île du Cap-Breton) en 1735 et élabore une grammaire idéographique pendant l'hiver 1737-1738. Au cours des années suivantes, il compile une grammaire et un dictionnaire micmacs. Maillard ignore que deux tentatives ont été faites avant lui pour doter la langue micmaque d'un système d'écriture, mais seul son système a une influence durable. Pendant la GUERRE DE LA SUCCESSION D'AUTRICHE, il presse les Micmacs d'appuyer la cause des Français. Il est capturé en 1745 et envoyé en France, mais il revient en 1746. Maillard fait la paix avec les Britanniques en 1759 et vit à Halifax de 1760 jusqu'à sa mort.

John H. Young

Maillet, Antonine, romancière (Bouctouche, N.-B., 10 mai 1929). Grâce au succès de La Sagouine (1971; trad. 1979) et de PÉLAGIE-LA-CHARRETTE (1979), Maillet domine la littérature acadienne contemporaine. Pélagie obtient le prix Goncourt et rend ainsi son auteure célèbre en France, où le livre

se vend à plus d'un million d'exemplaires. Son monde imaginaire est issu de l'environnement, de l'histoire et du peuple de l'ACADIE. Ses romans, souvent adaptés au théâtre, réunissent l'aventure, le désir, la frustration, la souffrance et la joie, et redonnent une image plus authentique de l'Acadie d'où ressort une vision épique. Elle met en scène un seul événement (un conflit entre deux personnages, un combat collectif pour conquérir la terre, le long voyage de retour vers la terre natale), riche en rebondissements de toutes sortes. Au fil de l'histoire, les personnages deviennent des symboles. Ses œuvres, mélange de «mots anciens riches en sonorités diverses», sont d'une grande qualité littéraire et profondément originales. Le narrateur est souvent présenté non pas comme un seul personnage, mais comme une collectivité représentant la mémoire du peuple acadien. Maillet est une conteuse d'histoires, mais *La Sagouine* n'est pas un texte linéaire. Ici, le personnage est autonome et possède une authenticité et une complexité qui l'élèvent au-dessus des autres personnages du roman.

La renommée de Maillet coïncide avec la renaissance de la culture acadienne. *La Sagouine,* en plus d'être un grand succès littéraire, est publié à un moment crucial pour les Acadiens. On trouve dans cette voix la sagesse et la lucidité, de la verve et une certaine réserve, l'humour et la colère. Comme l'auteure le dit elle-même, la reconnaissance de son œuvre est la reconnaissance du peuple auquel elle appartient. Parmi ses autres écrits, on trouve *Pointe-aux-Coques* (1958), *Don l'Orignal* (1972), *L'Acadie pour quasiment rien* (1973), *Évangéline Deusse* (1975), *Les Cordes-de-bois* (1977), *La Gribouille* (1982) et *Le Huitième Jour* (1986, trad. 1987). Elle a enseigné la littérature et le folklore à l'U. Laval et est Membre de l'Ordre du Canada.

Yves Bolduc

Maillou, dit Desmoulins, Jean-Baptiste, bâtisseur, architecte (Québec, 21 sept. 1668—*id.,* sept., 1753). Les frères Joseph et Jean-Baptiste Maillou sont les successeurs de Claude BAILLIF et leur connaissance des styles classiques et de la Renaissance française se leur vaut des commandes de négociants, de membres du clergé et de fonctionnaires du gouvernement. Le décès de Joseph, en 1702, laisse Jean-Bastiste à la direction d'une entreprise florissante de construction de maisons, d'églises, d'installations religieuses, d'édifices publics et de fortifications. Les dépenses militaires du roi de France soutiennent la colonie, et Maillou tire profit des défenses construites à Québec et à Crown Point (dans l'État de New York). Il reçoit le titre d'«Architecte du Roi» en 1719. Comme il a été arpenteur et estimateur, on le nomme contremaître adjoint des voies publiques en 1728. L'appui royal est essentiel pour toute promotion sociale dans NOUVELLE-FRANCE, et ainsi protégé, cet ancien tailleur de pierres devient un influent bourgeois de Québec. La maison Maillou, qu'il a lui-même conçue au début de 1736, présente les textures traditionnelles de l'architecture domestique du XVIIIe siècle au Québec.

Peter N. Moogk

Mainate (*voir* CAROUGE)

Main-d'œuvre immigrante Le Canada, pays essentiellement formé d'immigrants, a toujours compté sur l'importation d'ouvriers qualifiés et non qualifiés pour assurer son développement économique. Avant la Confédération (1867), un nombre important de travailleurs immigrants, la plupart venant des îles Britanniques, assument déjà un rôle important au sein des économies principalement agricoles et extractives des colonies de l'Amérique du Nord britannique.

Chez les travailleurs immigrants, l'expérience la plus controversée est sans doute celle des IRLANDAIS, qui affluent en Amérique du Nord dans les années 1840 et 1850, désespérément en quête d'une nouvelle vie. Leur tendance naturelle au travail pénible et leur solidarité ethnique leur assurent pratiquement le monopole sur certains emplois dans les camps de bûcherons, sur les docks et dans le réseau tentaculaire de chantiers ferroviaires et de canaux qui s'étend du lac Supérieur à l'océan Atlantique.

Au Canada, la main-d'œuvre immigrante est donc largement présente dans la construction du chemin de fer du Canadien Pacifique. Des milliers de terrassiers britanniques, américains et européens poussent avec détermination le ruban d'acier vers l'ouest. Les terrassiers CHINOIS, dont bon nombre sont spécialement recrutés à l'étranger à cette fin, exécutent la tâche encore plus ardue de prolonger le chemin de fer vers l'est en traversant la chaîne de montagnes de la Colombie-Britannique.

La tendance à l'importation de travailleurs est particulièrement marquée après 1870, au moment où le Canada se lance de plus en plus activement sur le marché du travail transatlantique. L'expansion rapide du transport par bateau et par train permet aux travailleurs britanniques et européens de partir, sur une large échelle, à la recherche d'emplois en Amérique du Nord. Selon une source, entre 1907 et 1930, environ 900 000 travailleurs non qualifiés et qualifiés (autres que les travailleurs agricoles) entrent au pays. Les artisans britanniques, dotés d'une expérience industrielle et de compétences spécialisées, sont très recherchés, particulièrement dans les industries en plein essor du centre du Canada et de la Colombie-Britannique.

Officiellement, le Canada soutient qu'il n'importe que des travailleurs agricoles, mais, en réalité, des milliers d'immigrants arrivés d'Europe centrale et méridionale (1880-1930) deviennent des travailleurs industriels non qualifiés à plein temps ou à mi-temps, car les industriels et les fermiers réussissent à unir leurs intérêts économiques pour demander une POLITIQUE D'IMMIGRATION de libre admission.

Le Canada continue de s'afficher comme pays d'accueil pour les immigrants à la recherche d'un emploi, mais le genre d'emploi disponible dépend souvent de l'origine ethnique. Les «immigrants privilégiés» (p. ex., les Britanniques, les AMÉRICAINS de souche anglaise et les travailleurs qualifiés d'Europe occidentale) sont moins victimes de PRÉJUGÉS ET DE DISCRIMINATION que les immigrants d'Europe de l'Est et du Sud. En tant que «résidants étrangers», ceux-ci ne sont décidément pas accueillis à bras ouverts par tout le monde, l'attitude de leurs hôtes variant avec le temps et les conditions économiques. Les Asiatiques et les NOIRS ont la vie encore plus dure et bon nombre d'entre eux ne se font offrir que les emplois les plus exigeants physiquement.

Cependant, à partir de 1945, l'avènement de la prospérité d'après-guerre et l'évolution des attitudes à l'égard des droits de la personne modifient considérablement la situation des immigrants non britanniques. À cette même époque, trois nouvelles vagues de travailleurs immigrants arrivent au Canada, à savoir des personnes déplacées en provenance d'Europe, dont bon nombre sont très scolarisées et quittent le marché de la main-d'œuvre non spécialisée peu après leur arrivée pour occuper des emplois professionnels et spécialisés; des immigrants provenant de «pays privilégiés» (Grande-Bretagne, Allemagne, Pays-Bas, etc.), qui, pour la plupart, passent à des emplois prestigieux dès leur arrivée au pays; et des travailleurs immigrant des pays pauvres d'Europe du Sud et, de plus en plus, des Antilles (*voir* ANTILLAIS). C'est d'ailleurs ce dernier groupe d'immigrants, principalement non qualifiés, qui occupe la plupart des emplois mal rémunérés, dangereux et itinérants ou les emplois saisonniers que les Canadiens refusent. Toutefois, la plupart de ces emplois n'existent plus dans les régions nouvellement colonisées, et c'est donc vers les usines urbaines, les chantiers de construction et les industries de service, notamment à Toronto et à Montréal, que tend à se diriger la grande majorité des travailleurs immigrants non qualifiés.

À l'aube du XXIe siècle, le débat refait surface au Canada concernant l'importation de travailleurs pour occuper les emplois que rejettent les Canadiens. Certains employeurs continuent d'avoir besoin d'une main-d'œuvre peu chère et disposée à travailler; c'est peut-être le plan d'autorisation d'emploi temporaire élaboré pendant les années 70 qui favorise le plus cette pratique. Par contre, les mouvements syndicaux et les groupes humanitaires soutiennent que ce genre d'arrangement pour les travailleurs étrangers est à la fois exploitant et ethnocentrique, étant donné que bon nombre de travailleurs immigrants ne sont pas de race blanche. De plus, on se demande si le Canada ne devrait pas déployer plus d'efforts pour attirer une plus grande proportion d'immigrants hautement qualifiés et professionnels, mieux préparés à affronter les défis technologiques de la nouvelle ère. À cette question se greffe celle de savoir comment les réfugiés et les demandeurs d'asile, qui représentent environ 20 p. 100 de tous les nouveaux venus, réussiront à s'adapter à l'économie changeante du Canada, particulièrement ceux venant de milieux ruraux des pays du tiers-monde.

Même si, par le passé, le Canada s'est souvent montré peu accueillant envers les personnes qui ne respectaient par ses normes raciales et ethnoculturelles ainsi que ses normes relatives aux classes sociales, il y a peu de chances qu'il revienne à ses anciennes politiques d'exclusion.

Donald H. Avery

Main-d'œuvre minière On estime que l'industrie minière fournit, directement ou indirectement, environ 5 à 6 p. 100 de tous les emplois au Canada. Les mines de métaux emploient 47 000 personnes (1986), les mines de charbon, 10 000, les carrières, 7300, et les mines de non-métaux, 12 000. De plus, 31 000 personnes travaillent dans les usines de fusion et d'affinage de produits non ferreux. Les industries connexes (sidérurgie, fabrication, transport, construction, etc.) emploient aussi bon nombre de personnes. Entre 1976 et 1986, la main-d'œuvre directe a diminué de presque 20 p. 100 en raison de la mécanisation et des nouvelles méthodes de travail. Au Canada, les salaires moyens offerts dans le secteur de l'exploitation minière sont plus élevés que dans les autres industries principales; un salaire de base, un régime de primes et diverses ententes salariales et contractuelles sont en vigueur dans plusieurs mines. La plupart des travailleurs des mines sont syndiqués. Le coût de la vie est plus élevé dans les régions minières éloignées, mais il est souvent compensé par des subventions ou autres avantages. Certaines des mines situées dans les régions septentrionales font appel à des équipes qui travaillent à la mine en alternance pendant des périodes intensives et qui prennent des périodes de repos de durée égale dans le sud, ce qui évite d'avoir à construire des logements pour les familles dans les localités du nord.

L'exploitation minière est une activité où domine la main-d'œuvre masculine. Il existe des lois interdisant l'embauche d'enfants et, jusqu'à récemment, il était généralement interdit d'employer des femmes dans les mines. Ces décisions ont été prises principalement en réaction aux conditions qui prévalaient il y a 150 ans, alors que plus de la moitié des travailleurs en milieu souterrain de l'Europe de l'Ouest étaient des femmes ou des enfants âgés de moins de 12 ans. Depuis quelques années, toutefois, la législation de certaines provinces permet que les femmes soient affectées à des travaux souterrains, mais la proportion de femmes employées dans ce secteur demeure minime. Certaines travaillent dans des activités minières de surface, où la manœuvre de la machinerie et des véhicules lourds n'exige pas de force physique. Dans la plupart des pays, très peu de femmes sont employées pour les travaux souterrains car, bien que la manœuvre de certains types d'équipement souterrain ne demande pas un grand effort physique, l'environnement est peu attirant, les habitudes changent lentement et certaines tâches nécessitent encore une force physique considérable.

Il y a peu de temps encore, l'exploitation minière était une industrie à forte intensité de main-d'œuvre. Cependant, les salaires ont rapidement augmenté au cours des 30 dernières années et le besoin d'extraire de plus grands tonnages de minerai de qualité inférieure et d'augmenter la productivité est devenu plus pressant. L'amélioration de l'équipement, qui a donné lieu à la mécanisation de plusieurs tâches, a réduit le nombre de travailleurs nécessaires. Par conséquent, l'exploitation minière est devenue une industrie de capital et, dans bien des mines, l'investissement dans l'équipement dépasse maintenant 100 000 $ par mineur. La proportion des mineurs ordinaires a diminué, tandis que celle des mécaniciens, des électriciens, des techniciens et autres travailleurs spécialisés a augmenté.

On exige habituellement que les travailleurs et les superviseurs dans les mines de charbon détiennent un certificat de compétence et qu'ils répondent aux normes minimales établies par les gouvernements fédéral et provinciaux. On veut ainsi s'assurer que les mineurs et contremaîtres soient conscients des dangers et qu'ils se conforment aux règles établies en présence de gaz explosifs et de poussière de charbon. On n'exige pas de certificat du gouvernement dans les autres industries minières, mais les employeurs offrent en général de la formation. Cette formation varie d'un simple jumelage des nouveaux employés avec les travailleurs expérimentés à des cours de formation avec, dans certains cas, la participation du syndicat et du gouvernement. On accorde depuis peu des certificats de compétence aux mineurs qui ont acquis un certain niveau d'expérience et de savoir-faire. Plusieurs compagnies offrent des programmes d'apprentissage pour les gens de métier (mécaniciens, électriciens, etc.).

T.H. Patching

Maintien de la paix est le terme usuel désignant les opérations militaires de l'ORGANISATION DES NATIONS UNIES (ONU). En raison du rôle joué par L.B. PEARSON lors de la CRISE DU CANAL DE SUEZ, en 1956, et de l'engagement du Canada dans la Force d'urgence de l'ONU qu'il contribue à créer, les Canadiens ont tendance à considérer le maintien de la paix comme leur propriété. Quand la Charte de l'ONU est rédigée en 1945, elle comprend des dispositions détaillées ayant trait au maintien de la sécurité collective. Mais la GUERRE FROIDE freine toute tentative d'institutionnalisation d'une force de l'ONU, et celle-ci doit compter sur l'improvisation. Cela est évident pour la première fois en avril 1948, quand l'ONU autorise l'emploi d'observateurs militaires au Cachemire et quand elle réitère ce geste le mois suivant le long des frontières israélo-arabes. Des observateurs militaires peuvent surveiller les mouvements des armées, superviser les cessez-le-feu et la population et, de façon générale, assurer la paix dans une région. Telle est la théorie qui, en général, s'avère applicable. Le Canada fournit huit officiers à la force de l'ONU au Cachemire et, après 1953, envoie quatre officiers rejoindre la force palestinienne, ainsi que le général E.L.M. BURNS, qui prend le commandement en février 1954.

Ce type de maintien de la paix de l'ONU est nettement différent de celui qui est pratiqué dans la GUERRE DE CORÉE. Dans ce cas, le boycott fortuit du Conseil de sécurité par l'URSS au moment où la crise éclate, fin juin 1950, permet aux États-Unis d'organiser une «action policière» pour résister à l'invasion nord-coréenne. Un fait encore plus typique, même s'il est sans rapport avec l'ONU, est le rôle du Canada au sein des Commissions internationales de surveillance et de contrôle au Viêt-nam, au Laos et au Cambodge. Ces dernières (généralement appelées Commissions internationales de contrôle, ou CIC) sont mises sur pied par la Conférence de Genève de 1954 sur un modèle dit «troïka», c.-à-d. qu'elles sont composées d'un État communiste (Pologne), d'un État occidental (Canada) et d'un État neutre (Inde).

La tâche des CIC est importante puisqu'elles ont la responsabilité de réinstaller les populations, de superviser les élections et de surveiller les nouvelles frontières. Mais cette tâche, qui se révèle particulièrement ingrate, nécessite des effectifs relativement imposants, soit une centaine d'officiers bilingues et un nombre important d'agents des Affaires extérieures. Les CIC enregistrent au début quelques succès au Cambodge et au Laos, mais la CIC du Viêtnam s'enlise dans l'inutilité à mesure que la guerre s'étend de façon incontrôlable, dans les années 60.

Cependant, quand la crise du canal de Suez éclate, en 1956, les Canadiens s'empressent de saisir l'occasion de jouer un rôle au sein de l'ONU. Lorsque la Grande-Bretagne et la France coopèrent avec Israël dans un assaut contre l'Égypte, l'ONU intervient rapidement. L'intérêt du Canada est de minimiser les torts causés à l'alliance occidentale par l'agression anglo-française. Pearson, secrétaire d'État canadien aux Affaires extérieures, en collaboration avec le secrétaire général de l'ONU, Dag Hammarskjöld, conçoit l'idée d'une force de maintien de la paix dans le but de stabiliser la situation et de permettre le retrait des agresseurs. Comme aide, Pearson offre un bataillon des Queen's Own Rifles. La force d'urgence des Nations Unies (FUNU) est rapidement mise sur pied et le général canadien E.L.M. Burns, commandant de l'Organisme des Nations Unies chargé de la surveillance de la trêve en Palestine, est nommé commandant de la FUNU.

Les Égyptiens, à la surprise du Canada, s'opposent à la présence des Canadiens. Les uniformes, le nom du régiment et les drapeaux canadiens ressemblent fort à ceux des envahisseurs britanniques et les Égyptiens soutiennent que la population ne comprendrait pas. On en arrive finalement à un compromis: les troupes de service et de ravitaillement canadiennes, essentielles au succès de la force onusienne, remplaceraient l'infanterie. Cette expérience contribue à convaincre Pearson que le Canada doit avoir ses propres symboles, ce qui lui vaut également de recevoir le prix Nobel de la paix.

Après la crise du canal de Suez, les Canadiens en viennent à considérer que le maintien de la paix est leur métier. Cela ne laisse aucun doute en juillet 1960, quand la violence éclate au Congo, qui vient d'accéder à l'indépendance. Le gouvernement Diefenbaker hésite à répondre à l'appel de l'ONU qui demande des transmetteurs et d'autres troupes, mais l'opinion publique lui force la main. La popularité de la force de maintien de la paix est dès lors établie et, en 1962, le Canada n'hésite pas à envoyer un petit groupe d'hommes en Nouvelle-Guinée occidentale (Irian Jaya), tout comme l'année suivante des militaires vont se joindre à une mission d'observation de l'ONU au Yemen. Un engagement beaucoup plus important s'ensuit en 1964 quand l'ONU intervient à Chypre dans le conflit entre les Grecs et les Turcs. Le secrétaire d'État canadien aux Affaires extérieures, Paul MARTIN, joue un rôle de premier plan dans la création d'une force de l'ONU à Chypre.

Toutefois, les beaux jours du maintien de la paix tirent à leur fin. Certains critiques soutiennent déjà que le maintien de la paix ne sert qu'à paralyser les conflits et ne fait rien pour les résoudre. D'autres s'inquiètent des coûts et des pertes de vie et se plaignent des mandats souvent obscurs. En 1967, le président Nasser lui porte un sérieux coup quand il ordonne que la FUNU quitte l'Égypte, puis oblige la force canadienne à se retirer. S'ensuit un autre conflit israélo-arabe. L'expulsion des Canadiens équivaut presque à une humiliation nationale, réaction due à n'apaisent guère les accusations d'espionnage pour le compte des États-Unis portées contre des Canadiens membres de la CIC. Le concept du maintien de la paix contribue à renforcer le mythe voulant que le Canada soit un observateur impartial et acceptable,

mais il connaît une baisse de popularité au Canada pendant un certain temps.

Dès les années 80, cependant, les gouvernements Trudeau et Mulroney semblent prêts à considérer d'un œil plus favorable de nouvelles demandes de troupes, mais, pour les militaires canadiens, les missions de maintien de la paix sont devenues une corvée plutôt qu'un privilège. De plus, l'attitude du public à l'égard de ces interventions demeure confuse.

Au début des années 90, la fin de la Guerre froide et de l'influence soviétique dans les affaires internationales crée partout dans le monde des vides politiques. L'autorité militaire soviétique n'exerçant plus de cohésion, plusieurs États de l'ex-Union soviétique, dont la Yougoslavie, se désintègrent dans des conflits ethniques. L'ONU réagit, avec plus ou moins de succès, en apportant une certaine forme de paix militaire ainsi qu'une aide humanitaire aux populations éprouvées. De 1990 à 1992, l'ONU amorce pas moins de 13 opérations distinctes, soit plus que durant toute son histoire. Le Canada joue un rôle majeur dans ces opérations et, à la fin de 1992, 4300 Canadiens, soit 10 p. 100 de toutes les forces d'intervention pacifique du monde, sont engagés dans 15 opérations différentes.

J.L. Granatstein

Maintiens le droit est la devise officielle de la GENDARMERIE ROYALE DU CANADA (GRC). Préconisée à la POLICE MONTÉE DU NORD-OUEST en 1873, elle est adoptée deux ans plus tard. L'expression *La GRC attrape toujours son homme*, populaire depuis 1877, est sans valeur officielle.

John Robert Colombo

Mainwaring, sir Henry, pirate (près d'Ightfield, Angl., 1587?—enterré à Camberwell, Londres, 15 mai 1653). Habile navigateur chargé par le roi en 1610 de capturer le pirate Peter EASTON, il échoue dans sa mission et devient lui-même pirate, s'installant en Afrique du Nord. En 1614, il fait voile vers Terre-Neuve pour y réapprovisionner ses navires et recruter des hommes. Il occupe l'ancienne base d'Easton, à HARBOUR GRACE, et terrorise les navigateurs espagnols et portugais qui se trouvent dans la région. Ses attaques audacieuses mettent en péril la paix qui règne entre l'Angleterre, l'Espagne et le Portugal. Gracié en 1616 par Jacques 1er, il rentre en Angleterre où il est fait chevalier, élu au Parlement et nommé vice-amiral. Royaliste, il est ruiné pendant la guerre civile anglaise et termine sa vie dans la pauvreté.

Edward Butts

Maire (*Voir* GOUVERNEMENT MUNICIPAL)

Maïs (*Zea mays*), céréale annuelle de la famille des Graminées qui est semée au printemps. Originaire d'Amérique du Nord, le maïs indigène est devenu si différent des espèces ancestrales que celles-ci ne peuvent être identifiées avec certitude. Comme le maïs peut atteindre jusqu'à 4 m de hauteur, il est la CÉRÉALE qui pousse le plus haut. Sa tige unique et épaisse est vigoureuse; ses feuilles sont larges. Chaque plant porte à la fois des fleurs mâles et femelles; les premières dans un cornet au sommet de la tige, les secondes dans un épis enveloppé de feuilles à l'aisselle d'une des feuilles de la plante. Lorsqu'un grain de pollen tombe sur une soie, il fabrique un tube pollinique à l'intérieur de la soie afin de fertiliser l'ovule et de former le grain.

Le maïs cultivé est devenu, depuis 30 ans, une culture commerciale de premier plan au Canada. Avant 1960, la plus grande partie de la production était consommée à la ferme, principalement pour l'alimentation du bétail. La production mondiale du maïs a atteint un sommet en 1991 avec environ 485 millions de tonnes, dont 39 p. 100 provenant des États-Unis et 1,5 p. 100 du Canada. Entre 1977 et 1982, la production canadienne a augmenté de 50 p. 100 (4,2 millions à 6,3 millions de tonnes).

Depuis 1982, la production a subi des fluctuations, passant de 5,4 millions de tonnes en 1989 à

plus de 7,4 millions de tonnes en 1992. Le Québec et l'Ontario constituent les deux chefs de file de la production. Pour ces deux provinces, les superficies dévolues à cette culture équivalaient à 91 p. 100 du territoire total consacré au maïs en 1991.

Les autochtones et les agriculteurs pratiquaient l'hybridation du maïs avant 1900. L'hybridation scientifique basée sur la GÉNÉTIQUE et la STATISTIQUE fut instaurée dans les universités et les stations de recherche (*voir* AGRICULTURE, STATIONS DE RECHERCHE EN) en Amérique du Nord vers 1920, mais elle est devenue en grande partie la responsabilité des commerçants en semences. P. ex., une entreprise peut posséder de 10 à 15 stations de recherche sur un territoire s'étendant du Texas à l'Ontario. Les compagnies emploient un grand nombre de techniciens et de scientifiques qui procèdent à quelques millions de pollinisations contrôlées et testent des millions de plants chaque année. Les généticiens tentent de développer des plants résistant aux maladies (*voir* PLANTES, MALADIE DES) et d'obtenir des cultivars procurant de plus en plus de rendement.

Le maïs représente la plus grande réussite dans le monde de la génétique. Il y a 50 ans, la production moyenne était inférieure à 75 boisseaux par hectare (2727 l); maintenant, une production de 350 boisseaux par hectare (12 726 l) est chose commune. De même, il y a 50 ans, toutes les récoltes de maïs étaient utilisées pour l'alimentation humaine ou animale. Aujourd'hui, bien que plus de 10 p. 100 des 12 000 articles différents vendus dans les supermarchés sont à base de maïs, moins de 50 p. 100 de la récolte totale sert à l'alimentation. Le reste constitue la matière première d'un vaste éventail de produits industriels comme le papier et les isolants.

D.B. Walden

Maïs sucré (*Zea mays* var. *saccharata* ou *rugosa*), plante annuelle de la famille des graminées. Il résulte d'une mutation génétique (en maïs denté) qui s'est produite aux États-Unis au début du XIXe siècle. Le changement génétique empêche le sucre des grains de se transformer en amidon, d'où leur goût sucré. Hormis cette particularité, le maïs sucré est identique au maïs cultivé. Au Canada et aux États-Unis, le maïs sucré est une plante importante; on le mange frais (en épi), en conserve ou congelé (en épi ou non).

Sa température de germination est d'au moins 10 °C et sa croissance s'accélère à mesure que la température grimpe vers les 35 °C. Le maïs sucré prend de 60 à 100 jours pour atteindre sa pleine maturité, selon la variété et la situation géographique. Les tout derniers hybrides sont sélectionnés de manière à fournir plus de sucre et à ralentir la transformation du sucre en amidon (ce qui prolonge d'autant la période de grande qualité). Les hybrides permettent d'avoir du maïs sucré dans les régions où les températures, au moment de la récolte, seraient autrement trop élevées. On récolte le maïs sucré à la main pour le marché, à l'aide de moissonneuses pour les conserveries. En 1991, la culture du maïs sucré couvre une superficie de 35 841 ha au Canada.

Roger Bédard

Maison Ce terme désigne en général un bâtiment qui sert d'habitation à une ou à plusieurs familles. Les formes et les styles d'habitation se sont modifiés tout au long de l'histoire pour répondre autant à des impératifs socio-économiques qu'aux climats d'environnements divers. En fait, les maisons sont le reflet des conditions de vie et du patrimoine culturel de leurs bâtisseurs.

Premières habitations du Canada Les premières habitations du Canada sont bâties et occupées par les Amérindiens et les Inuits. À première vue, elles paraissent rudimentaires, mais, en dépit de leur grande simplicité, elles sont parfaitement adaptées à un mode de vie et à un habitat particuliers et sont plus en harmonie avec la nature que bien des maisons d'aujourd'hui. Les habitations les plus simples sont construites par des chasseurs et des cueilleurs, nomades qui parcourent les vastes prairies, les forêts et les terres désertiques du Nord. Leur mode de vie leur interdisant des habitations permanentes, ces peuplades itinérantes construisent des abris temporaires. Ils sont érigés avec les matériaux disponibles à proximité des campements ou facilement transportables d'un camp à l'autre.

L'habitation la plus fascinante est sans doute l'IGLOO, maison de blocs de neige durcie des INUITS qui vivent dans la toundra. Ces structures circulaires en forme de dôme comportent une partie surélevée servant de lit et faisant face à l'entrée, qui est basse. Le bâtisseur, travaillant de l'intérieur, place les blocs de neige en rangées qui s'élèvent en spirale, chacun des blocs incliné davantage vers l'intérieur afin d'obtenir une structure en forme de dôme. Les rangées en spirale rendent inutile l'utilisation d'un échafaudage au cours de la construction. Bien que la neige puisse sembler un matériau peu usuel pour la construction d'un abri, elle possède d'excellentes propriétés isolantes. On améliore souvent l'isolation intérieure en recouvrant de peaux de phoque et de caribou les murs, le plafond et la partie servant de lit. L'été venu, l'igloo est abandonné pour une tente en peaux de phoque appelée *tupiq*, une habitation transportable comme le TIPI, faite d'un assemblage de perches recouvert de peaux de phoque.

Le tipi est une forme d'habitation ingénieuse utilisée par plusieurs tribus, mais surtout par les Indiens des plaines qui suivent les immenses troupeaux de bisons. Le support principal du tipi se compose de trois ou quatre perches ficelées au sommet qui sont ensuite élevées et auxquelles on ajoute une vingtaine d'autres perches. Une enveloppe en peaux de bison assemblées et cousues recouvre cette structure, des pierres servent à en fixer la bordure intérieure. Un trou à fumée est laissé au sommet, à l'intersection des perches, qu'on peut fermer ou ajuster à l'aide de deux rabats attachés chacun à une perche libre. Le foyer est au centre du tipi, sous le trou à fumée, et les peaux servant de lits sont posées sur le sol le long des murs, sauf devant la porte qui est toujours orientée vers le soleil levant. Les structures en forme de dôme ou de cône comme celle du tipi sont les plus anciennes formes d'abris adoptées par les autochtones du Canada et sont utilisées par la plupart des tribus.

La MAISON LONGUE des Amérindiens agriculteurs des régions boisées du nord-est canadien est une habitation communautaire. L'intérieur est compartimenté en sections, chacune occupée par une famille. Ces alcôves, pourvues d'une banquette basse servant de lit et placée le long du mur extérieur, sont séparées par un large corridor qui traverse l'habitation sur toute sa longueur. Ces maisons longues ne sont pas bâties pour durer, car le terrain environnant s'épuise après quelques années de culture sans fertilisation, obligeant les Amérindiens à abandonner leurs maisons pour s'installer ailleurs. Une série de perches, courbées pour former une voûte, supportent le toit couvert d'écorce et les peaux qui tapissent les murs. Bien que chaque compartiment ou alcôve ne mesure environ que 2 m de largeur, la longueur de la maison longue dépasse souvent 20 m, ce qui permet de penser qu'il n'était pas inhabituel que 20 familles y vivent.

Les Amérindiens de la côte de la Colombie-Britannique construisent des habitations plus résistantes. Vivant dans un climat tempéré où les bons matériaux abondent, les autochtones de la côte construisent de grandes maisons communautaires, habitées par plusieurs familles. L'environnement généreux leur permet de mener une existence sédentaire et, par conséquent, de loger dans des habitations permanentes. Ces structures imposantes, basses, de forme rectangulaire et aux murs latéraux en pignon, sont construites avec d'énormes poteaux et poutres de cèdre. L'intérieur, composé de deux rangées d'al-côves munies de banquettes pour dormir et d'un corridor central, ressemble aux maisons longues de l'Est. Les foyers sont au centre du corridor; la fumée s'échappe par des ouvertures qu'on peut ouvrir à l'aide de perches. La plupart de ces habitations communautaires ne possèdent qu'une seule entrée, située à l'une des extrémités. La vie plus facile des Amérindiens de la côte ouest a favorisé une forme d'art décoratif bien particulière qu'on trouve dans leurs habitations et sur leurs TOTEMS.

Nouveau type d'habitation Les colons venus d'Europe qui s'établissent dans la vallée du Saint-Laurent au XVIIe siècle apportent avec eux un nouveau type d'habitation. Les premiers colons français importent une tradition architecturale d'inspiration française tout en utilisant des matériaux locaux. La maison rurale est au début une construction de bois basse et massive, coiffée d'un toit de bardeaux fortement incliné complété par des murs-pignons à chaque extrémité. Elle est rectangulaire et généralement divisée en deux pièces de dimensions inégales, avec une grande cheminée en maçonnerie encastrée dans le mur transversal. Par la suite, le bois est remplacé par des pierres des champs qu'on ramasse lors du défrichement. À la même époque, d'autres modifications apparaissent en raison de la rigueur du climat: le plancher est surélevé bien au-dessus du niveau du sol et les avant-toits s'élargissent. La pente des pignons devient plus aiguë, l'arête du toit formant elle-même un pignon. Avec l'apparition d'un deuxième foyer, les cheminées sont encastrées dans les murs de pignon; les avant-toits sont encore élargis pour former un toit à larmier couvert de feuilles de métal. L'évolution de la maison rurale québécoise se poursuit avec l'avènement de galeries couvertes élevées au-dessus du niveau de la neige, et dont les colonnes supportent des avant-toits encore élargis.

La maison urbaine typique du Québec possède des murs à pignons en maçonnerie, deux cheminées, une corniche et un toit recouvert de feuilles de métal ou de tuiles de fer blanc. Ces précautions s'imposent pour prévenir les risques d'incendie à l'époque où les maisons comportent plusieurs étages, des murs en maçonnerie de pierre, des planchers et des toits de bois. L'utilisation de planches est cependant fort répandue pour la construction des murs dans les maisons de ville. Par la suite, on emploie fréquemment du bois recouvert de briques à l'extérieur. Les premières maisons de ville sont des constructions élégantes dénuées de toute ornementation superflue, aux portes et aux fenêtres bien proportionnées.

Après la Conquête (1760), les traditions européennes se perpétuent dans la construction rurale, non seulement à cause du patrimoine culturel des immigrants des Îles britanniques, mais également à cause de l'influence de l'architecture coloniale américaine introduite au Canada par les loyalistes. Les murs de pierre sont graduellement remplacés par de la brique rouge, le bois demeurant toutefois le principal matériau de construction de la maison rurale. Dans les Prairies, où le bois est rare, les premiers colons construisent souvent des HUTTES DE TERRE.

Pendant le XIXe siècle Au cours du XIXe siècle, le type le plus courant d'habitation urbaine dans le centre et dans l'Est du Canada est la maison de ville unifamiliale ou en rangée. Bien qu'elle ressemble aux maisons de ville de style georgien et victorien de Grande-Bretagne, la maison de ville canadienne, comme la maison américaine, est plus simple. Étant donné que peu de ménages disposent de domestiques, la cuisine et l'arrière-cuisine sont situées au rez-de-chaussée plutôt qu'au sous-sol, et près des principales salles de réception. Dans la maison de ville canadienne, le salon, le vestibule et la cage d'escalier occupent la partie avant de la maison, et la salle à manger, la cuisine et l'arrière-cuisine, la partie arrière. Le salon et la salle à manger sont souvent séparés par une arche parfois dotée de portes coulissantes, formant ainsi un double salon. Les chambres à coucher sont situées à l'étage, la chambre principale donnant sur la rue.

Les dimensions et l'aménagement de la maison de ville reflètent la richesse de ses habitants, mais en général c'est une bâtisse à un étage dont le rez-de-chaussée est surélevé. Les immeubles de rapport sont destinés à fournir un confort minimal aux petits salariés. Les immeubles résidentiels, plus confortables, sont loués à la classe moyenne. Aucun de ces deux types d'habitation n'est très répandu, et les conditions de logement difficiles que la Grande-Bretagne et plusieurs grandes villes américaines ont connues n'ont donc jamais existé au Canada.

Début du XXe siècle Au début du XXe siècle, pour fuir la pollution de l'air, la violence, la surpopulation et le bruit, ce sont d'abord les mieux nantis, puis les autres, qui s'installent dans les banlieues et habitent des maisons entourées de grands terrains le long d'avenues ombragées. Ce désir de vivre dans un environnement plus sain entraîne la prolifération des villes-dortoirs. En général, la maison unifamiliale de banlieue est une habitation à un étage dont l'organisation spatiale ressemble à celle de la maison de ville. Les pièces principales occupent la partie avant de la maison, donnant sur la pelouse, et les pièces secondaires donnent sur l'arrière du terrain.

En raison des souvenirs déplaisants des villes industrielles de Grande-Bretagne, encore frais dans les mémoires, le croisement entre la maison-jardin et la maison unifamiliale constitue un idéal qui se manifeste parfois sous des aspects surprenants comme les styles néo-Queen Anne et italianisant ou encore des maisons à ossature de bois et des maisons de campagne. Le pourcentage de propriétaires de maison s'accroît durant cette période et atteint les 80 p. 100 à Vancouver en 1930. Les notables privilégient des manoirs et des villas inspirés de l'imagerie pastorale des vieilles maisons de ferme anglaises ou des manoirs à colombages de la période Tudor, tentant ainsi de recréer de manière instantanée l'atmosphère historique des maisons ancestrales. Ces maisons à colombages sont particulièrement courantes à Vancouver et à Victoria, symbole des liens étroits avec le «vieux pays», tout comme le bungalow californien représente le non conformisme de la nouvelle patrie.

Bungalow Le bungalow est né aux Indes des suites des modifications apportées aux habitations locales par les officiers britanniques. Il s'est répandu dans de nombreuses autres colonies au climat chaud et humide. À leur retour en Angleterre, les administrateurs coloniaux ont d'abord construit des bungalows comme résidences secondaires près de la mer, puis comme maisons principales. Contrairement aux maisons de campagne et aux maisons de ville, les bungalows de plain-pied conviennent particulièrement bien aux couples âgés retraités, comme c'est le cas de ceux revenant des colonies. Le bungalow est finalement devenu populaire et s'est répandu sur tout le globe, y compris en Amérique du Nord et particulièrement en Californie.

Les bungalows sont construits en grand nombre dans les banlieues canadiennes, où le prix des terrains est abordable. Ils reflètent un nouveau mode de vie associé au climat plus doux et au non-conformisme de la Californie. Ils comportent des pièces intérieures-extérieures, des vérandas et des patios. Le bungalow de banlieue est aujourd'hui fait de bois, avec un parement de bois ou de maçonnerie à l'extérieur et un revêtement de placoplâtre à l'intérieur. Ce type d'habitation est le plus populaire dans toutes les classes sociales, qu'il s'agisse d'une maison modeste ou d'une luxueuse résidence de style ranch. Les architectes de la Colombie-Britannique se sont inspirés de l'art des Amérindiens de la côte du Nord-Ouest pour développer un style régional caractérisé par des pans extérieurs en cèdre et par un toit d'appentis.

Étalement urbain L'étalement urbain a accru les distances entre la ville et les nouvelles banlieues.

Pour ménager l'espace et à cause des répercussions de la crise de l'énergie sur le transport, de nouveaux types d'habitation ont été développés dont la maison à niveaux décalés («split-level») et un retour s'est produit plus récemment à deux types traditionnels de maison: la maison unifamiliale à étage et la maison de ville en rangée.

En même temps que le nombre de maisons unifamiliales augmente dans les banlieues, les habitations multifamiliales des villes subissent de nombreuses transformations au cours de ce siècle. L'immeuble de rapport attire les personnes à faibles revenus ou qui préfèrent vivre à proximité de leur travail et des lieux de divertissement. Afin de distribuer plus équitablement le coût élevé d'un terrain en ville et de partager les frais d'entretien comme ceux d'une piscine, ces immeubles deviennent de vastes complexes d'habitation comportant des centres de santé et de loisirs et parfois des espaces commerciaux. L'élément portant de la maçonnerie est remplacé par des charpentes d'acier et de béton, imitant ainsi les tours à bureaux. Les appartements situés aux étages supérieurs de ces édifices élevés offrent une vue spectaculaire, et l'appartement-terrasse devient le summum de l'habitat urbain de luxe (*voir* CONDOMINIUM).

Trois tendances principales apparaissent dans la construction domiciliaire canadienne au XXᵉ siècle: l'innovation, le fonctionnalisme et l'hygiène. L'innovation a été encouragée par la difficulté de trouver des domestiques et s'est traduite dans l'architecture par l'abandon d'éléments désormais inutiles tels que l'arrière-cuisine, l'office et les couloirs de service. L'aménagement en enfilade de salons et de salons de réception est remplacé par un aménagement beaucoup moins conventionnel dans lequel les pièces principales se fondent les unes dans les autres. De nouvelles réalités socioéconomiques ont amélioré le côté fonctionnel des maisons. Elles sont désormais conçues non plus pour impressionner les visiteurs, mais plutôt pour rendre la vie plus agréable.

C'est peut-être l'aménagement, la grandeur et l'emplacement de la cuisine de la maison moderne qui illustrent le mieux cette nouvelle tendance. La cuisine sombre, mal équipée et reléguée dans un coin obscur de l'ancienne maison est remplacée par un espace ensoleillé, bien équipé, qui est soit adjacent à la salle à manger, soit souvent intégré à cette dernière pour ne former qu'une seule pièce. On porte une attention particulière à la conception des chambres à coucher et des salles de bain pour que chaque membre de la famille puisse jouir d'une certaine intimité. Des conditions de vie saines exigent que l'air et la lumière pénètrent en abondance dans la maison et qu'il y existe de bonnes installations sanitaires. Les grandes fenêtres panoramiques et les murs vitrés donnent une nouvelle dimension au paysage et, par conséquent, permettent une plus grande communion avec l'environnement extérieur. Les terrasses, patios et jardins sont considérés comme des prolongements de la maison, des pièces extérieures en quelque sorte. Leur lien avec l'intérieur de même que l'aménagement paysager sont devenus des éléments importants.

Jusque dans les années 70, les seuls choix offerts dans le domaine de l'habitation au Canada sont la maison unifamiliale des banlieues peu peuplées et l'immeuble de rapport des centres urbains surpeuplés. L'évolution démographique et la diminution des réserves énergétiques ont entraîné la création de nouveaux types d'habitation évitant ces extrêmes. On voit déjà apparaître dans les grandes villes canadiennes des habitations de densité et hauteur moyennes, bien aérées, bien éclairées et jouissant d'une bonne exposition au soleil. L'avènement du zonage mixte permet de construire dans un même secteur des logements, des édifices à bureaux et des édifices commerciaux. Occupant les étages supérieurs des édifices, ces nouveaux logements offrent les mêmes avantages que les appartements-terrasses: ensoleillement, aération et vue panoramique loin des

bruits de la circulation mais à proximité de tous les services urbains et des activités culturelles d'une ville animée.

Évolution démographique et forces socioéconomiques L'évolution démographique et les forces socioéconomiques à l'œuvre au XXᵉ siècle ont produit toute une gamme de constructions domiciliaires destinées notamment aux personnes âgées, aux handicapés, aux célibataires et aux étudiants. Les mêmes critères de conception, soit le non conformisme le fonctionnalisme et l'hygiène, président à l'aménagement de ces logements réservés à des clientèles particulières.

Crise de l'énergie Au début des années 70, la crise de l'énergie a amené bon nombre de concepteurs à faire attention à la conservation de l'énergie. La solution la plus simple consiste à utiliser l'énergie solaire passive en orientant l'habitation vers le soleil. Une autre approche consiste à concentrer l'énergie solaire active à l'aide de panneaux solaires et de l'emmagasiner sous forme de masse thermique. Les avantages évidents des structures souterraines ont conduit au développement de maisons souterraines qui promettent chaleur, calme et efficacité énergétique, mais qui doivent encore gagner la faveur populaire.

Les cœurs des villes canadiennes comptent de nombreux immeubles imposants et vétustes qui ne servent plus à leur usage d'origine. Plusieurs de ces édifices abandonnés ont été reconvertis avec succès en logements multifamiliaux. Nombre d'entre eux, écoles, entrepôts ou manufactures, possèdent une structure solide, mais aussi de hauts plafonds qui conviennent particulièrement bien à leur reconversion en logements spacieux et attrayants. Cet avantage a été mis à profit par les architectes dans la plupart des villes canadiennes et a produit une architecture domiciliaire innovatrice et spectaculaire.

C'est pour la profession architecturale un défi permanent que de concevoir en zone de forte densité des logements multifamiliaux abordables qui offrent aux citadins le confort, l'intimité, des espaces extérieurs, de la lumière, de l'aération et une vue intéressante. Les meilleurs développements domiciliaires canadiens s'approchent de cet idéal, mais le plus grand nombre, et particulièrement les plus abordables, ont encore du chemin à parcourir. (*Voir aussi* LOGEMENT, POLITIQUE DU.)

Norbert Schoenauer

Maison du Canada Symbole distinctif des intérêts canadiens en Grande-Bretagne, la Maison du Canada est située à Trafalgar Square, un quartier très vivant de Londres. Pendant des années, les services de l'immigration, des finances et du commerce logent dans des locaux loués. En 1923, les locaux imposants de l'Union Club sont achetés, rénovés avec des matériaux canadiens par le haut-commissaire, Peter Larkin, et inaugurés par George V en 1925. Plusieurs hauts-commissaires canadiens occupent ces bureaux avant de déménager dans les locaux plus vastes de la Sir John A. Macdonald House. De nos jours, la Maison du Canada, en plus d'être fréquentée par les Canadiens de passage, constitue le principal centre de promotion de la culture canadienne et de diffusion de renseignements sur le Canada en Grande-Bretagne.

D.M. Page

Maison longue La maison longue, typique des peuples iroquoiens du Nord comme les HURONS et les IROQUOIS, logeait un certain nombre de familles apparentées par la lignée maternelle. On la trouvait dans toute la région iroquoienne dès le XIIᵉ siècle. Elle était large de 8 m et d'une longueur variable (on en a découvert une de 94 m de longueur sur le site Moyer, dans le sud de l'Ontario). Les maisons longues décrites par les premiers explorateurs français et missionnaires jésuites au XVIIᵉ siècle étaient un peu moins grandes. Au XVIIIᵉ siècle, les maisons longues font place à des habitations unifamiliales, mais continuent de servir de lieux d'assemblées poli-

tiques et de cérémonies. Les adeptes de la RELIGION DE HANDSOME LAKE donnent encore à leurs édifices du culte le nom de maisons longues.

La maison longue du XVIIᵉ siècle était faite de perches flexibles enfoncées dans le sol à intervalles réguliers, recourbées vers le centre et liées les unes aux autres. La structure était renforcée par des perches horizontales et recouverte d'écorce de cèdre (chez les Hurons) et d'écorce d'orme (chez les Iroquois). On installait ensuite les plates-formes de couchage sur toute la longueur du bâtiment. On entreposait le bois pour le feu dans un vestibule situé près de l'entrée à l'une ou l'autre des extrémités du bâtiment. Les Iroquois, en parlant de leur Confédération, la désignaient comme la longue maison aux cinq feux.

René R. Gadacz

Maisonneuve, Paul de Chomedey de, officier et fondateur de MONTRÉAL (baptisé à Neuville-sur-Vanne, France, 15 févr. 1612—Paris, France, 1676). La Société Notre-Dame de Montréal choisit de Maisonneuve pour fonder une colonie missionnaire sur l'île de Montréal. L'expédition, dont Jeanne MANCE fait partie, quitte La Rochelle le 9 mai 1641 et arrive à Québec vers la fin de l'année. Maisonneuve entreprend la construction de VILLE-MARIE (Montréal) en 1642; en moins d'un an, il fait construire un fort de défense, un hôpital, une chapelle et des habitations pour les quelque 70 colons. Il est un organisateur habile et un défenseur infatigable de la colonie, particulièrement contre les attaques continuelles des Iroquois. Toutefois, il ne jouit pas toujours de la faveur des gouverneurs généraux; il est rappelé en France en septembre 1665. Il passe le reste de sa vie en réclusion à Paris. L'histoire des premières années est racontée dans *Histoire de Montréal, 1640-1672* de DOLLIER DE CASSON (1868).

Mary Mcdougall Maude

Maisons de rondins Les maisons de rondins sont étroitement liées à l'établissement passé et présent des colons, les forêts canadiennes étant à même de fournir un matériau de construction. Bien avant l'arrivée des colons européens, les Indiens de la côte ouest utilisent des charpentes de rondins pour leurs grandes maisons de planches. La plupart des premières maisons de fermes de la Nouvelle-France sont construites avec des billes de bois enfoncées verticalement dans le sol, une technique utilisée dans le nord-ouest de la France et par quelques autochtones de la région.

Plus tard, les pieux sont placés sur un appui ou sur une fondation au-dessus du niveau du sol. Cette méthode est remplacée par la méthode du pièce sur pièce: équarris grossièrement, les rondins relativement courts sont disposés horizontalement de façon à s'emboîter dans les entailles des coins. Les bouts effilés des rondins sont emboîtés dans les pieux verticaux, placés aux coins de la maison et le long des murs. Les marchands de fourrures reprennent cette technique dans la vallée de la rivière Rouge, tandis que la Compagnie de la baie d'Hudson adopte la même technique de construction, appelée «Red River frame» ou «Hudson's Bay style», pour ses comptoirs sur l'ensemble du continent.

Des maisons de rondins de différents modèles et de toutes dimensions caractérisent les colonies de peuplement du sud de l'Ontario. Les colons LOYALISTES introduisent les maisons de rondins de style pennsylvanien ou américain dont les rondins horizontaux sont emboîtés dans les coins de la maison selon différentes techniques. Ce style provient des colons suédois et finlandais venus s'installer au bord du fleuve Delaware au XVIIᵉ siècle. Il est ensuite perfectionné par les colons allemands et adopté par un grand nombre de colons écossais et irlandais. Même si la plupart des maisons de rondins sont plus tard remplacées par des maisons construites avec d'autres matériaux, plusieurs servent encore de résidences.

Les immigrants, tels les Ukrainiens, venus plus tard s'établir dans les PRAIRIES OCCIDENTALES, construisent souvent leur première maison avec des rondins d'après le style de leur pays d'origine. Aujourd'hui, dans les forêts subarctiques, les maisons de rondins servent encore d'abris aux trappeurs et aux bûcherons. Leur aspect attrayant et leur efficacité thermique en font des choix populaires, non seulement pour les propriétaires de chalets d'été partout au Canada, mais aussi pour bon nombre de personnes qui ont un intérêt renouvelé pour les maisons traditionnelles.

William C. Wonders

Maitland, sir Peregrine, militaire et administrateur civil (Hampshire, Angl., 6 juill. 1777—Londres, Angl., 30 mai 1854). À 15 ans, il s'enrôle dans les Grenadier Guards. Il sert avec distinction à la bataille de Waterloo et est fait chevalier en 1815. En 1818, il est nommé lieutenant-gouverneur du Haut-Canada, où il est associé idéologiquement au groupe conservateur connu plus tard sous le nom de FAMILY COMPACT. Continuellement au cœur de controverses politiques, il croit nécessaire, afin de maintenir le lien avec l'Empire, de lutter contre les tendances démocratiques et américaines à l'œuvre dans la société du Haut-Canada. À la fin de son mandat, des réformistes exigent que le lieutenant-gouverneur choisisse ses conseillers parmi les membres élus de l'Assemblée législative, un des éléments qui mènent aux RÉBELLIONS DE 1837. En tant que lieutenant-gouverneur de la Nouvelle-Écosse de 1828 à 1834, il ne laisse que peu de traces dans l'histoire politique de la province. Nommé commandant en chef de l'armée de Madras en 1836, il démissionne deux ans plus tard. En 1844, il devient gouverneur du Cap de Bonne-Espérance, mais, jugé inefficace, il est remplacé pendant la guerre cafre.

Hartwell Bowsfield

Major, André, écrivain, critique littéraire et journaliste (Montréal, 22 avr. 1942). Major est, depuis 1973, réalisateur au service des émissions culturelles du réseau MF de Radio-Canada. Deux recueils de poèmes: *Le Froid se meurt* et *Holocauste à deux voix* le font connaître en 1961. Le jeune poète, expulsé du collectif des Eudistes pour y avoir professé des idées de gauche, révèle dans ses premières œuvres quelques-unes de ses préoccupations sociales et politiques. En 1963, André Major collabore à un recueil de nouvelles, avec Jacques BRAULT et André Brochu, et à un recueil de poésies intitulé *Le Pays*, avec Paul CHAMBERLAND, Ghislain Côté, Nicole Drassel et Michel Garneau. Il est, cette même année, un des fondateurs de PARTI PRIS, revue indépendantiste de gauche dans laquelle il publie plusieurs textes, avant de rompre en 1965. Pendant cette période (1963 à 1965), l'auteur du *Cabochon* (1964), un roman «pour adolescents» et de *La Chair de poule* (1965), un recueil de nouvelles, s'applique à peindre des scènes du milieu ouvrier de l'E. de Montréal, usant d'un niveau de langue très populaire. Écrivain résolument engagé, il s'intéresse aux problèmes souvent tragiques de jeunes fondamentalement révoltés. Après avoir rendu hommage, en 1968, à Mgr Félix-Antoine SAVARD et à son œuvre littéraire, André Major met en veilleuse son engagement politique pour explorer de nouvelles veines. En 1977, il participe à la fondation de l'UNION DES ÉCRIVAINS QUÉBÉCOIS. Roman en partie autobiographique, *Le Vent du diable* (1968) est un hymne à l'amour-passion. Après la publication de *Poèmes pour durer* (1969), paraît *L'Épouvantail* (1974), premier d'une trilogie romanesque mettant en vedette, dans un univers où l'amour, la haine et la violence se côtoient, les «survivants» de Saint-Emmanuel, petit village québécois. *L'Épidémie* (1975) et *Les Rescapés* (1976), roman qui lui vaut le prix du gouverneur général en 1977, complètent ces *Histoires de déserteurs*. On rencontre quelques personnages de cette trilogie dans la nouvelle *La Folle d'Elvis* (1981). Il publie une longue nouvelle en 1987, *L'hiver au*

cœur. André Major s'intéresse aussi au théâtre, il est l'auteur d'*Une soirée en octobre* (1975) et de deux pièces radiophoniques: *Le Désir* (1972) et *Le Perdant* (1972).

Jacques Cotnam

Maladie Au sens littéral, le mot maladie signifie malaise ou absence de confort. Aujourd'hui, le terme qualifie un mauvais état de santé provoquant un dysfonctionnement chez un individu. Cet état peut affecter un ou plusieurs organes, se limiter à une partie du corps ou impliquer tout l'individu. Il peut être physique ou mental et s'applique à toutes les formes de vie, y compris les bactéries, les plantes, les animaux et les humains.

Maladies génétiques Depuis quelques années, on comprend mieux les maladies génétiques puisqu'elles sont causées par une anomalie dans la séquence normale des gènes qui contrôle les fonctions de l'organisme. Ainsi, la trisomie 21 (syndrome de Down), qui se caractérise par une apparence physique et un état mental particuliers, est due au fait qu'une portion essentielle du chromosome 21 apparaît trois fois plutôt que deux dans certaines cellules ou dans toutes les cellules. Dans d'autres maladies génétiques, les chromosomes sont dupliqués, supprimés, inversés ou transloqués.

Ces MALADIES HÉRÉDITAIRES sont congénitales, c.-à-d. que l'individu naît dans cet état ou avec une tendance à cette anomalie, comme c'est le cas dans la chorée de Huntington, qui ne se manifeste généralement pas avant l'âge de 30 ans au moins. Parmi les autres maladies génétiques, on compte le pied bot, les anomalies cardiaques et le diabète. Une seule erreur dans la séquence nucléotidique de l'ADN peut empêcher la production d'une enzyme ou d'une hormone et provoquer un déséquilibre biochimique pouvant entraîner la mort en l'absence de traitement. Heureusement, beaucoup de ces maladies peuvent être neutralisées de nos jours, mais il n'est pas possible de les guérir par le biais d'un supplément alimentaire ou d'injections régulières du composé manquant.

Carences nutritives et environnement nuisible Les carences nutritives ouvrent la porte aux infections, d'autant plus que l'absence de nourriture appropriée s'accompagne souvent de mauvaises conditions d'hygiène. Quoiqu'il s'agisse davantage d'un problème mondial, même au Canada certaines personnes marginalisées souffrent de malnutrition chronique et sont sujettes aux infections.

Infections Les maladies respiratoires, intestinales et sexuellement transmissibles sont celles que l'on associe le plus fréquemment au mot «maladie», parce que, dans ces cas, le corps humain est aux prises avec des bactéries, des virus ou des parasites. Des vaccins ont été mis au point pour protéger les enfants et certaines autres tranches à risques de la population des maladies qui tuaient auparavant des millions de personnes (p. ex., la scarlatine, la rougeole, la diphtérie et la VARIOLE, le rhume banal. La GRIPPE, les MALADIES TRANSMISES SEXUELLEMENT (*voir* SIDA), les intoxications alimentaires et les MALADIES TRANSMISES PAR L'EAU comme la salmonellose et la giardiase (*voir* SALMONELLE, HAMBURGER, MALADIE DU, BOTULISME) sont difficiles à combattre.

Les maladies transmises par un porteur atteignent l'homme par l'intermédiaire d'un hôte comme un insecte ou un rongeur. Les Canadiens risquent plus d'être exposés à ces maladies à l'étranger, mais on rapporte des cas d'encéphalite équine, transmise par des moustiques, dans l'est et l'ouest du pays ainsi que des cas de maladie de Lyme, transmise par les tiques (*voir* MALARIA).

Maladies causées par des toxines Elles sont causées par les toxines ou les produits chimiques naturellement présents dans les aliments ou les boissons (*voir* INTOXICATION ALIMENTAIRE). Parmi les toxines naturelles qui affectent les Canadiens, on compte la toxine botulinique, qui provoque le botu-

lisme (à partir de légumes avariés en conserve ou de viande conservée de façon inadéquate), les toxines des fruits de mer telles la saxitoxine (provenant de mollusques de la Colombie-Britannique, du golfe du Saint-Laurent et de la baie de Fundy) et la toxine ciguatérique (ingérée lors de la consommation de poissons tropicaux des Caraïbes et des poissons importés au Canada). Les mycotoxines provenant de la moisissure sur les récoltes affectent parfois les animaux domestiques.

Les produits chimiques présents dans la nourriture ou dans l'environnement, même en quantité minime, sont considérés comme dangereux pour la santé, car ils peuvent provoquer un CANCER et entraîner des malformations congénitales. Cette affirmation est cependant difficile à prouver dans la plupart des cas en raison de la longue période d'exposition que cela présuppose. Le tabac, l'alcool consommé de façon abusive et les autres drogues sont également considérés comme des substances dangereuses (*voir* ALCOOLISME; DROGUES, USAGE NON MÉDICAL DES; TABAGISME). Certains produits chimiques sont toxiques lors du contact avec la peau, notamment les vapeurs et les substances radioactives. Les personnes les plus à risques, comme les techniciens de laboratoire, les travailleurs industriels, les pompiers et les agriculteurs, devraient se protéger à l'aide de vêtements et masques appropriés.

Défenses du corps contre les agents infectieux ou toxigènes Le corps possède des défenses contre les agents agresseurs grâce au système immunitaire, qui détoxifie, capture et détruit ou expulse ces agents. Les micro-organismes infectieux possèdent une surface externe (les antigènes) qui stimule la production d'anticorps lorsqu'ils entrent en contact avec le système immunitaire. La plupart des toxines provenant de microbes sont également antigéniques. Ces anticorps peuvent rester en circulation pour la durée d'une vie. C'est ainsi qu'il est possible d'immuniser les enfants contre certains virus ou bactéries pour la durée de leur vie. Les individus dont le système immunitaire est déficient ou affaibli seront plus facilement infectés. C'est le cas des jeunes enfants, des personnes âgées ou malades, de celles qui ont reçu une greffe d'organe (*voir* TRANSPLANTATION), de celles qui reçoivent une chimiothérapie et des femmes enceintes.

Maladies chroniques Les maladies infectieuses sont ordinairement aiguës, c.-à-d. que la période au cours de laquelle les symptômes se manifestent, suivis de la guérison ou la mort, est d'une durée limitée. Cependant, on sait maintenant qu'il existe des infections dont les séquelles persistent bien après que les symptômes aigus ont disparu. C'est le cas, entre autres, des infections entériques, notamment la salmonellose et la yersiniose, qui peuvent provoquer des problèmes arthritiques dans les articulations et être invalidantes. De même, les infections à *E. coli* 0157:H7 peuvent provoquer des lésions permanentes aux reins et les campylobactérioses sont responsables du syndrome de Guillain-Barré, un déficit neurologique grave. Le *Chlamydia trachomatis* est une cause d'infertilité, le virus de l'hépatite B provoque la cirrhose du foie, le papillomavirus humain cause le cancer du col utérin. Le *Toxoplasma gondii*, le cytomégalovirus et le virus varicelle-zona sont responsables de l'arriération mentale congénitale. D'autres maladies chroniques sont associées aux CARDIOPATHIES, aux cancers et au DIABÈTE SUCRÉ. Les causes de ces maladies peuvent différer, mais les organes sont graduellement atteints par le dysfonctionnement jusqu'à ce qu'ils cessent de fonctionner complètement. Dans le cas du cancer, le développement anormal s'attaque à des parties essentielles du corps.

Maladies nouvelles Jusque dans les années 80, les autorités de la santé publique croyaient que les infections étaient chose du passé et que la communauté médicale devrait porter son attention sur autre chose. On sait maintenant que de nombreuses maladies réapparaissent et que de nouvelles maladies font leur apparition dans de nombreux endroits autour du monde. Parmi les maladies affectant les Canadiens, on trouve le sida, les infections pulmonaires à hantavirus, transmises par les souris sylvestres, les ulcères gastro-duodénaux, provoqués par la bactérie *Helicobacter pylori*, et les infections parasitaires à cryptosporidium et à *Giardia*, que l'on trouve dans l'eau non traitée.

On croit que les facteurs responsables de cette réapparition sont la croissance et la migration des populations, la décadence urbaine, la diminution des programmes de surveillance concernant la santé publique, le déboisement, les changements dans les écosystèmes aquatiques, le réchauffement de la planète, la mondialisation de l'approvisionnement des vivres, l'aquaculture, l'accroissement de l'immuno-déficience en raison des greffes d'organes et de l'utilisation de médicaments, l'antibiorésistance de certaines souches, l'adaptation microbienne à l'évolution, l'augmentation des voyages, les activités de plein air, les pratiques sexuelles à risques et l'utilisation de drogues illégales. Sans une campagne mondiale massive pour aborder ces problèmes, les maladies infectieuses continueront de jouer un rôle de plus en plus important dans l'environnement socio-économique du Canada et des autres pays.

Ewen C.D. Todd

Maladies animales Les tissus et les liquides organiques des ANIMAUX subissent les mêmes types de changements structuraux et fonctionnels anormaux que ceux des humains. Les causes et les circonstances peuvent être différentes, mais les processus morbides sont très similaires. Ainsi, une inflammation ou un cancer chez le chien ou la vache peuvent avoir le même aspects et le même développement que chez l'humain.

L'anatomie est une science qui étudie la structure des tissus normaux chez l'homme et chez les animaux. La physiologie étudie les fonctions normales des tissus et des organes. La pathologie s'intéresse aux processus de la maladie (structure et fonctionnement anormaux). Les vétérinaires, quant à eux, posent les diagnostics, traitent les maladies chez l'animal et en font la prévention.

Types de processus morbides chez les animaux

Dégénérescence La cellule individuelle ou le groupe de cellules malades sont dites dégénératives parce qu'elles perdent leur activité fonctionnelle. Elles recèlent des organites (structures de la cellule à fonction spécialisée) anormaux de même que des anomalies fonctionnelles, de sorte qu'on peut souvent les identifier par leur apparence au microscope. Les cellules et les tissus morts affichent une apparence caractéristique appelée nécrose, anomalie commune aux tissus malades.

Circulation Le sang circule dans les tissus et y transporte les nutriments et l'oxygène. Une mauvaise circulation peut venir de lésions aux tissus ou d'une anomalie de la circulation générale. S'il y a augmentation de la quantité de sang artériel dans les lits capillaires, la lésion, appelée hyperémie, est d'un rouge vif. Ces lésions accompagnent généralement les inflammations. Lorsque le retour veineux est obstrué localement ou que l'obstruction est généralisée, il s'ensuit une congestion qui apparaît rouge foncé. Par ailleurs, si un excès de fluides s'accumule dans les tissus à l'extérieur des vaisseaux sanguins, la lésion est alors appelée œdème, et le tissu est gonflé. Cette lésion peut être causée par une blessure locale ou par une mauvaise circulation généralisée (cœur défaillant).

On parle d'hémorragie lorsque les cellules rouges se trouvent à l'extérieur des vaisseaux sanguins. Par contre, si les fractions sanguines coagulent à l'intérieur d'un vaisseau, la lésion est un thrombus, et le processus s'appelle thrombose. Les thrombus sont causés soit par une blessure à la paroi du vaisseau, par un flot turbulent ou par un flot lent. Ils apparais-

sent souvent dans les valves du cœur des animaux souffrant d'une infection bactérienne généralisée. L'infarctus, nécrose d'une partie de tissu par obstruction du flot sanguin (thrombose), touche souvent les organes où la circulation collatérale est limitée (cœur, reins).

Inflammation L'inflammation est la réponse du corps à une blessure. Elle met en jeu les tissus et les cellules sanguines. Les tissus endommagés libèrent des substances chimiques qui amorcent l'inflammation et favorisent le transport des globules blancs vers le site afin de détruire l'envahisseur ou enlever les tissus endommagés. Les globules blancs (leucocytes incluant les neutrophiles et les macrophages) peuvent dévorer (phagocytose) les corps étrangers et les débris. Cependant, un grand nombre meurt dans le processus. Les fluides et les cellules qui s'accumulent sont appelés «exsudats». Les exsudats inflammatoires varient selon la cause et le tissu infecté. Les inflammations qui évoluent rapidement sont aiguës; celles qui évoluent graduellement sont subaiguës; et celles qui se prolongent sont chroniques.

Les exsudats sont principalement des fluides («nez qui coule», exsudat séreux); certains produisent du mucus (dans les bronches, exsudat catarrhal); certains déclenchent la formation de fibrine dans le sang provenant des vaisseaux endommagés (exsudat fibrineux). Le pus est le résultat d'un exsudat chargé de neutrophiles (exsudat purulent). Si ce pus est confiné dans le tissu, il s'appelle alors abcès. Lorsque la lutte contre l'envahisseur se prolonge, les macrophages, et parfois des cellules géantes, entrent en jeu pour former du tissu conjonctif dont le but est d'isoler la lésion. Ainsi, une cicatrice peut s'avérer un symptôme d'inflammation, à long terme.

Trouble de croissance Il arrive que la taille des cellules ou leur nombre diminuent dans le tissu. Ce processus s'appelle atrophie. L'hypertrophie est un grossissement des cellules déjà existantes, et l'hyperplasie est une augmentation du nombre de cellules. On appelle «anomalies» les défauts dans la formation des tissus ou des organes. Ainsi, certaines parties peuvent être manquantes (agénésie), incomplètes (hypoplasie) ou elles sont présentes, mais trop petites. Le cancer est une anomalie de la croissance des cellules: un groupe de cellules prolifèrent parfois de façon incontrôlable. Le cancer peut se produire dans tous les tissus et organes chez l'homme, les animaux sauvages et domestiques, les espèces inférieures, et chez les personnes de tous âges incluant les fœtus.

Les causes du cancer incluent entre autres la radioexposition, les virus, les produits chimiques et les anomalies génétiques. Sous l'effet d'agents cancérigènes, des groupes de cellules perdent leur mécanisme de régulation de la croissance et prolifèrent anormalement. Les cancers peuvent se développer en une masse solitaire, envahir les tissus ou un organe, se répandre par le sang à d'autres organes ou s'implanter sous la surface interne du corps. Les tumeurs sont fréquentes chez les animaux, particulièrement la volaille, les chats, le bétail, les souris, les rats et les chiens. On sait qu'un grand nombre sont causées par des virus, et on s'en sert pour étudier les mécanismes du cancer chez l'homme.

Maladies chez différentes espèces

Un grand nombre de maladies animales sont liées à l'élevage intensif caractérisé par des conditions de surpeuplement, de mauvaise ventilation ainsi que par la cohabitation d'animaux réceptifs de diverses provenances. Les principales maladies bovines à forte incidence économique sont la diarrhée néonatale et les virus (virus corona bovin, rotavirus). La pneumonie enzootique (toujours présente à un faible niveau) est un problème sérieux chez le veau âgé de deux à six mois. Elle est causée par des virus ou des microorganismes ressemblant aux virus et s'accompagne d'une infection bactérienne secondaire dégénérant

souvent en broncho-pneumonie persistante. Fièvre, croissance ralentie, toux et respiration rapide sont les symptômes des veaux infectés. Avant la découverte des antibiotiques, un grand nombre de veaux mouraient d'abcès pulmonaires, mais, de nos jours, la plupart survivent s'ils reçoivent les bons traitements.

Les bovins en parcs d'engraissement souffrent souvent d'un type de pneumonie, plus sérieux et souvent mortel, peu de temps après leur arrivée dans le parc (*voir* BOVINS, ÉLEVAGE DES). Le stress du transport, le mélange des groupes et le surpeuplement prédisposent ces animaux à la pneumonie bactérienne connue sous le nom de «fièvre des transports». Elle est tellement aiguë qu'il est difficile de la détecter assez vite pour la traiter. La mammite est un grave problème touchant les vaches laitières: l'inflammation chronique de la glande mammaire réduit la production de lait (*voir* ÉLEVAGE LAITIER).

L'infertilité par avortement ou l'incapacité à concevoir au bon moment (*voir* ANIMAUX, ÉLEVAGE DES) est aussi un problème important chez la vache. L'avortement est causé par différents agents infectieux. Il est important économiquement qu'une vache donne naissance à un veau annuellement. C'est pourquoi ses chaleurs et sa fertilisation doivent arriver au bon moment. La détection des chaleurs représente un problème important pour de nombreux fermiers. Certaines des grandes pestes (fièvre aphteuse, peste bovine, pleuropneumonie bovine contagieuse) ayant touché le bétail dans les siècles derniers existent encore en Afrique et en Asie et se répandent périodiquement en Europe et en Amérique. Les risques associés à de telles maladies ont donné lieu à des règles strictes sur l'importation d'animaux, de viande ou de produit animal.

Dans la catégorie des pestes, on peut classer la peste porcine classique et la peste porcine africaine. Très infectieuses et mortelles, elles causent des lésions dans un grand nombre de tissus. De nos jours, les maladies qui prédominent chez le porc sont la diarrhée et la pneumonie. Le diagnostic est facilité par le fait que des diarrhées spécifiques ont tendance à toucher différents groupes d'âges. La plupart sont mortelles ou empêchent la croissance du porc et le rendent inutile sur le plan économique.

La principale pneumonie est causée par le mycoplasme, organisme qui ressemble à une bactérie. Afin de prévenir les diarrhées et la pneumonie, il arrive souvent que les fermiers ajoutent, à une dose plus faible que pour le traitement, des antibiotiques ou l'équivalent à l'alimentation du bétail jusqu'à la vente de l'animal (*voir* PORC, ÉLEVAGE DU). Toutefois, il est fréquent que les bactéries développent une résistance aux antibiotiques donnés en doses préventives plutôt qu'en doses de traitement.

Les parasites jouent un rôle important dans plusieurs maladies communes aux moutons et aux chèvres. Le strongle pulmonaire est commun aux deux espèces et dégénère souvent en maladie pulmonaire chronique. Des efforts constants sont nécessaires pour prévenir et traiter cette maladie. Chez les moutons en particulier, on trouve différents types de vers parasites gastro-intestinaux. L'hémonchus (vers de l'estomac), suce le sang de la paroi de l'estomac et cause une anémie aiguë mortelle. On peut prévenir la maladie du muscle blanc (causée par une carence en vitamine E) par des suppléments alimentaires. Le nom de la maladie vient de la couleur pâle des lésions musculaires au cœur et aux membres des animaux infectés (*voir* CHÈVRES, ÉLEVAGE DES; MOUTON, ÉLEVAGE DU).

Les dindes et les poulets domestiques sont élevés dans des conditions de surpeuplement (souvent des milliers dans un enclos), et il n'est pas étonnant que les infections se propagent très rapidement (*voir* AVICULTURE). Ainsi, il est d'usage d'ajouter de nombreux vaccins à l'eau ou des médicaments à la nourriture pour prévenir les maladies bactériennes et les parasites. La coccidiose est un sporozoaire parasite causant l'entérite, qui peut être mortelle. Il est relativement facile de traiter ou de prévenir cette parasitose, mais le parasite change constamment sa sensibilité aux médicaments, ce qui exige une observation constante.

Les maladies respiratoires (particulièrement des sacs alvéolaires et des sinus) sont importantes elles aussi et demandent des mesures de surveillance constantes. Une autre maladie répandue chez la volaille est le cancer des lymphocytes du sang et du tissu hématopoïétique causé par un virus très infectieux. Certaines souches virales se transmettent par contact, d'autres par les œufs. Il existe maintenant un vaccin préventif. Des recherches intensives sont menées afin de déterminer si d'autres cancers, dont les cancers humains, sont d'origine virale.

Les services vétérinaires pour les animaux de compagnie, particulièrement les CHIENS et les CHATS, sont de plus en plus en demande. Ces services, maintenant de haute technicité, nécessitent des hôpitaux et des installations où les soins administrés sont similaires à ceux donnés dans les hôpitaux pour humains. De nombreuses maladies chez le chien ressemblent aux maladies humaines et offrent un modèle de recherche pour ces dernières. La «médecine comparée» s'intéresse à ces recherches comparées et aux maladies que l'on trouve chez d'autres animaux, particulièrement chez certaines lignées de rats, de souris et de primates.

De tous les animaux, le chien est celui qui a la plus haute incidence de cancer. Le cancer touche un grand nombre de tissus, mais les cancers de la peau et des tissus hématopoïétiques sont les plus fréquents. L'examen des masses prélevées par biopsie est une procédure courante. Les principales maladies infectieuses chez le chien sont la maladie de Carré et l'hépatite épidémique canine, mais des vaccins permettent maintenant de les prévenir. L'entérite à parvovirus, souvent mortelle, est une nouvelle maladie chez le chien. Elle semble être la variante d'une source non pathogène qui s'est répandue dans toute l'Amérique du Nord à la fin des années 70 et au début des années 80.

L'entérite infectieuse féline ou panleucopénie est la maladie la plus dévastatrice chez le chat. Elle ressemble beaucoup à l'entérite virale canine et est souvent mortelle. Elle est aussi mortelle pour les membres de la famille du VISON. Le lymphosarcome ou cancer des globules blanc a une haute incidence chez le chat. Causé par un virus très infectieux, il ne semble toucher que les animaux dont la réaction immunitaire est déficiente. Cette maladie fait l'objet de recherches pour déterminer si les mécanismes de la maladie ont un lien avec ceux de certains cancers chez l'humain.

L'utilisation de LAPINS, de rats, de souris, de cobayes et de primates pour la recherche sur les maladies humaines ou pour tester des médicaments et des vaccins a permis d'élargir les connaissances sur les maladies dont souffrent ces animaux. Ces maladies sont semblables à d'autres mentionnées précédemment (entérite, pneumonie, maladies parasitaires). Ces animaux offrent un grand nombre de modèles de maladies humaines qui font l'objet de recherches minutieuses (voir ANIMAUX, QUESTIONS RELATIVES AUX).

Les animaux sauvages de toutes les espèces ont des maladies dont certaines sont épidémiques. Ces maladies ne sont pas différentes de celles touchant les espèces domestiques. On connaît moins les maladies des animaux sauvages, car il est difficile de constituer des échantillonnages complets pour la recherche. On porte une attention particulière aux espèces porteuses de maladies pouvant affecter les êtres humains ou les animaux domestiques (dont la rage). Des efforts sont déployés pour vacciner les espèces sauvages contre la rage au moyen de vaccins oraux introduits dans de la nourriture placée dans leur milieu naturel. Heureusement, il existe des vétérinaires qui se spécialisent dans les maladies des ani-

maux sauvages (voir FAUNE, CONSERVATION ET AMÉNAGEMENT DE LA).

Les animaux en captivité ont beaucoup de problèmes de santé liés aux conditions de captivité: climat différent et non familier, côtoiement d'espèces non familières, consommation d'aliments différents du milieu naturel, etc. Ils peuvent contracter une maladie de l'humain ou d'animaux venant de d'autres continents pour laquelle ils n'ont aucune résistance immunitaire. C'est une énorme responsabilité pour les vétérinaires de jardins zoologiques de s'occuper de ces animaux très dispendieux. Des problèmes surviennent aussi lorsque les animaux sont immobilisés pour le transport ou les traitements. Les blessures sont fréquentes. Il y a maintenant assez de vétérinaires de jardins zoologiques pour permettre le partage des connaissances et de l'expérience.

Les animaux abattus pour être consommés doivent être inspectés sous la supervision d'un vétérinaire. Cette directive sert à protéger le public de toute maladie pouvant être transmise de l'animal à l'homme (voir ALIMENTS, LÉGISLATION SUR LES; INTOXICATION ALIMENTAIRE). Ces maladies sont la listériose, le charbon bactéridien, la salmonellose (fièvre typhoïde), la brucellose (avortement épizootique), la tuberculose, la leptospirose, certains virus de la variole, la rage, l'encéphalite équine, etc. La pasteurisation du lait, l'inspection de la viande et une meilleure hygiène personnelle en général ont permis d'améliorer grandement le contrôle de ces maladies transmissibles.

En raison de l'importance de la ZOOTECHNIE dans l'économie canadienne, la MÉDECINE VÉTÉRINAIRE est à l'avant-garde de nouvelles technologies et de traitements pour les maladies chez les animaux domestiques destinés à la consommation. Des chercheurs à l'U. de Guelph concentrent leurs efforts sur la biotechnologie de la reproduction, notamment l'identification du sexe et le dédoublement des embryons, la fécondation in vitro, la recombinaison génétique (clonage) de toxines afin de produire des antitoxines, et la radiothérapie pour les animaux souffrant de cancer.

Les chercheurs du Western College of Veterinary Medecine de Saskatoon s'intéressent à la diarrhée du veau et aux maladies respiratoires bovines (particulièrement la fièvre des transports). À l'U. de Montréal à Saint-Hyacinthe, les études portent sur la physiologie de la reproduction, et, au Atlantic Veterinary College (à l'Île-du-Prince-Édouard), on se concentre davantage sur l'épidémiologie et les systèmes de gestion de la santé des animaux de ferme.

R.G. Thomson

Maladies d'origine hydrique Il s'agit de maladies ou d'affections résultant d'un contact avec l'eau ou de son ingestion. Comme les intoxications alimentaires, ces maladies sont des infections ou des intoxications. Les organismes responsables des infections sont des bactéries dont la SALMONELLE (cause de la salmonellose), la *Shigella* (shigellose), le *Vibrio cholerae* (choléra); des virus dont les rotavirus, l'agent de Norwalk et le virus de l'hépatite A; ou des parasites dont l'*Entamoeba hystolytica* (cause de l'amibiase), le *Dracunculus* (dracunculose) et le *Giarda* (giardiase).

Ces organismes se trouvent habituellement dans l'eau contaminée par des déchets (excréments d'oiseaux et de mammifères en particulier) ou par des personnes ou des animaux infectés. Les intoxications peuvent être de nature chimique (empoisonnement par le cuivre, le plomb, les insecticides) et surviennent en général par infiltration dans l'eau d'un métal provenant de tuyaux ou de contenants ou par fuite ou déversement accidentel de produits chimiques dans les sources d'approvisionnement en eau. Elles peuvent aussi être causées par des toxines produites par les algues bleu-vert (cyanobactéries) dont l'*Anabaena*, la *Microcystis* et l'*Oscillatoria*. Des animaux sont morts au Canada après avoir bu de l'eau stagnante renfermant ces dernières. Toutefois, contraire-

ment à l'Australie, il ne semble pas exister de maladies dues à la consommation d'eau qui seraient associées à la toxine de ces algues. Les infections peuvent être aiguës ou chroniques selon les conditions de contamination et la quantité d'eau consommée. De leur côté, les maladies résultant d'un contact avec l'eau sont causées par des bactéries dont la *Leptospira icterohemoragica* (cause de la leptospirose), la *Chlamydia* (conjonctivite des piscines) ou des parasites dont le *Schistosoma* (cause de la dermatite des nageurs et de la bilharziose).

Données canadiennes Selon l'Organisation mondiale de la santé, la plupart des maladies intestinales qui existent dans le monde sont associées à l'eau. Heureusement, ce n'est pas le cas au Canada. Cependant, les données canadiennes sur les maladies d'origine hydrique sont limitées; quelques apparitions épidémiques sont rapportées chaque année et il est bien connu que beaucoup d'autres surviennent mais ne sont pas documentées. À partir des données disponibles depuis 1973, on a établi que la typhoïde (causée par la *Salmonella typhi*) est associée à l'eau d'un camp et à un aqueduc municipal utilisant l'eau insuffisamment chlorée provenant d'un lac. Les cas de shigellose et d'hépatite proviennent principalement des collectivités rurales du Nord, c.-à-d. de villages autochtones ou inuits. Il est maintenant admis que la giardiase cause de graves diarrhées; on trouve parfois le parasite chez des personnes qui ont voyagé à l'étranger mais, le plus souvent, chez les habitants de petites municipalités qui n'ont pas de système de filtration de l'eau. Des animaux comme le CASTOR excrètent régulièrement dans l'eau le parasite *Giardia*. Les parasites résistent à la chloration, mais peuvent être éliminés par filtration. Quelques intoxications ont été causées par de l'eau restée dans des tuyaux de cuivre récemment soudés ou par un excès de fluoration de l'eau. Dans certaines municipalités, où l'eau est acide, l'utilisation de tuyaux de plomb a eu pour conséquence de créer une eau à haute teneur en plomb. De nos jours, on se préoccupe surtout du *Cryptosporidium Parvum* et des entérovirus. Le *Cryptosporidium* est responsable de nombreuses éclosions de maladie aux États-Unis et au Royaume-Uni. Au Canada, une importante poussée infectieuse a lieu en 1993 lorsque plus de 1000 personnes sont infectées après avoir bu l'eau d'une source municipale dans le sud de l'Ontario. Les vaches qui broutent en amont (bassin versant) des réserves d'eau potable semblent être une source importante de ce parasite. Mais c'est en 2000 que la plus grave intoxication est enregistrée: dans le village de Walkerton (Ontario), la bactérie E.coli tue 7 personnes et en infecte 2000 autres.

En 1995, un autre parasite, le *Toxoplasma gondii*, cause des infections plus graves touchant plus de 100 personnes à Victoria (Colombie-Britannique). Les fèces de chats infectés ou d'un couguar ont probablement contaminé un réservoir local. C'est la première fois que cet agent pathogène est transmis par l'eau. Les virus ressemblant aux agents de Norwalk sont la cause d'importants cas d'infections au Québec. Étant donné que ces agents n'infectent pas les animaux, la source la plus probable de contamination serait les eaux usées. Les maladies engendrées par un contact avec l'eau sont rares au Canada et très peu de documentation existe à ce sujet. Cependant, la dermatite des nageurs peut représenter un problème dans certains lacs. Les baigneurs fréquentant les plages de la Colombie-Britannique voient leurs blessures envahies par le *Vibrio parahaemolyticus* (pouvant aussi causer une intoxication alimentaire). Il arrive parfois que des bains tourbillon soient contaminés par le *Pseudomonas aeruginosa* (bacille pyocyanique) qui cause des éruptions cutanées prurigineuses et des otites.

Contrôle Les facteurs contribuant à l'apparition de maladies d'origine hydrique incluent l'utilisation d'eau non traitée, l'inondation des réserves d'eau, la contamination des puits à travers le roc ou le sol provenant d'une source d'eau non potable, la jonction fautive entre l'eau traitée et l'eau d'égout, la surcharge du système de traitement des eaux à la fonte des neiges ou après de fortes pluies, une chute de la pression d'eau occasionnée par la rupture de tuyaux ou par l'irrigation, ou l'ingestion de glace manipulée par des personnes infectées. Or, la plupart des maladies peuvent être évitées si le temps de chloration de l'eau est assez long et si le système de filtration est adéquat. Les municipalités qui prétendent ne pas avoir les moyens de se payer un système de filtration efficace peuvent s'attendre à des épisodes périodiques d'infections parasitaires telle la cryptosporidiose.

À cause de l'augmentation de la POLLUTION DE L'EAU au Canada, les loisirs aquatiques peuvent être l'occasion d'attraper des maladies. Les Canadiens se préoccupent de plus en plus de la pollution de l'eau (par des produits chimiques toxiques ou matières fécales). P. ex., il arrive souvent que les plages publiques des grandes villes soient interdites aux baigneurs parce que la numération des coliformes fécaux est élevée et qu'un contact avec l'eau pourrait causer des atteintes telles qu'une infection des yeux, des oreilles ou du nez.

Ewen Todd

Maladies héréditaires Les maladies génétiques sont dues à la présence d'anomalies chromosomiques ou de gènes mutants à hérédité particulière. De plus, des facteurs génétiques jouent un rôle dans la vulnérabilité à certaines MALADIES non héréditaires. En raison des progrès réalisés pour éliminer les maladies infectieuses, les maladies héréditaires en sont venues à représenter une proportion de plus en plus grande de l'ensemble des maladies. Celles des animaux, surtout des espèces domestiques, ont quelquefois apporté des renseignements utiles sur les affections qui leur correspondent chez les humains.

Au Canada, les premières études sur les maladies génétiques humaines ont été réalisées par Norma Ford WALKER (Toronto), Madge Macklin (London, Ontario) et F. Clarke FRASER (Montréal). Les progrès effectués récemment dans l'étude de l'ADN, base chimique des gènes, permettent désormais de déterminer le facteur principal de nombreuses maladies; ils laissent entrevoir la possibilité de comprendre les maladies héréditaires humaines et de les contrôler.

Si l'on connaît parfaitement une maladie sur le plan des gènes, on pourra peut-être remplacer les gènes défectueux grâce aux techniques du GÉNIE GÉNÉTIQUE. Les services de conseil génétique associés aux écoles de médecine et aux hôpitaux affiliés recueillent des données sur certaines maladies. Il est possible d'effectuer pour un certain nombre d'affections d'origine génétique des tests prénatals, qui font souvent appel à la technologie de l'ADN.

Aberrations chromosomiques

Les êtres humains possèdent 46 chromosomes, c.-à-d. 22 paires d'autosomes plus deux chromosomes sexuels, responsables entre autres caractères, de la reproduction (XX chez la femme, XY chez l'homme). Tout matériel génétique surnuméraire ou déficitaire entraîne habituellement un arrêt de grossesse. Environ 15 p. 100 des grossesses se terminent par un avortement spontané (fausse couche) au cours des trois premiers mois; 40 à 50 p. 100 des fœtus avortés présentent une aberration chromosomique.

Le type le plus commun d'aberration chromosomique chez les enfants nés vivants est le syndrome de Down, aussi appelé trisomie 21; les personnes atteintes ont trois chromosomes 21 (au lieu de deux). L'incidence est d'environ un cas pour 700 grossesses (un cas pour environ 40 chez les mères âgées de plus de 40 ans). Les sujets atteints présentent de multiples anomalies physiques et une déficience intellectuelle.

Les anomalies qui touchent un chromosome sexuel sont habituellement moins graves que celles des autosomes. L'absence d'un chromosome X

entraîne le syndrome de Turner, présent chez environ 20 p. 100 de tous les fœtus avortés spontanément et 0,0005 p. 100 des nouveau-nés; les sujets atteints présentent un développement mental normal, sont de petite taille et sont stériles. Les individus atteints du syndrome de Klinefelter (XXY) sont grands, souvent mentalement arriérés et possèdent des caractères sexuels secondaires peu développés. Les aberrations chromosomiques sont rarement héréditaires.

Maladies déterminées par un seul gène

La plupart des maladies héréditaires résultent de la transmission d'un seul gène fautif.

Hérédité autosomique récessive La maladie est transmise selon le mode récessif quand un caractère cliniquement reconnu est masqué chez les hétérozygotes, c.-à-d. les individus qui ont hérité du gène de la maladie d'un seul parent. Seuls les homozygotes, c.-à-d. les individus qui ont reçu le gène de la maladie de chaque parent, sont cliniquement atteints. On trouve fréquemment des anomalies partielles chez les hétérozygotes. Souvent, le gène en question produit normalement une enzyme qui est absente chez l'homozygote atteint. Ces anomalies enzymatiques, appelées erreurs innées du métabolisme, peuvent se manifester selon différentes voies biochimiques.

Normalement, certaines maladies génétiques se rencontrent dans tous les groupes raciaux, mais leur fréquence varie beaucoup d'un groupe racial à l'autre. La mucoviscidose constitue la maladie autosomique récessive la plus commune chez les enfants blancs. Les individus atteints présentent une anomalie de la sécrétion des enzymes du pancréas et du tube digestif. Un mucus visqueux peut provoquer l'occlusion des petits conduits aériens du poumon. La phénylcétonurie est due à un trouble du métabolisme d'un acide aminé, la phénylalanine (présente dans le lait), en raison de l'absence d'un enzyme chez les enfants atteints. Il en résulte une accumulation de produits toxiques anormaux qui entraînent un retard mental. De nombreuses provinces offrent des tests de dépistage pour déceler les sujets atteints (environ un nouveau-né pour 1000) et leur fournir immédiatement un régime pauvre en phénylalanine.

La maladie de Tay-Sachs est plus fréquente (un cas pour 1600 naissances) chez les Juifs de souche ashkénaze que chez tout autre groupe racial. Un déficit enzymatique conduit à une détérioration neurologique et éventuellement à la mort (entre l'âge de deux et quatre ans). Il existe des anémies transmises selon le mode récessif qui peuvent être dues à une hémoglobine anormale. L'hémoglobine S, le type anormal le plus courant, cause la drépanocytose chez les homozygotes. Environ un noir américain sur 400 en est atteint. Les individus atteints souffrent d'une anémie grave et d'affections articulaires et musculaires de type arthritique.

Hérédité autosomique dominante Les hommes comme les femmes peuvent présenter des signes cliniques de maladie s'ils sont porteurs d'un gène normal et d'un gène pathogène. Les individus atteints transmettent la maladie à 50 p. 100 de leurs descendants. Normalement, les maladies transmises selon le mode dominant ont une pénétrance variable, c.-à-d. que certains sujets sont gravement atteints alors que d'autres présentent peu ou pas d'effets. La pénétrance variable est caractéristique dans l'ostéogenèse imparfaite qui se traduit par une fragilité osseuse anormale. La chorée de Huntington se caractérise par un âge d'apparition variable (à partir de 16 ans environ jusqu'à plus de 50 ans). Elle se manifeste par des mouvements brusques et saccadés des membres et une détérioration mentale.

Hérédité liée au chromosome X Un gène déterminant une maladie, situé sur le chromosome X, peut être récessif ou dominant. Cependant, comme pour les caractères autosomes, le mode récessif est le plus courant. Ayant un gène normal sur l'un des deux chromosomes X, les femmes n'expriment pas la maladie tandis que les hommes sont atteints. Le

meilleur exemple en est l'hémophilie, dont l'incidence chez l'homme est de un cas sur 10 000. La reine Victoria était porteuse de ce caractère, qui affecta certains de ses descendants mâles. La dystrophie musculaire, maladie musculaire dégénérative, d'évolution progressive, constitue un autre exemple de ce genre de maladie.

Maladies multifactorielles

Un grand nombre des anomalies congénitales (c.-à-d. présentes à la naissance) les plus courantes ont des caractères multifactoriels causés par des facteurs environnementaux et génétiques. Parmi les anomalies de ce type, il faut citer le bec-de-lièvre et la fissure palatine, la sténose du pylore (occlusion de l'estomac) et les malformations du tube neural (spina-bifida et anencéphalie). Son risque d'apparition chez les frères, les sœurs ou les descendants est d'environ 3 à 5 p. 100 selon le sexe de l'enfant atteint. On peut détecter les malformations du tube neural avant la naissance.

Les facteurs génétiques et environnementaux spécifiques de la plupart de ces anomalies n'ont pas encore été déterminés, mais on sait que la spécificité individuelle des antigènes HLA (c.-à-d. les marqueurs situés à la surface des leucocytes humains), qui peuvent maintenant être identifiés grâce à la technologie de l'ADN, influent sur la vulnérabilité aux maladies associées au système immunitaire.

Diane Wilson Cox

Mécanismes moléculaires des maladies humaines

Nos connaissances des maladies humaines ont progressé rapidement grâce aux techniques de l'ADN recombinant (*voir* GÉNÉTIQUE). Des fragments d'ADN prélevés au hasard et qui présentent une variabilité élevée d'un individu à l'autre ont été utiles pour la cartographie génique des maladies humaines, en particulier les fragments d'ADN appelés microsatellites. Il s'agit de longues chaînes de séquences de bases répétitives que l'on trouve à de fréquents intervalles le long des chromosomes humains. Ils permettent de repérer l'emplacement des gènes.

Les laboratoires canadiens ont été particulièrement actifs dans le clonage des gènes en localisant leur position sur le chromosome. Parmi ces gènes, on peut citer celui de la dystrophie musculaire sur le chromosome X (Ronald Worton), de la mucoviscidose (Lap-Chee TSUI), de la tumeur de Wilms (Brian Williams), de l'anémie de Fanconi (Manuel Buchwald) et de la maladie de Wilson (Diane Cox).

Dès que le gène déterminant une maladie est identifié, on peut déterminer les changements spécifiques ou les mutations responsables de la maladie. Dès avant le clonage du gène, on peut repérer le gène dans la famille grâce aux marqueurs proches du gène afin d'établir le diagnostic de personnes présymptomatiques. Cette méthode sert actuellement pour de nombreuses maladies comme la chorée de Huntington et le rein polykystique.

Le Projet génome humain, dont le but est de séquencer le patrimoine génétique humain, a déjà fourni de précieux renseignements sur le site des marqueurs et des gènes. À mesure qu'il progressera, les gènes normaux seront de plus en plus nombreux à être identifiés et cartographiés. La recherche de gènes responsables de maladies sera beaucoup plus facile, car on disposera de gènes candidats quand on connaîtra la position d'une maladie sur un chromosome. Il faut s'attendre à voir encore des progrès rapides dans la connaissance des maladies héréditaires humaines.

Rose Templeton

Maladies professionnelles Les maladies professionnelles sont des problèmes de santé liés aux conditions de travail. On les distingue des accidents de travail, qui sont des problèmes résultant d'un trauma (entorse, foulure), d'une lacération, d'une brûlure ou de contusion. En général, les maladies professionnelles sont causées par une exposition à des dangers physiques, chimiques et, élément plus controversé, psychologiques. Elles se développent habituellement sur une longue période et ressemblent souvent aux maladies qui surviennent en d'autres circonstances. En comparaison, les accidents de travail sont la plupart du temps le résultat immédiat de facteurs mécaniques (soulèvement, flexion), d'accidents ou d'incendies résultant de mesures de sécurité défaillantes. En pratique, toutefois, la division est plutôt arbitraire (p. ex., établie pour faciliter la tâche administrative): certains types de blessures tels que la tendinite provoquée par un mouvement répétitif sont considérées comme des «maladies» alors que certains problèmes, qui ordinairement seraient considérés comme une maladie, sont classés comme «blessures» (p. ex., intoxication aiguë apparaissant immédiatement après exposition à une substance toxique).

Les maladies professionnelles prennent souvent des mois, voire des années, à se développer selon l'intensité et les circonstances du contact. C'est le cas du cancer causé par l'inhalation de fibres d'AMIANTE, qui prend au moins 20 ans à se développer et pour lequel il est alors difficile, même impossible, d'identifier une cause exacte chez le patient. De même, les maladies professionnelles ressemblent souvent à d'autres états pathologiques. P. ex., l'intoxication par le PLOMB a les mêmes symptômes que plusieurs maladies. De même, l'asthme résultant d'une sensibilisation à des produits chimiques au travail est souvent faussement attribué à une exposition au domicile. C'est pourquoi la plupart des maladies professionnelles sont négligées ou mal diagnostiquées; de plus, elles sont sous-estimées dans les rapports statistiques. Dans les faits, elles sont plus fréquentes qu'on ne le pense.

Signification du dépistage L'importance de reconnaître qu'une maladie est professionnelle a des répercussions à trois niveaux: limiter ses effets sur le patient; empêcher que d'autres en souffrent; et indemniser ceux qu'elle invalide. Les effets toxiques peuvent souvent être limités si l'on cesse l'exposition et si le traitement est commencé immédiatement. Lorsque l'on reconnaît qu'un travailleur souffre d'une maladie professionnelle, il est possible de protéger ceux qui sont exposés à la même source, avant qu'ils ne tombent malades eux aussi. L'indemnisation incombe aux systèmes d'INDEMNISATION DES ACCIDENTS DU TRAVAIL, établis dans toutes les provinces et pour les employés du gouvernement fédéral.

Systèmes d'assurance obligatoire L'indemnisation des personnes victimes d'accidents du travail est un système d'assurance obligatoire contre les blessures, auquel tout employeur d'un commerce ou d'une industrie doit adhérer quand il atteint une certaine taille. Ce système a été mis en œuvre pour éviter les poursuites fréquentes entre travailleurs et employeurs, et pour promouvoir une juste indemnisation des travailleurs victimes de blessures. Or, les maladies professionnelles sont plutôt problématiques pour les commissions d'indemnisation des accidents du travail, comparativement à la facilité avec laquelle les problèmes de blessures sont réglés. Tel qu'on l'a mentionné précédemment, la reconnaissance d'une maladie professionnelle est souvent tardive et incertaine. Dans certains cas, elle peut être remise en question et nécessiter l'avis d'experts consultants. De plus, certains types de demandes de prestation ne sont pas acceptés par toutes les provinces. Faire la preuve signifie généralement démontrer que le patient est atteint de la maladie, qu'il a été exposé sur son lieu de travail à la substance ou aux conditions reconnues comme provoquant ce genre de maladie, et qu'il ne peut y avoir d'autres causes.

Pratiquement toutes les commissions au Canada accepteraient les 29 groupes de maladies professionnelles reconnues par l'Organisation internationale du travail comme étant liées au travail. Toutefois, la reconnaissance d'états pathologiques moins bien établis, telles les causes probables, mais non prouvées du cancer, varie selon les commissions. Très peu, pour ne pas dire aucune, accepteraient de baser leur jugement sur des causes qui relèvent de la spéculation ou ne sont pas prouvées. Par ailleurs, la grande difficulté à distinguer le cancer causé par la cigarette et celui causé par une exposition à des substances cancérigènes au travail a amené plusieurs commissions à tout simplement éliminer la cigarette comme cause principale du cancer chez les patients exposés à des substances cancérigènes au travail.

Ampleur des maladies professionnelles Certaines maladies professionnelles apparaissent exclusivement dans certaines industries ou professions; on leur donne souvent des noms fantaisistes tels que conjonctivite du soudeur (inflammation de l'œil causée par la lumière ultraviolette de la soudure) ou poumon de fermier (affection pulmonaire inflammatoire causée par l'inhalation de moisissures végétales). D'autres apparaissent dans presque toutes les industries, comme les douleurs lombaires (considérées comme une blessure) et la perte auditive provoquée par l'exposition à des niveaux de bruit intenses. Presque la moitié des maladies professionnelles sont des maladies de peau; viennent ensuite les troubles de la vue, les affections pulmonaires, les intoxications affectant tout l'organisme (par le plomb, le MERCURE ou les pesticides) ainsi que d'autres états pathologiques incluant les maladies du système nerveux, du cœur et de l'appareil locomoteur. Parallèlement, les troubles psychiatriques et ceux liés au stress soulèvent la controverse, car il est très difficile de prouver une relation directe avec le milieu de travail.

Histoire

L'histoire des maladies professionnelles remonte aux débuts de toute activité économique organisée. Sur un papyrus égyptien datant de 1600 av. J.-C., on trouve la description de maux de dos causés par l'effort au travail. D'autres maladies professionnelles sont mises en évidence par Hippocrate en 460 av. J.-C. et par des auteurs romains. Au Moyen Âge et au début de la Renaissance, plusieurs traités de médecine parlent des dangers des exploitations minières et des fonderies.

Ère moderne L'ère moderne des maladies professionnelles remonte au début des années 1700. C'est à cette époque que le célèbre médecin italien Bernadino Ramazzini écrit le premier ouvrage d'ensemble sur le sujet. En 1831, Charles Thackrah écrit le premier ouvrage du même genre en anglais. Au même moment, en Grande-Bretagne, on adopte un ensemble de lois sans précédent afin de protéger la santé des travailleurs, de contrôler le travail des enfants (*voir* ENFANTS AU TRAVAIL) et de protéger la santé publique de la pollution et de la falsification des produits alimentaires, pratique très répandue à l'époque. Ces lois forment la base des mesures législatives au Canada avant la Confédération et, en vertu de la loi constitutionnelle, les maladies professionnelles et l'indemnisation des travailleurs sont de compétence provinciale.

En 1914, l'indemnisation des travailleurs, copiée sur le modèle du système allemand, est introduite en Ontario. Dans les années 20, le Dʳ J. Grant Cunningham établit, au gouvernement fédéral, ce qui est aujourd'hui connu sous le nom de Service d'hygiène et de santé au travail. Par la recherche, l'éducation et la démonstration, Cunningham fait la promotion, auprès de l'industrie et des gouvernements provinciaux, de la prévention et du dépistage précoce des maladies professionnelles. Il s'ensuit de nombreux changements dont la formation d'une génération de professionnels de la santé au travail, qui influenceront les gouvernements provinciaux et les pratiques dans l'industrie. Parmi ces professionnels, citons le Dʳ Ernest Mastromatteo, de Toronto, qui, pendant plusieurs années, joue un rôle important dans les questions nationales et internationales liées à la prévention des maladies professionnelles.

Leadership des médecins canadiens Le Canada est, depuis longtemps, un leader dans la recherche sur les maladies professionnelles, en particulier en ce qui concerne les affections pulmonaires liées au travail. Sir William OSLER, considéré par beaucoup comme le plus grand médecin jamais connu au Canada et celui qui a le plus influencé, publie de nombreux ouvrages portant sur différentes maladies professionnelles. En 1876, il écrit un article traitant de la pneumoconiose des mineurs (souvent appelée «poumon noir») qui attire l'attention de ses collègues à Montréal. Cunningham, de son côté, s'intéresse particulièrement à la silicose des mineurs de l'Ontario. Quant au Dʳ Frederick BANTING, surtout connu comme l'un des chercheurs ayant découvert l'insuline, il contribue de façon importante à la recherche sur la silicose et sur la médecine aéronautique.

L'intérêt pour les maladies professionnelles dans les grands centres de recherche est généralement stimulé par des problèmes économiques importants dans les industries locales. Du fait de l'importance de l'amiante au Québec, les études portant sur l'amiante et sur ses effets sur la santé ont dominé la recherche dans les institutions de cette province. En Ontario, les chercheurs s'intéressent particulièrement à l'industrie minière. En Colombie-Britannique, l'accent est mis sur les causes de l'asthme et des problèmes liés à la circulation de l'air dans les poumons, à cause d'une réaction asthmatique inhabituelle mais partagée par tous, typique d'une réponse au cèdre rouge de l'Ouest, bois important sur le plan économique.

Tous les médecins qui soignent des adultes devraient se préoccuper des maladies professionnelles, que ce soit en termes de traitement, de diagnostic ou de conséquences de certains types d'exposition sur la santé des patients. Les maladies professionnelles peuvent toucher le fonctionnement de tout organe et elles peuvent aussi être la cause d'une maladie qui survient après la retraite et, à l'occasion, elles peuvent affecter les autres membres de la famille par toxicité dans la reproduction ou encore si, par inadvertance, les substances chimiques sont rapportées à la maison. Au Canada, les médecins peuvent suivre une formation spéciale et devenir spécialistes en médecine du travail. L'accréditation est donnée par le Collège royal des médecins et chirurgiens du Canada s'ils suivent un programme de stage de formation ou par la Commission canadienne de la médecine du travail si leur formation est autre. Ces médecins du travail sont regroupés en une association, l'Association canadienne de la médecine du travail et de l'environnement (ACMTE).

Un champ d'action partagé Il va sans dire que les médecins jouent un rôle important dans le diagnostic, le traitement et l'attestation pour l'indemnisation d'une maladie professionnelle. Cependant, ce rôle est partagé par les infirmiers et infirmières en médecine du travail (champ de spécialité des sciences infirmières). En ce qui a trait à la prévention, celle-ci relève encore plus d'un travail d'équipe réunissant médecins, infirmières, agents de sécurité, hygiénistes du travail (spécialité de l'ingénierie) et plusieurs autres professionnels. Toutes les maladies professionnelles, sans exception, sont évitables. Les obstacles à la prévention sont généralement les coûts, l'ignorance et le manque de motivation à changer les façons de faire. Il y a presque toujours des moyens techniques pour résoudre le problème. En bout de ligne, le succès de la prévention réside dans l'acceptation par l'employeur de sa responsabilité, la coopération des employés, le travail d'équipe des professionnels de la médecine au travail, les règles gouvernementales et l'éducation du public.

Tee L. Guidotti

Maladies transmises sexuellement (MTS) Ce terme est utilisé aujourd'hui pour décrire un groupe d'infections appelées auparavant maladies vénériennes.

Affectant essentiellement les organes génitaux, les organismes ou germes qui provoquent ces maladies se transmettent lors de contacts corporels entre deux personnes, c.-à-d. par des rapports sexuels ou autres contacts corporels intimes. Jusqu'à récemment, seules la syphilis et la gonorrhée étaient considérées comme des maladies transmises sexuellement, mais on sait maintenant qu'il existe une vingtaine d'affections différentes, dont un bon nombre peuvent être communiquées exclusivement de cette façon et d'autres seulement à l'occasion. Au Canada, les maladies transmises sexuellement les plus courantes comprennent l'urétrite non gonococcique, la cervicite (*Chlamydia trachomatis*), la gonorrhée, l'herpès génital, certains types d'infections vaginales, les condylomes acuminés, les infestations de poux du pubis (appelés aussi «morpions») et la gale.

Chaque MTS est causée par un germe ou un organisme spécifique. Bien que de nature différente, la plupart des organismes peuvent survivre seulement dans l'environnement des régions corporelles tapissées de tissus muqueux comme la bouche, l'urètre, le rectum ou le vagin. La présence de chaleur et d'humidité est également nécessaire pour permettre aux organismes de se multiplier et de provoquer une infection. La plupart des germes meurent en dehors de cet environnement. En conséquence, ils ne peuvent être transmis que par contact direct entre un tissu infecté et un autre tissu non infecté vulnérable. Les endroits les plus couramment infectés sont le col de l'utérus et le vagin chez la femme, l'urètre chez l'homme. Dans certaines circonstances ou à la suite de certaines pratiques sexuelles, la gorge, le rectum et la conjonctive de l'œil peuvent également être affectés.

Les maladies transmises sexuellement peuvent toucher tout le monde, peu importe l'âge, le sexe, la race ou la situation socioéconomique, mais l'incidence la plus élevée survient chez les personnes sexuellement actives, de l'adolescence au milieu de la vingtaine.

Les signes et les symptômes des maladies transmises sexuellement se manifestent habituellement sur les organes génitaux ou autour de ces derniers. Chaque maladie provoque un symptôme particulier, mais le même symptôme peut survenir avec différentes maladies et peut ressembler aux symptômes produits par des infections non transmises sexuellement. Chez une personne sexuellement active, une infection peut se manifester par un écoulement de pus du méat urinaire, du vagin ou du rectum, une sensation de brûlure à la miction, l'apparition de cloques, de tumeurs ou de lésions cutanées sur les organes génitaux et autour, ou une démangeaison des régions génitales ou pubiennes. Plusieurs MTS, cependant, peuvent causer une infection sans présenter de symptômes. Ce fait est fréquent, surtout chez les femmes, dont les signes d'infection sont souvent cachés ou passent inaperçus. Selon la maladie, des complications sérieuses peuvent survenir aux organes reproducteurs comme une salpingite aiguë, une grossesse tubaire, la stérilité ou une douleur pelvienne chronique. Les enfants à naître ou qui naissent de mères affectées d'une infection non traitée peuvent également être touchés par les MTS.

Toutes les maladies transmises sexuellement peuvent être détectées et différenciées en laboratoire grâce à des cultures ou à des analyses de sang. Toutes les MTS, à l'exception de l'herpès génital et des condylomes acuminés qui sont d'origine virale, peuvent être guéries au moyen de médicaments appropriés (habituellement des antibiotiques). Toutefois, malgré la guérison de ces infections par ce traitement, les dommages produits par les complications peuvent être irréversibles. En outre, aucune de ces maladies n'engendrera une immunité contre une éventuelle infection si une nouvelle exposition survenait.

L'incidence réelle des MTS au Canada peut être attribuée à des facteurs biologiques ou sociaux. Les maladies possèdent la capacité de devenir plus résistantes aux traitements médicamenteux et, dans de nombreux cas, des infections asymptomatiques empêchent une détection précoce. Des changements d'attitudes envers l'acceptation de comportements sexuels plus permissifs ont favorisé l'augmentation des occasions de transmission des maladies, mais cette ouverture ne s'est pas accompagnée de changements d'attitudes similaires envers les maladies qui peuvent être contractées lors des rapports sexuels. La stigmatisation des MTS entraîne une ignorance et une crainte généralisées et gêne la reconnaissance des problèmes par le monde médical et par le public.

Chaque province a compétence pour établir des programmes de santé publique pour la lutte contre les MTS à déclaration obligatoire. La plupart des programmes prévoient des dispositions pour les centres et les cliniques de diagnostic et de traitement, la collecte de données statistiques et la promotion de programmes éducatifs pour la communauté médicale et le public.

La préoccupation engendrée par les MTS est internationale, et des recherches sont effectuées dans le monde entier pour acquérir une meilleure compréhension des maladies et des organismes qui les provoquent, examiner et reconnaître les modes d'incidence dans une population donnée, explorer et exploiter le potentiel de nouvelles thérapies et concevoir des mesures préventives comme les vaccins. Les scientifiques canadiens dirigent de nombreuses études, de façon autonome ou en coopération avec d'autres pays, pour examiner toutes ces questions. Une surveillance continue est essentielle pour déterminer les changements d'incidence des MTS, pour mettre en œuvre de nouvelles connaissances et de nouvelles technologies et pour être attentif à de nouvelles maladies émergentes comme le syndrome immunodéficitaire acquis (SIDA). Cette maladie a été reconnue la première fois en 1981 et se caractérise par des infections et des cancers inhabituels résultant d'une défaillance du système immunitaire de l'organisme, qui ne fonctionne plus correctement.

La dissémination de maladies amoindrit la santé physique et émotionnelle et la productivité d'une nation. Les maladies transmises sexuellement ne peuvent être maîtrisées que par les efforts conjugués du gouvernement, des professionnels de la santé et de la société canadienne.

B. Romanowski

Malaria Les premiers pionniers en Ontario souffrent d'une maladie appelée «fièvre et grands frissons». Celle-ci ravage les premières colonies européennes telles que Newark (aujourd'hui Niagara-on-the-Lake) et Cataraqui (aujourd'hui Kingston). La maladie remonte vers le nord et atteint le site actuel de la ville d'Ottawa. Elle gêne considérablement la construction du CANAL RIDEAU dans les années 1830. La majorité des cas de «fièvres et grands frissons» sont en fait des cas de ce que nous appelons aujourd'hui la malaria.

Le type de malaria sévissant en Ontario, soit la fièvre tierce bénigne, est rarement mortel, mais il provoque des accès de forte fièvre récurrente à intervalles réguliers, de grands frissons et de l'anémie. Les personnes atteintes se sentent donc sans vitalité. Heureusement, on arrive à maîtriser les symptômes en administrant au patient du quinquina ou de la cinchonine, dont on découvre par la suite qu'ils contiennent de la quinine.

La malaria est si courante dans les années 1780 à 1840, qu'il est rare qu'un nouvel arrivant n'attrape pas la maladie dans les deux premières années suivant son arrivée. Riches, pauvres, vieux ou jeunes, pratiquement tous les habitants sont atteints de «fièvre et grands frissons».

La malaria est une maladie transmise par la piqûre de MOUSTIQUES infectés appartenant au genre *Anopheles,* dont plusieurs espèces vivent encore en Ontario. Vers la fin du XVIIIe siècle et tout au long du XIXe siècle, on envoie périodiquement dans le Haut-Canada des régiments britanniques provenant des colonies des Caraïbes, où la malaria sévit, afin qu'ils puissent récupérer. Ceci constitue donc une source importante d'organismes actifs de la malaria, que les moustiques peuvent transmettre aux habitants auparavant sains. Le drainage progressif de grands lopins de terre marécageux du sud de la province détruit la plupart des aires de reproduction. Aujourd'hui, la malaria ne se trouve au Canada que lorsqu'elle provient de régions du monde où la malaria sévit encore, particulièrement l'Afrique centrale et certaines régions de l'Asie du Sud-Est, où la maladie continue d'être endémique.

Charles G. Roland

Malartic, ville du Qc; pop. 4154 (rec. 1996), 4326 (rec. 1991), 4474 (rec. 1986); superf. 154,88 km²; const. en 1939. Elle est située à 70 km à l'est de ROUYN-NORANDA dans le nord-ouest du Québec. Elle est fondée par le ministère responsable des mines qui désire mettre un terme à la prolifération des camps de squatters qui ont surgi tout autour des mines d'or découvertes dans cette partie de l'Abititi durant la ruée vers l'or du milieu des années 30. Son nom lui vient de la première mine d'or, qui, elle, tenait sans doute son nom du comte de Malartic, aide-de-camp de Montcalm. La ville se développe à proximité des trois plus grosses mines d'or du Québec: Canadian Malartic, East Malartic et Malartic Goldfields. Elle atteint son apogée au début des années 50 lorsque sa population atteint 5983 habitants. Dans les années 60, le déclin de l'industrie minière, qui entraîne la fermeture des principales mines, ébranle sérieusement sa structure économique. Malgré ces problèmes, la ville survit et son économie repose toujours sur ses mines d'or.

Benoit-Beaudry Gourd

Malaspina, Alejandro, explorateur (Mulazzo, Italie, 5 nov. 1754—Pontremoli, Italie, 9 avr. 1810). Issu d'une famille illustre mais appauvrie, il entre dans la marine espagnole. En 1784, il fait le tour du monde à bord de la frégate *Astrea.* Impressionné par les importants voyages scientifiques de James COOK et du comte de la Pérouse, il soumet en 1778 un projet d'explorations scientifiques au gouvernement de l'Espagne. Il obtient carte blanche en juillet 1789. Il quitte Cadix le 30 juillet avec les deux corvettes *Descubierta* et *Atrevida* et contourne le cap Horn. Il projette d'explorer les îles Sandwich (maintenant Hawaï), mais, suivant les nouveaux ordres d'Espagne, il met plutôt le cap sur la CÔTE DU NORD-OUEST. La CONTROVERSE DU DÉTROIT DE NOOTKA avec les Anglais, en 1789, et la croyance tenace en l'existence du PASSAGE DU NORD-OUEST motivent ce changement de cap.

Dans sa recherche du légendaire DÉTROIT D'ANIAN, Malaspina atteint le 59e de latitude N. Le 27 juin 1791, les corvettes entrent dans le détroit de Mulgrave (baie Yacutat, en Alaska). L'exploration des lieux anéantit les espoirs d'atteindre par cette route un passage par le nord-ouest, mais les scientifiques rapportent des échantillons et étudient la culture tlingite. Malaspina longe plus à l'ouest la côte de l'Alaska avant de mettre le cap sur le détroit de Nootka, au sud, où il arrive le 12 août 1791.

De retour au Mexique, Malaspina fait des recommandations qui mènent, en 1792, au voyage des navires *Sutil* et *Mexicana.* Il explore les îles Mariannes, les Philippines, la Nouvelle-Zélande et l'Australie avant de rentrer en Espagne par l'Amérique de Sud (1791-1794). Bien que l'expédition ait été un grand succès, les intrigues de la cour ont tôt fait de détruire sa carrière et d'empêcher que ses rapports ne soient publiés. Ceux-ci ne paraîtront qu'en 1885. (*Voir aussi* EXPLORATIONS ESPAGNOLES.)

Christon I. Archer

Malaysiens La Fédération de la Malaysia s'est constituée en 1963 et regroupe la Malaisie et les anciennes colonies britanniques de Singapour (jusqu'en 1965), du Sarawak et du Nord Bornéo (Sabah). La population de la Malaysia comprend des Malais, des Chinois et des Indiens. L'appellation «Canadien d'origine malaysienne» n'indique donc pas l'appartenance à une communauté ethnique, linguistique ou religieuse distincte, mais simplement l'expérience d'une origine nationale commune.

Immigration et peuplement Entre 1973 et 1984, 6872 Malaysiens immigrent au Canada. Le groupe le plus nombreux, en matière de profession, est celui des employés de bureau, suivi des ouvriers de la fabrication, de l'assemblage et de la réparation. Viennent ensuite les travailleurs en science, en ingénierie et en mathématique, en médecine et en santé, en gestion et en administration, dans les services, les entrepreneurs, les travailleurs de la vente et ceux de la construction. En 1996, 2525 Canadiens indiquent la Malaisie comme leur origine unique, tandis que 5645 se disent d'origines malaises multiples (une ou deux catégories ethniques en plus de Malais), pour un total de 8165 Canadiens d'origine malaise.

Préservation de la culture Bien que les Malaysiens n'appartiennent pas à une communauté ethnique homogène, ils nourrissent un sentiment d'identité culturelle (que partagent dans une bonne mesure les Singapouriens), née de la fusion d'influences venues de la Chine et de l'Inde au sein du monde malais pendant de nombreux siècles. C'est ce sens d'un héritage commun qui permet de distinguer les Canadiens d'origine malaysienne des autres groupes asiatiques du Canada.

Les organisations communautaires de Toronto et de Vancouver ainsi que les associations d'étudiants malaysiens de plusieurs universités encouragent la sensibilisation à l'égard de certains aspects des traditions culturelles malaysiennes. Étant donné que l'anglais est l'une des langues couramment utilisées en Malaysia, les immigrants de ce pays s'assimilent plus facilement au Canada anglais.

H.E. Wilson

Malécites Les Malécites ont toujours habité la région du FLEUVE SAINT-JEAN, au Nouveau-Brunswick et au Maine, et ils ont étendu très tôt leur territoire jusqu'au Saint-Laurent. Parlant la langue algonquine, ils se nommaient eux-mêmes *Welustuk* («de la belle rivière»). Leurs terres et leurs ressources sont délimitées à l'est par celles des MICMACS et à l'ouest par celles des Passamaquoddys et des Penobscots. Leurs histoires locales font état de nombreuses rencontres avec les IROQUOIS et les MONTAGNAIS. Ils établissent des relations stables qui dureront à peu près 100 ans avec les pêcheurs et commerçants européens au début du XVIIᵉ siècle et avec les commerçants de fourrures spécialisés. Même si leur population est fortement décimée par des maladies apportées par les Européens, ces chasseurs de l'Atlantique conservent leurs territoires de chasse, de pêche et de cueillette le long de la côte ou des rivières et pratiquent le piégeage dans les vallées fluviales.

À cause de l'agitation générale provoquée par les hostilités des Européens entre Québec et PORT-ROYAL et de la recrudescence des batailles et des raids sporadiques sur le cours inférieur du fleuve Saint-Jean (Anglais contre Français), le commerce des fourrures de l'est du pays décline. Les femmes malécites assument une plus large part du fardeau économique et se lancent dans la culture de plantes indigènes qui jusqu'alors n'étaient cultivées qu'au sud de leur territoire. Les hommes continuent de chasser, avec moins de succès cependant, mais ils s'avèrent utiles aux Français dans leur lutte contre les Anglais. Pendant une courte période à la fin du XVIIᵉ et au début du XVIIIᵉ siècle, ils forment une véritable organisation militaire.

L'arrêt graduel des hostilités, dans le premier quart du XVIIIᵉ siècle, et la diminution importante de la population de castors rendent impossible le retour au mode de vie traditionnel. L'arrivée des colons blancs met fin à l'agriculture dans les régions riveraines, et toutes les terres que les Malécites occupent

alors le long du fleuve Saint-Jean sont confisquées, faisant d'eux de véritables personnes déplacées. La menace de se voir aux prises avec une population affamée et errante pousse les administrateurs à créer les premières RÉSERVES INDIENNES au XIXᵉ siècle, à Oromocto, à Fredericton, à Kingsclear, à Woodstock et à Tobique.

Au XIXᵉ siècle, les Malécites pratiquent encore certaines activités artisanales traditionnelles comme la construction de WIGWAMS et de CANOTS EN ÉCORCE. Cependant, des changements importants ont eu lieu, au cours des deux siècles précédents, au fur et à mesure que les Malécites recevaient, des Européens, des outils tranchants, des récipients, des mousquets, de l'alcool, des denrées et des vêtements. Lorsqu'ils fabriquent des objets en bois et en écorce ou de la vannerie, et lorsqu'ils guident, piègent ou chassent, les Malécites se disent occupés à des «travaux indiens». L'exploitation croissante de la pomme de terre au Maine et au Nouveau-Brunswick crée un débouché pour les paniers et les récipients qu'ils fabriquent. D'autres travaillent dans les secteurs de la papeterie, de la construction, de la santé, de l'enseignement et des affaires.

Les Malécites du Nouveau-Brunswick connaissent les mêmes problèmes de chômage et de pauvreté que les autres autochtones du Canada, mais ils se sont donné un système complexe et perfectionné de prises de décision et de distribution des ressources, en particulier à Tobique, où ils gèrent des entreprises communautaires de développement économique, d'exploration et de sports. Certains poursuivent des carrières fructueuses dans l'enseignement secondaire et supérieur et occupent des postes importants dans les milieux professionnels et commerciaux. Individus et familles jouent un rôle important dans la promotion des droits des autochtones et des femmes. D'autres encore travaillent au sein d'associations autochtones provinciales et fédérales, au gouvernement et dans des entreprises de développement communautaire. Au recensement de 1996, les Malécites étaient au nombre de 4659. (*Voir aussi* AUTOCHTONES: LES FORÊTS DE L'EST et les articles généraux sous la rubrique AUTOCHTONES.)

Tom McFeat

Malloch, Archibald Edward, chirurgien (Brockville, Canada-Ouest, 14 juin 1844—Hamilton, Ont., 6 août 1919). Formé à l'U. Queen, puis à l'U. de Glasgow, où il est diplômé en 1867, il travaille comme chirurgien titulaire pour Joseph Lister quand celui-ci commence à publier les résultats de ses recherches sur la chirurgie antiseptique. Malloch en vient à croire fermement en cette méthode et, à son retour au Canada en 1869, il est probablement le premier chirurgien canadien à l'appliquer dans sa forme la plus développée. Son propre père, George Malloch, figure parmi ses premiers patients à subir une intervention chirurgicale dans un milieu antiseptique à Hamilton.

Ce chirurgien habile n'est pas très en vue hors de son domaine et n'est pas non plus actif au sein des milieux médicaux à l'extérieur de son cabinet de Hamilton. La seule relation officielle qu'il entretient avec une école de médecine reconnue – comme professeur d'anatomie au Victoria College de Toronto – dure moins de deux ans. Toutefois, dès 1869, il essaie d'établir une école à Hamilton avec l'aide de trois collègues. Il n'a pas été un défenseur aussi ardent de la chirurgie antiseptique qu'il aurait pu l'être. Dès les années 1890 cependant, la plupart des chirurgiens canadiens ont recours à l'antisepsie ou à l'asepsie, qui lui a succédé.

Charles G. Roland

Malone, Maurice, joueur de hockey (Sillery, Qc, 28 févr. 1890—Montréal, 15 mai 1969). Il entre chez les professionnels avec les Bulldogs de Québec en 1909, formation avec laquelle il évoluera pendant sept ans, avant d'être repêché par les CANADIENS DE MONTRÉAL, dont il portera l'uniforme pendant quatre ans. Il jouera ensuite pour les Tigers de Hamilton pendant deux ans. Certains de ses exploits

n'ont jamais été égalés. Il a déjà compté neuf buts au cours d'un même match, mais les sept buts qu'il compte le 31 janvier 1920 constituaient toujours le record officiel de la LNH en 1988. Il marque 142 buts en 125 matches dans la Ligue nationale de hockey. Son palmarès dans les rangs professionnels s'établit à 338 buts en 271 matches.

James Marsh

Malpèque, baie de Cette baie pittoresque est si profondément ancrée à l'intérieur de la côte nord-est de l'Île-du-Prince-Édouard que sa rive sud s'avance pour n'être plus qu'à 7 km de la côte sud de l'île. Désignée fort à propos par le mot micmac *makpaak,* qui signifie «la grande eau», la baie de Malpèque comporte plusieurs îles, et de nombreux petits cours d'eau ainsi que de nombreuses rivières viennent s'y jeter. Ses eaux abritent une industrie prospère de crustacés et de coquillages et elle est réputée mondialement pour son ostréiculture. Les huîtres sont élevées dans des parcs à huîtres, dans lesquels l'ostréiculteur ensemence les jeunes naissains qu'il récolte plus tard dans la vase au fond de la baie. La récolte s'effectue à l'aide d'outils à long manche, dont les extrémités sont en forme de râteau et qui fonctionnent comme des ciseaux.

P.C. Smith

Maltais On compte plus de 50 000 personnes d'origine maltaise au Canada, la plupart ayant émigré après la Seconde Guerre mondiale des îles de Malte (366 431) et de Gozo, situées dans la Méditerranée, au sud de la Sicile. Les Maltais font remonter leur origine ethnique et linguistique aux Phéniciens. En l'an 58, quand l'apôtre Paul fait naufrage à Malte, la population se convertit au christianisme. Les Maltais, qui parlent une langue sémitique, célèbrent leur fête nationale le 31 septembre.

Au Canada, les premiers immigrants maltais s'établissent en Ontario. Même si beaucoup sont arrivés en 1840, vers 1907 et entre 1918 et 1920, on compte peu de Maltais au Canada jusqu'après la Seconde Guerre mondiale. Entre 1946 et 1981, plus de 18 000 Maltais sont venus au Canada, et 279 seulement entre 1982 et 1984. Le recensement de 1996 dénombre 29 820 Canadiens maltais (réponses uniques et multiples). C'est à Toronto que l'on trouve la plus importante communauté maltaise du pays (environ 16 850), concentrée principalement autour de la rue Dundas Ouest, où les pères franciscains maltais ont érigé une église. Ce secteur comprend également les clubs et associations de cette communauté. Il existe d'autres communautés maltaises en Ontario ainsi qu'à Montréal, à Winnipeg et à Vancouver.

George Bonavia

Mammifère Ils ont été appelés ainsi à cause des glandes mammaires qui sécrètent du lait et qui sont exclusives aux animaux de la classe des mammifères, dont les êtres humains font partie. Les mammifères sont généralement considérés comme les plus évolués des VERTÉBRÉS (animaux avec une colonne vertébrale et une moelle épinière).

Certaines des caractéristiques des mammifères définies dans la liste suivante sont parfois absentes chez certains groupes de cette classe et parfois présentes chez d'autres groupes de vertébrés. Les mammifères:

1) ont des glandes mammaires qui produisent du lait servant à nourrir les petits;

2) donnent naissance à des petits déjà formés, à l'exception des espèces de l'ordre des monotrèmes (p. ex., l'ornithorynque) qui pondent des œufs;

3) sont endothermes (à sang chaud, comme les OISEAUX) c.-à-d. capables de maintenir la température de leur corps constante;

4) ont un corps recouvert de poils (exclusif aux mammifères, mais certaines espèces ont seulement des vestiges de poils) et ont une couche de graisse sous-cutanée (chez les BALEINES, où les poils sont très rares ou absents chez les adultes);

5) ont une peau munie de glandes sudoripares qui permettent la perte de chaleur;

6) ont une mâchoire inférieure constituée d'un seul os de chaque côté qui s'articule directement avec le crâne;

7) ont une oreille moyenne constituée de trois paires d'os;

8) ont un cerveau volumineux et complexe qui permet l'apprentissage, la rapidité des réactions et l'adaptabilité des comportements;

9) possèdent un cœur à quatre chambres qui permet une circulation fermée de cellules sanguines sans noyau;

10) ont des dents habituellement différenciées en incisives, en canines, en prémolaires et en molaires;

11) ont des vertèbres différenciées en cervicales (généralement sept), en thoraciques, en lombaires, en sacrées et en caudales (queue).

Description La majorité des espèces de mammifères sont quadrupèdes, et leurs pattes sont adaptées à différents modes de vie: terrestre (course, saut, bond), fouisseur (creusage), arboricole (ils grimpent aux arbres) et aquatique, mais chez certaines espèces comme les baleines, les lamantins et les dugongs, les membres postérieurs ont disparu, la nageoire caudale est devenue horizontale et plate pour la propulsion, et les membres antérieurs se sont transformés en nageoires pectorales. Les membres antérieurs des CHAUVES-SOURIS, les seuls mammifères capables de vrai vol, se sont transformés en ailes. La taille des mammifères varie de celle des minuscules MUSARAIGNES et chauves-souris, qui pèsent à peine plus qu'une pièce de dix sous, à celle du rorqual bleu, le plus grand animal qui ait jamais vécu, qui mesure plus de 35 m et pèse plus de 150 tonnes.

Origine et évolution

Les mammifères actuels ne sont qu'une fraction du grand nombre d'espèces qui vécurent depuis la transformation de REPTILES ressemblants à des mammifères vers la fin du triasique (il y a environ 205,7 millions d'années). En effet, on croit que les mammifères proviennent d'un groupe de reptiles qui ressemblaient à des mammifères (sous-classe des synapsidés) et qui étaient les plus abondants des vertébrés du permien (il y a 300 à 250 millions d'années), bien avant l'apparition des premiers DINOSAURES. Parmi l'ordre des thérapsidés, il y eut un certain nombre d'espèces de reptiles semblables à des mammifères qui acquièrent une ou plusieurs caractéristiques de ces derniers.

Les premiers vrais mammifères connus vécurent au milieu ou à la fin du jurassique (180,1 à 144,2 millions d'années), et ils étaient tous assez petits. Même si les dinosauriens et d'autres reptiles dominaient la Terre depuis plus de 100 millions d'années, les mammifères survécurent sous forme de petits animaux discrets et peut-être nocturnes jusqu'à ce qu'ils deviennent eux-mêmes le groupe dominant lorsque les dinosaures disparurent à la fin du mésozoïque (65 millions d'années).

À la fin du crétacé (98,9 à 65 millions d'années), tous les éléments étaient réunis pour permettre l'évolution d'une grande diversité d'espèces de mammifères dont la majorité s'éteignirent et d'autres survécurent jusqu'à nos jours. L'ère des mammifères commença au début du cénozoïque (65 millions d'années jusqu'à aujourd'hui). Ils exploitaient alors toutes les niches écologiques qui s'offraient à eux. À cause des conditions environnementales changeantes, plusieurs espèces durent s'adapter ou disparaître.

Écologie Le grand succès des mammifères peut être lié à leur capacité d'adaptation à presque tous les types d'environnements de la Terre. Bien que la plupart des espèces soient terrestres, certaines vivent dans la mer, dans l'air et sous terre. Seules les chauves-souris ont des ailes et sont capables de voler comme les oiseaux. Leur réussite est attribuable à leur vie nocturne, tandis que la majorité des oiseaux

sont diurnes. Les cétacés et les siréniens (lamantins et dugongs) ont colonisé le milieu aquatique, tandis que d'autres espèces ont colonisé ce milieu tout en gardant des liens avec la terre ferme ou la glace (essentiellement pour la reproduction: p. ex., les PHOQUES, les LIONS DE MER, les MORSES et les LOUTRES DE MER). Quelques groupes utilisent le milieu aquatique, entre autres l'ornithorynque, les INSECTIVORES, les CARNIVORES, les RONGEURS et les hippopotames.

Certaines espèces sont arboricoles et passent beaucoup de temps au sommet des arbres, entre autres quelques espèces de MARSUPIAUX de dermoptères (appelés lémurs volants), les paresseux et plusieurs espèces de primates, de carnivores, de rongeurs, etc. Dans ce milieu arboricole, certaines espèces ont développé l'aptitude de planer sur une bonne distance grâce à une membrane de peau située entre les pattes antérieures et les pattes postérieures, p. ex., certaines espèces de marsupiaux (phalanger volant), de dermoptères et de rongeurs (polatouches, *voir* ÉCUREUILS).

D'autres espèces ont élu domicile sous terre et sont devenues fouisseuses, p. ex., des insectivores (TAUPES) et des rongeurs (GAUFRES et plusieurs autres espèces), et un grand nombre habitent dans des terriers. Une grande variété d'espèces vit dans des habitats comme le désert, la toundra, les prairies, les marais et la forêt. Les mammifères se sont adaptés à diverses ressources alimentaires, provenant principalement de plantes et d'animaux. Parmi ceux qui se nourrissent de plantes, on compte ceux qui broutent les graminées et les herbacées, et ceux qui broutent les arbres, les arbustes, certains types de plantes aquatiques, le nectar et le pollen de fleurs. Ceux qui se nourrissent d'animaux recherchent des insectes et autres INVERTÉBRÉS (insectivores), des poissons, des oiseaux et leurs œufs, des AMPHIBIENS, des reptiles et d'autres mammifères.

Dans cet ensemble d'adaptations écologiques, on trouve la compétition pour l'espace, la nourriture et les sites de reproduction ainsi que la relation prédateur/proie, les parasites et les maladies. En occupant plusieurs habitats, les humains ont imposé des conditions particulières qui menacent la survie de plusieurs espèces de mammifères. Certaines sont disparues, d'autres sont devenues rares, menacées (*voir* ANIMAUX EN VOIE DE DISPARITION) ou se sont éteintes, et quelques-unes ont appris à cohabiter avec les humains.

Relations avec les humains Les relations entre les humains et les autres espèces de mammifères commencèrent avec les ancêtres préhominiens, au début de l'évolution des mammifères. Les humains ont tendance à se distinguer des autres mammifères qui jouèrent pourtant, de différentes façons, un rôle vital dans l'histoire et le développement de la civilisation humaine, sans que ces façons soient reliées à l'évolution de l'*Homo sapiens*. Depuis des temps préhistoriques, la viande de mammifères fut une source importante de nourriture, les peaux et les fourrures fournirent des vêtements et les os furent utilisés pour fabriquer des outils. La graisse de baleine et celle des autres mammifères servirent, et servent encore aux INUITS, de nourriture et de combustible.

Les mammifères furent domestiqués bien avant que l'on ne commence à écrire l'histoire, il y a peut-être plus de 9000 ans. Il semble qu'il y a 6000 ans, les habitants de ce qui est aujourd'hui le Danemark et, il y a 6800 ans, ceux de Jéricho, avaient des CHIENS. On croit que les Chinois commencèrent l'élevage du porc il y a plus de 5000 ans et que les Égyptiens gardaient des CHATS plus de 2100 ans av. J.-C. Les mammifères furent utilisés comme gardiens, comme aides de chasse, comme bêtes de somme, comme animaux de trait et à la guerre. Quelques espèces jouèrent un rôle religieux et furent adorées et considérées comme sacrées.

Avec le progrès de la civilisation, les produits de mammifères devinrent des articles commerciaux très recherchés et jouèrent un rôle capital dans l'exploration et la colonisation de nouvelles terres. Autrefois, le transport terrestre dépendait presque entièrement des CHEVAUX, du bétail et des chameaux. L'agriculture se développa lorsque les mammifères ont commencé à servir d'animaux de trait et d'élevage. De plus, ils fournissent du lait, du fromage, du beurre, de la graisse, de l'huile, du sang qui sert à la fabrication de divers produits, du feutre, du cuir, de la laine, des poils, de l'ivoire, de la cire, des fanons et des fertilisants.

Certaines espèces jouent un rôle de plus en plus important dans l'acquisition de connaissances qui nous permettent de mieux nous comprendre. Les mammifères ont été utilisés dans diverses expérimentations pour faire la lumière sur la psychologie du comportement humain. La chirurgie et la plupart des autres disciplines de la recherche médicale ont fait une avancée inestimable grâce à l'utilisation de mammifères dans les laboratoires. Les mammifères et les produits qui en découlent sont utilisés pour la mise au point et la production de sérums, de vaccins, d'hormones et d'autres produits, tels que l'insuline, utilisés en médecine moderne. Comme spécimens de dissection, ils sont essentiels dans la formation d'étudiants en science, particulièrement en médecine et autres domaines de la biologie. Ils ont aussi un rôle fondamental dans les travaux de recherche de diverses disciplines des sciences biologiques.

Cependant, nos relations avec les autres espèces de mammifères n'ont pas toujours été à notre avantage. Les êtres humains primitifs vivaient avec la crainte de se faire tuer et manger par certains mammifères. Il y a toujours eu des espèces nuisibles aux humains parce qu'elles consomment ou endommagent les réserves de nourriture, les récoltes, le bétail ou l'équipement. Certaines espèces sont porteuses de maladies infectieuses ou de parasites transmis directement aux humains ou indirectement par le bétail. D'autres concurrencent avec le bétail pour le fourrage.

Les mammifères indigènes font partie intégrante des ressources naturelles renouvelables: le sol, l'eau, la forêt et la faune, et une saine gestion de chacune de ces ressources demande une certaine compréhension des relations entre les différents éléments de l'environnement global. Une perturbation majeure de l'équilibre d'un milieu a des répercussions importantes et complexes sur celui-ci. P. ex., lorsque l'on introduit des bovins, des moutons ou des chèvres dans une région et que l'on élimine les herbivores indigènes tels que le BISON, l'ANTILOPE D'AMÉRIQUE, le CERF ou le WAPITI pour réduire la compétition alimentaire, les carnivores indigènes se tournent alors vers le bétail. Lorsque l'on élimine ces prédateurs, les lapins et les rongeurs deviennent des compétiteurs tout aussi importants que l'étaient les ongulés indigènes. Aucune espèce de mammifères n'est totalement nuisible ou bénéfique aux humains.

Chaque espèce apprend à vivre en harmonie avec son environnement par des adaptations, des modifications et une évolution graduelles, et doit s'adapter aux changements continuels. Maintenant que nous sommes en mesure de modifier rapidement et profondément l'environnement, la survie de la majorité des espèces dépend de plus en plus de nos actions. Les mammifères ont joué un rôle vital dans notre histoire et ils contribuent énormément à notre bien-être actuel. Leur importance fondamentale et leur valeur économique ne font aucun doute, mais on devrait aussi les considérer dans un contexte culturel et esthétique. Ils font partie de l'histoire religieuse, artistique, mythologique et littéraire. Les gens qui observent les mammifères dans la nature, même si ce n'est qu'occasionnellement, ne peuvent s'empêcher d'être attirés d'une façon ou d'une autre par ces animaux. Ils sont parfois fascinés par leurs comportements, séduits par leur beauté, leur vitesse, leur puissance, leur agilité et la grâce de leurs mouvements, envieux de leur détermination et de leur autonomie apparentes, intrigués par les adaptations qui leur permettent de survivre, leurs communications vocales et leurs autres modes de communication.

Mammifères du Canada Quoique le Canada ait une faune mammalienne diversifiée et riche, très peu d'espèces sont exclusivement canadiennes puisqu'on les trouve aussi au Groenland, en Alaska et dans le nord des États-Unis. Les quelques exceptions sont la MARMOTTE de l'île de Vancouver, la musaraigne de Gaspé et le LEMMING d'Ungava. Le Canada constitue la limite Nord de la distribution de plusieurs espèces de mammifères terrestres d'Amérique du Nord. Les mammifères marins et arctiques sont généralement des espèces des régions circumpolaires nordiques. Il y a eu un échange d'espèces avec l'Ancien Monde par le détroit de Béring, entre autres le CARIBOU (renne), le wapiti, l'ORIGNAL, les OURS, les BELETTES, le morse, diverses espèces de rongeurs et d'autres espèces.

D'autres espèces comme l'OPOSSUM, le RATON LAVEUR et le PORC-ÉPIC sont arrivées au Canada depuis l'Amérique Centrale et l'Amérique du Sud. Une des espèces vraiment endémiques d'Amérique du Nord est l'antilope d'Amérique que l'on rencontre dans les prairies du Canada et aux États-Unis. Les mammifères à fourrure ont joué un rôle déterminant au début de l'exploration et de la colonisation du Canada et sont, depuis, une importante ressource économique (*voir* TRAITE DES FOURRURES).

Si on le compare à la plupart des pays du monde, le Canada a la chance d'avoir encore un assez grand nombre de régions naturelles qui offrent de bons habitats à plusieurs espèces de mammifères. Il a conséquemment moins d'espèces rares ou menacées que la majorité des pays. Avec l'intensification de l'exploitation des territoires par des populations humaines sans cesse croissantes, la sauvegarde des mammifères indigènes dépend énormément de programmes de conservation éclairés. (*Voir aussi* les entrées individuelles des espèces.)

R.L. Peterson

Mance, Jeanne, fondatrice de l'HÔTEL-DIEU de Montréal (baptisée à Langres, France, 12 nov. 1606—Montréal, 18 juin 1673). Portant pendant sa jeunesse un intérêt spécial aux missions étrangères, Jeanne Mance est présentée à Mᵐᵉ de Bullion (qui consacre une petite fortune à la fondation d'un hôpital à Montréal) ainsi qu'à la Société Notre-Dame de Montréal et à ses associés. Elle adhère à l'association, qui projette d'établir une colonie idéale sur l'île de Montréal, et part pour VILLE-MARIE en 1641 avec MAISONNEUVE et les premiers colons; elle passe le premier hiver à la réserve de SILLERY. L'hôpital n'est terminé qu'en 1645, mais il reçoit des malades dès 1642.

Jeanne Mance retourne en France en 1645 pour prendre de nouveaux arrangements financiers. Elle y retourne de nouveau en 1657 après avoir perdu l'usage d'un bras à la suite d'une chute. Affirmant avoir été guérie par le contact d'une relique du fondateur des Sulpiciens, elle peut retourner à Montréal en compagnie des Hospitalières de La Flèche, qui seront les infirmières de son hôpital. Son rôle est assez effacé pendant les 10 dernières années de sa vie, l'«âge héroïque» de l'exaltation évangélique ayant fait place à une ambiance coloniale plus profane après l'établissement du gouvernement royal en 1663.

Cornelius J. Jaenen

Mandel, Eli, poète, essayiste et anthologiste (Estevan, Sask., 3 déc. 1922—Toronto, Ont., 3 sept. 1992). Né de parents juifs d'origine russe émigrés d'Ukraine au début de l'adolescence, Mandel vit dans les Prairies durant la crise des années 30. Après avoir servi outremer pendant la Seconde Guerre mondiale, il fréquente l'U. de la Saskatchewan (B.A., 1949; M.A., 1950) et l'U. de Toronto (Ph.D., 1957) et occupe des charges d'enseignement aux universités de l'Alberta et York. Il est l'auteur de neuf volumes de poésie.

Ses premiers poèmes, réunis dans *Trio* (1954) et *Fuseli Poems* (1960), sont densément allusifs, leur rhétorique grandiose puisant aux sources de la mythologie classique et biblique. Par la suite, sa poésie délaisse cette organisation rationnelle du matériel littéraire pour privilégier le vers-librisme, abandonne un style rhétoricien pour un style au langage plus familier. Dans *Black and Secret Man* (1964), il devient plus intime et introspectif, et plusieurs de ses poèmes font explicitement référence au judaïsme. *An Idiot Joy* (1967) remporte le PRIX LITTÉRAIRE DU GOUVERNEUR GÉNÉRAL.

Dans *Stony Plain* (1973), Mandel explore ses souvenirs et ses rêves des Prairies. *Out of Place* (1977) est un long poème saisissant sur son retour à Estevan, au sens propre et mentalement. Ses voyages à l'étranger comme universitaire et comme poète sont à l'origine de *Life Sentence* (1981), un ouvrage qui réunit des extraits de carnets de voyages et des poèmes écrits au gré des circonstances. Il est aussi l'auteur d'une étude sur Irving LAYTON (1969) et de deux recueils d'essais littéraires, *Another Time* (1977) et *The Family Romance* (1986), et a dirigé la publication de nombreuses anthologies de poésie. Toute l'œuvre de Mandel est imprégnée du sentiment profond que la littérature invente la vie et lui confère un sens. Le poète exprime des vérités, déplaisantes mais nécessaires, en un acte essentiellement religieux marqué par un respect mêlé de crainte.

Colin Boyd

Manery, Jeanne Fisher, biochimiste (Chesley, Ont., 6 juill. 1908—Toronto, 9 sept. 1986). Formée à l'U. de Toronto, elle fait des études postdoctorales à l'U. de Rochester et à Harvard. Elle enseigne à mi-temps à l'U. de Toronto de 1932 à 1948. Elle devient professeure à plein temps en 1953 et professeure titulaire en 1965. Elle prend sa retraite en 1976, mais s'occupe encore activement d'enseignement, de recherche, de publications et d'administration. Experte en physiologie des processus d'entrée et de sortie de l'eau et des ions essentiels à de nombreuses fonctions cellulaires dans les cellules, plus particulièrement la génération d'énergie, Manery réussit à isoler et à caractériser l'enzyme de la membrane cellulaire qui catalyse le transport des cations. Son travail a fait l'objet de nombreux articles dans des revues et de plusieurs monographies scientifiques. En reconnaissance de ses réalisations, Manery remporte, entre autres, un doctorat honoris causa (1983) de l'U. Memorial. Son œuvre scientifique et ses engagements féministes ont doté les femmes d'un nouveau statut dans son domaine.

Rose Sheinin

Manicouagan, réservoir D'une superficie de 1942 km² et d'une altitude de 360 m, il est situé dans le sud-ouest du Québec, à environ 140 km de la frontière du Labrador. Il est le deuxième plus grand lac du Québec et a été créé par l'impact d'une météorite, il y a des millions d'années. Le réservoir de forme circulaire, comporte une île centrale, coiffée du mont de Babel (alt. 952 m). Alimenté par les rivières Hart Jaune et Mouchalagane, il s'écoule vers le sud par la rivière MANICOUAGAN et se déverse dans le FLEUVE SAINT-LAURENT, près de BAIE-COMEAU.

Des aménagements hydroélectriques ont entraîné la construction d'un barrage de 214 m de haut, soit le barrage Daniel Johnson (Manic 5), un des plus grands au monde. Il est situé à 40 km au sud du réservoir (1971). Les ressources énergétiques ont attiré plusieurs industries au fil des ans. Cependant, la région garde encore de l'attrait pour les adeptes du canoë et de la pêche, ainsi que pour les admirateurs de la faune. Son nom vient probablement d'un mot cri et pourrait signifier «où se trouve du bouleau» (pour faire des canoës). Cela pourrait être aussi une francisation de *manicouaganistiku* qui signifie «endroit où on boit». Le lac figure sur la carte du Québec de Jonathan Carver (1776) sous l'appellation de lac Asturgamicook. La carte montre qu'il s'écoule par la rivière Manicouagan ou rivière Black.

David Evans

Manicouagan, rivière La rivière Manicouagan, d'une longueur de 455 km, prend sa source dans le centre est du Québec, près de la frontière du Labrador, et coule vers le sud pour se jeter dans le FLEUVE SAINT-LAURENT, près de BAIE-COMEAU. Son bassin de drainage, accidenté et densément boisé, a une superficie de 45 900 km² et a servi de voie de flottage du bois vers le sud pour approvisionner les usines de pâtes et papiers situées à son embouchure. On a exploité la force de la rivière en aménageant plusieurs centrales hydroélectriques: Manic 1, terminée en 1967, 184,4 MW; Manic 2, terminée en 1967, 1015,2 MW; Manic 3, terminée en 1976, 1183,2 MW; et Manic 5, terminée en 1971, 1292 MW. L'électricité de certaines de ces centrales est acheminée vers la Gaspésie au moyen d'un câble sous-marin installé au fond du Saint-Laurent. La rivière tire son nom d'un mot indien qui signifie «où il y a du bouleau» (c.-à-d., pour fabriquer des canoës). On y extrait du minerai de fer dans son cours supérieur.

Daniel Francis

Manifeste de Regina (*Voir* CO-OPERATIVE COMMONWEALTH FEDERATION)

Manion, Robert James, politicien, médecin (Pembroke, Ont., 19 nov. 1881—Ottawa, 2 juill. 1943). Après l'obtention de son diplôme de médecine au Trinity College de Toronto en 1904, Manion suit sa formation à Édimbourg jusqu'en 1906, puis il revient à Fort William, en Ontario, où il est élu conseiller municipal (1913-1914). Pendant la Première Guerre mondiale, il est d'abord chirurgien militaire attaché aux forces françaises. Il se joint ensuite au 21ᵉ bataillon canadien et sera plus tard décoré pour son héroïsme lors de la BATAILLE DE LA CRÊTE DE VIMY. Il est élu député fédéral dans Fort William en 1917 sous la bannière libérale-unioniste, puis réélu conservateur à chaque élection générale jusqu'en 1935, lorsqu'il perd son siège. Le portefeuille qu'il conserve le plus longtemps est celui des chemins de fer et des canaux (1930-1935) dans le cabinet du premier ministre R.B. Bennett. En juillet 1938, il est élu chef du Parti conservateur dans l'espoir que son appartenance catholique et son mariage avec une Canadienne française attirent les votes du Québec. Manion gagne au cours d'une élection partielle dans London, plus tard, la même année, et s'oppose à la CONSCRIPTION après le déclenchement de la Seconde Guerre mondiale. Outre la défaite du premier ministre provincial Duplessis en octobre 1939 qui prive Manion d'une entrée solide au Québec, l'hostilité des Conservateurs de Toronto, partisans de la ligne dure à l'égard de sa politique anti-conscription, contribue aux piètres résultats du parti aux élections de mars 1940. Il perd son siège et démissionne comme chef du parti en mai de la même année.

Dean Beeby

Manitoba Par sa situation au centre du Canada, la province du Manitoba en constitue la «clef de voûte». Créée par l'Acte du Manitoba en 1870, elle ne couvre au départ qu'un minuscule rectangle à peine plus grand que la colonie de la rivière Rouge (*voir* ROUGE, COLONIE DE LA RIVIÈRE), qui s'étend à partir de l'embranchement des rivières Rouge et Assiniboine. En 1881 et en 1884, après d'interminables et difficiles négociations fédérales et provinciales, le territoire de la province s'agrandit. En 1912, les frontières sont définitivement établies, du 49ᵉ au 60ᵉ degré de latitude N. et du 101º 30'-102ᵉ au 95ᵉ degré de longitude O.; elles bifurquent au nordest par environ 53ᵉ de latitude N., sur la frontière Est.

Pendant 200 ans, l'activité économique de la région connue sous le nom de Terre de Rupert se résume à la TRAITE DES FOURRURES. Finalement, des colons venant principalement de l'est du Canada et de l'Europe de l'Est établissent des colonies agricoles prospères. Après la guerre, une volonté politique et des efforts de développement économique entraînent une diversification de l'industrie et une mise en valeur des ressources primaires, tout en conservant une agriculture florissante.

Territoire et ressources

Les régions qui forment le Manitoba sont étroitement liées à la topographie des lieux. Depuis la fonte de la calotte glaciaire continentale, il y a environ 8000 ans, nombre de forces physiques ont façonné sa surface en quatre grandes régions géographiques: les basses terres de la baie d'Hudson, les hauts plateaux du précambrien, les basses terres du lac Agassiz et les hauts plateaux des Prairies.

Le Manitoba forme un corridor pour les rivières Rouge, Assiniboine, Saskatchewan et Churchill, de même que pour le fleuve Nelson. Trois grands plans d'eau, les lacs Winnipeg, Winnipegosis et Manitoba recouvrent les basses terres du lac Agassiz (*voir* AGASSIZ, LAC) et constituent les vestiges de ce lac qui submergeait le centre-sud de la province au cours de la dernière période glaciaire. La très longue présence de cette ancienne mer intérieure a aplani environ un cinquième de la superficie du Manitoba, car de 18 à 30 m de sédiments recouvraient sa surface plate préglaciaire.

Les premiers cours d'eau, dont les rivières Assiniboine, Valley et Swan, sculptent le sud-ouest de la province (hauts plateaux des Prairies) en bas plateaux aux reliefs variés qui, avec les basses terres du lac Agassiz, constituent la plupart des terres arables du Manitoba. Les hauts plateaux du précambrien se composent de granit dur et de roches cristallines fortement érodées par les glaces pendant la période glaciaire. Le sol pauvre où les roches affleurent et peuplent les innombrables lacs aux fonds rocheux rendent cette région impropre à l'agriculture, mais favorisent les installations hydroélectriques, la pêche en eau douce, l'exploitation minière et la sylviculture.

Des roches sédimentaires plates forment l'assise des basses terres de la baie d'Hudson et le climat y est extrêmement froid. On compte peu de colonies ou de développements ailleurs qu'à CHURCHILL, le seul port d'eau salée de la province. Une ligne partant du sud-est du Manitoba jusqu'à Flin Flon, sur la frontière occidentale, sépare les terres arables et peuplées du Sud et de l'Ouest, des territoires situés au nord et à l'est, déserts et sauvages, qui couvrent environ les deux tiers de la superficie de la province.

Géologie Le substrat rocheux qui forme la base de la province est constitué soit d'anciennes roches précambriennes (archéennes), soit de jeunes roches sédimentaires de la période tertiaire. Les roches précambriennes datent de 2,7 milliards d'années et comptent parmi les plus vieilles au monde. Elles font partie du Bouclier canadien qui s'étend en demi-cercle, le long de la baie d'Hudson. Elles sont composées principalement de granit et de gneiss granitiques, en contact avec des roches volcaniques et d'anciennes roches sédimentaires métamorphiques. Les zones de contact contiennent souvent des métaux précieux ou semi-précieux comme le nickel, le plomb, le zinc, le cuivre, l'or et l'argent, tous extraits des mines du Manitoba.

Des roches sédimentaires datant de l'ère paléozoïque à l'ère tertiaire recouvrent le dessus et les côtés des anciennes roches précambriennes. Les basses terres du lac Agassiz sont recouvertes de sédiments lacustres superposés aux premières roches paléozoïques datant de l'ordovicien, du dévonien et de la période silurienne, desquelles on extrait de la pierre calcaire, du gypse, de l'argile, de la bentonite, du sable et du gravier. À certains endroits, on a aussi découvert du pétrole emprisonné dans les roches mississippiennes.

À l'ouest des basses terres du lac Agassiz se dresse un escarpement de roches du crétacé constituant la formation de surface des hauts plateaux. Pendant longtemps, l'escarpement a formé la rive occidenta-le du lac glaciaire Agassiz. La calotte glaciaire, en fondant, a dérivé. L'eau de ces glaciers est venue grossir les rivières coulant vers l'est, comme l'Assiniboine, la Valley et la Swan, creusant les profondes vallées (déversoirs) qui débouchaient dans le lac Agassiz. Auparavant, le fond du lac Agassiz et le lit de ses affluents étaient recouverts d'une mince couche de limon et d'argile. On y trouve actuellement les sols les plus fertiles de l'Ouest du Canada.

Les plus belles terres agricoles du Manitoba se situent sur les hauts plateaux de l'Ouest et dans le lit du lac Agassiz. Au sud-ouest, les formations géologiques du bassin de Williston, dans le Dakota du Nord, s'étendent jusqu'au Manitoba et on y trouve du pétrole en petite quantité. Une vaste plaine reposant sur les inébranlables sédiments paléozoïques s'étend entre les roches précambriennes du nord du Manitoba et la baie d'Hudson. Le climat hostile, l'isolement et les marécages rendent cette région impropre à l'agriculture.

Sol La fonte du glacier Wisconsin, à la fin de la dernière période glaciaire, a formé les particularités secondaires du sol du Manitoba. Les roches du Bouclier, sérieusement érodées, laissent alors une surface marécageuse et spongieuse, sillonnée de centaines de lacs, de cours d'eau et de tourbières. Le relief est ondulant ou vallonné.

La plus grande partie des basses terres du lac Agassiz, la plaine lacustre la plus étendue en Amérique du Nord (286 000 km²), se prête bien à l'irrigation. Cette plaine, en grande partie très plate, nécessite un important système de drainage. Elle est aussi bordée de dunes escarpées. Les hauts plateaux de l'Ouest sont maintenant recouverts de sédiments glaciaires. La moraine à fond ondulant, entrecoupée par endroits de moraines plus accidentées, favorise généralement une culture intensive du sol.

Hydrographie Le niveau du sol dans le sud du Manitoba étant plus bas que celui des régions de l'Est, de l'Ouest et du Nord, les principaux cours d'eau du Canada y affluent. Avec leurs bassins hydrographiques, ces cours d'eau sont: les rivières Saskatchewan (334 100 km²), Rouge (138 600 km²), Assiniboine (160 600 km²) et Winnipeg (106 500 km²) (*voir* SASKATCHEWAN, RIVIÈRE; ASSINIBOINE, RIVIÈRE; WINNIPEG, RIVIÈRE). Ils se jettent dans les lacs Winnipeg, Manitoba et Winnipegosis, qui se déversent ensuite dans la baie d'Hudson par l'intermédiaire du fleuve Nelson (*voir* NELSON, FLEUVE). Ces cours d'eau, en plus des rivières Churchill et Hayes (*voir* CHURCHILL, RIVIÈRE; HAYES, RIVIÈRE), entre autres, fournissent un potentiel hydroélectrique de 8360 mégawatts.

Climat, végétation et sol Situé à des latitudes moyennes élevées (49° à 60° de latitude N.) et au centre d'une masse continentale, le Manitoba connaît de grands écarts de température: hivers très froids et étés modérément chauds. En hiver, les masses d'air arctique froid et sec et maritime polaire se dirigent vers le sud. Elles sont suivies en été par une masse d'air tropical maritime, doux et humide. Les pluies, qui surviennent pendant les mois d'été, représentent près des deux tiers des précipitations annuelles; le tiers restant tombe en neige. La période pendant laquelle le sol n'est pas gelé varie selon les conditions locales, mais la région qui s'étend de Flin Flon jusqu'à l'angle de la province au sud-est connaît généralement une moyenne de 100 jours sans gel.

Le printemps débute dans la vallée de la rivière Rouge, qui enregistre une période sans gel d'environ 120 jours. Il progresse ensuite vers le nord et l'ouest. Par conséquent, le nombre moyen de degrés-jours de croissance (supérieurs à 5 °C) varie de 2000 à 3000 dans les limites définies. Les chutes de neige sont plus abondantes à l'est qu'à l'ouest. Winnipeg et les environs reçoivent en moyenne 126 cm de neige par année. Heureusement, 60 p. 100 des précipitations annuelles de pluie surviennent en mai, en juin et en juillet, pendant la période de croissance des céréales.

La fin d'août et le début de septembre sont des périodes sèches, favorables à la récolte.

Le nord du Manitoba connaît surtout des conditions subarctiques. En raison de la position qu'il occupe dans la baie d'Hudson, le port de Churchill enregistre des étés anormalement froids dus à la température de la mer. Le climat du Manitoba s'explique par les masses d'air. En hiver, les températures basses et l'humidité sont dues aux masses d'air continental polaire et continental pacifique. Au printemps, de brusques variations climatiques entraînent une masse d'air maritime tropical très chaud et instable, venant du sud. L'alternance habituelle de températures basses et élevées à une latitude moyenne provoque souvent des variations quotidiennes de température. Ainsi, une partie de l'air continental pacifique se déplace vers l'est et adoucit, de temps à autre, les froids extrêmes de l'hiver.

La végétation du Manitoba est très variée. Au sud, elle comprend des prairies et des trembles; au centre, des forêts mixtes; au nord, des forêts boréales et près de la baie d'Hudson s'étend la toundra. Dans le Sud, une évaporation élevée nuit à la croissance des arbres, qui cèdent la place à des prairies. Avant que ces territoires ne soient colonisés, on y trouvait de nombreuses espèces d'herbes longues et des prairies mixtes. L'orme, le frêne et l'érable du Manitoba poussent le long des cours d'eau et le chêne croît dans des endroits secs. Plus au nord, où l'évaporation est moindre, la forêt composée de différents feuillus remplace la prairie.

La moitié du nord de la province est composée d'une forêt boréale d'épinettes blanches et noires, de pins gris, de mélèzes d'Amérique, de trembles et de bouleaux.

Les arbres se raréfient aux abords des rives de la baie d'Hudson, qui connaissent des étés froids et une brève période de croissance. On n'y trouve que des épinettes et des saules rachitiques, de la mousse, du lichen et du carex de toundra. L'épinette, le sapin et le pin sont utilisés pour le bois de construction ainsi que pour les pâtes et papiers. De grosses usines sont établies à Pine Falls (papier journal), à The Pas (bois de construction et pâtes et papiers) et à Swan River (panneaux).

En règle générale, les types de sols du Manitoba correspondent étroitement à la répartition de la végétation naturelle. Les descriptions qui suivent observent un ordre décroissant selon la valeur agricole. Le sol noir (tchernoziom) est le plus fertile; on le trouve dans les pâturages, autrefois prédominants, de la vallée de la rivière Rouge, où sa texture est fine, et dans le sud-ouest. du Manitoba, où sa texture est moyenne. Il présente une texture grossière dans l'ancien delta formé par l'Assiniboine, qui s'étend de Portage la Prairie à Brandon, ainsi qu'à Souris Valley. On trouve d'importantes dunes de sable par endroits.

Dans les zones forestières de transition, on trouve surtout un sol noir dégradé et un sol gris boisé, notamment entre Minnedosa et Russell, au sud du mont Riding. On qualifie les sols de grandes étendues, jadis recouvertes par le lac Agassiz et mal drainées, de «rendzine dégradée», étant donné leur grande accumulation de calcaire. Les sols qui reposent sur des roches de granit dur et d'autres formations rocheuses du Bouclier canadien sont recouverts de forêts typiques de conifères et ce sont des sols gris forestiers, des podzols et de la tourbe, tous impropres à l'agriculture.

Ressources L'eau douce est la principale ressource du Manitoba qui, avec ses 101 590 km² de lacs et de rivières (1/6 de sa superficie totale), se classe la troisième province la plus riche en eau au Canada. Les lacs Winnipeg (24 387 km²), Winnipegosis (5 374 km²) et Manitoba (4 624 km²) sont les plus grands (*voir* WINNIPEG, LAC; WINNIPEGOSIS, LAC; MANITOBA, LAC). Ils sont suivis par d'autres lacs de plus de 400 km²: Southern Indian (*voir* SOUTHERN INDIAN, LAC), Moose, Cedar, Island, Gods, Cross, Playgreen, Dauphin, Granville,

Sipiwesk et Oxford. Les principaux cours d'eau sont le fleuve Nelson (qui draine le lac Winnipeg), ainsi que les rivières Rouge, Assiniboine, Winnipeg, Churchill et Hayes. Seul le lac Winnipeg est utilisé de nos jours pour le transport maritime, mais, à l'époque du commerce des fourrures et au début de la colonisation, d'autres voies d'eau navigables ont aussi joué un rôle important à cet égard: les rivières Hayes, Winnipeg, Rouge et Assiniboine ainsi que le fleuve Nelson.

Le réseau de cours d'eau et de lacs possède un potentiel d'exploitation hydroélectrique considérable et les installations actuelles peuvent générer jusqu'à 4498 MW. Détenteur de 70 p. 100 du potentiel hydroélectrique des Prairies, le Manitoba pourrait devenir le principal fournisseur d'hydroélectricité au sein d'un réseau desservant la Saskatchewan, l'Alberta et les États américains voisins.

Les inondations de la rivière Rouge et de ses principaux affluents, l'Assiniboine et la Souris, ont causé des dégâts dans les villes et dans une grande partie des terres cultivées. On a mis en œuvre d'importants programmes de contrôle des inondations, à commencer par le canal de dérivation de la rivière Rouge, dont la construction a été achevée en 1968. Un canal long de 48 km protège la ville de Winnipeg contre les inondations périodiques. Un canal semblable a été aménagé en amont de Portage la Prairie, entre l'Assiniboine et le lac Manitoba. Les barrages de Shellmouth et de Fairford font partie de l'ensemble des installations de contrôle des inondations. Par ailleurs, les villes situées le long de la rivière Rouge sont protégées par un système de digues.

L'agriculture est la deuxième richesse du Manitoba. Les cultures s'étendent sur plus de quatre millions d'hectares, sans compter les terres utilisées pour le pâturage et le foin. En se basant sur la «valeur ajoutée recensée», l'agriculture est de loin le plus important secteur d'exploitation des ressources naturelles. L'hydroélectricité se classe au deuxième rang, suivie par l'exploitation minière. Le nickel, le cuivre, le zinc et l'or comptent pour environ 75 p. 100 de la valeur de toute la production minérale. Viennent ensuite les combustibles, surtout le pétrole brut, suivis du ciment, des pierres de construction, du sable et du gravier. Au chapitre des produits non métalliques se trouvent la tourbe et le quartz.

La plus grande partie des forêts exploitables du Manitoba appartient à la Couronne. On coupe environ 1 600 000 m³ de bois par année, avec lequel on produit du bois de construction, du contreplaqué ainsi que des pâtes et du papier. Les lacs du Manitoba regorgent de poissons. Les espèces les plus pêchées pour leur valeur commerciale sont le doré jaune, le corégone, la perche et le doré noir. Un grand nombre d'autochtones vivent de la chasse et du commerce des fourrures.

La conservation des ressources est axée d'abord sur la faune. La protection des animaux à fourrure est assurée par l'établissement de saisons de chasse, l'obligation pour les trappeurs de détenir un permis de piégeage et l'enregistrement des sentiers de piégeage. La *Loi sur la faune* régit la chasse et elle a fait l'objet de nombreuses révisions depuis 1870. La *Loi sur les espèces en voie de disparition* (1990) élargit la protection à un plus grand nombre d'espèces.

En 1961 sont établies les zones de gestion de la faune; on dénombre actuellement 73 terres de la Couronne, d'une superficie globale de 32 000 km², qui servent à assurer la protection et le maintien de la biodiversité manitobaine. Le Manitoba se trouve sur la route migratoire nord-américaine de certains oiseaux et ces zones de gestion assurent la protection de leur habitat.

La chasse au gibier est sévèrement contrôlée. Dans ce cas-ci également, des zones de gestion spéciales ont été prévues pour assurer une protection accrue de certaines variétés de gibiers, d'autres animaux sauvages, d'espèces en voie de disparition et

de leur habitat menacé. La chasse et la pêche sont aussi étroitement surveillées dans les parcs provinciaux et les réserves forestières.

La conservation des forêts comprend la lutte contre les incendies, le contrôle des insectes ainsi que la réglementation sur l'abattage des arbres et le reboisement. La surveillance aérienne du territoire forestier et la mise en place de nombreuses tours de guet réduisent considérablement la fréquence et l'étendue des incendies. On détruit les insectes et les parasites en procédant à la vaporisation aérienne d'insecticides, à l'éclaircissement la forêt et à des brûlages sélectifs. Parmi les insectes qui causent le plus de dégâts, mentionnons la tordeuse de bourgeons d'épinette, la tordeuse du pin gris et du peuplier, la livrée des forêts et le scolyte brun du bouleau. Winnipeg tente désespérément d'enrayer le champignon parasite de l'orme.

En vue d'une REFORESTATION, on plante chaque année des millions de jeunes plants, surtout des pins gris, des pins rouges et des épinettes blanches. Pour assurer de futures réserves de bois commercial, les exploitants doivent s'en tenir à des quotas de coupe annuels dans des aires désignées, en fonction d'un rendement constant.

Le PARC NATIONAL DU MONT-RIDING, situé sur l'escarpement du Manitoba, était le seul parc national de la province jusqu'à ce qu'on ouvre, en 1996, celui de Wapusk, près de Churchill. Le Manitoba compte plus de 100 parcs provinciaux de toutes sortes. Les parcs naturels et les parcs récréatifs sont les plus achalandés, notamment le parc provincial Whiteshell (*voir* WHITESHELL, PARC PROVINCIAL), situé dans l'ouest de la province, et le parc provincial du mont Duck, dans l'Est. Le premier parc à l'état naturel de la province, l'Atikaki, a été inauguré en 1985; c'est le plus grand parc du Manitoba.

Le programme d'amélioration des pêches du Manitoba (*Manitoba Fisheries Enhancement Initiative*) a été lancé en 1993 pour financer des projets destinés à protéger ou à accroître les stocks de poissons et à améliorer la qualité de leur habitat. Ces projets visent l'aménagement de rapides et de hautsfonds artificiels (pour le doré) favorisant le frai ainsi que de passes migratoires, la protection des berges et l'amélioration des habitats. Dans le cadre de ce programme, la collaboration d'autres organismes gouvernementaux ou non gouvernementaux fait en sorte que les intérêts des pêcheries sont pris en compte dans d'autres secteurs, comme l'agriculture, les forêts et les autoroutes.

Population

De 1682, lors de la construction du poste de traite de YORK FACTORY à l'embouchure de la rivière Hayes, à 1812, à l'arrivée des premiers colons de Selkirk sur la rivière Rouge, la colonisation se limitait aux postes de pelleteries établis par la COMPAGNIE DE LA BAIE D'HUDSON (CBH), la COMPAGNIE DU NORD-OUEST et plusieurs commerçants indépendants. La colonie de la rivière Rouge est formée lorsque l'agriculture s'intensifie le long de ce cours d'eau et de l'Assiniboine. En 1870, le gouvernement britannique verse 1,5 million de dollars à la CBH pour s'approprier l'immense territoire de la Terre de Rupert (*voir* RUPERT, TERRE DE), ce qui permet au nouveau Dominion du Canada de créer la première des trois provinces des Prairies. En 1870, le Manitoba ne déborde pas beaucoup des limites de la vallée de la rivière Rouge, mais, en 1912, les frontières sont établies définitivement. La colonisation de la nouvelle province commence après l'arpentage des terres du Canada et la mise en branle du projet du chemin de fer national. En vertu de la *Loi sur les terres fédérales* de 1872, les terres disponibles lors de la constitution de la province sont distribuées aux colons en quarts de section à des fins d'établissement.

Le reste du territoire du Manitoba actuel fait alors partie des Territoires du Nord-Ouest. Après 1878, les colons peuvent obtenir des quarts de section de terre dans les secteurs désignés, à condition qu'ils les mettent en valeur. En 1910, la plus grande partie du sud du Manitoba et de la région des lacs est colonisée. Les lignes de chemin de fer transportent la majorité des colons à moins de 48 km d'un point de chargement d'où le grain est expédié vers les marchés mondiaux. En 1941, la population rurale atteint un sommet, mais elle décline sans cesse par la suite: les petites propriétés fusionnent en de grosses entreprises agricoles, les habitants abandonnent les terres situées aux frontières, difficiles à cultiver en raison des longs hivers froids et de la pauvreté du sol, et ils vont vivre dans les grandes villes plus attirantes, particulièrement à Winnipeg.

La surpopulation des terres pauvres de la région des lacs et le long des terres qui bordent le Bouclier pousse nombre de cultivateurs à migrer vers les villes. Les petites localités et les villages rapetissent ou disparaissent complètement. Les grands centres d'approvisionnement sont plus facilement accessibles grâce aux véhicules automobiles et les enfants sont transportés par autobus dans les écoles des villes ou des grands villages. De plus, plusieurs communautés sont privées de services après l'abandon de certaines lignes de chemin de fer peu rentables.

La population du Manitoba est répartie inégalement entre le Nord et le Sud. Partant du nord de The Pas, 54° de latitude N., jusqu'à l'angle sud-est de la province, une ligne imaginaire sépare avec précision le territoire colonisé, où vivent 95 p. 100 des habitants, du Nord peu peuplé. La colonisation du Nord se limite aux postes de pêche isolés, aux villes minières, aux réserves autochtones dispersées et au centre de transbordement de Churchill, situé loin au nord sur les rives de la baie d'Hudson.

Centres urbains Jusqu'en 1941, la population rurale est supérieure à la population urbaine, mais elle décline ensuite, en termes absolus et en termes relatifs, pour atteindre, en 1996, 28 p. 100 de la population totale. On entend par population «rurale» les gens qui vivent sur des fermes et dans des villages ou localités comptant moins de 1000 habitants.

Aujourd'hui, 72 p. 100 de la population vit dans les centres urbains. Plus de 77 p. 100 des citadins résident à Winnipeg qui, avec Selkirk, sa ville satellite, réunit 57 p. 100 de toute la population du Manitoba.

WINNIPEG est né dans l'ombre d'Upper Fort Garry. Dans les années 1860, des commerçants indépendants s'y installent et, défiant le monopole de la CBH, y font la traite des fourrures. Après 1870, le minuscule village de Winnipeg devient rapidement un centre commercial pour la colonie de la rivière Rouge. Situé à l'embranchement de la rivière Rouge et de l'Assiniboine, le village contrôle l'accès aux cours d'eau et aux routes vers l'ouest, le sud et le nord. C'est également là que s'implante en 1878 le terminus nordique du chemin de fer en provenance de St. Paul, dans le Minnesota.

Lorsque le CANADIEN PACIFIQUE (CP) décide d'enjamber la rivière Rouge à Winnipeg en 1881, la ville se retrouve à l'extrémité nord d'un réseau triangulaire de lignes ferroviaires qui attire le commerce de l'Alberta vers l'est et qui deviendra un carrefour est-ouest de navigation aérienne. Depuis la Seconde Guerre mondiale, Winnipeg s'est peu développée et le commerce s'est stabilisé dans certains secteurs. C'est le centre provincial des arts, de la culture, du commerce, de la finance, des transports et du gouvernement.

Bien que la suprématie de Winnipeg soit indiscutable, certains centres urbains occupent une position dominante dans le commerce local de certaines régions. BRANDON, deuxième ville du Manitoba, est un centre de distribution et de fabrication pour le Sud-Ouest, tandis que PORTAGE LA PRAIRIE, de dimension plus modeste, joue un rôle semblable dans une des régions agricoles les plus prospères de la province, celle des Plaines du Portage. Au nord, Thompson et Flin Flon sont d'abord des villes minières.

Les grandes villes de Selkirk, Dauphin et The Pas, autrefois des forts servant au commerce des fourrures, sont aujourd'hui des centres de distribution pour les communautés avoisinantes. Lynn Lake, Leaf Rapids et Bissett sont de petites villes minières du Nord.

Un réseau de petites villes situées dans le sud-ouest du Manitoba constitue en quelque sorte le «centre» de la province, modifié par les tracés linéaires des chemins de fer partant de Winnipeg. Des silos à grains installés à tous les 48 km environ se retrouvent au cœur de plusieurs villages et municipalités. Cependant, avec l'avènement du transport motorisé, des lignes de chemin de fer secondaires sont abandonnées et de nombreuses petites localités abritant des communautés prospères disparaissent elles aussi. Aujourd'hui, un ensemble hiérarchisé de centres (villages ou centres régionaux) rivalise pour approvisionner une population agricole décroissante.

Tendances démographiques Depuis 1961, la population du Manitoba a augmenté lentement mais régulièrement, passant de 921 686 à 1 091 942 habitants en 30 ans, malgré un accroissement naturel constant de l'ordre de 6 000 personnes par année. La migration demeure le facteur le plus influent en matière de croissance de la population au cours de cette période. Lorsque l'économie va bien, les Manitobains sont moins portés à émigrer et certains reviennent même dans leur province d'origine, tandis qu'en période de vaches maigres, ils ont tendance à émigrer, surtout vers l'Ontario et les autres provinces de l'Ouest.

Ces cycles économiques, d'une durée habituelle de trois à cinq ans, ralentissent ou accentuent la croissance naturelle de la population, donnant ainsi lieu à de courtes périodes de croissance suivies de courtes périodes de recul. Il en résulte donc une croissance démographique globale très lente.

Main-d'œuvre Les hommes sont plus nombreux (74,1 p. 100) que les femmes (58,7 p. 100) sur le marché du travail, même si le pourcentage des femmes s'est accru constamment de 1977 à 1990, de manière à refléter une augmentation globale de la main-d'œuvre active. Ce même pourcentage s'est affaibli par la suite pour tomber à 58,7 p. 100 en 1995, correspondant ainsi à une diminution globale de la main-d'œuvre active. Pour la même année, le taux de chômage est légèrement plus élevé chez les hommes (7,6 p. 100) que chez les femmes (7,2 p. 100). Pris isolément, le taux de chômage de Winnipeg se situe à 11 p. 100, tandis que le pourcentage qui suit immédiatement est de 8 p. 100 (données de 1994), soit un taux plus élevé que dans les régions rurales. À la fin des années 80, le Manitoba affichait le deuxième taux de chômage le plus bas au Canada, après l'Ontario. Au milieu des années 90, la province occupait toujours le deuxième rang (7,5 p. 100), derrière la Saskatchewan (6,9 p. 100).

Au Manitoba, l'industrie des services emploie le plus grand nombre de travailleurs (190 000), suivie par le commerce (86 000), le secteur manufacturier (62 000), le transport, les communications et les services publics (50 000), et l'agriculture (39 000). En 1994, le revenu annuel moyen du particulier se chiffre à 21 044 $, soit 89 p. 100 de la moyenne nationale (23 746 $).

Langues En 1991, les principales langues maternelles parlées au Manitoba sont l'anglais (73,3 p. 100), l'allemand (5,8 p. 100), le français (4,3 p. 100) et l'ukrainien (3 p. 100). Les anglophones se concentrent davantage en milieu urbain plutôt que rural. L'inverse est vrai pour les personnes dont la langue maternelle est le français, l'ukrainien ou l'allemand (cette dernière en raison de la grande population agricole MENNONITE). En 1870, l'Acte du Manitoba accorde au français et à l'anglais un statut égal

devant les tribunaux et la législature. Vingt ans plus tard, une loi provinciale fait de l'anglais la seule langue officielle du Manitoba. En 1979, cette loi est déclarée *ultra vires* et, en 1984, le gouvernement du Manitoba redonne à l'anglais et au français un statut égal.

Le ministère des Affaires culturelles du Manitoba a mis en œuvre un programme de MULTICULTU-RALISME, dans lequel sont offertes des brochures rédigées dans des langues étrangères destinées à des collectivités ethniques spécifiques. Dans les écoles, les Franco-Manitobains reçoivent un enseignement entièrement en français grâce au programme prévu à cet effet. Ceux qui parlent une autre langue maternelle peuvent s'inscrire à un programme d'immersion en français. Certaines écoles dispensent l'enseignement de la majorité des matières dans une langue minoritaire, comme le polonais, l'ukrainien ou l'allemand.

Les langues maternelles des peuples autochtones sont le saulteaux (ojibwé), le cri, le chipewyan et le sioux. Les autochtones du Nord parlent surtout le cri, tandis que ceux du Sud parlent le saulteaux, mais la majorité d'entre eux s'expriment le plus souvent en anglais.

Composition ethnique Le Manitoba compte la plus grande diversité ethnique parmi les provinces canadiennes. Sa population se compose respectivement de Britanniques, d'ALLEMANDS, d'UKRAI-NIENS, de FRANÇAIS, d'autochtones et de Philippins. Depuis 1921, la population d'origine britannique a diminué; en nombre, elle est plus élevée dans les régions urbaines, tandis que dans les régions rurales, les minorités prédominent. La répartition des groupes ethniques les plus importants, particulièrement en milieu rural, est liée à l'histoire de la colonisation.

Les Mennonites se concentrent au sud de la vallée de la rivière Rouge, autour de Steinbach et de Winkler. Les Ukrainiens et les Polonais vivent dans la région des lacs et le long des frontières. Plusieurs francophones habitent au sud de Winnipeg, près de la rivière Rouge. Les habitants d'origine islandaise (*voir* ISLANDAIS) sont regroupés au sud-ouest du lac Winnipeg, près des rives. Les autochtones des PREMIÈRES NATIONS sont établis dans des réserves disséminées, principalement au centre et au nord du Manitoba, bien que certains d'entre eux aient modifié considérablement leur style de vie et habitent Winnipeg.

Religions Les religions reflètent en quelque sorte les différentes ethnies (toujours d'après le recensement de 1991). Trois groupes religieux réunissent plus de la moitié de la population: l'ÉGLISE UNIE DU CANADA (18,6 p. 100), les catholiques romains (27,2 p. 100; *voir* CATHOLICISME) et les anglicans (8,7 p. 100; *voir* ANGLICANISME). La plupart des Ukrainiens font partie de l'Église catholique ukrainienne (3 p. 100) ou orthodoxe (1,2 p. 100), tandis que les gens d'ascendance allemande et scandinave pratiquent surtout la religion luthérienne (5,1 p. 100) et que 6,1 p. 100 sont des Mennonites.

Économie

La chasse et la traite des fourrures constituent la plus ancienne industrie du Manitoba. Elle est aujourd'hui celle qui a le moins d'importance. Pendant 200 ans, le commerce des fourrures est le monopole de la CBH, dans l'ouest jusqu'aux Rocheuses. Parallèlement à cette activité, la chasse au bison devient la principale source de revenu des plaines: les Amérindiens, les métis et les voyageurs font le commerce de la viande, des peaux et du PEMMICAN, devenu un aliment de base dans la région.

Jusqu'en 1875, la traite des fourrures est la principale entreprise de Winnipeg, devenue une ville constituée de 5000 habitants et le centre du commerce dans l'Ouest. Le commerce de détail ou de gros et l'immobilier s'y développent, conséquences du nouveau mode de colonisation et du développement de

l'agriculture. Le blé Red Fife remplace la peau de castor au titre de principal produit d'exportation.

À la suite du prolongement vers l'ouest de la principale ligne de chemin de fer du Canadien Pacifique au cours des années 1880, les fermiers et les marchands de grains peuvent écouler leurs produits sur le marché international. Un flux d'échanges commerciaux est-ouest débute et Winnipeg en devient le centre de transit. Pendant les 20 années qui suivent, l'économie essentiellement agricole de la province se consolide. L'exploitation forestière, nécessaire à la colonisation, diminue tandis que les moulins à farine se multiplient.

De 1897 à 1910, années de prospérité, on assiste à un vaste essor économique et industriel, particulièrement à Winnipeg, et l'agriculture commence à se diversifier. Avec les décennies de crise, de sécheresse et de conflits ouvriers qui suivent, sans oublier les deux guerres mondiales, on prend conscience de la nécessité de diversifier encore davantage l'économie pour survivre. Depuis la Seconde Guerre mondiale, la croissance économique et la stabilité commerciale demeurent modérées.

Aujourd'hui, l'industrie manufacturière vient en tête, suivie de l'agriculture, de l'hydroélectricité et de l'exploitation minière. Le secteur primaire (comprenant l'hydroélectricité) représente environ la moitié du revenu total provenant de toutes les entreprises productrices de biens. L'industrie manufacturière et le bâtiment représentent le reste.

Agriculture L'agriculture tient un rôle important dans l'économie de la province, autant pour les emplois qu'elle crée (43 000) que pour la valeur ajoutée des industries productrices de biens (20 p. 100). Elle engendre différentes sources de revenus. En 1993, les cultures ont généré 1,04 milliard de dollars et l'élevage, 854 millions de dollars. La culture du blé rapporte cinq fois plus que celles de l'orge et de l'avoine combinées. L'orge occupe la deuxième place. Viennent ensuite le CANOLA (colza), les graines de lin et le seigle. L'importance du foin est justifiée par l'accent mis sur l'élevage du bétail.

Le bœuf (294,8 millions de dollars en 1992) représente, de loin, la principale source de revenu dérivée de l'élevage du bétail. Il est suivi du porc (255 millions de dollars), des produits laitiers, de la volaille et des œufs. Le blé est cultivé dans tout le sud du Manitoba, surtout dans le Sud-Ouest où la texture du sol noir est fine ou moyenne. L'orge, à titre de nourriture de base pour le bétail, peut croître dans différentes conditions climatiques, mais elle fait l'objet d'une culture intensive au sud et au nord du mont Riding, ainsi que dans la vallée de la rivière Swan. Quant à l'orge destinée surtout à la fabrication du malt, les sols des bois et les températures plus fraîches lui conviennent mieux. La culture de l'avoine, généralisée et concentrée dans les secteurs d'élevage du bétail, s'accommode souvent de sols moins fertiles. Le lin pousse surtout dans les sols noirs du Sud-Ouest, tandis que le canola est cultivé principalement sur les terres froides situées à la limite des zones agricoles.

Les cultures spécialisées, dont la betterave à sucre, le tournesol, le maïs (à la fois pour les grains et l'ensilage) et les légumes destinés à la mise en conserve, sont concentrées dans la vallée de la rivière Rouge où les jours de chaleur sont nombreux et les sols de texture moyenne. L'élevage des bovins est pratiqué dans la plupart des fermes de l'ouest du Manitoba, mais il est plus rare dans la vallée de la rivière Rouge.

Les troupeaux laitiers prédominent dans les terres peu productives et froides qui forment un vaste croissant s'étendant du sud-est à la vallée de la rivière Swan. L'élevage des volailles se concentre surtout dans la vallée de la rivière Rouge, alors que celui des porcs se fait sur un plus vaste territoire en raison d'un surplus d'orge et de lait frais. On pratique la culture maraîchère dans la bonne terre alluviale autour de Winnipeg et de la rivière Rouge, qui assure l'irrigation nécessaire pendant les périodes sèches.

Les fermiers se sont regroupés en coopératives dont la taille et la vocation varient, allant de l'achat de terres et de machinerie agricole en commun au traitement et à la commercialisation des produits de leurs membres. La Manitoba Pool Elevators et la United Grain Growers, deux importantes coopératives, d'abord créées pour l'exploitation céréalière, s'occupent maintenant du bétail et des graines oléagineuses. Elles procurent aussi à leurs membres du matériel agricole à un bon prix. Les huit organismes de commercialisation du Manitoba sont des offices de producteurs qui contrôlent les activités de commercialisation de certains produits. Le blé, l'avoine et l'orge destinés à l'exportation doivent être vendus à la COMMISSION CANADIENNE DU BLÉ.

L'agriculture ne pourra probablement jamais se développer au-delà des limites qu'imposent la courte période de culture (moins de 90 jours sans gel) et les sols pauvres du Bouclier canadien. On étudie un projet d'irrigation du secteur sud-ouest de la vallée de la rivière Rouge, désigné sous le nom de triangle de Pembina. L'inondation périodique du cours supérieur de la rivière Rouge (au sud de Winnipeg) a endommagé des ouvrages importants et a fait baisser les revenus. Environ 880 000 hectares de terres cultivées sont drainés, principalement dans la vallée de la rivière Rouge et dans la région des lacs. La *Loi sur le rétablissement agricole des Prairies* favorise la conservation de l'eau au moyen de barrages submersibles et d'étangs artificiels.

Exploitation minière En 1994, l'exploitation minière a injecté 775 millions de dollars dans l'économie de la province. Plus de 80 p. 100 des revenus de la production minérale du Manitoba viennent des métaux, principalement le nickel, le cuivre, le zinc, le cobalt et l'or, et d'une petite quantité de métaux précieux. Tous les gisements se trouvent dans l'immense étendue du Bouclier canadien.

Une quantité décroissante de pétrole est extraite des roches sédimentaires du mississippien dans le sud-ouest de la province, près de Tilston et de Virden. Les minéraux industriels, surtout les pierres extraites des carrières, le gravier et le sable, comptent pour 8 p. 100. Près de Winnipeg, il existe des carrières de calcaire dolomitique dont on tire la fameuse pierre de Tyndall, distribuée partout au Canada. Du gypse est produit dans la région des lacs près de Gypsumville et dans la région de Westlake, près d'Amaranth. Le sable siliceux est extrait de l'île Black, dans le lac Winnipeg.

Les mines les plus productives du Manitoba se concentrent à Thompson, qui possède la plus importante exploitation intégrée (exploitation minière, fonderie et raffinage) en Amérique du Nord et qui est essentiellement l'unique producteur de nickel du Manitoba. La mine la plus ancienne, datant de 1930, se trouve à Flin Flon. Avec ses installations satellites de Snow Lake, cette mine produit une grande quantité de cuivre et de zinc ainsi que de l'or et de l'argent en petites quantités. Parmi les autres centres d'exploitation minière importants, mentionnons Lynn Lake, où le cuivre et le nickel extraits jusqu'en 1989 ont été remplacés par l'or, et Leaf Rapids, producteur de nickel et de cuivre.

Énergie À l'exception d'une petite quantité de pétrole, les ressources énergétiques du Manitoba proviennent de l'hydroélectricité. Les centrales thermiques dépendent surtout du charbon de qualité inférieure importé d'Estevan en Saskatchewan et du carburant diesel. Manitoba Hydro, une société de la Couronne, est responsable de la production, de l'exploitation et de la distribution de l'électricité dans tout le Manitoba, à l'exception de Winnipeg, ville desservie par Winnipeg Hydro, une corporation civile. Les premières centrales hydrauliques ont été construites le long de la rivière Winnipeg et six d'entre elles fonctionnent encore.

La possibilité d'obtenir de l'électricité à peu de frais à moins de 100 km de Winnipeg attire les industries dans la ville depuis nombre d'années. Depuis 1955, l'exploitation des ressources hydroélectriques se fait dans le Nord. En 1960, on construit une centrale à Kelsey, sur le fleuve Nelson, et, en 1968, on aménage la centrale de Grand Rapids, près de l'embouchure de la rivière Saskatchewan. En raison d'une demande croissante sont venues s'ajouter quatre centrales supplémentaires sur le fleuve Nelson: Jenpeg, Kettle Rapids, Long Spruce et Limestone. En aval, à Limestone, on inaugure la centrale la plus importante du Manitoba en 1992; elle peut générer 1330 MW. De plus, deux centrales thermiques alimentées en charbon provenant d'Estevan, situées à Brandon et à Selkirk, sont utilisées pendant les périodes de pointe.

En 1994, les installations existantes pouvaient générer 4912 MW, auxquels s'ajoutait un autre potentiel hydroélectrique de 5260 MW. Le Manitoba vend ses surplus d'énergie, surtout pendant l'été, à l'Ontario, à la Saskatchewan, au Minnesota et au Dakota du Nord. Son réseau de transmission et de distribution s'étend sur plus de 76 000 km. Manitoba Hydro dessert plus de 400 000 clients, tandis que Winnipeg Hydro en alimente 90 000 autres, pour une consommation totale de 27 102 GWh en 1993. Le gaz naturel importé de l'Alberta, qui sert surtout au chauffage industriel et commercial, satisfait un tiers des besoins énergétiques du Manitoba.

Exploitation forestière Le stade primaire de la FORESTERIE, l'abattage, ne représente que 0,5 p. 100 de la valeur ajoutée des industries productrices de biens. La région forestière dont le rendement est le plus élevé s'étend du Nord de la zone agricole jusqu'au 57e de latitude N. Au nord et à l'est de cette limite, le peuplement forestier est éparpillé et les arbres sont rabougris jusqu'à se confondre avec la toundra aux abords des côtes de la baie d'Hudson. La limite méridionale est définie par la progression septentrionale des exploitations agricoles. D'après les inventaires forestiers, on estime que 40 p. 100 des terres du Manitoba sont productives, que 29 p. 100 sont improductives et que plus de 30 p. 100 ne sont pas des régions forestières.

Des 152 000 km² de territoires forestiers productifs, 94 p. 100 appartiennent au gouvernement provincial. De 1870 à 1930, les terres et les forêts relèvent de la responsabilité du gouvernement fédéral, puis, après le transfert des ressources naturelles, la gestion en incombe à la province. En 1930, on compte cinq réserves forestières. Aujourd'hui, 15 forêts «provinciales» couvrent une superficie de plus de 22 000 km².

Les espèces d'arbres les plus reconnues pour leur valeur commerciale sont, par ordre décroissant: l'épinette noire, le pin gris, le peuplier faux-tremble, l'épinette blanche, le peuplier baumier et le bouleau blanc. Viennent s'ajouter le sapin baumier, le mélèze, le cèdre, le chêne à gros glands, l'orme blanc, le frêne vert, l'érable du Manitoba, le pin rouge et le pin blanc.

L'abattage des arbres est limité près des routes, des lacs et des cours d'eau. Le gouvernement manitobain propose des quotas de coupe annuels pour chaque aire de gestion en fonction d'un rendement constant. En plus de son propre programme de reboisement, le gouvernement fournit des stocks de plants à des propriétaires fonciers qui veulent ériger des coupe-vents boisés et faire l'exploitation des arbres de Noël.

Pêche La pêche commerciale existe depuis plus de 100 ans au Manitoba. L'eau recouvre 16 p. 100 de la superficie totale du Manitoba et les pêcheurs professionnels en exploitent environ 57 000 km². Les trois grands lacs (Winnipeg, Manitoba et Winnipegosis) fournissent les deux tiers des prises; le reste provient des innombrables petits lacs du nord. Pour la période 1994-1995, la valeur totale des prises se chiffre à 20,2 millions de dollars; près de 3200

pêcheurs étaient alors employés par cette industrie. Le poisson fraîchement pêché est acheminé vers les 70 stations d'entreposage disséminées le long des lacs. De là, il est ensuite expédié à l'usine centrale de transformation de l'Office de commercialisation du poisson d'eau douce, située à Winnipeg, où est traité tout le poisson de la province destiné à être écoulé sur les divers marchés. On exporte 44 p. 100 de la production aux États-Unis, 30 p. 100 en Europe, et le reste, 26 p. 100, est vendu au Canada.

Parmi les 13 espèces commerciales, parées et transformées en filets, figurent le corégone, le brochet, le doré et le doré noir. Ces trois derniers ainsi que la truite et la barbue sont les espèces les plus populaires auprès des pêcheurs sportifs. Le ministère des Ressources naturelles du Manitoba maintient des écloseries pour l'ensemencement du doré jaune, du corégone et de la truite.

Industries Les secteurs de la fabrication et de la transformation sont aujourd'hui solidement établis au Manitoba, comme le prouve la valeur de la production: en 1994, 11 000 établissements emploient plus de 50 000 personnes et la valeur des biens produits atteint plus de sept milliards de dollars, soit environ 40 p. 100 de la valeur ajoutée des industries productrices de biens. Comptant pour environ les deux tiers de la production industrielle, les principales industries sont celles de la transformation alimentaire, des distilleries, de la fabrication de machinerie (surtout agricole); de l'irrigation et des pompes; de la transformation primaire des métaux (comprenant la fonte du nickel et du minerai de cuivre), de la fabrication de produits métalliques et des fonderies; de la fabrication de pièces d'avion et de l'assemblage d'autobus, de la fabrication de roues et de l'entretien du matériel roulant (trains); du matériel électrique; des ordinateurs et des fibres optiques.

On compte également des industries traditionnelles: le conditionnement des viandes, la minoterie, le raffinage du pétrole, la mise en conserve des légumes, le bois d'œuvre, les pâtes et papiers, l'imprimerie et le vêtement. Soixante-quinze pour cent des produits sont manufacturés à Winnipeg. La moitié des produits manufacturés est exportée, dont un tiers vers les marchés étrangers.

Transports Le site même de Winnipeg constitue depuis toujours son meilleur atout. Au centre du Canada et au sommet du triangle population-transport de l'ouest du Canada, la ville relie historiquement tous les moyens de transport de l'est à l'ouest.

Les barges d'York (*voir* YORK, BARGE D'), qui servaient au commerce des fourrures, et les CHARRETTES DE LA RIVIÈRE ROUGE, qu'utilisaient les premiers colons, font place tout d'abord aux bateaux à vapeur sillonnant la rivière Rouge et, par la suite, aux grandes lignes ferroviaires construites au cours du XIXe siècle et au début du XXe siècle. Par la suite, Winnipeg offre des installations de service à toutes les entreprises de transport aérien et routier reliant l'Est à l'Ouest. Aujourd'hui, le train et les routes se rendent jusqu'aux principaux centres d'exploitation minière du nord du Manitoba. Les innombrables lacs reliés les uns aux autres offrent un réseau de routes d'hiver. Les principaux centres du Nord sont raccordés au Sud par de grandes voies nationales. Le ministère de la Voirie gère plus de 73 000 km de routes principales et 10 700 km de routes secondaires (surtout recouvertes de gravier).

Depuis 1926, les avions de brousse (*voir* AVIATION DE BROUSSE) permettent d'atteindre les régions éloignées, et de nombreux petits transporteurs desservent la majeure partie des communautés du Nord. Les routes transcontinentales d'Air Canada et de Canadien International s'arrêtent à Winnipeg, tandis que depuis 1996 Greyhound Air assure un service entre Ottawa et Vancouver, avec escale à Winnipeg pendant l'été. Northwest Territorial relie Winnipeg à Yellowknife et Rankin Inlet dans les Territoires du Nord-Ouest. Canadien International, avec le concours de son associé CALM Air, dessert le nord

Mandat	Premier ministre	Parti
1870-71	Alfred Boyd*	sans parti
1871-72	Marc A. GIRARD*	sans parti
1872-74	Henry J. CLARKE*	sans parti
1874	Marc A. GIRARD	sans parti
1874-78	Robert A. DAVIS	sans parti
1878-87	John NORQUAY	sans parti
1887-88	David H. Harrison	sans parti
1888-1900	Thomas GREENWAY	Libéral
1900	Sir Hugh John MACDONALD	Conservateur
1900-1915	Sir Rodmond P. ROBLIN	Conservateur
1915-22	Tobias C. NORRIS	Libéral
1922-28	John BRACKEN	Fermiers unis du Manitoba
1928-43	John BRACKEN	Coalition
1943-48	Stuart S. GARSON	Coalition
1948-58	Douglas L. CAMPBELL	Coalition
1958-67	Dufferin ROBLIN	Conservateur
1967-69	Walter C. WEIR	Conservateur
1969-77	Edward R. SCHREYER	NPD
1977-81	Sterling LYON	Conservateur
1981-88	Howard PAWLEY	NPD
1988-1999	Gary FILMON	Conservateur
1999-	Gary Doer	NPD

PREMIERS MINISTRES DU MANITOBA

* Ministre en chef, non premier ministre
NPD = Nouveau Parti démocratique

du Manitoba, tout comme la société Perimeter Airlines.

Par ailleurs, Air Canada organise des vols quotidiens à destination de Chicago (Illinois), conjointement avec le réseau américain United Airlines, tandis que Northwest Airlines assure la liaison avec St. Paul dans le Minnesota. Canadien International, Air Canada et des transporteurs spécialisés dans les vols nolisés, Canadian 300 et Royal, offrent des vols directs entre Winnipeg et de nombreuses destinations européennes ainsi que différentes stations balnéaires tropicales recherchées par les vacanciers hivernaux.

Winnipeg étant le principal centre ferroviaire du centre du pays, le CN comme le CP y ont d'importantes installations destinées à la réparation du matériel ainsi que des gares de triage dans la ville et les environs. Le blé constitue le principal article de fret, mais d'autres biens, allant des produits pétroliers et chimiques aux automobiles et au bois, sont transportés par rail. Le CN possède la gare de triage Symington Yards, l'une des plus grandes et des plus modernes au monde, tandis que ses ateliers de réparation et d'entretien du matériel ferroviaire et des locomotives se trouvent à Transcona.

Le centre national de formation des employés du CN, quant à lui, est situé à Gimli. Le CP, en plus d'ateliers de réparation et de gares de triage, possède un terminus à capacités multiples: Weston est l'un des trois ateliers de réparation du réseau transcanadien de CP et 2500 personnes y travaillent.

Via Rail exploite un service de passagers transcanadien, utilisant les lignes des deux principaux chemins de fer, et relie Vancouver à Halifax et à St. John's (Terre-Neuve).

En 1929, la HUDSON BAY RAILWAY, maintenant intégrée au CN, est complétée jusqu'au port de Churchill où l'on trouve aujourd'hui d'importantes installations de transbordement qui traitent chaque année, entre le 20 juillet et le 31 octobre, environ 290 000 tonnes de céréales. Ancienne base militaire, Churchill est devenu un centre de recherche et un centre de ravitaillement pour les communautés arctiques de l'Est.

Gouvernement et politique

Le 15 mars 1871, l'Assemblée législative du Manitoba se réunit pour la première fois. Elle comprend alors 12 députés élus dans des circonscriptions anglophones et autant dans des circonscriptions francophones, un conseil législatif et un conseil exécutif nommés pour assister le chef du gouvernement, le lieutenant-gouverneur Adams G. ARCHIBALD. Quand la session parlementaire prend fin, les députés ont mis sur pied un système judiciaire et un réseau scolaire, en plus d'avoir promulgué des dispositions législatives inspirées des modèles britannique, ontarien et néo-écossais. Le Conseil législatif est aboli cinq ans plus tard.

Depuis 1871, la province est passée d'une représentation électorale de type communal à une représentation électorale axée sur la répartition de la population, et d'un gouvernement non partisan à un gouvernement constitué par un parti politique élu. Aujourd'hui, le LIEUTENANT-GOUVERNEUR est toujours le dirigeant officiel de la législature de la province et représente la Reine. Le gouvernement est dirigé par le PREMIER MINISTRE PROVINCIAL qui choisit un CABINET dont les membres sont assermentés à titre de ministres de la Couronne. Le parti politique qui obtient le deuxième plus grand nombre de sièges lors d'une élection forme l'opposition officielle. Les lois sont adoptées par une assemblée législative de 57 membres élus, réunis dans une seule Chambre.

Le système judiciaire comprend la Cour supérieure, où les juges sont nommés par le gouvernement fédéral, et divers tribunaux de moindre importance, présidés par des juges nommés par le gouvernement provincial. La Gendarmerie royale du Canada offre un service de police provincial, et municipal à certains endroits. La loi de la province oblige les grandes et petites villes à employer suffisamment de policiers pour maintenir la loi et l'ordre. Du côté fédéral, le Manitoba est représenté par 14 députés et 6 sénateurs.

Gouvernement local Un ensemble de municipalités assure les services gouvernementaux au niveau local. La province compte cinq grandes villes (Winnipeg, Brandon, Selkirk, Portage la Prairie et Thompson), 35 villes de taille plus modeste et 40 villages, toutes et tous dûment constitués (une municipalité constituée est beaucoup plus autonome, surtout en ce qui concerne les taxes et les emprunts). Il y a plus de 100 municipalités rurales comprenant de 4 à 22 CANTONS, dont plusieurs renferment des villes ou villages non constitués. Des conseils élus localement sont responsables de l'administration des services et de l'application des règlements.

Dans les régions éloignées où la population est dispersée, le gouvernement a mis sur pied 17 districts gouvernementaux locaux dotés d'un administrateur nommé et d'un conseil consultatif élu. Le ministère des Affaires du Nord a juridiction sur les régions éloignées et confère aux conseils locaux le statut d'organismes consultatifs. Les conseils locaux sont élus, surtout dans les villages métis, par l'entremise desquels le gouvernemennt accorde des subsides. Chaque conseil comprend un «coordonnateur» qui représente le gouvernement.

Finances publiques Pour l'année financière se terminant le 31 mars 1995, les revenus de la province du Manitoba se sont chiffrés à 5,2 milliards de dollars et les dépenses à 5,1 milliards. La province a donc enregistré un surplus net de 113 millions, le premier depuis 1972-1973. Les impôts sur le revenu ont rapporté 1,3 milliard de dollars et les autres taxes, dont la taxe de vente de 5 p. 100, ainsi que les taxes sur l'essence et les ressources naturelles, ont totalisé 1,9 milliard. Les paiements de transfert (inconditionnels) fédéraux ainsi que les programmes à frais partagés, destinés à l'éducation, à la santé et à l'expansion économique, se sont élevés à 1,8 milliard de dollars. Plus de la moitié des dépenses de la province sont consacrées à l'éducation, à la santé et aux services sociaux.

Santé et services sociaux Par le biais de la Commission des services de santé du Manitoba, et avec l'aide généreuse d'Ottawa, les habitants de la province bénéficient d'un régime d'assurance-maladie exempt de primes. De plus, un régime d'assurance-médicaments prescrits couvre 80 p. 100 des frais excédant 75 dollars (50 dollars pour les personnes âgées). La province et Winnipeg ont chacune un programme de soins dentaires gratuits pour tous les enfants fréquentant l'école primaire.

Santé Manitoba ainsi que les services de Santé mentale et communautaire du ministère et les Services correctionnels du ministère de la Justice régissent les secteurs de la santé publique et mentale, des services sociaux, des centres de détention et de l'attribution des libertés conditionnelles. Le gouvernement est responsable des établissements correctionnels et des centres de détention et, par l'entremise de la Fondation manitobaine de lutte contre les dépendances, il s'occupe de centres de traitement de l'alcoolisme et des toxicomanies.

Le Manitoba finance plus de 80 hôpitaux, dont 10 sont situés à Winnipeg, une centaine d'établissements pour personnes nécessitant des soins spéciaux et des résidences pour personnes âgées. Winnipeg est un centre de recherche médicale important et son Centre des sciences de la santé comprend les principaux hôpitaux d'orientation de la province et un certain nombre d'institutions spécialisées, dont le Children's Centre et le Manitoba Cancer Treatment and Research Foundation.

Politique Alors que le concept de GOUVERNEMENT RESPONSABLE fait son chemin pendant les années 1870, la loyauté des commettants va plutôt à leurs collectivités respectives qu'à des partis politiques. Cependant, au cours des années 1880, une forte opposition libérale au gouvernement non partisan de John NORQUAY voit le jour sous la gouverne de Thomas GREENWAY. Lors de l'élection de 1888, les libéraux de Greenway forment le premier gouvernement partisan du Manitoba, jusqu'à ce qu'ils soient défaits en 1899 (à cause de dépenses extravagantes et d'une politique ferroviaire jugée faible) par un Parti conservateur en grande forme dirigé par Hugh John MACDONALD. Lorsque ce dernier démissionne en 1900, dans l'espoir d'un retour sur la scène fédérale, Rodmond Palen ROBLIN devient premier ministre. Il conserve le poste jusqu'en 1915, alors qu'un scandale à propos de l'attribution de contrats pour la construction des nouveaux édifices parlementaires fait tomber le gouvernement, qui en était à son cinquième mandat.

En 1920, en opposition au gouvernement libéral de Tobias Crawford NORRIS, les fermiers unis du Manitoba (United Farmers of Manitoba) se lancent dans l'arène politique et font élire 12 députés à l'assemblée législative, signalant le début d'une nouvel-

le ère de politique non partisane. Leurs efforts portent fruit en 1922 lorsque la UFM remporte l'élection avec une mince majorité et forme le nouveau gouvernement. Le Manitoba revient ainsi à ses racines, réaffirmant les vertus rurales de l'économie, de la sobriété et du travail pour contrebalancer le progrès rapide, la crise économique et les conséquences de la guerre.

À la tête de leur parti, les fermiers nomment John BRACKEN, qui demeure premier ministre jusqu'en 1943, même si la UFM se désiste de la politique en 1928. Bracken forme ensuite un gouvernement de coalition, les libéraux-progressistes, qui remporte une majorité en 1932, mais n'obtient que quelques sièges à l'élection de 1936, grâce à l'appui du Crédit social. Aux élections de 1940, pendant la guerre, Bracken demeure à la tête d'un gouvernement de coalition comprenant des conservateurs, des libéraux-progressistes, des députés du CCF et du Crédit social.

Trois ans plus tard, Stuart S. Garson succède à Bracken au poste de premier ministre lorsque ce dernier démissionne pour devenir chef du Parti conservateur fédéral. En 1945, le CCF se retire de la coalition. En 1950, c'est au tour des conservateurs, tandis que le Crédit social finit par disparaître tout simplement. À partir de 1948, le premier ministre Douglas Lloyd CAMPBELL devient le chef de la coalition, bien qu'après 1950 le gouvernement soit majoritairement libéral.

À partir de 1958, les conservateurs, avec Dufferin ROBLIN à leur tête, dirigent la province jusqu'à la victoire, en 1969, d'Edward Richard SCHREYER, du Nouveau Parti Démocratique (NPD), qui gagne avec une faible majorité. Les néo-démocrates restent au pouvoir pendant deux mandats: un grand nombre de réformes sociales sont alors adoptées et la présence du gouvernement dans le secteur privé s'accroît.

En 1977, Sterling Rufus LYON conduit le Parti conservateur à la victoire en promettant de réduire la dette de la province et de favoriser la libre entreprise. Son gouvernement ne dure que le temps d'un mandat. En 1981, le NPD, sous la direction d'Howard Russell PAWLEY, remporte les élections et il est réélu en 1985. En fait, le gouvernement de Lyon est le seul dans l'histoire du Manitoba à n'avoir assumé qu'un mandat. La tradition politique de la province a toujours été remarquable pour la stabilité de ses gouvernements, particulièrement à l'époque de la UFM et des gouvernements de coalition qui ont suivi.

Les néo-démocrates de Pawley sont chassés du pouvoir en 1988 par la victoire serrée des conservateurs de Gary FILMON qui forment un gouvernement minoritaire, et fragile, devant l'opposition libérale véhémente à l'ACCORD DU LAC MEECH. L'accord domine alors l'ordre du jour parlementaire et il est finalement torpillé par des tactiques procédurières mises en branle par le député néo-démocrate d'origine autochtone Elijah HARPER. Filmon déclenche une élection immédiatement après le rejet de l'accord du lac Meech en 1990. Il en ressort avec une mince majorité qui lui permet de finalement imposer ses priorités législatives et de commencer à concentrer les efforts de son gouvernement sur le contrôle de la dette provinciale, qui grossit sans cesse. Sa réussite dans ce domaine lui vaut de se faire réélire avec une plus grande majorité en avril 1995. Enfin, le NPD l'emporte aux élections de 1999 et Gary Filmon doit céder son poste de premier ministre à Gary Doer.

Éducation

Le système des écoles confessionnelles, garanti par l'Acte du Manitoba de 1870, est établi en 1871 par une loi provinciale régissant les écoles, en vertu de laquelle on peut bâtir des écoles locales, protestantes ou catholiques, à la suite d'une initiative locale. La loi prévoit en outre que ces écoles relèvent d'administrateurs locaux supervisés par la section

protestante ou catholique du conseil scolaire provincial. Indépendant du gouvernement, le conseil scolaire reçoit néanmoins des subventions de celui-ci, que les sections divisent entre leurs écoles. Jusqu'en 1875, les crédits sont répartis également, mais à partir de 1876, la disparité de la population et l'opposition consécutive des protestants à l'égard de la dualité du système scolaire obligent les autorités à distribuer les subventions en fonction du nombre d'inscriptions par section.

Après 1876, les anglophones (majoritairement protestants) et les francophones (catholiques) coexistent pacifiquement et séparément jusqu'à ce qu'une campagne contre le présumé pouvoir politique grandissant du clergé catholique se répande à l'ouest du Québec en 1889. Un mouvement populaire visant à abolir le système dualiste et l'utilisation officielle du français culmine en 1890, avec l'adoption de deux projets de lois provinciaux. L'anglais devient la seule langue officielle et la *Loi sur les écoles publiques* est modifiée. Les catholiques ont le droit d'avoir des écoles privées, lesquelles subsistent grâce à des dons et des frais de scolarité, mais un nouveau ministère de l'Éducation, qui vient abolir les fonctions d'administrateurs locaux, assure la direction des écoles non confessionnelles.

L'opposition des catholiques francophones à la violation de leurs droits constitutionnels est ignorée par la majorité protestante qui envisage un réseau scolaire national comme un creuset favorable à la constitution d'un Manitoba essentiellement britannique. En 1897, grâce à l'intervention des tribunaux et du gouvernement fédéral, on en arrive à un compromis: il sera possible d'embaucher des enseignants catholiques à condition qu'il y ait au moins 40 élèves catholiques en milieu urbain ou 10 en milieu rural. De plus, lorsqu'au moins 10 élèves parlent une autre langue que l'anglais, les cours peuvent être donnés dans cette langue. Finalement, la scolarité n'est pas obligatoire puisque les catholiques ne font pas encore partie du réseau provincial.

En 1916, après 20 ans de chaos linguistique et de qualité décroissante, la *Loi sur les écoles publiques* est modifiée. Les dispositions relatives au bilinguisme sont supprimées et le nouveau *Public Schools Act* rend la scolarité obligatoire autant pour les catholiques que pour les protestants, que ce soit dans les écoles publiques ou privées.

Depuis 1970, les Franco-Manitobains peuvent bénéficier d'un enseignement complet en français, grâce au programme de français. De leur côté, les non francophones peuvent participer à un programme d'immersion dans lequel toutes les matières sont enseignées en français. Dans certains établissements scolaires, la majorité des cours sont donnés dans une langue minoritaire. Les écoles du Manitoba, francophones comme anglophones, sont regroupées en 48 divisions scolaires, dont chacune est administrée par une commission scolaire élue relevant du ministère de l'Éducation.

Afin d'honorer les obligations constitutionnelles du Manitoba et de répondre aux besoins linguistiques et culturels des Franco-Manitobains, on a créé une Division scolaire franco-manitobaine qui a été mise en place pour l'année scolaire 1994-1995.

On compte 14 districts scolaires, dont 6 comprennent des écoles privées, qui sont financés principalement par le gouvernement fédéral et des organismes religieux, et non par des subventions provinciales ou des impôts. Les commissions scolaires doivent entretenir et équiper les écoles, embaucher les enseignants, subvenir aux besoins du personnel et négocier les salaires. La fédération des enseignants du Manitoba (Manitoba Teachers Federation) négocie avec les commissions scolaires.

Institutions scolaires En 1994, 221 610 élèves sont inscrits dans les écoles publiques primaires et secondaires de la province, qui emploient 14 500 enseignants, dont 12 675 à temps plein. L'enseignement primaire comprend un programme de maternelle et se poursuit de la 1ʳᵉ à la 8ᵉ année. L'enseignement secondaire, de la 9ᵉ à la 12ᵉ année, propose un programme d'études varié, incluant des cours obligatoires et plusieurs cours offerts en option.

Des cours de formation professionnelle sont offerts dans 35 écoles et des cours de formation commerciale dans 106 écoles. Des services spéciaux sont prévus pour les handicapés, les aveugles, les sourds et les personnes qui ont des problèmes d'apprentissage.

Les COLLÈGES COMMUNAUTAIRES dispensent aux adultes une vaste gamme de cours généraux et spécialisés, offerts le jour, le soir, à temps plein ou à temps partiel, dans plus de 120 localités. Le collège communautaire Assiniboine dessert la population étudiante à l'intérieur et à l'extérieur de Brandon et assume l'entière responsabilité de la formation en agriculture dispensée dans les collèges communautaires de la province. Il offre 16 programmes de certificat et 11 programmes d'études supérieures. Le collège communautaire Keewatin propose 16 programmes de certificat d'un an ou moins, ainsi que quatre programmes d'études supérieures, surtout dans le Nord du Manitoba. De son côté, le collège Red River, situé à Winnipeg, offre 33 programmes de certificat et 28 programmes d'études supérieures, dont des cours en arts appliqués, en administration des affaires, dans le domaine des services de santé ainsi que des cours orientés vers les métiers et les technologies.

Les collèges communautaires comptaient 3900 étudiants inscrits à temps plein et 1646 étudiants à temps partiel pour l'année scolaire 1993-1994. Autrefois gérés par le gouvernement provincial, ils ont été constitués et dotés de conseils des gouverneurs nommés en avril 1993. Les collèges communautaires sont maintenant financés par une subvention annuelle du gouvernement manitobain, qui leur a consacré 54 millions de dollars en 1993-1994.

En 1877, les collèges de Saint-Boniface (catholique et francophone), de St. John's (anglican) et du Manitoba (presbytérien) se regroupent pour former l'UNIVERSITÉ DU MANITOBA. Plus tard, d'autres collèges s'y affilient, mais en 1967, une réorganisation des constituantes entraîne la création de trois universités distinctes. L'U. du Manitoba est l'une des plus grandes au Canada. Elle comprend plusieurs facultés et quatre collèges affiliés qui dispensent des cours en français: St. John's, St. Paul's (catholique), St. Andrew's (ukrainien orthodoxe) et Saint-Boniface, qui est le seul à offrir tous ses cours en français. En 1994-1995, l'U. du Manitoba a enregistré 17 905 étudiants inscrits à temps plein et 6062 étudiants à temps partiel.

L'UNIVERSITÉ DE BRANDON propose des programmes de premier cycle en arts, en sciences, en pédagogie et en musique ainsi que des programmes de maîtrise en pédagogie et en musique; 1541 étudiants y étaient inscrits à temps plein et 1956 à temps partiel pour l'année 1994-1995. L'UNIVERSITÉ DE WINNIPEG, située au centre de Winnipeg, offre surtout des programmes de premier cycle ainsi que des programmes de pédagogie et de théologie. L'Université comptait 2679 étudiants à temps plein et 7387 à temps partiel pour l'année 1994-1995. Les enseignants sont formés aux universités du Manitoba, de Brandon et de Winnipeg, ainsi qu'au collège communautaire de Red River.

Vie culturelle

Les activités culturelles et les institutions du Manitoba reflètent au plus haut point la variété des différents groupes ethniques qui composent son tissu social. Le gouvernement du Manitoba, par l'entremise du ministère de la Culture, du Patrimoine et de la Citoyenneté, subventionne un grand nombre d'activités culturelles. De nombreux FESTIVALS annuels célèbrent les coutumes et l'histoire des différentes ethnies. Mentionnons notamment le Festival islandais de Gimli, le Winnipeg Folk Festival, le Festival

national ukrainien de Dauphin, la fête autochtone Opasquiak et le festival des trappeurs du nord du Manitoba à The Pas, les journées des pionniers à Steinbach, la fête franco-manitobaine à la Broquerie, le Festival (hivernal) du voyageur à Saint-Boniface et Folklorama, le Festival des nations, subventionné par le Community Folk Art Council de Winnipeg.

Le passé historique du Manitoba est préservé et présenté en divers lieux: le Musée de l'homme et de la nature à Winnipeg, considéré comme un des plus beaux centres d'interprétation au Canada; le Living Prairie Museum, réserve naturelle de 12 hectares; le Musée de Saint-Boniface, qui possède beaucoup d'objets fabriqués par les colons de la rivière Rouge ainsi que les archives provinciales et les archives de la Compagnie de la baie d'Hudson, toutes situées deux à Winnipeg. Le planétarium est l'un des plus beaux en Amérique du Nord et le jardin zoologique Assiniboine compte plus de 1000 animaux.

Arts Le Conseil des Arts du Manitoba favorise l'étude, l'appréciation, la production et l'exécution d'œuvres d'art. Il encourage les organismes qui contribuent à l'épanouissement culturel en offrant subventions, prêts et bourses pour l'étude et la recherche et en décernant des prix. L'Orchestre symphonique de Winnipeg, le ROYAL WINNIPEG BALLET, le Manitoba Theatre Centre, le Cercle Molière, le Manitoba Opera Association, les Manitoba Contemporary Dancers et le Rainbow Stage font de Winnipeg un centre national des arts de la scène.

Parmi les écrivains connus et respectés du Manitoba figurent Margaret LAURENCE et Gabrielle ROY, romancières, Georges WOODCOCK, essayiste, historien et poète ainsi que Barry Broadfoot, historien très populaire. La Winnipeg Art Gallery présente, outre des œuvres traditionnelles et contemporaines, la plus importante collection d'art inuit au monde.

Lieux historiques Parmi les sites historiques commémorant l'époque de la colonisation de l'Ouest figure le LOWER FORT GARRY, construit en 1832 par la CBH, à 32 km au nord-est de Winnipeg, sur la rivière Rouge. Il s'agit du plus ancien fort de pierre encore intact dans l'Ouest du pays. Le décor reflète l'ambiance du temps des colons de la rivière Rouge. La Fourche, à la fois lieu de réaménagement d'un secteur riverain et LIEU HISTORIQUE national, est à l'origine de Winnipeg. Situé à la jonction des rivières Rouge et Assiniboine, c'est un lieu d'échanges et de rencontres depuis plus de 6000 ans. De nos jours, l'endroit est redevenu un lieu d'activités récréatives, culturelles, commerciales et historiques qui rassemble les gens. La porte d'entrée du UPPER FORT GARRY, seul vestige d'un autre fort de la CBH, est située non loin de là.

Parmi les nombreuses maisons historiques du Manitoba, signalons la Maison Riel, résidence de la famille du même nom. Le fort de York Factory, situé à l'embouchure du Nelson et construit en 1682, était un lieu de transbordement des fourrures. Situé à l'embouchure de la rivière Churchill, le FORT PRINCE-DE-GALLES, construit en 1731 par la CBH et détruit en 1782 par les Français, est en partie restauré. Il vaut également la peine de visiter, pour leur intérêt historique, la basilique de Saint-Boniface, la plus vieille cathédrale de l'ouest du Canada, le tombeau de Louis RIEL, la Maison Macdonald, domicile de sir H.J. MACDONALD, de même que Fort Douglas, Ross House, Seven Oaks House et le Living Prairie Museum.

Communications Cinq quotidiens sont publiés au Manitoba: le *Winnipeg Free Press*, le *Winnipeg Sun*, le *Brandon Sun*, le *Portage la Prairie Daily Graphic* et le *Flin Flon Daily Reminder*. On compte 62 périodiques, hebdomadaires ou bimensuels, destinés aux populations banlieusardes de Winnipeg ou rurales, et principalement axés sur l'agriculture. Il existe en outre de nombreux périodiques spécialisés sur le commerce et les affaires. *La Liberté*, hebdomadaire de langue française, est publié à Saint-Boniface.

Winnipeg est aussi le plus important centre de publication de journaux en langues étrangères au Canada.

Le Manitoba compte 20 stations de radio AM (toutes indépendantes, sauf 4) dont CKSB, de langue française, et 7 stations de radio FM. Le réseau anglais de la Société Radio-Canada comprend 28 rediffuseurs de langue anglaise et de langue française. On trouve quatre stations de télévision à Winnipeg et une à Brandon, et la CÂBLODISTRIBUTION dessert la plupart des villes. La Société de téléphone du Manitoba, société de la Couronne et premier réseau étatisé en Amérique du Nord, acquis en 1908 par le gouvernement de la province auprès de Bell Téléphone, en raison du coût excessif et de l'inefficacité du système, fournit aujourd'hui des services de télécommunications à toute la province.

Histoire

Exploration L'exploration du Manitoba n'a pas commencé dans le sud de la province, mais bien dans la région la plus froide et la plus éloignée: les rives de la baie d'Hudson. Nombre de navigateurs, dont Thomas BUTTON (1612), Jens Eriksen MUNK (1619-1620) ainsi que Luke FOX et Thomas JAMES (1631), ont sillonné le littoral pour y trouver le PASSAGE DU NORD-OUEST. Deux explorateurs canadiens-français, DES GROSEILLIERS et RADISSON, intéressés par le commerce des fourrures, persuadent le roi Charles II d'Angleterre de fonder la Compagnie de la baie d'Hudson en 1670 et de s'établir sur un immense territoire (dont une partie constitue le Manitoba d'aujourd'hui), appelé TERRE DE RUPERT.

Des postes de traite des pelleteries sont mis en place le long des rives de la baie d'Hudson: Fort Hayes (1682), Fort York (1648), Fort Churchill (1718) et Fort Prince-de-Galles (1731). Dans les années 1690-1692, un employé de la CBH, Henry KELSEY, explore le Sud-Ouest en traversant les Prairies. Quelque temps après, la famille La Vérendrye (*voir* LA VÉRENDRYE, Pierre Gaultier de; LA VÉRENDRYE, Louis-Joseph de; LA VÉRENDRYE, Jean-Baptiste de) explore l'Ouest en passant par les Grands Lacs et construit le Fort Maurepas (1734), sur la rivière Rouge, ainsi que quatre autres postes sur le territoire actuel du Manitoba. Par la suite, des commerçants indépendants envahissent les terres accordées à la CBH, ce qui suscite dans le milieu de la traite des fourrures une grande concurrence qui ne prend fin qu'en 1821, avec la fusion de la CBH et de la Compagnie du Nord-Ouest. Une vingtaine de forts ont été construits à différentes époques au sud du 54ᵉ degré de latitude N., mais il reste très peu de vestiges permanents du passage des premiers explorateurs.

Colonisation La colonisation agricole débute en 1812, avec l'arrivée des colons de lord Selkirk (*voir* SELKIRK, Thomas Douglas) à Point Douglas, maintenant inclus dans les limites de Winnipeg. Pendant les 45 années qui suivent, la grêle, le gel, les inondations, les invasions de sauterelles, les escarmouches avec les représentants de la Compagnie du Nord-Ouest et le monopole de la CBH mettent à rude épreuve la colonie de la rivière Rouge, établie à Assiniboia. Le Minnesota et le Haut-Canada nourrissent des visées expansionnistes qui les amènent à contester la domination de la CBH dans le Nord-Ouest et sur la colonie de la rivière Rouge.

En 1857, le gouvernement britannique parraine une expédition afin d'évaluer le potentiel agricole de la Terre de Rupert. L'EXPÉDITION PALLISER signale un croissant de terre fertile et cultivable, situé au nord-ouest de la vallée de la rivière Rouge. Au cours de la même année, le gouvernement canadien charge Henry Youle d'une mission semblable. Le conflit latent mettant en cause l'expansion de l'agriculture et les droits des Métis finira par éclater et entraîner deux grandes périodes de troubles (*voir* RÉBELLION DE LA RIVIÈRE ROUGE; RÉBELLION DU NORD-OUEST).

Finalement, la souveraineté de la CBH prend fin en vertu de l'*Acte du Manitoba,* voté en 1870, et les Territoires du Nord-Ouest sont annexés au nouveau Dominion du Canada. Des terres, réparties en quarts de section, sont alors ouvertes à la colonisation. Il est bientôt évident que la minuscule province doit prendre de l'expansion. Les colons s'établissent en effet de plus en plus dans le Nord-Ouest et même au-delà des frontières établies.

En 1881, après plusieurs années de conflit politique avec le gouvernement fédéral, les frontières sont redessinées: elles sont repoussées à l'ouest jusqu'à leurs limites actuelles, puis jusqu'à 53° de latitude N. et plus loin vers l'est. Entre 1876 et 1881, 40 000 immigrants, surtout des Ontariens d'origine britannique, s'installent dans l'Ouest avec l'espoir d'y cultiver le blé à profit, grâce aux nouvelles machines agricoles et aux nouveaux procédés de mouture des grains.

Des Mennonites et des Islandais arrivent dans les années 1870, les premiers s'établissant autour de Steinbach et de Winkler et les deuxièmes, près de Gimli et d'Hecla. L'immigration ralentit ensuite jusque vers la fin du siècle, période pendant laquelle elle se limite surtout à de petits groupes d'Européens.

Entre 1897 et 1910, années de prospérité et de développement, des colons venant de l'est du Canada, d'Angleterre, des États-Unis et d'Europe orientale, surtout d'Ukraine, envahissent la province et les terres voisines. C'est la plus forte période d'immigration enregistrée au Manitoba.

Développement De 1897 à 1910, le Manitoba connaît une prospérité sans précédent. Le coût du transport diminue et le prix du blé augmente. La culture des céréales prédomine, cependant les fermes mixtes prospèrent et les éleveurs de bétail et les agriculteurs qui recherchent la qualité se font avantageusement connaître.

Winnipeg devient rapidement une métropole, comptant pour 50 p. 100 de l'accroissement de la population. Elle devient la plus importante ville de l'Ouest et un centre d'affaires dynamique s'y développe depuis l'intersection de Portage Avenue et de Main Street: des magasins à rayons, des sociétés de courtage et des compagnies d'assurance ainsi que des cabinets d'avocats et des banques s'y installent et prospèrent. Des abattoirs et des minoteries desservent directement les agriculteurs, tandis que le secteur des services, les ateliers de chemins de fer, les fonderies et les industries alimentaires prennent de l'expansion.

Le Canadien Pacifique et le Canadian Northern Railway (aujourd'hui le CN) établissent des gares de triage à Winnipeg, qui devient le centre d'un vaste réseau de chemins de fer allant dans toutes les directions. En 1906, on commence à produire de l'électricité à Pinawa, sur la rivière Winnipeg, et la création de la société Winnipeg Hydro, le 28 juin de la même année, garantit aux entreprises et aux particuliers un approvisionnement hydroélectrique à un coût modeste.

La crise économique de 1913 met fin à la prospérité. Le coût du transport augmente, le prix des terrains et du blé chute et l'apport des capitaux étrangers tarit. L'ouverture du canal de Panama en 1914 détrône Winnipeg au royaume du transport, les voies d'eau s'avérant plus économiques que les routes pour le transport des marchandises entre l'Est et l'Ouest.

Pendant la Première Guerre mondiale, le recrutement, la fabrication de matériel de guerre et l'arrêt de l'immigration entraînent une hausse des salaires et des prix. Dès 1918, l'inflation semble incontrôlable et le chômage est élevé. Les salaires s'effondrent, les conditions de travail se détériorent et de nouveaux mouvements radicaux font leur apparition chez les fermiers et les ouvriers urbains, entraînant la GRÈVE GÉNÉRALE DE WINNIPEG en mai 1919.

Une crise économique suivie d'un essor industriel vers la fin des années 20 font de nouveau osciller la balance économique. Jusqu'en 1928, la valeur de la production industrielle est supérieure à celle du milieu agricole qui traverse une longue crise jusqu'en 1930, aggravée par la sécheresse, les insectes et les bas prix du blé sur les marchés mondiaux. La population, délaissant les fermes, migre de plus en plus vers les villes, où la situation n'est pas meilleure: l'industrie s'affaiblit et le chômage sévit.

Pour échapper au traditionnel cycle expansion-dépression, on s'efforce de diversifier l'économie et, depuis 1911, l'essor continu de l'exploitation minière vient confirmer l'avantage d'une telle stratégie. Les exigences de la Seconde Guerre mondiale rendent le Manitoba encore plus dépendant de l'agriculture et du secteur primaire, mais le boom d'après-guerre lui permet de capitaliser sur ses industries primaires et secondaires et de diversifier son économie.

Depuis la Seconde Guerre, l'économie manitobaine s'est caractérisée par une croissance rapide dans le Nord, où la mise en valeur de riches gisements de nickel par la société Inco a entraîné la création de la ville de Thompson, dont la prospérité et le ralentissement ont reflété les fluctuations des prix des produits de base sur les marchés internationaux. Cette partie du territoire a fait l'objet de nombreux «méga-projets», dont la création de la Société des ressources forestières du Manitoba à The Pas, et la construction de l'énorme centrale hydroélectrique de Limestone sur le fleuve Nelson. L'avenir économique du Manitoba sera donc mixte, c.-à-d. un marché agricole en perte de vitesse, compensé par la croissance dans les secteurs de l'industrie légère, de l'édition, du vêtement ainsi que de l'exportation d'électricité aux États-Unis.

Les deux décennies qui se sont écoulées de 1970 à 1990 ont été témoins d'un réaménagement majeur de la politique provinciale avec la disparition, pour ainsi dire, du Parti libéral provincial et l'arrivée au pouvoir du NPD sous la direction d'Edward Schreyer et d'Howard Pawley. Parmi les initiatives dignes d'un gouvernement social-démocrate, on peut citer l'implantation d'un régime public d'assurance-automobile et le plan d'achat de la société Inter-City Gas en 1987. Les projets du gouvernement d'offrir des services bilingues plus complets ont ouvert de vieilles plaies, et ceux-ci ont été abandonnés. Au cours des années 90, le gouvernement conservateur de Gary Filmon a dû faire face aux mêmes problèmes de contrôle de la dette publique et de relance économique que le reste du Canada.

T.R. Weir

Manitoba Theatre Centre En 1958, le Winnipeg Little Theatre (*voir* MOUVEMENT DU THÉÂTRE AMATEUR), une troupe d'amateurs bien établie, et Theatre 77, une compagnie semi-professionnelle ambitieuse fondée par John HIRSCH et Tom HENDRY, fusionnent pour former le Manitoba Theatre Centre (MTC). Il en résulte un heureux mélange de solidité institutionnelle et de ferveur artistique qui s'avère la formule idéale pour un théâtre régional professionnel durable. Le MTC est le premier théâtre régional canadien et, à l'époque de sa fondation, l'un des rares théâtres du genre sur le continent.

Dès sa création, le MTC s'efforce de représenter sa communauté en soutenant diverses activités théâtrales. Les représentations ont lieu au Dominion Theatre, une vieille salle où l'on donnait des vaudevilles, au coin de Portage et Main, à Winnipeg. Hendry en est le premier directeur, et Hirsch, le premier directeur artistique. La compagnie commence ses activités comme une entreprise semi-professionnelle et devient tout à fait professionnelle en 1960, année où elle reçoit sa première subvention du CONSEIL DES ARTS DU CANADA (12 000 $). Au cours des dix années qui suivent, le Conseil cite le MTC en exemple aux autres théâtres canadiens régionaux.

Parmi les huit pièces qui composent le programme de la saison, Hirsch présente des classiques et des pièces modernes sérieuses, auxquelles viennent s'ajouter des œuvres plus légères. De nombreux comédiens canadiens renommés interprètent les rôles. Étant donné que la plupart d'entre eux jouent aussi au FESTIVAL DE STRATFORD (Ontario), le théâtre est connu pendant un certain temps comme le «Stratford West». La mise en scène de Hirsch restée la plus célèbre est sans doute celle de *Mother Courage* (v.f. *Mère courage et ses enfants*) de Bertolt Brecht (1964-1965), qui met en vedette Zoe Caldwell, Frances HYLAND, Douglas RAIN, William Needles, Len CARIOU et Martha HENRY.

Hendry quitte le théâtre en 1969 et Hirsch, en 1966. Edward Gilbert est directeur artistique de 1966 à 1969. Parmi ses réalisations notoires, retenons une mise en scène de *Lulu Street* d'Ann Henry (1967), qui est la dernière pièce inédite d'un auteur manitobain présentée sur la scène principale du MTC pour les 25 années qui suivent. À la suite de la démolition du Dominion Theatre, en 1968, la compagnie présente deux saisons au Centennial Concert Hall, qui compte 2263 places, avant de déménager dans un édifice neuf en novembre 1970.

Situé sur l'avenue Market, le théâtre de 789 places ne compte pas que des avantages. Bien que la salle soit confortable et bien équipée, les frais d'exploitation sont élevés et, de l'avis de plusieurs, le béton brut du décor nuit à la qualité acoustique et crée une ambiance peu accueillante.

Kurt Reis prend la relève comme directeur artistique pour la saison 1969-1970, et Keith Turnbull de 1970 à 1972. Jeunes tous les deux, l'un comme l'autre ont maille à partir avec le conseil d'administration, et leur mandat prend fin prématurément. Edward Gilbert revient de 1972 à 1975. Len Cariou rentre de Broadway et assume la direction artistique en 1975, mais, après une brillante saison, en particulier avec son interprétation du *Cyrano de Bergerac* de Rostand et d'*Equus* de Peter Shaffer, il retourne à Broadway. Arif Hasnain assume la relève de 1976 à 1980 et s'illustre surtout au cours de la saison 1977-1978 en montant la pièce *The Night of the Iguana* de Tennessee Williams, avec une mise en scène impressionniste de Kurt Reis.

Au cours des années 70, le MTC est de plus en plus critiqué pour sa programmation traditionnelle, dépourvue d'œuvres canadiennes, et ses peu de contacts avec la population de la région. On retrouve rarement les mêmes comédiens d'une saison à l'autre et le recrutement se fait souvent par l'entremise d'une agence américaine.

Richard Ouzounian, directeur artistique de 1980 à 1984, fait revenir de nombreux abonnés qui avaient déserté le MTC et relève l'image de la troupe auprès de la communauté. Il tente d'établir une troupe à demeure et n'y réussit qu'en partie. Ouzounian laisse sa marque avec une version de *The Taming of the Shrew,* dont l'action se déroule à Winnipeg, dans laquelle le personnage de Kate est «punk» et plusieurs personnages, des caricatures de personnalités de la région.

James Roy, directeur artistique de 1984 à 1986, présente davantage de pièces canadiennes que ses prédécesseurs. Parmi celles-ci figure une comédie musicale inédite, *Tsymbaly* de Ted Galay, qui attire un grand nombre de spectateurs de la communauté ukrainienne de Winnipeg. Bien que Rick McNair (1986-1989) s'efforce lui aussi de présenter plus d'œuvres canadiennes, la fréquentation du théâtre connaît un déclin pendant son mandat.

En 1989, Stephen Schipper prend la relève comme directeur artistique et se donne pour objectif de rétablir la situation financière du théâtre. Pragmatique dans sa programmation, il met l'accent sur les derniers succès de Broadway et de Grande-Bretagne. Cependant, il présente aussi de nouvelles pièces de l'écrivaine locale Maureen Hunter (*Transit of Venus* 1992-1993, et *Atlantis* 1995-1996) et recrute un grand nombre de comédiens de la région. En 1995, il attire l'attention des médias en obtenant que le comédien hollywoodien Keanu Reeves joue le rôle de

Hamlet. Le succès avec lequel il résorbe les déficits tout en regagnant la faveur du public corrobore sa déclaration de 1997 selon laquelle le MTC est «ce qui se fait de mieux comme théâtre régional au Canada».

Depuis 1960, le Manitoba Theatre Centre exploite une «seconde scène» de moindre envergure, installée depuis 1969 dans le Warehouse Theatre, qui compte 300 places. Au cours de ses premières années d'existence, l'établissement remplit pleinement son mandat initial (la mise en scène de nouvelles pièces) en présentant un grand nombre d'œuvres canadiennes et avant-gardistes. Ces dernières années, le MTC a présenté diverses œuvres de moindre envergure, dont plusieurs contiennent des éléments jugés trop discutables ou osés pour la scène principale. Depuis 1988, le MTC administre le Winnipeg Fringe Festival.

Douglas Arrell

Manitoba, lac D'une superficie de 4624 km², il est situé à 248 m d'altitude. Il est un des trois grands lacs qui occupent la moitié sud du Manitoba. De forme étroite et irrégulière, il s'étire sur 200 km entre des berges marécageuses et est alimenté principalement par le lac WINNIPEGOSIS, qui s'étend vers le nord-ouest et s'écoule en direction nord-est, par la rivière Dauphin, jusqu'au lac WINNIPEG. Les marais Delta de son extrémité sud, situés à seulement 24 km au nord de PORTAGE LA PRAIRIE, constituent une zone importante de recherche sur la sauvagine. Quand Pierre de LA VÉRENDRYE le découvre, au milieu des années 1730, les Assiniboines peuplent déjà la région. Pendant de nombreuses années, le lac est le lieu de passage d'une importante route de traite des fourrures qui sert à transporter les marchandises par le lac Winnipeg et les rivières du Nord, jusqu'à la baie d'Hudson. Par la suite, la pêche commerciale se développe. Les premiers négociants français l'appellent «lac des Prairies». Son nom actuel fait probablement référence à l'esprit algonquin MANITOU.

Daniel Francis

Manitoba, Loi sur le La loi faisant du Manitoba la cinquième province du Canada reçoit la sanction royale le 12 mai 1870 et entre en vigueur le 15 juillet. Cette loi permet également, par ses dispositions, de régler le conflit qui perdure entre les habitants de la COLONIE DE LA RIVIÈRE-ROUGE et le gouvernement fédéral (*voir* RÉBELLION DE LA RIVIÈRE-ROUGE). Les inquiétudes locales relatives aux droits d'occupation des MÉTIS poussent les habitants à participer aux négociations quant à leurs conditions d'inclusion dans la Confédération. À l'occasion d'une convention élue par un vote populaire, reflétant la diversité culturelle de la colonie, on accorde un soutien à un gouvernement provisoire dirigé par Louis RIEL. Ce gouvernement dresse successivement quatre listes de droits, et la dernière devient le fondement de la loi fédérale.

Malgré la réticence du premier ministre Macdonald, le Manitoba entre dans la Confédération en tant que province plutôt que territoire. Les droits linguistiques des anglophones et des francophones sont protégés, de même que les droits scolaires des protestants et des catholiques. Les droits à l'instruction en français ou en anglais ne sont pas protégés. Le Canada maintient le contrôle sur les ressources naturelles, en particulier sur la distribution des terres non allouées, qui devaient être vendues pour financer la construction du chemin de fer jusqu'au Pacifique et pour attirer une vaste IMMIGRATION (*voir* TERRES FÉDÉRALES, POLITIQUES SUR LES). La nouvelle province du Manitoba aux dimensions très circonscrites, contrairement aux quatre premières, fait son entrée dans la Confédération dans un contexte où le Canada révèle sa détermination à contrôler le développement de l'Ouest.

J.E. Rea

Manitou Mot algonquin signifiant «être mystérieux» ou simplement «mystère», qui représente le pouvoir inconnu de la vie et de l'univers. Cette notion se rapporte au culte du soleil et au concept de *mana*, une force personnelle surnaturelle, qui est très répandu chez les autochtones d'Amérique du Nord.

René R. Gadacz

Manitoulin, île D'une superficie de 2766 km², elle est la plus grande île en eau douce du monde. Elle fait partie d'un archipel dans le nord du lac HURON, à la frontière de l'Ontario et du Michigan. La rive nord est constituée du North Channel, qui rejoint la rivière St. Marys à Sault Sainte-Marie. Son littoral est irrégulier, rocheux, et on y trouve de nombreux lacs intérieurs. Au XVIIᵉ siècle, ce secteur faisait partie du territoire occupé par les OUTAOUAIS. En 1648, les missionnaires jésuites y ouvrent une mission, qui est de courte durée. L'île est habitée sporadiquement jusque dans les années 1830, lorsqu'on y établit un centre d'administration des Indiens du nord de l'Ontario. Des Indiens de toute la région s'y établissent et d'autres Indiens s'y rendent annuellement pour y recevoir des présents du gouvernement britannique. En 1862, le gouvernement provincial achète presque toute l'île aux Indiens. Entre-temps, les habitants s'y établissent, défrichent le territoire et y aménagent des fermes. Les Indiens vivent maintenant dans de petites réserves.

Bien que l'île ne soit fertile que par endroits, l'agriculture y a toujours été l'une des principales activités économiques. À partir de 1920, la production de dindes prend de l'essor et, au début des années 30, l'île était devenue l'une des plus importantes régions d'élevage de moutons de l'Ontario. L'exploitation forestière, qui remonte aux années 1860, ainsi que la pêche commerciale du corégone et de la truite contribuent à l'économie de la région. Ces deux industries ont cependant perdu de leur importance. Depuis les années 20, l'île est devenue un centre de loisirs de plein air, faisant du tourisme l'une des principales activités économiques, avec l'agriculture. Little Current, le secteur le plus habité, est rattaché à la terre ferme par la route et par le chemin de fer. Le nom de l'île fait référence au Manitou («esprit» en algonquin) qui, selon les croyances, demeurerait sur l'île.

Daniel Francis

Maniwaki, ville du Qc; pop. 4527 (rec. 1996), 4605 (rec. 1991); superf. 6 km²; const. en 1957; située dans la région de l'Outaouais, au confluent des rivières Désert et Gatineau, à 130 km au nord de HULL.

Historique Les Oblats fondent la mission de Notre-Dame du Désert en 1849. Peu après, le territoire accueille de nombreux immigrants, attirés par le potentiel économique des forêts. On y établit une industrie forestière qui fournit un gagne-pain aux résidants de la région. En 1851, Maniwaki est constituée en paroisse.

Situation actuelle Maniwaki est le principal centre urbain desservant le territoire de la municipalité régionale de comté de la Vallée-de-la-Gatineau. Cette région possède encore de vastes ressources forestières et, comme par le passé, l'industrie forestière y est de toute première importance. Maniwaki dispose d'une main-d'œuvre stable qui se spécialise dans l'exploitation forestière et le développement de produits connexes. La région est reconnue pour ses territoires de chasse et de pêche et ses espaces naturels. Château Logue, une maison faite entièrement de granit construite en 1887, abrite la bibliothèque municipale et un centre d'interprétation consacré à la prévention des incendies de forêt.

Adriana Bryenton

Mankiewicz, Francis, cinéaste (Shanghai, Chine, 15 mars 1944—Montréal, 14 oct. 1993). Ses parents, fuient l'Allemagne nazie, transitent en France, puis en Chine, pour enfin s'installer à Montréal. Il étudie le cinéma en Angleterre, à la London School of Film Technique. À son retour au Canada, en 1968, il tourne des films d'information à caractère industriel. Avec *Le Temps d'une chasse* (1972), le récit d'une fin de semaine de chasse vue par un jeune garçon, il fait des débuts très remarqués comme réalisateur de longs métrages. Il réalise ensuite deux dramatiques pour le réseau anglais de la Société Radio-Canada (SRC) et un long métrage pour le réseau français de la SRC. En 1980, son film *Les Bons Débarras* (1980), dans lequel une fillette manipule les adultes qui l'entourent, est un succès auprès du public et de la critique. Son dernier film, *Les Portes tournantes* (1987), d'après un roman de Jacques Savoie, lui vaut 10 nominations pour des Génies. Il est le petit-cousin du réalisateur américain Joseph Mankiewicz.

Piers Handling

Mann c. la reine En 1966, A. Mann est accusé de conduite imprudente en violation d'un code provincial de la route. Il conteste la validité constitutionnelle de l'infraction provinciale, faisant valoir qu'en établissant l'infraction de conduite dangereuse, l'Assemblée législative en fait une question de DROIT CRIMINEL qui, selon la *Loi constitutionnelle de 1867,* relève de la compétence exclusive du Parlement.

La majorité de la Cour suprême du Canada confirme la validité constitutionnelle de la disposition créant l'infraction de conduite imprudente, statuant que la province peut en toute légitimité créer des infractions relatives au code de la route qui nécessitent la preuve de la simple négligence. De l'avis des juges, l'accusation de conduite dangereuse que prévoit le CODE CRIMINEL exige la preuve à la fois de la conduite négligente et de la MENS REA. En d'autres termes, ils statuent que l'infraction de conduite dangereuse exige la preuve de la négligence consciente, tandis que celle de conduite imprudente que prévoit la loi provinciale se rapporte à la négligence causée par inadvertance. Malheureusement, la Cour ne définit pas ce qu'elle entend par «négligence consciente», étant difficile de savoir si l'accusé prévoit que sa conduite est susceptible de créer une situation dangereuse ou s'il suffit qu'une personne raisonnable ait été consciente du caractère dangereux de la situation.

A. Pringle

Mann, Cedric Robert, physicien et océanographe (Auckland, Nouvelle-Zélande, 14 févr. 1926). Mann vient au Canada, en 1949, pour étudier la physique à l'U. de la Colombie-Britannique et participe à des recherches en acoustique marine, de 1953 à 1961, au Naval Research Establishment de Dartmouth, en Nouvelle-Écosse. De 1961 à 1975, il lance, met au point et dirige le programme d'OCÉANOGRAPHIE à grande profondeur du Laboratoire océanographique de l'Atlantique de l'INSTITUT OCÉANOGRAPHIQUE DE BEDFORD et, de 1975 à 1978, il est directeur du laboratoire.

Après avoir été directeur général de l'Institut océanographique de Bedford de 1978 à 1979, Mann est nommé, en 1979, directeur général de l'Institut des sciences de la mer à Patricia Bay, en Colombie-Britannique, puis prend sa retraite en 1986. Il est surtout connu pour ses travaux sur le système du Gulf Stream, sur les distributions des silicates océaniques, sur le trop-plein des eaux profondes du détroit du Danemark et pour sa direction de l'EXPÉDITION HUDSON 70 autour des Amériques. En 1974 et 1975, il entreprend une étude d'océanographie physique et chimique au Canada, et il travaille, depuis le milieu des années 70, à l'organisation des recherches sur le climat et à titre de président du Sea Use Council.

G.T. Needler

Mann, sir Donald, constructeur de chemin de fer (Acton, Canada-Ouest, 23 mars 1853—Toronto, 10 nov. 1934). Mann souhaitait devenir pasteur méthodiste, mais il travaillera plutôt dans des camps de bûcherons en Ontario et au Michigan. En 1879, il est responsable de la barge qui transporte la première locomotive à Winnipeg. Dans les années 1880, il effectue un certain nombre de contrats de terrassement et de nivellement pour la ligne principale du

Canadien Pacifique qui passe dans les Prairies et les montagnes. Avec James ROSS, William MACKENZIE et Herbert HOLT, il construit plusieurs lignes secondaires dans l'Ouest du Canada, dans le Maine, en Amérique du Sud et en Chine. En 1895, il s'associe à Mackenzie pour acheter et compléter le Lake Manitoba Railway and Canal Co., qui deviendra plus tard le CHEMIN DE FER CANADIEN DU NORD.

En 1915, grâce à une expansion rapide et à de nombreuses fusions, le Chemin de fer canadien du Nord est devenu un réseau transcontinental. Toutefois, des difficultés financières conduisent à sa nationalisation en 1918; puis il est fusionné à d'autres chemins de fer du gouvernement pour former les CHEMINS DE FER NATIONAUX DU CANADA. Après 1918, Mann se consacre à l'exploitation minière et à d'autres petites entreprises commerciales. En 1911, il est fait Chevalier de l'ordre du Bain.

T.D. Regehr

Mann, Kenneth Henry, biologiste d'eau douce et d'eau de mer (Dovercourt, Angl., 15 août 1923; naturalisé Canadien). Mann est un biologiste aquatique dont la vaste expérience va de la taxonomie et de la biologie des sangsues d'eau douce à la production d'écosystèmes marins côtiers. On le connaît surtout pour son travail d'analyse de la production de systèmes aquatiques, et il exerce une influence sur le Programme biologique international, qui compare la production de nombreux écosystèmes.

Les études de production de Mann portent entre autres sur les poissons de la Tamise, en Angleterre, et sur le complexe homard/oursin/varech au large de la côte du Canada. Il écrit plusieurs livres et plus de 100 articles de recherche dans son domaine. Il occupe plusieurs postes de chargé de cours et travaille beaucoup outre-mer. Il est directeur du département de biologie à Dalhousie de 1972 à 1978 et professeur titulaire de 1972 à 1980. Il est directeur du Laboratoire d'écologie marine de l'INSTITUT OCÉANOGRAPHIQUE DE BEDFORD, à Dartmouth, en Nouvelle-Écosse, de 1980 à 1987. Il y devient chercheur scientifique principal en 1987 et chercheur scientifique principal émérite, en 1993, après avoir pris sa retraite.

Manning, Ernest Charles, politicien et premier ministre de l'Alberta de 1943 à 1968 (Carnduff, Sask., 20 sept. 1908—Calgary, 19 févr. 1996). Manning fait de modestes études au Prophetic Bible Institute de Calgary, dirigé par William ABERHART. Il deviendra plus tard premier ministre de l'Alberta et par la suite l'un des chefs provinciaux les plus compétents au Canada. Il remporte sept élections consécutives et se retire en 1968, au sommet de sa carrière politique.

Manning grandit au sein d'une famille traditionnelle de cultivateurs de la Saskatchewan et, adolescent, il est attiré par les émissions religieuses radiophoniques d'Aberhart. Il étudie avec ce dernier et devient plus tard secrétaire général de son institut à Calgary. Il se joint au cabinet d'Aberhart, à titre de secrétaire provincial, mais la tuberculose l'empêche de jouer pleinement son rôle de législateur. Il est néanmoins le confident d'Aberhart et, lorsqu'une maladie du foie emporte ce dernier, en 1943, Manning est nommé chef du Parti CRÉDIT SOCIAL et devient premier ministre de l'Alberta. Son premier défi est de contrer la popularité du Parti de la COOPERATIVE COMMONWEALTH FEDERATION (CCF). Aux élections de 1944, il s'oppose à la demande du CCF de nationaliser les entreprises qui offrent des services publics et il l'emporte habilement.

Réformes sociales prudentes Au cours des 25 années qui suivent, l'administration des affaires publiques de l'Alberta, sous le gouvernement de Manning, est marquée par une politique financière conservatrice et des réformes sociales prudentes. Après la découverte de l'immense champ de pétrole de LEDUC, en 1947, le gouvernement entrevoit, grâ-

ce à ces nouveaux revenus, la possibilité de financer un «bon gouvernement». Il adopte des politiques pétrolières qui attirent des capitaux et il exploite ces ressources au maximum. Les industries se développent rapidement, les revenus provinciaux montent en flèche et des fonds sont versés à l'éducation, la santé et le transport, si bien que l'Alberta entre dans l'ère moderne. L'administration de Manning n'est pas marquée par la corruption et, malgré d'énormes surplus budgétaires, la croissance du gouvernement est bien maîtrisée.

De faibles taxes – sauf durant quelques mois en 1936, le gouvernement albertain ne prélève pas de taxe de vente provinciale – couplées de services efficaces, sans compter la rectitude inébranlable de Manning, ont fait de lui un politicien invincible. En désaccord avec l'orientation «gauchiste» du fédéral, plus particulièrement après l'élection des libéraux en 1963, sous Lester B. PEARSON, il s'oppose à plusieurs politiques fédérales, notamment à l'assurance-maladie obligatoire à l'échelle nationale. Il présente son propre régime d'assurance-maladie non obligatoire, mais l'Alberta est finalement obligée d'adhérer au régime fédéral.

Pour une réorganisation politique canadienne
Déçu devant le refus de la majorité des partis de présenter des choix philosophiques bien définis à leurs commettants, Manning publie un ouvrage qui vise une réorganisation de la politique canadienne. Dans *Political Realignment: A Challenge to Thoughtful Canadians* (1967), il propose, sans grand succès auprès des partis politiques, un regroupement des forces politiques en un parti social-démocrate et un parti «social-conservateur» offrant une économie libre, et qui ferait preuve d'humanisme auprès des vrais démunis.

En 1968, Manning démissionne. Il ne nomme aucun successeur et, trois années plus tard, le Crédit social, sous Harry Strom, est défait. Manning est sénateur de 1970 à 1983. Il reçoit des titres honorifiques de plusieurs universités et il est nommé Compagnon de l'Ordre du Canada. En 1981, il est le premier récipiendaire de l'Alberta Order of Excellence et il reçoit le prix national B'nai B'rith pour ses activités humanitaires en 1982. Il continue d'animer ses émissions religieuses hebdomadaires sur les chaînes radiophoniques canadiennes et américaines. Manning sera conseiller du Parti réformiste, dirigé par son fils Preston, jusqu'à son décès en 1996.

John J. Barr

Manning, Ernest Preston, fils d'Ernest MANNING, politicien (Edmonton, 10 juin 1942). Après avoir obtenu son diplôme de l'U. de l'Alberta en 1964, Manning se présente sans succès comme candidat du Crédit social aux élections fédérales de 1965 avant de se joindre à la National Public Affairs Research Foundation, un groupe d'analystes conservateurs. Il effectue, en 1966-1967, la recherche pour l'ouvrage de son père, *Political Realignment*, et est coauteur d'un livre blanc sur le développement des ressources humaines pour le gouvernement créditiste de l'Alberta. Le livre blanc sera à l'origine de la création de plusieurs nouveaux organismes, à savoir un ministère de la Jeunesse, un conseil des ressources humaines et l'Alberta Service Corps.

À la retraite de Manning père en 1968, père et fils mettent sur pied Manning Consultants Ltd., une société de conseil en gestion. Preston se rapproche de la Social Conservative Society à la fin des années 60, puis du Movement for National Political Change, précurseur du Parti réformiste. Aucun des deux mouvements n'attire les foules, mais les idées conservatrices qu'ils avancent donneront naissance au PARTI RÉFORMISTE DU CANADA dans le climat plus favorable de la fin des années 80, lorsque le désenchantement à l'égard du Parti conservateur fédéral s'approfondit. Le parti est créé à l'occasion d'un congrès qui se tient à Winnipeg en novembre 1987 et Manning en devient le chef.

Manning préconise un parti qui promet la responsabilité financière, l'égalité des provinces (pas de statut particulier pour le Québec) et une réforme parlementaire favorisant une démocratie plus directe, ce qui lui assure rapidement un soutien dans l'Ouest, surtout à la suite de l'échec de l'ACCORD DU LAC MEECH et de l'instauration de la TPS par le gouvernement fédéral. Bien que Manning ait perdu contre Joe CLARK aux élections fédérales de 1988, le Parti réformiste est devenu, en 1990, une force politique dans l'Ouest. Manning fait une campagne vigoureuse contre l'ACCORD DE CHARLOTTETOWN. Il sera le politicien canadien-anglais le plus en vue à le faire. Aux élections fédérales de 1993, Manning transforme le ressentiment et la colère de l'Ouest en un succès électoral stupéfiant. Les électeurs albertains embrassent le Parti réformiste sans réserve, élisant 22 candidats sur un total de 26 sièges (sous réserve de nouveaux dépouillements). Le parti connaît également un succès sans précédent en Colombie-Britannique, remportant 24 sièges sur 30, en plus de s'assurer de 4 sièges en Saskatchewan et d'un au Manitoba ainsi que d'un autre en Ontario. Du même coup, le Parti réformiste contribue à la destruction du Parti conservateur que son rival, le Bloc québécois, avait entreprise au Québec.

Lors de l'élection générale de 1997, le Parti réformiste dirigé par Manning voit son nombre de sièges porté à 60, ce qui lui permet de détrôner le Bloc québécois en tant que parti d'opposition officiel. Cependant, les députés réformistes venant tous des provinces de l'ouest de l'Ontario, certaines frontières régionales se dessinent en gros dans la géographie politique: les réformistes dans l'Ouest, les libéraux, au pouvoir, en Ontario, et le Bloc québécois bien assis au Québec.

Mécontent de voir sa formation perçue comme un parti régional, Manning propose une solution radicale. En 1998, dans un effort pour courtiser les conservateurs de l'Est, il initie le mouvement de l'Alternative unie, tentative d'amalgame entre le Parti réformiste et ce qui reste du Parti progressiste-conservateur. Ce projet se heurte néanmoins à d'importantes résistances à la fois de la part de personnalités du PC – notamment de Joe Clark, qui a repris la tête des conservateurs, et de certains réformistes qui craignent de voir leur chef diluer les principes du parti pour plaire à l'est du Canada. Toutefois, les réformistes réunis en congrès au printemps 1999, voyant le leadership de leur parti ainsi mis à l'épreuve, votent à 60 p. cent en faveur de la promotion de l'Alternative unie (*voir* ALLIANCE RÉFORMISTE CONSERVATRICE). En juillet 2000, Manning est battu par Stockwell Day lors de l'élection à la direction du parti.

Une bonne part de la réussite du parti est attribuée à la performance de Manning au cours de la campagne, en particulier durant les débats nationaux. Son parti remporte certaines victoires immédiates, tout particulièrement en forçant les libéraux à réviser leurs politiques sur la criminalité et le système pénal qu'il ne trouve pas assez sévère. Indirectement, ses revendications en matière de responsabilité fiscale ont aidé à pousser les libéraux à réduire le déficit fédéral et ainsi que les dépenses du gouvernement.

Mannix, Frederick Charles, homme d'affaires (Edmonton, 21 oct. 1913—Calgary, 29 juill. 1995). Jeune homme, Mannix travaille sur les chantiers de construction de l'entreprise de son père, Fred Mannix Company. L'aîné de la famille vend les intérêts majoritaires de l'entreprise à une société américaine dans les années 40, mais Frederick Charles en reprend le contrôle après la mort de son père en 1951 pour la transformer en un géant international aux intérêts diversifiés dans le pétrole, le charbon, les pipelines, le terrassement et les installations industrielles. En 1983, Mannix possède ou contrôle un réseau de 132 sociétés, dont Loram International, Techman Engineering, Pembina Resources et Manalta Coal (le plus important producteur de charbon au Canada), et commande des actifs de société estimés à un milliard de dollars. Il est aussi administrateur de la Banque Royale et de Stelco. Cet homme extrêmement discret est impliqué dans une bataille juridique largement publicisée contre le gouvernement de l'Alberta au sujet de l'expropriation de son ranch, au sud de Calgary, dont on fait un parc. En 1985, face à la crise dans les mégaprojets et les contrats de construction de pipelines, les activités de Loram International Ltd. s'arrêtent et son matériel lourd d'une valeur de 12 millions de dollars est vendu. Mannix est l'un des lauréats du premier Temple de la renommée de l'entreprise canadienne et Officier de l'Ordre du Canada.

Earle Gray

Manoir Richelieu, conflit du Peu de conflits ont connu des rebondissements aussi dramatiques que celui du Manoir Richelieu. Le conflit débute en décembre 1985 lorsque le gouvernement du Parti québécois vend à l'homme d'affaires Raymond Malenfant le site du Manoir Richelieu, un joyau du patrimoine touristique, pour la somme de 555 555,55 $. Les 350 employés du Manoir sont alors tous syndiqués et représentés par la CONFÉDÉRATION DES SYNDICATS NATIONAUX (CSN). Le nouveau propriétaire soutient toutefois n'avoir acheté qu'une bâtisse, ne se sentant aucunement lié au syndicat et à la convention collective existant pourtant au moment de l'achat.

Pendant les deux années que durera le conflit, un manifestant trouvera la mort, étouffé par un policier de la Sûreté du Québec, et l'on découvrira que la CSN était infiltrée depuis des années par un agent du Service canadien de renseignement de sécurité. C'est cet agent qui dirigeait le conflit.

Ce conflit a mis en lumière les lacunes de la législation du travail, rendue encore plus fragile trois ans plus tard, en décembre 1988, quand la COUR SUPRÊME a remis en question l'article 45 du Code du travail du Québec. Ce jugement renforçait la dépendance de ce code, protecteur des droits collectifs, à l'égard du code civil, garant des droits individuels.

Avec la bénédiction de la plus haute cour du Canada, de même que celle du gouvernement du Québec, péquiste puis libéral, et sous les applaudissements du monde des affaires, qui fit de Raymond Malenfant son idole du moment, 350 travailleuses et travailleurs ont perdu leur emploi et leur syndicat.

Michel Rioux

Manske, Richard Helmuth Frederick, scientifique (Berlin, All., sept. 1901—Guelph, Ont., 7 sept. 1977). En 1906, Manske immigre avec sa famille à Macklin, en Saskatchewan. Après des études à l'U. Queen et à l'U. de Manchester ainsi qu'un séjour de cinq ans aux États-Unis, il rejoint le Conseil national de recherches du Canada à Ottawa, en 1931. Nommé en 1943 directeur des laboratoires de recherches de la Dominion Rubber Co. (maintenant UniRoyal) à Guelph, en Ontario, il prend sa retraite en 1966 et devient professeur auxiliaire de chimie à l'U. de Waterloo. Ses études sur les alcaloïdes contenus dans les végétaux s'étendent sur quelque 50 ans et ont fait l'objet de plus de 150 publications scientifiques et d'une monographie de référence en 17 volumes. Il s'intéresse aussi à la musique, à l'astronomie, à l'observation des oiseaux, à la philosophie grecque et à l'art culinaire. Élu à la Société royale du Canada (1935), il est président (1964) puis membre honoraire (1967) de l'Institut de chimie du Canada dont il reçoit la médaille (1959). Il remporte aussi la Morley Medal de l'American Chemical Society (1972).

Russell Rodrigo

Mante Les mantes sont des insectes carnivores, de l'ordre des dictyoptères, apparentés aux blattes et, à un degré moindre, aux criquets et grillons (ordre des orthoptères). Comme ceux-ci, les mantes ont des pièces buccales ravisseuses et se métamorphosent simplement, sans stade pupal. Il existe environ 2000 espèces de mantes dans le monde.

Les mantes se reconnaissent à leur thorax allongé et à leurs puissantes pattes avant agrippantes, servant à capturer les insectes. La plupart des espèces ont des ailes, les antérieures étant étroites et épaisses et recouvrant les postérieures qui sont minces et en forme d'éventail. Cependant, plusieurs espèces ne volent pas. La plupart des mantes sont de couleur et de forme cryptiques, pouvant ressembler à des feuilles, à des brindilles ou à des fleurs. En cas d'alerte, certaines espèces exhibent des taches de couleurs éclatantes ou se dressent en position de menace.

On connaît trois espèces de mantes au Canada. La mante religieuse (*Mantis religiosa*) est originaire d'Europe et a été introduite accidentellement à New York, aux États-Unis, en 1899. Elle s'est ultérieurement répandue dans le sud de l'Ontario et du Québec et a été introduite dans la vallée d'Okanagan, en Colombie-Britannique, pour lutter contre les infestations de criquets. Les œufs sont pondus en grappes dans une substance écumeuse qui durcit et forme une coque ou oothèque qui est fixée sur une brindille, un poteau de clôture ou un autre support. Les œufs passent l'hiver et les larves éclosent au printemps pour arriver à maturité à la fin de l'été.

La mante chinoise (*Tenodera aridifolia*), originaire de Chine, a été introduite dans l'est de l'Amérique du Nord en 1896 afin d'enrayer les INSECTES NUISIBLES. La mante *Litaneutria minor* est la seule espèce indigène du Canada. Sa répartition s'étend du Mexique jusqu'en Colombie-Britannique, au Canada, où elle a été observée seulement dans les prairies sèches de la vallée de l'Okanagan. Les mâles ont des ailes alors que les femelles ne volent pas. Elles sont toutefois très agiles à la course.

Robert A. Cannings

Manuel, George, Indien shuswap, organisateur politique et écrivain (Réserve Neskonlith, C.-B., 17 févr. 1921—Kamloops, C.-B., 15 nov. 1989). Autodidacte très respecté et stratège politique perspicace, il est le deuxième président de la Fraternité des Indiens du Canada (FIC) de 1970 à 1976, période marquée par d'intenses protestations autochtones locales et par d'importants jugements des tribunaux touchant les peuples autochtones. Il permet à la FIC et à ses organisations affiliées de devenir des forces dont il faut désormais tenir compte dans les affaires autochtones. Il voyage partout dans le monde pour appuyer la cause des peuples autochtones, se faisant le champion de la frugalité, du développement communautaire et du leadership par l'exemple, principes épousés par le président de la Tanzanie, Julius Nyerere, dont il est l'émule. Grâce à ses efforts, les questions ayant trait aux autochtones du Canada paraissent à l'ordre du jour mondial, d'abord à l'ONU puis ailleurs. En 1975, il devient président fondateur du Conseil mondial des peuples indigènes et, à ce titre, lance le concept du «quart monde» formé par les peuples autochtones. Il est nommé Officier de l'Ordre du Canada en 1986.

J. Rick Ponting

Maple Leaf For Ever, The Chant patriotique, paroles et musique d'Alexander Muir, écrit à Toronto en 1867. Les paroles sont soumises à un concours de poésie patriotique tenu par la Caledonian Society of Montreal et remportent le deuxième prix. N'arrivant pas à trouver un air qui convienne, Muir en compose un lui-même et la chanson est d'abord entendue en 1868. Elle devient presque l'hymne national des Canadiens anglophones, mais elle est supplantée dans la faveur populaire par le Ô CANADA. En 1894, Muir remplace les quatre premiers couplets, commençant par «In days of yore, from Britain's shore», par les cinq couplets qui débutent par «In days of yore, the hero Wolfe Britain's glory did maintain», ne conservant que deux des couplets originaux. La version originale, cependant, garde sa popularité. Les Canadiens français n'adoptent jamais cette chanson en raison de son point de vue exclusivement britannique, bien qu'Octave CRÉMAZIE rédige en 1914 un nouveau texte intitulé *Salut, ô ma belle patrie*. Il existe des dizaines d'enregistrements de cette chanson sur disques 78 tours, microsillons et disques compacts, de même que des bandes pour piano mécanique.

Helmut Kallmann

Maple Leafs de Toronto L'équipe de hockey des Maple Leafs de Toronto est mise sur pied en 1927 par Conn SMYTHE, qui a acheté les St. Pats de Toronto et leur a donné un nouveau nom. Vétéran de la Première Guerre mondiale et ardent patriote, Smythe choisit la feuille d'érable comme symbole dans l'espoir d'attirer plus de partisans. Au cœur de la crise économique, il réussit à trouver des fonds pour une nouvelle patinoire et, en 1931, le Maple Leafs Gardens est construit en l'espace de cinq mois. Ce personnage haut en couleur fait l'acquisition de «King» CLANCY des SÉNATEURS D'OTTAWA pour la somme de 35 000 dollars (un précédent) et en échange de deux joueurs. L'équipe remporte sa première COUPE STANLEY en 1931-1932. À leur apogée, les Maple Leafs sont reconnus pour leur cran et leur combativité, comme le laisse entendre la maxime attribuée (peut-être erronément) à Smythe: «Si vous ne pouvez les battre dans la ruelle, vous ne pouvez les battre sur la glace.»

Peu de joueurs des Leafs ont remporté des honneurs individuels. Le dernier d'entre eux à recevoir le titre de meilleur compteur est Gord Drillon, en 1938, et seulement deux joueurs ont gagné le TROPHÉE HART: Babe Pratt (1944) et Ted KENNEDY (1955). Toutefois, l'équipe remporte la coupe Stanley à 11 reprises et connaît deux périodes de gloire. Elle est championne en 1944-1945, et de nouveau en 1946-1947, 1947-1948, 1948-1949 et 1950-1951, après un échange spectaculaire de cinq joueurs pour acquérir Max BENTLEY.

«Punch» Imlach rebâtit l'équipe en regroupant des vétérans comme Bert Olmstead, Johnny Bower et Red KELLY avec de brillants jeunes joueurs comme Dave Keon, Carl Brewer et Frank MAHOVLICH. Les Leafs remportent la coupe Stanley en 1961-1962, 1962-1963, 1963-1964 et 1966-1967. Smythe se retire en 1961 et cède la direction de l'équipe à son fils Stafford, à John Bassett et à Harold Ballard. Ce dernier en assumera seul la direction après la mort de Smythe en 1971. Après un triomphe inattendu en 1967, les Leafs amorcent une période de déclin et, depuis ce temps, ils n'ont pas réussi à se rendre en finale de la coupe Stanley.

James Marsh

Maple Ridge, municipalité de district de la C.-B.; pop. 56 184 (rec. 1996), 48 434 (rec. 1991), 36 023 (rec. 1986); superf. 261,46 km²; const. en 1984. Située à 40 km à l'est de Vancouver, elle est délimitée au sud par le FLEUVE FRASER et au nord par les montagnes Golden Ears. La plus grande des six localités de la municipalité s'appelle Haney, en l'honneur d'un colon. Le nord est accidenté tandis que l'ouest est plat.

La croissance rapide des dernières années est le résultat du développement de grandes zones résidentielles. L'exploitation forestière et l'agriculture sont les principaux secteurs d'activité. L'exploitation de scieries le long du Fraser, l'exploitation forestière dans la partie nord, l'industrie laitière à Pitt Meadows et la culture mixte à Maple Ridge sont aussi des activités économiques importantes. Le parc provincial Golden Ears, situé au lac Alouette, est le parc de la province qui a la plus grande fréquentation de jour. Le parc municipal Whonnock Lake est très populaire pour la baignade et les pique-niques.

Alan F.J. Artibise

Maquereau Les maquereaux font partie d'une famille de poissons pélagiques (haute mer), les scombridés, de la classe des actinoptérygiens. Cette famille inclut également les THONS, les albacores, les germons, les thonines et les bonites. Le nom «maquereau» est généralement utilisé pour désigner les membres du genre *Scomber*, mais est aussi attribué aux poissons du genre *Auxis* (le bonitou et le thazard), du genre *Scomberomorus* (les thazard atlantique et serra) et à ceux de la famille des gempylidés (p. ex., l'escolar et le rouvet). On rencontre trois espèces de véritables maquereaux du genre *Scomber* dans les eaux tempérées de l'Atlantique et du Pacifique, dont deux dans les eaux côtières du Canada: le maquereau blanc, qui habite l'Atlantique et le Pacifique, et le maquereau bleu, dans l'Atlantique.

Description Le maquereau bleu (*Scomber scombrus*), qui a une forme allongée et hydrodynamique, ressemble à un petit thon. Il dépasse rarement plus de 52 cm de longueur. Il possède cinq petites nageoires sur le dos et sur le ventre, derrière les nageoires dorsale et anale. Le maquereau blanc (*S. japonicus*) lui ressemble, mais il est plus petit.

Migration Ces rapides nageurs forment d'immenses bancs à la surface de l'eau près des côtes qui font face à la haute mer. Les maquereaux sont migrateurs. L'été, ceux de l'Atlantique canadien migrent vers le nord le long de la côte et peuvent se rendre jusqu'au Labrador. À la fin de l'automne, ils retournent vers le sud en haute mer. On croit que cette population hiverne dans les eaux profondes entre l'île de Sable et Cape Cod.

Reproduction Au Canada, la frai a lieu de la fin mai à juillet. Une femelle de taille moyenne peut produire jusqu'à 500 000 œufs flottants. Les maquereaux se nourrissent surtout de PLANCTONS et mangent une grande variété de petits organismes.

Importance des pêches On pêche commercialement le maquereau blanc en Californie, mais pas au Canada. Des deux côtés de l'Atlantique, le maquereau bleu est convoité pour sa chair, et on le mange frais, congelé, fumé ou salé. Au Canada, on le pêche commercialement depuis la baie de Fundy jusqu'au Labrador, principalement avec des seines coulissantes, mais aussi avec des pêches à fascines et des filets-trappes. Les maquereaux sont également recherchés par les pêcheurs à la ligne, surtout aux États-Unis.

W.B. Scott

Maquinna, ou Mukwina, signifiant «possesseur de cristaux de roche», chef nootka (actif entre 1778 et 1795?). Il est le chef hiérarchique du groupe moachat des Indiens du détroit de Nootka, sur la côte ouest de l'île de Vancouver, au cours des premières années de leur contact avec les Européens. À la suite de la visite de James COOK en 1778, le DÉTROIT DE NOOTKA devient un important centre de traite. En agissant comme intermédiaire, il en vient à contrôler la TRAITE DES FOURRURES et devient le chef indien le plus en vue de la baie. Il est aussi mêlé aux tractations entre les représentants de l'Angleterre et de l'Espagne qui séjournent au détroit de Nootka alors que les deux nations rivales font valoir leurs droits sur la région. Il gagne sa position parmi les NOOTKAS par des moyens traditionnels, mais l'influence des Européens altère la nature de son rôle de chef. Si sa nouvelle richesse générée par la traite des fourrures rehausse son pouvoir et son prestige, il lui faut cependant mener son peuple dans des situations inédites et parfois difficiles. Son successeur prendra lui aussi le nom de Maquinna.

Robin Fisher

Marais, marécage et tourbière Les marécages, les marais et les tourbières sont les habitats humides les plus courants. Ils ont comme caractéristique commune la proximité de la nappe phréatique (*voir* EAU), près de la surface du SOL ou au-dessus, ou au niveau des racines des PLANTES. Les principaux facteurs qui influencent le développement et la conservation de ces lieux humides sont le CLIMAT, la teneur du sol en nutriments, le niveau de l'eau et sa circulation. On les distingue par des caractéristiques évidentes telles que les espèces particulières de plantes qu'on trouve dans chaque habitat et la quantité d'eau stagnante.

Marécages Un marécage est un milieu caractérisé par la présence d'ARBRES poussant sur un sol organique vaseux. On en trouve habituellement dans les plaines d'inondation des RIVIÈRES et dans les bassins mal drainés. Les marécages sont souvent inondés de façon saisonnière, ou en permanence. En Amérique du Nord, on trouve la plupart des marécages dans le sud-est des États-Unis et dans la région des GRANDS LACS.

Le marécage de Minesing, en Ontario (6000 ha dans le bassin de drainage de la rivière Nottawasaga à l'ouest du lac Simcoe), est représentatif des marécages de cette région. Il est riche en plantes herbacées à fleurs et comporte des espèces communes d'arbres à feuilles caduques comme l'ÉRABLE rouge, le FRÊNE noir, l'ORME blanc et l'érable argenté. Le THUYA occidental, un CONIFÈRE, est aussi courant dans beaucoup de marais forestiers (*voir* FORÊT) et forme des groupes denses sur les sols humides et peu épais où le CALCAIRE affleure.

Marais Un marais est un milieu sans arbre où croissent des plantes herbacées luxuriantes: GRAMINÉES, CAREX, roseaux et QUENOUILLES y prédominent. Il se forme habituellement dans les bas-fonds calmes des étangs, des lacs, des cours d'eau, et sur les rives riches en substances minérales nutritives. Un marais est un ÉCOSYSTÈME qui grouille de vie.

En Amérique du Nord, les marais d'eau douce sont abondants et largement répandus. Au Canada, les marais d'eau douce les plus connus sont ceux des lacs Sainte-Claire, Érié et Ontario, et les rivages du Haut-Saint-Laurent. On trouve aussi couramment de vastes marais d'eau douce dans les deltas de la RIVIÈRE ROUGE au Manitoba et des rivières de la Paix et Athabasca, dans le nord de l'Alberta.

La région des cuvettes des Prairies, au centre de l'Amérique du Nord, est une vaste région dotée d'innombrables lacs, étangs et mares dont la végétation palustre est abondante. Cette région constitue aussi l'aire de nidification la plus importante pour les OISEAUX AQUATIQUES du continent. Au Canada, ce type d'habitat s'étend sur près de 750 000 km² dans le sud du Manitoba, de la Saskatchewan et de l'Alberta.

Les marais d'eau salée se limitent aux régions tempérées. En Amérique du Nord, on les trouve principalement le long des côtes sud et est, des états bordant le golfe du Mexique aux provinces Maritimes. Le MARAIS TANTRAMAR, près d'Aulac, au Nouveau-Brunswick, est un important marais d'eau salée, de renommée historique. Au Canada, d'autres marais d'une importance particulière se trouvent à Kamouraska, au Québec, le long du vaste littoral peu élevé de la baie d'Hudson et de la baie James, dans l'estuaire du fleuve Fraser en Colombie-Britannique. Dans l'ouest de l'Amérique du Nord, sur le continent, de nombreux marais d'eau salée bordent les rives des lacs salés (vestiges d'anciennes mers) et les étangs alcalins.

Tourbières Une tourbière est un milieu mal drainé comportant des dépressions où se forme la tourbe composée surtout de MOUSSE de sphaigne. Des arbustes à feuillage persistant de la famille de la bruyère et des conifères tels que l'ÉPINETTE noire et le MÉLÈZE y croissent. La nappe phréatique, presque à la surface de la couche de mousse, apparaît parfois comme des bassins. La couverture étendue de sphaigne acidifie l'eau, empêchant ainsi la croissance de nombreux micro-organismes.

La stagnation de l'eau ne favorise pas l'oxygénation. De plus, l'effet isolant de la couverture de mousse l'empêche de se réchauffer. C'est pourquoi les couches accumulées de déchets organiques se décomposent peu et forment de la TOURBE. La tourbière n'est qu'un des types d'habitats humides qui se développent dans les anciennes régions glaciaires, froides et humides de l'hémisphère Nord.

Les tourbières se retrouvent communément dans les régions mal drainées de la FORÊT BORÉALE sur le BOUCLIER précambrien du nord du Canada. Les tourbières situées au sud de la forêt boréale, comme la Mer Bleue près d'Ottawa, sont des vestiges de la forêt boréale formée après le retrait des couches glaciaires de la dernière ÉPOQUE GLACIAIRE. De telles tourbières restent limitées aux endroits mal drainés où elles se sont formées.

On retrouve aussi des tourbières un peu partout au Canada atlantique. Elles sont nombreuses à Terre-Neuve. En Nouvelle-Écosse, on en trouve depuis le niveau de la mer sur l'île Briar, à l'extrême ouest de la province, jusque dans les hautes terres du Cap-Breton.

Dans des pays tels que l'Irlande, on utilisait traditionnellement la tourbe séchée comme combustible. La tourbe est largement utilisé pour amender les sols; on peut facilement observer la récolte de la tourbe à cette fin le long de la route transcanadienne dans certaines régions de la Gaspésie. (*Voir aussi* BIOMASSE, ÉNERGIE DE LA; EAU SOUTERRAINE.)

Erich Haber

Marathon, municipalité de canton de l'Ont.; pop. 4791 (rec. 1996), 5064 (rec. 1991), 3437 (rec. 1986); superf. 162,39 km²; const. en 1970; située dans le nord de l'Ontario, à 296 km à l'est de Thunder Bay, sur le LAC SUPÉRIEUR. À l'origine, cette collectivité est connue sous le nom de Peninsula ou Peninsula Harbour. On la fonde en 1883 pour loger les travailleurs de la construction de la ligne du CP. À son apogée, la population de Peninsula est évaluée à 12 000, mais, une fois la construction du chemin de fer terminée, il ne reste qu'une ville fantôme.

Dans les années 30, on y trouve quelques chantiers d'exploitation forestière et, durant la Seconde Guerre mondiale, on y construit des camps de prisonniers de guerre. La guerre suscite l'exploitation du potentiel forestier de la région. En 1944, Marathon Corp. y construit une usine de pâte dont la production commence en 1945. La localité de Marathon devient une ville de compagnie. En 1959, Marathon Corp. vend l'usine à l'American Can qui, à son tour, vend ses intérêts dans l'usine à la James River Corp. en 1983.

Récemment, la région de Marathon jouit d'une vague de prospérité grâce à l'ouverture de trois mines d'or dans la région de Hemlo. Même si elle n'est plus une ville mono-industrielle, son économie demeure étroitement liée à sa ressource fondamentale. Elle est aussi un lieu de villégiature grâce à la proximité du parc national Pukaskwa et du parc provincial Neys. On trouve aussi dans ses environs immédiats d'importants sites archéologiques tels que les fascinantes fosses de Pukaskwa, ainsi que des terrains de camping à l'embouchure de la rivière Pic.

Deborah Welch et Michael Payne

Marathon canadien de ski En 1967, plusieurs centaines de skieurs de fond célèbrent le centenaire de la Confédération canadienne en skiant 160 km, selon un parcours qui les mène de Montréal à Ottawa. L'expédition de trois jours prend de l'ampleur, pour devenir le Marathon canadien de ski (MCS), la randonnée de ski la plus longue en Amérique du Nord. Le MCS est désormais une excursion annuelle de deux jours qui attire près de 3000 skieurs du Canada, des États-Unis et d'une dizaine d'autres pays. Le parcours débute à Lachute, au Québec, traverse les forêts et les fermes de la région de l'Outaouais et se termine dans la région de la capitale nationale, au moment où le Bal de Neige bat son plein, à la mi-février. La variété des catégories permet aux skieurs de tout âge et de tout niveau d'y prendre part, de l'enfant de quatre ans skiant 16 km par jour au «coureur de bois» qui parcourt toute la distance en transportant un sac à dos de 10 kg et en campant en forêt la nuit venue. Un petit nombre d'employés et près de 600 bénévoles participent à l'organisation du marathon.

Murray Shaw

Marathons de natation Ces courses se déroulent en eau libre sur de longues distances. Il s'agit de traverser des plans naturels (canal, lac ou détroit) le plus rapidement possible. Divers records sont compilés: la vitesse, l'âge des athlètes, les doublés, les triplés ou encore le plus grand nombre de traversées.

L'épreuve la plus connue est la traversée de la Manche, d'une distance de 34 kilomètres. On dit qu'un soldat de Napoléon, du nom de Jean-Marie Salatti, prisonnier des Anglais, aurait gagné la France en traversant la Manche à la nage. Officiellement, c'est le Britannique Mathew Webb qui a vaincu le premier La Manche à la nage, en 1883. Il se noie un peu plus tard en voulant franchir les chutes du Niagara à la nage.

Quelques noms canadiens figurent parmi les grands vainqueurs de La Manche. Cindy Nicholas a réussi l'exploit à 19 reprises. Elle traverse aussi, en temps record, le lac Ontario à l'âge de 16 ans. En 1976, elle est la championne mondiale de natation de longue distance. Une autre Canadienne, Loreen Passfield, lui succède en 1977 et 1978. En 1989, Vicki Keith, canadienne également, complète la première traversée de la Manche en papillon. Elle réussit plus tard la traversée du lac Ontario, aller-retour, en 56 heures et celle des cinq Grands Lacs afin de recueillir des fonds pour des œuvres de bienfaisance. Quelques traversées de la Manche, pourtant difficiles, prêtent à sourire: une traversée entièrement sous l'eau en s'alimentant avec une bouteille d'air comprimé; une autre en portant un gilet de sauvetage; sur un matelas pneumatique.

La Torontoise Marilyn Bell signe aussi plusieurs exploits dont celui d'avoir été la première femme à terminer le marathon de 42 kilomètres d'Atlantic, au New Jersey. Le Lac Ontario, la Manche et le détroit Juan de Fuca figurent également parmi ses conquêtes.

Avant 1964, le marathon de l'Exposition nationale canadienne de Toronto est considéré comme le championnat du monde. Deux Canadiens s'y sont distingués George Young. Annulée en 1937 à cause du manque d'intérêt du public, l'épreuve reprend à la fin des années 40. Cliff Lumsdon, l'un des meilleurs nageurs mondiaux de longue distance des années 50, l'emporte à 6 reprises.

Depuis 1963, la Fédération mondiale professionnelle de marathons de natation attribue le titre au nageur et à la nageuse qui ont amassé le plus de points lors d'une série de courses.

La Fédération internationale de natation amateur sanctionne elle aussi une série de courses de longue distance. Elle organise également, chaque année, une Coupe du monde dont fait partie la célèbre traversée du lac Saint-Jean qui, en 2000, en est à sa 46e édition. En 1955, Jacques Amyot est le seul des 7 nageurs à terminer l'épreuve. Depuis cette date, 313 nageurs de 30 pays ont pris le départ de la traversée. Un Américain, John Kinsella, surnommé «la torpille humaine», compte le plus de victoires soit 6. La plupart des champions du monde ont participé à cette traversée dont les Argentins Horatio Iglesias et Claudio Pitt, le Hollandais volant Herman Willemse et l'Allemande Judith de Nijs. Cinq Canadiens figurent parmi les gagnants de ce marathon de 32 kilomètres: Paul Des-Ruisseaux avec 2 victoires et Jacques Amyot, Regent Lacoursière, Robert Lachance et Alexandre Leduc, 1 chacun.

Barbara Schrodt et Yvon Dore

Marchand, Félix-Gabriel, avocat, journaliste, dramaturge et premier ministre du Québec de 1897 à 1900 (Saint-Jean, Bas-Canada, 9 janv. 1832—Québec, Qc, 25 sept. 1900). Marchand, l'un des derniers «vrais rouges» et une importante figure de transition dans la vie politique du Québec, assume la direction d'un Parti libéral déchiré en 1892. Il le conduit néanmoins à la victoire, en 1897, après avoir promis de restaurer le contrôle de l'État sur le système d'enseignement public, défiant ainsi directement l'Église catholique romaine. L'Église a cependant bloqué le projet

de Marchand et elle a conservé sa mainmise sur l'éducation jusque dans les années 60. Sous Marchand, le Parti libéral devient promoteur industriel et ouvre grande les portes aux capitaux et à la technologie de l'étranger. Le vaste potentiel hydroélectrique et forestier du Québec est exploité. Bien qu'amèrement critiquées, ces politiques sont à la base du succès de la politique libérale pendant plus d'une génération. Marchand produit aussi six pièces de théâtre, dont cinq sont présentées au public. Sa contribution à la modernisation du répertoire canadien est importante, l'ouvrant aux influences parisiennes.

Bernard L. Vigod

Marchand, Jean, chef syndical, politicien (Champlain, Qc, 20 déc. 1918—Saint-Augustin, Qc, 28 août 1988). Après avoir obtenu un diplôme en sciences sociales en relations industrielles à Laval (1942), Marchand devient organisateur syndical pour la Fédération de la pulpe et du papier et pour la Confédération des travailleurs catholiques du Canada (1944). Secrétaire général de la CTCC à partir de 1947, il en est élu président en 1961. Au cours des années 50, il contribue, avec d'autres syndicalistes, des intellectuels et des réformistes du Parti libéral du Québec, à la défaite de l'Union nationale, qui survient en 1960. Sa centrale syndicale, rebaptisée la CONFÉDÉRATION DES SYNDICATS NATIONAUX en 1960, travaille en étroite collaboration avec le gouvernement libéral de Jean LESAGE et obtient des réformes législatives, notamment le droit des employés gouvernementaux de se syndiquer et de faire la grève.

Critiquant la montée du SÉPARATISME au Québec au début des années 60, Marchand se laisse convaincre par le premier ministre Lester PEARSON de siéger à la Commission royale d'enquête sur le bilinguisme et le biculturalisme et d'adhérer au Parti libéral fédéral en 1965. Sa venue vise à rehausser la présence francophone au Cabinet et à défendre la cause du fédéralisme au Québec. Il accepte à la condition que ses deux amis de longue date, Pierre TRUDEAU et Gérard PELLETIER, puissent se joindre à lui. Il détiendra plusieurs ministères importants, démissionnant en 1976 pour se porter candidat aux élections provinciales du Québec et tenter d'empêcher la prise du pouvoir par le PARTI QUÉBÉCOIS. Il échoue sur les deux plans. Il est nommé au Sénat, en décembre 1976, et orateur du Sénat en mars 1980. Il jouera d'ailleurs un rôle central dans le débat de 1981 sur la réforme de la Constitution. Après sa démission du Sénat, il est président de la Commission canadienne des transports (1983-1985), puis directeur de Ports Canada et vice-président de la Société du port de Québec. En 1986, il devient Officier de l'Ordre du Canada.

M.D. Behiels

Marchand, Leonard Stephen, politicien et agronome (Vernon, C.-B., 16 nov. 1933). Il est le premier Indien à devenir ministre d'un cabinet fédéral et le deuxième député fédéral autochtone après Louis RIEL. Il œuvre d'abord au sein de la North American Indian Brotherhood, puis abandonne, en 1965, une carrière d'agent scientifique de recherches en agriculture pour travailler successivement comme adjoint spécial de deux ministres fédéraux. Élu député libéral de la circonscription de Kamloops-Cariboo en 1968, il est ministre d'État chargé des petites entreprises (1976-1977) et ministre d'État à l'Environnement (1977-1979). Défait en 1979, il retourne en Colombie-Britannique comme directeur de l'Administration indienne de la vallée de la Nicola qui compte cinq bandes. Il est sénateur depuis 1984.

Politicien discret, considéré comme compétent dans ses fonctions ministérielles, Marchand représente la tendance libérale et individualiste en matière d'entreprises, d'environnement et de questions autochtones. Cette position ainsi que son appui conditionnel aux politiques de son parti sur les autochtones le placent en marge du courant dominant

d'activisme sur les questions autochtones et environnementales.

Bennett McCardle

Marchands d'œuvres d'art Au Canada, ils ne se limitent pas à vendre des œuvres, ils influencent aussi le goût du public. Agissant comme intermédiaires entre l'œuvre d'art et l'acheteur, ils jouent un rôle important dans l'identification des artistes importants en art canadien. Avec leurs ventes, ils contribuent à établir le niveau de renommée d'un artiste, au moins sur le marché. Pour réussir, un marchand doit agir de façon responsable, non seulement à l'égard du milieu, mais aussi à l'égard de l'artiste et du public. L'Association professionnelle des galeries d'art du Canada Inc., fondée en 1966, a tracé une ligne de conduite et élaboré un code de déontologie régissant les galeries d'art commerciales.

Jusqu'au milieu du XIXe siècle, les marchands canadiens ne peuvent se limiter à la vente d'œuvres d'art et sont contraints d'offrir divers objets dans leur boutique. James Spooner, de Toronto, p. ex., exploite une petite galerie de tableaux à l'arrière de son bureau de tabac de la rue King Est, où il vend des œuvres de Daniel Fowler, John FRASER, Paul PEEL et Homer WATSON. William Scott and Son, fondé en 1859 à Montréal, vend principalement des toiles de l'École de Barbizon; à partir de 1901, il sera le représentant de M.A. SUZOR-CÔTÉ en plus de détenir la production de Cornelius KRIEGHOFF. En 1897, William R. Watson hérite de John Ogilvy's de Montréal, un commerce d'art qu'Ogilvy avait créé comme passe-temps.

Dans les années 30, on voit apparaître plusieurs galeries importantes, Leroy Zwicker, à Halifax; Robertson et Wells, à Ottawa; Mellors Fine Art, Laing and Roberts, à Toronto. Toutes ces galeries offrent surtout des peintures anglaises et européennes du XIXe siècle. Les goûts du public et la Crise des années 30 rendent la vente de la peinture canadienne difficile. Quelques marchands agissent cependant en pionniers en soutenant de jeunes artistes canadiens: entre autres, Watson, qui vend les tableaux de Maurice CULLEN de 1908 jusqu'à la mort de l'artiste en 1934; Douglas Duncan, qui ouvre la Picture Loan Society à Toronto, en 1936; Agnès Lefort et Denyse Delrue à Montréal, dans les années 50; la Galerie du Siècle sous la direction d'Yves Lasnier, durant les années 60; Dorothy Cameron à Toronto (sa galerie Here and Now ouvre en 1959); David Mirvish, pendant les 15 années qui suivent l'ouverture de sa galerie en 1963.

Le succès n'est pas instantané. Le groupe PAINTERS ELEVEN, aidé de Jack BUSH qui expose à la galerie Roberts, à Toronto, y organise deux expositions en 1954 et en 1955. Même si les critiques se montrent intéressés et que la deuxième exposition attire un très grand public, les ventes sont faibles. En 1955, Avrom Isaacs ouvre un atelier d'encadrements à Toronto, la Greenwich Gallery. En 1959, il l'appelle Isaacs Gallery et commence à parrainer un groupe de jeunes artistes, dont Michael SNOW et Graham Coughtry, qui appartiennent maintenant à l'histoire de l'art du Canada.

Au cours des années 60, en raison de l'enthousiasme grandissant pour l'art canadien et de l'affluence du public, le nombre de marchands de tableaux augmente, surtout à Toronto. Le secteur corporatif fait désormais partie des amateurs d'art: des entreprises comme CIL, la Banque Toronto-Dominion et différentes compagnies pétrolières, en particulier Imperial Oil, commencent des collections. La Banque d'œuvres d'art du CONSEIL DES ARTS DU CANADA, créée en 1972, avec un budget annuel d'un million de dollars, et, de 1964 à 1978, le ministère des Travaux publics, qui consacre 1 p. 100 du coût de toutes les constructions gouvernementales à l'art, contribuent à augmenter les fonds disponibles (*voir* ART DES LIEUX PUBLICS). De nos jours, environ 70 p. 100 des ventes sur le marché proviennent des collections d'entreprises. Parallèlement, depuis que les musées sont gravement sous-financés, ils comptent de plus en plus sur des dons provenant des entreprises et du secteur privé.

Dans les années 60 aussi, on voit apparaître un nouveau type de commerces: les galeries coopératives ou galeries «parallèles». Les galeries A Space à Toronto, Véhicule à Montréal, la Chambre Blanche à Québec, Saw à Ottawa et d'autres centres dirigés par les artistes forment un réseau à travers le pays, consacré à la promotion des artistes contemporains et à la vente, et non obnubilé par l'aspect mercantile. Ces centres comblent un besoin né de la diversification de la scène artistique; on y trouve la performance, l'ART VIDÉO ou de grandes installations. Plusieurs marchands contemporains, comme Ydessa Handeles, de Toronto, qui ouvre son commerce en 1980, appartiennent à cette nouvelle tendance. Ils considèrent que leur rôle consiste plutôt à trouver des commanditaires qu'à vendre activement, bien que la vente, surtout au MUSÉE DES BEAUX-ARTS DU CANADA, importe également (*voir* ART CONTEMPORAIN).

Les marchands jouent un rôle important en influençant le goût du public et en promouvant l'inhabituel. Des galeries privées canadiennes contribuent à la promotion et à la vente de l'art autochtone. Max Stern, de la galerie Dominion, à Montréal, et G. Blair Laing font connaître la sculpture de Henry Moore au Canada. Stern est aussi le premier galeriste à accorder des contrats à des artistes, à commencer par Goodridge ROBERTS, en 1949. Mirvish garantit des revenus à plusieurs artistes vivants et il leur achète des œuvres, Jules Olitski étant le premier d'entre eux en 1964. Ses relations avec les artistes américains donnent le coup d'envoi aux modifications des rapports entre les artistes et les marchands en Amérique. De plus, sa galerie participe à l'émergence d'artistes comme Jack Bush, Frank Stella, Kenneth Noland et Anthony Caro, entre autres, qui ont maintenant une renommée internationale. Aujourd'hui, de nombreux peintres, conservateurs et collectionneurs du Canada et des États-Unis rappellent que sa galerie a initié leur apprentissage. Grâce à lui, les Canadiens entretiennent une nouvelle relation avec la scène internationale.

Les relations commerciales entre l'artiste et le marchand reposent habituellement sur un pourcentage, et la plupart des œuvres vendues sont en consignation. Quelques marchands peuvent acheter la production d'un artiste pendant plusieurs années et composer ainsi avec le marché. Les ventes au pourcentage sont difficiles pour l'artiste inconnu, qui doit souvent contribuer aux coûts du vernissage et à d'autres dépenses connexes. Le marchand peut parfois avancer de l'argent plusieurs mois avant la tenue de l'événement, fournir l'espace d'exposition et quelquefois un catalogue modeste ou un dépliant de même que les frais d'encadrement et de publicité (ces coûts peuvent aussi être partagés). Certains marchands ont beaucoup de flair pour évaluer la valeur éventuelle du travail d'un artiste. Ils peuvent conserver les œuvres jusqu'à la mort de l'artiste et alors en déterminer la valeur: Max Stern a acheté de nombreux tableaux d'Emily CARR alors qu'elle était méconnue. Walter Klinkhoff, qui commence à vendre de l'art à Montréal en 1949, rappelle qu'il pouvait un temps monter des expositions d'œuvres de Jackson, de Lismer, de Goodridge Roberts et d'Henri Masson, tableaux qu'il avait acquis pour empêcher que d'autres les possèdent, mais que ces inventaires se sont tous épuisés.

Depuis 1986, le marché connaît un regain, après un déclin qui a commencé en 1981. Les ventes aux enchères commencent à dominer les activités de collections publiques et privées. En 1995, c'est aux enchères que l'on obtient le prix le plus élevé pour une seule œuvre d'art: une toile de J.M.W. Morrice adjugée par le commissaire-priseur à 572 000 dollars. Les enchères les plus réussies jamais tenues au Canada sont celles de Joyner Fine Art, Inc. de Toronto, en 1987, qu'ont rapporté un montant de 5,64 millions de dollars pour environ 350 œuvres. Jean-Paul Riopelle est le seul artiste canadien ayant vendu un tableau pour plus d'un million de dollars.

Joan Murray

Marché du travail Ce concept généralisé désigne l'interaction entre l'offre (nombre de personnes disponibles pour travailler), la demande (nombre d'emplois disponibles) et le taux de salaire. L'analyse du marché du travail est compliquée du fait qu'il faut tenir compte non seulement de l'offre et de la demande de travail à court terme, mais aussi de leur répartition par région, profession et industrie. De plus, comme de nombreuses institutions influent sur la répartition des travailleurs et la règlent, les économistes élaborent divers types d'analyse du marché, dont l'analyse néoclassique, l'analyse radicale et l'analyse institutionnelle. Ces deux dernières comprennent ce qu'on appelle aujourd'hui le modèle de «segmentation du marché du travail».

Les nombreux marchés du travail du Canada ne sont pas clairement divisés et peuvent parfois se chevaucher. Les deux divisions les plus logiques se font selon les régions et les professions. Ainsi, le marché du travail non qualifié se limiterait normalement à l'échelle locale, tandis que celui des professionnels hautement qualifiés s'étendrait à l'échelle internationale. Il y a cependant des exceptions. Le Canada fait venir des travailleurs agricoles des Antilles plutôt que de payer des salaires et d'assurer des conditions de travail convenables qui encourageraient les travailleurs canadiens à accepter des emplois dans cette industrie saisonnière.

En revanche, parce que les enseignants compétents dans la plupart des principaux centres urbains sont en nombre excédentaires, les conseils scolaires ont rarement besoin de recruter à l'extérieur de leur propre région. En ce sens, la taille du marché du travail varie selon la mobilité des travailleurs, à savoir leur capacité et leur volonté de se déplacer d'un marché à un autre, tant sur le plan professionnel que géographique. De surcroît, un nombre considérable d'entreprises, surtout de grandes entreprises, ne recrutent pas à même le marché libre, sauf pour pourvoir aux postes de premier échelon ou «postes de débutants». Elles ont plutôt recours à la promotion au sein de leur propre personnel pour combler les postes vacants.

La loi aussi peut agir sur le choix d'un emploi ou d'un candidat à un emploi. P. ex., les avocats et les médecins ne peuvent pratiquer dans une province que s'ils y sont agréés. En vertu des lois actuelles sur l'immigration, sous réserve de quelques restrictions et de quelques exceptions aux termes de l'Accord de libre-échange nord-américain, les employeurs ne peuvent engager des étrangers à moins de pouvoir prouver l'absence au Canada de personnel qualifié disponible. Certaines conventions collectives stipulent que les employeurs ne peuvent faire de l'embauche à l'extérieur du syndicat local. L'exercice de diverses professions et emplois techniques requiert l'obtention d'un certificat attestant la formation d'un individu (un grade universitaire ou un certificat de compagnon à la suite d'un apprentissage, p. ex.).

Le total de l'offre de travail dépend de la taille de la population adulte, soit à des fins statistiques, toutes les personnes âgées de 15 ans ou plus. En réalité, seule une portion de la POPULATION ACTIVE potentielle participe au marché du travail, les principaux facteurs déterminants étant l'âge et le sexe, la conjoncture économique, les institutions sociales et les attitudes. Beaucoup de jeunes personnes fréquentent, jusqu'au milieu de la vingtaine, l'école ou d'autres établissements de formation. En outre, la participation baisse rapidement à mesure que les travailleurs approchent les 60 ans ou les dépassent.

Le taux de participation des femmes, particulièrement celles âgées entre 25 et 64 ans, est traditionnellement beaucoup moins élevé que celui des hommes. Toutefois, cette tendance est en train de changer tandis qu'augmente le nombre de femmes mariées qui se joignent à la population active. On attribue cette participation accrue des FEMMES DANS LA POPULATION ACTIVE à l'évolution des attitudes sociales, à la chute du taux de natalité et de la taille des familles (ce qui est peut-être une conséquence plutôt qu'une cause), à la hausse du niveau de scolarité, à l'accroissement du nombre de débouchés, à la nécessité de maintenir le revenu familial pour compenser la baisse du salaire réel des hommes, et à d'autres pressions économiques.

L'offre globale de travail ne se répartit pas également entre les régions ou même entre les sous-régions, ni entre les marchés du travail ruraux et urbains. Elle varie dans chaque localité non seulement en fonction de la taille et du taux d'activité de la population locale et du taux d'accroissement naturel de la population, mais aussi en fonction de la migration vers les marchés et hors de ceux-ci. Comme le taux de migration est directement lié aux possibilités de développement économique, la croissance relative de la main-d'œuvre dans différentes régions du Canada reflète le développement économique du pays. Au début du XXe siècle, l'avènement de l'économie axée sur la production de blé entraîne une forte croissance dans les Prairies. Plus tard, cette expansion se concentre dans le centre du pays. Récemment toutefois, elle favorise de nouveau l'Ouest, jusqu'au ralentissement de l'économie de cette région dans les années 80. Depuis, on note un certain mouvement des Prairies vers la Colombie-Britannique, sans aucune autre tendance importante dans la répartition de la main-d'œuvre.

Pour des motifs d'ordre pratique et administratif ainsi qu'en raison de son étendue, le Canada est divisé en 71 régions économiques aux fins de l'enquête sur la population active. Toutefois, les 470 régions qui disposent d'un centre d'emploi du Canada en 1991 offrent une meilleure représentation du nombre de marchés du travail locaux, sauf que les principaux centres urbains ont plus d'un centre, ce qui occasionne peut-être une surestimation du nombre de marchés. Depuis, le ministère du Développement des ressources humaines, l'ancien ministère de l'Emploi et de l'Immigration (renommé en 1993), compte de plus en plus sur les guichets électroniques (terminaux vidéo) pour fournir des renseignements et des services en matière d'emploi. En agissant de la sorte, il traite le marché du travail canadien comme s'il était un marché national.

Pour ce qui est de la répartition de la main-d'œuvre par profession, il est possible d'estimer en gros l'entrée sur le marché du travail des nouveaux travailleurs détenant certaines qualifications professionnelles en surveillant continuellement les diplômés qui sortent des établissements d'enseignement et de formation, des programmes structurés d'apprentissage et de formation industrielle en cours d'emploi, ainsi que les qualifications professionnelles des immigrants. Une telle estimation serait cependant imprécise parce qu'elle ne tient pas compte des compétences acquises de façon informelle et de la formation en milieu de travail, qui n'apparaissent pas normalement dans les statistiques, ni du nombre de travailleurs qui occupent un emploi ne faisant pas appel à leurs qualifications réelles. Selon une étude menée en 1989, le tiers des diplômés universitaires, 40 p. 100 des diplômés collégiaux et le tiers des diplômés du secondaire occupent alors un emploi qui ne fait pas appel à leurs qualifications.

Par ailleurs, il n'existe pas non plus de données précises sur les compétences perdues par ÉMIGRATION. Il serait donc plus exact de déterminer la répartition réelle de la main-d'œuvre par profession en mesurant la demande de qualifications, plutôt que l'offre. Le fait que le Canada se fie depuis longtemps aux immigrants pour obtenir certaines qualifications et que, en période de faible chômage, les employeurs se plaignent souvent de la pénurie de gens de métier montre bien que l'offre nationale de certaines qualifications reste inférieure à la demande.

La demande sur les marchés du travail La demande de travail est indirectement déterminée par la demande de biens et de services que ce travail produit. Elle a une dimension géographique et professionnelle, mais elle est aussi fortement touchée par la répartition des qualifications par catégorie d'activité économique et par l'organisation des industries. Sur le plan géographique, elle ne correspond en général pas à la répartition de l'offre. Par conséquent, des emplois pratiquement identiques seront souvent marqués par des différences régionales de taux de chômage et de salaires moyens.

Selon la répartition de la population en emploi par catégorie d'activité économique, l'écart entre la répartition des hommes et celle des femmes est encore une fois assez prononcé, principalement en raison des différences dans la composition de la demande de travail par professions dans les diverses industries. Les chiffres révèlent une croissance plus rapide de l'emploi dans les industries tertiaires, qui est semblable à la tendance à la hausse du nombre de cols blancs parmi les professions.

Salaires et chômage Dans un modèle économique parfait du marché du travail, les salaires s'ajustent de façon à éliminer le chômage. Ainsi, au fil des ans, la main-d'œuvre se déplacerait entre régions, professions et industries jusqu'à l'égalisation des taux de salaires réels après rajustements commandés par les différences de qualification, de scolarité et de formation, ainsi que par les coûts non monétaires et les avantages de chaque milieu de travail. En réalité, cette situation idéale n'existe pas, et il continue d'y avoir des écarts entre l'offre et la demande, surtout entre les régions et entre les emplois nécessitant des qualifications semblables. Les exigences en matière de formation et les conditions de travail diffèrent largement entre les professions et entre les régions, et il en est de même pour le taux de chômage. Il est très difficile d'analyser ces disparités, mais les disparités régionales montrent bien à quel point la situation canadienne est loin de l'équilibre de l'offre et de la demande énoncé dans la théorie économique des marchés du travail.

Le concept de marché du travail doit être considéré comme un outil complexe et imparfait d'analyse du système d'allocation de l'offre globale de travail au Canada (y compris les employeurs, les cadres et les travailleurs indépendants), entre toutes les possibilités d'emploi que présente l'économie.

Taux d'activité Représentant la proportion des personnes d'un groupe d'âge et de sexe donné qui participent au marché du travail, le taux d'activité subit des changements considérables au cours des dernières années parce que de plus en plus de femmes entrent sur ce marché. En 1961, moins de 30 p. 100 des Canadiennes s'y trouvent. En 1996, cette proportion a presque doublé, du fait surtout que de moins en moins de femmes quittent la population active pour se marier ou pour élever une famille. Par contre, chez les hommes, ce taux affiche une certaine constance malgré une baisse régulière de la participation des hommes de 65 ans ou plus par suite de l'amélioration des allocations de retraite. En dépit de cette tendance, le taux d'activité des hommes âgés de 15 ans ou plus demeure considérablement supérieur à celui des femmes. Ainsi, en juin 1996, il atteint 74 p. 100 par rapport à 58,7 p. 100 pour les femmes.

Paul Phillips

L'expansion du travail autonome représente sans contredit l'une des transformations les plus importantes subies depuis quelques décennies par le marché du travail. Portées principalement par l'explosion des communications et leur support informatique, ces transformations ont complètement chambardé les relations du travail et contraint les organisations syndicales à adopter de nouvelles stratégies pour rejoindre ces membres désormais dispersés sur tout le territoire.

C'est le lieu de travail, l'usine ou l'institution, qui avait été jusque-là le lieu d'implantation et d'intervention traditionnel des organisations syndicales. D'une certaine manière, la solidarité et la mobilisation des travailleuses et des travailleurs étaient favorisées par cette proximité de travail.

Désormais, les syndicats doivent faire preuve d'imagination pour regrouper des travailleuses et des travailleurs qui, tout en partageant des intérêts communs, ne se rencontrent pour ainsi dire jamais. C'est ainsi que sont mis sur pied des syndicats de pigistes dont les structures doivent être adaptées aux nouvelles conditions d'exercice de la syndicalisation.

Dans la foulée de la récession économique qui a frappé les pays occidentaux au début des années 1990 est apparu le phénomène des clauses discriminatoires, en particulier dans le monde municipal. Ces clauses dites «orphelin» consistent à accorder à des groupes d'employés, la plupart du temps les plus jeunes, des conditions de travail et de salaire inférieures à celles dont jouissent les plus âgés.

Bien souvent impuissants à contrer ces exigences patronales, plusieurs syndicats se sont retrouvés dans l'obligation de signer de telles clauses. Une coalition regroupant les organisations syndicales et les organisations de défense des intérêts des jeunes a réclamé et obtenu, au Québec, l'adoption, en 1999, d'une législation dont on a cependant dénoncé l'ambiguïté.

Michel Rioux

Marche sur Ottawa Au début d'avril 1935, 1500 résidants des CAMPS DE SECOURS POUR LES CHÔMEURS du gouvernement fédéral, situés en Colombie-Britannique, déclenchent la grève et se rendent à Vancouver par train et par camion. Organisée par la radicale Ligue d'unité ouvrière (LUO) et menée par le dirigeant de la LUO, Arthur «Slim» EVANS, la manifestation-occupation qui s'ensuit est le résultat de vives préoccupations pour l'amélioration des conditions et des avantages dans les camps, et de la réticence apparente du gouvernement fédéral à fournir des programmes d'emploi et de salaires. Une fois à Vancouver, les grévistes forment des divisions, ils s'allient à des groupes civiques, ouvriers, ethniques et politiques, ils manifestent et ils font des entrevues avec des personnalités politiques, comme le premier ministre provincial T. Dufferin PATTULLO et le maire Gerald MCGEER. Au nombre des faits saillants de leur séjour de deux mois, on compte l'occupation du magasin de la Compagnie de la baie d'Hudson, du musée et de la bibliothèque de la ville, ainsi que le défilé du 1er mai regroupant quelque 20 000 grévistes et partisans au parc Stanley.

Devant le refus des gouvernements de s'occuper des grévistes et devant l'échec apparent du mouvement aux yeux des partisans, Evans et ses collègues décident de déplacer la grève à Ottawa. Le 3 juin, plus de 1000 grévistes entreprennent la «Marche sur Ottawa». Ils veulent sensibiliser la population à leur cause et porter plainte devant le Parlement et le premier ministre R.B. BENNETT. Les grévistes réquisitionnent des trains de marchandises et font des arrêts à Calgary, à Medicine Hat, à Swift Current et à Moose Jaw, avant d'arriver à Regina. À cette étape, la compagnie de chemins de fer, forte d'un décret du premier ministre, refuse aux grévistes un nouvel accès à ses trains. Les négociations avec le gouvernement fédéral aboutissent à l'envoi à Ottawa de huit marcheurs avec mission de rencontrer Bennett. Pendant ce temps, une foule de 2000 marcheurs dans l'attente se masse sur le terrain de l'Exposition de Regina. Ils sont nourris et logés par les habitants de la ville et le gouvernement de la Saskatchewan.

À Ottawa, les pourparlers sont vite rompus, et la délégation retourne, décidée à disperser les marcheurs. À Regina, on organise un rassemblement pour le 1er juillet en vue de s'assurer une participation locale de dernière minute. Bien que la marche tire à sa fin, Bennett décide d'arrêter les chefs de file. Durant le rassemblement, des policiers locaux et des escouades de la GRC font irruption dans une foule d'environ 300 personnes pour arrêter Evans et d'autres orateurs, provoquant ainsi l'émeute de Regina. Le conflit se déplace dans les rues de Regina, alors que des marcheurs attaquent la police avec des pierres et des gourdins. La bagarre se termine à minuit, une fois les manifestants retournés au terrain de l'exposition. Résultats: un policier local est mort, des dizaines de manifestants, de citoyens et de policiers sont blessés et 130 manifestants sont arrêtés. Quatre jours plus tard, le gouvernement provincial aide les marcheurs à regagner leurs camps, la plupart s'en retournant à Vancouver par train de voyageurs. La répression de la marche et l'antagonisme de Bennett envers Evans ont contribué au déclin de la carrière politique du premier ministre. (*Voir aussi* CRISE DES ANNÉES 30.)

Victor Howard

Marchessault, Jovette, dramaturge, romancière, peintre et sculpteure (Montréal, 9 févr. 1938). D'origine québécoise et amérindienne, elle est contrainte de quitter l'école à l'âge de 13 ans pour travailler à l'usine, mais elle continue de s'instruire par ses lectures. Elle devient une artiste reconnue en 1970, grâce à une brillante exposition à Montréal, suivie de plusieurs autres à New York, Toronto, Paris et Bruxelles. Son premier roman, *Comme une enfant de la terre* (1975), remporte le prix France-Québec en 1976, et les deux suivants mobilisent l'attention en raison de leur féminisme radical. Sa première pièce, le monologue dramatique *Les Vaches de nuit,* est jouée en 1979 et publiée dans le volume *Triptyque lesbien* (1980), qu'elle appelle une «histoire lesbienne du Québec médiéval».

Mais l'œuvre qui consacrera sa réputation comme auteure dramatique est *La Saga des poules mouillées,* qui remporte un succès de scandale à Montréal (1981), puis à Toronto (1982), sous le titre *Saga of the Wet Hens.* Située dans son propre univers intemporel et antiréaliste, la Saga, comme toutes les pièces de Marchessault à ce jour, dédaigne l'intrigue linéaire traditionnelle et rassemble quatre éminentes auteures québécoises de générations différentes, qui commencent par décrire leurs propres peurs, puis les exorcisent collectivement en affirmant leur solidarité face aux contraintes phallocrates qui les étouffent dans la vie réelle.

Encouragée par ce succès, Marchessault va surtout se consacrer au théâtre. Ses pièces les plus importantes traitent d'écrivaines et de femmes artistes extraordinaires du passé, la plupart homosexuelles. *La Terre est trop courte, Violette Leduc* (1981) explore la vie perturbée de l'auteure lesbienne française Leduc; *Alice et Gertrude, Natalie et Renée et ce cher Ernest* (1984) décrit avec fantaisie le fabuleux milieu artistique auquel on associe Gertrude Stein à Paris en 1939; *Anaïs dans la queue de la comète* (1985) porte sur la carrière de l'auteure Anaïs Nin. *Le Voyage magnifique d'Emily Carr* (1990) a remporté le prix du Gouverneur général dans la catégorie théâtre en 1991. Depuis elle a écrit deux autres pièces de théâtre : *Le Lion de Bangor* (1993) et *Madame Blavatsky, spirite* (1998).

L.E. Doucette

Marchildon, Philip Edward, joueur de baseball (Penetanguishene, Ont., 25 oct. 1913). C'est comme lanceur dans une ligue semi-professionnelle de l'Ontario qu'il se fait connaître à l'occasion d'un camp d'essai à Barrie. Il joint les rangs des Athletics de Philadelphie en 1940 et, bien qu'il s'absente pendant trois ans pour servir dans l'armée, il gagne 68 matchs des ligues majeures avant de prendre sa retraite en 1950. En 1947, 14 de ses 19 matchs gagnants ont été joués contre des équipes de la première division. Ces victoires ont permis aux Athletics de terminer au cinquième rang. Marchildon est membre du Temple de la renommée du baseball canadien et du Temple de la renommée des sports du Canada.

William Humber

Marco Polo Ce voilier de 1625 t est lancé en avril 1851 du chantier naval du constructeur James Smith, dans la baie de Courtney, à Saint-Jean (Nouveau-Brunswick). C'est le plus célèbre voilier construit au

Nouveau-Brunswick: il abaisse d'une semaine le précédent record de la traversée d'Angleterre en Australie en effectuant l'aller-retour en moins de six mois, ce qui lui vaut le titre de «voilier le plus rapide du monde». Il sert au commerce avec l'Australie pendant 15 ans avant d'être acheté par des Norvégiens pour le commerce du bois québécois. Il s'échoue au cap Cavendish, à l'Île-du-Prince-Édouard, en 1883.

James Marsh

Marcotte, Gilles, professeur, essayiste (Sherbrooke, Qc, 1925). Journaliste à *La Tribune,* puis au *Devoir* et à *La Presse,* il travaille également pour l'Office national du Film avant de devenir professeur de littérature à l'U. de Montréal en 1965. Il publie régulièrement dans *Les Écrits du Canada* et le magazine *L'Actualité*. Il est l'auteur de romans aussi différents par leurs thèmes et leur style que *Le Poids de Dieu* (1962), *Retour à Coolbrok* (1965), *Une mission difficile* (1977), de récits (*Un Voyage*, 1973; *La Mort de Duplessis et autres récits,* 1999) et d'un recueil d'histoires cruelles sur le dépaysement, l'errance et la mort (*La Vie réelle,* 1989). Son premier recueil d'essais, *Une Littérature qui se fait* (1962) dénote une certaine originalité dans l'étude de l'évolution de la pensée critique au Québec, notamment sur Saint-Denys Garneau et les thèmes de son œuvre: le vertige et l'exil. *Le Roman à l'Imparfait* (1976) analyse les expériences de quelques romanciers en lutte avec des personnages qui sont eux-mêmes écrivains ou lecteurs: Bessette, Blais, Ducharme, Ferron, Godbout. *La Littérature et les restes* (1980) se présente comme un échange de lettres philosophiques et sportives avec l'écrivain André Brochu. *L'Amateur de musique* (1992) réunit des chroniques parues dans *Liberté* et *La Prose de Rimbaud* (1984), des essais sur Lautréamont et René Char. Marcotte ne sépare jamais *Littérature et circonstances* (1989), histoire et fiction, texte et institution, langage et société, écriture et espace (*Écrire à Montréal,* 1997). En 1997, il a reçu le prix David pour l'ensemble de son œuvre.

Laurent Mailhot

Marcuse, Judith Rose, née Margolick, danseuse, chorégraphe, professeure et metteure en scène (Montréal, 13 mars 1947). Sa vaste expérience de la scène internationale en danse classique et moderne fait de Marcuse une chorégraphe polyvalente. Après une formation à Montréal, elle étudie à la Britain's Royal Ballet School de 1962 à 1965, puis au Canada et aux États-Unis. Elle danse avec de nombreuses compagnies importantes, notamment LES GRANDS BALLETS CANADIENS (1965-1968), la Bat-Dor Dance Co. d'Israël (1970-1972) et le Ballet Rambert d'Angleterre (1974-1976).

Bien qu'elle danse toujours, depuis 1972, Marcuse s'occupe surtout de chorégraphie et crée des œuvres pour des troupes canadiennes et étrangères. Elle est directrice artistique de la Judith Marcuse Dance Project Society depuis sa fondation, en 1980, et de la Repertory Dance Co. of Canada depuis 1984. Marcuse est récipiendaire du prix Jean A. Chalmers pour la chorégraphie (1976) et du Clifford E. Lee Award for Choreography (1979). Durant les années 90, elle se consacre essentiellement à la création de chorégraphies pour le cinéma. En 1993, *Second nature,* produit par le cinéaste Daniel Conrad, de Vancouver, remporte la médaille d'argent au New York Dance Film and Video Festival.

En 1995, Marcuse consacre une grande partie des ressources de sa compagnie au *Kiss Project,* une expérience interdisciplinaire ambitieuse d'une durée d'un mois. Le projet se termine par la présentation d'œuvres de commandes réalisées pour des dramaturges et des chorégraphes. Le projet obtient l'appui enthousiaste de la communauté artistique et du public, et l'expérience est renouvelée en 1996.

Michael Crabb et Max Wyman

Marée Bien qu'il existe des marées atmosphériques et des marées terrestres, seules les marées océaniques (*voir* OCÉAN) font partie du quotidien. La marée est perçue comme une oscillation régulière des niveaux d'EAU, de la vitesse et de la direction des courants marins. Elle est provoquée par les forces d'attraction de la Lune et du Soleil (*voir* ASTRONOMIE).

La Terre, en réalité, n'est pas en orbite autour du Soleil, mais autour du centre de la masse constituée par le système Terre-Soleil. Puisque toutes les parties de la Terre se déplacent sur la même orbite, elles subissent la même accélération, mais celle-ci n'est exactement équilibrée par l'attraction solaire qu'au centre de la Terre. L'attraction solaire étant plus forte du côté qui se trouve le plus près du Soleil, il s'ensuit que les masses terrestres (l'eau, p. ex.) tendent à s'éloigner du centre de la Terre pour se rapprocher du Soleil. Du côté opposé au Soleil, l'attraction solaire est moindre et les masses tendent à s'éloigner à la fois du Soleil et du centre de la Terre. Ce déséquilibre de l'effet gravitationnel entraîne un renflement des surfaces sur les portions de la Terre orientées vers ou à l'opposé du Soleil. Ce phénomène de renflement dû à l'attraction solaire se produit une fois par jour au rythme de la rotation de la Terre sur son axe. Comme la Terre est également en orbite autour de la masse du système Terre-Lune, les mouvements de la marée subissent aussi l'attraction lunaire sur les deux côtés de la planète, face et opposé à la lune. En raison de son éloignement, le Soleil n'exerce sur les marées que 46 p. 100 de l'influence qu'y exerce la Lune. Quand la Lune ou le Soleil se trouvent dans l'axe de l'équateur, un renflement se produit au nord de l'équateur et un autre au sud, l'un et l'autre n'étant pas identiques, sauf à l'équateur. Cette différence cause l'inégalité diurne dans les marées semi-diurnes. Au moment de la nouvelle Lune et de la pleine Lune, les renflements d'origine lunaire et solaire sont presque en coïncidence, ce qui entraîne des marées de grande amplitude, appelées marées de vives-eaux (ou grandes marées). Aux premiers et derniers quartiers de la Lune, les gonflements lunaires et les creux solaires sont quasi simultanés, d'où des marées de faible amplitude, appelées marées de mortes-eaux (ou petites marées). Les marées sont aussi de plus grande amplitude lorsque la Lune est au plus près de la Terre (marées de périgée).

L'amplitude de la marée est la distance verticale entre la limite supérieure de marée haute et celle de la marée basse lui succédant. Le flux est le mouvement des eaux en direction de la terre, le reflux, le mouvement vers la mer. On appelle «étale» la brève période stationnaire qui sépare le passage du flux au reflux, et vice-versa. L'intervalle entre étale et marée haute (ou marée basse) peut varier d'un endroit à l'autre, mais, dans la plupart des régions côtières, les étales coïncident avec marées hautes et marées basses. Lorsque le cycle marée haute-marée basse se produit à deux reprises durant une journée lunaire (environ 25 heures solaires), la marée est dite semi-diurne. Elle est diurne s'il ne survient qu'une fois durant le même intervalle de temps. La plupart des marées sont de type intermédiaire: deux cycles de marées quotidiens dont la hauteur et l'amplitude des marées varient, la différence étant appelée inégalité diurne. Un mascaret, sorte de longue vague déferlante qui progresse vers l'amont avec la marée, se forme parfois lorsque la mer monte rapidement dans l'embouchure d'une rivière peu profonde et de faible pente. On observe de semblables phénomènes dans de nombreuses rivières qui se jettent dans la BAIE DE FUNDY, la plus connue étant la rivière Petitcodiac, au Nouveau-Brunswick. Lorsque le flux ou le reflux force un fort débit d'eau à s'écouler dans un passage resserré, la vitesse du courant provoque un raz de marée. Les chutes réversibles de Saint-Jean (Nouveau-Brunswick) en sont un exemple (*voir* CHUTE D'EAU). On appelle contre-courant de marée une surface d'eau tumultueuse formée lorsque les vagues de l'océan, poussées par le vent, rencontrent un courant de marée qui s'écoule dans la direction inverse. Alors les vagues s'amoncellent, forment des pics et s'écroulent avec violence.

Si les forces génératrices de marées sont dues à l'attraction des corps célestes, les marées elles-mêmes se propagent sous forme de longues ondulations et sont réfléchies, amplifiées ou atténuées dans leur progression. Il arrive donc qu'une marée présente un caractère différent de celui des forces génératrices qui s'exercent là où elle se produit. Ainsi, les grandes amplitudes enregistrées dans l'océan Arctique résultent de l'énergie qui se propage depuis l'océan Atlantique, et les fortes marées de la baie de Fundy sont dues à un phénomène de résonance dans le système baie de Fundy-golfe du Maine. Ces dernières marées, qui atteignent jusqu'à 16 m d'amplitude, sont les plus remarquables du Canada et peut-être du monde. À Victoria, les marées présentent des inégalités diurnes plus considérables que celles de Halifax, bien que ces deux villes se trouvent à peu près à la même latitude et subissent donc les mêmes forces génératrices de marées. À cause de différences de ce genre, on ne peut prédire la nature des marées en un lieu donné qu'après avoir recueilli suffisamment d'observations pour définir le caractère local de cette marée en termes d'astronomie. De petites marées (de l'ordre de 5 cm) se produisent dans les Grands Lacs et on peut observer un courant de marée d'un nœud à Little Current Channel, au lac Huron. Au Canada, on commence à étudier les marées en 1893, année de la création du Canadian Tidal Survey. Le premier directeur, W.B. DAWSON, préside à la mise en place d'un réseau de stations le long de la côte atlantique et dans le GOLFE DU SAINT-LAURENT, tout en encourageant l'étude des marées sur les côtes est et ouest du pays. Ce réseau s'est peu à peu développé et relève aujourd'hui du ministère des Pêches et Océans. (*Voir aussi* ÉNERGIE MARÉMOTRICE.)

W.D. Forrester

Margarine La margarine (oléomargarine) est un substitut du beurre, composé principalement d'huiles végétales raffinées et hydrogénées (canola et soja), de lait en poudre et d'eau, auxquels on ajoute du sel, des agents de conservation, des émulsifiants, des vitamines A et D, ainsi qu'un arôme et un colorant végétal artificiels. Les ingrédients solubles et insolubles sont traités et chauffés dans des cuves distinctes, puis fouettés jusqu'à émulsion. Le tout circule dans un échangeur de chaleur pour être refroidi et durci.

Inventée en 1869 par le Français Hyppolite Mège-Mouries, la margarine est vite brevetée et fabriquée dans de nombreux pays. Le gras de bœuf et le saindoux sont d'abord utilisés, mais, avec l'arrivée de techniques de traitement modernes, on se tourne vers les huiles végétales. On se soucie de plus en plus des dommages causés à notre santé par les graisses et les huiles saturées. On les remplace donc par des huiles polyinsaturées.

Les producteurs laitiers s'opposent farouchement à la vente de la margarine, aussi est-elle réglementée ou interdite dans de nombreux pays. Au Canada, la fabrication et la vente de la margarine sont interdites par une loi du Parlement en 1886. Cette interdiction est toutefois levée en 1917, alors que la pénurie de beurre qui survient en temps de guerre entraîne la légalisation de la margarine. Elle est de nouveau interdite en 1923. Un long conflit persiste entre les producteurs et les consommateurs, si bien que la margarine n'est légalisée de façon permanente qu'en 1948, quand le Parlement s'en remet à la Cour suprême. En dépit de la loi fédérale, certaines provinces interdisent la coloration de la margarine. Aujourd'hui, les provinces la permettent, mais elles réglementent la couleur utilisée.

La production canadienne croît rapidement, passant d'environ 53 000 t en 1954 à 129 000 en 1986. Elle serait de beaucoup supérieure si la margarine était servie dans les restaurants, mais les lois provinciales exigent que les établissements de restauration qui servent de la margarine affichent en grosses lettres «Margarine servie ici», une mesure qui protège les producteurs laitiers canadiens.

Erwin Kreutzwieser

Margison, Richard Charles, ténor (Victoria, C.-B., le 15 juill. 1953). Il étudie d'abord le piano avec sa mère (ses parents sont tous deux musiciens) et il participe à des spectacles locaux en tant que guitariste-chanteur de folklore-auteur-compositeur avant d'entreprendre sérieusement l'étude du chant en 1976 avec Selena James, au Victoria Conservatory of Music. Il travaille également avec Frances Adaskin. Margison apprend son métier et acquiert une vaste expérience de la scène en jouant dans des productions locales (Gilbert et Sullivan, Bastion Theatre, Pacific Opera Victoria) et avec le Canada Opera Piccolo, où il travaille avec Léopold SIMONEAU et Pierrette ALARIE. Il fait ses débuts en 1985, dans son premier rôle important, avec le Vancouver Opera, avec qui il retourne chanter à plusieurs reprises au cours des années suivantes. Il élargit son répertoire en se produisant avec diverses compagnies d'opéra à Calgary, à Edmonton, à Winnipeg, à Montréal et à Ottawa. Il chante également dans le cadre d'oratorios et de concerts avec les principaux orchestres canadiens.

Margison fait ses débuts à la COMPAGNIE D'OPÉRA CANADIENNE en 1989 et il chante aussi pour la première fois avec l'English National Opera, dans le rôle de Riccardo dans *Un Ballo in maschera*, qui lui vaut les éloges de la critique pour la qualité de sa voix de ténor lyrique. C'est ce qui lance sa carrière internationale florissante qui, en 1996, compte les grands rôles de l'opéra, particulièrement dans les répertoires italien et français (Verdi, Puccini, Boito, Bizet) dans les grandes maisons d'opéra à Vienne, à Berlin, à San Francisco, à Hambourg, à Melbourne, à Washington, à Londres, à Bruxelles et à Munich. Il chante Pinkerton dans *Madame Butterfly* (sous la direction de Placido Domingo) pour ses débuts au Metropolitan Opera en avril 1995, puis Don José dans la production de *Carmen* de cette même compagnie au cours de la saison 1995-1996. Parmi les enregistrements de Margison, on peut noter trois disques compacts d'arias d'opéra sur étiquette CBC. De son authentique voix de ténor *lirico-spinto* (lyrico-dramatique) tout en souplesse, au timbre toujours chaleureux et d'une brillance dorée sur toute sa tessiture, Margison captive tant les auditoires que la critique.

Patricia Wardrop

Maria Chapdelaine Ce roman (publié en feuilleton à Paris en 1914 et publié à Montréal en 1916) incarne un certain esprit canadien-français sous sa forme la plus lyrique. L'auteur, Louis HÉMON, un Français expatrié au Lac-Saint-Jean (Qc), s'inspire de ses expériences. L'église et la ferme fournissent un cadre physique et symbolique propice à la romance, tandis que les saisons et les jours de fête servent de cadre temporel mythique au déroulement de l'action. Après la mort de sa mère et de son amoureux François Paradis, Maria doit choisir entre deux soupirants: Lorenzo Surprenant, qui la séduit avec la richesse de l'Amérique, et Eutrope Gagnon, son voisin. Elle choisit Gagnon, assurant la survie de sa famille et de la collectivité et soutenant les valeurs traditionnelles du Canada français rural. Souvent réimprimé, au Canada comme en France, Maria Chapdelaine est porté à l'écran à trois reprises. La version de Gilles CARLE (1983) est la plus récente. La traduction de W.H. Blake (1921), magnifiquement illustrée de gravures sur bois de Thoreau Macdonald, demeure la version anglaise standard.

Michèle Lacombe

Mariage et divorce Le mariage demeure l'une des institutions sociales les plus importantes au Canada. Il peut être dissout par annulation ou par divorce, ces deux recours nécessitant un jugement du tribunal. Le remariage n'est possible qu'après la rupture légale d'un mariage précédent au moyen de l'un ou l'autre de ces recours.

Il existe toutefois une autre forme de mariage, que l'on appelle communément union de fait et qui n'exige aucune cérémonie légale. Il s'agit d'une forme de cohabitation qui finit par conférer aux conjoints de fait des droits et des obligations comparables, quoique non identiques, à ceux que confère le mariage légal. Le fait de vivre à deux et, le cas échéant, d'avoir un enfant donne au couple ces droits et ces obligations. Les unions de fait sont de plus en plus nombreuses au Canada. En 1996, 14 p. 100 des couples vivaient de cette façon.

Les provinces disposent chacune de lois distinctes pour reconnaître l'union de fait en diverses circonstances. Bien que le Québec ne reconnaisse pas ce genre d'union, c'est pourtant dans cette province que l'on retrouve la plus forte proportion de personnes vivant dans un tel état. En 1996, 24,4 p. 100 des unions de cette province étaient des unions de fait, comparativement à 9,1 p. 100 en Ontario.

Depuis les années 60, le mariage et le divorce au Canada ont subi des changements profonds, qui modifient sensiblement le sens du mariage. Une grande majorité des gens se marient encore à une période ou une autre de leur vie. Cependant, le nombre et la proportion de personnes qui se marient sont en baisse. Il est fort probable que celles-ci choisiront plutôt l'union de fait. En outre, une proportion considérable de couples finira par divorcer.

Âge lors du premier mariage En 1996, l'âge moyen lors du premier mariage était de 27,3 ans chez les femmes et de 29,3 ans chez les hommes, ce qui représente un report important par rapport aux années antérieures. Un facteur demeure constant: l'homme est en général de deux ans l'aîné de la femme. Cette situation a des conséquences à la fois sur le mariage et sur les dernières années de celui-ci. Les femmes vivent en moyenne plus longtemps que les hommes (p. ex., on estime l'espérance de vie d'une femme née en 1996 à 81,3 ans et celle d'un homme né la même année, à 75,3 ans). C'est pourquoi il est très probable qu'une femme meure veuve et qu'un homme s'éteigne durant son mariage.

Répartition du travail au sein du mariage Jusqu'à tout récemment, dans la plupart des mariages, les tâches étaient réparties de façon assez rigide entre l'homme et la femme. En général, l'époux s'occupait du bien-être économique de la famille et était considéré comme le soutien de famille, tandis que l'épouse élevait les enfants, vaquait aux TRAVAUX DOMESTIQUES, assurait la santé affective et physique de la FAMILLE et assumait l'ensemble des autres responsabilités familiales. En outre, celles qui habitaient la ferme participaient aux travaux agricoles, et de nombreuses épouses de la classe ouvrière prenaient des pensionnaires ou faisaient des ménages à l'extérieur, contribuant ainsi directement au revenu familial. Depuis le début des années 80, cependant, la majorité des épouses canadiennes gagnent un revenu indépendant et prennent part aux activités économiques traditionnellement réservées aux hommes. Elles se trouvent donc moins dépendantes qu'auparavant de leur époux, ce qui provoque un changement dans l'équilibre des forces au sein du mariage. Cela signifie aussi que la plupart des enfants d'âge préscolaire sont confiés en garderie durant une grande partie de la journée. En 1988, 57,5 p. 100 des enfants d'âge préscolaire (jusqu'à 5 ans) faisaient l'objet d'une forme quelconque de garde partagée. En 1992, 64 p. 100 des femmes mariées ayant des enfants de moins de 16 ans faisaient partie de la population active. Néanmoins, les travaux domestiques continuent, dans l'ensemble, d'incomber surtout à la femme.

Droit de la famille et obligations familiales Depuis 1978, toutes les provinces ont apporté des modifications importantes au DROIT DE LA FAMILLE (plus d'une fois pour la plupart), attribuant généralement une responsabilité égale à chacun des époux en ce qui a trait à l'ensemble des obligations familiales, notamment les travaux ménagers, les soins aux enfants et les dispositions relatives au bien-être économique de la famille. En conséquence, en cas de règlement de divorce, on reconnaît maintenant, en règle générale, les travaux ménagers et les soins aux enfants comme des moyens pour un conjoint de contribuer à l'ensemble du bien-être économique de la famille. Il peut ainsi réclamer une partie des biens matrimoniaux. Toutefois, cette législation ne semble pas pour autant avoir amélioré le sort économique des femmes divorcées et de leurs enfants. Une étude menée en 1988 pour le ministère de la Justice révèle qu'après le divorce le revenu des femmes ne représente que 64 p. 100 à 69 p. 100 de celui des hommes. Étant donné que dans la majorité des cas, les enfants habitent avec la mère après le divorce, le revenu d'un ménage de femme divorcée a tendance à être nettement inférieur à celui d'un homme dans la même condition.

Loi sur le divorce La *Loi sur le divorce* est de compétence fédérale. En 1968, la première loi unifiée sur le divorce est promulguée au Canada. L'obtention du divorce est alors facilitée, quoique de nombreuses difficultés d'ordre légal ou autre demeurent. Il est alors possible de demander un divorce en invoquant une violation de la loi conjugale (auparavant le seul motif acceptable) ou une rupture du mariage. Toutefois, dans ce dernier cas, le couple doit avoir vécu trois ans en séparation avant que lui soit accordé le divorce. En 1986, la *Loi sur le divorce de 1985* entre en vigueur. Dorénavant, la seule raison nécessaire pour demander le divorce est la rupture du mariage. Pour satisfaire à ce critère, il faut soit avoir vécu en séparation pendant au moins un an, soit avoir commis l'adultère ou avoir maltraité son conjoint physiquement ou psychologiquement. Le taux de divorce est en augmentation constante au cours de la seconde moitié du siècle. À la suite des premières modifications apportées à la *Loi sur le divorce*, on constate une brusque hausse du phénomène, le nombre de divorces passant de 54,8 pour 100 000 habitants en 1968, à 124,2 pour 100 000 en 1969. Cette tendance se poursuit à un rythme accéléré, pour atteindre un autre sommet à la fin des années 80, après la dernière modification de la *Loi sur le divorce*. Depuis 1989, le nombre de divorces par année semble se stabiliser aux alentours de 77 000 à 80 000 cas.

Rupture du mariage Le taux de divorce seul n'est pas un indicateur précis du nombre de ruptures de mariage, car il ne comprend pas les séparations de corps, les divorces accordés dans d'autres pays et l'abandon du domicile conjugal. Toutefois, comme il est plus facile que par le passé d'obtenir le divorce, il est probable que ces facteurs ne contribuent plus autant à faire sous-estimer la dissolution des unions. Par contre, le taux de divorce ne tient pas compte de la rupture des unions de faits, qui sont de plus en plus nombreuses. Les causes de l'augmentation extraordinaire du taux de divorce, phénomène touchant pratiquement tous les pays industrialisés, ne sont pas toutes très claires, mais peuvent s'expliquer par certains facteurs, notamment l'espérance de vie accrue, qui augmente la possibilité que les époux s'épanouissent dans des voies divergentes; la forte participation des femmes à la population active et l'amélioration de la SÉCURITÉ SOCIALE, qui ont pour effet de réduire la dépendance économique des femmes envers leur conjoint; l'amoindrissement des sanctions religieuses et sociales contre les personnes divorcées; et le mouvement vers une morale axée sur l'individualisme, qui met l'accent sur l'accomplissement personnel plutôt que sur le maintien de la cellule familiale. Tous ces facteurs laissent supposer que la hausse du taux de divorce pourrait être un indice de la hausse des attentes relatives à la qualité du mariage et du fait que beaucoup de gens préfèrent le divorce à un mariage malheureux.

Familles monoparentales Lorsque le couple compte des enfants à charge, le divorce aboutit normalement à la formation d'une famille monoparentale (*voir* PAUVRETÉ). Ce genre de ménage est surtout dirigé par la mère. Jusqu'en 1985, 75 p. 100 de tous les enfants à charge touchés par le divorce étaient confiés à la garde de la mère et environ 15 p. 100, à celle du père. Entre 1971 et 1985, cette tendance reste remarquablement stable. On compile des statistiques sur la garde conjointe depuis 1986. Cette année-là, la garde conjointe est accordée dans 1,2 p. 100 des cas. En 1991, ce chiffre atteint les 14,3 p. 100. La garde conjointe ne signifie pas pour autant que les enfants passent la moitié du temps avec un des deux parents, mais plutôt que les deux parents ont un droit égal à la prise des décisions concernant la vie de leur enfant. Une grande majorité des enfants à charge continuent de vivre avec la mère le plus clair du temps. En général, les pensions alimentaires sont peu élevées et restent souvent impayées. En 1993, seules 16 p. 100 des familles monoparentales dirigées par la mère recevaient une pension alimentaire versée à l'épouse ou à l'enfant, la somme moyenne s'élevant à 3604 dollars. Toutefois, 71 p. 100 de ces familles touchaient des prestations d'aide sociale.

Remariage Étant donné le grand nombre de mariages qui se terminent par un divorce, une proportion considérable de personnes d'âge moyen se retrouve disponible pour le mariage. La majorité des divorcés se remarient, bien que les hommes y soient plus enclins que les femmes. En 1993, dans 32,9 p. 100 des mariages contractés au Canada, au moins un des partenaires avait déjà été marié, la plupart d'entre eux étant divorcés plutôt que veufs. Ce n'est que récemment que les familles formées par suite d'un remariage et comprenant des enfants à charge dont les deux parents sont encore vivants mais non unis a pris l'ampleur d'un phénomène social à grande échelle. On n'a pas encore défini socialement les questions de chevauchement et de concurrence des responsabilités et des droits des parents par alliance par rapport à ceux des parents biologiques qui ne font pas partie du ménage. D'autres questions mettent en cause le droit de visite d'autres membres de la parenté, comme les grands-parents, et les relations entre les demi-frères et demi-sœurs par alliance.

Unions et familles homosexuelles Une autre tendance naissante est celle de la reconnaissance progressive des couples homosexuels comme équivalents des couples hétérosexuels. Même s'il n'est pas encore possible à deux femmes ou à deux hommes de se marier, les couples homosexuels réussissent peu à peu à obtenir une certaine reconnaissance sociale. Un nombre croissant d'employeurs offre les mêmes avantages sociaux aux couples hétérosexuels et homosexuels. En Ontario, les couples de lesbiennes peuvent maintenant faire une demande d'adoption d'un enfant et être considérés comme couples au même titre que les couples hétérosexuels. Dans certains cas, les anciens partenaires ont dû verser une pension alimentaire, comme s'ils avaient été membres d'une union de fait hétérosexuelle.

Tendances démographiques des familles canadiennes Les tendances démographiques notées chez les familles canadiennes, en particulier la hausse du taux de divorce et du nombre de FEMMES DANS LA POPULATION ACTIVE, ne sont pas propre au Canada, mais caractérisent tous les pays très industrialisés en dépit de certaines différences importantes d'une nation à l'autre. La chute marquée du taux de fécondité s'ajoute à ces tendances communes. Au Canada, de 1960 à 1980, le taux de fécondité diminue de plus de 50 p. 100 dans tous les groupes d'âge. Alors que le nombre moyen d'enfants par femme était de 3,9 en 1960, en 1980, il n'était plus que de 1,67. Depuis, l'indice synthétique de fécondité varie entre 1,6 et 1,7. Parallèlement, le taux de natalité chez les femmes célibataires est passé de 4,3 p. 100 de toutes les naissances vivantes en 1960, à 12,8 p.

100 en 1980, à 27 p. 100 en 1991 et à 28,2 p. 100 en 1992. Il existe des différences profondes entre les provinces à ce chapitre. P. ex., le Québec affiche la proportion la plus élevée (41 p. 100) de toutes les naissances hors mariage et l'Ontario, la plus basse (17 p. 100).

Familles contemporaines Le mariage se définit aujourd'hui légalement comme un partenariat entre personnes égales. Néanmoins, les conséquences économiques du divorce tendent à être désavantageuses pour la femme et les enfants, et neutres ou positives pour l'homme. La hausse du nombre de divorces, de même que l'augmentation conséquente du nombre de remariages, conjuguée à l'accroissement de la proportion de femmes qui donnent naissance à des enfants hors mariage, entraîne un écart entre les rôles conjugal et parental: une proportion croissante de personnes ayant des enfants ensemble ne sont pas nécessairement mariées l'une à l'autre. Cet écart a des conséquences différentes pour l'homme et pour la femme. En effet, la majorité des femmes continuent de vivre avec la plupart de leurs enfants biologiques à charge, tandis que beaucoup d'hommes ne vivent pas avec (tous) ces derniers. Pour les enfants, cette situation signifie qu'ils pourraient avoir deux parents vivant dans deux ménages distincts ou qu'ils pourraient vivre avec un père ou une mère par alliance. La simplification de l'obtention du divorce et la hausse sensible du nombre d'unions de fait mettent en évidence le caractère volontaire plutôt qu'obligatoire du mariage.

M. Eichler

Mariage et du divorce, histoire du

Les Canadiens ont toujours suivi le modèle de mariage caractéristique des sociétés occidentales, soit un mariage relativement tardif, l'union de fait et une proportion considérable de personnes qui choisissent le célibat. Avant la Seconde Guerre mondiale, il semble que 9 adultes sur 10 au Canada s'étaient mariés au moins une fois au cours de leur vie. L'âge moyen de l'homme à son premier mariage variait entre 25 et 29 ans et celui de la femme, entre 20 et 25 ans.

Influences fondamentales sur le mariage À l'époque, tout comme aujourd'hui, trois facteurs fondamentaux influencent les chances et le moment de se marier. Premièrement, il y a le rapport entre les hommes et les femmes susceptibles de se marier. Au Canada, ce rapport s'est considérablement modifié avec le temps. En général, le nombre d'hommes célibataires a toujours été plus ou moins égal à celui des femmes non mariées. Toutefois, le premier a souvent excédé le deuxième durant les périodes de forte immigration et dans les régions frontalières, tandis que, après 1850, on remarque généralement l'inverse dans les villes industrielles en plein essor du centre du pays. Deuxièmement, la propension qu'ont les hommes à épouser des femmes plus jeunes influe sur les chances de mariage des hommes et des femmes d'une manière assez différente. Alors que la femme a plus de choix pour se trouver un époux lorsqu'elle est jeune, l'homme voit son choix s'élargir à mesure qu'il vieillit. Troisièmement, les facteurs économiques ont toujours eu une incidence sur les possibilités de mariage, surtout chez les hommes. Jusqu'à récemment, un homme ne pouvait pas se marier à moins de pouvoir subvenir aux besoins de son épouse et de ses enfants, qui, presque inévitablement, ne tarderaient pas à suivre.

Influence religieuse Bien avant la fondation du Canada, les Églises catholique et protestante ont établi que le mariage est l'union exclusive de toute une vie entre un homme et une femme qui ont librement consenti à unir leur vie en vue de procréer et de se procurer un bien-être mutuel. Cependant, les diverses confessions chrétiennes ne s'entendent pas sur plusieurs questions. L'Église catholique voit le mariage comme un sacrement. Pour les protestants, il est simplement sacré ou béni de Dieu. Les catholiques estiment que les liens du mariage durent jusqu'à la mort, tandis que les protestants acceptent la

possibilité du divorce et du remariage dans un nombre limité de circonstances. Même si le catholicisme interdit une vaste gamme d'unions entre personnes apparentées, il permet une certaine marge de manœuvre dans l'application de ses règlements. Le protestantisme, lui, impose peu de restrictions à cet égard, mais applique toute règle à la lettre. Malgré ces différences, après la Réforme, on s'entend généralement dans toute l'Europe occidentale sur les principes de base du mariage chrétien.

Types de mariage Depuis le début de la colonisation européenne au Canada, l'institution du mariage reflète ces traditions. Par conséquent, le concept chrétien du mariage prédomine tout au long de l'histoire du Canada, même si des exceptions notables persistent dans des circonstances particulières, comme le mariage «à la façon du Nord», soit les unions libres entre des Blancs et des Indiennes ou des Métisses dans le Nord-Ouest, au temps de la traite des fourrures.

Certains éléments laissent supposer l'existence de mariages arrangés entre les familles bourgeoises de la Nouvelle-France. Toutefois, dans la plupart des cas, les hommes et les femmes choisissent toujours eux-mêmes leur conjoint. La race, la religion et la classe sociale jouent un rôle important dans le processus de sélection d'un partenaire, les Canadiens ayant tendance à se marier au sein de leur groupe social. De même, il ne fait aucun doute que les préoccupations d'ordre matériel ne sont pas perdues de vue dans bon nombre de mariages. Il reste que, même dans ces conditions (parfois même sans en tenir compte), l'attirance personnelle constitue le principal motif pour se marier.

Historiquement, l'aspect romantique du mariage est envisagé avec ambivalence. Même si l'union fondée sur le choix personnel et la relation affective offre une promesse de bonheur et d'accomplissement personnel fondés sur le compagnonnage, elle est forcément précédée d'une longue période de fréquentations discrètes et recèle aussi des dangers cachés, comme le risque de choisir imprudemment une épouse en cédant à la voix du cœur plutôt qu'à celle de la raison.

La possibilité d'avoir des rapports sexuels avant le mariage constitue un autre danger. Il s'agit d'un outrage au respect de l'opinion publique et aux enseignements religieux, sans mentionner le risque de donner naissance à un enfant hors mariage. L'interdiction des rapports sexuels hors mariage remplit deux importantes fonctions. Elle met de l'avant des idéaux élevés de conduite personnelle, surtout pour la femme, et elle sert à protéger les intérêts de la femme et des enfants, qui trouvent leur meilleure sécurité économique, avant l'avènement de l'ÉTAT PROVIDENCE, dans les liens du mariage et dans la vie familiale.

Influence de la communauté et de la famille Au Canada, ces raisons poussent la famille et la communauté à exercer une surveillance sur les fréquentations pratiquement jusqu'à la fin du XIXe s. Les couples qui envisagent la possibilité de se marier se fréquentent surtout à la maison, sous le regard vigilant des membres de leur famille. Ils passent aussi beaucoup de temps ensemble chez des parents et des amis, à l'église ou à l'occasion d'événements communautaires et à l'extérieur, à l'occasion de randonnées, de promenades en traîneau et de loisirs divers. Ainsi, les parents peuvent contrôler efficacement les fréquentations, particulièrement celles de leurs filles. Dans les milieux urbains de classe moyenne, où les expressions «en visite» et «à la maison» font partie de la vie sociale courante, la mère n'accueille chez elle que les jeunes garçons qu'elle juge convenables pour sa fille. Les cérémonies annuelles de «grande sortie», si minutieusement organisées par les mères, ouvrent officiellement aux jeunes femmes l'accès à un marché du mariage régi par les adultes.

Les familles ouvrières des milieux urbains exercent une influence moindre sur leurs jeunes en âge de se fréquenter, car dans bien des cas, après le milieu de l'adolescence, ceux-ci travaillent et vivent en pension loin de chez eux. Ce sont plutôt les familles où ces jeunes habitent qui surveillent leur conduite, même si elles n'y accordent peut-être pas le même soin que les parents. Dans les communautés rurales, les fréquentations prennent également la forme courante de visites, de présence à l'église et d'activités récréatives quotidiennes.

À partir des années 1880, l'autorité exercée sur les fréquentations et la vie sociale des jeunes s'assouplit au Canada. Les parents exercent une surveillance moins étroite pendant les dernières années de l'adolescence de leurs enfants. Cependant, ils maintiennent une influence indirecte grâce aux clubs de jeunesse, aux écoles, aux pensionnats et aux groupes religieux ainsi qu'à d'autres établissements qui encadrent de plus en plus la vie des jeunes. La révolution des transports du début du XXe s. contribue aussi à accroître l'indépendance des jeunes. Cette mobilité nouvellement acquise libère ces derniers de la surveillance parentale et communautaire, surtout dans les grandes villes. En général, les jeunes citadins jouissent, bien avant leurs semblables de la campagne, d'une liberté plus grande car l'anonymat qu'offre la ville leur facilite la préservation de leur vie quasi privée. Dans ces circonstances, les fréquentations deviennent une affaire de plus en plus personnelle.

Choix de mariage Tout au long de l'histoire du mariage au Canada, la décision de se marier appartient toujours au couple. Toutefois, jusque dans les années 1880, le choix d'un époux par une jeune femme requiert généralement l'approbation de ses parents. Il arrive à l'occasion que ces derniers l'empêchent d'épouser l'homme de son choix, invoquant habituellement comme raison que cette alliance n'est pas dans son intérêt véritable. Dans de telles circonstances, la femme peut défier l'autorité de ses parents et se marier contre leur volonté, mais au risque de perdre tout contact avec sa famille.

Le veto parental, cependant, compte pour beaucoup dans la balance. Sa force diminue au fur et à mesure que la jeune femme avance en âge; les parents ne peuvent y recourir plus d'une ou de deux fois sans la mettre au défi. Au cours des années 1880, les femmes commencent à se libérer de cette autorité, comme elles le font de tant d'autres contraintes qui entravaient jusque-là leur vie. Par la suite, elles épousent, en général, qui elles veulent. Les hommes, au contraire, ont toujours pu choisir leur épouse sans rencontrer trop de résistance de la part de leurs parents. Dès les premiers temps de la colonie, ils sont pratiquement libres de leurs démarches sur le marché matrimonial.

Rituel du mariage Dans le passé, le mariage était habituellement un rite religieux au Canada. Même si la possibilité d'un mariage civil a toujours existé, au moins depuis la fin de la domination française, il était jusqu'à récemment plutôt rare. La tradition séculière de la lune de miel après le mariage se développe peu à peu au cours du XIXe s.. Initialement, seuls les biens nantis ont suffisamment de temps et d'argent pour se permettre des vacances après le mariage. Toutefois, après 1850, cette pratique se propage graduellement à toutes les classes de la société. L'objet de la lune de miel change aussi considérablement au fil des ans. Au début, au XIXe s., elle a l'allure des simples visites mondaines. Dans bien des cas, les nouveaux mariés voyagent avec des parents pour rendre visite à des amis et à des membres de la famille habitant au loin. Cependant, à la fin du siècle, la lune de miel devient une période de vacances privées pour les nouveaux époux.

Divorce L'histoire du divorce au Canada tranche radicalement sur celle du mariage, car, alors que la plupart des Canadiens se marient, le divorce est très rare jusqu'à la fin de la Seconde Guerre mondiale. En fait, jusque-là, le taux de divorce au Canada figure parmi les moins élevés de l'Occident. Une certaine opinion publique, énoncée par des chefs sociaux et religieux, attaque le divorce, le qualifiant de menace contre la famille, et la force de cette opinion est telle qu'elle empêche le relâchement des lois sur le divorce au Canada. Par conséquent, jusqu'en 1968, l'accès au divorce se révèle des plus limités.

Pendant presque tout le premier siècle d'existence du Canada, c'est virtuellement l'adultère seul qui peut justifier un divorce. De plus, avant la Première Guerre mondiale, seuls le Nouveau-Brunswick, la Nouvelle-Écosse et la Colombie-Britannique possèdent des tribunaux de divorce. Toutefois, l'Alberta, la Saskatchewan et l'Ontario en établissent durant l'entre-deux-guerres. Dans les provinces dépourvues de mesures juridiques en matière de divorce, il n'existe qu'une solution de rechange, soit interjeter appel auprès du Parlement pour obtenir un divorce légal, démarche coûteuse que seuls les riches peuvent se permettre. Les solutions les plus fréquentes sont l'abandon du domicile conjugal, la séparation légale et le divorce devant un tribunal américain, qui semble satisfaire l'opinion publique, même s'il n'a aucune valeur légale au Canada.

Peter Ward

Marie de l'Incarnation, née Marie Guyart, fondatrice de l'ordre des Ursulines au Canada, mystique et écrivaine (Tours, France, 28 oct. 1599—Québec, 30 avril 1672). Fille d'un maître-boulanger, Marie Guyart manifeste pendant son enfance une vie spirituelle peu commune. Son mari, Claude Martin, meurt en 1619 après deux ans de mariage; il lui laisse un fils de six mois et un commerce en faillite. Encouragée à se remarier, elle vit en recluse pour s'adonner à la méditation et à la prière; le 24 mars 1620, elle vit une expérience de «conversion» mystique et affective. Elle décide de se retirer du monde, mais sa sœur et son beau-frère lui demandent de les aider à rétablir leur entreprise de transport qui périclite. Dirigée par Marie, l'entreprise est prospère, mais ses visions continuent de l'habiter.

En 1632, malgré le déchirement qu'elle éprouve en quittant son fils, Marie Guyart entre au cloître des ursulines à Tours. Elle prononce ses vœux en 1633 et enseigne la doctrine chrétienne pendant six ans. Sa lecture des *Relations des Jésuites* et ses visions la persuadent que Dieu l'appelle à aller au Canada. Avec deux ursulines et Mme de LA PELTRIE, elle débarque à Québec le 1er août 1639 et y fonde un couvent dans la basse-ville. En 1642, le couvent est déménagé dans un édifice permanent en pierre situé dans la haute-ville. Elle se consacre avec zèle à l'éducation des filles françaises et autochtones en plus d'écrire de nombreux traités théologiques et spirituels, un catéchisme en iroquois et des dictionnaires algonquins et iroquois, et de suivre l'évolution des affaires publiques. Bien que cloîtrée, elle reçoit à son monastère de nombreux visiteurs de marque.

Cornelius J. Jaenen

Marie-Rose, mère, née Eulalie Durocher, religieuse éducatrice (Saint-Antoine-sur-Richelieu, Bas-Canada, 6 oct. 1811—Longueuil, Canada-Est, 6 oct. 1849). Ménagère de presbytère à Belœil pour son frère (1831-1843), elle s'alarme du manque d'écoles rurales. Lorsque Mgr Ignace BOURGET, de Montréal, est incapable de former une communauté locale de Sœurs des Saints-Noms de Jésus et de Marie, un ordre enseignant de Marseille, en France, Eulalie Durocher accepte, en 1844, de devenir fondatrice et première supérieure d'une communauté religieuse canadienne du même nom. Reconnue pour sa vertu exceptionnelle, elle s'acquitte de sa tâche avec un enthousiasme inaltérable et une compétence hors pair. Dans les années 1870, Mgr Bourget souhaite ouvertement sa béatification et son vœu est exaucé le 23 mai 1982 par le pape Jean-Paul II.

Sœur Marguerite Jean, S.C.I.M.

Marie-Victorin, frère, frère de la communauté des Écoles chrétiennes, botaniste et professeur (né Conrad Kirouac, Kingsey-Falls, Qc, 3 avril 1885—St-Hyacinthe, Qc, 15 juill. 1944). Fils d'un marchand prospère, Kirouac grandit à Québec. À 16 ans, il entre dans la communauté des Frères des Écoles chrétiennes à Montréal. Ses années de postulant et ses premières années d'enseignement sont souvent interrompues par la maladie, mais de longues périodes de convalescence lui permettent d'étudier la BOTANIQUE. Enseignant au Collège de Longueuil à partir de 1905, il stimule la vie étudiante, fonde un cercle d'étude et publie plusieurs travaux de littérature. La botanique occupe toutefois de plus en plus de son temps. Vers 1908, il publie ses premiers articles scientifiques. Il est nommé professeur de botanique à l'U. de Montréal en 1920. Commencent alors 25 années d'activités scientifiques et sociales intenses. À l'Institut de botanique, qu'il fonde en 1922, Marie-Victorin forme une petite équipe de recherche qui compte Jules Brunel, Ernest Rouleau et Jacques ROUSSEAU. Comme le démontre sa monumentale *Flore laurentienne* (1935), Marie-Victorin était avant tout un taxinomiste. Cependant, l'importance qu'il accorde à la phytogéographie et à l'évolution de la flore américaine ouvre la voie à des écologistes comme Pierre DANSEREAU.

Ardent propagandiste de la culture scientifique et nationaliste de la trempe de Lionel GROULX, Marie-Victorin est une figure intellectuelle et politique significative du Québec des années 30. Il participe à la fondation de l'Association canadienne-française pour l'avancement des sciences et à celle de la Société canadienne d'histoire naturelle. Il collabore à l'organisation du Cercle des jeunes naturalistes et, le plus notable, à la création du Jardin botanique de Montréal. Il devient membre de la SRC en 1924. Marie-Victorin est à l'apogée de ses compétences de scientifique et de leader lorsqu'il meurt dans un accident d'automobile.

Raymond Duchesne

Marine (*Voir* FORCES ARMÉES: marine)

Marine, projet de loi d'aide à la Dès 1909, le Parti conservateur croit que le Canada doit contribuer à un fonds d'urgence pour aider la marine royale à maintenir sa supériorité sur la marine allemande. En mars 1912, la marine royale requiert un plus grand nombre de cuirassés du type «dreadnought». Après avoir consulté Winston Churchill, premier lord de l'AMIRAUTÉ, en juillet 1912, le premier ministre BORDEN consent à octroyer jusqu'à 35 millions de dollars pour la construction de 3 *dreadnoughts*. Ce paiement est autorisé par le projet de loi d'aide à la marine, présenté par Borden en décembre. Les libéraux s'y opposent avec véhémence, furieux de la négligence que démontre Borden envers la marine canadienne (créée en 1910 par la LOI DU SERVICE NAVAL). Les conservateurs ne réussissent à faire voter le projet de loi le 15 mai 1913 qu'en ayant recours à la CLÔTURE du débat pour la première fois dans l'histoire canadienne. La majorité libérale du Sénat réussit cependant à faire échouer le projet de loi deux semaines plus tard. La Première Guerre mondiale est déclarée avant que Borden ne puisse faire quoi que ce soit en matière de politique navale.

Roger Sarty

Marion, Léo Edmond, chimiste organicien, administrateur, enseignant (Ottawa, 22 mars 1899—*id.*, 16 juill. 1979). Après des études aux universités Queen et McGill et un séjour d'un an à l'U. de Vienne, il devient l'assistant de R.H.F.MANSKE dans les laboratoires du Conseil national de recherches du Canada (CNRN). Quand Manske quitte le CNRC en 1942, Marion est nommé chimiste organicien en chef. Son goût pour la recherche fondamentale et le soutien de E.W.R.STEACIE et de C.J.MACKENZIE lui permettent de bâtir une école de chimie des alcaloïdes de réputation internationale. Au CNRC, il dirige la division de chimie pure de 1952 à 1965 et agit comme vice-président (scientifique) de 1963 à 1965. Il préside la Société royale du Canada, est rédacteur en chef du *Canadian Journal of Research* et contribue au lancement des départements de chimie de l'U. de Montréal et de l'U. Carleton avant de terminer sa carrière comme doyen de la faculté des sciences pures et appliquées à Ottawa. Il est fait officier de l'Ordre de l'Empire britannique et reçoit de nombreux doctorats honoris causa et de nombreux prix.

O.E. Edwards

Maritimes, mouvement des droits des Mouvement de protestation régionale qui atteint son apogée dans les années 20. Mouvement réformiste par nature, il naît en réponse à l'influence décroissante de la région dans la CONFÉDÉRATION et à son incapacité à défendre d'importants intérêts en matière de transports, de tarifs, de développement portuaire et de subventions fédérales. Il est appuyé par des journaux, des chambres de commerce, des cercles des Maritimes, des associations agricoles, les congrès «nationaux» acadiens et certains syndicats. Ses activités comprennent l'envoi régulier de délégations à Ottawa, des conférences économiques, de la propagande sous forme de dépliants et des tournées de conférences à l'échelle du pays. Le mouvement des droits des Maritimes n'ayant pas de cadre précis, un nombre impressionnant de personnes se succèdent à sa tête, dont H.S. Congdon, W.H. Dennis et F.B. McCurdy, de la Nouvelle-Écosse, A.M. Belding et A.P. Patterson, du Nouveau-Brunswick et A.E. MacLean, de l'Île-du-Prince-Édouard.

Les questions régionales favorisent des changements appréciables dans le vote populaire contre des gouvernements fédéraux indifférents. En 1921, les libéraux remportent 25 des 31 sièges et, en 1925, durant une dépression qui s'aggrave, les conservateurs en raflent 23 sur 29. En 1926, le gouvernement de Mackenzie King charge un avocat britannique, sir Andrew Duncan, d'enquêter sur le mécontentement dans les Maritimes. Le gouvernement applique ses recommandations sur la réduction des tarifs de chemins de fer pour le transport des marchandises et sur l'augmentation des subventions, mais ignore ses propositions de subventions fondées sur les besoins fiscaux et l'utilisation des transports en vue de favoriser le développement régional. Les grandes aspirations du départ tournent au cynisme durant la Crise des années 30. L'héritage du mouvement se limite à un ressentiment régional et à des vestiges de coopération.

Ernest R. Forbes

Marjo, née Marjolène Morin, auteur, compositeur et interprète (Montréal-Nord, 2 août 1953). Après des participations à des revues musicales, elle devient la chanteuse du groupe hard-rock Corbeau à la fin des années 70. Elle se distingue rapidement par son style fougueux et provocant, composant avec son compagnon, Jean Millaire, la chanson à succès *Illégal* (1983). Tous les deux quittent Corbeau en 1984 pour lancer, deux ans plus tard, la carrière de Marjo. Vendu à plus de 250 000 exemplaires, son premier album reçoit le Félix de l'album rock de l'année (1987) et les chansons *Impoésie, Celle qui va* et *Chats sauvages* dominent les palmarès. Sans changer sensiblement son style des années Corbeau, Marjo a une large audience dans tout le Québec où elle se produit à guichet fermé. Également choisi Album rock de l'année en 1991, son deuxième album connaît autant de succès que le premier et *À bout de ciel* est désignée Chanson de l'année par l'ADISQ. Elle compose l'ensemble de son répertoire avec Jean Millaire. Avec des mots simples, Marjo touche un très large public qui la suit fidèlement dans les petites et très grandes salles où elle chante. Après un autre succès populaire, en 1995, avec *Bohémienne* et *S'il fallait*, extraits de son troisième album, Marjo se tourne vers des spectacles de Blues, se produisant dans des salles intimistes et enregistrant l'album Bootleg Blues en 1998.

Robert Thérien

Markham, ville de l'Ont.; pop. 173 383 (rec. 1996), 153 811 (rec. 1991), 114 597 (rec. 1986); superf. 211,53 km²; const. en 1970. Markham est située à la limite nord-est de l'agglomération torontoise (*voir* TORONTO). Le canton de Markham est arpenté pour la première fois en 1793-1794 et tire son nom de William Markham, archevêque de York de 1779 à 1807 et ami du lieutenant-gouverneur John Graves Simcoe.

Les premiers colons y arrivent en 1794 depuis le nord de l'État de New York, attirés par la promesse de terres agricoles gratuites. Avant la guerre de 1812, de nombreux Allemands de la Pennsylvanie, dont des MENNONITES, déménagent dans le canton qui, après 1830, reçoit une vague d'immigrants britanniques. Le canton demeure principalement rural et agricole jusqu'à la fin de la Seconde Guerre mondiale, quand la croissance de Toronto commence à avoir d'importantes répercussions sur les municipalités environnantes. Markham se transforme alors en une banlieue-dortoir. La population de la ville croît rapidement et son aspect rural d'autrefois a presque disparu. Elle est maintenant un important centre d'industries manufacturières et de services. De nombreux fabricants d'ordinateurs, de logiciels, de produits électroniques, ainsi que des sociétés de services financiers y ont élu domicile.

Deborah Welch et Michael Payne

Marlatt, Daphne, née Buckle, écrivaine et rédactrice (Melbourne, Australie, 11 juill., 1942). À l'âge de neuf ans, Marlatt quitte la Malaisie pour Vancouver, qui ne cessera de nourrir son imaginaire par la suite. Elle fréquente l'U. de la Colombie-Britannique au début des années 60 et vit et travaille à Vancouver depuis 1970. En insistant sur les particularités de la perception, l'œuvre de Marlatt essaie de dépeindre les fluctuations de l'existence et son style dense s'avère parfois compliqué pour les profanes.

Elle est rédactrice pour *The Capilano Review*, divers périodiques et *Island*. En outre, elle a rédigé deux ouvrages documentaires pour les Provincial Archives of British Columbia: *Steveston Recollected* (1975) et *Opening Doors* (1979). Parmi ses nombreux livres, notons *Steveston* (1974/1984), avec la participation du photographe Robert Minden, *Zocalo* (1977), *Selected Writing: Net Work* (1980), édité par Fred WAH, *How Hug a Stone* (1983) et *Touch to My Tongue* (1984). Tous ces livres expriment sa crainte profonde face à un monde en évolution constante.

Le dernier de ces ouvrages est aussi un poème d'amour dans lequel elle révèle sa relation avec Betsy Warland et affirme davantage son féminisme. Elle est l'une des rédactrices fondatrices de *Tessera*, revue canadienne de textes et de théories féministes. En 1988, elle publie *Ana Historic* (trad. *Ana historique*, 1992), un roman mettant en scène une écrivaine contemporaine transportée dans le monde historique sur lequel elle fait des recherches, et *Double Negative*, un long poème rédigé avec Betsy Warland sur leurs voyages en Australie.

En 1994, elle publie avec Warland *Two Women in a Birth*, un recueil des textes qu'elles ont rédigés en commun, où figurent *Touch to My Tongue* et *Open Is Broken* (1984) de Warland, *Double Negative, Reading and Writing Between the Lines*, et *Subject to Change*. Parmi les études réalisées à son sujet, notons *Daphne Marlatt and Her Works* (1992) de Douglas BARBOUR. Smaro Kamboureli lui consacre un chapitre dans *On the Edge of Genre* (1991).

Douglas Barbour

Marmotte RONGEUR diurne qui creuse des terriers. Les marmottes font partie de la famille des ÉCUREUILS et sont indigènes en Eurasie et en Amérique du Nord. Elles sont rondelettes et trapues, pèsent entre 2 et 9 kg, ont une fourrure épaisse, une queue courte et touffue et de petites oreilles.

Répartition et habitat Des 13 espèces du monde, 4 se rencontrent au Canada dans les régions herbeuses et les pentes rocheuses des montagnes et des basses terres. La marmotte à ventre jaune (*Marmota flaviventris*), la marmotte des Rocheuses (*M. caligata*) et la marmotte de l'île de Vancouver (*M. vancouverensis*) vivent exclusivement dans les provinces de l'Ouest. La marmotte commune (*M. monax*), aussi appelée siffleux en raison de son cri, se répartit de façon irrégulière partout au Canada, sauf à Terre-Neuve. La marmotte de l'île de Vancouver, que l'on ne trouve qu'au Canada, habite certains endroits subalpins de l'ÎLE DE VANCOUVER.

Comportement Les marmottes mangent des PLANTES vertes et ravagent parfois les potagers. Elles signalent le danger en émettant un cri strident. Elles hibernent dans un terrier pendant 4 à 9 mois. Au réveil, leur masse corporelle est parfois deux fois moindre qu'à l'automne. La célébration fantaisiste du jour de la marmotte, le 2 février, souligne la sortie imminente de la marmotte après un long sommeil hivernal (elle se réveille beaucoup plus tard sous les climats froids).

Reproduction et croissance L'accouplement a lieu après la sortie du terrier, au printemps. La femelle donne naissance à une portée de deux à neuf petits. (*Voir aussi* ANIMAUX EN VOIE DE DISPARITION.)

J. Mary Taylor

Marois, Pauline, politicienne (Québec, 29 mars 1949). Ministre péquiste importante, plusieurs sondages l'identifient comme la femme la plus populaire au sein du PARTI QUÉBÉCOIS (PQ). Bachelière en service social de l'U. Laval, elle obtient une maîtrise en administration des affaires (MBA) de l'École des hautes études commerciales (HEC) de l'U. de Montréal. En Outaouais, elle collabore à la mise sur pied de l'Association des coopératives d'économie familiale et œuvre au Conseil régional de développement; elle dirige ensuite le CLSC de l'Ile-de-Hull, en 1976.

Elle passe d'attachée de presse (1978-1979) de Jacques PARIZEAU, ministre des Finances, à chef de cabinet du ministre d'État à la Condition féminine. Députée de Lavaltrie en 1981, elle est nommée ministre d'État à la Condition féminine et siège au Comité des priorités. En 1982, elle assume la vice-présidence du Conseil du trésor, puis, en 1983, le premier ministre René LÉVESQUE la nomme ministre de la Main-d'œuvre et de la Sécurité du revenu et ministre responsable de l'Outaouais. En 1985, elle termine deuxième au congrès à la chefferie du PQ, derrière Pierre-Marc JOHNSON.

Après sa défaite aux élections de 1985, elle enseigne à l'U. du Québec. En 1988, elle occupe le poste de conseillère au programme du PQ et devient successivement vice-présidente et présidente de l'exécutif national. Pauline Marois s'engage au sein d'Amnistie internationale et participe au Forum sur l'emploi en 1989. La même année, elle est élue députée de la circonscription de Taillon, laissée vacante par le départ de René Lévesque. Présidente de la Commission des Affaires sociales et membre de la Commission de l'Économie du travail, elle agit également comme porte-parole de l'Opposition officielle en matière d'Industrie et Commerce (1989-1991) et pour les questions reliées à l'Administration publique et au Conseil du trésor. Dès lors, elle assume le délicat dossier de l'intégration des fonctionnaires fédéraux dans un Québec souverain.

Réélue députée de Taillon en 1994, elle est nommée ministre déléguée à l'Administration et à la Fonction publique, ainsi que présidente du Conseil du trésor jusqu'au référendum de 1995. Elle devient alors la première femme qui accède au poste de ministre des Finances du Québec, en plus d'être ministre responsable de la Famille et de siéger au Comité des priorités.

En 1996, dans le gouvernement Bouchard, Pauline Marois est nommée ministre de l'Éducation, présidente du Comité ministériel de l'éducation et de la culture, et ministre responsable de la région de la Montérégie. En 1998, elle devient ministre d'État à la Santé et aux Services sociaux, le dossier le plus délicat du gouvernement en raison du virage ambulatoire et des coupures dans les transferts fiscaux. En outre, elle préside le Comité ministériel du développement social.

Jean Chartier

Marque de commerce Mot ou symbole utilisé pour identifier l'entreprise avec laquelle un produit ou un service est lié. C'est un indice qui permet au public de commencer à établir une association avec un produit ou un service en particulier. Elle fait ressortir la qualité ou les caractéristiques qu'un consommateur s'attend à voir associées à cette marque en particulier.

Enregistrement des marques de commerce Le Canada a une loi qui autorise l'enregistrement des marques. Si la marque est enregistrée, le propriétaire possède le droit exclusif de l'utiliser partout au Canada et peut exercer contre toute violation de sa marque les recours prévus par la *Loi sur les marques de commerce*.

Il existe deux sortes de marque de commerce: celle formée d'un ou de plusieurs mots servant à distinguer les biens et les services d'un fabricant ou le signe distinctif qui peut être la combinaison d'un dessin ou d'un mot stylisé et la marque de certification, sorte de marque de commerce spéciale réservée à des organismes compétents qui certifient que l'usager de celle-ci s'est conformé à certaines normes ou à certaines lignes directrices. La plus commune de ces marques est le tampon «Homologué ACNOR» utilisé principalement sur les appareils électriques.

Une marque doit pouvoir distinguer les produits et les services de ses propriétaires. Il serait injuste de permettre à un propriétaire d'avoir le contrôle exclusif de mots donnés. Ainsi certaines marques ne sont pas enregistrables du tout. Deux illustrations suffisent: le simple nom d'une personne vivante ou d'une personne décédée au cours des 30 dernières années ou le nom de marchandises ou de services en anglais et en français.

La demande d'enregistrement est examinée pour s'assurer que la marque ne crée pas de confusion avec d'autres marques existantes ou ne tente pas d'obtenir des droits exclusifs sur plus de mots qu'il n'est jugé nécessaire. Si la demande remplit le critère initial, la marque est annoncée de façon à ce que le public puisse réagir. Ensuite, elle peut être enregistrée. La publication est importante, parce qu'après cinq ans d'utilisation aucun autre usager ne peut faire valoir qu'il a utilisé la marque avant qu'elle ne soit enregistrée par le propriétaire et qu'il devrait être autorisé à continuer à le faire.

Exclusivité La *Loi sur les marques de commerce* stipule que le propriétaire enregistré est le propriétaire exclusif de la marque et qu'on peut interdire à toute personne d'utiliser une marque créant de la confusion. Le propriétaire peut également intenter une poursuite, si la marque est employée d'une manière susceptible d'entraîner la diminution de la valeur de l'achalandage attachée à sa marque de commerce (article 22) ou si la marque de commerce est utilisée de façon trompeuse ou déloyale (article 7).

Des dispositions spéciales permettent au titulaire d'une marque d'octroyer une licence d'utilisation à d'autres personnes, à condition que les conditions d'utilisation et les ententes entre les parties fassent l'objet d'une publicité (article 50).

Le système d'enregistrement relève du registraire des marques de commerce et l'intégrité du registre relève quant à lui du contrôle de la Cour fédérale du Canada.

Les marques de commerce sont un outil essentiel tant pour la commercialisation des marchandises et des services que pour la promotion de l'identité d'une entreprise.

Peter Lown

Marquette, Jacques, prêtre jésuite, missionnaire et explorateur (Laon, France, 10 juin 1637—embouchure de la rivière qui s'appellera rivière Père Marquette, Michigan, 18 mai 1675). Considéré comme un linguiste de talent par ses contemporains, Marquette a fondé la mission Saint-Ignace et a ouvert la région de l'Illinois aux missionnaires. Dans la mémoire populaire, il est étroitement lié à Louis JOLLIET et à la découverte du Mississippi.

Le père Marquette est ordonné le 7 mars 1666 et s'embarque pour la Nouvelle-France – où il œuvrera à Sault Sainte-Marie et à la mission de Chequamegon (rive sud-ouest du lac Supérieur), qui dessert les Hurons et les Ottawas – avant de fonder la mission de Saint-Ignace dans le détroit de Mackinac. À la fin de 1672, il reçoit l'ordre de la part de son supérieur, le père Dablon, d'accompagner Louis Jolliet. Le 17 mai 1673, l'expédition part de Saint-Ignace à destination du Mississippi et atteint la position 33° 40' de latitude Nord, près de l'embouchure de la rivière Arkansas à la mi-juillet. Le 30 septembre, le groupe revient à la mission de Saint-François-Xavier (DePere, Wisconsin) en empruntant la rivière Illinois et le lac Michigan. Revenu fatigué et malade de son expédition au Mississippi, il retourne en Illinois à la fin de 1674 et ouvre la mission de La Conception chez les Kaskaskias, une tribu de l'Illinois. Au printemps de 1675, trop malade pour continuer son œuvre, il part pour Saint-Ignace, mais meurt en chemin sur la rive nord-est du lac Michigan.

C.E. Heidenreich

Marsh, Leonard Charles, spécialiste en sciences sociales et professeur (London, Angl., 24 sept. 1906—Vancouver, 10 mai 1982). Après ses études à la London School of Economics, Marsh arrive au Canada en 1930. Il est directeur d'un programme de recherche interdisciplinaire en sciences sociales à l'U. McGill de 1930 à 1941 et est l'un des premiers membres du groupe de réformateurs sociaux qui deviendra par la suite la LEAGUE FOR SOCIAL RECONSTRUCTION. Il collabore largement à l'important ouvrage de la ligue, *Social Planning for Canada* (1935; réimpr. en 1975). Son livre intitulé *Canadians In and Out of Work* (1940), écrit presque 20 ans avant MOSAÏQUE VERTICALE de John PORTER, est la première analyse d'importance sur les répercussions des classes sociales sur la société canadienne. Marsh siège au Comité fédéral de reconstruction d'après-guerre (1941-1944) à titre de conseiller en recherche et fait paraître son *Report on Social Security for Canada* (1943; réimpr. en 1975; trad. *Rapport sur la sécurité sociale au Canada*, 1943). Bien que le gouvernement y porte peu d'attention à l'époque, la majorité des principaux éléments du programme que Marsh propose sont devenus loi en 1966 et constituent le fondement du régime moderne de SÉCURITÉ SOCIALE au pays.

Marsh est conseiller en services sociaux auprès de l'Administration des Nations Unies pour les secours et la reconstruction (de 1944 à 1946), professeur et directeur de recherche à l'École de service social de l'U. de la Colombie-Britannique (de 1948 à 1964) et professeur de sociologie de l'éducation au même établissement (de 1964 à 1972). En 1973, il prend sa retraite, mais continue d'écrire et de donner des conférences. Ses écrits reflètent la gamme de ses intérêts, qui vont des chats à la musique. Sa contribution à la société, que certains considèrent sans pareil, est encore mal définie.

Albert Rose

Marshall, Donald fils (Sydney, N.-É., 13 sept. 1953). L'affaire Donald Marshall est devenue l'une des plus controversées de toute l'histoire du système de justice criminelle au Canada. Accusé d'avoir poignardé à mort une jeune noire, Sandy Seale, à Sydney, en Nouvelle-Écosse, le 28 mai 1971, Marshall, un Micmac âgé de 16 ans, est reconnu coupable de meurtre et condamné à la prison à vie. Après 11 ans de pénitencier, un nouvel examen de la cause le révèle innocent du meurtre, ce qu'il avait tout le temps soutenu. Roy Ebsary est accusé et reconnu coupable d'homicide involontaire, et Marshall est acquitté en mai 1983. Sa longue incarcération pour un crime qu'il n'avait pas commis et sa lutte menée par la suite pour obtenir compensation de la part des gouvernements provincial et fédéral ont soulevé un grand intérêt dans le public, dans les groupes de réforme des prisons et dans les organismes opposés au rétablissement de la peine capitale. L'erreur présumée dans le

traitement de son cas a provoqué de sérieuses critiques envers la police et le système judiciaire. En septembre 1987, une commission royale d'enquête commence à étudier l'affaire Marshall.

Edward Butts

Marshall, Lois Catherine, soprano (Toronto, 29 janv. 1924—*id.*, 17 févr. 1997). À 12 ans, Marshall entreprend ses leçons de chant avec Weldon Kilburn, qu'elle épousera 32 ans plus tard. En 1947, elle a son premier engagement important comme soprano soliste dans la *Passion selon saint Mathieu* de Bach, sous la direction de sir Ernest MACMILLAN, chef d'orchestre de la TORONTO MENDELSSOHN CHOIR et de l'ORCHESTRE SYMPHONIQUE DE TORONTO. En 1950, elle obtient l'Eaton Graduating Scholarship du Conservatoire royal de musique. Deux ans plus tard, elle reçoit le prix Naumberg et fait ses débuts à New York.

Au cours de sa carrière, elle interprète tous les grands oratorios avec les meilleurs orchestres du monde, et fait des tournées en Europe, en Grande-Bretagne, en URSS, en Australie, en Nouvelle-Zélande et en Amérique du Nord dans le cadre de récitals solos, de représentations d'orchestres et de concerts. Elle chante avec d'autres solistes tels que le pianiste Glenn GOULD, Louis QUILICO et Maureen FORRESTER.

Bien que victime de la polio lorsqu'elle est enfant, Marshall fait néanmoins carrière avec, notamment, l'Opéra de Radio-Canada, la COMPAGNIE D'OPÉRA CANADIENNE et la Boston Opera Co. Au milieu des années 70, elle se tourne vers le répertoire de mezzo-soprano, surtout les lieder allemands. Elle est nommée Compagnon de l'ORDRE DU CANADA en 1968 et reçoit le prix Molson en 1980. Elle fait sa tournée nationale d'adieu en 1981-1982, mais continue de chanter dans des émissions de Radio-Canada, dans des cours de maître partout au Canada et, en Ontario, avec d'importantes chorales canadiennes jusqu'à sa mort en 1997.

Mabel H. Laine

Marsupiaux Les marsupiaux sont un ordre de MAMMIFÈRES de l'infraclasse des métathériens et comptent quelque 280 espèces vivantes, dont les deux tiers se trouvent en Australie. L'OPOSSUM d'Amérique (*Didelphis virginiana*) est la seule espèce que l'on rencontre au Canada.

Reproduction et croissance Les marsupiaux diffèrent des mammifères placentaires par plusieurs caractéristiques anatomiques, particulièrement par le système reproducteur. La majorité des marsupiaux ne produisent pas de placenta, et le petit naît à un stade prématuré après une courte gestation. Il poursuit sa croissance accroché à une mamelle et protégé par des replis de la peau ou par une véritable poche (marsupium).

Évolution Les marsupiaux et les mammifères placentaires ont évolué à peu près à la même époque au cours du crétacé (il y a de 144,2 à 65 millions d'années) à partir des Pantothériens, un groupe de mammifères primitifs. Les plus anciens FOSSILES, trouvés en Amérique du Nord, datent du crétacé supérieur (de 98,9 à 65 millions d'années). On rencontre des marsupiaux en Amérique du Nord, en Amérique du Sud et en Australie. Il est possible qu'ils aient colonisé l'Australie en passant par l'Antarctique avant que la dérive des continents (*voir* TECTONIQUE DES PLAQUES) n'ait déplacé l'Australie à son emplacement actuel.

C.G. Van Zyll De Jong

Martello, tour Type original de FORTIFICATION en maçonnerie utilisée pour la défense de l'Amérique du Nord britannique pendant la première moitié du XIXe s.. Son nom dérive probablement de la tour de pierre du cap Mortella, en Corse, qui a particulièrement bien résisté à une attaque anglaise pendant les guerres de la Révolution française. Vers l'an 1000, à mesure que les maçons amélioraient leurs techniques, les tours rondes ont commencé à remplacer les tours carrées. Elles avaient pour avantages d'offrir peu d'angles morts aux assaillants et de mieux résister aux projectiles. En Amérique du Nord britannique, 16 tours tronquées à toit plat ont été construites de 1796 à 1846: cinq à Halifax, une à Saint-Jean, quatre à Québec et six à Kingston. Ces dernières, construites de 1846 à 1848 en période de fortes tensions frontalières avec les États-Unis, sont les plus complexes. Aucune des tours n'a été attaquée; 11 tours subsistent encore.

James Marsh

Martin, Claire, pseudonyme de Claire Montreuil (Québec, 18 avril 1914). Elle étudie chez les ursulines de Québec puis chez les Dames de la Congrégation, à BEAUPORT. Elle obtient le prix du Cercle du livre de France (1958) pour son premier livre, un recueil de nouvelles intitulé *Avec ou sans amour.* Ce recueil est suivi de deux romans, *Doux-amer* (1960) et *Quand j'aurai payé ton visage* (1962). Ses deux ouvrages autobiographiques, *Dans un gant de fer* (1965) et *La joue droite* (1966) confirment sa réputation et sont récompensés par le prix du Québec (1965), le prix France-Québec (1965) et le prix du Gouverneur général (1967). Un autre roman, *Les Morts* (1970), est adapté pour la scène et présenté, en 1972, au THÉÂTRE DU RIDEAU VERT. Il sera encore suivi de *Love me, love me not* (1917). *Toute la vie* (1999) marque le couronnement de son œuvre. L'auteur traite surtout de l'amour, de ses risques et de ses «maladies», et dénonce vigoureusement les préjugés et les conventions sociales. Ses œuvres sont écrites dans une langue pure, finement travaillée, teintée d'une ironie subtile qui, dans son autobiographie, devient parfois acide et impitoyable.

Gilles Dorion

Martin, Clara Brett, avocate (Toronto, v. 1874—*id.,* 30 oct. 1923). Fille d'un Irlandais anglican qui était surintendant des écoles, Clara Brett Martin s'inscrit au Trinity College de Toronto en 1888, trois ans seulement après que les femmes y ont été admises pour la première fois. Elle y obtient un B.A. avec spécialisation en mathématiques, en 1890. L'année suivante, elle fait une demande d'admission au Barreau du Haut-Canada, à titre d'étudiante, mais sa candidature est refusée. Grâce à des personnalités influentes comme Emily STOWE et sir Oliver MOWAT, premier ministre, et grâce à l'adoption d'une loi provinciale reconnaissant aux femmes le droit de devenir procureure, Clara Brett Martin est finalement admise comme étudiante en droit, en 1893. Elle est reçue comme stagiaire chez Samuel Hume BLAKE. Malgré l'immense hostilité des professeurs et des étudiants de sexe masculin, elle obtient la meilleure note aux examens du barreau du Haut-Canada. Clara Brett Martin s'assure ensuite le concours de lady ABERDEEN et de Mowat pour que soit adoptée une loi reconnaissant aux femmes le droit de devenir avocate plaidante. Le barreau du Haut-Canada tente à nouveau de lui faire obstruction, mais se ravise, lorsque les pressions exercées par de riches clients des membres du Conseil du barreau commencent à se faire sentir.

Elle atteint finalement son but le 2 février 1897, devenant la première femme avocate de l'Empire britannique. Elle obtient ensuite un baccalauréat en droit civil (1897), un LL. B. (1899), et pratique avec succès le droit à Toronto. Cependant, ses apparitions à la cour sont rares, en raison du tumulte qu'elles provoquent, et elle demeure célibataire. Elle prend part à diverses organisations féminines, est la seule femme à siéger au Conseil scolaire de Toronto, une décennie durant, et réussit presque à se faire élire comme échevin. Malgré les efforts héroïques de Clara Brett Martin pour sortir des sentiers battus, ce n'est qu'au milieu du XX⁵ s. qu'un nombre significatif de femmes s'engagent dans la profession juridique au Canada.

John D. Blackwell

Martin, Joseph, avocat, politicien, premier ministre de la Colombie.-Britannique (Milton, Canada-Ouest, 24 sept. 1852—Vancouver, 2 mars 1923). Martin se

fait élire en tant que libéral dans quatre Parlements différents, mais il est un agitateur et l'opposition lui convient mieux que le pouvoir. Il est d'abord élu à l'Assemblée législative du Manitoba en 1883, devient procureur général sous le gouvernement GREENWAY, en 1888, et il parraine un projet de loi visant à abolir l'usage officiel du français dans les écoles et le financement des écoles séparées (*voir* QUESTION DES ÉCOLES DU MANITOBA) en 1890. Il représente Winnipeg à la Chambre des communes de 1893 à 1896 et s'installe ensuite à Vancouver pour y pratiquer le droit. Élu à l'Assemblée législative de la Colombie-Britannique en 1898, il est procureur général jusqu'en 1900. En février de cette même année, on lui demande de former un gouvernement, mais devant l'impossibilité d'obtenir des appuis, il démissionne au bout de trois mois. Il spécule dans le secteur immobilier, pratique le droit, de 1903 à 1908, et devient éditeur et rédacteur en chef du *Vancouver Guardian* en 1907. Ses affaires juridiques le conduisent en Grande-Bretagne, où il représentera la circonscription d'East St. Pancras à Westminster, de 1910 à 1918. Il présente néanmoins sa candidature à la mairie de Vancouver en 1914 et y fonde l'*Evening Journal* en 1916.

H. Guest

Martin, Mungo, ou *Nakapenkim,* qui signifie chef de potlatch «plus de 10 fois», ou *Datsa,* qui signifie «grand-père», sculpteur, peintre, chanteur et auteur de chansons de la côte du Nord-Ouest (Fort Rupert, île de Vancouver, vers 1879-1882—Victoria, 16 août 1962). Il est le beau-fils de Charlie James (sculpteur kwaknaka'wakw ou KWAKIUTL de renom) et tuteur de Henry Hunt et de Tony HUNT. Spécialiste renommé de divers aspects de sa culture, Mungo Martin aide à ranimer chez son peuple la fierté du patrimoine kwakiutl. Il s'adonne à la sculpture pendant la prohibition du POTLATCH et il réalise le premier mât totémique qu'on lui commande, *Raven of the Sea,* à Alert Bay vers 1900.

En 1948, l'U. de la Colombie-Britannique lui demande de diriger son programme de restauration de TOTEMS. En plus d'être un sculpteur exceptionnel, il rend des services inestimables aux ethnographes au début des années 50 en enregistrant plus de 200 chansons à l'U. de la Colombie-Britannique et au British Columbia Provincial Museum, à Victoria. En 1952, il déménage à Victoria pour commencer un programme de reproduction de vieux totems. En 1984, Richard Hunt (fils de Henry Hunt) poursuivra ce travail à titre de sculpteur résident. En 1958, Martin termine le plus grand mât totémique du monde, érigé dans le parc Beacon Hill, à Victoria. Il sculpte en 1961 son dernier mât, qui se trouve au Mexique.

Gerald R. McMaster

Martin, Paul Edgar Philippe, dirigeant d'entreprise et politicien (Windsor, Ont., 28 août 1938). Il étudie à l'U. d'Ottawa et à l'U. de Toronto et obtient un baccalauréat en philosophie en 1962, puis un LL. B. de l'École de droit de l'U. de Toronto. Il est admis au barreau de l'Ontario en 1966 et, la même année, il entre chez POWER CORPORATION DU CANADA comme adjoint à la direction de Paul DESMARAIS. En 1969, il devient vice-président de Power Corporation, en 1971, vice-président de Consolidated Bathurst (une filiale de Desmarais), puis en 1973, vice-président à la planification et au développement de Power Corporation. En 1974, il joint les rangs de la CANADA STEAMSHIP LINES (rebaptisée Groupe CSL en 1980) à titre de président et, en 1981, il devient actionnaire majoritaire de l'entreprise de Desmarais.

Fils de Paul MARTIN, un vieux routier de la scène politique fédérale, le jeune Martin en vient naturellement à s'intéresser aux questions sociales, au Parti libéral et à la fonction politique. Il démission de son poste de président et président-directeur général de CSL et entre à la Chambre des communes en 1988 à titre de député d'Émard, circonscription élec-

torale d'un quartier ouvrier de Montréal. En 1990, lorsque John Turner quitte la direction du Parti libéral, Martin, qui s'exprime aisément dans les deux langues, est le candidat idéal pour le remplacer. Toutefois, il se retrouve deuxième derrière Jean CHRÉTIEN, un ami de longue date. De 1991 à septembre 1993, il est le porte-parole du Parti libéral à la Chambre des communes en matière de finances et d'environnement. Aux élections fédérales de 1993, il joue un rôle crucial dans l'élaboration de la stratégie libérale en tant que vice-président du Comité national de la plateforme et coauteur de *Pour la création d'emplois, pour la relance économique: le plan d'action libéral pour le Canada,* le «livre rouge» qui contribue à la victoire du parti.

Martin souhaite devenir ministre de l'Industrie, à la manière d'un C.D. HOWE, mais, le 4 novembre 1993, Chrétien lui offre plutôt le portefeuille des Finances. Avec l'appui du premier ministre, et usant d'une bonne dose de charme et de détermination, Martin s'attaque sans attendre à l'énorme déficit fédéral de plus de 40 milliards de dollars. Durant le premier mandat de Chrétien, tous s'accordent à dire qu'il est un ministre remarquable. Le déficit diminue et le gouvernement profite de cet avantage (et d'une opposition fragmentée) pour se faire réélire.

Le 11 juin 1997, Martin est à nouveau nommé ministre des Finances. En 1998, il annonce l'élimination du déficit grâce à un budget équilibré pour l'année financière 1997-1998 qui prévoit, en outre, une réduction de la dette nationale. La réussite de la politique fiscale conservatrice de Martin est généralement attribuée à une saine gestion, mais selon les critiques, elle serait plutôt due au transfert d'une grande partie des coûts gouvernementaux aux provinces et à l'abandon de certains idéaux sociaux qui avaient inspiré le Parti libéral dans le passé. Les médias s'interrogent maintenant sur ce que fera Martin dans la période post-déficit et sur ses chances de supplanter Chrétien en tant que chef libéral et premier ministre.

Norman Hillmer

Martin, Paul Joseph James, politicien et homme d'État (Ottawa, 23 juin 1903—Windsor, 14 sept. 1992). Élu pour la première fois à la Chambre des communes en 1935, Martin prend rapidement une place importante dans les rangs libéraux en raison de son impressionnante instruction dans les domaines de la philosophie, des relations internationales et du droit. Le premier ministre King le nomme adjoint parlementaire au ministre du Travail en 1943. Martin devient secrétaire d'État au Cabinet en 1945, puis ministre de la Santé nationale et du Bien-être social en 1946. Il doit faire face à un gouvernement devenant de plus en plus conservateur sur les questions sociales, mais réussit tout de même à introduire un système de subventions pour les soins de santé. Menaçant de démissionner, il convainc le premier ministre SAINT-LAURENT d'accepter l'assurance-santé nationale. Il s'occupe aussi de missions diplomatiques pour les gouvernements de King et de Saint-Laurent. En 1955, il négocie une entente qui permet l'expansion du nombre de membres aux Nations Unies. Martin pose sa candidature à la direction du Parti libéral en 1948 et 1958, sans succès. En 1963, le premier ministre PEARSON nomme Martin secrétaire d'État des affaires extérieures, portefeuille qu'il détient jusqu'en 1968, année où il se présente à nouveau à la tête du parti, mais perd contre Pierre TRUDEAU. Il est nommé leader du gouvernement au Sénat (1968-1974) et haut-commissaire en Grande-Bretagne (1975-1979). Ses mémoires, *A Very Public Life,* sont publiées en deux volumes (1983, 1986).

John English

Martin, William Melville, avocat et premier ministre de la Saskatchewan (Norwich, Ont., 23 août 1876—Regina, 22 juin 1970). Deuxième premier ministre de la Saskatchewan, de 1916 à 1922, il se révèle d'une grande compétence en cette difficile période de transition. Après avoir étudié à l'U. de Toronto et à Osgoode Hall, Martin s'installe à Regina en 1903 pour y pratiquer le droit. Élu à la Chambre des communes pour la circonscription de Regina en 1908, et réélu en 1911, il démissionne en 1916 et prend la direction du Parti libéral provincial. Il est élu à l'Assemblée législative, aux élections complémentaires de 1916 et il est réélu aux élections générales de 1917 et de 1921. Il décide de se retirer de la vie politique en 1922, année où il est nommé juge de la Cour d'appel de la Saskatchewan. Il devient juge en chef de la Cour suprême de la Saskatchewan en 1941 et occupe ce poste avec grande distinction, jusqu'en 1961.

D.H. Bocking

Martinet Nom commun donné à une soixantaine d'espèces d'oiseaux de la famille des apodidés, laquelle est apparentée à celle des hémiprocnidés. Ces deux familles sont généralement classifiées avec les COLIBRIS dans l'ordre des apodiformes. On rencontre le martinet presque partout dans le monde où il peut trouver suffisamment d'insectes volants pour s'alimenter.

Description Grâce à ses ailes longues, minces et pointues et à son corps cylindrique, le martinet a un vol rapide et acrobatique. Le nom de la famille des apodidés (grec *apodos*, «sans pieds») vient de leurs pieds minuscules, dont les quatre doigts, munis de fortes griffes, sont très bien adaptés à la préhension et sont ainsi très utiles pour s'accrocher aux falaises. Le martinet a un plumage dont la couleur est généralement terne.

Nidification La plupart des espèces nichent en colonies dans une grotte ou un arbre creux. Certaines espèces nichent derrière une chute d'eau, dans un banc de sable, dans un ancien nid d'hirondelle ou même sur une feuille de palmier. La plupart des espèces construisent leur nid en agglutinant des matériaux au moyen de salive. Chez certaines espèces orientales, le nid est entièrement constitué de cette salive et est utilisé pour faire une soupe.

Répartition Quatre espèces de martinets se reproduisent au Canada. Le martinet ramoneur (*Chaetura pelagica*), qui niche dans le sud du Canada, depuis l'est de la Saskatchewan jusque dans les Maritimes, et parfois le martinet de Vaux (*C. vauxi*), qui habite le sud de la Colombie-Britannique, installent leur nid dans une cheminée ou sur le mur d'un bâtiment. Le martinet de Vaux niche surtout dans les vieilles forêts, qu'il utilise aussi fréquemment comme dortoir. Deux autres espèces, qui nichent au Canada, creusent leur nid dans les falaises: le martinet sombre (*Cypseloides niger*), qui se reproduit dans la plupart des régions de la Colombie-Britannique et en certains endroits de l'Alberta, et le martinet à gorge blanche (*Aeronautes saxatalis*), qu'on ne trouve généralement que dans les vallées de l'Okanagan et de la Similkameen. Ce dernier nicherait aussi le long du lac Arrow ainsi que dans les Kootenays. Il a déjà été observé dans l'île de Vancouver.

Martin K. McNicholl

Martínez Fernández y Martínez de la Sierra, Esteban José, officier de marine (Séville, Espagne, 9 déc. 1742—Loreto, Mexique, 28 oct. 1798). En 1774, il fait un voyage exploratoire avec Juan Pérez Hernandez depuis San Blas, au Mexique, jusqu'aux îles de la Reine-Charlotte et au détroit de Nootka au nord. En 1778, il est envoyé à la recherche des postes russes de traite de fourrures dans les îles Aléoutiennes, où il apprend que les Russes projettent d'établir un poste à Nootka l'année suivante. Pour assurer une présence espagnole sur la côte du Nord-Ouest, le vice-roi Flórez envoie Martínez en 1789 établir un poste temporaire à Nootka avant l'arrivée des Russes. Il y trouve des navires de commerce anglais et américains et découvre que les Anglais s'apprêtent à construire un poste de traite. Il s'empare des navires britanniques et de leurs équipages, et érige à Nootka un poste militaire qu'il abandonne à l'automne. Les rapports britanniques décrivent Martínez

comme un homme impétueux et exalté. Il empêche néanmoins les Britanniques d'établir un poste dans un territoire revendiqué par l'Espagne. (*Voir aussi* NOOTKA, CONTROVERSE DU DÉTROIT DE.)

John Dewhirst

Martins-pêcheurs Ils appartiennent à la famille des alcédinidés, des oiseaux robustes à grosse tête, à bec fort et pointu, à queue courte et à petits pieds. Le doigt central et le doigt externe sont réunis sur plus de la moitié de leur longueur. Cette famille compte 95 espèces dans le monde. Son seul représentant au Canada, le martin-pêcheur d'Amérique (*Ceryle alcyon*), mesure de 30 à 33 cm de longueur. Il a le dessous blanc, le dos bleu-gris et une grande crête double en dents de scie sur la tête. Il vit pratiquement partout au Canada au sud de la limite forestière.

Régime alimentaire Les martins-pêcheurs se perchent sur des branches mortes au-dessus de l'eau, à l'affût de petits poissons, de grenouilles et de gros insectes aquatiques. Ils plongent tête première pour capturer leur proie, se submergeant parfois complètement. Ils retournent sur leur perchoir, contre lequel ils frappent leur proie à plusieurs reprises avant de la projeter dans les airs et de l'avaler tête première.

Nidification Le martin-pêcheur d'Amérique défend ses territoires d'alimentation le long des cours d'eau. Son nid est aménagé au fond d'un terrier de un à trois mètres de longueur, qu'il creuse dans la paroi de terre d'une berge. Quand la femelle commence à incuber ses cinq à huit œufs blancs, le mâle lui apporte la nourriture au nid. Les jeunes récemment éclos se blottissent en une masse compacte pour conserver leur chaleur. Le terrier est souvent réutilisé d'une année à l'autre. Les écailles de poisson et les os régurgités de la saison précédente sont alors utilisés comme matériel pour la construction du nid.

Philip H.R. Stepney

Martre (*Martes americana*) Mustélidé mince adapté aux forêts de conifères nordiques (*voir* BELETTE). On la rencontre depuis l'Alaska et la Colombie-Britannique jusqu'à Terre-Neuve et aux États-Unis.

Description Le mâle mesure en moyenne 60 cm et pèse 1 kg, tandis que la femelle mesure 54 cm et pèse 650 g. La queue touffue de la martre d'Amérique fait la moitié de son corps, et ses larges pattes sont munies de griffes adaptées pour grimper. Son pelage a différents tons de brun et porte une tache jaune sur la poitrine. Ses pattes ainsi que sa queue sont plutôt noires, et ses grandes oreilles sont blanchâtres. La martre d'Amérique est solitaire, sauf la femelle et les jeunes qui voyagent parfois en groupe pendant plusieurs mois.

Régime alimentaire Habile, elle grimpe aisément aux arbres où elle chasse les écureuils et s'en prend aux nids d'oiseaux. Au sol, ces proies sont plutôt les souris, les campagnols, les lièvres et certains oiseaux. Elle mange également des insectes, des baies et même des charognes.

Reproduction et croissance L'accouplement a lieu en juillet ou en août. Après une longue période où l'implantation des embryons est différée, les petits, au nombre de un à quatre, naissent en mars ou en avril et atteignent la maturité sexuelle à l'âge de deux ans.

Relations avec les humains Cette espèce est grandement recherchée pour sa fourrure douce et lustrée. Les prises annuelles au Canada ont déjà été relativement peu nombreuses (20 000 à 50 000), mais ces dernières années, on en capture jusqu'à 100 000 par année. Les feux de forêt et une chasse abusive sont les principales causes de la diminution des populations. (*Voir aussi* FOURRURE, TRAPPAGE D'ANIMAUX À.)

Ian McTaggart-Cowan

Marxisme Élaboré au XIXe s. par Karl Marx et Friedrich Engels, le marxisme est une conception fondamentale du monde qui est devenue l'idéologie officielle des gouvernements communistes d'Europe, de Chine, de Cuba et d'ailleurs. Il a donné naissance à

divers mouvements, notamment le marxisme-léninisme, le maoïsme, le marxisme chrétien, l'humanisme marxiste et le trotskisme, qui se retrouvent tous dans une certaine mesure au Canada.

En tant que méthode d'analyse, le marxisme insiste d'une part sur le développement des forces de production (la machinerie, la technologie et les compétences des travailleurs) et, d'autre part, sur l'interaction entre les CLASSES SOCIALES, à savoir qui fait le travail, qui donne les ordres et qui a le droit de posséder, d'utiliser ou de consommer les produits. Grâce à une méthode appelée «matérialisme dialectique», il étudie aussi la manière dont ce fondement économique influence et modèle la superstructure de la société, c.-à-d. la FAMILLE, le système scolaire et le régime politique, ainsi que l'art et la culture, la religion et tous les systèmes idéologiques.

Le marxisme reconnaît que de profondes transformations historiques ont engendré de nouveaux systèmes sociaux (p. ex., l'esclavage, la féodalité, le capitalisme et le socialisme) qui imprègnent tous les aspects de la vie quotidienne. Chacun de ces systèmes sociaux comporte ses contradictions internes qui finissent par causer des ruptures et des conflits lorsque apparaissent de nouvelles classes sociales et un nouveau système social qui prend des centaines d'années à atteindre son plein développement. D'après le marxisme, tous les systèmes sociaux existants ou antérieurs divisent la société en classes socio-économiques. La classe dominante est maître de l'économie et de l'État. Elle exerce sa domination en forçant les classes inférieures à lui remettre une partie de leur production (ou de la valeur de cette production). Les systèmes sociaux se distinguent les uns des autres par la manière de prélever ce surplus économique et par la manière de l'utiliser. Selon l'analyse marxiste, le prélèvement du surplus est le fondement de l'exploitation et le motif de la lutte des classes, qui est elle-même le moteur essentiel des transformations historiques.

Selon l'analyse marxiste, lorsque le capitalisme ne peut plus prélever une «plus-value» suffisante, dont le profit est un élément important, cela entraîne des crises économiques et un taux de CHÔMAGE élevé. La théorie marxiste affirme que ces problèmes sont le résultat inévitable de l'organisation sociale capitaliste qui réserve à une poignée de gens la propriété des moyens de production alors que la grande majorité doit vendre sa force de travail pour vivre, et que le seul moyen de régler ces problèmes est la création d'un nouvel ordre économique. Le marxisme préconise les mesures suivantes: une économie planifiée qui abolit le système de profit en tant que moteur de l'économie, la propriété publique des grands moyens de production et la démocratie économique avec remise au peuple du pouvoir sur les priorités économiques et remise aux travailleurs du pouvoir sur l'organisation du travail.

Alors que le monde capitaliste a connu des crises économiques répétées depuis 200 ans, ces crises n'ont pas provoqué les révolutions politiques prédites par Marx, sauf dans des sociétés capitalistes peu avancées comme la Russie de 1917. Actuellement, beaucoup de mouvements politiques issus du marxisme sont en déclin, mais le marxisme est encore largement utilisé comme système d'analyse de l'économie capitaliste. Il a engendré des courants d'idées divergents qui s'intéressent notamment au rôle de l'État, à l'écologie et à l'évolution des rapports de forces entre les classes.

Le marxisme est introduit au Canada par des travailleurs intellectuels britanniques dans les premières années du XXe s. Il est l'idéologie dominante des premiers partis socialistes canadiens, et le PARTI COMMUNISTE DU CANADA y souscrit entièrement au moment de sa fondation en 1921. Pendant la période stalinienne, le marxisme devient davantage une croyance religieuse qu'une science sociale et piétine au Canada comme ailleurs. Il se propage cependant pendant les années 70 et 80 et se taille une place importante dans les milieux universitaires canadiens. Parmi les penseurs marxistes importants au Canada, citons Gregory Albo, Pat Armstrong, Wallace Clement, Manfred Bienefeld, Jane Jenson, Rianne Mahon, Henry Veltmeyer, Wally Seccombe, Ellen Wood, C.B. MACPHERSON, Stanley RYERSON, Leo Panitch, Bryan Palmer, Gregory Kealey, Michael Lebowitz, Dorothy Smith, Carl Cuneo et John Saul.

Cy Gonick

Mary Celeste Ce bateau, qui fut d'abord appelé l'*Amazon*, est un brigantin construit en 1861 à l'île Spencer en Nouvelle-Écosse. Il fait naufrage au Cap-Breton en 1867, est récupéré, vendu et enregistré à New York en 1868. On le renomme alors *Mary Celeste*. En 1872, il est trouvé à la dérive au large des Açores, personne à bord. La mystérieuse disparition des membres de l'équipage a fait l'objet des spéculations les plus loufoques, mais personne ne saura jamais ce qui lui est arrivé.

James Marsh

Marystown, ville de T.-N.; pop. 6742 (rec. 1996), 6739 (rec. 1991), 6660 (rec. 1986); superf. 59,27 km²; const. en 1951. Elle est un centre de construction navale et de transformation du poisson. La ville comprend les communautés de Marystown (auparavant Mortier Bay) et de Creston, et est située du côté est de la péninsule Burin. Ayant l'un des plus beaux ports naturels de Terre-Neuve, Marystown est connue à travers l'histoire en tant que port franc. La région est probablement fréquentée par des pêcheurs français et BASQUES aux XVIᵉ et XVIIᵉ s., mais elle est colonisée principalement par des pêcheurs anglais et irlandais au début du XVIIIᵉ s.

En 1966, on construit un chantier naval et une usine de transformation du poisson, ce qui procure les nouveaux emplois dont la ville a grand besoin. Ce chantier, qui est l'une des installations de construction et de réparation navales les plus efficaces et les mieux équipées de sa taille en Amérique du Nord, est une société de la Couronne et on y construit principalement des chalutiers à rampe arrière pour l'industrie de la pêche terre-neuvienne, bien qu'on puisse y concevoir et y construire des bateaux de tous genres d'une longueur maximale de 85 m.

Janet E.M. Pitt

Mascall, Jennifer Wootton, chorégraphe de danse moderne, artiste et professeure (Winnipeg, 11 déc. 1952). Jennifer Mascall obtient son diplôme en danse de l'U. York en 1974. Elle étudie par la suite avec de nombreux professeurs de danse moderne au Canada et aux États-Unis, parmi lesquels Twyla Tharp et Merce Cunningham. Mascall se produit à New York avec la compagnie Douglas Dunn's Lazy Madge (1977-1978), participe au premier Canadian National Choreographic Seminar (1978) et travaille comme danseuse et chorégraphe indépendante au Canada. En 1980, elle se joint à la troupe Paula Ross Dancers, à Vancouver, tout en continuant de danser en solo au Canada, en Europe et en Scandinavie.

En 1982, elle est cofondatrice de l'EDAM (Experimental Dance and Music), basée à Vancouver, et crée de nombreuses œuvres pour la troupe jusqu'en 1989, année où elle lance sa propre compagnie, Mascall Dance, dans le cadre du Festival international de nouvelle danse, à Montréal. À l'occasion du Festival Danse Canada de 1989, elle met sur pied un groupe d'improvisation interdisciplinaire, le Nijinsky Gibber Jazz Club, qui se produit de façon intermittente au Canada et à l'étranger. Ses chorégraphies remettent constamment en question les idées reçues sur la danse, présentent des mouvements qui vont du minimalisme à l'absurde et sont souvent d'une riche théâtralité. Elle remporte le prix canadien de chorégraphie Clifford E. Lee et le premier des prix Ann O'Connor décernés au Edinburgh Fringe Festival en 1981, le prix Jacqueline Lemieux du CONSEIL DES ARTS DU CANADA en 1982, un prix Dora Mavor Moore en 1983 ainsi qu'un prix Jessie (Vancouver Theatre) en 1987.

Max Wyman

Mascarene, Paul, né Jean-Paul, officier militaire et administrateur colonial (Languedoc, France, 1684 ou 1685—Boston, Mass., 22 janv. 1760). Émigré huguenot, Mascarene exerce ses fonctions partout en Nouvelle-Angleterre et en Nouvelle-Écosse de 1710 à 1740. Ingénieur militaire et négociateur, il discute couramment avec les Acadiens et les Indiens. En 1720, il est l'un des premiers à analyser la faiblesse de la Grande-Bretagne en Nouvelle-Écosse et recommande un renforcement de la présence militaire et une allégeance sans réserve des ACADIENS. Mascarene devient administrateur colonial intérimaire en 1739 et gouverneur en 1744, défendant victorieusement Annapolis Royal contre les attaques françaises répétées de 1744 à 1746. Il attribue sa victoire au soutien militaire envoyé par le gouverneur William Shirley, du Massachusetts, et à sa propre politique qui vise à exiger la neutralité des belliqueux Acadiens plutôt que leur allégeance, tactique dont il défend énergiquement l'opportunité politique. Mascarene retourne en Nouvelle-Angleterre en 1751 et s'établit finalement à Boston.

Lois Kernaghan

Mason, John, gouverneur de la colonie anglaise de Terre-Neuve (King's Lynn, Angl., 1586—Londres, Angl., 1635). En 1615, il devient le deuxième gouverneur de la colonie de Cuper's Cove (Cupids, Terre-Neuve), succédant à John GUY. Il arrive en 1616 en compagnie de sa femme. Il explore une grande partie de l'île et ses découvertes lui servent à dessiner la première carte anglaise connue faite à partir de données d'arpentage personnelles et à écrire *A Briefe Discourse of the New-Found-Land* (1620). Il quitte l'île en 1621 pour la Nouvelle-Angleterre, où il fonde la colonie du New Hampshire.

Michael J. McCarthy

Masse, Marcel, politicien (Saint-Jean-de-Matha, Qc, 27 mai 1936). Il étudie l'histoire et les sciences politiques à l'U. de Montréal ainsi qu'à Londres et à Paris, puis enseigne au niveau secondaire à Joliette de 1962 à 1966. Nationaliste québécois convaincu, il est député à l'Assemblée nationale du Québec de 1966 à 1973 et détient plusieurs postes ministériels dans le gouvernement de l'UNION NATIONALE (1966-1970). Il se porte candidat à la direction de l'Union nationale en 1971, perdant par seulement 21 votes. Il quitte le parti quelques mois plus tard pour siéger comme député indépendant.

En 1974, il se joint à Lavalin, une firme d'ingénieurs montréalaise. Se présentant comme candidat conservateur, il se défait aux élections fédérales de 1974 et de 1980, mais entre à la Chambre des communes aux élections de 1984. À titre de ministre des Communications dans le gouvernement MULRONEY de 1984 à 1986, il tente de défendre les industries culturelles durant les négociations sur le LIBRE-ÉCHANGE avec les États-Unis. Mulroney lui confie le ministère de l'Énergie, puis le ramène aux Communications en 1988. Il échoue dans sa tentative de créer à Montréal un institut pour l'étude des communications et de la culture et est muté au ministère de la Défense nationale en 1991. Il quitte le Cabinet en janvier 1993 et annonce sa retraite de la Chambre des communes.

Masse est conseiller principal du Groupe CFC (Management et Ressources humaines). En décembre 1994, il est choisi pour diriger l'un des 14 comités régionaux mis sur pied pour tenir, à l'hiver 1995, des audiences publiques sur l'indépendance du Québec. Il est aussi président du Conseil de la langue française du Québec (1995), délégué général du Québec en France (1996-97) et président de la Commission des biens culturels du Québec.

Norman Hillmer

Massey Hall Salle de concert conçue par C.R. Badgely et construite, rue Shuter à Toronto, par Hart A. MASSEY à titre de cadeau à la ville au coût de 150 000 $. D'abord connue sous le nom de Massey Music Hall, la salle ouvre ses portes le 14 juin 1894. Le nombre de sièges, soit 4000 à l'origine, passe à

2765 lorsque l'édifice est réaménagé en 1933. Jusque dans les années 20, alors que d'autres villes commencent à ériger des SALLES DE CONCERT, il s'agissait du seul édifice canadien conçu principalement pour des représentations musicales. Massey Hall accueille les principaux ensembles locaux, tels que la TORONTO MENDELSSOHN CHOIR et la TORONTO SYMPHONY, en plus de recevoir de grands artistes de renommée internationale, dont Ignacy Jan Paderewski, Enrico Caruso et Vladimir Heifetz. La salle est également utilisée pour divers autres genres d'événements: un discours de Winston Churchill (1900), des combats de boxe, la projection de films et la présentation de concerts folk, rock et jazz. Le Roy Thomson Hall, terminé en 1982, constitue désormais la principale salle de concert, mais Massey Hall continue à être utilisé.

Frederick A. Hall

Massey, Charles Vincent, politicien, diplomate et gouverneur général (Toronto, 20 févr. 1887—Londres, Angl., 30 déc. 1967). Vincent Massey est surtout renommé pour avoir été le premier GOUVERNEUR GÉNÉRAL d'origine canadienne. Il est le petit-fils de Hart MASSEY, qui a transformé l'entreprise de matériel agricole fondée par Daniel MASSEY en une puissante société internationale, et le frère de l'acteur Raymond MASSEY. Après ses études à l'U. de Toronto et au Balliol College, à Oxford, il donne des cours d'histoire au Victoria College, à l'U. de Toronto, de 1913 à 1915. Il entre alors dans l'armée et occupe la fonction d'officier d'état-major au Canada, puis est assigné au Comité de guerre du Cabinet. Il est président de Massey-Harris Co. Ltd. de 1921 jusqu'en 1925, année où il entre au Cabinet du premier ministre Mackenzie KING. Comme il ne réussit pas à se faire élire au Parlement, en 1926, King le nomme ministre du Canada aux États-Unis, poste qu'il est le premier à occuper et qu'il gardera jusqu'en 1930. En 1935, King le nomme haut-commissaire en Grande-Bretagne, poste qu'il occupera jusqu'en 1946.

À titre de diplomate, Massey réussit mieux au niveau des relations mondaines que dans les négociations extrêmement ardues, mais en Grande-Bretagne il a sans contredit ses entrées dans les hautes sphères. Toutefois, il n'arrive pas à inspirer confiance au premier ministre de son propre pays au sujet des questions concernant l'Empire, et les relations entre les deux hommes demeurent par conséquent formelles et tendues. Après la Seconde Guerre mondiale, le premier ministre Louis SAINT-LAURENT lui confie la responsabilité de la COMMISSION ROYALE D'ENQUÊTE SUR L'AVANCEMENT DES ARTS, LETTRES ET SCIENCES AU CANADA, un poste qui lui convient parfaitement compte tenu de son statut de mécène. Publié en 1951, son rapport recommande la création d'un CONSEIL DES ARTS DU CANADA (créé en 1957). En 1952, Massey devient gouverneur général et remplit cette fonction avec distinction et d'une façon qui atténue la rupture avec le passé que représente la nomination d'un Canadien à ce poste. En 1959, il quitte RIDEAU HALL pour profiter pleinement d'une retraite active.

J.L. Granatstein

Massey, Daniel, fabricant (Windsor, Vermont, 24 févr. 1798—Newcastle, Canada-Ouest, 15 nov. 1856). Agriculteur prospère de religion méthodiste vivant près de Cobourg, dans le Haut-Canada, Massey s'intéresse à la machinerie agricole dans les années 1830 et investit dans une fonderie à Bond Head en 1847. En 1849, il déménage à Newcastle et fonde la Newcastle Foundry and Machine Manufactory. Massey transmet ses habitudes de travail et son tempérament religieux à son fils Hart, dont les techniques dynamiques de mise en marché et l'acquisition de droits sur les brevets américains représentant la fine pointe du progrès en machinerie agricole contribuent au succès de l'entreprise, qui s'appellera plus tard Massey Manufacturing Company. En 1891, elle fusionne avec son principal rival, A. Harris, Son & Co Ltd., pour former Massey-Harris Company Ltd. (*voir* MASSEY-FERGUSON LIMITED), le plus important fabricant de machinerie agricole au Canada.

Joseph Lindsey

Massey, Hart Almerrin, fabricant et philanthrope (canton d'Haldimand, Bas-Canada, 29 avr. 1823—Toronto, 20 févr. 1896). Fils de Daniel MASSEY, Hart transforme la Newcastle Foundry, l'entreprise de son père, en une entreprise dynamique de production de machinerie agricole grâce à des fusions, des techniques de ventes et de publicité dynamiques, et l'acquisition de brevets pour des faucheuses, des moissonneuses et des lieuses américaines qui, en réduisant les coûts de main-d'œuvre, accroissent la productivité de l'agriculture canadienne. En 1870, il constitue Massey Manufacturing Co. en société, qui, en 1879, déménage à Toronto et s'agrandit considérablement à la suite de l'achat de la Toronto Reaper and Mower Co., une usine appartenant à la filiale d'une entreprise américaine. Massey introduit avec succès sa société sur les marchés étrangers, ce qui en fait la première société nord-américaine de ce type à se lancer dans l'exportation. En 1891, il fusionne A. Harris, Son & Co Ltd. et d'autres concurrents canadiens pour former Massey-Harris Co Ltd., dont il est président de 1891 à 1896.

Employeur dur, mais aussi patriarche méthodiste affable, Massey considère son entreprise comme un don de Dieu. Il contribue à de nombreuses œuvres de bienfaisance, à des institutions religieuses et d'enseignement. Il fait ériger le Massey Music Hall de Toronto (*voir* MASSEY HALL) et la Fred Victor Mission en mémoire de ses fils Charles Albert (1848-1884) et Frederic Victor (1867-1890). Son fils Walter Edward Hart (1864-1901) est président de la société de 1896 à 1901 et actif dans la vente et la publicité. Il fait la promotion de la pasteurisation du lait et encourage les initiatives culturelles, produisant certain des premiers magazines d'entreprise au Canada, dont le journal littéraire *Massey's Magazine*, fusionné avec le *Canadian Magazine* en 1897. Le dernier fils survivant d'Hart Massey, Chester Daniel (1850-1926), abandonne en 1901 ses responsabilités de direction chez Massey-Harris, une société publique de plus en plus complexe. Il se consacre au service public, administrant la succession d'Hart Massey, transformée en 1918 en Fondation Massey, qui soutient de nombreuses causes et construit HART HOUSE et le Massey College à l'U. de Toronto.

Joseph Lindsey

Massey, Raymond Hart, acteur (Toronto, 30 août 1896 — Los Angeles, Calif., 29 juill. 1983), frère de Vincent MASSEY. Sa voix particulière et son beau visage taillé à la serpe font penser immanquablement à Abraham Lincoln, qu'il incarne sur la scène et à l'écran. En février 1919, il monte un spectacle de troubadours, en Sibérie, avec les Forces canadiennes. Il devient professionnel en juillet 1922 en se joignant à l'Everyman Theatre, en Angleterre. Auparavant, Massey a participé à des spectacles amateurs au Appleby College, à Oakville, en Ontario (1913-1914), à Oxford (1919-1920) et au Hart House Theatre de l'U. de Toronto (1921-1922). En 1924, il joue deux rôles avec Sybil Thorndike dans *Saint Joan* (v.f. *Sainte Jeanne*), et il fait ses débuts à Broadway, en 1931, dans le rôle d'Hamlet. À New York, il joue dans des reprises d'œuvres de Bernard Shaw, dont *The Doctor's Dilemma* (1941), *Candida* (1942) et *Pygmalion* (1945). Sa remarquable carrière cinématographique commence en 1931 et comprend plus de 70 films, allant de *The Scarlet Pimpernel* à *East of Eden* (v.f. *À l'est d'Eden*). À la fin des années 50 et pendant les années 60, une nouvelle génération le découvre dans la série télévisée *Dr. Kildare*, où il incarne le Dr Gillespie.

David Gardner

Massey-Ferguson Limited, constructeur de matériel agricole et d'autres types d'équipements, dont le siè-ge social se trouvait autrefois au Canada, a joué un rôle important dans l'histoire de la croissance et du développement du Canada. Fondée en 1847 par Daniel MASSEY sous le nom de Newcastle Foundry and Machine Manufactory, la société devient une entreprise individuelle en 1855 sous la direction de son fils, Hart Almerrin MASSEY. En 1870, elle prend le nom de Massey Manufacturing Co. En 1879, l'entreprise déménage à Toronto et fusionne, en 1891, avec son principal concurrent, A. Harris, Son & Co. Ltd., une entreprise fondée en 1857. La nouvelle entreprise Massey-Harris Co. Ltd. est constituée en société en 1891, devenant ainsi le plus grand établissement de ce type dans l'Empire britannique. En 1953, la société fusionne avec les entreprises Ferguson pour former Massey-Harris-Ferguson Ltd. En 1958, elle prend le nom de Massey-Ferguson Ltd., puis, en 1987, la société est réorganisée en Varity Corp., bien que les filiales gardent des variantes des anciens noms (p. ex., Massey Combines Corp. à Brantford, en Ontario).

Dès ses débuts, l'entreprise acquiert les droits sur un matériel innovateur, faisant date dans l'histoire de l'agriculture à la fin du XIXe s. avec la lieuse simple Toronto et, en 1927, avec le tracteur Wallis. Les idées d'Harry Ferguson, développées au cours des années 20, donnent à l'entreprise une longueur d'avance dans la technologie des tracteurs. Malgré des difficultés financières dans les années 80 (ayant nécessité l'aide du gouvernement fédéral à partir de 1981), Varity continue de construire et de vendre de l'équipement industriel et agricole tel que des tracteurs, des presses et des moteurs diesel à usage multiple. Elle exploite des usines au Canada et à l'étranger. En 1994, Varity vend la division Massey-Ferguson à AGCO Corporation, un constructeur américain de matériel agricole.

Deborah C. Sawyer

Massicotte, Edmond-Joseph, artiste peintre et illustrateur (Montréal, 1er déc. 1875—Sault-au-Récollet, près de Montréal, 1er mars 1929). Après ses études à Montréal, Massicotte commence en 1892 à produire des illustrations qui dépeignent les coutumes populaires et les traditions du Canada français pour des périodiques tels que *Le Monde illustré* et *L'Almanach du peuple*. Ces illustrations montrent fréquemment des traditions qui n'ont plus cours à l'époque de Massicotte. Tirées d'abord de son imagination et de documents qu'il accumule (certains lui sont fournis par son frère, l'archiviste Édouard-Zotique), et plus rarement de croquis saisis sur le vif, ses œuvres trahissent un certain manque de dynamisme. Elles donnent seulement une impression d'authenticité et transmettent souvent des sentiments empreints de morale, de religion et de nostalgie. En réduisant le nombre d'éléments picturaux et en les simplifiant, il sacrifie une certaine impression d'interaction dynamique, ce qui permet cependant de reconnaître plus facilement le sujet de ses œuvres. Ses illustrations, qui glorifient le mode de vie rural, les traditions et les coutumes du Québec, sont devenues des images symboliques pour les Québécois. (*Voir aussi* ILLUSTRATION, ART.)

Elizabeth H. Kennell

Masson, Claude, journaliste, (Épiphanie, 1941—décédé dans un accident d'avion, 31 octobre 1999). Il fut l'un des piliers de l'information écrite au Québec au cours du dernier quart de siècle. Diplômé en communication et information de l'U. de Montréal et de l'International Press Institute de Reston (État de Washington), il amorce sa carrière journalistique en 1961 dans la presse hebdomadaire où il travaillera jusqu'en 1965. Il entre au quotidien *La Presse* cette même année, d'abord comme journaliste aux affaires municipales, puis comme chef de la section des affaires urbaines, responsable du bureau du Parlement de Québec, chef de division et adjoint au directeur de l'information.

En 1974, il est nommé directeur de l'information du quotidien *Le Soleil* de Québec et accède, en 1980, au poste de rédacteur en chef et d'éditeur adjoint. Puis, en 1984, il rejoint l'équipe du quotidien *Le Nouvelliste* de Trois-Rivières à titre de président et éditeur. Il quitte ce journal en 1988 pour retourner définitivement à *La Presse* où il occupera le poste de vice-président et d'éditeur adjoint. Au cours des 11 ans qu'il passe à la direction du journal, il procède à divers changements au niveau du contenu afin de mieux répondre aux attentes des lecteurs.

Il meurt de manière tragique dans l'écrasement d'un avion d'EgyptAir, en octobre 1999. Ses nombreux collègues saluent en lui non seulement un grand journaliste qui a contribué à l'évolution et à la reconnaissance de sa profession, mais encore un homme modeste, animé par une grande foi religieuse et engagé dans plusieurs causes humanitaires.

Robert Maltais

Masterless Men of Newfoundland (Hommes sans maître de Terre-Neuve) est le nom d'une société illégale légendaire (active de la fin du XVIIIe s. au début du XIXe s.). Selon la tradition populaire, qui n'a presque pas laissé de traces dans les sources écrites, ces hommes seraient des déserteurs de la Marine Royale engagés au service des marchands et des chefs des établissements de pêche, qui se seraient enfuis à l'intérieur des terres pour échapper à leur sort cruel. Dirigés par Peter Kerrivan, un déserteur d'origine irlandaise, les Masterless Men auraient habité la lande sauvage de Butter Pot, dans la péninsule d'Avalon, vers 1750. Considérés comme des criminels par les autorités, ils vivent de la chasse, de la pêche, du vol et du commerce illicite dans des villages isolés.

Ils auraient tracé les premiers chemins de Terre-Neuve, certains à des fins pratiques, d'autres comme fausses pistes pour confondre leurs poursuivants. Deux, peut-être quatre, d'entre eux ont été capturés et pendus, mais les autorités n'ont jamais réussi à démanteler cette société illégale, ni à capturer Kerrivan, devenu un héros légendaire du folklore de Terre-Neuve. Au début du XIXe s., l'amélioration des conditions sociales aurait poussé les Masterless Men à s'installer dans de petits ports isolés afin d'y travailler comme pêcheurs indépendants.

Edward Butts

Matane, ville du Qc; pop. 12 364 (rec. 1996), 12 756 (rec. 1991); superf. 24,35 km²; const. en 1845; située en Gaspésie, sur la rive sud du fleuve Saint-Laurent, à 100 km au nord-est de Rimouski. Son nom provient d'un mot micmac régional signifiant «étang de castor». Jacques CARTIER visite l'endroit en 1542 et remarque la grande abondance en poissons et en gibier. En 1643, des missionnaires jésuites entrent en contact avec les Micmacs, et la première seigneurie est accordée en 1672. Les premières habitations européennes permanentes datent de la construction de camps de pêche en 1688. Le développement agricole débute vers la fin du XVIIIe s., mais ce n'est qu'avec la croissance des industries forestières et du bois de sciage que la population augmente véritablement.

Dans les années 50, la fermeture de plusieurs usines de papier mène au chômage généralisé. Dix ans plus tard, la reconnaissance du port de Matane comme la plaque tournante de la région pour le transport et la distribution ravive cependant l'intérêt pour cette ville. L'International Paper Co. ouvre une usine de papier en 1965. Au début de 1987, on annonce la construction d'une autre grande usine de papier. La pêche à la crevette est une autre activité importante pour la ville. Plus de 92 p. 100 de la population est francophone, et la ville compte un CEGEP.

Serge Durflinger

Matériel agricole, industrie du Regroupe les activités des entreprises qui fabriquent diverses machines agricoles: moissonneuse-batteuse, cultivateur, herse, moissonneuse, batteuse, etc. L'industrie du matériel agricole débute au milieu du XIXe s., lors de la création de fonderies sur place, ce qui favorise l'implantation de manufactures de matériel agricole.

Quelques-unes de ces toutes premières entreprises (comme Massey, Harris, Cockshutt et d'autres) sont fondées dans la région du lac Ontario. Un grand nombre des premiers fabricants font faillite ou sont absorbés par de plus grosses sociétés, alors que de nouvelles entreprises ouvrent. Dans les années 90, pratiquement des centaines de fabricants et de distributeurs de matériel agricole vendent leurs produits au Canada. Ces entreprises vont des multinationales, qui produisent un vaste assortiment de machines et d'outils, aux plus petits fabricants spécialisés.

En 1984, on compte au Canada 231 fabricants de matériel agricole qui emploient plus de 10 500 personnes. Seulement deux de ces entreprises emploient plus de 1000 travailleurs, alors que 90 p. 100 en emploient moins de 100. Pour les principaux fabricants qui produisent des gammes complètes d'outillage, les activités au Canada ne constituent qu'une partie de leur réseau international de production. La majorité des entreprises plus modestes et innovatrices qui se spécialisent dans un petit assortiment d'équipements (fabricant de série partielle d'articles) appartiennent à des intérêts canadiens, alors qu'un petit nombre d'entre elles sont des filiales de sociétés européennes. Ces entreprises sont surtout établies dans la région des Prairies. En 1984, la valeur des expéditions totalise 1,04 million de dollars et 0,77 milliard de dollars, en 1986.

Les agriculteurs canadiens achètent tous les ans pour plus de 2 milliards de dollars de matériel, comprenant en moyenne 19 000 tracteurs, 3500 faucheuses, 4 000 moissonneuses-batteuses et un grand nombre de presses, de charrues, de charrues à disques ainsi que d'autres instruments aratoires et d'autre matériel de récolte. Une grande partie du matériel agricole acheté pour les fermes canadiennes, y compris les moissonneuses-batteuses, est importée de l'étranger. Les États-Unis, l'Union européenne et le Japon constituent les principales sources d'approvisionnement. Cependant, le secteur manufacturier canadien, grâce à une base de fabricants de séries partielles et à d'importantes installations de fabrication de certaines multinationales, exporte près de 60 p. 100 de sa production. Le Canada accuse en moyenne 1 milliard de dollars de déficit dans les échanges commerciaux de matériel agricole. Cette industrie est représentée par le Canadian Farm and Industrial Equipment Institute de Burlington, en Ontario, la Prairie Implements Manufacturers Association de Regina, ainsi que l'Association des fabricants de matériel agricole du Québec (AFMAQ) à Montréal.

En Amérique du Nord, les marchés du matériel agricole fonctionnent toujours par cycles prévisibles de cinq à sept ans. Toutefois, au début des années 80, en raison du ralentissement économique, les ventes de matériel agricole amorcent une spirale à la baisse qui se poursuit jusqu'en 1996, ce qui en révèle la gravité. En 1979, p. ex., les ventes de tracteurs agricoles à deux roues motrices de 40 ch et plus s'élèvent à 23 383. En 1986, 12 584 tracteurs sont vendus, soit une diminution de 45 p. 100. De même, quelque 5000 grosses moissonneuses-batteuses autopropulsées sont vendues en 1979. En 1986, ce chiffre tombe à 2 818. Durant cette période, la plupart des autres types de matériel agricole subissent des baisses similaires. En entrant dans la sixième année de baisse de ventes, l'industrie ajuste à la baisse ses seuils de rentabilité et ferme des usines en supposant que les niveaux de vente de 1986 soient des niveaux normaux. Bien que tous les fabricants et les distributeurs souffrent de cette crise, quelques grandes compagnies comme MASSEY-FERGUSON LIMITÉE (maintenant Varity Corp.), Versatile, International Harvester, White Farm Equipment et plusieurs autres éprouvent des difficultés financières particulièrement sérieuses. International, White, Versatile et d'autres sont rachetées par des concurrents, alors que Massey-Ferguson se restructure complètement en vendant ou en démontant tout simplement ses usines non rentables.

D'autres changements dans l'industrie du matériel agricole en Amérique du Nord sont le résultat de la récession économique survenue dans le secteur de l'INDUSTRIE AGRO-ALIMENTAIRE. Un grand nombre d'entreprises qui fabriquaient une gamme complète de machines et d'outils se concentrent maintenant sur un assortiment limité de produits clefs. Beaucoup de ces firmes font également appel à des sous-traitants pour des produits spécialisés qu'elles fabriquaient auparavant, ce qui leur permet de libérer du capital, de diminuer les frais généraux et d'effectuer une meilleure planification des inventaires. En réaction à la baisse de la demande de matériel de la fin des années 90, il y a maintenant moins de fabricants et ils sont de moindre importance.

Produits Au cours des 50 dernières années, le nombre de personnes travaillant dans le domaine de l'agriculture diminue de façon radicale, tandis que le nombre d'hectares cultivés s'accroît légèrement. Ces changements sont rendus possibles en raison des progrès effectués dans le secteur des machines agricoles, machines qui permettent aux agriculteurs canadiens de labourer, de semer et de moissonner un nombre toujours plus grand d'hectares tout en y consacrant moins de temps et d'énergie.

Instruments aratoires Autrefois, les terres étaient sans cesse cultivées, et on parcourait le champ un grand nombre de fois dans le but de préparer la terre pour les semailles. Les pratiques modernes de labourage cherchent à retourner le moins possible la surface du sol de façon à conserver la couche arable essentielle ainsi que ses éléments nutritifs (*voir* SOLS, CONSERVATION DES). Les instruments de labour sont conçus pour préparer les couches en affectant le moins possible la surface. Ainsi, alors que l'utilisation de la charrue à versoirs se poursuit dans les régions agricoles humide de l'est du Canada, les nouveaux extirpateurs-scarificateurs avec une série de dents préparant le lit de semence sans trop affecter la surface du sol sont de pratique courante dans les Prairies. Cette industrie a également mis au point des instruments aratoires qui laissent sur pied le chaume des moissons, conservant ainsi les éléments nutritifs contenus dans ces résidus tout en maîtrisant l'ÉROSION.

Semoirs Afin de répondre aux changements survenus dans les travaux et les instruments aratoires, les semoirs actuels sont mis au point pour une grande diversité de lits de semence, allant d'un sol couvert d'herbe à un sol bien préparé. Les semoirs pneumatiques s'avèrent déjà efficaces pour les semis effectués dans le chaume laissé par les récoltes précédentes, notamment dans les régions agricoles de l'Ouest dont les terres sont arides. Un semoir sous gazon permet aux agriculteurs de semer sans préparation de lit de semence. Le même équipement peut aussi être utilisé pour appliquer avec précision engrais ou pesticides.

Machines de fenaison Les agriculteurs qui exploitent de grandes laiteries ou des parcs d'engraissement du bœuf gèrent des entreprises hautement mécanisées. Les anciennes presses, qui formaient des balles de foin compactes et rectangulaires d'environ 45 kg, font place à des machines formant de grosses balles rondes pouvant peser jusqu'à 680 kg. Cette nouvelle technologie permet d'améliorer les capacités d'entreposage ainsi que les conditions de déshydratation et de fanage des fourrages récoltés. Les CULTURES FOURRAGÈRES sont coupées et conditionnées grâce à l'utilisation de récolteuses-hacheuses très efficaces. Les broyeurs-mélangeurs, machines qui, en plus d'ajouter des vitamines, préparent l'ensilage en lui donnant la densité et les portions voulues, sont aussi disponibles sur le marché.

Machines de récolte Les moissonneuses-batteuses d'aujourd'hui sont à même de récolter un vaste assortiment de produits agricoles comprenant le blé, l'orge, le maïs, le soja. Elles coupent et moissonnent d'un seul coup, en andains d'une largeur allant jusqu'à 10 m, rendant ainsi possible la récolte de centaines d'hectares par jour. Les progrès technologiques aboutissent à la création de systèmes de vérification par ordinateur, destinés à fournir à l'opérateur des renseignements sur la perte et les dommages causés au grain, ainsi que sur la vitesse permettant un rendement optimum.

Les moissonneuses-andaineuses ou râteaux-andaineurs sont des machines conçues pour couper les céréales et laisser les moyettes en rangées. Ces machines sont largement utilisées dans les régions où le blé mûr nécessite un séchage avant la moisson, p. ex., dans l'Ouest canadien. Quand les agriculteurs estiment le temps venu, ils récoltent les céréales coupées, à l'aide d'un type spécial de transporteur relié à un ramasseur de moissonneuse-batteuse, dernière étape de la moisson.

Tracteurs Durant les 20 dernières années, les progrès technologiques survenus dans la fabrication des tracteurs sont très importants. Aujourd'hui, le tracteur agricole type fonctionne au diesel (plus de 90 p. 100 des machines agricoles) et possède une puissance d'environ 90 ch, bien qu'il existe sur le marché des modèles allant des petits à 9 ch, aux énormes tracteurs à roues motrices de plus de 400 ch. Plusieurs possèdent un choix de commandes informatisées, comme des indicateurs à affichage numérique, qui font état du glissement des roues, suggèrent les réglages de vitesse et donnent des renseignements concernant le bon rendement et la productivité du combustible. Des tracteurs à pont et roues avant motrices avec attelage trois points et prise de force frontale (PFD, innovation européenne) prennent de plus en plus de parts de marché, surtout dans l'est du Canada.

Brent M. Hamre et Alan Asselstine

Mathématiques SCIENCE des nombres et des relations spatiales. Il est d'usage de distinguer les mathématiques pures des mathématiques appliquées. Les mathématiques pures se divisent, en gros, en trois grandes disciplines: la géométrie et la topologie, l'algèbre et l'arithmétique, et enfin l'analyse. Une quatrième branche vient les compléter, la logique. Elle traite des ensembles, des objets mathématiques fondamentaux, de leurs axiomes et de leurs règles d'inférence.

Géométrie La géométrie étudie les figures, particulièrement leurs propriétés immuables. En tant que discipline déductive, elle fait son apparition en Grèce. Les premières figures étudiées sont, entre autres, la droite, le triangle, le cercle, la sphère et le cube. Comme exemple de théorème, c.-à-d. de proposition démontrable obtenue par déduction, on peut citer le cas du triangle rectangle, qui se caractérise par la relation pythagoricienne (le carré de l'hypoténuse est égal à la somme des carrés des deux autres côtés).

La théorie des coniques (ellipse, hyperbole, parabole) se développe d'abord (600 av. J.-C. à 100 apr. J.-C.), ainsi que la trigonométrie, importante pour l'ASTRONOMIE. On découvre aussi durant cette période les formules pour calculer l'aire et le volume de figures particulières. Les principaux progrès ultérieurs sont l'apparition de la géométrie analytique (Descartes) et de la théorie de la courbure totale (Gauss), qui est la notion centrale de la géométrie différentielle. Par comparaison, la découverte de la géométrie non euclidienne est secondaire.

En géométrie analytique, les points d'un plan sont déterminés par deux coordonnées, la distance qui les sépare de ces deux axes, et les figures familières deviennent le lieu géométrique des points qui résolvent une équation algébrique. La géométrie s'intègre ainsi à l'algèbre et peut désormais étudier des espaces de dimensions arbitraires, importants en mécanique. Dans sa forme la plus simple, la courbure est un nombre attaché en un point d'une surface. Plus la surface est plate, plus ce nombre (positif pour une sphère, négatif pour une surface en dos d'âne) est petit.

Topologie La topologie étudie les propriétés invariantes des figures ou des espaces, c.-à-d. celles qui se conservent malgré les déformations. Particulièrement utile pour les grandes dimensions, elle étudie les espaces en y attachant des invariants algébriques et numériques. P. ex., des surfaces orientées fermées sont caractérisées par leur genre (g). Pour la surface d'une balle, g = 0; le genre d'un tore est égal à 1 et celui d'un bretzel égal à 2. La classification des espaces tridimensionnels, d'un intérêt beaucoup plus actuel, est encore incomplète. La formule de Gauss-Bonnet établit un rapport caractéristique entre la topologie et la géométrie: l'intégrale d'une courbe tracée sur une surface fermée est égale à 4p (1-g).

Algèbre L'algèbre étudie les propriétés générales des solutions d'une ou de plusieurs équations. L'arithmétique, ou théorie des nombres, est l'étude des solutions dans certains domaines du nombre, p. ex., les solutions de $x^n + y^n = z^n$ dans les nombres entiers, comme dans la conjecture de Fermat. L'algèbre linéaire, la théorie hautement développée des équations du premier degré, joue un rôle important dans l'ensemble des mathématiques. La valeur propre et le vecteur propre, qui apparaissent géométriquement comme les axes principaux d'un ellipsoïde, recouvrent une notion cruciale. Le concept du groupe, ensemble d'éléments multipliables, telles les opérations sur le cube de Rubik, est omniprésent en algèbre. La théorie des groupes finis a fortement progressé ces dernières années.

Analyse L'analyse commence avec le calcul différentiel et intégral, le calcul des vitesses et des tangentes (dérivées), des longueurs, des aires balayées et des distances parcourues (intégrales), et des maximums et des minimums. La notion centrale est celle d'une fonction qui exprime la façon dont une variable dépend d'une autre. On ne peut calculer explicitement l'intégrale d'un très petit nombre de fonctions. Les problèmes qui accompagnent les fonctions algébriques ont grandement influencé le développement de la géométrie et de l'arithmétique.

Une équation différentielle relie une fonction à ses dérivées. Des équations différentielles se posent dans toutes les branches de la science. L'équation est ordinaire s'il n'y a qu'une variable indépendante et deux des problèmes fondamentaux sont la stabilité et l'existence de solutions périodiques. Nos connaissances sur le sujet sont vastes, mais les données empiriques, trouvées par ordinateur, dépassent de loin notre compréhension théorique.

L'équation différentielle est dite aux dérivées partielles s'il y a plusieurs variables indépendantes. Les équations différentielles aux dérivées partielles apparaissent dans l'étude de la propagation des ondes et de la matière. En dépit d'une énorme théorie, certains phénomènes fondamentaux, tels que la turbulence, échappent encore à notre compréhension; on leur applique souvent des idées venant de la théorie des probabilités, qui constitue une discipline en soi. Les dérivées et les intégrales exigent l'usage de limites, comme le développement des fonctions dans les séries infinies, telle qu'une série de puissances ou une série de Fourier. Celle-ci exprime une fonction sous la forme d'une somme infinie de sinus et de cosinus, et est indispensable dans l'étude d'équations différentielles aux dérivées partielles.

Robert P. Langlands

Mathématiques appliquées

On entend par mathématiques appliquées les mathématiques dont on fait usage pour résoudre des problèmes concrets. Elles peuvent recourir à toutes les techniques des mathématiques «pures», mais elles s'en distinguent par l'origine des problèmes traités et par l'usage qui sera fait des solutions. En plus des mathématiques pures, les mathématiques appliquées peuvent donc faire appel à l'INGÉNIERIE, à la PHYSIQUE et à d'autres disciplines. Le

mathématicien canadien John L. Synge a fait remarquer que la résolution de problèmes concrets par les mathématiques se faisait en trois étapes. La première étape consiste à quitter le monde réel pour plonger dans l'univers des mathématiques, la deuxième à nager dans l'océan de cet univers et la troisième à remonter de l'univers des mathématiques jusque dans le monde réel, une hypothèse entre les dents.

De ces trois étapes, d'autres mathématiciens en ont fait six: reconnaissance, collecte de données, formulation, solution, calcul et communication. Chacune nécessite des habiletés différentes. Bien qu'il n'y ait pas de démarcation nette entre les étapes, chacune d'entre elles correspond à une attitude bien particulière de la part du mathématicien.

Reconnaissance du problème Dans l'industrie, c'est habituellement un ingénieur, un scientifique ou un administrateur s'occupant de l'application pratique d'une technologie qui constate un mauvais fonctionnement ou la nécessité d'une amélioration.

Collecte de données Une fois le problème découvert, certaines données sont nécessaires pour le définir. Ces données peuvent être expérimentales, statistiques ou les deux. La conception expérimentale et l'analyse statistique sont donc d'importants outils pour le mathématicien appliqué.

Formulation Quand on a recueilli assez de données pour définir le problème, il faut le formuler avec assez de précision pour qu'on puisse y travailler, c.-à-d. qu'il faut en faire un modèle mathématique. Ce modèle doit être assez simple pour permettre une analyse complète et suffisamment proche de la réalité pour convenir au problème. Durant la modélisation, il faut supprimer tous les détails non pertinents et tous les détails d'importance mineure, puis se concentrer sur les effets importants. Distinguer ce qui est important de ce qui l'est moins exige un grand savoir-faire et fait probablement de la modélisation la tâche la plus inestimable et la plus difficile du mathématicien appliqué.

Solution Après la découverte, la collecte de données et la formulation, vient la solution, qui est parfois bien difficile à trouver. Un problème admet habituellement plusieurs formulations et comme la manipulation de l'une d'elles peut être plus facile que celle d'une autre, la complexité des solutions peut varier. Il arrive souvent que les méthodes mathématiques générales dictées par les principes ne soient en réalité pas utiles. C'est particulièrement vrai quand on veut obtenir une réponse numérique juste et d'un degré de précision déterminé, à un prix raisonnable en temps comme en travail. La clarté et la simplicité de la plupart des problèmes théoriques ne peuvent pas être garanties dans la réalité, mais la clarté ou l'élégance de la solution trouvée correspond souvent à une réelle compréhension du problème.

Calcul La plupart des problèmes exigent, non seulement la compréhension, mais aussi une solution numérique réelle. Le calcul des chiffres pertinents peut souvent se faire rapidement et économiquement sans qu'il faille recourir à de coûteux ordinateurs; mais, s'il faut utiliser longtemps ces derniers, il faut que la programmation soit bonne. Les bons mathématiciens réalisent beaucoup d'économies par leur façon de préparer les problèmes qui vont exiger des calculs. Cette préparation touche p. ex., les problèmes d'analyse combinatoire complexes (problèmes du type représentant de commerce), le calcul d'intégrales multiples d'ordre élevé et celui des équations différentielles aux dérivées partielles tridimensionnelles qu'il faut résoudre en mécanique élastique, quand on établit les prévisions météorologiques, etc. Aux étapes de la solution et du calcul, il faudra revenir aux trois premières étapes pour s'assurer que le problème en cours de résolution est bien celui qu'on cherche à résoudre et non quelque autre problème connexe, aussi intéressant qu'il soit. Cette vérification peut exiger plusieurs parcours de la boucle de rétroaction.

Communication Les mathématiciens appliqués doivent rendre leurs découvertes accessibles aux personnes pour lesquelles ils travaillent. Ils doivent donc communiquer leurs travaux dans un style moins dense et plus facile pour les profanes que celui que l'on rencontre dans la plupart des revues mathématiques.

Murray Klamkin

Historique des mathématiques au Canada

Chaque université canadienne possède un département de mathématiques qui offre au moins un programme d'études dans cette discipline. Il en va sans doute de même dans presque toutes les universités de la planète, ce qui montre bien l'importance des mathématiques dans la société moderne. Les mathématiques deviennent une discipline scientifique de premier plan à la Renaissance, pendant la période que les historiens appellent la Révolution scientifique (1450-1700), quand de brillants astronomes-mathématiciens tels que Copernic et Newton découvrent la vraie nature du système solaire, occupé en son centre par le Soleil autour duquel tournent les planètes. Le rôle des mathématiques dans ces importantes découvertes donne à cette discipline l'importance qu'elle conserve encore aujourd'hui.

Époque de la Nouvelle-France Les mathématiques évoluent en NOUVELLE-FRANCE à l'image de cette importance récemment acquise. Bien qu'il n'y ait aucune nouvelle découverte, la qualité de l'enseignement est pratiquement égale à celle que l'on trouve dans les collèges de France. Les jésuites fondent le Collège de Québec en 1635 et commencent à y enseigner les mathématiques intermédiaires en 1651. Jusqu'en 1760, les élèves apprennent l'arithmétique, les rudiments des équations du second degré ou quadratiques, la trigonométrie, la géométrie et un peu de calcul différentiel et intégral, le tout au cours d'une des deux dernières années du programme de huit ans. Le premier professeur titulaire est Martin Boutet de Saint-Martin. En 1678, Louis XIV le nomme à la nouvelle chaire royale de mathématiques et d'HYDROGRAPHIE de Québec, le roi voulant que les pilotes du fleuve Saint-Laurent, les arpenteurs et les cartographes soient formés dans la colonie. La chaire n'est abolie qu'à la fin du régime français. Le titulaire le plus célèbre de cette chaire est Louis JOLLIET, le découvreur du Mississippi. À sa mort, la chaire passe officiellement aux jésuites.

Après la conquête de 1759-1760, le Collège de Québec doit fermer ses portes, mais le SÉMINAIRE DE QUÉBEC prend la relève et conserve la même structure de cours classique. Encouragé par l'abbé Jérôme DEMERS, l'enseignement des sciences et des mathématiques fleurit, particulièrement vers 1840. Il tombe bientôt en disgrâce pour des raisons sociologiques et religieuses. Même à l'École polytechnique de Montréal, fondée en 1873, seules les mathématiques intermédiaires sont enseignées jusqu'en 1910. Les francophones du Québec ne reconnaissent la valeur des sciences qu'en 1920. Cette année-là, l'U. Laval de Québec fonde son École supérieure de chimie (qui devient sa faculté des sciences en 1937) et l'U. de Montréal sa faculté des sciences.

Premiers temps du Canada anglais Rien d'important n'arrive en mathématiques au Canada anglais avant 1855. Des quelques universités anglophones du Canada, seule l'U. de Toronto offre des programmes avec spécialisations, l'une étant les mathématiques et la philosophie de la nature (autrement dit les sciences physiques). Cependant, chaque université a un professeur titulaire en mathématiques et en philosophie naturelle. Formés en Grande-Bretagne, les quelques professeurs amènent l'idée que la science et la TECHNOLOGIE sont les pivots de la Révolution industrielle.

Un milieu scientifique canadien commence donc à prendre forme et ses membres ressentent presque immédiatement le besoin de communiquer. En 1856, le *Canadian Journal of Science, Littérature and History*, publié sous l'égide du Royal Canadian Institute, accepte des articles sur les mathématiques et continue à le faire jusqu'en 1912. Le professeur titulaire J. Bradford Cherriman (U. de Toronto) est chargé de la section des mathématiques et de la philosophie de la nature.

L'idée d'études universitaires plus spécialisées naît dans les années 1870. En 1877, l'U. de Toronto lance ses programmes de mathématiques et de PHYSIQUE, qui deviennent des modèles dans le reste du Canada durant la première moitié du XXᵉ s. D'autres universités, p. ex., l'U. Queen, l'U. McGill et l'U. Dalhousie, s'engagent graduellement dans la même direction. Durant ce temps, les départements des sciences sont subdivisés, et en 1890 presque toutes les universités (à l'exception de McGill) ont déjà au moins un professeur titulaire de mathématiques (et non plus «de mathématiques et de philosophie de la nature»). Au même moment, des bourses sont offertes pour des études en mathématiques, deux à l'U. de Toronto et deux à l'U. Dalhousie.

En plus de Cherriman, trois mathématiciens méritent une mention particulière pour l'impulsion qu'ils donnent à l'établissement et au développement de programmes de mathématiques dans leurs universités respectives: James LOUDON de l'U. de Toronto, Alexander Johnson de McGill et Nathan Fellowes de l'U. Queen. En 1890, ils sont tous membres de la SOCIÉTÉ ROYALE DU CANADA. Fondée en 1882, cette société est à l'origine divisée en quatre sections, dont une de mathématiques et de philosophie de la nature. La société réserve une place aux publications sur les mathématiques de ses membres dans ses *Proceedings and Transactions*, offrant par là un nouveau moyen de communication aux mathématiciens. L'*American Journal of Mathematics* est fondé en 1878 à l'U. Johns Hopkins de Baltimore, suivi en 1886 par l'American Mathematical Society qui, depuis 1891, publie son *Bulletin* et, depuis 1900, ses *Transactions*. Des mathématiciens canadiens collaborent régulièrement à ces revues.

Début du XXᵉ siècle Le nombre de départements de mathématiques augmente durant les deux premières décennies du XXᵉ s, en raison de l'importance croissante des mathématiques dans des domaines professionnels (p. ex., l'ingénierie). L'U. de Toronto est la première université nord-américaine à s'immiscer dans le domaine des sciences actuarielles (c.-à-d. dans le calcul des ASSURANCES, des primes d'assurance et des dividendes). L'Institut canadien des actuaires, qui est une association professionnelle, est fondé en 1907.

En 1915, l'U. de Toronto attribue le premier doctorat canadien en mathématiques à Samuel Beatty, qui deviendra le chef de son département de mathématiques. L'U. de Toronto fait de plus en plus figure de chef de file au Canada et ce, jusqu'à la fin des années 50. Une des figures les plus remarquables du département est sans aucun doute J.C. FIELDS, réputé pour ses travaux sur les fonctions algébriques, qui, avec d'autres, réussit à remettre sur pied les réunions de l'International Congress of Mathematics, qui avaient été suspendues après la Première Guerre mondiale. La première réunion d'après-guerre a lieu à Toronto en 1924.

Fields, qui déplore l'absence de prix Nobel de mathématiques, s'efforce de lancer un prix équivalent. Ses efforts portent fruit en 1932, quelques mois avant sa mort subite. La médaille Fields, ainsi nommée en son honneur, est maintenant universellement reconnue comme le plus grand honneur que peut recevoir un mathématicien. En 1936, l'algébriste et géomètre Harold S.M. Coxeter se joint au département.

Le haut calibre de l'enseignement alors dispensé à Toronto se constate durant les premières années de l'American William Lowell Putnam Mathematics Competition. Seuls les bacheliers peuvent participer à ce concours, et chaque université y envoie une équipe de trois étudiants. La première année, en 1938, l'équipe de l'U. de Toronto remporte la première place, devant toutes les universités nord-américaines. Le règlement du concours empêche l'U. de Toronto de présenter une équipe l'année suivante, mais en 1940, elle gagne de nouveau, puis en 1942 et en 1946. Au concours de 1986, les équipes de deux universités canadiennes (l'UNIVERSITÉ DE LA COLOMBIE-BRITANNIQUE et l'UNIVERSITÉ DE WATERLOO) se classent parmi les dix premières (les autres étant Harvard, l'U. Washington de St Louis, l'U. Beckeley de la Californie, Yale, le MIT, le California Institute of Technology, Princeton et Rice).

La fin de la Seconde Guerre mondiale est un point tournant pour les mathématiques au Canada. Durant la guerre, les mathématiciens canadiens prennent conscience de leur isolement. Pour se rencontrer, ils doivent participer aux rencontres de l'American Mathematical Society. Ils organisent donc le premier congrès de mathématiques canadien, à Montréal, en juin 1945. Ce rassemblement, qui est un grand succès, mène à la création du Canadian Mathematical Congress qui, en 1978, change son nom en Société mathématique du Canada.

Cette société commence à publier, en 1949, le *Canadian Journal of Mathematics*, publication réputée à l'échelle internationale, auquel s'ajoute le *Canadian Mathematical Bulletin* en 1958 et les *Canadian Mathematical Congress Notes* en 1969. En 1950, toujours sous l'égide du congrès, le professeur titulaire R.L. Jeffery, de l'U. Queen, organise un Summer Research Institute à Kingston qui groupe 10 mathématiciens pour diriger conjointement la recherche. Ce type de rencontre s'avère tellement fructueux que quelques universités organisent annuellement des instituts de recherche estivaux.

Fin du XXᵉ siècle Les départements de mathématiques se développent rapidement dans les années 50. Toronto perd sa position de chef de file, non parce que la qualité de son enseignement décline, mais parce que les départements des autres universités canadiennes se sont développés, les élèves ayant une fois de plus dépassé le maître.

Les études de troisième cycle apparaissent partout. Le développement de la STATISTIQUE, de la recherche opérationnelle et de l'INFORMATIQUE accroît l'intérêt de l'industrie envers les diplômés en mathématiques. Les prévisions d'importantes augmentations de la population estudiantine dans les années 60 indiquent que la demande de professeurs d'université sera grande. Le lancement du premier spoutnik par l'URSS, en 1957, remet les mathématiques à l'ordre du jour et l'école des mathématiques nouvelles fait son apparition. La même année, le CONSEIL NATIONAL DE RECHERCHES DU CANADA (CNR) commence à accorder des subventions à des chercheurs en mathématiques et deux nouvelles sociétés sont fondées: l'Association canadienne de l'informatique (ACI) et la Société canadienne de recherche opérationnelle.

Le développement prodigieux de l'informatique et les penchants diversifiés des mathématiciens et des informaticiens entraînent plus tard la subdivision du département de mathématiques de presque toutes les universités en département de mathématiques et département d'informatique, l'exemple le plus frappant étant la création, en 1966, de la faculté de mathématiques à l'U. de Waterloo, avec ses cinq départements: mathématiques pures, mathématiques appliquées, combinatoire et optimisation, analyse appliquée et informatique, et enfin statistique.

Les universités francophones du Québec se joignent, vers 1945, au courant principal canadien après avoir vaincu les difficultés engendrées par le manque prolongé de tradition scientifique dans cette province. En 1970, le département de mathématiques de l'U. de Montréal a déjà acquis une réputation internationale sous la direction de Maurice L'Abbé et a fondé un centre de recherches en mathématiques, qui jouit d'une excellente réputation à l'échelle internationale.

Le début des années 70 est un âge d'or pour les mathématiciens au Canada. En 1961, les universités canadiennes décernent 11 doctorats en mathématiques; ce nombre passe à 94 en 1973. En 1960-1961, le CNR accorde des subventions de recherche en mathématiques d'un montant de 87 500 $. Cette somme passe à 2 461 500 $ en 1972-1973, puis à 8 419 000 $ en 1986-1987.

L'Association canadienne de sciences statistiques, qui deviendra la Société statistique du Canada, est fondée en 1971; elle publie le *Canadian Journal of Statistics*. La Société canadienne d'histoire et philosophie des sciences commence ses activités en 1973. Une autre association, la Société canadienne de mathématiques appliquées (SCMA) naît en 1980. Elle publie les *Applied Mathematics Notes* et commandite le *Canadian Applied Mathematics Quarterly* fondé en 1992.

En 1991, un groupe d'universités ontariennes parraine un deuxième centre de recherches, le Fields Institute for Research in Mathematical Sciences. Initialement à Waterloo, il est maintenant installé sur le campus de l'U. de Toronto.

Le nombre actuel de membres du milieu canadien des mathématiques est de 2400. La Société mathématique du Canada, qui a célébré son 50ᵉ anniversaire en 1995, comptait 1209 membres à titre particulier et 39 à titre d'organismes en 1994. Selon une enquête fondée sur les articles critiqués dans les *Mathematical Reviews* internationales, l'influence du Canada sur les mathématiques internationales est maintenant beaucoup plus grande que sa population n'aurait pu le laisser prévoir (73 articles de recherches en mathématiques par an et par million d'habitants en 1990. Les États-Unis et les Pays-Bas suivent avec 47 articles de recherches en mathématiques par an et par million d'habitants).

En 1961, il y a environ 250 professeurs de mathématiques (y compris les professeurs assistants) dans les universités canadiennes; en 1973, il y en a environ 1300.

Mathématiciens canadiens Le milieu canadien des mathématiques, comme les autres groupes scientifiques, est touché par le départ des diplômés prometteurs pour les États-Unis, qui témoigne d'ailleurs de l'excellence de la formation dispensée dans les départements canadiens. Parmi les mathématiciens de réputation internationale formés initialement au Canada, citons Cathleen Morawetz (U. de Toronto), Courant Institute of Mathematical Sciences, New York; Robert Langlands (U. de la Colombie-Britannique), Institute for Advanced Study, Princeton; Israel Herstein (U. du Manitoba), U. de Chicago; Irving Kaplansky (U. de Toronto), U. de Chicago; Louis Nirenberg (McGill), U. de New York; G.F. Duff (U. de Toronto), professeur émérite, U. de Toronto; Leo Moser (U. du Manitoba), U. de l'Alberta (décédé en 1970); W.O. Moser (U. du Manitoba), U. McGill; Raoul Bott (McGill), Harvard.

Les mathématiciens canadiens doivent relever bon nombre de défis. Dans le domaine de la statistique et de l'informatique, où l'avenir s'avère des plus prometteurs, des liens semblent exister entre les départements universitaires, l'industrie et le gouvernement. Mais d'autres branches des mathématiques semblent plus sensibles aux conditions économiques difficiles.

Louis Charbonneau

Mathématiques et société L'intervention d'une société au chapitre des MATHÉMATIQUES est déterminée par des facteurs culturels et fonctionnels.

Les mathématiques ont leur beauté intrinsèque et leur attrait esthétique, mais leur rôle culturel est surtout déterminé par les qualités pédagogiques qu'on leur attribue. On considère que les réalisations et les structures des mathématiques figurent parmi les plus hautes conquêtes intellectuelles de l'espèce humaine et qu'elles méritent par conséquent d'être étudiées pour elles-mêmes. Par ailleurs, comme elles reposent presque essentiellement sur le raisonnement logique, on leur attribue une utilité éducative dans un monde qui prise énormément la pensée et le comportement rationnels. De plus, on estime qu'en aiguisant l'esprit et en développant l'art de résoudre les problèmes, l'étude des mathématiques fait beaucoup pour l'érudition et l'acquisition des facultés intellectuelles. Ces aspects culturels influent sur tous les Canadiens à un certain degré par le biais de nos mécanismes d'enseignement traditionnels, lesquels reflètent l'engagement de la société canadienne envers l'enseignement «libéral» ou «humaniste». C'est le point de vue adopté plus particulièrement par de nombreux mathématiciens professionnels dans leur enseignement et dans leurs recherches.

L'aspect «fonctionnel» des mathématiques tire son importance du fait qu'elles sont le langage de la SCIENCE, de l'INGÉNIERIE et de la TECHNOLOGIE et de leur rôle dans le développement de ces disciplines. Ce rôle est aussi ancien que les mathématiques elles-mêmes et on peut affirmer que, sans les mathématiques, il n'y aurait ni science ni génie. À l'époque moderne, les sciences sociales, médicales et physiques ont tôt fait d'adopter les méthodes mathématiques, dont elles ont confirmé ainsi la nécessité dans tous les programmes d'études, tout en créant une grande demande de formation en mathématiques au niveau universitaire. Une grande partie de cette demande découle directement de la nécessité de modéliser mathématiquement et statistiquement des phénomènes. Cette modélisation est fondamentale dans toutes les branches du génie, indispensable à toutes les sciences physiques et importante en sciences biologiques, en médecine, en psychologie, en économie et en commerce.

Développement rapide de la puissance de calcul

Ce développement rapide a créé ses propres exigences en techniques mathématiques et a entraîné la mise en œuvre, irréalisable auparavant, de modèles mathématiques à grande échelle. Le développement de l'INFORMATIQUE elle-même résulte des travaux de mathématiciens, et sa croissance explosive, qui se poursuit, fait appel aux sciences mathématiques tout en y contribuant. P. ex., l'analyse des algorithmes, la structure des langages formels, la ROBOTIQUE, la conception logique et le calcul scientifique à grande échelle sont des composantes importantes de l'informatique dont le développement exige une analyse mathématique qu'elle stimule.

L'omniprésence et l'usage croissant des méthodes mathématiques dans le domaine des sciences, du commerce et du gouvernement exigent que le public bien informé ait une certaine connaissance des mathématiques. Dans la pratique, il faut donc que les jeunes apprennent suffisamment de mathématiques au primaire et au secondaire pour savoir calculer vite, raisonner quantitativement, comprendre aisément les représentations graphiques et les expressions statistiques et apprécier la logique et la précision exigées en télécommunication et en informatique. Le besoin d'individus bien formés en mathématiques et capables d'appréhender le monde qui les entoure en termes de mathématiques croît sans cesse.

Place des mathématiques dans la société

Dans tous les pays, la place des mathématiques dans la société dépend de la nature de cette société et de ses ambitions. La société canadienne est l'héritière des traditions européennes de liberté culturelle et scientifique, et on peut raisonnablement supposer que ces traditions se maintiendront. Bien assis sur une prospérité fondée sur l'extraction de matières premières, le Canada aspire à jouer un rôle de premier plan sur la scène internationale comme nation industrialisée et comme producteur de biens de consommation et de produits de HAUTE TECHNOLOGIE. Ces aspirations sont fortement influencées par la proximité des États-Unis et, en particulier, par la dépendance économique du Canada envers son voisin du Sud. Le

rôle des mathématiques au Canada, et d'ailleurs de toutes les sciences fondamentales, dépend en partie du degré d'indépendance économique pour lequel optent les Canadiens et Canadiennes pour aujourd'hui et pour l'avenir.

Ce débat détermine le contexte dans lequel il faut évaluer le rôle passé et actuel des mathématiques au Canada et propose un contexte pour l'avenir. Il suppose d'abord que l'enseignement primaire et secondaire doit avoir comme objectif de susciter, à partir des programmes en place, un niveau élevé de connaissances en mathématiques. Ce niveau s'impose si les profanes doivent affronter victorieusement la révolution de l'informatique et faire face à l'utilisation sans cesse croissante des méthodes quantitatives dans la prise de décisions administratives. Il constitue aussi la base nécessaire pour qui veut comprendre les activités scientifiques modernes et l'histoire des sciences, et aussi pour ceux qui désirent s'attaquer à des sujets techniques, scientifiques ou mathématiques plus avancés. Dans l'enseignement postsecondaire, le Canada devrait conserver ses solides traditions d'enseignement des mathématiques sous toutes leurs formes s'il veut garder sa place dans les grandes entreprises scientifiques et technologiques du monde entier. Il doit conserver un groupe actif de chercheurs en mathématiques.

Diversité et valeur de l'évolution des mathématiques à l'heure actuelle

On ne saurait dire au juste à quel point la société et le grand public canadiens acceptent cet engagement à l'égard des mathématiques. Ce que la grande majorité des Canadiens et Canadiennes sait des mathématiques n'atteint pas le niveau d'une cinquième année du secondaire. Leur vue des mathématiques est donc fort étroite et ne dépasse guère l'arithmétique, assaisonnée de quelques rudiments d'algèbre, de géométrie, de trigonométrie et peut-être du calcul différentiel et intégral. Leurs connaissances ne dépassent pas vraiment le stade atteint au XVIIe s. Ce bagage limité les empêche de se rendre compte du volume, de la diversité et de la valeur extraordinaires des progrès réalisés dans les mathématiques modernes. Il court donc dans la population des idées fausses sur l'importance et l'utilité des mathématiques qui l'inclinent à emboîter le pas aux campagnes périodiques et à courte vue menées pour un enseignement purement fonctionnel. Tout indique aussi qu'une attitude négative, voire une certaine anxiété envers les mathématiques, sont communes au Canada et cela même chez de nombreux professeurs de mathématiques, surtout au niveau primaire. Il incombe donc au milieu des mathématiques, d'une part de recommander des améliorations aux méthodes et aux programmes et d'autre part d'exiger des gouvernements et des autorités locales l'adoption de critères élevés et surtout de bonnes pratiques d'embauche.

Il faut bien constater que l'acquisition des aptitudes en mathématiques et la sensibilisation à l'importance des mathématiques dans notre société entraînent des difficultés (analogues à celles que nous venons d'exposer). Les mathématiques occupent toutefois une place respectable dans l'éventail culturel et éducatif des Canadiens. Les infrastructures pédagogique et organisationnelle existent, et le sujet est vivant et bien ancré au Canada dans ses aspects culturels et fonctionnels.

Peter Lancaster

Mather, Bruce, compositeur, pianiste, professeur et administrateur (Toronto, 9 mai 1939). Il étudie d'abord à Toronto avec, entre autres professeurs, Godfrey RIDOUT, Oskar MORAWETZ et John WEINZWEIG, puis au Conservatoire de Paris avec Darius Milhaud, Simone Plé-Caussade et Olivier Messiaen. Il poursuit ensuite ses études à l'U. Stanford en Californie et, enfin, avec Pierre Boulez en Suisse. Professeur à l'U. McGill à partir de 1966, il enseigne également à la Brodie School à Toronto et est professeur invité au Conservatoire de Paris.

Il a été membre du comité exécutif de la société Ten Centuries Concerts et membre directeur de la SOCIÉTÉ DE MUSIQUE CONTEMPORAINE DU QUÉBEC. Il exécute en première plusieurs œuvres de musique contemporaine, à la fois comme soliste et avec son épouse, la pianiste Pierrette LePage. Il remporte deux fois le prix Jules-Léger pour la nouvelle musique de chambre: en 1979, pour *Musique pour Champigny* et, en 1993, pour *Yquem*. Mather a le sens de la poésie et excelle dans l'art d'intégrer la voix à ses œuvres. Comme il préfère les œuvres intimes, plusieurs de ses compositions, comme ses *Madrigaux*, conviennent bien à de petits ensembles.

Hélène Plouffe

Matheson, Alexander Wallace, avocat, politicien et premier ministre de l'Île-du-Prince-Édouard de 1953 à 1959 (Bellevue, Î.-P.-É., 11 juin 1903—Charlottetown, 3 mars 1976). D'abord élu à l'Assemblée législative de l'Île-du-Prince-Édouard en 1940, Matheson est nommé ministre de la Santé et du bien-être social, sous le premier ministre J. Walter JONES, et devient premier ministre en 1953, après la nomination au Sénat de ce dernier. Matheson défend fermement l'électrification rurale, afin de protéger et de stimuler la vie agricole. Bien que la modernisation des services facilite la vie des agriculteurs, l'érosion des communautés rurales se poursuit. Matheson quitte la direction du parti en 1961, après la défaite des libéraux aux élections provinciales de 1959, mais il est lui-même réélu par une large majorité. Il devient chef de l'opposition jusqu'à son retrait de la vie politique, en 1965. En 1967, il est nommé à la magistrature.

David A. Milne

Mathieson, John Alexander, avocat, politicien, juge et premier ministre de l'Île-du-Prince-Édouard de 1911 à 1917 (Harrington, Î.-P.-É., 19 mai 1863—Charlottetown, 7 janv. 1947). Mathieson fait ses études au Prince of Wales College, à Charlottetown. Il est instituteur et avocat, avant d'être élu député conservateur à l'Assemblée législative de l'Île-du-Prince-Édouard, en 1900. Il devient premier ministre en décembre 1911, après la démission du gouvernement libéral. En un mois, il conduit son parti à une victoire électorale éclatante. À titre de premier ministre, il obtient la garantie constitutionnelle que l'Île-du-Prince-Édouard sera représentée par au moins quatre députés fédéraux. En 1917, il démissionne pour devenir juge en chef de la Cour suprême provinciale. Des problèmes de santé le forcent à prendre sa retraite en 1943.

Ian Ross Robertson

Mathieu, André, pianiste et compositeur (Montréal, 18 févr. 1929—*id.*, 2 juin 1968). Surnommé le «Mozart canadien», il commence à composer à l'âge de quatre ans, donne un récital de ses œuvres à l'âge de six ans et fait ses débuts à la radio en 1936 comme soliste dans son propre *Concertino n° 1* pour piano et orchestre. Il étudie tout d'abord avec son père, Rodolphe MATHIEU, puis à Paris. Il s'installe à New York après s'y être distingué en 1940 en donnant un concert au Town Hall, puis, à l'âge de 13 ans, il se produit au Carnegie Hall. Il retourne à Montréal en 1943. En 1946, il se rend à Paris où il étudie avec Arthur Honegger (composition) et Jules Gentil (piano). Par la suite, il se distingue dans des «marathons de piano». Ce battage publicitaire déçoit ceux qui croyaient en son talent, qu'il n'exploitera malheureusement jamais totalement. Ses compositions de jeunesse rappellent celles de Prokofiev. Par la suite, il deviendra un postromantique dans la veine de Rachmaninov. Des extraits de ses compositions forment le thème de la chanson d'accueil et de la partition des XXIe Jeux olympiques de 1976.

Hélène Plouffe

Mathieu, Rodolphe, compositeur, professeur, auteur et pianiste (Grondines, près de Québec, 10 juill. 1890—Montréal, 29 juin 1962). Considéré comme trop avant-gardiste pour son époque, à cause de l'influence de Debussy sur sa musique, il se fait connaître trop tard pour inspirer la génération suivante. Impressionné d'abord par les œuvres de Scriabine, auquel il est présenté par Alfred La Liberté, il ne se consacre à la composition qu'après avoir étudié avec Alexis CONTANT (vers 1910). Par la suite, il étudie à Paris avec Vincent d'Indy. En 1923, il reçoit la première bourse décernée à un compositeur par le gouvernement du Québec. Il enseigne dans plusieurs établissements et, en 1929, il fonde l'Institut canadien de musique.

Hélène Plouffe

Matières dangereuses, circulation des Certains produits et matières qui sont transportés par rail, par navire, par avion ou par route au Canada ou qui passent nos frontières sont considérés comme des marchandises dangereuses car ils sont inflammables, explosifs, toxiques ou susceptibles de présenter un danger pour les gens ou l'environnement. Jusqu'à 1985, leur déplacement n'était pas très bien réglementé.

Règlements Cependant, plusieurs incidents mettant en cause des marchandises dangereuses ont fait la manchette et ont forcé l'évacuation de milliers de personnes ou l'exécution de travaux de nettoyage environnementaux de plusieurs millions de dollars. Le gouvernement fédéral a donc adopté la *Loi sur le transport des marchandises dangereuses*, dont les règlements sont entrés en vigueur en Ontario le 1er juillet 1985 et dans le reste du Canada le 1er février 1986. Cette loi a été révisée en juin 1992.

Comme ces mesures ne s'appliquaient qu'au transport international ou interprovincial des marchandises, des règlements provinciaux et territoriaux parallèles ont été adoptés pour réglementer le transport routier dans les provinces et les territoires.

Classification Chaque produit dangereux est classé selon les neuf catégories définies dans la loi. Lorsque le produit est répertorié, les fabricants, les expéditeurs et les transporteurs doivent en effectuer l'emballage, l'étiquetage et la manutention selon les règles prescrites. La violation des règlements peut entraîner des amendes pouvant atteindre 100 000 $.

Documentation L'expéditeur doit préparer les documents qui identifient les marchandises dangereuses transportées. En cas d'incident pendant le transport, ces documents permettent d'identifier facilement les produits transportés et de prendre les mesures indiquées.

Normes sur les citernes de charge Depuis le 1er juillet 1995, toutes les citernes de charge utilisées pour le transport de produits dangereux doivent être conçues, construites, inspectées et homologuées selon les normes canadiennes sur le transport des marchandises dangereuses.

Plans d'aide en cas d'urgence Les expéditeurs et les importateurs de marchandises présentant des dangers particuliers doivent préparer un plan d'aide en cas d'urgence et le transmettre à Transports Canada. L'objectif de ces plans est de s'assurer que le personnel d'intervention d'urgence disposera du matériel et des compétences techniques nécessaires si ces produits provoquent un incident. Les autorités compétentes doivent être informées des déversements accidentels qui se produisent.

R.C. MacKenzie et Shaun Hammond

Matonabbee, chef chippewyan (Fort Prince-de-Galles, vers 1737—août 1782). Grand chasseur de caribous dans les barrens, il grandit à FORT PRINCE-DE-GALLES et dans les environs, et devient un intermédiaire important dans la traite des fourrures entre la COMPAGNIE DE LA BAIE D'HUDSON et les autres groupes de DÉNÉS, plus à l'ouest. Dans les années 1750, il agit comme ambassadeur chez les Cris et se rend au moins une fois jusqu'à la rivière Coppermine. Si Samuel HEARNE est devenu célèbre, à bon droit, pour son voyage par voie de terre jusqu'à l'océan Arctique (1770-1772), ce voyage a cependant été possible grâce à Matonabbee, à son leadership et à sa connaissance des voyages à l'indienne et des moyens de subsister grâce aux ressources naturelles. Il est un «Indien maître» à Fort Prince-de-Galles, une position importante dans la traite des fourrures mais d'aucune portée politique. Lié au sort de la traite des fourrures, il se suicide lorsque les Français détruisent le fort en 1782.

David Lee

Matthews, John, officier de l'armée, agriculteur et politicien (probablement en Angl., v. 1763—probablement en Angl., 20 août 1832). Ayant atteint le grade de capitaine après avoir passé 27 ans dans la Royal Artillery, il immigre au Canada en 1819. Il semble que le gouverneur général, le duc de Richmond, lui aurait promis de lui confier la direction d'une nouvelle colonie militaire. Arrivé après la mort inattendue de Richmond, il sollicite la protection du lieutenant-gouverneur du Haut-Canada, sir Peregrine MAITLAND, mais le rebute par ses demandes extravagantes. S'étant établi dans le district de London, il est un porte-parole des critiques de l'élite administrative locale. Élu député de Middlesex en 1824, il défend des idées politiques radicales à l'Assemblée du Haut-Canada.

Matthews devient un «martyr» politique en 1826 lorsqu'il est privé de sa pension militaire et reçoit l'ordre de se présenter au quartier général de la Royal Artillery, en Angleterre, parce qu'il aurait fait chanter des chansons pro-américaines dans un théâtre de York [Toronto]. Sa pension est rétablie en 1828, mais, entre-temps, cette mesure évidente de persécution, probablement motivée par la prise de position ouverte de Matthews contre le gouvernement sur la question des étrangers, contribue à discréditer la gestion de Maitland. Matthews part pour l'Angleterre en 1829.

Paul Romney

Matthews, Peter, fermier et rebelle (Marysburgh ou canton de Sidney, Qc, [plus tard Haut-Canada], 1789 ou 1790—Toronto, 12 avril 1838). Fils de loyalistes, Matthews est un cultivateur prospère et un personnage très en vue dans le canton de Pickering. Mécontent des politiques de développement du gouvernement, il se laisse convaincre d'entraîner ses voisins à se joindre aux RÉBELLIONS DE 1837. Il est capturé, condamné et exécuté.

Ronald Stagg

Matton, Roger, compositeur, professeur et ethnomusicologue (Granby, Qc, 18 mai 1929). Il étudie d'abord au CONSERVATOIRE DE MUSIQUE DU QUÉBEC à Montréal, où il est notamment l'élève de Claude CHAMPAGNE (composition) et d'Arthur Letondal (piano), puis à Paris ses professeurs sont Andrée Vaurabourg-Honegger, Nadia Boulanger et Olivier Messiaen. Il entreprend sa carrière à titre de compositeur pour la radio et la télévision de Radio-Canada. Après des études avec Marius BARBEAU au Musée national du Canada, il travaille comme recherchiste et ethnomusicologue aux Archives de folklore de l'Université Laval (1956-1976), où il transcrit près de 300 chansons acadiennes (1957-1959). La plupart de ses œuvres portent la marque de son association au folklore (*Concerto pour 2 pianos et percussion*, *L'Escaouette*, *L'Horoscope*, *Te Deum*). Durant sa tournée en URSS (1962), l'ORCHESTRE SYMPHONIQUE DE MONTRÉAL exécute son *Mouvement symphonique II*, probablement l'une des premières œuvres symphoniques canadiennes à y être présentée. En 1965, il remporte le prix pour la création musicale au Congrès du spectacle. Il reçoit le PRIX DE MUSIQUE CALIXA-LAVALLÉE de 1969 et est nommé Officier de l'Ordre du Canada en 1984.

Hélène Plouffe

Mauger, Joshua, entrepreneur colonial (baptisé dans la paroisse de St. John, île de Jersey, 25 avril 1725—Warborne, Angl., 18 oct. 1788). Il arrive à Halifax en 1749 comme ravitailleur de la marine, puis se bâtit un empire commercial et foncier, fondé au début sur la contrebande avec les Français. Il devient le plus important armateur et constructeur de navires de Halifax. Il navigue à des fins commerciales sur la côte et dans les Antilles, et fournit un réseau de magasins d'avant-postes en rhum, en bois, en marchandises et en poisson. Dès 1766, sa distillerie produit 190 000 litres par an, faisant de Mauger une personnalité importante dans une colonie dont l'économie dépend entièrement des revenus du rhum. Retourné en Angleterre après 1760, il se sert de ses agents et de son influence pour protéger ses intérêts en Nouvelle-Écosse et saper l'administration coloniale et l'autorité de Jonathan Belcher, de lord William Campbell et de Francis LEGGE, gouverneurs hostiles au développement du commerce. La complexité du rôle qu'il joue en Nouvelle-Écosse met en évidence l'asservissement de celle-ci et le jeu des influences qui ont entravé le développement de la jeune colonie.

Lois Kernaghan

Mauricie, parc national de la Créé en 1970, ce parc a une superficie de 544 km² et se trouve à environ 220 km au nord-est de Montréal. Les collines ondulées des Laurentides forment la toile de fond de ce parc au paysage de granit et de gneiss précambriens, vieux d'un milliard d'années et façonné par les GLACIERS au cours de la dernière période glaciaire. Ces mêmes glaciers ont creusé les nombreux lacs parsemant le parc. La végétation du parc de la Mauricie se caractérise par la forêt mixte. Sur les pentes des collines, les conifères, typiques de la forêt boréale, se mélangent aux espèces caduques, plus abondantes dans les BASSES TERRES DU SAINT-LAURENT. La faune comprend l'orignal, l'ours noir, le lynx du Canada, le renard roux et le loup. Il y niche aussi environ 116 espèces d'oiseaux. Dans les lacs et tourbières vivent 17 espèces de batraciens et de reptiles.

Les vestiges de peintures rupestres à l'ocre rouge témoignent du passage de tribus nomades, qui chassaient et pêchaient dans la région il y a plus de 2000 ans. À partir du milieu du XVIIe s., les explorateurs et les missionnaires habitent la région, mais ce n'est qu'en 1825 que l'industrie du bois s'y implante. Les camps abandonnés rappellent l'histoire pittoresque des bûcherons et des draveurs. Aujourd'hui encore, la RIVIÈRE SAINT-MAURICE charrie des millions de billes de bois vers les usines des localités avoisinantes.

Lillian Stewart

Mavor, James, chercheur (Stranraer, Écosse, 8 déc. 1854—Glasgow, Écosse, 31 oct. 1925). Économiste, historien de l'économie, deuxième professeur d'économie politique et d'histoire constitutionnelle à l'U. de Toronto, Mavor crée un nouveau département d'économie politique, instaure l'enseignement du commerce au niveau du baccalauréat spécialisé et entreprend des recherches sous contrat dans le domaine des sciences sociales au Canada. Ayant fait ses études à Glasgow, Mavor penche d'abord vers le socialisme, mais s'oriente à droite avant d'arriver à Toronto. Ses efforts amènent les DOUKHOBORS au Canada. Il écrit sur de nombreux sujets, y compris sur l'histoire économique de la Russie, l'économie du blé au Canada, les téléphones du gouvernement du Manitoba, Ontario Hydro et sur l'économie appliquée. Il cesse d'enseigner en 1922 et prend sa retraite en 1923. Ses descendants marquent le milieu du théâtre et des arts. Son influence sur les sciences sociales à Toronto se fait ressentir jusqu'à la fin des années 70.

Ian Drummond

Maxwell, Edward, architecte (Montréal, 31 déc. 1867—*id.*, 14 nov. 1923). Il effectue un stage de formation à Boston au sein du cabinet Shepley, Rutan & Coolidge, qui remporte, en 1891, le concours pour le nouvel édifice du Montréal Board of Trade. Maxwell s'installe à Montréal pour en superviser la construction, et les contacts qu'il noue alors avec des membres éminents du Board of Trade contribuent à la réussite de Maxwell. En 1892, le bijoutier Henry BIRKS l'engage pour dessiner les plans d'un nouveau magasin en face du Carré Phillips, devenu un des joyaux architecturaux de Montréal. Maxwell conçoit également plusieurs gares et hôtels du Canadien Pacifique, dont le terminal principal de l'Ouest à Vancouver (1897). La maison de campagne qu'il dessine pour le compte de Louis-Joseph FORGET, à Senneville au Québec (1899), est un exemple remarquable de son œuvre dans le domaine résidentiel.

Son frère cadet, William Sutherland Maxwell (Montréal, 14 nov. 1874—*id.*, 25 mars 1952), s'associe avec lui en 1902. William ayant étudié à l'École des beaux-arts de Paris, le style de cette école transparaît dans les plans d'édifices qu'il élabore durant cette période, notamment la succursale de la Banque Royale à WESTMOUNT (1903) et la gare du CP à Winnipeg (1904). Les réalisations les plus grandioses et les plus remarquables des deux frères, le parlement de la Saskatchewan à Regina (1908-1911) et l'édifice de la Montreal Art Association Gallery (1911, aujourd'hui le Musée des beaux-arts de Montréal), révèlent un sens de la planification et de la composition qui les rangent parmi les plus belles constructions du style «académique» de l'époque. Leur ultime chef-d'œuvre est l'aile Saint-Louis et la tour de l'hôtel Château Frontenac à Québec, dont les travaux prennent fin en 1924, un an après le décès d'Edward.

William continue à exercer, mais il se contente essentiellement de faire des ajouts et des modifications à des bâtiments conçus auparavant par leur cabinet. Sans le concours de son frère, il semble dépourvu de la créativité qui avait permis à leur bureau d'architectes de se classer au premier rang de la profession au Canada.

Robert Lemire

May, Wilfrid Reid, dit «Wop», aviateur (Carberry, Man., 20 mars 1896—Provo, Utah, 21 juin 1952). Il est pilote recrue sur le front ouest, et le baron Manfred von Richthofen, dit le «Baron rouge», lancé à sa poursuite, est abattu le 21 avril 1918. May aurait pu être sa 81e victime, mais il devient l'un des meilleurs pilotes de brousse du Canada pendant l'après-guerre, remportant le TROPHÉE MCKEE en 1929. Pendant la Seconde Guerre mondiale, il contribue à la mise sur pied du PROGRAMME D'ENTRAÎNEMENT AÉRIEN DU COMMONWEALTH et est un pionnier des techniques de recherche et de sauvetage aériens.

Brereton Greenhous

Maynard, Hannah, née Hatherly, photographe (Bude, Angl., 17 janv. 1834—Victoria, 15 mai 1918) et Maynard Richard James, photographe (Stratton, Angl., 22 févr. 1832—Victoria, 10 janv. 1907). Les Maynard immigrent en 1852 à Bowmanville (Haut-Canada) où Richard ouvre un magasin de chaussures. Hannah apprend la photographie, vers 1859, probablement pendant le séjour de Richard en Colombie-Britannique, parti à la recherche d'or. En 1862, ils déménagent à Victoria où Hannah ouvre une «galerie consacrée à la photographie». En 1864, Richard, qui a sans doute appris la photographie par sa femme, réalise un panorama du port de Victoria et une dizaine d'années plus tard commence une carrière de photographe de paysage qui dure 20 ans, rivalisant ainsi avec les portraits de Hannah. Parmi les commandes qu'il reçoit, on trouve les visites d'inspection des villages indiens (1873 et 1874), une expédition aux îles de la Reine-Charlotte (1884) et un voyage aux îles Pribilov (1892). Les photographies les plus intéressantes d'Hannah sont des expériences réalisées, au début des années 1890, en mélangeant plusieurs images d'elle-même, d'un de ses jeunes petits-fils et des photosculptures représentant des personnes sous la forme de statues ou de bustes.

David Mattison

Mazankowski, Donald Frank, politicien (Viking, Alb., 27 juill. 1935). Après quelques années comme président et directeur général d'un concessionnaire d'automobiles et de machinerie agricole, Mazankowski est élu à la Chambre des communes en 1968

comme député conservateur de Vegreville, en Alberta. Brillant et populaire, il préside le caucus conservateur de 1973 à 1976 et est ministre des Transports et ministre responsable de la COMMISSION CANADIENNE DU BLÉ dans le gouvernement CLARK (1979-1980). Il gagne le respect des médias, des députés de l'opposition et de ses fonctionnaires et compte plusieurs réalisations à son actif, notamment dans le domaine du transport ferroviaire.

Il est de nouveau un ministre des Transports populaire et efficace de 1984 à 1986, avant de devenir vice-premier ministre du premier ministre MULRONEY et leader parlementaire du gouvernement aux Communes en 1986. En août 1987, Mazankowski ajoute à ses responsabilités en devenant président du Conseil du Trésor. En 1988, il est nommé ministre de l'Agriculture, puis il devient ministre des Finances de 1991 à 1993, poursuivant les politiques de son prédécesseur, Michael WILSON.

Mazankowski se retire de la vie politique le 7 juin 1993 pour siéger à de nombreux conseils d'administration d'entreprises, dont Gulf Canada (déc. 1993), et il devient président du comité d'initiative sur le charbon à faible teneur en soufre de l'Ouest canadien et son utilisation accrue en Ontario. Le 18 juin 1994, il reçoit l'honneur de porter le titre de «très honorable», qui est généralement réservé aux premiers ministres, aux gouverneurs généraux et aux juges de la Cour suprême.

Norman Hillmer

Meadow Lake, ville de la Sask.; pop. 4813 (rec. 1996), 4318 (rec. 1991), 3976 (rec. 1986); superf. 7,79 km²; const. en 1936; située à 160 km au nord de North Battleford et à 100 km à l'est de la frontière albertaine. Bien que Meadow Lake soit l'une des dernières collectivités constituées de la province, ses origines remontent à l'époque où la Compagnie de la baie d'Hudson, qui est la première à exploiter la région, et la Compagnie du Nord-Ouest se font concurrence pour la TRAITE DES FOURRURES. Ce commerce continue de dominer l'économie locale jusqu'aux années 30, offrant ainsi un marché aux propriétaires de ranchs qui, au début du XXe siècle, amènent des chevaux et du bétail dans la région.

Plusieurs fermiers quittent alors le «dust bowl» pour s'installer plus au nord. Meadow Lake devient pour eux une destination de choix. L'arrivée d'une ligne du CP en 1936 favorise à nouveau le développement de la région. L'exploitation forestière est un autre des piliers de l'économie de Meadow Lake; on y construit la première usine de pâte à papier non polluante au monde. Les habitants de la ville comme les visiteurs sont à même d'apprécier l'heureux mariage des paysages agricoles et sauvages, du passé et du présent.

Don Herperger

Meaford, ville de l'Ont.; pop. 4681 (rec. 1996), 4520 (rec. 1991), 4382 (rec. 1986); superf. 7,43 km²; const. en 1874; située à l'embouchure de la rivière Big Head dans la baie de Nottawasaga, à 28 km à l'est de OWEN SOUND. Un relevé topographique de la région se fait en 1833 et une terre de 81 ha est réservée pour le tracé d'une future ville. Le premier colonisateur, David Miller, arrive en 1840. La région est connue au début sous le nom de Stephenson's Landing, du nom de William S. Stephenson, qui a construit la première taverne de la ville. Près de là se trouve un village jumeau appelé Pegg's Landing ou Peggy's Landing. À l'inauguration du bureau de poste en 1840, le nom de la ville est changé pour St. Vincent, en l'honneur de l'amiral sir John Jervis, comte de St. Vincent. Il est toutefois changé de nouveau en 1858 pour Meaford, le nom du domaine du comte en Angleterre. Le développement industriel de la ville est ralenti par un grand nombre d'incendies et d'inondations, mais il finit toujours par reprendre.

En 1894, Margaret Marshall SAUNDERS visite la région et écrit un roman dont le personnage principal est un chien battu par un maître cruel et sauvé par un meunier du coin. Cette histoire, appelée *Beau-*

tiful Joe, s'est vendue à plus de sept millions d'exemplaires. Le célèbre chien est enterré dans le Beautiful Joe Park, situé dans la ville.

Meaford est la ville native de sir Lyman Poore DUFF, juge en chef de la Cour suprême du Canada de 1933 à 1944, dont la spécialité est le droit constitutionnel. La ville est au centre d'une région où la production de pommes demeure importante. Son port agréable, qui donne sur la baie Géorgienne, est populaire auprès des propriétaires de bateaux de plaisance.

Deborah Welch et Michael Payne

Meagher, Blanche Margaret, enseignante et diplomate (Halifax, N.-É., 27 janv. 1911). Meagher enseigne à Halifax de 1932 à 1942, année où elle devient l'une des rares femmes à travailler au ministère des Affaires extérieures. Elle sert sous H.L. KEENLEYSIDE au Mexique et sous Norman ROBERTSON à Londres, et les impressionne tous deux par son jugement sûr et indépendant.

De 1958 à 1961, elle est ambassadrice en Israël. Elle est la première femme à occuper un tel poste. En 1962, elle devient ambassadrice en Autriche et est aussi représentante du Canada à l'Agence internationale de l'énergie atomique. Elle en sera plus tard la présidente. Pendant son mandat comme ambassadrice en Suède, de 1969 à 1973, elle négocie avec des représentants de la République populaire de Chine dans le but d'établir des relations diplomatiques sino-canadiennes. De 1984 à 1989, elle est administratrice pour le Nova Scotia College of Art and Design. Meagher reçoit l'Ordre du Canada en 1974.

Norman Hillmer

Meares, île D'une superficie de 8477 ha, cette île aux escarpements saisissants, est couverte d'une forêt pluviale tempérée, mouillée par des eaux marines abritées, à 2 km de Tofino, en Colombie-Britannique, dans la baie Clayoquot. Le village autochtone d'Opitsat (pop. 125; rec. 1991) est établi dans l'île. Selon des analyses botaniques et des comptes rendus oraux, les ressources de l'île Meares ont longtemps été exploitées par les peuples Tla-o-qui-aht et Ahousaht. On y trouve d'anciens cèdres rouges géants, matière première des objets d'artisanat traditionnels de la côte Ouest, ainsi que de nombreuses autres essences d'arbres; de petites rivières à saumon; une faune sauvage, de la sauvagine et des espèces intertidales, particulièrement dans les immenses slikkes de Lemmens Inlet.

Deux pentes escarpées (792 m et 730 m) fournissent de l'eau potable et offrent une magnifique vue sur le district de Tofino. La population, qui entretient des rapports étroits avec la mer, réside entre ces deux pentes escarpées, un lieu propice à la mariculture intensive. L'île Meares doit son nom à John MEARES (1862).

Les premiers permis de coupe du bois dans l'île Meares sont accordés en 1905, et une petite scierie est exploitée à Mosquito Harbour. En 1955, les forêts de l'île, dans leur majeure partie, sont constituées en deux concessions de ferme forestière et les coupes à blanc intensives commencent dans la baie Clayoquot. À la suite d'une étude effectuée par une équipe de planification gouvernementale, MacMillan Bloedel Ltd obtient des droits de coupe dans l'île Meares, mais, en novembre 1984, des protestataires bloquent le passage aux premiers bûcherons, les deux bandes ayant décrété que l'île était un «parc tribal». Suite à ce blocus, on assiste à une poursuite judiciaire devant la Cour suprême de la Colombie-Britannique (1987) à propos des revendications autochtones de la propriété de l'île Meares. Les négociations devant conduire à un règlement ont suspendu toute exploitation forestière jusqu'au milieu des années 90.

Peter Grant

Meares, John, capitaine, entrepreneur et marchand de fourrures (1756?—1809). Il entre dans la Marine royale en 1771 et est promu lieutenant en 1778. En 1783, il quitte la marine et fonde une compagnie de traite de fourrures sur la CÔTE DU NORD-OUEST.

Son premier voyage de traite dans le golfe du Prince-William, en Alaska, tourne à la tragédie, car plusieurs marins meurent du scorbut. En 1788, Meares part avec deux navires vers Nootka, où il érige un poste de traite temporaire et construit le *North West America*, premier navire ayant été lancé sur ce qui est aujourd'hui la côte Ouest du Canada. En 1789, il forme une compagnie avec d'autres entrepreneurs britanniques et envoie trois navires avec comme mission d'établir un poste de traite permanent à Nootka et de faire du commerce partout sur la côte du Nord-Ouest. Ils trouvent Nootka occupée par une force navale espagnole qui s'empare des navires britanniques et de leurs équipages. Il s'est révélé un propagandiste efficace dans la défense des intérêts politiques et économiques de l'Angleterre sur la côte du Nord-Ouest.

John Dewhirst

Médaille Décernée comme attestation de mérite ou émise pour commémorer un événement ou une personne, une médaille est généralement un petit disque de métal frappé ou coulé, orné en relief. En gros, les médailles ont la même signification au Canada qu'ailleurs en Occident: bien qu'on les remarque peu, on leur attribue une grande valeur. Il existe une distinction entre les médailles militaires que l'on porte sur soi et les autres qui ne sont pas faites pour être portées, mais aucune terminologie généralement acceptée et comprise ne correspond à cette différence.

Quelques médailles anciennes qui évoquent le Canada sont fabriquées en France et en Grande-Bretagne à des fins commémoratives. C'est toutefois par l'entremise de l'armée britannique que les Canadiens se familiarisent avec cet usage. Lorsqu'ils commencent à commander des médailles pour leur propre usage, après 1850 environ, ils s'adressent surtout à des sources britanniques. Vers la fin du XIXe s., beaucoup de médailles sont frappées au Canada, notamment par P.W. Ellis, de Toronto.

Après le tournant du siècle, c'est Caron Frères de Montréal qui devient le principal fabricant canadien de médailles. Les Canadiens en commandent autant en France qu'en Grande-Bretagne, mais rarement aux États-Unis. L'émission de médailles au Canada ralentit pendant la crise des années 30 et la Seconde Guerre mondiale, après quoi, les médailles canadiennes sont généralement conçues et fabriquées ici même. Toutefois, il n'existe pas de style typiquement canadien: leur conception actuelle s'inspire des grandes tendances internationales plutôt que d'un patrimoine proprement canadien. Le Québec, quoiqu'il s'inspire davantage de la France, n'a pas de tradition distinctive marquée dans cet art. Cependant, les médailles récentes du Prix du Québec sont de conception innovatrice.

La collection de médailles des Archives nationales du Canada, à Ottawa, contient des spécimens de tous les genres, et le Musée canadien de la guerre, à Ottawa, détient la plus grande collection de médailles militaires. Le Château Ramezay (Montréal), le Glenbow Museum (Calgary) et le Musée de l'Amérique française (Québec) en possèdent également d'importantes collections.

Médailles militaires et décorations civiles pour bravoure Les Canadiens connaissent les médailles militaires parce qu'ils voient des militaires en uniforme les porter sur des rubans à rayures. Les médailles officielles, qui émanent du souverain, étaient autrefois identiques aux médailles britanniques jusqu'à ce que le Canada institue son propre régime de TITRES ET DÉCORATIONS. Les décorations pour bravoure au combat sont pratiquement tombées en désuétude après la GUERRE DE CORÉE, de sorte que la plupart des rubans portés aujourd'hui par des membres des Forces canadiennes ont une valeur commémorative, récompensent l'ancienneté ou sont décernés par les Nations Unies pour des activités de MAINTIEN DE LA PAIX.

Beaucoup de Canadiens ont reçu des distinctions militaires britanniques pour actes de bravoure accomplis dans l'ensemble du Commonwealth. La CROIX DE VICTORIA pouvait être décernée à des militaires de tout grade et de tout service, l'Ordre du service distingué à des officiers de tout service et la Croix-Rouge royale à des membres du personnel infirmier. La Croix du service distingué, la Croix militaire, la Croix du service distingué dans l'Aviation et la Croix de l'Aviation étaient décernées aux officiers des services respectifs. La Médaille de conduite distinguée, la Médaille pour actes insignes de bravoure (marine ou aviation), la Médaille du service distingué, la Médaille militaire, la Médaille du service distingué dans l'Aviation et la Médaille de l'Aviation étaient également décernées aux militaires d'autres grades. La Médaille du Canada, instituée en 1943, n'a jamais été décernée. Les DÉCORATIONS POUR ACTES DE BRAVOURE actuelles, instituées en 1972 dans le cadre du régime de décorations, ne sont pas des distinctions militaires.

Les médailles commémoratives de campagne récompensent la participation plutôt que la conduite personnelle. La première, la Military General Service Medal, a été décernée notamment pour la période de la GUERRE DE 1812. Au Canada, des miliciens et des Amérindiens sont au nombre des récipiendaires. Parmi les agrafes indiquant les batailles, on trouve le nom des batailles de CHÂTEAUGUAY, de CRYSLER'S FARM et de fort Detroit. Les récipiendaires de la Médaille du service général du Canada (1866 et 1870) sont ceux qui ont combattu lors des raids des FENIANS et de la RÉBELLION DE LA RIVIÈRE ROUGE, et la North-West Canada Medal est un hommage à ceux qui ont servi pendant la RÉBELLION DU NORD-OUEST. La première médaille de guerre décernée uniquement à des Canadiens est la Médaille canadienne du volontaire, lors de la Seconde Guerre mondiale, et la première médaille de guerre britannique ayant un modèle canadien distinct a été décernée lors de la guerre de Corée.

Des Canadiens reçoivent des médailles des Nations Unies pour leur service sous le commandement des Nations Unies. Des médailles ont aussi été décernées aux membres d'expéditions dans l'Arctique aux XIXe et XXe s. Des médailles militaires servant à célébrer les jubilés et les couronnements ont d'abord été décernées aux contingents envoyés en Angleterre, mais elles ont été distribuées plus généreusement par la suite, y compris à certains civils. La Médaille du centenaire du Canada (1967) et la Médaille du jubilé de la reine Élisabeth II (Canada, 1977) ressemblent à des médailles militaires et sont portées de la même façon, mais elles ont été largement distribuées dans toute la population. Les médailles d'ancienneté de service et de bonne conduite, d'abord britanniques, ont eu cours ensuite dans les forces coloniales, et ont été remplacées en 1930 par un certain nombre de distinctions canadiennes. En 1949, le tout a été remplacé par la Décoration des Forces canadiennes.

Le régime canadien de décorations comporte aujourd'hui des décorations (p. ex., la Médaille de la police pour services distingués, la Médaille pour services distingués en milieu correctionnel) pour services rendus dans des professions à risque élevé visant à assurer la sécurité publique. La Médaille d'ancienneté de service de la GRC a été instituée en 1933. D'autres médailles destinées aux corps de police et de pompiers sont décernées par les gouvernements provinciaux, les pouvoirs locaux ou des organismes non officiels. Avant que le Canada institue ses propres décorations pour actes de bravoure, les Canadiens recevaient les distinctions britanniques pour héroïsme dans la vie civile, notamment la CROIX DE GEORGES, la Médaille de Georges et la Médaille d'Albert. Au début du siècle, le ministère de la Marine, au nom du gouvernement du Canada, décernait des médailles de sauvetage en mer.

Médailles commémoratives et médailles décernées comme prix La plus ancienne médaille concernant directement le Canada est la médaille française «Kebeca Liberata», qui célèbre l'échec de l'attaque britannique contre Québec en 1690. Au XVIIIe s., des médailles françaises et britanniques commémorent divers événements. Des médailles spéciales, propres au Canada, sont présentées à des chefs amérindiens lors de la signature de traités et à d'autres occasions importantes. Ces médailles imposantes, habituellement en argent, sont souvent portées au cou.

Parmi les plus anciennes figurent des médailles de piété catholique, des médailles de TEMPÉRANCE et des médailles commémoratives gravées individuellement. Dans les milieux scolaires et agricoles, les prix deviennent populaires après 1850 environ, et la visite du prince de Galles en 1860 est marquée par une abondance de médailles.

La CONFÉDÉRATION est célébrée par une magnifique médaille allégorique. En 1873 est instituée la Médaille du gouverneur général, cadeau personnel décerné surtout pour réussite scolaire. On y représente le gouverneur général en fonction avec son conjoint à l'avers et ses armoiries au revers. Fabriquées au début par Wyon, en Angleterre, elles sont maintenant frappées par la Monnaie royale canadienne. Certaines provinces émettent des médailles du lieutenant-gouverneur à titre de prix scolaires. Seule la série québécoise (1884-1966) a affiché régulièrement le portrait et les armoiries du lieutenant-gouverneur en fonction. Les médailles de cette série sont généralement frappées en France jusqu'en 1934, puis par C. Lamond et fils, de Montréal.

Parmi les pièces commémoratives importantes, citons la Médaille du tricentenaire de Québec (1908), la Médaille du centenaire de George-Étienne Cartier (1914) et la Médaille du jubilé d'argent de la Confédération (1927). Nombre d'entre elles sont décernées comme prix par des universités canadiennes, l'U. McGill ayant été la première à le faire. À l'occasion des foires agricoles, beaucoup de médailles sont émises à titre de prix et de souvenirs. L'exposition de Toronto (aujourd'hui appelée EXPOSITION NATIONALE CANADIENNE) a inauguré son impressionnante série en 1879. D'autres établissements d'enseignement, des municipalités, des associations savantes ou professionnelles, des clubs sportifs et des clubs de loisirs décernent des médailles comme prix ou émettent des médailles commémoratives. En 1924, la SOCIÉTÉ ROYALE DU CANADA a institué la première des 12 médailles qu'elle décerne actuellement.

Le CENTENAIRE du Canada, en 1967, a inspiré de nombreuses médailles. Des fabricants de médailles privés, notamment Franklin Mint (anciennement appelé Wellings), ont fait des séries commémoratives destinées spécialement au marché des collectionneurs. Une tendance nouvelle mais marquée, surtout dans l'Ouest canadien, est l'émission de «dollars de commerce» municipaux, qui perpétue, au fond, la tradition des médailles frappées en souvenir des fêtes, visites et anniversaires locaux.

Art des médailles La fabrication est un art ancien et respecté en Europe, mais qui n'a commencé à être apprécié au Canada que récemment. Les médailles tenaient auparavant leur valeur honorifique d'une tradition vénérable, mais il suffisait qu'elles aient une apparence de dignité et soient conformes aux conventions. Les plus anciennes médailles fabriquées au Canada comprenaient les éléments héraldiques, décoratifs et typographiques habituels. Certaines s'inspiraient du style classique de la famille des Wyon, fabricants britanniques qui en fournissaient beaucoup au Canada. Bon nombre d'entre elles étaient l'œuvre d'artistes non identifiés. De même, une bonne proportion des médailles canadiennes récentes de style plutôt conventionnel ne sont pas signées.

Les premières médailles conçues par des artistes canadiens reconnus remontent au début du XXe s.

Elles sont l'œuvre de Louis-Philippe HÉBERT et d'Alfred LALIBERTÉ, deux sculpteurs qui ont beaucoup appris en Europe. Deux autres sculpteurs réputés, Emanuel Hahn et Robert Tait Mckenzie, ont créé des médailles entre les deux guerres. Depuis les années 60, Dora de PÉDERY-HUNT, créatrice de réputation internationale, a conçu un grand nombre de médailles frappées, mais elle a aussi fait connaître aux Canadiens les médailles coulées, que préfèrent maintenant beaucoup d'artistes européens. Plusieurs artistes canadiens se sont inspirés de son exemple, créant parfois des pièces uniquement à des fins artistiques.

Les œuvres canadiennes figurent régulièrement dans les grandes expositions biennales de médailles artistiques contemporaines organisées en Europe et en Amérique du Nord par la FIDEM (Fédération internationale de la médaille). La clientèle restreinte limite encore l'essor de l'art canadien des médailles. La Monnaie royale canadienne et quelques fabricants privés en frappent sur commande, parfois en quantité considérable, alors que les médailles coulées, que préfèrent plusieurs artistes contemporains, sont produites en petite quantité par des fonderies d'art. (*Voir aussi* MONNAIE.)

N.M. Willis

Médecine, histoire de la Au Canada, on pourrait dire que la médecine est née des siècles avant que ne viennent s'établir les Français sur les côtes d'Amérique du Nord. Les autochtones ne transmettaient leur tradition qu'oralement, les seuls comptes rendus écrits de leurs coutumes et de leurs croyances ont été relevés par les explorateurs et les colons européens. Bien des aspects de la médecine autochtone sont intégrés à un système religieux dans lequel la maladie est attribuée à des causes magiques et, en conséquence, exige des traitements magiques, généralement dispensés par un CHAMAN, ou sorcier. Les autochtones soignent également la maladie avec des remèdes à base de plantes très efficaces (p. ex., l'essence de *wintergreen*, le sang-dragon, le pimbina; *voir* PLANTES, UTILISATION PAR LES AUTOCHTONES DES) et des traitements physiques comme les SUERIES et les massages. Jacques Cartier a appris d'un Indien comment traiter le scorbut à l'aide d'une décoction d'aiguilles et d'écorce d'épinette blanche ou de pruche. Cette maladie a emporté presque tout son groupe d'explorateurs français. La médecine autochtone commence à disparaître après les contacts prolongés avec les colons européens et leurs maladies, souvent ÉPIDÉMIQUES, comme la rougeole, les fièvres typhoïdes, le typhus, la diphtérie et la variole. (*voir* AUTOCHTONES, SANTÉ DES.)

XVII*e* siècle

La médecine européenne, au temps de la colonisation, se transforme en discipline scientifique distincte, bien que la connaissance des maladies progresse très lentement. La plupart des premiers praticiens provenant de France sont des chirurgiens-barbiers, formés à la suite d'un apprentissage rudimentaire, ou des apothicaires qui, théoriquement, ne distribuent que les remèdes prescrits par un médecin, mais qui, en pratique, agissent comme omnipraticiens sans formation adéquate. Plusieurs de ces hommes ont une réputation suspecte, mais d'autres, comme Robert Giffard et Michel SARRAZIN, consacrent leur vie au service des colons. Giffard, un chirurgien-barbier arrivé au Québec en 1627, est le premier médecin de l'HÔTEL-DIEU, un HÔPITAL (quatre chambres, deux cabinets) fondé par des religieuses de France (*voir* SOINS INFIRMIERS). La pratique consistant à combiner les fonctions de barbier et de chirurgien semble découler de la coutume presque universelle de saigner les patients comme panacée à presque toutes les maladies. Il suffit d'avoir un couteau bien aiguisé et de savoir repérer les veines principales. La chirurgie se limite à des opérations au niveau des bras, des jambes, de la sur-

face du corps et de la tête. Les opérations internes se soldent généralement par la mort du patient. Le recours à des mesures radicales pour provoquer les vomissements et la purge est aussi pratique courante.

Sarrazin, arrivé en Nouvelle France dans la deuxième moitié du XVII*e* s., est engagé à titre de chirurgien-major des troupes françaises du Canada et est nommé plus tard médecin officiel de l'Hôtel-Dieu. À ce poste, il devient célèbre pour avoir aidé des centaines de colons à guérir du typhus. Il est aussi un botaniste reconnu.

XVIII*e* siècle

Malgré les risques conjugués du rude climat, de la maladie, de la faim et des attaques indiennes, en 1763, quand la Nouvelle-France devient britannique, Montréal et Québec sont déjà de petites villes prospères. Le système médical des Britanniques est similaire à celui des Français. Les médecins militaires continuent à dominer la pratique et l'organisation de la profession. Toutefois, il y a un changement: les médecins anglophones se réservent la clientèle de la ville, laissant aux médecins francophones le soin de desservir les régions plus pauvres.

En atteignant la région appelée à devenir l'Ontario, les LOYALISTES amènent avec eux des chirurgiens de l'armée et des médecins civils. Ces hommes éprouvent souvent de grandes difficultés à gagner leur vie, car la population est clairsemée, les honoraires maigres et la réputation de la profession chancelante. Ils ont souvent un autre emploi, cultivateur ou commerçant.

Les colons du Haut-Canada Les colons du Haut-Canada souffrent de maladies infectieuses aiguës, de blessures de toutes sortes, de malnutrition périodique et de graves maladies récurrentes telle que «la fièvre et les grands frissons» (la malaria). Lorsqu'ils le peuvent, ils recourent aux services d'un médecin, mais ils se traitent aussi souvent avec des remèdes artisanaux et une phytothérapie basée sur les recommandations des autochtones. Ce sont les sages-femmes qui pratiquent habituellement les accouchements. La situation est à peu près similaire dans les Maritimes. Halifax, la plus grande ville de la région, a une infrastructure médicale assez importante, comptant plusieurs médecins militaires et un certain nombre d'hôpitaux. Les pauvres peuvent obtenir certains services médicaux dans des dispensaires ou des asiles de pauvres. Parmi les premiers médecins des Maritimes, beaucoup réussissent dans une seconde carrière. Abraham GESNER, formé à Londres, est médecin, géologue et minéralogiste et il a, de plus, découvert le kérosène. Le D*r* J. Webster est également historien; sir Andrew MACPHAIL, écrivain; le D*r* Charles TUPPER, politicien. Un autre médecin des Maritimes, David Parker, qui dispense ses soins dans l'asile pour pauvres de Halifax, est le premier médecin au Canada à recourir à l'anesthésie pour une opération.

Dans l'Ouest, la majeure partie des futures provinces des Prairies et de la Colombie-Britannique est administrée par la Compagnie de la baie d'Hudson (CBH), qui emploie ses propres médecins. William Fraser TOLMIE, qui immigre à Vancouver, est chirurgien et commerçant pour la CBH. Le mont Tolmie, en Colombie-Britannique, a été nommé en l'honneur de ce botaniste et géologue devenu député. Il semble qu'il ait pratiqué une des premières opérations modernes sur la côte ouest en enlevant une tumeur de la poitrine d'un marin. Tolmie a rapporté des stéthoscopes d'Écosse. Parmi les instruments chirurgicaux qui lui sont fournis à son arrivée en Colombie-Britannique, il y a «une scie à amputation, deux trépans, deux instruments oculaires, un lithotriteur, une boîte de ventouses, deux forceps d'accouchement, une multitude de cathéters, des bougies flexibles et rigides en argent, des tiges exploratrices et des daviers». Un collègue de Tolmie, le D*r* John McLoughlin, né au Bas-Canada, devient représentant

de la CBH dans l'Ouest après avoir été en poste à Fort William, au bord du lac Supérieur.

XIX*e* siècle

Au cours du XIX*e* s., l'immigration au Canada, surtout en provenance de la Grande-Bretagne et des États-Unis, augmente considérablement. Parmi les immigrants, on trouve des médecins de renom tels que Christopher Widmer (connu dans le Haut-Canada comme le «père de la chirurgie») et W.R. Beaumont, un inventeur prolifique d'instruments chirurgicaux. Widmer a pratiqué au York Hospital (devenu le Toronto General). Les premières facultés médicales du Haut-Canada sont fondées au cours des années 1820. L'une des premières, le Talbot Dispensary, est ouverte par un réformateur, le D*r* Charles Duncombe, mais elle est fermée lorsque son bienfaiteur, Thomas TALBOT, lui retire son appui, suspectant avec raison que Duncombe utilise le dispensaire comme tremplin politique. De fait, plusieurs des premiers médecins du Canada ont pris activement part à la vie politique. Une deuxième faculté, devenue en 1870 le département de médecine de l'U. Victoria, est fondée par un autre réformateur, le D*r* John ROLPH. À la fin de 1823, la Montreal Medical Institution, plus tard intégrée à la Faculté de médecine de l'U. McGill, est fondée par le D*r* W. Caldwell et ses associés.

Fondation des facultés de médecine au Canada Elles sont inspirées par de nombreux motifs, en particulier le désir des médecins (qui en sont invariablement les fondateurs) de transmettre leurs connaissances et de s'assurer un revenu personnel. Elles sont appuyées par ceux qui croient que la formation donnée aux États-Unis est inadéquate et expose les Canadiens à d'inquiétants principes démocratiques. Aux États-Unis, beaucoup d'écoles de médecine sont devenues des entreprises commerciales prêtes à abaisser leurs normes de façon à augmenter leur clientèle. Au Canada, les facultés recherchent des affiliations avec les universités, et, pour décourager les charlatans et contrer la piètre estime accordée aux médecins, elles maintiennent des normes d'admission élevées.

Médicaments et thérapeutiques Dans les années 1850, les étudiants des facultés de médecine canadiennes assistent à des séminaires sur les «médicaments et les thérapeutiques, l'anatomie et la physiologie, les principes et pratiques de la chirurgie, l'accouchement et les maladies des femmes et des enfants de même que la médecine légale». Il se pratique quelques dissections, mais il y a peu de travail en laboratoire (les microscopes ne sont utilisés que lorsque William OSLER prend en charge la chaire à l'U. McGill, vers le milieu des années 1870). Les locaux de dissection sont connus sous le nom de «maisons des morts». Celle de la Faculté de médecine de London (Ontario) est assez typique. Dans un logement improvisé (la salle à manger d'un vieux cottage), la pièce contient «deux tables, quelques chaises, un tas de sciure de bois, une pelle dans un coin, de vieilles blouses et tabliers et des crochets le long des murs. Une trappe dans le plancher conduit à la cave où deux grandes cuves, remplies notamment de vieil alcool de bois, exhalent leurs relents dans tout le bâtiment».

Les nouveaux étudiants en médecine sont initiés à la dissection de singulière manière: on les oblige à descendre dans la cave pour y chercher les cadavres. Le D*r* D.C. MacCallum a laissé un témoignage de la situation à McGill au milieu du XIX*e* s., alors qu'il y préparait les dissections qui devaient faire partie de son cours théorique du lendemain. Il devait passer plusieurs heures, la nuit, dans la salle de dissection, «lugubre et nauséabonde». Il a écrit que sa seule compagnie consistait en «plusieurs sujets en partie disséqués et de nombreux rats qui menaient un tapage animé en courant sur et sous le plancher et dans les murs de la pièce». Il était souvent risqué de se procurer les cadavres, utilisés pour les études anatomiques et la recherche médicale. Quelques étudiants montréalais payent leurs études en enlevant des corps dans le cimetière Côte-des-Neiges. De telles situations ont finalement conduit à l'amendement de la loi concernant l'anatomie et ont ainsi directement contribué au progrès de la médecine canadienne.

À partir de la fin du XVIIIᵉ s., les efforts pour réglementer la profession médicale provoquent des controverses entre universités et comités d'examen afin de déterminer si le diplôme de médecine constitue un permis de pratique. Les charlatans et les incompétents qui pratiquent la médecine ont proliféré, en partie parce que la population leur accorde sa confiance, n'ayant aucune raison sociale ou scientifique de choisir des médecins reconnus. Dans le Haut-Canada et le Bas-Canada, les organismes dispensant les permis de pratique existent depuis la fin des années 1800. Au Bas-Canada, un comité mis sur pied par le gouverneur est formé sous l'autorité d'une loi du Parlement britannique afin d'empêcher les non diplômés de pratiquer la médecine. Les tentatives subséquentes visant à définir la profession dans le Bas-Canada engendrent des tensions entre médecins francophones et anglophones, jusqu'à ce que le Collège des médecins et chirurgiens du Bas-Canada soit finalement créé en 1847.

En 1849, la loi créant la corporation est modifiée de façon à inclure automatiquement dans la profession ceux qui pratiquaient avant 1847. En 1839, un groupe de médecins de Toronto, dont beaucoup ont été formés en Grande-Bretagne, forme une corporation, le College of Physicians and Surgeons of Upper Canada, mais sa loi d'incorporation est annulée par décret en 1840. En 1869, sous la *Loi médicale de l'Ontario*, un nouveau Collège des médecins et chirurgiens de l'Ontario est créé. Il a le pouvoir de faire passer des examens aux futurs médecins et aux diplômés des universités. En 1867, l'ASSOCIATION MÉDICALE CANADIENNE est instituée. En général, le milieu du XIXᵉ s. reste une période trouble pour la profession médicale au Canada, déchirée par les divisions entre médecins francophones et anglophones et entre ceux formés au Canada et ceux formés ailleurs.

Épidémies La croissance démographique en Amérique du Nord britannique augmente la vulnérabilité aux ÉPIDÉMIES. En 1832, 1834, 1849 et au cours des années 1850, les épidémies de CHOLÉRA ravagent le pays. En 1832, la maladie s'étend de la ville de Québec à la plupart des villes et villages du Haut-Canada en seulement trois semaines. En 1854, l'Italien Filippo Pacini décrit le vibrion cholérique tel qu'observé au microscope, mais ce n'est que quand la théorie des germes, élaborée par Louis Pasteur, est plus ou moins acceptée que la cause du choléra peut être isolée. Robert Koch, un chercheur allemand dont les recherches se basent sur les travaux de Pasteur, découvre les germes causant la diphtérie, la fièvre typhoïde et la tuberculose.

Lois sanitaires Au cours des années de choléra, les médecins canadiens ne s'entendent pas quant à savoir si la maladie est contagieuse. Ils sont plutôt enclins à la considérer comme une maladie du sang. Les traitements comprennent des saignées, des doses massives de calomel et d'opium et la cautérisation. Dès 1834, toutefois, William Kelly, un chirurgien de la Marine royale, suggère qu'il existe une corrélation entre les maladies et les mesures d'assainissement, notamment en obtenant une eau non contaminée. Les bureaux locaux de santé sont fondés pour mettre en vigueur les quarantaines et les lois sanitaires. À la fin du XIXᵉ s., la SANTÉ PUBLIQUE est mise en valeur par une série de lois concernant la restriction de l'IMMIGRATION, la protection contre la vente d'aliments avariés et l'instauration de mesures d'assainissement appropriées. La résistance de la population à ces mesures est vive, comme pour la vaccination obligatoire. Ainsi, bien qu'un vaccin antivariolique soit introduit au Canada au début du XIXᵉ s. par un médecin de la Nouvelle-Écosse, les épidémies de variole ravagent le pays jusqu'au début

du XXᵉ s., lorsque la valeur de la vaccination est enfin reconnue.

Deux autres grandes découvertes de la médecine marquent le milieu du XIXᵉ s. La première est l'utilisation, en 1840, de l'anesthésie, ce qui élimine la douleur lors des chirurgies. Plus tard, deux médecins canadiens apportent leur contribution au développement de l'anesthésiologie. En 1923, W.E. Brown, de l'U. de Toronto, démontre la valeur de l'éthylène comme anesthésiant, et en 1942, le Dʳ Harold Griffith fait progresser l'anesthésiologie en utilisant du curare (commercialement connu sous le nom d'Intocostrin), un extrait de plantes dont les tribus d'Amérique du Sud enduisent leurs flèches pour les empoisonner.

La seconde découverte, faite par l'Anglais Joseph Lister, découle des travaux de Pasteur. Lister prouve que le taux de récupération des patients souffrant de blessures peut être amélioré de façon considérable si les plaies sont désinfectées. À cette fin, il utilise d'abord du phénol.

À cette époque, les chirurgiens du Toronto General, comme partout ailleurs, opèrent en redingote en tenant leurs instruments entre leurs dents lorsqu'ils ne les utilisent pas. Les instruments sont lavés de façon sommaire ou simplement essuyés sur une serviette. Les traitements antiseptiques de Lister sont décrits dans les revues canadiennes dans les quelques mois qui suivent ses expériences, et ils sont utilisés, encore que de façon incomplète, dans les salles d'opération du Toronto General Hospital et de l'Hôpital général de Montréal à partir de 1869. Toutefois, la plupart des médecins canadiens résistent, du moins au début, à la technique et aux tentatives d'Archibald Malloch, un chirurgien ontarien ayant travaillé avec Lister à Glasgow, d'enseigner les principes d'antisepsie. On accorde à Thomas RODDICK le crédit d'avoir été le premier médecin à baser ses techniques opératoires sur ces principes, à l'Hôpital général de Montréal.

Les femmes en médecine Dans les années 1850, les femmes canadiennes commencent à demander l'accès aux facultés de médecine, mais, jusque vers les années 1880, presque toutes les femmes médecins pratiquant au Canada (notamment Emily Howard STOWE et Jennie Kidd TROUT) sont formées par des médecins ou des facultés hors du pays. En 1883, le Women's Medical College, affilié à l'U. Queen, et le Woman's Medical College, affilié à l'U. de Toronto et à l'U. Trinity College, sont ouverts. Les deux établissements n'offrent que les cours obligatoires et ne décernent pas de diplômes. Après 1895, des étudiantes de l'Ontario Medical College for Women, succédant à l'école de Toronto, peuvent prendre part aux examens de la faculté médicale de leur choix. Par la suite, la formation médicale est offerte aux femmes à l'U. Dalhousie (1890), à l'U. Western Ontario (au cours des années 1890) et à l'U. du Manitoba (1891), mais les universités McGill, Laval et de Montréal n'ouvrent leurs portes aux femmes que bien plus tard. Les premières praticiennes, comme Elizabeth Matheson, dans les Territoires du Nord-Ouest, et Maude ABBOTT avec, entre autres, ses travaux sur les cardiopathies congénitales, ont contribué de façon importante à l'avancement de la médecine canadienne.

De nombreux médecins canadiens, tels que John SCHULTZ, John Sebastian HELMCKEN, Clarence HINCKS et John RICHARDSON, ont influencé l'évolution de leur pays, non seulement en tant que médecins, mais comme politiciens, inventeurs, explorateurs, écrivains, militaires et chefs de file de leur communauté. Beaucoup d'autres, comme Robert MCCLURE (dont les travaux ont été décrits dans *Journey to War* de W.H. Auden et Christopher Isherwood), Florence Murray, Davidson BLACK et Norman BETHUNE, sont devenus célèbres pour leur travail hors du Canada, dans des pays comme la Chine et l'Inde.

Parmi les médecins du XIXᵉ s. qui ont contribué au prestige de la médecine canadienne à l'étranger, le plus éminent reste sans doute William Osler. Formé à la Toronto School of Medicine et à McGill, il est professeur de médecine à l'U. de Pennsylvanie, engagé par le Johns Hopkins Hospital and Medical School et titulaire de la chaire de médecine à Oxford. Auteur, en 1892, de *The Principles and Practice of Medicine*, qui a indirectement inspiré la fondation du Rockefeller Institute of Medical Research, il contribue à la science par sa découverte des plaquettes sanguines et ses études des maladies du cœur, de la malaria et de la tuberculose. L'accent qu'il met sur l'étude de l'anatomie et sur les leçons médicales au chevet des patients a révolutionné l'enseignement de la médecine en Amérique du Nord. Son collègue, le Dʳ Francis SHEPHERD, a introduit de nouvelles méthodes scientifiques d'enseignement à McGill et, comme Osler, a mis l'accent sur l'importance d'avoir de solides connaissances anatomiques pour la compréhension de la médecine.

XXᵉ siècle
Les progrès de la recherche médicale au Canada ont été accélérés par la découverte, en 1922, de l'INSULINE et ses applications cliniques par Frederick BANTING, Charles BEST et J.J.R. MACLEOD. Grâce à de tels succès et à la croissance de l'intérêt pour la recherche médicale, le gouvernement a commencé à participer au financement, et de plus en plus d'études sont effectuées et de nombreux instituts de recherches sont créés. Ainsi, en 1934, Wilder PENFIELD, subventionné par la fondation Rockefeller, fonde l'Institut neurologique de Montréal qui, en combinant les disciplines de la neurochirurgie, de la neuropathologie, de la neurologie et des sciences fondamentales connexes, a transformé l'étude du cerveau.

À l'approche de la Seconde Guerre mondiale, la pratique médicale change lentement, influencée par la découverte de l'immunisation. La santé en général s'améliore, en grande partie grâce à une nutrition et à un régime alimentaire meilleurs ainsi qu'à des mesures de santé publique plus efficaces. Les hôpitaux sont devenus des endroits plus sûrs pour les malades, et les techniques chirurgicales sont plus raffinées et plus susceptibles d'obtenir des résultats satisfaisants. La découverte des sulfamides dans les années 30 annonce celle des antibiotiques. Au début des années 50, un vaccin, que les CONNAUGHT LABORATORIES LIMITED de l'U. de Toronto ont contribué à mettre au point, a raison d'une maladie redoutée, la poliomyélite.

Charles Roland

Médecine contemporaine À partir de 1939, de grands changements se produisent dans la médecine canadienne. Au cours de la Seconde Guerre mondiale, beaucoup de médecins et spécialistes canadiens les plus doués servent dans les Forces armées. Les services médicaux militaires sont à l'origine des progrès dans le traitement des plaies et des états de choc, des recherches sur les infections et le mal des transports chez les aviateurs survenant lors de la descente en piqué des avions de chasse.

L'efficacité de la pénicilline contre de nombreuses infections bactériennes est établie lorsque ce médicament est fourni (en grande partie grâce aux efforts des CONNAUGHT LABORATORIES LIMITED à Toronto) aux Forces armées canadiennes lors de l'invasion de l'Europe, après le jour J.

Aux cours des toutes premières années d'après-guerre, le ministère des Anciens combattants met sur pied les services médicaux et hospitaliers pour vétérans. Certains de ces HÔPITAUX sont étroitement reliés à des facultés de médecine. Par conséquent, l'enseignement de la médecine et la recherche se trouvent concentrés dans les hôpitaux, et les effectifs médicaux des hôpitaux sont le plus souvent membres des facultés de médecine. Cette organisation, qui assure un haut niveau de soins aux anciens combattants et qui fournit des moyens d'enseignement aux universités, se maintient jusque dans les années 70, lorsque les hôpitaux du ministère des Anciens combattants sont convertis en hôpitaux généraux soumis aux programmes de santé provinciaux.

Au cours des années 40, la Colombie-Britannique et la Saskatchewan mettent en œuvre des programmes d'assurance-hospitalisation. La Saskatchewan offre également un plan de protection médicale.

En 1957, le gouvernement fédéral commence à accorder une aide aux provinces pour les programmes de services hospitaliers, et, en 1966, un programme national d'assurance des soins médicaux est créé (*voir* SANTÉ, POLITIQUE SUR LA). En 1984, le gouvernement fédéral promulgue une nouvelle loi ayant pour but de décourager la pratique du «ticket modérateur» par les services hospitaliers et le dépassement d'honoraires par les médecins.

Diagnostics et traitements

Depuis 1945, les diagnostics et les traitements des MALADIES ont connu de nombreux progrès. La découverte d'un grand nombre d'antibiotiques a permis de combattre les infections bactériennes (le traitement de la tuberculose en est un exemple remarquable), bien que la capacité de certaines bactéries à devenir résistantes aux antibiotiques représente une préoccupation croissante.

Un grand nombre de maladies virales sont maintenant maîtrisées grâce à la vaccination. Ainsi, la dernière épidémie de poliomyélite au Canada s'est produite au milieu des années 50, et cette maladie n'est plus une menace grâce à des programmes efficaces de vaccination. L'utilisation d'ultrasons et de radio-isotopes ainsi que la méthode d'examen par résonance magnétique nucléaire, récemment mise au point, ont permis aux cardiologues d'évaluer l'état du muscle cardiaque. Des techniques chirurgicales permettant la correction de cardiopathies congénitales, d'anomalies valvulaires et de maladies coronariennes sont maintenant pratiquées dans plusieurs centres à travers le pays. L'utilisation très répandue de la réanimation cardiorespiratoire dans les hôpitaux par le personnel paramédical a permis de nombreuses réanimations après un arrêt cardiaque. Les stimulateurs cardiaques ont permis à des patients souffrant d'arythmie grave de survivre pendant de nombreuses années. La mise sur pied d'unités de soins coronariens et de soins intensifs dans les hôpitaux a permis d'améliorer le traitement des maladies graves ou des traumatismes sévères.

Le Canada a contribué de façon considérable au diagnostic du CANCER et à sa détection précoce grâce au test de Papanicolaou, ou étude des frottis vaginaux, pour dépister le cancer du col de l'utérus. Des programmes de dépistage précoce du cancer du sein par l'autoexamen et la mammographie ont également été créés. Ce sont des scientifiques canadiens qui ont mis au point la bombe au cobalt utilisée en radiothérapie du cancer. On leur doit également la découverte des alcaloïdes de la pervenche, des agents chimiothérapeutiques utilisés dans le traitement de nombreux types de cancer. Des centres de diagnostic, de traitement et de recherche sur le cancer ont été ouverts dans les grandes villes canadiennes.

La disponibilité des radio-isotopes (utilisés pour le diagnostic de nombreuses affections, dont le cancer et les maladies pulmonaires) a favorisé la création d'une spécialité, la médecine nucléaire. Le diagnostic et le traitement de certaines maladies, comme celle de la thyroïde, ont été grandement améliorés. La mise sur pied de services de dialyse et le développement des greffes du rein ont permis à des patients de poursuivre une vie active, et ce, dans plusieurs cas, pendant de nombreuses années.

Des centres pour le traitement de nombreux types d'ARTHRITE ont été fondés dans de nombreuses villes canadiennes, avec le soutien de la Société canadienne de l'arthrite. Ces centres offrent un pro-

gramme intégré de traitements incluant thérapie médicamenteuse, physiothérapie et ergothérapie ainsi qu'une aide sociale. De nouveaux médicaments et les progrès de la chirurgie, notamment le remplacement d'articulations par des matériaux plastiques ou métalliques, ont amélioré le sort de patients souffrant d'arthrite chronique.

La prise en charge des patients atteints de maladies mentales a beaucoup changé au cours des dernières années. Des patients souffrant de dépression et de schizophrénie peuvent maintenant être traités avec une grande variété de médicaments, évitant ainsi de longs séjours en milieu hospitalier. Des cliniques communautaires de traitements ambulatoires et des départements de PSYCHIATRIE au sein des hôpitaux généraux ont aussi été mis sur pied.

Une mobilisation postopératoire rapide a été reconnue comme très efficace pour prévenir les complications comme la thrombose veineuse, la congestion pulmonaire et la faiblesse musculaire. Les méthodes d'anesthésie ont été améliorées, de sorte que de plus longues opérations chirurgicales peuvent être pratiquées, même sur des patients âgés. La chirurgie cardiaque et la neurochirurgie ont fait de grands progrès. Les TRANSPLANTATIONS d'organes sont maintenant courantes et soulèvent de nouvelles questions d'ordre éthique pour la profession médicale. La chirurgie des vaisseaux sanguins a progressé grâce à des matériaux de substitution artificiels. La contribution de la CROIX-ROUGE canadienne, qui pourvoyait aux besoins en transfusions sanguines, a permis de réaliser bien des progrès en chirurgie.

Les cliniques d'urgence des hôpitaux disposent du personnel et des équipements nécessaires pour traiter les blessés graves, car les traumatismes continuent de compter parmi les causes majeure d'invalidité nécessitant une intervention chirurgicale. La microchirurgie a rendu possibles la réparation de petits vaisseaux sanguins et les opérations de l'oreille pour vaincre la surdité. Le laser est utilisé en OPHTALMOLOGIE pour le traitement de certaines affections rétiniennes.

La compréhension et le traitement de l'épilepsie ont progressé, et on constate une amélioration considérable du sort des patients frappés par un accident cérébrovasculaire grâce à des études approfondies entreprises par les neurologues canadiens sur cette affection courante. Le traitement de l'anévrisme ampullaire au niveau des artères cérébrales par la neurochirurgie a constitué l'un des développements exceptionnels de la médecine canadienne.

L'utilisation des ultrasons, notamment dans le cas des maladies du foie et de la vésicule biliaire, en obstétrique et pour les fonctions cardiaques, a permis d'améliorer les diagnostics et les traitements. La mise en application de la tomographie axiale assistée par ordinateur (TACO) a révolutionné le diagnostic des troubles intracrâniens, des lésions de la moelle épinière, de tumeurs abdominales et d'autres affections. L'application de la fibre optique aux instruments de diagnostic a grandement facilité l'examen de l'estomac, du duodénum et du côlon. Le perfectionnement de l'appareillage médical a permis le cathétérisme du canal cholédoque sans intervention chirurgicale et, dans quelques cas, l'extraction de calculs biliaires enclavés. De la même façon, le lithotriteur, destiné à broyer en menus fragments les calculs à l'intérieur de la vessie, évite le recours à la chirurgie.

En obstétrique, l'accent a été mis sur le dépistage prénatal des situations à risques élevés de façon à anticiper et à prévenir les complications au cours de l'accouchement. Les cours prénatals préparant la mère à la naissance du bébé ont permis de réduire le taux d'anesthésie en cours d'accouchement. D'autres progrès dans la prise en charge de la grossesse incluent le monitorage fœtal durant le travail, l'examen aux ultrasons du fœtus et du placenta et l'examen du liquide amniotique intra-utérin pour dépister

les anomalies génétiques du fœtus. Il y a eu un changement d'attitude radical envers les femmes enceintes dont une des conséquences est une participation accrue de la famille.

Récemment, la fécondation in vitro de l'ovule a été pratiquée au Canada, ce qui a permis à certaines femmes qui n'auraient pu concevoir autrement de mener à bien des grossesses. Les départements de PÉDIATRIE ont considérablement changé au cours des dernières années. L'incidence des maladies infectieuses a baissé de façon importante, et il en résulte une fermeture des hôpitaux pour maladies contagieuses. L'accent a été mis sur les unités de soins intensifs néonatals, les maladies congénitales, les cas de néoplasie chez l'enfant et les problèmes des adolescents.

Les laboratoires médicaux ont aussi changé radicalement avec l'introduction de méthodes automatisées d'analyses et les innovations en microscopie électronique. Les diagnostics ont fait d'énormes progrès grâce à l'immunologie et à la génétique. L'utilisation d'anticorps monoclonaux permet d'obtenir un taux de détection de tumeurs malignes beaucoup plus grand et une meilleure réponse aux traitements. Il est désormais possible de détecter des anomalies du fœtus et d'offrir aux parents des analyses génétiques fiables.

Certaines facultés de médecine possèdent des départements de MÉDECINE SPORTIVE pour étudier et traiter les besoins spéciaux des personnes pratiquant le sport.

La réadaptation du patient à la suite de blessures, de maladies invalidantes et de chirurgies comme les amputations reçoit plus d'attention. La médecine de réadaptation est reconnue comme une spécialité et des centres de réadaptation ont été créés dans plusieurs villes canadiennes. Les patients paraplégiques, victimes d'accidents cérébrovasculaires ou atteints d'autres affections neurologiques ou musculo-squelettiques bénéficient de programmes qui englobent la physiothérapie, l'ergothérapie, l'orthophonie et l'utilisation d'équipements comme les piscines thérapeutiques.

Une attention accrue est également portée aux problèmes particuliers de la population VIEILLISSANTE. Une large proportion des soins hospitaliers et médicaux répond aux besoins des personnes âgées de plus de 65 ans. De nombreux patients du troisième âge deviennent invalides au point de nécessiter des soins continus en milieu hospitalier. Le besoin d'équipement de soins de longue durée et de soins aux malades chroniques a toujours été plus grand que l'offre. Récemment, la gériatrie (l'étude et le soin des personnes âgées) a été reconnue comme une spécialité.

Pour les patients en phase terminale, certains hôpitaux ont mis sur pied des départements de soins palliatifs, qui permettent de combler les besoins physiques, émotionnels et spirituels des patients.

Les professionnels de la santé se préoccupent de plus en plus de prévention des maladies et des blessures, non seulement comme moyen d'améliorer la santé de leurs patients, mais aussi de réduire le coût des soins de santé. À cet effet, ils recommandent le port de la ceinture de sécurité et la participation à des activité physiques (*voir* CONDITION PHYSIQUE) et ils soutiennent des campagnes contre le TABAGISME et des programmes d'information sur les régimes alimentaires.

Les progrès exceptionnels des nombreuses branches de la médecine au cours des 40 dernières années ont conduit à l'amélioration des traitements et à la prévention des maladies et des blessures, mais ils ont aussi engendré des problèmes, notamment l'augmentation rapide des coûts reliés à un régime universel des soins de santé. Les professionnels de la santé et la population sont aussi confrontés à des problèmes d'éthique soulevés par les progrès techniques. (*Voir aussi* FORMATION MÉDICALE;

DÉONTOLOGIE MÉDICALE; RECHERCHE MÉDICALE.)

R.B. Kerr

Médecine générale La médecine générale s'occupe de dispenser des soins (soins primaires ou de longue durée) à des personnes, quels que soient leur âge, leur sexe ou leur problème de santé. Au Canada, la médecine générale est aussi connue sous le nom de «médecine familiale», et l'omnipraticien est appelé «médecin de famille».

Un certain nombre de caractéristiques font de la médecine générale une partie distincte de la profession médicale. En général, l'omnipraticien établit une relation à long terme avec ses patients, ce qui lui permet de traiter les problèmes médicaux du patient en toute connaissance de son passé, de ses antécédents médicaux, de ses relations sociales et familiales, de ses valeurs personnelles et de ses préférences. L'omnipraticien voit chacun de ses patients en moyenne quatre fois par année. Ces visites fournissent l'occasion de lui fournir des informations sur la prophylaxie et de détecter les maladies dès leur début. L'omnipraticien prend en charge la plupart des problèmes de santé du patient.

S'il s'avère nécessaire de recourir à l'aide spécialisée, il adresse le patient à un spécialiste. L'accroissement de la spécialisation et le développement technologique de la médecine ne font qu'ajouter à la complexité des soins médicaux. Ainsi, le rôle du médecin de famille consiste souvent à coordonner les soins et à expliquer aux patients et à leur famille les conséquences des examens diagnostiques.

Lorsque l'omnipraticien vit dans la collectivité où il exerce sa profession, particulièrement en milieu rural, il acquiert une bonne connaissance de l'environnement de travail et des conditions de vie de ses patients. Certains médecins de famille font encore des visites à domicile, et, au Canada, une grande majorité des omnipraticiens reçoivent et traitent leurs patients à l'hôpital. Les soins prénataux, postnataux et les soins ordinaires du nourrisson sont une partie importante de ce genre de médecine.

Évolution de la médecine générale

Au XIXe s. et au début du XXe s., presque tous les médecins sont des omnipraticiens. À partir des années 30, on assiste à une croissance rapide du nombre de spécialités médicales importantes, et, depuis les années 50, ces dernières se fragmentent en sous-spécialités. Ainsi, certains actes médicaux (comme les opérations chirurgicales importantes) qui, auparavant, relevaient de l'omnipraticien sont devenus l'apanage de spécialistes. Or, en limitant leur pratique à un domaine particulier, plusieurs spécialistes ne peuvent plus dispenser les soins primaires. Toutefois, dans certaines spécialités, notamment en pédiatrie et en obstétrique, il existe des praticiens qui dispensent des soins primaires ou de longue durée à certains groupes d'âge.

Après la Seconde Guerre mondiale, la croissance rapide de la spécialisation s'accompagne d'une diminution du nombre d'omnipraticiens. Ce déclin touche également d'autres pays et d'autres professions, à un point tel que la proportion de généralistes par rapport à celle des spécialistes devient problématique. Depuis, toutefois, un certain nombre de facteurs ont contribué à faire renaître la médecine générale, notamment la fondation, en 1954, du College of General Practitioners, rebaptisé, en 1967, Collège des médecins de famille du Canada (CMFC). Grâce au leadership intellectuel et pédagogique du CMFC, les médecins de famille ont pu redéfinir leur rôle dans une société plus complexe. Au lieu de se considérer comme des «médecins à tout faire», les omnipraticiens sont maintenant membres d'une discipline médicale bien définie, basée sur la connaissance à la fois de la médecine clinique et du comportement humain. Ils possèdent des compétences particulières leur permettant de faire de la prévention, d'établir un diagnostic précoce de la maladie et de dispenser des soins complexes de longue durée.

Grâce au CMFC, la médecine générale est maintenant une discipline universitaire, et des programmes de formation postdoctorale en médecine familiale ont été mis sur pied. La première chaire de médecine familiale est créée à l'U. Western Ontario en 1968. Aujourd'hui, les 16 écoles de médecine du Canada ont toutes un département de médecine générale et offrent des programmes de formation postdoctorale à environ 450 à 500 médecins chaque année. Les premiers examens d'accréditation en médecine familiale du CMFC ont lieu en 1969, et, en 1987, il compte 5629 médecins certifiés.

Grâce à tous ces développements, le système de santé canadien semble avoir atteint un équilibre entre le nombre de généralistes et de spécialistes. En 1987, on estime à 15 000 le nombre d'omnipraticiens au Canada. La médecine familiale est un choix de carrière prisé chez les diplômés et particulièrement chez les femmes. Cependant, il existe encore certains problèmes. P. ex., le nombre de postes de stagiaires est insuffisant pour le nombre de diplômés en médecine générale. Ainsi, un grand nombre de diplômés commencent à pratiquer sans préparation spécialisée en médecine familiale. De plus, le rôle de l'omnipraticien dans un grand hôpital urbain, en particulier un hôpital d'enseignement, change continuellement et n'est pas encore très bien défini.

À l'avenir, la proportion grandissante de personnes âgées dans la population fera des soins gérontologiques un aspect important de la médecine familiale. De plus, le coût élevé des soins hospitaliers associé à la complexité et à la fragmentation de la médecine rendront essentielle l'existence d'un bassin d'omnipraticiens bien formés et hautement qualifiés.

Ian R. McWhinney

Médecine sportive Médecine sportive et sciences du sport sont des termes utilisés par les physiologistes, les médecins, les psychologues, les physiothérapeutes, les entraîneurs, les instructeurs et les éducateurs, qui sont tous concernés par des aspects spécifiques des sports touchant la médecine, la sociologie, la psychologie et la physiologie. Le terme inclut aussi la prévention des blessures et le traitement des lésions chez les athlètes ainsi que la connaissance des besoins des Canadiens (notamment les jeunes enfants, les adolescents, les femmes, les handicapés et les aînés) qui participent à des activités sportives comme loisir.

Les spécialistes en médecine sportive aident les athlètes qui s'intéressent sérieusement au sport à planifier un programme d'entraînement et d'examen présaison. Ils dispensent les premiers soins aux blessés, repèrent les groupes à risque et enregistrent la fréquence des blessures selon leurs types. Ils se penchent également sur l'équipement de protection et les modifications aux règlements afin d'éviter les blessures. L'évolution de la médecine sportive au Canada s'effectue un peu au hasard jusqu'en 1965, quand un sous-comité mixte de l'Association médicale canadienne et l'Association canadienne pour la santé, l'éducation physique et le loisir est formé pour faire des recherches sur les problèmes relatifs à la médecine sportive et à la condition physique au pays. Il en résulte la formation de l'Association canadienne des sciences du sport en 1967.

Il se forme également des groupes spécialisés en apprentissage moteur, en sociologie, physiologie et psychologie du sport. Depuis le début des années 70, le comité médical de l'Association olympique canadienne, l'Académie canadienne de médecine sportive, la section médecine sportive de l'Association canadienne de physiothérapie et l'Association canadienne des thérapeutes sportifs ont contribué à la mise sur pied d'un système d'aide aux athlètes canadiens de haut niveau. En 1978, le Conseil canadien de la médecine sportive est fondé dans le but de faire progresser l'implantation de services médicaux, paramédicaux et scientifiques dans le but de les offrir aux athlètes amateurs, et surtout de mettre sur pied des politiques pour favoriser les soins de qualité, encourager l'éducation et la recherche dans les secteurs des sciences du sport et de la médecine du sport, mettre sur pied une banque d'informations sur l'épidémiologie et la gestion des blessures et des maladies du sport, stimuler et pourvoir aux besoins de la recherche appliquée en ce qui concerne l'entraînement, le traitement et l'évaluation des athlètes. Le Conseil est associé au Centre de documentation pour le sport, basé à Ottawa et axé sur les sports, l'éducation physique, les loisirs et les sciences du sport. Au Canada, les principales cliniques de médecine sportive se trouvent dans les universités. Par contre, aux États-Unis, beaucoup de ces cliniques parmi les plus grandes relèvent d'entreprises privées.

Sports et drogues Selon la plupart des corps administratifs dans le domaine des sports, la performance des athlètes doit refléter leurs aptitudes innées, leurs techniques d'entraînement, leur ténacité, leur volonté et leur habileté. Malheureusement, pour les athlètes, le succès est devenu synonyme de succès d'un système d'entraînement, d'un pays et même d'une idéologie (*voir* SÉRIE DU SIÈCLE CANADA – URSS). La pression imposée aux athlètes internationaux est énorme, et la consommation de drogues est courante. Le Canada ne fait pas exception à la règle. Beaucoup de ces drogues présentent un danger immédiat lors de la consommation, et aussi, par la suite, du fait de leurs effets secondaires à long terme. De façon générale, on peut les classer dans l'une des catégories suivantes: substances anabolisantes, qui augmentent la masse et la force musculaires; stimulants, qui modifient les états de vigilance et de conscience; drogues qui modifient le métabolisme de l'organisme, favorisant ainsi une récupération plus rapide de l'oxygène ou une augmentation de son apport vers les muscles; et drogues qui modifient la perception de la douleur. De nouvelles méthodes pour améliorer chimiquement la performance sont constamment élaborées (p. ex., dopage par auto-transfusion). Actuellement, on dépense plus en contrôle de l'usage des drogues que pour les soins des athlètes blessés, et les athlètes supportent seuls les sanctions liées à l'usage de drogues.

David C. Reid

Médecine vétérinaire SCIENCE qui traite de la santé et de la maladie chez les VERTÉBRÉS et qui comprend quatre champs d'application: les animaux domestiques, les animaux sauvages, la médecine comparée et la SANTÉ PUBLIQUE. En 1987, le Canada compte environ 5700 vétérinaires en exercice; ce nombre augmente de 250 chaque année. On trouve des vétérinaires en nombre à peu près égal en pratique privée rurale, en pratique privée urbaine ou à l'emploi d'une organisation. Cependant, la proportion de vétérinaires en pratique urbaine est en train d'augmenter. La formation exige au moins deux années d'études préuniversitaires suivies de quatre années de médecine vétérinaire proprement dite. De 10 à 20 p. 100 des diplômés poursuivent des études de deuxième ou de troisième cycle dans des programmes cliniques ou de recherche. Le programme d'études en médecine vétérinaire est similaire à celui de MÉDECINE. L'Association canadienne des vétérinaires (ACV) regroupe les vétérinaires à l'échelle nationale et chaque province comporte sa propre association.

La médecine vétérinaire clinique fournit les soins primaires aux animaux destinés à l'alimentation, aux animaux de compagnie, aux chevaux ou à tous ces animaux réunis. À la campagne, les vétérinaires s'occupent de différents animaux, la plupart étant destinés à l'alimentation. Dans les villes, un grand nombre de vétérinaires s'occupent exclusivement d'animaux de compagnie ou de CHEVAUX. Selon ses préférences, le vétérinaire peut exercer sa profession seul, en association ou dans des entreprises. Il tire son salaire des honoraires chargés au client. Après avoir réussi les examens d'usage, le vétérinaire obtient son droit d'exercer d'une autorité provinciale, généralement l'association vétérinaire de la province.

Animaux destinés à l'alimentation Les animaux destinés à l'alimentation comprennent les bovins laitiers et de boucherie, le porc, le mouton, la chèvre et la volaille (*voir* ZOOTECHNIE). Les animaux sont soignés à la ferme ou dans un grand hôpital vétérinaire et le traitement est parfois subventionné par les gouvernements provinciaux ou municipaux. Cette aide financière peut prendre la forme de fonds versés aux hôpitaux vétérinaires (comme au Manitoba), d'aide directe pour payer les honoraires professionnels (comme au Québec). D'ailleurs, le Québec est le seul endroit en Amérique du Nord où l'on trouve une «assurance-soins vétérinaires». Au Nouveau-Brunswick, tous les vétérinaires qui s'occupent d'animaux destinés à l'alimentation sont à l'emploi de la province. De leur côté, les vétérinaires qui traitent les maladies de la volaille ont tendance à se spécialiser et sont généralement à l'emploi du gouvernement ou de l'industrie privée.

Petits animaux Le vétérinaire qui s'occupe des petits animaux traite le plus souvent les CHIENS et les CHATS mais aussi les lapins et les rongeurs (souris, gerbilles), les oiseaux (perruches, perroquets, pinsons), les poissons et autres animaux moins familiers (primates, reptiles).

Les gouvernements fédéral, provinciaux et municipaux emploient des vétérinaires chargés de protéger la santé animale et humaine. Aux ministères de l'Agriculture, de la Santé, de l'Environnement et au Service canadien de la faune, les vétérinaires posent des diagnostics en laboratoire, mènent des enquêtes sur le terrain, font l'inspection des aliments et des animaux, s'occupent d'administration, de recherche et d'éducation. Dans les universités, les vétérinaires enseignent et font de la recherche. Certains se trouvent dans des facultés d'agriculture ou de médecine ou dans des départements de biologie, ou encore des établissements de recherche spécialisés comme la Veterinary Infectious Disease Organization (VIDO) de l'U. de la Saskatchewan. Quelques vétérinaires travaillent dans l'industrie, en particulier dans les compagnies qui fabriquent ou vendent des PRODUITS PHARMACEUTIQUES et BIOLOGIQUES. Leurs tâches incluent la recherche, la vente, l'administration et un service de consultation et d'information pour les vétérinaires travaillant dans des industries reliées aux animaux.

L'évolution des connaissances et de la technologie en médecine vétérinaire pousse certains vétérinaires à se spécialiser dans un domaine particulier (médecine interne, pathologie, dermatologie, microbiologie, radiologie) ou dans une classe d'animaux (animaux de laboratoires, de boucherie, chevaux, petits animaux). Pour ce faire, le vétérinaire doit posséder une certaine expérience, suivre une formation de deuxième ou troisième cycle et réussir des examens difficiles. La plupart des spécialistes sont à l'emploi d'institutions. Bien qu'un grand nombre de vétérinaires se limitent à une ou deux espèces, cela n'est pas considéré par la profession comme une spécialité au sens formel du terme.

Animaux domestiques

Animaux destinés à la consommation Au Canada, les fermes tirent environ la moitié de leurs revenus des animaux ou des produits d'origine animale. La protection et la santé de cette ressource sont la responsabilité des vétérinaires et des organismes gouvernementaux institués à cette fin. Les vétérinaires s'occupent du traitement et de la prévention des maladies indigènes des animaux de ferme. Leur objectif premier étant le bénéfice économique du propriétaire, le traitement doit donc tenir compte des coûts et se faire rapidement de sorte que l'animal ne souffre pas inutilement. Le vétérinaire met l'accent sur la prévention des maladies et sur les méthodes optimales de reproduction (*voir* ANIMAUX, ÉLE-

VAGE DES). Il doit avoir des compétences en diagnostic, chirurgie, pratiques de reproduction, pharmacothérapie et analyse des données de production. En médecine préventive, la mesure, la notation et l'analyse du rendement de la production permettent de contrôler la santé de chaque animal et du troupeau.

Agriculture Canada est responsable de l'importante législation qui protège le cheptel canadien des maladies dont la déclaration est obligatoire (selon la loi) ainsi que des maladies exotiques comme la fièvre aphteuse ou la peste porcine africaine. Les animaux provenant d'autres pays constituent une menace constante car ils risquent d'être porteurs de maladies exotiques contagieuses. Le succès remarquable du ministère dans le contrôle de telles maladies ouvre les marchés internationaux au bétail canadien. Les programmes fédéraux visent aussi à contrôler ou à éliminer d'importantes maladies indigènes comme la rage, la tuberculose, la brucellose (avortement épizootique). À cet égard, 1985 marque un point tournant car c'est l'année où la population bovine canadienne est déclarée exempte de brucellose. Les vétérinaires du fédéral assurent aussi la qualité et la sécurité des produits d'origine animale en inspectant les viandes (*voir* ALIMENTS, LÉGISLATION SUR LES).

Parmi les grands problèmes de santé du bétail figurent la haute mortalité des nouveau-nés due aux maladies intestinales et respiratoires, les problèmes de reproduction, et les affections subcliniques qui affectent la production. Les recherches vétérinaires portant sur les maladies et le maintien de la santé des animaux de boucherie sont menées principalement par le gouvernement fédéral et les universités. La recherche gouvernementale donne priorité au dépistage et au contrôle des maladies contagieuses, particulièrement celles dont la déclaration est obligatoire. Le vaccin contre la diarrhée néonatale chez le veau, causée par certaines souches de la bactérie *Escherichia coli*, est une des importantes contributions du Canada à la lutte, sur le plan international, contre les maladies animales. Mis au point par VIDO, le vaccin est commercialisé par une firme canadienne. La nouvelle technologie en matière de reproduction (transfert et congélation d'embryons) ouvre une voie rapide aux améliorations génétiques et on peut s'attendre à une production plus efficace.

Animaux de compagnie Il y a plusieurs millions d'animaux de compagnie au Canada. Les services de santé sont presque exclusivement offerts par des vétérinaires en pratique privée qui doivent construire leurs propres hôpitaux ou cliniques et engager des techniciens en santé animale et du personnel de soutien. Il est courant de voir des installations pouvant accommoder 50 à 100 animaux et pourvues des équipements nécessaires à la radiologie, à la chirurgie, aux tests de laboratoire ou autres spécialités. La mise sur pied d'un hôpital exige de gros investissements. La médecine des petits animaux est semblable à la médecine humaine, car on les garde généralement auprès de soi jusqu'à leur mort et, comme l'humain, leur vieillesse s'accompagne d'infirmités ou de maladies. Mais, comparativement aux animaux de boucherie, les considérations économiques sont moindres lorsqu'il s'agit de les traiter.

Animaux de travail et animaux de spectacle Un autre secteur important de la médecine vétérinaire est celui des soins de santé prodigués aux animaux domestiques utilisés à des fins récréatives ou pour le travail. La société canadienne est très mécanisée et, conséquemment, l'animal a très peu de place dans le monde du travail. Au cours des dernières années, le nombre de chevaux a augmenté, un petit nombre est utilisé comme chevaux de trait ou chevaux pour rassembler le bétail, mais la plupart sont utilisés à des fins sportives ou récréatives (*voir* COURSES ATTELÉES; COURSES DE PUR-SANG). Ces athlètes du monde animal sont sujets aux blessures et aux problèmes associés à la course ou à d'autres activités sportives.

Un grand nombre de vétérinaires se spécialisent dans les problèmes spécifiques aux chevaux, dont la boiterie. Les chiens, de leur côté, sont utilisés pour différentes tâches: rassembler les moutons, tirer les traîneaux ou guider les handicapés visuels ou auditifs. Leurs soins sont confiés aux vétérinaires spécialisés dans les petits animaux.

Fibres et fourrure Les moutons sont les seuls producteurs importants de fibres animales au Canada; ils sont traités par des vétérinaires, généralement dans le cadre de programmes de médecine préventive. D'autres espèces animales fournissent aussi des fibres s'apparentant à la laine et qui peuvent être utilisées pour faire des vêtements. Le BŒUF MUSQUÉ, originaire d'ici, produit une fibre de haute qualité appelée *qiviut*. Dans le futur, les populations du Nord arriveront peut-être à une forme de domestication de cet animal afin de prélever le *qiviut*. Les recherches vétérinaires sur le bœuf musqué explorent les façons d'en tirer le maximum.

L'élevage des animaux à fourrure se fait dans tout le pays. Les espèces économiquement importantes sont le VISON et le RENARD. La lutte contre les maladies est vitale pour assurer le succès de l'ÉLEVAGE DES ANIMAUX À FOURRURE, car la promiscuité les rend vulnérables à différentes maladies contagieuses dont la maladie de Carré et l'infection intestinale à parvovirus. Cette dernière est décrite pour la première fois à Fort William. Le vison illustre bien comment les animaux peuvent servir de sentinelles de POLLUTION chimique. On a démontré que le faible taux de reproduction des visons d'élevage, dont la diète se composait de poisson du lac Michigan, était causé par les BPC (biphényles polychlorés) contenus dans le poisson. Cet incident démontre que les BPC et les composés chimiques du même genre représentent un danger biologique.

Animaux sauvages

En liberté Les animaux sauvages, y compris les poissons et les oiseaux, sont une richesse importante de l'environnement naturel du Canada. En plus de sa valeur intrinsèque, la faune fournit nourriture, vêtement et revenus économiques, principalement aux autochtones, et représente une source de loisirs pour les naturalistes et les chasseurs. Les animaux sauvages servent aussi de sentinelles pour détecter les problèmes environnementaux. La médecine vétérinaire fait partie des professions qui s'intéressent activement à la santé et aux maladies de ces populations. Les animaux sauvages sont importants en terme d'épizootiologie (rage, tularémie) mais aussi en terme d'épidémiologie humaine car ils jouent un rôle de vecteurs de maladies. P. ex., les BISONS du PARC NATIONAL WOOD BUFFALO sont porteurs de la tuberculose et de la brucellose.

En captivité La santé et la reproduction des animaux sont les principales préoccupations des vétérinaires au service des JARDINS ZOOLOGIQUES; c'est un champ de spécialité qui grandit. La haute densité de la population et les conditions artificielles d'alimentation rendent ces animaux particulièrement vulnérables aux maladies et affectent leur reproduction. Au Canada, les jardins zoologiques et les aquariums emploient des vétérinaires à temps plein ou à temps partiel.

Poissons et espèces aquatiques La santé des POISSONS, des mollusques et des crustacés en liberté ou en captivité prend de plus en plus d'importance. Le confinement des poissons dans des étangs ou par des moyens mécaniques afin d'accroître la densité de la population, augmente les risques de maladies infectieuses. Ainsi, pour que l'AQUACULTURE demeure une industrie viable, on doit s'assurer que les stocks de poissons soient sains. Au Canada, différents habitats aquatiques se prêtent à l'AQUACULTURE: les océans, les cours d'eau, les lacs et les marécages des prairies.

Santé publique, animaux de laboratoire et médecine comparée

Dans le domaine de la santé publique, les vétérinaires veillent à la salubrité des aliments d'origine animale. Cette responsabilité gouvernementale complexe comprend le dépistage d'agents infectieux et de produits chimiques indésirables (additifs alimentaires, drogues, polluants environnementaux) dans la viande, le lait et les œufs. Les zoonoses sont les maladies qui se transmettent de l'animal à l'homme. Il en existe plus de 200 chez les animaux sauvages (rage, encéphalite de l'Ouest, tularémie, peste) ou domestiques (tuberculose, brucellose). L'immunisation des chiens contre la rage permet aux vétérinaires de protéger les humains des zoonoses. De plus, ils informent le public des autres facteurs potentiellement dangereux dans la relation de l'homme avec l'animal, comme le lien entre la rage et les chiens errants.

Des animaux de laboratoire sont utilisés en recherche médicale afin d'identifier et d'examiner les dangers possibles pour la santé humaine. Le soin et l'utilisation de tels animaux est maintenant une spécialité. Les animaux de laboratoire offrent des modèles naturels et expérimentaux de maladies humaines ou animales et leur étude est essentielle pour mieux comprendre la maladie. Il est important que ces animaux soient utilisés sans cruauté. Le Conseil canadien de protection des animaux s'occupe de cette question (voir ANIMAUX, QUESTIONS RELATIVES AUX; SOCIÉTÉ DE PROTECTION DES ANIMAUX).

La médecine comparée est l'étude des phénomènes pathologiques communs à toutes les espèces; la recherche porte sur les maladies naturelles et inoculées. À partir des résultats, on peut faire des extrapolations qui s'appliquent aux maladies d'espèces particulières dont l'homme. Les chercheurs et les vétérinaires ont identifié un grand nombre de maladies naturelles chez l'animal pouvant servir de modèle pour des états similaires ou identiques chez l'homme ou d'autres animaux. Ces maladies types peuvent être nombreuses car les phénomènes pathogènes se ressemblent partout dans le règne animal.

Les études de maladies inoculées aux animaux ont permis de faire avancer la médecine: comme preuve, la théorie des germes et la découverte de l'insuline. C'est aussi grâce à la médecine comparée que l'on a découvert que les arthropodes sont des vecteurs de maladies infectieuses et que les virus sont à l'origine du cancer. Ainsi, la transmission par les tiques d'une maladie protozoaire chez le bétail (fièvre du Texas) a fourni la première preuve qu'un tel phénomène existe; on comprend mieux maintenant la transmission de la malaria ou autres maladies par les moustiques et autres arthropodes. Ce sont d'abord des recherches sur les poulets qui ont démontré que les virus peuvent causer le cancer. Ces résultats ont plus tard été confirmés sur d'autres animaux.

En 1922, la découverte d'une mycotoxine, par Francis Schofield du Ontario Veterinary College, est une contribution canadienne importante à la médecine comparée. Schofield découvre qu'une moisissure sur le trèfle d'odeur humide produit une toxine qui provoque des hémorragies mortelles chez les bovins. Cette substance toxique, le dicoumarol, est un puissant anticoagulant qui est maintenant utilisé médicalement chez les humains. Depuis, on a décrit un grand nombre de mycotoxines. La découverte du dicoumarol a servi de tremplin à la découverte d'autres substances à activité biologique produites par des moisissures, dont les antibiotiques.

N.O. Nielsen

Médecine vétérinaire, enseignement de la Il existe quatre écoles vétérinaires au Canada. En général, la formation de vétérinaire dure six ans: deux ans de cours pré-universitaires dans un établissement d'enseignement postsecondaire et quatre ans de formation professionnelle spécialisée dans une école vété-

rinaire. Le programme de médecine vétérinaire comprend les cours suivants: anatomie, BIOCHIMIE, embryologie, épidémiologie, physiologie, pharmacologie, toxicologie, microbiologie, IMMUNOLOGIE, pathologie, médecine clinique et chirurgie. Au cours des dernières années, les quatre écoles vétérinaires se sont agrandies et modernisées et ont procédé à une refonte de leurs programmes. Quelque 260 vétérinaires peuvent ainsi obtenir leur diplôme chaque année. En 1928, une école vétérinaire canadienne décerne pour la première fois un diplôme à une femme. En 1986, environ 53 p. 100 des diplômés sont des femmes. Les écoles vétérinaires poursuivent des recherches sur les maladies des animaux destinés à l'alimentation, des animaux de compagnie, des poissons, des oiseaux et des animaux sauvages ainsi que sur les problèmes biomédicaux. On compte de 250 à 300 étudiants dans les cycles supérieurs des écoles vétérinaires.

Ontario Veterinary College (OVC) Située à Guelph, c'est la plus vieille école vétérinaire au Canada. Jusqu'en 1965, elle est affiliée à l'U. de Toronto, et c'est cette dernière qui décerne les diplômes. En 1965, l'OVC devient un des établissements formant l'UNIVERSITÉ DE GUELPH. Jusqu'à la fondation du Western College of Veterinary Medicine en 1963, c'est la seule école vétérinaire du Canada anglophone et elle accueille des étudiants de toutes les provinces. Aujourd'hui, l'OVC accueille des étudiants ontariens pour la plupart et quelques Québécois. Elle décerne des diplômes de docteur en médecine vétérinaire (D.M.V.), de M.Sc., de Ph.D. et de D.Sc.V. et offre aussi des certificats de deuxième cycle. Les inscriptions au programme de médecine vétérinaire sont limitées à 100 étudiants par année.

Atlantic Veterinary College (AVC) L'AVC est fondé en 1983 à l'U. de l'Île-du-Prince-Édouard, à Charlottetown, pour répondre aux besoins des quatre provinces de l'Atlantique, d'où provient la majorité de ses étudiants. Les 50 étudiants inscrits en 1986 reçoivent leur diplôme en 1990. On peut y obtenir un D.M.V. et une M.Sc. Des programmes de spécialisation et de doctorat viennent d'être mis en place. Outre le cursus vétérinaire classique, l'école accorde une place importante à l'étude des maladies des espèces aquatiques liées à l'aquaculture.

Faculté de médecine vétérinaire Celle de l'UNIVERSITÉ DE MONTRÉAL est située pendant de longues années à OKA, où elle fait partie d'un centre de formation agronomique et vétérinaire financé par le ministère de l'Agriculture du Québec et géré par les trappistes. En 1947, elle déménage à Saint-Hyacinthe et tombe sous la juridiction directe du ministère de l'Agriculture du Québec jusqu'en 1969, date à laquelle elle est affiliée à l'U. de Montréal. L'école a connu une augmentation considérable du personnel et de l'équipement. Seule école vétérinaire de langue française en Amérique du Nord, elle décerne des diplômes de D.M.V., de M.Sc. et de Ph.D. en plus d'offrir des programmes de spécialisation professionnelle. Elle accueille près de 75 étudiants chaque année.

Western College of Veterinary Medicine (WCVM) Fondé en 1963 à l'U. de la Saskatchewan, à Saskatoon, il délivre ses premiers diplômes en 1969. Deuxième école vétérinaire de langue anglaise au Canada, elle dessert les quatre provinces de l'Ouest et les territoires. Elle décerne des diplômes de D.M.V., de M.V.Sc., de M.Sc. et de Ph.D. et offre des programmes de spécialisation professionnelle. Elle accueille environ 70 étudiants chaque année.

J. Frank

Médecine vétérinaire, histoire de la Depuis des siècles, l'être humain se préoccupe de la guérison des maladies chez l'ANIMAL et chez l'homme. Toutefois, la MÉDECINE humaine est devenue une profession bien avant la médecine vétérinaire. L'enseignement officiel commence avec l'ouverture d'écoles vétérinaires en France, à Lyon (1761) et à Alfort (1766). Les diplômés de ces établissements ne

sont probablement pas venus au Canada car l'immigration française est interrompue par la CONQUÊTE britannique en 1760. En Angleterre, l'art vétérinaire acquiert ses lettres de noblesse en 1791, année où est créé le HAUT-CANADA. Les diplômés du Edinburg Veterinary College, fondé en 1823 en Écosse, sont les premiers vétérinaires connus au Canada détenteurs d'un diplôme d'une école à charte. M.A. Cuming de Saint-Jean (Nouveau-Brunswick), diplômé en 1846 d'Édimbourg, est probablement le seul vétérinaire de la colonie en 1851.

Enseignement de la médecine vétérinaire Les maréchaux-ferrants, sans formation en médecine vétérinaire, sont plus nombreux que les vétérinaires diplômés avant et bien après 1866, année de la première remise des diplômes au Canada pour les personnes ayant suivi une formation formelle (voir FORGE, OUVRAGE DE). Andrew SMITH, diplômé du Edinburg College en 1861, crée le premier cours officiel de médecine vétérinaire à Toronto en 1862. De 1866 à 1908 (époque où le Ontario Veterinary College passe aux mains du gouvernement provincial), plus de 3000 étudiants suivent la formation de deux ans. Or, un grand nombre de diplômés viennent des États-Unis et quittent le Canada; le pays continue donc à souffrir d'un manque de vétérinaires. L'école d'Andrew Smith quitte Toronto en 1922 mais existe toujours sous le nom d'Ontario Veterinary College, à l'UNIVERSITÉ DE GUELPH.

En 1866, Duncan MCEACHRAN fonde un autre collège privé à Montréal dont les normes d'admission sont très sévères. Le collège devient plus tard une faculté de l'U. McGill mais ferme en 1903, faute de fonds. Le collège francophone qui naît de ses cendres existe depuis 1886. Fondé par V.T. Daubigny, ce collège fusionne en 1894 avec deux autres écoles du Québec pour devenir l'École de médecine comparée et de science vétérinaire de Montréal. En 1928, celle-ci déménage à l'Institut agricole d'OKA dirigé par les trappistes et, en 1947, elle passe aux mains du gouvernement du Québec et est établie à Saint-Hyacinthe. Elle est affiliée à l'U. de Montréal. Un collège, fondé en 1895 et affilié à l'U. Queen de Kingston (Ontario), ferme ses portes en 1899. Un quatrième collège, le Western College of Veterinary Medecine, voit le jour en 1963 à l'U. de la Saskatchewan, et reçoit ses premiers étudiants en 1965.

Associations de vétérinaires Les diplômés de l'Ontario Veterinary College désirent voir la société reconnaître leurs qualifications et préférer leurs services à ceux du maréchal-ferrant. En 1874 naît la Ontario Veterinary Medical Association, sous l'égide du professeur Smith. Elle se constitue sous le nom de Ontario Veterinary Association (OVA) en 1879. D'autres associations sont créées au Manitoba (1881), au Québec (1902), en Alberta (1906), en Colombie-Britannique (1907), en Saskatchewan (1908-1909), en Nouvelle-Écosse (1913), au Nouveau-Brunswick (1919) et à l'Île-du-Prince-Édouard (1920).

Chacune est autonome et reconnue par une loi provinciale adoptée en vertu de l'article 92 de l'ACTE DE L'AMÉRIQUE DU NORD BRITANNIQUE, 1867. Chaque association a ses propres règlements et décide qui, en vertu de la possession d'un diplôme reconnu, est autorisé à pratiquer la médecine vétérinaire. Au recensement de 1871, on compte 247 «maréchaux-ferrants et médecins vétérinaires» dont la plupart résident en Ontario; les autres sont en Nouvelle-Écosse et au Nouveau-Brunswick. Mais les Territoires du Nord-Ouest ne comptent pratiquement pas de vétérinaires. La médecine vétérinaire se développe donc selon des directives provinciales qui, pendant de nombreuses années – dans certains cas jusqu'à maintenant – se caractérisent par un provincialisme étroit. Cette attitude est probablement liée aux honoraires peu élevés, à la crainte de l'opposition venant de nouveaux diplômés et à l'incapacité d'avoir une vue d'ensemble de la profession. L'idée d'une association nationale suscitait donc peu d'intérêt. De plus, l'American Veterinary Medical Association, fondée en 1863, répond aux besoins des mieux nantis qui peuvent se permettre de se rendre à ses assemblées annuelles.

Entre 1871 et 1911, le nombre de médecins vétérinaires atteint 1150 et se répartit ainsi: 50 p. 100 en Ontario, 30 p. 100 dans l'Ouest et 20 p. 100 dans les provinces de l'Est. L'empirisme continue à gagner du terrain malgré les efforts des associations provinciales pour réserver les soins des animaux de la ferme à leurs membres. Au début des années 1890, les écoles de médecine dentaire vétérinaire de Toronto offrent des cours à quiconque peut se payer la brève formation et le diplôme. Les professeurs ne sont pas nécessairement vétérinaires. En 1896, la Veterinary Science Company de London (Ontario) est fondée et dispense, par l'intermédiaire de la London Veterinary Correspondence School, un cours de médecine et de chirurgie vétérinaires. Outre ce cours par correspondance, elle offre un manuel et confère un diplôme. Les titulaires se sentent de ce fait autorisés à pratiquer partout au Canada. Une loi provinciale ferme l'école en 1921, mais 77 éditions du manuel ont eu le temps d'être publiées et des diplômes sont accordés dans le monde entier. Pendant de nombreuses années, les associations provinciales ont à traiter les demandes de ces «diplômés» de London qui cherchent à devenir membres et à bénéficier des avantages qui y sont associés.

Après la Seconde Guerre mondiale, la question d'une association nationale de vétérinaires refait surface dans l'Ouest. Le besoin devient manifeste lorsque le gouvernement fédéral dissout le Royal Canadian Army Veterinary Corps (RCAVC) sans consulter les associations. Aucun regroupement national n'existe pour s'y opposer. De plus, des vétérinaires européens, forcés de quitter leur pays, immigrent au Canada et les associations s'interrogent sur leurs compétences. Une association nationale est nécessaire pour représenter la profession, évaluer les compétences des vétérinaires immigrants et établir une réciprocité entre les comités d'évaluation de chaque province.

En 1912, la British Columbia Veterinary Medical Association (BCVMA) propose un organisme national et, vers 1920, la plupart des provinces sont d'accord. En 1921, on fonde un Conseil vétérinaire canadien qui compte des représentants de chaque association provinciale. Or, la même année, lors d'une conférence à Ottawa, un projet de loi visant la formation d'une association nationale avorte à cause d'une mésentente entre les provinces. En 1923, une association canadienne des vétérinaires est fondée par les vétérinaires assistant à une assemblée nationale à Montréal, mais l'organisation s'éteint faute de fonds et d'appui des provinces.

La Western Canadian Veterinary Association (WCVA), formée dans les années 30, demeure stérile jusqu'en 1945 surtout à cause de la difficulté à concilier autonomie provinciale et affiliation nationale. Le problème vient d'une clause qui donnerait à l'association nationale l'autorité nécessaire pour permettre aux diplômés reconnus de pratiquer partout au Canada. Un Dominion Veterinary Council, formé en 1943-1944 pour tenter encore une fois d'organiser une association nationale défend l'idée d'un organisme national permettant à chaque province de se réserver le droit d'imposer ses propres examens. Le conseil réussit à amorcer des discussions entre les provinces mais ne se réunira qu'une seule fois.

En 1945, une Association de l'Ouest renouvelée propose une association nationale et contourne les points sensibles d'affiliation nationale et de comité national d'examens. C'est en grande partie grâce aux efforts de l'Albertain B.I. Love, représentant de la WCVA, que les idées des présidents des associations de l'Est commencent à prendre forme et que, vers avril 1946, des plans pour une association nationale sont élaborés. Le 30 juin 1948, la loi établissant l'As-

sociation canadienne des vétérinaires reçoit la sanction royale.

Vétérinaires de la Gendarmerie royale En 1873, la police à cheval est mandatée par la loi pour desservir les Territoires du Nord-Ouest. En juin 1874, les hommes quittent Toronto en train accompagnés de 244 CHEVAUX sous les soins de John Luke Poett, médecin vétérinaire de Stratford (Ontario). Poett, diplômé en 1860 du Edinburg College, exerce dans la province depuis 1869, d'abord à London, puis à Stratford. Poett est un des premiers vétérinaires dans les Territoires du Nord-Ouest et le premier vétérinaire diplômé à faire partie de la police montée. Il occupe différents grades de sous-officier (1874 à 1877 et 1884 à 1895), pour arriver à celui de sergent d'état-major.

La POLICE À CHEVAL DU NORD-OUEST (P.C.N.-O.) se charge, au nom du gouvernement fédéral, du contrôle des maladies chez les animaux domestiques qui accompagnent les colons américains arrivant dans les Territoires. Au début, la lutte contre les maladies contagieuses concerne surtout les chevaux mais elle s'étend bientôt aux bovins. En 1884, Poett inspecte près de 2800 bovins importés pour dépister des maladies de la peau et la pleuropneumonie contagieuse. En 1895, la P.C.N.-O. compte neuf autres vétérinaires qualifiés. Ces hommes sont responsables de la santé des chevaux (782 en 1895) et jouent le rôle d'inspecteurs d'animaux importés jusqu'à ce que le nombre de vétérinaires dans les Territoires soit suffisant pour remplacer les vétérinaires de la P.C.N.-O. (vers 1896).

Deux médecins vétérinaires s'occupent des chevaux des forces gouvernementales chargées de réprimer la RÉBELLION DU NORD-OUEST. L'un d'eux, J.G. RUTHERFORD, diplômé de l'OVC en 1879, quitte son cabinet récemment ouvert à Portage la Prairie pour devenir officier breveté dans la Winnipeg Field Battery et médecin vétérinaire au service des forces du général Middleton. Par la suite, il exerce à Portage, se lance en politique (provinciale et fédérale) et met sur pied la Direction générale de l'hygiène vétérinaire au ministère de l'Agriculture; il en sera le directeur général vétérinaire (1902).

Vétérinaires de l'Armée Avant 1910, il n'existe pas de corps de vétérinaires dans l'Armée canadienne; les médecins vétérinaires sont alors des officiers non brevetés ou des officiers d'armes faisant partie des formations à cheval ou d'artillerie. En 1910, l'Army Veterinary Service (AVS) est fondé; il est composé de gradés et de médecins vétérinaires titulaires du grade d'officier. Ce service, qui fait partie de la milice canadienne, comprend le Canadian Permanent Army Veterinary Corps (CPAVC), les officiers vétérinaires inscrits sur les listes officielles du Corps, les sous-officiers et les militaires enrôlés dans ce corps d'armée; le Canadian Army Veterinary Corps (CAVC), les officiers vétérinaires inscrits aux listes du Corps et affectés au corps à cheval de la milice active; et, finalement, l'éphémère Regimental Veterinary Service (RVS) qui comprend les officiers de l'état-major du corps à cheval.

Le service vétérinaire de l'Armée possède ainsi une force permanente et un groupe d'officiers servant dans la milice, répondant chacun au quartier-maître général de la milice canadienne. L'officier supérieur du CPAVC administre le service et ses subordonnés sont les principaux officiers vétérinaires des districts ou régions militaires. Il existe un Veterinary Remount Establishment et des écoles pour la formation des gradés et des hommes de troupes. En 1912, le Conseil de la milice publie les règlements stipulant les tâches et les fonctions de tous les officiers, des écoles et hôpitaux vétérinaires, et d'autres divisions du Canadian Army Veterinary Service.

Lorsque la Première Guerre mondiale éclate, tout est déjà en place pour que, trois mois plus tard, les vétérinaires canadiens partent pour l'Angleterre avec les militaires et les chevaux. De plus, un Service de remonte commence à acheter des chevaux pour

approvisionner les unités existantes et remplacer les pertes outre-mer.

Les vétérinaires canadiens s'enrôlent dans les Corps vétérinaires de l'Armée canadienne ou britannique et chaque corps recevra le titre «royal» en reconnaissance de services rendus. Environ 300 vétérinaires canadiens servent, durant différentes périodes, de 1914 à 1918, principalement en Europe; ils servent aussi en Inde, en Égypte, en Mésopotamie et en Russie. Plusieurs seront décorés pour avoir sauvé la vie de chevaux sous le feu ennemi. Des unités mobiles transportent les corps des chevaux blessés vers les stations d'évacuation qui elles se chargent d'envoyer les cas graves vers les hôpitaux de la base pour traitements ou chirurgie. Des hôpitaux pour traiter les chevaux souffrant de la gale sont essentiels afin de mettre un frein à ce parasite débilitant. À la fin des hostilités, quelques officiers vétérinaires demeurent en Europe jusqu'en 1920 afin d'aider à disposer des chevaux, dont certains sont envoyés à l'abattoir ou servent de chevaux de trait en Belgique et en Italie.

En 1915, en raison d'une grave pénurie d'officiers vétérinaires dans l'armée britannique, on permet aux finissants canadiens en médecine vétérinaire de se soustraire aux examens finaux s'ils s'enrôlent comme sous-lieutenant dans le Corps britannique. Certains se prévalent de l'offre, sont diplômés *in absentia* et, environ trois semaines plus tard, se retrouvent en Angleterre en qualité d'officiers vétérinaires. À la fin de la guerre, le personnel vétérinaire du Corps expéditionnaire canadien (1914-1918), soit 72 officiers et 756 gradés, aura pris soin de 24 000 chevaux.

En 1929, le RCAVC compte 12 officiers et 38 gradés répartis dans six détachements. Le CAVC consiste en 100 officiers et 55 gradés dans 11 sections. Le remplacement des chevaux par les véhicules motorisés met fin aux établissements vétérinaires. En 1940, les deux corps sont dissous et, pendant la Seconde Guerre mondiale, très peu de vétérinaires servent dans des fonctions reliées à leur profession. La plupart appartiennent à un groupe s'occupant de guerre bactériologique; leur travail demeure secret. Les progrès technologiques ont mis fin à la présence de vétérinaires dans l'Armée canadienne mais ce n'est pas le cas en Grande-Bretagne et aux États-Unis.

C.A.V. Barker

Médias et le droit, Les Les médias constituent le mécanisme qui nous permet de recevoir l'information que nous cherchons et dont nous avons besoin. Avec le temps, l'imprimé a fini par supplanter les crieurs publics et les tablettes d'argile. Aujourd'hui, toute une variété d'informations audio et visuelles nous est transmise sous forme numérique par de nombreux intermédiaires.

Les démocraties reposent sur le principe de la libre circulation de l'information. Cette liberté est généralement reconnue dans leurs constitutions. En 1967, la Constitution canadienne a importé de la Constitution britannique non écrite le principe de la liberté de la presse. Aujourd'hui, selon l'alinéa 2*b*) de la CHARTE CANADIENNE DES DROITS ET LIBERTÉS, la «liberté de pensée, de croyance, d'opinion et d'expression, y compris la liberté de la presse et des autres moyens de communication» est une de nos libertés constitutionnelles fondamentales.

Alors qu'au Canada on a toujours souscrit à l'idée de la «liberté régie par le droit», les libertés fondamentales garanties par la Charte sont assujetties aux «limites qui sont raisonnables et dont la justification peut se démontrer dans le cadre d'une société libre et démocratique». Au cours des dernières années, la COUR SUPRÊME DU CANADA s'est prévalue de la Charte pour abolir un certain nombre de limites d'origine législative et reformuler d'autres libertés issues du droit prétorien. C'est ainsi que, en 1989, elle a déclaré inconstitutionnelle l'interdiction par l'Alberta de diffuser le contenu de l'exposé d'une plainte (un document judiciaire accessible au public et grâce auquel on enclenche une poursuite civile).

L'autre exemple est la reformulation de la règle de *common law* relative à l'examen des interdictions de publication des procédures judiciaires.

Limites à la liberté Les restrictions sont multiformes. Certaines s'appliquent à tous les organes de presse, d'autres, à des médias en particulier et d'autres, enfin, à des particuliers communiquant à titre personnel.

Les lois relatives à la diffamation imposent une limite générale au caractère absolu de la liberté de parole (*voir* DIFFAMATION). À l'exception du Québec, où s'applique le *Code civil*, la personne qui écrit ou enregistre et distribue d'une manière ou d'une autre un message ayant pour effet d'abaisser une personne dans l'estime que peut lui porter la communauté, doit être prête à prouver devant un tribunal, au moyen d'une preuve recevable, que le message est plus susceptible d'être vrai que faux. Les expressions d'opinion peuvent être invoquées, au contraire, comme étant des commentaires loyaux sur une question d'intérêt public.

Des messages diffamatoires peuvent aussi être transmis, même s'ils ne sont pas entièrement vrais, s'ils sont contenus dans des comptes rendus justes et fidèles des débats d'un organisme auquel le public est normalement admis, tels que les débats publics des organismes gouvernementaux et les assemblées publiques. Ces comptes rendus bénéficient de l'«immunité relative». On peut faire échec aux moyens de défense fondés sur le commentaire loyal et sur l'immunité relative par la production d'une preuve établissant que l'intention du journaliste ou de l'orateur était de nuire, ce qui, en droit canadien, signifie mauvaise volonté, malveillance, insouciance délibérée quant à la véracité ou à la fausseté de la déclaration faite. Les excuses ont pour effet de reconnaître la responsabilité et d'atténuer les dommages-intérêts.

À la différence des États-Unis, au Canada, on ne peut opposer la défense d'immunité relative à une accusation de diffamation d'un dignitaire public ou d'une personnalité à condition que l'orateur n'ait eu aucune connaissance réelle de la fausseté du message transmis. Aux États-Unis, on entend par «malveillance» la connaissance réelle d'une allégation mensongère. Au Canada, les individus peuvent se prononcer sur les faits publics à propos d'un dignitaire public en se prévalant du moyen de défense fondé sur le commentaire de bonne foi, à condition que les faits soient réputés prouvables, qu'ils soient fidèlement énoncés (s'ils le sont), qu'ils se rapportent au commentaire, que le commentaire soit exprimé honnêtement et qu'il porte lui-même sur une question d'intérêt public. La philosophie qui sous-tend ce moyen de défense est celle-ci: si le public connaît les faits et comprend que le message transmis en constitue un commentaire, il peut alors décider pour lui-même de l'accepter comme étant loyal ou de le rejeter. Dès lors, le moyen de défense fondé sur le «commentaire de bonne foi» protège les commentaires que beaucoup estimeraient outrageants, ridicules ou opiniâtres.

Au Québec, les journalistes peuvent invoquer la vérité comme moyen de défense sur des questions d'intérêt public. En règle générale, ils peuvent, dans cette province, défendre leurs reportages en démontrant qu'ils se conformaient à la norme de diligence dont un «journaliste raisonnable» doit faire preuve dans l'exercice de son travail. La liberté d'expression est par ailleurs limitée par des mesures législatives en matière de protection de la vie privée et par le droit criminel (le libelle criminel, la propagande haineuse, l'OBSCÉNITÉ et la LOI SUR LE DROIT D'AUTEUR). Chacun de ces régimes juridiques comporte des dispositions particulières distinctes relatives aux éditeurs et aux particuliers. Toutes les lois provinciales canadiennes en matière de protection de la vie privée (celles de Terre-Neuve, du Québec, du Manitoba, de la Saskatchewan et de la Colombie-Britannique) prévoient, p. ex., qu'il est permis d'opposer à une action pour atteinte à la vie privée l'existence de motifs raisonnables de croire que la publication était d'intérêt public. En général, cet argument ne justifie pas l'atteinte à la vie privée par laquelle les documents ou les renseignements en question ont été obtenus.

Contrôle des médias S'il est vrai qu'ils s'opposent au contrôle judiciaire préalable de leurs publications, il reste que les médias n'ont pas toujours gain de cause. Il est presque impossible d'interdire à l'avance une publication diffamatoire. Il est difficile de prouver à l'avance ce qu'une personne dira et le droit préfère permettre la libre expression, quitte à s'exposer aux conséquences plus tard. Il est arrivé que les atteintes à la vie privée, les abus de confiance ou les ruptures de contrat aient été limités par anticipation.

Certaines formes de renseignements ne peuvent être publiées, même si on peut en débattre librement (*voir* PUBLICITÉ DES DÉBATS EN JUSTICE ET INTERDICTIONS DE PUBLICATION). D'autres ne peuvent même pas être mentionnées. Il ne fait aucun doute que, si les médias ne peuvent avoir accès à l'information, ils ne peuvent la publier. P. ex., à quelques exceptions près, le fait pour les jurés de parler publiquement de leurs délibérations dans la salle des jurés constitue un crime. Aux États-Unis, ce genre d'information est publié de façon régulière.

Les lois fédérales et la plupart des lois provinciales en matière d'ACCÈS À L'INFORMATION touchent les médias. Chacune de ces lois comporte des dispositions protégeant le caractère confidentiel des renseignements personnels détenus par l'État. Ainsi, si, dans le passé, les renseignements détenus par l'État étaient communiqués ou refusés aux médias de façon arbitraire par les fonctionnaires, aujourd'hui, leur communication est réglementée. Certains renseignements que l'on refusait de communiquer autrefois peuvent maintenant être obtenus; d'autres, qui étaient disponibles, ne sont plus communiqués.

Il arrive souvent que les médias recueillent des renseignements qu'ils ne publient pas, mais que d'autres désirent obtenir. Aussi doivent-ils souvent chercher à protéger leur produit journalistique inédit, ainsi que leurs sources confidentielles de renseignements, contre la divulgation forcée en justice. Dans plusieurs provinces, la protection des sources a été reconnue à l'étape de l'interrogatoire préalable en matière de diffamation, selon une règle de pratique dite «règle relative aux journaux». L'alinéa 2*b*) de la Charte protège implicitement la collecte des nouvelles, mais le plus loin que la Cour suprême soit allée pour rendre cette protection explicite a été d'exiger qu'une attention particulière soit portée à l'équilibre entre les préoccupations des médias et celles des organismes d'application de la loi, dans le contexte des demandes de mandat de perquisition contre les médias.

Réglementation des médias Afin de faire face au problème de la limitation du spectre radio et, plus récemment, du potentiel limité de transmission par câble et par satellite, le Canada réglemente la radiodiffusion et les télécommunications depuis de nombreuses années. Le Conseil de la radiodiffusion et des télécommunications canadiennes (CRTC) a établi des règlements régissant le contenu des émissions. P. ex., les diffuseurs ne peuvent diffuser «des propos offensants ou des images offensantes qui, pris dans leur contexte, risquent d'exposer une personne ou un groupe ou une classe de personnes à la haine ou au mépris pour des motifs fondés sur la race, l'origine nationale ou ethnique, la couleur, la religion, le sexe, l'orientation sexuelle, l'âge ou une déficience physique ou mentale» ou «tout langage ou image obscène ou blasphématoire» ou toute «nouvelle fausse ou trompeuse». La publicité commerciale et l'information électorale politique partisane sont, elles aussi, réglementées.

Le CRTC exige en outre que les diffuseurs se conforment à des lignes directrices élaborées et administrées par des organismes de l'industrie, en ce qui concerne les stéréotypes sexuels, la violence, la publicité des boissons alcoolisées et la publicité qui s'adresse aux enfants, en respectant la réglementation, condition nécessaire à l'obtention d'un permis. Dans la plupart des cas, ces lignes directrices ont été élaborées à la demande du CRTC lui-même.

De plus, le CRTC décide qui peut être un diffuseur canadien, oblige les diffuseurs canadiens à se conformer à des normes de contenu canadien dans l'établissement des grilles horaires de diffusion et détermine quels sont les services de télévision non canadiens qui peuvent être distribués aux Canadiens par des câblodistributeurs, par des entreprises de distribution par satellite et autres firmes du genre.

À l'exception des lois d'application générale, la presse écrite n'est soumise à aucune réglementation équivalente. Cependant, les services canadiens d'information sur Internet distribuent non seulement du texte, mais également du matériel audiovisuel, et ne sont pas encore réglementés à cet égard. L'apparition de nouvelles technologies de distribution soulève des questions au sujet de la nécessité de maintenir la réglementation et de la capacité d'assurer cette réglementation. La réglementation du contenu d'INTERNET par d'autres pays peut influencer la création et la distribution du contenu au Canada.

D'autre part, de nombreuses dispositions légales visent à encourager la création et les industries culturelles canadiennes, notamment la télévision, les longs métrages, les vidéos, la musique, les livres, les magazines et les journaux. Des fonds d'encouragement à la production, des incitatifs fiscaux et des dispositions associées aux traités internationaux, notamment des protections culturelles spéciales inscrites dans l'Accord de libre-échange entre le Canada et les États-Unis et dans l'Accord de libre-échange nord-américain, ont été établis. De plus, d'autres régimes juridiques ont été institués pour appuyer les collectifs d'artistes de scène, d'écrivains, de compositeurs, de musiciens et d'autres groupes d'artistes.

Daniel J. Henry

Médias, propriété des Les sociétés occidentales recourent de plus en plus aux médias plutôt qu'aux relations interpersonnelles pour organiser et coordonner des activités, pour diffuser des connaissances et de l'information, de même que pour éduquer et divertir. Des études démontrent que, dans les SOCIÉTÉS D'INFORMATION modernes, près de 50 p. 100 des activités de la main-d'œuvre dans le domaine de l'information ont pour objet l'une ou l'autre forme de marketing.

Les règles, implicites et explicites, qui régissent la propriété des médias (déterminant qui peut ou non diffuser des messages, la nature des messages distribués, les modalités de réception des messages et le choix des destinataires) sont d'une importance cruciale, tant sur le plan politique et social que culturel. Les personnes ou les groupes qui détiennent les droits, avec relativement peu d'entraves, de transmettre de l'information par le biais des médias peuvent influencer un large auditoire et ainsi avoir un impact considérable sur l'évolution de la société. À l'inverse, ceux qui n'ont pas accès aux médias sont réduits au silence et deviennent politiquement inefficaces.

Deux facteurs importants et intrinsèquement liés permettent de définir les conditions d'accès aux médias: le type de propriété, qui détermine l'orientation des médias dans tel ou tel domaine, et l'ensemble des droits inhérents au fait d'être propriétaire de médias, lesquels peuvent modifier, voire éliminer, les restrictions rattachées à la propriété. L'ensemble des droits et des obligations sont essentiellement d'ordre juridique, mais ils ne manquent pas d'être influencés par les traditions et par les règles d'éthique auxquelles adhèrent les propriétaires des médias. Les droits liés à la propriété des médias sont fondés sur quatre éléments essentiels: les caractéristiques du propriétaire, la concentration horizontale, la propriété mutuelle et l'intégration verticale.

Caractéristiques du propriétaire de médias On peut distinguer les propriétaires de médias en fonction du secteur auquel ils appartiennent, public, privé ou coopératif, et il existe des différences à l'intérieur même de chacun de ces secteurs. Ainsi, le secteur public comprend trois niveaux de gouvernement, chacun pouvant, en principe, s'approprier les médias. De plus, le degré d'indépendance des gestionnaires de ces médias, par rapport à leurs propriétaires, peut varier suivant les objectifs établis pour les médias en question.

De même, dans le secteur privé, bien des variantes sont possibles au niveau de la propriété des médias. Il peut s'agir d'entreprises familiales, de grandes entreprises cotées en bourse et gérées par des professionnels ou d'organisations religieuses, politiques ou sociales, poussées par des motivations qui vont bien au-delà du désir de faire des profits, etc. Ce qui est particulièrement inquiétant, du point de vue de l'intérêt public, c'est de voir des conglomérats s'approprier les médias, alors qu'une infime partie de leurs activités économiques relève de ce domaine. Cette appropriation peut les amener à manipuler ou à censurer l'information pouvant avoir des conséquences sur les activités diversifiées de l'entreprise mère. Les propriétaires de médias se distinguent également par la nationalité et par la langue. Les études portant sur les médias les répartissent souvent par classe sociale, de façon à pouvoir détecter les préjugés éventuels, propres au milieu social auquel ils appartiennent.

Concentration horizontale La concentration fait référence au nombre et à la taille des débouchés des compétiteurs dans un marché ou auprès d'un auditoire donné, p. ex., les journaux. La concentration détermine le degré de monopole dont jouissent les propriétaires de médias et, partant, le pouvoir de ces derniers à définir les conditions d'accès au marché. La notion de «marché des idées» sous-entend que toutes les couches de la société doivent avoir accès de façon équitable aux médias.

Propriété mutuelle Cela concerne la façon dont les propriétaires de médias contrôlent mutuellement différents genres médiatiques, comme la presse, le cinéma, les communications électroniques. Cela permet de déterminer si la compétition entre ces médias peut en favoriser l'expansion ou la restreindre.

Intégration verticale L'intégration verticale indique l'étendue du champ de compétence dans lequel les propriétaires de médias créent, sélectionnent ou déterminent le contenu des messages. Cela fait ressortir l'interrelation qui existe entre le fait d'être propriétaire de médias et l'ensemble variable des droits et des devoirs qui y sont associés. À titre d'exemple, historiquement, la loi interdit aux compagnies de téléphone d'altérer le contenu des messages transmis.

De plus, les entreprises de téléphone sont tenues de fournir des services à leurs usagers sur une base «juste et raisonnable», sans «préférence ou discrimination indue». Des organismes de réglementation (comme le CONSEIL DE LA RADIODIFFUSION ET DES TÉLÉCOMMUNICATIONS CANADIENNES [CRTC], à l'échelle fédérale) s'assurent que ces conditions sont respectées. En décrétant que les compagnies de TÉLÉPHONE offrent des services d'intérêt public, le gouvernement restreint les droits des propriétaires de médias à l'égard du grand public, de façon à répartir le contrôle sur l'origine et la réception des messages, alors que ce contrôle était, pendant des années, considéré comme inhérent au monopole des médias.

Industrie de la presse

L'industrie canadienne de la presse est un exemple contrastant. Les concepts juridiques actuels de la liberté de presse, qui s'inspirent d'une époque

où la concurrence entre les journaux était nettement plus serrée, accordent aux propriétaires une plus grande autonomie dans la sélection du contenu rédactionnel de leurs journaux, à condition qu'ils respectent les lois touchant le libelle, la sédition, l'obscénité et les secrets d'État (*voir* DROIT ET PRESSE). Autrefois, quand la concurrence entre les journaux était plus vive et l'accès à l'édition plus facile, cette politique consistant à accorder des droits aux propriétaires de journaux, à titre de représentants du public, plutôt que directement au public, n'a peut-être pas été indûment restrictive. En effet, elle permettait, théoriquement, à toute personne privée de tribune de fonder un nouveau journal (*voir* JOURNAUX).

La concurrence entre les journaux a diminué au cours des dernières décennies, si bien que certains critiques pensent que, de nos jours, la liberté de presse repose principalement entre les mains des quelques entreprises propriétaires de journaux. La Commission royale d'enquête sur les quotidiens (Commission Kent) de 1981 remet en question l'actuel niveau de pouvoir laisser aux propriétaires de journaux sur le contenu rédactionnel.

Le plus important consortium de presse au Canada, Hollinger Inc., est contrôlée par Conrad BLACK. En 1995, Hollinger, qui possède déjà le *Moosejaw Times-Herald* et le *Prince Albert Herald*, acquiert le *Regina Leader-Post* et le *Saskatoon Star-Phoenix* et détient ainsi le contrôle de la plupart des grands quotidiens de la Saskatchewan.

En 1996, Hollinger acquiert le contrôle de SOUTHAM INC. et achète en plus une multitude de petits journaux de Thomson, ce qui lui assure la mainmise sur 59 des 105 quotidiens du Canada, ce qui représente 40 p. 100 du tirage des quotidiens canadiens. Les journaux sous le contrôle de Hollinger sont, entre autres, *The Montreal Gazette*, le *Ottawa Citizen*, *Le Droit* à Ottawa, LE SOLEIL à Québec, le EDMONTON JOURNAL, le CALGARY HERALD, le *Hamilton Spectator* et, à Vancouver, THE SUN et THE PROVINCE. Southam publie aussi plusieurs hebdomadaires (33 en 1992, tirant au total 1,3 million d'exemplaires). En 1995, Hollinger contrôle en outre quelque 500 quotidiens et hebdomadaires sur quatre continents, y compris le *Daily Telegraph* de Londres, le *Chicago Sun-Times* et le *Jerusalem Post*, dont les tirages combinés s'élèvent à près de 9 millions d'exemplaires. Enfin, en 1999, Hollinger lance un nouveau quotidien d'envergure nationale, *The National Post*, dont la distribution s'effectuera à travers tout le pays. Quelques mois plus tard, le magnat de la presse annonce son intention de se départir d'un grand nombre de journaux qu'il possède au Canada, dont les quotidiens francophones *Le Soleil* de Québec et *Le Droit* de la région Hull-Ottawa.

Un autre géant de la presse est THOMSON GROUP qui est propriétaire, entre autres journaux, du GLOBE AND MAIL et du WINNIPEG FREE PRESS. Les activités de Thomson, qui comprennent la COMPAGNIE DE LA BAIE D'HUDSON ses filiales, sont minimes au Canada, comparées à ses activités internationales: ventes en gros et au détail, immobilier, exploration pétrolière et prospection de gaz, assurance, voyage et tourisme, services financiers et de gestion, haute technologie, camionnage et édition. Thomson qui, en 1992, publie 360 journaux et 145 magazines dans le monde entier, a commencé dernièrement à se retirer de l'édition de journaux, un virage dont Hollinger est le principal bénéficiaire. Le groupe Thomson met en vente, en 1999, la quasi totalité de ses journaux dans le but avoué de consolider la prédominance de son quotidien amiral, *The Globe and Mail*, et d'être ainsi de taille à livrer bataille à son nouveau concurrent de poids, *The National Post* du groupe Hollinger.

La troisième grande chaîne de journaux, représentant en 1992 11p. 100 du tirage des quotidiens, est la Toronto Sun Publishing Corporation (*voir* SUN, LES

JOURNAUX DE) qui publie des quotidiens à Toronto, à Ottawa, à Edmonton et à Calgary ainsi que dans cinq villes plus petites. L'entreprise publie également le FINANCIAL POST. Jusqu'à tout récemment, 62 p. 100 du groupe Sun appartenait à MACLEAN HUNTER LTÉE (MHL), une entreprise d'édition de revues et propriétaire important de stations de radio, de télévision et d'une compagnie de télédistribution. En 1994, cependant, ROGERS COMMUNICATION INC. acquiert les journaux SUN en prenant le contrôle de MHL mais, en 1996, vend ces journaux à un groupe appartenant aux employés afin de réduire sa dette. Le groupe Sun acquiert aussi en 1996, de la famille Blackburn, le quotidien ontarien *London Free Press*, jusqu'alors un important quotidien indépendant.

Le quotidien canadien au plus fort tirage, le TORONTO STAR, demeure cependant une propriété indépendante, puisqu'il n'est pas affilié par propriété à d'autres quotidiens. Le Star appartient à TORSTAR CORPORATION, qui publie aussi des hebdomadaires et des livres, dont les romans Harlequin (*voir* HARLEQUIN ENTERPRISES).

Du côté de la presse de langue française, POWER CORPORATION DU CANADA, contrôlée par PAUL DESMARAIS, joue un rôle de premier plan en tant que propriétaire de *La Presse*, le plus grand quotidien du Québec, ainsi que de journaux à Trois-Rivières, à Sherbrooke et à Granby. Coup de théâtre à la fin de l'année 1999, le groupe de presse QUÉBECOR, maintenant présidé par Pierre Karl Péladeau, se porte acquéreur des actifs et des journaux de la SUN Publishing. L'année 1999 se sera déroulée sous le signe du changement en ce qui a trait à la propriété des entreprises de presse. Une série de changements qui laissent augurer une prochaine décennie toute en mouvance, dans un contexte de mondialisation et de fusions d'entreprises.

La nature monopolistique de la presse est manifeste quand on sait que la PRESSE CANADIENNE, le principal organisme de cueillette et de diffusion de nouvelles pour tous les quotidiens, appartient aux quotidiens, et que Southam-Hollinger-Gesca et Thomson en sont des actionnaires importants. Par l'intermédiaire de sa filiale, Broadcast News, la Presse canadienne dessert également l'industrie de la radiodiffusion. En 1981, la Commission royale d'enquête sur les quotidiens propose des mesures susceptibles de stimuler la concurrence, de réduire la puissance des monopoles et de restreindre l'autonomie des propriétaires en matière de politique éditoriale, mais aucune des principales recommandations n'a fait l'objet d'un arrêté officiel.

Magazines

Alors qu'elle compte 1440 publications et 1100 entreprises en 1991, l'industrie canadienne de l'édition de magazines ne compte plus, en 1993-1994, que 1331 publications et 1000 entreprises. En 1993-1994, les 4 éditeurs de périodiques les plus importants accaparent 39 p. 100 des revenus de cette industrie et 36 p. 100 de son tirage global, tandis que les 8 plus grandes entreprises enregistrent 48 p. 100 des recettes et 52 p. 100 du tirage. Les principaux propriétaires de journaux tendent aussi à être d'importants éditeurs de magazines. Le plus grand éditeur de revues au pays est, pendant plusieurs années, Maclean Hunter. Outre les magazines MACLEAN'S et CHATELAINE, Maclean Hunter/Rogers publie 72 autres périodiques au Canada et 142 à l'étranger. Quant à Conrad Black, il publie SATURDAY NIGHT.

Éditeurs de livres L'industrie canadienne de l'édition (*voir* ÉDITION DE LANGUE FRANÇAISE) est dynamique et compétitive, mais sur les 316 maisons d'édition que compte le pays en 1993-1994, 24 (ou 7,6 p. 100) sont sous contrôle étranger, et leur chiffre de vente au Canada est de 609,8 millions de dollars, comparativement à 687,2 millions de dollars pour les maisons d'édition sous contrôle canadien (agissant, dans les deux cas, comme propriétaires et agents exclusifs des importations). La pénétration du marché par des maisons d'édition sous contrôle étranger varie considérablement selon la catégorie de livres: leurs manuels scolaires comptent pour 46 p. 100 des ventes, et leurs manuels du niveau postsecondaire pour 85 p. 100 des ventes, alors que leurs publications commerciales ne comptent que pour 13 p. 100.

L'industrie canadienne de l'édition de livres de langue anglaise serait dominée par quelque 50 entreprises établies en Ontario (enregistrant chacune au moins 5 millions de dollars de revenus annuels), dont la moitié est sous contrôle étranger. Dans l'édition de livres, la propriété canadienne semble toutefois importante, étant donné que les maisons d'édition sous contrôle canadien comptent pour 97 p. 100 des ventes des livres grand public d'auteurs canadiens.

La plupart des maisons d'édition canadiennes sont de petites entreprises orientées sur les publications commerciales et scolaires, à l'exception de International Thomson et Torstar. MCCLELLAND AND STEWART INC., les éditeurs des groupes QUEBECOR et Sogides, Douglas and McIntyre et General-Stoddart font partie des autres importantes maisons d'édition canadiennes.

Radiodiffusion

L'industrie de la radiodiffusion, largement aux mains de Canadiens, est beaucoup moins concentrée que l'industrie du téléphone ou de la presse, quoique les niveaux de concentration y soient de plus en plus élevés. Si l'on s'en tient aux revenus, la plus importante entreprise de radiodiffusion est la Western International Communications Ltd. de Vancouver, dont les revenus, en 1993, sont de 344 millions de dollars. Elle contrôle 9 stations de télévision en Alberta, en Colombie-Britannique et à Hamilton, en Ontario (on étend présentement le signal de Hamilton dans tout l'Ontario au moyen d'une série de transmetteurs). Western détient, en plus, les parts majoritaires de CANCOM, qui diffuse par satellite des émissions de télévision et des services de TÉLÉVISION PAYANTE à des câblodistributeurs. Elle détient aussi 50 p. 100 de celles du Canal Famille, une chaîne spécialisée de télévision, et est propriétaire de 6 stations de radiodiffusion.

Une autre entreprise qui occupe une place aussi importante dans l'industrie de la radiodiffusion est BATON BROADCASTING INCORPORATED. En septembre 1995, Baton possède et exploite 20 stations de télévision en Ontario et en Saskatchewan, desservant 58 p. 100 de la population anglophone du Canada. En 1993, les revenus des entreprises de radiodiffusion de Baton s'élèvent à 225,3 millions de dollars (incluant les revenus de la production d'émissions). Cette année-là, l'industrie de télévision de propriété privée enregistre au total des revenus de 1464,5 millions de dollars. En 1997, Baton se voit accorder une nouvelle licence de station-télévision pour Vancouver. Elle contrôle aussi maintenant le réseau de télévision CTV.

Une autre grande compagnie du secteur privé de la radiodiffusion canadienne est CanWest/Global (*voir* GLOBAL COMMUNICATIONS LIMITED), qui fournit des services de télédiffusion dans tout l'Ontario, ainsi qu'à Winnipeg et à Vancouver. CanWest détient aussi une nouvelle licence de télédiffusion de langue anglaise pour Montréal, Québec et Sherbrooke. La compagnie souhaite former le troisième réseau national de télévision de langue anglaise, aux côtés de CTV et de CBC. Bien qu'elle ait fait marche arrière dans sa tentative hostile de prendre le contrôle de WIC, CanWest n'en demeure pas moins l'actionnaire majoritaire.

Par ailleurs, le fait qu'il existe de puissants organismes dans le secteur public, comme la SOCIÉTÉ RADIO-CANADA et certains réseaux subventionnés par des gouvernements provinciaux, comme TVOntario et Télé-Québec, permet de diversifier la propriété des médias. En ne cherchant pas, contrairement aux entreprises privées, à maximiser leurs profits, ces entreprises gouvernementales facilitent généralement l'accès au réseau.

En outre, l'accessibilité est réglementée, jusqu'à un certain point, par le CRTC, tant pour le secteur public que pour le secteur privé. Si cet organisme n'imposait pas de critères relatifs à la teneur canadienne du contenu des émissions, les artistes de spectacle et les autres créateurs canadiens auraient peu accès à la télévision privée, compte tenu du fait que les productions canadiennes sont plus onéreuses que celles importées des États-Unis.

De son côté, la concentration de l'industrie de la CÂBLODISTRIBUTION ne cesse de s'accroître. En 1976, les 4 plus grandes entreprises de câblodistribution multisystèmes desservaient 48 p. 100 des 1,4 million d'abonnés canadiens. Avant l'acquisition de Maclean Hunter par Rogers en 1994, les 4 plus grandes compagnies desservaient 60,2 p. 100 des 7,7 millions d'abonnés au câble du Canada. Depuis, les 3 plus grandes entreprises (Rogers, Shaw et Vidéotron) desservent à peu près la même proportion d'abonnés, soit 59,4 p. 100.

Aux yeux du CRTC et au nom du principe de la convergence, des portions de l'industrie de la télédiffusion et de la câblodistribution doivent être fortement concentrées pour être mieux en mesure de concurrencer les actuels transporteurs de télécommunications. Les entreprises de câblodistribution comme Shaw, Rogers et Vidéotron ont diversifié et intégré verticalement leurs activités pour pouvoir produire des émissions. Ainsi, Shaw détient 34,3 p. 100 des intérêts de YTV (émissions destinées à la jeunesse) et, sous réserve de l'approbation du CRTC, y doublera ses actions. Cette compagnie détient également une option d'achat de 29 p. 100 de New Country Network, un autre canal spécialisé. Rogers Communication Inc., propriétaire du plus important réseau de télévision par câble, possède aussi 16 stations de radio, une entreprise nationale de téléphone cellulaire, une chaîne de magasins de location de vidéos, une station de télévision multilingue ainsi qu'un service de télé-achats, et a des intérêts dans un service de télévision à la carte.

C'est dans la recherche de profits et le culte de la croissance continue qui motivent les entreprises à rechercher une plus forte concentration. Les profits peuvent être augmentés par l'accroissement des revenus, par la réduction des frais ou encore par la combinaison des deux. Le fait de détenir un monopole donne aux entreprises le pouvoir d'augmenter les prix, tandis que la compétition diminue ce pouvoir. Par conséquent, la concentration permet des revenus plus élevés. De plus, le coût par téléspectateur ou par lecteur diminue au fur et à mesure que l'entreprise accroît sa clientèle. En effet, le coût de production du contenu a tendance à se stabiliser lorsque s'accroît la clientèle. Une méthode pour y arriver consiste à éliminer les rivaux.

Cinéma

La recherche du profit a une autre conséquence, celle de la tendance à l'intégration verticale entre le moyen de transmission (le média) et le contenu transmis. L'intégration verticale peut consolider ou créer un monopole au niveau de certaines étapes de la production, qui seraient autrement soumises aux lois de la compétition. Ainsi, en 1923, la Famous Players Canadian Corporation acquiert la mainmise sur la distribution des films en s'intégrant verticalement à l'entreprise américaine Paramount Pictures. C'est grâce à ces liens de propriété que la Famous Players, sous la direction de N.L. NATHANSON, peut prendre le contrôle de sa plus grande rivale, en éliminant la principale source de longs métrages de cette dernière.

Aujourd'hui, l'industrie de la projection cinématographique au Canada est dominée par deux chaînes rivales, Famous Players et CINÉPLEX ODÉON CORPORATION, toutes deux affiliées à des entreprises américaines de production et de distribution, la Twentieth Century Fox et l'Universal Studios (MCA). Cependant, en acquérant 80 p. 100 des parts de cette dernière au coût de 5,7 milliards de dollars américains, en 1995, la Compagnie SEAGRAM Limitée place Cinéplex Odéon sous contrôle canadien. Ensemble, Cinéplex Odéon et Famous Players sont propriétaires de 50 p. 100 des 620 salles de cinéma et des 103 ciné-parcs au Canada, et leur part de marché est d'environ 90 p. 100 dans les régions métropolitaines et de 70 p. 100 dans les villes (*voir* FILMS, DISTRIBUTION DE).

Propriété

Le degré de concentration, la propriété mutuelle et le contrôle étranger découlent de la politique gouvernementale, tant implicite qu'explicite. Le gouvernement est explicitement responsable de la répartition des titres de propriété et de l'ensemble des droits et obligations qui s'y rattachent, dans la mesure où c'est lui qui émet les permis aux entreprises de diffusion. En outre, dans les entreprises médiatiques non réglementées, il est implicitement responsable de ces mêmes mesures.

La faiblesse de la législation canadienne en matière de concentration permet à K.C. IRVING d'acquérir les cinq quotidiens de langue anglaise du Nouveau-Brunswick et sanctionne, le même jour, la fermeture de journaux rivaux appartenant à Thomson à Ottawa et à Southam à Winnipeg. De plus, la politique gouvernementale approuve tacitement l'acquisition par Hollinger de tous les quotidiens de la Saskatchewan et son contrôle de 40 p. 100 du tirage global des quotidiens canadiens. Il se peut que le pouvoir que possèdent les propriétaires de médias de façonner l'opinion publique fasse craindre au gouvernement que des monopoles se forment relativement à l'abri des recours. En revanche, le gouvernement surveille de beaucoup plus près la propriété sous contrôle étranger, exigeant un contrôle canadien dans la plupart des secteurs.

Robert E. Babe

Médiation en droit du travail Elle englobe une variété de modes de règlement des différends entre les employeurs et les syndicats dans le secteur syndiqué du marché du travail. L'objet de la médiation est de régler, d'une part, les «conflits d'intérêts» dans le cadre de la négociation d'une convention collective et, d'autre part, les «conflits de droits» portant sur l'interprétation de la convention collective.

Depuis le début du siècle, une caractéristique principale marque le régime des négociations collectives et le droit du travail au Canada (*voir* NÉGOCIATION COLLECTIVE et DROIT DU TRAVAIL), soit la participation active de gouvernement en qualité d'«intermédiaire impartial» pour aider les employeurs et les syndicats à négocier les modalités de leur convention collective. Si les parties débouchent sur une impasse dans leur négociation directe de la convention collective, l'une ou l'autre a le droit de recourir à la sanction économique, savoir la grève dans le cas des employés et le lock-out dans le cas de l'employeur. Mais, toutes les autorités législatives canadiennes exigent que les parties se soumettent d'abord à un processus de médiation appelé «conciliation» avant d'exercer le droit de grève ou de lock-out.

La conciliation Divers modèles de conciliation existent, mais ils font tous appel à des conciliateurs. Ces derniers sont des fonctionnaires chargés de faciliter le processus de négociation à la demande de l'une ou l'autre des parties engagées dans une négociation collective. Les conseils de conciliation tripartites formés de personnes désignées par chacune des parties et d'un tiers neutre qui préside le conseil et qui est choisi par les représentants des parties constituent une autre étape du processus de conciliation dans de nombreuses autorités législatives, mais leur utilisation est largement limitée aux conflits de travail dans le secteur public. Une variante de ce modèle est le commissaire conciliateur, tierce partie neutre et indépendante nommée par le gouvernement pour faciliter la résolution d'un conflit survenu lors d'une négociation collective.

Conciliateurs Les conciliateurs travaillent de façon informelle et ne présentent leurs conclusions qu'au gouvernement. Les conseils de conciliation et les commissaires conciliateurs travaillent de façon plus formelle et présentent leur rapport formel au gouvernement et aux parties. Ce rapport comporte leurs conclusions accompagnées de recommandations sur la façon de régler le conflit. Ces rapports sont rendus publics, et bien qu'ils ne s'imposent pas aux parties, ils servent souvent de base aux parties pour la résolution du différend. La médiation postérieure à la grève ou au lock-out, inspirée de l'expérience tant du secteur public que du secteur privé, est devenue une caractéristique additionnelle de la médiation en droit du travail au Canada, à laquelle on fait appel le plus souvent lors de conflits de travail interminables et insolubles.

Deux dernières décennies Durant les deux dernières décennies, la médiation en droit du travail sert à faciliter la résolution des conflits de droits nés d'une convention collective. Habituellement, le gouvernement offre des services de médiation pour aider les parties à résoudre un grief découlant d'une convention collective avant de renvoyer l'affaire à l'arbitrage obligatoire. Ces médiateurs sont souvent choisis parmi les mêmes groupes que les conciliateurs chargés des conflits d'intérêts, bien que des tentatives soient faites par certaines autorités législatives pour privatiser cette fonction et la séparer des services de médiation en droit du travail qu'offre le gouvernement.

Thomas S. Kuttner

Médicaments vétérinaires, industrie des (*voir* MÉDECINE VÉTÉRINAIRE) Secteur du domaine vétérinaire qui s'intéresse à la recherche, à la mise au point, à la fabrication et à la commercialisation de médicaments à usage vétérinaire. Elle se compose de deux branches: les produits biologiques, c.-à-d. les médicaments dérivés d'organismes vivants, dont les vaccins et les sérums; et les produits pharmaceutiques (*voir* INDUSTRIE PHARMACEUTIQUE), c.-à-d. les autres médicaments, comme les antibiotiques, les stéroïdes, les anthelminthiques (composés vermifuges) et les anesthésiques. La recherche, la mise au point et l'utilisation des produits pharmaceutiques diffèrent de celles des médicaments biologiques. Sauf quelques exceptions, les médicaments pharmaceutiques sont d'abord mis au point pour traiter des maladies humaines et leur application en médecine vétérinaire ne fait que découler de cet usage. Par contre, les médicaments biologiques sont des médicaments spécifiques à chaque espèce et à chaque maladie, et cette spécificité est à l'origine de l'essor d'une industrie de médicaments biologiques à usage vétérinaire distincts de leurs équivalents pour les humains.

Le Canada a fait plusieurs contributions importantes à l'industrie des produits biologiques à usage vétérinaire. P. ex., le vaccin de souche ERA contre la rage, utilisé dans le monde entier, a été mis au point par CONNAUGHT LABORATORIES Ltd., de Toronto. C'est un vaccin vivant, atténué (c.-à-d. affaibli) qui contient une souche atténuée du VIRUS de la rage et qui permet d'immuniser des animaux pendant une période allant jusqu'à cinq ans après une seule inoculation. Ce vaccin s'est révélé efficace pour une grande diversité d'espèces animales. En 1979, la Veterinary Infectious Disease Organization (VIDO), située à Saskatoon, met au point un vaccin qui protège les veaux contre la diarrhée causée par la bactérie *Escherichia coli* (colibacille). Ce vaccin est unique du fait qu'il offre une protection contre les souches d'*E. coli* responsables de la maladie en favorisant le développement d'excroissances en forme de poil (pilli) sur la surface de la cellule qui agissent comme agent immunisant. Les anticorps produits par la mère pour combattre ces pilli, qui sont transmis au veau durant les cinq premiers jours de vie par le colostrum (précurseur du lait), empêchent la bactérie *E. coli* de se fixer à la paroi interne de l'intestin, l'empêchant ainsi de déclencher la maladie. Une autre contribution canadienne est le premier vaccin d'Amérique du Nord sous licence fédérale contre la maladie de Marek, un cancer affectant les jeunes poulets. Parmi les autres innovations, on retrouve un vaccin oral pour protéger les porcs contre l'érysipèle (le rouget) et une technique commerciale pour immuniser les jeunes poulets.

En 1986, le marché mondial des médicaments vétérinaires s'élève à 9,2 milliards de dollars, dont la part canadienne est de 1,9 p. 100. Les États-Unis, le Japon et le Royaume-Uni sont les chefs de file dans ce domaine. Les médicaments employés comme suppléments alimentaires constituent plus de 75 p. 100 du marché canadien, les produits biologiques formant le reste. Au Canada, ce secteur est principalement desservi par un petit groupe de fabricants (Canada Packers Inc., Dispar Veterinary Products Ltd., Langford Inc., Sanofi Animal House et Vetrepharm Inc.).

M.J. Walcroft

Médicaments, abus de Bien que la mauvaise utilisation des médicaments soit concomitante à leur apparition, il n'existe pas de définition universelle du terme «abus de médicaments». Au sens large, on englobe sous ce terme toutes les déviations à l'ordonnance du médecin, comme l'oubli d'une dose ou l'absorption d'une quantité insuffisante ou excessive. Le plus souvent, l'expression désigne cependant la consommation délibérée de substances psychotropes dans l'intention de modifier l'humeur, la perception, la pensée ou le comportement. Outre les drogues illicites, plusieurs types de médicaments délivrés sur ordonnance ont cet effet sur les fonctions cérébrales. Si une substance psychotrope produit des effets perçus comme bénéfiques (sensation agréable, soulagement d'un état dépressif ou anxieux), l'individu peut être amené à la consommer de façon répétée. Chez certains, le lien entre la substance et la sensation de bien-être devient si fort qu'ils en viennent à acquérir une dépendance psychologique, parfois même physique, à cette substance et négligent les moyens plus appropriés au règlement de leurs problèmes.

Cette accoutumance peut entraîner des problèmes sociaux, être la cause de mariages brisés ou de la perte d'un emploi (il se peut toutefois que ces problèmes aient été la cause de la consommation de psychotropes). Les complications médicales sont également fréquentes. Les personnes acquièrent une tolérance au médicament. À mesure que le corps s'adapte à la présence de la substance et que l'effet désiré diminue, l'utilisateur compense en augmentant la dose et multiplie, par le fait même, les risques d'effets secondaires dangereux (p. ex., un arrêt respiratoire provoqué par des barbituriques). Si le médicament cesse soudainement d'être administré, le corps continue à réagir comme s'il était toujours présent. Pour un grand nombre de médicaments, ce phénomène entraîne des symptômes de sevrage qui sont habituellement à l'opposé des effets initiaux du médicament. P. ex., l'abandon de sédatifs provoque une hyperexcitation des cellules nerveuses (anxiété, tremblements et dans certains cas aigus, crises d'épilepsie et hallucinations), tandis que la léthargie et la dépression sont liées à l'abandon des stimulants.

Les médicaments psychotropes délivrés sur ordonnance qui prêtent à la surconsommation se classent dans trois catégories: les analgésiques opiacés, les sédatifs hypnotiques et les stimulants. D'autres médicaments utilisés en PSYCHIATRIE, tels les tranquillisants antipsychotiques, les antidépresseurs et le lithium, ont des effets désagréables chez les personnes normales et sont donc rarement utilisés à des fins non médicales. Néanmoins, les médicaments ne sont pas toujours utilisés selon l'ordonnance et leur mauvaise utilisation peut causer des effets fâcheux.

Les opiacés (qu'on appelle parfois analgésiques narcotiques) proviennent du pavot asiatique ou sont obtenus par synthèse. Ce sont l'héroïne, la morphine, la méthadone, la mépéridine et la codéine. Ils sont surtout utilisés pour soulager la douleur bien qu'on les emploie également comme antitussifs et parfois comme antidiarrhéiques. Compte tenu de leur fort potentiel de dépendance, leur distribution et leur vente sont strictement réglementées. Au cours des 10 dernières années, le nombre de personnes qui consomment des opiacés d'ordonnance à des fins non médicales s'est tellement accru au Canada que dans certaines strates de patients sous traitement médical, leur nombre a dépassé celui des consommateurs d'héroïne vendue sur la voie publique. Il est difficile de mettre ces médicaments à la disposition de ceux qui en ont vraiment besoin tout en en restreignant l'accès à ceux qui en font un usage illicite. Les consommateurs se les procurent par des moyens illégaux, en contrefaisant des ordonnances, en volant dans les pharmacies ou en simulant des malaises douloureux et difficiles à diagnostiquer (comme les douleurs lombaires).

Les médicaments les plus en demande sont la mépéridine (Demerol^MD^), l'oxycodone (sous la forme de Percodan^MD^) et la codéine, à effets analgésiques, ainsi que l'hydromorphone et l'hydrocodone, qui sont des antitussifs (et qu'on retrouve respectivement dans les sirops contre la toux Dilaudid^MD^ et Novahistex DH^MD^). Contrairement à l'héroïne vendue illégalement sur la voie publique, les opiacés obtenus sur ordonnance sont purs et un grand nombre agissent par voie orale. Ce mode d'absorption élimine les risques associés aux injections. La dépendance envers les opiacés délivrés sur ordonnance est du même ordre que l'héroïnomanie sur le plan des effets secondaires qu'elle engendre et se traite de la même façon, c'est à dire par remplacement du médicament par de la méthadone ou encore par abstinence en milieu protégé. Compte tenu du fort potentiel de dépendance des opiacés, les médecins hésitent plus qu'autrefois à les prescrire aux personnes qui souffrent de douleurs chroniques. On préfère, dans ces cas, des thérapies non pharmacologiques. Chez les malades en phase terminale, le souci primordial est de soulager la douleur de façon efficace et durable, et l'on cesse d'administrer les analgésiques seulement si leurs effets secondaires mettent la vie du patient en danger. Après bien des débats au sein de la population, le gouvernement a légalisé l'administration d'héroïne à ces malades. Dans la pratique, les médecins choisissent cependant la plupart du temps de prescrire d'autres analgésiques puissants.

On appelle sédatifs hypnotiques les médicaments d'ordonnance qui ralentissent l'activité du système nerveux central. Parmi eux, on trouve les barbituriques, les anesthésiques généraux, les anxiolytiques (p. ex., la benzodiazépine) et un certain nombre de sédatifs non barbituriques. On prescrit ces substances pour combattre l'anxiété, favoriser le sommeil, prévenir ou traiter les crises d'épilepsie ou encore induire l'anesthésie chirurgicale. Elles peuvent toutes entraîner une dépendance chez certaines personnes.

On utilise les barbituriques depuis le début du XXe s. Bien que les dangers qu'ils présentent (dépression respiratoire grave, fort potentiel de dépendance et réactions parfois mortelles de sevrage) soient universellement reconnus depuis longtemps, il n'existait pas de produits de substitution sans danger jusqu'à tout récemment. La quantité de barbituriques prescrits a toutefois diminué considérablement depuis l'introduction des benzodiazépines au Canada dans les années 60. Les barbituriques à action rapide tels que le sécobarbital (Seconal^MD^) font encore l'objet d'une consommation illégale, car ils ont un effet rapide et ce sont eux qui créent le plus grand sentiment d'euphorie. Ils sont souvent administrés pour augmenter les effets d'autres sédatifs hypnotiques ou pour faire cesser les effets désagréables de l'usage prolongé de stimulants.

À l'origine, on croyait que les benzodiazépines (en 1986, 13 variétés étaient vendues au Canada) présentaient peu de dangers et un faible potentiel de dépendance. C'est pourquoi on les prescrivait alors abondamment pour favoriser le sommeil (flurazépam «DalmaneMD» et triazolan «HalcionMD») et pour combattre l'anxiété, ce qui est le cas du diazépam, vendu au Canada sous huit appellations commerciales, notamment Valium[MD], et sous une appellation générique par quatre compagnies, du chlordiazépoxide (Librium[MD]) et de l'oxazépam (Serax[MD]). La plupart des médecins pensent que ces médicaments ne présentent aucun danger à court terme (moins de quatre semaines), mais s'interrogent sur la valeur d'un traitement prolongé, car, lorsqu'un traitement aux tranquillisants est interrompu, les symptômes initiaux d'anxiété réapparaissent souvent. Cet état peut être temporairement aggravé par l'apparition de symptômes de sevrage, qui sont généralement moins pénibles que ceux provoqués par l'arrêt des barbituriques ou de l'alcool, mais qui peuvent quand même inciter l'individu à reprendre le médicament. La consommation prolongée de ces médicaments affecterait la mémoire ainsi que d'autres fonctions cérébrales. Les médecins hésitent donc de plus en plus à prescrire des benzodiazépines pour plus d'un mois sans surveillance médicale.

Au Canada comme ailleurs, les benzodiazépines sont prescrites deux fois plus souvent aux femmes qu'aux hommes et beaucoup plus fréquemment aux personnes âgées qu'aux jeunes (voir FEMMES ET SANTÉ). C'est une prescription fréquente chez les malades chroniques. Ces différences de traitement suscitent de nombreux débats sur les pratiques de prescription des médecins, surtout parmi ceux qui estiment que l'on administre des tranquillisants aux femmes pour des problèmes qu'il vaudrait mieux essayer de résoudre par des méthodes plus constructives. Les statistiques canadiennes indiquent que la grande majorité des utilisateurs de benzodiazépines (entre 90 p. 100 et 95 p. 100) suivent leur prescription, mais. si on tient compte du nombre élevé d'ordonnances, les 5 p. 100 qui restent représentent un nombre important de consommateurs dont certains auraient besoin d'une aide médicale pour cesser la consommation du médicament. Les benzodiazépines (particulièrement le diazépam) sont parfois utilisées à des fins non médicales pour augmenter l'effet d'autres drogues psychotropes, y compris l'alcool.

Les sédatifs hypnotiques non barbituriques offrent peu d'avantages thérapeutiques sur les benzodiazépines. Celui qui a fait l'objet de la plus forte surconsommation est la méthaqualone, bien qu'au Canada le problème ne semble pas aussi important qu'ailleurs. La production de ce médicament est devenue illégale aux États-Unis, mais au Canada, on en fabrique encore en petite quantité. Les réserves légales susceptibles d'être détournées vers le marché noir ont donc diminué, mais la consommation illicite d'autres médicaments de la même catégorie pourrait augmenter par le fait même.

On appelle «stimulants» une vaste catégorie de substances parmi lesquelles il faut classer les amphétamines et les drogues connexes, ainsi que la cocaïne, la caféine et la nicotine. Au début, on prescrivait des amphétamines pour lutter contre plusieurs désordres, tels l'obésité, la dépression et la léthargie. Toutefois, leur faculté de produire une forte stimulation et d'engendrer l'euphorie a entraîné une consommation aux proportions épidémiques au Japon, en Suède, aux États-Unis et dans d'autres pays.

En raison de leur potentiel de dépendance élevé et de leur inefficacité à long terme comme produit anorexigène, leur utilisation comme «amaigrisseurs» est sévèrement réfrénée au Canada en 1972. La prescription d'amphétamines et de méthylphénidate (Ritalin[MD]) est limitée au traitement de quelques rares désordres comme l'hyperactivité chez les enfants et la narcolepsie. La consommation de certains médicaments (comme la phenmétrazine) est totalement supprimée et d'autres substances anorexigènes moins puissantes, telles le diéthylpropion (Tenuate[MD]), ont été rangées dans la catégorie des drogues contrôlées en vertu de la *Loi des aliments et drogues*. Depuis le milieu des années 70, on constate une baisse importante de la surconsommation des amphétamines fabriquées légalement et des méthamphétamines de synthèse produites illégalement. Toutefois, on note une augmentation de la consommation illicite de cocaïne et de stimulants légers en vente libre (tels l'éphédrine, le phénylpropanolamine, la caféine et le propylhexadrine), qui sont vendus comme décongestionnants et comme «excitants». Tous ces médicaments, consommés en quantité suffisante, peuvent provoquer des effets secondaires toxiques.

Kevin O'Brien Fehr

Medicine Hat, ville de l'Alb.; pop. 46 783 (rec. 1996), 43 625 (rec. 1991), 41 823 (rec. 1986); superf. 112,96 km²; const. en 1906; située sur la ligne principale du Canadien Pacifique et sur la Transcanadienne, à 300 km à l'est de CALGARY. Nichée dans la vallée de la RIVIÈRE SASKATCHEWAN Sud, la ville est un havre parsemé d'arbres et elle est entourée d'une vaste prairie sans arbres. Dirigée par un maire et huit conseillers, elle est la ville la plus sèche au Canada car, pendant 271 jours par an en moyenne, elle ne reçoit au mieux que quelques gouttes de pluie.

Historique Une légende amérindienne raconte qu'un guérisseur cri, traversant la Saskatchewan-Sud pour fuir l'ennemi au cours d'un combat sanglant contre les Pieds-Noirs, y perd sa coiffure de plumes. Les hommes de sa tribu, démoralisés, se rendent et sont massacrés. Voilà ce qui semble expliquer l'origine du nom de Medicine Hat.

Après l'arrivée du chemin de fer en 1883, la localité grandit à partir d'un regroupement de tentes montées dans le voisinage de la gare. La production commerciale de gaz naturel et d'argile mène à l'établissement de fabriques de poteries, de briques et de tuiles. Plus tard s'établit une meunerie, une conserverie, une brasserie et une fonderie. C'est durant la première décennie du XXe s. que la population croît le plus rapidement pour atteindre 5600 habitants en 1911.

Économie Bien qu'elle soit située dans une région agricole dotée de grands ranchs, de fermes de culture du blé et de quelques terres irriguées, Medicine Hat doit à l'abondance de son gaz naturel la bonne santé de son secteur industriel pourtant restreint. En 1921, Medalta Stoneware devient la première usine de l'Ouest canadien à vendre un produit manufacturé à l'est de Lakehead. La Northwest Nitro Chemicals, aujourd'hui la Western Co-operative Fertilizers, construit une importante usine d'engrais à Medicine Hat en 1955. Cinq ans plus tard, la ville aménage le parc industriel Brier; l'une des premières entreprises à s'y installer est d'ailleurs l'usine de pneus Goodyear. La serriculture et les industries pétrochimiques ont profité des sources d'approvisionnement locales en gaz naturel.

Paysage urbain Outre ses nombreux parcs et ses nombreuses installations sportives, Medicine Hat jouit d'une richesse culturelle enviable grâce à son collège, sa galerie d'art, son musée, son cinéma (Fire Hall Theatre) et son petit orchestre symphonique. Elle compte aussi une équipe de hockey, les Tigers, qui fait partie de la Ligue de hockey junior de l'Ouest, et une équipe de base-ball, les Blue Jays, club-école des Blue Jays de Toronto.

A.A. Den Otter

«Medicine Wheels» L'expression «medicine wheel» ne vient pas d'une langue autochtone. Des Américains de descendance européenne ont commencé à l'employer au tournant du XXe s. pour désigner la Bighorn Medicine Wheel, à Sheridan, dans le Wyoming. Plus tard, des recherches archéologiques ont mis au jour d'autres structures qui comportent toutes diverses formes de cercles de pierres, de cairns et de rayons. Comme ces dispositions ressemblent de façon générale à la Bighorn Wheel, on les appelle également «medicine wheels».

Ces structures partagent dans l'ensemble les caractéristiques suivantes: 1) elles sont faites en grande partie de pierres brutes naturelles trouvées sur les lieux; 2) elles comprennent au moins deux des composantes principales suivantes: un cairn central proéminent, un ou plusieurs cercles concentriques de pierres, deux ou plusieurs rayons ou lignes rayonnant à partir d'un point central, d'un cairn central ou du contour d'un cercle de pierres; 3) lesdites principales composantes sont disposées de façon symétrique selon un rayon.

On a trouvé jusqu'à maintenant plus de 70 structures pouvant être classées comme «medicine wheels». Toutes se trouvent dans les Plaines du Nord, depuis le Wyoming et le Dakota du Sud au sud, jusqu'en Alberta et en Saskatchewan au nord. La plupart de ces figures présentent aussi des structures de moindre importance telles que des cercles de TIPIS, de petits cairns secondaires de pierres, des âtres en pierre ou des effigies anthropomorphiques (*voir* BRITISH BLOCK, «MEDICINE WHEEL» ET CAMPEMENT DE RONDS DE TIPIS DE). De plus, les dimensions des cercles varient beaucoup. Le Bighorn Medicine Wheel consiste en un cairn de pierres de 4 m de diamètre, placé au centre d'un cercle de pierres de 27 m de diamètre, auquel il est relié par environ 27 rayons de pierres. En comparaison, l'Ellis Medicine Wheel, dans le sud de l'Alberta, est entouré d'un cercle de pierres de la taille d'un tipi, soit 5 m de diamètre, de la périphérie duquel s'étendent 10 rayons de pierres dans toutes les directions sur des distances de 14 à 19 m.

Selon les preuves archéologiques et ethnographiques limitées dont on dispose actuellement, les «medicine wheels» témoignent d'un large éventail d'époques, de groupes culturels et d'usages. Plusieurs de ces structures ont manifestement été construites et utilisées pendant de longues périodes par des peuples appartenant à plusieurs ensembles culturels. D'autres cercles ne servaient qu'à une seule fin. Les premiers signes de l'utilisation d'un «medicine wheel» ont été attribués à l'ensemble des peuples d'Oxbow et datent de 4000 à 5000 ans avant notre ère. Des études ethnographiques ont établi que les structures du genre de l'Ellis Wheel, décrit plus haut, datent de la fin de la période préhistorique jusqu'à la période historique et qu'il s'agit de monuments construits par les PIEDS-NOIRS à la mémoire de grands guerriers au moment de leur mort.

On ignore à quoi servaient exactement les autres formes de «medicine wheels», mais certains indices laissent croire que la majorité, sinon toutes, sont liées à des activités cérémonielles pratiquées par d'importants groupes sociaux. Selon des arguments qui semblent plausibles, certaines structures témoignent plus particulièrement de célébrations de la DANSE DU SOLEIL ou d'autres rituels similaires (*voir* AUTOCHTONES, RELIGION DES). D'autres ont aussi soutenu que certaines de ces «medicine wheels» constituaient peut-être des repères d'événements astronomiques.

John H. Brumley

Medley, John, évêque (Chelsea, Angl., 19 déc. 1804—Fredericton, 9 sept. 1892). À titre de premier évêque anglican de Fredericton, Medley travaille pendant 47 ans au développement matériel et spirituel de l'Église. Il étudie au Wadham College, à Oxford. Ami d'Edmund Pusey, il participe activement au mouvement ecclésiologique anglais, qui prône l'amélioration de la musique et de l'architecture religieuses. Il est un partisan reconnu du mouvement d'Oxford et ses sympathies pour la Haute Église sont suspectes selon ses ouailles LOYALISTES. Sacré évêque de

Fredericton en 1845, il entreprend une série de visites paroissiales annuelles et travaille à la construction d'une cathédrale à Fredericton et à la formation d'une maîtrise de la cathédrale. Conçue par l'architecte Frank Wills, décorée et meublée par William Butterfield, la cathédrale est consacrée en 1853. Medley veut que les bancs d'église soient gratuits et que les gens donnent librement à la quête; il organise des synodes diocésains. Il est l'auteur de *Hymns for Public Worship in the Diocese of Fredericton* (1855, 1863, 1870).

Terry Thompson

Méduse Nom commun donné à des INVERTÉBRÉS nageant librement qui font partie de l'embranchement des CNIDAIRES. Les méduses se caractérisent par leur corps en forme d'ombrelle dont les tissus contiennent une substance gélatineuse (mésoglée) et qui contribue à la flottabilité. On en reconnaît trois types: les méduses véritables (scyphozoaires), les hydroméduses (hydrozoaires) et les méduses coloniales siphonophores et chondrophores.

Les eaux canadiennes abritent environ 110 espèces de méduses. Leur densité est parfois très élevée, p. ex., celle de l'*Aurelia aurita* qui peut obstruer les systèmes de refroidissement des bateaux. Leur habileté à capturer divers autres animaux planctoniques en font un chaînon important des réseaux trophiques océaniques. Certaines espèces sont bien connues en raison du danger que peuvent présenter les cellules urticantes (cnidoblastes) qu'elles utilisent pour capturer leur nourriture: la méduse *Chironex fleckeri* qui vit au large de la côte du Queensland en Australie peut tuer les nageurs imprudents. Cependant, la piqûre du «guerrier portugais» (*Physalia physalis*) n'est probablement jamais fatale. La plupart des méduses canadiennes ne sont pas dangereuses.

Les méduses flottent grâce à la mésoglée de leurs tissus ou à la présence de vessies remplies de gaz (flotteurs). Les siphonophores et les chondrophores avec flotteur ont parfois une flottabilité suffisante pour se maintenir à la surface (p. ex., *Physalia et Velella*). Les méduses du genre *Velella* ont un flotteur qui leur permet de louvoyer et de rester au large lors de périodes de vent dominant du large, et les méduses s'échouent parfois sur la côte ouest de la Colombie-Britannique en nombre tel que les plages en deviennent violettes. Pour nager, les méduses utilisent la propulsion par réaction en actionnant des muscles puissants qui expulsent l'eau de la cavité formée par l'ombrelle.

A.N. Spencer

Mégantic, collines, Qc. Ancien nom qui désignait soit les divers secteurs physiographiques des Appalaches du Québec, qui s'étirent sur près de 800 km entre les Basses-terres du Saint-Laurent, la frontière Canada-États-Unis et le golfe du Saint-Laurent, soit surtout l'ensemble de hautes collines appalachiennes des CANTONS DE L'EST qui bordent la frontière sur 240 km de longueur entre les monts Sutton au sud-ouest et l'est de la Beauce au nord-est. Actuellement, cette dernière région de hautes collines, prolongement septentrional des montagnes Blanches et des montagnes Bleues de la Nouvelle-Angleterre, est localement désignée montagnes Frontalières depuis au moins les années 50 et officiellement désignée montagnes Bleues, depuis 1985 par la Commission de toponymie du Québec. Elles forment une véritable barrière orographique le long de la frontière et leur teinte bleutée justifie leur nom. Les points culminants sont le mont Mégantic (altitude de 1105 m), la plus orientale des collines Montérégiennes sur laquelle est installé un important observatoire astronomique depuis 1977 ainsi qu'un parc de conservation, et le mont Gosford (altitude de 1186 m), sommet le plus élevé du sud du Québec, appelé à accueillir un développement récréo-touristique. C'est une région essentiellement forestière, seulement peuplée de petits villages établis au XXᵉ s.

Jean-Marie Dubois

Mégantic, lac D'une superficie de 26,4 km² et d'une profondeur de 75 m, il est localisé dans le sud du Québec, dans une cuvette du haut plateau appalachien (à une altitude de 395 m), à 6 km de la frontière canado-américaine. Sa décharge, où se situe la seule ville de la région, LAC-MÉGANTIC (pop. 5864; rec. 1996), est la source de la RIVIÈRE CHAUDIÈRE. Le lac a été découvert en 1646 par le père Gabriel Druillettes (1610–1681), et les ABÉNAQUIS qui l'empruntent lui donnent le nom de «Namagontekw» ou «lac à la truite saumonée». Presque entièrement entouré à l'ouest, au sud et à l'est par les montagnes frontalières, dont la colline montérégienne la plus orientale, le mont Mégantic à l'ouest (1105 m), il est alimenté par un réseau de vallées qui drainent les vastes forêts environnantes. Un important marais pour la sauvagine est situé à sa tête. Anciennement utilisé pour le flottage du bois, le lac l'est maintenant pour la pêche et la villégiature. En 1775, lors de la GUERRE D'INDÉPENDANCE AMÉRICAINE, les troupes du colonel Benedict ARNOLD, en provenance de Boston, empruntent le lac Mégantic puis la rivière Chaudière pour attaquer Québec.

Jean-Marie Dubois et Pierre Mailhot

Mégaprojets Le terme «mégaprojet» est déjà inapproprié au début des années 70 pour désigner des projets de très grande envergure comme le PROJET DE LA BAIE JAMES et le projet Syncrude de mise en valeur des sables bitumineux du nord de l'Alberta. En effet, «Méga» signifie multiple d'un million, alors que le préfixe approprié aux projets géants d'INGÉNIERIE du Canada des années 70 et 80 est «giga» (multiple d'un milliard), puisque ces projets ont la caractéristique commune de représenter des coûts de plusieurs milliards de dollars. Au Canada, durant les années 80, dans le secteur de l'énergie uniquement, on planifie des projets importants coûtant plus de 200 milliards de dollars, mais la majorité d'entre eux est annulée, réduite en importance ou reportée indéfiniment. Une simple plate-forme de forage pour la production de pétrole en mer peut coûter des milliards de dollars.

Conception de mégaprojets

Climat de certitude Le concept entier est remis en question lorsque la longue série de mégaprojets proposés dans les années 70 est compromise par la récession ainsi que par la diminution des prix de l'énergie au cours des années 80. Il est uniquement possible d'élaborer des mégaprojets dans un climat de certitude. On ne peut prendre des engagements de 10 ans, de 20 ans ou même de 50 ans, dans le cadre desquels sont investis des milliards de dollars et des milliers d'années-personnes, qu'avec un financement garanti, une bonne demande pour le produit, un environnement politique favorable et une technologie sûre. Sans cette certitude, les mégaprojets se transforment facilement en «éléphants blancs».

Le Canada est un vaste pays doté d'un patrimoine exceptionnel de RESSOURCES naturelles et offre ainsi un environnement idéal pour les mégaprojets. On relève dans son histoire une série de projets qui sont, en fait, dans le contexte de l'époque des mégaprojets: le CANAL WELLAND et le CANAL RIDEAU en Ontario, le chemin de fer du CANADIEN PACIFIQUE et les CHEMINS DE FER NATIONAUX DU CANADA, les mobilisations en temps de guerre, les réseaux hydroélectriques (*voir* HYDROÉLECTRICITÉ), les PIPELINES transcanadien et de la côte Ouest, les oléoducs entre les provinces et au travers des montagnes, la ROUTE TRANSCANADIENNE et la ROUTE DE L'ALASKA, la VOIE MARITIME DU SAINT-LAURENT, les réacteurs nucléaires canadiens au deutérium et à l'uranium (CANDU) et enfin, le projet Syncrude de mise en valeur des sables bitumineux. Tous ont été mis en branle en fonction d'au moins un des trois objectifs d'intérêt national: transport, énergie ou défense.

Conception pour usage à long terme Outre de simples questions de taille et d'envergure, les mégaprojets impliquent des perspectives à long terme qui ressemblent à des prévisions faites à l'aide d'une boule de cristal. Les mégaprojets sont habituellement conçus pour un avenir qui débutera dans les 5 à 10 ans et s'étendra pendant les 25 à 30 années suivantes. De plus, les mégaprojets n'entrent habituellement pas graduellement dans le système économique, mais représentent un progrès considérable en capacité de production. D'où la nécessité de combler un besoin important insatisfait au moment de la mise en chantier du projet ou de combler des besoins déjà satisfaits, mais de façon plus économique et plus efficace. Des modes d'approvisionnement déjà existants (p. ex., des bateaux contournant le cap Horn, l'importation de pétrole, les centrales électriques au mazout) sont soudainement supplantés par l'arrivée du chemin de fer, des centrales au mazout et un développement hydroélectrique important.

Les premiers critiques et les plus persistants de ces projets importants sont habituellement les comptables. La simple proposition d'un projet comporte un risque financier important: le consortium Canadian Arctic Gas investit plus de 100 millions de dollars pour son projet de PIPELINE DE LA VALLÉE DU MACKENZIE rejeté en 1977. Le groupe Alsands investit un montant similaire avant de reporter indéfiniment le projet des sables bitumineux en 1982. Au Canada, le rendement réel à long terme sur l'investissement est en moyenne de 7 p. 100. Les investisseurs souhaitent un profit potentiel d'au moins 7 p. 100 plus élevé que le taux d'inflation prévu. Par conséquent, les investisseurs exigent des garanties de la part du gouvernement à propos des règles fiscales, des prix et des réglementations qui seront appliqués. Les gouvernements ont une préoccupation parallèle: que l'avantage collectif d'un projet soit supérieur à ses coûts sociaux et que ces mêmes avantages (comme l'approvisionnement en pétrole, le transport, l'emploi) ne puissent être obtenus par d'autres moyens plus économiques. P. ex., les mégaprojets sont construits en général dans l'arrière-pays, mais au profit des grands centres, parfois à l'extérieur de la province ou même du pays (*voir* CHUTES CHURCHILL). Les gouvernements doivent déterminer si les avantages pour le cœur industriel du pays compensent les cicatrices infligées aux régions éloignées traumatisées par la succession de périodes de superactivité et de dépression.

L'aspect économique fondamental Le calcul du coût de renonciation et du rapport coût/bénéfice est intimement lié à la signification économique de base des projets eux-mêmes. Au cours des années 70, le taux d'inflation pour les projets du secteur de l'énergie dépasse de 50 p. 100 le taux général. Avec la récession du début des années 80, on craint que les produits très coûteux enfantés par ces mégaprojets ne soient plus nécessaires quand ils arriveront finalement sur le marché. Les prévisions de croissance annuelle de la demande en énergie au Canada tombent alors de 7 p. 100 à près de 2 p. 100, sans compter quelques prévisions d'un taux de croissance nul ou négatif pendant de nombreuses années. Par conséquent, plusieurs projets sont mis sur les tablettes.

L'effondrement du prix de l'énergie prévu étouffe l'enthousiasme envers pratiquement tous les mégaprojets. Une stratégie nationale à long terme (pour assurer l'énergie, la BALANCE DES PAIEMENTS, l'infrastructure économique, la défense, etc.) peut l'emporter sur des facteurs économiques décourageants, mais une telle planification exige une vision particulièrement claire, rarement évidente chez les politiciens qui doivent fréquemment se présenter devant l'électorat. Les élections fédérales et provinciales, comme la campagne de 1981 au Manitoba, sont centrées sur des mégaprojets (*voir* POLITIQUE ÉNERGÉTIQUE). Les hommes d'affaires citent fréquemment l'incertitude entourant le soutien politique pour expliquer l'abandon des mégaprojets d'exploitation des sables bitumineux au début des années 80.

Mégaprojets notables Parmi les mégaprojets mis de l'avant dans les années 80 et 90, on note le Projet hydroélectrique de la baie James dans le Nord du Québec, la centrale nucléaire de Darlington en Ontario, l'élargissement à quatre voies du chemin de fer du Canadien Pacifique dans les Rocheuses, la mine de charbon de Tumbler Ridge et son chemin de fer associé en Colombie-Britannique, les principales usines pétrochimiques (*voir* INDUSTRIE PÉTRO-CHIMIQUE) en Alberta, une unité de valorisation du pétrole lourd à Lloydminster, à la frontière de l'Alberta et de la Saskatchewan, de nouveaux gazoducs de l'Alberta jusqu'aux États-Unis, la plate-forme de forage de pétrole Hibernia au large de Terre-Neuve, ainsi qu'une plus petite installation de production de pétrole au large de la Nouvelle-Écosse.

Toutefois, de nombreux mégaprojets sont annulés ou reportés indéfiniment. Parmi ceux-ci, le gazoduc et l'oléoduc à partir de l'Arctique, des installations en Colombie-Britannique et dans les Territoires du Nord-Ouest pour liquéfier le gaz naturel destiné au Japon et à l'Europe, la production de gaz naturel au large de la Nouvelle-Écosse, des gazoducs dans les Maritimes, la production de carburant de synthèse à partir du charbon au Cap-Breton, le projet de mise en valeur de l'ÉNERGIE MARÉMOTRICE de la baie de Fundy (*voir* FUNDY, BAIE DE ET GOLFE DU MAINE) en Nouvelle-Écosse et des centrales nucléaires CANDU supplémentaires au Québec et au Nouveau-Brunswick. Plusieurs événements bouleversent les calculs économiques de tous ces projets: une hausse de la demande en énergie bien inférieure aux prévisions, l'apparition de ressources alternatives capables de combler les besoins de façon plus économique et, enfin, la chute de 50 p. 100 des prix mondiaux du pétrole en 1986 qui entraîne celle des prix de toutes les ressources énergétiques. Comme les gouvernements commencent à se préoccuper de l'augmentation du poids de la dette, ils se montrent moins intéressés à investir des fonds publics dans les mégaprojets à risques économiques. On note cependant une exception, soit le projet Hibernia d'une valeur de 6 milliards de dollars, qui entre en production en septembre 1997 et que le gouvernement décide de soutenir en raison du bienfait social qu'il représente pour la province de Terre-Neuve, défavorisée sur le plan économique.

Les concepteurs de mégaprojets essaient de profiter d'économies d'échelle. En d'autres mots, plus l'installation est importante, moins son coût de production unitaire est élevé. C'est sur ce critère de base que des générations d'ingénieurs et d'économistes se fondent, mais sa validité repose en grande partie sur l'hypothèse d'une stabilité financière, économique et politique. Les incertitudes des années 80 forcent le réexamen de ce critère qui montre les failles à plusieurs égards.

Vulnérabilités des mégaprojets Premièrement, le fonctionnement d'un très grand projet est sujet à défaillance. Ainsi ne serait-il pas judicieux de dépendre trop d'une seule technologie (p. ex., CANDU) qui peut être mise au rebut à cause d'un vice caché ou du hasard. P. ex., au cours de ses premières années, le projet Syncrude est frappé par des incendies, le gel, des bris et des accidents qui diminuent sa production de moitié. La plus petite et la plus ancienne des usines de mise en valeur des sables bitumineux de Suncor connaît, elle aussi, des arrêts de production aussi récemment qu'en 1987. Deuxièmement, beaucoup de projets actuels peuvent être construits par phases ou modules, ce qui permet d'avoir une main-d'œuvre continue et d'apporter des améliorations au concept quand on trouve des erreurs dans les premiers modules. Les rentrées nettes liées à l'exploitation des premières unités permettent de financer les suivantes, réduisant de beaucoup les risques financiers, et on peut adapter le choix du moment pour les unités supplémentaires afin de s'ajuster aux change-ments de prix, à la demande et à la concurrence. Troisièmement, le processus de réglementation est plus simple et plus rapide pour des projets de moindre envergure. Quatrièmement, certaines technologies (p. ex., l'extraction in situ des sables bitumineux, la transformation du pétrole à pression très élevée) ne sont pas particulièrement plus économiques à grande échelle.

Approche modulaire La Compagnie pétrolière impériale ltée adopte l'approche modulaire pour la mise en valeur des sables bitumineux à Cold Lake après avoir abandonné un mégaprojet de 12 milliards de dollars. Le projet de Cold Lake est érigé en 12 étapes, pour une production devant dépasser en 1997 les 125 000 barils par jour prévus dans le projet original, et ce, à un moindre coût. Au lieu de valoriser le bitume par sa transformation en pétrole brut de synthèse, la compagnie le dilue avec un condensé (un sous-produit de la production de gaz naturel ressemblant à de l'essence) afin de l'expédier par pipelines aux raffineries. Les raffineries se sont dotées d'installations de valorisation, en mode modulaire, pour traiter les quantités croissantes de pétrole lourd de l'ouest du Canada. L'approche modulaire de cette compagnie, qui convient parfaitement à l'extraction in situ du bitume, est suivie aussi par d'autres exploitants de sables bitumineux comme la Compagnie des pétroles Amoco Canada ltée, Koch Exploration Ltd., Shell Canada Ltée et Elan Energy Inc.

Les mégaprojets actuels d'exploitation des sables bitumineux de Syncrude et de Suncor adoptent entre-temps de nouvelles technologies (extraction par pelleteuses mécaniques chargeant des camions, transport par cours d'eau de la mine vers les installations de valorisation et hydrocraquage en cours de valorisation) qui permettent une exploitation plus rentable et plus efficace. Ces technologies permettent aussi aux projets existants de se développer en mode modulaire. En 1995, la production annuelle de Syncrude est passée d'une capacité initiale de 125 000 barils par jour à une capacité de 200 000 et on prévoit atteindre 300 000 barils par jour au début du XXIᵉ s. Suncor est passé de 40 000 barils par jour à 70 000, et prévoit en atteindre 100 000.

La mise en valeur des sables bitumineux continue, sous forme modifiée, grâce au déclin de la production classique de pétrole au Canada et aux États-Unis, ce qui garantit une demande pour de tels projets aussi longtemps que leur prix pourra concurrencer celui du pétrole brut importé. D'autres types de mégaprojets tels que les centrales nucléaires et les barrages hydroélectriques sont arrêtés, car la demande ne progresse pas comme prévu puisqu'elle peut être comblée à un moindre coût par des procédés concurrents tels que la cogénération des centrales au gaz naturel. Beaucoup de compagnies adoptent une stratégie de protection contre les risques de leurs mégaprojets. Qu'on pense à la construction préliminaire du tronçon de la partie sud, rentable, du pipeline de la route prévue de l'Alaska et au report indéfini de la portion nord comportant plus de risques financiers (40 milliards de dollars).

Gigantisme insoutenable En rétrospective, de nombreuses technologies passent à une ère de gigantisme finalement insoutenable qui les rend complètement désuètes avant de s'orienter vers des projets de moindre envergure et plus faciles à gérer. Si les gouvernements continuent à ne pas vouloir partager les risques financiers, il est sûr qu'il y aura moins de mégaprojets que par le passé.

Robert D. Bott

Megarry, Archibald Roy, éditeur (Belfast, Irlande du Nord, 10 févr. 1937). Megarry est éditeur et président-directeur général du *Globe and Mail* de Toronto, de 1978 à 1992, et responsable de la création de l'édition nationale. En 1974, il devient vice-président de l'expansion de l'entreprise chez TORSTAR COR-PORATION, la société propriétaire du *Toronto Star*. Quatre ans plus tard, il passe au *Globe and Mail*, où il assure la réputation de qualité du journal tout en faisant place à une plus grande couverture internationale et du monde des affaires et en fondant quatre nouvelles revues.

Au cours d'un voyage en Amérique du Sud, Megarry découvre les conditions économiques épouvantables des pays en développement. Il crée alors Tools For Development, une fondation qui essaie de fournir de l'aide à la création de petites entreprises dans les pays en développement. Après son départ du *Globe*, il se joint à CARE en tant que directeur de programmes afin de promouvoir la création d'entreprises dans les pays pauvres.

J.L. Granatstein

Meier, Rolf Georg Walter, concepteur en électronique, astronome amateur (Brême, Allemagne de l'Ouest, 24 juill. 1953—immigre au Canada en 1958). Il a fait la découverte exceptionnelle de quatre nouvelles COMÈTES qui ont été nommées en son honneur. Formé à l'U. Carleton (baccalauréat en génie, 1977), il travaille chez Mitel Corporation. Meier commence à construire ses propres télescopes à la fin des années 60 et se joint à la Société royale d'astronomie du Canada (SRAC) en 1970. En 1974, il commence à rechercher systématiquement de nouvelles comètes à l'aide du télescope de 400 mm de la SRAC et il découvre la comète Meier 1978f le 26 avril 1978, une première pour un astronome canadien faisant des observations au Canada. Il reçoit la Médaille Chant de la SRAC en 1979. Il poursuit son succès initiaux par d'autres découvertes en 1979, en 1980 et en 1984. Son temps total de recherche pour découvrir les quatre comètes est inférieur à 200 heures, un record d'observation remarquable qu'il attribue à l'utilisation d'une optique plus lumineuse que la normale pour sa chasse aux comètes.

Peter M. Millman

Meighen, Arthur, avocat, politicien, homme d'affaires, premier ministre du Canada (Anderson, Ont., 16 juin 1874—Toronto, Ont., 5 août 1960). Député fédéral de 1908 à 1926, chef du Parti conservateur de 1920 à 1926 et de 1941 à 1942, premier ministre de 1920 à 1921 et en 1926, enfin sénateur de 1932 à 1941, Meighen est un personnage à la fois éminent et controversé pendant presque 30 ans. Argumentateur hors pair dans les débats parlementaires, il associe à une parfaite connaissance des affaires publiques et un sens aigu de l'analyse et de la critique, un don pour les discours lucides et spontanés ainsi qu'un goût pour la controverse.

Après avoir terminé ses études à l'U. de Toronto en 1896, Meighen s'établit au Manitoba et ouvre un cabinet d'avocat à Portage la Prairie. Cinq ans après son entrée à la Chambre des communes, en 1908, il est nommé Solliciteur général dans l'administration de sir Robert Laird BORDEN. Deux ans après, il devient secrétaire d'État. Dans le gouvernement de l'Union de 1917, il devient ministre de l'Intérieur et l'un des membres les plus importants du cabinet. Il participe à la mise en place et à la défense d'un certain nombre de mesures controversées, dont la *Loi du service militaire* et la *Loi des élections en temps de guerre*. De plus, il contribue aux projets de loi portant sur la nationalisation de plusieurs sociétés de transport ferroviaire et sur leur unification sous l'égide du CANADIEN NATIONAL. En tant que ministre de la Justice, en 1919, il contribue à mettre fin à la GRÈVE GÉNÉRALE DE WINNIPEG, provoquant ainsi une vive animosité de la part du mouvement syndical.

En 1920, Meighen succède à Borden comme premier ministre, en dépit des réserves qu'entretiennent la plupart de ses collègues au sujet de son caractère, qu'ils jugent incompatible avec ses fonctions, et de sa contribution à des mesures impopulaires. Il se fait remarquer notamment lors d'une conférence impériale, au cours de laquelle il argumente avec succès contre le projet du gouvernement britannique qui consistait à renouveler l'alliance anglo-japonaise. Sur le plan national, la situation va de mal en pis et se complique avec l'émergence d'une nouvelle force politique, le PARTI PROGRESSISTE, qui bénéficie d'un appui important dans les Prairies et les régions rurales de l'Ontario. Aux élections générales de décembre 1921, son gouvernement est renversé et il devient chef de l'Opposition face aux libéraux de Mackenzie KING.

Durant les quatre années qui suivent, les conservateurs reviennent en force et, à l'occasion des élections d'octobre 1925, remportent la majorité des sièges. King conserve son poste grâce au soutien des progressistes restants, jusqu'à ce qu'éclate un scandale à propos de l'administration des douanes. Face à une motion de blâme, King cherche à dissoudre le Parlement, mais le gouverneur général, le vicomte BYNG, refuse. King donne sa démission et Meighen reprend le pouvoir. Toutefois, son gouvernement est bientôt battu à la Chambre des communes et aux élections qui s'ensuivent. Il quitte alors la direction du Parti pour entrer dans une société d'investissements à Toronto. En 1932, le premier ministre BENNETT le nomme au Sénat, qu'il quitte à contrecœur neuf ans plus tard pour retourner à la tête du Parti conservateur. Sa tentative pour se faire élire de nouveau à la Chambre des communes, lors d'une élection partielle en 1942, échoue. Déçu par la politique, il se retire de nouveau de la scène publique pour se consacrer à ses affaires.

Roger Graham

Meighen, Maxwell Charles Gordon, financier (Portage la Prairie, Man., 5 juin 1908—Toronto, 25 févr. 1992), fils du premier ministre Arthur MEIGHEN. Après des études au Collège militaire royal et à l'U. de Toronto, puis après avoir servi pendant la Seconde Guerre mondiale, Meighen prend le contrôle du groupe de sociétés de placement fondées par son père. Président du conseil et administrateur de Canadian General Investments Ltd., il se joint, en 1961, au consortium de financiers dirigé par J.A. MCDOUGALD, propriétaire du géant Argus Corp. En tant qu'administrateur d'Argus, il est aussi membre du conseil de certaines des plus importantes sociétés canadiennes, dont Domtar, Massey-Ferguson, Dominion Stores et Hollinger Mines. Il démissionne d'Argus en 1978, quand la société est reprise par Montegu et Conrad BLACK ainsi que H.N.R. JACKMAN. En 1987, il est président du conseil et administrateur de Canadian General Investments Ltd.

Jorge Niosi

Meisel, John, pédagogue, fonctionnaire (Vienne, Autriche, 23 oct. 1923). Reconnu au sein du milieu universitaire comme un spécialiste du politique canadienne et connu du grand public en tant que président du CONSEIL DE LA RADIODIFFUSION ET DES TÉLÉCOMMUNICATIONS CANADIENNES (CRTC), Meisel étudie en Tchécoslovaquie, puis, après l'arrivée de sa famille au Canada, à l'U. de Toronto et à la London School of Economics. En 1949, il commence à enseigner au département des sciences politiques de l'U. Queen et, passant au fil des ans des relations internationales à l'analyse politique, il publiera des travaux innovateurs sur le système politique canadien et les élections fédérales de 1957 et de 1962.

Il effectue de nombreuses recherches pour diverses commissions royales d'enquête. En décembre 1979, le gouvernement Clark lui confie la direction du CRTC, qu'il dirigera jusqu'en octobre 1983. La télévision payante fait son entrée au Canada pendant son règne. Depuis 1983, il est titulaire de la chaire Sir Edward Peacock de sciences politiques de l'U. Queen. Il est fait Officier de l'Ordre du Canada en 1989.

J.L. Granatstein

Melançon, André, réalisateur, comédien (Rouyn-Noranda, Qc, 18 févr. 1942). Psycho-éducateur de formation, il met à profit ses connaissances pour réaliser quelques films où l'éducation est le sujet principal. Son intérêt pour les jeunes l'oriente, dès 1974, vers la réalisation de courtes fictions pour jeunes («Les Oreilles» mène l'enquête, Le Violon de Gas-

ton). Le succès obtenu avec *Comme les six doigts de la main* (1978) confirme son talent dans une catégorie dont il sera dorénavant le maître incontesté: le film jeunesse. Lorsque le producteur Rock Demers lance en 1984 la série «Contes pour tous», c'est à Melançon que revient l'honneur de l'inaugurer avec ce qui est maintenant un classique: *La Guerre des tuques*. Il s'agit encore d'aventures que vivent des bandes de jeunes. Melançon y confirme son talent pour la direction d'acteurs. Il tournera deux autres films de la série, *Bach et Bottine* (1986) et *Fierro, l'été des secrets* (1989). Son intérêt pour les jeunes ne se limite pas à la fiction mais déborde sur le documentaire. Dans *Les Vrais Perdants* (1978), il met en cause l'attitude des parents, qui poussent leurs enfants à réussir, tandis que *L'Espace d'un été* l'amène à suivre de près un groupe de garçons d'un quartier populaire. Il fait aussi un film très sérieux, *Le Lys brisé* (1986), sur un sujet qui touche les jeunes: l'inceste. Après une incursion moins convaincante dans le policier (*Rafales*, 1990), le cinéaste va se tourner vers la télévision où il réalise des téléfilms (*Nénette*, 1991, *Le Boulard*, 1995), des séries (*Cher Olivier*, 1997, *Ces enfants d'ailleurs II*, 1998) et une adaptation théâtrale de Michel TREMBLAY, *Albertine en cinq temps* (1999). Il est d'ailleurs proche du théâtre et des acteurs, car il travaille dans ce milieu à titre de metteur en scène ou de *coach* d'improvisation. Lui-même poursuit, en parallèle, une carrière d'interprète amorcée dans *Taureau* (Clément Perron, 1972) qui mettait à profit son physique imposant. Mais, généralement, on l'utilise dans des rôles secondaires. C'est pour faire profiter les futurs cinéastes de son expérience du travail avec l'acteur qu'il accepte la responsabilité de la section «réalisation» dans une école de cinéma, l'INIS.

Pierre Véronneau

Melançon, Joseph, auteur et professeur (Saint-Léonard, près de Drummondville, Qc, 1927). Il afit ses études classiques au Collège de Saint-Laurent. En 1958, il obtient un diplôme en éducation de l'U. of Notre-Dame, aux États-Unis. En 1963, il soutient une thèse sur Baudelaire, à la Sorbonne, à Paris.

Après avoir enseigné dans un collège classique, il a œuvré pendant de longues années à la faculté des lettres de l'U. Laval, comme professeur et comme membre de l'administration. Il dirige la revue *Études littéraires* de 1974 à 1977 ainsi que de nombreux travaux de recherche sur l'enseignement et les lettres.

Il publie plusieurs livres dont *Le discours d'une didactique: la formation littéraire dans l'enseignement classique* (1996, en collaboration avec Clément Moisan et Max Roy, *The Semiotics of Didactic Discourse* (1983), *Le spiritualisme de Baudelaire* (1967) et de nombreux articles dans des revues savantes. Il donne des conférences sur la littérature et les théories littéraires un peu partout dans le monde, du Canada jusqu'en Inde, au Liban, en passant par Paris, Casablanca, Rio de Janeiro, etc.

C'est une carrière très prolifique qu'a connue Joseph Melançon. Il est un homme passionné de culture, de littérature et des grands courants d'idées qui se rapportent à l'esthétique. Quasi à la retraite, il a gardé son bureau à l'U. Laval où il continue à diriger les thèses d'étudiants au doctorat tout en étant titulaire de la Chaire pour le développement de la recherche sur la culture d'expression française en Amérique du Nord.

Paul-Émile Roy

Mélèze, Nom vernaculaire donné aux CONIFÈRES du genre *Larix* de la famille des PINS (Pinacées). Les 10 ou 12 espèces de larix poussent dans l'hémisphère Nord, dont 3 au Canada. Le mélèze laricin (*L. laricina*) est un arbuste des régions froides et humides situées entre l'est de la Colombie-Britannique et les provinces atlantiques. On trouve le mélèze subalpin (*L. lyallii*) dans les hautes terres du sud de la C.-B. et de l'Alberta. Le mélèze de l'Ouest (*L. occidentalis*) est un grand arbre du sud de la C.-B et du sud-ouest de l'Alberta. Le mélèze est élancé, a un tronc droit et

acuminé et un étroit houppier (ou «couronne») de forme irrégulière.

Le mélèze est le seul conifère canadien à feuillage caduque; à l'automne, ses feuilles deviennent dorées et tombent. Elles sont aciculaires (en forme d'aiguilles), douces au toucher et poussent en faisceaux sur de très courtes ramilles. Les cônes mesurent de 1 cm à 4 cm de long et sont composés d'écailles lisses et de bractées pointues (feuilles modifiées). De tous les mélèzes, le mélèze de l'Ouest est le plus exploité pour le bois d'œuvre. Le mélèze laricin sert à fabriquer la pâte à papier. On utilise le tanin extrait de l'écorce de mélèze pour tanner le cuir.

John N. Owens

Melfort, cité de la Sask.; pop. 5759 (rec. 1996), 5628 (rec. 1991); superf. 14,66 km²; const. en 1980; située au centre de la Saskatchewan, à 175 km au nord-est de Saskatoon. Les premiers colons arrivent dans la région en 1892 et fondent une colonie appelée Stoney Creek à environ 2 km au sud-est de l'emplacement actuel de la ville. En 1902, la colonie est déplacée vers son emplacement actuel, où elle est arpentée par le Canadien National. Les fonctionnaires du chemin de fer demandent à Mme Reginald Beatty, première femme à s'installer dans le district, de choisir un nom pour la ville. Elle lui donne le nom de sa ville natale en Écosse.

Le chemin de fer, qui rejoint la ville en 1909, transforme Melfort en un centre commercial et culturel pour la région environnante. Melfort est constituée en tant que village en 1903, en tant que ville en 1907, puis en tant que cité en 1980. Melfort est le centre de services de l'une des régions agricoles les plus riches de la Saskatchewan, la vallée de la rivière Carrot, un territoire encore jamais touché par la sécheresse ou les mauvaises récoltes.

Don Herperger

Melon, (*Cucumis melo*) plante annuelle de la famille des cucurbitacées qui s'apparente à la vigne. Les groupes cultivés les plus importants sont le cantaloup (*C. melo*, variété *cantalupensis*), le melon brodé (*C. melo*, variété *reticulatus*), le melon d'hiver (*C. melo*, variété *inodorus*) et le melon sucrin (*C. melo*, variété *saccharinus*). Le melon d'eau (*Citrullus vulgaris*) appartient à un genre différent de la même famille.

Les melons proviennent d'Asie et Christophe Colomb en aurait découvert dans l'île Isabella en 1494. Le cantaloup est surtout cultivé en Europe. Ce qu'on appelle «cantaloup» en Amérique du Nord est en réalité un melon brodé. Il a une saveur et un arôme des plus agréables et peut être servi comme entrée ou comme dessert. Les melons d'hiver mûrissent tard et n'ont ni l'odeur ni l'écorce rugueuse du melon brodé. Les melons requièrent des températures élevées et une saison de croissance libre de ge,l de 120 à 140 jours. À cause de ces facteurs, la culture au Canada est limitée au sud de l'Ontario, à la Vallée de l'Okanagan (C.-B.), au sud de l'Alberta et du Manitoba, et aux endroits plus secs de la vallée d'Annapolis (N.-É.). Une variété rustique du melon brodé, dans l'Extrême-Nord, a d'abord été introduite par des colons ukrainiens dans les Prairies du sud. Afin de hâter leur développement, on cultive les melons brodés dans des serres ou sous châssis dans des champs. L'irrigation est primordiale dans les périodes de sécheresse, surtout jusqu'à la formation du melon. Les melons sont sujets à la polyédrose et à la moisissure, comme aux attaques du chrysomèle du concombre et des pucerons.

Hughes Leblanc

Melvill Jones, Geoffrey, physiologiste, médecin (Cambridge, Angl., 14 janv. 1923). Pionnier de la recherche en médecine aéronautique au Canada, il se spécialise dans l'étude du système vestibulaire du corps humain (les organes de l'oreille interne responsables de l'équilibre) et de son rôle dans la désorientation en situation de vol. Il se penche aussi sur la capacité du cerveau de s'adapter aux messages contradictoires lui venant de différents systèmes sensoriels, surtout sur la relation entre l'information vestibulaire et l'information visuelle. Melvill Jones entreprend ses recherches en médecine aéronautique à titre d'officier scientifique des Forces aériennes royales, où il étudie les problèmes de respiration et de perte du sens de l'orientation en haute altitude, et ceux de la fatigue liée aux vols de longue durée. En 1961, après son arrivée au Canada, il inaugure l'Unité de recherche en médecine aéronautique de l'U. McGill, dont il est le premier directeur. Il étudie l'adaptation physiologique des astronautes du Skylab à l'apesanteur et contribue à des travaux de recherche semblables auprès des astronautes de la navette spatiale. Il a reçu de nombreux prix et honneurs.

Lydia Dotto

Melville, cité de la Sask.; pop. 4646 (rec. 1996), 4905 (rec. 1991), 5123 (rec. 1986); superf. 15,41 km²; const. en 1960; située à 130 km à l'est-nord-est de Regina. Créée par la Grand Trunk Pacific Railway en 1907-1908, la ville porte le nom du président de cette compagnie, sir Charles Melville HAYS, mort à bord du Titanic. Elle doit sa croissance plus rapide que celle des autres villes, au fait d'avoir été choisi par le Canadien National (CN) comme localité de limite divisionnaire. Ce choix n'en est cependant pas seul responsable, car Melville joue un rôle de premier plan comme centre de services et de transformation pour les aviculteurs, les éleveurs de bétail et les producteurs de céréaliers de la région. Malgré la diminution de l'importance de son rôle en tant que centre de services du CN, Melville obtient le statut de cité en 1960. Melville jouit d'une bonne renommée dans le domaine sportif grâce, entre autres, à des étoiles comme Sid Abel au hockey ou encore Terry Puhl au baseball. Les Millionnaires de Melville ont remporté la coupe Allan en 1914.

Don Herperger

Melville, île, d'une superficie de 42 149 km², quatrième plus grande des ÎLES DE LA REINE-ÉLISABETH, dans les Territoires du Nord-Ouest. La moitié ouest se caractérise par un terrain montagneux, avec des hauteurs pouvant atteindre 775 m, et est recouverte de petites calottes glaciaires. La moitié possède un relief ondulé, aux collines ne dépassant généralement pas 300 m. La végétation est peu abondante, mais les larges vallées et les plaines basses de la côte, où la végétation est plus dense, suffisent à alimenter une population de bœufs musqués relativement importante. La population de caribous est minime en raison des récentes conditions climatiques défavorables. Le lieutenant W.E. PARRY découvre l'île en 1819 et la nomme du nom du vicomte Melville, premier lord de l'Amirauté. Des gisements prometteurs de gaz naturel et de pétrole ont été découverts récemment dans l'île et dans les environs.

S.C. Zoltai

Melville, lac Situé sur la côte est accidentée du Labrador, rattaché à l'INLET HAMILTON à l'est par un étroit goulet. D'une superficie de 3069 km², il s'étend sur 140 km à l'intérieur des terres jusqu'à ses deux prolongements à l'ouest: Goose Bay et Grand Lake. Il atteint une profondeur de 300 m à certains endroits. Entouré de montagnes et de collines rocheuses, le lac est alimenté par plusieurs cours d'eau importants qui drainent une grande partie du Labrador, y compris la Naskaupi et le fleuve CHURCHILL. Une base militaire aérienne, à HAPPY VALLEY-GOOSE BAY, date de la Seconde Guerre mondiale. Il y a une autre communauté à North West River, un ancien poste de traite. Le nom de Melville fut donné au lac en l'honneur du vicomte Melville (1742-1811), un éminent politicien britannique.

Daniel Francis

Melville, presqu'île, Située dans les Territoires du Nord-Ouest, elle mesure approximativement 400 km de longueur et 100 km de largeur. Reliée au continent par l'isthme de Rae, elle est bordée à l'ouest par la baie Committee et séparée de l'ÎLE DE BAFFIN au nord par le détroit de Fury et Hecla. Elle fait face au BASSIN FOXE à l'est. Soulevée par le jeu des failles associées à la dépression tectonique du bassin Foxe, elle constitue le lambeau résiduel d'une ancienne et vaste nappe de roche sédimentaire qui recouvrait autrefois le cœur du BOUCLIER canadien. Cette presqu'île est composée de deux régions géomorphologiques distinctes, la majeure partie étant un plateau qui devient assez montagneux à l'ouest (où il atteint jusqu'à 900 m). Au nord-est, on trouve une étroite plaine côtière au relief émoussé, composée de roche calcaire de formation plus récente. Le matériau précambrien qui forme les hautes terres est un socle métamorphisé et granitisé qui date de 1600 millions d'années. Les roches ont pour la plupart été modérément plissées, tandis que des plissements plus importants ont soulevé les montagnes basses, à l'ouest. Les failles et les intrusions associées au soulèvement général de la presqu'île sont devenues des foyers d'érosion, et des canyons aux parois abruptes pouvant atteindre de 90 à 175 m de profondeur se sont formés. Conjointement à certaines intrusions, on a trouvé d'importants dépôts de minerai de fer, qui s'ajoutent aux nombreux gisements de fer canadiens. Une forte concentration en uranium naturel a été relevée dans les sédiments lacustres et dans les eaux du sud de la presqu'île de Melville, là où des intrusions ignées pénètrent les roches du Bouclier canadien.

Doug Finlayson

Mémoire des pierres, La Personnage du sixième roman de Carol SHIELDS (1993), Daisy Goodwill est une femme quelconque qui, à la fin de ses jours, entreprend un voyage en elle-même peu commun, guidée par une seule question: «Quelle est l'histoire d'une vie?» L'auteure raconte la vie de Daisy à partir de sa naissance (1905) jusqu'à sa mort (au cours des années 80) et respecte les conventions de l'autobiographie, tout en mettant en évidence les limites de la biographie et de l'autobiographie. Si Daisy perçoit sa vie comme un «assemblage de vides obscurs et de lacunes impossibles à combler», l'apologie du quotidien qui ressort du roman et les «minuscules apports à la connaissance» constituent en soi, du moins partiellement, l'histoire d'une vie.

Bien que le roman apparaisse comme une autobiographie conventionnelle (arbre généalogique et partie comportant des photographies), le sujet de l'autobiographie, une femme dotée d'un «talent pour l'abnégation», demeure insaisissable, d'où une absence significative de l'album de famille. Que pouvons-nous savoir, de nous-mêmes et des autres, à part les mystères des personnes avec qui nous partageons d'étroits liens biologiques et émotifs? Cette question centrale se complique du fait que Daisy apparaît comme une narratrice peu fiable et que le roman présente plusieurs points de vue narratifs. Quelquefois, le narrateur à la première personne est évidemment Daisy, l'autobiographe, mais passe aussi à l'omniscience de la troisième personne. Croisement subtil qui tient à la fois de l'histoire, du récit et du souvenir, *La mémoire des pierres* (1995; trad. française de *The Stone Diaries*, 1993) a été sélectionné pour le *Booker Prize* en Angleterre et a remporté le prix du Gouverneur général dans la catégorie romans et nouvelles (1993), ainsi que le prix Pulitzer (1995).

Colin Boyd

Mémoires de l'Amérique septentrionale Une histoire naturelle du Canada érudite et divertissante, fruit du journal tenu par Louis-Armand de Lom d'Arce, baron de LAHONTAN, pendant ses voyages en Nouvelle-France de 1683 à 1693. Publiées comme le deuxième volume des *Nouveaux voyages* (1703), les *Mémoires* reprennent l'information contenue dans le premier volume, un récit de voyages épistolaire. Les *Mémoires* de Lahontan décrivent la géographie, les peuples autochtones ainsi que la flore et la faune de la colonie, et brossent un tableau de la vie commerciale et politique de celle-ci et de son importance pour l'Europe. Les listes et les essais de l'auteur, qui ne sont pas toujours dignes de foi, comportent de fausses descriptions de tribus fictives de la «Longue Rivière», qu'il prétendait avoir découvertes. Son portrait de l'Amérindien a contribué à créer l'image du «bon sauvage» si prisée au XVIIIe s. européen. Le récit complet des *Voyages* a connu 13 éditions en 14 ans, dont une traduction anglaise faite par l'auteur (1703; sous la direction de R.G. Thwaites, 1905). Une édition en fac-similé des textes français de 1703 a été publiée à Montréal en 1974

Michèle Lacombe

Mémoires de Montparnasse, Autobiographie de John GLASSCO (Toronto, New York, 1970). Issu de la bourgeoisie montréalaise où, intellectuellement, il se sent vite étouffé, Glassco tourne le dos résolument à un avenir prometteur dans ce milieu d'élite. Étudiant à l'U. McGill en quête d'un milieu stimulant, Glassco, alors âgé de 17 ans, arrive dans les années 20 à Paris, où il s'identifie très vite à l'avant-garde littéraire expatriée. Se déclarant ouvertement hédoniste, «plongé dans la cupidité, l'indolence et la sensualité», il se résout à consigner ses expériences nourries essentiellement de soirées interminables hautes en couleur et d'aventures audacieuses. Racontées avec force détails, les impressions de ses rencontres avec Morley Callaghan, Gertrude Stein, Ernest Hemingway, James Joyce et Kay Boyle lèvent le voile sur une époque fascinante bien qu'à jamais révolue. Si le premier chapitre est écrit au lendemain des événements eux-mêmes, l'essentiel des *Mémoires* se constitue de souvenirs vivaces, ceux d'un Glassco plus âgé et plus sage ou d'un artiste qui reconnaît avec nostalgie la fin de sa jeunesse.

Donna Coates

Memorial University of Newfoundland Seule université de la province de Terre-Neuve. Fondée en 1925 sous le nom de Memorial University College, elle est un monument vivant à la mémoire des résidants de cette province qui sont décédés pendant la Première Guerre mondiale et lors de conflits subséquents. Le collège Memorial reçoit une charte d'université en 1949 aux termes d'une des premières lois de l'Assemblée législative de la nouvelle province canadienne de Terre-Neuve. En 1961, la Memorial University inaugure son nouveau campus principal sur un terrain de 89 ha en plein centre de la capitale de la province, Saint-Jean.

Un deuxième campus, celui du Sir Wilfred Grenfell College, ouvre ses portes en 1976 à Corner Brook, sur la côte ouest de l'île. La Memorial University offre aussi des programmes à l'Institut Frecker, dans l'île française de Saint-Pierre qui se trouve au sud de Terre-Neuve, ainsi qu'au campus Harlow, en Angleterre. En 1992, le Fisheries et Marine Institute, qui était une institution postsecondaire indépendante de Saint-Jean, devient partie intégrante de l'université. La Memorial University est la plus grande université des provinces de l'Atlantique. En 1997-1998, elle compte plus de 13 400 étudiants à temps plein et 2600 étudiants à temps partiel. Elle abrite six facultés (lettres et sciences humaines, sciences, éducation, médecine, génie et administration des affaires) et sept écoles (études supérieures, sciences infirmières, éducation physique et athlétisme, travail social, éducation permanente, musique et pharmacologie), en plus de proposer des programmes de beaux-arts.

La Memorial University s'est dotée d'unités spéciales qui fournissent des services communautaires et favorisent la recherche dans les domaines d'intérêt spécifiquement régionaux; il s'agit, entre autres, des organismes suivants: Archaeology Unit, Art Gallery of Newfoundland and Labrador, Botanical Garden, Canadian Centre for Fisheries Innovation, Canadian Centre for International Fisheries Training and Development, Centre for Cold Oceans Resources Engineering (C-CORE), Centre for Earth Resources Research, English Language Research Centre, Centre for International Business Studies, Centre for Management Development, Centre for

Material Culture Studies, Centre for Offshore and Remote Medicine, Institute for Social and Economic Research (ISER), Labrador Institute of Northern Studies, Maritime History Archive, Folklore and Language Archive, Ocean Sciences Centre, P.J. Gardiner Institute for Small Business Studies, Seabright Corp., Telemedicine, et Telemedicine and Educational Technology Resource Agency.

Alice Collins

Memorial, coupe Trophée remis lors des championnats canadiens des équipes de hockey junior majeur en compétition nationale. En mars 1919, la coupe est remise en mémoire des joueurs de hockey morts lors de la Première Guerre mondiale. Le trophée fait naître l'intérêt pour le hockey junior dans tout le Canada et l'Association du hockey de l'Ontario en assume la responsabilité pendant les deux premières années. En 1919, l'U. de Toronto est la première équipe à remporter ce trophée et, en 1921, les Falcons de Winnipeg deviennent la première équipe de l'ouest à mériter cet honneur.

En 1970, le hockey junior est divisé en deux catégories: junior majeur et junior «A». La Ligue de hockey de l'Ontario, la Ligue de hockey junior majeur du Québec et la Ligue de hockey de l'Ouest sont classées dans la catégorie junior majeur. L'équipe championne de chacune de ces trois ligues et une autre équipe désignée par la ligue hôte du tournoi participent à chaque année à la compétition pour l'obtention de la coupe Mémorial.

James Marsh

Menaud maître-draveur (1937), de Félix-Antoine SAVARD, est le dernier exemple classique du roman du terroir didactique québécois. Ses descriptions lyriques de la vie rurale et ses exhortations à coloniser l'intérieur des terres se fondent sur l'expérience même de l'auteur, qui a été prêtre dans de nouveaux villages près de La Malbaie. Savard propose une relecture de MARIA CHAPDELAINE (1916): il en intègre des extraits dans son roman et donne une suite à l'œuvre de Louis Hémon. Menaud est un fermier qui préfère le bois à la terre. Il déplore que des étrangers anonymes exploitent les ressources du Québec et encourage sa fille à épouser le Luçon plutôt que le Délié, qui vendrait son héritage à des «étrangers». Après que son fils a trouvé la mort dans un embâcle de billes de bois, Menaud, rendu fou par son désir d'affronter l'ennemi, pourchasse jusqu'à l'obsession l'insaisissable Délié. Savard a révisé son roman poétique en 1938, en 1944, en 1960 et en 1964. Alan Sullivan a traduit la première édition en anglais sous le titre *Boss of the River* (1947) et Richard Howard a traduit l'édition de 1964 sous celui de *Master of the River* (1976).

Michèle Lacombe

Mennonites Groupe religieux et culturel protestant, les mennonites comptent plus de 850 000 membres adultes dans 41 pays. Le Canada en regroupe environ 114 000. Les mennonites arrivent au Canada en 1786, en provenance des États-Unis. Leur identité chrétienne distincte, disent-ils, remonte au mouvement ANABAPTISTE, à l'époque de la Réforme (début du XVIe s.). Le baptême (administré non aux enfants, mais aux croyants adultes volontaires) et une célébration de la communion, qui comprend le lavement des pieds, symbole d'humilité et d'esprit de service, sont les seules ordonnances des anabaptistes.

Le mouvement se répand rapidement dans les provinces du nord de l'Allemagne et aux Pays-Bas, où Menno Simons (dont le nom est à l'origine du mot mennonite) en assume la direction en 1536. Simons affermit sa communauté par ses écrits abondants, sa prédication et son incessant travail d'organisation. Toutefois, même les «mennistes» pacifiques sont persécutés et dispersés aux quatre vents. Les mennonites de la Suisse et du sud de l'Allemagne se dirigent surtout vers l'ouest, s'installant en Alsace, dans le Palatinat et, vers la fin du XVIIe s., en Pennsylvanie. Les mennonites de Hollande et du nord de l'Allemagne essaiment plutôt vers l'est, formant des communautés sur le territoire de la Pologne actuelle et, vers la fin du XVIIIe s., en Russie. L'isolement relatif des mennonites et l'autosuffisance de leurs communautés fermées, ajoutés à leur conception de la religion comme mode de vie, engendrent une culture socioreligieuse unique. Ainsi, les mennonites qui s'installent au Canada, parlant tous des dialectes germaniques, sont perçus comme un groupe minoritaire présentant des caractéristiques à la fois religieuses et ethniques.

Premiers immigrants au Canada Les premiers immigrants au Canada forment un groupe d'environ 2000 mennonites suisses de Pennsylvanie, qui s'établissent dans le Haut-Canada après la Guerre d'Indépendance américaine. Ils acquièrent des terres de propriétaires privés dans la péninsule du Niagara et dans les comtés de York et de Waterloo. Ce groupe est suivi par les mennonites amishs (leur nom est emprunté à celui de l'évêque Jacob Ammon, un chef conservateur de la fin du XVIIe s.): de 1825 au milieu des années 1870, environ 750 d'entre eux s'établissent sur des terres de la Couronne dans le comté de Waterloo et les régions avoisinantes.

Au cours des années 1870, les politiques de russification du gouvernement russe entraînent le départ de 18 000 mennonites hollandais, soit un tiers de la communauté mennonite russe, vers l'Amérique du Nord. La promesse de terres et d'autonomie en matière de culture et d'éducation, ainsi que la garantie de l'exemption du service militaire attirent environ 7000 d'entre eux dans le sud du Manitoba. La concession de lots de colonisation (*voir* PEUPLEMENT DES TERRES) dans les Territoires du Nord-Ouest attire, entre 1890 et la Première Guerre mondiale, des mennonites de Prusse, de Russie et des États-Unis, auxquels se joignent beaucoup de mennonites du Manitoba, qui fondent deux communautés en Saskatchewan, et plusieurs de l'Ontario.

Conscription américaine La conscription américaine de 1917 amène d'autres mennonites dans les Prairies. La plus forte vague d'immigration a lieu dans les années 20, lorsque 20 000 mennonites se hâtent de fuir pour échapper aux conséquences de la révolution communiste. La plupart d'entre eux s'établissent dans les Prairies. La Seconde Guerre mondiale oblige plus de 12 000 «personnes déplacées» mennonites à émigrer d'URSS et d'Allemagne. La plupart se fixent dans les régions urbaines. La communauté qui s'accroît le plus rapidement en milieu urbain est celle de Winnipeg. Au cours des dernières décennies, plusieurs immigrants mennonites sont arrivés des États-Unis, du Mexique et du Paraguay.

Organisation mennonite L'unité de base de l'organisation mennonite est l'assemblée. Il y a près de 1000 assemblées au Canada, réparties en une trentaine de «familles» d'assemblées de deux tendances: celles qui adhèrent aux traditions plus anciennes et plus conservatrices, dont l'unité est symbolisée par un seul registre de membres et un seul évêque (p. ex., les Églises mennonites radicales), et celles qui ont adopté les structures plus récentes appelées «conférences» (p. ex., la Conference of Mennonites in Canada). La plupart des regroupements d'assemblées sont membres de comités centraux provinciaux, nationaux et continentaux. Le siège social du Comité central mennonite du Canada se trouve à Winnipeg. Un budget annuel de plus de 20 millions de dollars est consacré à des programmes étrangers et nationaux ayant trait au développement et à l'aide humanitaire ainsi qu'à la promotion de la paix (*voir* PACIFISME; MOUVEMENT PACIFISTE). Les mennonites canadiens publient des périodiques en allemand (*Mennonite Rundschau, Der Bote, Die Mennonitische Post*) et en anglais (*Mennonite Brethren Herald, Mennonite Reporter*), de même que des revues savantes (*Journal of Mennonite Studies* et *Conrad Grebel Review*). Des associations mennonites bénévoles encouragent la musique, les arts, les festivals folkloriques et historiques, la recherche et l'écriture, les œuvres de sécurité sociale, les maisons de soins, les foyers pour personnes retraitées, les centres psychiatriques, les assurances et le tourisme.

Différences d'attitudes des mennonites face à l'innovation Les mennonites ont différentes attitudes face à l'innovation dans la vie religieuse et culturelle. Certains croient qu'une vie de fidélité religieuse au sein de communautés séparées du monde est essentielle. Ils tentent toujours de résister au changement. D'autres soutiennent que, de par sa mission, le chrétien doit vivre dans le monde, s'y adapter et s'y engager. Certains groupes conservateurs suisses et hollandais ont réussi à perpétuer les modes de vie ruraux traditionnels, les styles vestimentaires, la langue allemande et les rites liturgiques. Les Amishs radicaux et les mennonites radicaux ont également réussi à conserver un mode d'exploitation agricole traditionnel. D'autres mennonites se sont adaptés et intégrés à la société. Les mennonites ne sont plus uniquement suisses et hollandais par leur origine ethnique et leur tradition: beaucoup de mennonites canadiens sont d'origine française, chinoise, indienne et anglo-saxonne, et de plus en plus de mennonites contractent des mariages mixtes.

Éducation En tant qu'Église qui insiste sur la séparation d'avec le monde et le non-conformisme social, les mennonites ont souvent résisté à l'influence des écoles publiques administrées par l'État. Au Canada, ils dirigent de nombreuses écoles élémentaires ainsi que six écoles privées, six collèges et un centre d'études théologiques supérieures. Ceux qui veulent étudier en vue de devenir ministre du culte fréquentent généralement l'un des trois séminaires mennonites des États-Unis, mais les possibilités de formation au Canada s'améliorent constamment.

Politique La politique constitue une question problématique pour les mennonites. D'une part, ils s'opposent à toute participation à un monde mauvais, où la force et la violence ne sont rien de moins que des instruments du pouvoir. D'autre part, ils préconisent la mise en pratique de la morale de Jésus: amour, paix et justice dans tous les domaines de la vie, y compris l'État, éventuellement. Aujourd'hui, la plupart des mennonites votent, bon nombre d'entre eux représentent la population en tant que dirigeants élus, bien d'autres sont fonctionnaires, enseignent dans des écoles publiques et ainsi de suite.

À l'exception des minorités conservatrices, les mennonites du Canada connaissent une évolution rapide. Toutefois, grâce à une forte insistance sur la vie familiale et sur le rôle de la religion ainsi qu'à des programmes spécifiques d'encadrement des jeunes (organisations de jeunesse, camps, chorales, programmes de service), à des écoles spéciales et à une vie ecclésiale dynamique, les conquêtes de la collectivité profane à leurs dépens sont fortement réduites.

Frank H. Epp et Rodney J. Sawatsky

Menou d'Aulnay, Charles de, capitaine de navire et gouverneur d'ACADIE (France, v. 1604—Port-Royal [Annapolis Royal, N.-É.], 1650). Bien que davantage connu pour ses disputes avec son rival, le gouverneur acadien Charles de Saint-Étienne de LA TOUR, d'Aulnay est un promoteur déterminé et tenace de la colonie, aux prises pendant 15 ans avec l'épineuse question de la colonisation de l'Acadie. De descendance noble, il joint les rangs de la marine, en tant que lieutenant d'Isaac de RAZILLY, son cousin, et il s'établit en Acadie en 1632, lorsque Razilly devient gouverneur. À la mort de ce dernier, en 1635, d'Aulnay prend la relève et il est par la suite officiellement chargé de gouverner l'Acadie. La Tour revendique également ces pouvoirs et leur rivalité ne prendra fin qu'à l'issue de la victoire militaire d'Aulnay sur le fleuve Saint-Jean, en 1645, au cours de laquelle il exécutera impitoyablement ses ennemis.

La suprématie militaire ne contribue aucunement à régler les problèmes d'instabilité économique et sociale de la colonie auxquels d'Aulnay est confronté. Après le décès accidentel d'Aulnay par noyade en 1650, l'Acadie s'enlise à nouveau dans des conflits internes. La principale réalisation d'Aulnay aura été l'établissement du peuple acadien à PORT-ROYAL.

John G. Reid

Mens Rea, signifie «intention coupable» en latin, c.-à-d. l'état d'esprit qui doit normalement accompagner la commission d'un acte interdit pour que cet acte soit légalement considéré comme un crime. Des infractions différentes exigent des états mentaux différents, d'une part l'intention (p. ex., pour commettre un vol), d'autre part la connaissance (p. ex., que le bien a été volé). Dans le cas de certaines infractions (à savoir les infractions de responsabilité stricte et absolue), la *Mens Rea* n'est pas requise.

Lee Paikin

Menthe Plante herbacée basse vivace ou parfois annuelle, la menthe (genre *Mentha*, famille des labiées) croît de rhizomes charnus rampants et produit des feuilles aromatiques et de petites fleurs bleues, violettes, roses ou blanches. Plus de 200 espèces sont cataloguées, mais elles se réduisent à 15 espèces véritables: 7 australiennes, 7 eurasiennes et 1 circumboréale. La menthe des champs (*M. arvensis*) est la seule espèce indigène du Canada.

La menthe est une plante rampante envahissante qui tolère une vaste gamme d'habitats et de sols. Elle se plaît dans les zones chaudes, bien drainées et très humides. Sa propagation s'opère facilement en déterrant des rhizomes et en les replantant avant qu'ils s'assèchent. Comme nombre de menthes sont infertiles, il s'agit souvent de la seule méthode sûre de reproduction.

Les peuples autochtones utilisaient la *Mentha arvensis* comme tonique pour les troubles d'estomac, les malaises cardiaques et les douleurs thoraciques. La menthe verte ou à épis (*M. spicata*), cultivée pendant des siècles en Europe et probablement apportée en Amérique du Nord par les Puritains, a maintenant un usage surtout culinaire. La menthe poivrée (*M. piperita*), à forte saveur, est cultivée pour la production commerciale du menthol. Puissant antiseptique présentant des propriétés d'anesthésique local, la menthe est très communément utilisée contre le mal de dent, les céphalées, les douleurs thoraciques et le rhumatisme. À titre d'antispasmodique, elle est utilisée contre le mal de mer et pour le soulagement de crampes abdominales. Le thé à la menthe, d'un goût agréable, combat le rhume et l'insomnie.

Gillian Ford et Michael Hickman

Mer de l'Ouest La recherche de la «mer de l'Ouest», originellement le but des EXPLORATIONS sous le régime français, est source de rêves illusoires, corroborés avec obligeance par les Amérindiens. D'abord envisagée comme une mer intérieure quelque part à l'ouest des Grands Lacs, elle est graduellement confondue avec le Pacifique. La quête de la mer de l'Ouest a une fonction pratique, car la consigne voulant que les explorations doivent être financées par la TRAITE DES FOURRURES sert les commerçants ambitieux dans leurs efforts pour s'assurer des privilèges de monopole de la part des autorités royales. L'imaginaire mer de l'Ouest est finalement située dans la région du lac Winnipeg où, au milieu d'une zone tampon délimitée par les Cris et les Assiniboines autour des Anglais de la baie d'Hudson, LA VÉRENDRYE, ses fils et leurs successeurs établissent un réseau de postes de traite après 1730.

Tom Wien

Merasty, Angelique (*Voir* MOTIFS MORDILLÉS SUR ÉCORCE DE BOULEAU)

Mercantilisme Théorie économique qui considère qu'il y a un montant fixe de richesses dans le monde et que la prospérité d'une nation dépend de son succès à accumuler des richesses par le surplus de ses exportations par rapport à ses importations. Du XVIIe s. au XIXe s., les pays européens ont essayé de la mettre en application par des politiques commerciales destinées à produire une balance commerciale excédentaire par la prise de possession et le développement de colonies comme marchés exclusifs et sources de matières premières. L'Angleterre y ajoute ses LOIS SUR LA NAVIGATION, qui accordent aux négociants et aux transporteurs britanniques un monopole sur le transport et la mise en marché des produits des colonies. Le mercantilisme devait favoriser les puissances européennes, mais il ne désavantageait pas complètement les colonies, puisqu'il leur donnait une couverture de protection leur assurant un développement précoce. Toutefois, on a soutenu que ces politiques mercantilistes faisaient dépendre le développement des colonies des produits de base (*voir* THÉORIE DES PRINCIPALES RESSOURCES) et bloquaient leur développement industriel. Bien que moins rigide que le système français, le mercantilisme anglais n'apporte pas de changements fondamentaux à l'économie de la colonie après la CONQUÊTE de la Nouvelle-France en 1760. Le système est démantelé par la révocation des LOIS SUR LES CÉRÉALES (droits de douane sur les importations de grains) en 1846, des lois sur la navigation en 1849 et par l'élimination des droits qui avaient favorisé le bois d'œuvre des colonies.

James Marsh

Mercier, Honoré, avocat, politicien et premier ministre du Québec (Saint-Athanase, Qc, 15 oct. 1840—Montréal, 30 oct. 1894). Un des fondateurs du PARTI NATIONAL, il est le premier chef politique québécois à affirmer que le gouvernement du Québec est le gouvernement national des Québécois. Il est donc considéré comme l'un des pères du nationalisme québécois.

Membre du Parti libéral, il aide à fonder en 1872 le Parti national, qui sera de courte durée, afin de tenter d'obtenir un appui électoral en dissociant les libéraux du PARTI ROUGE, et remporte le siège de Rouville à la Chambre des communes. Défait en 1878 aux élections fédérales dans Saint-Hyacinthe, il est élu l'année suivante dans cette circonscription lors des élections provinciales. En 1883, il devient chef du Parti libéral provincial, puis, en 1885, il dirige un groupe de libéraux et de conservateurs dissidents qui rejettent les positions prises par leurs partis respectifs dans l'affaire Louis RIEL. À la tête du Parti national ravivé, Mercier est le premier chef québécois qui jouit d'un vaste soutien populaire. En attisant le ressentiment provoqué par la pendaison de Riel, lui et son parti gagnent les élections tenues à la fin de 1886, les conservateurs n'arrivant pas à se maintenir au pouvoir. Mercier entre en fonction à titre de premier ministre le 29 janvier 1887.

Une fois au pouvoir, Mercier règle la question des BIENS DES JÉSUITES, de même que les querelles entourant la création d'une université distincte à Montréal. Son gouvernement encourage la construction ferroviaire et la colonisation des terres inexploitées. En 1888, il crée un ministère de l'Agriculture et de la Colonisation, dont le sous-ministre est le curé Antoine LABELLE. Mercier convoque aussi la première conférence interprovinciale des premiers ministres depuis la Confédération et se porte à la tête du mouvement visant à forcer le gouvernement fédéral à reconnaître le principe de l'autonomie provinciale en matière de questions administratives et fiscales. Mêlé au SCANDALE DE LA BAIE DES CHALEURS, Mercier est renvoyé par le lieutenant-gouverneur en décembre 1891. L'enquête menée par la suite n'ayant pu prouver sa participation personnelle, Mercier est réélu lors des élections provinciales de 1892, mais son parti subit une défaite écrasante. Homme au style remarquable et éloquent orateur, Mercier a reçu diverses distinctions honorifiques de pays étrangers pendant son mandat de premier ministre.

Daniel Latouche

Mercredi, Ovide William, avocat et chef autochtone (Grand Rapids, Manitoba, 1946). Diplômé de l'U. du Manitoba, il pratique le droit à The Pas jusqu'en 1982, alors qu'il devient conseiller juridique, puis directeur de l'ASSEMBLÉE DES PREMIÈRES NATIONS (APN) à Ottawa. En 1990, il coordonne les démarches fructueuses de l'Assemblée des chefs du Manitoba visant à bloquer l'ACCORD DU LAC MEECH à l'Assemblée législative du Manitoba. Un an plus tard, il succède à Georges Erasmus comme chef national de l'APN. Convaincu que la reconnaissance constitutionnelle des droits des autochtones est le premier pas nécessaire vers la solution de leurs problèmes, ce négociateur doué et tenace joue un rôle de premier plan dans les discussions constitutionnelles de 1991-1992.

L'ACCORD DE CHARLOTTETOWN prévoit une reconnaissance de l'autonomie gouvernementale des peuples autochtones, mais sans plus de précision, et le rejet de l'accord entraîne la mise en veilleuse de cette reconnaissance. Les chefs autochtones contestent la façon d'Ovide Mercredi de diriger l'APN sans les consulter régulièrement. En 1994, il est réélu de justesse et, en juillet 1997, il est défait par Phil Fontaine.

Mercure (Hg), métal blanc argenté connu anciennement sous le nom de vif-argent. C'est un élément naturel qui a la particularité de rester liquide à température ambiante. Au-dessous de son point de fusion (-38,9 ºC), il forme un solide blanc et se transforme en gaz incolore quand il passe au-dessus de son point d'ébullition (356,9 ºC). C'est un bon conducteur de chaleur et d'électricité. Le mercure existe dans la nature dans 25 minéraux différents, mais on le trouve le plus souvent dans le minerai de sulfure rouge (*voir* MINÉRAL) connu sous le nom de cinabre (HgS). Parmi les autres minerais de mercure communs, on compte la cordéroïte et la livingstonite. Le mercure métallique à l'état natif est rare. Les dépôts de mercure se forment habituellement à des températures relativement basses dans les principales ceintures orogéniques du monde.

Utilisations Le mercure et ses composés sont utilisés depuis des siècles dans la fabrication, notamment, du vermillon (une peinture rouge), et pour le traitement précoce de la syphilis. Le mercure servait aussi à extraire l'or des roches et du sable. Jusque dans les années 60, le mercure était surtout utilisé comme cathode de mercure à écoulement pour l'électrolyse d'une solution aqueuse de chlorure de sodium en vue de donner du chlore et de la soude caustique. Les pertes dans l'environnement sont devenues préoccupantes; de nombreuses usines de production de chloralcalis ont fermé leurs portes ou ont été adaptées aux techniques des cellules à diaphragme ou d'échange ionique. Cette application continue d'être en demande dans le monde entier, mais elle diminue au fur et à mesure que les installations anciennes sont fermées et remplacées par des techniques exemptes de mercure.

L'utilisation du mercure dans les piles est un autre important marché en baisse, les fabricants se tournant vers d'autres métaux. La troisième utilisation du mercure trouve une application dans le secteur de l'électricité. Son utilisation va des interrupteurs contenant du mercure métallique aux lampes à décharge de vapeur mercure. Parmi les autres utilisations, on compte les additifs antimoisissures pour la peinture, les amalgames dentaires, les dispositifs de mesure de la température et de la pression, les détonateurs, les pigments et les produits pharmaceutiques.

Risques en tant que poison à effet cumulatif Le mercure est un poison à effet cumulatif qui se trouve en concentrations de plus en plus élevées dans la chaîne alimentaire de la faune et la flore aquatiques. Il peut parfois atteindre des niveaux dangereux chez le poisson. Des niveaux hautement toxiques peuvent provoquer des dommages irréversibles au système nerveux et au cerveau. L'expression «fou comme un chapelier» vient d'une maladie professionnelle causée par le contact avec le mercure utilisé dans les premières manufactures de chapeaux de feutre. Les inquiétudes croissantes liées aux risques de l'exposition pour la santé humaine et l'environnement ont donné lieu à des restrictions accrues sur les utilisations du mercure; malgré tout, on peut prévoir que ses propriétés uniques continueront d'assurer sa présence dans certains des secteurs stratégiques.

La production mondiale de mercure a diminué progressivement au cours des dernières années, plafonnant à environ 2000 t par année. En 1994, les plus grands producteurs étaient l'Algérie, la Chine, l'Espagne et le Kirghizistan. Ces quatre pays représentent 75 p. 100 de la production mondiale. Depuis la fermeture de la mine Pinchi Lake (C.-B.) de la société Cominco Ltée en 1975, le Canada ne produit plus de mercure métallique.

Consommation Au Canada, le mercure métallique est utilisé dans la fabrication d'appareils électriques, d'instruments industriels et de commandes, ainsi que pour la préparation électrolytique de chlore, à la seule usine de chloralcalis encore existante pour répondre aux besoins de l'industrie des pâtes et papiers du Nouveau-Brunswick. L'utilisation du mercure pour la récupération de l'or, dans les produits chimiques industriels, les peintures et les pigments n'a plus cours au Canada.

P. Chevalier

Mercure, Monique, née Monique Émond, comédienne (Montréal, 14 nov. 1930). Avant de devenir une comédienne émérite des plus accomplies, à l'aise au théâtre comme au cinéma, en français comme en anglais, elle étudie le violoncelle et obtient, en 1949, un diplôme de musique de l'École Vincent-d'Indy. La même année, elle épouse le compositeur Pierre MERCURE. Le couple a trois enfants. Quoique Monique Mercure ait déjà manifesté un intérêt pour le théâtre, ce n'est qu'en 1958 (après s'être séparée de son mari) qu'elle poursuit sérieusement sa carrière de comédienne.

Elle suit des cours de jeu dramatique auprès de Jacques Lecoq, à Paris (1956-1957), puis au Montreal Drama Studio (1959-1962) mais, comme la plupart de ses collègues, la pratique du métier est sa principale école. Monique Mercure participe à plus de 90 spectacles dramatiques. Sa feuille de route comprend autant d'œuvres classiques que modernes et contemporaines. En 1959, le THÉÂTRE DU NOUVEAU MONDE (TNM) l'engage comme choreute dans *Les Choéphores* d'Eschyle; en 1971, on la voit au même théâtre interpréter le rôle de Rose-Ouimet dans *Les Belles-sœurs* de Michel TREMBLAY. Elle joue *Électre* d'Euripide au Saint Lawrence Centre à Toronto en 1973, Mary-Lou dans *Forever Yours Mary-Lou* de Tremblay à Lennoxville Festival en 1977, *Mère Courage* de Brecht à la Nouvelle compagnie théâtrale (*voir* THÉÂTRE DENISE-PELLETIER) en 1984 et, de nouveau au TNM, Hécube dans *Les Troyennes* d'Euripide en 1993 (rôle pour lequel elle obtient le prix Gascon-Roux).

Dès ses débuts, Monique Mercure a travaillé auprès du réalisateur Claude Jutra. Elle apparaît dans son premier long métrage *À tout prendre* (1963), son chef-d'œuvre *Mon oncle Antoine* (1971), ainsi que dans *Pour le meilleur et pour le pire* (1975), et son dernier film *La Dame en couleurs* (1984). Elle remporte la Palme d'or au Festival de Cannes pour sa prestation dans *J.A. Martin photographe* de Jean Beaudin (1976). Elle apparaît dans *Quintet* de Robert Altman (1979), *Le Sang des autres* de Claude Chabrol (1984), *The Naked Lunch* de David Cronenberg (1991) et *Le Violon rouge* de François Girard (1998), entre autres.

Depuis 1978, Monique Mercure enseigne l'interprétation à l'École nationale de Théâtre. À partir de 1991, elle assume la direction générale de l'établissement et, depuis 1995, sa direction artistique. Elle se distingue également pour avoir interprété, au cours de sa carrière, tous les personnages des BONNES de Jean Genet: Claire en 1966 à la Poudrière, Solange en 1973 au Théâtre Centaur et Madame en 1984 au CNA. «Il faut du talent, c'est certain, et de la chance aussi, dit Mercure, mais avant tout, il faut savoir durer».

En 1977, Monique Mercure est reçue Officier puis, en 1994, Compagnon de l'Ordre du Canada. En 1993, elle reçoit le prix du Gouverneur général du Canada ainsi que le prix Denise-Pelletier. En 1998, elle accepte un doctorat *honoris causa* de l'U. de Toronto.

Stéphane Zarov

Mercure, Pierre, compositeur, producteur, bassoniste et administrateur (Montréal, 21 févr. 1927—décédé accidentellement près d'Avallon, en France, le 29 janv. 1966). Mercure, toujours à la recherche d'un nouveau langage multimédia, apprend la musique française et devient orchestrateur avec Claude CHAMPAGNE. Il étudie à Paris, notamment avec Nadia Boulanger et Darius Milhaud et, en 1951, à Tanglewood, au Massachusetts, il est initié au dodécaphonisme par Luigi Dallapiccola. Mercure est le premier producteur de programmes musicaux pour la télévision de Radio-Canada. Influencé par Pierre Schaeffer lors d'un deuxième séjour en Europe, il se tourne vers la MUSIQUE ÉLECTROACOUSTIQUE, puis, après avoir organisé la Semaine internationale de musique actuelle (1961), il retourne en Europe étudier la musique électronique. Il laisse en héritage de la musique de ballet (*Structures métalliques I* et *II* et *Tétrachromie*), de chambre, électronique, vocale et d'orchestre. *Sa Cantate pour une joie* a été interprétée plusieurs fois, notamment aux Jeux olympiques de Montréal de 1976.

Hélène Plouffe

Méridien origine ou principal Ligne de longitude à la base du Système d'arpentage des terres du Canada, soit le programme conçu en 1869 pour subdiviser le territoire sur le point d'être acheté par le fédéral à la Compagnie de la baie d'Hudson, selon un système rectangulaire de cantons de forme carrée numérotés au nord, à partir du QUARANTE-NEUVIÈME PARALLÈLE, ainsi qu'à l'est et à l'ouest d'un méridien donné. Le méridien principal, parfois appelé méridien de Winnipeg, pointe vers le nord à partir d'un point situé sur le 49e parallèle, à 16 km à l'ouest de Pembina, endroit déterminé grâce à des observations astronomiques. Ce point, situé à 97° 27' 28'' de longitude ouest, a été choisi, avant tout relevé, pour éviter les régions habitées et cultivées le long de la rivière Rouge. Les autres méridiens d'origine sont espacés d'environ 4° de longitude et sont numérotés d'ouest en est à partir du méridien principal.

N.L. Nicholson

Merle d'Amérique (*Turdus migratorius*) Le plus grand représentant de la famille des GRIVES au Canada et le plus connu. On le trouve dans tout le pays jusqu'à la LIMITE FORESTIÈRE au nord. Dans la plupart des régions, c'est un oiseau migrateur, mais il passe parfois l'hiver, ou tente de le faire, dans le sud de la plupart des provinces. Le merle d'Amérique est un oiseau gracieux, surtout terrestre. La tête est noire et la gorge striée de blanc. Le dos est gris, la queue et les ailes sont presque noires, la poitrine d'un rouge orangée et l'abdomen blanc. La différence de taille entre le mâle et la femelle est minime (de 22 à 28 cm). Les couleurs du mâle sont plus vives que celles de la femelle. Les jeunes ont à peu près la même apparence que les adultes mais, comme toutes les grives, portent sur le dessous de nombreuses marques foncées très visibles. Le merle d'Amérique est un bon chanteur. Il s'est habitué à la présence humaine dans les régions habitées et est relativement apprivoisé; il évite toutefois l'homme dans les régions isolées. Il construit habituellement son nid à quelques mètres du sol dans un arbre ou un arbuste. Le nid est grand et fait de brins d'herbe, de brindilles et de petites tiges, grossièrement assemblés autour d'une coupe de boue avec, à l'intérieur, des brins d'herbe plus fins. La femelle couve quatre œufs d'un vert bleuâtre pendant 12 ou 13 jours et le mâle aide à nourrir les oisillons. Dans la partie méridionale de son territoire canadien, le merle a souvent deux couvées par an. Il se nourrit surtout d'insectes, de larves et de vers de terre, mais consomme aussi des fruits. On le considère nuisible dans de nombreuses régions. Le merle possède plusieurs ennemis naturels, notamment d'autres oiseaux, les serpents, les mammifères prédateurs (dont le chat domestique). On donne également le nom de merle à plusieurs variétés de grives peu apparentées au merle d'Amérique et à des oiseaux d'autres familles.

Henri Ouellet

Merle-bleu Nom commun qui désigne trois espèces de GRIVES vivant en Amérique du Nord et en Amérique centrale. Le mâle a la tête, le dos, les ailes et la queue bleu clair. La femelle, de taille similaire, a le corps beaucoup plus gris, mais ses ailes et sa queue sont bleues.

Répartition et habitat Le merle-bleu niche en milieu ouvert. Le merle-bleu de l'est (*Sialia sialis*) niche dans tout le sud-est du Canada, depuis la Saskatchewan jusqu'à la Nouvelle-Écosse. Le merle-bleu de l'ouest (*S. mexicana*) et le merle-bleu azuré (*S. currucoides*) se reproduisent pour leur part dans certaines régions de l'ouest canadien.

Nidification Le merle-bleu niche dans des cavités naturelles, des trous de pics ou des nichoirs, habituellement à faible hauteur au-dessus du sol. La femelle pond généralement de 4 à 5 œufs, bleu pâle, qui sont couvés pendant environ 14 jours. On a installé de longs sentiers parsemés de plusieurs nichoirs, qui lui sont destinés, particulièrement dans les provinces des Prairies.

Régime alimentaire Essentiellement insectivore, le merle-bleu mange aussi des petits fruits, notamment à la fin de l'été et en automne.

R.D. James

Mermaid Theatre Fondé à Wolfville (Nouvelle-Écosse) en 1972, à la suite d'une expérience d'été réalisée dans le cadre du programme Perspectives-Jeunesse, en 1971, par Evelyn Garbary (conseillère), Tom Miller (directeur artistique) et Sara Lee Lewis (directrice administrative). À l'origine, il avait pour but de permettre au jeune public des régions rurales de la Nouvelle-Écosse d'assister à des spectacles de marionnettes. La compagnie professionnelle, dont le budget de fonctionnement annuel est de 750 000 $, occupe le bâtiment historique W.A. Stephens, à Windsor (Nouvelle-Écosse), depuis 1987.

Utilisant de grandes et de petites marionnettes à tige animées par des comédiens et danseurs masqués, le Mermaid Theatre a développé un solide répertoire fondé, tour à tour, sur l'histoire locale (*Wee Gillis*, 1995), les légendes micmacs (*Medoonak the Storm Maker*, 1977), les classiques de la littérature pour enfants (*Just So Stories* de Kipling, 1983-1997), la littérature mondiale (*The Navigator*, 1979), le répertoire dramatique (*The Merchant of Venice*, 1974) et sur des enjeux contemporains susceptibles de préoccuper la jeunesse (*Running Red Lights* de Brydon MacDonald, 1981).

La troupe effectue des tournées provinciales, nationales et mêmes internationales (depuis 1977), tout en élargissant son public, qui inclut désormais des adultes aussi bien que des enfants. Le Mermaid Theatre a joué au Royal Court Theatre à Londres, au Kennedy Centre à Washington et à l'EXPO 86, ainsi que dans d'innombrables écoles un peu partout en Amérique du Nord. Le Mermaid Theatre a fondé le festival de marionnettes de la Nouvelle-Écosse (Nova Scotia Festival of Puppetry), en 1974. En 1980, la troupe a été invitée à présenter *The Trickster* (1976) au World Puppet Festival à Washington (DC). Le Mermaid Youtheatre, fondé en 1993 et son directeur associé Chris Heide s'est joint au Mermaid Theatre comme dramaturge résident en 1983, monte des pièces écrites à l'intention des écoles secondaires de la Nouvelle-Écosse, et a présenté *Just Another Tartan Moose* au Edinburgh Fringe Festival en 1995.

En 1981, Garbary a pris sa retraite et, l'année suivante, Graham Whitehead a succédé à Miller comme directeur artistique. Le directeur artistique actuel, Robert More, dirige une communauté artistique de décorateurs, d'acteurs, d'auteurs et de musiciens qui poursuivent l'engagement du Mermaid Theatre d'offrir des productions hautement visuelles faites de couleurs vives, de mouvement et de musique, ainsi qu'à atteindre l'excellence dans l'art des marionnettes.

Au cours de son premier quart de siècle, le Mermaid Theatre a employé près de 500 artistes pour présenter ses productions multimédia à plus de deux millions d'enfants et de parents. Créé dans le but de présenter le folklore, l'histoire et la littérature des provinces de l'Atlantique aux jeunes de la Nouvelle-Écosse rurale, le Mermaid Theatre a fini par jouer le rôle d'ambassadeur culturel de la région. Au milieu des années 90, environ 75 p. 100 de ses revenus proviennent de ses tournées aux États-Unis. De même, ses premiers efforts en vue de développer le goût pour les arts visuels à l'aide de masques, de marionnettes et de costumes surprenants et originaux, l'ont mené peu à peu à monter des pièces complexes et riches, susceptibles d'intéresser un public de tous les âges, de même qu'à développer un milieu propice à la naissance de nouvelles pièces canadiennes. Au cours de l'été 1997, la Art Gallery of Nova Scotia a présenté une exposition rétrospective de masques, de décors et d'accessoires du Mermaid Theatre.

Patrick B. O'Neill

Merritt, ville de la C.-B.; pop. 7631 (rec. 1996), 6898 (rec. 1991), 6180 (rec. 1986); superf. 23,74 km²; const. en 1911; située dans la vallée Nicola, dans le centre-sud, au carrefour des rivières Coldwater et Nicola, à 12 km au sud du lac Nicola et à 100 km de route au sud de Kamloops. Les tribus thompson et okanagan des SALISH DU CONTINENT sont les premiers habitants de la région. Au cours de l'hiver 1813, le commerçant de fourrures Alexander ROSS s'y rend pour la première fois; de 1848 à 1860, les fameuses brigades de pelleteries, constituées de centaines de chevaux transportant des ballots de fourrure, empruntent les chemins de la vallée dans leur parcours entre Fort Kamloops, dans le nord, et Fort Langley, sur le bas Fraser.

Vers 1860, des populations s'installent sur des ranchs de bétail. Le charbon, découvert autour de 1860, est exploité à partir du début du XXᵉ s. La ville de Forksdale prend le nom de Merritt en 1907, en l'honneur de William H. Merritt, promoteur du projet avorté de chemin de fer Nicola-Kamloops-Similkameen. Merritt devient ville-champignon et connaît la prospérité grâce à ses mines jusqu'à la Crise des années 30. À cette époque, elle est mise sous séquestre et la province gère ses affaires jusqu'en 1952.

La croissance de l'industrie du bois de sciage et l'ouverture d'importantes mines de CUIVRE durant les années 50 et 60 ont fait de Merritt le centre d'affaires de la vallée Nicola. La région autour de Merritt est réputée pour ses fameux lacs à poissons et ses collines onduleuses abritant les ranchs de bétail. Le ranch du lac Douglas, situé tout près, est le plus grand du Canada. En effet, il couvre 220 000 ha et compte plus de 15 000 têtes de bétail.

John R. Stewart

Merritt, William Hamilton, militaire, homme d'affaires et politicien (Bedford, New York, 3 juill. 1793—Cornwall, Canada-Ouest, 5 juill. 1862). Se qualifiant de «concepteur de projets», il illustre parfaitement ce que John Beverley ROBINSON considère comme la caractéristique essentielle de la société américaine: la «vision de l'avenir». Merritt considère l'esprit d'entreprise et l'activité commerciale comme le trait le plus typique du caractère anglais et américain. Il croit que la Providence «a

MESURES DE LA NOUVELLE-FRANCE

Unités françaises		Équivalences anglaises		Équivalences métriques	
	pied		1,066 foot		0,325 m
	toise (6 pieds)		6,40 feet		1,95 m
	perche (3 toises)		19,18 feet		5,85 m
	arpent (10 perches)		191,8 feet		58,5 m
	lieue (84 arpents)		3,05 miles		4,91 km

MESURES UTILISÉES EN AMÉRIQUE DU NORD MAIS N'APPARTENANT PAS AU SI

	Unité (symbole)	Définition	Valeur approx. en SI		Unité (symbole)	Définition	Valeur approx. en SI
LONGUEUR/SUPERFICIE	mille marin	Mesure de l'air et de la mer*	1.852 km	DIVERS	Unité thermique Unité anglaise (Btu)***		1055 J
	furlong	220 v	201,2 m		carat		200 mg
	mille (mi)	1 760 v	1, 609 km		Fahrenheit (°F)		°F= 9/5 °C
	arpent	180 pieds français	58,47 m		cheval-vapeur	550 pi lb/sec	745,7 W
	verge (v)	3 pi	0,9144 m		nœud	1 mille marin par heure	0,5144 m/s
	pied (pi ou ')	12 po	0,3048 m	MASSE	tonne anglaise	2240 lb	1,016 t
	pouce (po ou ")	1/36 v	25,4 mm		tonne américaine	2000 lb	0,907 t
	acre	4840 milles	4047 m²		livre (lb)	16 ounces	0,453 kg
VOLUME	baril (bbl)	36 gal	163,7 l		once (on.)	(1/12) livre ancienne romaine	28,35 g
	baril [US]**	42 US gal	159,0 l		livre (lb t)	12 on. t	0,3732 kg
	boisseau	4 pecks	36,37 l		once (on. t)	20 dwt	31,10 g
	peck	2 gal	9,092 l		pennyweight (dwt)	24 gr	1,555 g
	gallon (gal)		4,54609 l				
	gallon [US]		3,785 l				
	pinte (pt)	1/4 gal	1,137 l				
	chopine (chop)	1/2 pt	568,3 ml				

* Fondé sur la longueur d'une minute de l'arc d'un grand cercle; il est différent d'un mille parce que la terre n'est pas une sphère parfaite
** Ce baril est celui utilisé par l'industrie pétrolière
*** Fondé sur la quantité de chaleur requise pour élever de 1° F la température d'une livre d'eau

ordonné à la Nature de jouer son rôle en laissant à l'ingéniosité de l'homme le soin de l'améliorer». Convaincu que «l'esprit n'est jamais satisfait» et que c'est l'entreprise, et non l'oisiveté, qui apporte «la plus grande paix de l'esprit», Merritt propose et entreprend des politiques et des projets visant à transformer le Haut-Canada en un immense domaine de développement commercial.

Merritt est député à l'Assemblée du Haut-Canada avant et après l'union et président du Conseil exécutif pendant le deuxième mandat du gouvernement Baldwin-LaFontaine, mais la politique ne l'intéresse que dans la mesure où elle sert à appuyer ses politiques en matière de travaux publics, de transports et de commerce. On retient surtout son rôle dans la construction du CANAL WELLAND (la charte de la société date de 1824). L'idée vient probablement de son projet de relier les eaux de la rivière Welland au ruisseau Twelve Mile pour amener de l'eau à ses moulins. Merritt obtient l'appui du gouvernement, recueille des fonds et supervise le projet du canal. Également avec l'aide du gouvernement, il exerce une grande influence comme promoteur des premiers projets de chemins de fer.

Robert L. Fraser

Mésange Les paridés constituent une famille d'oiseaux dans laquelle on trouve 53 espèces de mésanges. La mésange buissonnière (*Psaltriparus minimus*), autrefois considérée comme étant un membre de la famille des paridés, fait désormais partie de la famille des aegithalidés. C'est un très petit oiseau gris brunâtre à longue queue et au bec trapu. On ne le trouve que dans le sud-ouest de la Colombie-Britannique.

Répartition et habitat Six espèces de mésanges nichent au Canada. La mésange à tête noire (*Poecile atricapillus*) et la mésange à tête brune (*P. hudsonicus*) sont très répandues au Canada. La première vit dans les forêts de feuillus et dans les jardins, tandis que la seconde fréquente plutôt les forêts de conifères. Les quatre autres espèces ont une répartition plus restreinte: il s'agit de la mésange de Gambel (*P. gambeli*), la mésange lapone (*P. cinctus*), la mésange à dos marron (*P. rufescens*) et la mésange bicolore (*Baeolophus bicolor*). Les mésanges ne migrent pas.

Description La mésange est un petit passereau fort «volubile», qui a un bec court et conique, et qui fréquente les buissons et les forêts. La plupart des espèces ont un motif noir et blanc très marqué sur la tête. Certaines ont une huppe.

Régime alimentaire L'été, la mésange se nourrit d'insectes (surtout de chenilles) et d'araignées. L'hiver, elle s'alimente également de graines. Elle se tient souvent la tête en bas afin de capturer ses proies qu'elle trouve sous les feuilles et les brindilles. Elle tient ses proies dans ses pattes et les martèle avec son bec ou les frappe contre les branches. Les petites bandes de mésanges constituent souvent le noyau autour duquel d'autres espèces se greffent afin de former des bandes mixtes pour se nourrir.

Nidification La mésange niche dans des cavités situées dans les arbres ou les souches. Elle y élève une couvée importante comptant de 5 à 13 oisillons. Le mâle nourrit la femelle pendant la cour ainsi que durant la période d'incubation.

James N. M. Smith

Messier, Mark Douglas, joueur de hockey (Edmonton, 18 janv. 1961). Messier est un junior de ligue A très déterminé qui évolue avec Spruce Grove et St. Albert avant de participer, en 1978, soit à l'âge de 17 ans, à un camp d'entraînement avec Indianapolis, équipe de l'Association mondiale de hockey. Il joue cinq matchs avec Indianapolis puis se joint à l'équipe de Cincinnati, de l'Association mondiale de hockey à la deuxième moitié de la saison 1978-1979. Avec l'audace et la détermination qui le caractériseront par la suite, il réussit à marquer 1 but et à accumuler 10 passes. Il est recruté par l'équipe de hockey de sa ville natale, les OILERS d'Edmonton à laquelle il se joint en 1979. Son style de jeu est dur et il

s'illustre plus souvent avec ses poings qu'avec son bâton, mais il apparaît comme le leader charismatique de cette jeune équipe talentueuse.

Messier devient rapidement le joueur de centre offensif par excellence du hockey. Il lui est arrivé de marquer 50 buts, au sein de la puissante et rapide offensive des Oilers. Sur la même ligne que Glenn Anderson, Messier permet aux Oilers de posséder, avec Wayne GRETZKY, les deux meilleurs joueurs de centre de la ligue. En 1984, les Oilers remportent leur première Coupe Stanley. Messier, reconnu comme le leader charismatique et le joueur le plus robuste de son équipe, prouve sa valeur et remporte le trophée Conn Smythe, accordé au joueur le plus utile lors des séries éliminatoires. L'équipe remporte trois autres Coupes Stanley dans les quatre années qui suivent, avant que Gretzky ne soit échangé à Los Angeles. Messier devient alors capitaine de l'équipe et la conduit à un autre championnat en 1990. Il devance les autres joueurs du point de vue des buts marqués lors des séries éliminatoires et remporte le trophée Hart du joueur le plus utile de la LNH.

Après la saison 1990-1991, un différent contractuel entraîne son échange aux Rangers de New York. Les Rangers veulent à tout prix avoir Messier pour son leadership tant sur la glace que dans le vestiaire et ils le nomment capitaine de l'équipe dès son arrivée. Sa présence incite les autres joueurs à mieux jouer et les Rangers deviennent immédiatement des prétendants à la Coupe Stanley. L'équipe termine la saison régulière première au classement général, mais elle est éliminée dès le début des séries de fin de saison. Grâce à son jeu, Messier obtient un autre trophée Hart cette année-là.

Après une saison décevante en 1992-1993, les Rangers finissent encore premiers au classement général en 1993-1994. Messier joue blessé une bonne partie de la saison, mais il revient en force lors des séries éliminatoires. Il assure une victoire décisive aux Rangers contre les Devils du New Jersey et marque le but de la victoire lors du septième match d'une finale excitante contre Vancouver. Après 50 ans sans remporter la Coupe Stanley, les Rangers obtiennent cet honneur. Messier devient le premier joueur à avoir permis, à titre de capitaine, à deux équipes différentes de gagner la Coupe Stanley. Il a marqué 1400 points en carrière, dont plus de 500 buts. Il est l'un des trois joueurs à avoir marqué 100 buts en carrière au cours des séries éliminatoires, devancé uniquement par Wayne Gretzky pour les points accumulés en séries éliminatoires. Il a à son actif six Coupes Stanley, un trophée Conn Smythe, deux trophées Hart et a joué pour trois équipes gagnantes de la Coupe Canada. L'acharnement et la détermination ainsi que le refus de la défaite font de Messier l'un des meilleurs joueurs de hockey de tous les temps.

Métallurgie Art, science et technologie présidant à la transformation des métaux et des alliages de façon à les rendre propres à un usage. On trouve certains métaux à l'état natif (p. ex., l'OR, l'ARGENT, le CUIVRE), c.-à-d. sous forme d'élément non composé, et quelques-uns peuvent être produits à partir d'eau de mer, tel que le magnésium. Cependant, la plupart sont extraits de composés MINÉRAUX présents naturellement à la surface du sol, ou près de la surface du sol (*voir* EXPLOITATION MINIÈRE). Au Canada, la plupart des métaux non ferreux (p. ex., le cuivre, le ZINC, le NICKEL, le PLOMB) sont produits à partir de minerai sulfuré. Les étapes dans l'extraction des métaux de leur minerai sont: le traitement du minerai (transformation du minerai en concentrés et en résidus ou déchets stériles), l'extraction chimique (séparation des concentrés en métaux et en scories et résidus de lixiviation) et l'affinage (production du métal et des sous-produits affinés).

Traitement du minerai

Le traitement du minerai comprend la transformation chimique et physique du minerai pour augmen-

ter la teneur en minéral avant l'étape de l'extraction du métal. Ce traitement a pour but de réduire au minimum la quantité de résidus et compte deux étapes principales, soit la comminution et la séparation.

La comminution consiste à libérer le minéral (p. ex., le sulfure de nickel, le sulfure de cuivre) du résidu (gangue) par des opérations de concassage et de broyage. Le minerai est concassé à l'aide de concasseurs à mâchoires et de concasseurs giratoires. Le minerai concassé est ensuite broyé et réduit en particules d'une dimension de moins de 75 um au moyen de broyeurs à galets et de broyeurs à barre. Le broyage est habituellement effectué dans l'eau afin de minimiser la production de particules de poussière. Le degré de broyage dépend de la dimension du minéral et de sa distribution dans le minerai. Au Canada, bon nombre des gisements sulfurés doivent subir un broyage qui produit des particules de moins de 30 um.

La séparation du minéral de la gangue permet de produire une fraction enrichie (concentré) et des résidus (déchets stériles). La séparation se fait en tirant parti des différences de propriétés physique et chimique des minéraux, comme la densité, la radioactivité, le magnétisme, la conductivité électrique et la tension superficielle. La propriété la plus exploitée, la tension superficielle, permet une grande sélectivité surtout lorsque le traitement est effectué sur des minerais sulfurés. Le procédé de séparation exploitant cette propriété s'appelle flottation. Lors de la flottation, de l'air est injecté dans la pulpe (mélange de minerai finement broyé et d'eau) dans un réservoir agité vigoureusement afin de briser l'air en bulles fines. Le minéral s'attache aux bulles d'air et monte à la surface où il forme une écume stable qui est récupérée. La colonne de flottation est une invention canadienne et une innovation importante dans le domaine de la technologie de la flottation des années 80. Ordinairement, la colonne possède une hauteur de 13 m et un diamètre de 1 à 20 m.

La masse et le poids des concentrés produits lors du traitement des minerais sont grandement réduits. P. ex., 100 kg de minerai de cuivre contenant 1 p. 100 de cuivre sous forme de sulfure peuvent être réduits en un concentré de 4 kg contenant 25 p. 100 de cuivre, soit une réduction de 96 p. 100 du poids du minerai.

Extraction chimique

Contrairement aux oxydes métalliques, les sulfures de métaux ne peuvent pas être directement réduits à un état métallique. Les procédés d'extraction sont souvent répartis en procédés pyrométallurgiques (traitements à haute température dans des fourneaux, comme la fusion, le grillage, la distillation, etc.) ou en procédés hydrométallurgiques (traitements par solution aqueuse, habituellement effectués à une température quasi ambiante). La plupart des procédés d'extraction de métal utilisent des traitements à haute température en combinaison avec des traitements par solution aqueuse. Il existe un bon nombre de méthodes pour produire des métaux à partir de concentrés de sulfures.

Cuivre Pour ce qui est du cuivre, le principal minéral trouvé dans le concentré est la chalcopyrite ($CuFeS_2$). La méthode couramment utilisée pour produire du cuivre à partir de ce type de concentré comprend le grillage, la fusion, le convertissage et l'affinage. Le grillage consiste à chauffer le concentré de sulfure à une température de 600 à 700 °C en présence d'air afin d'oxyder partiellement le sulfure de fer et de le convertir en oxyde de fer et en anhydride sulfureux. Les produits solides issus du traitement sont ensuite liquéfiés dans un fourneau (fusion) avec un flux (silice) afin de séparer et extraire les oxydes (scories) et les sulfures cuivre-fer enrichis (matte).

La matte liquide est ensuite placée dans un convertisseur où le fer et le soufre encore présents sont éliminés par l'action d'un courant d'air injecté dans la matte (convertissage). Le fer est oxydé, puis transformé en scories par l'addition de silice; le soufre est transformé en anhydride sulfureux. Le produit qui en résulte est un cuivre brut pur à plus de 98 p. 100. Les impuretés présentes dans le concentré se retrouvent dans le cuivre après le traitement. Une partie de ces impuretés (p. ex., le zinc, l'étain, le fer et le soufre) peut être éliminée par une opération d'affinage au feu, au cours de laquelle un courant d'air est injecté dans le cuivre fondu afin d'oxyder les impuretés sélectivement et de les transformer en scories ou en oxyde gazeux. Les scories peuvent ensuite être écumées et le cuivre est recouvert de charbon afin de prévenir l'oxydation. À cette étape, le cuivre contient environ 1 p. 100 d'oxygène.

Autrefois, la plus grande partie de l'oxygène était éliminée en plongeant une perche de bois fraîchement coupée et en l'agitant sous la surface du cuivre (perchage). Aujourd'hui, on utilise plutôt le gaz naturel, ce qui permet de réduire le contenu d'oxygène à environ 0,13 p. 100. Le cuivre de cette qualité, souvent appelé «cuivre désoxydé»., est vendu aux fabricants. Une petite quantité de métaux précieux peut être présente dans le cuivre. On ne peut les éliminer par l'affinage au feu et il est parfois nécessaire d'avoir recours à l'affinage par électrolyse.

Lors de l'affinage par électrolyse, le cuivre, préalablement affiné au feu, est coulé afin de former un gros bloc qui sert d'anode. Ce bloc est placé dans une solution de sulfate de cuivre (un électrolyte, c.-à-d. une solution dans laquelle un courant électrique se produit par l'action des ions) avec une mince feuille de cuivre de grande pureté, qui fait office de cathode. Un courant électrique continu est appliqué à l'anode et passe dans l'électrolyte et la cathode, ce qui a comme résultat de faire passer le cuivre de l'anode dans l'électrolyte sous forme d'ions de cuivre qui migrent ensuite vers la surface de la cathode où ils se déposent. Les métaux précieux ne se dissolvent pas, mais descendent au fond de la cuve d'affinage, ce que l'on nomme «boue anodique».. Les boues sont recueillies périodiquement et les métaux des groupes de l'or, de l'argent et du PLATINE sont recueillis. La cathode de cuivre affiné est fondue et coulée dans des formes pouvant être utilisées par l'industrie. Il existe trois affineries de cuivre au Canada: à Montréal (NORANDA inc., une des plus importantes au monde), à Copper Cliff en Ontario (International Nickel Company of Canada) et à Timmins en Ontario (Kidd Creek Mines Ltd).

À la fin des années 40, INCO LTÉE a mis au point une nouvelle technologie, le grillage éclair, afin de griller les concentrés de cuivre à Copper Cliff. En utilisant de l'oxygène pur, les techniciens de INCO ont pu enflammer spontanément les concentrés de sulfure, ce qui permet de combiner les étapes de grillage et de fusion. Ce processus ne requiert pas de combustible pour la fusion et c'est un moyen efficace pour recueillir l'anhydride sulfureux sous forme de gaz en vue de le liquéfier. INCO a été la première entreprise à utiliser l'oxygène pur pour l'extraction de métaux et à produire de l'anhydride sulfureux liquide à partir de concentré de sulfure. À la fin des années 60, Noranda a mis au point un procédé continu d'extraction du cuivre utilisant un seul fourneau (le réacteur Noranda). Ce réacteur consiste en un cylindre horizontal dans lequel les opérations de grillage, de fusion et de convertissage sont combinées.

Les concentrés et le flux sont introduits à une extrémité et la surface du bain est constamment agitée par l'action d'un courant d'air oxygéné (23,5 p. 100 de O_2) injecté par des tuyères de soufflage (busettes) situées sur les côtés du réacteur. La matte, ou le cuivre produit, est recueillie par un côté du cylindre et les scories sont éliminées par l'extrémité. Les scories contiennent une proportion importante de cuivre et subissent un traitement au cours duquel elles sont concassées alors qu'elles se refroidissent lentement. Le matériau cuprifère est récupéré par

flottation, produisant un concentré de scories contenant 40 p. 100 de cuivre qui est retourné au réacteur. Ce traitement est utilisé par Noranda, au Québec, depuis 1973.

Nickel Au Canada, deux méthodes sont surtout utilisées pour produire du nickel: la première est le lessivage et la deuxième consiste en des opérations de grillage, de fusion et de convertissage semblables à celles utilisées pour la production du cuivre. Au cours du lessivage, mis au point par la Sherritt Gordon Ltd et utilisée à Fort Saskatchewan (Alberta), le concentré de sulfure est mélangé à une liqueur d'attaque contenant de l'ammoniaque et de l'oxygène (air comprimé entre 689 et 758 kPa), puis chauffé à 80 °C. Le nickel, le cuivre et le COBALT présents dans le concentré forment des complexes ammoniacaux solubles. La solution contenant les métaux dissous est séparée des résidus. Le cuivre est déposé par précipitation, sous forme de sulfure de cuivre, en augmentant l'acidité de la solution et en utilisant de l'hydrogène sulfuré. Du nickel métallique, sous forme de poudre, est alors produit en réduisant la solution en présence d'hydrogène gazeux à une pression de 3445 kPa et à une température de 200 °C. La solution, ne contenant plus de nickel, est alors traitée avec de l'hydrogène sulfuré afin de recueillir le cobalt sous forme de sulfure de cobalt. La solution, ne contenant plus de métal, est alors évaporée afin de récupérer les sulfates d'ammonium qui servent de fertilisants.

Trois variantes des traitements par grillage, fusion et convertissage sont utilisées au Canada. Chez INCO, à Thompson au Manitoba, le concentré de sulfure de nickel subit les opérations de grillage, de fusion et de convertissage afin d'éliminer le fer et une partie du soufre (comme lors du traitement du cuivre). Le produit, le sulfure de nickel (Ni_3S_2), est moulé afin d'en faire des anodes et dissous par l'action d'un procédé électrolytique utilisant du sulfate de chlorure, ce qui produit des cathodes de nickel pur. Les résidus de l'anode sont traités afin de recueillir le soufre en fleur et les métaux précieux. Ce procédé unique a été breveté par INCO.

Le concentré de nickel traité aux installations de INCO à Sudbury contient aussi du cuivre et le produit résultant des opérations de grillage, de fusion et de convertissage contient donc du sulfure de nickel (Ni_3S_2) et du sulfure de cuivre (Cu_2S). En réduisant lentement la température d'un mélange fondu de ces sulfures dans un moule calorifuge, sur une période de trois jours, on peut produire de gros cristaux de sulfure de nickel et de sulfure de cuivre et une petite quantité d'alliage de cuivre et de nickel contenant la plus grande partie des métaux de la famille du platine. Le sulfure de nickel est séparé du mélange en utilisant des opérations de broyage et de flottation. Les alliages métalliques sont récupérés par magnétisme et traités afin de recueillir le nickel et les métaux précieux.

Le sulfure de nickel encore présent est alors oxydé par une opération de grillage à une température de près de 1050 °C pour former de l'oxyde de nickel. L'oxyde de nickel est alors réduit avec du coke (une substance dense distillée à partir du charbon) dans un four à réverbère ou avec de l'hydrogène dans un four à lit fluidifié afin de produire du nickel métallique. Le nickel est raffiné encore une fois à l'aide d'un traitement électrolytique dans une usine de Port Colborne, en Ontario. Une autre méthode utilisant du carbonyle sous haute pression a été mise au point par INCO et est utilisée depuis 1973 à l'installation de Sudbury. Au cours de ce procédé, du monoxyde de carbone sous forme gazeux est soufflé sur le nickel à une pression de 6895 kPa et à une température de 170 °C. Du nickel carbonyle gazeux est alors formé et purifié par distillation. Le nickel carbonyle purifié est ensuite décomposé à une température de 200 °C afin de former des granules ou de la poudre de nickel de grande pureté et du monoxyde de carbone gazeux, qui est réutilisé.

La Falconbridge Nickel Mines, à Falconbridge (Ontario), utilise des traitements de grillage, de fusion et de convertissage pour traiter les concentrés de sulfure de nickel et de cuivre. Le produit du traitement de convertissage, une matte contenant du sulfure de nickel et de cuivre, est expédié en Norvège ou les métaux sont récupérés. L'anhydride sulfureux produit au cours du traitement de grillage est utilisé afin de produire de l'acide sulfurique.

Plusieurs métaux non ferreux sont produits à partir de minéraux oxydés. Le magnésium et l'uranium en sont deux exemples.

Magnésium Au Canada, le magnésium est produit par la Chromasco près de Renfrew (Ontario). La méthode utilisée, inventée et mise au point au Canada pendant la Seconde Guerre mondiale par L.M. PIDGEON, s'appelle le procédé Pidgeon. De la dolomie calcinée ($MgO.CaO$) est mélangée à du ferrosilicium, puis le mélange est placé dans une cornue tubulaire faite d'acier inoxydable, où la pression de l'air est réduite à environ 0,003 kPa. Une extrémité de la cornue est chauffée à une température d'environ 1180 °C et l'autre est refroidie. La vapeur de magnésium formée se condense à l'extrémité refroidie par l'eau et forme un dépôt dense et cohérent. Les cristaux de magnésium sont recueillis, puis fondus et coulés en lingots.

Uranium Au Canada, l'URANIUM est extrait de différents minéraux comme la pechblende, l'uraninite et la brannerite. Le minerai contenant ces minéraux est concassé, broyé et traité avec de l'acide sulfurique afin de dissoudre l'uranium. La solution contenant l'uranium est séparée des résidus solides et purifiée en utilisant des techniques d'échange d'ions ou de désolvation. L'uranium est ensuite précipité sous forme de diurinate d'ammonium ou de magnésium. Le matériau est filtré, séché et envoyé à l'affinerie de Blind River (Ontario) où il est purifié afin de produire des composés de qualité nucléaire comme l'oxyde d'uranium (UO_2) et le fluorure d'uranium (UF_6).

Questions environnementales

Au Canada, les usines métallurgiques sont souvent situées près des mines dans des zones à faible population; si bien que, jusqu'à une période très récente, on ne pensait pas beaucoup aux problèmes écologiques jusqu'à tout récemment. Généralement, il n'y avait pas d'équipement pour capter ou fixer l'anhydride sulfureux gazeux et tous les gaz étaient émis à l'air libre par les cheminées. Aujourd'hui, en raison des nouvelles connaissances sur l'effet des gaz toxiques sur l'environnement et face aux inquiétudes grandissantes de la population, l'élimination des polluants provenants des usines métallurgiques revêt une très grande importance pour l'industrie (*voir* POLLUTION DE L'AIR). Au Canada, les principaux polluants provenant des opérations de traitement de matériau non ferreux sont les particules solides et l'anhydride sulfureux gazeux qui provoquent des PLUIES ACIDES.

L'élimination des particules se fait à l'aide d'équipements d'épuration des gaz sophistiqués comme les laveurs à Venturi, les cyclones, les sacs filtrants et les séparateurs électrostatiques. L'assainissement des gaz de four de fusion est très difficile. Environ 98 p. 100 du soufre entrant dans l'usine sous forme de sulfure est émis sous forme d'anhydride sulfureux gazeux. Les émissions, en formant des acides et autres composés dans l'atmosphère, peuvent nuire grandement à la santé, à la végétation et à la propriété. Afin de protéger l'environnement, il est nécessaire de capter l'anhydride sulfureux et de le transformer en un produit utile pouvant être mis sur le marché ou en déchet stérile pouvant être entreposé de façon sûre. La transformation la plus utilisée est la production d'acide sulfurique. Cependant, si le contexte économique et la concentration d'anhydride sulfureux gazeux le permettent, les autres composés pouvant être produits comprennent le soufre en fleur, le bioxyde de soufre liquide, le sulfate d'ammonium et le gypse. Au Canada, l'acide sulfurique et l'anhydride sulfureux liquide sont produits dans des usines de métaux non ferreux. (*Voir aussi* SIDÉRURGIE; EXPLOITATION MINIÈRE; RESSOURCES MINÉRALES.)

J.M. Toguri

Métallurgistes unis d'Amérique Le syndicat des métallurgistes unis d'Amérique (MUA) est le syndicat international comptant le plus grand nombre de membres au Canada et l'un des plus importants parmi les syndicats de travailleurs du secteur privé. Il voit le jour en 1936 sous le nom de Steelworkers' Organizing Committee (SWOC), création du tout nouveau Comité des organisations industrielles (COI) dont la mission est de regrouper les milliers de travailleurs non syndiqués de l'industrie américaine de l'acier. Le SWOC persuade sans tarder les syndicats canadiens, jusque-là autonomes, des métallurgistes de Sydney et de Trenton en Nouvelle-Écosse, d'Hamilton et de Sault Sainte-Marie en Ontario, de se joindre à leurs confrères américains. Des travailleurs appartenant à quelques autres industries métallurgiques forment aussi des sections locales du SWOC. Avant la Seconde Guerre mondiale, on amorce des négociations collectives avec deux des trois principales aciéries. Toutefois, le syndicat doit redoubler d'efforts d'organisation pendant la guerre et déclencher une grève nationale de l'acier en 1946 pour consolider son droit de négocier pour les travailleurs de cette industrie du Canada. C'est en 1942 que le syndicat adopte son nom actuel. Depuis la guerre, il a élargi son bassin pour inclure les travailleurs d'industries variées.

Dans les années 90, la diversité des effectifs augmente quand bon nombre de syndicats, y compris ceux des travailleurs de la vente au détail et en gros et ceux des industries du caoutchouc et de l'aluminium, fusionnent avec celui des USWA au Canada. En 1997, le syndicat compte quelque 180 000 membres canadiens, chiffre qui devrait atteindre les 200 000 en l'an 2000 par suite de la fusion prévue avec les machinistes. Les membres canadiens ont leur bureau national à Toronto ainsi qu'un bureau de division et trois bureaux de district, pour lesquels ils élisent leurs propres représentants. Le syndicat est un fervent partisan du NPD. En 1984, une Canadienne, Lynn WILLIAMS, accède au poste de présidente du syndicat international.

Craig Heron

Metcalf, John, nouvelliste, romancier, essayiste et anthologiste (Carlisle, Angl., 12 nov. 1938—citoyen canadien, 1970). Il fait ses études à l'U. de Bristol et obtient un baccalauréat ès arts en 1960 et un certificat en éducation, en 1961. En 1962, il s'installe à Montréal, où il enseigne au secondaire et commence à écrire. Ses récits, réunis dans *The Lady who Sold Furniture* (1970), *The Teeth of my Father* (1975) et *Adult Entertainment* (1986), glorifient l'enfance et la nature et explorent souvent l'isolement et la solitude des êtres. Les personnages luttent pour affirmer leur dignité dans un monde moderne guidé par l'opportunisme et l'appât du gain et hostile à la liberté individuelle. Ces préoccupations ressortent de ses deux romans. Dans *Going Down Slow* (1972), centré sur un jeune immigrant britannique qui enseigne à Montréal, le système scolaire semble desservir l'éducation en ce qu'il gaspille les énergies, tant des élèves que des enseignants, dans des activités insignifiantes. Le protagoniste de *General Ludd* (1980), vaste satire sur le désarroi existentiel au Canada, est un écrivain invité en lutte contre la technologie moderne et les philistins qui peuplent l'université, deux menaces pour l'artiste, qui se retrouve de plus en plus isolé.

Les écrits polémiques de Metcalf sur l'art et la culture sont rassemblés dans *Kicking Against the Pricks* (1982) et *Freedom From Culture: Selected Essays* (1994). *What is a Canadian Literature?* (1988) met en doute la pertinence des canons de la littérature canadienne. Il a aussi écrit deux courts

romans, *The Girl in Gingham* (1978) et *Private Parts* (1980), et dirigé la publication de nombreuses anthologies de nouvelles et de textes provenant des écoles secondaires.

Colin Boyd

Metcalf, Thomas Llewelin, avocat, politicien et juge (St. Thomas, Ont., 21 févr. 1870—Winnipeg, 2 avr. 1922). Avocat accompli et associé d'un cabinet d'avocats de Winnipeg peu après son entrée au barreau en 1894, Metcalf devient un juriste cultivé. Dès l'âge de 39 ans, il est nommé juge à la Cour du Banc du Roi et promu à la Cour d'appel du Manitoba en 1921. Il est souvent choisi pour être membre de commissions royales. À ce titre, il élabore une révision importante du *Code criminel* en 1902. En 1919, il préside les procès de la GRÈVE GÉNÉRALE DE WINNIPEG. Reflet de l'élite de son époque et juriste extrêmement compétent, il connaît alors mieux que quiconque ce qui doit être fait pour garantir la condamnation des meneurs de grève et il y parvient.

D.H. Brown

Metcalfe, Charles Theophilus, baron de, GOUVERNEUR GÉNÉRAL de l'Amérique du Nord britannique de 1843 à 1845 (Calcutta, Inde, 30 janv. 1785—Malshanger, Hampshire, Angl., 5 sept. 1846). Il étudie à Eton et, en 1801, il entre dans la fonction publique indienne où il se fait une réputation d'administrateur talentueux et judicieux. En 1822, il hérite du baronnet de son père et il est nommé Gouverneur général provisoire en Inde. De 1838 à 1842, il agit en tant que gouverneur de la Jamaïque.

Metcalfe arrive au Canada au début 1843, pour remplacer sir Charles BAGOT. Il a pour instructions de ne faire aucune concession à l'égard du GOUVERNEMENT RESPONSABLE, principe sur lequel est fondé le ministère réformiste de Bagot, dirigé par Louis-Hippolyte LAFONTAINE. En novembre 1843, il provoque la démission de ses ministres en attribuant des nominations sans les consulter. Pendant près de neuf mois, il continue à gouverner avec l'aide d'un seul ministre, Dominick Daly. En août 1844, il forme un gouvernement conservateur dirigé par William Henry DRAPER et il est appuyé par une petite majorité aux élections de novembre 1844.

Souffrant d'un cancer du visage, Metcalfe travaille dans des conditions personnelles très difficiles, mais il consacre néanmoins de longues heures aux affaires officielles. Il déménage la capitale à Montréal, négocie l'indulgence royale pour les rebelles (1837-1838) déportés en Australie, consolide le travail réalisé par lord SYDENHAM dans la fonction publique et apporte une aide financière généreuse à bon nombre de causes culturelles et philanthropiques. En novembre 1845, les progrès de sa maladie l'obligent à démissionner de son poste et à partir pour l'Angleterre. En guise de récompense pour ses nombreux services, il est nommé baron Metcalfe de Fern Hill en 1845, mais ses titres disparaissent à sa mort.

Jacques Monet, S.J.

Metchosin, municipalité de la C.-B.; pop. 4709 (rec. 1996), 4232 (rec. 1991), 3676 (rec. 1986); superf. 69,66 km²; const. en 1984. Le district de Metchosin est situé dans l'île de Vancouver et fait partie de la banlieue de VICTORIA. Son nom vient d'un terme des Salish du détroit *smets-shosin*, qui signifie «lieu du poisson puant» ou «lieu qui sent l'huile de poisson», probablement en raison d'une baleine morte qui s'était échouée sur la plage.

Sir James Douglas, marchand de la Compagnie de la baie d'Hudson, qui deviendra gouverneur de l'île de Vancouver, appelait l'endroit «Metchosin», et le nom est resté. Cette région originairement agricole se développe à pas mesurés en s'efforçant de garder son caractère rural. Le prestigieux COLLÈGE DU PACIFIQUE LESTER B. PEARSON, une école internationale, est situé dans la municipalité.

Deborah Welch et Michael Payne

Météore, météorite, cratère météorique Notre système solaire contient de nombreux objets plus petits que les planètes ou leurs satellites et ces objets décrivent leur propre orbite autour du Soleil. L'espace interplanétaire contient aussi une myriade de grains de poussière dont la dimension se mesure en micron. À proximité de la Terre, les concentrations de poussière n'atteignent que quelques centaines de particules par km³, mais de 35 000 à 100 000 t de matière extraterrestre traversent notre atmosphère chaque année. La Terre capture ces particules quand elles pénètrent dans sa sphère d'influence.

Définitions Lorsqu'une particule mesurant environ un cm ou plus de largeur entre dans l'atmosphère terrestre, elle génère un éclat lumineux appelé météore. Cet éclat lumineux dure habituellement moins d'une seconde et se produit à des altitudes proches de 90 km. Les corps plus volumineux, appelés météoroïdes, engendrent des météores spectaculaires (boules de feu). En de rares occasions, une partie de l'objet atteint la surface de la Terre sans être détruite; on l'appelle alors météorite. Le météorite le plus gros jamais découvert se trouve sur la ferme Hoba en Namibie, dans le sud-ouest de l'Afrique. Composé de nickel et de fer, il est encore intact et pèse environ 60 t.

Cratère météorique L'atmosphère terrestre ralentit très peu les objets très volumineux. Tout au long des 4,6 milliards d'années d'existence de la Terre, ces objets sont entrés violemment en collision avec elle et ont creusé, au point d'impact, des cratères météoriques. Comme les météorites ont été totalement volatilisés, seules les cicatrices du cratère, formées par les ondes de choc, peuvent témoigner de l'événement. Sur la Terre, ces cicatrices ne sont pas aussi visibles que sur d'autres planètes et lunes où il n'y a pas d'atmosphère, d'hydrosphère ou d'activité géologique susceptibles de détruire et de recouvrir les cratères. Au Canada, les plus gros cratères se trouvent à Sudbury (140 km de diamètre) et à Manicouagan (100 km de diamètre). Il est de plus en plus évident que nombre de gros objets ont percuté la Terre par le passé et ont eu des effets notables sur le climat et sur les processus biologiques. Il est possible aussi que notre eau et notre air proviennent de la glace et d'autres composantes des COMÈTES entrées en collision avec la Terre au début de son existence.

En juillet 1994, l'impact de la comète périodique Shoemaker-Levy 9 sur Jupiter est observé attentivement à partir de la Terre et du télescope spatial Hubble. Plus de 20 fragments de comète, mesurant jusqu'à 3 ou 4 km de largeur, ont pénétré dans l'atmosphère de Jupiter à 60 km/sec., produisant de violentes explosions et laissant derrière eux des trous faciles à observer, certains étant plus grands que le diamètre de la Terre.

Pluie de météores La plupart des météores sont des fragments de comètes. L'orbite des comètes autour du Soleil a une forme elliptique allongée qui s'étend jusqu'à la frontière de notre système solaire. Les régions sources couvrent jusqu'à 100 000 fois la distance de la Terre au Soleil et peuvent renfermer des milliards de comètes. La masse de la comète est composée de différentes sortes de glaces et de roches. Au moment de son passage près du Soleil, cette masse se réchauffe et des fragments se séparent du noyau, mais leur matière rocheuse résiste aux effets de la chaleur solaire et ils continuent sur leur propre orbite qui ressemble à celle de la comète. Sur une période d'un millier d'années, les particules se dispersent pour occuper une largeur considérable autour de l'orbite entière et former une «ceinture»..

Lorsque la Terre traverse une telle «ceinture», il se produit une véritable pluie de météores. En une heure, un observateur peut apercevoir entre 5 et 50 météores provenant de la même direction et pénétrant l'atmosphère à la même vitesse. On les appelle «pluies» car elles émanent du même point (point radiant) de l'espace occupé par les constellations. Une «pluie» peut durer quelques heures ou plusieurs jours, et se produit généralement tous les ans. Avec le temps, les «ceintures» se dispersent et leurs météores se mêlent aux météores sporadiques circulant dans l'Univers. La vitesse à laquelle elles entrent dans l'atmosphère varie entre 11 et 72 km/sec.

Composition À l'exception des échantillons lunaires, les météorites représentent notre seule chance d'étudier en laboratoire la matière provenant de l'espace. La plupart des météorites sont des «pierres» recouvertes d'une mince croûte noire résultant de la fusion; elles sont composées de silicates et d'une petite quantité de métal. Environ 5 p. 100 sont des «fers», formés d'un alliage de fer et de nickel, alors qu'un plus petit nombre sont de nature «ferropierreuse». L'analyse des météorites fournit des indices cruciaux pour mieux comprendre le système solaire. En effet, certains météorites ont eu une évolution chimique et thermique relativement simple et sont encore dans l'état où ils se sont formés dans la nébuleuse solaire primitive. On ne sait pas encore avec certitude si les gros fragments cométaires sont suffisamment résistants pour supporter l'impact avec l'atmosphère terrestre, mais on pense que certains météorites chimiquement primitifs proviendraient des comètes.

Sources Il semble que, sous l'effet de collisions réciproques, la plupart des météorites proviennent d'astéroïdes et de l'anneau d'astéroïdes situé entre Mars et Jupiter. Au fil de dizaines de millions d'années, leurs orbites ont probablement été modifiées par le champ gravitationnel de Jupiter jusqu'à entraîner leur collision avec la Terre. Un petit nombre (comparativement aux échantillons lunaires) sont identifiés comme des fragments provenant de la surface de la Lune et qui auraient été éjectés par suite d'un impact avec un météorite. On soupçonne que quelques-uns de ces fragments ont été expulsés de Mars de façon similaire.

Météorites Plusieurs milliers de météorites différents sont connus, dont près de 50 ont été découverts au Canada, surtout dans la glace de l'Antarctique où le mouvement des glaces et l'ablation causée par le vent les ont concentrés en un même endroit. On espère trouver des dépôts semblables dans l'Arctique. Dans l'Ouest canadien, des observations à partir de réseaux de caméras indiquent qu'un météorite pesant au moins 100 g tombe quelque part au Canada chaque jour. Cependant, on en retrouve très peu. Une pluie spectaculaire de météorites rocheux accompagnée d'un bang supersonique a eu lieu à Saint-Robert-de-Sorel, au Québec, le 14 juin 1994. Environ 25 kg de pierres ont été retrouvés.

La recherche au Canada Les cratères météoriques restent très longtemps visibles sur la Lune et sur plusieurs planètes. Par contre, sur la Terre, l'ÉROSION efface habituellement leur empreinte en quelques millions d'années. Toutefois, la roche située sous la croûte terrestre est endommagée de façon permanente par l'onde de choc et permet donc l'identification de très anciens cratères. Un programme de recherche important s'est intéressé aux cratères météoriques au cours des années 50, à l'initiative d'un astronome du gouvernement fédéral, C.S. BEALS. Ces études, les premières du genre, ont permis d'identifier 24 cratères météoriques dont les diamètres varient entre 3 et 95 km, le plus récent étant le cratère du Nouveau-Québec (aujourd'hui Nunavikut), qui date de quelques millions d'années.

L'observation de météores par RADAR et spectroscopie est l'une des spécialités de la recherche canadienne. Un faisceau radar est réfléchi par la colonne de gaz électrifié que produit le passage d'un météore. Cette méthode reste efficace même pour les très petits objets. Il est possible d'obtenir le spectre d'un météore par la photographie ou par l'utilisation de techniques télévisuelles. L'analyse spectrale (spectroscopie) révèle quels sont les atomes prédominants dans la particule et, indirectement, nous renseigne sur la composition chimique des comètes.

(*Voir aussi* CRATÈRES MÉTÉORIQUES DU CANADA.)

Ian Halliday et Richard Herd

Météorisation Les processus de météorisation entraînent la désintégration de matériaux rocheux dans la couche superficielle de la Terre. Ces mécanismes, à l'origine de liens vitaux entre éléments organiques et éléments inorganiques des écosystèmes, sont essentiels au maintien de la vie sur Terre. Bien qu'ils soient en réalité très interactifs, les processus de météorisation se regroupent en deux principales catégories: mécanique (physique) et chimique. Dans les processus mécaniques, des masses de roches se fragmentent, mais ne subissent aucune modification minérale profonde. De nombreux facteurs déclenchent parfois la désintégration. L'allégement, sur une période prolongée, de la charge supportée par les roches formées originellement à de grandes profondeurs sous la surface de la Terre produit souvent des cassures en copeaux (joints de dilatation). La chaleur extrême fait subir à la roche une contrainte de dilatation suffisante pour fendre des rochers et produire des copeaux ou des lamelles. La fissuration par le gel survient là où se trouvent des cycles de gel-dégel, de rapides baisses de températures au-dessous du point de congélation et une quantité suffisante d'eau libre dans les fentes et dans les pores des roches. En forêt, les racines des plantes qui pénètrent et croissent dans le sol encouragent la fissuration des roches. Les animaux fouisseurs contribuent également à la décomposition de la matière rocheuse. L'haloclastie, ou le gonflement et l'expansion thermique des cristaux de sel dans la roche et dans les interstices du sol, contribue probablement à la météorisation dans les zones côtières et dans les déserts polaires comme ceux situés aux latitudes du Grand Nord canadien.

La météorisation mécanique produit des fragments rocheux plus gros que des particules argileuses. Ces fragments constituent une importante source de sédiments, qui s'effriteront plus tard, se déplaceront et se déposeront sous la force de la gravité, du vent, de l'eau ou de la glace. Ces fragments de roches de texture assez grossière contribuent, dans une certaine mesure, à la formation des sols à la surface de la Terre. Au cours des temps géologiques, à mesure que se poursuivent les processus de météorisation, chaque unité de volume de roche occupe une surface plus grande. Les processus de météorisation chimique sont alimentés par les nouveaux minéraux qui y sont exposés.

Le résultat du processus de météorisation chimique est la décomposition ou le pourrissement de la roche par les transformations minérales et par la réorganisation minéralogique de résidus d'altération primaire (y compris les argiles). La météorisation chimique se manifeste par divers processus: hydratation-déshydratation et hydrolyse (qui impliquent l'action de l'eau), oxydation (implique l'oxygène), carbonatation (action du dioxyde de carbone dissout dans l'eau), chélation (association d'une molécule organique et d'un métal), fixation, réduction et solution. À mesure que se poursuit la transformation de minéraux primaires en minéraux secondaires, les argiles s'accumulent dans le sol. Ces argiles contribuent largement au fonctionnement des processus pédologiques, surtout dans l'échange de base entre la végétation et les composantes minérales du sol. Dans les différents sols, la quantité d'argiles, ainsi que le type dominant, déterminent en grande partie la qualité et la transmission de l'eau. Lorsqu'elles sont saturées d'eau, certaines argiles se gonflent beaucoup, d'autres demeurent relativement stables. En grande partie à cause de ce facteur et des autres effets de la météorisation, la stabilité des pentes s'affaiblit généralement à mesure que la décomposition de la roche s'intensifie, que les matériaux du sous-sol deviennent plus argileux et que, au-dessous du sol, la résistance au cisaillement de la roche diminue en raison de la décomposition. Dans le sous-sol, les processus de météorisation à long terme causent directe-

ment plusieurs types de glissements de pentes (*voir* GLISSEMENT DE TERRAIN, AVALANCHE DE PIERRES).

On peut donc dire que la météorisation a des fonctions à la fois destructives et constructives. Au fil du temps, la décomposition des roches forme la base de l'évolution des sols (pédogenèse) et de leur régénération. Au Canada, ce sont les milieux les plus chauds et les plus humides de l'ouest de la Colombie-Britannique et du sud de l'Ontario qui subissent le plus les effets de la météorisation chimique profonde et relativement intense.

De nombreux facteurs déterminent la combinaison du type dominant de météorisation, les processus sédimentaires et les nombreux facteurs pédogénétiques caractéristiques des différentes régions. Le climat habituel et les types de végétation en sont des facteurs essentiels. Dans les endroits où il y a pénurie d'eau et des températures extrêmes, ou les deux à la fois, plusieurs processus d'ordre chimique s'interrompent pour faire place aux processus d'ordre mécanique qui deviennent plus importants. Au Canada, les meilleurs exemples de ces écosystèmes se trouvent dans la toundra des latitudes nord et dans les régions alpines au-delà de la limite forestière. Dans ces régions, la couche de sol est mince, même au-dessus de zones stables, puisque les processus de météorisation ne suffisent pas à produire de bons mélanges de sol et d'argiles. Les types de végétation sont étroitement liés aux sols et à la météorisation. Ceux qui n'utilisent pas beaucoup les éléments basiques mais produisent des acides organiques en abondance maintiennent la lixiviation dans la couche superficielle. Seuls les minéraux primaires les plus résistants, comme le quartz, résistent aux effets des acides organiques, et les produits de météorisation secondaires (y compris les argiles) sont déplacés à une certaine profondeur au-dessous de la couche superficielle. Plusieurs types de sols de forêts boréales sont fonction de ce régime général de météorisation.

La susceptibilité du minéral aux agressions chimiques varie fortement, mais les roches contenant de fortes proportions de quartz résistent généralement mieux que d'autres à la météorisation. Ainsi, le cadre géologique de certaines régions détermine en partie l'efficacité des processus de météorisation (*voir* RÉGIONS GÉOLOGIQUES). L'«héritage» géologique peut aussi jouer un rôle important. Certains types de milieux sédimentaires favorisent l'accumulation d'argiles, tandis que d'autres retiennent les sables riches en quartz ou les graviers. De plus, comme la plus grande partie du Canada n'a émergé que récemment (en temps géologique) des nappes de glace du pléistocène (*voir* GLACIATION), la météorisation et les autres processus pédogénétiques ne sont à l'œuvre que depuis quelques milliers d'années. (*Voir* RÉGIONS PHYSIOGRAPHIQUES.)

Bruce Rains

Météorologie Science qui étudie l'atmosphère et les phénomènes atmosphériques à l'aide de données sur la température, l'HUMIDITÉ, les nuages, le VENT, etc. Elle a pour but principal d'expliquer la structure et la dynamique de l'atmosphère en se basant sur les lois fondamentales de la PHYSIQUE. Ses trois grandes divisions théoriques sont la météorologie physique et la météorologie dynamique (très rapprochées et souvent associées sous l'appellation de physique atmosphérique) ainsi que la météorologie synoptique. La CLIMATOLOGIE est la branche de la météorologie touchant plus spécifiquement le TEMPS, le CLIMAT et les changements climatiques (*voir* CLIMAT, CHANGEMENT DE).

Météorologie physique La météorologie physique fait à la fois appel à la météorologie et à la physique pour l'étude de trois sujets fondamentaux: les rayonnements électromagnétiques, la thermodynamique météorologique et la physique des nuages. La physique de la stratosphère, l'électricité atmosphérique, l'optique et l'ACOUSTIQUE sont des domaines connexes.

Rayonnement La Terre reçoit le rayonnement solaire surtout sous forme de lumière visible et presque infrarouge. De 30 à 35 p. 100 de ces radiations sont réfléchies vers l'espace par les nuages et la surface de la Terre. Toutefois, la plupart sont absorbées par la surface terrestre et émises à nouveau sous forme de rayonnement infrarouge, lui-même absorbé par l'eau, le dioxyde de carbone (CO_2) et les polluants atmosphériques. À long terme, ces infrarouges émis dans l'espace équilibrent le rayonnement solaire reçu par la Terre et l'atmosphère. Cependant, des déséquilibres temporaires, p. ex., au Canada, le surplus de rayonnement solaire en été et le déficit en hiver, causent d'importantes variations saisonnières de température, sauf aux endroits qui profitent de l'effet modérateur des océans. Les processus de transferts radiatifs ont donc une importance capitale dans l'élaboration des modèles numériques conçus pour les PRÉVISIONS MÉTÉOROLOGIQUES et les changements climatiques. Les satellites, les avions et les instruments de mesure en surface utilisent aussi le rayonnement pour la TÉLÉDÉTECTION des éléments climatiques.

Thermodynamique météorologique Elle considère l'air comme un mélange d'air sec et de vapeur d'eau, chacun de ces éléments étant caractérisé par sa température, sa pression et sa densité, dont la relation est régie par une équation d'état. Ainsi, les variations de température occasionnent des changements de pression, qui eux-mêmes créent les vents. Un refroidissement local cause une condensation et un dégagement de chaleur latente. Ces interactions complexes entre les variables d'état, les nuages, le vent et le rayonnement sont étudiées à l'aide des lois de la thermodynamique et de simulations numériques.

Physique des nuages La physique des nuages étudie les particules qui forment les nuages et les précipitations de même que les processus physiques qui se déroulent dans les nuages naturels et artificiels. La vapeur d'eau se condense sur de minuscules particules hygroscopiques, appelées noyaux de condensation, et forme des gouttelettes d'eau qui constituent les nuages et le BROUILLARD. Si la température reste très en dessous du point de congélation, la vapeur d'eau se condense sur des particules minérales et sur d'autres noyaux de condensation pour former des nuages de cristaux de glace. Dans des conditions favorables, gouttelettes et cristaux deviennent gouttes de pluie et flocons de neige ou même grêlons par suite de collision, de fusion et de transfert de vapeur d'eau entre gouttelettes et cristaux dans un nuage mixte (*voir* GLACE). Depuis 1950, on poursuit au Canada de nombreuses expériences scientifiques sur les modifications des nuages, du brouillard et des précipitations afin d'accroître la pluviosité, d'éliminer la GRÊLE, d'améliorer la visibilité et de combattre les feux de forêts; ces expériences ont donné des résultats variables (*voir* PLUIE, PRODUCTION ARTIFICIELLE DE LA).

La stratosphère (haute atmosphère) impose des contraintes thermodynamiques aux déplacements d'air dans la couche sous-jacente, la troposphère, dans laquelle les systèmes météorologiques se déplacent. Elle sert aussi de réservoir aux gaz et aux fines particules qui influent sur le bilan radiatif. La foudre, l'ionisation et le courant air-Terre sont des éléments de l'électricité atmosphérique. On croit aussi que les phénomènes électriques jouent un rôle majeur dans la physique des nuages et des précipitations. L'optique et l'acoustique atmosphériques étudient la transmission, la réflexion, la réfraction et la diffraction de la lumière et du son. Les résultats de ces études sont appliqués à des phénomènes comme les ARCS-EN-CIEL, les mirages, la scintillation, le bruit du vent et l'écho, mais également à l'utilisation de la lumière ou du son pour la télédétection (p. ex., le RADAR laser ou acoustique), à la photographie de nuages et à l'anémomètre-thermomètre acoustique.

K.D. Hage

Météorologie dynamique

La météorologie dynamique est la science des mouvements atmosphériques. Une multitude de phénomènes sont accompagnés de déplacements d'air, car l'atmosphère terrestre est un système physique complexe soumis à des influences externes, comme le réchauffement ou le refroidissement par les masses que sont la Terre et les océans. Le plus important de ces phénomènes reste le courant d'ouest qui ceinture la Terre aux latitudes moyennes. Habituellement, les vents associés à ce courant sont perturbés et ondulent vers le sud et vers le nord. Le cœur de ce courant sinueux est le courant-jet, qui se situe normalement de 10 à 12 km au-dessus du niveau de la mer, et dont les vents peuvent dépasser 300 km/h. Plusieurs facteurs influencent sa structure sinueuse: la déflexion sur les hautes montagnes des Rocheuses, le réchauffement ou le refroidissement par la surface sous-jacente ou des vortex en mouvement, dont le diamètre peut atteindre quelques milliers de kilomètres. On peut considérer les vortex comme des circulations dans le sens horaire ou antihoraire surperposé aux principaux vents d'ouest et obligeant ces derniers à les contourner. Certains, immenses, peuvent d'ailleurs demeurer presque stationnaires pendant plusieurs jours; les plus petits et plus faibles vortex, par contre, sont vite balayés par le courant-jet. Il existe donc entre le courant-jet et les vortex un jeu complexe d'effets réciproques dont la nature est déterminée par la force et la configuration de chacun.

Près de la surface terrestre, les vortex dominent la circulation, le courant-jet s'affaiblissant à basse altitude. Ce sont ces systèmes qu'on peut voir sur les cartes météorologiques de surface sur lesquelles figurent les isobares, lignes reliant les points d'égale pression atmosphérique. Dans l'hémisphère Nord, les vortex qui se forment dans le sens horaire ont une pression centrale élevée (anticyclones), tandis que ceux formés en sens contraire ont une faible pression centrale (cyclones); dans l'hémisphère Sud, on observe exactement l'inverse. Les basses pressions sont généralement associées aux nuages et souvent aux précipitations, tandis que les hautes pressions sont normalement accompagnées d'un ciel dégagé. L'ouragan ou typhon, l'une des tempêtes les plus intenses et redoutées, est moins fréquent que les dépressions classiques, mais beaucoup plus violent. Il ne se produit normalement qu'en zone tropicale et en zone subtropicale, et couvre de 100 à 1000 km. L'ORAGE est beaucoup plus modeste: sa dimension typique est de 5 à 10 km; par contre, la TORNADE, dont le diamètre n'est habituellement que de quelques centaines de mètres, est extrêmement destructrice et ses vents peuvent atteindre 450 km/h.

La météorologie dynamique se base sur les lois de l'hydrodynamique et de la thermodynamique pour étudier différents types de mouvements atmosphériques. L'hydrodynamique explique comment une force, comme la gravité, qui agit sur une parcelle d'air, peut affecter sa vélocité; la thermodynamique donne des informations sur les changements de température qui surviennent lorsqu'on ajoute ou enlève de la chaleur à l'air. Imaginons, pour mieux visualiser ce mécanisme, que l'atmosphère soit subdivisée en un grand nombre de volumes (cubes ou formes semblables). Si toutes les forces agissant sur ces volumes de même que la vélocité de l'air sont connues, il est possible d'évaluer le déplacement de l'air sur une certaine période de temps. En outre, si à un moment précis, on connaît la température d'un certain volume et s'il est possible de déterminer la quantité de chaleur qui y entre et en sort, il est également possible de calculer quelle sera la température dans ce volume quelques instants plus tard. Cette méthode sert à effectuer les prévisions météorologiques par simulation numérique. Les calculs sont plus précis dans le cas de petits volumes. Ainsi, les prévisions pour de grandes régions, comme les conti-

nents ou les hémisphères, nécessitent l'utilisation d'ordinateurs très puissants.

Jacques Derome

Météorologie synoptique

La météorologie synoptique consiste à analyser des données météorologiques, recueillies plus ou moins simultanément à l'intérieur d'une vaste région géographique, afin de présenter un portrait global et quasi instantané de l'état de l'atmosphère. Souvent, les données seront recueillies sur une longue période de temps pour permettre l'étude de l'évolution des systèmes météorologiques. La météorologie synoptique est étroitement liée aux météorologies physique et dynamique et à la climatologie générale, et peut même être considérée comme leur synthèse. Les phénomènes qui intéressent le météorologue synoptique se produisent à diverses échelles spatiales et temporelles. En effet, les principaux systèmes de circulation hémisphérique des couches moyennes et supérieures de la troposphère (basse atmosphère), y compris les courants-jets, s'étendent habituellement sur au moins 10 000 km et peuvent durer des semaines ou même des mois. Ces importants systèmes interagissent avec les phénomènes à plus petite échelle, comme les cyclones et les anticyclones, et tendent à les dominer.

Les cyclones sont des vortex dont la pression centrale est relativement basse. À la surface de la Terre, l'air tend à former une spirale vers l'intérieur (ou centre) du cyclone, où il est forcé de s'élever. Durant son ascension, l'air est refroidi par expansion adiabatique (c.-à-d. une expansion sans ajout de chaleur), au rythme d'environ 1°C par 100 m. Conséquemment, une partie de la vapeur d'eau se condense et forme des gouttelettes. Si le taux d'humidité et le niveau d'ascension de l'air sont suffisants, il y aura précipitations. Au contraire, les anticyclones ont une pression centrale assez élevée. Non loin de la surface terrestre, l'air s'écarte en spirale du centre de haute pression. L'air subit habituellement un mouvement descendant dans la zone centrale, provoquant la dispersion des nuages. C'est pourquoi l'anticyclone entraîne généralement du beau temps.

Les cyclones et anticyclones, qui se produisent à des latitudes moyennes, sont parmi les principaux vecteurs de redistribution de la chaleur et de l'humidité dans l'atmosphère. L'apport de chaleur par le Soleil dans les régions équatoriales, d'une part, et le refroidissement dans les régions polaires, d'autre part, créent d'importants gradients thermiques horizontaux. Ces gradients sont des sources d'énergie potentielle qui, si les conditions sont favorables, peut être convertie en énergie cinétique. Il est aujourd'hui pratiquement admis que les cyclones se forment pour accomplir cette conversion énergétique.

Durant la cyclogenèse (processus de formation), une zone de vent cyclonique est formée: il y a donc augmentation de l'énergie cinétique. Ce phénomène se produit aux dépens du gradient de température: il y a donc diminution de l'énergie potentielle. Simultanément, l'énergie cinétique est également supprimée par la friction et autres phénomènes dissipatifs de l'atmosphère.

Les prévisions météorologiques font appel à la météorologie synoptique pour suivre la formation et l'évolution des cyclones et des anticyclones ainsi que de plusieurs autres structures semblables, comme les masses d'air et les fronts, qui marquent la ligne de rencontre entre deux masses d'air. Le météorologue utilise pour ce travail des modèles atmosphériques mathématiques qu'il exécute sur de puissants ordinateurs. La météorologie moderne est née de ce mariage entre la science des météorologues et les ordinateurs.

M.E. Trueman

Météorologie au Canada

Au Canada, le service météorologique national relève du ministère de l'Environnement fédéral. Le ministère recueille les données provenant de partout dans le monde, analyse les informations, élabore des prévisions météorologiques et les diffuse auprès du grand public, ainsi qu'aux industries dont les activités sont tributaires du temps. Environnement Canada effectue aussi des recherches sur l'atmosphère. Ses scientifiques étudient le smog, les changements climatiques (*voir* CLIMAT, CHANGEMENT DE), le RÉCHAUFFEMENT PLANÉTAIRE, les PLUIES ACIDES, les substances toxiques dans l'air, la COUCHE D'OZONE et les prévisions météorologiques à long terme.

Historique Tout cela est bien loin des quatre postes d'observation météorologique établis à l'époque de la Confédération, en 1867. C'est à George Kingston que revient le crédit d'avoir fondé le Service météorologique national au moment où il était directeur du Toronto Observatory à l'Université de Toronto. À cette époque, Kingston cherche à convaincre le gouvernement de créer un service météorologique national visant à coordonner et à établir des normes pour recueillir les données et émettre des avertissements météorologiques. Finalement, en 1871, le ministère de la Marine et des Pêcheries du gouvernement fédéral lui accorde 5000 $ pour instaurer un service météorologique au Canada, qui comprend alors la Colombie-Britannique, le Manitoba, l'Ontario, le Québec, le Nouveau-Brunswick et la Nouvelle-Écosse.

C'est cependant le terrible cyclone survenu en Nouvelle-Écosse en 1873 qui fait vraiment comprendre la nécessité d'un système national d'alerte météorologique. Les météorologues de Toronto savaient, dès la veille, qu'un ouragan frapperait le Cap-Breton, mais ils ne pouvaient donner l'alerte parce que les lignes télégraphiques entre Toronto et Halifax étaient coupées. L'ouragan fait près de 1000 victimes et jette à la rue un grand nombre de personnes. Devant l'indignation de la population, Ottawa consent à financer un service d'alerte météorologique.

En 1876, des lignes télégraphiques relient toutes les villes importantes de l'est du pays. Dès le début de l'année, le premier avis de tempête est diffusé. Plus tard, au cours de la même année, les services météorologiques commencent à diffuser leurs premières prévisions élaborées au Canada. On les appelle alors des «probabilités» et elles sont affichées sur les édifices publics. Aujourd'hui, le service diffuse ses prévisions et alertes météorologiques en faisant appel à toutes les technologies disponibles: JOURNAUX, TÉLÉPHONE, RADIO, TÉLÉVISION et INTERNET.

Collecte d'informations Fait intéressant, Kingston reconnaîtrait probablement quelques-uns des instruments utilisés de nos jours pour recueillir des données sur la température, le vent, la pression atmosphérique et l'humidité relative. À certains endroits, les météorologues utilisent encore un baromètre à mercure pour mesurer la pression atmosphérique, et des parties de l'anémomètre, qui sert à mesurer la vitesse et la direction du vent, ressemblent beaucoup à une girouette. Mais d'énormes changements se sont opérés. Aujourd'hui, on prend des mesures non seulement à la surface de la Terre, mais aussi dans la haute atmosphère. Ces informations fournissent aux météorologues une description tridimensionnelle et les données nécessaires pour les prévisions.

Ainsi, des ballons-sondes météorologiques (*voir* BALLONS) transportent des instruments en altitude pour mesurer la température et les vents dans la partie supérieure de l'atmosphère. Ces renseignements sont complétés par des capteurs automatiques à bord de certains avions civils. Les SATELLITES scrutent l'atmosphère et enregistrent des données sur la température et les vents, de même que sur d'autres phénomènes comme la neige accumulée et le type et l'étendue des nuages. Ces instantanés, sur une grande échelle, donnent aux météorologues une image claire de la situation à un moment donné. Ils leur

fournissent également les informations nécessaires pour suivre l'évolution et le déplacement des systèmes météorologiques. Le radar donne une image détaillée des systèmes de précipitations à mesure qu'ils approchent. Le radar Doppler, p. ex., peut ajouter des renseignements importants sur la distribution des courants d'air à l'intérieur des orages.

Le réseau d'observation des services météorologiques canadiens s'étend de l'Atlantique au Pacifique jusqu'à l'Arctique et comprend des satellites, radars, ballons-sondes et bouées marines. Ce système est relié à celui d'autres pays. Chaque jour, les ordinateurs d'Environnement Canada traitent environ 60 000 observations météorologiques provenant du pays et de partout dans le monde. Elles sont utilisées comme données de départ par les modèles atmosphériques numériques et pour aider les météorologues à élaborer des prévisions et des alertes météorologiques.

Au Canada, le superordinateur du Centre météorologique canadien de Montréal génère les prévisions atmosphériques qui sont utilisées pour préparer les prévisions locales. Les météorologues des 17 bureaux météorologiques répartis dans tout le Canada adaptent ces prévisions pour le grand public et les industries aéronautique, agricole, forestière, de l'énergie, de la pêche et du transport. Chaque jour, le Service météorologique national diffuse environ 1300 prévisions à l'intention du public pour plus de 200 régions et environ 1000 prévisions aéronautiques pour 175 aéroports. Sa responsabilité première consiste toutefois à avertir les Canadiens des conditions météorologiques qui pourraient menacer leur vie et leurs biens. Le programme d'alerte a pour fonction d'émettre les avertissements météorologiques des météorologues à mesure que les conditions le justifient.

Dans le secteur privé, des compagnies météorologiques offrent une grande variété de services. Ainsi, plusieurs d'entre elles communiquent des observations et des prévisions météorologiques aux industries de la prospection pétrolière et gazière au large des côtes. D'autres se spécialisent dans les satellites, la qualité de l'air et les systèmes de visualisation graphique par ordinateur pour élaborer des cartes météorologiques. D'autres encore, comme le Weather Network et son homologue francophone Météo-Média, se consacrent à la diffusion de nouvelles sur la météorologie.

Les recherches sur l'atmosphère sont une partie importante de la météorologie au Canada. L'atmosphère agit comme un écran pour nous protéger contre les rayons ultraviolets dangereux et crée un effet de serre naturel qui garde la Terre à bonne température et la rend habitable. Des groupes de recherche dans les universités et les gouvernements fédéral et provinciaux étudient comment le climat peut changer à la suite de l'augmentation de la concentration des gaz à effet de serre. Ces gaz comprennent le dioxyde de carbone, le méthane, l'oxyde d'azote et l'ozone de la basse atmosphère. Ils proviennent en partie des émissions de moteurs d'automobiles, de camions, de trains et d'avions, et des émissions industrielles libérées lorsque du pétrole, du gaz ou du charbon sont brûlés pour produire de l'énergie. Les changements de température peuvent modifier les conditions nuageuses, la couverture de neige et de glace ainsi que l'intensité et la répartition des précipitations, de même que la fréquence des phénomènes météorologiques violents comme les ouragans, tornades, inondations et sécheresses (*voir* CLIMAT, RIGUEUR DU).

L'atmosphère joue aussi un rôle dans le mouvement des polluants atmosphériques, les portant à des milliers de kilomètres de leur point d'origine. P. ex., l'Arctique était jadis une région sauvage intacte. Il est maintenant aussi pollué que l'Europe d'il y a 100 ans en raison des substances toxiques volatiles comme les PESTICIDES, le mercure et les biphényles polychlorés (BPC) provenant du nord de la Russie et

de l'Europe. De la même façon, les émissions industrielles de dioxyde de soufre et d'oxyde d'azote rejetées dans une partie de l'Amérique du Nord peuvent également se déposer et s'infiltrer dans le sol avec la neige ou la pluie (précipitations acides) dans d'autres régions du continent. L'ozone des basses couches de l'atmosphère, composant important du smog, peut être généré dans une partie du continent, mais affecter la qualité de l'air dans une autre région à plus forte densité de population.

Les scientifiques étudient aussi l'effet des substances qui menacent l'ozone comme les chlorofluorocarbures, utilisés parfois comme fluides frigorigènes dans des climatiseurs d'air ou comme agents propulseurs d'aérosols. Ces substances agissent sur la couche d'ozone de la stratosphère à quelque 35 à 50 km de la surface terrestre pour provoquer, entre autres, l'amincissement de cette couche et ainsi laisser passer plus de rayons ultraviolets du Soleil vers la Terre. Le rayonnement ultraviolet cause le CANCER de la peau et les cataractes, une affection oculaire provoquant l'opacité permanente du cristallin et la réduction de la vision. En 1992, le Service météorologique national canadien commença à diffuser des prévisions quotidiennes de rayonnement ultraviolet basées sur les changements au jour le jour dans la couche d'ozone. Le Canada est le premier pays au monde à avoir élaboré un indice UV. Un an plus tard, en 1993, le Service météorologique, en coopération avec les organismes provinciaux, commença à diffuser des avis sur la qualité de l'air afin d'avertir la population lorsque les niveaux de smog urbain deviennent élevés.

La Société canadienne de météorologie et d'océanographie s'est donné comme objectif de stimuler l'intérêt pour la météorologie et l'OCÉANOGRAPHIE au Canada. Fondée en 1939 en tant que branche de la Société royale des météorologues, elle est devenue la Société météorologique du Canada en 1967 et, en 1977, a élargi le champ de ses activités pour inclure les océanographes. La Société publie une revue scientifique spécialisée, *Atmosphère-Océan*, et un bulletin bimestriel, *CMOS Bulletin SCMO*. Le nombre d'adhérents est d'environ un millier, répartis dans 13 centres et sections, qui acceptent aussi les non-Canadiens.

Gary Pearson

Méthodisme Le mouvement méthodiste, dirigé par John Wesley (1703-1791), apparaît en Angleterre au sein de l'Église anglicane. Il préconise la sainteté personnelle et une vie chrétienne très disciplinée (ou «méthodique»). Le méthodisme se distingue par une tendance arminienne (doctrine selon laquelle les gens sont libres d'accepter ou de refuser la grâce de Dieu et peuvent atteindre la perfection sur terre en surmontant la tentation de pécher).

Dans le futur Canada, l'un des disciples de Wesley, Laurence COUGHLAN, est le premier représentant du mouvement. Il commence à prêcher à Terre-Neuve, en 1766. Dans les années 1770, des colons venus du Yorkshire et installés près de Chignecton (Nouvelle-Écosse) constituent le premier véritable groupe méthodiste des Maritimes. Pendant la génération suivante, William BLACK devient le plus grand prédicateur et organisateur méthodiste des colonies de l'Atlantique. La Guerre d'Indépendance américaine est suivie de l'arrivée de LOYALISTES méthodistes. Black collabore alors avec l'American Methodist Episcopal Church, mais il commence bientôt à recruter des prédicateurs d'Angleterre. Après avoir adhéré à l'English Wesleyan Conference en 1800, les méthodistes des Maritimes voient l'immigration renforcer leurs liens avec l'Angleterre. Ils deviennent ainsi dépendants des politiques anglaises, respectueux des élites anglicanes dominantes et conservatrices. Ce n'est qu'en 1855 qu'ils acquièrent une certaine autonomie au sein d'un nouveau regroupement, la Conference of Eastern British America.

Influence C'est dans le Haut-Canada que le méthodisme a le plus d'influence. En effet, on retrouve des méthodistes parmi les loyalistes fondateurs et plusieurs aussi parmi les «loyalistes à retardement» qui affluent dans le Haut-Canada avant la GUERRE DE 1812. Les prédicateurs ambulants de l'Église méthodiste épiscopale arrivent avec eux et leur zèle, ainsi que leur grande facilité d'adaptation, les rendent très efficaces dans les régions frontalières. Après la guerre, on soupçonne de plus en plus les méthodistes du Haut-Canada d'être pro-Américains. Pour mettre fin aux soupçons, ils rompent leurs liens avec les États-Unis en 1828. En 1833, ils négocient une union avec un groupe plus conservateur, celui des méthodistes anglais arrivés dans la colonie en 1817. La Wesleyan Methodist Church qu'ils fondent alors se dissout en 1840, mais elle est rétablie en 1847. Les méthodistes qui s'opposent à cette union forment en 1834 un groupe qui continue l'Église méthodiste épiscopale et tentent de conserver des liens étroits avec leurs homologues américains. D'autres groupes d'évangélistes sont introduits dans le Haut-Canada à la faveur des vagues d'immigrants anglais: Primitive Methodists (1829), Bible Christian Church (1831) et New Connexion Methodists (1837).

Caractéristiques religieuses Fidèle à ses origines anglicanes, le méthodisme garde les sacrements du baptême et de la sainte communion. Toutefois, il insiste davantage sur la prédication évangélique et la nécessité d'une conversion personnelle. Les assemblées chantent avec enthousiasme (les hymnes de Charles Wesley en particulier) et cela contribue grandement à l'ambiance chaleureuse des offices méthodistes. La foi et la discipline des méthodistes sont alimentées par la «réunion de classe» hebdomadaire. Au temps des défricheurs de l'Amérique du Nord, les «réunions de camp», qui durent parfois plusieurs jours, sont des expériences très émouvantes pour les participants. Plus tard, les succès et la richesse amènent dans l'Église un assouplissement doctrinal et disciplinaire, et les offices deviennent plus stéréotypés et plus calmes.

Influencés par Egerton RYERSON, fondateur et éditeur du *Christian Guardian*, les méthodistes se mêlent à la vie politique du Haut-Canada parce qu'ils s'opposent énergiquement à la prétention de l'Église anglicane au titre d'Église établie dans la colonie (*voir* ANGLICANISME). Cependant, leur appui à l'égalité des droits civils et religieux ne tourne pas en radicalisme politique, et la sympathie de Ryerson pour William Lyon MACKENZIE et le Reform Party est de courte durée. Ryerson et la plupart des méthodistes ont une position modérée lors des RÉBELLIONS DE 1837 et des élections de 1844, alors que la loyauté est matière à controverse. La préoccupation de l'Église méthodiste pour les questions sociales en fait la plus canadienne des confessions et encourage ses membres à considérer leur Église comme un facteur de progrès national.

En 1874, la Wesleyan Methodist Church, la Conference of Eastern British America et la New Connexion Church s'unissent, inspirées entre autres par le mouvement d'unification qui a abouti à la CONFÉDÉRATION. En 1884, l'Église méthodiste épiscopale et d'autres petits groupes méthodistes se joignent au mouvement, devenu l'Église méthodiste. Les Free Methodists, arrivés des États-Unis en 1876, restent peu nombreux et isolés. La nouvelle Église méthodiste est gérée par une conférence nationale quadriennale et des conférences régionales annuelles, auxquelles des laïcs (hommes seulement) participent à tous les niveaux. Non seulement continue-t-elle les missions déjà en cours auprès des Amérindiens dans plusieurs régions, mais elle en entreprend de nouvelles au Japon (1873) et en Chine (1892).

Engagement des méthodistes dans l'éducation
Les méthodistes s'engagent dans l'éducation en fondant des écoles supérieures: Upper Canada Academy (fondée en 1836, renommé Victoria College en 1841) à Cobourg (Haut-Canada); MOUNT ALLI-

SON Academy (1843; devenue l'U. Mount Allison en 1862), à Sackville (Nouveau-Brunswick); Wesley College (1888), à Winnipeg, qui s'associe au Presbyterian Manitoba College pour former le United College (1938). Ils fondent aussi des écoles secondaires: Belleville Seminary (1857, renommé Albert College en 1866); Stanstead Wesleyan College (1873), au Québec; Alma College (1877), à St. Thomas (Ontario) et Mount Royal College (1910), à Calgary.

Mouvement Social Gospel Pendant la colonisation de l'Ouest canadien, l'Église méthodiste tente de se gagner les Canadiens et les colons britanniques qui s'y installent. Elle encourage également à assimiler à la culture canadienne protestante les milliers de colons non anglophones qui affluent dans l'ouest avant la Première Guerre mondiale. Cette activité est étroitement associée au MOUVEMENT SOCIAL GOSPEL. De nombreux méthodistes considèrent l'intervention de l'État dans la vie économique et sociale comme une condition essentielle à l'instauration du Royaume de Dieu sur terre. Ainsi, l'Église méthodiste et la plupart de ses membres sont très ouvertement patriotes pendant la Première Guerre mondiale. Ils croient en effet que ce conflit purifiera la nation et ouvrira la voie à l'établissement d'un nouvel ordre social. À la fin de la guerre, de nombreux groupes au sein de l'Église souscrivent aux programmes des socialistes chrétiens. Toutefois, la prédominance du conservatisme dans l'Église se manifeste ensuite par le rejet de ces politiques. Lorsque, en 1925, les méthodistes s'intègrent à la nouvelle ÉGLISE UNIE DU CANADA, les 2061 pasteurs, les 418 352 membres et les nombreux adhérents véhiculent des traditions à la fois conservatrices et radicales.

Margaret E. Prang

Métis l'une des nombreuses appellations (michif, bois-brûlé, chicot, sang-mêlé) utilisées au cours de l'histoire au Canada et dans certaines régions du nord des États-Unis pour désigner les personnes dont le père et la mère sont de race différente, soit européenne et amérindienne.

Définition

Comme les écrivains passés et contemporains n'ont pas uniformisé la signification exacte du mot «métis», il est important de préciser celle que nous lui accordons dans cet article. Écrit avec une minuscule, métis est un vieux mot français signifiant «mêlé» et nous l'utilisons ici dans le sens général de «personne d'origine amérindienne et blanche». Écrit avec la majuscule, Métis n'est pas un terme générique désignant tout individu issu de ces deux races (même si on l'emploie souvent comme tel), mais il fait référence diversement à un héritage socioculturel distinct, à une façon de s'identifier d'un point de vue ethnique et parfois à un groupe politique et juridique plus ou moins bien circonscrit. (Ainsi, le *Métis Betterment Act* de l'Alberta, une loi votée en 1938, définit les Métis comme des personnes «de sang blanc et de sang INDIEN mêlés, n'ayant pas moins d'un quart de sang indien», ce qui exclut les peuples qui, en vertu de la LOI SUR LES INDIENS du Canada, sont définis comme des Indiens visés ou non par un traité.)

Cette complexité vient du fait que le métissage en lui-même ne détermine aucunement l'identité sociale, ethnique ou politique d'un individu. Nombreux sont les Blancs d'Amérique du Nord ayant un ancêtre autochtone et on retrouve parfois de 20 à plus de 40 p. 100 d'ascendance européenne chez des groupes d'Indiens inscrits de l'est et du centre du Canada. Biologiquement, le métissage existe au pays depuis les premiers contacts avec les Européens, mais, au fil des ans et selon les différentes régions, les peuples de cette origine ancestrale ont grandi et vécu dans des circonstances très diverses, de sorte qu'eux et leurs descendants ont été définis et se sont eux-mêmes identifiés selon de multiples critères.

Métis du Canada atlantique

Sur la côte atlantique, on trouve des familles et des communautés métisses dès le XVIIᵉ s., mais elles ne sont pas différenciées selon la race. Les unions souvent passagères entre les premiers pêcheurs européens et les femmes indigènes ont donné naissance, de l'Acadie au Labrador, à une progéniture non recensée, et ces enfants ont grandi comme des autochtones auprès de leurs familles maternelles. Chez les MALÉCITES, on les appelle «Malouidit» à cause de leurs pères qui sont presque tous originaires de Saint-Malo, sur la côte bretonne. En Acadie, plusieurs Français épousent des autochtones et certains villages sont surtout peuplés de métis. Les «capitaines des sauvages», que les gouverneurs français emploient comme interprètes, intermédiaires et distributeurs de cadeaux annuels aux autochtones, sont souvent d'ascendance mixte.

Certains de ces enfants naissent de mariages bénis par l'Église, des familles acadiennes, comme les Denys et les d'Entremont, s'étant forgé des liens familiaux et commerciaux avec les MICMACS.

Au XVIIᵉ s., les dirigeants français encouragent ces mariages dans l'espoir de mieux convertir les autochtones et d'accroître la population de la Nouvelle-France. «Nos jeunes hommes épouseront vos filles et nous formerons un seul peuple», aurait déclaré Samuel de CHAMPLAIN à ses alliés autochtones, et les administrateurs qui lui succèdent continuent d'encourager les mariages mixtes bénis par l'Église.

Certains problèmes se présentent, toutefois, car les autochtones aussi bien que les marchands français qui séjournent parmi eux, se contentent trop facilement d'unions non consacrées par les rites chrétiens et de nombreux Français adoptent le mode de vie «sauvage». À l'aube de son deuxième siècle d'existence, la Nouvelle-France adopte une politique contraire sur ce chapitre et désapprouve les mariages interraciaux, un revirement qui s'explique, du reste, par le nombre croissant de femmes blanches dans la colonie, qu'elles soient FILLES DU ROI ou nées au pays. L'idéal d'«un seul peuple» (français, englobant les autochtones) s'évanouit. D'innombrables familles, françaises et autochtones, deviennent génétiquement mixtes sans que les communautés autochtones soient assimilées. Dans l'est du Canada, ce métissage biologique n'engendre pas de population distincte au niveau socioculturel ou politique. En dépit de leur nombre, il est en effet difficile d'identifier les gens d'ascendance mixte dans les premiers registres de la Nouvelle-France: ou bien ils sont élevés comme des autochtones dans leur famille maternelle, ou bien ils sont baptisés de noms français et, dans la majorité des cas, enregistrés comme Français.

La désapprobation officielle des mariages mixtes en Nouvelle-France est probablement l'un des facteurs qui favorisent, à partir des années 1690, la formation des premières communautés métisses distinctes dans les environs et au-delà des Grands Lacs. De nombreux hommes préfèrent de toute évidence la liberté et la simplicité du mode de vie des autochtones aux règles de l'Église et de l'État en vigueur dans la colonie et trouvent un moyen d'existence dans la traite des fourrures et dans les postes militaires, propageant l'influence française à l'intérieur du continent. Au moment de la Conquête (1759-1760), leurs familles autochtones, légitimées ou non aux yeux des missionnaires, constituent déjà des noyaux de colonisation à plusieurs dizaines d'endroits. Ces communautés métisses sont d'ailleurs à l'origine de nombreuses villes canadiennes et américaines, comme Detroit et Michilimackinac au Michigan, Sault Sainte-Marie en Ontario, Chicago et Peoria dans l'Illinois, Milwaukee, Green Bay et Prairie du Chien au Wisconsin. Les documents historiques font sporadiquement état de la taille de ces populations. En 1700, p. ex., le missionnaire jésuite Étienne de Carheil déplore «la lubricité et l'apostasie» de la centaine ou plus de VOYAGEURS et de COU-REURS DE BOIS vivant avec des femmes autochtones aux environs de Michilimackinac.

Contrairement à ce qu'en pensent Carheil et les autres critiques de l'extérieur, ces communautés vivent selon des règles morales et sociales qui leur sont propres. Le catholicisme français, bien qu'atténué par l'isolement, fait toujours partie de leur héritage et la culture autochtone impose aussi ses propres contraintes morales. L'homme blanc qui épouse une autochtone doit accepter des responsabilités envers ses parents et voisins autochtones et respecter la règle de réciprocité dans les échanges. Ces unions ont reçu le nom approprié de mariages «à la façon du pays». Souvent, les pères passent toute leur vie avec ces familles, qu'ils soient employés des forts ou qu'ils subsistent en tant que «gens libres», approvisionnant les comptoirs ou travaillant tour à tour comme guides, interprètes ou voyageurs. Dans ces communautés, le régime alimentaire est composé de gibier, de poisson, de riz sauvage et de sucre d'érable et complété par une agriculture à petite échelle dite sur brûlis, qui a probablement valu aux Métis des Grands Lacs d'être surnommés Bois-Brûlés ou Chicots.

Métis de l'Ouest

Vers la fin du XVIIIe s., alors que ces petites communautés grandissent, une autre population métisse assez différente se forme au nord et à l'ouest de la ligne de partage des Grands Lacs. En 1670, Charles II d'Angleterre concède la TERRE DE RUPERT, une région à proximité de la baie d'Hudson, à la COMPAGNIE DE LA BAIE D'HUDSON (CBH), qui y jouit d'un droit commercial exclusif. Après le traité d'UTRECHT en 1713 qui concède la baie d'Hudson à l'Angleterre, les comptoirs de la CBH y deviennent des enclaves résidentielles permanentes au cœur d'un territoire habité principalement par les CRIS qui, en tant que traiteurs et ravitailleurs dits Homeguards, sont essentiels à la survie et au succès de la compagnie.

Comme dans la région des Grands Lacs, il n'y a pas de femmes blanches, les autochtones, souhaitant consolider leurs liens commerciaux et amicaux, offrent aux marchands anglais et écossais des épouses «à la façon du pays». En acceptant, cependant, les employés de la CBH violent les règlements sévères de la compagnie. À Londres, les directeurs de la compagnie, très conscients des coûts et des problèmes associés au maintien de postes dans une région aussi nordique et aussi éloignée de leur maison mère, entendent exercer un contrôle rigoureux sur le nombre de dépendants des postes. Afin d'assurer la sécurité des forts et d'y minimiser les dépenses et les sources de friction avec les autochtones, la compagnie impose le célibat et la chasteté à ses employés et, ce faisant, incite ces derniers à lui cacher leurs infractions. Dès les années 1740, cependant, quand l'officier James Isham rapporte que la progéniture indigène des marchands est devenue «plutôt nombreuse», le conseil londonien de la CBH est forcé de reconnaître les limites de son contrôle. Et, dès 1810, la compagnie voit les responsabilités et les avantages d'instruire et de former cette progéniture en «une colonie de bras utiles».

Ces premiers descendants de la baie d'Hudson ne sont pas d'abord considérés comme un groupe ethnique et racial distinct. Même si elle ne peut empêcher les mariages «du pays», la compagnie limite la croissance des communautés dépendantes des postes et le nombre des négociants indépendants en retirant de la région tous les employés britanniques retraités ou congédiés, et en encourageant les autochtones à se disperser chaque hiver dans leurs territoires de chasse. Très peu de fils métis d'employés de la CBH ont la permission de se rendre en Angleterre. La plupart d'entre eux sont assimilés par les Cris Homeguards et quelques-uns entrent au service de la compagnie et

sont parfois classés, dès 1800, comme «natifs de la baie d'Hudson» ou même comme «Anglais».

Jusqu'en 1810, les registres de la CBH montrent que le métissage en lui-même reste insuffisant pour provoquer la naissance d'une ethnie consciente de son appartenance à un groupe racial, politique et culturel. Il manque à cette progéniture les fondements économiques et communautaires sur lesquels bâtir une identité distincte. Pendant presque tout le XVIIIe s., les règlements de la compagnie fournissent aux marchands-pères de bonnes raisons d'être circonspects à propos de leur existence. Les restrictions sur les termes en usage à la CBH cachent aussi leur caractère distinctif. C'est d'abord en Nouvelle-France, puis sous le régime anglais après 1763, que les termes métis, bois-brûlé et, plus tard, sang-mêlé, sont utilisés. Aussi les hommes de la CBH ne connaissaient-ils pas ces expressions avant de les apprendre des Canadiens au début du XIXe s. Si le langage peut être révélateur de la pensée, il ressort que les rédacteurs de la CBH ne manifestent pas la conscience grandissante du discernement de la race et du sang (bien qu'ils l'acquièrent plus tard) dont font preuve leurs collègues canadiens engagés dans la TRAITE DES FOURRURES au début du XIXe s.

Les événements de la fin du XVIIIe s. et du début du XIXe s. apportent de grands changements dans la vie des descendants des traiteurs de fourrures français et britanniques. Dans la région des Grands Lacs, le changement de régime après la Conquête de 1760 intensifie chez les Métis le sentiment d'être distincts. La direction montréalaise du commerce des fourrures revient aux Britanniques en réalité, surtout des Écossais des Highlands alors que s'accroît la puissance de la COMPAGNIE DU NORD-OUEST (CNO) dans les années 1780. Les francophones, dont l'expérience et le savoir-faire restent essentiels au commerce, sont relégués au rang de subalternes. En 1794, le TRAITÉ JAY établit la frontière canado-américaine dans la région des Grands Lacs. Au cours des décennies suivantes, des colons blancs américains et les autorités déplacent et désorganisent de nombreuses communautés métisses installées dans la région inférieure des Grands Lacs et plusieurs émigrent alors au nord-ouest, vers le Minnesota et la Terre de Rupert.

C'est au Manitoba, dans la région de la rivière Rouge, que les Métis entrent véritablement dans l'histoire du Canada. Dès 1810, ils tiennent le rôle de chasseurs de bison et de ravitailleurs de la CNO. Comme celle-ci étend son réseau d'approvisionnement au-delà de l'ATHABASCA, la vallée de la rivière Rouge devient vitale pour les commerçants de Montréal. En conséquence, lorsque, en 1811, Thomas Douglas, 5e comte de SELKIRK, conclut une entente avec la CBH pour fonder la colonie d'ASSINIBOIA avec un groupe de colons écossais, les NOR'WESTERS, leurs associés et employés autochtones y voient une menace directe à leur commerce, à leurs moyens d'existence et à leurs intérêts territoriaux.

Les événements de la décennie subséquente sont bien connus: la guerre du Pemmican, l'INCIDENT DE SEVEN OAKS où le gouverneur Robert SEMPLE et de nombreux colons sont tués en 1816, les conflits souvent violents entre la CBH et la CNO, et finalement leur fusion en 1821. On méconnaît souvent le fait que l'engagement de chacune des deux compagnies à l'égard de la COLONIE DE LA RIVIÈRE ROUGE est intensifié en partie par la présence de cette progéniture autochtone à leur service. Le nombre croissant d'«autochtones de la baie d'Hudson» est un facteur déterminant dans la décision de la CBH d'aider la colonie. Les employés ayant une épouse «du pays» et des enfants font pression pour qu'on établisse une communauté où ils pourraient se retirer et avoir des terres, des moyens de subsistance, des écoles, des églises et autres services. De son côté, la CBH espère réduire ses dépenses en réinstallant les populations dépendantes

des postes dans des endroits où elles pourraient devenir autosuffisantes sous la supervision de la compagnie.

Les relations entre les Nor'Westers et leurs associés métis sont plus complexes. La CNO exerce un contrôle moindre sur ses Métis et ses hommes libres, dont les liens biraciaux précèdent de loin son arrivée dans le nord-ouest. Cet état de choses sert fort bien la CNO pendant la période de conflit, car peu importe l'appui qu'elle donne à Cuthbert GRANT fils, et à ses troupes métisses, elle affirme que ses hommes défendent leurs propres intérêts et leur identité. Le Nor'Wester William MCGILLIVRAY admet dans une lettre signée le 14 mars 1818 que Grant et les autres sont liés à la compagnie par leur parenté et par leurs occupations. «Toutefois, souligne-t-il, ils se considèrent tous membres d'une bande d'autochtones indépendants, ayant droit à des titres de propriété, à leur propre drapeau et à la protection du gouvernement britannique.» En outre, il est prouvé que «ce groupe, sous les dénominations de Bois-Brûlés et de Métifs (une variante de Métis), constitue depuis fort longtemps une bande autochtone distincte».

De 1821 à 1870, la population majoritairement métisse de la rivière Rouge continue d'affirmer sa double origine: d'une part, montréalaise, dans les Grands Lacs, les Prairies et à la CNO; d'autre part, britannique, aux îles Orkney (un important poste de recrutement de la CBH) et à la Terre de Rupert. Le débat reste ouvert quant au degré d'alliance des deux groupes. Certains soutiennent qu'ils sont solidaires en se fondant sur les nombreux mariages entre eux, sur leurs liens commerciaux et sur leur participation commune à la CHASSE AU BISON et aux brigades de transport de la CBH, ainsi qu'au gouvernement provisoire de Louis RIEL de 1869-1870. D'autres affirment le contraire en faisant valoir la scission entre les Métis catholiques francophones et les protestants anglophones. Ce débat traduit partiellement la complexité de la situation et l'ambivalence de nombreux individus en cause, tels les membres de la famille d'Alexander ROSS, quant à leur héritage autochtone et à l'activisme politique des Métis.

Quels que soient les liens et les tensions entre les groupes, au fur et à mesure que se généralise l'interprétation raciale du comportement humain, la population toujours croissante des Métis du Nord-Ouest est de plus en plus considérée, dès les années 1830, comme une collectivité ethnique. C'est ainsi qu'ils sont souvent stéréotypés et dénigrés, entre autres, par le gouverneur de la CBH George SIMPSON dans ses descriptions des commis et chefs de postes métis de la compagnie, à partir du milieu des années 1820 jusqu'en 1832.

Les préjugés de Simpson sont partagés par les autres Européens (le clergé et les colons) qui s'installent à la rivière Rouge et au pays de la traite des fourrures, ainsi que par plusieurs écrivains scientifiques et populaires de cette époque. On associe les attributs de la race ou du «sang» aux traits culturels et au comportement pour émettre des jugements déterministes que la science réfutera plus tard. De telles opinions à l'égard des Métis sont fort répandues: on qualifie ces hybrides de «mauvaise souche» ou d'«espèce parasite», ou encore parle-t-on de «lien naturel entre la civilisation et le barbarisme», selon les mots d'Alexis de Tocqueville dans les années 1830. Dans ses descriptions des Métis de la rivière Rouge (1876), Daniel WILSON va au-delà de telles interprétations. Les traits raciaux, écrit-il, ne déterminent aucunement les limites du potentiel et de l'adaptabilité. Ces Métis démontrent non seulement «une remarquable aptitude pour l'autodétermination» dans l'organisation de leur chasse au bison, mais aussi «la capacité de remplir toutes les fonctions inhérentes à la gestion d'une communauté bien établie et industrieuse».

Gouvernement provisoire de la rivière Rouge

À partir du milieu du XIXe s., les événements laissent peu d'occasions aux Métis d'exploiter les qualités que leur reconnaît Daniel WILSON. Au cours des années 1840 et 1850, ils défient la CBH et son monopole sur la rivière Rouge; on le constate par le procès et la libération du marchand Pierre-Guillaume SAYER en 1849 et les pressions contre la CBH exercées à Londres par Alexander ISBISTER. Mais d'autres événements viennent bientôt éclipser la question de la CBH: l'intérêt croissant de l'est du pays pour la colonisation de l'ouest (aiguisé par le rapport élogieux d'Henry Y. HIND sur son potentiel agricole), la Confédération et le transfert de la Terre de Rupert sous la juridiction du gouvernement canadien en 1870. Par la suite, les tentatives des arpenteurs du gouvernement de dresser la carte de la rivière Rouge sans tenir compte des lots des Métis qui y résident poussent Louis RIEL à créer un gouvernement provisoire en novembre 1869. Les négociations entre le gouvernement et Riel aboutissent à l'adoption de la LOI SUR LE MANITOBA, qui garantit l'adhésion au Canada avec le statut de province à une petite partie du territoire actuel du Manitoba. Une autre garantie, sans doute la plus importante pour les Métis, accorde 1 400 000 acres (566 580 ha) «aux enfants des Sang-Mêlés».

La clause des terres promises, cependant, n'est pas respectée au cours de la décennie suivante. Les colons et les troupes, qui s'installent dans la nouvelle province à partir de 1870, sont hostiles aux Métis, dont plusieurs sont «battus et insultés par un petit groupe, mais bruyant», de nouveaux arrivants, selon un rapport du nouveau gouverneur, Adams Archibald. Ils harcèlent les propriétaires métis, tandis que de nouvelles lois et des amendements à la *Loi sur le Manitoba* empêchent les Métis de repousser les spéculateurs et les nouveaux colons. On estime que, au cours des années suivantes, au moins deux tiers des quelque 10 000 Métis vivant au Manitoba en 1870 quittent la province. Certains se dirigent vers le nord, d'autres vers le sud, aux États-Unis, mais la plupart gagnent les missions catholiques à l'ouest près de Fort Edmonton (lac Sainte-Anne, Saint-Albert et Lac La Biche) et la rivière Saskatchewan sud, où ils fondent des colonies, ou encore s'installent à Saint-Laurent, à BATOCHE et à Duck Lake.

Rébellion du Nord-Ouest

Au cours de leur croissance, plusieurs de ces communautés cherchent à faire confirmer leurs titres de propriété par le gouvernement canadien. En 1880, le lieutenant-gouverneur Alexander Morris pense que leur cause est juste: «Bien entendu, ils seront reconnus comme propriétaires des terres et en recevront la confirmation du gouvernement». Il insiste pour que l'on attribue des terres aux Métis vivant encore de la chasse au bison, car cette ressource est en voie de disparition. Mais le gouvernement fait fi des préoccupations des Métis, négocie d'importants traités avec les autochtones et évacue des terres pour y aménager des chemins de fer (*voir* CHEMINS DE FER, RAILS ET COURS DE TRIAGE DE). Profondément frustrés, les Métis de la Saskatchewan, sous la direction de Riel et de Gabriel DUMONT, prennent les armes lors de la RÉBELLION DU NORD-OUEST de 1885.

La défaite des Métis à Batoche et l'exécution de Riel déclenchent une seconde vague de dispersion, surtout vers l'Alberta, et affaiblissent davantage leur cohésion et leur poids politique. En 1885, sir John A. MACDONALD considère qu'ils n'ont droit à aucun statut particulier: «S'ils sont Amérindiens, ils se joignent à une tribu; s'ils sont Sang-Mêlés, ils sont blancs.» Ceux auxquels on accorde des terres (ou de l'argent) les reçoivent le plus souvent sous forme de certificats manuscrits transférables, que des spéculateurs sans scrupules tentent de racheter séance tenante à bas prix (*voir* TRAITÉS INDIENS). Les «chasseurs de certificats» arrivent à la suite de la Commission des Sang-Mêlés issue du Traité n° 8, chargée, en 1900, d'attribuer des indemnités aux Métis dans le cadre des arrangements avec les Dénés.

Ces chasseurs achètent de nombreux certificats d'une valeur de 240 $ pour des montants en espèces de 70 à 130 $.

De 1885 jusqu'au milieu du XX⁰ s., à cause de la pauvreté, du découragement et de la honte généralement rattachée au fait d'être de «sang mêlé», de nombreux individus d'ascendance autochtone renient, s'ils le peuvent, cette partie de leur héritage. En 1896, le père Albert LACOMBE, un défenseur des intérêts des Métis, fonde Saint-Paul-des-Métis sur une terre fournie par le gouvernement au nord-est d'Edmonton. Mais divers problèmes, dont des difficultés financières, empêchent cette colonie de survivre et elle disparaît officiellement en 1908, après quoi des colons en provenance du Québec envahissent la région.

Établissements métis

Après 1900, toutefois, surviennent des événements plus positifs. En 1909, l'Union nationale métisse Saint-Joseph de Manitoba, fondée entre autres par d'anciens associés de Riel, commence à retracer, d'après des documents et les souvenirs accumulés des Métis, l'histoire des événements de 1869-1870 et de 1885, et publie en 1936 *History of the Métis Nation in Western Canada*, d'A.H. de Tremaudan. De nouveaux chefs s'imposent au cours des années 20 et 30. Parmi eux, citons James Patrick (Jim) Brady et Malcolm Norris, des socialistes très actifs dans les Prairies, qui créent une nouvelle organisation politique pour défendre les intérêts de leur communauté. De nombreux Métis et Indiens (anciennement visés par des traités), installés illégalement sur des terres de la Couronne dans le centre nord de l'Alberta, sont menacés par un projet fédéral visant à remettre ces terres à la compétence provinciale. Un groupe mené par Joseph Dion organise des pétitions et fait des démarches auprès du gouvernement de l'Alberta en vue d'obtenir des titres de propriété pour les squatteurs.

Brady et Norris se joignent au mouvement en 1932 et l'on fonde l'Association des Métis de l'Alberta, la première de nombreuses organisations provinciales, ouverte à tout individu d'ascendance autochtone. Ces efforts mènent à la mise sur pied de la Commission Ewing chargée de «mener une enquête sur les conditions de vie de la population métisse de l'Alberta» (1934-1936). Malgré certains revers, l'Association réussit finalement à obtenir des terres pour les ÉTABLISSEMENTS MÉTIS ainsi que l'adoption du *Métis Betterment Act* en 1938. La même année, on fonde l'Association des Métis de la Saskatchewan (qui devient plus tard l'Association des Métis et Indiens non inscrits de la Saskatchewan).

Activité politique Depuis le milieu des années 60, l'activité politique des Métis s'intensifie avec la création de nombreuses autres organisations, comme la Manitoba Métis Federation, l'Association des Métis et Indiens non inscrits d'Ontario et la Louis-Riel Métis Association of British Columbia. Face aux problèmes soulevés par le livre blanc du gouvernement fédéral de 1969 et par la Constitution de 1982, les Métis se sont demandé à maintes reprises s'ils devaient continuer à défendre leurs intérêts de concert avec les Indiens inscrits ou non inscrits, ou s'ils ne devaient pas plutôt suivre leur propre voie. De 1970 à 1983, le CONSEIL NATIONAL DES AUTOCHTONES DU CANADA (CONGRÈS DES PEUPLES AUTOCHTONES) représente les intérêts des Métis au niveau national. Cependant, lors de la CONFÉRENCE DES PREMIERS MINISTRES de 1983, les deux sièges du Conseil sont occupés par les délégués des Indiens non inscrits. On fonde donc le Métis National Council pour assurer à l'avenir, là et ailleurs, une représentation métisse distincte. Au Manitoba, les Métis ont déposé une action en justice pour revendiquer les terres promises en vertu de la *Loi sur le Manitoba*. Au niveau national, la COMMISSION ROYALE D'ENQUÊTE SUR LES

AUTOCHTONES, en 1991, a recueilli de nombreux rapports sur l'histoire récente des Métis, sur les problèmes dans l'histoire des Métis et sur les problèmes auxquels ils ont été confrontés dans les années 90. Selon le recensement de 1996, le Canada compte 210 190 Métis.

Jennifer S.H. Brown

Métis, établissements Les peuplements métis situés dans tout le nord de l'Alberta font partie des établissements de Paddle Prairie, de Peavine, de Gift Lake, d'East Prairie, de Buffalo Lake, de Kikino, d'Elizabeth et de Fishing Lake. Ces huit établissements constituent la seule assise territoriale au Canada, dont disposent les MÉTIS en vertu d'une protection constitutionnelle. Ils s'étendent sur 505 102 ha, dont la grande partie est recouverte de forêts, de pâturages et de terres agricoles.

Historique Les membres des PREMIÈRES NATIONS métisses sont les descendants de traiteurs de fourrures européens et de femmes indiennes et ont émergé comme groupe distinct dans les Prairies au début du XIX⁰ s. Après la RÉBELLION DU NORD-OUEST de 1885, de nombreux Métis se sont déplacés vers le nord et l'ouest. En Alberta, pendant la Crise des années 30, l'activisme politique des Métis sans terre a amené le gouvernement provincial à adopter le *Métis Betterment Act* en 1938. Des terres ont été mises à la disposition des Métis Settlements Associations, quoique la propriété de quatre de ces établissements (Touchwood, Marlboro, Cold Lake et Wolf Lake) ait ensuite été révoquée par ordre du gouvernement de l'Alberta. Les Métis de ces établissements présentent une culture distincte, qui allie les valeurs et les formes d'expression indiennes et euro-canadiennes. P. ex., la gigue, leur type de danse préféré, mêle les *reels* d'Écosse et de France avec la danse de la poule des Cris. En plus de l'anglais, ils parlent encore leur propre langue, le MICHIF, une combinaison de mots cris, français et anglais. La plupart des habitants des établissements métis conservent les croyances spirituelles et les coutumes autochtones.

Éducation Dans la plupart des établissements, le ministère provincial de l'Éducation assume la responsabilité de l'éducation par l'intermédiaire de la Northland School Division. Les communautés insistent pour que l'enseignement de leurs enfants dans ces écoles repose sur les valeurs culturelles et l'histoire des Métis.

Économie Les emplois se situent dans la pêche commerciale, l'exploitation forestière, l'agriculture, l'élevage et les projets énergétiques. Comme par le passé, les Métis continuent de mettre l'accent sur le développement économique de leurs terres. Leur économie mixte se fonde sur des activités économiques traditionnelles et sur de nouvelles entreprises industrielles et commerciales.

Métis Betterment Acts Les dispositions ultérieures des *Métis Betterment Acts* de 1955 et de 1970 ont prévu la création d'une Settlement Association dans chacune des huit communautés et ont posé les bases de leur autonomie administrative. Dans chaque établissement, les résidants élisaient (comme c'est encore le cas) un conseil de cinq membres, chargé de s'occuper des affaires de la collectivité. En 1975, l'Alberta Federation of Métis Settlement Associations a vu le jour afin de donner une voix politique aux communautés et de poursuivre des objectifs tels que la garantie de propriété de leurs terres, l'autonomie administrative locale et l'autosuffisance économique à long terme.

Métis Settlement Act En 1985, le gouvernement de l'Alberta a adopté ce qu'on a appelé la proposition 18, s'engageant à transférer les titres des établissements aux Métis et à modifier la *Loi sur l'Alberta* de façon à assurer la protection constitutionnelle de leurs terres. Cette initiative a ouvert la voie à l'historique *Alberta-Métis Settlements Accord* de 1989, qui est entré en vigueur avec l'adoption du *Métis Settlement Act*, en 1990. Cette loi, qui a remplacé les *Métis*

Betterment Acts antérieurs, édicte le transfert juridique des titres fonciers aux Métis, l'autonomie administrative de type traditionnel au niveau municipal et la légalité des associations des huit établissements et du Métis Settlements General Council.

La nouvelle loi a créé le Métis Settlements Appeals Tribunal, un tribunal d'appel qui procure un mode de résolution des conflits touchant le statut des membres et l'utilisation des terres et des ressources dans les établissements. Cette loi comprend aussi la *Subsurface Resources Co-Management Agreement*, une entente selon laquelle les établissements et le gouvernement assurent conjointement la gestion des ressources pétrolières, gazières et autres ressources souterraines des établissements. De plus, la Constitution de l'Alberta a été modifiée en 1990, afin de reconnaître et de protéger les établissements métis et leur intérêt dans leurs terres et leurs ressources.

René R. Gadacz

Metlakatla, sites du couloir Situé à 4 km à l'ouest de PRINCE RUPERT, au nord de la côte Pacifique de la Colombie-Britannique, le couloir Metlakatla, appelé aussi passage de Venn, est un canal étroit et protégé, d'une longueur de 5 km, qui sépare l'île Digby de la presqu'île de Tsimpsean. Cette région se caractérise par le grand nombre de ses sites archéologiques. Les archéologues ont en effet découvert 40 sites le long des côtes: 27 amoncellements de coquillages (complexes fumiers), qui représentent les vestiges d'anciens villages amérindiens; 13 sites de pétroglyphes ou d'art rupestre, qui consistent en des motifs incisés sur des moellons bruts ou des affleurements rocheux (*voir* PICTOGRAMMES ET PÉTROGLYPHES). Ce sont les TSIMSHIANS de la Côte qui occupent cette région au moment des premiers contacts avec les Européens. Traditionnellement, les 9 tribus tsimshians de la Côte passent l'hiver dans des villages permanents de la région du couloir de Metlakatla. Les fouilles menées sur le site de plusieurs de ces villages de 1966 aux années 70 donnent à penser que le couloir de Metlakatla est habité depuis environ 5000 ans.

David J.W. Archer

Métro et transport rapide par véhicules légers Chemins de fer à traction électrique pouvant transporter un grand nombre de passagers, soit de 20 000 à 40 000 à l'heure dans chaque direction, et sur des voies qui ne sont accessibles à aucune autre circulation. La plupart sont souterrains, mais certaines sections peuvent être au niveau de la chaussée et bordées de clôtures ou de barrières, sous le niveau de la chaussée mais à ciel ouvert, ou même surélevées. L'électricité est transmise aux véhicules au moyen d'un troisième rail, bien qu'on utilise parfois un câble installé au-dessus des voies. Les quais sont construits au même niveau que le plancher des wagons pour faciliter l'entrée et la sortie. La perception du droit de passage se fait dans les stations plutôt que dans les wagons et un système de signaux assure la sécurité. Le transport rapide par véhicules légers est plus simple et moins coûteux que le métro, mais sa capacité est inférieure, soit 8 000 à 20 000 passagers à l'heure dans chaque direction. Les wagons sont plus légers que ceux du métro et sont en fait des tramways. Les voies ne sont parfois que partiellement prioritaires et peuvent comporter des passages à niveau et des segments de circulation mixte. L'électricité est transmise par des câbles installés au-dessus des wagons. Les passagers montent à bord à l'aide de plates-formes ou de marches, ou d'une combinaison des deux. La perception du droit de passage se fait à la station ou à bord. Les réseaux de transport rapide par véhicules légers sont parfois munis d'un système de signalisation (*voir* TRAMWAYS).

Il existe deux métros au Canada: l'un à Toronto et l'autre à Montréal. Le plus ancien est celui de Toronto, dont la ligne de la rue Yonge (7,4 km de longueur) est inaugurée en mars 1954. Il est prolongé par étapes. En 1988, il s'étend déjà sur 54,4 km et comp-

te 65 stations réparties sur trois grandes lignes. La première section du métro de Montréal est inaugurée en 1966, et compte alors 3 lignes et 26 stations sur une longueur totale de 22 km. En juin 1986, il s'étend sur 55 km et compte 61 stations. En 1988, on inaugure un prolongement de 9 km et quatre nouvelles stations. Les wagons du métro de Toronto ont une largeur de 3,15 m et sont munis de roues d'acier sur rails. Ceux de Montréal, d'une largeur de 2,5 m, sont montés sur des pneus en caoutchouc.

En 1981, le Canada possède deux réseaux de transport rapide par véhicules légers. Celui d'Edmonton, long de 10,3 km, est inauguré en 1978 et prolongé en 1981 et 1983. Il compte huit stations, dont quatre souterraines. Il peut transporter 6 800 passagers à l'heure dans les deux sens et sur des voies entièrement réservées. Celui de Calgary, ouvert en 1981, compte 25 stations réparties sur 22 km. Il comporte des passages à niveau ou des viaducs aux intersections et utilise un système de signalisation semblable à celui des trains et dont les feux donnent la priorité à ses voitures. Il peut transporter 9400 passagers à l'heure dans la direction de pointe. Les réseaux d'Edmonton et de Calgary sont conçus pour transporter beaucoup plus de passagers qu'ils ne le font actuellement. Tous les deux utilisent des wagons de 23 m, articulés en deux sections, qui ont été conçus et construits en Allemagne. La Urban Transportation Development Corporation de l'Ontario a mis au point un système avancé de transport rapide par véhicules légers qui comporte le guidage automatisé du train, des wagons légers et des moteurs à induction linéaire montés sur des chariots dirigeables pour réduire le bruit. Outre la technologie du véhicule et des voies entièrement réservées sans aucune intersection routière, la principale différence de ce système est sa capacité, qui se situe entre celles du transport rapide par véhicules légers et du métro. Une ligne de 21,4 km utilisant un système informatisé de transport rapide par véhicules légers est inaugurée en 1986 à Vancouver. À Toronto, une ligne semblable d'une longueur de 6,5 km est mise en service en mars 1985.

Uri Pill

Metropolitan-Hinterland, thèse La thèse qui oppose la métropole et l'arrière-pays, connue en anglais sous le titre *Metropolitan-Hinterland*, est une théorie qui tente d'expliquer les relations historiques entre une communauté urbaine puissante (la métropole) et le territoire qui l'entoure (l'arrière-pays), que la métropole domine par des moyens essentiellement économiques. Formulée par le spécialiste en histoire économique N.S.B. Gras dans les années 20, cette théorie est largement et continuellement utilisée en histoire du Canada, depuis les années 50, pour éclairer la croissance de pouvoir urbain, le RÉGIONALISME et l'interaction d'ensemble entre forces centrales et territoriales. Gras considère que quatre phases expliquent l'accession d'une ville majeure au statut dominant de métropole. Tout d'abord, on lui confère un rôle essentiel dans la vie commerciale d'un grand territoire adjacent. Ensuite, on y concentre les activités industrielles. On poursuit en y bâtissant un réseau de transport. Enfin, elle devient un centre de services financiers qui renforcent son contrôle sur l'arrière-pays. On s'aperçoit peu à peu que ces divers éléments constituent plutôt des attributs-clés dans le développement d'une métropole économique que des phases qui se succèdent de façon linéaire. On élargit également le concept pour inclure des aspects non économiques, tels que le pouvoir politique exercé par les centres métropolitains (surtout s'ils sont aussi le siège du gouvernement) ou la situation dominante que ceux-ci occupent dans le domaine social et les secteurs de la culture et de l'information. Quelle que soit la situation, les relations entre métropoles et arrière-pays ne sont pas à sens unique. Elles sont réciproques, génératrices d'une complémentarité tout autant que de rivalités, selon des modèles complexes qui peuvent impliquer des

ensembles entiers de centres urbains, tout comme des arrière-pays changeants, se chevauchant les uns les autres.

J.M.S. Careless

Mettler, Peter, cinéaste, directeur de la photographie (Toronto, Ont., 7 sept. 1958). Avec Atom EGOYAN, Patricia Rozema et Bruce McDonald, le scénariste réalisateur et directeur de la photographie

Peter Mettler fait partie des talents les plus remarquables nés de la *nouvelle vague de l'Ontario* dans les années 80. Élevé à Toronto par des parents originaires de Suisse (Mettler a la double citoyenneté suisse et canadienne), il s'intéresse très jeune au pouvoir de l'image. Il étudie le cinéma au Ryerson Polytechnical Institute à Toronto, où il réalise deux courts métrages ainsi que *Scissere* (1982), un long métrage expérimental primé, qui raconte l'histoire d'un héroïnomane en cure de désintoxication, confronté à ses perceptions embrouillées, alors qu'il tente de réintégrer la société. Mettler est aussi un excellent directeur de la photographie et, en plus de ses propres films, filme les deux premiers longs métrages d'Egoyan, ainsi que les premières œuvres de Rozema, de McDonald et de plusieurs autres cinéastes indépendants de Toronto durant la période particulièrement créative du début des années 80.

Ses films ultérieurs développent les thèmes esquissés dans *Scissere*: les mystères de la perception humaine, la lutte incessante de l'individu pour recouvrer et préserver sa conscience et son imagination dans une culture de masse surmédiatisée, le double pouvoir de la technologie à la fois libérateur et asservissant. Ces thèmes sont présents dans des films tels que *Eastern Avenue* (1985), un film expérimental réalisé à partir du journal rédigé par Mettler lors de son voyage du Portugal à Berlin; *The Top of His Head* (1989), drame d'un vendeur d'antennes paraboliques, dont l'univers ordonné et technologique est bouleversé par une aventure amoureuse; *Tectonic Plates* (1991; v.f. *Les plaques tectoniques*), une adaptation libre de la pièce de théâtre du «jeune prodige» Robert LEPAGE sur les collisions intercontinentales de l'histoire, des cultures et du désir humain; et *Picture of Light* (1994), un essai documentaire envoûtant et méditatif sur un voyage dans le nord du Canada pour filmer ce qui, de l'aveu même de Mettler, ne peut être filmé: les aurores boréales.

Mettler utilise toute la technologie cinématographique dont il dispose pour défier la capacité qu'a le cinéma à médiatiser la perception. En brouillant les frontières esthétiques entre le film documentaire, le film expérimental et le film de fiction, et en utilisant toujours des conceptions visuelles et sonores rigoureuses, il contribue grandement à augmenter les possibilités thématiques et stylistiques du cinéma narratif canadien. Malgré une filmographie relativement modeste, Mettler est l'un des cinéastes les plus importants du cinéma anglo-canadien contemporain.

Tom McSorley

Meubles allemands Parvenus au Canada en raison de l'immigration en provenance de l'Allemagne et de la Pennsylvanie (*voir* ALLEMANDS). En Europe, les meubles allemands traditionnels évoluent au cours des siècles afin de répondre aux besoins d'une population au revenu moyen et provenant principalement du milieu rural. Les formes de base ont peu changé au cours des années, bien que certaines influences stylistiques aient parfois été prélevées des meubles à la mode. La plus importante des influences et, en fait, le style dominant des meubles allemands traditionnels aux XVIIIe et XIXe s., a été le style baroque, qui a inspiré la complexité des courbes entrecroisées dans la conception des profils et une profusion d'éléments décoratifs dans le traitement des surfaces.

Les fabricants de meubles allemands traditionnels sont d'excellents artisans. Même les objets les plus communs sont fabriqués avec minutie, avec des assemblages à queue d'aronde bien ajustés, des moulures précises, des entailles soignées et des proportions harmonieuses. Les exemples les plus ambitieux et les plus soignés présentent un excellent travail de sculpture et d'incrustation. Il existe de nombreux centres de colonisation allemande dans le Canada de l'époque, où des artisans immigrants doués fabriquent des meubles selon les styles traditionnels de leur pays d'origine. En Nouvelle-Écosse, les Allemands arrivent dès 1749 et, tout au long du XIXe s., des milliers d'Allemands, provenant d'Europe et de Pennsylvanie, s'installent en Ontario.

À mesure que les provinces des Prairies se sont développées, des groupes de MENNONITES et d'HUTTÉRITES y trouvent refuge. Les colonisations allemandes comprennent des membres possédant de nombreuses habiletés relatives aux métiers traditionnels. Les traditions anciennes ont donc survécu dans plusieurs agglomérations et ont subi peu d'influences de l'extérieur. Les meubles allemands fabriqués au Canada comprennent une variété de modèles traditionnels qui reflètent le style de plusieurs siècles et de nombreuses caractéristiques régionales.

Ces éléments traditionnels peuvent être observés en association avec les idées adoptées de la communauté anglophone, en particulier dans les meubles allemands de Pennsylvanie fabriqués en Ontario. Les Allemands de Pennsylvanie ont apporté une tradition du meuble qui a été grandement modifiée en raison de l'influence américaine. Ils ont adopté tout particulièrement le style anglais Chippendale pour les meubles plus sophistiqués comme les secrétaires, les commodes et les grands coffres d'horloge. Les styles continentaux dominent la fabrication de tables, de bancs, de coffres, de berceaux et d'autres meubles utilitaires.

De même, les styles allemands traditionnels sont apparus, avec diverses influences plus ou moins atténuées, dans d'autres centres canadiens jusqu'à ce que la fabrication massive de meubles remplace en grande partie celle des artisans locaux au début du XXe s. Les meubles traditionnels allemands les plus courants sont les coffres, les tables, les bancs, les chaises, les berceaux, les lits, les vaisseliers et les armoires.

Coffres Les coffres typiques sont constitués de simples formes rectangulaires. Ils peuvent être laissés tel quel ou enrichis de panneaux, de moulures ou de détails ouvragés disposés en motif géométrique. La base possède parfois une forme complexe, ou encore le coffre repose sur des pieds tournés de forme bulbeuse.

Tables Le plus commun des modèles de table à dîner est le type chèvre, dont les pieds forment un X et la traverse centrale supporte le plateau de la table. La plupart des tables artisanales allemandes possèdent, sous le plateau, des supports à chaque extrémité, dans lesquels des goujons sont insérés, afin de fixer le plateau à la base. Le plateau peut être facilement retiré pour le nettoyage.

Bancs Le siège traditionnel accompagnant ces tables est un simple assemblage de planches reposant sur des tréteaux. Le type de chaise le plus commun est également fait de planches et possède un dossier taillé, souvent ciselé. Le siège est une planche solide et les pieds, fixés à des tasseaux situés sous le siège, ne possèdent pas les barreaux typiques de plusieurs modèles de chaises rustiques, qui servent à renforcer la base.

Lits et berceaux Les lits et les berceaux sont souvent faits d'assemblages de panneaux ou d'arrangements complexes de courbes entrecroisées. De nombreux berceaux allemands présentent des entailles caractéristiques en forme de cœur à la tête et au pied du lit. Ces éléments décoratifs servent également de poignées.

Vaisseliers Meubles communs des cuisines de campagnes, les vaisseliers possèdent des étagères ouvertes à la partie supérieure ainsi que des tiroirs et des portes à la partie inférieure. Les placards muraux et les encoignures aux portes vitrées sont utilisés dans les pièces plus luxueuses, en particulier dans les maisons urbaines. L'influence baroque, qui se répète, est souvent apparente dans les courbes et les arches complexes des corniches et des portes de ces meubles.

Armoires Les larges placards ou penderies sont les meubles les plus importants parmi le mobilier allemand traditionnel et offrent à l'artisan la chance de démontrer son habileté en créant des moulures et des panneaux élaborés, de même que des surfaces variées. L'armoire traditionnelle a deux larges vantaux, parfois deux tiroirs ou plus au bas et différents arrangements de supports, d'étagères ou de tiroirs à l'intérieur pour ranger les vêtements, le linge, les ustensiles, la nourriture ou les articles ménagers. En raison de sa grosseur, l'armoire est habituellement fabriquée en sections qui peuvent être détachées pour déménager le meuble. Utilisées dans la cuisine pour ranger les aliments, les armoires sont munies d'un grillage dans les vantaux pour la ventilation.

L'un des attraits des meubles allemands traditionnels, qui illustre encore davantage l'influence baroque, est le recours fréquent au décor de surface montrant divers motifs comme des fleurs, des feuilles, des oiseaux, des étoiles, des spirales, des cœurs et des formes géométriques, de même que des noms et des dates en style calligraphique. Souvent, la décoration commémore un événement familial comme un mariage, un anniversaire ou une naissance.

Ces décorations peuvent être peintes selon différentes techniques polychromes, gravées sur la surface ou incrustées de bois aux tons contrastants. Les meubles comportant des décorations peintes sont habituellement faits de bois mou (p. ex., de pin), tandis que les meubles incrustés ou sculptés sont fabriqués à l'aide de bois dur, leur style et leur exécution étant vraisemblablement plus raffinés. (*Voir* ÉCRITURE ET CALLIGRAPHIE GOTHIQUES.)

Howard Pain

Meubles anglais, écossais et américains On pense souvent, à tort, que les premiers meubles canadiens se limitaient à des pièces (chaises, tables) grossièrement taillées dans le pin. En fait, bon nombre des meubles de style, plus raffinés, qui ornaient le boudoir, le salon ou la salle à manger étaient fabriqués selon les modèles européens par des artisans très qualifiés. Les influences ANGLAISE, écossaise et LOYALISTE sont indéniables dans les meubles fabriqués au Canada qui subsistent encore, surtout dans les détails et les caractéristiques propres à chaque région.

Époque georgienne

Les premiers colons britanniques à s'installer au Canada (en Nouvelle-Écosse de 1713 à 1783) importent ou fabriquent sur place les meubles dont ils ont besoin. Les archives fournissent le nom de quelques ébénistes, notamment Edward Draper, établi à Halifax après 1749, mais aucun meuble de cette période ne nous est parvenu. Les loyalistes arrivés en 1783-1784 représentent le premier groupe anglophone important, suivi des colons écossais. Ces deux groupes comptent bon nombre d'artisans spécialisés, notamment des ébénistes.

Les premiers meubles canadiens-anglais de style que l'on connaît datent de 1785 environ et s'inspirent des styles alors à la mode en Angleterre. Au style Chippendale, en vogue en Angleterre jusqu'à dans les années 1780, succèdent jusqu'au début du XIXe s., les styles Hepplewhite, Sheraton, néoclassique et Régence. Certes, les ébénistes fabriquent les meubles qu'on leur commande, mais ils subissent aussi l'influence de leur propre apprentissage conservateur.

À l'instar des artisans (*voir* ARTISANAT), on devient ébéniste en suivant un APPRENTISSAGE, ce qui porte les ébénistes à construire des meubles de style et de facture analogues à ceux de leurs maîtres. L'évolution des styles et de la mode est plus rapide dans les grandes villes, tandis que dans les régions plus isolées, on continue à fabriquer des meubles de style Chippendale, entre autres, même si la mode en est passée depuis longtemps (*voir* MEUBLES RUSTIQUES). James Waddell, artisan connu de Truro (Nouvelle-Écosse), fabrique des chaises Chippendale jusqu'en 1825.

On trouve aussi des meubles «vieillots», c.-à-d. fabriqués de mémoire ou par observation et inspirés de styles démodés depuis longtemps. Quoique d'inspiration anglaise, les meubles de style fabriqués au Canada sont beaucoup plus simples que leurs modèles, moins décorés que leurs homologues anglais ou coloniaux américains et rarement parés de travaux de marqueterie ou de sculpture.

Halifax et Montréal restent les premiers centres d'ébénisterie raffinée, et nous possédons de nombreux exemples de meubles Chippendale fabriqués dans ces deux villes durant les années 1780 et 1790. C'est en fait à Montréal que sont fabriqués les plus beaux meubles de la fin du XVIIIe s. et du XIXe s., joliment plaqués de bois exotiques et décorés d'ouvrages complexes de marqueterie. Le mobilier fabriqué à Halifax est beaucoup plus simple.

Bien que Québec soit une ville sensiblement plus petite que Montréal, on y note aussi, dès 1780, la fabrication de très beaux meubles par des ébénistes spécialisés. Les pièces les plus remarquables restent sans doute les caisses d'horloge du loyaliste James Orkney, sans oublier celles des frères Bellerose, installés à Trois-Rivières avant 1800.

Au Nouveau-Brunswick, l'ébénisterie se développe à Saint-Jean et dans la vallée du fleuve Saint-Jean, dans les années 1780 et 1790, mais on n'y a pas retrouvé de mobilier fabriqué avant 1800, ni de meubles Chippendale; toutes les pièces connues suivent les derniers styles du début du XIXe s. La première génération de colons du Haut-Canada semble aussi avoir importé ou fabriqué sur place les meubles dont elle avait besoin. On sait que des ébénistes y travaillent avant 1800, mais il ne reste aucun meuble de style d'avant cette date que l'on puisse dater avec certitude.

En général, il est possible de reconnaître les meubles de style fabriqués au Canada ou même dans une région particulière, mais on peut rarement les attribuer à un fabricant en particulier. En effet, avant la période industrielle de 1840-1850, très peu d'ébénistes marquent ou étiquettent leurs meubles. Avant 1825, seuls trois ébénistes utilisent à cet égard des étiquettes de papier: la firme Tulles, Pallister et McDonald, de Halifax (1810-1811), ainsi que Daniel Green (avant 1820) et Thomas Nisbet (1813-1848) de Saint-Jean (Nouveau-Brunswick). Les marques inscrites à l'occasion au crayon ou à l'encre sont plus souvent les signatures des propriétaires des meubles que celles de leurs fabricants.

Tout comme en Grande-Bretagne et aux États-Unis, on préfère, au Canada, les meubles en bois d'acajou importé des Antilles. L'importation des troncs d'acajou par mer en tant que lest pour les navires reste relativement peu coûteuse, mais seuls les ébénistes des villes portuaires comme Halifax, Amherst, Saint-Jean, Québec, Trois-Rivières et Montréal y ont accès, car il était peu pratique de transporter ce bois lourd sur le continent et les ébénistes un tant soit peu éloignés des ports préféraient travailler le bois locaux.

Les ébénistes des Maritimes utilisent abondamment le bouleau teint de couleur sombre, d'où le surnom «acajou du pauvre». Dans les ouvrages de marqueterie simple, comme les devants de tiroir, on mêle souvent le bouleau et l'érable. Dans les régions du Québec, où l'on ne peut se procurer l'acajou, on se sert généralement du noyer cendré et de l'érable, tandis que dans le Haut-Canada, incapable d'importer de l'acajou avant 1830, on a recours au bouleau jaune (improprement appelé merisier au Canada), au noyer et à l'érable veiné. La structure des meubles canadiens est presque toujours en pin, même si les parties extérieures sont en bois dur. L'acajou reste le seul bois importé qui soit disponible avant 1810 environ.

Après la GUERRE DE 1812, apparaissent le citronnier et le bois de rose, le plus souvent en pièces de petites dimensions ou sous forme de placages ou de marqueterie. On importe tous les objets de quincaillerie (poignées de tiroir, roulettes et petits boutons, en laiton le plus souvent) à l'exception des charnières simples en fer. Tout comme il mêle différents bois, le mobilier de style canadien mélange aussi les styles, et on trouve souvent deux ou plusieurs d'entre eux sur un seul meuble.

La construction des canaux et la mise en service des bateaux à vapeur, et plus tard des chemins de fer incitent la population à se déplacer, et entraînent une homogénéisation toujours plus marquée des styles et des modèles. Les caractéristiques régionales, qui commencent à s'estomper vers 1830, disparaissent complètement à partir de 1860. Les nouvelles techniques exercent aussi une influence notoire sur les styles et le métier d'ébéniste: l'invention de la scie circulaire (1820) et des usines de bois de placage, dans les années 1830, réduisent les coûts de fabrication, rendant le bois de placage beaucoup moins cher qu'il ne l'était dans les débuts, lorsque les meubles étaient taillés à la main. Le tour avec appareil à fileter suscite, vers 1820, la mode des tables et des petits meubles à piètement rond torsadé, raffinements peu coûteux puisqu'ils sont exécutés à la machine. Des machines à sculpter très perfectionnées ouvrent ensuite la voie aux excès décoratifs de la période victorienne.

À compter de 1830, les styles d'ameublement s'adaptent de plus en plus à la fabrication mécanique. Après 1830, le développement de l'industrie conduit à l'uniformisation des modèles dans toute l'Amérique du Nord et, à partir de 1860, au déclin de l'ébénisterie. Malgré la succession rapide des styles et des modes au milieu du XIXe s., les meubles sont de plus en plus le produit des usines et de la mécanisation, et de moins en moins le fruit des talents individuels.

D.B. Webster

Meubles de styles Empire et victorien

Pendant l'Empire et l'époque victorienne, les concepteurs de meubles, délaissant les sobres lignes géométriques des styles Hepplewhite, Sheraton et Adam, préfèrent les contours pittoresques et les réminiscences historiques plus conformes à l'ARCHITECTURE éclectique de l'époque. En outre, les méthodes traditionnelles de l'artisan ébéniste cèdent de plus en plus la place à la production en usine et aux nouvelles machines à travailler le bois.

Empire Ce terme s'applique aux styles d'abord en vogue en France sous le règne de l'empereur Napoléon Ier, soit les deux premières décennies du XIXe s., période correspondant à peu près à la Régence en Angleterre. Les meubles à la mode s'inspirent alors de motifs anciens, romains, grecs et égyptiens, mis en vogue par des publications comme *Household Furniture and Interior Decoration* (1807), de Thomas Hope. Les styles classiques restent à la mode pendant les années 1830 et 1840. Au Canada, on nomme parfois «Empire» les manifestations tardives de ce style, qui tendent à suivre les précurseurs américains, et on préfère nommer «Régence» les ouvrages antérieurs.

Pendant cette période, on fabrique des chaises inspirées de la forme grecque *klismos*, dotées de pieds en forme de sabre et d'une large traverse horizontale au sommet du dossier. Les fauteuils arborent des accoudoirs en volute que l'on trouve aussi dans les canapés rembourrés et surmontés de coussins cylindriques là où ils rejoignent le siège. Les accoudoirs en volute des canapés Empire se retrouvent quelque peu dans les pieds et les têtes hauts et galbés des «lits français», appelés maintenant «lits bateaux». Les tables reposent souvent sur de lourds piliers placés, sur de larges bases aux pieds en volute. Les meubles d'appoint (commodes, buffets) présentent souvent

des tiroirs supérieurs en surplomb, soutenus par des colonnes. On fabrique aussi beaucoup de meubles en acajou plaqué sur du pin.

Victorien Vers le milieu du XIXe siècle, des styles très divers remplacent le style Empire d'inspiration classique. À l'époque victorienne (1837-1901), on voit d'abord fleurir le style néorococo ou «moderne français», qui marque le retour des courbes et des sculptures naturalistes. La chaise à dossier ajouré en ballon et à «pieds de biche» en forme de «S» est très populaire. L'introduction des ressorts en spirale ainsi que des matériaux de rembourrage usinés et à base de peluche et de crin de cheval donne un confort tout nouveau à ces meubles aux lignes généralement arrondies, ornés de sculptures en forme de fruits, de feuilles et de fleurs.

À la même époque naît la vogue des meubles néogothiques, inspirés d'éléments d'architecture comme les arcs brisés, les faîteaux (boutons décoratifs) et les entrelacs, que l'on aime placer dans la bibliothèque ou le vestibule, puisque les chaises et les bancs néogothiques sont souvent les seuls sièges non rembourrés de la maison.

Le style «élisabéthain» est aussi très populaire au milieu du siècle, même si ses arrondis caractéristiques en forme de boule ou de quenouilles ressemblent peu aux formes véritablement en vogue sous le règne d'Élisabeth Ire. Tous ces styles et leurs variantes sont identifiés dans des manuels populaires comme *The Architecture of Country Houses* (1850) de A.J. Downing et *The Victorian Cabinet Maker's Assistant* (1855) de Blackie and Son.

Vers la fin des années 1860, on remet en question la vogue des styles inspirés des époques passées, les ornements et la tendance à la fabrication des meubles en usine. En 1868, le dessinateur anglais C.L. Eastlake publie *Hints on Household Taste in Furniture, Upholstery and Other Details*, qui préconise le retour à la fabrication artisanale de meubles simples et solides, aux contours géométriques évitant les arrondis du style néorococo, ornés de décorations incisées aux motifs géométriques, recourbés simplement ou ajourés, et laissant paraître les chevilles et les joints utilisés pour les construire.

Ainsi naît le mouvement Arts and Crafts et le mobilier de style «mission». Au grand désarroi des réformateurs, les usines appliquent bientôt le nom «Eastlake» à des meubles fabriqués en série simples et carrés. L'époque victorienne marque l'arrivée d'outils très divers pour le travail du bois qui, combinés à l'utilisation des machines à vapeur, à la croissance des marchés et à l'amélioration des moyens de transport, provoque la disparition du petit atelier d'artisan autonome.

L'usine de meubles de Jacques and Hay, à Toronto, est l'une des plus importantes du Canada: on y produit tellement de meubles, du pupitre d'écolier aux ensembles de salon, qu'on donne souvent à tort le nom de «Jacques and Hay» à tous les meubles victoriens fabriqués au Canada. La proximité des États-Unis influence aussi la fabrication des meubles canadiens, car très tôt les Canadiens achètent leurs meubles en gros et au détail, à des fournisseurs américains.

Les styles inspirés d'époques passées continuent à dominer l'industrie du meuble, surtout le style néo-Renaissance (pendant les années 1870) caractérisé par des corniches, des frontons et des pilastres assez audacieux, des hauts-reliefs sculptés, des motifs classiques en forme de fleurs ou de bouquets de feuilles et par une multitude de fleurons et de pendeloques. Les lits, tout comme les buffets et les coiffeuses à miroirs, atteignent des hauteurs étonnantes. Les dessus en marbre se multiplient; chaises et canapés sont dotés de cadres plus discrets, souvent ornés de pointes avec des pieds fuselés, ornés de décorations tournées ou à panneaux.

Pendant les dernières années du règne de Victoria, presque tous les styles antérieurs renaissent sous forme de reproductions fidèles ou de répliques novatrices influencées par les courbes sinueuses et les formes parfois bizarres de l'Art nouveau. La mode du capitonnage, parvenue à son paroxysme, veut que l'on recouvre entièrement le cadre des meubles de tissus variés et colorés, bordés d'une frange à glands. De nouveaux matériaux gagnent en popularité, notamment l'osier, le fer, le laiton et le bois courbe; le chêne remplace très souvent le noyer noir. Les maisons qui pratiquent la vente par correspondance, comme la compagnie T. EATON limitée, expédient n'importe où, par chemin de fer, les meubles qu'on leur achète.

W. John McIntyre

Meubles et accessoires d'ameublement, industrie des Les premiers meubles canadiens sont ceux fabriqués par les premiers colons: ce sont des objets utilitaires, simples et faits à la main. Plus tard, des menuisiers locaux font des meubles sur commande. La première compagnie canadienne de meubles s'établit en 1830 à Berlin (Kitchener), en Ontario; la deuxième en 1834 à Toronto. L'industrie connaît un essor considérable pendant la seconde moitié du XIXe s., surtout en Ontario. Le Québec possède quelques usines avant 1900, mais la fabrication industrielle de meubles à prix raisonnable s'y développe surtout après la Seconde Guerre mondiale.

Les économistes considèrent le meuble comme un produit «à demande élastique», très sensible aux fluctuations économiques. Cette élasticité se manifeste pendant les années 30, la production diminuant des deux tiers de 1930 à 1933. En 1985, les expéditions de meubles atteignent une valeur totale de 3,4 milliards de dollars: 55 p. 100 de cette production vient de l'Ontario, 30,3 p. 100 du Québec, 8,5 p. 100 des provinces des Prairies, 3,5 p. 100 de la Colombie-Britannique et 1 p. 100 des provinces maritimes.

Aujourd'hui, l'industrie canadienne de l'ameublement se divise en trois sous-secteurs: les meubles de maison, les meubles de bureau et les meubles divers (pour restaurants, églises, écoles, etc., ainsi que les matelas et sommiers à ressorts). Elle comprend trois niveaux d'activité: fabrication, distribution et vente au détail. Les fabricants transforment les matières premières en produits finis. Les distributeurs sont des agents ou des représentants de commerce, qui vendent ces produits finis aux détaillants. Étant donné que peu de fabricants ont un volume de ventes suffisant dans une région pour soutenir leur propre service de vente à temps plein, les représentants de commerce sont généralement des indépendants qui représentent plusieurs lignes de production. Les détaillants vendent les meubles aux consommateurs.

Industrie moderne L'industrie canadienne du meuble appartient dans une proportion de 97 p. 100 à des Canadiens et se compose surtout de petites ou moyennes entreprises familiales. Au début des années 70, l'automatisation touche fortement ce secteur et contribue au fléchissement de l'emploi. La production artisanale ne représente plus qu'un faible pourcentage de cette industrie, qui emploie en 1985 près de 50 000 personnes gagnant en tout plus de 969 millions de dollars.

On compte plus de 42 600 ouvriers à la production; les 7300 autres sont des propriétaires actifs, des employés de bureau et du personnel administratif. En 1985, les ouvriers gagnent en moyenne 8,11 $ l'heure dans cette industrie, qui est en grande partie syndiquée, en particulier dans le sous-secteur des meubles de rangement en bois.

En 1985, on compte 1727 usines de meubles au pays: 714 en Ontario, 669 au Québec, 159 dans les Prairies, 143 en Colombie-Britannique et 39 dans les Maritimes. Près de la moitié des grands fabricants sont établis dans les régions rurales. En 1985, l'industrie consomme plus de 1,6 milliard de dollars en accessoires et matériaux, soit près de 46 p. 100 du chiffre des ventes de meubles canadiens, et environ 48 millions de dollars de combustible et d'électricité. Les matières premières comprennent le bois sous toutes ses formes (plus de 30 p. 100 des matériaux utilisés pour la fabrication des meubles), les charpentes de meubles, le caoutchouc et les matières plastiques, les textiles, les tissus plastifiés, l'acier et le métal, les peintures, laques, bouche-pores et vernis, ainsi que divers autres articles (miroirs, emballages, quincaillerie).

En 1985, les usines expédient des meubles et des accessoires d'une valeur totale de 3,4 milliards de dollars, soit 1,5 milliard pour le sous-secteur des meubles de maison, 846 millions pour celui des meubles de bureau et 1,1 milliard pour celui des meubles divers. Le genre de production varie selon les régions: le Québec produit près de la moitié des meubles de rangement, tandis que l'Ontario fabrique beaucoup de meubles rembourrés et de meubles de bureau. En 1985, le total des exportations des trois sous-secteurs atteint 668 millions de dollars et les importations se chiffrent à 432 millions de dollars. Cependant, les exportations de meubles de maison n'atteignent que 182 millions de dollars, tandis que les importations se chiffrent à 312 millions. Le sous-secteur des meubles de maison représente donc environ 72 p. 100 des importations et 27 p. 100 des exportations globales de l'industrie du meuble. En 1985, la production totale de meubles représente 0,72 p. 100 du produit intérieur brut du Canada (qui est de 476 361 millions en dollars courants).

L'industrie du meuble est touchée par la législation antipollution fédérale, car on lui reproche souvent de polluer l'air par les vapeurs émanant des laques et des peintures. Des mesures législatives sur la sécurité ont aussi été adoptées concernant les matelas (inflammabilité), les appareils d'éclairage et les meubles d'enfants (teneur en plomb des peintures, bords coupants, etc.).

L'industrie du meuble reçoit des gouvernements fédéral et provinciaux une aide destinée entre autres à l'expansion, au développement de microprocesseurs informatiques, à la modernisation, à la conservation de l'énergie et au développement des marchés, mais aucune de ces mesures d'aide ne vise exclusivement cette industrie. À la suite de l'accord de LIBRE-ÉCHANGE signé par le Canada et les États-Unis en octobre 1987, l'élimination totale des droits de douanes sur les meubles s'étale sur une période de cinq ans, à partir du 1er janvier 1989.

L'industrie canadienne du meuble a souvent de la difficulté à soutenir la concurrence des autres pays: les coûts de main-d'œuvre y sont beaucoup plus élevés que dans la plupart des pays concurrents, en particulier les États-Unis, d'où vient la majeure partie des meubles importés. De plus, les frais de transport y sont très élevés: en 1978, ils dépassent de 40 p. 100 ceux des États-Unis. La baisse du dollar canadien entraîne une hausse spectaculaire du prix de certaines matières premières importées au Canada (p. ex., les textiles et les bois exotiques). Enfin, les compagnies canadiennes, dont la plupart sont des petites et moyennes entreprises, ont du mal à concurrencer les entreprises américaines, qui réalisent des économies d'échelle grâce à leur capacité de production nettement supérieure.

Deux collèges offrent des cours de fabrication de meubles: l'École québécoise du meuble et du bois ouvré, à Victoriaville, et le Conestoga College en Ontario. Plusieurs collèges et universités offrent des cours de DESIGN INDUSTRIEL et parfois d'ébénisterie. Le secteur du meuble compte trois associations professionnelles: l'Association des fabricants de meubles du Québec (Québec et Maritimes), l'Ontario Furniture Manufacturers Association Inc. et Furniture West Inc. (Prairies et Colombie-Britannique), qui se sont alliées pour former le Conseil canadien des fabricants de meubles, organisme chargé de représenter les intérêts de cette industrie à l'échelle du pays. On trouve quatre grandes revues canadiennes sur le meuble: *Canada's Furniture Magazine* (Victor Publishing Co. Ltd.) et *Home Goods Retailing* (MACLEAN HUNTER LTÉE),

pour les meubles de maison, et *Canada's Contract Magazine* (Victor Publishing Co. Ltd.) et Canadian Interior (Maclean Hunter ltée), pour les meubles de bureau et l'ameublement sur contrat.

Ise Buisson

Meubles français Les meubles d'inspiration française sont fabriqués au Canada de 1650 à 1820. Ce sont des meubles de type traditionnel et régional, c.-à-d. faits d'un assemblage de bois solide. Ils se distinguent du mobilier de style de l'aristocratie française, bien qu'ils en empruntent certaines formes ou techniques tout en conservant une note paysanne. Des meubles sont fabriqués par des menuisiers amateurs pour leur propre usage, mais la plupart le sont par des menuisiers d'expérience venus de France pour aider à construire les églises, les habitations et le mobilier dont a besoin la nouvelle société agricole, qui prend le pas sur celle de la traite des fourrures.

Ces artisans sont formés dans les traditions rigoureuses des menuisiers français, mais ne sont pas des ébénistes versés dans la marqueterie et le placage. Dans les villes et les villages de NOUVELLE-FRANCE, les menuisiers possèdent leur propre atelier, mais travaillent parfois dans les églises et les habitations quand il s'agit d'installer une pièce spéciale. Des ouvriers itinérants parcourent la campagne et passent souvent des semaines à fabriquer une armoire pour une famille, un couvent ou un seigneur.

La conception et le détail de ces meubles reflètent les origines régionales de plusieurs anciennes provinces de France, notamment la Normandie, la Picardie, l'Île-de-France, la Bretagne, le Poitou, l'Aunis et la Saintonge. Leurs ornements se distinguent par des motifs traditionnels: de Haute-Bretagne, des fleurs stylisées, des feuilles, des rosettes, des arbres, des étoiles et des croix de toutes sortes; de la Loire atlantique, des cercles, des disques, des losanges, des coquillages et des cœurs sculptés; en fait, tout ce qu'un compas et une main habile peuvent graver. Avec le temps, ces motifs deviennent moins variés qu'en Europe et des ornements authentiquement canadiens commencent à apparaître.

Comme dans les provinces françaises, les styles évoluent lentement et survivent longtemps après l'époque qui les a inspiré. De 1650 à 1750, les styles Henri IV et Louis XIII influencent grandement le mobilier canadien avec leurs lignes droites et leurs ornements géométriques, leurs grandes surfaces, leurs frontons, leurs multiples panneaux, leurs losanges, leurs pointes de diamant aplaties ou en relief et leurs pièces tournées, chanfreinées ou en spirale.

Les lignes fluides, les formes gracieuses et les ornements souvent asymétriques des styles Régence et Louis XV apparaissent entre 1740 et 1760, et sont très populaires. En Nouvelle-France, comme dans les régions rurales françaises, le style Louis XIV, trop ornemental, n'a que peu d'influence. Quelle que soit la période, on n'utilise pas d'or moulu, de marbre ni de placage et peu de laque ou de marqueterie. Cependant, les meubles sont ornementés à profusion, surtout après 1785, que ce soit dans la forme des composantes (portes, traverses, écoinçons, pattes, barreaux) ou au niveau des surfaces gravées avec exubérance et profusion. Les artisans canadiens laissent courir leur imagination plus librement que les Français; des embellissements originaux apparaissent plus tôt et comportent parfois des traits jamais vus en France.

Le style rocaille, inspiré des jardins du XVIIIe s., s'épanouit durant la période Louis XV et constitue la dernière influence directe de la France sur le mobilier canadien. Son motif principal est la crossette entremêlée de feuillage, de fleurs et de coquillages. Après la GUERRE DE SEPT ANS, ce style, dont le raffinement technique et la conception atteignent son apogée de 1785 à 1820, influence fortement le mobilier traditionnel du Canada français. À cette époque, des motifs anglais et américains commencent à se

mêler aux éléments français traditionnels, parfois avec harmonie, mais pas toujours.

Les bois disponibles ou se prêtant bien à la fabrication de meubles sont inconnus des premiers immigrés. Le pin blanc, le noyer tendre et le bouleau jaune (merisier), inconnus en France, sont les plus utilisés de 1650 à 1750. L'érable blanc et l'érable à sucre sont d'abord utilisés comme bois de chauffage, car on les considère trop difficiles à travailler, mais ils deviennent populaires à la fin du XVIIIe s., particulièrement lorsque leur grain est ondulé ou frisé. Le chêne et le tilleul sont rarement utilisés avant le milieu du XIXe s. Des meubles de style anglais et américain popularisent l'acajou, un bois importé.

De 1650 à 1750, la plupart des meubles sont teints marron foncé mais, par la suite, presque tous sont peints avec des couleurs en poudre mélangées à de la colle, à de l'huile de lin ou à du lait écrémé pour protéger le bois de la poussière et du gras. Le bleu, le vert, le bleu-vert pâle ou foncé et le blanc (teinté ocre jaune ou rouge, de 1785 à 1820) sont les principales couleurs utilisées. Gardes de serrure, verrous, poignées, boutons de tiroirs et fiches d'armoires de fer et de laiton, souvent finement découpés, sont fabriqués sur place, habituellement selon les modèles français. Les pentures en queue-de-rat ou de diable sont peut-être inspirées d'Angleterre ou de Nouvelle-Angleterre, mais sont également répandues en Lorraine et en Alsace.

Coffres Les premiers meubles de rangement sont de deux types: à couvercle plat (coffre) ou à couvercle bombé (bahut). Ce sont des meubles simples et robustes, faits généralement de planches de pin jointes à rainures et à languettes, assemblés à tenons et à mortaises, et munis de chevilles de bois. Certains comprennent des panneaux ou des ornements géométriques. Le couvercle est fixé par de solides pentures et se ferme sur le devant grâce à une serrure robuste, car tous les coffres ferment à clef.

Armoires et buffets Ceux-ci dérivent du coffre. Le buffet, qui sert à ranger la nourriture et la vaisselle, comprend souvent deux étages tels deux coffres superposés, avec des portes au lieu de couvercles. Les armoires, essentiellement des buffets allongés à la verticale, sont les meubles rustiques les plus intéressants, car ils se prêtent à une grande variété de styles et d'ornementation. Ils comprennent le plus souvent deux portes, mais parfois une seule ou même quatre. Des éléments d'inspiration Louis XIII (comme des panneaux à losanges) sont typiques des premières armoires. Ces motifs sont suivis, mais non remplacés, par le style Louis XV (pointes de diamant).

De 1785 à 1820, les ornements sculptés de style rocaille ou autre sont très populaires. Ils sont particulièrement extravagants dans la région de Montréal, où vivent la plupart des marchands prospères. Des motifs anglais, notamment d'inspiration Adam, se mêlent, parfois avec bonheur, aux styles français. Toutes les armoires sont assemblées à tenons et à mortaises, sans colle, et facilement démontables lorsqu'il faut déménager. Des vaisseliers, des buffets vernissés et des armoires de coin sont également fabriqués. Les garde-manger, munis de trous d'aération pour conserver la nourriture, sont plutôt primitifs, tout comme les bancs à seaux et la plupart des huches.

Commodes La commode canadienne, qui dérive du coffre, est rare en 1750, mais devient rapidement populaire. On en trouve surtout chez les familles aisées, mais également dans les maisons modestes. Les premières pièces sont robustes et comprennent trois ou quatre tiroirs. Plus tard surgissent des modèles plus raffinés aux angles arrondis, le plus populaire étant la commode arbalète, meuble de formes sinueuses avec retrait central plat.

Les montants de ces commodes sont taillés dans une seule pièce de bois énorme et la façade des tiroirs est découpée à l'extérieur dans une planche très épaisse. On ne la scie pas à l'intérieur, contrairement à la pratique française. Le côté des tiroirs est assemblé à queue-d'aronde et, comme en France, consolidé avec un gros clou forgé. Les pieds sont souvent de style cabriole Louis XV. Cependant, après 1775, les pieds en console ornés de griffes et serrant une boule, d'inspiration Chippendale, sont populaires. Les commodes munies d'un piètement de ce genre et d'une façade galbée de style arbalète constituent un mélange heureux d'éléments français et anglais. Les commodes canadiennes sont toujours plus petites que les françaises.

Lits Ils sont d'abord conçus pour l'intimité et pour se préserver des courants d'air. La cabane est une boîte tendue d'un drap de laine et munie d'une toiture; on y place un matelas de paille sur des planches. Les lits à colonnes torses, tournées ou en fuseaux comportent des rideaux. Au début du XIXe s., la fabrication de poêles plus grands permet de délaisser les rideaux et de raccourcir les colonnes, et enfin les lits à fuseaux et les lits bateaux font leur apparition, comme les baudets et les roulettes.

Tables Elles ont habituellement un plateau de pin et des pieds et traverses en bois franc qui, à l'origine, sont tournés à la manière Louis XIII, souvent avec des fleurons. Plus tard, bon nombre de pièces sont à pieds-de-biche. Les tables d'encoignure sont souvent sculptées et plusieurs ont un tiroir. Les tables en demi-lune sont très répandues, mais les consoles n'existent que dans les églises et chez les familles aisées.

Bureaux Ceux-ci sont l'apanage de l'élite. Le plus répandu est le secrétaire à tablette abattante, mais le plus ancien est un bureau Mazarin d'inspiration Louis XIII.

Chaises Peu répandues dans les foyers paysans français du XVIIe et du XVIIIe s., elles sont fort en usage en Nouvelle-France. La chaise dite de l'île d'Orléans, assemblée et habituellement munie d'un dossier ajouré, se retrouve dans tous les foyers de la région de l'île d'Orléans et de la côte de Beaupré, et s'inspire de la chaise lorraine. La chaise à capucine est également très populaire. Elle a un dossier élevé, des pieds droits ou tournés et des traverses de dossier solidement goujonnées aux montants.

Les fauteuils apparaissent à la fin du XVIIe s.; ils sont d'esprit Louis XIII et souvent rembourrés. Avec le populaire fauteuil os-de-mouton du XVIIIe s., les volutes succèdent aux formes rectilignes. De nombreux autres fauteuils témoignent de l'originalité et de l'esprit inventif de leurs fabricants. Les sièges des chaises sont paillés en pointe de diamant, faits d'écorces d'orme entrelacées ou encore de babiche, matériau populaire dans la région de Montréal. Les fauteuils sont garnis de serge, de tapisserie, de dentelle à l'aiguille, de lin ou de moquette; les chaises portent souvent des coussins retenus par des rubans.

La berceuse est introduite au Canada au XIXe s. par des fabricants américains et connaît un succès immédiat. Des artisans canadiens-français en créent une infinie variété, qu'ils ornent de motifs de tous styles.

Ce sont là les dernières innovations qui enrichissent le mobilier canadien d'origine française. Vers 1830, la fabrication de meubles de style français cesse et, avec la dernière génération d'ouvriers formés dans la tradition française, cet art est oublié. Quelques collectionneurs éclairés tentent vers 1925 de susciter un nouvel intérêt pour l'héritage français, qui n'est cependant reconnu qu'après la Seconde Guerre mondiale.

Jean Palardy

Meubles rustiques Dans les études consacrées à l'histoire des antiquités ou des matériaux, on oppose les styles «rustiques» (traditionnels, provinciaux ou populaires) à ceux qui sont plus raffinés et empesés. Ce qui est rustique aux yeux de certains, et qui plaît par sa décoration et son fini peint, peut être considéré comme grossier et primitif par d'autres. Bien que certains puissent s'attendre à ce que les meubles de style soient faits de bois durs plus fins (noyer, bou-

leau jaune [improprement appelé merisier au Canada], acajou) et les meubles rustiques taillés dans le bois tendre comme le pin, une véritable compréhension des différences entre le mobilier rustique et raffiné dépasse la simple catégorie des matériaux et des méthodes de fabrication, et implique d'autres facteurs tels que le lieu et l'époque de fabrication.

On peut dire du meuble rustique qu'il est un objet inspiré des principaux styles ou tendances (Chippendale, Hepplewhite, Sheraton), fabriqué à partir des bois locaux et limité par l'ampleur du coffre à outils, l'imagination et la compétence de l'ébéniste. On trouve dans les meubles rustiques les mêmes éléments que dans les meubles de style (tables, chaises, armoires, coffres), en plus de formes additionnelles.

Provinces maritimes

La colonisation des Maritimes (Nouvelle-Écosse, Nouveau-Brunswick et Île-du-Prince-Édouard) est essentiellement une expérience rurale. Bien que les villes portuaires telles que Halifax et Saint-Jean soient des centres politiques, sociaux et économiques importants, la plupart des gens habitent de petites communautés vivant de la pêche ou de l'agriculture. À cause des distances, de l'absence de routes convenables et du manque de moyens de transport et de communication fiables, les contacts entre les régions sont limités et les agglomérations rurales sont isolées des centres urbains et des principales tendances en matière de mode et de goût.

Après la déportation des Acadiens, entre 1755 et 1763 (*voir* ACADIE), arrive la première vague d'immigrants, les Planters (planteurs) de la Nouvelle-Angleterre, suivis des LOYALISTES en 1783-1784, et enfin de nombreux Écossais au début du XIXe s. Bon nombre de ces colons apportent avec eux leur propre mobilier. De plus, on trouve parmi ces immigrants des ébénistes, des charpentiers et des menuisiers, dont l'arrivée et l'établissement mènent rapidement à la production de meubles indigènes qui reflètent le caractère des Maritimes et du Canada, inspirés des styles anglais et américains avec lesquels les artisans sont familiers.

Comme l'ébénisterie est essentiellement un métier traditionnel correspondant à un système d'APPRENTISSAGE et que les styles de meubles tendent à durer pendant de longues périodes, les meubles rustiques fabriqués dans les Maritimes de 1770 à 1850 reprennent les styles antérieurs, comme le style Chippendale. Ce n'est que dans les villes, ouvertes à l'arrivée des nouvelles modes, que les styles de meubles suivent les nouveautés et les goûts du jour.

Le caractère rural de la société, dans les Maritimes, influence aussi le choix des matériaux. Sauf dans les centres urbains, en particulier les villes portuaires, où les artisans locaux peuvent se procurer des bois exotiques comme l'acajou, la plupart des meubles sont fabriqués à partir des bois de la région (pin, bouleau, érable). On utilise couramment les bois durs veinés (bouleau, érable) pour les meubles rustiques et les meubles de style, à cause de leur grain décoratif. Les meubles rustiques, surtout les meubles en pin, sont souvent peints pour imiter les meubles de style en bois exotique. Dans certains cas, ce fini peint, souvent aux couleurs vives, est ce qui distingue le plus le mobilier rustique.

Les meubles rustiques des Maritimes dévoilent leurs influences française (acadienne), britannique, irlandaise, écossaise et allemande. En effet, tous les groupes ethniques fabriquent les mêmes genres de meubles: coffres à couvertures, commodes, tables de tailles diverses avec ou sans tiroirs, chaises avec ou sans accoudoirs, encoignures et buffets. Les groupes ne sont toutefois pas tous représentés dans les trois provinces et certains groupes sont plus généreux dans les détails de certains types de meubles que d'autres.

Île-du-Prince-Édouard Le mobilier des Écossais et des Irlandais du XIXe s. semble axé autour du buf-

fet de cuisine adossé au mur dont la partie supérieure est généralement ouverte. Nombre de ces buffets sont fabriqués par des artisans inconnus, mais l'Île-du-Prince-Édouard regorge d'exemples de meubles signés ou portant la marque de l'artisan. Ainsi, Benjamin Chappell, charron londonien arrivé en 1774, et Samuel Bagnall, loyaliste venu de Philadelphie en 1787, sont bien connus pour leurs chaises, dont on trouve aujourd'hui des exemplaires dans les collections publiques ou privées.

Nouveau-Brunswick Cette province est elle aussi riche en meubles fabriqués par des artisans connus, en particulier à Saint-Jean, principal centre d'ébénisterie. Parmi les ébénistes connus ayant œuvré avant 1800, on note Robert Chillas, arrivé de New York en 1783, Daniel Fowler, qui s'établit en 1785, ainsi que Nathan Oaks et Robert Blackwood, qui reçoivent leurs papiers d'homme libre (Freeman papers) respectivement en 1795 et en 1796, accordés après paiement d'un droit d'inscription et un serment d'allégeance leur permettant d'exploiter un commerce à Saint-Jean.

Nouvelle-Écosse Tout comme Saint-Jean, Halifax reste un centre important d'ébénisterie. C'est en Nouvelle-Écosse qu'arrive le principal groupe de «protestants étrangers» des Maritimes. LUNENBURG est fondé en 1753 par des immigrants germanophones. Bien qu'ils soient moins de 2000 au début, les Allemands insuffleront à Lunenburg une tradition et une culture encore vivantes. Casper Jung, qui anglicisera son nom pour Young, est l'un des premiers fabricants de meubles de la ville, où il est inscrit en 1794 comme retourneur et charron.

À Halifax, de nombreux exemples de chaises de style Windsor sont signées James Cole (vers 1817), arrivé à Halifax en provenance des États-Unis, George Gammon (1838), qui travaille à Cole Harbour, dans le comté d'Halifax, et Joy Humeston (vers 1805), qui fabrique des chaises et des canapés en bambou de style Windsor. La famille Sibley du comté de Colchester fabrique d'autres meubles aussi, mais elle est surtout connue pour ses chaises à traverses chantournées et à motifs en forme de champignons. La lignée commence avec Joseph Sibley (né en 1790), connu dans la région comme un fabricant de chaises; les Sibley poursuivront leurs activités jusqu'en 1900.

Dans les provinces maritimes, c'est au Nouveau-Brunswick et en Nouvelle-Écosse qu'arrivent la plupart des immigrants acadiens de la province, qui s'établissent d'abord à PORT-ROYAL en 1605. La déportation des Acadiens s'accompagne de la confiscation ou de la destruction des biens qu'ils ne peuvent transporter avec eux. C'est pourquoi la plupart des meubles qu'on identifie aujourd'hui comme «acadiens» datent en fait de la période ultérieure à la déportation, marquée par le retour dans la région des Acadiens francophones en 1764.

Vers le milieu du XIXe s., la mécanisation et la production en usine ont rapidement supplanté la fabrication artisanale. Bien que les styles plus anciens aient persisté jusque vers la fin du XIXe s. dans certaines régions rurales, notamment à l'Île-du-Prince-Édouard, l'apprentissage de l'ébénisterie artisanale s'effrite lentement avec l'avènement de l'ère industrielle dans les Maritimes.

Richard Henning Field

Terre-Neuve

On ne connaît à Terre-Neuve aucun meuble qui date d'avant 1810-1820, années où les restrictions sur les concessions de terres sont éliminées et l'aménagement local est encouragé. Mark Green et George Hancock sont les premiers ébénistes formés en Angleterre à arriver à Saint-Jean en 1815 pour servir la population croissante. Samuel Creed arrive de Halifax vers 1833 et le travail qui lui a survécu dénote une approche conservatrice des styles de meubles en vogue. Le fait que W. Gammon fabrique des chaises de style Windsor tant à Halifax qu'à Saint-

Jean et qu'on trouve des chaises de ce genre en Nouvelle-Écosse et à Terre-Neuve semble indiquer très tôt des liens solides entre les artisans de la région de l'Atlantique.

Certains ébénistes s'installent dans les avant-postes importants, comme à HARBOUR GRACE, mais la plupart se trouvent à Saint-Jean capitale économique et politique. On y compte 6 ébénistes dans les années 1840 et 10 vers 1870. Ainsi, l'atelier de meubles de Matthew Pope, qui ouvre ses portes en 1859, est un de ceux qui fabriquent du mobilier domestique et des meubles pour les établissements publics. Ce qu'on connaît du travail de ces artisans et de ces ateliers ne témoigne pas d'une grande imagination, car ils se contentent, dans les limites de leurs capacités et de leurs outils, de copier les styles trouvés dans les livres d'échantillon. Il y a toutefois des exceptions, dont l'atelier de H.W. Winter à Clarke's Beach, dans la baie de la Conception.

Les meubles fabriqués hors de la capitale par les habitants eux-mêmes ou par le menuisier local témoignent d'une réelle imagination. Les tables de toilette et les bancs font appel au répertoire des ornements (moulures au burin, motifs appliqués, colonnettes, chanfreins, arceaux) combinés de façon inventive et peintes de couleurs vives. Lorsque le meuble nécessite une compétence particulière, comme une chaise appelant un travail de menuiserie, le conservatisme reprend le dessus.

Des styles anciens survivent et de nouveaux styles sont adaptés aux capacités des artisans et de leurs outils. La chaise Carver, identifiée au XVIIe s., est fabriquée jusqu'à la fin du XIXe s. On trouve fréquemment les chaises Sheraton (par opposition aux chaises Chippendale, plus rares), mais, au lieu du piètement tourné particulier à ce style, elles présentent le piètement fuselé à base carrée apparenté au style Hepplewhite, plus facile à réaliser. Pour les mêmes raisons, on ne trouve pas de chaises à dossier en forme d'écusson de style Hepplewhite ou à dossier en ballon de style victorien, trop difficiles à exécuter.

On constate la même interaction du professionnalisme et du conservatisme dans les vaisseliers de cuisine de la période 1810-1820. Ces pièces sont probablement fabriquées par des menuisiers en bâtiment, car elles font en général partie de l'architecture globale de la cuisine. Ces menuisiers, qui ne construisent pas pour eux-mêmes, ne peuvent donc laisser courir leur imagination et doivent construire un intérieur traduisant le rang social du propriétaire, ce qui favorise un certain conservatisme.

À la fin du XIXe s., l'apparition des meubles faits en usine et des catalogues de vente par correspondance dont s'inspire l'homme ordinaire, ainsi que l'emploi plus fréquent des outils de menuiserie commencent à influer sur le mobilier fabriqué à l'écart de la capitale. Les chaises et les canapés de «style catalogue», à cadre mince et à ornements appliqués, remplacent les meubles Eastlake, l'un des premiers genres fabriqués en usine, aux décorations gougées à la machine.

On trouve généralement des meubles qui reproduisent ces formes à l'extérieur de Saint-Jean où il est plus difficile de s'acheter des meubles tout faits. Ces meubles font preuve d'ingéniosité dans leur fabrication en intégrant du bois de récupération provenant de caisses d'emballage ou de maisons de même que des éléments entiers (p. ex., des pieds) pris sur des meubles dont on se débarrasse. Des assemblages aussi singuliers révèlent une économie qui rebute au gaspillage.

Étant donné sa situation géographique à la périphérie de l'Amérique du Nord et son économie marginale, le mobilier de Terre-Neuve, comme nombre de ses autres formes d'ARTISANAT, ne deviendra jamais populaire dans les autres régions de l'Atlantique. Terre-Neuve conserve donc des formes et des techniques de construction plus anciennes, mais leur

applique divers procédés décoratifs qui témoignent d'une vigoureuse imagination visuelle.

Shane O'dea

Ontario

L'expression «mobilier rustique» décrit la plupart des meubles anciens de l'Ontario, trouvés dans des maisons privées ou dans des musées. Le peuplement commence après la GUERRE D'INDÉPENDANCE AMÉRICAINE s'intensifie au XIXe s. Au cours de ces premières années, les difficultés de la vie de pionnier font que la plupart des familles n'ont ni le temps ni les moyens de s'intéresser aux meubles de style, encore moins de se les procurer.

Les meubles rustiques de l'Ontario sont fabriqués à la main, généralement bien faits, avec les bois locaux (noyer, érable, bouleaux jaune et blanc, chêne, tilleul d'Amérique, pin). On peut les diviser en trois catégories: copies de meubles de style d'origines anglaise et américaine; meubles aux formes et à la décoration issues de France, d'Allemagne et d'autres pays européens; et meubles solides et utilitaires, utilisés à la ville comme à la campagne et dans les pièces moins importantes des résidences citadines.

Tous les styles (georgien, Empire et victorien) sont reproduits seuls ou combinés, de façon plus ou moins réussie. Le bouleau jaune et l'érable veiné de l'Ontario remplacent bien l'acajou et le citronnier importés. On utilise parfois la teinture et la peinture pour simuler les bois et les placages précieux ou la marqueterie et les sculptures, lorsque l'habileté ou les outils ne suffisent pas pour réaliser de tels embellissements. Dans les premières années surtout, les ébénistes préfèrent les articles de quincaillerie (charnières, poignées) facilement disponibles à ceux qui sont assortis au style des meubles. On applique parfois des motifs décoratifs comme l'étoile allemande à six pointes et le losange à la française, à des meubles rustiques de forme et de styles anglais et américains.

Il faut relativement peu d'outils pour fabriquer des meubles utilitaires, de sorte que la plupart des menuisiers, les assembleurs et les ébénistes pouvaient s'y adonner. Des formes à double usage, d'encombrement réduit, sont réalisées: entre autres une chaise dont le dossier peut être abaissé pour servir de dessus de table et un banc dont le siège se déplie pour servir de lit.

Les chaises rustiques se répartissent en trois groupes: les chaises avec dossier à traverses, les chaises Windsor et les chaises de fantaisie. Les chaises avec dossier à traverses ont quatre piètements tournés, les piètements arrière se prolongeant en montants reliés par plusieurs traverses pour former le dossier. Une variante propose un dossier à deux traverses percées de plusieurs barreaux verticaux. Des lanières de frêne ou d'écorce de chêne tressées forment le siège.

La chaise Windsor, d'inspiration anglaise, est construite comme un tabouret muni d'un dossier fixé au siège. Ces chaises sont nommées selon leur style ou la forme de leur dossier: Sheraton, en fer à cheval, à pointe de flèche, à dossier bas ou capitaine, en forme de peigne, à fuseau, à petit fuseau ou cage à poules, et à fût. Les chaises à dossier à traverses et les chaises Windsor sont des chaises droites, des fauteuils ou des chaises berçantes, et la plupart sont peintes.

Les chaises de fantaisie sont droites et leur dossier, leur siège et leurs piètements s'inspirent, du moins en partie, des styles georgien et victorien. Le bois décoratif comprenant des motifs est souvent employé; le siège est en canne ou en jonc. Les premiers ateliers de meubles de l'Ontario produisaient aussi quantité de chaises Windsor et de fantaisie.

Les châlits très lourds à quatre colonnes torsadées et à sommier (et muni d'un lit gigogne) sont remplacés par des lits à quenouilles, plus bas et plus légers, dotés de traverses. Les couchettes des journaliers,

aux extrémités en quenouilles, deviennent des canapés rustiques lorsqu'on y ajoute des dossiers pleins ou à quenouilles. Tables et guéridons de toutes dimensions, destinés à divers usages, présentent des plateaux qui basculent, pivotent ou se détachent et des panneaux qui peuvent être abaissés, tirés ou enlevés.

Le pupitre rustique du maître d'école à couvercle incliné peut être fixé ou non à un cadre à piètement long ou court, et surmonté d'une petite armoire munie d'un pigeonnier. Les secrétaires, dont la tablette abattante sert de surface pour écrire, sont soutenus par une table ou un buffet bas.

Les placards rustiques, d'une ou de deux pièces et munis ou non de portes vitrées ou pleines, certains présentant une tablette intercalée entre la partie du haut et la partie du bas, peuvent être intégrés dans un coin ou dans le mur, ou être autoportants. De tailles et de formes diverses, ils servent de garde-manger, de vaisseliers ou de lave-mains. Les armoires à linge et les garde-robes sont fixes ou encore amovibles, ce qui permet de les déplacer. La plupart des buffets sont peints ou teints de couleur sombre. Les coffres à couvercle, dont les premiers et les plus beaux sont fabriqués de six pièces de bois assemblées à queues-d'aronde, sont nombreux et parfois intégrés à la partie supérieure des premières commodes.

Elizabeth Ingolfsrud

Manitoba–Rivière Rouge

Avec l'arrivée des colons SELKIRK en 1812 et la construction ultérieure d'établissements permanents par la COMPAGNIE DE LA BAIE D'HUDSON (CBH) et la COMPAGNIE DU NORD-OUEST, des résidences privées sont construites peu à peu dans la vallée de la rivière Rouge, et une tradition de meubles rustiques s'amorce. Dès les débuts, l'isolement géographique de la COLONIE DE LA RIVIÈRE ROUGE et les difficultés de transport nuisent à l'importation de meubles. En effet, le mobilier envoyé par la CBH de Londres doit être transporté par bateau chaque année à la York Factory, puis transféré aux brigades des barges d'York et acheminé à l'intérieur du pays pour atteindre la vallée de la rivière Rouge, 1300 km plus loin.

À part les officiers des compagnies, qui importent des meubles précieux, on impose une limite aux employés quant à ce qu'ils peuvent transporter dans de petits coffres ou malles en bois. Les premiers colons de la rivière Rouge font face aux difficultés de transport en fabriquant leur propre mobilier à petite échelle. Les colons et les employés des compagnies qui possèdent les outils nécessaires façonnent des tables, des chaises (comme la chaise de la rivière Rouge, une chaise robuste en pin dotée d'un siège en planches), des coffres et des lits où l'utilité et la construction passe avant la décoration.

En conséquence, même le mobilier des postes de traite centraux, le long de la rivière Rouge, se caractérise par sa simplicité, voire son austérité. La communauté de la rivière Rouge étant surtout peuplée d'habitants de descendance française, écossaise et anglaise, aucune tradition unique et distinctive n'émerge dans la fabrication de meubles.

Les collections privées, les musées et les parcs historiques comme le musée de Saint-Boniface ou de Lower Fort Garry abritent des exemples de ces meubles rustiques (chaises, coffres, berceaux, canapés, buffets). Les bois utilisés sont surtout le chêne, le pin et le frêne, qui sont abondants dans la région. Une fois les éléments structuraux soigneusement coupés et assemblés, le tout est fixé fermement à l'aide de chevilles en bois, qui varient en diamètre de un quart de pouce (environ 0,5 cm) pour les chaises des bureaux de la CBH à un demi-pouce (environ 1 cm) pour les lits et les sofas.

Jusque vers 1870, on laisse en général le bois des meubles à l'état naturel, ensuite, on se met à teindre ou à cirer de nombreuses pièces ornées de fleurs sculptées ou de motifs divers. Dans les années 1860, l'amélioration du transport grâce à la route passant par St. Paul et l'arrivée d'ébénistes professionnels marquent le déclin des meubles rustiques fabriqués dans la vallée de la rivière Rouge.

Gregory Thomas

Meulles, Jacques de, seigneur de la Source, chevalier, grand bailli, INTENDANT de la Nouv.-France de 1682 à 1686 (décédé en mai 1703 à Orléans). Responsable du développement de la colonie à une époque difficile tant du point de vue économique que militaire, il innove en imaginant une monnaie de carte à jouer comme solution au manque aigu de numéraire; un palliatif fréquemment repris par la suite et annonciateur des monnaies de papier modernes. De Meulles doit sa nomination à ses liens de familles avec le ministre Colbert. Malgré les ordres précis de ce dernier, il a maille à partir avec le gouverneur LA BARRE tout au long de son mandat. L'indifférence du ministre Seignelay, sa négligence à envoyer au Canada la solde des troupes destinées à calmer les nations iroquoises de plus en plus menaçantes incitent de Meulles à utiliser la MONNAIE DE CARTES À JOUER en guise de numéraire. Il en indiquait la valeur, apposait sa signature et s'engageait à les rembourser l'année suivante. En 1685, DENONVILLE, le nouveau gouverneur, l'accuse de cupidité et de trafic illégal, ce qui entraîne son rappel en France.

France Beauregard

Meunerie Procédé mécanique de fabrication de farine de blé par broyage et séparation. L'industrie canadienne de mouture du blé, la meunerie, produit dans des moulins la farine et les autres produits nécessaires à la fabrication de pains, de biscuits, de craquelins, de pâtes et d'une vaste gamme de produits alimentaires. Les sous-produits de la mouture, tels que le son, les restes (son fin) et le germe de blé, servent à la préparation de céréales pour les petits déjeuners, mais surtout à celle d'aliments pour animaux. On utilise aussi des petites quantités de son et de germe de blé pour préparer d'autres aliments pour la consommation humaine. La mouture est plus ancienne que la production agricole. Son évolution d'une corvée manuelle à un procédé industriel hautement automatisé, efficace et précis reflète de nombreux changements sociaux et des développements technologiques importants.

Les débuts

Avant l'arrivée des premiers Européens en Amérique du Nord, les autochtones broyaient à la main le maïs et d'autres substances (comme les glands) en une farine servant à faire du gruau, des galettes, etc. Les premiers colons européens arrivent au milieu du XVIe s. en NOUVELLE-FRANCE et apportent leur technologie de mouture du blé. Le premier moulin à eau se met en branle en 1607 à PORT-ROYAL. Bon nombre des premiers moulins à vent ou à eau ont été préservés en Ontario, au Québec et dans les Maritimes, où on peut encore les voir. Des paires de meules circulaires broient le grain. Les meilleures meules, en pierre meulière, un silicate dur que l'on trouve dans la vallée de la Seine, en France, sont construites en segments, qui sont cimentés ensemble et retenus par de lourdes bandes de fer. Les deux surfaces de broyage des meules sont rainurées. Le meunier habile entretient bien les surfaces de broyage des meules, car la précision de leur dressage détermine la finesse de la mouture. Les pierres sont dressées avec un marteau-burineur. Le meunier utilise aussi un vérificateur (une règle de précision pour vérifier si les meules sont égales), un peson pour peser et une ardoise pour inscrire les entrées de blé et les sorties de moutures.

Évolution de la science

La mouture a le plus souvent exigé de nombreuses personnes pour manipuler le grain, le produit en cours de traitement et les produits finis. Au XVIIIe s., le développement de la science change profondément les procédés. Le transport mécanique horizontal et vertical du grain et des substances broyées (déjà existant en 1785) diminue le personnel de moitié et transforme la mouture du blé en un procédé industriel continu entièrement mécanisé. La mouture du blé est l'une des premières applications de la machine à vapeur. James Watt en utilise une pour actionner le moulin qu'il construit à Londres en 1786. Ce moulin a 6 paires de meules et, avant sa destruction par le feu en 1791, il en a 20 qui sont actionnées par 2 machines à vapeur.

Dans la deuxième moitié en XIXe s., les meuniers canadiens remplacent rapidement les meules par des rouleaux en acier et adoptent «le système de réduction graduelle», une méthode de mouture mise au point en Hongrie et beaucoup plus rentable avec ses rouleaux en acier. Elle divise la mouture en étapes: la matière moulue à chacune d'entre elles est tamisée pour enlever le produit fini et le reste est réparti pour une autre réduction graduelle. De nombreuses variantes plus ou moins heureuses apparaissent durant les cent dernières années. Le plus récent procédé commercial fructueux consiste à enlever la majeure partie du son des grains avant le broyage. Ce procédé gagne lentement la faveur internationale pour la mouture de certains types de blé.

La construction d'un chemin de fer reliant la région productrice de blé des Prairies aux Grands Lacs influence fortement l'industrie meunière au Canada, en permettant le transport du blé de l'ouest aux ports de l'océan Atlantique pour son exportation et aux moulins de l'est du pays pour sa transformation. Le chemin de fer atteint déjà les ports de mer de l'ouest en 1885. À cette époque, le blé canadien est déjà reconnu pour ses excellentes qualités meunières et boulangères, et la production de blé des Prairies augmente pour répondre à l'augmentation des demandes intérieure et extérieure.

Déjà en 1900, les exportations annuelles de farine dépassent 80 000 tonnes. La compétition et la rationalisation marquent l'industrie meunière dans les premières décennies du XXe s. Le nombre de moulins passe de 2550 en 1891 à 801 en 1922. L'industrie est lourdement touchée par la Crise des années 30, mais elle se développe durant la Seconde Guerre mondiale. Depuis lors, elle se rationalise et se modernise encore, car les exportations de farine chutent et la plupart des partenaires commerciaux développent leur propre industrie meunière.

Les moulins modernes sont hautement automatisés et toutes les étapes de la mouture se gèrent facilement par ordinateur. Bien qu'elle soit très coûteuse, cette technologie, lorsqu'elle est entièrement appliquée, permet d'exploiter un moulin durant de longues périodes sans aucun employé ni aucune intervention au moulin même, p. ex., la nuit ou les fins de semaine. Les améliorations de la capacité de production des moulins et des transports, ainsi que les diminutions périodiques de la demande de farine, entraînent une diminution continue du nombre de moulins en exploitation. Vers la fin des années 80 et pendant les années 90, la consommation de farine par habitant augmente régulièrement grâce aux produits à base de farine devenus une partie importante et en croissance d'un régime alimentaire équilibré chez les consommateurs. En janvier 1997, le Canada a 27 minoteries: 12 en Ontario; 4 au Québec et en Alberta respectivement, 3 en Saskatchewan; 2 au Manitoba; 1 en Colombie-Britannique et 1 en Nouvelle-Écosse. La capacité de mouture totale, 10 500 tonnes de blé moulu par jour, donne légèrement plus de 7500 tonnes de farine. L'industrie emploie 2000 personnes et sa masse salariale s'élève annuellement à 60 millions de dollars.

Les États-Unis sont le principal marché d'exportation de farine du Canada, mais les meuniers canadiens exportent dans plus de 30 pays. La haute qualité boulangère et les caractéristiques de transformation exceptionnelles des farines de blé dur canadien pour pains et pâtisseries font qu'elles entrent dans la composition d'une vaste gamme de pains et de pâtes appréciés comme nourriture de base dans un grand nombre de pays et de cultures. Le nombre de minoteries à réduction graduelle à grande échelle a diminué, mais il y a augmentation du nombre de moulins nettement plus petits et moins complexes, généralement conçus pour fabriquer des produits meuniers à caractéristiques particulières utilisant, p. ex., des grains de culture biologique et d'autres céréales spéciales, dont les quantités requises sont nettement plus petites et non rentables pour les grandes minoteries.

La farine blanche destinée au marché intérieur est enrichie conformément aux règlements de la *Loi sur les aliments et drogues* (*voir* ALIMENTS, LÉGISLATION SUR LES). D'autres additifs facultatifs sont ajoutés pour satisfaire les exigences des clients. Les types et les quantités de chaque ADDITIF ALIMENTAIRE sont aussi réglementés par la *Loi sur les aliments et drogues*, et un système d'inspection assure un strict respect de tous les règlements. La Canadian National Millers Association (CNMA), une association commerciale nationale, représente pratiquement tous les meuniers canadiens. Fondée le 29 octobre 1920, son bureau permanent est à Ottawa. Elle représente les affaires et les intérêts publics de l'industrie auprès du gouvernement du Canada, de ses agences et d'autres organisations d'affaires. Elle s'occupe aussi de la promotion des exportations et renseigne sur les caractéristiques de la farine de blé et l'industrie meunière du pays. Bon nombre de membres de la CNMA sont aussi membres de l'Ontario Flour Millers Association, un regroupement distinct qui rend service à l'industrie en s'occupant de questions sur les règlements et le commerce dans cette province.

Les meuniers accrédités peuvent appartenir à l'Association of Operative Millers, une association professionnelle basée aux États-Unis, qui encourage la formation et le développement professionnels du personnel de direction et de production de l'industrie et leur fait prendre conscience des progrès technologiques.

Paul W. Brennan

Meurtre et homicide involontaire coupable (*Voir* HOMICIDE)

Mézy, Augustin de Saffray de, gouverneur de la Nouvelle-France (décédé à Québec, le 6 mai 1665). De Mézy est le premier gouverneur de la Nouvelle-France sous l'autorité directe du roi (1663-1665). À son arrivée, l'administration de la colonie est réorganisée et le CONSEIL SOUVERAIN, établi. La question de nouvelles nominations au conseil provoque des querelles publiques entre le gouverneur et Mgr de LAVAL, dont les pouvoirs civils empiètent sur ceux de Mézy. L'évêque et le gouverneur se querellent aussi au sujet de procédures à mettre en place pour l'élection d'un syndic qui représenterait la population de Québec. Le ministre des colonies ordonne la tenue d'une enquête sur l'autorité abusive et arbitraire de Mézy, mais ce dernier meurt avant.

Allan Greer

Mica Deux types de mica qui ont une importance économique: la muscovite (mica potassique) et la phlogopite (mica magnésien). La muscovite est le mica le plus utilisé. C'est un constituant important du granite et le constituant principal de certains schistes. La muscovite est habituellement incolore, mais elle se présente également sous une couleur verte ou jaune pale ou elle est transparente. C'est un minéral qui est très résistant aux attaques chimiques et thermiques. À cause de sa haute résistance électrique et de ses bonnes propriétés diélectriques, les feuilles de muscovite (larges et pouvant être coupées sous différentes formes) sont utilisées comme isolateur dans les équipements électriques et électroniques. La muscovite est utilisée dans les lasers, les pyromètres, les systèmes de radar et de missiles, et dans des composantes aérospatiales. On trouve la phlogopite dans les CALCAIRES métamorphisés, les dolomies, les serpentines et les ROCHES IGNÉES. C'est un minéral de couleur brun clair à brun foncé et qui a des propriétés et des usages semblables à la muscovite. Sa résistivité électrique n'est pas aussi élevée que celle de la muscovite, mais ce minéral peut opérer à de plus hautes températures dans les équipements électriques et électroniques. Ces micas peuvent être séparés en feuilles très minces parce qu'ils possèdent un excellent clivage principal.

En Amérique du Nord, 85 p. 100 du mica consommé est utilisé comme agent de remplissage et de renforcement, principalement dans les adhésifs, pour le calfeutrage et dans les joints, mais également dans les peintures, les plastiques et le caoutchouc. Dans les produits de remplissage et de renforcement, seul le mica broyé (40 microns à 150 microns) est utilisé, produit principalement à partir de mica en paillettes (1 mm à 4 mm). Dans les joints, le mica est utilisé pour donner du corps, pour empêcher le craquelage et pour améliorer la maniabilité. Le mica broyé est grandement utilisé dans la fabrication de panneaux de gypse. Dans les peintures, le mica est utilisé comme minéral anticorrosion, et dans les plastiques et le caoutchouc, comme agent de renforcement.

La grande surface des paillettes est utile dans les boues de forage pour empêcher les pertes de circulation et pour sceller les parois des trous quand la boue de forage commence à s'infiltrer dans les strates sédimentaires fracturées. La muscovite est le mica le plus utilisé dans les adhésifs, pour le calfeutrage et pour les peintures à cause de son faible coût, de sa couleur (il est presque incolore), et de sa grande disponibilité comparativement à la phlogopite. La phlogopite est utilisée principalement dans les plastiques à cause de ses propriétés de renforcement. Au Canada, la compagnie Suzorite Mica extrait de la phlogopite de sa mine, située à 300 km au nord de Montréal, près du village de Parent. La phlogopite est transportée à une usine de traitement à Boucherville, près de Montréal, où elle est broyée, concentrée et classifiée.

Michel A. Boucher

Mi-carême Dans la tradition canadienne-française, la mi-carême est le moment du carême où les gens se déguisent et passent aux portes pour demander des gâteries, chanter et danser selon la tradition de la quête costumée (*voir* MUMMING). On en trouve une variante intéressante dans certaines régions de l'ACADIE, où la mi-carême devient un personnage rappelant saint Nicolas: quelqu'un se déguise en vieille femme et distribue des gâteries aux enfants sages. Les mi-carêmes sont également représentées comme des personnages effrayants ou encore comme ceux qui apportent les enfants (plutôt que les cigognes ou les choux).

Nancy Schmitz

Michaud, Yves, journaliste, diplomate et politicien (Saint-Hyacinthe, Qc, 13 février 1930). Défenseur de la langue française, Yves Michaux est aujourd'hui surtout connu pour sa défense des petits épargnants. C'est comme opposant au régime de Duplessis, alors qu'il est directeur du journal *Le Clairon,* de Saint-Hyacinthe, de 1951 à 1959, qu'il se fait d'abord connaître. De 1960 à 1966, il poursuit sa carrière dans le journalisme, cette fois à la tête du journal *La Patrie.*

En 1966, il est élu à L'ASSEMBLÉE NATIONALE sous la bannière du Parti libéral, parti qu'il quitte cependant avec fracas en 1969 à l'occasion du débat sur la Loi 63 portant sur la langue française. En 1970, il devient commissaire général à la coopération du Québec avec l'extérieur. Trois ans plus tard, il retourne au journalisme et fonde le quotidien *Le Jour,* avec René LÉVESQUE et Jacques PARIZEAU, un moment important du journalisme à Montréal. L'élection du Parti québécois en 1976 le propulse à l'avant-plan de la scène diplomatique québécoise à titre de délégué général du Québec en France où il agira de 1979 à 1984. À son retour, il assume la tâche de Président-directeur général du

Palais des congrès de Montréal. Après la défaite du Parti québécois, il agit à titre d'administrateur de sociétés. En 1995, à la veille du référendum, son expérience de diplomate est à nouveau mise à contribution par le premier ministre Jacques Parizeau, qui en fait son chargé de mission en France.

C'est après le référendum de 1995 qu'il fonde et préside l'Association de protection des épargnants et investisseurs du Québec. Prenant faits et causes pour les petits actionnaires contre les abus de *l'establishment* des grandes banques, il s'acquiert le nom de «Robin des banques». Il n'hésite pas à s'en prendre à la rémunération des dirigeants, à leurs privilèges et exige plus de transparence et de respect à l'égard des actionnaires. Ses interventions forcent certaines institutions à modifier leurs règlements et il fait école en obtenant l'appui de grandes caisses de retraite.

Grand connaisseur de vins, reconnu pour sa maîtrise de la langue française, Yves Michaud se distingue également par les nombreux prix en journalisme qu'il a reçus. Il est Commandeur de la Légion d'honneur de France depuis 1984 et a été nommé Patriote de l'année par la Société Saint-Jean Baptiste de Montréal en 1997.

Jean Chartier

Michaux, André, botaniste et explorateur (près de Versailles, France, 8 mars 1746—Madagascar, 11 oct. 1803?). Il réalise la première flore de l'Amérique du Nord, laquelle comprend beaucoup de plantes recueillies au Bas-Canada en 1792. Michaux étudie l'horticulture appliquée en France avant de s'embarquer pour une série d'expéditions de botanique en Europe, en Perse (1782-1785) et aux États-Unis (1785-1796). Après sa rencontre avec Peter POND en juin 1792, il visite Montréal et Québec avant de remonter le Saguenay en canot et de traverser un territoire inexploré vers le LAC MISTASSINI. Michaux tient un journal et recueille de nombreuses plantes inconnues (son herbier est conservé au Musée national d'histoire naturelle à Paris). D'après les témoignages de l'époque, c'était un homme simple, indépendant et tranquille, plus à l'aise avec les autochtones qu'avec ses compatriotes français. Il a écrit *Historie des chênes de l'Amérique* (1801) et *Flora boreali-americana* (2 vol., 1803); tous deux édités par son fils François-André.

Judith F.M. Hoeniger

Michel, Dominique, née Michel-Aimée Sylvestre, comédienne et chanteuse (Sorel, 24 déc. 1932). Musicienne de formation, intégrée à la dure école des clubs et des cabarets au milieu des années 50, Dominique Michel rencontre Denise FILIATRAULT en 1954, avec qui elle formera un duos les plus populaires de la télévision québécoise dans le cadre de l'émission *Moi et l'autre.* Son talent comique intuitif, servi par une forte dose d'autodérision, lui permet de participer à d'innombrables activités humoristiques, sur scène, à la télévision, comme au cinéma.

Après une participation remarquée aux revues de la troupe du Beu qui rit (1955), elle enregistre un premier disque (*En veillant su'l perron*) qui connaît un succès immédiat (65 000 exemplaires). Elle coanime ensuite, pendant une dizaine d'années, plusieurs émissions de radio et de télévision. À partir du milieu des années 60, elle amorce une carrière de comédienne dans des téléromans, de *Moi et l'autre* à *Chère Isabelle, Dominique, Métro-Boulot-Dodo,* etc. En même temps, elle participe à une spirituelle de revues de fin d'année à la télévision de Radio-Canada (les *Bye Bye*), propose des *one woman shows* sur scène et devient un des piliers de l'animation des galas du Festival Juste pour rire, de Montréal.

Au cinéma, Dominique Michel collabore à quelques productions humoristiques populistes (*Tiens-toi bien après les oreilles à papa, Y'a toujours moyen de moyenner,* etc.), mais elle se révèle juste et surprenante de rigueur en incarnant un professeur d'histoire pessimiste dans *Le Déclin de l'Empire américain* de Denys ARCAND, en 1986.

Stéphane Baillargeon

Michener, Daniel Roland, politicien et gouverneur général du Canada de 1967 à 1974 (Lacombe, Alb., 19 avril 1900—1991). Après des études à l'U. de l'Alberta (1920), il va étudier à Oxford en tant que boursier de la fondation Cecil Rhodes et se lie d'amitié avec L.B. PEARSON. Il pratique le droit à Toronto à partir de 1924, est député à l'Assemblée législative de l'Ontario de 1945 à 1948 et ministre du Cabinet de 1946 à 1948. Se décrivant lui-même comme un «conservateur libéral», il est député fédéral de la circonscription torontoise de St. Paul de 1953 à 1962. Président de la Chambre de 1957 à 1962, il est courtois et spirituel, mais, souvent en désaccord avec le premier ministre John DIEFENBAKER. Après sa défaite aux élections de 1962, il est nommé par le premier ministre haut-commissaire en Inde, où il reste de 1964 à 1967, puis gouverneur général en 1967. Michener et sa talentueuse épouse, Norah, démocratisent la fonction (en supprimant la révérence, p. ex.) et demeurent parmi les couples vice-royaux les plus créatifs et les plus actifs. Entre autres innovations de leur part, on note de fréquentes visites d'État à l'étranger, des rencontres périodiques avec les lieutenants-gouverneurs des provinces et la création d'un Secrétariat des ordres et décorations à Rideau Hall (l'Ordre du Canada ayant été institué en 1967).

Norman Hillmer

Michif Terme utilisé pour décrire la langue parlée par un certain nombre de communautés MÉTIS de l'ouest du Canada et du nord des États-Unis, à la suite, notamment, du contact prolongé entre les locuteurs cris et ojibwés et les francophones. Des recherches récentes rattachent ce dialecte aux chasses de bisons par les Métis et aux campements d'hiver dans les plaines du Nord. Considéré auparavant comme du «mauvais français» ou comme un méli-mélo de termes, il présente toutefois une structure complexe qui permet de l'associer, sinon à une langue créole, du moins à un dialecte du cri.

Très souvent, des noms et des phrases nominales françaises sont combinées à une syntaxe et à des structures verbales du cri, p. ex., «J'aime le poisson», qui se dit: «Li pwesoon nimiyaymow». Largement en usage à la réserve de Turtle Mountain au Dakota du Nord, le michif survit aussi localement au Manitoba et en Saskatchewan. De nombreux Métis ne parlent pas le michif, du fait qu'ils ont grandi dans des endroits à majorité francophone ou anglophone, ou parce qu'ils ont appris ces langues en combinaison avec le cri, selon les besoins, comme l'avaient fait, avant eux, les générations plus âgées du lac La Biche, en Alberta. Le fait que le michif soit encore parlé est bien une preuve de la profondeur des racines historiques et temporelles des traditions culturelles métisses.

Jennifer S.H. Brown

Micmac L'origine du nom Micmac, ou *Mi'kmaq,* qui désigne à la fois un peuple et sa langue, demeure incertaine. Des sources historiques font état d'autres noms désignant les Micmacs, tels que Gaspésiens, Souriquois, Acadiens et Tarrantins. Au milieu du XIXe s., Silas Rand rapporte que les Micmacs s'attribuent le nom de *wejebowkwejik*. À l'arrivée des Européens, les peuples de langue micmaque occupent la côte de la Gaspésie et les Maritimes à l'est du bassin du FLEUVE SAINT-JEAN. Ils vivent encore aujourd'hui dans cette région, de même que dans des communautés à Terre-Neuve et en Nouvelle-Angleterre, particulièrement à Boston. Les Micmacs recensés sont au nombre de 19 891 en 1996, en plus de quelque 4500 personnes non inscrites d'origine micmaque (*voir* INDIENS). Les évaluations de la population autochtone varient de 3000 à 35 000, mais on peut raisonnablement croire qu'ils sont environ 20 000.

Langue Le micmac fait partie du groupe wabanaki des langues algonquines de l'est, qui comprennent les différents dialectes ABÉNAQUIS et les langues penobscot et malécite-passamaquoddy (*voir* MALÉCITES). La PRÉHISTOIRE des Maritimes couvre

11 000 ans, mais on ignore à quelle époque les peuples de langue algonquine ont fait leur apparition dans la région.

Traits sociaux, politiques et culturels Les villages des Micmacs se distinguaient autrefois par l'éparpillement, le long d'une baie ou d'une rivière, d'habitations abritant une ou plusieurs familles. Des alliances et des liens de parenté unissaient les villages. Les chefs, désignés pour leur prestige plutôt que pour leur pouvoir, avaient surtout la tâche de gérer efficacement l'économie basée sur la chasse et la pêche. On encourageait la peinture, la musique et l'art oratoire. Les Micmacs sont l'un des premiers peuples à être touché par les activités des Européens au Nouveau Monde et subissent très tôt des bouleversements socioculturels et une dépopulation. Ils tentent de profiter de la TRAITE DES FOURRURES en servant d'intermédiaires entre les Européens et des bandes plus à l'ouest, mais, une fois disparus les avantages de la traite, ils cherchent à tirer profit d'une alliance militaire avec les Français (*voir* GUERRES IROQUOISES).

Après l'établissement de la suzeraineté britannique, les Micmacs subissent une transformation intentionnelle de leur mode vie par le gouvernement. La plupart des démarches visant à en faire des agriculteurs échouent, parce qu'elles sont mal conçues et empiètent sur des terres réservées. Ils sont alors employés comme ouvriers non qualifiés, ce qui entraîne des changements irréversibles: l'artisanat, la tonnellerie, la pêche au dauphin, la construction de routes et de chemins de fer et les travaux forestiers les intègrent en effet à l'économie des XIXe et XXe siècles, mais les laissent isolés socialement.

Réinstallation forcée Dans les années 50, un programme de réinstallation forcée menace d'annihiler leur identité distincte. Ils réussissent néanmoins à sauvegarder une partie de leur culture traditionnelle en matière de politique, de religion et de langue. Le taux de chômage dans les réserves est très élevé, mais les Micmacs comptent un certain nombre de musiciens, d'artistes, d'écrivains, d'hommes d'affaires et de professionnels qui réussissent fort bien. (*Voir aussi* AUTOCHTONES: LES FORÊTS DE L'EST; AUTOCHTONES.)

Harold Franklin McGee Fils

Microbiologie Science qui étudie les micro-organismes et les VIRUS. Les micro-organismes sont si petits qu'ils sont invisibles à l'œil nu (diamètre de moins de 0,1 mm). Leur découverte et leur étude ne s'est donc faite qu'avec l'augmentation de la résolution des microscopes. Ces organismes possèdent tous une structure cellulaire relativement simple, bien que certains aspects de la structure des différentes espèces diffèrent. Les micro-organismes se divisent en deux groupes selon leur type de structure: les eucaryotes, qui possèdent un «vrai» noyau bien délimité par une membrane, et les procaryotes, qui possèdent un noyau diffus.

Les protozoaires, les champignons et les ALGUES sont des eucaryotes, tout comme les cellules des végétaux et animaux supérieurs. Les BACTÉRIES et les archéobactéries sont les seuls procaryotes. Puisque les virus ont besoin de cellules hôtes pour se multiplier, ils constituent un groupe à part: ils ne sont ni des eucaryotes, ni des procaryotes.

Les micro-organismes méritent qu'on s'y intéresse, en partie parce que certaines variétés provoquent des maladies. Cependant, les micro-organismes existent dans toutes sortes d'habitats, principalement le sol et l'océan, et sont un composant important de tout écosystème normal. Plusieurs types de micro-organismes se trouvent dans le sol. Celui-ci les protège pendant des mois et même des années, grâce à sa grande stabilité. Les micro-organismes décomposent la matière organique (restes végétaux et animaux, eaux d'égout, etc.) en molécules utilisables par les végétaux et oxydent ou réduisent les éléments insolubles (p. ex., le soufre) en composés solubles servant aussi à nourrir les végétaux. Même les pesti-

cides et les produits pétroliers sont décomposés en des formes moins nocives.

Les océans sont pauvres en nutriments et la température est inférieure à 4 ºC dans plus de 80 p. 100 de l'eau océanique. La population microbienne et le rythme de croissance, de même que le métabolisme, y sont donc peu élevés. Les bactéries marines peuvent tout de même croître à cette température, bien que cette croissance soit lente. Elles utilisent le sodium comme nutriment et certaines (les barophiles) se développent dans les zones profondes où la pression est très élevée.

Les micro-organismes marins agissent de façon identique aux micro-organismes terrestres en décomposant la matière organique et en la transformant en une forme utilisable par les plantes aquatiques. P. ex., il existe un nombre relativement peu élevé de bactéries décomposant le pétrole dans l'océan, en raison de la quantité limitée de nutriments. Dans le cas d'un déversement de pétrole procurant une source importante de carbone, la population bactérienne augmente immédiatement, à condition qu'il y ait aussi suffisamment d'azote et de phosphore. À longue échéance, les substances qui ne peuvent être décomposées par les micro-organismes (p. ex., les métaux lourds, certains pesticides) ou certains facteurs physiques qui nuisent à la décomposition (p. ex., la pollution thermique) constituent les problèmes de POLLUTION les plus graves. Les micro-organismes formant le phytoplancton (les algues photosynthétiques et certains protozoaires) jouent un rôle important dans l'écologie des océans où ils constituent un élément important de la chaîne alimentaire.

Par contre, les micro-organismes responsables des maladies sont nuisibles. Certains attaquent les plantes et des efforts constants sont nécessaires pour créer des variétés de végétaux pouvant y résister (p. ex., résistant à la rouille). Cela est d'autant plus important que les champignons responsables de la rouille ainsi que beaucoup d'autres MALADIES DES PLANTES développent constamment de nouvelles caractéristiques leur permettant d'affecter les plantes.

Les micro-organismes contribuent à la pollution par leur oxydation de la matière organique, un processus qui utilise l'oxygène disponible et provoque la mort des poissons et des autres organismes nécessitant de l'oxygène. Les bactéries peuvent causer des problèmes dans les réseaux d'aqueduc en oxydant le fer ou le manganèse en sels insolubles qui obstruent les tuyaux. En l'absence d'oxygène, certaines bactéries réduisent le sulfate en hydrogène sulfuré, un acide faible qui corrode les tuyaux en métal. Le pétrole brut possède souvent une haute teneur en soufre. Les bactéries en mesure d'oxyder le soufre en acide sulfurique sont donc présentes dans les puits de pétrole. L'acide ainsi formé détruit les tuyaux et les trépans.

Applications
Dans les sociétés industrielles, les micro-organismes sont utilisés de diverses façons pour améliorer la qualité de l'environnement humain.

Épuration des eaux usées Les micro-organismes, particulièrement les bactéries, jouent un rôle important dans l'épuration des eaux usées. Ils oxydent la matière organique contenue dans les eaux usées et la transforment en substances plus simples. Ils réduisent donc les effets nocifs potentiels sur les poissons et autres organismes nécessitant de l'oxygène. La première étape du traitement microbiologique des eaux usées se déroule en absence d'oxygène et produit du méthane. Beaucoup de stations d'épuration des eaux usées tirent d'ailleurs toute leur énergie de cette source. L'aération est essentielle afin de compléter la décomposition et elle est effectuée de diverses manières. Elle a également pour effet de tuer les bactéries indésirables.

Microbiologie industrielle
L'industrie laitière utilise depuis longtemps des micro-organismes. On a commencé à pasteuriser le

lait peu après 1886, afin de tuer les bactéries pathogènes et de réduire, de façon générale, la quantité de bactéries afin de permettre une meilleure conservation du lait. Le yogourt, le fromage cottage, le babeurre et autres dérivés laitiers sont produits en contrôlant la fermentation du lait à l'aide de diverses bactéries lactiques, particulièrement les lactobacilles. On a développé plusieurs souches de LEVURES qui produisent de l'alcool éthylique et des composés aromatiques à partir du raisin, et qui résistent à des taux élevés d'alcool. Ces levures sont à la base de l'industrie du vin. Les problèmes surgissent lorsque la fermentation est perturbée par une contamination indésirable par des levures sauvages. Le vin doit également être protégé contre la contamination bactérienne, puisque les bactéries peuvent former de l'acide lactique ou oxyder l'alcool et faire ainsi tourner le vin en vinaigre.

Les brasseries utilisent aussi les levures pour transformer les sucres en alcool. Contrairement à l'industrie vinicole, les sucres proviennent des céréales et la levure n'a pas à être résistante à des taux élevés d'alcool. La bière est pasteurisée dans son contenant, qu'il s'agisse de bouteilles ou de canettes, de façon à éviter une action bactérienne. La bière en fût n'est pas pasteurisée: on compte plutôt sur la réfrigération et une utilisation rapide pour permettre sa conservation. Les distilleries, quant à elles, utilisent les levures pour faire fermenter les céréales, la mélasse, les fruits et les légumes, et les transformer en alcool qui est ensuite distillé à partir du brassin, vieilli et mélangé.

La production d'antibiotiques constitue un des principaux usages industriels des micro-organismes. Le premier antibiotique découvert a été la pénicilline. Celle-ci demeure encore aujourd'hui l'antibiotique le plus utilisé. Les antibiotiques agissent en perturbant le métabolisme des bactéries et autres micro-organismes. La pénicilline, p. ex., inhibe la synthèse de la paroi cellulaire des procaryotes. Puisque cette paroi cellulaire est totalement différente de celle des eucaryotes, la pénicilline ne s'attaque donc qu'aux bactéries et aux algues bleu-vert. Actuellement, on utilise couramment une centaine d'antibiotiques différents et plus de 5000 ont été produits. En général, les antibiotiques utiles sont produits par des champignons et par un groupe particulier de bactéries, les *Streptomycètes*.

De plus en plus, les micro-organismes sont utilisés pour produire des enzymes industrielles (des protéines complexes qui catalysent certaines réactions). Les bactéries en particulier sont en mesure de sécréter des enzymes, ce qui rend la production et la purification des enzymes beaucoup plus faciles. La principale utilisation industrielle des enzymes est dans la fermentation à froid de la bière: elles rendent les protéines et les glucides solubles, et les empêchent ainsi de précipiter lorsque la bière est refroidie. Les enzymes microbiennes sont également employées dans la production de jus pour enlever le goût amer de l'écorce de pamplemousse et pour transformer le glucose en fructose, un sucre au goût plus sucré. La rénine, une enzyme employée pour coaguler le lait dans la fabrication du fromage, est maintenant principalement obtenue à partir de champignons. Les micro-organismes servent aussi à produire des protéines utilisées surtout pour l'alimentation des animaux.

Les micro-organismes servent aussi dans des procédés industriels tels que la synthèse du méthane à partir de la cellulose (p. ex., à partir des déchets des INDUSTRIES DES PÂTES ET PAPIERS). Ce procédé demeure en grande partie expérimental (*voir* ÉNERGIE DE LA BIOMASSE). Il est également possible d'employer les bactéries pour dissoudre les métaux contenus dans les minerais. Il s'agit d'un procédé largement utilisé par l'industrie de l'EXPLOITATION MINIÈRE au Canada.

Agriculture Même si les sols contiennent de nombreuses souches de bactéries fixatrices d'azote, leur nombre peut être insuffisant pour fournir tout l'azote nécessaire aux cultures. Afin de prévenir cet appauvrissement, les graines des légumineuses (p. ex., le trèfle, les pois et les haricots) sont souvent inoculées avec une souche appropriée de bactéries fixatrices d'azote. À mesure que les graines germent et que la plante croît, ces bactéries (du genre *Rhizobium*) se développent et forment des nodules sur les racines. La plante se sert du soleil comme source d'énergie et les bactéries transforment l'azote en ammoniaque qui nourrit la plante et enrichit les sols. Il peut aussi être avantageux d'inoculer un sol contenant peu d'azote avec une bactérie libre fixatrice d'azote du genre *Azotobacter*. Les micro-organismes sont également employés pour contrôler les insectes nuisibles qui s'attaquent aux végétaux (p. ex., la tordeuse des bourgeons de l'épinette et la mouche à scie).

La BIOTECHNOLOGIE est un domaine qui fait présentement beaucoup parler de lui. Cette technique permet de rassembler dans une même cellule, généralement une bactérie, des caractéristiques provenant de plusieurs types d'organismes différents. Les techniques de base sont celles de la génétique microbienne. La production de molécules complexes (p. ex., l'INSULINE, l'interféron) par les bactéries est déjà commencée et il existe une forte demande pour la production de masse d'importantes substances biologiques.

La microbiologie au Canada

La microbiologie est une des sciences majeures dans les universités canadiennes. Dans bien des cas, cette discipline est offerte par les écoles de médecine, mais certains départements de sciences ou d'agriculture l'enseignent aussi avec succès. Le CONSEIL NATIONAL DE RECHERCHES DU CANADA, le ministère de l'Agriculture et de l'Agro-alimentaire ainsi que le ministère des Pêches et des Océans participent depuis longtemps à la recherche en microbiologie. Cette discipline est généralement plus reconnue que les autres disciplines de la biologie. Il existe des emplois à tous les niveaux pour les diplômés: dans les hôpitaux, les laboratoires de santé publique et les laboratoires privés de diagnostic. Dans l'industrie de l'alimentation et des boissons, l'industrie laitière est le principal employeur, bien que les brasseries, les producteurs de vin et les exploitants d'abattoirs emploient couramment des microbiologistes pour s'assurer de la qualité de leurs produits. Une formation en microbiologie est aussi un atout pour devenir maître brasseur ou producteur de vin.

Dans de nombreux secteurs, une formation en microbiologie est considérée comme une excellente préparation pour être cadre. Les compagnies pharmaceutiques engagent les diplômés comme représentants pharmaceutiques ou encore comme travailleurs dans leurs laboratoires de recherche ou de contrôle de la qualité. Les universités demeurent les principaux employeurs des diplômés universitaires. Un baccalauréat en sciences permet de travailler comme préparateur de laboratoire ou assistant à la recherche et les études supérieures mènent à la recherche et à l'enseignement.

Au Canada, les microbiologistes peuvent faire partie des associations suivantes: la Société canadienne des microbiologistes, l'Association canadienne des médecins microbiologistes, l'Association canadienne de microbiologie clinique et des maladies contagieuses, la Canadian Genetics Society, la Société canadienne de biologie cellulaire, la Société canadienne de biochimie, la Société canadienne d'immunologie, la Canadian Association of Public Health, la Société canadienne des clinico-chimistes et le Collège canadien des microbiologistes.

J.J.R. Campbell

Middleton, Christopher, capitaine de la Compagnie de la baie d'Hudson, officier naval, explorateur (Newton Bewley, Angl., fin du XVIIᵉ s.— 12 févr. 1770). Middleton sert sur les navires corsaires (*voir*

GUERRE DE COURSE) durant la guerre de la Succession d'Espagne (1701-1713) et entre au service de la Compagnie de la baie d'Hudson (CBH) en 1721 comme lieutenant en route de l'Angleterre à York Factory. Au cours de ses voyages subséquents à la baie d'Hudson, il consigne des observations scientifiques qui sont publiées par la Royal Society en 1726. En 1737, il met les voiles sur le North of Churchill à la recherche du PASSAGE DU NORD-OUEST, expédition commanditée par la CBH. En 1741, il joint les rangs de la marine et parcourt la côte nord-ouest de la baie d'Hudson à la tête de la première expédition britannique officielle à la recherche du passage. La carte qu'il dresse en 1743 est la première à montrer cette région du Nord canadien. Il prend sa retraite de la marine en 1748 et meurt dans des circonstances obscures.

K.S. Coates

Middleton, sir Frederick Dobson, militaire (Belfast, Irl., 2 nov. 1825—Londres, Angl., 25 janv. 1898). Après ses études à Sandhurst, Middleton est affecté au 58ᵗʰ Regiment en 1842. Il sert d'abord en Australie, à l'île Norfolk, et en Nouvelle-Zélande. En 1855, il se distingue pendant la répression de la Révolte des Cipayes. Il est en garnison en Angleterre, à Gibraltar et à Malte, puis arrive au Canada en 1868 avec le 29ᵗʰ Regiment et y demeure en tant qu'instructeur de la milice canadienne. Il est ensuite commandant à Sandhurst (1874-1884). En juillet 1884, il est nommé commandant de la milice canadienne et c'est à lui qu'échoit la tâche d'organiser et de diriger l'expédition pendant la RÉBELLION DU NORD-OUEST en 1885. La mission est organisée rapidement et efficacement, mais après une première escarmouche avec les rebelles au ruisseau Fish, Middleton devient prudent, employant des tactiques plus élaborées pendant la bataille décisive de BATOCHE. Il remporte toutefois la bataille, et le Parlement canadien, reconnaissant, vote à Middleton une récompense en argent, tandis que le gouvernement britannique le nomme chevalier et l'élève au grade de major-général. Il prend sa retraite en 1890, mais son projet d'assumer la présidence d'une compagnie canadienne d'assurances échoue à la suite d'un mini scandale concernant un détournement de fourrures pendant la rébellion du Nord-Ouest. En 1896, il est nommé gardien des joyaux de la Couronne à la Tour de Londres.

R.C. MacLeod

Midewiwin (ou Grand Medicine Society) Société rituelle très fermée, généralement réservée aux hommes, chez les Algonquins du secteur en amont des Grands Lacs (OJIBWÉS et Saulteux du lac Winnipeg), dans le nord des Prairies et chez certains groupes de la zone subarctique de l'est. Cette société existe encore dans certaines communautés de Chippewas (Ojibwés). Dans le passé, cette organisation comptait au moins quatre degrés (parfois jusqu'à huit), chacun ayant ses propres rituels et droits d'initiation, périodes d'instruction, mythes, chants, plantes médicinales et sacs de Midewiwin ou BOURSES SACRÉES. Chaque degré se distinguait par des peintures faciales différentes et par la peau d'un animal particulier, dont le sac de midewiwin était fabriqué. Les peaux associées aux degrés étaient, notamment, celles de la belette, du vison, de la patte d'ours ou du lynx, du serpent à sonnette, du hibou et de l'aigle. Les événements des cérémonies initiatiques étaient illustrés par des traits sur des rouleaux d'écorce, qui servaient d'aides mnémotechniques à ceux, dont les initiés, à qui on apprenait à les déchiffrer. La Midewiwin s'est développée au début du XVIIIᵉ s. grâce à la prospérité apportée par la traite des fourrures et servait de trait d'union entre les multiples villages de CLANS, qui se sont formés durant cette période. (*Voir aussi* AUTOCHTONES, RELIGION DES.)

René R. Gadacz

Midland, ville de l'Ont.; pop. 15 035 (rec. 1996), 14 485 (rec. 1991), 12 092 (rec. 1986); superf. 21,75 km²; const. en tant que village en 1878, puis en

tant que ville en 1887; située le long de la baie de Midland, elle-même incluse dans la BAIE GEORGIENNE. La ville se trouve à environ 145 km au nord de TORONTO. Avant l'arrivée des Européens, cette région faisait partie de la HURONIE. SAINTE-MARIE-DES-HURONS (à environ 2 km de Midland) est le premier peuplement européen à prendre souche dans les terres de l'intérieur à partir de la vallée du Saint-Laurent.

Sainte-Marie, fondée par des missionnaires jésuites en 1639, devient le chef-lieu des missionnaires œuvrant auprès des HURONS jusqu'à son abandon en 1648-1649. Chaque année, les visiteurs viennent par centaines de milliers voir la reconstitution de la mission, de même que le sanctuaire des martyrs jésuites et le Wye Marsh Wildlife Interpretive Centre. Midland est aussi une route maritime vers le populaire site des Thirty Thousand Islands de la baie Georgienne.

Le développement moderne de la ville débute en 1871 avec l'arrivée du Midland Railway en provenance de Port Hope, en passant par Beaverton. Le chemin de fer stimule l'industrie forestière; la ville se dote alors d'importantes installations portuaires et de silos à grains. Aujourd'hui, on y fabrique les fameux appareils-photos Leica, des tubes à rayons cathodiques pour les télévisions et des pièces d'automobiles.

Patrick D. Gruber

Mignault, Pierre-Basile, auteur juridique et juge (Worcester, Mass., 30 sept. 1854—Montréal, 15 oct. 1945). Mignault étudie à Montréal, où il termine brillamment des études en droit à l'U. McGill (1878) et où il enseignera le droit civil de 1914 à 1918. C'est un écrivain prolifique qui écrit sur divers thèmes liés au droit québécois. De nos jours, on se souvient surtout de lui pour son traité monumental *Le Droit civil canadien* (9 vol., 1885-1916), qui fait encore autorité dans les tribunaux au Québec. De 1918 à 1929, il siège comme juge à la Cour suprême du Canada. Beaucoup de ses jugements, rédigés en français et en anglais, sont considérés comme des déclarations de poids en matière de DROIT CIVIL au Canada.

John E.C. Brierley

Migration Au sens strict, une migration se définit comme un déplacement régulier entre des lieux représentant des alternatives, dont habituellement une seule correspond au lieu de reproduction. Dans un sens plus large, une migration peut désigner tout déplacement important d'animaux (ou même de graines de plantes).

Mouvements migratoires Les Canadiens conçoivent généralement la migration comme étant typique de celles des oiseaux: vers le sud à l'automne et vers le nord au printemps. De tels mouvements sont parfois courts, p. ex., l'ALOUETTE cornue (appelée également hausse-col) niche dans les provinces des Prairies, hiverne juste au sud de la frontière et revient dès février. La plupart des passereaux (percheurs) et des oiseaux de rivage migrateurs migrent plus loin, et nombreux sont ceux qui se rendent en Amérique centrale et en Amérique du Sud. La championne des longues distances est la Sterne arctique (*voir* STERNE ET GUIFETTE), qui niche depuis les régions du bas Arctique, entre autres à Churchill au Manitoba, jusque sur les côtes de l'Atlantique Nord et hiverne dans l'Antarctique.

Dans leurs déplacements nord-sud, les animaux comme les OISEAUX AQUATIQUES suivent soit de larges fronts ou des voies migratoires bien définies. Ils suivent des routes qui peuvent être identiques dans les deux directions ou différer. P. ex., le PLUVIER doré s'envole vers le sud le long de la côte atlantique depuis l'Arctique canadien jusqu'en Argentine à l'automne, mais retourne dans le nord par les Prairies canadiennes. Le PAPILLON monarque et certaines espèces de LIBELLULES et de CHAUVES-SOURIS effectuent des migrations semblables: vers le sud à l'automne et vers le nord au printemps.

Quelques espèces font cependant l'inverse, entre autres le goéland de Heermann (*voir* GOÉLANDS ET MOUETTES) qui, après s'être reproduit, se déplace depuis le Mexique et le sud de la Californie vers la côte de l'île de Vancouver; et plusieurs espèces d'OISEAUX MARINS de l'hémisphère Sud qui migrent sur les côtes de l'Atlantique et du Pacifique. Certaines espèces d'oiseaux migrent en altitude, se déplacent généralement en basse altitude l'hiver et en haute altitude l'été. Au contraire, le tétras du Canada et le tétras sombre (*voir* GÉLINOTTES, LAGOPÈDES ET TÉTRAS) se déplacent vers les basses altitudes au printemps et vers les hautes altitudes à l'automne. Le CARIBOU de la toundra, dans le nord du Canada et en Alaska, se déplace d'une façon généralement circulaire. Il hiverne près des rivières Peel et Porcupine, et met bas le long de la mer de Beaufort.

Les mouvements des animaux aquatiques suivent nécessairement la configuration des étendues d'eau. Les SAUMONS et les ANGUILLES fraient en eau douce, mais passent une grande partie de leur vie dans l'océan. Les POISSONS d'eau douce effectuent des déplacement saisonniers entre les lacs et les cours d'eau, et les PHOQUES, les BALEINES et les TORTUES, dans les océans. Les GRENOUILLES, les SALAMANDRES et les COULEUVRES font des déplacements annuels plus locaux. Ces dernières hibernent et se reproduisent dans l'interlac manitobain et passent l'été dans les régions marécageuses à proximité. Les déplacements réguliers de ce genre impliquent souvent des individus qui retournent chaque année au même site de reproduction, d'hivernage ou à la même halte migratoire.

Les espèces qui se reproduisent ou se nourrissent dans des habitats moins stables changent parfois l'emplacement précis de leurs activités saisonnières d'une année à l'autre, mais conservent leurs habitudes migratoires. D'autres animaux ont des déplacements migratoires moins réguliers du type «invasif», p. ex., les becs-croisés et le harfang des neiges (HIBOU), dont les ressources alimentaires fluctuent amplement. Certaines espèces, comme le casse-noix d'Amérique, font des excursions beaucoup moins fréquentes en dehors de leur aire de répartition habituelle. D'autres variantes de la migration sont connues, comme la migration partielle du GEAI bleu et de la MÉSANGE à tête noire, dont seulement certaines populations effectuent des migrations; et celle du papillon MONARQUE, dont une génération migre vers le nord et la génération suivante revient vers le sud.

Recherche On a d'abord documenté les mouvements migratoires en observant des volées diurnes, particulièrement le long des côtes et des cols de montagnes où les populations en mouvement se concentrent, ou dans des sites comme POINTE PELÉE, où les migrateurs nocturnes se rassemblent pendant le jour. De telles observations procurent des données limitées puisqu'elles sont ponctuelles. Les mouvements d'espèces comme les oiseaux migrateurs nocturnes, les animaux aquatiques et les araignées emportées par le vent ne sont pas facilement observables. Les premiers observateurs connaissaient les mouvements migratoires des grands oiseaux, mais expliquaient l'étrange disparition des petits oiseaux par l'hibernation dans la vase, le déplacement sur le dos de grands oiseaux ou par la transformation en d'autres espèces (ce qui n'est pas totalement dépourvu de sens puisque plusieurs espèces changent de plumage).

Le baguage et d'autres techniques de marquage aident à définir les routes migratoires des chauves-souris, des oiseaux, des poissons et des libellules, et dans certains cas à trouver leurs quartiers d'hiver (p. ex., le MARTINET ramoneur et le monarque). Le baguage a aussi révélé des habitudes migratoires insoupçonnées telles que les mouvements vers le nord des pygargues à tête blanche (*voir* AIGLE) qui nichent en Floride et les migrations «saute-mouton»,

comme celle du MERLE D'AMÉRIQUE, dont les populations nicheuses nordiques hivernent plus au sud que les populations nicheuses méridionales.

La surveillance, au RADAR et à l'aide d'émetteurs, des oiseaux, des grands mammifères et même des petits poissons, permet de connaître leurs déplacements encore plus précisément. Un observateur primitif voyant des silhouettes d'oiseaux sur la lune a pensé que ces animaux y migraient. Un commentateur, trouvant que c'était impossible, a émis l'hypothèse que les TOURTES VOYAGEUSES devaient se rendre sur un satellite inconnu entre la Terre et la Lune. Depuis, l'observation de la Lune s'est avérée une technique utile pour documenter les migrations. La conservation et la gestion des espèces migratrices requièrent la coopération des divers pays, où ces animaux séjournent au cours d'une année.

Mystères Les facteurs régissant les périodes et les routes migratoires ainsi que les raisons de ces déplacements sont parmi les grands mystères de la science. Des expériences effectuées par William ROWAN en Alberta ont montré que les effets de la photopériode sur les processus physiologiques provoquaient la migration de plusieurs espèces d'oiseaux. La lumière régit également les mouvements verticaux journaliers de certaines espèces de PLANCTON. La météo, bien qu'elle ne soit pas un facteur important dans le déclenchement général de la période de migration, est sans aucun doute un facteur évolutif qui influence la période précise, la route exacte et peut même parfois inciter les oiseaux à changer de direction.

Le vent a une influence majeure sur les mouvements de certains invertébrés et certaines graines de plantes qui se dispersent de façon passive (*voir* API-CULTURE). Les très bonnes aptitudes à la navigation de plusieurs espèces d'oiseaux, de tortues et de poissons semblent être déterminées par un ensemble complexe de facteurs, dont les points de repère, la position des étoiles, la position du soleil, les champs magnétiques et, chez les poissons, la stimulation chimique. L'importance relative de chaque facteur fait l'objet de controverse.

Les pressions évolutives à l'origine des migrations sont aussi controversées. Le pourquoi des migrations à partir d'endroits où la température est inclémente, où sévit la sécheresse et où la nourriture se fait rare est évident, au contraire de celui des déplacements à partir d'habitats propices. Ceux-ci sont probablement conditionnés par des facteurs à long terme, tels que la réduction de la compétition pour la nourriture ou d'autres ressources, les habitudes acquises lors des glaciations, la dérive des continents et des traditions bien ancrées. Il reste encore beaucoup de choses à apprendre sur ce sujet complexe.

Martin K. McNicholl

Milice (*Voir* FORCES ARMÉES: armée)

Milk, rivière située à l'extrémité sud-est de l'Alberta, elle est la seule rivière du Canada tributaire du golfe du Mexique. Elle prend sa source dans le Montana, s'écoule vers le nord au Canada, puis vers le sud dans le fleuve Missouri, près de Fort Peck, au Montana. En Alberta, la rivière, qui chevauche la frontière canado-américaine, creuse un canyon spectaculaire, profond de 150 m et large de plus de 1,5 km par endroits. Elle coule dans la zone aride du Canada, où les précipitations annuelles sont parfois de 200 mm seulement et où les températures atteignent facilement 38 °C. Un processus géomorphologique inusité appelé phénomène de renard («piping») le long des parois du canyon donne lieu à un paysage unique: ruisseaux qui disparaissent, vallées asséchées, dolines, vallées aveugles, chutes, ponts naturels et grottes.

James Marsh

Millar, Charles Vance, avocat (Aylmer, Ont., 1853—Toronto, 31 oct. 1926). Avocat compétent, sportif et amateur de bons tours, Millar est surtout connu comme étant le fondateur du concours «Stork Derby».

Dans son testament, Millar, un célibataire, lègue l'essentiel de ses biens à la femme qui, dans les dix ans suivant sa mort, mettra le plus d'enfants au monde à Toronto. Le concours qui s'ensuit suscite de l'intérêt dans le monde entier ainsi que beaucoup de litiges avant que la Cour suprême du Canada ne valide la remise du legs. Finalement, l'argent est partagé entre quatre mères gagnantes. La question au sujet de l'intention de Millar demeure floue: voulait-il que son testament prenne réellement effet ou voulait-il simplement distraire ses amis avocats?

Mark M. Orkin

Millard, Charles Hibbert, dirigeant syndical (St. Thomas, Ont., 25 août 1896—Toronto, 24 nov. 1978). D'abord charpentier de métier, Millard contribue à l'organisation de la section locale 222 des travailleurs unis de l'automobile (TUA), qu'il mène lors de la fameuse GRÈVE D'OSHAWA en 1937. De 1938 à 1939, il est directeur des TUA du Canada. Entre 1940 et 1943, il siège aux comités exécutifs du Congrès des organisations industrielles (COI), du CONGRÈS CANADIEN DU TRAVAIL (CCT) et des métallurgistes unis d'Amérique et au comité organisateur des travailleurs des abattoirs. Millard participe à la négociation de la fusion des deux congrès du travail et est élu vice-président du CONGRÈS DU TRAVAIL DU CANADA lors de son congrès de fondation en 1956. Cette même année, il devient aussi directeur de l'organisation pour la Confédération des syndicats libres de Bruxelles. Fervent partisan du CCF, il est élu à l'Assemblée législative de l'Ontario à deux reprises (1943 et 1948). Il se présente aussi, mais en vain, à plusieurs élections fédérales. En 1961, il appuie la participation des syndicats à la formation du NOUVEAU PARTI DÉMOCRATIQUE.

Laurel Sefton MacDowell

Mille-Îles La section ontarienne des Mille-Îles est située en aval du FLEUVE SAINT-LAURENT et s'étend en aval sur 80 km à partir du lac Ontario, entre KINGSTON et BROCKVILLE. Elle se compose de plus de 1000 îles rocheuses et boisées dont quelques-unes ont plusieurs kilomètres carrés de superficie, tandis que d'autres ne sont que des rochers et des hauts-fonds à fleur d'eau. On y dénombre officiellement 1149 îles et îlots, dont 665 du côté canadien (241 officiellement nommés) et 484 du côté américain (126 nommés).

L'émergence du BOUCLIER précambrien canadien, qui part de l'est de l'Ontario et traverse toute la vallée du Saint-Laurent pour former l'assise des monts Adirondack, dans l'état de New York, est la cause du paysage pittoresque offert par les différentes îles et les passages en labyrinthe. Cette formation rocheuse complexe vieille de plus de 900 millions d'années, composée essentiellement de granit dur et de gneiss, a été rongée et sculptée par l'érosion glaciaire pour former un relief de creux et de bosses. Sur le paysage modifié qui apparaît suite au départ des glaces continentales (inlandsis), le système des GRANDS LACS emprunte une nouvelle voie de drainage à l'est du lac Ontario, formant ainsi le fleuve Saint-Laurent. Les creux se sont remplis d'eau et les bosses rocheuses sont devenus des îles. La flore et la faune de cette partie du grand corridor du Saint-Laurent recèlent des trésors. Le paysage y est de toute beauté et l'histoire de la région est riche. Les oiseaux aquatiques y abondent. Étant donné que cette région est située à la limite sud de la zone boisée des Grands Lacs et du Saint-Laurent, on y trouve des espèces particulières au sud comme le caryer ovale, le tilleul d'Amérique et le pin rigide ainsi que les feuillus et les conifères répandus dans le sud de l'Ontario. Le profil varié du fond du Saint-Laurent abrite des habitats de poissons différents: quelque 38 espèces ont déjà été identifiées, dont des espèces qui attirent les pêcheurs depuis longtemps, notamment le grand brochet, le maskinongé, l'achigan à grande bouche, l'achigan à petite bouche et la perchaude.

Lieu de campement favori des IROQUOIS avant l'arrivée des explorateurs européens, cette partie de la grande voie fluviale vers l'intérieur des terres est traversée par des explorateurs, des missionnaires, des commerçants de fourrure et des soldats. Les conflits militaires coloniaux entre la France et l'Angleterre (*voir* GUERRE DE SEPT ANS), et plus tard entre l'Angleterre et les États-Unis (*voir* GUERRE DE 1812), ont légué à la région de nombreux toponymes, comme les îles Navy, Admiralty et Lake Fleet. Les îles Endymion, Camelot et Mermaid ont été baptisées ainsi en l'honneur de canonnières, tandis que Gordon et Stovin tiennent leur nom de commandants militaires.

Les immigrants qui voyageaient vers le Haut-Canada à la fin des années 1700 et au début des années 1800, ainsi que les écrivains romantiques de cette période font connaître un peu partout la beauté de la région. L'accessibilité de cette région à une société urbaine prospère dans les deux Canada et la proximité des États-Unis ont également permis de l'utiliser à des fins récréatives. Entre les années 1850 et 1870, on y construit des hôtels, souvent luxueux, surtout destinés aux pêcheurs. Les terrains de camping religieux se multiplient dans les îles et deviennent souvent des lieux de villégiature. Le développement du chemin de fer des deux côtés du fleuve attire les touristes fortunés. Les hôtels luxueux et les excursions en bateau à vapeur deviennent populaires et des résidences d'été font leur apparition, déjà avant la Confédération, en 1867. Le PARC NATIONAL DES ÎLES-DU-SAINT-LAURENT est créé en 1904 grâce à l'acquisition de plusieurs îles des Indiens mississaugas.

Dès le début du XIXᵉ s., le TOURISME contribue grandement à l'économie. Excepté quelques terrains de camping nationaux et provinciaux, les îles et le littoral appartiennent aujourd'hui en majorité à des intérêts privés. Le pont international des Mille-Îles (1938) traverse le Saint-Laurent à l'île Hill, reliant l'Ontario au réseau routier de l'état de New York. L'autoroute Macdonald-Cartier (401) a grandement amélioré l'accès à la métropole après la Seconde Guerre mondiale, et la route de plaisance des Mille-Îles longe les anses et les baies boisées de la rive du Saint-Laurent, de GANANOQUE à Brockville. Les services touristiques contribuent grandement à l'économie des collectivités voisines de Kingston, Brockville, Rockport, Ivy Lea et Gananoque. Les Mille-Îles, que FRONTENAC décrivait en 1673 comme la plus belle région au monde, a su conserver son histoire et sa beauté naturelle.

D.M. Anderson

Millénarisme, dérivé du latin *mille* et *annus*, «mille ans», désigne une croyance religieuse fondée sur le passage de l'Apocalypse (20, 1-6) où saint Jean prédit que Satan sera enchaîné pendant 1000 ans. Dans la théologie chrétienne, le millénarisme est l'attente du royaume de Dieu sur Terre, à savoir que le Christ reviendra régner sur Terre pendant 1000 ans avant que le Jugement dernier ne conclue l'Histoire définitivement. Cette doctrine appartient au patrimoine de toutes les confessions chrétiennes, mais la plupart des grandes Églises l'ont mise en veilleuse. Par contre, elle revêt beaucoup d'importance pour de nombreux groupes plus restreints qui militent au Canada, dont les mormons (*voir* ÉGLISE MORMONE, les TÉMOINS DE JÉHOVAH et les ADVENTISTES DU SEPTIÈME JOUR).

L'attente d'une délivrance millénaire est particulièrement vive à des époques de l'histoire qui sont marquées par de fortes tensions sociales, comme celles des croisades, de la peste noire dans l'Europe du Moyen Âge et de la Réforme protestante. C'est dans ce courant qu'il faut ranger Louis RIEL, qui prêche un salut millénaire aux Métis du Canada lorsqu'ils sont submergés par l'immigration des Blancs.

Originaire de la tradition judéo-chrétienne le concept de millénarisme est appliqué de façon analogique par les anthropologues et les sociologues à des phénomènes constatés en milieu non-chrétien. Ainsi, en 1890, beaucoup de tribus indiennes des Prairies pratiquent la danse des esprits en attendant la destruction de l'homme blanc, qui doit s'accompagner d'un renouvellement de la terre et du repeuplement des bisons en quantité jamais vue. Parmi les milliers de mouvements du genre, citons les «cargo cults» de Mélanésie, les Noirs musulmans des États-Unis, les Rastafariens de Jamaïque (qu'on trouve maintenant au Canada) et les membres du Temple du peuple, qui se sont suicidés collectivement en Guyane, en 1978.

Un concept très voisin: le messianisme Au sens strict, c'est une doctrine ou un mouvement axé sur la personne d'un messie, alors que le millénarisme est un concept plus large, qui englobe des attentes de salut collectif. Dans les faits, cependant, les deux termes sont souvent utilisés l'un pour l'autre. On parle souvent de messianisme au sens métaphorique à propos de l'histoire du Québec, pour désigner le sentiment d'une mission à remplir qui est profondément enraciné dans la culture canadienne-française: au XIXᵉ s., on désirait propager le catholicisme sur le continent nord-américain; au XXᵉ s., on veut promouvoir la langue et la culture françaises.

Certains auteurs parlent aussi de millénarisme et de messianisme en traitant d'idéologies comme le marxisme, le fascisme et le crédit social, qui préconisent la transformation radicale de la société grâce à l'action politique. Ce nouvel usage des termes au sens métaphorique souligne d'importantes ressemblances entre les mouvements religieux et les mouvements politiques. Il s'applique aussi au mouvement raciste d'identité chrétienne, dont les adeptes croient que les peuples du nord de l'Europe et leurs descendants, notamment les Américains de race blanche, sont les descendants des 10 tribus perdues d'Israël. Le groupe Aryan Nations et d'autres tenants de l'identité chrétienne militent au Canada et aux États-Unis. Un certain millénarisme non religieux se retrouve pareillement dans beaucoup de cultes et de mouvements du nouvel âge, qui se répandent vers la fin des années 90.

Thomas Flanagan

Miller, Clarence Horatio, surnommé «Big», musicien de jazz, chanteur de blues et professeur (Sioux City, Iowa, 18 déc. 1922—Edmonton, 9 juin 1992). En 1960, Miller a déjà chanté avec les orchestres de Jay McShann et de Duke Ellington, et enregistré avec Bob Brookmeyer, Rex Stewart et Jon Hendricks. Il fait ses débuts au Canada en 1962 et élit domicile à Vancouver, en 1967 avant de s'installer à Edmonton, en 1970. Par la suite, il dirige divers petits orchestres de jazz et de blues dans l'Ouest canadien en plus d'effectuer une tournée nationale avec l'ensemble Nimmons 'N Nine Plus Six (avec Phil NIMMONS). Il voyage aussi à l'étranger comme soliste. Il enseigne au BANFF CENTRE et au Grant MacEwan College d'Edmonton, et reçoit un doctorat honorifique de l'U. d'Athabasca en 1985. Il est le sujet du documentaire *Big and the Blues* (1980) produit par l'OFFICE NATIONAL DU FILM et enregistre plusieurs albums durant ses années au Canada, dont *Jazz Canada Montreux*, récipiendaire d'un prix Juno, avec le Tommy Banks Orchestra (1978), *Live in Calgary* (1982) et *Live at Athabasca College* (1989).

Mark Miller

Miller, Frank, politicien, premier ministre de l'Ontario (Toronto, le 14 mai 1927). Diplômé en génie chimique de l'U. McGill en 1949, Miller est concessionnaire d'automobiles General Motors, à Bracebridge, en Ontario, et gestionnaire de plusieurs centres de villégiature, dans la région de Muskoka. Il est conseiller municipal de Bracebridge, de 1967 à 1970, et est élu député provincial conservateur de Muskoka en 1971, 1975, 1977 et 1981. Titulaire du ministère de la Santé de 1974 à 1977, son projet de fermer certains hôpitaux dans de petites villes suscite la controverse, mais il devient maître dans l'art de désamorcer la confrontation. Il est ministre des Ressources naturelles de 1977 à 1978, ministre du Trésor et de l'Économie de 1978 à 1983 et ministre de l'Industrie et du Commerce de 1983 à 1985.

Perçu comme le plus conservateur parmi les aspirants à la succession de William DAVIS, il s'engage à maintenir le réseau des services sociaux mis en place en Ontario, durant les 41 années de régime conservateur. Il l'emporte au troisième tour de scrutin dans la course à la direction du parti, en janvier 1985, et devient premier ministre en février. La popularité de son parti bat sérieusement de l'aile lors du scrutin de mai 1985 et Miller est incapable de former un gouvernement. Un pacte conclu entre les libéraux et les néo-démocrates permet à David PETERSON de devenir premier ministre, mettant ainsi fin au long règne tory de 42 ans. Miller donne sa démission comme chef en novembre de cette même année et devient président de l'Ontario International Corp. (OIC), un poste qu'il occupera jusqu'en 1992. Il quitte l'OIC pour devenir président de la municipalité de district de Muskoka et de l'Algoma Central Corp.

James Marsh

Miller, Frank Robert, ingénieur et maréchal en chef de l'air (Kamloops, C.-B., 30 avril 1908-Charlotteville, Virginie, 20 oct. 1997). Miller devient membre de l'Aviation royale du Canada en 1931 et dirige les écoles de formation pendant la Seconde Guerre mondiale avant d'être envoyé outre-mer en 1944 en tant que commandant de poste. Il est élevé au rang de vice-chef d'état-major de l'aviation (1951-1954), mais il quitte celle-ci pour occuper le poste de sous-ministre de la Défense nationale (1955-1960). Il devient président des chefs d'état-major (1960-1964), puis chef d'état-major de la Défense (1964-1966). Il préside, en tant que premier chef d'état-major canadien, à l'intégration des trois quartiers généraux et à l'organisation du commandement des Forces armées canadiennes. Silencieux, raffiné, Miller est le seul homme qui a occupé les deux plus hauts postes, civil et militaire, au ministère de la Défense nationale.

Norman Hillmer

Miller, John Henry, directeur d'acteurs (Londres, 1ᵉʳ févr. 1859—New York, 9 avril 1926). À l'âge de 14 ans, il s'installe à Toronto avec ses parents et fait ses débuts sur scène en 1876, au Grand Opera House, avec la troupe de répertoire de Mme Morrison. Il y joue dans *Amy Robsart*, une adaptation de *Kenilworth* de Walter Scott. Miller devient célèbre en se joignant à la compagnie de Daniel Frohman, à New York, le Lyceum Theatre, et entreprend des tournées dans lesquelles il donne la réplique à des vedettes canadiennes comme Clara Morris et Margaret ANGLIN. Miller se révèle un metteur en scène méticuleux et devient administrateur du Princess Theatre de New York en 1905. Il crée sa propre compagnie, le Henry Miller Theatre, en 1916.

David Gardner

Miller, William Lash, enseignant, chimiste (Galt, Ont., 10 sept. 1866—Toronto 1ᵉʳ sept. 1940). À sa mort, Miller est décrit comme le plus grand chimiste que le Canada ait produit et est certainement le plus pittoresque. Diplômé en chimie de l'U. de Toronto (1887), Miller obtient ensuite deux doctorats en Allemagne, puis se joint au personnel enseignant à Toronto en 1891: il y restera durant 46 ans. Doté d'une extraordinaire clarté d'esprit et d'une forte personnalité, Miller est un professeur à la fois inspirant et terrifiant. Sa plus grande force scientifique réside dans sa maîtrise de la thermodynamique chimique de Willard Gibbs, qu'il a apprise d'Ostwald à Leipzig. Sa plus grande faiblesse (apprise aussi d'Ostwald) est son refus d'utiliser ou d'enseigner les théories atomique et moléculaire qui forment le courant dominant de la pensée chimique du XXᵉ s. Toronto devient un centre important de la recherche en chimie et un nombre remarquable d'étudiants de Miller sont devenus d'éminents chimistes.

W.A.E. McBryde

Millet, terme générique utilisé à l'origine pour toutes les céréales à petites graines ou pour les herbes fourragères de consommation humaine ou animale, que l'on trouve surtout dans les pays tropicaux ou subtropicaux. On en compte en effet peu au Canada. Le millet commun (*Panicum miliaceum*) est l'exception la plus notable. On le cultive en Ontario pour nourrir les oiseaux. On l'utilise aussi pour nourrir le bétail dans la plupart des provinces. En URSS, le millet est la principale source de céréales et de farine. Dans les années 70, une forme brune (allant jusqu'au noir) du millet commun se répand en Ontario et au Québec. Cette mauvaise herbe résistante aux triazines, devient un problème grave dans les champs de maïs et de fèves. Les graines mûres se répandent rapidement, surtout à l'aide de la machinerie agricole. Ces graines sont en dormance prolongée et survivent plusieurs années dans le sol. L'enveloppe de la graine reste attachée aux racines tout au long du cycle de vie. Le fait de pouvoir sortir les racines de terre permet une identification certaine.

Paul B. Cavers

Millidge, Thomas Edward, propriétaire et constructeur de navires (probablement à Saint-Jean, 18 déc. 1814—*id.*, 5 août 1894). Au XIXᵉ s., Millidge enregistre plus de bateaux nouvellement construits que n'importe qui au port d'armement de Saint-Jean. Sa mère, Sarah Simonds, et ses cousins, les Gilbert, le lient à deux des familles importantes de la ville. Bien qu'il commence à acquérir des navires durant les années 1830, l'ensemble de son tonnage est enregistré dans les années 1850. Tout en exploitant une entreprise de bois, il occupe le poste de président de la Bank of New Brunswick (jusqu'en 1858) et investit aussi dans les chemins de fer et les traversiers. Dans les années 1860, Millidge exploite le chantier naval familial sur la rivière Kennebecasis. À partir de ce moment-là, ses activités commerciales diminuent. À sa mort, il n'a pas d'héritier pour assurer la poursuite de l'entreprise familiale.

Gerry Panting

Millipèdes (classe des diplopodes) Arthropodes terrestres au corps vermiforme, à petite tête et aux pattes et antennes courtes. Leur corps généralement rigide est quasi cylindrique, mais certaines espèces ont des expansions latérales en forme de plaques, qui leur donnent une apparence aplatie.

Le corps comprend de 11 à 100 segments ou métamères, parfois plus. À l'exception des trois ou quatre premiers segments, chaque segment apparent est en fait formé de deux segments fondamentaux fusionnés. Le premier et le dernier segments ainsi que la plaque anale n'ont pas d'appendices. Le second, le troisième et habituellement le quatrième segment portent chacun une seule paire de pattes, et les autres, deux paires. Les adultes ont en plus des appendices modifiés pour la reproduction.

Malgré leur nom signifiant «mille pattes», le nombre de pattes n'excède jamais 400 et la plupart en ont moins de 200. Le millipède nouvellement éclos a seulement trois ou quatre paires de pattes, ce nombre augmentant lors des mues successives.

Répartition On connaît environ 10 000 espèces de millipèdes dans le monde, la plupart vivant dans les régions tropicales. Plus de 60 espèces sont mentionnées pour le Canada, notamment dans l'est, dont environ 10 p. 100 ont été introduites d'Europe. Dans l'ouest du Canada, on a trouvé dans des roches datant du milieu du cambrien (il y a 530 millions d'années) des fossiles d'arthropodes marins semblables à des millipèdes et qui ne sont les ancêtres directs d'aucun groupe vivant.

Taille Les espèces tropicales atteignent parfois 30 cm. La plus grande espèce canadienne mesure à peine 8 cm et plusieurs espèces communes ont moins de 1 cm de longueur et de 1 mm de diamètre.

Habitat Les millipèdes vermiformes s'enfouissent généralement dans le sol, alors que ceux de forme aplatie vivent dans la végétation enchevêtrée et en décomposition. Quelques espèces vont parfois s'exposer en surface, surtout la nuit. Les millipèdes jouent un rôle important dans la formation du SOL des forêts décidues et tropicales. Presque toutes les espèces se nourrissent de matière végétale fraîche ou en décomposition.

Relations avec les humains Une ou deux espèces ont été mentionnées comme nuisibles aux cultures, mais habituellement les millipèdes s'en prennent aux plantes qui ont déjà subi des blessures. Un millipède en état d'alerte s'enroule généralement en spirale, mais les espèces au corps aplati en sont incapables. Certaines espèces exotiques au corps court peuvent se rouler en boule. Les millipèdes se protègent souvent en exsudant des sécrétions irritantes, celles des grandes espèces tropicales pouvant causer l'inflammation des yeux et de la peau. Les espèces canadiennes sont inoffensives.

D.K. McEwan Kevan

Millman, Peter MacKenzie, astronome (Toronto, 10 août 1906—Ottawa, 11 déc. 1990). Après avoir étudié à l'U. de Toronto et à Harvard, il devient astronome à l'U. de Toronto de 1933 à 1941 et sert dans l'Aviation royale du Canada, durant la Seconde Guerre mondiale. À son retour, il passe neuf ans à l'Observatoire fédéral d'Ottawa, puis il est transféré au CONSEIL NATIONAL DE RECHERCHES DU CANADA (CNRC) en 1955 pour diriger les recherches sur la haute atmosphère. En 1986, il reçoit le titre de chercheur émérite du CNRC.

La spécialité de Millman est l'étude spectroscopique des météores (*voir* MÉTÉORE, MÉTÉORITE, CRATÈRE MÉTÉORIQUE), pour laquelle il reçoit la J. Lawrence Smith Medal de la National Academy of Sciences des États-Unis. Il utilise des RADARS pour détecter et suivre des météores; dans les années 50, il est président du comité interministériel du gouvernement canadien sur les objets volant non identifiés. Il devient un dirigeant de l'Union astronomique internationale et il en préside le comité sur la nomenclature du système planétaire de 1973 à 1982. En 1984, l'astéroïde n° 2904 est nommé Millman en son honneur.

Donald J.C. Phillipson

Mills, Frank, compositeur, arrangeur, pianiste (Montréal, 27 juin 1942). Après s'être inscrit aux cours préparatoires aux études de médecine à l'U. McGill, Mills s'oriente vers les études musicales, puis il joue du piano dans le groupe pop, The Bells, à qui on doit les succès «Stay Awhile» et «Fly Little White Dove Fly».

Mills devient soliste en 1971 et enregistre «Love Me Love Me Love», qui arrive en tête du palmarès canadien. Il enregistre en 1974 une pièce de musique instrumentale au piano, «Music Box Dancer», qui passe plutôt inaperçue avant de devenir un succès mondial quatre ans plus tard. La partition s'est vendue à plus de deux millions d'exemplaires dans le monde, ce qui en fait la partition la plus vendue pendant plusieurs décennies. Mills a reçu trois PRIX JUNO, plusieurs distinctions internationales et de nombreux certificats de disques or et platine pour ses nombreux albums (plus de 20). Il a participé à de multiples émissions télévisées et il se produit dans environ 50 concerts par année.

Steve McLean

Milne, David Brown, artiste peintre et écrivain (près de Paisley, Ont., 8 janv. 1882—Bancroft, Ont., 26 déc. 1953). La première forme de reconnaissance qu'il reçoit vient des États-Unis. Au Canada, on ne lui accorde pas la même attention que l'on porte à ses contemporains du GROUPE DES SEPT. Toutefois, les générations d'artistes qui suivent lui réservent généralement (ainsi qu'à J.W. MORRICE) la plus haute estime parmi les peintres canadiens (*voir* PEINTURE).

Enfant, Milne passe son temps à dessiner. Avant de s'embarquer pour New York, en 1903, pour devenir illustrateur, il suit des cours d'art par correspondance et s'essaie à la photographie. Il étudie à l'Art Students League (1903-1905), assiste à des confé-rences de Robert Henri et de William Chase, et visite des galeries, particulièrement la Stieglitz 291. Finalement, il décide de devenir peintre plutôt qu'illustrateur. À partir de 1909, il expose régulièrement ses peintures avant-gardistes et pleines de vivacité par le biais des grandes sociétés d'art, à la Montross Gallery, au célèbre Armory Show (1913) et à la Panama-Pacific Exposition (1915), où il remporte une médaille d'argent.

En 1916, Milne et sa femme, Patsy (qu'il a épousée en 1912), déménagent à Boston Corners, dans le nord de l'État de New York, où ses œuvres acquièrent une tout autre puissance, à la fois créative et innovatrice. Il s'enrôle dans l'armée canadienne en 1917 et, après la fin de la Première Guerre mondiale, il peint pour le compte de l'armée en Angleterre et en France. Il revient dans l'État de New York et peint à profusion, même au cours de ses séjours estivaux dans les Adirondacks. En 1923-1924, il passe l'hiver à Ottawa, tentant en vain de s'établir au Canada. En 1929, il revient finalement au Canada (se séparant de sa femme en 1933) et, dès lors, il peint en Ontario et surtout à Temagami, à Toronto et au lac Baptiste, près de Bancroft. Ses œuvres deviennent connues après qu'il eut cherché un soutien auprès d'Alice et Vincent MASSEY, qui organisent plusieurs expositions, dont la première est remarquée par Douglas Duncan, qui deviendra le représentant et le gérant de Milne, et par Alan Jarvis, qui sera le directeur du Musée des beaux-arts du Canada.

L'art de Milne est influencé par l'impressionnisme américain et français et par le fauvisme de Henri Matisse. L'influence de Claude Monet est la plus profonde, surtout pour l'unité esthétique de ses toiles. Milne assimile ces influences dans sa façon puissante de voir et de peindre. Il confère aux sujets les plus humbles (maisons, granges, fleurs, arbres et natures mortes) une dimension majestueuse. Des personnages apparaissent fréquemment dans ses œuvres produites à New York et à Toronto, mais c'est le paysage qui prédomine jusqu'aux 10 dernières années de sa vie, où une série d'œuvres d'imagination prennent forme. Ces dernières peuvent avoir été inspirées par Kathleen Pavey, qu'il rencontre en 1938 et qui devient sa seconde épouse, et certainement par la naissance de son fils unique, David, en 1941. Néanmoins, les fortes allusions bibliques qu'elles contiennent suggèrent une compréhension symbolique de la vie, de la mort, de la renaissance et de la résurrection. Sa série *Ascension* illustre parfaitement le sérieux de son propos, mais la série *Noah and the Ark* démontre qu'il peut aussi rire de ses réinterprétations bibliques.

Environ la moitié des tableaux de Milne sont des huiles et la moitié des aquarelles. Le Musée des beaux-arts du Canada et la Winnipeg Art Gallery possèdent tous deux d'excellentes collections de ses œuvres. *Bilboards* (1912), *Painting Place* (1930), *Boston Corners* (1917), *Raspberry Jam* (1936) et *White Poppy* (1946) représentent très bien l'évolution de son œuvre selon les périodes. Milne invente également une méthode pour faire de la pointe sèche polychromique et revient de temps en temps à ce médium durant une vingtaine d'années (1927-1947). De nombreux critiques considèrent que ces pointes sèches sont ses œuvres les plus réussies. Les lettres inédites de Milne à son ami James Clark, aux Massey et à d'autres personnes, son autobiographie (1947) et son journal intime se révèlent riches en observations, en réflexions et en descriptions uniques dans l'art canadien.

David P. Silcox

Milton, ville de l'Ont.; pop. 32 104 (rec. 1996), 32 075 (rec. 1991), 32 037 (rec. 1986); superf. 367,2 km²; située à 29 km à l'ouest de Toronto. La région est ouverte à la colonisation grâce à l'achat du Mississauga Tract des Amérindiens de Mississauga et à la création de la route York (route 5) menant à London. D'abord appelée Martin's Mills en l'honneur d'une famille de pionniers, elle prend le nom de Milton en

1837. Désignée chef-lieu de Halton en 1853, Milton est constituée en tant que ville en 1857. Son économie, d'abord fondée sur l'agriculture, repose maintenant davantage sur les industries en raison de sa situation géographique. Milton, pays de la vis «à tête creuse» de type Robertson, compte nombre d'activités de loisir et de lieux historiques, dont un complexe récréatif moderne, le Musée agricole de l'Ontario et l'Electric Railway Museum. En tant que capitale ontarienne de la vapeur, Milton abrite le «Steam Era».

K.L. Morrison et R.A. Smith

Minas, bassin (bassin des Mines) Situé entièrement en Nouvelle-Écosse, la partie la plus large de l'extrémité sud-est de la baie de FUNDY. Il se fond dans la baie de Fundy vers l'ouest, par le chenal Minas, large de 5 km, et en direction est dans la baie de Cobequid; il atteint sa largeur maximale (30 km) au sud de Parrsboro, en Nouvelle-Écosse. En général profond de moins de 40 m, il a une profondeur de 100 m dans le chenal Minas. Son fond, constitué de grands bancs de sable qui se déplacent au gré des puissants courants de marée, se change en estrans vaseux plus près du rivage. Les marées quotidiennes, pouvant atteindre 15 ou 16 m, sont parmi les plus hautes au monde. Le littoral nord, droit et ponctué de petites anses et de petites îles, est bordé de falaises de 100 m à 200 m d'élévation; le littoral sud se caractérise par des terres basses, d'anciens marais salés au relief ondulé et au sol riche pour l'agriculture et les foins.

Les activités agricoles gravitent autour de l'élevage mixte des bovins, de la culture légumière, de la production d'œufs et de la pomiculture. Les marais côtiers du sud-ouest furent le lieu privilégié des premiers établissements acadiens (*voir* ACADIE) au début du XVIIe s. Les principales villes de la région sont Wolfville, WINDSOR et Parrsboro. L'établissement de Grand Pré, aujourd'hui un parc historique national, remonte à l'époque des Acadiens.

I.A. Brookes

Miner, John Thomas, «Jack», protecteur de l'environnement, conférencier (Dover Center, Ohio, 10 avril 1865—Kingsville, Ont., 3 nov. 1944). Il déménage à Kingsville avec sa famille en 1878 et travaille dans l'entreprise familiale de tuiles. Tout jeune, Miner se prend de passion pour la nature et passe beaucoup de temps en forêt. Il devient un chasseur infatigable et adroit, réputé pour sa bonne humeur et son énergie sans bornes. Son frère trouve la mort dans un accident de chasse et d'autres tragédies familiales dévient son énergie vers une ferveur religieuse et une défense passionnée de l'environnement. En 1904, il essaie d'attirer des oies vers sa propriété et fonde, en 1908, un des premiers sanctuaires d'oiseaux en Amérique du Nord, qui sera officiellement déclaré réserve d'État provinciale en 1917.

Ses nombreuses conférences sur le sujet en Amérique du Nord et en Europe inspirent des efforts semblables ailleurs, insufflent un esprit de préservation de l'environnement chez de nombreuses personnes, et, finalement lui valent l'Outdoor Life Gold Medal et l'Ordre de l'Empire britannique. Son attitude envers les prédateurs, qu'il qualifie de «vermine malfaisante», est critiquée, mais elle est typique de l'époque précédant la reconnaissance de l'importance écologique de la prédation. Les avertissements qu'il fait en 1927 contre la pollution des GRANDS LACS sont prophétiques. Miner reconnaît très tôt l'importance de la coopération internationale en matière de défense des oiseaux migrateurs et, avant que le baguage ne soit réglementé, il fabrique ses bagues selon une technique apprise de Percy A. TAVERNER. Il marque ainsi des milliers d'oiseaux aquatiques à l'aide de bagues portant des extraits de la Bible. La Semaine nationale de la conservation de la faune (instaurée en son honneur), le sanctuaire qu'il a fondé et deux récits autobiographiques constituent son legs.

Martin K. McNicholl

Miner, William, «Bill», hors-la-loi (Bowling Green, Ky., v. 1847—Covington, Ga., 2 sept. 1913). Réputé pour être le «bandit gentleman», Miner acquiert de la notoriété grâce à de nombreux vols dans l'Ouest américain. En 1904, après avoir été relâché de la prison de San Quentin, il déménage en Colombie-Britannique où, le 13 septembre, il réussit à dévaliser un train du Canadien Pacifique près de Mission. Le 8 mai 1906, il attaque de nouveau le Canadien Pacifique près de Kamloops, mais cette fois le vol est raté. Miner et deux complices sont arrêtés par la Royale gendarmerie à cheval du Nord-Ouest, et le voleur vieillissant est condamné à 25 ans de prison au pénitencier de New Westminster. Le 8 août 1907, il s'évade et s'enfuit aux États-Unis, où il continue à voler des banques et des trains jusqu'à sa mort dans une prison de Géorgie. Ses attaques audacieuses de l'impopulaire Canadien Pacifique le transforment en héros populaire pour beaucoup de Canadiens de l'Ouest. Un film canadien primé, *The Grey Fox*, s'inspire de sa carrière au Canada.

Edward Butts

Minerai de fer Substance MINÉRALE qui donne du fer métallique (Fe) lorsqu'il est chauffé en présence d'un agent réducteur comme le coke. Le minerai est habituellement composé d'oxydes et de carbonates de fer.

Ses formes minérales les plus importantes sont la magnétite (Fe_3O_4, 72,4 p. 100 de fer métallique), l'hématite (Fe_2O_3, 69,9 p. 100 de fer métallique) et la sidérite ($FeCO_3$, 48,29 p. 100 de fer métallique). Au Brésil, certains des minerais qui ne contiennent pratiquement pas d'autres minéraux ont une teneur en fer métallique atteignant 68 p. 100, mais le minerai brut extrait au Canada possède une teneur en fer métallique situant entre 30 et 44 p. 100. Le minerai est concassé et broyé, puis transformé en concentrés de minéraux ferreux par une méthode de concentration gravitationnelle et magnétique. Selon la grosseur du grain, le concentré est ensuite expédié tel quel ou aggloméré en boulettes d'environ un centimètre de diamètre puis fusionné pour produire des granules dures de minerai de fer. Les fabricants d'acier chargent les granules et le coke produit à partir du CHARBON dans des hauts fourneaux, où les minéraux sont réduits en fer métallique. Le concentré qui n'arrive pas à l'aciérie en forme de granules est fritté, puis grillé dans le haut fourneau.

Le minerai de fer, tout comme le CUIVRE et le charbon, est l'une des premières ressources minières à être exploitée au Canada. Il existe des preuves que les Inuits exploitaient les météorites de fer-nickel pour le métal, avant l'arrivée des colons européens. Au cours du XIIIe s., dans les colonies de Vikings de L'ANSE AUX MEADOWS, le fer des marais était grillé et ouvré pour fabriquer des clous pour les navires. Vers 1670, des dépôts de fer des marais ont été trouvés près de Trois-Rivières (Qc) et commençant vers les années 1740, LES FORGES SAINT-MAURICE produisaient des poêles, des marmites, des bouilloires, des canons et des boulets en fonte de première qualité.

En 1995, le Canada a exporté 37 millions de t de minerai de fer évalué à 1,21 milliard de dollars. De ce total, 17 millions de t ont été exportées en Europe et 10 millions, aux États-Unis. (*Voir aussi* SIDÉRURGIE.)

B. W. Boyd

Minéral Élément ou composé chimique formé dans la nature, habituellement par des processus inorganiques. Les minéraux peuvent être composés d'un seul élément comme le carbone (diamant) ou l'or, ou de plusieurs éléments. La plupart des minéraux se caractérisent par une composition chimique particulière exprimée par une formule chimique indiquant le nombre et les types d'atomes. Ces atomes sont disposés dans un schéma tridimensionnel ordonné formant une matière cristalline. Certains solides (dont les verres naturels) et certains liquides (dont l'eau et

le mercure) n'ont pas de disposition atomique ordonnée et sont appelés non-métaux.

Le CHARBON, le PÉTROLE et l'ambre ne possèdent pas de composition chimique définie ni de structure atomique ordonnée; ce ne sont donc pas des minéraux, bien qu'on les classe parmi les RESSOURCES MINÉRALES. Les perles, le CORAIL et les coquilles sont composés de carbonate de calcium cristallin et sont considérés comme des minéraux biosynthétiques parce qu'ils ont été formés par des organismes vivants. Les composés formés en laboratoire (synthétiques) sont aussi non minéraux, même si leurs propriétés chimiques et leur structure peuvent être identiques aux minéraux naturels. Il existe environ 3000 espèces minérales connues et environ 80 espèces sont découvertes chaque année.

Pour établir une nouvelle espèce, toutes les données sur le minéral, soit ses propriétés chimiques, structurelles, physiques et optiques, doivent être approuvées par la commission des nouveaux minéraux et des nouveaux noms de minéraux de l'Association internationale de minéralogie. Cette association décide aussi si les noms proposés sont acceptables. Il y a différentes façons de nommer les minéraux: en l'honneur d'une personne (p. ex., weloganite, d'après sir William E. LOGAN), d'une localité (athabascaite) ou d'une institution (mcgillite), en fonction de sa composition chimique (cobaltite) ou encore d'une propriété particulière, telle sa couleur (azurite) ou sa forme (cylindrite).

Plusieurs noms dérivent de mots latins ou grecs décrivant leurs traits caractéristiques, comme l'albite (*albus*, mot latin signifiant «blanc») ou la rhodonite (*rhodon*, mot grec signifiant «rose»). Toutes les données scientifiques accumulées sur les minéraux nouvellement nommés sont publiées dans un journal reconnu à l'échelle internationale, comme le *Canadian Mineralogist*, afin d'en assurer la diffusion mondiale.

Les minéraux se présentent sous forme de composantes de roches et, moins couramment, en concentrations dans les roches. Les minéraux individuels sont facilement reconnaissables dans les roches à texture grossière (p. ex., le granite), mais pas dans les roches à grain fin (p. ex., la lave et les schistes). Les concentrations de minéraux varient de petites occurrences à des gisements importants et sont formés par divers processus, dont la solidification de solutions à teneur minérale dans les ouvertures des roches (p. ex., fissures et cavités), la précipitation d'eau riche en minéraux, comme celle des sources et des lacs salins, la solidification de gaz pendant les éruptions volcaniques. Dans chaque cas, les minéraux se forment à une température et une pression permettant aux atomes de se regrouper dans le magma (roche fondue), et aux solutions ou aux gaz de se regrouper dans le motif structural de base formant les minéraux.

Structurellement, les minéraux sont groupés en sept systèmes cristallins, chacun donnant lieu à des formes géométriques particulières, soit cubique (isométrique), tétragonale, hexagonale, trigonale, orthorhombique, monoclinique et triclinique. Ces systèmes dérivent de sept formes de base ressemblant à une boîte, chacune étant composée d'atomes disposés d'une manière précise et ordonnée. Durant la formation du cristal, les motifs structuraux de base s'alignent symétriquement dans trois directions pour produire un solide cristallin. S'il y a suffisamment d'espace pendant la formation, un cristal à faces géométriques lisses, reflétant sa structure interne, peut se former. Habituellement, les conditions de formation ne sont pas idéales et les minéraux se forment en masses de cristaux généralement microscopiques ou en d'autres granulats (fibreux, poudreux, feuilletés, globulaires, etc.)

Les minéraux sont définis et identifiés selon leur composition chimique et leur structure. Une analyse chimique peut aller d'un test pour détecter la présence d'un ou de quelques éléments à une analyse quantitative complète. La technique employée est parfois simple (essai de flamme) ou peut nécessiter l'utilisation d'instruments perfectionnés (microsonde électronique, spectrographe optique). Il arrive toutefois que les minéraux soient identifiés sans avoir recours à un équipement de laboratoire complexe. Les propriétés les plus marquantes sont celles qui ont une influence sur l'apparence.

La forme ou l'habitus Elle se rapporte à la forme particulière d'un minéral. Elle peut être fibreuse (amiante), lamellaire ou écailleuse (mica), en plaquettes (BARYTINE) ou globulaire (hématite). Les formes cristallines, comme les cubes et les octaèdres (fluorine et magnétite), les rhomboèdres (calcite) et les prismes hexagonaux (quartz et béryl) sont aussi facilement reconnaissables.

La couleur Si elle est constante comme dans les minéraux métalliques (or, cuivre, chalcopyrite), elle peut également être un signe révélateur. D'autres minéraux (p. ex., spinelle, fluorine, corindon) peuvent se présenter sous différentes couleurs. La couleur dans les minéraux provient des atomes ou de défauts structuraux (centres colorés), qui absorbent certaines portions du spectre lumineux; la portion non absorbée étant réfléchie ou transmise à l'œil sous forme de couleur. Celle du minéral en poudre (sa rayure) est plus fiable que celle du minéral intact. La rayure est produite en frottant le minéral sur une plaque de porcelaine poreuse. La sphalérite jaune, brune ou noire a une rayure de couleur blanc crème; celle de l'hématite brune rougeâtre ou noire est rouge foncé. Certains minéraux produisent une couleur fluorescente lorsqu'ils sont exposés à la lumière ultraviolette, comme la scheelite blanche, un minerai de tungstène, qui émet une fluorescence bleuâtre. Cette propriété est d'ailleurs utilisée dans la PROSPECTION de ce minerai. Les minéraux qui continuent d'émettre une fluorescence après le retrait de la source de lumière ultraviolette sont appelés phosphorescents.

Le lustre Reflet de la lumière des surfaces minérales, le lustre est métallique ou non métallique. Divers termes servent à décrire le lustre métallique, tels que vitreux, adamantin (brillant), résineux, cireux ou huileux, soyeux, nacré ou terreux (mat). Le lustre caractérise plus souvent un minéral que sa couleur.

La transparence et l'opacité Celles-ci dépendent de la capacité du minéral à transmettre ou à absorber la lumière. Les minéraux métalliques, puissants absorbeurs de lumière, sont opaques. Les minéraux transparents transmettent la plus grande partie de la lumière incidente; ces minéraux sont de nature à produire des PIERRES PRÉCIEUSES. Les minéraux translucides absorbent et transmettent la lumière; les objets vus à travers eux apparaissent flous. Certaines espèces de minéraux peuvent être transparentes ou presque opaques, selon les impuretés et les défauts structuraux qu'elles contiennent.

La gravité spécifique est la densité ou le poids d'une substance, comparé au poids d'un volume égal d'eau (de gravité spécifique 1). La galène, un minerai de plomb, a une densité de 7, c.-à-d. sept fois plus lourde que l'eau. Le poids atomique des éléments formant le minéral et l'empilement atomique (disposition des atomes, soit éloignés, soit rapprochés) ont une incidence sur la gravité spécifique. Dans les graviers des cours d'eau, les minéraux sont séparés par leur gravité spécifique, les plus lourds se concentrent au fond.

La dureté soit la capacité relative d'un minéral à résister à l'abrasion ou à l'érosion, est parmi les propriétés diagnostiques les plus utiles. L'échelle de Mohs est employée pour déterminer la dureté approximative d'un minéral. Cette échelle consiste en 10 minéraux étalons classés par ordre croissant de dureté: talc, 1; gypse, 2; calcite, 3; fluorine, 4; apatite, 5; orthose, 6; quartz, 7; topaze, 8; corindon, 9; diamant, 10. Chacun de ces minéraux rayera ceux dont la dureté est plus faible et sera rayé par ceux

dont la dureté est plus élevée sur l'échelle. Le zircon, qui raye le quartz mais pas la topaze, a une dureté de 7,5. La dureté d'un minéral dépend de la force des liaisons, ou puissance électrique, maintenant les atomes ensemble; la rayure rompt ces liaisons.

Le fractionnement ou le clivage, brisure uniforme et lisse qui se produit entre les plans des atomes, est causé par la faiblesse dans la force liant les plans parallèles d'atomes les uns aux autres. Les minéraux peuvent se fendre dans un ou plusieurs sens, ou pas du tout. Le clivage est décrit selon le nombre et le sens des plans de clivage et la douceur de la surface de clivage (parfait, bon, moyen, faible). Le mica a un clivage parfait dans un sens et peut se séparer en lamelles. La galène a trois sens de clivage formant des angles droits entre eux; chaque surface de clivage est parallèle à une face cubique et on dit alors que le clivage est cubique. La cassure, une brisure traversant les plans d'atomes donnant une surface non planaire et irrégulière, se produit dans les minéraux qui n'ont pas de plans de faiblesse distincts. Tous les minéraux présentent un type de fracture; les minéraux qui se clivent dans un ou plusieurs sens peuvent se casser dans d'autres sens. La cassure est de forme conchoïdale, ou en forme de coquille (quartz, verre), esquilleuse ou dentelée (cuivre natif), céroïde (jade) ou irrégulière (FELDSPATH).

La ténacité ou la cohésivité est la résistance des minéraux à la rupture. Les minéraux «durs» (jade) sont tellement difficiles à casser qu'il faut habituellement les scier. Les minéraux friables s'émiettent ou sont réduits en poudre sous un choc; le diamant, le plus dur des minéraux connus, et le talc, le plus tendre, sont cassants. D'autres minéraux se déforment plus facilement qu'ils ne se cassent: un minéral malléable (or) peut être martelé en feuille; un minéral sectile (argent) peut être taillé en copeaux; un minéral ductile (cuivre) peut être étiré pour la fabrication de câbles; un minéral flexible (graphite) peut être plié, et un minéral élastique (mica) reprend sa forme après avoir été plié.

Le magnétisme et la radioactivité propriétés manifestées par seulement quelques minéraux communs, se détectent facilement. Le magnétisme est la réaction d'un minéral dans un champ magnétique. La magnétite est fortement attirée par un aimant; la pyrrhotite et l'ilménite le sont moins. Les minéraux radioactifs (uraninite, thorite) contiennent des atomes instables (uranium, thorium) qui émettent des radiations détectables par un scintillomètre ou un compteur Geiger. Dans les minéraux métamictes (bétafite, allanite), la radioactivité entraîne la destruction de la structure atomique interne et les minéraux deviennent non cristallins.

Les propriétés optiques se rapportent au comportement de la lumière qui traverse un minéral. La lumière se déplace plus lentement dans les minéraux que dans l'air et le degré de lenteur varie d'un minéral à l'autre. En raison de cette perte de vitesse, la lumière change de trajectoire ou est réfractée. Le degré de lenteur, l'indice de réfraction, peut être formulé comme le rapport entre la vitesse de la lumière dans l'air et sa vitesse dans un minéral donné. P. ex., la lumière se déplace à 299 330 kilomètres à la seconde (km/s) dans l'air (indice de réfraction 1), mais ralentit à 123 916 km/s dans le diamant (la lumière se déplace 2,41 fois plus vite dans l'air); donc, l'indice de réfraction du diamant est 2,41. Tous les minéraux, à l'exception de ceux du système cubique (isométrique), séparent le rayon lumineux incident en deux rayons lorsque celui-ci se déplace en empruntant certaines directions cristallographiques. Chaque rayon est ralenti à différents degrés; ainsi, chaque rayon a son propre indice de réfraction et le minéral a deux indices de réfraction dans certaines directions. Les minéraux de ce genre sont des anisotropes optiques; les minéraux ayant seulement un indice de réfraction sont des isotropes. Pour déterminer l'indice de réfraction, les minéralo-

gistes utilisent le microscope (polarisant) pétrographique et les gemmologues, le réfractomètre.

La diffractométrie aux rayons X est la méthode universelle employée en laboratoire pour identifier un minéral. Cette technique utilise une source de rayons X, une caméra cylindrique, dont l'intérieur est revêtu d'une bande de pellicule photographique, et une petite quantité de la poudre minérale montée sur un tube à l'intérieur de la caméra. Un faisceau de rayons X frappe le minéral, qui réfléchit (diffracte) les rayons X à partir de différentes séries de plans parallèles d'atomes; les rayons réfléchis sont captés sur la pellicule en une série de lignes concentriques d'intensité variable. Ces lignes représentent la distance entre les plans atomiques, et les degrés d'intensité sont liés au type d'atomes et à leur distribution dans le plan atomique. Comme les distances et les degrés d'intensité des lignes (diagramme de diffraction) sont particuliers à chaque espèce de minéral, la pellicule donne une «empreinte digitale» du minéral analysé. Un minéral inconnu est identifié en comparant son diagramme à un diagramme étalon.

Classification des minéraux

La classification moderne des minéraux est basée sur leur composition chimique. Chaque classe chimique est subdivisée en groupes et en familles selon la ressemblance de leurs structures et, à un degré moindre, leurs propriétés chimiques. Les minéraux de chaque groupe ont des propriétés similaires et ont été formés dans des environnements géologiques semblables.

Éléments natifs Parmi la vingtaine de minéraux formés d'un seul élément, on compte les métaux (or, argent), les semi-métaux (arsenic, bismuth, antimoine) et les non-métaux (soufre ou carbone, comme le graphite et le diamant).

Sulfures et sulphosels Un minéral sulfureux est composé de sulfure et d'un ou plusieurs éléments métalliques (comme la galène et la chalcopyrite) ou de soufre et d'un élément semi-métallique (réalgar). Un sulphosel, ou sulfure double, est composé de soufre et d'éléments métalliques et non métalliques (pyrargyrite). Les sulfures et les sulphosels sont habituellement opaques, ont un lustre métallique, une dureté s'échelonnant de 1 à 6 et se présentent couramment sous forme de veines. Cette classe comprend les minéraux métalliques importants.

Oxydes et hydroxydes Les oxydes minéraux sont composés d'oxygène et d'un ou plusieurs éléments métalliques ou semi-métalliques (hématite). Si l'hydrogène est également présent, comme dans la goethite, le minéral est classé comme un hydroxyde. Les oxydes ont ordinairement une structure et des propriétés chimiques simples.

Haloïdes Ce sont des minéraux composés d'éléments halogènes (fluor, chlore, brome, iode) et d'un métal (halite ou sel de table, fluorine). Les haloïdes sont habituellement tendres, friables et de couleur claire, certains sont solubles dans l'eau. Ils forment un groupe important de minéraux industriels qui comprend, entre autres, l'halite, la sylvite (une source de potasse), la chlorargyrite (minerai d'argent) et la fluorine.

Carbonates, nitrates et borates Les minéraux de ces classes ont la même unité structurelle de base (le radical) qui consiste en trois atomes d'oxygène disposés dans un triangle équilatéral. Dans chaque classe, un type d'atome différent est situé au centre du triangle: la position centrale dans les carbonates est occupée par un atome de carbone et le radical est CO_3; dans les nitrates, par l'azote (radical NO_3) et dans les borates, par le bore (radical BO_3). Chaque unité triangulaire est combinée de la même manière par des atomes d'éléments métalliques. Les carbonates sont les plus communs; la calcite et la dolomite sont les principaux constituants du calcaire et du marbre. Les carbonates sont ordinairement tendres et solubles dans les acides; les nitrates sont solubles dans l'eau et sont présents seulement dans les régions arides.

Sulfates, phosphates, chromates, arséniates et vanadates Les minéraux de ces classes ont le même type de motif structural de base (radical), les tétraèdres (forme pyramidale) possèdent un atome d'oxygène à chacun des quatre coins et un atome caractéristique de la classe à l'intérieur. Dans les sulfates, l'atome intérieur est le soufre et le radical est SO_4; les autres sont le phosphore dans les phosphates (PO_4), le chrome dans les chromates (CrO_4), l'arsenic dans les arséniates (AsO_4) et le vanadium dans les vanadates (VO_4). Les atomes d'éléments métalliques unissent les tétraèdres pour former les minéraux. La barytine et le gypse sont d'importants sulfates; l'apatite, un important phosphate.

Molybdates et tungstates Le radical dans les minéraux de ces classes est le tétraèdre de quatre atomes d'oxygène entourant un atome de molybdène dans les molybdates (MoO_4), ou de tungstène dans les tungstates (WO_4). Ces tétraèdres sont déformés par de gros atomes à l'intérieur.

Silicates Minéraux contenant du silicium et de l'oxygène, qui forment plus de 90 p. cent de la croûte terrestre et environ un quart des espèces connues de minéraux. Le motif structural des silicates est le tétraèdre de silicium-oxygène (SiO_4). Les silicates sont classées en six groupes selon les façons dont les tétraèdres sont unis les uns aux autres: dans les nésosilicates, les tétraèdres de base (SiO_4) sont soudés ensemble par des atomes et autres éléments (comme le zirconium dans le zircon); dans les sorosilicates, des paires de tétraèdres partagent un atome de coin et les unités en forme de «nœud papillon» sont combinées par des atomes d'autres éléments (p. ex., l'hémimorphite); dans les cyclosilicates, qui ont une structure cyclique, chaque tétraèdre partage un atome d'oxygène de coin avec deux tétraèdres adjacents (p. ex., le béryl); dans les inosilicates, qui ont une structure en chaîne, chaque tétraèdre partage trois atomes d'oxygène avec deux tétraèdres adjacents et les chaînes sont alignées et unies par des atomes et autres éléments (p. ex., le pyroxène); dans les phyllosilicates, qui ont une structure lamellaire, chaque tétraèdre partage trois atomes d'oxygène avec d'autres tétraèdres (p. ex., les micas); dans les tectosilicates ou silicates de charpente, les quatre atomes d'oxygène de chacun des tétraèdres sont partagés (p. ex., le quartz).

Ann P. Sabina

Minéraux en mer, question des droits sur les La Cour suprême du Canada, dans une décision relative aux droits de propriété des minéraux marins au large de la C.-B. et à la compétence législative concernant ces droits, a jugé que le Parlement, et non la législature de la C.-B., était propriétaire du lit de la mer territoriale adjacent à cette province. En conséquence, le parlement jouissait de la compétence législative exclusive soit en vertu de l'art. 91.1A de la LOI CONSTITUTIONNELLE DE 1867, soit en vertu de son pouvoir résiduel. Les droits sur les eaux territoriales relèvent du DROIT INTERNATIONAL; le Canada est l'État souverain reconnu par le droit international en cette matière. La C.-B. ne pouvant non plus réclamer les droits sur le plateau continental, c'est l'autorité centrale du pays souverain reconnu par le droit international qui jouit des droits définis par la convention de Genève de 1958.

Gérald-A. Beaudoin

Minéraux, dénomination des Chaque espèce de MINÉRAL est désignée par un nom, et on attribue des noms aux minéraux depuis l'Antiquité. Il n'existe que 3000 véritables espèces minérales environ, mais on trouve environ 20 000 noms dans divers documents: en effet, des chercheurs indépendants ont parfois donné divers noms au même minéral, et des noms distincts ont parfois été attribués à certains minéraux qui ont ensuite été identifiés comme étant des variétés ou des mélanges d'espèces déjà connues. Aujourd'hui, la commission sur les nou-

veaux minéraux et les nouveaux noms de minéraux, créée en 1959 par l'International Mineralogical Association, exerce un bien meilleur contrôle de la nomenclature.

Nomenclature Dans les noms de minéraux, on constate deux tendances contraires. D'une part, certains noms donnent des renseignements utiles sur le minéral comme tel et indiquent sa composition chimique, sa forme cristalline, sa couleur, son lustre ou d'autres propriétés. La caysichite, p. ex., découverte près de Poltimore, au Québec, est nommée d'après sa composition chimique (Ca, Y, Si, C, H). D'autre part, certains noms n'indiquent aucunement la composition ou les propriétés du minéral: ainsi, un minéral peut porter le nom de la personne qui l'a découvert ou qui l'a analysé la première, ou être nommé en l'honneur d'une personne ou d'une institution scientifique célèbres. La weloganite, p. ex., tire son nom de sir William Edward LOGAN, premier directeur de la Commission géologique du Canada. Certains minéraux portent le nom de la région où on les a découverts. Ce nom peut indiquer l'endroit très précisément, comme la sudburite (de Sudbury, Ontario), ou seulement la grande région, comme la yukonite. Le suffixe «ite» vient du grec *lithos* (roche, pierre). La plupart des noms de minéraux se terminent en «ite», mais certains finissent par «ine» ou «ide».

Quelque 200 à 300 nouveaux minéraux découverts, analysés ou identifiés par des Canadiens sont officiellement répertoriés dans la nomenclature internationale selon leurs noms canadiens. Deux directions du ministère de l'Énergie, des Mines et des Ressources, la COMMISSION GÉOLOGIQUE DU CANADA et le Centre canadien de la technologie des minéraux et de l'énergie, jouent un rôle primordial dans l'identification des nouveaux minéraux et la publication d'études à leur sujet. À l'heure actuelle, au moins six nouvelles espèces minérales sont à l'étude.

Un certain nombre de localités, de régions et d'autres formations géographiques du Canada s'inspirent de noms de minéraux. Le cap Diamant en est un célèbre exemple: Jacques CARTIER et ses hommes, en explorant les environs de l'établissement autochtone de Stadacona (près de Québec), trouvent des minéraux brillants et cristallisés imbriqués dans les roches de la falaise. Aujourd'hui, les géologues savent que le cap Diamant est une formation de calcaire argileux et de schistes bitumineux datant de l'ordovicien moyen (il y a plus de 458 millions d'années) et qu'il fait partie des contreforts des Appalaches.

Cap Diamant On comprend bien l'enthousiasme de Cartier et de ses marins devant ces cristaux de forme hexagonale, dont certains ont des reflets multicolores causés par la présence d'infimes quantités de bitume. Cependant, arrivés en France avec leurs échantillon de «diamants», ils apprennent, de la bouche d'un minéralogiste averti, la grande différence entre le cristal de roche et le diamant, la plus précieuse de toutes les pierres connues (*voir* DIAMANTS DU CANADA). L'incident est probablement à l'origine de la vieille expression française «faux comme un diamant du Canada», encore en usage en Normandie et en Bretagne. Samuel de CHAMPLAIN, fondateur de Québec (1608), fera la même découverte environ 70 ans plus tard, et c'est ainsi que le promontoire prendra le nom de cap Diamant.

Partout au pays, des dizaines de lieux géographiques (lacs, criques, pointes, ruisseaux, collines, îles et autres) portent des noms de minéraux, de pierres précieuses ou semi-précieuses comme l'agate, l'améthyste, la calcite, le cuivre, l'émeraude, le grenat, l'or, le jaspe, le quartz, le rubis, l'argent, le sulfure, la topaze et le zircon.

Jean-Paul Drolet et A. Roberts

Mines, santé et sécurité dans les L'EXPLOITATION MINIÈRE est une activité industrielle qui comporte certains risques inhérents. En raison de la nature de

l'exploitation minière et de l'image qui y est associée, les accidents qui se produisent attirent l'attention. Cependant, la réalité diffère beaucoup de la perception du grand public. L'exploitation minière est aujourd'hui aussi sécuritaire, voire plus, que bien des activités industrielles comme la construction, la foresterie ou même l'agriculture. On doit être prudent lorsqu'on compare les statistiques des différentes industries, car elles s'expriment de manières différentes, comme le nombre absolu d'accidents et d'accidents mortels, et la fréquence de ceux-ci si on parle d'heures travaillées ou d'heures de travail perdues à cause d'accidents.

Selon presque toutes les normes d'évaluation, la sécurité minière est à la hausse, surtout parce que la haute technologie, de plus en plus présente, attire une main-d'œuvre beaucoup plus qualifiée et scolarisée qu'auparavant. L'équipement utilisé en exploitation minière est maintenant automatisé à un point tel qu'il est possible de le manœuvrer à distance. Il vaut des centaines de milliers, parfois même les millions de dollars, et nécessite une main-d'œuvre très qualifiée. De plus, la culture des entreprises et des travailleurs évolue. Ils sont plus que jamais soucieux et conscients des règles de sécurité. En outre, la philosophie axée sur l'amélioration continue se répand dans toute l'industrie.

Risques et dangers Dans les mines, les risques pour la sécurité découlent d'un certain nombre de circonstances. La première est souvent liée à la manœuvre d'équipement lourd servant à déplacer de gros morceaux de roche fragmentée. Cette situation prévaut surtout dans les exploitations à ciel ouvert, où un courant électrique à haute tension alimente l'équipement mobile, comme les dragueuses et les excavatrices. La propulsion de débris rocheux lors de l'abattage à l'explosif de grandes zones présente aussi des risques. La deuxième est associée au travail dans des espaces restreints et où l'éclairage est limité, surtout dans les mines souterraines. La visibilité n'est certes pas aussi bonne qu'à la surface. La troisième renvoie à l'environnement de travail, surtout dans les milieux souterrains encore une fois, qui peut être pollué par le BRUIT, les émissions des tuyaux d'échappement des moteurs, les particules minérales et les gaz. Ces derniers présentent un risque supplémentaire dans l'EXPLOITATION DU CHARBON, alors que le méthane est libéré des strates de roche. Le méthane est très explosif à un certain degré de concentration dans l'atmosphère, soit de 5 à 15 p. 100. Ces conditions provoquent des accidents souvent dévastateurs et attirent beaucoup l'attention du public à cause des dommages et des pertes de vie.

Parmi les autres dangers de l'exploitation minière, les mineurs qui font des chutes ou qui sont frappés par des roches qui dégringolent sont les plus courants. Les mineurs peuvent réduire leurs chutes en portant une plus grande attention à leur travail et à l'environnement, par des méthodes de travail plus sécuritaires et par une formation pertinente. On peut réduire la fréquence des roches qui tombent par de meilleures pratiques de sautage, par le dégagement immédiat (ou le purgeage) des plaques ou des blocs de roche branlants ou en consolidant la roche. Il est de pratique courante de ne jamais marcher sous des roches qui n'ont pas été inspectées, purgées et boulonnées. On fait appel à la science de la mécanique des roches et à son pendant pratique, le contrôle des pressions des terrains, pour s'assurer que la conception des ouvertures de mine tient compte des caractéristiques géologiques, de la solidité des roches et des contraintes locales dans la masse rocheuse. Il y a beaucoup plus d'ingénierie dans la conception des mines qu'il n'y en a jamais eu auparavant.

Amélioration de l'environnement de travail Dans les mines, on perfectionne sans cesse l'équipement, les méthodes de travail et l'équipement de protection en vue d'améliorer l'environnement de travail. On utilise des sondes pour détecter les caractéristiques fonctionnelles de l'équipement, la présence de différents gaz dans l'atmosphère et les mouvements dans la roche. Le jour n'est pas loin où les technologies de communication et de détection modernes permettront aux exploitants de mines de superviser et de régulariser les diverses activités qui se déroulent dans les mines.

Au Canada, les gouvernements des provinces et des territoires sont en grande partie responsables de la santé et de la sécurité dans les mines. Le gouvernement fédéral gère certaines mines qu'il possède dans les provinces, ainsi que les mines d'URANIUM, par le biais de la COMMISSION DE CONTRÔLE DE L'ÉNERGIE ATOMIQUE. Chaque instance a sa propre législation et assure l'inspection des mines. La Canadian Association of Chief Inspectors of Mines (Association canadienne des inspecteurs en chef des mines), où siège un représentant de chacune des instances, est responsable de la prévention et de la coordination à l'échelle nationale. De plus, le gouvernement fédéral vérifie et certifie l'équipement et les matériaux qui doivent être utilisés dans des milieux déflagrants comme les mines de charbon. On prend ces précautions pour s'assurer que l'équipement électrique est antidéflagrant ou à sécurité intrinsèque (c.-à-d. qu'il ne peut causer d'explosion) et que les pièces, comme les transporteurs à courroie, sont autoextinguibles lorsqu'elles prennent feu et qu'elles ne peuvent provoquer d'incendie. (*Voir aussi* DÉSASTRES; SÉCURITÉ, NORMES DE.)

John Udd

Mingan, archipel de Situé au Québec, il est formé de 15 îles et d'une quarantaine d'îlots répartis sur 80 km dans le détroit de Jacques-Cartier, entre l'ÎLE D'ANTICOSTI et la rive nord du FLEUVE SAINT-LAURENT, à 175 km à l'est de SEPT-ÎLES. Exemple saisissant de roches sédimentaires laissées par le retrait des glaciers, ces îles sont reconnues pour le pittoresque de leurs formations en «pots de fleur» et leurs falaises de calcaire. Elles sont un sanctuaire pour les oiseaux marins et migrateurs, et une zone d'alimentation pour les rorquals bleus, les rorquals communs et autres baleines. Les naturalistes y ont identifié 256 espèces de fleurs sauvages.

Des cimetières témoignent d'une présence autochtone avant les premiers rapports de Jacques CARTIER sur ces îles, en 1535. Des fouilles ont également donné lieu à la découverte de pièces de monnaie espagnoles du XVIᵉ s. et de vestiges d'habitations BASQUES. Frontenac accorde ces îles à Louis JOLLIET en 1679 pour que l'on y pratique la pêche à la morue et la chasse au phoque, qui sont encore aujourd'hui les activités principales. La Compagnie de la baie d'Hudson obtient les titres de propriété des îles en 1836 et les vend à la Siebens Oil and Gas Co. en 1973. En 1979, DOME PETROLEUM devient propriétaire en acquérant les actifs de Siebens. Des relevés géologiques ont permis de découvrir des dépôts de calcaire ayant un potentiel industriel, mais ils n'ont jamais été exploités. Depuis 1984, les îles sont un parc national.

Henry F. Heald

Ministère de la Marine Division du gouvernement français qui administre le Canada durant les 100 dernières années du régime français. La Marine, considérée tour à tour comme ministère, département et secrétariat d'État, administre à la fois la marine, les colonies et le commerce maritime. Expression de la doctrine MERCANTILISTE selon laquelle les colonies, et le commerce qu'elles suscitent, sont essentiels à la richesse et à la puissance de l'État, la Marine doit maintenir une flotte pour le protéger et faire échec à la puissance des nations rivales.

Le cardinal Richelieu, premier ministre de Louis XIII, crée le ministère de la Marine en 1624; en 1626, il devient «grand maître» de la navigation et du commerce, titre lui conférant une autorité sans créer une bureaucratie. C'est au plus fidèle serviteur de Louis XIV, Jean-Baptiste Colbert, qu'il revient de créer un ministère au sens moderne du terme. Un édit

du 7 mars 1669 crée le ministère de la Marine; il aura des bureaux à Versailles où Colbert, aidé d'un personnel permanent, fixera ses politiques et ses règlements. La Marine se divise en bureaux dirigés par des grands commis, puissants mandarins de la fonction publique de l'époque. Le Bureau du Ponant (nommé Bureau des Colonies à partir de 1710) administre le Canada.

Sous Colbert, la France possède la plus importante flotte d'Europe. Mais après 1690, malgré le développement croissant des colonies, les Français abandonnent leur stratégie navale et laissent leur flotte se détériorer. Au XVIIIᵉ s., des contrôleurs généraux à court d'argent épuisent régulièrement les fonds de la Marine; la protection des colonies décline et, jusqu'à la GUERRE D'INDÉPENDANCE AMÉRICAINE, la France ne tente plus d'égaler la Grande-Bretagne sur les mers. (*Voir aussi* MINISTÈRE DES COLONIES.)

Dale Miquelon

Ministère des Colonies Créé par le gouvernement britannique dans le but d'administrer ses possessions coloniales, dont l'Amérique du Nord britannique. Le Ministère établit les formes de gouvernement et l'Église, nomme les gouverneurs, ratifie les lois locales et accorde certains octrois. Il gère les «intérêts impériaux», tels que le commerce et la navigation. Avec le temps, ces intérêts en viennent à relever de la compétence exclusive des colonies autonomes.

De 1660 à 1768, l'administration des colonies britanniques relève d'un comité conjoint du Conseil privé, composé du ministre d'État au Southern Department et du secrétaire d'État au Board of Trade and Plantations. En 1768, l'American Department (ou Colonial Department) est mis sur pied, mais ce service est aboli en 1782, après la perte des colonies américaines. La juridiction sur les autres possessions britanniques est transférée au ministre de l'Intérieur jusqu'en 1801, année où l'administration coloniale passe aux mains du ministre d'État à la guerre et aux colonies. Les affaires coloniales prennent de l'expansion et de l'importance: en 1825, un sous-secrétaire permanent est nommé responsable des colonies. Cela marque les débuts du Ministère, même si le poste de ministre d'État aux colonies n'est pas créé avant 1854, peu après le début de la guerre de Crimée. Des réorganisations se produisent à mesure que s'accroît la portée des pouvoirs réclamés par les colonies et que les relations avec celles-ci deviennent plus diplomatiques qu'administratives.

Une division des dominions au sein du ministère des Colonies s'occupe des colonies autonomes entre 1907 et le 1ᵉʳ juillet 1925, date à laquelle elle devient un ministère distinct, le ministère d'État aux affaires des dominions. En 1947, celui-ci devient le Bureau des relations du Commonwealth, qui fusionne avec le ministère des Colonies en 1966. Enfin, en 1968, la Grande-Bretagne regroupe la responsabilité de ses relations extérieures au ministère des Affaires étrangères du Royaume-Uni. (*Voir aussi* COMMONWEALTH.)

Nancy Brown Foulds

Ministère des Forces militaires d'outre-mer Il est mis sur pied en novembre 1916, dans le but d'administrer les forces canadiennes au Royaume-Uni, en particulier pour l'entraînement des renforts, et d'offrir un moyen de communication entre le ministère de la Milice, le British War Office et le Corps d'armée canadien en France. Lorsque le CORPS EXPÉDITIONNAIRE CANADIEN (CEC) s'embarque outre-mer, aucune disposition n'a été prise quant à son administration. Sir Sam HUGHES, ministre de la Milice et de la Défense, George Perley, haut-commissaire intérimaire en Grande-Bretagne, et le colonel Max AITKEN, représentant militaire du Canada sur le front, se partagent la gestion des affaires courantes du CEC. Pour mettre fin à la confusion, le premier ministre Borden prévoit la mise sur pied d'un conseil militaire en Angleterre. Entre-temps, Hughes crée un Conseil provisoire de la sous-milice. Puis, le

31 octobre 1916, Borden nomme Perley au poste de ministre des Forces militaires d'outre-mer. Furieux, Hughes se voit obligé de présenter sa démission. En octobre 1917, sir Albert E. Kemp succède à Perley et en juillet 1920, l'organisation est abolie.

Richard A. Preston

Ministers, lieu historique de l'île En 1890, SIR WILLIAM VAN HORNE achète l'île Ministers, dans la BAIE PASSAMAQUODDY, pour y construire sa villa d'été, une fort impressionnante maison en grès, qu'il nomme Covenhoven. Covenhoven se glorifie d'avoir 50 pièces, dont 17 chambres à coucher, comme cela convient à l'un des plus importants capitaines d'industrie du Canada. Sur l'île, Van Horne fait l'élevage de chevaux pur-sang et d'un troupeau de bovins hollandais. Il fait construire des serres chauffées, qui lui permettent d'obtenir durant toute l'année un approvisionnement des meilleurs fruits et légumes. De nos jours, en visitant l'île Ministers, les touristes peuvent se faire une idée de la vie des gens riches au Canada au début du XXᵉ s. Déclarée lieu historique du Nouveau-Brunswick en 1977, l'île est ouverte au public de juin à la mi-octobre.

Deborah Welch et Michael Payne

Minto, Gilbert John Murray Kynynmond Elliot, 4ᵉ comte de, militaire, gouverneur général du Canada de 1898 à 1904 et vice-roi des Indes de 1905 à 1910 (Londres, Angl., 9 juill. 1845—Minto Castle, près d'Hawick, Écosse, 1ᵉʳ mai 1914). Lord Melgund (son titre avant de recevoir celui de comte) est secrétaire militaire du gouverneur général, le marquis de LANSDOWNE, de 1883 à 1885, et chef d'état-major de F.D. MIDDLETON pendant la RÉBELLION DU NORD-OUEST. En 1898, il devient gouverneur général et son mandat est marqué par la controverse et les luttes politiques. Il est inexpérimenté en matière de politique, se méfie des politiciens, mais est déterminé à tenir un rôle actif dans la vie publique canadienne. Sa critique de l'attitude du gouvernement britannique dans la crise de la GUERRE DES BOERS, son intérêt pour la réforme de la Milice du Canada et son appui à la campagne de Joseph Chamberlain en faveur du régime impérial provoquent des tensions. Sur un plan plus constructif, il essaie de renforcer les liens entre les Canadiens français et les Canadiens anglais, de préserver les archives et les biens témoins du passé du Canada, de promouvoir les sports (la Coupe Minto, à la crosse) et de protéger les mineurs du Nord canadien et les peuples autochtones de la négligence et de la mauvaise gestion du gouvernement.

Carman Miller

Minville, Esdras, professeur et économiste (Grande-Vallée, Qc, 7 novembre 1896—Montréal, 1975). Fils de pêcheur, après avoir terminé un cours primaire à l'école du village, un grand frère religieux, lui permettra de compléter, en deux ans, un cours commercial secondaire dans un collège de Montréal. Après avoir travaillé en usine, Minville décide de s'inscrire à l'École des hautes études commerciales. Sans la formation préalable normalement requise, il y est accepté à l'essai. En 1922, il obtient sa licence en sciences commerciales et décroche même le prix du meilleur mémoire de fin d'études. Sa formation officielle allait s'arrêter là. Tout le reste, il l'apprendra par lui-même ou au contact des maîtres qu'il rencontrera sur sa route.

Édouard MONTPETIT, d'abord, son professeur aux HEC, puis Olivar ASSELIN, qu'il rencontrera lors de son premier emploi chez un courtier en assurances montréalais. Le grand journaliste et polémiste dirigeait alors cette maison un journal interne, *La Rente*. Il allait s'attacher le jeune Minville comme secrétaire et contribuer fortement à sa formation. L'abbé Lionel GROULX, qui dirigeait à l'époque une revue de combat, L'ACTION FRANÇAISE, lisait régulièrement *La Rente*, et aurait remarqué le jeune collaborateur d'Asselin. Un jour il lui avait demandé un article sur l'invasion du Canada par les capitaux américains. Groulx guidera ainsi ses premiers pas dans le monde intellectuel de Montréal. Quand *L'Action française* sera remplacée par L'ACTION NATIONALE, Minville deviendra l'un des plus solides membres de l'équipe de rédaction du nouveau périodique. Dans l'intervalle, en 1924, il avait accepté d'entrer au service de l'École des HEC. À partir de cette date, Minville ne quittera plus l'établissement où il fera une longue carrière.

Pour commencer, en 1925, avec Gérard PARIZEAU et deux autres confrères des HEC, il fonde L'Actualité économique, une revue qu'il dirigera pendant plusieurs années et que l'École des HEC continue de publier encore aujourd'hui. Au cours de la crise de 1929, il collaborera étroitement avec les jésuites de l'École sociale populaire et, à ce titre, deviendra l'un des conférenciers très écouté des SEMAINES SOCIALES DU CANADA. Mais ce sera surtout auprès de la jeunesse que s'exerce alors l'influence de Minville. Au cours de l'été de 1935, dans une conférence retentissante prononcée devant un groupe alors nouvellement constitué, les JEUNE-CANADA, il proposera tout un programme de restauration économique pour le Québec. Paul GOUIN s'inspirera de cette conférence pour la préparation du programme économique de L'ACTION LIBÉRALE NATIONALE.

DUPLESSIS fera de même lorsqu'il fondera L'UNION NATIONALE et il offrira même à Minville le poste de ministre de l'Industrie et du commerce, proposition que celui-ci refusera. En 1938, il sera nommé directeur de l'École des hautes études commerciales, poste qu'il occupera jusqu'en 1962. Pendant le quart de siècle qu'il passera à la tête de l'établissement, il se préoccupera d'abord d'y organiser la recherche, particulièrement sur le développement économique du Québec, ce qui finira par donner, p. ex., la série des «Études sur notre milieu». Sa propre production intellectuelle, conférences, articles et volumes, sera considérable. Elle portera sur tous les problèmes économiques ou sociaux du Québec et atteindra un très large public. C'est surtout à travers les travaux de la COMMISSION ROYALE D'ENQUÊTE SUR LES PROBLÈMES CONSTITUTIONNELS, la «Commission Tremblay», dont il sera le principal animateur, que Minville manifestera toute sa capacité d'analyse.

Pierre Harvey

Mirabel, ville du Qc; pop. 22 689 (rec. 1996), 17 971 (rec. 1991); superf. 492,2 km²; const. en 1971. Sise à quelque 55 km au nord-ouest de Montréal, Mirabel est l'une des plus jeunes villes du Québec et aussi l'une des plus étendues. Elle naît en janvier 1979 de la fusion arbitraire de 14 municipalités, dont les terres expropriées en mars 1969 font place au nouvel aéroport international de Montréal, appelé par la suite «Mirabel», du nom d'un petit hameau aujourd'hui disparu. Le démembrement de cet ancien terroir et sa nouvelle orientation bouleversent profondément les structures régionales et les habitudes de sa population. L'aéroport, relié à Montréal par l'autoroute des Laurentides, se trouve au centre de la ville et est le plus grand au monde par sa superficie. L'économie de la région repose toujours sur l'agriculture, mais les secteurs commercial et industriel ont progressé.

Gilles Boileau

Miramichi, ville du N.-B.; pop. 19 241 (rec. 1996), 21 165 (rec. 1991); superf. 175,07 km²; const. en 1995; située dans le nord-est du N.-B., à l'embouchure de la RIVIÈRE MIRAMICHI, une des plus célèbres rivières à saumon du Canada. Elle est la quatrième ville en importance de la province et est issue de la fusion des villes de Chatham et de Newcastle, des villages de Douglastown, de Loggieville et de Nelson-Miramichi, ainsi que des districts de services locaux de Nordin et de Moorefield, d'une partie du district de services locaux de Ferry Road-Russellville et d'une partie des paroisses de Chatham, de Glenelg et de Nelson.

La fusion résulte d'une étude provinciale effectuée en 1992 sur la fusion et le regroupement potentiels de certaines régions. Une étude à grande échelle de la région, terminée en 1993, recommande cette fusion. Les rivalités et les susceptibilités ethniques et politiques qui caractérisent de longue date les collectivités concernées, en particulier celles des villes de Chatham et de Newcastle ayant souvent fait front commun contre les autorités externes, les amènent à s'opposer à la fusion et à exiger un référendum. Leurs demandes sont rejetées et le gouvernement provincial annonce la fusion en mai 1994. L'administration de la nouvelle ville est principalement concentrée dans les anciennes villes de Newcastle et de Chatham.

La ville possède de nombreux lieux et édifices historiques provinciaux et fédéraux, notamment le parc provincial Enclosure. On y trouve le site d'un camp de réfugiés pour Acadiens datant de 1756, le Marine Hospital à Douglastown et Middle Island, doté d'un poste de quarantaine où sont enterrés des immigrants irlandais qui ont fui la Grande Famine. À proximité, se trouvent Oxbow et la butte Augustine, deux des plus importants sites archéologiques autochtones de la province, ainsi que le LIEU HISTORIQUE DE LA FERME MACDONALD. Le VILLAGE HISTORIQUE ACADIEN et le PARC NATIONAL KOUCHIBOUGUAC sont situés à proximité de la ville.

William Spray

Miramichi, rivière Longue de 220 km, elle prend sa source à Juniper, au Nouveau-Brunswick, et se jette dans le GOLFE DU SAINT-LAURENT. Ses deux bras, l'un au sud-ouest, l'autre au nord-ouest, se rejoignent à l'île de Beaubears, près de Newcastle, au Nouveau-Brunswick. À partir de là, en allant vers la mer et pourtant dans la baie intérieure peu profonde, les eaux douces d'origine fluviale, de moindre densité, s'étalent en surface au-dessus de l'eau salée, plus dense. Le pittoresque estuaire de la Miramichi s'est formé il y a quelque 4000 ans, quand les courants et les vagues ont érigé une barrière d'îles sablonneuses en travers de la vallée creusée par les glaciers dans le grès et l'argile du Pennsylvanien et envahie par la mer. Les effets de la mer se font sentir à 65 km à l'intérieur des terres, jusqu'à Redbank, alors que le niveau de la rivière monte et descend au rythme des marées.

Ses pittoresques rives sont au cœur d'une double vocation économique, soit la pêche et l'exploitation forestière. Il en est ainsi depuis leur colonisation par les ACADIENS, après la chute de LOUISBOURG, et les marchands de bois anglais. Ceux-ci se sont plus tard tournés vers la construction navale. Mis à part la montaison légendaire du SAUMON DE L'ATLANTIQUE (la plus importante dans l'est de l'Amérique du Nord avant sa destruction par la surpêche, la pollution et d'autres causes inconnues), on y exploite également l'éperlan, le gaspareau, l'alose, l'anguille, le hareng, le maquereau et le homard. Autrefois, la rivière servait au flottage du bois. Aujourd'hui, les principales industries forestières à Chatham et à Newcastle en dépendent pour le transport et l'élimination des eaux résiduaires. L'esprit d'indépendance des habitants de la Miramichi est peut-être une conséquence du grand incendie de 1825, au cours duquel certains ont dû, pour survivre, plonger dans les eaux de la rivière. Cet incendie entraîna la mort de 200 personnes et la destruction de près du quart des forêts du Nouveau-Brunswick. Par contre, un des effets négatifs de cet esprit individualiste est le braconnage du saumon qui y est pratique courante. Son nom, qui est peut-être la plus ancienne appellation d'origine autochtone au Canada, signifierait en montagnais «pays des Micmacs».

Kate Kranck

Miron, Gaston, poète et éditeur (Sainte-Agathe des Monts, Qc, 8 janv. 1928—Montréal, 14 déc. 1996). Après des études en sciences sociales à l'U. de Montréal, il publie ses premiers vers dans les journaux,

puis fonde avec des amis les Éditions de l'Hexagone (1953) qui auront une influence déterminante sur la vie poétique du pays. La même année, il publie son premier recueil de vers, *Deux Sangs*. En 1954, il entre aux Éditions Beauchemin et prend de plus en plus conscience de sa vocation d'écrivain, comme des problème qui agitent son pays. Après un séjour d'études en arts graphiques à Paris (1959-1960), il revient à Montréal et travaille jusqu'en 1965 chez Formac Ltée-HMH. De 1962 à 1967, il ébauche patiemment de longues suites de poèmes apparemment en pièces détachées, mais caractérisés par un mouvement continu et une subtile unité: *La Marche à l'Amour, La Vie Agonique, La Batèche, L'Amour et le Militant, Les Poèmes de l'Amour en sursis*. Ils paraîtront en 1970 sous le titre *L'Homme rapaillé* (prix de la revue *Études françaises,* prix de la Ville de Montréal).

Intellectuel engagé, il soutient de nombreuses causes visant à l'indépendance du Québec, participe à la fondation de la revue *Liberté,* au développement des Éditions Leméac, et enseigne la littérature à l'École nationale de théâtre (1973-1978). Ses actions ont des répercussions profondes dans le monde éditorial, littéraire, et jouent un rôle non négligeable dans l'éveil de la conscience nationale. Une interrogation passionnée traverse sa poésie marquée au coin de la revendication, de l'humiliation, du désespoir et de la frustration. Mais cette révolte s'inscrit au cœur d'un mouvement collectif et vise à l'universel. Produit de deux courants: américain et européen, il affiche une écriture baroque mêlant des souvenirs champêtres à la réalité urbaine et célébrant la culture de ses ancêtres. Poète reconnu internationalement (*Courtepointes,* 1975; *Les Signes de l'identité,* 1993, *La Marche de l'Amour,* 1997), il reçoit successivement le prix Duvernay (1977), le prix Apollinaire (1981), le prix David (1983), le prix Molson du Conseil des Arts du Canada (1985).

Eugène Roberto

Mirvish, Edwin, producteur de théâtre et entrepreneur (Colonial Beach, Virginie, 24 juill. 1914). Mirvish immigre au Canada en 1923. Il est connu pour le grand magasin d'escompte *Honest Ed* et les six restaurants qu'il exploite à Toronto. Il travaille longtemps dans le domaine de la production de pièces de théâtre. En 1962, il achète l'Alexandra Theatre de Toronto et acquiert en 1982 le célèbre Old Vic Theatre de Londres, qu'il restaure et auquel il redonne sa splendeur d'antan. Mirvish y présente, avec son fils David, plusieurs pièces remarquables, notamment *The Mikado,* une production du Festival de Stratford (Ontario) et la version moderne réalisée par Michael Bogdanov de *Henry IV,* parties I et II, et de *Henry V* de Shakespeare. En 1993, il inaugure avec son fils, le Princess of Wales Theatre à Toronto, considéré comme le premier théâtre construit au Canada financé entièrement par des intérêts privés. Mirvish est Commandeur de l'Ordre de l'Empire britannique et Officier de l'Ordre du Canada. Il reçoit des doctorats en droit honorifiques de l'U. Trent (1967), de l'U. de Waterloo (1969) et de l'U. York (1992).

James Defelice

Miscou, île D'une superficie de 64 km², située à l'extrémité est du comté de Gloucester, au Nouveau-Brunswick, sur la rive ouest du golfe du Saint-Laurent et à l'embouchure de la BAIE DES CHALEURS. Elle se caractérise par des plages au sable blanc, des forêts d'épinettes, la pêche en haute mer, des lacs, des lagunes d'eau salée et un phare situé à l'extrémité nord, sur la pointe Miscou. D'abord habitée par les MICMACS, l'île est découverte par Jacques CARTIER en 1534. Des colons venus de France et des îles Anglo-Normandes s'y établissent par la suite (ce qui explique le vieux français qu'on y parle toujours) et l'île devient possession britannique en 1763. Le nom de Miscou vient du mot micmac susqu, qui signifie «marais tourbeux» ou «basse terre».

David Evans

Miss Canada La personnification du Canada sous les traits d'une douce et timide jeune femme remonte à l'époque victorienne et se termine aux environs de la Seconde Guerre mondiale. Une représentation populaire de Miss Canada la montre en costume d'hiver, chaussée de patins et portant un paletot, une tuque et une écharpe. À d'autres moments, on la voit qui résiste royalement aux flatteries d'un oncle Sam intrigant, qui symbolise les États-Unis, lui préférant un John Bull de belle prestance, qui représente la Grande-Bretagne. Miss Canada est aussi le titre décerné par le Miss Canada Pageant, un concours annuel tenu de 1946 à janvier 1992, dont la gagnante est choisie selon des critères de beauté, de talent, de personnalité, etc., parmi des concurrentes détentrices d'un titre régional.

John Robert Colombo

Missiles cubains, crise des Cette crise éclate le 22 octobre 1962. Par suite de renseignements d'après lesquels l'URSS est en train d'installer à Cuba des missiles balistiques pouvant atteindre des cibles aux États-Unis et au Canada, le président John Kennedy annonce le blocus naval de l'île et menace de prendre des mesures additionnelles si les préparatifs se poursuivent. Averti des intentions de Kennedy seulement une heure et demie à l'avance, le gouvernement canadien doit décider s'il accède ou non à la requête américaine de mettre les forces canadiennes en état d'alerte. Celle-ci est connue sous le nom de «Defcon 3». L'armée canadienne y procède discrètement avec l'aval du ministre de la Défense nationale, Douglas Harkness, mais l'autorisation officielle devra attendre l'issue des débats du Cabinet qui se déroulent les 23 et 24 octobre. Harkness soutient que la nature de la crise et les dispositions existantes de coopération en matière de défense rendent l'alerte nécessaire.

Le premier ministre JOHN DIEFENBAKER et le ministre des Affaires extérieures, Howard Green, sont peu disposés à accéder à la demande de Kennedy. Ils craignent en effet que cette alerte ne soit perçue comme une provocation par les Soviétiques et considèrent que la politique américaine concernant Cuba est en général déséquilibrée. Ils sont irrités de n'avoir pas été consultés à l'avance et s'inquiètent des conséquences de cette décision sur la politique canadienne en matière d'armes nucléaires. Près de la moitié des ministres restent indécis, mais plus tard au cours de la semaine, les navires soviétiques s'approchant de la zone de quarantaine, la position de Harkness gagne du terrain et le 24 octobre, le gouvernement Diefenbaker autorise l'alerte Defcon 3.

Cette hésitation de la part du Canada reflète en partie le désir du premier ministre et d'autres de préserver le caractère indépendant de la politique étrangère du Canada et de maintenir une position équilibrée face à la crise. Toutefois, cette lenteur soulève des critiques de toutes parts et contribue à une perception grandissante selon laquelle le gouvernement Diefenbaker manque d'esprit de décision. Elle contribue aussi à aggraver les relations déjà difficiles avec l'administration Kennedy et alimente la controverse autour des armes nucléaires. La crise elle-même prend fin les 27 et 28 octobre, quand le premier ministre soviétique, Nikita Khrouchtchev, accepte de démonter et d'enlever les missiles soviétiques de Cuba.

Denis Stairs

Missiles de croisière, affaire des En 1985, un certain nombre d'organismes allèguent devant les tribunaux que la décision du gouvernement canadien de permettre aux États-Unis de procéder à des essais de missiles de croisière au Canada va à l'encontre de l'article 7 de la CHARTE CANADIENNE DES DROITS ET LIBERTÉS: «Chacun a droit à la vie, à la liberté et à la sécurité de sa personne; il ne peut être porté atteinte à ce droit qu'en conformité avec les principes de justice fondamentale». La Cour suprême du Canada déclare, le 9 mai 1985, que les décisions du Conseil des ministres sont sujettes au

contrôle judiciaire en vertu du paragraphe 32 (1) de la Charte. L'appel à la Cour fut rejeté. En fait, l'article 7 n'a pas été violé. Les effets possibles de l'autorisation donnée par le Conseil des ministres sont conjecturaux. On n'a pu établir en preuve le lien de causalité entre la permission accordée et l'accroissement de la menace d'un conflit nucléaire.

Gérald-A. Beaudoin

Mission, C.-B.; municipalité de district; pop. 30 519 (rec. 1996), 26 202 (rec. 1991), 21 985 (rec. 1986); superf. 224,55 km²; const. en 1969; située sur la rive nord du FLEUVE FRASER, à 70 km de route à l'est de Vancouver.

En 1860-1861, un prêtre oblat, le père Fourquet, fonde une mission à l'emplacement actuel. La véritable expansion de la mission commence après l'achèvement de la ligne de chemin de fer du Canadien Pacifique en 1885 et la construction d'un pont enjambant le Fraser en 1891. La localité de Mission Junction prend de l'ampleur et est constituée en tant que village en 1922 sous le nom de Mission. En 1892, la région rurale avoisinante est constituée en tant que corporation du district de Mission. En 1969, la corporation et le village sont amalgamés en une seule municipalité, formée de deux localités principales, la région urbaine centrale de Mission et Hatzic, et de cinq autres localités plus petites: Steelhead, Stave Falls, Silverdale, Cedar Valley et Ferndale. Hatzic, située à l'est de Mission, est surtout résidentielle. Elle est séparée de Mission par des terres appartenant en partie à la couronne.

Le travail forestier, l'industrie manufacturière, les services gouvernementaux et de petites entreprises constituent la base économique de Mission. L'abbaye bénédictine de Westminster, dont la communauté est venue s'installer de Burnaby en 1954, compte parmi les principaux attraits de Mission.

Alan F.J. Artibise

Missionnaires oblats de Marie Immaculée La congrégation des Missionnaires oblats de Marie Immaculée a été fondée à Aix-en-Provence, France, par Eugène de Mazenod, en 1816. En 1841, cette congrégation, vouée en premier lieu aux missions paroissiales, s'étend à l'étranger, d'abord dans les Îles britanniques puis au Canada, à l'invitation de Mᵍʳ Ignace BOURGET. Arrivés à Montréal le 2 décembre 1841, les premiers oblats s'établissent à Saint-Hilaire, puis à Longueuil avant de se fixer à Montréal en 1848. Ils prêchent des missions en faveur des catholiques canadiens et irlandais dans l'est du pays et même aux États-Unis. Dès les débuts, des prêtres canadiens se joignent aux premiers missionnaires. À l'instigation de Mᵍʳ Bourget, les oblats s'implantent dans l'Outaouais en 1844. Ils prennent en charge les catholiques français et irlandais de Bytown, la future ville d'Ottawa. Ils entreprennent, auprès des Amérindiens, des missions qu'ils étendront dans la Gatineau, au Témiscamingue, en Abitibi et jusqu'à la baie James. En avril 1844, Mᵍʳ Joseph Signay, archevêque de Québec, les requiert pour desservir les Amérindiens du Saint-Maurice, du Saguenay et de la Côte-Nord du Saint-Laurent.

En 1847, leur supérieur Bruno Guigues devient premier évêque de Bytown. À sa demande, les oblats fondent le collège de Bytown. Celui-ci prendra le nom de collège d'Ottawa avant de devenir l'Université d'Ottawa, avec l'obtention, en 1866, d'une charte civile du gouvernement fédéral et, en 1889, d'une charte pontificale du Saint-Siège. En 1965, cette fondation des oblats devient l'Université Saint-Paul, fédérée à l'Université d'Ottawa, qui reçoit une nouvelle charte à titre d'université non confessionnelle.

Appelés par Mᵍʳ Norbert Provencher à œuvrer dans l'Ouest canadien, les oblats desserviront les colons venus de l'Est et les Métis, et évangéliseront les Amérindiens et les Inuit. L'implantation de l'Église catholique dans le Nord-Ouest et le Grand-Nord sera principalement le fruit de leur travail. Depuis l'époque de Mᵍʳ Alexandre Taché au Manitoba, de Mᵍʳ Vital Grandin en Alberta et de Mᵍʳ Louis

d'Herbomez en Colombie-Britannique, la plupart des diocèses de l'Ouest et du Grand-Nord ont eu un oblat comme premier évêque.

Depuis les années 1920, les oblats canadiens sont allés nombreux en missions à l'étranger, en commençant par le Basutoland, aujourd'hui Lesotho. Environ 50 d'entre eux continuent d'œuvrer en Afrique, en Amérique latine et en Asie. La structure de cette congrégation au Canada comprend huit provinces autonomes. En janvier 2000, les Missionnaires oblats de Marie Immaculée comptaient, au Canada, 12 évêques, 660 prêtres et 177 frères.

Maurice Lesage

Missions et missionnaires En Nouvelle-France comme ailleurs, un motif déclaré de l'occupation européenne est la christianisation des populations autochtones, et des pressions officielles sont exercées sur les compagnies de commerce et les gouverneurs pour qu'ils y travaillent. En pratique, ce sont surtout les sociétés et ordres religieux qui font ce travail. Les JÉSUITES arrivent en Acadie en 1611; les RÉCOLLETS vont dans la vallée du Saint-Laurent et au pays des Hurons en 1615; les capucins, les SULPICIENS et les prêtres de la Société des missions étrangères se mettent à l'œuvre plus tard. Des missions sont progressivement établies partout où vont les Français, y compris au pays des Iroquois, jusqu'à la baie James, à l'ouest des Grands Lacs et plus loin encore.

La plus célèbre de ces missions est celle des Hurons, qui est reprise par les jésuites en 1634 et prend fin en 1649-1650 lorsque les Iroquois détruisent la Confédération huronne et tuent Jean de BRÉBEUF et plusieurs autres missionnaires (*voir* SAINTE-MARIE-DES-HURONS).

La conquête britannique de 1759-1760 tarit le recrutement pour les missions françaises; par ailleurs, les protestants tardent à s'intéresser aux missions auprès des Indiens. La première entreprise qui donne des résultats est celle des méthodistes, commencée en 1823 auprès des Mississaugas du Haut-Canada et réalisable grâce à la formation d'un groupe de missionnaires autochtones, dont les plus importants sont Peter JONES, alias Kahkewaquonaby, et John SUNDAY, alias Shah-wun-dais. Les anglicans et les MORAVES sont également des missions et les jésuites sont de retour en 1843.

Dans l'ouest du Canada, les principales organisations sont la Church Missionary Society (CMS, anglicane) à partir de 1820, les méthodistes wesleyens (appelés plus tard canadiens) à partir de 1840, les oblats de Marie Immaculée (catholiques) à partir de 1845, les presbytériens à partir de 1866 et l'Église unie du Canada à partir de 1925. Chez les Inuits, les moraves arrivent au Labrador en 1771 et sont suivis par la CMS et les oblats. Bien que toutes ces missions aient été empreintes d'un esprit assez paternaliste dans le passé, on s'applique aujourd'hui à encourager la participation active des chrétiens autochtones. Ces dernières années, beaucoup de nouvelles missions ont vu le jour; les plus notables sont celles des pentecôtistes et d'autres groupes évangéliques conservateurs.

Un travail missionnaire a également été nécessaire pour offrir des services religieux aux colons de race blanche. Les sociétés et ordres religieux français qui œuvrent chez les Indiens sont également au service des colons de la Nouvelle-France. Certaines organisations protestantes sont importantes, notamment la Society for the Propagation of the Gospel (anglicane), la Glasgow Colonial Society (Église d'Écosse), la Colonial Missionary Society (congréganiste) et l'American Home Missionary Society (congréganiste et presbytérienne). Des prédicateurs américains fondent les Églises méthodistes et baptistes du centre du Canada, tandis que les méthodistes des provinces de l'Atlantique reçoivent leurs missionnaires surtout de l'Angleterre. Les missions catholiques, tant chez les Blancs que chez les Indiens, sont généreusement soutenues par la société de la Propagation de la foi, fondée à Lyon en 1822.

Avant le milieu du XIXe s., les Églises canadiennes parrainent des missionnaires envoyés à l'étranger. En 1845, Richard Burpee va en Inde grâce à l'appui des baptistes des Maritimes; en 1846, la minuscule Église presbytérienne de Nouvelle-Écosse accepte d'envoyer John Geddie aux Nouvelles-Hébrides. À la fin du siècle, à peu près toutes les Églises protestantes canadiennes soutiennent des missions à l'étranger; celle des méthodistes dans l'ouest de la Chine finit par devenir la plus imposante mission protestante du monde. La Sudan Interior Mission, officiellement organisée à Toronto en 1898 et non rattachée à une confession, est probablement la plus grosse organisation missionnaire protestante lorsqu'elle fusionne avec l'Andes Evangelical Mission pour former la Society of International Missionaries. Depuis la Seconde Guerre mondiale, les activités missionnaires des catholiques et des évangélistes conservateurs dépassent en ampleur celles des grandes Églises protestantes. Ces dernières, pendant ce temps, ont évolué vers un partenariat d'égal à égal avec les Églises étrangères et une grande partie de leur travail se fait en collaboration avec des organismes internationaux comme le Conseil œcuménique des Églises.

Johnv Webster Grant

Mississauga, ville d'Ont.; pop. 544 382 (rec. 1996), 463 388 (rec. 1991), 374 005 (rec. 1986); superf. 273,86 km². Elle est située à 20 km à l'ouest de TORONTO au bord du lac ONTARIO. Appelée à l'origine Toronto Township, elle tire son nom actuel des premiers habitants, les Mississaugas, une bande OJIBWÉ, qui a immigré, dès le début du XVIIIe s., du secteur des GRANDS LACS qui se trouve plus au nord.

Colonisation Les Mississaugas s'associent avec des traiteurs de pelleteries français non autorisés à l'embouchure de la rivière du Crédit. La vallée inférieure de la rivière du Crédit demeure le domaine des Mississaugas jusqu'à ce que les autorités britanniques achètent les terres avoisinantes en 1805. Au cours des années qui suivent, les LOYALISTES ainsi que des immigrants américains et britanniques s'installent le long de la rue Dundas et des rives du lac à l'ouest de la rivière Crédit. Dès 1818, l'afflux régulier de fermiers dans la région incite l'administration coloniale à acquérir ce qui reste de territoire Mississauga qui comprend alors la partie nord de Toronto Township. En 1826, les Mississaugas sont déjà confinés sur une réserve au nord de l'embouchure de la rivière du Crédit. Ils y restent jusqu'en 1847, lorsque le gouvernement provincial les déménage sur la réserve Grand River.

Développement Lorsqu'elle est constituée en 1850, Toronto Township a une population d'environ 7500. En raison de l'insuffisance de routes carrossables, les habitants du canton s'identifient davantage aux villages locaux et aux hameaux. P. ex., Cooksville et Dixie sont des centres de services agricoles situés le long de la rue Dundas; Erindale, Streetsville et Meadowvale sont des moulins érigés aux abords de la rivière du Crédit; Port Credit, Clarkson et Malton sont des gares ferroviaires.

Le paysage rural de Toronto Township et son rôle d'arrière-pays agraire demeurent pratiquement inchangés jusqu'après la Première Guerre mondiale lorsque l'avènement de l'automobile et des routes revêtues incitent les résidants de Toronto à déménager dans des endroits moins dispendieux: les banlieues avoisinantes. D'une vaste cité-dortoir d'un peu plus de 15 000 habitants en 1945, le Toronto Township se transforme radicalement en un conglomérat de lotissements résidentiels et industriels, de tours d'habitation, de complexes de bureaux, de centres commerciaux, de routes à voie multiples; on y trouve aussi l'aéroport le plus achalandé du Canada. Lorsque sa population atteint 100 000 personnes en 1968, Toronto Township devient la ville de Mississauga et elle est constituée en ville en 1974.

Situation actuelle Le Mississauga Civic Centre, inauguré en 1987, est un point de repère architectural. Sa conception est influencée par les fermes qui occupaient autrefois une grande partie de Mississauga. De nos jours, Mississauga se révèle être un centre commercial et industriel dominant. Elle abrite l'aéroport international le plus important du Canada, Lester B. Pearson, et deux chemins de fer nationaux. De plus, elle possède la plus grande concentration d'autoroutes importantes du pays. Au début de l'année 1997, elle inaugure le Living Arts Centre, centre à vocations multiples à l'intention des arts de la scène et de l'éducation. Mississauga demeure l'une des villes du Canada dont la croissance est la plus rapide.

Roger E. Riendeau

Mistassini (*Voir* DOLBEAU-MISTASSINI)

Mistassini, lac Il possède une superficie de 2336 km² et une longueur de 159 km en son point le plus long. Il est situé à 372 m d'altitude, au centre du Québec, à 360 km à l'est de la BAIE JAMES et à 220 km au nord-ouest du LAC SAINT-JEAN. Alimenté par de nombreux petits lacs et cours d'eau, il se déverse à l'ouest dans la RIVIÈRE DE RUPERT par les lacs Mesguez et Nemiscau. Le lac Mistassini est le plus grand lac naturel de la province. Une série d'îles rocheuses étroites et allongées le divisent pour ainsi dire en deux. L'épinette noire, l'épinette blanche, le bouleau blanc, le peuplier, le mélèze, le pin gris et le sapin baumier qui poussent sur ses rives engendrent une importante industrie forestière. Le lac contient du corégone, du brochet, de la truite grise, de la truite de lac et on a rapporté la présence de phoques d'eau douce. Le caribou a pratiquement disparu du secteur à la suite d'une chasse excessive, mais l'orignal fréquente toujours ses berges. Le piégeage abusif a mené à la diminution des populations de renards, de loutres, de lynx, de martres, de visons et de castors. Le lac est découvert en 1672 par le père Charles ALBANEL et est pendant longtemps un centre de la TRAITE DES FOURRURES. On y trouve encore aujourd'hui un poste de traite, ainsi qu'une mission de l'Église anglicane et une réserve crie. Le géologue Albert Peter LOW y passe l'hiver 1884-1885 et en effectue le relevé en juin et juillet 1885. Aujourd'hui, le secteur est reconnu pour ses bleuets, qui contribuent largement à la récolte canadienne annuelle. Son nom vient du mot cri *mista-assini* signifiant «grand rocher».

David Evans

Mistry, Rohinton, nouvelliste, romancier (Bombay, Inde, 3 juill. 1952). Il obtient un diplôme en mathématiques et en sciences économiques de l'U. de Bombay en 1973. Deux ans plus tard, il émigre à Toronto, où il travaille comme commis au service comptable d'une banque. Il s'inscrit à l'U. de Toronto pour étudier l'anglais et la philosophie et obtient un second diplôme de premier cycle en 1983.

Dans son premier livre, un recueil de nouvelles intitulé *Tales from Firozsha Baag* (1987), il associe le caractère d'urgence de la vie quotidienne dans un immeuble de Bombay et la vision dont certains de ses personnages acquièrent après leur immigration au Canada. Son premier roman, *Such a Long Journey* (1991), a aussi pour cadre Bombay. Le contexte social qui servait de toile de fond aux nouvelles sert de cadre à une famille de Bombay. Le personnage principal voit sa vie s'effondrer lorsque son fils rejette la piété filiale et que son meilleur ami l'implique dans une intrigue politique. Sa moralité et son bon sens sont également confrontés à un monde en changement. Ce roman remporte le prix du Gouverneur général, le Prix des écrivains du Commonwealth pour le meilleur livre et le prix du meilleur premier roman au Canada de W.H. Smith Books; il est aussi finaliste pour le prestigieux prix Booker, décerné en Angleterre.

Dans son deuxième roman, *A Fine Balance*, les abus du pouvoir politique menacent de détruire la dignité individuelle. Le récit se déroule à l'époque des mesures d'urgence imposées par Indira Gandhi et consiste en un examen sensible et douloureux d'une humanité croulant sous le poids de la répression sociale et politique. Il permet à son auteur de remporter le prix Giller en 1995. Les membres les plus vulnérables de la société peuplent l'univers fictif de l'auteur et leur lutte sans fin, toujours dans la souffrance, tente d'affirmer la dignité humaine. L'U. d'Ottawa décerne un doctorat honorifique à Mistry en 1996.

David Staines

Mitchell, Bessie, «Betty», administratrice de théâtre et professeure (Sandusky, Ohio, 4 mai 1896—Calgary, Alb., 10 sept. 1976). Mitchell, Bessie, «Betty», immigre à 16 ans près d'Oyen, en Alberta, où elle vit dans une ferme avec sa mère, son frère et sa sœur, puis termine ses études secondaires par correspondance. Elle fréquente ensuite l'école normale de Calgary et enseigne dans des écoles rurales afin de payer ses cours à l'U. de l'Alberta, où elle se spécialise en botanique. Sa première apparition dans une production dramatique de l'université marque le début d'une histoire d'amour avec le théâtre, qui durera toute sa vie. Parmi les nombreuses troupes de théâtre qu'elle aide à fonder à Calgary figurent The Green Room Club (1930), the Side Door Playhouse (1932) et Workshop 14 (1944).

Quand William ABERHART, ancien directeur d'école secondaire et chef du parti du CRÉDIT SOCIAL, est élu à la tête du gouvernement de l'Alberta en 1935, il intègre les beaux-arts au programme des écoles secondaires de l'Alberta. Il s'agit d'un précédent en Amérique du Nord. Mitchell est l'une des premières à profiter de cette nouvelle politique et compte parmi les premiers professeurs d'art dramatique au secondaire.

En 1942, une représentation spéciale de *Our Town*, de Thornton Wilder, donnée par les élèves de Mitchell, est organisée à la Western Canada High School à l'attention de Barclay Leathem, directeur de la Cleveland Playhouse et chef du Département d'art dramatique de la Western Reserve University (Cleveland, Ohio). Leathem est extrêmement impressionné par le spectacle et recommande Mitchell pour une bourse de la Rockefeller Foundation. Avec cette bourse, elle fait ses premières études officielles en théâtre et obtient une maîtrise ès arts en théâtre de la State University of Iowa en août 1944. Une bourse nationale de recherche du Cleveland Playhouse lui permet d'entreprendre une tournée aux États-Unis afin d'étudier le théâtre amateur, professionnel et le théâtre à vocation éducative.

Quand Mitchell revient à Calgary, elle constate que trois de ses anciens élèves, Kaye Grieve, Betty Valentine et Frank Glenfield, ont fondé le Workshop 14, qui doit son nom au numéro inscrit sur la porte de la salle où ils avaient leurs répétitions. Au début, elle ne travaille avec la troupe qu'à titre de conseillère, mais elle devient très vite l'une des plus efficaces directrices de l'une des meilleures troupes amateurs du Canada. Workshop 14 remporte de nombreux prix au FESTIVAL NATIONAL D'ART DRAMATIQUE de 1949 à 1959 et un grand nombre des élèves de Mitchell ont poursuivi avec succès une carrière théâtrale.

Mitchell reçoit un doctorat honorifique en droit de l'U. de l'Alberta en 1958. En 1962, l'inauguration officielle du Betty Mitchell Theatre au Allied Arts Centre a lieu. Mitchell réalise un de ses rêves quand la première compagnie théâtrale professionnelle de Calgary est fondée, et, lorsque le Calgary Theatre s'installe dans le théâtre qui porte son nom, elle voit les efforts de toute sa vie récompensés. Un second théâtre lui est dédié en 1984: le Betty Mitchell Theatre, dans le Southern Alberta Jubilee Auditorium. Lorsqu'en 1997-1998 la communauté du théâtre professionnelle remet pour la première fois des prix qui deviendront annuels, elle leur donne tout naturellement le nom de Betty Mitchell Awards.

Les documents personnels de Betty Mitchell sont conservés dans les archives du GLENBOW MUSEUM, à Calgary.

Joyce Doolittle

Mitchell, Charles Alexander, scientifique, vétérinaire et historien de la médecine (Clarksburg, Ont., 9 août 1891—Ottawa, 8 juill. 1979). Diplômé de l'Ontario Veterinary College à Toronto en 1915, il travaille au ministère de l'Agriculture du Dominion de 1914 à 1957 et exerce les fonctions de pathologiste vétérinaire de 1944 à 1957. Auteur de nombreux articles, il est connu mondialement pour ses recherches secrètes sur les maladies animales au cours de la Seconde Guerre mondiale. Fervent partisan de la MÉDECINE VÉTÉRINAIRE organisée, Mitchell collabore étroitement à la création d'associations vétérinaires régionales et nationales, et de groupes de recherches médicales. Parallèlement, il étudie de nombreux aspects de l'histoire de la médecine et de la science vétérinaire au Canada et publie des rapports sur ces sujets. Relativement tard dans sa carrière, il est nommé directeur de recherches à l'Hôpital Civic d'Ottawa (1958-1972). De 1958-1970, il est professeur agrégé à la faculté de médecine de l'U. d'Ottawa.

J.F. Frank

Mitchell, Humphrey, électricien, syndicaliste, politicien (Old Shoreham, Angl., 9 sept. 1894—Ottawa, 1ᵉʳ août 1950). Après avoir servi dans la Marine royale au cours de la Première Guerre mondiale, Mitchell s'installe comme électricien à Hamilton, en Ontario. Il est président de la section d'Hamilton et de district du Conseil des métiers et du travail pendant 2 ans, puis il en est le secrétaire pendant 22 ans. Il préside aussi le conseil exécutif ontarien du CONGRÈS DES MÉTIERS ET DU TRAVAIL DU CANADA. Il est élu conseiller municipal (1929-1931) et gagne un siège à la Chambre des communes lors d'une élection partielle en 1931. Même comme travailliste indépendant, il refuse de se joindre à la nouvelle Fédération du Commonwealth coopératif (FCC) et se rapproche plus tard des libéraux. Après sa défaite aux élections générales de 1935, il entre en poste au ministère fédéral du Travail. Pendant la guerre, il dirige un certain nombre de commissions et de conseils sur le travail. À partir de 1941, juste avant de reprendre son siège aux Communes, et jusqu'à sa mort, il est ministre du Travail dans les gouvernements KING et SAINT-LAURENT. L'adoption pendant son mandat d'une nouvelle législation sur la négociation collective obligatoire pose les assises du système des relations du travail d'après-guerre au Canada.

Craig Heron

Mitchell, James, avocat, politicien et premier ministre du Nouveau-Brunswick (Scotch Settlement, comté de York, N.-B., 16 mars 1843—St. Stephen, N.-B., 15 déc. 1897). Avocat bien connu à St. Stephen, Mitchell est également inspecteur d'écoles dans le comté de Charlotte au début de carrière. Député libéral à l'Assemblée législative de 1882 à 1897, il occupe les fonctions d'arpenteur en chef de la province, de commissaire de l'Agriculture, de receveur général et de secrétaire provincial, avant de devenir premier ministre en 1896. Des problèmes de santé l'obligent à se retirer en 1897, après 15 mois de gouvernement sans histoire, et sans qu'aucune réalisation durable n'ait marqué son administration.

Arthur T. Doyle

Mitchell, Joni, de son vrai nom Roberta Joan Anderson, chanteuse de musique populaire et chansonnière (Fort Macleod, Alb., 7 nov. 1943). Elle débute comme chanteuse folk à Calgary et à Toronto. Elle déménage aux États-Unis en 1966 et s'établit finalement près de Los Angeles. Parolière très influente, elle se fait bientôt connaître en composant des chansons comme *Both Sides Now* (un succès interprété par Judy Collins et classé parmi les dix premières places du palmarès en 1968), *The Circle Game* (Tom Rush) et *Woodstock* (Crosby, Stills, Nash & Young).

Le troisième album de Joni Mitchell, *Ladies of the Canyon* (1970), est le premier à se vendre à un million d'exemplaires. Ses disques subséquents tels que *Blue* (1971), *Court and Spark* (1974), *The Hissing of Summer Lawns* (1975) et *Hejira* (1976) remportent non seulement d'énormes succès commerciaux, mais encore sont acclamés par la critique. Parmi ses nombreuses chansons distinctives au cours de cette période, on trouve: *Big Yellow Taxi, Carey, Help Me, Free Man in Paris* et *You Turn Me On (I'm a Radio)*.

Au milieu des années 70, Mitchell délaisse le folk pour le *jazz-pop fusion* avec le groupe L.A. Express et plonge dans du jazz plus complexe avec *Don Juan's Reckless Daughter* (1977) et *Mingus* (1978), des disques enregistrés en collaboration avec le bassiste et compositeur Charles Mingus. Avec son époux Larry Klein, bassiste, elle retourne à une sonorité pop contemporaine pour les albums minutieusement réalisés que sont *Wild Things Run Fast* (1982), *Dog Eat Dog* (1985), *Chalk Mark in the Rainstorm* (1988) et *Night Ride Home* (1991). Son 17ᵉ album, *Turbulent Indigo* (1994), lui vaut le prix Grammy du meilleur album pop de 1996. La même année, elle reçoit le prestigieux prix Polar de la Suède, un Prix du Gouverneur général et le prix de l'œuvre de toute une vie de la National Academy of Songwriters des États-Unis. Elle est élue au temple de la renommée du rock'n' roll en mai 1997.

Jeff Bateman

Mitchell, Peter, avocat, politicien et premier ministre conservateur du Nouveau-Brunswick, de 1866 à 1867 (Newcastle, N.-B., 4 janv. 1824—Montréal, 25 oct. 1899). Pittoresque et téméraire, Mitchell devient le premier titulaire du ministère des Pêches au Canada, mais il meurt dans l'amertume et dans l'oubli. Il fait son entrée en politique en 1856 et c'est à titre d'ardent partisan de la Confédération, de même que par un heureux hasard, qu'il devient premier ministre du Nouveau-Brunswick en 1866. Nommé au Sénat de 1867 à 1872 et élu à la Chambre des communes en 1872, il est ministre des Pêcheries sous sir John A. MACDONALD, de 1867 à 1873, un poste où il fera preuve d'innovation et de dynamisme. Il est à l'origine d'un incident diplomatique sur la scène internationale, alors que des canonniers canadiennes saisissent des bateaux de pêche américains dans les eaux canadiennes. Le SCANDALE DU PACIFIQUE met un terme à l'influence de Mitchell en politique, mais il y reste malgré tout pendant plusieurs années. Il se porte acquéreur du *Montreal Herald* et sa vanité croît au même rythme que son piètre sens des responsabilités. Il joint les rangs du Parti libéral et y nourrit sa rancune face à Macdonald et à d'autres.

Carl M. Wallace

Mitchell, William Ormond, romancier et dramaturge (Weyburn, Sask., 13 mars 1914—Calgary, Alb., 25 févr. 1998). Son habileté à décrire les Prairies ainsi que sa connaissance du langage de cette région font de ses romans un exemple dont s'inspirent de nombreux écrivains qui lui succèdent. Il étudie à l'U. du Manitoba et à l'U. de l'Alberta. Après deux ans d'enseignement, il s'installe à High River (Alberta) en 1944, où il demeure jusqu'en 1968, sauf durant les trois années qu'il passe comme directeur littéraire chez MACLEAN'S (1948-1951). Après 1968, il devient écrivain résident au Banff Centre, à l'U. de Calgary, à l'U. de l'Alberta et au collège Massey, à Toronto. Il fait un séjour à l'U. de Windsor de 1978 à 1987, puis vit à Calgary jusqu'à sa mort, en 1998.

En 1947, Mitchell connaît un succès immédiat après la publication de son classique WHO HAS SEEN THE WIND. Le roman porte sur l'initiation d'un jeune garçon, Brian, à la naissance et à la mort, à la vie, à la liberté et à la justice. Les enfants et les excentriques, entre autres l'ivrogne Ben et le fou Saint Sammy, en sont les personnages les plus pittoresques. Mitchell décrit la beauté et la puissance de la prairie et du vent, qui symbolisent Dieu. Allan KING met en scène le long métrage inspiré du roman (1977) et, en 1991, une nouvelle édition du roman

illustré par William Kurelek paraît. Le deuxième roman de Mitchell, *The Kite* (1962), porte aussi sur la vie et la mort. Cette fois, Mitchell marie des anecdotes amusantes au thème de la recherche, qui aboutit à la célébration de l'immortalité.

The Vanishing Point (1973) est un roman inédit, écrit plus tôt par l'auteur et retravaillé. L'action se déroule dans la réserve de Paradise Valley et traite de la recherche d'une solution à l'aliénation. C'est en sorte une affirmation des liens qui existent entre la race et la personne. Son roman, *How I Spent My Summer Holidays* (1981), reprend le thème de l'initiation, mais avec une vision beaucoup plus noire. Le héros, Hugh, quitte l'innocence de l'enfance pour découvrir un monde de trahison, de culpabilité, de répression et de violence. Devenu vieillard, il ne reste à Hugh que la connaissance. *Since Daisy Creek* (1984) est une version canadienne contemporaine de *Moby Dick*. Mutilé par un gigantesque grizzli, Colin Dobbs, un romancier raté, souffre de blessures tant morales que physiques et tente de se guérir par l'écriture. Dobbs, homme amer, et sa fille Annie, pleine de caractère, sont les personnages les plus pittoresques créés par Mitchell depuis Daddy Sherry. En 1988, il publie un roman de suspense, *Ladybug, Ladybug...* (trad. *Le vieil homme, la femme et l'enfant*, 1991), suivi d'un autre roman intitulé *Roses Are Difficult Here*, en 1990.

Mitchell écrit aussi de nombreuses pièces dramatiques pour la radio et la télévision. L'émission populaire *Jake and the Kid* (1961) provient d'histoires écrites pour Maclean's. La série est diffusée chaque semaine sur les ondes de la chaîne radiophonique de la Société Radio-Canada entre 1950 et 1956. Mitchell raconte les aventures d'un village appelé Crocus, (Saskatchewan), à partir de deux personnages: le domestique employé dans une ferme et un adolescent. Les personnages excentriques, les histoires invraisemblables et le parler local ajoutent au plaisir de l'auditoire. La série est télévisée en 1961. Ses premières pièces dramatiques conçues pour la radio, *The Devil's Instrument* (1949) et *The Black Bonspiel of Willie MacCrimmon* (écrite en 1951, publiée en 1965), sont révisées et transformées en pièces complètes. Le Theatre Calgary monte *The Black Bonspiel of Willie MacCrimmon* en 1979. *The Kite* est adapté pour la scène en 1981. Il en est de même pour deux autres pièces de théâtre: *Back to Beulah* (récipiendaire du prix Chalmers en 1976) et *For Those in Peril on the Sea* (1982). Ces dernières sont publiées dans *Dramatic W.O. Mitchell* (1982). À titre d'expérience, Mitchell écrit, en 1967, une comédie musicale, *Wild Rose*.

En 1973, il devient Membre de l'Ordre du Canada. Il reçoit plusieurs diplômes honorifiques et est directeur du département de littérature du Banff Centre de 1975 à 1985. Il remporte le Stephen Leacock Memorial Award pour son livre *According to Jake and the Kid* (1989) et publie un roman policier, *For Art's Sake*, en 1992. Une édition illustrée de *The Black Bonspiel of Wullie MacCrimmon* paraît en 1993. Il devient membre honoraire du Conseil privé, en 1992.

Catherine Mclay

Mite Nom commun donné à la plupart des membres de l'ordre des acariens, un groupe vaste et diversifié de minuscules ARACHNIDES qui inclut également les TIQUES. On estime qu'il existe 300 000 espèces de mites dans le monde parmi lesquelles environ 35 000 ont été décrites. Au Canada, il y en aurait 10 000 espèces dont environ 2000 sont connues. Les mites sont probablement plus nombreuses que les INSECTES: on peut compter 1 million de mites représentant quelque 100 espèces dans 1 m² de sol forestier et de litière, au Canada.

Évolution Les plus anciens fossiles de mites remontent à 380 millions d'années. Au Canada, au Mexique et en Europe, on trouve souvent des restes appartenant à des genres actuels dans des morceaux d'ambre vieux de 80 à 100 millions d'années.

Description Les mites sont de très petite taille, la majorité mesurant entre 0,1 et 10 mm de longueur. Elles ont des couleurs variées: plusieurs sont ternes, mais quelques-unes, entre autres parmi les hydracariens, sont rouge, bleu ou vert éclatant. À l'instar des araignées, les mites n'ont pas de segments abdominaux bien définis mais contrairement aux araignées, leur abdomen n'est pas séparé du reste du corps par un amincissement marqué de la taille.

Les mites se développent par une métamorphose graduelle qui comprend habituellement les stades suivants: œuf, larve à six pattes (qui peut avoir de un à trois stades), nymphe à huit pattes et adulte à huit pattes.

Habitat Les mites et les tiques constituent le plus omniprésent groupe d'animaux, et on les rencontre dans presque tous les habitats terrestres et aquatiques, que ce soit dans le sol profond, le couvert forestier, les sources thermales, les sources froides et les eaux souterraines. On les trouve dans tous les types de cours d'eau, d'étangs et de lacs ainsi que dans l'eau de mer des plateaux continentaux et des fosses océaniques du littoral canadien, qui est particulièrement long. Les mites se dispersent grâce aux courants d'air, aux oiseaux, aux mammifères et aux insectes volants.

Habitudes alimentaires Plusieurs espèces ont des habitudes alimentaires non prédatrices, se nourrissant de bactéries, de levures, de champignons, d'algues, de mousses et de plantes supérieures. D'autres parasitent les insectes et les vertébrés (sauf les poissons), vivant parfois bien dissimulées (tympan des papillons, voies respiratoires des abeilles, rachis des plumes d'oiseaux, sous les écailles de lézards, cloaque des tortues, poumons des phoques et pores du visage et de la poitrine des humains).

Relations avec les humains Les mites sont à la fois nuisibles et utiles. Les tétranyques ou araignées rouges parasitent les plantes cultivées, les arbres forestiers et les plantes d'ornement. Certaines mites herbivores ériophyides (phytoptes) causent la formation de galles ou transmettent des virus phytopathogènes, entre autres le striage du blé, au Canada. Les mites peuvent causer de lourdes pertes économiques en envahissant les entrepôts de grain, de nourriture ou d'autres produits organiques.

Les acariens de la poussière concentrent des allergènes. D'autres espèces de mites, p. ex., les aoûtats ou rougets, les sarcoptes et les psoroptes, sont d'importants parasites et transmettent parfois des maladies aux humains et au bétail.

Quelques espèces sont utiles en tant que prédateurs de mites herbivores et d'autres se nourrissent de mauvaises herbes. Les mites oribatides jouent un rôle important dans la décomposition de la matière organique, le recyclage d'éléments nutritifs et la formation du sol. On ne fait que commencer à mieux comprendre l'importance des mites comme bioindicateurs de la qualité du sol et de l'eau. (*Voir aussi* BIODIVERSITÉ.)

Evert E. Lindquist et V. M. Behan-Pelletier

Mitel Corporation (*Voir* ÉLECTRONIQUE, INDUSTRIE DE L')

Mitsou, née Mitsou-Miel-Rioux Gélinas, chanteuse, actrice (Loretteville, Qc, 1er sept. 1970). Elle est la petite-fille du célèbre acteur-dramaturge Gratien GÉLINAS et la fille de l'acteur Alain Gélinas. Mitsou débute dans le monde du spectacle dès sa tendre enfance, puis joue dans des feuilletons télévisés québécois durant sa jeunesse. Elle commence à chanter durant son adolescence et n'a que 17 ans lorsqu'elle enregistre son premier album, *El Mundo*. Ce dernier est un triomphe au Québec et produit trois chansons à succès. L'audacieux vidéoclip de *Bye Bye Mon Cowboy* est un triomphe au Canada anglais et fait de Mitsou une célébrité au Canada comme en Europe. L'album *El Mundo* se vend à plus de 300 000 exemplaires au Canada.

Elle lance *Terres des hommes* en 1990. En raison des scènes de nudité apparaissant dans le vidéoclip de la chanson *Dis-Moi, Dis-Moi*, les canaux de télévision musicaux nord-américains en bannissent la diffusion. La controverse à cet égard lui vaut un contrat de plusieurs millions de dollars avec Disney's Hollywood Records. En 1992, elle lance son premier album de langue anglaise intitulé *Heading West*. Mitsou cosigne la chanson-titre de l'album avec la vedette pop américaine Cyndi Lauper. L'année suivante, elle lance son deuxième album de langue anglaise: *Tempted*. Vedette de musique pop en Amérique du Nord et en Europe, Mitsou perfectionne ses talents d'actrice lorsqu'elle n'est pas en tournée.

Mladenovic, Milos, professeur et directeur de revue (sud de Belgrade, Serbie, 1903—Montréal, 4 oct. 1984). Titulaire de diplômes en droit et en commerce de l'U. de Belgrade et d'un doctorat de la Sorbonne, il se joint au département d'histoire de l'U. McGill en juin 1950. Il est le premier à y donner des cours sur l'histoire de l'Europe de l'Est, de l'URSS et de Byzance, ainsi que sur le système juridique soviétique. Il analyse l'histoire de la guerre comme un élément du «processus historique général» et insiste en particulier sur les influences réciproques de la structure sociale et des différentes formes de conflit militaire. Mladenovic consacre la majeure partie de sa vie à ses étudiants des cycles supérieurs qui publient en 1969 des mélanges en son honneur, *Eastern Europe: Historical Essays,* ainsi qu'un recueil d'essais intitulé *War and Society in the 19th Century Russian Empire* (1972). À un moment donné durant les années 70, sept départements d'histoire, deux de sciences politiques et un d'études byzantines ont pour directeur un de ses anciens étudiants. De 1964 à 1974, il dirige *The New Review*, la seule revue savante au Canada à se consacrer à l'histoire de l'Europe de l'Est. Il publie plusieurs livres, articles et études en anglais, en français, en allemand et en serbe.

J.L. Black

Moberly, Walter, ingénieur civil (Steeple Aston, Angl., 15 août 1832—Vancouver, 14 mai 1915). Moberly immigre au Canada pendant son enfance, étudie dans l' ouest du Canada, puis déménage plus tard en Colombie-Britannique. En 1859, on le nomme directeur des travaux publics. En 1862, il participe à la construction de la voie de transport Yale-Cariboo (*voir* CARIBOO, ROUTE). Il est ingénieur-géomètre général adjoint de la Colombie-Britannique de 1864 à 1866 avant de passer quatre ans aux États-Unis. En 1871, il est responsable des levés pour l'itinéraire du Canadien Pacifique à travers les montagnes Rocheuses et découvre le COL EAGLE. Il publie ses mémoires, *The Rocks and Rivers of British Columbia*, en 1885.

Eric J. Holmgren

Mobilité sociale Mouvement des personnes, des familles et des groupes d'une situation sociale à une autre. La théorie de la mobilité sociale cherche à expliquer la fréquence de ces mouvements et les façons dont les gens se retrouvent répartis en diverses situations sociales (sélection sociale).

Historique de la recherche Les chercheurs se sont d'abord intéressés à l'étude de la mobilité sociale en raison de la régularité avec laquelle les gens se retrouvaient à peu près dans la même situation sociale que leurs parents. En dépit de certains mouvements vers le haut ou le bas de l'échelle sociale d'une génération à l'autre, les gens nés dans des familles riches et influentes seront vraisemblablement riches et influents durant leur vie, contrairement à ceux qui sont nés dans des familles pauvres. Dans notre société, cette régularité résulte de la richesse héritée, de relations sociales utiles et de l'éducation, et non d'une intelligence ou d'un jugement supérieurs, comme certains le pensaient originellement. Les sociétés sont qualifiées d' «ouvertes» ou de «fermées» selon la mesure dans laquelle la fortune des enfants dépend de celle de leurs parents.

Les auteurs de la fin du XVIIIe s. et du XIXe s., qui posent un regard critique sur leurs sociétés, s'inquiètent de l'incidence des facteurs institutionnels sur la mobilité. Ils préconisent une société qui récompenserait le mérite et le talent, et qui offrirait à tous la possibilité de développer leurs qualités. Malheureusement, les auteurs contemporains sont plutôt enclins à substituer des mesures statistiques sommaires de la mobilité à l'analyse critique de la société dans son ensemble.

Deux types de mobilité Les sociologues distinguent habituellement la «mobilité structurelle» (toutes les personnes améliorent leur situation ou font mieux que leurs parents) de la «mobilité d'échange» (certaines personnes changent de situation par rapport à d'autres). Au XXe s., la mobilité structurelle augmente au Canada, aux États-Unis, en Grande-Bretagne et dans d'autres pays industrialisés, mais la mobilité d'échange évolue très peu.

Changements dans la mobilité structurelle Avec l'industrialisation, le travail agricole diminue au profit du travail dans les manufactures et les bureaux. Certains emplois devenant plus courants, les chances de les occuper (comparés à d'autres emplois) augmentent. Ainsi, la mobilité dans les secteurs en croissance de l'économie dépasse celle dans les secteurs en déclin. Il s'agit là d'une forme de mobilité structurelle. En même temps, la chance d'obtenir un emploi est très grande quand la concurrence pour cet emploi est la moins forte. À mesure que le nombre de concurrents décroît, le taux de mobilité augmente: c'est l'autre forme de mobilité structurelle.

Le taux de mobilité structurelle dépend donc à la fois du nombre d'emplois et du nombre de concurrents pour ces emplois. Quand l'économie est en expansion, le CHÔMAGE décline, de nouveaux emplois se créent et les anciens emplois sont souvent améliorés; les meilleurs travailleurs reçoivent de meilleurs salaires et avantages. Dans les périodes de stagnation économique, il y a peu d'emplois disponibles, l'amélioration est moins fréquente et la mobilité diminue. Ce cycle de croissance-décroissance est particulièrement évident au Canada. Comme son économie est largement entre les mains d'investisseurs étrangers (*voir* INVESTISSEMENTS ÉTRANGERS) et dominée par l'exportation de matières premières vers des consommateurs étrangers, le Canada s'avère particulièrement sensible aux fluctuations des économies étrangères. La croissance économique et les changements technologiques sont aussi largement tributaires de forces extérieures.

En général, la taille de la POPULATION ACTIVE et la concurrence pour les emplois entre les travailleurs sont déterminées par la croissance naturelle de la population, la migration des travailleurs et les changements dans le taux de participation adulte. Durant la CRISE DES ANNÉES 30, le taux de natalité baisse radicalement, mais après, surtout entre 1946 et 1962, il atteint des sommets. La génération du BABY-BOOM remplit les écoles dans les années 50, les universités dans les années 60 et le marché des premiers emplois dans les années 70. Depuis le *baby-boom*, le taux de natalité chute de nouveau, bien que certains observateurs croient que des cycles de 40 ans vont donner lieu à de nouvelles explosions et baisses démographiques.

Depuis la Crise des années 30, l'IMMIGRATION reste toujours importante au Canada. Le gouvernement canadien encourage généralement l'immigration de travailleurs désireux d'accepter des emplois que les Canadiens de naissance ne veulent ou ne peuvent pas occuper. Par conséquent, une hausse du taux d'immigration ne signifie pas nécessairement une plus grande concurrence pour tous les emplois. Au milieu des années 60, les modifications aux lois de l'immigration favorisent les personnes plus instruites; il en résulte une augmentation des migrants urbains instruits qui compétitionnent avec succès pour décrocher des emplois de cols blancs. Au cours des deux dernières décennies, une grande partie des nouveaux immigrants sont soit des réfugiés, soit des membres de la «catégorie de la famille», c.-à-d. des parents ou des personnes à charge d'un immigrant reçu. La sortie de capitaux et l'émigration de personnes très spécialisées vers les États-Unis se poursuivent. Toutefois, le nombre de départs est trop faible pour influencer de façon significative la mobilité de ceux qui restent.

Participation de la population active Les taux de participation, particulièrement celui des femmes, influent aussi sur le nombre de concurrents pour les emplois. L'instruction publique, l'urbanisation, le développement du travail de bureau et les besoins économiques conduisent à l'accroissement du nombre des entrées dans la population active. Plus de jeunes femmes ayant moins d'enfants ont un plan de carrière et retournent au travail peu de temps après leur accouchement.

D'autres types de mobilité sociale sont apparemment moins touchés par les changements dans la taille et la composition de la population active. P. ex., les caractéristiques sociales de l'élite canadienne ont peu évolué au cours des 50 dernières années ou plus, en dépit de changements dans la population en général. Les membres de l'élite ont encore tendance à être des hommes blancs anglo-saxons protestants, issus de familles de la classe supérieure ou des couches supérieures des classes moyennes. Cependant, on trouve des différences d'une partie du Canada à l'autre. P. ex., il y a plus de catholiques francophones dans l'ÉLITE DU MONDE DES AFFAIRES du Québec ou dans la classe politique fédérale que dans les classes correspondantes de l'Ontario. Par ailleurs, des groupes sociaux autrefois exclus rejoignent l'élite et les couches supérieures de la société dans des secteurs en croissance de l'économie, comme les Italiens et les Juifs dans l'immobilier et la construction.

Les sociétés multinationales semblent également offrir de meilleures chances d'accès à des postes d'élite que les sociétés purement canadiennes. En général, cependant, les caractéristiques sociales qui limitent l'extension et le taux de mobilité de l'emploi dans l'ensemble, comme le sexe, la race, la religion et l'origine de classe, semblent aussi entraver l'accession à l'élite.

Formes d'inégalité des chances Le taux de mobilité est affecté différemment par les règles et les barrières relatives au recrutement. Les personnes moyennes peuvent très bien obtenir des postes dans les organismes qui recrutent des gens de l'extérieur et font preuve d'impartialité, comme la fonction publique fédérale. En dehors de ces organismes, les postes d'élite sont généralement occupés par les enfants des parents de l'élite. P. ex., les places dans les écoles médicales sont occupées de façon disproportionnée par les enfants de médecins, et même dans bien des métiers spécialisés, le droit ou la possibilité d'obtenir un poste se transmet de parent à enfant. La classe sociale des parents détermine dans une large mesure les possibilités initiales d'accès à l'éducation et les choix importants pour la mobilité future.

De façon générale, les gens ne changent pas radicalement de catégorie d'emploi ou de situation sociale. Après leur entrée dans la population active, ils dépassent leurs parents tout de suite ou jamais. Une fois qu'ils débutent à un échelon donné, ils avancent surtout par ancienneté, de sorte qu'ils ne peuvent guère changer de situation par rapport à leurs camarades de travail. Le marché du travail se divise aussi en plusieurs catégories. Il existe ainsi des emplois qui dépendent de la formation, des emplois obtenus grâce à l'appartenance à un syndicat et des emplois accessibles à tous. Les gens qui commencent dans une catégorie vont rarement, si jamais cela arrive, entrer en concurrence avec des gens d'une autre catégorie. P. ex., les journaliers occasionnels vont rarement se trouver en compétition avec les ouvriers qualifiés détenteurs de cartes de compétence ou avec les professionnels agréés.

Inégalité des chances En dehors de la mobilité structurelle et parce qu'il y a peu de mobilité

d'échange et de libre concurrence, les Canadiens ne jouissent pas de chances égales d'avancement. Si on oublie la richesse et le statut, les Canadiens ne sont pas égaux face au pouvoir, car la société canadienne protège le pouvoir de diverses façons. Le pouvoir de la famille est protégé par la richesse. Beaucoup de professions et de postes de responsabilité sont inaccessibles à certains, faute de formation et, notamment, de diplôme universitaire. Ceux qui possèdent la formation exigée viennent de façon disproportionnée des classes moyennes et supérieures.

Tentatives d'égalisation des chances L'IMPOSITION et les PAIEMENTS DE TRANSFERT, destinés à redistribuer la richesse, ne réussissent pas à réduire les disparités de façon significative. Cependant, les lois antidiscriminatoires ou les efforts déployés afin d'offrir l'équité en matière d'emploi sont particulièrement précieux pour les groupes traditionnellement exclus comme les femmes et les minorités raciales. Il semble que ces initiatives commencent à avoir des effets sur la mobilité professionnelle, surtout dans les organismes du secteur public comme l'État et les universités.

L'augmentation des possibilités en éducation (plus d'universités, admissions plus nombreuses, plus de bourses) réduit la valeur originale de la qualification et incite les employeurs à exiger une qualification plus poussée. Néanmoins, l'éducation a aidé bien des enfants de familles pauvres à obtenir des emplois meilleurs que ceux qu'ils auraient pu obtenir autrement, même si les postes supérieurs leur restent inaccessibles.

Mobilité collective La mobilité collective est un moyen efficace de rendre les chances égales. De plus en plus, des groupes de personnes partageant un même but, tels des syndicats ou des associations professionnelles, coopèrent pour leur avancement. Mais d'autres groupes en moins bonne posture se mobilisent aussi collectivement, y compris des groupes ethniques comme la communauté italienne de Toronto, des groupes linguistiques comme les francophones canadiens, des groupes régionaux ou provinciaux et des réseaux de connaissances personnelles, d'amis ou de parents. Dans plusieurs cas, la mobilisation collective fait avancer les intérêts du groupe tout autant que ceux des individus. Cependant, la mobilisation de tout le monde entraînerait une nouvelle impasse, s'avérant une façon indirecte, inefficace d'éliminer les inégalités sociales.

Tendances de la recherche et des publications canadiennes La recherche sur les élites, qui s'est penchée durant les années 70 sur les réseaux nationaux et internationaux d'administrateurs étroitement interreliés, est moins fréquente dans les années 80 et 90. On met alors plus d'efforts sur l'étude de la mobilité sociale des personnes extérieures à l'élite. Partant d'échantillons nombreux, ces recherches reproduisent le travail des Américains sur la mobilité, qui examinait la réussite en matière d'occupation et de statut, et concluent que le Canada ressemble aux États-Unis, du moins en ce qui a trait à la mobilité. La mobilité sociale au Canada s'apparente aujourd'hui beaucoup à celle des États-Unis et d'autres pays industriels modernes.

Les années 90 sont fertiles pour la recherche sur la mobilité sociale. Elles coïncident avec un mouvement de récession économique et de décroissance organisationnelle qui se traduit par plus de chômage, plus de compétition pour les emplois disponibles, plus de mobilité professionnelle descendante et moins de mobilité professionnelle ascendante. Beaucoup de chercheurs signalent le déclin des classes moyennes, l'écart grandissant entre riches et pauvres et l'apparition d'une nouvelle génération dont les chances de mobilité ascendante sont moins bonnes que celles de leurs parents et même de leurs grands-parents. Ainsi, la récession bloque la croissance de la mobilité ascendante intergénérationnelle pour la première fois en un siècle.

En dépit de ce sombre portrait d'ensemble, quelques recherches dégagent des résultats plus encourageants. P. ex., dans leur étude sur l'expérience des minorités ethniques, Breton et ses collaborateurs montrent que le portrait brossé en 1965 par John Porter des groupes ethniques comme composant une MOSAÏQUE VERTICALE est moins pertinent à l'heure actuelle. À l'encontre de l'analyse que fait Porter des années 50 et 60, Breton soutient que l'origine ethnique a peu d'effet, si elle en a, sur les Canadiens blancs aujourd'hui, lorsqu'on garde constants d'autres facteurs comme l'éducation, le sexe et la classe d'origine.

Cependant, d'autres recherches démontrent que la discrimination à l'endroit des minorités raciales gêne leur mobilité sociale. Au moins pour les membres de ces minorités, le Canada continue d'être une mosaïque verticale.

Mobilité suivant le sexe Les recherches les plus intéressantes sur la mobilité sociale portent aujourd'hui sur la mobilité des femmes. Des travaux récents de Creese, Guppy et Meissmer révèlent que le sexe demeure un facteur clé en matière de statut social, tandis que l'ethnicité et la langue revêtent moins d'importance. La mobilité des femmes est décrite dans un certain nombre d'études utilisant des données variées. Certaines s'intéressent aux théories économiques de la segmentation du marché du travail et aux effets sur les femmes de l'introduction de nouvelles technologies. À la différence des enquêtes traditionnelles à grande échelle, qui mettent l'accent sur la mobilité de l'emploi, les recherches récentes examinent les changements structurels majeurs dans les emplois du secteur des services. Les changements dans le travail à temps partiel et dans le plan de carrière des femmes mariées présentent un intérêt particulier.

En conclusion de leur étude sur la vie des femmes canadiennes, Jones, Marsden et Tepperman affirment que de plus en plus de femmes vivent des formes variées de mobilité horizontale et verticale. Comparée à celle de leurs mères, pères, frères ou maris, la vie des femmes se caractérise désormais par une grande variété, la fluidité et l'idiosyncrasie. De plus, leur vie diffère de l'une à l'autre: en d'autres mots, leurs modèles de mobilité éducationnelle, familiale et professionnelle sont «individualisés».

Les recherches futures sur la mobilité sociale continueront vraisemblablement à mettre l'accent sur les questions soulevées ici, notamment sur les différents types et taux de mobilité sociale vécus au cours d'une vie. Il nous reste encore à comprendre les écarts dans la mobilité sociale selon le sexe et la race ou les raisons de l'augmentation des différences de mobilité sociale selon les groupes au cours de périodes de difficultés économiques comme les années 90.

L. Teperman

Mocassins Même s'ils sont de deux genres principaux, on trouve autant de modèles de mocassins en Amérique du Nord qu'il y a de peuples qui les fabriquent. Les mocassins en usage dans l'Arctique et dans les Prairies sont faits d'une peau de chevreuil souple, cousue sur une semelle plus lourde et plus rigide. Les mocassins à semelle souple, faits d'une seule pièce de peau, sont surtout portés dans les régions subarctiques, dans le nord des Prairies et dans le nord-est de l'Amérique du Nord. Ces derniers sont beaucoup plus répandus et s'adaptent plus facilement aux RAQUETTES.

René R. Gadacz

Mockbeggar Property Désignée LIEU HISTORIQUE provincial en 1990, elle est étroitement liée à l'histoire de BONAVISTA, à Terre-Neuve. La colonie de Mockbeggar comprend de nombreux bâtiments à usage commercial et industriel, dont une usine de fabrication d'huile de foie de morue ainsi qu'une maison ancestrale construite dans les années 1870. En 1939, Gordon Bradley, homme d'affaires et politicien de Bonavista, emménage dans la maison.

Ce dernier est un fervent partisan de la Confédération. Il devient membre du cabinet provincial en 1949 et est élu au SÉNAT en 1953. Ouvert au public de la mi-juin à la mi-octobre, le lieu donne un aperçu du mode de vie d'une famille aisée de la région à la fin des années 30.

Deborah Welch et Michael Payne

Mode, création de La création de mode est le processus commercial par lequel s'expriment les goûts vestimentaires des gens. La mode se caractérise essentiellement par le remplacement, à chaque saison, de certains styles éphémères par d'autres devenus plus acceptables, selon un cycle ininterrompu de lancement, d'acceptation et de désuétude.

Domination de la France Du point de vue historique, c'est la France qui, jusqu'à la Seconde Guerre mondiale, domine l'univers de la création de mode. Suivant cet événement cataclysmique, l'Amérique du Nord est devenue, et demeure toujours, un des leaders dans la mode des vêtements décontractés. Vers la fin des années 20, certains dessinateurs canadiens possèdent déjà leur clientèle. C'est le cas, p. ex., de Gaby Bernier de Montréal, qui, plus tard, recevra comme cliente la célèbre championne de patinage artistique, Barbara Ann Scott. Marie-Paule Nolin travaille aussi à Montréal durant les années 40 et 50, et dès 1949, les vêtements pour enfants d'Elen Henderson atteignent une réputation internationale.

En 1954, on fonde la Canadian Association of Couturiers (CAC) afin de promouvoir les textiles et les dessinateurs de mode au Canada aussi bien qu'à l'étranger. L'association meurt au début des années 60, en même temps que débute une décennie remarquable pour les dessinateurs canadiens, avec des créateurs comme John Warden, Léo Chevalier, Michel Robichaud, Marilyn Brooks et Pat McDonagh. Au début des années 70, on fonde l'Association des dessinateurs de mode du Canada afin de promouvoir l'ensemble des dessinateurs du pays. De grands couturiers comme Claire Haddad et Alfred Sung de Toronto, Michel Robichaud et Léo Chevalier de Montréal, et Gabriel Levy de Vancouver deviennent membres de l'association.

Cette association offre un programme d'apprentissage, de même que des bourses d'études et d'entretien pour les étudiants doués. Wayne CLARK et Linda LUNDSTRÜM en profitent et deviennent, au cours des années 70, des dessinateurs reconnus. Il en va de même pour Nicola Pelly et Harry Parnass de Parachute, Jean-Claude POITRAS, ainsi que Simon CHANG.

Le chic conventionnel Les modes aux accents de jeunesse qui caractérisent les années 60 et 70 font place, durant les années 80 et 90, à un style plus conventionnel et chic, et les dessinateurs canadiens savent relever le défi. Des associations régionales de dessinateurs en Ontario, au Québec, au Manitoba, en Alberta et en Colombie-Britannique, travaillant en liaison avec une association nationale de dessinateurs et de fabricants, la Fédération canadienne du vêtement, soutiennent leurs efforts.

En 1995, la division de la conception technique de la Fédération canadienne du vêtement lance un «service sans but lucratif soutenu par l'industrie» appelé DesignLink. DesignLink, qui sert de centre d'information et de promotion pour les dessinateurs de mode, représente plusieurs projets nationaux de création de mode et publie le *Designews*.

Répercussions de l'ALENA Dès le début, les dessinateurs de mode canadiens répondent à la demande des consommateurs qui désirent des vêtements confortables, en harmonie avec leurs attitudes face aux loisirs et aux sports, et qui reflètent leur style de vie aussi bien que leurs besoins par rapport à leur environnement. Vers la fin des années 80, la conjoncture économique force l'industrie à faire face à une concurrence croissante, en se spécialisant davantage (un des secteurs de croissance est le domaine des vêtements de sport pour les cyclistes ou les skieurs,

p. ex.) et en développant de nouvelles approches dans les domaines de la production et du marketing.

L'Accord de libre-échange nord-américain (*voir* LIBRE-ÉCHANGE) a eu d'énormes répercussions sur les dessinateurs de mode canadiens car les exportations ont considérablement augmenté. Les nouveautés dans le domaine des télécommunications sont en train de transformer la manière dont les dessinateurs font la promotion de leurs produits. Beaucoup d'entre eux font maintenant de la publicité sur le World Wide Web (*voir* INFOROUTE).

Les dessinateurs canadiens répondent aux besoins des consommateurs en visant des clientèles précises. Le dessinateur Brian BAILEY, p. ex., reconnaissant le désir des consommateurs de taille forte de suivre la mode, a créé une collection pour cette clientèle en particulier. Martha Sturdy, quant à elle, a obtenu une renommée internationale grâce à ses gros bijoux de résine. Peter Fox, Patrick Cox et John Fluevog se spécialisent dans la chaussure, alors que Francine Bouthillier et Deux par Deux créent des vêtements pour enfants.

Certains dessinateurs s'inspirent du patrimoine pour créer des produits typiquement canadiens. Les vêtements de fourrure qui ont donné ses lettres de noblesse à la mode canadienne ont inspiré Paula Lishman qui, partant des vêtements traditionnels des autochtones, a créé de nouveaux tricots et tissages de fourrure. D'arcy Moses souligne ses racines autochtones en intégrant dans ses créations, des motifs et des tissus propres aux Premières Nations, et Dorothy Grant est réputée pour sa collection inspirée des HAIDAS. Les vêtements d'extérieur La Parka de Linda Lundström rappellent les vêtements à plusieurs épaisseurs portés anciennement par les autochtones du Canada.

Dessinateurs reconnus Dans les années 90, la liste des dessinateurs canadiens reconnus est longue. Du côté des vêtements pour dames, Lida Biday, Marisa Mincucci, Angela Bucaro, Chantal Lévesque, Franco Mirabelli, Jean-Claude Poitras, Alfred Sung, Wayne Clark, Marie Saint Pierre, Jean Airoldi, Brian Bailey, Simon Chang, Hilary Radley, Marilyn Brooks et Ron Leal (pour Jax) figurent parmi les dessinateurs de collections classiques contemporaines qui sont favorisées par les consommatrices canadiennes.

COMRAGS (Judy Cornish et Joyce Gunhouse) et Loucas Kleanthous frôlent souvent les styles excentriques qui caractérisent les marchés internationaux. Hoax Couture (Chris Tyrell et Jim Seale) est connu autant pour sa collection de vêtements pour hommes que pour dames.

Des centres de création tels que le Toronto Fashion Incubator et le Montréal Fashion Enterprise Centre facilitent l'émergence de nouveaux dessinateurs comme David Dixon, Martine Lemieux (Junk), Mimi Bizjak, Joeffer Caoc (Misura) et Crystal Siemens. Ces dessinateurs sont diplômés des programmes de création de mode de nombreuses écoles cànadiennes. Partout au pays, plusieurs choix s'offrent aux étudiants, qui s'intéressent à la création de mode. Ils peuvent suivre une formation menant à un certificat d'un an ou de deux ans, soit dans un collège communautaire soit dans une école spécialisée, ou bien s'inscrire dans un programme universitaire de quatre ans pour obtenir le baccalauréat. La Fédération canadienne du vêtement publie un répertoire des institutions canadiennes où l'on peut suivre ces différents programmes.

En plus des dessinateurs identifiés ci-dessus, de nombreux manufacturiers se distinguent sur le plan international grâce à leurs créations vestimentaires. Dans ce domaine, on trouve entre autres Nygard International, Peerless Clothing Inc., Canadelle (Wonderbra) et Western Glove Works. (*Voir aussi* VÊTEMENT, INDUSTRIE DU et INDUSTRIE TEXTILE.)

Cecile Clayton-Gouthro

Moffat Communications Limited Société dirigée par Randall L. Moffat, possède CKY-TV, le réseau affilié à CTV à Winnipeg, qui dessert 97 p. 100 de la population du Manitoba. Par l'entremise de CKY, Moffat possède 14 p. 100 du capital de CTV. Une société de CÂBLODISTRIBUTION propriété de Moffat, la Winnipeg Videon Inc., dessert plus de 160 000 ménages. Moffat est l'actionnaire majoritaire de Lifestyle Television (1994) Ltd., qui exploite le réseau de télévision spécialisé WTN, le Women's Television Network. La société possède aussi deux réseaux de câblodistribution à Houston et 81,5 p. 100 d'un autre réseau en Floride. En 1994, elle enregistre des profits de 7,2 millions de dollars et des revenus de 73 millions de dollars.

Peter S. Anderson

Mohawk La Nation mohawk, membre de la Confédération IROQUOISE, vivait le plus à l'est, sur les rives de la rivière Mohawk. En 1609 et 1610, elle est défaite par ses voisins du nord, avec l'aide de CHAMPLAIN. Les Mohawks canalisent alors leurs hostilités vers l'est, où ils chassent les Mohicans de la vallée de la rivière Mohawk, ce qui leur permet de commercer avec les marchands néerlandais de Fort Orange (maintenant Albany, dans l'État de New York). En 1640, ayant déjà exterminé le castor de leur propre région par le commerce des fourrures, ils se procurent alors des peaux en pillant les flottilles qui en font la traite avec les Français. En 1645, la Nouvelle-France et les Mohawks concluent une trêve. Isaac JOGUES tente d'établir chez eux une mission jésuite mais, accusé de sorcellerie, il est exécuté. Peu après, les Mohawks s'allient aux SÉNÉCAS pour chasser les HURONS de leur territoire.

À l'automne 1666, les Français incendient les villages mohawks avant de faire la paix. Les JÉSUITES fondent une mission et encouragent leurs convertis à fuir l'influence anglaise en s'installant sur les rives du Saint-Laurent, où ils fondent des communautés dans les années 1670. La guerre éclate de nouveau, des villages mohawks sont brûlés en 1693, et certains Mohawks catholiques s'allient aux Français contre leurs propres frères. En 1701, la Confédération iroquoise négocie des traités de paix et de neutralité avec les Français et les Anglais.

En 1710, trois chefs mohawks et un Mohican vont à Londres et sont présentés à la reine Anne. Pour contrer l'influence des jésuites, on leur promet la venue de missionnaires anglicans et la reine leur offre des pièces d'argent pour la construction d'une chapelle. En tant qu'alliés des Français, les Mohawks catholiques de la région du Saint-Laurent jouent un rôle important dans la destruction de Deerfield (1704) et de Groton (1707), dans le Massachusetts.

Au cours du XVIIIe s., les Mohawks, regroupés dans deux villes, se trouvent entourés de colons blancs. Ils adoptent les types de maisons de leurs voisins et entretiennent des liens étroits avec l'administration britannique. Le surintendant des Indiens, sir William JOHNSON, épouse une Mohawk, Mary BRANT, et utilise des guerriers mohawks dans le dernier conflit entre Français et Anglais pour s'approprier le continent. Johnson meurt avant le début de la Guerre d'Indépendance américaine, à laquelle les Mohawks participent en 1777, sous le commandement de Joseph BRANT, tout juste rentré d'Angleterre. Brant et ses alliés mohawks infligent souvent la défaite aux Américains, mais ils sont finalement forcés d'abandonner leurs maisons. Celles-ci sont confisquées et utilisées par les colons rebelles.

Après la guerre, Brant et ses partisans s'installent près de la rivière Grand sur une concession (aujourd'hui appelée Réserve des Six Nations) que leur accorde le gouverneur Frederick HALDIMAND. D'autres Mohawks, dirigés par John DESERONTYON, s'établissent dans la baie de Quinte. La plupart de ceux-ci étant anglicans, l'argent donné par la reine Anne est partagé entre les deux réserves. Les

Mohawks installés en Ontario et dans la région du Saint-Laurent s'intègrent de plus en plus au monde des Blancs. Habiles navigateurs, ceux de Kahnawake, près de Montréal, sont recrutés pour transporter l'armée du général Garnet WOLSELEY sur le Nil en 1884-1885 (*voir* EXPÉDITION SUR LE NIL). Plus tard, des hommes de cette réserve se font une réputation comme monteurs de charpentes métalliques.

Le Canada compte près de 35 000 Mohawks inscrits (rec. 1996), dont plus de 3000 parlent leur langue maternelle. Certains d'entre eux reviennent à la RELIGION DE HANDSOME LAKE et fondent des communautés de la longue maison à Kahnawake, dans les années 20, et à Saint-Régis (Akwesasne), dans les années 30. Les résidents de ces deux communautés étaient catholiques depuis quelque 250 ans. À l'été 1990, les Mohawks de Kanesatake et de Kahnawake entrent en conflit armé avec la sûreté du Québec et les Forces canadiennes au sujet d'une question de territoire à Oka, dans la banlieue de Montréal. La question de l'établissement de maisons de jeu à Akwesasne divise la communauté et déclenche aussi des actes de violence. (*Voir aussi* AUTOCHTONES: LES FORÊTS DE L'EST; GUERRES IROQUOISES; REVENDICATIONS TERRITORIALES et les articles généraux sous la rubrique AUTOCHTONES.)

Thomas S. Abler

Mohawks de la vallée du Saint-Laurent À partir de la fin des années 1660, quelques centaines d'Iroquois, principalement de la nation mohawk, s'installent dans la région de Montréal. La plupart d'entre eux sont convertis au catholicisme ou sont en voie de l'être. Cette migration est encouragée par les autorités françaises, qui espèrent ainsi limiter les risques d'attaques iroquoises contre la colonie laurentienne. Trois communautés mohawks naîtront de cette migration: Kahnawake, Kanesatake et Akwesasne. Avant la conquête de la Nouvelle-France (1760), les Mohawks de la vallée du Saint-Laurent sont considérés comme de précieux alliés militaires des Français, ce qui ne les empêche toutefois pas d'entretenir des rapports réguliers avec la ligue des Cinq-Nations iroquoises et avec les Anglais de la colonie de New York.

Kahnawake, qui accueille le grand feu des Sept-Nations du Canada, est alors un centre important de la diplomatie amérindienne. Il conserve ce rôle pendant quelques décennies après la conquête de la Nouvelle-France, alors que les Mohawks s'allient aux Britanniques. En 1840, la population iroquoise de la vallée du Saint-Laurent s'élevait à environ 2 400 personnes. Le village de Kahnawake était le plus populeux, avec près de 1 500 personnes.

C'est au milieu du XVIIIe siècle que l'allure des villages iroquois de la vallée du Saint-Laurent commença à changer, les maisons longues traditionnelles cédant la place à des habitations semblables à celles des Canadiens. La culture du maïs demeure toutefois une activité de subsistance importante et, encore au milieu du XIXᵉ siècle, elle est surtout l'affaire des femmes. Chaque année, les hommes consacrent plusieurs semaines à la chasse, qu'ils pratiquent surtout au sud du Saint-Laurent. Au XIXᵉ siècle, ces activités deviennent toutefois de plus en plus difficiles, en raison de la progression rapide de la colonisation au sud du Saint-Laurent. À la même époque, plusieurs Mohawks s'engagent sur différents chantiers de construction, où leurs talents pour les travaux en hauteur leur valent très vite une grande renommée. Les Mohawks vivent aujourd'hui dans un environnement urbain et semi-urbain. Avec plus de 13 000 personnes, ils forment la nation amérindienne la plus populeuse du Québec.

Alain Beaulieu

Moineau domestique (*Passer domesticus*) Petit passereau granivore et insectivore, à bec conique et à corps trapu. Le mâle a une couronne grise, la gorge et le haut de la poitrine noirs, le dessus du corps rayé brun et le dessous blanc grisâtre. La femelle est gris-

chamois. Son chant répétitif a une sonorité métallique non mélodieuse.

Répartition Le moineau domestique appartient à la famille des passéridés, une famille de l'Ancien Monde qui n'est représentée au Canada que par cette espèce (*voir* BRUANT). Vers 1850-1852, le moineau domestique a été introduit, depuis l'Europe à Brooklyn, dans l'État de New York, afin de lutter contre les INSECTES NUISIBLES.

Des introductions subséquentes et sa dispersion lui ont permis de s'établir dans toute l'Amérique du Nord. Il a atteint la ville de Québec en 1854, l'Ontario en 1870 et l'ouest du Canada au milieu des années 1880. Dans l'est du Canada, il est abondant jusqu'à 48° de latitude N. Plus au nord, on le trouve en colonies isolées. Dans l'ouest, on le rencontre au nord jusqu'à Fort Simpson, dans les Territoires du Nord-Ouest, et à l'ouest jusqu'à l'île de Vancouver. C'est un résidant permanent des villes et des fermes.

Nidification Avec des herbes qu'il tisse de façon compliquée, il construit un nid solide et bombé sur un bâtiment, dans une cavité naturelle, un arbre ou un arbuste. D'avril à août, il peut produire deux ou trois couvées contenant de trois à sept œufs chacune. Il niche en couples isolés ou en petits groupes. L'été, les moineaux domestiques forment de petites volées, mais l'hiver les volées comptent plusieurs centaines d'individus.

Relations avec les humains Le moineau domestique est considéré par certains comme étant nuisible à l'agriculture et un compétiteur acharné des oiseaux indigènes. Il permet cependant d'étudier l'adaptation rapide d'individus à de nouveaux environnements.

J.C. Barlow

Moisie, rivière D'une longueur de 410 km, la rivière Moisie prend sa source dans le lac Opocopa, dans l'est du Québec, et coule en direction sud vers le FLEUVE SAINT-LAURENT. La superficie de son BASSIN HYDROGRAPHIQUE est de 19 200 km² et son débit moyen est de 490 m³/s., ce qui en fait la rivière au volume le plus important le long de la moyenne côte nord du Saint-Laurent. Son courant est fort et ses rapides sont nombreux. Sa vallée profonde et accidentée est couverte d'épinettes, de sapins, de bouleaux, de trembles et de pins. C'est l'une des meilleures rivières à saumons et à truites de tout l'est de l'Amérique du Nord. La Compagnie de la baie d'Hudson possède un poste de traite dans le village de Moisie, à l'embouchure de la rivière, à quelque 20 km à l'est de Sept-Îles. Le nom Moisie vient probablement d'un nom montagnais.

James Marsh

Moisissure Nom courant des croissances laineuses ou cotonneuses produites par les CHAMPIGNONS, et les espèces qui produisent ces croissances. On estime qu'il en existe 300 000 espèces dans le monde, bien qu'elles ne soient pas toutes répertoriées. Plusieurs espèces communes du Canada se trouvent partout dans le monde, mais certaines sont uniques au Canada.

Structure La moisissure est constituée de cellules microscopiques et filamenteuses appelées hyphes (dont l'accumulation s'appelle mycélium), et de spores à reproduction asexuée, qui donnent à ces colonies cellulaires une apparence poudreuse.

Croissance et alimentation La moisissure a besoin pour sa croissance d'une source nutritive, d'eau, d'oxygène et d'un pH approprié. Les matières organiques dans lesquelles les hyphes croissent sont digérées par des enzymes libérés par les cellules fongiques et absorbées par le champignon qui s'en nourrit. Ce processus est ce que nous appelons la décomposition, un processus écologique essentiel qui cause la détérioration des aliments, des textiles et des matières structurelles. Les milieux tièdes et humides sont propices au plus grand nombre d'espèces et à un taux de croissance maximum. Ainsi certaines moisissures croissent lentement à une température de –20 ºC, tandis que d'autres continuent de croître à 60 ºC.

Interaction avec les humains Les moisissures affectent les humains en provoquant le pourrissement et des maladies. Toutefois, on utilise les composés chimiques exceptionnels, appelés métabolites secondaires, que produisent bon nombre de moisissures. Les métabolites secondaires peuvent être nocifs ou bénéfiques. Les métabolites cancérigènes appelés mycotoxines sont produites par plusieurs moisissures communes qui altèrent les aliments et les rendent impropres à la consommation.

Les antibiotiques sont des métabolites bénéfiques et utiles parce qu'ils sont toxiques pour les autres micro-organismes. La pénicilline, un antibiotique produit par plusieurs espèces du genre *Penicillium*, sert à combattre les maladies causées par des bactéries. La cyclosporine A, produite par le *Tolypocladium inflatum*, est couramment utilisée pour prévenir le rejet des tissus dans la transplantation d'organes humains.

Les infections à la moisissure causent des maladies de peau comme la teigne et le pied d'athlète. De graves infections généralisées (mycoses) sont courantes dans certaines régions. Le rhume des foins est parfois causé par des spores de moisissure en suspension dans l'air. Les moisissures attaquent et tuent les insectes et causent plusieurs maladies aux plantes; certains champignons aquatiques causent des infections mortelles chez les poissons et les crustacés.

Les moisissures courantes, bleues et vertes, qui font pourrir les fruits, les légumes et les confitures, sont pour la plupart des espèces de *Penicillium* et d'*Aspergillus*. Certaines espèces de ces genres entrent dans la production industrielle d'antibiotiques, d'acides citrique et gluconique, d'enzymes pour usage commercial, etc. Le fromage bleu et le camembert doivent leur saveur particulière à des espèces de *Penicillium*. Les moisissures de pain noir et les espèces *Aspergillus* sont utilisées dans la production d'aliments asiatiques comme la sauce soya.

R. J. Bandoni et K.A. Seifert

Moisson, trains de la Avant l'arrivée des moissonneuses-batteuses dans les Prairies, les récoltes nécessitent la présence d'un grand nombre de travailleurs pendant de courtes périodes. Des convois ferroviaires de travailleurs agricoles transportent ceux-ci dans les provinces de l'ouest entre 1890 et 1930, dont quelque 14 000 en 1908. Les sociétés ferroviaires offrent des billets de transport pour les récoltes à partir de n'importe quelle gare, des provinces de l'Atlantique jusqu'à Winnipeg. Il en coûte 15 dollars pour se rendre et 20 dollars pour revenir. Le confort des wagons est rudimentaire. Les travailleurs doivent s'entasser à quatre par compartiment et dormir sur des bancs faits de lattes de bois. Les retards, l'entassement et l'ébriété provoquent parfois des émeutes. Au cours des années 20, les sociétés ferroviaires obtiennent que des patrouilles de la Gendarmerie royale soient présentes à bord des wagons pour y maintenir l'ordre. Les travailleurs affectés aux récoltes se voient offrir le gîte et le couvert et gagnent de 1,75 dollar à 2,25 dollars par jour, pour des journées de 10 à 12 heures de travail pendant environ deux semaines. Une équipe d'une vingtaine de manœuvres se charge de battre le grain pour 2,00 dollars à 3,25 dollars par jour, plus le gîte et le repas. Même si le voyage est rude et le travail épuisant, les convois permettent à un certain nombre de citoyens canadiens et britanniques de découvrir les Prairies. Plusieurs viendront s'y établir en permanence pour participer à la colonisation de l'ouest (*voir* PEUPLEMENT DES TERRES). Cependant, l'effondrement du prix des céréales au cours des années 30 et les changements technologiques survenus dans les fermes mettront un terme aux trains de la moisson.

Peter A. Russell

Molécules dans l'espace interstellaire En 1921, on avait déjà détecté des atomes dans l'espace interstellaire. Entre 1936 et 1942, C.S. BEALS, alors à l'Observatoire fédéral d'astrophysique (OFA) de Victoria, et les américains Adams et Dunham détectent dans l'espace interstellaire des transitions optiques caractéristiques des molécules CH, CN et CHᴾ;. Andrew MCKELLAR de l'OFA découvre que la molécule CN présente un niveau d'excitation correspondant à une température de trois K. On ne comprend pas immédiatement d'où peut provenir une telle température; on sait maintenant qu'elle résulte du rayonnement cosmologique.

En 1963, Weinreb, Barrett, Meeks et Henry du Massachusetts Institute of Technology sont les premiers à détecter une molécule (le radical hydroxyle OH) à des radiofréquences dans le domaine centimétrique. Dans le domaine millimétrique, la détection de la molécule d'ammoniaque (NH₃), beaucoup plus complexe, par Townes, Welch et leurs collaborateurs à Berkeley en 1968 engendre une multitude d'autres découvertes. À l'aide du satellite Copernicus, en orbite autour de la Terre, Lyman Spitzer fils et ses collègues de Princeton détectent ensuite des molécules dans l'ultraviolet. Environ 100 molécules ont été détectées, dont un grand nombre par des astronomes américains à l'aide du télescope à ondes millimétriques de Kitt Peak, en Arizona. Actuellement, la recherche des raies moléculaires se concentre sur la région submillimétrique du spectre électromagnétique grâce à la disponibilité du James Clerk Maxwell Telescope (JCMT) au sommet de Mauna Kea (Hawaï) et au Caltech Submillimeter Observatory. L'absorption des signaux lumineux par l'atmosphère terrestre limite inévitablement la recherche des raies moléculaires à partir du sol. On espère que les explorations à venir s'appuyant sur les télescopes aéroportés et la TECHNOLOGIE SPATIALE produiront une riche moisson de nouvelles molécules dans les domaines submillimétriques et lointains infrarouges du spectre.

Le spectre des molécules interstellaires fournit beaucoup de renseignements sur le milieu interstellaire et prouve qu'une fraction significative de la matière s'est agglutinée sous la forme de nuages moléculaires dont la masse varie entre moins de 100 fois jusqu'à 1 million de fois celle du Soleil. Les étoiles visibles de la galaxie sont formées dans ces nuages. Le rayonnement moléculaire renseigne sur la température, la densité et les vitesses à l'intérieur des nuages; les nuages eux-mêmes nous aident à faire la cartographie de la structure de notre galaxie. L'amélioration de la sensibilité et de la puissance de résolution angulaire des télescopes a permis de détecter le rayonnement de nuages moléculaires dans plusieurs galaxies proches. Lorsqu'ils entreront en service, de plus grands télescopes à ondes millimétriques, qui sont en cours de fabrication, feront avancer encore plus les recherches.

Le rayonnement détecté, issu des molécules interstellaires, est habituellement dû à des changements d'état de rotation moléculaire. La substitution d'une espèce isotopique à la place d'un des atomes de la molécule (qui modifie fortement la vitesse de rotation) est donc facile à détecter. Cette technique permet de mesurer les rapports isotopiques de plusieurs atomes communs (p. ex., ceux de l'hydrogène, du carbone, de l'oxygène, de l'azote et du soufre) dans bon nombre de nuages de toute la galaxie. Selon ces études, la composition isotopique du reste de la galaxie (celle de notre système solaire aussi) semble assez uniforme, à l'exception d'anomalies propres à la région du centre galactique.

Les Canadiens ont grandement contribué à la recherche de nouvelles molécules interstellaires. Au début des années 70, on détecte les molécules HCN et HC₃N; cette dernière est découverte par Barry Turner, un diplômé de l'U. de Colombie-Britannique qui travaille alors au National Radio Astronomy Observatory, en Virginie. Un groupe de radioastronomes canadiens du Herzberg Institute of Astrophysics (ainsi nommé en l'honneur de Gerhard HERZBERG, lauréat en 1971 du prix Nobel de chimie pour son

étude des spectres moléculaires) a fait considérablement s'accroître la liste.

Inspirés par T. Oka et en collaboration avec le spectroscopiste britannique Harry Kroto, les chercheurs Lorne Avery, Norm Broten et John MacLeod découvrent successivement les molécules de la série HC₅N, HC₇N et HC₉N, et ce, à l'aide du télescope de 46 m (maintenant remisé) du PARC PROVINICIAL ALGONQUIN. Une autre équipe du même institut détecte ensuite HC₁₁N, la plus lourde molécule interstellaire jamais découverte. Dans ce domaine, les Canadiens utilisent maintenant le télescope JCMT de 15 m de diamètre, exploité conjointement par le Royaume-Uni, le Canada et les Pays-Bas. Le principal objectif à atteindre dans ce domaine est de prouver l'existence d'acides aminés dans l'espace interstellaire, le plus simple de ces acides étant la glycine, puisqu'ils sont les éléments constitutifs de l'ADN et donc des formes de vie.

William Shuter

Molinari, Guido, peintre, dessinateur, sculpteur et poète. (Montréal, 12 oct. 1933). Il a suivi quelques cours à l'École des beaux-arts de Montréal en 1948 et 1951 et, cette même année, à l'école du Musée des beaux-arts de Montréal. Mais il doit le gros de sa formation à ses lectures (Mondrian, Kandinsky, ainsi que des théoriciens de la Gestalt comme Kohler et Wolfang et des philosophes comme Bachelard, Lupasco, Korzynski) et à ses voyages, en particulier à New York (tous les ans à partir de 1955). En 1954, le restaurant l'Échourie il a charge de l'animation artistique et il en fait un lieu d'exposition et de rencontre de l'avant-garde (Robert Blair, Ulysse COMTOIS, Claude TOUSIGNANT). Le 28 mai 1955, Molinari ouvre la galerie L'Actuelle avec l'aide financière de Fernande Saint-Martin à laquelle il est lié depuis 1953 et qu'il épousera cinq ans plus tard. Même si la galerie ne réussit pas à vivre plus de deux ans, Molinari lui conserve sa vocation de lieu d'exposition de la peinture non figurative, ce qui était une première dans le monde de l'art contemporain canadien. Il favorise même des échanges avec la galerie Parma de New York, donnant la possibilité aux artistes du Québec d'exposer à New York et à des artistes américains d'exposer à Montréal. Il participe à la fondation de l'Association des artistes non-figuratifs de Montréal, le 13 février 1956, dont il est le premier trésorier. Durant cette première période, il radicalise de plus en plus son art et dépasse sur leur gauche les premiers PLASTICIENS. En 1956, il expose, à L'Actuelle, une série de tableaux en noir et blanc qui consistent en des surfaces *hard edge* équilibrées (comme *Angle noir*, 1956). Molinari réussit à maintenir durant toute sa carrière une production picturale de qualité ainsi qu'une réflexion critique exprimée dans des essais, des lettres ouvertes aux journaux, voire des télégrammes! Dans ses premiers textes, il marquait clairement ce qui le distinguait de l'AUTOMATISME. Il dénonçait l'attachement de ce mouvement à la structure du paysage comme formule de composition et à une couleur atmosphérique. Il se faisait, au contraire, le défenseur d'un espace bidimensionnel, de la couleur-énergie, et, finalement, à partir des années 60, de la notion de série. Il a parfois pratiqué la sculpture comme p. ex., *Hommage à Samuel Beckett*, 1967, installé dans le Parc de la Place de la Confédération à Ottawa. Ses dessins et sa poésie reflètent une dimension moins contrôlée de sa personnalité. Molinari a aussi fait une carrière d'enseignant à l'école du MUSÉE DES BEAUX-ARTS DE MONTRÉAL (1963), mais surtout à l'UNIVERSITÉ CONCORDIA (de 1970 à 1997) où il a laissé le souvenir d'un enseignant remarquable. En 1980, il obtient le prix Borduas et, en 1995, le MUSÉE D'ART CONTEMPORAIN DE MONTRÉAL lui consacre une grande rétrospective, rendant hommage à son engagement indéfectible pour la peinture abstraite et à sa présence stimulante dans le milieu artistique canadien.

François-Marc Gagnon

Mollusques INVERTÉBRÉS à corps mou, habituellement couvert d'une coquille, qui forment l'un des plus grands embranchements du règne animal avec quelque 100 000 espèces vivantes et environ 35 000 espèces FOSSILES. Cet embranchement inclut les GASTÉROPODES, les ORMEAUX, les CLAMS, les MOULES, les pieuvres et les encornets ou calmars. Les mollusques se retrouvent dans les milieux terrestre, marin et dulçaquicole, et incluent certains des plus petits (gastéropodes et clams de quelques millimètres) et des plus gros invertébrés (calmar géant, jusqu'à 15 ou 20 m de longueur). Cet embranchement se caractérise par un pied musculaire ordinairement utilisé par les animaux pour se déplacer, une coquille calcaire sécrétée par le manteau charnu sous-jacent et un organe d'alimentation, la radula, membrane pourvue de dents acérées et pouvant être propulsée hors de la bouche (tous les principaux groupes ont une radula, sauf les bivalves).

Ils râpent des particules de nourriture (tissus animaux ou végétaux) par un mouvement de la radula vers l'intérieur de la bouche, puis la nourriture est transportée par des sillons ciliés vers l'œsophage et le tube digestif. Les bivalves se nourrissent principalement de particules en suspension dans l'eau. Elles sont capturées dans un mucus sécrété par les branchies et qui sert de filtre, puis acheminées vers la bouche. La coquille des mollusques est composée de cristaux de carbonate de calcium (parfois de carbonate de magnésium) répartis dans une structure organique. Les coquilles minéralisées ont laissé une riche collection de fossiles datant de l'époque des premiers vestiges animaux.

On croit que l'ancêtre des mollusques était un petit organisme rampant à symétrie bilatérale qui vivait dans les eaux peu profondes des océans et avait une coquille en forme de coupole. Il se nourrissait de petites algues qu'il raclait sur la roche. Sept principales classes de mollusques contemporains en sont issues: les monoplacophores, les polyplacophores (chitons) et les gastéropodes, trois classes ressemblant le plus à la forme primitive, et les aplacophores, les scaphopodes (dentales), les bivalves (clams) et les céphalopodes (pieuvres et calmars), quatre classes ayant considérablement divergé de la forme ancestrale. Les mollusques ont joué des rôles culturels et économiques importants dans l'histoire de l'humanité en raison de la diversité et de la beauté de la forme de leur coquille, de leur accessibilité et de leur importance comme ressource alimentaire et comme vecteurs de maladies. La malacologie est l'étude de la diversité, de la classification et de l'ÉVOLUTION des mollusques. Les paragraphes suivants traitent brièvement des sept principales classes de mollusques.

Monoplacophores Petite classe comprenant environ sept espèces du genre *Neopilina* dont aucune n'est observée au Canada. Découverts sous forme vivante en 1952 lors d'un échantillonnage effectué par dragage en eaux profondes au large de la côte pacifique du Costa Rica, ces petits animaux (0,3 à 3 cm de longueur) n'étaient auparavant connus que par des fossiles datant du cambrien (il y a 570 à 505 millions d'années). Leurs caractéristiques primitives comme une coquille unique en forme de coupole (d'où leur nom de monoplacophores), une tête peu développée ainsi que des reins, des branchies et des muscles rétracteurs du pied organisés en paires laissent croire que les monoplacophores sont un des premiers groupes de mollusques à être apparu. Ils sont adaptés à la vie dans les grandes profondeurs et mangent des plantes et des animaux unicellulaires ainsi que des débris d'éponges, qu'ils raclent au fond de la mer.

Polyplacophores Aussi appelés chitons, ces mollusques marins comptent environ 600 espèces vivantes dont la longueur varie entre quelques centimètres ou moins à plus de 30 cm. Leur nom, qui signifie «qui porte plusieurs plaques», fait référence à leur coquille formée de huit plaques distinctives qui se chevauchent. Leur coquille protectrice et leur pied large et adhésif leur permettent de vivre sur les rochers de la zone intertidale exposés aux vagues. Ils se nourrissent d'algues unicellulaires râpées à la surface des algues ou des rochers, de débris d'algues marines et parfois de matière animale. Leur tête peu développée, leur système nerveux rudimentaire, les formes larvaires primitives et leurs nombreuses branchies laissent croire que les chitons ont très tôt divergé de la lignée évolutive principale des mollusques. Le chiton géant du Pacifique (*Cryptochiton*) de la côte Ouest canadienne est l'un des plus gros chitons au monde.

Gastéropodes Cette classe, la plus nombreuse des classes de mollusques avec ses 75 000 espèces vivantes et environ 15 000 espèces fossiles, inclut certains des invertébrés les plus communs: les patelles, les ormeaux, les BIGORNEAUX ou littorines, les strombes, les BUCCINS, les LIMACES et les escargots. On récolte et élève les gastéropodes partout dans le monde pour leur chair comestible. Certaines espèces d'eau douce sont d'importants vecteurs de maladies puisqu'elles sont les hôtes intermédiaires de la douve du foie et de la douve du sang, qui parasitent les humains (schistosomiase). On recherche leurs coquilles pour leur forme et leur beauté. Les gastéropodes occupent plus d'habitats et comptent plus d'espèces que toute autre classe de mollusques. Cette radiation évolutive importante a été possible grâce à trois changements majeurs dans la structure ancestrale des mollusques: le développement d'une tête complexe avec des récepteurs et un système nerveux perfectionnés; l'enroulement de la coquille; la torsion de la coquille et de la masse viscérale de 180° sur la partie inférieure du corps.

L'enroulement et la torsion de la coquille ont évolué indépendamment. L'enroulement a probablement précédé la torsion, ce qui a transformé la coquille ancestrale simple et aplatie en un abri offrant une très bonne protection. La plus primitive des coquilles enroulées (que l'on trouve uniquement sur des espèces éteintes) était planispirée, c.-à-d. que chaque spire était placée à l'extérieur de la précédente sur un même plan (comme une corde enroulée). Cette grande coquille, difficile à déplacer et probablement mal équilibrée, s'est améliorée par l'apparition de tours asymétriques autour d'un axe central. Le centre de gravité de cette nouvelle coquille était directement sur la ligne médiane du corps. La partie extérieure de la plus grande spire de la coquille forme la cavité palléale du manteau (tapissée de la membrane sécrétrice de coquille), qui abrite les branchies et les organes sensoriels servant à vérifier la qualité de l'eau, et qui reçoit les décharges des reins, des gonades et du rectum.

La torsion, qui semble être apparue après la coquille planispirée, a formé le tube digestif et le système nerveux en forme de U, et a déplacé la cavité du manteau de l'arrière vers l'avant. Chez les gastéropodes vivants, cette torsion se produit au cours du stade larvaire. Son rôle dans l'évolution des gastéropodes ne fait pas l'unanimité. Certains croient qu'elle a été importante pour la larve (elle lui a permis de se cacher dans la cavité du manteau); d'autres, pour l'adulte (elle a amélioré le courant respiratoire). Une conséquence importante de la torsion de la cavité du manteau vers l'avant était le danger de contaminer la région frontale avec des déchets du rectum et des reins. La solution, qui demandait de rediriger le courant d'eau pour la respiration, a entraîné des modifications considérables de la forme de la coquille. P. ex., la coquille perforée des ormeaux et des fissurelles permet un courant d'eau unidirectionnel par la cavité du manteau: il passe au-dessus de la tête, par les branchies, par la sortie du rectum et des reins et sort par les trous de la coquille.

Les gastéropodes se divisent en trois sous-classes: celle des prosobranches, la plus grande, est principalement marine et inclut les gastéropodes à torsion complète comme les patelles, les ormeaux, les buccins, les bigorneaux et les strombes. Les membres de cette sous-classe ont exploité un grand nombre d'habitats et de types de nourriture; certains sont même parasites. Ils se nourrissent de matière organique morte, de phytoplancton microscopique, d'algues marines et d'animaux qu'ils capturent (incluant les poissons). Ils arrachent leur nourriture avec la radula. Les cônes ont des dents radulaires avec lesquelles ils injectent du venin dans leur proie. Certaines espèces de cônes peuvent être très toxiques pour les humains.

La deuxième sous-classe, celle des opisthobranches, est presque entièrement marine et compte environ 1100 espèces dont les nudibranches, les lièvres de mer, les papillons de mer et les bulles. Au cours de leur évolution, les opisthobranches ont subi une détorsion, et leur cavité du manteau s'est déplacée vers le côté. Leur évolution a été marquée par une tendance à la perte ou la réduction de la coquille et de la cavité du manteau, et à la perte des branchies. La disparition de la coquille peut avoir entraîné l'évolution de techniques de défense comme la nage, la sécrétion d'acide, les épines internes protectrices (spicules), la coloration qui permet le camouflage et la réutilisation des cellules urticantes intactes des cœlentérés qu'ils capturent.

La troisième sous-classe, celles des pulmonés (du lat. «poumons») a probablement évolué à partir des prosobranches. Elle compte environ 20 000 espèces d'escargots terrestres et de limaces, de gastéropodes d'eau douce et de quelques gastéropodes marins. Chez toutes ces espèces, les branchies ont disparu et la cavité du manteau s'est transformée en poumon. Ce groupe très abondant inclut de nombreuses espèces nuisibles pour les jardins et les cultures.

Aplacophores Cette classe peu connue de mollusques sans coquille (leur nom signifie «sans coquille») compte environ 250 espèces vivantes que l'on trouve dans les sédiments marins ou sur des hydroïdes et des coraux mous dans les océans. Ces petits animaux (mesurant jusqu'à cinq cm de longueur) en forme de ver ont une tête vestigiale, un système nerveux primitif et n'ont pas de coquille et de pied. La présence ou non du manteau est sujette à controverse. Les aplocophores sont surtout prédateurs ou charognards et se nourrissent à l'aide de leur radula. Leur position dans la lignée évolutive des mollusques n'est pas claire, car ils montrent simultanément une série de caractères très primitifs et très spécialisés. Ils ressemblent vaguement aux polyplacophores et les deux groupes sont parfois placés dans un taxon distinct, celui des amphineures.

Scaphopodes Cette petite classe de mollusques marins fouisseurs, aussi appelée dentales, compte environ 350 espèces vivantes. Leur coquille, de moins d'un cm à cinq ou six cm de longueur, est cylindrique et ressemble à une défense d'éléphant ouverte aux deux extrémités. L'animal s'enfouit dans les sédiments en tenant la partie postérieure de sa coquille, qui est la moins évasée, dans l'eau libre près de la surface du substrat. Un courant d'eau circule dans la coquille, entrant et sortant par l'extrémité postérieure. La bouche, les tentacules et le pied fouisseur sont situés dans la partie antérieure des scaphopodes, enfouie dans le sédiment. Les individus mangent des organismes microscopiques qu'ils ramassent avec leurs tentacules. Les dentales, plus particulièrement ceux du genre *Dentalium*, étaient recherchés comme décorations et utilisés comme monnaie d'échange par les Amérindiens de la côte du Nord-Ouest.

Thomas Carefoot

Bivalves Également appelée pélécypode («pied en forme de hache») ou lamellibranches («branchies lamellaires»), cette classe est exclusivement aquatique et inclut les clams, les moules, les PÉTONCLES et les peignes, les HUÎTRES ainsi que les tarets. Il existe approximativement 12 000 espèces, et le Canada abrite 415 espèces marines et environ 200 espèces d'eau douce. Les bivalves sont comestibles et ont joué un rôle important auprès des autochtones côtiers. Aujourd'hui, sur les côtes atlantique et pacifique, on les pêche commercialement et on en fait l'élevage (*voir* AQUACULTURE). Les bivalves produisent de la nacre et des perles d'eau douce et marines. La majorité des bivalves canadiens mesurent entre 1 et 10 cm, mais il existe des espèces de moins de 1 mm et d'autres de plus de 1 m. Ce groupe se distingue par sa coquille à charnière constituée de deux valves de calcaire (demi-coquilles) liées par un ligament à l'arrière. La charnière est souvent pourvue de dents s'engrenant les unes dans les autres de façon à aligner les valves.

Plusieurs espèces de bivalves ont un ou deux siphons (tubes protractiles) qui permettent l'entrée et la sortie d'eau. Leur tête est réduite puisque leurs organes sensoriels sont situés sur les parties externes du corps. Les espèces qui se nourrissent en filtrant les sédiments ont de petites branchies, tandis que celles qui pompent de grands volumes d'eau pour filtrer les particules en suspension en ont de grosses. Chez certaines espèces, les branchies sont minuscules et chez d'autres elles ont été remplacées par un rabat musculaire utilisé pour attraper de petites proies. Le pied sert à la locomotion et au creusement, mais peut être absent chez les adultes des espèces sédentaires. Les sexes sont habituellement séparés, mais certaines espèces sont hermaphrodites. Les espèces de plusieurs groupes effectuent un changement de sexe, selon l'âge ou les conditions externes. La fertilisation est habituellement externe et les stades de développement sont planctoniques. Un certain nombre d'espèces des eaux froides, boréales ou profondes élèvent les jeunes dans leur coquille ou dans une poche adaptée à cette fin. Leur système nerveux est simple et consiste en trois paires de ganglions reliées entre elles (masses nerveuses). Les bivalves sont pourvus d'organes sensoriels spécialisés incluant des statocystes, qui contrôlent la position, des yeux complexes sur les bordures du manteau ou sur les siphons chez certains groupes, et des organes sensibles aux vibrations.

Leur système digestif inclut un estomac aux mécanismes de tri ciliaire complexes et qui communique avec des diverticules digestifs complexes (sacs ou tubes glandulaires). Plusieurs groupes possèdent un stylet cristallin (tige translucide qu'ils sécrètent), au milieu du tube digestif ou dans un sac distinct, qui facilite la digestion. Leur intestin est court ou enroulé, et leur système digestif est parfois réduit ou absent. Les pétoncles et les espèces de quelques autres groupes peuvent nager brièvement pour s'éloigner d'un ennemi, mais la coquille dans laquelle ils sont enfermés favorise le sédentarisme (p. ex., se poser sur des sédiments ou s'enfouir dans des sédiments, s'attacher à un objet solide ou le percer). Ce mode de vie a limité les possibilités adaptatives à des changements structuraux mineurs. Cependant, les bivalves sont abondants depuis des temps anciens. On les trouve fréquemment en grand nombre et les espèces filtreuses constituent un lien important entre les communautés planctoniques (qui dérivent) et benthiques (qui vivent au fond). On ne connaît pas leur origine et leur classification est sujette à changement. On reconnaît 5 sous-classes vivantes de bivalves et 12 ordres.

Frank R. Bernard

Céphalopodes L'importante modification de l'ensemble tête-pied des mollusques a conduit aux céphalopodes (du gr. *Kephalê* «tête» et *pous*, *podos*, «pieds»), qui ont pour caractéristique un bec de perroquet (mâchoires cornées) entouré d'appendices préhensiles péri-oraux (bras) dérivés du pied. Les octopodes ont 8 bras couverts de ventouses; les calmars (ou encornets), les SEICHES ont 8 bras et 2 tentacules munis de ventouses ou de crochets, et le nautile possède entre 60 et 94 bras simples. Parmi les 650 espèces vivantes de céphalopodes, seulement 3 espèces du genre *Nautilus* possèdent des coquilles externes. Ce sont les derniers tétrabranchiaux (céphalopodes à quatre branchies) vivants, mais on connaît des milliers d'espèces fossiles de nautiloïdes et d'ammonoïdes à coquilles du Paléozoïque (il y a 570 à 225 millions d'années) et du Mésozoïque (225 à 65 millions d'années). Les coquilles creuses offrent flottabilité et protection, mais les céphalopodes dibranchiaux (céphalopodes à deux branchies) modernes les ont perdues, apparemment au profit de la flexibilité et de la vitesse.

Ces carnivores marins prédateurs ressemblent peu aux autres mollusques. Leur manteau musculaire sans coquille externe sert de pompe pour évacuer l'eau par un entonnoir orientable dans n'importe quelle direction. Ce système de propulsion par jet permet une nage et des changements de direction rapides, comparables à ceux d'un poisson. Leur capacité natatoire, les mouvements complexes de leurs bras, leur aptitude à changer rapidement de couleur et leurs yeux perfectionnés (semblables à ceux des humains) requièrent le système nerveux le plus élaboré du monde des invertébrés. Seuls les oiseaux et les mammifères ont un plus grand cerveau relativement à la taille du corps. Les pieuvres, parfois appelées poulpes, apprennent rapidement et ont été utilisées dans les études sur l'apprentissage des animaux. Les calmars ou encornets sont aussi importants dans la recherche: leurs cellules nerveuses géantes ont joué un rôle déterminant dans la compréhension de l'électrophysiologie des fonctions nerveuses.

Bien que la majorité des céphalopodes du monde soient tropicaux ou subtropicaux, on trouve 46 espèces le long des côtes du Canada. Leur taille et leur abondance compensent leur faible diversité. Des spécimens du calmar géant ou kraken (*Architeuthis dux*) trouvés à Terre-Neuve avaient près de 20 m de longueur (tentacules inclus) et pesaient jusqu'à 454 kg.

Le calmar géant est le plus gros des invertébrés connus. Sur la côte du Pacifique, la pieuvre géante du Pacifique (*Octopus dofleini*), le plus grand des octopodes du monde, peut peser plus de 80 kg. On la pêche commercialement ainsi que trois espèces de calmars: *Loligo opalescens* dans l'ouest, *Loligo pealei* et *Illex illecebrosus* dans l'est. À Terre-Neuve, dans les lieux de pêche à la turlutte, l'encornet nordique, *Illex illecebrosus*, est réputé pour ses exploits. À l'origine, on le capturait comme appât pour la pêche à la morue, mais avec des prises annuelles de 410 t, cette pêche constitue l'une des plus grosses PÊCHES de céphalopodes au monde. Séché ou congelé, cet «appât à poissons» est un mets de choix sur les marchés orientaux et méditerranéens. Lorsqu'on le fait cuire rapidement, sa chair est tendre et sa saveur délicate semblable à celle des crevettes et des pétoncles. Les céphalopodes sont parmi les ressources alimentaires les plus importantes et les plus sous-utilisées. Les céphalopodes abyssaux constituent une part importante du régime alimentaire de plusieurs baleines. On a estimé que les cachalots en consomment à eux seuls quelque 800 millions de tonnes chaque année, ce qui représente plus de 10 fois les prises totales annuelles de poissons par les humains. Les pêches de céphalopodes représentent un intérêt particulier, car la plupart des espèces croissent rapidement, se reproduisent et ne vivent qu'un an ou deux.

R.K. O'dor

Mollusques, ressources en Bien que le Canada ait de vastes côtes et abrite diverses espèces de mollusques, cette ressource a une valeur économique assez faible. En 1985, on a pêché environ 69 213 t de mollusques d'une valeur de 83 millions de dollars. Les pétoncles (*voir* PÉTONCLES ET PEIGNES) et les CALMARS de la côte atlantique étaient les espèces dominantes. Elles représentaient 95 p. 100 du poids et 97 p. 100 de la valeur des prises totales des deux côtes. Il n'y a pas de pêche de mollusques en Arctique. Au Canada, la plupart des espèces sont pêchées plutôt qu'élevées. En raison de la courte saison de crois-

sance, le taux de croissance est trop lent pour que l'élevage soit rentable. L'HUÎTRE est la seule espèce que l'on élève en quantité, mais on commence à faire l'élevage de la MOULE. Il est possible d'en augmenter la production, mais en général au Canada, le potentiel aquicole des mollusques est faible (*voir* AQUACULTURE).

L'intoxication paralysante par les mollusques peut limiter la consommation de certaines espèces. Cette toxine provient d'un dinoflagellé planctonique toxique dont se nourrissent les bivalves. Sans aucun danger pour les mollusques, il peut être fatal aux humains. L'acide domoïque est une toxine également mortelle qui a entraîné l'interdiction des mollusques de l'Atlantique à la fin de 1987 parce que 100 personnes ont été malades et au moins deux sont décédées après avoir mangé des moules intoxiquées de l'Île-du-Prince-Édouard. Sauf les pétoncles et en partie les calmars, la plupart des espèces sont pêchées ou élevées par des pêcheurs individuels ou des familles. Les autochtones font la pêche commerciale et de subsistance de certaines espèces (p. ex., les CLAMS ou palourdes). Les gouvernements fédéral et provinciaux collaborent à la réglementation et au contrôle des facteurs clés tels que l'assainissement, la pollution, les territoires et la mise en marché. Les juridictions diffèrent d'une province à l'autre en raison des ententes réalisées au fil des ans.

On pêche les pétoncles avec des bateaux de 20 à 30 m de longueur en draguant le fond à des profondeurs pouvant atteindre 100 m. Le centre de cette pêche est le BANC GEORGES, dont la propriété a été contestée par le Canada et les États-Unis jusqu'en octobre 1984, date à laquelle le Tribunal international de La Haye a attribué au Canada un sixième du banc dans sa partie la plus à l'est, qui est riche en pétoncles et en poissons de fond. Il est peu probable que la production dépasse le niveau de prises passées. Seul le muscle adducteur de la pétoncle est consommé: il est vendu frais ou congelé. Sur la côte atlantique, on élève les huîtres en eau peu profonde sous la ligne de la marée basse. Les sites d'élevage d'huîtres sont loués du gouvernement fédéral et ensemencés avec des larves collectées par diverses techniques. Les huîtres sont vendues fraîches dans la coquille, généralement à la douzaine, et sont mangées crues.

Dans l'industrie huîtrière de la côte du Pacifique, on élève une huître japonaise qui se développe habituellement dans les zones intertidales, louées du gouvernement provincial. Les huîtres sont retirées de leur coquille et vendues au volume de chair. Les clams ou palourdes vivent en zones intertidale et infratidale, et sont pêchées manuellement et mécaniquement. Une certaine quantité sont vendues fraîches, mais la plupart sont mises en conserve. On trouve plusieurs espèces commerciales sur les deux côtes et la pêche est réglementée par saison, par quota et par taille. Les ORMEAUX vivent dans les zones infratidales rocheuses de la côte du Pacifique et sont pêchées par des plongeurs. Les prises sont réglementées par taille et par quota de zone, et la majorité sont vendues congelées au Japon. Le centre de pêche du calmar est à Terre-Neuve où on les capture à la turlutte ou au filet. Les calmars sont utilisés comme appâts et exportés au Japon pour la consommation.

D.B. Quayle

Molson, Eric Herbert, capitaliste industriel (Montréal, 16 sept. 1937). Molson étudie aux U. Bishop, Princeton et McGill. En 1960, il est employé par l'entreprise familiale, Les Brasseries Molson du Canada, comme apprenti brasseur; il devient assistant brasseur en 1962, brasseur en 1966, vice-président en 1970 et président en 1980. En juin 1982, il devient vice-président du conseil des Brasseries Molson du Canada Limitée, dont lui et sa famille détiennent la majorité des actions avec droit de vote. Il obtient la présidence en 1988. Il est nommé chancelier de l'U. Concordia à Montréal en 1993.

Jorge Niosi

Molson, John, brasseur, banquier et constructeur de bateaux à vapeur (Spalding, Angl., 28 déc. 1763—Île Sainte-Marguerite, Qc, 11 janv. 1836). Orphelin dès l'enfance, Molson grandit dans des pensionnats privés puis immigre au Canada en 1782. En 1786, il emploie l'héritage de ses parents pour devenir propriétaire unique d'une petite brasserie à Montréal. Il fait preuve de sens des affaires en profitant de la croissance de Montréal comme entrepôt dans le commerce de la fourrure et comme base commerciale pour le développement de l'arrière-pays du Haut-Canada. En 1816, il prend ses trois fils comme associés, dont John MOLSON fils, pour former John Molson and Sons. Il utilise l'argent comptant de la brasserie pour financer ses activités bancaires et construire une ligne de bateaux à vapeur entre Montréal et Québec. En 1809, il a son propre bateau à vapeur, l'ACCOMMODATION, construit à Montréal et dont le moteur est fabriqué aux Forges du St-Maurice.

Molson se lance aussi dans le commerce du bois durant le boom de l'immobilier du début des années 1800 et construit un hôtel. En 1821, il fonde la première distillerie de la colonie et finance le CHAMPLAIN AND SAINT LAWRENCE RAILROAD, le premier chemin de fer au Canada. Molson introduit le premier moteur à vapeur dans l'industrie de Montréal et devient un bon ami de James Watt père. Il siège à la Chambre d'assemblée du Bas-Canada de 1816 à 1820 et devient président de la Banque de Montréal en 1826. Il est nommé, en 1832, membre du conseil législatif du Bas-Canada, où il prend en mains les intérêts des hommes d'affaires anglophones confrontés au mécontentement naissant des Canadiens français. Molson doit être reconnu comme l'un des entrepreneurs les plus importants au Canada durant le premier tiers du XIXᵉ s.

Albert Tucker

Molson, John Fils, fils, brasseur et entrepreneur dans le secteur des banques, du transport et des services publics (Montréal, 14 oct. 1787—*id.* 12 juill. 1860), fils aîné de John MOLSON, dont il est l'adjoint de 1807 à 1835. En 1836, après la mort de son père, Molson vend sa part de 25 p. 100 de la distillerie et de la brasserie Molson à ses deux frères, Thomas et William. Il est alors en mesure de se consacrer à ses autres activités, en tant que premier président du CHAMPLAIN AND SAINT LAWRENCE RAILROAD (1836), président fondateur de la City Gas Co. (1837), qui fournit le gaz d'éclairage à Montréal, et administrateur de la Banque de Montréal (1824-1853). En association avec son frère William, il fonde la Banque Molson (1854). Comme ses frères, il est renommé pour sa philanthropie dans la collectivité de Montréal en contribuant généreusement à l'U. McGill et comme gouverneur de l'Hôpital général de Montréal.

Albert Tucker

Molson Limitée, les compagnies L'une des plus anciennes entreprises du Canada fondée à Montréal en 1786 par JOHN MOLSON, à laquelle il associe ses trois fils, John, William et Thomas, en 1816. La Brasserie Molson ltée passe de société privée en 1911 à société publique à responsabilité limitée en 1945. Elle devient Les Brasseries Molson ltée en 1962, Les Industries Molson limitée, en 1968, et finalement Les Compagnies Molson ltée, en 1973, nom qu'elle conservera jusqu'en 1999. Ces changements de noms reflètent le changement de nature de la société: à partir de 1967, elle acquiert des parts dans de nombreuses entreprises commerciales et devient une société canadienne diversifiée. Ses principales activités concernent le brassage (Les Brasseries Molson du Canada ltée), la vente au détail (Beaver Lumber Company Ltd. et Home Depot Canada), la commercialisation de spécialités chimiques (Diversey Corp.), l'industrie du spectacle (ouverture du Centre Molson en 1996) et les sports (acquisition du Club de hockey Canadien de Montréal en 1978). Elle est également le principal détaillant de bois, de matériaux de construction et d'autres produits durables au Canada. Les Compagnies Molson et la multinationale australienne Elder's IXL, propriétaire des Brasseries Carling O'Keefe, de Toronto, fusionnent en 1989 pour donner naissance à une nouvelle entité: Les Brasseries Molson, le plus important brasseur au Canada. Son alliance avec la Miller Brewing Company, en 1993, vise à faire de Molson un joueur de première importance sur le marché américain de la bière. Le Foster's Brewing Group et les Compagnies Molson se portent acquéreurs, en 1997, de la part de 20 p. 100 détenue par Miller Brewing Company et, l'année suivante, Les Compagnies Molson ltée (TMCL) achètent les parts de Foster's Brewing Group. TMCL devient ainsi propriétaire à part entière de Les Brasseries Molson. En 1999, le nom de l'entreprise change pour celui de Molson Canada.

Molybdène (Mo) Élément métallique gris argenté dont le point de fusion est particulièrement élevé (2610 °C). C'est un important élément dans les alliages de fer et d'aciers et les alliages de spécialité; il est souvent utilisé en combinaison avec d'autres additifs ferreux. La teneur en molybdène de ces produits varie entre un et 20 p. 100. Utilisé couramment comme métal réfractaire (thermorésistant), le molybdène entre aussi dans la composition de catalyseurs, de colorants et de pigments. En SIDÉRURGIE, l'addition de molybdène donne de la dureté, de la force, de la résistance à la corrosion et augmente la soudabilité. La principale source minérale de molybdène, la molybdénite (bisulfure de molybdène, MoS_2), sert de lubrifiant solide et d'additif pour les graisses et les huiles.

Il y a deux façons d'extraire le molybdène: dans les mines de molybdène primaire et en tant que sous-produit de l'exploitation du cuivre. En 1994, la production mondiale de molybdène atteignait 103 648 t, une augmentation de presque 22 p. 100 par rapport à 1993. Le Canada est le quatrième producteur de molybdène au monde, derrière les États-Unis, la Chine et le Chili qui en ont respectivement produit 46 800 t, 17 500 t et 16 000 t en 1994. La production canadienne provient de la Colombie-Britannique et était évaluée à 8482 t en 1995, une baisse par rapport aux 9188 t de 1994. Le Canada a consommé 20 p. 100 de sa production de 1994 et a exporté le reste, surtout aux Japon et aux États-Unis. (*Voir aussi* RESSOURCES MINÉRALES.)

L. Duchesne et D.G. Fong

Mon oncle Antoine (1971) Long métrage de Claude JUTRA. Scénario: Clément Perron, Claude Jutra. Musique: Jean Cousineau. Production: OFFICE NATIONAL DU FILM

Avec Jacques Gagnon (Benoît), Lyne Champagne (Carmen), Jean Duceppe (Antoine), Olivette Thibaut (Cécile), Claude Jutra (Fernand), Lionel Villeneuve (Jos Poulin), Hélène Loiselle (Mme Poulin)

Le film, dont l'action se déroule dans un petit village minier du Québec, la veille de Noël, met en scène le magasin familial d'Antoine également propriétaire d'une entreprise de services funéraires. Le personnage principal, le jeune Benoît, habite avec son oncle Antoine et sa tante Cécile au magasin. Il observe les adultes autour de lui d'un œil à la fois amusé et critique. Une intrigue secondaire importante porte sur la famille Poulin, qui vit dans une ferme isolée. Jos abandonne son emploi à la mine à la suite d'une querelle avec l'un des contremaîtres et quitte la demeure familiale pour travailler dans un camp de bûcherons. Le fils aîné des Poulin décède brutalement et Antoine et Benoît se rendent à la ferme durant une tempête de neige. À leur retour, le cercueil tombe du traîneau tiré par des chevaux. Benoît s'aperçoit qu'Antoine a trop bu pour l'aider à ramasser le cercueil. Il retourne donc au magasin, où il trouve Cécile au lit avec Fernand, le commis. Fernand et Benoît partent à la recherche du cercueil. Mais, ils arrivent à la ferme Poulin où ils trouvent

Jos, venu passer Noël en famille, et sa famille réunis autour du cercueil ouvert.

Mon oncle Antoine montre les possibilités du cinéma canadien à une époque où peu de longs métrages canadiens ont obtenu la reconnaissance de la critique ou un succès commercial. Au moins deux critiques ont affirmé qu'il s'agit «du grand film canadien», réputation qu'il conserve depuis. En 1980, *Mon oncle Antoine* est nommé meilleur film de l'histoire du Québec dans le cadre d'un sondage réalisé auprès des critiques par la revue *Séquences*. Des sondages semblables, réalisés dans le cadre du Festival of Festivals de Toronto (connu aujourd'hui sous le nom de Festival international du film de Toronto) le proclament meilleur film canadien, en 1984 et 1993.

Le spectateur est amené à partager la vision qu'a Benoît de sa communauté. Une grande partie de l'attrait du film vient du portrait qu'il brosse d'un passé apparemment simple à travers le regard d'un enfant. Cependant, bien que les critiques aient accusé Jutra d'avoir éludé les enjeux sociaux et politiques importants au moment de la crise d'octobre, sa vision du passé n'est pas du tout empreinte de nostalgie. L'aspect critique serait plus évident si les cinéastes avaient conservé le titre original, *Silent Night*, une expression anglaise qui renvoie à Noël, mais aussi à une période sombre de l'histoire du Québec, juste avant la RÉVOLUTION TRANQUILLE.

Tandis qu'il observe la faiblesse d'Antoine et, peut-être, celle d'autres figures paternelles, Benoît lutte afin de faire face à sa propre peur de la sexualité et de la mort. Dans le dernier gros plan figé du film, il observe la famille Poulin réunie autour du cercueil, parodie grotesque de la Nativité. La scène met au défi le spectateur de décider ce qui a changé et ce qui n'a pas changé depuis «l'époque pas si lointaine» décrite dans le film.

Jim Leach

Monarchisme Il repose sur d'anciens principes qui favorisent un chef symbolique, les traditions d'État, des relations publiques non partisanes et des principes modernes de démocratie parlementaire. Monarchie autocratique avant l'avènement du GOUVERNEMENT RESPONSABLE, le Canada est désormais une monarchie constitutionnelle où le souverain, le GOUVERNEUR GÉNÉRAL et les LIEUTENANTS-GOUVERNEURS agissent sur avis des ministres. La monarchie constitutionnelle contribue à assurer que les politiciens puissent être élus, critiqués, défaits et tenus responsables. Il s'agit d'un exploit difficilement réalisable si la même personne incarne le symbolisme et le gouvernement. Les fonctions de l'exécutif sont réparties entre le souverain, le gouverneur général et les lieutenants-gouverneurs, lesquels exercent des fonctions symboliques et protocolaires liées aux relations publiques de l'État, des pouvoirs officiels (comme la sanction des lois) sur avis des ministres, ainsi que des pouvoirs d'urgence en cas de crises constitutionnelles particulièrement graves, telles qu'une impasse électorale. Les lois constitutionnelles n'accordent au PREMIER MINISTRE FÉDÉRAL, le chef partisan du gouvernement, aucun pouvoir officiel propre. Ce dernier, en sa qualité de premier ministre responsable devant le Parlement, prodigue des conseils sur l'utilisation des pouvoirs de la COURONNE.

Une telle combinaison, qui permet, tant au niveau fédéral que provincial, de régner sans gouverner et de gouverner sans régner, a relativement bien servi le Canada. Comme les deux ordres de gouvernement exercent de façon souveraine les pouvoirs qui leur sont conférés (*voir* PARTAGE DES POUVOIRS et DROIT CONSTITUTIONNEL), le monarque est le seul dignitaire doté de tous les pouvoirs de l'État et, donc, le siège de l'autorité, à des frais modestes pour le Canada, qui ne verse rien pour l'entretien de la reine et relativement peu pour celui de ses représentants.

Les provinces de l'Atlantique, l'Ontario et la Colombie-Britannique ont pour tradition d'appuyer

la Couronne. Dans les provinces des Prairies, l'attachement à la Couronne a récemment été ébranlé par le mécontentement éprouvé à l'endroit d'Ottawa et par l'influence du modèle américain privilégiant un régime présidentiel plutôt que parlementaire. La longue série de nominations politiques partisanes aux postes de lieutenants-gouverneurs, attribuable à un seul parti au cours de 50 des 60 dernières années, a également miné l'appui pour la monarchie dans cette région. Le Québec est un partisan enthousiaste de la monarchie jusque vers 1955, quand il faut tenir compte de la Couronne dans les débats sur le symbolisme nationaliste. En 1982, la Couronne est néanmoins fermement inscrite dans la Constitution par la formule qui exige l'appui du Parlement et des 10 assemblées législatives provinciales pour modifier son statut.

Le monarchisme touche à la fois les façons de gouverner et les formes de gouvernement. Le monarque et les gouverneurs du Canada, quoique monarchiques en théorie pour des raisons constitutionnelles, sont démocratiques dans leur façon de gouverner, alors que, ailleurs, bien des présidents sont en pratique devenus des monarques absolus. Fait ironique, on peut dire que même des premiers ministres des provinces canadiennes se sont à l'occasion comportés comme des monarques absolus. Les premiers ministres W. ABERHART (Alberta), M. DUPLESSIS (Québec), M. HEPBURN (Ontario) et J. SMALLWOOD (Terre-Neuve) étaient en fait les maîtres absolus de leurs gouvernements. La confusion entourant la nature du monarchisme découle en grande partie de deux penchants malencontreux qui s'opèrent au Canada. D'une part, on tend à maintenir des premiers ministres provinciaux charismatiques en fonction pour des mandats excessivement longs. D'autre part, la domination d'un seul parti et des nominations partisanes tendent à éclipser la Couronne et à submerger l'Opposition. À vrai dire, le monarchisme, en tant que façon de gouverner, est inévitable sous une forme ou une autre dans tout régime politique. Ce qui importe vraiment, c'est la forme qu'il revêt: monarchisme absolu ou constitutionnel.

Frank Mackinnon

Monarque Seul PAPILLON diurne de la famille des danaïdés (ordre des lépidoptères) que l'on trouve au Canada. Ses habitudes migratoires en font probablement le mieux connu et le plus médiatisé des papillons. On le rencontre dans toutes les provinces et tous les territoires, et il abonde là où croît sa plante hôte, l'ASCLÉPIADE (du genre *Asclepias*). Sa grande taille, sa couleur orange et noire ainsi que son vol lent et élégant en font généralement un papillon remarqué.

Migration Sa migration printanière vers le nord le ramenant au Canada est attribuable au déplacement progressif d'individus de générations successives. La légendaire migration d'automne vers le sud est accomplie par les adultes de la dernière génération estivale. Les monarques émergés à l'ouest des Rocheuses hivernent en Californie; ceux originaires du centre et de l'est de l'Amérique du Nord convergent au centre du Mexique. Après 40 années de recherche, la première zone d'hivernage mexicaine a été découverte en 1974 par Frederick Urquhart, de l'U. de Toronto.

Dissuasion des prédateurs On a cru longtemps que tous les monarques contiennent un poison qu'ils absorbent de leur plante hôte au stade de chenille. Des travaux récents indiquent toutefois que seulement certaines espèces d'asclépiades contiennent des glucosides cardiotoniques mortels, de sorte que les papillons issus de chenilles élevées sur des asclépiades non vénéneuses, comme l'asclépiade commune (*A. syriaca*) et la belle asclépiade (*A. speciosa*), ne seraient pas toxiques.

On suppose que les motifs colorés des ailes, liés à sa toxicité, protègent le monarque de la prédation. Après quelques expériences initiales fâcheuses, les prédateurs apprennent à associer les effets toxiques de sa consommation et son mauvais goût, à sa livrée remarquable, et évitent de l'attaquer.

Bernard S. Jackson

Monashee, chaîne des D'une longueur de 400 km et située dans le sud de la Colombie-Britannique, elle a une histoire géologique diverse. À l'ouest, elle rejoint les massifs Okanagan et Shuswap et est délimitée à l'est par le FLEUVE COLUMBIA, qui coule vers le sud. Son plus haut sommet s'élève à 3375 m. Le nom Monashee, qui signifie «montagne paisible» lui a été attribué par un prospecteur écossais. La région frontière près de Rossland, Grand Forks et Greenwood est colonisée au cours des années 1890 et connaît des périodes prospères d'exploitation et de sidérurgie du cuivre.

Peter Grant

Monck, Charles Stanley, 4ᵉ vicomte de la pairie irlandaise et 1ᵉʳ baron de la pairie du Royaume-Uni, gouverneur général de l'Amérique du Nord britannique de 1861 à 1867, gouverneur général du Canada et de l'Île-du-Prince-Édouard de 1867 à 1868 (Templemore, Tipperary, Irl., 10 oct. 1819—Charleville, Enniskerry, 29 nov. 1894). Après des études au Trinity College de Dublin, il est admis au barreau irlandais à King's Inn en 1841. Pair irlandais à partir de 1849, il représente Portsmouth à la Chambre des communes en tant que libéral et assure la fonction de lord de la Trésorerie. Nommé gouverneur général de l'Amérique du Nord britannique en 1861, Monck fait preuve de diplomatie lors des graves tensions canado-américaines de l'époque. Fervent partisan de la défense et de la consolidation politique de l'Amérique du Nord britannique, il est l'un des artisans de la GRANDE COALITION, vouée à la mise sur pied de la CONFÉDÉRATION, et travaille sans relâche pour diminuer l'opposition à la Confédération en Nouvelle-Écosse et au Nouveau-Brunswick. Comme marque de faveur, le gouvernement britannique prolonge son mandat afin qu'il puisse devenir le premier gouverneur général du Canada. RIDEAU HALL est acquis durant son mandat pour servir de résidence officielle du vice-roi. De 1874 à 1892, il occupe la fonction de vice-roi du comté de Dublin en Irlande.

Carman Miller

Monckton, Robert, officier de l'armée britannique (Yorkshire, Angl., 24 juin 1726—Londres, Angl., 21 mai 1782). Monckton arrive en Nouvelle-Écosse en 1752 et participe à la fondation de LUNENBURG en 1753. Deux ans après, il orchestre la première victoire britannique de la GUERRE DE SEPT ANS lorsqu'il capture le FORT BEAUSÉJOUR (Nouveau-Brunswick) en juin. À l'automne de 1755, il supervise la déportation des Acadiens (*voir* ACADIE). Nommé lieutenant-gouverneur de la Nouvelle-Écosse en décembre 1755, Monckton attaque les établissements acadiens du fleuve Saint-Jean en 1758. L'année suivante, il prend part au siège de Québec en tant que commandant en second de James WOLFE. Blessé sur les plaines d'Abraham, il quitte Québec en octobre pour servir dans les colonies du sud et aux Antilles, où il demeure jusqu'en 1763. Monckton est un militaire compétent et humain. On envisage quelque temps de le nommer commandant en Amérique du Nord, mais il n'y revient jamais. À sa mort, il détient le grade de lieutenant-général.

Stuart Sutherland

Moncton, ville du N.-B.; pop. 59 313 (rec. 1996), 56 823 (rec. 1991), 55 536 (rec. 1986); superf. 142,37 km²; const. en 1890; située dans l'est de la province, dans un coude de la rivière Petitcodiac. The Bend (Le Coude) est le nom que lui donnent les premiers colons, d'origine allemande. Le nom de Moncton, mentionné pour la première fois vers 1860, honore la mémoire du commandant britannique Robert MONCKTON, nommé plus tard lieutenant-gouverneur de la Nouvelle-Écosse. Aujourd'hui, près du tiers de la population se réclame de langue maternelle française, le reste étant de langue anglaise.

Historique À l'origine, son développement économique est étroitement lié à la CONSTRUCTION NAVALE. La construction d'un chantier naval par George et Joseph Salter, en 1849, marque le point tournant de son histoire économique. L'année suivante, le commerce maritime était devenu suffisamment important pour faire de Moncton un port d'entrée. La municipalité, constituée en 1855, accueille la même année, sa première banque, la Westmorland Bank, mais le déclin dans la construction des navires en bois mène la ville à la faillite. La banque s'effondre et Moncton perd son statut de municipalité en 1862. Cependant, le chemin de fer marquera le début d'une ère nouvelle, surtout durant la période suivant la Confédération; Moncton devient alors le quartier général des ateliers de l'INTERCOLONIAL RAILWAY et un centre ferroviaire prospère.

Économie La ville tire sa notoriété actuelle de son industrie ferroviaire. On la présente souvent comme «le cœur des Maritimes» parce qu'elle est le nœud central que doivent traverser les nombreuses voies ferrées du réseau des chemins de fer couvrant les Maritimes. Le Canadien National, principal employeur non gouvernemental de la ville, a contribué largement à sa prospérité économique.

Paysage urbain L'UNIVERSITÉ DE MONCTON, un établissement de langue française fondé en 1963, est située à Moncton. Elle se distingue par sa faculté de droit qui est la première au monde à offrir l'enseignement de la *common law* dans la langue de Molière. Parmi les lieux d'attraction on compte la côte magnétique que les automobilistes ont l'impression de gravir à reculons et le mascaret, un phénomène des plus hautes marées du monde.

Sheva Medjuck

Monet-Chartrand, Simone, militante, animatrice sociale et conférencière (Montréal, 4 nov.1919—Richelieu, Qc, 18 janv. 1993). Née dans une famille aisée de la bourgeoisie montréalaise, elle s'engage, dès ses études secondaires, dans la Jeunesse étudiante catholique (J.E.C.) où elle fait la connaissance du syndicaliste Michel CHARTRAND qu'elle épouse en 1942. Le couple aura six enfants.

On ne compte plus les mouvements d'action féministe, religieuse, éducative, sociale et nationaliste auxquels cette femme d'action aura prêté son concours. Dans les années 50, elle collabore à la mise sur pied du Service de préparation au mariage, de l'École des parents, des Associations parents-maîtres, des Unions de familles et des coopératives. On la retrouve, en 1949, aux côtés de son mari dans des comités de soutien aux grévistes d'Asbestos et, plus tard, membre du comité sociopolitique de la CENTRALE DES ENSEIGNANTS DU QUÉBEC (1972-1975).

Au cours de la décennie suivante, elle sera cofondatrice de la Fédération des femmes du Québec (F.F.Q.), du mouvement pacifiste Voix des femmes et du Mouvement pour le désarmement nucléaire. Puis, en 1978, cofondatrice de l'Institut Simone de Beauvoir consacré aux études féministes.

Au plan professionnel, elle fut successivement scripteur et recherchiste aux émissions féminines et d'affaires publiques à la radio et à la télévision de RADIO-CANADA *(Femina, Femmes d'aujourd'hui, 5D),* chargée des relations publiques au Syndicat des enseignants de Champlain, puis directrice-adjointe de la Ligue des droits de l'Homme.

Comme auteur, outre d'innombrables textes de conférences et de chroniques, elle a publié, entre les années 1981 et 1992, les quatre tomes de son autobiographie: *Ma vie comme rivière* et *L'espoir et le défi de la paix* (1988).

Simone Monet-Chartrand est décédée à sa résidence de Richelieu, face à la rivière qui devait donner leur titre à ses mémoires.

Hélène Pelletier-Baillargeon

Monière, Denis, auteur et professeur (Saint-Jean, Qc, 1947). Il a étudié en science politique à l'U. d'Otta-wa et à Paris. Il enseigne à l'U. de Montréal depuis 1978.

Politicologue très engagé, il collabore à plusieurs revues et journaux. Il s'est fait remarquer par une très abondante production. Il a publié 32 livres dont *Le Développement des idéologies au Québec* (1977) qui lui a valu le prix du Gouverneur général et le Grand prix littéraire de la Ville de Montréal, *André Laurendeau et le destin d'un peuple* (1983), *Ludger Duvernay et la révolution intellectuelle au Bas-Canada* (1987), *Introduction aux théories politiques* (1987), etc.

Denis Monière est un analyste très perspicace de la vie politique au Québec. Dans ses derniers livres, il étudie, entre autres, les stratégies déployées par les partis, leurs programmes, les arguments employés pour convaincre les électeurs, les campagnes publicitaires, la couverture médiatique.

Paul-Émile Roy

Monk, Allan, baryton (Mission, C.-B., le 19 août 1942). Monk commence à suivre des leçons de chant à Calgary auprès d'Elgar Higgin et il devient membre des Calgary Theatre Singers. Il chante ses premiers rôles à l'opéra à San Francisco en 1967 et se produit partout au Canada dans les années 70. Parmi ses nombreux rôles, il faut noter Figaro dans les *Noces de Figaro* de Mozart, Enrico dans *Lucia di Lammermoor* de Donizetti et Donner dans *Das Rheingold* de Wagner. En 1973, il accompagne l'orchestre du Centre national des arts à l'occasion de sa première tournée européenne. Il fait ses débuts au Metropolitan Opera dans la production de *La Bohème* de Puccini en 1976 et il y chantera fréquemment par la suite. Il fait ses débuts en Europe en chantant le rôle titre dans *Wozzeck* de Berg à Lisbonne, en 1980. Il participe également au film inspiré de *La Traviata* de Verdi, réalisé par Franco Zeffirelli en 1983. Ce qui distingue véritablement Monk est sa polyvalence, son talent de comédien et ses nombreuses ressources comme baryton, grâce à sa voix lyrique à la fois claire et douce. Monk obtient en 1971 une distinction de la Musical America en tant que jeune artiste exceptionnel. Il est reçu Officier de l'Ordre du Canada en 1985.

Monk, Lorraine, née Spurell, conservatrice de photographie, auteur (Montréal). Elle fait ses études à l'U. McGill et y obtient un baccalauréat et une maîtrise ès arts. Elle dirige le service de photographie de l'OFFICE NATIONAL DU FILM (ONF) de 1960 à 1980. Elle contribue à ce que son service devienne une force culturelle nationale, en collectionnant, en conservant, en exposant et en publiant des photographies contemporaines canadiennes. En 1967, elle inaugure la Galerie de l'Image à Ottawa, la première galerie du pays consacrée à la PHOTOGRAPHIE contemporaine canadienne.

Elle organise d'innombrables expositions et des présentations audiovisuelles. Elle publie aussi de nombreux livres de photographie tels que *Canada: A Year of the Land* (1967), qui remporte d'importants prix pour l'excellence de l'impression *The Female Eye* (1975), *Canada* (1975), qui remporte la médaille d'argent à la Foire internationale du livre de Leipzig et *Between Friends* (1976), qui remporte la médaille d'or à cette même foire. Lorraine Monk quitte l'ONF mais continue à organiser des expositions de photos et à éditer des livres comme *Canada with Love* (1982). Elle travaille sans relâche à la création du Musée canadien de la photographie contemporaine, dont elle devient la première directrice administrative. Le musée, situé à Ottawa, présente sa première exposition en 1987. Lorraine Monk reçoit la médaille du Centenaire (1967) et est nommée Officier de l'Ordre du Canada.

Louise Abbott

Monk, Maria, née de parents écossais (Saint-Jean-sur-Richelieu, Qc, 1817—île de Blackwell [Welfare], 1849). Adolescente difficile, elle est placée par sa mère dans un refuge à Montréal en 1834, d'où elle est renvoyée, enceinte, l'année suivante. Elle s'enfuit aux États-Unis et se trouve bientôt au centre d'une controverse nativiste anticatholique à la suite de la publication de son livre, *The Awful Disclosures of the Hôtel Dieu Nunnery of Montreal*, qui décrit les horreurs qu'elle a subies comme religieuse à l'Hôtel-Dieu de Montréal. Le succès du livre déclenche un violent débat entre ses lecteurs partisans et ses adversaires. William L. Stone vient à Montréal pour élucider la question et visiter l'Hôtel-Dieu. Il devient évident que Maria Monk n'y a jamais mis les pieds. La réfutation de Stone et la publication des témoignages faits sous serment annihilent la crédibilité du pamphlet de Monk, mais non sa distribution: 300 000 exemplaires sont mis en circulation avant la guerre de Sécession. Elle meurt à demi démente dans la prison de l'île de Blackwell.

Philippe Sylvain

Monnaie Les pièces de monnaie sont de petits jetons en métal, généralement émis par les gouvernements et servant d'ARGENT. Une certaine quantité ou une série de pièces émises en même temps par une même autorité constituent une frappe. En raison de la complexité de l'histoire politique du Canada, les numismates (collectionneurs de monnaie) canadiens ont une étonnante variété de pièces à collectionner et à étudier.

Régime français

Les premières pièces utilisées partout au Canada sont les fameuses pièces d'argent «Gloriam Regni». de 1670, frappées à Paris et destinées à toutes les colonies françaises du Nouveau Monde. On n'en a trouvé que peu de spécimens au Canada. La pièce de 15 sols est particulièrement rare. En 1672, on augmente d'un tiers la valeur de ces pièces pour essayer de les garder en circulation au niveau local. Mais c'est un échec et elles ne sont plus utilisées à partir de 1680.

En 1717, on frappe une monnaie de CUIVRE pour les colonies françaises, mais on en fabrique peu à cause de la piètre qualité du métal. En 1721 et en 1722, une frappe de pièces de cuivre de neuf deniers est émise pour toutes les colonies françaises, et on en expédie un important chargement au Canada. Cependant, la population refuse de les utiliser et, en 1726, la plupart, toujours en possession de la trésorerie de Québec, sont renvoyées en France.

Ces monnaies s'adaptent mal aux besoins canadiens et, chaque année, la France doit les rapatrier. Le trésor récupéré dans l'épave du navire de ravitaillement français *Le Chameau*, (coulé lors d'un ouragan au large de l'île du Cap-Breton, en 1725), était destiné aux gouvernements coloniaux de Québec et de Louisbourg. À Québec, les autorités locales émettent aussi diverses sortes de papier-monnaie (*voir* MONNAIE DE CARTES), en quantités excessives, et se voient obligées, à l'occasion, d'autoriser l'utilisation de la piastre espagnole et de ses subdivisions.

Régime anglais

Pendant les 50 années qui suivent la Conquête (1760), les Britanniques ne font à peu près rien pour assurer l'approvisionnement en monnaie, en dehors de quelques expéditions de pièces de cuivre usées et retirées de la circulation en Grande-Bretagne. Les pièces d'or sont d'abord des guinées anglaises, et plus tard des souverains et quelques «aigles» américains, des louis français, des doublons espagnols (et leurs monnaies divisionnaires) et de petites quantités d'or portugais.

Parmi les pièces d'argent, on trouve surtout des pièces espagnoles frappées au Mexique et en Amérique du sud, de vieilles pièces françaises circulent au Bas-Canada et, ailleurs au pays, quelques pièces anglaises. Les pièces d'argent américaines apparaissent après 1815. La réserve de pièces de cuivre, qui diminue sans cesse, se compose de demi-pennies anglais et irlandais complètement effacés, datant du règne de George III, ainsi que de pièces émises ou importées par les autorités locales, de petites quantités de cents américains et diverses pièces étrangères. À Montréal, entre 1820 et 1837, tout ce qui a les mêmes dimensions qu'un demi-penny peut en tenir lieu.

Île-du-Prince-Édouard Au cours de cette période, diverses pièces sont en usage. De grandes quantités de pièces légères valant un demi-penny circulent de 1830 à 1860 et même bien plus tard. Les plus nombreuses sont les demi-pennies «Ships Colonies & Commerce» et les pièces portant l'inscription «Success to the Fisheries» ou «Self Government and Free Trade».

Nouvelle-Écosse En 1813, certains hommes d'affaires d'Halifax commencent à importer des demi-pennies et, vers 1816, il en circule une grande variété. Le gouvernement ordonne leur retrait en 1817. Dès 1823, puis en 1824, en 1832, en 1840 et en 1843, le gouvernement émet des pièces de cuivre sans l'autorisation de l'Angleterre. En 1856, il reçoit la permission du gouvernement britannique d'émettre l'une des plus belles pièces de l'époque coloniale canadienne.

Nouveau-Brunswick Un demi-penny d'origine inconnue circule à Saint-Jean vers 1830. En 1843, le gouvernement émet des pennies et des demi-pennies en cuivre sans le consentement de l'Angleterre. Ces émissions sont suivies d'une autre, en 1854, mais cette fois avec l'approbation du gouvernement britannique.

Bas-Canada On y trouve les plus grandes quantités et variétés de pièces. Les pièces «Wellington», une série de demi-pennies et de pennies ornés d'un buste du Duc de Wellington, apparaissent en 1814. Elles sont populaires et, à partir de 1825, on en émet plusieurs variantes localement. La même année, on importe un demi-penny d'origine irlandaise et on en fabrique de très nombreuses imitations en laiton. En 1832, un demi-penny d'origine inconnue, de modèle anglais, est largement imité en laiton.

Puis, un forgeron de Montréal contrefait les vieilles pièces de cuivre George III, d'origine anglaise et irlandaise. Un grand nombre de pièces de cette «monnaie de forgeron» est mis en circulation. Cette vogue prend fin en 1835, les banques refusant d'échanger ces pièces non classées pour plus que la valeur du métal.

La BANQUE DE MONTRÉAL émet des sous (ou demi-pennies) avec d'un côté un bouquet de fleurs héraldiques et de l'autre, leur valeur, inscrite en français. Ces sous deviennent immédiatement très populaires et le gouvernement autorise la banque à approvisionner la province en pièces de cuivre. Cependant, elles sont bientôt contrefaites. On accepte les imitations, leurs inscriptions étant françaises. Devenues trop nombreuses, les banques refusent de les échanger, sauf contre la valeur du métal.

Pour les remplacer, le gouvernement autorise les banques de Montréal et de Québec, la City Bank et la Banque du Peuple à émettre des pennies et des demi-pennies en cuivre décorés d'un côté des armoiries de Montréal et d'un HABITANT de l'autre. Ces pièces arrivent au Canada au début de la Rébellion de 1837 et sont émises en 1838.

Haut-Canada Le Haut-Canada utilise pour la première fois des pièces locales, au lendemain de 1812, quand une série de pièces légères d'un demi-penny est émise à la mémoire de sir Isaac BROCK. Après 1825, ces pièces sont remplacées par une série portant un sloop d'un côté et divers motifs de l'autre (charrue, barillet, deux pelles se croisant sur une enclume, etc.). En 1822, une pièce de cuivre de deux pence est émise par Lesslie & Sons, qui frappe aussi des demi-pennies de 1824 à 1830. Il n'y a pas eu d'émissions du gouvernement dans le Haut-Canada.

Après l'union du Haut et du Bas-Canada, en 1841, la Banque de Montréal a la permission de frapper des pièces en cuivre. En 1842, elle émet des pennies et des demi-pennies, puis une nouvelle série de demi-pennies en 1844. Après 1849, la BANQUE DU HAUT-CANADA reçoit l'autorisation de frapper des monnaies en cuivre, et de nombreux pennies et demi-pennies sont émis en 1850, en 1852, en 1854 et en 1857. La Banque de Québec est autorisée à faire de même en 1852.

Les besoins en monnaie sont limités dans les territoires contrôlés par la Compagnie de la baie d'Hudson, car la traite des fourrures recourt au troc, même si des jetons en cuivre (*voir* PLUE) servent de monnaie. Dans la Colombie-Britannique coloniale, il n'y a que très peu de pièces en circulation. On ne se sert pas du cuivre parce que les prix sont trop élevés: aucune pièce de moins de 10 cents ne peut être utilisée.

En 1861, de petits chargements de pièces anglaises en argent et en or sont expédiés en Colombie-Britannique et circulent avec les pièces américaines jusqu'au lendemain de la Confédération. On abandonne un projet de frappe de pièces d'or de peur d'enfreindre les prérogatives royales, mais quelques échantillons paraissent quand même.

En 1858, la province du Canada (parties méridionales des provinces actuelles de l'Ontario et du Québec) adopte la division décimale basée sur un dollar de valeur égale à celle du dollar américain. Les pièces d'argent américaines sont alors très abondantes et le commerce avec les États-Unis rend l'adoption d'un tel système nécessaire. Le Nouveau-Brunswick et la Nouvelle-Écosse font de même en 1860, suivis de Terre-Neuve en 1863 et de l'Île-du-Prince-Édouard en 1870.

La monnaie de la province du Canada se compose de pièces d'argent de 5, de 10 et de 20 cents ainsi que de cents en bronze. La Nouvelle-Écosse émet des cents et des demi-cents en bronze en 1861 et en 1864, et seulement des cents en 1862. Le Nouveau-Brunswick frappe des cents en 1861 et en 1864 et des pièces d'argent semblables aux pièces canadiennes en 1862 et en 1864. L'Île-du-Prince-Édouard émet un cent en 1871. La frappe commence à Terre-Neuve en 1865. Toutes ces pièces ont cours légal dans le Dominion du Canada au fur et à mesure de l'entrée des provinces dans la Confédération.

De 1870 à nos jours

Les premières émissions du Dominion du Canada, en 1870, sont les pièces d'argent de 5, de 10, de 25 et de 50 cents. On y ajoute le cent en bronze en 1876. Ces pièces portent sur l'avers l'effigie de la reine Victoria. Sur le revers des pièces d'argent se trouvent la valeur et le millésime, dans une guirlande de feuilles d'érable en forme de couronne. Sur le cent, valeur et millésime sont encerclés d'une guirlande de feuilles d'érable. Ces pièces sont émises à divers intervalles jusqu'en 1901. En 1902, un buste couronné d'Édouard VII remplace l'effigie de la reine et, à son tour, un buste couronné de George V le remplace en 1911.

En 1920, on réduit la taille du cent et, en 1922, on fabrique pour la première fois des pièces de 5 cents en NICKEL. En 1942 et en 1943, on frappe la pièce de 5 cents dans du tombac, un alliage de cuivre et de zinc. Il y a pénurie de nickel à cause de la guerre et on surnomme cette pièce le «black-out nickel». En 1935, on frappe le premier dollar en argent pour célébrer le 25e anniversaire du règne de George V. Ce dollar inaugure une série de pièces canadiennes très populaires.

Chaque année, on frappe des dollars en argent jusqu'en 1967, sauf 1939 à 1944. On émet des pièces commémoratives d'un dollar en 1939 pour la visite royale; en 1949, pour l'entrée de Terre-Neuve dans la Confédération; en 1958, pour le centenaire de la colonie de la Couronne de Colombie-Britannique; en 1964, pour le centenaire de la Conférence de Charlottetown et de la Conférence de Québec; enfin, en 1967, pour le centenaire de la Confédération.

En 1937, une toute nouvelle série paraît après le couronnement de George VI. Pour la première fois, chaque valeur nominale porte au revers un motif différent. Ce sont les mêmes motifs qu'on trouve sur les pièces actuelles, à quelques modifications près. Toutes les pièces représentent une splendide effigie de George VI, sans couronne. Sur le revers de la pièce d'un cent figurent deux feuilles d'érable sur une tige commune; sur celle de 5 cents, un castor rongeant une bûche sur un rocher; sur celle de 10 cents, un schooner semblable au célèbre *Bluenose*; sur celle de 25 cents, une tête de caribou; sur celle de 50 cents, les armoiries du Canada; et sur le dollar, deux voyageurs en canot avec, à l'arrière-plan, un îlot boisé.

Il n'y a jamais eu de grande demande pour l'or au Canada, car les pièces d'or américaines suffisent aux besoins du pays. À différentes reprises, de 1908 à 1919, on frappe quelques souverains à l'hôtel de la monnaie d'Ottawa. De 1912 à 1914, on émet une série d'élégantes pièces d'or de 5 $ et de 10 $. Les seules autres pièces d'or circulant au Canada sont les pièces de 2 $ de Terre-Neuve, frappées à diverses reprises de 1865 à 1888. En 1928, des projets de frappe de nouvelles pièces en or n'ont pas de suite (*voir* ÉTALON-OR). Une série spéciale de pièces d'or est frappée en 1967, puis chaque année depuis 1976, à l'intention des collectionneurs.

En 1953, l'effigie de George VI est remplacée par un buste d'Élisabeth II, lui-même remplacé en 1965 par l'effigie actuelle, soit un buste de la reine portant une robe drapée et une tiare. En 1967, une série spéciale commémore le centenaire de la Confédération. Chaque pièce porte à l'avers le buste de la reine. Au revers, la pièce d'un cent montre une colombe en vol; celle de 5 cents, un lièvre; celle de 10 cents, un maquereau; celle de 25 cents, un lynx; celle de 50 cents, un loup hurlant; et le dollar, une oie du Canada en vol.

Ces motifs sont conçus par l'artiste Alexander COLVILLE. Au cours de l'été 1967, le contenu en argent des pièces de 10 cens et de 25 cents est réduit de 80 p. 100 à 50 p. 100, et on cesse la production des pièces de 50 cents et d'un dollar pour la circulation générale. On reprend les motifs habituels en 1968, les pièces de 10 et de 25 cents contiennent alors 50 p. 100 d'argent.

En août 1968, le nickel remplace complètement l'argent des pièces destinées à la circulation courante et on frappe en dimensions réduites des pièces de 50 cents et d'un dollar en nickel. En 1987, une pièce d'un dollar remplace le billet, dont la production est abandonnée en 1989. Le nouveau dollar à onze côtés, est frappé dans du tombac nickelé et pèse 7 grammes.

Depuis 1950, des séries spéciales sont destinées aux collectionneurs. Il s'agit des premières frappes, exécutées par poinçons et manipulées avec grand soin pour éviter qu'elles ne s'endommagent. En 1953, on monte ces séries sur une carte blanche recouverte de cellophane. À partir de 1961, elles sont scellées à chaud dans du «pliofilm». On vend séparément aux collectionneurs des dollars en argent jusqu'en 1965. À partir de 1970, on vend les dollars en nickel dans des coffrets spéciaux.

En 1971, des dollars commémoratifs contenant 50 p. 100 d'argent sont vendus en coffret individuel. Émis chaque année depuis lors, ils commémorent des événements spéciaux. De 1973 à 1976, des séries spéciales de pièces de 5 $ et de 10 $ en argent sterling commémorent les Jeux olympiques de Montréal.

La première pièce de 100 $ en or, frappée en 1976 pour la même occasion, inaugure une magnifique série de pièces d'or émises chaque année. De 1985 à 1987, une série de 10 pièces de 20 $ en argent sterling est frappée pour commémorer les Jeux olympiques d'hiver de Calgary. En juin 1987, la Monnaie royale canadienne frappe la pièce de 1$ pour usage courant. Appelé le «huard» en raison de l'oiseau qui y est représenté, il remplace le billet d'un dollar qui cesse d'être imprimé le 30 juin 1989. Le 19 février 1996, c'est au tour du billet de deux dollars d'être

remplacé par une pièce bi-métallique sur laquelle figure un ours polaire dessiné par Brent Townsend.

Pièces canadiennes rares

Les pièces divisionnaires canadiennes les plus rares sont celles de 50 cents (1921), de 5 cents (1921), les pièces d'un cent et de 10 cents dites pointillées (1936), celles de 10 cents (1889), celles de 50 cents (1890) et de 10 cents (1893) dont le chiffre 3 a un sommet arrondi. La plupart des pièces frappées en 1921 n'ont jamais été émises. Accumulées quelque temps dans les chambres fortes de la Monnaie, elles ont été refondues.

La série dite pointillée (1936) représente une émission supplémentaire destinée à assurer l'approvisionnement du pays en attendant l'arrivée des poinçons de 1937. Un trou percé au bas des coins, au revers des pièces, lui a valu ce nom. Il n'en reste que de rares spécimens. La rareté des autres pièces mentionnées est due à leur émission très limitée. (*Voir* FRAPPE DE LA MONNAIE.)

R.C. Willey

Monnaie de carte Les administrateurs de la Nouvelle-France doivent compter sur l'arrivée de numéraire de France pour payer les fonctionnaires, les fournisseurs, les militaires et les commis. Or, quand le bateau n'arrive qu'en fin de saison, cela donne lieu à beaucoup de confusion, et plus encore quand il n'arrive pas du tout. En 1685, l'intendant Demeulle invente une sorte de monnaie de papier afin de payer les dépenses. Il inscrit divers montants sur des cartes à jouer et il y appose sa signature. Une fois le navire du roi arrivé, il rembourse en espèces la monnaie de carte. Le système prend fin en 1686, mais on doit y recourir de nouveau entre 1689 et 1719. En 1714, on évalue à 2 millions de livres la monnaie de carte en circulation, certaines cartes valant jusqu'à 100 livres.

En 1729, à la demande des commerçants eux-mêmes, le roi recourt de nouveau à la monnaie de carte en utilisant, cette fois, des cartes vierges qui sont coupées ou dont les coins sont amputés selon une table de calcul définie. Une carte entière vaut 24 livres (soit la somme la plus élevée pour de la monnaie de carte), une carte dont les coins sont coupés en vaut 12, etc. Au XVIIIe s., la monnaie de carte n'est pas la forme la plus courante de monnaie de papier. Il y a le certificat, montant certifié que le commerçant donne au fournisseur. L'ordonnance, ordre de paiement signé par l'intendant, est remboursable comme les cartes et les certificats par une lettre de change du Trésor de la Marine. Enfin, pour éviter le transfert en espèces, les gens utilisent aussi entre eux la lettre de change, ou traite, dont l'État se sert également, surtout pour racheter la monnaie de papier. Après la Conquête, les Canadiens détiennent encore l'équivalent de quelque 16 millions de livres en monnaie de papier, dont seulement 3,8 p. 100 en monnaie de carte.

Monnaie légale Elle représente tout ce qui est généralement accepté pour le règlement d'une dette ou d'un achat de biens ou de services. L'évolution de la monnaie en tant que système de régularisation des transactions économiques d'une société constitue un pas en avant important, par rapport aux premières formes d'échange basées sur le TROC, une transaction au cours de laquelle des biens et des services sont échangés contre d'autres biens ou services plutôt que contre de l'argent. Le troc est parfois utilisé aujourd'hui comme forme d'évasion fiscale et dans le commerce international.

La monnaie a au moins trois rôles: elle sert de moyen d'échange, d'unité mesurant la valeur des biens et services, des dettes et des salaires, et de réservoir de valeurs. Ces trois rôles sont interreliés, bien que certains théoriciens, dont les keynésiens et les marxistes, soulignent que la monnaie doit avoir une valeur intrinsèque correspondant au travail, comme l'OR ou l'ARGENT, tandis que d'autres, comme les monétaristes, soutiennent que la caracté-

ristique la plus importante de la monnaie demeure sa qualité de moyen d'échange.

Dans nombre de sociétés anciennes, l'or et l'argent servaient de monnaie. Ils avaient une valeur intrinsèque, pouvaient aisément être transportés et divisés, et étaient inaltérables. Les pièces d'or et d'argent étaient frappées par l'ÉTAT (*voir* MONNAIE). L'évolution de l'ACTIVITÉ BANCAIRE par les orfèvres européens du XVIIe s. marque la transition au papier-monnaie. Les orfèvres émettent des traites avalisées par l'or qu'ils conservent dans leurs chambres fortes. Au cours des XVIIIe et XIXe siècles, les pays européens établissent des banques centrales pour réguler leur système monétaire. À la fin du XIXe s., la plupart ont monopolisé l'émission du papier-monnaie, garantie par une couverture en lingots d'or. De nos jours cependant, les monnaies des principaux pays ne reposent plus légalement sur une couverture-or (*voir* ÉTALON-OR).

Des cartes à jouer représentent le premier papier-monnaie du Canada: coupées spécialement et signées par le gouverneur, elles sont émises en 1685 pour pallier le manque chronique de pièces d'argent françaises et espagnoles alors utilisées en Nouvelle-France (*voir* MONNAIE DE CARTE). Les cartes à jouer n'ont aucune valeur intrinsèque, mais leur valeur inscrite est garantie par le gouvernement de la colonie. Pour payer les dépenses occasionnées par la guerre de Sept Ans, le gouvernement émet d'énormes quantités de papier-monnaie, dont la valeur n'est pas garantie, ce qui entraîne une INFLATION galopante.

Après la Conquête (1759-1760), les Anglais introduisent la livre sterling, et, pendant presqu'un siècle, les livres, shillings et pences constituent la monnaie officielle du Canada. En pratique, cela signifie qu'aux nombreuses espèces de monnaie déjà existantes correspond une valeur en livres sterling. La piastre espagnole vaut cinq shillings, soit quatre piastres espagnoles pour une livre, valeur fixée en premier lieu par les marchands d'Halifax. Des billets de banque sont imprimés, y compris une coupure de quatre piastres, pour se conformer à la valeur officielle de la livre, différente de celle de la livre britannique. La monnaie britannique ne prévaut jamais et de nombreuses monnaies circulent au pays pendant la première moitié du XIXe s., sans oublier la monnaie provinciale de la Nouvelle-Écosse, les dollars américains, les piastres espagnoles, les pièces d'or américaines et les «billets de l'armée» utilisés par les troupes britanniques au cours de la Guerre de 1812. L'utilisation de la monnaie de l'armée habitue les Canadiens à l'idée d'un papier-monnaie sûr.

La décision de rejeter la monnaie britannique et d'adopter un système décimal semblable à celui des États-Unis date des 20 années précédant la Confédération. Une loi de 1858 exige que la comptabilité du gouvernement de la Province du Canada soit tenue en dollars plutôt qu'en livres. À la même époque, le gouvernement émet sa propre monnaie, qui circule en même temps que les billets émis par la BANQUE DE MONTRÉAL et d'autres banques. Au cours des premières décennies suivant la Confédération, la majorité des Canadiens présument qu'un dollar est un dollar, qu'il soit émis par les gouvernements de Washington ou d'Ottawa, ou par une banque. Le système monétaire du Canada reste toujours équivalent à celui des États-Unis, exception faite de certaines différences. En 1870, le gouvernement du Dominion émet des *Shinplasters*, soit des billets de 25 cents, pour neutraliser les effets de la surabondance de pièces d'argent américaines au pays, qui ne valent que 0,80 $ par rapport au dollar canadien de l'époque.

Le premier écart sérieux entre les dollars américain et canadien survient lors de la période de forte inflation qui suit la Première Guerre mondiale (*voir* TAUX DE CHANGE). Le dollar canadien chute à 0,84 $US en 1920, mais il se redresse vite et se stabilise à environ 1 $US durant la dernière moitié des années 20. Pendant la Crise des années 30, le dollar canadien chute encore à quelque 0,80 $US, son niveau le plus bas jusqu'à récemment, mais il se rétablit avant l'économie et atteint jusqu'à 1,04 $US au milieu des années 30. Pendant la Seconde Guerre mondiale, le dollar canadien vaut environ 0,91 $US. De 1952 à 1962, on le laisse flotter plutôt que de lui attribuer une valeur fixe en dollar américain. Il vaut ainsi souvent plus que le $US à cause de la multitude d'investissements américains au pays.

Le dollar traverse une crise au cours de la campagne électorale fédérale de 1962, et il se stabilise à 0,925 $US. En 1970, on laisse de nouveau le dollar canadien flotter et il surpasse rapidement le dollar américain. Cette hausse est cependant trompeuse: l'élection du Parti québécois en 1976 provoque la chute du dollar canadien, qui descend jusqu'à 0,69 $US le 4 février 1986. Par la suite, il se redresse pour atteindre 0,87 $US en 1991, mais les nouvelles craintes qu'inspire l'avenir du Québec le font chuter à environ 0,72 $US en 1994.

Les années 70 raniment l'opinion, selon laquelle l'inflation résulte essentiellement d'une trop grande quantité de monnaie, et l'on tente donc de restreindre la masse monétaire (*voir* POLITIQUE MONÉTAIRE). La masse monétaire (somme globale de monnaie dans l'économie) comprend le numéraire, les dépôts bancaires, les dépôts dans les établissements financiers, certains effets à court terme et parfois les cartes de crédit.

La Banque du Canada a plusieurs définitions opérationnelles de la masse monétaire, la plus restreinte étant la M-1, monnaie en circulation hors des banques à charte, soit le total de la monnaie détenue par les particuliers et les dépôts bancaires pouvant être retirés sans préavis. Cette définition ne correspond pas à la définition américaine de la M-l, qui comprend en plus les dépôts d'épargne avec chèques (soit l'équivalent de M-1B au Canada). Avant 1982, la Banque du Canada essaie de régulariser la masse de M-l (qui s'élève à l'époque à environ 30 milliards de dollars, dont 13 milliards en monnaie) pour restreindre la masse monétaire dans l'espoir de faire reculer l'inflation. Mais l'avènement des opérations bancaires informatisées rend difficile la tâche de déterminer si M-1 peut évaluer avec précision la masse monétaire existante. En 1993, la M-1 atteint 55,5 milliards de dollars, dont 24,4 milliards en numéraire.

La deuxième définition de la masse monétaire, M-2, plus large que la précédente, inclut M-1B, les dépôts à terme et l'épargne personnelle sans tirage de chèques, de même que certains dépôts à préavis dans des institutions financières par des compagnies avec ou sans privilège de chèques. La définition canadienne de M-2, qui atteint près de 346 milliards de dollars vers la fin de 1993, équivaut à la définition américaine. La définition la plus large de la masse monétaire est M-3. Elle englobe M-2 et les dépôts à terme non personnels, y compris les certificats de dépôt détenus par les entreprises. M-3 s'élève à 577 milliards de dollars à la fin de 1993. La valeur globale de la masse monétaire équivaut à M-3 plus les dépôts du gouvernement canadien dans les banques à charte.

Le système monétaire du Canada est, bien entendu, lié au système monétaire international, qui connaît une grave crise au début des années 80. Cette crise se manifeste par des taux d'inflation élevés, même par une hyperinflation dans un grand nombre de pays, des taux d'intérêt élevés, l'irrégularité des prix de l'or et de l'argent, et le problème presque insoluble de l'endettement du Tiers-Monde.

Le processus d'évolution de la monnaie, qui remonte à plusieurs milliers d'années, est toujours en marche. Il est difficile de prédire l'orientation exacte que prendra cette évolution, mais certains éléments des fonctions monétaires (réservoir de valeurs, unité de mesure de valeur et moyen d'échange) seront conservés.

D. McGillivray

Monnaie royale canadienne (*Voir* MONNAIE, FRAPPE DE LA)

Monnaie, frappe de la De 1858 à 1907, la plupart des pièces de MONNAIE canadiennes sont frappées par la Royal Mint de Londres, tandis que des émissions spéciales proviennent de la Heaton Mint de Birmingham. La Monnaie royale d'Ottawa est inaugurée en 1908 en tant que succursale de la Royal Mint de Londres et fonctionne à ce titre jusqu'en 1931.

Lorsque les pays du Dominion acquièrent l'égalité avec la Grande-Bretagne en vertu du statut de Westminster, la Monnaie d'Ottawa obtient son autonomie et reçoit le titre de Monnaie royale canadienne. Elle fonctionne sous la direction générale du ministère des Finances jusqu'à ce qu'elle devienne une société de la Couronne en 1969. Aujourd'hui, la Monnaie royale canadienne frappe la monnaie de pays étrangers en plus de celle du Canada. Une succursale ouverte en 1965 à Hull (Québec) frappe des pièces hors-circulation et de collection. Inaugurée en 1974, l'Hôtel de la Monnaie de Winnipeg (Manitoba) collabore avec Ottawa à la production de la monnaie nationale.

La fabrication des monnaies commence par le laminage des lingots de métal pour former des feuilles d'une épaisseur appropriée dans lesquelles on découpe les pièces. Ces dernières sont ensuite nettoyées, polies et acheminées vers l'atelier, où elles sont frappées à l'aide de matrices. La production des matrices s'effectue suivant un procédé long et laborieux. Un maître-poinçon est d'abord fabriqué à l'aide d'une machine à réduire. Un modèle en plastique dur d'environ 20 cm de diamètre est balayé par un traceur à une extrémité de la machine. À l'autre extrémité, un instrument de coupe suit les mouvements du traceur et coupe le dessin en un format réduit sur un bloc d'acier d'environ 7,5 cm de diamètre. Une seconde machine à réduire balaye ensuite le bloc et reproduit le dessin, d'après le format réel de la pièce de monnaie, sur un autre bloc d'acier. On obtient ainsi le maître-poinçon qui sera utilisé pour graver la matrice originale.

Les détails qui n'ont pas été reproduits sur le poinçon prototype sont poinçonnés sur la matrice, servant à fabriquer les poinçons de service. Ces derniers sont ensuite employés pour graver les coins de service qui, à leur tour, frapperont la monnaie. Depuis 1945, les matrices sont recouvertes de chrome, ce qui permet d'en prolonger la durée et de donner aux pièces de monnaie un meilleur fini.

R.C. Willey

Monotrope uniflore (*Monotropa uniflora*) Plante vivace, elle est la seule espèce indigène du genre *Monotropa*, l'un des huit genres de la famille de la pyrole (Pyrolacées) que l'on trouve au Canada. Le genre est parfois classé comme famille, celle des monotropacées, mais la PYROLE peut aussi faire partie de la famille de la bruyère ou du bleuet (éricacées). On trouve le monotrope uniflore d'un bout à l'autre du pays, dans les bois ombragés, mais il se repère difficilement, car il ne pousse pas toujours au même endroit chaque année. Cette plante, dépourvue de chlorophylle, ne peut fabriquer ses propres réserves et se nourrit de la végétation partiellement décomposée sur le sol, avec l'aide d'un champignon (*voir* MYCORHIZE). La plante a de 10 à 20 cm de haut. Les tiges recourbées portent une seule fleur et sont souvent agglomérées. La fleur et la tige ressemblent vaguement à une pipe, d'où le nom commun anglais «indian-pipe». La plante noircit là où on la touche. Les PIEDS-NOIRS utilisaient le monotrope uniflore pour soigner les blessures et divers groupes autochtones s'en servaient pour traiter les convulsions et les crises d'épilepsie.

Patrick Seymour

Mont Sorrel Partie importante du contrefort sud du saillant d'Ypres, prise par les forces allemandes le 2 juin 1916, après qu'ils en eurent repoussé la 3e division du Corps d'armée canadien. Le major-général M.S. Mercer, commandant de la division, y est tué et

le brigadier-général V.A.S. Williams, commandant de la 8e brigade, y est fait prisonnier. Ces militaires sont les plus hauts gradés de l'armée canadienne à avoir été tués et capturés pendant la PREMIÈRE GUERRE MONDIALE. Une contre-attaque menée le soir même échoue, mais stoppe toute autre avance des Allemands. Une contre-attaque plus délibérée permet de reprendre le mont Sorrel le 12 juin. Du 2 au 14 juin, les Canadiens perdent quelque 8000 hommes et les Allemands, près de 6000.

Brereton Greenhous

Montagnards Groupe autochtone vivant sur les versants des monts Mackenzie le long du FLEUVE MACKENZIE. Historiquement, on a appelé Montagnards les divers petits groupes qui habitaient les versants orientaux de cette chaîne de montagnes et qui traitaient avec tous les postes entre Fort Liard et Fort Good Hope. Ceux qui se rendaient à Fort Norman (aujourd'hui Tulita), depuis les années 1820, pour commercer, ont gardé leur identité, tandis que la plupart des autres se sont intégrés petit à petit aux populations autochtones traitant avec d'autres postes le long du Mackenzie. Ils parlent une langue athapaskane très proche de celle des LIÈVRES et des ESCLAVES. Historiquement, le nom s'est probablement prêté à tous les autochtones de cette région, y compris les Goats et les NAHANIS. La plupart des informations à leur sujet nous viennent de ceux qui continuent de commercer et de vivre à Tulita.

Bien qu'ils aient exploité une vaste étendue des monts Mackenzie, depuis la rivière Redstone jusqu'à la rivière Mountain au nord, on estimait leur population (1827-1971) à moins de 150 personnes. Au cours du XIXe s., et, primitivement (selon leurs propres témoignages), les Montagnards ont craint tous les groupes autochtones habitant les versants ouest des montagnes et leur ont parfois été hostiles. Après la RUÉE VERS L'OR DU KLONDIKE (1897-1898), leurs contacts plus fréquents avec les autochtones du Yukon ont atténué leurs appréhensions et certains se sont intégrés à ces groupes. La tradition orale ne témoigne d'aucun incident hostile avec les autochtones de la région orientale, mais les contacts avec eux ont été peu fréquents avant la TRAITE DES FOURRURES.

Pour se nourrir, ils dépendaient presque totalement de l'orignal, du caribou des bois, de la chèvre de montagne et du mouflon de Dall, et devaient parfois vivre des provisions de la saison précédente, en raison des cycles de population et des changements de voies migratoires. Bien que leur environnement fût souvent généreux, des bandes de familles entières pouvaient mourir de faim au cours de mauvais hivers. La région n'est pas riche en animaux dont les fourrures étaient en demande à l'époque de la traite. Ils échangeaient surtout la viande séchée, la graisse et le cuir brut. À la fin du XIXe s., les Montagnards ont créé un bateau à armature d'épinette verte recouverte de peaux d'orignaux cousues les unes aux autres. Habituellement longues de 12 à 18 m, ces embarcations leur ont permis de transporter des cargaisons de marchandises beaucoup plus considérables, bien qu'elles ne pouvaient servir qu'à descendre le cours d'eau: hommes et chiens devaient escalader les montagnes à pied. Ces voyages se faisaient surtout au printemps et à l'automne et ce, jusque dans les années 40, alors que la viande séchée et la graisse ont cessé d'être des articles de commerce.

Dès la moitié du XXe s., les montagnards sont installés en permanence à Tulita, où ils partagent maintenant leurs territoires de chasse, de pêche et de piégeage avec les autres groupes autochtones de la région.

Beryl C. Gillespie

Montagne (modelé) La montagne est un modelé qui présente des côtés escarpés et un sommet étroit plus élevé que les terres adjacentes. En général, elle est plus élevée qu'une colline et moins étendue qu'un plateau. Toutefois, ces distinctions sont relatives, en ce sens qu'elles dépendent davantage du relief, c.-à-d. de la distance verticale entre les sommets et les vallées, que de son étendue ou de son élévation, la distance verticale au-dessus du niveau moyen de la mer. Les montagnes volcaniques ou VOLCANS sont constituées par une accumulation de lave et d'éjectats d'une cheminée volcanique. Les montagnes d'érosion sont des vestiges d'anciennes hautes terres qui ont été découpées par les cours d'eau ou les glaciers (*voir* GLACIATION). Les montagnes tectoniques ont été soulevées par des déformations de la croûte terrestre tels les plissements, les failles ou l'activité plutonique (*voir* TECTONIQUE DES PLAQUES).

Les montagnes sont en général le produit de plusieurs procédés et leur forme dépend de l'âge, du type de roche et du climat, lesquels influencent le type, l'étendue et le rythme d'érosion. Le mont Everest (haut de 8847,7 m), dans la chaîne des Himalaya, est le point le plus élevé sur terre. La montagne la plus haute du Canada est le MONT LOGAN (haut de 5959 m), dans la CHAÎNE DES MONTS ST. ELIAS, au Yukon. Les montagnes au plus grand relief de la terre sont les volcans des îles océaniques, qui s'élèvent des abysses. Mauna Kea, la plus haute montagne d'Hawaï, atteint ainsi une élévation de 9752 m au-dessus du fond océanique. (*Voir aussi* RÉGIONS GÉOLOGIQUES.)

J.G. Souther

Montcalm Construction, affaire Dans cette affaire (1979), se pose la question de savoir si les lois provinciales en matière de travail s'appliquent aux employés d'un entrepreneur en construction qui, en vertu d'un contrat conclu avec le gouvernement fédéral, construit des pistes d'atterrissage à l'aéroport Mirabel sur des terrains appartenant à la Couronne fédérale. La Cour suprême décide que bien que l'aéronautique relève du Parlement central, les salaires versés par un entrepreneur indépendant est une question si éloignée de la navigation aérienne et de l'exploitation d'un aéroport que le pouvoir de réglementer cette matière ne peut faire partie intégrante de la compétence principale du Parlement sur l'aéronautique ou être relié à l'exploitation d'un ouvrage fédéral. La cour énonce en plus le principe que les terrains fédéraux ne sont pas des enclaves extraterritoriales à l'intérieur des limites de la province et que les lois provinciales et d'application générale s'appliquent sur ces terrains.

Gérald A. Beaudoin

Montcalm, Louis-Joseph de, marquis de Montcalm, officier militaire (Candiac, France, 28 févr. 1712—Québec, 14 sept. 1759). Montcalm entre dans l'armée à neuf ans et s'y distingue. En 1756, il est promu maréchal de camp et remplace le baron Dieskau à la tête des troupes françaises en Amérique du Nord. Il arrive à Québec le 13 mai 1756, ayant reçu l'ordre d'obéir à VAUDREUIL, le gouverneur général de la NOUVELLE-FRANCE.

Vaniteux, il méprise les autorités coloniales et leur préférence pour la guerre d'escarmouches. Il en vient à se montrer ouvertement hostile à Vaudreuil et déclare que tout le gouvernement est corrompu. Il s'empare du fort William Henry (août 1757) et repousse victorieusement en juillet 1758 une attaque britannique contre le fort Carillon. Il envoie en France des dépêches qui critiquent Vaudreuil et présentent ses propres entreprises de la façon la plus favorable. Le 20 octobre 1758, il est promu au grade de lieutenant général, le deuxième degré dans la hiérarchie militaire française.

En mai 1759, le général James WOLFE et le vice-amiral Charles Saunders arrivent devant Québec. En septembre, une série d'erreurs des Français permettent à Wolfe d'escalader les pentes au bord du fleuve et d'installer environ 4500 hommes sur les PLAINES D'ABRAHAM, à moins de 2 km de la ville. La position de Wolfe est menaçante mais précaire et Montcalm choisit l'unique stratégie qui puisse entraîner la défaite: le matin du 13 septembre, il lance précipitamment ses troupes au combat. Les Français sont mis en déroute. Montcalm subit une blessure mortelle et expire le lendemain matin.

Selon la plaque qu'on retrouve sur les plaines d'Abraham, il était «vaillant, brave et grand», mais les historiens sont depuis longtemps en désaccord avec cette évaluation. Il a remporté des victoires notables, mais il a subi la plus grande défaite de l'histoire militaire canadienne. (*Voir aussi* GUERRE DE SEPT ANS.)

Ian Casselman

Mont-Edziza, parc provincial Créé en 1972, il a une superficie de 2300 km². Il englobe une partie des hautes terres de Tahltan, entre les rivières Stikine et Iskut, en Colombie-Britannique. Telegraph Creek, la localité la plus proche, se trouve à 20 km au nord-ouest du parc. Il s'agit d'une région volcanique sauvage qui, selon la légende amérindienne et des recherches scientifiques, aurait été active sur le plan géologique au cours des quelques derniers siècles. Une trentaine de cônes de débris dominent le paysage du parc, dont le plus haut, le mont Edziza, culmine à 2787 m. Alentour du mont, s'étend un plateau de laves de 640 km². Au sud, s'élèvent les monts Spectrum, plus anciens, parés de couleurs brillantes et érodés par les glaciers. La région connaît d'importantes variations de température et la neige demeure parfois tout l'été sur les pics. En altitude, la faune se compose de chèvres de montagne et de mouflons de Stone. Un peu plus bas, on retrouve le caribou des Selkirks, le grizzli et l'orignal. À la fin des années 1800, on aménage une piste traversant la partie sud du parc actuel et passant par le col Raspberry, afin de construire une ligne télégraphique reliant l'Amérique du Nord, l'Asie et l'Europe. Le long de cette route, on peut encore apercevoir des cabanes et des poteaux abandonnés. Le visiteur qui veut accéder à ces régions isolées doit emprunter des sentiers difficiles, être expérimenté et entièrement autonome.

John S. Marsh

Monténégrins (*Voir* YOUGOSLAVES)

Montferrand, Jos, Canadien français à la force légendaire, qui a vécu dans la région d'Ottawa et de Montréal au début du XIXᵉ s. Il affronte en combat bien des boxeurs de son temps, mais on le connaît surtout parce qu'il protège les Canadiens français de sa région contre les fauteurs de troubles anglais: un jour, il se bat seul contre 20. On lui attribue des exploits d'une force prodigieuse, entre autres d'avoir utilisé une charrue pour indiquer à quelqu'un une direction et d'avoir bondi si haut pendant une danse, qu'il avait laissé l'empreinte de ses talons sur le plafond de la salle de bal de l'hôtel. L'histoire du légendaire Joe Mufferaw, un homme fort de la vallée de l'Outaouais, se fonde sur celle de Montferrand. L'histoire de la force de Mufferaw est tempérée par la gentillesse et la douceur de celui-ci. Lorsque survient un événement mystérieux ou inexplicable, on l'attribue souvent à Joe Mufferaw.

Nancy Schmitz et Carole H. Carpenter

Montgomery, Lucy Maud, écrivaine, auteure d'un journal intime (Clifton, Î.-P.-É., 30 nov. 1874—Toronto, 24 avril 1942). Élevée à Cavendish, à l'Île-du-Prince-Édouard, elle étudie au Prince of Wales College (Île-du-Prince-Édouard) et à l'U. de Dalhousie. Ses écrits commencent à être lucratifs à la fin des années 1890. En 1908, son premier roman, ANNE, LA MAISON AUX PIGNONS VERTS, devient immédiatement un best-seller. Elle épouse, en 1911, le révérend Ewan Macdonald et déménage en Ontario. Montgomery publie sept suites à *Anne*, la trilogie *Emily of New Moon* (œuvre autobiographique) et deux romans pour adultes, qui connaissent un accueil favorable. Au cours de sa vie, elle écrit 22 romans, une autobiographie sous forme de feuilleton, un recueil de poésie, quelque 450 poèmes et 500 nouvelles. Elle laisse à sa mort un journal intime inédit (1889-1942) qui se compose de 10 volumes (plus de 5000 pages) et fournit des renseignements du plus grand intérêt sur l'histoire sociale et sur la vie d'une femme remarquable. Ce journal a été publié: le tome I a paru en 1985, le tome II, en 1987, et les autres dans les années subséquentes.

Montgomery destine ses écrits à un marché populaire qui aime les dénouements heureux. Elle réussit néanmoins à décrire de nombreuse faiblesses humaines. Cependant, son sens inné de l'humour, le regard bienveillant qu'elle porte sur l'humanité et l'utilisation de la structure romanesque en atténuent la portée. Son ouverture au dialogue associée à sa connaissance de la nature humaine et son choix de thèmes universels lui valent d'être l'écrivain canadien dont l'œuvre continue d'être la plus lue à l'étranger: son personnage «Anne aux cheveux roux» est devenu un personnage littéraire mondialement connu.

Mary Rubio

Monticules linéaires, agglomération de sites archéologiques, situés principalement le long de la RIVIÈRE SOURIS, au sud-ouest du Manitoba. On trouve des monticules linéaires un peu partout dans les Plaines du Nord-Est, mais ceux qui sont situés en bordure de la rivière Souris contiennent la plus grande concentration au Canada de tumulus érigés, longtemps avant les premiers contacts de traite des fourrures avec les Européens. Ces mausolées de terre, construits uniquement à l'aide d'outils de pierre et d'os, constituent une entreprise énorme. Ils forment de longues crêtes droites qui peuvent mesurer jusqu'à 230 m de long et 7 m de large, surmontées de monticules circulaires aux extrémités. Ils semblent dater de 800 à 1400 et les objets trouvés dans les tombeaux, bien que peu nombreux, montrent que les tribus des Plaines appartenaient à de vastes réseaux d'échanges. S'y côtoient en effet des dentales de la côte ouest, de l'obsidienne de Yellowstone, de la calcédoine brune du Dakota du Nord, du cuivre du lac Supérieur, de la catlinite (scoulérite rouge) du sud du Minnesota et des articles en coquilles de conques, troqués tout le long du Mississippi depuis le Golfe du Mexique. (*Voir aussi* ARCHÉOLOGIE et PRÉHISTOIRE.)

E. Leigh Syms

Montizambert, Frederick, médecin, agent de santé publique (Québec, Canada-Est, 3 févr. 1843—Ottawa, 2 nov. 1929). Montizambert exerce la médecine à Québec avant d'entrer au service de santé publique du Canada en 1866. En 1899, il devient directeur général de la santé publique et conseiller médical auprès du gouvernement du Canada. Il supervise les services de santé dispersés et mal organisés du gouvernement, publie des articles sur l'hygiène publique et étudie l'utilisation de l'huile de chaulmaugra pour le traitement de la lèpre. Il est membre de nombreuses organisations médicales et sanitaires au Canada, en Grande-Bretagne, aux États-Unis et en France.

Janice Dickin McGinnis

Mont-Joli, ville du Qc; pop. 6267 (rec. 1996), 6265 (rec. 1991); superf. 8,86 km²; const. en 1945; située à 30 km au nord-est de RIMOUSKI, à l'entrée de la vallée de la Matapédia. La construction du CHEMIN DE FER INTERCOLONIAL, qui atteint Mont-Joli en 1874, est à l'origine de l'urbanisation de la région. Le village de Mont-Joli est érigé en 1881. L'établissement d'ateliers de réparation de matériel ferroviaire contribue aussi au développement de la ville. En 1910, elle devient le siège du Canada and Gulf Terminal Railway, qui la relie à Matane. La présence de ces installations entraîne l'ouverture d'une fonderie de matériel ferroviaire. Un aéroport militaire, un champ de tir et une école d'entraînement y sont ouverts durant la Seconde Guerre mondiale. Ces installations ont fait place à l'aéroport régional actuel. Le gouvernement de Maurice DUPLESSIS y fait construire un sanatorium et, en 1922, la ville accueille l'une des premières stations de radio du Québec. De nos jours, Mont-Joli est une ville de services et le transport y joue un moindre rôle.

Antonio Lechasseur

Montmagny, ville du Qc; pop. 11 885 (rec. 1996), 11 861 (rec. 1991); superf. 125,77 km²; const. en 1845; située sur la rive sud du fleuve Saint-Laurent, à 50 km en aval de Québec, au confluent des rivières Saint-Nicolas et du sud. Sise dans un environnement pittoresque, Montmagny est un centre portuaire et manufacturier, où se fabriquent des appareils électroménagers et des articles en bois. Elle est bien desservie en matière de transport grâce à un réseau de liaisons routières, ferroviaires et maritimes. Son nom lui vient de Charles Huault, sieur de MONTMAGNY, deuxième gouverneur de la Nouvelle-France.

En 1535, Jacques CARTIER passe devant Montmagny et ses nombreuses îles, et remarque ses alentours magnifiques. En 1646, Huault se voit concéder une seigneurie dans la région, mais les Européens ne s'y établissent en permanence que dans les années 1670. À l'époque de sa fondation officielle, la ville est un centre prospère dans le secteur des pâtes et papiers, même si cette industrie et celle du transport fluvial sont gravement touchées par la Crise des années 30. Depuis quelques années, l'industrie touristique y connaît un essor considérable.

Serge Durflinger

Montmagny, Charles Huault de, appelé Onontio par les Amérindiens, gouverneur de la NOUVELLE-FRANCE (France, vers 1583—île Saint-Christophe, Antilles, vers 1653). Montmagny succède à CHAMPLAIN en 1636 et est gouverneur et lieutenant-général de la Nouvelle-France jusqu'en 1648. Son principal souci est la défense de la colonie en développement. Il travaille alors à l'élaboration des plans de Québec et de ses fortifications, puis assure une certaine protection à Trois-Rivières. En 1641, les GUERRES IROQUOISES éclatent et Montmagny construit le fort Richelieu (aujourd'hui, Sorel, au Québec) pour parer au danger. En 1647, la formation d'un conseil (précurseur du CONSEIL SOUVERAIN) limite l'étendue de ses pouvoirs de gouverneur.

Mary Mcdougall Maude

Montmorency, chute Située à 10 km à l'est de Québec, elle se trouve à l'endroit où la rivière Montmorency se jette dans le fleuve Saint-Laurent. C'est la plus haute chute de la province de Québec, et la huitième au Canada. La rivière Montmorency prend sa source dans la réserve faunique des Laurentides, au nord de Québec, et coule sur 100 km avant d'atteindre le Saint-Laurent. La cataracte de 84 m (soit quelque 27 m de plus que les chutes du Niagara) forme une cascade spectaculaire, qui rejoint les eaux du fleuve au nord de l'ÎLE D'ORLÉANS.

Qu'elle soit vue du sol, du sommet ou du pont suspendu de 1737 m qui relie la rive nord du Saint-Laurent à l'île d'Orléans, cette chute captive les visiteurs depuis l'époque de Samuel de CHAMPLAIN. En hiver, les vapeurs d'eau de la chute créent un cône de glace appelé «pain de sucre», qui atteint souvent une hauteur dépassant les 30 m. La descente de ce cône en toboggan est au XIXᵉ s. une activité très populaire.

La première mention de la chute est le fait de Jean Fonteneau, dit Alfonse (pilote lors de l'expédition de 1542 du sieur de ROBERVAL), dans sa *Cosmographie*. En 1613, Champlain baptise la chute en l'honneur d'Henri II, duc de Montmorency, gouverneur du Languedoc, amiral de France et vice-roi de la Nouvelle-France de 1620 à 1625. En juillet 1759, au cours d'une mission pour la conquête des possessions françaises du Canada, les forces britanniques débarquent à proximité du pied de la chute et établissent un camp fortifié à l'est, sur les hauteurs. La bataille de Montmorency, qui a lieu le 31 juillet 1759, met aux prises les forces françaises, en provenance de Québec, et les Britanniques, menés par le général James WOLFE, qui seront forcés de se replier. Une plaque rappelant cet événement historique est apposée à l'extérieur de l'église Montmorency.

La chute Montmorency est depuis des années un point d'intérêt pour les touristes. Des points d'observation et des aires à pique-nique ont été aménagés. Les aménagements effectués en 1993 comprennent un escalier qui mène du pied de la chute jusqu'au sommet. Le barrage hydroélectrique aménagé à proximité de la chute alimente Québec en électricité.

David Evans

Montpetit, Jocelyne, chorégraphe et interprète (Montréal, 1ᵉʳ oct. 1952). Avec sa danse minimaliste et sensible, où la vie et la mort se mélangent doucement, elle s'installe définitivement en marge des artistes de la danse canadienne. Formée auprès de maîtres européens tels Jerzy Grotowski en Pologne et Étienne Decroux en France, c'est au Japon, au début des années 80, qu'elle trouve définitivement sa voie. Partie au pays du soleil levant pour un stage de deux mois auprès de Min Tanaka, elle y séjourne plus de quatre ans, travaillant notamment avec les maîtres fondateurs de la danse butô, Tatsumi Hijikata et Kazuo Ohno. Durant son séjour nippon, elle devient la première Occidentale à faire partie de la troupe d'avant-garde Maijuku de Min Tanaka et à laquelle elle se joint de nouveau, en 1990, pour danser le *Sacre du printemps* à l'Opéra de Paris.

De retour à Montréal en 1988, elle fonde, deux ans plus tard, Jocelyne Montpetit Danse. Elle compose alors une suite d'œuvres influencées par son expérience japonaise, dont *Les Cavalières du vent* (1992), *Lettre à un homme russe* (1992), un solo présenté entre autres au Festival de nouvelle danse de Volgograd en Russie, et les plus *Luminare* (1995) et *La ligne invisible* (1997). Parallèlement, elle dirige, dès 1995, la section Mouvement de l'École nationale de théâtre du Canada; elle chorégraphie, pour le cinéma et le théâtre, notamment *Le Party*, un film de Pierre FALARDEAU, et les pièces *Cinq Nôs modernes* et *l'Arbre des Tropiques* de Mishima, mises en scène par Martine Beaulne.

Dix ans après son retour en sol montréalais, l'artiste crée des œuvres parmi les plus significatives de tout son répertoire: *Transverbero* (1998), *Icône* (1998) et *À quoi rêvent les aveugles* (1999), trois solos comme autant de variations sur la relation corps-lumière, où le corps se dématérialise pour devenir une pure pensée, un état. Sa compagnie, Jocelyne Montpetit Danse, mène aussi, depuis 1998, une série de projets d'échanges entre le Canada et le Japon, destinés à faire davantage connaître l'essence des arts nippons de la scène. Ainsi, après plus de 15 ans de créations, d'œuvres impalpables qui font état de la fragilité de l'être humain, Jocelyne Montpetit s'installe comme une figure unique, incontournable de la danse québécoise et canadienne.

Andrée Martin

Montréal Située dans le sud-ouest du Québec, Montréal est la métropole de cette province. Elle a été la ville la plus peuplée du Canada pendant un siècle et demi. Située dans l'île de Montréal, la plus grande de l'archipel d'Hochelaga, au confluent du FLEUVE SAINT-LAURENT et de la RIVIÈRE DES OUTAOUAIS, elle occupe une position stratégique en bordure de l'un des plus grands fleuves au monde, au cœur d'un réseau hydrographique couvrant tout l'est de l'Amérique du Nord. Grand centre industriel, métropole commerciale et financière, tête de pont des transports ferroviaires et maritimes et foyer de la culture française en Amérique du Nord, elle est l'une des grandes villes du monde, et jouit d'un rayonnement international.

Depuis 1870, la zone urbaine déborde progressivement les limites de la ville proprement dite, malgré l'annexion de nombreuses municipalités de banlieue. En 1996, la région métropolitaine (3 326 510) comprend environ 111 municipalités, les plus peuplées étant Montréal (1 016 376), Montréal-Nord (81 581), La Salle (72 029), Saint-Léonard (71 327) et Saint-Laurent (74 240) dans l'île de Montréal; Laval (330 393) et Repentigny (53 824) au nord de l'île de

Montréal; et LONGUEUIL (129 977), Saint-Hubert (77 042) et Brossard (65 927) sur la rive sud.

Peuplement L'île et les régions avoisinantes ont longtemps été habitées par des autochtones du groupe des Iroquoiens du Saint-Laurent. En 1535, le navigateur français Jacques CARTIER visite l'un de leur villages, HOCHELAGA, situé sur les pentes du mont Royal. À la fin du XVIᵉ s., les Iroquoiens du Saint-Laurent ont déjà disparu. Lorsque Champlain fonde Québec en 1608, il n'existe plus aucun établissement autochtone permanent dans l'île. Montréal (qu'on appelle aussi parfois VILLE-MARIE) est fondée en 1642 comme colonie missionnaire sous la direction de Paul de Chomedey de MAISONNEUVE. L'objectif d'évangéliser les autochtones s'avère utopique et on l'abandonne en grande partie. Maisonneuve et son équipe d'une cinquantaine de colons se retrouvent au milieu d'un conflit entre autochtones pour le contrôle des fourrures. Les premières décennies de la colonie sont marquées par un état de guerre permanent contre les Iroquois (*voir aussi* GUERRES IROQUOISES). L'intervention militaire française de 1665-1666 réduit quelque peu la tension à Montréal, mais il faut attendre la GRANDE PAIX de 1701 avec les Iroquois pour que s'installe un climat plus détendu.

Développement Alors que QUÉBEC est la capitale administrative et le port principal par lequel se font les échanges avec la France, Montréal reste une ville de l'intérieur, mais devient bientôt le grand centre de la TRAITE DES FOURRURES, d'où partent les COUREURS DE BOIS, les VOYAGEURS et de grands explorateurs comme René-Robert LA SALLE, Daniel DULHUT, Pierre Le Moyne D'IBERVILLE et Pierre Gaultier de LA VÉRENDRYE. Ils établissent un réseau de traite visant à drainer la fourrure vers Montréal et explorent méthodiquement le continent nord-américain, du golfe du Mexique aux Rocheuses. La traite des fourrures dépend du travail des autochtones et ne procure guère d'emplois à Montréal. Une étroite dépendance à l'égard de cette unique activité et la faiblesse de l'agriculture dans la région expliquent la lente croissance démographique de Montréal.

À la fin du XVIIᵉ s., la ville compte à peine plus de 1000 habitants et, en 1789, approximativement 5500. En plus des voyageurs et des coureurs de bois, la société montréalaise est marquée par une forte présence des institutions religieuses, parmi lesquelles il faut citer le Séminaire de Saint-Sulpice qui conserve la seigneurie de l'île de Montréal pendant près de 200 ans et qui a la responsabilité de la paroisse. Construit en 1685, l'édifice du Séminaire, situé à la Place d'Armes, existe toujours.

Après la Conquête britannique (la ville capitule en 1760), l'économie de Montréal repose toujours étroitement sur la traite des fourrures pendant plusieurs décennies. Des marchands écossais comme Alexander MACKENZIE, les frères Frobisher, Simon MCTAVISH, Duncan, Simon et William McGillivray, pour ne nommer que les plus connus, remplacent les marchands francophones. Ils fondent la COMPAGNIE DU NORD-OUEST afin de concurrencer plus efficacement la COMPAGNIE DE LA BAIE D'HUDSON pour le contrôle des fourrures du Nord-Ouest.

Malgré le désavantage de la distance, la compagnie montréalaise prospère jusqu'à son absorption par sa rivale en 1821. La traite des fourrures joue un rôle majeur dans la prédominance de Montréal sur l'arrière-pays. À partir de la fin du XVIIIᵉ s., la croissance de la ville dépend de plus en plus de la colonisation de cet arrière-pays rural, à la fois dans la plaine de Montréal et en Ontario. Dès 1815, l'important afflux d'immigrants des Îles britanniques accélère ce mouvement.

Dès les années 1820, sa population dépasse celle de Québec. La ville s'affirme nettement comme métropole. En 1825, Montréal compte déjà 22 540 habitants, puis 44 591 en 1844. Une classe de marchands dynamiques pratiquant le commerce d'importation et d'exportation succède aux magnats de la traite des fourrures. Ce groupe fonde la BANQUE DE MONTRÉAL en 1817 et le Committee of Trade en 1822, investit dans le transport maritime et, en 1836, dans les chemins de fer.

Vers 1831, l'immigration massive permet aux habitants d'origine britannique de devenir majoritaires. Des conflits entre Français et ANGLAIS ainsi que des luttes liées à l'établissement d'un gouvernement responsable marquent les années 1830 et aboutissent aux RÉBELLIONS DE 1837. La défaite des PATRIOTES assure le triomphe politique de la nouvelle bourgeoisie anglophone. Après 1840, les dirigeants francophones n'ont d'autre choix que d'accepter de coopérer avec elle.

Au cours des années qui suivent, des changements importants se produisent dans les transports et l'industrie. Le développement du réseau de canalisation du Saint-Laurent et l'approfondissement du chenal menant à Québec font de Montréal le principal port de mer. La construction de chemins de fer, en particulier du Grand Tronc, fait de la ville le pivot du réseau ferroviaire. Enfin, le processus d'industrialisation amorcé vers le milieu du siècle transforme radicalement le visage de la ville. Après avoir vécu du commerce et de la traite pendant des générations, Montréal devient un grand centre industriel.

Montréal se développe rapidement de 1850 à 1914. La population s'élève à 467 986 habitants en 1911 (528 397 habitants si l'on compte la banlieue). La ville elle-même déborde de ses limites et atteint rapidement la banlieue en annexant 23 municipalités entre 1883 et 1918. Sa croissance industrielle attire ceux qui recherchent un emploi. Les Canadiens français des campagnes affluent vers la ville, venant grossir le prolétariat urbain. À partir de 1867, les francophones y redeviennent majoritaires. L'immigration augmente de façon spectaculaire au tournant du siècle et Montréal devient plus cosmopolite.

La colonisation de l'Ouest canadien est aussi un facteur important dans le développement de la ville. La compagnie de chemin de fer CANADIEN PACIFIQUE y établit son siège social dans les années 1880. Une grande partie du blé de l'ouest est expédiée par le port de Montréal, qui s'agrandit considérablement au début du XXᵉ s. Incontestablement, Montréal est alors la métropole du Canada tandis que la rue Saint-Jacques en est le centre financier. Toutefois, Toronto est une puissante rivale et bénéficie davantage à long terme de la colonisation de l'ouest et de l'expansion des échanges avec les États-Unis. En 1960, elle supplante déjà Montréal comme centre économique du Canada grâce, en partie, à l'arrivée massive de capitaux industriels américains au Canada, qui, pour la plupart, sont destinés à l'Ontario.

Après la Première Guerre mondiale, Montréal connaît une autre période de croissance, qui touche l'industrie, le commerce, la finance et les transports. En 1931, la population de la ville et des banlieues dépasse le million. Toutefois, la CRISE DES ANNÉES 30 met un terme à cette expansion et entraîne de graves problèmes sociaux. Au pire de la Crise, en février 1934, Montréal abrite 62 000 chômeurs et 240 000 bénéficiaires de l'aide gouvernementale. L'administration municipale s'endette en raison des dépenses énormes que cette situation entraîne et, au début des années 40, le gouvernement provincial met la ville sous tutelle.

La Seconde Guerre mondiale stimule la production et l'emploi, et ramène la prospérité. Dans les années 50 et 60, la ville connaît une forte croissance. Cette croissance se manifeste surtout dans la banlieue, où de nouvelles villes surgissent et au centre-ville.

Sous la direction du maire Jean DRAPEAU, Montréal entreprend de grands projets, certains d'envergure internationale comme le métro (inauguré en 1966), l'Exposition universelle (EXPO 67), les Jeux olympiques d'été de 1976 et les Floralies internatio-

nales (1980). Les premiers de ces projets sont entrepris au cours d'une période de prospérité économique relative, mais le déclin s'accentue dans les années 70.

Paysage urbain Le mont Royal, une petite montagne d'origine volcanique (altitude d'environ 200 m), domine le paysage de Montréal. Ses terrasses en gradins marquent le relief montréalais et déterminent pendant longtemps les axes d'occupation du territoire. Après avoir tenté de s'installer à Pointe-à-Callière, le fondateur de Montréal, Maisonneuve, déplace le cœur de la ville vers un site un peu plus élevé (25 m) qu'il choisit plus loin du fleuve, près de la Place d'Armes. C'est le site du Vieux-Montréal, longtemps ceint d'une muraille érigée au début du XVIIIᵉ s. et rasée au début du XIXᵉ s.

Il reste peu de traces de la période française. Sauf une dizaine d'exceptions, dont le Séminaire (1685) et le Château Ramezay (1756), les vieux bâtiments existants datent du XIXᵉ s. Les riches bourgeois de l'endroit cèdent ensuite la place aux entrepôts, aux magasins et aux immeubles de bureaux. Pendant longtemps, le centre-ville se limite à cette zone, dont les rues Notre-Dame et Saint-Jacques sont le cœur.

Cependant, depuis 1960, le centre-ville se déplace vers un nouveau pôle d'activité au nord-ouest, le long du boulevard René-Lévesque (Dorchester avant 1987) bordé de gratte-ciel. Parmi ces derniers, le plus célèbre est l'édifice cruciforme de la PLACE VILLE-MARIE (45 étages) inauguré en 1962. Cette expansion modifie le visage de la ville d'autrefois. Des bâtiments d'une grande valeur historique sont démolis, d'anciennes zones résidentielles complètement transformées et des milliers de gens à faible revenu doivent déménager, comme c'est souvent le cas lors de tels réaménagements dans les années 50 et 60.

Autour du noyau du centre-ville, on trouve des quartiers résidentiels densément peuplés, ouverts au début du siècle. Les maisons, construites en rangées, ont généralement deux ou trois étages et les célèbres escaliers extérieurs caractérisant l'architecture montréalaise de cette période. Sur les pentes plus élevées du mont Royal se nichent les quartiers cossus, dont WESTMOUNT et Outremont. Au sommet de la montagne se trouvent un parc et deux cimetières.

Un peu plus loin, s'étendent les nouveaux quartiers construits juste après la guerre, comme Ahuntsic en bordure de la rivière des Prairies, où la densité des logements n'est pas aussi élevée que dans les vieux secteurs. Finalement, les vastes zones de la banlieue développées à partir de la fin des années 50 se caractérisent surtout par des maisons unifamiliales de style nord-américain. Elles s'étendent vers les extrémités ouest et est de l'île, et débordent vers l'Île Jésus (Laval) et la rive nord ainsi que vers le vaste territoire de la rive sud.

Montréal est entourée du majestueux Saint-Laurent, au sud, et de la rivière des Prairies, qui ceinture le nord de l'île. De nombreux ponts relient les différents secteurs: quatorze servent au trafic routier; sept, aux chemins de fer; et un, aux deux usages. En face du port de Montréal, il y a deux autres îles dans le Saint-Laurent: l'île Sainte-Hélène, un parc depuis longtemps et agrandie pour les besoins d'Expo 67, où se trouve le parc d'attractions La Ronde; et, tout à côté, l'île Notre-Dame, île artificielle construite aussi pour l'Expo 67, où se sont déroulées les Floralies internationales en 1980. Cette île est aujourd'hui une aire de loisirs où se trouve également le Casino de Montréal. Plus loin, vers l'est, la masse imposante du Stade olympique domine le quartier Maisonneuve.

Population Depuis le milieu du XIXᵉ s., Montréal a connu trois poussées de croissance rapide et accélérée: 1851-1861, 1901-1911 et 1951-1961. Entre 1966 et 1981 la population de la ville décline, alors que celle de la banlieue augmente. En 1931, 80 p. 100 de la population de la région métropolitaine

vivait à Montréal même; en 1996, ce chiffre était de 31 p. 100.

La croissance démographique doit beaucoup à l'apport extérieur. Les périodes de croissance les plus rapides coïncident avec l'arrivée d'un grand nombre d'immigrants, mais la plus importante est le résultat d'une migration interne. Les Canadiens anglais vivant dans les zones rurales du Québec refluent vers la ville, tout comme un nombre encore plus important de Canadiens français. Après la Seconde Guerre mondiale, l'accroissement naturel est aussi un facteur important. De nos jours, la majorité des Montréalais sont nés dans la province.

Durant la majeure partie du XIXᵉ s., 98 p. 100 de la population est d'origine française ou britannique. Les Britanniques restent majoritaires de 1831 à 1867, mais les Canadiens français regagnent la première place, position qu'ils conservent depuis. Au tournant du siècle, des JUIFS de l'Europe de l'Est commencent à s'y installer, ce qui amorce le processus de diversification ethnique qui s'accélère au cours du XXᵉ s..

En 1996, les francophones représentent 67 p. 100 de la région métropolitaine de recensement; les anglophones comptent pour 13 p. 100 et les personnes ayant une autre langue maternelle, pour 17,7 p. 100; en outre, 2,3 p. 100 des personnes recensées fournissent des réponses multiples. Parmi les groupes minoritaires (24 p. 100 de la population de la RMR en 1996), les Italiens viennent au premier rang avec 220 985 (6,7 p. 100) réponses uniques ou multiples. Quelques uns des autres groupes principaux, tels les Juifs, les Allemands et les Chinois, sont présents à Montréal depuis très longtemps, tandis que d'autres, tels les Haïtiens et les Grecs, n'arrivent en nombres significatifs que dans la seconde moitié du XXᵉ siècle.

Économie et main-d'œuvre Après avoir été un centre de traite des fourrures pendant un siècle et demi, Montréal devient une métropole commerciale diversifiée, à la fois axée sur le commerce international des produits de base et sur la distribution des biens manufacturés importés. À compter du milieu du XIXᵉ s., l'industrie prend une place croissante dans l'activité économique. Au cours du XXᵉ s., le secteur des services gagne en importance avec la montée des institutions financières, des universités, des sociétés d'ingénierie, etc. Aujourd'hui, le commerce, l'industrie et les services représentent les grands pôles de son activité économique.

À partir de la fin des années 60, Montréal connaît une croissance beaucoup plus lente que celle des décennies précédentes. L'expansion de Toronto en tant que métropole incontestée du Canada déclenche l'exode de centaines de sièges sociaux, mouvement qui prend de l'ampleur dans les années 60 et 70, alimenté en partie par l'inquiétude de nombreux anglophones concernant l'évolution du climat politique et la question linguistique. Ces départs ne sont qu'en partie compensés par la montée vertigineuse de sociétés importantes, possédées ou développées par des entrepreneurs francophones (BOMBARDIER INC. ou QUEBECOR) ou par le gouvernement québécois (HYDRO-QUÉBEC et CAISSE DE DÉPÔT ET PLACEMENT DU QUÉBEC).

Simultanément, l'économie de Montréal est fortement secouée par l'importante réorganisation industrielle qui touche la plupart des anciens centres industriels traditionnels d'Amérique du Nord et d'Europe. Les entreprises manufacturières de biens de consommation, peu spécialisées, démodées et axées sur le marché intérieur, ne sont pas en mesure d'affronter la concurrence internationale en pleine croissance. De nombreuses ferment leurs portes et les autres se tournent vers une production hautement automatisée destinée à des segments de marchés spécialisés. Montréal est particulièrement touchée par les dépressions du début des années 80 et 90 qui entraînent une augmentation dramatique du chômage. Une fois de plus, ces problèmes ne sont qu'en partie compensés par l'essor des entreprises modernes liées à la nouvelle économie.

Même si les cicatrices sociales et économiques sont toujours visibles, l'ensemble de la région métropolitaine s'est doté d'une structure industrielle moderne et concurrentielle par suite de cette réorganisation fondamentale. La ville connaît un sursaut d'activités au cours de la deuxième moitié des années 80 et, encore une fois, à partir du milieu des années 90. Montréal est toujours la deuxième métropole en importance du pays et un certain nombre des principales sociétés canadiennes y ont leur siège social. Elle est aussi un chef de file dans la recherche et le développement grâce à ses quatre universités et à ses nombreux instituts et laboratoires de recherche dans les domaines des télécommunications, des pâtes et papier, de l'aérospatiale, des logiciels et des médicaments.

L'agglomération montréalaise accueille la plus grande partie de la production aéronautique canadienne dans les usines de CANADAIR LTÉE, de Pratt & Whitney Canada et de CAE ainsi que dans quelque 130 entreprises plus petites. Les autres secteurs manufacturiers d'importance comprennent les vêtements, les aliments et le tabac, l'électronique et les produits métalliques.

La majorité de la main-d'œuvre travaille dans les diverses industries de services. Malgré la position dominante de Toronto, Montréal demeure toujours un centre financier important en raison du marché boursier et des sièges sociaux des banques et d'autres institutions financières. Ses firmes d'ingénierie sont parmi les principales au pays. Bien qu'elle ne soit pas une capitale, un grand nombre de bureaux des gouvernements fédéral et provincial y sont installés.

La position stratégique de Montréal et son expertise locale dans le transport et l'aéronautique ont attiré des organisations internationales, comme l'Organisation de l'aviation civile internationale (*voir* ORGANISATION DES NATIONS UNIES). L'Association du Transport aérien international, chargée de réglementer le transport aérien, y a aussi installé son siège mondial et la Société internationale de télécommunications aéronautiques, son siège nord-américain.

Transports Montréal est depuis longtemps l'un des grands ports de mer de l'est de l'Amérique du Nord. Avant l'ouverture de la VOIE MARITIME DU SAINT-LAURENT en 1959, toutes les marchandises expédiées vers les Grands Lacs ou en provenant sont transbordées à Montréal. L'amélioration de la navigation en amont et en aval de la ville devient une préoccupation constante qui se concrétise par la construction du canal Lachine en 1825 et l'approfondissement du chenal entre Montréal et Québec en 1851. Les installations portuaires s'étendent maintenant sur plus de 70 ha et reçoivent 1800 navires chaque année.

Pendant longtemps un important port exportateur de blé au Canada, le port de Montréal est devenu l'un des chefs de file sur la côte est de l'Amérique du Nord dans la manutention des conteneurs. De nombreux terminus sont aménagés à cet effet. Les installations désuètes situées en plein milieu du port ont été transformées en une aire récréotouristique, surnommée le Vieux-Port.

Montréal est aussi étroitement associée à l'histoire des chemins de fer canadiens. Elle a longtemps été la plaque tournante des grands réseaux transcontinentaux du Canadien National et du Canadien Pacifique. Son prestige d'autrefois diminue en raison du déclin du transport ferroviaire dans l'est du Canada. Elle perd aussi du terrain dans le domaine du transport aérien, surtout après 1970 lorsqu'un deuxième aéroport international ouvre ses portes à Mirabel. Tous les vols internationaux y sont dirigés, sauf les vols transfrontaliers vers les États-Unis ainsi que les vols intérieurs, qui demeurent à Dorval. Les correspondances sont ainsi plus difficiles à faire. En septembre 1997, tous les vols internationaux réguliers

sont transférés à Dorval et Mirabel conserve les vols internationaux nolisés et une partie du fret aérien. Le siège social d'AIR CANADA, le plus important transporteur du pays, est situé en banlieue de Montréal.

Les autoroutes, construites pour la plupart dans les années 60, sillonnent la ville et sont reliées à de nombreuses routes interurbaines. Les autobus et le métro publics relèvent de la Société de transport de la communauté urbaine de Montréal. Le métro de Montréal se déplace silencieusement sous terre sur des pneus en caoutchouc.

Communications Depuis toujours, Montréal est un chef de file dans le domaine des communications au Canada. Elle se distingue aussi parce qu'elle abrite la plupart des médias francophones. Ici se trouvent les sièges sociaux, les stations et les principaux studios de quatre réseaux de télévision francophone: la Société Radio-Canada (SRC), propriété du gouvernement fédéral, Télé-Québec, propriété du gouvernement provincial, ainsi que TVA et Quatre-Saisons, du secteur privé. Les réseaux radiophoniques francophones de Radio-Canada, de Radiomutuel et de Télémédia sont aussi situés à Montréal. Une telle concentration a un effet stimulant sur toute la scène culturelle et fait de Montréal un chef de file dans le domaine des médias de la francophonie internationale. La population anglophone n'est pas en reste puisqu'elle est desservie par deux stations de télévision locales (le réseau anglais de la SRC et CTV) et un grand nombre de postes de radio locaux.

Montréal a trois quotidiens de langue française, *La Presse*, *Le Devoir* et *Le Journal de Montréal*, un de langue anglaise, *The Gazette*, ainsi qu'un grand nombre d'hebdomadaires et de revues spécialisées. Les maisons d'édition de langue française les plus importantes, comme celles de Quebecor et de Sogides, Québec-Amérique et Boréal, y sont installées.

Montréal est un des principaux protagonistes dans le domaine des télécommunications en raison de la présence des sièges sociaux des Entreprises Bell Canada et de certaines de ses filiales. La production multimédia est très active grâce à Softimage, à Discreet Logic et à de nombreuses autres nouvelles entreprises. Quant au Centre de recherche informatique de Montréal, il joue un rôle important dans les nouvelles applications informatiques.

Administration et politique Montréal a d'abord obtenu sa charte en 1832. Depuis 1796, les affaires municipales sont administrées par des magistrats n'ayant pas à répondre de leurs actions devant les citoyens. En 1836, alors que le Parlement provincial ne siège pas à cause de l'agitation politique dans le Bas-Canada, la charte de la ville n'est pas renouvelée et les magistrats réintègrent leurs fonctions. La ville obtient une nouvelle charte en 1840. En 1851, le maire est élu pour la première fois par le peuple, même si seuls les propriétaires et certains locataires ont droit de vote. Au cours de ses premières décennies, le conseil ressemble à un cercle privé d'hommes d'affaires montréalais importants.

À la fin du XIXᵉ s., la mauvaise administration et la corruption qui fleurissent à l'hôtel de ville incitent des hommes d'affaires à former des groupes réformistes. Après une enquête publique, le gouvernement provincial crée, en 1910, le Bureau des commissaires (quatre membres élus) et limite la participation des conseillers dans la gestion courante. En 1918, des difficultés financières amènent le gouvernement du Québec à créer une commission administrative de cinq membres dotée des pleins pouvoirs afin de remettre la ville sur pied.

En 1921, le conseil municipal regagne ses pouvoirs. Il est réformé en 1940: un tiers des 99 conseillers sont élus par les propriétaires; un deuxième tiers, par les propriétaires et les locataires; et un dernier, par divers organismes publics comme la Chambre de commerce et les universités. La dernière catégorie est supprimée en 1960 et il faut attendre

1970 pour que conseillers et maire soient élus au suffrage universel.

Au XXᵉ s., la politique montréalaise est dominée par des maires populistes élus pour plusieurs mandats: Médéric Martin (1914-1924, 1926-1928); Camillien HOUDE (1928-1932, 1934-1936, 1938-1940, 1944-1954), surnommé «Monsieur Montréal»; et Jean Drapeau (1954-1957, 1960-1986). Le Parti civique de Montréal, fondé en 1960 et dirigé par ce dernier, transforme les mœurs politiques jusque-là caractérisées par l'existence de groupes d'intérêts aux structures assez lâches et celle de nombreux conseillers indépendants. Le Parti civique obtient la majorité des sièges au conseil, ce qui donne cohésion et continuité à l'administration municipale. Dans les années 70, des comités de citoyens, des militants syndicaux et des associations progressistes unissent leurs forces dans l'opposition pour créer le Rassemblement des citoyens de Montréal (RCM) qui, sous la gouverne de Jean Doré, gagne les élections en 1986 et en 1990. Le RCM introduit des réformes administratives et favorise la participation plus active des citoyens dans la prise de décisions, mais ses dépenses excessives font l'objet de critiques. En 1994, le nouveau parti Vision Montréal, que dirige Pierre Bourque, remporte la victoire en promettant d'embellir la ville, de réduire les dépenses et de réformer l'administration. Malgré de nombreuses dissensions à la fin de son mandat, Bourque est réélu en 1998 et son parti obtient la majorité des sièges au Conseil.

Montréal et les villes de banlieue sont en désaccord depuis longtemps sur la répartition des coûts et le partage des responsabilités dans le développement urbain. Depuis 1970, toutes les municipalités de l'île sont représentées à la Communauté urbaine de Montréal (CUM), un organisme dont les responsabilités s'étendent à toute l'île et comprennent les services de police, l'urbanisme, les services d'aqueducs et d'égouts et la lutte antipollution. La CUM est régie par un conseil et un comité exécutif. Les décisions prises par le conseil doivent être approuvées par une double majorité, celle des représentants de Montréal et celle des représentants des autres municipalités.

Vie culturelle La présence d'une importante population francophone donne à Montréal un caractère particulier parmi les grandes villes nord-américaines. Elle est le principal centre d'expression et de diffusion de la culture canadienne-française ainsi que le lieu de rencontre des cultures françaises et américaines. La minorité anglophone y possède aussi des institutions culturelles qui lui sont propres.

Montréal est un important centre universitaire doté de deux universités de langue française, l'UNIVERSITÉ DE MONTRÉAL et l'UNIVERSITÉ DU QUÉBEC à Montréal, et de deux de langue anglaise, MCGILL et CONCORDIA. S'y trouve aussi la Bibliothèque nationale du Québec qui conserve des exemplaires de toutes les œuvres publiées dans la province. La bibliothèque municipale a une importante collection d'œuvres canadiennes. Le MUSÉE DES BEAUX-ARTS DE MONTRÉAL, fondé il y a plus d'un siècle, rassemble diverses collections et le MUSÉE D'ART CONTEMPORAIN expose des œuvres du XXᵉ s. On y trouve aussi d'autres musées, notamment le musée McCord, qui se spécialise en ethnologie et en histoire du Canada; Pointe-à-Callière, qui se spécialise en archéologie et en histoire de Montréal; ainsi que le CENTRE CANADIEN D'ARCHITECTURE, de renommée mondiale.

La PLACE DES ARTS constitue le principal foyer des arts d'interprétation avec ses trois salles de spectacle. C'est là que l'ORCHESTRE SYMPHONIQUE DE MONTRÉAL se produit. La ville jouit aussi de la présence de l'ORCHESTRE MÉTROPOLITAIN et de L'OPÉRA DE MONTRÉAL. LES GRANDS BALLETS CANADIENS et d'autres compagnies de danse sont basés à Montréal. On y trouve aussi de nombreuses compagnies théâtrales de langue française, notamment le THÉÂTRE DU

NOUVEAU MONDE, le THÉÂTRE DU RIDEAU VERT, CARBONE 14 et le Théâtre Ubu. La ville abrite aussi le CIRQUE DU SOLEIL, de renommée mondiale, et l'École nationale du cirque.

Le Jardin botanique de Montréal, fondé en 1931, est le deuxième de ce genre en importance dans le monde. Il possède une collection de plus de 26 000 espèces de plantes différentes. Le Biodôme de Montréal abrite des milliers de plantes et d'animaux vivant dans des environnements représentatifs de quatre écosystèmes distincts des Amériques.

Le Centre Molson est le domicile des CANADIENS DE MONTRÉAL, l'équipe sportive la plus populaire parmi les clubs professionnels de la ville. Les Canadiens ont remporté la COUPE STANLEY plus souvent qu'aucune autre équipe et constituent l'une des dynasties sportives les plus durables. Les EXPOS DE MONTRÉAL jouent dans la Ligue nationale de baseball et, après une absence de neuf ans, les ALOUETTES DE MONTRÉAL sont de retour dans la Ligue canadienne de football en 1996-1997. La ville accueille aussi chaque année la course automobile de Formule 1 dans le cadre du Grand Prix du Canada. Elle est également un centre de compétitions internationales dans le domaine des sports amateurs, les plus célèbres jusqu'à aujourd'hui étant les Jeux olympiques d'été de 1976. Le marathon international de Montréal a lieu en septembre de chaque année.

Montréal est aussi l'hôte de nombreuses attractions saisonnières importantes. Chaque année en mai ont lieu les Feux d'artifice internationaux. Au même moment, le Théâtre des Amériques y joue des pièces inédites auxquelles participent des auteurs dramatiques des trois Amériques et d'Europe. Au début de juillet, des musiciens de jazz jouant dans les salles ou dans les rues de la ville donnent le coup d'envoi au FESTIVAL INTERNATIONAL DE JAZZ DE MONTRÉAL. Il est suivi du Festival Juste pour rire, en anglais et en français, et du Festival des films du monde à la fin de l'été.

Paul André Linteau

Montreal and Lachine Railroad Reliant la gare Bonaventure de Montréal et le fleuve Saint-Laurent, ce service ferroviaire est inauguré le 19 novembre 1847. Construit pour contourner les rapides de LACHINE, il fait 12 km de longueur. Il fusionne avec le Lake St. Louis and Province Railway en 1850 et prend le nom de Montreal et New York Railroad. En 1857, il fusionne à nouveau avec le CHAMPLAIN AND SAINT LAWRENCE RAILROAD et devient alors le Montreal and Champlain Railroad. Il est finalement absorbé par le GRAND TRUNK RAILWAY OF CANADA.

James Marsh

Montréal Danse Petite compagnie de danse contemporaine, fondée à Montréal en 1986 par Paul-André FORTIER et Daniel Jackson. Son mandat consiste à promouvoir un répertoire d'œuvres originales créées par des chorégraphes locaux ou internationaux, ce qui est rare dans un milieu où les compagnies sont fondées dans le but de refléter la vision artistique de leur fondateur chorégraphe.

Les 30 œuvres commandées par Montréal Danse au cours des 10 dernières années démontrent l'éclectisme des chorégraphes locaux et internationaux. *Ghost Stories* (1990), de Natsu Nakajima, s'inspire de Butoh; *Lehava*, de Linda Rabin, et *Cycle* (1987), de Françoise SULLIVAN, ont des traits ritualistes; *Lines from Memory* (1994), de Susan Marshall, et *L'homme qui essaie devant la gare d'embrasser* (1993), de Jean Gaudin, sont toutes deux des pièces manifestement théâtrales. La tradition théâtrale québécoise est aussi présente dans les œuvres des chorégraphes James KUDELKA, Paul-André Fortier, Ginette LAURIN, Hélène Blackburn et Daniel Léveillé.

En 1989, Fortier démissionne de son poste de codirecteur artistique, mais continue de collaborer avec la compagnie comme chorégraphe. Daniel

Jackson, qui a été danseur, répétiteur et codirecteur artistique des GRANDS BALLETS CANADIENS, reste le seul directeur artistique de Montréal Danse jusqu'à sa retraite, en 1996. Kathy Casey, qui a dansé auparavant avec Susan Marshall et Lar Lubovitch, lui succède.

La formule de Montréal Danse comble un grand vide dans le monde de la danse à Montréal, en présentant au fil des ans, diverses approches chorégraphiques et en permettant à ses 8 à 10 danseurs de se perfectionner, et de travailler constamment avec des artistes différents. La compagnie effectue des tournées partout au Canada. En Europe, Montréal Danse se produit en France, en Allemagne, en Hollande et en Espagne.

Iro Valaskaris Tembeck

Montreal Standard À ses débuts, en 1905, le *Montreal Standard*, qui se veut le pendant canadien de l'*Illustrated London News*, est un journal du samedi. Au départ, il s'agit d'offrir un exposé sérieux, mais vivant, des événements de la semaine, à l'aide de photographies et de reportages. Cette formule est populaire et a beaucoup de succès pendant la Première Guerre mondiale en particulier et, dans une moindre mesure, pendant la Seconde Guerre mondiale. Avec le temps, le *Standard* délaisse les nouvelles pour devenir un hebdomadaire fait de chroniques, de bandes dessinées, de recettes et d'articles de fiction, entrecoupés de publicités et d'illustrations. Le grand format d'origine est remplacé par un format tabloïde; mais, dès le début des années 50, le *Montreal Standard* semble désuet. En 1951, ses éditeurs conçoivent l'idée du WEEKEND MAGAZINE et le personnel du *Standard* est absorbé par le nouveau journal. (*Voir aussi* JOURNAUX.)

J.L. Granatstein

Montreal Theatre À la fin du XVIIIe siècle et au début du XIXe siècle, en plus de l'ALLEN'S COMPANY OF COMEDIANS, la province de Québec compte plusieurs troupes de comédiens. Certaines, dont les membres viennent de Grande-Bretagne et d'autres pays européens, arrivent au Québec en passant par Albany ou Boston. De nombreux comédiens retournent aux États-Unis, mais ils ont marqué l'histoire du théâtre québécois. Durant l'été de 1804, une troupe en provenance d'Albany, dirigée par James Ormsby, qui a joué avec Edward Allen au Theatre Royal d'Édimbourg, se produit au Broddingnag Theatre, à Québec. L'été suivant, cette même troupe donne une série de représentations en plein air à Montréal et, en 1805-1806, elle tient l'affiche au Patagon Theatre, à Québec, pendant toute la saison hivernale. Elle retourne à Albany en août 1808.

En décembre 1807, William Henry Prigmore ouvre le New Theatre dans un ancien entrepôt de fourrures de Montréal. Durant l'été de 1808, une troupe de comédiens dirigée par Luke Usher, un aristocrate, s'y installe. Mais, au milieu du mois de décembre 1808, la troupe de Prigmore disparaît alors qu'elle se rend à Québec. On suppose que ses membres se sont noyés en essayant de traverser le pont de glace sur le fleuve Saint-Laurent. John Duplessis Turnbull remplace Prigmore. Mais il fait faillite à la fin de la saison théâtrale et les JEUNES MESSIEURS CANADIENS prennent l'édifice en charge jusqu'en 1816.

Sur l'avis de John Bernard, codirecteur du Boston Theatre, Usher, aidé de son épouse française (Harriet l'Estrange), fonde le Montreal Theatre en 1808. Il occupe un entrepôt en pierre du Faubourg des Récollets. Le théâtre recrute des professionnels étrangers, comme le décorateur John Bernard, qui a travaillé à Covent Garden et Allport, lui aussi aristocrate. En août 1808, les Usher confient la gestion du Montreal Theatre à Allport et ouvrent le New Theatre à Québec dans l'Armstrong's Theatre Tavern.

Usher quitte toutefois Québec en septembre 1810. En février 1811, son épouse retourne à Boston sous prétexte d'y recruter des comédiens. Elle ne reviendra jamais à Québec. John Bernard, l'associé de

Usher à Boston, envisage de s'occuper du théâtre de Québec, mais il se ravise. La GUERRE DE 1812 empêche les comédiens loyalistes de traverser la frontière. Bien que de nombreux comédiens québécois s'établissent à Albany après la guerre, Duplessis Turnbull demeure au Canada. Il rebaptise le théâtre de Usher le New Montreal Theatre et l'administre en tant que théâtre de langue anglaise jusqu'à ce qu'il soit détruit par un incendie en mai 1820.

André G. Bourassa

Montréal-Nord, ville du Québec; pop. 81 581 (rec. 1996), 85 516 (rec. 1991); superf. 11,03 km²; const. en 1915; située sur l'île de Montréal en bordure de la rivière des Prairies. Entourée par les villes de Saint-Léonard, d'Anjou et de MONTRÉAL et majoritairement d'expression française, elle est la cinquième plus grande ville du Québec.

La ville de Montréal-Nord voit le jour lorsqu'elle est détachée de la municipalité de paroisse de Sault-aux-Récollets en 1855. Ce territoire originellement couvert par Sault-aux-Récollets comprenait en plus les districts montréalais d'Ahuntsic et de Saint-Michel, ainsi que les villes de Saint-Léonard et d'Anjou.

Montréal-Nord, comme de nombreuses villes en périphérie de Montréal, croît rapidement entre 1950 et 1976. Avant cette période, sa croissance est lente et plutôt chaotique. Au sortir de la crise des années 30, Montréal-Nord est au bord de la faillite. Les choses vont si mal qu'elle est placée sous tutelle provinciale de 1921 à 1958. Depuis, une croissance et de saines politiques de gestion, spécialement sous l'administration du maire Yves Ryan, ont fait de Montréal-Nord un des membres les plus respectés de la Communauté urbaine de Montréal.

Pierre-Louis Lapointe

Mont-Revelstoke, parc national du Créé en 1914, le parc national du Mont-Revelstoke est un endroit au paysage de contrastes: forêts humides et luxuriantes, prairies alpines d'une part; crêtes rocheuses et dénudées, et GLACIERS d'autre part. Les pointes irrégulières de la chaîne Selkirk constituent la toile de fond du parc qui possède une superficie de 263 km². Le grizzli et le caribou vivent partout dans le parc, tandis que les chèvres de montagne habitent les falaises rocheuses. Les prairies alpines abritent le pica d'Amérique, la marmotte des Rocheuses et un écureuil, le spermophile à mante dorée, souvent dans la mire de l'aigle royal. D'octobre à juin, une épaisse couche de neige recouvre le parc, mais durant le court été, la prairie s'illumine de fleurs de lupins, d'asters et de castilléjies. Le parc est muni de terrains de camping isolés. On trouve des terrains de camping privés tout près, le long de la ROUTE TRANSCANADIENNE. (*Voir aussi* PARCS NATIONAUX.)

Lillian Stewart

Mont-Riding, parc national du Le parc national du Mont-Riding, créé en 1929, possède une superficie de 2970 km². Il est situé à 272 km au nord-ouest de Winnipeg et juché à presque 500 m au-dessus de la PRAIRIE, sur l'escarpement manitobain. Son territoire vallonné comporte des forêts mixtes et des prairies parsemées de lacs, de cours d'eau et de tourbières. Par la présence d'éléments appartenant à la forêt boréale, à la prairie et aux forêts de feuillus mixtes, le parc est à plusieurs égards un mélange du nord, de l'ouest et de l'est canadien. Dans ses habitats variés, on retrouve 233 espèces d'oiseaux, 60 espèces de mammifères et au moins une dizaine d'espèces de reptiles et batraciens répertoriés. Les plus gros animaux sont le bison, l'élan, l'orignal, le loup, le castor, l'OURS NOIR et le cerf de Virginie. Il y a 1200 ans, Cris et Assiniboines pénètrent les premiers dans la région pour y chasser. Dès 1800, des postes de traite de la fourrure entourent les hautes terres. Plus tard, les pionniers de la région y coupent le bois, font paître le bétail, chassent et se divertissent. Aujourd'hui, le parc national du Mont-Riding est muni d'installations pour le camping et compte plus de 300 km de pistes de randonnée et d'équitation.

Illian Stewart

Mont-Royal (Mount Royal), ville du Qc; pop. 18 282 (rec. 1996), 18 212 (rec. 1991), 18 350 (rec. 1986), superf. 7,43 km²; const. en 1912. Située sur l'île de Montréal, adjacente aux villes de Montréal, d'Outremont et de Saint-Laurent, la ville s'étend sur le versant nord-ouest du mont Royal, d'où elle prend son nom. Le territoire de Mont-Royal fait partie de la seigneurie cédée aux SULPICIENS au début du XVIIIᵉ s. La montagne la sépare de la ville de Montréal, qui est en expansion, et la communauté demeure principalement agricole jusqu'au début du XXᵉ s. En 1910, le CANADIAN NORTHERN RAILWAY propose d'abord de construire un tunnel de 5 km sous le mont Royal. La compagnie fait aménager la ville comme une «cité modèle», conçue par le célèbre architecte paysagiste Fredric Todd. Le plan original est conçu selon le modèle de la ville de Washington (DC) et prévoit deux grandes artères diagonales convergeant vers une place centrale.

La ville se développe d'abord lentement et ce n'est qu'au lendemain de la Seconde Guerre mondiale et avec le développement rapide de la Communauté urbaine de Montréal qu'elle ne prend son essor. Malgré sa croissance, la ville garde les principaux éléments du plan visionnaire de Todd et demeure l'un des meilleurs exemples d'aménagement d'une communauté urbaine au Canada. En 1944, la ville inaugure un parc industriel qui attire de nouvelles entreprises dans la région, dont Kraft Canada, l'employeur le plus important de Mont-Royal à ce jour. Étant donné que Mont-Royal est complètement entourée par d'autres communautés urbaines et son expansion, limitée, sa population est demeurée relativement constante depuis les années 70.

Deborah Welch et Michael Payne

Mont-Saint-Hilaire, ville du Qc; pop. 13 064 (rec. 1996), 12 267 (rec. 1991); superf. 43,39 km²; const en 1966; située à 35 km environ de MONTRÉAL, à l'est de la rivière RICHELIEU, face à Belœil. Confortablement nichée entre le mont Saint-Hilaire, point culminant de la Montérégie (411 m), et la rivière Richelieu, Mont-Saint-Hilaire est issue de la fusion de la municipalité de village originale de Saint-Hilaire (1855) et de la ville de Mont-Saint-Hilaire (1950). Elle doit son nom à saint Hilaire, évêque de Poitiers (315-367), célèbre pour son opposition à l'arianisme.

Historique À la fin du XVIIIᵉ s., il y a assez de colons dans cette région, qui fait partie de la seigneurie concédée à Jean-Baptiste Hertel de Rouville en 1694, pour ériger l'église de la mission Saint-Hilaire. En 1844, la seigneurie est vendue au major Thomas Edmund Campbell, qui se consacre pleinement à développer son domaine. Il transforme le vieux manoir en une belle demeure de style Tudor, construit un moulin à broyer le grain (Maison Guérin) et investit dans un lien ferroviaire entre Saint-Hilaire et la région de Montréal. Il encourage les industries de la pomme, du cidre et du sirop d'érable, encore très typiques de cette région de la province. Pour ramasser des pommes ou goûter à quelques-uns des meilleurs cidres du Canada, les visiteurs ont le choix de s'arrêter à l'un des vergers de la région ou au musée de la Cidrerie du Verger Gaston.

Situation actuelle C'est là qu'habitaient les célèbres artistes Ozias LEDUC, Paul-Émile BORDUAS et Jordi BONET. La ville s'enorgueillit de plusieurs centres et de galeries d'art, dont les plus importants sont le Musée de Mont-Saint-Hilaire, le Centre d'art Ozias Leduc et la galerie d'art contemporain, les Ateliers du Faubourg des arts et le Manoir Rouville-Campbell. Le CENTRE DE CONSERVATION DE LA NATURE MONT-SAINT-HILAIRE, station de recherches de l'U. McGill, est un refuge d'oiseaux bien connu et la première réserve de la biosphère du Canada, reconnue par l'UNESCO en 1978.

Pierre-Louis Lapointe

Monty, Jean C., administrateur (Montréal, juin 1943). Détenteur d'un baccalauréat ès arts, d'une maîtrise en économie de l'U. Western Ontario, ainsi que d'une maîtrise en administration des affaires de l'U. de Chicago, Jean C. Monty a commencé sa carrière chez Bell Canada en 1974. Il a été vice-président du Conseil et chef de la direction de Nortel (Corporation Nortel Networks), entreprise où il était entré en octobre 1992 à titre de président et chef de l'exploitation pour en devenir éventuellement le président et chef de la direction en mars 1993.

Jean C. Monty a été nommé président du Conseil et chef de la direction de BCE inc. le 26 avril 2000. Il s'était joint au conglomérat le 1ᵉʳ octobre 1997 à titre de président et chef de l'exploitation et de membre du conseil d'administration. Il a été nommé président et chef de la direction le 6 mai 1998. Il est également président du conseil et chef de la direction de Bell Canada et président du conseil de Bell Mobilité inc. et de Téléglobe inc. Membre du conseil d'administration de Bombardier inc., il siège au conseil de plusieurs compagnies du groupe BCE.

Jean C. Monty a été nommé membre de l'Ordre du Canada. Il est membre du comité exécutif du Conseil canadien des chefs d'entreprise, du Comité consultatif international des chefs d'entreprise du maire de Shanghai et président de la Fondation canadienne des bourses d'études du millénaire. Il a aussi nommé le PDG canadien de l'année pour 1997 et a été reçu à l'Académie des Grands Montréalais.

Monument En général une construction autoportante, assez imposante et souvent ornée, dont la fonction principale est la commémoration de personnes, d'événements ou de concepts estimés suffisamment importants pour mériter un hommage public, visible et permanent.

Avant la Confédération Avant la Confédération (1867), le pays ne compte qu'un nombre restreint de monuments publics importants. La majorité de ceux-ci est dédiée à des rois (Louis XIV à Québec en 1686 et George III à Montréal en 1773) ou à des héros militaires, comme la colonne consacrée à l'amiral Nelson (Montréal, 1809), l'obélisque honorant conjointement WOLFE et MONTCALM (Québec, 1828) et l'imposant monument commémoratif de sir Isaac BROCK (Queenston Heights, Haut-Canada, construit vers 1830). Cependant, tous ne sont pas demeurés intacts: le monument en l'honneur de George III, p. ex., aurait été détruit délibérément vers 1775. Le premier monument dédié à Brock a été la cible, à deux reprises, de saboteurs reliés aux Rébellions de 1837. Lors de la deuxième attaque, en 1840, des explosifs l'endommagent gravement, menant ainsi à sa reconstruction en 1853.

De la Confédération jusqu'à son centenaire (1857-1967) Dans les 100 ans qui suivent la Confédération, les monuments portent de plus en plus sur la commémoration de personnes spécifiques, particulièrement sur celles qui font l'histoire politique et culturelle du Canada. Dans toutes les villes du pays, ainsi que dans les capitales fédérale et provinciales, on édifie, p. ex., des monuments aux premiers explorateurs et aux premiers ministres fédéraux, aux pionniers et aux premiers ministres provinciaux, et à des citoyens remarquables de tous les milieux. Ce changement d'orientation s'accompagne d'un changement de format: les monuments architecturaux qui prédominent avant la Confédération cèdent graduellement la place (jamais entièrement, toutefois) aux statues de bronze, tandis que les sculpteurs professionnels, qui sont de plus en plus souvent d'origine canadienne, supplantant peu à peu les officiers, les ingénieurs et les architectes militaires, qui avaient conçu les monuments antérieurs. On assiste même à une tentative visant à créer une version canadienne de la statue de la Liberté: quand le projet d'un colossal «Ange de la Bienvenue et de la Paix» à Québec échoue, le gouvernement fédéral décide plutôt d'édifier un monument imposant dédié à Madeleine de Verchères, à Verchères, au Québec, qui est destiné à accueillir et à inspirer les nouveaux immigrants arrivant au Canada par le fleuve Saint-Laurent.

Le monument aux morts Le monument aux combattants de la Première Guerre mondiale est de loin le plus répandu au Canada. Peu nombreux, les monuments en l'honneur des morts de la Rébellion du Nord-Ouest et de la guerre des Boers sont souvent très ornés. Toutefois, après la Seconde Guerre mondiale, on préfère dédier des installations qui servent réellement la communauté, telles que les centres sportifs. (L'Ottawa Memorial, érigé par la Commonwealth War Graves Commission en mémoire des aviateurs morts durant la Seconde Guerre mondiale et qui n'ont pas tombe connue, est une exception importante.)

Par contraste, les monuments aux morts de la Première Guerre mondiale érigés dans tout le Canada sont plus nombreux et varient beaucoup de formes. Du simple cairn ou du cénotaphe en pierre de taille jusqu'aux arcs, aux portes monumentales et aux tours, ils vont des avenues bordées d'arbres jusqu'aux personnages féminins ailés, qui tendent des couronnes de laurier, en signe de victoire, aux soldats en tenue. Le monument le plus commun, cependant, représente un soldat en bronze ou en pierre, souvent édifié près d'une gare de chemin de fer, d'où tant de jeunes hommes sont partis.

Le monument en transition (1967 à aujourd'hui) Bien qu'on érige encore quelques monuments traditionnels durant les années 60 et 70, comme la statue de Louis Saint-Laurent à Ottawa et celle de la reine Élisabeth II à Winnipeg, on note une plus grande tendance à innover dans le style et dans la signification. À l'occasion, on adapte des styles artistiques expérimentaux utilisés généralement dans l'ART DES LIEUX PUBLICS et les SCULPTURES extérieures à des fins commémoratives (avec des réactions publiques variables), comme dans les monuments en l'honneur de Louis RIEL à Regina et à Winnipeg, ou dans les séries de jalons spéciaux érigés par Environnement Canada en l'honneur de personnalités telles que Vilhjalmur STEFANSSON (à Arnes, au Manitoba), le très honorable Alexander MACKENZIE (à Sarnia, en Ontario) ou le capitaine George VANCOUVER (à Vancouver).

Un nouveau type de monument se répand. De grande taille et d'inspiration symbolique, il est habituellement coloré, présente un motif facilement reconnaissable et est fait de matériaux inhabituels (p. ex., le Pysanka à Vegreville, en Alberta, et le Canada Goose à Wawa, en Ontario). Dans les années 80, cependant, une autre tendance émerge avec l'érection de monuments tels que la fontaine Guelph en l'honneur de la famille ou les bustes de John DIEFENBAKER et de Terry FOX à Ottawa. De nombreuses communautés canadiennes expriment ainsi leur désir d'honorer les valeurs traditionnelles de façon traditionnelle. (*Voir aussi* LIEU HISTORIQUE.)

Terry G. Guernsey

Moodie, Susanna, née Strickland; auteure et pionnière (Bungay, Angl., 6 déc. 1803—Toronto, 8 avril 1885). Elle est la cadette d'une famille de gens de lettres parmi lesquels Catharine Parr TRAILL et Samuel Strickland sont les plus connus au Canada. Ses luttes en tant que pionnière, ses idées progressistes, son attachement aux «meilleures» valeurs britanniques contemporaines, sa méfiance face à l'influence «yankee» au Canada et son ouvrage ROUGHING IT IN THE BUSH, de plus en plus respecté, en ont fait un personnage légendaire au Canada.

Après avoir connu l'aisance, Susanna et ses sœurs s'adonnent très tôt à l'écriture, notamment pour des raisons économiques, à la suite de la mort de leur père en 1818. Elles rédigent des livres pour enfants, des livres de luxe et collaborent à des revues féminines. Susanna compose des saynètes évoquant la vie de Suffolk pour *La Belle Assemblée* (1827-1828). Le style et la méthode que le lecteur retrouvera, par la suite, dans son œuvre majeure, *Roughing It in the Bush*, y sont déjà présents. Elle déménage à Londres en 1831, où elle continue de fréquenter la Société anti-esclavagiste et rencontre son futur mari, John Wedderburn Dunbar Moodie, chez le secrétaire de cet organisme. Elle rédige deux tracts anti-esclavagistes, *The History of Mary Prince, A West Indian Slave* (1831) et *Negro Slavery Described by a Negro* (1831), où son humanitarisme et sa sensibilité apparaissent comme une force de caractère et de hautes qualités morales que l'on retrouve chez les gens «respectables». *Enthusiasm: and Other Poems* (1831) révèle aussi une écrivaine préoccupée par les problèmes sérieux.

Mariée en 1831, des raisons financières la poussent à émigrer, avec son époux et leur premier enfant (ils en auront six), au mois de juillet 1832. Dunbar Moodie est un officier disponible et Suzanna Moodie est sans fortune. Ils s'installent dans la région de Cobourg, dans le Haut-Canada, où ils tentent, pendant sept ans, d'exploiter une ferme à deux endroits différents. Devant l'échec de cette entreprise, ils se retirent à Belleville, en 1840, après que Dunbar Moodie ait été nommé shérif du district de Victoria. Leur émigration et leurs années de défrichement fournissent cependant à Suzanna de la matière pour *Literary Garland* (Montréal), laquelle sera intégrée par la suite à *Roughing It in the Bush* et qui lui inspirera son roman *Flora Lyndsay*.

À Belleville, Susanna Moodie écrit et publie beaucoup, surtout des œuvres romanesques dont l'action se situe à l'extérieur du Canada. En 1847 et 1848, elle collabore avec son mari au *Victoria Magazine*, dans le but d'offrir une littérature de qualité aux ouvriers qualifiés et spécialisés. Elle publie trois romans dont l'action se déroule au Canada: *Roughing It in the Bush* (1852), *Life in the Clearings* (1853) et *Flora Lyndsay* (1854). Il a été souvent noté (à tort) qu'elle destine ses documentaires réalistes au marché britannique et ses aventures romanesques au marché canadien. En réalité, elle ne fait aucune distinction et publie les deux en Grande-Bretagne et au Canada. Elle publie aussi aux États-Unis. Il est vrai cependant que la Grande-Bretagne lui offre plus de possibilité.

Roughing It in the Bush reste sa meilleure œuvre et la plus connue. Elle y fait valoir ses solides principes moraux, y montre sa fascination pour les différences de caractères, sa volonté de décrire l'inexpérience et la faiblesse de l'être humain; enfin, elle y fait preuve d'une grande perspicacité psychologique, d'esprit et d'espièglerie. C'est à cet ouvrage et à sa suite, *Life in the Clearings*, que l'auteure doit sa renommée.

Moodie vit à Belleville et dans les environs jusqu'au décès de son mari en 1869, puis réside essentiellement à Toronto jusqu'à la fin de sa vie.

R.D. Matthews

Moody, Richard Clement, membre des Royal Engineers (Barbade, Antilles britanniques, 13 févr. 1813—Bournemouth, Angl., 31 mars 1887). Après ses études à la Royal Military Academy de Woolwich (Angleterre), il obtient une commission dans les Royal Engineers et est en poste à Saint-Vincent (Antilles) en 1831. Il est le premier gouverneur des îles Falkland (1841-1849) et est commandant des Royal Engineers à Newcastle-upon-Tyne. Il sert ensuite à Malte, où il est promu lieutenant-colonel (1855). Il est nommé commandant du British Columbia Detachment des Royal Engineers (1858), puis commissaire en chef des Terres et des Travaux publics de la nouvelle colonie de la Colombie-Britannique (1859). Les Royal Engineers, un corps constitué à des fins militaires, pratiques et scientifiques, maintiennent l'ordre dans les champs aurifères de l'intérieur, font l'arpentage des lotissements urbains, construisent des routes et choisissent New Westminster comme première capitale de la colonie. En 1863, ce corps est dissous et Moody retourne en Angleterre.

Dennis F.K. Madill

Moore, Brian, écrivain et journaliste (Belfast, Irl. du N., 25 août 1921). Deux fois lauréat du Prix du Gouverneur général (romans et nouvelles), il compte parmi les romanciers les plus innovateurs et les plus accomplis du XXᵉ siècle. Dans ses premiers récits «irlandais», *The Lonely Passion of Judith Hearne* (1955) et *The Feast of Lupercal* (1957), ses personnages désespérés luttent de façon réaliste pour rompre avec leur milieu. D'autres romans confrontent passé et présent chez des personnages qui vivent une période de changement. Parmi ceux-ci, citons *I Am Mary Dunne* (1966), *Fergus* (1970), *The Great Victorian Collection* (1975; prix du Gouverneur général) et *The Mangan Inheritance* (1979). Des romans plus récents, tels *Lies of Silence* (1990), *No Other Life* (1993) et *The Statement* (1995) mettent en évidence le goût de Moore pour le style narratif dépouillé, propre au mélodrame politique et au roman policier, bien que sous sa plume, ces œuvres deviennent de l'art littéraire.

Il vit au Canada de 1948 à 1958, mais réside aujourd'hui en Californie tout en conservant sa nationalité canadienne. Parmi ses œuvres typiquement canadiennes figurent *The Luck of Ginger Coffey* (1960; prix du Gouverneur général), une histoire d'immigrants; *The Revolution Script*, récit romancé de l'enlèvement de James Cross par le FLQ en octobre 1970, et *Black Robe* (1985; trad. *Robe noire*, 1986), roman historique dont l'action se déroule au XVIIᵉ siècle dans une mission jésuite parmi les Hurons.

Gerald Lynch

Moore, Dora Mavor, actrice et professeure (Glasgow, Écosse, 8 avril 1888—Toronto, 15 mai 1979). Moore fait des études de diction à la Margaret Eaton School of Expression (Toronto), puis est la première Canadienne à obtenir un diplôme de la Royal Academy of Dramatic Art de Londres. En 1912, elle fait ses débuts professionnels à Ottawa, avec la Colonial Stock Co., et se joint ensuite à la compagnie Pastoral Players de Ben Greet (New York), pour laquelle elle joue Shakespeare pendant ses tournées CHAUTAUQUA. Elle travaille de nouveau avec Greet en 1918 et interprète le rôle de Viola dans *Twelth Night* (v.f. *La Nuit des rois*) au Old Vic de Londres. De retour à Toronto, Moore élève ses trois fils et se consacre à l'enseignement et à la direction de comédiens amateurs. En 1938, elle fonde la troupe des Village Players qui présentent des pièces de Shakespeare dans les écoles. Les Village Players sont le prototype de sa troupe professionnelle sans but lucratif, la New Play Society (NPS). La NPS joue pendant 10 saisons (1946-1956) et présente 72 pièces, dont 47 créations originales. Pendant 25 ans (1948-1973), la NPS enchante le public avec sa revue satirique annuelle, *Spring Thaw*. Elle administre aussi une école de théâtre (1950-1968) qui lui survivra. C'est à Dora Moore que l'on doit la participation de Tyrone GUTHRIE au FESTIVAL DE STRATFORD. Les prix annuels de théâtre décernés par la ville de Toronto portent son nom.

David Gardner

Moore, James Mavor, acteur, auteur dramatique, producteur, professeur, fonctionnaire (Toronto, 8 mars 1919), fils de Dora Mavor MOORE. Artiste très polyvalent, Mavor Moore est issu d'une famille artistique et universitaire de renom. Il obtient son diplôme de l'U. de Toronto en 1941 après avoir étudié dans diverses facultés. Il devient alors producteur radiophonique au réseau anglais de la Société Radio-Canada (SRC). Après avoir travaillé au Service du renseignement pendant la Seconde Guerre mondiale, il retourne à la SRC comme responsable de la production du Service international nouvellement créé et, pendant quelque temps, de la région Pacifique, à Vancouver.

En 1946, il revient à Toronto et contribue à fonder la compagnie New Play Society, véritable incubateur du théâtre professionnel de l'après-guerre au Canada. Pendant cette période, il écrit, dirige et produit pour les services de radio et de télévision de l'Organisation des Nations Unies à New York. En 1950, il devient responsable de la production pour le secteur de la télévision de la SRC et occupe ce poste jusqu'en 1954, tout en continuant à écrire pour la scène et à composer des livrets d'opéra. Il est peut-être surtout connu pour la revue annuelle *Spring Thaw* (créée en 1948), qu'il a produite jusqu'en 1966, et pour ses livrets d'opéra, dont *Louis Riel* d'Harry SOMERS.

Moore enseigne à l'U. York de 1970 à 1984 et préside le Conseil des arts du Canada au cours d'une période de grandes difficultés politiques et financières de 1979 à 1983, pour être ensuite remplacé par Maureen FORRESTER. Il poursuit sa chronique culturelle dans le *Globe and Mail* et publie son autobiographie, *Reinventing Myself*, en 1993. Récipiendaire de trois prix Peabody, il reçoit le prix Molson en 1986 et est fait Compagnon de l'Ordre du Canada en 1988 après en avoir été Membre en 1973.

J.L. Granatstein

Moore, Keith Leon, anatomiste (Brantford, Ont., 5 oct. 1925). Formé à l'U. de Western Ontario (Ph. D., 1954), il se joint au personnel de l'U. du Manitoba en 1956. En 1965, il y devient professeur d'anatomie et chef de département. En 1976, il occupe les mêmes postes à l'U. de Toronto, devient plus tard le vice-doyen de sa faculté de médecine, puis prend sa retraite en 1991 en tant que professeur émérite. Reconnu sur le plan international pour ses recherches en génétique, en embryologie et en tératologie, il est président de l'Association canadienne des anatomistes et président du conseil d'administration de la Fédération canadienne des sociétés de biologie.

Ses nombreux manuels scolaires ont été largement adoptés. Parmi eux, citons *The Developing Human* (1973, 3ᵉ éd. 1982), *Before We Are Born* (1974, 2ᵉ éd. 1983) et *Clinically Oriented Anatomy* (1980). Membre de l'Académie internationale de cytologie et de la Royal Society of Medecine, il reçoit des prix tant pour ses publications que pour son enseignement, entre autres le prix J.C.B. Grant (1984) de l'Association canadienne des anatomistes.

T.V.N. Persaud

Moore, Thomas Albert, ministre du culte méthodiste et modérateur de l'Église unie du Canada (Acton, Canada-Ouest, 29 juin 1860—Toronto, 31 mars 1940). Ordonné en 1884, Moore exerce son ministère dans plusieurs paroisses de l'Ontario avant de devenir secrétaire de la Conférence générale de l'Église méthodiste (1906-1925) et secrétaire du Conseil général de l'Église unie (1925-1936). Membre du comité d'union de l'Église méthodiste, Moore est élu modérateur de l'ÉGLISE UNIE DU CANADA en 1932. Ses talents de gestionnaire et son enthousiasme évangélique le placent à l'avant-garde de la lutte pour le progrès social. Porte-parole honoré et respecté d'organisations religieuses et civiles, il voyage pour prêcher le renouveau religieux et la réforme morale.

Neil Semple

Moore, Tom, charpentier et dirigeant syndical (Leeds, Angl., 1878—Ottawa, 6 juill. 1943). Il immigre au Canada en 1909, exerce son métier à Niagara Falls, en Ontario, et travaille pour le syndicat des charpentiers comme agent de section locale et comme organisateur général de l'est du Canada de 1911 à 1918. En 1918, il est élu président du CONGRÈS DES MÉTIERS ET DU TRAVAIL DU CANADA, lequel est à la tête d'une liste qui s'oppose aux tendances radicales du mouvement ouvrier du pays, et particulièrement à ceux qui, dans l'Ouest canadien, sont à l'origine de la création, l'année suivante, de la ONE BIG UNION. Il conserve ce poste jusqu'en 1935 et le regagne de 1938 à 1943. Il participe à des commissions royales d'enquête sur les relations du travail en 1919, ainsi que sur l'emploi et l'assurance sociale dans les années 30. Ses activités lui valent aussi un siège à l'Organisation internationale du travail dans les années 20 et à d'autres congrès syndicaux internationaux.

Craig Heron

Moores, Frank Duff, marchand, politicien, deuxième premier ministre de Terre-Neuve, de 1972 à 1979 (Carbonear, T.-N., 18 févr. 1933). En 1968, Moores est élu dans la circonscription fédérale de Bonavista-Trinity-Conception pour le Parti progressiste-conservateur et, en 1970, il devient chef du Parti progressiste-conservateur de Terre-Neuve. Aux élections d'octobre 1971, les libéraux l'emportent dans une victoire serrée contre les conservateurs. En janvier 1972, lorsque le premier ministre libéral SMALL-WOOD donne sa démission, on demande à Moores de former un nouveau gouvernement. Il remporte les élections de 1972 et de 1975. Contrairement au premier ministre Smallwood, qui défendait des politiques centralisatrices et favorisait l'industrialisation, les politiques de Moores sont axées sur le développement rural et le contrôle des ressources. En 1979, il se retire de la vie politique et retourne au secteur privé. En 1983, il est une figure dominante de l'organisation de Brian MULRONEY dans la course à la direction du Parti progressiste-conservateur et il est conseiller à Ottawa auprès de ce dernier, lorsqu'il devient premier ministre. En 1987, Moores est président de Government Consultants International, un important et puissant groupe de pression.

Melvin Baker

Moose Jaw, ville de la Sask.; pop. 32 973 (rec. 1996), 33 593 (rec. 1991), 35 073 (rec. 1986); superf. 46,64 km²; const. en 1903. Sise à 160 km au nord de la frontière des États-Unis, au fond d'une vallée abritée, au confluent de la rivière Moose Jaw et du ruisseau Thunder, Moose Jaw est traversée par la Transcanadienne et la ligne de chemin de fer principale du Canadien Pacifique (CP). On y trouve également un embranchement du chemin de fer du Canadien National (CN) et elle est desservie par deux lignes d'autobus.

Son nom pittoresque, que l'on croit d'origine amérindienne, aurait été emprunté à un ruisseau local ainsi nommé en raison de sa forme en mâchoire d'orignal. Autre explication possible: le nom proviendrait d'un mot cri signifiant «brises chaudes».

Économie Centre de services agricoles, Moose Jaw est la quatrième ville en importance de la Saskatchewan. Elle est administrée par un maire et six conseillers élus par l'ensemble de sa population; sa croissance est d'ailleurs étroitement liée à l'expansion de la culture céréalière.

Bien qu'elle devienne un important centre industriel, de vente au détail et en gros, elle ne rivalise jamais avec REGINA, située à 65 km à l'est, sur le même tributaire. Sa meilleure période de croissance s'étend de 1911 à 1921; la population augmente alors de 40 p. 100. De même, au cours des années 40 et 50, la population augmente de 17 p. 100, puis de 36 p. 100.

Durant des décennies, les ateliers du chemin de fer du CP et les gares de triage constituent le fleuron du paysage urbain et le gagne-pain de ses résidants. Vers le milieu des années 50, l'arrivée des locomotives diesel réduit temporairement l'importance du CP. Il a repris sa place grâce à l'implantation d'un important atelier de réparations.

La base des Forces canadiennes de Moose Jaw (l'Escadron 15), établie en 1941 comme centre de formation, est aujourd'hui le plus important employeur de la région; l'Escadron 15, qui est maintenant la principale base canadienne d'entraînement pour pilotes de jets, compte, en plus des personnes à charge et des 350 employés civils, une population militaire de 4500 personnes.

Population La plus grande partie de la population est d'origine locale et d'ascendance britannique. Le reste est d'ascendance allemande, scandinave ou ukrainienne. Les cinq principales confessions religieuses sont les Églises unie, catholique, anglicane, luthérienne et presbytérienne.

Vie culturelle Crescent Park, aménagé sur 11 ha dans le centre-ville, englobe la bibliothèque publique, le musée d'art, une piscine et d'autres installations de loisirs. Le Saskatchewan Institute of Applied Science and Technology compte parmi ses établissements d'enseignement les mieux connus. La ville bénéficie aussi d'un canal communautaire faisant partie du réseau de câblodistribution, ainsi que d'une station de radio, d'un quotidien, le *Moose Jaw Times-Herald,* et d'un hebdomadaire, le *Moose Jaw This Week.*

La plus récente attraction touristique, la station thermale Temple Gardens Mineral Spa, utilise une eau chaude minérale provenant d'une nappe d'eau souterraine locale. Moose Jaw compte aussi une équipe de base-ball professionnel, les Diamond Dogs, et une équipe de hockey junior, les Warriors.

J. William Brennan

Moose, rivière D'une longueur de 80 km, elle est formée par la jonction des rivières Mattagami et Missinaibi. À environ 55 km en aval, elle reçoit la rivière Abitibi, puis la rivière des Français Nord. Elle coule ensuite vers le nord-est pour se jeter au fond de la BAIE JAMES, dans le nord de l'Ontario. Avec ses affluents, elle arrose la majeure partie du nord-est de la province. Autrefois, les traiteurs de pelleteries l'empruntaient souvent; aujourd'hui, la vallée de la rivière est le site d'exploitations minières, d'usines de pâtes et papier et de développements hydroélectriques. Moose Factory, le plus ancien poste de traite de l'Ontario (fondé en 1672-73) est situé sur une île à l'embouchure de la rivière, en face du village côtier de Moosonee, sur le continent, l'unique port d'eau salée de l'Ontario. Le chemin de fer Ontario Northland relie ces villages au sud de la province.

Daniel Francis

Moqueur Appartient à la famille des mimidés, des oiseaux de taille moyenne, élancés et à longue queue, qui s'alimentent d'insectes et de fruits. Ils émettent un chant fort, harmonieux et répétitif et certains moqueurs imitent le chant d'autres espèces d'oiseaux. Cette famille, qui se serait développée principalement en Amérique tropicale, compte 34 espèces qui vivent uniquement dans le Nouveau Monde. Les étourneaux seraient les plus proches parents des moqueurs.

Répartition Quatre membres de la famille des mimidés se reproduisent au Canada. LE MOQUEUR POLYGLOTTE (*Mimus polyglottos*), grisâtre sur le dessus et blanchâtre en dessous, est plutôt rare, bien qu'il se rencontre dans plusieurs régions. C'est un résidant permanent dans le sud du Canada. Le moqueur chat (*Dumetella carolinensis*), entièrement gris ou noir, est une espèce migratrice qui niche depuis le sud de la Colombie-Britannique jusqu'à l'île du Cap-Breton. Le moqueur roux (*Toxostoma rufum*), aussi migrateur, se rencontre du sud-est de l'Alberta jusque dans le sud du Nouveau-Brunswick. Le moqueur des armoises (*Oreoscoptes montanus*) niche dans les prairies d'armoises de certaines régions du sud de la Colombie-Britannique et, plus rarement, dans le sud-ouest de la Saskatchewan. Tout comme le moqueur roux, il est brunâtre dessus, et sa poitrine blanchâtre est tachetée de brun. Le moqueur chat et le moqueur roux affectionnent les buissons et les bordures de forêts.

Nidification La période de nidification s'étend de mai à juillet chez les moqueurs. Ils construisent un gros nid à l'aide de brindilles et d'herbes, qu'ils aménagent dans les buissons ou les arbres, à moins de 6 m de hauteur. Le nid est quelquefois déposé à même le sol comme chez le Moqueur des armoises. Ils pondent quatre ou cinq œufs par couvée et défendent agressivement leur territoire. Les nids des moqueurs sont parfois parasités par le vacher à tête brune (*Molothrus ater*).

J.C. Barlow

Moqueur polyglotte (*Mimus polyglottos*) Il appartient à la famille des mimidés. Il s'agit par ailleurs du seul MOQUEUR appartenant au genre mimus qu'on trouve au Canada.

Répartition Ce moqueur est un résidant permanent, mais rare, partout au pays. Il étend lentement son aire de répartition vers le nord du continent. Il affectionne les taillis épais et les bordures de forêt. Il défend un territoire en toutes saisons et protège ainsi ses sources de nourriture en hiver.

Description Il est gris dessus, gris-blanc en dessous. En vol, il est facile de voir les taches blanches sur ses ailes ainsi que les plumes externes blanches de sa queue. Il chante aussi fréquemment la nuit, émettant son chant fort, harmonieux et répétitif dans lequel on retrouve des imitations du chant d'autres espèces d'oiseaux.

Il niche de mai à juillet, et la couvée compte de quatre à cinq œufs.

J.C. Barlow

Moraine Relief constitué de l'accumulation de sédiments détachés d'un GLACIER ou entraînés et déposés par celui-ci, dont la forme est indépendante du terrain sous-jacent. Une moraine se compose principalement de till, un mélange hétérogène d'argile, de limon, de sable, de cailloux et de blocs laissés directement par un glacier. Les moraines se classent selon leur forme, leur origine et leur position (*voir* GLACIATION). Ainsi, les moraines frontales (ou terminales), latérales, médianes et de récession, composées de crêtes de till, sont généralement associées aux glaciers de vallée des régions montagneuses. On en trouve des exemples bien formés sur le glacier de l'Athabasca et à proximité, dans le PARC NATIONAL JASPER. Les nappes glaciaires qui couvraient la plus grande partie du Canada pendant l'ÉPOQUE GLACIAIRE ont laissé, un peu partout, des moraines frontales, de récession, interlobaires, bosselées (avec creux et bosses) et transversales de vallée. Les moraines interlobaires, telles que celle d'Oak Ridges, au nord de Toronto, se sont formées entre deux langues en progression d'une nappe glaciaire. Les moraines bosselées, qui couvrent la plus grande partie des Prairies, sont composées de bosses et de monticules espacés irrégulièrement de till issu de la fonte des glaciers. Les moraines transversales de vallée ont pris forme sur le bord d'un glacier se terminant dans un lac ou dans la mer. On trouve de bons exemples de ce type de moraine le long du littoral de la baie d'Hudson et du Labrador.

N.W. Rutter

Moraves Ce terme désigne communément les membres de l'Église morave, anciennement connue sous l'appellation Unitas Fratrum (Union des Frères). Se réclamant de la plus ancienne Église protestante du monde, cette communauté religieuse antérieure à la Réforme tire ses origines des enseignements de Jan Hus, condamné au bûcher par des persécuteurs catholiques en 1415. Parmi les adeptes de Hus, un petit groupe s'établit dans une région isolée de Moravie et, en 1457, fonde Unitas Fratrum, avant d'être contraint à la clandestinité et dispersé dans toute l'Europe. Au début du XVIIIe siècle, les frères moraves établissent le siège de l'ordre à Herrnhut, en Allemagne.

Sous la conduite d'un aristocrate saxon, le comte Nicolaus von Zinzendorf, ils s'engagent dans un programme de missions étrangères qui les conduira dans plusieurs pays, dont le Canada. Grâce à l'aide financière de leurs congrégations en Angleterre, ils établissent en 1771 la première mission parmi les Inuits d'Amérique du Nord, à Nain, au Labrador. Quelques décennies plus tard, des missionnaires moraves venus des États-Unis fondent une mission amérindienne dans le Haut-Canada, à Fairfield, sur la rivière Thames. Les Amérindiens moraves établis à Fairfield, et plus tard à New Fairfield (qu'on appelle aussi Moraviantown), sont des Delawares convertis plus tôt en Pennsylvanie et en Ohio.

Même si la mission de New Fairfield est passée sous l'égide de l'Église canadienne épiscopale méthodiste en 1902, les congrégations moraves sont encore actives au Labrador. De plus, il existe maintenant huit congrégations en Alberta et une à Vancouver, composées surtout de descendants de germanophones émigrés de la Russie au XIXe siècle.

J. Garth Taylor

Morawetz, Oskar, compositeur (Svetla, Tchécoslovaquie, 17 janv. 1917). Reconnu comme un compositeur important depuis le milieu des années 40 (il remporte des prix nationaux pour ses deux premières compositions en 1944 et 1945), Morawetz demeure aujourd'hui l'un des compositeurs canadiens dont les œuvres sont le plus jouées. Il arrive au Canada en 1940 et étudie à l'U. de Toronto. Toutefois, il apprend par lui-même à composer. Romantique de tempérament, il a toujours évité de composer de la musique «qu'on ne peut pas ressentir et qu'il faut expliquer au moyen de formules mathématiques».

Les grandes caractéristiques de son style sont le lyrisme de la mélodie, la vivacité du rythme, la maîtrise de la polyphonie et l'exploitation innovatrice de la couleur des instruments. Des œuvres gracieuses et gaies comme *Carnival Overture* (1946) et *Overture to a Fairy Tale* (1956) sont typiques des débuts de Morawetz comme compositeur. Parmi les œuvres les mieux connues et les plus estimées, on eut citer: *Concerto no 1* pour piano (première en 1963; Zubin Mehta, chef d'orchestre, et Anton KUERTI, pianiste); *Sinfonietta* pour instruments à vent et percussion (qui remporte en 1966 le prix de la critique à Cava dei Trirena, en Italie); *Memorial to Martin Luther King*, une œuvre pour violoncelle et orchestre commandée par Mstislav Rostropovich (1968); *From the Diary of Anne Frank*, pour soprano et orchestre (1970), et *Psalm 22*, pour voix et orchestre (première en 1984; Maureen Forrester, cantatrice).

Certaines de ses œuvres plus courtes font désormais partie du répertoire international régulier. En 1983, la Société Radio-Canada lance une anthologie de sa musique. En 1987, il est le premier compositeur à être investi de l'Ordre de l'Ontario. Plus de 120 orchestres, dirigés par des chefs comme Kurt Masur, Andrew Davis et Charles Dutoit, ont joué ses œuvres. Morawetz reçoit l'Ordre du Canada en 1989 pour sa contribution exceptionnelle à la musique canadienne.

Barclay McMillan

Morden, ville du Man.; pop. 5689 (rec. 1996), 5273 (rec. 1991), 5024 (rec. 1986); superf. 12,44 km²; const. en 1903; située à 105 km au sud-ouest de Winnipeg et à 20 km au nord de la frontière américaine. On trouve dans cette région des fossiles de la faune préhistorique et d'anciens sites de la tribu des Mound Builders («Bâtisseurs de tumulus»). Elle a accueilli des explorateurs, des commerçants et des chasseurs de bison d'origine européenne et métisse. Les premiers colons ontariens s'y installent en 1874, suivis par des Juifs et des Mennonites.

C'est le CP qui détermine, en 1881-1882, le tracé de la future ville de Morden, du nom d'un pionnier de l'endroit, Alvey Morden. En 1885, une communauté d'affaires y est devenue active. La région étant propice à l'agriculture, le gouvernement fédéral y établit le principal centre de recherche des Prairies dans le domaine de l'horticulture et des cultures particulières. Morden est le principal centre de services régional: plusieurs industries y sont établies, dont des fabriques de machinerie agricole, de vêtements, d'accessoires de cuisine et une usine de résine d'époxy. C'est le seul endroit au Canada où l'on produit commercialement de l'argile bentonitique.

D.M. Lyon

Morel, François, compositeur, pianiste, professeur et chef d'orchestre (Montréal, 14 mars 1926). Il est l'un des rares compositeurs à avoir fait ses études entièrement au Québec. Il étudie notamment avec Claude CHAMPAGNE et Jean PAPINEAU-COUTURE. Sa carrière de compositeur commence avec *Antiphonie* (1953). Avec d'autres musiciens, dont Serge GARANT, il présente des concerts innovateurs de musique contemporaine au milieu des années 50. Il

travaille pendant plusieurs années à Radio-Canada en tant que compositeur de musique de scène, conseiller musical, recherchiste et présentateur.

Dans toutes ses créations, il attache une attention particulière à la construction rythmique et à l'orchestration. En 1980, le Concours international de musique de Montréal lui commande *Mélisma*. Parmi les autres pièces de Morel figurent *L'étoile noire*, *Radiance*, *Aux marges du silence* et *L'Oiseaudemain*. Au début des années 80, il cesse d'écrire de la musique de scène pour se consacrer à la direction d'orchestre et à l'enseignement, tant à l'U. Laval qu'à l'U. de Montréal. Il est fondateur des Éditions Québec-Musique, ainsi que fondateur et directeur artistique du groupe Bois et cuivres du Québec.

Hélène Plouffe

Morelle Nom commun de plusieurs plantes de la famille des solanacées. Plus spécifiquement, ce nom désigne seulement certaines espèces du genre *Solanum*. Le nom anglais, *nightshade*, peut aussi désigner certaines espèces de circées, de la famille des onagracées. Au Canada, on trouve huit espèces de *Solanum* dont une seule, la morelle de la Caroline (*Solanum Carolinense*) est indigène et pousse dans le sud de l'Ontario. La morelle douce-amère (*S. dulcamara*) ou «morelle grimpante», qu'on rencontre partout au pays, est la plus répandue. C'est une jolie vigne aux fleurs bleues ou violettes comme celles de la pomme de terre, et à baies rouges, brillantes et toxiques.

Effets toxiques Le raisin de loup, aussi appelé morelle d'Amérique et bleuet d'Amérique (*S. americanum*), est toxique pour les humains, les animaux qui broutent et les volailles, produisant chez chacun des symptômes semblables (particulièrement la paralysie et la confusion). Il n'est pas nécessairement mortel, tout dépend de la quantité ingérée et de la maturité de la plante. Le tubercule de la POMME DE TERRE (*S. tuberosum*) cultivée est toxique s'il devient vert à la suite d'une exposition au soleil, et son feuillage est toxique pour le bétail.

La famille des solanacées est importante en tant que source de nourriture et de médicaments et en tant que PLANTES ORNEMENTALES. Elle comprend aussi beaucoup d'autres espèces de PLANTES VÉNÉNEUSES: la belladonne (*Atropa belladonna*), qui n'est pas originaire d'Amérique du Nord, est une plante de jardin aux baies noires et toxiques; la pomme épineuse (datura stramoine ou herbe aux sorciers, du genre *Datura*), une plante ornementale aux fleurs spectaculaires, contient des alcaloïdes toxiques dans toutes ses parties; la tige de la TOMATE (*Lycopersicon esculentum*) est toxique pour le bétail qui l'ingère; et le TABAC (*Nicotiana*) renferme un alcaloïde toxique, la nicotine.

John M. Gillett

Morenz, Howarth William, «Howie» Joueur de hockey (Mitchell, Ont., 21 sept. 1902—Montréal, 8 mars 1937). Il évolue dans la ligue mineure de Stratford, en Ontario, jusqu'en 1923, puis est recruté par les CANADIENS DE MONTRÉAL. Patineur rapide, il manie le bâton avec dextérité et compte un très grand nombre de buts, ce qui lui vaut un statut de vedette à Montréal. Ses prouesses amènent les Américains à s'intéresser au hockey. Il est échangé aux Black Hawks de Chicago (1934), puis aux Rangers de New York avant de revenir à Montréal (1936). Il meurt des suites de blessures subies le 28 janvier 1937 pendant un match. Son décès endeuille le Canada tout entier et des milliers de personnes défilent devant son cercueil, placé solennellement au centre de la patinoire du Forum de Montréal. Morenz a compté 270 buts et accumulé 467 points en 14 saisons. Il fut le meilleur compteur de la Ligue nationale de hockey en 1928 et en 1931 et a remporté le TROPHÉE HART (joueur le plus utile) en 1928, 1931 et 1932.

James Marsh

Moresby-Sud, secteur D'une superficie de 1495 km², le secteur Moresby-Sud est un archipel sauvage des

ÎLES DE LA REINE-CHARLOTTE (incluant l'île Moresby au sud de la péninsule Tangil) et fait partie d'une zone protégée de la réserve du parc national Gwaii Haanas. Le décor de Moresby-Sud, ou Gwaii Haanas comme l'appellent les HAIDAS, est magnifique. En été, on peut y pratiquer la voile et le kayak dans les passages abrités de sa côte est, escalader les monts San Cristoval et visiter les ruines des villages haïdas en cèdre, particulièrement celui de Ninstints, sur L'ÎLE ANTHONY.

Écologie D'anciennes forêts de cèdres et d'épinettes abritent des mousses et des sous-espèces animales rares, preuve que l'endroit était un refuge contre la glaciation dans le Pacifique Nord, il y a environ 10 000 à 75 000 ans. La vie maritime foisonne dans sa zone intertidale. D'énormes colonies d'oiseaux marins se trouvent sur l'eau, et leur prédateurs rapaces sont nichés dans des aires avoisinantes. Des colonies d'otaries vivent sur les rochers et les îlots, et des grosses baleines migrent en passant par le DÉTROIT D'HÉCATE.

Historique Ce décor sauvage, secoué par des orages, a été habité durant de nombreux siècles. Lorsque les premiers Européens sont arrivés, en 1789, il existait déjà 40 villages et campements haïdas dans la région de Gwaii Haanas. Les contacts commerciaux entre les Européens et la population, notamment pour la traite de la fourrure de loutre de mer, ont engendré des épidémies de petite vérole qui ont décimé la population de la région. Par la suite, des industries extractives se sont établies dans la région.

À partir de 1906, on exploite par intermittence des mines de cuivre à Jedway et à Ikeda. On trouve une station de dépeçage de baleines à Rose Harbour de 1910 à 1948 et, aux environs de 1925, une exploitation forestière utilise des camions-remorques sur les pentes situées en bord de mer. En 1958, la Colombie-Britannique accorde à une compagnie forestière un permis de coupe de bois sur 56 168 ha du secteur de Moresby-Sud. La coupe à blanc se pratique depuis 1975 sur l'île Lyell.

L'entente de 1987 entre le Canada et la Colombie-Britannique au sujet du parc national est conclue après 13 ans de controverse, voire de désobéissance civile en ce qui concerne l'interdiction de couper du bois. Les 106 millions de dollars investis par le Canada ont compensé l'annulation de baux et le travail perdu et ont servi à subventionner des installations comme les camps de base des gardiens haidas. Cet argent a aussi contribué à développer le tourisme aux îles de la Reine-Charlotte. Gwaii Haanas a reçu plus de 2800 visiteurs en 1994. L'avenir de la région dépend toujours de la résolution de la revendication présentée par la nation haida, en 1984, dans laquelle elle se réclame propriétaire des îles.

Peter Grant

Morgan, Henry, commerçant et fondateur du premier grand magasin au Canada (Saline, Écosse, 1819—Montréal, 12 déc. 1893). Après son apprentissage dans une maison de gros en Écosse, Morgan immigre au Canada en 1845 et ouvre une mercerie avec David Starke Smith sur la rue Saint-Joseph (maintenant Notre-Dame) à Montréal. Quand Smith se retire en 1852, James, le frère de Morgan, entre dans l'entreprise qui devient Henry Morgan & Co. En 1874, le magasin, dont chaque rayon est responsable de sa propre gestion, de ses achats et de son compte de frais généraux, emploie déjà 150 commis. L'entreprise déménage plusieurs fois jusqu'en 1891, année où elle s'établit définitivement dans un grand immeuble récent, au sommet de la côte du Beaver Hall, sur la rue Sainte-Catherine. Le déménagement est considéré par l'ensemble des commerçants montréalais comme une catastrophe commerciale et une invasion importune d'un quartier résidentiel chic. Convaincu que Montréal s'étendrait vers le nord à partir de la rive du Saint-Laurent, Morgan voit ses dires confirmés quand ses concurrents le suivent à l'endroit qui deviendra le principal quartier commercial de Montréal. Dans les années 50, des succursales de Morgan & Co. ouvrent dans beaucoup de grandes villes en Ontario et au Québec. Un membre de la famille Morgan continue de diriger la société jusqu'à sa fusion avec la Compagnie de la baie d'Hudson en 1960.

Joy L. Santink

Morgentaler, Henry, médecin, défenseur de l'avortement (Lodz, Pologne, 19 mars 1923). Fils d'activistes socialistes juifs tués pendant l'Holocauste, Morgentaler survit à Auschwitz et à Dachau, et arrive au Canada en 1950. Il pratique la médecine générale à Montréal à partir de 1955, mais, dès 1969, il consacre tous ses efforts à la planification familiale. Il est un des premiers médecins canadiens à effectuer des vasectomies, à poser des stérilets et à prescrire la pilule anticonceptionnelle à des célibataires. En 1967, à titre de président de la Société humaniste de Montréal, il exhorte le Comité permanent de la santé et du bien-être social de la Chambre des communes d'abroger la loi interdisant l'AVORTEMENT.

Pour attirer l'attention sur l'aspect sécuritaire et efficace de l'avortement en clinique, Morgentaler admet publiquement, en 1973, avoir réussi plus de 5000 avortements. Quand un jury le déclare tout de même innocent d'avoir contrevenu à l'article 251 du *Code criminel*, la Cour d'appel du Québec (en février 1974), dans un geste sans précédent, renverse la décision du jury et ordonne l'emprisonnement de Morgentaler. Bien que la Cour suprême maintienne cette ordonnance, un deuxième jury acquitte le médecin, ce qui pousse Ron Basford, ministre de la Justice, à modifier le *Code criminel* de façon à retirer aux juges d'appel le pouvoir d'annuler les acquittements et d'ordonner l'emprisonnement. À la suite d'un troisième procès avec jury qui a abouti à un nouvel acquittement, toutes les autres accusations sont retirées.

En novembre 1984, Morgentaler et deux associés sont acquittés de l'accusation de conspiration en vue de provoquer une fausse couche à leur clinique de Toronto. Le gouvernement de l'Ontario en appelle de cette décision. Les accusés interjettent appel auprès de la Cour suprême du Canada, qui abroge la loi au début de 1988 du fait qu'elle contrevient aux droits garantis par la Charte canadienne des droits et libertés.

La campagne de Morgentaler le mène aux quatre coins du Canada, où il donne des conférences et participe à des tournées de financement visant à promouvoir la planification familiale. Il établit aussi des cliniques partout au pays pour offrir des services d'avortement et mettre les lois fédérales et provinciales à l'épreuve. Morgentaler poursuit plusieurs gouvernements provinciaux en justice pour avoir forcé la fermeture de ses cliniques sur leur territoire. Les actions de Morgentaler ont attiré l'attention du public sur les procédures judiciaires, de même que sur la problématique générale de l'avortement.

Angus McLaren

Morice, père Adrien Gabriel, missionnaire oblat (dép. de la Mayenne, France, 27 août 1859—Saint-Boniface, Man., 21 avril 1938). Morice entre dans l'ordre des Oblats en 1879 et arrive à Victoria (Colombie-Britannique) en 1880. Ordonné prêtre en 1882, il est missionnaire de 1885 à 1905 à la mission du lac Stuart, à Fort St. James, dans l'arrière-pays du nord de la Colombie-Britannique. Il est alors transféré à Saint-Boniface (Manitoba), où il meurt. Missionnaire insolite, ce prêtre-historien est surtout connu pour ses livres – *History of the Northern Interior of British Columbia* (1904) et *The Carrier Language*, son ouvrage majeur (2 vol., 1932) – et pour avoir dressé la première carte détaillée du centre-nord de la Colombie-Britannique (1907).

Dennis F.K. Madill

Morin, Augustin-Norbert, avocat, politicien et juge (Saint-Michel-de-Bellechasse, Bas-Canada, 13 oct. 1803—Sainte-Adèle, Canada-Est, 27 juill. 1865). Dépourvu de talent oratoire et en quelque sorte éclip-

sé par ses associés, les brillants orateurs L.-J. PAPINEAU et L.-H. LAFONTAINE, Morin est cependant celui qui assure la continuité des revendications politiques des Canadiens français pendant un quart de siècle en tant que membre de l'Assemblée du Bas-Canada, à partir de 1830, et de celle de la Province du Canada, en 1841 et de 1842 à 1855. Il forme un ministère avec Francis HINCKS, de 1851 à 1854, et avec sir Allan MACNAB, en 1854-1855. Il rédige les 92 Résolutions adoptées en 1834 par l'Assemblée dans lesquelles il présente les griefs des membres et préconise un conseil législatif élu (ce qui se réalise en 1856) et un GOUVERNEMENT RESPONSABLE (réalisé en 1848). En 1852, Morin devient le premier doyen de la faculté de droit de la nouvelle UNIVERSITÉ LAVAL, qu'il a aidé à fonder. En 1854, il réussit à abolir le régime seigneurial. Il est juge de la Cour supérieure de 1855 à 1859, puis membre de la commission qui élabore le premier CODE CIVIL du Bas-Canada. En 1826, il fonde le journal *La Minerve*, auquel il collabore pendant 10 ans. Il acquiert une terre au nord de Montréal où il poursuit des expériences dans diverses cultures, dont celle de la pomme de terre.

Jean-Marc Paradis

Morin, Claude, professeur et politicien (Montmorency, Qc, 16 mai 1929). Professeur à l'U. Laval de 1956 à 1963, il devient après 1960 l'un des conseillers les plus influents du gouvernement de Jean LESAGE. Il est l'un des principaux théoriciens de la RÉVOLUTION TRANQUILLE. Il occupe les postes de conseiller économique (1960-1963), de sous-ministre des Affaires fédérales-provinciales (1963-1967) et de sous-ministre des Affaires intergouvernementales (1967-1971). Après un désaccord politique avec le gouvernement de Robert BOURASSA, il démissionne et devient professeur à l'École nationale d'administration publique, à l'U. du Québec. Il entre au Parti québécois en 1972. Il est battu dans la circonscription de Louis-Hébert en 1973, mais il est élu en 1976.

En tant que ministre des Affaires intergouvernementales pour le gouvernement du PQ (de nov. 1976 à janv. 1982), Morin est un architecte essentiel de la stratégie électorale qui a mené le parti au pouvoir. Il joue également un rôle important dans l'élaboration de la stratégie pour le référendum sur la SOUVERAINETÉ-ASSOCIATION et pour les négociations constitutionnelles avec le gouvernement fédéral (1976-1981). En janvier 1982, il démissionne après un différend avec René LÉVESQUE concernant l'orientation du PQ par rapport à la souveraineté-association et retourne à l'enseignement. En 1991, il publie ses mémoires politiques: *Mes Premiers ministres*. En 1992, sa réputation est compromise par des révélations selon lesquelles il aurait été un indicateur rémunéré pour le compte de la Gendarmerie royale du Canada (GRC) durant les années 70, sous le nom de code «menuet français». Morin ne peut nier avoir fait de l'espionnage pour la GRC, mais il affirme avoir agi uniquement dans le but de trouver ce que la GRC recherchait et qu'il ne leur transmettait que de l'information inutile. Il publie en 1994 une autobiographie politique, *Les choses comme elles étaient*, et prend sa retraite de l'École nationale d'administration publique en 1996.

Daniel Latouche

Morin, Clément Professeur émérite, musicologue, paléographe, spécialiste du chant grégorien, directeur de chorale (L'Épiphanie, Qc, 2 nov. 1907). Après des études classiques au Séminaire de Joliette et au Grand séminaire de Montréal, il est ordonné prêtre sulpicien (1930). Il effectue plusieurs séjours à Rome où il obtient une licence en écriture sainte de l'Institut pontifical biblique (1934) et, de 1951 à 1954, il se consacre à l'étude de la paléographie avec Dom Eugene Cardine à l'Institut pontifical de musique sacrée. En 1986, cet Institut lui décerne un D. honoris causa comme l'a fait, quelques années avant, l'U. McGill (1970). En 1934, il enseigne à la

faculté de théologie de l'U. de Montréal et y obtient un D.Th. en 1942.

Pendant son mandat comme doyen de la faculté de musique de l'U. de Montréal (1955-1968), il met sur pied des cours d'été (1958), établit des cours de pédagogie musicale et accomplit un important travail de stabilisation et d'uniformisation des programmes d'études des écoles affiliées. En plus de sa charge professorale comme titulaire des cours d'interprétation et d'esthétique grégoriennes, et de paléographie musicale, il dirige la chorale du Grand Séminaire et le Chœur Pie X (1955-1965).

Ses conférences comme professeur invité au Gregorian Institute of America à Toledo (Ohio), au collège Saint Michael (Vermont), à l'U. d'état en Californie, à l'U. de Bologne, à l'Abbaye de Solesmes ainsi qu'aux Centres culturels français des abbayes de Sénanque et de Fontevrault durant de nombreuses années lui valent une réputation internationale. Il publie *Genèse de l'hexacorde* (1971) *et Motet Christi miles* du manuscrit Pluteus de Florence (1972). Homme d'une grande culture et polyglotte (maîtrise d'une dizaine de langues), Clément Morin apporte une contribution remarquable à la renaissance du chant grégorien au Québec et à la formation de nombreux chercheurs. Il est nommé Grand Officier de l'Ordre national du Québec en 1990.

Morin, Jacques-Yvan, professeur, politicien et nationaliste (Québec, 15 juill. 1931). Il fait des études supérieures en droit à l'U. McGill, à Cambridge et à Harvard. Il est admis au barreau du Québec en 1953 et devient professeur de droit international et constitutionnel à l'U. de Montréal en 1958. Il s'intéresse en particulier au droit international et à la nature du FÉDÉRALISME, et intervient dans l'arbitrage de nombreux conflits de travail au Québec.

De 1964 à 1968, il siège à la Cour internationale de La Haye, aux Pays-Bas, ainsi qu'à plusieurs autres associations s'occupant de questions juridiques internationales. En 1964, Morin se met à prôner une forme très décentralisée de fédéralisme pour le Canada, à savoir une véritable «confédération». Il préside les États généraux du Canada français de 1966 à 1969, ainsi que le Mouvement national des Québécois, se faisant le défenseur de l'idéologie de SOUVERAINETÉ-ASSOCIATION préconisée par le PARTI QUÉBÉCOIS.

Morin est candidat péquiste défait aux élections de 1970, mais est élu à l'Assemblée nationale en 1973, où il devient chef de l'opposition pour le Parti québécois. À la suite de la victoire péquiste de novembre 1976, il est nommé vice-premier ministre. De 1976 à 1985, il dirige plusieurs ministères, y compris l'Éducation (1976-1980), le Développement culturel et scientifique (1980-1982) et les Affaires intergouvernementales (1982-1985). Il se retire de la vie politique active en 1985 pour reprendre ses activités universitaires et enseigner le droit constitutionnel à l'U. de Montréal.

M.D. Behiels

Morin, Léo-Pol, pianiste, critique musical, professeur et compositeur (sous le nom de James Callihou), (Cap-Saint-Ignace, Qc, 13 juill. 1892—Montréal, 29 mai 1941). Ambassadeur de la musique française de son époque, il contribue aussi au développement de la musique canadienne. Après avoir étudié à Québec et à Montréal, il remporte le prix d'Europe (1912) et poursuit sa formation à Paris. Il revient au Canada en 1914, où il donne des concerts et des cours. En 1918, il est un des fondateurs de la revue de musique, de littérature et de beaux-arts Le NIGOG. Lors d'un deuxième séjour en Europe (1919-1925), il fait une tournée avec Ravel (1923). En 1928, il se produit dans un concert donné par Ravel à Montréal. À l'origine, Morin écrit des articles sur la musique pour *La Patrie* (1926-1929), puis des chroniques hebdomadaires pour LA PRESSE (1929-1931) et *Le Canada* (1933-1941). Il se charge aussi de l'harmonisation de nombreuses chansons folkloriques.

Hélène Plouffe

Morin, Paul, avocat, poète et traducteur (Montréal, 6 avril 1889—Belœil, Qc, sept. 1963). Admis au Barreau du Québec en 1910, Morin décide d'étudier la LITTÉRATURE COMPARÉE à la Sorbonne, à Paris. Sa thèse de doctorat sur Henry Wadsworth Longfellow est publiée en 1913. Après avoir brièvement enseigné la littérature à McGill (1914-1915) et aux États-Unis (1915-1918), Morin devient secrétaire à l'École des beaux-arts de Montréal (1922-1930) et, après 1930, traducteur de cour. Sa traduction de *Évangeline,* de Longfellow, paraît en 1924. Dans son premier recueil de poèmes, *Le Paon d'émail* (1911), il suit de près les règles de l'école parnassienne, en mettant l'accent sur les descriptions de scènes et d'œuvres d'art, riches en allusions mythologiques et littéraires. Dans son deuxième recueil, *Poèmes de cendre et d'or* (1922), pour lequel il obtient le prix David, il atteint une plus grande perfection technique et fait preuve d'un style plus personnel. Son dernier recueil, *Géronte et son miroir,* paraît en 1960. Sa poésie, grâce à d'éblouissantes images, témoigne de son souci de la forme et de sa fascination constante envers les endroits étrangers, réels ou imaginaires.

Nicole Bourbonnais

Morin, Robert, réalisateur (Montréal, 20 mai 1949). Formé en communication et en littérature, Morin participe à la fondation d'une coopérative vidéo en 1977. Il va y tourner, souvent en coréalisation avec Lorraine Dufour, la majorité de ses œuvres. Il s'impose comme un des grands artistes de la vidéo au Québec. *Le Voleur vit en enfer* est perçu comme son œuvre marquante du début des années 80. Deux longs métrages assoient sa réputation: *Tristesse modèle réduit* (1989) et *La Réception* (1989). Il passe au film avec *Requiem pour un beau sans-cœur* (1992), un polar choc en forme d'appel à la liberté, et *Windigo* (1994), une réflexion sur les aspirations nationales des Blancs et des Amérindiens. Il revient à la souplesse de la vidéo avec *Yes Sir ! Madame...* (1995), qui décrit l'identité éclatée d'un personnage bilingue, puis donne *Quiconque meurt, meurt à douleur* (1998), où il détourne encore un cinéma de genre, le suspense, pour traiter de manière innovatrice des questions sociales que sont la violence et la drogue. Morin propose une vidéo et un cinéma personnels qui se démarquent par le choix de sujets à incidence sociale et de personnages souvent marginaux. Il réalise une œuvre à la fois expérimentale et populaire.

Pierre Véronneau

Morin, Rosaire, auteur et économiste (Saint-Louis-du-Ha! Ha!, Qc, 1922—1999). Homme de convictions et de culture, il fut l'âme des États généraux du Canada français de 1964 à 1969. Avec un sens profond de l'humanisme et de la démocratie, il lutta toute sa vie pour la cause de la justice sociale et politique. Rarement un homme a-t-il été identifié si totalement à la cause du peuple québécois.

Il a écrit plusieurs livres sur les problèmes économiques du Québec: *Réalités et perspectives économiques: faut-il confier à New York l'avenir des Canadiens français?* (1966); *Le statut particulier, une illusion: faut-il confier aux autres l'avenir des Canadiens français?* (1967); *Le gros bon sens: s'attaquer aux vrais problèmes du Québec* (1981); *Le jugement dernier de la République du Québec* (1998). Il a donné de très nombreuses conférences sur le même sujet, mais c'est dans la revue *L'Action nationale,* dont il a été le directeur à quelques reprises, spécialement de 1988 à sa mort, qu'il a principalement déployé ses énergies. Économiste, il s'est consacré résolument à l'étude de l'affectation de l'épargne des Québécois. Il avait un principe: «L'épargne des Québécois doit d'abord contribuer au bien-être des épargnants».

Critique éloquent du libéralisme triomphant, il a écrit sur la fin de sa vie: «Si je le pouvais, j'aimerais retrouver la force de mes vingt ans pour empêcher les pauvres de s'affaiblir et les millionnaires de s'enrichir».

Paul-Émile Roy

Morine, sir Alfred Bishop, avocat, personnage public (Port Medway, N.-É., 31 mars 1857—Toronto, 18 déc. 1944). Morine travaille comme rédacteur en chef, d'abord en Nouvelle-Écosse puis, après 1883, à St. John's. Le journalisme le lance en politique à Terre-Neuve, puis la politique l'amène au droit. À partir de 1886, il représente la circonscription de Bonavista à la Chambre, et ce, durant 20 ans. Il détient plusieurs portefeuilles à la fin des années 1890 tout en étant avocat rémunéré de Reid Newfoundland Co. En 1898, il est publiquement mis dans l'embarras et forcé de démissionner en raison d'un conflit d'intérêts flagrant. Entre 1906 et 1912, Morine ouvre un cabinet juridique à Toronto, échoue dans sa deuxième tentative de se faire élire au Canada et préside la Commission de la Fonction publique du Canada (1911-1912). Il est de nouveau représentant de Bonavista à la Chambre de Terre-Neuve de 1914 à 1919 et est aussi ministre de la Justice en 1919 et leader du gouvernement au Conseil législatif, de 1924 à 1928. À partir de 1928, il habite Toronto, écrivant sur les affaires terre-neuviennes et accordant à l'occasion son appui d'homme d'État d'expérience à des causes telles que la Confédération. Il est l'un des principaux porte-parole de Terre-Neuve sur la question de la CÔTE FRANÇAISE et est un exemple remarquable de la tolérance de la population envers les politiciens corrompus. Il est fait chevalier en 1928.

M. MacLeod

Morinville, ville de l'Alb.; pop. 6226 (rec. 1996), 6104 (rec. 1991), 5364 (rec. 1986); superf. 12,32 km²; const. en 1901; située sur la route du CN, à 41 km au nord-ouest d'Edmonton. Le peuplement de la région qui porte au début le nom de Grand Brûlé, est d'abord l'initiative des pères oblats. En 1891, l'abbé Jean-Baptiste Morin y amène un groupe de colons du Québec et des États-Unis. Cette année-là, il fait construire une chapelle à 3 km à l'ouest de la ville actuelle; en 1894, on déplace la chapelle au centre de la localité.

L'arrivée du chemin de fer en 1905 favorise le développement de Morinville, qui devient une ville en 1911. Pivot d'une région axée sur la polyculture, elle est aussi devenue le lieu de résidence de nombreux banlieusards d'Edmonton. La découverte de gisements houillers et, plus tard, de pétrole et de gaz a stimulé l'économie régionale. Les symboles de la culture franco-albertaine sont très visibles, comme en témoigne l'église Saint-Jean-Baptiste, construite en 1907, et qui domine le paysage urbain.

David Leonard

Morissette, Alanis Nadine, auteure-compositrice-interprète (Ottawa, 1er juin 1974). Après des études précoces de ballet, de piano et de danse de jazz, elle commence à écrire des chansons à neuf ans et, deux ans plus tard, lance un enregistrement simple, *Fate Stay with Me,* qui reçoit un modeste temps d'antenne à la radio nationale. Elle participe régulièrement à la série télévisée *You Can't Do That on Television* avant de former un partenariat créateur avec le musicien d'Ottawa Leslie Howe, de la compagnie de disques One To One (plus tard, Sal's Birdland).

Howe signe avec la chanteuse un contrat d'enregistrement et produit l'album de musique de danse populaire *Alanis* en 1991, son premier disque important sous cette étiquette. Les chansons *Too Hot* et *Feel Your Love* font vendre 100 000 exemplaires de l'album au Canada, ce qui lui vaut un disque de platine et lui fait remporter le PRIX JUNO de la chanteuse la plus prometteuse. *Now Is the Time* (1992) est un autre album de danse très dynamique.

Libérée de son contrat d'enregistrement, Alanis Morissette s'installe à Los Angeles et signe, en 1994, avec Maverick, la compagnie d'enregistrement de Madonna. Son premier disque sous cette étiquette, *Jagged Little Pill* (1995), est une collection de pièces originales de rock moderne d'une grande maturité et d'une franchise irrésistible, produite et coécrite par Glen Ballard. Grâce aux chansons *You Oughta Know, Hand in My Pocket, Ironic* et *Head Over Feet,* plus de 10 millions d'exemplaires de l'album sont vendus en Amérique du Nord et en Europe, et Morissette est bientôt consacrée la voix intelligente et pleine de confiance d'une génération. En février 1996, elle reçoit quatre prix Grammy, soit le plus grand nombre de prix Grammy remportés en une même année par un artiste canadien. Quelques semaines plus tard, elle remporte cinq prix Juno. Au début de 1997, on a déjà vendu 25 millions d'exemplaires de *Jagged Little Pill* partout dans le monde, ce qui en fait l'album de lancement le plus vendu de l'ère du rock et le deuxième album, après la trame sonore du film *Bodyguard* de Whitney Houston, à obtenir les plus grosses ventes jamais atteintes par une artiste exécutante. En 1997, *Ironic* est nommé l'enregistrement de courte durée de l'année, soit l'un des trois prix Juno que remporte la chanteuse cette année-là.

Alanis Morissette participe à plusieurs concerts en 1997, notamment au Tibetan Freedom Concert à New York, le 8 juin. Lancée cet été-là, la vidéo *Jagged Little Pill Live* est un montage de 90 minutes à partir du métrage de 220 heures tourné dans les dizaines d'endroits que la chanteuse et son orchestre ont visités au cours de leur tournée mondiale de 1995-1996. Tout en préparant un nouvel album avec Ballard dont le lancement est prévu pour 1998, elle apporte sa contribution dans une des pistes de la trame sonore du film *La cité des anges,* une nouvelle version hollywoodienne du film de Wim Wenders, *Les ailes du désir.*

Jeff Bateman

Moriyama, Raymond, architecte et urbaniste (Vancouver, 11 oct. 1929). Formé à l'U. de Toronto et à l'U. McGill, Moriyama entreprend la pratique de l'architecture à Toronto en 1958. En 1970, il s'associe avec Ted Teshima pour former l'agence Moriyama & Teshima.

Au fil des ans, Moriyama se distingue, en Ontario, par sa conception novatrice de bâtiments dont les espaces répondent adéquatement aux attentes du public auquel ils sont destinés. Parmi ses principales réalisations, citons la Metropolitan Toronto Reference Library (1977) qui lui vaut une médaille d'architecture du gouverneur général, le Scarborough Civic Centre (1973) et le Sudbury's Science North (1984), aussi lauréat d'une médaille du gouverneur général. Il peut aussi bien concevoir la Goh Ohn Bell de l'Ontario Place, une cloche cérémonielle typiquement japonaise, aussi primée, et planifier à long terme des projets respectueux de l'environnement, tels que le 100 Year Vision pour Niagara Falls (1988) et le vaste plan directeur de la Saskatchewan's Meewasin Valley (1979). Moriyama s'illustre aussi à l'échelle internationale avec des réalisations telles que l'ambassade canadienne à sécurité accrue qui ouvre ses portes à Tokyo en 1991. Il conçoit, en outre, des bâtiments pour le Main Street Transit Mall (1987) à Buffalo et la Place St. Charles (1985), une tour de bureaux à la Nouvelle-Orléans.

En 1995, Moriyama termine le novateur Bata Shœ Museum à Toronto. Les murs en calcaire érigés en porte-à-faux et l'entrée de verre à deux niveaux occupent un des principaux sites architecturaux, à l'angle des rues Bloor et St. George. En 1996, il clôt un autre chantier novateur, celui du Casino-Rama, le premier casino tenu par des autochtones en Ontario, construit sur la Rama Reserve, au nord de Toronto.

Moriyama reçoit de nombreux honneurs, dont des diplômes honorifiques de huit universités canadiennes, la Confederation of Canada Medal, le Life Time Achievement Award, l'Art Foundation du Grand Toronto et est fait Officier de l'Ordre du Canada (1985). Il remporte aussi quelques prix d'architecture du gouverneur général. Moriyama stipule que «l'architecture est un processus d'investigation implacable qui doit se préoccuper de questions humaines, écologiques, techniques, économiques et esthétiques», ce que ses réalisations symbolisent.

Susan Ford

Moroni, David Lee, danseur, professeur et administrateur (Ottawa, 14 mars 1938). À titre de directeur fondateur de la section professionnelle de la Royal Winnipeg Ballet School, Moroni contribue de façon significative à la qualité de l'enseignement de la danse au Canada et aide à relever les normes techniques de la compagnie elle-même où dansent bon nombre de ses élèves. Moroni étudie à Toronto avec Nesta Toumine et danse avec la compagnie de Toumine avant d'entrer, en 1964, au ROYAL WINNIPEG BALLET, dont il devient danseur principal en 1966 et directeur artistique adjoint en 1976. En 1970, il prend sa retraite comme danseur et assure la direction du programme de formation professionnelle de la compagnie. Grâce aux conseils de l'excellente professeure russe Vera Volkova, Moroni peut mettre sur pied un programme pédagogique couronné de succès, dérivé de la célèbre méthode Vaganova. Plusieurs élèves de Moroni, parmi lesquels Evelyn HART et Laura Graham, continuent à gagner des concours internationaux. Entre autres distinctions, il est nommé Membre de l'Ordre du Canada en 1990.

Michael Crabb

Morrice, James Wilson, peintre (Montréal, 10 août 1865—Tunis, Tunisie, 23 janv. 1924). Morrice est l'un des premiers peintres modernistes canadiens et le premier Canadien dont la renommée dépasse les frontières. Né dans une famille de commerçants fortunés, de religion presbytérienne d'observance stricte, il démontre très jeune un intérêt pour la peinture. Suivant la volonté de son père, il fait son droit, étudiant à l'U. de Toronto et à Osgoode Hall. Il est admis au barreau de l'Ontario en 1889, mais il ne pratiquera jamais le droit. Un marchand de Montréal, William Stewart, lui conseille d'étudier à l'étranger, et sir William VAN HORNE, reconnaissant son talent, persuade son père de financer ses études d'art en Europe. Il commence ses études en 1890 à l'Académie Julian, à Paris, mais cherche bientôt à étudier auprès de maîtres comme le peintre de Barbizon Henri Harpignies, puis le peintre américain James McNeill Whistler. Cependant, c'est à Venise, qu'il visite en 1896 en compagnie de Maurice CULLEN, que les effets de lumière particuliers changent sa façon de voir et lui ouvrent l'univers de la peinture.

Morrice ne reviendra jamais vivre au Canada, mais chaque année jusqu'à la mort de son père, survenue en 1914, il y séjourne et peint les extraordinaires scènes d'hiver et les vues de Québec et de ses environs, qui représentent le côté canadien de son œuvre. Pendant de nombreuses années, Paris reste le centre de son univers. Il devient l'un des membres du groupe de peintres et d'écrivains expatriés de la rive gauche et fréquente les cafés tels que le Chat Blanc, à Montparnasse, où il côtoie Whistler et Charles Conder, de même que les écrivains anglais Arnold Bennett et Somerset Maugham, qui font de lui un personnage secondaire dans leurs livres. Ils notent son esprit, sa cordialité et l'habitude qu'il a de faire rapidement des études à l'huile sur de petits panneaux de bois. Ces esquisses sont toujours le point de départ des peintures de Morrice. Il en fait des centaines, dont quelques-unes seront développées sur toile. À ses débuts, il subit l'influence des derniers impressionnistes, notamment Bonnard et Vuillard, mais, à partir de 1909, à peu près au moment où il rencontre Henri Matisse, il se rapproche des Fauves, avec leurs coloris plus violents et leurs compositions plus fortes et plus rythmées. À la même époque, il fait un séjour en Afrique du Nord. C'est là et dans les Caraïbes, où il se rend pour la première fois en 1915, qu'il découvre les tons clairs et violents qui composeront plus tard sa palette. Même au sommet de leur splendeur, ses œuvres ne présentent pas de couleurs criardes, ne perdant jamais leur délicatesse et leur translucidité particulières.

Les années de guerre le perturbent particulièrement. Les cafés de Paris perdent leur animation. Il va à Londres mais y trouve le climat difficile. Il devient peintre de guerre canadien pendant un moment et réalise à ce titre sa pièce la plus inusitée: une murale dans laquelle une interminable rangée de militaires marchent au pas dans la boue d'un champ de bataille. Quand la guerre prend fin, il passe plus de temps dans des pays où la chaleur est bénéfique pour sa santé et où les couleurs et la lumière l'inspirent. En 1922, il est très gravement malade à Montreux, en Suisse. Lorsqu'il part pour l'Afrique du Nord, le bruit court à Paris qu'il est mort et, en 1923, quelques amis préparent une rétrospective de ses œuvres. Il meurt en fait quelques mois plus tard.

La renommée de Morrice dans son pays natal est presque entièrement posthume. Bien qu'il soit membre de l'éphémère Canadian Art Club (1907-1915) et qu'il soit élu à l'Académie royale des arts du Canada en 1913, il est surtout apprécié par quelques-uns de ses pairs, et la première exposition importante de ses œuvres au Canada n'a lieu qu'après sa mort. En Europe, toutefois, il commence à être reconnu au début des années 1900. À Paris, il expose régulièrement au moderniste Salon d'Automne, dont il devient vice-président. Les peintres français les plus importants reconnaissent sa valeur, et les œuvres de Morrice font partie des grandes collections publiques européennes bien avant que les musées canadiens n'en acquièrent une seule.

L'œuvre de Morrice recouvre deux mondes. Il a sa place dans la tradition moderniste européenne, et ses peintures tropicales possèdent par leurs couleurs et leur esprit un exotisme que peu de peintres canadiens ont égalé jusqu'à ces derniers temps. Ses paysages d'hiver de Québec, qui comptent quelques-unes de ses toiles les plus célèbres, notamment *The Ferry, Québec* et *The Ice Bridge*, sont cependant si caractéristiques avec leur lumière froide et leurs formes austères qu'il est impossible d'imaginer qu'elles ne sont pas canadiennes. Elles figurent parmi les premières grandes peintures véritablement canadiennes.

George Woodcock

Morris, Alexander, politicien (Perth, Ont., 17 mars 1826—Toronto, 28 oct. 1889). Après des études à l'U. de Glasgow, à l'U. Queen et à l'U. McGill, Morris est stagiaire en droit auprès de John A. MACDONALD. En 1869, il devient membre de son Cabinet à titre de ministre du Revenu de l'intérieur. Morris partage les sentiments impérialistes des milieux d'affaires. Dans son opuscule intitulé *Nova Britannia*, il aborde avec enthousiasme la Confédération et l'avenir du Canada dans l'Ouest. Nommé juge en chef du Manitoba en 1872, il devient lieutenant-gouverneur de cette province (1873-1878) et des Territoires du Nord-Ouest (1872-1876). Il ramène une certaine harmonie dans une province instable, instaure le gouvernement responsable et fonde l'U. du Manitoba. Il se passionne surtout pour les affaires indiennes. Le transfert pacifique de la majeure partie de l'Ouest canadien est attribuable en partie à la diplomatie et à la patience avec lesquelles il négocie les traités nᵒˢ 3, 4, 5 et 6. La plus grande lacune de son administration réside dans son incapacité à préserver les terres des Métis. Par la suite, Morris siège à l'Assemblée législative de l'Ontario (1878-1886), écrit un historique des traités et continue, comme il l'a fait toute sa vie, d'œuvrer au sein de l'Église presbytérienne. Il est membre des conseils d'administration de l'U. McGill et de l'U. Queen.

Jean Friesen

Morris, Alwyn, canoéiste (Montréal, Qc, 22 nov. 1957). Il participe au Championnat junior national de 1977 et remporte les épreuves du 1000 m et du 500 m en K-1. La même année, il reçoit aussi le prix Tom Longboat décerné au meilleur athlète autochtone d'Amérique du Nord. Aux Olympiques de Los Angeles en 1984, il fait équipe avec Hugh FISHER dans les épreuves de K-2, et gagne la médaille d'or au 1000 m (3 min 24 s 22) et la médaille de bronze au 500 m (1 min 35 s 41). Morris est Membre de l'Ordre du Canada.

James Marsh

Morris, Clara, nom de théâtre de Clara Morrison, née La Montagne, actrice et auteure (Toronto, 17 mars v. 1848—New Canaan, Conn., 20 nov. 1925). Morris est surnommée «la Reine du mélodrame» pour sa capacité d'émouvoir le public jusqu'aux larmes. Enfant, elle s'installe avec sa famille à Cleveland, où elle devient ballerine en 1860. Dès 1869, Morris est connue à Cincinnati et joue à Halifax en 1870. Augustin Daly la découvre, à New York, au mois de septembre de la même année. Elle obtient un triomphe instantané dans *Man and Wife* de Wilkie Collins et un succès retentissant en interprétant le rôle de Camille et de la folle Cora dans *L'Article 47*. Sa mauvaise santé limite ses apparitions sur scènes. Morris rédige trois volumes de souvenirs, *Life on the Stage* (1901), *Stage Confidences* (1902) et *Life of a Star* (1906), ainsi que plusieurs romans et recueils de nouvelles.

David Gardner

Morris, Edmund Montague, peintre (Perth, Ont., 18 déc. 1871—près de Beaupré, Qc, 21 août 1913). Fils d'Alexander MORRIS, Edmund habite Fort Garry (Winnipeg), au Manitoba, de 1872 à 1878, puis Toronto à partir de 1880. Il étudie les beaux-arts avec William Cruikshank, puis à l'Art Students League à New York (1891-1893), à l'Académie Julian ainsi qu'à l'École des beaux-arts à Paris (1893-1896). Il peint en Écosse et en Hollande en 1894, 1895 et 1902. La plupart des étés de 1896 à 1903, il peint dans la région du Bas-Saint-Laurent près de Beaupré avec William BRYMNER, Maurice CULLEN et Edmond Dyonnet. Les traits vigoureux et les couleurs sombres des toiles qu'il peint durant ces années révèlent l'influence des écoles de La Haye et de Glasgow.

En 1906, il accompagne l'expédition chargée de négocier le traité nᵒ 9 à la baie James. De 1907 à 1910, il se rend chaque année dans les Prairies pour réaliser des portraits au pastel de chefs des premières nations, dont plusieurs avaient signé d'importants traités dans les années 1870. Un certain nombre de portraits ont été commandés par les gouvernements de l'Ontario, de la Saskatchewan et de l'Alberta.

Dévoué à l'intérêt public et grand organisateur, il encourage la croissance du Art Museum of Toronto et la fondation du Canadian Art Club, en 1907. Passionné d'histoire canadienne, il rédige, en 1911, une des premières brochures sur les peintres canadiens anciens. Il lègue ses tableaux à l'Ontario College of Art afin qu'ils soient vendus pour financer une bourse d'études et il fait don de sa collection d'objets liés à la vie et à l'histoire des autochtones au Musée royal de l'Ontario.

Charles C. Hill

Morris, Edward Patrick, 1ᵉʳ baron Morris, politicien, premier ministre de Terre-Neuve (St. John's, 8 mai 1859—Londres, Angl., 24 oct. 1935). Morris est élu à l'Assemblée législative de Terre-Neuve en 1885. En 1889, il fait partie du Cabinet libéral de sir William Whiteway. Membre important et expérimenté du parti, il est un politicien catholique romain qui exerce une grande influence à St. John's. Les relations entre Morris et Robert BOND, qui accède à la direction du Parti libéral en 1897, sont tendues. Ils se séparent en 1898, mais se réunissent à nouveau en 1900 dans un effort pour enlever le pouvoir aux conservateurs. Morris devient ministre de la Justice au sein du Cabinet de Bond, mais sous la pression des adversaires de Bond, il démissionne en 1907. En 1908, il forme le People's Party et il remporte les élections l'année suivante. Morris n'a pas d'orientation politique claire, si ce n'est celle de conserver le pouvoir. Son gouvernement est entaché par des accusations de conflits d'intérêts. Sa popularité diminue au cours de la Première Guerre mondiale, tandis que l'opposition profite du mécontentement populaire face aux profits abusifs et à la mauvaise gestion du parti. Après avoir formé le premier gouvernement national en 1917, Morris se retire en Angleterre en 1918, où il est élevé à la pairie des membres de la Chambre haute.

J.K. Hiller

Morris, Joseph, organisateur syndical (Lancashire, Angl., 14 juin 1913—Victoria, C.-B., 1996). En 1929, Morris immigre à Ladysmith, en Colombie-Britannique, où il travaille comme mesureur dans la forêt. Il recrute les travailleurs pour l'International Woodworkers of America et accède, en 1948, au poste de président de la section locale 1-80. Sa victoire contre ses adversaires communistes lors d'une campagne d'accréditation montre sa ténacité, et il est élu président régional du syndicat dans l'Ouest canadien (1953-1962). Il devient ensuite vice-président de l'exécutif du CONGRÈS DU TRAVAIL DU CANADA (CTC), poste qu'il occupe jusqu'en 1974, année où il est élu président du congrès.

Homme pragmatique, Morris voit le travail au sein du mouvement ouvrier comme une lutte pour de petits gains. Ses manières délibérées, franches et honnêtes ainsi que sa ténacité et sa capacité de faire avancer les choses lui valent le respect. Même si Morris est plutôt tiède à l'idée des grèves politiques, sous sa gouverne, le CTC publie, en 1976, un «manifeste» préconisant la prise de décision tripartite. Il s'oppose également au contrôle des salaires lors d'une «journée nationale de protestation», qui se révèle la manifestation la plus importante de toute l'histoire du Canada, avec la participation de plus d'un million de travailleurs. Le débrayage ne parvient toutefois pas à changer la politique, mais il unit le mouvement syndical contre les contrôles de salaire et réussit à convaincre certains gens d'affaires.

En 1977, Morris est élu président de l'Organisation internationale du travail et est le premier chef syndical à recevoir cet honneur. Il quitte la présidence du congrès en 1978. La même année, il est nommé Officier de l'Ordre du Canada, puis Compagnon en 1984. Morris devient par la suite membre des conseils d'administration d'un certain nombre d'organisations, dont la Banque du Canada et la société BC Ferries Corp. Il décède à l'âge de 83 ans.

Laurel Sefton MacDowell

Morrison, Donald, hors-la-loi (près de Mégantic [Lac-Mégantic], Canada-Est, v. 1858—Montréal, 19 juin 1894). Fils de colons écossais, Morrison grandit près de Lac-Mégantic et passe plusieurs années à travailler comme cow-boy dans l'ouest du Canada et aux États-Unis. En 1886, il est impliqué dans une dispute financière qui aboutit à la perte de la ferme familiale au profit du major Malcolm McAulay. Persuadé d'avoir été escroqué par l'influent et prospère McAulay, il harcèle les nouveaux propriétaires. Un constable, Lucius (Jack) Warren, est expressément engagé pour l'arrêter. Le 22 juin 1888, Morrison tire et tue Warren à Mégantic. Après avoir échappé à son arrestation pendant quelques mois, surtout grâce à l'aide de fermiers écossais sympathiques à sa cause, il est arrêté le 21 avril 1889, jugé et condamné à 18 ans de travaux forcés. Brisé par la vie en prison, il refuse la nourriture et les médicaments, et meurt de tuberculose en moins de cinq ans. Il devient un personnage légendaire de la colonie écossaise de l'est du Québec. Son histoire est romancée dans un poème d'Oscar Dhu (Angus Mackay), *Donald Morrison, the Canadian Outlaw* (1892), et il fait l'objet d'un récit romancé de Bernard Epps, *The Outlaw of Megantic* (1973).

Edward Butts

Morrison, James, «J.J.», commerçant, agriculteur, chef de file du secteur agricole (près d'Arthur, Ouest canadien, 25 juill. 1861—Toronto, 17 mars 1936). Il fréquente le collège commercial de Toronto en 1885 et travaille comme vendeur jusqu'en 1900, année où il revient à la ferme familiale. Il s'occupe activement des questions agricoles et éducatives locales en tant que membre des Patrons of Industry et se joint à l'Ontario Grange en 1907. En 1914, il aide à plani-

fier le développement des United Farmers of Ontario (il est secrétaire de 1914 à 1933) et de la United Farmers Co-operative Company (il est secrétaire de 1914 à 1935). En 1918, Morrison rassemble 3000 agriculteurs ontariens qui se rendent à Ottawa pour protester contre la CONSCRIPTION. Il joue aussi un rôle primordial dans la victoire progressiste en Ontario en 1919, bien qu'il décline la fonction de premier ministre en faveur d'E.C. DRURY. Cependant, comme il croit que le mouvement progressiste doit demeurer un mouvement exclusivement agricole, Morrison est bientôt en profond désaccord avec le point de vue de Drury. Son obstructionnisme contribue grandement à la défaite du gouvernement Drury en 1923.

Ian MacPherson

Morrison, Mary Louise, soprano (Winnipeg, 9 nov. 1926). Elle étudie au Conservatoire royal de musique, ce qui la conduit à Toronto où elle entame sa carrière de chanteuse d'opéra avec la Compagnie d'opéra canadienne et à Radio-Canada. Elle se produit souvent aussi comme soliste avec des chorales et des orchestres dans des œuvres du répertoire classique. Elle est surtout connue, cependant, comme interprète de la musique du XXe siècle.

Morrison chante dans le cadre d'une foule de premières d'œuvres canadiennes, dont bon nombre ont été écrites spécialement pour elle en reconnaissance de son talent exceptionnel à rendre la musique d'avant-garde agréable aux auditeurs. Elle a exécuté une grande partie de ses interprétations au Canada et à l'étranger en tant que membre du Lyric Arts Trio. Elle est très en demande comme juge de concours. Elle est nommée Officier de l'Ordre du Canada en 1983.

Barclay McMillan

Morrisseau, Norval, artiste (réserve de Sand Point, près de Thunder Bay [anc. Beardmore], Ont., 14 mars 1932). Artiste autodidacte d'ascendance OJIBWÉE (son nom ojibwé signifie «oiseau-tonnerre de cuivre»), il lance le style pictographique, ou ce qu'on a appelé le «Woodland Indian art» (l'art amérindien des régions boisées) ou encore «la peinture de légendes» ou «l'art rayon X», qui se veut la fusion de la peinture de chevalet européenne avec des motifs en spirales de la société ojibwée MIDEWIWIN et l'imagerie des peintures rupestres. Présenté au public canadien en 1962 par la Pollock Gallery, à Toronto, Morrisseau est le premier artiste autochtone à percer dans le milieu fermé de l'art professionnel blanc. Au cours des années 60, son style pictographique gagne en popularité et il est souvent considéré par d'autres artistes CRIS, ojibwés et outaouais comme un style tribal approprié à leurs propres besoins culturels. Dans les années 70, des artistes plus jeunes peignent exclusivement dans ce style.

Les années 70 sont pour lui une période de lutte pour concilier la pensée religieuse chrétienne et midewiwin traditionnelle dans sa vie et dans son art. Au cours des années 80, ses œuvres sont davantage centrées sur des éléments spirituels, combinant l'héritage ojibwé que lui a transmis son grand-père maternel, Moses Nanakonagos, et la religion d'Eckankar. Il continue d'étudier les pratiques chamaniques ojibwées qui, selon lui, permettent à son œuvre de s'élever vers un plus haut niveau de compréhension.

Tom Hill

Morrow, Patrick Alan, photographe et alpiniste (Invermere, C.-B., 18 oct. 1952). Ses talents de photographe aventurier lui valent une place dans l'équipe canadienne d'EXPÉDITION SUR LE MONT EVEREST, en 1982, et, le 7 octobre, il est le deuxième Canadien à atteindre le «toit du monde» (sa coéquipière, Laurie Skreslet, est la première). Sur le mont Everest, il se rend compte qu'il a foulé le sommet de trois continents: l'Amérique du Nord, l'Amérique du Sud et l'Asie. Au cours des quatre années suivantes, il escalade les plus hautes montagnes d'Europe, d'Afrique, de l'Antarctique et de l'Austra-

lasie, pour atteindre son dernier sommet en mai 1986. L'homme d'affaires américain Dick Bass revendique le grand «circuit» de l'alpinisme avant Morrow. Cependant, si Bass inclut le mont Kosciusko (Australie) parmi les sept sommets qu'il a conquis, Morrow considère l'Australasie comme un continent et met donc à son actif l'ascension de la pyramide Carstensz (dans l'Irian Jaya, en Indonésie), un sommet qui fait presque deux fois la hauteur du Kosciusko. Il est Membre de l'Ordre du Canada depuis 1987.

Bart Robinson

Morse (*Odobenus rosmarus*) MAMMIFÈRE massif et disproportionné qui ressemble à un phoque et qui a une petite tête et un énorme cou. Ses pattes sont des nageoires, et ses pattes postérieures peuvent s'orienter vers l'avant pour permettre les déplacements sur terre. Ses canines supérieures se prolongent pour former des défenses qui peuvent atteindre 36 cm de longueur. Le museau est garni d'un grand nombre de vibrisses, rigides comme des piquants. Le mâle mesure en moyenne 3 m de longueur et pèse 900 kg. La longueur et la masse corporelle des femelles sont inférieures à celles des mâles dans une proportion de 9 p. 100 et de 16 p. 100, respectivement. La peau du morse est épaisse, très plissée et porte quelques poils épars et rudes. Le morse est cannelle ou gris, avec du rose dans les replis et sur le ventre. Il a une épaisse couche de graisse.

Répartition et habitat Le morse fréquente généralement les lisières de GLACES et les mers arctiques de 40 m de profondeur ou moins, depuis la Sibérie jusqu'au GROENLAND. Au Canada, on le trouve uniquement dans l'est de l'Arctique.

Régime alimentaire Il se nourrit d'INVERTÉBRÉS et surtout de MOLLUSQUES. Il peut arriver que des mâles tuent des PHOQUES et mangent de la charogne.

Reproduction et croissance Le morse est polygame et s'accouple de janvier à mars. La gestation dure 15 ou 16 mois, et la majorité des naissances ont lieu de la mi-avril à juin. Les mères nourrissent leur petit durant plus d'un an, et les naissances n'ont lieu qu'un an sur deux. L'épaulard est le seul prédateur important du morse.

Relations avec les humains Les baleiniers européens ont presque exterminé cette espèce entre 1650 et 1850, et le morse ne s'est que partiellement remis de cette chasse. Les INUITS du Canada capturent annuellement quelque 500 morses. Autrefois, ils s'en servaient comme nourriture pour les chiens, mais de nos jours, ils les chassent surtout pour l'ivoire. (*Voir aussi* ANIMAUX EN VOIE DE DISPARITION.)

Ian McTaggart-Cowan

Mort Ce terme inéluctable de la vie ne cesse d'intriguer et d'effrayer l'humanité. Toutes les cultures tentent d'en expliquer le sens. Au même titre que la naissance ou le mariage, elle est universellement considérée comme un événement à portée sociale, amplifié par le rituel et pris en charge par les institutions. La mort intéresse les anthropologues, les sociologues, les philosophes, les psychologues et les biologistes qui essaient de comprendre sa signification culturelle, sociale ou individuelle.

Le droit et la politique s'intéressent aussi à la mort. La COMMISSION DE RÉFORME DU DROIT produit en effet plusieurs documents de travail sur l'euthanasie, l'interruption de traitement et la définition de la mort et les questions connexes, tandis que Santé Canada publie des analyses et des guides établissant des normes pour les soins palliatifs en milieu hospitalier. La RELIGION, la PHILOSOPHIE et l'idéologie politique (*voir* BOUDDHISME; CATHOLICISME; ÉGLISE MORMONE) cherchent des réponses aux problèmes suscités par la mort.

Période préindustrielle Les taux de mortalité sont alors très élevés au Canada, extrêmement variables et dépendent des récoltes, du temps, des ÉPIDÉMIES, etc. Le taux de mortalité brut (nombre de décès par 1000 personnes par année) passe de 22 à 25 au milieu du XIXᵉ siècle à 11,8 en 1923, puis à seulement 6,8 en 1995. En même temps, le taux de mortalité infantile (les décès dans la première année de vie pour 1000 naissances) connaît une baisse extraordinaire de 83 p. 100 entre 1951 et 1995 (*voir* POPULATION).

L'espérance de vie à la naissance passe à 75,3 ans pour les hommes et à 81,3 ans pour les femmes. Dans presque toutes les tranches d'âge, les taux de mortalité de la population autochtone dépassent ceux du reste de la population. Il s'ensuit que l'espérance de vie des autochtones à la naissance est d'environ 7 ans inférieure à celle de l'ensemble de la population. Les femmes ont des taux de mortalité inférieurs à ceux des hommes et augmentent en fait au cours des dernières décennies leur avantage sur les hommes. Aujourd'hui, une femme de 65 ans a 50 p. 100 de chances de vivre encore 20 ans, alors qu'un homme du même âge en a autant de vivre encore 16 ans. Environ 80 p. 100 de tous les décès surviennent chez les personnes de plus de 60 ans, et mourir plus jeune est souvent considéré comme une tragédie. Santé Canada considère que les décès survenant avant 70 ans sont prématurés. Il est difficile aujourd'hui de prendre conscience qu'il y a un siècle les enfants pouvaient raisonnablement s'attendre à être orphelins avant d'atteindre la maturité ou que les parents pouvaient s'attendre à perdre un ou plusieurs enfants avant que ces derniers n'aient atteint l'âge adulte.

Causes de mortalité Elles changent également radicalement depuis 1867. Les décès causés par les maladies infectieuses diminuent, alors que les maladies chroniques, particulièrement les maladies cardiovasculaires, sont responsables de 37 p. 100 de tous les décès. Environ 28 p. 100 des décès sont causés par des néoplasmes (cancers) et environ un décès sur 10 résulte d'un accident, d'un empoisonnement ou d'un acte de violence. La pneumonie, qu'on appelle l'«amie du vieil homme» parce qu'elle provoque une mort rapide et relativement sans douleur chez les vieillards, cause seulement 3,5 p. 100 des décès.

Institutions sociales Elles cherchent généralement à rendre la vie plus facile et à prévenir la mort. Selon certains spécialistes des sciences sociales, la mort constitue une plus grande menace pour l'individu dans les sociétés ayant de bas taux de mortalité que dans les sociétés où les taux sont élevés, parce que ces sociétés tendent à proscrire les solutions sociales aux problèmes de la mortalité. Des études sur les attitudes face à la mort révèlent l'importance pour le mourant d'un environnement sécurisant et de liens familiaux étroits.

Aujourd'hui, le fait que la mort soit généralement la fin d'une longue maladie chronique, très probablement à un âge avancé, influe non seulement sur la conception qu'ont les gens de la mort et de leur propre mort, mais aussi sur le type de soins prodigués aux mourants. La plupart des morts non accidentelles surviennent à l'hôpital, mais beaucoup de personnes, surtout les femmes, meurent dans des maisons de retraite. En conséquence, la mort est une expérience moins familière pour la plupart des gens et elle est devenue un processus largement pris en charge par les professionnels de la santé.

Depuis la fin des années 60, le caractère de plus en plus technologique de la mort à l'hôpital soulève des inquiétudes. On perçoit l'hôpital comme un environnement froid et insensible, où l'existence est souvent prolongée par la technologie longtemps après que la personne a cessé de jouir d'une qualité de vie, et où les besoins du mourant et de ses parents ou de ses amis importent moins que le bon fonctionnement de la bureaucratie hospitalière. Le Dʳ Cicely Saunders en Angleterre, le Dʳ Elizabeth Kübler-Ross aux États-Unis et le Dʳ Balfour Mount de l'hôpital Royal Victoria à Montréal créent des services de soins palliatifs ou des «hospices» qui se spécialisent dans les soins pour les malades en phase terminale. Le St.

Christopher's Hospice en Angleterre, mis sur pied par le Dʳ Saunders, est une unité indépendante de 62 lits.

De nos jours, on trouve surtout de petites unités installées en milieu hospitalier. Elles sont souvent liées à des services communautaires à domicile, car si les soins palliatifs sont d'abord conçus pour humaniser la mort à l'hôpital, on y met de plus en plus l'accent sur les soins de nature communautaire et le recours à des bénévoles non professionnels. Ces services ont comme objectif de fournir des soins de haute qualité, en mettant l'accent sur le soulagement de la douleur, et d'apporter un soutien émotionnel aux mourants tout en se préoccupant des parents et des autres personnes proches des patients. Certains programmes offrent aussi le counselling et le soutien au personnel.

Les «hospices», dont certains sont intégrés aux hôpitaux, et les programmes de soins palliatifs, qui aident les mourants et ceux qui s'en occupent, sont de plus en plus nombreux au Canada. Alors qu'en 1981 une enquête de la Palliative Care Foundation dénombre 109 groupes, organisations, programmes ou centres de soins palliatifs au Canada, le Canadian Palliative Care Directory (1992) en recense 350, dont la moitié ne font pas appel à des médecins.

La recherche et l'enseignement sur la mort Tous deux progressent nettement en Amérique du Nord, particulièrement du point de vue des sciences sociales et des soins de santé, peut-être parce que la science et la technologie nous permettent d'exercer une meilleure emprise sur les derniers moments de l'existence. Mais ils font face maintenant à un dilemme: celui de déterminer jusqu'à quel point et avec quels moyens la mort devrait être accélérée ou repoussée (*voir* DÉONTOLOGIE MÉDICALE). Lors de l'inauguration d'un cours sur la mort à l'U. de Calgary en 1969, il n'y a environ qu'une demi-douzaine de cas de ce type dans le monde. Des cours de psychologie de la mort apparaissent à peu près à cette époque à l'U de Guelph et à l'U. York, et une revue canadienne, *Essence: Issues in the Study of Aging, Dying and Death*, paraît entre 1977 et 1982. Les principales revues internationales, *Omega* et *Death Studies*, datent de 1969 et 1977. Aujourd'hui, des centaines de cours et des dizaines de manuels traitent de divers aspects comme les changements intervenus dans les causes de la mort, l'aide clinique pour les mourants et les familles en deuil, les répercussions psychologiques et sociales de la mort, les questions éthiques comme l'euthanasie et les décisions cliniques, de même que les questions philosophiques et littéraires. Une conférence annuelle sur «La mort, l'agonie et le deuil» se tient au King's College de l'U. of Western Ontario depuis 1982. Cet intérêt croissant est stimulé par la pandémie du SIDA, la conscience du vieillissement de la population et le fait que la plupart de ceux qui meurent sont âgés.

La peur de la mort Elle est l'objet de recherches psychologiques et sociologiques poussées. L'anticipation de leur propre mort entraîne apparemment des processus préparatoires chez les malades qui sentent leur fin venir. Ils essaient de mettre leurs affaires en ordre et de donner un sens à leur mort prochaine et à leur vie. La peur et d'autres attitudes face à la mort semblent varier suivant l'âge (c.-à-d. ce qu'on prévoit comme années restant à vivre), l'éducation et les croyances. La peur de la mort peut être transcendée par un sens de la continuité, p. ex., par la biologie, par des travaux qui survivront à leur créateur, par la croyance en une relation profonde avec la nature, etc.

Les psychologues croient que la compassion, l'honnêteté et le réconfort aident les personnes gravement malades à se familiariser à l'idée de la mort. Les mourants sont souvent abandonnés psychologiquement par la famille, les amis et les médecins. Le Dʳ Kübler-Ross soutient que la détresse psychologique est moindre si le malade n'est pas seul et est capable d'exprimer ses sentiments et préoccupations.

Toutefois, sa théorie selon laquelle les patients mourants passent par cinq phases d'ajustement après avoir appris leur condition, bien que partagée par plusieurs praticiens de la santé, est rejetée par la plupart des grands chercheurs dans ce domaine. Le deuil est maintenant perçu comme une réaction psychologique et physiologique normale à la mort. La peine peut se traduire par la douleur somatique, la culpabilité, l'hostilité, des changements de comportement, etc. Dans les sociétés occidentales, les individus, après le choc initial, sont habituellement laissés seuls avec leur chagrin, et il n'y a pas de preuve concluante que la foi religieuse aide à alléger le deuil.

Le nouveau caractère de la mort est associé aux changements dans la façon dont elle est vécue. Habituellement, elle est l'aboutissement d'une longue maladie chronique et survient tard dans la vie. Dans la société canadienne moderne, la mort est occultée. Les jeunes, en particulier, n'y sont pas confrontés, étant donné que peu de personnes meurent à la maison. Le rituel traditionnel se transforme également. Les vêtements de deuil sont maintenant rares au Canada, sauf parmi certaines communautés ethniques, et les PRATIQUES FUNÉRAIRES accordent peu de place au décorum, souvent en conformité avec les désirs et les arrangements préalables du défunt.

Victor W. Marshall

Mort (droit) Pendant des siècles, le droit a reconnu l'arrêt des fonctions cardiaques et respiratoires comme la caractéristique déterminante de la mort, mais, de nos jours, le cœur peut être enlevé, les fonctions respiratoires peuvent être interrompues et des machines peuvent pomper le sang sans pour autant empêcher la reprise de la lucidité. Dans sa *Loi sur les statistiques de l'état civil* (1975), la Législature du Manitoba a édicté la seule définition statutaire de la mort au Canada: «Pour tout ce qui relève de la compétence législative de la Législature du Manitoba, le décès d'une personne a lieu au moment où se produit une cessation irréversible de l'ensemble des fonctions cérébrales de cette personne.»

En 1981, la Commission de réforme du droit du Canada a recommandé au Parlement d'inclure la définition suivante dans la *Loi d'interprétation*: «Pour toutes les fins qui sont de la compétence du Parlement du Canada, une personne décède au moment où elle subit une cessation irréversible de l'ensemble de ses fonctions cérébrales.»

Les règles relatives à l'enregistrement des décès varient selon la province, mais, en général, lorsque la mort survient, une personne compétente, comme un parent, doit remplir un formulaire officiel à l'intention du registraire de district. Également, un certificat attestant la cause du décès doit être rempli et envoyé au registraire de district soit par un médecin ou, dans des circonstances suspectes, par un coroner. Les entrepreneurs de pompes funèbres doivent recevoir les certificats afin d'inhumer un cadavre.

Francis C. Muldoon

Mortalité (*Voir* POPULATION)

Morton, William Lewis, historien et professeur (Gladstone, Man., 13 déc. 1908—Medicine Hat, Alb., 7 déc. 1980). Après des études à l'U. du Manitoba et à Oxford, Morton fait une longue carrière comme professeur d'histoire à l'U. du Manitoba et l'U. de Trent, tout en se distinguant par une longue liste de publications. Dans les années 50, il est un des historiens canadiens les plus connus et les plus compétents. Ses écrits cherchent à concilier l'attention qu'il porte aux spécificités régionales et son souci de comprendre la nature de l'identité canadienne, spécialement telle qu'elle résulte, dans sa formation et sa structure, de l'influence des liens impériaux de la colonie avec la France et l'Angleterre. Parmi ses nombreux livres, et le ton et l'interprétation sont conservateurs, citons *The Progressive Party in Canada* (1950), qui remporte le Prix du Gouverneur général dans la catégorie études et essais, *Manitoba: A History* (1957) et *The Canadian*

Identity (1961). *The Critical Years* (1964) est un volume de la Canadian Centenary Series, collection dont Morton dirige la rédaction. «L'histoire n'est pas un mystère réservé aux spécialistes, a-t-il écrit, c'est l'image qu'une collectivité se fait d'elle-même et la manière dont elle classe ses idées.»

A.B. McKillop

Morue Nom commun des poissons de la famille des gadidés, qui fait partie de l'ordre des gadiformes et de la classe des actinoptérygiens. Cette famille, composée majoritairement de poissons de fond, compte environ 30 espèces qui vivent dans les mers froides, excepté la lotte (*Lota lota*), une espèce holarctique d'eau douce. Au Canada, on trouve 21 espèces dans l'Atlantique et 3 dans le Pacifique. La famille compte plusieurs espèces de poissons comestibles importantes telles que l'aiglefin (du genre *Melanogrammus*), la goberge (*Pollachius*), la morue du Pacifique (*Gadus macrocephalus*), le brosme, les merlus et les merluches (*Urophycis* et *Antimora*) et le poulamon atlantique (*Microgadus tomcod*).

Description Les morues ont un corps allongé, une grosse tête avec une grande bouche et de longues nageoires dorsales et anales. La majorité des espèces portent un barbillon charnu (sorte de poil qui pend du bout de la mâchoire inférieure). La plus importante des espèces canadiennes, la morue atlantique (*Gadus morhua*), est un gros poisson à grande tête qui possède trois nageoires dorsales, deux nageoires anales et une nageoire caudale (queue) presque carrée. Ses écailles sont petites et lisses et sa ligne latérale est pâle. Cette espèce peut atteindre un poids de 90 kg, mais elle pèse généralement 3 ou 4 kg. Elle est de couleur grise, vert argent, brune ou rouge selon le type de fond et la région. Sa tête et son corps sont couverts de petites taches brunes ou rougeâtres. La morue atlantique se rencontre des deux côtés de l'Atlantique Nord. Au large de l'Amérique du Nord, on la trouve du Cap Hatteras jusque dans le détroit d'Hudson, à l'ouest du Groenland, mais c'est à Terre-Neuve et au Labrador qu'elle est la plus abondante. La morue du Pacifique, qui lui est étroitement apparentée, se rencontre depuis les eaux du centre de la Californie jusque dans la mer de Béring.

Reproduction Le frai a généralement lieu pendant la saison froide, mais la période exacte varie selon la température de l'eau et la localisation de l'aire de reproduction. Sur les GRANDS BANCS DE TERRE-NEUVE, le frai a lieu entre avril et juin, et sur les bancs de Nantucket, d'octobre à février. La morue atlantique est prolifique: une femelle de 100 cm de longueur peut pondre environ cinq millions d'œufs flottants. La période d'éclosion varie selon la température de l'eau et peut durer plusieurs semaines. La vitesse de croissance des jeunes morues diffère d'une région à l'autre: plus la température est froide, plus elle est lente. Les jeunes mangent du PLANCTON et des organismes de fond, tandis que les adultes sont voraces et se nourrissent principalement d'autres espèces de poissons telles que le capelan et le hareng.

Importance de la pêche La morue atlantique, une des plus importantes espèces de poissons comestibles, est pêchée sur les Grands Bancs depuis des siècles. Certains facteurs comme la surpêche et des conditions océaniques défavorables incitent le gouvernement fédéral à fermer, en 1992, certaines zones de pêche et à réduire les quotas dans d'autres secteurs situés dans la zone des 200 milles marins (371 km) des eaux territoriales canadiennes. L'année suivante, il devient évident que les stocks continuent de diminuer et qu'ils ne se rétabliront peut-être pas avant la fin de la décennie, s'ils se rétablissent jamais. En conséquence, une seule des principales pêches de morues est encore ouverte en 1994. (*Voir aussi* PÊCHE.)

W.B. Scott

Mosaic Périodique trimestriel consacré à «l'étude comparative de la littérature et des idées». Fondé en 1967, à l'U. du Manitoba sous la direction de Kenneth McRobbie, *Mosaic* publie uniquement des essais critiques et des textes de vulgarisation. Chaque numéro est maintenant consacré à un thème précis, p. ex., «From an Ancient to a Modern Theatre» (Du théâtre classique au théâtre moderne); «The Novel and Its Changing Forms» (Les formes évolutives du roman); «The Eastern European Imagination in Literature» (L'imaginaire de l'Europe de l'Est dans la littérature). *Mosaic* se caractérise, entre autres, par la publication de certains numéros sous forme de livre.

George Woodcock

Mosaïque verticale Le sociologue John PORTER emploie ce terme pour désigner l'idée d'un Canada composé d'une mosaïque de groupes ethniques, linguistiques, régionaux et religieux qui sont inégaux en matière de statut et de pouvoir. C'est en 1965 que Porter publie son livre *Vertical Mosaic: An Analysis of Social Class and Power in Canada*. On oppose souvent le concept de mosaïque à celui du «creuset» américain. Déjà, en 1938, dans son ouvrage *The Canadian Mosaic*, le Canadien John Murray Gibbon désapprouve la politique américaine du creuset, qui dissuade les immigrants et leurs descendants de conserver des liens étroits avec leur pays et leur culture d'origine, et les incite à adopter le mode de vie américain. De nombreux Canadiens sont fiers de présenter la solution de rechange du Canada, dont la politique est d'encourager les immigrants et leurs descendants à maintenir les aspects importants de la culture de leurs ancêtres. Porter pense qu'en matière de revenu, d'emploi et d'éducation, cette politique, qui se veut avantageuse pour tous, profite en fait à certains groupes ethniques au détriment d'autres groupes.

Porter constate en effet dans son livre que certains groupes (p. ex., ceux d'origine britannique) se classent mieux sur l'échelle des revenus, de l'éducation et de la santé que d'autres (p. ex., ceux qui proviennent d'Europe de l'Est ou du Sud). Les Premières Nations, amérindiennes et inuites, sont les plus désavantagées. Cette configuration verticale, constate Porter, s'applique aussi au pouvoir et aux prises de décisions. Dans les sphères de la bureaucratie, de l'économie et de la politique, les ÉLITES accueillent nettement plus que leur part de citoyens d'origine britannique.

Depuis 1965, si l'on en croit diverses études, le portrait qu'esquisse Porter fait l'objet de quelques retouches seulement, en ce sens que le fossé économique entre les groupes ethniques se rétrécit un peu et qu'il y a une meilleure représentation des francophones dans les domaines politique et bureaucratique. Par contre, l'élite économique reste, à très peu de choses près, la chasse gardée du groupe d'origine britannique. L'ouvrage a valu à Porter un prix prestigieux, le McIver Award de l'American Sociological Association.

Frank G. Vallee

Moses, Daniel David, poète et dramaturge (Ohsweken, Ont., 18 févr. 1952). Élevé dans la réserve des Six-Nations près de Brantford, en Ontario, et cofondateur du Committee to Re-Establish the Trickster, il fait des études à l'U. York et à l'U. de la Colombie-Britannique. Mécontent de l'aspect tragique de nombreuses descriptions des peuples autochtones, il dépeint plutôt dans ses pièces une culture organique et vivante. Ses pièces urbaines, *Coyote City* (1988), *Big Buck City* (1991) et *Kyotopolis* (1992), qui suivent dans leurs aventures un cercle de personnages toujours plus grand, donnent une forme dramatique aux processus par lesquels les autochtones peuvent commencer à guérir leurs blessures.

Dans *Almighty Voice and His Wife* (1991), pour en finir avec l'image de l'Indien tragique, Moses divise sa pièce en deux: dans le premier acte, il raconte l'histoire que fut le héros folklorique cri de la Saskatchewan au XIXe siècle, puis, dans le deuxième acte, il saute sans transition dans un vaudeville grotesque où se mêlent insultes, clichés romantiques et calembours racistes. On lui doit aussi deux recueils de poésie: *Delicate Bodies* (1980) et *The White Line* (1990). Il est aussi coéditeur de *An Anthology of Canadian Native Literature in English* (1992).

Colin Boyd

Mosher, Aaron Roland, syndicaliste (Halifax County, N.-É., 10 mai 1881—Ottawa, 26 sept. 1959). En 1907, Mosher encourage les manutentionnaires d'Halifax à déclencher la grève. En 1908, la Fraternité canadienne des employés des chemins de fer (FCECF) est fondée et Mosher en devient le premier président, poste qu'il occupe jusqu'en 1952. Sous sa direction, la fraternité devient le plus grand syndicat de travailleurs du transport au Canada. Syndicat industriel national, la FCECF inclut des employés qui ne relèvent pas de la compétence des syndicats des corps de métier du chemin de fer. La fraternité fait brièvement partie au Congrès des métiers et du travail, mais en est expulsée sous la pression d'un syndicat international concurrent. Mosher devient le principal chef du syndicalisme national. En 1927, il accède à la présidence du nouveau Congrès pancanadien du travail. Quand celui-ci cède sa place au CONGRÈS CANADIEN DU TRAVAIL (1940), Mosher conserve son poste de président. Pendant la Seconde Guerre mondiale, à titre de représentant des travailleurs au sein de plusieurs comités gouvernementaux, il est favorable à une législation sur les négociations collectives et s'oppose au contrôle des salaires en temps de guerre.

Laurel Sefton MacDowell

Mosher, Terry, caricaturiste (Ottawa, 11 nov. 1942). Connu sous le pseudonyme d'Aislin, Mosher est considéré comme l'un des plus grands caricaturistes politiques du Canada. Ses croquis irrévérencieux et caustiques paraissent régulièrement dans de nombreux quotidiens canadiens et dans des périodiques aux États-Unis et à l'étranger. Il fait des études en art au ONTARIO COLLEGE OF ART AND DESIGN et à l'École des beaux-arts de Québec, et commence sa carrière en faisant des caricatures pour les passants. En 1969, Mosher entre au *Montreal Star* comme caricaturiste attitré et, en 1972, passe à *The Gazette*. À deux reprises, il remporte le Concours national de journalisme et, à l'âge de 43 ans, il est le plus jeune membre admis au Canadian News Hall of Fame.

Mosher a dessiné trois couvertures pour le magazine TIME et son œuvre a été publiée dans plus d'une vingtaine de livres, dont *The Hecklers: A History of Political Cartooning* (1978), *The Anglo Guide to Survival in Quebec* (1983), *Drawing Bones: 15 Years of Cartooning Brian Mulroney* (1991), *Hysterically Historical Rhymes* (1996) et *One Oar in The Water* (1997). Passionné de base-ball, il est membre de la Baseball Writers Association of America et membre du jury du Baseball Hall of Fame de Cooperstown, dans l'État de New York. Il a aussi produit des carnets de croquis pour illustrer ses voyages en Russie, en Irlande du Nord et en Afrique du Nord. À la naissance de sa fille Aislin, en 1965, Mosher adopte comme signature professionnelle le prénom de cette dernière.

En 1993, Aislin est le premier artiste dont les caricatures sont dénoncées à la Chambre des communes par un député (l'honorable Bob Layton, membre du Parti conservateur pour Lachine, au Québec), qui y voit «une entorse aux valeurs canadiennes fondamentales de décence et de respect mutuel». En 1997, le Musée McCord de Montréal l'honore, lui et son homologue Serge Chapleau de *La Presse*, en présentant l'œuvre des deux caricaturistes dans le cadre d'une importante exposition mixte.

Alan Hustak

Motherwell, William Richard, activiste de la cause agraire et politicien (Perth, Canada-Ouest, 6 janv. 1860—Regina, 23 mai 1943). Un des premiers «homesteaders» (exploitant d'un domaine agricole) en Saskatchewan, il est cofondateur de la Territorial Grain Growers' Association (1901). Sous sa direction, celle-ci obtient de force une loi visant à freiner les pratiques monopolistiques des compagnies d'élévateurs et du Canadien Pacifique. Premier à occuper le poste de ministre de l'Agriculture de la Saskatchewan en 1905, il défend sans relâche la mise en place de techniques qui permettent de cultiver efficacement la zone de sécheresse. Il aide également à créer le College of Agriculture. Partisan libéral de LAURIER, il démissionne en 1918, en grande partie à cause de l'appui accordé à la CONSCRIPTION par le parti provincial. Entre 1921 et 1930, il est deux fois ministre fédéral de l'Agriculture dans le gouvernement du premier ministre Mackenzie KING, et instaure d'importantes mesures nationales visant à augmenter la production agricole. (*Voir aussi* FERME MOTHERWELL.)

Lyle Dick

Motifs mordillés sur écorce de bouleau Cet art consiste à perforer avec les dents des motifs sur de minces feuilles d'écorce soigneusement repliées. On sait que cette technique a été pratiquée par les OJIBWÉS (ou Chippewa), les CRIS et certains groupes algonquins qui utilisaient beaucoup l'écorce de bouleau pour fabriquer des contenants à usage domestique, des recouvrements architecturaux, des CANOTS D'ÉCORCE et des parchemins pictographiques. Le motif mordillé sur écorce est un art que pratiquaient à l'occasion les femmes autochtones, pour expérimenter des motifs qui seraient plus tard transposés sur des tressages de piquants de porc-épic ou des appliqués de perles, sur des contenants en écorce ou des vêtements en peau (*voir* DÉCORATIONS DE PIQUANTS DE PORC-ÉPIC). Il s'agissait d'une forme de loisir ou de compétition amicale.

Plus récemment, grâce à l'œuvre de l'artiste crie ANGELIQUE MERASTY de Beaver Lake, au Manitoba, le motif mordillé sur écorce est véritablement devenu un art dont les produits sont vendus sur le marché. La virtuosité technique propre à Merasty et son répertoire visuel ont considérablement amplifié la gamme traditionnelle des motifs géométriques rudimentaires, qui comprend maintenant de riches motifs curvilignes représentant des fleurs, des insectes, des animaux et des humains. (*Voir aussi* ART AUTOCHTONE.)

Elizabeth McLuhan

Motoneige Véhicule à moteur conçu pour se déplacer sur la neige. Comme l'histoire de la plupart des inventions techniques, celle de la motoneige est mal connue. En 1922, Joseph-Armand BOMBARDIER, mécanicien de Valcourt, au Québec, crée le premier de plusieurs véhicules autoneiges: un traîneau à hélice. En 1927, un toboggan à moteur mis au point avec un certain succès au Wisconsin, mais c'est Bombardier qui incorpore au modèle la roue motrice dentée et la double chenille qui rendent le véhicule pratique. En 1937, il vend 50 exemplaires du modèle B-7 qui serviront d'autobus et d'ambulances, et il conçoit des véhicules qui seront utilisés durant la Seconde Guerre mondiale. En 1948, il a déjà fabriqué 1 000 B-12. Il fait breveter plusieurs autres améliorations aux systèmes de suspension, de transmission et de freinage qui rendent la motoneige plus sûre. Au milieu des années 1950, l'introduction du moteur à deux temps refroidi à l'air permet de fabriquer les petits modèles de sport que l'on connaît aujourd'hui.

De 225 motoneiges de plaisance vendues en 1959, on passe dans les années 1970 à 250 000 par année en Amérique du Nord. En 1987, environ 700 000 foyers en possèdent au moins une au Canada, le pourcentage variant de 3,2 p. 100 en Colombie-Britannique à 7,5 p. 100, en Ontario, 11,1 p. 100 en Saskatchewan, 15,3 p. 100 au Québec et 23,5 p. 100 au Nouveau-Brunswick. En 1970, on compte 129 fabricants en Amérique du Nord, 26 au Canada, dont 20 au Québec. Bombardier ne perd jamais son avance et, une fois le nombre de fabricants réduit à une demi-douzaine dans les années 1980, il demeure le plus grand au monde.

La plupart des innovations dans le domaine du transport ayant été adaptées à des fins récréatives,

comme la bicyclette, le bateau et l'automobile, il est logique que l'usage de la motoneige se soit répandu au Canada. La motoneige assure un transport sur des sols enneigés et auparavant impraticables, sauf en skis, en raquettes ou en traîneau à chiens. Elle fournit aux Canadiens un moyen sans précédent de profiter de l'hiver et permet d'utiliser à longueur d'année des installations récréatives comme les chalets. À la différence d'autres équipements récréatifs, la motoneige est plus répandue dans les régions rurales que dans les milieux urbains, ce véhicule étant très utile dans les travaux de la ferme. Un petit nombre de ces véhicules sont utilisés pour la course, mais leur principal attrait est de permettre des activités de plein air et des rencontres sociales. Il existe environ 10 000 clubs de motoneigistes en Amérique du Nord.

L'explosion du marché de la motoneige a créé de sérieux problèmes, surtout les premières années: agression sonore, dommages écologiques et accidents (100 morts en 1970). La motoneige a servi à mauvais escient lors d'actes de vandalisme, de destruction d'habitats et de chasse au gros gibier. En 1972, toutes les provinces, à l'exception de l'Île-du-Prince-Édouard, avaient déjà adopté des lois pour réglementer et restreindre l'usage des motoneiges. L'aménagement d'importantes pistes, notamment au Québec, a permis de pallier la plupart des inconvénients. Si d'autres formes d'activités récréatives d'hiver, comme le SKI DE FOND, ont gagné en popularité à la fin des années 1970 et au début des années 1980, la motoneige demeure toujours très populaire en Amérique du Nord. Chez les Inuits du Grand Nord, la motoneige a modifié les habitudes de chasse, de trappe et de rassemblement de troupeaux, même si les traîneaux à chiens servent encore dans des circonstances particulièrement ardues.

Chris Debresson

Motoneige (le sport) Après avoir connu une croissance initiale dans les années 70, la pratique de la motoneige et la vente de motoneiges ont diminué au début des années 80. Ces dernières années, la pratique de ce sport a augmenté considérablement, avec une croissance moyenne de 8 à 10 p. 100 par année. Entre 1986 et 1990, les enregistrements de motoneiges au Canada sont passés de 374 592 à 429 689, soit une augmentation de 14 p. 100. On estime actuellement à plus de 1,5 million le nombre de motoneiges. La popularité grandissante de la motoneige s'explique en grande partie par les améliorations technologiques apportées aux véhicules, ainsi qu'aux vêtements et à l'équipement connexes. Aujourd'hui, la plupart des motoneigistes apprécient l'aspect «touristique» de ce sport, soit les randonnées en motoneige dans des sentiers bien aménagés et bien entretenus, qui s'étendent sur de grandes distances. Ils peuvent parcourir de 250 à 500 km par jour en moyenne.

La plupart des motoneigistes sont membres de clubs de motoneige qui aident à établir de nouveaux sentiers et à entretenir ces sentiers et les sentiers existants. De plus, ils assurent une certaine surveillance de l'utilisation qu'on fait des sentiers. C'est ainsi que le sport est plus sûr que pendant les premières années, bien qu'on compte encore plusieurs décès attribués à la négligence et à la conduite dangereuse.

Le Québec exploite le plus grand réseau de sentiers de motoneige, avec plus de 25 000 km de sentiers aménagés et balisés. L'Ontario commence à aménager un vaste réseau de sentiers s'étendant dans le nord de la province, ce qui portera l'étendue totale de sentiers aménagés à plus de 35 000 km dans cette province. On commence à reconnaître le sport de la motoneige en raison des retombées économiques qui profitent aux communautés qui en font la promotion comme attraction touristique d'hiver.

Bart Deeg

Mouche Nom commun donné à divers INSECTES volants et que les scientifiques utilisent exclusivement pour désigner les insectes à deux ailes de

l'ordre des diptères. Cet ordre inclut les MOUCHES NOIRES, les calliphores ou mouches de la viande, les hypodermes, œstres ou varrons, les tipules, les taons (ou mouches) à cheval et à chevreuil, les mouches faciales, les sarcophages, les mycétophiles, les mouches des cornes, les mouches domestiques, les chironomes ou MOUCHERONS, les MOUSTIQUES ou maringouins, les brûlots ou cératopogons et les mouches d'étable. Les «mouches» à quatre ailes comme les MOUCHES À SCIE, les mouches-à-feu, les mouches-scorpions et les mouches blanches ne sont pas des diptères ou vraies mouches.

Répartition On connaît environ 100 000 espèces de diptères dans le monde, mais il en existe probablement le double. Au Canada, on en a répertorié plus de 7000 espèces et on estime que ce nombre ne représente que la moitié du nombre réel. L'abondance relative des diptères parmi les insectes augmente vers le nord. Dans les régions les plus septentrionales de l'Arctique, ils dépassent en nombre tous les autres insectes ailés, que ce soit en terme d'espèces ou d'individus. Les diptères ont entre 1 mm et 5,5 mm de longueur.

Morphologie Les diptères se distinguent par leurs ailes postérieures modifiées en forme de massue ou d'haltères, inutiles pour la propulsion, mais essentielles au maintien de l'équilibre en vol. Elles leur permettent d'effectuer des prouesses aériennes comme, p. ex., atterrir à l'envers au plafond.

Les adultes sont pourvus de pièces buccales suceuses ou perceuses et n'ont pas les mandibules broyeuses typiques d'autres insectes. Plusieurs diptères dits piqueurs (p. ex., les taons à cheval, les moustiques, les brûlots, les mouches noires, les mouches d'étable et les mouches tsé-tsé) se nourrissant du sang de VERTÉBRÉS. Ils percent la peau de leur hôte à l'aide d'un ensemble de pièces buccales acérées, qui diffère d'un groupe à l'autre.

Régime alimentaire On croit que les diptères adultes étaient à l'origine des prédateurs d'insectes qui utilisaient leurs pièces buccales pour percer le tégument (revêtement du corps) de leur proie. L'habitude de sucer le sang des vertébrés aurait évolué à partir de ce comportement. Plusieurs espèces actuelles de diptères, incluant des prédateurs bien adaptés tels que les asiles et les empidides ou mouches dansantes, se nourrissent essentiellement d'insectes. Plusieurs espèces prédatrices se nourrissent à la fois d'hydrates de carbone, tels que le miellat et le nectar, et de proies animales. Certaines espèces ont évolué au delà de la prédation, utilisant comme source de protéines le pollen (syrphes) ou de la matière en décomposition (mouches domestiques). Les hypodermes et les œstres adultes ne mangent pas, vivant des réserves de graisse accumulées durant la vie larvaire.

Reproduction et développement Les larves de diptères n'ont pas de pattes, la plupart ayant la forme d'un asticot. Elles vivent protégées dans un substrat humide, mais certaines, comme les larves de syrphes, chassent librement et se nourrissent de PUCERONS. Les larves aquatiques de moustiques et de chironomes (diptères non piqueurs apparentés) sont nageuses. La majorité des larves de diptères se nourrissent de micro-organismes ou de matière en décomposition. Certaines sont prédatrices ou parasites: les larves de sciomyzes (sciomyzidés) tuent les escargots, celles des taons à chevreuil (tabanidés), des asiles (asilidés) et celles des mouches dansantes (empididés) se nourrissent en tuant les larves d'autres espèces d'insectes. Les larves des tachinaires (tachinidés) sont des parasitoïdes spécialisés et jouent un rôle important dans la lutte biologique contre les INSECTES NUISIBLES.

Peu de diptères ont des larves qui se nourrissent exclusivement de plantes (notamment les mouches des fruits ou téphrites, les cécidomyies et les mineuses), mais ceux qui en ont sont exceptionnellement diversifiés et évoluent rapidement. Parmi les diptères aux larves aquatiques, les chironomes constituent une fraction importante de la biomasse d'INVERTÉBRÉS dans les eaux canadiennes.

Les diptères sont des insectes holométaboles, c.-à-d. qu'ils ont un stade de nymphe au cours duquel il ne s'alimentent pas avant de devenir adultes. Chez les diptères les plus évolués, la nymphe se métamorphose dans une enveloppe cuticulaire issue du tégument de la larve (puparium), qui lui procure une protection efficace contre l'eau en excès, la sécheresse et d'autres menaces. Le plus ancien fossile de diptère qui ait été décrit remonte au trias supérieur (il y a 227,4 millions d'années à 205,7 millions d'années). Les diptères les plus avancés ne sont probablement pas apparus avant la fin du crétacé, mais les datations sont incertaines. L'ambre de l'Ouest canadien du crétacé (il y a 144,2 millions d'années à 65 millions d'années) est une source prometteuse de FOSSILES de diptères.

Relations avec les humains Les glandes salivaires massives de plusieurs espèces de diptères ont des chromosomes géants propices aux études génétiques. Grâce à cette caractéristique et au fait qu'on peut les élever facilement dans des bouteilles, les drosophiles sont des sujets d'expérience communs. Dans plusieurs régions du monde, dont le Canada, les diptères piqueurs sont parmi les insectes les plus incommodants. Plusieurs espèces, particulièrement des moustiques, sont des vecteurs de graves maladies des humains et du bétail, telles que la malaria, la maladie du sommeil, la fièvre jaune, l'encéphalite, l'onchocercose et la dengue.

G.C.D. Griffiths

Mouche à scie Nom commun donné à des INSECTES de l'ordre des hyménoptères qui ressemblent aux GUÊPES et se caractérise par l'absence d'un rétrécissement marqué entre le premier et le second segment abdominal. Leur nom commun provient de leur ovipositeur semblable à une scie utilisé par la femelle pour inciser le tissu végétal de l'hôte afin d'y pondre ses œufs.

Répartition Au Canada, on les trouve partout, plus particulièrement dans les régions boréales. On en connaît environ 10 000 espèces dans le monde et environ 600 au Canada.

Régime alimentaire Les larves et les adultes de la plupart des espèces sont herbivores, mais les adultes de certaines espèces se nourrissent en partie d'autres insectes. Leur habitude de se nourrir de plantes en fait parfois d'importants défoliateurs. Cependant, un nombre étonnamment faible d'espèces sont reconnues comme menaces régulières des CULTURES et des FORÊTS. La plupart des espèces se nourrissent de plantes ayant peu d'importance commerciale (p. ex., les saules, les carex et les graminées sauvages) ou connaissent des explosions démographiques irrégulières d'une étendue limitée.

Reproduction et développement Les larves ressemblent à des chenilles, mais se distinguent des vraies chenilles à leurs pseudopodes ou fausses pattes abdominales dépourvues de crochets. La majorité des espèces se reproduisent de façon «amphisexuée», et chez certaines, les mâles sont rares ou inconnus, et la reproduction implique la parthénogenèse (développement des jeunes à partir d'œufs non fertilisés).

Henri Goulet

Mouche noire Insecte de l'ordre des diptères, de la famille des simuliidés. Les mouches noires sont relativement petites, d'une longueur de 1 à 5 mm. Toutes les espèces ne sont pas noires; certaines sont orange jaunâtre ou gris brunâtre. On connaît plus de 1250 espèces dans le monde, dont au moins 110 espèces au Canada.

Distribution On trouve les stades juvéniles de mouches noires dans la plupart des rivières et des ruisseaux, même dans les régions arctiques. Elles sont particulièrement abondantes dans les régions boisées du Nord. La larve vit dans l'eau courante, où

elle collecte de fines particules de nourriture en filtrant l'eau avec ses peignes céphaliques (antennes modifiées).

Morphologie Les femelles ont des pièces buccales piqueuses munies de stylets dentés pour entailler la peau. Les mâles ne piquent pas et on les voit rarement. Les individus des deux sexes se nourrissent de nectar qui fournit l'énergie pour le vol, et les femelles se nourrissent de sang nécessaire au développement des œufs.

Reproduction et développement Les œufs (de 150 à 600 par femelle) sont pondus sur divers substrats submergés ou encore largués au-dessus de l'eau pendant le vol. Les larves s'accrochent aux rochers ou à la végétation et se développent en 3 à 14 jours, selon la température de l'eau et la disponibilité de la nourriture. Les pupes sont inactives et ne se nourrissent pas. Les adultes émergent à partir des profondeurs variables et montent à la surface dans une bulle d'air créée pendant l'émergence. Ils peuvent voler dès qu'ils arrivent en surface. Leur longévité est d'environ trois semaines.

Interaction avec les humains En Amérique centrale, en Amérique du Sud tropicale et en Afrique, les mouches noires transmettent fréquemment aux humains les nématodes responsables de l'onchocercose ou cécité des rivières. Au Canada, les mouches noires sont un fléau pour les humains et le bétail. En 1971, au cours d'une invasion, les mouches noires ont causé au bétail des pertes de poids qui ont atteint jusqu'à 45 kg par animal, dans la région de la rivière ATHABASCA, dans le nord de l'Alberta. Dans une seule région, 973 animaux ont été tués par *Simulium arcticum*, une espèce dont la salive contient une toxine qui, en grande quantité, provoque un choc anaphylactique et parfois la mort de l'animal. En Saskatchewan, 1100 bestiaux ont été tués par cette espèce pendant l'invasion de 1944-1947. Les mouches noires sont aussi une nuisance régulière pour les humains. P. ex., les travailleurs forestiers du nord de la Colombie-Britannique et du Québec exigent, dans leur contrat, qu'on effectue le contrôle des mouches noires dans leurs sites de travail. (*Voir aussi* MOUCHE.)

R.A. Brust

Moucherolles et tyrans Ils appartiennent à une famille (tyrannidés) vaste et diversifiée d'oiseaux du Nouveau Monde.

La taille des tyrannidés varie de celle d'un merle à celle d'une paruline. Chez plusieurs espèces, le plumage est plutôt terne et le vert olive est dominant. Certaines autres ont un plumage aux couleurs éclatantes. Les tyrannidés s'alimentent d'une manière caractéristique: ils capturent des insectes en vol, et ils retournent ensuite à leur perchoir pour les consommer. Au Canada, ils sont les seuls représentants du groupe des suboscines. Leurs cris forts et saccadés constituent souvent la meilleure façon d'identifier plusieurs espèces sur le terrain.

Espèces canadiennes Des 539 espèces connues de tyrannidés, 18 nichent régulièrement au Canada et 12 espèces sont classées comme des visiteurs occasionnels. Au Canada, les tyrannidés sont présents de mai à septembre, lorsqu'il y a des insectes.

Le tyran huppé (*Myiarchus crinitus*), qui habite les forêts de feuillus de l'Est, et le moucherolle à côtés olive (*Contopus borealis*), qui niche dans les forêts de conifères, sont de grandes tailles comparativement aux espèces du genre *Empidonax*, qui sont plus petites.

Le moucherolle à ventre jaune (*Empidonax flaviventris*) des forêts nordiques d'épinettes, le moucherolle tchébec (*E. minimus*) des peuplements de feuillus et le moucherolle des aulnes (*E. alnorum*), qui recherche les buissons d'aulnes et de saules, sont très abondants de Terre-Neuve jusqu'au Yukon. Cinq autres espèces (*E. oberholseri, E. hammondii, E. wrightii, E. occidentalis et E. difficilis*) se trouvent seulement dans l'Ouest, et deux espèces du Sud (*E. virescens et E. traillii*) sont à la limite nordique de

leur aire au Canada. On ne les retrouve que dans l'extrême sud du pays, près de la frontière des États-Unis.

Les tyrans sont de grands moucherolles querelleurs. Le tyran tritri (*Tyrannus tyrannus*) niche du centre de la Colombie-Britannique jusqu'en Nouvelle-Écosse et, au nord, jusque dans les Territoires du Nord-Ouest. Le tyran de l'Ouest (*T. verticalis*) habite le sud des Prairies et de la Colombie-Britannique.

Les piouis sont un peu plus grands que les moucherolles du genre *Empidonax*. Le pioui de l'Est (*Contopus virens*) niche dans le sud du Canada, du Manitoba jusqu'en Nouvelle-Écosse, tandis que le pioui de l'Ouest (*C. sordidulus*) vit du sud-ouest du Manitoba jusque sur les côtes de la Colombie-Britannique et on le trouve jusque dans le sud du Yukon vers le nord.

Les deux moucherolles du genre *Sayornis* qui nichent au Canada sont de la taille d'un merle bleu. Le moucherolle phébi (*Sayornis phœbe*) se rencontre de l'extrémité sud-est du Yukon et, plus au sud, jusqu'au Nouveau-Brunswick. Le moucherolle à ventre roux (*S. saya*) niche dans les Territoires du Nord-Ouest, au Yukon, en Colombie-Britannique, en Alberta et dans le sud de la Saskatchewan.

A.J. Erskine

Moucheron Nom qu'on donne à plusieurs groupes de petites MOUCHES à corps mince. Les principaux groupes du Canada sont les moucherons non piqueurs (chironomidés), les moucherons piqueurs (cératopogonidés) et les moucherons gallicoles (cécidomyiidés).

Répartition On connaît environ 500 espèces de chironomidés au Canada et il en reste encore plus à découvrir. Elles atteignent la limite septentrionale du continent et représentent une portion de plus en plus importante des insectes des latitudes nordiques. Les stades larvaires sont principalement aquatiques et les larves constituent parfois la plus grande partie du régime alimentaire des POISSONS.

Brûlots Les minuscules cératopogonidés (brûlots) sont parfois une peste au milieu de l'été et ne se laissent pas décourager par les répulsifs chimiques. Ils transmettent la fièvre catarrhale maligne du mouton et du bœuf, ainsi que le protozoose des oiseaux. Au Canada, on en a dénombré 180 espèces, mais elles ne sont pas toutes porteuses de maladies. Leurs larves, qui sont prédatrices, vivent dans la vase ou dans le sol humide.

Autres espèces Les cécidomyiidés sont connus sous le nom de moucherons gallicoles, quoique toutes les larves ne forment pas de galles sur les plantes (*voir* PLANTES, MALADIES DES). La célèbre mouche de Hesse, dont la larve ronge les tiges du BLÉ, fait partie de la famille des cécidomyiidés. Certaines larves se nourrissent de CHAMPIGNONS et peuvent être très nuisibles aux champignons ayant une valeur commerciale. D'autres sont prédatrices. Les cécidomyiidés du Canada ont fait l'objet de peu de travaux de recherche. En effet, on en a répertorié une centaine d'espèces, mais on estime qu'il y en a plus de 1000.

G.C.D. Griffiths

Mouffette Carnivore de la taille d'un chat, de la famille des mustélidés (*voir* BELETTE). Son pelage noir est orné de bandes ou de taches blanches voyantes. La mouffette adulte mesure en moyenne 54 cm de longueur et pèse 1,6 kg. On en trouve deux genres au Canada.

Thioalcool Les mouffettes sont réputées pour la substance nauséabonde, appelée thioalcool, que sécrète leur paire de glandes anales. Utilisée comme moyen de défense, cette sécrétion peut être projetée à une distance de 3 à 4 mètres. Le grand-duc d'Amérique (*voir* HIBOU) est un de leurs rares prédateurs naturels.

Répartition La mouffette rayée (*Mephitis mephitis*) se rencontre dans toutes les provinces, sauf à Terre-Neuve. La mouffette tachetée (*Spilogale putorius*), de plus petite taille, se trouve dans le sud-ouest de la Colombie-Britannique et se répartit jusque dans l'ouest des États-Unis et au Mexique.

Comportement Les mouffettes sont nocturnes et passent la journée dans un terrier. Pendant la saison froide, elles dorment, souvent regroupées. Elles se nourrissent principalement d'INSECTES, de végétation, de fruits, d'œufs d'OISEAUX et de petits MAMMIFÈRES.

Reproduction et croissance Les mâles sont polygames et seule la femelle s'occupe des jeunes. La portée, qui comprend 5 ou 6 petits, naît après 62 jours de gestation. Les petits grandissent rapidement et, à l'âge de deux mois, ils sont sevrés et ont des glandes odoriférantes fonctionnelles. Ils restent habituellement avec leur mère durant leur premier hiver.

Ian McTaggart-Cowan

Mouflon Mammifère ongulé (*voir* ARTIODACTYLES) très abondant, de taille moyenne, de la famille du bœuf (bovidés) et du genre *Ovis*, qui compte quelque 37 sous-espèces en Eurasie et dans le sud de l'Amérique du Nord. Le mouflon a colonisé l'Amérique du Nord au cours de la dernière ÉPOQUE GLACIAIRE, mais est demeuré rare jusqu'à l'extinction de plusieurs grands mammifères américains, il y a environ 11 000 ans.

Au Canada, on reconnaît deux espèces qui ont chacune deux sous-espèces. Le mouflon d'Amérique (*O. canadensis*) inclut le *O. c. californiana* qui habite les montagnes arides du centre-sud de la Colombie-Britannique et le *O. c. canadensis*, de plus grande taille, que l'on rencontre dans les Rocheuses. Le mouflon de Dall (*O. dalli*) fréquente le Yukon et les Territoires du Nord-Ouest ainsi que le nord de la Colombie-Britannique. Une de ses sous-espèces, le *O. d. stonei* se trouve seulement au Canada. Plusieurs espèces de mouflons vivent à proximité des glaciers et s'évoluent mieux dans le climat frais, sec et ensoleillé des MONTAGNES à portée de vue des champs de neige.

Description La taille des mouflons varie grandement selon la qualité de leur habitat. L'automne, les gros mouflons d'Amérique mâles (6 ans ou plus) pèsent de 110 kg à 120 kg et les grosses femelles, entre 60 kg et 70 kg. Le mouflon de Dall pèse environ 20 p. 100 de moins que son cousin.

Certains mâles adultes portent les plus grandes cornes que l'on puisse trouver chez les mammifères à corne. Elles peuvent mesurer plus de 115 cm et peser entre 10 kg et 12 kg. Lors de combats, elles servent de masse, de bouclier et sont un symbole de hiérarchie entre les mâles plus âgés. La femelle donne naissance à un seul agneau à la fin de mai ou au début de juin. Au Canada, les mouflons ne sont pas menacés et réagissent bien aux travaux d'aménagement de la faune.

Valerius Geist

Mouflon d'Amérique (*Voir* MOUFLON)

Moule Les moules sont des MOLLUSQUES de la classe des bivalves (coquilles à charnière). Elles appartiennent à l'ordre des mytiloïdes, qui inclut des espèces marines, ou à la superfamille des unionacés qui inclut des espèces d'eau douce. Les moules sont très recherchées comme nourriture, partout dans le monde. La taille des espèces marines est accrue par l'élargissement de la partie postérieure de la coquille. Les moules se fixent sur un support par le byssus (ensemble de fils sécrétés par les mollusques) ou s'enfouissent partiellement. La moule bleue (*Mytilus edulis*) se rencontre sur les côtes est et ouest du Canada et est la seule espèce de moule qui représente un intérêt commercial au pays. De récentes exploitations aquicoles (*voir* AQUACULTURE) dans les Maritimes ont connu du succès. En 1985, on produit 696 t de moule sur les deux côtes. Deux autres espèces sont pêchées sportivement et ont un potentiel d'exploitation: la moule *M. californianus* que l'on trouve sur la côte du Pacifique et la grande moule du Nord ou modiole (*Modiolus modiolus*) qui vit en eau plus profonde dans le Pacifique et l'Atlantique. À la fin de 1987, on interdit la cueillette de moules sur la côte Est parce que 100 personnes ont été malades et au moins deux sont mortes après avoir mangé des moules des Maritimes. L'acide domoïque, une toxine, est responsable de ces décès.

Frank R. Bernard

Moulin à carder Wile Construit à BRIDGEWATER (Nouvelle-Écosse) en 1860, il a fonctionné pendant plus d'un siècle. Au XIXe siècle, la région de Bridgewater est un important centre d'élevage du mouton et les fermiers utilisent le moulin pour y carder et battre leur laine. La laine est ensuite filée ou tricotée par les familles mêmes, à la ferme. À une certaine époque, Bridgewater, comme nombre de petites communautés de la Nouvelle-Écosse, abrite plusieurs filatures et industries qui utilisent l'énergie hydraulique de la rivière Pleasant. Le moulin à carder Wile, qui fait partie du réseau du Musée de la Nouvelle-Écosse, est le dernier vestige de cet aspect du passé industriel de Bridgewater. Le moulin, son outillage et son équipement ont été restaurés. Le moulin est ouvert au public du début juin à la mi-octobre.

Deborah Welch et Michael Payne

Moulin à grains Balmoral Il est construit à Balmoral Mills (Nouvelle-Écosse), vers 1874, par Alexander MacKay. Il s'agit de l'un des cinq moulins érigés autrefois le long du ruisseau Matheson. Il sert à moudre les stocks locaux de blé, d'avoine, d'orge, de seigle et de sarrasin pour produire les farines de blé et d'avoine. Certains grains servent aussi à la production d'aliments pour le bétail. Le séchoir écossais pour l'avoine, qui donne une saveur particulière à la farine, constitue l'une des curiosités du moulin. Le moulin fonctionne toujours et les visiteurs peuvent y acheter de la farine et de la moulée. Ce LIEU HISTORIQUE provincial est ouvert au public du début juin à la mi-octobre.

Deborah Welch et Michael Payne

Mount Pearl, ville de T.-N.; pop. 25 519 (rec. 1996), 23 676 (rec. 1991), 20 293 (rec. 1986); superf. 15,06 km²; const. en 1955; située au sud-ouest de ST JOHN'S. En 1834, le gouverneur Cochrane accorde la concession des lieux à l'officier de marine britannique James Pearl. Lorsque Pearl meurt, en 1840, on subdivise le domaine de «Mount Cochrane». Au XXe siècle, c'est à cet endroit que Marconi fait ses premières expériences de télégraphie transocéanique sans fil. Glendenning's Farm, qui faisait partie de la concession originale et qui deviendra une ferme gouvernementale de démonstration dans les années 30, sert d'aérodrome aux pionniers de l'aviation.

Populaire destination de vacances estivales au cours des années 30, Mount Pearl devient un centre urbain dans les années 50. Durant la décennie suivante, les lieux sont morcelés et Mount Pearl devient une ville-dortoir, qui englobe par la suite Newtown et le grand parc industriel de Donovans. Excepté les services locaux, la vie commerciale et l'emploi à Mount Pearl dépendent du parc industriel et de la ville voisine de St. John's.

Janet E.M. Pitt et Robert D. Pitt

Mountain, Jacob, premier évêque anglican de Québec (Thwaite Hall, Norfolk, Angl., 1er déc. 1749—Québec, 16 juin 1825). Diplômé de Cambridge, Mountain est nommé évêque du nouveau diocèse de Québec en 1793, après sept ans de ministère paroissial. Son épiscopat est contemporain aux guerres napoléoniennes, et l'attention que porte le gouvernement britannique à ces guerres explique en grande partie le fait que Mountain ne peut ni persuader les autorités d'organiser efficacement une Église établie au Québec ni assujettir l'Église catholique à un certain contrôle gouvernemental, même s'il avait cru comprendre que ces politiques seraient énoncées et appliquées après la cession de 1763.

Les réalisations de Mountain sont pourtant importantes. Pendant son épiscopat, 60 églises sont construites, dont une cathédrale de pierre à Québec. Il appuie énergiquement les revendications de son Église à l'égard des RÉSERVES DU CLERGÉ.

Entre 1815 et 1825, période de forte immigration, il ouvre 35 missions. Le nombre de ses prêtres passe de 9 à 60 et il peut augmenter leur maigre rétribution. Il préconise un nouveau système scolaire dans le Bas-Canada et obtient une charte pour l'U. McGill. Dans des conditions difficiles, il effectue huit voyages ardus dans les deux Canadas, se rendant jusqu'à Sandwich (Windsor).

Prédicateur remarquable, Mountain est respecté par ses collègues du Conseil exécutif et du Conseil législatif du Bas-Canada, avec qui il n'est pas toujours d'accord. Il n'échappe pas toujours aux critiques: la hiérarchie catholique voit d'un mauvais œil ses efforts pour accroître le statut de son Église, plusieurs gouverneurs et ministres des colonies trouvent exigeantes ses demandes répétées, et certains membres de son clergé trouvent même qu'il serait plus à sa place à la tête d'un diocèse anglais que comme évêque dans une colonie. Tout de même, grâce à l'appui du clergé et des laïcs, du gouvernement et surtout de la Society for the Propagation of the Gospel, il dote son Église de fondements solides sur lesquels ses successeurs pourront s'appuyer, notamment son fils George, qui deviendra évêque de Montréal et troisième évêque de Québec.

T.R. Millman

Mouré, Erin, poète (Calgary, Alb., 17 avril 1955). Son œuvre, qui comprend huit recueils de poésie et plusieurs articles, remet en question les notions préconçues de la réalité. Erin Mouré est très consciente du pouvoir du langage sur la perception. Elle a grandi à Altadore, en Alberta, et fréquenté l'U. de Calgary et l'U. de la Colombie-Britannique. Ses deux premiers ouvrages complets, *Empire, York Street* (1980) et *Wanted Alive* (1983), soulèvent des questions qu'elle ne cesse d'analyser depuis, dont la fonction de la mémoire dans la conception de la réalité. *Domestic Fuel* (1985) se distingue des œuvres précédentes par son attaque puissante contre les bastions politiques du langage et les visées oppressives sous-jacentes qu'il sert.

Furious (1988), qui a remporté le prix du Gouverneur général, est une exploration féministe des liens entre le désir affectif, le langage et la domination politique. Le processus continu de reconstruction du langage pour définir une voix féminine se poursuit dans *WSW (West South West)* (1989) et dans *Sheepish Beauty, Civilian Love* (1992). Dans ces livres, Erin Mouré prétend que la découverte du discours et de l'expérience dans le corps précède la construction de modèles de langage coercitifs sur le plan sociopolitique. *The Green Word*, un recueil de poèmes choisis, est publié en 1994.

Colin Boyd

Mousse Petite plante terrestre, mesurant habituellement moins de 10 cm de hauteur, caractérisée par l'absence de vrais tissus conducteurs (xylème, phloème) et par une dominance du stade gamétophytique (sexué). Les mousses constituent le groupe le plus nombreux et le plus développé de la classe des bryophytes (qui comprend aussi les HÉPATIQUES et les anthocérotées). Les bryophytes sont parfois appelées «les amphibiens du monde des plantes», car elles dépendent de l'eau pour leur reproduction. Les mousses présentent une alternance de générations, c.-à-d. que leur cycle de vie comprend deux stades: le gamétophyte vivace et indépendant (mousse verte typique), et le sporophyte éphémère (génération asexuée), qui demeure dépendant du gamétophyte.

Le sporophyte produit des spores que le vent disperse. Certaines spores engendrent de nouveaux gamétophytes. Ces derniers produisent des cellules sexuelles (œufs, spermatozoïdes) qui, une fois fertilisées, produisent un autre sporophyte. Le gamétophyte possède des rhizoïdes (structures semblables à des racines qui fixent la plante à son substrat), une tige simple ou ramifiée, et de petites feuilles (dont la plupart n'ont qu'une seule couche de cellules). Le sporophyte est muni d'un pied enchâssé dans le gamétophyte et d'une capsule de spores habituellement portée par une sorte de tige appelée soie (ou *seta*). La reproduction asexuée de certaines mousses se fait par gemmation (petits groupes de cellules produites par les tissus du gamétophyte) ou par bulbilles (petits organes caducs) logées à l'aisselle des feuilles. La plupart des mousses se reproduisent aussi par fragmentation, c.-à-d. par séparation de presque n'importe quelle partie de la plante, ce qui en engendre une nouvelle. N'ayant pas de vrais tissus conducteurs, les mousses absorbent l'eau directement par les tiges et les feuilles. Plusieurs botanistes croient que les mousses ont évolué à partir de plantes vasculaires primitives (c.-à-d. munies de vrais tissus conducteurs). D'autres croient plutôt qu'elles se sont développées à partir d'un ancêtre de l'algue verte. On estime qu'elles font partie d'un petit groupe réduit ayant perdu son potentiel évolutif parce qu'elles ont une dominance de la génération gamétophytique et sont dépourvues de tissus conducteurs spécialisés (facteur qui limite leur taille).

Les mousses se présentent sous plusieurs formes, les plus communes étant les touffes gazonnantes, les coussins, les tapis et les trames. Les plantes individuelles vivent habituellement en étroite association et on peut en trouver plusieurs centaines dans une touffe ou un même coussin. Les mousses poussent en divers endroits, mais préfèrent les habitats humides et ombragés. Quelques-unes sont aquatiques (surtout les mousses aquatiques du genre *Fontinalis*); d'autres poussent dans des milieux très secs (surtout les mousses du genre *Andreaea*). Les surfaces de croissance sont, entre autres, les rochers, les arbres, le bois pourri, l'humus et le sol. La présence de mousses de cuivre peut être un indice d'une haute teneur en métaux lourds dans le substrat. Les mousses de fumier croissent seulement sur le fumier et dans d'autres substrats riches en azote. Les mousses de TOURBE (genre *Sphagnum*) forment des dépôts qui peuvent parfois atteindre plusieurs mètres d'épaisseur. La tourbe est utilisée en horticulture et comme carburant. Les mousses, qui constituent une partie importante de la couverture des sols des forêts boréales de conifères, recouvrent aussi une partie importante de la TOUNDRA arctique et de la végétation montagneuse. Certaines mousses sont de bonnes colonisatrices et envahissent rapidement les sols dénudés ou perturbés, en les consolidant par leurs pousses denses. Il en existe plus de 10 000 espèces dans le monde, dont 1 250 en Amérique du Nord. Certaines régions du Canada comptent moins d'espèces: 466 en Alberta, 445 à Terre-Neuve, 430 en Ontario. Les mousses poussent bien dans les climats humides, et les zones côtières du Canada en présentent une plus grande diversité que l'arrière-pays.

Guy R. Brassard

Mousse d'Irlande Nom commun d'une ALGUE rouge (*Chondrus crispus*), mais peut aussi désigner une ou deux autres ALGUES MARINES rouges (*Gigartina stellata* et *Furcellaria lumbricalis*). *C. crispus*, la seule espèce du genre de l'océan Atlantique, se trouve du New Jersey au Labrador; elle est plus abondante en Nouvelle-Écosse et dans le sud du golfe Saint-Laurent. Les plantes sont vivaces, poussent sur le fond rocheux de la zone inférieure des marées et de la zone subtidale, et se développent à partir d'un pied en forme de disque à crampons (haptères). Les frondes atteignent souvent 15 cm de haut, sont ramifiées (habituellement sur un seul niveau) et en forme d'éventail. La couleur de la mousse d'Irlande varie (rouge foncé, pourpre, vert-jaune) selon les conditions physiologiques. Les plantes séchées sont presque noires. Des études en laboratoire ont démontré un cycle de vie consistant en deux phases indépendantes et de structures similaires (sexuée et asexuée).

La mousse d'Irlande est l'algue du Canada qui a le plus de valeur commerciale. Utilisée à l'origine dans le blanc-manger et les entremets à base de lait, on la trouve encore dans les magasins d'«aliments naturels». Les plantes séchées sont employées pour clarifier la bière, le vin, le café et le miel. Depuis la Seconde Guerre mondiale, on l'a beaucoup exploitée pour en extraire des hydrocolloïdes (substances qui gélifient quand on ajoute de l'eau, comme les carraghénanes) utilisés dans les aliments préparés. La carraghénane n'étant pas transformée au Canada, on exporte donc des milliers de tonnes de mousse d'Irlande annuellement. En Nouvelle-Écosse, on a effectué des essais d'AQUACULTURE en bassins.

J. McLachlan

Mousseau, Jean-Paul-Armand, artiste (Montréal, 1er janv. 1927—*id.* 7 févr. 1991). Mousseau fait ses études au Collège Notre-Dame (1940-1945) où il fréquente l'atelier du frère Jérôme Paradis. En 1946, il est de la première exposition montréalaise du groupe AUTOMATISTE et, en 1948, l'un des signataires du manifeste REFUS GLOBAL (*voir* BORDUAS, PAUL-ÉMILE). Vers la fin des années 40, sa peinture et ses dessins prennent un tour nettement non figuratif qui l'amène, d'épuration en épuration, vers une forme assez proche de l'abstraction géométrique (*voir* PLASTICIENS, LES).

Mousseau a épousé les préoccupations sociales des Automatistes, mais d'une manière plus pragmatique et plus poétique que ses collègues. En parallèle avec ses travaux sur papier et sa peinture, il fait de la sculpture, des bijoux, des tissus peints, des affiches et des vitraux. Il travaille beaucoup pour le théâtre (décors, costumes, masques, éclairages) au cours des années 50. Ses «mousseauthèques», discothèques aux «environnements multimédias», le rendent célèbre durant les années 60. Parmi ses grandes murales, citons celle d'Hydro-Québec créée en 1960-1962, où il a utilisé de la fibre de verre, des résines et des éclairages programmés. Il aime travailler avec les architectes et on lui doit le décor de la station Peel dans le métro de Montréal. Ses cours à l'École des beaux-arts de Montréal (1961-1964) et à l'Université Laval (1968) insistent sur la nécessité d'intégrer la couleur et les textures, les matériaux inusités à l'architecture. Le Musée d'art contemporain de Montréal lui a consacré, en 1997, une rétrospective majeure malheureusement posthume.

Brian Foss

Mousseau, Joseph-Alfred, avocat, journaliste, écrivain, politicien, juge et premier ministre du Québec de 1882 à 1884 (Berthier-en-Haut, Bas-Canada, 18 juill. 1838—Montréal, 30 mars 1886). Admis au Barreau en 1860 et nommé conseil de la Reine en 1873, Mousseau pratique le droit civil et criminel pendant 20 ans. Cofondateur du *Colonisateur* en 1867 et de *L'Opinion publique* en 1870 et partisan de la CONFÉDÉRATION en 1867, il est élu député de Bagot aux Communes en 1874 sous la bannière du Parti conservateur. Réélu en 1878, il est nommé président du Conseil exécutif le 8 novembre 1880, puis, le 20 mai, secrétaire d'État. En juillet 1882, il consent à changer de poste avec J.A. CHAPLEAU pour devenir ainsi premier ministre du Québec. Après deux ans de divisions et de dissensions au sein du Parti conservateur, il démissionne à la demande des dirigeants fédéraux et devient juge puîné de la Cour supérieure pour le district de Rimouski.

Andrée Désilets

Moustique Les moustiques ou maringouins sont de frêles MOUCHES à longues pattes appartenant à l'ordre des diptères et à la famille des culicidés. Il en existe quelque 3000 espèces dans le monde et au moins 74 au Canada. Seules les femelles se nourrissent de sang, mais les mâles et les femelles se nourrissent de nectar.

Morphologie Tous les moustiques ont un proboscis (bec) long et mince, une paire d'antennes fines de 15 segments et des ailes dont les nervures sont densément couvertes de fines écailles. Le proboscis de la femelle est pourvu de six longs stylets qui pénètrent dans la peau de la victime en mouvements saccadés rapides. La femelle peut ingérer en sang l'équivalent de trois fois son propre poids, et en extrait des éléments nutritifs pour la production d'œufs.

Reproduction et développement Les moustiques pondent leurs œufs à la surface de l'eau ou du sol humide. Les œufs pondus sur le sol éclosent spontanément lors de l'inondation subséquente du site et peuvent rester en dormance jusqu'au printemps suivant. Ceux qui sont pondus dans des milieux aquatiques sujets à l'assèchement, comme les étangs peu profonds et les réservoirs d'eau, peuvent résister à la dessiccation pendant des semaines, voire des mois.

Les larves sont exclusivement aquatiques et, sauf quelques espèces prédatrices, se nourrissent de détritus et de micro-organismes. Les nymphes également aquatiques sont partiellement mobiles, mais ne se nourrissent pas. Les adultes vivent environ trois semaines l'été, mais ceux d'espèces canadiennes qui hivernent comme adultes dans des abris protégés peuvent survivre de huit à neuf mois. Il existe une espèce qui peut hiverner sous forme de larve dans les feuilles remplies d'eau de la SARRACÉNIE pourpre. Dans certaines régions du Canada, ces larves peuvent rester prisonnières de la glace pendant six ou sept mois. La majorité des espèces sont tropicales.

Relations avec les humains On craint les moustiques parce qu'ils sont vecteurs de la malaria, de la filariose et de la dengue (qui affectent environ un demi-milliard de personnes chaque année). Au Canada, ils transmettent des virus causant certains types d'encéphalites humaines et équines, ainsi que les NÉMATODES responsables de la dirofilariose du chien.

Dans les FORÊTS BORÉALES du Nord, les moustiques sont très nuisibles aux humains et aux animaux (*voir* INSECTES NUISIBLES.) En plus du désagrément qu'elles causent, leurs piqûres entraînent des inflammations sérieuses et parfois des pertes de sang considérables.

R.A. Brust

Moutarde (*Voir* PLANTES OLÉAGINEUSES; LÉGUMES)

Mouton, élevage du Le mouton (genre *Ovis* et surtout *Ovis aries*) est un MAMMIFÈRE ruminant élevé aujourd'hui au Canada surtout pour sa chair et son lait. Ce sont les Français qui ont introduit le mouton au pays. En 1677, il y a 85 moutons en NOUVELLE-FRANCE; en 1698, près de 1000 et au milieu du XVIIIe siècle, tout juste un peu plus de 28 000. Le mouton est très apprécié des premiers colons, non seulement pour sa chair et son lait, mais aussi pour sa laine qui sert à confectionner des VÊTEMENTS et des TEXTILES. De nos jours, la production de laine est minime et la consommation d'agneau et de mouton varie selon l'origine ethnique du consommateur, la région et la saison.

Selon Statistique Canada, la population de moutons et d'agneaux en 1986 s'élevait à 721 500 têtes, une diminution de 36 p. 100 par rapport à 1985, et une baisse de plus d'un million de têtes depuis 1965. Bien qu'on puisse élever le mouton dans la plupart des régions habitées du pays, le Canada en produit si peu qu'il doit recourir à l'importation pour satisfaire la demande d'agneau et de laine. Il y a 3 catégories principales d'agneaux sur le marché: l'agneau de l'année (environ 15 kg), l'agneau léger (environ 25 kg) et l'agneau lourd (40 kg). Les producteurs traitent directement avec les consommateurs ou vendent leurs animaux sur pied à l'INDUSTRIE DU TRAITEMENT DE LA VIANDE par l'intermédiaire des abattoirs, des ventes à l'encan ou des marchés publics. La consommation annuelle canadienne d'agneau par habitant est de 0,94 kg. La promotion d'agneau frais, dont la demande a augmenté dans les années 80, élevait la consommation par habitant à 1,5 kg en 1990.

Les races de moutons sont déterminées par leur apparence, leur adaptation et leur usage. Les critères qui président au choix d'une race comprennent le type d'élevage, les goûts personnels, la possibilité d'obtenir des animaux pur sang, la précocité, la vigueur, les aptitudes reproductrices, la qualité de la chair, les qualités maternelles et la production laitière. Les principales races sont regroupées en deux catégories. Les races qui transmettent les caractéristiques utiles aux brebis reproductrices (p. ex., adaptabilité au climat, instinct maternel, fertilité, aptitude à la production laitière) sont dites maternelles et peuvent servir dans des croisements. Les races qui transmettent les qualités utiles aux animaux à viande (p. ex., gain de poids quotidien, taux de conversion, qualité bouchère) sont dites paternelles et peuvent aussi servir dans des croisements terminaux avec des femelles hybrides pour produire des animaux de boucherie. Voici quelques-unes des principales races du Canada.

Race Border Cheviot Les animaux de cette race, développée dans la région des monts Cheviot entre l'Angleterre et l'Écosse, sont petits, supportent bien le froid et peuvent se contenter de pâturages pauvres. Ils sont recherchés, entre autres, pour leur aptitude maternelle, leur viande de bonne qualité bouchère et leur toison légère et douce.

Race Dorset Provenant des comtés anglais de Dorset et de Somerset, cette race est prolifique (les brebis agnellent souvent deux fois par an.) La toison est particulièrement blanche et les brebis sont de grandes laitières.

Race Hampshire Développée dans le Hampshire, en Angleterre, cette race est réputée pour son bon taux de conversion et son gain de poids quotidien élevé. Les moutons Hampshire sont trapus, ont une tête et des oreilles brun foncé et une toison fine.

Race North Country Cheviot Les animaux de cette race native de l'Écosse du Nord résistent au froid, ont une toison foncée, mais la tête, les oreilles et les pattes sont blanches. Leur viande est d'une bonne qualité bouchère, mais leur toison raide diminue leur valeur.

Race Oxford Cette race est originaire du comté anglais d'Oxford. Les animaux sont lourds et se caractérisent par une toison légère, une tête, des oreilles et des pattes grises. Les brebis sont de bonnes laitières.

Race Suffolk Originaire du Suffolk, cette race vigoureuse est renommée pour sa production laitière. La viande des agneaux, qui arrivent vite à maturité, est d'une grande qualité bouchère. La tête et les pattes de ces grands animaux sont couvertes de poils noirs et fins et non de laine.

La sélection, la ration alimentaire et la gestion du troupeau sont les principaux facteurs techniques qui influencent le rendement des productions lainière, laitière et de viande. On améliore généralement une race en agissant sur l'hérédité ou sur les facteurs environnementaux qui influencent celle-ci. Au cours des années 70 et 80, les sélectionneurs de la STATION DE RECHERCHE d'Agriculture Canada de Lennoxville (Québec) ont produit, par croisement de Dorset, de Leicester et de Suffolk, une race canadienne unique, la DLS. La race russe Romanov a été importée en 1981 pour augmenter la production d'agneaux de la DLS. La race Finnoise ou Finnish Landrace est aussi très recherchée pour les croisements en raison de sa tendance aux naissances multiples; ainsi, des portées de trois à cinq agneaux ne sont pas exceptionnelles. La station de recherche de Lethbridge (Alberta) effectue aussi des expériences. (*Voir aussi* ZOOTECHNIE; INSPECTION ET CLASSEMENT DES PRODUITS AGRO-ALIMENTAIRES.)
Jean-Paul Lemay

Mouvement coopératif Mouvement social et économique né en Europe en réaction à l'industrialisation du début du XIXᵉ siècle. Dans une organisation coopérative, l'entreprise appartient aux membres qui l'administrent et se partagent les profits, conformément aux principes définis en 1844 par les coopérateurs de Rochdale, en Angleterre. Les principes les plus importants sont les suivants: un membre n'a

droit qu'à un vote, peu importe sa mise de fonds; tout le monde peut être membre; les bénéfices ou profits sont distribués aux membres selon leur degré de participation; enfin, les coopératives doivent favoriser des activités éducatives pour leurs membres.

Les coopératives d'achat apparaissent en Amérique du Nord britannique vers 1840, quand des ouvriers britanniques tentent en vain de fonder des magasins semblables à ceux de la Grande-Bretagne. Le premier magasin permanent, ou la première société, s'organise en 1861 à Stellarton, en Nouvelle-Écosse. D'autres suivent rapidement dans des régions industrielles du Cap-Breton jusqu'à Victoria. Vers 1880, une autre série de magasins font leur apparition avec les CHEVALIERS DU TRAVAIL, premières unions ouvrières. La plupart ferment bientôt leurs portes, victimes de la crise, d'erreurs administratives ou de l'indifférence des membres. Un certain nombre de coopératives de producteurs, ou de coassociations ouvrières, sont également fondées, mais toutes font rapidement faillite. Au XXᵉ siècle, plusieurs syndicats ouvriers soutiennent des coopératives d'habitation ouvrières, mais manifestent en fait plus d'intérêt pour les questions de salaires et de conditions de travail ou pour la politique.

De plus, les principes coopératifs sont vite appliqués aux expériences communautaires. Pendant la colonisation du Canada, de nombreuses communautés utopiques s'établissent, mais la plupart, comme celle de la communauté Owenite fondée en 1813 dans le comté de Lambton, dans le Haut-Canada, et la plus récente, celle du CANNINGTON MANOR, en Saskatchewan, ne durent pas longtemps. D'autres, comme les COLONS DE BARR à Sylvan Lake, en Alberta, ont survécu, mais aux dépens des idéaux coopératifs.

Les fermiers forment le premier groupe canadien à organiser des coopératives avec succès. Entre 1860 et 1900, en Ontario, au Québec et au Canada atlantique, ils fondent plus de 1200 fromageries et crémeries qui répondent aux besoins de l'INDUSTRIE LAITIÈRE, alors en pleine expansion. On organise des mutuelles d'assurances qui fournissent à peu de frais protection contre incendie, grêle et gelée hâtive. Les fermiers des Prairies, dirigés par E.A. PARTRIDGE, créent la Grain Growers' Grain Co. en 1906 et vendent directement aux minotiers et aux acheteurs européens. En 1911, les fermiers de la Saskatchewan organisent, avec l'aide du gouvernement provincial, la Saskatchewan Co-operative Elevator Co. Deux ans plus tard, ceux de l'Alberta s'associent et forment l'Alberta Farmers' Co-operative Elevator Co. Avant 1914, plusieurs autres groupes de fermiers canadiens, producteurs de fruits, de tabac et éleveurs de bétail, se regroupent pour la vente et l'achat de matériel.

Entre-temps, ouvriers et fermiers des régions industrielles mettent sur pied des magasins coopératifs. Quelques-uns, d'Ontario et de Nouvelle-Écosse, se réunissent à Hamilton (1909) et fondent la Co-operative Union of Canada, organisme national et institution éducative. Au Québec, en 1900, Alphonse DESJARDINS fonde la première CAISSE POPULAIRE, société coopérative d'épargne et de crédit.

Pendant la Première Guerre mondiale, les sociétés coopératives connaissent un grand essor car un plus grand nombre de fermiers s'intéressent à la commercialisation, les consommateurs recherchent des produits à moindre prix en cette période d'inflation et les Canadiens à court d'argent cherchent des moyens coopératifs d'épargne et de crédit. Les coopératives de fermiers croissent rapidement, surtout si elles sont polyvalentes, comme la Coopérative fédérée (fondée en 1910, au Québec) et la United Farmers' Co-operative (fondée en 1914, en Ontario).

Vers 1919, un nombre croissant de fermiers veulent maîtriser davantage la mise en marché de leurs produits. Ils sont attirés par le «groupement coopératif», système par lequel les membres s'engagent par contrat à vendre toute leur production par l'inter-

diaire de leur coopérative, qui leur verse en retour des ristournes basées sur la qualité du produit fourni. En 1923 et 1924, les producteurs de céréales des Prairies créent des groupes de blé basés sur ces principes. D'autres s'associent à des groupements semblables, le plus souvent sur le plan provincial.

Les magasins coopératifs ne se développent pas aussi vite que les coopératives commerciales. Pour s'assurer un approvisionnement au coût le moins élevé, entreprendre la fabrication de leurs propres produits et fournir l'aide aux magasins en difficulté, les coopératives de l'Alberta, de Saskatchewan et du Manitoba adoptent la vente en gros. C'est une étape importante dans la création d'un système coopératif intégré dans l'Ouest.

Pendant la CRISE DES ANNÉES 30, plusieurs coopératives ferment leurs portes. Les groupes de blé ne survivent que grâce à l'aide financière des gouvernements fédéral et provinciaux. Cependant, dans l'ensemble, le mouvement lui-même prend de l'ampleur. Les coopératives qui subsistent accordent plus d'attention à leurs membres et aux programmes éducatifs. La presse coopérative se développe, avec le *Canadian Co-operator*, le *UFA*, le *Western Producer* et de nombreux bulletins. Plusieurs coopératives, dont les groupes de blé, engagent des organisateurs pour favoriser la création de coopératives de toutes sortes. Le département d'éducation permanente de l'UNIVERSITÉ ST. FRANCIS XAVIER d'Antigonish, en Nouvelle-Écosse, innove dans ce sens. Le MOUVEMENT D'ANTIGONISH fait preuve d'efficacité en organisant des cercles d'étude qui débouchent sur la création des COOPÉRATIVES DE CRÉDIT, des coopératives d'habitation et de pêcheurs, et des magasins coopératifs. Dans les années 30, d'autres formes de coopératives voient le jour, soit des coopératives d'artisanat du Canada atlantique, de pêcheurs en mer et en eau douce sur les deux côtes et sur les rives des lacs, de loisirs, de santé, les ciné-clubs coopératifs, une coopérative pétrolière, et même de matériel agricole créée par les fermiers des Prairies.

Pendant les années 40, la prospérité du temps de guerre et d'après-guerre permet au mouvement coopératif d'élargir son pouvoir et son influence. Le secteur financier coopératif acquiert des dimensions significatives quand des compagnies d'assurances et des SOCIÉTÉS DE FIDUCIE sont mises sur pied, au Québec, en Ontario et en Saskatchewan à la fin des années 40 et au début des années 50. Les magasins de gros entrent en activité et l'influence des coopératives commerciales va grandissant.

Depuis les années 50, le mouvement coopératif ne cesse de se répandre. Aujourd'hui, formé d'organisations apparentées, il a une influence prépondérante dans les domaines de l'agriculture, de la finance, de l'assurance, de la pêche, du commerce de détail et dans l'industrie de la construction. Les coopératives de mise en marché des produits laitiers et des céréales dominent. Celles qui favorisent la vente au détail jouent, quant à elles, un rôle significatif dans les Prairies et dans les provinces de l'Atlantique. Depuis 1975 environ, les coopératives québécoises sont particulièrement importantes; elles constituent des forces puissantes dans l'économie et jouent un rôle capital dans l'avenir de la province.

Malgré ses réussites, les coopératives font face à plusieurs problèmes à la fin des années 80. Comme elles tirent leurs forces des régions rurales, le déclin de cette population se traduira finalement par un appui plus faible. Les grandes coopératives sont aussi moins nombreuses qu'auparavant. Au cours de leur développement, il leur est difficile de maintenir, chez leurs membres, le sens de la propriété et le degré d'engagement, caractéristiques des plus petites coopératives. Le défi que relèvent les coopérateurs est peut-être plus important encore: ils doivent, en effet, choisir entre créer un système économique original, fonctionnant d'après des principes et des objectifs différents de ceux de l'entreprise privée ou publique, et simplement posséder des sociétés fonctionnant à l'intérieur des aires limitées dont elles se sont dégagées pour des raisons sociales et historiques.

Ian MacPherson

Mouvement du théâtre amateur On parle de mouvement du théâtre amateur ou de petite scène pour désigner en termes génériques le théâtre amateur ou communautaire au Canada. À l'origine, il s'agit d'un mouvement de réforme international qui se développe en réaction au répertoire stupide et fabriqué en série des troupes professionnelles de la fin du siècle dernier. S'inspirant de troupes européennes comme celles du Théâtre libre d'André Antoine à Paris et de l'Abbey Theatre de W.B. Yeats et de Lady Gregory au début du XXe siècle à Dublin, le mouvement atteint l'Amérique du Nord avant la Première Guerre mondiale.

Avec la montée du cinéma et de la radio dans les années 20, le théâtre commercial dépérit et des centaines de théâtres amateurs font leur apparition partout au Canada pour combler le vide. Le Hart House Theatre de Toronto (fondé en 1919) devient un modèle du genre. Son premier directeur, Roy Mitchell, se fait le porte-parole du développement d'un théâtre d'art au Canada. Il exprime parfaitement les idéaux du mouvement dans son traité analytique intitulé *Creative Theatre* (1929; réimpr. 1969).

Parmi les meilleures institutions canadiennes, citons le Vancouver Little Theatre (fondé en 1921), le Home Theatre de Carroll Aikins, près de Naramata en Colombie-Britannique, qui n'a connu qu'une existence éphémère (1920-1924) et le University Alumnae de Toronto (fondé en 1918). Citons aussi le Cercle de Molière de Saint-Boniface (fondé en 1925), l'Ottawa Little Theatre (fondé en 1913), le Montreal Repertory Theatre (1930-1961), les Compagnons de Saint-Laurent du père Legault (1937-1952) et le Halifax Theatre Arts Guild (fondé en 1931).

Le FESTIVAL NATIONAL D'ART DRAMATIQUE est fondé en octobre 1932 et son concours annuel d'une semaine devient la raison d'être du mouvement du théâtre amateur. Jusqu'en 1950, le festival sert d'expression au théâtre national, où se côtoient francophones et anglophones venus de tout le pays pour partager leur passion. Cependant, peu à peu, l'idéalisme du mouvement du théâtre amateur disparaît en raison de la Crise des années 30 et de la compétition. Le théâtre expérimental du début se transforme pour faire place à des classiques ou à des pièces banales et sentimentales qui reflètent le relâchement des liens coloniaux avec l'Empire, qu'il soit britannique, français ou américain. Le festival présente le genre de pièces auquel s'opposait le mouvement à l'origine.

Si le théâtre amateur prend une nouvelle direction, c'est sans doute grâce à «l'expressionnisme symphonique» du metteur en scène et dramaturge Herman VOADEN et aux idées de gauche du Theatre of Action (1935-1940), tous deux de Toronto. Il est amusant de constater que leurs œuvres ne sont pas appréciées dans le contexte du Festival national d'art dramatique, lequel cesse toute activité pendant la Seconde Guerre mondiale. Au cours des décennies qui suivent, le nouveau théâtre professionnel lui dispute sa place pour enfin le supplanter. Seuls quelques groupes comme le Workshop 14 à Calgary, le Winnipeg Little Theatre, le London Little Theatre et le Montreal Repertory Theatre réussissent à devenir professionnels.

Quand le Festival national d'art dramatique disparaît en 1978, les théâtres amateurs continuent de se développer en grand nombre, surtout dans les banlieues ou les petites collectivités, adoptant un accent londonien, parisien ou multiculturel. Les théâtres amateurs jouent toujours leur rôle de formation et répondent à un besoin de divertissement. Sans eux et sans le Festival national d'art dramatique, le théâtre canadien n'aurait pas franchi l'entre-deux-guerres.

Étant donné leur caractère amateur, ils ont pu survivre sans subvention pendant 10 ans de dépression économique. On leur doit toute une génération de praticiens du théâtre, parmi lesquels bon nombre sont devenus professionnels après la guerre. Leur idéalisme a servi de fondement pour l'établissement d'un théâtre national au Canada. (*Voir aussi* FESTIVAL NATIONAL D'ART DRAMATIQUE; THÉÂTRE DE LANGUE ANGLAISE; THÉÂTRE DE LANGUE FRANÇAISE; THÉÂTRE MULTICULTUREL; SCÉNOGRAPHIE ET CONCEPTION DES COSTUMES.)

David Gardner

Mouvement féministe Depuis la fin du XIXe siècle, les Canadiennes se sont regroupées pour redéfinir leur place dans la société et pour exiger égalité et justice. Par des moyens juridiques et politiques, le mouvement féministe leur a permis d'obtenir une certaine égalité formelle. Parallèlement à cette lente conquête de droits égaux, leur mode de vie a subi de profonds changements, tout comme celui des femmes de la plupart des autres pays occidentaux. Les biens et services traditionnellement produits au foyer sont maintenant offerts sur le marché. Ces progrès techniques, joints à la croissance du secteur des services, ont facilité l'accès des femmes au marché du travail, de telle sorte que, dès le début des années 80, la majorité des Canadiennes mariées avaient un emploi rémunéré.

Il subsiste cependant d'importantes inégalités entre hommes et femmes. En 1967, le gouvernement fédéral a mis sur pied la commission royale d'enquête sur la CONDITION FÉMININE, qui, dans son rapport daté de 1970, a formulé 167 recommandations visant à donner aux femmes une plus grande égalité.

Émergence d'un nouveau mouvement des femmes

Comme partout dans le monde occidental, on assiste, à la fin des années 60, à l'émergence d'un nouveau mouvement des femmes au Canada. Ce nouveau courant rejette toute limite à l'égalité des droits et démontre que cette égalité ne peut s'obtenir dans la vie quotidienne par de simples modifications juridiques, politiques ou institutionnelles. Les femmes sont fortement influencées par les livres et les articles de féministes comme Kate Millett, Germaine Greer, Gloria Steinem et Shulamith Firestone de même que par des publications comme *Women Unite: An Anthology of the Women's Movement* (1972) et *Mother Was Not a Person* (1973) de Margaret Anderson. Ces auteurs soutiennent que le principal rapport de pouvoir dans la société est fondé sur la domination et l'oppression des femmes par les hommes. Le système de relations sociales et le fonctionnement même de la société sont donc remis en question et analysés.

À la fin des années 60, les femmes découvrent la «puissance de la sororité» et se regroupent, de Vancouver à Halifax. Le Women's Caucus de Vancouver voit le jour en 1968 et publie *The Pedestal* de 1969 à 1973; le Montreal Women's Liberation Movement est fondé en 1969; créé la même année, le Front de libération des femmes du Québec (FLFQ) lance, en novembre 1971, le premier périodique féministe radical. *Québécoises deboutte!* La publication en est ensuite assurée par le Centre des femmes jusqu'en 1975. Le *Manifeste des femmes du Québec* paraît en janvier 1971 à l'initiative de deux militantes d'extrême gauche qui n'étaient pas membre du FLFQ. Au début, certains de ces groupes ne visent qu'à éveiller les consciences, mais d'autres passent rapidement à l'action concrète en créant des services d'avortement, des centres de santé des femmes, des magazines féministes, du théâtre militant, des garderies, des refuges pour femmes battues, des centres pour les victimes de viol, ainsi que des regroupements pour obtenir un salaire égal. À la fin des années 60, la société canadienne s'adapte peu à peu à la renaissance d'un important mouvement social, celui des femmes.

Les mouvements sociaux, définis dans un sens large comme des efforts collectifs pour changer certains aspects de l'ordre social, sont difficiles à décrire avec précision. Les plus importants renferment de nombreux sous-groupes dont les objectifs diffèrent parfois beaucoup. Ainsi, le mouvement des femmes comprend, p. ex., des féministes libérales, radicales et marxistes, des écoféministes, des séparatistes lesbiennes et des femmes qui considèrent le lesbianisme comme un mode de vie parmi d'autres. Si ces groupes tiennent un débat vigoureux sur des problèmes particuliers, ils visent tous à améliorer la situation des femmes. Le mouvement féministe lutte sur de nombreux fronts pour obtenir une justice sociale: politique, culture, médias, législation, éducation, santé, main-d'œuvre, environnement et vie au foyer. De plus, il estime important de combiner lutte contre le sexisme et lutte contre le racisme. La structure organisationnelle comprend des groupes de toute envergure et de toutes les régions, à l'échelle nationale et internationale.

Certains groupes se concentrent sur l'autonomie de la femme, d'autres souhaitent un changement social global. Au début des années 70, le mouvement est constitué de petits groupes radicaux, mais il s'étend progressivement pour rejoindre des femmes d'opinions diverses et de toutes les couches sociales: des mères bénéficiaires de l'assistance sociale aux professionnelles, femmes d'affaires et cadres, en passant par les femmes autochtones et les domestiques immigrantes. Des regroupements importants et bien établis adoptent aussi des vues féministes, et le mouvement des femmes lui-même engendre un certain nombre d'organismes autonomes.

Promotion des objectifs du mouvement

Le mouvement des femmes recourt à divers moyens pour promouvoir son objectif de justice sociale. Par des rassemblements publics, des conférences, des activités socioculturelles variées et la distribution de tracts, on tente de «réveiller les consciences» et de répandre l'information. On organise manifestations, marches et pétitions. On exerce des pressions auprès des gouvernements, des partis politiques, d'organismes particuliers, des établissements et des employeurs pour obtenir des réformes. Souvent, les modes d'action consistent, d'abord, à former un comité (ou un groupe de pression) sur le statut de la femme, ensuite à s'informer sur les inégalités existantes, à formuler des propositions d'amélioration et, finalement, à exercer des pressions pour leur application. Les gouvernements fédéral et provinciaux réagissent en établissant des conseils consultatifs sur la CONDITION FÉMININE. Le conseil consultatif du fédéral, qui joue un rôle important en traitant de ces questions dans ses publications, devient Condition féminine Canada en 1996. On établit des institutions bureaucratiques à tous les ordres de gouvernement, notamment dans les municipalités, ainsi que dans le monde de l'éducation et de la santé.

Le mouvement des femmes axe aussi son action sur la publication: dépliants, affiches, volumes très spécialisés, livres pour enfants, manuels pour autodidactes et articles de journaux. Ces documents sont publiés par les moyens habituels, de même que par la presse féministe.

Le mouvement des femmes organise avec efficacité son action en recourant à une multitude de mesures et en mobilisant groupes et individus. Les dossiers qui nécessitent une action collective incluent, entre autres, le droit d'obtenir un avortement légal, l'enchâssement de l'égalité des sexes dans la CHARTE CANADIENNE DES DROITS ET LIBERTÉS de 1982, la PORNOGRAPHIE, les nouvelles techniques en matière de génétique et de reproduction et les dangers pour l'ENVIRONNEMENT, les LIBERTÉS CIVILES et la paix (*voir* MOUVEMENT PACIFISTE).

Groupes et organismes En somme, les femmes sortent de leur isolement pour former des groupes et des organismes dans tout le pays ou se joignent à ceux qui existent déjà. Depuis la fin des années 70, la coopération entre les divers regroupements s'accroît. Les groupes nationaux comprennent le COMITÉ CANADIEN D'ACTION SUR LE STATUT DE LA FEMME, l'Institut canadien de recherches sur les femmes, le Congrès canadien pour la promotion des études chez les femmes, l'Association nationale de la femme et du droit, l'Association canadienne pour la promotion des services de garde à l'enfance, la Fédération nationale des femmes canadiennes-françaises, l'Organisation nationale des femmes immigrantes et des femmes appartenant à une minorité visible au Canada, l'Évaluation nationale des femmes dans les médias Inc., le Fonds d'action et d'éducation juridiques pour les femmes, le Réseau d'action des femmes handicapées du Canada, le Congrès national des femmes noires du Canada, le Native Women's Association of Canada, le CONSEIL NATIONAL DES FEMMES DU CANADA, LA VOIX DES FEMMES, l'Association canadienne des centres contre le viol et plusieurs autres.

Ces groupes se composent principalement de femmes des provinces anglophones; les Canadiennes françaises se rangent principalement du côté des groupes francophones plutôt que dans des associations «nationales». Par conséquent, le Québec possède toute une série d'organismes équivalents, dont la Fédération des femmes du Québec et l'Association féminine d'éducation et d'action sociale, les centres d'aide et de lutte contre les agressions à caractère sexuel, le Centre d'intervention pour l'accès des femmes au travail et le «R» des centres de femmes.

Tous ces groupes et organismes déterminent dans une certaine mesure la structure du mouvement féministe au Canada. Car si la majorité des Canadiens des deux sexes sympathise avec l'idée d'une justice sociale pour les femmes, les actions concrètes émanent surtout d'organismes féministes de «premier plan», dont certains semblent être plus ou moins permanents tandis que d'autres sont formés à des fins précises.

Modification de la structure sociale La création d'une société équitable pour les femmes implique l'élimination du sexisme dans toutes les sphères d'activité et, particulièrement, dans le système juridique, dans l'organisation de la production sociale, dans la perception et le traitement du corps féminin de même que dans les arts, les sciences, l'éducation et les médias.

Le progrès réalisé touche surtout le domaine juridique. Les différents aspects du DROIT DE LA FAMILLE figurent parmi les premières cibles du mouvement. En 1973, l'affaire MURDOCH met en cause la femme d'un agriculteur albertain qui s'est vue refuser la propriété de la moitié des intérêts de la ferme qu'elle et son mari ont gérée pendant plus de 25 ans parce que son travail était considéré comme son devoir d'épouse. Cette affaire fait prendre conscience des injustices du droit de la famille. Par la suite, toutes les provinces réforment leur droit de la famille afin d'assurer une plus grande égalité entre les époux.

À compter des années 80, certaines provinces mettent sur pied des agences qui prélèvent les pensions alimentaires et les distribuent aux parents seuls. La cour entend plusieurs causes types, dont la cause Thibodeau sur l'imposition des pensions alimentaires. La réaction du public conduit le gouvernement fédéral à annoncer, en 1996, que les pensions alimentaires ne seront plus imposables. Un autre jugement, celui de l'affaire LAVELL (1973), concernant une Amérindienne qui a perdu son statut et ses privilèges par son mariage avec un non Amérindien, entraîne l'amendement de la *Loi sur les Indiens*. Depuis 1985, les femmes ayant perdu leur statut d'indienne pour la même raison peuvent le réclamer,

ainsi que leurs enfants de la première génération. Toutefois, des problèmes persistent.

Une des principales préoccupations du mouvement des femmes est d'obtenir une rémunération adéquate pour tout TRAVAIL effectué par des femmes. Dans ce contexte, l'expression «travail» désigne une tâche rémunérée ou une tâche non rémunérée et implique la reconnaissance d'un lien étroit entre les deux. C'est le mouvement des femmes qui, le premier, fait valoir que la tâche accomplie au foyer est effectivement un travail et devrait être considérée comme tel. Le mouvement en faveur du salaire pour le TRAVAIL DOMESTIQUE aide à attirer l'attention sur ce problème. Outre ces préoccupations, des campagnes ainsi qu'une commission fédérale et un comité parlementaire sont mis sur pied pour élargir le réseau de SERVICES DE GARDE, favoriser les congés de maternité et de paternité et faire reconnaître, dans une certaine mesure, le travail effectué par la femme au foyer dans les régimes de retraite et en cas de divorce.

En ce qui concerne la main-d'œuvre rémunérée, les revendications visent d'abord l'obtention d'un salaire égal pour un travail égal. Dans les années 80, ces revendications donnent lieu à la comparaison des emplois de façon à pouvoir établir des échelles de salaires équitables pour des emplois nécessitant compétences, efforts et responsabilités équivalentes. La Commission d'enquête sur l'égalité en matière d'emploi (Commission Abella), qui dépose son rapport en 1984, soumet certaines recommandations pour apporter des changements radicaux. L'équité salariale et l'équité en matière d'emploi deviennent une source de préoccupation pour les syndicats, les employés et les gouvernements. Certains programmes visent à abolir la discrimination qui existe depuis longtemps en facilitant la promotion des femmes à des niveaux hiérarchiques et à des genres d'occupations traditionnellement réservés aux hommes. On tente aussi de faire reconnaître la contribution des femmes en tant qu'associées de leur mari dans une entreprise non incorporée, de sorte que le salaire payé à l'épouse puisse être évalué à des fins juridiques et fiscales.

L'action féministe la plus controversée reste l'affirmation du droit de la femme à être maîtresse de son corps en ce qui concerne, notamment, la fertilité, les rapports sexuels, la violence sexuelle et le pouvoir médical sur la santé des femmes. Les plus ardentes manifestations touchent au droit à l'AVORTEMENT, lutte entreprise à la fin des années 60. Le Dr Henry MORGENTALER, qui prône l'établissement de cliniques d'avortement autonomes, est au centre du débat. Après plusieurs procès, il est finalement acquitté au Québec, où l'avortement peut maintenant être pratiqué dans les cliniques de planning familial. Le sujet de l'avortement rebondit de nouveau dans les années 80, après que le Dr Morgentaler a ouvert, en 1983, des cliniques d'avortement à Toronto et Winnipeg. Ce dernier est de nouveau poursuivi et acquitté par un jury. Le procureur de la Couronne en appelle de ce verdict et ordonne un nouveau procès. C'est alors que le Dr Morgentaler porte sa cause devant la Cour suprême du Canada.

Au début de 1988, la Cour suprême, dans un geste historique, désavoue la loi canadienne en matière d'avortement. En 1991, les sénateurs rejettent, par une seule voix, une nouvelle loi fédérale. Par la suite, le gouvernement choisit de ne pas proposer de nouvelles mesures législatives. Le Canada ne possède donc aucune loi spécifiquement consacrée à l'avortement. En pratique, cela signifie que l'accessibilité à l'avortement varie selon les régions en fonction des coûts, de la présence de cliniques et du consentement des médecins à pratiquer des avortements dans les hôpitaux.

Le débat sur l'avortement a pour corollaire une réévaluation des pratiques et des recherches médicales dans le domaine de la contraception. Il soulève les questions suivantes: faut-il que la femme supporte seule le fardeau de la contraception? Pourquoi est-elle seule à subir les effets secondaires des contraceptifs? Pourquoi la recherche sur la contraception masculine est-elle si lente? Pourquoi les médecins pratiquent-ils si souvent l'hystérectomie sur des femmes ménopausées? De telles interrogations ont incité les féministes à produire des «trousses» médicales rassemblant une documentation écrite et visuelle visant à promouvoir les cliniques de santé des femmes, la médecine alternative et le suivi des grossesses et des naissances hors du milieu hospitalier. Concrètement, ce débat mène notamment à la légalisation et à l'institutionnalisation du travail des sages-femmes dans plusieurs provinces.

En raison des changements rapides qui surviennent dans le domaine des méthodes artificielles de procréation et des dispositions sociales les concernant, toute la question du contrôle par la femme de son processus de reproduction prend une nouvelle dimension et il faut s'en occuper sans tarder. D'une part, certaines techniques comme la fécondation in vitro et la transplantation d'embryons permettent à des femmes stériles d'avoir des enfants. D'autre part, toutes ces techniques et ces dispositions sociales soulèvent des problèmes d'un type et d'une ampleur inconnus jusque là. Qui devrait profiter de ces méthodes? Doit-on tenir compte de l'orientation sexuelle, de la situation maritale et de la capacité de payer? Les groupes de femmes allèguent que ces facteurs ne doivent pas constituer un obstacle. Mais devrait-on même utiliser ces techniques?

Les médecins interviennent désormais dans le processus de reproduction et détiennent littéralement le pouvoir de façonner le matériel génétique des nouveaux être humains lorsqu'ils utilisent certaines de ces nouvelles méthodes. Or, les lois et les politiques ayant trait à un grand nombre de ces questions sont soit inexistantes, soit incomplètes. Qui est propriétaire du sperme d'un donneur décédé? Devrait-on permettre le don d'ovules? Si oui, le donneur devrait-il être anonyme et est-il possible de désigner les receveuses? Les cellules humaines sont-elles brevetables? La manipulation des cellules somatiques doit-elle être permise? Comment peut-on exercer une surveillance sur les motifs d'ordre pécuniaire de la reproduction humaine?

En 1987, la Coalition canadienne pour la création d'une commission royale d'enquête sur les nouvelles technologies de reproduction humaine commence à exercer des pressions systématiques sur le gouvernement afin qu'il instaure une commission royale sur la question. Ces efforts portent fruit avec la création, en 1989, de la COMMISSION ROYALE SUR LES NOUVELLES TECHNIQUES DE REPRODUCTION. Toutefois, de profondes dissensions éclatent au sein même de la Commission. À la suite de son rapport, publié en 1994, le ministre de la Santé réclame, au début de 1996, un moratoire volontaire concernant certaines pratiques, demande dont personne n'a encore tenu compte.

Le pouvoir de l'homme sur le corps de la femme s'exprime aussi longtemps par la violence. De nouveaux centres de transition pour femmes battues ouvrent leurs portes dans plusieurs villes, et les analyses et les rapports sur ce sujet, auparavant tabous, sont publiés dans les journaux et les magazines. Le VIOL, principale manifestation de l'agression contre les femmes, sort du silence qui l'entoure. À compter de 1973, des centres d'aide aux victimes de viol sont mis sur pied dans les grands centres urbains; des groupes de pression se forment pour accélérer les modifications de la loi; chaque automne, des citadines manifestent pour faire valoir leur droit de marcher en toute sécurité, le soir, dans les rues et, chaque année, des milliers de Canadiennes suivent des cours d'autodéfense.

En 1990, un jeune homme armé tue 14 jeunes femmes à l'École polytechnique de Montréal, en s'écriant: «Vous êtes toutes des féministes!». Cette tragédie rallie des femmes et des hommes de tout le

Canada contre toute forme de violence faite aux femmes et aux enfants, y compris l'inceste, le viol par une connaissance et le harcèlement sexuel. Le gouvernement fédéral met sur pied le Centre canadien sur la violence faite aux femmes, qui présente son rapport en 1993. La loi sur le contrôle des armes à feu est la mesure qui fait l'objet du plus grand battage publicitaire de la part du gouvernement fédéral.

Le nouveau féminisme influence aussi les arts, l'activité créatrice, l'éducation et les médias. Les débats sur les femmes sont analysés, évalués, disséqués et, en conséquence, les femmes utilisent de nouveaux langages, de nouvelles images et méthodes d'analyse.

Au cours des dernières années, l'écriture féminine a connu une explosion sans précédent. Les femmes discutent maintenant de leur condition. Elles parlent de choses auparavant privées, cachées ou mythifiées comme le viol, l'inceste et la violence familiale. Certains écrits dénoncent l'oppression faite aux femmes; d'autres «glorifient les différences» et traitent de la maternité, des tâches quotidiennes de la mère, des enfants, du mariage, de la famille, de la relation entre la femme et la nature, et de l'amour entre femmes. Des auteurs comme Nicole BROSSARD, Louky Bersianik, Madeleine Gagnon, Denise Boucher, Margaret ATWOOD, Alice MUNRO, Jane RULE et plusieurs autres marquent un point tournant dans les littératures québécoise et canadienne. Au cours des années 80 et 90, des écrivaines et des poètes comme Gloria Escomel intègrent le féminisme dans la pluralité des expériences des femmes. Des productions théâtrales sont acclamées, parmi lesquelles *La Nef de sorcières* (1976), écrite par un groupe de féministes, *Les Fées ont soif* (1978) de Denise Boucher et *Jenny's Story* (1982) de Betty Lambert. Des troupes de théâtre féministes existent depuis les années 70 et les pièces féministes font maintenant partie du répertoire des petits et des grands théâtres.

Dans les médias, les journalistes féministes et l'action des groupes féministes ont eu un effet certain en favorisant une plus grande prise de conscience du rôle des femmes en tant que lectrices et actrices de l'actualité. Les collaboratrices de plusieurs journaux et périodiques importants écrivent maintenant dans une optique explicitement féministe. Cependant, les relations entre le mouvement féministe et les médias demeurent tendues, ces derniers donnant parfois une fausse image du mouvement. Par conséquent, une presse féministe a vu le jour, avec ses propres publications et son réseau de distribution.

Des humoristes, des rockeuses et des artistes de sexe féminin politiquement engagées s'adressent sans détour à leur auditoire. Des productrices de l'OFFICE NATIONAL DU FILM réalisent ou coréalisent, par l'intermédiaire du Studio D, des documentaires dont l'importante série *En tant que femmes* (1973) de même que *C'est surtout pas de l'amour, Le temps des bûchers, On the Eight Day et Forbidden Love: The Unashamed Story of Lesbian Lives.* En 1996, le Studio D ferme ses portes.

Le marché de la vidéocassette a toujours été ouvert aux femmes: en 1975, pour célébrer l'Année internationale de la femme, des centres féministes de production et de distribution de vidéos ont ouvert leurs portes dans huit villes canadiennes. Certains existent encore et produisent, chaque année, des œuvres réalistes ou fictives distribuées par des groupes communautaires ou éducatifs.

Un effort considérable vise à éliminer le sexisme dans l'éducation. Les ÉTUDES DES FEMMES font maintenant officiellement partie de nombreux programmes d'études. En 1983, le CONSEIL DE RECHERCHES EN SCIENCES HUMAINES DU CANADA crée un comité pour promouvoir l'égalité des sexes dans la recherche en sciences humaines et sociales. Il publie une brochure, rédigée par Eichler et Lapointe, intitulée *Le traitement objectif des sexes dans la recherche*, selon laquelle une bonne

recherche doit être non sexiste. En général, l'intégration de la femme dans notre système de pensée est maintenant largement perçue comme un aspect prioritaire et légitime, quoique ce processus ne fasse que débuter.

Depuis les années 90, le plus grand défi auquel doivent faire face les mouvements féministes, tout comme les autres groupes engagés socialement, sont les changements de politique qui surviennent dans un contexte de déficit et de réduction de la dette, tant à l'échelle fédérale que provinciale. Les compressions dans les programmes et l'abolition des infrastructures n'ont pas la même envergure d'une province à l'autre, mais la tendance générale est à la réduction des dépenses publiques dans les programmes sociaux. Or, ces programmes, souvent destinés aux personnes pauvres et défavorisées, concernent un nombre disproportionné de femmes. Celles-ci sont donc particulièrement affectées par la façon dont le gouvernement canadien équilibre son budget.

L'appauvrissement des femmes et d'autres groupes défavorisés, qui découle de la globalisation de l'économie, peut conduire à la formation de nouvelles coalitions entre les groupes populaires en quête d'équité à l'échelle nationale et internationale. P. ex., en 1995, des femmes ont participé à la marche du Pain et des roses qui, en 10 jours, les amena à Québec et visait à rappeler le côté dramatique de la pauvreté.

Conclusion Depuis sa résurgence, le féminisme a une emprise sociale certaine. En définitive, la création d'une justice sociale pour la femme implique une profonde restructuration de la société, de notre façon de penser et de notre expérience du monde. En insistant sur le fait que «le privé est politique», le mouvement féministe a fait de l'inégalité sociale de la femme une affaire publique. Cette réalisation en elle-même est majeure.

En raison de l'évolution de la situation, de nouveaux problèmes surgissent et doivent être réglés. En 1996, au Canada, la globalisation, la pénurie de bons emplois, les compressions dans les programmes sociaux, la désinstitutionnalisation et le transfert des responsabilités du gouvernement fédéral aux gouvernements provinciaux ou aux administrations municipales, la diminution des normes nationales ou provinciales et la détérioration de l'environnement sont des questions qui préoccupent le mouvement des femmes autant que celles que nous avons mentionnées ci-dessus. Quant aux autres dossiers, comme les SERVICES DE GARDE, l'étendue de la tâche a été définie, mais la mise en application n'est pas encore chose faite.

Margrit Eichler et Marie Lavigne

Mouvement pacifiste Ce mouvement ne date pas d'hier et il joue un rôle important. Les mennonites et les quakers, adhérant à une idéologie pacifiste, dénoncent depuis toujours les méfaits de la guerre et du militarisme. Vers la fin des années 50 et 60, la conscience des dangers liés aux essais nucléaires dans l'atmosphère et le débat qui porte sur la présence d'armes nucléaires dans le pays font converger les opinions quant aux premiers du mouvement pacifiste canadien. En 1952, une section canadienne du Mouvement universel pour une fédération mondiale est établie en réponse au sentiment grandissant de frustration, causé par les tensions liées à la guerre froide et par le fait que l'ORGANISATION DES NATIONS UNIES ne remplit pas son mandat. En 1957, la première conférence de PUGWASH, qui réunit des scientifiques, est tenue dans la ville du même nom, en Nouvelle-Écosse, et on fonde l'Institut canadien de recherches pour la paix. Le Congrès canadien de la paix, qui entretient des relations étroites avec le Parti communiste du Canada, est aussi très présent.

C'est à cette époque qu'apparaît LA VOIX DES FEMMES au Canada et qu'on institue la fête annuelle Mothers' Day Vigil. C'est un événement important pour les femmes qui souhaitent contredire les hypo-

thèses avancées sur la sécurité militaire et sur le rôle des femmes dans la société. Cet événement est également important en raison des bases jetées pour élargir la définition du mouvement actuel pour la paix, en ce qui concerne non seulement le contrôle des armements, mais également la restructuration complète de la société et de ses priorités. Bien qu'avant-gardistes, ces groupes ne recueillent que peu d'appuis, sont souvent associés à la gauche et la population les considère comme ayant peu d'importance. Cette même population croit que la paix est synonyme de dissuasion pour contrer les forces militaires soviétiques.

Vers la fin des années 60, le Mouvement pour la paix au Canada est solidaire sur la question de la GUERRE DU VIÊTNAM et critique la faiblesse affichée par le Canada, en raison de son incapacité à se distancier des politiques américaines. En comparaison, et malgré le fait qu'il s'agisse de la période d'escalade de la course à l'armement nucléaire avec l'URSS, les années 70 sont relativement calmes. D'ailleurs, l'atmosphère de détente fait place à une certaine complaisance. La fin de la décennie voit naître des tensions grandissantes entre les superpuissances en raison d'événements tels que l'invasion soviétique de l'Afghanistan et le déploiement soviétique de missiles nucléaires de portée intermédiaire pointés vers l'Europe de l'Ouest. Sans compter la décision de l'OTAN d'utiliser une double politique qui consiste en un déploiement de missiles de portée intermédiaire visant à dissuader l'URSS et l'imposition de la loi martiale en Pologne. L'Initiative de défense stratégique américaine (IDS) de 1983 et l'abandon des négociations sur le contrôle des armements par l'Union soviétique au moment du déploiement des missiles par l'OTAN, plus tard cette même année, contribuent à accroître les tensions entre l'Est et l'Ouest. Il va sans dire que ces événements créent un climat fort alarmant pour tous ceux qui sont en faveur du mouvement pacifiste au Canada et à l'étranger.

La résurgence du mouvement pour la paix dans les années 80 se manifeste par un réseau informel de groupes présentant des différences sur le plan des objectifs, des idéologies et des membres. L'élément unificateur est l'inquiétude manifeste à l'égard de la menace pour le genre humain que représente cette course effarante aux armements, qui engloutit des ressources de plus en plus rares et qui tient la sécurité en otage avec des dépenses toujours croissantes. Le mouvement prend de plus en plus d'ampleur. Des coalitions urbaines majeures se forment telles que le Toronto Disarmament Network, le Winnipeg Coordinating Committee on Disarmament, l'End the Arms Race de Vancouver, ainsi que des groupes religieux comme le PROJECT PLOUGHSHARES, parrainé par le Conseil canadien des Églises, et les organisations de médecins, de scientifiques, de professeurs, d'avocats, d'anciens combattants, d'artistes et d'athlètes. Il existe une multitude de groupes en faveur de la paix dans tout le pays. Les membres sont issus des zones rurales et urbaines et représentent tous les groupes d'âge, les femmes y jouant un rôle de plus en plus important.

Plusieurs groupes relèvent de l'Alliance canadienne pour la paix (ACP). Fondée en 1985, l'ACP est composée de 350 personnes et de groupes pacifistes représentant quelque 1500 autres organisations dont les intérêts portent avant tout sur les mesures de paix. L'ACP entretient des liens étroits avec le mouvement syndical et 20 p. 100 de ses membres sont affiliés au Congrès du travail du Canada.

Une des associations pacifistes qui a le plus d'envergure au Canada s'appelle Project Ploughshares et bénéficie du soutien du Conseil canadien des Églises. Instauré en 1976, il compte maintenant plus de 7500 membres des plus grandes Églises du Canada. Ses intérêts portent sur trois grands domaines: la sécurité alternative, qui vise à proposer d'autres approches en matière de politique de défense et de contrôle des armes et désarmement; le militarisme et le sous-développement, particulièrement les dépenses militaires et le commerce des armes dans les pays en développement; et les politiques en matière d'exportation et de production militaires au Canada. Ploughshares élabore aussi une campagne nationale pour la recherche, la sensibilisation et la publication de documents sur la relation entre le contrôle des armes et le développement.

L'OPÉRATION DÉSARMEMENT, qui voit le jour en 1977, joue un rôle important vers la fin des années 70 et le début des années 80 (l'organisme disparaît vers 1991). L'objectif principal de l'Opération, à cette époque, est de faire un référendum mondial sur la question du désarmement. Aujourd'hui, comptant près de 11 000 membres, ses activités principales sont le lobbying, la sensibilisation de la population, la coordination de campagnes et la réalisation de fronts communs. Elles tendent toutes vers un seul et même but, c.-à-d. faire en sorte que le Canada devienne une zone exempte d'armes nucléaires.

En 1979, un groupe de médecins torontois forme les MÉDECINS CANADIENS POUR LA PRÉVENTION DE LA GUERRE NUCLÉAIRE (MCPGN) – l'Association des médecins pour la survie mondiale, depuis 1994 – et se rallie à un réseau médical international pour devenir une autorité en la matière. Vers 1987, il existe 26 associations de MCPGN, comptant près de 4200 partisans, dont 10 p. 100 sont des médecins canadiens. Les membres proviennent de partout au Canada et on y compte des infirmières, des physiothérapeutes et autres professionnels de la santé. Les MCPGN parlent énormément des conséquences médicales que peut provoquer un échange nucléaire, aussi minime soit-il. Les psychologues, qui ont aussi formé leur propre groupe, dénoncent l'effet nocif provenant de la menace d'une éventuelle guerre nucléaire sur la jeunesse canadienne.

Les scientifiques se penchent également sur la question de la paix et des mesures de sécurité, et plus particulièrement sur la relation entre la science et la société. Des organisations telles que Scientists for Peace se concentrent sur la course aux armements et sur la menace d'une guerre nucléaire, tandis que Pugwash et Student Pugwash tiennent compte de plusieurs aspects, comme la déontologie médicale, l'environnement, la course aux armements et le développement du tiers-monde. Les anciens combattants ont aussi leur place au sein de la communauté pacifiste. Le mouvement des Vétérans contre les armes nucléaires fait du lobbying auprès des politiciens et des fonctionnaires des ministères de la Défense nationale et des Affaires étrangères. Le groupe des Lawyers for Social Responsability est le reflet de l'inquiétude grandissante au sujet de la paix et de la sécurité des professionnels de classe moyenne. Cette organisation favorise les recherches juridiques sur la paix, la guerre et le désarmement, présente des travaux avec un point de vue juridique sur ces questions et offre des conseils juridiques aux groupes et aux personnes qui œuvrent pour la paix.

Les enseignants sont parmi les plus actifs dans le mouvement pacifiste. Un des développements les plus importants des années 80 est l'introduction de l'éducation planétaire ou pacifique dans les écoles canadiennes. Les enseignants exercent une pression continuelle sur les commissions scolaires pour que les études sur la paix et des cours sur la compréhension mondiale fassent partie du programme d'études régulier.

De nouveaux instituts de recherche font d'importantes contributions au débat sur la paix et la sécurité. L'Institut canadien pour la paix et la sécurité internationales (ICPSI) est créé en juin 1984 en tant que société d'État (l'Institut est aboli en 1992). Afin d'assurer son indépendance, la loi prévoit le financement qui lui sera accordé et la méthode de sélection des membres du conseil d'administration. Le mandat de l'Institut est de sensibiliser les gens aux questions qui portent sur la paix et la sécurité internationales,

une perspective canadienne. L'Institut offre du financement et de l'information aux groupes qui souhaitent ouvrir le débat sur la paix et la sécurité, ainsi que pour la publication de recherches.

Le Centre canadien pour le contrôle des armements et le désarmement, fondé en 1983, est un organisme privé à but non lucratif, situé à Ottawa (depuis 1995, le Centre porte un nouveau nom, le Conseil canadien pour la paix et la sécurité internationales). Le Centre fait aussi beaucoup de recherches sur les politiques de paix et de sécurité et il communique les résultats obtenus dans le cadre d'un programme d'information. Bien qu'on y trouve tous les aspects qui se rapportent au contrôle des armements, le Centre est enclin à se pencher sur des questions qui touchent directement le Canada et qui permettront aux politiques canadiennes d'avoir des répercussions directes sur le processus mondial de contrôle des armements.

Le ministère des Affaires extérieures encourage aussi la discussion sur les questions de paix et de sécurité. Le groupe consultatif, qui a été aboli vers 1990, réunissait, chaque année, quelque 50 Canadiens pour une discussion sur la paix et la sécurité, présidée par l'ambassadeur du désarmement. Le Fonds du désarmement était important pour le financement de groupes ou de personnes qui s'engageaient de façon pondérée dans les discussions, la recherche, la diffusion d'information ou la publication de textes portant sur le contrôle des armements et sur le désarmement.

Les activités des groupes pacifistes au Canada ont indubitablement contribué à former l'opinion publique. Des sondages démontrent que les Canadiens ne font plus confiance aux superpuissances et que les gens croient que les risques d'une guerre nucléaire sont accrus au cours des dernières années. Nombre de Canadiens souhaitent que le gouvernement prenne une part plus active dans le désarmement, mais ils demeurent incertains du rôle que le pays doit jouer en ce qui a trait à la sécurité. On parle énormément de sécurité alternative, du besoin de coopération internationale et de l'importance de la résolution pacifique des conflits. Cependant, jusque-là, la majorité des groupes n'ont pas encore trouvé le moyen de concilier le besoin pressant du désarmement avec les exigences liées à la sécurité nationale.

Douglas Roche

Mouvement pentecôtiste Au Canada, ce mouvement est lancé par des chrétiens évangéliques (*voir* MOUVEMENTS ÉVANGÉLIQUE ET FONDAMENTALISTE) qui croient que le monde est prêt à un renouveau spirituel et organisent des assemblées de prière dans ce but. Bon nombre des premiers pentecôtistes viennent des ÉGLISES DE LA SANCTIFICATION et soutiennent que les fidèles doivent être sanctifiés par le Saint-Esprit après avoir été sauvés. Après avoir appris qu'un renouveau débutait sous la direction de W.J. Seymour à Los Angeles, quelques évangélistes canadiens s'y rendent pour y participer. Le premier rapport, rédigé le 9 avril 1906, fait état des signes de renouveau, surtout du premier signe, qui consiste à parler d'autres langues lorsque le croyant est rempli du Saint-Esprit.

«Parler en langues» Ce message du «baptême du Saint-Esprit» est d'abord accueilli à la mission Hebden, rue Queen, à Toronto. Peu après, des anglicans (*voir* ANGLICANISME), des MENNONITES, des catholiques et des méthodistes (*voir* MÉTHODISME) se joignent aux confessions évangéliques et aux Églises de la sanctification en affirmant qu'eux aussi, comme les apôtres du Christ le jour de la première Pentecôte des chrétiens (Actes 2), ont parlé en des langues qu'ils n'avaient jamais apprises, ce qui est la preuve d'une «deuxième bénédiction». Par la suite, il est admis que le fait de «parler en langues» est le signe par excellence du baptême du Saint-Esprit.

L'hostilité de leurs Églises respectives et le besoin de partager leurs expériences amènent ceux qui adhèrent au renouveau à créer une structure dirigée par une organisation-cadre. L'Union pentecôtiste

missionnaire est formée en 1909; au début, ses fins sont missionnaires. Certains dirigeants ne sont pas en faveur de la création d'une organisation officielle, soit parce qu'ils considèrent le gouvernement ecclésiastique comme l'œuvre des hommes, soit parce qu'ils craignent l'intransigeance de la hiérarchie de leurs vieilles Églises. En 1917, les pentecôtistes en viennent à constater qu'ils doivent être constitués en société enregistrée pour obtenir des permis de construction d'églises, d'orphelinats et d'écoles.

Ce fait, ajouté à l'existence de règlements gouvernementaux, que doivent respecter les missionnaires envoyés à l'étranger, et au besoin d'une structure doctrinale et disciplinaire au sein du mouvement entraîne la formation de plusieurs associations. Celles-ci se structurent en fonction de questions doctrinales (p. ex., l'Église apostolique de la Pentecôte, qui rejette le dogme de la Trinité), de l'identité ethnique (p. ex., l'Église pentecôtiste allemande) ou de régions géographiques (p. ex., les Assemblées pentecôtistes de Terre-Neuve).

La plus grande Église pentecôtiste Comptant aujourd'hui 226 000 membres inscrits au Canada, elle reçoit sa charte en 1919 au nom d'Assemblées pentecôtistes du Canada (APC); pendant un certain temps, toutefois, elle est rattachée aux Assemblées de Dieu, la plus grande organisation des États-Unis. Tous les groupes pentecôtistes trinitaires sont actuellement reliés entre eux par l'organisation-cadre de la Communauté pentecôtiste d'Amérique du Nord. À mesure qu'ils se répandent, les pentecôtistes forment d'autres alliances; p. ex., les hommes d'affaires du Canada deviennent membres de l'Association d'hommes d'affaires du Plein Évangile, organisme nord-américain regroupant tous les pentecôtistes et conçu pour joindre les hommes d'affaires qui ne sont pas à l'aise avec le décorum des églises et des ministres. Les églises demeurent quand même la base de la croissance du mouvement: lors du recensement de 1981, 300 000 personnes se déclarent pentecôtistes pratiquantes; en 1995, les dirigeants pentecôtistes estiment que le nombre de participants actifs des Églises pentecôtistes canadiennes dépasse largement 500 000.

Fermeté des pentecôtistes Les pentecôtistes demeurent fermes en s'en tenant aux limites évangéliques en ce qui concerne les questions de politique sociale. P. ex., la tradition ne permettait pas aux ministres pentecôtistes de marier une personne divorcée parce que le divorce était considéré comme un signe de péché; en 1993, cependant, la politique des APC est modifiée pour permettre cette pratique. En se propageant dans la classe moyenne, le mouvement adopte les formes courantes de la culture canadienne en intégrant la musique populaire à sa liturgie et en utilisant la radio et la télévision pour faire sa propagande. Entre autres, les pentecôtistes s'installent dans les banlieues et élaborent des programmes très bien organisés et variés qui se déroulent dans de grands auditoriums.

La plus récente «effusion de l'Esprit» s'est tenue en 1994 au Toronto Airport Christian Fellowship. Des charismes spectaculaires, notamment la sainte «ivresse» et le rire, ont attiré des gens du monde entier et sont à l'origine du renouveau surnommé «bénédiction de Toronto». Les retombées de cette manifestation pentecôtiste se font maintenant sentir dans la plupart des grands pays du monde.

Les pentecôtistes canadiens utilisent la télévision de façon plus discrète que leurs confrères américains. Aux États-Unis, des prédicateurs comme Oral Roberts recrutent de nombreux adeptes grâce à la télévision; au Canada, le CRTC impose des restrictions à l'usage de la télévision à des fins confessionnelles. Le télé-évangéliste pentecôtiste qui obtient le plus de succès est David Mainse, dont l'émission *100 Huntley Street* est écoutée dans tout le pays, mais il est tenu de présenter un message qui, en grande partie, ne doit se rattacher à aucune confession. La pentecôtiste la mieux connue au Canada semble toujours être l'évangéliste ontarienne Aimee Semple MCPHERSON, qui va vivre à Los Angeles et fonde l'International Church of the Foursquare Gospel, organisation américaine qui possède des filiales au Canada.

Earle Waugh

Mouvement pour la tempérance Ce mouvement de limitation de la consommation d'alcool apparaît au début du XIXe siècle. À cette époque, l'aide sociale est presque inexistante et la majorité des Canadiens sont agriculteurs, pêcheurs ou petits commerçants indépendants. Les gens croient alors que la discipline personnelle est essentielle à la réussite économique et que l'alcoolisme va à l'encontre de cette discipline. C'est pourquoi ils décident de boire avec modération ou de pratiquer l'abstinence totale. Beaucoup sont d'avis que la pauvreté en milieu urbain, qui fait suite à l'urbanisation croissante du milieu du XIXe siècle, est une conséquence de l'alcoolisme. On commence donc à moins insister sur la tempérance en tant que choix personnel et l'idée d'une PROHIBITION légale en tant que choix de société passe au premier plan. Les convictions religieuses et les problèmes de criminalité sont des motivations secondaires, bien que les désordres causés par l'alcoolisme chez les ouvriers qui construisent les chemins de fer dans les Prairies constituent un argument puissant.

Vers 1900, les prohibitionnistes soutiennent aussi que la prohibition forcerait les immigrants européens à se conformer à ce qu'ils considèrent comme la norme canadienne de comportement.

Les premières sociétés canadiennes de tempérance apparaissent vers 1827 dans le comté de Pictou, en Nouvelle-Écosse, et à Montréal. Elles tolèrent la consommation modérée de bière et de vin, une attitude qui persistera au Québec, mais qui fera place partout ailleurs à l'abstinence ou à la prohibition totale. Même si l'objectif devient la prohibition plutôt que la tempérance, les groupes qui préconisent la tempérance, l'abstinence ou la prohibition sont tous communément appelés sociétés de tempérance. Vers 1848, la loge des Sons of Temperance, fraternité prohibitionniste des États-Unis qui s'inspire des Odd Fellows, est constituée au Canada. Il y a d'autres loges du même genre, comme les Royal Templars of Temperance et l'Ordre international des bons templiers. Après plusieurs décennies de popularité, les loges de tempérance connaissent un déclin rapide après 1890. La plus importante société féminine de tempérance est la WOMEN'S CHRISTIAN TEMPERANCE UNION, mouvement américain dont la version canadienne est fondée en 1874 par Letitia YOUMANS, de Picton, en Ontario. C'est l'une des rares organisations au sein desquelles les femmes peuvent jouer un rôle politique. En 1875, les centaines de sociétés, de loges et de groupes confessionnels prohibitionnistes se rassemblent à Montréal pour former une fédération, le Dominion Prohibitory Council, qui prend en 1876 le nouveau nom de Dominion Alliance for the Total Suppression of the Liquor Traffic et devient le principal organisateur des campagnes de prohibition. Le secrétaire, Francis Stephens Spence, de Toronto, est pendant longtemps une figure dominante de l'organisme. Principalement anglaise et protestante, la Dominion Alliance n'encourage pas les francophones et les catholiques à s'y rallier. En plus, les catholiques, surtout du côté francophone, considèrent la prohibition comme une mesure extrémiste. Lorsque le pendant de la Dominion Alliance est constitué en 1906 sous le nom de Ligue antialcoolique, il préconise la restriction légale du commerce des boissons alcooliques, mais non la prohibition totale.

En matière de commerce, il y a partage des compétences entre les gouvernements: les provinces peuvent interdire la vente au détail, tandis que le gouvernement fédéral peut interdire la production de boissons alcooliques, le commerce de gros, le commerce de détail, ainsi que le commerce interprovincial. Toutefois, aucun des deux ordres de gouvernement n'est emballé par l'idée de la prohibition, qui ferait diminuer les recettes fiscales et perdre des appuis aux partis. Les deux paliers adoptent souvent des lois de compromis dites «d'option locale», comme la *Loi canadienne sur la tempérance* en 1878, qui donne aux administrations locales le droit d'interdire par scrutin populaire la vente de boissons alcooliques au détail. Par ailleurs, on a souvent recours au référendum comme mesure dilatoire ou pour faire retomber sur l'électorat la responsabilité des lois en la matière. Un effet non calculé de cette tactique est que les prohibitionnistes acquièrent de l'expérience politique en organisant des campagnes sur l'option locale et des référendums, ce qui les conduit à une importante victoire lorsque le gouvernement de l'Île-du-Prince-Édouard interdit, en 1900, la vente des boissons alcooliques au détail.

Le mouvement est presque à son apogée au début de la PREMIÈRE GUERRE MONDIALE. La consommation d'alcool est relativement faible, même si elle commence à augmenter après avoir diminué pendant un demi-siècle. Le mouvement compte sur une organisation et un financement considérables. Le principe de l'option locale est généralement accepté. La Dominion Alliance lance finalement une campagne en présentant la prohibition comme une mesure patriotique, ce qui rend quasi impossible de s'y opposer plus longtemps. En 1915 et en 1916, toutes les provinces sauf le Québec interdisent la vente de boissons alcooliques au détail. Le Québec n'interdit que brièvement la vente de spiritueux au détail en 1919. La prohibition n'est pas longtemps en vigueur. Le gouvernement fédéral interdit la production, l'importation et la vente de boissons alcooliques en 1918 par voie d'arrêtés en conseil, mais ceux-ci arrivent à expiration peu après la guerre. Pendant les années 20, la plupart des lois provinciales sont abolies et les gouvernements deviennent eux-mêmes vendeurs. L'Île-du-Prince-Édouard emboîte le pas en 1948. Entre-temps, les producteurs canadiens d'alcool trouvent aux États-Unis un important marché illégal, car la prohibition n'y est abolie qu'en 1933, et gardent une large part de ce marché jusqu'à nos jours. L'affirmation selon laquelle la prohibition a été abolie à cause de son inefficacité est discutable. On ne peut se prononcer sur l'efficacité des lois parce qu'elles n'ont pas été en vigueur assez longtemps et ont été appliquées de façon trop inégale. On a prétendu, au contraire, que la prohibition encourageait la consommation d'alcool, mais c'est très douteux car, une fois légalisée, la consommation augmente régulièrement. L'échec de la prohibition est plus probablement causé par des changements qui touchent la société canadienne et le mouvement lui-même.

Les travailleurs autonomes qui considèrent la tempérance comme un facteur de réussite économique constituent un pourcentage de plus en plus faible de la population comparativement aux travailleurs urbains, qui n'ont que de faibles espoirs de promotion sociale. Cela explique le recul du vote prohibitionniste dans les années 20. Au sein du mouvement, la prohibition fournit l'occasion d'étudier attentivement les problèmes urbains et amène beaucoup de ses adeptes à conclure que ces problèmes sont causés davantage par le système politique et économique que par l'alcoolisme. Beaucoup quittent le mouvement. On croyait que le fait d'accorder le droit de vote aux femmes jouerait en faveur de la prohibition, car, selon l'opinion générale, les femmes étaient sympathiques au mouvement. Toutefois, même si elles votent aux référendums des années 20, l'appui accordé à la prohibition diminue constamment. Le mouvement pour la tempérance doit son origine à des conditions sociales qui ont presque cessé d'exister lorsqu'il réussit à imposer la prohibition. Toutefois, le mouvement reste valable comme moyen adopté par les Canadiens pour faire face à des problèmes sociaux.

Graeme Decarie

Mouvement pour une journée de travail de neuf heures Groupement ouvrier international qui tente d'écourter la journée de travail. Au Canada, il exerce son influence de janvier à juin 1872. Les travailleurs d'Hamilton sont les premiers à réclamer la journée de 9 heures, alors qu'il est courant de travailler jusqu'à 12 heures par jour. Ce mouvement de revendication se propage toutefois rapidement à Toronto et à Montréal et gagne des appuis dans les villes de l'Ontario, entre Sarnia et Perth. À l'Est, le mouvement fait parler de lui jusqu'à Halifax. Pour la première fois, les travailleurs canadiens protestent unanimement, élaborent des tactiques de résistance et se nomment des chefs articulés parmi la classe ouvrière. Les ligues pour la journée de neuf heures regroupent salariés syndiqués et non syndiqués. Puis, en mai, leurs représentants syndicaux forment la Canadian Labor Protective and Mutual Improvement Association.

Certains journaux encouragent la cause des travailleurs. En mars et en avril, l'échec de la grève des imprimeurs de Toronto rappelle aux travailleurs que les employeurs s'opposent farouchement aux initiatives ouvrières et que les syndicats sont illégaux au Canada. Le 15 mai, les «pionniers de la neuvième heure» d'Hamilton défient cette opposition et organisent une manifestation réunissant 1500 travailleurs. Des ouvriers qualifiés et respectables deviennent des chefs syndicaux. James Ryan, ingénieur-machiniste de la Great Western Railway, qui vient d'arriver au Canada, est la figure de proue à Hamilton. À Toronto, son homologue est John HEWITT, tonnelier, et à Montréal, James Black.

Malgré quelques victoires, le mouvement échoue en raison de l'hostilité des employeurs et de la récession qui suit la prospérité des lendemains de la Confédération, sans compter les dissensions au sein même de la classe ouvrière. Les femmes et les travailleurs non spécialisés étant pratiquement abandonnés à leur sort, la lutte favorise certains secteurs plus que d'autres. Tout cela, conjugué aux échecs apparents des grèves et à un manque de planification, réduit les chances du mouvement d'obtenir satisfaction sur le plan politique grâce au DROIT DU TRAVAIL.

Le mouvement n'est toutefois pas un échec total. Sa lutte de 1872 met en évidence l'existence de la classe ouvrière et rappelle que ses intérêts, ses institutions et ses vues politiques traduisent une situation sociale et des besoins économiques particuliers. Ce premier pas, vacillant mais nécessaire, prouve la capacité des travailleurs de se prendre en main. Ils obtiennent par la suite le droit de se grouper en syndicats. Les activistes de la classe ouvrière gagnent d'importantes batailles immédiatement après 1872: l'abolition des lois répressives, l'adoption de mesures législatives donnant plus de pouvoir aux travailleurs et l'élargissement du droit d'association. Les pionniers de la neuvième heure ont ainsi ouvert la voie au SYNDICAT DU TRAVAIL DU CANADA.

Bryan D. Palmer

Mouvement sécessionniste En 1867, un grand nombre de Néo-Écossais sont peu enclins à appuyer la CONFÉDÉRATION. Lors des élections de septembre 1867, les forces s'opposant à la Confédération remportent 36 des 38 sièges de l'Assemblée législative provinciale et 18 des 19 sièges à la Chambre des communes. Leur opposition repose sur la conviction que la Nouvelle-Écosse est une communauté maritime qui partage une affinité naturelle avec la Grande-Bretagne et des liens historiques avec la Nouvelle-Angleterre. Pour des gens dont la prospérité tient d'abord au commerce international et à la navigation, cette confédération, qui suppose une réorganisation de leurs activités commerciales vers l'intérieur, n'a guère d'attrait. La Grande-Bretagne refuse cependant de laisser la Nouvelle-Écosse faire sécession. Lorsque Joseph HOWE se rend à l'évidence et accepte de se joindre au gouvernement de sir John A. MACDONALD en retour de subventions provinciales accrues, les forces opposées à la Confédération s'effondrent.

En 1886, le mouvement sécessionniste refait surface, dirigé cette fois par le premier ministre libéral William S. FIELDING. Axant sa campagne sur la question du retrait de la Confédération par la Nouvelle-Écosse et insistant sur le besoin de subventions supplémentaires, le parti de Fielding remporte cette année-là 29 des 38 sièges. Ses partisans se regroupent surtout dans les régions plus étroitement liées à l'économie maritime traditionnelle et aux activités de commerce maritime international. Les opposants à une éventuelle sécession sont plus nombreux dans les zones de la province qui commencent à s'industrialiser, surtout dans les régions des mines de charbon et dans les villes situées le long du CHEMIN DE FER INTERCOLONIAL, qui relie la Nouvelle-Écosse à l'intérieur du continent. Ce second mouvement sécessionniste s'effondre rapidement après la victoire du Parti conservateur qui remporte 14 des 21 sièges de la Nouvelle-Écosse lors des élections fédérales de février 1887.

Colin D. Howel

Mouvement Social Gospel Formé afin de résoudre, au moyen des principes chrétiens, les problèmes collectifs d'une société en voie d'industrialisation, le mouvement Social Gospel est une force importante sur la scène religieuse, sociale et politique des années 1890 aux années 1930. Sa puissance étonnante s'explique par l'expansion remarquable des Églises protestantes, surtout évangéliques (*voir* MOUVEMENTS ÉVANGÉLIQUE ET FONDAMENTALISTE), pendant la seconde moitié du XIXᵉ siècle. Expression privilégiée du nationalisme évangélique pendant plusieurs décennies, le mouvement Social Gospel exerce aussi une forte influence laïcisante du fait qu'il adopte facilement des idées contemporaines comme le progressisme libéral, le darwinisme de réforme, la critique biblique et l'idéalisme philosophique comme véhicules de son message de salut social. Toutefois, il élabore aussi une spiritualité propre qui confère à l'engagement social une valeur religieuse, laquelle s'exprime par des prières, des hymnes, des poèmes et des romans de «réveil social». La croyance fondamentale du mouvement est que Dieu est à l'œuvre dans les changements sociaux pour établir un ordre moral et une justice sociale. C'est une conception optimiste de la nature humaine, et le mouvement nourrit de grands espoirs de réforme sociale. Les dirigeants reformulent des notions chrétiennes traditionnelles comme celles du péché, de l'expiation, du salut et du royaume de Dieu en insistant sur un contenu social adapté à une société de plus en plus collectivisée. Le mouvement Social Gospel en général donne naissance à la nouvelle discipline théorique de la morale sociale. Au Canada en particulier, c'est surtout sous son impulsion que s'élaborent les premiers programmes de sociologie.

Le mouvement apparaît au Canada dans les années 1880, décennie marquée par le matérialisme, la corruption politique, de grandes difficultés économiques et une agitation croissante des milieux urbains. En réaction aux difficultés de l'époque et au négativisme protestant détaché du monde présent, de jeunes protestants comme J.W. Bengough et Salem BLAND, ainsi que des philosophes idéalistes comme John WATSON à l'U. Queen enthousiasmés par des prophètes sociaux comme Carlyle, Ruskin, Tolstoï et Henry George, cristallisent un mouvement qui, au milieu des années 1890, est devenu omniprésent dans le journalisme religieux, les instituts ministériels, les conférences d'anciens élèves de collèges et les mouvements de jeunesse. Les premières manifestations du rôle grandissant de l'Église apparaissent avec la fondation de missions urbaines et d'instituts comme le St. Andrew's Institute (Toronto, 1890) et la Fred Victor Mission (Toronto, 1894). Viennent ensuite une série de maisons d'entraide chrétiennes

(1901-1919). C'est probablement le MÉTHODISME qui met le plus facilement en pratique le mouvement Social Gospel, mais toutes les grandes confessions protestantes constituent entre 1894 et 1910 des structures de conseils chargées de s'occuper de leurs préoccupations grandissantes. D'anciennes causes d'ordre moral, comme la tempérance (*voir* MOUVEMENT POUR LA TEMPÉRANCE), l'observation du dimanche et la pureté sociale (lutte contre la prostitution), sont réinterprétées, rajeunies et intégrées aux réformes progressistes.

Sous la direction du presbytérien J.G. Shearer, les Églises se concertent en 1908 à l'échelle nationale et provinciale pour former le Moral and Social Reform Council, et concilient facilement ces préoccupations avec d'autres comme l'enfance, la santé, l'habitation et la réforme urbaine.

En 1912, ce conseil réorganisé devient le Social Service Council of Canada, et les Églises commencent à parrainer des études approfondies sur les conditions de vie en milieu urbain. En 1914, le conseil organise le premier congrès national sur les problèmes sociaux. Sauf quelques exceptions notables, les hommes qui dirigent le mouvement n'accordent guère d'importance au DROIT DE VOTE DE LA FEMME, mais un grand nombre de femmes appartenant au Conseil national des femmes, à la WOMAN'S CHRISTIAN TEMPERANCE UNION et aux organisations de lutte pour le droit de vote des femmes trouvent dans le Social Gospel un moyen d'expression intéressant pour définir les réformes qui sont nécessaires d'après leurs convictions maternelles et féministes.

Le mouvement Social Gospel est souvent défini comme un phénomène urbain, touchant la classe moyenne, mais il attire pourtant des réformateurs agraires et syndicaux. W.C. GOOD, des FERMIERS UNIS DE L'ONTARIO, R.C. Henders, de la Manitoba Grain Growers' Association (*voir* ASSOCIATION DE PRODUCTEURS DE GRAIN), E.A. PARTRIDGE, de la Saskatchewan Grain Growers' Association, et H.W. WOOD, des FERMIERS UNIS DE L'ALBERTA, y adhèrent tous avec enthousiasme, de même que des chefs syndicaux comme James Simpson en Ontario, W.A. Puttee au Manitoba et Elmer Roper en Alberta. Au début de la Première Guerre mondiale, le mouvement devient un facteur primordial de réforme sociale. La guerre renforce la volonté d'atteindre des objectifs sociaux, et l'influence du mouvement parvient ainsi à son apogée. Toutes les réformes qu'il préconise font d'immenses progrès: législation directe, prohibition, droit de vote des femmes, réforme de la fonction publique, bureaux de recherche sociale, expansion des coopératives, affaiblissement du gouvernement de parti et, pour certains adeptes, orientation de l'économie par l'État à des fins d'efficacité nationale.

L'agitation de l'après-guerre permet au mouvement Social Gospel de rehausser encore son prestige en s'associant à la GRÈVE GÉNÉRALE DE WINNIPEG (1919) et à la campagne du PARTI PROGRESSISTE (1919-1921). Les membres radicaux du mouvement, comme J.S. WOODSWORTH et William IRVINE, se détachent de plus en plus du mouvement Social Gospel rattaché aux Églises. Cependant, les réalisations et les espoirs du mouvement sont compromis par le ralentissement économique, la laïcisation du travail social et la réaction populaire contre la PROHIBITION, tandis que les luttes intestines au sein des mouvements syndicaux et agricoles affaiblissent la base militante du mouvement Social Gospel radical. La formation de l'ÉGLISE UNIE DU CANADA (1925), elle-même attribuable en partie au mouvement Social Gospel, n'apaise pas les crises qui s'aggravent dans le mouvement, qui se met à péricliter.

Beaucoup de raisons expliquent ce déclin des années 20: le fait que de nombreuses réformes soient réalisées; un désenchantement qui semble être le contrecoup de la guerre; un affaiblissement général

du désir de faire le bien et de suivre des principes moraux, abandonnés en faveur d'un nouvel hédonisme; déclin de l'idéalisme, qui cesse d'être la philosophie dominante. Le Social Gospel, dont l'idéologie est fondée sur la primauté de la raison dans une âme en harmonie vitale avec un Dieu bienveillant, a peine à survivre dans un monde qui semble animé tantôt par la soif du pouvoir et la déraison, tantôt par la frivolité.

Toutefois, après le choc de la CRISE DES ANNÉES 30, une nouvelle génération s'inspire à la fois d'Alfred North Whitehead, de Reinhold Niebuhr et de Karl Marx pour formuler une doctrine qui, selon les uns, est un nouveau mouvement Social Gospel et que d'autres considèrent comme une forme de «christianisme radical» qui reconnaît la nécessité du renouveau personnel autant que du renouveau social, qui admet l'importance de la lutte des classes et qui aspire à une société d'entraide.

Associés au Fellowship for a Christian Social Order (auquel s'ajoute ensuite l'Anglican Fellowship for Social Action), la plupart des jeunes dirigeants de ce courant (J.W.A. Nicholson dans les Maritimes, King GORDON et Eugene FORSEY dans le centre du Canada, T.C. DOUGLAS et J.H. Horricks dans les Prairies et Harold Allen en Colombie-Britannique) participent à la fondation de la CO-OPERATIVE COMMONWEALTH FEDERATION (1932).

De façon très diffuse, la vieille garde du mouvement Social Gospel joue un rôle moins évident dans la fondation du CRÉDIT SOCIAL et du parti de la reconstruction, ainsi que dans des tentatives visant à transformer le Parti libéral et le Parti conservateur pendant la dépression. Après la Seconde Guerre mondiale, c'est en grande partie grâce au mouvement Social Gospel que la population est prête à maintenir le nouvel État providence canadien et l'engagement international du pays en faveur du MAINTIEN DE LA PAIX. On trouve constamment des héritiers du mouvement Social Gospel aux premiers rangs de ces deux projets. L'ambiance apocalyptique de la fin des années 60 et des années 70 balaye les espoirs grandioses, quoique vaguement définis, de progrès social entretenus par ce qui reste du mouvement Social Gospel. La preuve en est que les coalitions des Églises en faveur des droits des autochtones, de l'environnement et de la responsabilité des compagnies s'en tiennent à des objectifs limités. Néanmoins, le christianisme des pays du Tiers-Monde, le dialogue entre chrétiens et marxistes et la théologie catholique de la libération contribuent à faire renaître au Canada un certain courant de pensée et d'action sociales chrétiennes qui rappelle le mouvement Social Gospel radical. (*Voir aussi* ACTION SOCIALE ŒCUMÉNIQUE.)

A. Richard Allen

Mouvements écologistes Les premiers adeptes de la protection de l'environnement au Canada sont les nations autochtones. Elles ont vécu de ses ressources naturelles pendant des siècles sans provoquer de destruction notable. Des pratiques comme le déboisement de terrains ou les incendies provoqués pour rabattre le gibier ont pu modifier les forêts, mais rien n'indique qu'elles auraient causé des dommages à long terme. De plus, les bandes amérindiennes et les groupes de familles inuites déménageaient souvent vers de nouvelles régions afin de jouir d'une meilleure CHASSE, ce qui permettait à la faune et à la flore des secteurs quittés de se reconstituer. C'est pourquoi il n'y avait pas lieu de se soucier de la CONSERVATION de l'environnement avant les premiers établissements européens permanents du XVIIᵉ s. Depuis, au Canada, le changement des mentalités à l'égard de la conservation de la nature et des RESSOURCES NATURELLES a connu cinq phases qui se recoupent partiellement.

La première phase, qui s'étend des années 1670 environ à 1860, est la période dite «des réserves d'arbres». Français et Anglais s'efforcent alors de s'assurer un approvisionnement constant en bois pour la construction navale. Pendant la deuxième phase, celle des «réserves de terres» (1860-1885), l'Église et l'État se réservent des terres pour y construire des écoles, des universités et des chemins de fer. La vente de terres et les taxes foncières constituent les seules sources de richesse des gouvernements. Le premier club canadien de naturalistes voit le jour à cette époque (1863). Au cours de la «période des réserves de ressources» (de 1880 à nos jours), on assiste à la création d'une grande variété de parcs, de réserves forestières, de SANCTUAIRES ET DE RÉSERVES D'OISEAUX et de réserves fauniques. On insiste sur l'utilisation judicieuse de la faune plutôt que sur sa simple protection ou conservation.

Pendant la quatrième phase, la «période des réserves à fins récréatives» (de 1885 à nos jours), on crée des parcs, des lieux historiques ou des réserves de chasse ou de pêche, particulièrement près des zones urbaines. Enfin, la «période des parcs naturels et des réserves intégrales» débute vers 1960, au moment où les Canadiens commencent à se rendre compte de l'intérêt de garder intactes des zones sauvages. On met moins l'accent sur l'utilisation des ressources naturelles ou sur la récréation que sur l'importance de conserver des espaces où seules les forces de la nature agissent sur la conformation de l'environnement.

Les premiers Canadiens à avoir étudié l'environnement naturel sont vraisemblablement des amateurs (médecins et autres thérapeutes utilisant les herbes médicinales, radiesthésistes, etc.) qui entreprennent de cataloguer les éléments de l'histoire naturelle du pays (p. ex., la flore, la faune, les roches, les fossiles) et jettent ainsi les bases des sciences de la biologie, de la botanique, de la géologie, de la paléontologie, de l'entomologie et de la zoologie au Canada. Leur conception de la nature et de l'environnement relève d'abord des traditions artistiques et scientifiques européennes ainsi que des expériences européennes en foresterie et en réserves de chasse. Des écrivains comme Jean-Jacques Rousseau, William Wordsworth et Lord Byron ont influencé les Canadiens, tout comme les textes de Grey Owl (A.S. BELANEY), un Britannique installé au Canada.

Cependant, les penseurs américains laissent une empreinte encore plus marquée. Citons l'éminent ornithologue John James Audubon, qui visite le Canada dans les années 1830, les écrivains James Fenimore Cooper, Ralph Waldo Emerson et Henry David Thoreau, ou encore les défenseurs de l'environnement John Muir, fondateur du Sierra Club (1892), et Gifford Pinchot qui, avec le président Theodore Roosevelt, lance le mouvement écologiste aux États-Unis au début du XXᵉ siècle.

En général, les États-Unis ont eu une longueur d'avance sur le Canada en matière de protection des ressources. Cette préoccupation leur est probablement venue du fait que la colonisation plus intensive a révélé le tort que la civilisation pouvait causer. Au Canada, on a cru pendant plus longtemps, selon la mentalité des premiers colons, que les forêts, les lacs et la faune étaient des ressources illimitées. Le développement des parcs nationaux offre un bon exemple de ce décalage. Le premier parc national nord-américain, Yellowstone, est créé en 1872 aux États-Unis où, dès leurs débuts, les parcs sont destinés à protéger des beautés naturelles.

Au Canada, les premiers parcs voient le jour dans les Rocheuses (BANFF en 1885, YOHO et DES GLACIERS en 1886), mais leur objectif est plutôt d'ordre économique: ils visent à générer des revenus provenant des ressources forestières et du tourisme. Les parcs ne sont alors pas conçus comme des réserves naturelles. En 1916, les États-Unis adoptent le *National Park Service Act*, qui stipule que les parcs doivent être «conservés pour le bénéfice des générations futures». Ce libellé ne figure pas dans la *Loi sur les parcs nationaux* du Canada avant 1930, date qui constitue, en quelque sorte, un point tour-

nant dans la pensée canadienne en matière de protection de l'environnement.

Toutefois, le Canada réagit assez tôt à des situations d'urgence touchant la préservation de la faune. Le premier sanctuaire d'oiseaux est créé en Saskatchewan en 1887. En 1889, la population de BISONS des plaines, qui avait déjà compté 60 millions d'individus, était réduite à moins de 2000 animaux. En 1907 et en 1909, le gouvernement fait l'acquisition d'environ 700 bisons et les place dans des parcs nationaux. Entre 1910 et 1920, trois zones sont déclarées réserves fauniques pour ANTILOPES en Alberta et en Saskatchewan; ces réserves seront abolies plus tard, n'étant plus jugées nécessaires.

En 1911, le Canada met officiellement sur pied la Division des parcs du Dominion et nomme James Harkin à titre de premier commissaire. Harkin, sans doute le premier Canadien influent à militer en faveur de la protection du milieu naturel pour le seul bénéfice de l'environnement, est profondément influencé par le mouvement écologiste américain. La première mesure importante du Canada dans le sens de la protection internationale de l'environnement est la conclusion en 1916 d'un traité avec les États-Unis portant sur la protection d'espèces d'oiseaux migrateurs.

Jusqu'en 1945, le pays concentre son travail de conservation sur l'établissement de parcs nationaux et provinciaux dans les régions éloignées. Après la Seconde Guerre mondiale, l'objectif est de développer le côté récréatif des parcs existants, et au cours de cette période le réseau des parcs nationaux et provinciaux ne connaît donc qu'une faible croissance. Les années 60 marquent le début d'une nouvelle ère pour les mouvements écologistes au Canada. Les attitudes protectrices ne sont plus l'apanage des groupes de naturalistes. En effet, un nombre croissant de Canadiens sont sensibilisés au sujet non seulement de l'utilisation judicieuse des ressources, mais aussi des effets de l'activité humaine sur l'environnement.

Au cours des années 60, la POLLUTION devient un enjeu majeur. Des groupes spécialisés apparaissent, dont la Society for the Promotion of Environmental Conservation (dans l'Ouest), la Pollution Probe Foundation (dans l'Est) et l'Ecology Action Centre (dans les Maritimes). Ces organismes sont dirigés par des scientifiques tels que Donald CHANT, très préoccupé par la POLLUTION DE L'AIR, la POLLUTION DE L'EAU, les DÉCHETS DANGEREUX et l'utilisation négligente des PESTICIDES (sujets mis en lumière par Rachel Carson, une écologiste américaine, dans son livre *Silent Spring*, paru en 1962). La conservation de l'environnement naturel n'est plus alors simplement une question de récréation ou de protection des sites naturels, mais devient un enjeu majeur pour la survie du genre humain.

Le mouvement écologiste profite du nouvel intérêt que suscite l'environnement dans les années 60. Naissent successivement l'Association des parcs nationaux et provinciaux du Canada (1963, ancêtre de la Société pour la protection des parcs et des sites naturels du Canada), le Sierra Club du Canada (1970) et la Canadian Audubon Society (1971). Plusieurs sociétés affiliées à ce dernier organisme fondent en 1971 la Fédération canadienne de la nature, qui réunit sur le plan national des groupes de naturalistes de tout le pays. De plus, les associations de biologistes et les groupes traditionnellement moins actifs dans le domaine de l'environnement, comme les associations de chasseurs et de pêcheurs, se consacrent davantage aux questions environnementales.

Pendant cette période, le souci de protection de l'environnement porte sur la conservation de la vie sauvage et la protection des régions ou des écosystèmes exceptionnels sous la forme de réserves écologiques. Chaque province est témoin d'une poussée de croissance des groupes locaux qui militent pour la protection de leur milieu et pour d'autres questions

liées à l'environnement, et les fédérations naturalistes et écologiques provinciales se font de plus en plus actives et revendicatrices. En l'espace d'une décennie, les gouvernements fédéral et provinciaux établissent des ministères chargés de l'environnement, adoptent des lois pour sa protection et légifèrent en matière d'évaluation des impacts environnementaux.

Des lois visant à protéger des espèces en voie de disparition comme celle que l'Ontario adopte en 1971 sont uniques au monde, en ce sens qu'elles cherchent à protéger toutes les espèces rares ou menacées de disparition, tant végétales qu'animales (insectes y compris). En 1978, le Comité sur le statut des espèces en voie de disparition au Canada, un organisme intergouvernemental, commence à dresser une liste des espèces en péril au Canada.

À Stockolm, en 1972, les Nations Unies convoquent une conférence internationale sur l'environnement humain. Le Canada y est bien représenté, de sorte que les préoccupations environnementalistes canadiennes deviennent de plus en plus internationales grâce à la participation active du Canada au sein d'agences comme la Convention sur le commerce international des espèces de faune et de flore sauvages menacées d'extinction et l'Union mondiale pour la nature. Les préoccupations environnementales s'inscrivent désormais dans un contexte global à mesure que la population est davantage consciente du fait que tous les peuples ont besoin d'air pur, d'eau potable et d'écosystèmes sains pour leur survie.

Monte Hummel

Mouvements évangélique et fondamentaliste Ce sont des confessions et sous-groupes chrétiens protestants, ainsi que des organisations non confessionnelles et paraconfessionnelles, qui se dissocient des courants religieux, sociaux et culturels «libéraux» et «modernistes» et se définissent par leur référence exclusive aux Écritures chrétiennes. La catégorie plus englobante d'«évangélique» possède l'histoire la plus longue et la plus riche. Dérivé du grec *euangelion* (signifiant bonne nouvelle ou évangile), ce terme est presque équivalent à «chrétien».

Manque de précision historique Toutefois, pendant toute l'histoire chrétienne, certains groupements utilisent cette expression pour se distinguer de ceux qu'ils considèrent alors comme moins fidèles à l'Évangile du Christ. C'est ainsi que les LUTHÉRIENS se déclarent évangéliques par opposition aux CATHOLIQUES, les MÉTHODISTES par opposition aux ANGLICANS, les anglicans de la Basse église par opposition à ceux de la Haute église et, pendant l'expansion américaine vers l'ouest, les BAPTISTES et les méthodistes, qui insistent sur le réveil, contrairement aux anglicans et aux luthériens, qui sont plus attachés à la liturgie. Le terme manque donc de précision historique et, aujourd'hui encore, certains chrétiens protestent contre une appropriation de l'appellation «évangélique» par un mouvement protestant en particulier.

L'évangélisme, au sens qu'on lui donne aujourd'hui, s'est dessiné à la suite de la controverse entre les fondamentalistes et les modernistes. Les conservateurs de la plupart des confessions protestantes, croyant que les libéraux laissent tomber le fondement même du christianisme en suivant l'évolution idéologique de l'ère moderne, réagissent vers la fin du XIXᵉ siècle et au début du XXᵉ siècle. Les baptistes sont aux premiers rangs de la lutte au Canada. L'U. MCMASTER, toujours de confession baptiste dans les années 20, devient le théâtre d'une polémique lorsque Thomas Todhunter Shields, pasteur de l'église baptiste de la rue Jarvis, à Toronto, accuse le conseil d'héberger un professeur de théologie moderniste.

Le refus de Shields d'accepter un compromis attire sur sa paroisse le blâme de la Convention baptiste de l'Ontario et du Québec (ABOQ) en 1926. Il met alors sur pied l'Union of Regular Baptist Churches

(URBC), qui compte 70 églises et son propre collège. Les membres de cette union sont exclus de l'ABOQ en 1928. D'autres dissidents forment le Fellowship of Independent Baptist Churches, qui s'unit avec l'URBC en 1953 pour constituer le Fellowship of Evangelical Baptist Churches. Des conflits de moindre importance, comme celui qui concerne le Brandon College (aujourd'hui l'U. DE BRANDON), occasionnent des schismes similaires qui, à leur tour, grossissent les rangs de la nouvelle alliance des baptistes fondamentalistes.

Union des confessions libérales En dehors des milieux baptistes, la controverse (qui atteint son paroxysme en 1925 lorsque Scopes subit un simulacre de procès aux États-Unis) semble être éclipsée au Canada lorsque, encore, d'autres confessions libérales s'unissent la même année pour se joindre à l'ÉGLISE UNIE DU CANADA. Quelques Églises PRESBYTÉRIENNES plus traditionalistes refusent d'adhérer à l'Église unie, considérant que sa théologie fait trop de compromis.

D'autres éléments résistent à la «libéralisation» des grandes Églises protestantes, ce qui amène une redistribution, quoique seulement graduelle, de l'effectif des confessions au Canada. Les divers groupes appartenant aux Églises de l'ILLUMINATION et PENTECÔTISTE, p. ex., épousent la cause fondamentaliste dans le premier tiers du XXe siècle, mais s'associent aujourd'hui au grand mouvement évangélique.

Évangélistes: rejet des attitudes agressives Dans les années 40, de nombreux évangélistes en viennent à s'éloigner du militantisme agressif, du séparatisme rigoureux, de l'anti-intellectualisme et du prémillénarisme qui caractérisent le fondamentalisme pour plutôt revendiquer le titre d'évangélistes. Aux États-Unis, la National Association of Evangelicals, constituée en 1942, compte dans ses rangs des gens tels que l'évangéliste Billy Graham et le théologien Carl F.H. Henry, ainsi que la revue *Christianity Today* et le Fuller Theological Seminary. Vient ensuite l'Evangelical Fellowship of Canada, fondée en 1964. Les adeptes professent l'autorité suprême des Écritures en matière de foi et de morale, la nécessité de la foi personnelle en Jésus comme sauveur et l'urgence de la conversion des pécheurs.

Fondamentalistes: rejet de tout libéralisme Les fondamentalistes considèrent ce mouvement comme une trahison et, en 1953, ils forment au Canada le Canadian Council of Evangelical Protestant Churches, qui est le pendant de l'American Council of Christian Churches, pour mettre l'accent sur le prémillénarisme et le rejet radical de tout libéralisme. Cependant, les années 60 et 70 voient apparaître de jeunes évangélistes plus ouverts à l'EXÉGÈSE BIBLIQUE. Ceux-ci critiquent l'adhésion des fondamentalistes à la politique conservatrice et même réactionnaire qui a cours aux États-Unis.

Déjà, dans les années 30, le fondamentalisme canadien se montre beaucoup moins réactionnaire que son pendant américain sur le plan politique. Le dispensationnaliste William ABERHART, fondateur du Prophetic Bible Institute de Calgary et prédicateur de l'émission *Back to the Bible Hour*, et son bras droit Ernest MANNING allient la croyance en la fin prochaine du monde et un concept hybride et populiste de réforme sociale et de capitalisme modéré connu sous le nom de CRÉDIT SOCIAL. Avant l'émergence de la «majorité bien pensante» aux États-Unis, c'est la première et la seule fois en Amérique du Nord que le fondamentalisme convoite et obtient le pouvoir politique.

Anticommunisme extrême Aberhart et Manning, comme la plupart des fondamentalistes canadiens, s'opposent fortement au socialisme ainsi qu'au MOUVEMENT SOCIAL GOSPEL tel qu'il est prêché par les chrétiens libéraux. Toutefois, ils associent rarement le christianisme à l'anticommunisme extrême comme le font certains de leurs homologues américains. Même le mouvement Renaissance Canada,

qui lutte contre l'humanisme laïciste au sein des familles, des écoles et du gouvernement, et l'émission télévisée *100 Huntley Street* sont des versions atténuées de leurs pendants américains et illustrent la modération canadienne.

Plusieurs confessions représentatives traduisent clairement la gamme des tendances qui vont du fondamentalisme rigoureux à l'évangélisme plus ouvert. Les Frères de Plymouth (les Frères chrétiens) se séparent de l'Église anglicane dans les années 1820 afin de reprendre certains éléments du christianisme primitif. Leur chef, le célèbre John Nelson Darby, sillonne l'Ontario vers le milieu du siècle, gagnant notamment des baptistes et des presbytériens à sa très personnelle interprétation «dispensationnaliste» de la Bible. Sa doctrine prémillénariste, selon laquelle le Christ reviendra sur terre avant l'an 2000 (*voir* MILLÉNARISME), constitue le fondement d'une longue série de conférences bibliques «prophétiques» dans plusieurs pays qui se tiennent vers la fin du XIXe s., dont quelques-unes à Niagara-on-the-Lake, en Ontario.

Bien que l'idéologie, la direction et l'organisation du mouvement fondamentaliste s'inspirent de ces conférences, la plupart des disciples de Darby n'adhèrent pas aux Églises des Frères. Néanmoins, ces Églises (dont il existe environ huit variantes, qui se différencient par le degré d'exclusivisme) sont fondées au Canada. De nos jours, elles sont en expansion. Le Regent College de Vancouver, un important établissement évangéliste d'études théologiques supérieures, doit beaucoup aux Frères chrétiens ainsi qu'à l'anglicanisme évangélique.

L'Alliance chrétienne et missionnaire, fondée dans les années 1880 par l'ancien pasteur presbytérien canadien A.B. Simpson, s'établit à Nyack (État de New York) et y fonde également l'une des premières ÉCOLES BIBLIQUES. En insistant sur la conversion, une vie sainte et l'activité missionnaire, l'Alliance constitue une confession évangélique traditionnelle. Elle dirige le Canadian Bible College et le séminaire qui s'y rattache à Regina. Professant une théologie très semblable, l'Association de l'Église missionnaire est issue de l'union, en 1969, de l'Église missionnaire unie et de l'Association de l'Église missionnaire, nées vers la fin du XIXe s. au sein de plusieurs sections MENNONITES. Cette nouvelle Église, qui met l'accent sur les missions, dirige des collèges bibliques à Kitchener (Ont.) et à Didsbury (Alb.).

L'Association des Églises évangéliques du Canada est constituée en 1925 en Ontario pour accueillir les fondamentalistes délaissant d'autres confessions. Professant le prémillénarisme, l'infaillibilité des Écritures, une vie sainte et une coupure du monde de type sectaire, elle est authentiquement fondamentaliste contrairement à la tendance plus évangélique de l'Église missionnaire. Elle compte aujourd'hui 105 Églises au Canada.

Les écoles, les collèges et les séminaires bibliques fondamentalistes et évangélistes non confessionnels enseignent la théologie ainsi que les arts libéraux à un nombre toujours croissant d'étudiants chaque année, plus que dans toutes les écoles catholiques et protestantes traditionnelles réunies. L'Université Trinity Western (Langley, C.-B.), le King's College (Edmonton, Alb.) et le Redeemer College (Ancaster, Ont.) ne sont que quelques-uns des collèges d'arts libéraux qui sont en pleine prospérité aujourd'hui.

Mouvements de renouveau Ces mouvements de tendance évangélique prennent de l'ampleur, même dans des confessions comme l'Église unie. *Faith Today*, qui a acquis une position de porte-parole très respecté sur la scène politique, incarne la vitalité de cette manifestation du protestantisme canadien à la fin des années 80. Le fondamentalisme et l'évangélisme font partie intégrante du Canada moderne.

Rodney J. Sawatsky

Mouvements populaires urbains Groupes communautaires qui souvent se forment pour s'occuper de

questions relatives à l'utilisation du territoire et à la prise des décisions par les administrations locales en matière d'aménagement. Ces préoccupations peuvent être illustrées respectivement par les slogans «Protégeons notre quartier» et «Ouvrez la mairie au public». Les groupes communautaires sont présents sur la scène politique urbaine depuis les débuts du GOUVERNEMENT MUNICIPAL dans les années 1840, mais leur influence se fait surtout sentir pendant les périodes de prospérité économique comme celle qui va du milieu des années 60 à la récession économique de 1980 à 1983. Habituellement, ces groupes s'organisent ou se raniment lorsqu'un secteur (souvent un vieux quartier de centre-ville) est menacé par un projet de développement, particulièrement s'il s'agit d'une autoroute urbaine ou d'un immeuble à forte densité (voir VILLE). Lorsqu'un projet de construction d'appartements ou de bureaux à forte densité (et peut-être aussi d'une grande hauteur) est proposé dans un quartier résidentiel à faible densité, la compagnie de développement immobilier, le conseil municipal et les employés municipaux (particulièrement ceux du service d'urbanisme) deviennent les cibles des protestataires. Les groupes communautaires exercent également leurs pressions sur le promoteur et sur la mairie quand les projets visent la construction d'autoroutes urbaines ou d'autres grands travaux de voirie. Puisque la plupart des provinces prévoient une procédure juridique permettant d'en appeler des décisions municipales en matière d'urbanisme, les groupes communautaires portent souvent leurs causes devant les organismes provinciaux comme l'Alberta Local Authorities Board et la Commission des affaires municipales de l'Ontario. Parfois, ils contestent auprès du cabinet provincial les décisions rendues par ces organismes ou les portent en appel devant les tribunaux. Une autre tactique que les groupes communautaires utilisent parfois consiste à présenter leurs propres candidats aux élections locales, surtout si ces groupes estiment que les conseillers municipaux en place ne sont pas réceptifs à leurs interventions orales ou écrites. En plus de lutter contre les mesures qui, à leurs yeux, menacent la stabilité des quartiers, les groupes communautaires réclament une plus grande ouverture du processus décisionnel parce qu'ils ont de la difficulté à obtenir de l'information ou parce que les décisions sont parfois prises en coulisse ou dans des réunions à huis clos. Ces dernières années surtout, les groupes communautaires ne se limitent pas aux préoccupations traditionnelles, en l'occurrence la revendication d'un processus décisionnel plus ouvert et la lutte contre les menaces à la stabilité des quartiers (parfois appelée le syndrome «pas dans ma cour»), mais ils agissent aussi sur des questions d'intérêt public plus vastes, telles que les foyers de groupe, la pollution, les services de garderie et la discrimination raciale dans le recrutement des corps de police. Après une accalmie, les mouvements populaires font à nouveau sentir leur présence au Canada dans la lutte visant à stabiliser les quartiers, à changer la manière de prendre les décisions et à modifier les politiques des administrations locales.

Donald Higgins

Mouvements religieux, nouveaux La complexité du phénomène a amené les spécialistes à employer le terme neutre de «nouveaux mouvements religieux» plutôt que celui de «groupes-cultes», car le terme «culte», dans le grand public, en est venu à évoquer les meurtres et suicides collectifs du Temple du Peuple à Jonestown, en Guyana (1978), la tragédie de Waco, les meurtres de l'Ordre souverain du Temple solaire au Québec et en Suisse et d'autres affaires semblables qui ont eu lieu un peu partout. En sociologie des religions, les termes «Église», «secte», «confession» et «groupe-culte» ont des sens distincts pour désigner des genres particuliers de mouvements religieux.

Un groupe-culte, selon la définition classique des sociologues, est un groupe intellectuel à tendance mystique. D'après la théologie, les groupes-cultes sont ceux qui dévient des courants traditionnels de l'orthodoxie chrétienne. C'est ainsi qu'un sociologue pourrait considérer les quakers comme un groupe-culte, alors que les catholiques traditionnels rangent parfois les baptistes comme des adeptes d'un culte. Au cours des années 70, les médias ont parlé de cultes à propos de nouveaux groupes religieux comme l'Église de l'Unification et le mouvement Hare Krishna.

Des tragédies comme celle de Jonestown faussent les discussions sur les nouvelles religions à cause de l'attention que les médias leur accordent. Peu de gens savent que Jim Jones, le fondateur de Jonestown, était un homme instruit et un ministre ordonné de la confession américaine de l'Église du Christ. Il n'était pas fondamentaliste, comme on l'a souvent dit. Il était un théologien libéral, ses tendances politiques étaient socialistes, et sa confession était en communion avec l'Église unie du Canada. De telles fausses conceptions de la réalité d'autres groupes controversés ont amené les spécialistes à mettre la population en garde contre les généralisations hâtives et à dire qu'il faut juger chaque groupe religieux en fonction de son histoire et de ses pratiques spécifiques.

En 1981, les sociologues américains David G. Bromley et Anson D. Shupe ont affirmé que la plupart des gens voient les nouvelles religions d'un mauvais œil à cause du battage médiatique et que très peu de gens adhèrent effectivement aux nouvelles religions, qui sont généralement très inoffensives. Vers la même date, Eileen Barker, professeur à la London School of Economics, a montré que très peu de gens, après une visite au siège social de l'Église de l'Unification à Londres, ont effectivement adhéré au mouvement. À la suite d'autres études parrainées par le gouvernement britannique, elle a déclaré que les conclusions tirées au sujet de l'Église de l'Unification s'appliquaient également à la plupart des autres groupes religieux.

Au Canada, le sociologue Reginald Bibby a découvert que, en 1982, moins de 1 p. 100 des Canadiens s'intéressaient, même vaguement, aux nouvelles religions. Qui plus est, seule une partie de ce 1 p. 100 avait des liens réels avec de tels groupes. Bibby a rapporté 11 ans plus tard que les effectifs de ce genre de groupes n'avaient pas sensiblement changé, mais que 3 p. 100 des Canadiens manifestaient un intérêt pour la spiritualité non confessionnelle et du Nouvel Âge.

La plupart des nouveaux mouvements religieux, si on les considère dans un contexte sociologique et historique, semblent beaucoup moins étranges que les médias ne le font croire. Toutefois, la majorité des gens ont peu de ressources sur lesquelles s'appuyer pour former un jugement parce que, dans la plupart des provinces, le ministère de l'Éducation interdit l'enseignement de la religion dans les écoles publiques; même au Québec, un projet de loi présenté au printemps 2000 tend à réduire beaucoup cet enseignement, qu'il soit confessionnel ou culturel. En conséquence, beaucoup de groupes peuvent attirer des adeptes potentiels uniquement parce qu'ils semblent annoncer quelque chose de nouveau et d'intéressant alors que leurs croyances et leurs pratiques, en fait, ne sont ni nouvelles ni particulièrement géniales.

L'émergence de nouvelles religions n'est pas un fait nouveau. Un retour sur le passé nous aide à mieux comprendre le présent. Alors que des formations comme les MÉTHODISTES, les MORMONS et l'ARMÉE DU SALUT ont déjà été considérées comme des groupes-cultes dangereux et se sont heurtées à une forte opposition, elles n'ont pas entraîné de désintégration sociale et sont maintenant envisagées calmement. Il est également important de reconnaître l'apport social positif de tels groupes sur le plan des réformes sociales et du bien-être. Il faut également remarquer que la plupart des nouvelles religions sont mondiales et introduisent dans la société occidentale des croyances et des pratiques originaires d'autres cultures.

Nombre de membres au Canada

Il est très difficile de dénombrer exactement les membres de la plupart des nouvelles religions. Une tendance à exagérer leur nombre se remarque tant chez ces groupes eux-mêmes que chez leurs critiques. Ainsi, vers la fin des années 70, le *Toronto Magazine* affirmait que le mouvement Hare Krishna comptait 10 000 membres à Toronto, tandis que le mouvement lui-même disait compter plus de 5000 fidèles. Toutefois, lorsque Daniel G. Hill a fait enquête à ce sujet pour le compte du gouvernement de l'Ontario, il n'a pu trouver que 80 membres. Le mouvement, qui est en Inde un courant religieux traditionnel très respectable, compte aujourd'hui plusieurs milliers de membres, dont la plupart sont des immigrants de l'Inde orientale établis dans la région de Toronto. Pareillement, à Burnaby, près de Vancouver, le temple Hare Krishna est devenu le lieu de ralliement de nombreux Indiens d'Asie à qui le mouvement permet de conserver leurs pratiques et leur piété traditionnelles. D'autres mouvements hindouistes, bouddhistes et musulmans, qui convertissaient naguère des membres du mouvement hippie, se sont également transformés pendant la dernière décennie en assemblées respectables qui répondent aux besoins des croyants immigrés des pays où l'on pratique traditionnellement ces religions.

L'un des aspects les moins éclaircis de l'étude des nouvelles religions est le nombre de groupes existants. Richard Berger a compté au Québec plus de 300 nouveaux groupes religieux ou parareligieux, tandis que Fred Bird a observé une prolifération semblable à Montréal. Joan Townsend, à Winnipeg, et Irving Hexham, à Calgary, signalent également un nombre stupéfiant de petits groupes, dont beaucoup ne comptent pas plus d'une douzaine de membres et ne durent que quelques années avant de s'éteindre. C'est pourquoi il faut faire attention quand on lit des livres comme *Savage Messiah: The Shocking Story of Cult Leader Roch Thériault and the Women who Loved Him* (1993), de Paul Kaihla et Ross Laver: si horrifiante que soit cette histoire, il faut prendre garde de ne pas étendre à toutes les nouvelles religions de tels cas de sévices flagrants.

Voici une estimation du nombre de convertis canadiens qui ont adhéré aux nouvelles religions les mieux connues: Hare Krishna, de 300 à 400, en plus du groupe nombreux d'environ 8000 fidèles de l'Inde orientale; Église de l'Unification, de 150 à 250; Enfants de Dieu, de 50 à 60; Église de scientologie, 800 membres à plein temps et environ 12 000 personnes qui suivent des cours. En outre, plus de 200 000 Canadiens sont des initiés du mouvement de la méditation transcendantale, quoique 1 p. 100 d'entre eux seulement continuent de la pratiquer régulièrement.

Pourquoi y adhère-t-on?

Il existe beaucoup de théories sur la conversion à de nouvelles religions. Certains spécialistes attribuent le phénomène à un malaise social, alors que d'autres insistent sur des facteurs religieux comme la mort de l'orthodoxie dans les Églises traditionnelles. L'important est d'essayer de comprendre pourquoi une personne donnée est attirée par un certain groupe. On ne peut obtenir une conversion qu'en nouant un contact étroit avec le converti éventuel et en l'écoutant attentivement. Ce qui compte, c'est son histoire personnelle. En général, toutefois, les nouvelles religions semblent donner à la vie un but et un sens tout en prenant au sérieux les expériences spirituelles intenses et en fournissant un système qui permet de les expliquer.

Comme l'indique Bibby, peu de Canadiens sont prêts à admettre qu'ils sont à la recherche d'un sens, mais la plupart s'interrogent à un moment ou l'autre sur le sens de la vie, et des preuves semblent indiquer que, même si beaucoup refusent d'admettre publiquement qu'ils sont en recherche, ils le sont collectivement.

Par ailleurs, un grand nombre de personnes ont des expériences spirituelles intenses, notamment des impressions et des sensations inusitées allant des expériences extracorporelles aux perceptions extra-sensorielles, aux visions mystiques et aux prémonitions, entre autres. Dans notre société sécularisée, la recherche d'un sens et les expériences spirituelles sont souvent traitées comme des problèmes psychologiques. Alors, si une personne entre en contact avec une nouvelle religion lorsqu'elle est en période de questionnement ou peu après une expérience spirituelle intense, la sympathie manifestée par les membres du groupe et les réponses apportées par les enseignements de ce groupe peuvent suffire pour l'inciter à s'y joindre.

En général, la plupart des membres des nouvelles religions devraient être considérés comme des personnes vivant une quête spirituelle qui les amène à tenter l'expérience d'un certain nombre de groupes religieux avant d'adhérer à l'un d'entre eux. S'ils se joignent à un groupe donné, cela semble dépendre davantage des liens d'amitié que de tout autre facteur. Ainsi, une personne peut être attirée par un groupe comme l'Église de l'Unification parce qu'elle trouve dans la théologie de cette Église l'explication d'une expérience spirituelle particulièrement intense qu'elle a vécue, mais elle s'engagera dans cette Église en raison du sentiment d'appartenance et des liens d'amitié qui se sont formés avec ceux qui en sont déjà membres.

Controverse sur le lavage de cerveau et la déprogrammation

Les médias se sont intéressés aux nouvelles religions pendant les années 70, entre autres raisons, parce qu'on a affirmé que leurs membres subissaient un lavage de cerveau. Cette idée a été propagée par des récits autobiographiques sinistres ainsi que par des entrevues données à la radio et à la télévision par des personnes qui disaient s'être «échappées» d'un groupe-culte. Ces affirmations ont été appuyées par les théories de Flo Conway et de Jim Siegleman, qui ont soutenu dans leur livre intitulé *Snapping* (1978) que les modifications de la personnalité faisant suite à une conversion prouvaient qu'un lavage de cerveau avait eu lieu. Ils fondaient leur théorie sur l'ouvrage de William Sargent, *Battle for the Mind* (1957; trad. *Physiologie de la conversion religieuse et politique*, 1967), qui cherchait à expliquer les effets de la Harringay Crusade (croisade de Harringay), menée par Billy Graham en Angleterre, en 1954. Conway et Siegleman ne faisaient donc pas vraiment de distinction entre les convertis à l'Église de l'Unification et ceux qui se joignaient à une assemblée évangélique locale.

Au Canada, le livre *Moonwebs* (1981; trad. *Billet pour le ciel*, 1981), de Josh Freed, adapté ensuite sous forme de téléfilm, a accrédité l'idée voulant que les membres des nouvelles religions subissent un lavage de cerveau et aient besoin d'être déprogrammés. On réalise l'opération en kidnappant des membres de religions impopulaires et en les gardant prisonniers jusqu'à ce qu'ils renoncent à leur appartenance au groupe visé. La déprogrammation n'a pas été pratiquée uniquement à l'endroit de membres de nouvelles religions: aux États-Unis, des anglicans, des baptistes et des catholiques y ont passé, ainsi que des membres de groupes politiques et sociaux comme les féministes, bref, n'importe qui dont la religion ou le style de vie était jugé mauvais par quelqu'un d'autre, généralement les parents. Cette pratique était manifestement illégale et soulevait beaucoup de questions touchant les libertés civiles.

Le psychiatre Saul V. Levine, de l'U. de Toronto, dans son ouvrage *Radical Departures* (1984), a étudié la déprogrammation et a conclu que, comme moyen de changer les opinions des gens, elle était non seulement inefficace, mais carrément dangereuse. Ses conclusions ont été confirmées par d'autres spécialistes qui ont fourni aux défenseurs des libertés civiles, aux chefs spirituels des Églises établies et aux membres des nouvelles religions des arguments probants contre la pratique de la déprogrammation, qui a été ainsi peu à peu discréditée.

On ne peut pourtant pas nier que certains semblent adhérer à des mouvements religieux ou parareligieux par suite de la pression du groupe et d'une information trompeuse. Il est également vrai qu'un très petit nombre de groupes sont vraiment dangereux. C'est pourquoi, pour remplacer la déprogrammation, on a mis sur pied des services de consultation visant à détacher les membres de leur groupe. Au lieu de kidnapper le membre et de le bombarder d'information négative, on lui offre des séances de thérapie et de discussion. La principale théoricienne des «consultations libératrices» est Margaret Singer, une professeure de psychologie retraitée de l'U. de Berkeley et une figure de proue de l'American Family Foundation. En collaboration avec Janja Lalich, elle a écrit *Cults in Our Midst* (1995), qui présente un solide dossier contre certaines religions nouvelles et fait valoir que certains membres et ex-membres ont besoin de services de consultation.

Le Canada a également plusieurs organismes de lutte contre les groupes-cultes. Info-Secte (Montréal) et le Christian Research Institute (Calgary) sont les deux principales organisations qui fournissent des renseignements négatifs, mais souvent utiles, au sujet des nouvelles religions. Aussi à Montréal, Richard Bergeron, professeur à la faculté de théologie de l'Université de Montréal, a fondé en 1984 le Centre d'information sur les nouvelles religions (CINR), dans un esprit de dialogue. Cet organisme offre au grand public des services d'information, de recherche, d'accompagnement et de formation pour relever le défi du pluralisme religieux. En plus de ces organismes qui s'intéressent aux nouvelles religions en général, il y a aussi beaucoup de «ministères», généralement fondamentalistes, qui se spécialisent dans le «sauvetage» des membres de telle ou telle religion. C'est le cas de Saints Alive, qui vise les mormons, et de Fundamentalists Anonymous. Les organisations du genre sont critiquées par Bromley et Shupe, qui soutiennent, dans leur ouvrage *The New Vigilantes* (1980), qu'elles ressemblent elles-mêmes aux mouvements qu'elles prétendent dénoncer.

Description des nouvelles religions

La plupart des nouvelles religions tirent leurs éléments fondamentaux de trois grands systèmes religieux, soit les traditions abrahamique, yogique et primitive.

Les *religions abrahamiques* sont celles qui font remonter leur tradition religieuse au patriarche Abraham. Elles comprennent notamment le christianisme, le judaïsme et l'islam.

Les *religions yogiques* sont celles dont la dévotion est centrée sur la pratique du yoga, ou de la méditation, et dont l'origine remonte aux traditions religieuses de l'Inde.

Les *religions primitives*, notamment celles des autochtones d'Amérique du Nord et les religions africaines, sont axées sur des expériences religieuses fondamentales comme les songes, les visions, les expériences extracorporelles et l'intervention des ancêtres dans la vie quotidienne. Dans ces religions, certaines personnes jouent un important rôle de médiation entre la réalité actuelle et la réalité «future» ou quelque autre réalité.

D'après cette typologie simplifiée, il est clair que l'Église de l'Unification est une religion de type abrahamique, tandis que le mouvement Hare Krishna est yogique et l'Église de Scientologie, qui insiste sur le rôle du fondateur, Ron L. Hubbard, en tant que médiateur spirituel qui a découvert la «vérité» sur l'existence humaine, est une religion primitive. Il faut aussi remarquer que beaucoup de groupes actuels allient des éléments de ces trois types de religion. Ainsi, les pratiques de l'Église de l'Unification comprennent à la fois des éléments yogiques et primitifs, alors que la scientologie tire manifestement de la tradition yogique certaines de ses croyances et de ses pratiques.

Nouvelles religions canadiennes

Au fil des années, de nombreux nouveaux mouvements religieux proprement canadiens se développent au pays. Après la guerre de 1812, une secte quaker, les Children of Peace, prospère en Ontario, mais elle disparaît en 1889. Dans les années 1890, divers groupes mormons viennent s'établir au Canada pour fuir les «persécutions» subies aux États-Unis et continuer de pratiquer la polygamie. Aujourd'hui, on trouve plusieurs groupes mormons fondamentalistes d'origine plus récente dans le sud de l'Alberta et dans certains endroits de la Colombie-Britannique.

Vers la fin des années 20, le tristement célèbre BROTHER TWELVE fonde l'Aquarian Foundation en Colombie-Britannique. Sa doctrine s'inspire largement de la THÉOSOPHIE, et son essor impressionnant est suivi d'un déclin spectaculaire qui entraîne l'éclatement du groupe au début des années 30. En Colombie-Britannique également, Alfred J. Parker (1897-1964) fonde le groupe de la PHILOSOPHIE DE LA KABBALE à Vancouver, en 1930. Ce mouvement amalgame la numérologie à des formes orientales et occidentales de spiritualité. Ses membres sont végétariens et pratiquent des exercices physiques semblables à ceux du Hatha-Yoga. Un autre groupe important de Colombie-Britannique, d'orientation essentiellement yogique, est celui des Emissaries of Divine Light, à 100 Mile House, dont les fidèles appartiennent à la classe moyenne supérieure.

Au Québec, l'Ordre souverain du Temple solaire, qui joint des croyances occultes à des rites compliqués, attire une clientèle riche et instruite. Il connaît une fin tragique en 1994. Deux ans plus tard, l'enquête policière sur l'affaire se poursuit toujours, quoique, selon de nombreuses théories, le groupe se serait adonné au trafic de drogues et au blanchiment de fonds. Un autre groupe québécois est celui des Apôtres de l'Amour infini, fondé dans les années 50 par le prêtre catholique Gaston Tremblay, qui rompt avec l'Église catholique et prétend être le pape Grégoire XVII. Celui-ci est emprisonné pendant deux ans pour avoir détenu trois enfants par contrainte, mais cela n'empêche pas le groupe de construire 30 communautés quasi monastiques au Canada et aux États-Unis. Ce groupe et d'autres continuent d'alimenter la controverse, étant donné surtout qu'ils sont souvent en butte à des allégations de mauvais traitements à l'endroit des enfants, mais, comme dans le cas célèbre des Enfants de Dieu, ces allégations sont rarement prouvées.

Les Enfants de Dieu, quoiqu'ils n'aient pas été fondés au Canada, y acquièrent bon nombre de leurs traits caractéristiques et créent une image défavorable des nouvelles religions après une période de croissance rapide à Vancouver. Il s'agit d'un «Mouvement pour Jésus» fondé en Californie vers la fin des années 60 par David Berg, un évangéliste pentecôtiste, qui envoie des missionnaires au Canada dès 1968 et transfère la principale partie du mouvement à Vancouver en 1971. Peu après le déménagement, Berg change de nom pour s'appeler Moïse David par suite de «révélations» qu'il déclare avoir reçues de Dieu. Le groupe devient de plus en plus déviant, particulièrement en matière sexuelle: sa pratique la plus honnie est le recours à la prostitution rituelle («flirty fishing») comme moyen de conversion. Il se scinde par la suite en plusieurs colonies clandestines et change de nom plusieurs fois. Il s'appelle aujourd'hui «la Famille». À son apogée, le mouvement comptait plus de 8000 membres; aujourd'hui, il ne semble en rester que quelques centaines dans le monde.

Un mouvement beaucoup moins connu du grand public mais beaucoup plus influent est LA NOUVELLE PLUIE, fondé en 1948 à North Battleford (Saskatchewan). C'est peut-être même le mouvement d'origine canadienne le plus influent sur la scène religieuse moderne. La Nouvelle pluie est essentiellement un mouvement de réveil PENTECÔTISTE, issu d'une Église du Foursquare Gospel, qui s'est répandu parmi les chrétiens évangéliques du monde entier. Plusieurs pratiques du RENOUVEAU CHARISMATIQUE actuel, comme le «parler en langues», deviennent populaires grâce à ce mouvement, qui donne naissance à des centaines de nouvelles Églises charismatiques indépendantes. La plupart demeurent essentiellement orthodoxes, mais certaines ont adopté des croyances et des pratiques insolites.

Les nouvelles religions qui se propagent le plus au Canada actuellement sont à l'échelle continentale et non spécifiquement canadiennes. Les plus courantes sont les groupes évangéliques et charismatiques qui tentent de faire revivre le christianisme des temps bibliques ou néotestamentaires. Un trait important de ces Églises est leur dimension mondiale et leur empressement à adopter des croyances et des pratiques venues du monde entier. L'un des plus populaires de ces mouvements est la Victory Church, fondée à Lethbridge par George et Hazel Hill, dont le siège est aujourd'hui à Calgary. Cette confession en expansion compte plus de 100 assemblées locales et de nombreux liens avec d'autres pays. En 1995, la Victory Church, sous l'impulsion de son assemblée de Lethbridge, conteste avec succès la décision du CRTC interdisant la radiotélévision religieuse. Elle est aujourd'hui à l'avant-garde de la radiotélévision religieuse indépendante au Canada.

L'influence internationale de la Toronto Vineyard Church est encore plus spectaculaire. D'abord rattachée au Vineyard Movement californien, cette assemblée charismatique reçoit, le 20 janvier 1994, une effusion de «rire sacré», bientôt désignée comme la «bénédiction de Toronto», qui se propage dans le monde entier. En 1995, l'hebdomadaire anglais *The Church Times*, généralement conservateur, peut affirmer que 10 p. 100 des Églises anglicanes de Grande-Bretagne déclarent avoir fait l'expérience de la «bénédiction de Toronto». Ce joyeux mouvement de réveil, très controversé, fait l'objet de plusieurs livres et de nombreux articles de journaux.

Nouvel Âge, mouvement mystique et recherche d'une spiritualité personnelle

Bien que les nouveaux mouvements religieux organisés par des groupes soient fort connus, un nombre grandissant de gens, allant des jeunes adultes aux personnes âgées, s'engagent dans une quête personnelle de spiritualité et de guérison sans adhérer à de tels groupes. Ils constituent ce que le sociologue allemand Ernst Troeltsch qualifie de «mouvement mystique». L'appellation de «Nouvel Âge» est attribuée à certains éléments de ce mouvement, mais beaucoup préfèrent l'éviter en raison des connotations péjoratives qui s'y rattachent par suite de reportages à sensation et de critiques lancées par des chrétiens fondamentalistes. De plus, le mouvement est indéfinissable parce qu'il n'a pas de paramètres bien délimités. La meilleure façon de le décrire est de le voir comme une vaste tentative de changement global de paradigme social et spirituel. Ce mouvement n'est pas nouveau, il se rattache à une tradition ésotérique beaucoup plus ancienne.

Le terme «Nouvel Âge» remonte au moins à 1906. Alice Bailey et d'autres, sous l'influence d'Helena Blavatsky, le reprennent dans les années 30. Dans l'ensemble, le Nouvel Âge comporte aujourd'hui une forte tendance à l'occultisme, alors que beaucoup de centres d'intérêt du «mouvement mystique» sont spirituels de façon plus large. Ces traditions s'inspirent de nombreux systèmes, qui remontent jusqu'à Platon en passant par Swedenborg, la Nouvelle Pensée, le SPIRITISME, la théosophie et des formes occidentalisées du mysticisme oriental. L'ouvrage intitulé *Cosmic Consciousness* (1901; trad. *La conscience cosmique*, 1989), du Canadien Richard Bucke, est également un précurseur de la spiritualité ésotérique actuelle.

Le «mouvement», qui est peut-être davantage un consensus, commence à prendre forme et à se répandre à la fin des années 60 et pendant les années 70 avec le Human Potential Movement, les ateliers d'Esalen et des traditions autochtones d'Amérique du Nord ou d'ailleurs. Le livre de Baba Ram Dass intitulé *Be Here Now* (1971), qui insiste sur la transformation et le mysticisme hindou, fait école. Au début des années 70, l'anthropologue Michael Harner commence à organiser des ateliers où il enseigne aux Occidentaux les techniques chamaniques générales à des fins de guérison et de recherche spirituelle (*The Way of the Shaman*, 1980), et Castaneda commence à écrire sa série de livres sur un sorcier appelé Don Juan. Starhawk (pseudonyme de Miriam Simos) et d'autres pratiquent une religion de la Déesse, sur laquelle ils écrivent aussi. Cette religion préconise la propagation du néopaganisme et de la sorcellerie moderne, généralement appelée Wicca. Marilyn Ferguson affirme qu'une transformation personnelle et sociale est en cours et que ses fondements sont l'holisme, une nouvelle vision du monde et un changement de paradigme. C'est seulement plus tard que certains éléments du mouvement mystique prennent dans la couverture médiatique et la conscience du public l'étiquette de «mouvement du Nouvel Âge», lorsque l'actrice Shirley MacLaine adapte pour la télévision, en janvier 1987, son livre *Out on a Limb*.

Les adeptes de la pensée et des pratiques du Nouvel Âge ont une gamme d'intérêts très variée: l'astrologie; la magie; le trans-channelling, qui est une forme de médiumnité spirite; la guérison par le cristal; la lecture du jeu de tarots; la méditation; les expériences extracorporelles; le karma; la réincarnation; les systèmes celtes et druidiques; les systèmes religieux traditionnels, autochtones ou non, d'Amérique du Nord ou d'ailleurs; les préoccupations écologiques. Les adeptes choisissent parmi ces traditions et ces techniques de façon tout à fait discrétionnaire. Certains s'adonnent à la magie ou jouent au tarot, d'autres non. Certains croient à la réincarnation, d'autres la rejettent. Il n'y a donc pas de consensus parmi les adeptes, mais ceux-ci disposent d'un vaste choix de croyances et de pratiques.

Toutefois, les éléments les plus avancés du mouvement mystique tentent d'intégrer au mysticisme les théories scientifiques modernes, comme la mécanique quantique, la physique de l'espace-temps, la génétique, la biologie et la neurophysiologie pour comprendre la réalité de façon plus large et plus holistique. Les grands thèmes sont la transformation, l'holisme et la fusion de la science et de la religion. Tous les courants du mouvement s'intéressent vivement à diverses méthodes spirituelles et non biomédicales de guérison, l'imposition des mains et le Reiki, p. ex. D'autres pratiques sont préconisées par des organisations comme la Wild Rose Clinic, de Calgary, qui offre à une clientèle de tout le continent des cours par correspondance sur les méthodes traditionnelles de guérison par les plantes.

Bien que les nouvelles religions comptent peu de membres, l'intérêt pour les nouvelles formes de spiritualité grandit peu à peu: c'est ainsi que, en 1990, 44 p. 100 des Canadiens ont déclaré avoir fait l'expérience de Dieu, 23 p. 100 croyaient avoir communiqué avec les morts, et plus de 59 p. 100 ont affirmé avoir vécu quelque forme d'activité psychique. En même temps, la croyance en l'astrologie a légèrement diminué, passant de 33 p. 100 à 32 p. 100 depuis 1987. Jusqu'en 1996, cette vague grandissante de spiritualité ne semble pas avoir profité seulement au mouvement mystique individualiste et à la

spiritualité ésotérique, mais aussi à des Églises établies ayant une longue tradition historique, à des sectes anciennes comme les TÉMOINS DE JÉHOVAH et les MORMONS, à de nouvelles Églises chrétiennes charismatiques comme le Toronto Vineyard et le mouvement de la Victory Church à Calgary.

Le mouvement mystique et la vague de spiritualité qui l'accompagne se distinguent par leur absence d'organisation officielle et la propagation de leurs conceptions par divers moyens de diffusion: livres, revues, vidéos, émissions de télévision et, tout récemment, Internet. Dans toutes les grandes villes et beaucoup de petites villes, les librairies et les bibliothèques ordinaires offrent des livres sur la spiritualité et le Nouvel Âge, et les grandes villes ont généralement plusieurs librairies spécialisées dans les écrits du Nouvel Âge. P. ex., Winnipeg compte quatre libraires du genre, qui s'intéressent à des aspects du mouvement mystique et de la spiritualité ésotérique, dont deux existent depuis au moins sept ans. Le Nouvel Âge et le mouvement mystique en général peuvent donc être le mieux décrits comme un réseau grandissant de personnes qui participent à divers degrés à un système mondial et général de croyances plutôt que comme un ensemble d'organisations ou de groupes spirituels définis.

Les Canadiens participent à des activités diverses au pays et aux États-Unis. La Spiritual Science Fellowship, p. ex., a été fondée à Montréal par un psychologue scolaire et le pasteur anglican John Rossner. Elle organise à Montréal et à Minneapolis des conférences annuelles où divers conférenciers, y compris des titulaires du prix Nobel, prennent la parole. Les groupes d'étude sur *A Course in Miracles*, les ateliers sur la lecture des cartes de tarot, les activités de développement spirituel, le néo-chamanisme, la méditation et les pratiques de guérison sont des activités populaires. Les adeptes de ces activités n'adhèrent à aucun groupe et ne sont membres d'aucune organisation. Ils sont plutôt des clients, qui paient des droits dans certains cas, et acquièrent des connaissances qui peuvent leur servir pour leur vie personnelle ou même pour former leur propre groupe de pratique locale ou d'intérêt spirituel.

Ceux qui participent à de telles activités choisissent ce qui convient à leur recherche spirituelle personnelle, puis cherchent de nouvelles lumières ailleurs. En conséquence, le paradigme spirituel de chacun doit beaucoup au système général de croyances mystiques. Toutefois, chacun construit son système en fonction de ses propres besoins, et ses croyances sont donc très personnalisées. Ce mouvement mystique correspond à ce que Troeltsch appelle «la religion secrète des classes instruites», une religion hétérogène et très personnelle qui puise à une multitude de sources spirituelles, sans faire appel à des médiations (dogmes, Église institutionnelle ou sacerdoce) entre la personne et le monde spirituel. Ceux qui animent le mouvement mystique et ceux qui y participent appartiennent généralement aux classes instruites de la société établie. Ce mouvement est donc bien placé pour avoir une profonde influence sur la société et la culture.

Irving Hexham, Joan Townsend et Karla Poewe

Spiritisme

Beaucoup de spirites canadiens participent à des «camps» aux États-Unis, qui consistent en des cours officiels sur la guérison, la médiumnité et les éléments du système de croyances. On peut y obtenir un certificat de ministre ou de guérisseur. Le spiritisme se pratique surtout en milieu urbain et dans la classe moyenne. Les spirites ne sont pas des marginaux, et ils participent activement à la vie sociale. Leurs activités sont tolérées par la société, et les Églises traditionnelles n'en tiennent généralement pas compte. La femme est l'égale de l'homme et anime souvent les activités spirites. On ne fait pas d'efforts pour intégrer les enfants aux activités: il est nécessaire de

garder l'équilibre entre le monde mystique et le monde réel, qu'un jeune enfant pourrait avoir de la difficulté à distinguer. On accueille chaleureusement les visiteurs, mais on ne fait pas pression sur eux pour qu'ils se joignent à l'organisation ou acceptent certaines croyances. D'après certains spirites, le Canada comptait dans les années 80 de 800 à 1000 spirites, dont environ le tiers étaient actifs. Plusieurs spirites ont été des personnages importants au Canada. Le plus célèbre fut le premier ministre Mackenzie KING.

J.B. Townsend

Mowachahts (nom signifiant «peuple du cerf») Il s'agit d'une tribu NOOTKA provenant du DÉTROIT DE NOOTKA, dans l'île de Vancouver. On les appelle aussi Nootkas, ce qui est également le nom ethnolinguistique de plusieurs groupes de langue et de culture similaires de la côte ouest de l'île de Vancouver. Ils forment à l'origine deux groupes tribaux indépendants qui fusionnent à la suite de maladies et de guerres prolongées au cours de l'histoire. Leurs territoires traditionnels comprennent la côte ouest de l'île Nootka, le détroit de Nootka et les bras de mer Tahsis et Tlupana. Leurs villages tribaux sont Yuquot et Coopte. Des études archéologiques révèlent que Yuquot est occupé par des autochtones depuis au moins 4300 ans.

Avant la formation des Mowachahts, la tribu de Yuquot est la première des Nootkas à avoir des contacts importants avec les Européens. En 1778, elle fait la traite des peaux de loutre de mer avec le capitaine James COOK et contrôle tout le commerce des autochtones avec ses navires. L'équipage de Cook ayant découvert que ces peaux peuvent se vendre à prix d'or en Chine, la TRAITE DES FOURRURES d'animaux marins commence en 1785. Yuquot, alors connu sous les noms de Nootka et de Friendly Cove, devient bientôt un important centre de traite. Les Yuquots, sous la direction du chef MAQUINNA, ont le monopole du commerce dans le détroit de Nootka et deviennent riches et puissants. En 1789, une expédition espagnole construit un poste militaire à Yuquot et s'empare des navires marchands britanniques, ce qui déclenche la CONTROVERSE DU DÉTROIT DE NOOTKA. Au milieu des années 1790, le commerce fléchit. C'est peut-être ce qui pousse Maquinna à capturer le navire marchand *Boston*, en 1803, mettant ainsi fin à la traite des peaux de loutre de mer dans le détroit de Nootka.

Décimés par une longue période de guerres et par les maladies amenées par les Européens, plusieurs groupes s'unissent. Au XIXe s., les deux bandes des bras de mer Tahsis et Tlupana forment les Mowachahts, auxquels se joint officiellement, au XXe s., la bande des MUCHALAHTS. Les Mowachahts vivent aujourd'hui dans le village d'Ahaminaquus, près de la rivière Gold, ainsi qu'à Yuquot. En 1996, la population totale des Mowachahts et des Muchalahts est de moins de 500 personnes.

John Dewhirst

Mowat, Farley, auteur (Belleville, Ont., 12 mai 1921). Il écrit dès la préadolescence et raconte que lorsqu'il vivait à Windsor avec ses parents (1930-1933), il composait surtout des vers. Après avoir déménagé avec sa famille à Saskatoon, il tient une chronique sur ses observations d'oiseaux dans le *Star-Phœnix*. Mowat fréquente l'U. de Toronto. Au cours d'une excursion pédagogique comme étudiant en biologie, il est outré de constater les difficultés qu'affrontent les Inuits, situation qu'il impute à l'incompréhension et à l'exploitation de ceux-ci par les Blancs. Ses observations lui inspirent son premier ouvrage, *People of the Deer* (1952), qui le rend célèbre du jour au lendemain, même s'il donne lieu à une certaine controverse. Vingt-six livres suivent, parmi lesquels beaucoup défendent la même cause. Par conséquent, son œuvre est amèrement critiquée par certains et portée aux nues par d'autres; peu de lecteurs demeurent indifférents. Aux États-Unis, son nom figure dans un livre recensant les indésirables mis «sous surveillance» et, en 1985, on lui refuse l'accès au territoire américain. Il a la réputation d'être l'auteur canadien le plus lu; ses ouvrages sont publiés dans plus de 40 pays.

Mowat passe pour un conteur inné qui sait aussi manier brillamment la langue. Quel que soit le contexte, ses récits et ses anecdotes au rythme haletant sont remarquables; le ton y est élégant, personnel et conversationnel. Son adhésion à des idéaux lui a inspiré de véritables explosions verbales: lorsqu'il s'enthousiasme, il abonde en descriptions poétiques et en images vivantes; par contre, lorsqu'il montre son opposition, il devient railleur, virulent et satirique, maniant même parfois l'anathème évangélique. La plupart de ses ouvrages sont autobiographiques: dans *The Dog Who Wouldn't Be* (1957) et *Owls in the Family* (1961; trad. *Deux grands ducs dans la famille*, 1980), il relate avec humour des souvenirs de sa jeunesse; *The Regiment* (1961) et *And No Birds Sang* (1979) traitent de ses expériences durant la Seconde Guerre mondiale. Trois ouvrages sont consacrés aux huit années qu'il a vécu à Burgeo (Terre-Neuve): *The Rock Within the Sea* (1968) décrit ses voisins marins comme des héros parce qu'ils ne sont pas corrompus par la technologie moderne; *The Boat Who Wouldn't Float* (1969) traduit sa désillusion après quelques années de vie dans ce village; *A Whale for the Killing* (1972) transforme le meurtre gratuit d'une baleine prise au piège en tragédie symbolique. *Sea of Slaughter* (1984), plus récent, se veut une chronique des espèces menacées de l'Atlantique Nord. Dans *My Discovery of America* (1985), l'auteur s'interroge avec ironie sur les raisons qui ont motivé son interdiction de séjour aux États-Unis pour y faire une tournée de conférences. *Virunga: The Passion of Dian Fossey* (1987) est une biographie de la célèbre primatologue.

Les seuls romans que Mowat ait écrits sont destinés aux enfants. *Lost in the Barrens* (1956; trad. *Perdus dans Grand Nord*, 1974), chef-d'œuvre où l'on retrouve beaucoup de thèmes présents dans ses ouvrages destinés aux adultes, lui vaut le prix du Gouverneur général. Si ce livre apparaît d'abord comme un récit d'aventures, sa structure est allégorique: deux jeunes, un Blanc originaire de Toronto et un Cri, parviennent à survivre à l'hiver arctique pendant un certain temps grâce au partage de leurs compétences, mais, manquant de connaissances du Grand Nord, ils échappent de près à la mort. Leur salut repose sur un jeune Inuit dont les connaissances viennent compléter les leurs.

Gerald J. Rubio

Mowat, sir Oliver, politicien, premier ministre de l'Ontario de 1872 à 1896 (Kingston, Haut-Canada, 22 juill. 1820—Toronto, 19 avril 1903). Mowat étudie avec divers précepteurs à Kingston, avant de devenir le premier stagiaire en droit auprès de John A. MACDONALD. Il est admis au Barreau en 1841 et devient rapidement un avocat de bonne réputation à la Cour de la chancellerie du Haut-Canada. Issu d'un milieu conservateur, Mowat se tourne toutefois vers le Parti réformiste à l'âge adulte. Après une brève incursion en politique municipale, à Toronto, il est membre de l'Assemblée de la Province du Canada de 1858 à 1864, où il jouit d'une grande influence comme chef réformiste. Il est secrétaire provincial sous la brève administration de George BROWN et de A.A. DORION, en 1858, maître général des Postes sous le régime de John Sandfield MACDONALD-Dorion, en 1863-1864, et il reprend ce portefeuille pendant la GRANDE COALITION, en 1864. Mowat prend une part active à la CONFÉRENCE DE QUÉBEC et il est l'un des PÈRES DE LA CONFÉDÉRATION. En novembre 1864, il est nommé vice-chancelier de l'Ontario (Cour de la chancellerie du Haut-Canada), un poste qu'il conservera jusqu'en 1872. Cette même année, il prendra la succession d'Edward BLAKE à titre de premier ministre provincial. Il occupe ce poste et celui de procureur général jusqu'en 1896, alors

qu'il est nommé au Sénat et devient ministre fédéral de la Justice. Fait chevalier en 1892, il quitte Ottawa en 1897 pour devenir lieutenant-gouverneur de l'Ontario.

C'est à titre de premier ministre que Mowat se démarque le plus. Politicien très habile, il forme un Parti libéral pragmatique et modéré, représentatif de tout l'Ontario: protestant et catholique, rural et urbain. Sous la direction de Mowat, l'Ontario atteint sa maturité sur le plan économique, social et politique. Il modernise le secteur agricole, accorde une grande importance à l'industrie, à l'éducation et aux sciences, fait face aux problèmes urbains et reconnaît le rôle des syndicats dans la société. D'importants règlements et programmes sociaux sont adoptés sous son administration. Mowat et son gouvernement contribuent également à la définition du FÉDÉRALISME canadien. Il est le premier défenseur canadien des droits des provinces et, dans la foulée d'une multitude de batailles politiques et juridiques qu'il remporte contre le gouvernement fédéral conservateur de John A. Macdonald, il contribue de façon notoire à modifier la conception d'un Canada fortement centralisé et de provinces faibles et dépendantes. De plus, Mowat et ses collègues font de l'Ontario une province dominante dans la Confédération. Les ressources de l'Ontario augmentent, grâce à son expansion territoriale au nord et à des frontières substantiellement élargies, après des discussions interminables avec le gouvernement fédéral. Grâce à une bonne gestion des secteurs clés de l'agriculture, de l'industrie et des ressources, Mowat fait de l'Ontario la plus riche des provinces et l'on peut sans contredit affirmer que l'Ontario est entrée dans l'ère moderne sous l'administration de Mowat.

Donald Swainson

Muchalaht Bande NOOTKA de la côte ouest de l'île de Vancouver. Les territoires traditionnels des Muchalaht comprennent Muchalat Inlet et la vallée de la rivière Gold. Leurs principaux villages sont Cheeshish et Ahaminaquus. Contrairement à la plupart des Nootkas, les Muchalaht n'ont pas accès à la pleine mer et s'adaptent aux environnements riverains et intérieurs, où le saumon, l'élan et le chevreuil assurent leur subsistance. Au XIXᵉ siècle, décimés par de longues guerres, ils s'intègrent aux MOWACHAHTS. Au début du XXᵉ siècle, un Muchalaht hérite du titre de Maquinna, le premier chef des Mowachahts, et le reste des Muchalahts déménagent dans le village mowachaht de Yuquot. Dans les années 50, les bandes de Muchalahts et de Mowachahts (alors Nootka) fusionnent officiellement. En 1996, les deux bandes comptent moins de 500 personnes.

John Dewhirst

Mukherjee, Bharati, romancière et nouvelliste (Calcutta, Inde, 27 juill. 1940). Elle étudie en Inde (B.A. à l'U. de Calcutta en 1959, M.A. à l'U. de Baroda en 1961) et aux États-Unis (maîtrise en beaux-arts en 1963 et Ph.D. en 1969, à l'U. d'Iowa), puis quitte les États-Unis pour le Canada en 1966. Elle retourne cependant aux États-Unis en 1980, car elle trouve que les Canadiens sont de plus en plus intolérants à l'égard des Indiens d'Asie, surtout à l'égard des femmes.

Ses ouvrages de fiction évoquent avec force et sensibilité les tensions culturelles et les crises d'identité auxquelles doivent faire face ses protagonistes indiens, tant en Amérique du Nord qu'en Inde, écartelés entre deux visions du monde et deux mondes très différents. Mukherjee enseigne à l'U. Marquette (1964-1965), à l'U. du Wisconsin (1965), à l'U. McGill (1966-1978), au Skidmore College, au Montclair State College et à l'U. de la Californie, au campus de Berkeley. Son premier roman, *The Tiger's Daughter* (1972), est suivi de *Wife* (1975).

Son célèbre récit autobiographique *Days and Nights in Calcutta*, rédigé en collaboration avec son mari, l'écrivain Clark BLAISE, paraît en 1977. Son meilleur ouvrage à ce jour, le recueil de nouvelles

Darkness, est publié en 1985. Toujours en collaboration avec son mari, elle écrit *The Sorrow and the Terror*, fondé sur l'écrasement d'un avion d'Air India en 1985. Ces publications les plus récentes comptent *The Middleman and Other Stories* (1989) et les romans *Jasmine* (1990), *The Holder of the World* (1993) et *Leave it to Me* (1997).

Neil Besner

Mukluks Fabriqués par les INUITS, les mukluks sont des bottes étanches conçues pour la marche dans la TOUNDRA. L'empeigne de peau de caribou est cousue à une semelle de peau de phoque. Les coutures invisibles faites avec du fil de babiche passant seulement dans la moitié de la peau en assurent l'étanchéité. En hiver et par temps froid, on en porte plusieurs paires simultanément.

René R. Gadacz

Mullock, John Thomas, évêque catholique (Limerick, Irl., 27 sept. 1807—St. John's, 29 mars 1869). Sacré évêque en 1847, Mullock débarque à Terre-Neuve en 1848 en tant que coadjuteur. Deux ans plus tard, il devient l'évêque de Terre-Neuve; il dirige ainsi les affaires de l'Église avec énergie pendant 20 ans. Il termine la cathédrale, dote le palais épiscopal d'une nouvelle bibliothèque, fonde le St. Bonaventure's College et deux couvents pour les Sœurs de la Présentation et les Sœurs de la Charité, en plus de faire augmenter le nombre de prêtres. En 1856, il divise l'île en deux diocèses. Il participe aux premières tentatives pour doter Terre-Neuve de systèmes de communication par bateau à vapeur, par voilier et par télégraphe, et il lance l'idée d'une liaison par câble télégraphique transatlantique entre l'Amérique du Nord et l'Europe. L'appui politique qu'il accorde aux libéraux dirigés par P.F. LITTLE et John KENT suscite la controverse, et son intervention lors des élections de 1861 entraîne finalement une diminution de son influence. Érudit, spirituel et éloquent, il est l'auteur de plusieurs conférences et opuscules.

J. Rogers

Mulock, Sir William, avocat, pédagogue, ministre fédéral, juge à la cour provinciale (Bond Head, Canada-Ouest, 19 janv. 1844—Toronto, 1ᵉʳ oct. 1944). Député fédéral de 1882 à 1905, Mulock est ministre des Postes (1896-1905) dans le gouvernement LAURIER. Il met sur pied le ministère du Travail, dont il sera le premier ministre (1900-1905), et permet à W.L. Mackenzie KING de faire sa marque en tant que sous-ministre. Il négocie un accord multilatéral entre le Canada, l'Australie et la Nouvelle-Zélande pour relier les trois pays par un câble de télécommunications et joue un rôle important dans l'établissement d'une liaison radiophonique entre le Canada et le Royaume-Uni (1903). Partisan de la nationalisation de la Compagnie de téléphone Bell, il dirige la Commission d'enquête parlementaire sur le téléphone en 1905 jusqu'à sa nomination, la même année, comme juge en chef de la Division du Trésor de la Cour suprême de l'Ontario. Il sera également juge en chef de la Cour suprême de l'Ontario de 1923 à 1936. À titre de vice-recteur de l'U. de Toronto de 1881 à 1900, il est le principal artisan de la transformation de diverses institutions religieuses et professionnelles en une université de type coopératif dont il sera le recteur de 1924 à 1944.

Robert E. Babe

Mulroney, Martin Brian, avocat, politicien, premier ministre du Canada (Baie-Comeau, Qc, 20 mars 1939). Fils d'immigrants irlandais, le père de Mulroney est électricien et souhaite avant tout que ses enfants ne finissent pas à l'usine papetière, principale activité économique de Baie-Comeau. Brian fréquente l'école secondaire privée St. Thomas, à Chatham (N.-B.), puis l'U. St. Francis Xavier, à Antigonish (N.-É.), où il poursuit des études en sciences politiques. Il fait partie du club des conservateurs du campus et devient premier ministre au Parlement interuniversitaire de l'Atlantique. En 1956, il participe à la campagne de John Diefenbaker, qui devient chef du parti. Plutôt habile malgré son jeune âge, parfaitement bilingue et d'un tempérament grégaire, Mulroney retourne au Québec en 1961 pour faire des études de droit à l'U. Laval. Il entre dans un grand cabinet d'avocats à Montréal (auj. Ogilvy-Renault), en 1964. Il se spécialise très vite dans les négociations collectives, en tant que représentant des entreprises comme l'Iron Ore of Canada et la Power Corporation of Canada. Son père meurt en 1965 et Mulroney doit assumer le rôle de chef de famille. Plus tard, en 1973, il épouse Mila Pivnicki.

En 1974-1975, au moment où il siège à la Commission Cliche sur la violence et la corruption dans l'industrie du bâtiment au Québec, Mulroney retient l'attention du public par ses prises de position fermes. Il est toujours l'organisateur conservateur en chef et responsable des campagnes de financement dans la province, mais il ne s'est jamais présenté aux élections. En 1976, on le considère comme un candidat de choix à la direction du parti fédéral; il est toutefois éliminé au troisième tour du scrutin. Il est vice-président de l'Iron Ore of Canada en 1976, puis président de 1977 à 1983. Pendant cette période, il met l'accent sur les relations patronales-syndicales, si bien qu'à la fin de son mandat, il peut mettre fin aux activités de la société située à Schefferville, sans craindre de graves répercussions politiques. Mulroney se présente à nouveau comme candidat à la direction du Parti conservateur en 1983. Il y fait preuve de sobriété afin de parer aux attaques contre sa campagne de 1976, qu'on avait jugée superficielle et tape-à-l'œil. Il remporte la victoire contre Joe CLARK au dernier tour du scrutin: 1584 votes contre 1325.

En tant que chef de l'Opposition et député de Central Nova en 1983-1984, il se montre habile gestionnaire en se concentrant sur le rétablissement de son parti, quelque peu ébranlé, et en construisant une solide machine électorale. Modéré et conciliant de nature, il milite en faveur du renforcement du secteur privé et de la réduction de l'intervention gouvernementale dans l'économie. Il milite aussi pour les droits des francophones, de meilleures relations américano-canadiennes et une plus étroite collaboration entre le gouvernement fédéral et les provinces. Aux élections générales de 1984, il mène une campagne quasi impeccable contre les libéraux du premier ministre John Turner et remporte 211 sièges, le plus grand nombre dans l'histoire du Canada. Mulroney, qui a toujours insisté sur l'importance du Québec pour les conservateurs, s'empare facilement du siège de Manicouagan, la circonscription où il réside. Il s'engage à faire en sorte d'intégrer le Québec dans la constitution «avec honneur et enthousiasme», et parvient ainsi à persuader de nombreux nationalistes du Québec à soutenir les conservateurs. Le parti gagne 58 sièges dans cette province, percée que Mulroney avait promise sous sa direction. Le 17 septembre 1984, il prête serment en tant que 18e premier ministre du Canada.

Les deux premières années du gouvernement de Mulroney sont marquées par l'indécision et les scandales de son Cabinet. Cependant, dès le printemps 1987, il lance les deux mesures importantes qui vont marquer son premier mandat: la négociation de l'ACCORD DU LAC MEECH et la conclusion d'un accord de libre-échange (ALE) avec les États-Unis, signé en octobre de la même année. L'ALE devient la question centrale aux élections fédérales de 1988. Cela dit, les conservateurs réussissent à battre un Parti libéral en résurgence autour duquel se coalisent tous les opposants à l'ALE. Ce dernier entre en vigueur le 1er janvier 1989. Entre-temps, l'Accord du lac Meech s'effrite graduellement pour s'effondrer en juin 1990. Cet échec est dû en partie au choix hasardeux de Mulroney de programmer la conférence finale des premiers ministres trop près de la date d'échéance. La popularité de son gouvernement baisse de nouveau dans les sondages quand il impose la taxe sur les produits et services (TPS) le 1er janvier 1991. Afin que le projet de loi soit accepté par la Chambre haute, Mulroney doit faire appel à ses partisans au Sénat.

Malgré la dure récession qui frappe le pays au début des années 90 et qui s'annonce peu favorable à l'ALE, les conservateurs poursuivent leur politique de libéralisation des échanges. Ils négocient un accord de libre-échange nord-américain qui inclut cette fois le Mexique. Tandis que Mulroney tente de conclure un nouveau pacte constitutionnel, sa popularité est au plus bas à l'automne de 1992. Selon les sondages, elle a été la plus faible dans toute l'histoire des premiers ministres du Canada. Après maintes négociations et commissions, on propose l'ACCORD DE CHARLOTTETOWN, mais celui-ci est rejeté lors d'un référendum national.

Non sans avoir tergiversé, Mulroney annonce sa décision de quitter la politique en février 1993. Malgré ses capacités à former une coalition de Québécois et de militants de l'Ouest et à unir le Parti conservateur traditionnellement divisé, les échecs constitutionnels de Mulroney, les problèmes économiques résultant de la récession persistante, l'imposition de la TPS qui a du mal à passer et sa propre impopularité assombrissent son avenir politique et celui de son parti. Il cède la direction du pays à Kim Campbell, le 25 juin 1993. Mais la coalition des conservateurs se désagrège aux élections de 1993. Seulement deux conservateurs sont élus dans tout le Canada et le parti perd son statut de parti officiellement reconnu à la Chambre des communes. C'est un désastre sans précédent dans l'histoire politique du Canada. Beaucoup l'attribuent aux erreurs de Mulroney et à son impopularité. En juin 1997, le gouvernement fédéral libéral offre ses excuses à Mulroney pour toutes les fausses accusations selon lesquelles il aurait été coupable de fraude dans le scandale d'Airbus. En 1998, Mulroney devient président de la Forbes Global Business and Finance, l'édition internationale du magazine anglophone Forbes, et est fait membre de l'Ordre du Canada.

Norman Hillmer

Multiculturalisme Le terme «multiculturalisme» devient en vogue au cours des années 60 pour faire contrepoids au «biculturalisme» popularisé par la Commission royale d'enquête sur le bilinguisme et le multiculturalisme (*voir* BILINGUISME ET BICULTURALISME). Il supplante dans une bonne mesure l'expression «pluralisme culturel», bien que celle-ci ait toujours cours au Québec. Du Canada, son usage se répand dans plusieurs pays, dont l'Australie. On lui prête trois acceptions: le multiculturalisme désigne soit une société caractérisée par une hétérogénéité ethnique ou culturelle, soit un idéal d'égalité et de respect mutuel entre les groupes ethniques et culturels d'une population, ou encore, il a trait à la politique gouvernementale proclamée par le gouvernement fédéral, en 1971, et par un certain nombre de provinces par la suite. En décembre 1987, le gouvernement conservateur dépose un projet de loi qui conduit à la *Loi sur le multiculturalisme canadien*. Cette loi met de l'avant la politique gouvernementale sur le multiculturalisme, soit celle de «reconnaître pleinement et également tous les Canadiens en tant que participants dans la société canadienne».

L'arrivée des Britanniques au XVIIIe s., les ruées vers l'or du XIXe s. et la colonisation de l'Ouest à la fin du XIXe s. et au début du XXe s. font du Canada l'une des sociétés qui accueillent le plus d'immigrants dans le monde, position maintenue au cours des années 20 et après la Seconde Guerre mondiale (*voir* IMMIGRATION; IMMIGRATION, POLITIQUE D'). Sauf au Canada français, on espère que les groupes culturels et ethniques seront assimilés par la majorité anglaise. Le principe de l'assimilation pure et simple a d'abord cédé le pas à l'idée d'un melting-pot (création d'un nouveau groupe culturel ou ethnique à partir du mélange des divers éléments présents parmi la population), puis à celle d'une «mosaïque» (collaboration de tous les groupes ethniques et culturels, qui conserveraient néanmoins leurs caractéristiques particulières). Le concept de «mosaïque» est le précurseur du multiculturalisme.

Ce n'est qu'après le tumulte des années 60 que les gouvernements fédéral et provinciaux adoptent des politiques explicites en matière de multiculturalisme, même si le gouvernement fédéral y consacre bien moins d'argent au cours de la première décennie qu'à son programme de bilinguisme, élaboré un peu plus tôt. Le fédéral est doté d'un ministre délégué au multiculturalisme depuis 1972 et il existe depuis 1973 un conseil consultatif canadien sur le multiculturalisme, ainsi qu'un bureau du multiculturalisme rattaché au Secrétariat d'État.

Les politiques gouvernementales de multiculturalisme sont souvent accueillies avec hostilité et méfiance. Les Canadiens français, notamment, les trouvent injurieuses par rapport à la position selon laquelle ils constituent l'une des deux communautés linguistiques dont se compose le Canada. Certains intellectuels y voient un stratagème pour consolider la domination anglo-saxonne, pour détourner les efforts des non-francophones et des non-anglophones des affaires politiques et économiques vers des activités culturelles, et pour éloigner les autres groupes ethniques du pouvoir. Les porte-parole de certains groupes ethniques critiquent les politiques gouvernementales de multiculturalisme, les considérant comme d'inacceptables substituts à une aide plus substantielle. Beaucoup les voient comme un moyen d'acheter «le vote ethnique».

L'opposition et la suspicion envers le multiculturalisme résultent d'ambiguïtés contenues dans les énoncés de politique et dans le terme multiculturalisme (chose curieuse, on présume qu'il signifie que les groupes ethniques resteront en marge de la société, tandis qu'il est plus juste de les décrire comme des composantes culturelles qui s'intègrent de façon inégale pour constituer l'ensemble de la société canadienne). Les spécialistes des sciences sociales n'établissent pas adéquatement et ne font pas valoir suffisamment auprès des politiciens, des bureaucrates et de la population les distinctions subtiles, mais nécessaires, entre assimilation culturelle et assimilation structurelle, culture et groupe ethnique, etc.

Les politiques multiculturelles des années 70 ne répondent peut-être pas aux besoins des immigrants, surtout de ceux, toujours plus nombreux, qui appartiennent aux minorités dites visibles, étant donné qu'elles sont élaborées en fonction des groupes ethniques d'origine européenne établis depuis longtemps au pays. Néanmoins, la définition du terme et ce qu'on appelle le mouvement multiculturel sont importants en ce sens qu'ils attirent l'attention sur un aspect fondamental de la diversité au sein de la société canadienne et entraînent sa reconnaissance politique.

Le recensement du Canada tient compte de plus en plus de la diversité, de l'hétérogénéité et du multiculturalisme. Ainsi, le recensement de 1981 admet des dénominations ethniques multiples, choix dont se prévalent 1,2 million de répondants. En 1996, 10,2 millions de répondants disent posséder des héritages ethniques multiples. Dans les années 90, on se demande jusqu'à quel point l'identité «canadienne» est la plus appropriée pour décrire nombre d'entre eux et les chercheurs tentent de cerner dans quelle mesure cette option est appropriée.

Jean Burnet

Multimédia Le multimédia consiste en l'utilisation combinée de plusieurs médias, tels que la vidéo, les images, le son, l'éclairage et le texte, à des fins d'éducation ou de divertissement. Plus précisément, il fait référence à l'utilisation de médias numérisés affichés sur un ordinateur. Plusieurs facteurs ont favorisé la croissance du multimédia, notamment la puissance de plus en plus grande des ordinateurs personnels et leurs prix de plus en plus bas depuis le milieu des années 80, ainsi que la capacité de stockage du cédérom.

Alors que le texte nécessite peu d'espace pour son stockage, les images, le son et la vidéo en demandent beaucoup plus. Le cédérom offre plus de 600 Mo d'espace de stockage sur un disque très facile d'utilisation et permet à un producteur d'y inclure le texte intégral d'une encyclopédie, des milliers d'images et une quantité raisonnable de vidéos (environ une heure de vidéo compressée par disque). En 1995, presque tous les ordinateurs de bureau sont vendus avec un lecteur de cédérom. Les logiciels et le matériel nécessaires pour produire le multimédia ont donné naissance à une industrie évaluée à un milliard de dollars. Le cédérom est cependant rapidement dépassé par la nouvelle technologie du DVD. Le DVD peut conserver 4,7 Go d'informations comparativement au 650 Mo du cédérom. Plus encore, les données peuvent être enregistrées sur deux couches, augmentant ainsi la capacité de stockage à 8,5 Go. Étant donné que l'on peut écrire sur les deux côtés d'un DVD, les possibilités de stockage sont augmentées jusqu'à 17 Go. Toutefois, la capacité de stockage n'est pas le seul avantage du DVD. Sa qualité sonore et visuelle approche ou égale les standards habituels de diffusion, ce qui signifie que l'impact du DVD se fera d'abord sentir dans l'industrie du vidéo.

Mumming, représentation théâtrale donnée par des acteurs costumés (des *mummers*). Ce type de théâtre fait partie intégrante d'un phénomène culturel international d'une grande complexité. Les origines directes des principales activités de *mumming* à Terre-Neuve et les analogies les plus proches qu'on puisse trouver proviennent de l'Irlande et du Royaume-Uni. De nombreuses comédies présentées par des *mummers* peuvent être associées aux épopées mettant en scène des héros dans le théâtre populaire en Angleterre. Elles présentent les diverses variations d'une action en quatre volets: la présentation des personnages (p. ex., saint Georges, le docteur, Alexandre, sir Guy, le chevalier turc et bien d'autres), le combat contre un ou plusieurs adversaires, la guérison ou la résurrection d'un champion vaincu et la collecte d'argent par les participants.

Les sources du XIXe s. fournissent une mine de renseignements sur les deux pratiques associées au *mumming*, soit la visite à domicile et la présentation d'une comédie, ainsi que la procession ou la parade officielle à l'extérieur. Après la Première Guerre mondiale, en revanche, ces présentations cessent, sans toutefois tomber complètement dans l'oubli, jusqu'à ce que des acteurs professionnels les fassent revivre au début des années 70 à la suite de recherches universitaires sur la tradition. La parade est une activité familière de la période de Noël dès 1812, surtout à la Saint-Jean. Elle comprend des personnages aux costumes et aux déguisements élaborés qui se frayent un chemin dans les rues, flanqués de fous et d'*ownshooks* (leur pendant féminin) agiles, armés de sacs gonflés utilisés pour s'en prendre aux spectateurs. Une présentation prenant la forme d'un combat ou d'un dialogue est parfois insérée à un certain moment dans la procession. Cette forme publique de *mumming*, et même le port de déguisements à l'extérieur, est interdite par une loi de l'Assemblée législative en 1861 en raison des troubles et de la violence qu'ils provoquent parfois. Cette interdiction n'a cependant jamais été en vigueur.

La visite à domicile des *mummers* ou des *jannies* au cours des douze jours de Noël est une tradition très usuelle à Terre-Neuve. Cette activité est similaire à celles des *guisers* dans le nord de l'Angleterre et en Écosse, des *skaklers* dans les îles Shetland, des *belsnickles* de la tradition allemande en Nouvelle-Écosse et en Virginie, et des *naluyuks* au Labrador. Lorsque de petits groupes de personnes apparaissent aux maisons voisines et cherchent à entrer, il se produit un renversement du code de conduite habituel: renversement sexuel (au moyen du travesti), de la parole (les *mummers* parlent le plus souvent en aspirant), du rôle social (l'hôte est sur la défensive) et des normes de comportement (les visiteurs sont tapageurs et sans retenue). Au cœur de cette forme de *mumming*, se trouve la tentative de l'hôte ou des hôtes à découvrir qui se cache derrière cette mascarade, après quoi les visiteurs identifiés sont dévoilés et on leur offre à boire. Cette tradition moins officielle de *mumming* est encore très répandue à Terre-Neuve. Des folkloristes ont étudié la tradition sur le terrain et des anthropologues l'ont analysée.

George M. Story

Munitions et des Approvisionnements, ministère des, principal organisme canadien de coordination de l'industrie nationale pendant la SECONDE GUERRE MONDIALE. On décide qu'un ministère civil devrait régir la production des munitions destinées au Canada et à ses alliés. Le Parlement adopte donc en septembre 1939 la *Loi sur le ministère des Munitions et des Approvisionnements*, qui entre en vigueur le 9 avril 1940. Le Ministère n'a eu qu'un seul ministre, C.D. HOWE, qui y a apporté un leadership dynamique et énergique, en plus d'une influence politique considérable. Outre la production d'ARMEMENTS par l'entremise de ses directions de la production, le Ministère réglemente les approvisionnements limités jugés essentiels à l'effort de guerre, telles l'essence et la soie (cette dernière servant à la fabrication de parachutes). Afin d'éviter la création d'une vaste bureaucratie, le Ministère établit des sociétés de la Couronne telles que Victory Aircraft (bombardiers), POLYSAR LIMITÉE (caoutchouc artificiel) et Research Enterprises (technologie de pointe). Le Ministère est dissous à la fin de la Seconde Guerre mondiale, ayant obtenu un bilan des plus satisfaisants.

Robert Bothwell

Munk, Jens Eriksen, explorateur (Barbo, Norvège, 3 juin 1579—Copenhague, Danemark, 3 ou 24 juin 1628). Ayant reçu l'ordre du roi Christian IV du Danemark de partir à la recherche du PASSAGE DU NORD-OUEST, il met les voiles avec deux navires en mai 1619. Après des détours par la baie de Frobisher et la baie d'Ungava, il entre dans la baie d'Hudson, le 25 août. Il est forcé de passer l'hiver dans l'estuaire du fleuve CHURCHILL. Au printemps, 61 de ses hommes ont succombé au scorbut. Munk et deux autres survivants rentrent difficilement au bercail, atteignant la Norvège le 21 septembre 1620. Il publie un récit de son voyage en 1624. On a trouvé des vestiges de son séjour à Port-Churchill.

James Marsh

Munro, Alice, nouvelliste (Wingham, Ont., 10 juill. 1931). Elle grandit dans l'ouest de l'Ontario et rencontre son premier mari, James Munro, à l'U. de Western Ontario. Après deux ans d'université, le jeune couple déménage à Vancouver. En 1963, elle collabore à la mise sur pied de Munro's Books. En 1972, elle retourne en Ontario, où elle épouse en secondes noces Gerald Fremlin en 1976. Elle reçoit le prix du Gouverneur général pour *Dance of the Happy Shades* (1968; trad. *La danse des ombres: nouvelles*, 1979) et *Who Do You Think You Are?* (1978; trad. *Pour qui te prends-tu?*, 1981) lequel est aussi finaliste pour le Booker Prize. Enfin, elle est récipiendaire du International Book Year Award de la Canadian Booksellers Ass. pour *Lives of Girls and Women* (1971), du Prix littéraire Canada-Australie (1977) et est la première lauréate du Marian Engel Award (1986).

La force de ses écrits repose en partie sur sa connaissance du terroir, la majorité de ses nouvelles étant situées dans le comté d'Huron, en Ontario, mais aussi sur son utilisation du narrateur en tant qu'intelligence ordonnatrice, autour de laquelle le monde prend forme. L'un de ses thèmes de prédilection est le dilemme vécu par l'adolescente contrainte de quitter sa famille et sa ville. Ses ouvrages plus récents traitent de la crise de la quarantaine, de la femme seule et des personnes âgées. Son style se caractérise par sa recherche du geste révélateur, qui jette un éclairage sur un événement et lui donne une signification personnelle.

Dans *Lives of Girls and Women*, chaque récit s'organise autour d'une métaphore, dont la fonction est de réunir tous les éléments des différentes séquences en un point central. Ainsi, la mort de l'oncle Craig dans «Heirs of the Living Body» est reliée à d'autres morts et considérée comme faisant partie intégrante d'un processus naturel, de telle sorte que la mère peut proclamer qu'«oncle Craig n'a pas besoin d'être oncle Craig! Oncle Craig, c'est les fleurs!» Comme tous les autres personnages de Munro, il participe à une masse vivante, même si les liens n'apparaissent pas toujours très clairement. Le lien implicite qui ne mène pas toujours à des découvertes épiphaniques est plus apparent dans *The Moons of Jupiter* (1982), car les relations y sont suggérées, mais les fils qui forment le lien n'y sont pas toujours démêlés.

Il a été dit parfois que ses romans sont plus proches de l'autobiographie que de la forme romanesque. Défendant *Lives of Girls and Women*, que l'on identifie généralement à la vie de l'auteure, Munro a affirmé qu'il est «autobiographique par sa forme mais non dans les faits». La distinction n'est peut-être pas convaincante et il est difficile de dissiper ce soupçon, car elle a un sens si juste des dialogues. De plus, ses narrateurs, utilisés comme filtre entre le passé et le présent, possèdent une intelligence telle, que le lecteur a l'impression que, si ce n'est pas sa vie qu'elle raconte, c'est la sienne.

Par ailleurs, à maints égards, *Who Do You Think You Are?* peut être considéré comme une suite de *Lives of Girls and Women*, où serait décrit le déménagement de Munro sur la côte ouest et son retour. *Dance of the Happy Shades et Something I've Been Meaning to Tell You* (1974), même s'ils relatent parfois des événements qui coïncident avec la vie de l'auteure, sont des recueils de nouvelles agencées avec soin. Son recueil *The Progress of Love* (1986) serait une sublimation de l'ensemble de son œuvre. L'auteure y explore encore plus en profondeur les problèmes du temps et le rapport du narrateur avec le temps, dans une prose qui exhale l'émerveillement et la compassion. Cet ouvrage lui a valu le prix du Gouverneur général.

Deux recueils de nouvelles ultérieurs, *Friend of My Youth* (1990; trad. *Amie de ma jeunesse*, 1992) et *Open Secrets* (1994; trad. *Secrets de polichinelle*, 1995), ont mis en évidence l'évolution constante de l'auteure et l'ont fait connaître par-delà les frontières canadiennes. Au printemps 1995, elle remporte le W.H. Smith Award pour la meilleure œuvre, toutes catégories confondues, parmi celles publiées en Grande-Bretagne au cours de l'année précédente.

E.D. Blodgett

Munsch, Robert, auteur de livres pour enfants et conteur (Pittsburgh, Pennsylvanie, 11 juin 1945). Robert Munsch a remporté un succès monstre avec ses livres pour enfants; il a vendu plus de 20 millions de livres dans plus de 10 langues. Après sept années d'études chez les JÉSUITES en vue de la prêtrise, Munsch choisit plutôt de travailler auprès des enfants. Pendant près de cinq ans, Munsch enseigne dans divers centres préscolaires et occupe des emplois dans des garderies, tout en étudiant pour obtenir sa maîtrise en éducation préscolaire et en enseignement primaire. En 1975, Munsch déménage à Guelph, en Ontario, et devient professeur agrégé en études de la famille à l'U. de Guelph et y enseigne dans son centre préscolaire. En 1979, Munsch publie ses deux premiers livres, *Mud Puddle* et *The Dark*. Ses œuvres les mieux connues sont sans doute *The Paper Bag Princess* et *Love You Forever*.

Munsch aime avant tout raconter de vive voix. Beaucoup de ses livres sont d'ailleurs le résultat de nombreuses années passées à divertir des groupes d'enfants enthousiastes. La répétition, le refrain et les triades se retrouvent partout à travers son œuvre. Dans ses histoires, Munsch tente de renforcer l'autonomie chez les enfants et c'est ce qui lui attire cette renommée phénoménale. En 1985, Munsch remporte un prix JUNO pour *Murmel, Murmel, Munsch: More Outrageous Stories* (1985) et il reçoit en 1986 le prix Ruth Schwartz pour *Thomas' Snowsuit. Stephanie's Ponytail* (1996) et *We Share Everything* (1999), sont ses ouvrages les plus récents.

Robert Wiznura

Munsinger, affaire Entre 1958 et 1961, Pierre SÉVIGNY, ministre associé de la Défense nationale sous John DIEFENBAKER, a une aventure avec une immigrante allemande, Gerda Munsinger. Agissant d'après des renseignements de provenance américaine, la Gendarmerie royale du Canada informe le ministre de la Justice, Davie FULTON, que Munsinger est une prostituée et qu'elle constitue un risque pour la sécurité nationale. Fulton en informe Diefenbaker, qui réprimande Sévigny. Munsinger retourne en Allemagne, tandis que Sévigny demeure membre du Cabinet. L'affaire semble anodine, excepté pour les intéressés, jusqu'à ce que le ministre libéral de la Justice, Lucien Cardin, irrité des railleries des conservateurs concernant les fuites en matière de sécurité, prononce le nom de Munsinger aux Communes le 4 mars 1966. La presse s'empare alors du premier scandale important à caractère sexuel du gouvernement canadien. Une commission royale d'enquête critiquera l'indulgence de Diefenbaker, mais ne trouve aucune effraction portant atteinte à la sécurité nationale.

John English

Murdoch, affaire Jugée en 1975 par la Cour suprême du Canada, elle porte sur le droit relatif aux biens matrimoniaux. Historiquement, la femme mariée ne peut être propriétaire d'un bien-fonds que s'il est inscrit à son nom ou si elle verse le prix d'achat en entier ou partiellement. On ne reconnaît aucunement les contributions indirectes d'une femme à l'acquisition d'un bien-fonds ni son rôle dans l'éducation de la famille. Dans l'affaire Murdoch, la Cour suprême décide qu'une femme qui contribue à la gestion de la ferme fait «dans l'ensemble simplement ce que fait la femme d'un éleveur ordinaire» et n'a aucun droit à une part de la ferme. Le tollé soulevé par les regroupements de femmes conduit à la réforme du droit relatif aux biens matrimoniaux partout au pays. Madame Murdoch obtient une somme forfaitaire à titre d'aliments sous le régime de la *Loi sur le divorce* (Canada).

Alastair Bissett-Johnson

Murdoch, Beamish, avocat, politicien et auteur (Halifax, 1ᵉʳ août 1800—Lunenburg, N.-É., 9 févr. 1876). Déjà avocat accompli lors de son élection à l'Assemblée de la Nouvelle-Écosse en 1826, Murdoch perd son siège en 1830. Essayiste de talent, largement publié dans les principales revues de l'époque, il écrit également des ouvrages plus considérables. Le plus important, *Epitome of the Laws of Nova Scotia* (1832-1833), est un ouvrage unique qui le rend célèbre en tant que «Blackstone de la Nouvelle-Écosse» et qui constitue encore une source importante de renseignements pour les historiens. Il retourne à la vie publique en 1841 lors de sa nomination comme secrétaire au conseil scolaire où il œuvre sans relâche pour établir un système scolaire provincial uniforme. Nommé greffier de la ville de Halifax en 1852, il prend sa retraite en 1860, pour ensuite publier son ouvrage *History of Nova Scotia* (1865-1867).

D.H. Brown

Murdoch, James Young, avocat et dirigeant dans le secteur minier (Toronto, 29 juill. 1890—*id.*, 18 avril 1962). Diplômé d'Osgoode Hall, Murdoch pratique le droit minier au cabinet Holden and Murdoch, à Toronto, de 1913 à 1962. Il est nommé conseiller du roi en 1929. Il prépare l'incorporation de NORANDA inc. et en est le premier président de 1923 à 1956, année où il devient président du conseil. Murdoch étend et diversifie les activités de Noranda par différents placements en dehors de ses mines de cuivre au Québec. Pendant la Seconde Guerre mondiale, il occupe des postes supérieurs dans deux sociétés de la Couronne fondées en temps de guerre. Il est président de la National War Services Funds Advisory Board et président du National War Services Committee du YMCA. Il est fait Officier de l'Ordre de l'Empire britannique. En 1952, on donne son nom à Murdochville, au Québec. Pour sa contribution à l'industrie minière au Canada, il a reçu la Médaille Blaylock de l'Institut canadien des mines et de la métallurgie.

Joseph Lindsey

Murphy, Emily, née Ferguson, nom de plume Janey Canuck, écrivaine, journaliste, magistrate, réformiste juridique et politique (Cookstown, Ont., 14 mars 1868—Edmonton, 27 oct. 1933). Née d'une famille de juristes en vue, Murphy déménage dans l'Ouest en 1903 avec son mari Arthur Murphy, pasteur anglican et entrepreneur, et leurs deux filles. Collaboratrice prolifique à des revues et des journaux canadiens, elle adopte le nom de plume de Janey Canuck, et publie quatre livres très populaires d'histoires personnelles: *The Impressions of Janey Canuck Abroad* (1901), *Janey Canuck in the West* (1910), *Open Trails* (1912) et *Seeds of Pine* (1914).

D'abord à Swan River au Manitoba et ensuite à Edmonton, où elle vit à partir de 1907, Murphy réussit à conjuguer vie familiale, écriture et un engagement social en faveur des femmes et des enfants. En 1911, en réponse aux pressions incessantes de mouvements animés par Murphy, l'Assemblée législative de l'Alberta vote le Dower Act (*voir* DOUAIRE), qui assure à l'épouse le droit à une part équivalent au tiers des biens de son mari, advenant le décès de ce dernier. Murphy s'illustre aussi au sein du mouvement pour le vote des femmes, au conseil exécutif du CANADIAN WOMEN'S PRESS CLUB (dont elle est la présidente de 1913 à 1920), au CONSEIL NATIONAL DES FEMMES DU CANADA, dans la FÉDÉRATION DES WOMEN'S INSTITUTES DU CANADA (dont elle est la première présidente nationale) et dans plus d'une vingtaine d'autres organisations bénévoles et professionnelles.

Experte juridique autodidacte, elle est d'abord nommée magistrate de police pour Edmonton en 1916, puis de la province de l'Alberta, et devient par le fait même la première femme magistrat de l'Empire britannique. Confrontée à une série de cas impliquant la prostitution et la délinquance juvénile, elle mène une guerre acharnée aux narcotiques, dont elle rend responsable une grande partie du crime organisé et des attaques faites envers les innocents. Son ouvrage *Black Candle* (1922) rassemble des articles publiés dans la revue *Maclean's*, décrivant avec tous les détails choquants les ravages du trafic de la drogue. À la suite de cet exposé, des lois sont votées pour réglementer les stupéfiants. Cette législation demeurera inchangée jusqu'à la fin des années 60.

Contestée dès son premier jour au tribunal par un avocat qui prétend qu'en tant que femme elle n'est pas une personne au sens du droit britannique, Murphy se lance dans une campagne, d'une durée de 10 ans, en faveur de la reconnaissance des femmes comme «personnes» légales, éligibles aux postes pourvus par nomination, dont le Sénat. Avec l'aide de quatre autres femmes de l'Alberta, soit Henrietta EDWARDS, Louise MCKINNEY, Nellie MCCLUNG et Irene PARLBY, elle porte l'affaire des FEMMES NON RECONNUES CIVILEMENT devant le Conseil privé de Londres qui déclare, lors du célèbre jugement de 1929, que les femmes sont vraiment des personnes selon l'AANB. Toutefois, Murphy n'a jamais réussi à être nommée au Sénat et elle meurt du diabète à Edmonton en 1933.

Susan Jackel

Murphy, Harvey, syndicaliste (Pologne, 1900—Toronto, 30 avril 1977). Juif d'origine polonaise, Murphy (son nom d'adoption) grandit dans un milieu ouvrier en Ontario, se joint au PARTI COMMUNISTE DU CANADA dans les années 20 et devient probablement le communiste le plus influent du mouvement syndical canadien des années 40. Il joue un rôle de premier plan au sein de la Mine Workers Union of Canada (1932-1935) et prend la direction du district régional de l'Ouest de l'International Union of Mine, Mill and Smelter Workers (Mine-Mill) en 1943. Les sections locales de Sudbury et de Trail de ce syndicat sont les principaux centres de la lutte autour du «syndicalisme rouge» durant la guerre froide. Murphy s'oppose aux forces anticommunistes avec beaucoup d'originalité et d'ingéniosité. Le concert Paul Robeson qu'il organise à Peace Arch en 1952 présage dans une large mesure les manifestations culturelles radicales des années 60. Murphy ne connaît toutefois pas le même succès comme présumé «commissaire» du Parti communiste à la Fédération du travail de la Colombie-Britannique, qui l'expulse en 1948. La plupart des mineurs de Sudbury adhèrent au Syndicat des métallurgistes unis d'Amérique après l'échec de la grève de 1958, mais ceux de Trail restent fidèles à Murphy et au Mine-Mill, jusqu'à la fusion des deux syndicats en 1966. On peut percevoir le rôle que tient Murphy dans ces négociations comme le début d'une réconciliation historique entre les syndicalistes radicaux et ceux du principal mouvement ouvrier du Canada. Toutefois, des questions de factions et d'idéologie font en sorte qu'on continue de laisser dans l'ombre la carrière et les contributions de Murphy. Son fils Rae Murphy est bien connu comme écrivain et commentateur politique de gauche.

Allen Seager

Murray, Alexander, géologue, explorateur (Crieff, Écosse, 2 juin 1810—*id.*, 18 déc. 1884). Murray sert dans la Marine royale de 1824 à 1835, puis, en 1837, il immigre avec sa jeune épouse à Woodstock, dans le Haut-Canada. Leur arrivée coïncide avec les Rébellions de 1837. Murray fait partie de la brigade navale qui détruit le vapeur américain CAROLINE. Les Murray retournent en Angleterre en 1841, année où le Parlement canadien autorise le levé géologique des Provinces unies. En apprenant cela, Murray entreprend d'étudier la géologie. En 1842-1843, il obtient une nomination au sein de la Geological Survey of Great Britain. Lorsque William LOGAN est nommé directeur de la COMMISSION GÉOLOGIQUE DU CANADA, il choisit Murray comme assistant.

En mai 1843, les Murray reviennent au Canada. En 1851, Murray découvre des suintements de pétrole près du ruisseau Black, dans le Canada-Ouest, un lieu qui deviendra plus tard l'emplacement du premier puits de pétrole foré à la sondeuse au monde. En 1856, il repère la première minéralisation de nickel connue dans le bassin de Sudbury. Murray dresse pratiquement seul la carte géologique du Canada-Ouest publiée dans le *Geology of Canada* (1863). En 1864, il devient le premier directeur de la Geological Survey of Newfoundland, à une époque où l'île est pour ainsi dire inexplorée. Malgré un handicap causé par une blessure, en 10 ans, Murray dresse une carte topographique et géologique complète de l'île et coédite un rapport ayant pour titre *Geological Survey of Newfoundland* (1881), qui montre la présence de ressources minérales, forestières et agricoles dans les terres intérieures de l'île.

Richard David Hughes

Murray, Anne (nom de conjointe, Langstroth), chanteuse de musique populaire (Springhill, N.-É., 20 juin 1945). Murray est l'artiste canadienne qui remporte le plus de succès dans ce genre au cours des années 70. Murray se fait d'abord remarquer par son disque *Snowbird* (1970), après sa participation à l'émission télévisée du réseau anglais de Radio-Canada réalisée à Halifax, *Singalong Jubilee*. Grâce à sa voix d'alto de belle prestance, à son air sain et à sa polyvalence stylistique, elle remporte beaucoup de succès avec ses disques (*Danny's Song, You Needed Me, I Just Fall in Love Again,* etc.). Elle élargit son itinéraire de concerts et d'apparitions à la télévision de façon à joindre les publics de musiques populaire et country de toute l'Amérique du Nord.

Parmi ses quelque 30 albums, elle enregistre un disque pour enfants (*There's a Hippo in My Tub*), un disque en duo avec la vedette américaine de musique country Glen Campbell, ainsi que plusieurs disques de chants de Noël. Sa collection de chansons sentimentales et mélancoliques des années 50, *Croonin'* (1993), est son 29ᵉ enregistrement en studio et porte à 24 millions le total de ses albums vendus à l'échelle internationale. Une anthologie en coffret de trois disques, *Now & Forever*, sort en 1995. Murray fait une rentrée très remarquée en 1996. En mars, elle anime la remise des prix JUNO, signe avec la compagnie de gestion de Bryan ADAMS et, en août, lance un album éponyme acclamé par la critique qui reflète le style *rythm and blues*, et fait appel à la collaboration de Jann Arden et d'Aaron Neville. Elle reçoit plusieurs prix Juno et Grammy, est nommée Compagnon de l'Ordre du Canada en 1985 et élue au temple canadien de la renommée musicale en 1993.

Jeff Bateman

Murray, George Henry, avocat, politicien et premier ministre de la Nouvelle-Écosse (Grand Narrows, N.-É., 7 juin 1861—Montréal, 6 janv. 1929). Les 27 années consécutives de Murray au pouvoir (1896-1923) constituent un record de longévité dans l'Empire britannique et le Commonwealth. Murray se retrouve à la direction du Parti libéral de la Nouvelle-Écosse lorsque W.S. FIELDING entre au Cabinet de LAURIER en 1896. Toujours prudent, Murray pratique une politique de médiation, essayant à la fois d'éviter la controverse et d'attirer tous les commettants. Son gouvernement poursuit les engagements de Fielding en ce qui a trait au développement des chemins de fer et à la construction de routes et de ponts. Il encourage l'agriculture et l'enseignement technique, apporte certaines améliorations au système de santé publique et collabore avec le gouvernement fédéral à l'effort de guerre. Les principales réalisations sous son administration comprennent notamment la loi sur la PROHIBITION en 1906, l'adoption d'un système d'indemnisation des accidents du travail en 1916, l'octroi du droit de vote aux femmes en 1918 et la mise sur pied de la Commission hydroélectrique de la Nouvelle-Écosse en 1919. Aux prises avec une économie disloquée dans l'après-guerre et l'effondrement de l'industrie, et face à la méfiance continuelle de la classe ouvrière à son endroit, Murray se retire en janvier 1923.

Colin D. Howell

Murray, Gordon, chirurgien (Stratford, Ont., 29 mai 1894—Toronto, 7 janv. 1976). Murray interrompt sa formation en médecine en 1917 pour devenir artilleur et aller combattre outre-mer à Ypres, dans la Somme et sur la crête de Vimy. Il obtient le grade de sergent-major. Il termine ses études en médecine en 1921 et se spécialise en anatomie et en chirurgie à Londres. Il est associé à l'Hôpital de Londres et obtient, à Londres, le titre d'associé du Collège royal de chirurgie. En 1928, Murray retourne à Toronto, où il finit par se joindre à l'équipe médicale de l'Hôpital Général de la ville. Il y effectue des travaux novateurs et stimulants en chirurgie expérimentale. Ses travaux les plus remarquables sont ceux qu'il effectue avec un anticoagulant, l'héparine. Par diverses utilisations démonstratives, il est un des premiers au monde à faire la preuve de l'utilité de cette substance dans la prévention de la thrombose et de l'embolie et pour le maintien de la perméabilité vasculaire après suture artérielle ou greffe artério-veineuse. De plus, il conçoit le premier «rein artificiel» utilisé avec succès en Amérique du Nord et il est le premier à réussir l'implantation d'une valvule homographe dans l'aorte d'un être humain. Auteur de plus de 90 articles et de trois livres, il donne de nombreux exposés scientifiques de par le monde. Il reçoit le prix international de la Fondation Gairdner en 1964 et est nommé Compagnon de l'Ordre du Canada en 1967.

Murray, James, officier militaire, administrateur colonial et premier gouverneur britannique de Québec (Ballencrieff, Écosse, 21 janv. 1721 ou 1722—

Beauport House, près de Battle, Angl., 18 juin 1794). Murray commande un bataillon pendant le siège de LOUISBOURG en 1758 et est l'un des trois brigadiers de James WOLFE à Québec. Après la BATAILLE DES PLAINES D'ABRAHAM, il assure le gouvernement de la ville et fait face aux forces françaises invaincues en amont du fleuve Saint-Laurent. En avril 1760, le duc de LÉVIS avance sur Québec. La garnison de Murray, affaiblie par la maladie, attaque près de Sainte-Foy, mais est repoussée dans la ville assiégée, jusqu'à l'arrivée des navires de guerre britanniques (*voir* BATAILLE DE SAINTE-FOY). En octobre 1760, Murray est nommé gouverneur militaire du District de Québec et, en novembre 1763, il est nommé gouverneur de la province. Il devient le premier gouverneur civil le 10 août 1764. Grand propriétaire foncier, il favorise les paysans francophones plutôt que les marchands anglais nouvellement arrivés. Il est peu enthousiaste à l'idée de tenir une assemblée législative, promise dans la PROCLAMATION ROYALE DE 1763, craignant que les Canadiens n'y soient pas admis pour des raisons d'appartenance religieuse.

En permettant l'usage des lois et des coutumes françaises devant les tribunaux, il se met à dos les marchands et est bientôt rappelé en avril 1766. Il quitte le Canada en juin de cette année-là. Bien que les accusations portées contre lui soient rejetées, il ne retourne pas au Canada, mais porte tout de même le titre de gouverneur jusqu'en avril 1768. Toutefois, ses dispositions administratives sont institutionnalisées dans l'ACTE DE QUÉBEC et sont un élément empêchant Québec de devenir la 14ᵉ colonie rebelle. De 1774 à 1782, Murray est lieutenant-gouverneur, puis devient plus tard gouverneur du Minorque, où il dirige une défense courageuse, mais sans succès, contre les forces assiégeantes franco-espagnoles.

O.A. Cooke

Murray, James Alexander, homme d'affaires, politicien et premier ministre du Nouveau-Brunswick (Moncton, N.-B., 9 nov. 1864—Sussex, N.-B., 16 févr. 1960). Politicien respecté et orateur énergique, Murray représente le Comté de Kings de 1908 à 1920. Membre et président du Conseil exécutif du Nouveau-Brunswick et ministre de l'Agriculture, Murray est élu premier ministre en 1917 pour la plus courte période de toute l'histoire de cette province. Son gouvernement est battu par scrutin moins d'un mois après avoir été élu.

Arthur T. Doyle

Murray, sir John, océanographe (Cobourg, Canada-Ouest, 3 mars 1841—Kirkliston, Écosse, 16 mars 1914). À 17 ans, Murray déménage en Écosse. Sa traversée de l'océan l'inspire tout au long de sa carrière. Après ses études à l'U. d'Édimbourg, il devient naturaliste pour l'EXPÉDITION CHALLENGER (1872-1876), au cours de laquelle il cartographie une partie importante du fond océanique du monde et devient spécialiste de la classification et de l'origine des sédiments. Il compte plusieurs expéditions à son actif, dont une à Spitsbergen en 1868 et un relevé des lacs d'eau douce d'Écosse, publié en six volumes. Après la mort du chef de l'expédition Challenger, C.W. Thomson, Murray dirige la publication de la majorité des 50 volumes résultant de ces recherches (1882-1895) et rédige le sommaire en deux volumes (1895). Il présente aussi une théorie sur l'origine des récifs coralliens, un manuel sur l'OCÉANOGRAPHIE, en collaboration avec Johan Hjort (1912), utilisé comme référence pendant une trentaine d'années et un récit populaire (1913). Son estimation faite en 1888 de la proportion des diverses profondeurs du fond océanique est encore valable en grande partie de nos jours. Il est fait Chevalier en 1898.

Martin K. McNicholl

Murray, John Clark, philosophe (Thread and Tannahill, Écosse, 19 mars 1836—Montréal, 20 nov. 1917). Murray commence sa carrière de philosophe en 1862 à l'U. Queen, à Kingston en Ontario. Il accepte un poste de professeur de logique à l'U.

McGill 10 ans plus tard et il y demeure jusqu'à sa retraite en 1903. Après un certain temps au Canada, il renie son attachement envers la PHILOSOPHIE de sir William Hamilton et son penchant pour Hegel aboutit à deux ouvrages sur la psychologie philosophique: *A Handbook of Psychology* (1885) et *Introduction to Psychology* (1904). Pour Murray, toute chose comporte une unité rationnelle et sa théorie de la nature humaine repose sur la raison. En 1887, il rédige un manuscrit qui ne sera publié qu'en 1982 sous le titre *The Industrial Kingdom of God* et qui réclame une réforme sociale et économique, tout en proposant une société coopérative fondée sur les principes chrétiens de la liberté, de l'égalité et de la justice pour tous.

Murray est un érudit sans être un reclus. Il mène une longue lutte en faveur des droits des femmes à l'éducation et en matière politique. Ses conférences publiques et ses articles de journaux et de revues populaires lui procurent une vaste renommée. Sa détermination et son sens du devoir public, qui sont typiquement écossais, laissent leur marque non seulement sur ses étudiants, dont l'auteur et poète William D. Lighthall et Stephen LEACOCK, mais aussi sur la culture canadienne en voie de formation. Il expose sa théorie sur la morale dans ses ouvrages *A Handbook of Christian Ethics* (1908) et *An Introduction to Ethics* (1891), ainsi que dans son roman d'évangile social intitulé *He That Had Received the Five Talents* (1904). Membre de la Société royale du Canada, Murray est un philosophe canadien qui a vraiment prêché par l'exemple.

Elizabeth A. Trott

Murray, John Wilson, enquêteur de police (Édimbourg, Écosse, 25 juin 1840—Toronto, 12 juin 1906). Surnommé le «grand détective canadien», Murray est un pionnier de l'enquête criminelle scientifique. Il est l'un des premiers à recourir à la criminalistique et aux renseignements obtenus par les autopsies. Sa méthode minutieuse de reconstitution des crimes et de recoupement des déclarations et des preuves jusque dans les moindres détails est à la fois innovatrice et efficace.

D'abord formé pour être marin dans la marine américaine, Murray devient enquêteur pendant la guerre de Sécession et contribue à contrecarrer une tentative des Confédérés installés au Canada, visant à capturer un navire de guerre américain sur le lac Érié. Après avoir travaillé comme détective pour le Canadian Southern Railway, il est invité par le procureur général sir Oliver Mowat à devenir l'enquêteur du gouvernement de l'Ontario. Il accepte le poste en 1875 et y demeure pendant 31 ans. À cette période, il élucide des centaines de crimes, y compris la célèbre affaire du meurtre de J.R. BIRCHALL. Publiés à l'origine en 1904, ses mémoires (intitulés *Memoir*) sont un recueil vivant de ses affaires les plus remarquables.

Edward Butts

Murray, Leonard Warren, officier de marine (Granton, N.-É., 22 juin 1896—Derbyshire, Angl., 25 nov. 1971). Murray s'engage dans la marine en 1911. Il participe à la Première Guerre mondiale et, en 1939, il est sous-chef d'état-major de la marine. Pendant la Seconde Guerre mondiale, il occupe une série d'importants postes de commandement dont le plus prestigieux, celui de commandant en chef de la zone canadienne du nord-ouest de l'Atlantique en avril 1943. Unique Canadien à commander un théâtre des opérations, Murray est forcé de prendre une retraite anticipée (officiellement en mars 1946) en raison de sa présumée incapacité à maîtriser les excès de ses marins au cours des ÉMEUTES DU JOUR DE LA VICTOIRE à Halifax. En septembre 1945, il quitte le Canada pour l'Angleterre, où il est admis au barreau en 1949.

Marc Milner

Murray, Lowell, politicien, sénateur (New Waterford, N.-É., 26 sept. 1936). Un maître des coulisses politiques, Murray fait ses études aux universités St.

Francis Xavier et Queen. Il est chef de cabinet du ministre de la Justice, E. Davie FULTON, du sénateur Wallace MCCUTCHEON et du chef conservateur Robert STANFIELD, puis sous-ministre du premier ministre du Nouveau-Brunswick, Richard HATFIELD. Ami de longue date et proche allié de Joe CLARK, Murray est président des campagnes nationales du Parti progressiste-conservateur de 1977 à 1979 et de 1981 à 1983. Clark le nomme sénateur en 1979.

Après l'arrivée de Brian Mulroney comme chef du parti, Murray réussit la transition à la Chambre des communes et, à titre de ministre d'État aux relations fédérales-provinciales, agit comme négociateur en chef d'Ottawa auprès des capitales provinciales. Le mérite de l'ACCORD DU LAC MEECH de 1987 revient en grande partie à son patient travail de préparation. Il devient leader du gouvernement au Sénat le 30 juin 1986 et sera négociateur en chef auprès des capitales provinciales jusqu'en 1991. De nouveau, ses efforts antérieurs mènent à une entente constitutionnelle, l'infructueux ACCORD DE CHARLOTTETOWN. Son tempérament égal et son sectarisme politique réfléchi lui méritent le respect de ses amis comme de ses adversaires, et son travail de sénateur sert à illustrer la valeur de cette institution.

J.L. Granatstein

Murray, Margaret Teresa, «Ma», née Lally, éditrice de journal (Windy Ridge, Kans., 3 août 1888—Lillooet, C.-B., 25 sept. 1982). Arrivée au Canada en 1912, Murray travaille pour un hebdomadaire de Vancouver dont elle finit par épouser le rédacteur en chef, George Matheson Murray. Ils achètent alors une revue à tirage modeste, puis se lancent dans diverses entreprises de publication, l'une à la suite de l'autre. En 1993, Mme Murray fonde le *Bridge River-Lillooet News*, puis, en 1944, l'*Alaska Highway News*.

Réputée pour ses éditoriaux mordants sur la politique, l'économie et la moralité, elle régale ses lecteurs et enrage ses victimes grâce à un esprit caustique et truculent, ponctuant ses affirmations par l'expression: «Je vous en passe un papier!» C'est ainsi qu'elle signe un jour un article affirmant que «la politique canadienne est un véritable nid de vipères; mais, contrairement à nos politiciens, les reptiles ont au moins la décence de ne faire des ravages que dans leur propre territoire». Ni les menaces de poursuite en justice, ni les menaces physiques ne viennent à bout de sa détermination. Elle se contente de répondre: «Est bien mal foutu celui qui ne sait pas encaisser».

Jean O'Clery

Murray, Robert, sculpteur (Vancouver, 2 mars 1936). Ses SCULPTURES abstraites en métal, aux formes géométriques simples, construites à l'aide de méthodes et de matériaux industriels, partagent d'importantes caractéristiques stylistiques avec l'œuvre du sculpteur britannique Anthony Caro, mais leur influence provient principalement des œuvres des sculpteurs américains David Smith et Barnett Newman. En 1960, Murray déménage à New York et devient proche de Newman, qu'il a rencontré l'année précédente aux cours d'été donnés à l'U. de la Saskatchewan, à Emma Lake (*voir* EMMA LAKE ARTIST'S WORKSHOPS, THE). Faisant ses débuts dans les années 60 avec la fontaine-sculpture de l'hôtel de ville de Saskatoon, Murray réalise des sculptures publiques pour des sites partout au Canada et aux États-Unis. On note dans ses premières œuvres des rapports très nets et évidents avec les caractéristiques du minimalisme contemporain, mais à partir du milieu des années 70, il développe un vocabulaire formel plus lyrique constitué de formes courbes, pliées et torsadées. Ses sculptures sont unifiées par une peinture au fini lisse, souvent faite de couleurs saturées. Murray enseigne dans les États de New York, de Pennsylvanie et du Delaware. Une rétrospective de son œuvre est prévue en février 1999 au MUSÉE DES BEAUX-ARTS DU CANADA.

Roald Nasgaard

Murray, Walter Charles, éducateur (Studholm, N.-B., 12 mai 1866—Saskatoon, 24 mars 1945). D'abord professeur de philosophie à l'U. du Nouveau-Brunswick et à l'U. Dalhousie, Murray devient recteur de l'UNIVERSITÉ DE LA SASKATCHE-WAN en 1908, poste qu'il occupe pendant 29 ans. Il préconise la neutralité religieuse et la centralisation de l'enseignement supérieur au même titre que la neutralité politique et l'engagement pratique de l'université dans son milieu. Alors que l'enseignement agricole est sujet à controverse, il réussit à intégrer l'agriculture aux autres champs d'études de l'U. de la Saskatchewan. Il encourage l'affiliation des collèges religieux et des collèges classiques à l'université provinciale et crée les départements d'agriculture et d'éducation permanente. De plus, il fait en sorte que l'université exerce un contrôle sur l'enseignement et les examens des domaines professionnels du droit, de la pharmacie, du génie, de la comptabilité, de l'éducation et de la médecine. Il participe aussi à de nombreuses commissions gouvernementales sur l'éducation.

Maureen Aytenfisu

Murrell, John, dramaturge, directeur et acteur (Colorado Springs, Colorado, 15 oct. 1945). Il arrive au Canada en 1968 et s'installe définitivement à Calgary en 1970, où il obtient son diplôme en art dramatique de l'U. de Calgary. Sa première pièce de théâtre, *Haydn's Head*, remporte la première place lors d'un concours provincial, en 1971, mais ce n'est qu'après avoir remporté le prix Clifford E. Lee, en 1975, pour *Power in the Blood*, qu'il se consacre à l'écriture à temps plein. Il est nommé dramaturge en résidence pour les Alberta Theatre Projects de Calgary qui présentent la première des pièces qu'il décrit sur l'histoire des Prairies: *A Great Noise, A Great Light* (1976) met en scène William ABERHART et la Crise, et *Waiting for the Parade* (1977), sa pièce la plus applaudie des Canadiens, dresse un portrait de cinq femmes de Calgary se débrouillant seules durant la Seconde Guerre mondiale. *Memoir* (1978), une dramatique qui raconte les derniers jours de la vie de Sarah Bernhardt, est traduite en 15 langues et jouée dans 26 pays, ce qui le consacre auteur international. *Farther West* (1982), une pièce bouleversante au sujet d'une prostituée en quête d'une liberté impossible, pour laquelle il a aussi écrit la courte illustration musicale, et *New World* (1984), une comédie pleine d'esprit qui traite d'une bizarre rencontre de famille, sont ses œuvres les plus remarquables à ce jour. Murrell jouit aussi d'une excellente réputation en tant que traducteur. En 1985, il est nommé directeur de la Banff Playwright Colony, fonction qu'il occupe toujours.

Donna Coates

Musaraigne Elle fait partie d'une famille de petits INSECTIVORES, les soricidés, représentée dans le monde par environ 250 espèces. On en trouve 16 au Canada. La musaraigne est un animal de petite taille (de 35 à 180 mm de longueur), à pattes courtes, à queue bien développée, à museau long et pointu et à petits yeux. En général, ses oreilles sont partiellement cachées dans une fourrure soyeuse, semblable à du velours. Son crâne, long, étroit et quelque peu conique, est dépourvu d'arcades zygomatiques (arcades osseuses qui s'étendent sous la cavité orbitaire).

Sa structure dentaire distinctive comprend des incisives supérieures en forme de crochets qui forment, avec les incisives inférieures allongées et inclinées horizontalement, une sorte de pince à bouts tranchants parfaitement adaptée à la capture et au découpage d'INSECTES. Les molaires sont suffisamment fortes pour percer le dur exosquelette des insectes et pour déchiqueter la nourriture. La grande musaraigne (*Blarina brevicauda*) inflige une morsure venimeuse.

Régime alimentaire Les musaraignes sont continuellement actives et, pour maintenir leur taux métabolique élevé, elles doivent consommer chaque jour l'équivalent de leur propre masse en insectes, en d'autres petits animaux et en matière végétale. Si elles manquent de nourriture, elles meurent rapidement.

Répartition et habitat On trouve les musaraignes partout au Canada, sauf dans les îles de l'Arctique. La plupart des espèces vivent dans les feuilles mortes et le tapis végétal des forêts ainsi que dans les prairies découvertes et la TOUNDRA. La grande musaraigne et la petite musaraigne (*Cryptotis parva*) sont de bonnes fouisseuses, et elles passent beaucoup de temps sous terre. La musaraigne de Gaspé (*Sorex gaspensis*) et la musaraigne à longue queue (*S. dispar*) se rencontrent surtout dans les talus rocheux. La musaraigne palustre (*S. palustris*) et la musaraigne de Bendire (*S. bendirii*) sont semi-aquatiques.

Reproduction et croissance On sait peu de choses sur la reproduction de la plupart des espèces de musaraignes indigènes. L'information disponible indique qu'elles se reproduisent de la fin de l'hiver ou du début du printemps, jusqu'à la fin de l'été ou jusqu'à l'automne, et qu'elles donnent naissance à des portées de 3 à 10 petits, qui viennent au monde nus et aveugles, après une gestation de 2 à 3 semaines.

C.G. Van Zyll De Jong

Musée canadien de la nature Jusqu'en 1990, le Musée canadien de la nature (MCN) porte le nom de Musée national des sciences naturelles. On en retrouve les origines dans la COMMISSION GÉOLOGIQUE DU CANADA (1842) et dans les MUSÉES NATIONAUX DU CANADA. En 1956, on crée deux sections; l'une, consacrée à l'histoire de la nature, deviendra plus tard le MCN, et l'autre, dédiée à l'histoire de l'homme, deviendra le MUSÉE CANADIEN DES CIVILISATIONS (MCC, autrefois appelé Musée national de l'homme). Ces changements résultent de l'adoption de la *Loi sur les musées nationaux* qui crée, en 1968, la Société des musées nationaux, une société d'État relevant du ministre des Communications. Enfin, en 1987, le ministre annonce l'intention du gouvernement de dissoudre la société et de faire des musées, des institutions autonomes et indépendantes.

Déménagement Au début des années 70, à la suite de la rénovation du Musée commémoratif Victoria, seules les expositions permanentes du MCN et du MCC demeurent dans cet édifice. Les collections et le personnel ont été dispersés dans la région de la capitale nationale. Une fois le MCC réinstallé dans un nouvel édifice à Hull, au Québec (1988-1989), le MCN dispose d'une superficie de 8000 m² pour y installer ses expositions. Le MCN est maintenant une composante des Musées nationaux du Canada, une société d'État qui relève du ministre du Patrimoine.

Les collections sont l'atout le plus important du musée, et leur valeur scientifique, historique et commerciale est irremplaçable. Ces collections ne servent pas qu'au montage d'expositions, car elles contiennent les informations essentielles sur lesquelles sont fondées toutes les recherches biologiques et géologiques. Ces spécimens sont la preuve indéniable de l'existence, des variations et de la répartition des animaux, des plantes et des minéraux dans le temps et dans l'espace.

Les conservateurs, tout en amassant des pièces pour les collections nationales, ont joué un rôle important dans l'exploration de l'Ouest canadien, et plus récemment, de l'Arctique. Il convient de noter la contribution, notamment, de John MACOUN, qui a mené des études botaniques dans les Prairies au cours des années 1870, et de Percival Algernon TAVERNER, dont les recherches en ornithologie ont conduit à la publication du classique *Birds of Canada*, en 1934. De même, Charles Mortram STERN-

BERG a découvert plus de fossiles de dinosaures que tout autre chercheur, la plupart provenant des *badlands* de l'Alberta. Enfin, Alf Erling PORSILD est devenu pour sa part un expert des plantes alpines et arctiques de l'Amérique du Nord et du Groenland.

Le MCN conserve des collections de plantes vasculaires, de mousses, de bryophytes, de lichens, d'algues, d'oiseaux, de mammifères, ainsi que des enregistrements sonores et visuels des comportements d'oiseaux et de mammifères, des reptiles, des amphibiens, des poissons, des animaux invertébrés (mollusques, polychètes et crustacés, entre autres), des minéraux, des gemmes, des roches, des fossiles d'animaux vertébrés (dont des dinosaures et des mammifères quaternaires), et des fossiles de spores et de plantes. La majorité de ces collections sont les plus complètes de leur catégorie au monde. Le musée possède aussi une collection d'œuvres d'art de l'histoire naturelle, et des collections d'oiseaux et de mammifères empaillés, qui sont utilisés avec des spécimens et des modèles dans des expositions et des programmes éducatifs. Au total, le MCN loge plus de 2,5 millions de spécimens étudiés, ce qui représente environ 5 millions d'espèces. Ces spécimens seront bientôt relogés dans un nouveau complexe de conservation. Chaque année, près de 100 000 spécimens sont ajoutés aux collections, et la plupart ont été amassés par le personnel. Le centre de recherche sur l'Arctique installé sur l'ÎLE BATHURST sert de soutien à la recherche sur le terrain.

Salles d'expositions L'exposition de pierres précieuses présentée à l'Exposition universelle de 1851 à Londres et l'incitation à des prêts de spécimens aux écoles en 1874 sont parmi les premiers succès du musée auprès du public. Actuellement, huit salles d'expositions accueillent en moyenne un demi-million de visiteurs par année. Tous les 10 ans, plus de 70 expositions itinérantes sont présentées dans des institutions partout au Canada et à l'étranger. Les programmes éducatifs novateurs demeurent l'un des volets essentiels des expositions. Ces programmes ont recours au théâtre, au cinéma, à des ateliers, à des visites commentées sur le terrain et à d'autres médias, afin de mieux répondre aux besoins de groupes particuliers, tels que les enfants d'âge préscolaire ou encore les personnes âgées et les handicapés. On offre aussi un service d'information sur l'histoire naturelle. Le Musée national des sciences naturelles a publié deux séries scientifiques, *Syllogeus* et *Publications in Natural Sciences*, en plus de publications spécialisées dont certaines ont été des succès de vente, tel que *Les oiseaux du Canada* de W. Earl Godfrey.

Le musée comprend trois sections de recherche sur la conservation (botanique, zoologie et sciences de la terre), quatre sections de programmes publics (expositions, design et opérations techniques, éducation, et activités de diffusion externe), une section administrative et une direction. (*Voir aussi* MUSÉES, POLITIQUE SUR LES.)

Ridgeley Williams

Musée canadien des civilisations Les origines du Musée canadien des civilisations (MCC), autrefois appelé le Musée national de l'homme, remontent à 1841, date à laquelle la reine Victoria accorde 1500 livres pour «la création de la Commission géologique et d'histoire naturelle de la province du Canada» (*voir* COMMISSION GÉOLOGIQUE DU CANADA). La commission a son bureau à Montréal et les chercheurs partent dans le Canada recueillir des matériaux géologiques, archéologiques et biologiques. En 1877, une loi du Parlement prolonge le mandat de la commission, qui a élargi ses recherches pour ajouter à sa collection des spécimens et artefacts relevant de la botanique, de la zoologie et de l'ethnographie. Quatre ans plus tard, la commission déménage à l'Hôtel Clarendon, à Ottawa. Le travail sur le terrain se poursuit et les collections nationales ne cessent d'augmenter. En 1911, la commission occupe le nouvel édifice du Musée commémoratif Victoria, un imposant bâtiment d'architecture gothique, habituellement appelé «le château».

Nouvelle division consacrée à l'anthropologie En 1910, Edward SAPIR prend la direction d'une nouvelle division consacrée à l'anthropologie. Celle-ci comprend deux sections chargées des fouilles archéologiques et des travaux ethnologiques sur le terrain. Depuis 1911, le musée est devenu un centre de recherche en anthropologie canadienne. Mais en 1916, lorsqu'un incendie détruit en grande partie les ÉDIFICES DU PARLEMENT, le Parlement du Canada est hébergé dans l'édifice du musée, et les collections sont entreposées jusqu'en 1920. En 1927, une loi du Parlement crée le Musée national du Canada, mais ce n'est qu'en 1950 que ce dernier peut enfin fonctionner de façon autonome par rapport à la Commission géologique.

En 1942, le Musée canadien de la guerre (MCG), fondé en 1880 mais dont le contenu est en entreposage depuis 1897, est inauguré officiellement dans l'édifice des Trophées de guerre. En 1958, le MCG devient une division du Musée national du Canada, et il s'agrandit encore davantage en 1967, quand il déménage dans l'ancien bâtiment des Archives publiques du Canada.

En 1968, on fonde la Société des MUSÉES NATIONAUX DU CANADA, qui comprend la GALERIE NATIONALE DU CANADA, le Musée national de l'homme (y compris le Musée canadien de la guerre), le MUSÉE CANADIEN DE LA NATURE et le MUSÉE NATIONAL DES SCIENCES ET DE LA TECHNOLOGIE (et sa Collection nationale de l'aéronautique). En 1990, le musée devient une société de la Couronne et prend le nom de Musée canadien des civilisations.

Développement du MCC Le MCC se développe au point de devenir, au cours des années 80, un des plus grands musées au monde. Quatre divisions sont vouées à la recherche: la COMMISSION ARCHÉOLOGIQUE DU CANADA, le Service canadien d'ethnologie, le Centre canadien d'études sur la culture traditionnelle (*voir* FOLKLORE) et la Division de l'histoire. Le MCC s'occupe des activités courantes du musée: la collecte de données et d'artefacts, la conservation et la préservation, la recherche scientifique, les expositions et les publications. Des collections monographiques sont publiées sur l'archéologie, l'anthropologie physique, l'ethnologie, la linguistique, la culture traditionnelle et l'histoire. Le musée organise des expositions itinérantes à l'échelle du Canada et dans d'autres pays. Il produit également des muséotrousses destinées aux écoles, des feuilles d'information et des catalogues, des films et des documents vidéo.

En 1989, le nouvel édifice du MCC, conçu par Douglas CARDINAL, ouvre à Hull, au Québec.

Frank Corcoran

Musée d'art contemporain de Montréal, Le Créé par le gouvernement du Québec le 4 juin 1964. Il a pour mission de «faire connaître, promouvoir et conserver l'art québécois contemporain et assurer une présence de l'art contemporain international par des acquisitions, des expositions et autres activités d'animation».

La Collection permanente regroupe environ 6000 œuvres datant de 1939 à aujourd'hui. Elle constitue la plus importante collection d'œuvres d'art contemporain québécois. Dans les quatre salles consacrées à la Collection, on retrouve des œuvres reflétant les courants marquants de l'art actuel. Toutes les techniques sont représentées: peinture, sculpture, photographie, dessin, installation, vidéo, etc.

Quatre autres salles réservées aux expositions temporaires présentent régulièrement les plus récentes tendances en art actuel. Les œuvres d'artistes de renom, québécois, canadiens et étrangers, y sont présentées. Marcel Brisebois assume la direction du Musée depuis 1985.

Diverses localisations Avant d'emménager dans ses locaux permanents, au centre-ville, le Musée aura logé dans trois lieux différents: à la Place Ville-Marie (immense complexe commercial) de 1964 à 1965; au Château Dufresne de 1965 à 1968; et à la Galerie d'art international d'Expo 67, à la Cité du Havre, de 1968 à 1992.

En 1983, le ministère des Affaires culturelles du Québec annonce la relocalisation du Musée au centre-ville. Mais après plusieurs délais, les travaux de construction ne démarrent toutefois qu'en 1990 et ce n'est finalement qu'en mai 1992 que le Musée inaugure officiellement son immeuble érigé sur le site de la PLACE DES ARTS, complexe culturel unique au Canada où se côtoient désormais les arts de la scène et les arts visuels.

Au lendemain de l'inauguration de son nouvel édifice, près de 20 000 personnes défilent au Musée les 29 et 30 mai 1992.

Avant 1985, le Musée a été dirigé par six directeurs: Guy Robert 1964-1966; Gilles Hénault 1966-1971; Henri Barras 1971-1972; Fernande Saint-Martin 1972-1977; Louise Letocha 1977-1982; André Ménard 1982-1985.

De grandes expositions Parmi toutes les expositions organisées par le musée (plus de 600), et dont plusieurs revêtent un caractère international, on peut retenir plus spécialement, en 1971, Borduas et les automatistes, 1942-1945, portant sur une époque vitale de l'art contemporain au Canada et qui fait l'objet d'une présentation au Grand Palais à Paris; en 1978, Dennis Oppenheim: rétrospective de l'œuvre 1967-1977; en 1982 l'exposition Paul-Émile Borduas: diffusion de l'œuvre et qui fait l'objet d'une présentation à Bruxelles, Édimbourg et New York; Via New York, en 1984, réunissant les œuvres d'artistes américains, italiens et allemands; Blickpunkte, en 1989, une exposition portant sur l'art contemporain allemand; l'exposition inaugurale Pour la suite du Monde, en 1992, réunissant 30 artistes à travers le monde; en 1993, l'exposition rétrospective Alfred Pellan (qui attire à elle seule 81 000 visiteurs); La Collection Lavalin du Musée d'art contemporain de Montréal – Le Partage d'une vision et Bill Viola en 1994; Louise Bourgeois: œuvres choisies 1946-1995, en 1996; Gary Hill en 1997; Borduas et l'épopée automatiste et Ann Hamilton en 1998.

Une collection de dons L'histoire du Musée est étroitement associée aux nombreuses donations. L'origine de la collection remonte à 1964 alors que des artistes et des collectionneurs québécois offrent au Musée 74 de leurs œuvres. En 1966, le Musée présente la première exposition à partir de ces dons: *Dons à la collection permanente*. En 1971, grâce à la remarquable collection Gisèle et Gérard Lortie, grands collectionneurs au Québec, le Musée s'enrichit de 105 œuvres majeures d'artistes du Québec de l'après-guerre. En 1973, les Musées nationaux du Canada font don de 75 œuvres et de nombreux documents de l'artiste Paul-Émile Borduas. Le Musée devient ainsi l'institution muséale au Canada où l'on trouve le plus grand nombre d'œuvres de cet artiste canadien. En 1976, le Musée acquiert, grâce à la collaboration d'hommes d'affaires, le tableau *Portrait au visage rose et bleu*, 1936-1937, du français Henri Matisse et *La Joute*, 1967, une sculpture du canadien Jean-Paul Riopelle.

En 1989, le legs de René Payant, critique d'art québécois comptant au nombre des plus influents de sa génération, enrichit la collection de 45 œuvres d'artistes québécois et d'artistes tels Georges Rousse et Gérald Minkoff. Avec *La Collection: tableau inaugural*, le Musée propose, en 1992, un projet ambitieux réunissant 320 œuvres dans ses quatre salles réservées à la collection, sur une période de deux ans. En 1992, le Musée acquiert l'importante collection Lavalin, soit quelque 1300 œuvres.

Musée des beaux-arts de l'Ontario L'Art Museum of Toronto, fondé en 1900, est devenu l'Art Gallery of Toronto en 1919, avant de s'appeler, depuis 1966, le Musée des beaux-arts de l'Ontario. Ce nouveau nom reflète mieux la vocation provinciale du musée. La collection permanente se compose de 10 000 peintures, sculptures, estampes et dessins. Elle comprend des œuvres de grands maîtres du mouvement impressionniste et d'autres mouvements artistiques du début du XXᵉ s. Le visiteur peut y admirer, entre autres, des tableaux de Rembrandt, Hals, Poussin, Chardin, Delacroix, Renoir et Picasso et des sculptures de Rodin, Degas et Matisse. Le Centre de sculptures Moore contient la collection publique la plus importante et la plus complète des œuvres d'Henry Moore. Plus de la moitié de la collection permanente se compose d'œuvres d'art canadiennes dont les plus anciennes remontent au XVIIIᵉ s. et les plus récentes, à nos jours. Chaque année, le musée monte une quarantaine d'expositions spéciales. L'exposition internationale «Treasures of Tutankhamun» (Les trésors de Toutânkhamon) figure parmi les expositions les plus importantes de ces dernières années. Les expositions des collections de J.M.W. Turner, Vincent van Gogh, William Blake, Lawren HARRIS, Alex COLVILLE et Gershon ISKOWITZ, organisées par le musée, font aussi partie du nombre. D'autres expositions ont porté sur les grands sculpteurs du XXᵉ s., de Paul Gauguin à Henry Moore, et sur la peinture paysagiste du nord de l'Europe et de l'Amérique du Nord, avec un intérêt particulier pour les artistes canadiens.

Le musée organise régulièrement des conférences, des projections de films, des visites et des concerts. Enfants et adultes aiment participer aux activités artistiques de l'Activity Centre (centre d'activités), ou suivre des cours à la Gallery School (école du musée). La bibliothèque de consultation Edward P. Taylor et le centre audiovisuel constituent d'inestimables sources d'information pour les chercheurs, les historiens de l'art et les étudiants. La bâtisse qui abritait le musée à ses débuts, The GRANGE, est un ancien manoir de style géorgien qui a été restauré et transformé en un musée sur la vie dans le Haut-Canada des années 1830. Les Services de diffusion offrent aux centres communautaires, en Ontario et dans tout le Canada, divers services, y compris des expositions itinérantes, des ateliers et des services de consultation, et participe au programme de festivals du ministère des Affaires civiques et culturelles de l'Ontario.

La collection du musée, ses installations et ses programmes ont attiré 28 000 membres, soit le plus haut taux d'adhésion par personne dans toute l'Amérique du Nord. En 1987, le nombre annuel de visiteurs était en moyenne de 412 000 personnes. Les frais de fonctionnement du musée sont assurés à 60 p. 100 par le gouvernement provincial. Les 40 p. 100 restant proviennent de subventions des gouvernements fédéral et municipal, ainsi que du soutien des membres, des frais d'inscription aux divers programmes, des profits des boutiques et du restaurant et des dons de particuliers ou de compagnies. Toutes les œuvres d'art de la collection ont été données au musée ou achetées avec l'argent provenant de dons.

William Withrow

Musée des beaux-arts de Montréal La création du Musée des beaux-arts de Montréal, le premier et le plus ancien du Québec, remonte à 1847. On l'appelle d'abord la Montreal Society of Artists. Vers 1860, il devient l'Art Association of Montreal. Finalement, en 1948-1949, l'Association forme une nouvelle corporation et adopte son nom actuel, soit Musée des beaux-arts de Montréal. En 1972, l'institution devient une corporation semi-publique, largement subventionnée par les différents gouvernements.

Au moment de sa fondation, le musée s'installe dans un immeuble du carré Phillips. En 1912, on construit un nouvel édifice rue Sherbrooke. Les architectes Edward et W.S. Maxwell conçoivent les plans en leur donnant une ordonnance néoclassique, très en vogue au début du siècle. En 1976, on inaugure une nouvelle aile, œuvre de l'architecte Fred LEBENSOLD. Au cours de sa longue histoire, ce musée s'enrichit continuellement de nombreuses

œuvres dues pour la plupart à de prestigieuses donations des grandes familles de Montréal. On y trouve des œuvres internationales et canadiennes, traitant de toutes les disciplines et de toutes les époques de l'art, de l'Orient à l'Occident et du Nord au Sud (Inuit, Mexique, Pérou, Polynésie). De nombreuses œuvres des civilisations disparues, des pièces d'art décoratif et un mobilier d'époque complètent son vaste panorama de l'art mondial. Le musée possède depuis 1909 un remarquable cabinet de dessins et d'estampes et se présente comme le conservateur des trésors artistiques ayant marqué l'évolution de l'humanité depuis des millénaires. Devant le manque d'espace et le nombre grandissant d'œuvres de la collection permanente, un projet d'agrandissement prend forme, vers 1987, pour doubler l'espace du musée grâce aux subventions et sous la présidence de Paul Desmarais, président de la campagne et principal mécène du musée. En novembre 1991, on inaugure ce nouveau pavillon situé en face du musée et qui porte le nom de Jean-Noël Desmarais, en l'honneur du père de Paul Desmarais.

Depuis plusieurs années, le musée présente des expositions importantes et prestigieuses: Largillière (1981), Bouguereau (1983), Picasso (1985), Miro (1986), Léonard de Vinci, (1987), Borduas (1988), Salvador Dali (1990), Alex Colville (1995), Magritte (1996), Giacometti (1998), Keith Haring (1999), Cosmos: du Romantisme à l'Avant-garde (1999) et De Renoir à Picasso (2000). En 1999, le Musée des beaux-arts reçoit le don d'œuvres d'art le plus important de son histoire, la *collection Liliane et David M. Stewart*.

Michel Champagne

Musée des beaux-arts du Canada (autrefois appelé la Galerie nationale du Canada), situé à Ottawa, il possède la plus remarquable collection canadienne de tableaux d'artistes canadiens et européens, de dessins et de PHOTOGRAPHIES. Du temps qu'il était gouverneur général, le marquis de LORNE encouragea la création de l'Académie royale des arts du Canada et de la Galerie nationale du Canada. Le 6 mars 1880, il préside une exposition d'œuvres réalisées par les futurs membres de l'Académie royale des arts (*voir* PEINTURE). La collection se compose d'abord des morceaux de réception réalisés par les académiciens et de quelques dons. En 1913, la Galerie nationale peut enfin aspirer au même statut que les autres musées nationaux de l'Empire britannique; cette année-là, le Parlement vote une loi décrétant la constitution de la Galerie nationale. Un conseil d'administration présidé par Sir Edmund WALKER est nommé, et confirme la nomination, en 1910, d'Eric Brown au poste de direction.

Walker et Brown s'intéressent tous deux à l'art canadien. Dès 1914, la Galerie achète des œuvres de Tom THOMSON. Les conservateurs qui suivront, notamment Robert H. Hubbard, J. Russell Harper, Jean-René Ostiguy, Pierre Théberge, Dennis Reid, Charles Hill et Jean Trudel, choisissent des œuvres représentatives de l'art canadien ancien et contemporain. Ils font aussi l'acquisition de sculptures et d'œuvres d'art décoratif. Plusieurs mécènes, parmi lesquels J.M. MacCallum, Vincent Massey, Douglas Duncan, MM. et Mᵐᵉ Harry Jackman, Henry Birks et Blair Laing, offrent des œuvres au musée. Depuis la fin des années 1960, le musée collectionne des films et des vidéos (*voir* ART VIDÉO).

Afin de situer l'art canadien dans son contexte, le musée achète, dès 1907, des œuvres d'art européennes contemporaines et plus anciennes, dont certaines remontent à la fin du Moyen Âge. Malgré les fonds limités dont il dispose avant la Seconde Guerre mondiale, le musée fait d'importantes acquisitions, notamment des tableaux de Piero di Cosimo, Bronzino, Canaletto, Monet et Degas. Après 1945, des tableaux appartenant au prince du Liechtenstein s'ajoutent à la collection, y compris un Rembrandt, un Rubens et deux Chardin. Le musée a aussi fait

l'acquisition de toiles de la succession Vollard, dont des tableaux de Cézanne et des pastels de Degas.

Ces dernières années, quelques œuvres d'art décoratif et d'importantes SCULPTURES, y compris des marbres de Puget, de Bernini et de Canova se sont ajoutées à la collection. Sir Edmund Walker, lui-même collectionneur d'estampes, encourage le musée à constituer une collection de dessins et d'estampes. Kathleen M. Fenwick, conservatrice du Musée de 1928 à 1968, poursuivra dans la même voie. En 1967, le musée crée une section PHOTOGRAPHIE, sous la direction de James Borcoman, alors conservateur. De 1978 à 1980, Max Tanenbaum fait don au musée d'une importante collection de tableaux et de sculptures de l'Inde, du Népal et du Tibet.

Le Musée des beaux-arts du Canada a toujours eu conscience de son rôle au niveau national. Dès 1914, il organise des expositions itinérantes et accorde des prêts substantiels à d'autres musées partout au pays. Il assure la promotion de l'art canadien à l'étranger en participant, entre autres, à la Biennale de Venise, aux expositions de Tel Aviv et de Beijing. La recherche effectuée par le musée dans les domaines de la conservation et de l'histoire de l'art est exemplaire. Tous les médias – expositions, cinéma, télévision et radio – ont été utilisés pour faire connaître aux Canadiens les collections du musée et l'art canadien.

En 1968, la Galerie nationale du Canada est intégrée aux MUSÉES NATIONAUX DU CANADA. En 1982, la Société de construction des musées du Canada est fondée afin de construire un nouveau bâtiment destiné à abriter la Galerie nationale. En 1984, la Galerie prend le nom de Musée des beaux-arts du Canada. En 1990, le Musée des beaux-arts devient une société de la Couronne. Après avoir été logé pendant plus d'un siècle dans un espace prêté, le musée s'est établi en 1988 dans un nouvel édifice conçu et réalisé par l'architecte Moshe SAFDIE. Pierre Théberge fut nommée directeur en 1998, remplaçant ainsi Mᵐᵉ Shirley Thomson.

Jean Sutherland Boggs

Musée des pêches de l'Atlantique Un des plus grands «complexes historiques» du Canada. Constitué de la majeure partie du front de mer et des édifices historiques de LUNENBURG, le musée comprend aussi une goélette, le *Theresa E. Connor* et un chalutier, le *Cape Sable*. Depuis le milieu du XVIIIᵉ s., Lunenburg est étroitement liée à l'industrie de la pêche. Elle a aussi été un important chantier de construction navale. Par le biais d'expositions, le musée raconte l'histoire de l'industrie de la pêche de la Nouvelle-Écosse et offre des démonstrations de métiers traditionnels comme la fabrication de casiers à homards et la construction de bateaux. Le musée et ses bâtiments historiques sont ouverts au public du début de juin à la mi-octobre.

Deborah Welch et Michael Payne

Musée du Québec Il ouvre officiellement ses portes en juin 1933. Déjà, en 1922, le gouvernement posait un geste d'importance en sanctionnant la loi qui créait le Musée de la province de Québec. Il a donc fallu attendre 11 ans avant que n'aboutisse le projet d'un musée national. On doit l'édifice actuel à l'architecte Wilfrid Lacroix qui lui donne une symétrie néoclassique, et le sculpteur Émile Brunet réalise la grande porte en bronze, le fronton et les bas-reliefs décorant la frise.

À ses débuts, le musée se donne trois vocations: héberger les Archives nationales, le Musée des sciences naturelles et le Musée des beaux-arts. Au fil des ans, il développe ses collections en acquérant des œuvres remarquables et représentatives de l'évolution des arts au Canada français. Peu à peu, il se consacre uniquement aux beaux-arts, laissant alors à d'autres institutions le soin de conserver les Archives nationales et les collections d'histoire naturelle.

Aujourd'hui, le Musée du Québec présente des œuvres importantes et prestigieuses couvrant toutes les époques et les différents styles artistiques du Québec. À l'art canadien, moderne et contemporain, s'ajoutent l'orfèvrerie et un cabinet de dessins et d'estampes tout à fait remarquable. Des services éducatifs, une bibliothèque et un centre de documentation donnent à cette institution nationale un rôle majeur.

La ministre des Affaires culturelles du Québec, Mme Lise Bacon, annonçait le 15 octobre 1987, l'agrandissement du Musée du Québec. Cela couronnait plusieurs années d'efforts des différents directeurs et conservateurs de l'institution.

Les architectes ont respecté l'environnement et les bâtiments existants: l'ancienne prison, œuvre de l'architecte Charles Baillargé, et le musée actuel, le Pavillon Gérard-Morisset. Une aile de liaison a donc été construite. Ce Grand Hall ouvre sur de nombreux services: librairie, auditorium, salles de réunion et de consultation, café terrasse et donne accès aux nombreuses salles d'expositions des deux pavillons.

Signalons également une œuvre remarquable du sculpteur David Moore, qui a été commandée et installée en permanence dans la tourelle de l'ancienne prison du pavillon Baillargé.

Des rétrospectives importantes ont été présentées (Lemieux, Pellan, Riopelle, Louis-Jobin, Joseph Saint-Charles, René Richard, Horatio Walker, Alfred Laliberté, Sylvia Daoust), ainsi que des expositions prestigieuses dont Toutankhamon, les bijoux de Braque, les Impressionnistes des collections des Musées soviétiques et Rodin, en 1998, qui a attiré plus d'un demi-million de visiteurs. En 1999, le Musée présente une rétrospective de Dallaire ainsi que l'exposition Le renouveau de l'art religieux au Québec. En 2000, Krieghoff, Irene F. Whittome, Marian Dale Scott et Charles Gagnon sont à l'honneur.

Michel Champagne

Musée et galeries d'art Les musées et les galeries d'art sont des établissements qui rassemblent, conservent, étudient et présentent au public des collections permanentes d'objets du patrimoine. Bien que la documentation authentique sur l'histoire des débuts des musées canadiens soit peu abondante, on sait que les établissements religieux du XVIIIe s., au Québec et dans les Maritimes, possèdent des collections sur les sciences naturelles qu'emploient les prêtres enseignants. Par ailleurs, les écoles confessionnelles amassent reliques, curiosités et PEINTURES VOTIVES qui constituent les débuts de l'art au Canada. Dès les années 1790, l'institution qui deviendra l'U. Laval acquiert des collections de minéraux et d'autres universités suivent rapidement cet exemple. Cependant, aucun musée n'est reconnu en tant qu'institution formellement organisée.

Au début du XIXe s., les INSTITUTS DES ARTISANS des Maritimes rassemblent quelques collections à des fins d'enseignement. On fabrique des modèles illustrant certains phénomènes physiques et les mécanismes de machines. À la même époque, on rassemble, dans les BIBLIOTHÈQUES ou dans les immeubles gouvernementaux, diverses collections en vue d'expositions temporaires ou d'événements spéciaux. Elles sont composées d'objets provenant d'expositions, de «cabinets de curiosités» privés ou de collections pédagogiques.

Le premier musée du Canada est, semble-t-il, fondé en 1831 à NIAGARA FALLS. C'est par la publicité que Thomas Barnett fait connaître ce musée de spécimens locaux et étrangers dont il est fondateur et propriétaire. Peu de temps après, un musée moins commercial voit le jour à Niagara-on-the-Lake. En 1842, le Dr Abraham GESNER possède son musée à Saint-Jean, au Nouveau-Brunswick. Des musées sont officiellement ouverts à l'U. Laval et à l'Institut canadien à Toronto en 1852 et à l'U. McGill en 1856. En 1868, la Nouvelle-Écosse ouvre à Halifax le premier musée provincial, constitué de collections historiques qui proviennent d'un institut technique de la

région. La Colombie-Britannique, en 1886, et l'Ontario, en 1887, subventionnent des musées reconnus.

Ce n'est qu'après la Confédération, en 1867, qu'on fonde des musées partout au Canada. On les considère aujourd'hui comme la marque du XIXe s. L'histoire des débuts du Musée national du Canada illustre bien l'ensemble des éléments qui sont à l'origine des musées: les initiatives privées, l'aide gouvernementale et des circonstances particulières. C'est en 1842 que William LOGAN devient géologue de la province de Québec. Dès 1845, il a amassé et catalogué une importante collection comparative de spécimens. Après l'exposition de cette collection à Londres en 1851, on encourage Logan et le gouvernement à mettre sur pied un musée géologique permanent.

Vers le milieu du XIXe s., promoteurs et gouvernement reconnaissent la valeur des collections nationales et favorisent l'exploration et l'exploitation des ressources. En 1853, Logan présente au Parlement un rapport qui, dès le début, lui vaut une subvention de 28 000 dollars pour l'entretien de la collection et les publications. En 1881, le musée déménage à Ottawa et fait partie de la collection de recherche et du musée de la COMMISSION GÉOLOGIQUE DU CANADA.

Suit une longue période caractérisée par le manque d'organisation et de subventions, bien qu'en 1911 le musée soit transporté à l'intérieur du nouvel édifice commémoratif Victoria. En 1927, il est officiellement reconnu comme le Musée national du Canada. La Galerie nationale du Canada (qui devient le MUSÉE DES BEAUX-ARTS DU CANADA en 1984) est fondée en 1880 (*voir* MUSÉES NATIONAUX DU CANADA).

C'est au cours de la première moitié du XXe s. que les musées des petites agglomérations et les autres musées provinciaux sont ouverts (*voir* MUSÉE DES BEAUX-ARTS DE L'ONTARIO, GLENBOW MUSEUM et MUSÉE ROYAL DE L'ONTARIO). Les premiers musées sont situés dans l'est du Canada, mais, au fur et à mesure que les colons se dirigent vers l'ouest, la fierté des divers groupes ethniques s'exprime dans de nombreuses collections qui, à la longue, sont converties en musées régionaux ou communautaires. La fondation des musées s'effectue lentement. Les deux principaux rapports en ce domaine, Miers et Markham en 1932 et Massey en 1951, révèlent que peu de musées ont été fondés pendant une période de 20 ans.

La célébration de plusieurs anniversaires de provinces et de métropoles dans les années 60 ainsi que celle du CENTENAIRE de la Confédération canadienne donnent un nouvel essor à la création de musées. Les provinces, tout comme les petites localités, décident de commémorer leur héritage culturel en en créant de nouveaux ou en modernisant les anciens. L'accroissement de leur nombre s'explique aussi par l'annonce, par le secrétaire d'État en 1972, d'une aide massive affectée au secteur culturel et particulièrement à la «décentralisation et à la démocratisation» de notre héritage national dans les musées. La création de nouveaux programmes, rendue possible par cet afflux d'argent, permet aux musées d'atteindre un vaste public. Cette initiative met également l'accent sur la conscience de la culture. En 1987, selon l'Association des musées canadiens, on dénombre environ 2000 musées, galeries d'art et institutions analogues.

Dans la politique muséologique du Canada de 1990, le gouvernement fédéral expose son engagement. Les musées sont financés sous forme de budget, par l'argent des contribuables, s'ils font partie d'un organisme gouvernemental important, ou par des subventions, si le financement n'est pas du ressort de cet organisme. Les 21 principaux musées reçoivent des fonds fédéraux directs assez considérables du ministère du Patrimoine canadien. Tous les autres musées permanents publics sans but lucratif ont droit à des subventions en vertu des programmes

d'aide aux musées (dont le budget d'exploitation s'élève à 13 millions de dollars en 1994). Ainsi, la source de financement des musées peut être fédérale, provinciale, municipale et parfois privée. Il arrive également que soit pratiqué l'autofinancement. Souvent, d'ailleurs, les contributions proviennent de plusieurs de ces sources. Cependant, les musées restent confrontés à la nécessité d'augmenter leurs ressources par le biais de campagnes de financement ou par la promotion des services uniques qu'ils sont en mesure d'offrir.

Dans les années 90, deux courants influencent les musées et galeries d'art du Canada. Alors que tous les paliers de gouvernements sont aux prises avec des déficits et que la nature et la portée de leur mandat social sont contestées, l'idée d'un gouvernement pourvoyeur de culture et patron des établissements culturels est de plus en plus remise en question. Les musées et galeries d'art font face aux réductions budgétaires du secteur public et jouent de plus en plus avec l'idée de patronage dans le secteur privé. Ce courant influence la philosophie adoptée par les établissements, ainsi que l'orientation des expositions et des programmes.

L'influence grandissante des sous-groupes culturels sur les politiques qui régissent les collections et les expositions constitue le deuxième courant. P. ex., en 1991, le Groupe de travail sur les musées et les premières nations élabore un schéma d'éthique et des stratégies permettant aux autochtones et aux établissements culturels de travailler ensemble pour présenter l'histoire et la culture autochtones. Puis, en 1994, l'Association des musées canadiens tient un symposium sur la diversité culturelle et les musées. C'est au cours des années 90 qu'on peut observer toutes les répercussions de ces tendances. (*Voir* INDUSTRIES CULTURELLES, FINANCEMENT DES; MUSÉES, POLITIQUES SUR LES.)

George Lammers

Musée McCord Il est le principal musée d'histoire canadienne et l'un des plus importants musées d'histoire en Amérique du Nord. Sa collection des Premières nations est la plus riche du genre au Québec et celle du Costume, la plus grande au Canada. Les Archives photographiques NOTMAN sont uniques au monde. Bref, la collection diversifiée du McCord est une source d'inspiration pour quiconque désire explorer l'histoire du Canada, du Québec et, surtout, de Montréal.

Le Musée McCord a été fondé par David Ross McCord (1844–1930), descendant d'une famille de marchands et de juristes renommés établie au Canada à la fin du XVIIIe siècle. En 1919, il faisait don de son importante collection d'objets canadiens à l'U. MCGILL. Deux ans plus tard, ces collections étaient présentées au public dans la maison Jesse Joseph. Fermé en 1936, le Musée McCord rouvrait ses portes en 1971 dans l'ancien Centre universitaire de McGill dessiné par l'architecte de renom Percy E. Nobbs. Le musée est devenu autonome en 1988. Il est géré à la façon d'un musée privé et possède son propre conseil d'administration. Il maintient toutefois des relations privilégiées avec l'université qui lui a donné naissance.

Musée national de l'homme (*Voir* MUSÉE CANADIEN DES CIVILISATIONS)

Musée national des sciences et de la technologie (MNST), il tire ses origines du musée de la COMMISSION GÉOLOGIQUE DU CANADA (1842), rebaptisé Musée national du Canada en 1927. Le secteur des Sciences et de la technologie est créé en 1966. Il a son propre directeur et on lui confie de petites collections d'artefacts, administrées jusqu'alors par d'autres secteurs du musée. En avril 1967, on met à sa disposition un entrepôt situé en banlieue d'Ottawa et le musée ouvre ses portes au public le 16 novembre 1967. L'année suivante, il devient le MNST, et fait partie des MUSÉES NATIONAUX DU CANADA.

Le Musée national des sciences et de la technologie collectionne et conserve des objets et des données en rapport avec l'histoire et l'évolution des sciences et de la technologie au Canada. On y effectue des recherches et parraine des expositions et autres programmes destinés au public. Ses activités sont surtout axées sur les sciences pures (mathématiques, physique, chimie), l'astronomie, les transports, les communications, l'agriculture, la foresterie, la pêche, les industries extractives, la technologie industrielle, l'énergie, l'aviation et l'espace, la technologie marine, la technologie du feu, la technologie des arts graphiques, la technologie médicale et la photographie. Au total, les collections comprennent 20 000 lots d'artefacts, composés de 60 000 objets individuels, de 80 000 photographies et de matériel d'archives connexe. Le Musée national de l'aviation, un sous-musée autonome du MNST, est réputé posséder une des plus remarquables collections de matériel aéronautique au monde. En 1986, il accueillait 151 000 visiteurs et un nouvel édifice ouvrait ses portes pour abriter d'anciens aéronefs et moteurs d'avion, récupérés des Forces armées canadiennes, du Musée canadien de la guerre et du premier Musée national de l'aviation, auxquels se sont ajoutés 30 aéronefs depuis 1967. Les nouvelles installations présentent les technologies aéronautiques et les aéronefs dans un ordre chronologique et permettent aux visiteurs de découvrir la maquette, grandeur nature, d'une tour de contrôle. On y trouve aussi des locaux pour la restauration et l'entreposage des collections. Les démonstrations réalisées par le personnel du musée, dans le cadre de spectacles aériens, avec des aéronefs datant de la Première Guerre mondiale, et les expositions itinérantes organisées partout au Canada sont très populaires.

L'OBSERVATOIRE du musée possède le plus grand réfracteur au Canada. Il appartenait auparavant à l'Observatoire fédéral et est utilisé dans le cadre de programmes éducatifs. En 1986, les soirées d'astronomie et d'observation au télescope ont attiré 3617 visiteurs. Des cartes astronomiques sont distribuées à 25 000 lecteurs et 40 journaux canadiens publient une chronique mensuelle sur l'observation des astres. Démonstrations d'artefacts, salons scientifiques, visites et films spéciaux, expositions itinérantes et publications font aussi partie du programme d'activités. Les expositions permanentes et temporaires sont conçues selon des méthodes novatrices et mettent l'accent sur la participation des visiteurs. La programmation de 1987-1988 comportait des projets conjoints: en collaboration avec le Canadien Pacifique, le musée a monté une exposition temporaire itinérante appelée «Well done in Every Way»; il a présenté, avec les Archives nationales, l'histoire des bulletins d'actualités au Canada; enfin, avec les Ingénieurs du Canada et les Associés de la science et de la technologie, il a monté une exposition holographique intitulée «Images in Time and Space».

Le MNST, qui est à l'avant-garde de la mise au point de pratiques muséologiques modernes, se sert notamment de l'informatique pour inscrire les visiteurs, étudier le taux de fréquentation et analyser le profil des visiteurs, et de ses espaces extérieurs comme parc technologique. De plus, il offre son expertise à d'autres musées, nationaux et internationaux, en matière de restauration d'objets lourds, surtout ceux liés au transport.

David M. Baird

Musée royal de l'Ontario Situé à Toronto, le Musée royal de l'Ontario est le plus grand musée au Canada et un des rares musées pluridisciplinaires au monde. Il présente des expositions portant sur des disciplines aussi variées que les sciences, les arts et l'archéologie. Une loi de l'Assemblée législative de l'Ontario fonde le musée en 1912. L'aile ouest constitue l'édifice original, dont l'ouverture officielle, en présence du gouverneur général du Canada, le duc de Connaught, remonte à 1914. En 1933, deux nouvelles sections ouvrent leurs portes: une aile à l'est du musée, face à Queen's Park, et un bâtiment reliant les deux ailes de manière à former un édifice principal en forme de H avec une cour au nord et une cour au sud. Par la suite, deux nouveaux bâtiments s'ajoutent au complexe du musée grâce à de généreux donateurs, soit l'édifice Sigmund Samuel, où est entreposée la collection Canadiana, à quelques rues au sud du musée et le Planétarium McLaughlin, attenant à l'édifice principal. En 1987, le George R. Gardner Museum of Ceramic Art, situé en face de l'édifice principal, fusionne ses activités à celles du Musée royal de l'Ontario qui compte désormais quatre édifices.

En 1978, un projet de rénovation et d'agrandissement de 55 millions de dollars est mis en œuvre. La première étape consiste en la remise à neuf complète de l'édifice principal et la construction d'un bâtiment de neuf étages, destiné aux services de conservation, dans la cour sud de l'édifice principal. Puis, en 1980, débute la construction, dans la cour nord, d'un bâtiment en terrasse de six étages servant de galerie d'exposition.

Des couloirs aux toits vitrés relient les deux nouvelles ailes à l'édifice principal, de manière à harmoniser les nouveaux bâtiments aux anciens. Le musée, rénové et agrandi, rouvre ses portes au public en 1982.

En novembre 1995, le musée ferme le Planétarium McLaughlin, en grande partie à cause de la réduction des subventions de fonctionnement qui lui sont accordées.

Collections Lors de son ouverture, en 1914, le Musée royal de l'Ontario consistait en cinq musées distincts, chacun ayant son propre directeur. En 1955, les cinq musées sont réorganisés en trois divisions (art et archéologie, géologie et minéralogie, zoologie et paléontologie) qui ne relèvent plus que d'un seul directeur. Six départements se partagent la responsabilité des collections: le département d'anthropologie, le centre de préservation de la biodiversité biologique, le département des sciences de la terre, le département des civilisations du Proche-Orient et de l'Asie, le département de paléobiologie et le département de la culture et des arts occidentaux. Plusieurs collections ou objets de collection ont une importance mondiale. Les départements des sciences possèdent plusieurs spécimens types, c.-à-d. des spécimens acceptés scientifiquement comme correspondant à une espèce ou à un minéral découvert récemment.

Les collections chinoises sont connues dans le monde entier, surtout les bronzes, les os-oracles et les figurines de tombeaux. Elles représentent les plus grosses collections de ce type en dehors de celles conservées en Chine. Les collections grecques et romaines sont les plus importantes et les plus représentatives au Canada. Le musée détient aussi la plus importante collection de pièces égyptiennes au Canada, la plus vaste collection canadienne de textiles et de costumes et la plus vieille collection d'objets d'art décoratifs anciens et de peintures historiques canadiennes. Une grande partie des six millions d'artefacts et de spécimens constituent des collections de recherche mises à la disposition des chercheurs du monde entier. Ces objets peuvent aussi être prêtés à des institutions culturelles ou à des établissements d'enseignement qui veulent les étudier ou les présenter au public.

Présentations en salle, expositions et programmes publics Chaque année, plus de 700 000 personnes visitent le musée. De nouvelles galeries et salles d'exposition ne cessent d'être aménagées de sorte que, quand le tout sera terminé, l'espace total d'exposition sera de 18 457 m^2. L'édifice Sigmund Samuel et le R. Gardner Museum of Ceramic Art servent aussi pour des expositions. Le musée comporte une Galerie des découvertes à interaction tactile et des salles réservées aux expositions itinérantes. Par ailleurs, la Garfield Weston Exhibition Hall est aménagée de manière à accueillir des expositions itinérantes d'envergure internationale, y compris celles que le musée organise. Le musée offre de nombreux programmes au public: des conférences et des projections de films, des démonstrations, des concerts, des pièces de théâtre, des événements spéciaux et des séances d'identification de spécimens et d'artefacts. De son côté, le département des bénévoles du musée organise toute une gamme d'activités, dont des visites guidées des galeries, des visites à pied de Toronto, des visites de l'Ontario en autobus et des tours du monde dirigés par des experts du musée.

Grâce aux expositions itinérantes, au bureau des conférenciers, aux trousses de référence, aux trousses pédagogiques et autres programmes scolaires, le département chargé des activités de diffusion externe permet chaque année à plus de 800 000 visiteurs, provenant de centaines de communautés différentes en Ontario et du reste du Canada, de découvrir le musée. Enfin, le personnel enseignant du département des services éducatifs donne des cours dans les salles d'exposition à plus de 160 000 étudiants en moyenne par année.

Recherche Le travail des conservateurs sur le terrain et dans les laboratoires sophistiqués du centre de conservation fournit des assises théoriques solides à l'ensemble des activités publiques. Les départements d'archéologie entreprennent des fouilles dans plusieurs régions de la planète, notamment au Bélize (Honduras britannique), en Égypte, au Moyen-Orient et au Canada (voir ARCHÉOLOGIE et ARCHÉOLOGIE MÉDITERRANÉENNE).

Les départements des sciences travaillent comme consultants pour divers organismes internationaux, nationaux et provinciaux. Plusieurs conservateurs du musée sont des experts de renommée internationale et certains membres du département des sciences ont vu de nouvelles espèces animales ou minérales baptisées en leur honneur. Chaque année, le Musée royal de l'Ontario publie une quantité impressionnante de textes savants et d'intérêt général, compilant ainsi les résultats de ses recherches qu'il met à la disposition de la communauté scientifique et du grand public.

David A. Young

Musées nationaux du Canada Sous l'appellation Musées nationaux du Canada (MNC) étaient regroupés la Galerie nationale du Canada (*voir* MUSÉE DES BEAUX-ARTS DU CANADA), la Direction du Musée de l'homme (*voir* MUSÉE CANADIEN DES CIVILISATIONS), le Musée national des sciences naturelles (*voir* MUSÉE CANADIEN DE LA NATURE) et le MUSÉE NATIONAL DES SCIENCES ET DE LA TECHNOLOGIE, de même que l'Institut canadien de conservation, le Programme d'aide aux musées, la Bibliothèque de la Galerie nationale et diverses unités de soutien et unités administratives de musées. Ensemble, les musées collectionnaient et conservaient des données et des artefacts, surtout en ce qui concerne le patrimoine canadien. Ils faisaient des recherches dans leurs disciplines respectives, parrainaient des publications et des programmes destinés au public, ainsi que des expositions à Ottawa et partout au Canada. Ils aidaient et conseillaient des institutions et des particuliers à l'étranger et fournissaient, entre autres, une aide financière aux galeries et aux musées canadiens.

Débuts Plusieurs facteurs sont à l'origine de la corporation des MNC, parmi lesquels le désir d'un leadership plus dynamique et d'une simplification des procédures de compte rendu auprès du gouvernement, de même que la volonté d'élargir le rôle des musées sur le plan national, de manière à attirer plus de financement pour les institutions. Au cours des années 50 et 60, plusieurs démissions et querelles au sein du Musée national lui font du tort. La situation ne fait qu'empirer avec l'annonce, en 1967, que la construction du nouvel édifice, attendue depuis longtemps, est reportée, une fois de plus, à une date ultérieure. En 1967, la Secrétaire d'État, Judy LAMARSH, présente un projet de loi à la Chambre des communes demandant que l'ensemble des services culturels gouvernementaux soient regroupés en une seule corporation. Malgré de vives objections, la Galerie nationale est intégrée à cette nouvelle entité et l'ancien Musée national est divisé en trois parties. Les quatre directeurs de la corporation sont sous les ordres du nouveau conseil d'administration qui, avec un secrétaire général, dirige les Musées nationaux, de concert avec des comités consultatifs rattachés à chaque musée ou galerie. La *Loi sur les musées nationaux* entre en vigueur le 1er avril 1968.

Un nouveau changement se produit en 1972 quand le Secrétaire d'État, Gérard PELLETIER, annonce une nouvelle politique visant à renforcer le rôle des musées nationaux au Canada. Un programme d'appui aux musées est mis sur pied afin de fournir des subventions aux musées locaux et régionaux. Certains services centraux sont agrandis pour aider les conservateurs locaux qui n'ont pas les moyens d'acheter de l'équipement complexe et coûteux ou d'embaucher un personnel hautement spécialisé (*voir* CONSERVATION DU PATRIMOINE MUSÉOLOGIQUE). Les résultats s'avèrent très positifs, même si les critiques font remarquer que les musées locaux tendent à inclure de façon permanente dans leurs prévisions budgétaires les subventions qui leur ont été accordées une fois. De plus, à la longue, il s'avère impossible pour le programme de subventions de répondre à toutes les demandes et à toutes les intentions des musées.

Rénovation des installations Même si au cours des années 70 on fait des efforts considérables pour rénover les installations du musée central, il reste que ce dossier est loin dans la liste des priorités du gouvernement. Les installations sont dispersées un peu partout dans la région d'Ottawa, certaines dans des quartiers et des locaux tout à fait inadéquats. La gestion des musées et de la Galerie nationale varie selon chaque conseil d'administration et chaque secrétaire général. Les rapports entre eux ne sont pas toujours harmonieux et, en cas de conflit, il faut, comme c'était le cas avant 1968, faire appel au ministre, souvent occupé et absorbé par d'autres dossiers. Au début des années 80, des fonds sont débloqués pour la construction d'un nouveau Musée national de l'homme (aujourd'hui le Musée canadien des civilisations), d'une nouvelle Galerie nationale (aujourd'hui le Musée des beaux-arts du Canada) et d'un nouveau Musée national de l'aviation. La direction en est confiée à une nouvelle SOCIÉTÉ DE LA COURONNE, la Société de construction des musées du Canada inc.

Avec le recul, il semble que le projet, si prometteur en 1967-1968, d'éloigner les Musées nationaux de la fonction publique n'ait réussi qu'en partie. Par contre, le projet visant à étendre les services des musées nationaux à l'échelle nationale, plus rentable sur le plan politique, a eu plus de succès, mais au détriment d'une amélioration, plus que nécessaire, des services centraux. Bref, il s'agit d'un compromis typiquement canadien. La situation est finalement résolue en 1988, avec la suppression des MNC.

Il résulte de la *Loi sur les musées* de 1990 quatre sociétés de la Couronne indépendantes ayant chacune son propre conseil d'administration. La politique gouvernementale conserve toutefois son influence sur ces entités, influence surtout visible à l'application des programmes d'austérité gouvernementale des années 90. Les musées doivent également solliciter des fonds auprès du secteur privé, une notion dite de «partenariat», ce qui signifie que leur emplacement au sein de la région assez restreinte d'Ottawa représente de toute évidence un handicap. Les «musées nationaux» doivent donc se satisfaire d'un financement loin d'être d'envergure «nationale» et, à la fin des années 90, éprouvent des difficultés à maintenir leurs normes professionnelles tout en bénéficiant de fonds réduits.

Robert Bothwell

Musici de Montréal, I, orchestre à cordes fondé en 1983 à Montréal par le violoncelliste et chef d'or-chestre Yuli Turovsky (Moscou, Russie, 7 juin 1939). Précédemment, Turovsky a formé le Trio Borodin en 1976. Il est naturalisé Canadien en 1980. Avant de présenter ses premiers concerts, l'ensemble a réalisé trois albums sous l'étiquette Chandos et, en 2000, il a déjà produit plus de 38 enregistrements, dont plusieurs jouissent de critiques fort élogieuses. I Musici est un orchestre permanent dont les représentations à Montréal et à l'étranger s'échelonnent sur une saison de 48 semaines.

Claire Versailles

Musicologie Cette discipline s'intéresse à l'évolution historique de l'art musical, de la musique folklorique ou traditionnelle (ethnomusicologie) en Occident et aux aspects acoustique, esthétique, psychologique et sociologique de la musique. La musicologie devient une discipline universitaire au Canada en 1954, lorsque l'U. de Toronto charge Harvey J. Olnick de mettre sur pied un programme de maîtrise en musique. En 1987, 37 universités canadiennes donnent des cours de premier cycle en musicologie et en ethnomusicologie, 15 offrent des programmes de maîtrise en musicologie et 7 ont des programmes de doctorat en musicologie, en ethnomusicologie, en composition, en enseignement de la musique et en interprétation.

Les musicologues canadiens sont très actifs au sein des sociétés internationales en tant que membres, administrateurs et organisateurs. Comme il n'existe pas encore de société nationale, les communications en musicologie sont présentées à la Société de musique des universités canadiennes (SMUC), à la Société québécoise de recherche en musique (SQRM; auparavant l'ARMUQ), l'Association canadienne d'ethnologie et de folklore, la Société canadienne pour les traditions musicales (qui a succédé à la Société canadienne de musique folklorique) et à d'autres organismes professionnels parrainés par la Fédération canadienne des sciences humaines et sociales.

Articles et monographies Peu de revues canadiennes réservent actuellement une place aux articles savants sur la musique. Les principales sont *Les Cahiers* (SQRM), *Circuit*, *La Revue de musique des universités canadiennes*, *La Revue de musique folklorique canadienne*, *Musicworks* et *Sonances*. Les musicologues canadiens publient fréquemment dans les revues et les encyclopédies internationales. Grâce à ces articles et à ces monographies, les Canadiens ont largement contribué à l'avancement des connaissances sur la musique occidentale. On peut citer entre autres Gaston Allaire, Terence Bailey, Dimitri Conomos, Robert Falck, Bryan Gillingham, Gordon Greene, Andrew Hughes et Maria Rika Maniates pour la musique du Moyen Âge et de la Renaissance; Elizabeth Bartlet, Irène Brisson, Gregory Butler, Mary Cyr, Philip Downs, Michelle Fillion, Kenneth GILBERT, Warren Kirkendale et Hugh McLean pour la musique baroque et classique; et Kathryn Bailey, William Benjamin, Austin Clarkson, H. Robert Cohen, Alan Gillmor, Louise Hirbour, Nicole Labelle, Donald McCorkle, Marc-André Roberge, Zoltan Roman et Alan Walker sur des sujets plus récents.

Avant la publication de Helmut KALLMANN intitulée *A History of Music in Canada 1534-1914* en 1960, on ne trouve que de brèves études, surtout régionales, sur la musique canadienne. L'ouvrage de Kallmann est suivi en 1975 d'une étude de Willy Amtmann sur la musique sous le régime français, intitulée *Music in Canada 1600-1800*, et de *Canadian Music of the Twentieth Century* (1980) par George Proctor. La fondation, en 1959, du CENTRE DE MUSIQUE CANADIENNE et la création, en 1970, de la section musicale de la BIBLIOTHÈQUE NATIONALE DU CANADA facilitent la compilation de l'ENCYCLOPÉDIE DE LA MUSIQUE AU CANADA (EMC), parue en 1982 et révisée en 1992. Le premier livre présentant une étude générale du sujet est *Canada's Music: An Historical Survey*, de Clifford Ford (1982). Au début des années 80, la Société pour le patrimoine musical canadien commence à publier des éditions savantes de musique canadienne ancienne. En 1998, elle compte 20 volumes à son actif. J. Paul Green et Nancy Vogan publient en 1991 *Music Education in Canada: A Historical Account*.

Recherches Certains chercheurs se concentrent sur une région en particulier, compilant coupures de journaux et articles de périodiques: Paul Woodford sur Terre-Neuve; Phyllis Blakeley, Frederick Hall et Timothy McGee sur la Nouvelle-Écosse; Nancy Vogan et Russell Harper sur le Nouveau-Brunswick; William Bartlett sur l'Île-du-Prince-Édouard; France Malouin-Gélinas, Juliette Bourassa-Trépanier, Lucien Poirier, J.-Antonio Thompson, Peter Slemon et Lyse Richer-Lortie sur le Québec; Beverley Diamond Cavanagh, F. Hall, Elaine Keillor et William Lock sur l'Ontario; Carl Morey sur Toronto; Norman Draper et Norman John Kennedy sur Calgary; Wesley Berg sur Edmonton et Dale McIntosh sur Victoria. Antoine Bouchard, Carole Grégoire, Wayne Kelly, Laurent Lapointe et John S. McIntosh écrivent sur la facture d'orgues et de pianos, et Dorith Cooper fait des recherches sur l'histoire de l'opéra à Montréal et à Toronto en vue d'une thèse de doctorat. Des universités canadiennes et étrangères publient des thèses sur divers genres d'œuvres musicales canadiennes et plus particulièrement sur des compositeurs comme W.H. Anderson, Violet ARCHER, Gena BRANSCOMBE, Claude CHAMPAGNE, Jean COULTHARD, Srul Irving GLICK, S.C. ECKHARDT-GRAMATTÉ, Robert FLEMING, Alexina LOUIE, Bruce MATHER, Rodolphe MATHIEU, Colin McPhee, Léo-Pol MORIN, Jean PAPINEAU-COUTURE, Barbara PENTLAND, Clermont PÉPIN, Godfrey RIDOUT, R. Murray SCHAFER, Harry SOMERS, John WEINZWEIG et Healey WILLAN. Le Centre de musique canadienne entreprend en 1975 la publication d'une série de monographies sur les compositeurs canadiens, dont la première est *Harry Somers* de Brian Cherney.

En ethnomusicologie, Mieczyslaw Kolinski met au point des procédés d'analyse interculturelle qui ont une influence internationale considérable, et Jean-Jacques NATTIEZ conçoit une méthodologie basée sur la sémiologie. En collaboration avec Charles Boilès, Nattiez publie en 1977 dans *Musique en jeu*, l'historique de cette discipline jusqu'au milieu des années 70. Les premières études ethnomusicologiques effectuées par des Canadiens font suite aux ouvrages de Theodore Baker (1882), de Carl Stumpf (1886) et de Franz BOAS (1888), les premiers du genre, qui traitent notamment de la musique amérindienne et inuite. Dans la dernière décennie du XIXe s., James TEIT et Alexander T. Cringan entreprennent d'enregistrer sur cylindres, respectivement, des tribus de la Colombie-Britannique et des Iroquois.

Au XXe s., les anthropologues et des spécialistes de la musique, dont Marius BARBEAU, cherchent à définir sur le plan stylistique la culture musicale de diverses Premières nations, notamment celles des régions boisées de l'Est, des Plaines et de la côte nord du Pacifique. Des recherches approfondies sur la musique des Innus, des nations athapascanes du Nord et des Premières nations des Maritimes n'ont été entreprises que récemment. L'article intitulé «Native North Americans in Canada», publié dans l'édition de 1992 de l'EMC, en donne le premier aperçu global. Des recherches intensives sur la musique inuite sont cependant effectuées dans les années 70 et 80 après les premières recherches de Boas, Knud Rasmussen, Diamond JENNESS et Helen Roberts (*voir* AUTOCHTONES).

Musique traditionnelle et des ethnies Lorsqu'ils étudient la musique folklorique francophone et anglophone ou celle d'autres groupes ethniques du Canada, les folkloristes s'attachent à l'histoire, à la diffusion et aux différentes versions de chaque chanson plutôt qu'aux genres musicaux utilisés. Marius Barbeau, du Musée de l'Homme (aujourd'hui le

Musée canadien des civilisations), et Carmen Roy, la première directrice du Centre canadien d'études sur la culture traditionnelle de ce musée, recueillent des milliers de chansons folkloriques canadiennes-françaises. Conrad Laforte, œuvrant au sein des Archives de folklore de l'U. Laval, entreprend de cataloguer ces chansons selon un classification fondée sur la structure poétique. Germain Lemieux, un important collectionneur ontarien, devient en 1959 directeur de l'Institut de folklore (aujourd'hui le Centre franco-ontarien de folklore) de l'U. de Sudbury. Des études acadiennes, entreprises par Anselme Chiasson et poursuivies par Charlotte Cormier, sont menées à l'U. de Moncton.

W. Roy Mackenzie, Gerald S. Doyle, Helen CREIGHTON, Louise Manny et Kenneth Peacock recueillent dans les provinces de l'Est des milliers de chansons canadiennes-anglaises. Neil Rosenberg dirige d'importantes recherches aux archives de folklore et de langue de la Memorial University of Newfoundland. Edith FOWKE commence à recueillir en 1957 plus de 1000 chansons en Ontario et en reproduit un grand nombre dans diverses publications. Les recherches à l'ouest de l'Ontario sont effectuées surtout par Barbara Cass-Beggs, Margaret A. McLeod, Tim Rogers et Philip Thomas. Sur environ 90 autres groupes culturels dont la musique est recueillie au Canada, des études importantes portent sur les DOUKHOBORS (Kenneth Peacock), les Coréens (Bang-song Song), les Latino-Américains (James Robbins, Lise Waxer), les mennonites (Doreen Klassen, Wesley Berg), les Polonais (Louise Wraxman), les séfarades (Judith Cohen) et les UKRAINIENS (Robert Klymasz) (voir FOLKLORE). Des ethnomusicologues canadiens comme Rob Bowman, Roxanne Carlisle, Monique Desroches, Jocelyne Guilbault, James Hamilton, James Kippen, Irene Markoff, Colin McPhee, George Sawa, Howard Spring et Alan Thrasher font des études importantes sur une grande variété de formes d'expression musicale du monde entier. Depuis les années 80, un nouveau domaine de recherche en musicologie et en ethnomusicologie porte sur la place respective des hommes et des femmes dans la musique (Cheryl Gillard, Beverley Diamond Cavanagh et Marie-Thérèse Lefebvre).

Dans le domaine de l'ACOUSTIQUE, Oswald Michaud et R.W. BOYLE, du CONSEIL NATIONAL DE RECHERCHES, font des travaux importants; ils sont suivis par Hugh LeCaine et Thomas Northwood. Jean Papineau-Couture donne en 1948 le premier cours qui établit un lien direct entre l'acoustique et l'œuvre musicale. Le projet de recherche canadien le plus important sur l'action des ondes sonores sur l'être humain est le projet WORLD SOUNDSCAPE, entrepris à l'U. Simon Fraser par R. Murray Schafer.

M.R. Maniates écrit sur l'esthétisme et le maniérisme musicaux français, Geoffrey Payzant réévalue et traduit les écrits d'Eduard Hanslick, et Schafer publie des études sur les conceptions esthétiques d'E.T.A. Hoffmann et d'Ezra Pound. L'esthétique et la psychophysique expérimentales sont les principaux domaines d'intérêt des Canadiens qui étudient la psychologie de la musique. Rodolphe Mathieu commence en 1930 à tester les aptitudes musicales à l'Institut canadien de musique (Montréal) et Cyril Cornelius O'Brien donne en 1935 les premiers cours de psychologie de la musique à la Maritime Academy of Music (Halifax). Bien que les départements universitaires de psychologie aient réalisé des études sur l'enseignement de la musique, la recherche a porté surtout sur la perception de stimuli engendrés par la structure tonale, l'ordre et la succession des tons ainsi que sur les divers aspects de l'oreille absolue. Les études en ces domaines se multiplient exponentiellement, depuis 1980, conséquence de l'avancement de la science cognitive et de la technologie informatique. A.S. Bregman, P. Côté-Laurence, A.J. Cohen, L.L. Cuddy à l'U. Queen's, ainsi que H.E. Fiske, D.B. Huron, Jay Rahn et R.J. Zatorre ont,

notamment, réalisé des travaux remarquables. Dans le domaine de l'esthétique expérimentale, D.E. Berlyne, F.G. Hare et J.B. Crozier explorent les théories de la stimulation et de l'information appliquées à la musique. Paul Pedersen, David Rosenboom et James Tenney appliquent la recherche psychophysique à la composition. Dans le domaine relativement nouveau de la sociologie de la musique, John Shepherd fait œuvre de pionnier avec ses ouvrages *Whose Music? A Sociology of Musical Languages* et, en collaboration avec Peter Wicke, *Music and Cultural Theory*. Il est aussi le directeur de la publication de l'*Encyclopedia of Popular Music of the World* (attendue en 1999).

Voir aussi MUSIQUE FOLKLORIQUE CANADIENNE-ANGLAISE; MUSIQUE FOLKLORIQUE CANADIENNE-FRANÇAISE; COMPOSITION MUSICALE; CRITIQUE MUSICALE; MUSIQUE, ENSEIGNEMENT DE LA et MUSIQUE, HISTOIRE DE LA.

Elaine Keillor

Musique ancienne Avant les années 60, la musique ancienne (Moyen Âge et Renaissance) avait peu de place dans les concerts et les activités de groupes de musiciens canadiens. Seules quelques chansons de la Renaissance au répertoire des chorales et quelques pièces de clavecin des maîtres anglais du XVIIᵉ siècle composaient le menu «ancien» des concerts. Le regain d'intérêt pour cette musique s'est fait par le biais des instruments de musique que l'on a commencé à reproduire: familles de flûtes à bec, violes de gambe et, autres instruments moins usités, cromornes, cornets, saqueboutes, vièles.

Les débuts Le renouveau de la musique ancienne a commencé en Europe et s'est propagé ensuite en Amérique. Dans l'ouest du Canada, le Toronto Consort, le Manitoba University Consort et le Early Music Society de Vancouver ont tous été fondés au cours d'une même décennie, dans les années 60, autour d'une collection d'instruments anciens.

Au Québec, c'est l'Ensemble Claude-Gervaise qui a fait œuvre de pionnier dans ce domaine. Fondé en 1967 par Gilles Plante et Jean Gagné, il a rapidement monté une imposante collection d'instruments. Après quelques années de concerts-démonstration centrés sur les instruments, les musiciens du groupe en sont venus à présenter plutôt des concerts thématiques, soit autour d'un personnage historique (Josquin Des Prés, Orlando di Lasso, Guillaume de Machaut, Jacques Cartier) ou sur des activités sociales (fêtes médiévales, journée de noces), concentrant leur travail sur la musique française de la Renaissance et s'efforçant de rattacher cette musique à des éléments de la culture québécoise. Fait à noter: quatre des six musiciens qui forment le groupe sont là depuis plus de 30 ans. Il s'agit de Diane Plante, Marcel Benoit, Philippe Gélinas et Gilles Plante.

La deuxième génération La voie était ouverte pour les groupes de la seconde génération qui se sont orientés plutôt vers le Moyen Âge et ont ajouté à leurs représentations un élément théâtral important. C'est le cas de l'ensemble Anonymus qui a fait une entrée remarquée avec son Jeu de Robin et Marion. Fondé en 1978 et dirigé par Claude Bernatchez, Anonymus a exploité avec bonheur la veine des jongleurs et des goliards (*Rue des Jugleors*) et a fait de nombreuses incursions du côté de la musique religieuse (*Tempus festorum, Adventus, Saint Nicolas... Messe Notre-Dame*). La musique vocale occupe une grande place dans leur répertoire, bien appuyée par quelques instruments à vent et des percussions.

L'élément théâtral a été aussi très important dans la démarche créatrice de La Nef, avec *Musiques pour Jeanne La Folle* et *Le Jardin des délices*. Fondé en 1991 par Sylvain Bergeron, Claire Gignac et Viviane Leblanc, ce groupe interprète la musique de la Renaissance et du Moyen Âge avec, pour cette dernière, une touche d'influence arabe particulièrement évidente dans *Montségur: La tragédie Cathare*. Cet ensemble est l'exemple d'un bon équilibre entre la

musique vocale et instrumentale et la mise en scène, toujours soignée et originale, qui contribue à l'émotion de l'interprétation.

La relève Le succès des Médiévales à Québec est à l'origine d'un regain d'intérêt pour le Moyen Âge et la musique ancienne. Beaucoup de nouveaux et jeunes groupes se font et se défont au gré du temps. De nos jours, la situation économique rend toutefois difficile l'acquisition d'instruments bien qu'un certain nombre de luthiers et de facteurs d'instruments québécois soient en mesure de fournir des pièces de qualité. On retrouve la plupart de ces groupes dans les animations plutôt que dans les concerts. S'ils veulent se démarquer, il leur reste à acquérir une profondeur historique que l'enthousiasme ne suffit pas à donner. Mais l'avènement des ces formations renouvelle le public et prépare un bel avenir à la musique ancienne.

Gilles Plante

Musique celtique Toutes les allusions à la musique celtique, dans les sagas anciennes, les textes médiévaux, voire les œuvres de Dante et de Shakespeare, attestent de l'importance de la musique aussi bien vocale qu'instrumentale dans le monde celtique. La musique celtique, au Canada comme ailleurs, est issue d'un genre qui trouve ses racines dans les LANGUES CELTIQUES continentales et insulaires. Au cours des deux derniers siècles, les collectionneurs et les musicologues ont retrouvé, publié et analysé un corpus impressionnant de chansons folkloriques irlandaises, écossaises, galloises, bretonnes, manx et cornouaillaises. Tous soulignent l'importance de la musique folklorique, qu'ils considèrent comme le principal véhicule grâce auquel le style musical d'une nation peut se développer en une forme originale d'art.

La chanson folklorique celtique est surtout d'origine pentatonique. L'échelle formée de cinq tons constitue la base des échelles formées de six tons (hexatonique) et de sept tons (heptatonique). Ce système d'échelle à intervalles distingue la musique celtique du système vocal basé sur les tonalités majeures et mineures beaucoup plus couramment utilisé. Pour éviter la monotonie, les chanteurs traditionnels donnent libre cours à leur créativité en faisant varier la mélodie et les ornements.

La harpe, la cornemuse et le violon caractérisent la musique celtique. La harpe est commune à toutes les régions celtiques. Les harpistes, dont un grand nombre étaient aveugles, ont eu beaucoup de succès en Irlande, au pays de Galles et en Écosse jusqu'au XVIIIᵉ s., époque à laquelle des changements politiques, religieux et sociaux ont menacé d'extinction leur langue et leur culture. La harpe était utilisée comme instrument d'accompagnement et comme instrument solo. Elle servait à encourager les Highlanders au combat avant que la cornemuse ne la remplace, après la bataille de Harlaw en 1411. À cette époque, les harpistes dédaignaient les adaptations de leur musique pour la cornemuse et, plus tard, pour le violon, qu'ils considéraient comme un instrument inférieur.

La cornemuse a une longue histoire dans la société celtique. La cornemuse de guerre et la petite cornemuse d'Écosse, la cornemuse à soufflet irlandaise (uillean pipes) et le biniou, un instrument plus petit utilisé en Bretagne pour accompagner la bombarde, avaient leur propre musique et sont encore très utilisés dans leur région d'origine. La tradition du violon est plus récente. L'essor de la danse au XIXᵉ s. a permis au violon, instrument très populaire en Écosse déjà avant 1680, de connaître un renouveau, de s'améliorer et de s'enrichir. De nombreuses mélodies folkloriques ont été adaptées pour le violon et transmises par écrit, contrairement aux autres formes de culture folklorique qui se transmettent oralement. Le violon a une longue tradition en Irlande aussi. Il a connu une très grande popularité en Écosse, en Irlande et au Canada au cours des vingt dernières années.

Au Canada, l'authentique musique celtique a été préservée et développée partout où les langues celtiques ont survécu. Les ÉCOSSAIS des Highlands, en particulier, ont continué à chanter les chansons de leurs ancêtres pendant plusieurs générations. Ils ont ajouté à leur répertoire leurs propres compositions, dans lesquelles ils parlent de leurs expériences dans le Nouveau Monde. La cornemuse et le violon aussi sont restés très populaires, ce qui ne veut pas dire que les autres Celtes aient abandonné leur musique traditionnelle. Dans plusieurs régions du Canada, des chorales, des orchestres, des solistes et des groupes folkloriques interprètent encore des mélodies galloises (voir GALLOIS), irlandaises (voir IRLANDAIS) et bretonnes. Des troupes de danse locales stimulent et perpétuent une musique essentielle à leur art. Quelle que soit sa forme, la musique demeure pour les Celtes un élément caractéristique et précieux de leur patrimoine culturel. (Voir aussi: MUSIQUE FOLKLORIQUE CANADIENNE-ANGLAISE; MUSIQUE FOLKLORIQUE CANADIENNE-FRANÇAISE.)

Musique chorale Historiquement et culturellement, la tradition de chanter «en chœur» s'est d'abord développée en milieu anglophone et c'est plus tardivement que cette activité musicale et sociale s'est implantée dans le milieu francophone. Accompagnée d'instruments ou non (a capella), les chorales peuvent être entièrement masculines, féminines ou encore mixtes. Le style et la forme d'une composition chorale sont souvent indiqués par le terme qu'on y applique: hymne, choral, psaume, motet, cantate, madrigal, messe, passion, requiem, oratorio ou toutes sortes d'arrangements sur des textes profanes.

La première œuvre de musique chorale composée ou arrangée au Canada est, croit-on, *Le Grand Dieu Neptune* dans le masque THÉÂTRE DE NEPTUNE EN LA NOUVELLE-FRANCE, de Marc LESCARBOT, joué à Port-Royal (14 novembre 1606). Pendant les 250 ans qui suivent l'œuvre de Lescarbot, la seule musique chorale originale composée ou arrangée par des compositeurs canadiens à avoir subsisté a été retrouvée dans des recueils de musique sacrée. P. ex, six hymnes et deux motets de J.P. Clarke se trouvent dans son *Canadian Church Psalmody* (1845). Celui-ci compose aussi un motet à huit voix, *Arise, O Lord God, Forget Not the Poor* (1846). J.-C. Brauneis compose une *Messe* (1835) pour chœur, violon, flûte, basse de viole, basson et orgue. Né à Québec, Brauneis est peut-être le premier Canadien à poursuivre son éducation musicale à l'étranger.

Antoine DESSANE quitte la France en 1849 pour s'installer au Canada. Il compose plusieurs œuvres de musique sacrée, de même que Joseph-Julien Perrault et Jean-Baptiste Labelle, deux autres compositeurs de la fin du XIXe s. Dans la première moitié du XXe s., la musique chorale composée par des compositeurs nés au Canada est encore destinée à être chantée à l'église. Guillaume COUTURE écrit l'oratorio *Jean le Précurseur* (1909) et une Messe de requiem (1904), Alexis CONTANT compose deux oratorios, *Caïn* (1905) et *Les deux âmes* (1909), alors que William Reed et A.S.VOGT composent un certain nombre de courtes pièces de musique chorale.

Les compositeurs anglais établis au Canada contribuent aussi à la musique chorale: *Daniel before the King* (1890), *Festival Mass* (1901) et *A Coronation Mass* (1902) de Charles A.E. HARRISS; la cantate *Ruth* (1894) de Percival Illsley; la cantate *The Solitude of the Passion* (1917) et *Advent Cantata* d'Albert Ham; et diverses œuvres d'Edward Broome. W.H. Anderson s'installe à Winnipeg (1910) et Alfred Whitehead, en Nouvelle-Écosse (1912), puis ils déménagent à Montréal. Tous deux sont des compositeurs prolifiques de musique sacrée et profane. Healey WILLAN, compositeur déjà reconnu quand il s'installe au Canada (1913), laisse de la musique chorale remarquable qui influence grandement les œuvres des autres compositeurs. Au Québec, plusieurs compositeurs, dont Claude CHAMPAGNE,

proposent des arrangements d'airs folkloriques. L'anthologie du *Patrimoine Musical Canadien* contient trois volumes de musique chorale composée avant 1946 incluant, entre autres, des extraits d'oratorios et de cantates et des messes.

Au milieu du XXe siècle, le répertoire augmente considérablement et se diversifie. Des catalogues de musique chorale canadienne, offerts par le CENTRE DE MUSIQUE CANADIENNE (CMC), énumèrent les compositions publiées ainsi que celles disponibles dans les bibliothèques du CMC. On y retrouve des compositeurs ayant écrit des œuvres importantes, dont Jean PAPINEAU-COUTURE, Pierre MERCURE, Roger MATTON, Jacques HÉTU, André PRÉVOST, Claude VIVIER, Otto JOACHIM, Kelsey Jones, Godfrey RIDOUT, Robert FLEMING, Ben Steinberg, Keith Bissell, John BECKWITH, Harry SOMERS, Harry FREEDMAN, Talivaldis Kenins, Oskar MORAWETZ, R. Murray SCHAFER, Clifford Ford, Violet ARCHER, Jean COULTHARD et Bernard Naylor.

Hugh BANCROFT, Milton Barnes, Leslie Bell, Lorne Betts, Wolfgang Bottenberg, Alexander BROTT, Barrie Cabena, F.C. Clarke, Lionel Daunais, Richard Eaton, William France, James Gayfer, Graham George, Irving GLICK, Frank Haworth, Derek Healey, Harry Hill, Derek Holman, Richard Johnston, Lothar Klein, Alfred Kunz, Quentin Maclean, sir Ernest MACMILLAN, Michael Miller, David Ouchterlony, Welford Russell, Robert Turner, Charles Wilson, John BECKWITH, Keith Bissell, Gabriel Cusson et Imant Raminsh ont aussi composé de la musique chorale, de moindre envergure, mais d'égale qualité.

C'est dans les églises que les chœurs naissent et se développent. Ces chœurs organisent souvent la présentation d'oratorios et parfois de concerts de musique sacrée et profane. Vers le milieu du XIXe s., divers types de sociétés chorales ont déjà vu le jour. Cet intérêt grandissant pour la musique chorale, associé à une grande qualité d'interprétation, atteint un haut niveau vers le début de la Première Guerre mondiale. À quelques exceptions près, on ne retrouvera cet engouement, cette énergie et cette excellence qu'au début des années 70 avec des formations telles que le TORONTO MENDELSSOHN CHOIR, les FESTIVAL SINGERS, la chorale Bach de Montréal, la chorale Brassard, l'Orphéon de Montréal et les Disciples de Massenet.

De 1950 à 1970, les chœurs d'église bénévoles ne sont plus la principale source de musique chorale. De nombreuses écoles ajoutent la musique chorale à leur programme. Les écoles primaires et secondaires ainsi que les départements de musique des universités commencent à former d'excellents chœurs. Il en existe une grande variété partout au Canada: l'Arion Male Voice Choir de Victoria, le Mennonite Children's Choir de Winnipeg, l'Armdale Chorus d'Halifax, l'Elgar Choir de la Colombie-Britannique, les Tudor Singers de Montréal, le chœur Pie X, l'Ensemble Cantabile de Montréal, les Petits chanteurs du Mont-Royal, le Vancouver Chamber Choir, le Coro Canada d'Edmonton, l'Electra Women's Choir de Vancouver, les Elmer Iseler Singers de Toronto, Men of the Deeps du Cap-Breton, le Montreal Jubilation Gospel Choir, l'Ottawa Choral Society, le Phoenix Chamber Choir de Vancouver, le Toronto Children's Chorus, les Vancouver Cantata Singers et le Winnipeg Male Voice Choir. La Société Radio-Canada donne aux chœurs l'occasion de participer à des concours radiophoniques et à des émissions. À la fin des années 70, on assiste à la formation de fédérations de chorales provinciales et, en 1980, à la création de l'Association des chefs de chœurs canadiens, des organisations qui donnent naissance à des festivals et des concours nationaux et internationaux. (Voir aussi MUSIQUE RELIGIEUSE.)
Isabelle Mills

Musique country et western La musique country et western tire ses origines de la tradition populaire bri-

tannique, particulièrement de celle qui a été préservée dans les régions rurales et montagneuses du sud des États-Unis. La musique pop, la musique noire et les exigences des enregistrements commerciaux et de la radio ont également eu une influence sur la musique country et western.

Racines populaires Comme les Maritimes et certaines régions de l'Ontario et de la Colombie-Britannique partagent une solide tradition populaire similaire à celle de la région des Appalaches, le country a rapidement trouvé preneur au Canada. Il a d'abord été popularisé par des violoneux comme Don MESSER et George Wade, qui ont commencé leurs carrières à la radio à la fin des années 20. En 1932, la Canadian Victor Record Company a signé un contrat avec Wilf CARTER, dont le succès l'a encouragée à engager également Wade (1933), Hank SNOW (1936) et Hank LaRivière (1941).

Carter, Snow et, plus tard, Earl Heywood ont créé un style de musique country original, caractérisé par des voix plus basses et moins nasillardes, une prononciation plus claire, moins de liaisons aux accents de blues et moins de sons aigus et plaintifs que dans le style en vogue aux États-Unis. Les chanteurs canadiens ont continué de privilégier les ballades et le style narratif traditionnels plutôt que les chansons de bar et les complaintes amoureuses, que préféraient souvent les Américains.

La Crise des années 30, la Seconde Guerre mondiale, les mouvements de populations, le succès des «cow-boys chantants» dans les films westerns, la quantité de stations radiophoniques américaines diffusant au Canada, le nombre croissant de chansons populaires adaptées au style country ainsi que les émissions radiophoniques et les tournées nationales ont augmenté la popularité de la musique country pendant les années 30, 40 et jusque dans les années 50.

Émigration aux États-Unis La population dispersée et le caractère régional du country ont fait obstacle aux artistes canadiens. Jusqu'au milieu des années 50, les chanteurs country misaient sur les émissions radiophoniques en direct, les vastes tournées régionales dans les boîtes, les soirées dansantes dans les campagnes et les apparitions à la télévision locale pour gagner leur vie. À cause du manque d'endroits où se produire et de l'absence de bons studios d'enregistrement, de nombreux artistes comme Ray Griff, Stu Phillips, Lucille Starr et Ronnie Prophet ont choisi, à l'instar de Hank Snow, de déménager aux États-Unis.

Au cours des années 60, l'orchestration et l'interprétation des enregistrements country se sont rapprochés de la musique populaire. Des artistes comme Anne MURRAY, R. Harlan Smith et Shirley Eikhardt ont joué à la radio commerciale, tandis que la musique d'influence rock des Good Brothers, de PRAIRIE OYSTER et de Colleen Peterson a élargi son auditoire. L'engouement urbain pour le folk dans les années 60 a lancé des artistes comme IAN AND SYLVIA Tyson, Gordon LIGHTFOOT, Murray MCLAUCHLAN et Bob Ruzicka, qui exercent un attrait puissant à la fois sur l'auditoire urbain et sur les amateurs de musique country. L'effervescence de la musique folk a aussi fait connaître le *bluegrass* (le jazz de la musique country) et la musique traditionnelle des violoneux canadiens à un public beaucoup plus nombreux. Dans les années 90, la musique country canadienne a continué de puiser abondamment dans divers styles musicaux. En effet, de nouveaux venus tels que Rita MacNeil, Quartette, Colleen Peterson, Ashley MacIsaac, la famille Rankin et les Barra MacNeils, qui s'inspirent tous de la musique folklorique, ont connu un franc succès auprès des amateurs de country en particulier et des amateurs de musique en général.

En 1986, le CRTC a publié une étude exhaustive, *L'industrie de la musique country au Canada*, en réponse à l'Association canadienne des radiodiffuseurs qui demandait un assouplissement de la réglementation sur le contenu canadien. En se fondant sur les résultats de sa recherche, le CRTC a décidé de maintenir sa réglementation.

Croissance de la musique country et western La réglementation sur le contenu canadien pour les radios commerciales, adoptée en 1970, a permis à des artistes tels Dick Damron, Stompin' Tom CONNORS, Carroll BAKER, Gary BUCK et la famille Brown de jouir d'un plus grand temps d'antenne. De nouvelles stations radiophoniques ont obtenu leur licence, et un nombre accru d'entre elles ont orienté leur programmation vers des marchés spécialisés. En 1960, seule la station albertaine CFCW diffusait exclusivement de la musique country. En 1987, le country faisait partie de la programmation de 85 stations. En 1996, on comptait 104 stations qui diffusaient uniquement du country et 51 qui en incluaient dans leur programmation. Au cours des années 80, l'ancien style country a connu un regain d'intérêt, incarné par des artistes comme Ian Tyson, k.d. lang, Blue Rodeo et Spirit of the West, tandis que le style musical grand public, que représentent Eddie Eastman, Terry Sumsion, Terry Carisee et d'autres, est demeuré populaire.

Jusqu'aux années 90, les artistes country apparaissaient à la télévision principalement dans des émissions de réseau, comme le Tommy Hunter Show, et des émissions de chaînes affiliées, comme Sun Country et le Family Brown Show. La création de chaînes consacrées à la musique country, telles que le Nashville Network et la chaîne canadienne New Country Network, fondée en 1994, a procuré aux artistes country de meilleures possibilités de se faire connaître. Un nouveau style de country, souvent appelé le *new country*, a vu le jour pour mieux exploiter ces possibilités. Ce genre musical emprunte au rock ses techniques de promotion et de production de même qu'un certain style agressif, défiant les idées préconçues sur le country et permettant aux artistes d'atteindre un auditoire plus large et plus urbain.

Grande réussite Parmi les artistes canadiens qui ont percé dans les années 90, mentionnons Michelle Wright, k.d. lang, George Fox, Charlie Major, Blue Shadows, Prescott/Brown, Paul Brandt, Cassandra Vassik, Patricia Conroy, Lori Yates et Shania TWAIN, qui a remporté de nombreux prix en 1995. Même si certains croient encore qu'il faut s'exiler à Nashville pour connaître du succès, la télévision offre maintenant aux artistes canadiens l'accès à un public beaucoup plus large. P. ex., le réseau de langue anglaise de Radio-Canada a produit, en 1992, une émission spéciale de trois heures intitulée *Country Gold* et portant sur l'histoire de la musique country au Canada. L'émission rassemblait des artistes de l'ancien et du nouveau country et présentait des entrevues et des chansons de nombreux interprètes, de Hank Snow à k.d. lang.

L'Association de la musique country canadienne – Canadian Country Music Association (CCMA), fondée en 1975 sous le nom de Société pour la promotion de la musique country – Canadian Academy for Country Music Advancement, organise chaque année une semaine de musique country dans différentes villes du pays. Cette célébration ainsi que les Big Country Awards ont permis aux artistes et aux gens de l'industrie de se rapprocher et sont devenus des événements importants pour la promotion et le rayonnement de la musique country.

Depuis plusieurs années, la cérémonie des Country Music Awards est le spectacle de musique canadienne qui attire les plus grandes cotes d'écoute de la télévision. La CCMA est aussi l'instigatrice du Canadian Country Music Hall of Honour, qui sera situé en permanence à Edmonton.

Richard Green

Musique de chambre On désigne sous le nom de musique de chambre des compositions comprenant jusqu'à 12 parties, peu ou pas doublées, chacune étant d'importance égale. Au XVIIIᵉ s. et dans les

années qui suivent, pendant que le Canada prend forme en tant que pays, Haydn, Mozart et Beethoven établissent les formes et définissent les ensembles qui serviront de modèle par la suite: trio à cordes (violon, alto, violoncelle), trio avec piano (violon, violoncelle, piano) et, surtout, quatuor à cordes (deux violons, alto, violoncelle).

Les premières exécutions connues de musique de chambre classique au Canada ont lieu au début du XIXᵉ s., dans l'entourage d'un violoniste amateur, le juge Jonathan SEWELL de Québec. Malheureusement, au Canada, la composition de musique de chambre à cette époque n'a laissé que peu de traces. On croit qu'un contemporain de Sewell, Joseph QUESNEL, de Montréal, a composé des duos et des quatuors, mais il n'en subsiste aucun.

Alors que les compositeurs européens de Beethoven à Brahms développent le genre en faisant reculer les limites du langage musical et des formes classiques, les Canadiens ne s'y intéressent pas beaucoup avant le dernier quart du XIXᵉ s. On trouve bien un certain nombre de marches, de danses et de pièces de genre pour flûte, violon et cornet à pistons, avec accompagnement de piano, mais de la musique destinée au concert. Si l'on peut présumer que des compositeurs comme J.P. CLARKE et Calixa LAVALLÉE ont contribué à élargir le répertoire, leurs œuvres de musique de chambre ne semblent pas avoir survécu. Une des premières œuvres conservées est la *Fantaisie sonate* (1858) pour flûte et quatuor à cordes d'Antoine DESSANE, de Québec, compositeur, organiste et violoncelliste.

À partir des années 1870, plusieurs conservatoires ouvrent leurs portes, permettant à leurs professeurs des sections cordes, bois et cuivres de former des ensembles de musique de chambre. L'interprétation de la musique de chambre y a fleuri jusqu'à aujourd'hui. Du Septuor Haydn, de Québec (fondé en 1871, composé d'un quintette à cordes avec flûte et piano), au quatuor à cordes St. Lawrence (1989), en passant par plusieurs quatuors à cordes de renom dont le Toronto String Quartette Club (1884-1887), le Dubois (1910-1938), celui du conservatoire de Toronto (1929-1946), le QUATUOR À CORDES HART HOUSE (1923-1946), le Parlow (1943-1958), le QUATUOR À CORDES ORFORD (1965-1991), le Vàghy (installé au Canada en 1968) et le PURCELL STRING QUARTET (1968-1991), de grands interprètes du Canada se sont illustrés dans l'interprétation d'œuvres de maîtres européens et de compositeurs canadiens.

Étant donné les possibilités de voir leurs œuvres exécutées, quelques compositeurs se sont intéressés au genre à la fin du XIXᵉ s., dont Guillaume COUTURE (*Quatuor à cordes*, 1875), W.O. Forsyth (*Quintette*, 1886), Luigi von Kunits (*Quatuor à cordes*, 1891, et une sonate pour violon, 1919), Edward Manning (*Trio*, vers 1900), Alexis CONTANT (*Trio*, 1907), sir Ernest MACMILLAN (*Quatuor à cordes*, 1914) et Clarence Lucas (*Quatuor à cordes*, 1944, et de nombreux duos pour violon et piano). Bien que ces œuvres présentent une certaine retenue dans l'expression et ne reflètent pas les tendances européennes contemporaines que l'on trouve, p. ex., dans les œuvres de Scriabine, de Debussy et de Schönberg, elles indiquent néanmoins que la composition canadienne a atteint un haut niveau d'habileté technique dans un langage musical conservateur.

Le genre croît en popularité parmi les compositeurs canadiens avec l'utilisation grandissante des techniques du XXᵉ s., car la flexibilité de la musique de chambre en fait un bon véhicule d'expérimentation. Cette évolution débute avec Rodolphe MATHIEU, dont le chromatisme, inspiré de Debussy et des premières œuvres de Schönberg, se manifeste surtout dans les œuvres écrites après 1919 (*Quatuor nᵒ 1*, 1920, *Trio*, 1921, et *Sonate pour violoncelle et piano*, 1928). Malheureusement, ces œuvres ne sont pas bien accueillies au Canada.

C'est la prochaine génération de compositeurs (nés au début du XXᵉ s.) qui sait le mieux rompre avec le passé. John WEINZWEIG, Barbara PENTLAND et Jean PAPINEAU-COUTURE sont parmi les premiers compositeurs canadiens à consacrer une grande partie de leur production à la musique de chambre. Que l'approche soit dodécaphonique (Weinzweig et Pentland) ou plus généralement chromatique (Papineau-Couture), leur nouveau langage musical reflète une connaissance de la pensée musicale contemporaine, connaissance qu'ils transmettent ensuite à leurs élèves. Chacun de ces compositeurs a écrit plusieurs quatuors à cordes, en plus du *Quintette à vent* de Weinzweig (1964), des *Églogues* (1942) avec voix et du *Sextuor* (1967) de Papineau-Couture. L'influence de Bartók et de Hindemith est évidente dans le *Trio nᵒ 2* (1957) de Violet ARCHER et le sérialisme rigoureux de Boulez transparaît dans *Offrande I* (1969) et *Offrande III* (1971), puis dans *Circuits I, II* (1972) et *Circuits III* (1973) de Serge GARANT. Les trois quatuors à cordes (1943, 1950, 1959) d'Harry SOMERS dénotent l'influence de Weinzweig, son professeur principal, alors que ses *Twelve Miniatures* (1964) avec voix indiquent l'évolution originale de son style.

Un des compositeurs les plus connus du Canada, R. Murray SCHAFER, contribue beaucoup au genre avec des œuvres comme *Requiems for the Party Girl* (1966), qui reflète sa prédilection pour des lignes vocales chantées sur ses propres textes, et *String Quartet nᵒ 2* (1976), qui témoigne son intérêt pour l'environnement acoustique. L'attrait de Gilles TREMBLAY pour le timbre est manifeste dans des œuvres comme *Champs I* (pour piano et 2 percussionnistes, 1965), *Champs II* (*Souffles*, pour 13 instrumentistes, 1968) et *Champs III* (*Vers*, pour 12 instrumentistes, 1969) ainsi que *Solstices* (1971). Parmi les œuvres de plus jeunes compositeurs, *Remembrances* (1969), de John Hawkins, et *Prolifération* (1969), de Claude Vivier, sont particulièrement intéressantes parce qu'elles incorporent des éléments de théâtre, ce qui devient une des principales préoccupations de nombreux compositeurs des années 70. Depuis, le minimalisme, le mysticisme et le postromantisme des années 80, caractérisés par *Procession* (1981) et *Lament in the Trampled Garden* (quatuor à cordes, 1992), de Marjan Mozetich, et *Qilakitsoq* (*The Sky Hangs Low*, 1988), de Patrick Cardy, ont contribué au style éclectique de la composition canadienne.

L'essor de la composition de musique de chambre n'aurait pas été possible sans la création d'ensembles permanents après la Seconde Guerre mondiale. En plus des quatuors à cordes déjà mentionnés, des ensembles de cuivres et de bois sont formés, dont les York Winds, le CANADIAN BRASS et le Quintette de cuivres de Montréal, ainsi que plusieurs ensembles non traditionnels. La fondation de diverses sociétés consacrées à la musique de chambre d'avant-garde, dont la Société de musique contemporaine du Québec (Montréal), New Music Concerts (Toronto), Array Music (Toronto) et la Vancouver New Music Society, exerce aussi une influence certaine.

Clifford Ford

Musique du monde La musique du monde, ou rythmes du monde, qui commence par emprunter des thèmes de l'industrie des médias et de la musique, ne signifie pas la même chose pour tous. Dans une société multiculturelle comme celle du Canada, on peut approcher cette nouvelle catégorie sous différentes perspectives.

On trouve un courant de cette musique du monde dans les nombreuses traditions musicales des ethnies composant l'immigration canadienne, d'origines autres que celles des deux nations fondatrices, la Grande-Bretagne et la France (dont la musique est généralement classée comme «folklorique» (ou du terroir).

On n'a qu'à penser aux immigrants ukrainiens, qui voilà des décennies ont apporté leur musique avec eux. Leurs communautés encouragent le développement de cette tradition grâce à des générations successives de musiciens et de danseurs se produisant dans des groupes tels que l'Ensemble Vinok. Les Canadiens d'origine indienne et pakistanaise ont fondé des sociétés de musique Raga Mala qui, tout comme des organisations dans plusieurs villes canadiennes au début des années 80, font la promotion de la musique classique du sous-continent indien.

Racines autochtones Pour les auditeurs des autres régions du monde, la contribution canadienne au répertoire de la musique du monde s'identifierait d'abord aux traditions autochtones telles que les chants gutturaux des INUITS ou les chants rythmés des pow wow des tribus CRIS et PIEDS-NOIRS.

Diverses traditions musicales ont connu une diffusion grâce aux enregistrements. Les musiques du monde ont connu le succès dans les années 80 par l'introduction du disque compact. Une bonne partie de cette musique est apparue sur des étiquettes de disques dans le monde entier et a acquis une portion limitée, bien que croissante, du marché. Les artistes reggae envahissent littéralement le marché de la musique pop et en poussent les ventes.

Au fur et à mesure que les producteurs de disques et les radiodiffuseurs publics, communautaires ou les campus universitaires se mettent à diffuser un éventail plus éclectique de musique ethnique, ils déclenchent un effet multiplicateur: grâce à l'intérêt croissant porté aux courants de musique exotique en provenance de régions aussi éloignées que l'Afrique et l'Asie, les artistes de ces pays ont la possibilité financière de se produire ici et de conquérir ainsi des auditoires plus vastes.

Depuis le milieu des années 80, d'importants festivals de JAZZ et de musique folklorique (*voir* FESTIVALS FOLKLORIQUES) jouent un grand rôle dans la diffusion des œuvres musicales du monde auprès d'auditoires composites et recoupant toutes les origines raciales. Des artistes aussi disparates que la star sud-africaine Simon Mahlathini et les chanteurs aux voix graves de Tuva en Russie se sont produits devant des milliers de spectateurs lors de ces festivals.

Métissages musicaux Les artistes de la musique pop, jazz, folklorique et classique explorent aussi un vaste éventail de styles rythmiques et mélodiques. Il en résulte un métissage musical, typiquement identifié comme «rythme du monde» et qui concerne des musiciens qui introduisent dans leur propre musique des emprunts aux musiques folkloriques du monde, en se servant souvent de danses rythmées et d'instruments électriques.

Citons à titre d'exemples la joueuse de jazz Jane BUNNETT, qui collabore avec des musiciens brésiliens et mexicains, le groupe de percussion Nexus et l'orchestre Evergreen ainsi que Loreena MCKENNITT. Celle-ci fusionne des apports du folklore celtique et de la musique espagnole et nord-africaine en une synthèse dont les enregistrements se classent dans le haut du palmarès de la musique mondiale, et lui valent des ventes substantielles sur les marchés du disque dans le monde entier.

Les artistes canadiens qui explorent les courants de la musique partout au monde produisent de nombreux disques, habituellement de manière indépendante. En 1992, l'Académie canadienne des arts et des sciences de l'enregistrement reconnaît ces réalisations en créant une catégorie rythmes du monde (rebaptisée maintenant Musique globale) parmi les PRIX JUNO.

Hybrides musicaux Les musiciens immigrés au Canada en provenance d'Amérique latine, d'Afrique et d'Asie intègrent leur culture musicale aux styles jazz, pop et danse découverts au Canada. Citons la musique afro-pop de Alpha Yaya Diallo (qui a grandi en Guinée, en Afrique occidentale) qui vit à Vancouver, et la basse Eval Manigat, d'origine haïtienne,

qui vit à Montréal depuis 1974 et qui mélange les rythmes vaudou rara haïtiens avec diverses influences de son orchestre Tchaka. Manigat gagne en 1995 le prix Juno pour l'ensemble de ses enregistrements.

Les U. de Vancouver, d'Edmonton, de Toronto, de Kingston, d'Ottawa et de Montréal offrent maintenant des programmes d'études en ethnomusicologie, dont plusieurs au niveau du doctorat, avec des spécialisations surtout en percussion et en musique indienne. Depuis 1985, p. ex., environ 500 étudiants ont suivi les cours d'ethnomusicologie à l'UNIVERSITÉ DE L'ALBERTA. Quelques-uns de ces programmes disposent de groupes qui offrent des représentations, tandis que plusieurs autres, tel celui de l'U. de Toronto, ont des ensembles de percussion gamelan indonésiens. De tels programmes académiques ont permis l'avènement d'une jeune génération qui s'adonne maintenant aux musiques hybrides telles que la musique de danse soca des Caraïbes et bhangra de l'Inde. Tout indique que l'auditoire pour la musique du monde ne fera que grandir au Canada. (*Voir aussi* MUSIQUE FOLKLORIQUE CANADIENNE-ANGLAISE, MUSIQUE FOLKLORIQUE CANADIENNE-FRANÇAISE, MUSIQUE POPULAIRE et JAZZ.)

Roger Lévesque

Musique électroacoustique, composée, exécutée ou reproduite à l'aide d'une technologie électronique, sans aucune musique instrumentale ou vocale diffusée par haut-parleurs. Ce terme englobe la musique enregistrée, la musique électronique et la musique assistée par ordinateur, chacune possédant ses techniques propres. La musique enregistrée désigne une composition créée à partir de bandes magnétiques et utilisant des sons préenregistrés ou électroniques, qui ont été modifiés et assemblés au moyen des techniques comme le mixage, le collage, les changements de vitesse, l'inversion de la bande, les boucles de bande, l'écho et la rétroaction, en plus des modifications électroniques. Par musique électronique, on entend toute composition comprenant des sons produits électroniquement par des oscillateurs et modifiés par des filtres, des modulateurs ou tout autre appareil. Les premières expériences de musique électronique ont eu lieu en Europe et en Amérique du Nord après la Seconde Guerre mondiale, bien que plusieurs instruments électriques (comme le thérémine, les ondes Martenot et l'orgue Hammond) aient été inventés au début du siècle.

Depuis les années 60, on associe la musique électronique aux synthétiseurs de sons commerciaux, qui sont des combinaisons d'éléments de production et de modification de sons et qui utilisent le principe de la variation de tension pour déterminer les paramètres sonores. La musique électronique en direct se rapporte à une interprétation musicale qui fait appel à toute combinaison de synthétiseurs et d'appareils connexes, tandis que la musique électronique composée en studio nécessite le mixage des éléments sonores sur une bande pour lecture ultérieure. On intègre actuellement la technologie numérique à tous les aspects de la musique et de l'ingénierie du son, y compris à l'enregistrement numérique sur disque compact (CD), sur CD-ROM et sur bande audionumérique, ainsi que le traitement numérique des signaux et la transmission par Internet. La composition stéréophonique à deux canaux est la plus fréquente, mais la composition à canaux multiples commence à se répandre.

La musique assistée par ordinateur consiste à appliquer la technologie numérique à l'activité musicale, comme la composition par ordinateur, la synthèse numérique des sons et, plus récemment, l'exécution en direct comprenant des synthétiseurs numériques dotés du mode d'échange d'informations sérielles de l'interface numérique des instruments de musique (MIDI). La musique assistée par ordinateur se différencie des autres formes musicales en ce qu'elle a recours à des logiciels pour régler le pro-

cessus de création et qu'elle représente les sons par des séries de nombres appelés échantillons. Certains des premiers systèmes de composition musicale assistée par ordinateur au Canada ont été mis au point par Ken Pulfer, du Conseil national de recherches du Canada (CNRC), en 1969, par Gustav Ciamaga et William Buxton, de l'U. de Toronto, et par Barry Truax, de l'U. Simon Fraser.

Depuis le milieu des années 80, la production de musique électroacoustique utilise de plus en plus du matériel et des programmes informatiques commerciaux, y compris les synthétiseurs numériques et les échantillons réglés par l'interface MIDI, les protocoles informatiques et les ordinateurs personnels munis de cartes audio et de logiciels spécialisés pour le montage, le traitement et le mixage sonores. Les concerts de musique électroacoustique peuvent comprendre n'importe quel de ces appareils en interaction avec les musiciens sur scène et des éléments visuels ainsi que de multiples haut-parleurs qui projettent la musique dans l'espace, une technique appelée «diffusion acoustique». La distribution des disques compacts de cette musique est généralement assurée sous étiquette indépendante ou privée, comme le font, au Canada, Empreintes digitales de Montréal ou Cambridge Street Records, de Vancouver, qui ne produisent que ce genre de musique.

On utilise les techniques électroacoustiques tant pour la musique commerciale que pour la musique «de concert». La première est habituellement associée aux studios d'enregistrement multipistes et la deuxième, aux studios universitaires et privés, de même qu'aux réseaux radiophoniques nationaux en Europe. Les premiers studios canadiens ont été aménagés à l'U. de Toronto (1959) par Myron Schaeffer et à l'U. McGill (1964) par Istvan ANHALT et l'on en trouve maintenant dans presque toutes les facultés de musique. Hugh LE CAINE, du CNRC, a été le plus marquant des pionniers de la musique électronique au Canada, par sa conception et sa construction de nombreux appareils spécialisés destinés aux compositeurs et aux interprètes, dont le premier synthétiseur, le Sackbut, en 1945.

Outre les universités, divers groupes font la promotion de la musique électroacoustique dans de nombreux centres canadiens, dont l'Association pour la création et la recherche électroacoustiques du Québec (ACREQ) à Montréal, la Music Gallery et le Canadian Electronic Ensemble (CEE) à Toronto, le Vancouver New Music et le Western Front Lodge à Vancouver ainsi que quantité de compositeurs, d'interprètes, la Société Radio-Canada et les radios communautaires. Une association nationale appelée la Communauté électroacoustique canadienne a été mise sur pied en 1986, afin de promouvoir ce genre de musique au moyen de festivals, d'un bulletin d'information, d'enregistrements et d'Internet. L'International Computer Music Association (ICMA) a tenu trois de ses conférences annuelles au Canada, soit à l'U. Simon Fraser en 1985, à l'U. McGill en 1991 et au Banff Centre en 1995. De plus, les compositeurs canadiens reçoivent souvent des prix internationaux. Malgré le peu de familiarité du public avec ses formes d'expression artistique, la musique électroacoustique est, de nos jours, un aspect important du monde musical.

Barry D. Truax

Musique folklorique canadienne-anglaise La musique des gens ordinaires: des chansons et des airs qui, transmis de bouche à oreille plutôt que par l'imprimé, acquièrent ainsi de multiples variantes. Ces chansons et ces mélodies, dont les auteurs sont habituellement inconnus, sont chantées et jouées par plaisir et non pour en tirer un bénéfice. La majorité des chansons folkloriques sont arrivées au pays avec les premiers colons anglais et irlandais, et ont été transmises de génération en génération pendant trois siècles. Elles comprennent 77 ballades populaires anglaises et écossaises répertoriées par Francis James Child et plusieurs centaines de ballades, de chansons d'amour, de berceuses, de chants de marins et de chansons de music-hall imprimées sur des feuilles volantes.

Terre-Neuve possède un patrimoine particulièrement riche en ballades merveilleuses que l'on retrouve rarement ailleurs en Amérique du Nord. La ballade la plus populaire au Canada, et dans tout le monde anglophone, est «The little Scotch song of Barbry Allen» qui a ravi Samuel Pepys en 1666: on en trouve plus de 60 versions différentes à la grandeur du pays. Parmi les autres chansons très aimées, mentionnons «Lady Isabel and the Elf Knight», «Little Musgrave and Lady Barnard», «Lord Randall», «The Cruel Mother», «The Gypsy Laddie», «The Sweet Trinity» et «The Farmer's Curst Wife».

Quelque 240 des 290 ballades anglaises publiées sur feuilles détachées – plus nombreuses encore et plus récentes que les ballades répertoriées par Child – et que G. Malcolm Laws fils a cataloguées dans *American Balladry*, étaient chantées au Canada; bon nombre d'autres ont fait surface depuis la publication de ce guide. La plupart sont des contes romantiques sur l'opposition des parents à l'amant bien-aimé, sur les déguisements et les ruses des amants, ou encore sur les amants fidèles et infidèles. Le thème le plus populaire de tous est celui de la bague brisée ou du retour de l'amant, raconté dans des dizaines de ballades différentes.

Les chansons composées au Canada sont moins nombreuses que celles qui sont importées des îles britanniques et presque toutes sont chantées sur des airs empruntés aux vieux pays. En général, nos propres chansons d'inspiration canadienne-anglaise racontent les occupations des premiers colons, et les deux groupes de chansons les plus importants ont trait d'une part aux marins, d'autre part aux coureurs des bois et aux bûcherons. Les musiques folkloriques de la Nouvelle-Écosse et de Terre-Neuve sont reconnues pour leurs chants de marins, de chasse à la baleine et au phoque, ainsi que pour leurs ballades racontant les nombreux naufrages. La majorité des chansons du Nouveau-Brunswick et de l'Ontario sont issues des camps de bûcherons et racontent les travaux d'hiver, les accidents tragiques dans la forêt et sur les rivières, ou encore les expériences des hommes quand ils quittent les chantiers au printemps. Il y a moins de chansons attribuables aux marins des Grands Lacs, aux mineurs du Cap-Breton et de la Colombie-Britannique ainsi qu'aux colons et aux cow-boys des Prairies.

L'Ouest canadien a produit peu de chansons canadiennes-anglaises, mais quelques chansons américaines ont traversé la frontière. Les Canadiens ont en effet adopté ou adapté certaines chansonnettes des colons américains, telles que *The Little Old Sod Shanty*, et *Bury Me Not on the Lone Prairie*. La chanson des Prairies la plus répandue, appelée tour à tour *Prairie Land*, *Alberta Land* ou *Saskatchewan*, est une version locale de rimes américaines basées sur *Beulah Land*.

D'autres chansons canadiennes témoignent des événements remarquables de notre histoire. La Bataille des plaines d'Abraham est la source d'inspiration de la plus vieille ballade canadienne-anglaise connue, *Brave Wolfe* ou *Bold Wolfe*. La Guerre de 1812 a donné lieu à des chansons entraînantes comme *Come All You Bold Canadians* et *The Chesapeake and the Shannon*. D'autres encore rappellent les Rébellions de 1837-1838 et l'invasion des Fenians de 1866; à Terre-Neuve, la Confédération a inspiré quelques chansons anti-confédération.

Outre les chansons portant sur les travaux des colons et l'histoire, il existe divers comptes rendus d'événements locaux: meurtres, désastres, célébrations et autres actualités. Des ballades traitent du meurtrier J.R. BIRCHALL, de l'incendie de Miramichi, de l'explosion d'Halifax et des désastres miniers survenus à Springhill. Par ailleurs, des chansonnettes comme *The Kelligrews Soiree* et *The Feller from*

Fortune immortalisent les fêtes joyeuses de Terre-Neuve.

Caractéristiques remarquables

L'influence irlandaise est la caractéristique prédominante des chansons canadiennes-anglaises, manifeste non seulement à Terre-Neuve, mais également dans les Maritimes et en Ontario. Les ballades de marins aussi bien que les chansons de bûcherons empruntent toutes la formule du «come-all-ye» et presque toutes sont chantées sur des airs irlandais.

Jusqu'à tout récemment, les chanteurs du folklore traditionnel chantaient sans accompagnement; parfois, on recourait au turlutage pour accompagner les danses. Le violon est de loin l'instrument de musique folklorique le plus populaire, suivi de l'accordéon et de la flûte irlandaise. Les airs de violons les plus courants sont écossais ou irlandais, et certains ont été composés par des violoneux locaux.

Les collectionneurs canadiens-anglais ont manifesté beaucoup plus d'intérêt pour les chansons folkloriques que pour toute autre forme de FOLKLORE. Il existe au-delà de 20 recueils importants de chansons folkloriques alors que peu d'ouvrages sont consacrés à tout autre genre de folklore. Les premiers collectionneurs sont W. Roy Mackenzie en Nouvelle-Écosse et Elisabeth Greenleaf à Terre-Neuve, suivis de Helen CREIGHTON et Kenneth Peacock. Edith FOWKE a constitué une collection en Ontario et P.J. Thomas, en Colombie-Britannique. Un Américain, Edward D. Ives, a publié trois livres sur les chanteurs-compositeurs des Maritimes.

Edith Fowke

Musique folklorique canadienne-française Les colons français apportent sur les rives du Saint-Laurent leurs coutumes, leur manière de vivre et leur musique. De la Conquête (1759-1760) jusqu'au milieu du XXᵉ siècle, les communautés francophones, rurales pour la plupart, persistent dans un isolement linguistique et culturel qui leur permet de sauvegarder la vitalité et la vigueur de leur culture traditionnelle.

La musique instrumentale canadienne-française puise à différentes sources. Exempte de contraintes linguistiques inhérentes à la chanson, elle bénéficie de ses contacts avec la MUSIQUE CELTIQUE et avec la musique française et britannique. Tout en conservant certaines caractéristiques du pays d'origine, la musique folklorique canadienne-française montre plus de liberté et de lyrisme. Elle s'adapte à la rigueur du pays et au tempérament latin de ses habitants. Essentiellement fonctionnelle, elle accompagne les danses comme le quadrille, le cotillon, la gigue et diverses rondes et jeux dansés (*voir* DANSE FOLKLORIQUE).

Le violon, instrument le plus courant dans la musique folklorique canadienne-française, date de la Nouvelle-France. Joseph Allard, Jean CARIGNAN et Jos Bouchard sont les violoneux les plus réputés. Originaire d'Allemagne, l'harmonica est introduit au Canada par les États-Unis en 1866 et devient rapidement populaire. L'accordéon diatonique est originaire d'Allemagne et devient également, en 1892, un des instruments favoris des Canadiens français. Alfred Montmarquette et Philippe Bruneau en sont les interprètes les plus connus. La guimbarde (appelée aussi bombarde) et des instruments de percussion rudimentaires tels que les cuillères, les osselets et les pieds sont aussi représentatifs de cette musique traditionnelle.

Chansons folkloriques Les chansons folkloriques viennent du peuple, donc des classes paysannes, et ont été transmises oralement, de génération en génération, se renouvelant et se transformant chemin faisant. Les couplets et le vocabulaire sont simples, et la métrique a une structure bien déterminée. Certaines chansons proviennent de la tradition médiévale française et ont été apportées ici par les premiers colons. Elles représentent aujourd'hui un répertoire folklorique fort ancien, parfois plus riche que ce que l'on

trouve en France. D'autres chansons sont de composition plus récente et ont un langage rude et imitatif. Complaintes ou satires, ces chansons reflètent les conditions de vie de la communauté canadienne-française: vie de VOYAGEURS, camps de bûcherons, désastres et malheurs, vie politique et communautaire. L'Acadie est une source abondante de ce style de composition musicale.

La recherche sur les chansons folkloriques, amorcée en France en 1853, a une incidence au Canada. En 1863, Hubert LaRue publie, dans *Le Foyer canadien*, un article intitulé «Les chansons populaires et historiques du Canada». Il persuade Ernest GAGNON de recueillir et de transcrire les mélodies pour certains textes qu'il a recueillis. Deux ans plus tard, Gagnon publie un ouvrage intitulé *Chansons populaires du Canada* comprenant plus d'une centaine de chansons avec les mélodies et de nombreux commentaires. En 1916, Marius BARBEAU, anthropologue au Musée national du Canada, entreprend la collecte de chansons folkloriques. Sa collection de plus de 10 000 chansons est conservée au Centre canadien d'études sur la culture traditionnelle à Hull (maintenant le Musée canadien des Civilisations). Ses principaux ouvrages sur la chanson traditionnelle sont *Romancero du Canada* (1937), *Jongleur Songs of Old Quebec* (1962), *Le Rossignol y chante* (1962), *En roulant ma boule* (1982) et *Le Roi boit* (1987).

En 1944, Luc Lacourcière fonde les archives de folklore à l'U. Laval. Sous sa direction, Conrad Laforte entreprend la classification des chansons folkloriques et, entre 1977 et 1987, il publie le *Catalogue de la chanson folklorique française* en six volumes. De 1942 à 1993, les pères Anselme Chiasson et Daniel Boudreau publient les *Chansons d'Acadie* en 11 cahiers. Le père Anselme est aussi un des fondateurs du Centre d'études acadiennes et des Archives de folklore à l'U. de Moncton. En Ontario, le père Germain Lemieux, fondateur du Centre franco-ontarien de folklore, publie *Chansonniers franco-ontarien I* (1974) et *Chansonniers franco-ontarien II* (1975). Au Manitoba, Marcien Ferland publie *Chansons à répondre du Manitoba* en 1979. Depuis le début des années 80, des folkloristes comme Georges Arsenault, Madeleine Béland, Charlotte Cormier et Donald Deschênes ont étudié le répertoire composé ici au Canada, «les chansons de composition locale». (*Voir aussi* FOLKLORE.)

Donald Deschênes

Musique orchestrale Bien qu'ils utilisent souvent le piano comme point de référence dans le processus de composition, les compositeurs de musique orchestrale conçoivent leurs œuvres en fonction de couleurs, de textures et de timbres sonores qui ne peuvent être rendus que par un orchestre, c.-à-d. par un ensemble de 30 à 100 musiciens et plus.

Familles d'instruments Les orchestres comportent quatre familles d'instruments: les cordes, les bois, les cuivres et les instruments à percussion. Dans la musique orchestrale, le compositeur écrit les partitions de manière à arranger les diverses parties instrumentales d'une façon particulière. Sur une partition d'orchestre, chaque barre de mesure comprend autant de portées qu'il y a de parties instrumentales. Une partition complète donne les parties instrumentales dans l'ordre suivant, de haut en bas: piccolos, flûtes, hautbois, cor anglais, clarinettes, clarinette basse, bassons, contrebasson, cors, trompettes, trombones, tuba, timbales (et autres instruments à percussion), harpe (le cas échéant), premiers violons, seconds violons, altos, voix solistes et chœur (le cas échéant), claviers (le cas échéant), violoncelles et contrebasses. Dans les concertos, la partie de l'instrument solo est habituellement placée juste au-dessus de celle des cordes. Les chefs d'orchestre disposent de la partition complète tandis que les musiciens reçoivent leurs parties respectives.

La musique pour orchestre se présente sous différentes formes, dont les plus connues sont la symphonie, le concerto, l'ouverture, la suite et le poème symphonique. Les styles changent à chaque époque et selon chaque compositeur. Cependant, de nombreuses œuvres pour orchestres, les œuvres contemporaines en particulier, n'appartiennent à aucun registre précis. Bien que l'histoire de la musique d'inspiration européenne au Canada remonte à l'époque des explorateurs, les œuvres canadiennes pour orchestre datent surtout du XXe s. Au XIXe s., le compositeur canadien-français Calixa LAVALLÉE signe notamment deux suites, dont l'une est jouée à Paris en 1874. Cependant, ces manuscrits, ainsi que ceux d'autres de ses œuvres, sont perdus, et l'on se souvient surtout de Calixa Lavallée comme de l'auteur de l'hymne national *Ô Canada*. La seule œuvre pour orchestre publiée avant le début du siècle est *Rêverie* de Guillaume COUTURE, parue chez Girod peu de temps après sa présentation à Paris en 1875.

Formation des orchestres au Canada Avant 1900, l'absence d'orchestres au Canada freine l'élan des compositeurs. Peu d'orchestres permanents voient le jour avant le début du XXe s. Un orchestre symphonique, mis sur pied à Montréal en 1898, se maintient pendant 20 saisons consécutives. À Halifax, un orchestre symphonique formé en 1897 dure plusieurs saisons. Avant la Première Guerre mondiale, Vancouver, Regina, Winnipeg, Edmonton, Saskatoon, Moose Jaw et d'autres villes ont des orchestres amateurs. À Toronto, un orchestre formé en 1906 devient, en 1908, le premier ORCHESTRE SYMPHONIQUE DE TORONTO, et donne régulièrement des concerts jusqu'en 1918. L'orchestre canadien le plus ancien est la Société symphonique de Québec (1902), rebaptisée en 1942 ORCHESTRE SYMPHONIQUE DE QUÉBEC.

L'Ontarien Clarence Lucas, l'un des compositeurs canadiens de musique orchestrale les plus prolifiques de cette époque, est l'auteur de symphonies, de poèmes symphoniques, d'ouvertures, de cantates et de plusieurs opéras. Parmi ses collègues du début du XXe s. figurent Alexis CONTANT, C.A.E. Harriss, Donald Heins et Rodolphe MATHIEU.

Les compositeurs Pendant l'entre-deux-guerres, le nombre d'œuvres orchestrales augmente, mais il s'agit habituellement de courtes pièces, car les rares orchestres qui acceptent d'exécuter des œuvres canadiennes placent celles-ci en début de programme, en guise d'introduction. Mentionnons *Hercule et Omphale* (1918) de Claude CHAMPAGNE, *Concert Overture* (1924) d'Ernest MACMILLAN, *Symphony N° 1 in D Minor* (1936) de Healey WILLAN et des œuvres de Colin McPhee et de Percival PRICE. Quelques œuvres plus substantielles sont souvent des thèses de doctorat.

La création de la SOCIÉTÉ RADIO-CANADA en 1936 et celle de l'OFFICE NATIONAL DU FILM en 1939 donnent aux compositeurs l'occasion d'explorer de nouvelles avenues. Ces deux organismes tiennent à utiliser de la musique canadienne originale et commencent à commander à des compositeurs de la musique pour la radio et les films. John WEINZWEIG, Louis APPLEBAUM et Eldon Rathburn sont parmi les premiers à recevoir de telles commandes. De même, des compagnies de danse sont fondées au cours des années 1940 et, elles aussi, commencent à commander des œuvres de compositeurs canadiens. C'est ainsi que sont créés *Visages* de Walter Kauffman et *Chapter 13* de Robert FLEMING pour le Winnipeg Ballet (1947) et, en 1949, *Papotages* de Jean PAPINEAU-COUTURE pour les Ballets Ruth Sorel de Montréal et *Red Ear of Corn* de Weinzweig pour le ballet Boris Volkoff.

La LIGUE CANADIENNE DE COMPOSITEURS, fondée en 1951 pour promouvoir la musique et défendre les intérêts des compositeurs canadiens, publie en 1957 un catalogue de musique pour orchestre comprenant 233 œuvres canadiennes écrites de 1918 à 1957. La ligue joue un rôle de premier plan dans la fondation du CENTRE DE MUSIQUE CANADIENNE (CMC) en 1959. Orga-

nisme à but non lucratif voué à la diffusion et à la promotion de la musique canadienne au pays et à l'étranger, le CMC offre, entre autres services, une bibliothèque de musique canadienne. Bien que la plupart des œuvres canadiennes ne soient pas publiées, on peut s'en procurer des copies au CMC.

Les commandes d'œuvres canadiennes prennent leur véritable envol en 1957 avec la création du CONSEIL DES ARTS DU CANADA, organisme qui assume les frais de composition et de copie des œuvres commandées. Des 90 œuvres orchestrales répertoriées de 1968 à 1978, les deux tiers ont été commandées, la plupart grâce à des subventions du Conseil des Arts du Canada. En outre, tous les orchestres recevant des subventions de fonctionnement du Conseil doivent consacrer au moins 10 p. 100 de leur programmation à la musique canadienne. Les conseils provinciaux libèrent des fonds pour les commandes de compositions canadiennes.

Composition dans la période d'après-guerre Après la guerre, la composition au Canada peut être qualifiée d'éclectique. L'un des compositeurs les plus influents est John Weinzweig. Né à Toronto en 1913, il est considéré comme l'importateur de la musique dodécaphonique au Canada. Parmi ses étudiants à l'U. de Toronto qui sont devenus des compositeurs respectés, mentionnons Harry SOMERS, John BECKWITH, Samuel Dolin, Murray ADASKIN, Norma BEECROFT, Harry FREEDMAN et John Fodi. Les compositeurs de la «génération» suivante sont, notamment: Pierre MERCURE, Serge GARANT, Bruce MATHER, Gilles TREMBLAY, Robert AITKEN, Barbara PENTLAND, Istvan Anhlat, Otto JOACHIM et un étudiant de Weinzweig, R. Murray SCHAFER. Alexander BROTT se distingue en 1985 comme compositeur canadien des œuvres orchestrales les plus jouées. Les œuvres de Roger MATTON, de Clermont PÉPIN et d'André PRÉVOST sont aussi d'importantes contributions au répertoire orchestral canadien.

Grâce aux orchestres bien établis partout au Canada et à l'aide apportée par divers organismes, le nombre de compositions orchestrales s'accroît sensiblement. Le *Catalogue de musique canadienne pour orchestre* publié par le CMC en 1976, avec son supplément de 1979, répertorie plus de 1000 œuvres écrites par 145 compositeurs. En 1995, le nombre d'œuvres orchestrales canadiennes répertoriées dans ce catalogue passe à 2000.

Les compositeurs canadiens semblent entrer dans une nouvelle ère où ils seront appelés à collaborer avec les chefs d'orchestre véritablement intéressés par leur musique. La montée de la musique orchestrale canadienne est due en partie au fait que plusieurs orchestres canadiens ont commencé à employer des «compositeurs résidants». Harry Freedman, p. ex., devient en 1940 le premier compositeur résidant de l'Orchestre symphonique de Toronto (OST). En 1995, Gary KULESHA est nommé compositeur conseiller de l'OST, chargé de travailler avec le directeur musical Jukka-Pekka Saraste à l'élaboration d'un plan visant à développer la musique canadienne jusqu'en 2000. L'ORCHESTRE SYMPHONIQUE DE WINNIPEG nomme Glenn BUHR premier compositeur résidant de l'orchestre en 1991. Avec le directeur musical Bramwell Tovey, il collabore à la création du Festival de musique nouvelle du Maurier, un festival annuel de musique contemporaine lancé en 1992. En 1996, Buhr occupe le nouveau poste d'artiste lauréat et le compositeur de Winnipeg Randolph Peters lui succède comme compositeur résidant.

Au cours des années 80 et 90, plusieurs autres orchestres canadiens s'engagent ainsi à promouvoir les nouvelles œuvres de compositeurs canadiens. En 1992, l'ORCHESTRE SYMPHONIQUE D'EDMONTON (OSE) accueille son premier compositeur résidant en la personne de John Esacio. Il a la responsabilité, entre autres, d'organiser le Festival «Made in Canada» de l'orchestre, de composer des

œuvres spécialement commandées par l'OSE et de faire partie du comité de programmation, afin de voir à ce que le répertoire des concerts éducatifs de l'orchestre contienne plus de musique canadienne. Contrairement à leurs aînés, les jeunes compositeurs de musique orchestrale ont tendance à gagner leur vie dans les arts de la scène et autres domaines connexes plutôt que comme employés d'universités. Parmi les jeunes compositeurs de musique orchestrale qui ont le vent en poupe, on trouve Heather-Anne Schmidt, Claude VIVIER, Linda C. Smith et Chris Paul Harman.

Barbara Novak

Musique populaire anglophone En 1996, trois des interprètes les plus célèbres de musique populaire, de rock et de musique country sont des femmes. Qui plus est, Céline DION, Alanis MORISSETTE et Shania TWAIN sont des Canadiennes. Non seulement sont-elles des vedettes dans leur propre pays, mais elles jouissent d'une célébrité internationale, elles récoltent de nombreux prix et leurs disques se vendent par millions. Leurs réalisations exceptionnelles constituent des victoires symboliques auxquelles l'industrie musicale canadienne aspire depuis l'adoption, il y a 25 ans, de la loi controversée exigeant que les émissions de radio et de télévision aient un niveau minimum de contenu canadien afin de stimuler l'épanouissement de la musique populaire au pays.

Jalons dans l'évolution Si Dion, Morissette et Twain représentent bien le genre de succès international dont les médias canadiens se sont toujours servis pour évaluer la réussite des artistes d'ici, il n'en reste pas moins que, au milieu des années 90, d'autres interprètes jouissent d'une popularité sans précédent dans leur propre pays sans nécessairement avoir le même succès à l'étranger. De plus, grâce à des enregistrements produits et commercialisés par des maisons indépendantes, d'autres réalisations s'imposent à l'échelle régionale et contribuent à changer les pratiques d'enregistrement de musique populaire tout en renforçant les différences culturelles régionales aussi bien que l'identité de la musique canadienne.

Ces trois jalons dans l'évolution confirment l'existence d'un vedettariat canadien et l'avènement d'une industrie financièrement autonome qui semble avoir enfin surmonté des décennies de difficultés de croissance dans le sillage d'abord du rock-and-roll et, en 1971, de la mise en vigueur des règlements sur le contenu canadien.

Débuts

En fait, les Canadiens contribuent de façon importante au développement de l'enregistrement de musique populaire dès la moitié des années 1870. En 1877, Thomas Alva Edison, fils d'un expatrié canadien, réussit à reproduire à l'aide d'un cylindre de cire les paroles de la chanson *Mary had a little lamb*. Alexander Graham BELL, l'inventeur du téléphone, collabore au développement du graphophone à cylindre de cire (1880) et fonde l'American Graphophone Company (1887). Pour ne pas être en reste, Edison conçoit un phonographe amélioré qu'il présente à l'Exposition industrielle de Toronto en 1886, où il enregistre la voix du gouverneur général du Canada, lord STANLEY. C'est le premier enregistrement de l'histoire.

En 1877, à Washington, Émile Berliner, immigrant allemand qui étudie l'électricité et l'acoustique, conçoit un microphone amélioré pour le téléphone. En 1887, il fait breveter le gramophone et, en 1893, lance la United States Gramophone Company, qui deviendra plus tard la gigantesque société EMI. Joseph Berliner, le frère d'Émile, fonde la Deutsche Grammophon à Hanovre (1898.) Après avoir déménagé de Washington à Montréal, Émile et son fils, Herbert, fondent une maison de disques et une usine de pressage dont les disques en caoutchouc pour gramophone sont vendus dans le monde entier. La compagnie de Berliner est l'une des trois plus grandes aux États-Unis, mais sa décision de s'installer à Montréal témoigne de son côté visionnaire: il entend tirer parti du marché canadien-français qui affiche alors, tout comme maintenant, un caractère distinct et insulaire.

En tant que dirigeant de la compagnie Berliner, Herbert lance les premiers disques faits de gomme laque et autres composants plutôt que de caoutchouc ainsi que les disques de 10 et de 12 pouces qui, de 1900 au milieu des années 50, fixent la vitesse de jeu des gramophones à 78 tours minute. Berliner n'a pas fini d'influencer profondément la culture populaire: il achète les droits du logo *La voix de son maître* de même que *Nipper*, la marque de commerce universellement reconnue de RCA Records, en 1909, et fonde la Compo Company à Lachine, au Québec, qui devient ainsi la première compagnie de disques indépendante en Amérique du Nord. Herbert Berliner lance également le premier système de distribution de disques indépendant. En 1925, Compo lance le premier disque enregistré électroniquement, puis le premier album enregistré électroniquement «en direct», un office religieux.

Le 24 décembre 1901, le Canadien Reginald FESSENDEN transmet un signal radio de Brant Rock, au Massachusetts, à des navires en mer. Sa diffusion du *Largo* de Haendel annonce les débuts de la radio AM. Fessenden est aussi l'inventeur du téléphone sans fil, du radiocompas, de la balle traçante et, en 1919, d'un précurseur du premier téléviseur. En 1909, Colin W. McKenzie de Whitehorse obtient le brevet du premier disque de gramophone enregistré sur les deux faces. Œuvrant à l'extérieur de Montréal, l'inventeur Guglielmo Marconi prétend avoir fondé la première station radio, XWA, en 1919 (ou la deuxième, car KDKA, à Pittsburgh, a la même prétention).

En avril 1919, Mary Pickford, l'idole canadienne des films muets, fonde la United Artists avec Douglas Fairbanks père, Charlie Chaplin et D.W. Griffith. À Montréal, en 1923, 14 ans après que Colin McKenzie en a demandé le brevet, Victor Records commercialise le premier disque à deux faces.

Vedettes

Parmi les vedettes canadiennes de musique populaire avant l'arrivée du rock-and-roll au milieu des années 50, on compte au bas mot quelque 12 artistes, notamment Bea LILLIE, actrice comique des années de la Première Guerre mondiale, fait partie de la distribution de l'enregistrement de *Watch Your Step* et de *Cheap* de Berlin; le chansonnier Shelton Brooks, auteur notamment de *Darktown Strutter's Ball* et de *Some Of These Days*, interprétée par Sophie Tucker; Guy LOMBARDO, chef de l'ensemble Royal Canadians qui enregistre la version la plus connue de *Auld Lang Syne*; Wilf CARTER, surnommé Montana Slim, dont le répertoire de musique country et western comprend la toute charmante *Love Knot In My Lariat*; Maynard FERGUSON, virtuose du jazz de réputation internationale dès le début de sa carrière dans les années 50; le pianiste Oscar PETERSON, le musicien de jazz le plus respecté et honoré que le Canada ait produit; le compositeur, producteur et multi-instrumentiste Moe KOFFMAN, membre d'un trio de vétérans du jazz les plus respectés du pays; Hank SNOW, un incontournable du Grand Ol' Opry de Nashville et probablement le seul auteur canadien de musique country à voir l'une de ses chansons, *I'm Movin' On*, devenir aussi un succès de rock-and-roll; Giselle MacKenzie, chanteuse de musique populaire, musicienne et membre inoubliable de la distribution de l'émission de télé américaine des années 50 *Your Hit Parade*; le compositeur de ballade, Robert GOULET, étoile de *Camelot*, coqueluche, comédien à sa manière et membre pendant un court temps de la distribution du *Howdy Doody Show*; Percy FAITH, musicien de la SOCIÉTÉ RADIO-CANADA (SRC) qui, dans les années 30, devient compositeur et chef

d'orchestre de Columbia Records et dont le plus grand succès est *Theme From A Summer Place* (1960). Enfin, The Four Lads, quatuor de chanteurs de Toronto qui se distingue d'abord comme accompagnateur du succès de Johnny Ray, *Cry*, en 1952. La couleur vocale des plus grands succès des Lads tels que *Moments To Remember* (1955), *No, Not Much* et *Standing On The Corner* place le quatuor quelque part entre un quatuor «barbershop» et un groupe do-wop noir. Ils sont les prédécesseurs de deux autres groupes canadiens, The Diamonds et The Crew Cuts.

Liens culturels Avant la naissance du rock-and-roll, ce sont la radio et la télévision qui relient, sur le plan culturel, les centres de population éloignés du pays. Le ton et l'idiome musical et lyrique de la musique canadienne sont autant marqués par l'immensité et le climat du Canada que par son insularité ou son isolement régional. Cela produit une musique au caractère nettement différent selon qu'elle est issue des Maritimes, du Canada francophone, du centre du Canada, des Prairies ou de la côte ouest.

Outre MacKenzie, Goulet et Peterson, d'autres vedettes doivent leur popularité au réseau de radiodiffusion national dont, notamment, Wally Koster, JULIETTE, Tommy Ambrose, Alan Blythe et Tommy HUNTER. Tandis que le succès international de Lucille Starr, *The French Song*, ou l'émission de télé hebdomadaire, *Don Messer's Jubilee*, réalisée dans les Maritimes (*voir* DON MESSER AND HIS ISLANDERS) puisent leurs racines dans les différentes cultures du Canada, la plupart de ces vedettes représentent des copies d'artistes américains et en forgent un modèle acceptable au Canada, modèle qui perdura au moins jusque dans les années 80.

De même, en 1955, à l'arrivée au Canada des ondes de choc pelviennes d'Elvis Presley déclenchées aux États-Unis un an plus tôt, les premières réponses musicales à avoir une certaine influence nationale ou internationale sont de pâles copies du rhythm and blues des Noirs ou des groupes do-wop, sous le nom des Four Lads, des Crew Cuts et des Diamonds déjà mentionnés.

Première grande vedette canadienne de musique populaire Voilà le titre qu'on peut accorder à Paul ANKA, d'Ottawa, auteur de l'éternellement populaire *Diana*, inspirée par son béguin pour une gardienne d'enfant, qu'il écrit en 1957, quand il n'a que 16 ans. Dépourvu de la beauté conventionnelle des idoles d'adolescents, il est cependant doué d'une souplesse et d'une habileté qui lui permettent d'écrire et d'interpréter ses propres chansons et des succès tels que *My Way* en 1968 et le mémorable indicatif musical de l'émission de télévision *The Tonight Show*.

Dès la fin des années 50, presque toutes les villes du Canada ont leur propre émule d'Elvis Presley: Dickie Damron de Bentley, en Alberta; Gary Cooper de Portage La Prairie, au Manitoba; Red Shea de Prince Albert, en Saskatchewan; Cliff and Jerry de Minto, au Nouveau-Brunswick; The Versatiles de Kinnard, en Colombie-Britannique; Al Oster du Territoire du Yukon; The Ducats de Port Aux Basques, à Terre-Neuve; et Les Trois Clefs de Montréal, au Québec.

Arrivée du rock-and-roll Le rock-and-roll n'arrivera vraiment que lorsqu'un rockabilly de l'Arkansas nommé Ronnie HAWKINS envahira Toronto avec son groupe The Hawks. De 1958 jusqu'à ce jour, Rompin' Ronnie Hawkins enregistre non seulement abondamment, mais il est le doyen officieux de l'école canadienne de hard rock, qui produit une kyrielle de musiciens accomplis et brillants. Se distinguent tout particulièrement ceux qui forment le groupe The Hawks, dans sa version du début des années 60, qui deviendra plus tard l'un des groupes de rock-and-roll les plus admirés et influents de l'histoire, THE BAND.

THE BAND est formé essentiellement de Richard Manuel, Robbie ROBERTSON, Garth Hudson, Rick Danko et Levon Helm, seul Américain du groupe. En

1966, ils quittent Hawkins et partent en tournée avec Bob Dylan, à l'époque où ce dernier délaisse le folk acoustique pour le rock électrique. Sous son aile, les musiciens de The Band découvrent leurs propres dons de chansonniers. En 1968 et 1969, ils lancent *Music From Big Pink* et *The Band*, albums remarquables en ce qu'ils amalgament les racines du rock, du folk, du gospel, du soul et du country en un portrait panoramique, perspicace et raffiné du folklore et du caractère nord-américains. The Band remporte un énorme succès et est partout acclamé, mais le groupe est devenu usé et fatigué au moment où, en 1976, il se dissout en grande pompe avec le concert d'adieu *The Last Waltz*, qui forme aussi la séquence cruciale du film également intitulé *The Last Waltz*, un des meilleurs documentaires sur le rock-and-roll.

Avec Helm, Hudson et Danko, The Band continue néanmoins à jouer jusque dans les années 90 (Manuel meurt en 1986). Après 10 années de travail dans les coulisses du cinéma, principalement comme compositeur, Robertson se lance dans une carrière de soliste et réalise trois ambitieux albums qui reflètent son héritage autochtone et ses racines musicales américaines.

En fait, on souligne souvent que les chansons de Robertson, un Canadien, constituent les commentaires les plus judicieux sur la vie américaine. Ses attaches régionales et sa sensibilité aux influences du climat et de la géographie sont des traits de son écriture qu'il partage avec des chansonniers et des chanteurs folk canadiens tels que IAN AND SYLVIA, Gordon LIGHTFOOT et Joni MITCHELL.

Au cours des années 60, des chanteurs-chansonniers comme Ian and Sylvia, Mitchell et Lightfoot sont non seulement des artistes de réputation internationale, mais ils ouvrent aussi la voie à un continuel défilé: Bruce COCKBURN, Murray MACLAUCHLAN, Willie P. Bennett et Stan ROGERS, dont les créations font partie de la musique canadienne la plus caractéristique de la seconde moitié du XXᵉ siècle.

Même si la chanson d'Ian Tyson, *Four Strong Winds*, est devenue un air folklorique universel et même si Lightfoot a su passer avec éloquence du symbolisme romantique et simple de *For Lovin' Me* au style de récit épique de *The Canadian Railroad Trilogy* (deux chansons qui, à leur façon, transmettent l'expérience canadienne), il est ironique et révélateur que les deux chansonniers aient dû réussir à l'étranger avant d'être appréciés dans leur patrie.

Lightfoot est resté au Canada, contrairement à d'autres qui ont fui aux États-Unis, où ils ont senti que leur musique serait appréciée, où ils pourraient faire des disques et poursuivre leur évolution. Parmi ceux-ci, mentionnons John Kay du groupe de hard rock STEPPENWOLF; Zal Yanovsky du groupe rock de la belle époque Lovin' Spoonful; Denny Doherty, un chanteur folk qui devient un des Papas du quatuor folk-rock au succès retentissant The Mamas and the Papas; le chansonnier pop Andy Kim; le poète, romancier et chansonnier Leonard COHEN; le chanteur «soul aux yeux bleus» David CLAYTON-THOMAS et le franc-tireur du rock-and-roll, Neil YOUNG.

De tous ceux-là, Young et Mitchell ont mené les carrières les plus longues et influentes. Tous deux se sont infiltrés dans les milieux du folk et du rock de Los Angeles au milieu des années 60, où Young, de Winnipeg, se fait d'abord connaître avec le groupe de rock avant-gardiste Buffalo Springfield. Il se joint plus tard au supergroupe des années 60 et 70, Crosby Stills and Nash, avant de se lancer dans sa carrière de soliste, inégale mais toujours fascinante. Ses nombreux albums, de *Everybody Knows This Is Nowhere* à *After The Goldrush*, *Rust Never Sleeps* et les plus récents *Freedom*, *Harvest Moon* et *Sleeps With Angels* révèlent un artiste téméraire et résolument indépendant. À l'aise dans la musique folk et la musique country, il n'hésite pas cependant à s'aventurer dans des idiomes modernes moins connus ou à créer un rock-and-roll féroce et intransigeant. Cet esprit et l'actualité (ou l'intemporalité) de ses meilleures œuvres en font un chef de file parmi ses contemporains et une idole pour les chansonniers et les groupes de rock-and-roll de la jeune génération.

Joni Mitchell, entre-temps, poursuit sa carrière comme soliste et fait aussi partie du cercle de Crosby Stills and Nash. Après s'être courageusement confessée dans les textes de ses premiers albums, elle s'aventure dans la création de longues chansons plus poétiques et dans différents idiomes progressifs comme le jazz et devient une artiste au style très distinct et original. Dans les années 90, ses albums comme *Blue*, *Court et Spark* sont fort prisés et plusieurs artistes féminines telles que les Canadiennes Sarah MACLACHLAN et Alannah Myles disent s'en inspirer.

Succès à l'étranger La musique canadienne n'aurait jamais connu le succès et les éloges que lui ont valus des artistes comme Young, Mitchell, Cohen ou Lightfoot si ceux-ci n'avaient consenti à enregistrer, à faire des tournées ou à vivre à l'étranger. Dans les années 60, les compagnies de disques et les studios d'enregistrement canadiens accusent un certain retard par rapport à leurs homologues américains ou britanniques, par manque de technologie ou d'expertise nécessaires. Les étiquettes indépendantes canadiennes ne desservent alors que de petits marchés régionaux et s'avèrent peu rentables pour les quelques distributeurs nationaux comme London ou Quality, qui tiennent leurs disques en stock. Durant ces années, les grandes étiquettes (dont RCA, CBS, Warner Brothers et Capital) sont des sociétés étrangères qui ne sont généralement pas intéressées à investir dans les artistes canadiens.

De plus, l'industrie de la musique dispose de très peu d'experts travaillant dans les coulisses tels que gérants ou publicistes et, dans leur souci de s'attirer de plus grands auditoires, les médias canadiens préfèrent diffuser les succès reconnus d'interprètes britanniques ou américains dont la réputation est établie plutôt que les artistes canadiens, alléguant souvent que leurs œuvres sont inférieures.

Cette attitude bien enracinée perdure jusqu'au début des années 90. Elle a pourtant été étalée au grand jour dès 1965, lorsqu'un enregistrement de la chanson *Shakin' All Over*, du groupe de Winnipeg Chad Allen and The Expressions est distribué aux stations radiophoniques sous le nom *The Guess Who?* Ne connaissant pas l'identité du groupe, plusieurs stations ont attribué la chanson à l'un des derniers groupes britanniques qui ont envahi le monde entier dans les années 60 (The Beatles, Rolling Stones, etc.) et l'ont diffusée. *Shakin' All Over* est devenue un succès mondial, mais le groupe a dû lutter pour obtenir autant d'écoute, une fois son identité révélée.

S'étant maintenant réconciliés à l'idée d'être THE GUESS WHO, Chad Allen and The Expressions deviennent l'archétype du rock-and-roll canadien, parcourent constamment le pays en tournées et comptent dès d'une dizaine de succès modestes sous l'étiquette Quality avant de rencontrer le talentueux producteur canadien Jack Richardson. Sous contrat avec sa compagnie de production Nimbus 9, les Guess Who remportent, en 1968, un immense succès international avec *These Eyes*, qui devient la rampe de lancement d'une carrière prestigieuse ayant donné lieu à plusieurs autres succès, dont *American Woman*, *Share The Land*, *Clap For The Wolfman* et, plus tard, à des carrières de solistes, dans le cas de Randy Bachman et de Burton CUMMINGS.

Le manque évident d'appui aux talents canadiens sur presque tous les plans de la part de l'industrie de la musique populaire incite le Conseil de la radiodiffusion et des télécommunications canadiennes (CRTC) à adopter des règlements exigeant que les stations radiophoniques AM diffusent au moins 30 p. 100 d'enregistrements d'origine manifestement canadienne, c.-à-d. dont la musique ou les paroles

ont été écrites par des Canadiens, dont l'interprète est canadien ou dont le disque a été produit au Canada. Mis en vigueur en 1971, le règlement atteint immédiatement le résultat désiré, soit une augmentation dans la production de disques et la diffusion d'un plus grand nombre d'œuvres d'artistes canadiens.

Anne MURRAY est la première vedette de l'ère du CRTC, bien que son enregistrement de 1970, *Snowbird*, vendu en plusieurs millions d'exemplaires, avait déjà établi sa renommée en tant que chanteuse à la voix chaleureuse et claire de musique populaire, country et folk. Sa carrière ainsi lancée, elle devient l'une des chanteuses les plus reconnaissables et respectées et remporte plusieurs prix Juno grâce à ses 30 albums.

Contenu canadien Cependant, grâce à l'empressement des médias canadiens à diffuser autant d'œuvres à contenu canadien que possible, Murray (de même que The Guess Who, Gordon Lightfoot et THE IRISH ROVERS, mi-pop, mi-folk) non seulement bénéficient d'un temps d'antenne accru, mais souffrent presque de surexposition. C'est donc durant les années 70 que la musique populaire, sous l'effet d'un stimulant de croissance artificiel, mais nécessaire, connaîtra un regain quasi anormal et souffrira, en conséquence, de très grandes douleurs de croissance.

L'industrie de la musique connaît alors une décennie de prospérité à l'échelle mondiale, au cours de laquelle un véritable système de vedettariat commence maladroitement à prendre forme au Canada, où l'industrie de la musique enregistre des records de ventes sans précédent du côté des enregistrements produits au pays. En adoptant eux aussi la formule enregistrement-tournée-enregistrement-tournée du groupe The Guess Who, plusieurs nouveaux artistes émergent, surtout dans le rock-and-roll, et récoltent plus ou moins de succès au pays et à l'étranger: The Stampeders, Fludd, Five Man Electrical Band, Chilliwack, Crowbar, LIGHTHOUSE, PRISM, April Wine, Trooper, TRIUMPH.

Obstacles Il devient évident, cependant, que la faible population du Canada et la résistance continuelle de la radio et des autres médias demeurent des obstacles à la survie des compagnies indépendantes. De plus, l'investissement forcé des grandes compagnies de disques dans les artistes canadiens ne constitue nullement une garantie de meilleurs enregistrements ou d'un accès facile au marché international.

Fait révélateur, deux des groupes les plus populaires à voir le jour dans les années 70, Bachman Turner Overdrive (BTO) et Rush, ont des gérants parmi les meilleurs et les plus puissants, Bruce Allen et Ray Danniels.

Au début, Allen, qui agit depuis Vancouver, utilise ses puissantes tactiques pour faire du Bachman Turner Overdrive de Randy Bachman l'un des groupes de hard rock les plus populaires du monde et qui en vient à éclipser pendant un temps l'influence de The Guess Who. Quand BTO commence à se dissoudre à la fin des années 70, Allen et son collègue Lou Blair gèrent LOVERBOY, qui connaît aussi un immense succès. Au cours des années 80, Allan rencontrera sa plus grande étoile en la personne de Bryan ADAMS et deviendra, dans les années 90, gérant de la vedette américaine du country, Martina McBride, des producteurs de disques à la touche magique, Bob Rock et Bruce Fairbairn ainsi que de la chanteuse pop, Anne Murray.

De son côté, Danniels a géré d'autres groupes et a participé à la création de la compagnie d'enregistrements indépendante Anthem Records, mais c'est avec Rush qu'il connaît son premier succès, celui qui s'avérera son plus grand et son plus constant. De son côté, le groupe se révèle en retour un modèle d'évolution et d'intégrité artistique durant ses 25 ans de carrière. Durant cette période, Rush passe par le heavy métal, le rock progressif, le rock new wave, le reggae et par d'autres idiomes à la mode et vend plus

de 20 millions d'albums dans le monde entier, ce qui le classe parmi les valeurs les plus sûres.

Vers la fin des années 70, un establishment de la musique canadienne commence à s'établir en ne prenant soin que de ses propres intérêts, sans nécessairement tenir compte du climat musical. Malgré la remise annuelle des PRIX JUNO, créée par la Canadian Academy of Recording Arts and Science (CARAS) en 1971, que la SRC diffuse rituellement en l'honneur des gens de l'industrie du spectacle musical, l'industrie canadienne de la musique se révèle conservatrice et réfractaire au changement. Ainsi, alors qu'on accorde facilement des prix à la populaire diva du disco Patsy Gallant (*Leaving L.A.*) ou à Dan HILL pour ses ballades sentimentales (*Sometimes When We Touch*), on résiste avec crainte et méfiance à l'impact sociologique du punk ou du rock new wave à la fin des années 70. Il s'ensuit donc que des groupes aussi différents (et qui ont souvent leur franc-parler sur le plan politique) que DOA et Pointed Sticks de Vancouver ou Diodes et Rough Trade de Toronto en viennent à incarner le nouvel esprit révolutionnaire de la culture musicale pop.

Nouvelle génération d'artistes La musique populaire canadienne reflète aussi les tendances et ces préoccupations. On assiste à l'avènement d'une nouvelle génération d'artistes (de plus en plus nombreux à mesure que l'industrie mûrit) qui enclenchent le mouvement ou bénéficient de cette évolution. Il reste que ceux d'entre eux qui réussissent le mieux sont Bryan Adams et le producteur-parolier David FOSTER.

Adams, qui habite à Vancouver, réalise d'abord des records de ventes internationales de millions de disques avec son partenaire parolier Jim Vallance grâce à des succès tels que *Cuts Like A Knife*, *Heaven* et *Summer Of '69*. Dans les années 90, une collaboration avec l'auteur et producteur Robert «Mutt» Lange rapporte des succès encore plus marqués: (*Everything I Do*) *I Do It For You*, *Please Forgive Me* et *Have You Ever Really Loved A Woman*.

Foster, originaire de Victoria, fait son nom à Los Angeles en tant que musicien de studio, mais il est aussi le chef du groupe de studio Skylark des années 70 et l'auteur du succès vivace, *Wildflower*. Il remporte des prix Juno et Grammy à titre de producteur, auteur et arrangeur pour sa collaboration avec Chicago, Barbra Streisand, Whitney Houston et d'autres. En 1995, il collabore avec Adams, Vallance et un autre auteur, Paul Hyde (des Payolas, alors populaires), à la création de la chanson *Tears Are Not Enough*. C'est leur contribution au Fonds de secours d'urgence à l'Afrique. Leur enregistrement par Northern Lights représente un immense effort de groupe qui rassemble la crème des artistes canadiens. On y retrouve Anne Murray, Gordon Lightfoot, Ronnie Hawkins, Neil Young, Burton Cummings, des membres de Rush, de Loverboy et plusieurs autres, et cette chanson rapporte près de trois millions de dollars. Au concert Live Aid, c'est Bryan Adams qui chante *Tears Are Not Enough*.

Au fil des années 80, de nouveaux artistes s'ajoutent: les Payolas, Headpins, Skinny Puppy, Doug And The Slugs, Barney Bentall et Colin JAMES, de la côte ouest; k.d. LANG, Northern Pikes et The Pursuit Of Happiness, des Prairies; Red Rider, Jane Siberry, Kim MITCHELL, Honeymoon Suite, Glass Tiger, Platinum Blonde, The JEFF HEALEY BAND, The Nylons (et plusieurs autres), de l'Ontario; Gino VANELLI, Luba et Corey HART, du Québec; Haywire et Minglewood, des Maritimes.

En même temps, l'industrie s'enrichit d'une plus forte infrastructure de gérants et de publicistes, de studios, de diverses occasions de financement public et privé (principalement FACTOR, la fondation pour aider les artistes canadiens à enregistrer), de publications professionnelles (comme RPM et The Record), d'éditeurs et de compagnies de disques indépendantes (notamment, le premier et le plus grand succès du règlement sur le contenu canadien, Attic, et la première compagnie de disques post-punk-new wave, Nettwerk). Tous ces apports renforcent et exploitent la nouvelle fierté que suscite la musique canadienne, de plus en plus raffinée et originale.

Les chaînes de musique Much Music et Musique Plus sont les fers de lance de l'acceptation des changements rapides dans la technologie et le multimédia des années 80. En 1985, l'avènement de Much Music qui, à l'origine, concentrait son action sur les vidéo-clips de pop-rock, non seulement relie les activités régionales au reste du pays, mais réunit ses nombreux artistes de tous les domaines et, par l'attention particulière qu'elle accorde aux nouveaux artistes, crée plusieurs nouvelles vedettes. Au nombre de celles-ci, mentionnons Grapes Of Wrath, 54-40 et Sons Of Freedom, sur la côte ouest, et Sloan, dans l'est.

Musique populaire dans les années 90 Portée par une vague de fierté nationale, la musique populaire canadienne aborde les années 90 plus forte que jamais, mais aussi plus diversifiée, divisée et confrontée aux défis posés par les nouvelles avenues et le vocabulaire sans cesse croissant créés par la technologie. Font partie de ces défis la question des droits d'auteur en ce qui a trait aux relais de musique synthétique, la communication par sites World Wide Web (*voir* INTERNET) et l'éternelle question à savoir si le Canada a encore besoin de règlements sur le contenu canadien. L'influence du rap, du hip-hop, de l'acid jazz, du techno et de la dance music en perpétuelle évolution a surtout été ressentie dans les grandes agglomérations urbaines, particulièrement à Toronto et à Vancouver, où les populations des minorités noires et asiatiques croissent rapidement. Cependant, à part les albums à succès de Bass Is Base, de Maestro Fresh Wes et de Kish, peu d'artistes travaillant dans ces idiomes réussissent à remporter beaucoup de succès au pays ou à s'en servir comme tremplin vers la réussite internationale.

Musique autochtone Grâce à des artistes aussi respectés que Kashtin, Susan AGLUKARK, Wapistan ou Jerry Alfred, la musique autochtone enrichit le caractère de la musique canadienne et, par la création de sa propre industrie, encore petite mais en pleine croissance, reçoit maintenant un prix dans sa propre catégorie, aux Junos.

Industrie de la musique des Maritimes Les années 90 marquent aussi le passage à l'âge adulte de l'industrie de la musique des Maritimes. Comme au Québec, elle s'est développée dans l'isolement, sa plus grande vedette des 30 dernières années étant Anne Murray, de Springhill, en Nouvelle-Écosse. Au cours des 20 dernières années, le chansonnier folk Stan ROGERS y exerce une influence imposante. Dans les 10 dernières années, la vedette la plus invraisemblable est la timide Rita MACNEIL, une chanteuse de folklore influencée par le blues, qui a fait vibrer une corde sensible chez un grand nombre de Canadiens, qui achètent ses albums par centaines de milliers et font de son émission hebdomadaire à la télé, *Rita and Friends*, la série de variétés la plus populaire dans l'histoire du réseau anglais de la SRC.

MacNeil ouvre la voie à d'autres artistes aux racines profondément ancrées dans la musique folklorique et traditionnelle du Canada: Lenny Gallant, les Barra MacNeils et, surtout, la RANKIN FAMILY, dont les disques sont un astucieux amalgame de rock, de country et du folklore celtique de la région (*voir* MUSIQUE CELTIQUE). Avec des racines d'un autre genre, des groupes d'influence punk tels que Sloan, Eric's Trip, Hardship Post et Jale font découvrir au Canada une richesse non exploitée de nouveaux musiciens de rock-and-roll.

Avec son surprenant mélange de musique traditionnelle des Maritimes et de rock moderne, téméraire et corrosif, Ashley MacIsaac, le démon violoneux en kilt, produit l'un des albums les plus frais et les plus éclectiques de 1995, *Hi How Are You Today*.

Forte d'un système de vedettariat maintenant bien établi ayant sa propre hiérarchie d'artistes et pouvant s'appuyer sur un riche héritage, l'industrie canadienne de musique populaire célèbre en 1996 les 25 ans de ses prix Juno (et, incidemment, de la loi sur le contenu canadien) en lançant un coffret de quatre disques audionumériques, un documentaire pour la télévision et un livre, intitulés tous trois *Oh What A Feeling*, en hommage à l'album des années 70 de Crowbar, le groupe farouchement canadien de Hamilton. Le coffret de disques s'est vendu à près d'un million d'exemplaires en quelques semaines, ce qui lui donne droit à un prix diamant et permet à l'industrie de se féliciter et de faire le point.

Circuit indépendant Il y a actuellement des centaines d'enregistrements de toutes sortes qui circulent au pays sous étiquettes de compagnies indépendantes fringantes et qui savent plaire au grand public. Ces compagnies vendent les licences de leurs disques compacts à divers pays dans le monde et font leur publicité par Internet, bâtissant ainsi leur clientèle.

C'est le circuit indépendant qui fait des vedettes en puissance de gens comme Hayden, The Watchmen, I, Mother Earth, Treble Charger, Merlin ou Pluto. Dominé par l'agence artistique, gigantesque et diversifiée, SL Feldman and Associates, c'est un circuit qui a servi à roder des artistes tels que Tom COCHRANE, BARENAKED LADIES, Jann ARDEN, CRASH TEST DUMMIES, 54-40, BLUE RODEO et, particulièrement, le groupe TRAGICALLY HIP de Kingston, en Ontario.

Au moment où le deuxième millénaire tire à sa fin, Bryan Adams continue d'être le plus grand succès international du Canada. Il est encore le seul Canadien à avoir reçu deux prix diamant pour les ventes de ses albums, bien que la liste de ses compatriotes dont les disques se sont vendus chacun en un million d'exemplaires comprend maintenant Tom Cochrane, Céline Dion, Alannah Myles et Corey Hart. Des artistes célèbres tels que k.d. lang, Jane Siberry, Leonard Cohen, Sarah MacLauchlan et les Crash Test Dummies entretiennent sur la scène internationale une image sans cesse changeante de la musique canadienne. L'influence récente de Céline Dion, d'Alanis Morissette et de Shania Twain ne fait qu'améliorer la viabilité commerciale d'autres artistes canadiens.

La popularité nationale des COWBOY JUNKIES, de Tragically Hip, de Blue Rodeo, d'Arden, de Cochrane ou des Barenaked Ladies permet de croire que la musique populaire canadienne est enfin appréciée au pays pour ses propres caractéristiques et qualités. Ces artistes parlent directement aux Canadiens avec passion et humour des expériences qui les concernent tout en ayant une résonance universelle. Ils ont vendu collectivement des millions de disques et des centaines de milliers de billets de concert. Si l'on peut mesurer la qualité de la musique populaire par les ventes de disques et de billets, ce sont ces groupes-là qui contribuent le plus à redéfinir la musique populaire canadienne sur le front intérieur. Ils représentent la jonction entre Dion, Morissette ou Twain, et les nouveaux groupes qui s'amènent chaque jour dans des camionnettes encroûtées de moustiques et chargées de leurs instruments et de disques audionumériques flambant neufs produits à titre d'auteur.

Tom Harrison

Musique populaire francophone Issue principalement du folklore de différentes régions de France, la musique populaire francophone se transforma selon les régions où s'installèrent les îlots de population éparpillés sur un vaste territoire. Au XVIII⁰ s., l'arrivée de colons anglophones de Grande-Bretagne et des États-Unis, puis au XIX⁰ s., d'Irlande et d'Écosse, ajouta une coloration particulière, surtout au niveau de la musique instrumentale traditionnelle. Ce folklore se propageait de bouche à oreille, de génération en génération, perpétuant toutes les variantes selon les principes de la tradition orale (voir MUSIQUE FOLKLORIQUE CANADIENNE-

FRANÇAISE). Vers le milieu du XIX⁰ s. apparut, surtout dans la société bourgeoise, la chanson d'auteur, généralement calquée sur des modèles classiques et diffusée par la musique en feuille.

Au début du XX⁰ s., la musique populaire francophone va entrer rapidement dans l'ère commerciale et industrielle grâce à deux événements structurants et fortuits.

Dans le but de valider les brevets canadiens qu'il avait obtenus pour son gramophone et sa méthode de gravage des disques (1897), l'allemand Emile Berliner inaugure à Montréal, en janvier 1900, un petit atelier de pressage de disques qui devint, en quelques années, le plus important fabricant et distributeur de disques au Canada. Son fils aîné, Herbert Berliner, enregistra, à compter de 1916, plus d'une centaine d'artistes canadiens anglophones et francophones sur son étiquette His Master's Voice. Il fondera également la compagnie Compo qui, sur l'étiquette Starr, éditera des milliers d'enregistrements francophones jusqu'aux années 1960.

Contre toute attente, l'industrie de la musique populaire francophone au Canada survivra et se développera malgré l'écrasante concurrence des cultures américaine et française, d'abord et avant tout grâce à l'indéfectible appui de la population pour ses artistes qui deviennent souvent les porte-parole et parfois les symboles de cette volonté singulière de survivance. La méthode d'adaptation fut souvent la même: les créateurs s'imposaient d'abord en présentant eux-mêmes au public local les chansons françaises et américaines à la mode. Puis ils glissaient dans leur répertoire des chansons originales écrites à la façon des modèles américains ou français. Finalement émergeait une chanson intégrant des éléments musicaux de ces deux courants avec des textes reflétant les réalités culturelles et sociales des francophones de ce pays.

La radio Un autre heureux concours de circonstances amena l'italien Guglielmo Marconi à venir terminer ses travaux sur la radiophonie à Montréal où il mit en opération, en 1919, XWA (CFCF) qui devint la première station de radio commerciale au monde. En septembre 1922, CKAC (Montréal) devenait une des toutes premières stations francophones au monde. Cet apport précoce du disque et de la radio donna à Montréal un avantage marqué au niveau de l'infrastructure technologique et du personnel qualifié qui permit le développement d'une vigoureuse et souvent innovatrice industrie culturelle dans les décennies subséquentes.

Produisant ses émissions en direct, la radio employa de plus en plus d'artistes locaux, interprètes de chansons, musiciens, annonceurs et commentateurs, humoristes et comédiens qui se firent ainsi connaître d'un public de plus en plus large. C'est à cette époque qu'il faut situer la naissance d'un vedettariat d'abord local puis de plus en plus étendu à la grandeur du territoire. Et c'est la radio qui rendit viable, au milieu des années 1930, le métier d'artiste professionnel de la chanson.

1920-1940: les premières vedettes populaires La chanson populaire commerciale se développe d'abord à Montréal, seule ville de la francophonie canadienne à posséder les infrastructures culturelles (salles de spectacles, maisons de disques, radio) nécessaires à son rayonnement. Cette chanson atteindra d'autres centres urbains et ruraux au gré des tournées et du développement du réseau radiophonique sur le territoire.

Hector Pellerin (1887—1953) fut assurément la plus grande vedette francophone au pays dans la première moitié du siècle. En plus de ses quelques 300 enregistrements sur disques et cylindres, il fut l'un des seuls chanteurs à pouvoir remplir des salles et à vivre de son métier. La chanson urbaine compte plusieurs noms connus à cette époque, dont Hercule Lavoie, Georges Beauchemin, Hervey Germain, dans les années 1920, Ludovic Huot, Albert Marier,

Fernand Perron et Jean Lalonde dans les années 1930.

La chanson folklorique urbaine Entre 1881 et 1921, l'industrialisation a fait passer la population de Montréal de 140 000 à 618 000 habitants. Ces nouveaux venus, provenant presque tous des régions rurales du Québec, ont fait de la métropole une ville majoritairement francophone et ont implanté la chanson folklorique dans l'industrie culturelle montréalaise. *Les Veillées du bon vieux temps*, soirées folkloriques organisées de 1920 à 1940 au Monument-National par Conrad Gauthier ont permis l'émergence d'Ovila Légaré, Eugène Daigneault, Charles Marchand et Mary Travers, dite La Bolduc, qui exprimaient, sur un mode folklorique, les difficultés d'adaptation que rencontraient les nouveaux arrivants. Les chansons de La Bolduc, parmi les premiers artistes à ne chanter que son propre répertoire, sont à leur tour devenues du folklore moderne et sont reprises même par des artistes Rap.

La situation économique difficile des années 1930 frappa durement l'industrie du disque qui ne reprit son rythme de croisière qu'en 1936.

Les années 1940 Les débouchés pour les artistes de la chanson devinrent de plus en plus nombreux et structurés grâce à la radio qui connut son âge d'or et à la «belle époque» des cabarets à Montréal et en province.

La guerre (1939-1945) réduisit considérablement l'importation de disques français et ce sont Robert L'Herbier, Lucille Dumont, Jacques Normand, Lise Roy et d'autres vedettes québécoises qui présentèrent les créations parisiennes. Certains interprètent, dont Jacques Aubert et Lionel Parent, composaient une grande partie de leur répertoire.

La guerre est le sujet du jour et les chansons du soldat Roland Lebrun traduisent en mots simples les angoisses des mères et des jeunes soldats sur une musique dérivée du Western. Chansons des cowboys américains, ce genre connut son heure de gloire au milieu de la décennie avec Paul Brunelle, Willie LAMOTHE, Marcel Martel et plusieurs autres qui composaient leur propre répertoire. Ils participaient en cela à une tendance qui touchait des interprètes de variétés qui, comme Fernand Robidoux, Jacques Normand et Robert L'Herbier, tentaient d'endisquer un plus grand nombre de chansons québécoises et une génération montante d'auteurs, compositeurs et interprètes, dont Raymond LÉVESQUE, Jacques Blanchet, Pierre Pétel et Félix LECLERC qui voulaient mettre de l'avant une chanson où le texte dominait.

Les années 1950 Inaugurée en 1952, la télévision s'étendit à plusieurs villes du Québec et devint un important employeur pour une foule d'artistes de tous genres. Parallèlement, de très nombreux cabarets et hôtels ouvrirent leurs portes à Montréal et partout en province, permettant l'arrivée d'une nouvelle génération d'artistes de variétés, dont Jen Roger, les Three Bars, Paolo Noël, Fernand Gignac et surtout Michel Louvain qui créa un engouement populaire comme on n'en avait jamais vu au Québec.

Le succès inattendu de Félix Leclerc à Paris en décembre 1950 démontra qu'il était possible de faire des chansons personnelles et de qualité qui pouvaient être appréciées par la francophonie mondiale. Dans cette foulée, Aglaé et Guylaine Guy, deux jeunes interprètes, connurent d'importants succès à Paris dans cette décennie. Plusieurs initiatives furent prises pour faire une plus grande place à la chanson québécoise. La plus célèbre, le Concours de la chanson canadienne (1957), fut une tribune importante pour cette cause grâce à l'immense pouvoir de la télévision naissante. Les cabarets étant peu propices à leur style de chanson poétique, les auteurs-compositeurs interprètes, qu'on appelle déjà les CHANSONNIERS, créèrent eux-mêmes les «boîtes à chansons», de petites salles intimistes qui devinrent les lieux de ralliement d'une jeunesse plus instruite et initiée à la littérature.

La vigueur de tous ces mouvements suscita l'apparition de plusieurs compagnies de disques locales (Alouette, Météor, Music-Hall, Fleur-de-Lys, Vedettes…) qui, avec RCA Victor et Apex (Starr), puisaient dans le bassin de plus en plus grand d'artistes de la chanson sous tous ses aspects.

Les années 1960 Dans cette décennie de la «Révolution tranquille», le mouvement chansonnier prit un essor rapide et quelques centaines de «boîtes à chansons» créèrent leurs propres vedettes: Jean-Pierre FERLAND, Gilles VIGNEAULT, Claude Gauthier, Claude LÉVEILLÉE, Clémence DESROCHERS et de nombreux autres chansonniers, sans oublier Pauline JULIEN, Renée CLAUDE et Monique LEYRAC, interprètes de chansons qui se voulaient le miroir des changements rapides de la société québécoise de l'époque.

Évoluant parallèlement à ce mouvement avec tout autant d'énergie, la chanson de variété profita de l'ouverture de nouvelles stations de télévision à Montréal (CFTM) et Québec (CFCM) qui firent la promotion de cette chanson dans leurs émissions (Jeunesse d'aujourd'hui, Allez-4...). S'adressant traditionnellement à un public plus âgé, le marché du disque s'ouvrit au groupe des 12 à 20 ans grâce au succès mondial des Beatles en à l'arrivée à l'adolescence des «baby-boomers». Pierre Lalonde, Donald Lautrec, Tony Roman, Ginette RENO, Michèle Richard et une multitude de groupes, dont Les Classels, les Sultans, les Hou-Lops et les Bel Canto, deviennent des vedettes nationales et donnent une vigueur sans précédent à l'industrie du disque et du spectacle au Québec.

Ayant eux aussi grandi avec le rock-and-roll, certains jeunes chansonniers, dont Claude DUBOIS, Jacques Michel et Robert CHARLEBOIS s'éloignent du modèle traditionnel et créent, à l'instar de Bob Dylan et de Paul Simon, une chanson à texte sur des rythmes Rock. En janvier 1969, la chanson *Lindberg* de Robert Charlebois est en première position du palmarès Méritas, réunifiant l'univers des chansonniers et de la musique de variété.

Les années 1970 Plusieurs facteurs firent de cette décennie l'âge d'or de l'industrie du disque au Québec. Une nouvelle réglementation du CRTC sur le contenu canadien à la radio favorisa grandement la production francophone. Les agents, producteurs et publicistes qui avaient fait leurs classes dans les années 60 atteignaient alors un niveau de professionnalisme permettant aux artistes de toucher un public plus vaste non seulement au Québec, mais dans le reste du Canada et même ailleurs dans le monde. Grâce à son gérant Guy Cloutier, René SIMARD se produisait à la PLACE DES ARTS alors qu'il n'avait que 10 ans, au Japon et à l'Olympia de Paris quatre ans plus tard et animait, de 1977 à 1979, The René Simard Show, sa propre émission de variété pancanadienne à la télévision. Des artistes québécois anglophones, dont Andy Kim, Gino Vanelli, April Wine et Leonard COHEN, se faisaient connaître dans tout le Canada et les États-Unis et le promoteur Donald Tarlton faisait de Donald K. Donald une des plus importantes compagnies de production de spectacles au Canada. Robert Charlebois et Diane DUFRESNE connurent d'importants succès en France sous l'égide du producteur Guy Latraverse, qui fonda parallèlement la compagnie Kébec Disc qui devint l'une des plus actives de la décennie.

En plus du dynamisme des producteurs locaux, l'industrie du disque québécoise profita de l'implication massive des multinationales (Columbia, Capitol, Barclay, Polygram) dans la production d'artistes locaux. Ce foisonnement d'intervenants et l'appui massif de la population francophone permirent l'éclosion de styles très variés. Le folklore de Louise Forestier et de Garolou côtoyait le rock progressif d'Octobre et de HARMONIUM, le Disco de Boule noire et de Nanette Workman, les chansons urbaines et collectivistes de BEAU DOMMAGE, des Séguin

et de Raoul Duguay et le rock décapant de Plume LATRAVERSE et d'OFFENBACH.

Pour non seulement survivre mais se développer, tout produit culturel a besoin d'un nombre suffisant de personnes intéressées, condition que la dispersion des francophones sur le territoire canadien rend difficile à atteindre. Principalement centrée en Ontario et dans les Maritimes, la chanson francophone hors Québec survit sur une base artisanale et les productions individuelles mal distribuées atteignent rarement le marché québécois. Ne disposant pas dans leur milieu d'une structure industrielle capable de soutenir de fortes carrières en français, quelques francophones canadiens s'installent avec succès au Québec: Edith BUTLER et Calixte Duguay (Nouveau-Brunswick), Angèle ARSENAULT (Ile-du-Prince-Édouard), Daniel Lavoie (Manitoba), Cano et Robert Paquette (Ontario). Au milieu des années 1980, le groupe Hart Rouge (Alberta) et le chanteur Roch VOISINE (Nouveau-Brunswick) viendront eux aussi poursuivre leur carrière au Québec.

L'Association du Disque et de l'Industrie du spectacle au Québec (ADISQ) fut créée en 1978 et tint, l'année suivante, son premier gala où furent décernés les premiers prix Félix.

Les années 1980 Prélude aux prises de contrôle et aux fusions qui touchèrent l'industrie mondiale du disque, les multinationales cessèrent presque leur production au Québec au début des années 80, provoquant un réveil brutal à 10 ans d'euphorie. Malgré une situation économique défavorable, des entrepreneurs lancèrent de nouvelles compagnies de disques locales (Audiogram, Star, Pro-Culture, Disque Double, PGC...) et des aides promotionnelles, dont le palmarès Radio-Activité (1981), l'organisme d'aide à la production Music-Action (1985) et la station de vidéoclips francophone Musique Plus (1986).

Dans cette décennie, les auteurs-compositeurs interprètes dominent dans tous les genres musicaux. Paul Piché, Michel RIVARD, Richard Séguin, Pierre Flynn, Claude DUBOIS et Richard DESJARDINS relancent la chanson à texte. Marjoleine Morin (MARJO), Daniel Lavoie, Diane Tell et Marie Denise Pelletier dominent le palmarès avec une pop de très haute qualité. Connaissant un regain de popularité après 20 ans de carrière, Ginette Reno fracasse tous les chiffres de vente. Mais la décennie est dominée par Céline DION, une adolescente qui, après avoir raflé tous les honneurs au Québec, aborde avec succès une carrière européenne et canadienne.

Les années 1990 Décennie marquée par la disparition des disques de vinyle (33 et 45 tours) et la suprématie des CD et des techniques informatiques (INTERNET). Ayant retrouvé sa stabilité, l'industrie lance un grand nombre de nouvelles vedettes qui s'adressent à un public jeune: Éric LAPOINTE, Kevin PARENT, Dan Bigras, Jean LELOUP, les Colocs, Noir Silence, Daniel BÉLANGER, Luce Dufaux, Laurence Jalbert, Lara Fabian, France D'Amour, Isabelle Boulay, Linda Lemay et bien d'autres. Déjà célèbre au Québec, Roch Voisine devient une des plus grandes vedettes en France et connaît également un bon succès au Canada anglais. Après Starmania, La légende de Jimmy et Les Romantiques, Luc PLAMONDON remporte un très grand succès populaire à Paris, Londres, Las Vegas et Montréal avec Notre-Dame-de-Paris, pavant la voie de carrières internationales pour ses interprètes, dont Garou, Bruno Pelletier, Luck Mervil et Daniel Lavoie. À compter de 1993, Céline Dion devient une des chanteuses les plus populaires non seulement aux États-Unis mais dans le monde entier.

Mais cette industrialisation de la chanson amène une hausse importante des coûts de production dans un marché relativement petit. De plus en plus d'artistes, surtout des nouveaux venus, sont poussés vers la marginalité de l'autoproduction et de la distribution dans des circuits parallèles. L'appellation «musique alternative» regroupe beaucoup de ces productions musicales qui n'ont souvent en commun que de ne pas correspondre aux attentes de l'industrie qui, parfois, en accepte quelques-uns (Dubmatic, La Chicane, NoDéjà...). La généralisation du réseau Internet pourrait permettre aux créateurs d'atteindre une clientèle de plus en plus grande sans l'apport des distributeurs et des détaillants habituels du domaine de l'enregistrement sonore. (*Voir aussi* INDUSTRIE DU DISQUE AU QUÉBEC, HISTOIRE).

Robert Thérien

Musique religieuse On peut dire que la musique religieuse fait son apparition au Canada en même temps que les premiers colons, au XVIe s., mais les peuples indigènes accompagnent depuis longtemps leurs rites religieux de musique. Le premier office chrétien, dont il est fait mention, est une messe chantée à Brest (port de Bonne-Espérance), au Labrador, le 14 juin 1534. Les missionnaires du début du XVIIe s. se rendent compte que l'amour des Indiens pour la musique peut être un facteur de leur conversion au CHRISTIANISME. Ils leur enseignent aisément les formes simples de la musique sacrée. En 1610, les convertis chantent le *Te Deum* au baptême du chef micmac Membertou et de sa tribu à PORT-ROYAL. Ce qu'on appelle le «cantique huron» est un vestige de cette époque: il s'agit de paroles huronnes sur l'air d'un noël français. Encore qu'on puisse en contester la date et l'authenticité, la première œuvre sacrée écrite au Canada serait la *Prose de l'office de la Sainte-Famille*, attribuée à Charles-Amador Martin et composée vers 1700. Les RELATIONS DES JÉSUITES contiennent plusieurs allusions à la musique sacrée, tant chorale qu'instrumentale. On sait qu'il y a un orgue dans la chapelle des Jésuites à Québec en 1661.

Les références nous font tristement défaut pour la première moitié du XVIIIe s., bien qu'il existe dans les bibliothèques de Montréal et de Québec des collections de musique polyphonique datant de cette période. Vers 1775, néanmoins, le tableau se précise. Les colons anglophones ont apporté avec eux les rites de l'Église d'Angleterre et d'autres confessions protestantes. Il y a des chorales (p. ex., à l'église St. Paul's de Halifax dans les années 1760) et les églises de certaines villes possèdent un orgue (p. ex., dans les cathédrales catholiques et anglicanes de Montréal et de Québec et à Halifax). Il est fait état d'une tradition ininterrompue de grands-messes et de vêpres chantées dans l'Église catholique, tandis que l'Église d'Angleterre et d'autres confessions se tournent plutôt vers les psaumes chantés (et très vraisemblablement versifiés), les cantiques et parfois les motets (*voir* ANGLICANISME; CATHOLICISME).

Dans les premières années du XIXe s., le choral prend de l'ampleur dans l'Est et se propage graduellement dans tout le pays, en partie à cause de la vogue de l'école lyrique. Des musiciens d'église de métier se produisent sur scène, mais surtout, on voit se dessiner alors ce qui va devenir, à la fin du siècle, un raz-de-marée de publications consacrées à la musique liturgique. Le *Graduel romain* est publié à Québec en 1800; l'*Union Harmony* de Stephen Humbert, à Saint-Jean en 1801; *The Colonial Harmonist* de Mark Burnham, à Port Hope, en Ontario, en 1832; et *A Selection of Psalms and Hymns* de William Warren de la cathédrale St. James, à Toronto (l'édition musicale date de 1835). L'accessibilité des partitions encourage la formation de chorales dans les petites localités et facilite l'introduction d'un répertoire essentiellement inspiré du patrimoine européen, en particulier dans l'Église d'Angleterre (qui deviendra l'Église anglicane du Canada en 1955). La cathédrale anglicane de la Sainte-Trinité de Québec possède ses choristes en surplis dès 1804, mais Toronto devra attendre 1868 avant d'en avoir autant à la Holy Trinity Church. Les chœurs anglicans de cette époque aident les fidèles à chanter les psaumes et les cantiques versifiés et chantent souvent en motets des adaptations d'œuvres de grands compositeurs (p. ex., Haendel, Haydn, Mozart, Beethoven et Rossini). L'apparition du *Canadian Church Psalmody* en 1845 ouvre la voie à la récitation psalmodique du psautier anglican.

La musique liturgique catholique du XIXe s. reste elle aussi fort attachée à ses racines européennes. Si les témoignages concrets sont difficiles à trouver, il est certain que des chorales chantent Haydn, Beethoven, Rossini et Gounod. Ces maîtrises peuvent aussi puiser dans les œuvres des compositeurs canadiens J.C. Brauneis fils et Antoine DESSANE, qui ne sont peut-être pas connues en dehors du Québec. Dans son *motu proprio* sur la musique sacrée (1903), le pape Pie X ordonne le retour aux idéaux de la Renaissance et à sa musique polyphonique *a cappella* et remet le chant grégorien à l'honneur. Dans les églises catholiques du monde entier, cet ordre ouvre une glorieuse période de bonne musique révérencieusement chantée.

Une évolution parallèle, au tout début du XXe s., a un effet considérable sur l'Église anglicane. L'apparition d'éditions bon marché des œuvres liturgiques des grands maîtres du siècle des Tudors et de l'époque de Jacques 1er en Angleterre facilite le retour à une musique simple et dépouillée, et encourage un style de composition analogue. Cependant, la musique de Stainer, de Barnby, de Gounod, de Spohr, de Simper et de Maunder est toujours à l'honneur, surtout dans les villages.

Pendant ce temps, les Églises protestantes se rapprochent lentement d'une forme de culte où la musique, tant congrégationnelle que chorale, acquiert plus d'importance. Les Églises BAPTISTE, MÉTHODISTE et CONGRÉGATIONALISTE ont toujours accepté l'orgue, et l'Église PRESBYTÉRIENNE en vient à lui faire une place. Même les très petites églises se procurent des instruments, se constituent une maîtrise et commencent à chanter des motets. Dans les grandes églises, on met la chorale en évidence, on revêt les membres de la maîtrise d'un surplis et on finit par les rémunérer. Souvent, un quatuor de chanteurs professionnels dirige les chœurs et chante en solo. Ce système gagne aussi les églises anglicanes. En plus de chanter les messes du dimanche, les meilleures chorales se lancent dans des oratorios, sinon au complet, du moins sous forme d'extraits. Le premier oratorio interprété dans une église canadienne-anglaise est présenté en 1769 à l'église St. Paul's de Halifax, mais on ignore lequel. Dans les églises protestantes, les maîtrises sont généralement mixtes et souvent accompagnées d'une chorale d'enfants des deux sexes. Les chœurs exclusivement masculins (hommes et jeunes garçons) sont courants dans les grandes églises catholiques et anglicanes.

Au milieu du XXe s., les chœurs catholiques sont parfois masculins, mais le plus souvent mixtes. Il arrive que les choristes soient revêtus du surplis, mais ce n'est pas la règle générale, et ils chantent dans les galeries arrières. Leur répertoire, où Palestrina a sa place, est le plus souvent composé d'œuvres des XVIIIe et XIXe s., et fait appel au plain-chant avec plus ou moins de bonheur. Ces chorales sont presque toujours bénévoles, et les postes d'organiste et de maître de chapelle sont souvent séparés. Chez les anglicans, les chorales sont soit mixtes, soit exclusivement masculines (ces dernières devenant de plus en plus rares à partir de 1950). Les choristes sont presque toujours revêtus d'une aube et installés dans des stalles, dans la clôture du chœur. Le répertoire est en grande partie d'origine anglaise, mais d'époques très diverses. Il arrive que certains membres de la maîtrise soient rémunérés et que l'organiste-maître de chapelle ait reçu une bonne formation. L'église protestante type possède une chorale mixte d'adultes et une chorale d'enfants, toujours en évidence, souvent installées dans des stalles en hémicycle derrière le pasteur. Son répertoire, difficile à définir, affiche une tendance pour la musique anglaise du XIXe s. et du début du XXe s., avec quelques compositions américaines et canadiennes. Les qualifications du maître de chapelle et de l'organiste varient selon les ressources financières de l'église. L'orgue est souvent imposant.

Dans la seconde moitié du siècle, le profil de la musique religieuse au Canada se modifie. Le deuxième concile du Vatican (1962-1965), plus communément appelé Vatican II, bien qu'il recommande expressément le maintien du chant grégorien, est interprété par beaucoup de membres du clergé catholique comme une invitation à balayer du revers de la main le latin, le chant grégorien et la polyphonie. L'utilisation de textes en langue vernaculaire et un nouvel esprit de recherche liturgique donnent naissance à une musique religieuse de style «populaire». Les «premiers chanteurs», micro en main, sont maintenant les arbitres de la musique sacrée, malgré des îlots de résistance.

Dans l'Église anglicane, le changement n'est pas si généralisé ni si soudain. Une grande partie du clergé, cependant, s'inspire des réformes catholiques et, fort de nouveaux textes à substituer au *Book of Common Prayer*, il voit la participation de l'assemblée comme l'objectif unique de la musique d'église. Cette tendance produit dans certaines paroisses des «messes populaires» et des hymnes «pop», ce qui fait perdre de l'importance aux chœurs et aux orgues. Dans certaines régions, le changement est minime. Ailleurs, les pasteurs et les musiciens font des compromis pour exploiter au mieux le vaste répertoire de la musique liturgique.

L'évolution moderne de l'Église presbytérienne et de l'Église unie est plus difficile à décrire. Ces confessions n'ayant jamais fait beaucoup usage des rites et des textes tirés d'un missel ou d'un livre de prières, le désir de modernité ne joue guère chez elles. Néanmoins, les styles de musique liturgique qu'elles acceptent s'inspirent des tendances constatées dans les Églises catholique, anglicane et évangélique.

L'Église LUTHÉRIENNE est active au Canada depuis le XVIIIe s. Comme ses membres sont d'origines diverses, il n'y a pas de tradition quant à la forme des offices divins. Les hymnes, la musique liturgique et les cantiques viennent principalement des États-Unis. Les chorales se composent presque exclusivement d'amateurs, et les musiciens sont généralement formés aux États-Unis.

La musique joue un rôle primordial dans le ministère de l'ARMÉE DU SALUT, en particulier les hymnes chantés avec ou sans accompagnement instrumental. On forme des chorales, tant pour les offices divins que pour les concerts.

La musique «gospel» remplit une importante fonction d'enseignement et de prosélytisme dans les églises évangéliques (*voir* MOUVEMENTS ÉVANGÉLIQUE ET FONDAMENTALISTE). Elle met généralement en vedette un soliste qu'accompagnent un chœur et un groupe instrumental. Le fait que cette confession prévoit des offices télévisés se répercute quelque peu sur le style de présentation.

La musique religieuse juive au Canada se partage entre la psalmodie traditionnelle, dont certaines manifestations remontent à la haute antiquité, entonnée par le chantre ou hazan, et une musique plus moderne (souvent de style fin XIXe s.) chantée par une chorale, par l'assemblée des fidèles ou par les deux à la fois. Les chantres canadiens étudient auprès de maîtres formés en Europe ou aux États-Unis. Tant chez les orthodoxes que chez les réformistes, la musique fait partie intégrante du culte, mais seuls les derniers admettent l'utilisation de l'orgue.

D'autres confessions chrétiennes ont de fortes traditions de chant congréganiste d'origine européenne, notamment les diverses églises MENNONITES, l'Église réformée et l'Église orthodoxe grecque.

Toutes les confessions ont leurs compositeurs de musique liturgique. Chez les anglophones, le nom de Healey WILLAN vient aussitôt à l'esprit. Formé en Angleterre, Willan écrit surtout pour l'Église anglicane, dans une grande variété de genres, mais sa musique est chantée dans les églises catholiques, unies, presbytériennes et luthériennes et est utilisée en Angleterre et aux États-Unis. D'autres musiciens ont écrit pour l'Église avant lui, en particulier au Québec pour l'Église catholique, mais leurs œuvres ne sont sans doute plus guère écoutées. Parmi les autres compositeurs, citons W.H. Anderson, Alfred Whitehead, Bernard Naylor, Keith Bissell, Ben Steinberg, Srul Irving GLICK et Barrie Cabena.

De nouvelles liturgies et de nouveaux textes nécessitent de nouvelles compositions. La plupart des œuvres nouvelles relèvent d'un style «pop» quelconque et s'inspirent de la musique américaine. De nombreuses églises font essentiellement appel à la musique écrite et publiée aux États-Unis.

La publication de musique religieuse au Canada, dont le volume ne se compare aucunement à celui des États-Unis, se poursuit. Cependant, pour beaucoup d'Églises dont les racines sont anglaises, cette musique est en grande partie importée. Les maisons d'édition Waterloo Music Company, Frederick Harris Music Co. Ltd. et Gordon V. Thompson Ltd. sont particulièrement actives dans le secteur anglophone. La plupart des grandes confessions ont leurs propres livres de chants canadiens (*voir* HYMNES). Nombre des principales églises du Canada ont enregistré leurs chorales, ce qui leur permet d'atteindre un public plus important. Des associations et des organismes aident les maîtres de chapelle à cultiver leur art, en particulier les diverses fédérations de chorales provinciales, la Royal School of Church Music et le Collège royal canadien des organistes.

Giles Bryant

Musique, enseignement de la Plutôt artisanal au temps de la colonie, l'enseignement de la musique au Canada constitue aujourd'hui un volet important de l'éducation et les amateurs comme les professionnels peuvent recevoir une formation musicale. Historiquement, la musique est enseignée par des professeurs particuliers, à l'école publique ou privée, à l'école de musique, au conservatoire et à l'université. Au cours des années 80, cet enseignement s'est ramifié en un réseau complexe d'institutions, d'associations professionnelles, d'organismes publics et de groupes culturels.

De l'époque coloniale à 1918

Missionnaires et militaires sont les premiers à s'adonner à l'activité musicale. L'expansion de la colonisation provoque la multiplication des chorales d'églises et des petits orchestres paroissiaux qui, quoique sans prétention aucune, sont à la source d'une vie musicale florissante. Au Canada français, l'enseignement de la musique est dispensé principalement par les communautés religieuses, de sorte que la musique a des liens étroits avec les couvents et autres institutions religieuses. Il faut aussi reconnaître l'apport des religieux à la vie musicale de certaines régions anglophones, en particulier dans les communautés irlandaises de Terre-Neuve. La diversité de l'enseignement musical tient principalement aux origines française et anglaise de la culture canadienne. Ainsi, au Québec, le solfège emploie le do fixe de l'Europe continentale, tandis que le do mobile, utilisé en Angleterre, prévaut au Canada anglais. L'influence américaine se ressent d'abord dans les écoles de chant du Haut-Canada, où prédominent les confessions protestantes.

Egerton RYERSON, qui inscrit la musique au programme des écoles publiques du Haut-Canada en 1846, est considéré depuis comme le plus grand défenseur de la musique à l'école. À titre de directeur général de l'enseignement, il formule un programme de formation après un séjour prolongé en Grande-Bretagne, en Europe et aux États-Unis, où les systèmes scolaires ont mis le chant au programme, suivant en cela les théories pédagogiques de Pestalozzi.

On n'a jamais réussi à déterminer clairement qui devrait enseigner la musique à l'école ou quelle formation devraient posséder ces enseignants. Ryerson tente de donner cette formation à son école normale,

mais les résultats les plus probants se manifestent à Hamilton, à London et à Ottawa, où l'on embauche des musiciens diplômés. L'accroissement de la population fait passer ces professeurs à la supervision et au perfectionnement sur place des enseignants en musique.

En général, on enseigne surtout le chant à l'oreille, mais les professeurs les plus compétents enseignent aussi la lecture à vue et la pose de voix. De plus, les examens écrits dénotent une certaine volonté de transmettre les rudiments de la musique. Comme la qualité des réalisations musicales est fonction de la compétence et de l'intérêt du professeur, les résultats varient d'une école à l'autre. Au cours des années 1880, le système sol-fa tonique de John Curwen est introduit au Canada par des immigrants britanniques parmi lesquels A.T. Cringan, qui enseigne dans des écoles de Toronto. L'esprit missionnaire de ces immigrants est attisé par la polémique à propos d'une proposition visant à homologuer une méthode rivale d'origine américaine.

Dans les écoles rurales, on néglige la musique ou, le plus souvent, on l'ignore totalement. Toutefois, dans les villes, des directeurs musicaux organisent des concerts et autres représentations pour faire valoir leurs réalisations, surtout à l'occasion de visites royales ou de la fête de l'Empire. Ces événements sont l'occasion d'entonner des airs patriotiques avec un enthousiasme bien chauvin. Dans les provinces des Prairies, où les Européens immigrent en grand nombre, les autorités scolaires, dans leur ardeur à canadianiser la population, encouragent l'interprétation de chants nationaux. Trop souvent, la musique à l'école repose sur des objectifs utilitaires de ce genre plutôt que sur une saine pédagogie.

À la fin du XIXᵉ s., la musique est une matière importante dans les collèges de jeunes filles, mais le programme d'études des garçons, axé sur l'entrée à l'université et la poursuite d'une carrière, comprend rarement des cours d'éducation musicale. Plus tard, lorsque les filles se mettent à fréquenter elles aussi l'école secondaire régulière, le programme continue de servir le même engagement principal, qui est de préparer les élèves à l'université. La situation de la musique à l'école secondaire demeure donc inchangée.

Au cours du XIXᵉ siècle, un éventail haut en couleurs de professeurs particuliers se fait organistes, directeurs d'harmonie ou vendeurs de partitions. L'enseignement n'est qu'un des nombreux volets de leurs activités dans une société qui se délecte de passe-temps artistiques amateurs. Ces entrepreneurs aux talents multiples s'arrogent couramment le titre de «professeur» et certains laissent dans leur sillage des dettes irrécouvrables ou sont impliqués dans des scandales publics. Les enseignantes les plus prétentieuses ajoutent un «Madame» à leur carte de visite et, en vantant la supériorité de leur formation européenne, prétendant souvent être versées en langues étrangères. De tels comportements mis à part, et malgré la qualité souvent douteuse de l'enseignement, cette époque connaît des professeurs exceptionnels, dont la plupart gravitent autour des villes.

Hormis les diplômes décernés à James Paton CLARKE et à George William Strathy, les universités canadiennes n'accordent ni baccalauréats ni doctorats en musique avant les années 1880. Conformément à la tradition britannique, les programmes sont dispensés à l'extérieur des universités sous la forme de plans de cours et d'examens théoriques, sans qu'aucun enseignement régulier ne soit donné. Ces débuts modestes ne suffisent pas à établir l'enseignement supérieur de la musique.

Des conservatoires apparaissent un peu partout au tournant du XXᵉ s. La plupart ne sont en fait que des studios dont l'existence est souvent aussi éphémère que leur réputation. Les plus grands conservatoires s'affilient aux universités et il est entendu que les conservatoires offrent l'enseignement tandis que les universités administrent les examens. Dès le début

du XXᵉ s., l'Associated Boards of the Royal Schools of Music d'Angleterre, le McGill Conservatorium et le Toronto Conservatory instaurent chacun un système national d'examens. Leurs programmes gradués et leurs normes d'examens sont fort utiles aux professeurs particuliers. Le mouvement des concours-festivals, né à Edmonton en 1908, contribue également à l'essor des leçons particulières. À compter de 1890, les clubs musicaux féminins font la promotion de la musique par les récitals qu'ils commandent, et les bourses qu'ils offrent.

1919-1945

Le Toronto Conservatory, sous la direction de sir Ernest MACMILLAN de 1926 à 1942, devient la Mecque des musiciens canadiens (*voir* CONSERVATOIRE ROYAL DE MUSIQUE). Le nombre des conservatoires locaux diminue, mais ceux de Halifax, de Mount Allison, de McGill, du Regina College, de l'Alberta College Music Centre (Edmonton) et du Mount Royal College (Calgary), sont toujours le centre de la vie musicale dans leurs régions respectives. Si la plupart des professeurs sont encore des Européens, les Canadiens prennent progressivement plus de place dans le corps enseignant, bien que la plupart fassent d'abord leurs études supérieures à l'étranger.

Le piano mécanique et le phonographe consolident la place de la musique au foyer, et la popularité de la radio augmente considérablement l'influence de la culture américaine sur la société canadienne. Par conséquent, la fondation de la Société Radio-Canada, en 1936, est aussi essentielle à l'unité culturelle du pays que l'a été le chemin de fer à l'économie dans les années 1880 (*voir* RADIODIFFUSION ET TÉLÉDIFFUSION).

Pour rehausser les normes de la profession, les professeurs particuliers forment des associations, municipales d'abord, puis provinciales. Lors d'une conférence à Vancouver en 1935, les quatre associations de l'Ouest prennent l'initiative de former une organisation nationale (qui devient, en 1961, la Fédération canadienne des associations de professeurs de musique). L'Ontario s'y joint en 1942, et d'autres suivent progressivement. L'Ouest du pays voit naître une autre initiative par la création du Western Board of Music (1936), un projet conjoint des universités et des ministères de l'Éducation des trois provinces des Prairies. La formation générale connaît des transformations importantes, attribuables au mouvement américain pour le développement de l'enfance et à l'importance qu'accorde la psychopédagogie à la croissance personnelle. Dorénavant, les programmes de musique mettent davantage l'accent sur l'apprentissage par la chanson et délaissent la lecture à vue tout en accordant une importance suprême à l'appréciation de la musique.

Les enseignants peuvent obtenir du matériel pédagogique de la Victor Talking Machine Co. ou capter à la radio des émissions destinées aux écoles (*voir* ÉMISSIONS ÉDUCATIVES). En pratique, l'«éducation progressive» n'atteint pas les idéaux qu'on lui a fixés. De nombreux titulaires expérimentent les «nouveautés», mais la vieille garde insiste toujours sur la formation musicale de base. L'hétérogénéité des résultats obtenus dans les écoles primaires reflète les lacunes de la formation dans les écoles normales, mais les stages d'été en musique offerts dans plusieurs provinces contribuent à améliorer la situation.

Dans certains endroits, l'introduction de cours de musique en option au premier cycle du secondaire amène leur acceptation par les écoles secondaires, mais la musique demeure le plus souvent une activité parascolaire. La tradition des petites chorales, des orchestres scolaires et des opérettes s'implante bien avant l'embauche de véritables professeurs de musique.

Au Québec, la place de la musique à l'école protestante évolue de la même façon qu'en Ontario, mais elle stagne à l'école catholique. En 1934, la Commission des écoles catholiques de Montréal reconnaît enfin les lacunes du programme et nomme Claude CHAMPAGNE au poste de directeur de l'enseignement de la musique.

Pendant l'entre-deux-guerres, certaines universités conservent leurs programmes externes mais, à peu d'exceptions près, la croissance de l'enseignement supérieur de la musique est très lente, même là où apparaissent des facultés de musique, comme à l'U. de Toronto (1918), à McGill (1920) ou à Laval, dont l'école de musique est fondée en 1922. Toutefois, au cours des années 30, la fondation Carnegie de New York finance l'achat de collections de disques dans plusieurs universités, établit une chaire de musique à l'U. de la Saskatchewan et contribue à l'expansion des programmes d'éducation permanente de l'U. de l'Alberta, ce qui mène à la fondation du BANFF CENTRE. C'est aussi grâce à une subvention de la fondation Carnegie qu'Ernest Hutcheson peut se pencher sur le besoin d'offrir une formation supérieure en musique à l'U. de Toronto (1937). L'application en 1946 des recommandations formulées par Hutcheson marque une étape importante de l'histoire de l'éducation musicale au pays.

1946-1978

L'essor remarquable de l'éducation musicale depuis la Seconde Guerre mondiale est attribuable aux transformations de l'enseignement supérieur et secondaire, particulièrement dans le domaine de la musique instrumentale. Ce mouvement s'accélère par la fondation en 1957 du CONSEIL DES ARTS DU CANADA, destiné à soutenir les arts et à préserver les aspects fondamentaux de la culture canadienne en général.

L'U. de Toronto est au cœur de cette transformation culturelle. Son école supérieure, fondée en 1946 et intégrée au conservatoire, offre une formation avancée et comprend une section d'opéra qui donne naissance à la COMPAGNIE D'OPÉRA CANADIENNE. À la même époque, la Faculté de musique met sur pied un programme de formation des maîtres de musique pour l'enseignement secondaire. Sous la direction de MacMillan, Arnold WALTER oriente ces programmes de façon perspicace et visionnaire. Parmi les étudiants inscrits figurent de nombreux anciens combattants, et de ce noyau émerge une nouvelle génération d'exécutants, de compositeurs et de professeurs canadiens.

Les programmes des écoles de musique suivent les modèles américains, qui combinent la théorie et la pratique musicales avec des cours de lettres et de science. On recrute des professeurs aux États-Unis, dont Robert Rosevear et Richard Johnston, qui sont profondément engagés dans l'enseignement de la musique. Pendant que les universités vivent ces transformations, Brian McCool, du ministère de l'Éducation de l'Ontario, réussit à implanter des programmes de musique à l'école. Pour répondre à la demande, les cours d'été du Ministère accordent des certificats à une multitude de professeurs d'instrument qui connaissent bien l'interprétation, mais n'ont pour la plupart jamais mis les pieds à l'université. Par conséquent, les rangs des professeurs en Ontario sont marqués par des différences philosophiques profondes.

Dans l'ensemble du pays, le climat est propice au changement. À Montréal et dans certaines parties de la Colombie-Britannique, la musique instrumentale commence déjà à apparaître au niveau secondaire. Lorsque, dans les années 60, ces transformations s'étendent à d'autres régions, le besoin de professeurs spécialisés se fait sentir et la plupart des universités mettent sur pied leur faculté de musique ou élargissent les programmes qu'elles offrent déjà. Cette croissance sans précédent de la formation supérieure nécessite l'engagement de professeurs supplémentaires mais, le Canada n'ayant produit que peu de diplômés de deuxième et de troisième cycles,

les universités comblent la plupart de ces postes en embauchant des Américains.

C'est à la fin des années 60 que le Québec subit à son tour des changements en profondeur. Le rapport Parent, suivi du rapport Rioux, entraîne l'élaboration d'un programme global de musique à tous les niveaux du système d'éducation modernisé. Ces changements, qui s'appuient principalement sur des modèles nord-américains, permettent au Québec de se rapprocher des systèmes employés dans les autres provinces.

Dès 1942, le Conservatoire de musique et d'art dramatique, institution exclusive au Québec, est fondé par Wilfrid PELLETIER. Une fois devenu directeur de la section de musique au ministère des Affaires culturelles, en 1961, Pelletier renforce davantage l'influence de cette institution. Le CONSERVATOIRE DE MUSIQUE DU QUÉBEC englobe sept institutions d'enseignement établies un peu partout au Québec. En introduisant l'admission par concours et en formant des musiciens professionnels dans des institutions spécialisées où les cours sont gratuits, le conservatoire dote le Québec d'un système de formation professionnelle sans équivalent dans les autres provinces.

L'enseignement individuel dans les institutions publiques ou privées suit la croissance de l'interprétation musicale dans l'enseignement supérieur et se manifeste surtout par l'engagement d'exécutants renommés et d'artistes résidents. Dans une certaine mesure, ces dispositions mettent un frein à la tendance des Canadiens à se perfectionner à l'étranger.

Depuis quelques années, la floraison de camps d'été, d'instituts et de projets spéciaux crée un milieu plus compétitif pour les professionnels en herbe, et ouvre de nouvelles perspectives sur les plans régional et local. L'Orchestre national des jeunes, les JEUNESSES MUSICALES DU CANADA, le Banff Centre, le Concours national de Radio-Canada et le National Competitive Festival of Music, pour n'en nommer que quelques-uns, sont aujourd'hui des noms bien connus des Canadiens. La qualité de la formation individuelle offerte à domicile ou dans les studios privés associés aux détaillants de musique manque encore d'homogénéité.

L'enseignement de la musique à l'école primaire accorde encore une grande importance au chant, avec un regain d'intérêt pour la chanson folklorique canadienne (*voir* MUSIQUE FOLKLORIQUE). Des programmes éclectiques intègrent écoute, rythmique et créativité. Depuis les années 60, les méthodes Orff et Kodály, enseignées par des professeurs spécialisés, fonctionnent à merveille dans de nombreuses écoles canadiennes. Le Canada n'a toutefois pas encore pleinement tiré profit de ces méthodes internationales parce que l'enseignement de la musique est généralement confié aux titulaires de classe.

Les écoles secondaires offrent une grande variété de programmes généraux, de musique instrumentale ou de chant choral. Bon nombre visent l'exécution et soutiennent la motivation des étudiants par la participation à des concours-festivals, mais il existe une tendance pédagogique en faveur de programmes plus équilibrés afin de cultiver la sensibilité esthétique. Le Projet John Adaskin, lancé dans les années 60, entend remédier à l'absence de musique contemporaine à l'école. Le dialogue qu'il propose entre compositeurs et enseignants, appuyé plus tard par les ouvrages de R. Murray SCHAFER, finit par catalyser l'émergence de démarches créatives et novatrices dans l'enseignement. Les incursions récentes dans de nouveaux champs de la culture folklorique, contemporaine et populaire soulèvent des inquiétudes dans la profession, particulièrement là où la survivance des traditions est menacée par des transformations sociales rapides.

La maturité de la pédagogie musicale au Canada se mesure notamment par la formation de ses organismes professionnels: l'Association canadienne des éducateurs de musique (1959), la Fédération cana-

dienne des associations de professeurs de musique (1961), la Société de musique des universités canadiennes (1965), auparavant appelée Association canadienne des écoles universitaires de musique, et la Fédération des associations de musiciens éducateurs du Québec (1966). Ces associations veillent au perfectionnement et à la publication des travaux de leurs membres. En 1978, elles participent à l'organisation du congrès mondial de la Société internationale pour l'éducation musicale, qui se tient à London (Ontario). À cette occasion, des délégués du monde entier prennent conscience de nos réalisations culturelles et, pour la première fois, l'enseignement de la musique au Canada se fait connaître dans le monde.

De 1978 à nos jours

La variété et la complexité des programmes d'éducation musicale augmentent, notamment en réponse au multiculturalisme des populations de Vancouver, de Toronto, de Montréal et d'autres grands centres urbains. Le champ d'apprentissage, surtout à l'école élémentaire, comprend plusieurs répertoires et univers musicaux différents, explorés au moyen d'approches interculturelles. En général, la musique populaire occupe une place prépondérante dans le contenu des programmes, à tous les niveaux d'enseignement. La popularité des cours de guitare, des orchestres de scène et des *swing choirs* a changé le caractère de l'enseignement musical dans les écoles, et l'improvisation et d'autres aspects de l'enseignement du jazz sont maintenant au programme. En outre, beaucoup d'établissements d'enseignement secondaire offrent maintenant des cours spécialisés où on applique l'informatique et d'autres outils technologiques à la création et à l'exécution musicales. L'interface MIDI (interface numérique pour instruments de musique) favorise le développement de nouvelles activités créatrices en classe. Au cours des 20 dernières années, on a mis sur pied des écoles publiques spécialisées dans l'enseignement des arts, tant à l'élémentaire qu'au secondaire.

La recherche sur la cognition musicale fait ressortir l'importance du développement de la pensée critique en musique. Les valeurs collectives associées à la participation à des ensembles d'exécutants cèdent donc la place à des expériences musicales et à des apprentissages qui répondent aux besoins particuliers de chaque élève en tant que personne. De tels changements visent la création de programmes centrés sur l'élève, dans lesquels le processus de l'apprentissage est aussi important que son résultat. Le raffinement des objectifs pédagogiques de l'enseignement de la musique donne lieu à un effort concerté en vue de réduire l'écart entre la théorie et la pratique dans l'éducation musicale. (*Voir aussi* MUSIQUE, HISTOIRE DE LA.)

J. Paul Green

Musique, histoire de la La musique existe en Amérique du Nord depuis l'époque où les Amérindiens et les Inuits s'y sont installés, il y a de cela des millénaires. La première mention historique de cette musique ne remonte pourtant qu'au début du XVIIe s., à l'arrivée des premiers observateurs français, dont Marc LESCARBOT, le père Paul LE JEUNE et le père Gabriel Sagard, pour qui la fascination qu'exerce son exotisme rivalise avec la difficulté à la décrire, et à l'analyser. Il faut attendre la fin du XIXe s. pour voir apparaître des chercheurs avertis, dont Franz BOAS, Ernest GAGNON et Alexander T. Cringan, et ce n'est que 50 ans plus tard que des compositeurs commenceront à intégrer des éléments de la musique autochtone à certaines de leurs œuvres.

Depuis les débuts de la colonisation au XVIIe s., la musique autochtone n'a que peu d'influence sur l'évolution des courants musicaux dominants. Les premiers colons apportent leurs chansons, leurs danses et leurs chants religieux, et les vagues successives d'immigrants renforcent les traditions de l'Ancien Monde. L'importation de partitions, la venue de professeurs de musique, les tournées de virtuoses, puis le disque et la radio, façonnent le goût du public et étouffent ou, à tout le moins, ralentissent l'expression originale.

L'évolution de la musique au Canada suit les grands courants stylistiques européens, du baroque au classique, puis au romantique et à la musique moderne. Cependant, les tentatives de transplanter les schèmes de pensée européens au Nouveau Monde, peu peuplé et où les agglomérations sont éloignées les unes des autres, se soldent le plus souvent par un échec. La production d'opéras, de symphonies et d'autres manifestations musicales d'envergure exigent des mécènes et des ressources professionnelles pratiquement inexistantes au pays. Les musiciens immigrants ou canadiens qui entreprennent une carrière au Canada après une formation en Europe sont coupés des derniers développements en composition et cessent donc d'évoluer.

De jeunes musiciens audacieux cherchent à leur tour de l'inspiration chez les compositeurs étrangers, dont l'influence prend presque toujours le pas sur celle des générations canadiennes précédentes jusqu'au milieu du XXᵉ s. Toutefois, le milieu canadien commence imperceptiblement à s'affirmer, à commencer par le domaine de la musique populaire. On se met à adapter des paroles de chansons au contexte local et à écrire des chansons originales: les Canadiens français et irlandais échangent des airs de danse; de 1850 à 1920, amateurs et professionnels rivalisent d'ardeur dans la création de chants patriotiques; et on finit par préférer les danses sociales nord-américaines aux pas de danse européens.

Des institutions comme les concours-festivals, les examens qui se tiennent dans les petites villes sous la supervision du conservatoire local ou d'un comité d'examinateurs, les orchestres itinérants, les congrès annuels dans diverses spécialités et les réseaux de radiodiffusion sont autant de moyens typiquement canadiens de diffuser l'expérience artistique et d'échanger des idées. Nous passons ainsi progressivement de l'«histoire de la musique au Canada», nourrie de l'extérieur, à l'«histoire de la musique canadienne», qui croît de l'intérieur grâce à l'originalité de nos musiciens, la qualité de nos institutions et la solidité de nos systèmes de COMMUNICATIONS.

Sous le régime français On possède peu de documents sur la musique en NOUVELLE-FRANCE. Ce sont, pour la plupart, de brèves mentions dans un journal intime, dans le récit d'un voyage d'exploration ou dans le rapport d'un missionnaire à ses supérieurs en Europe. Les premières mentions sont celles de Jacques CARTIER, qui parle d'une messe chantée à Brest (port de Bonne-Espérance) le 14 juin 1534 et de «trompettes et autres instruments de musique» entendus à HOCHELAGA (Montréal), un an plus tard. Au cours du siècle suivant, les missionnaires traduisent régulièrement les textes religieux dans les langues autochtones, le chant s'étant avéré un outil efficace pour convertir les Indiens au catholicisme.

À Québec, dès 1630, on enseigne aux enfants français et autochtones à chanter et à jouer des instruments européens. Violes, violons, guitares, flûtes traversières, tambours, fifres et trompettes sont parmi les instruments mentionnés dans les écrits que nous connaissons, mais on aurait tort de conclure que tous ont été enseignés continuellement sous le régime français.

En 1661, la chapelle des Jésuites de Québec possédait un orgue. L'église paroissiale reçoit le sien en 1663, et un artisan, Paul Jourdain, sera engagé pour en effectuer la restauration 60 ans plus tard. On n'a guère besoin de musiciens professionnels – du moins Mᵍʳ de LAVAL semble préférer l'enseignement des beaux-arts à celui de la musique religieuse –, mais certains prêtres exercent leur talent ou mettent à profit leur formation européenne en dirigeant la partie musicale des offices religieux en tant que grands chantres ou en touchant l'orgue. Un prêtre né en

France, René Ménard, compose des motets vers 1640, et on attribue au deuxième prêtre né au Canada, Charles-Amador Martin, le plain-chant composé vers 1700 sur le texte *Sacrae familiae felix spectaculum* pour la fête de la Sainte-Famille.

Les premiers écrits canadiens font mention d'autres compositions religieuses, mais «composer» ne signifie peut-être ici que choisir la musique d'un office ou y ajouter des paroles. Des éditions de motets, de messes et de cantates de Bournonville, de Campra, de Morin et d'autres compositeurs français publiées au début du XVIIIᵉ s. et dont quelques exemplaires ont subsisté jusqu'à aujourd'hui témoignent du fait qu'on pratiquait sans doute à cette époque l'art difficile du chant polyphonique. La pratique de la musique instrumentale est confirmée par la découverte, en 1980, d'un manuscrit comprenant près de 400 œuvres pour clavier, apporté à Montréal (où le premier orgue est installé vers 1700) par Jean Girard en 1724 (*voir* MUSIQUE RELIGIEUSE).

Il n'y a probablement pas encore de concerts organisés à cette époque, mais des administrateurs de la colonie et des explorateurs s'intéressent à la musique. L'explorateur Louis JOLLIET touche l'orgue à l'église; l'intendant Jacques RAUDOT encourage le chant et la musique instrumentale; un de ses successeurs, Claude-Thomas DUPUY, possède même une musicothèque de partitions d'opéra. Malgré le peu de sources primaires sur le sujet, des recherches récentes démontrent la place qu'occupe dans la vie quotidienne de la Nouvelle-France un autre genre de musique: des centaines de chansons folkloriques françaises, qui rappellent le pays natal, accélèrent les durs travaux et rythment la danse; l'accompagnement peut se faire au violon ou au tambour ou encore, à tout le moins, par le frappement des mains et des pieds (*voir* MUSIQUE FOLKLORIQUE). La vie musicale au Canada prend donc des formes diverses dès les débuts de la colonie, mais, hormis la musique religieuse, ses manifestations ne sont en rien officielles.

Vie musicale dans les villes (1750-1830) Les immigrants qui affluent dans le territoire compris entre l'Atlantique et le lac Huron et les corps de musique régimentaires britanniques stationnés dans les villes de garnison contribuent à intensifier et à façonner la vie musicale pendant la seconde moitié du XVIIIᵉ s. Nos connaissances à ce sujet doivent beaucoup à l'arrivée de la presse d'imprimerie au Canada (Halifax, 1751), qui ouvre la voie à la venue des JOURNAUX, qui commencent bientôt à annoncer les concerts et à publier les réclames des professeurs et des commerçants. À cela s'ajoutent les mentions occasionnelles dans des comptes rendus de voyages qui, pour la plupart, notent combien les Canadiens français aiment chanter et danser. On admire tout spécialement le chant des VOYAGEURS.

Les fanfares ou harmonies militaires, formées peut-être d'une douzaine de bois et de cuivres, animent les défilés, participent aux fêtes et jouent des menuets et des danses campagnardes dans les soupers et les bals. Il y a une «salle de concert» à Québec dès 1764, et, dès 1770, on y vend des abonnements à des séries de concerts donnés probablement par des musiciens de fanfare et de bons amateurs. Les programmes des concerts donnés à Québec et à Halifax dans les années 1790 révèlent qu'on y joue de la musique de chambre et d'orchestre de Haendel, de J.-C. Bach, de Haydn, de Mozart et de Pleyel.

Ce n'est qu'à une époque plus récente que la nouvelle musique arrive au Canada avec moins de retard. Après le *Padlock* de Dibdin, présenté à Québec en 1783, des ballades et des opéras-comiques sont joués à Halifax, à Montréal et à Québec, le plus souvent par des comédiens-chanteurs itinérants; ces spectacles sont montés aux États-Unis par des artistes européens, mais ce sont parfois aussi des amateurs locaux, comme ceux du Théâtre de société, fondé en 1789 à Montréal, qui les mettent en scène. Cette

troupe présente notamment, en 1790, *Colas et Colinette*, paroles et musique de Louis-Joseph QUESNEL. Les parties vocales, comme celles de Lucas et Cécile, également de Quesnel, ont été conservées, mais on a perdu la musique de la pantomime *The Enchanters* de John Bentley, présentée à Montréal en 1786, et de son ode en l'honneur de la création du Haut et du Bas-Canada en 1791.

À la fin du XVIIIᵉ s. et au début du XIXᵉ s., la seule façon de vivre de la musique est de toucher à tout: savoir jouer de plusieurs instruments, les réparer, diriger des harmonies, enseigner, importer des partitions et composer des marches, des danses ou de la musique d'église pour les occasions spéciales. Parmi ces musiciens à tout faire, mentionnons les Allemands Frederick Henry Glackemeyer,

Jean-Chrysostome Brauneis père et Théodore F. Molt, le Belge Guillaume Mechtler, le Français Louis Dulongpré (également peintre) et les Anglais Bentley et Steven Codman. Des États-Unis viennent des professeurs de chant itinérants (comme le sont aussi les portraitistes et les compagnies théâtrales) qui enseignent les rudiments de la notation musicale et du chant choral dans des «écoles de chant» établies pour quelques semaines ou quelques mois dans une localité, le tout se terminant par un concert. Ce mouvement, parti des Maritimes, s'étend vers l'ouest à partir de 1800 et contribue pendant plus de 100 ans à améliorer les chœurs d'église.

En général, jusqu'au milieu du XIXᵉ s., seules les grandes églises catholiques et anglicanes peuvent se permettre le luxe d'un orgue et de bons musiciens; d'autres se contentent d'une contrebasse, d'un serpent ou d'un basson qui «donne le ton» des cantiques. Certaines confessions désapprouvent toute musique raffinée. La musique d'église est également favorisée par la publication d'anthologies de cantiques et d'hymnes liturgiques. *Le Graduel romain* (catholique, 1800), première publication de musique au Canada, *Union Harmony* (méthodiste, 1801) et *The Colonial Harmonist* (interconfessionnel, 1832) sont les premiers recueils publiés respectivement au Québec, au Nouveau-Brunswick et en Ontario.

Époque victorienne L'invention du bateau à vapeur et du chemin de fer, la croissance urbaine, l'émergence d'une classe moyenne prospère et le principe du gouvernement responsable sont autant de catalyseurs de l'innovation musicale à partir de 1840. C'est à cette époque, en effet, que sont jetées les bases des institutions et des relations sur lesquelles s'appuie la vie musicale actuelle. Le chanteur anglais John Braham est, en 1841, le premier artiste reconnu à venir se produire au Canada. En 1858, les violonistes Ole Bull et Henri Vieuxtemps, la cantatrice Jenny Lind et le pianiste Sigismond Thalberg ravissent déjà leurs auditoires et établissent les normes que les artistes canadiens doivent chercher à égaler. De nombreux musiciens relèvent le défi et travaillent avec acharnement pour l'amour de la bonne musique bien exécutée. En créant des écoles, en préparant des concerts avec leurs chorales paroissiales, en regroupant les instrumentistes en «sociétés philharmoniques» ou en «unions musicales», en ouvrant des magasins de musique et des maisons d'édition, ces musiciens suscitent l'émergence de nombreux talents naturels et d'un goût pour «les belles choses de la vie». Les obstacles sont nombreux: la vanité de la classe commerçante nouvellement enrichie se révèle dans son manque de goût, et la moindre entreprise musicale est rendue précaire par les rivalités entre musiciens, la difficulté de trouver certains types d'instrumentistes et le faible appui des auditoires.

Si quelques-uns des premiers musiciens professionnels nés au Canada, dont le directeur d'harmonie Charles Sauvageau, le professeur Jean-Chrysostome Brauneis fils et le musicien d'église Jean-Baptiste Labelle, réussissent à gagner raisonnablement leur vie au pays, ceux qui aspirent à une grande carrière doivent s'expatrier. Certains, exceptionnellement doués, réussissent à merveille, notamment Joseph B. Sharland, professeur de musique à Boston; Hugh A. Clarke, professeur à l'U. de Pennsylvanie; Samuel P. Warren, organiste virtuose qui s'établit à New York; Calixa LAVALLÉE, compositeur de l'hymne national *Ô Canada*, qui fait une belle carrière de pianiste et de compositeur à Boston; Solomon Mazurette, pianiste à Detroit. La plus exceptionnelle est peut-être Emma Lajeunesse, la grande soprano qui, sous le nom d'ALBANI, est la première musicienne canadienne à se faire connaître de par le monde. De nombreux musiciens européens s'installent au Canada en qualité de professeurs, d'organistes ou de directeurs de sociétés musicales, dont James P. CLARKE à Toronto, Antoine DESSANE à Québec, Gustave Smith à Ottawa, Frederick Herbert Torrington à Montréal ainsi qu'à Toronto, et le violoniste de formation Frantz JEHIN-PRUME à Montréal.

Au nombre des premières sociétés musicales apparaissent la New Union Singing Society de Halifax, fondée en 1809; la Société harmonique de Québec, fondée en 1820; les chanteurs et le corps de musique de The Children of Peace de Sharon, dans le Haut-Canada, qui démontrent à quel point une direction inspirée peut faire fleurir la musique, même dans un petit village; l'harmonie municipale de York, à Toronto, fondée en 1824; et la Société philharmonique de Saint-Jean, au Nouveau-Brunswick, fondée aussi en 1824. Lorsque l'ouest du pays s'ouvre à la colonisation, le développement de la musique s'accélère. Souvent, une société musicale voit le jour dès la fondation d'une nouvelle agglomération. Victoria a sa société philharmonique en 1859; Calgary et Winnipeg ont chacune leur harmonie civile dans les années 1870, et des concerts ont lieu à Regina et à Saskatoon dans les années 1880. Après la Confédération, chaque ville et chaque village a plusieurs sociétés musicales, formées habituellement à partir du noyau d'une chorale. On forme des orchestres à l'occasion de concerts spéciaux avec l'aide de musiciens d'harmonie, de professeurs de musique et d'amateurs. Les plus importantes et les plus durables sont les sociétés philharmoniques de Toronto (1872-1894) et de Montréal (1875-1899), dont les principaux directeurs sont respectivement Torrington et Guillaume COUTURE, et le septuor Haydn (1871-1903), ensemble instrumental de Québec dirigé par Arthur Lavigne.

Les programmes vont de l'assortiment disparate d'ouvertures pour harmonie, de pièces pour piano seul, d'hymnes nationaux et de pièces chorales (le «grand concert de musique vocale et instrumentale») à l'oratorio et à l'opéra donné en version de concert (p. ex., *Le Messie*, *La Création*, *Le Vaisseau fantôme* et la *Neuvième Symphonie* de Beethoven). Dans le domaine de l'OPÉRA, les Canadiens dépendent surtout des troupes en tournée, mais des amateurs montent parfois quelques représentations dans leur localité, et la Holman English Opera Troupe est basée à Toronto et à London pendant quelques années. Le grand opéra italien et français remplace peu à peu les opéras légers du XVIIIᵉ s. L'opéra, qui connaît au milieu du siècle des versions tronquées accompagnées par une poignée de musiciens, devient une forme de représentation fréquemment offerte par des troupes professionnelles, parmi lesquelles, vers la fin de l'époque victorienne, des troupes de New York. De Vancouver à Yarmouth, en Nouvelle-Écosse, chaque ville a sa «salle d'opéra», mais la plupart de ces salles sont inadéquates, à l'exception du MASSEY HALL, inauguré à Toronto en 1894.

Dans le domaine de la musique populaire, la chanson de tradition orale cède de plus en plus le pas aux ballades et aux danses à la mode (valses, quadrilles, galops, polkas) diffusées par l'importation de partitions. Il y a pourtant un contre-courant au Québec, où des chansons comme *À la claire fontaine* et *Vive la Canadienne* ont presque le statut d'hymnes nationaux, et où de nouvelles chansons patriotiques

comme *Un Canadien errant* (paroles, 1842) et *Le Drapeau de Carillon* (1858) connaissent une grande popularité. L'anthologie *Chansons populaires du Canada* (1865-1867) d'Ernest Gagnon redonne vie à une centaine de chansons en les faisant connaître aux citadins et aux musiciens raffinés. Gagnon lui-même harmonise des chansons folkloriques pour chœur, et la compositrice ontarienne Susie F. Harrison s'inspire également du folklore pour ses *Trois esquisses canadiennes*, en 1859, et son opéra *Pipandor*, comme le font plusieurs compositeurs étrangers, dont sir Alexander Mackenzie dans sa *Rhapsodie canadienne* pour orchestre (vers 1905). James P. Clarke réussit à saisir l'essence du Canada dans son groupe de chansons *Lays of the Maple Leaf* (1853), mais la plupart des compositeurs de musique populaire ou de concert s'alignent aveuglément sur les tendances stylistiques en vogue à Paris ou à Leipzig lorsqu'ils y ont étudié.

La plupart des compositions canadiennes de l'époque victorienne conservées jusqu'à maintenant sont spécialement conçues pour les besoins des églises, des harmonies municipales, des salles de danse, des rassemblements patriotiques et des nombreux pianistes et chanteurs de salon. C'est généralement de la musique bien faite et joliment tournée, sans plus, mais elle vaut bien la musique du même genre composée ailleurs. *Ouverture – Patrie* (1874), de Calixa Lavallée, *Rêverie* (1875) de Couture, la *Suite* (1888) de W.O. Forsyth et *3 Shakespeare Overtures* (vers 1899) de Clarence Lucas figurent parmi les rares œuvres orchestrales de l'époque. La nature des ressources musicales disponibles sur place pousse plutôt les compositeurs vers la cantate et l'opéra-comique. Les plus remarquables sont la *Cantate en l'honneur du prince de Galles* (1860) de Charles W. Sabatier; *Cantate: la Confédération* (vers 1867) de J.-B. Labelle; *The Widow* (1880) et *TIQ* (*The Indian Question / Settled at Last*, publié en 1883), opéras-comiques de Lavallée présentés aux États-Unis; *Leo the Royal Cadet* (1889), «opéra militaire canadien» de F. Telgmann, qui connaît plus de 150 représentations; la *Messe de Noël* (1859-1865) de J.-J. Perreault; et *Torquil* (publiée en 1896), légende dramatique de Charles A.E. Harriss.

Pendant l'exécution et la composition s'affirment, la facture d'instruments, l'édition musicale et l'ENSEIGNEMENT DE LA MUSIQUE prennent de l'importance. La facture de pianos, d'orgues et d'harmoniums, entreprise vers 1910 dans de petits ateliers par des artisans allemands et américains, devient avant la fin du siècle une industrie importante, tandis que la lutherie demeure artisanale (*voir* MUSIQUE, INSTRUMENTS DE). Les plus importants sont les facteurs d'orgues Samuel R. Warren et CASAVANT FRÈRES LTÉE, le fabricant de pianos T.A. Heintzman (*voir* HEINTZMAN & AMP, CO LTD.), et les luthiers de la famille Lyonnais. R.S. Williams & Sons et Whaley, Royce and Co Ltd sont parmi les principaux fabricants et marchands d'instruments.

Après la publication des recueils de musique d'église (*voir* HYMNES), les journaux et les périodiques commencent en 1831 à publier de la musique, et la musique en feuilles apparaît après 1839. La musique de danse, les marches et la musique de salon pour le piano ou la voix constituent l'essentiel des œuvres publiées, qui comprennent aussi des cantates et des opéras-comiques. Il y a chez les éditeurs à peu près autant d'œuvres canadiennes qu'étrangères. A. et S. Nordheimer, Arthur Lavigne, A.J. Boucher et Whaley, Royce & Co Ltd comptent parmi les maisons les plus actives. Il n'existe pas encore de bibliothèques publiques ou universitaires, mais les sociétés musicales montent des collections à l'usage de leurs membres.

À partir de 1850 environ, les écoles publiques inscrivent la musique au programme de leurs activités. Alexander T. Cringan est l'un des instigateurs de ce mouvement et le Petit Séminaire de Québec a déjà

son orchestre d'école en 1833. En 1846, le King's College (qui deviendra plus tard l'U. de Toronto) décerne à James P. Clarke un baccalauréat en musique et le Trinity College de Toronto confère un doctorat en musique à George W. Strathy en 1858. Toutefois, il faut attendre la fin du siècle pour voir les universités instaurer des programmes d'examens pour l'obtention d'un diplôme tout en laissant aux conservatoires la responsabilité de l'enseignement. Les conservatoires, dont celui de Toronto, fondé en 1886 et qui ne tarde pas à s'imposer, offrent un enseignement individuel (*voir* CONSERVATOIRE ROYAL DE MUSIQUE).

Âge d'or et transition (1900-1940) Le grandiose – l'expression de la richesse et du pouvoir – est une caractéristique universelle du tournant du XXᵉ s. qui se manifeste aussi dans la vie musicale. Des œuvres comme *Caïn* (1905), d'Alexis CONTANT, et *Jean le Précurseur* (publié en 1914), de son collègue montréalais Guillaume Couture, sont des oratorios avec grand orchestre d'une envergure jusqu'alors inégalée au Canada. Joseph Vézina, directeur d'harmonie à Québec, compose trois opéras-comiques. En 1903, C.A.E. Harriss met sur pied le Cycle des festivals de musique du Dominion du Canada, auquel participent plus de 4000 chanteurs et instrumentistes dans 15 villes, de Halifax à Victoria. Les grandes villes sont dotées de plusieurs chœurs de centaines de chanteurs, et Toronto se voit attribuer à un moment le titre de «capitale du chant choral en Amérique du Nord», en grande partie grâce au TORONTO MENDELSSOHN CHOIR, fondé par A.S. VOGT.

Montréal est le cadre de l'ambitieuse Compagnie d'opéra de Montréal, devenue plus tard la Compagnie nationale d'opéra du Canada (1910-1913 et 1913-1914) et des troupes invitées présentent, bien qu'exceptionnellement, des œuvres gigantesques comme *Tristan et Isolde*, *Parsifal*, *L'Anneau des Nibelungen* et *Otello*. Pour ce qui est de la musique orchestrale, même les grandes villes se fient aux ensembles invités, qui viennent pour la plupart du nord des États-Unis accompagner les oratorios ou se produire indépendamment. Cependant, des orchestres semi-professionnels voient le jour à Québec, à Montréal, à Toronto, à Halifax et à Calgary (*voir* MUSIQUE ORCHESTRALE).

Les fabricants de piano font des affaires d'or (*voir* PIANO, FABRICATION DE), et Émile Berliner, inventeur de l'enregistrement sur disque, établit sa fabrique de gramophones à Montréal. Des conservatoires surgissent un peu partout et des comités d'examen sont formés, dont l'Académie de musique de Québec en 1868, l'Associated Board (société britannique dont les opérations au Canada s'échelonnent de 1895 à 1953), le collège Dominion de Montréal et le Conservatoire de Toronto. Après des années d'isolement, les Canadiens découvrent la vie musicale des autres villes du pays grâce à des périodiques comme *Le Passe-Temps* (1895-1935 et 1945-1949), le *Canadian Music Trades Journal* (1900-1933) et le *Musical Canada* (1906-1933).

La Première Guerre mondiale donne lieu à l'éclosion de nombreux chants patriotiques, mais elle décime aussi les orchestres, les chœurs et bien d'autres entreprises. Après la guerre, la vie musicale ralentit avec l'arrivée des nouvelles techniques d'enregistrement et de diffusion radiophonique (*voir* MUSIQUE, DIFFUSION DE). Les importations reprennent la plus grande part du marché et la musique populaire américaine et la musique de concert européenne envahissent les demeures, ne laissant qu'une place fort modeste aux compositeurs et aux interprètes canadiens. Ce changement, accentué par la Crise des années 30, entraîne le déclin de l'industrie des instruments de musique et une crise de l'emploi chez les musiciens. C'est pourtant une époque fertile en innovations importantes: des facultés et des écoles de musique voient le jour à l'U. de Toronto en 1918, à McGill en 1920 et à Laval en 1922. Les orchestres, dont un petit nombre a survécu à la guerre, se reforment, et on en fonde de nouveaux, notamment à Toronto en 1922, à Montréal en 1930 et en 1934 et à Vancouver en 1930 (*voir* ORCHESTRE SYMPHONIQUE DE MONTRÉAL; ORCHESTRE SYMPHONIQUE DE TORONTO; ORCHESTRE SYMPHONIQUE DE VANCOUVER).

Les studios d'enregistrement emploient des musiciens pour les émissions musicales et dramatiques. La radio diffuse la musique des orchestres, des chœurs et des solistes d'un océan à l'autre et jusque dans les communautés sans salle de concert. En plus des orchestres, des ensembles de marque figurent au programme: le chœur Elgar de la Colombie-Britannique, établi à Vancouver, le chœur Bach-Elgar à Hamilton, le Mendelssohn Choir à Toronto, le chœur de voix d'hommes Arion à Victoria, le chœur Schubert et le Canadian Choir à Brantford, le Winnipeg Male Voice Choir, les Disciples de Massenet à Montréal, le quatuor Dubois et le QUATUOR À CORDES HART HOUSE, respectivement de Montréal et de Toronto, et la Société canadienne d'opérette de Montréal, puis les Variétés lyriques, qui lui succèdent. La production de récitals se fait avec l'appui de sociétés comme les clubs musicaux féminins.

Les groupes populaires les plus célèbres à l'époque sont les DUMBELLS, troupe de vaudeville née dans les tranchées de la Première Guerre mondiale; Guy LOMBARDO and his Royal Canadians, orchestre de danse qui finit par s'établir aux États-Unis; et les Bytown Troubadours, un quatuor de voix d'hommes. Les provinces de l'Ouest canalisent leur énergie musicale dans les festivals-concours, qui prennent naissance à Edmonton, en 1908. À la fin du siècle, ces manifestations réunissent encore des milliers d'enfants et de mélomanes venus mesurer leurs talents, et recevoir les conseils du jury (*voir* PRIX ET CONCOURS DE MUSIQUE).

L'entre-deux-guerres produit également le premier musicien de réputation nationale et le seul musicien canadien à être fait chevalier, sir Ernest MACMILLAN. D'autres musiciens s'établissent une réputation nationale ou internationale, dont, par ordre chronologique, les chanteurs Marie Toulinguet, Rodolphe PLAMONDON, Béatrice LA PALME, Edward JOHNSON, Louise Edvina, Florence Easton, Pauline DONALDA, Eva Gauthier, Sarah FISCHER, Frances James et Raoul JOBIN; l'organiste Lynnwood Farnam; les pianistes Paul Doyon, Emiliano Rénaud, Mona Bates, Léo-Pol MORIN, Ernest Seitz, Ellen Ballon et Muriel Kerr; les violonistes Kathleen PARLOW et Frederick Grinke; les chefs d'orchestre Luigi von Kunits, Wilfrid PELLETIER, Reginald Stewart, Geoffrey WADDINGTON et Jean-Marie BEAUDET; les chefs de chœur Herbert A. Fricker, Bruce Carey et Charles Goulet; les chefs d'harmonie John Slatter, Charles O'Neill et J.J. Gagnier; et le carillonneur Percival PRICE.

Les enregistrements sur place, les dépôts d'archives et la publication de musique folklorique et autochtone réalisés notamment par Marius BARBEAU, W. Roy Mackenzie et Helen CREIGHTON mettent au jour et préservent des quantités insoupçonnées de musique traditionnelle et d'œuvres locales. La série de festivals d'arts traditionnels organisée pour le Canadien Pacifique par J.M. Gibbon de 1927 à 1934 (en particulier à Québec et à Banff) fait connaître la musique folklorique au grand public et incite des compositeurs tels W.H. Anderson, Claude CHAMPAGNE, Hector Gratton, Alfred LaLiberté, MacMillan, Oscar O'Brien, Léo Roy, Alfred Whitehead et Healey WILLAN à écrire de nouveaux arrangements et à composer des œuvres originales. C'est une opinion très répandue que l'émergence d'une musique typiquement canadienne repose essentiellement sur l'établissement d'un fond d'idiomes folkloriques régionaux. Toutefois, si la *Suite canadienne* de Champagne et *Two Sketches for Strings* de MacMillan deviennent des classiques

canadiens, la plupart des compositeurs adoptent une orientation plus internationale.

Les compositeurs canadiens-anglais qui enseignent leur art tels Douglas Clarke, MacMillan, Leo Smith, Whitehead et Willan s'imprègnent de l'esthétisme du tournant du siècle et se réclament généralement de la tradition des églises britanniques. Dans l'ensemble, les Canadiens français comme Champagne, LaLiberté, Rodolphe MATHIEU et Morin représentent des influences plus modernes, qui vont de Scriabine à Debussy. Mathieu et Colin McPhee, qui étudiera par la suite la musique balinaise, sont presque les seuls à explorer les techniques contemporaines. Les compositions sont le plus souvent des chansons, des arrangements pour chœur ou de courtes pièces pour le piano. Le plus souvent, on écrit une symphonie, un quatuor à cordes ou une cantate comme examen pour l'obtention d'un diplôme. Cependant on voit aussi un compositeur, Willan, s'attaquer à presque toutes les formes d'écriture (ballade, opéra radiophonique, symphonie, pièces pour orgue et musique chorale).

Le contenu de l'enseignement à l'université et au conservatoire, tout comme le répertoire de concert, demeure conservateur. De toute façon, le public canadien n'a pas encore fini de se familiariser avec les chefs-d'œuvre de Bach, de Mozart, de Brahms et de Debussy. En l'absence d'une avant-garde musicale, l'évolution des compositeurs et des auditoires ne peut que ralentir considérablement.

Expansion depuis la Seconde Guerre mondiale, 1940-1984 Au cours des années 40, l'activité musicale connaît une expansion rapide, presque une explosion. Les progrès survenus par la suite ne sont rien moins que spectaculaires et ralentissent à peine pendant les restrictions économiques des années 70 et 80. Ces progrès se reflètent dans l'émergence d'interprètes et d'ensembles de calibre international, dans une kyrielle de compositeurs professionnels, et aussi dans l'assimilation par les mélomanes d'un vaste répertoire de musiques nouvelles et anciennes, venues de partout et présentées régulièrement dans des salles de concert toutes neuves et de nouveaux centres d'arts, dans les festivals, sur disque et sur les ondes (*voir* DISQUE, INDUSTRIE DU).

Cette croissance coïncide avec la nouvelle fierté des Canadiens envers leurs réalisations et avec leur désir conscient de se donner une identité culturelle durable. De meilleurs programmes de musique dans les écoles, de nouvelles institutions destinées aux études avancées et à la recherche, des techniques nouvelles dans le domaine des communications, voilà autant de facteurs de croissance. Les organismes nationaux fixent des normes, coordonnent les ressources, font la promotion du talent, protègent les droits des artistes et se font entendre des gouvernements. L'agitation qui secoue l'ensemble du milieu des arts est pour une bonne part à l'origine des nouvelles formes de soutien financier que prodiguent les organismes publics (particulièrement le CONSEIL DES ARTS DU CANADA) et, dans une moindre mesure, le secteur privé. L'aide provient de diverses formes de subventions (*voir* FINANCEMENT DES ARTS), et la proportion de contenu canadien imposée aux séries de concerts et aux émissions de radio et de télévision aide indirectement la production nationale.

Il existe déjà avant la Seconde Guerre mondiale quelques associations nationales de musique (dont nous ne donnons ici que le nom le plus récent): l'Association des compositeurs, auteurs et éditeurs du Canada ltée (CAPAC), fondée en 1925, la Canadian Band Directors' Association, fondée en 1931, et la Fédération canadienne des associations de professeurs de musique, fondée en 1935. Parmi les plus récentes, mentionnons la Société canadienne des auteurs, compositeurs et éditeurs de musique (SOCAN), issue de la fusion en 1990 de la CAPAC et de la Société des droits d'exécution du Canada limitée (1940-1990), la LIGUE CANADIENNE DE

COMPOSITEURS (1951), le CENTRE DE MUSIQUE CANADIENNE (1959), l'Association canadienne des éducateurs de musique (1959), la Société de musique des universités canadiennes (1965), l'Association des orchestres canadiens (1972), et d'autres encore pour la musique folklorique, les musicothèques, les éditeurs de musique, les producteurs de disques et autres spécialistes.

Après la Seconde Guerre mondiale, l'enseignement de la musique commence à s'améliorer avec la fondation par le gouvernement du Québec du CONSERVATOIRE DE MUSIQUE DU QUÉBEC en 1942, établi d'abord à Montréal, puis dans sept villes de la province, et la mise sur pied à l'U. de Toronto, en 1946, de cours destinés aux interprètes professionnels et aux professeurs de musique à l'école. Le nombre de facultés de musique dans les universités canadiennes passe d'une poignée dans les années 30 à plus d'une trentaine de nos jours. Les nouvelles installations de recherche comprennent des studios de musique électronique; des archives de musique folklorique et autochtone au MUSÉE CANADIEN DES CIVILISATIONS, à l'U. Laval et ailleurs; de même que la collection musicale de Canadiana, établie en 1970 à la BIBLIOTHÈQUE NATIONALE DU CANADA. L'Orchestre national des jeunes, fondé en 1960, permet à l'élite des jeunes instrumentistes d'acquérir de l'expérience, tandis que les JEUNESSES MUSICALES DU CANADA, fondées en 1949 par Gilles Lefebvre, la CAMMAC (Canadian Amateur Musicians / Musiciens amateurs du Canada), fondée en 1953, ainsi que de nombreux camps musicaux d'été attirent un large éventail de mélomanes.

Des périodiques comme *The Canadian Music Journal* (1956-1962), *Opera Canada* (fondé en 1960) et *Les Cahiers canadiens de musique* (1970-1976) encouragent la formation musicale et la critique. L'ENCYCLOPÉDIE DE LA MUSIQUE AU CANADA (publiée en anglais en 1981 et en français en 1983) témoigne de l'intérêt croissant pour l'histoire et l'état actuel de la musique au Canada. L'intensité et la variété de l'interprétation musicale ont pris des proportions impressionnantes. On n'a qu'à penser à la centaine d'orchestres professionnels ou communautaires, aux troupes d'opéra de Toronto (*voir* COMPAGNIE D'OPÉRA CANADIENNE), de Montréal (Opéra du Québec, auquel a succédé l'Opéra de Montréal), de Vancouver, d'Edmonton, de Calgary (Southern Alberta Opera Association), de Winnipeg (Manitoba Opera Association) et d'ailleurs, au phénomène, dans les années 60, des chansonniers et des boîtes à chansons, aux FESTIVALS d'été, aux groupes rock ou à la musique diffusée à la radio (*voir* MUSIQUE POPULAIRE). Nous devons nous contenter de nommer les plus importants.

Les années 50 sont l'âge d'or de la musique à la Société Radio-Canada (SRC), qui a son orchestre symphonique, sa troupe d'opéra et *L'Heure du concert* (au réseau français de télévision), mais la SRC se limite maintenant à la diffusion de concerts présentés en salle. Les principaux festivals se tiennent d'abord à Montréal (1936-1965), à STRATFORD, en Ontario (depuis 1953), à Vancouver (1955-1968), à Ottawa (au CENTRE NATIONAL DES ARTS, 1971-1983). Le Festival international de Lanaudière (depuis 1978) et le Festival international de jazz de Montréal (depuis 1980) attirent un large public, tout comme les célébrations gigantesques qui se tiennent à Montréal, dans le cadre d'EXPO 67 et à Toronto, pour fêter son 150e anniversaire en 1984. Des ensembles comme le QUATUOR À CORDES OXFORD (fondé en 1965), les FESTIVAL SINGERS OF CANADA (1954-1979), le CANADIAN BRASS QUINTET (fondé en 1970), le groupe rock GUESS WHO (1965-1975) et bien d'autres (*voir* MUSIQUE DE CHAMBRE) s'acquièrent une réputation internationale. On trouve dans les grandes villes des ensembles qui jouent de la musique du

Moyen Âge et de la Renaissance sur des instruments d'époque, de même que des sociétés de musique actuelle, dont la Société de musique contemporaine du Québec, fondée à Montréal en 1966.

Au nombre des artistes canadiens de renommée mondiale figurent les chanteurs Maureen FORRESTER, Lois MARSHALL, Louis QUILICO, Léopold SIMONEAU, Teresa STRATAS, Jon VICKERS, Paul FREY, Ben HEPPNER et Edith Wiens (*voir* CHANT); les pianistes Glenn GOULD, Anton KUERTI, André Laplante, Ronald Turini, Louis LORTIE et Janina Fialkowska; les violonistes Ida HAENDEL et Steven STARYK; les violoncellistes Lorne Munroe et Zara Nelsova; le claveciniste Kenneth GILBERT et les musiciens de JAZZ Maynard FERGUSON (trompette) et Oscar PETERSON (piano). Mireille Lagacé et Hugh McLean sont parmi les meilleurs organistes; Alberto Guerrero, Lyell Gustin, Yvonne Hubert et Lubka Kolessa sont des professeurs de piano renommés; et la liste pourrait s'allonger dans bien d'autres disciplines.

Parmi les grands chefs d'orchestre canadiens de cette période, on compte John AVISON, Mario BERNARDI, Alexander BROTT et Boris BROTT, Victor FELDBRILL et Pierre HÉTU, de même que plusieurs immigrants de haut calibre. Le Canada a aussi d'excellents musicologues, dont Rika Maniates (*voir* MUSICOLOGIE); Conrad Laforte est un éminent chercheur en chanson folklorique, comme le fut Edith FOWKE (1913-1996); Nicholas Goldschmidt (festivals), Gilles Lefebvre (Jeunesses musicales du Canada) et Arnold WALTER (enseignement) sont des organisateurs de grand talent. Dans les rangs des chanteurs populaires et folkloriques et des chansonniers, on trouve Paul ANKA, Édith Butler, Félix LECLERC, Monique LEYRAC, Gordon LIGHTFOOT, Alan Mills, Joni MITCHELL, Anne MURRAY, Gilles VIGNEAULT, Céline DION et Bryan ADAMS.

L'essor que connaît la composition vers le milieu du siècle se manifeste sous trois aspects: l'établissement de la composition en tant que profession, l'enseignement des techniques contemporaines à l'école de musique et le rapprochement des compositeurs canadiens avec l'avant-garde de la musique occidentale. L'internationalisme et la diversité règnent. Les compositeurs se familiarisent avec le dodécaphonisme, le néoclassicisme et les nouveaux procédés techniques, notamment l'électronique (*voir* MUSIQUE ÉLECTROACOUSTIQUE). Plusieurs jeunes Canadiens affinent leur art à Paris, à Rome ou à Darmstadt. Plus d'une trentaine étudient avec la célèbre Nadia Boulanger. Barbara PENTLAND, John WEINZWEIG et Jean PAPINEAU-COUTURE prennent la tête de l'aile «radicale». Weinzweig et Papineau-Couture, professeurs très influents, sont également les deux premiers présidents de la Ligue canadienne de compositeurs.

Compte tenu de la diversité des genres, des techniques et des styles représentés dans les œuvres de ces compositeurs et de nombreux autres, peut-on relever des traits distinctifs régionaux ou nationaux? Certains critiques établissent un parallèle entre les paysages désolés au climat rigoureux et le vocabulaire austère de certains compositeurs, d'autres nient toute corrélation du genre. Les idiomes folkloriques, les sujets historiques (dans l'opéra *Louis Riel* de Somers, p. ex.) et le mélange de la musique du temps des pionniers avec des techniques modernes (comme dans certaines œuvres de Beckwith) présentent eux aussi une identité distinctive. Une prise de conscience de nos «paysages sonores» amène Schafer à réaliser des expériences originales.

Il serait futile de vouloir éliminer toute influence internationale. La musique canadienne prendra forme d'elle-même, sous l'influence de compositeurs qui, comme tous les autres Canadiens, sont des produits de la société canadienne et réagissent à leur environnement d'une façon qui ne diffère des autres pays que très subtilement. Parmi ces compositeurs, il

s'en trouvera quelques-uns, et il s'en trouve peut-être déjà, dont le talent et l'originalité façonneront ce qu'on appellera la musique canadienne.

Helmut Kallmann

Muskeg «tourbière de graminées», en langue algonquine, désigne un type de paysage, de milieu, de végétation et de dépôt. Le mot entre dans le vocabulaire dans les années 50 alors que le développement des ressources progresse vers le Nord. Tourbière et terrain organique sont des termes voisins qui désignent des formes de paysages nordiques caractérisés par un milieu humide et une végétation (p. ex., le muskeg d'épinettes noires) classés sous le nom botanique de tourbière (subdivisée en bog et en fen).

Il est difficile de définir le muskeg de manière précise au point de vue scientifique. Il peut couvrir d'importantes régions (les basses-terres de la baie d'Hudson) ou ne se trouver qu'en petites poches isolées. Le muskeg produit des dépôts de TOURBE d'épaisseur et de type variables en raison de la décomposition incomplète des matières végétales dans le milieu humide et acide. Les types de végétation et de régime hydrologique permettent de distinguer divers types de muskegs par TÉLÉDÉTECTION. La plupart des tourbières et des muskegs du Canada ont moins de 10 000 ans et se retrouvent dans des régions qui ont été recouvertes par la dernière GLACIATION. Le taux d'accumulation de la tourbe et la répartition du muskeg dépendent des conditions climatiques, et sont déterminés par les CHANGEMENTS DE CLIMAT. Dans les régions nordiques, le muskeg et le PERGÉLISOL sont étroitement liés, et peuvent causer de sérieux problèmes d'ingénierie. Aucune étude complète de tout le muskeg du Canada n'a été faite, mais diverses estimations démontrent qu'il dépasse en superficie celui de tous les autres pays du monde (plus de 1 295 000 km²).

Vu son importance pour la vie animale sauvage, les ressources en EAU et l'environnement nordique, on ne considère plus le muskeg comme une terre inculte. Lorsqu'ils sont exploités convenablement, les sols organiques des tourbières se prêtent très bien aux travaux agricoles et forestiers. Depuis longtemps, les vertus de la tourbe sont reconnues en horticulture et l'on manifeste un intérêt renouvelé à son égard comme source d'ÉNERGIE. La tourbe procure de la matière première utilisée dans l'INDUSTRIE CHIMIQUE (résines, cires, peintures, etc.). Elle peut aussi servir de filtre efficace pour les DÉCHETS DANGEREUX. (*Voir aussi* MARAIS, MARÉCAGE ET TOURBIÈRE; RÉGIONS DE VÉGÉTATION.)

J. Terasmae

Muskoka, lacs Il s'agit de trois lacs interreliés (lacs Rosseau, Joseph et Muskoka) situés dans un très pittoresque lieu de villégiature de l'Ontario, à l'est de la baie Georgienne. Le lac Muskoka est alimenté à l'est par deux affluents de la rivière Muskoka. L'affluent nord prend sa source dans les lacs Vernon et Fairy, à HUNTSVILLE, et l'affluent sud origine du Lake of Bays. Le lac Muskoka est relié au lac Rosseau par la rivière Indian, et le lac Rosseau rejoint le lac Joseph par la rivière St. Joseph. Une écluse à Port Carling et un canal à Port Sandfield ouvrent les lacs à la navigation. Tout ce système lacustre est drainé du lac Muskoka vers la baie Georgienne par la rivière Moon (parfois appelée rivière Muskoka). Le mot «Muskoka» est vraisemblablement une déformation de *Misquuckkey*, nom d'un chef algonquin mentionné dans deux traités datant de novembre 1815 qui donnent le territoire à la Grande-Bretagne. Samuel de CHAMPLAIN (1616) et John Graves SIMCOE (1793) ont traversé la région, tandis que David THOMPSON la parcourt en 1837, à la recherche d'un chemin entre la rivière des Outaouais et la baie Georgienne.

Les premiers établissements à Muskoka remontent à l'adoption du Free Land Grant Act (1868) qui a rendu des terres disponibles. Même si les déplace-

ments dans le secteur étaient aisés, un voyage à Muskoka était, jusqu'à l'avènement du chemin de fer en 1875, une rude épreuve. Quelques terres arables sont distribuées dans cette région de roc et de forêt, mais l'agriculture, qui représente moins de 4 p. 100 des emplois, n'y sera jamais florissante. L'industrie forestière est également présente à la fin du XIXᵉ s. et au début du XXᵉ s., mais elle est aujourd'hui d'importance locale. Les quelque 40 150 résidants permanents sont principalement concentrés à Huntsville, GRAVENHURST et Bracebridge. La splendeur des forêts et des lacs, ainsi que leur potentiel récréatif, ont attiré à l'époque victorienne les citadins du sud de l'Ontario. Le premier type d'établissement ouvert à des fins récréatives est l'hôtel, doté de salles de bals, de terrains de croquet, de courts de tennis, etc. En 1879, on en compte 30, contre 435 aujourd'hui. Les premières résidences secondaires apparaissent à la fin du XIXᵉ s., sur la rive ouest du lac Joseph. Autrefois l'apanage des nantis, le secteur compte maintenant environ 20 000 résidences d'été, dont environ la moitié appartient à des Torontois. Des autoroutes qui partent du nord de Toronto offrent aujourd'hui un accès facile à la région.

James Marsh

Mussallem, Helen Kathleen, professeure de sciences infirmières (Prince Rupert, C.-B.). Après avoir commencé sa carrière comme infirmière au Vancouver General Hospital (VGH), elle sert outre-mer durant la Seconde Guerre mondiale comme lieutenant du Corps de santé royal canadien. Diplômée du Teacher's College de l'U. Columbia, elle est d'abord monitrice, puis directrice des études à l'École des sciences infirmières du VGH.

Toujours active dans le domaine de la formation des infirmières, elle est directrice générale de l'Association des infirmières et infirmiers du Canada de 1963 à 1981. Elle reçoit plusieurs prix et citations pour son travail comme professeure de sciences infirmières tant au Canada qu'à l'étranger, puisqu'elle est aussi conseillère auprès d'organisations internationales comme le Conseil international des infirmières et l'Organisation mondiale de la santé. Ses publications ont contribué à définir le rôle professionnel des infirmières dans le domaine des soins de santé.

En 1981, elle reçoit la plus haute distinction décernée par la Croix-Rouge internationale, soit la médaille Florence Nightingale. La même année, la National Nursing Library est rebaptisée la Helen K. Mussallem Library en son honneur. En 1969, elle est nommée Officier de l'Ordre du Canada et est promue au rang de Compagnon en 1992.

Daniel Francis

Musulmans (*Voir* ISLAM)

Mutchmor, James Ralph, pasteur de l'Église presbytérienne et de l'Église unie (Providence Bay, île Manitoulin, Ont., 22 août 1892—Toronto, 17 mai 1980). Après avoir servi dans une batterie d'artillerie pendant la Première Guerre mondiale, Mutchmor reprend ses études de théologie. De 1920 à 1936, il exerce son ministère dans des églises du quartier nord de Winnipeg. En 1937, il s'établit à Toronto à titre de secrétaire adjoint du Board of Evangelism and Social Service, dont il est secrétaire de 1938 à 1963, et il milite contre l'alcoolisme, le jeu et la conduite immorale. Il est élu modérateur de l'Église unie en 1962. D'une grande humanité et bon administrateur, il dirige plusieurs délégations auprès du gouvernement pour réclamer l'amélioration des conditions sociales. En 1965, il publie ses mémoires intitulées *Mutchmor*.

Neil Semple

Muttart Public Art Gallery, institution à but non lucratif, elle a été fondée en 1977. Située au deuxième étage de la bibliothèque Memorial Park de CALGARY, elle occupe un espace qui a été rénové grâce aux fonds de la fondation Muttart. Quatorze groupes d'artistes fondateurs se sont regroupés pour former la Muttart Gallery Associates, dont le mandat est de gérer la galerie en partenariat avec la bibliothèque. Aujourd'hui, la galerie fonctionne de façon autonome et plus d'une centaine de bénévoles assistent le personnel professionnel qui compte 10 employés.

La galerie Muttart ne fait pas l'acquisition d'œuvres d'art. Elle se consacre plutôt à l'exposition des œuvres d'artistes de l'Ouest canadien qui émergent et d'artistes reconnus qui se consacrent à la pratique de l'art contemporain. En plus d'organiser des expositions, la galerie offre une variété de programmes éducatifs tels que des visites commentées pour les écoliers, des cours d'art pour les enfants, des programmes d'art pour les adultes et des activités pour la communauté en général. De plus, elle coordonne le programme d'expositions itinérantes de l'Alberta Foundation for the Arts dans la région du centre-sud de l'Alberta.

Mycorhize, association entre les racines des PLANTES et les CHAMPIGNONS; elle existerait chez 95 p. cent de toutes les plantes à fleurs et à graines (*voir* PHANÉROGAMES). Dans la nature, elle est probablement essentielle à la survie des deux partenaires. Chez la plante, elle augmente sa capacité d'absorber les minéraux essentiels et sa résistance aux maladies des racines. Et elle permet au champignon de tirer les glucides directement de son partenaire, sans la compétition des autres micro-organismes.

Les mycorhizes se produisent sous plusieurs formes dont les effets bénéfiques diffèrent selon la plante et le champignon associés. La plus répandue, la mycorhize à arbuscules, existe chez environ 90 p. 100 des plantes à graines et chez une centaine d'espèces de champignons symbiotes, classées à l'origine dans la division zygomycotina. Les récents résultats d'analyses de l'ADN semblent indiquer que ces espèces formeraient plutôt un groupe indépendant plus près des dikaryomycètes. Dans ces associations, le champignon envahit les cellules de l'ectoderme (feuillet externe) de la racine et y forme des renflements (vésicules) ou des appendices arbustifs très ramifiés (arbuscules).

Les formes de mycorhize moins courantes, restreintes surtout aux orchidées et aux membres de la famille des éricacées, ressemblent aux mycorhizes à arbuscules, mais les champignons associés font partie des sous-classes d'ascomycètes et de basidiomycètes.

L'ectomycorhize (mycorhize externe), qui touche de 5000 à 6000 espèces de champignons associés, survient chez relativement peu de plantes, et surtout chez les arbres des familles du pin, du bouleau, du saule et du chêne. Dans l'association ectomycorhizienne, le champignon forme un manchon épais autour de la racine, dont le diamètre s'en trouve plusieurs fois augmenté; les filaments s'insèrent entre les cellules des racines, mais sans les pénétrer. Au Canada, les ectomycorhizes ont un taux de développement particulièrement élevé. La plupart des forêts canadiennes sont dominées par des arbres formant une association ectomycorhizienne et, durant les saisons pluvieuses, les champignons mycorhiziens produisent de grandes quantités de CHAMPIGNONS.

Effets bénéfiques de l'association La mycorhize augmenterait la capacité de la plante à absorber le phosphore, l'azote et autres minéraux. On croit que la mycorhize à arbuscules utilise les sources inorganiques d'azote. L'ectomycorhize, capable d'assimiler les formes plus complexes d'azote, serait en compétition avec les micro-organismes du sol pour soutirer l'azote emprisonné dans la couverture de feuilles mortes. Les mycorhizes de l'orchidée et de la bruyère sont probablement les plus efficaces dans l'extraction des composés azotés complexes.

Applications Partout dans le monde, des chercheurs en foresterie et en agriculture mènent des études sur les mycorhizes. Les semis d'arbres inoculés avec des champignons ectomycorhiziens ont montré une augmentation du taux de survie et de croissance, et cette pratique pourrait se révéler encore plus efficace dans les régions à faible niveau de mycorhize naturelle.

L'inoculum ectomycorhizien est maintenant commercialisé et offre un choix de champignons répondant à des besoins sylvicoles particuliers. La manipulation de mycorhizes à arbuscules en pratique agricole donne des résultats très prometteurs et elle pourrait réduire l'utilisation des engrais. Cependant, l'incapacité à cultiver en laboratoire des champignons endomycorhiziens empêche actuellement de produire des quantités suffisantes d'inoculum.

David Malloch

Myers, Barton, architecte (Norfolk, Virginie, 6 nov. 1934). Il immigre au Canada en 1968 pour se joindre à la Faculty of Architecture de l'U. de Toronto. Il est architecte principal dans l'agence Diamond and Myers jusqu'en 1975, puis fonde Barton Myers Associates, qui compte un bureau à Toronto et un autre à Los Angeles. Concepteur original, il possède un sens très développé du contexte et du patrimoine. Parmi les projets qu'il a entrepris, citons le CITADEL THEATRE et le Housing Union Building (HUB), de l'U. de l'Alberta à Edmonton, les logements Sherbourne Lanes à Toronto et le Seagram Museum à Waterloo, en Ontario. Peu de temps après avoir remporté le concours pour l'agrandissement du Musée des beaux-arts de l'Ontario, en 1987, il ferme son bureau de Toronto et déménage définitivement à Los Angeles.

Leon Whiteson

Mynarski, Andrew Charles, canonnier (Winnipeg, 14 oct. 1916—Cambrai, France, 12 juin 1944). Il est canonnier moyen supérieur d'un bombardier Lancaster qui prend feu. Bien qu'il soit libre de sauter, il tente tout de même de sauver un camarade encore coincé dans l'avion. Son parachute et ses vêtements s'enflamment, et il meurt de ses brûlures. Son camarade survit miraculeusement à l'écrasement. La CROIX DE VICTORIA est décernée à titre posthume à Mynarski en l'honneur de ses efforts pour sauver la vie d'une autre personne.

James Marsh

Myxine Groupe de VERTÉBRÉS primitifs qui forme, avec les LAMPROIES et diverses espèces éteintes de poissons, la classe des agnathes. Toutes les espèces vivent seulement en eau salée, parfois à de grandes profondeurs. Au Canada, on trouve une espèce, la myxine du Nord (*Myxine glutinosa*), dans l'Atlantique et deux espèces du genre *Eptatretus* dans le Pacifique.

Description Les myxines ont un corps en forme d'anguille dont le squelette cartilagineux leur procure une flexibilité unique chez les vertébrés. Leur bouche est un tunnel charnu pourvu d'une langue pouvant être retournée vers l'extérieur et portant deux rangées de dents cornées. Le palais porte une seule dent. Les myxines ont de 6 à 8 barbillons (sorte de poils tactiles) autour de la bouche, une seule narine, des yeux sans lentille et des pores branchiaux (de 1 à 16 paires) de chaque côté du corps. Elles n'ont pas d'écailles ni de nageoires paires, mais leur unique nageoire s'étend du dos au ventre en contournant la queue. Lorsqu'elles sont manipulées ou dérangées, elles sécrètent de grandes quantités de mucus par des pores en rangée distincte sur les flancs.

Reproduction Les myxines sont hermaphrodites et n'ont pas de stade larvaire. Elles pondent quelques gros œufs (30 x 10 mm) kératinisés. Contrairement aux lamproies, elles ne maigrissent pas lors de la fraie. Elles se nourrissent de poissons morts ou mourants en perçant leur corps. Elles peuvent parfois nuire aux PÊCHES.

Vadim D. Vladykov

Nadeau, Pierre, journaliste et producteur (Montréal, 19 déc.1936). Il est l'une des plus grandes figures du journalisme télévisé au Québec, reconnu entre autres pour ses qualités exceptionnelles d'interviewer. Après des études classiques au Collège Jean-de-Bré-beuf et en sciences politiques à l'U. de Montréal, il fait ses débuts, en 1956, à la radio de CJBR à Rimouski où il travaille pendant un an. Il part ensuite à Paris suivre des cours d'art dramatique et effectue des reportages pour le compte de l'Office de radio et de télévision française (ORTF).

De retour au Canada en 1958, il entre au service de la SOCIÉTÉ RADIO-CANADA où il œuvrera pendant plus de 20 ans. De 1958 à 1965, il anime différentes émissions d'information, dont *Aujourd'hui* et *Caméra*. En 1965, il est nommé correspondant de Radio-Canada à Paris. Il regagne Montréal trois ans plus tard pour animer des émissions qui contribuent à affermir sa réputation: *Le point,* le très populaire magazine *Le 60* et *Télémag*. Pendant cette période, c'est souvent à travers ses reportages que de nombreux téléspectateurs découvrent certains des grands conflits de l'époque, tels la crise à Chypre, la guerre israélo-arabe, les massacres au Burundi, la vie des Palestiniens en Cisjordanie.

En 1979, il quitte Radio-Canada et fonde sa maison de production: Les Productions du Sagittaire. Pendant les deux décennies qui suivent, Pierre Nadeau anime et produit des émissions qui font sa marque, pour le compte de différents radiodiffuseurs et télédiffuseurs: *L'observateur, 7 jours, Les Grands Procès, Nord-Sud, Le Point* et *Enjeux*.

En 1995, après avoir occupé pendant près d'un an la fonction de délégué du Québec en Nouvelle-Angleterre, Pierre Nadeau revient dans l'univers des médias. Sa carrière est jalonnée de prix: le trophée Méritas (1964) décerné au meilleur reporter de télévision, le prix Olivar-Asselin (1979) soulignant l'excellence en journalisme et le prix Artis (1988) de l'animateur préféré d'émissions d'information.

Robert Maltais

Nage synchronisée Elle consiste à exécuter dans l'eau une série de mouvements synchronisés avec de la musique. Très populaire en Amérique du Nord, elle gagne de plus en plus d'adeptes dans le reste du monde. Le Canada a mis en place un excellent programme de loisirs, le programme «Star», destiné aux personnes de tous les âges et de toutes les catégories, ainsi que des programmes de haut niveau pour la compétition et pour la formation des officiels et des entraîneurs.

Les techniques de la nage synchronisée reposent essentiellement sur des mouvements de nage et des figures, qui à l'origine faisaient partie du programme de la Société royale de sauvetage. En 1924 a lieu la première compétition canadienne de nage et de figures au YWCA, à Montréal. Dans les deux années qui suivent, les nageuses ontariennes et québécoises manifestent un vif intérêt pour ce type de compétition, si bien qu'en 1926, l'Association athlétique amateur de Montréal accueille le premier championnat du Canada. Margaret Shearer (M\ :sup:`me` Peg Seller) devient la première championne canadienne, ce qui

lui vaut le trophée Frances C. Gale. Les règles pour l'obtention de ce trophée ont sensiblement changé au cours des années, mais il est toujours décerné.

En 1954, les compétitions en solo, en duo et en équipe sont devenues des épreuves des championnats canadiens de nage synchronisée et les nageuses canadiennes sont déjà des habituées des compétitions internationales. L'athlète canadienne de l'année en 1979, Helen Vanderburg, remporte l'or aux championnats canadiens, panaméricains et aquatiques mondiaux, comme à ceux de la coupe FINA en 1978 et en 1979. La nage synchronisée devient discipline olympique aux Jeux de Los Angeles en 1984. Le Canada termine alors deuxième en solo et en duo derrière les États-Unis.

Carolyn WALDO gagne deux fois les championnats du monde en solo, avant d'obtenir l'or en solo et en duo avec Michelle Cameron aux Jeux olympiques de 1988. En 1991, Sylvie FRÉCHETTE devient aussi championne du monde en solo, mais, au Jeux de Barcelone, elle perd la médaille d'or à cause de l'erreur très controversée d'une juge et doit se contenter de la médaille d'argent. En 1993, après être allée en appel, on lui remet finalement l'or. Les jumelles Vilagos, Penny et Vicky, gagnent l'argent en duo aux Jeux olympiques de 1992. Les épreuves en solo et en duo sont remplacées aux Olympiques d'Atlanta, en 1996, par une compétition en équipe. L'équipe canadienne, dont Fréchette fait partie, remporte la médaille d'argent.

Gladys Bean

Nahanni, ou Nahani, est un mot athapaskan qui, sous diverses orthographes, a été utilisé pour désigner des groupes autochtones en Colombie-Britannique, dans les Territoires du Nord-Ouest et au Yukon. On considère que ce nom est inapproprié et incorrect pour désigner un groupe spécifique, culturel ou linguistique. Les explorateurs et les commerçants de fourrures européens commencent à employer ce terme au cours de la première partie du XIXᵉ siècle, souvent pour faire référence à un groupe autochtone qui n'est pas en contact direct avec eux et que les autres autochtones connaissent peu.

Au XXᵉ siècle, on remplace graduellement le terme par des désignations plus justes, bien que le gouvernement canadien l'utilise encore dans les années 70 pour désigner les langues parlées par trois groupes du Yukon dans les régions de Whitehorse et des rivières Ross et Liard. On a identifié ces gens comme étant des TUTCHONIS et des KASKAS du Sud. Selon le recensement de 1996, le Canada compte 2407 Nahannis. (*Voir aussi* AUTOCHTONES: LA RÉGION SUBARCTIQUE.)

Beryl C. Gillespie

Nahanni, parc national Créé en 1972, il comprend plus de 4700 km² de montagnes escarpées, de rivières sauvages et de sources chaudes réparties le long de la RIVIÈRE NAHANNI SUD, à l'extrémité sud-ouest des Territoires du Nord-Ouest. Au début du XXᵉ siècle, les prospecteurs s'amènent, croyant aux légendes de mines d'or perdues et aux vallées tropicales cachées. Plusieurs disparaissent sans laisser de traces dans cette contrée ingrate. La découverte de deux cadavres décapités contribue d'ailleurs à propager des rumeurs au sujet d'hommes des montagnes féroces. On ne trouve ni or ni vallées tropicales, mais la région est d'une incomparable beauté. La rivière Nahanni Sud serpente le parc sur plus de 320 km, se précipitant dans trois immenses canyons de plus de 1000 m de profondeur, plongeant d'une hauteur de 90 m dans les chutes Virginia, et se jetant à toute allure dans des sources chaudes, des cavernes glacées, des montagnes vertigineuses et de bouillonnants rapides. La végétation se compose d'espèces boréales et alpines.

Une grande partie de la forêt a subi de fréquents et graves incendies. Le parc abrite 32 espèces de mammifères, dont le mouflon de Dall, l'orignal, le caribou des bois et le grizzli. Le faucon pèlerin, le cygne trompette et l'aigle royal comptent parmi les

120 espèces d'oiseaux répertoriés. Les visiteurs peuvent revivre les aventures des chercheurs d'or et suivre leurs traces en canot, en randonnée pédestre ou en camping sauvage. Fort Simpson, dans les Territoires du Nord-Ouest, offre installations et services essentiels aux voyageurs. Le parc est maintenant un SITE DU PATRIMOINE MONDIAL DES NATIONS UNIES.

Lillian Stewart

Nahanni Sud, rivière Longue de 563 km, s'écoule du chaînon Ragged des monts Selwyn en direction sud-est, elle traverse une série de crêtes des monts Mackenzie et termine sa course dans la RIVIÈRE LIARD. Le PARC NATIONAL NAHANNI, créé en 1972 par le gouvernement fédéral, englobe les deux tiers inférieurs de la Nahanni Sud et la moitié inférieure de son principal affluent, la rivière Flat. Rien ne surpasse la diversité géologique de la région: sources thermales, glaciers, RELIEF KARSTIQUE ponctué de lacs de dolines, marais, paysage désertique, plateaux de toundra, cheminées de fée et forêts denses. La rivière Nahadeh ou «rivière puissante», ainsi nommée par la tribu des ESCLAVES, parcourt la région avec ses rapides et remous, ses chutes et ses trois canyons, les plus spectaculaires au Canada.

Le nom «Nahanni», qui signifie «peuple de l'Ouest» en langue athapascane, fait référence au peuple NAHANNI. Les gorges des canyons Five Mile, Figure Eight et Hells Gate, que la rivière a creusées dans la dorsale des monts Mackenzie, demeurent abruptes et étroites du fait qu'elles ont, comme quelques autres endroits au Canada, échappé aux effets érosifs de la dernière glaciation.

À environ 150 km de son point de rencontre avec la Liard, la Nahanni Sud se rétrécit et ne présente plus que le cinquième de sa largeur. Elle forme alors des rapides puis des chutes dont la hauteur fait près de la moitié en plus de celle des chutes Niagara; il s'agit des chutes Virginia, du nom de la fille de Fenley Hunter, qui a été le premier à en mesurer la hauteur en 1928. Le village amérindien de NAHANNI BUTTE est l'un des rares endroits habités de la région. Les premiers Blancs à avoir aperçu la rivière étaient des commerçants en route vers le Klondike.

James Marsh

Nain, ville de T.-N.; pop. 996 (rec. 1996), 1069 (rec. 1991), 1018 (rec. 1986); superf. 92,37 km²; const. en 1970; la plus nordique des collectivités de la côte du Labrador. La localité est nommée par les MORAVES qui, en 1771, y établissent leur première mission. Jusqu'au XXᵉ siècle, la mission sert de poste de traite permanent aux trappeurs, aux chasseurs et aux pêcheurs qui suivent les anciennes routes de migrations saisonnières. Les membres de la mission, seuls Européens établis dans la région, gèrent le magasin et le poste de traite jusqu'à ce que la Compagnie de la baie d'Hudson prenne la relève en 1926.

Durant les années 40, le magasin passe aux mains du gouvernement de Terre-Neuve. Les services médicaux et éducatifs sont assurés par l'International Grenfell Association et par la Labrador East Integrated School Board. Le principal secteur d'activité est lié à la pêche; les espèces les plus courantes étant l'omble-chevalier, le saumon de l'Atlantique et le pétoncle, qui sont transformés à l'usine locale. Marine Atlantique offre un service de traversier et un service aérien qui fonctionne toute l'année. La ville est habitée durant toute l'année depuis les années 50, époque où la population croît grâce au déplacement des anciennes missions moraves de Nutak et d'Hebron.

Janet E.M. Pitt et Robert D. Pitt

Naismith, James A., médecin, pédagogue et inventeur du BASKET-BALL (Almonte, Canada-Ouest, 6 nov. 1861—Lawrence, Kans., 28 nov. 1939). Orphelin à huit ans, Naismith revient au Almonte High School à l'âge de 20 ans pour y terminer ses études secondaires. Il démontre ses dons de sportif à l'U. McGill et, en décembre 1891, à titre de jeune instructeur au YMCA International Training School de Springfield (aujourd'hui le Springfield College), au Massachusetts, il invente le basket-ball. À l'âge de 37 ans, Naismith termine ses études de médecine à la Gross Medical School de l'U. du Colorado. Professeur, médecin et directeur du département d'éducation physique, il passe quelque 40 ans à l'U. du Kansas et publie plusieurs ouvrages sur le sport. Il devient citoyen américain à l'âge de 64 ans. Le basket-ball est aujourd'hui populaire dans le monde entier.

Frank T. Butler

Nakamura, Kazuo, artiste peintre (Vancouver, 13 oct. 1926). Nakamura fait partie des Canadiens d'origine japonaise internés pendant la Seconde Guerre mondiale (Tashme, C.-B., 1942-1944). Après ses études à la Central Technical School de Toronto (1948-1951), il se joint au GROUPE DES ONZE. Dans les années 50 et 60, ses peintures se classent dans quatre catégories nettement distinctes: des structures cubiques sombres vaguement surréalistes dans un environnement austère qui évoque les Prairies; des paysages voilés peints par petites touches délicates; des motifs abstraits blanc cassé peints sur des configurations sobres et linéaires composées de ficelles fixées sur la toile, et des abstractions linéaires situées dans un espace indéterminé. Toutes présentent une structure et une coloration (le plus souvent monochrome) plus simples que celles des œuvres du Groupe.

Influencé par l'intérêt que porte Jock MACDONALD à Moholy-Nagy et par ses propres lectures dans les revues scientifiques, Nakamura s'intéresse souvent à la science, au temps et à l'espace. Il se dit à la recherche d'un «ordre fondamental et universel omniprésent dans l'art et la nature». Dans les années 70 et 80, il accorde une place de plus en plus importante à ses peintures à grillages basées sur les structures de nombres, qui fait appel au triangle de Pascal. Selon Nakamura, ces œuvres laborieusement réalisées sont une quête d'un ordre suprême dans le chaos apparent de l'univers.

Ken Carpenter

Nanabozo ou Nanabozho ou Nanabush Héros culturel mythologique issu des traditions cosmologiques des tribus algonquiennes du centre et de l'est du Canada. Il incarne la vie et possède le pouvoir de la créer au sein d'autres êtres. Ses diverses personnalités correspondent aux diverses étapes et conditions du cycle de la vie. Dans certains mythes, il crée les animaux et fait pousser les plantes et les racines pour que les humains puissent se nourrir. Le rôle qu'il tient dans la mythologie présente une dualité: il est à la fois un bienfaiteur pour les autochtones et un bouffon farceur et obscène.

René R. Gadacz

Nanaimo, ville de C.-B.; pop. 70 130 (rec. 1996), 60 129 (rec. 1991), 49 029 (rec. 1986); superf. 88,19 km²; const. en tant que ville en 1874; située sur la rive droite de l'ÎLE DE VANCOUVER, à 113 km au nord de Victoria et à 23 km à l'ouest de Vancouver, de l'autre côté du détroit de Georgia. Elle est située dans une étroite plaine côtière et est entourée de terres agricoles fertiles et de ressources forestières abondantes. En 1986, Nanaimo est désignée «cité du havre» par le prince Charles et la princesse Diana. Son havre en eau profonde en fait un important centre régional et de distribution. Elle est aussi au carrefour entre plusieurs voies de transport: le Esquimalt and Nanaimo Railway, la ROUTE TRANSCANADIENNE et les routes principales de l'île ainsi que les services de traversier la reliant au continent. Un maire et huit conseillers dirigent la municipalité et partagent certaines responsabilités avec le district régional de Nanaimo, constitué en 1967.

Historique Les SALISH DE LA CÔTE CENTRALE sont les premiers habitants de la région. Nanaimo est une déformation du nom original qu'ils donnent à la région. Les explorateurs espagnols Dionisio Alcalá-Galiano et Cayetano Valdés visitent la région vers 1790. L'établissement par la Compagnie de la baie d'Hudson (CBH) d'un poste fortifié en 1849 et la découverte de CHARBON en 1852

mènent à un peuplement permanent. En 1854, 24 familles venues d'Angleterre s'installent à Colvile Town, nom tout d'abord donné à la colonie en l'honneur d'Andrew Colvile, gouverneur de la CBH. Petit à petit, ce nom tombe progressivement en désuétude et n'est plus guère employé après 1860. En 1862, la Vancouver Coal Mining and Land Company fait l'acquisition des mines de la CBH et intensifie ses exploitations. Puis, l'achèvement du chemin de fer entre Esquimalt et Nanaimo (1886) stimule la croissance. La ville progresse au rythme de sa production de charbon. L'exploitation du charbon des trois principales veines de la région atteint son summum en 1923 avec une production dépassant un million de tonnes. Mais, après l'exploitation des veines facilement accessibles, l'extraction de combustible devient de plus en plus risquée et coûteuse et, au début des années 50, la ville se tourne vers les produits forestiers.

Paysage urbain Les rues du centre-ville de Nanaimo sont disposées en étoile, selon une structure vieille de cent ans, et convergent vers le bord de l'eau et le quartier d'affaires central. Jusque dans les années 50, Nanaimo est une ville de contrastes: les dirigeants et les exploitants miniers se construisent de grandes demeures dans certains quartiers, tandis que les mineurs vivent dans de «vulgaires maisons de bois de la compagnie» au bord de l'eau ou sur les terres de la compagnie, à l'extérieur de la ville. Depuis quelques années, le quartier riverain et le centre-ville sont en grande partie reconstruits et attirent de très nombreux visiteurs.

Économie Le port bien avantagé de Nanaimo sert depuis toujours au commerce et aux industries de service et de distribution. De plus, depuis les années 50, la pêche et l'exploitation forestière se sont développées. Le port de Nanaimo compte trois postes de mouillage pour navires de haute mer, et les traversiers du Canadien Pacifique et de la province ont des docks à Nanaimo. Le parc industriel Duke Point abrite surtout des entreprises de transformation de produits forestiers et des industries connexes. Nanaimo est l'une des rares villes d'exploitation des ressources qui a réussi à devenir un centre d'économie régionale diversifiée. Le bel emplacement naturel, le climat doux, les plages, les parcs et les campings situés à proximité font de Nanaimo un important centre touristique.

Vie culturelle Le «week-end de la baignoire» constitue l'activité annuelle la plus notoire à Nanaimo. Des «pilotes de baignoire» venus de partout dans le monde participent à la course en baignoire à moteur traversant le détroit de Georgia jusqu'à Vancouver. Le Bastion, fort de la CBH construit en 1853, est le plus ancien fort de la compagnie au Canada. Le musée du district de Nanaimo fait revivre la culture et l'histoire de la région. Parmi les parcs situés dans la région, on trouve le parc provincial Petroglyphs, qui tire son nom de gravures dans le grès vieilles de 2000 à 10 000 ans, et le Newcastle Island, un parc provincial uniquement accessible par traversier.

Alan F.J. Artibise

Nannary, William, directeur de théâtre et promoteur (Saint-Jean, N.-B., 24 juin 1838—San Francisco, 24 oct. 1915). Fils aîné de Timothy et de Bridget Nannary et probablement éduqué à l'église catholique locale, Nannary devient un conférencier et un dialecticien notoire au sein de l'Irish Friendly Society de sa région. En 1857, avec d'autres membres de la société, il fonde un club de théâtre, qui devient en 1864 la célèbre troupe amateur Saint John Dramatic Club, dont il est le directeur. Durant ces années, il travaille à l'occasion avec J.W. Lanergan à la mise en place du Dramatic Lyceum. C'est à titre d'agent d'affaires pour le T.C. Howard's Olympic Theatre (1868) qu'il se consacre pour la première fois à plein temps au théâtre professionnel.

De 1869 à 1872, Nannary est administrateur pour le Dramatic Lyceum. En 1871, il commence la publication de *Footlight Flashes*, un bulletin sur le théâtre

assorti d'un programme, publication qui se poursuivra au moins jusqu'en 1876. En 1872, l'Academy of Music ouvre ses portes à Saint-Jean, et Nannary y occupe le poste d'agent du bureau de location. À partir d'août 1873 et jusqu'à ce que l'établissement soit détruit dans le Grand Incendie de 1877, il en assume la direction, tantôt seul, tantôt avec des collaborateurs (Lanergan pendant l'été 1875; E.A. McDowell au cours des étés 1874 et 1876). Il y produit des mélodrames de répertoire, des pièces de Shakespeare et, à l'occasion, des pièces plus récentes comme *Clancarty* de Tom Taylor (500 $ pour les droits exclusifs!). À partir de 1874, il offre des représentations pratiquement toute l'année et, en 1878, après la destruction de l'Academy, il travaille à redonner à la ville une vie culturelle à titre de directeur du Mechanics' Institute.

À partir de 1873, Nannary est un impresario respecté à Halifax. Il exerce des pressions afin d'obtenir la construction d'une académie de musique. Celle-ci ouvre ses portes en janvier 1877 et c'est l'une des troupes de théâtre de Nannary qui s'y produit durant la première saison. Ses compagnies concentrent leurs activités à Saint-Jean et à Halifax et effectuent des tournées dans le Canada atlantique. En 1878, elles s'aventurent jusqu'à Montréal et Ottawa.

De 1873 à 1880, Nannary est une figure dominante du théâtre au Canada atlantique. Il encourage une présence importante du théâtre, contribue à son soutien et, là où le besoin se fait sentir, tente d'offrir des activités théâtrales en déboursant, à une certaine époque, près de 4700 $ par semaine en salaires, tandis qu'il emploie plus de 100 personnes dans ses diverses entreprises. En 1879, une baisse des recettes, les goûts changeants du public, des difficultés de recrutement et des dépassements budgétaires entraînent sa chute. En novembre, à Terre-Neuve, sa compagnie le force à démissionner de son poste de directeur. En 1880, il dirige pendant un court moment une troupe avec Harry Lindley, mais à la fin de l'été, il part aux États-Unis avec sa famille et s'installe à San Francisco. Au début, il continue de travailler pour des compagnies de théâtre, mais, à la fin des années 1880, affaibli par une bronchite chronique, il met un terme à sa carrière.

Son frère Patrick devient un acteur mineur à Broadway; sa fille aînée, Mary Agnes (May Nannary), mène une brillante carrière au théâtre tant sur la côte Ouest que sur la côte Est; sa fille Genevieve Blinn est comédienne de cinéma muet; son fils Edward mène une longue et riche carrière d'acteur et est, entre autres, le comédien vedette du Shubert Theatre de New York; son petit-fils Kenneth devient directeur de théâtre sur la côte Ouest.

J. Carl Killen

Nanticoke, ville de l'Ont.; pop. 23 485 (rec. 1996), 22 727 (rec. 1991), 20 202 (rec. 1986); superf. 674,72 km²; située sur la rive nord du lac Érié, à 58 km au sud-ouest de Hamilton. Elle est constituée en 1974 lors de la fusion de sept municipalités, dont Nanticoke, un mot autochtone signifiant «courbé ou sinueux» qui évoque un ruisseau des environs.

Bien qu'il s'agisse avant tout d'une collectivité agricole de 65 588 ha, le secteur des industries lourdes y est en plein essor et comprend, entre autres, un important complexe de la Steel Company of Canada et une raffinerie de Texaco Canada. Hydro Ontario y a installé une centrale électrique, l'une des plus importantes usines de combustion au charbon au monde.

Daniel Francis

Napanee, ville de l'Ont.; pop. 5450 (rec. 1996), 5179 (rec. 1991), 4803 (rec. 1986); superf. de 4,41 km²; const. en 1864. Napanee est située en bordure du lac Ontario à environ 43 km à l'ouest de Kingston sur la rivière Napanee et à environ 6 km de la baie de Quinte. On donne le nom de Napanee à la rivière et à la ville. À l'origine, la rivière s'appelait Appanea, mot dont l'origine autochtone est inconnue.

Historique Les Loyalistes sont les premiers colons à s'établir dans cette région à la fin du XVIIIᵉ siècle. En 1787, Napanee compte une scierie et un moulin à provende. En 1799, ces bâtiments sont achetés par Richard CARTWRIGHT, un important entrepreneur. L'industrie y est florissante pendant tout le XIXᵉ siècle. Les goélettes peuvent s'y rendre en passant par la baie de Quinte et par la rivière Napanee. Napanee se trouve aussi sur le tracé du GRAND TRUNK RAILWAY.

Situation actuelle Napanee est l'une des plus vieilles municipalités constituées de l'Ontario. L'économie de la région repose sur la fabrication de pneus et de matériel agricole. La compagnie Gibbard Furniture Shops Ltd. y fabrique des meubles et d'autres produits depuis 1835. Les principaux attraits de la région sont la Macpherson House et le musée de comté. C'est à cet endroit qu'a lieu chaque année le Walleye Derby.

Deborah Welch et Michael Payne

Nares, sir George Strong, officier naval, explorateur arctique (Aberdeen, Écosse, 24 avril 1831—Surbiton, Écosse, 15 janv. 1915). Comme second sur le *HMS Resolute* de 1852 à 1854, il aide à transporter des traîneaux qui serviront à la recherche de sir John FRANKLIN. Après une longue période au service hydrographique dans les mers du Sud, il commande l'expédition scientifique dans l'Arctique de 1875-1876. Le *HMS Discovery* et l'*Alert* passent l'hiver éloignés l'un de l'autre. Le lieutenant P. Aldrich explore la côte nord de l'île Ellesmere. Les lourds traîneaux du commandant A.H. Markham atteignent une latitude record de 83° 20′ 26″ N., malgré les nombreuses crêtes de glace. L'Amirauté fera enquête sur la flambée inattendue de scorbut, mais Nares se hissera néanmoins au rang de vice-amiral.

C.S. MacKinnon

Narrache, Jean, pseudonyme d'Émile Coderre; poète (Montréal, 1893—1970). Il effectue très tôt son entrée en écriture en fondant un journal humoristique, *Le Mercredi*, au Séminaire de Nicolet où il poursuit ses études. Après l'obtention de son diplôme de pharmacien à l'université de la même ville (1919), il devient publicitaire pour une compagnie de peinture puis secrétaire du Collège des pharmaciens du Québec (1945-1961), et collabore à différents périodiques: *La Revue moderne, La Grande Revue, La Patrie du Dimanche* – où il signe une chronique intitulée «J'parl' pour parler».

Membre de l'École littéraire de Montréal, il publie un premier recueil en alexandrins, *Les signes sur le sable* (1922), inspirés par l'amour et la nature, mais se tourne ensuite vers la poésie populaire, située à mi-chemin entre la chanson et le conte récitatif: *Quand j'parl'tout seul* (1932), *J'parl' pour parler... Poésies* (1939); *Bonjour, les gars! Vers ramanchés et pièces nouvelles* (1948); *J'parl'tout seul quand Jean Narrache* (1961); *Jean Narrache chez le diable* (1963); *Rêveries de Jean Narrache* (s.d., n.p.). En 1932, il reçoit la médaille d'argent de la Société des poètes canadiens-français.

Marginal, profondément pessimiste et persuadé d'être poursuivi par quelque funeste destin, Jean Narrache trouvait vraisemblablement un exutoire à ses troubles intérieurs dans la composition de textes qui évoquaient la misère des humbles gens de son entourage et imitaient leur parler. Sa truculence, mêlée de compassion et de véhémence, le fait souvent comparer aux poètes populistes français Jehan Rictus (1867-1933) et Ponchon (1848-1937).

Ismène Toussaint

Narval (*Monodon monoceros*) Connu à une certaine époque comme la licorne de mer, il est une BALEINE à dents des mers arctiques. Il est connu surtout pour sa défense droite et en spirale qui peut atteindre trois mètres de long. Sa mâchoire supérieure loge deux dents dont l'une traverse la lèvre pour former cette défense. On la trouve chez le mâle, rarement chez la femelle, et elle sert apparemment à établir et

à conserver la dominance parmi les mâles. Certains narvals ont parfois deux défenses.

Description Le narval mesure jusqu'à 5,8 m de longueur, excluant sa défense. Il n'a pas de nageoire dorsale. Le nouveau-né est gris, le juvénile est presque noir et l'adulte a le ventre blanc et le dos tacheté. Les individus âgés sont parfois presque entièrement blancs, n'ayant que quelques taches foncées sur le dos.

Répartition et habitat Bien que sa répartition se concentre dans le détroit de Davis, la baie de Baffin et le détroit de Lancaster, on trouve également le narval dans le détroit d'Hudson, le nord de la baie d'Hudson, le bassin Foxe et les eaux autour de la plupart des îles de l'ARCHIPEL ARCTIQUE canadien. Une population vit dans la mer de Norvège. Cette espèce, adaptée à la vie dans les glaces, se rencontre rarement loin de la banquise. Elle survit en utilisant les fissures étroites dans la glace et les petites étendues d'eau libre, et se nourrit surtout de petits POISSONS, de CALMARS et de CRUSTACÉS. En 1994, on estimait la population de narvals du secteur de la baie de Baffin à 34 000 individus. Cette estimation se fondait sur des données de relevés aériens effectués en 1979.

Relations avec les humains Traditionnellement, le narval était chassé par les autochtones du Canada et du Groenland surtout pour sa viande, son huile, ses tendons et le *muktuk* (peau et gras sous-jacent). Il s'est développé un marché pour sa défense d'ivoire en Europe et en Extrême-Orient au cours du Moyen Âge. De nos jours, les INUITS le chassent pour son *muktuk* et sa défense d'ivoire, recherchée sur le marché.

R. Reeves et E.D. Mitchell

Nash, Cyril Knowlton, journaliste, cadre dans un organisme de radiodiffusion (Toronto, 18 nov. 1927). Après avoir consacré quelques années au journalisme sportif à la fin de son adolescence, puis à la publication de romans bon marché à Toronto, Nash acquiert un statut de journaliste professionnel en 1947 lorsqu'il commence à travailler en tant que chef de pupitre pour l'agence de presse britannique United Press. Il connaît la sécurité financière et a l'occasion de voyager de 1951 à 1958, alors qu'il est directeur de l'information pour la Fédération internationale des producteurs agricoles à Washington. De 1958 à 1969, œuvrant à titre de reporter pigiste pour la radio, la télévision et les journaux à Washington, il relate les épisodes turbulents des gouvernements Kennedy et Johnson pour le compte de la Société Radio-Canada (SRC) et de plusieurs journaux canadiens.

En 1969, la SRC lui offre le poste de directeur de la programmation des émissions d'information, poste qu'il accepte en espérant participer à la réforme du service des affaires publiques de la société d'État. De 1978 à 1988, il est le correspondant principal et le chef d'antenne du journal télévisé *The National*, puis poursuit sa carrière en tant que correspondant expérimenté du réseau.

Nash commence sa carrière d'écrivain pendant les années 80 et publie plusieurs ouvrages relatant ses expériences de journaliste, dont *History on the Run* (1984), *Prime Time at Ten: Behind the Camera Battles of Canadian TV Journalism* (1987), *Kennedy and Diefenbaker* (1990), ainsi qu'une histoire de la SRC publiée en 1994, *The Microphone Wars*. En 1989, Nash est fait Officier de l'Ordre du Canada.

Stanley Gordon

Naskapis (*voir* INNUS [MONTAGNAIS-NASKAPIS])

Nass, rivière D'une longueur de 380 km, elle part de l'intérieur septentrional de la Colombie-Britannique et coule généralement vers le sud-ouest, drainant une superficie d'approximativement 20 700 km², jusqu'à ce qu'elle atteigne le Pacifique à l'anse Portland. Ses principaux affluents sont les rivières Bell-Irving, Meziadin et Cranberry. Son nom vient d'un mot tlingit qui signifie «dépôt de nourriture» et rap-

pelle la productivité biologique de la rivière. La remonte annuelle d'oulachons, notamment, attire des autochtones venus de loin qui font du commerce avec les résidants de la région, les Nishgas, qui constituent toujours la majeure partie des habitants de la vallée de la Nass. Alors que la vallée inférieure est un important producteur de bois d'œuvre et que, par conséquent, plusieurs techniques traditionnelles de coupe du bois ont changé, les Nishgas tiennent encore fermement, partout dans cette région, à un système complexe de propriété et de titre fonciers (*voir* REVENDICATIONS TERRITORIALES). Il y a quatre villages, tous nishgas, qui longent les côtes de la rivière: New Aiyansh, Canon City, Greenville et Kincolith. De récentes coulées de lave constituent un trait caractéristique de la vallée, près de New Aiyansh, et jouent un rôle clé dans l'histoire des Nishgas. Selon des sources nishgas, des coulées volcaniques ont tué quelque 2000 personnes à la fin du XVIIIᵉ siècle.

Rosemary J. Fox

Natalité, variations saisonnières du taux de Une analyse complète des registres des naissances pour les années 1881 à 1989 révèle un changement dans la répartition du taux de natalité au Canada. Le plus ancien schéma (1881) se caractérise par une baisse du taux de natalité au printemps et par un taux maximal de janvier à mars. Le dernier schéma des variations saisonnières, qui couvre la période du début des années 20 jusqu'à maintenant, demeure assez constant. En effet, la majorité des naissances ont lieu au printemps et au début de l'été, tandis qu'elles sont relativement peu nombreuses durant les derniers mois de l'automne et les mois d'hiver. Cette particularité «contemporaine» se retrouve dans toutes les provinces canadiennes.

De nombreuses raisons expliquent ce phénomène, depuis des facteurs biologiques (fluctuations hormonales selon les saisons, entre autres) jusqu'à des facteurs sociologiques (comme les couples modernes qui préfèrent que leurs enfants naissent au printemps et en été). Cependant, l'ancien schéma de variations saisonnières reflète surtout les conditions de fécondité naturelle en l'absence de l'utilisation délibérée de contraceptifs chez les couples. Autrement dit, ce schéma montre les conditions qui prévalaient dans une société principalement rurale. Le schéma contemporain correspond davantage au désir des parents de planifier la naissance de leurs enfants pour les mois propices de l'année, qui semblent être le printemps et l'été dans les sociétés industrielles. La grande accessibilité et l'usage répandu de contraceptifs efficaces facilitent cette prédisposition chez les couples.

On croit que l'augmentation des naissances durant le mois de septembre reflète l'influence des vacances de Noël au cours desquelles, l'ambiance des fêtes aidant, un nombre important de conceptions non planifiées (mais pas nécessairement non désirées) se produisent, résultant en une augmentation des naissances neuf mois plus tard. Ce phénomène s'observe également dans d'autres pays industrialisés.

Frank Trovato et Dave Odynak

Natation de compétition Elle regroupe quatre styles de nage: la nage libre (généralement le crawl), la brasse, le dos et le papillon. Les courses se déroulent sur des distances allant jusqu'à 1500 m. Aux épreuves quatre nages, le nageur utilise les quatre styles de nage dans un ordre déterminé. On retrouve aussi les relais style libre et quatre nages auxquelles participent des équipes de quatre nageurs. La plupart des compétitions de haut niveau ont lieu dans des piscines de 50 m, mais certaines se déroulent dans des bassins de 25 m. Les records sont enregistrés dans les deux cas. La natation de longue distance, ou MARATHON DE NATATION, est gérée par une organisation différente de celle de la natation de compétition.

Dans l'Antiquité, les Égyptiens, les Grecs et les Romains considèrent la natation comme un important moyen de survie et non comme un sport. Le Japon est le premier pays à organiser des compétitions nationales de natation lorsqu'en 1603, un décret impérial ordonne d'inclure la natation dans le programme scolaire de tout le pays. Pendant plus de 300 ans, des compétitions de natation se tiennent au Japon sans aucune répercussion sur les autres pays, car jusqu'en 1867, le pays est fermé au monde extérieur. Les compétitions de natation commencent en Grande-Bretagne dans les années 1830, et la première compétition internationale a lieu à Melbourne, en Australie, en 1858. Les premiers championnats européens ont lieu en 1889, et les Olympiques de 1896 incluent les épreuves masculines de natation. En 1912, les nageuses participent pour la première fois aux Olympiques. Les compétitions internationales sont régies par la Fédération internationale de natation amateur (FINA) formée en 1908 et responsable de tous les sports nautiques amateurs: natation de compétition, plongeon, nage synchronisée et water-polo. Ses premiers championnats mondiaux ont lieu en 1973.

De nos jours, au Canada, la natation de compétition est encadrée par Swimming / Natation Canada (SNC). Cette association, autrefois l'Association canadienne de natation amateur (ACNA), a été formée en 1909. Avant cette date, la natation est organisée par un comité de l'Amateur Athletic Union du Canada. L'ACNA (maintenant le SNC) demeure l'organisme dominant dans le monde des sports nautiques au Canada et prend en charge le plongeon, le water-polo et la nage synchronisée. En 1969, cette pratique ne convient plus au plongeon et au water-polo (la nage synchronisée s'est retirée en 1950), et la Fédération des sports nautiques du Canada est créée à titre d'organisme de régie. Les quatre sports nautiques font maintenant partie de cette fédération, qui fait office de filiale canadienne de la FINA.

Dans les années 1870, les clubs de natation canadiens organisent des compétitions. Le Dolphin Club de Toronto, formé en 1875, et le Montreal Swimming Club, fondé un an plus tard, jouent un rôle important dans l'évolution de la compétition de natation. La réunion organisée par le Montreal Club en 1876 est le premier événement du genre au Canada. Cependant, l'absence d'installations empêche ce sport de se répandre dans la plupart des régions du pays. Les courses se déroulent souvent en eau libre et les parcours sont délimités par des flotteurs et des bouées. La natation de longue distance est très populaire. À cette époque, le nageur canadien George HODGSON se distingue. Il représente le Montreal Amateur Athletic Association. En 1911, il remporte l'épreuve du mille au Festival des Jeux de l'Empire à London et, l'année suivante, il ravit aux Canadiens en remportant le 400 mètres et le 1500 mètres aux Jeux olympiques. Sur ces distances, il inscrit des records du monde qui ne seront battus qu'en 1924. Aux Jeux olympiques de 1920, George Vernot, aussi de Montréal, termine deuxième au 1500 mètres et troisième au 400 mètres.

L'inauguration des Jeux de l'Empire britannique, en 1930, donne l'occasion aux Canadiens d'exceller dans les épreuves de plus courte distance. Phyllis DEWAR, de Moose Jaw, se distingue dans la période précédant la Seconde Guerre mondiale. Aux Jeux de 1934, elle remporte quatre épreuves. Une cinquième victoire en 1938 lui vaut un record pour le nombre de médailles d'or remportées par un Canadien, un record inégalé jusqu'en 1978. Après la guerre, les nageurs de la Colombie-Britannique, entraînés par Percy Norman du Vancouver Amateur Swim Club et par George Gate de l'Ocean Falls Swim Club, commencent à dominer la natation de compétition au Canada. C'est durant les années 50 et le début des années 60 que des nageurs comme Lenora Fisher, Jack Kelso, Dick Pound, Peter Salmon, Helen Stewart, Mary Stewart et Beth Whittall élèvent le Canada au rang de puissance mondiale en natation.

En 1966, Elaine TANNER, entraînée par Howard Firby du Dolphin Swim Club de Vancouver, inscrit des records du monde et remporte un grand nombre de victoires aux Jeux du Commonwealth et aux Jeux panaméricains. Elle gagne aussi deux médailles d'argent et une de bronze aux Olympiques de 1968. D'autres nageurs se distinguent à la même époque, et, dans les années 60 et dans les années 70, le Canada atteint presque le troisième rang mondial. Il est deuxième aux Jeux panaméricains et premier du Commonwealth. Aux Championnats du monde de 1973, Bruce Robertson de Vancouver remporte le 100 mètres papillon (premier titre mondial pour un Canadien depuis les performances de George Hodgson en 1912). Leslie Cliff (Vancouver), Nancy GARAPICK (Halifax) et Donna-Marie Gurr (Vancouver) sont les leaders d'un groupe remarquablement fort de nageuses. Graham Smith (Edmonton), six fois médaillé d'or, mène l'équipe canadienne qui domine complètement les Jeux du Commonwealth en 1978. La même année, Smith remporte le 200 mètres quatre nages aux Championnats mondiaux. Parmi les autres nageurs qui se démarquent à cette époque, on retrouve Wendy Cook, Angela Coughlin, Cheryl Gibson, Ralph Hutton, Ron Jacks, Marion Lay, Becky Smith, Shannon Smith, Patti Stenhouse et Judith Wright. Après la guerre, les progrès des nageurs canadiens se mesurent à leurs succès aux Jeux du Commonwealth: une médaille d'or et deux d'argent en 1950; deux médailles d'or, trois d'argent et six de bronze en 1962; et enfin, 15 médailles d'or, sept d'argent et neuf de bronze en 1978.

Aux Olympiques de Los Angeles (1984), le Canada connaît son plus grand succès olympique et les nageurs canadiens y contribuent en remportant quatre médailles d'or, trois d'argent et trois de bronze. Les médaillés incluent: Alex BAUMANN (l'or et record mondial au 200 mètres et au 400 mètres quatre nages), Victor DAVIS (l'or et record mondial au 200 mètres brasse et l'argent au 100 mètres brasse), Anne OTTENBRITE (l'or au 200 mètres brasse et l'argent au 100 mètres brasse), Davis, Sandy Goss, Tom Ponting et Mike West (l'argent au 400 mètres relais quatre nages). Cette liste compte également West (le bronze au 100 mètres dos), Cam Henning (le bronze au 200 mètres dos) et Ottenbrite, Reema Abdo, Michelle MacPherson et Pamela Rai (le bronze au 400 mètres relais quatre nages). Aux Jeux panaméricains de 1987, le Canada remporte 19 médailles: une d'or (Keltie Duggan d'Edmonton au 100 mètres brasse), 5 d'argent et 13 de bronze. Lorsque Baumann et Davis prennent leur retraite, l'équipe perd ses deux meilleurs nageurs et est sans leader dans la piscine. Les jeunes nageurs connaissent alors des succès sporadiques. Le Canada ne remporte que deux médailles aux Olympiques de 1988, ce qui témoigne de la valeur des leaders dans les compétitions par équipe. Avec Davis, l'équipe masculine obtient l'argent au 400 mètres relais quatre nages, et l'équipe féminine remporte le bronze à la même épreuve. Les performances individuelles sont en deçà des attentes.

Mark TEWKSBURY établit sa réputation de meilleur nageur canadien, mais il est de plus en plus évident que les performances canadiennes déclinent. Aux Olympiques de Barcelone (1992), Tewksbury confirme sa domination en remportant l'or au 100 mètres dos et en propulsant l'équipe vers une médaille de bronze au 400 mètres relais quatre nages. Ce sont, toutefois, les deux seules médailles du Canada à ces jeux.

Le nombre grandissant de compétitions internationales permet aux nageurs canadiens de réaliser des performances impressionnantes au cours des années 90. Aux Jeux pan Pacifique (1993), Jon Cleveland termine deuxième au 200 mètres brasse et trois Canadiens remportent des médailles de bronze. Aux Jeux du Commonwealth de 1994, Stephen Clarke et Andrew Haley remportent respectivement le 100 mètres style libre et le 100 mètres style libre (S9), et

l'équipe canadienne au complet décroche huit médailles d'argent et neuf de bronze. Les Jeux panaméricains de 1995 comptent les médaillés canadiens suivants: Curtis Myden (200 mètres et 400 mètres quatre nages), Lisa Flood (100 mètres brasse) et Joanne Malar (200 mètres et 400 mètres quatre nages). Aux Olympiques d'Atlanta (1996), Marianne Limpert décroche l'argent au 200 mètres quatre nages, et Curtis Myden termine troisième aux 200 mètres et 400 mètres quatre nages. Aux Jeux paralympiques, à Atlanta également, les nageurs canadiens remportent neuf médailles d'or et inscrivent cinq records du monde. Aux Jeux pan Pacifique de 1997, les Canadiens gagnent quatre médailles d'argent et 17 de bronze.

Traditionnellement, les clubs de natation organisent les compétitions au Canada. Le Dolphin Club de Toronto est l'un des clubs les plus actifs au cours des années 30, et l'Amateur Swim Club de Vancouver domine la natation dans les années 40 et dans les années 50. Le nombre de nageurs produit par le club Ocean Falls (Colombie-Britannique) est disproportionné par rapport à la population de cette petite ville côtière isolée. Dans les années 50 et dans les années 60, ces nageurs participent aux compétitions, établissent des records et font partie des équipes canadiennes. L'équipe de l'Amateur Athletic Association de Montréal fait un retour en force au cours des années 50 grâce aux entraîneurs Ed Healey et George Gate. Le Dolphin Swim Club de Vancouver prend la succession de l'Amateur Swim Club. Les nageurs du club sont entraînés par Howard Firby, puis par Derek Snelling. En 1964, George Gate passe au Club de Pointe-Claire, près de Montréal, et ses nageurs se démarquent tout au long des années 70. Parmi les autres clubs importants des années 70 et du début des années 80, citons les Thunderbolts de Thunder Bay, sous la direction de Don Talbot, l'Etobicoke Club de Toronto, dirigé par Derek Snelling, le Hyack Swim Club de New Westminster, dont Ron Jacks est l'entraîneur, et le Keyano Club d'Edmonton, avec à sa barre Tom et Dave Johnson. Au début des années 80, les efforts déployés pour constituer des équipes universitaires de natation commencent à porter fruit. Ainsi, les nageurs canadiens qui choisissaient de s'entraîner dans les universités américaines se tournent maintenant vers les programmes canadiens de plus en plus attirants.

La natation de compétition est un des sports les plus populaires au Canada. En plus des championnats régionaux, nationaux et internationaux, des compétitions estivales sont organisées pour toutes les catégories d'âge. Plusieurs événements importants se déroulent durant les années 90. En 1993, l'association SNC nomme Dave Johnson entraîneur des Services de haute performance. La même année, les nageurs handicapés sont intégrés aux programmes de Swimming / Natation Canada. En 1994, on inaugure le premier centre national d'entraînement de natation sur le campus de l'U. de Calgary qui fait partie du Centre national multisports de cette université. Un deuxième centre national d'entraînement en natation voit le jour en Colombie-Britannique en 1997. Il comprend des installations à Vancouver et à Victoria. Ces centres sont conçus pour offrir aux nageurs une progression rapide vers les hautes performances en natation.

Barbara Schrodt

Nathanson, Nathan Louis, homme d'affaires (Minneapolis, Minnesota, 24 mai 1886—Toronto, 27 mai 1943). Nathanson achète son premier cinéma à Toronto en 1916. En 1920, il vend une chaîne de cinémas à Paramount Pictures, société américaine appartenant à Adolph Zucker, et devient président de Famous Players, la filiale canadienne de Paramount nouvellement formée. En 1923, la prise de contrôle sur Allen Brothers Theatres assure la prédominance de Famous Players dans le domaine de la projection de films au Canada. Directement et par le biais de ses filiales, Famous Players domine aussi la DISTRIBU-

TION DE FILMS dans les cinémas canadiens. À la fin des années 30, Nathanson commence discrètement à acquérir des cinémas à son propre compte et à faire des démarches dans l'intention de créer sa propre chaîne de cinémas. En 1941, il démissionne de Famous Players pour se joindre à son fils Paul dans Odeon Theatres. Confident de C.D. HOWE, Nathanson est nommé au premier conseil des gouverneurs de la Société Radio-Canada en 1936 et en devient vice-président en 1940.

Robert E. Babe

Nation des Pieds-Noirs (Blackfoot) Elle se compose de trois bandes, soit les GENS-DU-SANG (Kainahs), les PEIGANS (Pikunis) et les PIEDS-NOIRS (Siksikas). De plus, les SARCIS (Tsuu T'ina) et les Gros-Ventres sont leurs alliés durant leur période de vie nomade. Ils forment avec ces derniers la Confédération des Pieds-Noirs. Le terme Blackfoot est utilisé au Canada, tandis que Blackfeet est l'appellation commune aux États-Unis. La Nation des Pieds-Noirs se donne le nom de «soyi-tapix», ce qui signifie «peuple de la prairie».

Du milieu du XVIII s. jusqu'à la période de colonisation, le territoire de la Nation des Pieds-Noirs s'étend, en gros, de la rivière Battle, au nord, jusqu'à la partie supérieure du Missouri, et des contreforts des Rocheuses jusqu'à la frontière qui sépare l'Alberta de la Saskatchewan. Par conséquent, le territoire de chasse des Pieds-Noirs comprend le sud de l'Alberta et le nord du Montana, deux secteurs où le bison abonde. La population de la Nation varie au cours de cette période, allant de 11 200, en 1823, à 6 350, après l'épidémie de variole de 1837. En 1996, la population atteint 25 000 individus, répartis à peu près également entre les RÉSERVES INDIENNES de l'Alberta et du Montana.

Du point de vue linguistique, les Pieds-Noirs sont de souche algonquienne et sont donc des parents éloignés des CRIS et des Gros-Ventres. Cependant, ils ont une langue distincte, marquée seulement par de légères variantes dialectales entre les trois bandes. Les Pieds-Noirs prétendent occuper les plaines depuis longtemps, ce que les recherches archéologiques confirment. Leur culture repose entièrement sur l'économie du bison.

Les Pieds-Noirs ressentent l'influence de l'homme blanc avant même qu'ils ne rencontrent les premiers explorateurs, au milieu du XVIII siècle. Le cheval, introduit dans le Nouveau Monde par les Espagnols, les atteint en provenance du sud vers 1725, en même temps qu'ils reçoivent des armes à feu par des intermédiaires cris. Pendant la majeure partie des XVIII et XIX siècles, les Pieds-Noirs dominent leur territoire de chasse à cheval, et ils sont constamment en guerre contre les Cris, les ASSINIBOINES, les Crows, les DAKOTAS, les Nez-Percés et les Shoshonis, entre autres. Ils fréquentent les postes de traite de la COMPAGNIE DE LA BAIE D'HUDSON et de la COMPAGNIE DU NORD-OUEST, sur la rivière Saskatchewan Nord, mais mènent une guerre incessante contre les trappeurs américains et les commerçants indépendants du sud jusqu'à la conclusion de la paix, en 1831. À partir de ce moment, les Pieds-Noirs traitent également avec les Britanniques et les Américains.

En 1855, les Pieds-Noirs signent un traité avec le gouvernement américain et, en 1877, le Traité n° 7 avec le gouvernement du Canada. La plupart des Peigans (Pikunis) s'établissent dans une réserve au Montana, tandis que les bandes des Pieds-Noirs (Siksikas), des Gens-du-Sang (Kainahs) et des Peigans du Nord (Pikunis) choisissent chacune une réserve dans le sud de l'Alberta.

En raison de la taille de leurs réserves, les Pieds-Noirs peuvent conserver l'essentiel de leur culture et de leur langue, bien que l'on constate une détérioration rapide après la Seconde Guerre mondiale. Aujourd'hui, les réserves ont une économie axée essentiellement sur l'élevage et l'agriculture, avec de petites manufactures et usines qui fonctionnent par intermittence. (*Voir aussi* AUTOCHTONES: PLAINES, et les articles généraux à la rubrique AUTOCHTONES.)

Hugh A. Dempsey

Nationalisation Opération par laquelle l'ÉTAT acquiert une entreprise privée et en prend le contrôle. En général, l'État acquiert des biens privés à des fins publiques, p. ex. des terrains pour la construction de routes. Ce pouvoir d'expropriation est toutefois très différent de la nationalisation, souvent faite dans un but politique, économique ou social, comme le fait, pour PETRO-CANADA, une société d'État, de prendre le contrôle de sociétés étrangères pour accroître la part du Canada dans l'industrie du pétrole.

Que ce soit pour des raisons pragmatiques, comme la prestation d'un service essentiel, ou pour un objectif collectif plus vaste, tel que le NATIONALISME ÉCONOMIQUE, la nationalisation empiète sur les principes libéraux de la sécurité de la propriété et de la confiance dans le marché. L'État utilise ou menace d'utiliser son pouvoir pour obtenir les biens convoités, soit par expropriation, avec ou sans indemnité, soit par acquisition des biens dans le cadre d'une vente sous pression dont les autres acheteurs éventuels sont exclus. Bien que l'indemnité puisse être juste et rapide, la menace d'une coercition peut diminuer la valeur des biens, et l'État exige toujours d'être l'ultime arbitre.

Quand un État nationalise les avoirs d'investisseurs étrangers, la position des pays occidentaux industrialisés (surtout les États-Unis) est que la nationalisation ne se justifie qu'après le versement rapide d'indemnités appropriées, déterminées par une autorité impartiale. Toutefois, les pays en voie de développement, souvent très frustrés par la domination étrangère, prétendent que les États ont une souveraineté perpétuelle sur leurs ressources et ont le droit de procéder à des nationalisations afin de favoriser l'autodétermination et le développement économiques. Ils réclament que la nationalisation et les indemnités soient assujetties aux seules lois du pays où a lieu la nationalisation, position formulée dans les résolutions de l'Assemblée générale des Nations Unies, y compris la résolution 1803 de décembre 1962. Néanmoins, la nationalisation s'accompagne en général d'indemnités versées par souci d'équité et en raison de la nécessité de préserver la confiance des investisseurs étrangers.

Bien que le Canada appuie généralement l'idéologie de la libre entreprise, l'inquiétude suscitée par l'accroissement de la propriété étrangère et par la prise de contrôle des ressources canadiennes par des sociétés étrangères est à l'origine des nationalisations qui ont cours durant les années 70. Mentionnons en particulier la Colombie-Britannique où le NOUVEAU PARTI DÉMOCRATIQUE, alors au pouvoir, nationalise un certain nombre d'entreprises de l'industrie forestière de 1972 à 1974. Mentionnons aussi la Saskatchewan, où le gouvernement NPD annonce, en 1975, sa volonté de nationaliser au moins la moitié de l'industrie de la potasse. Pendant toute cette décennie, le gouvernement libéral fédéral propose la «canadianisation» de l'industrie pétrolière, politique qui aboutit au PROGRAMME ÉNERGÉTIQUE NATIONAL de 1980. La canadianisation ne signifie pas nécessairement nationalisation puisqu'elle comprend l'achat d'entreprises étrangères par des sociétés privées canadiennes. De plus, les prises de contrôle de l'État se réalisent grâce à des acquisitions impliquant peu de coercition. Toutefois, les détracteurs sont d'avis que les mesures du gouvernement faussent les valeurs du marché, ce qui donne lieu à des indemnités inadéquates.

L'ampleur des nationalisations et la réaction générale qui s'ensuit contre le rôle accru de l'État dans l'économie provoquent un mouvement contraire visant à réduire l'implication de celui-ci et à dénationaliser ou à «privatiser» les entreprises d'État. Ce mouvement de retour au secteur privé, en particulier celui des activités commerciales, trouve son application la plus spectaculaire au Royaume-Uni où le gouvernement conservateur de Margaret Thatcher entreprend, à partir de 1979, un ambitieux programme de privatisation.

Au Canada, la privatisation de BC Resources Investment Corporation par le gouvernement créditiste de la Colombie-Britannique a fait les manchettes. Les démarches de privatisation se poursuivent au niveau provincial, avec en tête de liste celles du gouvernement du Parti créditiste de la Colombie-Britannique, dirigé par William VANDER ZALM, qui annonce, en 1987, un vaste programme de transfert de fonctions du gouvernement vers le secteur privé.

Au plan fédéral, la politique de privatisation est à l'agenda de l'éphémère gouvernement progressiste-conservateur de Joe CLARK, mais l'engagement de celui-ci à privatiser Petro-Canada contribue à sa défaite en 1980. Toutefois, en 1984, l'élection du nouveau gouvernement progressiste conservateur dirigé par Brian MULRONEY marque un retour vers les objectifs de privatisation. Le gouvernement établit un secrétariat de la privatisation qui a pour mandat de choisir les entreprises à privatiser et de passer aux actes, soit en les vendant à une entreprise du secteur privé, soit en procédant à une vente générale des actions au public. De 1984 à 1988, un certain nombre de sociétés d'État sont privatisées, y compris Arsenaux canadiens Limitée, CANADAIR LTÉE, DE HAVILLAND AVIATION DU CANADA LIMITÉE et Téléglobe Canada.

J. Donner

Nationalisme Doctrine ou la pratique qui place les intérêts collectifs de la communauté nationale ou de l'ÉTAT au-dessus de ceux des individus, des régions, des intérêts particuliers ou des autres nations. Dans le domaine artistique, le nationalisme consiste à témoigner ou à plaider en faveur de styles nationaux distincts. Même si ses origines historiques sont diversifiées, les formes modernes du nationalisme sont le produit de la fin du XVIII siècle et du XIX siècle, surtout des révolutions américaine et française et des mouvements de réunification en Allemagne et en Italie. Par l'émulation des modèles européen et américain, les mouvements d'autodétermination et de libération nationale ont fait du nationalisme, au cours des 200 dernières années, un phénomène politique et culturel répandu à l'échelle de la planète. Au cours des 25 années qui ont suivi la fin de la Seconde Guerre mondiale, 66 nouveaux États ont vu le jour.

En Europe, la pensée nationaliste a véhiculé une notion fondamentale de supériorité raciale qui, tout en étant souvent de nature purement implicite, a fréquemment été exprimée par l'étalage et l'utilisation de la force militaire. Par contre, le nationalisme américain est né de la conception romantique d'individus libres réunis sous la férule de Dieu pour créer une union nouvelle et parfaite, entièrement libérée des tares et des faiblesses de l'Europe. Le nationalisme ne possède pas nécessairement une idéologie particulière et il va de droite à gauche sur l'éventail politique. Son orientation et son contenu sont liés aux circonstances historiques.

Le Canada a pris conscience de lui-même à une époque où le conflit mondial a sapé l'influence de l'Europe et discrédité le nationalisme européen, d'une part, et où la puissance et l'influence des États-Unis, d'autre part, se font largement sentir dans le monde. Dans le monde occidental, les deux conflits mondiaux, que l'on a imputés surtout aux excès nationalistes, ont contribué à l'émergence, au même titre que la pensée libérale et marxiste, de fortes réactions antinationalistes et internationalistes. Depuis 1945, les Canadiens sont divisés sur la nature du nationalisme canadien. Les diverses administrations fédérales, qui sont le reflet de cette confusion, ont tour à tour affiché des attitudes antinationalistes et nationalistes et obtenu des résultats disparates. Le premier ministre d'après-guerre qui a le plus versé dans la rhétorique de la défense des intérêts nationaux, John DIEFENBAKER est probablement celui qui a le moins bien réussi à ce chapitre, tandis que le premier ministre le plus ardemment opposé en principe au nationalisme, Pierre Elliott TRUDEAU, a défendu avec fougue une POLITIQUE ÉNERGÉTIQUE nationaliste.

Le sentiment d'appartenance nationale a pris forme lentement après la Confédération, étant le reflet d'un provincialisme bien ancré et, au Canada anglais, d'un sentiment prédominant d'appartenance à l'Empire britannique. On peut voir des traces de nationalisme au sein du mouvement CANADA FIRST des années 1870 et chez certains écrivains des années 1890. En 1911, le dilemme nationaliste canadien devient évident quand le gouvernement Laurier est défait par un amalgame de forces anti et pro-impérialistes et d'opposants antiaméricains au sujet d'une politique navale légèrement nationaliste et d'un projet de réciprocité avec les États-Unis.

La participation du pays à la Première Guerre mondiale a réussi à créer un sentiment d'appartenance à une nation distincte. Les années qui suivent la Première Guerre mondiale entraînent la renaissance d'un nationalisme culturel, centré à Toronto et caractérisé par les peintures du GROUPE DES SEPT, la fondation de la revue CANADIAN FORUM et les commentaires littéraires de William Arthur Deacon publiés dans le magazine SATURDAY NIGHT. Le nationalisme politique, sous la gouverne de l'administration libérale de W.L. Mackenzie KING, est dirigé contre les symboles déclinants qui illustrent les liens coloniaux unissant le Canada et la Grande-Bretagne. Ce nationalisme anticolonial ne suscite pas d'opposition en Grande-Bretagne, mais il entre en conflit avec l'attachement que de nombreux Canadiens de langue anglaise ressentent à l'égard des symboles britanniques, un attachement véhiculé de la façon la plus articulée et la plus constante par le PARTI CONSERVATEUR.

La Seconde Guerre mondiale précipite le Canada, bon gré mal gré, dans un processus d'intégration militaire et économique étroite avec les États-Unis, qui mine sérieusement la possibilité d'un État canadien indépendant. En 1945, le gouvernement fédéral libéral, ainsi que les hauts fonctionnaires influents, ont tendance à croire que le pays est passé de la phase nationaliste à la phase internationaliste (dans le domaine diplomatique) et au CONTINENTALISME (dans ses relations économiques et culturelles avec les États-Unis), bref, que le pays jouit d'une situation enviable. Pendant ses dernières années au pouvoir, King évoque cependant parfois les dangers reliés à cette absorption et rêve d'indépendance. Après le printemps de 1946, l'hystérie provoquée par la GUERRE FROIDE amène King, ainsi que la plupart des politiciens canadiens et leurs partisans, à abandonner de telles idées.

La prise de conscience nationale et l'expression des intérêts nationaux sont brusquement suspendues pendant une décennie. Le Canada anglais se préoccupe énormément de développement économique, tandis que le Québec demeure plongé dans le passé. Une vaste invasion économique et culturelle venant du Sud, et généralement rassurante, a lieu avec l'assentiment tacite du Canada. Seules quelques timides voix nationalistes se font entendre dans cette atmosphère d'approbation. La première de ces voix dissidentes d'après-guerre prend la forme du rapport de la COMMISSION ROYALE D'ENQUÊTE SUR L'AVANCEMENT DES ARTS, LETTRES ET SCIENCES AU CANADA de 1951 (Massey). Le rapport fait remarquer que la communauté nationale doit faire face non seulement à l'éparpillement de sa population sur un vaste territoire, mais aussi «aux influences d'outre-frontière, pénétrantes autant qu'amicales». Dans les secteurs de l'enseignement, de l'édition de livres et de revues, du cinéma et de la radio, la Commission énumère les influences américaines au Canada et

souligne «le danger toujours présent d'une dépendance permanente».

Le programme nationaliste proposé pour limiter l'invasion culturelle est graduellement accepté par le gouvernement libéral du début des années 50, quoique le même gouvernement reste indifférent à toute mesure de NATIONALISME ÉCONOMIQUE. La COMMISSION ROYALE D'ENQUÊTE SUR LES PERSPECTIVES ÉCONOMIQUES DU CANADA (Gordon) prévient les Canadiens, en 1956, des dangers potentiels d'un assujettissement économique aux États-Unis et offre un programme modérément nationaliste de contre-mesures économiques, qui est ignoré par le gouvernement SAINT-LAURENT. Devant la montée de l'investissement américain direct au Canada (voir INVESTISSEMENT ÉTRANGER) et les encouragements du Parti libéral à cet égard, les deux partis d'opposition, le Parti conservateur et CO-OPERATIVE COMMONWEALTH FEDERATION (CCF) adoptent un ton nationaliste avant les élections générales de 1957 qui portent les conservateurs au pouvoir. Cependant, pendant ses six années au pouvoir, le gouvernement Diefenbaker ne peut mettre en place un programme culturel ou économique cohérent et continue, en pratique, à favoriser l'intégration économique et militaire avec les États-Unis, tout en éveillant l'hostilité de l'administration américaine par son style défiant.

Les conservateurs, défaits en 1963, font place à un Parti libéral réformé et dirigé par Lester B. PEARSON. Au début, les idées économiques nationalistes du ministre des Finances, Walter GORDON, un membre dissident et atypique du milieu des affaires de Toronto, prédominent au sein de l'administration Pearson. Le programme de Gordon, qui envisage un rapatriement en douce de l'économie, connaît rapidement des revers au Parlement et au sein du caucus libéral, mais on adopte, en 1965, des mesures visant à limiter la propriété étrangère en matière de journaux, de magazines, de radio et de télévision, et on met finalement sur pied la CORPORATION DE DÉVELOPPEMENT DU CANADA.

Après 1965, le gouvernement Pearson s'est emmuré dans le silence et s'est réconcilié avec les gens du milieu des affaires opposés à une politique nationaliste. On met de côté le rapport du groupe d'études Watkins intitulé PROPRIÉTÉ ÉTRANGÈRE ET STRUCTURE DE L'INDUSTRIE CANADIENNE, publié en 1968, tout comme le rapport Gordon. Le renouvellement de l'antinationalisme gouvernemental est renforcé en 1968 par l'arrivée au pouvoir de Pierre Trudeau, dont l'opposition dogmatique au nationalisme résulte de son expérience au Québec à l'époque du gouvernement de DUPLESSIS et de son interprétation de l'histoire européenne.

L'insuccès relatif des politiques nationalistes canadiennes au cours des années 60 et l'évidence de l'influence énorme des États-Unis au Canada favorisent la mise sur pied de différentes organisations et activités nationalistes populaires au Canada anglais à partir de 1968. Le COMITÉ POUR L'INDÉPENDANCE DU CANADA animé par Walter Gordon, Abraham Rotstein, Mel Hurtig, Peter NEWMAN et d'autres, exerce des pressions en faveur de politiques nationalistes dans différents secteurs pendant les années 70. Le groupe WAFFLE cherche à fouetter l'ardeur nationaliste du NOUVEAU PARTI DÉMOCRATIQUE, mais ses idées sont battues en brèche et le groupe se disperse. La Public Petroleum Association intègre des nationalistes des deux mouvements dans le cadre de sa campagne de rapatriement de l'industrie pétrolière.

Le Comité spécial sur le nationalisme économique et culturel mis sur pied par l'Assemblée législative de l'Ontario, une commission sur les études canadiennes dans les universités dirigée par T.H.B. Symons et différentes commissions portant sur l'identité nationale dans les médias, est à l'œuvre au début des années 70. Le GOUVERNEMENT

MINORITAIRE libéral fédéral de 1972-1974 prend acte de l'ampleur du soutien populaire aux politiques nationalistes en créant l'AGENCE D'EXAMEN DE L'INVESTISSEMENT ÉTRANGER et la société PETRO-CANADA, même si le Cabinet ne donne pas d'orientation claire à ces deux organismes au début.

Le mouvement nationaliste au Canada anglais est affaibli dans les années 70 par une division irréconciliable sur les attitudes à adopter à l'égard du nationalisme québécois. Certains, tout en étant sympathiques aux aspirations culturelles et linguistiques des Québécois, voient le nationalisme du Québec comme une force subversive menaçant l'intégrité du Canada. D'autres, par contre, envisagent le nationalisme québécois comme un complément potentiel du nationalisme canadien qui aurait dû susciter une certaine émulation chez les Canadiens anglais. Cette division se perpétue jusque dans les années 80, tandis que le nationalisme canadien et le nationalisme québécois voient le soutien populaire leur échapper. Après la défaite du Parti libéral en 1979, les conservateurs dirigés par Joe CLARK adoptent une position antinationaliste globale pour calmer les SOCIÉTÉS MULTINATIONALES et les provinces, mais leur position est ambiguë et son application politique manque de cohérence.

La défaite précoce des conservateurs au Parlement entraîne la campagne électorale de 1980, au cours de laquelle Trudeau et Marc LALONDE, en réaction à ce qu'ils perçoivent comme étant des forces de désintégration nationale présentes au Québec et dans l'Ouest du pays, adoptent des positions nationalistes et centralisatrices fermes qui donnent lieu, une fois qu'ils reviennent au pouvoir, à une campagne en faveur du rapatriement unilatéral de la Constitution et à la mise sur pied du PROGRAMME ÉNERGÉTIQUE NATIONAL en novembre 1980. Le nouveau nationalisme de Trudeau est peu subtil et très sévère, plus soucieux de couper l'herbe sous le pied des provinces de plus en plus puissantes que de poursuivre des objectifs nationaux désirables en soi. Ce nationalisme suscite de fortes réactions de la part des provinces et de sociétés multinationales qui réussissent à faire appel à un sens inhabituel du fair-play chez les Canadiens et à alimenter le mécontentement latent à l'égard du style du premier ministre. Devant cette opposition, le gouvernement modifie sa politique constitutionnelle pour répondre à certaines demandes des provinces (mais non à celles du Québec), ainsi que sa politique énergétique.

Au cours de l'automne de 1982, le COMITÉ D'ÉTUDE DE LA POLITIQUE CULTURELLE FÉDÉRALE (Applebaum-Hébert) publie la première étude exhaustive sur la politique culturelle fédérale depuis le rapport de la Commission royale d'enquête sur l'avancement des arts, lettres et sciences au Canada (Commission Massey) qui date de 1951. Cette étude n'a cependant pas une vision nationale limpide comme celle qui émane de la Commission Massey et son influence est limitée. Même si le rapport reconnaît que des entreprises culturelles canadiennes ont surgi dans une foule de domaines depuis quelques années et qu'il contient plus d'une centaine de recommandations politiques, ses propositions de compressions budgétaires à l'égard de l'OFFICE NATIONAL DU FILM et de la Société Radio-Canada envoient des messages contradictoires au milieu culturel en ce qui concerne la politique nationale.

Le gouvernement progressiste-conservateur de Brian MULRONEY, élu en septembre 1984, adopte une politique de rapprochement général avec les États-Unis qui donne lieu à des négociations exhaustives sur le LIBRE-ÉCHANGE en 1986 et 1987 et à la ratification de l'Accord de libre-échange après les élections générales de 1988. La persistance du gouvernement Mulroney à l'égard d'une attitude antinationaliste envers les États-Unis est nouvelle et suscite des mouvements d'opposition nationalistes (voir CONSEIL DES CANADIENS).

En 1993, l'Accord de libre-échange a été remplacé par l'Accord de libre-échange nord-américain (ALENA) qui incorpore le Mexique à la communauté économique nord-américaine. Devant les critiques substantielles répandues au sujet de l'entente, le Parti libéral promet de reprendre les négociations sur l'Accord, s'il est élu. Toutefois, une fois au pouvoir, le nouveau gouvernement du premier ministre Jean CHRÉTIEN n'entreprend que des négociations superficielles avec les États-Unis et le Mexique, et accepte l'Accord sans y apporter de modifications importantes.

En 1995, le gouvernement libéral légifère pour empêcher la publication d'une édition canadienne, sous forme de tirage dédoublé, du magazine américain *Sports Illustrated*, mais, à la suite d'une plainte déposée par les États-Unis en 1996, cette mesure est jugée contraire aux règlements de l'ORGANISATION MONDIALE DU COMMERCE.

Depuis 1945, les provinces, sauf quelques exceptions occasionnelles (surtout la Saskatchewan sous le règne d'Allan BLAKENEY, du Nouveau Parti démocratique, de 1971 à 1982), ont plutôt opté pour des politiques économiques compétitives misant sur l'ouverture en vue d'attirer des investissements étrangers et considèrent les quelques interventions nationalistes d'Ottawa en matière économique comme étant mal fondées. Pendant les années 70, cependant, les provinces riches en ressources naturelles commencent enfin à percevoir des redevances plus importantes qu'elles perdaient auparavant au profit des sociétés multinationales, mais elles le font généralement en privilégiant les intérêts provinciaux plutôt que les intérêts nationaux.

Les intérêts canadiens et l'expression du caractère national ont été marginalisés dans la vie publique canadienne par l'influence écrasante de la présence commerciale et culturelle américaine, ainsi que par les pressions exercées par le provincialisme. Des politiques d'autoprotection nationale, considérées comme normales et ne provoquant pas de controverses dans d'autres pays industriels, ont été largement perçues de façon alarmiste et désapprouvées au Canada. Les mesures de soutien des arts au Canada ont toujours dû faire face aux avantages comparatifs de commercialisation des compétiteurs américains, dont les produits traversent la frontière, et les effets décourageants des changements technologiques accélérés rendent souvent la réglementation désuète. Le nationalisme canadien, continuellement soumis aux obstacles dressés par les gouvernements provinciaux, le milieu des affaires, les groupes de pression américains du secteur privé, les administrations et les médias américains, est toujours demeuré défensif et apologétique, rarement offensif et jamais expansionniste. Il est persistant, mais il demeure le nationalisme précaire d'une communauté diversifiée qui est à peine consciente d'elle-même, qui vit dans l'ombre des États-Unis et qui est rongée par le doute. (*Voir aussi* NATIONALISME CANADIEN-FRANÇAIS; NATIONALISME ÉCONOMIQUE; RÉGIONALISME.)

Denis Smith

Nationalisme canadien-français et nationalisme québécois La façon dont on a défini la nation et le cadre politique qui lui est approprié a pris différentes formes depuis la CONQUÊTE anglaise de 1760, allant de la survivance des Canadiens français au Canada au projet d'émancipation politique du Québec.

La survivance

La sauvegarde de l'identité collective française a dominé la pensée politique et les aménagements politiques successifs de la NOUVELLE-FRANCE devenue colonie britannique en 1760. Cette résistance au conquérant anglais culmine d'abord avec la rébellion des PATRIOTES de 1837, ceux-là mêmes dont la lutte nationale concerne exclusivement le BAS-CANADA qu'il s'agit de détacher de son lien

avec la métropole anglaise afin d'instaurer une nation politique autonome, et ce, en s'inspirant de l'exemple américain et des idées du républicanisme français. Les Patriotes conçoivent dès lors la nation en termes d'identité politique réunissant tous les habitants d'un même pays, le Bas-Canada, régi selon le principe des libertés démocratiques.

L'échec de cette rébellion que vient consacrer l'ACTION D'UNION de 1840, acte selon lequel le HAUT-CANADA et le Bas-Canada ne forment plus désormais qu'une seule entité politique, marque un tournant politique décisif non seulement en regard du pouvoir dominant mais aussi et surtout un tournant idéologique dont la prégnance sera plus que séculaire. En clamant ouvertement l'objectif d'assimilation (*voir* DURHAM, RAPPORT), ce nouveau régime politique rive pendant plus d'un siècle le sentiment national à l'impératif de la survivance française en terre d'Amérique. Désormais le Canada français va s'identifier par ses traits culturels. La nation n'est plus un territoire habité qu'on entend diriger comme le proposaient les Patriotes de 1837, mais une communauté de langue, de religion, de lois, de coutumes et de traditions qui est menacée et qu'il faut défendre. Ainsi s'amorce la conception de la nation comme une communauté socioculturelle à sauvegarder au Canada.

Même si les idéaux politiques de nation et de liberté formulés par les Patriotes connaissent un prolongement certain, dans les activités et publications de l'INSTITUT CANADIEN (1844-1869), leurs idées libérales, démocratiques et laïcistes ne parviennent pas à triompher de l'affrontement doctrinal qui les oppose au clergé catholique. Celui-ci réussit à imposer par sa prédication ultramontaine et ses condamnations à l'endroit du libéralisme, l'importance primordiale de la foi catholique et le devoir de soumission à l'autorité légitime anglaise; il en vient même à faire de la religion catholique le premier critère de la nationalité canadienne-française. La religion sera le meilleur moyen de cohésion des Canadiens français au Canada. Ce lien que le clergé établit entre la religion catholique et la survivance française lui permet de formuler un nationalisme ULTRAMONTAIN et conservateur dont Jules-Paul TARDIVEL (1851-1905) sera le plus illustre représentant à la fin du XIXᵉ siècle. Ce militant catholique mais laïc est le premier, depuis l'instauration du régime de l'union des colonies britanniques de l'Amérique du Nord (L'ACTE DE L'AMÉRIQUE DU NORD BRITANNIQUE) en 1867, à invoquer l'idée d'un État français séparé. Contre cette idée et aussi dans l'objectif de s'opposer à la participation du Canada aux guerres de l'Empire britannique du début du XXᵉ siècle, des intellectuels canadiens-français se portent les premiers à la défense du Canada comme pays souverain. Ils fondent en 1903 la LIGUE NATIONALISTE (Olivar ASSELIN, Omer Heroux, Armand LAVERGNE et Jules Fournier) et revendiquent les idées du maître, Henri BOURASSA (1868-1952).

Pour Bourassa, la nation et le nationalisme ont un sens politique, ils se situent au-dessus des deux principales communautés socioculturelles et linguistiques du pays; la première les contient, le second harmonise leurs rapports de coexistence dans le cadre d'un même État. De ce point de vue, le Canada résulterait de la rencontre harmonieuse de «deux peuples», deux langues, deux religions. Cette vision de ce que devrait être la nation canadienne, «anglo-française», Henri Bourassa et ses disciples la fondent sur l'histoire et en particulier sur leur interprétation du projet des PÈRES DE LA CONFÉDÉRATION. Selon cette dernière, *l'Acte de l'Amérique du Nord britannique* de 1867 a été une entente entre les deux peuples fondateurs du Canada, la «libre et volontaire association de deux peuples, jouissant de droits égaux en toutes matières».

Cette vision fédéraliste du Canada érigée à la fois contre l'impérialisme britannique et le séparatisme

de Tardivel établit une dissociation entre la communauté socioculturelle d'appartenance et l'identité nationale relevant de l'obligation politique. Il en ira tout autrement des successeurs de Bourassa qui, aux prémisses du traditionalisme attribuent l'appellation nationale au seul groupe canadien-français.

Non seulement la contribution militaire obligatoire mais aussi l'échec des luttes en faveur des écoles de langue française en dehors du Québec (le règlement 17 en Ontario, voir ÉCOLES DE L'ONTARIO, QUESTION DES) confirment les disciples de Lionel GROULX (1878-1967), réunis autour de l'ACTION FRANÇAISE de Montréal (1917-1928), que seuls les Canadiens français forment une nation, que ces Canadiens français forment en Amérique du Nord la nation la plus fortement constituée, celle qui jouit du plus haut degré de cohésion et de solidarité résultant de la communauté de sang, de langue, d'histoire, de religion et de mœurs, une communauté animée au surplus d'un vouloir-vivre collectif. L'*Action française* apporte au nationalisme canadien-français l'argument de l'histoire, en particulier celle de la naissance d'une nation nouvelle en terre d'Amérique et de sa résistance héroïque à l'assimilation anglo-saxonne. La voie tracée par les ancêtres au-delà de la Conquête (1760) conduit le Canada français vers «l'émancipation» nationale. Telle est la lecture de cette tranche d'histoire dont Lionel Groulx s'est fait l'interprète dans son œuvre. De ce point de vue, l'*Action française* propose à la nation canadienne-française l'idéal d'un État français souverain, la Laurentie, devant faire coïncider identité nationale et citoyenneté politique. Toutes les idées économiques, sociales, culturelles et politiques convergent vers cette affirmation primordiale de l'existence nationale baptisée «nationalisme intégral». Cette pensée fait école jusqu'à la fin des années 50, avec la publication de l'ACTION NATIONALE (1933) qui propose, à la faveur de la Crise économique des années 30, une position politique plus modérée de nationalisme autonomiste proclamant la province de Québec «État national» des Canadiens français au Canada.

L'émancipation politique

Ce nationalisme traditionaliste, qui renvoie à la pensée de Lionel Groulx et est associé au régime politique de Maurice DUPLESSIS, sera la cible des fondateurs (P.E. TRUDEAU, G. PELLETIER) de la revue CITÉ LIBRE (1950-1966) qui plaident en faveur de la démocratisation des institutions politiques et de la modernisation de l'État. Or, c'est dans le processus de modernisation de l'État québécois, qui s'amorce en 1960, marquant le contexte de la RÉVOLUTION TRANQUILLE, qu'émergent des organisations politiques indépendantistes, notamment le PARTI QUÉBÉCOIS fondé en 1968, et la formulation, de la part des intellectuels, d'un nouveau nationalisme dissocié du traditionalisme. Proclamant un objectif de libération nationale, plusieurs travaux prônent le développement de l'identité québécoise à la manière de l'ethnicité réappropriée qui devient la raison d'être du projet politique de former le pays du Québec.

En particulier, une évaluation de l'expérience du «colonialisme» au Québec vient soutenir le plaidoyer des intellectuels pour l'indépendance et le SOCIALISME. La décolonisation est invoquée pour retrouver l'identité québécoise en ces termes: le peuple québécois est colonisé, culturellement aliéné, dépersonnalisé. L'indépendance nationale est la solution pour libérer le peuple de la domination coloniale et capitaliste du Canada anglais. Ces thèses de l'anticolonialisme sont avancées par plusieurs publications et périodiques parmi lesquels la revue PARTI PRIS (1963-1968) sert de pôle de référence. Plutôt que la théorie de la lutte des classes et l'appel à la révolution socialiste, c'est la problématique de l'*oppression nationale* qui accapare le centre de la réflexion (*voir* GAUCHE AU QUÉBEC).

Des événements d'octobre 1970 (*voir* CRISE D'OCTOBRE) au RÉFÉRENDUM DE 1980 en passant par l'avènement au pouvoir en 1976 du Parti québécois, formation à vocation souverainiste, on ne compte plus les multiples façons qu'on a eues, pendant plus de 10 ans, de se réclamer à la fois du marxisme et du nationalisme indépendantiste. Les luttes et alliances de classes concourent à une perception de la question du Québec comme un phénomène contribuant au procès de la dislocation de l'État canadien. Mais la fin de cette prépondérance idéologique du MARXISME, marquée par la critique des totalitarismes, confère aux années postréférendaires (après mai 1980) toute sa vigueur aux idées démocratiques inspirant une forme nouvelle de retour à la question du Québec, question qui définit cette fois la nation québécoise en termes *d'entité politique* pouvant réunir diverses communautés socioculturelles, et dont la souveraineté est présentée comme réponse au défi du pluralisme de la société québécoise.

S'il est convenu d'associer l'après-référendum du 20 mai 1980 au déclin du nationalisme indépendantiste, cette période correspond aussi à la crise budgétaire de l'État et à la volonté politique avouée de réduire l'interventionnisme étatique, longtemps considéré comme fer de lance du mouvement national québécois. Le renforcement de la primauté accordée à la société de marché aux dépens d'une politique socialisante dérivant d'un ÉTAT-PROVIDENCE et la proposition d'une société ouverte aux accords de LIBRE-ÉCHANGE avec les États-Unis modifient les points de repère du débat politique et par là même les données de l'engagement intellectuel.

Plus encore, les échecs successifs des propositions de réformes du fédéralisme canadien en vue de rattacher formellement le Québec à la Constitution de 1982 (*voir* CONSTITUTION, RAPATRIEMENT DE LA; ACCORD DU LAC MEECH, en juin 1990; ACCORD DE CHARLOTTETOWN, en octobre 1992), ravivent le mouvement souverainiste. Ainsi en témoignent le groupe parlementaire souverainiste que forme, pour la première fois en 1993, le BLOC QUÉBÉCOIS (BQ) à la Chambre des communes à Ottawa, la victoire du Parti québécois aux élections à l'ASSEMBLÉE NATIONALE du Québec et l'instauration d'un gouvernement du Parti québécois à l'automne 1993 et, enfin, la tenue d'un référendum sur la souveraineté en octobre 1995 (*voir* RÉFÉRENDUM DE 1995). De sorte qu'au moment précis où le Québec s'apprête à vivre l'expérience de l'État-nation, la pensée politique à ce sujet tente de dégager «la nation» de ses termes identitaires et ethniques. Le plaidoyer pour le Québec souverain en appelle à une société moderne, laïque, pluraliste et ouverte sur le monde. Ce que d'aucuns désignent par un nationalisme «civique» ou «territorial» s'adressant à tous les citoyens sans égard pour leurs particularismes d'origine. Le nationalisme exprimé ne se fonde plus sur l'identité ou l'idée d'une descendance commune empreinte ou accusée de xénophobie, mais sur la citoyenneté d'un peuple qui partage la même histoire, les mêmes institutions et s'identifie à un territoire commun. Un tel sentiment national est aussi dit social puisqu'il privilégie l'inclusion, et fait appel à une culture de convergence respectueuse des valeurs démocratiques. Il s'agit cette fois de l'affirmation d'une société ouverte sur le monde, d'un nationalisme qui situe l'État souverain du Québec dans le système des échanges mondiaux et de l'interdépendance croissante des États.

Lucille Beaudry

Nationalisme économique Il vise à renforcer la mainmise du Canada sur son économie. Il apparaît ces derniers temps en réponse à la forte présence étrangère (surtout américaine) dans l'économie canadienne. Il existe deux formes de nationalisme économique: d'abord, le protectionnisme commercial, qui remonte au moins à la POLITIQUE NATIONALE de 1879 et qui se manifeste par l'imposition de tarifs douaniers pour favoriser la production intérieure et décourager les importations. Cette politique nationale visait en partie à élargir la base de l'économie canadienne en mettant ce qu'on appelle des «industries naissantes» à l'abri de la concurrence des grandes firmes étrangères mieux établies. Ensuite, le rejet de la mainmise étrangère sur les entreprises canadiennes, un phénomène d'après-guerre pour l'essentiel, bien que, selon l'étude bien connue *Canadian-American Industry* (1936), il y ait eu des investissements étrangers directs au Canada avant 1940.

Essor des multinationales

La montée rapide de la PROPRIÉTÉ ÉTRANGÈRE dans l'économie canadienne après la Seconde Guerre mondiale est liée à l'essor des SOCIÉTÉS MULTINATIONALES. Celles-ci se rendent compte qu'il suffit d'implanter et de gérer des usines ou des filiales sur place pour contourner les barrières tarifaires. Devant la prolifération des sociétés étrangères, les tenants du nationalisme économique commencent à s'inquiéter des problèmes créés par ce type d'investissement, en particulier le caractère rachitique et désorganisé du développement économique, et du transfert des décisions économiques vers les sièges sociaux hors du Canada. Ils exigent donc des lois propres à surveiller les activités des multinationales et à freiner la domination étrangère de l'économie.

Armés de la doctrine économique dite «loi des avantages comparés», les libre-échangistes s'attaquent aux deux formes de nationalisme économique en faisant valoir les avantages du commerce «libre et sans entraves» avec toutes les nations. Pour eux, la croissance économique sera optimale lorsque le gouvernement aura réduit au minimum ses restrictions (tarifs sur le flux des échanges commerciaux) et quand tous les pays se spécialiseront dans les produits qu'ils fabriquent le mieux et commerceront librement entre eux. Même si un tel argument n'est valable que pour le protectionnisme commercial, ses partisans l'étendent aux investissements étrangers directs au nom du LIBRE-ÉCHANGE; ainsi, les investissements étrangers ne devraient faire l'objet d'aucune entrave dans la mesure où l'établissement des entreprises étrangères au Canada ne réussit que si ces dernières fabriquent leurs produits à meilleur marché que les fabricants canadiens, ce qui favorise aussi bien les consommateurs que l'économie canadienne. Implicitement, cet argument suppose l'existence d'un environnement économique concurrentiel caractérisé par des marchés libres et des prix flexibles pour les flux des biens et des capitaux. C'est cette hypothèse même que les nationalistes économiques mettent en question en soulignant les caractéristiques économiques et politiques propres à la prolifération des multinationales et à la présence américaine dans l'économie canadienne.

Au cours des dernières décennies, quatre rapports commandés par le gouvernement expliquent les inquiétudes des nationalistes économiques. Intitulé *Canada's Economic Prospects* (1955-1957), mais connu sous le nom de Commission Gordon, du nom du président de celle-ci, Walter L. GORDON, le premier rapport s'attaque à la vague croissante d'intérêts étrangers dans l'économie canadienne, estimés à l'époque à 40 p. 100 environ. Prudent, ce rapport constate la montée des investissements étrangers directs et les préjudices portés peut-être aux «intérêts canadiens légitimes». Il recommande la participation des Canadiens, à titre de copropriétaires du moins, dans les filiales canadiennes des sociétés étrangères.

Les gouvernements de l'époque prêtent peu d'attention à ce rapport. Au début des années 60, les antinationalistes, bien représentés par le Pr Harry JOHNSON, tiennent le haut du pavé. Selon Johnson, le nationalisme économique, réaction émotive de la classe moyenne soucieuse de ses intérêts égoïstes, «accule le Canada au fond d'un cul-de-sac étroit et plein de foutaises». D'après lui, rien ne saurait améliorer plus rapidement la productivité et les revenus des Canadiens et, en particulier, des travailleurs que l'élimination de toutes les entraves au commerce et aux investissements étrangers directs.

Dépendance envers les États-Unis

Les années 60 voient néanmoins l'émergence d'une nouvelle vague de nationalisme économique bien illustrée par un ouvrage regroupant certains des articles publiés par la University League for Social Reform in *Nationalism in Canada* (1966). Cet ouvrage est suivi, à la fin des années 60 et au début des années 70, de trois autres rapports parrainés par le gouvernement et faisant état de différents problèmes liés aux filiales canadiennes de sociétés étrangères. P. ex., ces dernières ne mènent aucune activité de recherche et développement et n'ont pas les installations voulues pour ce faire. Elles ne disposent pas non plus de services de commercialisation et d'approvisionnement à part entière, fonctions souvent assurées par la société mère en Europe ou aux États-Unis.

Par conséquent, les initiatives canadiennes en faveur du développement des nouvelles technologies et de la conception et de la commercialisation de nouveaux produits se trouvent retardées. En outre, les cadres et gestionnaires canadiens ne peuvent se réaliser pleinement, et l'industrie canadienne s'adapte mal aux mutations et à la concurrence internationale à force d'intégrer maintes capacités américaines. D'autres problèmes se manifestent également: absence de Canadiens au sein des conseils d'administration des filiales sous contrôle étranger; faibles commandes d'intrants de production auprès des entreprises canadiennes étant donné que les filiales tendent à privilégier les fournisseurs étrangers de la société mère; manipulation des bilans, donc réduction du revenu imposable au Canada, du fait que le siège social peut fixer les prix à la fois des intrants et des extrants («prix de cession interne») de ses filiales.

L'extraterritorialité, à savoir la tendance qu'a le gouvernement américain d'invoquer sa compétence légale sur les filiales américaines implantées dans d'autres pays, pose un grave problème politique. En effet, en vertu des *Foreign Assets Control Regulations* (*Trading with the Enemy Act*), du *Sherman Act* et de l'article 7 du *Clayton Anti-Trust Act*, le gouvernement américain se ménage la compétence principale quand il s'agit pour les filiales américaines de décider avec quels pays elles peuvent ou ne peuvent pas commercer, d'envisager la possibilité d'une fusion et de mener d'autres activités diverses. La souveraineté du Canada à cet égard s'en trouve compromise, car malgré les différents arrangements administratifs conclus avec les États-Unis, ce pays réussit à préserver sa juridiction sur les filiales américaines implantées à l'étranger.

Pour s'attaquer à ces problèmes, un certain nombre de politiques sont recommandées à l'issue de trois études commandées par le gouvernement canadien. Dans son rapport de 1968 intitulé PROPRIÉTÉ ÉTRANGÈRE ET STRUCTURE DE L'INDUSTRIE CANADIENNE, la commission d'étude Watkins recommande la création d'un organisme spécial dont la mission sera, entre autres, de coordonner les politiques et les programmes du gouvernement touchant les sociétés multinationales et de recueillir plus d'informations sur leurs activités au Canada afin de permettre au gouvernement de mieux surveiller leur comportement. Reprenant cette recommandation, le rapport Wahn (*onzième rapport du Comité permanent des affaires extérieures et de la défense nationale sur les relations canado-américaines*), publié en 1970, prône la participation majoritaire (51 p. 100) des Canadiens aux filiales étrangères et, à l'instar du rapport Watkins, souligne la nécessité d'une législation rigoureuse pour combattre l'extraterritorialité américaine. En somme, cette législation rendrait illégal tout refus d'exportation de la part d'une société américaine implantée au Canada, peu importe la nature des relations diplomatiques entre le pays acheteur et les États-Unis. Le rapport Wahn propose également de soumettre toute acquisition étrangère d'entreprises canadiennes à l'approbation d'un organisme de supervision, comme le recommandait le rapport Watkins, et de placer désormais certains «secteurs clés» de l'économie à l'abri de toute prise de contrôle.

Le rapport Gray (1972), qui porte le nom de Herb GRAY, président du groupe de travail en charge des Investissements étrangers directs au Canada, recommande de nouveau la création d'un «organisme d'examen», mais précise aussi les éléments à prendre en considération avant d'accepter ou de refuser un projet d'investissement étranger direct. P. ex., une entreprise étrangère qui souhaite acquérir ou implanter une usine au Canada se verrait inviter à justifier son projet selon certains critères: nécessité de sa gamme de produits (s'agit-il de produits déjà disponibles sur le marché canadien?); nature de la technologie envisagée par rapport à celle déjà existante au Canada; possibilités d'emploi; projets de recherche et développement; innovation de produits et plan d'approvisionnement (matières, composants et services) au Canada.

Ces trois rapports cristallisent le sentiment nationaliste de diverses manières dans les années 70 et font éclore plusieurs organismes et groupes de pression comme le COMITÉ POUR L'INDÉPENDANCE DU CANADA (CIC). Formé en 1970 et regroupant des membres issus de professions et d'horizons géographiques divers, sans oublier les trois principaux partis politiques, ce comité se donne pour mission de mobiliser les citoyens préoccupés en faveur d'une campagne visant à pousser les pouvoirs publics de tout le pays à adopter «des politiques législatives propres à réduire la mainmise des puissances étrangères sur la vie canadienne». À cette fin, le CIC consacre de nombreux ouvrages au nationalisme économique et constitue un important forum pour les politiques nationalistes proposées.

Créée en 1974 à la suite des recommandations réunies dans les rapports Watkins, Wahn et Gray, l'AGENCE D'EXAMEN DE L'INVESTISSEMENT ÉTRANGER (AEIE) entreprend la révision de tous les projets de prise de contrôle par des intérêts étrangers ou d'établissement de nouvelles entreprises étrangères au Canada afin d'en dégager tous les avantages possibles pour les Canadiens. Organisée selon les recommandations du rapport Gray et présidée d'abord par Herb Gray, l'AEIE doit revoir en 1982 son processus d'examen jugé trop long par les entreprises canadiennes et étrangères, qui y voient aussi une entrave aux nouveaux investissements étrangers directs. Abrégé et simplifié, le processus d'examen des «petites entreprises» s'applique désormais à tout projet d'entreprise comptant moins de cinq millions de dollars d'actif brut et de 200 employés, contrairement au plafond précédent de deux millions de dollars et de 100 employés.

Enfin, le PROGRAMME ÉNERGÉTIQUE NATIONAL (PEN), lancé en 1980 par le gouvernement libéral, est un autre fruit du nationalisme économique. Ce programme vise à assurer la sécurité des approvisionnements énergétiques du Canada (en particulier, à mettre fin à sa dépendance à l'égard des approvisionnements mondiaux en pétrole et en gaz naturel) et à offrir aux Canadiens la possibilité de renforcer leur contrôle de l'industrie énergétique. L'objectif initial est de contrôler, en 1990, la moitié de la production canadienne de pétrole et de gaz naturel. Grâce à une nouvelle taxe imposée à tous les producteurs de pétrole et de gaz naturel, le gouvernement peut financer son Programme d'encouragement du secteur pétrolier (PESP) en redistribuant les recettes aux entreprises canadiennes qui investissent dans l'industrie énergétique. Au cours des deux premières années du PESP, le contrôle canadien du secteur énergétique passe de 22,3 p. 100 à 33,1 p. 100.

Les adversaires du gouvernement libéral critiquent cependant vivement le PEN en prétendant que l'acquisition des avoirs étrangers ne peut se faire qu'à des prix exorbitants et à des taux d'intérêt extrêmement élevés. Ils affirment aussi que ce programme paralyse financièrement les sociétés d'énergie canadiennes en les obligeant à dépasser leurs possibilités d'investissement, et qu'il n'est rien d'autre qu'une gigantesque «machine à sous» pour le gouvernement fédéral. Les défenseurs du PEN admettent que la malchance et les taux d'intérêt élevés ont certes ébranlé le programme, mais ils maintiennent toutefois la nécessité de ce dernier si l'on veut que les Canadiens profitent des milliards de dollars qui autrement se seraient trouvés exclusivement entre des mains étrangères. Arrivé au pouvoir, le gouvernement de Brian Mulroney remplace le PEN par une nouvelle initiative en faveur du LIBRE-ÉCHANGE avec les États-Unis.

Il importe de réaliser qu'on peut mieux comprendre le nationalisme économique dans le contexte général de la dépendance du Canada envers les États-Unis. En effet, dans de nombreux domaines (spectacle, édition, magazines, éducation, défense, médias, etc.), l'influence américaine menace de devenir écrasante, donnant ainsi du poids aux arguments des nationalistes économiques soucieux avant tout de préserver le mode de vie canadien. Bref, ce qui, aux yeux des antinationalistes, n'est qu'un protectionnisme étroit au détriment du bien-être économique des Canadiens pourrait être perçu davantage comme un contre-mouvement visant à protéger la société et la souveraineté canadiennes.

Abraham Rotstein

Native Earth Performing Arts (NEPA) La seule troupe de théâtre professionnelle autochtone de Toronto et l'une des rares au Canada. Elle est fondée en 1982 par Bunny Sicard, Denis Lacroix et six autres membres du conseil d'administration, pour être un «lieu privilégié où les thèmes autochtones traditionnels et contemporains pourront s'exprimer», et faire connaître les valeurs et les croyances culturelles autochtones à «tous les peuples». Elle commence ses activités le 2 octobre 1982 en présentant sa première commande, *Native Images in Transition,* œuvre collective qui, coproduite avec le Kam Theatre Lab à Thunder Bay, marque l'ouverture du Thunder Bay Exhibition Centre-Centre for Indian Arts. La pièce présente de la poésie, des chants et de la prose autochtones.

Troupe itinérante basée à Toronto, Native Earth présente des pièces autochtones inédites et se donne pour mission de favoriser la participation des autochtones aux arts de la scène en général. La compagnie offre des ateliers d'interprétation, de percussion, de danse, de confection de masques, de numéros de clown et de mouvement au Native Canadian Centre de Toronto ainsi que, dans le cadre de tournées, dans les localités autochtones.

Les premières pièces, montées et interprétées par des autochtones de tous les coins de l'Amérique du Nord, sont surtout des créations collectives inspirées de thèmes et de légendes autochtones. Sous la direction artistique de Monique Mojica (1983-1984), la troupe commence, comme elle le dit elle-même, à «courir des risques». En décembre 1984 et en janvier 1985, Mojica présente l'œuvre collective *Give Them A Carrot For As Long As The Sun Is Green,* montée par Muriel Miguel. La critique accueille défavorablement cette pièce centrée sur ce groupe marginaux de la rue évoluant dans un grand centre urbain. Malgré tout, grâce au rapprochement délibéré que l'œuvre tente de faire entre les absurdités de la vie évoquées dans *En attendant Godot* et celles que vivent les autochtones d'aujourd'hui, la troupe se fait connaître. Avec *Trickster's Cabaret* en 1985, la troupe délaisse les lieux habituels de représentation, à

savoir les centres communautaires et les cafés-restaurants, et tient l'affiche pendant cinq jours au THEATRE PASSE MURAILLE.

Le Filou, personnage de la mythologie autochtone aussi appelé Nanabush et Weesageechak, revient régulièrement dans les pièces de la troupe et sert de lien entre le peuple autochtone contemporain, sa tradition et la société urbaine des Blancs. Avec *The Rez Sisters* (novembre et décembre 1986) et *Aria* (mars 1987) de Tomson HIGHWAY, la NEPA entreprend des tournées internationales, aux festivals d'Édimbourg et d'Aasivik (Groenland). Pendant que Highway est directeur artistique de la troupe (1986-1992), quatre de ses pièces lui valent le respect croissant du monde des arts de la scène: *The Rez Sisters* remporte le prix Dora Mavor Moore décerné à la meilleure nouvelle pièce et le prix Chalmers pour son interprétation exceptionnelle en 1986; *Aria* est sélectionnée pour le prix Dora Mavor Moore de la meilleure production pour une petite troupe de théâtre en 1987; *The Sage, The Dancer and The Fool* est mis en nomination pour le prix Dora Mavor Moore de la meilleure nouvelle pièce, catégorie des petits théâtres (1989); et *Dry Lips Oughta Move to Kapuskasing* remporte quatre prix Dora Mavor Moore en 1989-1990. Au cours des années suivantes, bon nombre des pièces de la troupe sont primées ou mises en candidature pour des prix à l'échelle locale, régionale, nationale et internationale.

C'est également sous la direction artistique de Highway que la troupe prend une importante initiative, celle de donner aux autochtones un meilleur accès aux arts de la scène. En 1989, la série d'ateliers annuels *Weesageechak Begins to Dance,* festival de nouvelles pièces en cours d'élaboration, est inaugurée. Elle consiste en des lectures sur scène d'œuvres écrites par trois à sept écrivains, notamment celles de Floyd Favel et Drew Hayden Taylor, qui seront plus tard directeurs artistiques. Depuis, bon nombre de ces pièces élaborées en atelier ont été montées et ont allongé la liste des prix remportés par la troupe.

Sous la direction artistique de Drew Hayden Taylor, la NEPA continue de présenter des pièces inédites d'écrivains autochtones, en plus de son festival Weesageechak annuel. Depuis le départ de Taylor en 1997, les objectifs du festival, qui sont de «rejoindre les autochtones, [de] faire connaître leurs expériences culturelles aux gens de toutes origines culturelles et [de] créer une ambiance de communication entre autochtones et vis-à-vis du monde qui les entoure», sont réalisés par l'entremise d'une structure administrative de type coopératif. Toujours dans le but de favoriser la communication, le site Web de la compagnie offre plus de 130 liens dans 13 catégories avec d'autres pages d'accueil consacrées aux arts de la scène.

Cecily M. Barrie

Nattiez, Jean-Jacques, musicologue (Amiens, France, 30 déc. 1945). Citoyen canadien depuis 1975. Il étudie d'abord à Amiens, puis à Aix-en-Provence et finalement à Paris. Il rédige sa thèse de doctorat sur la sémiologie musicale, qui applique des modèles tirés de la linguistique structurale à l'analyse musicale. Depuis lors, ses recherches font autorité en la matière. Il suscite pour la première fois l'intérêt des musicologues du monde entier avec son ouvrage *Fondements d'une sémiologie musicale,* publié en 1975. Une édition révisée, *Musicologie générale et sémiologie,* paraît en 1987.

Nattiez commence à enseigner à l'U. de Montréal en 1970. Depuis 1973, il donne de nombreuses conférences dans le monde entier, en particulier sur la sémiologie musicale, mais aussi sur Wagner, sur le romancier Marcel Proust et sur la musique des Inuits, sujets sur lesquels il a beaucoup écrit. Il reçoit deux fois le Grand Prix du disque de l'académie Charles-Cros à Paris: en 1979, pour sa production d'un enregistrement de jeux et de chants inuits pour l'UNESCO et, en 1987, pour sa «Collection universelle de musique populaire enregistrée», produite pour le musée d'ethnographie de Genève. Depuis 1981, il dirige, conjointement avec Pierre Boulez, la prestigieuse série «Musique / Passé / Présent» à la maison d'édition Christian Bourgois à Paris.

En 1988, Nattiez devient membre de la Société royale du Canada et reçoit la médaille Dent de la Royal Society of Music de Londres. Il est reçu membre de l'Ordre du Canada en 1990 et gagne le prix Molson la même année. En 1994, il reçoit le prix Léon-Gérin du gouvernement du Québec et, en 1998, les prix Opus du Conseil québécois de la musique, Québec-Paris de littérature et Koizumio Fumio pour l'ethnomusicologie. L'Académie de Languedoc 1998 lui décerne le prix Louis-Hémon, en 1999.

Claire Versailles

Nattrass, Susan Marie, tireuse au pigeon d'argile (Medicine Hat, Alb., 5 nov. 1950). Nattrass est la figure dominante de cette discipline sportive. Six fois championne du monde, elle est la première femme à prendre part aux épreuves de tir au pigeon d'argile aux Jeux olympiques de Montréal, en 1976. Elle participe aux épreuves masculines lors des championnats mondiaux et elle se classe troisième au championnat mondial de 1986. En 1981, elle obtient le TROPHÉE LOU-MARSH, qui couronne l'athlète canadien de l'année, et reçoit l'Ordre du Canada. Elle n'hésite pas à endosser la cause de l'égalité dans le sport et elle est une des athlètes canadiennes qui a connu le plus de succès parmi les femmes de sa génération. Elle est membre du Temple de la renommée des sports du Canada, ainsi que de celui de l'Alberta. Nattrass est la directrice du département d'éducation physique de l'U. St. Mary, à Halifax.

Gerald Redmond

Naufrages et épaves Les naufrages existent depuis aussi longtemps que les voyages en mer. À l'origine, il arrive tout simplement que les marins perdent leur chemin et fassent naufrage sur la côte. Cependant, certains des naufrages les plus tristement célèbres de l'histoire sont dus à l'échec de la technologie humaine devant une mer impitoyable. Le meilleur exemple est sans aucun doute le naufrage, lors de son voyage inaugural, du SS TITANIC, la plus grande merveille technologique de son époque, qui coule après avoir heurté un iceberg au cours d'une nuit brumeuse d'avril 1912, à 320 milles marins de Terre-Neuve, causant la mort de plus de 1500 personnes.

Naufrages spectaculaires Le Canada connaît aussi sa part de naufrages spectaculaires dont, notamment, celui du SS EMPRESS OF IRELAND. À la suite d'une collision, ce paquebot du Canadien Pacifique sombre en 14 minutes dans le golfe du Saint-Laurent, tout près de Rimouski, le 29 mai 1914. Des 1477 passagers et membres d'équipage, 1014 trouvent la mort, ce qui en fait à l'époque le naufrage le plus meurtrier après celui du Titanic. Cependant, ni le paquebot, ni la liste de ses passagers n'a la magnificence de ceux du SS Titanic. L'incident tombe donc rapidement dans l'oubli dans un monde sur le point d'entrer en guerre. L'ÎLE DE SABLE, un banc de sable en forme de croissant situé à 300 km (160 milles marins) à l'est-sud-est de Halifax, est aussi tristement célèbre pour ses naufrages. Surnommé le «cimetière de l'Atlantique» à cause de ses sables mouvants, ce banc de sable a été la cause d'une centaine de naufrages.

En novembre 1975, l'Edmund Fitzgerald, un vraquier américain moderne, sombre avec tout son équipage au cours d'une tempête sur le lac Supérieur. Cette récente tragédie canadienne nous rappelle que les navires d'aujourd'hui ne sont pas encore insubmersibles. Heureusement, les naufrages sont de moins en moins fréquents, mais avec la dimension et la complexité croissantes des navires, un seul naufrage peut coûter très cher, sans compter les coûts de la dépollution dans le cas de pétroliers ou de transporteurs de produits chimiques. En 1992, un peu plus de 250 navires au total sont déclarés perdus. Ce nombre peut sembler énorme, mais il faut le comparer à la taille de la flotte mondiale qui comprend plus de 80 000 navires marchands de plus de 100 t.

Archéologie subaquatique Les naufrages frappent l'imagination depuis longtemps. Depuis peu, cependant, ils attirent aussi l'attention de l'archéologie subaquatique. Depuis une vingtaine d'années, la facilité avec laquelle on peut se procurer un équipement de plongée sous-marine suscite une recrudescence de l'intérêt pour les épaves. Les archéologues professionnels s'inquiètent des dommages que peuvent causer les explorateurs amateurs et les chasseurs de trésors aux vieilles épaves fragiles. Néanmoins, archéologues et amateurs de plongée découvrent beaucoup d'épaves d'intérêt historique dans les eaux canadiennes.

Les vestiges de navires de la flotte britannique de l'amiral Walker (qui appuyait le général Wolfe lors de la prise de Québec) qui ont été coulés, sont découverts près de l'île Scatari (Nouvelle-Écosse) et près de Pointe-aux-Anglais (Québec), dans le fleuve Saint-Laurent. Dans le lac Ontario, les épaves des vaisseaux de guerre britanniques Hamilton et Scourge, qui ont coulé pendant une violente tempête au cours de la guerre de 1812, sont maintenant protégées. Dans les eaux arctiques, on retrouve l'épave du BREADALBANE, qui a coulé alors qu'il participait à la mission de RECHERCHE DE FRANKLIN.

Épaves et navires abandonnés Le terme «épave» réfère généralement à un navire qui coule, s'échoue ou brûle, mais on peut aussi employer des termes plus précis. Les «épaves flottantes» sont les biens matériels qui flottent à la dérive sur l'eau à la suite d'un naufrage, alors que la «cargaison jetée à la mer» est faite d'objets jetés volontairement par-dessus bord afin d'alléger un navire en train de couler. Les «objets abandonnés» englobent tous les biens (navires ou cargaison) abandonnés en mer sans espoir de les récupérer. Le terme «épave» comprend aussi bien les morceaux de navire que l'équipement ou la cargaison. Au Canada, les dispositions qui régissent le traitement et la récupération des épaves sont contenues dans la *Loi sur la marine marchande du Canada,* administrée par la GARDE CÔTIÈRE CANADIENNE. (*Voir aussi* DÉSASTRES.)

Michael A.H. Turner

Nault, Fernand, nom de scène de Fernand-Noël Boissonneault, danseur, chorégraphe, professeur et metteur en scène (Montréal, 27 déc. 1921). En tant que chorégraphe attitré des GRANDS BALLETS CANADIENS, il crée une série de ballets d'un genre très théâtral, notamment *Carmina Burana* (1967) et *Tommy* (1970), qui contribuent grandement à la popularité de la compagnie à une étape cruciale de son développement.

Formé au Canada, aux États-Unis et en Europe, Nault danse avec l'American Ballet Theatre (1944-1965) et est aussi maître de ballet pour cette compagnie à partir de 1958. Son association de longue date avec Les Grands Ballets commence en 1965. Il y occupe les fonctions de directeur adjoint (1967-1974), directeur des écoles (1974-1976) et chorégraphe attitré. La compagnie reprend régulièrement certaines de ses œuvres. Nault est chorégraphe invité (1978-1981) et directeur artistique (1981-1982) du Colorado Ballet.

Nommé chorégraphe émérite des Grands Ballets, en 1990, l'artiste est invité, quatre ans plus tard, à monter son célèbre *Carmina Burana* à Séoul, une pièce dont il dirigera à nouveau la mise en scène aux GBCM 1998. Responsable, pendant plus de 30 ans, de la mise en place annuelle de son conte chorégraphique, *Casse-Noisette,* pour les GBCM, Fernand Nault a aussi collaboré avec l'OPÉRA DE MONTRÉAL, plus précisément dans les opéras *Aïda* et *La Veuve joyeuse,* respectivement présentés en 1986 et 1991.

Il est nommé Membre de l'Ordre du Canada (1977), Chevalier de l'Ordre national du Québec (1990) et récipiendaire du Prix du Québec (1984) et du prix Denise-Pelletier (1984).

Michael Crabb et Andrée Martin

Navas, José, (né Domingo Navas Martinez), danseur, chorégraphe, metteur en scène (Caracas, Venezuela, 10 janv. 1965). Depuis Montréal, où il s'établit en 1991, il se fait connaître au niveau international comme danseur et chorégraphe apprécié. Navas est considéré comme un interprète charismatique dont la théâtralité est forte et expressionniste. Son utilisation imaginative des décors, des costumes et des éclairages donne à ses œuvres une forme distincte. Que ce soit comme soliste ou avec sa compagnie, Flak, Navas fait des tournées au Canada et à l'étranger, aussi bien en Autriche, Belgique, Grande-Bretagne, France, Hollande, Israël, Italie, au Portugal que dans son Venezuela natal.

Navas étudie la littérature à l'U. du Venezuela lorsqu'il prend sa première leçon de danse à l'âge de 17 ans, suivant la technique de l'Américain Merce Cunnigham, une sommité en danse moderne. Il ne tarde pas à étudier aussi le ballet classique. En 1987, il est accepté à l'école de Cunnigham, à New York. Un an plus tard, il est engagé dans la compagnie de danse moderne de Lucinda Child, où il continue à danser jusqu'en 1990. En même temps, il travaille avec la compagnie du danseur et chorégraphe britannique, Michael Clark, et avec la compagnie new-yorkaise du danseur et chorégraphe canadien expatrié, William DOUGLAS. En 1991, Navas et Douglas décident de déménager au Canada où Douglas s'est vu offrir un poste de professeur à l'U. du Québec à Montréal.

Navas danse pendant deux ans et demi avec la compagnie de Marie CHOUINARD, tout en continuant à se produire avec Douglas. En 1992, avec le soutien de Douglas, il présente son premier spectacle solo et ne tarde pas à faire des tournées autonomes. Il fonde une société à responsabilité limitée, la compagnie Flak, en 1995, l'année de la mort de Douglas, et commence à chorégraphier des œuvres de groupe deux ans plus tard. Il commande pour lui-même des œuvres d'autres chorégraphes. Ses propres créations sont aussi interprétées par MONTRÉAL DANSE et par Benoît Lachambre. Navas et sa chorégraphie sont aussi vus à l'écran, notamment dans le duo primé qu'il a créé pour le court métrage réalisé par Philippe Baylaucq pour l'OFFICE NATIONAL DU FILM, Lodela.

En septembre 1995, Navas est, avec Douglas, le récipiendaire d'une prestigieuse récompense Off-Broadway, à New York, un Bessie Award (danse et interprétation), pour son interprétation du solo émouvant de Douglas, *While Waiting.*

Michael Crabb

Navet (*Brassica Rapa,* groupe des rapifères) LÉGUME bisannuel qui appartient à la famille des crucifères. On le cultive dans toutes les provinces pour sa racine. Il provient de la Sibérie et introduit en Angleterre vers 1550, puis, par la suite, en Amérique par les premiers colons. Le RUTABAGA est une variété de *B. Rapa,* mais possède des racines plus petites, rondes et plates, des feuilles vertes pubescentes et une chaire blanche ou jaune. Il existe divers cultivars (variétés commerciales) de navet à chaire blanche ou jaune. Le navet est un légume qui nécessite un climat tempéré et se cultive au printemps ou à l'automne. Sa saison de croissance est d'environ 60 jours. Il est susceptible d'être atteint de la hernie et de pourriture noire (des maladies fongiques) et est attaqué par des parasites comme le puceron, la puce terrestre et la mouche du chou. On sert ses feuilles comme celles des épinards, et elles constituent une excellente source de calcium, de fer et de vitamines A, B et C. La racine contient du calcium, du potassium, du sodium ainsi que des vitamines A et C.

Hugues Leblanc

Navette (*voir* CANOLA)

Navigation Science qui permet de trouver son chemin entre deux points. Toutefois, le terme est maintenant employé plus couramment dans le contexte de l'aviation ou des déplacements maritimes, comme dans les expressions «navigation aérienne» ou «navigation maritime». La navigation nécessite l'identification de sa position et la mesure du mouvement par rapport à la surface de la terre. L'essor de cette science est étroitement lié à l'histoire des entreprises de l'homme pour traverser les mers sous l'aiguillon de deux forces jumelées, soit l'exploration du monde et l'expansion commerciale.

On a la preuve que les Phéniciens, les Arabes et les anciens Grecs utilisaient couramment la position nocturne des étoiles et des constellations comme aide à la navigation en mer. Cette connaissance s'est toutefois perdue chez les Européens durant le haut Moyen Âge et se retrouve seulement après l'an 1000, retransmise par les Arabes. Plusieurs cultures indigènes du Pacifique ont utilisé ces techniques. Jusqu'à la réintroduction de ce concept, les techniques de navigation employées en Europe consistaient habituellement à garder les terres en vue et à utiliser les portulans montrant la forme des côtes et la localisation de chaque port.

La traduction de la *Géographie* de Ptolémée vers 1409 amorce une révolution dans la navigation et introduit en Europe le concept de la division de la surface de la terre en un maillage est-ouest et nord-sud de lignes de latitude et de longitude. L'intersection de la latitude et de la longitude indique la position du navire. La latitude, ou position nord-sud, peut être déterminée par l'utilisation d'un sextant qui mesure l'angle d'une l'étoile connue ou du soleil à son point le plus élevé au-dessus de l'horizon en s'appuyant sur les cartes du ciel établies par les astronomes. Toutefois, la longitude, ou position est-ouest, requiert la connaissance de l'heure du relevé de la visée d'une étoile. Cela stimule la mise au point de mécanismes d'horlogerie de précision (ou chronomètres). Ainsi, les développements de la mesure du temps, de la navigation, de l'astronomie et de la cartographie sont étroitement liés.

Alors que la navigation par les astres est encore enseignée aux officiers de marine, on compte énormément sur l'apport des techniques modernes de navigation aérienne et maritime. Pour les marins, ces techniques vont de systèmes de satellite tels que le Système de positionnement global (GPS), jusqu'aux systèmes radio de mesure de position tels que le «LORAN-C», encore d'utilisation courante en Amérique du Nord, en passant par des aides plus conventionnelles, comme les PHARES, les bouées et les balises côtières. Au Canada, c'est la GARDE CÔTIÈRE CANADIENNE, dépendant du ministère des Pêches et des Océans, qui fournit les aides à la navigation à tous les types d'usagers, du bateau de plaisance au grand cargo porte-conteneurs. Les aides à la navigation aérienne sont fournies par Transport Canada.

À cause de sa longue tradition, la navigation maritime prime normalement sur toute autre utilisation de l'eau. L'approbation de travaux de construction qui pourraient l'entraver doit être demandée à la Garde côtière canadienne.

R. Landry et Michael A.H. Turner

Navigation de plaisance Les Canadiens sont parmi les plus grands amateurs de navigation de plaisance au monde: plus de 50 p. 100 d'entre eux, soit 13 millions de personnes, s'y adonnent chaque année dans différents types d'embarcations. Ils sont propriétaires de 2,3 millions d'embarcations allant du canot aux yachts de plus de 20 m, soit plus de deux fois le nombre d'embarcations par habitant aux États-Unis. Chaque année, la navigation de plaisance génère plus de 2,5 milliards de dollars en dépenses directes.

Le climat ne permet pas la pratique de la navigation à longueur d'année, sauf sur la côte Ouest, mais il y a au Canada plusieurs ressources naturelles favorisant cette activité. Le Canada possède plus de plans d'eau que tout autre pays au monde, une myriade de lacs et de rivières s'étalent de par le pays, quelques-uns des plus longs fleuves au monde s'étirent jusqu'aux coins les plus reculés et deux vastes océans le bordent à chaque extrémité.

Au cours de l'histoire, les Canadiens ont vécu près de l'eau et ont voyagé sur l'eau. Les autochtones

ont conçu différents types d'embarcations allant des CANOTS D'ÉCORCE ou de peaux jusqu'aux magnifiques embarcations destinées aux longs voyages maritimes. Les premiers explorateurs et marchands mettent peu de temps à constater l'utilité de ces embarcations artisanales et les adoptent d'emblée.

Chaque année, la Compagnie de la baie d'Hudson, la Compagnie du Nord-Ouest et d'autres expédient par bateau leurs produits sur de longues distances et, par nécessité, adaptent le canot à leurs besoins. Les premières fabriques d'embarcations utilisant des techniques spécialisées de production voient le jour au Québec à la fin du XVIIIe siècle afin de répondre à la demande de canots.

Vers 1850, la navigation de plaisance est populaire dans toutes les couches de la société. Alors qu'un grand nombre de personnes profitent du canot ou des embarcations à avirons, les mieux nantis dépensent sans compter pour acheter des embarcations de course aux lignes pures ou pour participer aux paris qu'elles suscitent. On forme des clubs de navigation de plaisance pour tout genre d'embarcations, et il est d'usage d'organiser des compétitions pour les membres.

Toutefois, les Canadiens ne se contentent pas de leurs succès locaux et se taillent rapidement une place sur la scène mondiale. Ned HANLAN remporte le championnat du monde d'aviron en 1880; le Canada dispute la Coupe America à deux reprises, en 1876 et en 1881; en 1896, un yacht judicieusement appelé *Canada* remporte un trophée lors d'une course sur les Grands Lacs, symbole de la rivalité (qui dure encore) opposant le Canada et les États-Unis dans le sport de la VOILE.

Au début du siècle, la mécanisation atteint la navigation de plaisance. On construit des usines qui utilisent des méthodes sophistiquées pour satisfaire la demande croissante d'embarcations et on peut maintenant se procurer des moteurs pour propulser tout genre d'embarcations. Bien que les petits bateaux à vapeur soient utilisés depuis un certain temps, le moteur à gaz révolutionne la navigation de plaisance et atteint son point culminant avec le moteur amovible (hors-bord) que l'on connaît aujourd'hui.

Des techniques et des matériaux mis au point pour d'autres usages, particulièrement la fibre de verre et l'aluminium, sont adaptés pour la construction d'embarcations. En 1950, le Canada compte 72 558 embarcations enregistrées. Seules les embarcations dont le moteur dépasse une capacité de 7,4 kW (10 cv) exigent un permis. Ce chiffre représente donc seulement une partie du nombre d'embarcations. Cependant, en 1987, 1 310 000 permis sont émis. Presque toutes ces embarcations sont de fibre de verre ou d'aluminium.

Dans les années 80, le petit hors-bord est le plus populaire et représente environ 45 p. 100 de toutes les embarcations. Facile à manœuvrer et à transporter, le hors-bord est une source d'agrément pour des millions de pêcheurs, de chasseurs, d'adeptes du ski nautique et de plaisanciers d'occasion. Le canot, de son côté, représente 30 p. 100 de toutes les embarcations. Peu coûteux, il peut presque n'importe où. La chaloupe à rames, longtemps dans l'ombre des embarcations motorisées, gagne en popularité auprès des fervents de la condition physique. Quant aux voiliers, embarcations souvent les plus impressionnantes et les plus remarquées, ils représentent 10 p. 100 de la flotte canadienne.

La fibre de verre a révolutionné la construction des voiliers d'abord réservés aux riches ou aux pêcheurs professionnels. Des milliers de personnes peuvent maintenant se procurer des embarcations de bonne conception, économiques, durables et aux lignes pures. Les manufacturiers canadiens ont connu beaucoup de succès dans ce secteur en particulier: un voilier sur deux fabriqué au Canada est

exporté, ce qui engendre plus de 60 millions de dollars de ventes annuelles à l'étranger.

Les embarcations motorisées de plus grande taille avec moteur en Z ou moteur en-bord représentent 6 p. 100 de toutes les embarcations. Les inquiétudes concernant la consommation de carburant ont entraîné des améliorations dans le design de la coque, et l'attention particulière portée à la conception extérieure et au détail a créé de nouvelles demandes.

Au Canada, les plaisanciers sont régis par la *Loi sur la marine marchande du Canada* et le *Règlement sur les petits bâtiments*. Ces deux lois sont administrées par Transports Canada, par le biais de la GARDE CÔTIÈRE CANADIENNE. Toutefois, il arrive souvent que l'application de la loi soit assurée par le service de police local. Avec le concours du ministère de la Défense nationale et de nombreux bénévoles, ces organismes assurent des services de recherches et de sauvetage dans tout le pays.

Plusieurs associations de plaisanciers, souvent regroupées en organismes nationaux selon leurs intérêts, travaillent en étroite collaboration avec le gouvernement. Ainsi, l'Association canadienne de yachting et les Escadrilles canadiennes de plaisance desservent les adeptes de voiliers ou d'embarcations motorisées d'un océan à l'autre et dispensent des cours de matelotage et de navigation. Parmi les autres groupes s'occupant d'activités similaires, on trouve la Fédération nautique du Canada (qui régit aussi les courses d'embarcations motorisées), la CROIX-ROUGE et la Société royale de sauvetage du Canada.

Tout en enseignant les principes de la navigation, plusieurs de ces groupes s'occupent aussi de la navigation en tant qu'activité sportive. Les victoires récentes des athlètes canadiens dans ces sports les ont propulsés au premier rang des compétitions olympiques et panaméricaines. Le Canada dispute la Coupe America en 1983 et en 1987 et obtient une place respectable à l'arrivée. Les athlètes canadiens connaissent du succès lors de compétitions de CANOTAGE et d'AVIRON. Trois années consécutives (1959-1961), *Miss Supertest* remporte le trophée Harmsworth dans la compétition d'hydroglisseurs.

La navigation de plaisance est privilégiée par la géographie du Canada, et les Canadiens ont su en tirer avantage.

Michael Vollmer

Navigation, lois sur la Il s'agit de lois anglaises très complexes datant de 1651 et de 1660 qui règlent la navigation et le commerce maritime britannique et plus tard de l'Empire, afin de stimuler la puissance économique et maritime (*voir* MERCANTILISME). Elles régissent la propriété et la nationalité des équipages des navires commerçant avec la Grande-Bretagne et ses colonies, et les itinéraires et marchandises. Elles visent à lier économiquement l'Amérique du Nord britannique aux colonies des Antilles. De façon générale, le commerce entre les colonies de l'Amérique du Nord britannique, les autres colonies et la Grande-Bretagne doit se faire sur des navires britanniques ou coloniaux. Le commerce sur les Grands Lacs ne cadre pas vraiment dans ce système et l'application des lois est relâchée avant 1815. Dès 1822, la loi permet le commerce de plusieurs marchandises sur les Grands Lacs. À la suite de l'abrogation en 1846 des LOIS SUR LES CÉRÉALES, les Canadiens dénoncent avec ressentiment ces lois qu'ils jugent un fardeau. Elles sont abrogées en 1849 dans le cadre d'une évolution générale vers le libre-échange.

Douglas McCalla

Navy, île D'une superficie de 130 km², elle est située en Ontario. C'est la seule île canadienne sur la RIVIÈRE NIAGARA. Elle est la propriété du gouvernement fédéral et gérée par la Commission des parcs du Niagara. On n'y accède qu'en bateau. Elle s'appelle ainsi parce que son bois servait à la construction des navires de la marine britannique au milieu des années 1760. Elle fut occupée par des insurgés durant les RÉBELLIONS DE 1837-1838. À la fin des années 1880, elle est dotée d'un hôtel de villégiature estival, de vergers et de bâtiments de ferme. En 1945, on propose d'en faire un quartier général permanent des Nations Unies, mais elle demeure un endroit isolé, sauvage et inhabité, rarement fréquenté, sauf pour le camping estival.

John N. Jackson

Neal, William Merton, surnommé «Billy», dirigeant de chemin de fer (Toronto, 20 juin 1886—Longbow Lake, Ont., 19 oct. 1961). Neal entre au service du Canadien Pacifique en 1902 et, deux ans plus tard, il occupe un poste de sténographe à Winnipeg. Il fait en grande partie carrière dans l'Ouest, même s'il est détaché comme secrétaire général de la Commission des chemins de fer canadiens pendant la Première Guerre mondiale. Il succède à D.C. COLEMAN comme directeur général des lignes de l'Ouest en 1934 et devient vice-président en 1942. Neal, qui engage Grant McCONACHIE comme adjoint à Winnipeg, favorise continuellement les activités de McConachie ainsi que celles de CP Air (aujourd'hui les Lignes aériennes Canadien International). Le gouvernement fédéral est déterminé à obliger le Canadien Pacifique à se départir de sa filiale aérienne à la fin de la guerre, mais Neal, dont les relations avec C.D. HOWE sont excellentes, le persuade du contraire et la compagnie aérienne survit. Neal est président du conseil du Canadien Pacifique pendant un an seulement avant d'être obligé de démissionner pour raison de santé.

Robert Bothwell

Neatby, Hilda Marion, éducatrice (Sutton, Angleterre, 19 fév. 1904—Saskatoon, 14 mai 1975), sœur de Kenneth NEATBY. Mieux connue comme auteure de *So Little for the Mind* (1953), une critique du système d'éducation canadien, Neatby est aussi membre influent de la Commission Massey (*voir* COMMISSION ROYALE D'ENQUÊTE SUR L'AVANCEMENT DES ARTS, LETTRES ET SCIENCES AU CANADA), historienne du Québec et professeure à l'U. de la Saskatchewan. Dans son étude publiée en 1953, Neatby préconise un retour aux sources pour l'enseignement au primaire et recommande de mettre l'accent sur l'enseignement traditionnel pour les meilleurs élèves des écoles secondaires. Elle présente ses idées avec conviction. Celles-ci sont vivement critiquées par les fonctionnaires de l'éducation et provoquent des discussions partout au Canada. En 1966, elle publie *Quebec, The Revolutionary Age, 1760-1791.* L'année suivante, elle devient Compagnon de l'Ordre du Canada.

Michael Hayden

Neatby, Kenneth William, scientifique agricole (Sutton, Angl., 30 mars 1900—Ottawa, 27 oct. 1958), frère de Hilda NEATBY. Fils d'un médecin anglais qui émigre en Saskatchewan en 1906, Neatby se joint au Laboratoire fédéral de recherche sur les rouilles à Winnipeg en tant que généticien du blé en 1926 et, en 1933, il découvre une façon de prévenir la rouille chez les nouveaux hybrides du blé. Il enseigne à l'U. de l'Alberta de 1935 à 1940 et est ensuite agent de liaison agricole pendant six ans pour un grossiste de blé. Après être devenu directeur du Service scientifique du ministère de l'Agriculture en 1946, il en double la taille et triple le budget, jetant ainsi les fondations d'un nouveau service de recherche qui sera inauguré quelques mois après sa mort. Le pavillon Neatby du Ministère, qui compte 125 laboratoires, a été nommé ainsi en sa mémoire.

Donald J.C. Phillipson

Nechako, rivière Elle prend sa source dans la CHAÎNE CÔTIÈRE au centre-ouest de la Colombie-Britannique et s'écoule vers l'est, formant le principal affluent du FLEUVE FRASER. En raison des nombreux barrages effectués en amont, il est dorénavant impossible d'en déterminer la longueur ou la source avec précision. Depuis les années 1950, ses eaux d'amont ont reculé jusque dans l'immense

réservoir de Nechako, derrière le barrage Kenney, et les deux tiers de ses eaux sont déviées à l'ouest afin d'alimenter en énergie l'usine d'aluminium de KITIMAT. Cette rivière draine 46 000 km² (14 000 km² au-delà du barrage). Ses principaux affluents sont les rivières Cheslatta, Nautley et Stuart.

En 1806, James McDougall de la CNO est le premier homme blanc à atteindre la Nechako, alors appelée Incha-Khoh («grosse rivière») par les autochtones PORTEURS de la région. En 1807, Simon FRASER fonde Fort George (aujourd'hui PRINCE GEORGE) au confluent de la Nechako et du Fraser. Les commerçants de fourrure de la vallée ont, à la fin du XIXᵉ siècle, cédé la place aux prospecteurs en route vers les mines d'or d'Omineca et du Klondike, ainsi qu'aux constructeurs de la ligne télégraphique du Yukon. Au début du XXᵉ siècle, les *homestead*ers viennent cultiver la région. Aujourd'hui, la vallée soutient une économie basée sur l'agriculture, la foresterie et l'exploitation minière. La Nechako et ses affluents sont d'importantes zones de frai du saumon. La dérivation et la réglementation de la rivière en vue de la production d'énergie hydroélectrique ont provoqué le déplacement d'autochtones et de non-autochtones dans les années 1950, affectant également les populations de saumon.

Rosemary J. Fox

Neel, Louis Boyd, chef d'orchestre, administrateur, conférencier et chirurgien (Blackheath [Londres], Angl., 19 juil. 1905—Toronto, 30 sept. 1981). En 1932, tout en œuvrant comme chirurgien auprès d'une clientèle nombreuse à Londres, il forme le Boyd Neel Orchestra, ensemble de chambre de 17 joueurs d'instruments à cordes qui exécute et enregistre de la musique contemporaine ainsi que le répertoire connu. Chirurgien dans la marine britannique durant la Seconde Guerre mondiale, il organise des concerts pour les forces armées. Il est chef d'orchestre invité des plus grands orchestres symphoniques et compagnies d'opéras en Angleterre avant de venir à Toronto comme doyen du CONSERVATOIRE ROYAL DE MUSIQUE (1953-1971).

Neel assume la direction de l'Orchestre symphonique de Radio-Canada (1953-1964), fonde et dirige le Hart House Orchestra (1954-1971) et occupe le poste de chef de l'Orchestre symphonique de Mississauga (1971-1978).

Neel est nommé Commandant de l'Empire britannique en 1953 et Officier de l'Ordre du Canada en 1972. Ses mémoires, *My Orchestras and Other Adventures: The Memoirs of Boyd Neel,* paraissent en 1985.

Mabel H. Laine

Négociation collective Méthode dont disposent le ou les employeurs d'un côté et un groupe organisé d'employés de l'autre pour déterminer les conditions de travail. Les négociations aboutissent normalement à une entente qui précise la durée du contrat et les conditions de travail, de même que d'autres questions telles que la reconnaissance du syndicat, les procédures à suivre en cas de plaintes et l'existence de comités spéciaux.

En Amérique du Nord, pour qu'un syndicat soit reconnu comme unité de négociation, il doit être accrédité, c.-à-d. prouver qu'il a le soutien d'une majorité absolue (50 p. 100 plus 1) des employés. Les services administratifs du gouvernement détiennent le pouvoir de vérifier cette représentativité, et peuvent, au besoin, demander un vote pour déterminer si, dans un cas précis, la majorité des employés veulent être représentés par un syndicat. Au Canada, la juridiction en matière de droit du travail relève des provinces, sauf pour quelques industries comme les transports, la radio et la télédiffusion dont la réglementation relève du gouvernement fédéral.

Les négociations pour une entente collective impliquent deux parties dont certains intérêts sont convergents, alors que d'autres sont plutôt divergents. Les conflits découlent d'intérêts économiques

divergents: les employés recherchent la sécurité d'emploi et de revenu, alors que les employeurs privilégient l'efficacité organisationnelle. Puisque ces conflits sont considérés comme inhérents à la structure des rapports employeur-employé, les conflits ouverts exprimés par les grèves et les lock-out sont vus comme des aboutissements logiques d'un système qui permet aux deux parties de poursuivre leurs multiples objectifs. Ils ne sont pas anormaux, et leur portée, de même que leur fréquence sont limitées parce qu'aucune des deux parties ne peut réaliser ses objectifs sans l'autre, et parce qu'elles ont en commun un certain nombre d'objectifs, tels que la santé et la sécurité au travail.

Le processus des négociations comporte quatre sous-processus: la négociation adversative, la négociation coopérative, le façonnement des attitudes, et la gestion des différences internes. Le processus de distribution a pour fonction de résoudre les conflits d'intérêt de base. Ce processus sert à assurer l'allocation des ressources fixes («diviser la tarte») et il s'exprime en termes de «gain-perte». Ensuite, le processus d'intégration vise à identifier les intérêts communs ou complémentaires. Il sert donc à augmenter les gains de part et d'autre («agrandir la tarte»), et s'exprime en termes de gain-gain. La formation d'attitudes interactives implique, pour sa part, que les attitudes (positives ou négatives) de chaque partie influencent l'autre, et reflètent les normes sous-jacentes et le ton des rapports qui se développent entre les deux parties. Enfin, la gestion des différences internes sert soit à converger vers un consensus, soit à encourager la divergence des positions à l'intérieur des organisations concernées.

Tous les gouvernements provinciaux, de même que le gouvernement fédéral, s'entendent pour dire qu'il est dans l'intérêt du public de permettre, voire d'encourager la négociation d'ententes collectives. Ils offrent des services de conciliation ou de médiation pour aider les parties à résoudre leurs différends.

Bien que la plupart des syndiqués aient le droit légal de recourir à la grève, il faut qu'un délai précis soit respecté avant que les procédures de grève ou de lock-out puissent être entamées. Par ailleurs, certains groupes n'ont pas le droit de faire la grève et doivent par conséquent faire arbitrer leurs différends devant un tribunal dont la décision sera finale. D'autres groupes doivent, en cas d'arrêt de travail, s'assurer qu'un nombre minimum d'employés vont rentrer au travail afin d'assurer le maintien des services essentiels. Il est arrivé à certaines occasions que le gouvernement décide de suspendre le droit de grève ou de lock-out, lorsqu'il sentait que de tels conflits mettaient en danger les intérêts du public.

Tout ce qui n'est pas contraire à la loi peut être inscrit dans une entente collective. En Amérique du Nord, il faut que la durée de l'entente collective soit précisée, et qu'elle s'étende sur plus d'un an. La plupart des juridictions n'imposent pas une durée maximale, mais celle-ci est en moyenne de trois ans, bien que des contrats de plus longue durée soient devenus plus fréquents au milieu des années 90.

Le résultat des négociations syndicales a souvent des répercussions juridiques. C'est à la suite de la grève des travailleurs du secteur automobile de 1947 qu'on a établi le principe de la reconnaissance syndicale (communément appelé la «formule Rand»). L'assurance médicale est apparue dans les ententes syndicales avant qu'elle ne soit offerte à l'échelle nationale, tout comme les régimes de retraite, qui ont précédé le régime universel, et les mesures adoptées contre la discrimination, qui ont précédé les mesures législatives en matière de droits humains. (*Voir aussi* GRÈVES et LOCK-OUT; ARBITRAGE.)

Jean Boivin

Négociation de plaidoyers Forme de marchandage entre une personne accusée d'une infraction et un procureur de la Couronne, le prévenu négociant généralement par l'intermédiaire de son avocat. Elle peut revêtir plusieurs formes. P. ex., le prévenu accusé de plusieurs infractions peut accepter de plaider coupable à certaines d'entre elles en contrepartie du retrait par la Couronne des autres accusations. Il peut également plaider coupable en échange de la recommandation de la Couronne au tribunal d'infliger une peine plus légère que celle dont le prévenu serait autrement passible. De même, la Couronne et le prévenu négocient souvent à propos des faits à l'égard desquels le plaidoyer de culpabilité sera inscrit.

Dans certains cas, la Couronne accepte de ne pas soulever une circonstance aggravante qui n'est pas essentielle à l'aveu de culpabilité, moyennant l'engagement du prévenu de plaider coupable. P. ex., celui-ci peut accepter de plaider coupable de vol qualifié d'une banque, si la Couronne accepte la version des faits qu'il présentera et selon laquelle son arme de poing au moment du vol n'était pas chargée. Évidemment, une concession de cette nature faite par la Couronne ne porte pas atteinte à la validité du plaidoyer de culpabilité, mais pourrait donner lieu à une peine plus légère.

La négociation de plaidoyers s'effectue généralement avant le procès lui-même, auquel cas, s'il y a entente, les témoins (à charge) ne sont plus tenus de comparaître en cour. L'une des grandes motivations qui poussent la Couronne à négocier un plaidoyer est son désir d'épargner aux témoins civils les inconvénients et, dans certains cas (particulièrement pour les victimes), le traumatisme d'avoir à témoigner dans un procès criminel.

La négociation de plaidoyers peut également avoir lieu au cours du procès, p. ex. lorsque se présentent des éléments de preuve inattendus qui augmentent considérablement le risque pour la Couronne ou pour la défense de ne pas obtenir une condamnation ou un acquittement, selon le cas. De même, les négociations concernant le règlement d'un cas peuvent se produire dans le contexte d'un appel. P. ex., lorsque la Couronne interjette appel et que la défense forme un appel reconventionnel, les deux parties peuvent s'entendre, si cela leur agrée, d'abandonner leur appel respectif.

Essentiellement, la négociation de plaidoyers vise deux objectifs principaux: le premier est d'augmenter la certitude. En général, le *Code criminel* accorde aux juges, pour ce qui est de la plupart des infractions, un large pouvoir discrétionnaire concernant la détermination des peines. En conséquence, il est souvent difficile pour la Couronne ou pour la défense de déterminer avec exactitude la peine qui sera infligée. De même, il peut souvent être difficile de prédire l'issue d'un procès, qu'il s'agisse d'un procès devant juge ou devant juge et jury. Ainsi, la Couronne ou la défense peut être disposée à faire certains sacrifices afin d'obtenir une plus grande certitude et d'assurer la réalisation de son objectif le plus important.

Ensuite, la négociation de plaidoyers s'effectue aussi dans le but d'épargner le temps précieux du tribunal et, ce qui importe encore plus, d'épargner le coût et les inconvénients d'un procès. C'est un fait que, dans le système canadien de justice criminelle, la Couronne est généralement plus disposée à envisager la négociation de plaidoyers lorsqu'elle est engagée dans une poursuite longue et compliquée qui implique des coûts considérables pour obtenir les éléments de preuve ou les témoins dont elle a besoin pour prouver sa cause.

Même si, dans un sens, la négociation de plaidoyers peut priver le tribunal de la possibilité de trancher l'affaire (p. ex., lorsque la Couronne décide d'accepter un plaidoyer de culpabilité à certaines accusations et de retirer les autres), il reste qu'elle est assujettie à des limitations. P. ex., bien que la Couronne puisse recommander une peine précise au tribunal, l'infliction de la peine relève en fin de compte de la responsabilité du tribunal, lequel peut rejeter la recommandation de la Couronne s'il estime qu'elle est injustifiée.

Par ailleurs, diverses cours d'appel canadiennes statuent que la Couronne est divisible: autrement dit,

il peut arriver que la Couronne change d'avis en appel malgré une entente qu'elle aurait conclue lorsque l'affaire était devant le tribunal inférieur. Il faut cependant préciser qu'un tel changement d'avis n'est accepté que si la Couronne peut justifier que sa décision est bien fondée. Il faut être conscient du fait que le juge saisi n'est jamais partie à l'entente ni n'est engagé dans les négociations de plaidoyers. Ainsi, il y a toujours danger que le juge n'adopte pas la position prise par les avocats à l'issue de la négociation d'un plaidoyer.

Enfin, lorsque les négociations de plaidoyers ne donnent pas lieu à une entente ou que les circonstances d'une affaire en particulier ne se prêtent pas à une telle négociation, le prévenu peut décider de subir son procès ou tout simplement de plaider coupable sans avoir obtenu de la Couronne un engagement concernant la détermination de la peine.

A. Pringle

Nègres blancs d'Amérique (1968) Analyse marxiste de l'histoire du Québec et programme d'avenir. Le livre se présente sous l'aspect d'une autobiographie écrite par Pierre Vallières pendant qu'il purgeait une peine dans une prison de Manhattan pour ses activités associées au FRONT DE LIBÉRATION DU QUÉBEC (FLQ). Le livre décrit son enfance marquée par la pauvreté et la frustration à l'époque de DUPLESSIS. Ses parents, de classe ouvrière, habitent Longueuil-Annexe et Vallières a une carrière en dents de scie: étudiant en philosophie, employé de bureau, postulant franciscain, écrivain. Il est l'ami du poète Gaston MIRON et de l'intelligentsia associée à CITÉ LIBRE, à PARTI PRIS et au DEVOIR. Il parle de sa «conversion» au MARXISME et de sa participation aux activités du FLQ à la suite d'un voyage en France et en Espagne. Aux yeux de Vallières, la classe ouvrière du Québec présente les caractéristiques d'un peuple colonisé. Les «nègres blancs» vivent dans une condition qui, selon lui, ne pourra être changée que par une révolution armée. Cette œuvre est révisée et enrichie en 1969 puis traduite en 1971 sous le titre *White Niggers of America*.

Michèle Lacombe

Neige Elle est constituée de particules de GLACE ayant grossi dans l'atmosphère jusqu'à une taille suffisante pour tomber. La remarque célèbre de Voltaire dans son conte philosophique *Candide* voulant que le Canada ne soit que «quelques arpents de neige» est plutôt juste, sauf en ce qui concerne la superficie! Le Canada est en effet un pays de neige: bon nombre de ses régions en sont couvertes cinq à six mois par année.

Formation La neige résulte du gel de la vapeur d'eau ou de gouttelettes d'eau surfondue d'un nuage sur de minuscules particules présentes dans l'atmosphère (appelées noyaux de condensation), ce qui donne des cristaux de glace. Le gel de la vapeur d'eau sur ces cristaux de glace en mouvement dans le nuage crée des cristaux de neige. Selon les conditions de température et d'humidité, les cristaux de neige grossissent par au moins l'un des trois mécanismes suivants: le gel de la vapeur d'eau, qui cause la formation de plus gros cristaux; le givrage (gel de l'eau surfondue), qui cause la formation de cristaux de neige givrée; la collision avec d'autres cristaux de neige, qui cause la formation de flocons de neige. Ces trois mécanismes de croissance étant différents, la neige peut être constituée de trois éléments: des cristaux de neige, des cristaux de neige givrée et des flocons de neige, ou des fragments de ceux-ci.

La dimension d'un flocon de neige dépend de la hauteur de sa chute et de la façon dont les cristaux de neige, qui entrent en collision, adhèrent les uns aux autres. Habituellement, les flocons les plus gros se trouvent à une température voisine de 0 °C, car les forces d'adhérence sont élevées autour de cette température. Dans un nuage typique, un flocon ayant un diamètre de 1 mm peut voir son diamètre être multiplié par 10 en environ 20 min.

La distribution générale des chutes de neige au Canada dépend de la proximité des sources d'humidité. L'accumulation annuelle totale de neige est plus grande le long des régions côtières: p. ex., il tombe en moyenne 1000 cm de neige par an dans les montagnes du nord de la Colombie-Britannique. La chute totale la plus basse est de seulement 100 cm par an dans l'Arctique et dans le Sud. Le record de chute neigeuse dans l'espace d'un mois – 535,9 cm en décembre 1959 – revient à Haines Apps (C.-B.). La ville de Victoria (C.-B.) est la moins enneigée des villes importantes canadiennes avec ses 28,1 cm de neige par an; Corner Brook (T.-N.), avec ses 414,4 cm de neige, est la ville importante la plus enneigée.

Le manteau neigeux
Le manteau neigeux désigne l'accumulation de neige au sol résultant de précipitations solides. La structure et la hauteur du manteau neigeux varient grandement dans l'espace et dans le temps en fonction, entre autres, de l'itinéraire des tempêtes de neige, des conditions météorologiques prévalant entre les tempêtes, de l'action du vent (qui participe à la redistribution, la compaction et la sublimation de la neige), de la topographie de surface et de la couverture végétale.

Le manteau neigeux est important pour plusieurs raisons. Premièrement, il constitue une grande réserve d'eau qui est libérée durant la fonte printanière. La quantité d'eau qu'il contient (l'équivalent en eau de la neige [EEN] est déduit de la hauteur et de la densité du manteau) et le rythme de sa fonte, qui sont des données critiques, servent, p. ex., à prédire les inondations et à optimiser la gestion des ressources en eau pour des applications telles que la production d'hydroélectricité et l'irrigation. Deuxièmement, la neige est un excellent isolant; elle empêche le sol de geler profondément. P. ex., la température moyenne de l'air de Goose Bay (Labrador) en janvier est de -16,4 °C, celle du sol à une profondeur de 5 cm est seulement de -2,1 °C. Cette différence de plus de 14 °C est due à l'effet isolant de la neige. Troisièmement, le haut indice de réflectivité au sol (de 80 à 90 p. 100 pour la nouvelle neige) et les propriétés d'isolation du manteau neigeux modifient fortement les échanges d'énergie entre la surface et l'atmosphère. Selon de nombreuses études, les températures moyennes de l'air sont généralement plus froides de 5 à 10 °C lorsqu'un manteau neigeux est présent. Un manteau neigeux très étendu permet à l'air froid de se déplacer sur de grandes distances sans vraiment se réchauffer. Les hivers occasionnant un manteau neigeux plus épais que la normale seront donc probablement plus froids.

L'évolution du manteau neigeux dans le temps est très complexe. La série de modifications intervenant dans la structure cristalline d'un flocon de neige commence dès qu'il touche la surface. L'ensemble de ces modifications s'appelle «le métamorphisme de la neige» et comprend trois types: le métamorphisme sans gradient thermique, ou destructeur, le métamorphisme à gradient thermique et le métamorphisme par fusion.

Le métamorphisme destructeur résulte d'une loi physique fondamentale: les flux d'énergie et de masse s'établissent des zones à haute concentration vers les zones à basse concentration. Le rapport surface sur masse des flocons de neige étant très élevé, ceux-ci sont dans un état d'énergie de surface élevée. Dès l'arrivée d'un flocon de neige au sol, les molécules d'eau migrent pour diminuer cet excès d'énergie libre, d'où une transformation rapide des cristaux en forme d'étoile en un agrégat de grains lisses arrondis, oblongs ou de forme irrégulière. Ce processus est prédominant lors des premiers stades de déposition de la neige et sa vitesse augmente avec la température de la neige. Au cours de ce processus, la vapeur d'eau fabrique aussi des ponts de glace entre les grains adjacents, une étape que l'on appelle le frittage. Le frittage lie fortement les grains entre eux et donne une neige dense et dure. Le vent compacte la neige et peut aussi créer une couche superficielle de grande densité appelée «plaque à vent».

Le métamorphisme à gradient thermique est dû au fait que la neige est un bon isolant. Autrement dit, un grand gradient thermique élevé existe entre la couche superficielle froide et la couche plus chaude sur le sol; la vapeur d'eau dans la neige en grains de la couche superficielle migre donc vers la neige en grains située plus profondément dans le manteau neigeux. Ce processus est responsable de la formation de gros cristaux arrondis – appelés «neige granulée de profondeur» – près du fond du manteau neigeux. La neige en grains n'est que faiblement liée, ce qui contribue à augmenter le risque d'AVALANCHE dans les régions montagneuses.

Le métamorphisme de fusion explique les changements de la structure de la neige causés par les cycles fonte-gel. Grâce à sa structure poreuse, le manteau neigeux peut retenir une grande quantité d'eau provenant de la fonte de la neige. Des cycles fonte-gel consécutifs surviennent fréquemment au début du printemps (fonte durant le jour, gel durant la nuit). Ces cycles forment de gros grains irréguliers – appelés «neige de printemps» – et la libération de chaleur latente lors du regel de l'eau amène un réchauffement général du manteau neigeux. Le réchauffement de la neige, ou «maturation», est une condition nécessaire à sa fonte. Les divers processus métamorphiques et le compactage de la neige par son poids augmentent la densité de la neige durant l'année en partant de valeurs autour de 100 kg/m³ pour finir à 300-400 kg/m³ avant la fonte.

On examine l'évolution du manteau neigeux en y découpant une colonne (une coupe stratigraphique en langage technique) et en observant les différentes couches et la forme des cristaux. On peut habituellement distinguer clairement les principales chutes de neige et les couches de glace causées par la pluie ou la neige mouillée.

Le manteau neigeux suivant les régions Les caractéristiques du manteau neigeux moyen diffèrent visiblement au Canada. Elles correspondent aux principales zones climatiques et aux principales zones de végétation. On distingue cinq régions ayant un manteau neigeux caractéristique: la toundra (couverture peu épaisse, surtout constituée d'une plaque à vent), la forêt boréale (couverture d'épaisseur moyenne, formation importante de neige granulée), la région maritime (couverture épaisse avec de nombreuses couches de glace), les Prairies (couverture peu épaisse, plaques de neige superposées) et la région montagneuse (couverture épaisse, multicouche, de consistance très variable). Le manteau neigeux de ces régions varie fortement en fonction de la topographie, de la densité de la végétation et de différences à l'échelle régionale liées à des précipitations neigeuses plus importantes, comme dans la ceinture de neige qui se forme sous le vent des Grands Lacs (voir ZONES DE GÉOGRAPHIE PHYSIQUE).

Mesure de l'épaisseur du manteau neigeux Il est extrêmement difficile d'estimer de façon fiable la quantité de neige sur le sol parce que le manteau neigeux varie beaucoup d'un endroit à l'autre. Des mesures de l'épaisseur de la couche de neige sont effectuées régulièrement tous les jours dans plusieurs centaines de stations météorologiques du pays. Toutefois, ces sites sont surtout concentrés dans les régions peuplées, à basse altitude. Pour améliorer la représentativité spatiale des mesures du manteau neigeux et obtenir des renseignements sur l'équivalent en eau de la neige afin de planifier les ressources en eau, de nombreuses agences gouvernementales et sociétés d'hydroélectricité mesurent régulièrement (habituellement toutes les deux semaines) l'épaisseur et la densité de la neige sur une série de points; cette méthode se nomme «ligne de relevés d'enneigement». Ce processus est laborieux et ne fournit qu'un petit échantillon du manteau neigeux sur une région.

Pour se défaire de ces contraintes, on utilise de plus en plus la technologie des SATELLITES afin de surveiller le manteau neigeux à partir de l'espace. Les satellites à micro-ondes actifs et passifs ont démontré qu'ils peuvent, dans toutes les conditions météorologiques, dresser la carte des équivalents en eau pour des types de terrains sélectionnés. Les gestionnaires de ressources en eau des Prairies utilisent fréquemment ces données à micro-ondes passives. Les scientifiques canadiens s'efforcent actuellement d'étendre cette méthode à d'autres milieux tels que les forêts pour lesquelles la signature micro-ondes du manteau neigeux est plus difficile à interpréter (voir CLIMAT, INFORMATION SUR LE et OBSERVATIONS MÉTÉOROLOGIQUES).

Variabilité Comme tous les autres composants du système climatique, le manteau neigeux varie beaucoup d'une année à l'autre en raison de la variabilité naturelle de la circulation atmosphérique qui affecte la chute de neige et la température. On dispose d'observations par satellite fiables pour l'étendue du manteau neigeux depuis le début des années 70. Ces données montrent que le manteaux neigeux diminue sur la majeure partie du sud du Canada, en particulier dans les Prairies, au cours du printemps. Ces données et des observations effectuées au sol donnent les variations du manteau neigeux sur une plus longue période. Les diminutions récentes semblent rester à l'intérieur de la gamme de variabilité observée durant ce siècle.

D'après les résultats des études de modélisation et de sensibilité, le manteau neigeux devrait décroître de façon significative sur la majeure partie du sud du Canada, en particulier dans les régions intérieures continentales, en raison du réchauffement climatique (voir RÉCHAUFFEMENT PLANÉTAIRE). Cela devrait toucher de façon significative l'agriculture, la génération d'énergie hydroélectrique et les industries liées à la neige.

Ross Brown

Neilson, John, journaliste et politicien (Balmaghie, Écosse, 17 juill. 1776—Québec, 1er févr. 1848). À l'âge de 21 ans, il succède à son frère Samuel à la tête du journal bilingue *La Gazette de Québec,* qu'il dirige pendant 50 ans. En dépit de ses opinions conservatrices, il est le champion de la cause des Canadiens français et siège comme député à l'Assemblée du Bas-Canada de 1818 à 1833. Il fait deux voyages à Londres, en 1823 et en 1828, pour s'opposer avec succès au projet d'union du Haut-Canada et du Bas-Canada. Vers 1831, il commence à se dissocier de L.-J. PAPINEAU et de son parti, mais, en 1838, il s'oppose de nouveau à l'union des deux Canadas. Réélu en 1841, il devient l'orateur de l'Assemblée en 1844.

Gisèle Villeneuve

Nelles, Percy Walker, officier de marine (Brantford, Ont., 7 janv. 1892—Victoria, 13 juin 1951). Nelles occupe son premier poste de commandement à bord du *HMS Dragon* en 1929, puis, deux ans plus tard, prend le commandement du *HMCS Saguenay,* premier navire de guerre construit spécialement pour le Canada. En tant que chef d'état-major de la marine (1934-1944), il contribue à la survie de celle-ci pendant la crise de 1929 et est l'artisan de sa croissance phénoménale pendant la guerre. Administrateur compétent, mais sombre, Nelles est envoyé à Londres en janvier 1944 en tant qu'agent de liaison à la suite d'une dispute amère avec le ministre de la Marine, A.L. MACDONALD, à propos de la façon de gérer l'expansion de la marine. Il prend sa retraite en janvier 1945.

Marc Milner

Nelligan, Émile, poète (Montréal, 24 déc. 1879—*id.,* 18 nov. 1941). Nelligan est un remarquable poète romantique, parnassien et symboliste de la fin du XXe siècle. À l'exception de vacances d'été à Cacouna et d'un voyage en mer dont on ne sait pas grand-chose, il passe toute sa vie à Montréal. Il fréquente l'école Olier (1886-1890), le Mont Saint-

Louis (1890-1893) et le Petit Séminaire de Montréal (1893-1896). En septembre 1896, il s'inscrit au collège Sainte-Marie, qu'il quittera en mars 1897. Nelligan se lie d'amitié avec Louis Dantin et Arthur de Bussières et, le 10 février 1897, il est admis à l'École littéraire de Montréal. Il se consacre alors à la poésie avec une ardeur de plus en plus grande.

Son premier poème, «Rêve fantasque», est publié dans *Le Samedi* du 13 juin 1896, sous le pseudonyme d'Émile Kovar. D'autres de ses poèmes paraissent dans *Le Monde illustré,* l'*Alliance nationale* et *Le Petit Messager du Très-Saint-Sacrement.* Ses lectures lui font découvrir Lamartine, Hugo et Millevoye, Verlaine, Baudelaire et Pierre Dupont, Rodenback et Rolliant, Catule Mendès, Heredia et Leconte de Lisle ainsi que d'autres poètes parnassiens et symbolistes tels Sully Prudhomme, Théodore de Banville, Albert Samain et Arthur Rimbaud. Le monde ténébreux d'Edgar Allan Poe fascine Nelligan.

Nelligan assiste à quatre séances de l'École littéraire de Montréal, au cours desquelles il récite brillamment ses poèmes. À la dernière séance, au château de Ramezay le 26 mai 1899, il fait une lecture percutante de «La Romance du vin» qui, avec l'inoubliable «Vaisseau d'or», contribuera à sa renommée légendaire. Le 9 août 1899, épuisé, malade et au bord de la folie, Nelligan est emmené à la retraite Saint-Benoît. En 1925, il est transféré à l'hôpital Saint-Jean-de-Dieu (aujourd'hui appelé hôpital Louis-Hippolyte-Lafontaine) où il demeurera jusqu'à sa mort. L'œuvre de Nelligan, qui comprend quelque 170 poèmes, sonnets, rondeaux, chansons et poèmes en prose, frappe par son lyrisme. La voix du poète, triste et nostalgique, oscille entre les thèmes du passage du temps et d'une vision hallucinatoire du monde. Les images créées par Nelligan au moyen d'une prosodie traditionnelle atteignent souvent une dimension symbolique. Toujours elles expriment une conscience exacerbée du «moi»: la souffrance d'un cœur prématurément meurtri par la vie, la solitude, la fascination de la mort, l'échec du destin de l'homme et de l'artiste qu'il fut. À son époque, il fait figure de novateur, libérant la poésie des contraintes de la forme par l'expression d'un vers souple, musical et nuancé, et opposant à ses thèmes patriotiques l'explosion de son univers intérieur. Ses œuvres seront rassemblées par Louis Dantin et publiées en 1904. D'autres éditions suivront en 1925, en 1932 et en 1945. En 1952, Luc Lacourcière publie une édition critique de l'œuvre de Nelligan, réimprimée en 1958, en 1966 et en 1974. Enfin, deux éditions de luxe paraissent en 1967 et en 1979. (*Voir aussi* LITTÉRATURE DE LANGUE FRANÇAISE; POÉSIE DE LANGUE FRANÇAISE.)

Paul Wyczynski

Nelligan, Kate, actrice (London, Ont., 16 mars 1951). Nelligan étudie à l'U. York et reçoit sa formation en art dramatique à la Central School of Speech de Londres (Angleterre). Elle fait ses débuts londoniens en jouant Jenny dans *Knuckle* de David Hare, auteur dont elle interprétera les œuvres plus que tout autre. En 1978, elle est Susan Taherne dans *Plenty* de Hare, au National Theatre, rôle qu'elle reprendra à New York en 1982.

Elle incarne de nombreux personnages, parmi lesquels: Pegeen Mike dans *The Playboy of the Western World* et Sybil dans *Private Lives,* au Bristol Old Vic (1972-1973); Ellie Dunn dans *Heartbreak House,* au Old Vic (1975); Marianne dans *Tales from the Vienna Woods* au National Theatre (1977) et Rosalind dans *As You Like It* (1977; v.f. *Comme il vous plaira*) au Stratford. En 1984, Nelligan se joint à l'American Repertory Theatre de Cambridge (Massachusetts), où elle joue le rôle de Josie dans *Moon for the Misbegotten* d'Eugene O'Neill.

Comédienne d'une grande polyvalence, Nelligan a été portée aux nues pour ses interprétations à la télévision, au théâtre et au cinéma. Elle interprète des rôles importants dans des productions télévisées comme *Thérèse Raquin, Dreams of Leaving* de Hare,

Old Times et *Love and Hate: A Marriage Made in Hell* de Harold Pinter. Grâce à ses rôles à Broadway dans *Plenty* (1983), *A Moon for the Misbegotten* (1984), *Serious Money* de Caryl Churchill (1988) et *Spoils of War* de Michael Weller (1989), elle est mise en nomination pour quatre Tonys.

Les longs métrages auxquels elle a participé comprennent *The Romantic Englishwoman* (1975; v.f. *Une Anglaise romantique*), *Dracula* (1979), *Eye of the Needle* (1980; v.f. *L'arme à l'œil*), *Without a Trace* (1982), *Eleni* (1985), *Frankie and Johnny* (1991; v.f. *Frankie et Johnny*) et *Shadows and Fog* (1992; v.f. *Ombres et brouillard*). Nelligan a été mise en nomination pour l'Oscar du meilleur second rôle féminin pour sa participation dans *The Prince of Tides* (1991; v.f. *Le prince des marées*). Elle revient à Radio-Canada en 1994 afin de tenir la vedette dans le téléfilm sur les quintuplées Dionne, *Million dollar Babies* (v.f. *Les jumelles Dionne*). Enfin, *Margaret's Museum* (1995; v.f. *Le musée de Margaret*) lui vaut le prix Génie du meilleur second rôle féminin.

James Defelice

Nelson, ville de la C.-B.; pop. 9585 (rec. 1996), 8849 (rec. 1991), 8130 (rec. 1986); superf. 7,71 km²; const. en 1897. Nommée en l'honneur du lieutenant-gouverneur de la Colombie-Britannique, Hugh Nelson, elle domine le bras occidental du lac Kootenay, à 660 km à l'est de Vancouver. La frontière préhistorique des SALISH DU CONTINENT et des KOOTENAYS se trouve tout près. En 1887, l'exploitation de la mine Silver King, sur le mont Toad, entraîne la croissance rapide de Nelson. Le premier chemin de fer atteint la région en 1892; deux ans plus tard, apparaît le chemin de fer de la Spokane Falls and Northern Railway (Burlington Northern). Nelson devient rapidement le centre de transbordement pour le trafic lacustre; avec l'achèvement du chemin de fer du col du Nid-de-Corbeau et de la ligne de la Kettle Valley (1898), elle devient un centre de services et d'entretien ferroviaire.

Une fonderie de cuivre et de plomb est exploitée de 1896 à 1907. La maladie décime presque toute la culture fruitière de 1920 à 1950. Pourtant, la ville demeure le centre d'affaires et de distribution en gros de la région du Kootenay. De façon intermittente, le travail forestier et le sciage constituent une industrie importante; l'usine de contreplaqué ferme ses portes en 1982; quatre ans plus tard, une entreprise en fait l'acquisition pour la transformer en scierie. Les conséquences de la fermeture de l'U. Notre Dame sont atténuées par l'établissement du centre universitaire David Thompson. Celui-ci ferme cependant ses portes en 1984, puis ouvre de nouveau en septembre 1987 sous le nom de David Thompson College. À la fois école de jour et pensionnat, il offre un programme scolaire complet aux garçons et aux filles de la 9ᵉ à la 12ᵉ année.

William A. Sloan

Nelson, fleuve D'une longueur de 644 km, il prend sa source au nord-nord-est du lac Playgreen, à la pointe nord-ouest du lac Winnipeg. Il se jette dans de nombreux lacs, dont Cross, Sipiwesk, Split et Stevens, et à l'est de ce dernier, dans la baie d'Hudson. Ses principaux affluents sont la rivière Burntwood, en bordure de laquelle se situe THOMPSON, au Manitoba, et la rivière Grass. Sir Thomas BUTTON passe l'hiver à son embouchure, en 1612, et baptise le cours d'eau à la mémoire de Robert Nelson, un commandant de navire décédé à cet endroit. L'embouchure de la rivière devient le cadre d'une lutte féroce pour la mainmise sur le commerce des fourrures, et la YORK FACTORY s'établit à Marsh Point, une péninsule séparant le fleuve Nelson et la RIVIÈRE HAYES. Cependant, c'est la rivière Hayes et non le fleuve Nelson qui devient la principale voie d'accès vers l'intérieur. Les eaux du fleuve Nelson sont souvent turbulentes dans le cours du BOUCLIER granitique. Dernier lien avec le long système hydrographique de la RIVIÈRE SASKATCHEWAN, il canalise les eaux des rivières Rouge et Winnipeg, et son débit moyen

est de 2066 m³/s à sa décharge. Aujourd'hui, grâce à sa dénivellation et à son énorme volume d'eau, le fleuve Nelson est exploité pour la production d'énergie hydroélectrique. Les aménagements les plus importants sont Kettle Rapids (1272 MW), qui date de 1970-1974, Long Spruce (980 MW), de 1977-1979, et Kelsey Rapids (224 MW), de 1960-1972. Ils sont construits pour alimenter les fonderies de nickel de Thompson.

James Marsh

Nématodes Embranchement de vers cylindriques non segmentés comprenant environ 30 000 espèces. Leur corps présente une symétrie radiale et bilatérale. Les adultes des plus petites espèces mesurent moins de 0,25 mm et les plus grands (parasites de baleines) peuvent dépasser 9 m de longueur. Les nématodes sont des pseudocœlomates, c.-à-d. que la cavité située entre la paroi du corps et le tube digestif n'est pas un sac invaginé du mésoderme. Une cuticule élastique recouvre leur corps. Leur tube digestif comprend un œsophage musculaire glanduleux et un intestin simple. La bouche comporte parfois des excroissances cuticulaires sous la forme de dents cornées, de plaques ou d'un stylet creux. Ils n'ont pas de systèmes circulatoire et respiratoire. Les sexes sont séparés. Indépendamment de l'habitat ou des habitudes de vie, tous les nématodes ont un cycle vital invariable de quatre stades larvaires suivis du stade adulte. Le passage d'un stade au suivant est marqué par une mue au cours de laquelle la cuticule est remplacée. Les mues sont les seuls indices visibles de développement, les larves ayant l'apparence des adultes.

La majorité des nématodes sont détritivores, herbivores ou prédateurs, vivant librement dans le sol ou dans l'eau (douce ou salée). Les espèces parasitiques vivant dans les plantes ou les animaux sont plus rares, mais mieux connues. Le nématode doré a ravagé les cultures de pomme de terre de Terre-Neuve et du sud de l'île de Vancouver. D'autres espèces causent de graves dommages aux peuplements forestiers ainsi qu'aux cultures en champs et en serres. Les ascaris, ou vers ronds de l'intestin, et les filaires causant des déformations graves des extrémités dans les pays chauds sont des parasites importants des humains. La trichine du porc ou les vers ronds des ours et des chiens sont des parasites familiers. Pratiquement tous les animaux peuvent être infestés de plusieurs espèces de nématodes. Des nématodes parasitiques d'insectes sont utiles en lutte biologique aux ennemis des plantes, certains étant même commercialisés à cet effet. Les nématodes ont été classés par différents auteurs comme un ordre, une classe ou un embranchement et ils ont déjà été considérés comme une classe de l'embranchement des aschelminthes.

T.F. Mace

Nepean, ville de l'Ont.; pop. 115 100 (rec. 1996), 107 627 (rec. 1991), 95 490 (rec. 1986); superf. 217 km²; const. en tant que village en 1847, puis en tant que ville en 1978; située dans la région de la capitale nationale (*voir* COMMISSION DE LA CAPITALE NATIONALE), à la limite est d'OTTAWA et de Gloucester. Elle emprunte son nom à sir Evan Nepean, chef d'un département du ministère des Colonies britannique. Le premier colon permanent de Nepean arrive dans la région en 1810. Cependant, c'est la construction du CANAL RIDEAU qui accélère le peuplement du comté; Nepean acquiert le statut de village en 1847. Entre 1889 et 1950, Ottawa annexe d'importantes portions du territoire de Nepean, ce qui en diminue à la fois la superficie et la population.

Aujourd'hui, Nepean comprend des banlieues, d'importants secteurs de la ceinture de verdure et des régions rurales. Le gouvernement du Canada est le plus important employeur de ses résidants, mais il y a peu d'établissements gouvernementaux sur son territoire. Les principaux employeurs dans la ville même sont les quelque 150 entreprises de haute tech-

nologie. Le Collège Algonquin des arts appliqués et de technologie se trouve à Nepean.

Deborah Welch et Michael Payne

Neptune Theatre Son premier directeur artistique, Leon Major, réalise son rêve le 1ᵉʳ juillet 1963 lorsque le Neptune Theatre d'Halifax ouvre ses portes et présente une mise en scène de *Major Barbara* (trad. *Commandant Barbara*) de Shaw dans sa salle rénovée de 521 places. Tout au long de son existence, le Neptune fera preuve d'idéalisme et surmontera les problèmes financiers. S'inspirant du modèle du Moscow Art Theatre, la direction du Neptune propose la formule d'une troupe itinérante de répertoire qui jouerait toute l'année des drames classiques, les meilleures pièces contemporaines et de nouvelles pièces canadiennes. En raison des dépenses liées à la rénovation du théâtre, la troupe n'a d'autre choix pour survivre que d'adopter la formule des abonnements et d'accueillir des vedettes invitées. Les nouvelles pièces et les pièces expérimentales sont reléguées à la scène d'un studio théâtre. Toutefois, grâce aux normes de qualité élevées qu'il s'impose et l'effort qu'il met à former des acteurs locaux, le Neptune bâtit, avec le temps, la troupe dont rêvait son fondateur.

Sous la direction artistique de Major (1963-1968), le répertoire comprend des classiques agrémentés de pièces contemporaines, comme la première mise en scène nord-américaine de *A Man for All Seasons* (1968), et de pièces canadiennes, comme *The Sleeping Bag* (1967) d'Arthur Murphy. Son successeur, Heinar Piller, doit s'en remettre à la vente de billets d'abonnement pour augmenter les recettes, mais il conserve l'intégrité artistique de la troupe en présentant au studio théâtre des mises en scènes d'atelier.

Sous la direction de Robert Sherrin (1971-1974), la vocation du Neptune passe véritablement de celle d'un théâtre de répertoire résidant à celle d'une troupe de répertoire accueillant des artistes invités. La saison se déroule de novembre à août chaque année. Sherrin, à l'aide de subventions locales, fonde le Second Stage. Pendant trois saisons, il y présente de nouvelles œuvres, notamment *Sweet Home Sweet* (1972) de James Nichol. C'est aussi la première fois que se produisent des acteurs noirs sur la scène du Neptune.

John Wood (1974-1977) tente de ranimer le rêve de Major, mais il ne réussit qu'à endetter le Neptune en présentant des pièces telles *Hamlet* (1974), *The Collected Works of Billy the Kid* (1976; trad. *Les œuvres complètes de Billy the Kid*) de Michael Ondaatje et *John and the Missus* de Gordon PINSENT. Avec *The Effect of Gamma Rays...* (1977), la distribution presque entièrement noire n'a pas de précédent sur la scène principale. David Renton, membre fondateur de la troupe, assure la direction intérimaire pour la saison 1977-1978. Il respecte les limites du budget et met en place les bases de la «Young Company».

Ce serait John NEVILLE (1978-1983) qui aurait effacé la dette du Neptune. En effet, il investit le directeur général d'une plus grande autorité, élimine la saison estivale, encourage le patronage d'entreprise (avec des pièces comme *Othello* en 1978) et importe des vedettes comme Tony Randall, qui joue dans *Sea Gull* (1979). Sa comédie musicale rock *Medea* (1981) rappelle la mise en scène de Piller, *The Lion in Winter,* dans laquelle le groupe April Wine, originaire des Maritimes, avait interprété un mélange de chants rock et de chants grégoriens. Neville va de l'avant avec le projet de Renton pour la mise sur pied de la Young Neptune Company. De plus, avec l'aide financière de Du Maurier, il instaure la série Lunchtime Theatre qui durera pendant tout son mandat. Comme personne ne veut s'engager à lui fournir un nouvel édifice, Neville ne renouvelle pas son contrat et Tom Kerr le remplace (1983-1986).

Kerr mise beaucoup sur les comédies musicales, notamment *Don Messer's Jubilee* (1985) de John Gray, donnée en tournée partout au Canada. Il redonne sa vitalité à la Young Neptune Company, sous la direction de Jennette White, et, en 1983, il fonde la Neptune Theatre School.

Richard Ouzounian (1986-1989), dont la mise en scène de *18 Wheels* de John GRAY a déjà figuré au répertoire du Neptune, continue de présenter des comédies musicales populaires, mais équilibre le répertoire avec de nouvelles pièces. *Shine Boy* de George Boyd, jouée en 1988 sous forme de comédie musicale, raconte l'histoire de George Dixon, le premier noir à remporter le titre de champion mondial de la boxe. Ouzounian présente une version mise à jour de *Tartuffe* (1987), dans laquelle Orgon et Tartuffe représentent Reagan et Mulroney. La mise en scène est adaptée pour la télévision et diffusée sur le réseau national la même année. Ouzounian, vaincu par les déficits dont il a hérité, démissionne en 1989. Il est remplacé par Tom Kerr, qui revient à titre de directeur invité pour une année.

Linda Moore, directrice artistique depuis 1990, continue de présenter sur la scène principale des pièces populaires comme *Les Misérables* (1994), tout en réservant pour le studio théâtre des œuvres nouvelles ou plus risquées telle *Goodnight, Desdemona, Good Morning, Juliet* (1992) d'Anne-Marie MacDonald. Pendant le mandat de Moore, 11 millions de dollars sont consacrés à la rénovation des installations du Neptune, dont la construction d'un nouveau Second Stage de 200 places, d'une salle de répétition, d'un atelier et de salles de classe pour l'école de théâtre. En septembre 1997, la pièce *Major Barbara* inaugure fort à propos les nouvelles installations.

Patrick B. O'Neill

Nettilling, lac Situé à l'extrémité sud de l'ÎLE DE BAFFIN, dans la grande plaine de Koukdjuak, il se trouve à environ 110 km au sud-ouest du PARC NATIONAL AUYUITTUQ, à 160 km à l'ouest de Pangnirtung et à 280 km au nord-ouest d'IQALUIT. Il possède une superficie de 5542 km², une altitude de 30 m et une longueur de 123 km. Troisième lac du Grand Nord pour sa superficie et onzième au Canada, il est alimenté par le Lac Amadjuak et plusieurs autres lacs et petits cours d'eau. Il est le plus grand lac sur l'île de Baffin et est parsemé de nombreuses îles. Il compte trois baies: Mirage, Camsell et Burwash. Il se jette dans le BASSIN FOXE, par sa rive ouest, ses eaux coulant dans la rivière Koukdjuak, très peu profonde.

David Evans

Neurosciences Elles s'intéressent à la structure et au fonctionnement du système nerveux et regroupent les disciplines suivantes: neuroanatomie, neurochimie, neuropharmacologie, neurophysiologie ainsi que les disciplines étudiant les mécanismes cérébraux associés au comportement (neuroéthologie, neuropsychologie, psychobiologie et psychopharmacologie). De plus, la neurologie, la neurochirurgie et la PSYCHIATRIE ont des liens étroits avec les neurosciences.

Transmission synaptique Les études anatomiques du système nerveux nous révèlent l'existence de cellules spécialisées appelées neurones. Ces neurones, dont la morphologie, la taille et la fonction varient, sont très nombreux et forment des réseaux d'interconnexions d'une très grande complexité. Le scientifique britannique C.S. Sherrington est le premier à comprendre qu'un neurone peut influencer l'activité d'un deuxième neurone par le biais d'un site spécialisé de contact, qu'il appelle synapse. Des recherches subséquentes démontrent que la transmission synaptique résulte habituellement de la libération d'une substance chimique (neuromédiateur ou neurotransmetteur) qui exerce ses effets sur les macromolécules spécialisées (récepteurs) situées dans la membrane du neurone récepteur. Historiquement, il est important de noter que quelques-unes des principales caractéristiques de ce concept ont d'abord été suggérées par le Canadien F.H. Scott dans deux articles publiés en 1905 et en 1906.

Cependant, les théories de Scott sont trop avancées pour l'époque, et on n'en tient pas compte. Ce n'est que plusieurs décennies plus tard que la nature chimique de la transmission synaptique est acceptée.

La recherche moderne a démontré qu'il existe un grand nombre de neurotransmetteurs chimiquement distincts. Ainsi, on peut modifier le fonctionnement de types déterminés de synapses en administrant des drogues modifiant la libération ou les effets de neurotransmetteurs spécifiques. Concrètement, cela a une grande importance, puisque cela permet de traiter les troubles du système nerveux à l'aide de médicaments. De plus, ces notions permettent d'expliquer l'utilisation répandue, à des fins non médicales, de drogues qui modifient de façon sélective certains aspects du fonctionnement du cerveau.

L'évolution des neurosciences au Canada En 1934, la fondation de l'Institut de neurologie de Montréal (INM) à l'U. McGill, avec Wilder PENFIELD comme premier directeur, a un effet marqué sur le développement des neurosciences au Canada. L'INM, de concert avec les départements affiliés de l'U. McGill et de l'U. de Montréal, fera de Montréal un centre international pour la recherche et l'enseignement des neurosciences, de même que pour l'étude et le traitement des affections du système nerveux. Des chercheurs et des médecins sont formés à Montréal et poursuivent ensuite de brillantes carrières ailleurs au pays ou à l'étranger. Parmi ceux-ci, citons David Hubel, citoyen américain né au Canada, formé à McGill et qui œuvre par la suite à Harvard (Boston). Hubel reçoit le PRIX NOBEL, en 1981, pour ses recherches sur les mécanismes cérébraux associés à la vision.

L'INM est spécialement reconnu pour les recherches de Penfield et de H. Jasper sur le diagnostic, la classification et le traitement de l'épilepsie. En 1957, à l'INM, A.W. Bazemore, K.A.C. ELLIOTT et E. Florey mettent en évidence la fonction de l'acide gamma-aminobutyrique (GABA). On pense maintenant que ce neurotransmetteur a un effet inhibiteur important dans le cerveau et qu'il joue un rôle dans divers états, notamment l'épilepsie, et dans les effets des anxiolytiques. La découverte que la maladie de Parkinson résulte d'une carence de dopamine (neurotransmetteur) au Canada, et que les symptômes de la maladie peuvent être contrebalancés par l'administration de L-dopa (composé par lequel le cerveau fabrique la dopamine) se fait presque simultanément à Montréal, en 1960-1962, par A. Barbeau, G.F. Murphy et T.L. SOURKES et à Vienne, par O. Hornykiewicz et ses collègues.

Les travaux de H. Jasper, K. Krnjevic, H. MacIntosh et J.H. QUASTEL, de l'U. McGill, et ceux de J. Szerb, de l'U. Dalhousie, fournissent les données de base pour la compréhension de la fonction d'un autre neurotransmetteur agissant dans le cerveau: l'acétylcholine. Récemment, une grande importance pratique a été accordée à ces travaux à la suite de la démonstration, par des chercheurs britanniques et américains, que la maladie d'Alzheimer est reliée à une dégénérescence des populations de neurones cérébraux contenant de l'acétylcholine.

Structures cérébrales et comportement D.O. HEBB, de l'U. McGill, est en grande partie l'instigateur de la recherche au Canada en matière de neurophysiologie comportementale. Les études faites dans le laboratoire de Hebb démontrent le rôle important joué par les stimuli sensoriels de l'environnement dans le développement et le maintien des fonctions cérébrales normales. À l'INM, les recherches de B. Milner, étudiant de Hebb, démontrent que des lésions localisées dans différentes parties du cortex cérébral provoquent la dégradation de fonctions psychologiques très spécifiques. En 1953, J. Olds et P.M. Milner, travaillant dans le laboratoire de Hebb, démontrent que les animaux peuvent stimuler volontairement certaines parties de leur cerveau grâce à une électrode. Il est généralement admis que ce phénomène démontre que l'activité de circuits nerveux

spécifiques du cerveau sont reliés à la motivation et au plaisir.

La recherche en neurosciences est en pleine effervescence dans tous les pays développés. Chaque université canadienne d'importance offre des programmes en neurosciences dans plusieurs de leurs départements. La Society for Neuroscience, établie aux États-Unis, compte plus de 800 membres canadiens. Les nouvelles technologies telles que la tomographie par ordinateur, l'imagerie par résonance magnétique et la tomographie par émission de positrons sont des moyens non invasifs d'examiner le système nerveux humain avec un niveau de précision impensable il y a quelques années. Ainsi, au cours des prochaines décennies, on peut s'attendre à des progrès énormes quant à la compréhension du système nerveux et à la possibilité de traiter les troubles neurologiques.

C.H. Vanderwolf

Neutres Les peuples iroquois neutres du début du XVIIe siècle vivaient dans le district de Hamilton-Niagara, dans le sud-ouest de l'Ontario, et, par-delà la rivière Niagara, dans l'ouest de l'État de New York. Les HURONS les appelaient *Attiwandaronk*, ce qui signifie «gens dont la parole est de travers ou un peu différente», mais ils se nommaient eux-mêmes *Chonnonton* («Peuple du chevreuil»). En 1615, Samuel de CHAMPLAIN les appelle «la Nation neutre» parce qu'ils sont alors en paix avec les Cinq-Nations et les Hurons.

De 1615 à 1650, les Neutres comptent environ 40 000 membres et constituent la plus importante société autochtone dans le Nord-Est. Avant les ÉPIDÉMIES de variole de 1638-1640, leur armée se compose de 4000 à 6000 guerriers. Leurs quelque 40 communautés, concentrées surtout dans un rayon de 32 km autour de Hamilton, en Ontario, comprennent de grandes villes entourées de palissades, des villages et des hameaux saisonniers à usage spécialisé, et ils habitent des MAISONS LONGUES.

Agriculteurs, les Neutres cultivent le maïs, les haricots et les COURGES, mais chassent aussi intensément le chevreuil, le raton laveur, l'OURS NOIR et la tourte, aujourd'hui disparue. Poissons et noix agrémentent leur régime, et ils cultivent aussi le tabac à des fins rituelles et commerciales.

Les hommes sont très tatoués et, en été, très vêtus, sinon nus. Ils sont extrêmement habiles dans l'art de tailler les pointes de flèches et les grattoirs en silex. Les femmes fabriquent des poteries qui sont graduellement remplacées par les contenants en cuivre européens, et ces objets servent souvent de matériel funéraire.

Les Neutres concluent des alliances commerciales et guerrières avec leurs voisins de langues iroquoises, particulièrement avec les PÉTUNS, les Hurons, les Wenros, les Kakwas, les Ériés, les Andastes, les Massawomeks et les IROQUOIS, plus au sud. Ils sont aussi alliés aux OUTAOUAIS contre leurs ennemis acharnés et de longue date, les Mascoutens, de langue algonquine, vivant dans les États du Michigan et de l'Ohio. En 1643, l'armée des Neutres capture et ramène 800 prisonniers mascoutens, hommes et femmes, dont certains sont torturés. Il s'agit de guerres massives, et c'est habituellement leur chef à la fois prêtre et guerrier, Tsouharissen («Enfant du Soleil»), qui les mène au combat.

Leur armée sert aussi à protéger et à transporter leurs précieuses peaux de cerfs et autres sous-produits vers la chefferie des Powhatans, dans la baie Chesapeake, où ils les troquent contre les non moins précieuses coquilles de buccin. Afin d'assurer un approvisionnement constant en peaux de cerfs de Virginie et le maintien de cette activité économique profitable, les Neutres commencent à parquer les cerfs, donc à en gérer l'élevage.

Contrairement aux Iroquois du Nord-Est à la même époque, les Neutres évoluent sur les plans politique, économique et démographique au-delà d'un régime confédératif pour former une nouvelle chefferie. Leur chef suprême, Tsouharissen, regroupe avec son conseil 10 bandes au sein de la société des Neutres, laquelle est manifestement hiérarchisée. Dans la capitale, Ounontisaston (située à 9,6 km au sud-est de la ville actuelle de Brantford), où il est entouré de sa cour, le grand chef adopte personnellement, en 1626, le frère récollet français Joseph de la Roche Daillon. Celui-ci fait état de trois grands enclos de cerfs près de cette communauté. Quatorze ans plus tard, les Jésuites Jean de BRÉBEUF et Joseph Marie Chaumonot se rendent chez les Neutres, où ils sont mal reçus. Après la mort de Tsouharissen vers 1646, la chefferie échoue et, en 1651, les Iroquois réussissent à disperser les Neutres et à les anéantir en tant qu'entité culturelle. Dans les écrits des Français, la dernière allusion aux Neutres remonte à 1671. (*Voir aussi* AUTOCHTONES: LES FORÊTS DE L'EST et les articles généraux sous la rubrique AUTOCHTONES.)

William C. Noble

Neville, John, comédien, metteur en scène et producteur (Londres, 2 mai 1925). En 1947, Neville commence une brillante carrière d'acteur classique en Grande-Bretagne. Il devient producteur adjoint de la Nottingham Playhouse Company en 1961, et en est le codirecteur de 1963 à 1967. Il immigre au Canada en 1972. En tant que directeur artistique du CITADEL THEATRE d'Edmonton de 1973 à 1978, Neville parvient à attirer un public plus nombreux et à relever les normes artistiques de la compagnie. De 1978 à 1983, il est directeur artistique du NEPTUNE THEATRE d'Halifax où il double les abonnements et organise des tournées dans des petites villes. Il fait ses débuts sur scène en 1983, au FESTIVAL DE STRATFORD, et est acclamé par la critique pour son interprétation de Don Armado dans *Love's Labour's Lost* (v.f. *Peines d'amour perdues*), rôle qu'il reprend en 1984.

Neville succède à John HIRSCH au poste de directeur artistique du Festival de Stratford en 1985 et contribue à rétablir la stabilité financière et à rehausser le niveau artistique du festival. En 1987, son mandat est prolongé jusqu'à la fin de la saison 1989. Bien qu'il améliore la qualité artistique et élimine le déficit accumulé de 4,5 millions de dollars, il est très critiqué quand il décide de présenter sur la scène principale du festival des comédies musicales comme *Cabaret* et *My Fair Lady*. Ses détracteurs estiment que cela ne répond pas au mandat artistique du Festival de Stratford.

Anton Wagner

New Caledonia (ou «New Scotland») Nom que Simon FRASER donne, en 1806, à la région du plateau central et des hautes terres de la COLOMBIE-BRITANNIQUE. Fraser est actionnaire, commerçant et explorateur de la COMPAGNIE DU NORD-OUEST (CNO). Il n'est jamais allé en Écosse, mais l'intérieur de la Colombie-Britannique lui rappelle les descriptions que sa mère lui a fait des hautes terres d'Écosse, les Highlands. La New Caledonia devient une région de commerce de la CNO, dont le poste de traite se trouve au Fort James, construit en 1806 en bordure du lac Stuart. Non loin de là sont situés les forts Fraser et George, lequel se trouve au confluent de la rivière Nechako et du fleuve Fraser, d'où Fraser part pour sa célèbre exploration du fleuve qui porte son nom, et qui draine la New Caledonia vers le sud.

D'autres noms désignant la région centrale paraissent sur des cartes de l'époque: les Américains l'appellent Oregon; le capitaine George VANCOUVER l'appelle New Hanover; et le négociant en fourrures britannique James Colnett la nomme North West Georgia. Cependant, la domination de la CNO sur la TRAITE DES FOURRURES de la Colombie-Britannique intérieure, jusqu'à sa fusion avec LA COMPAGNIE DE LA BAIE D'HUDSON en 1821, assure la continuité du nom de New Caledonia.

En 1858, une législation crée une colonie de la Couronne pour assurer une administration britannique dans une région qui est en train de vivre une

RUÉE VERS L'OR et une explosion démographique. Le secrétaire aux colonies, sir Edward Bulwer-Lytton, nomme la région New Caledonia. Cependant, les Français possèdent une colonie dans le Pacifique Sud nommée Nouvelle-Calédonie. Afin d'éviter toute confusion ou de provoquer un ressentiment, la reine Victoria choisit finalement le nom de Colombie-Britannique le 2 août 1858. Par la suite, la première appellation disparaît graduellement de l'usage.

Barry M. Gough

New Deal de Bennett Au milieu des années 30, au plus fort de la CRISE DES ANNÉES 30, la fin de la carrière politique du premier ministre conservateur R.B. BENNETT semble inévitable. Cherchant à remettre son parti à flot, il entreprend, le 2 janvier 1935, une série de discours radiodiffusés en direct, au cours desquels il trace les grandes lignes d'un *New Deal* canadien.

Bennett propose ainsi un système d'impôt plus progressif, une durée maximale de la semaine de travail, un salaire minimum, une réglementation plus stricte des conditions de travail, l'assurance-chômage, l'assurance contre la maladie et les accidents, ainsi qu'une révision des pensions de vieillesse et des programmes de soutien à l'agriculture. Bennett perd quand même l'élection générale d'octobre 1935, et, en janvier 1937, le COMITÉ JUDICIAIRE DU CONSEIL PRIVÉ, à Londres, déclare ULTRA VIRES la majeure partie de son *New Deal*.

John English

New Glasgow, ville de la N.-É.; pop. 9812 (rec. 1996), 9905 (rec. 1991), 10 022 (rec. 1986); superf. 10,36 km²; const. en 1875; située sur la rivière East de Pictou, à 15 km au sud-est de Pictou, c'est la plus grande des quatre municipalités de la communauté urbaine englobant Trenton, New Glasgow, Stellarton et Westville. New Glasgow est le centre commercial des comtés de Pictou, Antigonish et Guysborough, qui vivent d'agriculture, de foresterie et de pêche. Les premiers colons sont d'origine écossaise; les industries locales attirent plus tard des marchands européens. Leurs descendants s'assimilent graduellement à la population écossaise. La situation géographique de New Glasgow, en amont des marées, la favorise en tant que centre commercial pour la région agricole environnante.

L'époque de la construction des navires en bois, de 1826 jusque dans les années 1880, et l'exploitation du charbon mènent à l'établissement d'un complexe industriel qui s'accroît jusqu'à ce qu'ouvre, en 1883, la première aciérie du Canada, la Nova Scotia Steel Co. Ses produits forgés et laminés sont distribués chez les fabricants du Canada central, surtout pour les machines agricoles et la construction de chemins de fer. La construction des wagons de marchandises, commencée en 1913, se poursuit. La croissance se maintient jusqu'après la Première Guerre mondiale; ensuite, la Compagnie périclite, puisque les fabricants du centre du pays sont avantagés par les coûts de transport.

La population, qui était de 8917 habitants en 1921, s'accroît très lentement durant une soixantaine d'années. Malgré l'abandon presque total de l'industrie du charbon dans la région de New Glasgow, la main-d'œuvre se maintient grâce à l'usine de pneus d'automobiles et de camions, et à l'usine de pâte à papier alimentée par les peuplements de feuillus locaux.

James Cameron

New Liskeard, ville de l'Ont.; pop. 5112 (rec. 1996), 5431 (rec. 1991), 5286 (rec. 1986); superf. 6,42 km²; const. en 1903; située à l'extrémité nord-ouest du LAC TÉMISCAMINGUE, à 157 km au nord-ouest de North Bay. L'histoire de cette collectivité agraire située à l'embouchure de la crique de Wabi débute en 1892 lorsque le gouvernement ontarien ouvre pour la première fois la région à la colonisation. Le potentiel agricole du Petit Clay Belt, une bande de terre de 56 km qui s'étend vers le nord-ouest, attire vite les agri-

culteurs de la partie plus «ancienne» de la province. D'abord connue sous le nom de Liskeard, du nom d'une ville en Angleterre, la ville est renommée New Liskeard par l'administration des Postes afin d'éviter toute confusion avec Lisgar et Leskard dans le comté de Durham.

En 1896, il s'agit déjà d'un village florissant. En 1905, l'arrivée du chemin de fer de la Temiskaming and Northern Ontario Railway (*voir* COMMISSION DE TRANSPORT ONTARIO NORTHLAND) vient raffermir son rôle de centre de services auprès des collectivités agricoles des environs. La croissance de New Liskeard au XXe siècle est façonnée selon la prospérité variable de l'industrie agricole. Depuis 1966, la ville compte un collège de technologie agricole.

Matt Bray

New Maryland, village du N.-B.; pop. 4284 (rec. 1996), 3893 (rec. 1991), 4830 (rec. 1986); superf. 20,52 km²; const. en 1991; situé le long de la limite sud-ouest de FREDERICTON. En 1783, des membres des LOYALISTES du Maryland, un régiment formé au Maryland qui a combattu du côté de la Grande-Bretagne durant la Guerre d'Indépendance américaine, s'installent près de Fredericton. En 1817, les descendants des loyalistes du Maryland prennent possession de terres plus éloignées du fleuve Saint-Jean, dans un secteur qui devient connu sous le nom de «Maryland Hill». Un groupe de colons écossais vient tôt faire de se joindre à eux et, en 1846, la localité devient la paroisse de New Maryland. À l'époque, la plupart des résidants pratiquent l'agriculture et l'exploitation forestière.

New Maryland comprend un certain nombre de bâtiments historiques, y compris l'église anglicane et le Victoria Hall. Le dernier duel fatal dans la province y a lieu en 1821. Malgré la proximité de Fredericton, la localité a conservé son caractère rural, bien qu'au cours des dernières années on y ait aménagé des lotissements d'habitations et des espaces commerciaux.

Deborah Welch et Michael Payne

New Tecumseth, ville de l'Ont.; pop. 22 902 (rec. 1996), 20 334 (rec. 1991), 16 733 (rec. 1986); superf. 274,83 km²; const. en 1991; formée à la suite de la fusion de l'ancienne ville d'Alliston, de la municipalité de canton de Tecumseth et des villages Beeton et Tottenham. Cette ville est située dans le comté de Simcoe, à environ 50 km au nord-ouest de TORONTO. Son nom rappelle celui de l'ancien canton nommé en l'honneur de TECUMSEH, chef des Shawnees et allié des Britanniques lors de la GUERRE DE 1812.

L'implantation agricole remonte au milieu du XIXe siècle et, jusqu'à récemment, l'agriculture mixte est la principale activité de la région. Étant donné que cette ville est bien desservie par les routes, les chemins de fer et le transport aérien et qu'elle se trouve à proximité de Toronto, de nombreuses entreprises manufacturières et de services, comme Honda of Canada, s'y sont installées.

Deborah Welch et Michael Payne

New Westminster, ville de C.-B.; pop. 49 350 (rec. 1996), 43 585 (rec. 1991), 39 972 (rec. 1986); superf. 15,38 km²; const. en tant que ville en 1860; située sur la rive nord du FLEUVE FRASER à 20 km à l'est de Vancouver. Les Royal Engineers en font la prospection, la reine Victoria lui donne son nom, et le gouverneur James DOUGLAS nomme cette ville royale capitale de la Colombie-Britannique en 1859.

Historique Plus ancienne ville de l'ouest du Canada, New Westminster constitue le centre commercial et la plaque tournante du transport routier durant et après les ruées vers l'or du Fleuve Fraser (*voir* RUÉE VERS L'OR DU FLEUVE FRASER) et de la rivière Cariboo (*voir* CARIBOO, RUÉE VERS L'OR DE). Cependant, elle ne supplante jamais VICTORIA, qui maintient sa domination globale en raison de son accès plus facile au transport océanique.

En 1868, le conseil législatif choisit Victoria comme capitale permanente des colonies de la Colombie-Britannique et de l'île de Vancouver récemment réunies.

Bien que New Westminster assure la construction d'une ligne de chemin de fer secondaire du Canadien Pacifique (CP) en 1886, l'achèvement de la ligne principale jusqu'à Vancouver en 1887 la relègue définitivement au second rang. Néanmoins, New Westminster demeure importante en raison de son port en eau douce, de sa production de bois et de sa conserverie de saumon. De plus, elle est le centre commercial de la vallée du Fraser, un siège administratif et de services d'institutions comme la Cour de comté, le pénitencier de la Colombie-Britannique, l'hôpital psychiatrique provincial et le Royal Columbian Hospital. Elle assure aussi plusieurs liaisons ferroviaires: avec les États-Unis par le chemin de fer Great Northern et le pont ferroviaire du fleuve Fraser (1904), avec la vallée orientale du Fraser par le chemin de fer de la BC Electric (1910) et avec l'est du Canada par le chemin de fer du Canadien National (1915).

Population La population connaît une croissance irrégulière. Elle passe de 1500 (1881) à 6678 habitants (1891) durant les belles années du CP, puis demeure stable jusqu'à la décennie de 1901 à 1911, où elle double alors pour atteindre 13 199 habitants. Elle augmente alors graduellement pour atteindre 42 835 habitants en 1971. Par la suite, elle décline un peu avant de se stabiliser.

Économie Malgré la disparition d'établissements autrefois très importants comme la conserverie de saumon et le pénitencier, l'industrie forestière demeure importante. Elle emploie plus de 40 p. 100 de la main-d'œuvre du secteur manufacturier dans ses usines locales, qui produisent du bois de sciage, des bardeaux, du contreplaqué, de la pulpe et du papier destinés à la consommation locale et à l'exportation. La brasserie Labatt et l'hôpital Royal Columbian sont aussi d'importants employeurs.

La Commission de port du Fraser transfère la plupart de ses activités sur la rive sud du fleuve et sur l'île Annacis, permettant ainsi le réaménagement du quartier riverain en centre commercial et résidentiel et en aire de loisirs. La ville se transforme progressivement en un centre résidentiel comprenant des immeubles d'habitation, des maisons en rangées et de belles résidences de styles victorien et édouardien. Grâce à son aérotrain rapide, à sa situation stratégique comme centre de la vallée du bas Fraser et au réaménagement de son quartier riverain, New Westminster retrouve un second souffle et attire de plus en plus de visiteurs.

Vie culturelle Parmi les rares bâtiments remontant à l'époque coloniale, on retrouve la fameuse Captain William Irving House (1864-1865), aujourd'hui centre historique de la ville. En 1898, un important incendie rase le centre-ville et certains quartiers résidentiels, mais de nombreux bâtiments construits au cours de la décennie suivante sont encore conservés. Derrière la maison Irving se trouvent le musée et les archives de New Westminster. Sur le quai Westminster, un ancien vapeur à aubes fait aussi office de musée, le musée maritime Samson V.

La ville de New Westminster a donné trois premiers ministres à la Colombie-Britannique: John ROBSON, fondateur du journal le *British Columbian* (1861-1983), Richard MCBRIDE et Byron JOHNSON. Ses équipes de crosse ont aussi du succès au niveau national. Le temple canadien de la renommée de la crosse se trouve aussi à New Westminster.

Patricia E. Roy

Newbridge Networks Corporation Chef de file mondial dans la conception et la fabrication de matériel numérique pour la mise en réseau. Depuis sa fondation en 1986 par Terence H. MATTHEW, Newbridge connaît une croissance constante en fournissant des systèmes de mise en réseau d'avant-garde à des milliers de clients, gros et petits, dans plus de 100 pays. Des opérateurs de réseau des secteurs public et privé du monde entier utilisent les produits Newbridge pour fournir des réseaux complètement intégrés pour la transmission efficace de la voix, de données, d'images et de signaux vidéo.

Les solutions de bout en bout adaptées aux réseaux, mises au point par l'entreprise, incorporent des technologies de pointe qui respectent les normes. Le tout est géré par un seul système informatique de gestion de réseau. Newbridge Networks est un leader reconnu sur le marché du matériel MTA (mode de transfert asynchrone) et des relais de trame. Les produits MainStreet de Newbridge vont des multiplexeurs MTA à haute capacité pour épine dorsale (utilisés dans les gros réseaux publics et d'entreprises) aux petits systèmes d'alimentation servant à relier des bureaux éloignés plus petits. Newbridge est aussi le plus grand fournisseur de systèmes MRT (multiplexage par répartition dans le temps) au monde, principalement à cause de son innovation dans le domaine de l'intégration du multiplexage de la voix, des données, des réseaux numériques à intégration de services (RNIS) et des communications à partir de téléphones cellulaires. Les commutateurs d'épine dorsale et d'accès 36150 et 36170 MainStreet ATM-net de Newbridge fournissent un accès, une commutation et un contrôle pleinement intégrés des transferts combinés de données, d'images, de la voix et de la vidéo. En 1995, Newbridge acquiert une participation majoritaire de 51 p. 100 dans le fournisseur d'accès au réseau Advanced Computer Communications, en plus d'un distributeur argentin, Transistemas S.A. D'autres groupes affiliés, qui incluent CrossKeys, Timestep, West End, Televitesse et Castleton, sont d'importants partenaires dans le développement de nouvelles technologies complémentaires. En mars 1996, Newbridge annonçait une alliance avec la compagnie Siemens, d'Allemagne, pour produire des solutions de bout en bout complètes, à large bande, pour réseaux de télécommunication.

Newbridge, dont le siège social est à Kanata, en Ontario, est présent dans 75 pays et emploie quelque 3 000 personnes, dont le tiers s'occupe de recherche et développement. Les revenus enregistrés en 1995 dépassaient les 800 millions de dollars.

Rick Brand

Newcombe, Howard Borden, généticien (Kentville, N.-É., 19 sept. 1914). Après avoir étudié à l'U. Acadia et à l'U. McGill et servi dans la Marine royale pendant la guerre, il travaille avec M. Demerc au Cold Spring Harbor Laboratory, à New York. En 1947, il déménage au Laboratoire d'ÉNERGIE ATOMIQUE DU CANADA LIMITÉE (EACL), à Chalk River. En 1949, il apporte la preuve directe de l'existence de mutations spontanées, non dirigées, de bactéries. Son travail élimine les derniers vestiges du lamarckisme de la biologie et contribue grandement au développement explosif ultérieur de la génétique moléculaire.

En 1957, il commence à s'intéresser aux registres de santé et de statistiques vitales pour effectuer des études analytiques en génétique démographique et il est à la tête de la Population Research Branch d'EACL jusqu'à sa retraite en 1979, où il lance les techniques de «couplage d'enregistrements» assistées par ordinateur dans le domaine de l'épidémiologie. Il est un fondateur de la Société de génétique du Canada et, en 1963, on l'élit membre de la Société royale du Canada.

Robert H. Haynes

Newfie Bullet Nom affectueux, mais ironique donné à titre informel au chemin de fer transinsulaire de Terre-Neuve à la fin de son existence. Serpentant lacs et montagnes sur une distance de 900 km, de St. John's à Channel-Port aux Basques, ce chemin de fer à voies étroites, terminé en 1898, n'est pas reconnu pour sa rapidité. À la fin des années 60, le Canadien National remplace ce service subventionné par un service d'autobus.

Robert D. Pitt

Newfoundland Museum Situé à St. John's, Terre-Neuve, il présente l'histoire naturelle et humaine de Terre-Neuve et du Labrador. Il contient des expositions permanentes sur l'histoire de l'industrie de la pêche à Terre-Neuve et au Labrador, sur l'archéologie, l'ethnologie, et la faune et la flore de la province. Le musée conserve aussi d'importantes collections d'artefacts autochtones, dont ceux des peuples INNU, MICMAC et INUIT, et des artefacts archéologiques associés aux cultures BÉOTHUK, THULÉ, paléoesquimaude et archaïque maritime. Le musée gère aussi trois annexes: le Mary March Museum, à GRAND FALLS-WINDSOR, le Southern Newfoundland Seaman's Museum, à Grand Bank, et le nouveau Labrador Interpretation Centre, à Norhwest River. Les activités de ces établissements sont saisonnières, tandis que le Newfoundland Museum est ouvert à longueur d'année.

Deborah Welch et Michael Payne

Newlove, John, poète et journaliste (Regina, 13 juin 1938). Il est reconnu pour son style direct et descriptif, dépourvu de la plupart des signes traditionnels de la poésie (comparaison et métaphore, symbolisme déclaré, rime et langage recherché) et qui se caractérise par un rythme intense, l'utilisation du calembour et un ton désabusé.

Il explore de façon rationnelle les origines existentielles du désespoir moderne; ses évocations de la perte, de la haine de soi et de l'apitoiement sur son sort, de l'envie et de la colère, côtoient des moments de compassion, d'extase et parfois même de pure joie. L'emphase exagérée que met Newlove sur la peur et le dégoût dans ses poèmes a tendance à faire oublier la vivacité d'esprit, l'ironie et l'humour, autant de richesses présentes dans l'honnêteté scrupuleuse de sa poétique dépouillée.

Au début des années 60, Newlove quitte les Prairies pour Vancouver, où il lit et étudie son art. En quelques années, sa poésie traitant de la dérive caractéristique de notre époque lui vaut une réputation de chroniqueur important de la déperdition et de l'aliénation. Après avoir parlé de lui-même dans *Moving in Alone* (1965), il compose des poèmes sur l'histoire du Canada, se questionne sur la vérité, se demande à qui appartient et à qui doit appartenir cette terre. Ce questionnement est clair dans *Black Night Window* (1968) où il décrit sa rencontre avec la culture autochtone. Il rédige ensuite des poèmes sur l'histoire de l'être humain et parle de guerre et de cruauté dans *Lies* (1972), qui lui vaut le prix du Gouverneur général. Vers la fin des années 60, Newlove déménage à Toronto où il fait du journalisme.

Au cours des années 1970, il devient rédacteur à la pige et écrivain résident dans plusieurs universités canadiennes. Il publie *The Fat Man: Selected Poems* en 1977 et un long poème philosophique, *The Green Plain*, en 1981. Son premier recueil de poèmes depuis *Lies* paraît en 1986. *The Night the Dog Smiled* (1986) confirme son immense talent et augmente la portée et la générosité de sa vision.

Son dernier ouvrage, *Apology for Absense: Selected Poems 1962-92* (1993), rappelle aux anciens lecteurs, et signale aux nouveaux, la présence d'un poète des plus étonnants par sa pureté et son classicisme.

Douglas Barbour

Newman, Leonard Harold, généticien (Merrickville, Ont., 31 août 1881—Ottawa, 16 janv. 1978). De 1905 à 1923, il est secrétaire de l'Association canadienne des producteurs de semences qui est commanditée par le gouvernement et fondée par J.W. Robertson pour améliorer l'agriculture en encourageant les fermiers à sélectionner de meilleures variétés de plantes. Il poursuit des études supérieures de génétique en Suède et, en 1923, succède à Charles SAUNDERS comme spécialiste des céréales pour le Dominion. La tâche de Newman comprend l'enregistrement de variétés de céréales pour leur culture au Canada, et il fréquente régulièrement les foires automnales pour parler aux fermiers et expliquer les politiques officielles. Capable de reconnaître presque n'importe quelle variété de blé qu'on viendrait à lui présenter, il aime mettre les fermiers au défi de lui poser une colle. En 1948, il se retire sur la ferme familiale établie sur la rivière Rideau par son grand-père, un des officiers du colonel BY, et il devient un historien local enthousiaste.

Donald J.C. Phillipson

Newman, Peter Charles, journaliste, écrivain, rédacteur en chef de journaux et de revues (Vienne, Autriche, 10 mai 1929). Né Peta Karel Neuman de parents juifs laïcisés, il arrive au Canada comme réfugié en 1940. Son père, qui envisage pour son fils une carrière dans les affaires, l'inscrit, en 1944, comme pensionnaire «invité de guerre» au Upper Canada College, où il rencontre des membres de la classe dirigeante canadienne, dont il écrira plus tard les biographies. Une fois qu'il maîtrise l'anglais, Newman commence à écrire, d'abord pour le journal de l'U. de Toronto, puis, en 1951, pour le FINANCIAL POST. À compter de 1953 et pendant trois ans, il est le rédacteur en chef du Post à son bureau de Montréal. Il retourne ensuite à Toronto pour devenir adjoint au rédacteur en chef, puis chroniqueur parlementaire à Ottawa du magazine MACLEAN'S. À Ottawa, Newman écrit sa magistrale et populaire chronique politique sur John DIEFENBAKER, *Renegade in Power: The Diefenbaker Years* (1963). Cinq ans plus tard, il publie avec moins de succès une étude semblable sur Lester B. PEARSON, *The Distemper of Our Times* (1968).

L'année suivante, il devient directeur de la rédaction du *Toronto Star* (publiant plus tard certains de ses meilleurs articles journalistiques dans *Home Country: People, Places and Power Politics,* 1973) et délaisse les politiciens au profit des membres de l'élite industrielle et commerciale canadienne. Dans *Flame of Power* (1959), il se penche sur la première génération de magnats de l'industrie et du commerce canadiens, dont il présente 11 portraits. Puis, dans de populaires études telles que *The Canadian Establishment* (en deux volumes, 1975, 1981), *The Bronfman Dynasty* (1978; trad. *La dynastie des Bronfman,* 1979) et *The Establishment Man: A Portrait of Power* (1982), il explore la vie de ceux qui exercent alors le pouvoir financier. Ses livres se vendent à un million d'exemplaires, ce qui est un succès peut-être sans précédent au Canada. Sous son influence, le reportage politique et le journalisme d'affaires réalisent un profond changement en adoptant un traitement plus personnalisé et plus évocateur.

Rédacteur en chef de *Maclean's* pendant 10 ans (1971-1982), il s'emploie à transformer cette publication mensuelle en une revue hebdomadaire traitant de l'actualité nationale et internationale selon un point de vue canadien. En 1982, il démissionne pour se consacrer à la rédaction d'un historique de la Compagnie de la baie d'Hudson en trois volumes. Deux volumes ont déjà paru (*Company of Adventurers,* 1985, et *Caesars of the Wilderness,* 1987). Un quatrième livre, qui s'ajoutera à ces trois volumes, comprendra des cartes géographiques, des graphiques et des schémas.

Elspeth Cameron

Newmarket, ville de l'Ont., pop. 57 125 (rec. 1996), 45 474 (rec. 1991), 34 923 (rec. 1986); superf. 35,91 km²; const. en 1880; située le long de la rivière Holland, près des rivières Don et Humber, à 25 km au nord de l'agglomération métropolitaine de Toronto. La ville tire son nom de son emplacement idéal en tant que «nouveau marché» (new market) desservant les communautés environnantes aussi bien que les marchands de fourrures et les autochtones en route vers Toronto. Le nom officieux lui est resté et la ville sert encore aujourd'hui de marché pour les produits de Holland Marsh. Le lieutenant-gouverneur John Graves SIMCOE invite la Société des amis (QUAKERS) à coloniser la région.

Ils arrivent en 1801, avec Timothy Rogers à leur tête. Leur temple est situé sur la rue Yonge et est construit vers 1810. Il est le premier bâtiment religieux érigé par des colons au nord de York et est aujourd'hui un lieu historique. Les familles d'Elisha Beman et de Christopher Robinson (le père de John Beverley ROBINSON) mènent la destinée de la colonie à ses débuts. La ville s'appelle même Beman's Corners à ses débuts. W.L. MACKENZIE est très populaire dans la région, et Samuel LOUNT est l'un de ses martyrs du mouvement de réforme.

Le tannage et la fabrication de meubles de bureau constituaient une grande part de l'économie de la ville. Aujourd'hui, elle est un centre régional et une communauté résidentielle ainsi que le siège du gouvernement régional de York. Elle abrite également le Pickering College, une institution quaker pour les garçons. Robert SIMPSON et un associé ont ouvert leur premier magasin à Newmarket.

K.L. Morrison

Newton, Margaret, phytopathologiste (Montréal, 20 avril 1887—Victoria, 6 avril 1971), sœur de Robert NEWTON. Tout en étudiant à l'U. McGill, elle travaille à la première campagne d'évaluation scientifique de la rouille du blé au Canada, après l'épidémie de 1916, et se joint au Laboratoire fédéral de recherche sur les rouilles, à Winnipeg, dès sa création. Ses recherches en association avec J.H. CRAIGIE sont résumées dans *Rust Research in Canada* de T. JOHNSON et *Plant Pathology in Canada* de I.L. Conner. Newton est probablement la première Canadienne à entreprendre une carrière de chercheuse qui durera toute sa vie. Célibataire, on dit qu'elle travaille jusqu'au bord de l'épuisement, puis qu'elle se détend en voyageant à l'étranger ou en faisant des expéditions ardues en canot. En 1922, l'Union soviétique l'invite à venir discuter de son travail sur la rouille du blé. Elle devient membre du Royal College of Surgeons en 1942 et reçoit la Médaille Flavelle en 1948. Elle prend sa retraite en raison de sa mauvaise santé, qui est peut-être attribuable à 25 ans d'exposition aux spores de la rouille. En souvenir d'elle le hall d'une résidence universitaire pour femmes à l'U. de Victoria porte son nom.

Donald J.C. Phillipson

Newton, Robert, biochimiste des végétaux et recteur d'université (Montréal, 7 févr. 1889—Laguna Hills, Calif., 22 nov. 1985), frère de Margaret NEWTON. Robert Newton vient d'une famille de cinq enfants qui, y compris les deux filles, font carrière dans les sciences et dont quatre obtiennent un doctorat. Après avoir servi pendant la Première Guerre mondiale (Croix militaire en 1917), il devient professeur en cultures céréalières à l'U. de l'Alberta, dont le recteur H.M. TORY est nommé président du CONSEIL NATIONAL DE RECHERCHES DU CANADA (CNRC) en 1923. Newton concentre ses recherches sur la résistance du blé au froid, à la sécheresse et à la rouille. Il devient conseiller en chef de Tory en agronomie, est directeur de la division de la biologie et de l'agriculture au CNRC (1932-1940) puis succède à Tory comme président de l'influent Comité de recherche sur les grains (Grain Research Committee). Ses meilleurs étudiants universitaires sont envoyés à l'étranger afin de poursuivre leurs études doctorales dans les institutions les plus réputées et reviennent ensuite pour constituer le noyau du personnel en biologie du CNRC. Newton retourne à Edmonton en 1940 et est recteur de l'U. de l'Alberta de 1941 à 1950.

Donald J.C. Phillipson

Newton, William, missionnaire anglican, Edmonton (Halstead, Essex, Angl., 1828—1910). Fils d'un tisserand et baptisé à l'église paroissiale en 1830, il aurait attiré l'attention de riches émigrés portugais vivant dans son quartier et qui ont payé ses études. Il est pasteur congrégationaliste en Angleterre pendant quelques années durant lesquelles il publie deux livres de sermons: *Studies in Divine Things* (1863) et *Fresh Religious Thoughts* (1865).

En 1870, il immigre au Canada où il est ordonné ministre anglican par l'évêque A.N. Bethune. Il passe trois ans à Rosseau et près d'un an à Howard Township, en Ont., avant d'offrir ses services à la Society for the Propagation of the Gospel. John McLean, évêque de Saskatchewan, l'accepte comme missionnaire à Edmonton. Il y reste 20 ans, apparemment sans sa famille, et œuvre pour la cause anglicane. Il fonde deux congrégations: All Saints, qui devient plus tard la cathédrale d'Edmonton, et St. Michael. Il voyage beaucoup dans la région et c'est lui qui aurait introduit le lilas à Edmonton. En 1889, il prend sa retraite à Victoria, en Colombie-Britannique.

Frank A. Peake

Nexus Groupe de percussionnistes de Toronto formé en 1971 par Robert Becker, William Cahn, Michael Craden, Robin Engelman, Russell Hartenberger et John Wyre. Les musiciens originaux du groupe se produisaient encore en public en 1996, sauf Michael Craden, décédé en 1982. Nexus a mérité une réputation internationale grâce à la virtuosité de ses membres sur des centaines d'instruments à percussion représentatifs des principales traditions et cultures du monde. Il a aussi créé de nouveaux instruments pour répondre à des exigences musicales précises.

Au cours des 25 dernières années, l'orchestre de chambre se constitue un vaste et audacieux répertoire musical (ragtime, musique contemporaine, classique, populaire) où on trouve des œuvres pour orchestre, chorale, orchestre de chambre ou instrument seul. Beaucoup d'œuvres de son répertoire, souvent des commandes, lui sont destinées et elles portent la signature de compositeurs célèbres tant au Canada qu'à l'étranger. Les membres du groupe font des arrangements et composent de la musique pour l'ensemble, et ils sont passés maîtres de l'improvisation.

En 1996, Nexus avait plusieurs réalisations à son actif: 18 enregistrements en circulation; la création et l'enregistrement de la piste sonore du film *The Man Who Skied down Everest,* gagnant d'un Oscar; des apparitions dans de nombreux festivals nationaux et internationaux; des tournées au Japon, en Chine, en Corée, en Australie, en Nouvelle-Zélande, en Grande-Bretagne et aux États-Unis. L'ensemble a été invité à se produire avec quelques-uns des meilleurs orchestres du monde. Ainsi, lors du centenaire du Carnegie Hall de New York, Nexus a donné la première de *From me flows what you call Time,* de Toru Takemitsu, une œuvre commandée pour que l'ensemble l'exécute avec le Boston Symphony Orchestra. Afin de rehausser la qualité de leurs concerts, les membres ont organisé des ateliers et des cours de niveau supérieur qu'ils donnent dans les écoles secondaires, dans les universités et dans les collèges. Quelques membres ont déjà enseigné ou enseignent actuellement dans des facultés de musique, p. ex. dans celles de l'U. de Toronto et de l'U. York.

Patricia Wardrop

Niagara, chutes Spectaculaire cascade d'eau se jetant dans la RIVIÈRE NIAGARA, ces chutes ont le plus important volume d'eau au monde, soit 2832 m³. Elles sont divisées en deux par l'île Goat. La chute américaine, d'une hauteur de 64 m et d'une largeur de 305 m, possède un débit de 14 millions de litres d'eau par minute. La chute canadienne, ou «Fer à cheval» a une hauteur de 54 m, une largeur 675 m, et un débit de 155 millions de litres d'eau par minute. Ces chutes se sont formées il y a quelque 10 000 ans alors qu'avec le retrait des glaciers apparaissait l'ESCARPEMENT DU NIAGARA. Ce dernier a détourné au nord, dans le LAC ONTARIO, les eaux du LAC ÉRIÉ qui, jusque là, se déversaient au sud.

Les chutes érodent le schiste tendre et le calcaire de l'escarpement d'environ 1,2 m par année et elles sont maintenant à 11 km de leur point d'origine, là où se situe aujourd'hui Queenston. On peut facilement concevoir que les autochtones aient attribué un sens spirituel aux chutes et *Niagara,* qui signifie «tonnerre d'eau», semble être le dernier mot des NEUTRES encore en usage.

Louis HENNEPIN, qui aperçut les chutes en 1678, les décrivit comme «une vaste et prodigieuse cadence d'eau». Charles Dickens, au nombre de ceux qui ont essayé de décrire l'effet que les chutes produisaient sur eux, a écrit ceci: «J'ai eu l'impression d'être soulevé de terre, de voir le Ciel». Les téméraires qui défient les chutes dans des barils, dans des bateaux et des ballons de caoutchouc se manifestent avec le développement du tourisme qui débute dans les années 1800. Le plus connu, Blondin, marcha sur une corde raide, au-dessus de la gorge, en 1859. Les cascades furent interdites par la loi en 1912.

Afin de protéger le secteur des colporteurs et des spéculateurs, l'Ontario crée le parc Queen Victoria en 1887, le premier parc provincial canadien. Des millions de touristes visitent l'endroit chaque année et observent les chutes depuis plusieurs tours, à partir d'un tunnel aménagé sous Horseshoe Falls, d'un téléphérique au-dessus des bassins tourbillonnants ou encore du *Maid-of-the-Mist,* un bateau qui transporte les touristes au pied des chutes. Des ententes internationales régissent la dérivation des eaux à des fins hydroélectriques.

Le Traité concernant la dérivation des eaux du Niagara (1950) stipule qu'un débit minimal doit être réservé aux chutes et que le reste doit être divisé à part égale entre le Canada et les États-Unis. Au Canada, l'eau de la rivière Niagara est détournée en amont des chutes et alimente au moyen de canaux et de tunnels les turbines des centrales électriques Sir Adam Beck no 1 et no 2.

James Marsh

Niagara, escarpement du Dans sa partie ontarienne, il est d'une longueur de 725 km, d'une superficie de 1923 km² et d'une hauteur maximale de 335 m. On peut définir l'escarpement comme étant une longue paroi rocheuse, abrupte, formée par un arrêt brutal des strates.

L'escarpement du Niagara, d'une beauté exceptionnelle, traverse l'Ontario en passant par Queenston (sur les rives de la RIVIÈRE NIAGARA), HAMILTON, Milton, ORANGEVILLE, COLLINGWOOD, OWEN SOUND et Tobermory, pour se rendre jusqu'aux îles MANITOULIN et SAINT-JOSEPH.

L'escarpement délimite une partie des rives d'une ancienne mer centrée au Michigan, qui s'étendait à l'ouest, à partir de Rochester, dans l'État de New York, traversant l'Ontario, jusqu'au Michigan, et se dirigeant ensuite vers le sud, du côté ouest du lac Michigan, pour atteindre le Wisconsin. L'érosion due à l'eau et aux glaciations est à l'origine de son apparence spectaculaire. L'eau continue à façonner ce paysage grâce aux rivières qui le traversent et à plus de 60 chutes qui en dévalent l'abrupte pente.

Historique Tout au long de leur histoire, les chutes de cet escarpement, les forêts et ses parois rocheuses ont fourni l'énergie et les matériaux nécessaires à l'établissement de la jeune province. Avec le temps, ses sites archéologiques, sa faune et sa flore d'une grande richesse, son potentiel récréatif remarquable (le sentier pédestre BRUCE, le ski, l'observation de la nature) ont cependant amené les autorités à prendre des mesures pour en préserver la splendeur.

Conservation Afin de résoudre l'épineux problème des champs de compétence des municipalités, des régions, des comtés et des organismes de conservation, la Commission de l'escarpement du Niagara a présenté un plan pour préserver l'intégrité écologique de l'escarpement, ainsi qu'un réseau de plus de 116 parcs. En 1990, l'importance de l'écosystème de l'escarpement est reconnue à l'échelle internationale, alors que les Nations Unies lui donnent le titre de réserve de la biosphère.

Raymond N. Lowes

Niagara Falls, ville de l'Ont.; pop. 76 917 (rec. 1996), 75 399 (rec. 1991), 72 107 (rec. 1986);

superf. 212,02 km²; const. en 1904. Elle doit sa réputation et son nom aux resplendissantes CHUTES NIAGARA, de renommée mondiale, sur la RIVIÈRE NIAGARA. Son essor repose sur le tourisme, l'expansion des gares terminales à ce passage frontalier Canada–États-Unis et sur l'industrie manufacturière (y compris l'électrochimie et les abrasifs) fondée sur la facilité d'alimentation en énergie et son prix dérisoire.

Développement En 1822, on y construit le premier hôtel avec vue sur les chutes sur le chemin du Portage. Dès les années 1850, plusieurs petites communautés sont établies autour de cette attraction naturelle et du champ de bataille historique de LUNDY'S LANE, où une bataille a eu lieu en 1814, vers la fin de la GUERRE DE 1812.

En 1848, on bâtit le premier pont sur la gorge du Niagara et, en 1853, la GREAT WESTERN RAILWAY fait son entrée et établit une gare terminale là où le pont suspendu de Niagara traverse la rivière Niagara. En 1883, on construit le pont Cantilever de Niagara directement au sud pour le compte du Canada Southern–Michigan Central Railways. En 1897, on construit le pont ferroviaire en arc de Niagara en dessous et à même le pont suspendu afin de remplacer le précédent. Ces ponts sont des exploits d'ingénierie et des attractions pittoresques de la rivière aux chutes. En 1878, le début des excursions en train amène des milliers de touristes à Niagara Falls.

La collectivité de Drummondville est établie en 1800 près du futur champ de bataille de Lundy's Lane. Clifton l'est en 1832 près des chutes et une troisième collectivité, Elgin, se développe là où le premier pont est construit au-dessus de la gorge en 1848. En 1856, les villages de Clifton et d'Elgin sont constitués en ville sous le nom de Clifton. En 1881, ce nom est remplacé par Niagara Falls et, la même année, Drummondville devient le village de Niagara Falls. Cette confusion par rapport aux noms prend fin en 1904 lorsque la ville fusionne avec le village voisin du même nom. La ville de Niagara Falls est ainsi constituée (pop. 7000). Le canton de Stamford s'y fusionne en 1963 et, en 1973, sous une administration régionale (Municipalité régionale de Niagara), le village de Chippawa et certaines parties des cantons de Willoughby et de Crowland font de même.

En 1905, trois usines hydroélectriques à grande échelle (352,6 MW) entrent en activité. La mise en valeur des forces hydrauliques se déplace au bord de l'escarpement du Niagara à Queenston Heights lorsqu'on inaugure la centrale sir Adam Beck nº 1 en 1922. Sa puissance maximale prévue de 373 MW s'accroît considérablement à l'inauguration de la centrale sir Adam Beck nº 2 (1223,6 MW) en 1954. Les deux exploitations nécessitent des détournements massifs des eaux des chutes jusqu'aux centrales électriques par des canaux creusés dans des tranchées profondes et de tunnels construits sous la ville. Il faut également inverser le flux de la rivière Welland pour remplir les réservoirs situés au-dessus des centrales électriques sir Adam Beck dans la gorge au-dessous.

Les chutes acquièrent une réputation en Europe et aux États-Unis grâce aux tableaux et aux descriptions qu'en font les nombreux visiteurs au XIXᵉ siècle. Toutefois, le développement à grande échelle du tourisme ne survient qu'après les années 20 avec l'avènement de l'automobile qui remplace peu à peu les chemins de fer. On assiste alors à des changements radicaux dans la présentation urbaine: le déclin du centre-ville axé sur le chemin de fer; l'essor de la région touristique et commerciale de Clifton Hill située plus près des chutes; la construction d'hôtels et de motels le long de Lundy's Lane et de l'autoroute 20, sans doute la rue de motels la plus longue du monde; des tours pittoresques, des hôtels tout en hauteur et des attractions touristiques encerclent les chutes; l'AUTOROUTE QUEEN ELIZABETH (QEW), dont la circulation intense en provenance des zones urbanisées du sud de l'Ontario et des

États-Unis via le pont Peace contourne la ville à l'ouest; et la route 420, alimentée par la QEW, vers les chutes, où elle traverse le pont Rainbow pour rejoindre le système routier inter-États américain. Le chemin McLeod devient une route secondaire vers les chutes à partir de la QEW en passant par des quartiers résidentiels pour desservir les nouveaux projets de Marineland. Le nouveau centre commercial Niagara Square, inauguré en 1977, aggrave les contraintes qui pèsent sur le centre-ville originel.

Commission des parcs du Niagara En 1885, le gouvernement provincial de l'Ontario met en place la Commission des parcs du Niagara. Graduellement, la qualité de l'aménagement des espaces verts du parc Queen Victoria remplace l'ambiance désordonnée et carnavalesque qu'on retrouvait auparavant aux alentours des chantiers hydroélectriques près des chutes. La superficie initiale des 62 ha situés près des chutes s'étend régulièrement le long de la rivière vers le nord et le sud, et atteint FORT ÉRIE dès 1915. En raison de la Première Guerre mondiale, elle ne rejoindra NIAGARA-ON-THE-LAKE qu'en 1931. En 1997, le système de voies promenades du Niagara forme un ensemble d'espaces verts couvrant 1512 ha entre les lacs Érié et Ontario.

Économie Le tourisme et les activités de service prédominent. Le Casino de Niagara (1996), l'employeur le plus important de la ville, est situé près des hôtels, des attractions de Clifton Hill et des installations du passage frontalier. La Commission des parcs du Niagara est le deuxième employeur en importance. De nombreux hôtels tout en hauteur et des attractions sont situés sur la corniche au-dessus des chutes et s'étendent à l'intérieur des terres le long du secteur commercial et d'hébergement de Lundy's Lane.

Vie culturelle À Niagara Falls, on compte de nombreuses attractions, notamment le Butterfly Conservatory des parcs du Niagara (1996), dans le nord, sur les terrains des jardins botaniques des parcs du Niagara. En 1938, le pont Honeymoon de 372 m devient une attraction touristique majeure lorsque la glace emporte ses appuis et qu'il s'écroule dans la rivière gelée. Ce pont en arcs encastrés, qui était autrefois le plus long du monde, est remplacé, en 1941, par le pont Rainbow actuel construit à 183 m en aval de son malheureux prédécesseur. Les Rainbow Gardens sont aménagés en même temps.

Au début des années 30, sir Harry OAKES achète les emplacements des deux plus gros hôtels de l'endroit et en fait don à la Commission des parcs du Niagara en échange d'un terrain sur la crête de la colline qui surplombe l'île Dufferin. L'Oakes Garden Theatre, avec ses aménagements paysagers formels, ses terrasses et ses amphithéâtres, ouvre ses portes en 1937 et Oak Hall, aujourd'hui niché au sein d'un terrain de golf de neuf trous, est devenu le siège administratif de la Commission des parcs du Niagara.

Depuis 1846, le bateau de plaisance *Maid-of-the-Mist* transporte les touristes plus loin que les chutes américaines, aux pieds des chutes Horseshoe. Un bateau-bus transporte aussi les touristes le long de la rivière vers Queenston Heights et fait escale aux diverses attractions. Marineland est doté d'un parc d'attractions et d'un aquarium avec des épaulards et d'autres mammifères marins. La dernière attraction à voir le jour est le Casino de Niagara (1996).

John N. Jackson

Niagara, frontière historique du Région parsemée de LIEUX HISTORIQUES et de cairns; elle longe les deux côtés de la rivière Niagara entre les lacs Ontario et Érié sur environ 50 km. Cette région a d'abord été habitée par divers peuples de culture iroquoise ou algonquienne. Les Français sont arrivés vers la fin du XVIIᵉ siècle, et il reste des traces de leur présence au fort Niagara (près de Youngstown, NY), qui a capitulé en juillet 1759 devant les troupes britanniques et coloniales. Pendant la GUERRE D'INDÉPENDANCE AMÉRICAINE et la GUERRE DE 1812, le fort

Niagara a été le théâtre d'une activité militaire considérable.

Sur la rive ouest (canadienne), en face du fort Niagara, se trouvent les forts George et Mississauga ainsi que les casernes de Butler, qui relèvent tous du Service canadien des parcs. On a modifié la charpente du fort George, construit en 1796, avant la guerre de 1812. Les Américains s'en sont emparé le 27 mai 1813 à la suite d'une bataille acharnée, mais les troupes britanniques l'ont repris en décembre; à la fin de la guerre, il tombait en ruines. En 1937, la Commission des parcs du Niagara a financé sa reconstruction d'après les plans originaux du Corps royal du génie. En 1969, l'endroit a été confié au gouvernement fédéral et, en 1977, est devenu le lieu historique national du Fort George.

Des champs de bataille comme ceux de Queenston HEIGHTS, Stoney Creek et LUNDY'S LANE rappellent les événements de la guerre de 1812 et la vie des gens de l'époque. LE FORT ERIE, construit en 1764, relève maintenant de la Commission des parcs du Saint-Laurent; il a connu une activité intense depuis l'époque de PONTIAC à celle de la Confédération.

Robert S. Allen

Niagara-on-the-Lake, ville de l'Ont.; pop. 1 238 (rec. 1996), 12 945 (rec. 1991), 12 494 (rec. 1986); superf. 131,11 km²; const. en tant que ville en 1970; située à l'embouchure du Niagara dans le lac Ontario.

Historique Les premiers colons qui s'installent à Niagara-on-the-Lake sont des LOYALISTES vétérans des Butler's Rangers. John Graves SIMCOE nomme la localité Newark et en fait la capitale du HAUT-CANADA. En 1794, lorsque la capitale déménage à York (Toronto), Newark prend le nom de «Niagara». Vers 1900, pour éviter de la confondre avec NIAGARA FALLS située à 19 km au sud, on lui donne le nom de Niagara-on-the-Lake. En mai 1813, les Américains capturent le FORT GEORGE situé à proximité, occupent la ville durant l'été et l'incendient en décembre.

La décennie de 1850 marque la période d'or de Niagara-on-the-Lake: elle est reliée à Toronto par navire à vapeur et à Buffalo (New York), par le chemin de fer. Cependant, l'utilisation croissante du CANAL WELLAND et le transfert du chef-lieu de comté à ST. CATHARINES en stoppe la croissance. En 1960, les liaisons maritimes et ferroviaires disparaissent au profit de l'automobile. Le camp Niagara, fondé en 1871, assure la formation de la milice et des membres de l'armée régulière jusqu'en 1966. Au cours des année 50, bon nombre d'immigrants allemands s'installent dans la ville et dans les régions rurales avoisinantes. Le gouvernement régional (1970) fusionne la ville et le canton en une unité urbaine, Niagara-on-the-Lake, qui comprend les localités de Queenston, de St. Davids et de Virgil, ainsi que les régions rurales connexes. Le tourisme, la culture fruitière et la construction de yacht constituent les principales industries de cet endroit.

Trésor architectural Niagara-on-the-Lake est l'une des villes du XIXᵉ s. les mieux conservées d'Amérique du Nord. On y trouve encore d'impressionnantes demeures néoclassiques et géorgiennes, notamment Clench House (v. 1824); Kirby House (v. 1815), ancienne demeure de William KIRBY; McFarland House et Field House (les deux v. 1800), le long de l'autoroute de plaisance Niagara River; et Willowbank (1835), à Queenston. L'église St. Andrew's (1831) constitue peut-être le plus bel exemple de résurgence du style grec en Ontario. Les Casernes-de-Butler (après 1815), le Niagara Apothecary (1820) et Fort George (1796-1799) sont tous restaurés.

Plusieurs résidants possèdent des demeures classées bien du patrimoine, en vertu de la *Loi sur le patrimoine de l'Ontario*, et le centre-ville est aussi classé quartier patrimonial par décret du conseil municipal.

Le Niagara Historical Museum (1907), l'un des plus anciens musées d'histoire locale de l'Ontario, présente des objets ayant appartenu aux loyalistes. Avant d'avoir son propre théâtre, en 1973, le SHAW FESTIVAL a lieu dans le palais de justice (construit en 1847). La ville constitue la limite nord du Niagara River Recreation Trail, sentier qui longe le fleuve Niagara jusqu'à 56 km au sud de FORT ERIE. Ainsi, Niagara-on-the-Lake est un lieu touristique privilégié, riche de son architecture et de son patrimoine.

John L. Field et John N. Jackson

Niagara, péninsule Elle est située entre les lacs ONTARIO et ÉRIÉ et la RIVIÈRE NIAGARA, dans le sud-ouest de l'Ontario. Tout comme la rivière qui tient lieu de frontière internationale entre le Canada et les États-Unis, la péninsule joue un rôle frontalier depuis 1783.

Physiquement, la péninsule comprend deux plaines très différentes, séparées par l'ESCARPEMENT DU NIAGARA. La plaine Ontario, dotée d'un sol fertile et sablonneux, ainsi que d'un climat propice, englobe la zone de production fruitière du Niagara, où sont cultivés la plupart des fruits tendres et des vignes du Canada. Les pentes boisées de l'escarpement, où l'on fait l'extraction de calcaire et dont l'élévation abrupte atteint environ 60 m., sont profondément découpées par des gorges couronnées de chutes, notamment les CHUTES NIAGARA. La plaine Érié, dont le substrat rocheux est plus près de la surface, est moins productive que son équivalente du nord. Le sol, mal drainé, est composé d'argile, les précipitations sont plus fréquentes et les périodes exemptes de gel, plus courtes. On extrait aussi du calcaire de l'escarpement Onondaga, à l'intérieur des côtes du lac Érié.

Les sous-régions de la péninsule présentent de multiples contrastes: des falaises le long du littoral du lac Ontario et des estuaires de rivière formant des bassins derrière des cordons sableux; le littoral du lac glaciaire Iroquois traversant la plaine Ontario; la baie de Short Hills dans l'escarpement aux pentes abruptes; un dépôt de sable de kame glaciaire à Fonthill, le point le plus élevé de la péninsule; la gorge ensevelie de St. Davids, passage obstrué de l'ancienne rivière Niagara; les régions marécageuses, y compris les tourbières, de la plaine méridionale; l'escarpement effilé Onondaga; les caps de calcaire alternant avec les baies sablonneuses le long du lac Érié, différents des falaises d'argile et de sable érodées qui bordent le lac Ontario.

Peuplement La colonisation se plie aux caprices du terrain. Des villages autochtones sont érigés le long de l'escarpement du Niagara et de nombreux sentiers deviennent des routes. Des établissements permanents sont formés durant les années 1780 à cause de l'arrivée massive de LOYALISTES. NIAGARA-ON-THE-LAKE devient temporairement la capitale du Haut-Canada, Queenston et Chippawa font office de terminus de portages et les garnisons de Fort George, Fort Mississauga et FORT ERIE commandent l'accès à la rivière Niagara. Les immigrants s'installent d'abord le long de la rivière Niagara et dans la plaine Ontario, ensuite dans la plaine Érié. Répartis en lots de 40 ha, les cantons possèdent une route en face de chaque concession et une route tous les deux lots. On construit des moulins, surtout là où les rivières traversent l'escarpement du Niagara et la plaine Ontario peuvent être détournées pour produire de l'énergie hydraulique. On voit alors surgir de petits établissements à cet endroit ainsi qu'à d'autres endroits accessibles à partir des localités avoisinantes.

L'expansion économique est gravement perturbée par l'invasion américaine au cours de la GUERRE DE 1812, et ensuite par les contrecoups d'un litige frontalier. William Lyon MACKENZIE et quelques-uns de ses partisans traversent la frontière pendant les RÉBELLIONS DE 1837 et, du côté américain, les FENIANS organisent des incursions au Canada dans les années 1860. Cependant, des contacts plus

étroits s'imposent grâce à l'établissement de ponts ferroviaires et routiers, à l'implantation considérable d'industries américaines, à la force d'attraction du marché de Buffalo et à la mise en valeur du littoral du lac Érié par la construction de chalets et d'installations récréatives à l'intention des Américains.

Canal Welland La rivière Niagara ne pouvant servir à la navigation, on construit le CANAL WELLAND qui traverse la péninsule, afin de permettre le transport maritime entre l'intérieur du continent et le lac Ontario. Inauguré en 1829, mais sans cesse élargi, le canal produit de l'énergie hydraulique à chaque écluse, là où des cours d'eau sont franchis et à partir de canalisations hydrauliques. Une série de nouveaux établissements s'ajoutent à la péninsule:ST. CATHARINES devient une ville industrielle; Port Dalhousie et PORT COLBORNE deviennent des ports; THOROLD et WELLAND voient le jour, tout comme Port Robinson et Allanburg, le long du canal principal, ainsi que Wainfleet et DUNNVILLE, au bord du canal d'alimentation. Niagara-on-the-Lake n'est plus désormais la ville la plus importante et on transfère successivement ses charges de comté à Welland puis à St. Catharines.

Chemin de fer La mise en valeur des chemins de fer consolide les établissements existants. Aux voies construites durant les années 1850 le long des rives des deux lacs, on ajoute, au cours des années 1870, deux voies au sud de la rivière Niagara et du canal Welland et, dans les années 1890, une ligne transversale Hamilton-Buffalo. Des établissements se développent près des postes frontières, particulièrement à Clifton (aujourd'hui NIAGARA FALLS), au pont suspendu, et à Victoria (Bridgeburg, aujourd'hui Fort Érié), au pont International. Welland, située au centre de la péninsule, se développe «À la rencontre des chemins de fer et des eaux» (sa devise), tout comme Merritton. Les chemins de fer favorisent aussi l'apparition de l'arboriculture fruitière, qui remplace la culture du blé et la polyculture au nord de l'escarpement du Niagara, l'aménagement de chalets et d'installations récréatives le long du littoral du lac Érié, la mise en valeur du tourisme aux chutes Niagara. St. Catharines devient une station thermale et des terrains de camping à vocation religieuse font leur apparition à Niagara-on-the-Lake, Niagara Falls, Crystal Beach et Grimsby Beach.

Aménagement hydroélectrique Les infrastructures sont une fois de plus renforcées grâce à l'aménagement hydroélectrique aux chutes Niagara et DeCew (St. Catharines) à partir du canal Welland. Au fur et à mesure que s'ajoutent des centrales électriques, des réservoirs de retenue et des lignes de transmission d'énergie, les villes connaissent un nouvel essor. D'importantes industries se développent, particulièrement le long du canal Welland à St. Catharines, à Thorold, à Welland et à Port Colborne, ainsi qu'à Niagara Falls et à Chippawa sur la rivière Niagara.

Croissance rapide Un vaste réseau de tramways interurbains relie les villes jusqu'à ce que l'automobile s'impose. On construit alors de nouveaux ponts sur la rivière Niagara et sur le canal Welland, on améliore ensuite les principales routes intérieures à partir des passages frontaliers et, en 1939, on inaugure l'autoroute QUEEN ELIZABETH.

L'étalement urbain et l'expansion sporadique de l'ouest vers l'intérieur de la péninsule au cours de la période prospère d'avant-guerre posent maintenant de graves problèmes. La perte de terres agricoles, chaque année, dans la zone la plus fertile du Canada, est aussi très préoccupante. Les centres commerciaux de banlieue dépouillent les centres urbains historiques de leurs magasins et boutiques et l'escarpement du Niagara, au paysage si pittoresque, se voit menacé par les développements linéaires. Préservation, qualité du milieu urbain et respect de l'environnement prennent alors une grande importance.

Situation actuelle En 1996, la municipalité régionale de Niagara abrite 403 504 personnes (rec.

1996). La principale ville, St. Catharines, a une population de 130 926 habitants, suivie de Niagara Falls avec 76 917 habitants et de Welland, 48 411. La croissance de la population est due à une immigration massive en provenance de l'Europe de l'Est et du Sud, des Antilles et de l'Asie du Sud-Est qui a introduit différentes cultures dans chaque centre urbain. La région attire aussi un nombre de plus en plus grand de retraités, du Canada et de l'étranger.

L'industrie manufacturière a subi un déclin radical tandis que les activités de service, notamment dans le domaine de la médecine, de l'éducation et du gouvernement, ont connu une vive croissance. Dans l'industrie agricole, on trouve un grand nombre d'établissements vinicoles nouveaux et établis, des serres où l'on cultive des fleurs, des concombres et des tomates, compléments aux vergers de pêches et de cerises, et de la volaille en plus grande quantité que le bétail.

Le tourisme est une industrie en pleine expansion. La Commission des parcs du Niagara a ajouté un sentier pavé le long du littoral de la rivière et une voie de promenade le long du canal Welland est prévue. Chaque centre important de la péninsule attire aussi ses propres touristes.

John N. Jackson

Niagara, rivière D'une longueur de 55 km, elle prend sa source dans le LAC ÉRIÉ et coule en direction nord pour se jeter dans le lac ONTARIO, en dévalant les CHUTES NIAGARA. La partie supérieure est navigable jusqu'à une série de rapides en amont des chutes. C'est ici qu'a été construit le premier navire des Grands Lacs, le GRIFFON, commandé par Cavelier de LA SALLE. La rivière est extrêmement profonde et traverse une gorge spectaculaire située en aval des chutes. À Queenston, son débit moyen est de 5750 m³/s, un débit supérieur à celui des fleuves Fraser, Columbia ou Nelson. Plusieurs ponts la traversent, notamment le Peace (1927), à FORT ERIE, et le Rainbow (1941), qui relie la ville de NIAGARA FALLS, en Ontario, à celle du même nom, dans l'État de New York.

James Marsh

Nichol, Barrie Phillip, surnommé «bp Nichol», écrivain, poète, performeur, éditeur et enseignant (Vancouver, 30 sept. 1944—Toronto, 25 sept. 1988). Sa mort tragique et prématurée, en 1988, nous prive de l'un des écrivains expérimentaux les plus avant-gardistes du Canada et d'un être véritablement généreux et à l'imagination fertile. Il acquiert d'abord une renommée internationale grâce à sa poésie concrète des années 60, puis il publie et enregistre ses œuvres dans de nombreux endroits et par différents moyens. Croyant fermement au pouvoir de la collaboration, il écrit et interprète sa poésie, dans le monde entier, avec de nombreuses personnes très différentes les unes des autres, parmi lesquelles le compositeur R. Murray Schafer et l'artiste visuelle Barbara Caruso.

Il présente de la poésie vocale en concert solo, avec de nombreux autres interprètes, ou en tant que membre du groupe *The Four Horsemen* et étudie de multiples possibilités théoriques au sein du Toronto Research Group qu'il fonde avec Steve McCaffery. Nichol dirige la publication de divers magazines et anthologies et publie, par l'intermédiaire de Coach House Press, de nombreux ouvrages rédigés par d'autres auteurs. En ce qui concerne son œuvre, il publie d'innombrables poèmes et textes de prose, sous forme de livres ou d'opuscules, et toujours chez de petites maisons d'édition, dont il est un adepte passionné.

Dans les années 80, il écrit pour Fraggle Rock et rédige de nombreuses pièces musicales. En 1970, il remporte le Prix du Gouverneur général (poésie) pour quatre recueils de poèmes lyriques qui témoignent de la diversité de son œuvre: *Beach Head* (1970), un petit recueil de poèmes lyriques; *Still Water* (1970), un coffret de cartes de poésie concrète; *The True Eventual Story of Billy the Kid* (1970), déconstruction hilarante et pleine d'esprit des mythes

de l'Ouest en quatre pages, et *The Cosmic Chef Glee & Perloo Memorial Society under the Direction of Captain Poetry Presents an Evening of Concrete Courtesy Oberon Cement Works* (1970), une anthologie sur la poésie concrète canadienne présentée dans un coffret et éditée par Nichol. Parmi ses nombreux ouvrages en prose *Craft Dinner: Stories & Texts, 1966-1976* (1978), *Journal* (1978), *Still* (1983) et *Selected Organs: Part of an Autobiography* (1988) sont considérés comme les plus importants et les plus intéressants. Dans *Selected Organs*, Nichol réécrit le corps comme porteur des stigmates d'une vie, mais encore le fait-il avec un amour et un humour propre au comique classique.

First Screening (1993) est un ensemble de poèmes concrets sur ordinateur d'abord programmé par Nichol sur un vétuste Apples IIe au début des années 80, un ouvrage tout à fait charmant. L'ensemble de ses œuvres forment un tout, mais son long poème continu, *The Martyrology, Book 1-9* (1972-1992), constitue son œuvre principale, tant pour ce qui est de l'exploration que de la consolidation. Ce poème est, comme l'a dit Robert KROETSCH, «le poème d'une vie». «Une méthode de composition qui s'oppose au *et après* de l'histoire» Nichol, qui s'est considéré toute sa vie à la fois comme «un apprenti de la langue» et «un chercheur de la langue», ne cesse jamais de développer les possibilités formelles de son poème continu afin d'inscrire toujours plus du moi de l'écriture et du moi écrit dans le flux de l'histoire héraclitéenne.

Il édite son premier recueil d'œuvres choisies, *As Elected: Selected Writing* (1980), en collaboration avec Jack David; George BOWERING et Michael ONDAATJE publient un nouveau recueil d'œuvres choisies, *An H in the Heart: A Reader* (1994), premier ouvrage de Nichol publié chez un grand éditeur. Les principaux écrits critiques sont *bp Nichol: What History Teaches* (1984) de Stephen SCOBIE; *Read the Way He Writes: A Festschrift for bp Nichol* (1986) édité par Paul Dutton et Steve Smith; *Tracing the Paths: Reading=Writing The Martyrology* (1988) édité par Roy Miki; *A Sourcery for Books 1 and 2 of bpNichol's The Martyrology* (1992) par Irene Niechoda et *bpnichol and His Works* (1992) par Douglas BARBOUR.

Douglas Barbour

Nicholas, Cynthia, «Cindy», nageuse de longue distance (Toronto, Ont., 20 août 1957). Nicholas nage en compétition pour la première fois en 1963, à Scarborough (Ontario), et bat plusieurs records dans sa catégorie d'âge, principalement en nage papillon. En 1974, à l'occasion de son premier grand marathon, la traversée du lac Ontario, elle pulvérise tous les records féminins et masculins. Non seulement elle est la première femme à effectuer la double traversée de la Manche en 1977, mais elle retranche 10 heures au meilleur temps de traversée.

En 1979, à sa sixième traversée, elle est couronnée «reine de la Manche». En 1982, elle avait déjà accompli 19 traversées, dont cinq allers-retours. Elle inscrit aussi des temps records lors de compétitions dans la baie des Chaleurs et remporte le titre de championne du monde en nage de longue distance en 1976. Athlète féminine de l'année en 1977, elle reçoit l'Ordre du Canada en 1979. Après avoir abandonné la compétition, Nicholas commence une carrière en droit et est admise au barreau de l'Ontario en 1984. Élue députée en 1987 sous la bannière libérale, elle siège à l'Assemblée législative de l'Ontario jusqu'en 1990, puis retourne à la pratique du droit en cabinet privé.

Barbara Schrodt

Nicholls, sir Frederic, financier, lobbyiste dans le monde des affaires (Angleterre, 23 nov. 1856—Battle Creek, Michigan, 25 oct. 1921). Nicholls joue un rôle déterminant dans la promotion du secteur manufacturier à ses débuts au Canada. Après des études en génie électrique en Allemagne, il arrive au Canada en 1874. Conservateur sur le plan politique, il participe

à la mise sur pied de la POLITIQUE NATIONALE à la fin des années 1870. Il est fondateur et éditeur (jusqu'en 1893) du *Canadian Manufacturer,* en plus d'être un personnage marquant du milieu de la presse, de la voile et des œuvres de bienfaisance à Toronto.

Nicholls est l'un des premiers à exploiter les possibilités de l'énergie électrique au Canada. En 1891, son entreprise, Toronto Incandescent Light Co., est la première à fournir de l'électricité commerciale pour l'ÉCLAIRAGE de la ville et jouit peu après d'un monopole sur l'éclairage électrique de la ville et sur la fourniture d'énergie. Il se met à développer le potentiel électrique des CHUTES NIAGARA avec l'Electrical Development Co. et à fabriquer du matériel électrique avec la Compagnie générale électrique du Canada. En 1896, il est président de la National Electric Light Association of America. Après la montée du mouvement «pouvoir du peuple» en Ontario dans les années 1900, Nicholls trouve moins d'ouvertures pour le développement privé de l'électricité. Plus tard, il est impliqué dans nombre de sociétés canadiennes de services publics en Amérique centrale et du Sud, puis aux Caraïbes. En 1917, il est nommé au Sénat canadien.

Duncan McDowall

Nichols, Jack, artiste peintre (Montréal, 16 mars 1921). Nichols apprend seul à dessiner grâce aux encouragements de Louis Muhlstock à Montréal et aux conseils de F.H. VARLEY à Ottawa (1936-1940). En 1943, on le charge de peindre pour la marine marchande canadienne et il est nommé peintre de guerre dans la marine en 1944. Il traverse la Manche le jour J (6 juin) avec les Britanniques et peint les opérations de débarquement et les interventions en Normandie, près de Brest. Il dépeint toujours les militaires se livrant à leurs activités quotidiennes. À l'instar de Carl SCHAEFER, Nichols remporte la bourse Guggenheim pour l'originalité de sa peinture (1947-1948). Après la guerre, il enseigne à l'U. de la Colombie-Britannique et à l'U. de Toronto. Il est célèbre à son époque pour ses dessins et ses lithographies empreints de nostalgie et de mélancolie.

Joan Murray

Nicholson, John Robert, avocat, fonctionnaire et politicien (Newcastle, N.-B., 1er déc. 1901—Vancouver, 8 oct. 1983). En 1941, C.D. HOWE le fait venir à Ottawa pour l'appuyer au sein du ministère des Munitions et des Approvisionnements. Nicholson contribue à mettre sur pied la Société Polymer Ltée, pour laquelle il continue de travailler après la guerre et dont il devient directeur général adjoint. Il se joint à la Brazilian Traction (BRASCAN LTD.) en 1952. Plus tard, il aide le Parti libéral de la Colombie-Britannique à se réorganiser. Élu député fédéral en 1963, il occupe divers postes avant d'être nommé lieutenant-gouverneur de la Colombie-Britannique (1968-1973).

Robert Bothwell

Nickel Élément présent dans tous les sols et qui occupe le 24e rang parmi les métaux les plus abondants de la croûte terrestre. C'est un élément métallique d'un blanc grisâtre, dur, résistant et plusieurs spécialistes croient qu'il est essentiel pour bon nombre de plantes et d'animaux ainsi que pour les humains. Il possède des propriétés recherchées, dont la résistance à la corrosion dans des milieux acides et basiques, une haute résistance à diverses températures et une belle apparence. Le plus ancien usage du nickel est probablement celui d'élément inconnu dans un ancien alliage métallique blanc (paktong) que les Chinois utilisaient pour la fabrication d'articles de table, de chandeliers et d'autres articles ornementaux et ménagers. Le scientifique suisse Axel Cronsted a découvert l'existence du nickel en 1751.

Utilisations C'est en tant qu'agent d'alliage que le nickel est le plus utilisé aujourd'hui. Le nickel est présent dans plus de 3000 alliages servant à la fabrication de plus de 250 000 produits finis. Le plus important alliage au nickel est l'acier inoxydable (*voir* SIDÉRURGIE). L'acier inoxydable contient généralement de 8 à 10 p. 100 de nickel et requiert 70 p. 100 de tout le nickel utilisé dans le monde. Les alliages au nickel servent à de multiples applications, y compris de l'équipement pour la fabrication de produits chimiques et la transformation des aliments, des articles ménagers, des instruments chirurgicaux et des moteurs d'avion, et ils deviennent le choix prédominant pour les équipements environnementaux.

Dès 1856, on savait qu'il existait du nickel et du minerai de CUIVRE près de l'emplacement actuel de la ville de SUDBURY, en Ontario, mais ce n'est qu'en 1883, au cours de la construction du CANADIEN PACIFIQUE, qu'on a véritablement reconnu l'importance de sa découverte. En 1890, la plupart des gîtes minéraux présents dans le district, constituant la plus grande source de nickel au monde, avaient été repérés. En 1993, un grand gisement de nickel a été découvert près de Voisey Bay au LABRADOR. Ce gisement contiendrait plus de 150 millions de tonnes de minerai de nickel, de cuivre et de COBALT. Selon plusieurs, ce gisement pourrait devenir la source de nickel la moins coûteuse à exploiter au monde.

Production Le Canada est le deuxième producteur de nickel au monde après la Russie. En 1995, la production des mines de nickel canadiennes a atteint 181 000 tonnes pour une valeur de deux milliards de dollars. Les autres producteurs principaux sont la Russie, la Nouvelle-Calédonie et l'Australie. Les principaux marchés pour le nickel canadien sont les États-Unis, l'Europe de l'Ouest et le Japon. Le marché intérieur canadien représente moins de 2 p. 100 de la consommation mondiale. Les principaux producteurs canadiens sont INCO LIMITÉE et Falconbridge Limitée. INCO a regroupé ses activités d'extraction, de broyage, de fusion et d'affinage dans des usines à Sudbury et à THOMPSON, au Manitoba. Falconbridge possède aussi des complexes regroupant des mines et des usines de broyage et de fusion à Sudbury, en plus d'une affinerie en Norvège. Un troisième producteur, Sherritt International, exploite des mines à Cuba et possède des installations de traitement hydrométallurgique à FORT SASKATCHEWAN, en Alberta.

Toutes les mines de nickel au Canada exploitent des gisements sulfurés, dont la plupart sont exploités au moyen d'installations souterraines plutôt qu'au moyen de mines à ciel ouvert. Une fois extrait, le minerai est envoyé aux concentrateurs où il est broyé et où les minéraux sulfurés sont concentrés par flottation. Le concentré est ensuite fondu pour obtenir une matte de nickel, qui est expédiée aux affineries où elle est transformée en cathodes, en anodes, en granules, en poudres et autres produits. (*Voir aussi* MONNAIE.)

Barbara Sutherland

Nickinson, John, militaire, comédien et directeur de théâtre (Londres, 2 janv. 1808—Cincinnati, Ohio, 9 févr. 1864). Nickinson favorise le développement du théâtre à Toronto et est le père d'une famille de comédiens. Il s'enrôle dans le 24e Régiment à l'âge de 15 ans, est affecté à Québec, puis à Montréal où il joue avec la troupe amateur de la garnison, notamment au Théâtre royal de Montréal en 1833. Il quitte l'armée en 1836 et fait ses débuts comme comédien professionnel à Albany, puis déménage en 1837 à New York où il se spécialise dans la comédie de dialecte. Il prend l'habitude de jouer à New York en hiver et de passer l'été au Canada, souvent en qualité de comédien et de directeur de théâtre. En 1851, il monte sa propre compagnie, constituée de sa famille (Charlotte Morrison, Eliza Peters, Virginia Marlowe, Isabella Walcot et John fils), puis il part en tournée dans la région des Grands Lacs et dans le Bas-Canada. De 1853 à 1858, Nickinson dirige avec succès le Royal Lyceum Theatre de Toronto, qu'il cède à son gendre Owen Marlowe. Il joue quelque temps à New York avant de devenir régisseur du Pike's Opera House de Cincinnati. Sa fille, Charlotte Morrison (décédée en 1910), dirige la troupe de répertoire du Grand Opera House de Toronto, de 1874 à 1879.

David Gardner

Nickle Arts Museum Il naît d'un geste philanthropique. En 1970, à l'occasion de son 81e anniversaire, Samuel C. Nickle, pionnier de l'industrie du pétrole en Alberta, donne un million de dollars à l'U. de Calgary. Le gouvernement albertain fait de même. Par ce don, M. Nickle veut remercier Calgary et l'Alberta des chances qu'elles lui ont offertes. Ces fonds, auxquels s'ajoutent les dons de mécènes et de l'université, permettent de construire le Nickle Arts Museum, inauguré officiellement le 12 janvier 1979.

À la même époque, le docteur Carl O. Nickle donne une collection unique de plus de 10 000 pièces de monnaie datant de l'Antiquité. Outre ce don de pièces de monnaie, la Nickle Family Foundation offre au musée de précieuses œuvres d'art.

Quand l'université devient autonome, en 1966, elle commence à acheter des œuvres d'art contemporain. Le musée continue à acquérir des œuvres d'art contemporain canadiennes et des pièces de monnaie anciennes.

Ann Davis

Nicol, Eric, humoriste, dramaturge et journaliste (Kingston, Ont., 28 déc. 1919). Élevé à Vancouver, il tient pendant longtemps une chronique dans le *Province* de Vancouver, qui servira de base à ses nombreux recueils de textes humoristiques, notamment *Girdle Me a Globe* (1957, Leacock Medal for Humour). Ces ouvrages se caractérisent par ses jeux de mots qui font ressortir les petites manies de la famille urbaine de classe moyenne et par quelques incursions dans l'histoire mal comprise par la majorité des gens. Polyvalent, Nicol donne dans tous les genres, qu'il s'agisse de *Vancouver* (1970), histoire vivante de la ville, ou de *A Scar is Born* (1968), récit sur l'échec qu'il a subi à Broadway avec l'une de ses nombreuses pièces. Il écrit nombre de dramatiques pour la radio et de textes pour la télévision, de même que des textes sur le sport professionnel (p. ex. *The Joy of Hockey*, 1978). Il travaille souvent en étroite collaboration avec des dessinateurs humoristiques. Parmi ses récents ouvrages, citons *The U.S. or US — What's the Difference, Eh?* (1986, illustré par Dave Moore).

Nicola-Similkameen Bande d'Athapascans vivant dans les vallées des rivières Nicola et Similkameen, dans le centre-sud de la Colombie-Britannique (et, marginalement, dans le centre-nord de l'État de Washington). Ils étaient entourés des Salish de l'intérieur (*voir* SALISH DU CONTINENT). Selon une théorie, ce peuple descendrait d'un groupe de guerriers chilcotins (de la famille des Athapascans) qui, au milieu du XVIIIe siècle, sont restés dans cette région et se sont mariés avec des Salish de l'intérieur, parlant le thompson et l'okanagan. Selon une autre théorie, les Nicola-Similkameen auraient un long passé dans cette région, où ils se seraient établis il y a plusieurs centaines d'années après avoir quitté un territoire athapascan situé plus au nord. Les données archéologiques n'ont cependant pas réussi à prouver cette théorie.

Les quelques mots de nicola-similkameen que l'on connaît semblent indiquer que cette langue est parente du chilcotin, en usage à environ 250 km au nord. L'analyse des artefacts provenant des fouilles archéologiques indique cependant que la PRÉHISTOIRE des Nicola-Similkameen est étroitement liée à celle des régions de Lillooet, Thompson et Okanagan. Au début du XXe, il ne restait déjà plus que quelques personnes parlant le nicola-similkameen, une langue devenue secondaire à celles des nouveaux occupants de leur territoire: les Thompsons et les Okanagans.

Cette langue a aujourd'hui disparu. La dernière personne qui en avait une connaissance partielle est décédée vers 1940. Cependant, il existe encore certains noms de lieux dans les vallées des rivières Nicola et Similkameen que les Salish de l'intérieur reconnaissent comme étant de la langue nicola-similkameen. En outre, certains Thompsons et Okanagans sont conscients de leur ascendance nicola-similkameen.

Cette culture est relativement peu connue. Tout comme leurs voisins, les Salish de l'intérieur, ils vivent généralement dans des maisons semi-souterraines en hiver et, le reste de l'année, dans des huttes faites de nattes en jonc. Ils vivent principalement de pêche lacustre et se procurent du saumon par le troc, car les poissons anadromes ne se trouvent ni dans la partie supérieure de la rivière Nicola ni à aucun endroit de la rivière Similkameen. Ils complètent leur alimentation d'élans, de cerfs, de petits gibiers et de plantes.

Plusieurs facteurs expliquent l'empiétement des Thompsons et des Okanagans sur le territoire des Nicola-Similkameen, dont le plus important est sans doute l'introduction du CHEVAL dans la région du plateau au XVIIIe siècle. Comme le cheval permet aux Thompsons et aux Okanagans de prolonger leurs voyages de troc et de cueillette, ils en viennent à envahir les régions habitées par les Nicola-Similkameen qui, dès le milieu des années 1800, tombent sous l'influence de leurs voisins. Les épidémies, les mariages avec les Salish de l'intérieur et la présence croissante d'allochtones accélèrent la disparition des Nicola-Similkameen au cours de la deuxième moitié du XIXe siècle. (*Voir aussi* AUTOCHTONES: LE PLATEAU et les articles généraux sous la rubrique AUTOCHTONES.)

Dorothy Kennedy et Randy Bouchard

Nicolas, Louis, missionnaire jésuite (Aubenas, France, 1634—?). Entré dans la Compagnie de Jésus à Toulouse en 1654, Louis Nicolas arrive au Canada en 1664, sur le même bateau que Jeanne MANCE. N'ayant pas encore fait sa théologie, il doit se mettre aux études à la résidence de Sillery, près de Québec. Il ne semble pas s'y être beaucoup intéressé. On le voit faire deux escapades (1665 et 1666) dans la région de Trois-Rivières chez les ALGONQUINS. Il prononce enfin ses premiers vœux, en 1667, et part, avec le père Claude Allouez, pour Chagouamigon, poste éloigné sur le lac Supérieur où il entrera en contact avec plusieurs nations autochtones, OUTAOUAIS, HURONS, Illinois, Sioux venus de tous les coins de l'Amérique. Un an plus tard, le père Allouez peu satisfait de ses performances missionnaires, le ramène à Québec. Sa mission suivante a lieu en 1670, avec le père Jean Pierron, en territoire IROQUOIS, ce qui paraît peu justifié, puisque Louis Nicolas était un spécialiste des langues algonquines et ne connaissait pas l'iroquois. On sait enfin qu'il fait une courte mission de reconnaissance dans la région de SEPT-ÎLES l'année suivante. Il retourne en France, probablement en 1675, où, à la suite de nombreuses difficultés avec ses supérieurs, il passe au clergé séculier (1678). On perd sa trace après cet événement malheureux et on ignore la date de sa mort. Il est l'auteur d'une *Grammaire algonquine*, et, surtout, d'une *Histoire Naturelle des Indes Occidentales*, deux ouvrages qui sont restés à l'état de manuscrit. Or il s'agit, dans l'un et l'autre cas, de textes capitaux sur la faune, la flore et les premiers habitants du Canada que Louis Nicolas avait rêvé également d'illustrer à partir des dessins du *Codex canadiensis* maintenant conservé au Thomas Gilcrease Institute à Tulsa en Oklahoma.

François-Marc Gagnon

Nicolet, ville du Qc; pop. 4545 (rec. 1999), 4352 (rec. 1996), 4789 (rec. 1991); superf. 5,62 km²; const. en 1872. Elle est située à environ 3 km de l'embouchure de la rivière Nicolet, à l'extrémité est du lac Saint-Pierre. Nommée ainsi en l'honneur de l'associé de Champlain, Jean NICOLLET, elle se développe lentement après sa fondation au début du XVIIIe siècle. Bien qu'elle soit située dans une immense plaine, sa forme est tout à fait particulière. Bloquée depuis longtemps au nord par des possessions institutionnelles privées et au sud par des terres agricoles, elle ne se développe que vers l'est le long de la rivière et, de ce fait, elle est exposée aux inondations printanières et aux nombreux glissements de terrains.

Au début du XIXᵉ siècle, elle devient une ville agricole importante ainsi qu'un important carrefour pour les cantons de la rive sud. En raison de son activité économique fondée sur l'industrie du bois, l'industrie laitière et le commerce de détail, elle devient progressivement le cœur des paroisses agricoles de l'arrière-pays. C'est alors l'âge d'or de la ville: plusieurs communautés religieuses s'y établissent et l'on y fonde un diocèse en 1877. Le recensement de 1891 indique que sa population est alors de 2518 habitants.

Toutefois, au XXᵉ siècle, elle ne réussit pas à établir une structure industrielle viable parallèle à la croissance économique de son arrière-pays. DRUMMONDVILLE, VICTORIAVILLE, PLESSISVILLE, PRINCEVILLE et SHERBROOKE s'industrialisent grâce à des capitaux américains et britanniques. Nicolet perd alors son titre de capitale régionale et son rôle commercial fait place à un rôle intellectuel et religieux. Elle fait aujourd'hui office de petit centre de services.

Richard Chabot

Nicollet de Belleborne, Jean, interprète et explorateur (Cherbourg, France, vers 1598—Sillery, Québec, 27 oct. 1642). Comme BRÛLÉ, Nicollet de Belleborne vit chez les Amérindiens afin d'apprendre leur langue. Il passe deux ans chez les Algonquins de l'île des Allumettes et demeure plus tard avec le peuple Nipissing de 1620 à 1629. Il est le premier Européen à explorer le Nord-Ouest américain lors d'une recherche infructueuse de la «MER DE L'OUEST», qui l'amène à Green Bay et aux rivières Fox et Illinois. Finalement, il s'installe à Trois-Rivières, au Québec, où il continue à servir d'interprète. Au cours d'une mission pour délivrer un prisonnier iroquois, sa chaloupe chavire et il se noie. Ses «mémoires» relatant sa vie avec le peuple Nipissing nous sont parvenues dans les RELATIONS DES JÉSUITES.

James Marsh

Nielsen, Erik Hersholt, politicien (Regina, Sask. 24 févr. 1924). Il est pilote de l'escadron 101 au cours de la Seconde Guerre mondiale, méritant la Croix du service distingué dans l'Aviation pour son courage et son dévouement. Il joint de nouveau les rangs de l'Aviation royale du Canada de 1946 à 1951 à titre d'avocat militaire tout en poursuivant ses études pour obtenir son diplôme en droit de l'U. Dalhousie. Il ouvre un cabinet juridique à Whitehorse en 1952 et est élu député conservateur fédéral pour le Yukon en 1957. Tenace et combatif à la Chambre, il est rapidement renommé pour ses contre-interrogatoires difficiles des ministres libéraux, sa connaissance de la procédure parlementaire et sa loyauté envers son parti et son chef. Il sera ministre des Travaux publics dans le gouvernement CLARK (1979-1980), chef adjoint de l'Opposition à la Chambre (1980-1981) et chef de l'Opposition à la Chambre (1981-1983).

Après la démission de Clark comme chef du parti, Nielsen sera chef par intérim du Parti conservateur du Canada du 2 févr. au 11 juin 1983. Brian MULRONEY le nomme leader suppléant du Parti conservateur national en 1983, vice-premier ministre et président du Conseil privé en 1984, et ministre de la Défense nationale en 1985. Il devient la cible des attaques de l'Opposition à la Chambre pour ses prétendues tactiques d'obstruction et son penchant pour le secret, et il est écarté du Cabinet en juin 1986. Il démissionne de son siège en janvier 1987 et devient président de l'Office national des transports, qui remplace la défunte Commission canadienne des transports. Il quitte la vie publique en 1992 pour devenir président de Solar Engineering, Hawaii Inc. et de Solar Electric Engineering Distributors Canada. Il a écrit son autobiographie, *The House is Not A Home* (1989).

Norman Hillmer

Nigog, Le Magazine sur les arts, fondé en 1918 à Montréal par l'architecte Fernand Préfontaine, l'écrivain Robert de Roquebrune et le musicien Léo-Pol MORIN, il est le fruit de l'imagination de Préfontaine, qui tient salon pour ses amis cultivés dans sa maison de WESTMOUNT. Certains, comme Préfontaine lui-même, sont à ce point impressionnés par leur expérience de la vie artistique parisienne qu'ils rentrent au pays déterminés à faire avancer un Québec qu'ils trouvent en retard sur le plan intellectuel. L'effort qui en résulte, *Le Nigog* (nommé d'après l'outil dont se servent les Amérindiens pour harponner le saumon), cherche à éveiller la curiosité des Canadiens français envers la littérature et l'art contemporain et attire dans son équipe quelque 30 collaborateurs, y compris cinq anglophones. Proclamant la primauté de la forme sur le sujet comme condition d'un art universel, les rédacteurs en chef se font immédiatement des ennemis. Les régionalistes sont horrifiés: la revendication du formalisme détruit la sérénité avec laquelle ils avaient appuyé la pensée de la société conformiste. Cette expérience éprouvante ne dure toutefois qu'une année et 12 numéros (408 pages). L'aventure a ouvert de nouveaux horizons à la jeunesse québécoise et constitué pour le Canada français un des premiers moyens d'expression des aspirations des modernistes français. (*Voir aussi* PÉRIODIQUES LITTÉRAIRES DE LANGUE FRANÇAISE.)

Armand et Bernadette Guilmette

Nimmons, Philip Rista, surnommé «Phil», musicien de jazz et professeur de musique (Kamloops, C.-B., 3 juin 1923). Il commence sa carrière dans les années 40 à Vancouver comme clarinettiste de jazz en jouant dans des orchestres de danse et à la radio de la Société Radio-Canada. Après ses études de musique classique pour clarinette à la Juilliard School (New York) et de composition au Conservatoire royal de musique (Toronto), il forme l'ensemble de jazz Nimmons N' Nine à Toronto, en 1953.

L'ensemble de musique, qui passe à 16 musiciens en 1965 (Nimmons N' Nine Plus Six), est actif jusqu'en 1980. Ses émissions régulières à Radio-Canada et ses tournées de concerts lui valent une popularité considérable. On trouve parmi les neufs albums du groupe, réalisés entre 1956 et 1976, les plus importantes compositions de Nimmons, soit *The Atlantic Suite* (1974) et *Transformations/Invocation* (1976).

Nimmons s'intéresse à l'enseignement de la musique dès 1960. Il devient professeur à l'U. de Toronto en 1973 et contribue à la mise sur pied de programmes de jazz ailleurs au Canada. Ses compositions les plus récentes comprennent *Skyscape: Sleeping Beauty and the Lions* (pour harmonie, présentée en première à l'Expo 86), *The Torch* (pour Big Band, présentée aux Jeux Olympiques de 1988) et plusieurs pièces classiques, y compris une sonate pour clarinette (1988), un concerto pour trompette (1988) et *Moods and Contrasts* (pour l'Orchestre Esprit, 1994). Il est nommé Officier de l'Ordre du Canada en 1994.

Mark Miller

Niobium (Nb) ou colombium, métal gris, ductile, résistant à l'oxydation. Il est très conductible et fond à 2468 °C. Le terme «niobium» a été officiellement adopté en 1951 par l'Union internationale de chimie pure et appliquée, après un siècle de controverse. En Amérique du Nord, bien des métallurgistes et des négociants en métaux utilisent encore le terme «colombium». Le niobium est un important composant des aciers à haute résistance faiblement alliés. Les produits du niobium, d'une grande pureté, entrent dans la composition de superalliages utilisés dans l'INDUSTRIE AÉROSPATIALE et dans la fabrication d'aimants supraconducteurs pour génératrices puissantes.

On tire le niobium du pyrochlore et de la niobite, des minéraux que l'on trouve en grande quantité au Brésil, au Canada, au Nigéria et au Zaïre. En 1995, Niobec Inc., la seule société productrice de niobium du Canada, a extrait 3366 t de Cb_2O_5 d'une mine du sud du Québec, soit environ 15 p. 100 de la production mondiale. À compter de 1994, la société convertit ses concentrés de niobium en ferroniobium, un produit intermédiaire utilisé dans l'industrie métallurgique (*voir* SIDÉRURGIE). Plusieurs grands gisements, situés principalement au Québec, présentent des possibilités d'exploitation. (*Voir aussi* RESSOURCES MINÉRALES.)

D.G. Fong et Louis Perron

Niosi, Bert (Bartolo), chef d'orchestre de jazz (London, Ont., 10 févr. 1909—Mississauga, Ont., 3 août 1987). Durant la longue association de son orchestre avec la salle de danse Palais Royal à Toronto (1933-1950), Niosi est connu comme le «roi canadien du swing». Son orchestre joue régulièrement à la radio de la Société Radio-Canada (SRC) et, en 1945 et 1946, il fait une tournée canadienne. Niosi fait partie de l'émission radiophonique du réseau anglais de la SRC, *Happy Gang* (1952-1959), puis est le directeur musical (chef d'orchestre et arrangeur) de plusieurs séries de la télévision anglaise de la SRC, dont *The Tommy Hunter Show* (1965-1976). Plus remarqué comme clarinettiste et saxophoniste alto, il joue également de la trompette et du trombone avec son orchestre de danse. Deux de ses frères sont aussi musiciens d'orchestre de danse et de studio: Joe (1906-1977), bassiste, et Johnnie (1914-1965), batteur.

Mark Miller

Nipawin, ville de la Sask.; pop. 4318 (rec. 1996), 4419 (rec. 1991), 4611 (rec. 1986); superf. 8,16 km²; const. en 1937; située à 200 km au nord-est de Saskatoon, la ville tient son nom d'une élévation du sol aux abords de la RIVIÈRE SASKATCHEWAN, directement en amont du site actuel («endroit où l'on se tient debout» en cri). De ce sommet, on peut observer de nombreuses plaines et rivières. Les tribus autochtones de la région s'en servaient d'ailleurs fréquemment comme poste d'observation. Nipawin est située à un point de rencontre de la prairie et des bois, près de la rivière Saskatchewan. Le camping, la pêche et d'autres activités de loisir sont populaires dans la région, où l'on trouve deux parcs régionaux. Le sol au sud de la ville est riche. Parmi les récoltes de la région, on compte le blé, l'avoine, l'orge, la luzerne et le colza.

Don Herperger

Nipigon, lac D'une superficie de 4848 km², est situé à 320 m d'altitude dans le nord-ouest de l'Ontario, à 100 km au nord-est de THUNDER BAY, et atteint 165 m de profondeur. Il se déverse au sud dans le LAC SUPÉRIEUR, par la rivière Nipigon. Le nom du lac viendrait du mot ojibwé *Animi-bee-gong* qui signifie «eaux continues». Durant le XVIIIᵉ siècle, les Cris qui habitent la région se font graduellement déplacer par les Ojibwés, qui y vivent encore aujourd'hui. Parmi les Européens venus visiter le lac, on retrouve RADISSON et DES GROSEILLIERS en 1659-1660, le père Allouez en 1667, et DULHUT qui, en 1684, pour riposter à la concurrence de la Compagnie de la baie d'Hudson, construit le fort La Tourette sur la côte nord-est du lac.

Plus tard, la Compagnie du Nord-Ouest et la Compagnie de la baie d'Hudson établissent d'autres postes de traite, mais aucun ne devient un peuplement important. La population restreinte de cette région, l'environnement naturel et l'abondance du poisson et de la faune en font un lieu idéal pour les loisirs de plein air. Le lac Nipigon, le quatrième plus grand de l'Ontario, favorise une petite pêche commerciale, alors que les forêts adjacentes fournissent les usines de Red Rock et de Thunder Bay en bois à pâte. Depuis 1940, l'eau a été acheminée vers le sud à partir du bassin hydrographique de la RIVIÈRE ALBANY, par le détournement de l'Ogoki, dans le lac Nipigon, ce qui a eu pour effet d'en augmenter la capacité naturelle et de permettre de générer

266 000 kW des trois centrales hydroélectriques de la rivière Nipigon.

David D. Kemp

Nipissing, lac D'une superficie de 831 km² et situé à une altitude de 196 m, est le cinquième en importance en Ontario, exception faite des GRANDS LACS. Il est situé à 50 km au nord-est de la BAIE GEORGIENNE. Son nom est dérivé d'un mot qui, dans une langue amérindienne, signifie «petite eau». Le lac Nipissing est orienté d'est en ouest, sur une longueur de 80 km. Cette orientation en parallèle avec les vents dominants rend la navigation souvent périlleuse. Il est relativement peu profond (environ 10 m en général), donc bien aéré, ce qui favorise la vie animale et végétale. Des douzaines de rivières et de cours d'eau se jettent dans le lac Nipissing, dont la rivière Sturgeon, la plus importante. Historiquement, ses deux affluents les plus importants étaient la rivière Mattawa, qui le relie au bassin hydrographique de la RIVIÈRE DES OUTAOUAIS, et la RIVIÈRE DES FRANÇAIS, qui s'écoule à son extrémité sud-ouest et se jette dans la baie Georgienne.

C'est ce chemin, qui se trouve entre la rivière des Outaouais et la baie Georgienne, que les premiers explorateurs français ont emprunté, notamment Étienne BRÛLÉ. En 1610, il a tracé le trajet que suivront pendant les 200 ans à venir les commerçants de fourrure. Les établissements permanents autour du lac remontent à 1874 dans le cas du village Nipissing, au sud-est, et à 1882 à NORTH BAY, quand le chemin de fer du Canadien Pacifique atteint la rive nord-est. Des années 1880 jusqu'à la Première Guerre mondiale, le lac Nipissing est une importante voie de transport pour les pionniers et l'exploitation forestière. Les bateaux à vapeur qui y naviguent assurent le service sur une base régulière. Depuis, le lac est avant tout un plan d'eau voué à des fins touristiques et récréatives.

Matt Bray

Nishgas (Nisga'a) Premiers occupants de la vallée de la rivière Nass dans le nord-ouest de la Colombie-Britannique. La moitié des 5500 Nishgas vivent toujours le long de la Nass, dont leur nom est dérivé, soit dans quatre villages: New Aiyansh, Kincolith, Greenville et Canyon City.

Leur langue, le nass-gitksan (dont trois formes sont vivantes: le nishga, le GITKSAN de l'est et le gitksan de l'ouest) est proche du TSIMSHIAN de la côte qui fait partie de la famille linguistique tsimshian. On considère que les Nishgas sont aussi parents éloignés des Penutians de l'Oregon et de la Californie.

Leur vie est un modèle de raffinements culturels de la CÔTE DU NORD-OUEST, avec leurs monumentales sculptures en cèdre (TOTEMS et autres grandes figures, maisons en planches, canots, etc.), leur dépendance équilibrée aux produits de la chasse, de la pêche et de la cueillette ainsi que l'apparat du POTLATCH, fête sociale d'une grande complexité. Cette vie traditionnelle perdure sous divers aspects, bien qu'elle se soit adaptée aux occupations et à la technologie de l'économie canadienne contemporaine. Chaque Nishga est un descendant d'un même groupe d'ancêtres ou d'une phratrie, un aspect de l'identité de l'individu qui, comme les droits aux noms, aux chants et aux danses, est un héritage de la lignée maternelle. Dans l'usage quotidien, la langue nishga a fait place à l'anglais, mais elle fait maintenant partie des matières enseignées dans les écoles de district. La sculpture traditionnelle, autrefois presque complètement abandonnée, a été ressuscitée, et on trouve maintenant des mâts totémiques nishgas à Chicago, à Phoenix et à Vancouver, ainsi que sur les rives de la rivière Nass (surtout des œuvres du sculpteur nishga Norman Tait et de ses associés).

En 1912, les Nishgas sont le premier groupe autochtone à présenter une REVENDICATION TERRITORIALE légalement constituée contre le gouvernement canadien. Les Nishgas ont toujours été le fer de lance du mouvement des revendications territoriales. Revendiquant des droits ancestraux existants sur leur territoire traditionnel, ils se pourvoient en justice en 1969 (*voir* CALDER, AFFAIRE; 1973) pour déclarer que leur titre n'a jamais été cédé par traité et qu'il est toujours valide. Rejetée par les tribunaux de la Colombie-Britannique, leur revendication est finalement portée devant la Cour suprême du Canada, qui appuie la notion de droit ancestral, mais n'arrive pas à trancher sur la façon de l'évaluer ou de l'invalider.

Le 15 février 1996, après des années de négociations, une entente de principe historique entre le Canada et la Colombie-Britannique est signée par le Conseil tribal des Nishgas et par les représentants des gouvernements du Canada et de la Colombie-Britannique. L'entente de principe de 214 pages constitue les fondements d'un premier traité moderne en Colombie-Britannique. Les éléments clés de cette entente prévoient le versement d'une somme de 190 millions de dollars aux Nishgas répartie sur un certain nombre d'années, l'établissement d'un gouvernement autonome nishga et la reconnaissance de leurs droits de propriété commune et d'administration autonome d'un territoire d'environ 2000 km² dans la vallée de la rivière Nass. L'entente reconnaît que les ressources de ce territoire appartiennent aux Nishgas et décrit en détail leurs droits d'exploiter les stocks de saumon et les ressources fauniques. Au moment où l'entente a été signée, aucun accord sur leurs controversés droits de pêche n'avait été conclu.

J.V. Powell et Vickie D. Jensen

Niveau de vie Mesure du bien-être économique qui, en général, fait référence à la disponibilité des biens et des services rares. Il est souvent évalué en fonction du revenu par habitant ou de la consommation par habitant. Il est calculé en dollars constants et permet de combler des besoins non essentiels. Comme le bien-être qu'est censé mesurer le niveau de vie varie selon les individus, la disponibilité des biens et des services par habitant dans un pays permet de mesurer le bien-être général seulement si les biens et les services sont distribués équitablement au sein de la population. Si les revenus ne sont pas répartis d'une manière équitable, un taux élevé de disponibilité des marchandises par habitant n'empêchera pas un grand nombre de personnes d'avoir un niveau de vie très médiocre alors que d'autres auront un niveau de vie très élevé. Les comparaisons ne sont valables que si elles portent sur des groupes relativement homogènes. La hausse du niveau de vie peut découler de l'amélioration de facteurs économiques comme la productivité ou la croissance économique réelle par habitant, la répartition du revenu et la disponibilité des services publics, et de facteurs non économiques tels que la protection contre des conditions de travail dangereuses, la protection de l'environnement, un faible taux de criminalité, etc.

Le produit intérieur brut (PIB) par habitant est un instrument de mesure du niveau de vie d'usage courant, mais qui n'est pas nécessairement précis. Entre autres raisons, il ne fait pas de distinction entre les biens d'équipement et les biens de consommation; il ne tient pas compte de la répartition du revenu ni des différences entre les biens et les services économiques qui ne sont pas du tout inclus dans le PIB; il est sujet aux caprices rattachés au fait de traduire les mesures du revenu en une monnaie commune (*voir* REVENU NATIONAL), et il ne réussit pas à tenir compte des différences de goût entre les différents pays. Selon l'OCDE, le PIB par habitant au Canada en 1985 (évalué en dollars US) est de 13 600 $, comparativement à 16 500 $ aux États-Unis, à 12 000 $ en Suède et à 8000 $ au Royaume-Uni.

Nixon, Harry Corwin, politicien, premier ministre de l'Ontario (St. George, Ont., 1er avril 1891—*id.*, 22 oct. 1961). Nixon est reconnu pour sa longue carrière de 42 années à titre de député à l'Assemblée législative de l'Ontario. Élu parmi les députés des FERMIERS UNIS DE L'ONTARIO en 1919, Nixon finit par fusionner ce qui reste de ce groupe avec le Parti libéral renouvelé du cultivateur Mitchell HEPBURN et le parti remporte la victoire, après une absence d'un quart de siècle (1934) du pouvoir. Pendant toute la durée du régime de Hepburn, la stabilité dont fait preuve Nixon, secrétaire provincial, contribue à équilibrer le tempérament inégal du premier ministre. Après les démissions de «Mitch» et de son successeur désigné, Gordon D. CONANT, le parti choisit Nixon comme chef de parti et premier ministre, en mai 1943. Des élections ont lieu trois mois plus tard et la population retire le pouvoir aux libéraux. Nixon continuera cependant de représenter sa circonscription rurale jusqu'à son décès.

Barbara A. McKenna

Noble, Charles Sherwood, agronome et industriel (State Centre, Iowa, 16 mai 1873—Lethbridge, Alb., 5 juill. 1957). Noble met au point le Noble Blade, un cultivateur qui fournit aux agriculteurs en culture sèche de partout leur première méthode sûre pour protéger les sols de l'érosion par le vent. En 1896, on lui concède un *homestead* à Knox, dans le Dakota du Nord, puis à Claresholm, en Alberta, en 1902. En 1909, il achète 2024 ha près de Lethbridge et fonde la ville de Nobleford. En 1918, il exploite une terre de 13 134 ha, mais, en 1922, il perd tout en raison de la sécheresse et d'une dépression. Dans les années 20 et 30, il expérimente avec plusieurs voisins des méthodes de conservation des sols, y compris le cultivateur à longue lame. Après avoir choisi la meilleure de ces idées, Noble obtient un brevet pour un système de support de lame et fabrique le Noble Blade, qui coupe la mauvaise herbe sous la surface du sol sans toucher à la chaume. Il est nommé Membre de l'Ordre de l'Empire britannique en 1943 et reçoit un doctorat en droit de l'U. de l'Alberta en 1952.

Alex Johnston

Noël, Francine, romancière et dramaturge (Montréal, 1945). Après des études de lettres à l'Université de Montréal, où elle obtient une licence en 1968 et une maîtrise en 1970 pour un mémoire sur Charles Perrault, elle étudie à l'université de Paris VIII (Vincennes) où elle rédige une thèse de doctorat intitulée *Du sujet noyé: L'innommable de Samuel Beckett* (1972). Professeur au département de théâtre de l'université du Québec à Montréal depuis 1969, Francine Noël publie un premier roman en 1983, *Maryse*. Chronique des années 1968 à 1975, portrait d'une génération de jeunes Montréalais dont les rêves d'émancipation sociale se heurtent à la réalité et se perdent parfois dans la désillusion, histoire d'un premier amour que Maryse vit difficilement, le roman reçoit les éloges de la critique pour son écriture réaliste, soucieuse du détail et remplie d'humour. En 1987, paraît *Myriam première*, roman qui constitue une sorte de fresque sociale qui compte plusieurs personnages habitant le Plateau Mont-Royal au début des années 1980 et qui fait état d'une certaine désillusion idéologique caractéristique de l'époque, tout en s'engageant assez fermement du côté du féminisme. Paraissent ensuite, en 1990, *Babel prise deux ou Nous avons tous découvert l'Amérique* et, en 1999, *La conjuration des bâtards*. À titre de dramaturge, Francine Noël publie en 1985 *Chandeleur. Cantate parlée pour cinq voix et un mort*.

François Rochon

Noirs Les Noirs vivent au Canada depuis les débuts de la colonisation transatlantique. Bien que très peu d'entre eux soient arrivés directement de leur terre ancestrale, le continent africain, le terme «Afro-Canadien» devient de plus en plus populaire au cours des années 90 pour désigner tous les descendants des Africains, indépendamment de leur lieu de naissance. Les premiers arrivants sont des esclaves amenés de Nouvelle-Angleterre ou des Antilles. De 1763 à 1865, la plupart des Noirs qui immigrent au Canada fuient l'esclavage qui sévit aux États-Unis. Jusqu'aux années 60, au moment où un grand nombre d'Antillais commencent à arriver, c'est surtout des

États-Unis que viennent les immigrants noirs. Aujourd'hui, les Noirs représentent environ 2 p. 100 de la population canadienne.

Migration

Olivier Le Jeune est le premier esclave noir à être amené directement d'Afrique au Canada. Il est vendu en 1629 à Québec, mais, semble-t-il, il est affranchi à la fin de sa vie. À partir de ce moment, et ce jusqu'à la Conquête britannique (1759-1760), environ 1000 Noirs, amenés de Nouvelle-Angleterre ou des Antilles, sont réduits à l'esclavage en Nouvelle-France. Les archives locales indiquent qu'en 1759 il y a 3604 esclaves en Nouvelle-France, dont 1132 sont d'origine africaine. La plupart des esclaves vivent à Montréal et dans ses environs. L'ESCLAVAGE, qui prospère dans les économies tributaires d'une culture unique, de la production de masse et du travail d'équipe, ne se développe pas beaucoup dans la colonie, mais connaît une nouvelle vitalité au cours du régime britannique.

Les LOYALISTES emmènent environ 2000 esclaves noirs en Amérique du Nord britannique, tandis que 3500 Noirs qui ont obtenu leur liberté en se ralliant à l'Angleterre migrent en même temps, s'installant en Nouvelle-Écosse et au Nouveau-Brunswick. Après deux décennies, l'esclavage disparaît presque complètement chez les loyalistes.

En 1793, le Haut-Canada devient la seule colonie à légiférer sur l'abolition (bien que graduelle) de l'esclavage. Sans nouvel arrivage en perspective, ce dernier décline. Dès 1800, les tribunaux des autres parties de l'Amérique du Nord britannique limitent efficacement le développement de l'esclavage, bien qu'en 1816 une annonce au sujet de la fuite d'un esclave paraisse dans la «Royal Gazette». Le 28 août 1833, le Parlement britannique adopte une loi abolissant l'esclavage dans toutes ses colonies d'Amérique du Nord. La loi entre en vigueur le 1er août 1834.

L'immigration noire comprend également, en 1796, un groupe de Jamaïcains Maroons, descendants des esclaves noirs qui ont fui d'abord les Espagnols et ensuite les dirigeants britanniques de la Jamaïque. Ils sont redoutés et respectés pour leur courage. Par la suite, entre 1813 et 1816, 2000 esclaves qui ont cherché refuge derrière les lignes britanniques durant la Guerre de 1812 sont conduits en Nouvelle-Écosse. Le plus grand nombre de Noirs américains arrive au Canada de façon indépendante, grâce à un réseau de routes secrètes connu sous le nom de CHEMIN DE FER CLANDESTIN.

On estime qu'à l'époque de la Guerre civile américaine, environ 30 000 esclaves en fuite ont déjà gagné le Canada. De ce nombre, environ 800 Afro-Américains libres migrent de la Californie à l'île de Vancouver à la fin des années 1850, pour fuir la discrimination raciale que la loi de leur État impose.

Avec la levée de l'esclavage américain, en 1865, plusieurs milliers de Canadiens de race noire retournent aux États-Unis, bien que, en réaction aux inégalités civiles, de petits groupes de Noirs continuent à immigrer au Canada. En 1909-1911, plus de 1000 Noirs quittent l'Oklahoma pour les Prairies, en particulier pour l'Alberta. Mais la population noire du Canada n'augmente pas substantiellement avant les années 60, lors des changements à la *Loi sur l'immigration* qui lève un préjugé à l'égard des immigrants non blancs et permet à un grand nombre d'ANTILLAIS et d'AFRICAINS qualifiés d'entrer au Canada. Cet afflux important de personnes de race noire dépasse largement la population noire originelle dans toutes les régions, à l'exception des Maritimes (entre 1950 et 1995 il y a environ 300 000 immigrants en provenance des Antilles et plus de 150 000 en provenance d'Afrique, incluant les personnes d'origine asiatique ou européenne).

Modes de peuplement

Dans les Maritimes, la plupart des Noirs loyalistes, des Maroons et des réfugiés sont installés, selon une politique gouvernementale, dans des communautés séparées en banlieue des villes plus importantes à population blanche. Plusieurs des esclaves des loyalistes sont emmenés au Québec, dans les Cantons de l'Est. Halifax, Shelburne, Digby et Guysborough, en Nouvelle-Écosse, Saint-Jean et Fredericton, au Nouveau-Brunswick, comptent des communautés entièrement noires dans leur voisinage immédiat. En Ontario, les fugitifs du «chemin de fer» clandestin tentent également de se grouper en colonies, non pas à cause d'une politique gouvernementale, mais par souci d'entraide et de protection contre les préjugés des Canadiens de race blanche (*voir* PRÉJUGÉS ET DISCRIMINATION) et contre les kidnappeurs américains.

La plupart des communautés noires de l'Ontario se forment à Windsor, Chatham, London, St. Catharines et Hamilton, ainsi qu'en banlieue de ces villes. Toronto possède alors un quartier noir et il y a de plus petites communautés près de Barrie, Owen Sound et Guelph. En Colombie-Britannique, au XIXe siècle, les colons noirs s'établissent surtout sur l'île de Saltspring et à Victoria. Au début du XXe siècle, en Alberta, les immigrants s'établissent dans plusieurs colonies rurales autour d'Edmonton. Jusqu'à récemment, la plupart des Noirs restent relativement isolés des Blancs et des autres Noirs. Cette situation commence à changer au cours des années 30 et 40, les Noirs de la campagne venant dans les villes à la recherche d'emplois. Plusieurs des premières communautés noires sont abandonnées ou se dépeuplent considérablement.

La nouvelle migration noire en provenance des Antilles et d'Afrique s'oriente presque exclusivement vers les villes. Les Noirs sont maintenant parmi les plus urbanisés des groupes ethniques du Canada. L'attitude des Canadiens de race blanche a changé depuis la Seconde Guerre mondiale, et bien que les Noirs des villes aient encore à faire face à la discrimination, les pressions en faveur de la ségrégation n'existent plus.

Vie économique

Les Noirs loyalistes, les Maroons et les réfugiés rencontrent divers obstacles dans leur tentative de s'établir dans les Maritimes. Les petits lots de terre qu'ils reçoivent ne leur permettent pas de vivre de l'agriculture. Forcés de chercher des emplois occasionnels comme ouvriers dans les villes voisines à population blanche, les pionniers noirs sont vulnérables face à l'exploitation et à la discrimination quant à l'emploi et aux salaires. Partout dans les Maritimes, les Noirs reçoivent des parcelles de terre beaucoup plus petites et des salaires plus bas que ceux des colons blancs. De façon générale, les premiers Noirs vivent dans la pauvreté.

En partie en raison de leur condition misérable dans leur nouveau pays, un nombre substantiel de Noirs quittent la Nouvelle-Écosse et le Nouveau-Brunswick pour le Sierra Leone, en Afrique de l'Ouest. En 1792, tout près de 1200 loyalistes noirs quittent Halifax par bateau pour fonder Freetown. Leurs descendants constituent encore un groupe identifiable de nos jours. Plus tard, en 1800, plus de 500 Maroons suivent la même route en direction de Sierra Leone. Leur arrivée coïncide avec une insurrection des colons loyalistes noirs contre leurs gouverneurs britanniques. Par leur appui, ils aident alors les autorités coloniales à réprimer l'insurrection. En 1820, quelque 95 réfugiés noirs quittent Halifax pour Trinidad.

Bien que les fonctionnaires des Antilles et de la Nouvelle-Écosse les encouragent à partir, et en dépit du fait qu'on leur donne des terres pauvres, que les hivers sont rigoureux et que la main-d'œuvre blanche ne manque pas, la grande majorité des réfugiés sont déterminés à demeurer au Canada. Aujourd'hui, la majorité des Noirs des Maritimes en sont les descendants.

Les fugitifs noirs qui sont arrivés en Ontario par le «chemin de fer» clandestin sont très démunis. Comme ils ne reçoivent pas de terres de la part du gouvernement, ils doivent généralement s'engager comme ouvriers agricoles. Quelques-uns seulement cultivent leurs propres terres avec succès, d'autres travaillent pour le chemin de fer Great Western.

Plusieurs fugitifs, surtout ceux qui ont immigré à Victoria, en Colombie-Britannique, dans les années 1850, possèdent des qualifications ou des économies qui leur permettent de créer de petites entreprises. D'autres encore travaillent dans des exploitations agricoles ou dans les magasins du nouveau quai d'Esquimalt, en Colombie-Britannique. Quoi qu'il en soit, jusque tard au XXe siècle, la majorité des Noirs sont engagés dans des secteurs d'emploi sous-rémunérés ou à titre de travailleurs non qualifiés.

Aujourd'hui, plusieurs jeunes s'engagent dans le monde des affaires et dans les milieux professionnels. Pourtant, d'après le recensement de 1991, les Canadiens de race noire touchent dans l'ensemble des salaires inférieurs à ceux des Blancs. Les nouveaux immigrants antillais et africains possèdent généralement un haut niveau de scolarité, de compétence et d'expérience et se rencontrent dans toutes les catégories d'emploi.

Vie culturelle et communautaire

Dans leurs colonies fermées, les Noirs conservent leurs caractéristiques culturelles et constituent une communauté distincte. Religion, musique et langage, structures familiales et traditions se développent en réponse aux conditions de vie du Canada. Le principal soutien institutionnel est l'Église, habituellement BAPTISTE ou méthodiste (*voir* MÉTHODISME), créée lors du refus des congrégations blanches d'admettre les Noirs à titre de membres égaux.

L'influence spirituelle des Églises s'étend à la vie quotidienne et se répercute dans le vocabulaire, les habitudes et les ambitions des fidèles. Inévitablement, ces derniers assument un rôle social et politique majeur, les membres du clergé devenant les chefs naturels de la communauté. Associations fraternelles nombreuses, groupes d'assistance mutuelle, sociétés de tempérance et groupes antiesclavagistes créés par les Noirs au XIXe siècle sont presque toujours associés à l'une ou l'autre des Églises. Au XXe siècle, les Églises mènent le mouvement pour l'accès à l'enseignement et aux droits civiques.

Au temps de l'esclavage, les femmes noires sont obligées de travailler pour survivre et les circonstances économiques perpétuent cette tradition au Canada. Les Noires jouent depuis toujours un rôle économique important dans la vie familiale et acquièrent ainsi une indépendance considérable. Élevés selon une tradition communautaire, souvent par les grands-parents ou des voisins plus âgés, les enfants noirs développent des relations de fraternité au sein de la communauté. Un sens aigu de l'identité de groupe et de la solidarité, combiné avec l'identité unique suscitée par les Églises, crée une vie communautaire intime et un refuge face à la discrimination des Blancs.

Une tradition de forte loyauté à la Grande-Bretagne et au Canada se développe chez les Noirs dès les débuts de leur implantation au pays. Les loyalistes noirs combattent pour maintenir le régime britannique en Amérique et leur crainte qu'une invasion américaine puisse signifier un retour à l'esclavage les incite à participer à la défense militaire du Canada. Les miliciens noirs combattent les troupes américaines durant la guerre de 1812, jouent un rôle important dans la répression de la rébellion de 1837 et, plus tard, aident à repousser les incursions des Fenians.

Pendant un certain temps, au cours des années 1860, le Black Pioneer Rifle Corps, largement autofinancé, est la seule force armée défendant l'île de Vancouver, même si plus tard on lui refuse l'occasion de se joindre au Vancouver Island Volunteer Rifle Corps. Lors de la Première Guerre mondiale, les Noirs sont d'abord repoussés des bureaux de recrutement, mais le volontarisme persistant suscite la création d'un contingent formé exclusivement de Noirs, le Nova Scotia No. 2, qui sert comme unité de constructeurs et de pontonniers.

L'urbanisation et la sécularisation grandissantes transforment le rôle de l'Église et celui de la communauté locale. Les nouveaux immigrants apportent également au Canada leur héritage antillais ou africain, tout en l'adaptant à leurs nouvelles conditions de vie. Désormais, il y a plus d'une tradition noire au Canada, mais l'importance historique du peuple qui est venu chercher la liberté au Canada continue d'influencer les institutions et les attitudes des Noirs d'aujourd'hui.

Éducation

Au début des années 1780, des associations caritatives britanniques parrainent des écoles dans la plupart des communautés noires des Maritimes et, durant le XIXᵉ siècle, des sociétés britanniques et américaines fondent des écoles pour les Noirs partout en Ontario. Les gouvernements de la Nouvelle-Écosse et de l'Ontario créent légalement des écoles publiques séparées. Même si presque toutes les communautés noires ont accès à des écoles parrainées par des associations caritatives ou à des écoles publiques, les fonds sont insuffisants et la qualité de l'enseignement tend à être inférieure à celle des Blancs. Combinée avec l'isolement résidentiel et la carence économique, la pauvreté de l'enseignement contribue à perpétuer une situation d'épanouissement limité et de mobilité restreinte. En 1965, en Ontario, la dernière école séparée ferme ses portes.

Avec l'urbanisation, les enfants noirs sont acceptés dans les écoles publiques. Jusqu'à récemment, le Noir moyen avait un niveau de scolarité plus bas que le Blanc moyen, mais la nouvelle immigration est en train de changer cette situation de façon radicale. Car les immigrants noirs ont en moyenne un plus haut niveau de scolarité que l'ensemble de la population canadienne. De plus, des programmes spéciaux, tel le Transition Year Program de l'U. Dalhousie, viennent pallier la scolarisation défavorisée qui a longtemps été le lot traditionnel des Noirs.

Politique

La loi canadienne, avec quelques exceptions importantes, insiste sur l'égalité de droit des Noirs. Jusqu'à la Confédération, il s'agit de la loi anglaise et les électeurs noirs tendent à appuyer les candidats conservateurs engagés à préserver les liens avec l'Angleterre. Depuis la Confédération, les Noirs sont actifs dans tous les partis politiques et, au cours des 20 dernières années, ils sont élus comme conservateurs, libéraux et néo-démocrates.

Si les Noirs ne forment à aucun moment un groupe assez important pour exercer une influence politique directe, plusieurs d'entre eux apportent d'importantes contributions à la vie politique. Il y a parmi eux des conseillers municipaux et des administrateurs scolaires depuis plus d'un siècle, notamment Mifflin Gibbs, qui siège au conseil municipal de Victoria dans les années 1860 et qui, délégué à la conférence de Yale, discute de l'entrée de la Colombie-Britannique dans la Confédération, de même que William Hubbard, qui agit à titre de conseiller, de contrôleur et de maire suppléant de Toronto entre 1894 et 1907.

Élu en Ontario en 1963, Leonard Braithwaite est le premier Afro-Canadien à siéger à un Parlement provincial et, en 1968, Lincoln ALEXANDER, originaire d'Hamilton, devient le premier Noir à siéger au Parlement fédéral. Emery Barnes et Rosemary Brown sont toutes deux élues au Parlement de la Colombie-Britannique dans les années 70. D'autres honneurs suivent dans les années 80: Lincoln Alexander devient lieutenant-gouverneur de l'Onta-

rio, Alvin Curling se joint au Cabinet en Ontario, Anne Cools est nommée au Sénat et Howard McCurdy de Windsor, en Ontario, est élu à la Chambre des Communes. En 1990, Donald Oliver, d'Halifax, est nommé sénateur, et Zanana Akande devient membre du Cabinet en Ontario, devenant ainsi la première Noire à accéder à une fonction ministérielle au Canada. En 1993, Wayne Adams entre au Conseil des ministres du gouvernement de la Nouvelle-Écosse. Cette année-là, lors des élections fédérales, trois députés noirs sont élus: Jean Augustine, Hedy Fry et Ovid Jackson. Hedy Fry, de Vancouver, est nommé au Cabinet en 1996.

Maintien du groupe

Historiquement, la communauté noire rurale sert de tampon contre les effets de la discrimination et, sous son ambiance protectrice, une identité noire distincte évolue. La coopération liée à la vie communautaire permet de contrer les limites raciales, mais elle ne parvient pas à éliminer toutes les barrières.

Les origines diversifiées de la population noire contemporaine rendent beaucoup moins évidente l'identité unique du groupe. Cependant, quelle que soit leur origine, les Afro-Canadiens doivent faire face à des problèmes semblables. Les sondages d'opinion et les rapports des commissions provinciales sur les droits de la personne montrent que le racisme existe encore et que les Noirs doivent encore faire face à la discrimination quant à l'emploi, au logement et aux services publics. Cela constitue le fondement d'une expérience commune qui encourage les Noirs à une réponse commune. Encouragée par les journaux, les magazines et les organismes communautaires noirs, enrichie par son importance grandissante et par sa variété culturelle, une communauté noire nouvelle et plus étendue se développe dans la ville canadienne moderne.

James W. St. G. Walker

Noms Le nom personnel emporte histoire, tradition, identité, sens spirituel et espoir. L'histoire du Canada est marquée à la fois par des développements et des controverses en matière d'attribution d'un patronyme. Cet exercice est une source de controverse pour de nombreuses communautés autochtones. L'usage de noms d'origine européenne au lieu de noms autochtones en est un exemple. Un autre exemple est le «Projet Noms de famille» mis en œuvre pendant les années 70 dans les Territoires du Nord-Ouest visant à donner des noms de famille aux Inuits.

En common law, le nom d'une personne n'est qu'une question de coutume et de réputation. Il peut être changé à volonté, à condition que le changement ne soit pas fait à des fins frauduleuses. La femme mariée n'est pas tenue de prendre le nom de son mari. Les lois provinciales et territoriales, généralement intitulées *Loi sur les statistiques de l'état civil* (régissant le nom des enfants à la naissance) et *Loi sur le changement de nom*, viennent compléter ou supplanter le *common law*.

Le nom et la Charte Avant l'entrée en vigueur de la disposition de la *Charte canadienne des droits et libertés* portant sur l'égalité, les lois provinciales et territoriales prévoient pour la plupart qu'un enfant dont les parents sont mariés l'un à l'autre doit être enregistré sous le nom de famille de son père et l'enfant dont les parents ne sont pas mariés l'un à l'autre doit être enregistré sous le nom de famille de sa mère, sauf si le père accepte par écrit que l'enfant soit enregistré sous son nom. Après l'entrée en vigueur de l'article 15 de la Charte, et, dans certains cas, en raison de contestations constitutionnelles introduites avec la participation du Fonds d'action et d'éducation juridiques pour les femmes (FAEJ), les provinces et les territoires modifient leurs lois pour prévoir qu'en général un enfant peut être enregistré sous le nom de famille de sa mère, le nom de famille de son père, un nom de famille comprenant le nom de famille du père et celui de la mère, unis par un trait d'union ou accolés.

Si la mère certifie la naissance de l'enfant et qu'elle ne reconnaît pas le père, l'enfant peut être enregistré sous le nom de famille ou l'ancien nom de famille de la mère. La loi ontarienne prévoit également qu'un enfant peut être enregistré sous un nom de famille conforme à son patrimoine culturel, ethnique ou religieux. Selon la loi québécoise, les conjoints conservent leur propre nom à des fins juridiques, et leurs enfants prennent le nom de famille du père ou de la mère, ou des deux.

Changement légal du nom Les lois sur le changement de nom régissent le changement légal du nom. Si un adulte change son nom, le consentement du conjoint au changement qui les touche tous les deux est nécessaire. À la dissolution de son mariage, une femme peut légalement reprendre son ancien nom de famille, généralement sans avoir à déposer de demande formelle à cette fin. Cependant, des exceptions existent. Ainsi, en Ontario, la femme qui désire changer légalement son nom de famille pour reprendre le nom de famille qu'elle portait avant le mariage doit le faire dans les 90 jours qui suivent la dissolution de son mariage. En Colombie-Britannique, la loi prévoit qu'une demande peut être présentée au tribunal, mais, en pratique, cela n'est pas obligatoire. Pour changer le nom d'un enfant, le consentement du père ou de la mère, ou des deux, et, parfois, celui de l'enfant (s'il est âgé de plus de 12 ou de 14 ans, selon l'autorité législative) est généralement requis. En cas de non-consentement du père ou de la mère qui n'a pas la garde de l'enfant au projet de changement de nom, le tribunal peut déterminer ce que commande l'intérêt supérieur de l'enfant.

Alastair Bissett-Johnson et Jo-Ann R. Kolmes

Non-Partisan League Mouvement de protestation agraire né au Dakota du Nord et importé au Canada en 1915. La ligue devient une force politique dans les Prairies après sa victoire aux élections d'État dans le Dakota du Nord en 1916. Certains ténors du radicalisme urbain, dont J.S. WOODSWORTH, William IRVINE et Salem BLAND, contribuent à sa mise sur pied. La ligue espère remplacer le système de partis par une forme de démocratie directe où la domination du CABINET sur la législature sera remplacée par le contrôle des députés provinciaux dans leurs circonscriptions respectives. Les décisions doivent être prises sur la base de leur mérite plutôt qu'à la suite de divergences partisanes.

Bien que la ligue elle-même disparaisse en tant que force politique avant 1921, son influence perdure dans l'ouest du Canada. Les agriculteurs, séduits en partie par sa rhétorique, deviennent de plus en plus conscients de leur force en tant que groupe, et les partis traditionnels sont balayés par une succession de nouveaux groupes, les PROGRESSISTES, les FERMIERS UNIS DE L'ALBERTA, le CRÉDIT SOCIAL et la CO-OPERATIVE COMMONWEALTH FEDERATION.

J.T. Morley

Nonsuch Navire qui quitte Gravesend, en Angleterre, le 3 juin 1668 pour la BAIE D'HUDSON avec à son bord le sieur DES GROSEILLIERS et un petit équipage. Il s'ancre à l'embouchure de la RIVIÈRE DE RUPERT le 29 septembre. Un deuxième voilier, l'*Eaglet*, avec Pierre RADISSON à bord, est obligé de faire demi-tour. Les deux commerçants français avaient en effet persuadé le prince Rupert et plusieurs investisseurs anglais de financer la traversée pour prouver qu'il est possible d'exploiter les grandes ressources de fourrure de l'intérieur de l'Amérique du Nord par la baie d'Hudson. L'équipage du *Nonsuch* passe l'hiver à la baie James et rejoint l'Angleterre le 10 octobre 1669 avec une cargaison de fourrures que la presse désigne comme «une récompense certaine pour leur isolement dans le froid». La charte pour la COMPAGNIE DE LA BAIE D'HUDSON est concédée le 2 mai 1670.

En 1968, une réplique du *Nonsuch* est construite en Angleterre pour commémorer le 300ᵉ anniversaire de la traversée. Elle est expédiée à Montréal en 1970, et exposée sur les Grands Lacs et la côte du Pacifique avant d'être installée dans un musée spécialement construit à Winnipeg. Cette réplique est considérée comme la reconstitution la plus exacte d'un bateau du XVIIᵉ siècle.

James Marsh

Noorduyn Norseman Premier avion de brousse d'origine entièrement canadienne. Il est conçu par R.B.C. (Bob) Noorduyn, après consultation des pilotes de brousse, et est construit à Montréal. C'est un monomoteur robuste équipé d'une grande cabine, d'une porte de chargement et d'ailes élevées, qui sont des caractéristiques essentielles des avions de brousse. Le premier appareil s'envole en novembre 1935. Sur un total de 900 appareils construits, beaucoup entrent au service de l'Aviation royale du Canada et de sept autres corps d'aviation. Amphibie et capable d'atterrir ou de décoller dans des endroits restreints, il devient la norme en matière d'avion utilitaire dans le Nord canadien. En 1982, on en enregistre toujours 41 au Canada et quatre se trouvent dans des musées.

James Marsh

Nootka (Nuu-Chah-Nulth) («qui tourne») Nom courant, mais erroné, désignant le grand nombre de bandes apparentées du point de vue ethnologique vivant le long de la côte ouest de l'île de Vancouver et autour du cap Flattery, aux États-Unis. Sur le plan régional, «Nootka» ne désigne à tort que le DÉTROIT DE NOOTKA et le peuple qui y vit, les Mowachaths. Les groupes insulaires sont aussi communément appelés Westcoast et ceux du cap Flattery, Makah, un mot de la langue des Salishs des détroits. En 1978, les bandes westcoast adoptent officiellement le nom de Nuu-Chah-Nulth («le long des montagnes»). *Aht* est une autre appellation anthropologique périmée, dérivée du suffixe «ath» («peuple de») apposé aux noms des bandes. Nitinat ne s'applique qu'aux bandes du lac Nitinat.

Sur le plan linguistique, le nootka est l'une des deux grandes familles du wakashan, l'autre étant le kwakiutl. Ses dialectes (et ses bandes) sont le nootka du Nord (Ch'i:qtlis'aths, Qa:'yo:kw'aths, 'I:hatis'aths, Noch'a:l-'aths, Mowachaths, Machl-'aths), le nootka du centre (Hucaubvrishkwi:'aths, Mano:his'aths, 'O:ts'o:s'aths, 'A:ho:s'aths, Qil-tsama'aths, Tla'o:kwi'aths, Yo:lo'il-'aths, T'okw'a:'aths, Hucaubvro:choqtlis'aths, Ts'isha:'-aths, Ho:pach'as'aths, Ho:'i:'aths), le nitinat (Di:ti:d'a:'tx, Tl-o:'o:ws'a:tx, Qwa:badow'a:'tx, P'a:chi:d'a:'tx), le makah (Q'widishch'a:'tx) et l'ozette ('Osi:l-'a:'tx). Les locuteurs du nitinat, du makah et de l'ozette peuvent comprendre le nootka du nord et du centre, mais non pas l'inverse.

Les Nootkas habitent leur région depuis au moins 4000 ans. Leurs territoires sont délimités par bande, mais, dans l'ensemble, ils s'étendent du cap Scott (dans le nord de l'île de Vancouver) au lac Ozette (dans l'état de Washington), au sud. Les relations sont généralement amicales avec les KWAKIUTLS du Nord-Ouest, culturellement et linguistiquement apparentés, mais elles le sont moins avec des groupes étrangers comme les Salish de la côte, à l'est et au sud. Le commerce et les mariages mixtes ont cours avec toutes les bandes environnantes. Les premiers contacts avec les Blancs ont lieu en 1774 lors de la visite de Pérez Hernandez, pour qui les premiers rapports visent d'abord et avant tout le commerce de peaux de loutre de mer. L'acquisition d'armes à feu intensifie les guerres et des groupes bien armés, comme les Mowachaths, les 'A:ho:saths et les Tla'o:kwi'aths, éliminent presque complètement d'autres groupes, tels que les Machl-'aths, les 'O:ts'o:s'aths et les T'ok'wa:'aths.

Les maladies et l'alcool apportés par les Blancs réduisent et affaiblissent les Nootkas à tel point que, pendant la seconde moitié du XIXᵉ siècle, la colonisation se fait presque sans opposition. La population, estimée à 30 000 lors de l'arrivée des Européens, baisse à environ 2 000 personnes dans les années 30. Le recensement de 1996 compte 6792 Nootkas ins-

crits. Aucune terre n'est cédée dans l'île de Vancouver, mais, à la fin du XIXᵉ siècle, on trace de petites RÉSERVES INDIENNES dont la superficie totale n'est que la moitié de celle de la réserve de cap Flattery, établie aux États-Unis en vertu d'un traité signé en 1855 (*voir* TRAITÉS INDIENS). La réduction de la chasse et de la pêche ainsi que l'interdiction de pêcher le saumon à la nasse privent les Nootkas de leur base économique traditionnelle très profitable.

Menuisiers accomplis, les Nootkas construisent de remarquables CANOTS D'ÉCORCE en cèdre et de grandes maisons multifamiliales (*voir* HABITATION; AUTOCHTONE DE LA CÔTE DU NORD-OUEST, ART). Leurs restrictits et leur équipement de chasse et de pêche sont perfectionnés. Ils se nourrissent principalement de poissons (surtout de saumon et de flétan), de mammifères marins et de fruits de mer, et complètent leur régime alimentaire avec du gibier à plumes, du cerf, de l'orignal, de l'ours et des plantes. Par contre, leur habillement est simple. Dans leur migration saisonnière, ils quittent les campements d'hiver situés près de bras de mer protégés et gagnent, à bord de leurs grands canots, les camps d'été plus petits situés le long de la côte. La CHASSE À LA BALEINE, pratiquée au moyen de harpons et de flotteurs, est un aspect remarquable de la culture nootka. C'est là une activité qui, en plus d'avoir une grande importance économique, est porteuse de prestige. Ils croient que les esprits animent toutes choses et la recherche de pouvoirs est courante. Ils se préparent à toute entreprise par des cérémonies purificatrices secrètes qui comprennent un bain et un brossage en eaux froides.

Leur société possède une hiérarchie très solide, dont la gradation constante va des chefs aux roturiers ainsi qu'à une classe d'esclaves composée de prisonniers de guerre. La descendance est établie à la fois par la lignée paternelle et la lignée maternelle. Les droits de propriété sont jalousement conservés, y compris les choses intangibles comme les noms, les chants et les contes. Les chefs détiennent la plupart des droits et sont riches. Leur intense ritualisme donne lieu à de fréquentes festivités accompagnées de chants, de danses, de concours et de spectacles (*voir* POTLATCH). Le cycle du rituel du Loup, pratiqué par une société secrète, les rites de puberté des filles et le mariage sont des cérémonies particulièrement complexes. Il règne alors sur les côtes une rafraîchissante vision de la vie.

Au cours de l'histoire, les Mowachaths se retrouvent au centre de la CONTROVERSE DU DÉTROIT DE NOOTKA (1789-1794), leur chef MAQUINNA (en réalité, M'okwina) en étant le principal protagoniste. En 1811, le chef Wi:kinanish des Tla'o:kwi'aths s'empare du TONQUIN à la suite d'une provocation. En 1864, les Ahousats capturent la goélette *Kingfisher* et une expédition de représailles est lancée contre eux, soit l'expédition navale de Denman. De 1870 à 1911 environ, les Nootkas pratiquent la chasse au phoque dans la mer de Béring après s'y être rendus avec leurs canots. Aujourd'hui, ils vivent surtout de la pêche et de la coupe de bois. La langue et la culture traditionnelles se perdent, mais une forte identité autochtone persiste. (*Voir aussi* AUTOCHTONES: LA CÔTE DU NORD-OUEST et les articles généraux sous la rubrique AUTOCHTONES.)

E.Y. Arima

Nootka, controverse du détroit de Elle met en cause les revendications qui opposent, de 1789 à 1794, l'Espagne et la Grande-Bretagne pour le contrôle du commerce et de la navigation sur la CÔTE DU NORD-OUEST et dans l'océan Pacifique. L'Espagne réclame le Pacifique comme territoire exclusif en vertu du traité de Tordesillas (1494). La Grande-Bretagne soutient que la navigation est ouverte à tous les pays et que les revendications territoriales doivent s'appuyer sur une occupation effective. En juillet 1789, Esteban MARTINEZ, commandant espagnol dans le DÉTROIT DE NOOTKA, saisit

plusieurs navires marchands britanniques. John MEARES, un quirataire de ces navires, signale la saisie à son gouvernement dans son mémoire du 30 avril 1790. La Grande-Bretagne demande alors à être indemnisée et menace d'entrer en guerre. L'Espagne refuse de l'indemniser et se prépare à la guerre, en misant sur la France des Bourbons, son alliée de longue date. La France, en pleine révolution, refuse.

Selon les dispositions de trois accords, l'Espagne se voit obligée d'accéder aux demandes britanniques et d'indemniser les Britanniques de leurs pertes. En vertu du troisième accord de Nootka (11 janvier 1794), l'Espagne et la Grande-Bretagne reconnaissent leurs droits réciproques de commerce dans le détroit de Nootka et dans les autres régions côtières du Pacifique qui ne sont pas déjà sous l'égide de l'Espagne. Les sujets des deux pays peuvent ériger des bâtiments provisoires à Nootka, mais ne peuvent pas y mettre en place des garnisons ou des usines permanentes. Ni l'un ni l'autre des pays ne peut réclamer la souveraineté exclusive. L'Espagne et la Grande-Bretagne doivent garder le détroit de Nootka comme port franc, ouvert à tous les autres pays. Le 28 mars 1795, les deux pays quittent définitivement le détroit de Nootka. La controverse se termine par une victoire symbolique des intérêts politiques et commerciaux britanniques.

Barry M. Gough

Nootka, détroit de En Colombie-Britannique, bras de mer situé sur la côte ouest de l'ÎLE DE VANCOUVER, à 270 km au nord-ouest de VICTORIA. Une série d'îles boisées sont situées à son embouchure, formant trois profonds bras de mer: Tahsis, Tlupana et Muchalat. L'un d'eux, d'une longueur de 65 km, pénètre à l'intérieur des terres jusqu'au PARC PROVINCIAL STRATHCONA, tandis qu'un autre se rend à Tahsis, une communauté vivant de l'industrie du bois de sciage.

Premiers établissements et développement économique Les premiers habitants de la région sont les NOOTKAS, qui vivent de la chasse et de la pêche. Ce sont les seuls autochtones canadiens à s'être spécialisés dans la CHASSE À LA BALEINE et ils ont été les premiers Amérindiens de Colombie-Britannique à rencontrer les Européens. Leur environnement maritime leur offre une grande variété de poissons et les Nootka, semi-sédentaires, ont développé une culture très élaborée.

James COOK a vraisemblablement été le premier à explorer le détroit, en 1778, bien que Peréz Hernandez s'en soit approché, quatre ans auparavant. Cook a d'abord nommé ce bras de mer détroit de King George, puis détroit de Nootka, croyant adopter le nom autochtone. Peu de temps après, la région devient un centre du commerce et, par la suite, un lieu convoité par la Russie, la Grande-Bretagne et l'Espagne. En 1789, l'Espagne occupe le détroit et y construit un fort. Deux mois plus tard, un détachement de l'armée britannique la rejoint et un conflit éclate. La CONTROVERSE DU DÉTROIT DE NOOTKA s'ensuit et l'Espagne convient d'un règlement, en 1794, par lequel les deux pays sont libres de naviguer et de pêcher dans le Pacifique, d'y faire du commerce et de s'y établir. Au début, les Nootkas se sont enrichis grâce au commerce de la fourrure de loutre avec les explorateurs européens, mais l'introduction de maladies telles que la VARIOLE les a presque littéralement décimés.

Situation actuelle Le principal établissement autochtone, Yuquot, qui signifie «endroit venteux», est important pour les Nootka survivants, dont la plupart travaillent dans les usines de pâte à papier de Gold River et de CAMPBELL RIVER. (*Voir aussi* CÔTE DU NORD-OUEST.)

Alan F.J. Artibise

NORAD (North American Air Defence Agreement) Né le 1ᵉʳ août 1957 et rebaptisé le Commandement de la défense aérospatiale de l'Amérique du Nord en 1981, il regroupe, sous un commandement conjoint dont le siège est situé à Colorado Springs au Colorado, les forces de défense aérienne américaines et canadiennes. Cette entente est parfois un sujet de controverse. Alors qu'ils viennent tout juste d'entrer en fonction, le premier ministre DIEFENBAKER et George PEARKES, le ministre de la Défense nationale, s'empressent d'entériner les conseils des militaires canadiens et acceptent que soient intégrés, pour l'Aviation aérienne du continent, l'Aviation royale du Canada et les forces aériennes des États-Unis (USAF.). La décision est prise sans préparation adéquate (la signature officielle n'a lieu que le 12 mai 1958, délai qui démontre les inquiétudes que cela a engendrées), et le gouvernement subit les foudres de ses opposants libéraux pour sa précipitation, même si ces derniers auraient presque certainement accepté un accord semblable si les résultats de l'élection de 1957 avaient été différents.

Sur le plan technique, cette entente est une réussite car elle permet de coordonner deux forces aériennes dans l'exécution d'une mission ardue, de garder les aviateurs canadiens en contact avec la doctrine et la politique tout en leur donnant l'occasion de voler. Mais comme l'assentiment des deux gouvernements est exigé avant une mise en alerte ou la prise de mesures formelles, des difficultés surgissent, particulièrement en 1962, lors de la CRISE DES MISSILES DE CUBA. Dès le moment où la crise devient apparente, les Américains déclenchent l'état de mise en alerte, mais le gouvernement Diefenbaker retarde sa décision de quelques jours, suscitant la colère de l'administration Kennedy et provoquant une intense levée de boucliers au Canada. Toute cette affaire est compliquée par le fait que les missiles Bomarc (*voir* BOMARC, AFFAIRE DES MISSILES), disséminés sur les deux bases canadiennes de missiles Bomarc, ne comportent aucune ogive nucléaire, une conséquence de plus de la dissension au sein du Cabinet. Par ailleurs, les partisans de l'aéronef CF-105 AVRO ARROW, dont la construction est annulée par le gouvernement trois ans auparavant à la suite d'une décision que certains attribuent (injustement) à NORAD, voient d'un très mauvais œil le missile Bomarc comme tel.

Les gouvernements qui se succèdent renouvellent leur confiance envers NORAD. En 1981, en dotant le commandement d'une nouvelle appellation, on veut refléter la nouvelle priorité accordée à la défense et à l'alerte antimissile, et l'avènement des missiles de croisière justifie la présence de NORAD. En décidant, en 1985, d'apporter des améliorations au Système d'alerte du Nord, le gouvernement canadien reconnaît implicitement cette situation. En 1987, la contribution canadienne prend la forme d'intercepteurs CF-18 et, comme c'est le cas depuis le début de l'entrée en vigueur de l'accord, d'un Canadien occupant le poste de commandant adjoint à Colorado Springs.

J.L. Granatstein

Noranda Inc. Cette société multinationale doit son existence à la perspicacité d'un seul prospecteur, Edmund Horne, qui s'aventura dans les régions sauvages du Nord québécois, lesquelles s'avéreront renfermer l'un des gisements aurifères les plus importants de notre temps. Constituée en société en 1922, Mines Noranda limitée fusionne avec Geco Mines Ltd. (constituée en 1953) pour former Noranda inc. en 1964.

Devenue l'une des principales sociétés internationales d'exploitation minière et métallurgique, cette société dont le siège social est à Toronto (Ontario) emploie 18 000 personnes dans 20 pays, dont plus de 10 500 au Canada, plus de 4600 aux États-Unis et plus de 3100 ailleurs dans le monde. En 1998, ses actifs miniers et métallurgiques totalisent 11 milliards de dollars, ses ventes 6,0 milliards et ses bénéfices, 656 millions de dollars.

Parmi les leaders de la production de zinc et de nickel, Noranda inc. est également un important producteur d'aluminium primaire et ouvré, de cuivre, de plomb, d'acide sulfurique, d'or, d'argent et de cobalt,

et l'un des principaux recycleurs de cuivre, de nickel et de métaux précieux secondaires. Les industries de l'acier et de la fonderie, de la construction, des télécommunications, de l'automobile, de l'agriculture et des produits chimiques figurent parmi ses principaux marchés. Inscrite aux principales bourses du Canada (NOR), Noranda inc. compte environ 238 millions d'actions ordinaires en circulation et BRASCAN, son principal actionnaire, en détient environ 40 p. 100.

Noranda est la première société au monde à extraire le magnésium des résidus miniers (serpentine) internes selon une nouvelle technologie brevetée – le procédé Magnola – et la seule société du secteur des ressources minérales à compter deux centres de technologie: centre en propriété exclusive à Pointe-Claire, Qc, et centre de Falconbridge, à Sudbury, Ontario.

Deborah C. Sawyer

Nord Terme géographique qui désigne au sens strict l'immense étendue de terres situées au-delà de la mince bande de pays où la plupart des Canadiens vivent et travaillent, mais qu'on emploie souvent pour désigner les TERRITOIRES DU NORD-OUEST, le YUKON et le NUNAVUT.

Les paysages du Nord sont variés: vastes rivières, plaines recouvertes de forêts, lacs immenses qui s'étendent de la vallée du Mackenzie jusqu'au bord du BOUCLIER canadien, mer intérieure (BAIE D'HUDSON), plages, bancs, îles du littoral arctique et mer arctique recouverte de neige et de glace en hiver et parsemée de glaces flottantes en été. D'immenses populations d'oiseaux migrent vers l'Arctique chaque été. On y retrouve aussi des baleines, des morses, des narvals, des phoques, des orignaux, des BŒUFS MUSQUÉS et des caribous, la nourriture de base des autochtones.

Histoire naturelle

Les biologistes divisent le Nord en deux grandes régions appelées «biomes», soit la FORÊT BORÉALE et la TOUNDRA. La forêt boréale, caractérisée par l'épinette et le MUSKEG, consiste en une large bande de forêts de conifères, qui va de Terre-Neuve à l'Alaska. La toundra, qui s'étend au-delà de la forêt boréale et qui représente 20 p. 100 des terres du pays, est dépourvue d'arbres, mais comporte des paysages variés d'une grande beauté: plaines, montagnes, collines, vallées, rivières, lacs et côtes.

La toundra et la forêt boréale entrent en contact à la LIMITE FORESTIÈRE, une zone de transition s'étendant sur plusieurs kilomètres de profondeur. Cette importante frontière biologique qui sépare forêts et toundra constitue également la limite traditionnelle entre les terres des Dénés et des INUITS. La limite forestière peut également être considérée comme la limite sud de l'Arctique, la zone de transition entre les régions arctique et subarctique. Dans ces deux régions toutefois, les contrastes climatiques sont immenses. Au milieu de l'été, le soleil ne se couche jamais, mais en hiver, la seule lumière du jour visible est celle d'un coucher de soleil. Dans les régions très au nord, le soleil ne s'élève pas au-dessus de l'horizon pendant plusieurs semaines.

L'été est assez chaud, avec des températures dépassant les 20 °C, mais bref et souvent frisquet et humide. Les précipitations (neige et pluie) sont peu abondantes. Le «véritable» Arctique est considéré comme une région semi-désertique, puisque les précipitations y sont aussi faibles que dans les régions les plus sèches des Prairies. Il est donc étonnant de voir qu'en été, la surface du sol est généralement humide et marécageuse, parsemée d'innombrables mares, marécages et crevasses de contraction thermique emplies d'eau.

Dans le sud du Canada, la terre gèle en hiver, mais en surface seulement et dégèle complètement au printemps. Dans les régions arctique et subarctique, le gel dépasse la zone maximale de dégel printanier. C'est pourquoi, sous la surface, on retrouve une zone de terre gelée en permanence appelée PERGÉLI-

SOL. La couche qui gèle et qui dégèle chaque année retient l'eau provenant des précipitations et de la fonte des neiges qui ne peut s'infiltrer dans le sol gelé.

La combinaison climatique et topographique des biomes nordiques a engendré des populations végétales et animales uniques. Les espèces qui peuplent le Nord doivent être résistantes pour survivre, mais elles sont également vulnérables. Il serait en effet facile de causer des dommages irréparables à cet environnement fragile et aux populations humaines qui en dépendent.

Les peuples du Nord Lorsqu'on survole la forêt boréale, la toundra ou la mer couverte de glace, il est difficile de garder à l'esprit que le Nord du Canada est habité depuis des milliers d'années. Les populations qui ont occupé ces vastes étendues n'ont jamais été importantes, mais leurs aptitudes de nomades et de chasseurs leur ont permis d'exploiter presque tout le territoire sans altérer l'environnement. En raison de la lenteur extrême du rythme de croissance et de décomposition des végétaux, on trouve presque partout des signes d'occupation ancienne: restes de vieilles maisons, anneaux de tente, roches éclatées par le feu. Il est donc facile pour les archéologues de recueillir quantités d'objets et de signes qui témoignent de la richesse, de la diversité et de la vivacité de la culture autochtone.

Les populations autochtones sont venues d'Asie au cours de la dernière glaciation en franchissant le pont continental qui traversait le détroit de Béring (*voir* BÉRINGIE; PRÉHISTOIRE). Le peuple Athapascan est arrivé il y a de cela au moins 12 000 ans. Il occupe de vastes étendues de terre, y compris la vallée du Mackenzie et le Yukon. Les Inuits sont venus il y a environ 4000 ans, s'établissant dans tout l'Arctique, y compris dans les régions côtières, dans presque toutes les îles de l'ARCHIPEL ARCTIQUE et dans la péninsule de l'Ungava ainsi qu'à l'Est, jusqu'au golfe du Saint-Laurent et Terre-Neuve.

Les Inuits se sont établis le long des rives de l'océan Arctique et de la baie d'Hudson. Bien qu'ils parlent des dialectes très semblables appartenant à la même famille linguistique, les techniques qu'ils emploient et leur organisation sociale diffèrent selon les régions, ce qui rend difficile, même à l'heure actuelle, toute généralisation d'ordre anthropologique.

Les Inuits considèrent qu'il existe d'importantes différences entre eux. Les Inuvialuits du delta du Mackenzie se considèrent comme distincts des INUITS DU CUIVRE, leurs voisins de l'Est, tandis que les Inuits du cuivre, ou Qurdlurturmiuts, clament ne ressembler en rien aux NETSILIKS, aux Aivilingmiuts ou aux Igloolingmiuts, qui vivent encore plus à l'est. Au sein de chacun de ces grands groupes, il existe de subtiles subdivisions reflétant divers modes d'exploitation du sol et de la mer ainsi que des différences en matière de dialecte, d'habillement et de techniques de chasse.

Les autochtones de la vallée du Mackenzie font partie de la famille des Athapascans et se considèrent, nonobstant des variations dans les dialectes, comme «le peuple», les Dénés. Tout comme les Inuits, ils discernent d'importantes différences entre les bandes, soit les Gwich'in (delta du Mackenzie, nord du Yukon et une partie de l'intérieur de l'Alaska), les Sahtu Dénés (monts Mackenzie et vallées de la rivière aux Liards), les Plats-Côtés-de-Chien ou Tli Cho (Grand lac de l'Ours et au nord du Grand lac des Esclaves) et les Chipewyans (la toundra le long des frontières du Manitoba, de la Saskatchewan et de l'Alberta). Les CRIS sont arrivés plus récemment. Ils ont migré vers le Nord à l'époque de la traite des fourrures et des grandes explorations, puis ils se sont fixés dans les plaines et les régions boisées des Prairies.

Les premiers MÉTIS ont émigré vers le Nord au début du XIXe siècle et se sont établis autour du Grand lac des Esclaves. Ils sont les descendants d'unions entre femmes autochtones et COUREURS

DE BOIS du début de la traite des fourrures. À la suite de la RÉBELLION DU NORD-OUEST de 1885, de nombreux Métis sont partis vers le Nord et se sont installés dans la vallée du Mackenzie. D'autres Métis sont les descendants d'employés d'origine écossaise de la Compagnie de la baie d'Hudson et de femmes dénées. Les enfants nés de ces unions se sont généralement unis aux Dénés et ont conservé avec eux d'étroits liens familiaux.

L'avenir économique du Nord Les questions qui concernent le Nord aujourd'hui résultent de la présence d'allochtones qui ont fait leur apparition avec les premiers explorateurs et les commerçants de fourrures qui cherchaient à étendre leur empire commercial. Les missionnaires et les Églises ont suivi, puis les fonctionnaires. L'historique du développement des autres régions du Canada a été reproduit dans le Nord, à une exception près. Dans les Prairies, la construction du chemin de fer du Canadien Pacifique a été suivie d'une colonisation à grande échelle et de l'établissement de centres habités par une population d'origine européenne, ce qui a amené la diffusion des langues et des cultures européennes.

Dans le Nord toutefois, où l'exploitation agricole est impossible, ce sont les ressources non renouvelables (or, argent, plomb, zinc, cuivre, pétrole et gaz naturel) qui ont stimulé le développement économique. Ces industries n'encouragent pas l'établissement de colons allochtones, mais favorisent plutôt l'apparition de villes champignons avec une main-d'œuvre importée, comme DAWSON au cours de la RUÉE VERS L'OR DU KLONDIKE, Faro au Yukon, YELLOWKNIFE, TUNGSTEN et Pine Point dans les Territoires du Nord-Ouest.

La majeure partie des allochtones du Nord ne sont que de passage. Même les employés du gouvernement ont tendance à considérer leur période d'emploi dans le Nord comme une affectation temporaire d'une durée de tout au plus quelques années. Les populations autochtones constituent donc la majorité des habitants permanents dans les Territoires du Nord-Ouest et une minorité importante au Yukon. Cela influe considérablement sur l'avenir du Nord, puisque cela rend possible ce qui ne l'a pas été lors du développement de l'Ouest, soit la préservation des grands troupeaux d'animaux migrateurs, la création d'une économie autochtone et l'établissement d'institutions politiques qui reconnaissent pleinement l'importance des peuples autochtones.

L'économie du Nord est mixte. Ses habitants dépendent depuis toujours de ressources renouvelables. Ils pratiquent la chasse, le trappage et la pêche. L'industrie minière emploie surtout des allochtones, tout comme l'industrie pétrolière, mais ces dernières tentent depuis quelque temps d'engager des autochtones et de faire affaire avec des entreprises appartenant à des autochtones. Les gouvernements fédéral et territorial sont désormais les plus gros employeurs d'allochtones et d'autochtones. Le Nord est perçu comme étant le dernier front pionnier du Canada, et il est naturel qu'on songe à le développer, à le dompter et à en extraire des ressources afin d'alimenter l'industrie du pays.

Nombreux sont ceux qui considèrent que l'avenir économique de la région dépend uniquement des grands projets de développement industriel, et c'est pourquoi les politiques relatives au Nord ont souvent affaibli ou détruit l'économie basée sur les ressources renouvelables. On considère souvent comme des chômeurs ceux qui vivent de la chasse, de la trappe et de la pêche, et ces derniers en viennent à se considérer comme tels.

De telles politiques exercent des pressions considérables sur les populations autochtones qui, si elles continuent d'exploiter les ressources renouvelables, vivent dans une relative pauvreté et sacrifient un mode de vie productif. Toutefois, si les autochtones abandonnent leur mode de vie traditionnel, qui est très important d'un point de vue culturel et qui constitue une source de fierté, ils s'exposent à de graves conséquences sociales qui ont déjà commencé à se faire lourdement sentir.

Droits territoriaux Les premières nations du Yukon, les Inuits, les Dénés et les Métis considèrent le Nord comme leur patrie et, bien qu'ils ne s'opposent pas à son développement économique, estiment néanmoins avoir le droit de déterminer dans une certaine mesure à quel rythme il doit se produire et à avoir droit à une part des richesses qu'il engendrera. À leur avis, de tels objectifs ne seront atteints qu'avec la mise en place de nouvelles institutions politiques qui répondent pleinement à leurs intérêts. Il faut donc établir une nouvelle série de priorités politiques et économiques pour le développement du Nord. Cela tient à la reconnaissance des droits territoriaux (*voir* REVENDICATIONS TERRITORIALES), car c'est grâce à eux que les autochtones entendent préserver leurs langues, leurs arts, leurs cultures, leurs valeurs, bref leur identité propre.

Au cours des années 70, les autochtones sont confrontés au projet de PIPELINE DE LA VALLÉE DU MACKENZIE, qui doit acheminer le gaz naturel en provenance de l'Alaska et du delta du Mackenzie à travers le Nord du Yukon et le long de la vallée du Mackenzie jusqu'au sud du Canada et aux États-Unis. Ils déclarent que si un tel projet voyait le jour, le développement du Nord aurait lieu avant qu'ils n'y soient prêts, c.-à-d. avant que les droits territoriaux n'aient été fixés. Les chefs autochtones profitent des audiences publiques fortement médiatisées présidées par le juge Thomas BERGER ainsi que des audiences subséquentes présidées par le professeur Kenneth Lysyk pour faire connaître au reste du Canada l'importance qu'ils accordent à la reconnaissance de leurs droits territoriaux.

La construction du pipeline est remise à plus tard, et les autochtones en profitent pour entreprendre des négociations avec les gouvernements du Canada et des territoires. Ces négociations sont longues et difficiles. Le processus du choix des terres est particulièrement ardu, surtout pour ceux qui ont toujours considéré leur territoire comme indivisible.

Les négociations sont couronnées de succès et la Convention définitive des Inuvialuits est la première à être signée en 1984. Les droits territoriaux du Yukon font l'objet d'une entente de principe en 1993, laquelle est suivie de négociations distinctes avec chacune des 14 bandes autochtones afin d'en arriver à une entente finale. Une entente de principe est signée avec les Dénés et les Métis en 1987, mais les autochtones de la vallée du Mackenzie refusent de la ratifier le moment venu. Plusieurs bandes, dont les Gwich'in, les Sahtu Dénés et plus récemment les Tli Cho, ont choisi plutôt d'entreprendre des négociations séparées avec le gouvernement. Les droits territoriaux des Gwich'in sont finalement été fixés en 1992, ceux des Sahtu Dénés en 1993, tandis que ceux des Tli Cho font encore l'objet de négociations.

Dans l'Arctique, les Inuits ont combiné leurs revendications politiques et territoriales en une proposition d'établissement d'un territoire distinct (NUNAVUT) au nord et à l'est de la limite des arbres. Cette proposition a donné lieu à une entente de principe en 1988. Avant la ratification de la proposition, les peuples du Nord se sont entendus, par plébiscite en 1982, pour séparer en deux les Territoires du Nord-Ouest. Les droits territoriaux des Inuits ont été fixés en 1993, et la séparation des Territoires du Nord-Ouest en deux territoires distincts s'est concrétisée en 1999.

L'autonomie politique Tous les peuples du Nord qui ont négocié leurs droits territoriaux ont également cherché à faire reconnaître leur droit à l'autonomie politique au sein du Canada. Comme suite à la reconnaissance des droits des autochtones dans le cadre de la LOI CONSTITUTIONNELLE DE 1982, ils réclament cette autonomie politique comme un droit. Cette idée a peu à peu fait son chemin, et pour les peuples qui ont déjà réglé leurs droits territoriaux les négociations relatives à l'autonomie politique ont déjà commencé ou débuteront sous peu. Plusieurs bandes autochtones du Yukon ont déjà conclu de telles ententes. Des négociations en ce sens sont actuellement en cours entre le gouvernement du Canada, le gouvernement des Territoires du Nord-Ouest, les Gwich'in et les Inuvialuits. Les Tli Cho, pour leur part, négocient simultanément leurs droits territoriaux et leur autonomie politique.

Le développement du Nord La mise en valeur du Nord ne doit pas être définie que dans des perspectives de technologie à grande échelle nécessitant d'importantes mises de fonds. Il faut aussi considérer les ressources renouvelables. En effet, les ressources en poisson et en mammifère du Territoire du Nord-Ouest peuvent fournir suffisamment de protéines pour soutenir une population de deux à quatre fois supérieure à la population actuelle. Déjà, on exporte du bœuf musqué, du caribou et de l'omble de l'Arctique à titre de produit de luxe, et il existe un marché limité pour le poisson et la viande dans les territoires. La mise en valeur de la région pourrait également comporter un vaste programme d'aménagement de la faune et de réglementation des prises faisant appel à la participation active des populations autochtones.

Les peuples autochtones commencent à leur tour à explorer les possibilités de l'économie de la société dominante. Les entreprises qu'ils ont créées après la reconnaissance de leurs droits territoriaux œuvrent dans l'exploration et l'exploitation pétrolières, dans le transport, dans l'exploitation minière ainsi que dans divers autres secteurs de l'économie nationale et internationale.

Diverses propositions visant un réaménagement politique ont été déposées par les premières nations du Yukon, les Dénés, les Inuits et les Métis. Ces propositions sont déjà en train de modifier le paysage politique et, quoi qu'il en advienne, elles constituent le signe d'une nouvelle détermination et d'une capacité toute neuve des peuples autochtones du Nord de défendre ce qu'ils considèrent être leur droit à un avenir propre.

Le Canada et les États-Unis partagent plusieurs éléments de leur culture, mais le Canada possède une géographie nordique distincte et s'intéresse tout particulièrement à cette région. Ses réalisations dans le Nord sont extraordinaires à bien des égards : exploration terrestre et maritime de l'Arctique, cartographie du territoire, établissement de postes de traite des fourrures, découverte, par l'industrie minière, d'uranium le long des rives du Grand lac de l'Ours au cours des années 30, extraction de métaux communs dans les îles de l'Arctique au cours des années 80. Depuis plus d'un siècle, on a découvert et extrait de l'or dans la région. Récemment, la découverte de diamants a lancé une nouvelle vague d'exploration.

L'industrie canadienne du pétrole et du gaz et ses ingénieurs sont à la fine pointe de la technologie en matière d'extraction de pétrole et de gaz dans les eaux de l'Arctique. Depuis 1985, un oléoduc livre le pétrole extrait de Norman Wells aux marchés du Sud.

On tend à évaluer les progrès uniquement en fonction des avancées technologiques et industrielles. Toutefois, la façon dont le Nord se développera sur les plans politique, social et économique reflétera la conception qu'ont les Canadiens du type de société qu'ils désirent construire. Dans le Nord, cependant, les choix qui sous-tendent notre histoire nationale sont incontournables. Pour plusieurs, ces choix représentent plus qu'une région géographique, mais bien une prise de conscience.

John U. Bayly

Nord-du-Yukon, parc national (*voir* IVVAVIK, PARC NATIONAL)

Nordicité Le concept global de «nordicité», créé à partir de 1960, fait référence à l'état perçu, réel, vécu et même inventé de la zone froide à l'intérieur de l'hémisphère boréal. Il s'intéresse à tous les thèmes tant naturels qu'humains pouvant conduire à la compréhension intégrée des faits, idées et interventions dans les hautes latitudes. La démarche, qui dépasse le pur acte intellectuel, envisage la venue d'applications technologiques concernant, p. ex., l'habitabilité et s'attend à ce que l'individu évalue ses propres activités. La nordicité, plutôt que d'être un champ sectoriel, considère en bloc tout le Nord et le tout du Nord. L'outil de recherche ne déclasse pas les approches analytiques des sciences afférentes: climatologie (*voir* CLIMAT), BIOGÉOGRAPHIE, sciences du comportement, économie politique et autres. Des dictionnaires français et anglais considèrent le mot comme canadianisme.

Ici, on n'applique qu'au territoire canadien la dimension circumterrestre de la nordicité.

La nordicité historique Les variations de la notion de Nord concernent deux périodes. La première répond à une amplitude millénaire, la seconde à l'évolution de la colonisation depuis le XVIIe siècle.

Même si l'on demeure insuffisamment informé et réduit à de fragiles hypothèses, il existe une paléo-nordicité. Par diverses méthodes de datation et autres documents, des chercheurs révèlent la température et les cultures des siècles anciens. Ainsi, des années 400 à 700 jusqu'à 1300 à 1500, le climat de la zone nordique apparaît moins froid que celui de la période antérieure et celui de la période postérieure (jusque vers 1875). Vers l'an 1000, les Vikings, courageux et habiles navigateurs, profitent de la décélération du refroidissement pour atteindre les côtes occidentales de l'Atlantique (au lieu historique de L'Anse aux Meadows, à Terre-Neuve).

Il semble y avoir plus. Les parties du pays près de l'Alaska portent les étonnants témoignages de cartographes comme Mercator en 1595. Comment, sans ne rien en connaître, les savants européens auraient-ils pu mentionner la «Bergi regio» (les Cordillères), tracer le détroit d'«Anian» (Béring) entre l'Asie et l'Amérique, de même que dessiner le delta du Mackenzie bien là où il est, juste au nord du cercle Arctique? Le nord-ouest du Canada est connu à partir du Pacifique, sans faire référence aux migrations terrestres de peuples asiatiques, il y a environ 12 000 ans. Ces pénétrations en Amérique doivent également profiter des périodes avantageuses du point de vue de l'environnement.

L'avenir dira si le réchauffement actuel qui aurait des conséquences contradictoires appartient à une tendance à long terme.

À l'échelle d'une génération, les frontières du PERGÉLISOL ou de la taïga ne se modifient guère; par contre, celles du peuplement, des mentalités et des productions économiques peuvent connaître des mouvements significatifs. À l'âge des découvertes, surtout à cause de la rigueur hivernale, le Canada et Terre-Neuve sont considérés, pays nettement froids. Plus tard, «au cours de la période qui suit la Confédération, tout ce qui se trouve au-delà du lac Nipissing en Ontario est qualifié de Nord», selon l'historien M. Zaslow. Quant à l'intérieur de la péninsule du Québec-Labrador, il est désenclavé par l'extraction du fer. D'après un indice (voir plus loin), le nombre de «valeurs polaires» décroît de 533 en 1941 à 295 seulement quinze ans plus tard.

Le peuplement, attiré par le développement, provoque donc une dénordication. Par contre, la fermeture des mines régionales fait remonter les valeurs qui, actuellement, se fixent à 340. D'autres villes vivant de ces ressources disparaissent aussi, telles Uranium City en Saskatchewan et Gagnon au Québec.

En 1881, et même plus tard, les statistiques fournissent des données démographiques incomplètes, surtout en ce qui concerne les Autochtones.

En moins d'un siècle, la masse démographique officielle s'est donc multipliée par sept. L'espace actuel, surtout le Moyen Nord (voir plus loin), est occupé par des immigrants de naissance canadienne ou autre, mais ces derniers le font d'une façon sporadique tant dans le temps que dans l'espace. Le mou-

vement est déjà amorcé, lors de la première année-repère, celle de 1881. Alors, la future province de Terre-Neuve–Labrador rassemble plus de la moitié des non-autochtones à l'intérieur de ce qui est aujourd'hui le Nord canadien. Par la suite, on trouve des pelotons de 8000 à 10 000 nordistes au Manitoba, dans les Territoires du Nord-Ouest, au Yukon (Klondike), en Ontario et au Québec.

Au cours du XXe siècle, le peuplement progresse. De 1911 à 1941, se modifie de nouveau la hiérarchie des aires septentrionales par l'exploitation minière ainsi que les développements agricoles; l'Alsama (acronyme pour Alberta–Saskatchewan–Manitoba) devient la principale mégarégion avec 50 p. 100 des habitants de tout le Nord du pays. En 1971, l'Alsama, toujours en tête, est suivi des deux territoires. Quant aux trois principales provinces, elles ne rassemblent que 22 p. 100 de la population nordique du pays. L'urbanité et la recherche du plus long été possible semblent y étouffer l'appel du Nord. En fait, les aires septentrionales continuent de refléter les conjonctures pancanadiennes, tout en désirant évoluer selon leurs voies propres.

Les développements économiques et démographiques de même que les changements climatiques provoquent une diminution générale de la sévérité du Nord. En conséquence, au cours des 125 dernières années, la frontière méridionale «remonte» de quelques centaines de kilomètres alors que la nordicité spatiale moyenne diminue d'environ 25 p. 100.

La nordicité des lieux Les définitions du Nord sont fonction des critères choisis. Au début, l'Arctique est considéré comme un espace de nuit ou de jour polaire, de gel du sous-sol ainsi que d'absence d'arbres (au-delà de la «Tree Line»). Venu de la géographie globale, un indice de nordicité permet d'évaluer le niveau de tout lieu de la zone froide et d'identifier les composants qui contribuent le plus ou le moins à cet état. L'indice interroge dix critères appartenant à trois groupes: une variable de localisation minimale (le 45e degré de latitude), cinq critères d'ordre naturel (tel le froid) et quatre d'ordre humain (la population). Selon une échelle graduée, pour chacun des dix facteurs sont prévus de 0 à 100 «valeurs polaires» ou vapos. Le total des dix produit un maximum de 1000 vapos, atteint au Pôle. Les calculs de base sont valables pour 1965. Par cette méthode, on exprime le Nord comme entité plurifactorielle.

Cette simple évaluation aide aussi à délimiter la frontière sud du Nord qui, auparavant, était fixée à partir d'un seul facteur: température de juillet, cercle Arctique, 60e degré de latitude, fin des terres fermes. Or, de part et d'autre de l'isonord 200 vapos (l'isonord est un trait cartographique qui rejoint des points d'égale valeur, tout comme l'isotherme en météorologie), la nordicité locative augmente fortement, ce qui indique une rupture fondamentale entre le Nord et le Sud de l'espace canadien. Ce seuil significatif (il faut 200 vapos pour être dans le Nord) contourne par le sud le Long Range de Terre-Neuve, la basse côte Nord et la Minganie, passe au nord de la dépression du Saguenay (Québec) et du lac des Bois (Ontario). Au Manitoba, la frontière traverse le lac Winnipegosis et, en Saskatchewan, elle atteint le lac de Montréal. En Alberta, elle se situe au nord de l'aire agricole de la rivière de la Paix et des combustibles de Fort St. John. En Colombie-Britannique, les Cordillères compliquent l'évaluation de la nordicité spatiale: alors que des poches de gélisol annuel se logent sous des sommets méridionaux de la province, un climat tempéré peut baigner la partie aval des vallées septentrionales. En tenant compte des étalements et des étagements, c'est entre le 54e et 57e degrés de latitude que se situerait la limite de ce Nord provincial. Quoi qu'il en soit, d'un bout à l'autre du Canada, la frontière suggérée est constituée, non d'un trait fin, mais d'une bande festonnée de terres et d'eaux, large de quelques dizaines de kilomètres.

Quant à l'autre extrémité du Nord, par décision gouvernementale fins de protection environne-

mentale, elle se fixe à «200 milles marins» au large des côtes.

Ainsi, le Nord canadien rassemble les parties septentrionales de sept provinces, les Territoires du Nord-Ouest, le Nunavut, l'Inuvialuit ainsi que les espaces sous juridiction fédérale. «Cette fragmentation politique du Nord gêne l'élaboration d'une planification commune», écrit W.C. Wonders en 1998. Quoi qu'il en soit, en ajoutant les eaux marines intérieures et périphériques, tous les morceaux nordiques en viennent à occuper plus de 70 p. 100 du «territoire de responsabilité» de tout le Canada. Cette appréciation nous semble plus signifiante que les 39 p. 100 officiels qui ne correspondent qu'aux étendues terrestres et d'eaux douces des territoires.

En 1999, à l'intérieur de cette immense zone (au tiers hydrographique), la population totale peut compter 500 000 habitants, masse démographique faible, mais non déclassée par celles de l'Alaska et de l'Islande. Depuis le milieu du XXe siècle, un fort accroissement du nombre d'autochtones ainsi qu'une certaine immigration suite aux développements gouvernementaux (Yellowknife, 1967) et économiques (combustibles, hydro-électricité, forêts, mines, services) favorisent l'augmentation démographique. Le Québec-Labrador, le Yukon ainsi que les Territoires du Nord-Ouest connaissent des taux de croissance élevée.

Comparée à la nordicité du Norden (Finno-Scandinavie) et même à celle de la Russie du Nord, celle du Nord canadien est plus sévère, ce qui n'y favorise pas le peuplement.

Zones nordiques du Canada Les espaces politiques autochtones sont transzonaux. Le Nunavut (au nord-est et au centre) et l'Inuvialuit (au nord-ouest) chevauchent l'extrême Nord et le Grand Nord alors que le territoire de la Convention au Québec le fait au Grand Nord et au Moyen Nord.

Quelques autochtonymes correspondants: Iqaluit (Frobisher Bay), Iqaluktuuttiaq (Cambridge Bay), Qausuittuq (Resolute), Sòmbak'è (Yellowknife), Tthebachaghé (Fort-Smith).

La nordicité zonale

Dans le Nord canadien, la présence de plusieurs centaines de petites agglomérations réparties dans un territoire plus grand que l'Europe donne l'impression de microcosmes vivant en paraposition; en fait, au moins par les télécommunications et les services aériens, les petites communautés et les agglomérations sont reliées entre elles de même qu'avec le puissant Sud du pays.

D'autres types de liens existent. L'idée que les peuplements dispersés fassent partie de larges bandes existe déjà dans divers ouvrages dont ceux de Joseph Bouchette en 1832. La géographie régionale n'est pas seule à classer le territoire en zones d'orientation est-ouest: les divisions thématiques entre la taïga et la toundra, entre le subarctique et l'Arctique, entre le pack saisonnier et le pack permanent, entre les aires à éclairage partiel et éclairage total, entre les écoumènes indiens et inuits reflètent d'autres différenciations spatiales emboîtées. Les répartitions sous-zonales du Nord montrent trois méga-espaces dont les limites ne suivent pas non plus les latitudes.

Le Moyen Nord Limitée par les isonords 200 vapos (au sud) et 500 vapos (au nord), la région est climatiquement subarctique. Elle s'étire du Labrador au Yukon et comprend de nombreux lacs, boisés et étangs figurés. Le Moyen Nord s'étend au-delà du Pré Nord qui, lui, marque la fin du Canada méridional. Économiquement, après avoir été le royaume des fourrures, il est devenu le lieu de poussées d'exploitation verticales venues du Sud (les lancers pionniers) en vue de la production de l'hydroélectricité (Churchill, Terre-Neuve–Labrador) et de l'exploitation des matières premières (à Thompson, au Grand lac des Esclaves). Le Moyen Nord regroupe environ 90 p. 100 de tous les habitants de la zone nordique nationale. Le territoire est provincial dans une proportion de plus de 80 p. 100, fait qui a longtemps été insuffisamment perçu en politique, autochtonie et occasions de développement. Exemples de nordicité mi-nordique: Long Range à Terre-Neuve, 474 vapos; Dawson City, 435 vapos; Yellowknife (Sòmbak'è), 390 vapos; Cassiar, en C.-B., 377 vapos; Fort-Smith (Tthebachaghé), 343 vapos; Hay River (Katło Dehé), 320 vapos; croisement de la latitude 51 et de la longitude 54 dans la mer du Labrador, 297 vapos; Red Lake en Ontario, 220 vapos.

Le Grand Nord L'indice nordique s'y établit de 500 à 800 vapos. Des facteurs naturels comme la limitation de la chaleur estivale, la dénudation du paysage, la présence inuite et la rareté des grandes exploitations (la plus éloignée étant Polaris) montrent une situation holistique toute autre que la précédente. Biogéographiquement, le Grand Nord est arctique. En partie océanique, il permet la pénétration estivale des navires de ravitaillement, événement saisonnier longtemps caractéristique des interventions sudistes, privées ou gouvernementales. En 1999, puisque sur un quart des terres canadiennes vivent moins de 60 000 habitants permanents, l'écoumène d'exploitation et de services est extensif. Le Grand Nord est très déficitaire au plan des finances publiques. Les autochtones sont en forte majorité, contrairement à la situation du Moyen Nord, surtout peuplé de non-autochtones. Exemples de cette nordicité méganordique: Resolute (Qausuittuq), 775 vapos; Pond Inlet (Mittimatalik Tununiq), 712 vapos; Old Crow (Van Tat Gwitch'in), 624 vapos; centre de la mer d'Hudson, 622 vapos; Iqaluit (Frobisher Bay), 584 vapos; Sanikiluaq (Belcher), 521 vapos et Aklavik, 511 vapos.

L'Extrême Nord Cette région hypernordique couvrant moins de 10 p. 100 des terres mais englobant des îles polaires ainsi que des eaux marines possède une nordicité de 800\900 vapos. Les glaces sur mer, en profondeur et sur terre la caractérisent. Cette étendue est quasi inhabitée, sauf dans quelques postes, dont le lointain Alert avec ses 878 vapos. Les dépenses gouvernementales dominent de loin les dépenses privées.

La nordicité mentale Pour comparaison, le Moyen Nord connaît des moyennes thermiques mensuelles inférieures à 0 °C pendant six ou sept mois, le Grand Nord, huit mois et l'Extrême Nord, deux ou trois de plus.

L'adjectif mental dépasse ici le sens de «cognitif» dont les manifestations sont d'ailleurs requises dans chaque domaine de la nordicité. On pense plutôt à ce qui n'est pas visible, quantitatif et localisable afin de privilégier les aspects psychologiques et intérieurs. Le vocabulaire usuel comprend les mots attention, intention, qualité, mentalité et fait appel à la conscience, l'éthique, la volonté, l'engagement et la responsabilité. On s'intéresse à l'homme dans le nordiste.

La nordicité mentale correspond à l'état de Nord qui, d'abord, se loge dans les esprits, puis qui se prolonge, d'une façon expresse ou non, dans les opinions, attitudes et activités. Comme l'ensemble de la zone froide est en partie le résultat des interventions humaines, on peut la considérer comme fait culturel.

La démarche commence par une quête de sens. Une intense réflexion concernant toute question, d'ailleurs élargie, constitue l'acte premier. Une telle étape préalable d'analyses abstraites permet, entre autres, d'élaborer une planification intégrée face aux problèmes du monde froid périsphérique. Cet acte d'esprit et ses prolongements conséquents dans l'application sont choses moins coûteuses que les réalisations précipitées, mal justifiées et, par la suite, à raccommoder ou abandonner. Une problématique du quoi et du comment doit venir avant le «faire» proprement dit. Cette perspective exige un investissement mental d'envergure.

Une nordicité normative, source d'une pensée théorique, s'appuie au moins sur le principe du triple respect culturel, écologique et régional du Nord.

La qualité de la nordicité mentale constitue un facteur essentiel à la réalisation d'activités raisonnables. Des perspectives appropriées vont bonifier toutes les relations entre les zones polaire et tempérée, qu'elles soient éducatives, administratives, économiques, politiques, littéraires, religieuses ou médiatiques.

De tous les types de nordicité, c'est celui de nordicité mentale qui a fait le moins de progrès.

La nordicité développementale Jusqu'aux années 1970, le Nord est envisagé par le Sud d'au moins cinq façons plus ou moins chevauchantes. D'abord, il nourrit des espoirs naïfs (Martin Frobisher, 1576), perdus entre autres par la décevante rentabilité du Passage du Nord-Ouest. Au même siècle, et après, c'est l'idée d'une inutilité presque totale de cette partie du Nouveau Monde («Terre de Caïn»). Les évaluations des espaces nordiques semblent conduire soit à des ventes (Terres de Rupert, 1870), soit à des dons (archipel Arctique, 1880), soit à des transferts intergouvernementaux de responsabilité. Plus tard, le Nord est considéré comme un réservoir illimité de matières premières, avantage qui amènera des exploitations souvent regrettables. Durant la Seconde Guerre mondiale et la Guerre froide, la zone sert de protection spatiale pour les États-Unis et le sud du Canada. Enfin, naît une idéologie de non-développement, suivant le slogan humoristique torontois: «Freeze the Arctic». L'histoire séculaire des affaires réfléchit donc un long cycle comptant des périodes d'euphorie ou de découragement.

On connaissait mal le Nord et on s'y prenait mal. Beaucoup d'activités ont été conduites suivant la philosophie du laisser-faire, en donnant préséance aux intérêts du Sud, en ne reconnaissant pas suffisamment l'ethnicité amérindienne et en n'assurant pas l'équilibre interrégional.

Heureusement, arrive une cinquième phase. Les écarts négatifs tendent à diminuer par une série d'interventions correctives: signature d'ententes spécifiques (Convention de la Baie James au Québec en 1975, Inuvialuit en 1984, Nunavut en 1999), reconnaissance de certains droits constitutionnels (1982), développement moins nuisible pour l'environnement, ajustement des pratiques administratives, projets éducatifs plus appropriés aux cultures autochtones, évolution des mentalités du Sud. Grâce aux progrès de la «nordologie» (étude du Nord), une nouvelle économie politique se met lentement en place. L'incorporation optimale de la zone froide dans les affaires pancanadiennes demeure cependant loin d'être terminée.

La nordicité autochtone Si la nordicité demeure un objectif pour le sud du Canada, elle est une réalité ancienne et normale dans le Nord; aussi, les facteurs qui entrent dans la composition de l'indice précédent reflètent-ils les conditions des hautes latitudes (notamment les facteurs de grand froid et de population permanente).

La définition de l'autochtone est chose difficile et varie suivant les référents considérés: caractères biologiques, antériorité de l'occupation, cultures, langues d'usage, genres de vie, dimension collective, résidence dans les communautés, degré d'acculturation. L'aspect principal semble être la question des «terres», fondement de «droits inhérents», aux yeux des militants. Toute solution convenable au fait des premières nations ne saurait éviter de considérer suffisamment les revendications foncières. Chez les autochtones, la notion traditionnelle des terres ne se situe pas «en dehors de l'homme», comme chez les non-autochtones; elles sont fondues dans un tout qui contient aussi l'homme lui-même. En ce sens, on ne pourrait pas dire que l'autochtone appartient à la terre, d'une part, et que la terre appartient à l'homme, d'autre part.

La nordicité mentale conduit à révéler de fortes dénivellations entre les toponymes, les savoirs et les comportements, autochtones d'une part, et non autochtones d'autre part. Ces types d'écarts sont encore mal compris, après plusieurs siècles de contact. L'intelligence des différences interculturelles apparaît comme une autre condition dans la recherche de politiques appropriées. Des rapprochements devraient conduire à réaliser des travaux conjoints; un système modulé de partenariats prolongerait les présentes expériences en gestion de la faune, opérations forestières, construction routière et aménagement de l'habitat.

La nordicité saisonnière Durant l'hiver, notamment à cause de la neige et des glaces, la partie méridionale du Canada dont les valeurs polaires annuelles sont inférieures à 200 vapos (voir plus haut) prend la parure cosmétique du vrai Nord. Alors, durant trois à cinq mois, une grande unité paysagique et certains apparentements culturels se réalisent entre le nord et le sud du pays. Au Canada méridional, la nordicité est dite temporaire, hivernale ou saisonnière. L'intérêt à l'endroit des situations nordiques bénéficie des initiatives de l'Association des villes d'hiver, fondée à Sapporo en 1970 ainsi que du Sommet mondial de la nordicité tenu à Québec en 1999.

L'hiver, phénomène socio-climatique et non seulement série de manifestations atmosphériques, pose la question des comportements des hivernants. Si les conduites sont très variées, deux groupes d'individus dominent. Ceux qui, s'accommodent mal d'un hiver long et qui vont passer quelques semaines dans les tropiques et ceux qui normalisent leurs attitudes face à la saison froide. Ils sont de plus en plus nombreux à le faire non seulement du point de vue mental, mais aussi de celui des vêtements, de la nutrition, des sorties fréquentes, de la pratique de sports extérieurs, et de la non-fréquentation des édifices dont l'air est vicié. Ils s'adonnent aussi aux développements artistiques, littéraires et technologiques.

Bref, à des degrés divers et selon les périodes, des nordicités caractérisent à la fois le nord et le sud du Canada; ces traits inévitables s'installent progressivement dans l'esprit des habitants.

Louis-Edmond Hamelin

Nordiques de Québec Équipe de hockey qui est, à l'origine (1972), une concession de l'Association mondiale de hockey (AMH). En 1977, l'équipe des Nordiques gagne le championnat de l'AMH. De 1976 à 1979, deux de ses joueurs étoiles, Marc Tardif et Réal Cloutier, remportent, les quatre dernières années, les titres de marqueurs de l'Association. En 1977, la brasserie Carling O'Keefe devient propriétaire à part entière de l'équipe pour la somme d'environ deux millions de dollars. En 1979, sous la direction de leur président, Marcel Aubut, les Nordiques participent à la fusion de la AMH et de la LNH. En 1987, un groupe de propriétaires, sous la direction de Marcel Aubut, achète l'équipe à la suite de l'acquisition de Carling O'Keefe par Molson, propriétaire de l'équipe rivale des Canadiens de Montréal. Les Nordiques jouent au Colisée de Québec, un stade de 15 434 places, comme membres de la section Adams, puis de la section Atlantique, et développent une intense rivalité avec les CANADIENS DE MONTRÉAL.

Les Nordiques sont les premiers à engager des joueurs tchécoslovaques ayant fait défection: les frères Peter, Anton et Marian Stastny. En 1982, ils éliminent les Canadiens et les Bruins de Boston, qui sont en voie d'accéder à la finale de la conférence Prince de Galles. En 1986, les Nordiques gagnent leur premier championnat de section de la saison régulière. L'année suivante, ils finissent au 4ᵉ rang de leur section. Plusieurs années à occuper le dernier rang de la ligue leur permettent de obtenir le meilleur choix au repêchage. C'est ainsi qu'en 1991, ils choisissent Eric Lindros, le joueur le plus en demande après Mario Lemieux. Cependant, Lindros refuse de jouer pour eux et il est finalement échangé contre cinq jeunes joueurs de Philadelphie. Les Nordiques deviennent ainsi un concurrent de taille dans la section Atlantique.

L'équipe gagne le championnat de leur section lors de la saison 1994-1995, écourtée par une grève. Elle est toutefois éliminée des séries d'après saison par les champions en titre, les Rangers de New York. Jouer dans le plus petit marché économique de la LNH s'avère cependant insoutenable financièrement pour les propriétaires et c'est pourquoi l'équipe est vendue en mai 1995 à COMSAT Video. L'équipe est relogée à Denver (sous le nom d'Avalanche) pour la saison 1995-1996. Sous ce nom, elle gagne la Coupe Stanley dès sa première saison à Denver.

Derek Drager

Norman, E. Herbert, diplomate et intellectuel (Karuizawa, Japon, 1 sept. 1909—Le Caire, Égypte, 4 avril 1957). Il étudie à l'U. de Toronto et à Harvard. Il travaille pour le ministère des Affaires extérieures et est affecté au Japon de 1940 à 1942. En 1946, il y retourne et occupe un emploi au Service de contre-espionnage de la force d'occupation des Alliés et il publie abondamment sur le Japon. Sa carrière est ternie par des allégations l'accusant d'avoir été communiste dans les années 30. Les accusations sont fondées, mais le ministre des Affaires extérieures, Lester B. PEARSON, déclare qu'il a confiance en Norman. Le ministre le garde au sein du corps diplomatique et l'envoie comme ambassadeur en Égypte. Quand le Sénat américain publie à nouveau des accusations affirmant qu'il constitue un risque pour la sécurité, Norman se suicide.

Robert Bothwell

Normandin, ville du Qc;. pop. 3873 (rec. 1995), 3957 (rec. 1991); const. en 1979; superf. 212 km²; située au nord du parc des Laurentides, dans la région du Saguenay-Lac St-Jean. Le Lac St-Jean, qui se trouve à 25 km au sud-est, est une destination recherchée par les amateurs de sports nautiques.

Le 14 février 1979, on fonde la ville de Normandin par la fusion du village de Normandin et de la paroisse du même nom. Toutefois, son histoire débute le 23 mai 1733, lorsque Joseph-Laurent Normandin est envoyé arpenter la région et cartographier les lacs et les rivières. Parti du Lac St-Jean, il est le premier à arpenter les 300 km de territoire vers le nordouest. Les conclusions de son rapport ont servi à fixer les limites actuelles de la région du Sagnenay. Les premiers colons arrivent dans cette «terre promise» à l'été 1878.

Économie Elle repose sur l'agriculture et l'exploitation forestière. En 1936, on met sur pied la Ferme expérimentale dans le but d'étudier les conditions climatiques et les sols particuliers de la région du Lac St-Jean. À partir de 1988, on entreprend des recherches sur les céréales, les plantes indigènes et l'horticulture. Des études étaient également faites sur les animaux de la ferme et les volailles.

La colonisation d'une nouvelle contrée implique qu'il faut déboiser. Dès lors, les scieries, qui sont indispensables, font vite leur apparition. Elles occupent encore une place prédominante avec la compagnie Donohue comme principal employeur. Toutefois, pour préserver cette ressource renouvelable, on crée, en 1927, la Pépinière forestière provinciale qui est chargée de reboiser la région. Cette pépinière produit 15 millions de plants par année.

En 1994 débute l'aménagement des Grands Jardins de Normandin, inaugurés officiellement en juin 1996.

À mesure que la population augmente, l'Église prend son essor. On érige la chapelle de Saint-Cyrille de Normandin en 1883; puis, on construit une nouvelle église plus grande en 1897. Un désastre survient en 1974, lorsque l'église de pierre, construite en granit rouge en 1917, est la proie des flammes. Cependant, les citoyens de Normandin s'empressent de construire une nouvelle église qui ouvre ses portes en 1977.

Éducation Les élèves de cinq paroisses vont étudier à Normandin. Cependant, à l'origine, les écoles aménagées dans des maisons louées sont si froides que, le lundi matin, les enfants doivent réciter leurs leçons autour du poêle. À la suite de l'augmentation de la population étudiante et de la fermeture des écoles paroissiales, le collège Saint-Joseph et le couvent Sainte-Marie, dirigés par le diocèse catholique, commencent à accueillir les élèves. En 1969, un incendie détruit le collège. Beaucoup d'enfants doivent à nouveau aller en classe dans des bâtiments publics et des résidences. Pour remédier à ce coup du sort, on réaménage l'école Sainte-Marie et on construit une polyvalente.

Loisirs Le centre sportif, qui date de 1972, peut recevoir 1500 spectateurs. Normandin accueille les compétitions provinciales de tir à l'arc, tout en étant aussi le domicile de l'équipe de hockey junior AA du Saguenay-Lac St-Jean, Les Éperviers de Normandin.

Aménagée en 1966 le long de la rivière Ashuapmouchouan, la Chute à l'Ours offre un décor naturel superbe. Elle se trouve au pied des rapides où débarquèrent les premiers habitants de Normandin.

Normes de consommation Documents qui décrivent les caractéristiques ou l'usage acceptables de produits, de matériaux et de services utilisés par les consommateurs. Elles peuvent préciser les exigences en matière de dimension, de performance ou de sécurité des produits domestiques. Au Canada, ces normes sont publiées par des organismes privés et publics spécialisés, puis compilées dans le Système de normes nationales qui est coordonné par le Conseil canadien des normes. La normalisation commence dès que les besoins du public sont reconnus et nécessite des recherches sur le terrain et en laboratoire. Des volontaires choisis proportionnellement dans tous les groupes qui ont un intérêt à l'égard du produit, de l'équipement ou du service en question rédigent le document détaillé des normes. De telles normes sont dites consensuelles, car leur acceptation finale nécessite l'accord d'une grande majorité des participants. Les normes sont habituellement appliquées volontairement. Si les gouvernements adoptent des lois qui rendent certaines d'entre elles obligatoires, ils se basent souvent et simplement sur les normes consensuelles au lieu d'édicter en détails des exigences techniques.

L'élaboration d'une norme de consommation est l'une des tâches les plus ardues de la normalisation. Une bonne partie du problème consiste à définir précisément le but d'une norme pour un produit donné. P. ex., à l'exception de celles qui régissent la sécurité de fonctionnement, il n'existe encore aucune norme canadienne pour les téléviseurs en raison de la difficulté d'obtenir un accord sur les exigences qu'une telle norme devrait inclure.

Les groupes de consommateurs (p. ex., l'ASSOCIATION DES CONSOMMATEURS DU CANADA) participent activement au processus de normalisation. Des représentants des consommateurs participent à des groupes de rédaction de normes ou à des comités de normalisation depuis les années 50. Les professionnels de la normalisation le reconnaissent généralement: les consommateurs doivent être adéquatement représentés lors de l'élaboration des normes concernant les produits qu'ils achètent. En raison du rôle quelque peu limité de ces représentants dans les comités de rédaction de normes et des demandes sans cesse croissantes des consommateurs pour une plus grande participation à la rédaction des normes, des groupes consultatifs de consommateurs ont été mis sur pieds. Chaque comité, constitué de 30 à 40 personnes, se réunit régulièrement pour étudier et commenter une norme de consommation particulière et émettre des recommandations à propos de cette dernière. Des représentants des consommateurs participent aussi, par le truchement du Conseil canadien des normes, à la normalisation internationale. Ils siègent au Committee on Consumer Policy (COPOLCO) de l'Organisation internationale de normalisation (ISO).

Établie par l'ancien Office des normes du gouvernement canadien (maintenant l'Office des normes générales du Canada) à la demande de l'Association des consommateurs du Canada, la série de normes de consommation la plus connue au Canada est celle qui définit la taille des vêtements pour enfants. Cette série de normes a nécessité l'une des enquêtes techniques les plus exhaustives jamais effectuées au pays avant la publication d'une norme de consommation. Finalement, en 1969, la recherche mène à la publication par l'Office des normes du gouvernement canadien de 75 normes sur les «tailles canadiennes normalisées» des vêtements pour enfants. La souscription à ces normes est tout à fait volontaire, mais les avantages de celles-ci sont évidents: elles contribuent à réduire les risques de frustration pour l'acheteur, elles permettent de commander plus facilement par courrier ou par téléphone et de limiter le retour de vêtement par les acheteurs à cause de problèmes de taille.

Le gouvernement légifère sur la base de nombreuses autres normes de consommation ayant une grande portée. La législation sur les POIDS ET MESURES est entrée en vigueur en 1872, alors que les normes de mesures anglaises étaient utilisées. La loi actuelle stipule que «toute unité de mesure canadienne doit être établie en fonction du Système international d'unités déterminé par la Conférence générale des poids et mesures», même si des dispositions autorisent l'usage du système de mesures anglaises (*voir* CONVERSION AU SYSTÈME MÉTRIQUE). La *Loi sur l'emballage et l'étiquetage des produits de consommation* stipule que l'emballage des produits de consommation alimentaires et non alimentaires doit porter une étiquette donnant le nom, la nature, le volume et le poids du produit, ainsi que le nom et l'adresse du fabricant. Les ministères fédéraux de la Santé et du Bien-être social, de l'Agriculture et du secteur CONSOMMATION ET AFFAIRES COMMERCIALES se partagent la responsabilité de normalisation et de législation en matière d'alimentation (*voir* ALIMENTS, LÉGISLATION SUR LES). Agriculture Canada est responsable du respect des normes gouvernementales en matière de qualité et de condition des produits alimentaires agricoles, des viandes et des produits contenant de la viande. La présence de différentes catégories pour la classification des viandes indique que les normes ont été respectées.

Santé et Bien-être social Canada s'occupe surtout de la mise en application des normes exigeant que la composition et la nature des aliments et des produits alimentaires non agricoles soient spécifiées. Il régit aussi la *Loi sur les aliments et les drogues* et les règlements connexes, qui déterminent les normes minimales pour divers produits. La loi vise à protéger le public contre les risques pour la santé et la fraude liés à la vente et à la consommation d'aliments, de médicaments, de cosmétiques et d'instruments thérapeutiques (*voir* SÉCURITÉ, NORMES DE). Entre autres choses, cette loi exhaustive interdit la vente d'aliments, de médicaments et de cosmétiques fabriqués dans des conditions insalubres, de tout produit alimentaire qui contient des substances toxiques ou nocives, de médicaments dont l'action ne satisfait pas aux normes prescrites et de produits de beauté nuisibles pour la santé. Le ministère de la Consommation et des Affaires commerciales est responsable des enquêtes sur la fraude commerciale touchant les aliments et fait exécuter les lois relatives à l'emballage, l'étiquetage et la publicité des produits alimentaires.

R.L. Hennessy

Noronic Navire à vapeur naviguant sur les Grands Lacs. Propriété de la Canada Steamship Lines Ltd., il est construit en 1913 à Port Arthur en Ontario. Amarré aux quais de Toronto, il est la proie des flammes le 17 septembre 1949. En raison d'un délai de communication tragique avec le service d'incendie, 118 personnes perdent la vie. (*Voir* DÉSASTRES.)

James Marsh

Norquay, John, politicien et premier ministre du Manitoba de 1878 à 1887 (près de St. Andrews, Man., 8 mai 1841—Winnipeg, 5 juill. 1889). Norquay, l'un des plus éminents personnages de la rivière Rouge, délaisse le commerce des fourrures et son milieu riverain pour s'initier avec succès au monde des affaires et à la politique après l'entrée du Manitoba dans la Confédération. Son arrière-grand-mère est autochtone et ses ancêtres paternels sont des touche-à-tout dans les postes de traite des fourrures. Étudiant parmi les plus doués de la rivière Rouge, Norquay est tour à tour enseignant, cultivateur et commerçant de fourrures de 1857 à 1870, année où il est élu à la première Assemblée législative du Manitoba. Il acquiert rapidement une grande renommée en Chambre, est membre du Cabinet de 1871 à 1874 et de 1875 à 1878, et devient premier ministre, au moment où R.A. DAVIS se retire, fort de l'appui de ses partisans, les «anciens» pionniers (d'avant 1870) et les Manitobains francophones.

Le gouvernement de Norquay réussit à étendre les frontières manitobaines et à obtenir davantage de subventions du fédéral, mais la politique canadienne des chemins de fer provoque son effondrement. Coincé entre la volonté du premier ministre John A. MACDONALD de garantir le monopole du transport des marchandises au Canadien Pacifique et la demande du Manitoba pour la concurrence dans le domaine, Norquay finit par s'engager dans une lutte contre Ottawa en 1887 et fait construire un chemin de fer vers les États-Unis. Macdonald intervient et, dans des manœuvres de toute apparence trompeuses, il précipite le gouvernement Norquay dans un scandale financier qui provoque sa chute. Bien que Norquay soit brièvement chef de l'Opposition face au nouveau gouvernement GREENWAY, son décès soudain, en 1889, ne lui laisse pas le temps de refaire sa réputation dans la vie publique canadienne.

Norquay était profondément aimé des Manitobains. Son nom reste gravé dans les mémoires, non seulement parce qu'il fut le seul premier ministre d'ascendance mixte européenne et amérindienne, mais aussi pour son caractère affable et son immense talent.

Gerald Friesen

Norris, Hannah Maria, missionnaire baptiste (Canso, N.-É., 30 nov. 1842—Toronto, 14 sept. 1919). Bien qu'elle ait été baptisée congrégationaliste quand elle était enfant, Hannah est élevée dans une communauté baptiste et reçoit le baptême adulte dans cette Église. En 1869, Norris décide d'aller au Burma comme missionnaire et demande aux femmes baptistes de la Nouvelle-Écosse de l'aider à réaliser son projet. Ainsi, le 18 juin 1870, naît la première société féminine d'entraide missionnaire canadienne, à Canso. D'autres groupes sont formés et, en 1884, la Woman's Baptist Missionary Union des provinces maritimes voit le jour, exemple qui sera suivi ailleurs au Canada par beaucoup d'autres confessions. Norris se rend alors au Burma. Par la suite, elle épouse le révérend W.F. Armstrong. Elle se consacre à la construction d'une école ouverte à toutes les nationalités à Rangoon et elle voyage beaucoup afin d'obtenir les fonds nécessaires à la réalisation de ce projet. Elle reste au Burma jusqu'en 1919, année où elle revient au Canada.

Wendy L. Mitchinson

Norris, Leonard Matheson, caricaturiste politique et illustrateur (Londres, Angl., 1er déc. 1913—Langley, C.-B., 12 août 1997). Norris immigre à la tête des Grands-Lacs avec ses parents à l'âge de 12 ans. Il commence sa carrière en dessinant des caricatures des personnalités de la région de Prince Arthur et de Fort William (aujourd'hui Thunder Bay) qu'un commerçant local affiche dans sa vitrine. Il travaille comme manutentionnaire préposé au chargement du charbon pendant la crise des années 30 et étudie au Collège des beaux-arts de l'Ontario (*voir* ONTARIO COLLEGE OF ART AND DESIGN).

Son premier emploi comme graphiste pour une agence de publicité de Toronto dure deux ans, après quoi il s'engage dans l'armée pendant la Seconde Guerre mondiale. Il dirige et illustre le *Canadian Army Technical Magazine* et est nommé Membre de l'Ordre de l'Empire britannique en 1945. Après la guerre, il travaille chez Maclean Hunter comme directeur artistique du *House and Garden Magazine,* mais se lasse «de courir après le succès à Toronto». Il s'installe sur la côte Ouest en 1949 et entre au service du *Vancouver Sun*. Il tente, sans succès, de créer une bande dessinée intitulée *Filbert Phelps*. «J'ai essayé de concevoir des dessins humoristiques qui correspondraient à ce qu'attendent les gens, avec toutes les caractéristiques de ce genre de publication, déclare-t-il. C'était difficile et ça n'a pas marché.»

Influencé par le satiriste social britannique Giles, Norris commence à dessiner des caricatures pour les journaux en 1950. Pendant 38 ans, ses illustrations mettent en scène les personnages qui font sa marque de commerce: membres pompeux du Victoria Conservative Club, vilaines personnalités politiques en queue de pie et enfants en forme de bouches d'incendie commentant les événements nationaux et internationaux. Ses légendes sont aussi frappantes que ses dessins, ce qui a fait dire à l'un de ses directeurs de rédaction, Gary Lautens, «il est un écrivain génial dont le génie du dessinateur n'est qu'accessoire». Il remporte le Concours national de journalisme dès sa première soumission en 1951. Il n'y participe plus jamais, prétextant qu'il ne peut supporter l'idée de perdre. En 1953, à des fins publicitaires, la compagnie Lloyds de Londres assure la main avec laquelle il dessine pour 125 000 $. Walt Kelly, créateur de *Pogo*, considère Norris comme le meilleur de la profession et Hugh Hefner l'invite à collaborer à *Playboy*. Norris refuse. En 1973, l'U. de Windsor lui décerne un grade honorifique. Il est membre de l'ACADÉMIE ROYALE DES ARTS DU CANADA et, en 1979, il est admis au Canadian News Hall of Fame.

Alan Hustak

Norris, Tobias Crawford, politicien et premier ministre du Manitoba (Brampton, Canada-Ouest, 5 sept. 1861—Toronto, 29 oct. 1936). Bien que son nom soit presque complètement oublié, Norris est un pilier de la politique manitobaine au début du XXe siècle. D'abord un *homestead*er, il devient un encanteur professionnel bien connu dans tout l'Ouest canadien. Élu député provincial en 1896, Norris dirige le Parti libéral du Manitoba de 1910 à 1926 et est premier ministre de 1915 à 1922. Son gouvernement compose avec les conditions qui prévalent en temps de guerre et avec les événements de l'après-guerre, notamment la GRÈVE GÉNÉRALE DE WINNIPEG. Le gouvernement Norris est appelé le «le centre de l'activité réformiste au Canada» durant cette période. Il fait adopter des lois sur la TEMPÉRANCE, le vote des femmes, la fréquentation scolaire obligatoire, l'indemnisation des accidentés du travail, le salaire minimum, les services de soins infirmiers publics, le crédit agricole, de même que des règlements régissant les conditions de travail dans les industries et une allocation pour les veuves ayant des enfants à charge. Sous le gouvernement Norris, les travaux publics et la construction de routes prennent de l'importance et la province élimine sa dette publique. Après s'être retiré de la vie politique en 1928, il siège à la Commission des chemins de fer du Canada jusqu'à son décès.

J.M. Bumsted

North Battleford, ville de la Sask.; pop. 14 051 (rec. 1996), 14 348 (rec. 1991), 14 876 (rec. 1986); superf. 35,48 km²; const. en 1913; située sur la rive nord de la rivière Saskatchewan Nord où elle rejoint la rivière Battle, à 140 km au nord-ouest de Saskatoon. En 1905, la voie principale du CANADIAN NORTHERN RAILWAY traverse presque toute la Saskatchewan. On avait prévu à l'origine le passage de la voie ferrée dans la ville de Battleford, mais elle enjambe la rivière à 5 km au nord-ouest de l'ancienne capitale territoriale.

Un nouvel emplacement nommé North Battleford est établi en 1905. La collectivité croît rapidement. Un nombre important d'entreprises et de résidants quittent l'ancienne agglomération et emménagent au nouveau centre ferroviaire. En 1913, North Battleford se voit attribuer le statut de ville. Sa croissance est faible jusqu'à la fin de la Seconde Guerre mondiale, mais la population double au cours de la décennie suivante. La ville est un centre de distribution et de réception de premier ordre pour les riches régions de polyculture, d'exploitation forestière et de pêche du nord-ouest de la Saskatchewan.

Don Herperger

North Bay, ville de l'Ont.; pop. 54 332 (rec. 1996), 55 405 (rec. 1991), 50 623 (rec. 1986); superf. 312,88 km²; const. en 1925; située dans une baie de la rive nord du LAC NIPISSING, à la jonction des routes 11 et 17, à 360 km au nord de Toronto et à 340 km au nord-ouest d'Ottawa. Traditionnelle «Porte du Nord», la ville est le centre administratif de la région de Nipissing. Elle se trouve sur la «route Nipissing», là où le portage de la TRAITE DES FOURRURES de la Vase relie les eaux du lac Trout et des rivières Ottawa et Mattawa, à celles du lac Nipissing, de la rivière des Français et de la baie Georgienne.

Sa croissance coïncide avec la lente progression des établissements qui remontent la vallée d'Ottawa et des établissements dans le sud de l'Ontario qui suivent l'arrivée du Canadien Pacifique en 1882. La voie ferrée est reliée à Toronto en 1886, puis, en 1904, à la région riche en ressources plus au nord. North Bay est constituée en tant que ville en 1891 et devient, en 1914, un lieu d'approvisionnement régional et un important centre ferroviaire. Contrairement à de nombreux centres de la région Nord, son expansion est plus lente; cela lui permet d'éviter le cycle des récessions si souvent réservé à ce genre de croissance basée sur les matières premières.

Sa position géographique favorable a rendu possibles de nombreux projets économiques. Elle demeure un important centre de traite des fourrures; ses ventes aux enchères de fourrures sauvages sont d'ailleurs parmi les plus importantes au monde. La forêt et ses produits dérivés restent des industries essentielles. Récemment, diverses usines de transformation et de produits courants se sont greffées aux industries traditionnelles. Les retombées économiques proviennent aussi de la base militaire et plus encore de la solide industrie touristique axée sur le lac Nipissing avec ses beaux panoramas et sur le «pré Nord». La population, en grande partie d'origine britannique, compte aussi une forte proportion de Canadiens français et un nombre non négligeable de personnes d'origine hollandaise, italienne, scandinave ou allemande. Tous ensemble, ils profitent d'un style de vie urbain prospère et de la proximité du «pré Nord».

Peter Krats

North Cowichan, district municipal de la C.-B.; pop. 25 305 (rec. 1996), 21 373 (rec. 1991), 18 674 (rec. 1986); superf. 187,57 km²; const. en 1873. North Cowichan est situé sur la côte est de l'ÎLE DE VANCOUVER à peu près à mi-chemin entre Nanaïmo et Victoria. Le mot halkomelem *cowichan* signifie «pays chaud» ou «terre réchauffée par le soleil». Chemainus, Maple Bay et Crofton se trouvent dans les limites de cette municipalité. DUNCAN en faisait également partie jusqu'aux années 1900.

Les premiers colons de la région sont des bûcherons attirés par la qualité du bois de charpente, dont plusieurs travaillent dans les scieries qui commencent à s'établir dans la région, comme celle construite à Chemainus en 1862. La production de bois d'œuvre reste la principale activité économique du district, l'industrie forestière employant directement et indirectement trois travailleurs sur quatre. En

1946, North Cowichan établit sa propre réserve forestière. Cette réserve fournit la majorité des emplois et constitue ainsi la principale source de revenus du district. Elle offre aussi des activités récréatives et compte plusieurs réserves écologiques. Depuis 1980, Chemainus a entrepris un programme de revitalisation pour encourager le tourisme. Plusieurs murales peintes sur les bâtiments de la municipalité commémorent l'histoire de la région.

Deborah Welch et Michael Payne

North Hills Museum Situé à Granville Ferry (Nouvelle-Écosse), au bord du bassin historique d'Annapolis. Le musée est installé dans une maison bicentenaire de style «salt box» (à deux étages et à toit dissymétrique), autrefois la ferme Rumsey. Robert Patterson, riche collectionneur de mobilier, de porcelaine, de verrerie et de peintures des XVIII° et XIX° siècles, s'en porte acquéreur en 1964. En 1974, Patterson lègue sa maison et sa collection d'antiquités au gouvernement de la Nouvelle-Écosse pour qu'elle soit conservée comme maison-musée. Le musée est ouvert au public du début juin à la mi-octobre.

Deborah Welch et Michael Payne

North Saanich, localité de la C.-B.; pop. 10 411 (rec. 1996), 9 645 (rec. 1991), 7 247 (rec. 1986); superf. 36,78 km²; const. en tant que municipalité de district en 1965. North Saanich est l'une des trois municipalités de district situées dans la PÉNINSULE DE SAANICH, à environ 20 km au nord de VICTORIA. La localité de SIDNEY se trouve à l'intérieur des limites de North Saanich. *Saanich,* mot de la langue des Salish de la côte, signifie «sol fertile».

Contrairement à ses voisines, SAANICH et CENTRAL SAANICH, North Saanich a conservé presque tout son caractère rural d'antan et a moins subi l'influence de la rapide croissance démographique du Grand Victoria. Le riche territoire agricole est protégé par la *Provincial Agricultural Land Reserve Act* et l'expansion résidentielle se fait surtout en bordure de la côte. Les activités récréatives et le tourisme constituent une importante industrie locale à North Saanich vu la proximité de parcs provinciaux. Schwarz Bay, près de Sidney, est l'une des gares maritimes les plus achalandées de l'île de Vancouver qui desservent les ÎLES GULF, en particulier les ÎLES SALTSPRING.

Deborah Welch et Michael Payne

North Vancouver, ville de la C.-B.; pop. 41 475 (rec. 1996), 38 436 (rec. 1991), 35 698 (rec. 1986) et municipalité de district; pop. 80 418 (rec. 1996), 75 157 (rec. 1991), 68 241 (rec. 1986); située dans le sud-ouest de la province, à côté de la ville de VANCOUVER. North Vancouver se trouve sur la rive nord du passage Burrard et s'étend de la rivière Capilano, à l'ouest, jusqu'au-delà de l'anse Deep, à l'est. Les montagnes de la côte nord, dont Crown, Grouse, Seymour, Hollyburn et, la plus haute et la plus connue, les Lions, forment une pittoresque toile de fond.

La ville de North Vancouver (superf. 10,77 km²) est entourée par la municipalité de district de North Vancouver (superf. 161,61 km²), sauf à son front de mer. Les altitudes dans la région varient entre le niveau de la mer et 1400 m. La municipalité de district (const. en 1891) est dirigée par un maire et six conseillers. Il en va de même pour la ville (const. en 1907) dont le centre gravite autour de l'avenue Lonsdale.

Historique Les premiers colons qui s'établissent dans la région sont attirés par les riches forêts de la rive nord du passage Burrard. En 1862, la T.W. Graham and Company fait l'acquisition d'un peuplement forestier de 194 ha à l'emplacement actuel de North Vancouver, puis érige rapidement la scierie Pioneer, d'où elle expédie le bois. La petite localité, bâtie autour de l'usine, devient le plus important établissement sur le passage. En 1872, un Américain, Sewell P. Moody, achète la scierie Pioneer et donne son nom à l'établissement de Moodyville. En 1886, après la constitution de Vancouver en ville, la rive

nord devient North Vancouver. Le pont ferroviaire Second Narrows, achevé en 1925, relie cette localité à Vancouver par voie ferrée fixe et par route carrossable; le pont Lions Gate (1938) constitue le deuxième lien, puis le pont routier Second Narrows (v. 1959), le troisième.

Économie North Vancouver a un important port d'embarquement de bois, de minerai et de céréales, en plus de compter de nombreux établissements industriels et chantiers navals. C'est là que fut construite la goélette ST. ROCH de la Gendarmerie royale du Canada en 1928. Versatile Pacific Co. Ltd. fut l'un des plus importants chantiers maritimes du Canada. En 1991, la fermeture du chantier naval (aussi connu sous le nom de cale sèche de Burrard) permet un réaménagement des installations portuaires pour mettre en valeur certains anciens bâtiments du chantier ainsi que l'ouverture d'un nouveau musée. Dans les années 50, le prolongement du chemin de fer Pacific Great Eastern (aujourd'hui BC Railway) à partir de Squamish donne plus d'importance à la ville comme centre de transbordement.

Situation actuelle Les visiteurs sont attirés par les possibilités de pêche, de navigation de plaisance, de ski et d'alpinisme dans les nombreux parcs de la région. Dans le parc du canyon Capilano se trouve le célèbre pont du même nom, suspendu à 70 m au-dessus de la rivière et enjambant le canyon sur une largeur de 137 m. Le barrage Cleveland, situé au nord du parc, déverse la plus grande partie de l'eau potable du lac Capilano vers la grande région de Vancouver. Dans l'est de la municipalité de district se trouve le parc provincial du mont Seymour.

North Vancouver est une région résidentielle et touristique bien connue. Au nombre des attractions, on compte le marché du quai Lonsdale et le parc Waterfront, le téléphérique du mont Grouse, l'écloserie de saumon de Capilano, le collège Capilano, le musée et les archives, la maison Presentation et, depuis peu, un parc régional à l'état naturel (canyon Lynn).

Alan F.J. Artibise

North York, municipalité de l'Ont.; pop. 589653 (rec.. 1996), 563 270 (rec. 1991), 556 297 (rec. 1986); superf. 176,87 km². North York a eu le statut de ville jusqu'au moment de sa fusion avec la nouvelle mégapole de TORONTO. Le nom de North York rappelle le premier nom de Toronto, York, et celui du canton, et, plus tard, l'emplacement de l'ancienne ville au nord de Toronto même.

Les premiers colons s'installent sur des terres situées dans ce qui deviendra, en 1795, North York. La région demeure essentiellement agricole pendant une bonne partie du XX° siècle. En 1922, lors de la création du canton de North York, on compte encore moins de 6000 âmes. L'expansion de Toronto, qui prend l'envergure d'une métropole, a un impact considérable sur North York qui, au cours des années 50 et 60, se transforme en ville de banlieue, puis en partie intégrante de la communauté urbaine de Toronto.

L'augmentation de sa population permet à North York d'accéder au statut de bourg en 1967, puis à celui de ville en 1979. North York compte un certain nombre d'établissements importants, dont l'UNIVERSITÉ YORK, le Seneca College of Applied Arts and Technology, le Centre des sciences de l'Ontario, le BLACK CREEK PIONEER VILLAGE, le Ford Centre for the Performing Arts, et quelques hôpitaux réputés. North York possède les plus importantes infrastructures manufacturières en Ontario après celles de l'ancienne cité de Toronto.

Deborah Welch et Michael Payne

Northern Alberta Institute of Technology (NAIT) Situé à Edmonton, il est fondé au début des années 60 dans le cadre d'un projet conjoint des gouvernements fédéral et provincial. Ceux-ci veulent en effet mettre sur pied une infrastructure technique capable de soutenir la diversification rapide de l'économie canadienne. Depuis sa création en mai 1963, et jus-

qu'au 1er avril 1982, le NAIT est administré par le gouvernement de l'Alberta, qui confie ensuite cette responsabilité à un conseil des gouverneurs formé de 16 membres.

Les programmes du NAIT visent deux principaux objectifs: d'une part, aider les étudiants à réaliser leurs aspirations personnelles, sociales et professionnelles et, d'autre part, répondre aux besoins de main-d'œuvre des entreprises et de l'industrie. L'importance que le NAIT accorde à une formation pratique axée sur la carrière la distingue de plusieurs autres établissements d'enseignement supérieur du pays. Le NAIT offre présentement 74 programmes à temps plein, 34 programmes d'apprentissage, 1200 programmes de formation permanente, de même que des cours dans les domaines qui débouchent sur des emplois payants, tels que les affaires et l'informatique, les techniques d'ingénierie, les sciences de la santé, et les techniques de l'industrie et du commerce. Les programmes à temps plein durent soit deux ans et débouchent sur un diplôme, soit un an avec un certificat à l'appui. De plus, le NAIT offre une variété de programmes d'accès subventionnés par le gouvernement provincial et, afin de répondre aux besoins de formation et de mise à jour des connaissances des employeurs, une formation continue et sur mesure dans le domaine des nouvelles technologies.

Le NAIT est réputé pour sa capacité d'élaborer des programmes d'enseignement adaptés aux besoins du marché du travail. Le Processus d'évolution du profil des compétences en vue de valider et d'adapter les programmes aux changements des exigences de l'industrie a été expérimenté au NAIT et est maintenant commercialisé auprès d'autres établissements de formation partout au Canada. Le NAIT se spécialise aussi dans l'élaboration de normes nationales des compétences requises pour être admis à un programme de sciences appliquées ou de techniques d'ingénierie. Pour mieux répondre aux besoins techniques de l'industrie, le NAIT est devenu la première institution technique ou le premier collège de l'Alberta à participer au Programme d'aide à la recherche du Conseil national de recherches. Ce programme vise à aider les petites et moyennes entreprises canadiennes à profiter de l'expertise scientifique et technique dont disposent les laboratoires gouvernementaux, les centres de recherche spécialisés et les établissements d'enseignement postsecondaire. Le NAIT fournit une aide technique à la réalisation de prototypes, de même qu'au développement et à la mise à l'essai de nouveaux produits. L'institution offre également des conseils et de l'information, en plus de réaliser des études d'ordre économique et de fournir toutes sortes de services connexes.

Le NAIT fournit aussi une expertise en formation technique à une clientèle internationale de tous les coins du monde. Il offre, entre autres, des services de consultation en matière de planification, de mise en œuvre et de fonctionnement des systèmes et des écoles d'enseignement technique; dans l'élaboration de programmes adaptés aux besoins des industries locales; dans la prestation de programmes d'apprentissage de l'anglais répondant aux besoins de personnes travaillant dans un domaine précis du monde de l'industrie ou des affaires; dans l'enseignement de techniques pédagogiques pour les instructeurs; dans la prestation des programmes d'apprentissage du NAIT à une clientèle étudiante internationale, sur son campus aussi bien qu'à l'étranger.

En 1995-1996, le NAIT comptait 6 972 étudiants inscrits à temps plein, 35 460 étudiants inscrits à l'éducation permanente et 5660 apprentis.

Shannon Taylor

Northern Dancer, cheval de course (Oshawa, Ont., 27 mai 1961—Chesapeake City, Md., 16 nov. 1990). Élevé à la E.P TAYLOR National Stud Farm, Northern Dancer n'a pas d'acheteur à l'âge de un an. Cependant, à deux ans, il remporte le prix Remsen

(New York), le derby Flamingo et le derby de la Floride, et, au Canada, les prix Summer, Coronation Futurity et Carleton. Northern Dancer est le premier cheval d'élevage canadien à gagner le derby du Kentucky (1964). Par la suite, il remporte la course de Preakness, se classe troisième à Belmont et premier au QUEEN'S PLATE. Reconnu pour son endurance, Northern Dancer est également très rapide. Secretariat est le seul cheval qui ait battu son record au derby du Kentucky (deux minutes pile pour une distance d'un mille). Sa carrière de coureur terminée, Northern Dancer est destiné à la reproduction et devient le plus grand étalon de l'histoire. Au moment de sa mort, 467 de ses 635 poulains enregistrés avaient remporté des victoires et plus de 150 avaient gagné des prix. Plusieurs des meilleurs pur-sang qu'on trouve aujourd'hui sont de sa descendance. Parmi ceux-là figurent deux gagnants du derby d'Epsom: Nijinsky et The Minstrel.

James Marsh

Northern Railway of Canada Construit afin de relier les trois lacs dont les noms composent son nom originel, soit le Ontario, Simcoe and Huron Railway. Il est ouvert en mai 1853, lorsque la locomotive *Toronto* (construite à Toronto) tire le premier train à vapeur de l'époque en Ontario, de Toronto à Mitchell's Corners (aujourd'hui Aurora). La ligne est bientôt prolongée vers Bradford et Allandale et, en 1855, la liaison complète vers COLLINGWOOD est terminée, y compris un embranchement vers le lac SIMCOE. Le chemin de fer transforme Collingwood en un point de transbordement prospère en provenance du Midwest américain et permet d'exploiter les riches réserves de bois du comté de Simcoe. Il est en grande partie à la source de la suprématie que TORONTO se forge sur son arrière-pays du Nord, mais il constitue lui-même un échec financier. Au bord de la faillite, il est réorganisé en 1858 sous le nom de Northern Railway of Canada. On construit des embranchements de Collingwood à Meaford en 1872, d'Allandale à Gravenhurst en 1875 et, finalement, vers Huntsville et North Bay. Le chemin de fer fusionne avec le Hamilton and North Western Railway en 1879 et il est repris en 1888 par le GRAND TRUNK RAILWAY qui est intégré plus tard au réseau des Chemins de fer nationaux du Canada.

James Marsh

Northern Review Revue littéraire dirigée par John SUTHERLAND et publiée de façon sporadique de 1945 à 1956. Elle représente la fin de l'époque où Montréal est le centre de la POÉSIE DE LANGUE ANGLAISE au Canada. La revue naît de la fusion de deux anciennes rivales, *Preview* et *First Statement*. La revue *Preview* est fondée au mois de mars 1942 par une équipe dont fait partie Patrick Anderson, l'âme du groupe, et F.R. SCOTT. Plus tard, P.K. Page et A.M. Klein s'ajoutent à l'équipe de rédaction. La revue est d'orientation cosmopolite et puise surtout son inspiration chez les poètes anglais des années 30. L'autre revue, *First Statement,* est fondée en septembre 1942 par Sutherland, auquel se joignent plus tard, Irving LAYTON et Louis DUDEK. Les rédacteurs s'attaquent au «colonialisme» de *Preview* et revendiquent une poésie qui soit davantage axée sur les conditions de vie et la langue locales. En pratique, cela signifie que, pour eux, les modèles dont il faut s'inspirer sont américains, tels qu'Ezra Pound et William Carlos Williams.

First Statement Press publie aussi des recueils de poésie de sorte que, lorsque les revues rivales réussissent à mettre leurs divergences de côté pour former la *Northern Review,* la maison d'édition poursuit sa production et publie des ouvrages de Layton, d'Anderson, d'Anne WILKINSON et de Raymond SOUSTER. Au départ, le groupe fondateur de la *Northern Review* est composé de Scott, Klein, Layton, Anderson, Page, A.J.M. SMITH, Dorothy LIVESAY et Ralph Gustafson, mais en 1947, plusieurs membres démissionnent à la suite d'une controverse autour de faits que Sutherland publie

sans avoir au préalable consulté ses associés. Après le départ de Layton, en 1948, la revue reflète l'attitude de plus en plus conformiste de Sutherland, mais réussit encore à attirer de grands écrivains, tels Mavis GALLANT, Brian Moore, Marshall MCLUHAN et George WOODCOCK. Les parutions cessent à la mort de Sutherland, en 1956.

George Woodcock

Northern Telecom ltée (*Voir* ÉLECTRONIQUE, INDUSTRIE DE L')

Northumberland, détroit de Bras de mer sujet aux marées qui sépare l'Île-du-Prince-Édouard de la côte est du Nouveau-Brunswick et de la côte nord de la Nouvelle-Écosse. Il s'étend sur 225 km de l'ouest-nord-ouest à l'est-sud-est, de Cap-Lumière, au Nouveau-Brunswick, au cap George, en Nouvelle-Écosse, et sa largeur varie entre 4 et 17 km. L'extrémité est a une profondeur de 68 mètres, mais une grande partie du centre a une profondeur inférieure à 20 mètres. Des vallées préglaciaires et glaciaires taillées dans des grès et ces siltsones rouges débouchent des deux extrémités du détroit pour rejoindre le fond du golfe du SAINT-LAURENT. Après le retrait des glaciers, il y a environ 13 000 ans, le détroit et les terres avoisinantes furent inondés par la mer. Peu après, le relèvement isostatique entraîna l'émersion de la partie centrale, formant ainsi un isthme rejoignant les côtes de part et d'autre du détroit. Enfin, il y a environ 5000 ans, le niveau de la mer s'est graduellement élevé pour recouvrir l'isthme et rétablir le détroit. Cette inondation se poursuit graduellement encore aujourd'hui.

L'eau étant en général peu profonde, elle entraîne de forts courants de marée, des eaux turbulentes et une forte concentration de silt et d'argile rouge en suspension qui recouvrent le fond marin, ce qui explique pourquoi les premiers colons français avaient nommé cet endroit «la mer rouge». Les eaux peu profondes du détroit expliquent aussi pourquoi l'eau y est la plus chaude (16 °C en juillet) dans l'est du Canada, ce qui stimule l'activité touristique estivale, de même que la pêche abondante des coquillages et du homard. La constance du climat et les terres cultivables étendues favorisent une agriculture mixte et la culture de légumes (surtout la pomme de terre) des deux côtés du détroit. Le détroit a longtemps été desservi par deux traversiers, l'un reliant le cap Tourmentin, au Nouveau-Brunswick, à Borden, à l'Île-du-Prince-Édouard, et l'autre reliant Caribou Ferry, en Nouvelle-Écosse, à Wood Island, à l'Île-du-Prince-Édouard.

En novembre 1987, le gouvernement fédéral lance un appel d'offres pour la construction d'un pont ou d'un tunnel reliant les 14 kilomètres qui séparent le cap Tourmentin de Borden et, en janvier 1988, 60 p. 100 des électeurs de l'Île-du-Prince-Édouard votent en faveur de la construction d'un lien fixe. En 1997, on inaugure le pont de la Confédération. Le service de traversiers entre le cap Tourmentin et Borden a depuis cessé. Les côtes du détroit sont habitées par des Acadiens (*voir* ACADIE) français au début du XVIe siècle et par des Anglais, des LOYALISTES et des ÉCOSSAIS au XVIIIe siècle. Les principales villes côtières sont CHARLOTTETOWN et SUMMERSIDE à l'Île-du-Prince-Édouard, Pictou en Nouvelle-Écosse, SHEDIAC et Richibucto au Nouveau-Brunswick. Le détroit a été nommé d'après le *HMS Northumberland,* le navire-major de l'amiral Colville.

I.A. Brookes

Norvégiens Quelque 500 ans avant que Colomb accoste sur une île des Caraïbes, des Vikings forcés à l'exil découvrent les rivages canadiens et tentent de s'y établir (*voir* EXPÉDITIONS VIKINGS; ISLANDAIS). En s'appuyant sur les sagas nordiques, Helge Ingstad, un explorateur et écrivain norvégien, découvre dans les années 60 les vestiges d'un établissement viking à L'ANSE AUX MEADOWS, sur la pointe nord de Terre-Neuve, le plus ancien établissement européen connu en Amérique.

Les Norvégiens naviguent de nouveau en eaux canadiennes à la fin du XIXe siècle, sous la conduite de Fridtjof Nansen, pionnier des grandes expéditions norvégiennes. Otto SVERDRUP contribue à la cartographie de l'archipel Arctique et découvre les îles AXEL HEIBERG, AMUND RINGNES et ELLEF RINGNES, qu'il nomme ainsi en l'honneur de ses commanditaires norvégiens. Roald AMUNDSEN franchit la dernière section encore inexplorée du PASSAGE DU NORD-OUEST. Ce n'est qu'en 1930 que la Norvège reconnaît la souveraineté du Canada dans l'Arctique. Henry A. LARSEN, d'origine norvégienne, est le premier Canadien à franchir le passage du Nord-Ouest.

L'immigration permanente de Norvégiens en Amérique du Nord commence en 1825 avec l'arrivée d'un premier groupe à New York. Au cours des 75 ans qui suivent, environ 500 000 Norvégiens débarquent à Québec, le chemin le plus court pour gagner les États du centre des États-Unis. Malgré les efforts du Canada en ce sens, peu d'entre eux demeurent en territoire canadien à cause des politiques d'immigration trop restrictives à cette époque. Il faut attendre le tournant du siècle pour que les Norvégiens fassent du Canada leur pays d'adoption. C'est aussi le cas de nombreux Américains d'origine norvégienne qui viennent au Canada en quête de *homesteads* et d'une meilleure situation économique. En 1921, le tiers des Norvégiens du Canada sont nés aux États-Unis.

Migration et peuplement Les Norvégiens s'établissent en grand nombre dans l'Ouest canadien entre 1886 et 1929, intervalle que l'on peut diviser en trois périodes de 15 ans environ. La première, de 1886 jusqu'au tournant du siècle, correspond à la construction du Canadien Pacifique et à l'ouverture des territoires de l'Ouest à la colonisation, qui motivent la venue de colons norvégiens et la fondation à Calgary d'une colonie norvégienne autour de la scierie Eau Claire Lumber Mill. Au cours de la deuxième période (de 1900 à 1914), de nombreux Norvégiens arrivent au Canada en provenance des États-Unis et de Norvège (18 790 de celle-ci). Enfin, de 1914 à 1929, 21 574 Norvégiens quittent leur pays pour le Canada. Le recensement de 1931 fait état de 93 243 Canadiens d'origine norvégienne. De ce nombre, 39 241 sont nés au Canada, 32 551 en Norvège et 21 451 aux États-Unis. De 1930 à 1945, la CRISE DES ANNÉES 30 et la Seconde Guerre mondiale font chuter le nombre d'immigrants norvégiens à 1376. De 1945 à 1959, 9196 personnes immigrent de Norvège, contre 4615 seulement entre 1960 et 1975. Actuellement, le flux d'immigrants norvégiens est mince et a même tendance à diminuer. Selon le recensement de 1996, 346 310 citoyens canadiens sont d'origine norvégienne (réponses uniques et multiples).

Vie culturelle et sociale Les Norvégiens du Canada forment leurs propres associations ethniques et religieuses. Comme les Norvégiens fondent leurs établissements au Canada dans le prolongement de leurs expériences en Amérique, leurs principales organisations sociales sont généralement d'envergure continentale. C'est encore le cas des loges de la confrérie des Sons of Norway, créée en 1895 à Minneapolis. Le journal *Noorrana,* lancé en 1910 à Winnipeg, est publié plus tard à Vancouver, où il cesse ses activités en 1984.

En 1941, 84,7 p. 100 des Norvégiens du Canada appartenaient à l'Église luthérienne, 5,4 p. 100 à l'Église unie du Canada, 2,6 p. 100 à l'Église anglicane, 1,5 p. l00 à l'Église presbytérienne et 5,8 p. 100 à divers autres groupes. En 1967, l'Église luthérienne évangélique, d'origine norvégienne, devient un synode canadien indépendant. Les groupes religieux issus de Norvège constituent une minorité en déclin à cause des fusions d'Églises qui se poursuivent.

Étant donné que la plupart des premiers immigrants norvégiens sont lettrés et luthériens, ils attachent beaucoup d'importance à l'éducation chrétienne de leurs enfants. C'est pourquoi la majorité de leurs communautés encouragent non seulement les écoles paroissiales d'été, mais aussi des classes de confirmation en dehors de l'école régulière du dimanche. Les Norvégiens de confession luthérienne fondent le Camrose Lutheran College en 1911, puis l'Outlook College en 1915. Ensuite, en collaboration avec d'autres synodes luthériens, ils créent le Canadian Lutheran Bible Institute, en 1932, et le Luther Theological Seminary, en 1939.

Maintien de l'identité ethnique Au fil des ans, plusieurs facteurs favorisent l'assimilation, comme la supériorité numérique des Anglo-Canadiens et la prépondérance de leur culture, l'effet d'homogénéisation du système d'écoles publiques, l'immigration décroissante en provenance de Norvège, la propension des Norvégiens à parler anglais, à épouser des membres d'autres groupes et à adopter la citoyenneté canadienne. Enfin, leur niveau d'éducation supérieur à la moyenne contribue à leur avancement au sein de sociétés urbaines. Quoi qu'il en soit, une identité culturelle distincte se maintient dans plusieurs foyers norvégiens du Canada, et ses traditions se perpétuent surtout au moyen de festivals et d'habitudes culinaires. Divers clubs et sociétés ethniques organisent des vols nolisés pour la Norvège afin de sensibiliser les nouvelles générations à leur patrimoine particulier. Loin de s'éteindre, l'ethnicité norvégienne se réaffirme ces dernières années. Les cours de langue norvégienne jouissent d'une nouvelle popularité, et même les immigrés des troisième et quatrième générations découvrent la spécificité de leurs racines.

Parmi les Canadiens d'ascendance norvégienne bien connus, citons la skieuse Anne HEGGTVEIT et la patineuse artistique Karen MAGNUSSEN. Celui à qui on attribue la paternité du ski canadien s'appelle Herman-Smith Johannsen, surnommé «Jackrabbit» par les Cris, et reçoit l'Ordre du Canada en 1972, à l'âge de 97 ans, pour sa contribution au ski canadien.

Gulbrand Loken

Norway House (Man.), pop. 3402 (rec. 1996) 2818 (rec. 1991), 2269 (rec. 1986). Cette réserve indienne englobe deux localités étroitement liées, en bordure du lac Little Playgreen et du chenal est de la rivière Nelson, à 30 km au nord du lac Winnipeg et à 460 km au nord de Winnipeg. Norway House a pour centre la localité de Rossville, administrée par le ministère fédéral des Affaires indiennes et du Nord, et par un chef et un conseil de bande. La localité hors réserve (pop. 556, rec. 1986) est administrée par le ministère provincial des Affaires indiennes et du Nord, et par un maire et six conseillers.

Située au carrefour de plusieurs voies de navigation et séparée du lac Little Playgreen par un épaulement rocheux, Norway House était autrefois un centre de traite de fourrures et de ravitaillement pour la COMPAGNIE DE LA BAIE D'HUDSON (CBH) et un centre administratif de la Terre de Rupert. La CBH y installe trois postes de traite de 1801 à 1826, le dernier à l'endroit de la localité actuelle.

Empruntant son nom aux trieurs-fendeurs norvégiens embauchés pour établir les communications terrestres à partir de YORK FACTORY, Norway House est reconnue pour la pêche, la chasse et la construction de BARGES D'YORK. Les colons venus de la COLONIE DE LA RIVIÈRE ROUGE y trouvent un refuge temporaire en 1815, puis en 1816-1817, après avoir subi l'attaque de leur rivale, la Compagnie du Nord-Ouest. En 1840, le pasteur méthodiste James Evans, avec deux collaborateurs indiens, fonde une mission à proximité. L'entrepôt, la poudrière et le portail originaux de la Compagnie de la baie d'Hudson sont conservés; Norway House demeure un centre d'activités de la Compagnie. L'économie locale repose sur la pêche commerciale, les services et le piégeage.

D.M. Lyon

Nor'Wester Forme abrégée de «North-Wester» (orthographié de plusieurs façons). Dans le passé, un Nor'Wester était un agent, un HIVERNANT ou un employé de la COMPAGNIE DU NORD-OUEST (CNO); un négociant (ou engagé) qui passe l'hiver dans l'arrière-pays; ou encore quelqu'un qui a occupé un de ces postes auparavant. Au pluriel, ce terme peut désigner la CNO elle-même. À l'exception des autochtones, un habitant des Territoires du Nord-Ouest, qu'il y soit né ou non, peut être appelé Nor'Wester, mais, dans les textes de la TRAITE DES FOURRURES, le terme est généralement associé à la CNO et à ses membres.

Jean Morrison

Notaires Le 20 septembre 1663, le Conseil souverain de la Nouvelle France, créé la même année par Louis XVI, nomme Jean Gloria, notaire royal à Québec. C'est le point de départ du notariat québécois, élément fondamental de la coutume de Paris puis du CODE CIVIL du Québec (1994), en passant par le Code civil du Bas-Canada (1866-1994). En effet l'acte notarié est, avec le procès-verbal de bornage dressé par un arpenteur, le seul acte privé qui est authentique, c.-à-d., qu'il fait preuve de son contenu à l'égard de tous.

Les notaires sont membres de l'Ordre des notaires du Québec qui assure la qualité de la formation de ses membres ainsi que la protection du public. Le notariat latin, institution originale sur le continent Nord américain régi par la COMMON LAW, a dû s'adapter en fin de XXe s. à l'évolution des technologies et à la mondialisation des relations d'affaires.

Le notaire demeure le spécialiste du droit non contentieux surtout en matière civile bien que l'Ordre tente d'élargir le champ d'intervention de ses membres, notamment, en matière de droit préventif, de médiation et d'arbitrage ainsi qu'en droit des affaires.

Dans les provinces de common law, les personnes admises au barreau sont assermentées en qualité de notaires publics. D'autres personnes peuvent être désignées à ce titre par le LIEUTENANT-GOUVERNEUR sur recommandation du PROCUREUR GÉNÉRAL. Le notaire est chargé de dresser et de délivrer des actes formalistes, des contrats et autres documents commerciaux. Il est aussi commissaire à l'assermentation.

André Poupart

Notikewin, parc provincial La création du parc provincial Notikewin (créé en 1979, 97 km²) est attribuable à l'intérêt des résidants de la région. On a ainsi conservé une parcelle du paysage naturel quintessencié du nord de l'Alberta, jadis formé de forêts interminables de peupliers et d'épinettes profondément sectionnées par des rivières au débit changeant. Ce parc lointain est situé à 165 km au nord de la ville de PEACE RIVER.

Histoire naturelle Le parc abrite le confluent des rivières de la PAIX et Notikewin, où les vallées profondes s'enfoncent à plus de 150 m au-dessous des hautes terres voisines. Les vallées se sont creusées dans un manteau de sédiments glaciaires à l'intérieur des grès sous-jacents du Crétacé, mettant occasionnellement à nu du bois pétrifié, des ammonites et d'autres fossiles.

Des forêts de jeunes peupliers faux-trembles recouvrent les terres hautes ravagées par le feu dans les années 40; les îles des rivières et les plaines inondables ont été épargnées et elles soutiennent de vieilles forêts exceptionnelles. Des forêts âgées autorégénérées d'épinettes blanches de 200 ans, ayant plus de 30 m de hauteur, poussent sur l'île Spruce et fournissent un habitat vital au grand pic, à la mésange à tête brune, au roitelet à couronne dorée, au tangara à tête rouge, à la chouette rayée, à la paruline verdâtre, à la paruline verte à gorge noire et à la paruline à poitrine baie, de même qu'à d'autres espèces dépendantes des vieux peuplements forestiers.

Les riches plaines alluviales soutiennent des peuplements de 30 m de hauteur de peupliers baumiers accompagnés de fougères plumes (*voir* CROSSES DE FOUGÈRES) dans les baissières les plus humides. Les pentes abruptes et sèches exposées au sud font contraste avec le fond de la vallée. Ces flancs de coteaux forment une mosaïque de prairies parmi lesquelles s'intercalent des massifs d'arbustes. L'automne, Notikewin devient un kaléidoscope de peupliers faux-trembles et de peupliers baumiers or, d'arbustes rouges et de conifères verts. L'automne apporte en plus des volées migratrices de grues du Canada et de bernaches du Canada qui s'arrêtent pour une halte sur les bancs de sable des rivières et qui se gavent dans les champs de céréales à proximité avant leur longue migration.

Histoire humaine En 1793, Alexander MACKENZIE est passé dans le secteur au cours de son voyage héroïque vers le Pacifique. De 1866 à 1897, la Compagnie de la baie d'Hudson a exploité le poste de Battle River House sur la rive sud de la Notikewin. Des vapeurs à aubes ont ployé la rivière de la Paix pendant 50 ans à partir de 1903, transportant marchandises, trappeurs, colons et missionnaires. Pendant des siècles auparavant, la rivière a constitué un lien vital pour les populations autochtones. Notikewin provient d'un terme CRI signifiant bataille ou lutte; il rappelle la défaite des Cris, qui avaient voulu envahir la région, par les CASTORS qui y étaient établis.

Installations Aujourd'hui, la rivière est fréquentée par les canoteurs, les pêcheurs et les amateurs de canot à réaction. Les installations du parc comprennent un terrain de camping de 19 places, une aire d'utilisation journalière, une rampe de lancement pour les embarcations et des sentiers. Vu l'emplacement éloigné du parc, les usagers sont principalement des gens de la région, mais la magie de Notikewin viendra certainement à attirer les naturalistes de lieux éloignés au fur et à mesure qu'on connaîtra mieux l'endroit.

Archie Landals

Notley, Walter Grant, chef politique (Didsbury, Alb., 19 janv. 1939—près de High Prairie, Alb., 19 oct. 1984). Il grandit sur une ferme et, peu de temps après avoir obtenu un diplôme de l'U. de l'Alberta en 1961, il est engagé comme secrétaire provincial d'une nouvelle formation politique provinciale, le Nouveau Parti Démocratique (NPD). En 1968, il est élu chef du parti en Alberta, lequel n'a, à cette époque, aucun représentant à l'Assemblée législative. Après trois vaines tentatives pour obtenir un siège, il réussit à se faire élire dans la nouvelle circonscription de Spirit River-Fairview en 1971 et y demeure jusqu'à la fin de sa vie. Seul représentant de son parti en Chambre pendant 11 ans, il est respecté pour sa compétence et sa solide connaissance des questions débattues à l'Assemblée. Il devient chef de l'Opposition officielle en Alberta après que le NPD ait fait élire un deuxième membre en 1982. Lorsque le gouvernement de l'Alberta décide de réduire ses expéditions de pétrole au Canada central en guise de protestation contre le Programme énergétique national, Notley est le seul législateur albertain à s'opposer à cette initiative. Il prend ensuite une part active au débat constitutionnel de 1980-1981 et critique les opinions radicales du gouvernement fédéral et de l'Alberta. Notley meurt dans un accident d'avion.

Garth Stevenson

Notman, William, photographe (Paisley, Écosse, 8 mars 1826—Montréal, 25 nov. 1891). Il immigre au Canada en 1856 et s'embauche dans une entreprise de vente d'articles de mercerie en gros. Ayant appris la technique du daguerréotype en Écosse, il ouvre un studio de photographie à Montréal. Il obtient vite du succès grâce à ses superbes portraits, condition nécessaire pour attirer une clientèle de toutes les classes sociales, de la famille royale à l'homme de métier. En 1858, la Grand Trunk Railway Company of Canada l'engage pour photographier la construction du remarquable pont Victoria.

L'équipe de Notman (55 personnes en 1870) comprend aussi des apprentis-photographes. Il fonde 14 filiales de son studio dans l'est du Canada et aux États-Unis, toutes dirigées par ses anciens stagiaires. Notman gagne de nombreuses médailles pour ses expositions, tant au pays qu'à l'étranger. Afin de répondre à la demande de photographies de paysages et d'autres vues, il envoie ses photographes partout au Canada pour saisir sur le vif la construction du Canadien Pacifique, la naissance des villes de l'Ouest, la vie des Indiens des plaines et du littoral, le commerce du bois de construction dans la vallée de l'Outaouais, la pêche sur la côte Est, les activités rurales et l'effervescence des villes. William Notman devient également célèbre pour ses photographies multiples des clubs de raquetteurs et de joueurs de curling réalisées dans son studio. Ces grandes mosaïques sont créées à partir d'environ 300 photos individuelles, qui sont d'abord découpées et ensuite collées sur un fond peint.

William Notman, l'esprit communautaire très développé, s'engage dans des associations d'art, des groupes confessionnels, des clubs sportifs et d'autres organisations de Montréal. Il soutient également financièrement l'hôtel Windsor et il est coassocié dans de grandes entreprises situés à LONGUEUIL où il possède une maison secondaire. Parmi ses sept enfants, les trois garçons deviennent photographes. À sa mort, son fils aîné, William McFarlane NOTMAN prend la relève. La collection Notman, qui comprend plus de 400 000 photographies, des documents administratifs et de la correspondance familiale, fait partie des collections des Archives photographiques Notman abritées par le Musée McCord de l'Université McGill.

Stanley G. Triggs

Notman, William McFarlane, photographe (Montréal, 1er nov. 1857—1er mai 1913). À l'âge de 15 ans, il commence à travailler pour son père, le photographe William NOTMAN, qui le prend comme associé lorsqu'il atteint l'âge de 25 ans environ. Ses portraits, des gens du monde rural occupés à leurs tâches quotidiennes et des notables de la ville bien habillés, sont à la fois sensibles et évocateurs. De plus, il excelle à saisir les paysages canadiens. William Notman effectue huit voyages dans l'ouest du Canada de 1884 à 1909 pour photographier l'environnement le long de la ligne du Canadien Pacifique, montrant ainsi la naissance des villes et saisissant les vues spectaculaires des Rocheuses et de la chaîne Selkirk. En 1901, il accompagne le duc et la duchesse d'York au cours de leur périple royal, de Québec à Victoria. Notman photographie abondamment la Malbaie, Tadoussac, la région du Lac Saint-Jean et les Cantons de l'Est. En 1908, il visite Terre-Neuve en bateau à vapeur et prend des photos aux ports d'escale.

Stanley G. Triggs

Notre Dame, baie La baie Notre Dame, qui mesure 6000 km², est une grande baie de la côte nord-est de Terre-Neuve donnant sur l'océan Atlantique. Elle renferme de nombreuses îles et ses côtes sont dentelées de plusieurs criques et anses. Un des principaux cours d'eau de Terre-Neuve, la RIVIÈRE DES EXPLOITS, se déverse dans la baie, transportant avec elle de grandes quantités de bois de l'intérieur des terres jusqu'aux usines de pâtes et papiers de GRAND FALLS. La principale activité de la baie est la pêche, la pêche commerciale de la morue, du capelan et du homard étant les plus importantes. LEWISPORTE, un port commercial actif de la baie des Exploits, est aussi le siège de la pêche sportive au thon rouge, très fructueuse dans la baie Notre Dame. Les plus grandes îles de la baie sont New World et FOGO. L'ÎLE FUNK, à 60 km à l'est de Fogo, est l'un des plus importants refuges d'oiseaux de Terre-Neuve.

P.C. Smith

Notre Dame, parc provincial Niché dans les forêts luxuriantes du centre de Terre-Neuve, le parc provincial Notre Dame (créé en 1959, 113 ha) est voisin des eaux paisibles de l'étang Junction. Situées à mi-che-

min entre Grand Falls-Windsor et Gander, le long de la Transcanadienne, les terres du parc ont constitué l'un des premiers secteurs d'exploitation forestière de l'Anglo-Newfoundland Development Co. (maintenant l'Abitibi-Price Inc.). L'entreprise a fait don de sa propriété à la province afin qu'elle l'utilise comme PARC PROVINCIAL.

Histoire naturelle La végétation du parc Notre Dame est celle d'une FORÊT BORÉALE. Elle est caractérisée par des peuplements denses de jeunes conifères en croissance. L'épinette noire et le sapin baumier y prédominent, mais on trouve également partout dans le parc des mélèzes et des bouleaux à papier. L'habitat diversifié abrite un vaste éventail d'animaux sauvages, comme l'orignal, le castor, le lièvre d'Amérique, le gros-bec des pins, le huard à collier et la gélinotte huppée.

Installations Le parc est doté d'emplacements de camping, d'emplacements de pique-nique, d'une aire de baignade et d'un terrain de jeux. On trouve dans la zone privée un dépanneur et des comptoirs de location d'embarcations, de vélos et de chalets. Les guides du parc offrent des programmes d'interprétation de la nature en été et en automne. On entretient les pistes de ski de fond pendant les mois d'hiver et le camping hivernal est possible.

Notre-Dame, église Sise sur la place d'Armes à Montréal, elle est bâtie entre 1823 et 1829 par la Compagnie des prêtres Sulpiciens pour servir d'église paroissiale. Elle est un des plus anciens exemples de néogothique religieux au Canada. Cette construction hardie et novatrice à une échelle alors inégalée en Amérique du Nord est due à James O'Donnell, un architecte irlandais qui a immigré à New York. Elle est exécutée en dépit des vigoureuses critiques de l'abbé Jérôme DEMERS, de Québec, dont les goûts architecturaux sont plutôt traditionnels. Il décrie le «protestantisme» du style gothique et du plan rectangulaire (sans abside ni transepts) choisis pour l'église.

Christina Cameron

Nottaway, rivière D'une longueur de 776 km (par la rivière Bell jusqu'à l'amont de la rivière Mégiscane), elle prend sa source dans le centre ouest du Québec et s'écoule vers le nord par les lacs Parent et Quévillon pour se jeter dans le lac Matagami. Elle rejoint ici son affluent supérieur, la rivière Waswanipi, puis coule vers le nord-ouest, en traversant le lac Soscumica. Elle se jette dans la baie de Rupert, au sud-est de la BAIE JAMES, là où il y avait un poste de traite. La superficie du bassin de drainage est de 65 800 km² et le débit moyen est de 1130 m³/s. Le nom de cette rivière puissante est d'origine indienne (peut-être algonquine) et se traduit parfois par «l'ennemi» ou «la rivière de l'ennemi».

David Evans

Nouveau-Brunswick Une des trois provinces qui, ensemble, sont appelées les «Maritimes». Relié à la Nouvelle-Écosse par l'étroit isthme de Chignectou et séparé de l'Île-du-Prince-Édouard par le détroit de Northumberland, le Nouveau-Brunswick constitue un pont terrestre entre cette région et l'Amérique du Nord continentale. Délimité au nord par le Québec et à l'ouest par les États-Unis (Maine), son histoire a souvent été influencée par les activités de ses puissants voisins. Il a fait partie successivement d'une région culturelle algonquine, de l'ACADIE française, de la Nouvelle-Écosse britannique et n'a atteint le statut de colonie indépendante qu'après l'arrivée des réfugiés LOYALISTES de la GUERRE D'INDÉPENDANCE AMÉRICAINE.

En 1784, les Britanniques ont divisé la Nouvelle-Écosse à l'isthme de Chignectou et nommé la partie ouest et nord «Nouveau-Brunswick», d'après le duché allemand de Brunswick-Lüneburg qui, à ce moment, tombait aussi sous la coupe du roi George III d'Angleterre. L'entrée du Nouveau-Brunswick a été essentielle à la CONFÉDÉRATION à titre de l'une des quatre premières provinces du Canada. Son influence a rapidement décliné avec l'essor de

l'Ouest et des grandes villes centrales. Toutefois, il a surmonté une série de crises économiques et a favorisé le développement de communautés progressistes qui mènent des styles de vie fort enviables.

Avec le retour d'Acadiens déportés au cours de la GUERRE DE SEPT ANS (1756-1763) et l'immigration de francophones du Québec, des tensions se sont fait sentir entre les deux groupes linguistiques. Au cours des dernières années, la situation tend vers la tolérance et une acceptation croissante de la dualité dans les institutions publiques. Le Nouveau-Brunswick est maintenant la seule province officiellement bilingue du Canada.

Territoire et ressources

Le Nouveau-Brunswick couvre une superficie de 73 440 km². Les principales divisions régionales sont le bassin de la baie de FUNDY, centré sur la vallée du FLEUVE SAINT-JEAN, et les rives nord et est. Le fleuve Saint-Jean a constitué la première voie d'accès aux meilleures terres agricoles et ressources forestières de la province. Occupée par les descendants des Loyalistes et d'autres immigrants de Grande-Bretagne et des États-Unis, la vallée est principalement habitée par des protestants qui, jusqu'aux années 60, avaient tendance à dominer au sein du gouvernement et dans les établissements commerciaux et d'enseignement de la province.

Les résidants du nord et de l'est, qui vivent dans des villages de pêcheurs situés sur les côtes et des villages forestiers le long des cours d'eau intérieurs, ont été séparés des communautés de la vallée d'une part sur le plan géographique, par de hautes terres et des ceintures de forêts, et d'autre part sur le plan culturel, par la langue française et la religion catholique, qui y sont prédominantes.

Ces deux grandes divisions comprennent plusieurs sous-régions. Dans le Nord-Ouest, la population francophone du comté de Madawaska, prenant le Québec comme modèle intellectuel et consciente de ses intérêts communs avec ses voisins américains, parle d'une «république du Madawaska». Pour les résidants des comtés de Carleton et de Victoria, dans le haut Saint-Jean, le sens de la communauté se fonde sur un quasi-monopole de l'industrie de la pomme de terre et est renforcé par un profond engagement envers les religions évangéliques.

Dans le Sud-Ouest, à l'embouchure de la baie de Fundy, se trouve le comté de Charlotte, qui se distingue en partie par ses activités de pêche, dont une industrie de pêche à la sardine, et par de fortes attaches touristiques et autres avec les États-Unis.

Il existe une autre division au fond de la baie, où les comtés d'Albert et de Westmorland englobent une population anglophone consciente de sa position centrale en tant que région des Maritimes, tandis que la communauté acadienne des comtés de Westmorland et de Kent aspire au leadership parmi la population francophone de la province.

Dans le comté de Northumberland, la zone de la Miramichi constitue une anomalie dans la division régionale. En effet, cette région traditionnellement anglophone, composée de catholiques et de protestants, coupe en deux la communauté acadienne des côtes Nord et Est. Au nord, les comtés de Gloucester et, à un moindre degré, de Restigouche forment le cœur de la culture acadienne.

Géologie La fondation rocheuse du Nouveau-Brunswick remonte en grande partie à l'ère primaire (paléozoïque), il y a de 544 à 250 millions d'années. Elle était comprise dans une formation géologique s'étendant du sud-est des États-Unis à Terre-Neuve. Une grande partie des roches du nord et de l'ouest du Nouveau-Brunswick ont été formées par des dépôts de sédiments marins de la période de l'ordovicien (il y a de 510 à 441 millions d'années). Ces roches plissées ont subi des intrusions granitiques et ont été recouvertes de couches de lave propres aux activités volcaniques sporadiques du paléozoïque. Elles renferment des dépôts de zinc, de plomb et de cuivre dans la région allant de Bathurst à Miramichi.

Les plissements, les mouvements des failles et l'activité volcanique ont atteint leur sommet il y a plus de 350 millions d'années, au cours de ce qu'on a appelé l'orogenèse acadienne. Une bonne part du fond rocheux du centre et de l'est de la province remonte à la fin de l'époque carbonifère (qui s'est terminée il y a 300 millions d'années), quand des roches se sont formées dans les rivières, les marécages et les bassins peu profonds. Ces roches comprenaient des grès rouges, verts et gris dont certains renferment du charbon ainsi que des conglomérats et des dépôts isolés de calcaire, de gypse, de sel et de schistes bitumineux.

Surface La topographie du Nouveau-Brunswick se caractérise par des hautes terres dans le nord, qui culminent à 820 m et présentent une apparence montagneuse, des collines aux pentes douces dans le centre et l'est, et des collines aux pentes abruptes sur la côte sud qui descendent vers des marais côtiers et une plaine dans les basses terres du sud-est.

Les sols sont plutôt minces et acides dans les hautes terres, plus profonds mais souvent mal drainés et acides dans le centre et dans l'ouest, et rocailleux dans certaines parties du sud. Les meilleurs sols se trouvent surtout dans les terres mitoyennes le long des rivières. Le haut Saint-Jean est flanqué de bas plateaux aux sols sablo-argileux bien drainés qui contiennent une bonne proportion de chaux et se révèlent excellents pour la culture des pommes de terre. Les sols à texture fine des basses terres de la baie de Fundy sont aussi propices à l'agriculture.

Malgré leurs carences pour l'agriculture, les sols du Nouveau-Brunswick permettent une bonne croissance des arbres. Les terres en culture occupent seulement 5 p. 100 de la province. La majeure partie du reste, soit près de 83 p. 100 de la province, présente un couvert forestier qui se prête presque entièrement à l'exploitation et qui est constitué à 45 p. 100 de bois mou, à 27 p. 100 de bois franc et à 28 p. 100 de forêts mixtes.

L'épinette et le sapin sont les principaux résineux, suivis en importance du cèdre et du pin blanc. Le pin gris, le pin rouge, la pruche et le mélèze sont aussi présents. Les bois durs les plus abondants sont l'érable rouge, l'érable à sucre, le peuplier, le bouleau jaune, le bouleau blanc et le hêtre, dans l'ordre, et comptent à l'occasion du frêne, de l'orme, de l'ostryer de Virginie et du chêne rouge.

Cours d'eau Aucune partie du Nouveau-Brunswick n'est située à plus de 180 km de l'océan, principale voie de communication dans les premiers temps des transports. Son vaste réseau de rivières a donné accès à l'intérieur de la province, favorisant un développement précoce du commerce du bois et déterminant l'emplacement des établissements. Les plus grandes villes sont situées le long des cours d'eau, tout comme la plupart des petites villes et des villages. Les lacs sont abondants dans le sud de la province, le plus important étant le lac Grand, d'une longueur de plus de 30 km.

Climat Dans l'ensemble, le climat du Nouveau-Brunswick est de type continental, mais il est tempéré par la proximité de l'océan. Il est plus rigoureux dans le nord-ouest, où plus du tiers des précipitations tombent en neige et où les températures sont de plusieurs degrés inférieures à celles de l'intérieur des terres.

Les villages côtiers sont plus chauds de plusieurs degrés en hiver et sensiblement plus frais en été et ne reçoivent annuellement que de 15 à 20 p. 100 de précipitations sous forme de neige. La période exempte de gel varie en moyenne d'environ 100 jours dans le nord-ouest à 125 jours sur la côte de la baie de Fundy.

Ressources naturelles La forêt est la plus grande ressource naturelle de la province et alimente tant les industries du bois d'œuvre, des pâtes et papiers, de la chasse et de la pêche, que celle du tourisme.

L'industrie minière est la deuxième en importance et comprend les métaux communs dans la région de Bathurst, dans le nord, des dépôts de potasse près de Sussex, dans le sud, des réserves considérables de charbon dans la région du lac Grand, des schistes bitumineux dans le comté de Westmorland et de l'or récemment découvert dans le centre-sud de la province.

L'agriculture vient au troisième rang et compte une importante production de pommes de terre dans le nord de la vallée du Saint-Jean et des fermes mixtes et laitières, surtout dans les vallées fluviales.

Les pêches se classent au quatrième rang, ses principaux produits étant le homard, le crabe et le hareng capturés dans la baie de Fundy, le détroit de Northumberland et sur la côte Est. L'agriculture et les pêches supportent toutes deux une importante industrie de transformation alimentaire.

Les cours d'eau, en particulier les aménagements hydroélectriques à Mactaquac, à Beechwood et à Grand-Sault, sur le fleuve Saint-Jean, répondent en grande partie aux besoins énergétiques de la province. La mise en valeur du potentiel énergétique des marées de la baie de Fundy, qui montent de 4,6 m à l'embouchure et de plus de 16 m au fond de la baie, n'en est encore qu'aux stades de l'étude.

Le poisson et le gibier sont source d'activités récréatives pour les résidants et les visiteurs amateurs de chasse sportive. On pêche la truite partout dans la province; la perche et le brochet dans les lacs du sud. En 1994, 35 529 pêcheurs à la ligne ont capturé 36 246 saumons de l'Atlantique (venus de l'océan pour frayer). En raison de mesures de protection de l'espèce, les gros saumons ont été relâchés, et 17 500 prises ont été gardées. La province comptait plus de 89 300 détenteurs de permis de chasse et a enregistré 10 216 cerfs de Virginie abattus. On chasse également l'ours, le lièvre, le canard, l'oie et la gélinotte huppée. La chasse à l'original est restreinte. La pêche à la ligne hivernale s'est développée sur près de 135 lacs et étangs. En 1994, 1797 trappeurs autorisés ont capturé des animaux à fourrure (rat musqué, castor, raton laveur, martre, renard, vison, coyote, lynx, pékan et loutre) pour une valeur d'environ 89 000 $.

Protection Les efforts de protection déployés dans la province portent essentiellement sur les forêts. L'aménagement forestier a considérablement évolué depuis que la province a obtenu en 1837 le contrôle de ses terres publiques. On considère maintenant qu'elle possède l'un des meilleurs systèmes d'aménagement au Canada. Les forêts ont d'abord été considérées comme une marchandise et faisaient l'objet d'une exploitation contrôlée. Les pratiques forestières ont changé au milieu des années 60 pour se tourner vers la sylviculture. L'aménagement des forêts a finalement adopté une démarche intégrée et durable qui tient compte d'autres facteurs comme les activités récréatives et la préservation de la faune.

La tordeuse des bourgeons de l'épinette, un petit papillon dont la larve dévore les aiguilles de sapin et d'épinette pendant l'été, a causé de sérieux dommages aux forêts provinciales dans les années 20. La dernière épidémie a eu lieu au milieu des années 80. Un programme de lutte contre la tordeuse est mis en place lorsque les populations augmentent au point de menacer la forêt.

Au cours des années 70, la pêche du saumon à la ligne s'est nettement améliorée après que le gouvernement fédéral en eut interdit la pêche commerciale. Pour poursuivre la lutte contre les braconniers, les gardes-chasses sont maintenant armés, on procède à l'étiquetage des prises légales, et les chasseurs et pêcheurs nocturnes reçoivent des sentences d'emprisonnement et se voient confisquer leurs véhicules. Des tentatives visant à protéger la chasse et la pêche et à faire valoir l'autorité provinciale ont provoqué des conflits entre les gardes-chasses et les premières nations, celles-ci tentant de défendre les droits ancestraux des autochtones, ou issus de traités, en matière de chasse et de pêche.

Le réseau des parcs provinciaux est actuellement en restructuration et certains parcs sont transférés aux municipalités ou au secteur privé. Le parc le plus vaste qui demeure dans le réseau est le PARC PROVINCIAL DU MONT CARLETON.

Population

Les premiers colons européens du Nouveau-Brunswick étaient les Acadiens, qui cultivaient les terrains marécageux de l'isthme de Chignectou et d'une partie de la rive nord de la baie de Fundy au moyen de digues appelées aboiteaux. Ils ont été déportés à partir de 1755, et leurs terres ont été prises par des colons protestants venus de Nouvelle-Angleterre de Pennsylvanie et du Yorkshire. Quand les Acadiens ont cherché à revenir après le traité de Paris de 1763, certains ont reçu des terres dans la région de Memramcook et d'autres ont trouvé de l'emploi dans les postes de pêche, depuis la Gaspésie jusqu'à l'île du Cap-Breton.

À l'arrivée des Loyalistes, la plupart des Acadiens du bas Saint-Jean ont été repoussés vers l'amont jusqu'à Sainte-Anne-de-Madawaska (le premier établissement au Madawaska fut Saint-Basile). Les exilés loyalistes, au nombre d'environ 14 000, ont pénétré l'intérieur des terres surtout par le fleuve Saint-Jean. Ils constituaient essentiellement un groupe représentatif de la société des Treize Colonies: ils comprenaient très peu de diplômés et de membres du clergé anglican et près de 1000 NOIRS, la plupart esclaves de riches Loyalistes, mais certains, peut-être le tiers, étaient loyalistes de plein droit. Environ 200 Noirs par la suite repartis au Sierra Leone. Ceux qui sont restés ont été rejoints par des réfugiés noirs de la GUERRE DE 1812.

Bien qu'à leur arrivée leur nombre ait surpassé celui des quelque 3000 habitants du Nouveau-Brunswick, les Loyalistes ont bientôt été submergés à leur tour par les vagues d'immigrants ÉCOSSAIS et IRLANDAIS, dans la première moitié du XIXe siècle, qui trouvaient du travail dans l'industrie naissante du bois de sciage. Il arrivait souvent que des colons de longue date, aux prises avec la concurrence des travailleurs immigrants à bon marché, quittaient la colonie. Lorsque l'économie traditionnelle fondée sur la coupe du bois et la CONSTRUCTION NAVALE s'est effondrée, dans les années 1880, les Irlandais et les Écossais ont dû, à leur tour, chercher de l'emploi ailleurs.

La croissance des villes à l'extérieur de la région et l'écroulement de la nouvelle économie industrielle dans les années 1920 ont continué à stimuler l'émigration, érodant en grande partie l'accroissement naturel de la population. Les Acadiens, plus résistants aux pressions économiques incitant à l'émigration et soutenus par une immigration en provenance du Québec, ont consolidé leur mainmise sur les comtés du nord au moment où le chemin de fer ouvrait de nouvelles terres à la colonisation.

Le mouvement d'urbanisation a fait en sorte que la population du Nouveau-Brunswick, qui était aux deux tiers rurale avant 1941, est devenue majoritairement urbaine en 1971. La tendance a ensuite été renversée, et la population urbaine, telle que définie officiellement, est passée de 62 p. 100 pour se situer à 48 p. 100 en 1994 sous l'effet d'une reprise de l'émigration, conjuguée à un mouvement vers les banlieues, rendues attrayantes par de meilleurs services, des terrains moins coûteux et des taxes moins élevées. Selon le recensement de 1991, la population du Nouveau-Brunswick était estimée à 723 900 habitants, tandis que selon celui de 1994, elle était évaluée à 759 000 habitants.

Centres urbains La principale région métropolitaine du Nouveau-Brunswick est celle de SAINT-JEAN (pop. 121 981, RMR 1991). Chef de file parmi les centres urbains de l'Amérique du Nord britannique au milieu du XIXe siècle, la ville devait son importance au bois d'œuvre (accessible grâce au fleuve Saint-Jean) et à son port libre de glaces à longueur d'année, qui approvisionnait l'estuaire et dominait dans le transport maritime et la construction navale dans la baie de Fundy. Les visées métropolitaines de Saint-Jean ont été contrariées par son incapacité à se faire choisir comme capitale provinciale ou à attirer l'université provinciale, ainsi que par son entrée dans un pays dont les intérêts étaient continentaux plutôt que maritimes. Le statut urbain de Saint-Jean est actuellement attribuable surtout à son secteur industriel, qui repose sur une raffinerie de pétrole, des usines de pâtes et papiers, une centrale nucléaire, des installations de carénage et un important port à conteneurs.

MONCTON (pop. 106 503, RMR) vient au deuxième rang des régions métropolitaines et a longtemps joui d'une importance en tant que centre de transports et de distribution (siège social de la division du Canadien National pour l'Atlantique et centre de camionnage). Elle est aussi le centre traditionnel des médias et des institutions financières de la communauté acadienne et, dans les années 60, elle est devenue le siège d'une université provinciale de langue française.

Le troisième centre urbain, FREDERICTON (71 869 habitants, RMR), a acquis son importance grâce à ce qui fait défaut à Saint-Jean: l'université et le gouvernement provincial. L'essor des services publics et des universités dans les années 60 et au début des années 70 s'est traduit par l'expansion de Fredericton. La croissance et le déclin d'OROMOCTO (pop. 9325), une ville voisine, quartier général de la base des Forces canadiennes de Gagetown, reflètent le statut changeant des Forces armées canadiennes. BATHURST (pop. 36 167 habitants, RMR), EDMUNDSTON (pop. 22 478, RMR) et CAMPBELLTON (pop. 17 183, RMR; 14 508 au N.-B. et 2 675 au Qc) ont émergé en tant que villes en grande partie mono-industrielle quand le Nouveau-Brunswick est passé du sciage du bois à la fabrication de pâtes et papiers. Grâce à l'exploitation minière des métaux communs, une usine de réduction du zinc et un port libre de glaces à proximité, à

Belledune, Bathurst est en voie de devenir le leader industriel du Nord.

Population active Sur le plan de l'emploi, la main-d'œuvre au Nouveau-Brunswick (1995) peut se classer approximativement de la façon suivante: 29 p. 100 des travailleurs occupent des emplois dans la gestion et les professions libérales, 15 p. 100 des emplois de bureau, 9 p. 100 dans le secteur des ventes, 17 p. 100 dans les services, 5 p. 100 dans le secteur primaire, 12 p. 100 dans les industries de transformation, 6 p. 100 dans la construction, 5 p. 100 dans les transports et 4 p. 100 dans la manutention. Les industries du secteur tertiaire fournissent près de 74 p. 100 des emplois disponibles, le reste (26 p. 100) se situant dans les industries de production des biens. Les emplois tertiaires comptent pour 37 p. 100 de tous les emplois au Nouveau-Brunswick, suivis du commerce (18 p. 100), de la fabrication (13 p. 100), des transports et communications (9 p. 100) et de l'administration publique (7 p. 100). L'agriculture et les autres industries du secteur tertiaire représentent 6 p. 100 des emplois, et la construction, 5 p. 100.

La population active potentielle du Nouveau-Brunswick s'élevait en 1995 à 598 000 personnes de plus de 15 ans. Le taux d'activité officiel se situait alors à 59,3 p. 100, soit 5,5 p. 100 sous la moyenne nationale. Il était beaucoup plus élevé chez les personnes de 25 à 44 ans, se chiffrant à près de 86 p. 100 chez les hommes et à 73,2 p. 100 chez les femmes. Les taux d'activité étaient supérieurs (s'approchant des niveaux nationaux) dans la région de Moncton-Richibouctou et dans la vallée du fleuve Saint-Jean, et inférieurs (juste au-dessus de 50 p. 100) dans le nord, dans les comtés de Gloucester, de Northumberland et de Restigouche. Les taux d'activité varient en fonction de la difficulté à entrer sur le marché du travail.

Le chômage est plus élevé dans les comtés du nord. De 1981 à 1986, le taux de chômage dans la province atteignait en moyenne 15 p. 100, soit environ 6 p. 100 au-dessus du niveau national, et ce, malgré une croissance de l'emploi de l'ordre de 5 p. 100. Toutefois, depuis 1985, l'économie s'est raffermie, et le taux de chômage a chuté à 11,5 p. 100 en 1995. De tout temps, les jeunes Néo-Brunswickois

ont émigré pour trouver du travail. Depuis la Confédération, la province n'a jamais pu conserver l'ensemble de l'accroissement naturel de sa population et les années 60 ont enregistré une perte nette de 59 p. 100 par rapport à l'accroissement.

L'émigration a décliné au cours des années 70. Si, dans la première moitié de la décennie, les Néo-Brunswickois sont revenus en grand nombre dans leur province d'origine, l'exode a repris pendant la seconde moitié, lorsque l'Alberta a remplacé Toronto comme pôle d'attraction. Cette tendance s'est maintenue jusqu'en 1983, quand l'économie de l'Alberta a faibli et que les Néo-Brunswickois sont rentrés chez eux. La vigueur de l'économie de l'Ontario en 1985 et en 1986 a de nouveau attiré les jeunes Néo-Brunswickois. Encore en 1991, la majorité des jeunes qui quittaient le Nouveau-Brunswick déménageaient en Ontario.

Langue D'après le recensement de 1991, 64 p. 100 des 723 900 habitants de la province ont indiqué l'anglais comme langue maternelle et 32,7 p. 100, le français. Parmi le reste de la population, 4470 personnes ont déclaré une autre langue européenne, 1655 étaient de langue maternelle autochtone et 1220 ont indiqué une langue asiatique. La législation linguistique provinciale est destinée à assurer l'égalité des deux langues officielles.

Sur le plan institutionnel, la législation linguistique est appuyée par deux systèmes d'éducation parallèles (en français, on parle de «la dualité au sein du système d'éducation»), y compris une université de langue française possédant sa propre école de droit et d'autres écoles professionnelles, par l'emploi d'interprètes juridiques spécialement formés, par la création d'écoles unilingues françaises là où la langue anglaise exercerait un attrait trop grand dans la cour d'école et par la construction de centres scolaires communautaires francophones à Fredericton, à Saint-Jean et à Miramichi.

Les enfants MICMACS et MALÉCITES fréquentent les écoles régulières provinciales. La population autochtone bénéficie d'autres services provinciaux, notamment les soins médicaux, les foyers nourriciers pour enfants, la protection des forêts et l'entretien des routes dans les 15 réserves occupées, dont les coûts sont assumés par le gouvernement

Mandat	Premier ministre	Parti	Mandat	Premier ministre	Parti
1867-70	Andrew WETMORE	Conservateur	1917	James MURRAY	Conservateur
1870-71	George KING	Conservateur	1917-23	Walter FOSTER	Libéral
1871-72	George HATHEWAY	Conservateur	1923-25	Peter VENIOT	Libéral
1872-78	George KING	Conservateur	1925-31	John BAXTER	Conservateur
1878-82	John James FRASER	Conservateur	1931-33	Charles RICHARDS	Conservateur
1882-83	Daniel HANINGTON	Conservateur	1933-35	Leonard TILLEY	Conservateur
1883-96	Andrew BLAIR	Libéral	1935-40	A. Allison DYSART	Libéral
1896-97	James MITCHELL	Libéral	1940-52	John MCNAIR	Libéral
1897-1900	Henry EMMERSON	Libéral	1952-60	Hugh John FLEMMING	Conservateur
1900-07	Lemuel TWEEDIE	Libéral	1960-70	Louis ROBICHAUD	Libéral
1907	William PUGSLEY	Libéral	1970-87	Richard HATFIELD	Conservateur
1907-08	Clifford ROBINSON	Libéral	1987-97	Frank MCKENNA	Libéral
1908-11	John Douglas HAZEN	Conservateur	1997-98	Raymond Frenette	Libéral
1911-14	James Kidd Flemming	Conservateur	1998-99	Camille THÉRIAULT	Libéral
1914-17	George CLARKE	Conservateur	1999-	Bernard Lord	Conservateur

PREMIERS MINISTRES DU NOUVEAU-BRUNSWICK

fédéral. Les autochtones sont exempts de la taxe de vente de 11 p. 100 mais paient les autres taxes provinciales. La province subventionne les événements sportifs autochtones et a adopté une politique de promotion sociale visant à aider les autochtones à obtenir de l'emploi. Toutefois, à ce jour, elle a refusé de reconnaître les revendications territoriales de l'Union of New Brunswick Indians.

Ethnie La population d'origine française s'est rapidement accrue après la Confédération, passant de 44 907 habitants, ou 15,7 p. 100 de la population, en 1871 à 24,2 p. 100 en 1901 et à 33,6 p. 100 en 1931. À partir de cette dernière date, le nombre d'habitants d'origine française et celui de ceux se reconnaissant de langue maternelle française (32,7 p. 100) ont commencé à diverger, suggérant un degré d'assimilation. L'écart s'était agrandi en 1961, année où 38,8 p. 100 ont dit être d'origine française tandis que 35,2 p. 100 ont affirmé avoir le français pour langue maternelle.

En 1971, après une période de baisse des taux de natalité, les chiffres étaient tombés à 37 p. 100 pour l'origine ethnique française et à 34 p. 100 pour la langue maternelle. Au recensement de 1991, 32,7 p. 100 de la population du Nouveau-Brunswick s'est déclarée de langue maternelle française. La population acadienne semble s'être stabilisée.

En 1871, les autres groupes ethniques comprenaient 29,3 p. 100 d'Anglais, 35,2 p. 100 d'Irlandais et 14,3 p. 100 d'Écossais. Ces groupes étaient fortement représentés dans les mouvements d'émigration lors de la crise des années 1880 et de l'exode rural subséquent. En 1971, seulement 57,6 p. 100 des Néo-Brunswickois se sont déclarés d'origine ethnique britannique. L'augmentation du pourcentage de personnes d'origine française au sein de l'Église catholique romaine semble aussi indiquer des changements relatifs. Cette proportion est passée de 46,8 p. 100 en 1871 à 72,4 p. 100 en 1961. De nos jours, les fidèles d'origine britannique et ceux d'origine française y sont également représentés, et le troisième groupe en importance se dit d'origine canadienne.

Religion En 1991, 53,9 p. 100 des habitants du Nouveau-Brunswick étaient membres de l'Église catholique romaine. La plupart d'entre eux étaient d'origine française et habitaient les côtes nord et est. Près de la moitié des autres catholiques résidaient à Saint-Jean. Parmi les principales confessions protestantes, les baptistes constituaient 11,3 p. 100 de l'ensemble des confessions; les fidèles de l'Église unie, 10,5 p. 100; les anglicans, 8,5 p. 100; les pentecôtistes, 3,2 p. 100; et les presbytériens, 1,4 p. 100.

Les anglicans étaient concentrés dans la vallée du bas Saint-Jean. Les baptistes et les pentecôtistes étaient fortement présents dans la zone dite «biblique», qui s'étend des comtés de Victoria et de Carleton Est à ceux d'Albert et de Westmorland. Les membres de l'Église unie, porteuse à la fois des traditions méthodiste et presbytérienne, sont dispersés parmi les régions anglophones. Les autres confessions religieuses présentes comprennent les wesleyens (6200), les Témoins de Jéhovah (3540), l'Église luthérienne (1585) et l'Armée du salut (1430), et 38 740 personnes ou 5 p. 100 de la population recensée ont affirmé ne professer aucune religion.

Économie

Depuis le début du XIXe siècle, l'industrie du bois domine l'économie de la province. Le Nouveau-Brunswick, comme l'ensemble des Maritimes, a subi de graves bouleversements économiques au cours de la seconde moitié du XIXe siècle, à une époque où le déclin de l'industrie de la construction navale, la stagnation des marchés du bois et l'augmentation des tarifs douaniers ont durement touché les villages de l'arrière-pays. Les nouveaux chemins de fer et l'essor des villes manufacturières n'ont pas suffi à compenser les pertes dans les industries plus anciennes.

Au cours des années 20, les villes industrielles ont amorcé un déclin, car de nombreuses usines ont été fermées après que des concurrents du Canada central en eurent pris le contrôle, ou elles ont subi les contrecoups des politiques nationales qui ont nui à leur compétitivité sur les marchés nationaux.

Dès les années 30, les usines de pâtes et papiers avaient supplanté le bois d'œuvre en importance, et leur croissance a encouragé le développement de l'hydroélectricité. Néanmoins, la pêche et l'agriculture ont accusé un recul, et les taux d'émigration sont demeurés élevés pendant les décennies subséquentes. Les campagnes gouvernementales de développement économique dans les années 60 et 70, bien que parfois infructueuses, ont permis l'expansion de l'industrie forestière, l'émergence d'une nouvelle et importante industrie minière, la modernisation des pêches et de l'agriculture, l'accroissement d'un secteur manufacturier basé sur les ressources locales et l'éclosion du tourisme.

Agriculture Les vicissitudes de l'agriculture au Nouveau-Brunswick, comme partout ailleurs au Canada, se sont traduites par une baisse relative de la valeur des produits agricoles et l'abandon d'une agriculture de quasi-subsistance par la population rurale, attirée par les attraits d'une économie de consommation. Quoique la production totale soit demeurée stable, le nombre d'exploitations agricoles a chuté de 31 899 en 1941 à environ 3 000 aujourd'hui. La superficie des terres défrichées, de 350 000 ha en 1941, s'est rétrécie d'environ les deux tiers, et l'emploi agricole direct a chuté de 26 834 en 1951 à moins de 6 000 en 1994. Pendant ce temps, le nombre d'employés dans les industries de la transformation et du transport des produits agricoles a augmenté à environ 18 000.

Les POMMES DE TERRE, particulièrement celles de semence, constituent le principal produit d'exportation agricole de la province et représentent 20 p. 100 de la production nationale. On produit des pommes de terre surtout le long du haut Saint-Jean, dans les comtés de Carleton et de Victoria, qui comptent pour environ 80 p. 100 de la récolte, et le Madawaska en obtient 15 p. 100.

La production laitière est plus importante dans les comtés de Kings, de Westmorland et d'York, dont les fermiers approvisionnent les trois plus grandes villes. Les pommes de terre et les produits laitiers équivalent à 45 p. 100 des revenus agricoles de la province. Le bœuf, la volaille et le porc atteignent 30 p. 100 et les cultures de grande production, 7,5 p. 100 (3 p. 100 pour les fruits et 4,5 p. 100 pour les légumes). Les œufs (6 p. 100) et les produits de l'érable (2,5 p. 100) fournissent le reste des revenus agricoles.

Les producteurs sont organisés en une douzaine d'offices qui mettent en marché le lait, le dindon, les œufs, le porc, la crème, le poulet, les pommes, certains produits forestiers et les plantes d'aménagement extérieur.

Industrie Les industries autres que celles de la transformation au Nouveau-Brunswick comptent pour 70 p. 100 du produit intérieur brut (PIB), environ 5 p. 100 de plus que la moyenne nationale, et fournissent plus de 70 p. 100 des salaires. En 1992, les secteurs les plus importants étaient l'agriculture (146,1 millions de dollars), les pêches et la trappe (58 millions de dollars), la foresterie (219 millions de dollars), les mines (174,7 millions de dollars), la transformation (1,206 milliard de dollars), la construction (845,2 millions de dollars), les autres services publics (529 millions de dollars), les transports et l'entreposage (519 millions de dollars), la finance, l'assurance et l'immobilier (1,378 milliard de dollars), le commerce de gros (362 millions de dollars), le commerce de détail (783 millions de dollars), les services gouvernementaux (1,055 milliard de dollar), les services éducatifs (720,8 millions de dollars) et, enfin, les services de santé (505,5 millions de dollars).

Tourisme L'industrie touristique rapporte des revenus estimés à 167 millions de dollars et représente 21 000 années-personnes en termes d'emploi. En 1994, plus de 1,2 million de touristes ont visité des attractions réputées comme les chutes réversibles à Saint-Jean, les rochers en forme de pots de fleurs de la côte de la baie de Fundy, dans le comté d'Albert (*voir aussi* ROCKS, PARC PROVINCIAL THE), le mascaret de la baie de Fundy, les paysages accidentés des forêts et des côtes pittoresques, auxquels s'ajoutent des installations récréatives très populaires dans des villages historiques: le village loyaliste de KINGS LANDING, près de Fredericton, et le VILLAGE HISTORIQUE ACADIEN, à Caraquet. La province compte également plus de 60 musées, fortifications restaurées et autres lieux d'intérêt historique, dont un nouveau site archéologique au ruisseau du lac Vaseux («Mud Lake Stream»).

Deux PARCS NATIONAUX majeurs, celui de Fundy, près d'Alma, et le parc national Kouchibouguac, près de Richibouctou, figurent aux côtés des 21 parcs provinciaux qui enregistrent une fréquentation de plus de 2,5 millions de visiteurs chaque année. Les parcs offrent aux touristes une halte dans leur visite des Maritimes et rehaussent la qualité de vie des habitants.

Fabrication Les industries manufacturières sont basées en grande partie sur la transformation des produits primaires locaux. Le tiers de la valeur nette de leur production est attribuable à l'industrie forestière. La transformation des aliments et des boissons, notamment les entreprises McCain de Florenceville et de Grand-Sault, se classe deuxième quant à la valeur des expéditions. La raffinerie de pétrole Irving de Saint-Jean, la Brunswick Mining and Smelting de Bathurst et la Saint John Shipbuilding and Dry Dock Company Limited sont d'autres producteurs importants.

En 1983, une entreprise de Saint-Jean a décroché un contrat de trois milliards de dollars portant sur la construction de frégates pour la marine canadienne et, à la fin de 1987, le gouvernement fédéral a annoncé que les six frégates d'un lot pour la marine canadienne allaient être construites à Saint-Jean, une injection de 814 millions de dollars. Les produits chimiques occupent aussi une place considérable ainsi que la transformation des minéraux non métalliques, la fabrication de produits en métal, l'imprimerie et l'édition. Dans l'ensemble, le secteur manufacturier emploie plus de 50 000 personnes et regroupe environ 1600 entreprises.

Construction L'industrie de la construction emploie environ 17 000 personnes. En 1992, la valeur des travaux de construction s'élevait à 845,2 millions de dollars. Pendant une bonne partie des années 80, le plus grand projet était la centrale nucléaire de Point Lepreau. Les autres grandes activités de construction comprennent la modernisation d'usines de pâtes et papiers, la poursuite de la mise en valeur de la potasse près de Sussex, la centrale électrique de la Société d'énergie du Nouveau-Brunswick à Miramichi et l'agrandissement des chantiers navals du port de Saint-Jean.

Industrie minière Traditionnellement, l'industrie minière n'a pas occupé une grande importance au Nouveau-Brunswick. Le gypse, le granit et le grès exportés au XIXe siècle revêtaient surtout une importance locale. Bien que le charbon ait favorisé le développement rapide de la région du lac Grand, surtout avec l'arrivée du chemin de fer en 1903, la production dans cette région n'est jamais parvenue à rendre la province autosuffisante. En raison de l'abandon du charbon au profit du pétrole et de l'hydroélectricité, l'extraction avait pratiquement cessé dès le milieu des années 60.

Les crises énergétiques du début et du milieu des années 70 ont conduit à la relance du charbon dans des mines à ciel ouvert, mais bientôt les progrès de l'exploitation minière dans le Nord-Est ont éclipsé le charbon. Grâce à la découverte de vastes gisements de métaux communs dans la région de Bathurst-Miramichi dans les années 50, l'industrie minière s'est érigée en industrie de première importance. En 1993, la valeur de la production minière du Nouveau-Brunswick atteignait 771,8 millions de dollars. La production de zinc représentait alors 31 p. 100 du total national; l'argent, 25 p. 100; le plomb, 39 p. 100; et le cuivre, moins de 2 p. 100. Quant à l'antimoine et au bismuth, ils équivalaient respectivement à 30 et à 91 p. 100 de la production nationale. Le Nouveau-Brunswick est également l'une des principales provinces productrices de TOURBE, enregistrant en 1993 31 p. 100 de la production au pays.

L'essor de l'industrie minière du Nouveau-Brunswick se poursuit. Actuellement, la province compte deux importantes mines de métaux communs et deux importantes mines de potasse, une production d'antimoine primaire ainsi qu'un grand nombre d'installations de production de granulat et de tourbe. Plus de 4100 personnes sont employées dans l'industrie minière.

Industrie forestière La forêt, qui couvre maintenant 83 p. 100 de la province, a traditionnellement dominé l'économie du Nouveau-Brunswick. Les rivières accessibles et des tarifs préférentiels britanniques ont amené une croissance rapide de l'industrie du bois de sciage au début du XIXe siècle. On abattait le pin blanc pour le destiner à la marine britannique et pour satisfaire les besoins locaux. Au COMMERCE DU BOIS était intégrée une industrie de construction navale très répandue, et les deux industries absorbaient les produits forestiers et facilitaient leur accès au marché.

Au milieu du XIXe siècle, les produits forestiers comptaient pour plus de 80 p. 100 des exportations de la province. À la fin du siècle, le commerce du bois s'était affaibli, et la province avait perdu des marchés à cause du recul de l'économie dans les Antilles, de nouveaux tarifs douaniers américains et de la nouvelle concurrence exercée par le bois d'œuvre de la côte Ouest. L'émergence d'une vigoureuse industrie des pâtes et papiers, à la fin des années 20, a seulement partiellement atténué ces problèmes.

De nos jours, l'industrie forestière fournit 16 000 emplois dans la province, 60 p. 100 des exportations et plus de 25 p. 100 des biens produits. La pâte à papier consomme 50 p. 100 du bois récolté, le reste étant destiné au bois d'œuvre et produits connexes. Les scieries sont généralement petites et assurent 15 p. 100 de la production.

Les usines de pâte à papier, qui exigent d'importantes mises de fonds et une main-d'œuvre nombreuse, ont été des facteurs déterminants du développement urbain dans la province. Trois usines de pâte à papier appartenant à des intérêts du GROUPE IRVING produisent de la pâte au sulfate, du papier journal, du papier ménager et des matériaux pour des caisses en carton ondulé dans la région de Saint-Jean. Les usines de Miramichi et de South Nelson produisent respectivement de la pâte au sulfate et des pâtes et papiers. L'usine de la Consolidated Bathurst à Bathurst fabrique de la pâte au sulfate et du carton ondulé. La New Brunswick International Paper Company exploite une usine de papier journal à Dalhousie et la Fraser's Incorporated, membre du groupe Noranda, possède des usines près de Campbellton et à Edmundston. Il existe aussi une usine de pâte de feuillus à Nackawic et une autre de sacs en papier à Barker's Point.

Sur les 6 millions ha de forêts productives, 52 p. 100 appartiennent à des intérêts privés. Les 48 p. 100 qui restent appartiennent à la Couronne et sont habituellement loués aux plus grandes entreprises. Les petites parcelles de terrains boisés procurent une source de revenus considérable aux agriculteurs et aux pêcheurs. L'industrie forestière est aussi à l'origine de la création d'une école d'aménagement forestier à Fredericton, d'une faculté de génie fores-

tier à l'U. du Nouveau-Brunswick et de laboratoires de recherche fédéraux et provinciaux. Reconnaissant les limites du potentiel de la ressource, qui suscite une vive concurrence, les gouvernements provinciaux successifs ont abandonné la location des terres de la Couronne en faveur de garanties d'approvisionnement à long terme offertes aux gros producteurs.

Pêches Les pêches néo-brunswickoises constituent environ 20 p. 100 de la production des pêches de la côte est du Canada. En baisse jusqu'aux années 60, l'industrie a connu un second souffle grâce à une modernisation des méthodes et des navires. L'extension des limites de la zone de pêche à 370 km (200 mi) des côtes, devenue réalité en 1977, a soulevé un nouvel enthousiasme. Ces dernières années, on a assisté à une baisse des volumes des prises associée à une réduction générale des stocks de poissons. Les principales zones de pêche sont le golfe du Saint-Laurent, le détroit de Northumberland et la baie de Fundy. Un programme d'aquaculture lancé en 1979 produit maintenant du poisson transformé pour une valeur de plus de 100 millions de dollars. En 1995, la valeur des prises au débarquement était de plus de 100 millions de dollars que se sont partagés 8000 pêcheurs exploitant près de 4000 bateaux. Le homard arrive en tête pour ce qui est de la valeur des produits transformés, suivi du crabe, du hareng et du pétoncle. Le recours à la pêche côtière aux crustacés et aux coquillages a permis de limiter les répercussions négatives de l'effondrement de la pêche du poisson de fond sur cette industrie au Nouveau-Brunswick.

Près de la moitié de la production est exportée, dont près des deux tiers aux États-Unis. Jusqu'alors négligeables, les exportations vers le Japon ont augmenté depuis 1981 pour se situer à plus de 20 p. 100 aujourd'hui. La France est également un grand importateur de poisson du Nouveau-Brunswick. L'industrie de la transformation du poisson emploie plus de 10 000 travailleurs dans les 130 usines de la province.

La salmoniculture a débuté dans le sud-ouest du Nouveau-Brunswick en 1979, obtenant une petite récolte évaluée à 45 000 $. Depuis, la production s'est rapidement développée pour atteindre une valeur de près de 95 millions de dollars en 1995. On cultive également la truite, les huîtres et les moules.

Finance La plupart des institutions financières comme les banques, les sociétés de fiducie et les compagnies d'assurances sont des succursales de firmes du Canada central. Parmi les quelques exceptions se trouvent les coopératives de crédit et les caisses populaires locales et l'Assomption compagnie mutuelle d'assurance-vie, une institution acadienne ayant son siège social à Moncton.

Transports Éloigné des marchés du centre, le Nouveau-Brunswick a toujours porté une grande attention aux transports et à son incidence sur le développement économique. Il a protesté contre la hausse disproportionnée des taux de fret, la perte d'autonomie régionale au sein du chemin de fer Intercolonial, propriété du gouvernement fédéral, et le fait que le commerce hivernal du Canada n'était pas acheminé par les ports canadiens. En 1927, la région a remporté une victoire partielle lorsque la *Loi sur les taux de transport des marchandises dans les provinces Maritimes* a imposé une réduction des taux de fret. Cette année-là, on a créé la Commission sur les taux de transport des marchandises des Provinces maritimes (maintenant la Commission des transports des provinces de l'Atlantique) à Moncton, afin de défendre les intérêts des expéditeurs et des fabricants régionaux en matière de transports et d'appuyer la croissance économique régionale.

En 1969, cette loi a été abrogée, et une nouvelle mesure législative a institué le Comité fédéral-provincial pour administrer les subventions au transport au profit du développement industriel. À cette époque, les transports étaient devenus beaucoup plus

complexes, car le transport routier par camion primait sur les chemins de fer dans le transport de fret. Avions et autobus transportaient la majorité des passagers. L'avènement du transport par conteneur, auquel étaient particulièrement bien adaptées les installations portuaires de Saint-Jean, libres de glaces durant toute l'année, a aiguillonné une nouvelle lutte pour rehausser le statut de Saint-Jean à titre de port national.

Actuellement, le Nouveau-Brunswick est desservi par deux réseaux ferroviaires importants. Le New Brunswick Southern Railway a repris la majorité des lignes de la province lorsque le Canadien Pacifique s'est retiré en 1994. Il s'agit d'une ligne ferroviaire sur courtes distances dont le terminus est situé à Saint-Jean. Le deuxième réseau ferroviaire important est le Canadien National, dont le bureau de direction régional se trouve à Moncton et le terminus principal, à Halifax. Le service passagers, assuré sur une ligne par la société d'État VIA RAIL, a été réduit à un train par jour entre Halifax, en Nouvelle-Écosse, et le centre du pays, en passant par Moncton et Campbellton.

La province compte sept aéroports offrant une liaison régulière de service aux passagers. Moncton, Saint-Jean et Fredericton sont munies d'aéroports importants. CHATHAM, CHARLO, Bathurst et Saint-Léonard possèdent des aéroports régionaux plus modestes. D'autres aéroports destinés à l'aviation générale sont situés à Saint Stephen, dans l'ÎLE GRAND MANAN, à Pokemouche et à Edmundston.

Trois transporteurs assurent le transport aérien des voyageurs, soit Air Canada, Air Nova et Air Atlantic. Air Canada offre le service entre Toronto et les trois grands centres du Nouveau-Brunswick (Fredericton, Moncton et Saint-Jean). Air Nova et Air Atlantic fournissent le service entre les régions de la province et le centre du pays et les États-Unis. On trouve aussi un certain nombre de pistes d'atterrissage entretenues pour la protection des forêts ou pour usage privé.

SMT, une entreprise appartenant à Irving, constitue le principal service d'autobus entre les villes à l'intérieur de la province. Elle assure la correspondance avec les autobus Acadian Lines à Amherst, en Nouvelle-Écosse, les autobus Voyageur à Rivière-du-Loup, au Québec, et ceux de Concord Trailways à Bangor, au Maine. Il existe aussi plusieurs lignes locales d'autobus qui procurent un service régulier en région. Un service de transport urbain exploité par les municipalités est disponible à Saint-Jean, à Moncton et à Fredericton.

Saint-Jean est le principal port, offrant un service à longueur d'année pour le transport par conteneur et le transport en vrac. Sa saison de grande activité a toujours été l'hiver, quand le Saint-Laurent est couvert de glaces. Neuf lignes de porte-conteneurs y sont établies et ont accès aux ports de plus de 100 pays. Les services mensuels et bimensuels de transport maritime conventionnel sont offerts par 22 lignes desservant la plupart des régions du monde. Neuf autres ports parsèment le littoral du Nouveau-Brunswick. Celui de Miramichi est un port de sortie pour le bois et le poisson, tandis que Belledune est le principal port de sortie pour l'industrie des métaux communs.

Énergie Le Nouveau-Brunswick s'est trouvé avantagé par rapport à ses voisins des Maritimes et de la Nouvelle-Angleterre à la fin de l'ère du pétrole bon marché, déclenchée par le cartel de l'OPEP, et pendant les pénuries de 1973-1974 et de 1979-1980. La Commission d'énergie électrique du Nouveau-Brunswick, une société de la Couronne (1920), avait construit, avec l'appui financier du gouvernement fédéral, un barrage d'envergure sur le fleuve Saint-Jean, près de Fredericton, qui a plus que doublé la capacité hydroélectrique de la province.

En 1970, le gouvernement du Nouveau-Brunswick avait déjà engagé la province sur la voie de l'énergie nucléaire en construisant un réacteur Candu à Pointe

Lepreau. En 1985, la prolifération de la capacité de production électrique, combinée à un programme fédéral de conversion des foyers du chauffage à l'huile au chauffage électrique, a entraîné une chute prononcée de la demande d'huile et de gaz naturel. L'électricité est maintenant la principale source d'énergie dans la province.

La majeure partie de l'électricité générée dans la province provient de la centrale nucléaire et de centrales thermiques à vapeur. Seulement 20 p. 100 de l'électricité est produite par des centrales hydroélectriques. La Société d'énergie du Nouveau-Brunswick maintient des centrales thermiques alimentées au mazout à la baie Coleson et à la baie Courtenay et trois centrales thermiques alimentées au charbon au lac Grand, à Dalhousie et à Belledune.

En 1993, le réacteur nucléaire de Pointe Lepreau a produit 5,323 mWh (ou environ 35 p. 100 de la production provinciale). La moitié de cette électricité était destinée aux États-Unis pour couvrir les coûts de construction, qui ont largement excédé les estimations. Les installations de Mactaquac, de Beechwood et de Grand-Sault constituent les principales sources d'hydroélectricité. Il existe une sorte d'échange énergétique, puisque la quantité d'électricité générée par la centrale nucléaire et les centrales thermiques au mazout exportée au Maine et au Massachusetts égale presque la quantité d'hydroélectricité importée du Québec.

Gouvernement et politique

Le chef d'État en titre du Nouveau-Brunswick est le LIEUTENANT-GOUVERNEUR. Nommé par le gouvernement fédéral, il représente officiellement la reine, et ses fonctions sont surtout honorifiques. Le premier ministre, chef du parti ou de la coalition qui détient la majorité des 58 sièges de l'Assemblée législative, est celui qui exerce le pouvoir.

Le premier ministre préside un Cabinet dont chacun des membres dirige habituellement un ministère ou une société de la Couronne dans le cas de la Société d'énergie du Nouveau-Brunswick. L'Assemblée, élue pour un mandat maximal de cinq ans, est ordinairement souveraine dans ses sphères de compétences. Celles-ci ont été définies par l'AANB (LOI CONSTITUTIONNELLE DE 1867) et ont subi par la suite des modifications et des interprétations judiciaires. La province est aussi soumise à la CHARTE CANADIENNE DES DROITS ET LIBERTÉS. Les femmes ont acquis le droit de vote au provincial en 1919, mais n'ont pas eu le droit de briguer les postes dans la fonction publique provinciale avant 1934.

Les tribunaux du Nouveau-Brunswick ont connu une période de transition. Leur structure de base comprenait la Cour suprême (formée de la Cour d'appel et de la Cour du Banc de la Reine), des cours de comté et des cours présidées par des magistrats provinciaux. Conformément à l'AANB, les deux instances supérieures étaient nommées et rémunérées par le gouvernement fédéral, et la première instance, par les provinces, qui étaient responsables de «l'administration» de la justice. En 1979, avec la coopération du fédéral, les cours de comté ou de district ont fusionné avec celle du Banc de la Reine. Récemment, le Nouveau-Brunswick a mis à l'essai un système intégré de tribunaux de la famille et de cours pour jeunes délinquants en créant une division de la famille au sein de la Cour du Banc de la Reine. En vertu de la *Loi sur les langues officielles*, les anglophones et les francophones ont obtenu accès aux services judiciaires dans leur propre langue. Depuis 1967, un ombudsman examine les plaintes des citoyens contre les organismes publics et les fonctionnaires. (*Voir aussi* PREMIERS MINISTRES DU NOUVEAU-BRUNSWICK: TABLE.)

Administration locale Le gouvernement libéral de Louis ROBICHAUD a aboli les 15 conseils de comté et restreint les pouvoirs des conseils municipaux aux services immobiliers dans le cadre des réformes de son programme «Chances égales» dans

les années 60. Les taxes municipales ont été limitées à un pourcentage de la valeur marchande effective des biens immobiliers dans chaque localité. Des paiements de «péréquation» provinciaux viennent en aide aux municipalités plus pauvres. Les services immobiliers dans les régions rurales sont fournis directement par la province.

Représentation au fédéral En politique fédérale, le Nouveau-Brunswick compte traditionnellement un représentant au Cabinet et 10 sièges au Sénat. Il détient maintenant 10 sièges à la Chambre des communes, soit cinq de moins que lors de la Confédération, en raison d'une baisse relative de la population provinciale par rapport à la population canadienne. Il a occasionnellement accru son influence en établissant une coopération avec ses provinces sœurs, la Nouvelle-Écosse et l'Île-du-Prince-Édouard, mais celles-ci ont également subi un déclin similaire.

Administration régionale Des efforts de coopération visant la croissance interne et l'influence externe se sont concrétisés en 1973 par la formation du Conseil des premiers ministres des Maritimes. Par des rencontres trimestrielles des premiers ministres et au moyen d'organismes comme la Commission de l'enseignement supérieur des Provinces maritimes, les trois provinces cherchent à établir une coopération régionale, se dirigeant peut-être vers une union, quoique ce ne soit plus un objectif. Bien que l'échec d'un accord sur les plans initiaux concernant l'énergie, la réforme constitutionnelle et le développement régional ait déçu de nombreux régionalistes, les provinces ont conclu une coopération dans plus de 40 autres domaines.

Finances publiques Les principales provenances des recettes provinciales sont les impôts sur le revenu des particuliers et le revenu des entreprises, la taxe sur le carburant et la taxe foncière. L'impôt provincial sur le revenu des particuliers, fixé à un taux de 55,5 p. 100 de l'impôt fédéral de base, est perçu, tout comme l'impôt sur le revenu des entreprises, par le gouvernement fédéral pour le compte de la province.

Le 1er avril 1997, le Nouveau-Brunswick, ainsi que la Nouvelle-Écosse, Terre-Neuve et le Labrador, ont instauré une taxe de vente harmonisée (TVH) de 15 p. 100. La taxe harmonisée combine la TPS nationale et la taxe de vente provinciale. Environ le quart des recettes provinciales proviennent des paiements de péréquation du fédéral, un programme destiné à aider les provinces pauvres à maintenir un niveau standard de services. Environ 10 p. 100 des recettes sont tirées des subventions fédérales accordées dans le cadre de programmes existants, comme l'assurance-hospitalisation, les soins médicaux et l'éducation postsecondaire.

Les principales dépenses concernent la santé et les services sociaux (34 p. 100), l'éducation (21,5 p. 100), les municipalités (8,5 p. 100) et le service de la dette publique (13,8 p. 100). Les dépenses allouées aux immobilisations tels que ponts, autoroutes, écoles et hôpitaux sont considérées comme des dépenses en capital et sont financées par des emprunts.

Santé Même si le Nouveau-Brunswick a été la première province à se doter d'un ministère de la Santé, les difficultés économiques ont fait en sorte que ses services traînaient loin derrière ceux de la plupart des autres provinces jusqu'à la fin des années 60.

De nos jours, la province est divisée en sept corporations hospitalières et compte de vastes hôpitaux régionaux à Saint-Jean, à Fredericton, à Moncton, à Bathurst, à Campbellton et à Edmundston. S'y ajoutent 45 établissements plus petits. Les soins psychiatriques sont dispensés à la maison, dans les hôpitaux de soins de longue durée de Saint-Jean et de Campbellton et dans les unités psychiatriques des hôpitaux régionaux. Les services hospitaliers et autres services médicaux sont fournis gratuitement,

conformément aux programmes nationaux intégrés. De faibles tarifs aux usagers ont été établis en 1983.

Un programme provincial est offert aux personnes de plus de 65 ans pour les aider à payer leurs médicaments de prescription. Plus de 4000 citoyens âgés reçoivent des soins dans les 64 foyers de soins subventionnés. Les services de santé publique comprennent les soins infirmiers, l'inspection, la lutte contre les maladies contagieuses, les soins à la mère et à l'enfant, les soins à domicile, la nutrition, la lutte contre la tuberculose et un service de dialyse à domicile.

Politique Depuis 1900, quand s'est raffermie l'appartenance aux partis, le Nouveau-Brunswick est doté d'un système bipartite équilibré. Toutefois, à l'élection d'octobre 1987, les libéraux ont remporté tous les sièges en Chambre, un événement presque sans précédent dans l'histoire canadienne. Les tiers partis ne réussissent pas bien en politique provinciale. Néanmoins, le United Farmers' Party a obtenu six sièges en 1920, le Co-operative Commonwealth Federation (CCF) a attiré 11 p. 100 des suffrages en 1944, le Parti acadien a joui d'une forte popularité dans deux circonscriptions en 1978 et le NPD a augmenté sa part du vote populaire à 10,2 p. 100 en 1982, faisant alors élire un premier candidat, puis un deuxième lors d'une élection partielle en 1984. Exception faite d'un seul progressiste élu en 1921, les tiers partis n'ont guère fait meilleure figure au niveau fédéral.

Les dossiers brûlants de la politique provinciale ont porté sur les relations ethniques et les disparités régionales. L'augmentation de la proportion d'habitants d'origine française de 15,7 p. 100 en 1871 à 38,8 p. 100 en 1961 a alimenté l'insatisfaction persistante des chefs de file acadiens, qui revendiquaient une représentation et une influence proportionnelles à leur nombre, et a conduit à la formation d'un parti politique séparatiste, le Parti acadien. Les politiciens ont exploité à l'occasion les tensions entre les deux groupes linguistiques, mais le parti vainqueur a généralement été en mesure de s'attirer une bonne part de l'appui des deux communautés.

L'élection en 1960 du jeune et entreprenant Acadien Louis-J. Robichaud dans une conjoncture favorable au changement a mené à des réformes économiques et linguistiques si rapides et si fondamentales qu'elles ont été taxées de révolutionnaires. Les Acadiens ont le plus bénéficié du programme de chances égales, qui a redistribué les revenus des centres urbains, entre autres, aux régions du Nord, affligées par une pauvreté endémique, et qui a mis de l'avant des projets de développement économique et institué des services linguistiques aux deux communautés selon les lignes directrices prescrites par la Commission royale d'enquête sur le BILINGUISME ET BICULTURALISME.

Au même moment, les gouvernements fédéraux ont mené la lutte aux disparités régionales, ce qui a joué un rôle capital pour le succès du programme. Malgré l'opposition d'entreprises prépondérantes et des conservateurs affolés par la vive allure du changement, Robichaud est demeuré au pouvoir durant toute la décennie. Son successeur, le conservateur et protestant Richard HATFIELD, n'a pas cherché à renverser la vapeur. Son gouvernement a appliqué des changements dans le même sens que le programme avec tant d'enthousiasme que son parti a de plus en plus percé dans les milieux acadiens, contrecarrant les visées du Parti acadien en faveur d'une province acadienne distincte. L'impulsion donnée au développement économique a ralenti à la fin des années 70, moins à cause des critiques de la population envers des échecs spectaculaires comme la production des voitures sport Bricklin, qu'en partie à cause de la perte d'intérêt de la part du gouvernement fédéral.

L'administration du successeur de Hatfield, le libéral Frank MCKENNA, s'est attaquée au déficit de la province et a rationalisé l'appareil gouvernemental en vue de mettre un frein aux dépenses provinciales. Bon nombre des initiatives budgétaires de McKenna ont depuis servi de modèles à d'autres provinces aux prises avec des déficits. Son succès dans ce domaine lui a valu une autre victoire largement majoritaire à l'élection générale de 1991. Le Confederation of Regions (COR), un nouveau parti antifrancophone a obtenu un appui surprenant lors de cette élection, remportant huit sièges à l'issue de sa première campagne électorale, un gain attribuable en grande partie au mouvement de réaction à l'échec de l'ACCORD DU LAC MEECH et de l'ACCORD DE CHARLOTTETOWN. En 1995, suivant la tendance provinciale à de brèves victoires des tiers partis, le COR a été pratiquement éliminé à sa deuxième élection, et McKenna a remporté sa troisième majorité consécutive. McKenna abandonne ses fonctions de premier ministre en 1997 au profit d'un poste dans le secteur privé, et est remplacé par Camille Thériault qui est assermenté le 14 mai 1998. Thériault mène les troupes libérales à une défaite écrasante lors de l'élection générale de juin 1999, alors que les conservateurs de Bernard Lord remportent 44 des 55 sièges.

Éducation

Les institutions d'enseignement des Loyalistes du Nouveau-Brunswick manifestaient au départ un très net penchant anglican qui a stimulé la prolifération d'autres écoles et collèges confessionnels. La *Loi sur les écoles publiques* de 1871, qui a institué des écoles publiques gratuites, a virtuellement exclu les catholiques. Plus tard, un compromis a permis l'enseignement par des membres de communautés religieuses et l'instruction religieuse après les heures de classe. Toutefois, l'enseignement est demeuré une source de discorde entre les groupes religieux et linguistiques de la province.

Administration Les réformes de l'enseignement dans les années 60 ont dégagé les municipalités de leurs responsabilités dans ce domaine et cherché à assurer des services complets d'enseignement en français et en anglais. Tous les services et les programmes éducatifs sont offerts dans les deux langues officielles et administrés par des systèmes parallèles depuis la maternelle jusqu'à la 12e année, et la province en assume le financement. Au cours de l'année scolaire 1992-1993, les 41 districts scolaires ont fusionné pour former 18 conseils locaux qui administraient les 13 années scolaires de la maternelle à la 12e année. En 1996, les conseils scolaires ont été abolis pour être remplacés par une structure organisationnelle dirigée par les parents à l'échelle de l'école, du district et de la province. Les 18 districts scolaires sont demeurés en place, administrés par huit surintendants (cinq anglophones et trois francophones) qui maintenant rendent compte directement au ministère de l'Éducation.

À compter de l'automne de 1996, des comités d'école ont été élus, formés de parents ou de leurs représentants. Une fois ces comités en place, un conseil consultatif de parents a été établi dans chacun des 18 districts. Deux conseils scolaires provinciaux (un anglophone et un francophone) ont été mis en place au début de 1997. Ils se composent d'un membre de chaque district ainsi que de trois à cinq membres nommés parmi les dirigeants des communautés et du secteur de l'éducation. Deux conseils provisoires ont été formés pour faciliter la transition vers la nouvelle structure.

Le ministère de l'Enseignement supérieur et du Travail assume la direction des collèges communautaires, des programmes d'éducation permanente ainsi que de l'École d'artisanat du Nouveau-Brunswick, tandis que les universités et l'École des gardes forestiers des Maritimes relèvent de la Commission de l'enseignement supérieur des Provinces maritimes. Cet organisme a été mis sur pied par le Conseil des premiers ministres des Maritimes pour promouvoir une plus grande efficacité des programmes offerts et des installations dans toute la région.

L'aide financière aux étudiants du postsecondaire qui ne pourraient autrement se permettre de poursuivre leurs études après le secondaire est administrée par la province par le biais du Programme canadien de prêts aux étudiants et de quatre programmes provinciaux de prêts aux étudiants, de bourses d'études, de bourses de mérite et de bourses de voyage.

Établissements En 1994-1995, le réseau francophone d'écoles publiques a desservi 45 298 élèves dans 132 écoles relevant de six districts scolaires. Le réseau anglophone a desservi 91 298 élèves dans 266 écoles regroupées en 12 districts scolaires. La province compte neuf collèges communautaires que fréquentaient plus de 3400 étudiants. Les programmes universitaires de langue anglaise ont accueilli au total 12 346 étudiants à plein temps et à temps partiel à l'UNIVERSITÉ DU NOUVEAU-BRUNSWICK (Fredericton et Saint-Jean), à son établissement catholique affilié de l'UNIVERSITÉ SAINT THOMAS, qui partage la bibliothèque et les installations sportives du campus de Fredericton, et à l'établissement affilié de l'Église unie de Sackville (UNIVERSITÉ MOUNT ALLISON). En 1994-1995, les programmes francophones ont desservi 7344 étudiants à l'UNIVERSITÉ DE MONCTON et à ses constituantes d'Edmundston et de Shippagan.

Parmi les démarches récentes, des francophones ont exercé des pressions pour obtenir des écoles et des conseils scolaires unilingues, le programme d'immersion en français a pris son essor à l'intérieur du système anglophone (comptant 15 206 élèves dans 96 écoles en 1986-1987) et des écoles privées ont été fondées par différentes confessions évangéliques. Les pensionnats anglicans traditionnels sont le Rothesay Collegiate et la Netherwood School for Girls, tous deux situés à Rothesay.

Vie culturelle

Bliss CARMAN, sir Charles G.D. ROBERTS, A.G. BAILEY, Desmond Pacey, W.S. MacNutt, Alden Nowlan et Antonine MAILLET sont quelques-unes des figures littéraires et historiques néo-brunswickoises de renommée internationale. Parmi les artistes réputés figurent John Hammond, Miller Britain, Alex COLVILLE, Jack HUMPHREY et Lawren P. Harris. Un intérêt précoce pour la science et ses applications s'est manifesté dans les programmes novateurs d'ingénierie et de foresterie à l'U. du Nouveau-Brunswick et les travaux de la Natural History Society of Saint John. De récents rapports sur des progrès décisifs relatifs aux membres artificiels dits «bioniques» et aux méthodes naturelles de lutte contre les insectes nuisibles indiquent que cette tradition se poursuit.

Il semble que Fredericton dans les années 1870 et Saint-Jean au tournant du siècle aient constitué des environnements particulièrement propices à l'effort créatif. À partir des années 20, des mécènes tels que J.C. Webster, de Shediac, et lord Beaverbrook (qui auparavant s'appelait Max AITKEN, de Miramichi) ont contribué à jeter les bases institutionnelles pour favoriser la créativité et l'éducation populaire au moyen de musées, de galeries d'art, de théâtres et des universités.

Arts Au cours des dernières décennies, les universités ont été au cœur de la création artistique et littéraire. L'U. Mount Allison est réputée pour ses artistes et ses musiciens. L'U. du Nouveau-Brunswick a donné essor à des périodiques d'envergure nationale tels que la revue littéraire FIDDLEHEAD et la revue d'histoire *Acadiensis*. L'U. de Moncton est devenue un centre de recherche en études acadiennes. Les chorales acadiennes ont acquis une réputation d'excellence internationale.

Theatre New Brunswick, une troupe professionnelle établie à Fredericton, se produit en spectacle dans les villes de la province. On compte deux troupes de théâtre professionnelles de langue française, le Théâtre populaire d'Acadie (Caraquet) et le théâtre l'Escaouette (Moncton).

Il existe deux compagnies de danse, DancEast et DansEncorps, et 14 galeries d'art publiques. La GALERIE D'ART BEAVERBROOK, la plus imposante de la province, présente des expositions néo-brunswickoises, canadiennes et internationales d'art ancien et d'art contemporain.

Plus de 250 auteurs sont membres de l'Association des écrivains du Nouveau-Brunswick. Les éditeurs Goose Lane Editions et Acadiensis Press produisent des publications érudites, et des éditeurs locaux publient des ouvrages populaires de fiction, d'humour, de folklore et d'histoire familiale et communautaire.

Communications Les quotidiens comprennent le *Telegraph-Journal*, de Saint-Jean, le *Daily Gleaner,* de Fredericton, le *Moncton Times-Transcript* (appartenant tous à des intérêts d'Irving) et *L'Acadie Nouvelle*. Jusqu'à sa faillite, *L'Évangéline* se faisait la voix des Acadiens dans la province.

La province capte quatre grands réseaux de télévision: Radio-Canada, CTV, Global et Télé-Québec. La câblodistribution (qui diffuse les principales chaînes américaines, la chaîne de télévision publique de l'University of Maine et la radio FM) dessert la majeure partie de la province. Plusieurs chaînes de télévision payante sont récemment entrées en service. La radio de Radio-Canada offre 10 stations en français et 16 en anglais. La Compagnie de téléphone du Nouveau-Brunswick, considérée comme l'une des plus avancées en ce qui a trait aux services locaux et aux technologies de télécommunications, dessert plus de 450 000 abonnés.

Lieux historiques Les Archives provinciales, situées à Fredericton, sont le dépôt des documents du gouvernement, de collections de documents publics et privés et d'autre matériel historique et généalogique. Trente-six autres fonds d'archives, dont deux dépôts d'archives universitaires et le Centre d'études acadiennes, contribuent à documenter l'histoire et le développement de la province. Deux villages historiques, six parcs historiques nationaux, une participation à deux parcs historiques internationaux, 68 musées, 12 sites militaires restaurés et d'autres édifices historiques sont ouverts au public. Un nombre impressionnant d'églises, de résidences et d'édifices publics sont classés d'intérêt historique.

Le Musée du Nouveau-Brunswick (et son prédécesseur), à Saint-Jean, se consacre à l'histoire naturelle et humaine depuis plus de 150 ans. Le Musée acadien de l'U. de Moncton abrite une collection de plus de 30 000 objets relatifs aux Acadiens des Provinces maritimes. La bibliothèque de l'Assemblée législative, dans la capitale, contient une excellente collection de matériel, brochures, publications et livres produits par le gouvernement.

Kings Landing, un établissement loyaliste restauré situé en amont de Fredericton, tente de façon spectaculaire de faire revivre l'histoire aux visiteurs en reconstituant les activités d'un village du XIXe siècle. Le Village historique acadien de Caraquet ravive l'histoire de la survie des Acadiens après l'événement connu sous le nom de la Déportation (1780-1890). Le FORT BEAUSÉJOUR, un lieu historique national situé aux abords de la frontière néo-écossaise (près de Sackville), est un important fort français restauré datant du milieu du XVIIIe siècle.

La résidence d'été du président Roosevelt et son parc, dans l'ÎLE CAMPOBELLO, sont administrés par une commission mixte canado-américaine. L'ensemble comprend le domaine où séjournait Franklin D. Roosevelt en été et les maisons avoisinantes et peut accueillir de petites conférences. Récemment, un deuxième parc international a été désigné dans l'île Sainte-Croix, emplacement du premier établissement de Champlain en Amérique du Nord.

Presque toutes les communautés acadiennes sont dotées de sociétés historiques actives qui s'adonnent à la recherche, à la généalogie et à la publication.

Des sociétés de protection du patrimoine œuvrent également à Fredericton, à Saint-Jean, à Saint Andrews, à Miramichi, à Bathurst, à Moncton et dans les comtés de Westmorland, d'Albert, de Kings, de Queens et de Carleton dans des domaines tels que la préservation des quartiers, des ponts couverts et des bâtiments d'importance historique ainsi que la gestion de musées et de programmes éducatifs.

Histoire

Les premiers habitants du Nouveau-Brunswick étaient les Micmacs, dont les villages s'étendaient de la Nouvelle-Écosse et de l'Île-du-Prince-Édouard jusqu'à la côte sud de la Gaspésie, et les Malécites vivant dans la vallée du fleuve Saint-Jean et la baie Passamaquoddy, le long de la rivière Sainte-Croix. Dès le début du XVIe siècle, ils ont entretenu des liens avec les Européens et se sont engagés dans un commerce qui les rendait dépendants des technologies européennes et les exposait aux maladies venues d'Europe. Les Micmacs suivaient depuis longtemps un mouvement de migration saisonnière suivant lequel ils passaient l'hiver sur des territoires de chasse dans les hautes terres boisées et se rassemblaient sur le littoral en été pour y pratiquer la pêche aux crustacés et des activités conviviales.

Exploration Lorsque les Français ont tenté de s'établir, d'abord à l'embouchure de la RIVIÈRE SAINTE-CROIX en 1604, puis à PORT-ROYAL, ils ont été accueillis par les Micmacs, qui leur ont enseigné les moyens de survivre. Après que les Français se furent tournés vers Québec, les Amérindiens ont aidé quelques jeunes hommes restés sur place, dont Charles de Saint-Étienne de LA TOUR, à établir une traite des pelleteries sur le fleuve Saint-Jean.

En 1635, la mort d'Isaac de RAZILLY, dirigeant d'un petit établissement réanimé à Port-Royal, a engendré une lutte féodale pour les territoires et le commerce entre La Tour, Charles de MENOU d'Aulnay et Nicolas DENYS. À la mort de Menou d'Aulnay en 1650, La Tour a repris le contrôle du fleuve Saint-Jean, et Denys a reconquis un poste de pêche et de traite dans le havre de Miscou et en a construit un autre à Nepisiguit (Bathurst).

Après une longue carrière dans le commerce et la pêche sur les côtes de l'ACADIE, Denys s'est retiré à Nepisiguit en 1668 pour rédiger une description de l'Acadie, importante sur le plan historique avant de retourner en France en 1671 pour y faire publier le volume. La vallée du fleuve Saint-Jean est demeurée territoire amérindien à partir duquel les Français ont mené des raids contre la Nouvelle-Angleterre dans les années 1690, contribuant à motiver une hostilité profonde et persistante envers la présence française en Acadie.

Peuplement Pendant ce temps, le petit établissement de Port-Royal a prospéré et s'est étendu autour de la baie de Fundy pour inclure l'isthme de Chignectou et Shepody, sur la rive nord. Les Acadiens ont développé une société tout à fait particulière, caractérisée par la construction de digues qui leur permettaient de cultiver les terres marécageuses inondées par les marées de la baie de Fundy. Leur société se différenciait aussi parce qu'elle était négligée par les autorités française, ce qui a favorisé l'épanouissement d'une communauté très unie et à l'esprit indépendant.

Pris dans les luttes impériales entre Britanniques et Français, la plupart des Acadiens ont été expulsés par les Britanniques à partir de 1755 et dispersés dans les Treize Colonies ou renvoyés en France. Ceux qui sont revenus après la signature du traité de PARIS (1763) ont trouvé leurs terres occupées par plusieurs milliers d'immigrants venus en grande partie de la Nouvelle-Angleterre. Certains ont reçu des concessions de terres dans la région de Memramcook, certains se sont établis sans permission le long du fleuve Saint-Jean et d'autres se sont engagés au service des frères Robin, de Jersey, l'une des îles Anglo-Normandes, qui ont commencé en 1764 à ériger des postes de pêche le long de la côte, de Gaspé jusqu'à l'île du Cap-Breton.

Après la GUERRE D'INDÉPENDANCE AMÉRICAINE, environ 14 000 réfugiés loyalistes se sont installés sur la rive nord de la baie de Fundy, ont fondé la ville de Saint-Jean et ont colonisé les vallées du fleuve Saint-Jean et de la rivière Sainte-Croix. Quelques-uns se sont fixés dans d'autres régions de la province. Pressés de trouver du travail et conscients de leur isolement par rapport à Halifax, ils ont présenté une requête pour obtenir le statut de colonie séparée, qui leur a été accordé en 1784.

Développement Le blocus continental de Napoléon, qui en 1807 a privé les Britanniques de leur source traditionnelle d'approvisionnement en bois dans la région de la Baltique, les a contraints à chercher délibérément à favoriser l'industrie coloniale au moyen de tarifs protectionnistes pour en faire une source fiable. Grâce aux rivières qui rendaient accessibles de riches réserves d'épinettes et de pins, le commerce du bois équarri du Nouveau-Brunswick a prospéré pendant un demi-siècle. Le bois est devenu source de croissance et a conduit à l'établissement de nouveaux villages, laissant son empreinte sur l'économie, la politique et la société. Du coup, la population est passée de quelque 25 000 à près de 200 000 habitants au milieu du siècle.

Les gouvernements et les historiens ont déploré la dépendance excessive de la province envers cet unique et très instable produit de première nécessité. Les hauts et les bas ont poussé à la faillite les colons qui ne comptaient que sur le bois, et plusieurs se sont vus réduits au statut de travailleurs à gages, n'ayant d'autres recours que quelques entrepreneurs influents dans chacune des régions. Associée à l'industrie forestière, la construction de navires en bois, dont les chantiers jalonnaient les côtes et les cours d'eau de la province, produisait au milieu du siècle environ 100 vaisseaux par an, à la fois pour l'exportation et l'usage des marchands de Saint-Jean.

Les industries du Nouveau-Brunswick, stimulées par la guerre de Crimée et la Guerre de sécession américaine ainsi que par un traité de RÉCIPROCITÉ conclu avec les États-Unis et portant sur les produits primaires, ont survécu à la crise provoquée par l'abandon des tarifs préférentiels et des LOIS SUR LA NAVIGATION de la part des Britanniques à la fin des années 1840. Cependant, l'effet conjugué des revers infligés à l'économie néo-brunswickoise après la Confédération, dont la POLITIQUE NATIONALE de protection tarifaire n'était pas le moindre, s'est avéré plus dommageable à long terme. Le traité de réciprocité a été abandonné, les ressources forestières ont perdu leur attrait commercial et les navires en bois ont succombé à la concurrence des bateaux à vapeur munis d'une coque en métal. Les habitants du Nouveau-Brunswick ont quitté par milliers les ports et les villes forestières pour chercher de l'emploi aux États-Unis.

Certains entrepreneurs ont rapidement réalisé la transition à une économie nationale et continentale. La Confédération a amené le CHEMIN DE FER INTERCOLONIAL au Nouveau-Brunswick en 1876, et le CP a atteint Saint-Jean en 1889. Les commerçants, les industriels du sciage et les constructeurs de navires ont transféré leurs capitaux dans les fonderies de fer, les filatures, les raffineries de sucre et d'autres industries du secteur secondaire dont la croissance bénéficiait de la politique tarifaire. Toutefois, nombre de ces nouvelles industries, éparpillées dans la province, sont passées aux mains des entreprises plus grandes et aux reins plus solides du centre du Canada. Un scénario classique s'est dessiné, marqué par les prises de contrôle, l'absence de modernisation, les fermetures d'entreprises et l'exploitation du marché par des usines en expansion du Canada central.

La récession de l'après-guerre, dans les années 20, a vu se poursuivre le déclin des industries traditionnelles et presque l'effondrement du secteur manufacturier, encore plus ébranlé par des politiques fédérales adverses relatives aux tarifs douaniers et aux transports. Une commission royale fédérale a examiné les problèmes des Provinces maritimes et tenté d'y remédier, mais ces efforts sont largement restés sans effet puisque le Nouveau-Brunswick, comme le reste du monde, a plongé dans la crise des années 30. Plusieurs décennies de stagnation économique ont réduit le Nouveau-Brunswick à un niveau de vie bien inférieur à la moyenne nationale. Les politiques nationales ont eu pour effet d'accroître les disparités, car la politique tarifaire (ou, pendant la Seconde Guerre mondiale, les investissements du fédéral) a créé et maintenu le secteur manufacturier au centre du Canada. Pendant ce temps, les gouvernements des Maritimes manquaient d'argent pour maintenir les services essentiels.

En 1940, les dépenses du Nouveau-Brunswick dans les secteurs de l'éducation et de la santé atteignaient un peu plus de la moitié de la moyenne nationale; ses taux d'analphabétisme et de mortalité infantile étaient les plus élevés au pays. Bien que le fédéral ait approuvé le rapport Rowell-Sirois sur les RELATIONS FÉDÉRALES-PROVINCIALES (1940), qui exprimait le besoin d'une répartition plus équitable des recettes fiscales de l'économie nationale, les subventions de rajustement que les commissaires recommandaient pour les provinces les plus pauvres n'ont été accordées qu'à compter du début des années 60.

La nature des disparités qui affligeaient le Nouveau-Brunswick présentait un double aspect: l'extrême disparité des niveaux de vie par rapport aux autres provinces et la disparité interne entre les régions urbaines du sud, à majorité anglophone, et les régions rurales du nord, majoritairement francophones. On s'est attaqué simultanément aux deux.

Au niveau provincial, le gouvernement a mis de l'avant son programme résumé par le slogan «Chances égales» en vue de procurer davantage des services de qualité égale. Donnant suite aux recommandations de la commission Byrne de 1963, l'administration Robichaud a procédé à plus de 125 mesures législatives pour changer radicalement le partage des pouvoirs entre le gouvernement provincial et les administrations municipales ou des comtés. Se fondant sur le principe selon lequel le gouvernement provincial doit assurer les services à la population, le gouvernement s'est réservé l'autorité en matière de services éducatifs, médicaux, judiciaires et d'aide sociale. Il a confié aux municipalités les services immobiliers comme l'eau, les égouts, la protection contre les incendies et les services de police locaux. Les taxes devaient être évaluées à la grandeur de la province selon la valeur marchande réelle de la propriété.

La rationalisation des services s'est accompagnée d'un effort énergique visant le développement économique. À la faveur de l'optimisme des années 60, les gouvernements fédéral et provincial ont estimé que les disparités provinciales et régionales chroniques pouvaient être surmontées grâce à l'industrialisation. Les tentatives fédérales-provinciales de développement rural, les investissements gouvernementaux dans la production d'électricité, l'exploitation minière, l'industrie forestière, les pêches et l'industrie manufacturière secondaire, la construction de grandes autoroutes dans toute la région du Nord et le recours à des subventions au transport pour faciliter l'accès des produits du Nouveau-Brunswick aux marchés nationaux se sont tous inscrits dans une volonté du fédéral et de la province de ramener le niveau de vie provincial plus près de la moyenne nationale.

Ces efforts ont porté fruit dans une grande mesure. Les services éducatifs et sociaux sont maintenant comparables à ceux du reste du pays. Une fonction publique bien formée a aidé les industries primaires à se moderniser dans une période de transition, à défaut de quoi elles se seraient effondrées. Une infrastructure adéquate et une aide directe ont renversé la tendance au déclin des industries du secteur secondaire.

Néanmoins, les niveaux de vie améliorés de la province reposent sur une base fragile. L'enthousiasme des gouvernements fédéraux pour le développement industriel a diminué dans les années 70 devant des échecs fracassants et la jalousie d'autres régions du pays. Les gouvernements ont jugé que le maintien des transferts financiers était moins controversé, d'autant moins que ces transferts retournent de toute façon vers le centre du pays, où sont achetés les biens de consommation. Les transferts indirects, qui accompagnent les programmes traditionnels de l'État-providence tels que les pensions de vieillesse et l'assurance-emploi, sont d'une importance cruciale. Non moins importants sont les PAIEMENTS DE PÉRÉQUATION directs et les subventions aux programmes établis. En tant qu'anciennes victimes et bénéficiaires, les Néo-Brunswickois ont un intérêt réel dans l'évolution de la Constitution canadienne.

Ernest R. Forbes

Nouveau Parti démocratique (NPD), fondé à Ottawa en 1961, à l'occasion d'un congrès réunissant la CO-OPERATIVE COMMONWEALTH FEDERATION (CCF), les syndicats affiliés du CONGRÈS DU TRAVAIL DU CANADA (CTC) et les clubs du New Party, il est un parti social-démocrate (*voir* SOCIAL-DÉMOCRATIE et SOCIALISME) membre de l'Internationale socialiste.

Cinq chefs ont dirigé le parti: T.C. DOUGLAS (1961-1971), David LEWIS (1971-1975), Ed BROADBENT (1975-1989), Audrey MCLAUGHLIN (1989-1995) et Alexa MCDONOUGH (de 1995 à nos jours). Au cours des 11 élections fédérales auxquelles il a participé depuis sa fondation, le NPD a recueilli les pourcentages de votes suivants: 13,5 p. 100 (1962); 13,1 p. 100 (1963); 17,9 p. 100 (1965); 17 p. 100 (1968); 17,7 p. 100 (1972); 15,4 p. 100 (1974); 17,9 p. 100 (1979); 19,8 p. 100 (1980); 18,8 p. 100 (1984); 20 p. 100 (1988) et 6,9 p. 100 (1993). La moyenne des votes obtenus s'élève à 16,2 p. 100. Même si les votes accordés au parti sont en croissance comparativement au CCF, qui avait 11,1 p. 100 des voix, le NPD fédéral n'a pas encore réussi à former un gouvernement national. En raison du système électoral, le pourcentage de sièges obtenus par le NPD au Parlement (8,8 p. 100) a toujours été plus faible que le pourcentage de voix (16,2 p. 100), comme c'était aussi le cas pour le CCF. Aux élections de 1984, le NPD remporte 30 sièges et, en 1988, il atteint le nombre record de 43; mais aux élections suivantes, en 1993, il connaît une baisse vertigineuse, ne remportant que neuf sièges. Il perd ainsi son statut de parti officiel à la CHAMBRE DES COMMUNES, ce qui a des répercussions néfastes sur les ressources financières et sur l'image du parti.

Au fédéral, le NPD exerce plus d'influence lorsqu'un GOUVERNEMENT MINORITAIRE est au pouvoir. Si l'Ouest fournit le plus fort niveau d'appui électoral ainsi que le plus grand nombre de membres et de députés fédéraux, la majorité des votes accordés au NPD jusqu'en 1993 (à l'exception des élections de 1993) provient du Canada central, surtout de l'Ontario. Le NPD, comme le CCF, n'arrive pas à faire élire de députés au Québec aux élections générales, à l'exception d'un ancien député conservateur du Québec, temporairement passé au NPD en 1986, et d'un autre député du NPD, élu dans une élection complémentaire en 1987.

Le CCF-NPD a formé des gouvernements en Colombie-Britannique, notamment avec Dave BARRETT (1972-1975), Mike HARCOURT (1991-1996) et Glen CLARK (de 1996 à nos jours). Il en a également formé en Saskatchewan avec Tommy DOUGLAS (1944-1964), Allan BLAKENEY (1971-1982) et Roy ROMANOW (de 1991 à nos jours), de même qu'au Manitoba, avec Ed SCHREYER (1969-1977) et Howard PAWLEY (1981-1988), ainsi qu'en Ontario avec Bob RAE (1990-1995) et, enfin, au

Yukon avec Tony PENIKETT (1985-1992) et McDonald (de 1996 à nos jours). Il a aussi constitué l'opposition officielle en Alberta et en Nouvelle-Écosse.

Sur le plan de la politique intérieure, le NPD milite pour un SOCIALISME modéré et une économie mixte. Il favorise la planification gouvernementale et la propriété publique (comme les SOCIÉTÉS DE LA COURONNE, les coopératives), lorsqu'elles sont nécessaires pour créer des emplois et offrir des services. Le CCF-NPD a toujours considéré les mesures de SÉCURITÉ SOCIALE, telles que les soins de santé universels, les pensions de vieillesse, les indemnités aux travailleurs et l'assurance-chômage, comme un bon moyen de réduire les inégalités sociales. Il réclame des programmes de soins dentaires et des garderies, une hausse d'impôts pour les sociétés et les bien nantis, et préconise l'accroissement des dépenses gouvernementales pour améliorer les services sociaux.

À titre de porte-parole officiel des travailleurs, le NPD encourage les organisations syndicales. Au cours des dernières années, il a favorisé la démocratie dans les entreprises industrielles et la prise en charge des usines par les ouvriers. Alors que le CCF prônait un gouvernement central fort, le NPD est plus réceptif aux droits des provinces.

En matière de politique étrangère, le NPD, à l'instar du CCF, est essentiellement pacifiste. Prônant un pacifisme plutôt modéré dans les années 50 et au début des années 60, il s'oppose aujourd'hui à l'engagement du Canada au sein de l'OTAN et du NORAD, et il demande que le pays devienne une zone dénucléarisée. Le parti critique aussi la trop grande présence étrangère, surtout américaine, dans l'industrie canadienne. C'est en bonne partie sous les pressions du NPD que le gouvernement libéral de Trudeau adopte des mesures nationalistes comme le PROGRAMME ÉNERGÉTIQUE NATIONAL (PEN) et l'AGENCE D'EXAMEN DE L'INVESTISSEMENT ÉTRANGER (AEIE). Lorsque les conservateurs de Mulroney engagent le pays sur la voie d'une plus grande intégration économique avec les États-Unis, le NPD s'oppose à l'accord sur le LIBRE-ÉCHANGE et à l'Accord de libre-échange nord-américain (ALENA).

Bien que le parti ait toujours proposé une forme de socialisme évolutionniste modéré, une minorité de ses membres s'efforce de le pousser davantage à gauche. Le WAFFLE, la faction la plus connue, a cessé ses activités au sein du parti en 1972, mais un autre comité de gauche l'a remplacé. Même si le NPD sous Ed Broadbent mène dans les sondages nationaux d'opinion pendant presque toute l'année 1987, il ne parvient à obtenir que le statut de tiers parti aux élections de 1988. La déception est grande pour le parti, de même que pour Broadbent, qui démissionne de peu de temps après. Sa successeure, Audrey McLaughlin, féministe de gauche, cherche à donner au parti une orientation plus radicale et à élargir la portée des interventions en adoptant une approche politique moins axée sur l'affrontement. Cependant, depuis l'époque de Broadbent, le NPD est de plus en plus perçu comme un vieux parti qui doit maintenant faire face au Parti RÉFORMISTE de droite dans l'Ouest, aux LIBÉRAUX de gauche en Ontario et aux souverainistes du BLOC QUÉBÉCOIS.

Le NPD fédéral subit également les conséquences de son association avec plusieurs partis néo-démocrates provinciaux impopulaires, surtout avec le controversé «contrat social» de Rae en Ontario. De même, les scissions entre les environnementalistes et les travailleurs forestiers de la Colombie-Britannique ne favorisent guère son image. En outre, le leadership de McLaughlin ne suffit pas à rallier l'électorat, ce qui entraîne la défaite cuisante du parti aux élections de 1993. Par la suite, le NPD entreprend la réorganisation du parti et parraine des conférences d'orientation destinées à régénérer sa plateforme électorale. Une nouvelle mesure, utilisée en 1996,

combine un système électoral primaire, soit l'envoi par la poste d'un bulletin de vote à tous les membres du parti, et un congrès à la direction pour élire le chef fédéral, Alexa McDonough. La première tâche du nouveau chef consiste à remporter un siège au Parlement et à faire en sorte que le parti retrouve son statut officiel, soit 12 sièges.

Alan Whitehorn

Nouvel Ensemble Moderne, Le Fondé en 1989 par Lorraine Vaillancourt, directrice artistique et chef d'orchestre, cet ensemble est le premier orchestre de chambre canadien permanent à présenter, exclusivement, le répertoire contemporain. Composé de 15 musiciens montréalais des plus accomplis, le NEM présente une unité d'interprétation où se mêlent équilibre et précision rythmique. Son répertoire se concentre sur les «classiques» du XXe siècle et sur les nouvelles œuvres de compositeurs canadiens, américains et européens, y compris la musique de théâtre, le multimédia et l'improvisation. Jusqu'à maintenant, l'ensemble a présenté près de 50 œuvres en primeur mondiale, principalement des œuvres de compositeurs québécois.

Le Nouvel Ensemble Moderne entreprend sa troisième tournée européenne en 1994. Il se produit aussi dans plusieurs villes canadiennes et aux États-Unis, notamment au Weill Recital Hall (Carnegie Hall) et au festival Bang-on-a-Can de New York. Le Nouvel Ensemble Moderne est l'ensemble attitré de l'U. de Montréal. Les représentations les plus courues comprennent le Forum international des jeunes compositeurs et la «Biennale» dédiée à un seul compositeur et présentée tous les deux ans.

Claire Versailles

Nouvelle-Écosse Elle s'avance dans l'Atlantique Nord et certains disent qu'elle ressemble à une immense embarcadère en forme de homard, d'autres l'appellent le quai de l'Amérique du Nord. Les publications touristiques la décrivent comme le «paradis maritime du Canada». Rien n'a plus influencé la Nouvelle-Écosse et ses habitants que la mer. La largeur de la province ne dépasse jamais 130 km, ainsi la mer n'est jamais très loin. Avec ses beaux ports aménagés près des routes maritimes, elle a servi de bastion naval et militaire au cours de plusieurs guerres. En réalité, Halifax a été la gardienne du Nord.

Aujourd'hui, la mer conserve son importance et fait de la Nouvelle-Écosse le grand pêcheur de l'Atlantique Nord, dépassant ses plus proches concurrents, Terre-Neuve et la Nouvelle-Angleterre. Son littoral dentelé de 7579 km offre aux touristes des caps sculptés, des havres tranquilles et des plages très attrayantes. L'une de ses 3809 îles côtières, l'ÎLE DE SABLE – à 193 km au large des côtes et jadis considérée comme le «cimetière de l'Atlantique» – pourrait receler dans ses fonds environnants de riches gisements de pétrole et de gaz naturel. Durant les deux dernières décennies, des étrangers ont acquis plusieurs îles et terrains côtiers. Autrefois considérée comme un coin perdu, la Nouvelle-Écosse est de plus en plus perçue comme un endroit où il fait bon vivre, même avec un revenu par habitant inférieur à la moyenne nationale. Les Néo-Écossais se plaisent à dire que le progrès matériel ne nuit pas à leur agréable façon de vivre.

Territoire et ressources

Régions principales Les hautes terres atlantiques, qui se divisent en cinq régions, entrecoupées par de grandes plaines constituent la principale caractéristique physique de la Nouvelle-Écosse. Les hautes terres méridionales, qui occupent le centre et le sud de la province, forment la plus vaste de ces régions. Partant de la côte atlantique accidentée, parsemée de bras de mer, d'îles, de criques et de baies, elle s'élève au rythme de 2,75 m par kilomètre jusqu'à une altitude de 180 m à 210 m à l'intérieur. Elle est bordée au nord par le mont South. La deuxième région est formée par les monts North, une chaîne rocheuse qui s'étend parallèlement aux monts South sur 190 km le long de la BAIE DE FUNDY, depuis le cap Blomidon dans le bassin des Mines jusqu'à l'île Brier.

Entre les deux chaînes s'allongent les vallées fertiles des rivières Annapolis et Cornwallis, région bien connue pour ses vergers. La troisième région comprend les hautes terres de Cobequid aux sommets plats, qui s'élèvent à 300 m et s'étendent sur 120 km à travers le comté de Cumberland. La quatrième prend son origine dans les hautes terres de l'est du comté de Pictou et s'étend en un long et étroit territoire à travers le comté d'Antigonish jusqu'au cap George. La cinquième région, au nord de l'ÎLE DU CAP-BRETON, est un plateau boisé, sauvage, dont le point culminant s'élève à plus de 550 m au-dessus du niveau de la mer. On y retrouve vraiment tous les aspects pittoresques du PARC NATIONAL DES HAUTES TERRES DU CAP-BRETON, surtout quand on peut l'admirer de la piste Cabot qui la traverse. Par contraste, la partie sud de l'île du Cap-Breton est essentiellement constituée de basses terres.

Géologie Les profonds ravins de drainage creusés à travers les hautes terres ont mis à découvert les assises des montagnes et dénudé des roches qui sont parmi les plus vieilles de l'écorce terrestre et qui témoignent des diverses époques géologiques. La péninsule de la Nouvelle-Écosse est constituée d'une couche paléozoïque, traversée par une arête granitique laquelle, parce qu'elle est extrêmement résistante, se retrouve en altitude.

Les monts North ont été formés par l'action volcanique au cours du trias, et les vallées d'Annapolis et de Cornwallis ont été creusées au même moment. Pratiquement tous les minéraux industriels, y compris le gypse, le calcaire, le grès, le sel et la barytine, se retrouvent dans la roche du mississippien. Les gisements houillers se trouvent dans les diverses formations de roches pennsylvaniennes, particulièrement dans les formations de Pictou, de Stellarton et de Morien.

Végétation Seulement 10 p. 100 (environ 538 000 ha) du sol de la Nouvelle-Écosse est propice à l'agriculture. Le plus grand potentiel agricole est celui des basses terres où le sol s'est formé sur une épaisse couche de till, alors que, dans l'ensemble, les sols des hautes terres sont pierreux et pauvres. Les basses terres les plus vastes et les plus riches longent la baie de Fundy et le détroit de Northumberland. Les très hautes marées de la baie de Fundy ont créé de grandes régions de marais, lesquels, grâce aux digues érigées au temps des Acadiens, ont été converties en d'excellentes terres agricoles.

À l'origine, presque toute la province était couverte de forêt, mais, ailleurs que sur le plateau nord-est de l'île du Cap-Breton, il ne reste que peu de traces de la forêt originale. En raison du sol acide et de la lente croissance saisonnière, la pousse secondaire est surtout constituée de conifères, même s'il existe encore des feuillus en quantité suffisante pour créer un paysage très coloré en automne. Dans les régions marécageuses et les terrains rocheux, il pousse surtout des plantes telles que les mousses, les lichens, les fougères et les broussailles. De plus, les fleurs sauvages, les primevères, les sarracénies, les lys d'eau blancs et plusieurs variétés de violettes y croissent en abondance et s'épanouissent en beauté.

On trouve partout dans la province des plantes herbacées telles que les clintonies, les canneberges, les bleuets et diverses variétés de verges d'or. La cardamine des prés européenne s'est répandue dans les BASSES TERRES D'ANNAPOLIS, ainsi que la jacobée dans l'est de la Nouvelle-Écosse.

Hydrographie Plus de 3000 lacs ont été retenus par le relief accidenté du terrain, particulièrement dans la région des hautes terres méridionales, pendant que des centaines de ruisseaux et de rivières ont creusé leur lit. En raison de la direction générale des bassins hydrographiques, les rivières ne sont pas longues. Pourtant, grâce aux précipitations régu-

lières, on ne connaît généralement pas de pénurie d'eau.

Le plus grand lac de la province, le LAC BRAS D'OR (1099 km²), s'est formé quand la mer a envahi la région entre les hautes terres et les basses terres du Cap-Breton. Comme il est salé et sans marée, on y pratique des activités récréatives. Le lac Rossignol

est le plus grand de la péninsule. Situé dans la région centrale sud-est, il est à la fois le centre d'activités récréatives et d'exploitation forestière.

Même si elles sont courtes, les rivières ont joué un rôle historique et économique considérable. Les rivières Sackville et Shubenacadie, sur lesquelles les Indiens ont beaucoup navigué, ont été d'importantes

Mandat	Premier ministre	Parti
1867	Hiram BLANCHARD	Confédération
1867-75	William ANNAND	Anti-Confédération
1875-78	Philip Carteret HILL	Libéral
1878-82	Simon Hugh Holmes	Conservateur
1882	John Sparrow THOMPSON	Conservateur
1882-84	William Thomas PIPES	Libéral
1884-96	William Stevens FIELDING	Libéral
1896-1923	George Henry MURRAY	Libéral
1923-25	Ernest Howard Armstrong	Libéral
1925-30	Edgar Nelson RHODES	Conservateur
1930-33	Gordon Sidney HARRINGTON	Conservateur
1933-40	Angus Lewis MACDONALD	Libéral
1940-45	Alexander Stirling MACMILLAN	Libéral
1945-54	Angus Lewis MACDONALD	Libéral
1954	Harold Joseph CONNOLLY	Libéral
1954-56	Henry Davies HICKS	Libéral
1956-67	Robert Lorne STANFIELD	Conservateur
1967-70	George Isaac SMITH	Conservateur
1970-78	Gerald Augustine REGAN	Libéral
1978-90	John MacLennan BUCHANAN	Conservateur
1990-91	Roger Stuart Bacon	Conservateur
1991-93	Donald William CAMERON	Conservateur
1993-97	John SAVAGE	Libéral
1997-99	Russell Maclellan	Conservateur
1999-	John Hamm	Libéral

PREMIERS MINISTRES DE LA NOUVELLE-ÉCOSSE

voies de transport dans les premiers temps. Quelques-unes, comme la Mersey, continuent de jouer un rôle considérable pour les industries du bois de construction et de la papeterie. D'autres, comme la Margaree et la St. Mary, sont bien connues comme rivières à saumon. On a également construit des petites usines hydroélectriques sur certaines d'entre elles.

Les hautes marées de la baie de Fundy sont un phénomène remarquable. La baie, d'une largeur de 77 km à l'embouchure, se rétrécit et ne mesure plus que 56 km à l'endroit où elle se divise pour former le bassin des Mines et la baie de Chignectou. Sur environ 240 km, l'eau est refoulée vers le fond et atteint alors, aux extrémités les plus étroites, une hauteur dépassant 16 m au-dessus du niveau de la marée basse. Les marées hautes facilitent le chargement du gypse, du bois et de toutes sortes de produits dans les cargos qui reposent sur les fonds plats et boueux à marée basse.

Climat Même si les masses d'air qui se déplacent de l'intérieur du continent vers l'est influencent le climat, elles ne sont qu'une partie du processus complexe qui donne parfois des cauchemars aux météorologistes. Ces masses d'air réagissent souvent contre des systèmes de basse pression qui viennent du sud et se déplacent vers le nord-est le long de la côte. L'ensemble est affecté par la proximité des courants du Labrador et du Gulf Stream. Dans l'ensemble, l'eau a une influence modératrice sur la température, surtout le long de la côte atlantique où la température moyenne en janvier est d'environ -4 °C et modérément douce en été.

L'influence de la mer se fait aussi sentir autrement. Les glaces charriées par le courant du Labrador retardent le printemps que caractérisent les vents froids, la pluie et le brouillard. En été, surtout en juin et en juillet, la rencontre du Gulf Stream apportant la chaleur et du Labrador, beaucoup plus froid, produit du brouillard de mer, qui s'abat parfois sur les régions côtières. L'automne est uniformément beau, clair et long.

Les régions côtières sont à la fois plus douces et plus humides que celles de l'intérieur. Yarmouth connaît environ 160 jours sans gel par année comparativement à 100 jours pour les régions intérieures. La pluie peut varier de 140 mm dans les régions côtières à 100 mm à l'intérieur. Les chutes de neige atteignent une épaisseur globale allant de 200 cm à 300 cm.

Ressources Les ressources naturelles sont quelque peu limitées. Celles qui ont fait vivre les premiers colons demeurent vitales pour l'économie de la province. La PÊCHE est toujours la plus importante. La province est une importante réserve de CHARBON pour le chauffage et la métallurgie, qui bénéficie depuis peu de la priorité dans la stratégie générale de l'énergie. La capacité de production de PÉTROLE ET DE GAZ NATUREL, au large de la côte sud, demeure inconnue, mais en 1987, il est apparu que le gisement au large de l'île de Sable était suffisamment important pour justifier son exploitation. Deux autres champs pétrolifères de moindre importance (Cohasset et Panuke) ont commencé à être exploités en 1992.

Conservation Le ministère provincial des Ressources naturelles dirige d'importantes initiatives de conservation. Il a la responsabilité globale en matière de développement, de gestion, de conservation et de protection des sources énergétiques, des forêts, des ressources minérales, des parcs, des zones protégées et de la faune.

Il fait porter son effort principal vers la protection et la régénération des forêts. Il veille à améliorer constamment ses méthodes de gestion forestière. Depuis son quartier général pour la protection des forêts, à Shubenacadie, il coordonne la lutte contre les incendies et contre les insectes qui détruisent les cultures. Le ministère fournit aussi des plants qui sont transplantés sur les terres de la Couronne. Il en

fournit également à des personnes et à des entreprises pour le reboisement privé.

Afin de protéger et de promouvoir la pêche intérieure au saumon et à la truite, la province se charge de la gestion des eaux, du repeuplement des lacs et de la recherche. Le territoire compte plus de 100 parcs provinciaux, dont la plupart sont petits. Les plus grandes zones protégées sont les PARCS NATIONAUX (HAUTES TERRES DU CAP-BRETON et KEJIMKUJIK), les sanctuaires d'animaux et l'aire de protection de la faune de Tobeatic.

Population

Peuplement et immigration Les Français, qui fondent la première colonie européenne à PORT-ROYAL en 1605, la baptisent ACADIE, du nom que VERRAZZANO a donné au littoral. La première colonie britannique stable n'apparaît que lors de la fondation de HALIFAX par le gouverneur Edward CORNWALLIS, en 1749, qui s'y installe avec 2500 colons. Au cours des trois années suivantes, 2500 protestants étrangers, des Allemands pour la plupart, arrivent et s'établissent surtout à LUNENBURG.

Entre 1760 et 1768, arrivent les colons, jusqu'à 8000 ressortissants de la Nouvelle-Angleterre, des «préloyalistes», et plusieurs centaines d'immigrants d'Irlande du Nord. Environ 1000 ressortissants du comté d'York s'établissent, entre 1772 et 1774, dans l'isthme de Chignectou. Les premiers Écossais accostent à Pictou en 1773 à bord du HECTOR. La GUERRE D'INDÉPENDANCE AMÉRICAINE apporte environ 20 000 LOYALISTES, des militaires démobilisés et des RÉFUGIÉS de façon permanente en Nouvelle-Écosse.

Des NOIRS arrivent avec les «préloyalistes» et les loyalistes, et quelques-uns viennent de la Jamaïque en 1796. Beaucoup ne restent pas, mais quelques centaines s'établissent et sont rejoints par 2000 compatriotes après la GUERRE DE 1812. Entre 1815 et 1851, environ 55 000 Écossais, Irlandais, Anglais et Gallois s'établissent de leur propre chef dans la province. Après l'essor des industries de l'acier et de la houille qui commence dans les années 1890, les nouveaux venus des îles britanniques et du continent européen se fixent surtout au Cap-Breton.

Ethnies, langues maternelles et religions En 1991, la population est de 899 942 habitants, ce qui représente une augmentation de 6,2 p. 100 par rapport aux 10 années précédentes et de 3,1 p. 100 par rapport aux cinq dernières années, mais une baisse constante par rapport à la moyenne nationale. En 1991, environ 44 p. 100 de la population est de descendance britannique et environ 6 p. 100 de descendance française, sans compter les 8 p. 100 de Néo-Écossais qui ont au moins un Anglais ou un Français parmi leurs aïeux. Le reste de la population est d'origine européenne, noire ou amérindienne.

L'anglais est la langue maternelle de 93,2 p. 100 d'entre eux, et le français, de 3,8 p. 100. La plupart des Acadiens habitent les comtés de Digby et de Yarmouth sur la péninsule et ceux de Richmond et d'Inverness sur l'île du Cap-Breton. Cependant, de nombreux Acadiens se sont installés ailleurs, surtout à Halifax, et ont ainsi rapidement perdu l'usage de leur langue maternelle. La loi votée en 1981 prévoit que les enfants acadiens ont droit à l'enseignement en français partout où leur nombre le permet, mais la plupart des parents acadiens désirent que leurs enfants s'expriment couramment en anglais comme en français.

En 1991, 37,2 p. 100 de la population est catholique romaine. Parmi les protestants, les adeptes de l'Église unie représentent 17,2 p. 100; les anglicans, 14,4 p. 100; les baptistes, 11,1 p. 100; les presbytériens, 3,5 p. 100; et les luthériens, 1,3 p. 100.

Main-d'œuvre En 1995, le nombre total des travailleurs s'élève à 437 000, ce qui constitue un taux d'activité de 59,8 p. 100. Par ailleurs, 12,1 p. 100 sont sans emploi. Bien que les ressources naturelles

soient la principale source économique, le secteur des services demeure le plus gros employeur en offrant les trois quarts des emplois.

Depuis quelques années, contrairement au passé, le pourcentage de chômeurs se situe en général tout juste au-dessus de la moyenne nationale, parfois seulement un peu plus bas. De 1989 à 1995, le taux de chômage est supérieur de 2 p. 100 à la moyenne nationale. En 1993, il atteint son taux le plus élevé, soit de 14,7 p. 100, mais redescend à 12,1 p. 100 en 1995. Le problème qui subsiste dans le domaine de l'emploi en Nouvelle-Écosse concerne les salaires, qui sont généralement inférieurs à la moyenne canadienne. En 1994, le revenu moyen personnel est de 18 410 dollars, ce qui représente 78 p. 100 du revenu canadien qui est de 23 746 dollars.

Vie rurale, vie urbaine Depuis quelques décennies, comme dans le reste du Canada, il se produit un déplacement marqué de la population de la campagne vers la ville. De 1941 à 1961, la proportion des habitants ruraux passe de 54,6 p. 100 à 43,4 p. 100 et celle des citadins augmente proportionnellement. Cependant, à la fin des années 60, le mouvement ralentit. En 1971, le pourcentage d'habitants ruraux n'est descendu qu'à 42 p. 100, et vers 1991, le mouvement est renversé. On compte alors 46,5 p. 100 de ruraux. En 1991, la Nouvelle-Écosse compte 899 942 habitants. En 1994, on évalue la population à 937 000.

En 1991, le tiers de la population habite le comté de Halifax, alors que le Halifax métropolitain, plus grand centre urbain du Canada atlantique, compte 320 501 habitants: 114 455 dans la ville de Halifax, 67 798 dans celle de Dartmouth et 138 248 dans les banlieues. Le second plus grand centre urbain, SYDNEY, et les villes avoisinantes (GLACE BAY, New Waterford, Sydney Mines, Dominion et North Sydney) comptent environ 116 100 habitants en 1991. La troisième région urbaine, NEW GLASGOW, comprenant les villes du comté de Pictou (Stellarton, Trenton et Westville), a une population de 38 676 habitants.

Économie

Le revenu par habitant des Néo-Écossais a rarement dépassé 80 p. 100 de la moyenne nationale. Les ressources naturelles limitées et l'éloignement du Canada central en sont partiellement les causes, mais la critique porte surtout sur la politique nationale du transport et plus particulièrement sur le tarif préférentiel ou la POLITIQUE NATIONALE. Les quelques industries favorisées par la politique nationale se sont dernièrement détériorées, et plusieurs des anciennes industries secondaires ont disparu, incapables de concurrencer celles du Canada central. En conséquence, la Nouvelle-Écosse doit compter surtout sur les industries primaires.

Agriculture Au XVIᵉ siècle, alors que les Micmacs s'adonnent à la chasse pour s'alimenter, il est probable que les capitaines de pêche cultivent des légumes pour nourrir leurs équipages. À la même époque, les Français récoltent le grain à Port-Royal et, en 1609, ils construisent le premier moulin à eau de l'Amérique du Nord. Pour avoir du sel pour la salaison du poisson, ils bâtissent des digues le long des marécages formés par les marées. Plus tard, ils utilisent ces digues pour la culture. Beaucoup plus récemment, la Commission d'assèchement des marais a protégé et étendu ce système de digues.

Environ 538 000 ha, soit 10 p. 100 du territoire, sont propres à l'agriculture. On trouve les plus grandes régions agricoles dans la vallée d'Annapolis et dans quelques secteurs du nord de la Nouvelle-Écosse. Cependant, la recherche du minimum vital à partir des fermes familiales est un phénomène courant à travers de vastes régions de la province.

Près des côtes, on associe souvent la ferme et la pêche, comme à l'intérieur, la ferme et la forêt. Ces dernières années, on constate une tendance vers des fermes plus grandes, moins nombreuses, en même temps qu'une diminution de la surface totale cultivée et de la population agricole.

En 1994, on estime à 311 millions de dollars l'apport total de l'agriculture dans l'économie provinciale. En 1986, il était de 267,6 millions. En revanche, le revenu net annuel de l'agriculture, qui englobe 16 secteurs agricoles, est évalué à 22 millions de dollars en 1994, alors qu'il était de 60 millions en 1986.

L'ÉLEVAGE LAITIER est le plus important de ces secteurs et fournit le lait pour la consommation domestique aussi bien que pour les manufactures de produits laitier. Toujours en 1994, la production de l'industrie laitière s'évalue à 50 millions de dollars. La production des œufs, des poulets et des dindes a prospéré durant les dernières années. En fait, les produits laitiers et avicoles rapportent plus que la production de fruits, de légumes et de produits de la serre pour laquelle la province est connue.

La production de porc et de bœuf est un autre secteur en pleine expansion. Chacune de ces productions rapporte environ 30 millions de dollars par an. La foire de comté est une institution importante. Celle de Windsor, instituée en 1765, est la plus ancienne du genre en Amérique du Nord.

Industrie En 1994, la Nouvelle-Écosse possède plus de 760 industries qui emploient environ 39 200 personnes (9 p. 100 des travailleurs). Relativement petites pour la plupart, elles fondent leurs assises sur les produits primaires comme le bois de papeterie, les fruits, les légumes et les produits laitiers. Plus de 60 industries ont été créées depuis les années 60, grâce surtout aux encouragements prodigués par les gouvernements fédéral et provincial.

Au moins la moitié des produits manufacturés est destinée à l'exportation, dont 67 p. 100 aux États-Unis. De nombreuses industries, parmi les plus récentes, ont vu le jour grâce à des investissements des États-Unis, de la Grande-Bretagne et de l'Allemagne. Quelques-unes n'utilisent aucune ressource naturelle de la Nouvelle-Écosse. Parmi ces dernières, Michelin du Canada dirige avec succès des fabriques de pneus à Granton, à Bridgewater et à Waterville, utilisant largement la main-d'œuvre néo-écossaise.

Tourisme Province aux ressources culturelles et récréatives abondantes et possédant plus de lieux historiques que toute autre, à part le Québec, la Nouvelle-Écosse est devenue la terre de prédilection des touristes de juin à octobre. Bien qu'en 1975 le nombre de touristes ait atteint 1,1 million, la valeur brute de l'industrie a augmenté de plus de 100 p. 100 durant chacune des deux dernières décennies. En 1992, les touristes y dépensent pour la première fois plus de 800 millions de dollars. Le nombre total de visiteurs dépasse un million par année. L'industrie touristique emploie environ 29 000 employés.

Finances Bien que de nombreuses banques canadiennes importantes se soient d'abord installées à Halifax, leurs sièges sociaux sont maintenant au Canada central. Seule la BANQUE DE NOUVELLE-ÉCOSSE tient encore sa réunion annuelle à Halifax. Cependant, plusieurs grandes sociétés canadiennes ont leurs bureaux régionaux à Halifax. Le fait que plus de Néo-Écossais travaillent dans les affaires, le commerce, la finance et les transports que dans les industries manufacturières et de transformation est parfois attribué à la survivance d'un modèle historique hérité des marchands maritimes. Les édifices à bureaux, les hôtels et les magasins sont plus visibles que les usines. Les deux tiers des travailleurs œuvrent dans les industries de service.

Mines La valeur de la production minière n'a cessé d'augmenter et a atteint plus de 396,9 millions de dollars en 1993. La houille, le SEL, le GYPSE, ainsi que d'autres minéraux industriels sont les principaux produits de cette industrie qui emploie environ 2300 personnes.

La houille est de loin le plus important minéral, mais son histoire en Nouvelle-Écosse est plutôt mouvementée. La croissance rapide de sa production, due à la création du Whitney Syndicate et au développe-

ment de l'aciérie, est la principale cause de la prospérité de la province au début du XXᵉ siècle. Après la Première Guerre mondiale, les régions houillères connaissent des temps troublés. À la fin des années 50, le marché se rétrécit à cause de la concurrence des produits pétroliers et du gaz naturel. La production passe de 6,6 millions de tonnes en 1950 à environ 2 millions de tonnes en 1971.

La houille fait cependant une remontée impressionnante. À la suite des sérieuses augmentations des prix du pétrole par les pays de l'OPEP, la province s'efforce de réduire sa dépendance au pétrole étranger en le remplaçant par le charbon thermique. En 1993, la production s'élève à plus de 3,6 millions de tonnes, soit une valeur excédant 228 millions de dollars.

Dès 1991, le charbon thermique répond à 72 p. 100 des besoins en électricité, ce qui constitue une hausse importante par rapport à 1980, alors qu'elle n'en comblait que 23 p. 100. Vu l'épuisement prochain des anciennes mines des comtés de Cumberland, de Pictou et d'Inverness, presque toute la houille proviendra dorénavant du Cap-Breton. En 1992, la mine Westray, près de Plymouth, doit fermer à la suite d'une explosion souterraine qui, le 9 mai, tue 26 mineurs.

Après la houille, le gypse et le sel sont les minéraux le plus profitables. On en trouve en grande quantité dans les comtés de Hants, d'Inverness et de Cumberland. Le gypse, extrait en Nouvelle-Écosse plus que dans toute autre province, est expédié aux États-Unis pour la transformation. Par ailleurs, la Nouvelle-Écosse possède les plus importants dépôts de BARYTINE du Canada, ainsi que de grands dépôts de sable, de gravier et d'autres matériaux de construction. La seule mine de métal en Nouvelle-Écosse est la mine d'or ouverte récemment et située près de Sheet Harbour.

Foresterie L'exploitation forestière a toujours été importante pour l'économie de la Nouvelle-Écosse (*voir* BOIS, HISTOIRE DU COMMERCE DU). Au XIXᵉ siècle, la prospérité vient surtout des navires en bois qui transportent outre-mer planches, madriers et autres produits forestiers. Aujourd'hui, quelque 3,9 millions d'hectares, environ 70 p. 100 de la superficie de la province, sont encore en forêt, et 69 p. 100 de cette superficie appartiennent à des propriétaires forestiers privés.

L'industrie du bois de sciage constitue la plus importante activité du secteur forestier de la Nouvelle-Écosse. En 1993, le bois de sciage représente plus de 50 p. 100 de la valeur totale des produits d'exportation forestière. Le bois tendre le plus répandu est l'épinette. Le sapin baumier est employé non seulement pour le bois de papeterie, mais aussi dans une industrie secondaire: l'exportation d'arbres de Noël.

Les bois durs les plus importants pour le commerce sont le merisier, l'érable rouge et l'érable à sucre, qui, surtout dans le Nord, est également exploité par l'industrie de production du sirop d'érable et de ses dérivés.

Pêches La Nouvelle-Écosse vient au second rang, après la Colombie-Britannique, pour la valeur des pêcheries, qui ont jadis attiré les Européens sur ses côtes. Il fut un temps où le poisson salé et séché, exporté en Amérique latine, constituait le principal du marché, mais le poisson en filets et surgelé domine entièrement le marché moderne.

Depuis la Seconde Guerre mondiale, les goélettes et les doris ont cédé la place aux chalutiers qui pêchent toute l'année. En 1991, 11 000 pêcheurs et environ 6500 travailleurs sur terre participent aux pêches. Près de 6100 bateaux de pêche, grands et petits, fournissent les 235 usines de transformation de la province. En 1986, on comptait près de 15 000 pêcheurs et 9300 travailleurs sur terre avec environ le même nombre de bateaux de pêche et d'usines de transformation.

Dans une industrie très diversifiée, les pêcheurs côtiers comptent pour environ 70 p. 100. Les mol-

lusques et les crustacés, comme les pétoncles et les homards, sont plus rentables que les poissons de fond, comme l'aiglefin et la morue. Les poissons de fond sont pêchés à la fois par les chalutiers, par les bateaux côtiers et par les palangriers.

Les homards sont capturés surtout près de la côte par des bateaux de Cape-Island; les pétoncles, par des chalutiers côtiers ou de haute mer; et les harengs, par des senneurs. En 1971, on cesse la pêche à l'espadon, craignant qu'il soit contaminé au MERCURE.

En accord avec les autres pays qui pratiquent la pêche, le Canada instaure, en 1977, une limite de pêche à 200 milles (370 km) de ses côtes, se réservant le droit de réglementer les bancs de pêche de son plateau continental afin de permettre aux poissons de se régénérer et, surtout, de mettre fin à l'épuisement des bancs causé par les grands navires-usines étrangers. Malgré les prises d'une valeur moyenne de 264 millions de dollars par an, l'industrie connaît des problèmes. Les pêcheurs hauturiers se plaignent longtemps que les pêcheurs côtiers, appuyés par un lobby puissant et un ministre sympathique à leur cause, soient favorisés à leurs dépens. Tous les pêcheurs s'élèvent contre la trop grande réglementation fédérale, particulièrement contre un récent projet d'administration sectorielle qui manque de souplesse.

La nouvelle limite de pêche attire des centaines de nouveaux venus qui sont déçus. Obligés de travailler selon un système de quotas, les grandes usines et les chalutiers, qui ont de lourds frais généraux, trouvent coûteux de diminuer leur capacité de production. Les pêcheurs côtiers vendent parfois leur pêche aux chalutiers étrangers, ce qui met l'industrie de transformation en difficulté. Pendant la crise surgit un autre problème: on doit parfois vendre à un prix trop élevé un produit dont la qualité est parfois inférieure.

Un différend de longue date entre le Canada et les États-Unis au sujet de la propriété du banc Georges, l'une des zones de pêche les plus riches du monde, est réglé par la Cour internationale de justice, en 1984. Le Canada ne reçoit qu'un sixième du territoire convoité, mais c'est la partie la plus riche, et les pêcheurs de la Nouvelle-Écosse se sentent moins lésés que ceux de la Nouvelle-Angleterre.

Transports Au tout début, l'eau était la seule voie de communication, mais à la fin des années 1760, on commence à construire des routes. Aujourd'hui, environ 26 000 km de routes (dont 14 000 km sont pavés) relient toutes les communautés de la province.

À la fin du XIXᵉ siècle, on construit surtout des lignes de chemin de fer. La plus grande partie des 1900 km de chemin de fer de la province l'ont été entre 1854 et 1914. Cependant, à compter des années 1950, les services du rail connaissent un déclin constant, au point qu'il ne reste plus que 678 km de rail sur la ligne principale.

Au cours des cinq dernières années, le transport par rail a attiré de plus en plus d'adeptes. Le CN, le principal transporteur, a construit à Halifax une grande gare et instauré un service de conteneurs gerbés entre Halifax et ses principaux marchés intérieurs de Montréal, de Toronto et de Chicago. De même, depuis peu, la province compte deux autres compagnies privées de chemins de fer secondaires: le Cape Breton & Central Nova Scotia Railway, qui fait la liaison entre Truro et Sydney, et le Windsor & Hantsport Railway, qui relie Halifax à Kentville.

VIA Rail, le train de voyageurs continental de l'Est, fait six fois par semaine le voyage de Halifax à Montréal. À l'intérieur de la province, le transport routier est assuré par Acadian Lines, MacKenzie Bus Lines et d'autres compagnies d'autobus plus petites.

Le port de Halifax, qui est libre de glaces et dont les eaux sont profondes, se trouve plus près de l'Europe que tout autre port continental en Amérique; cette journée de voyage en moins lui permet de demeurer compétitif au niveau du transport maritime à l'échelle internationale. C'est le second plus important port naturel du monde. Il a deux terminus pour conteneurs gérés par des entreprises privées: Halterm, situé à l'extrémité sud de Halifax, et Fairview Cove/Ceres, à la limite nord du bassin de Bedford. Halifax est aussi dotée d'un vaste autoport situé à Eastern Passage.

Étant donné l'ouverture récente du tunnel du CN pour conteneurs gerbés, à St. Clair, le port commercial agrandit son territoire traditionnel qui était constitué de l'arrière-pays du Canada central en annexant celui de Chicago, qui connaît une bonne croissance depuis deux ans. Le port à conteneurs de Halifax se classe au 75e rang dans le monde et au 3e au Canada.

Récemment, l'activité s'est intensifiée au super-port du détroit de Canso à Port Hawkesbury/Point Tupper. En 1995, l'augmentation de la circulation y est la plus importante parmi les 10 principaux ports du Canada. Les marchandises en vrac qui y circulent sont le pétrole brut et des produits pétroliers, qui sont dirigés vers les marchés nord-américains, ainsi que du charbon et des agrégats.

Des traversiers, propres à la navigation maritime, relient le Sud-Ouest de la Nouvelle-Écosse à la Nouvelle-Angleterre (de Yarmouth à Bar Harbor, dans le Maine; et de Yarmouth à Portland, dans le Maine) et au Nouveau-Brunswick (de Digby à Saint-Jean). De plus, des traversiers viennent de Terre-Neuve (à partir de North Sydney jusqu'à Port-aux-Basques, et de North Sydney jusqu'à Argentia) et de l'Île du Prince-Édouard (à partir de Caribou jusqu'à Wood Islands).

L'aéroport international de Halifax, le septième en importance au Canada et le pivot dans la région atlantique, est relié aux grands centres canadiens et internationaux par les services d'Air Canada, de Canadien International, d'Air Nova, d'Air Atlantique, de Northwest Airlines, d'Icelandair, d'Air Saint-Pierre, de Prince Edward Air et de quelques importantes compagnies de charter. L'aéroport de Sydney est desservi par Air Nova et Air Atlantique, tandis que celui de Yarmouth jouit d'une liaison directe avec Halifax et Boston par Air Nova.

Énergie Avant 1973, la production de l'énergie électrique dépend de la Nova Scotia Power Commission, un organisme public fondé en 1919, et de la Nova Scotia Light and Power Company, un service privé. En 1973, ces deux organismes fusionnent en une seule société publique: la Nova Scotia Power Corp. Celle-ci est privatisée en 1992 et aujourd'hui, elle est constituée en corporation.

En 1950, l'énergie hydroélectrique et le charbon local répondent à environ 70 p. 100 de la demande énergétique de la province. Persuadés que le pétrole à bon marché sera toujours disponible et que l'énergie nucléaire sera moins coûteuse que l'énergie produite par la houille, les gouvernements laissent s'installer une situation qui fait que, vers 1978, plus de 70 p. 100 de l'électricité est tributaire du pétrole. À la suite des importantes augmentations des prix du pétrole, l'énergie de la Nouvelle-Écosse est la plus coûteuse au Canada, si on excepte l'Île-du-Prince-Édouard.

En 1979, afin de mettre au point une stratégie énergétique, on fonde l'Energy Planning Board sous l'autorité du nouveau ministère des Mines et de l'Énergie. Cette stratégie vise le développement des quelques réserves hydroélectriques inexploitées; l'ouverture de nouvelles houillères et l'expansion de celles qui existent déjà, de façon à éliminer graduellement le pétrole comme carburant industriel; et enfin, l'achèvement, en 1984, sur la rivière Annapolis, de la première usine marémotrice d'Amérique du Nord, utilisant la plus grande turbine jamais construite pour l'hydroélectricité. Cette stratégie connaît un succès tel qu'en 1995, le pétrole ne constitue plus que 13 p. 100 de l'énergie provinciale, alors que le charbon en constitue désormais 72 p. 100. La quantité d'énergie hydroélectrique produite est négligeable.

La recherche de sources d'énergie mène à l'exploration en haute mer du pétrole et du gaz, surtout sur la plate-forme néo-écossaise dans la région de l'île de Sable, où l'on découvre d'importantes quantités de gaz. En mars 1982, le premier ministre John BUCHANAN conclut avec le gouvernement fédéral une entente sur 42 ans qui accorde à la Nouvelle-Écosse des droits sur ses réserves marines équivalents à ceux de l'Alberta sur ses réserves industrielles de pétrole et de gaz.

Administration et politique

Structure fondamentale Bien qu'une partie de la constitution de la Nouvelle-Écosse repose encore sur la prérogative, comme les commissions et les instructions du gouverneur d'avant la Confédération, en pratique, elle n'est pas différente de celle des autres provinces. Légalement, c'est le LIEUTENANT-GOUVERNEUR qui est investi du pouvoir exécutif, mais en pratique ce dernier est exercé par le Conseil exécutif, autrement dit, le cabinet, qui s'est élargi, depuis le CONSEIL DES DOUZE du XVIIIe siècle, jusqu'à 23 membres.

Depuis 1838, le pouvoir législatif est exercé par une assemblée générale formée d'un lieutenant-gouverneur, d'un Conseil législatif et d'une Assemblée législative. En 1928, cependant, la Nouvelle-Écosse supprime le Conseil législatif. Seul le Québec conserve le bicaméralisme jusqu'en 1968. Les 52 membres de la 52e Législature de 1981 sont élus pour la première fois à raison d'un député par circonscription électorale. En 1920, hommes et femmes de plus de 21 ans ont droit de vote. En 1970, l'âge minimal est abaissé à 19 ans et, en 1973, à 18 ans.

La Cour suprême de la Nouvelle-Écosse est le plus haut tribunal de la province et ses juges sont nommés par le Cabinet fédéral. Au début des années 60, il est divisé en deux: la division de première instance et la division d'appel. En 1987, la division d'appel est formée du juge en chef de la division d'appel et de six autres juges, et la division de première instance, du juge en chef de la Nouvelle-Écosse et de 11 autres juges. Jusqu'en 1981, la cour de comté, constituée de la même façon, comprend huit juges, mais la législation cette année-là prévoit la nomination de deux juges supplémentaires et d'un juge en chef qui devra exercer le pouvoir général de surveillance.

Parce que la plupart des causes criminelles, excluant les délits les plus graves, sont traitées à la Cour provinciale (anciennement la Cour du magistrat provincial), une cour de nature strictement provinciale, le nombre de ses juges a substantiellement augmenté ces dernières années. Depuis 1980, l'un d'eux exerce des pouvoirs de surveillance à titre de juge en chef. (*Voir aussi* PREMIERS MINISTRES DE LA NOUVELLE-ÉCOSSE: TABLE.)

Gouvernement municipal Le gouvernement local est exercé dans les municipalités régionales, les cités, les villes et les municipalités rurales. Ces dernières ont généralement les mêmes limites que les comtés, mais six d'entre eux comptent deux municipalités chacun. Malgré diverses tentatives pour fusionner ou changer ces unités, elles demeurent pratiquement inchangées depuis 1879. Les seuls changements notables dans leur statut, depuis 1923, sont la constitution de Dartmouth en cité en 1961 et celle de Bedford en ville en 1980, ainsi que le retour à leurs constitutions de municipalités rurales des villes de Port Hood, de Wedgeport, de Joggins et d'Inverness. Le changement le plus important apporté à la structure municipale est la création de deux municipalités régionales: la municipalité régionale du Cap-Breton, créée dans le but d'harmoniser les services offerts partout dans l'île, et la municipalité régionale de Halifax, qui rassemble Halifax, Dartmouth, Bedford et le comté de Halifax, afin de constituer la grande région de Halifax qui est autogérée.

Les plus petites localités peuvent s'entendre, en vertu du *Village Service Act,* pour s'assurer des services qui ne sont pas fournis par leur municipalité rurale. Pendant les trois ou quatre dernières décennies, les municipalités ont remis plusieurs de leurs responsabilités au gouvernement provincial, mais ce dernier est parfaitement conscient des préjudices que pourrait engendrer cette situation.

Représentation fédérale Comme le prévoyait la Constitution de 1867, la Nouvelle-Écosse a droit à 10 sénateurs, mais sa représentation à la Chambre des communes, qui était de 21 députés dans les années 1870, n'est plus que de 11, ce qui diminue le poids de la province dans les décisions de politique fédérale. Par ailleurs, on prétend parfois que la propension des électeurs à appuyer fidèlement les partis traditionnels a nui à la capacité de négociation de la province. On émet parfois l'idée, qui est fermement niée par certains, que la Nouvelle-Écosse serait substantiellement plus avantagée au sein d'une union des PROVINCES MARITIMES.

Finances publiques Jusqu'à la Confédération, le gros des revenus du gouvernement provient des droits d'importation (*voir* DOUANES ET ACCISE) qui peuvent être facilement ajustés selon les besoins. Après 1867, les contributions venant d'Ottawa deviennent de loin la principale source de revenus. Ce n'est que vers le tournant du siècle que le budget de la province atteint un million de dollars et que les redevances sur la houille viennent en tête des subsides fédéraux comme source majeure de revenu. La décennie qui précède la Première Guerre mondiale est la seule période, depuis la Confédération, durant laquelle les finances provinciales sont saines et cela est surtout dû à l'essor de l'industrie houillère et de l'aciérie.

Depuis 1918, la province est presque toujours à court d'argent et, de concert avec les autres provinces pauvres, doit multiplier les demandes au Trésor fédéral. Durant les années 60, la Nouvelle-Écosse prend la tête des provinces afin d'obtenir des autorités fédérales qu'elles établissent la pleine péréquation.

Santé Le ministère de la Santé publique gère un vaste programme grâce à ses divisions de santé dentaire, de services infirmiers, d'organisation de santé publique, de nutrition, de lutte contre la tuberculose, d'hôpitaux et d'écoles de formation infirmière, de santé infantile et maternelle, de contrôle des maladies contagieuses, de maladies industrielles et de services d'urgence. En 1959, la province adhère au plan national d'assurance-hospitalisation et, en 1968, au plan d'assurance-maladie. Afin d'assurer une plus grande efficacité administrative, les deux plans fusionnent, en 1973, sous la responsabilité de la Commission d'assurance et de services de santé. Aux services gratuits déjà fournis, elle ajoute, en 1974, les soins dentaires pour les enfants jusqu'à 7 ans (jusqu'à 16 ans aujourd'hui) et, peu après, les médicaments délivrés sous ordonnance pour les personnes de 65 ans et plus.

La part provinciale des coûts est couverte essentiellement par la taxe de vente de 15 p. 100 prélevée sur la vente au détail, une taxe de vente harmonisée depuis avril 1997 avec la TPS, par la taxe provinciale sur les services de santé et par une redevance sur les certificats de mariage, de naissance et de décès. La recherche médicale est poursuivie essentiellement par la faculté de médecine de l'UNIVERSITÉ DALHOUSIE, qui, pour pallier l'insuffisance des fonds fournis par les organismes nationaux, a créé la Fondation pour la recherche et le développement.

Politique Les premiers véritables partis politiques apparaissent lors de l'élection de 1836 alors que les *tories* (conservateurs) battent les *reformers* (libéraux), rassemblés à la dernière minute par Joseph HOWE. Jusqu'en 1867, les partis luttent à armes égales, mais la question de la Confédération retourne la situation en faveur des libéraux qui s'y opposent.

Jusqu'en 1956, les conservateurs gagnent seulement 3 élections et détiennent le pouvoir pendant seulement 12 des 89 dernières années. Depuis la

Seconde Guerre mondiale, un recul marqué du vote traditionnel, auquel viennent s'ajouter les luttes intestines qui déchirent le Parti libéral et l'influence de John DIEFENBAKER et de Robert STANFIELD, a sérieusement diminué l'écart électoral entre les deux partis et ainsi renforcé la concurrence.

Il est très difficile de supplanter les premiers ministres néo-écossais bien enracinés, et W.S. FIELDING, George Murray, Angus L. MACDONALD et Robert Stanfield gardent leur ascendant politique pendant de longues périodes. Toutefois, qualifier le conservateur Stanfield de moins libéral ou de plus conservateur que les libéraux Fielding, Murray et Macdonald serait trompeur, car les partis traditionnels fondent avec pragmatisme leurs programmes sur les besoins des électeurs et non sur des vues idéologiques.

Le traditionalisme politique complique la vie des tiers partis. En 1920, les facteurs inhérents à la Première Guerre mondiale permettent au mouvement agraire-ouvrier de faire la meilleure percée qu'un tiers parti ait jamais réalisée en faisant élire 11 députés avec 30,9 p. 100 du vote populaire contre 3 députés conservateurs avec 24,7 p. 100 des voix. Depuis 1941, le CCF-NPD fait parfois élire un député fédéral et même obtenu jusqu'à quatre députés provinciaux. En 1945, les conservateurs n'ayant aucun élu, les deux députés CCF-NPD constituent l'opposition officielle de l'Assemblée.

Avant 1981, le CCF-NPD a remporté toutes ses victoires dans la partie urbaine du comté de Cap-Breton, mais, cette année-là, le leader NPD gagne un siège dans le Halifax métropolitain, dont le vote total du parti égale presque celui des libéraux. Cette même année, il recueille 18,1 p. 100 de l'ensemble des voix de la province, ce qui constitue un record. En 1984, le premier ministre John Buchanan remporte sa troisième victoire, la plus décisive, alors que les conservateurs s'assurent 42 sièges, les libéraux, 6, le NPD, 3 et le Parti travaillant du Cap-Breton, 1.

Buchanan obtient un autre mandat en 1988, mais avec une majorité réduite. Après 13 ans au pouvoir, conscient de l'antipathie grandissante envers son régime, il démissionne. C'est sous le gouvernement de son successeur, Donald Cameron, que le Parti conservateur connaît une situation exceptionnelle: durant deux années, il ne se produit que de très rares dissensions à l'Assemblée. En 1993, Cameron perd l'élection générale au profit des libéraux de John Savage. Ce dernier accède au pouvoir, bien déterminé à instaurer des mesures sévères en vue de contrôler les dépenses publiques.

Éducation
Administration L'aide provinciale à l'éducation est d'abord assurée par la «loi scolaire ignorée» de 1808, mais, parce qu'on craint l'imposition directe, ce n'est pas avant la loi de 1865, qui prévoie un impôt obligatoire, qu'un système gratuit et universel d'écoles communales est créé. Bien que l'Assemblée ait toujours refusé d'accorder une reconnaissance légale aux écoles séparées, les écoles catholiques de Halifax, même avant la Confédération, sont traitées comme faisant partie du système public à la condition qu'elles dispensent le même enseignement et respectent les règlements. Plus tard, la même reconnaissance s'étend aux écoles catholiques des plus grandes villes du Cap-Breton et de l'est de la Nouvelle-Écosse.

Dernièrement, avec l'extension des limites de Halifax et la consolidation des écoles due à la baisse des inscriptions, le système séparé a été sérieusement fragilisé à Halifax. De 1864 à 1950, un conseil de l'instruction publique, en somme le Cabinet provincial, s'occupe de l'éducation. En 1950, la province se dote de son premier ministre de l'Éducation.

En plus de la consolidation scolaire, deux autres changements essentiels ont été effectués dans le système public depuis la Seconde Guerre mondiale. À la suite du rapport Pottier, en 1954, une loi crée un pro-

gramme de dotation, prévoyant un niveau de base des services éducatifs, financé en partie par le gouvernement provincial et en partie par des taxes municipales uniformément redistribuées dans la province.

À la suite du rapport Walker sur le financement de l'éducation publique, une loi de 1982 prévoit la réduction du nombre des commissions scolaires de 85 à 22, en espérant que ce changement provoquera une situation administrative où le nombre d'élèves, les fonds, le personnel professionnel et la compétence de spécialistes permettront un enseignement plus riche et très élargi.

L'un des 22 conseils scolaires est de langue française. À l'heure actuelle, on pense encore réduire le nombre des conseils scolaires, et la province mène une étude sur les systèmes de gestion dans huit écoles. Le ministère de l'Éducation et de la Culture crée aussi des projets de partenariat avec le secteur privé dans le but de construire et d'organiser des écoles de haute technologie. Le niveau primaire comprend le préscolaire et les classes de la première année à la sixième année, et le secondaire réunit les classes de la septième année à la douzième année. Le système scolaire public est non confessionnel.

La population acadienne a ses propres écoles acadiennes qui dispensent l'enseignement en français au niveau primaire, puis en français et en anglais au secondaire. Il existe aussi quelques écoles francophones qui offrent le programme en français avec des cours d'anglais langue seconde.

Établissements Très tôt, les diverses confessions religieuses stimulent l'éducation supérieure et, au XIXᵉ siècle, il est un temps où, des sept collèges, seul Dalhousie est non confessionnel. On a prétendu que la province souffrait du trop grand nombre d'universités, mais le fort sentiment religieux, à tout le moins, a empêché une certaine fusion. Pine Hill Divinity Hall, à l'origine institution presbytérienne devenue une institution de l'Église unie, fait exception en devenant, en 1971, l'Atlantic School of Theology, premier collège œcuménique du pays, où se côtoient trois religions: la religion catholique romaine, la religion anglicane et l'Église unie.

L'enseignement postsecondaire est dispensé par des universités et des collèges qui attribuent des grades universitaires et par la Nova Scotia Community College et les écoles de métiers privées. Les établissements qui dispensent un enseignement universitaire régulier à Halifax et à Dalhousie sont l'UNIVERSITÉ ST. MARY, l'UNIVERSITÉ MOUNT SAINT VINCENT et l'UNIVERSITÉ DE KING'S COLLEGE. À l'extérieur de Halifax, on trouve l'UNIVERSITÉ ACADIA à Wolfville, l'UNIVERSITÉ ST. FRANCIS XAVIER à Antigonish et l'UNIVERSITY COLLEGE OF CAPE BRETON à Sydney. L'UNIVERSITÉ SAINTE-ANNE à Church Point est le seul établissement universitaire francophone de la province.

Les établissements qui donnent une formation spécialisée à Halifax sont la TECHNICAL UNIVERSITY OF NOVA SCOTIA et la NOVA SCOTIA COLLEGE OF ART AND DESIGN et à TRURO, le NOVA SCOTIA AGRICULTURAL COLLEGE. Le NOVA SCOTIA NAUTICAL INSTITUTE et le collège de la GARDE CÔTIÈRE CANADIENNE de Sydney donnent une formation technique aux marins.

Le Nova Scotia Community College compte 18 campus répartis dans toute la province. Le Collège de l'Acadie dispense l'enseignement en langue française. Il a recours au système d'enseignement à distance auquel sont rattachés des centres d'apprentissage dans les régions de populations francophones. Le ministère de l'Éducation et de la Culture dirige aussi le programme provincial d'apprentissage. En 1993-1994, les écoles primaires et secondaires comptent 168 637 élèves, et les collèges et les universités, 42 024 étudiants. La même année, la province consacre plus de 1,6 milliard de dollars à l'éducation.

Vie culturelle
Jusqu'à ces dernières décennies, sa situation géographique a tenu la Nouvelle-Écosse à l'écart de quelques-uns des principaux courants de la vie nationale. Cependant, les améliorations apportées au transport et l'impact puissant des COMMUNICATIONS à l'échelle nationale ont altéré quelques traits de la vie traditionnelle et l'ont modernisée.

Arts La vie culturelle est florissante en Nouvelle-Écosse. La communauté artistique dynamique et les récents progrès au niveau des réalisations cinématographiques et de l'enregistrement sonore se traduisent par des avantages culturels de plus en plus importants pour la province.

La culture écossaise est particulièrement vigoureuse dans l'est de la Nouvelle-Écosse. L'U. St. Francis Xavier offre des cours d'études celtiques (voir LANGUES CELTIQUES), pendant qu'au Gaelic College de Sainte-Anne, au Cap-Breton, on pratique la cornemuse, le chant, la danse et l'artisanat, et qu'on accueille chaque année le Gaelic Mod, festival des arts populaires des Highlands.

Depuis les années 70, le gouvernement prend des mesures pour appuyer des activités culturelles et artistiques. En 1975, il fonde la Galerie d'art de la Nouvelle-Écosse, instituée comme service public pour l'acquisition, la conservation et l'exposition d'œuvres d'art. En 1988, la galerie déménage dans les locaux rénovés de l'édifice historique du dominion, dans le centre-ville de Halifax. Trois ans plus tard, la Fondation culturelle voit le jour. Elle a pour but d'accepter, de recueillir et de gérer des fonds pour la promotion des affaires culturelles.

En 1991, on met sur pied le Centre for Craft and Design, un centre de promotion de l'industrie de l'artisanat et du graphisme évoluant dans un contexte culturel, éducatif et économique. Le centre informe les adeptes de ces métiers sur la vente en gros et la vente au détail de leurs produits. Il leur donne aussi l'occasion d'apprendre et d'exposer leurs œuvres. Les artistes en arts visuels organisent des «visites d'ateliers» qui donnent l'opportunité au public de faire la connaissance de nombreux artistes et artisans.

La Symphonie de la Nouvelle-Écosse, le seul orchestre symphonique professionnel dans l'est de Québec, et un bon nombre de troupes de théâtre professionnelles résident à Halifax. Parmi ces dernières se trouvent le NEPTUNE THEATRE, qui en est actuellement à sa 30ᵉ saison, le Mermaid Theatre et quelques autres. Les représentations annuelles et les festivals attirent de très nombreux visiteurs, qu'ils viennent de l'extérieur ou de la région. Parmi les activités, notons le populaire Cape Breton Summertime Revue, Jazz East, Musique Royale, et le Festival de musique Scotia, qui présente, en juin, une semaine entière de MUSIQUE DE CHAMBRE.

La production cinématographique a progressé à grands pas depuis 1992 avec l'avènement de la Nova Scotia Film Development Corp., une société de la Couronne fondée par le gouvernement provincial. Plusieurs réalisateurs de Hollywood ont réalisé des films importants qui mettent en scène les paysages pittoresques et les sites historiques de la Nouvelle-Écosse. En 1994, la forteresse de Louisbourg sert de toile de fond au film *Squanto: The Indian Warrior*, de la Disney Corp. Parmi les productions locales des dernières années, mentionnons *The Bruce Curtis Story, Life with Billy, Mary Silliman's War,* et *The Sound and the Silence*.

L'industrie de l'enregistrement connaît une période de faste depuis quelques années grâce à la promotion d'artistes populaires tels que RITA MACNEIL, la RANKIN FAMILY et le groupe rock *grunge* Sloan. En 1993, l'enregistrement de *Celtic Mass for the Sea* fait l'objet d'éloges sur la scène internationale. Il s'agit d'une composition de Scott Macmillan et de la librettiste Jennyfer Brickenden, qui met en valeur des artistes du chant classique et du chant choral et des artistes celtiques. La mise sur pied des compagnies de distribution Groundswell Records et Atlantica/EMI/Duckworth, basées en Nouvelle-Écosse, contribuent également à ce succès.

Communications Le quotidien du matin le plus largement diffusé dans la province est le *Chronicle-Herald* de Halifax. Son édition de l'après-midi, le *Mail-Star*, se limite à la région de Halifax. Le quotidien *Cape Breton Post* dessert le Cap-Breton. Quatre autres quotidiens desservent diverses autres régions, et les hebdomadaires de comté sont nombreux.

La Société Radio-Canada (SRC) et plusieurs stations privées fournissent le service radio, alors que le service de télévision est assuré par la SRC, les stations du réseau Atlantic Television (ATV, affilié à CTV) et MITV. La SRC de Halifax et des producteurs indépendants produisent une quantité considérable d'émissions pour la radio et la télévision.

Conservation du passé Grâce aux efforts des gouvernements fédéral et provincial, de la Société royale d'histoire de la Nouvelle-Écosse et des nombreuses sociétés locales d'histoire et du patrimoine, le public peut prendre connaissance du passé historique de la province de diverses façons.

Parmi les parcs historiques nationaux, les lieux les plus intéressants sont sans conteste le Louisbourg restauré, une réplique de l'habitation de Champlain à Port-Royal et la CITADELLE DE HALIFAX.

Le gouvernement provincial, par le biais du réseau des musées de la Nouvelle-Écosse, a restauré de nombreuses demeures anciennes, témoins de l'histoire, et tout particulièrement la demeure de Richard John UNIACKE, Uniacke House située près de Halifax, celle de Simeon PERKINS, Perkin's House à Liverpool et celle de Thomas Chandler HALIBURTON, «Clifton» à Windsor.

En 1980, le gouvernement adopte la loi sur les biens à valeur patrimoniale, le *Heritage Property Act*. La loi a pour objet l'identification, la désignation, la conservation, la protection, la rénovation, la nouvelle affectation de bâtiments et la revalorisation d'ouvrages, de paysages de rues, de zones et de quartiers qui présentent un intérêt historique, architectural ou culturel dans les régions urbaines et rurales.

Sur la recommandation du Conseil des lieux et monuments historiques du Canada et de la Société royale d'histoire de la Nouvelle-Écosse, on dote un grand nombre de LIEUX HISTORIQUES de plaques commémoratives. Le musée de la Nouvelle-Écosse offre des représentations sur l'histoire de la province. L'édifice des archives de la Nouvelle-Écosse, inauguré en 1980, est unique au Canada. Il renferme un véritable trésor de peintures, de documents et de manuscrits.

Histoire

Découverte et première colonisation Les premiers habitants de la Nouvelle-Écosse sont les MICMACS, du groupe de langue algonquine. Ces tumulus de débris de coquillages qu'on a découverts dans diverses régions de la province attestent aujourd'hui de leur nombre et de leurs migrations de chasse. Quand arrivent les premiers Européens, leurs relations avec les Français sont souvent meilleures qu'avec les Anglais.

Il est probable que des Scandinaves aient atteint la Nouvelle-Écosse longtemps avant que Jean CABOT n'ait mis pied à terre en 1497 (probablement au Cap-Breton) (*voir* EXPÉDITIONS VIKINGS). De nombreux autres explorateurs et pêcheurs ont navigué sur ses côtes avant que de MONTS et CHAMPLAIN fondent, en 1605, Port-Royal, première colonie agricole européenne sur une terre qui est aujourd'hui canadienne et berceau de l'Acadie. En 1621, Jacques 1er d'Angleterre accorde la Nouvelle-Écosse (dite Nova Scotia dans sa charte en latin) à sir William ALEXANDER. En 1626, il dote la province d'armoiries et de l'Order of Baronets. Trois ans plus tard, les Écossais fondent deux colonies qui ne connaissent aucun avenir.

À trois reprises au cours du XVIIe siècle (avec Samuel Argall en 1613, Robert Sedgwick en 1654 et sir William PHIPS en 1690), les Anglais s'emparent des colonies françaises, qu'ils doivent rendre chaque fois. Les quelques colons français qui restent après la conquête de 1613, les 300 que la Compagnie de la Nouvelle-France y installe en 1632 et les 60 que fait venir Grandfontaine en 1671 constituent la souche des Acadiens d'aujourd'hui. La quatrième prise de Port-Royal (ANNAPOLIS ROYAL), par Francis Nicholson en 1710, est la dernière puisque, par le TRAITÉ D'UTRECHT (1713), l'Acadie est cédée à l'Angleterre, mais l'île Royale (île du Cap-Breton) et l'île Saint-Jean (Île-du-Prince-Édouard) restent aux mains des Français.

Jusqu'en 1749, l'Angleterre n'exerce qu'une «fausse suzeraineté» (*voir* NOUVELLE-ÉCOSSE DE 1714 À 1784). La fondation de Halifax, cette année-là, suivie de l'arrivée des «préloyalistes» et, plus tard, d'environ 20 000 loyalistes (y compris quelque 3000 Noirs) et d'hommes de troupes licenciés, marquent les débuts de la Nouvelle-Écosse britannique dont le résultat immédiat (1784) est la formation des nouvelles colonies du Nouveau-Brunswick et du Cap-Breton dans des territoires qui font partie de la Nouvelle-Écosse depuis le TRAITÉ DE PARIS, en 1763.

XIXe siècle De nombreux loyalistes ont été des hommes riches et influents. Compte tenu de leurs sacrifices, ils s'attendent à un traitement privilégié. Même s'il ne leur est pas défavorable au début, le gouverneur John PARR prend ses distances, par la suite, devant leurs incessantes demandes de services et leurs fréquents conflits avec les «préloyalistes». Le temps joue en leur faveur, car le successeur de Parr, le loyaliste John Wentworth, emploie ses 16 années au gouvernement (1792-1808) à placer des descendants de loyalistes aux plus hauts échelons administratifs. Les loyalistes ne ressentent donc plus le besoin de faire valoir aussi vigoureusement leurs réclamations et, en partie à cause des mariages mixtes, leur influence particulière s'évanouit en peu de temps.

Wentworth défend de plus en plus ses prérogatives. Au début des années 1800, il se brouille avec un soi-disant «country party», groupement indiscipliné conduit par William Cottman Tonge. Wentworth finit par avoir le dessus sur Tonge en rejetant son élection comme président de l'Assemblée et en le relevant de ses fonctions d'officier de marine à Halifax. Malgré ses efforts redoublés, l'Assemblée obtient un contrôle important sur l'argent dépensé pour les routes, ce qui est considéré, par la plupart des députés ruraux, comme leur principale raison d'être. Les gouverneurs militaires qui lui succèdent ayant choisi de ne rien changer à ces arrangements, un calme politique relatif prévaut jusqu'au milieu des années 1830, ce qui contraste avec la situation qui règne dans les Canadas.

Les GUERRES NAPOLÉONIENNES apportent la prospérité à la Nouvelle-Écosse, surtout dans les industries du bois et de la CONSTRUCTION NAVALE. La Guerre de 1812 accroît le bien-être de la population. En fait, plus d'une fortune à Halifax se construit pendant ces années grâce à la GUERRE DE COURSE. Cependant, la paix et plusieurs années de mauvaises récoltes entraînent la récession. La reprise se fait sentir seulement au milieu des années 1820, grâce aux lois sur le commerce de William Huskisson, en 1825.

Néanmoins, une nouvelle vague d'IMMIGRANTS, environ 55 000, arrive après la guerre, dont quelque 2000 Noirs et, en 1818-1819, environ 200 GALLOIS. Les immigrants sont surtout des Irlandais et des Écossais; les premiers se fixent à Halifax et les seconds dans l'île du Cap-Breton et dans le nord-est de la péninsule. Depuis le début du siècle, un réveil intellectuel lent, mais régulier, se fait sentir, d'abord dans le commerce, ensuite dans les

activités littéraires pour enfin atteindre son apogée en politique dans les années 1830.

L'une de ces manifestations est la célèbre Brandy Dispute de 1830, au cours de laquelle presque toute la province se retourne contre le Conseil des Douze qui a osé revendiquer un pouvoir sur les projets de lois concernant les finances qui sont restés longtemps suspendus.

Le mouvement en faveur du GOUVERNEMENT RESPONSABLE acquiert une sérieuse notoriété en 1836 lorsque, grâce aux efforts de Joseph Howe et de son *Novascotian,* une majorité de réformistes sont élus à la législature. Ils se battent contre l'oligarchie, formée des marchands et des fonctionnaires, surtout de Halifax, qui, avec le Conseil des Douze, domine la vie religieuse, politique et les affaires. Le groupe de Halifax, encore plus que celui du Haut-Canada, est un vrai pacte de famille (*voir* FAMILY COMPACT).

Howe est un réformiste conservateur et ses partisans font écho à ses paroles. Ils atteignent leurs buts sans coup férir. Howe fait preuve de modération lorsqu'il consent à faire partie d'une coalition risquée avec les tories, de 1840 à 1843, dans l'espoir d'atteindre graduellement ses objectifs.

Les réformistes parviennent enfin au succès quand, aux élections de 1847, ils obtiennent 29 sièges contre 22 pour leurs opposants. Le 9 février 1848, James B. Uniacke devient premier ministre, avec Howe comme secrétaire provincial, et forme le premier gouvernement responsable de l'Empire britannique.

Les 17 années suivantes sont marquées par deux réalisations positives. Sous la direction de Howe, la Nouvelle-Écosse entre dans l'ère du chemin de fer et, vers 1858, le Nova Scotia Railway, propriété du gouvernement, administre des lignes de Halifax à Windsor et Truro.

Ensuite, Charles TUPPER prend l'initiative dans l'entrée en vigueur des lois scolaires de 1864 et 1865, lesquelles exigent l'ouverture d'écoles gratuites et établissent l'impôt obligatoire, qui, même s'il est impopulaire, permet de mettre en place cette structure scolaire. Quant au reste, ce sont des années de politique partisane peu productives. À la suite d'un conflit acerbe entre Howe et les Irlandais, les catholiques quittent les libéraux. Il s'ensuit un sectarisme politique qui prévaut pendant une courte période après 1857, seul cas de cette nature dans l'histoire de la Nouvelle-Écosse.

À partir de 1864, la question de la CONFÉDÉRATION déchire la province. Contrairement à l'opinion générale, Howe n'est pas l'instigateur du mouvement contre les Résolutions de Québec. Au contraire, ce mouvement commence dans l'ouest de la Nouvelle-Écosse et parmi les marchands de Halifax, pour des raisons économiques. La population qui mise sur le trafic maritime vers l'est et le sud n'est pas enthousiaste à l'idée d'établir des liens nouveaux avec l'intérieur inconnu et lointain.

Pour Howe, il semble évident que l'union coloniale doive attendre au moins jusqu'à ce que la communication par chemin de fer soit réalisée avec la PROVINCE DU CANADA, et il trouve monstrueux qu'elle doive s'accomplir à partir d'une résolution adoptée par une assemblée, élue trois ans plus tôt, alors que l'union n'était pas discutée. La délégation qu'il dirige ne peut empêcher l'adoption de l'ACTE DE L'AMÉRIQUE DU NORD BRITANNIQUE. Et en septembre 1867, la Nouvelle-Écosse élit 18 anti-confédérés sur 19 députés à la Chambre des communes et 36 sur 38 députés à l'Assemblée provinciale (*voir* MOUVEMENT SÉCESSIONNISTE). Enfin, convaincu que l'abrogation est impossible, Howe accepte des «conditions améliorées» et entre dans le Cabinet fédéral en janvier 1869.

Jusqu'à sa mort en 1873, il tente d'empêcher l'éruption du «volcan endormi» de la Nouvelle-Écosse. Ce n'est qu'à l'élection fédérale de 1874 et à l'arrivée de deux libéraux néo-écossais dans le cabinet d'Alexander MACKENZIE que les anti-confédérés «acceptent la situation». Le temps est venu pour eux de devenir l'aile provinciale d'un parti national. L'amertume ne s'efface pas facilement et, jusqu'en 1927, des Néo-Écossais mettent leurs drapeaux en berne le 1ᵉʳ juillet.

De toute évidence, Tupper mésestime les besoins financiers de la Nouvelle-Écosse lors des négociations qui accompagnent son entrée dans la Confédération et, même avec les conditions améliorées obtenues par Howe, la province peut difficilement maintenir ses services, encore moins assurer l'expansion du chemin de fer. En 1867, la section de Truro à Pictou est construite à titre d'entreprise publique et, en 1876, le gouvernement fédéral achève le CHEMIN DE FER INTERCOLONIAL, ce qui représente son apport pour la Confédération.

Ayant reçu, en 1873, des subsides accrus pour la dette de la province, le gouvernement provincial accorde des subventions pour la construction de Western Counties Railway, allant d'Annapolis à Yarmouth, de Nictaux and Atlantic, allant de Middleton à Lunenburg, d'Eastern Extension, reliant New Glasgow au détroit de Canso, ainsi que de plusieurs lignes sur l'île du Cap-Breton. En raison des difficultés financières de la province, les projets traînent en longueur.

De nombreuses demandes d'aide au fédéral ayant été rejetées ou étant demeurées sans réponse, le premier ministre W.S. Fielding fait campagne en faveur de l'abrogation de la Confédération, lors de l'élection de 1886, et remporte 29 des 38 sièges. L'année suivante, tout est réduit à néant quand les conservateurs gagnent 14 des 21 sièges fédéraux de la Nouvelle-Écosse.

Néanmoins, Fielding, financier avisé, met rapidement ses espoirs dans la politique provinciale. En 1893, il persuade Henry M. Whitney, de Boston, d'investir dans les houillères du Cap-Breton. Peu après, le Whitney Syndicate jette les bases d'une importante industrie d'acier et de houille. En 1896, George Murray succède à Fielding, dans des circonstances si heureuses qu'il reste au pouvoir pendant 26 ans.

XXᵉ siècle Les redevances de plus en plus importantes sur la houille et l'augmentation des subsides fédéraux en 1907 aident la Nouvelle-Écosse à surmonter ses difficultés financières, pour la première fois depuis la Confédération. Elles permettent à Murray de terminer facilement la dernière ligne ferroviaire de la province, la Halifax and Southwestern qui relie Halifax à Yarmouth, et de tenter un prudent mouvement vers les services sociaux publics.

Pendant la Première Guerre mondiale, l'économie de la Nouvelle-Écosse est stimulée par une demande accrue pour le fer, l'acier, le poisson et le bois, mais l'après-guerre amène une récession qui dure longtemps après que la reprise se soit fait sentir à l'extérieur des Maritimes. Le fait que les agraires-travaillistes aient remporté 11 sièges dans la Nouvelle-Écosse conservatrice, lors de l'élection provinciale de 1920, montre l'importance du malaise.

Jusqu'ici, les principales demandes auprès d'Ottawa ont pour but d'alléger le fardeau financier du gouvernement provincial. Au début des années 20, on réalise que les effets nuisibles des politiques économiques nationales sur le transport et les tarifs empêchent la Nouvelle-Écosse de profiter pleinement des avantages de la Confédération. Les conservateurs s'approprient rapidement le MOUVEMENT DES DROITS DES MARITIMES, né en 1922, et s'en servent pour renverser, en 1925, le gouvernement libéral, au pouvoir depuis 43 ans.

Une commission royale d'enquête, dirigée par sir Andrew Rae Duncan, recommande l'application de tarifs de transport plus favorables et l'accroissement des subsides fédéraux pour les Maritimes. Le rapport néglige cependant d'étudier le grief le plus important: le tarif préférentiel. En 1933, le nouveau premier ministre libéral, Angus L. Macdonald, crée la commission Jones pour corriger cette omission.

Macdonald, l'un des trois plus importants leaders politiques de la Nouvelle-Écosse depuis la Confédération, dirige l'un des Cabinets les plus forts de la Nouvelle-Écosse et un gouvernement très progressiste avant d'entrer au Cabinet fédéral en 1940. Pendant la Seconde Guerre mondiale, la Nouvelle-Écosse connaît de nouveau la prospérité, et Halifax devient le principal port d'embarquement des munitions et du ravitaillement pour l'Europe occidentale.

Revenu à la politique provinciale, Macdonald adopte une attitude plus conservatrice que celle d'avant-guerre. En 1956, après sa mort, les électeurs de la Nouvelle-Écosse poursuivent une évolution politique modérée en élisant les conservateurs pour la première fois depuis la Confédération dans des conditions économiques normales. Robert Stanfield devient alors le quatrième premier ministre à établir son pouvoir politique sur la province.

Depuis le milieu des années 50, le développement économique est au cœur des préoccupations des politiciens provinciaux. L'outil de prédilection du gouvernement Stanfield est l'Industrial Estates Limited, fondé en 1957. Ses premières réussites amènent à croire, au début des années 60, que la Nouvelle-Écosse s'en sortira, mais les pertes sérieuses encourues par Clairtone et Deuterium of Canada jettent une note de pessimisme. La même période est marquée par de graves difficultés dans les industries de l'acier et de la houille, qui constituent les seuls secteurs ayant réellement bénéficié du tarif préférentiel.

L'effondrement apparemment définitif du marché de la houille entraîne, en 1967, la création de la Cape Breton Development Corporation (Devco), une SOCIÉTÉ DE LA COURONNE fédérale avec des intérêts provinciaux, créée afin de trouver des débouchés pour les mineurs dont les emplois sont progressivement éliminés.

Avec ses deux mines, Devco est maintenant la plus grosse productrice de charbon de l'Est du Canada, et son objectif est de devenir une entreprise rentable, sans subvention publique, d'ici quelques années. Voulant empêcher la fermeture de l'aciérie Dosco à Sydney, le gouvernement de la Nouvelle-Écosse la nationalise en 1967. Elle devient la Sydney Steel Corporation (Sysco). Au cours des années 70 et des années 80, la Sysco encourt d'importantes pertes d'exploitation que la province finance au moyen d'octrois provinciaux et de marges de crédit. En 1989, l'usine fait l'objet de travaux de rénovation et de modernisation. Ces travaux, ainsi que la prise en charge de la créance par la province, ont pour but de permettre à la Sysco de devenir une entité autonome capable de produire des rails en fer de meilleure qualité et de lui donner l'occasion de diversifier sa ligne de produits.

En novembre 1994, elle conclut avec la China National Metals and Mineral Import and Export Corporation (Minmetals) une entente de production conjointe de trois ans. Par cette entente, Minmetals s'engage à faire l'acquisition de la Sysco trois ans plus tard, soit au début de 1998, la remettant ainsi entre les mains du secteur privé.

Dernièrement, deux philosophies se sont affrontées sur le développement provincial. Doit-on se confiner aux industries qui utilisent les ressources naturelles de la provinces ou, malgré les échecs du passé, doit-on poursuivre les efforts pour établir des industries secondaires qui pourront être reliées aux premières? Peu importe le choix, les Néo-Écossais insistent de plus en plus pour que leur mode de vie agréable ne soit pas sacrifié à des considérations matérielles.

J. Murray Beck

Nouvelle-Écosse de 1714 à 1784

Le traité d'UTRECHT reconnaît en 1713 la partie péninsulaire de la NOUVELLE-ÉCOSSE comme possession de la Grande-Bretagne (qui la néglige jusqu'en 1749 – période d'«administration fantôme» et de «fausse souveraineté»). Comme la garnison, quelques marchands à Annapolis, des pêcheurs et une poignée de militaires à Canso sont les seuls habitants anglais, l'assemblée élective prescrite par les commissions du gouverneur est inopérante. Les Acadiens (*voir* ACADIE) forment le gros de la population et on leur accorde un an pour prêter un serment d'allégeance inconditionnelle. Ils persistent dans leur refus, mais on ne les force pas à s'en aller; au contraire, leur nombre augmente, passant de près de 2000 en 1710 à plus de 12 000 vers 1750.

Bien décidé à éliminer le danger que représente la présence française à LOUISBOURG, sur l'île Royale (île du Cap-Breton), le gouverneur du Massachusetts, William Shirley, à la tête de troupes de la Nouvelle-Angleterre appuyées par une armée britannique en mer, s'empare de la forteresse en 1745. À leur grande déception, il faut cependant la restituer aux Français en vertu du traité d'Aix-la-Chapelle en 1748. Le gouvernement britannique décide alors de faire contrepoids à Louisbourg: en juin 1749, Edward CORNWALLIS et quelque 2500 colons fondent HALIFAX et en font la capitale provinciale. Dans les quelques années qui suivent, de nombreux «protestants étrangers», surtout des Allemands, arrivent eux aussi, dont bon nombre fondent LUNENBURG en 1753.

À la veille de la GUERRE DE SEPT ANS, le gouverneur Charles LAWRENCE projette de supprimer la menace que représentent les Français de FORT BEAUSÉJOUR et le missionnaire français, l'abbé Jean-Louis Le Loutre, qui attise le sentiment antibritannique parmi les Acadiens et les MICMACS. Beauséjour est défait par les forces de Lawrence en juin 1755. Dans les quelques mois qui suivent, après que les Acadiens eurent rejeté l'ultimatum de prêter serment, Lawrence prend l'initiative d'en déporter 6000. Après la guerre, environ 2000 Acadiens reviennent s'établir dans la province, plusieurs dans le nouveau canton de Clare. L'après-guerre voit aussi l'annexion à la Nouvelle-Écosse de l'île du Cap-Breton et de l'Île-du-Prince-Édouard, mais cette dernière se sépare définitivement en 1769 et la première, temporairement, de 1784 à 1820.

Devant l'insistance des ressortissants de la Nouvelle-Angleterre en faveur des «droits des Anglais» à Halifax, Lawrence, sur les directives de Londres, convoque à contrecœur une assemblée élective qui se réunit à Halifax le 2 octobre 1758, la première à siéger dans ce qui est maintenant le Canada. Pour occuper les anciennes terres des Acadiens, il émet aussi des proclamations invitant les colons à s'y établir. Entre 1760 et 1763 seulement, pas moins de 4500 ressortissants de la Nouvelle-Angleterre s'établissent dans la province. À peu près à la même époque, arrivent 500 colons de l'Ulster, la plupart sous la direction d'un aventurier, le colonel Alexander McNutt. Ils sont suivis en 1772 et 1773 par environ 1000 ressortissants du Yorkshire qui s'établissent sur l'isthme de Chignecto et, en 1773, par près de 200 Écossais qui s'installent à Pictou (*voir* HECTOR). Mais ce sont les ressortissants de la Nouvelle-Angleterre qui jettent les assises durables de la Nouvelle-Écosse, faisant de cette dernière une «nouvelle Nouvelle-Angleterre». D'environ 8000 habitants en 1763, la population s'élève à plus de 17 000 en 1775, plus de la moitié étant originaire de la Nouvelle-Angleterre.

Les ressortissants de la Nouvelle-Angleterre s'avèrent toutefois incapables d'instaurer certaines de leurs coutumes d'autonomie gouvernementale. Au lieu des assemblées de ville, ils doivent accepter le système antidémocratique anglais de gouvernement local par les tribunaux des assises et les jurys d'accusation. Ces institutions demeurent en vigueur jusqu'en 1879 parce que la province est sous la gouverne de l'oligarchie des marchands et des fonctionnaires d'Halifax qui dominent le CONSEIL DES DOUZE et manipulent l'Assemblée afin de servir leurs propres intérêts. Pendant une douzaine d'années avant 1775, ce groupe dirigé par Joshua MAUGER, ex-député au parlement de Londres, pille la province, obtient le rappel de trois gouverneurs et fait échouer les tentatives vaines, mais bien intentionnées, du gouverneur Francis Legge de mettre fin à leurs abus.

Pendant la GUERRE D'INDÉPENDANCE AMÉRICAINE, il est certain que de nombreux ressortissants de la Nouvelle-Angleterre en Nouvelle-Écosse sympathisent avec les Américains. Ils désirent autant commercer avec le Massachusetts qu'avec les effectifs britanniques. Toutefois, en dehors de la très britannique ville d'Halifax, les Néo-Écossais ne démontrent aucun désir de s'impliquer. John Bartlet BREBNER les qualifie avec raison de «yankees neutres de la Nouvelle-Écosse». Évidemment, le fait qu'ils soient dispersés le long des côtes d'une étroite péninsule, coupée par une nature rebelle, les empêche d'agir de façon unifiée et concertée. Mise à part la courte rébellion sans lendemain d'Eddy au fort Cumberland, la Nouvelle-Écosse demeure calme. En 1782, les LOYALISTES commencent à arriver, les premiers d'une grande vague qui a grandement influencé la province et débouché, en 1784, sur la création de provinces séparées: le Nouveau-Brunswick et le Cap-Breton.

J. Murray Beck

Nouvelle-France L'histoire de la présence de la France comme puissance coloniale en Amérique du Nord s'étend du début du XVIe siècle, à l'époque des grandes découvertes et des voyages de pêche, jusqu'au début du XIXe siècle, alors que Napoléon Bonaparte vend la Louisiane aux États-Unis d'Amérique. En fait, plusieurs nations amérindiennes vivent depuis des siècles sur ce territoire et les Vikings le connaissaient. Toutefois, c'est surtout de la fondation de Québec en 1608 jusqu'à la cession du Canada à l'Angleterre en 1763 que la France imprègne l'histoire d'un continent dont elle vient à contrôler les trois quarts des terres. Elle implante, notamment dans la vallée du Saint-Laurent une population qui réussit à affirmer sa vitalité et sa culture jusqu'à nos jours.

La fondation de la Nouvelle-France s'inscrit, au XVIe siècle, dans le vaste mouvement des grandes découvertes. À la suite des autres puissances de l'Occident chrétien (Angleterre, Espagne et Portugal) et des entreprises de Christophe Colomb en 1492, John CABOT en 1497, puis des frères CORTE REAL, la France s'intéresse aux terres nouvelles. En, 1524, Giovanni VERRAZZANO longe la côte orientale de l'Amérique, de la Floride à Terre-Neuve. Par la suite, Jacques CARTIER effectue trois voyages de découverte. Il prend possession du territoire au nom du roi de France en plantant une croix sur les rives de la Gaspésie en 1534. L'année suivante, il remonte le Saint-Laurent, hiverne à Stadacona (Québec) et se rend à Hochelaga (Montréal). En 1540-1541, il tente d'établir une colonie. Des objectifs religieux ont présidé à l'organisation de ces voyages, mais les motifs économiques sont encore plus évidents. L'espoir de trouver une route vers les Indes est constamment affirmé. En 1534, le roi demande à Cartier de «découvrir certaines îles et pays où l'on dit qu'il se doit trouver grant quantité d'or et autres riches choses». Lors de son dernier voyage, le découvreur rapporte des minéraux qu'il croit de l'or et des diamants. Ce n'était que du fer et du quartz. La France se désintéresse de cette lointaine contrée jusqu'à la fin du siècle.

Entre-temps, toutefois, et avant même la venue des grands explorateurs, des Français avaient aussi manifesté un intérêt soutenu pour les ressources poissonnières de cette région (*voir* PÊCHE). La présence de pêcheurs BASQUES, bretons et normands sur les bancs de Terre-Neuve est attestée dès la première décennie du XVIe siècle. Chaque année, un nombre croissant de bâtiments (une dizaine entre 1520 et 1530, une centaine au milieu du siècle) sont armés à destination de ces zones poissonneuses. Dès 1550, les pêcheurs font sécher le poisson sur les rives, établissent des contacts avec les Amérindiens et ramènent des fourrures en France. Durant la décennie 1580-1590, des armateurs délaissent la pêche pour se tourner vers le commerce des fourrures, une activité qui allait amener les Français loin à l'intérieur du continent. Ainsi, c'est l'entreprise privée qui relève le défi du Nouveau Monde.

Samuel de CHAMPLAIN, considéré comme le fondateur de la Nouvelle-France, construit une habitation à Québec en 1608. Il reprend les visées de Cartier de découvrir une percée vers les Indes, poursuit les intérêts commerciaux des hommes d'affaires, ses mandataires et se conforme aux volontés de la royauté. Cet établissement répond à des impératifs économiques: se rapprocher des zones riches en fourrures, resserrer les contacts avec les pourvoyeurs amérindiens et favoriser l'obtention du privilège d'exploitation. L'envergure d'une telle entreprise oblige à former des compagnies.

De 1608 à 1663, l'administration de la colonie est confiée à des compagnies de commerce formées de marchands de diverses villes de France. Les compagnies qui se succèdent s'engagent à peupler et à développer cette terre française en Amérique, en retour du privilège exclusif d'exploiter ses ressources. La COMPAGNIE DES CENT-ASSOCIÉS, une création du grand ministre de Louis XIV, le cardinal de Richelieu, gère la Nouvelle-France directement ou par des compagnies subsidiaires de 1627 à 1663. Elle n'atteint pas les résultats escomptés. En 1663, la population dépasse de peu les 3000 personnes dont 1250 enfants nés au pays. Moins de 1 p. 100 des terres concédées sont exploitées. Champlain, en 1618, avait anticipé des revenus annuels de cinq millions, grâce à la pêche, aux mines, au bois, au chanvre, aux toiles et à la fourrure. Cependant, seule cette dernière est rentable, et encore moins que prévu et de façon très irrégulière. L'évangélisation ne connaît pas de meilleurs succès.

Au cours de son premier demi-siècle d'existence, la Nouvelle-France a connu une véritable épopée missionnaire comme en font foi le nombre et le zèle de ses apôtres inspirés par la contre-réforme catholique. En 1632, les Jésuites fondent la mission de SAINTE-MARIE-DES-HURONS, en plein cœur de la sauvagerie. VILLE-MARIE, qui devient Montréal, est l'œuvre de mystiques et de dévots. Mais les missionnaires ne réussissent finalement qu'à convertir un petit nombre d'Amérindiens. De fait, plusieurs événements politico-militaires ont entravé les efforts de colonisation. Les alliances conclues par Champlain ont entraîné des guerres et suscité des ennemis. Québec tombe aux mains des KIRKE en 1629. Dès la remise du pays à la France en 1632, les nations iroquoises commencent à se montrer belliqueuses. Entre 1648 et 1652, elles détruisent la HURONIE, centre névralgique des échanges commerciaux et de l'apostolat missionnaire. Les épisodes rocambolesques et exagérés des aventures et mésaventures de Pierre-Esprit Radisson et de Dollard des Ormeaux montrent tout de même que la survie de la colonie était menacée.

En 1663, Québec n'est encore qu'un comptoir commercial. L'exploitation de la fourrure s'oppose à celle de l'agriculture. La rencontre des cultures s'avère néfaste aux nations amérindiennes, décimées par la guerre et la maladie. La population française est numériquement très faible. L'administration de la colonie par des exploitants s'avère un échec. La compagnie remet la destinée de la Nouvelle-France entre les mains du roi.

L'entrée en scène de Louis XIV favorise l'essor de cette colonie dont il fait une véritable province de France. Il la dote d'une organisation administrative hiérarchisée, veille au peuplement, étend son emprise territoriale et permet la multiplication des entreprises économiques. Auparavant toutefois, il fallait assurer la paix.

Sous les ordres du marquis de Tracy, le régiment de CARIGNAN-SALIÈRES érige des forts, ravage des villages et démontre la puissance militaire française. Les Iroquois font la paix. Quatre cents militaires restent au pays pour le coloniser. La royauté facilite également la migration de quelque 850 filles à marier (*voir* FILLES DU ROI), pour la plupart, orphelines de militaires. On favorise la nuptialité rapide et la natalité. Quand les descendants de ces personnes isolées arrivent à l'âge de s'établir, vingt ans plus tard, la structure démographique est changée. D'une femme pour six hommes qu'elle était en 1663, la répartition entre les sexes devient sensiblement égale. Dorénavant, la population se renouvelle à 90 p. 100 grâce aux enfants nés dans la colonie.

Louis XIV met en place une structure administrative similaire à celle instaurée dans les autres provinces et colonies du royaume. Sous l'autorité du Contrôleur général des Finances puis du MINISTÈRE DE LA MARINE, la direction de la colonie est confiée à un GOUVERNEUR responsable des questions militaires et des affaires extérieures et à un INTENDANT responsable de la justice, de la police et des finances, en somme de tous les aspects civils de l'administration coloniale. Un CONSEIL SOUVERAIN – devenu Conseil supérieur en 1717 – agit comme tribunal d'appel et enregistre les édits du roi.

La volonté impérialiste de Louis XIV, la pacification des Iroquois et la nécessité de reconstituer le réseau de traite des fourrures favorisent la reprise des EXPLORATIONS vers les Grands lacs et le Mississipi. F. DOLLIER DE CASSON, Louis JOLLIET et le Père MARQUETTE, Cavelier de LA SALLE s'illustrent. Mais les guerres amérindiennes reprennent en 1682 et la colonie se donne de nouveaux héros, comme Lemoyne D'IBERVILLE. L'action politique militaire et missionnaire s'ajoute aux impératifs économiques qui forcent à s'approvisionner en fourrures auprès des nations amérindiennes.

Enfin, l'intendant Jean TALON, solidement appuyé par le ministre Colbert et aidé par une conjoncture favorable, amorce un dynamique programme de développement. À l'agriculture et au commerce des fourrures sur lesquels il veille avec soin, il ajoute la construction navale, le commerce avec les Antilles, les cultures industrielles du lin et du chanvre, les entreprises de pêche, une brasserie, etc. À son départ en 1672, la conjoncture ayant changé, il ne subsiste presque rien de ces initiatives, prématurées.

Il n'est pas facile de saisir les composantes majeures de cette société en formation. De l'Acadie, l'on connaît la qualité des établissements agricoles, l'importance de la pêche et l'alternance des gouvernements britanniques et français. Dans la vallée laurentienne, l'agriculteur, bien qu'il forme la majorité de la population, n'est souvent encore qu'un défricheur. L'artisan n'est pas soutenu par de grandes entreprises. Le traitant de fourrures est soumis à des contraintes économiques de plus en plus sévères, mais il fournit le seul produit d'exportation. Les officiers militaires, grâce à l'entrée de numéraire et aux occasions de se faire valoir, par leur intrusion dans le commerce et dans l'entourage du gouverneur, jouissent d'un prestige certain. Le seigneur dispose de peu de revenus et tient son rang de son titre et de l'exercice d'une fonction autre que celle liée à la terre. La mobilité sociale, encore possible, mélange les catégories et les groupes. Il y a deux mondes: celui de la ville et celui de la campagne.

Au début du XVIIIe siècle, la Nouvelle-France atteint son maximum d'extension territoriale. Environ 250 personnes vivent dans une dizaine d'agglomérations à Terre-Neuve. L'Acadie compte près de 1500 habitants. Quelques centaines de personnes s'établissent à l'embouchure du Mississipi et autant dans la région des Grands Lacs. Quelques centaines de personnes pratiquent de façon saisonnière la pêche sur les côtes du Labrador. Le bassin de la rivière Saguenay, qui constitue le Domaine du Roi, contient quelques postes de traite. Le Canada de l'époque compte quelque 20 000 habitants, agriculteurs pour la plupart, répartis en un long ruban de peuplement entre les deux agglomérations urbaines de Québec et de Montréal. À l'ouest, une série de postes de traite et de forts jalonnent les voies de communication. Enfin, un peu plus tard, LA VÉRENDRYE déroule la carte du continent jusqu'aux pieds des Rocheuses. Mais la Nouvelle-France est un colosse aux pieds d'argile. Les colonies britanniques américaines sont vingt fois plus populeuses et se sentent encerclées et menacées. Par le TRAITÉ

D'UTRECHT en 1713, la France cède à l'Angleterre, Terre-Neuve, la péninsule de l'Acadie, la baie d'Hudson et sa suprématie sur l'Iroquoisie. De plus, le XVIIIe siècle s'ouvre sur une crise majeure dans l'économie coloniale. Le principal produit d'exportation est touché par une mévente en Europe, une qualité à la baisse et des coûts de revient moins attrayants. Les nombreux jeunes gens qui viennent de s'établir n'ont d'autre choix que de se replier sur la terre.

La reprise économique est bien lente, mais elle connaît un essor sans précédent au cours de la longue période de paix qui s'étend de 1713 à 1744. Pour protéger ses zones de pêche, son territoire et les échanges commerciaux avec la colonie, la France érige une imposante forteresse à LOUISBOURG. Le développement de l'agriculture rapporte des surplus qui, à compter de 1720, sont exportés vers l'île Royale et les Antilles françaises. Le territoire du Canada compte environ 200 seigneuries. Le peuplement accéléré par un taux de natalité très élevé entraîne la création de paroisses. Les règles du MERCANTILISME n'empêchent pas l'implantation de deux industries majeures: les FORGES SAINT-MAURICE et la construction navale royale. Une route de terre relie pour la première fois Montréal à Québec en 1735. Malgré cet élargissement des fondements économiques de la colonie, la fourrure constitue encore 70 p. 100 des exportations. Et la paix sert à préparer la guerre. Les budgets de la colonie – qui n'atteignent même pas les sommes engagées dans les loisirs du roi – sont constitués à 80 p. 100 de dépenses militaires. La construction de FORTIFICATIONS à la façon européenne y occupe une part beaucoup plus importante que le resserrement du réseau d'alliances avec les nations amérindiennes. Une stratégie de défense s'était implantée.

La société coloniale, influencée par l'élite française qui gère sa destinée, se modèle sur celle de la mère patrie. Elle s'en éloigne toutefois à cause de la faiblesse numérique de la population et d'un contexte économique et géographique radicalement différents. Nobles, bourgeois, officiers militaires, seigneurs, administrateurs civils et négociants s'allient entre eux et forment une haute société très sensible aux faveurs des autorités de la colonie. Cependant, 80 p. 100 de la population vit sur la terre et des produits de la terre. Chaque génération produit de nouveaux pionniers qui recommencent à défricher, peupler, s'acclimater aux saisons, aménager une nouvelle portion de territoire et à s'associer à ses voisins. L'importance de la terre, du bien paternel, de l'indépendance économique caractérisent l'appropriation de ce territoire d'Amérique par des descendants de Français.

La France estime cependant que la Nouvelle-France coûte cher et rapporte peu. La GUERRE DE SEPT ANS met face à face l'Angleterre, devenue une puissance maritime agressive, et une France acculée à la défensive. Elle oppose les colonies britanniques peuplées de 2 000 000 habitants au maigre 70 000 personnes qui marquent le succès mitigé de l'entreprise de colonisation française en Amérique du Nord. Après des succès militaires retentissants grâce à une stratégie adaptée au pays, la France se cantonne à la défensive. Le 13 septembre 1759, les troupes du général WOLFE infligent une défaite à celles de MONTCALM sur les hauteurs d'Abraham (*voir* BATAILLE DES PLAINES D'ABRAHAM), près de Québec. L'année suivante, Montréal tombe à son tour. Par le TRAITÉ DE PARIS (1763) la France cède sa colonie à l'Angleterre. C'est la fin ou presque du pouvoir politique de la France en Amérique, mais non pas de la présence française.

La France a donné à l'Amérique un legs inestimable: les Canadiens. Ils résisteront aux tentatives d'assimilation et réussiront à s'affirmer. Protégés par leur langue, leur religion et leurs institutions, et regroupés sur un territoire restreint, difficile à pénétrer, ils ont développé un mode de vie, des pratiques sociales et des attitudes mentales propres. Devenu québécois, ce peuple tentera de se former une nation.

Jacques Mathieu

Nouvelle gauche Le mouvement d'opposition aux armes atomiques de la fin des années 1950 donne naissance, durant les années 60, au mouvement politique international de la nouvelle gauche, composé surtout de jeunes et d'étudiants. Ce mouvement s'élargit pour s'intéresser à des questions comme la GUERRE DU VIÊT-NAM, les luttes de libération dans le tiers-monde, la libération de la femme, l'éducation, l'écologie et la culture populaire. Blâmant l'ancienne gauche, soit la SOCIAL-DÉMOCRATIE et le marxisme-léninisme (*voir* MARXISME), et ses structures hiérarchiques, centralisées et bureaucratiques aliénantes, la nouvelle gauche propose le contrôle local du processus politique, l'accessibilité des institutions politiques et sociales, et la démocratie de participation.

Fustigeant également le capitalisme moderne, la nouvelle gauche encourage les intellectuels et les travailleurs dissidents, les pauvres, les Noirs, les autochtones et les minorités ethniques à affronter le système. Ce courant regroupe des tenants de la désobéissance civile non violente aussi bien que du socialisme libertaire et de toutes les doctrines intermédiaires.

Au Canada, les idées de la nouvelle gauche sont discutées et adoptées par l'Union des étudiants pour la paix, l'Union canadienne des étudiants, les Students for a Democratic University et l'Union générale des étudiants du Québec. Ces organisations très décentralisées agissent au palier régional et même local. Les revues *Our Generation* et *Canadian Dimension* participent également aux débats. Les questions soulevées par la nouvelle gauche canadienne sont notamment le désarmement nucléaire, l'organisation communautaire, la «multiversité», la mainmise des États-Unis sur l'économie, la composition de la classe ouvrière, le séparatisme québécois et l'inégalité des sexes.

Après la CRISE D'OCTOBRE en 1970, la nouvelle gauche est désorganisée, mais elle est également affaiblie par l'apparition d'organismes parrainés par le gouvernement (comme la Compagnie des jeunes Canadiens, formée pour appuyer et encourager les réformes sociale et économique, et élaborer des programmes en ce sens), par l'incapacité de créer des liens avec les organisations ouvrières et par l'absence d'une stratégie et d'un programme solides de changement social. Au cours des années 70, beaucoup d'adeptes adhèrent au mouvement de libération de la femme, au PARTI QUÉBÉCOIS et à divers groupes marxistes-léninistes. Les idées de la nouvelle gauche sont ensuite reprises par le mouvement antinucléaire.

Myrna Kostash

Nouvelle pluie, la «Latter Rain Movement» (*Voir* MOUVEMENTS RELIGIEUX, NOUVEAUX)

Nouvelles compagnies théâtrales (*Voir* THÉÂTRE DENISE-PELLETIER)

Nouvelles de langue anglaise Les récits brefs de langue anglaise comprennent un large éventail de formes littéraires dont l'essai (*voir* ESSAIS DE LANGUE ANGLAISE), le croquis littéraire et la nouvelle. Toutes ces formes peuvent se combiner dans des œuvres individuelles, comme c'est le cas pour «The Village Inside» et «Predictions of Ice», qui font partie du recueil de Hugh HOOD, *Around the Mountain: Scenes from Montreal Life* (1967). De telles questions de forme tracassent les écrivains et les lecteurs. Hugh MACLENNAN, p. ex., a composé environ 400 courts essais et une seule nouvelle («An Orange from Portugal», qu'il qualifie ensuite d'essai), mais il constate que «le secret pour écrire un essai personnel réussi (...) c'est d'en faire une nouvelle».

Il y a d'autres façons de classifier les récits brefs. La catégorie la plus honorable historiquement est celle du récit animalier, qu'ont pratiqué avec succès des écrivains canadiens comme Ernest Thompson SETON et Charles G.D. ROBERTS. D'autres auteurs, comme Gregory CLARK, Morley CALLAGHAN, Hugh Hood, Mordecai RICHLER, W.P. KINSELLA et George BOWERING, excellent dans une autre catégorie, le récit sportif.

Le récit autobiographique constitue une troisième catégorie. Ici, l'auteur abandonne momentanément son apparente objectivité pour examiner sa propre vie en tant qu'écrivain, et quelquefois même pour remettre en question les raisons de son écriture. Le récit bref peut se subdiviser en plusieurs sous-genres, dont les récits initiatiques, de guerre, d'intrigue, de science-fiction, d'aventure, les historiettes, les récits ethniques, etc.

Au Canada, les récits brefs ont toujours été associés de près aux marchés populaires que constituent les journaux et les REVUES LITTÉRAIRES. Un mode de publication établi au XIXe siècle et qui s'est perpétué jusqu'à nos jours consiste à publier les textes une première fois dans les journaux, puis à les réunir en un recueil sous forme de livre. Les premiers récits brefs publiés selon cette pratique sont ceux de Thomas MCCULLOCH, dont les «Letters to Mephibosheth Stepsure», parues dans l'*Acadian Recorder* de 1821 à 1823, ne seront publiées sous forme de recueil qu'en 1862. «The Clockmaker», du satiriste Thomas Chandler HALIBURTON, paraît d'abord de 1835 à 1836 dans le *Novascotian*, de Joseph HOWE, puis prend la forme d'un livre en 1836, auquel s'ajoute deux suites en 1838 et en 1840. Au total, Haliburton publie 10 recueils de récits. Certaines parties de ROUGHING IT IN THE BUSH, de Susanna MOODIE, ont d'abord été publiées dans *The Literary Garland* avant de paraître en volume en 1852. Stephen LEACOCK publie *Sunshine Sketches of a Little Town* (trad. *Un été à Mariposa: croquis en un clin d'œil*, 1960) dans *The Montreal Daily Star* de février à juin 1912, puis en volume plus tard la même année.

Depuis les années 20, les liens entre la nouvelle et les journaux et magazines littéraires sont restés très étroits, comme en témoignent les œuvres de Raymond KNISTER, de Morley Callaghan, de Mavis GALLANT, d'Alice MUNRO, de Hugh Hood, de Jack HODGINS et de Leon ROOKE, qui paraissent dans des périodiques aussi variés que *This Quarter, Toronto Star Weekly,* The TAMARACK REVIEW, *The Malahat Review, Canadian Fiction Magazine, Journal of Canadian Fiction* et *The New Yorker*. Plusieurs écrivains sont aussi éditeurs de journaux, rédacteurs en chef de magazines et directeurs de publication d'anthologies.

Croquis littéraires Le sketch, ou croquis littéraire, est, selon les critiques Carole Gerson et Kathy Mezei, «une anecdote ou un souvenir, apparemment biographique, centré sur une personne, une expérience ou un endroit particuliers, et habituellement destiné à la publication dans un magazine». Son ton familier et sa structure informelle l'apparente à la forme épistolaire des premiers écrits du Canada. Le croquis satirique, ou l'historiette, est un genre répandu qu'on retrouve dans les œuvres de McCulloch, de Haliburton et de Leacock. Les croquis autobiographique, descriptif ou de voyage constituent une deuxième catégorie pratiquée par des écrivains comme Howe, William «Tiger» DUNLOP, Catharine Parr TRAILL, Anna Jameson, Archibald LAMPMAN, William Wilfred Campbell, Duncan Campbell SCOTT, Sara Jeannette Duncan et Frederick Philip GROVE. Enfin, les croquis ruraux de Raymond Knister, qui se passent à Corncob Corners, représentent une troisième catégorie de sketches.

Vers la fin des années 20, la nouvelle a éclipsé le croquis littéraire, qui survit toutefois sous la plume de plusieurs humoristes dont Paul HIEBERT (Sarah Binks, 1947), Robertson DAVIES (*The Diary of Samuel Marchbanks,* 1947; *The Table Talk of Samuel Marchbanks,* 1949; *Samuel Marchbanks' Almanack,* 1967; et le volumineux recueil *The Papers of Samuel Marchbanks,* 1985) et Earle BIRNEY (*Big Bird in the Bush,* 1978). Le croquis est une forme littéraire que l'on retrouve aussi dans les écrits autobiographiques (*voir* ÉCRITS À CARACTÈRE INTIME DE LANGUE ANGLAISE), tels que KLEE WYCK (1941; trad. *Klee Wyck*, 1973) d'Emily CARR, et *The Street* (1969) de Mordecai Richler. *Around the Mountain,* de Hood, apparaît, à la fin du XXe siècle, comme un élément important de l'histoire du sketch au Canada.

Récits animaliers Les récits animaliers de Seton et de Roberts se révèlent les plus significatifs des premiers apports canadiens au récit bref. Selon le critique Alec Lucas, WILD ANIMALS I HAVE KNOWN (1898; trad. *La Vie des bêtes pourchassées*, 1928), le premier ouvrage de Seton, «a jeté les bases (...) du récit animalier réaliste». *The Kindred of the Wild* (1902) est le premier recueil complet de Roberts. La tradition canadienne du récit animalier se poursuit et s'enrichit non seulement dans la prose documentaire et de fiction de naturalistes et de conteurs comme Roderick HAIG-BROWN, Fred Bodsworth, Sheila Burnford et Farley MOWAT, mais également dans les nouvelles très artistiques et de facture formelle de Dave Godfrey (*Death Goes Better with Coca-Cola,* 1967).

Scott, Callaghan, Wilson, Gallant et leurs successeurs Dans l'introduction de son anthologie *Canadian Short Stories* (1928), qui ouvre la voie dans ce domaine d'études, Raymond Knister évoque l'«influence discrète» du cycle de récits de *In the Village of Viger,* de D.C. Scott, qu'il qualifie de «floraison parfaite de l'art». Par la suite, d'autres critiques, comme Stan Dragland, ont appuyé le point de vue de Knister. Après *In the Village of Viger* (1896), D.C. Scott fait paraître *The Witching of Elspie* (1923) et *The Circle of Affection* (1947). L'œuvre de Scott rappelle le style gothique et romantique du XIXe siècle américain et l'écriture à saveur locale, quoique son ton ironique le rapproche de l'écriture du milieu du XXe siècle et que son style imagé soit précurseur des nouvelles poétiques écrites plus tard dans le même siècle. De plus, *In the Village of Viger,* dans son ensemble, fonde la tradition canadienne du cycle de récits.

Selon l'éditeur Robert WEAVER, Morley Callaghan est «le premier et le plus important des nouvellistes modernes au Canada». Callaghan exerce également une influence indéniable sur des auteurs comme Norman Levine, dont le premier livre de récits, *One Way Ticket,* est publié en 1961, et Hugh Hood, dont le premier recueil, *Flying a Red Kite,* paraît en 1962. Les premiers livres du genre de Callaghan sont *A Native Argosy* (1929), le court roman *No Man's Meat* (1931) et *Now That April's Here and Other Stories* (1936). La plupart de ces récits, ainsi que d'autres plus récents, sont rassemblés dans *Morley Callaghan's Stories* (1959). Dans *No Man's Meat and the Enchanted Pimp* (1978), on retrouve une version légèrement modifiée de son roman de 1931, de même qu'un autre court roman inédit. D'autres récits plus anciens sont regroupés dans *The Lost and Found Stories of Morley Callaghan* (1985). Callaghan apparaît important à plusieurs égards: par son choix de sujets et de situations; par sa perspective moderne, urbaine, voire internationale; par sa compréhension de la nécessité et de la difficulté d'écrire sur la vie de tous les jours; et enfin, par son exploration de la complexité de la morale profondément humaine. Qui plus est, comme le souligne la poète Margaret AVISON, sa façon toute particulière et nouvelle d'utiliser les mots sans rechercher d'effets de style donne à ses récits l'impression d'être ancrés dans le présent. La réputation que Callaghan a acquise a peut-être été plus déterminante encore pour la génération suivante d'écrivains.

Callaghan n'a toutefois pas établi une norme de l'élégance stylistique. Ce mérite revient à Ethel WILSON. Deux de ses courts romans, «Tuesday and Wednesday» et «Lilly's Story», sont réunis dans *The Equations of Love* (1952). Certaines de ses nouvelles, initialement parues dans des magazines, sont reprises dans *Mrs. Golightly and Other Stories* (1961), et des récits subséquents sont colligés dans un recueil posthume, *Ethel Wilson: Stories, Essays, and Letters* (1987). L'œuvre de fiction de Wilson – romans, courts romans et nouvelles – influence de manière appréciable les écrivains canadiens de la fin des années 40 au début des années 60, dont Margaret LAURENCE et Alice Munro, toutes deux marquantes dans l'histoire du récit bref au Canada. Le premier recueil de récits de Laurence, *Tomorrow Tamer and Other Stories,* est paru en 1963. Tout comme *In the Village of Viger* de Scott, *Sunshine Sketches of a Little Town* de Leacock et *Around the Mountain* de Hood, le cycle des récits de *A Bird in the House* (1970; trad. *Un oiseau dans la maison,* 1989) en fait un livre phare pour les créateurs ultérieurs de récits cycliques au Canada. *Dance of the Happy Shades* (1968; trad. *La Danse des ombres: Nouvelles,* 1979), le premier recueil de nouvelles de Munro, comprend les meilleures œuvres qu'elle ait produites en deux décennies. Dans les années 80, Munro jouit déjà de la plus grande popularité et de la meilleure réputation sur le plan international parmi les nouvellistes canadiens. Elle se distingue comme l'écrivaine la plus souvent associée à la renaissance de la nouvelle canadienne. Elle est reconnue également comme celle qui manifeste le plus grand souci de structurer ses nouvelles de façon à former des livres ou des cycles de récits cohérents, notamment dans *Who Do You Think You Are?* (1978; trad. *Pour qui te prends-tu?*, 1981).

Mavis Gallant et Clark BLAISE sont cependant les nouvellistes canadiens qui ont acquis la plus grande renommée vraiment internationale. Dans *The Other Paris* (1956), *My Heart Is Broken* (1964; trad. *L'Été d'un célibataire: Nouvelles,* 1990), *The Pegnitz Junction* (1973; trad. *Voyageurs en souffrance,* 1992), *The End of the World and Other Stories* (1974), *From the Fifteenth District* (1979; trad. *Les Quatre Saisons: Nouvelles,* 1989), *Home Truths* (1981; trad. *Voix perdues dans la neige: Nouvelles,* 1991) et *Overhead in a Balloon: Stories of Paris* (1985; trad. *Rue de Lille,* 1988), Gallant apporte à la nouvelle canadienne un universalisme plus marqué, une conscience politique richement étayée et une heureuse contribution artistique. Ces mêmes traits remarquables caractérisent l'œuvre de Clark Blaise, notamment *A North American Education* (1973), *Tribal Justice* (1974; trad. *La Justice tribale: récits,* 1985) et *Resident Alien* (1986; trad. *Ma vie traduite, revue et corrigée,* 1988).

Leon Rooke et Hugh Hood Avant de quitter les États-Unis pour le Canada, Leon Rooke y publie *Last One Home Sleeps in the Yellow Bed* (1968). Par la suite, bon nombre de ses ouvrages de fiction paraissent dans les deux pays. Comme le soulignent Blaise et John METCALF, sa réussite est attribuable à sa maîtrise des voix, de la forme et, plus particulièrement, de la langue, depuis sa région natale du sud des États-Unis, à l'Angleterre de la Renaissance et à la période contemporaine. *Sing Me No Love Songs I'll Say You No Prayers* (1984) et *A Bolt of White Cloth* (1984), respectivement ses septième et huitième recueils, démontrent clairement sa virtuosité qui le situe dans une classe à part, avec Hugh Hood.

Hood explore avec subtilité les possibilités de la forme et de la langue. Cette démarche commence avec la publication de *Flying a Red Kite* et d'*Around the Mountain* et se poursuit dans *The Fruit Man, The Meat Man and The Manager* (1971) et *Dark Glasses* (1976). *None Genuine Without This Signature* (1980) et *August Nights* (1985), ses cinquième et sixième recueils de récits, sont une nouvelle illustration d'une unité de la langue, des sentiments et de la forme. «The Woodcutter's Third Son» offre un traitement éblouissant et serein des implications conflictuelles du folklore magique et des écrits sacrés pour l'être humain. «Every Piece Different» constitue un testament personnel et touchant et une importante profession de l'engagement continu de l'auteur envers l'innovation.

Écriture expérimentale Un certain nombre d'auteurs de nouvelles ont produit des œuvres qui, selon le critique W.H. New, «tendent à exprimer un geste linguistique total: la restructuration du monde dans l'esprit de l'auteur et du lecteur». New cite à titre d'exemples *Hear Us O Lord from Heaven Thy Dwelling Place* (1961; trad. *Écoute notre voix, Ô Seigneur,* 1962), de Malcolm LOWRY; *The Kissing Man* (1962), de George Elliott; *Death Goes Better with Coca-Cola,* de Godfrey; *Cape Breton is the Thought-Control Centre of Canada* (1969), l'audacieux recueil de Ray Smith; ainsi que *A North American Education,* de Blaise. Deux livres de Smith, parus après *Cape Breton,* se révèlent passionnants sur les plans de la langue, de la structure et de la psychologie. Il s'agit de *Lord Nelson Tavern* (1974) et de *Century* (1986). Deux ouvrages extraordinaires de Godfrey, *I Ching Kanada* (1976) et *Dark Must Yield* (1978), suivent son *Death Goes Better*. Parmi les autres œuvres expérimentales intéressantes publiées depuis les années 60, on compte *Garber's Tales from the Quarter* (1969) et *Circuit* (1970), de Lawrence Garber; *Columbus and the Fat Lady and Other Stories* (1972), *Night Flights* (1978), *The Expatriate* (1982) et *Café Le Dog* (1983; trad. *Café Le Dog: Nouvelles,* 1985), de Matt COHEN; *The Truth and Other Stories* (1972), de Terrence Heath; *Noman* (1972) et *Noman's Land* (1985), de Gwendolyn Macewen; *The Late Man* (1972), d'Andreas Schroeder; *Flycatcher and Other Stories* (1974), *Protective Footwear: Stories and Fables* (1978) et *A Place to Die* (1983), de George Bowering; *The Fatal Woman* (1974), de John GLASSCO; *Where Is the Voice Coming From?* (1974), *Alberta / A Celebration* (1979) et *The Angel of the Tar Sands and Other Stories* (1982), de Rudy WIEBE; *Craft Dinner* (1978), de B.P. NICHOL; *Four Stories* (1979), ensuite augmentée en *Five Stories* (1984) de Sheila WATSON; *Fifty Stories and a Piece of Advice* (1982), ainsi que *The Circus Performer's Bar* (1984), de David Arnason; *Murder in the Dark* (1983; trad. *Meurtre dans la nuit*, 1987), de Margaret ATWOOD; *Son of the Morning and Other Stories* (1983), de Phyllis GOTLIEB; *Journey Through Bookland and Other Passages* (1984), de Stan Dragland; et enfin *The Man Who Sang in His Sleep* (1984), ainsi que *Telling the Tale* (1987), de Robin SKELTON.

Préoccupations constantes et formes en évolution Malgré la diversité des formes et des directions que peut prendre la nouvelle, on peut y déceler certaines tendances. Pour Jack Hodgins (*Spit Delaney's Island: Selected Stories,* 1976; *The Barclay Family Theatre,* 1981), l'écriture sert en partie à remettre en question «le concept de réalité chez le lecteur». Tout comme Hugh Hood, Leon Rooke et John Metcalf (depuis *The Lady Who Sold Furniture,* 1970, jusqu'à *Adult Entertainment,* 1986), Hodgins croit que les écrivains doivent reconnaître les implications morales de leurs œuvres. Néanmoins, il existe des différences marquées entre ces écrivains et les auteurs réalistes versés dans la morale qui les ont précédés, comme Grove, Callaghan, Sinclair ROSS, W.O. MITCHELL, Ernest BUCKLER et Margaret Laurence. Dans «Editing the Best» (*Kicking Against the Pricks,* 1982), John Metcalf écrit: «Si les récits canadiens d'il y a 20 ans privilégiaient le contenu – ce à quoi se rapporte l'histoire –, maintenant l'accent est mis sur le récit en tant que machine verbale et rhétorique.» Cette transformation est perceptible chez certains écrivains dans l'évolution de leur conception de la nouvelle. Les récits de Munro, p. ex., abandonnent le style narratif qu'ils avaient au début au profit d'une forme plus libre, plus ouverte et plus onirique, comme l'illustrent des recueils comme *The Moons of Jupiter* (1982; trad. *Les Lunes de Jupiter: Nouvelles,* 1989) et *The Progress of Love* (1986). Ce changement s'observe également dans le développement de la nouvelle canadienne en général.

Nouvelles tendances À la fin du XXe siècle, la nouvelle canadienne semble prendre trois directions importantes: vers l'allégorie de l'esprit humain, la fantaisie et l'expression poétique. C'est ce que l'on peut constater d'après les nouvelles «The Woodcutter's Third Son», tirée de *None Genuine Without This*

Signature, de Hood; «The Birth Control King of Upper Volta», de Rooke, parue dans un recueil du même titre; et «Gentle as Flowers Make the Stones», dans *The Teeth of My Father* (1975), de Metcalf. On retrouve le caractère allégorique de l'écriture de Hood, à des degrés divers, dans les œuvres de Rooke, de Blaise, de Hodgins, de Terence Byrnes, de Guy VANDERHAEGHE et de Peter Behrens. Le fantastique dans les récits de Rooke est également présent, toujours à des degrés divers, dans les écrits de nombreux auteurs: H.R. Percy, Elliott, Hood, MacEwen, Schroeder, Wiebe, Margaret Gibson, Hodgins, Seán Virgo, Atwood et Carol SHIELDS. La qualité poétique qui fait la marque du style de Metcalf apparaît aussi dans les récits à clés structurelles et emblématiques de plusieurs de ses plus célèbres contemporains. On retrouve ces trois nouvelles orientations dans le premier paragraphe de «First Names and Empty Pockets», une élégie dédiée à la chanteuse rock Janis Joplin, parue dans *Shoeless Joe Jackson Comes to Iowa* (1980; trad. *Shoeless Joe*, 1993) de W.P. Kinsella.

Réputations Les auteurs canadiens de récits brefs, tout comme ceux qui écrivent d'autres genres, ne sont pas à l'abri des fluctuations de popularité. Leur réputation grandit ou s'effrite, indépendamment de la qualité de leurs œuvres, au gré des préférences personnelles qui oscillent constamment entre le style dépouillé et la forme imaginative, entre le réalisme et la fantaisie. De plus, on accorde rarement de l'attention au cheminement littéraire d'un écrivain ou à l'évolution de sa conception de la forme de la nouvelle.

Les auteurs les plus injustement négligés sont les frontaliers: les nouveaux Canadiens (dont Elizabeth Spencer, Eugene MacNamara, Leon Rooke, Jane RULE, Audrey Thomas, Kent Thompson, John Metcalf et Daphne MARLATT) et ceux qu'on appelle les expatriés (comme Wallace Stegner, Mavis Gallant, Norman Levine pendant longtemps et maintenant, Clark Blaise). Ces écrivains ont apporté une contribution significative aux différentes traditions littéraires canadiennes, mais on considère généralement qu'ils n'y appartiennent pas à part entière. Toutefois, plusieurs auteurs méritoires de recueils récents de nouvelles, de courts romans et de récits se taillent une réputation enviable. Parmi ces auteurs, on compte les huit participants à la conférence New Canadian Fiction/New Canadian Criticism, organisée en leur honneur par David Helwig et John Metcalf à Kingston, en Ontario, du 4 au 6 octobre 1986. Ces auteurs sont: Edna Alford, Keath Fraser, Douglas Glover, Dayv James-Frenche, Janice Kulyk Keefer, Rohinton MISTRY, Patrick Roscoe et Linda Svendsen. Espérons que, tout comme d'autres nouveaux venus de talent, ils auront la largesse d'esprit, la détermination, l'énergie et la bonne fortune nécessaires pour contribuer de manière appréciable à la tradition de la nouvelle au Canada. (*Voir aussi* LITTÉRATURE DE LANGUE ANGLAISE.)

J.R. (Tim) Struthers

NOVA Corporation of Alberta (aujourd'hui NOVA Corp.) Société canadienne d'énergie dont le siège social se trouve à Calgary. En 1994, son chiffre d'affaires s'élève à 3,7 milliards de dollars et ses actifs, à 8,3 milliards de dollars. Elle emploie 6600 personnes. De nombreux actionnaires se partagent ses actions, qui sont détenues à 85 p. 100 par des Canadiens. D'abord connue sous le nom d'Alberta Gas Trunk Line Company Ltd., cette société est fondée en 1954 dans le but de construire, de détenir et d'exploiter des installations de collecte et de transport du gaz naturel en Alberta.

Au début des années 70, la société s'agrandit et ses activités portent aujourd'hui sur le transport du gaz naturel, le développement des ressources naturelles, la pétrochimie et la transformation. En 1980, elle change de nom. Le système de transport du gaz d'Alberta est l'un des plus importants et l'un des plus techniquement perfectionnés au monde. De plus, NOVA est le plus grand fabricant et distributeur de produits de polyéthylène au Canada.

Dans le groupe de sociétés évoluant actuellement sous la bannière NOVA au Canada, on trouve Foothills Pipe Lines (Yukon) Ltd. et Novacor Chemicals Ltd. NOVA détient également 24 p. 100 des actions de Methanex Corporation, le plus grand producteur de méthanol au monde. NOVA possède des entreprises connexes à l'industrie de l'énergie aux États-Unis, en Italie et dans d'autres pays. En février 1998, NOVA fusionne avec TRANSCANADA PIPELINES, créant ainsi la quatrième plus grande société de gazoducs en Amérique du Nord.

Nova Scotia Agricultural College Situé à Truro, en Nouvelle-Écosse, il ouvre ses portes en 1905 afin d'offrir un enseignement et une formation en agronomie dans les provinces atlantiques. Il naît de la fusion de la School of Agriculture (fondée à Truro en 1885) et de la School of Horticulture (fondée à Wolfville en 1893). Le collège offre des cours de formation professionnelle et technique, des études préprofessionelles en génie agricole et en médecine vétérinaire, de même qu'un diplôme en agronomie et un programme d'études supérieures en agronomie. Le collège oriente les études d'agronomie dans diverses directions, dont un programme dynamique de recherches, et met l'accent sur la participation directe aux activités des entreprises agricoles. Les diplômés occupent des postes en vue dans les services agricoles au Canada et à l'étranger. En 1994-1995, le collège compte 821 étudiants de premier cycle à temps plein et 28 à temps partiel.

Lois Kernaghan

Nova Scotia College of Art and Design Fondé en 1925 à Halifax en tant qu'établissement financé par la province, le Nova Scotia College of Art succède à la Victoria School of Art and Design qui avait vu le jour en 1887. En 1969, il obtient le statut d'université et devient le Nova Scotia College of Art and Design, soit la première école d'art à décerner des grades universitaires. Ce collège offre des cours en beaux-arts, en artisanat, en enseignement de l'art, en design des communications et en aménagement du territoire.

Les programmes d'une durée de quatre ans mènent au baccalauréat en beaux-arts (réalisation d'œuvres d'art ou enseignement des arts), au baccalauréat en design (design des communications ou aménagement du territoire) ou au baccalauréat en arts (enseignement des arts). Le collège offre également la maîtrise en beaux-arts et en enseignement des arts, de même que des diplômes en beaux-arts et en graphisme. Le collège a acquis de la notoriété en se lançant dans l'édition d'ouvrages de référence en art contemporain. En 1978, il innove encore en déménageant sur un campus situé sur les quais restaurés d'Halifax. En 1997-1998, l'établissement compte environ 700 étudiants.

Lois Kernaghan

Nova Scotia Nautical Institute École de formation au métier de marin, fondée en 1872. Il existait à cette époque, en Angleterre et au Canada (qui suivait l'exemple de l'Angleterre en matière de marine), des «répétiteurs» qui aidaient les apprentis marins à passer les examens qu'on leur imposait après leur apprentissage en mer. D'abord connue sous le nom de Halifax Marine School et gérée par les autorités fédérales, l'école est cédée au gouvernement provincial le 1er juillet 1951 et devient la Nova Scotia Marine Navigation School. En 1973, elle fusionne avec la Nova Scotia Marine Engineering School (créée en 1948) et, un an plus tard, les deux institutions forment le Nova Scotia Nautical Institute, doté d'un personnel de 14 enseignants. L'école assure la formation, mais les examens sont administrés par la Garde côtière du Canada.

Nova Scotia Pharmaceutical Society (1992), affaire de la La Cour suprême reconnaît dans cette affaire la théorie de l'imprécision. Une disposition législative qui est imprécise, c.-à-d. mi-chair mi-poisson, ne peut donner lieu à un véritable débat judiciaire et sera donc jugée inconstitutionnelle par la Cour. Cette doctrine élaborée par la Cour fait dorénavant partie des principes de justice fondamentale au Canada.

Elle repose sur le principe de la primauté du droit. L'exigence d'un avertissement raisonnable aux citoyens, de même que la limitation du pouvoir discrétionnaire dans l'application de la loi constituent les fondements de la doctrine de l'imprécision et sont reliés au principe de la primauté du droit.

Cette norme s'applique dans tous les domaines du droit: civil, criminel, administratif, etc.

Cette doctrine peut être soulevée à l'égard d'une disposition de fond de la *Charte canadienne des droits et libertés* qui comporte des limites inhérentes, comme l'article 7. Dans les autres cas, cette doctrine de l'imprécision devra être invoquée à l'étape de l'article 1 de la Charte.

Les facteurs à considérer pour déterminer si une disposition est imprécise sont les suivants: la nécessité de la souplesse et le rôle des tribunaux en matière d'interprétation; l'impossibilité de la précision absolue, une norme d'intelligibilité étant préférable; et la possibilité qu'une disposition donnée soit susceptible de nombreuses interprétations qui peuvent même coexister.

En l'instance, il s'agissait de savoir si l'alinéa 32(1)c) de la *Loi sur la concurrence*, qui porte sur l'infraction de comploter indûment pour restreindre le commerce, est imprécis au point d'être incompatible avec l'article 7 de la Charte. La Cour analyse cet alinéa et conclut que ce dernier est assez précis pour satisfaire à la norme constitutionnelle.

Nova Scotia Research Foundation Corporation (NSRFC) Organisme de recherche fondé en 1946 par le gouvernement de la Nouvelle-Écosse. Appelé à l'origine Nova Scotia Research Foundation, l'organisme répond à la recommandation de H.M. TORY de fonder un bureau provincial chargé de chercher des solutions aux problèmes de développement et de redressement économiques en collaboration avec des universités et le CONSEIL NATIONAL DE RECHERCHES DU CANADA. En 1975, une nouvelle loi renomme l'organisme Nova Scotia Research Foundation Corporation en raison de son rôle consultatif auprès de l'industrie. En 1981, on propose d'élargir la portée de l'organisme à d'autres régions des Maritimes, en collaboration avec le CONSEIL DE LA RECHERCHE ET DE LA PRODUCTIVITÉ DU NOUVEAU-BRUNSWICK.

La NSRFC soutient le développement économique en Nouvelle-Écosse et ailleurs par des conseils techniques et par des recherches menées dans quatre divisions d'un laboratoire de Dartmouth. Elle s'est bâti une réputation mondiale en recherche dans le domaine de la technologie océanographique (*voir* OCÉAN). Elle est aussi experte, mais depuis moins longtemps, en BIOTECHNOLOGIE, en désulfuration du CHARBON et en extraction de l'arsenic et du méthane. Les innovations de la Division du génie physique et du Centre de technologie marine du NSRFC comprennent des systèmes d'acquisition de données sous-marines, des coupleurs magnétiques en terres rares et des raccords rotatifs hydrauliques à parcours multiples. En collaboration avec l'UNIVERSITÉ DALHOUSIE et la DALTECH (TECHNICAL UNIVERSITY OF NOVA SCOTIA), le Conseil a fondé l'Applied Microelectronics Institute pour développer des produits en microélectronique pour la marine.

La NSRFC est dirigée par un conseil de scientifiques et d'industriels dont le président est aussi président de la corporation. Le personnel compte environ 122 personnes. Les deux tiers du financement proviennent des ventes aux industriels et aux gouvernements et de contrats avec ces mêmes clients; le reste provient de subventions. (*Voir aussi* INDUSTRIE OCÉANOGRAPHIQUE.)

Martin K. McNicholl

Novascotian On se souvient du *Novascotian* comme du journal de Joseph HOWE et l'incarnation de sa propre devise: «The free constitution which guards the British press» (Les libertés accordées par la constitution protègent la presse britannique). Le journal, qui voit le jour sous la direction de George R. Young, en 1824, porte d'abord le nom de *Nova*

Scotian ou *Colonial Herald*. Howe en prend la direction en 1827. Par la suite, l'hebdomadaire reflète à la fois le réveil intellectuel de la Nouvelle-Écosse et l'évolution de la pensée politique de Howe. Une lettre publiée dans le *Novascotian* en 1835 aboutit à son célèbre procès en diffamation. À son acquittement, il déclare: «La presse de la Nouvelle-Écosse est libre».

En 1840, le journal de Howe, qui compte 3000 abonnés, est devenu le chef de file de la presse de la province. L'engagement politique croissant de Howe force la vente du journal durant les années 1840. Dirigé par la famille Annand, le journal demeure la voix de la réforme libérale. Durant la Première Guerre mondiale, son tirage atteint le sommet de 20 000 exemplaires. Ce tirage correspond à celui de l'hebdomadaire de la Nouvelle-Écosse, le *Nova Scotia's Farm and Home Journal*. Son appui au gouvernement de coalition en 1917 éloigne cependant ses lecteurs et sa parution cesse au milieu des années 20.

Lois Kernaghan

Nowlan, Alden, poète (Windsor, N.-É., 25 janv. 1933—Fredericton, N.-B., 27 juin 1983). Essentiellement autodidacte, Nowlan est un ancien journaliste dont les nombreux recueils de poèmes ne cessent d'augmenter en force et en intensité. Parmi ses principaux ouvrages figurent *Bread, Wine and Salt* (1967; prix du Gouverneur général), *Playing the Jesus Game* (1970) et *Between Tears and Laughter* (1971). Ces recueils, riches d'une sensibilité typiquement régionale et d'une affection pour les gens ordinaires, sont reliés par l'intelligence, le tempérament et la culture de Nowlan à un monde littéraire bien au-dessus de la culture populaire. Il est aussi dramaturge, nouvelliste et, avec *Various Persons Named Kevin O'Brien* (1973), romancier. Plusieurs de ses ouvrages paraissent après sa mort. La connaissance de son art, son travail à l'U. du Nouveau-Brunswick, où il devient écrivain résident en 1969, et son individualisme le placent au centre de la communauté littéraire de Fredericton et des provinces de l'Atlantique.

Douglas Fetherling

Nowlan, George Clyde, avocat et politicien (Havelock, N.-É., 14 août 1898—Ottawa, 31 mai 1965). Artilleur durant la Première Guerre mondiale, il étudie à l'U. Acadia et à l'U. Dalhousie. Il est élu député du comté de Kings (Nouvelle-Écosse) aux élections de 1925, qui portent sur le MOUVEMENT DES DROITS DES MARITIMES. Défait en 1933, il continue d'être actif au sein d'un Parti conservateur démoralisé et il s'empare de la circonscription fédérale de Digby-Annapolis-Kings à l'issue d'une série d'élections spectaculaires (1948-1950). Président du Parti conservateur de 1950 à 1954 et porte-parole du Canada atlantique, Nowlan est ministre du Revenu national (1957-1962) et ministre des Finances (1962-1963) sous le gouvernement DIEFENBAKER. Jamais à l'aise avec Diefenbaker qui le soupçonne de trahison sur la question du leadership, il demeure fidèle au Parti conservateur jusqu'à sa mort.

Margaret Conrad

Noyer (*Juglans*) Genre d'arbre de la famille des noyers (*Juglandaceae*). Environ 20 espèces de noyer sont largement dispersées dans les régions tempérées et tropicales. Les deux espèces indigènes au Canada (noyer noir et noyer cendré) ne se trouvent que dans l'Est. Les noyers sont des arbres de taille moyenne (20 m à 30 m de hauteur) aux branches étalées horizontalement. Les feuilles, très grandes, sont composées d'un nombre variable de folioles (15 à 23). Les noyers produisent des noix dont l'amande peut être consommée comme telle, servir à aromatiser certains desserts ou fournir une huile par extraction. Du brou qui enveloppe la noix, on peut obtenir une teinture jaune (noyer cendré) ou noirâtre (noyer noir). Les noyers peuvent pousser dans des stations sèches, mais ils préfèrent les sols fertiles, humides et bien drainés. On les trouve notamment dans les vallées peu profondes et dans les plaines alluviales le long des cours d'eau. Le bois du noyer noir, dur, lourd, fort, résistant au choc et facile à travailler, est très

recherché pour le placage en ébénisterie et pour la fabrication de bateaux et de meubles de haute qualité. Malheureusement, il est devenu très rare.

Estelle Lacoursière

Nueltin, lac D'une superficie de 2279 km² et d'une altitude de 278 m, il est situé à la frontière des Territoires du Nord-Ouest et du nord-est du Manitoba, à environ 660 km au sud du cercle polaire arctique, et a une longueur de 144 km. De forme irrégulière et au littoral très échancré, il contient de nombreuses petites îles. Alimenté par plusieurs lacs avoisinants, il est drainé par la rivière Thlewiaza qui coule en direction nord-est jusqu'à la baie d'Hudson. Pendant longtemps, on y a exploité un poste de traite. La région a été abondamment explorée depuis la Seconde Guerre mondiale. La première expédition, celle du lac Nueltin, a été effectuée en 1947. Le lac tire son nom de l'expression chipewyan *nu-thel-tin-tuch*, qui signifient «lac de l'île qui dort». Samuel HEARNE, qui découvre en 1770-1772, le nomme Island Lake sur sa carte. Le lac est nommé Northlined Lake sur la carte des expéditions de MACKENZIE (1789 et 1793) réalisée par Aaron Arrowsmith.

David Evans

Nugent, John Cullen, sculpteur et éducateur (Montréal, 5 janv. 1921). Ses études à l'U. St. John's (Collegeville, Minnesota) lui font découvrir le gauchisme, les idéaux communistes et le renouveau catholique de l'après-guerre dans les arts. En 1948, il déménage à Lumsden, en Saskatchewan, et exécute des commandes d'objets liturgiques en argent et en bronze jusqu'à ce que la résistance de l'Église dans les années 60 l'oblige à s'arrêter. Après sa rencontre en 1961 avec le sculpteur américain David Smith, Nugent se tourne graduellement vers les œuvres abstraites en acier soudé. Ce type de sculpture, qui l'a davantage fait connaître, manifeste une grâce maladroite dans son collage constructiviste d'éléments préfabriqués en acier. Ces œuvres présentent souvent des métaphores du paysage des Prairies, comme dans *#1 Northern,* la commande controversée réalisée en 1976 pour l'édifice de la Commission canadienne des grains, à Winnipeg (l'œuvre est retirée en 1978, puis replacée en 1997). Nugent, qui enseigne durant de nombreuses années à l'U. de Regina, exécute aussi des commandes publiques pour le BANFF CENTRE et pour la station anglaise de Radio-Canada à Regina.

Timothy Long

Numéro d'assurance sociale (NAS) Presque tous les Canadiens qui paient des impôts ou reçoivent des prestations de l'État fédéral possèdent un numéro d'assurance sociale (NAS) de neuf chiffres. Ces numéros s'ajoutent aux noms et adresse des personnes afin de permettre aux ordinateurs de mieux garder en mémoire les traces individualisées de certaines de leurs transactions avec les administrations fédérale et provinciale.

La Commission d'assurance-chômage (CAC) a créé les NAS en 1964. Celle-ci, qui existe en vertu de la *Loi sur l'assurance-chômage* de 1940, se met à attribuer en 1942 des cartes numérotées aux personnes assurées ou non. Vingt ans plus tard, son répertoire principal compte des renseignements sur 7,5 millions de personnes titulaires de cartes. L'informatisation de la gestion rigoureuse des données requiert cependant un nouveau système de numérotation parce que l'ancien système ne permet plus de garantir les combinaisons des nombres et des lettres. Deux facteurs additionnels contribuent à l'adoption des NAS. En 1962, la Commission royale d'enquête sur l'ORGANISATION DU GOUVERNEMENT (la Commission Glassco) conclut à la nécessité pour l'administration fédérale de disposer d'un marqueur unique par individu pour améliorer l'efficacité de ses services qui utilisent de plus en plus couramment de puissants ordinateurs. L'année 1963 voit naître le projet du Régime de pensions du Canada (RPC). Environ 80 p. 100 des personnes que celui-ci couvre alors sont déjà fichées par la CAC. Il apparaît dès lors logique d'utiliser le même numéro dans les deux cas.

Bien que l'usage des NAS suscite une controverse politique sans fin, le Parlement n'a jamais l'occasion de voter sur cette question. En effet, les règlements relatifs à la délivrance des NAS font l'objet d'un décret et entrent en vigueur en avril 1964. Il incombe alors aux employeurs de veiller à ce que leurs employés du moment et ceux qu'ils embaucheront disposent d'un NAS. En juin 1964, le nombre de NAS atteint 6,3 millions. Depuis le début, le nombre de NAS dépasse 25 millions puisque pratiquement chaque adulte résidant au Canada et beaucoup d'enfants en ont un.

À l'origine, le NAS ne sert en pratique qu'à la CAC et au RPC. Toute personne, âgée d'au moins 18 ans, qui occupe un emploi assurable et cotise au RPC doit se procurer un NAS. Cependant, comme aucune restriction n'en limite l'utilisation, il devient progressivement l'unique marqueur d'identité personnelle dans tous les secteurs de la société et sert maintenant notamment pour les déclarations de revenus, les allocations familiales, les dossiers scolaires et même les permis de culture du blé. Toute personne qui remplit une déclaration de revenus doit y inscrire son NAS. Il en va de même d'un père ou d'une mère qui désire toucher une allocation familiale. En fait, la plupart des transactions financières et celles qui sont liées à des programmes de services entre les administrations et les citoyens canadiens sont contrôlées par le truchement des NAS.

Il semble raisonnable de suggérer que, tout au moins, leur utilisation par des organismes non gouvernementaux est incorrecte, même si elle n'est pas illégale. On peut affirmer que l'obligation pour un citoyen de donner son identité grâce à son NAS avant d'encaisser un chèque est un exemple d'utilisation abusive. Citons comme autres exemples d'un tel abus la présentation de la carte pour s'abonner au service téléphonique, pour obtenir un permis d'inhumation ou pour louer un appartement. Ajoutons que les administrations tant provinciales que municipales se servent des NAS pour établir et garder en mémoire l'identité des citoyens concernés par leurs programmes. Une personne qui refuserait de fournir son NAS sur demande s'expose à ne pas recevoir de services.

Un autre aspect de l'abus des NAS concerne les recoupements de renseignements et de bases de données. Si le recours au NAS d'une personne sert à toutes ses transactions avec l'administration fédérale, une recherche effectuée ensuite dans les bases de données officielles au sujet des informations liées à ce NAS peut révéler tous les renseignements relatifs à cette personne, comme le fait de savoir si ses allocations familiales sont notées sur sa déclaration de revenu. Il va dès lors de soi qu'un contrôle s'impose sur l'accès à de tels renseignements. Par ailleurs, l'utilisation sans réserve de cette technique représente de toute évidence une intrusion dans la VIE PRIVÉE. Beaucoup de gens craignent que ces renseignements personnels emmagasinés dans les bases de données de l'État puissent servir et servent effectivement à exercer sur elles un contrôle social. La loi fédérale sur la protection de la vie privée (1982) ne dit rien de l'emploi des NAS et pourtant, ceux-ci constituent la principale source des plaintes adressées au commissaire fédéral à la protection de la vie privée.

L'usage abusif des NAS risque moins de se produire si les détenteurs de ces numéros veillent à ne s'en servir que lorsque la loi les y oblige. En outre, l'emploi des NAS pourrait bien diminuer avec l'arrivée de nouveaux ordinateurs perfectionnés, capables d'identifier les personnes et de les lier à leurs dossiers sans recourir à ces numéros.

D. Flaherty et P. Harte

Nunatak Mot inuktitut signifiant «pic isolé», est une MONTAGNE s'élevant au-dessus de vastes nappes de glace. Les premiers nunataks ont été observés au Groenland, mais on en trouve aussi en Antarctique et au Canada, en particulier sur l'ÎLE D'ELLESMERE. Cette expression désigne également toute surface non glaciaire, en hautes terres ou en basses terres, qui était entourée de GLACIERS. On croit que de tels *nunataks* ont pu servir de refuges biologiques où des variétés de plantes et d'animaux auraient survécu à la GLACIATION de l'ère quaternaire et d'où elles auraient essaimé au moment de la fonte des glaciers. Cette controversée hypothèse du *nunatak* a été formulée afin d'expliquer d'étranges répartitions biotiques au Canada et en Scandinavie.

Des *nunataks* du quaternaire ont été identifiés dans les basses terres, du côté protégé du vent, et dans les hautes terres de l'île de Baffin et du Labrador, au-delà de la limite des glaces laurentiennes. Dans les basses terres autour de l'anse de Clyde (île de Baffin) et dans la région d'Iron Strand (Labrador), on trouve des plages soulevées non modifiées qui recèlent des FOSSILES antérieurs à la dernière glaciation. Les *nunataks* montagneux se composent de couches rocheuses fortement altérées par les éléments, où les MORAINES dessinent les anciennes limites glaciaires en deçà desquelles le roc porte des traces fraîches d'érosion par la glace. Diverses zones de météorisation, situées à différentes altitudes, montrent que les *nunataks* ont survécu à plusieurs glaciations. De telles zones ainsi que la répartition de certaines plantes suggèrent l'existence de *nunataks* de l'ère quaternaire autour du golfe du Saint-Laurent. À l'encontre de ces preuves de nature biologique, d'autres arguments soutiennent que les glaciers à base froide, reconnus pour n'occasionner qu'une faible ÉROSION, pourraient avoir protégé les surfaces altérées au cours de la glaciation.

R.J. Rogerson

Nunavut Mot du dialecte inuktitut des Inuits de l'est de l'Arctique signifiant «notre terre», subdivision territoriale des Territoires du Nord-Ouest d'autrefois. Il comprend, en gros, la partie continentale du Canada et l'Archipel arctique situés au nord et au nord-est de la ligne de végétation arborescente, depuis l'extrémité ouest du détroit Dolphin jusqu'à environ 60 km au sud de l'embouchure de la rivière Tha-anne qui se jette dans la baie d'Hudson. Parmi les principales îles de l'Archipel arctique qui n'en font pas partie on retrouve les îles Banks et Prince Patrick et certaines parties des îles Victoria et Melville. La superficie totale du territoire et de la zone extracôtière est de 1,6 million de km².

Établi en vertu de la Loi sur le Nunavut de juin 1993, il devient une entité constitutionnelle en avril 1999. À l'époque où il a été reconnu par le Parlement, le Nunavut comptait une population d'environ 15 000 habitants, dont 80 p. 100 étaient des Inuits bénéficiaires de l'Accord sur les revendications territoriales du Nunavut, conclu aussi en juin 1993.

Cet accord subdivise les terres du Nunavut en trois catégories: 1) les terres de la Couronne où les Inuits ont le droit de chasser, de pêcher et de piéger et dont ils sont cogestionnaires; 2) 318 084 km² de terres sur lesquelles les Inuits possèdent les droits de superficie; et 3) 37 883 km² de terres sur lesquelles les Inuits possèdent, en plus des droits de superficie, les droits d'exploitation du sous-sol. Les Inuits ont été invités à sélectionner les parcelles de terres sous chaque catégorie. En compensation pour les terres de la Couronne qui n'appartiendront pas aux Inuits, le gouvernement fédéral a accepté de verser aux organisations inuites reconnues la somme de 1,17 milliard de dollars répartie sur 15 ans.

Sur le plan politique, le Nunavut possède sa propre assemblée législative avec 19 sièges, laquelle est munie de pouvoirs équivalents à ceux de tout autre territoire fédéral, ainsi que sa propre Cour suprême. Paul Okalik est le premier chef territorial du Nunavut.

Michael Craufurd-Lewis

Nutchatlahts («peuple de la montagne») Bande NOOTKA de la côte ouest de l'île de Vancouver, en Colombie-Britannique. Ils formaient jadis divers groupes indépendants qui, décimés par les guerres et les épidémies, ont fusionné en une bande qui compte aujourd'hui 122 personnes. Leur village est Nuchatl, à l'embouchure du bras Esperanza.

John Dewhirst

Nuxalks (Bella Coolas) Autochtones vivant dans un village de pêche isolé sur la côte centrale de la Colombie-Britannique. En 1996, la population inscrite de ce groupe autochtone s'établissait à 1185 personnes, dont 706 habitaient la réserve. Jadis, le terme «Bella Coola» désignait collectivement les Bella Coolas, les Talios, les Kimsquits et quelques Kwatnas vivant dans des villages autour du bras nord et du bras sud de la Bentinck, de la vallée de la Bella Coola, du chenal Dean et du passage Kwatna. Dans les années 20, ils avaient déjà abandonné tous leurs autres villages et s'étaient regroupés dans la réserve actuelle, à l'embouchure de la rivière Bella Coola.

Depuis la fin des années 70, les Bella Coolas s'appellent eux-mêmes la nation des Nuxalks, appellation qui, dans les temps anciens, désignait exclusivement le peuple de la vallée de la Bella Coola. Ils parlent le bella coola, une langue salishenne isolée des autres langues salishennes de la côte et formant un îlot linguistique entouré des langues athapascanes et wakashennes. La culture des Bella Coolas est celle qui ressemble le plus à la culture de leurs voisins wakashans, les HEILTSUKS (Bella Bellas).

Les villages sont traditionnellement formés de familles descendant d'un groupe de premiers ancêtres mythiques. Chaque groupe d'ancêtres, équipé d'outils et d'une connaissance des rituels, descendit du sommet d'une montagne au pied de laquelle ils établirent un village. Par le mariage, un réseau de descendants se développa et lia les villages. La plupart d'entre eux choisissaient de vivre dans les villages de leurs pères, mais demeuraient liés à leur lignée maternelle, si celle-ci était différente. Les habitations en planches de cèdre à multiples familles étaient assez grandes pour loger jusqu'à six couples et leurs enfants. Les membres de la maisonnée, qui incluaient les parents âgés, se supportaient par le potlatch et autres activités économiques.

La caractéristique première de la vie des Bella Coolas était son rituel extrêmement riche et complexe, dominé par le POTLATCH et par deux sociétés secrètes, la sisaok et la kusiut. L'adhésion à la sisaok était réservée aux enfants et à certains parents des chefs. L'initiation comprenait une période d'isolement, suivie d'une exposition publique du masque représentant l'emblème de l'initié. Les membres de la sisaok se donnaient en spectacle lors des potlatchs et des funérailles et, parfois, de cérémonies moins importantes.

Les cérémonies d'hiver étaient menées par la kusiut. Chaque membre avait un nom kusiut spécial et un maître spirituel dont il ou elle imitait la danse.

Les Bella Coolas vivaient de la pêche, de la chasse et de la cueillette. La pêche au saumon et à l'eulakane (poisson-chandelle) dans la rivière Bella Coola demeure importante. Tous les ans, on pêche l'eulakane au filet, et on en extrait et vend la graisse. Il est aussi fumé de façon traditionnelle, mis en conserve et congelé. L'administration de la bande, une fabrique de glace, la foresterie et les programmes de mise en valeur du saumon sont autant de sources d'emplois.

Leur premier contact connu avec les Blancs a lieu à l'été 1793 quand le capitaine George VANCOUVER mouille peu de temps dans leurs eaux. Il est suivi, quelques semaines plus tard, par une expédition d'exploration terrestre dirigée par Alexander MACKENZIE. Cet événement historique fait partie de la tradition orale des Bella Coolas et le récit de l'accueil qu'ils ont réservé à Mackenzie est encore pour eux une source de fierté. (*Voir aussi* AUTOCHTONES: LA CÔTE DU NORD-OUEST.)

Dorothy Kennedy et Randy Bouchard

Nylons, The Le groupe de chanteurs *a cappella* The Nylons a été formé en 1979 à Toronto par les chanteurs et acteurs Paul Cooper, Marc Connors, Claude Morrison et Arnold Robinson. Le groupe subit quelques changements à la fin des années 80 et au début des années 90. Cooper, lassé des tournées, tire sa révérence, et Marc Connors meurt en 1991. Après diverses tentatives de remplacement, ce sont Garth Mosbaugh et Gavin Hope qui viennent compléter les rangs. Les harmonies impressionnantes et les arrangements soignés du groupe plaisent beaucoup aux auditeurs en Amérique du Nord, en Europe, en Australie et au Japon. Son premier album, *The Nylons,* franchit le cap des 50 000 exemplaires vendus au Canada en l'espace de deux mois à peine. Son dixième disque, *Run For Cover,* est sorti en 1996.

Nymphéa Genre important faisant partie d'une famille de plantes aquatiques (nymphéacées) qui se caractérise par de grandes feuilles en forme de bouclier et des fleurs remarquables. La plupart des espèces sont tropicales ou subtropicales. Au Canada, quatre genres et neuf espèces sont indigènes; trois espèces sont importantes. Le grand nénuphar jaune, pied-de-cheval ou nénuphar à fleurs panachées (*Nuphar variegatum*) possède des fleurs globulaires jaunes. On le trouve aussi loin au nord que le Yukon et il est très répandu partout au Canada. Le nénuphar blanc (*Nymphaea tetragona*) se trouve dans le nord du Canada. Le nymphéa odorant ou nénuphar blanc (*Nymphaea odorata*), le plus beau des trois, possède des fleurs blanches brillantes de 10 à 15 cm de diamètre. On le trouve dans les étangs et les cours d'eau calmes du sud-est du Canada jusqu'en Floride.

Usages médicinaux Toutes ces espèces sont comestibles et constituaient une importante aide alimentaire d'urgence pour les autochtones. Le rhizome était soit bouilli, soit cuit, soit séché et les graines étaient rôties et moulues pour faire une farine très nourrissante. En raison de ses propriétés adoucissantes, antiseptiques et astringentes, le rhizome était utilisé en application externe pour soulager les douleurs et façon interne pour soigner l'inflammation et la dysenterie.

Gillian Ford

Ô Canada! Hymne national canadien, approuvé par le Parlement en 1967 et officiellement adopté, en vertu de la *Loi sur l'hymne national*, le 27 juin 1980. La musique est une composition de Calixa LAVALLÉE et les paroles sont du juge Adolphe-Basile ROUTHIER. Les Canadiens français ont tenté à plusieurs reprises de se donner un hymne national; citons notamment celui de sir George-Étienne CARTIER, qui a chanté son *Ô Canada! mon pays! mes amours!* lors de la réunion de fondation de la SOCIÉTÉ SAINT-JEAN-BAPTISTE, en 1834. Les origines de la musique de Lavallée demeurent cependant incertaines. Il se peut qu'il ait été invité à composer un hymne national pour les célébrations de la Saint-Jean-Baptiste, en juin 1880. Selon un article de *La Presse* (décembre 1920), Routhier aurait d'abord écrit les paroles et le lieutenant-gouverneur Théodore Robitaille aurait supplié Lavallée de les mettre en musique. Routhier soutient toutefois que c'est après avoir entendu Lavallée exécuter «la marche héroïque» qu'il a écrit les quatre versets le lendemain soir.

Quoi qu'il en soit, les paroles et la musique sont achevées dès mai 1880, car les journaux annoncent que 5000 copies seront distribuées au public. On ignore si la première de *Ô Canada!* a lieu, tel que prévu, durant la messe célébrée sur les plaines d'Abraham le matin du 24 juin 1880. Cependant, l'hymne est sans aucun doute joué le soir même, lors du banquet au pavillon des patineurs de Québec, auquel prend part le marquis de Lorne, gouverneur général. Au Québec, l'hymne gagne en popularité, mais il n'est entendu au Canada anglais que 20 ans plus tard, vraisemblablement à Toronto, en 1901, à l'occasion de la visite du futur roi George V. La traduction littérale est toutefois mal reçue. La traduction devient populaire écrite en 1908 par Robert Stanley Weir, avocat et auteur, de Montréal (1858-1926). Les paroles sont quelque peu modifiées à la suite d'un débat au Parlement en 1967. Les paroles du premier verset en français et en anglais sont les suivantes:

Ô Canada, terre de nos aïeux,

Ton front est ceint de fleurons glorieux,

Car ton bras sait porter l'épée,

Il sait porter la croix!

Ton histoire est une épopée

Des plus brillants exploits.

Et ta valeur de foi trempée,

Protégera nos foyers et nos droits,

Protégera nos foyers et nos droits.

O Canada! Our home and native land!

True patriot love in all thy sons command.

With glowing hearts we see thee rise,

The True North strong and free!

From far and wide, O Canada, we stand on guard for thee.

God keep our land glorious and free!

O Canada, we stand on guard for thee.

O Canada, we stand on guard for thee!

Oak Bay, municipalité de district de la C.-B.; pop. 17 865 (rec. 1996), 17 815 (rec. 1991), 17 065 (rec. 1986); superf. 10,58 km²; const. en 1906. Située à l'extrémité sud-est de l'île de Vancouver, à côté de la ville de VICTORIA, Oak Bay est entourée au sud et à l'est par l'océan Pacifique et offre une vue sur le détroit de Haro.

La ville, devenue un centre résidentiel huppé où habitent de nombreuses personnes retraitées, ne compte aucune industrie de taille. Dirigée par un maire et six conseillers, elle partage certaines responsabilités avec le district régional de la capitale.

Les nombreux salons de thé, les bâtiments de style anglais, les écoles privées ainsi que l'accent des habitants démontrent la forte influence britannique qui s'exerce sur la municipalité. Le paysage urbain présente de beaux bâtiments de la plus élégante période architecturale de la Colombie-Britannique, dont plusieurs résidences conçues par F.M. RATTENBURY. Oak Bay abrite aussi la maison Tod, la plus ancienne maison de l'ouest du Canada habitée en permanence depuis ses origines. Elle est construite en 1851 pour John Tod, un commerçant de fourrures de la Compagnie de la baie d'Hudson. Tod est aussi membre du conseil législatif de l'île de Vancouver de 1851 à 1858. Il fait l'acquisition de 40 ha de terre pour son «domaine d'Oak Bay», nom qui sera attribué plus tard à la municipalité. Oak Bay se distingue par ses nombreux CHÊNES de Garry. Chaque année, au début de juin, la municipalité organise sa plus célèbre activité locale, un *tea party* à grand déploiement.

Alan F.J. Artibise

Oak, île Une des îles de la BAIE MAHONE, qui en compte d'ailleurs plus de 300. Elle est située sur la côte atlantique de la Nouvelle-Écosse et mesure environ 1,6 km de longueur sur 0,8 km de largeur. Une légende veut qu'un trésor y soit enfoui, et le pillage aurait été attribué à différents pirates, dont William Kidd, Henry Morgan et Barbe-Noire, aussi bien qu'à des réfugiés incas fuyant les conquistadores espagnols de l'Amérique du Sud. En 1795, trois hommes découvrent près d'un immense chêne un affaissement de terrain et des signes qu'un palan a été utilisé à cet endroit. Leur excavation met à jour un puits comblé, avec des plates-formes de rondins de chêne pourris, tous les trois mètres. Parvenus à neuf mètres sous terre, ils abandonnent, mais, en 1804, un nouveau groupe d'hommes se rend à 30 mètres sous terre, avant que le puits ne se remplisse d'eau salée. D'autres fouilles ont permis de découvrir des tunnels reliant la «fosse aux trésors» à l'océan. Pour résoudre le problème, on a construit un barrage, mais il a été détruit lors d'une tempête. Depuis, des sommes considérables ont été investies pour des fouilles qui ont laissé l'île marquée de trous. En 1965, trois chercheurs du trésor perdent la vie dans un accident. Bien qu'aucun trésor n'ait été découvert, en 1971, une télécaméra sous-marine descend à 60 mètres sous la surface pour rapporter des images indistinctes de trois coffres, d'un pic et d'une main humaine amputée.

Edward Butts

Oakes, affaire David E. Oakes était accusé d'avoir des stupéfiants en sa possession dans le but d'en faire le trafic. La Cour suprême déclare que, même si la drogue constitue un fléau, l'article 8 de la *Loi sur les stupéfiants* va à l'encontre de la présomption d'innocence enchâssée à l'alinéa 11d) de la CHARTE CANADIENNE DES DROITS ET LIBERTÉS. L'article 8 de la loi contestée prévoit qu'une personne trouvée en possession de drogue est présumée avoir voulu en faire le trafic, même si la quantité trouvée est infime.

Pareille restriction ne peut se justifier dans une société libre et démocratique, selon l'article 1 de la Charte. En l'espèce, la Cour a jugé que l'article 8 de la *Loi sur les stupéfiants* ne satisfait pas au critère du lien rationnel entre la possession et le trafic de la drogue.

L'article 1 de la Charte déclare que l'on peut restreindre par une règle de droit un droit énoncé dans la Charte dans des limites qui sont raisonnables et dont la justification puisse se démontrer dans une société libre et démocratique.

Pour répondre aux critères fondamentaux de l'article 1, il faut démontrer: 1. l'existence d'un objectif suffisamment important pour justifier la suppression d'un droit; 2. que les préoccupations du législateur sont urgentes et réelles; 3. que les moyens employés pour atteindre cet objectif sont raisonnables: les mesures ne doivent être ni arbitraires, ni inéquitables, ni irrationnelles; 4. que les moyens employés portent le moins possible atteinte aux droits et libertés; enfin, 5. qu'il y a une proportionnalité entre les effets des mesures employées et l'objectif reconnu comme suffisamment important. Cet arrêt est le plus important de ceux qui portent sur l'article 1 de la Charte.

Gérald-A. Beaudoin

Oakes, sir Harry, prospecteur et propriétaire minier (Sangerville, Maine, 23 déc. 1874—près de Nassau, Bahamas, 8 juill. 1943). Diplômé de Bowdoin College, Oakes abandonne ses études de médecine en 1898 pour faire de la prospection au Klondike. Après avoir travaillé dans les corons un peu partout dans le monde, il jalonne les gisements de Lakeshore et Tough-Oakes près de Swastika, en Ontario, en 1911. Il devient immensément riche avec la mine Lake Shore, le deuxième plus important producteur d'or en Amérique du Nord, mais une mauvaise santé, la déception de ne pas être nommé au Sénat et l'augmentation des impôts sont apparemment les raisons qui l'incitent à déménager aux Bahamas en 1935. Là-bas, il devient membre de la législature et du conseil, ainsi qu'un important promoteur immobilier. En 1939, il reçoit le titre de baron pour ses œuvres de bienfaisance en Angleterre. Excentrique, impopulaire au Canada et ayant conservé les manières et le style vestimentaire du front minier, Oakes meurt chez lui, victime d'un meurtre non résolu. Ses propriétés aux CHUTES NIAGARA, en Ontario, sont maintenant des parcs panoramiques appartenant à la ville.

J. Lindsey

Oakville, ville de l'Ont.; pop. 128 405 (rec. 1996), 114 670 (rec. 1991), 87 107 (rec. 1986); superf. 138,18 km²; const. en 1857; située en bordure du lac Ontario, à l'embouchure du ruisseau Sixteen Mile (Oakville), à mi-chemin entre Toronto et Hamilton. L'endroit est d'abord habité par les Mississaugas. En 1827, William Chisholm, un riche négociant et politicien, achète le territoire et y bâtit la ville. Le nom de celle-ci dérive de l'industrie régionale des douves de chêne (*oak*). Dotée d'un bon havre, Oakville devient un centre de construction navale tout en desservant un vaste arrière-pays agricole.

Plusieurs bâtiments du XIXᵉ siècle ont été conservés, y compris d'imposants manoirs de style géorgien, des maisons à l'architecture victorienne extravagante, le musée de l'ancien bureau de poste (1835), la Thomas House (1829) et le bâtiment des douanes (1855). L'usine de la FORD DU CANADA LIMITÉE, construite après la Seconde Guerre mondiale, est un des piliers de l'économie locale. On y trouve aussi un campus du Sheridan College of Applied Arts and Technology.

Daniel Francis

Oblats de Marie Immaculée (*voir* MISSIONNAIRES OBLATS DE MARIE IMMACULÉE.)

Obligation fiduciaire, Loi sur l' Le système juridique consacre une multitude de rapports spéciaux dans lesquels une partie est tenue de s'occuper de manière exemplaire de l'intérêt supérieur de l'autre partie. Les rapports entre l'avocat et son client, le médecin et son patient, le prêtre et son paroissien, le père et mère et leur enfant, les associés, l'administrateur et sa société, et le mandant et son mandataire sont tous des relations fiduciaires qui supposent la confiance et imposent aux fiduciaires l'obligation d'agir honnêtement, de bonne foi et strictement dans l'intérêt supérieur des bénéficiaires de ces relations.

Ordinairement, les fiduciaires ne peuvent tirer personnellement avantage des occasions qui se présentent dans l'exécution de leurs fonctions. Des règles rigoureuses interdisent à la fois de réaliser des profits et d'avoir tout conflit d'intérêts qui outrepasse ceux qui sont inhérents à la relation. Sont strictement interdits les avantages secrets sous forme de pots-de-vin, de commissions, de profits et de rabais non divulgués, ainsi que les conflits d'intérêts ayant trait à des avantages commerciaux et à d'autres avantages personnels susceptibles de bénéficier au fiduciaire. Un avantage inacceptable est habituellement de nature financière, mais il peut se présenter sous n'importe quelle forme d'avantage personnel inacceptable.

Violations graves Les médecins et les parents qui abusent ou obtiennent des faveurs sexuelles de leurs patients et de leurs enfants sont coupables d'une forme particulièrement grave de violation de l'obligation fiduciaire. Les médecins ne peuvent entreprendre de recherches sans en aviser leurs patients. Ordinairement, le fiduciaire ne peut vendre ou acheter quelque chose à un bénéficiaire; il ne peut ordinairement l'orienter vers une entreprise dans laquelle il possède un intérêt; et, dans plusieurs cas, il ne peut, sans éveiller des soupçons, être le donataire du bénéficiaire.

Recours En droit, la violation de l'obligation fiduciaire est une infraction extrêmement grave, ce qui se traduit dans les règles rigoureuses qui s'appliquent dans ce domaine. Ces diverses règles ont pour objet de mettre les bénéficiaires dans la position où ils auraient été si l'obligation fiduciaire n'avait pas été violée. Ainsi, les pertes résultant de la violation, telles que la perte d'un placement ou les souffrances physiques et mentales résultant par exemple de sévices sexuels, peuvent être dédommagées. Par ailleurs, dans l'intérêt de dissuader la violation de l'obligation fiduciaire, tout profit obtenu irrégulièrement sera remis au bénéficiaire. En outre, les fiduciaires qui violent leur obligation s'exposent davantage à l'adjudication de dommages-intérêts punitifs que les défendeurs ordinaires.

Les relations fiduciaires naissent des attentes raisonnables des parties, souvent dans des circonstances où une personne compte raisonnablement sur l'autre pour protéger ses intérêts. La relation comporte souvent des engagements exprès ou tacites d'une partie de protéger les intérêts de l'autre. Dans des circonstances appropriées, une relation fiduciaire peut naître entre des parties qui poursuivent, selon toute vraisemblance, leur propre intérêt personnel. On a statué dans plusieurs décisions que les banques étaient des fiduciaires de leurs clients. D'habitude, les fiduciaires possèdent des pouvoirs ou de l'influence sur les intérêts économiques, juridiques ou pratiques des bénéficiaires qui sont pour le moins vulnérables. Les juristes débattent la question de savoir si les bénéficiaires doivent être vulnérables et, le cas échéant, déterminent le degré de vulnérabilité nécessaire qui leur permettrait de tirer avantage de ce domaine du droit.

M.M. Litman

Obligations d'épargne du Canada Contrairement aux autres obligations du gouvernement, elles sont encaissables dans toutes les banques à leur valeur nominale augmentée des intérêts courus. Elles ne peuvent être revendues par le premier acheteur, mais doivent être détenues jusqu'à l'encaissement, ou jusqu'à l'échéance (terme d'échéance sept ans ou plus), à partir de la date de leur achat. On a connu un taux d'intérêt aussi élevé que 19,5 p. 100 et aussi bas que les 2,75 p. 100, depuis la première émission en 1946.

Les obligations d'épargne du Canada, qu'on peut acheter par plan de retenue sur les salaires, ont une valeur nominale de 100 $ à 10 000 $. Leur essor date du succès rencontré pendant la Seconde Guerre mondiale par la campagne de levée de fonds destinés à l'effort de guerre: plutôt que les investisseurs traditionnels, ce furent les simples citoyens et même les écoliers qui achetèrent les obligations de la Victoire,

les Certificats d'épargne de guerre et des timbres. Depuis le début, à chaque émission, le montant que tout Canadien peut acheter est limité. La limite la plus basse a été aussi peu que 15 000 $ et la plus haute, 75 000 $ (1986). Ces obligations ne sont pas vendues à l'étranger. Le gouvernement fédéral y trouve une source importante de financement. À la fin de 1992, le gouvernement fédéral avait en effet emprunté près de 35 milliards de dollars auprès du public sous cette forme, sur sa dette totale de 290 milliards de dollars.

D. McGillivray

Obomsawin, Alanis, chanteuse et cinéaste abénaquise (près de Lebanon, New Hampshire, 31 août 1932). Elle grandit dans la réserve d'Odanak, près de Sorel (Québec), et à Trois-Rivières, avant de s'installer à Montréal à la fin des années 50. Elle se produit comme chanteuse et conteuse professionnelle dans des spectacles présentés dans des réserves, des prisons, des écoles, des festivals de musique et à la télévision. En 1965, Wolf Koenig et Bob Verrall, producteurs à l'OFFICE NATIONAL DU FILM du Canada (ONF), l'embauchent comme consultante dans des projets ayant trait aux peuples autochtones. En 1971, elle réalise son premier film, *Christmas at Moose Factory*, et elle devient en 1977 une employée permanente de l'ONF.

S'engageant à mieux faire connaître les peuples autochtones, dont elle déplore l'invisibilité, cette réalisatrice se signale par sa manière de lier les traditions orales autochtones aux méthodes du film documentaire. Dans *Amisk* et *Mother of Many Children* (v.f. *Mère de tant d'enfants*), qu'elle produit et réalise tous deux en 1977, elle marie interviews, musique, danse, dessins et images d'archives pour témoigner de l'histoire des PREMIÈRES NATIONS du Canada. Le plus connu de ses films sur les jeunes, *Richard Cardinal: Cry from a Diary of a Métis Child* (1986; v.f. *Richard Cardinal, le cri d'un enfant métis*), le récit dramatique du suicide d'un jeune garçon, a conduit à des changements dans l'administration des services sociaux destinés aux enfants autochtones placés en familles d'accueil, en Alberta. Elle montre dans ses documentaires le travail des organisations autochtones qui aident les jeunes aux prises avec des problèmes d'alcool et de drogues (*Poundmaker's Lodge: A Healing Place*, 1987; v.f. *La Maison Poundmaker – La voie de la guérison*) et qui viennent en aide aux autochtones sans abri de Montréal (*No Address*, 1988; v.f. *Sans adresse*). Ses films sur les combats menés par les Micmacs pour la reconnaissance de leurs droits de pêche (*Incident at Restigouche*, 1984; v.f. *Les Événements de Restigouche*) et sur l'affrontement avec les Mohawks à Oka (Québec), en 1990, (*Kanehsatake: 270 Years of Resistance*, 1993; v.f. *Kanehsatake – 270 ans de résistance*) ont été largement diffusés et lui ont apporté une renommée nationale et internationale.

Obomsawin a réalisé *The Wild Rice Harvest, Kenora* (1979; v.f. *Le Riz sauvage*) et *June in Povungnituk* (1980) pour la série des «Minutes du patrimoine», ainsi qu'un court métrage dramatique, *Walker* (1992). En 1995, elle réalise *My Name is Kahentiiosta* (v.f. *Je m'appelle Kahentiiosta*).

En reconnaissance de ses œuvres artistiques, de son travail auprès des jeunes autochtones et de son engagement en faveur des droits des peuples autochtones, elle est nommée Officier de l'Ordre du Canada. Elle reçoit également le prix du Gouverneur général en 1983, un «Native Achievement Award», en 1994, et un diplôme honorifique des universités Concordia (1993) et Carleton (1994).

Zuzana M. Pick

O'Brien, Lucius Richard, artiste peintre (Shanty Bay, Haut-Canada, 15 août 1832—Toronto, 13 déc. 1899). Il étudie l'art auprès de John G. HOWARD à l'Upper Canada College, à Toronto. Bien qu'il fasse preuve d'un talent artistique dans sa jeunesse, il travaille comme ingénieur civil à Toronto jusque vers 1872. Par la suite, en tant qu'artiste professionnel, il

est considéré comme le paysagiste le plus compétent du pays, tant dans ses huiles que dans ses aquarelles. O'Brien peint beaucoup en Ontario, au Québec, à l'île Grand Manan, le long de la côte Atlantique, puis, grâce à l'aide financière du Canadien Pacifique, dans les Rocheuses et le long du Pacifique. Nombre de ses paysages se caractérisent par un sens de la lumière comparable à celui des peintures d'Albert Bierstadt et des «luministes» américains, et par un réalisme qui rappelle celui des œuvres de John A. FRASER et d'autres artistes associés aux studios de photographie Notman. O'Brien appuie l'Ontario Society of Artists, collabore à la mise sur pied de l'Académie royale des arts du Canada, notamment à titre de premier président (1880-1890), et dirige la publication de *Picturesque Canada* (1882). Après 1882, il peint et enseigne à Toronto.

J. Russell Harper

Obscénité Celle-ci devient une infraction en 1663 à la suite de la condamnation de sir Charles Sidley pour la conduite qu'il manifeste après une beuverie: il apparaît alors nu sur un balcon d'où il lance des bouteilles remplies de son urine sur les gens se trouvant à Covent Garden. La décision rendue dans l'affaire de sir Sidley sert de précédent pour la condamnation d'Edmond Curl, en 1727, individu qui publie un ouvrage pornographique. Cette décision anglaise est à l'origine du crime de publication d'un écrit obscène. La loi anglaise de 1857, *The Obscene Publications Act,* et sa définition de l'obscénité, est appliquée dans la très célèbre affaire Hicklin (1868). En confirmant la décision ordonnant la destruction de la publication, le juge en chef Cockburn déclare: «J'estime que le critère de l'obscénité est celui de savoir si l'objet que l'on prétend obscène a tendance à dépraver et à corrompre les personnes susceptibles de subir ces influences immorales et d'avoir en leur possession une publication de ce genre.»

Évolution du droit en la matière

Depuis son adoption en 1892, le *Code criminel* du Canada prévoit l'infraction consistant à publier des choses obscènes tendant à corrompre les mœurs. Il ne définit pas l'expression «chose obscène». Le critère appliqué est celui de l'affaire Hicklin.

La modification apportée au Code en 1959 (article 159.8) dispose: «Pour l'application de la présente loi, est réputée obscène toute publication dont une caractéristique dominante est l'exploitation indue des choses sexuelles, ou de choses sexuelles et de l'un ou plusieurs des sujets suivants, savoir: le crime, l'horreur, la cruauté et la violence.» La question de l'«exploitation indue des choses sexuelles» dépend soit des «besoins internes» de l'ouvrage en question, soit des «normes d'acceptation admises dans la société», le meilleur guide à cet égard étant énoncé par le juge Freedman, de la Cour d'appel du Manitoba, dans l'affaire Dominion News & Gifts (1963), confirmé par la Cour suprême du Canada: «Ces normes ne sont pas fixées par des gens au goût et aux intérêts les plus bas. Elles ne sont pas non plus fixées exclusivement par des gens de goût et d'esprit rigides, austères, conservateurs ou puritains. Il faut en arriver à quelque chose qui se rapproche de la moyenne générale des opinions et des sentiments de la société. [...] Les normes sociales doivent être contemporaines. Les temps et les idées changent. [...] Les normes sociales doivent être également locales. En d'autres termes, elles doivent être canadiennes. En appliquant la définition du Code criminel, nous devons déterminer ce qui est obscène suivant les normes canadiennes, indépendamment des attitudes plus ou moins libérales qui peuvent avoir cours ailleurs.»

En 1985, dans l'affaire Town Cinema Theatres Ltd., la Cour suprême du Canada ajoute que le critère des «normes sociales» est celui de la tolérance: ce n'est pas ce que les Canadiens estiment qu'il est convenable pour eux-mêmes de voir, ce qui importe, c'est ce que les Canadiens ne souffriraient pas que d'autres Canadiens voient parce que ce serait outre-passer la norme contemporaine de tolérance que de permettre qu'ils le voient. Les publications qui exploitent les choses sexuelles de manière «dégradante et déshumanisante» ne répondent pas au critère des normes sociales, puisqu'elles placent les femmes dans un état de subordination, de soumission avilissante ou d'humiliation. Ces publications, si elles sont disponibles, sont susceptibles d'être nocives pour la société.

Dans l'affaire Butler (1992), la Cour suprême du Canada lie le critère des normes sociales au préjudice causé aux femmes (et parfois aux hommes) par la prolifération de la pornographie. La Cour juge que le degré auquel les normes sociales sont violées dépend du degré de préjudice pouvant résulter de l'exposition de la société aux publications pornographiques en question. Plus grande est la probabilité de causer un préjudice, plus grande est la probabilité qu'elles violent la norme sociale de tolérance. Même si on conclut que les publications en question exploitent indûment les choses sexuelles, le critère des «besoins internes», aussi appelé le moyen de défense fondé sur la «valeur artistique», justifie le matériel qui avance un thème littéraire ou artistique qui répond aux besoins internes de l'œuvre elle-même et ne constitue pas de «l'obscénité pour l'obscénité».

Au regard de la *Charte canadienne des droits et libertés,* la Cour conclut dans l'affaire Butler que les dispositions du *Code criminel* touchant l'obscénité constituent une limite raisonnable à la liberté d'expression, car le matériel visé par le Code avait peu de valeur pour la société, alors que le Code n'interdit pas d'autres choses sexuelles, lesquelles ne sont pas de nature violente ou dégradante. (*Voir aussi* CENSURE; PORNOGRAPHIE.)

Walter S. Tarnopolsky et David Schneiderman

Observation des oiseaux Cette activité gagne sans cesse en popularité, particulièrement depuis la Seconde Guerre mondiale. L'augmentation du temps de loisirs, la grande variété de livres et de périodiques sur le sujet, le nombre croissant d'organismes d'ornithologie et de services éducatifs, les moyens de communication et la facilité des déplacements y ont largement contribué. La plupart des villes canadiennes comptent au moins un club d'ornithologie, et des organismes internationaux offrent des services variés dans ce domaine.

Pour bien des gens, l'observation des oiseaux est un passe-temps. Certaines personnes, qui excellent dans l'art d'identifier les oiseaux sur le terrain, rivalisent entre elles, à l'échelle locale ou internationale, en vue de déterminer celle qui identifiera le plus grand nombre d'espèces pendant une période précise sur un territoire donné. Des milliers d'ornithologues amateurs passionnés recueillent des informations fort importantes.

Collecte de données The National Audubon Society's Field Notes (anciennement appelée *American Birds*) est une publication presque entièrement rédigée à partir des données colligées par ces ornithologues amateurs. À chaque saison, un numéro présente, en les résumant, une grande quantité de données sur le nombre et la répartition des oiseaux recueillies par des observateurs américains et canadiens. Un autre numéro est consacré au recensement de Noël. Effectué sur tout le continent depuis 1900, il est devenu l'événement culminant de l'année pour tous les ornithologues amateurs. Lors du recensement de 1993, 48 189 observateurs, répartis sur 1668 territoires soigneusement délimités, ont présenté un rapport. À long terme, une telle documentation constitue une source d'informations inestimable, notamment sur la répartition des espèces, les tendances et les fluctuations périodiques des populations.

Les ornithologues collaborent également à des programmes nationaux et internationaux tels que le Relevé des oiseaux nicheurs, effectué sur tout le continent, l'Inventaire canadien des huards à collier,

le Programme de surveillance des oiseaux forestiers, le Programme de surveillance des marais, le *Monitoring Avian Productivity and Survival,* le dénombrement des oiseaux de proie en migration, les recensements d'oiseaux nicheurs et d'oiseaux d'hiver, l'inventaire mi-hivernal d'oiseaux aquatiques, le projet Tournesol et les projets de surveillance des hiboux, des rapaces et des pics. Ces programmes permettent aux spécialistes de détecter rapidement toute diminution dangereuse des effectifs d'une espèce.

Les carnets de notes, les observations de terrain, les fiches d'enregistrement des nids, les rapports sur les oiseaux rares et les données sur les oiseaux bagués constituent aussi une précieuse source d'information sur les migrations, la répartition, l'histoire naturelle, le comportement, la nourriture des oiseaux, sans compter les renseignements d'ordre économique et écologique. On dit souvent qu'on en sait plus sur les oiseaux que sur toute autre espèce animale, et c'est en grande partie grâce aux observateurs d'oiseaux.

W. Earl Godfrey et Ross D. James

Observations météorologiques Au Canada, on trouve des températures extrêmement froides, dans les régions arctiques, de même que des tornades et d'autres conditions rigoureuses dans le sud. Citons les tempêtes et le brouillard de l'Atlantique, les périodes de chaleur et de sécheresse, ainsi que les orages majestueux dans les Prairies. L'observation météorologique au Canada en est d'autant plus intéressante, stimulante et diversifiée.

Les observations météorologiques font référence à l'état de l'atmosphère en ce qui a trait à la température, à l'humidité, à la sécheresse, aux vents et à la couverture nuageuse. Aux éléments énumérés dans cette définition s'ajoutent les mesures prises afin de rendre possible le processus de prévision météorologique.

Ces observations traditionnelles sont celles portant sur l'état du ciel, le vent, la température atmosphérique, et la présence d'eau dans l'atmosphère sous forme d'humidité, de brume, de brouillard ou de précipitations. Il y a également les facteurs qui en découlent, comme la visibilité et la formation de givre, tous observés à partir du sol. L'observateur météorologue peut se servir de toutes sortes d'instruments, qui doivent être situés à des endroits stratégiques et utilisés de manière appropriée. La température se mesure à l'aide d'un liquide à l'intérieur d'un thermomètre en verre ou de thermomètres électroniques. L'humidité de l'air se mesure en comparant la température d'un thermomètre mouillé à celle d'un thermomètre identique mais sec ou à l'aide d'un hygromètre à cheveu. Plus récemment, on mesure l'humidité de l'air en mesurant la température du point de rosée ou à l'aide de détecteurs à infrarouge. La vitesse et la direction du vent sont généralement mesurées par la rotation de roues à gobelets et de girouettes.

Les précipitations sont observées à l'œil nu et collectées dans des pluviomètres (sorte de boîtes ouvertes) afin de mesurer, ultérieurement, leur volume et leur masse. La pression atmosphérique au sol, pour les prévisions météorologiques et l'aviation, se mesure en opposant le poids de l'air à une colonne de mercure ou à l'aide de récentes technologies électroniques qui utilisent des capsules anéroïdes sous vide. Les variations barométriques (changements de pression) des trois heures précédentes sont aussi utilisées pour faire des prévisions météorologiques. Des instruments complexes supplémentaires assistent l'observateur météorologique lorsque des besoins spéciaux doivent être satisfaits. Auparavant, l'observateur estimait la hauteur des nuages pour servir l'aviation. Maintenant, on mesure leur altitude à l'aide de nombreuses techniques, dont la plus précise est celle du ceilomètre à laser. La visibilité est mesurée à l'aide d'instruments optiques sensibles au degré local d'obscurcissement. Les détecteurs de givrage et d'accumulation neigeuse sont encore en cours de

développement. Les thermomètres électroniques donnent le profil de la température du sol aux chercheurs en agriculture, qui mesurent aussi le rayonnement solaire, les précipitations et l'évaporation du sol et des autres surfaces.

Observations en altitude Il y a un demi-siècle, l'observation aérologique (en altitude) de la température, de l'humidité et du vent en fonction de l'altitude ou de la pression a été adoptée pour servir l'aviation et pour améliorer les prévisions météorologiques. Les ballons transportent des instruments qui transmettent les informations aux équipements au sol. Au Canada, il y a actuellement une trentaine d'installations, réparties sur l'ensemble du territoire, qui effectuent deux séries de mesures par jour. Certains ballons transportent aussi des instruments servant à mesurer l'OZONE dans la couche supérieure de l'atmosphère. Le Canada a récemment été un pionnier dans l'utilisation de systèmes aérologiques opérationnels à partir du pont de cargos commerciaux en service sur le Pacifique Nord, entre le Japon et le Canada. Ces mesures permettent d'obtenir de l'information journalière sur des régions manquant traditionnellement de couverture.

Télédétection La télédétection d'éléments météorologiques devient une pratique courante. Les radars météorologiques ont été conçus pour avertir de l'arrivée de tempêtes violentes et pour estimer les précipitations qui tombent sur de vastes régions. Le gouvernement canadien exploite 13 radars météorologiques qui surveillent l'atmosphère au-dessus des régions les plus peuplées du Canada. Deux autres radars sont des radars Doppler, qui mesurent en plus la vitesse des vents à l'intérieur des systèmes de tempête. On construit actuellement des systèmes expérimentaux qui serviront à détecter à distance les éléments de la haute atmosphère, soit à partir du sol, soit à partir d'un satellite. De très puissants radiodétecteurs Doppler pointés verticalement sont aussi en préparation afin de mesurer le profil des vents en altitude.

Satellites terrestres Les satellites terrestres s'avèrent très utiles comme instruments d'observation météorologique. Les premiers satellites ont une orbite basse passant au-dessus des pôles. Ils transmettent des images au premier récepteur apparaissant à leur portée. Ils montrent ainsi le développement et la dissipation des systèmes météorologiques, deux fois par jour, au-dessus de n'importe quelle région du pays. À l'aide de détecteurs spéciaux, ces satellites peuvent aussi mesurer la température des océans, la vitesse des vents de surface, la hauteur des vagues et le profil de la température atmosphérique au-dessus de la surface. On prévoit munir des satellites de radars afin de mesurer les vents en haute altitude et de dresser une carte des étendues de glace marine dans le nord du Canada. D'autres satellites sont mis en orbite géostationnaire au-dessus de l'équateur et servent à observer les formations nuageuses sur de grandes étendues. De plus, ils servent de relais de communication pour les régions éloignées, les avions et les bateaux. Des centaines de stations météorologiques dispersées au Canada transmettent des signaux, par l'intermédiaire des satellites, à deux centres de réception.

Réseau d'observation Le réseau d'observation fournit quotidiennement des données à différentes catégories d'utilisateurs, notamment aux services de climatologie et de prévision du Service de l'environnement atmosphérique (SEA), aux services affiliés à l'Organisation météorologique mondiale et aux services privés de météorologie du Canada et de partout dans le monde. Les observateurs du SEA et des services de trafic aérien du ministère des Transports, répartis dans 350 stations, fournissent leurs observations au moins une fois par heure.

Les observations proviennent des navires sur les lacs et les océans, des stations des ministères de l'Agriculture des provinces canadiennes, des services hydrologiques, des compagnies d'élévateurs à grain, des institutions d'enseignement et d'autres sources. La fierté du SEA est son réseau constitué de plus de 2000 observateurs météorologiques bénévoles. Ces observateurs sont équipés des instruments de base pour fournir des données sur les températures quotidiennes minimales et maximales, sur les précipitations et sur les caractéristiques générales des conditions météorologiques.

Stations météorologiques automatiques Les stations météorologiques automatiques fournissent de plus en plus d'observations météorologiques. Il y a plus d'une centaine de stations météorologiques automatiques au Canada. Ces stations effectuent des mesures à partir d'endroits particuliers, p. ex. à partir des régions nordiques ou des phares automatiques. On travaille à mettre en œuvre des stations météorologiques plus performantes servant à transmettre automatiquement les informations pour l'aviation, et on élabore des détecteurs pour différents types d'éléments météorologiques. D'autres stations automatiques sont situées sur des bouées ou des bateaux. Un des programmes consiste à faire dériver une ligne de bouées au gré des courants océaniques entre Hawaii et l'Alaska, vers les côtes de la Colombie-Britannique. Les observations faites à l'aide des stations automatiques sont transmises par l'intermédiaire des services télégraphiques commerciaux, des services de transmission d'appels téléphoniques ou de données, des services de réception et de retransmission des satellites météorologiques américains, et du système français Argos. Ce dernier peut aussi déterminer la position des bouées dérivantes.

Les défis de l'observation au Canada L'observation au Canada comporte de nombreux défis associés au froid. Les opérateurs et l'équipement sont soumis à rude épreuve puisque la neige et les autres éléments doivent être mesurés. L'équipement extérieur doit demeurer fonctionnel malgré la pluie verglaçante, le givre, la gelée blanche et des températures inférieures à -60 ºC dans certaines régions du Canada. Dans les endroits sans surveillance, les stations météorologiques automatiques doivent non seulement résister à de tels froids, mais elles doivent aussi être équipées d'une source d'électricité pour rester en service. Soit les composants électroniques utilisés sont conçus pour résister à ces températures, soit ils sont réchauffés par une source de chaleur auxiliaire.

Ces stations sont équipées de batteries spéciales, parfois enfouies pour être protégées des très grands froids, et de panneaux solaires servant à les recharger à la fin de la longue nuit hivernale. La mesure des chutes de neige, de la visibilité pendant les chutes de neige ou pendant les blizzards, et celle de l'accumulation de neige au sol sont les défis partagés avec les autres nations des régions polaires. La pluie et la neige sont recueillies dans des réservoirs de glycol, utilisé comme antigel, et sont pesées automatiquement. Dans les régions montagneuses, les accumulations de neige sont mesurées à l'aide de coussins à neige pneumatiques montés en surface.

William L. Clink

Observatoire Dès l'aube de la civilisation, princes et prêtres construisent des observatoires où, en observant le soleil, la lune, les étoiles et les planètes, les astronomes peuvent déterminer le passage des mois, des saisons et des années, et observer les phénomènes célestes, qu'ils considèrent souvent comme des présages. On trouve des vestiges de ces premiers observatoires, dont celui de Stonehenge est un des plus connus, un peu partout dans le monde. Les tout premiers observatoires sont situés de façon à ce qu'ils tirent parti de leur environnement, c.-à-d. en terrain découvert, non loin de points de repère naturels ou artificiels. C'est d'ailleurs toujours avec le plus grand soin qu'on choisit l'emplacement des observatoires modernes.

De tous les observatoires utilisés avant l'invention du télescope, celui qui a le plus contribué à l'évolution de la science est l'observatoire que le Danois Tycho Brahe a fait construire, il y a 400 ans, sur l'île de Hveen dans la mer Baltique. C'est grâce à la précision des observations de Brahe que Johannes Kepler a pu établir ses lois de la mécanique céleste. Galilée (1609) est le premier à observer le ciel à la lunette. Sa lunette astronomique se composait de petites lentilles montées à l'intérieur de tubes en bois. C'est il y a 200 ans seulement qu'apparaissent les grands télescopes, avec les miroirs métalliques de l'Anglais William Herschel. On assiste, au cours du XXe siècle, à l'augmentation constante de la taille, du nombre, de la complexité et de l'efficacité des télescopes.

Observatoire optique

Les observations dans le domaine optique s'effectuent en recueillant la lumière des objets célestes, c.-à-d. grâce à ces photons «optiques» auxquels notre œil est sensible. Les astres émettent des photons très divers en grande quantité et dans toutes les directions. Une infime partie d'entre eux parviennent à la Terre. Les télescopes optiques modernes sont dotés de miroirs concaves qui captent et concentrent les photons. L'image des corps célestes se forme dans le plan focal du miroir où elle est enregistrée à l'aide d'une plaque photographique ou, mieux, à l'aide d'un des nombreux détecteurs modernes de photons, les meilleurs étant les détecteurs à couplage de charge (DCC). Il s'agit de tirer des photons le maximum d'information sur la nature, le comportement et l'environnement des objets qui les émettent. Plus le miroir est grand et proche de la perfection, plus il recueille de données à la fois. On peut obtenir beaucoup plus de renseignements en enregistrant chacune des régions du spectre de l'objet plutôt que son image optique uniquement.

Le succès des observations dépend de nombreux facteurs, dont l'emplacement de l'observatoire. Les lieux les plus propices sont ceux qui connaissent assez peu de passages nuageux dans l'année, où l'atmosphère est aussi limpide que possible (de préférence le sommet des montagnes), dépourvue de turbulences locales et de fluctuations de température communes aux altitudes élevées qui pourraient troubler l'image et la rendre instable. Les observatoires doivent disposer d'une source d'alimentation en électricité stable, de locaux résidentiels pour le personnel et d'installations techniques auxiliaires. Les principaux observatoires sont si éloignés et d'une telle complexité qu'ils doivent bénéficier d'une aide financière généreuse, généralement d'origine nationale ou internationale. Des astronomes, dont on a soigneusement évalué le programme, viennent de fort loin pour en utiliser l'équipement pour de courtes périodes.

Premiers observatoires Le premier observatoire de l'Amérique du Nord est sans doute celui de LOUISBOURG (1750-1751). Quelques observatoires équipés de modestes télescopes sont construits au Canada au cours du XIXe siècle: à Fredericton en 1851, à Québec en 1854, à Kingston (Ontario) en 1856 et à Montréal en 1879. Un des premiers observatoires, établi à Toronto sous les auspices du gouvernement, sert d'abord à l'étude du magnétisme terrestre et, plus tard, à la MÉTÉOROLOGIE et à l'ASTRONOMIE. On déploie à l'époque beaucoup d'efforts pour déterminer la longitude par l'observation astronomique, et c'est en fait la colonisation de l'Ouest canadien et le besoin de cartes et de levés précis qui conduisent à la fondation de l'observatoire fédéral, à Ottawa, en 1905. Bien que son but premier soit de servir à des fins géodésiques, ainsi que de déterminer et de diffuser des signaux horaires précis (*voir* HEURE), la recherche en «astronomie physique» n'y est pas négligée pour autant. L'astronomie physique, qu'on appelle aujourd'hui ASTROPHYSIQUE, connaît un essor rapide.

Observatoire fédéral d'astrophysique Moins de huit ans après la fondation de son observatoire, le gouvernement fédéral décide de construire un observatoire d'astrophysique doté d'un télescope qui, à cette époque, est le plus grand du monde. Après une étude approfondie, la ville de Victoria, en Colombie-Britannique, est choisie comme le meilleur emplacement au Canada en raison de son pourcentage élevé de nuits claires et de la «bonne visibilité» qu'elle offre (les étoiles y apparaissent comme des points stables). L'Observatoire fédéral d'astrophysique (OFA) entre en activité en 1918. On y observe surtout le spectre des astres faibles dont on mesure la vitesse par l'effet Doppler. Exploité aujourd'hui par l'Institut Herzberg d'astrophysique, qui fait partie du CONSEIL NATIONAL DE RECHERCHES DU CANADA (CNRC), l'OFA possède deux grands télescopes: le plus ancien (1,83 m), et un plus moderne et plus petit (1,22 m). Le premier, récemment baptisé télescope de Plaskett, a été entièrement modernisé et sert à l'étude des amas stellaires, des galaxies proches et des étoiles présentant un intérêt particulier. Le plus petit des deux, construit en 1962, mais moderne lui aussi à tous égards, sert à l'étude des spectres stellaires.

Même si on parle d'observatoires «optiques», la technologie moderne permet d'élargir beaucoup le champ du spectre observable, non seulement vers les ondes courtes de l'ultraviolet, mais aussi vers les grandes longueurs d'onde du spectre invisible, et peu exploré jusqu'ici, de l'infrarouge. Un groupe de l'OFA met tout en œuvre pour atteindre cet objectif et améliorer la performance des instruments spectroscopiques en général.

Le Centre canadien de données en astronomie (CCDA) a été créé à l'OFA en 1986, pour être un des trois centres mondiaux d'archivage et de distribution des données recueillies par le télescope spatial Hubble. On y trouve aussi les archives du télescope Canada-France-Hawaï. Le CCDA a mis au point des logiciels pour accéder à ces archives ainsi qu'à d'autres bases de données informatiques sur INTERNET.

L'observatoire David Dunlap Un don généreux de la famille Dunlap (*voir* DUNLAP, DAVID ALEXANDER) a permis à l'Université de Toronto de créer, en 1935, l'observatoire David Dunlap (ODD) à Richmond Hill, à la sortie de Toronto. Il est équipé d'un télescope de 1,88 m, qui était et reste le plus grand du Canada. Régulièrement doté d'instruments de pointe, il sert presque exclusivement aux travaux de spectrographie stellaire, qui révèlent l'état physique et les éléments atomiques et moléculaires des couches supérieures des astres. Deux télescopes plus modernes et plus petits sont réservés à l'étude des propriétés des étoiles variables. La plupart des travaux exécutés dans cet observatoire soutiennent les recherches des diplômés de l'U. de Toronto.

L'observatoire austral de l'Université de Toronto Dans les années 60, à cause de l'augmentation du nombre d'étudiants aux cycles supérieurs, l'Université de Toronto doit trouver d'autres observatoires sur lesquels elle puisse compter. Les recherches de l'observatoire David Dunlap s'étendent désormais au ciel austral, où l'on peut observer les régions les plus riches de la Voie lactée et de ses deux galaxies satellites, qu'on appelle les Nuages de Magellan. En 1971, l'Université de Toronto installe un télescope de 61 cm sur le mont Las Campanas, au Chili, sur le versant occidental de la cordillère des Andes, à une latitude de 29º S., dans une région qui comprend certains des meilleurs sites d'observation du monde.

Aussi incroyable que cela puisse paraître, le petit télescope de l'observatoire austral de l'Université de Toronto (OAUT) reste pendant de nombreuses années le plus productif de tous les télescopes canadiens sur le plan des résultats de recherche. En 1987, l'astronome manitobain Ian Shelton, détaché par l'Université de Toronto à Las Campanas, découvre dans le Grand Nuage de Magellan la supernova 1987A (étoiles massives qui explosent), qui devient la plus brillante et la plus étudiée des étoiles de ce type. Les astronomes d'autres établissements obtiennent souvent du temps d'observation. En 1992, le télescope est rebaptisé en l'honneur d'une des plus grandes astronomes canadiennes, Helen Battles HOGG-PRIESTLEY. Pour certains types d'observation, il est souvent préférable d'utiliser un petit télescope. Le télescope Hogg s'utilise autant en mode spectroscopique qu'en mode image pour toute une gamme de programmes.

Au cours des ans, les instruments fournis par l'ODD à l'OAUT sont continuellement modernisés, ce qui augmente la production des chercheurs. On trouve sur place des ordinateurs, outils essentiels peu importe la grosseur de l'observatoire, qui servent à l'acquisition des données. Souvent utilisées comme outils de référence rapide, ces données sont ensuite transférées sur bandes pour être expédiées au pays où elles sont étudiées de manière approfondie avant d'être archivées.

Télescope Canada-France-Hawaï La construction du télescope Canada-France-Hawaï (CFH) sur le Mauna Kea, à Hawaï, est une réalisation canadienne plus récente dans le domaine des observatoires optiques terrestres. Au cours des années 60, plusieurs groupes canadiens insistent sur la nécessité d'avoir un télescope plus grand et plus moderne. Favorable à l'idée, le gouvernement fédéral décide de joindre ses efforts à ceux de la France et d'Hawaï. Le mont Mauna Kea, situé à une latitude de 20° N. et à une altitude de 4250 m (soit au-dessus des premiers 40 p. 100 de l'atmosphère terrestre), est considéré comme le meilleur site de l'hémisphère Nord.

Un télescope de 3,6 m de conception moderne est inauguré en septembre 1979. Le miroir est fabriqué et poli par une équipe de l'OFA. Ce télescope deviendra rapidement l'un des plus puissants télescopes terrestres du monde. Le CFH est équipé d'une grande variété d'instruments de pointe, dont la plupart sont des variantes des instruments canadiens mis au point à l'OFA. Les astronomes canadiens des observatoires et des universités de l'ensemble du pays se partagent 45 p. 100 du temps d'utilisation du CFH. La France et Hawaï se partagent le reste.

Les programmes d'observation du CFH reflètent la diversité des intérêts des utilisateurs provenant de nombreux pays. Dès le départ, ce télescope avait pour but d'exploiter l'incomparable qualité de la visibilité (les images des étoiles sont d'une grande netteté), la transparence et la noirceur du ciel au-dessus du Mauna Kea. Pour ce qui est de la visibilité, un instrument innovateur a amélioré la forme et la qualité des images à un point tel qu'elles commencent à le disputer en netteté à celles du télescope spatial Hubble. Grâce à cet instrument, on a pu récemment distinguer séparément quelques-unes des étoiles d'une galaxie lointaine, ce qui nous fait progresser de quelques pas de plus vers la détermination de la distance qui nous sépare de cette galaxie et d'autres systèmes, et vers la détermination de l'âge et de la grandeur de l'Univers.

Les galaxies à très faible rayonnement et les amas d'étoiles suscitent énormément l'intérêt. On en examine en profondeur le centre et la périphérie de faible luminosité afin d'en déterminer la structure et le mouvement, et de révéler la variété souvent inhabituelle de leurs populations stellaires. Récemment, l'étude approfondie de six galaxies proches a fait naître l'hypothèse qu'il y aurait des trous noirs extrêmement massifs (dont la masse pourrait être égale à des millions ou à des milliards de fois celle du Soleil) au centre même de ces galaxies.

Un autre instrument ingénieux a centuplé l'efficacité du CFH en permettant l'enregistrement simultané des spectres d'une centaine de galaxies très peu lumineuses dans le but de mesurer leur décalage vers le rouge et d'améliorer notre connaissance de l'Univers lointain primitif. Plus près de nous, l'analyse spectroscopique du CFH a permis de découvrir que certaines des étoiles proches du Soleil étaient en fait des étoiles doubles en orbite mutuelle, et que cer-

taines d'entre elles pourraient bien avoir un système planétaire.

Gemini Le Canada est un des principaux participants au projet Gemini, avec les États-Unis, la Grande-Bretagne, le Brésil, l'Argentine et le Chili. Comme le nom l'indique, le projet comprendra deux observatoires, actuellement en construction, dont chacun sera équipé de télescopes presque identiques, l'un à Hawaï à côté du CFH et l'autre à Cerro Pachon, au Chili, à une altitude de 2737 m, près de Las Campanas. Les immenses miroirs en verre à coefficient de dilatation zéro, fabriqués par Corning Inc., doivent faire 8,1 m de diamètre. Une fois fabriqués, les miroirs seront réchauffés pour prendre la forme d'une soucoupe de 29 cm de profondeur, puis refroidis et polis en France. L'observatoire boréal devrait être en activité en 1998 et l'observatoire austral en l'an 2000.

L'épaisseur de chaque miroir Gemini ne représente que le quatorzième de son diamètre. Ainsi, le miroir se déformera sous l'effet de sa propre masse quand on tournera le télescope vers le ciel. Toutefois, derrière le miroir, 120 vérins hydrauliques commandés par ordinateur lui rendront précisément sa forme («optique active»), qu'il pourra ainsi conserver pendant toute la durée de l'observation, même si celle-ci dure des heures. Par ailleurs, si les distorsions atmosphériques viennent déformer l'image d'une étoile, un mince miroir réfléchissant situé dans le faisceau convergent, près du foyer, et commandé par ordinateur changera de forme de manière à annuler instantanément les effets de ces distorsions. La conception et la fabrication des «optiques adaptatives» qu'on trouvera dans les télescopes jumeaux font partie des principales tâches du Canada.

Afin de tirer le maximum de l'emplacement, la surface réfléchissante du miroir Gemini-Hawaï sera d'argent au lieu d'aluminium. L'argent réfléchit mieux les rayons infrarouges, et le Mauna Kea passe pour le meilleur endroit du monde pour faire des observations dans le spectre infrarouge. À cet endroit et à cette altitude, l'air sec est très transparent aux rayons infrarouges, et le ciel presque noir constitue un excellent arrière-plan. La structure du télescope est conçue de manière à aller chercher le maximum dans les infrarouges. Il existe maintenant de nouveaux détecteurs d'infrarouges pour exploiter cette partie du spectre, qui semble très prometteuse pour l'astronomie. Tous les facteurs susceptibles de nuire à l'efficacité du télescope devraient être immédiatement contrôlés à tout moment. La conception et la construction des enceintes du télescope (le dôme, son support et les installations souterraines) ont été confiées à Coast Steel Fabrications Ltd. de Port Coquitlam, en Colombie-Britannique. Le système complexe qui sert à commander la partie tournante des enceintes est mis au point par l'OFA à Victoria.

Plusieurs astronomes canadiens, individuellement ou en groupe, travaillent en collaboration avec l'OFA à la mise au point des télescopes, et plus particulièrement à la conception d'un système d'optique adaptative dans l'infrarouge de télescope d'Hawaï et de spectrographes multicanaux pour les deux télescopes. Les astronomes du CCDA en Grande-Bretagne, qui participe aussi à ce dernier projet, travaillent à l'élaboration du système de gestion et d'archivage des données.

Ces deux supertélescopes auront un impact majeur sur l'astronomie et sur les disciplines connexes. Comme il y en aura un dans chaque hémisphère, ils permettront d'étudier uniformément la sphère céleste dans sa totalité. La dimension de leurs miroirs et leurs gains élevés permettront d'obtenir des réponses à des questions cruciales et de scruter avec précision des objets à des distances toujours plus grandes. Les astronomes canadiens attendent avec impatience le moment où ils pourront commencer les observations à l'aide des télescopes Gemini.

Autres observatoires Le Canada, comme d'autres pays qui désirent approfondir leur connaissance de

l'Univers, possède nombre d'observatoires plus petits, répartis d'un océan à l'autre. La plupart des grandes universités possèdent actuellement des télescopes pour l'enseignement et la recherche, dont les universités de Montréal et de Laval qui ont conjugué leurs efforts pour ériger l'observatoire du mont Mégantic, au Québec, les universités St. Mary's (à Halifax), Western à London (Ontario), York à Toronto, du Manitoba, d'Alberta, de Calgary, de la Colombie-Britannique et Victoria. Au Canada, plusieurs groupes d'astronomes amateurs possèdent leurs propres télescopes et observatoires permanents.

Donald A. MacRae

Observatoire radioastronomique

Peu après la découverte des ondes radio par Heinrich Hertz en 1887, on se rend compte que les objets qui dégagent de la lumière et de la chaleur émettent également des ondes radio. Thomas Edison semble être le premier à entrevoir la possibilité de détecter les ondes radio en provenance du Soleil. Plusieurs tentatives de détection sont effectuées en ce sens, mais aucun signal radio extraterrestre n'est décelé avant 1932. En étudiant l'origine des perturbations radio (parasites), l'ingénieur américain Karl Jansky remarque que son antenne capte des bruits radioélectriques en provenance du centre de notre galaxie.

C'est Grote Reber qui construit le premier appareil expressément conçu pour étudier le rayonnement de longues longueurs d'onde des corps célestes. Au Canada, les premières observations radioastronomiques sont réalisées en 1946 par Arthur Edwin COVINGTON, du CNRC, à Ottawa. Lorsque les recherches sur le RADAR sont suspendues à la fin de la Seconde Guerre mondiale, Covington utilise les surplus d'équipement pour construire un radiotélescope dans le but de détecter les ondes radio émises par le Soleil. Le CNRC poursuit encore ce programme d'observations radio du Soleil.

Le télescope optique et le radiotélescope captent l'énergie sous forme de rayonnement électromagnétique. Ce qui les différencie, c'est la fréquence (ou longueur d'onde) du rayonnement qu'ils peuvent détecter. Les ondes radio qui peuvent pénétrer l'atmosphère terrestre ont des longueurs d'ondes variant de quelques millimètres à des dizaines de mètres (environ 10 000 à 100 millions de fois plus longues que les longueurs d'onde lumineuse). Les télescopes destinés à l'observation des ondes radio courtes ressemblent souvent aux télescopes optiques et comprennent habituellement une surface parabolique analogue à celle du miroir d'un télescope réflecteur. Les télescopes utilisés pour les plus longues longueurs d'onde sont très différents et consistent généralement en un vaste réseau d'antennes radio.

Les signaux radioélectriques qui atteignent la Terre depuis les sources célestes sont extrêmement faibles; les radiotélescopes doivent donc être équipés d'immenses surfaces réceptrices. Le pouvoir de résolution du télescope, c.-à-d. sa capacité de mesurer avec précision les détails de l'image radio d'un objet, est directement proportionnel à sa dimension linéaire (non à sa surface réceptrice) et inversement proportionnel à la longueur d'onde. Or, comme les ondes radio sont longues, il faut donc que les radiotélescopes soient grands pour posséder ne fût-ce qu'un faible pouvoir de résolution.

P. ex., l'œil humain ne fait la distinction entre deux points que s'ils sont séparés par un écart angulaire d'une minute d'arc. Pour arriver au même résultat avec un signal de longueur d'onde d'un mètre, un radiotélescope doit avoir un diamètre d'environ trois kilomètres. Comme il est impossible de construire un instrument d'une telle dimension, les radioastronomes ont conçu des systèmes permettant de relier entre eux plusieurs petits éléments (paraboloïdes ou antennes) pour former un télescope unique. Dans les observatoires radioastronomiques du Canada, on utilise autant les télescopes à élément unique que ceux à éléments multiples.

L'Institut Herzberg d'astrophysique du CNRC exploite deux observatoires radioastronomiques: l'observatoire algonquin de radioastronomie (OAR) et l'observatoire fédéral de radioastrophysique (OFR). Les deux sites ont été choisis en raison de l'absence de perturbations radio d'origine humaine, qui peuvent facilement fausser la mesure des très faibles signaux provenant de l'espace.

C'est en 1960 que les activités débutent à l'OAR, situé au centre du parc provincial Algonquin (*voir* ALGONQUIN, PARC PROVINCIAL), en Ontario, avec le transfert du programme d'observations radio du Soleil dont la poursuite, à Ottawa, est entravée par l'interférence des radars et des émissions radio. Un télescope parabolique est installé pour observer, de façon continue, les émissions solaires à une longueur d'onde de 10,7 cm. Afin de prolonger la période d'observation continue du Soleil, un télescope identique est par la suite installé à l'OFR.

Sa surface réceptrice est assez petite (1,8 m de diamètre) puisque son but est de capter le rayonnement émis par la totalité du disque solaire. La mesure de l'intensité du rayonnement à une longueur d'onde de 10,7 cm est un moyen efficace de surveiller le niveau général de l'activité solaire: une intensification soudaine indique la formation d'une éruption solaire (protubérance). Ces mesures sont importantes pour l'étude des relations entre l'activité solaire et les phénomènes géophysiques (comme les AURORES BORÉALES). On détermine la position des régions solaires où l'activité est intense chaque jour, à midi, à l'aide d'un télescope à éléments multiples, qui effectue des balayages en bande du Soleil avec une résolution de 1,5 minute d'arc (c.-à-d. un vingtième du diamètre du Soleil) dans la direction est-ouest. Comparés aux photographies optiques, ces balayages permettent d'identifier les régions où les émissions augmentent.

Un autre télescope est installé à l'OAR; il s'agit d'un grand réflecteur parabolique de 46 m de diamètre achevé en 1966. Ce radiotélescope a été utilisé par de nombreux observateurs dans le cadre de différents programmes de recherche, y compris l'étude des planètes, des galaxies et des QUASARS. La plus courte longueur d'onde observable, déterminée par la précision de la surface parabolique, est d'environ 1 cm.

On envisage de remplacer la surface réceptrice d'origine par une surface plus précise qui permettra d'effectuer des observations à des longueurs d'onde de l'ordre de 3 mm. Toutefois, en 1987, le CNRC décide de ne pas refaire la surface, mais de mettre fin aux activités du télescope de 46 m et d'acquérir 25 p. 100 du temps d'utilisation du télescope que la Grande-Bretagne et les Pays-Bas achèvent d'installer sur le Mauna Kea, à Hawaï. Ce télescope, connu sous le nom de télescope James Clerk Maxwell, possède un réflecteur parabolique de 15 m de diamètre dont la surface est d'une très grande précision. Ce degré de précision, ajouté à l'altitude du site, permet de faire des observations à des longueurs d'onde aussi courtes que 0,4 mm, ce qui ouvre aux astronomes canadiens une région nouvelle et peu explorée du spectre électromagnétique.

L'OFR, situé dans une vallée isolée au sud de Penticton, en Colombie-Britannique, est inauguré en 1960. Le premier instrument, à savoir un radiotélescope parabolique de 26 m et le récepteur qui l'accompagne, est surtout destiné à l'étude de notre galaxie, domaine où la contribution des astronomes canadiens est remarquable. La surface du paraboloïde est un grillage d'aluminium, réflecteur quasi parfait à une longueur d'onde de 21 cm, qui est celle de l'émission et de l'absorption de l'hydrogène, principale composante de l'espace interstellaire. La répartition de ce gaz dans la Voie lactée ainsi que ses déplacements, qu'on a pu déduire des décalages

spectraux observés, nous ont beaucoup appris sur la structure et la dynamique de notre galaxie.

Ce radiotélescope peut capter le rayonnement d'une région céleste de 0,5° de diamètre, mais les structures beaucoup plus petites de nombreuses nébuleuses et autres objets de notre galaxie ne peuvent être détectées par ce télescope. De plus, son pouvoir de résolution n'est pas suffisant pour qu'on puisse étudier ne serait-ce que les galaxies externes les plus proches. Comme il est impossible de construire un radiotélescope parabolique suffisamment grand pour permettre l'étude de ces galaxies, on a construit un autre instrument, qui fait appel à une méthode mise au point à l'Université de Cambridge: la synthèse d'ouverture. Ce radiotélescope est constitué d'un réseau de quatre paraboloïdes de 8,5 m, dont on combine les informations. Deux des paraboloïdes se déplacent d'est en ouest le long d'un rail d'une longueur de 300 m; les deux autres sont fixes, l'un à 300 m à l'est du rail et l'autre à 300 m à l'ouest.

Les quatre paraboloïdes observent une même région du ciel pendant 12 heures depuis chacune des quelque 120 positions possibles. Lorsqu'il est relié à son spectromètre récepteur, le système produit des cartes infographiques à 128 longueurs d'onde d'une région céleste de 2° de diamètre avec une résolution d'une minute d'arc. Les performances de ce télescope seront bientôt améliorées grâce à l'augmentation du nombre de paraboloïdes, qui passera de quatre à sept.

Pour les observations à une longueur d'onde de 13,5 m, les observatoires utilisent un radiotélescope comprenant un grand nombre de surfaces réceptrices, ou dipôles, disposées sur un plan horizontal en forme de T. Chaque dipôle est relié par câble au centre du réseau, où les signaux sont amplifiés et enregistrés. La barre transversale du T mesure 1,3 km de long et l'ensemble du réseau occupe une superficie de 65 000 km². Son rendement équivaut à peu près à celui d'un paraboloïde classique de 750 m de diamètre.

En 1967, les ingénieurs et les radioastronomes des universités canadiennes et du CNRC sont les premiers à mettre au point une technique encore plus efficace, qui accroît considérablement la résolution qu'on peut obtenir aux longueurs d'onde radio. Connue sous le nom d'interférométrie à très longue base, cette technique permet de combiner les signaux enregistrés par des radiotélescopes très éloignés les uns des autres, afin d'agir comme un seul instrument. Des horloges atomiques indépendantes et de grande stabilité sont utilisées pour convertir les signaux recueillis par chaque télescope en fréquences plus basses, qui peuvent être enregistrées sur bande magnétique avec des repères de temps précis. Les bandes sont ensuite synchronisées.

Pour les premiers essais, on s'est servi des radiotélescopes paraboliques de Penticton et du parc Algonquin pour former un interféromètre à deux éléments. Plus récemment, plusieurs radiotélescopes ont été utilisés simultanément en divers endroits du monde pour former un puissant instrument intégré capable de produire des images dont les détails sont de l'ordre d'un millième de seconde d'arc. C'est 100 à 1000 fois mieux que ce qu'on peut normalement obtenir avec les plus grands télescopes optiques. Par conséquent, il est maintenant possible d'étudier la structure des quasars et les petits noyaux des galaxies, d'observer les changements qui se produisent dans leur structure avec le temps et d'analyser les détails de bien d'autres sources radio.

De plus, on peut maintenant déterminer très exactement la position des sources radio, ce qui permet d'étudier entre autres les effets de la relativité. En géophysique, on peut utiliser la possibilité de mesurer de petits écarts angulaires pour étudier le mouvement de l'axe de rotation de la Terre, les variations de sa vitesse de rotation, les mouvements de sa croûte, etc. Ce sont entre autres ces possibilités qui ont fait

germer chez les scientifiques canadiens l'ingénieuse idée de construire un système à longue base constitué de huit radiotélescopes alignés de la Colombie-Britannique à Terre-Neuve et fonctionnant comme un seul instrument. S'il est construit, ce sera le plus grand radiotélescope du monde, aussi grand que le Canada lui-même. Cependant, ce projet n'a pas encore reçu le feu vert.

J.L. Locke

Observatoire spatial

Divers types de rayonnements électromagnétiques (c.-à-d. rayonnement infrarouge à très faible énergie, rayonnement ultraviolet à forte énergie et rayonnement X) sont incapables de traverser l'atmosphère terrestre et doivent être observés à partir des régions supérieures de l'atmosphère ou de l'espace. L'observation en haute atmosphère fait partie du programme de recherche par satellite depuis ses débuts. Le CNRC participe à différents programmes de recherche spatiale avec les Américains et les Européens (la NASA et l'ASE respectivement). Vers la fin des années 80, le plus spectaculaire de ces projets est celui du Starlab, établi conjointement par l'Australie et les États-Unis, qui prévoit la construction d'un télescope de un mètre doté d'une caméra et d'un spectrographe, et son transport vers l'une des plates-formes spatiales de la NASA à bord d'une navette spatiale. Le gouvernement canadien s'est retiré du programme en 1984.

Donald A. MacRae

Obstruction systématique Utilisée le plus souvent par l'opposition, elle est le recours délibéré à des moyens dilatoires dans un corps législatif. Les obstructionnistes de l'opposition parlent alors aussi souvent et aussi longtemps que possible, soulevant de multiples questions de privilège et présentant de nombreux rappels au Règlement dans le but d'éviter un vote qu'ils s'attendent de perdre. L'objectif est de torpiller un projet de loi ou une motion émanant du gouvernement, de créer une impression de chaos ou de déclencher des élections, ou les trois à la fois. Le gouvernement peut aussi recourir à l'obstruction systématique, qui constitue alors un moyen efficace de résister aux propositions de l'opposition, p. ex. en «noyant» un projet de loi. Les opinions divergent sur la question à savoir à quel moment un débat se transforme en obstruction systématique, voire s'il y a effectivement eu obstruction systématique. Au Parlement, des exemples généralement reconnus d'obstruction systématique sont le débat sur le Canadien Pacifique en 1881, le projet de loi réparateur du Manitoba en 1896, le projet de loi sur la réciprocité en 1911, le projet de loi sur la marine en 1913, le DÉBAT SUR LE PIPELINE en 1956 et le DÉBAT SUR LE DRAPEAU en 1964. On a eu recours à la règle de CLÔTURE pour mettre fin à l'obstruction systématique à l'occasion du débat sur le projet de loi sur la marine. (*Voir aussi* ATTRIBUTION D'UNE PÉRIODE DE TEMPS.)

John B. Stewart

Océan L'océan planétaire et ses mers couvrent près de 71 p. 100 de la surface du globe. La division en océans et en mers est très arbitraire et a varié au fil du temps. Par le passé, on parlait de cinq océans: l'océan Atlantique, l'océan Pacifique, l'océan Indien, l'océan Arctique et l'océan Antarctique (ou Austral). Mais, de nos jours, on ne parle plus que des trois premiers, l'océan Arctique étant considéré comme une mer adjacente à l'océan Atlantique et l'océan Antarctique, comme le prolongement sud des océans Atlantique, Indien, et Pacifique. Par conséquent, on peut dire que le Canada est entouré soit par deux océans (l'océan Atlantique et l'océan Pacifique), soit par trois (l'océan Atlantique, l'océan Pacifique et l'océan Arctique).

L'interaction des eaux océaniques avec les eaux de ruissellement terrestres crée une condition favorables à la grande production biologique observée sur les plateaux continentaux et dans les baies du

Canada (*voir* FORMES LITTORALES; BASSIN HYDROGRAPHIQUE). La nature des EAUX LITTORALES influence aussi la navigation, l'industrie des ressources océaniques et le climat maritime. L'OCÉANOGRAPHIE est la science qui étudie les propriétés physiques, chimiques, géologiques et biologiques des océans. Elle analyse les impacts de l'exploitation des ressources océaniques.

La profondeur moyenne des océans atteint presque 4000 m, alors que celle des mers adjacentes est de 1200 m. Les continents se prolongent généralement sous l'océan, formant des plateaux continentaux de largeur variant entre des dizaines et des centaines de kilomètres et pouvant atteindre 500 m de profondeur. Au niveau de la marge continentale (bord extérieur), la dénivellation est très accentuée puisque la profondeur de l'eau augmente rapidement pour atteindre 3000 et 6000 m. Cette région est appelée pente continentale.

Les océans sont divisés en bassins profonds par les dorsales océaniques, là où se forme la nouvelle croûte océanique (*voir* TECTONIQUE DES PLAQUES). Celles-ci peuvent s'élever jusqu'à 2000 m ou plus encore et forment parfois des ÎLES (Islande, Açores); elles affectent la répartition des eaux profondes et modifient la circulation océanique supérieure. Des dorsales transversales, comme celles reliant le Groenland à l'Islande et à l'Écosse, séparent aussi les bassins océaniques.

Des arcs insulaires et des fosses abyssales se forment aux endroits où la croûte océanique s'enfonce sous une autre plaque tectonique. C'est là qu'on retrouve les profondeurs océaniques les plus importantes: la plus profonde, la fosse des Mariannes dans l'ouest du Pacifique Nord, atteint plus de 11 000 m. Des arcs insulaires, comme les Antilles et les Aléoutiennes, servent souvent de frontières entre les mers et l'océan voisin. Les bassins océaniques sont aussi parsemés de monts sous-marins isolés s'élevant à plusieurs milliers de mètres au-dessus du plancher océanique et formant souvent des chaînes étendues. Certaines de ces structures d'origine volcanique s'élèvent au-dessus de la surface pour former des îles, comme dans le cas des îles Hawaii.

La densité de l'eau de mer est déterminée par sa température et sa salinité, l'eau plus froide et plus salée étant plus dense. Dans l'océan, les caractéristiques de l'eau se modifient en fonction de la profondeur: l'eau de faible densité se trouve à la surface, alors que l'eau de densité élevée se trouve au fond. Sous les latitudes tropicales et tempérées, la densité varie surtout en fonction de la température, celle-ci diminuant généralement avec la profondeur. Dans les régions polaires et subpolaires, la salinité joue un rôle plus important: les couches d'eau superficielles à faible salinité et froide surmontent les couches profondes plus salées et plus chaudes.

Dans la zone euphotique, couche d'eau supérieure de quelques dizaines de mètres, des organismes planctoniques unicellulaires utilisent la lumière solaire pour transformer divers nutriments, comme le carbone inorganique, les nitrates ou les phosphates, en molécules organiques grâce à la photosynthèse. Ils se multiplient et fournissent ainsi une source alimentaire aux organismes plus gros, formant la base des chaînes et des réseaux trophiques marins.

La couche d'eau supérieure de l'océan est la «couche de mélange» de quelques dizaines à plusieurs centaines de mètres d'épaisseur. Elle est homogénéisée par l'action du vent et des vagues. En dessous de cette couche de mélange, on retrouve la thermocline permanente (forte diminution de la température), puis la densité augmente brusquement au niveau de la pycnocline.

Au cours du printemps et de l'été, sous les latitudes tempérées, le rayonnement solaire réchauffe les masses d'eau de surface, abaissant leur densité: il se forme alors une couche de mélange saisonnière peu profonde limitée par une pycnocline saisonnière dont la profondeur et la température varient d'une saison à l'autre. Dans cette couche de mélange, la productivité biologique épuise les nutriments disponibles, et la pycnocline saisonnière empêche le transfert de nouveaux nutriments des masses d'eau plus profondes. Ainsi, après le bloom printanier, la productivité biologique est limitée par la disponibilité en nutriments et leur taux de régénération.

En automne et en hiver, sous l'effet des vagues et des vents plus forts, ainsi que sous l'effet de la convection causée par le refroidissement des eaux de surface, la couche de mélange devient plus dense et s'approfondit, et il y a mélange vertical. Il peut alors y avoir remonté des nutriments des eaux profondes qui en sont riches. Dans les régions subpolaires, les couches de mélange peuvent atteindre une profondeur supérieure à 2000 m à la fin de l'hiver.

En général, tout processus qui provoque un mélange des eaux de l'océan contribue à un accroissement de la productivité biologique. Le mélange frontal entre les eaux littorales à faible salinité et les eaux du large chaudes a pour effet de mélanger chaleur, sel et nutriments dans les eaux littorales, conditions favorables à une forte productivité biologique. Sur la côte est du Canada, la frontière ou front entre les eaux littorales et les eaux du large s'étend généralement au-delà de la marge du plateau continental, en faisant une zone particulièrement riche pour la pêche (*voir* GRANDS BANCS).

D'autres facteurs favorisent le mélange vertical et horizontal des eaux, comme l'action du vent et les tourbillons issus des grands courants océaniques. Le mélange entre les eaux de surface et les eaux de fond se fait plus vite dans les eaux relativement peu profondes (jusqu'à 200 m). C'est pourquoi les plateaux continentaux sont plus productifs que les zones du grand large.

Sous la couche de mélange se trouve la thermocline permanente, entre 200 à 4000 m, la température de l'eau chute de 18 °C à 2,5 °C. Cette thermocline existe car l'eau des latitudes élevées se densifie et se refroidit suite au mélange hivernal et s'écoule ensuite vers l'équateur, en dessous des masses d'eau moins denses et plus chaudes. Les eaux les plus profondes sous la thermocline permanente se forment par convection hivernale en quelques endroits sous les hautes latitudes, puis se dispersent pour remplir les bassins profonds des océans. Ces eaux profondes sont vraiment uniformes en température et en salinité. P. ex., 10 p. 100 du volume total de l'océan a des températures situées entre 0,6 et 1,6 °C et des salinités entre 0,03467 et 0,03472.

La moitié du volume de l'océan a ses origines en deux lieux principaux. Les masses d'eau à des températures entre 0,8 et 2,6 °C et des salinités entre 0,03457 et 0,03476 sont formées au large de l'Antarctique, surtout dans la mer de Weddell. Ces masses d'eau plongent et coulent vers l'est en contournant l'Antarctique et vers le nord pour remplir les profonds bassins des océans Indien, Pacifique et Atlantique Sud. Les masses d'eau à des températures entre 1,7 et 3 °C et des salinités entre 0,03487 et 0,03496, se forment dans les mers de Norvège et du Groenland. Elles entrent dans l'Atlantique entre le Groenland et l'Islande, ainsi qu'entre l'Islande et l'Écosse, remplissant le bassin entier de l'Atlantique Nord à une profondeur supérieure à 2000 m. Elles continuent à s'écouler vers le sud dans l'Atlantique Sud, au-dessus de l'eau de l'Antarctique coulant vers le nord.

L'océan joue un rôle important dans le système climatique de la planète. Près de la moitié de la chaleur venant des Tropiques est transportée vers les régions tempérées par les courants océaniques, aussi bien les principaux courants océaniques de surface générés par les vents (ou tourbillons) que par la circulation globale lente des eaux profondes alimentées par les eaux des latitudes élevées (circulation thermohaline). La variabilité climatique sur une période de un à trois ans est gouvernée par les changements des températures de surface dans la région équatoriale du Pacifique (phénomène EL NIÑO). D'une décennie à l'autre, les variations de climat peuvent être liées aux changements de température et de salinité des masses d'eau supérieures du nord de l'Atlantique Nord.

L'océan est aussi un important réservoir de dioxyde de carbone. Il peut commencer ou terminer des périodes glaciaires par le biais de la circulation thermohaline en modifiant le transport des masses de chaleur ou le volume de dioxyde de carbone et autres gaz pouvant avoir une incidence sur la température de l'atmosphère. Le progrès de la corrélation des relevés par satellite et par les capteurs, ainsi que l'augmentation de la capacité et de la vitesse du matériel informatique ont permis aux océanographes de commencer à concevoir de grands programmes internationaux pour faire une description et une simulation de l'océan en son entier.

Ces programmes sont nécessaires pour comprendre et prévoir la variabilité et les changements du climat et la répartition des diverses substances que les activités de l'homme envoient dans l'environnement, accidentellement ou délibérément.

R. Allyn Clarke

Ocean Ranger Le 15 février 1982, l'*Ocean Ranger,* la plus grande plate-forme de forage semi-submersible au monde, chavire et sombre au cours d'une violente tempête sur les GRANDS BANCS DE TERRE-NEUVE, causant la mort des 84 membres de l'équipe, dont 56 Terre-Neuviens. Propriété de l'Ocean Drilling and Exploration Co. (ODECO) de la Nouvelle-Orléans et louée par Mobil Oil Canada Ltd., cette plate-forme se trouve alors sur les lieux des gisements de pétrole Hibernia, à environ 315 km à l'est de St. John's. L'Ocean Ranger et deux plus petites plates-formes de forage se trouvant également dans la région sont frappées par des vents de 145 km à l'heure et des vagues de 18 m de haut. Les deux autres plates-formes, la *Sedco 706* et la *Zapata Ugland,* résistent à la tempête.

Trois enquêtes – la Commission royale mixte (fédérale-provinciale) sur le désastre marin de l'Ocean Ranger et deux études américaines – découvrent que la plate-forme a sombré après que l'eau de mer fut entrée dans la salle de contrôle des ballasts par un hublot cassé et eut causé une panne électrique dans le panneau de contrôle des ballasts qui assure la stabilité de la plate-forme. La commission conclut que le renversement et les pertes de vie ont été causés par un enchaînement d'événements provoqués par la coïncidence d'une violente tempête, d'une conception inadéquate et de l'absence d'intervention humaine expérimentale. Ces enquêtes, mais surtout les recommandations de la Commission royale, entraînent de profondes modifications à la réglementation relative aux méthodes et aux procédures de formation et de sécurité en mer.

Robert D. Pitt

Océanite Petit OISEAU MARIN (de 14 à 25 cm de longueur) appartenant à la famille des hydrobatidés (ordre des procellariiformes). Il est ainsi apparenté à l'albatros (famille des diomédéidés) qui, comme lui, a des narines tubulaires. L'océanite est généralement noirâtre avec un croupion blanc. Le mot anglais *petrel,* est probablement dérivé de l'anglais *pitteral,* qui signifie «marcher élégamment». Ce nom lui a été attribué à cause de son habitude de voler très près des vagues, ce qui donne l'impression qu'il marche sur l'eau. Cette façon de voler près de la surface, ses pattes pendantes battant l'eau, lui a aussi valu le nom latin d'*Hydrobatidae,* qui signifie «battre l'eau». Les marins superstitieux, croyaient que cet oiseau les avertissait de tempêtes prochaines et qu'il était ainsi envoyé par la Vierge pour les protéger.

Répartition L'océanite à queue fourchue (*Oceanodroma furcata*) et l'océanite cul-blanc (*O. leucorhoa*) se reproduisent en Colombie-Britannique. L'océanite cul-blanc niche également sur la côte atlantique canadienne. Ses grandes colonies situées au sud-est de Terre-Neuve constituent d'ailleurs la majeure partie de la population de l'Atlantique Nord. Plusieurs océanites de Wilson (*Oceanites oceanicus*), qui proviennent de l'Antarctique et de la Terre de Feu, se rencontrent au large de la Nouvelle-Écosse pendant l'été.

Nidification L'océanite niche dans des terriers qu'il aménage dans des îles au large des côtes. Il s'y rend seulement durant la nuit. Plusieurs colonies situées sur des îles ont subi des dommages à la suite de l'introduction de chats et de rats.

R.G.B. Brown

Océanographie Branche des sciences du globe qui est dévouée à l'étude des océans et des mers sous toutes leurs facettes: les mouvements et la composition de leurs eaux, l'origine et l'évolution de leurs bassins, la nature, la distribution et les dynamismes de leur flore et de leur faune, ainsi que leurs interactions avec l'atmosphère, importants facteurs climatiques.

Spécialités L'océanographie, qui n'est d'abord que la géographie descriptive des mers, évolue rapidement en une science quantitative et multidisciplinaire regroupant des experts de plusieurs domaines. L'étroite collaboration entre chercheurs de diverses disciplines qu'exige la complexité du milieu marin donne à cette science un cachet holistique distinct. L'océanographie physique rassemble des ingénieurs qui conçoivent et construisent des appareils subtils et robustes pour échantillonner le milieu marin; des chercheurs qui planifient les expéditions et programmes de recherche; des analystes et informaticiens qui interprètent les données; et enfin des théoriciens qui s'efforcent de comprendre les courants marins dans le cadre de la mécanique des fluides en rotation. L'HYDROGRAPHIE est un secteur appliqué de l'océanographie physique orienté sur la cartographie des fonds marins, le calcul des tables de marées et la réalisation de cartes maritimes.

L'océanographie chimique est l'étude de la composition de l'eau de mer, des éléments et composés qui y sont dissous, de leurs réactions avec la matière inerte aussi bien que vivante, et des impacts de la pollution naturelle et anthropogénique. La géologie et la géophysique marines se penchent sur l'origine des bassins océaniques, des expansions et rétrécissements des océans au cours des âges, de l'érosion des rivages, de l'évolution des sédiments et de la découverte des ressources minérales sous les fonds marins. L'océanographie biologique rassemble des botanistes, des zoologistes, des bactériologistes et des experts en sciences des pêches pour étudier la vie marine et sa disponibilité comme source de nourriture pour l'humanité. L'écologie marine est une importante sous-discipline de l'océanographie qui traite des écosystèmes marins, de leur variabilité naturelle et de leur réaction aux perturbations anthropogéniques.

Liens avec les autres domaines Les océanographes ont en commun avec leurs collègues œuvrant dans des champs voisins beaucoup d'outils théoriques et méthodologiques. P. ex., l'océanographie s'apparente de près à la limnologie (étude des lacs), et l'océanographie physique a énormément de liens avec la météorologie, qui étudie un autre fluide terrestre, l'atmosphère. Les océanographes fournissent des informations utiles dans d'autres domaines. Le génie océanique, p. ex., combine les connaissances océanographiques avec les techniques d'ingénierie pour planifier les installations côtières et les structures flottantes. Une connaissance des courants et des propriétés de l'eau de mer sert à prédire les migrations des poissons.

Océanographie au Canada Bordé de trois océans (Atlantique, Pacifique et Arctique) et parsemé de lacs immenses, le Canada est un pays où l'océanographie a joué un rôle toujours de plus en plus important. Comme ailleurs, elle a d'abord servi à la navigation. Le Service des Marées (aujourd'hui le Service Hydrographique Canadien) est créé en 1893. Sous l'égide de son premier directeur,

William Bell DAWSON, il se lance dans la préparation des cartes marines et dans les mesures de courants et de niveaux d'eau, tâches qui dépassent rapidement ses objectifs pratiques. L'hydrographie est la mère de l'océanographie physique. À la même époque, un bureau de gestion des pêches et de la recherche en mer est créé, sous l'autorité du Ministère de la Marine. Cet organisme est bientôt supplanté par le Conseil Biologique du Canada, qui devient le Conseil de Recherches sur les Pêches du Canada.

L'océanographie biologique, d'abord liée de près aux pêches, est aussi fortement inspirée par l'intérêt scientifique suscité par les voyages de découvertes de la deuxième moitié du XIXᵉ siècle, surtout par l'expédition du *Challenger* (1872-1876). Ce voyage de circumnavigation du globe, qui fait escale à Halifax, introduit les techniques de halage d'organismes marins en grandes profondeurs. À la fin du XIXᵉ siècle, plusieurs laboratoires de biologie marine sont fondés en Europe et aux États-Unis. Sous l'impulsion et la direction de E.E. Prince, deux stations marines sont lancées au Canada en 1908: une à St. Andrews, au Nouveau-Brunswick, et une à Nanaimo, en Colombie-Britannique. Ces laboratoires, sous la responsabilité du ministère fédéral des pêches, reçoivent le mandat très large de mener des recherches non seulement sur les poissons, mais aussi sur la flore, la chimie et les mouvements de la mer.

Sous la direction du Conseil de Recherches sur les Pêches, les stations biologiques de l'Atlantique (St. Andrews) et du Pacifique (Nanaimo) ont longtemps été les navires amiraux de l'océanographie canadienne. Ils dirigent d'importantes expéditions de recherches en mer et fournissent le personnel qualifié pour représenter le Canada au niveau international. Sur les côtes de l'Atlantique, les océanographes A.G. Huntsman, W. Mackey et L. Lauzier décrivent les eaux côtières et participent aux travaux de la Commission Internationale des Pêches de l'Atlantique Nord. Sous la direction de W. Ford, les océanographes canadiens prennent part à l'opération Cabot, étude internationale du Gulf Stream. J.P. Tully et ses collègues à Nanaimo explorent les fjords de la côte du Pacifique et collaborent avec les Japonais et les Américains à l'étude de la distribution des saumons en haute mer. N'oublions pas les eaux de l'archipel arctique. M. Dunbar, de l'université McGill, dirige les expéditions du *Calanus* (1948-1979) qui explorent la baie d'Hudson et ses approches. W.M. Cameron joue un rôle important dans les expéditions canado-américaines dans la mer de Beaufort dans les années 50.

À la suite de la Seconde Guerre mondiale, les centres de recherche militaires au Canada et ailleurs se prennent d'intérêt pour les questions d'océanographie physique, comme la prédiction de la houle et l'acoustique marine. Au cours des années 40 et 50, la pénurie de personnel qualifié entraîne la création d'instituts de recherche et d'enseignement aux universités McGill, Dalhousie et de la Colombie-Britannique. Les instituts académiques se multiplient dans les années 60 avec la formation du Groupe interuniversitaire de recherche océanographique du Québec, auquel participent les universités Laval, de Montréal et McGill, et d'unités d'enseignement et de recherches océanographiques aux universités de Victoria, Guelph et Memorial.

Les années 60 et 70 voient une expansion et une concentration de la recherche océanographique canadienne et des services marins du gouvernement fédéral, sous la juridiction du ministère des Pêches et Océans dans deux grands centres: l'Institut Bedford, à Dartmouth, en Nouvelle-Écosse, et l'Institut des Sciences de la Mer à Sidney, en Colombie-Britannique. Ce sont là des laboratoires d'envergure comparables aux plus grands centres océanographiques mondiaux, regroupant des centaines de scientifiques penchés sur tous les aspects des sciences de la mer.

Parmi les autres centres du même Ministère, mentionnons l'Institut Maurice Lamontagne, (Mont-Joli, Québec), le Centre des Pêches du Nord-Ouest de l'Atlantique (St. John's, Terre-Neuve), et l'Institut pour l'Environnement du Pacifique (West Vancouver, Colombie-Britannique).

On trouve à Ottawa une agence de stockage et de distribution d'information: le Service de Données sur l'Environnement Marin. Les laboratoires de Nanaimo et de St. Andrews se spécialisent dans les problèmes de la gestion des pêches. Les laboratoires fédéraux servent aussi de port d'attache à la flotte océanographique canadienne qui compte quelques vaisseaux de moyen tonnage pour le travail en haute mer (le *Parizeau*, le *Dawson*, l'*Endeavour*, le *Tully*) et de plus petits navires pour les travaux côtiers.

Un submersible de recherche, le *Pices IV*, et un véhicule contrôlé à distance, le *Ropos*, servent à l'exploration visuelle des océans et ont contribué à la description des sources hydrothermales découvertes en grande profondeur (2000 m) sur la dorsale de Juan de Fuca, au large de l'île de Vancouver. Quoique les navires de recherche canadiens soient utilisés surtout en eaux territoriales, ils s'aventurent parfois en expédition dans les mers plus lointaines. En 1970, le *Hudson* accomplit la première circumnavigation complète des Amériques. Un groupe d'océanographes de l'U. de la Colombie-Britannique, dirigé par George Pickard, fait le premier relevé océanographique des fjords du Chili. Une équipe de l'Institut Bedford, sous la direction de C.R. Mann, mouille des courantomètres dans le détroit de Drake, au sud du Cap Horn.

La télédétection par instruments montés soit sur des avions ou des satellites joue un rôle de plus en plus important en océanographie. Les spectromètres à bandes multiples montés sur avion sont utilisés pour cartographier et identifier les propriétés des eaux côtières. La navigation et l'altimétrie satellites permettent aujourd'hui de déterminer la position en mer avec une précision de l'ordre de quelques centimètres, aussi bien selon la verticale que l'horizontale. Ces instruments ont révolutionné l'hydrographie et la courantométrie. Le satellite canadien Radarsat permet de détecter certaines propriétés de l'océan ainsi que les glaces flottantes même par temps couvert.

Aujourd'hui, l'océanographie canadienne fait face à de sérieux défis: la gestion des pêches et les interactions complexes entre ses aspects scientifiques et socio-économiques; la pollution côtière et les déversements nocifs en eaux profondes; la prédiction des conditions et des mouvements de la glace flottante afin d'assurer la sûreté de la navigation et des opérations au large; l'exploitation des ressources pétrolières et des richesses minérales des plateaux continentaux canadiens. Ces tâches, nouvelles ou intensifiées, exigent le développement d'instruments nouveaux pour échantillonner les océans, soit sur place, soit par télédétection.

Les régions arctiques sont toujours d'un intérêt particulier. Au début des années 70, des programmes conjoints industrie-gouvernement ont préparé le terrain pour l'exploration pétrolière. Quelques années plus tard, le programme d'Études de l'Environnement Marin de l'Est de l'Arctique recueille une base importante de données sur les écosystèmes marins de la mer de Baffin, du détroit de Lancaster et des détroits environnants. Des expéditions géophysiques et océanographiques en mer profonde, au nord de l'archipel, telles que le programme de la dorsale Lomonosov (LOREX, 1979) et l'expédition canadienne pour l'étude de la dorsale Alpha (CESAR, 1983) ont confirmé les intérêts canadiens pour l'Extrême-Nord.

Les océanographes canadiens participent à la solution des problèmes fondamentaux à nature globale, comme l'élucidation du rôle que jouent les océans dans les changements climatiques (p. ex. le programme international Géosphère-Biosphère) et, plus précisément, leur capacité de retenir en solution une grande partie du dioxyde de carbone émis par la combustion des carburants fossiles (c'est là l'objectif du programme d'Études conjointes des flux océaniques globaux ou JGOFS). Une importante augmentation de la concentration de ce gaz dans l'atmosphère serait accompagnée d'un réchauffement global, plus prononcé aux hautes latitudes. C'est là un sujet qui préoccupe les communautés arctiques. La dynamique des océans reste encore mal comprise, et une prédiction fiable de la variabilité océanique ne deviendra possible qu'à l'aide d'une connaissance plus approfondie des courants marins, appuyée par un dense réseau de points d'information. Ces tâches accapareront sans doute les efforts des océanographes physiciens pour bien des années à venir.

Les océanographes canadiens participent activement aux programmes internationaux sur la circulation océanique, telle l'Expérience de la circulation océanique mondiale (ECOM-WOCE). L'évolution des plaques tectoniques et leur rôle dans la création des gisements de minéraux sont aussi d'un intérêt particulier. Dans les eaux territoriales canadiennes, une zone de création de nouvelle croûte océanique se trouve au large des côtes de la Colombie-Britannique aux dorsales de Juan de Fuca et d'Explorer, dans des cordillères sous-marines où on a découvert de riches zones de gisement métallifère et de spectaculaires sources thermales entourées d'un unique écosystème. Certaines de ces découvertes sont attribuables au Programme de Forages Océaniques, auquel participe le Canada (*voir aussi* TECTONIQUE DES PLAQUES).

L'océan ne reconnaît pas de frontières politiques. Le Canada doit forcément collaborer avec les pays voisins pour étudier les océans et gérer ses ressources marines. Par conséquent, le Canada est membre de plusieurs organisations scientifiques internationales, comme le Conseil international pour l'exploration de la mer et l'Organisation pour les sciences marines du Pacifique Nord. La majorité du millier d'océanographes œuvrant au Canada sont employés par les gouvernements fédéral et provinciaux. Plusieurs enseignent dans les universités, et un nombre toujours croissant travaillent pour le secteur privé.

Paul H. Leblond

Océanographie arctique L'étude de l'OCÉANO-GRAPHIE renseigne sur l'origine, la composition et les mouvements des eaux marines; sur les bassins océaniques (*voir* OCÉAN); sur les interactions avec l'atmosphère; et sur les organismes vivants de la mer, c.-à-d. les végétaux et les niveaux successifs d'animaux qui s'en nourrissent (*voir* FLORE MARINE CÔTIÈRE). Les mers de l'Arctique canadien (dans ce texte, celles qui vont de la MER DU LABRADOR à l'est à la MER DE BEAUFORT à l'ouest) sont recouvertes de glace durant plus de la moitié de l'année. L'eau de surface, froide, constituée de la couche supérieure de 200 à 300 m de l'océan Arctique, s'écoule du bassin arctique par l'ARCHIPEL ARCTIQUE canadien et entre le Canada et le Groenland, vers l'océan Atlantique. Dans la baie de Baffin, le détroit de Davis et les régions environnantes, elle se mélange avec l'eau plus chaude de l'Atlantique pour former l'eau subarctique.

Le Subarctique couvre une zone relativement étendue dans l'est du Canada. Son équivalent de l'Ouest, formé du point de rencontre entre les eaux du Pacifique et de l'Arctique, ne forme qu'une étroite bande le long de la côte de la mer de Beaufort (*voir* EAUX LITTORALES). Les renseignements océanographiques sur l'Arctique proviennent de nombreux utilisateurs dont les navigateurs, les chasseurs et les pêcheurs, les exploiteurs de mines et de champs pétrolifères, les commerçants et les climatologues.

Des scientifiques danois et américains, embarqués à bord du Godthaab et du Marion, entreprirent

des recherches océanographiques dans les eaux de la côte est de l'Archipel canadien, et ce, bien avant que le Canada ne prenne de semblables initiatives. En 1930, une expédition des pêcheries de la baie d'Hudson, sous la direction de H.B. HACHEY, appuyée par le gouvernement fédéral, fournit le premier compte rendu approfondi des courants et de l'océanographie physique générale de l'Arctique canadien (*voir* INDUSTRIE OCÉANOGRAPHIQUE).

En 1948, le gouvernement canadien, conscient de la nécessité d'accroître les efforts du pays dans la recherche sur l'Arctique, fonde les Eastern Arctic Investigations (maintenant la Station de biologie arctique de Sainte-Anne-de-Bellevue, au Québec). Le navire de recherche *Calanus,* long de 15 m, est construit en Nouvelle-Écosse en 1948, et un programme, axé sur l'océanographie biologique, est lancé dans l'Arctique de l'Est. M.J. DUNBAR est chargé du levé. Dans l'Arctique de l'Ouest. G.L. PICKARD participe, en 1949, à un programme dans les mers de Béring et des Tchouktches avec le Naval Electronics Laboratory des États-Unis.

La recherche, menée en collaboration avec les océanographes américains, commence au début des années 50 dans la mer de Beaufort. W.M. Maxwell, du Conseil de recherches pour la défense, joue un rôle important dans ces travaux de recherche et de levé. En 1954, le NCSM *Labrador* termine une croisière qui relie l'Arctique de l'Est à l'Arctique de l'Ouest par le PASSAGE DU NORD-OUEST, culminant en une circumnavigation de l'Amérique du Nord. Une série de croisières dans l'Arctique de l'Est s'ensuit.

Le Projet d'étude du plateau continental polaire commence en 1959, englobant un large éventail de projets de recherche dans l'Arctique, y compris l'océanographie. Cette organisation fournit encore un service inestimable. Pendant la même décennie, des océanographes canadiens et américains se rejoignent sur la station de recherche de l'île de glace T-3 dans l'océan Arctique. Le Groupe de recherche sur la mer englacée, établi à l'Institute of Ocean Sciences de Victoria, entame ses travaux au début des années 60. À la même époque, l'INSTITUT OCÉANOGRAPHIQUE DE BEDFORD participe aux levés océanographiques de l'Arctique de l'Est et de l'Arctique central et, en 1969 et 1970, poursuit ses travaux lors de la croisière de l'*Hudson*, plus spectaculaire, autour des Amériques. Une partie de cette croisière a lieu dans la mer de Beaufort.

L'*Hudson* (construit en 1963) est le premier navire canadien spécialement conçu pour la recherche océanographique. Par la suite, l'Institut de Bedford effectue, à partir d'un navire, des études multidisciplinaires dans l'Arctique de l'Est.

Les années 70 marquent le début d'une période d'études océanographiques encouragée, en partie au moins, par la question des effets possibles de l'exploitation du PÉTROLE ET GAZ NATUREL sur l'environnement. Ces études portent sur les effets des courants et vagues océaniques et de la GLACE MARINE sur les vaisseaux et les installations fixes, et réciproquement sur l'impact des navires et des lieux de forage sur l'environnement (p. ex. les conséquences des déversements de pétrole sur le biote des mers arctiques). Pendant cette période, la recherche océanographique commence à être financée sur une vaste échelle par des sources non gouvernementales, alors que les conseillers privés sont de plus en plus nombreux à faire leur apparition dans un domaine jusque-là occupé en grande partie par des chercheurs commandités par le gouvernement.

La première étude importante de cette nouvelle ère est le projet de la mer de Beaufort, commandité conjointement par le gouvernement et l'INDUSTRIE PÉTROLIÈRE, et chapeautant quelque 40 projets traitant de toutes les branches de l'océanographie. D'autres études suivent, dont le programme d'études de l'environnement marin dans l'est de l'Arctique (CEMMAO), dans la baie de Baffin et le détroit de

Davis, le programme d'études biologiques au large des côtes du Labrador et le programme de déversement de pétrole à l'île de Baffin.

Au cours des années ultérieures, les océanographes canadiens participent à un grand nombre d'études sur l'Arctique à l'extérieur des eaux canadiennes, la plupart d'entre elles étant des entreprises coopératives internationales. Parmi elles, citons ECDGA (Étude conjointe de la dynamique des glaces de l'Arctique), un programme océanographique canado-américain dans la mer de Beaufort; LOREX (étude de la dorsale Lomonosov); FRAM (une série d'études nommées d'après le vaisseau de l'explorateur de l'Arctique, Fridtjof Nansen); EUBEX (relevé du bassin eurasien); CESAR (expédition canadienne d'étude de la dorsale Alpha), toutes situées dans le bassin arctique; et MIZEX (expérience relative à la couche de glace marginale), regroupant plusieurs pays au large des côtes du Groenland de l'Est et de l'Alaska.

E.H. Grainger

Océanographie biologique Branche de l'OCÉANO-GRAPHIE consacrée à l'étude des organismes vivants (le biote) considérés dans leurs relations avec le milieu marin dans lequel ils vivent. Interdisciplinaire, cette science exige de comprendre les interactions entre les divers organismes et l'influence des processus physiques et chimiques du milieu marin sur les groupements vivants. On admet généralement que le biote marin se compose de trois grands groupes: le PLANCTON (plantes pélagiques ou animaux en suspension ou en dérive passive), le necton (animaux pélagiques nageurs) et le benthos (animaux vivant dans les grands fonds). Pour l'océanographie biologique, la vie marine est souvent perçue comme une suite de chaînes alimentaires.

Producteur primaire, le phytoplancton (plancton végétal) est consommé par le ZOOPLANCTON (plancton animal), producteur secondaire. On trouve, au troisième niveau, le poisson qui se nourrit de plancton (planctivore), lui-même dévoré par d'autres poissons. Une chaîne typique serait la suivante: les diatomées (phytoplancton) sont dévorées par les copépodes (zooplancton), lesquels nourrissent les harengs (necton planctivore) qui sont ensuite la proie des roussettes (ou chats de mer, necton piscivore). Quoique commode, une telle représentation est cependant trop simple car elle omet un grand nombre d'autres interrelations.

L'océanographie biologique des régions canadiennes du Pacifique et de l'Atlantique est déterminée par les eaux subarctiques présentes au large des deux côtes. Les communautés subarctiques de ces eaux se caractérisent par une forte progression saisonnière de la floraison du plancton, depuis le printemps jusqu'à l'automne. La production de larves et de jeunes poissons correspond généralement à la floraison printanière. La migration des poissons adultes se produit au printemps et à l'automne. Ordinairement, l'éclosion des larves benthiques coïncide aussi avec la floraison du phytoplancton printanier. La présence éventuelle d'organismes benthiques dans des zones de faible profondeur constitue un maillon important de la chaîne alimentaire pour l'industrie des PÊCHES qui fréquente les GRANDS BANCS DE TERRE-NEUVE et autres secteurs de la plateforme continentale. Dans l'océan Arctique, le plancton n'éclôt qu'une seule fois durant l'été, après la rupture des glaces. Cette éclosion, qui peut se poursuivre durant plusieurs mois, forme le premier maillon d'une chaîne alimentaire considérable: zooplancton, poissons, phoques, ours polaires et êtres humains. L'océan Arctique produit cependant beaucoup moins d'espèces commerciales que les eaux subarctiques, où la production de plancton est plus abondante et s'étend sur une plus longue période.

L'océanographie biologique a récemment connu plusieurs innovations techniques, dont la TÉLÉDÉTECTION de phénomènes biologiques à partir de l'espace et la télédétection de colonies des profondeurs à partir de SUBMERSIBLES capables d'atteindre le fond des océans (plus de 10 000 m). On utilise les satellites pour déterminer la quantité de plancton présente dans différentes masses océaniques, la concentration de chlorophylle déterminant la couleur de l'eau. Les études par submersible permettent de révéler l'existence de colonies biologiques qui se nourrissent de matières énergétiques libérées par des cheminées thermiques sur les grands fonds (*voir* INVERTÉBRÉS des fonds marins). On emploie aussi d'autres méthodes: l'équipement de navires marchands pour fins de surveillance biologique, l'utilisation d'immenses enceintes de plastique (plus de 1000 t) destinées à l'étude de l'écologie marine, la plongée sous-marine qui permet l'observation de formes délicates de plancton et l'expérimentation directe sur des colonies benthiques.

Au Canada, des universités, des instituts océanographiques gouvernementaux et de nombreuses stations fédérales de pisciculture conduisent des travaux d'océanographie biologique dans les océans Atlantique, Pacifique et Arctique. Des firmes-conseils participent aussi à des travaux de cette nature dans le cadre d'études sur l'aménagement de l'environnement. Il s'agit là d'un domaine d'importance croissante, car on peut déterminer les effets désastreux de la POLLUTION d'origine humaine sur certains milieux précis (p. ex. le déversement de pétrole dans les eaux côtières ou la décharge en mer des eaux usées de provenance urbaine ou industrielle. (*voir* EAU, TRAITEMENT DE L'). L'océanographie biologique des milieux ainsi atteints diffère selon les lieux.

T.R. Parsons

Odjig, Daphne, artiste (réserve de Wikwemikong, île Manitoulin, Ont., 11 sept. 1919), née d'un père potéouatami et d'une mère épouse de guerre anglaise. Son grand-père et son père, sculpteurs de pierres tombales et artistes, l'encouragent dès son jeune âge à suivre la voie artistique. Elle quitte sa réserve en 1938 et s'installe en Colombie-Britannique, où elle sera par la suite élue à la BC Federation of Artists. Son travail est marqué par la prise de conscience politique croissante de son peuple et par ses propres expériences vécues dans les communautés autochtones du Manitoba dans les années 60.

En 1970, elle ouvre une galerie d'art autochtone à Winnipeg et elle fonde, avec MORRISSEAU, JANVIER, BEARDY et d'autres artistes, une association d'artistes autochtones qui ne durera pas, mais qui aura une importance considérable (1973). Ses œuvres expriment les thèmes universels de l'identité, des relations familiales et de la spiritualité, en une remarquable synthèse de styles occidentaux (cubisme, surréalisme) et de la vision autochtone du monde. L'un de ses motifs distinctifs est la ligne harmonieuse et rythmique en forme d'arabesque dont elle entoure ses personnages.

Ses œuvres ont été exposées en Europe, en Israël et au Japon. Sa grande murale, *The Indian in Transition* (1978), orne le CENTRE NATIONAL DES ARTS à Ottawa. Son influence se manifeste dans les œuvres de plusieurs jeunes artistes autochtones. Deux universités lui ont décerné un diplôme honorifique et, en 1987, elle est nommée Membre de l'Ordre du Canada. En 1992, elle publie ses mémoires, *Paintbrush in My Hand.*

Rosamond M. Vanderburgh

O'Donoghue, Daniel John, typographe, dirigeant syndical, politicien (Lakes of Killarney, Irl., 1844—Toronto, 16 janv. 1907). Le futur «père du mouvement ouvrier canadien» commence son apprentissage de typographe à Ottawa à l'âge de 13 ans. Il participe à l'organisation du Syndicat des typographes d'Ottawa en 1867, donne de la visibilité au Conseil des syndicats d'Ottawa et est élu vice-président du Canadian Labor Union en 1873. En 1874, il remporte un siège à l'Assemblée législative de l'Ontario à titre de député indépendant, mais il se rapproche de plus en plus du gouvernement libéral

d'Oliver MOWAT. Comme président du comité législatif du Conseil du travail et des métiers de Toronto, il se retrouve au cœur de la politique ouvrière dans les années 1880. Il se joint aux CHEVALIERS DU TRAVAIL en octobre 1882 et ne tarde pas à émerger comme le principal représentant canadien dans leurs délicates négociations avec les évêques catholiques canadiens-français qui avaient condamné cet ordre en le qualifiant de «société secrète». Tout en restant fidèle à sa classe et à ses besoins, il demeure un partisan libéral. Nommé commis au Bureau ontarien de l'industrie en 1885, il est le premier fonctionnaire fédéral en charge des justes salaires du Canada (1900-1907). Son fils, John, allait devenir le premier grand avocat canadien spécialisé dans le droit du travail.

G.S. Kealey

Offenbach Au cours de l'été 1969, le groupe Les Gants blancs devient Offenbach. Au fil des ans, une vingtaine de musiciens défilent au sein du groupe rock le plus marquant de l'histoire de la chanson québécoise, centré sur le guitariste Jean Gravel (Granby, 12 mars 1948), et le chanteur et organiste Gerry Boulet (St-Jean-d'Iberville, 1946— Longueuil, 17 juill. 1990) dont la voix écorchée demeure le signe distinctif du groupe. Offenbach se distingue d'autres formations du genre en enregistrant bon nombre de chansons à texte dont *L'hymne à l'amour* et *Quand les hommes vivront d'amour.* Le groupe connaît une réelle popularité à compter de 1980, se produisant dans de grandes salles et effectuant une tournée triomphale dans tout le Québec, avec Plume LATRAVERSE. À sa dissolution, en 1985, Offenbach laisse un riche répertoire de chansons, dont *La voix que j'ai, Faut que j'me pousse, Mes blues passent plus dans porte* et *Rien qu'une aventure.*

Entamant une carrière en solo, Gerry Boulet enregistre *Rendez-vous doux* (1988) qui dépasse aujourd'hui les 400 000 exemplaires vendus. Emporté par le cancer en 1990, Gerry Boulet a laissé pour l'histoire *Les yeux du cœur, La femme d'or, Toujours vivant, Une dernière fois* et plusieurs autres chansons vibrantes sous sa voix unique.

Robert Thérien

Office de la langue française (OLF) Il a été créé le 26 août 1977 par la *Charte de la langue française* (LOI 101) pour remplacer la Régie de la langue française. L'Office est responsable de la mise en œuvre de la Charte, sauf dans le domaine de l'éducation. Il a pour fonction de définir et de mettre en application les politiques québécoises relatives à la recherche en linguistique et en terminologie, et de garantir que le français soit au Québec la langue usuelle des communications, des milieux de travail, du commerce et des affaires, tant dans la fonction publique que dans les entreprises qui emploient plus de 50 personnes. Pour réaliser ces objectifs, l'Office offre divers services incluant des conseils d'ordre linguistique et des ateliers à l'intention du personnel de bureau. Il offre également des bourses destinées à la recherche dans le domaine de la linguistique et prépare les examens de français destinés aux futurs membres des associations professionnelles dont les compétences en français ne répondent pas aux exigences de la charte. L'Office administre la Banque de terminologie du Québec, un dictionnaire informatisé et bilingue comprenant 3,5 millions de termes. Depuis ses débuts, l'Office a publié plus d'une centaine de lexiques, de brochures et de listes de termes et d'expressions.

Gisèle Villeneuve

Office des normes générales du Canada (ONGC) Il est fondé en 1934 en vertu de la *Loi sur le Conseil national de recherche* et porte alors le nom d'Office des normes Canada. En 1948, on le renomme Office des normes du gouvernement canadien, et son nom actuel lui est attribué en 1980. En tant qu'organisme faisant partie du ministère des Travaux publics et des Services gouvernementaux, l'ONGC offre au gouvernement ainsi qu'au secteur privé toute une gam-

me de services de normalisation et de gestion de la qualité. Le Conseil produit, dans les deux langues officielles, des normes, des spécifications, des manuels et des guides. Il fait l'évaluation préalable des produits et services. Il tient un registre des compagnies qui répondent aux normes de qualité en ce qui concerne leur administration.

L'ONGC est reconnu par le Conseil canadien des normes en tant qu'organisme de normalisation, d'accréditation et d'enregistrement. Il participe également à de nombreuses activités internationales de normalisation et fait partie de divers secrétariats techniques dirigés par l'Organisation internationale de normalisation (ISO) située à Genève.

Norman Hillmer

Office des produits agricoles (OPA) Il a été établi en vertu de la *Loi sur l'Office des produits agricoles.* Il est composé des membres qui font partie de l'Office de stabilisation des prix agricoles. Il a comme pouvoir général d'acheter, de vendre et d'importer des produits agricoles. De façon générale, l'OPA s'occupe de questions connexes liées aux activités de soutien des prix, mais non visées expressément par la *Loi sur la stabilisation des prix agricoles.*

La *Loi sur l'Office des produits agricoles* a aussi été utilisée pour le soutien du prix d'achat et de revente de produits agricoles tels que les cerises douces, les pommes, le jus de raisin, le concentré de jus de raisin, les pommes de terre, les pêches, les poires, les cerises sures, les prunes à pruneaux, les pois, les dindons, le maïs sucré et les tomates entières.

Comme l'OPA peut intervenir rapidement pendant ou juste avant la saison de commercialisation afin de retirer du marché les produits excédentaires, les coûts encourus par les contribuables sont d'habitude beaucoup moins élevés que dans le cas d'un programme global de stabilisation appliqué après la saison de commercialisation. Dans le cadre de programmes antérieurs, l'Office a fourni au Programme alimentaire mondial du dindon en conserve, des pommes de terre déshydratées, du pain de viande en conserve et de la poudre d'œuf entier en conserve. Les fonds pour les achats de l'Office proviennent de crédits votés expressément à cette fin, et les recettes tirées de la vente des produits sont versées directement au Trésor. L'OPA relève du ministre de l'Agriculture.

Cependant, il n'est plus utilisé et l'on prévoit son abolition.

Norman Hillmer

Office des recherches sur les pêcheries Jusqu'à la mutation de son personnel au ministère de l'Environnement en 1973 et à sa fin en 1979, l'Office des recherches sur les pêcheries (ORP) est le principal organisme de recherche fédéral dans le domaine des sciences de l'eau et des pêches. De nombreux éminents spécialistes canadiens de la mer ont été associés à l'ORP, qui est issu d'un conseil de gestion (1898) fondé pour administrer une station biologique flottante sur la côte atlantique. Celle-ci deviendra l'Office de biologie du Canada en 1912. En 1908, des stations biologiques permanentes sont établies à St. Andrews, au Nouveau-Brunswick, et à Nanaimo, en Colombie-Britannique. Leur personnel est formé de volontaires venant des universités, qui viennent y travailler l'été. Dans les années 20, le conseil engage des employés à temps plein et ouvre des laboratoires où l'on s'intéresse à l'industrie de la pêche et à la transformation des produits alimentaires. En 1937, lorsque l'Office de biologie du Canada devient l'ORP, il possède un remarquable bilan en recherches océanographiques physiques et biologiques marines. Après la Seconde Guerre mondiale, l'ORP ouvre de nouveaux laboratoires et étend ses activités à l'océanographie physique, au saumon du Pacifique, aux stocks de poissons de l'Atlantique et à la biologie marine de l'Arctique de l'Est. Par suite de l'ouverture de l'INSTITUT OCÉANOGRAPHIQUE DE BEDFORD, de l'expansion du ministère des Mines et des Relevés Techniques à l'océanographie et des recommandations de la Commission Glassco (*voir* COMMISSION ROYALE D'ENQUÊTE SUR L'ORGANISATION DU GOUVERNEMENT) dans les années 60, l'ORP, qui n'est pas affilié à un ministère, devient une anomalie administrative. Plusieurs ministères du gouvernement fédéral font maintenant les recherches qu'effectuait à l'origine l'ORP. (*Voir aussi* INSTITUT DES EAUX DOUCES.)

Eric L. Mills

Office national de l'énergie Constitué en 1959 par la *Loi sur l'Office national de l'énergie*, l'Office est chargé d'autoriser l'exportation de pétrole, de gaz naturel et d'électricité, l'importation de gaz naturel, la construction et l'exploitation de PIPELINES interprovinciaux et internationaux, la construction des lignes internationales de transport d'électricité et de certaines lignes interprovinciales désignées, ainsi que la fixation des droits et des tarifs des oléoducs et des gazoducs. La *Loi sur les opérations pétrolières au Canada* confère également à l'Office des pouvoirs de réglementation des activités pétrolières et gazières dans les terres domaniales.

L'Office a une fonction consultative, et peut prendre lui-même l'initiative de tenir des enquêtes et de mener des études sur certaines questions, et de préparer des rapports afin d'informer le gouvernement fédéral, le Parlement et le grand public. Il a administré la Politique nationale du pétrole (1961-1974) et le PROGRAMME ÉNERGÉTIQUE NATIONAL. Au fil des années, l'importance de l'Office en tant qu'organisme consultatif a diminué à mesure que le gouvernement fédéral s'appuyait sur sa fonction publique pour formuler sa politique énergétique. L'Office détient tous les pouvoirs d'un tribunal d'archives et rend des comptes au Parlement par l'entremise du ministre des Ressources naturelles.

Office national des transports Ce bureau est responsable de la réglementation économique des transporteurs et des modes de TRANSPORT qui relèvent de la compétence fédérale. Il remplace, en 1996 à l'Office national des transports du Canada, lequel remplaçait lui-même la Commission canadienne des transports, qui avait existé pendant 20 ans en vertu de l'ancienne *Loi nationale sur les transports*, adoptée en 1967.

L'Office est un organisme administratif et quasi judiciaire. Il détient tous les pouvoirs, droits et privilèges d'une cour supérieure canadienne dans les domaines de sa compétence. Son ressort inclut la délivrance de licences aux transporteurs aériens et aux entreprises ferroviaires, des pouvoirs de règlement des litiges relatifs à diverses questions touchant les tarifs et les services de transport aérien, ferroviaire et maritime, la fixation du tarif maximum annuel de transport du grain de l'Ouest et l'élimination des obstacles injustifiés à l'endroit des voyageurs ayant des handicaps.

L'Office a un président et un vice-président, et peut compter jusqu'à cinq membres à temps plein et trois membres à temps partiel. Il a une Direction générale des transports ferroviaire et maritime, une Direction générale du transport aérien et des transports accessibles, et deux autres directions qui dispensent des services de soutien administratif et de communications, ainsi que des services juridiques.

Norman Hillmer

Office national du film (ONF) Fondé en 1939, il est le principal foyer d'activités de l'industrie cinématographique canadienne au cours des vingt premières années de son histoire. Il joue un rôle de pionnier dans les domaines du documentaire social, du cinéma d'animation, du docudrame et du cinéma-vérité, et n'a cessé de mettre au point de nouvelles techniques cinématographiques. Ses films ont remporté des centaines de prix internationaux. L'ONF est créé le 2 mai 1939 par la *Loi nationale sur le film*, conséquence de la présentation du rapport de John GRIERSON (premier commissaire à la Cinématographie, nommé en octobre 1939). La loi est révisée en 1950 afin de soustraire l'ONF à l'autorité directe du gouvernement. De plus, la modification donne à l'Office le mandat de se faire l'interprète du Canada auprès des Canadiens et des autres nations.

L'ONF est conçu à l'origine comme un conseil consultatif au personnel restreint, mais les films sur la guerre sont très demandés et, le tempérament de Grierson aidant, l'Office se lance dans une production active et absorbe, en 1941, le Bureau de cinématographie du gouvernement canadien (l'ancien Exhibits and Publicity Bureau créé en 1919). En 1945, l'ONF est devenu l'un des plus grands studios cinématographiques au monde, avec 787 employés. Il produit plus de 500 films dont deux séries de propagande, *The World in Action* et *Canada Carries On* (v. f. *En avant Canada*), présentées chaque mois dans les cinémas canadiens et à l'étranger. L'Office se dote d'un studio d'animation, met sur pied un réseau de distribution non commercial et devient une école pour de nombreux jeunes cinéastes canadiens.

Grierson démissionne en 1945; lui succède Ross McLean, son adjoint, qui fait face à d'énormes difficultés après la guerre. Les budgets et le personnel sont réduits, et l'ONF se voit accusé d'être un refuge de révolutionnaires gauchistes et une menace pour l'existence des producteurs privés. Le remplacement de McLean par Arthur IRWIN, en 1950, calme les esprits. Ce dernier fait adopter une nouvelle loi nationale sur le film; il restructure l'ONF selon les nouvelles normes bureaucratiques et prévoit le transfert de l'ONF d'Ottawa à Montréal (cela se réalisera en 1956 avec son successeur, Albert TRUEMAN).

Durant la décennie qui suit la guerre, la production s'étend à de nouveaux domaines: on réalise les premières dramatiques, on explore de nouvelles techniques d'animation, et on réalise les premiers films d'information et les premières productions pour la télévision. Les cinéastes accordent plus d'attention au style et à la technique. Ils adoptent un ton plus intimiste, comparativement à l'approche didactique utilisée durant la guerre. Cette nouvelle approche est perceptible dans les films réalisés par l'un des groupes de production, le Studio B, que dirige Tom DALY. Le travail de Daly conduit l'ONF à adopter, à la fin des années 50, la formule du cinéma-vérité (une première mondiale) pour la série télévisée *Candid Eye*.

Pendant quelques années, l'ONF est perçu au Québec comme un organisme de propagande fédéraliste niant les aspirations culturelles de la province. Sa production de langue française est minime jusqu'à la fin des années 50, mais la demande d'émissions de télévision et le déménagement de ses bureaux à Montréal contribuent à renverser cette situation. L'ONF embauche beaucoup de jeunes cinéastes du Québec qui joueront un grand rôle dans l'épanouissement du cinéma québécois pendant les années 60, à l'intérieur comme à l'extérieur de l'ONF. Ces cinéastes refusent de subir la domination des administrateurs anglophones de l'Office.

Après plusieurs protestations, la nomination du premier commissaire de langue française, Guy Roberge, engendre une série de changements qui conduiront, en 1964, à la division de la production en deux aires linguistiques.

Si l'apport des femmes cinéastes est important durant la guerre, celles-ci sont pratiquement absentes de la production active jusqu'au début des années 70. Encouragées par des séries comme *En tant que femmes* et *Working Mothers*, de même que par la création du studio D dirigé par Kathleen SHANNON, les femmes apporteront une contribution importante comme réalisatrices ou techniciennes. De leur côté, les autochtones critiquent l'image folklorique et condescendante que les films de l'ONF projettent d'eux. Il faudra attendre le début des années 70 pour voir apparaître un portrait plus fidèle des autochtones, notamment avec des émissions telles que *Challenge for Change* (v.f. *La Société nouvelle*). De plus, les Amérindiens et les Inuits ont la possibilité d'utiliser l'équipement de l'ONF pour produire leurs propres films.

La démocratisation des moyens de production se poursuit pendant les années 70, alors que l'ONF crée des centres régionaux de production d'un bout à l'autre du Canada. Le cinéma d'animation a toujours été une priorité à l'ONF. Bien que le travail de pionniers tels que Norman MCLAREN soit largement reconnu, l'ONF s'est toujours fait un devoir d'encourager de nouveaux talents. Ces derniers assurent la vitalité de cette section dont le rayonnement est international (*voir* CINÉMA D'ANIMATION).

La production de longs métrages de fiction à des fins commerciales commence en 1963-1964 et se poursuit en dépit du débat qu'elle suscite. En effet, certains estiment que ce genre de production cadre mal avec la vocation d'un organisme d'État. Plusieurs longs métrages de l'ONF ont remporté des prix internationaux et ont bénéficié d'une large diffusion, dont plusieurs comédies et drames sociaux d'un grand réalisme tournés dans les années 80 pour un coût modique. Cependant, de fortes réductions au budget de l'ONF dans les années 90 ont entraîné l'élimination presque complète de cet aspect de son programme et réduit d'autant plus les occasions pour les jeunes dramaturges de réaliser des films innovateurs. Ces mêmes compressions budgétaires ont forcé l'ONF à mettre fin à d'autres programmes, dont la distribution directe de ses films et la production régionale. L'ONF met maintenant davantage l'accent sur la coproduction avec les producteurs privés, surtout de documentaires destinés à la télévision.

Depuis la fin des années 60, la croissance du secteur privé et le développement de la production télévisuelle ont fait perdre à l'ONF la position dominante qu'il occupait dans le cinéma canadien. Les ponctions récentes à son budget n'ont fait que réduire son rôle encore davantage. L'ONF continue toutefois d'attirer de nouveaux cinéastes de talent, de mettre l'accent sur la qualité de la production et d'être l'agence cinématographique d'État la plus réputée au monde. Il a été sélectionné pour des Oscars à cinquante reprises et en a remporté neuf. Le premier lui a été attribué en 1941 pour *Churchill's Island* (v.f. *La Forteresse de Churchill*) et le dernier, en 1995, pour *Bob's Birthday* (v.f. *L'Anniversaire de Bob*).

Peter Morris

Ogilvie, Will, artiste peintre (Stutterheim, Afrique du Sud, 30 mars 1901). Premier peintre de guerre canadien officiel (nommé en janvier 1943), il peint plusieurs de ses œuvres militaires au front, ce qui lui vaut d'être fait Officier de l'Ordre de l'Empire britannique. À Johannesburg, Ogilvie étudie auprès d'Erich Mayer. Après avoir immigré en 1925, il étudie à l'Art Students League de New York (1927-1930) auprès de Kimon Nicolaides, dont le texte classique sur le dessin, *The Natural Way to Draw* (1941), procure à Ogilvie une solide préparation pour ses œuvres militaires. Les peintres de guerre Alex COLVILLE, Charles COMFORT, Lawren HARRIS et Campbell Tinning considèrent Ogilvie comme le meilleur d'entre eux. Il aime beaucoup Goya, Piero della Francesca et le peintre de guerre britannique Paul Nash. Toutefois, les œuvres pleines de détails qu'il dessine avec amour semblent peu marquées par cet enthousiasme. Ses dessins sur le terrain sont spontanés, tandis que ses peintures sont plus formelles et symboliques. Après la guerre, il enseigne au Collège des beaux-arts de l'Ontario (1947-1957), puis est chargé de cours à l'U. de Toronto (1960-1969). Il est Membre de l'Ordre du Canada.

Joan Murray

Ogopogo Monstre marin légendaire qui habiterait dans le lac Okanagan (*voir* OKANAGAN, VALLÉE DE L'). Les Salish l'appellent «le serpent du lac» alors que les Chinooks emploient les termes «le méchant» et «la grande bête dans le lac». Ogopogo est représenté par des pétroglyphes qui précèdent l'arrivée des Européens. Tout comme «Nessie», le monstre du Loch Ness, il est souvent décrit comme un grand serpent à tête de mouton ou de cheval qui nagerait par mouvements ondulatoires. Ceux qui l'ont «vu» parlent de plusieurs bosses se déplaçant rapidement dans l'eau. Le nom «Ogopogo» est un palindrome tiré d'*Ogopogo Song*, une chanson humoristique du music-hall anglais. Le lac Okanagan présente des conditions climatiques instables, ce qui expliquerait l'apparition du monstre. Le fond du lac est également mal défini, ce qui attise les croyances sur la présence d'œufs de dinosaures ensevelis depuis longtemps qui seraient relâchés par les mouvements de la croûte terrestre.

Carole H. Carpenter

O'Grady, William John, prêtre catholique et journaliste (Irlande—Pickering, Canada-Ouest, v. 18 août 1840). Arrivé au Haut-Canada en 1828, O'Grady commence peu après à exercer son ministère auprès des fidèles catholiques de York (Toronto). Toutefois, au bout d'environ deux ans, des plaintes au sujet de sa conduite commencent à se faire entendre; au milieu de l'année 1832, l'évêque Macdonell décide de le transférer dans une autre paroisse. O'Grady refuse de partir et lance sans succès une série d'appels au lieutenant-gouverneur sir John COLBORNE, au ministère des Colonies et au Vatican. À la fin de 1832, démis de ses fonctions sacerdotales, il fonde un journal réformiste, le *Canadian Correspondent*. Il continue d'être l'éditeur de ce journal lorsqu'il fusionne, en novembre 1834, avec le *Colonial Advocate* de William Lyon MACKENZIE. Le journal est alors rebaptisé le *Correspondent and Advocate*. En étroites relations avec Mackenzie, il est une figure de proue du mouvement réformiste jusqu'à la fin de 1837, lorsqu'il vend son journal et va s'établir dans le canton de Pickering. Curieusement, il ne participe pas à la rébellion avortée de Mackenzie en décembre 1837 et semble avoir mené une vie sans histoire par la suite. Une enquête du coroner conclut que la cause de sa mort est une «intervention divine».

Curtis Fahey

O'Hagan, Howard, écrivain (Lethbridge, Alb., 17 févr. 1902—déc. 1982). Il est l'un des premiers écrivains nés dans l'Ouest à faire sa marque dans la littérature canadienne et doit surtout sa renommée à son roman sur les Rocheuses, *Tay John* (1939). Sa vie est presque aussi remarquable que son œuvre. Au cours de sa jeunesse, il participe à des expéditions de reconnaissance dans les Rocheuses. Il étudie ensuite le droit à l'U. McGill, puis, après avoir obtenu son diplôme en 1925, il retourne dans l'Ouest. Dans une citation restée célèbre, il déclare: «J'ai pratiqué le droit pendant un mois à Jasper, j'ai fait entrer un homme en prison et j'en ai fait sortir un autre.» Sac au dos, il reprend ses activités de guide à travers les montagnes. Après avoir occupé pendant un certain temps le poste de directeur de la publicité pour le Central Argentine Railway, il vit en Australie, aux États-Unis, en Angleterre et en Italie.

Plus que tout autre écrivain moderne, O'Hagan est le parfait «homme des montagnes». Il connaît intimement la vie sauvage et lui rend hommage dans ses romans. Le protagoniste de *Tay John* est un géant blond, «Tête jaune», dont la légende a inspiré le nom du col de la Tête Jaune dans les Rocheuses. Il s'agit du récit des aventures, en 1880, d'un paria métis qui prend des dimensions mythiques. Il est à la fois adulé et méprisé, avant de disparaître dans les entrailles de la terre d'où il avait surgi. Les nouvelles d'O'Hagan sont aussi très appréciées des lecteurs. *The Woman Who Got on at Jasper Station & Other Stories* (1963) est un recueil de 11 nouvelles passionnantes. *Wilderness Men* (1958) consiste en un recueil de 10 biographies de héros de l'Ouest, parmi lesquelles celle de Grey Owl et celle du légendaire fugitif de la côte Ouest, Gun-An-Noot. Plus récemment, il a écrit *The School-Marm Tree* (1977). Avant son

décès, en 1982, O'Hagan vit à Victoria, en Colombie-Britannique, avec son épouse Margaret Peterson, une artiste reconnue.

Ken Mitchell

Oies Elles appartiennent à un groupe d'OISEAUX AQUATIQUES dont la répartition géographique est vaste. Les tailles aussi varient beaucoup, même au sein d'une espèce. C'est d'ailleurs chez la bernache du Canada qu'on trouve les deux pôles entre lesquels on regroupe toutes les tailles chez les oies: la plus petite étant la bernache du Canada de la sous-espèce *minima* et la plus grande étant la sous-espèce *maxima* de la bernache du Canada.

Taxinomie Les oies sont réparties en deux principaux groupes: les oies proprement dit (du genre *Anser*) et les bernaches (du genre *Branta*). Certains taxinomistes les subdivisent par contre en d'autres groupes, p. ex. la bernache néné (*Nesochen*), d'Hawaï; l'oie empereur (*Philacte*), de l'Alaska; l'oie à tête barrée (*Eulabeia*), du Tibet et de l'Inde; et l'oie des neiges (*Chen*). Cette taxinomie est complexe, particulièrement en ce qui concerne la bernache du Canada et l'oie des moissons (*Anser fabalis*).

Espèces canadiennes Il existe sept espèces d'oies en Amérique du Nord, dont cinq nichent au Canada. La plupart des espèces se reproduisent dans la FORÊT BORÉALE et dans la TOUNDRA. Les oies observées au Canada ont une taille intermédiaire entre celle des cygnes et celle des canards.

Chez la bernache du Canada, certains identifient jusqu'à une cinquantaine de races et de variations de coloration de plumage, et le poids varie de 1 kg chez celles de l'Alaska à 10 kg chez les bernaches du Manitoba. Elles ont toutes la tête et le cou noirs et une tache blanche sur la joue.

La bernache cravant (*B. bernicla*) se répartit en quatre populations: celle de l'est des ÎLES DE LA REINE-ÉLISABETH, qui hiverne en Irlande; celle de l'ouest de ces îles, qui hiverne dans le Puget Sound et dans les basses terres de la Colombie-Britannique continentale; celle de la toundra côtière des Territoires du Nord-Ouest, qui hiverne en Basse-Californie, au Mexique; et celle du BASSIN FOXE, qui migre sur les côtes du New Jersey.

L'oie rieuse (*A. albifrons*) a une répartition circumpolaire et niche dans la toundra arctique.

L'oie des neiges (*Chen caerulescens*) niche dans l'Extrême Arctique, tandis qu'on retrouve l'oie de Ross (*C. rossii*), dans le bas Arctique.

Nidification On croit que les oies forment des couples pour la vie. Le mâle est appelé jars, et le juvénile, oison. Chez les oies, certains couples nichent isolément ou encore en colonies. La femelle pond généralement de trois à six œufs (les couvées varient entre deux et neuf) dans un nid fait de débris végétaux recouverts de duvet. Les deux parents se partagent le soin des petits après l'éclosion.

F.G. Cooch

Oignon (*Allium cepa*) Plante herbacée bisannuelle de la famille des amaryllidacées. Il est le plus important CONDIMENT cultivé au Canada. L'oignon est originaire de l'Asie occidentale, et sa culture remonte à la préhistoire. Les variétés botaniques comprennent l'oignon patate (*A. cepa solaninum*) et l'oignon rocambole ou d'Égypte (*A. cepa viviparum*). Le bulbe est constitué de feuilles creuses formant des couches charnues d'une épaisseur de 1,5 à 5 mm, qui se chevauchent à la racine. La pelure du bulbe est habituellement jaune, blanche ou rouge. Selon la variété, le bulbe atteint un diamètre de 6 à 14 cm à maturité. Le goût piquant provient d'huiles essentielles sulfureuses (p. ex., de l'acide pyruvique). L'oignon germe à des températures de 9 à 30 °C, tolère des gelées jusqu'à -2,5 °C et atteint la maturité en 115 à 135 jours. Les insectes qui lui sont nuisibles comptent la mouche de l'oignon et les thrips. Les maladies de l'oignon comprennent le charbon, le mildiou, la racine rose, la fonte des semis, la tache des feuilles, la tache pourpre et la pourriture du col. Les fanes et les bulbes jeunes et verts contiennent

une quantité utile de vitamines A et C. Les oignons déshydratés contiennent des protéines, du phosphore et du potassium. En 1985, la production canadienne moyenne (sur 3841 ha) était de 147 956 t, d'une valeur de 19,6 millions de dollars. Plus de la moitié de la production provenait de l'Ontario.

V.W. Nuttall

Oil City Situé dans le PARC NATIONAL DES LACS-WATERTON, en Alberta, c'est l'endroit où a été exploité le premier puits de pétrole de l'Ouest canadien, d'abord appelé Original Discovery No. 1. Les Kootenays utilisaient le pétrole des bassins d'infiltration situés le long du ruisseau Cameron, et les premiers colons s'en servaient pour lubrifier leurs wagons. En 1878, un arpenteur du gouvernement du Canada, A.P. Patrick, fore un puits rudimentaire. Les vrais forages ne commencent cependant qu'en 1901, lorsque Patrick, John Leeson et John Lineham, un grand propriétaire d'élevage de l'endroit, constituent la Rocky Mountain Development Co. On trouve du pétrole à 300 m en août 1901, ce qui augmente les espoirs de boom pétrolier dans la région. Le puits est toutefois irrégulier et est abandonné en 1906, après avoir produit 32 000 litres. Un cairn en forme de tour de forage marque le lieu historique de cette première exploitation pétrolière de l'Alberta.

Eric J. Holmgren

Oilers d'Edmonton L'équipe de HOCKEY des Oilers d'Edmonton est l'une des concessions à l'origine de l'Association mondiale de hockey (AMH). Lors de la première saison de la ligue (1972-1973), ils sont connus sous le nom de Alberta Oilers et représentent Edmonton et Calgary. Devenus par la suite l'équipe exclusive d'Edmonton, ils déménagent en 1974 au Northlands Coliseum, qui compte aujourd'hui 17 308 places. En 1978, ils sont reconnus comme une puissante équipe lorsque Peter Pocklington, troisième propriétaire des Oilers, acquiert le contrat de Wayne GRETZKY de son ancien associé, Nelson Skalbania. Après une défaite contre les Jets de Winnipeg dans la dernière série des championnats de l'AMH en 1979, ils joignent les rangs de la section Smythe de la Ligue nationale de hockey (LNH) et deviennent l'équipe de l'expansion qui connaît le plus rapidement du succès dans l'histoire de cette ligue.

À titre d'entraîneur, de directeur-gérant et de président, Glen Sather rassemble les joueurs qui vont former une des équipes parmi les plus talentueuses et les plus puissantes de l'histoire, équipe qui brisera presque tous les records de buts et de points de la LNH. Les Oilers remportent la COUPE STANLEY en 1983-1984, après seulement cinq ans dans la ligue, puis trois des quatre coupes suivantes, s'inclinant devant les Flames de Calgary lors de la finale de la division Smythe en 1986. En 1988, Pocklington crée toute une commotion dans le monde du sport lorsqu'il échange Gretzky aux Kings de Los Angeles. L'équipe revient en force en 1990 et gagne la coupe Stanley, mais, prétendant être incapable de payer les salaires de plus en plus élevés, Pocklington continue d'échanger des vedettes comme Paul Coffey, Mark MESSIER, Jari Kurri, Glenn Anderson et Grant Fuhr pour des joueurs plus jeunes et pour de l'argent. L'équipe n'en demeure pas moins compétitive et se rend en quart de finale en 1991.

Derek Drager

Oiseau Membre d'un groupe unique de VERTÉBRÉS: la classe des oiseaux. Les FOSSILES, l'anatomie comparée et l'embryologie indiquent que les oiseaux ont un ancêtre commun avec les REPTILES et les DINOSAURES. Les paléontologistes croient généralement que, parmi les reptiles vivants, les crocodiles sont peut-être les plus proches parents des oiseaux, mais de récentes découvertes laissent croire que les oiseaux sont peut-être aussi apparentés aux petits dinosaures.

Adaptations au vol L'unicité des oiseaux s'explique par deux caractéristiques anatomiques majeures: des plumes, probablement développées à partir des écailles des reptiles, qui forment une couche isolante permettant de maintenir une température interne constante indépendante de celle de l'air ambiant; et des membres antérieurs qui, à partir des pattes à cinq doigts de leurs ancêtres reptiliens probables, se sont transformés en ailes couvertes de plumes qui donnent aux oiseaux la faculté de voler.

Parmi les autres adaptations des oiseaux, on compte les modifications de leur squelette: son poids a diminué grâce à l'apparition d'os creux remplis d'air; sa rigidité s'est accrue grâce à la fusion de ses différentes parties (p. ex. sections de la colonne vertébrale); il offre également des projections osseuses (apophyses) auxquelles les muscles du vol sont attachés, p. ex. la bréchet (crête en saillie) du sternum.

Un ensemble de sacs aériens qui pénètrent dans les os et entre les muscles se sont développés à partir des poumons. Ce type de système respiratoire diminue la masse corporelle et augmente l'efficacité des échanges gazeux en permettant l'apport continuel d'air frais sur les surfaces respiratoires. Le poids des oiseaux a également été réduit grâce à leur faculté d'excréter un déchet azoté (acide urique) dont l'évacuation requiert peu d'eau. Les oiseaux n'ont donc pas besoin de transporter cette eau.

Leur système reproducteur est actif de façon saisonnière. Il s'élargit et s'alourdit pendant la brève période de reproduction. Chez la femelle de la plupart des espèces, il comprend un seul ovaire et un oviducte, qui produisent des œufs entourés d'une coquille, ce qui permet au jeune de se développer à l'extérieur du corps de la mère et contribue également à réduire le poids de la femelle.

Ces adaptations de forme, de fonction et de comportements associés ont permis aux oiseaux de surmonter ce qui était, pour les autres vertébrés, des barrières géographiques infranchissables, et d'exploiter pratiquement tous les habitats, depuis la toundra arctique et le désert inculte jusqu'aux forêts tropicales et aux vastes océans.

Avifaune canadienne Au Canada, on a dénombré environ 425 espèces d'oiseaux nicheurs. Presque partout au pays, la majorité des espèces sont migratrices: elles arrivent au printemps pour nicher et élever leurs petits et volent vers des climats plus chaud à l'automne. Quelques espèces sont résidantes, même dans l'Arctique, où des oiseaux comme le grand CORBEAU, le goéland bourgmestre (*voir* GOÉLANDS ET MOUETTES) et le LAGOPÈDE des rochers se sont adaptés à exploiter les maigres ressources alimentaires disponibles durant les longs hivers sombres.

À la fin de l'automne, dans les régions plus méridionales du Canada, les visiteurs arrivent des aires de reproduction des îles arctiques, de la toundra et de la forêt boréale, et s'en vont hiverner le long des côtes marines, dans les forêts décidues de feuillus et dans les plaines centrales. Parmi ces visiteurs, on compte des espèces comme le canard kakawi (*voir* CANARD), le sizerin, le durbec des pins (*voir* GROSBECS, DURBECS ET CARDINAUX) et le bruant des neiges (*voir* PASSERINS ET BRUANTS).

Reproduction Les oiseaux sont habituellement plus voyants durant leur période de reproduction. C'est à ce moment que la plupart des espèces manifestent des comportements complexes incluant des parades nuptiales et des chants. Le plumage nuptial, particulièrement remarquable chez les mâles reproducteurs, les rend très voyants pendant leur parade rituelle. L'exemple le plus spectaculaire est peut-être le paon. Les oiseaux se font aussi remarquer durant cette période par les sons qu'ils produisent, particulièrement quand les mâles de plusieurs espèces chantent pour indiquer qu'ils occupent un territoire.

La majorité des espèces semblent établir des territoires de nidification. Ceux-ci prennent diverses formes variant de superficies assez grandes où les oiseaux nichent et trouvent la plupart de leur nourriture, p. ex. le MERLE D'AMÉRIQUE, à de très petits espaces où il n'y a de la place que pour le nid,

p. ex. les espèces coloniales comme le goéland à bec cerclé. Ils défendent leur territoire contre les individus de leur espèce et, dans certains cas, contre d'autres espèces étroitement apparentées.

Les oiseaux construisent leur nid et pondent leurs œufs dans les limites de leur territoire. La taille de leur couvée varie considérablement, de l'unique œuf des OISEAUX MARINS nichant sur les falaises comme le FOU DE BASSAN, aux quelques 18 œufs du GIBIER À PLUMES, comme la perdrix grise. L'éclosion a lieu après une période d'incubation variant d'environ deux semaines chez les petits oiseaux chanteurs comme les HIRONDELLES et les BRUANTS, à environ neuf semaines chez les grandes espèces comme les Albatros.

Oisillons Les oisillons requièrent des soins parentaux pendant un certain temps. Les petits des espèces comme le TROGLODYTE familier et le merle d'Amérique naissent sans plumes et restent au nid jusqu'à leur premier envol. Les deux parents leur apportent de la nourriture pendant toute la durée de la nidification. Pour ces animaux, la disponibilité de nourriture est un facteur essentiel. Les petits d'autres espèces comme la GÉLINOTTE huppée et la BERNACHE DU CANADA sont capables de se nourrir eux-mêmes peu après l'éclosion. Chez ces espèces, les jeunes quittent rapidement le nid, toujours accompagnés d'un ou des deux parents. Leur aptitude à éviter les prédateurs avant d'apprendre à voler est d'une importance capitale, comme le suggère le merveilleux camouflage créé par les couleurs et l'agencement de leur duvet.

Régime alimentaire Les oiseaux ont acquis l'aptitude d'utiliser une grande variété d'aliments. Certaines espèces sont principalement herbivores: les oies broutent les plantes herbacées, les gélinottes broutent les feuilles et les aiguilles des plantes ligneuses, plusieurs espèces tropicales se nourrissent presque seulement de fruits, et les espèces d'un groupe qui inclut les COLIBRIS boivent le nectar des fleurs.

De l'autre côté du spectre alimentaire, on trouve les oiseaux qui sont principalement carnivores: les PLONGEONS se nourrissent principalement de poissons. Les BUSES, BUSARDS ET ÉPERVIERS ainsi que les HIBOUX se nourrissent essentiellement de vertébrés terrestres tels que les rongeurs. Un grand nombre de petits ont également appris à exploiter les populations d'insectes partout sur la Terre. Parmi ceux-ci, on compte des espèces aussi diversifiées que les MARTINETS et les hirondelles, qui se nourrissent d'insectes aériens, les PARULINES forestières, qui fouillent les feuilles des arbres à la recherche des insectes qu'elles abritent, et le CINCLE PLONGEUR, qui parcourt les ruisseaux rapides pour y trouver les insectes aquatiques qui vivent parmi les sédiments du fond. (*Voir aussi* OISEAUX, VOL DES; OISEAUX DE PROIE; MIGRATION; et les entrées de chaque espèce.)

D.A. Boag

Oiseau-tonnerre Il s'agit d'une créature surnaturelle importante dans la mythologie des Indiens de la côte du Nord-Ouest. On lui attribue le tonnerre, qu'il produit en battant des ailes, et les éclairs, qu'il provoque en ouvrant et en fermant les yeux. On dit que l'oiseau-tonnerre chasse la baleine en se servant de ses ailes pour décocher des flèches. Pour certains Indiens des Plaines, les orages sont un combat entre l'oiseau-tonnerre et un énorme serpent à sonnettes. Les individus frappés par la foudre et ayant survécu deviennent souvent des CHAMANS, car ils ont ainsi reçu le pouvoir de l'oiseau monstre.

René R. Gadacz

Oiseaux aquatiques (Sauvagine) Sauvagine est le terme générique utilisé pour désigner les membres de la famille des anatidés, dans laquelle on retrouve les CANARDS, les OIES et les CYGNES. Certains scientifiques divisent cette famille en trois sousfamilles, dont deux, les ansérinés et les anatinés, sont représentés en Amérique du Nord. La troisième, les

anséranatinés, est une sous-famille primitive d'Australie, à laquelle appartient la canaroie semi-palmée (*Anseranas semipalmata*).

Répartition Les anatidés sont répartis partout dans le monde. Certaines espèces sont inaptes au vol, mais d'autres sont par contre capables d'effectuer de longues migrations. Quelques espèces, notamment le canard pilet (*Anas acuta*), sont très répandues, tandis que d'autres espèces ont une répartition beaucoup plus limitée, on ne les rencontre souvent que dans certains étangs situés dans des îles éloignées. Trois espèces de cygnes, cinq espèces d'oies et 29 espèces de canards se reproduisent au Canada.

Taille La taille de ces oiseaux varie de celle des anserelles, qui pèsent environ 300 g à l'âge adulte, à celle du cygne trompette (*Cygnus buccinator*) nordaméricain, dont le poids dépasse 13 kg et qui a une envergure de 2,50 m.

Population À la fin de l'été, après la période de reproduction, on compte de 80 à 100 millions d'anatidés en Amérique du Nord. Malheureusement, une espèce indigène au Canada, l'eider du Labrador (*Camptorhynchus labradorius*), est aujourd'hui disparue.

F.G. Cooch

Oiseaux, classification et évolution des Le plus ancien de tous les OISEAUX connus est l'archéoptéryx qui a été reconstitué à partir de sept FOSSILES découverts entre de fines couches d'ardoise en Bavière, en Allemagne. Cet animal de la taille d'un corbeau a vécu pendant la fin du jurassique (-159,4 à -144,2 millions d'années) dans un environnement tropical.

Évolution Même si l'archéoptéryx présentait certaines caractéristiques morphologiques des reptiles (os de l'avant-bras rigide, bec denté, colonne vertébrale non soudée, griffes sur les trois doigts à l'extrémité de l'ossature de l'aile, etc.), d'autres caractéristiques le relient plutôt à un oiseau. Il possédait en effet des plumes semblables à celles des oiseaux actuels, et ses clavicules étaient soudées entre elles (fourchette), ce qui constituent des caractères singuliers pour des animaux du jurassique. Ses os pleins et l'absence de bréchet sur le sternum limitaient cependant sa capacité de voler, lui permettant de planer plutôt que d'avoir un vol puissant.

On estime qu'il s'agissait d'un animal arboricole capable de planer d'un arbre à un autre. N'eût été de ses plumes et de ses clavicules soudées, l'archéoptéryx aurait pu être classé comme étant un reptile. D'ailleurs, de nombreux scientifiques croient que les oiseaux ont évolué à partir des reptiles primitifs, tandis que d'autres déclarent par contre que les oiseaux ont évolué à partir de petits DINOSAURES terrestres qui se sont graduellement recouverts de plumes.

Nous avons donc deux théories différentes sur les origines des oiseaux, qui ont d'ailleurs donné lieu à de vigoureux débats: la première, défendue par les ornithologues, soutient que ce sont des reptiles à longue queue et recouverts d'écailles (les «thecodonts», appartenant au sous-ordre des «pseudosuchia») qui vivaient à l'âge triasique (-250 à -205 millions d'années), qui sont les ancêtres directs des oiseaux; la deuxième, soutenue par les paléontologues, prétend plutôt que les oiseaux descendent des dinosaures. Le nombre d'oiseaux fossiles est faible (moins de 1000 espèces connues jusqu'à maintenant), car les os d'oiseaux sont fragiles et ne peuvent se conserver que dans des conditions favorables. Il est donc difficile de retracer les ancêtres des espèces actuelles et d'établir les relations entre elles, d'autant plus qu'il y a aussi des controverses dans l'interprétation des données.

Les oiseaux fossiles sont généralement plus grands que les espèces actuelles et peuvent être considérés comme des parents géants de celles-ci. On a identifié moins de 30 espèces de la période du crétacé (-144,2 à -65 millions d'années). Les énanthiornithines, caractérisés par les trois os du tarse soudés en haut de l'os de la patte et par une longue queue soudée, possédaient des organes de vol apparemment plus évolués que ceux de l'archæopteryx. Ils sont apparus au début de la période et ont complètement disparu vers le début du paléocène, soit il y a quelque 66 millions d'années.

D'après certains ornithologues, un groupe obscur d'oiseaux de rivage, rappelant les œdicnèmes actuels (burhinidés), aurait survécu aux extinctions catastrophiques de certaines espèces à la fin du crétacé et auraient donné naissance aux oiseaux actuels. De plus, il semble que de nombreuses espèces étaient aquatiques et avaient de grandes ressemblances avec certaines espèces actuelles: GRÈBES, flamants, CORMORANS et PLONGEONS. Finalement, on a retrouvé que peu de fossiles d'oiseaux datant du paléocène (-65 à -56,5 millions d'années); une période de au cours de laquelle les ancêtres des familles actuelles (dont les passereaux) sont apparus.

Classification Bien que la classification des oiseaux soit mieux établie que pour tout autre groupe d'animaux, on découvre encore de nouvelles espèces presque chaque année. La recherche actuelle fournit de nouveaux renseignements permettant aux scientifiques de mieux comprendre les relations entre les espèces, les genres, les familles et les ordres. Quelque 9700 espèces récentes d'oiseaux sont identifiées. Elles forment plus de 2060 genres et 23 ordres. Près des deux tiers des espèces identifiées (5739 espèces regroupées dans 1168 genres) forment l'ordre des passériformes (passereaux ou oiseaux percheurs). Les 3963 espèces restantes forment 22 ordres divisés en 895 genres. Le sommaire des ordres qui suit, classement reconnu actuellement par les ornithologues, montre l'étendue de la diversité chez les oiseaux.

Struthioniformes et tinamiformes (Cinq familles, 58 espèces; aucune au Canada.) Autruches, nandous, casoars, émeus, kiwis, tinamous. Oiseaux de grande taille, sauf pour le kiwis et les tinamous; ce sont des oiseaux coureurs terrestres inaptes au vol, sauf les tinamous qui ont un vol puissant sur de courtes distances.

Sphénisciformes (Une famille, six genres, 18 espèces; aucune au Canada). Manchots, gorfous. Oiseaux de taille moyenne à grande; plongeurs aux ailes ressemblant à des nageoires; répartition: hémisphère Sud.

Gaviiformes (Une famille, un genre, cinq espèces; quatre espèces nichent au Canada.) Plongeons. Grands oiseaux plongeurs à bec droit et pointu; trois doigts lobés; répartition: Arctique et Subarctique.

Podicipédiformes (Une famille, cinq genres, 22 espèces; six espèces nichent au Canada.) Grèbes. Oiseaux plongeurs de taille petite à grande; pieds lobés; bec droit et pointu; répartition mondiale.

Procellariiformes (Quatre familles, 23 genres, 104 espèces; quatre espèces nichent au Canada.) Albatros, PUFFINS, FULMARS, pétrels, OCÉANITES, puffinures. Oiseaux marins de taille très petite à très grande; narines tubulaires; nichent à terre; répartition: vivent sur tous les océans.

Pelecaniformes (Six familles, 10 genres, 62 espèces; six espèces nichent au Canada). Oiseaux tropicaux, PÉLICANS, fous, cormorans, anhingas, frégates. Oiseaux marins de taille moyenne à grande; quatre doigts palmés; poche gulaire; bec pointu ou crochu; nichent surtout en colonies; répartition mondiale.

Ciconiiformes (Cinq familles, 44 genres, 114 espèces; neuf espèces nichent au Canada.) HÉRONS, butors, ombrette, tantales, ibis, aigrettes, spatules. Échassiers à longues pattes et à long cou; taille de petite à grande; bec long en forme d'épée ou encore large, aplati, courbé, ou encore incurvé; répartition: tous les continents sauf l'Antarctique.

Phoenicoptériformes (Une famille, trois genres, six espèces; aucune au Canada.) Flamants. Grands échassiers à longues pattes et à long cou; bec épais à lamelles et fortement incurvé au milieu; doigts palmés; nichent en colonies.

Ansériformes (Deux familles, 45 genres, 150 espèces; 37 espèces nichent au Canada.) Kamichis, CANARDS, OIES, CYGNES, sarcelles, harles, canards siffleurs. Oiseaux aquatiques de taille moyenne à très grande; trois doigts palmés et bec à lamelles; les kamichis d'Amérique du Sud, aux pieds non palmés et à bec semblable à celui des gallinacés, diffèrent aussi par leur comportement limicole et leurs éperons sur les ailes. L'eider du Labrador, qu'on trouvait autrefois au Canada, est maintenant disparu. Répartition mondiale.

Falconiformes (Cinq familles, 81 genres, 288 espèces; 19 espèces nichent au Canada.) URUBUS, serpentaires, milans, BUSES, BUSARDS ET ÉPERVIERS, AIGLES, BALBUZARDS PÊCHEURS, FAUCONS caracaras. OISEAUX DE PROIE diurnes, de taille très petite à très grande; pattes courtes à très longues; la forme des ailes est très variable, de très effilée à large et arrondie; chasseurs ou charognards; répartition mondiale.

Galliformes (Quatre familles, 81 genres, 268 espèces; 16 espèces nichent au Canada.) Mégapodes, léipoa, hoccos, pénélopes, ortalides, GÉLINOTTES, LAGOPÈDES ET TÉTRAS, FAISANS, COLINS, pintades, perdrix, dindons. Oiseaux ressemblant à une poule, de taille petite à très grande; répartition presque mondiale.

Gruiformes (12 familles, 11 genres, 210 espèces; huit espèces nichent au Canada.) Mésites, turnix, pédionomes, GRUES, courlans, agamis, RÂLES ET MAROUETTES, grébifoulques, kagou, cariamas, outardes. Oiseaux de taille petite à très grande; formes et comportements divers; répartition mondiale.

Charadriiformes (18 familles, 76 genres, 331 espèces; 83 espèces nichent au Canada.) Jacanas, rhynchées, drome, HUÎTRIERS, AVOCETTES, œdicnèmes, glaréoles, PLUVIERS, BÉCASSEAUX, CHEVALIERS, skuas, LABBES, becs-en-fourreau, skimmers, GOÉLANDS ET MOUETTES, becs-en-ciseaux, ALCIDÉS. Oiseaux de taille petite à grande; nombreuses espèces à longues pattes, coureurs; certaines espèces ont les pieds palmés, ou sont des oiseaux aquatiques ou plongeurs; formes et comportements divers; répartition mondiale. Le GRAND PINGOUIN, qui nichait au Canada, est une espèce maintenant disparue.

Columbiformes (Une famille, 42 genres, 303 espèces; quatre espèces nichent au Canada.) Gangas, drontes, PIGEONS, TOURTERELLES. Oiseaux de taille très petite à très grande; solitaires ou extrêmement grégaires; arboricoles ou terrestres; répartition mondiale. Le dronte de Maurice, indigène aux îles Mascareignes, et la TOURTE VOYAGEUSE, espèce auparavant très commune au Canada, sont maintenant disparus.

Psittaciformes (Trois familles, 340 espèces; aucune au Canada.) Perroquets, loris, touis, perruches. Oiseaux tropicaux de taille très petite à grande, à plumage de couleurs éclatantes; fort bec crochu; deux doigts en avant et deux en arrière. La conure de Caroline, espèce qui vivait autrefois en Amérique du Nord (peut-être dans le sud de l'Ontario), est maintenant disparue.

Coliiformes (Une famille, un genre, six espèces; aucune au Canada.) Colious. Petits oiseaux africains à longue queue; grégaires et arboricoles.

Musophagiformes (Une famille, cinq genres, 18 espèces; aucune au Canada.) Touracos. Oiseaux africains de taille moyenne; principalement arboricoles. La majorité des espèces sont vertes, aux ailes garnies de rouge éclatant. Ces couleurs sont produites par des pigments uniques aux touracos.

Cuculiformes (Deux familles, 39 genres, 130 espèces; deux espèces nichent au Canada.) Hoazin et COUCOUS. Oiseaux de taille petite à grande, à longue queue; deux doigts en avant et deux en arrière, ou quatre réversibles; beaucoup d'espèces pondent leurs œufs dans des nids d'autres oiseaux; la majorité des espèces sont arboricoles et quelques-unes sont terrestres. Répartition mondiale, sauf pour le hoazin qui ne se trouve qu'en Amérique du Sud.

Strigiformes (Deux familles, 30 genres, 146 espèces; 16 espèces nichent au Canada.) Effraies et HIBOUX. Oiseaux de taille variant de petite à grande, surtout nocturnes et arboricoles; comportement de rapace et vol silencieux; grands yeux placés devant; répartition mondiale, sauf en Antarctique.

Caprimulgiformes (Cinq familles, 24 genres, 105 espèces; quatres espèces nichent au Canada.) Guacharo, podargues, égothèles, ENGOULEVENTS, ibijaux. Oiseaux de taille variant de petite à moyenne; bouche généralement grande, dotée de vibrisses de chaque côté; petits pieds fragiles; nocturnes ou crépusculaires; se nourrissent d'insectes ou de fruits; répartition mondiale.

Apodiformes (Trois familles, 135 genres, 428 espèces; neuf espèces nichent au Canada.) Martinets, hémiprocnés, colibris. Petits oiseaux à pieds faibles. Les MARTINETS, qu'on retrouve dans le monde entier, possèdent de longues ailes robustes. Les COLIBRIS, une famille restreinte au Nouveau Monde, ont de longs becs pointus, de longueur variable; plumage brillant et irisé.

Trogoniformes (Une famille, huit genres, 37 espèces; aucune au Canada.) Trogons. Oiseaux tropicaux du Nouveau Monde, de taille petite à moyenne et à longue queue; dessous du corps rouge ou jaune et dessus irisé; solitaires et arboricoles.

Coraciiformes (10 familles, 44 genres, 200 espèces; une espèce niche au Canada.) MARTINS-PÊCHEURS, todiers, motmots, guêpiers, rolliers, huppes, calaos. Oiseaux de taille petite à grande; normalement solitaires ou en couples; bec de forme variable: de long, effilé et pointu, à fort, recourbé et orné d'un casque; certains doigts sont soudés à la base; répartition mondiale.

Piciformes (Six familles, 62 genres, 383 espèces; 14 espèces nichent au Canada.) Jacamars, tamatias, barbus, indicateurs, toucans, PICS, picumnes, torcols. Oiseaux de taille petite à grande; la majorité des espèces sont solitaires et arboricoles; la forme du bec est très variable: de court, effilé et pointu à très gros; deux doigts en avant et deux en arrière, certaines espèces ont seulement trois doigts; répartition mondiale. Le pic à bec ivoire, qu'on trouvait auparavant en Amérique du Nord, est maintenant disparu.

Passériformes (60 familles, plus de 1100 genres, 5739 espèces; 194 espèces nichent au Canada.) Passereaux. Comprend plus d'espèces que tous les autres ordres réunis; ordre extrêmement diversifié; oiseaux adaptés pour se percher; trois doigts en avant et un en arrière; aile comptant de 9 à 10 rémiges primaires, queue comptant 12 rectrices; taille variant de petite à moyenne; regroupe tous les oiseaux chanteurs; répartition mondiale.

Henri Ouellet

Oiseaux de proie On peut généralement définir les oiseaux de proie comme étant des oiseaux qui s'alimentent d'animaux qu'ils capturent vivants. Cependant, ce terme est habituellement attribué aux espèces qui possèdent un bec crochu et de puissantes serres longues et acérées. Parmi ces espèces, on compte les BUSES, BUSARDS ET ÉPERVIERS, les AIGLES, les FAUCONS et tous les oiseaux membres de l'ordre des falconiformes, de même que les HIBOUX, qui eux, appartiennent à l'ordre des strigiformes. On trouve des représentants de ces deux ordres presque partout dans le monde. Même si ces groupes sont de très lointains parents, les caractéristiques comportementales et anatomiques qu'ils partagent semblent principalement résulter d'une évolution parallèle. Il existe des distinctions significatives dans les stratégies de chasse entre les oiseaux de proie diurnes et nocturnes.

Falconiformes

Cet ordre compte plus de 300 espèces de chasseurs, diurnes pour la plupart. On a réparti ces espèces en cinq familles: les cathartidés, parmi lesquels on trouve les sept espèces d'urubus, et les condors du Nouveau Monde, tous se nourrissent surtout de charogne; les falconidés, qui comptent 63 espèces de faucons et de caracaras; les sagittaridés, qui ne comprennent qu'une seule espèce, le messager sagittaire (*Sagittarius serpentarius*); les pandionidés, avec une seule espèce également, le BALBUZARD PÊCHEUR (*Pandion haliaetus*); et les accipitridés, qui comptent 219 espèces, dont les milans, les vautours de l'Ancien Monde, les éperviers, les buses, les busards et les aigles.

Caractéristiques Quoique plusieurs falconiformes se ressemblent, chaque famille a ses particularités, et elles peuvent différer grandement par leurs types d'habitats et leurs préférences alimentaires. La taille des oiseaux de proie varie énormément, allant du minuscule fauconneau, à peine plus gros qu'un bruant, à l'immense condor dont l'envergure dépasse 3 m. Toutes les espèces ont une vue perçante, et plusieurs sont des prédateurs redoutables, qui repèrent, alors qu'ils sont perchés ou en vol, des proies souvent petites sur lesquelles ils fondent ensuite pour les capturer.

Espèces canadiennes L'urubu à tête rouge (*Cathartes aura*) est le seul représentant de la famille des cathartidés à nicher dans une région aussi nordique que le Canada. Les faucons sont bien représentés dans l'hémisphère Nord: cinq espèces se reproduisent au Canada. On les reconnaît facilement dans le ciel à leurs longues ailes pointues et leur vol rapide. Le balbuzard pêcheur niche aussi au Canada; cet unique représentant des pandionidés se nourrit exclusivement de poissons.

Au Canada, les accipitridés sont représentés par une espèce de milan, deux espèces d'aigles, trois espèces d'éperviers vivant dans les forêts, six espèces de buses, de gros oiseaux qui sont d'excellents «planeurs», et une espèce de busard, qui niche, quant à elle, au sol, dans les champs et les marais.

R.W. Fyfe

Strigiformes

Les hiboux ou membres de l'ordre des strigiformes sont principalement nocturnes. Cet ordre comprend 146 espèces réparties en deux familles, soit les tytonidés (effraies et oiseaux apparentés) et les strigidés (hiboux proprement dits).

Caractéristiques Les hiboux ont une vision nocturne remarquable en raison de leurs énormes pupilles et de leurs rétines très sensibles à la lumière. Les grands yeux ne bougent pas dans les orbites, mais la tête peut pivoter sur plus de 180°. Une ouïe fine permet aux hiboux de localiser avec précision leurs proies au son. P. ex., la chouette lapone peut capturer, sans la voir, une souris qui se déplace sous une épaisse couche de neige. De plus, des plumes duveteuses rendent leur vol presque silencieux.

Espèces canadiennes L'ordre des strigiformes est représenté par 16 espèces au Canada. Une espèce appartient à la famille des tytonidés, et les 15 autres, à la famille des Strigidés.

C. Stuart Houston

Oiseaux marins On désigne ainsi des oiseaux qui vivent pratiquement toujours en mer et ne viennent habituellement sur la terre ferme que pour y nicher. Chez certaines familles, notamment les pingouins (*voir* ALCIDÉS), certains goélands (*voir* GOÉLANDS ET MOUETTES), les FOUS DE BASSAN, les PUFFINS et les fulmars (*voir* FULMAR BORÉAL), tous les membres sont adaptés à la vie en mer. Chez d'autres groupes d'oiseaux, notamment chez les CANARDS et les PHALAROPES, certaines espèces ne passent qu'une partie seulement de l'année en milieu marin.

Les espèces les plus pélagiques ont une espérance de vie élevée et une adolescence de longue durée. Ces espèces pondent seulement un œuf par couvée. Elles s'adaptent difficilement à une hausse du taux de mortalité, causée entre autres par la CHASSE ain-

si que par la POLLUTION occasionnée par les hydrocarbures. Leurs populations ont d'ailleurs récemment connu une baisse importante. Une espèce canadienne, le GRAND PINGOUIN, est disparue.

Quarante-neuf espèces d'oiseaux de mer nichent au Canada, parmi lesquelles on compte 18 espèces de laridés (famille des goélands) et 13 espèces d'alcidés (famille des pingouins). Ils sont plus de quatre millions de couples, et les plus importantes colonies sont situées dans le détroit d'Hudson et dans le sud-est de Terre-Neuve. Le lieu de nidification le plus connu est la colonie de Fous de Bassan (*Morus bassanus*) de l'ÎLE BONAVENTURE, au Québec, qui est un sanctuaire d'oiseaux migrateurs fédéral, un parc provincial et une attraction touristique importante (*voir* OISEAUX, SANCTUAIRES ET RÉSERVES D').

R.G.B. Brown

Oiseaux, répartition et habitat des La vie animale est régie par deux grands besoins essentiels: trouver de la nourriture pour survivre, croître et se reproduire ainsi qu'éviter de devenir une proie avant de s'être reproduit. Pour occuper un habitat, un animal doit être capable d'y survivre et de s'y reproduire. Les oiseaux ont développé différentes façons de relever ces défis. Les parties de leur corps qui servent à l'alimentation (pattes, bec, appareil digestif) ont subi des transformations qui les rendent aptes à utiliser la nourriture disponible. La structure, la couleur et les motifs du plumage les protègent dans leur environnement et leur servent de camouflage contre d'éventuels prédateurs ou quand ils sont eux-mêmes chasseurs.

Habitat Leur mode de vie repose sur ces adaptations physiologiques et les aide à satisfaire les deux besoins essentiels tout en permettant à chaque espèce de se reconnaître. Ainsi, les espèces des plaines du centre-sud du Canada se sont adaptées à la flore de cette région, courte et clairsemée. Leurs pattes se sont ajustées à la marche et non au sautillement. Ils cueillent leur nourriture, principalement composée de végétaux ou d'invertébrés, avec leur bec conçu pour couper les herbages, broyer les graines ou s'emparer des invertébrés. Plusieurs espèces se nourrissent en groupe, ce qui rend la recherche de nourriture plus efficace et leur procure probablement une meilleure protection contre les prédateurs.

Leur plumage, sans éclat, aux lignes sombres souvent striées et sinueuses, leur permet de se confondre avec l'habitat environnant. Les couleurs contrastantes, habituellement sur le ventre ou à l'extrémité des ailes, deviennent apparentes seulement lorsque l'oiseau est en vol. La plupart des espèces, dont le courlis à long bec, l'ALOUETTE hausse-col et le bruant à ventre noir, font savoir aux femelles et aux autres mâles de leur espèce qu'ils ont pris possession d'un territoire en exécutant des danses aériennes propres à chacun d'eux. Chants et autres vocalisations accompagnent ces danses aux figures particulières, ce qui leur permet d'exhiber leurs couleurs contrastantes.

Répartition La possibilité de voler a permis aux oiseaux de se disperser en dépit de certaines barrières géographiques (p. ex. les déserts, les montagnes et les océans) et de s'établir dans n'importe quel habitat sur les continents et les îles du monde entier. C'est souvent par accident qu'ils colonisent de nouveaux habitats. P. ex., ils s'introduisent dans des régions qu'ils ne fréquentaient pas auparavant lorsque des tempêtes ou, plus récemment, l'action de l'homme, les font dévier de leur route migratoire, comme ce fut le cas avec le MOINEAU DOMESTIQUE.

La répartition de toutes les espèces dépend de la disponibilité d'habitats appropriés. Les espèces sont plus nombreuses dans les tropiques, où les habitats sont très diversifiés, qu'aux pôles, au faîte des montagnes ou dans les îles éloignées des côtes. Ainsi, on a dénombré 1556 espèces d'oiseaux nicheurs dans les forêts tropicales de Colombie (5° de latitude N.),

tandis que sur l'île d'Ellesmere (82° de latitude N.), on en compte moins de 20.

La répartition des oiseaux varie constamment. Certaines espèces étendent continuellement leur territoire, d'autres font l'inverse. D'autres encore connaissent, en alternance, des périodes d'expansion et de régression. Deux principaux facteurs expliquent ces changements: les activités humaines et les modifications climatiques prolongées. Tous deux ont une incidence sur la disponibilité de la nourriture et des abris qui permettent aux oiseaux de survivre et de se reproduire.

Avifaune canadienne L'avifaune du Canada est constituée principalement d'espèces qui se sont probablement développées ailleurs et qui auraient envahi les habitats disponibles en Amérique du Nord. La FAUVETTE OU PARULINE, le CAROUGE et le MOUCHEROLLE appartiennent à des familles qui auraient vu le jour dans la zone tropicale de l'Amérique et qui se seraient répandues au Nord par l'isthme de Panama et les îles des Antilles pour aller nicher dans de nombreux habitats disséminés à travers le Canada, au printemps et en été. En revanche, de nombreuses autres familles d'oiseaux parmi lesquelles les Gélinottes (*voir* GÉLINOTTES, LAGOPÈDES ET TÉTRAS), les GRIVES et les FRINGILLIDÉS seraient venues d'Eurasie en Amérique du Nord en passant par la Béringie. En hiver, bon nombre de ces espèces migrent dans les régions méridionales du Canada. (*Voir aussi* MIGRATION et les entrées individuelles sur les oiseaux.)

D.A. Boag

Oiseaux, sanctuaires et réserves d' Au tournant du siècle, la CHASSE intensive décime grandement les populations d'OISEAUX, et on commence alors à les protéger en créant des sanctuaires à l'intérieur desquels la chasse est interdite en toutes saisons. De nos jours, alors que la chasse est maintenant réglementée, ce sont d'autres types d'activités humaines qui menacent les oiseaux. Devant l'envahissement des forêts et la destruction des milieux humides causés entre autres par l'industrialisation et l'accroissement de la population, on a décidé d'étendre la protection accordée aux habitats fauniques.

Il y a plusieurs façons d'assurer cette protection, mentionnons notamment le zonage, les accords à long terme avec les propriétaires des territoires concernés et les expropriations par des organismes fauniques gouvernementaux. Les territoires protégés sont appelés réserves nationales de faune, zones de conservation, réserves de chasse ou autres. Là où l'on veut avant tout protéger les habitats fauniques, la chasse est permise ou interdite selon les circonstances, mais les deux modes de gestion poursuivent le même but: assurer la conservation de la diversité faunique canadienne.

Refuges d'oiseaux migrateurs

Actuellement, le SERVICE CANADIEN DE LA FAUNE gère 98 sanctuaires d'oiseaux migrateurs, dont trois à Terre-Neuve; un à l'Île-du-Prince-Édouard; huit en Nouvelle-Écosse; deux au Nouveau-Brunswick; 33 au Québec; 10 en Ontario; 15 en Saskatchewan; quatre en Alberta; sept en Colombie-Britannique; et 15 dans les Territoires du Nord-Ouest. Un de ces refuges chevauche la frontière de l'Ontario et des Territoires du Nord-Ouest et un autre celle des Territoires du Nord-Ouest et du Québec. Parmi les sanctuaires les plus connus, mentionnons:

Île de Sable (Nouvelle-Écosse) Seul site de nidification du BRUANT d'Ipswich (une sous-espèce du bruant des prés autrefois considérée comme une espèce distincte), le sanctuaire abrite aussi de nombreuses populations nicheuses de sternes (*voir* STERNE ET GUIFETTE) et de goélands (*voir* GOÉLANDS ET MOUETTES).

Île Machias Seal (Nouveau-Brunswick) L'île accueille plusieurs espèces d'OISEAUX MARINS, dont le MACAREUX moine, la sterne arctique, le PETIT PINGOUIN et l'OCÉANITE.

Île Bonaventure (Québec) C'est un spectaculaire lieu de rassemblement de FOUS DE BASSAN, de mouettes tridactyles, de GUILLEMOTS et d'autres espèces d'oiseaux qui nichent sur les falaises.

Haut-Canada (Ontario) La BERNACHE DU CANADA y fait sa halte migratoire.

Lac de la Dernière-Montagne (Saskatchewan) On a souligné le centenaire de ce premier refuge d'oiseaux en Amérique du Nord en 1987, lors d'une cérémonie présidée par le prince Philippe. Ce refuge accueille plusieurs espèces migratrices de CANARDS, d'oies, de CYGNES et de GRUES. Pour d'autres espèces, dont les tétras à queue fine (*voir* GÉLINOTTES LAGOPÈDES ET TÉTRAS), la sterne pierregarin, l'AVOCETTE d'Amérique et le canard colvert, il sert de lieu de nidification.

George C. Reifel (Colombie-Britannique) Ce refuge fait maintenant partie d'un ensemble de sites protégés près de l'embouchure du fleuve Fraser. Il abrite plusieurs espèces d'OISEAUX AQUA-TIQUES et d'oiseaux de rivage pendant les migrations, tandis que l'oie des neiges, le canard d'Amérique et la FOULQUE d'Amérique y passent l'hiver.

Île Bylot (T. N.-O.) La grande oie des neiges niche dans la plaine d'épandage fluvio-glaciaire du Sud-Ouest. Le guillemot de Brünnich, la mouette tridactyle et d'autres oiseaux marins nichent sur ses rivages nord et est.

La plupart des organismes fauniques provinciaux ont aussi établi des sanctuaires d'oiseaux à l'intérieur de leurs territoires. Les refuges d'oiseaux marins de la Colombie-Britannique et de Terre-Neuve, et les sanctuaires du PÉLICAN et de la gélinotte du Manitoba, de la Saskatchewan et de l'Alberta sont au nombre des sanctuaires les plus importants.

Réserves nationales de faune

Le Service canadien de la faune assure la protection d'habitats migratoires importants; il s'agit de 49 réserves nationales de faune réparties dans huit provinces et deux territoires. Parmi les réserves connues, figurent:

Tintamarre (Nouveau-Brunswick) Située dans la région des MARAIS TANTRAMAR, à la tête de la baie de Fundy, ce refuge est fréquenté par les oiseaux migrateurs aquatiques au cours des migrations ou durant la saison de nidification.

Cap-Tourmente (Québec) Une grande proportion de la population mondiale de grande oie des neiges s'y arrête durant les migrations, profitant aussi de la présence de marais d'eau douce et de champs à proximité pour s'alimenter.

Long Point (Ontario) Située sur la rive nord du lac Érié, cette réserve fait partie d'un ensemble de sites protégés par des organismes fédéraux, provinciaux et privés, et constitue un point exceptionnel de rassemblement de passereaux et d'oiseaux aquatiques lors des migrations.

Alaksen (Colombie-Britannique) Cette réserve fait partie de l'ensemble des territoires protégés du fleuve Fraser, qui inclut le sanctuaire Reifel.

Lac Vaseaux (Colombie-Britannique) Situé dans la VALLÉE DE L'OKANAGAN, ce site protégé accueille le vygne trompette pendant sa migration d'automne.

Polar Bear Pass (Territoires du Nord-Ouest) Située sur l'ÎLE BATHURST, la réserve abrite un nombre impressionnant d'espèces fauniques arctiques pendant la saison de reproduction: l'oie des neiges, la bernache cravant, l'eider à tête grise, le LAGOPÈDE alpin, les LABBES et de nombreuses espèces d'oiseaux de rivage.

Les organismes fauniques provinciaux ont également constitué de nombreux sanctuaires fauniques, dont plusieurs ont été choisis en fonction de la diversité et de la richesse des habitats offerts. Plusieurs autres zones importantes pour les oiseaux sont protégées et gérées conjointement par les deux paliers du gouvernement. P. ex., dans l'aire de protection de la faune de la vallée de Creston (Colombie-Britan-nique), les gouvernements provincial et fédéral, en collaboration avec des organismes privés et des particuliers, protègent et gèrent un marais riche, d'une grande importance pour les oiseaux aquatiques en migration.

Autres zones protégées

Les oiseaux et leurs habitats sont protégés dans les parcs nationaux et dans la plupart des parcs provinciaux du Canada. Parmi les parcs qui présentent un intérêt particulier, on compte le PARC NATIO-NAL WOOD BUFFALO (à la frontière de l'Alberta et des Territoires du Nord-Ouest), qui est le seul lieu de nidification connu de la GRUE BLANCHE D'AMÉRIQUE, une espèce en danger de disparition. Les municipalités, les institutions privées, les clubs ornithologiques et des particuliers ont également beaucoup contribué à protéger des territoires importants pour les oiseaux, p. ex., l'île aux Basques, dans l'estuaire du Saint-Laurent, où nichent l'eider à duvet, les goélands et le grand HÉRON, qui a été achetée en 1927 par la Société Provancher d'histoire naturelle; le refuge Jack MINER, créé en 1904 près de Kingsville, en Ontario, qui attire des colonies de bernaches du Canada; et le sanctuaire d'oies d'Alf Hole, près de Rennie, au Manitoba.

Les oiseaux migrateurs traversent régulièrement les frontières et doivent être considérés comme un héritage international. Le Canada, en signant la Convention de Ramsar pour la conservation des milieux humides d'importance internationale (1981) s'est engagé à protéger des marais importants, dont ceux d'Alaksen, de Cap-Tourmente et de la baie de la Reine-Maud (Territoires du Nord-Ouest), sites essentiels de nidification pour l'oie de Ross, la bernache cravant et plusieurs autres espèces d'oiseaux aquatiques. Actuellement, les marais canadiens d'importance internationale sous la protection de la Convention de Ramsar couvrent 13 millions d'hectares.

Même si le Canada jouit d'une réputation enviable pour avoir créé des refuges et des réserves d'oiseaux, certaines préoccupations demeurent. En effet, la POLLUTION, la perturbation, la destruction des habitats et la chasse menacent toujours les populations d'oiseaux. (*Voir aussi* ANIMAUX EN VOIE DE DISPARITION; FAUNE, CONSERVATION ET AMÉNAGEMENT DE LA; RÉSERVE FAUNIQUE.)

Austin Reed

Oiseaux, vol des Une aile d'oiseau est une surface portante qui combine les fonctions d'une aile d'avion et celles d'une pale d'hélice pour donner de la portance et de la poussée. Elle résulte de la modification complète du bras des vertébrés en une structure forte et légère. Le bras et l'avant-bras allongés sont réunis par une membrane emplumée, et les rémiges secondaires s'y insèrent. Les os du poignet et de la main sont soudés (certains ont complètement disparu) et les rémiges primaires s'y insèrent.

L'évolution de l'aile a été influencée par les habitats auxquels les oiseaux se sont adaptés (p. ex. la haute mer, le sommet des falaises ou les forêts) et par le besoin de réduire la traînée ou la résistance de l'air. La forme et la taille de l'aile ont été modifiées pour réduire la traînée et permettre à l'oiseau de voler aussi efficacement que possible dans son habitat.

La relation entre l'envergure et la largeur moyenne de l'aile, appelée allongement, est variable. On calcule l'allongement d'une aile en divisant son envergure (d'un bout à l'autre) par sa largeur moyenne. Les ailes longues et étroites des grands oiseaux de mer ont un grand allongement, ce qui leur permet d'effectuer des vols sur de longues distances sans battre des ailes et ainsi de réduire leur dépense d'énergie.

La queue ne sert pas de gouvernail, mais plutôt de volet d'atterrissage et de muscle releveur à la fois. À l'atterrissage, elle est déployée et abaissée tandis que l'aile est avancée afin de maintenir le centre de pous-sée au-dessus du centre de gravité. En virage, l'oiseau s'incline sur une aile et lève la queue.

Formes des ailes

Les oiseaux planent (sans battre des ailes), font du vol stationnaire (battement d'ailes vers l'arrière et vers l'avant en un mouvement en forme de 8), ou effectuent un vol rapide en palier (battement d'ailes rythmique vers le haut et vers le bas). Les formes des ailes correspondent étroitement à ces types de vol et peuvent être classées en quatre types qui partagent certaines caractéristiques.

Aile elliptique L'aile elliptique est une aile à courbe légèrement asymétrique qui assure une bonne maniabilité et régularise presque entièrement la répartition de la poussée. Sa forme varie quelque peu d'une espèce à l'autre, mais on la trouve chez la plupart des CHAUVES-SOURIS, des passereaux et autres espèces d'oiseaux vivant en milieu fermé dont les longues plumes primaires sont sujettes à s'user rapidement. L'allongement est habituellement de 4,5 à 6.

L'aile du MOINEAU DOMESTIQUE a l'aérodynamique d'un Spitfire Mk5 de la Seconde Guerre mondiale. Ce type d'aile est muni d'une grande alula (plume attachée à l'os du pouce), qui forme un interstice au milieu de l'aile, et de plusieurs rémiges primaires extérieures qui forment des interstices aux extrémités. Ces plumes procurent une poussée supplémentaire à l'aile. L'archéoptéryx de la période du jurassique avait une aile elliptique bien formée, mais sans interstice. Son vol manquait de puissance, mais il était un bon glisseur. Le moqueur chat, qui affectionne les bosquets denses, a des ailes très courtes avec de larges interstices. Ce type d'aile a généralement un battement modérément rapide.

Aile à grande vitesse L'aile à grande vitesse est une aile exceptionnellement plate dont l'extrémité effilée est légèrement elliptique. De contour régulier, le bord de fuite de ce type d'aile se confond avec le corps, ce qui réduit toute traînée turbulente. Son allongement est modérément élevé (p. ex., les ailes sont assez longues et étroites) et sa flèche très prononcée réduit la traînée. L'aile à grande vitesse a évolué indépendamment chez le CANARD, le FAU-CON, la plupart des espèces de PLUVIERS, d'HI-RONDELLES, de MARTINETS et de COLIBRIS. Ce type d'aile, sans interstice aucune, produit un battement constant et rapide. Sa particularité permet un vol très rapide et une assez faible dépense d'énergie.

Aile à grand allongement Elle est bien développée chez les grands planeurs que sont les oiseaux de mer, particulièrement chez l'albatros, qui vont rarement à terre, sauf pour la nidification. Ils s'envolent des falaises d'un léger battement d'ailes ou en planant, évitant ainsi d'endommager leurs plumes. Ce type d'aile longue, mince et effilée permet un vol plané à haute vitesse et n'exige qu'une faible dépense énergétique. L'envergure d'aile peut atteindre cinq fois la longueur du corps. L'allongement est d'environ huit chez le goéland (*voir* GOÉLANDS ET MOUETTES) et peut atteindre 15 chez l'albatros.

Aile large munie d'interstices On la rencontre chez les OISEAUX DE PROIE. Cette particularité permet le vol plané à basse vitesse, et le décollage et l'atterrissage dans les milieux fermés. L'allongement est d'environ six à sept, ce qui correspond à ce que permettent les lieux de nidification et de chasse de ces oiseaux. De nombreux interstices augmentent la portance. Les primaires retroussées d'un rapace qui plane montrent la portance que procurent les interstices du bout de l'aile.

Action de l'aile

Chez la plupart des espèces d'oiseaux, le mouvement descendant de l'aile est lent et puissant tandis que le mouvement ascendant, pendant lequel l'aile est partiellement pliée, est rapide et neutre. Le martinet et le colibri ont des ailes très rigides qui procurent de la portance et de la poussée lors du mouvement descendant, de la poussée lors du mouvement ascendant et de la portance lors du vol stationnaire. Un gros tendon fixant la main et les os courts empêchent le fléchissement du poignet. Cette rigidité caractéristique du vol du Martinet contraste avec la fluidité du vol de l'hirondelle.

La plupart des espèces de Bécasseaux (*voir* BÉCASSEAUX ET CHEVALIERS) et d'échassiers apparentés ont un mouvement descendant normal de l'aile. Ainsi, lorsqu'ils augmentent l'angle d'attaque, leurs ailes déployées se soulèvent plus lentement, ce qui leur procure de la portance, économise leur énergie musculaire, mais augmente un peu la résistance de l'air. Lorsqu'une aile est avancée à sa portée maximale, des changements complexes de formes influencent son comportement.

Le vol plané consiste essentiellement à glisser dans un courant ascendant. Les principaux courants ascendants sont mécaniques, lorsque le vent qui souffle sur une falaise pousse l'air en altitude, et thermiques, lorsque des courants ascendants cylindriques se forment lors des jours ensoleillés. Les thermiques sont plus forts au-dessus des surfaces foncées et sèches telles que les champs labourés. Les oiseaux détectent la portance réduite avec la partie extérieure du bout de leurs ailes et font des spirales dans les thermiques.

D.B.O. Savile

Ojibwés Le terme Ojibwé (Ojibway, Chippewa) vient de *Outchibou*, qui était le nom donné au XVIIᵉ siècle à un groupe qui vivait au nord de Sault Sainte-Marie, en Ontario, et qui faisait partie d'une série de groupes qui entretenaient des liens étroits, mais qui avaient leur appellation propre. Le nom Ojibwé désigne plus tard tous ces groupes qui occupent un territoire situé entre le nord-est de la baie Géorgienne et l'est du lac Supérieur. Ces peuplades qui se rassemblent près de la ville actuelle de Sault Sainte-Marie sont aussi appelées Saulteurs ou Saulteaux. Bien que les groupes identifiés comme Ojibwés dans les registres français du XVIIᵉ siècle représentent environ 4500 personnes, les mouvements de population au cours de l'histoire, alliés à l'attribution ultérieure du nom Ojibwé à certains groupes voisins, contribuent à l'augmentation de la population ojibwée et du territoire qu'ils occupent. Les Ojibwés parlent une langue algonquienne du centre, proche de l'algonquien (*voir* ALGONQUINS), de l'OUTAOUAIS, du CRI et du potawatomi.

À l'arrivée des Européens, les Ojibwés vivent de chasse, de pêche et de cueillette, demeurent dans des habitations d'écorce de forme conique ou ronde, portent des vêtements faits de peaux d'animaux et voyagent dans des CANOTS D'ÉCORCE de bouleau en été et en RAQUETTES en hiver. De 150 à 300 personnes se rassemblent dans des villages d'été qui sont politiquement autonomes et qui semblent porter des noms totémiques. Un conjoint acceptable est un cousin croisé, c.-à-d. l'enfant du frère de la mère ou celui de la sœur du père.

La religion de l'Ojibwé est animiste, la nature étant habitée par de nombreux esprits, bons et mauvais, dont certains doivent être l'objet d'un traitement particulier. Ils pratiquent notamment le culte de l'ours et la recherche de la vision en vue d'obtenir l'aide d'un gardien. Un CHAMAN guérit les malades et célèbre les rites de la TENTE TREMBLANTE pour communiquer avec les esprits. Vers le début du XVIIIᵉ siècle, chez les Ojibwés vivant plus à l'ouest, un groupe de religieux organisé dirige la MIDEWIWIN ou la Grande société de médecine.

La TRAITE DES FOURRURES avec les Européens marque profondément la vie des Ojibwés. Au début, ils reçoivent des articles de commerce français des Nipissings et des Algonquins en échange des fourrures, mais après la dispersion des HURONS et des Algonquins voisins au milieu du XVIIᵉ siècle, les Outaouais et leurs alliés ojibwés deviennent les intermédiaires des bandes plus à l'ouest. Les Ojibwés participent à la FÊTE DES MORTS, célébrée occa-

sionnellement par plusieurs bandes et au cours de laquelle des fourrures et des articles de commerce sont distribués. L'expansion vers l'ouest de la traite des fourrures menée par les Français et l'établissement par les Anglais de la COMPAGNIE DE LA BAIE D'HUDSON à la baie James et à la baie d'Hudson attirent certains Ojibwés dans de nouvelles régions, d'abord temporairement pour y chasser et faire la traite des fourrures, et, plus tard, pour y demeurer en permanence.

Entre 1680 et 1800, quatre groupes distincts d'Ojibwés apparaissent, chacun représentant une différente adaptation à son environnement et à la présence des Blancs. Ceux qui s'établissent au sud du lac Supérieur, dans le Wisconsin et le Minnesota, en délogeant, souvent par la force, les Dakotas, sont connus sous le nom de Chippewas du Sud-Ouest. Le milieu plus rude des forêts de conifères du nord de l'Ontario et du Manitoba est exploité par les Ojibwés du Nord.

Après 1780, certains s'installent au Manitoba, en Saskatchewan et dans l'État du Dakota du Nord, et deviennent les Ojibwés des Plaines ou Bungi. D'autres encore, maintenant connus sous le nom d'Ojibwés du Sud-Ouest, déménagent dans le centre-sud de l'Ontario et dans la péninsule inférieure du Michigan. Si la plupart des Ojibwés vivent toujours de chasse, de pêche et de cueillette, certains, surtout ceux établis dans le sud de l'Ontario, deviennent agriculteurs. Aujourd'hui, les Ojibwés habitent des réserves situées dans ces quatre régions.

Avant 1760, la plupart des Ojibwés appuient les Français, mais ils deviennent les alliés des Anglais pendant la guerre d'Indépendance américaine et celle de 1812. La traite des fourrures marque la vie sociale et économique de tous les groupes d'Ojibwés. Chez les groupes établis plus au nord, des familles détiennent des territoires de piégeage et de chasse. La plupart ne signent pas de traités avec le gouvernement avant 1850, après quoi chaque communauté ou BANDE demeurant dans une réserve élit un chef et un conseil.

Les Ojibwés qui comptaient quelque 10 000 personnes au moment de l'arrivée des Blancs comptent, selon le recensement de 1996, environ 140 000 personnes inscrites. Il y a aussi une importante population de MÉTIS.

De considérables différences socio-économiques existent entre les communautés ojibwées et au sein de celles-ci. Elles sont fonction de leur aptitude à exploiter les ressources naturelles et à accéder aux marchés canadiens. On a récemment relancé l'art et l'artisanat, et plusieurs artistes ojibwés jouissent d'une réputation internationale. (*Voir aussi* AUTOCHTONES: LES FORÊTS DE L'EST et les articles généraux sous la rubrique AUTOCHTONES.)

Charles A. Bishop

Oka, village du Qc; pop. 1514 (rec. 1996), 1658 (rec. 1991); superf. 4,16 km²; situé sur les rives du lac des Deux-Montagnes, à l'ouest de l'île de Montréal. Fondé en 1875, ce village occupe une position stratégique sur une pointe qui s'avance profondément dans les eaux du lac. En 1717, le gouverneur de la Nouvelle-France concède la seigneurie du Lac-des-Deux-Montagnes au Séminaire de Montréal afin que le clergé puisse y construire une mission à l'intention des autochtones. En 1881, des trappistes venus de France fondent la célèbre abbaye de Notre-Dame-du-Lac.

En 1962, le gouvernement aménage, à quelques kilomètres en aval du village, le parc provincial Paul-Sauvé, dont les principaux attraits sont la grande baie, qui constitue une réserve écologique, et le mont du Calvaire, au sommet duquel les seigneurs avaient érigé, en 1739, un centre de pèlerinage où les MOHAWKS se rendaient chaque automne avant de partir pour la chasse. Tout près se trouvent les terres de Kanesatake. La municipalité d'Oka a fusionné avec la paroisse d'Oka le 8 septembre 1999 pour devenir la nouvelle municipalité d'Oka.

Tout près, se trouve la réserve mohawk de Kanesatake. Un différend territorial entre des gens de la

réserve et des habitants du village attire l'attention du pays en 1990. La dispute dégénère lorsque des membres de la Société des guerriers de la Nation mohawk érigent un barrage. Un sous-officier de la Sûreté du Québec est tué au moment où celle-ci tente de démanteler ce barrage. Des troupes des Forces armées canadiennes sont appelées en renfort et l'affrontement se termine de manière pacifique.

Gilles Boileau

Okak, sites archéologiques d' Situés dans le nord du LABRADOR, ils représentent un microcosme de plus de 5000 ans de PRÉHISTOIRE. Les fouilles ont permis de découvrir, dans la région, des sites occupés par quatre cultures importantes. Le plus récent de ces sites correspond à une culture amérindienne, arrivée du sud, qu'on appelle la CULTURE ARCHAÏQUE maritime.

Il y a 4000 ans, un nouveau peuple, connu des archéologues sous le nom de paléo-inuits primitifs, arrive du nord et s'étend vers le sud, sur le territoire occupé par des peuplades amérindiennes plus anciennes. Ces peuplades continuent à se déplacer vers le sud, le long de la côte du Labrador, et finissent par peupler l'île de Terre-Neuve. Elles disparaissent, il y a un peu moins de 2200 ans, et sont remplacées par un second groupe paléo-inuit connu sous le nom d'Inuits dorset. Ces derniers s'éteignent à leur tour, apparemment vers 1200, peut-être à la même époque où les ancêtres des INUITS DU LABRADOR actuels arrivent du nord dans la région d'Okak. (*Voir aussi* ARCHÉOLOGIE.)

James A. Tuck

Okanagan, vallée de l' Elle mesure à peu près 200 km de longueur (au Canada) sur 20 km de largeur et repose entre les chaînes de montagnes Columbia et Cascade, au centre-sud de la Colombie-Britannique. Le paysage constitué de basses collines et de lacs allongés a été formé par les glaciers du Tertiaire et du Pléistocène. En se retirant il y a entre 9 000 et 11 000 ans, les derniers glaciers ont laissé derrière eux de vastes dépôts de gravier, de limon et de sable dans le fond et sur les flancs de la vallée. L'érosion de ces sédiments par l'eau et le vent a formé de grands cônes d'alluvions et des deltas, comme ceux de VERNON, de KELOWNA et de PENTICTON, qui ont été défrichés et utilisés pour l'agriculture. Les vestiges d'un immense lac glaciaire forment aujourd'hui un chapelet de lacs au fond de la vallée, le plus grand étant le lac Okanagan. Les lacs Swan, Kalamalka et Wood s'enchaînent l'un à la suite de l'autre du côté est de la vallée, alors que du côté sud se trouvent les lacs Skaha, Vaseaux et Osoyoos. Tout ce système se déverse au sud par la rivière Okanagan, avant d'aller rejoindre la RIVIÈRE COLUMBIA.

La vallée se trouve au pied des montagnes Cascade, ce qui crée un climat chaud, ensoleillé et sec. La majeure partie de la vallée reçoit en moyenne 2000 h de soleil et de 30 à 40 cm de précipitations par année. Le sud de la vallée, autour du lac Vaseaux, qui reçoit moins de 30 cm de précipitations par année, est une terre désertique où poussent des cactus et où vivent des serpents à sonnettes et des tortues peintes.

La vallée de l'Okanagan comprend 7 p. 100 de toute la population de la province, c'est la région de l'intérieur de la Colombie-Britannique où la population est la plus concentrée. Les trois principaux centres (rec. 1986) sont Kelowna (pop. 61 213), Penticton (pop. 23 588) et Vernon (pop. 20 241). Enderby (pop. 1714) et Armstrong (pop. 2706) sont dans la région du Nord, productrice de légumes et de produits laitiers, alors que, au sud de Penticton, Okanagan Falls (pop. 1101), OLIVER (pop. 1963) et Osoyoos (pop. 2956) cultivent plutôt des fruits.

Au départ, la vallée est habitée par la tribu Okanagan appartenant aux SALISH de l'Intérieur, d'où vient probablement son nom, qui signifie à peu près «lieu où il y a de l'eau». Il y a d'importantes réserves amérindiennes au nord-ouest et au sud-ouest du lac Okanagan, de même qu'au nord d'Osoyoos, près d'Enderby et de Kelowna. C'est le marchand de fourrures écossais David Stuart, un employé de la

PACIFIC FUR COMPANY, qui est probablement le premier Blanc à voir la vallée en 1811. Son cousin, John Stuart, de la Compagnie de la baie d'Hudson, le suit en 1814, et cette route continue d'être utilisée par les marchands de fourrures jusqu'en 1847 et, plus tard, par les mineurs. Des missionnaires construisent les premiers établissements à la tête du lac Okanagan vers 1840, puis près de Kelowna en 1859. À la suite d'une courte ruée vers l'or à Cherry Creek, à 50 km à l'est de Vernon, certains mineurs décident de s'y établir, tout comme certains des OVERLANDERS DE 1862. La première industrie rentable du nord de la vallée est l'élevage du bétail.

Après les BASSES-TERRES DU FRASER, la vallée de l'Okanagan est la région agricole la plus importante de la Colombie-Britannique. La culture principale est celle des fruits, et ce sont les missionnaires oblats qui, les premiers, commencent cette forme d'agriculture près de Kelowna en 1862. Ils sont suivis d'Hiram «Okanagan» Smith, près de Penticton, vers 1869. Dans les années 1890, le gouverneur général ABERDEEN, propriétaire d'un immense pâturage naturel dans le nord de la vallée, favorise grandement le développement de l'industrie en cédant des terres aux cultivateurs de fruits. On fait de nouvelles plantations autour d'Osoyoos, après la Première Guerre mondiale, pour les militaires qui reviennent de la guerre. Les premiers vergers souffrent du manque d'irrigation, du gel hivernal, de la pyrale de la pomme et d'un marketing inadéquat.

Ce n'est qu'à partir des années 30 que les techniques d'irrigation transforment ce semi-désert de buissons d'armoises en une région de fruiticulture de premier plan. Aujourd'hui, 34 p. 100 des pommes produites au Canada, 100 p. 100 des abricots, 38 p. 100 des cerises aigres-douces, 31 p. 100 des pêches et 39 p. 100 des prunes et des pruneaux proviennent de la vallée de l'Okanagan. Les premières plantations commerciales de vignes commencent en 1926 autour de Kelowna. Aujourd'hui, les industries viticoles locales et côtières s'approvisionnent des raisins de la vallée.

Un nombre croissant de touristes sont attirés par la splendeur des paysages de la vallée, la chaleur de ses étés, ses plages d'eau douce et plusieurs festivités. On y trouve deux grands parcs provinciaux (Silver Star et Okanagan Mountain) et plusieurs autres parcs provinciaux plus petits.

James Marsh

O'Keefe, Eugene, brasseur et banquier (Bandon, Irlande, 10 déc. 1827—Toronto, 1er oct. 1913). O'Keefe arrive au Canada en 1832, puis, après des études dans les écoles de Toronto, il devient comptable stagiaire à la Toronto Savings Bank en 1846. Avec un capital emprunté, il fonde la Victoria Brewery à Toronto en 1861 et achète, l'année suivante, Hannath and Hart Brewery, aussi à Toronto. Dans les années 1890, O'Keefe, qui emploie une technique de réfrigération importée des États-Unis, est le brasseur le plus important de bière blonde (lager) au Canada. La société est incorporée en 1891 sous le nom de O'Keefe Brewing Co. Ltd. Au moment du MOUVEMENT POUR LA TEMPÉRANCE, il fait une campagne publique pour promouvoir la vente de bière comme substitut aux boissons très alcoolisées, se plaignant que le whisky ne coûte pas assez cher, au Canada. Anéanti par la mort de son fils en 1911, il vend sa brasserie à une société de portefeuille appartenant à sir Henry PELLATT, sir William Mulock et Charles Miller. Cette entreprise est rachetée par E.P. TAYLOR en 1934 et incorporée sous le nom de Canadian Breweries Ltd. O'Keefe est reconnu pour sa générosité envers l'Église catholique.

Albert Tucker

Okotoks, ville de l'Alb.; pop. 8510 (rec. 1996), 6723 (rec. 1991), 5226 (rec. 1986); superf. 15,76 km². Okotoks signifie «passage des Stoneys»; la ville est aussi connue sous le nom de Dewdney, en l'honneur du lieutenant-gouverneur en poste de 1892 à 1896. On croit qu'un relais des années 1870 est à l'origine de ce site. Le tracé de la voie du Canadien Pacifique

par Calgary fait d'Okotoks une halte où se rejoignent les voies du sud et, en 1891, dans la foulée de l'achèvement de la voie qui mène à Fort Macleod, Okotoks devient un centre de transport, d'élevage et de sciage en plein essor.

La découverte du champ pétrolifère à l'ouest de la ville en 1914 accélère la croissance de la ville. Les effets du détournement de la route en 1954 sont atténués dans les années 60 et 70, quand Okotoks devient une banlieue-dortoir de Calgary.

Okotoks est connue pour son bloc erratique, transporté à partir du MONT EDITH CAVELL par le glacier continental lors de la dernière ÉPOQUE GLACIAIRE.

Frits Pannekoek

Old Crow, peuplement du Yn.; pop. 278 (rec. 1996), 256 (rec. 1991), 232 (rec. 1986); superf. 104 km²; situé le long de la rivière Porcupine, à 770 km au nord de WHITEHORSE et à 112 km à l'intérieur du CERCLE ARCTIQUE. En 1870, les Kutchins s'établissent à New Rampart House près de la frontière de l'Alaska lorsqu'on découvre que leur village d'origine, situé près de Fort Yukon, se trouve en territoire américain. En 1911, une ÉPIDÉMIE de variole décime leur communauté, et les survivants déménagent dans l'aire de reproduction du RAT MUSQUÉ au confluent des rivières Crow et Porcupine. La nouvelle communauté est nommée en l'honneur de Walking Crow, un chef vénéré, mort dans les années 1870.

H. Guest

Old Crow, bassin de Entité géographique importante dans l'histoire naturelle et humaine du Canada. Il s'agit de la plus vaste des quatre plaines intérieures du nord du Yukon (les autres sont les bassins de Bluefish, de Bell et de Bonnet Plume). Les sédiments qui s'accumulent dans ces bassins forment des dépôts profonds qui recouvrent et conservent les restes de nombreuses variétés de plantes et d'animaux, créant ainsi une empreinte fossile emprisonnée dans le PERGÉLISOL, qui représente plus d'un million d'années d'histoire.

Tous ces bassins étaient autrefois drainés par des rivières coulant vers le delta du Mackenzie, mais, au cours de la dernière glaciation (celle du Wisconsin), une suite de transformations complexes creusent un nouveau déversoir à travers les «Remparts» de la rivière Porcupine, et les bassins de Old Crow, de Bluefish et de Bell sont désormais drainés vers l'Alaska, à l'ouest. Plusieurs rivières du nord du Yukon, dont les rivières Old Crow et Porcupine, ont donc traversé les dépôts fossilifères, créant ainsi des escarpements verticaux d'une hauteur de plus de 30 m. L'érosion a détaché des falaises des millions de fossiles qui se sont déposés sur les rivages et les bancs de sable nouvellement formés, particulièrement dans le bassin de Old Crow.

Fossiles et artefacts Les fossiles rappellent la présence de nombreux animaux fascinants, dont des espèces aujourd'hui éteintes comme le mammouth, le mastodonte, le castor géant, le paresseux marcheur, le chameau, plusieurs races de chevaux, le bison géant, l'ours à nez plat, le lion d'Amérique, la mouffette à nez plat et bien d'autres. Certains os de mammouth sont cassés de la manière particulière qui caractérise les outils employés par l'homme pour le dépeçage. La datation de ces os au carbone 14 indique qu'ils ont entre 25 000 et 40 000 ans. Il pourrait s'agir des plus anciens artefacts découverts au Canada jusqu'à maintenant.

Depuis, le bassin de Old Crow a joué un rôle essentiel dans l'histoire de l'homme. Le bassin est situé sur le chemin de migration du troupeau de caribous de Porcupine, qui compte encore quelque 165 000 têtes. Les caribous sont pendant longtemps au cœur du mode de vie des autochtones, les Gwitch'in, qui inventent des méthodes ingénieuses pour intercepter les troupeaux migrateurs. Ils attendent la migration printanière vers le nord aux gués les plus fréquentés de la rivière Porcupine, où ils établissent de grands villages, dont Klo-kut et Rat Indian Creek.

Ces villages sont la contrepartie ancienne de la communauté moderne de Old Crow, d'où les chasseurs partent encore en bateau pour intercepter les caribous qui franchissent la rivière. À l'origine, la migration automnale des caribous vers le sud est interceptée à l'extrémité nord du bassin de Old Crow, où les autochtones construisent des clôtures longues de plusieurs kilomètres, équipées de pièges, juste avant la limite nord des épinettes. Des centaines de caribous pouvaient être pris en un seul jour. La viande et la peau sont alors essentielles à la survie pendant les longs hivers. Aujourd'hui, les gens de Old Crow regardent le profil des monts Old Crow pour voir les caribous se rassembler après que ceux-ci se furent dispersés pour franchir le bassin de Old Crow.

Importance Le bassin de Old Crow est aussi l'aire de reproduction de nombreuses espèces d'oiseaux, notamment d'oiseaux aquatiques, en plus d'abriter une forte population de castors et de rats musqués. Ces animaux à fourrure ont été le pilier de l'économie de Old Crow au cours des dernières décennies. L'inclusion de la partie nord du bassin dans le PARC NATIONAL DU NORD DU YUKON, établi en 1984 pour protéger l'habitat des caribous et les diverses espèces d'oiseaux migrateurs de la Porcupine, montre l'importance de cette région. Le succès à long terme de cette initiative repose sur la décision que prendront les États-Unis à propos de l'exploration gazière et pétrolière dans l'Arctic National Wildlife Refuge, en Alaska, où se trouve une aire de reproduction des caribous. (*Voir aussi* ARCHÉOLOGIE; KUTCHINS et PRÉHISTOIRE.)

Richard E. Morlan

Old Crow, plaine Appelée localement Old Crow Flats, elle est une plaine d'environ 5000 km², d'une altitude de 300 m, située à l'extrémité nord du plateau de Porcupine, au Yukon, au nord du cercle polaire arctique et à 150 km au sud de la MER DE BEAUFORT. Son nom lui a été donné en mémoire d'un chef de la tribu des Loucheux. C'est une région purement sauvage, dont le sous-sol est constitué par un PERGÉLISOL continu, et couverte d'une myriade de lacs et d'étangs peu profonds, dont certains forment des rectangles orientés en fonction des vents dominants et des phénomènes de sol structuré (p. ex., des polygones et des fentes de glace).

La végétation qu'on y trouve est celle de la toundra, avec des touffes sporadiques d'épinettes de la forêt boréale. De plus, des broussailles de saules longent le parcours de la rivière Old Crow. Sur le plan géologique, la plaine constitue le fond du bassin intramontagneux Old Crow, une dépression tectonique de l'ère tertiaire reliant la partie est et la partie centrale de la cordillère. Le bassin est bordé à l'est par les monts Richardson, au nord par les monts British et à l'ouest et au sud par le chaînon Old Crow. Parmi les sédiments sous-jacents se trouvent des placages d'argile, de limon, de sable et de dépôts organiques remontant aux périodes holocène et pléistocène, en dessous desquels se trouve une épaisse couche de sédiments des époques tertiaire, mésozoïque et paléozoïque, dont certains pourraient contenir du pétrole. Ce bassin est une des rares régions du Canada qui ont été épargnées de la glaciation durant les périodes glaciaires du Pléistocène, de sorte que plusieurs animaux ont trouvé refuge à l'époque. Toutefois, les côtes élevées abandonnées indiquent que la plaine a été inondée par des lacs proglaciaires pendant les époques glaciaires. La rivière Old Crow d'aujourd'hui, qui rejoint la rivière Porcupine au village amérindien d'Old Crow, est un cours d'eau à méandres avec plusieurs passages et un système de terrasses bien organisé. Une énorme quantité d'os mammaliens ont été trouvés sur les rives de la rivière, de même que des artefacts de la PRÉHISTOIRE.

Alan V. Jopling

Old Log Church, musée Il se trouve à l'intérieur d'une église anglicane érigée en 1900 à WHITEHORSE, au Yukon. Principale église anglicane du Yukon jusqu'en 1962, elle a brièvement servi, après

1953, de cathédrale du diocèse. Puisqu'elle constituait l'un des plus anciens édifices de Whitehorse, l'église a été convertie en musée en 1962, puis déclarée LIEU HISTORIQUE territorial en 1978. Le musée est ouvert au public de la fin mai au début de septembre.

Deborah Welch et Michael Payne

Oldman River Society, affaire Quelques arrêts de la Cour suprême portent sur la protection de l'environnement: Dryden Chemicals, Crown Zellerbach et Friends of the Oldman River Society.

Dans l'affaire Dryden Chemicals, la Cour suprême, à la majorité, décide qu'une loi manitobaine qui vise à enrayer au Manitoba la pollution interprovinciale des eaux ne relève pas de la compétence de la province. Seul le gouvernement fédéral peut légiférer pour empêcher des gestes posés dans une province et sur les dommages qui s'ensuivent dans une autre province. Des matières délétères étaient déversées dans des eaux à l'extérieur du Manitoba et, par la suite, charriées au Manitoba.

Dans l'affaire Crown Zellerbach, la Cour suprême, à la majorité des juges, déclare que le Parlement fédéral peut invoquer la théorie de l'intérêt national pour interdire l'immersion de déchets en mer, sauf en conformité avec un permis. La *Loi sur l'immersion de déchets en mer* est déclarée valide. Trois juges sont dissidents, estimant que la loi fédérale empiète sur les compétences provinciales.

Dans l'arrêt Friends of the Oldman River Society, la Cour suprême reconnaît que le gouverneur en conseil a compétence pour ordonner un décret sur un processus d'évaluation en matière d'environnement. Le Parlement fédéral a l'autorité voulue pour ce faire lorsqu'il peut rattacher le projet en question à l'une de ses compétences énoncées dans la Constitution. Il peut invoquer la théorie du pouvoir accessoire ou même, à la rigueur, son pouvoir résiduel. Dans le cas actuel, en vertu de son pouvoir sur les eaux navigables énoncé à l'article 91 de la *Loi constitutionnelle de 1867*, l'autorité fédérale peut procéder à l'évaluation du barrage de la rivière Oldman. Le projet touche en plus aux pêcheries et aux terres réservées pour les Indiens également mentionnées à l'article 91. La compétence fédérale n'est toutefois pas absolue. Les provinces peuvent de la même façon œuvrer dans le domaine de l'environnement en se basant sur leurs compétences législatives prévues à l'article 92 de la *Loi constitutionnelle de 1867* et en se servant de leur pouvoir accessoire.

Oldman, rivière D'une longueur de 362 km et d'un débit moyen de 95 m³/s, elle prend sa source près du mont Lyall, dans les Rocheuses du sud-ouest de l'Alberta, coulant vers le sud puis vers l'est, avant d'aller rejoindre la RIVIÈRE BOW et de former la RIVIÈRE SASKATCHEWAN Sud, en Alberta. Son nom viendrait d'un terme cri signifiant «terrain de jeux du vieil homme». Ses affluents viennent des États-Unis (rivière St. Mary) et du PARC NATIONAL DES LACS-WATERTON. La rivière Oldman est l'une des quelques rivières d'importance en Alberta qui ne sont pas alimentées par l'eau des glaciers. Elle draine 26 700 km² de montagnes, de contreforts et de plaines. Pourvue de nombreux barrages et de dérivations d'irrigation dans le district d'irrigation de Lethbridge et dans les aménagements des rivières St. Mary et Milk, elle fournit un important approvisionnement en eau à FORT MACLEOD et à LETHBRIDGE.

Le barrage de la rivière Oldman (1991), situé en amont de Pincher Creek, approvisionne le système d'irrigation et d'eau potable de Lethbridge et des régions avoisinantes du sud de l'Alberta. Il a soulevé de nombreuses controverses. Ses opposants prétendent qu'il a des effets dévastateurs sur l'écosystème de la rivière, les sites archéologiques et la pêche à la truite, alors que les défenseurs soutiennent au contraire que le développement des systèmes d'irrigation et l'assurance d'approvisionnement en eau qui

en découlent l'emportent sur les préoccupations environnementales.

Ian A. Campbell

Olds, ville de l'Alb.; pop. 5815 (rec. 1996), 5549 (rec. 1991), 4871 (rec. 1986); superf. 10,14 km²; const. en 1905; située dans la zone de transition entre la moyenne prairie et la haute prairie partiellement boisée, à 89 km au nord de Calgary. Tout près, au nord-est, la halte Lone Pine était autrefois une halte sur la route de chariots que les McDougall de la mission méthodiste Morley avaient aménagé en 1873 le long d'une route autochtone, allant du nord au sud, qui servait à la traite des fourrures. Après la construction du chemin de fer Calgary-Edmonton en 1891, les employés du Canadien Pacifique fondent un nouvel emplacement en l'honneur de George Olds, qui fut pendant longtemps chef d'exploitation.

La colonisation commence dans la région de la haute prairie vers le nord et ne touche les environs d'Olds qu'après 1900. Les ranchs se développent dans l'est. Olds est d'ailleurs reconnue encore aujourd'hui pour son élevage de champions. Bien que, depuis la Seconde Guerre mondiale, Olds soit devenue un centre régional d'exploitation et de production de pétrole et de gaz naturel, l'agriculture y reste prédominante. Le Olds College (fondé en 1913) est un collège public qui offre une multitude de programmes spécialisés en agriculture.

Carl Betke

O'Leary, Michael Grattan, journaliste et sénateur (Gaspé, Qc, 19 févr. 1889—Ottawa, 7 avril 1976). O'Leary se joint à la Tribune de la presse d'Ottawa en 1911 en tant que journaliste de l'OTTAWA JOURNAL. Il connaît personnellement la plupart des dirigeants du Parti conservateur. Le premier ministre Arthur MEIGHEN lui demande de l'accompagner à la Conférence impériale de 1921, et O'Leary lui rend la politesse en se présentant comme candidat de Gaspé en 1925, mais il n'est pas élu. O'Leary appuie aussi des ministres libéraux, tel C.D. HOWE, dans ses chroniques et ses éditoriaux. Il devient par la suite rédacteur en chef du *Journal,* qui acquiert une bonne réputation grâce à son style soigné et à ses reportages solides. En 1961, O'Leary est à la tête de la Commission royale d'enquête sur les publications et, en 1962, le premier ministre John DIEFENBAKER le nomme au Sénat.

Robert Bothwell

Oliphant, Betty, professeure de ballet (Londres, 5 août 1918). Grande dame de la danse canadienne et professeure mondialement connue, Oliphant arrive au Canada en 1947, où elle fonde la Canadian Dance Teachers Association, ouvre une école et devient maîtresse de ballet au BALLET NATIONAL DU CANADA (1951). En 1959, elle fonde et dirige l'ÉCOLE NATIONALE DE BALLET, aujourd'hui réputée comme l'une des meilleures écoles de danse au monde.

En tant que doyenne de l'école, codirectrice artistique du Ballet National (1969-1975), puis directrice et doyenne de l'école jusqu'en 1989, Oliphant aide la compagnie à se forger un style, et forme des danseurs et des professeurs au niveau national ou international, parmi lesquels Karen KAIN, Frank AUGUSTYN, Martine Van Hamel, James KUDELKA et John ALLEYNE. Les réalisations d'Oliphant sont largement reconnues.

Professeure invitée très recherchée partout dans le monde, Oliphant est souvent invitée en Union Soviétique et, à la demande d'Erik BRUHN, elle réorganise la Royal Swedish Opera Ballet School (1967). En 1978, elle réorganise aussi la Royal Danish Ballet School. Elle est souvent membre du jury lors de concours internationaux de danse classique.

Parmi les distinctions honorifiques qu'elle a reçues, mentionnons le PRIX MOLSON (1978), le National Dance Award (1981), le Diplôme d'honneur de la Conférence canadienne des arts (1982) et le Toronto Arts Foundation Lifetime Achievement Award (1989). En 1990, elle devient la première

Canadienne (et l'une des deux premières femmes) à recevoir l'Ordre de Napoléon de la Maison Courvoisier. En outre, elle est nommée Officier de l'Ordre du Canada en 1973 et Compagnon en 1985. Enfin, elle reçoit des doctorats honorifiques des U. Queen, Brock, York, et de l'U. de Toronto.

Penelope Reed Doob

Oliver, village de la C.-B.; pop. 4285 (rec. 1996), 3743 (rec. 1991), 3298 (rec. 1986); superf. 5,01 km²; const. en 1945; situé dans la VALLÉE DE L'OKANAGAN, à 27 km au sud de Penticton. On a donné au village le nom du premier ministre provincial John OLIVER, dont le gouvernement libéral (1918-1927) commandita le Southern Okanagan Lands Project, chargé d'irriguer les terres destinées à l'établissement de militaires qui reviennent de la Première Guerre mondiale. On pratiquait déjà auparavant, sur une petite échelle l'exploitation minière, l'élevage du bétail et la culture des fruits dans la région. L'agriculture y est l'activité la plus importante, de nos jours; l'industrie du bois de sciage, le tourisme, l'horticulture spécialisée et l'exploitation minière, sans oublier certaines activités de fabrication et la culture du raisin, contribuent aussi à l'économie d'Oliver.

William A. Sloan

Oliver, Farquhar Robert, cultivateur et politicien (Priceville, Ont., 6 mars 1904—Owen Sound, Ont., 22 janv. 1989). Élu pour la première fois à l'Assemblée législative d'Ontario en 1926 en tant que député des Fermiers unis, il est réélu sans interruption jusqu'à sa retraite, en 1967. En 1940, il joint les rangs du Cabinet libéral de Mitchell HEPBURN en tant que ministre des Travaux publics. En 1941, il assume aussi la responsabilité de l'aide sociale, mais il cède ces deux portefeuilles en 1942, dans la confusion qui suit la démission d'Hepburn comme premier ministre. Hepburn lui aurait offert les fonctions de premier ministre, mais décline l'invitation à défaut d'une confirmation de l'offre de la part du caucus.

En 1943, lorsque Harry Nixon devient premier ministre, Oliver entre à nouveau au Cabinet. Il remporte les élections suivantes, mais le gouvernement libéral est défait. Élu chef d'un parti démembré en 1945 et en 1954, il ne parvient pas à lui redonner de l'élan.

Stanley Gordon

Oliver, Frank, éditeur de journal et politicien (comté de Peel, Canada-Ouest, 14 sept. 1853—Ottawa, 31 mars 1933). Il est le fils de Allan Bowsfield, mais il adopte le nom de jeune fille de sa mère. Il installe la première imprimerie d'Edmonton et, en 1880, fonde le *Edmonton Bulletin,* qu'il publie jusqu'en 1923. Représentant d'Edmonton au sein du North-West Council (1883-1885), il est élu à l'Assemblée législative des Territoires du Nord-Ouest en 1888 et en 1894. Il est député libéral à la Chambre des communes sous le règne de sir Wilfrid LAURIER (1896-1917) et ministre de l'Intérieur et surintendant général des Affaires indiennes de 1905 à 1911. À ce titre, il poursuit les politiques d'immigration de son prédécesseur, sir Clifford SIFTON.

Eric J. Holmgren

Oliver, John, politicien, premier ministre de la Colombie-Britannique (Hartington, Angl., 31 juill. 1856—Victoria, 17 août 1927). Arrivé en Ontario avec sa famille en 1870, il s'installe en Colombie-Britannique en 1877 et achète une ferme à Delta. Après s'être lancé en politique à l'échelle locale, il est élu à l'Assemblée législative de la Colombie-Britannique en 1900 et devient chef de l'Opposition. Il perd toutefois son siège aux élections de 1909. Réélu à l'issue d'un balayage libéral aux élections de 1916, il est nommé ministre de l'Agriculture et des Chemins de fer. À la mort d'Harlan BREWSTER, en 1918, Oliver devient premier ministre et occupe ce poste jusqu'à son décès. Connu sous l'appellation d'«honnête John», il est franc et d'une grande intégrité, mais il n'est pas un politicien novateur. Il gouverne la Colombie-Britannique pendant une difficile période d'ajustements, après la Première Guerre mondiale, et durant la période de stagnation économique du début des années 20. Il participe au développement de la production fruitière dans la VALLÉE DE L'OKANAGAN, et tente de résoudre les problèmes financiers de la Pacific Great Eastern Railway et d'obtenir des concessions sur les coûts du transport de la part du gouvernement fédéral. Vers la fin de son mandat, il fait adopter quelques lois à caractère social. Le village d'OLIVER, en Colombie-Britannique, a été nommé en son honneur.

Robin Fisher

Ollivier, Émile, auteur (Port-au-Prince, Haïti, 1940). Il effectue ses études au Lycée de Port-au-Prince, puis à l'École normale supérieure, où il prépare une licence en philosophie (1962). Après l'obtention d'un diplôme de littérature à la Sorbonne, il émigre au Canada en 1966 et enseigne pendant huit ans au Collège et à l'École normale d'Amos (Abitibi), avant de devenir successivement coordonnateur au ministère de l'Éducation (1973-1976), adjoint à la direction de la Télé Université (1976-1977), enfin, administrateur à l'U. du Québec à Montréal (1977-1980). La même année, il est nommé professeur d'andragogie à l'U. de Montréal.

Docteur en sociologie (*Analyse sociologique d'un programme d'éducation populaire: l'expérience multimédia,* 1980), autorité universitaire (*L'Alphabétisation fonctionnelle: les formations sociales dépendantes,* 1973; *Sociologie de la formation des adultes: matériaux pour un enseignement,* 1981; *La marginalité silencieuse,* 1991), essayiste (*Haïti: quel développement? (Propos sur l'Enquête... de Jean-Jacques Honorat),* 1975; *1946-1976: Trente ans de pouvoir noir,* 1976), Émile Ollivier est surtout considéré comme l'un des plus grands romanciers latino-américains contemporains. En mettant en scène des personnages comme exilés d'eux-mêmes, en perpétuelle quête d'autre chose (la famille, le passé, les racines, une vie meilleure ou tout simplement la vérité), il dénonce dans une langue baroque, aux accents de feu, la «société à massacres» que constitue son pays d'origine. Toutefois, cette prise de position ne l'empêche pas de rendre hommage à la beauté de son île, comme aux valeurs immuables de ses habitants.

Ismène Toussaint

Omble Nom commun de plusieurs espèces de poissons du genre *Salvelinus* de la famille des salmonidés (*voir* SAUMON). Il existe environ 11 espèces d'ombles dans le monde. Cinq espèces sont indigènes au Canada: l'omble chevalier (*S. alpinus*), le Dolly Varden (*S. malma*), l'omble à tête plate (*S. confluentus*), l'omble de fontaine (*S. fontinalis*) et le touladi ou truite grise (*S. namaycush*).

Les ombles se distinguent des autres salmonidés par des taches pâles (rouges, roses, orange, jaunes ou grises) sur un dos foncé et par le nombre de rayons sur la nageoire anale (de 7 à 12). Ils fraient en eau douce l'automne: l'omble chevalier, dans les lacs ou les rivières; le Dolly Varden, l'omble à tête plate et l'omble de fontaine, habituellement dans les rivières; et le touladi, surtout dans les lacs. Toutes les espèces d'ombles, sauf le touladi et l'omble à tête plate, présentent des populations dulçaquicoles et anadromes.

Omble chevalier Le plus nordique des salmonidés, l'omble chevalier a une distribution circumpolaire. Au Canada, on le trouve au Yukon, dans le nord des Territoires du Nord-Ouest, le long des baies d'Hudson et d'Ungava, à Terre-Neuve et dans le fleuve Saint-Laurent. Il constitue une source importante de nourriture et de revenu pour les Inuits et les autres peuples autochtones et il fait l'objet d'une pêche sportive de petite envergure.

Dolly Varden Le Dolly Varden est une espèce dont la distribution est limitée aux pays de la région du Pacifique et, au Canada, aux régions du sud du Yukon et aux régions côtières de la Colombie-Britannique. Cette espèce a déjà été considérée comme nuisible pour le saumon et d'autres espèces de TRUITES, et on a déjà payé une prime en Alaska pour sa capture. En général, ce n'est pas une espèce très prisée par les pêcheurs sportifs dans les régions où l'on trouve les autres espèces de Salmonidés. Cependant, l'intensification de la pêche sportive de toutes les espèces de poissons a entraîné l'accroissement constant de son exploitation.

Omble à tête plate Ce n'est que récemment qu'on a reconnu l'omble à tête plate comme une espèce distincte, étroitement apparentée au Dolly Varden. Au Canada, on la rencontre dans le nord et l'est de la Colombie-Britannique et dans l'ouest de l'Alberta.

Omble de fontaine (ou Truite mouchetée) Originellement, on le retrouvait seulement à l'est de l'Ontario, mais, de nos jours, il est présent dans toutes les provinces, suite à de nombreuses introductions par l'être humain. Jusqu'au milieu des années 1900, c'était une espèce très recherchée pour la pêche sportive. Elle a été introduite ainsi jusqu'en Nouvelle-Zélande et dans les îles Falkland. Bien que dans certaines régions, tout comme la truite brune, elle ait été remplacée par la truite arc-en-ciel ensemencée, elle demeure une espèce recherchée par les pêcheurs sportifs. P. ex., c'est cette espèce de poisson qui génère le plus de retombées économiques de la pêche sportive au Québec. L'omble de fontaine est le plus petit des ombles (25 cm à 30 cm de longueur), et on le rencontre souvent dans des petits ruisseaux d'amont alimentés par des sources.

Touladi ou truite grise C'est le plus grand des ombles. En 1961, un poisson de 46,3 kg a été pêché dans le lac Athabaska. Il a la plus grande distribution indigène de toutes les espèces de salmonidés du Canada. On le retrouve dans toutes les provinces et dans tous les territoires, ainsi que sur certaines îles arctiques de basse latitude. Il est également ensemencé à plusieurs endroits. Du point de vue des pêches commerciale et sportive, c'est l'omble qui a la plus grande valeur, mais les prises diminuent depuis le début des années 60.

Moulac ou Wendigo Cette espèce hybride fertile provient d'un croisement artificiel entre l'omble de fontaine et le touladi. On l'a introduite dans plusieurs régions d'Amérique du Nord, surtout en Ontario, où un programme de reproduction et d'ensemencement est en cours depuis un certain temps.

E.D. Lane

Ombre Nom donné à des poissons d'eau douce de la sous-famille des thymallinés (que certains considèrent comme une famille), de la famille des salmonidés (*voir* SAUMON) et de la classe des actinoptérygiens. Les ombres se reconnaissent surtout à leur très grande nageoire dorsale. L'ombre arctique (*Thymallus arcticus*), le seul ombre du Canada, est l'une des quatre espèces largement répandues dans l'hémisphère Nord. Au Canada, il vit exclusivement à l'ouest de la baie d'Hudson, entre autres dans certaines régions du nord du Manitoba, de la Saskatchewan, de l'Alberta, de la Colombie-Britannique ainsi qu'au Yukon et dans les Territoires du Nord-Ouest. On ne le trouve pas dans l'ARCHIPEL ARCTIQUE. On le rencontre également dans certains secteurs de la rivière Flathead, dans le sud-est de la Colombie-Britannique, et de la rivière Belly, dans le sud-est de l'Alberta. Il occupe une grande variété d'habitats d'eau douce mais, bien qu'il séjourne parfois dans l'eau saumâtre des lagons côtiers, il est intolérant à l'eau salée.

Reproduction Les adultes fraient au printemps généralement dans des petits cours d'eau chaude où ils élèvent leurs petits. Ils migrent fréquemment sous la glace pour atteindre ces lieux de reproduction le plus tôt possible. Ils ne construisent pas de nid. Les œufs tombent parfois dans des fissures entre les grosses roches. Parfois, ils sont recouverts de fines particules soulevées par le mouvement des adultes qui fraient. À l'automne, ils se déplacent vers de plus grands cours d'eau, vers des lacs ou à proximité de sources permanentes pour passer l'hiver. Certaines populations se déplacent sur de très grandes distances. P. ex., quelques individus d'une population qui fraient dans le cours supérieur de la rivière Donnelly, dans les Territoires du Nord-Ouest, passent l'hiver dans le Grand lac de l'Ours, à 350 km de leur site de frai. Pendant le court été nordique, l'ombre arctique s'alimente voracement d'une grande variété de nourriture. Il grandit assez rapidement jusqu'à sa maturité. Ensuite, son taux de croissance ralentit proportionnellement à l'énergie investie dans la reproduction. Dans le Grand Nord, il vit parfois jusqu'à l'âge de 20 ans.

Importance de la pêche Les ombres sont recherchés par les pêcheurs sportifs qui les capturent facilement à la mouche ou à la cuillère, mais ils sont très sensibles à la surpêche. Dans certaines régions, leurs populations ont grandement diminué. Bien que les autochtones les pêchent parfois, ils ne les recherchent pas particulièrement.

Peter J. McCart

Ombudsman Dignitaire indépendant d'un corps législatif, l'ombudsman fait enquête sur les plaintes du public contre des décisions administratives et, s'il trouve ces décisions injustes, recommande des mesures correctives. Contrairement aux tribunaux, l'ombudsman n'a pas le pouvoir d'annuler une décision, mais ses recommandations aux pouvoirs administratifs sont généralement acceptées. Si elles sont rejetées, on peut faire rapport de l'affaire au corps législatif. La procédure de plainte est beaucoup plus informelle et coûte bien moins cher qu'un recours au tribunal: il suffit d'écrire une lettre à l'ombudsman. La charge d'ombudsman est une invention suédoise. Le terme, qui est suédois, signifie «agent» ou «représentant». L'idée est adoptée par la Norvège et la Nouvelle-Zélande en 1962, puis elle se propage rapidement dans d'autres pays. En 1997, on en compte 191 dans 72 pays. Les provinces canadiennes sont parmi les premiers endroits au monde à nommer un ombudsman. L'Alberta et le Nouveau-Brunswick le font en 1967, le Québec, en 1968, et le Manitoba, en 1969. Les autres provinces, sauf l'Île-du-Prince-Édouard, font de même dans les années 70, mais Terre-Neuve abolit cette fonction par la suite. Au Québec, on l'appelle le protecteur du citoyen.

La première conférence internationale des ombudsmans a lieu à Edmonton en 1976. L'Institut international de l'Ombudsman est fondé à l'U. de l'Alberta en 1978 et est le centre des études de recherches sur la charge d'ombudsman. En 1977, un comité de hauts fonctionnaires recommande la nomination d'un ombudsman fédéral, mais, bien que le gouvernement dépose en 1978 un projet de loi visant à constituer un bureau, on crée plutôt des bureaux du même genre pour des fins spéciales. Ces bureaux deviendront peut-être des divisions d'un bureau général de l'ombudsman si le gouvernement fédéral le constitue un jour.

Ces dernières années, la notion d'ombudsman a débordé son cadre initial de bureau général, indépendant d'un corps législatif, qui traite les plaintes portées contre l'administration gouvernementale. En Amérique du Nord, on trouve maintenant beaucoup d'ombudsmans spécialisés, qui traitent les plaintes visant certains ministères ou organismes gouvernementaux. Il existe aussi des ombudsmans universitaires et scolaires qui reçoivent les plaintes des élèves, des ombudsmans hospitaliers qui défendent les malades, des ombudsmans de la presse qui protègent les lecteurs et des ombudsmans nommés par des compagnies, qui traitent surtout les plaintes des employés. Une nouvelle tendance est apparue en Europe de l'Ouest et dans les pays du Commonwealth: des associations d'entreprises, spécialement dans le secteur financier, et des associations professionnelles, comme les associations d'avocats, créent des bureaux de l'ombudsman pour traiter les plaintes de la clientèle. P. ex., l'Association des banquiers canadiens a nommé en 1996 un ombudsman chargé de régler les plaintes de clients contre les banques qui appartiennent à l'association. Ainsi, la Grande-

Bretagne a des «ombudsmans d'associations» pour les banques, les compagnies d'assurance, les sociétés de placement, les coopératives de crédit, les agents immobiliers, les avocats et même les entrepreneurs de pompes funèbres.

Donald C. Rowat

Omnium canadien Événement annuel organisé par l'Association royale de golf du Canada (ARGC) pour les golfeurs professionnels et amateurs qui se qualifient. Quatrième au monde en ce qui a trait à l'ancienneté, ce championnat de GOLF national voit le jour au club de golf Royal Montreal en 1904. Le tournoi se déroule chaque fois dans une ville différente jusqu'en 1980, année où le club de golf Glen Abbey, à Oakville (Ontario), propriété de l'ARGC, devient le lieu de compétition permanent. Certains croient qu'en tant que championnat national, il devrait continuer à être présenté sur des parcours différents d'une année à l'autre, mais le Glen Abbey est dessiné pour offrir aux amateurs de golf des points de vue incomparables, et on le considère en outre comme l'un des meilleurs parcours au monde pour accueillir un tournoi, en particulier un tournoi qui attire plus de 100 000 spectateurs.

Plusieurs joueurs d'élite gagnent le tournoi, dont Byron Nelson, Sam Snead, Arnold Palmer, Lee Trevino et Curtis Strange, alors que le concepteur du parcours Glen Abbey, Jack Nicklaus, termine deuxième à sept reprises entre 1965 et 1985. Une bourse de plus d'un million de dollars attire quelques-uns des meilleurs golfeurs au monde. Par ailleurs, ce tournoi fait partie du circuit de la Professional Golfer's Association of America (PGA).

Lorne Rubenstein

Ondaatje, Michael, poète, romancier, cinéaste et éditeur (Colombo, Ceylan [Sri Lanka], 12 sept. 1943). Son œuvre marie ou oppose souvent le réel et l'imaginaire, la poésie et la prose. Ses ouvrages narratifs les plus longs, la plupart du temps basés sur la vie non conformiste de personnages réels, proviennent à la fois de sources documentaires et de son imagination. Son style imagé se caractérise par l'exotisme et la présence de plusieurs cultures, par le recours au bizarre, à l'exagéré et à l'invraisemblable, par la fascination pour les codes secrets de la violence tant dans la vie personnelle que sur la scène politique, et par l'exploitation des thèmes de l'amitié, du cinéma et du jazz. Son œuvre filmique est remarquable pour ses qualités cinématographiques, et par l'utilisation des techniques de montage et de dialogues d'une grande efficacité dramatique.

En 1962, après un séjour en Angleterre, Ondaatje immigre au Canada et étudie à l'U. de Toronto (B.A.), puis à l'U. Queen (M.A.). Ses premiers recueils de poésie s'intitulent *The Dainty Monsters* (1967), *The Man with Seven Toes* (1969) et *Rat Jelly* (1973). *The Collected Works of Billy the Kid* (trad. *Les œuvres complètes de Billy the Kid,* 1996), récit de la vie réelle et romancée du célèbre hors-la-loi, remporte le Prix du Gouverneur général en 1970, et est adapté pour la scène et présenté à Stratford, à Toronto et à New York. *Coming Through Slaughter* (1976; trad. *Le blues de Buddy Bolden,* 1987) relate les événements réels et imaginaires de la vie du cornettiste de jazz de la Nouvelle-Orléans, Buddy Bolden. *There's a Trick with a Knife I'm Learning to Do,* recueil de poèmes écrit entre 1963 et 1978, lui vaut un deuxième Prix du Gouverneur général en 1979. *Running in the Family* (1982; trad. *Un air de famille,* 1991) raconte la vie fascinante et originale de ses parents et de ses grands-parents à Ceylan, à l'époque coloniale. *Secular Love,* un recueil de poèmes, est publié en 1984.

L'action de son roman, *In the Skin of a Lion* (1987; trad. *La peau d'un lion,* 1989) se déroule à Toronto dans les années 30. *The English Patient* (1992; trad. *Le patient anglais,* 1993) est son roman le plus apprécié à ce jour. En plus de lui valoir un autre Prix du Gouverneur général en 1992 (romans et nouvelles), cet ouvrage lui permet de figurer parmi

les lauréats du prestigieux Booker Prize et d'être le premier Canadien à recevoir cet hommage. Ondaatje réalise les films suivants: *Sons of Captain Poetry* (sur le poète bp NICHOL), *Carry on Crime and Punishment, The Clinton Special* (sur le Theatre Passe Muraille Farm Show) et *Royal Canadian Hounds.* Il signe aussi un ouvrage critique sur Leonard COHEN, publié en 1970. Comme éditeur de Mongrel Broadsides, il fait paraître des poèmes de James REANEY, de Margaret ATWOOD et d'autres écrivains. Il publie aussi un livre sur des animaux, *The Broken Ark: A Book of Beasts* (1971), ainsi que *Personal Fictions: Stories by Munro, Wiebe, Thomas, and Blaise* (1977) et *The Long Poem Anthology* (1979). En 1971, il entreprend une carrière de professeur à l'U. York.

Sharon Thesen

Onderdonk, Andrew, entrepreneur (New York, vers 1849—Oscawana, New York, 21 juin 1905). Après des études d'ingénieur au Troy Institute of Technology de New York, Onderdonk sera l'entrepreneur chargé de la construction du tronçon de 355 km, entre Port Moody et le traversier de Savona sur le lac Kamloops, du CANADIEN PACIFIQUE (1880-1885). Pour régler le problème du manque de main-d'œuvre locale, il emploie près de 6000 travailleurs d'origine chinoise. Il construit également le tronçon de la ligne principale, à partir de l'est du traversier de Savona jusqu'à Craigellachie, dans le col Eagle, en Colombie-Britannique. En 1895, il obtient le contrat fédéral pour la construction d'une partie de canal de la vallée de Trent, dans l'est de l'Ontario.

John A. Eagle

One Big Union Le 13 mars 1919, des délégués de la plupart des sections syndicales de l'Ouest canadien se réunissent à Calgary dans le cadre de la Western Labour Conference, et proclament leur appui au bolchevisme et aux autres mouvements révolutionnaires de gauche. Ils décident de tenir un référendum auprès des syndiqués canadiens, leur demandant s'ils veulent se séparer de la Fédération américaine du travail et du CONGRÈS DES MÉTIERS ET DU TRAVAIL DU CANADA pour former un SYNDICAT INDUSTRIEL RÉVOLUTIONNAIRE, qui portera le nom de One Big Union (OBU). Le vote, tenu presque entièrement dans l'Ouest et pendant la GRÈVE GÉNÉRALE DE WINNIPEG, accorde un appui écrasant à la proposition, et l'OBU est lancé au début du mois de juin.

Des milliers de travailleurs y adhèrent, dont une bonne partie de la main-d'œuvre des mines, du transport et de l'industrie du bois. À son apogée en 1920, l'OBU compte près de 50 000 membres, du nord de l'Ontario jusqu'au Pacifique. Il compte aussi d'autres sections locales dans l'est et dans le centre du Canada, et aux États-Unis. Le mouvement international des SYNDICATS DE MÉTIERS riposte avec l'appui des gouvernements, celui d'Ottawa surtout, et des employeurs. La contre-attaque s'avère particulièrement fructueuse lorsque des dissensions surviennent parmi les chefs de l'OBU au sujet de la ligne d'action et des tactiques. Même si, en 1923, le syndicat ne compte plus que quelque 1000 membres, il sert d'exemple au SYNDICALISME INDUSTRIEL, qui connaîtra par la suite plus de succès. En 1956, il est intégré au CONGRÈS DU TRAVAIL DU CANADA.

D.J. Bercuson

Oneidas Ils forment la plus petite des cinq nations de la confédération des IROQUOIS et habitent un seul village, près du lac Oneida dans l'État de New York, pendant la plus grande partie de l'époque historique. Ils ne comptent que trois clans matrilinéaires (loup, ours et tortue). Neuf chefs oneidas siègent au conseil de la confédération. C'est peut-être un village oneida que CHAMPLAIN attaque sans succès en 1615. Leur village est incendié par les Français en 1696. Contrairement à la plupart de leurs frères de la confédération et sous l'influence du missionnaire de la Nouvelle-Angleterre, Samuel Kirkland, les Oneidas

se rallient à la cause des rebelles lors de la guerre d'Indépendance américaine. Après la guerre, cependant, ils subissent les pressions des Américains qui veulent acheter leurs terres dans l'État de New York.

Une partie importante de la bande déménage au Wisconsin et, en 1839, un autre groupe de 242 personnes achète un lopin de terre près de London, en Ontario. De religion méthodiste et anglicane lorsqu'ils émigrent en Ontario, certains se sont joints depuis à la RELIGION DE HANDSOME LAKE. En 1996, 5887 Oneidas sont inscrits au ministère des Affaires indiennes et du Nord canadien (MAINC). (*Voir aussi* AUTOCHTONES: LES FORÊTS DE L'EST.)

Thomas S. Abler

O'Neil, Jean, auteur (Sherbrooke, Qc, 1936). Il obtient un B.A. à l'université de la même ville en 1957 et entame une carrière de journaliste à Granby, à Chicoutimi, à Québec et à Montréal. À partir de 1969, il travaille comme agent d'information, et puis comme directeur des communications dans une dizaine de ministères, et ce, jusqu'en 1987, année ou il prend sa retraite pour se consacrer à l'écriture.

Romancier (*Je voulais te parler de Jeremiah, d'Ozélina et de tous les autres...,* 1967; *Les hirondelles,* 1973), poète (*Montréal by foot,* 1983), dramaturge (*Les bonheurs-z-essentiels,* 1966; *Les balançoires,* 1972), Jean O'Neil a trouvé sa véritable voie dans la création d'un genre bien à lui: celui du «tourisme littéraire», où il se révèle le sensible poète d'une nature en prose. Constitués le plus souvent de chroniques alertes et enlevées, de petits tableaux vivants et enjoués, ses ouvrages (*Cap-aux-oies,* 1980; *Promenades et tombeaux,* 1989; *L'Île-aux-grues,* 1991; *Le fleuve,* 1995; *Les Montérégiennes,* 1999; *Hivers,* 1999) nous entraînent à la découverte des beautés insolites du Québec et nous convient à renouer avec la nature, comme avec les simples choses de la vie. En ciblant deux familles, les Legendre dans *Stonoway* et les Murdock dans *Les Terres rompues,* il signe un diptyque, *L'Âge du bois* (1996-1997), qui raconte la colonisation des Cantons de l'Est et du Saguenay. Fraîcheur et spontanéité caractérisent son style, empli du chant des oiseaux, du murmure des vents, du bruissement des arbres et du son mat de la neige se posant sur le rebord des fenêtres. Par son attention aux moindres détails du quotidien, par sa philosophie faite d'humour, de tendresse et d'humilité émerveillée face à la Création, par sa fidélité au passé et aux fantômes illustres de notre Histoire, Jean O'Neil apparaît comme le fils spirituel et le plus digne continuateur de l'œuvre de l'écrivain et ethnologue Félix-Antoine Savard (1896-1982). Il a été reçu Chevalier de l'Ordre national du Québec en 1998.

Ismène Toussaint

O'Neill, James Edward, dit «Tip», joueur de baseball (Springfield, Canada-Ouest, 25 mai 1858—Montréal, Qc, 31 déc. 1915). Joueur amateur de baseball à Woodstock (Ontario), il entreprend en 1883 une carrière de 10 ans dans la Ligue majeure. Il est le favori du public à St. Louis, au Missouri, où il joue de 1884 à 1889, puis de nouveau en 1891. Lorsqu'il se présente au marbre, O'Neill est accueilli bruyamment au son des trompettes. En 1888, le train de l'équipe arbore même sa photo. Il détient la meilleure moyenne au bâton de toute l'histoire des ligues majeures (.492), obtenue en 1887, à l'époque où les buts sur balles comptaient comme des coups sûrs. Sa moyenne au bâton en considérant l'ensemble de sa carrière (.326) constitue un sommet pour la Ligue majeure canadienne.

William Humber

Onley, Norman Antony, dit «Toni», artiste peintre (Douglas, île de Man, Royaume-Uni, 20 nov. 1928). Onley reçoit d'abord une formation en art à Douglas, à l'île de Man, et devient aussi apprenti chez un architecte de la région. Sa famille immigre au Canada en 1948, et il occupe divers emplois en Ontario avant de rejoindre ses parents, qui se sont installés à

Penticton, en Colombie-Britannique. En 1957, il reçoit une bourse d'études d'un an pour fréquenter l'Instituto Allende, à San Miguel de Allende, au Mexique. Il organise une vente aux enchères au Knights of Pytheus Hall de Penticton, où il vend 250 de ses œuvres afin d'être en mesure de quitter son emploi de dessinateur dans un cabinet d'architectes. Les recettes de la vente (1300 dollars) lui permettent d'étudier à l'Instituto Allende, où il a pour professeur l'artiste peintre James Pinto, et où ses œuvres se tournent de plus en plus vers l'abstraction. La possibilité de passer une seconde année à l'Instituto le fait revenir à Penticton pour organiser une autre vente aux enchères. Sur le chemin du retour vers le Mexique, en passant par Vancouver, il montre ses tableaux à Alvin Balkind, de la New Design Gallery, ainsi qu'à Bob Hume, conservateur du MUSÉE DES BEAUX-ARTS DE VANCOUVER. Cette initiative le conduit à présenter une exposition solo au Musée des beaux-arts de Vancouver à l'automne de 1958. Onley retourne au Mexique et continue d'exposer ses œuvres au Canada, où il se fait connaître de plus en plus.

Il revient au Canada en 1960 et s'installe à Vancouver. Des expositions remarquées à Vancouver et à Toronto accroissent sa renommée au niveau national. En 1961, il reçoit une bourse du Conseil des Arts du Canada et assiste au EMMA LAKE ARTISTS' WORKSHOP en 1962, dirigé cette année-là par le critique new-yorkais Clement Greenberg. En 1963, une seconde subvention du Conseil des Arts du Canada permet à l'artiste de retourner en Grande-Bretagne, où il a l'occasion de visiter les plus grandes collections d'œuvres d'art de Londres, redécouvrant les grands maîtres de la tradition britannique de l'aquarelle. À Londres, il s'intéresse aussi à la gravure à l'eau-forte.

En 1964, il revient à Vancouver et commence bientôt à peindre des paysages austères et formels qui obtiennent un succès tel qu'il peut rapidement vivre de son art. En 1966-1967, il prend des leçons de pilotage et il achète bientôt son propre avion amphibie, ce qui lui facilite l'accès aux paysages éloignés qu'il veut peindre. Sa quête de lieux éloignés le mène peu après dans l'Arctique, qu'il peint pour la première fois en 1974, à bord du brise-glace de la Garde côtière canadienne, le *Louis Saint-Laurent*. L'année suivante, cette fois aux commandes de son appareil, il retourne en Arctique, où il enseigne la lithographie aux artistes inuits, à Cape Dorset.

En août 1980, il défraie les manchettes nationales lorsqu'il vend 800 œuvres pour 900 000 dollars. En octobre 1983, Onley fait à nouveau la une des journaux nationaux quand il menace de brûler un ensemble de 1000 gravures originales pour protester contre les réglementations de Revenu Canada, qui imposent aux artistes la même taxe qu'aux fabricants. Pour l'essentiel, ces règles n'admettent pas les dépenses de production d'œuvres d'art tant que celles-ci n'ont pas été vendues et évaluent l'inventaire d'un artiste à des fins de taxation. Cette action amène quelques réformes fiscales favorables aux artistes, dont des dispositions qui leur permettent de faire don de leurs œuvres à des institutions reconnues suivant la *Loi sur l'exportation et l'importation de biens culturels*. Deux ans plus tard, en septembre 1984, Onley fait encore les grands titres lorsqu'il s'écrase aux commandes de son Wilga 80, de construction polonaise, contre un glacier dans le parc provincial Garibaldi. Il avait acheté l'avion en 1981 afin d'avoir accès aux étendues vierges des glaciers, qu'il voulait peindre. Heureusement, lui et son passager s'en tirent avec des lésions légères et sont secourus.

En 1985, il produit un livre en collaboration avec George WOODCOCK, *The Walls of India*. Les ventes de ce livre ainsi que celles des aquarelles originales d'Onley ayant servi à l'illustrer, auxquelles s'ajoutent des subventions à part égale accordées par l'Agence canadienne de développement internatio-nal, fournissent des revenus à la Canada-India Village Aid Association, qui assure des services de santé publique à des villages indiens.

Les aquarelles d'Onley sont toujours exécutées sur place et expriment sa réaction spontanée devant les paysages qu'il regarde. Il procède par touches amples, en utilisant habituellement un large pinceau chinois. Les aquarelles servent de points de départ pour des tableaux à l'huile réalisés en atelier ou pour des sérigraphies.

Roger H. Boulet

Onondagas Établis au centre du territoire de la confédération IROQUOISE des Cinq-Nations, dont ils sont les «gardiens du feu», les Onondagas sont les modérateurs dans les réunions des conseils et les dépositaires des WAMPUMS, les archives de la confédération. *Thadodaho*, le titre le plus élevé chez les 50 chefs de la confédération, est détenu par un Onondaga. En dépit de leur position privilégiée au sein de la confédération, ils poursuivent souvent une politique indépendante. Ainsi, en 1649, ils restent neutres lorsque les SÉNÉCAS et les MOHAWKS écrasent les HURONS. Le principal village onondaga sera pendant deux siècles la capitale de la confédération des Iroquois et le centre de la diplomatie de l'arrière-pays.

Les Onondagas incendient leur village lorsque l'armée de FRONTENAC envahit leur territoire en 1696. Durant la Guerre d'Indépendance américaine, c'est au tour des Américains de brûler leur village. Après la guerre, une partie des Onondagas et d'autres Iroquois choisissent le Canada, et s'établissent sur des terres le long de la rivière Grand, en 1785. Leur population n'augmente pas aussi rapidement que celle des autres groupes vivant dans la réserve Six Nations. En 1996, ils étaient au nombre de 1127. Un autre groupe d'Onondagas a conservé des terres dans les territoires ancestraux, non loin de Syracuse, dans l'État de New York. (*Voir aussi* AUTOCHTONES: LES FORÊTS DE L'EST et les articles généraux sous AUTOCHTONES.)

Thomas S. Abler

Ontario Province la plus riche, la plus peuplée et la seconde en superficie du Canada; elle s'étend de l'île Middle dans le lac Érié au sud (41° 40' de latitude N.) à la frontière du Manitoba sur la baie d'Hudson au nord (56° 51' de latitude N.), et des rives du fleuve Saint-Laurent à l'est (74° 20' de longitude O.) à la frontière du Manitoba à l'ouest (95° 9' de longitude O.). Les lignes frontalières traversent surtout les lacs et rivières du réseau des GRANDS LACS au sud et le long de la rivière des Outaouais à l'est; seules les frontières au nord-est et au nord-ouest ne correspondent pas à des éléments géographiques.

Le nom Ontario est un mot iroquois que l'on traduit parfois par «beau lac» ou «belle eau», ce qui dépeint très bien la réalité, puisque ses eaux intérieures occupent près du sixième de la province, soit un peu plus d'un million de km². C'est en 1641 que l'on utilise ce mot pour la première fois pour désigner l'extrémité est des Grands Lacs. Par ailleurs «Old Ontario» fut déjà utilisé pour désigner la partie sud des terres entourant ces lacs. En 1867, on étend cette désignation à l'ensemble de la province.

Terres et ressources

De toutes les provinces canadiennes, l'Ontario possède le paysage naturel le plus diversifié. Les deux tiers de la province font partie du BOUCLIER canadien, lequel couvre en grande partie le Nord, à l'exclusion des basses terres de la baie d'Hudson. De la BAIE GEORGIENNE, à l'ouest, aux environs de Renfrew, à l'est, le bouclier forme un triangle dont le sommet pointe près de Brockville sur le fleuve Saint-Laurent. À l'est se trouve la plaine de l'Ontario oriental entre la rivière des Outaouais et le fleuve Saint-Laurent. À l'ouest, à partir de Kingston, une succession de collines s'étend jusqu'aux plaines de l'extrême sud-ouest ontarien. L'ESCARPEMENT DU NIAGARA, qui traverse la région comprise entre le Niagara et Tobermory en passant par l'ÎLE MANITOULIN, dans la baie Georgienne, constitue une remarquable attraction.

On divise souvent l'Ontario en deux régions bien distinctes: au sud du bouclier, la région où se trouve concentrée la majeure partie de la population et de l'activité agricole; le nord de la province, qui représente 90 p. 100 du territoire et n'abrite que 10 p. 100 de la population. Toutefois, la géologie, le climat, le sol, la végétation, et d'autres facteurs créent des régions distinctes à l'intérieur même de ces deux régions.

Géologie Les roches du bouclier sont parmi les plus vieilles de la terre, et remontent au précambrien ancien et au précambrien récent. Les plus anciennes datent de 2000 millions d'années, et les plus jeunes, de 900 millions d'années. Ces formations contiennent d'immenses réserves métallifères fort profitables à l'économie du nord de la province.

Les roches calcaires sédimentaires, les schistes et les grès du sous-sol du sud de la province sont plus récents et datent de l'ère paléozoïque, des périodes ordovicienne, silurienne et dévonienne surtout. Les affleurements rocheux de cette nature sont rares, sauf là où les différentes couches de l'escarpement du Niagara ont été exposées à l'érosion.

Tout l'Ontario a déjà été recouvert par les glaces. La dernière couche de glace recouvrant la province est disparue il y a environ 10 000 ans, formant plusieurs des lacs du nord de la province, et les Grands Lacs le long de ses frontières sud et ouest. Les premiers Grands Lacs étaient considérablement plus étendus que ceux d'aujourd'hui. Tout au cours de leur évolution, ils ont laissé une base sablonneuse le long de laquelle ont été tracés les premiers chemins de la province. Les rivières qui les drainaient alors coulent maintenant au fond de larges vallées dont celle de la rivière Grand.

La glaciation a laissé des traces. On trouve partout dans le sud de l'Ontario des blocs rocheux laissés par les glaciers, et dans toute la province, des traces de moraines successives, restes du passage de glaciers. La moraine d'Oak Ridge, qui a modelé le relief entre le lac Ontario et la baie Georgienne, est la plus remarquable. Les Horseshoe Moraines longent la rive est du lac Huron jusqu'à la base de la PÉNINSULE BRUCE, et au Sud-Est, elles longent l'escarpement vers le lac Érié, au Sud-Ouest. D'autres dépôts, les drumlins, sont assez répandus dans la région de Peterborough.

Sols et végétation Pour une bonne part, le bouclier canadien ne se prête pas à l'agriculture. Les sols podzoliques du Nord sont extrêmement minces et peu fertiles, quoique propices à la FORÊT BORÉALE. Seulement dans quelques régions, comme les ceintures argileuses du Nord-Est ou de la rivière à la Pluie dans le Nord-Ouest, trouve-t-on suffisamment de terres cultivées pour donner l'impression d'un territoire agricole. La forêt qui couvre le Nord n'est pas homogène. Dans l'extrême Nord, de minuscules saules et des épinettes noires croissent péniblement dans les tourbières. Plus au sud, les épinettes, trembles et pins gris dominent la partie Nord du bouclier. Encore plus au sud, à l'est et à l'ouest du lac Supérieur, la forêt mixte couvre le territoire. Cette région est connue sous le nom de région forestière du Saint-Laurent et des Grands Lacs.

Au début du XIXᵉ siècle, on y trouvait de vastes étendues de pins blancs, base même de l'industrie forestière du Canada central, et des érables rouges.

Les sols luvisoliques podzols (brun-gris) du Sud, qui se sont développés sous la végétation forestière à partir des dépôts glaciaires, sont relativement fertiles. Les deltas, autres vestiges de l'ÉPOQUE GLACIAIRE, ont formé des plaines sablonneuses, en particulier au nord du lac Érié.

Hydrographie D'une surface totale de quelque 177 390 km² d'eaux intérieures, les Grands Lacs en couvrent près de la moitié. Le FLEUVE SAINT-LAURENT et les Grands Lacs attirent les explorateurs, commerçants, militaires et colons au cœur du continent. Plus récemment, les nombreux lacs et rivières de l'Ontario permettent l'exploitation de l'énergie hydroélectrique et une plus grande industrialisation.

Les cours d'eau ontariens sont alimentés par d'abondantes pluies et, dans la plupart des régions de la province, par les chutes de neige. Les précipitations sont assez régulières dans le Sud et le Centre, où les variations entre l'hiver et l'été ou entre le printemps et l'automne ne sont pas particulièrement fortes. Toutefois, les précipitations hivernales et printanières sont plus faibles dans le Nord et le Nord-Ouest.

Le bassin des Grands Lacs draine la majeure partie des eaux de la moitié sud de la province le long de la frontière méridionale, représentant un flot mensuel de 5 750 m³/s d'eau vers la RIVIÈRE NIAGARA.

Contrairement aux rivières qui relient les Grands Lacs et dont le volume d'eau ne subit pas de grandes variations au fil des mois, les rivières intérieures voient le leur augmenter à la fonte des neiges, pouvant ainsi provoquer des crues à chaque année. Ainsi, le volume d'eau de la RIVIÈRE DES OUTAOUAIS triple parfois en mai pour atteindre 2150 m³/s et redescend à son plus bas niveau en août, à 735 m³/s. Un exemple encore plus frappant reste celui de la rivière Thames, au sud-ouest de l'Ontario, dont le flot moyen de 143 m³/s en mars est plus de onze fois supérieur à celui des 12,9 m³/s d'eau enregistrés en août.

Climat Le climat ontarien est très diversifié. Au Nord, il est subarctique avec des températures moyennes de 12 à 15 °C en juillet et de -22 à -25 °C en janvier près de la baie d'Hudson. Les températures hivernales les plus élevées se retrouvent le long des Grands Lacs dans le Sud-Ouest et sous l'escarpement du Niagara, avec des moyennes qui varient en janvier de -3 °C près de Windsor à -6 °C près de Toronto. En juillet, la région située entre Chatham et Windsor est plus chaude (22 °C). Les hivers sont rigoureux et la neige abondante dans la majeure partie de la province. Les régions exposées aux vents d'ouest des Grands Lacs sont souvent désignées comme faisant partie de la «ceinture de neige». Les régions au sud d'Owen Sound, autour de Parry Sound et à l'ouest de Sault Sainte-Marie reçoivent des chutes de neige dépassant les 250 cm.

Les régions environnant Toronto et Hamilton se trouvent en partie à l'intérieur du «parapluie» de l'escarpement du Niagara et reçoivent moins de 150 cm de neige chaque année. Sans être importantes, les variations topographiques exercent une influence significative sur le climat; les hautes terres

du comté de Grey, la région du parc Algonquin et les hautes terres du lac Supérieur sont nettement plus fraîches; la baie d'Hudson est couverte de glace en hiver, ce qui abaisse davantage les températures septentrionales; les Grands Lacs, au contraire, adoucissent les températures hivernales.

Le climat ontarien influence grandement le rendement agricole. La plupart des cultures spécialisées, comme celles du maïs, du soja et de la betterave à sucre, sont concentrées dans le Sud-Ouest, où on enregistre de 2000 à 2600 degrés-jours de culture. Les fruits sont surtout cultivés dans la péninsule du Niagara, et le tabac, dans le comté de Norfolk. La région des Clay Belts, avec environ 1480 à 1500 degrés-jours de culture, se prête à un nombre plus restreint de cultures, comme le maïs fourrager, le foin, l'orge et la pomme de terre. Après la première semaine de mai, les gels sont peu fréquents dans le Sud, mais dans le Nord, le froid peut persister jusqu'en juin.

Malgré de fréquentes précipitations de pluie ou de neige, la province est généralement ensoleillée. Ainsi, Sault Sainte-Marie connaît à peu près autant d'ensoleillement en juillet que la ville de Victoria.

Comptant le plus de terres agricoles de première classe, l'Ontario possède aussi de nombreuses rivières fournissant de l'énergie hydroélectrique. En outre, on découvre en 1883 les gisements de NICKEL et de CUIVRE les plus importants au monde ainsi que du plomb, du zinc, de l'argent et du platine dans la région de Sudbury. Un gisement d'argent à haute teneur est découvert près de Cobalt en 1903. On découvre près des villes de Porcupine et de KIRKLAND LAKE, entre 1905 et 1912, et de Red Lake en 1925 (et plus récemment, près d'Hemlo en 1981) les dépôts d'OR les plus importants d'Amérique du Nord. En 1953, on découvre à ELLIOT LAKE l'un des plus importants gisements d'uranium au monde. De vastes gisements de cuivre, de zinc et d'argent sont découverts près de Timmins en 1964. On trouve des mines de MINERAI DE FER dans le district d'Algoma au nord du lac Supérieur.

Le sud de l'Ontario possède de moins grandes quantités de minerais, mais on trouve du fer près de Marmora, de l'uranium près de Bancroft, et des gisements de pétrole et de gaz de moindre importance dans le Sud-Ouest; du calcaire, du sable et du gravier dans de nombreuses régions du Sud, résidus de dépôts glaciaires. Quelque 422 000 km² des forêts ontariennes sont exploitables. La province arrive au troisième rang dans le domaine de l'industrie forestière.

Conservation La majorité des forêts appartiennent à l'État, mais sont exploitées en association

avec le ministère des Richesses naturelles, soit par des entreprises forestières dotées de permis les engageant à la conservation de la ressource, soit par des propriétaires privés. En 1991, le gouvernement de l'Ontario instaure un programme de développement durable des forêts qui entraîne la promulgation d'une nouvelle législation: *Loi sur la conservation de la forêt domaniale* (*Crown Forest Sustainability Act*) (1995). Grâce à cette loi, le financement pour la régénération complète des régions où le bois a été coupé est garanti par la Fondation pour le renouvellement des forêts (Forest Renewal Trust Fund). Cette loi englobe la protection de la faune, les végétaux, les ÉCOSYSTÈMES et la BIODIVERSITÉ, ainsi que l'engagement du public dans la planification de l'aménagement des forêts.

La prise de conscience de la valeur de la nature a suscité l'établissement d'un réseau de parcs provinciaux, à commencer par le PARC PROVINCIAL ALGONQUIN (7723 km²), en 1893. Il existe actuellement 265 parcs provinciaux, depuis le PARC PROVINCIAL RONDEAU sur le lac Érié au sud, jusqu'à la baie d'Hudson, mais le parc provincial Polar Bear, véritable réserve faunique, est pratiquement inaccessible. Parmi les PARCS NATIONAUX, on trouve le PARC NATIONAL DES ÎLES-DE-LA-BAIE-GEORGIENNE, le PARC NATIONAL DE LA POINTE-PELÉE, le PARC NATIONAL DU PUKASKWA, le PARC NATIONAL DES ÎLES-DU-SAINT-LAURENT, le PARC NATIONAL DE LA PÉNINSULE-BRUCE et le PARC MARIN NATIONAL FATHOM FIVE.

Le gouvernement encourage la mise sur pied de centres locaux de conservation et propose divers modes de canalisation et de régulation du débit des eaux. Sa réglementation sur les terres est la plus étendue et la plus complexe au Canada. La perte des terres agricoles préoccupe aussi beaucoup. Il s'agit d'une question politique controversée qui a fait l'objet de nombreuses études et de planification de la part du gouvernement.

Des régions d'une grande beauté naturelle, comme l'escarpement du Niagara, suscitent l'intérêt des environnementalistes et des milieux politiques. Ainsi, en 1984, les deux groupes sont parvenus à une entente puisque, à la suite des pressions populaires, on a annoncé un audacieux plan de conservation. Depuis, on a créé un parc national, un parc marin national et 15 parcs provinciaux. On a aussi reconnu l'escarpement comme une réserve de la biosphère des Nations Unies, en 1990.

On a consacré de grands efforts à la recherche dans le but de renverser la tendance qui prévaut dans l'industrie de la pêche sur les Grands Lacs. Depuis

Mandat	Premier ministre	Parti
1867-71	John Sandfield MACDONALD	Libéral-Conservateur
1871-72	Edward BLAKE	Libéral
1872-96	Oliver MOWAT	Libéral
1896-99	Arthur Sturgis HARDY	Libéral
1899-1905	George William ROSS	Libéral
1905-14	James Pliny WHITNEY	Conservateur
1914-19	William Howard HEARST	Conservateur
1919-23	Ernest Charles DRURY	Fermiers unis de l'Ontario
1923-30	George Howard FERGUSON	Conservateur
1930-34	George Stewart HENRY	Conservateur
1934-42	Mitchell Frederick HEPBURN	Libéral

PREMIERS MINISTRES DE L'ONTARIO

Mandat	Premier ministre	Parti
1942-43	Gordon Daniel CONANT	Libéral
1943	Harry Corwin NIXON	Libéral
1943-48	George Alexander DREW	Conservateur
1948-49	Thomas Laird KENNEDY	Conservateur
1949-61	Leslie Miscampbell FROST	Conservateur
1961-71	John Parmneter ROBARTS	Conservateur
1971-85	William Grenville DAVIS	Conservateur
1985	Frank MILLER	Conservateur
1985-90	David Robert PETERSON	Libéral
1990-95	Robert Keith RAE	NPD
1995-	Michael Deane HARRIS	Conservateur

PREMIERS MINISTRES DE L'ONTARIO

les années 20, on tente de repeupler les lacs de poissons, pour ensuite tenter d'exterminer la LAMPROIE qui, parce qu'elle se nourrit d'autres poissons, contribue au dépeuplement des lacs.

Les gouvernements s'efforcent également d'améliorer, parfois avec succès, la qualité de l'eau le long des rives des lacs. Cette réussite, combinée à des mesures rigoureuses concernant la pêche commerciale et sportive, a grandement contribué à améliorer les stocks de poissons dans les Grands Lacs. Toutefois, la question des PLUIES ACIDES (dans sa dimension canado-américaine) ne sert guère les chances de succès d'une telle entreprise. Cependant, des études menées en Ontario démontrent que certaines espèces peuvent survivre malgré les pluies acides et peuvent bien se comporter dans les lacs où la qualité de l'eau est améliorée.

Population

Le peuplement en Ontario remonte à la préhistoire. Lors de l'arrivée des Européens, au XVIIᵉ siècle, la population amérindienne se divise en deux groupes: les tribus de chasseurs nomades algonquins au Nord et au Nord-Ouest, et les tribus iroquoises au Sud, dont les NEUTRES, les HURONS et les Ériés. Après l'éclatement de la HURONIE, les Hurons se dispersent pendant les GUERRES IROQUOISES des années 1640. La guerre force également l'abandon de la mission jésuite SAINTE-MARIE-DES-HURONS (1649), le premier établissement européen de l'Ontario.

La colonisation sur une vaste échelle ne commence pas avant les années 1780. Il y avait bien des colonies françaises parsemées ici et là, en particulier autour de Détroit; toutefois, ce sont les LOYALISTES, réfugiés de la Révolution américaine, qui constituent le premier flot d'immigrants.

Ils donnent à la province son cachet anglo-saxon, plus tard renforcé par les vagues d'immigrants en provenance des États-Unis, puis, pendant le XIXᵉ siècle et le début du XXᵉ siècle, des îles Britanniques. Vers la fin du XIXᵉ siècle, des Québécois s'établissent dans l'est et le nord-est de l'Ontario, ce qui crée une enclave francophone le long de la frontière ontarienne. Même si le Nord accueille des immigrants d'outre-mer au début du XXᵉ siècle, ce n'est pas avant 1945 que l'immigration en provenance d'Europe continentale, des Antilles et de l'Asie orientale se fait sentir dans les régions les plus peupleuses de la province.

La province est d'abord peuplée par des fermiers. Cependant, au milieu du XIXᵉ siècle, la population commence à s'établir dans les villes et devient majoritairement urbaine à l'époque de la Première Guerre mondiale. Malgré l'attrait des États-Unis, l'Ontario reste depuis 1867 la province la plus peuplée du Canada et, selon le recensement de 1991, sa population a augmenté de 983 200 personnes en cinq ans, soit 49 p. 100 de la croissance nationale, atteignant un total de 10 084 885 habitants. En 1994, la population était de 10 929 000 personnes.

Centres urbains L'Ontario est la province la plus urbanisée du Canada: 82 p. 100 de la population habitent les centres urbains. Ce qui frappe dans la composition du tissu urbain, c'est la conurbation au centre-sud, autour de l'extrémité ouest du lac Ontario (le fameux «Golden Horseshoe»), où se trouvent les villes de ST. CATHARINES (agglomération: 364 552 habitants), d'HAMILTON (agglomération: 599 560 habitants), de TORONTO et d'OSHAWA. Près de la moitié de la population ontarienne habite à proximité de ces quatre villes. Toronto compte 3 893 046 habitants (1986), ce qui en fait la plus grande ville du Canada. Celle-ci joue un rôle important dans l'économie de l'Ontario. Hamilton, qui occupe la neuvième place au Canada en ce qui a trait à la population, se classe troisième dans l'industrie manufacturière.

Les centres urbains du sud-ouest de l'Ontario entourant l'axe KITCHENER-WATERLOO (356 421

habitants) et LONDON (381 522 habitants) sont tous des centres manufacturiers, de services et de transport. WINDSOR (262 075 habitants), depuis longtemps le siège de l'INDUSTRIE DE L'AUTOMOBILE, fait géographiquement partie de l'agglomération urbaine de Détroit. À l'exception de KINGSTON, la plus grande ville à l'extrémité est du lac Ontario, et d'OTTAWA, dont une importante partie de la population active est à l'emploi de la fonction publique fédérale, l'Est ontarien ne compte pas de grandes concentrations urbaines.

Les villes du nord de la province s'assemblent le long de la ligne de chemin de fer, duquel la plupart tirent leur origine. NORTH BAY est toujours un centre de transport; SUDBURY se trouve au cœur de la plus grande région minière du Canada; SAULT SAINTE-MARIE est la seconde ville productrice d'acier au Canada; et Thunder Bay est un important port de transbordement. À l'exception de THUNDER BAY, sur le lac Supérieur, et de Windsor, sur la rivière Détroit, les rives des autres Grands Lacs ne comptent pas de grands centres urbains au Canada.

La population tend à s'établir dans les banlieues; des villes comme Toronto, Ottawa et Hamilton en sont un exemple, car elles ont tendance à perdre leur population au profit des banlieues. Ainsi, dans la région de Toronto, Scarborough et Mississauga connaissent des taux d'accroissement élevés, alors que des banlieues plus anciennes comme North York ont pratiquement cessé leur poussée démographique dans les années 70. À l'opposé des grandes villes américaines, le noyau central des villes ontariennes est demeuré largement résidentiel. Il n'y existe pratiquement pas de terrains vagues.

Main-d'œuvre L'Ontario avait autrefois une vocation surtout agricole. Toutefois, sur 5,7 millions de travailleurs, ceux qui œuvrent dans l'agriculture et dans les activités connexes ne totalisent plus que 109 000 en 1995. Pour ceux qui considèrent toujours l'Ontario comme une province en majorité industrielle, il y a une autre source de surprise. Les emplois de l'industrie manufacturière (972 000) dépassent certainement en nombre ceux de l'agriculture, mais des années 60 au milieu des années 90, ce sont les secteurs des services (1,95 million) qui connaissent une croissance.

De nombreux emplois ont été perdus dans l'industrie au cours de la récession du début des années 80 et 90, comme le démontre le déclin spectaculaire du jadis très puissant Syndicat des travailleurs de l'acier. Les syndicats les plus puissants et les mieux établis de l'Ontario sont ceux de la fonction publique et des sociétés d'État. En 1995, l'Ontario compte plus de 70 000 fonctionnaires provinciaux. Cependant, le nouveau gouvernement conservateur de Mike Harris est déterminé à réduire radicalement ce nombre.

Le chômage chez les jeunes, qu'on retrouve partout au pays, constitue le problème crucial des années 90. Toutefois, la proportion de jeunes chômeurs ontariens se compare avantageusement au taux national, et ceci depuis des dizaines d'années. Au cours des années 90, le taux de chômage s'est maintenu de façon constante au-dessous de la moyenne nationale.

Langues et ethnies En 1991, plus des trois quarts des 10 millions d'Ontariens sont de langue maternelle anglaise. Parmi le reste de la population, 4,6 p. 100 sont francophones et 17,2 p. 100 parlent une autre langue. Ces données ne rendent toutefois pas totalement compte de la réalité. Près de 217 565 personnes parlent au moins l'une des deux langues officielles plus une ou deux autres langues. P. ex., 211 870 personnes parlent anglais et au moins une autre langue à part le français. En outre, 70 860 personnes parlent anglais et français. La plupart des autres personnes parlent l'anglais, le français et une ou deux autres langues.

Approximativement 527 600 Ontariens se déclarent de souche française. Même si la communauté

franco-ontarienne reste forte et se concentre surtout dans l'est et le nord-est de la province, elle semble décliner lentement, déclin en partie attribuable à la facilité d'accès des francophones de la région d'Ottawa aux villes de banlieue situées au Québec. Les francophones de la fonction publique fédérale ont ainsi la possibilité de s'établir dans un milieu francophone. La tendance, en plus de refléter le déclin de l'agriculture et des autres industries primaires, reflète aussi l'exode rural.

Si les Ontariens de souche française ont diminué, il en a été de même pour ceux de souche britannique (ce qui comprend ici les IRLANDAIS). Massivement britannique à ses débuts, l'Ontario ne l'est plus maintenant qu'à 25 p. 100 (rec. 1991, réponse simple). Les Ontariens descendant de Français (5,2 p. 100) et d'ITALIENS (4,9 p. 100) sont les deux autres groupes les plus importants. On trouve 289 420 personnes dont les ancêtres sont ALLEMANDS. L'arrivée des PORTUGAIS est plus récente: seulement 60 000 sont nés au Canada, les 116 300 autres étant nés au Portugal. Le recensement de 1991 indique la présence de 71 005 autochtones, soit moins de 1 p. 100 de la population.

L'immigration en provenance des Antilles, du sous-continent indien et de l'Asie orientale a également contribué à l'augmentation démographique. Néanmoins, l'apport le plus important provient encore de la Grande-Bretagne, dont près de 409 000 ressortissants sont nés à l'extérieur de la province.

L'anglais est la seule langue officielle de l'Ontario, même si en pratique, et dans une moindre mesure en principe, son usage est moins exclusif. Le gouvernement provincial a progressivement accru les droits des francophones dans les domaines de la justice, de l'enseignement et de la fonction publique, et a même envisagé de faire du français une langue officielle.

Par divers programmes de MULTICULTURALISME, on encourage l'utilisation d'autres langues dans des chaires d'études universitaires ukrainiennes, baltes et hongroises, pendant que les responsables scolaires font l'expérience de l'enseignement dans les «langues d'origine» dans les écoles de Toronto. L'enseignement du français au niveau élémentaire s'est accru, mais la souplesse des programmes n'incite pas les étudiants ontariens à poursuivre leurs études dans un cheminement qui offre certaines difficultés et qui est par ailleurs facultatif au niveau secondaire. Les études françaises à l'université attirent pour leur part de moins en moins d'intéressés, une situation que connaissent également les autres langues modernes et qui est attribuable à un certain désintéressement, sans que les effets en soient toutefois vraiment apparents.

Religions La population ontarienne est toujours divisée selon les confessions religieuses les plus répandues traditionnellement. La plus importante est le catholicisme, très répandu dans les communautés française, irlandaise et italienne, avec plus de 3,5 millions de fidèles (rec. 1991). Vient ensuite l'ÉGLISE UNIE, avec 1,4 million de fidèles et les ANGLICANS, avec 1,1 million, tandis que les presbytériens, qui n'ont pas rejoint les rangs de l'Église Unie, représentent 422 200 fidèles. Les autres groupes les plus importants sont les BAPTISTES (264 600), les LUTHÉRIENS (227 900) et les Grecs de rite ORTHODOXE (167 200). Les JUIFS sont au nombre de 175 600; l'ISLAM compte 145 600 adeptes, et l'hindouisme, 106 700. Dans la plupart des religions organisées, les femmes ne sont pas majoritaires. Le nombre de personnes qui ne se déclarent d'aucune croyance religieuse (696 300 hommes et 551 300 femmes) et l'assistance peu nombreuse aux offices religieux démontrent le changement radical dans les affiliations religieuses depuis le début du XXᵉ siècle.

Économie

Au début, l'économie ontarienne repose sur la chasse et le piégeage. Le développement économique s'accentue après l'arrivée des colons et, jusque vers la fin du XIXᵉ siècle, son économie surtout rurale se base sur l'agriculture. Au début du XXᵉ siècle, la construction du chemin de fer, dans le nord de la province, permet l'accès aux ressources minières, comme à Cobalt et à TIMMINS.

Le développement de l'énergie hydroélectrique et l'expansion des exportations au tournant du siècle engendrent un essor de l'industrie et des villes, grandes ou petites. L'Ontario est à prédominance urbaine depuis 1911, et l'agriculture s'est adaptée à la réalité nouvelle, passant d'une culture de céréales mélangées et de l'élevage du bétail aux cultures régionales spécialisées et destinées aux vastes marchés urbains: produits laitiers, maïs, fruits et légumes, tabac.

L'Ontario exporte une majeure partie de sa production, dont les automobiles. Son marché principal reste depuis toujours les régions densément peuplées du centre du pays. Les ventes dans l'Ouest du pays et aux Maritimes sont presque négligeables.

Comme dans d'autres régions du pays, le développement de ces dernières années s'est fait dans le secteur des services, pendant que l'industrie lourde, plus vieille, tend à décliner. L'ensemble de la production en Ontario ayant connu un taux de croissance inférieur à la moyenne canadienne pendant les années 70, l'économie de la province connaît un renouveau au début des années 80. En 1987, celle-ci enregistre le taux de chômage le plus bas, la dette la moins élevée par habitant et le taux de croissance le plus élevé. Cependant, l'Ontario a subi les effets de la récession de 1991 plus durement que les autres régions du Canada, et la reprise est très lente.

Agriculture L'Ontario possède la proportion la plus large des «meilleures» terres agricoles au Canada, soit près de 50 p. 100 de toutes les terres de première classe. De 1986 à 1994, l'Ontario s'est classée première en rentrée de fonds pour les produits de la ferme. L'agriculture est surtout concentrée dans le sud, bien qu'on trouve à l'intérieur du bouclier des grappes de fermes qui desservent les marchés laitiers locaux. La culture des fourrages est la plus importante, mais on cultive aussi du MAÏS, des céréales mélangées, du blé d'hiver et de l'ORGE. La province est par conséquent en mesure de desservir les marchés, les fermes bovines et laitières. En ce qui a trait au nombre de fermes laitières, elle se classe deuxième, derrière le Québec. On les trouve surtout dans la région de London-Woodstock, dans la péninsule de Bruce et dans l'Est de la province.

Seule la production laitière du Québec dépasse celle de l'Ontario. Les recettes totales de la province se chiffrent à 1,1 milliard de dollars en 1994. Malgré une réglementation sévère des gouvernements fédéral et provincial, quatre grandes entreprises transforment près de 90 p. 100 de la production laitière de la province. L'une d'elles, la brasserie John Labatt (sous les noms de Silverwood et de Sealtest), fournit le septième de la production laitière canadienne.

Par une très forte marge, l'Ontario arrive au premier rang au Canada pour le nombre de fermes prospères, c.-à-d. celles qui produisent pour 100 000 $ et plus par année. Il y a aussi un grand nombre de fermes qui se retrouvent au bas de l'échelle, et même si les gouvernements fédéral et provincial encouragent l'abandon des terres semi-marginales, le processus est encore en cours. Les revenus les plus bas de la province se retrouvent dans les comtés qui comptent le plus grand nombre de terres marginales ou semi-marginales encore en culture le long de la baie Georgienne, du lac Huron ou dans d'autres parties de l'Est ontarien.

Comme dans d'autres secteurs, les fermiers ontariens ont gardé l'habitude de vendre leurs produits par le truchement de bureaux de commercialisation établis depuis les années 30. Ces derniers ne font pas l'unanimité, même chez les fermiers, mais ils permettent de maintenir une certaine stabilité des marchés et de trouver de nouveaux débouchés aux produits agricoles. Les conditions économiques qui prévalent à la fin des années 70 et 80 engendrent des protestations chez les «petits» fermiers désavantagés par le système, lesquels font face à l'endettement et aux taux d'intérêt élevés.

Industries L'Ontario est depuis toujours la province manufacturière la plus importante du Canada. C'était déjà le cas à l'époque de la Confédération, et cette tendance a depuis favorisé l'essor industriel de la province, avantagé par son réseau de transport, ses abondantes richesses naturelles et son accessibilité au marché américain.

Ainsi, la proximité de l'industrie automobile américaine y favorise l'implantation d'usines. L'établissement en Ontario de Ford, de General Motors et de Chrysler a donné naissance à un grand nombre d'industries connexes disséminées dans le sud de la province. De l'équipement de transport de toutes sortes, aérien et ferroviaire entre autres, provient 1 $ pour chaque 5 $ de production à la valeur ajoutée.

L'Ontario produit plus de la moitié du PIB des industries manufacturières au Canada, soit 52 milliards de dollars, grâce à plus de 12 000 établissements manufacturiers qui y sont installés en 1993 et qui donnent de l'emploi à 800 000 personnes. Néanmoins, ces chiffres sont beaucoup plus bas qu'il y a trois ans seulement, lorsqu'il y avait 15 500 établissements manufacturiers offrant 945 000 emplois. La communauté urbaine de Toronto possède la moitié des industries manufacturières, suivie d'Hamilton, de Windsor, de St. Catharines-Niagara et de London. À la fin des années 70, Ottawa, souvent perçue comme l'austère capitale entièrement dépendante des largesses du gouvernement fédéral, a confondu ses détracteurs en devenant l'équivalent canadien de la Silicon Valley californienne, centre industriel de HAUTE TECHNOLOGIE, et produisant des ordinateurs, de la technologie de communications et des logiciels. La province compte près de 60 p. 100 des industries de pointe du Canada, mais reste tout de même (à l'instar du reste du Canada) importatrice de technologie.

Au début des années 80, l'apparition de cette entreprise nouvelle et prometteuse fait taire les critiques lorsqu'une récession dans l'industrie de l'automobile semble démontrer une faille dans la structure économique devenue désuète justement dans les secteurs névralgiques de la province où sont concentrés les investissements. En même temps, la faiblesse de la génération précédente des industries de pointe, comme la compagnie d'aéronef DE HAVILLAND DU CANADA LIMITÉE près de Toronto, connaît un ralentissement. Par conséquent, certaines compagnies ontariennes bien en vue sont devenues le point de mire des efforts gouvernementaux visant la relance, à grand renfort de publicité, de Chrysler, MASSEY-FERGUSON (maintenant Varity Corporation) et de Havilland (vendu par Boeing à Bombardier).

Mines Le développement de l'industrie minière est lié de près à l'expansion de Toronto comme centre financier de l'Ontario et du Canada. Au début du siècle, l'exploitation des richesses naturelles du nord de la province fait d'abord de Toronto un concurrent, puis le vainqueur d'une longue rivalité avec Montréal.

Le nickel favorise la prospérité de la région de Sudbury. Au début du siècle, l'argent, le plomb et le zinc attirent les prospecteurs à Cobalt, et l'or contribue à relancer l'activité économique de la province (et du pays dans une certaine mesure) lors des années 30. Dans les années 50, la découverte d'un gisement d'uranium fabuleusement riche à Elliot Lake stimule de nouveau l'économie ontarienne.

Les mines ont toujours joué un rôle majeur dans l'économie de la province, même si cette industrie a connu des jours sombres dans les années 80 et au début des années 90, au moment où le marché international enregistre une baisse dans tous les secteurs miniers. Malgré tout, en 1994, la production de nickel est évaluée à 1,3 milliard de dollars; l'uranium, à 280 millions de dollars; le cuivre, à 260 millions de dollars; l'or, à 1,15 milliard de dollars; et le zinc, à 273 millions de dollars. En 1994, les ventes de minerai de fer représentaient plus de 200 millions de dollars.

Forêts Les forêts couvrent 580 000 km² de la superficie de l'Ontario, dont moins de la moitié peut se prêter à l'exploitation. La plus grande partie (88 p. 100) appartient à la province; les sociétés forestières doivent donc obtenir l'autorisation du gouvernement avant d'entreprendre toute exploitation. En 1994, les recettes provenant de cette industrie se chiffrent à 1,12 milliard de dollars (600 millions en 1986), et la production, à 30 millions de m³ de bois. Plus de 90 p. 100 de la production de pâtes et papiers est destinée au marché américain.

Pêche Autrefois prospère, l'industrie de la pêche au poisson blanc, au brochet et à la truite dans les Grands Lacs a connu un déclin considérable. En effet, les prises excessives et la détérioration de la qualité de l'eau dans le lac Érié, entre autres, ont ébranlé ce secteur.

Dans les années 20, environ 10 000 personnes dépendent de ce secteur. En raison de ce déclin, cette industrie n'apporte qu'une modeste contribution à l'économie de la province, même si elle est encore importante dans les collectivités du Nord. La modeste pêche commerciale de l'Ontario a été victime de la POLLUTION qui affecte aussi l'industrie touristique de la pêche sportive, surtout dans le nord de la province; néanmoins, cette dernière activité a engendré des dépenses globales de centaines de millions de dollars, grâce surtout aux techniques d'empoissonnement améliorées.

Finances Le quartier de la rue Bay à Toronto constitue le cœur du monde canadien de la finance. Les sièges sociaux de toutes les grandes banques à charte canadiennes et de maintes grandes sociétés et entreprises de courtage se trouvent à Toronto, en pratique, sinon officiellement. La Bourse de Toronto, installée dans de nouveaux et luxueux locaux, est la plus vaste du pays. L'immeuble First Canadian Place, rempli d'avocats, de comptables et d'administrateurs, est le plus élevé au pays (290 m). La TOUR DU CN, 533 m de haut, autre monument commercial, représente le bâtiment non encastré le plus haut du monde.

Au Canada, l'ACTIVITÉ BANCAIRE est une affaire nationale, mais aucune étude ne démontre que l'Ontario tire un bénéfice quantifiable de l'implantation des banques dans sa capitale provinciale, si ce n'est la joie de vivre que les banquiers et le personnel insufflent à la collectivité. Dans leur désir d'ériger des gratte-ciel toujours plus hauts, les banques influent toutefois de façon tangible sur l'architecture de la ville, qu'elles ornent de leurs ziggourats, nouveau symbole bancaire remplaçant les basiliques d'autrefois. (*voir* ARCHITECTURE DES BANQUES).

En 1993, les banques canadiennes possèdent 3200 succursales en Ontario. Le nombre de succursales, s'il est significatif, démontre la préférence des Ontariens pour la BANQUE CANADIENNE IMPÉRIALE DE COMMERCE, dotée d'une longue histoire dans la province. Un nombre considérable de personnes, seulement surpassé par le Québec, préfèrent les COOPÉRATIVES DE CRÉDIT aux banques à charte.

Principal centre de virement des chèques encaissés au Canada, Toronto reçoit la grande majorité des chèques encaissés dans la province et plus de la moitié des chèques écoulés dans tout le pays. En outre, Toronto abrite le siège social de plusieurs grandes sociétés d'assurance et bénéficie des retombées financières connexes. D'autres villes, comme Kitchener-Waterloo, et surtout London, abritent aussi les sièges sociaux de sociétés d'assurance.

Transport En 1994, l'Ontario possède 13 436 km de voies ferrées et plus de 21 000 km de routes revêtues. Les routes jalonnent la majeure partie de la province au sud de la ligne de partage des eaux entre la baie d'Hudson et les Grands Lacs. Au nord de cette ligne, les routes se font rares, et l'on doit recourir au transport aérien ou maritime. En 1994, la vente d'essence atteint 12,7 milliards de litres et celle de carburant Diesel, 2,91 milliards de litres. Elle alimente une industrie automobile croissante ainsi qu'une énorme flotte de véhicules privés.

Ces dernières années, on s'est beaucoup interrogé sur le meilleur moyen de transport, ou le plus économique. En guise de réponse, le gouvernement ontarien a construit et continue à étendre un réseau d'autoroutes sillonnant, de Montréal à Windsor, la bordure méridionale de la province (il est pourtant toujours impossible d'aller directement de Toronto à Ottawa par autoroute à quatre voies, sans passer par Montréal). Il a aussi créé un service de trains de banlieue, le GO (Government of Ontario) Transit, qui dessert le corridor Hamilton-Oshawa le long du lac Ontario, et participe au développement des transports municipaux par le biais de sa Société de développement du transport urbain.

Le long de sa frontière méridionale, l'Ontario gère une grande voie navigable, la VOIE MARITIME DU SAINT-LAURENT. Le CANAL WELLAND, important maillon de la voie maritime, relie les lacs Érié et Ontario. L'aménagement de la voie maritime et l'utilisation subséquente de «conteneurs» pour le fret déchargé dans les ports de l'Est ont beaucoup nui au transport ontarien par bateau. Le port de Toronto, très touché, a vu ses expéditions et le nombre de ses employés diminuer de façon marquée au profit de Montréal, de Saint-Jean et d'Halifax. Deux autres ports de l'Ontario, Hamilton et Thunder Bay, se classent parmi les dix premiers au Canada pour la marchandise. Les activités portuaires de Thunder Bay se rapportent surtout au charbon, au blé et au canola, tandis que celles d'Hamilton, comme on pouvait s'y attendre, au minerai de fer, au fer, à l'acier, aux alliages et au charbon.

Énergie L'Ontario a toujours importé de l'ÉNERGIE. Au temps des pionniers, la forêt répondait aux besoins de combustible, mais avec la croissance urbaine et industrielle, l'Ontario a dû faire appel au CHARBON des mines voisines de l'Ohio, de la Pennsylvanie et de l'ouest de la Virginie, meilleur et moins coûteux à expédier que celui de la Nouvelle-Écosse. Près de la baie James, la province possède des gisements de charbon, exploitation jugée jusqu'ici peu économique. Dans le domaine du pétrole et du gaz, l'Ontario bénéficie au départ d'un léger avantage: en effet, on a exploité le pétrole découvert près de Petrolia dès la fin des années 1850. Pour sa part, le gaz naturel a été découvert un peu après, et pendant longtemps, l'Ontario était le premier producteur de ces produits au Canada. Toutefois, cet apport ne représente maintenant qu'une faible part de la production globale d'énergie.

On doit donc aussi importer le pétrole et le gaz des États-Unis, par les ports de la côte Est. Cette importation s'est parfois révélée précaire lorsque les pénuries de pétrole, de gaz et de charbon aux États-Unis ont gravement menacé le chauffage en Ontario. Au cours des années 50, les gouvernements fédéral et provincial ont absolument tenu à relier la province aux gisements de gaz et de pétrole de l'Ouest du pays. Le pétrole arrive le premier, puis le gaz, acheminé par le pipeline transcanadien achevé en 1958.

Les progrès techniques des années 1880 et 1890 apportent à l'Ontario sa première source d'énergie issue de la province même, l'HYDROÉLECTRICITÉ. L'Ontario est abondamment pourvue de cours d'eau, de rapides et de chutes. Ces dernières servent d'abord pour les SCIERIES, puis pour la production d'électricité. Une fois mises en valeur, les CHUTES NIAGARA, qui sont l'une des grandes chutes du monde en même temps qu'une des principales attractions touristiques de la province, donnent au sud de la province un net avantage sur les régions industrielles concurrentes. En 1906, on nationalise la

majeure partie de l'électricité sous l'autorité d'Hydro-Electric Power Commission of Ontario, maintenant HYDRO ONTARIO, et de son dynamique fondateur, sir Adam BECK. (Il subsiste une source privée d'électricité, la Great Lakes Power.)

Depuis, la société Hydro Ontario s'est étendue au réseau fluvial de l'Outaouais, puis du Saint-Laurent. Très tôt pourtant, elle a importé de l'électricité du Québec, soulignant qu'il restait peu de sources d'électricité inexploitées en Ontario. Toutefois, les gestionnaires d'Hydro préfèrent de loin l'autosuffisance.

Lors de cette prise de conscience, au début des années 50, la province a dû choisir entre la construction de centrales thermiques au charbon ou au mazout (en se servant de combustibles importés), et une nouvelle orientation. Elle a choisi les deux voies. Pendant les années 50 et 60, on construit des centrales thermiques, qui augmentent la proportion d'électricité d'origine thermique, quasi inexistante en 1960, à plus du tiers de la production globale en 1970.

Au même moment, de concert avec la société Énergie atomique du Canada Limitée, bras droit du gouvernement fédéral dans ce domaine, Hydro Ontario entreprend la construction de centrales nucléaires. La première centrale de grande envergure s'ouvre à Douglas Point en 1966, suivie de celles de Pickering et de Bruce.

En 1994, le charbon (15 p. 100), l'hydroélectricité (25 p. 100) et l'énergie nucléaire (60 p. 100) représentent près de toute la production électrique de l'Ontario, l'énergie nucléaire étant à elle seule le plus important producteur depuis 1981. La vente d'électricité aux États-Unis, d'une valeur de 233 millions de dollars en 1995, devrait continuer à représenter quelque 10 p. 100 de la production.

Gouvernement et politique

L'Ontario possède une structure gouvernementale analogue à celle des autres provinces canadiennes. Le LIEUTENANT-GOUVERNEUR, nommé par le gouvernement fédéral, dirige symboliquement l'administration, avec l'aide d'un conseil des ministres ou cabinet dirigé par un PREMIER MINISTRE PROVINCIAL. Le cabinet gouverne tant qu'il conserve la confiance de l'Assemblée législative ou du Parlement provincial. Ce dernier, formé d'une seule chambre de 130 membres, est élu pour cinq ans au plus, mais son mandat peut être prolongé par décision législative. Tout citoyen canadien résidant en Ontario et âgé de plus de 18 ans a droit de vote.

Comme dans le reste du pays, la province nomme seulement les représentants du pouvoir judiciaire placés aux échelons inférieurs, à savoir les «juges provinciaux», autrefois appelés magistrats. Le gouvernement fédéral nomme les juges de tous les autres paliers. Ottawa paie le traitement de ces juges, tandis que la province se charge des autres coûts liés aux tribunaux. (*Voir aussi* PREMIERS MINISTRES DE L'ONTARIO: TABLE.)

Administration locale Pendant longtemps, l'ADMINISTRATION LOCALE ontarienne reposait sur la structure prévue par la *Loi de 1849 sur la régularisation du statut des municipalités,* promulguée par Robert BALDWIN. Cette loi divisait le sud de la province en COMTÉS, cités, villes et villages. Toutefois, la croissance de la population urbaine au XXᵉ siècle fait pression sur les juridictions traditionnelles. Plutôt que de laisser les villes s'étendre à l'infini dans les banlieues et les campagnes environnantes, le gouvernement provincial envisage la création d'agglomérations administrées à l'échelle régionale et englobant plusieurs juridictions.

La première, créée le 1ᵉʳ janvier 1953, est la municipalité du Toronto métropolitain, fédération de la ville et de ses banlieues, découpée dans la moitié méridionale du comté de York. Les années 60 et 70 voient la création de diverses «municipalités régionales» basées sur le modèle de Toronto, parfois au

grand déplaisir des citoyens et des personnages politiques locaux.

Il existe maintenant 11 municipalités régionales et une municipalité de district (Muskoka), administrées par des représentants désignés lors d'élections locales et régissant notamment la police, l'approvisionnement en eau et les artères principales. Les villes elles-mêmes n'ont pourtant pas été abolies et conservent des pouvoirs limités.

La plupart des municipalités de la province, y compris toutes les cités, villes, villages et cantons conservent le pouvoir de fixer les impôts fonciers locaux. Il existe par ailleurs des districts en voie d'organisation et des villages partiellement autonomes dénués de pouvoirs d'imposition. Toutes les municipalités ontariennes relèvent de la Commission des affaires municipales de l'Ontario, qui approuve tous les règlements municipaux susceptibles d'entraîner une dette et qui joue le rôle de dernière instance lors d'appels portés contre les municipalités.

Représentation au palier fédéral L'Ontario est représentée par 99 députés à la Chambre des communes et par 24 sénateurs. La communauté urbaine de Toronto et ses environs possèdent plus de députés que toute autre ville à l'extérieur du Québec et de l'Ontario. Pour imaginer le «tissu» politique de la province, il faut se représenter l'Ontario comme un ensemble de sous-régions votant rarement à l'unisson aux élections fédérales ou provinciales.

À la différence d'Alexander Mackenzie il y a plus d'un siècle, aucune personne élue au fédéral ne peut affirmer qu'elle «représente» l'Ontario à Ottawa. Mackenzie King, de son côté, a constitué la plupart de ses cabinets de 1921 à 1930 et de 1935 à 1948, sans avoir vraiment de représentant de Toronto, sa ville d'origine. Toutefois, depuis, les premiers ministres fédéraux ont formé leur cabinet avec un nombre convenable de représentants de Toronto et des régions ontariennes. Des tiers partis reçoivent un certain appui lors de diverses élections fédérales, mais conservent une lointaine troisième place quant au nombre de députés à Ottawa.

Finances publiques Au cours de son histoire, l'Ontario a surtout cherché à soutirer au gouvernement fédéral des ressources fiscales «suffisantes». Cette rivalité traditionnelle a considérablement diminué après 1948, lorsque le premier ministre George DREW a quitté la politique provinciale pour la scène fédérale. Depuis lors, malgré des tensions occasionnelles, on préfère la négociation aux invectives chères à maints gouvernements antérieurs.

L'Ontario tire des revenus importants des taxes (beaucoup plus élevées qu'auparavant) sur les boissons alcoolisées et les cigarettes ainsi que de l'impôt sur le revenu. Le gouvernement fédéral perçoit l'impôt sur le revenu des particuliers et des sociétés dans le cadre de son système national d'imposition et en remet le produit à la province.

Santé Les services de santé de l'Ontario ainsi que les moyens qui les soutiennent ressemblent à ceux des autres provinces. Les lois fédérales de 1958 et 1966 ont instauré la première assurance-hospitalisation payée par la population sous forme de primes obligatoires, puis un programme complet d'assurance-maladie. Ces lois sont fédérales-provinciales par nature, tout comme la collaboration nécessaire pour les mettre en œuvre. Pourtant cette dernière connaît souvent des tensions politiques, comme en 1986, lorsqu'à la suite de la *Loi canadienne sur la santé,* l'Ontario interdit la surfacturation aux médecins. Les montants incombant à chaque palier de gouvernement et les façons de les dépenser sont fréquemment l'objet de discussion.

Le régime d'assurance-maladie de l'Ontario (OHIP), maintenant global et défrayé par les cotisations des citoyens solvables, soutient, grâce à des subventions, les personnes incapables de verser des cotisations, même partielles.

Politique Trois partis politiques importants sont représentés à l'Assemblée législative. Deux d'entre

eux, le PARTI CONSERVATEUR (Tories) et le PAR-
TI LIBÉRAL (Grits), existaient déjà avant la Confédération; le troisième, le NOUVEAU PARTI
DÉMOCRATIQUE (NPD), est issu de la CO-OPE-
RATIVE COMMONWEALTH FEDERATION. Jus-
qu'à 1905, les libéraux sont presque toujours restés
au pouvoir, puis les conservateurs n'ont pour ainsi
dire plus cédé la place.

En Ontario, le Parti conservateur est au pouvoir
de 1943 à 1985. Ce succès durable s'explique en partie par le côté impétueux et le manque relatif de
sérieux du gouvernement précédent, dirigé par le
libéral Mitchell HEPBURN (1934-1942) et par la
fragmentation de l'opposition partagée entre les libéraux et le FCC/ NPD.

Depuis, le Parti conservateur a toujours su attirer
des groupes nettement différents, qui lui ont apporté
un soutien solide et constant, tel le bastion conservateur de l'Est de l'Ontario. Le parti possède une énorme organisation politique, la «Big Blue Machine»,
renforcée sous le gouvernement des premiers
ministres Leslie FROST (1949-1961), John ROBARTS
(1961-1971) et William DAVIS (1971-1985). Le
récent débat sur les droits linguistiques des francophones montre bien la souplesse et la perspicacité du
gouvernement Davis qui a concédé, avec précaution
et de façon progressive, l'essence du BILINGUIS-
ME (enseignement en langue française ou droit de
subir son procès dans cette langue n'importe où dans
la province) sans céder sur le principe. Les conservateurs ont toujours refusé de reconnaître la langue
française ou de la protéger dans la constitution ou
d'en faire une langue officielle. Cette attitude a permis aux francophones d'utiliser leur langue sans attirer la défaveur des électeurs hostiles au français et
elle a empêché les libéraux favorables au bilinguisme de brandir la bannière de la langue française.

Par suite de la démission de Davis, en 1985, le
nouveau chef conservateur, Frank MILLER, opte
pour des politiques beaucoup moins conservatrices,
et le Parti libéral, sous la direction de David PETER-
SON, se révèle être le successeur de la tradition
conservatrice de la politique d'entre-deux. En 1985,
il l'emporte sur les conservateurs et forme un gouvernement minoritaire, mettant ainsi fin à 40 ans de
pouvoir conservateur. En 1987, les conservateurs
essaient d'exploiter la question du bilinguisme lors
des élections provinciales, mais en vain, puisque
Peterson, grâce à sa politique d'entre-deux, l'emporte par une immense majorité en septembre. Le Parti
conservateur, essentiellement sans chef, se classe
troisième pour le vote populaire et le nombre de
sièges, tandis que les libéraux se retrouvent avec le
plus grand nombre de parlementaires de toute l'histoire politique de l'Ontario.

Le gouvernement de Peterson se heurte à une très
forte opposition dans ses tentatives de contrôler les
dépenses du gouvernement. Une élection surprise
déclenchée à peine trois ans après l'élection est perçue de façon cynique de la part des électeurs ontariens. Un grand nombre d'entre eux s'opposent à
l'appui non équivoque de Peterson à l'accord du lac
Meech. Peterson est défait dans sa propre circonscription, et son parti subit une défaite cuisante aux
mains du NPD, sous la direction de Bob Rae, qui
s'approprie 74 des 130 sièges avec seulement 37,6
p. 100 du vote populaire.

Le NPD forme le gouvernement de l'Ontario pour
la première fois. Malheureusement pour le parti, le
régime de Rae coïncide avec une récession qui frappe très durement l'Ontario. On s'attendait à l'opposition du monde des affaires aux politiques du NPD,
mais Rae s'aliène même ses alliés naturels du mouvement syndical avec ses tentatives de réduire les
dépenses gouvernementales par le biais d'un
«contrat social». L'échec du NPD lui fait perdre les
élections au printemps de 1995. Au cours d'une campagne électorale dramatique, Mike Harris fait appel
aux sentiments conservateurs de l'électorat, ce qui
permet d'élire le premier gouvernement conservateur

majoritaire depuis 1985. Bien que la «révolution du
bon-sens» menée par Harris perde de sa popularité,
le parti de celui-ci remporte tout de même l'élection
de 1999, s'appropriant 59 des 103 sièges, mais ne
récoltant toutefois que 45,1p. cent des votes.

Éducation

En Ontario, l'éducation est une responsabilité
provinciale et locale conjointe. Le gouvernement
provincial fixe les objectifs, applique les normes et
élabore les lignes directrices. Les conseils scolaires
(voir COMMISSIONS SCOLAIRES), régis par des
conseils d'administration élus, sont responsables de
l'exploitation des écoles et partagent le financement
de l'éducation avec le gouvernement provincial.

Le système se divise ensuite en deux genres
d'écoles publiques: publiques au sens propre du terme, ou non confessionnelles, et «séparées», ou
catholiques. À l'intérieur de chacun de ces systèmes, on trouve des conseils scolaires francophones ou des sections francophones. Chaque système est administré par des conseils élus par les
bénéficiaires, qui choisissent de le soutenir en versant des impôts. Cette organisation résulte du compromis conclu à l'époque de la Confédération, où
l'on a troqué les droits des catholiques ontariens
contre ceux des protestants du Québec.

Depuis 1899, la province fournit les fonds
publics pour appuyer l'éducation dans les écoles
catholiques séparées jusqu'à la fin de la 10e année.
Malheureusement pour les catholiques, l'entente
n'incluait pas le soutien financier entier des écoles
séparées, ce qui suscita à l'occasion des protestations
et des mesures politiques, en particulier lors de
l'élection provinciale de 1934.

Dans les années 60, le gouvernement décida
d'étendre aux 9e et 10e années son soutien financier
entier aux écoles séparées, mais refusa résolument
d'aller plus loin. En 1984, le premier ministre Davis
surprend tout le monde en annonçant que son gouvernement couvrira tous les frais d'études des autres
années dans les écoles séparées. Cette politique est
instaurée de 1985 à 1987.

L'Ontario possède un système d'éducation à deux
paliers, primaire et secondaire. En général, les écoles
primaires offrent des programmes aux enfants de la
pré-maternelle à la 8e année. Depuis septembre 1994,
on exige des conseils scolaires qu'ils offrent des programmes de pré-maternelle et de maternelle. Les
écoles secondaires dispensent des programmes aux
élèves de la 9e à la 12e année. Les élèves désireux de
poursuivre des études postsecondaires doivent terminer un minimum de six cours de matières scolaires
établis par la province.

Les écoles privées ont un droit d'exploitation
conformément à la Loi sur l'éducation, mais elles ne
reçoivent aucune subvention. Les parents peuvent
aussi obtenir la permission des conseils scolaires
d'éduquer leurs enfants d'âge scolaire à la maison.

Environ 5 p. 100 des élèves ontariens sont francophones. Même si des écoles de langue française
existaient bien avant 1968 dans l'est et le nord de la
province, les conseils scolaires ont pu ouvrir des
écoles françaises là «où le nombre d'élèves le justi-
fiait» (voir ÉCOLES SÉPARÉES). L'interprétation
de cette expression a suscité bien des controverses
dans certaines parties de la province, notamment à
Penetanguishene.

En 1984, la Cour d'appel de la province a décidé
que tout étudiant francophone (ou anglophone) de la
province a le droit de faire ses études dans sa langue
maternelle, et a souligné qu'on doit garantir aux
minorités linguistiques des représentants aux
conseils scolaires de même qu'un pouvoir d'intervention dans l'éducation en langue minoritaire. Le
gouvernement a immédiatement pris les mesures
nécessaires à l'application de cette décision de la
Cour, fondée sur la Charte des droits et libertés.

À l'école secondaire succède l'enseignement
postsecondaire dispensé dans 17 UNIVERSITÉS,

d'Ottawa à Windsor et à Thunder Bay; deux institutions de niveau universitaire (Ontario College of
Arts; Ontario Institute for Studies in Education); et
25 collèges d'arts appliqués et de technologie (deux
d'entre eux sont des nouveaux collèges de langue
française).

Le système postsecondaire connaît une expansion
considérable dans les années 60, quand les politiciens et politiciennes accordent une grande importance à l'éducation et la considèrent comme un
moteur de la croissance économique.

Au cours de la récession des années 80 et 90, les
revenus décroissants du gouvernement et le déficit à
la hausse ont rendu nécessaire la diminution du
financement des services éducatifs. Néanmoins,
l'Ontario consacre une grande partie de son budget à
l'éducation. En 1993-1994, on a consacré 21,3 milliards de dollars à l'éducation de plus de deux millions d'élèves du primaire et du secondaire, ainsi
qu'à celle de 352 000 étudiants de niveau postsecondaire.

Vie culturelle

Les formes d'art indigènes ont peu survécu même
si les premiers Ontariens ont laissé derrière eux de
considérables vestiges culturels, depuis les TUMU-
LUS DU SERPENT près de Peterborough, aux travaux ultérieurs, plus perfectionnés, de sculpture et de
poterie. Plus tard, les colons importent leur propre
patrimoine culturel, inspiré des modèles européens.
Les formes d'art du milieu du XIXe siècle, insérées
dans des œuvres d'artisanat contemporaines, sont
restées très populaires auprès des touristes à la
recherche du passé. En général, les artistes ontariens
suivent les styles internationaux, que ce soit en littérature, en art ou en architecture, et on devrait juger
leur art selon les meilleures normes internationales,
ce qui arrive parfois. Les efforts artistiques et culturels se voient encouragés par diverses subventions
gouvernementales fédérales ou provinciales, offertes
entre autres par le Conseil des arts de l'Ontario, fondé en 1963, organisme indépendant qui accorde des
subventions aux particuliers et aux organismes.

Toujours pratique, le gouvernement souligne que
les arts créent des emplois: la documentation du
Conseil des arts rappelle en effet au contribuable que
tout dollar de subvention aux orchestres engendre
directement presque 7 $ en salaires, cotisations et
dépenses d'exploitation.

L'Ontario compte des orchestres symphoniques à
Toronto (l'ORCHESTRE SYMPHONIQUE DE
TORONTO), à Ottawa, à Hamilton et à Kitchener-
Waterloo, un grand festival annuel Shakespeare (le
FESTIVAL DE STRATFORD, institué en 1953),
ainsi que le Musée des beaux-arts de l'Ontario et le
MUSÉE ROYAL DE L'ONTARIO, tous deux instal-
lés à Toronto.

Communications Les villes ontariennes ont chacune un journal de langue anglaise, et ces quotidiens
(voir JOURNAUX) appartiennent presque toujours à
la même entreprise. Toronto fait exception, avec ses
trois quotidiens très différents. C'est par ailleurs à
Toronto que se publie la grande majorité des principales revues du pays (Maclean's, Canadian Business
et Saturday Night) et que se trouve le siège social des
grandes entreprises d'édition du pays (MCCLEL-
LAND AND STEWART et les Presses de l'UNI-
VERSITÉ DE TORONTO).

Les principales installations du réseau anglais de
la SOCIÉTÉ RADIO-CANADA et le réseau privé de
CTV se trouvent à Toronto. Outre les médias anglophones, l'Ontario compte trois stations de télévision
de langue française, ainsi que de nombreux relais et
stations de radio, sans compter les stations émettant
en diverses autres langues. La télévision publique,
TVOntario, émet dans les deux langues. La majeure
partie de la province n'est toutefois pas limitée à la
télévision canadienne: les Ontariens peuvent en effet
capter les grands réseaux américains; le sud de l'On-

tario jouit ainsi d'un des choix les plus vastes d'émissions télévisées au monde.

Lieux historiques Depuis longtemps, l'Ontario bénéficie d'un programme de conservation des LIEUX HISTORIQUES, et rares sont les cantons sans plaque ou cairn commémorant un événement. La législation provinciale autorise la désignation de biens culturels, ce qui a permis la préservation de nombreux bâtiments de plus ou moins grande valeur.

Remontant au milieu du XVIIe siècle, les missions des JÉSUITES en Huronie figurent parmi les lieux historiques les plus intéressants. Après son soutien des recherches liées à ce domaine depuis 1890, le gouvernement ontarien entreprend en 1964 la restauration de SAINTE-MARIE-DES-HURONS, près de Midland, et ouvre le site au public en 1967. Des forts pittoresques, vestiges des tensions vécues pendant un siège à la frontière Canada–États-Unis depuis le début de la guerre d'Indépendance, parsèment la bordure méridionale de la province. Le FORT HENRY à Kingston, dont les murs de pierre remontent aux années 1830, est sans doute le plus connu. Grâce à certains travaux de restauration, le fort George et le FORT ÉRIE, sur la FRONTIÈRE HISTORIQUE DU NIAGARA, le fort Wellington (Prescott), le fort York (Toronto) et le fort Malden (AMHERST-BURG) retrouvent tous l'aspect qu'ils avaient à l'époque des crises et des conflits internationaux de la première partie du XIXe siècle.

Des villages reconstitués comme l'UPPER CANADA VILLAGE, près de Morrisburg, et le BLACK CREEK PIONEER VILLAGE, au nord de Toronto, renseignent sur la vie des pionniers. En 1973, le gouvernement entreprend à Thunder Bay la restauration du FORT WILLIAM, poste de traite de fourrures établi par la COMPAGNIE DU NORD-OUEST en 1803. Les adeptes du canotage disposent de deux canaux du XIXe siècle: le CANAL RIDEAU, construit de 1826 à 1832 par les ingénieurs royaux pour le transport des troupes et des approvisionnements militaires, et le canal Trent qui date de 1833.

Historique

Les premiers immigrants semblent avoir atteint l'Ontario pendant la dernière période glaciaire, il y a environ 10 000 ans. Lorsque la glace se retire, les habitants paléo-indiens se dirigent vers le nord de la province. Les peuplades vivent longtemps, semble-t-il, de chasse et de pêche: cerfs, chevreuils, ours et castors dans le Sud, caribous dans le Nord. Vers 1000 av. J.-C., on fabrique de la poterie, et des sites archéologiques révèlent l'existence d'un vaste réseau de commerce dont les importations venaient d'aussi loin que le golfe du Mexique. Vers l'année 100 de notre ère, la population de la province est selon toute vraisemblance constituée par les tribus algonquines (OJIBWÉS, CRIS et ALGONQUINS découverts par les explorateurs) et les tribus iroquoises du Sud (Iroquois, Hurons, Petun, Neutres, Ériés et Susquehannock).

Exploration Les premiers Européens parvenus aux limites actuelles de l'Ontario sont à notre connaissance l'infortuné Henry HUDSON, naufragé au large de la côte nord, Étienne BRÛLÉ et Samuel de CHAMPLAIN qui, naviguant le long de la rivière des Outaouais en 1613, atteignent le centre de la province en 1615. Brûlé arrive probablement le premier aux lacs Érié et Ontario. Champlain fait des Hurons les alliés des Français. Après la dispersion des Hurons à la fin des années 1640, les OUTAOUAIS endossent le rôle d'intermédiaires dans le commerce des fourrures.

La Confédération iroquoise installée de l'autre côté des lacs Ontario et Érié, soit l'emplacement actuel de l'état de New York, domine la région sans vraiment la coloniser. Malgré l'hostilité des Iroquois, les Français pénètrent toujours plus avant dans la région des Grands Lacs, en utilisant l'itinéraire rivière des Outaouais – French-River – lac Huron vers l'ouest et le couloir Saint-Laurent – Grands Lacs.

L'aventurier LA SALLE construit le GRIFFON, à bord duquel il sillonne les lacs, et la région de l'Ontario devient un lien vital entre les établissements français du Québec et leurs postes de traite de fourrures au Mississippi. Au XVIIIe siècle, les principaux postes français de la région des Grands Lacs sont FORT FRONTENAC (Kingston), FORT NIAGARA, fort Detroit et FORT MICHILIMACKINAC.

Les Britanniques, rivaux de la France, ne réussissent pas à pénétrer dans la région avant 1758-1759, années où ils incendient Fort Frontenac et prennent Fort Niagara. L'occupation britannique est menacée jusqu'à la défaite des alliés indiens des Français, consécutive à un soulèvement, en 1763-1764. La région des Grands Lacs sert aussi de base militaire à l'armée britannique (régulière et loyaliste) pendant la guerre d'Indépendance. Une série de campagnes et d'incursions sanglantes ne parviennent pas à secouer l'emprise britannique sur les forts des Grands Lacs, mais elle y amène des réfugiés loyalistes et iroquois chassés de la zone frontalière américaine. Le TRAITÉ DE PARIS (1783) divise en leur milieu les Grands Lacs et crée la frontière méridionale de l'Ontario actuel.

Colonisation La colonisation moderne de l'Ontario commence avec l'arrivée d'environ 6000 à 10 000 Loyalistes, pendant la guerre d'Indépendance et après celle-ci. Puis s'installent d'autres Américains, attirés par le faible prix des terres de la Couronne, que l'on peut alors acquérir pour six pence l'âcre, en plus des frais d'arpentage et d'un serment d'allégeance. L'ACTE CONSTITUTIONNEL DE 1791 divise l'ancienne PROVINCE DE QUÉBEC et crée le HAUT-CANADA.

Par cet acte, on établit un gouvernement colonial, doté d'un lieutenant-gouverneur, d'une assemblée législative élue, et de conseils exécutif et législatif nommés. Le premier lieutenant-gouverneur, John Graves SIMCOE, ancien combattant anglais de la guerre d'Indépendance, tente de faire du Haut-Canada un bastion de la Couronne britannique au cœur du continent. Il n'y réussit qu'à demi.

Le Haut-Canada demeure la limite nord de la frontière américaine, mais en 1812, environ 80 p. 100 des quelque 100 000 colons du sud de l'Ontario sont d'origine américaine. Lorsque éclate la GUERRE DE 1812 contre les États-Unis, certains groupes ontariens adoptent une attitude nettement ambivalente, et quelques habitants du Haut-Canada se rangent du côté des envahisseurs.

Avec l'aide des Indiens et de la milice locale, l'armée britannique parvient à défendre la majeure partie de la province et repousse les incursions américaines le long de la frontière du Niagara en 1812 (QUEENSTON HEIGHTS) et en 1813 (BEAVER DAMS et STONEY CREEK). Toutefois, la même année, les Américains réussissent à pénétrer dans le sud-ouest de l'Ontario et prennent d'assaut York (Toronto), la capitale provinciale, dont ils incendient les édifices gouvernementaux. Après plusieurs autres sanglantes batailles, la guerre prend fin en 1814. À l'annonce de la paix, chaque camp rend ce qu'il a conquis et la frontière reste la même.

De 1825 à 1842, la population du Haut-Canada triple pour atteindre 450 000 habitants, puis double jusqu'à 1851. Parmi les immigrants, pour la plupart en provenance des îles Britanniques, on compte approximativement 20 p. 100 d'Anglais, 20 p. 100 d'Écossais et 60 p. 100 d'Irlandais. La colonisation se fait en général du sud vers le nord, s'éloignant des lacs à mesure que leurs rives se peuplent. L'accès aux terres intérieures dépend des routes, en général abominables, souvent construites par les colons mêmes.

Une vive spéculation foncière contribue aussi de façon notoire à l'irrégulière répartition des premiers établissements. Les terres fertiles du Sud sont largement occupées dès 1855, moment où la forme de gouvernement change de nouveau. À la suite des RÉBELLIONS DE 1837, menées dans le Haut-Canada par le dynamique Torontois William Lyon MACKENZIE, le gouvernement britannique réunit le Haut et le Bas-Canada en la seule PROVINCE DU CANADA.

La décennie suivante, marquée par les hargnes politiques, aboutit en 1848-1849 à l'instauration d'un GOUVERNEMENT RESPONSABLE. En même temps, une forte immigration, combinée à un taux de natalité élevé, amène la population du Haut-Canada (952 004 hab. en 1851) à dépasser de 60 000 âmes celle de son partenaire, le Bas-Canada. L'agitation dirigée par George BROWN en vue de la REPRÉSENTATION PROPORTIONNELLE («Rep by Pop») et de l'attribution au Haut-Canada d'un nombre supplémentaire de représentants à l'Assemblée législative paralyse de plus en plus le régime politique de la province. La crise n'est résolue qu'en 1864, avec la formation d'un régime de coalition (*voir* GRANDE COALITION) chargé d'encourager l'union des colonies de l'Amérique du Nord britannique. L'union est signée en 1867 (*voir* CONFÉDÉRATION), et l'Ontario devient une province du nouveau Dominion du Canada.

Développement Dans les années 1850, l'économie ontarienne est avant tout agricole et axée sur le blé. Puis la balance penche vers les produits laitiers, et la culture des fruits et des légumes. Parallèlement, on note une migration des régions agricoles vers les États-Unis, l'Ouest canadien et les villes. Des années 1850 à la fin des années 1860, on assiste au rapide essor des villes et de l'industrie pour ce qui est des textiles, de la métallurgie, du matériel et des machines agricoles. Cette croissance touche surtout Toronto, centre ferroviaire et industriel en même temps que capitale provinciale.

Les gouvernements ultérieurs entreprennent la mise en valeur des ressources naturelles de la province: bois de charpente, mines, et plus tard, hydro-électricité, ce qui engendre une longue série de querelles avec le gouvernement fédéral au sujet du népotisme, de l'énergie hydraulique et des FRONTIÈRES septentrionales de la province. Cette dernière question se règle en 1889, aux dépens du Manitoba, par la décision de laisser la limite occidentale de l'Ontario au LAC DES BOIS. La limite définitive est tracée en 1912.

C'est sous le gouvernement libéral de sir Oliver MOWAT (1872-1896) que l'Ontario montre le chemin aux autres provinces en soutenant les droits des provinces contre les pouvoirs excessifs du gouvernement fédéral dirigé par sir John A. MACDONALD. Le gouvernement étend aussi les services gouvernementaux de la province devenue florissante grâce à l'agriculture intensive, à l'élargissement des activités liées aux ressources et à son avance industrielle au sein du très riche marché intérieur canadien. Toutefois, le règne libéral décline vers la fin des années 1890 et se termine en 1905 par une série de scandales.

Le gouvernement conservateur qui suit, dirigé par sir James WHITNEY (1905-1914), procède à l'importante création de la Commission d'énergie hydro-électrique de l'Ontario. Le successeur de Whitney, sir William HEARST, est renversé par la révolution politique des agriculteurs de la province qui, avec le soutien des travailleurs, prennent le pouvoir en 1919 sous le nom de FERMIERS UNIS DE L'ONTARIO (FUO). Même s'il réprouve certaines bizarreries de son prédécesseur, le gouvernement des FUO, politiquement fragile, succombe rapidement à la force renouvelée du Parti conservateur dirigé par Howard FERGUSON (1923-1930), politicien déterminé, compétent et astucieux. Il met à profit le désir des Ontariens d'augmenter les revenus de la province en créant la régie des alcools de l'Ontario, afin de promouvoir le MOUVEMENT POUR LA TEMPÉRANCE et d'augmenter les revenus. Il désamorce une vieille controverse avec la population francophone de la province en réinstituant officiellement des classes françaises dans les écoles et, comme ses prédécesseurs, il poursuit la mise en valeur des ressources, y compris la délicate colonisation du nord de la province.

Son successeur, George HENRY, doit affronter la Crise des années 30 et les attaques du Parti libéral provincial, revigoré et dirigé par Mitchell Hepburn. Ce dernier fait tomber le gouvernement Henry en 1934 par des promesses de réformes et de mesures économiques, mais son gouvernement n'atteint vraiment aucun de ces objectifs, même s'il réussit à instaurer la pasteurisation du lait en Ontario, et ce, en dépit des vigoureuses protestations des producteurs laitiers.

Hepburn combat le syndicalisme industriel inspiré par les États-Unis et parvient en 1937 à remporter la victoire aux élections provinciales axées sur cette question. On se rappelle surtout ses violentes attaques contre son collègue libéral, le premier ministre Mackenzie King, et l'obstruction qu'il opposa aux tentatives de solution aux difficultés constitutionnelles du Canada. Il démissionne en 1942, et son parti est défait aux élections de 1943, ce qui permet aux conservateurs, dirigés par George Drew, de former le gouvernement et à la FCC socialiste de devenir l'opposition officielle.

Le gouvernement de Drew encourage vivement l'immigration de ressortissants britanniques ainsi qu'une série de réformes attendues depuis longtemps. Comme Hepburn, Drew s'oppose à Ottawa et à ses projets «centralisateurs». C'est seulement après son départ, en 1948, que le premier ministre Leslie Frost adopte une attitude plus discrète et coopère avec le gouvernement central, changement important dans la politique ontarienne. En matière de développement, Frost partage les objectifs des ministres libéraux d'Ottawa, comme C.D. HOWE, et les deux gouvernements collaborent à de grands projets, comme la voie maritime du Saint-Laurent, le pipeline transcanadien et la mise en valeur de l'énergie nucléaire.

Les successeurs de Frost, John Robarts et William Davis, ont la même attitude discrète et pragmatique, et s'efforcent de réduire au minimum les conflits entre l'Ontario conservateur et le gouvernement fédéral, le plus souvent libéral. Par le biais de sa Conférence sur la Confédération de demain (1967), Robarts tente d'accommoder le Québec et de le garder dans la Confédération. En 1981-1982, Davis s'avère le plus fort appui de Pierre Trudeau dans le débat sur le rapatriement et la réforme de la constitution canadienne. Les relations de David Peterson avec Brian Mulroney ne sont pas aussi harmonieuses. Partisan à contrecœur de l'ACCORD DU LAC MEECH préconisé par Mulroney en 1987, Peterson s'oppose fortement au projet de LIBRE-ÉCHANGE avec les États-Unis mis de l'avant par le fédéral la même année.

Les autres provinces perçoivent souvent l'Ontario comme une masse monolithique au centre du pays, mais elle constitue en réalité un conglomérat de sous-régions nettement différentes. À cet égard, il suffit d'opposer la vaste région du Nord, où l'on retrouve les ressources primaires, et la région du Sud, qui est industrialisée et urbaine. Malgré sa prospérité, l'Ontario souffre de disparités régionales, et les régions périphériques se croient victimes d'une discrimination à l'avantage du noyau urbanisé et de l'agglomération torontoise en particulier.

Les tentatives de classification (comme celle de l'Ontario Economic and Social Aspects Survey (1961) du gouvernement ontarien, qui distingue 10 régions économiques) échouent en raison de la complexité des facteurs. La province connaît nombre des problèmes parfois évoqués à l'échelle nationale: pauvreté des campagnes, forte concentration de l'industrie dans un petit nombre de régions, vie précaire des collectivités fondée sur une seule activité économique, disparité des revenus et de la croissance économique.

Pourtant, l'Ontario garde certains traits distinctifs: conservatisme politique démontré par la longévité de ses gouvernements; réelle faculté d'adaptation souvent prouvée par les décisions de ses gouvernants; vive conscience d'une présence américaine renforçant certains liens, mais engendrant aussi de vives réactions à une menaçante puissance américaine.

Robert Bothwell et Norman Hillmer

Ontario Agricultural College (*Voir* ENSEIGNEMENT AGRICOLE; UNIVERSITÉ DE GUELPH)

Ontario College of Art and Design (OCAD) École d'enseignement des arts la plus grande et la plus connue au Canada. Depuis sa fondation, en 1876, sous le parrainage de l'Ontario Society of Artists, ce collège a changé de nom et d'adresse à plusieurs reprises. Il est d'abord connu sous le nom d'Ontario School of Art et loge au 14, rue King Ouest, au centre-ville de Toronto. En 1882, il relève désormais du ministère de l'Éducation de l'Ontario et déménage dans les locaux de l'École normale de la ville, sur le site actuel de la Ryerson Polytechnic University. Cinq ans plus tard, il est relogé très temporairement dans un immeuble situé près des rues Yonge et Queen.

En 1890, l'Ontario Society of Artists reprend la responsabilité du collège et lui donne le nom de Central Ontario School of Art and Design. Celle-ci occupe alors les étages supérieurs de l'immeuble du Princess Theatre. Après la démolition de ce dernier, elle se retrouve à l'étage supérieur du Grange House qui loge le musée des arts de Toronto, rebaptisé le MUSÉE DES BEAUX-ARTS DE L'ONTARIO. Pendant son séjour à cet endroit, l'école devient le Collège des beaux-arts de l'Ontario et emménage, en 1921, à son emplacement actuel au 100, rue McCaul, à côté du Musée des beaux-arts de l'Ontario. Il s'agit du premier immeuble réservé exclusivement à l'enseignement des arts, au Canada. En 1996, le collège ajoute «and Design» à son nom.

En 1979, on ajoute au campus principal l'immeuble Stewart, fraîchement rénové et situé au 149, rue College. En 1981, le campus principal est considérablement agrandi. L'OCAD n'a cessé de croître, passant de 100 étudiants en 1911 à plus de 2800 étudiants à temps plein et à temps partiel de nos jours. L'OCAD compte parmi ses anciens étudiants et professeurs des artistes et des décorateurs de renommée internationale, dont Barbara ASTMAN, Aba BAYEFSKY, J.W. Beatty, David BLACKWOOD, David Bolduc, F.H. Brigden, Dennis Burton, Jack BUSH, Ian Carr-Harris, Charles Fraser COMFORT, Graham Coughtry, Greg CURNOE, Ken DANBY, Allan Fleming, Richard Gorman, Frederick Haines, Robert Hedrick, James Hill, Robert Holmes, Yvonne McKague Housser, C.W. JEFFERYS, Burton Kramer, Nobuo Kubota, Isabel McLaughlin, Lucius O'BRIEN, George A. REID, John Scott, Michael SNOW, Lisa Steele, Harold TOWN, Colette WHITEN et les artistes du GROUPE DES SEPT (Franklin CARMICHAEL, A.J. CASSON, A.Y. JACKSON, Franz JOHNSTON, Arthur LISMER, J.E.H. MACDONALD et F.H. VARLEY). Le collège propose aujourd'hui des cours de dessin et de peinture, de médias intégrés, de sculpture et d'installation, de critique et de gestion muséologiques, de photographie, de gravure, de communication et de design, d'aménagement paysager, de design industriel, ainsi que de connaissance et de conception des matériaux d'art. (*Voir aussi* ÉDUCATION ARTISTIQUE.)

Jill Patrick

Ontario Veterinary College (*Voir* UNIVERSITÉ DE GUELPH; MÉDECINE VÉTÉRINAIRE, ENSEIGNEMENT DE LA; MÉDECINE VÉTÉRINAIRE, HISTOIRE DE LA)

Ontario, lac Sa superficie est de 19 000 km² (dont 10 000 km² au Canada). Il possède un bassin hydrographique de 90 130 km², une altitude de 74 m, une profondeur moyenne de 86 m (244 m au maximum) et fait 311 km de longueur sur 85 km de largeur. Il est le plus petit et le plus oriental des GRANDS LACS et la huitième nappe d'eau douce en Amérique du Nord. Son approvisionnement en eau provient surtout des autres Grands Lacs par la RIVIÈRE NIAGARA. Il se déverse dans le FLEUVE SAINT-LAURENT par le bassin Kingston, à l'extrémité nord-est. Ses autres affluents sont les rivières Genesee, Oswego et Black, dans l'État de New York, et la rivière Trent, en Ontario.

Le lac Ontario occupe une dépression du fond rocheux produite, au départ, par une érosion fluviale et modifiée ultérieurement par les glaciations. Plusieurs lacs glaciaires d'altitudes différentes occupaient le bassin avant que la décharge et le niveau actuels ne se fixent, il y a environ 11 000 ans. Le bassin actuel, dont la forme est elliptique et l'orientation est-ouest, présente un lit lacustre complexe qui est un reflet de la structure rocheuse sous-jacente et des effets des glaciations. En général, le rivage est formé de falaises peu élevées, composées de roches ou de sédiments glaciaires et bordées d'une plage étroite.

L'intersection de dépôts glaciaires et lacustres plus vieux et plus élevés, juste à l'est de TORONTO, a créé les Scarborough Bluffs, de spectaculaires falaises qui ressemblent à des cathédrales et qui s'élèvent jusqu'à 100 m au-dessus du niveau du lac. Au nombre des autres attractions côtières pittoresques, on retrouve les côtes et les îles rocheuses du bassin Kingston, ainsi que les longues plages de sable de HAMILTON et de Toronto, du côté canadien, et de Mexico Bay, aux États-Unis.

Comme le lac Ontario est profond et qu'en hiver la température est adoucie par l'air chaud en provenance du sud-est, ses eaux gèlent rarement. De novembre à mai, les eaux de la nappe principale sont bien mélangées à une température uniforme, tandis que, de juin à octobre, elles sont stratifiées: une couche supérieure d'eau chaude de 10 à 20 m d'épaisseur reposant sur une couche inférieure d'eau plus froide. À plus de 100 m de profondeur, la température est presque toujours inférieure à 5 °C. La durée de séjour moyenne de l'eau dans le lac Ontario est de 8 à 10 ans, comparativement à 3 pour le LAC ÉRIÉ, et à plus de 100 pour le LAC SUPÉRIEUR.

Le premier Européen connu qui a vu le lac en 1615 est Étienne BRÛLÉ. Il semblerait que le nom Ontario, d'origine iroquoise, signifie «beau lac» ou «eau étincelante». Des Européens sont les premiers à lui donner ce nom en 1641 et, dès 1656, on retrouve ce nom sur des cartes d'Amérique du Nord. Des conflits entre les Anglais, les Français et leurs alliés amérindiens concernant le commerce local des fourrures empêchent les Européens de s'y établir avant la conquête anglaise de 1763.

Le premier groupe important de colons sont les LOYALISTES, dont un grand nombre s'installent sur la rive nord. Les batailles les plus féroces de la GUERRE DE 1812 entre les États-Unis et la Grande-Bretagne ont lieu sur le lac Ontario ou dans les environs. Les navires *Hamilton* et *Scourge,* perdus lors d'un coup de vent violent survenu lors d'un combat naval à cette époque, ont été retrouvés au fond du lac, près de Niagara.

Près du quart de la population actuelle du Canada habite le sud de l'Ontario, près du lac. Le «Golden Horseshoe» qui, à l'extrémité ouest du lac, comprend les grandes villes de ST. CATHARINES, Hamilton et Toronto, est considéré comme le cœur industriel du pays. En bordure du lac, à l'est de Toronto, se trouvent les centres urbains d'OSHAWA, de PORT HOPE, de COBOURG, de BELLEVILLE et de KINGSTON.

Les deux principaux facteurs qui ont favorisé la colonisation et la croissance vigoureuse de la région sont d'abord la fertilité des terres agricoles du sud de l'Ontario et du nord-ouest de l'état de New York, ainsi que l'accès au transport maritime grâce à la

VOIE MARITIME DU SAINT-LAURENT et aux ports des autres Grands Lacs par le CANAL WELLAND. Les navires plus petits peuvent emprunter le CANAL RIDEAU de Kingston, à Ottawa, et le CANAL TRENT, entre les baies Quinte et Georgienne.

Malheureusement, cette richesse industrielle et agricole est responsable de la pollution de l'eau du lac Ontario. Cependant, on demeure modérément optimiste, puisque le lac se régénère au fur et à mesure que les polluants diminuent.

N. Rukavina Et F.M. Boyce

Ookpik Ce mot signifie «harfang des neiges», ou «chouette de l'Arctique», en inuktitut. C'est le nom d'une des formes d'artisanat inuit les plus populaires, une chouette en peau de phoque avec une grande tête et de grands yeux. Cette silhouette attrayante, créée à la Coopérative inuite de Fort Chimo (aujourd'hui Kuujjuaq), au Québec, en 1963, est devenue le symbole de l'artisanat canadien à travers le monde.

John Robert Colombo

Oonark, Jessie, surnommée «Una», artiste (région de la rivière Back, T.N.-O., 1906—Churchill, Man., 2 mars 1985). Elle est connue pour ses dessins et ses pièces murales. Ses images, décoratives, hiératiques et aux couleurs éclatantes, lui sont inspirées par sa longue expérience dans la coupe de peaux de caribou pour confectionner des vêtements. Elle exprime une vision tout à fait personnelle qui allie des images inuites traditionnelles du vol du CHAMAN et des symboles de son expérience en tant que fervente chrétienne. Veuve et mère de huit enfants, elle quitte la campagne pour s'installer à Baker Lake en 1955. Cinq de ses enfants sont devenus des artistes renommés. Les graveurs de la Coopérative Sanavik ont tiré de ses dessins de nombreuses gravures sur pierre et impressions au pochoir. L'une de leur plus grandes et de leurs plus importantes pièces murales est une commande du Centre national des arts, à Ottawa. Elle est élue à l'Académie royale des arts du Canada en 1975. En 1987, le Musée des beaux-arts de l'Ontario présente une grande rétrospective de ses œuvres. (*Voir aussi* ART INUIT.)

K.J. Butler

Open Learning Agency (OLA) Située à Burnaby, en Colombie-Britannique, elle est un établissement d'enseignement public pleinement agréé, qui se donne comme mission d'offrir des possibilités d'apprentissage continu à la population de la Colombie-Britannique et aux apprenants du monde entier. L'organisme offre une gamme de services dont Knowledge Network, Open University, Open College, Open School, Workplace Training Systems et International Credential Evaluation Service. Les services d'OLA se veulent des solutions de rechange souples qui permettent aux apprenants de tout âge et de tout niveau de compétence de faire des études et d'acquérir une formation. Les apprenants suivent des cours au lieu et à l'endroit de leur choix. Ils ont le choix entre des notes de cours imprimées, des cours télévisés et des cours via Internet. Des tuteurs fournissent un soutien par téléphone ou par Internet.

Grâce à la BC Educational Credit Bank, les unités (ou crédits) que les étudiants ont acquises dans d'autres établissements d'enseignement reconnus peuvent compter pour l'obtention de certificats, diplômes et grades décernés par la Open University et le Open College. Les étudiants peuvent faire des études menant notamment à des baccalauréats, en arts, en administration des affaires, en études générales, en sciences, en musicothérapie, en gestion touristique, en sciences de la santé. En 1996-1997, la Open University et le Open College réunis comptaient environ 10 000 étudiants et plus de 16 500 inscriptions aux cours. L'âge de la majorité de la population étudiante de la Open University et du Open College se situe entre 25 et 39 ans.

Gayle Farrell

Open Université de la Colombie-Britannique
L'Open University (OU) de la Colombie-Britannique est l'un des services offerts par l'Open Learning Agency, une institution d'enseignement à but non lucratif, dûment accréditée et subventionnée par le gouvernement provincial. Elle utilise une variété de méthodes innovatrices de TÉLÉENSEIGNEMENT afin de rendre ses cours universitaires disponibles au plus grand nombre de personnes.

L'OU a été créée par l'Open Learning Institute (OLI), fondé en 1987. Son mandat est d'améliorer l'accès aux études postsecondaires dans les régions éloignées des grands centres urbains. En 1988, l'OLI s'est joint au réseau de télévision éducatif Knowledge Network pour former l'Open Learning Agency.

L'OU offre des cours dans une variété de disciplines dont les arts, les sciences, l'administration et la technologie, lesquels mènent soit au baccalauréat ou à un grade d'associé. Des ententes avec plus d'une dizaine d'universités, de collèges et d'instituts permettent aux étudiant de transférer leurs crédits dans les programmes de l'OU ou dans ceux des autres universités. Le matériel pédagogique peut être livré aux étudiants des régions éloignées sous forme de documentation écrite, de vidéos, de matériel audio, ou encore par le biais de la technologie informatique. Plusieurs cours offrent aussi un soutien pédagogique et des compléments au matériel pédagogique grâce à des émissions télévisées sur le réseau Knowledge Network. L'OU est à l'avant-garde en ce qui a trait aux méthodes d'enseignement par téléconférence, et bon nombre de ses cours sont offerts sur l'inforoute. Cela permet aux étudiants de partout dans la province d'obtenir un soutien pédagogique, et de participer à des discussions et à des débats.

L'OU est située à Barnaby, en Colombie-Britannique, et compte 6700 étudiants.

Arien Heath

Opéra L'art lyrique a mis du temps à s'implanter au Canada et a connu un succès sporadique avant de prendre son envol. La comédie-masque de Marc LESCARBOT, *Le Théâtre de Neptune*, jouée sur des embarcations devant PORT-ROYAL, le 14 novembre 1606, est précurseur de ce genre musical. Cet événement isolé survient au moment de la fondation des premiers établissements européens au Canada et des débuts de l'épanouissement de l'opéra en Italie.

À la fin du XVIIIᵉ siècle, des troupes itinérantes étrangères commencent à présenter des opéras bouffes français et anglais à Montréal, à Québec et à Halifax, comme *The Padlock of 1768* de Charles Dibdin, présenté à Québec en 1783 et à Montréal en 1786, et *Les Deux Chasseurs et la Laitière* d'Egidio-Romualdo Duni, joué à Montréal en 1789. *Colas et Colinette* de Louis-Joseph QUESNEL, composé en 1789 (?) et présenté à Montréal en 1790, marque la naissance de l'opéra canadien. À cette époque, les opéras sont présentés en fin de soirée, après une pièce de théâtre, elle-même agrémentée d'un chant, d'une danse ou d'une récitation. Les opéras typiques se composent de dialogues récités alternant avec des pièces musicales (opéras-ballades ou opéras-comiques).

De 1790 jusqu'aux environs de 1830, le répertoire comprend surtout des œuvres de Arne, de Duni et de Shield. Les premiers opéras joués à Toronto sont *The Devil's Bridge* de John Braham et C.E. Horn, *The Mountaineers* de Coleman, et *No Song No Supper* de Stephen Storace, en 1825.

Des considérations sociopolitiques influent sur la production d'opéras, et l'amélioration des moyens de transport favorise la diffusion de ce genre musical. Cependant, dans les années 1830, l'agitation politique et les épidémies de choléra semblent avoir entraîné une diminution des représentations. Dans les décennies 1840 et 1850, l'opéra connaît un regain d'énergie avec la venue de petites troupes itinérantes, qui montent des œuvres abrégées. De plus, le répertoire s'élargit pour englober des pièces plus exigeantes de compositeurs comme Auber, Bellini, Boieldieu, Donizetti, Rossini et Verdi. De grands interprètes internationaux, tels que John Braham, Jenny Lind, Henriette Sontag et Adelina Patti, présentent des extraits d'opéras en récital à Montréal, à Québec et à Toronto. Pendant la deuxième moitié du XIXᵉ siècle, Montréal et Toronto accueillent des représentations de nombreuses troupes itinérantes des États-Unis, dirigées par des directeurs-entrepreneurs, et des prima donna dont la soprano canadienne Emma ALBANI, établie à l'étranger. À la fin du siècle, le répertoire inclut des œuvres de Meyerbeer, Wagner, Gounod et Puccini, mais aucune de Mozart.

La formation de sociétés d'opéra à Montréal et à Toronto au cours des années 1860 et 1870 (comme la Holman English Opera Troupe) marque une étape importante. Un peu plus tard, c'est à Montréal que sont créées la Société d'opéra français (1893-1896) et la Montreal Opera Company (1910-1913), qui connaissent toutes deux une courte existence. La plupart des spectacles sont toutefois donnés par des troupes étrangères, mais jamais Montréal et Toronto n'ont accueilli autant d'opéras qu'à cette époque-là. Après la Première Guerre mondiale, plus de 30 sociétés d'opéra sont fondées à Montréal, et une douzaine à Toronto, notamment des troupes d'amateurs et d'étudiants et des compagnies d'opérette, mais la plupart ont une courte vie. Celle qui connaît le plus de succès est la COMPAGNIE D'OPÉRA CANADIENNE (COC), fondée en 1950 sous le nom d'Opera Festival Association. Le Théâtre lyrique de Nouvelle-France, créé en 1961, est rebaptisé Théâtre lyrique du Québec, en 1966; il est dissous en 1970. L'Opéra du Québec (1971-1975), société coopérative mise sur pied pour présenter des productions à Montréal et à Québec, devient la troupe itinérante Opéra de chambre du Québec, puis, en 1980, l'Opéra de Montréal. Les principales sociétés d'opéra se trouvent actuellement à Vancouver, à Calgary, à Edmonton, à Winnipeg, à Hamilton, à Toronto, à Montréal et à Québec. Celles de Vancouver, du Manitoba, d'Edmonton et de l'Alberta du Sud (Calgary) fusionnent en 1973 pour former l'Opera West.

La promotion de l'opéra au Canada s'est faite par le truchement de la SOCIÉTÉ RADIO-CANADA (SRC), du BANFF CENTRE et de divers FESTIVALS et universités. Les émissions radiophoniques de la SRC au cours des années 40 et 50 et ses émissions télédiffusées depuis 1953 contribuent au rayonnement de l'opéra. La Société a commandé des œuvres à de nombreux compositeurs: Healy WILLAN, John BECKWITH, Kelsey Jones, Ben McPeek, Murray ADASKIN, Godfrey RIDOUT, Maurice Blackburn, Raymond Pannell et Robert Turner. Les festivals d'opéra comprennent le FESTIVAL DE STRATFORD, le Guelph Spring Festival, le Vancouver International Festival et le Festival Ottawa (jusqu'en 1983).

La troupe du Metropolitan Opera se produit, ponctuellement, à Montréal et à Toronto entre 1899 et 1952, année où le «Met» commence à inclure Toronto dans ses tournées régulières de printemps. Celles-ci prennent fin en 1961 en raison des coûts exorbitants, exception faite d'une semaine de représentations données, en 1984, au festival international de Toronto. En 1967, quelques-unes des plus grandes troupes d'opéra du monde – celle de la Scala, l'Opéra royal de Suède et l'Opéra de Vienne – jouent à EXPO 67. Bien que la COC ne fasse plus de tournées, on le retrouve en Ontario, y compris pour une coproduction avec l'Orchestra London en 1984.

Parmi les plus grands artistes de l'opéra au Canada, mentionnons les chefs d'orchestre Wilfrid PELLETIER et Mario BERNARDI, les interprètes Emma Albani, Pauline DONALDA, Edward JOHNSON, Raoul JOBIN, James Milligan, Victor Braun, Maureen FORRESTER, Louis QUILICO, George London, Lois MARSHALL, Léopold SIMONEAU, Teresa STRATAS, Jon VICKERS, Claude Corbeil, Ermanno Mauro et Allan Monk.

Depuis *Colas et Colinette* de Quesnel, la production d'opéras canadiens a suivi un parcours irrégulier. Les œuvres du XIXe siècle comprennent *Leo, the Royal Cadet* (1889) de Ferdinand Telgmann, les trois opéras bouffes de Calixa LAVALLÉE composés dans les années 1870 et 1880, *Torquil* (1894) de Charles A.E. Harriss, et *Pipandor* de Susie Frances Harrison (fin des années 1880). Bien que Calixa Lavallée compose quatre opéras bouffes entre 1865-66 et 1886, ceux-ci ne sont ni écrits ni présentés au Canada à cette époque (*The Widow*, de Lavallée, est monté à Hamilton en 1976). Au XXe siècle, un plus grand nombre de Canadiens écrivent des opéras, avec le concours de la SRC à partir des années 40. Bon nombre des œuvres composées dans les années 50 et 60 sont des opéras en un acte commandés par la SRC. Dans les années 40, Eugène Lapierre amorce une tendance consistant à présenter des sujets canadiens, tendance que poursuit Barbara PENTLAND dans les années 50 et qui s'accentue pendant l'année du CENTENAIRE DU CANADA, en 1967, l'œuvre la plus réussie étant *Louis Riel*, de Harry SOMERS, commandée par la COC. Dans les années 60 et 70, les opéras courts pour petits orchestres sont monnaie courante chez des compositeurs comme Gabriel CHARPENTIER, Pannell, Charles Wilson, Tibor Polgar, Violet ARCHER, Somers, Norman SYMONDS, Paul McIntyre, Barrie Cabena et John REA.

Dans les années 1980-1990, bon nombre d'opéras, écrits dans une grande variété de styles, voient le jour au Québec, même s'ils sont rarement présentés: entre autres, les productions de Marcelle Deschênes (*OPÉRAaaAH!*), André GAGNON (*Nelligan*), Jacques HÉTU (*Le Prix*), Bruce MATHER (*La princesse blanche*), Serge Provost (*Phaedra*), Micheline Coulombe Saint-Marcoux (*Transit*) et Claude VIVIER (*Kopernicus*).

En raison des coûts de production, les grands opéras sont relativement rares depuis quelques années. Font exception *Abélard et Héloïse* (pour le compte de la COC en 1973) et *Psycho Red* (commandé par le Guelph Spring Festival en 1978), de Wilson; *Seabird Island*, de Derek Healey (pour le compte du Guelph Spring Festival en 1977); et *Shivaree*, de Beckwith (créé par le Comus Music Theatre en 1979). *Ra*, de R. Murray SCHAFER (créé par le Comus Music Theatre en 1983), d'une durée de 11 heures, est probablement l'œuvre musico-théâtrale la plus longue et la plus expérimentale des dernières années. (*Voir aussi* MUSIQUE, HISTOIRE DE LA.)

Gaynor G. Jones

Opéra de Montréal, L' Il est fondé en 1980 par le ministère des Affaires culturelles du Québec dans le but de succéder à l'Opéra du Québec (1971 à 1975). Jean-Claude Jeannotte en est le premier conseiller artistique et, de 1983 à 1986, Jacques Langevin occupe le poste de directeur général. Bernard Creighton lui succède à la direction de l'administration et des finances (1986-1988). En 1988, le metteur en scène Bernard Uzan est nommé à la fois directeur général et artistique. Sous sa direction, la compagnie surmonte graduellement les problèmes financiers accumulés lors des saisons précédentes et atteint une certaine stabilité. La compagnie reçoit aussi le soutien de la Guilde d'opéra de Montréal, fondée en 1989. En 1984 s'est ouvert l'Atelier lyrique de l'Opéra de Montréal, qui permet aux chanteurs de parfaire leur formation, tout en interprétant des rôles dans les productions de la compagnie.

L'Opéra se produit à la PLACE DES ARTS de Montréal et offre six à sept productions par année. De concert avec l'ORCHESTRE SYMPHONIQUE DE MONTRÉAL ou l'ORCHESTRE MÉTROPOLITAIN, L'Opéra a présenté plus de 106 productions à près de 1 500 000 spectateurs à la Place des Arts, parmi lesquelles 27 opéras seulement auront été montés plus d'une fois. Il s'agit principalement d'opéras du répertoire traditionnel (*La Tosca, Rigoletto, Madame Butterfly*, etc.), mais aussi d'œuvres moins connues comme *The Consul* de Menotti et *The Turn of the Screw* de Britten, ainsi que des opérettes. En 1990, la

compagnie remporte un vif succès en présentant, en une initiative des plus téméraires, une œuvre canadienne commandée, *Nelligan*, opéra romantique composé par André GAGNON sur un livret de Michel TREMBLAY. L'opéra est présenté plusieurs fois à Montréal, à Québec et à Ottawa, et s'est mérité le trophée «Félix» remis au producteur du spectacle le plus populaire de la saison en 1989. Au cours de la saison 1997-1998, L'Opéra de Montréal s'est vu décerner deux prix Opus pour sa production de *Jenufa* à titre de concert de l'année à Montréal et concert de l'année grand ensemble au Québec.

On ne compte plus les chanteurs québécois ou canadiens qui ont pu faire leurs débuts dans un rôle sur la scène de L'Opéra de Montréal. La compagnie aura permis depuis 1988 à au moins 82 artistes canadiens d'interpréter plus de 251 rôles, dont 184 prises de rôle. Parmi les grands noms canadiens qui ont marqué la scène montréalaise, mentionnons Colette Boky, Tracy Dahl, Maureen Forrester, Judith Forst, Lyne Fortin, Gaetan Laperrière, Richard Margison, Ermanno Mauro, Mariana Pauvova, Gino Quilico, Louis Quilico, Joseph Rouleau et André Turp. En 1991, la compagnie fonde le Panthéon canadien de l'art lyrique où Louis Quilico est le premier intronisé. Joseph Rouleau et Judith Forst en feront partie en 1992, suivis de Jean-Paul Jeannotte et Maureen Forrester en 1994, Ermanno Mauro et Irving Gutman en 1995, Jacqueline Desmarais, Claire Gagnier et Richard Verreau en 1996, Hugette Tourangeau et Messieurs Mapoléon Bisson et Claude Corbeil en 1997, Colette Boky et Clarice Carson en 1998, et Nicole Lorange et Mario Bernardi en 1999.

Claire Versailles

Opération Désarmement Fondée en 1977 par T. James Stark et Peter Brown, elle est une organisation non partisane et à but non lucratif, qui s'est donné pour mission d'amener les pressions de l'opinion publique internationale à s'exercer sur les gouvernements des pays pour qu'ils négocient la fin de la course aux armements nucléaires. L'un de ses grands projets est d'organiser un référendum mondial sur le désarmement, parrainé par les Nations Unies. L'organisation croit que ce serait le meilleur moyen de donner aux gouvernements un mandat suffisamment clair. Opération Désarmement compte environ 10 000 membres et partisans et est financée par des dons et par les cotisations des membres. Au Canada, elle est la première organisation à proposer la tenue de référendums municipaux sur le désarmement. À la suite de cette campagne, 195 scrutins municipaux sont tenus, et 76,2 p. 100 des suffrages sont en faveur du désarmement. En 1983, Opération Désarmement dirige une coalition visant à mettre fin aux essais de missiles de croisière en territoire canadien. En 1985, l'affaire est entendue par la Cour suprême, qui statue que les motifs invoqués par Opération Désarmement en s'appuyant sur la CHARTE CANADIENNE DES DROITS ET LIBERTÉS sont insuffisants pour convaincre un tribunal du bien-fondé d'une injonction visant les essais de missiles de croisière. Avant les élections fédérales de 1984, l'organisme mène une campagne pour faire de l'interdiction des armements nucléaires un thème électoral. (*Voir aussi* MOUVEMENT PACIFISTE.)

Opération Lumière du matin On a baptisé «Lumière du matin» la première phase de l'opération de recherche entreprise pour retrouver le satellite à propulsion nucléaire soviétique qui, de façon accidentelle, est retourné dans l'atmosphère terrestre au-dessus du nord du Canada le 24 janvier 1978. C'est presque tout de suite après sa mise en orbite, le 18 septembre 1977, que Cosmos 954 avait adopté un comportement bizarre. En tout début de journée, le 24 janvier, les problèmes de friction du satellite ont augmenté, alors qu'en accomplissant sa dernière orbite il s'engage plus profondément dans la couche atmosphérique. NORAD avait déterminé son heure de rentrée et, à l'aide du télescope de sa station de poursuite située à Hawaii, avait aperçu la lueur rou-

ge foncé laissée par le passage du satellite en direction des îles de la Reine-Charlotte. Quelques minutes plus tard, des habitants de Yellowknife, T.N.-O., ont observé un brillant objet blanchâtre qui traversait le ciel.

On a d'abord envoyé les débris à Edmonton pour les expédier ensuite à l'Établissement de recherches nucléaires de Whiteshell à Pinawa, Manitoba, à des fins d'analyse et de stockage définitif. Lors des recherches les plus intenses, près de 220 personnes se trouvaient à Edmonton et à Yellowknife, qui servaient de bases d'opérations des hélicoptères utilisés pour les recherches. C'est le 26 janvier, en fin de journée, que l'on a trouvé le premier objet carbonisé près de l'embouchure de la rivière Hoarfrost, à 27 km au nord de Fort Reliance. La découverte subséquente d'un plus grand nombre de pièces a contribué à confirmer l'hypothèse qu'il s'agissait bien des restes du cœur d'un réacteur nucléaire qui aurait fondu ou se serait désintégré dans les couches supérieures denses de l'atmosphère, ce qui correspond à peu près à l'assertion lancée par les Soviétiques le 24 janvier. Il devenait évident qu'il ne fallait plus se demander si le cœur avait atteint le sol, ni s'inquiéter du danger qu'il représentait. Pourtant, certains fragments du cœur, de dimension plus importante, dont la radioactivité élevée pouvait être mortelle, ont été retrouvés sur la glace au milieu du Grand lac des Esclaves. Le 23 février, on a récupéré le morceau présentant le plus haut taux de radioactivité, un fragment de la dimension d'une pièce de cinq cents.

À cause de la débâcle, l'opération «Lumière du matin» a pris fin le 20 avril. Les recherches se sont déroulées sur un territoire d'une superficie supérieure à 124 000 km^2, et plus de 4500 heures de vol ont été consignées. Les recherches englobaient toutes les zones habitées, y compris les sites des Jeux d'hiver de l'Arctique de 1978 à Hay River et à Pine Point.

La deuxième phase de l'opération de recherche, de juillet à octobre, a été effectuée à contrat par la COMMISSION DE CONTRÔLE DE L'ÉNERGIE ATOMIQUE. À la mi-octobre, on avait retrouvé plus de 4000 particules, fragments et morceaux, et effectué plus de 4700 analyses de laboratoire. Les opérations de recherche et de nettoyage s'étaient étendues à toutes les zones habitées, selon les saisons, incluant l'aire de nidification de la grue blanche d'Amérique dans le PARC NATIONAL WOOD BUFFALO. Les coûts engagés au cours de la première phase par les divers ministères et organismes canadiens ont totalisé 12 048 239 $, dont 4 414 348 $ qui ont été réclamés à l'URSS en vertu de la Convention sur la responsabilité internationale de 1972 pour les dommages causés par des objets spatiaux. Au cours de la deuxième phase, l'ensemble des coûts a atteint 1 921 904 $ dont un montant de 1 626 825 $ était réclamé par le Canada. On estime à environ trois millions de dollars la somme remboursée par l'URSS.

Ken Shultz

Opérations sur marchandises Les marchés à terme de marchandises sont des marchés qui fonctionnent sur la base de contrats visant la livraison de biens à une date ultérieure. De nos jours, ces marchandises englobent les produits agricoles, les métaux, les produits forestiers, les produits pétroliers, les taux d'intérêt et les valeurs mobilières. On a établi les premiers marchés à terme pour régler les problèmes causés par les productions saisonnières de céréales. Celles-ci sont récoltées pendant une courte période et doivent être entreposées afin de pouvoir être consommées tout le reste de l'année. Il y a donc risque de surplus lors de la récolte et de pénurie avant la prochaine récolte. Au moment de la récolte, les agriculteurs faisaient souvent face à un marché saturé avec le risque d'une chute brutale des prix. Les marchands, quant à eux, devaient approvisionner leurs clients à un rythme régulier, sans vraiment connaître le volume de céréales que les agriculteurs vendraient ni la date de ces ventes. Les marchés à terme permettent aux agriculteurs de fixer le prix de leur récolte longtemps avant qu'elle ne soit réellement vendue et garantissent aux négociants et au secteur de la transformation à la fois le prix et les fournitures tout au long de l'année de récolte.

Les premiers marchés à terme C'est en 1730, à Osaka, au Japon, qu'ils furent d'abord établis. Un siècle plus tard, dans les années 1860, on effectuait à Chicago les premières opérations à terme pour commercialiser la production agricole croissante des plaines américaines. Puis, en 1904, le Canada emboîtait le pas avec ce qui est devenu la Winnipeg Commodity Exchange (autrefois la bourse de marchandises de Winnipeg). La Bourse des marchés à terme de Toronto a ouvert ses portes en 1980, partageant le parquet de la Bourse de Toronto. La Bourse de Montréal a créé un marché à terme pour le bois d'œuvre en 1984, mais ce marché est devenu inactif à partir de 1986. À Toronto fonctionne un marché à terme où se transigent des obligations et des bons du Trésor du gouvernement canadien, ainsi que des contrats d'indice boursier canadien. En 1992, on y a enregistré 59 382 transactions. À Winnipeg, on négocie des contrats à terme sur le colza, la graine de lin et le seigle pour le marché international, et sur le blé, l'orge et l'avoine pour les besoins de l'industrie canadienne de l'alimentation animale. On y effectue aussi des opérations sur l'or et l'argent. En 1992, le volume des opérations a été de 2 462 922 contrats.

Aux États-Unis, les marchés à terme les plus importants du monde se trouvent à Chicago et à New York; il en existe également à Kansas City et à Minneapolis. On trouve aussi de grands marchés en Europe, en Asie, en Australie et en Amérique du Sud.

Marchés à terme de marchandises Ils sont utilisés à des fins de couverture contre une éventuelle fluctuation des prix. Les prix des marchandises sont déterminés en fonction de l'offre et de la demande, qui varient à leur tour en raison de facteurs imprévisibles, comme les conditions météorologiques, les politiques gouvernementales, les transports, et les décisions de production et de consommation prises partout dans le monde. Par conséquent, les marchandises sont sujettes à d'importantes fluctuations de prix, difficiles à prévoir. Les marchés à terme de marchandises permettent aux producteurs commerciaux, aux négociants et au secteur de la transformation de se protéger contre les fluctuations de prix, au moyen d'opérations de couverture. La technique de la couverture rend possible la gestion du risque et a pour effet de diminuer le coût de mise en marché des marchandises.

Ces acteurs commerciaux sont les principaux utilisateurs des marchés à terme. P. ex., les importants emprunteurs, telles les sociétés, et les importants prêteurs, comme les caisses de retraite, courent le risque que les taux d'intérêt fluctuent avant qu'ils ne soient prêts à vendre des obligations ou à investir des fonds; ils peuvent se protéger contre ce risque en prenant une position sur les marchés à terme de taux d'intérêt. De la même façon, les agriculteurs paient le coût des semences au moins quatre mois, et même souvent 15 mois, avant de pouvoir vendre leur production. Les marchés à terme leur offrent la possibilité de protéger leur prix de vente contre les incertitudes du marché international des céréales.

Les marchés à terme sont intéressants non seulement pour les producteurs et utilisateurs commerciaux de marchandises, mais aussi pour les spéculateurs qui tentent de faire des profits en prévoyant les variations de prix des marchandises. Ce faisant, ils ont la fonction essentielle de courir le risque que les opérateurs commerciaux essaient d'éviter par des opérations de couverture.

K.S. Kearns

Opetchesahts Bande NOOTKA de la vallée de l'Alberni, dans l'île de Vancouver, en Colombie-Britannique. Ils formaient jadis trois groupes de Salish de la Côte qui, décimés par les épidémies et les guerres prolongées au cours de l'ère historique, ont fusionné en une bande comptant aujourd'hui 210 personnes. Leurs territoires traditionnels englobaient le bras Alberni, la rivière Somass et les lacs Sproat et Great Central. À la fin de l'ère préhistorique et au début de l'ère historique, des groupes de Nootkas envahissent le bras Alberni et repoussent les groupes de Salish de la Côte vers leurs territoires dans la vallée. Les Opetchesahts en viennent à adopter la langue et la culture des Nootkas, mais conservent leur penchant salish pour l'intérieur des terres, les rivières et les lacs. Leur subsistance dépendait beaucoup de l'élan et du cerf. Ils vivent aujourd'hui dans la réserve Ahahswinis, près de Port Alberni.

John Dewhirst

Ophtalmologie Branche de la médecine qui s'occupe des yeux et de leur relation avec le corps. L'ophtalmologiste, aussi appelé oculiste, médecin des yeux ou chirurgien des yeux, est un médecin qui, après une formation à l'école de médecine et un internat, étudie les affections de l'œil, de trois à six années, avant de passer les examens du Collège royal des médecins et chirurgiens du Canada ou du Collège des médecins et chirurgiens du Québec. Après sa qualification, l'ophtalmologiste devient un membre de l'équipe médicale. En plus de traiter les maladies oculaires, il aide à diagnostiquer des problèmes de santé plus généraux, notamment les problèmes circulatoires (p. ex. hypertension, athérosclérose), neurologiques (p. ex. sclérose en plaques, accident cérébrovasculaire) et endocriniens (p. ex. diabète, troubles thyroïdiens). Ces états pathologiques s'accompagnent parfois de troubles visuels (vision embrouillée) ou d'autres symptômes. Souvent, l'ophtalmologiste amorce le traitement, qui non seulement peut sauver la vue du patient, mais aussi sa vie.

Étude de l'œil Cette spécialité médicale a évolué lentement pendant les années 1800. Henry Howard, de la Montreal Eye and Ear Institution, est probablement un des premiers médecins au Canada à se consacrer exclusivement aux maladies de l'œil. Son livre, *The Anatomy, Physiology and Pathology of the Eye,* écrit en 1850 et basé sur ses quatre années de pratique à Montréal, est publié avant l'invention de l'ophtalmoscope, en 1851. Ce petit télescope portatif permet aux médecins de regarder à l'intérieur de l'œil par la pupille, et d'examiner la rétine et le nerf optique, tous deux des extensions du cerveau. En 1864, des médecins de Toronto réussissent à photographier la rétine d'un chat en reliant un ophtalmoscope à un appareil photo. Une étape importante vient d'être franchie et, dans le monde entier, cette technique est reconnue comme essentielle pour diagnostiquer et traiter les maladies de l'œil.

En 1922, le Dr Walter Wright est le premier à utiliser le *fascia lata* (tissu de la jambe) pour réparer un ptosis (chute de la paupière supérieure), technique qui est encore utilisée de nos jours. La Société canadienne d'ophtalmologie est fondée en octobre 1937, mais ce n'est qu'au début des années 40 que le Dr Wright met sur pied, à l'U. de Toronto, le premier programme d'enseignement de l'ophtalmologie au Canada. Peu après, le Dr Harold Ridley, un Britannique, remplace un cristallin opacifié (cataracte) par un cristallin artificiel en plastique transparent (lentille intraoculaire). Les ophtalmologistes canadiens sont parmi les premiers à utiliser ce type de lentilles.

Au cours d'un examen de l'œil, l'ophtalmologiste retrace les antécédents du patient afin de s'assurer que les symptômes sont bien liés à un problème local des yeux et non pas à la manifestation de maladies situées ailleurs dans l'organisme, par exemple un accident cardiovasculaire, une tumeur au cerveau, le diabète, l'hypertension, une affection rhumatoïde ou un cancer.

Progrès technologiques L'ophtalmologiste peut reconstruire plusieurs parties de l'œil malade. Une cornée malade peut être remplacée par une cornée saine d'un donneur lors d'une transplantation de cornée. En 1955, un projet conjoint entre l'Institut national canadien pour les aveugles et la Société canadienne d'ophtalmologie permet d'établir la banque d'yeux du Canada. Des cicatrices superficielles sur la cornée peuvent être éliminées au moyen d'un laser à excimères. Il est possible de remplacer un cristallin opaque par un cristallin artificiel en plastique transparent par extraction de la cataracte et implantation du cristallin. Le glaucome se traite maintenant au moyen de nouveaux médicaments, d'une chirurgie au laser ou d'une chirurgie du glaucome. Quant aux affections de la rétine, elles se traitent au moyen de différents lasers et par chirurgie de la sclérotique («buckle»), et à l'aide d'un vitréotome.

Des membranes fines peuvent être détachées de la rétine, et de nouvelles techniques permettent d'opérer même sous celle-ci, qui est pourtant plus mince qu'une pellicule cellulosique. Des endoscopes de la taille d'un fil et avec le diamètre d'une petite aiguille comportent des fibres vidéos et lasers qui permettent de voir et de traiter des régions difficiles d'accès à l'intérieur de l'œil, dans l'orbite et le long des conduits lacrymaux. Les rides autour des yeux sont maintenant atténuées, voire même effacées, grâce à une technique laser spéciale, tandis que la chirurgie esthétique de l'œil élimine les poches sous les yeux et les chutes de paupières.

Des ophtalmologistes généralistes exercent dans tout le pays, et la plupart des grands centres comptent aussi des ophtalmologistes spécialistes, experts des affections de la rétine ou du corps vitré, des maladies de la cornée ou de la partie externe de l'œil, du glaucome, de la neuro-ophtalmologie, de la chirurgie esthétique de l'œil, de l'ophtalmologie pédiatrique, du strabisme et de la chirurgie réfractive. On trouve des centres d'enseignement en ophtalmologie dans les écoles de médecine à Halifax, à Québec, à Sherbrooke, à Montréal, à Ottawa, à Kingston, à Toronto, à London, à Winnipeg, à Saskatoon, à Edmonton et à Vancouver.

Les ophtalmologistes canadiens sont des chefs de file en innovations ophtalmologiques; ils allient progrès technologiques et imagination pour élaborer de nouvelles techniques. Les microscopes utilisés en chirurgie oculaire permettent maintenant le grossissement fonctionnel: les tissus peuvent être réparés avec des points de suture plus petits qu'un cheveu humain, et de nouvelles techniques permettent qu'une plaie minuscule guérisse d'elle-même, sans nécessiter de points de suture. Certaines lentilles intraoculaires se replient de telle sorte qu'on peut les insérer dans une plaie minuscule, plus petite que 2,4 mm. Il est même possible de couper des membranes plus délicates qu'un mouchoir de papier ou les gratter pour enlever le tissu cicatriciel. Il est possible d'opérer sous la rétine, même si celle-ci recouvre le fond du globe oculaire.

Au premier rang Des données cliniques et des progrès techniques relatifs aux lentilles cornéennes proviennent du Canada et sont diffusés dans le monde entier. Le Canada est un pionnier des techniques chirurgicales pour modifier la forme de l'œil afin de diminuer ou d'éliminer le port de verres. Il joue un rôle de premier plan dans la chirurgie réfractive au laser et la mise au point de techniques et d'équipements d'avant-garde. C'est ce qui a attiré au Canada de nombreux ophtalmologistes du monde entier. Les Canadiens sont aussi des chefs de file dans le développement de techniques sans risques pour la chirurgie des cataractes et l'implant de cristallin. De plus, les Canadiens sont en train de mettre au point de nouvelles techniques de dépistage du glaucome par visualisation de la papille optique au moyen de la tomographie par ordinateur, et ces techniques seront utilisées partout dans le monde.

La biomicroscopie par ultrasons, mise au point à l'U. de Toronto, a permis d'élargir les connaissances sur la physiologie de l'accommodation et sur la pathophysiologie de différents types de glaucome. À l'U. de Western Ontario (London), on a mis au point une technique d'examen par ultrasons donnant une image tridimensionnelle de l'œil et de son orbite. Les ophtalmologistes peuvent maintenant voir, mesurer et suivre les tumeurs intraoculaires et orbitales, et les traiter sans risques et sans chirurgie. Cette technique permet aussi une meilleure planification de toute chirurgie intraoculaire complexe.

Michael M. Henry

Opinion publique Ce terme est popularisé par Jacques Necker, ministre des Finances de Louis XVI. Dans ses écrits, il affirme que l'opinion publique influence le comportement des investisseurs sur les marchés financiers de Paris. En Angleterre, Jeremy Bentham soutient que l'opinion publique représente une force non négligeable, en ce qui a trait au contrôle du désordre social, et une des bases importantes de la démocratie. Dans les civilisations anciennes, ce n'est que chez les Grecs que l'opinion publique se développe comme force importante. En Europe, l'opinion publique est souvent considérée comme étant l'arme de la classe moyenne. En 1835, Tocqueville, en observant le rôle joué par l'opinion publique en Amérique écrit: «la majorité soulève de formidables barrières autour de la liberté d'opinion», et «je ne suis pas le plus enclin à passer sous un joug parce que les bras d'un million d'hommes me le tendent».

Il n'existe aucune définition acceptée du terme «opinion publique», quoique ce terme soit utilisé couramment de nos jours. Les hommes et les politiciennes de même que les journalistes y font constamment référence. On le définit généralement comme un ensemble d'opinions personnelles recueillies sur des questions d'intérêt public. Ce terme ne renvoie pas nécessairement à des valeurs où à des croyances puisque les opinions sont plus instables et moins ciblées que les valeurs ou les croyances. Les termes «attitude» et «opinion» sont souvent utilisés indifféremment. Cependant, on considère généralement l'attitude comme étant une prédisposition plus fondamentale et plus généralisée que l'opinion, qui est une manifestation particulière des attitudes sous-jacentes. Lorsqu'un événement survient, les gens forment leurs attitudes et en discutent, puis les modifient ou les renforcent, et c'est ainsi que naît l'opinion publique. L'opinion est souvent caractérisée par l'orientation, l'intensité, l'ampleur et la profondeur.

Longtemps avant l'élaboration de mesures systématiques permettant d'évaluer les opinions, on a constaté que l'opinion publique semblait être supérieure à la somme des opinions personnelles, ce qui a mené des chercheurs à observer le comportement de la foule en vue de spéculer sur l'existence d'un esprit de groupe, bien que ce concept ait été abandonné, du moins en sciences sociales, par manque de preuves empiriques. Certains spécialistes en sciences sociales au XXe siècle posent en postulat que la relation des opinions personnelles entre les individus entraîne une forme d'organisation. Malgré le manque de recherche sur la structure interne de l'opinion publique, certains praticiens des relations publiques considèrent qu'il est de leur devoir de transformer des attitudes personnelles en une collectivité qui peut exercer une influence. Les plus grands utilisateurs de la recherche de l'opinion publique sont le commerce et le secteur privé. Les journaux, les revues, les diffuseurs et les partis politiques se servent aussi de sondages pour la collecte d'opinions.

Mesure de l'opinion publique L'opinion publique est mesurée par des questionnaires. De plus, comme la population étudiée est relativement vaste, on a généralement recours à un échantillon représentatif de la population. C'est le sondage d'opinion publique. La validité du sondage repose sur la qualité des questions posées et de l'échantillon choisi. Les premières tentatives de mesure de l'opinion publique remontent au début du XIXe siècle. Certains journaux américains, voulant connaître les intentions de vote des citoyens, ont demandé à leurs lecteurs de leur retourner des «votes de paille» qu'ils ont compilés et publiés. La pratique se généralise au début du XXe siècle, surtout par le biais du *Literary Digest*, qui se livre ainsi à des sondages nationaux de 1910 à 1936.

Toutefois, les élections de 1936 se révèlent désastreuses pour ce type de sondage. Malgré l'envoi massif de 2,4 millions de votes par la poste, le *Digest* sous-estime l'élection de Franklin Roosevelt par 19,3 p. 100, principalement parce que le sondage n'a pas tenu compte d'une partie importante de l'électorat. Par contre, de nouveaux venus dans le domaine, en particulier George Gallup, prédisent les résultats avec justesse.

Au Canada, les premiers sondages Gallup apparaissent au début des années 40. Ces sondages sont effectués par le Canadian Institute of Public Opinion (CIPO). Chaque mois, l'Institut sonde l'opinion d'environ 1000 Canadiens et Canadiennes. Les sondages Gallup utilisent la déduction statistique, évaluant les opinions d'une population entière à partir d'un échantillon. Beaucoup de questions sont posées et elles varient d'un sondage à l'autre. Gallup pose les mêmes questions à intervalles réguliers pendant plusieurs années, permettant de tracer l'évolution de l'opinion publique. Par contre, comme règle générale, le nombre relativement grand de répondants incapables d'exprimer une opinion clairement sont présumés avoir les mêmes préférences que ceux qui le peuvent. La présentation des résultats peut aussi induire en erreur. Un échantillon prélevé à l'échelle nationale pour mesurer les intentions de vote doit représenter de façon appropriée des catégories démographiques: âge, sexe, résidence en milieu urbain ou rural, profession, revenu, niveau d'instruction et appartenance religieuse ou ethnique.

Comme la majorité des sondages d'opinion à l'échelle nationale, les sondages Gallup utilisent une combinaison de la méthode d'échantillon stratifié, qui consiste à choisir des caractéristiques de la population, à déterminer la proportion de la population qui a ce genre de caractéristiques ainsi qu'à assigner des quotas pour les sondeurs; et de la méthode de probabilité par aires d'échantillonnage, qui consiste à choisir des caractéristiques d'une population, à diviser le pays en unités géographiques, p. ex. en comtés, en municipalités rurales, en villes, etc., à diviser de façon arbitraire ces unités en segments régionaux, à sélectionner un certain nombre d'unités d'habitations dans chaque segment et à sélectionner les adultes (ou les électeurs admissibles) qui seront interrogés.

Dans la présentation de ses résultats d'élection, l'organisation Gallup revendique une marge d'erreur de 4 p. 100. Toutefois, cette marge d'erreur dans les résultats du scrutin, exprimée comme une moyenne non pondérée en points de pourcentage (établie en divisant l'erreur totale de points de pourcentage par le nombre de catégories de partis politiques), ne traduit pas la validité du sondage. P. ex., en 1957, la marge d'erreur moyenne a été de 3,5 p. 100, mais l'erreur de prévision a été de 53 p. 100, soit environ un million de votes. Même lorsqu'en 1962, la moyenne d'erreur du scrutin n'a été que de 1,5 p. 100, l'écart entre la marge d'erreur exprimée en votes réels (446 000) et la pluralité de 8000 votes du parti en tête a été très grande.

Entre 1945 et 1974, au cours des 11 élections fédérales, le CIPO a prédit avec précision les pourcentages de votes exprimés pour les catégories de partis seulement dans 7 des 44 cas, et, dans le cas de deux principaux partis, l'Institut a nettement exagéré la force libérale en 1957 et en 1965. Lors de récentes élections au provincial, le nombre de sondages commandés par des journaux et menés par des organismes privés ont augmenté de façon marquée. Dans de nombreux cas, les sondages tentent de prévoir la répartition proportionnelle des votes et non des résultats réels en fonction des circonscriptions. Habituellement, on effectue un échantillon au hasard à l'échelle de la province par l'entremise d'entrevues téléphoniques. Certaines de ces études, p. ex., celles du Centre de recherches sur l'opinion publique, menées au cours des élections provinciales au Qué-

bec en 1970 et en 1973, n'ont permis de prédire les tendances électorales que de façon générale.

Bon nombre de politiciens et d'observateurs prétendent que les sondages exercent une forte influence sur l'opinion des gens qu'ils sont censés sonder. Certains soutiennent que les sondages peuvent amener des électeurs à changer d'idée afin de voter pour le parti gagnant, que les partis les moins favoris en course en tirent avantage par effet de contestation, et que les sondages découragent bon nombre de gens à aller voter, puisque ceux-ci ont l'impression que les dés sont jetés. Aucune de ces théories n'est étayée par des preuves solides, même si des chefs d'entreprise, des dirigeants de médias, des membres de la classe politique et des fonctionnaires se laissent souvent grandement influencer par les résultats de ces sondages.

La documentation sur le comportement dans l'exercice du droit de vote indique que la psychologie en matière de vote est très complexe et qu'elle comprend de nombreux facteurs déterminants. En général, les citoyens qui vivent dans des pays démocratiques semblent accepter les marges d'erreurs contenues dans les sondages et l'utilisation, bonne ou mauvaise, des sondages par les médias. Après les élections provinciales tenues au Québec en 1970, il existe certaines preuves selon lesquelles des quotidiens ont délibérément dénaturé les résultats des sondages en période préélectorale. En réponse, neuf organisations montréalaises chargées du scrutin recommandent de fixer des règles claires et détaillées pour contrôler la manière dont les médias présentent les résultats en vue de prévenir une interdiction formelle sur certaines activités de sondage, comme il en existe en Colombie-Britannique. Au fédéral, le Comité Barbeau, chargé d'enquêter sur les dépenses électorales, recommande qu'aucun résultat de sondage ne soit publié pendant les périodes préélectorales. En 1970, un député dépose un projet de loi du même genre à la Chambre des communes, mais aucune proposition n'est adoptée.

En fait, au Canada, les partis politiques utilisent de plus en plus souvent les sondages, ainsi que le font les organismes gouvernementaux, les commissions royales, les commissions d'étude, les groupes de travail et les autres groupes axés sur la politique. Le Parti libéral, le Parti progressiste-conservateur et le Nouveau Parti démocratique demandent tous de façon régulière des sondages pour leur usage personnel. Parmi les spécialistes de sondage bien connus au Canada, on trouve Allan Gregg, de Decima, Michael Adams et Martin Goldfarb. De nouvelles techniques d'analyse visant à découvrir les motivations et les attitudes du grand public en général sont déployées à l'échelle nationale, provinciale et dans des circonscriptions électorales. Ces sondages sont menés non seulement par des spécialistes reconnus dans la matière, mais également par des sociologues et des psychologues sociaux.

Les récentes méthodes de sondage coûtent cher, ce qui peut compromettre la concurrence entre les partis. La motivation sous-jacente au sondage, pour certains politiciens et politiciennes, semble souvent être une préoccupation pour l'image projetée, ce qui renforce la tendance des chefs de parti à dominer dans les élections et, par voie de conséquence, dans la prise de décisions ainsi que la tendance à négocier ou à marchander avec les électeurs plutôt que de les persuader. Toutefois, les chercheurs allèguent que certains chefs ont toujours cherché à suivre ou à manipuler l'opinion publique et qu'ils le feront toujours. Ils font aussi remarquer de nombreux cas où des points de vue minoritaires sont finalement devenus des opinions couramment acceptées par le public. Pour des raisons évidentes, certains membres de la classe politique considèrent les sondages préélectoraux avec mépris, comme le démontre le célèbre commentaire de Diefenbaker: «Chaque matin quand j'amène mon petit chien Happy se promener, je regarde avec beaucoup d'intérêt ce qu'il fait aux sondages» (en anglais *polls* («sondages») et *poles* («poteaux») se prononcent de la même façon).

André Blais

Opossum Nom commun donné à huit genres de MAMMIFÈRES omnivores incluant quelque 65 espèces dont certaines appartiennent à la famille des didelphidés, une des deux familles de MARSU-PIAUX que l'on rencontre à l'extérieur de l'Australie. L'espèce nord-américaine, l'opossum de Virginie (*Didelphis virginiana*), est le seul marsupial indigène du Canada. Mal adapté aux froids extrêmes, il atteint la limite septentrionale de sa distribution au Canada, où on le trouve dans l'extrême sud de l'Ontario et dans le bassin inférieur du Fraser, en Colombie-Britannique.

Description Cet animal de la taille d'un chat est facilement reconnaissable: il a un long nez pointu, des oreilles nues, une fourrure rude dont la couleur varie du noir au blanc, une queue squameuse et préhensile, et des pattes antérieures dont le gros orteil, sans griffe, est opposable aux autres orteils. Cette espèce a probablement évolué à partir d'une espèce tropicale très semblable, le *D. marsupialis*, au pléistocène (il y a de 1,65 million d'années à 10 000 ans).

Reproduction et croissance Les jeunes naissent à un stade prématuré, après une gestation de moins de 13 jours, et finissent de se développer dans la poche ventrale de leur mère. Celle-ci peut avoir deux portées par année, comptant jusqu'à 13 petits chacune.

C.G. Van Zyll De Jong

Optométrie (du grec *optos,* «visible», et *metron,* «mesure») Profession qui consiste à examiner les yeux dans le but de détecter des problèmes de réfraction, de mobilité oculaire et de perception visuelle, et à traiter les anomalies à l'aide de verres correcteurs et de traitements orthoptiques. La charte royale, signée par Charles 1ᵉʳ d'Angleterre (1629), sans cesse renouvelée par les monarques successifs et encore en vigueur à ce jour, confère la responsabilité de la qualité des lunettes et de la formation des apprentis à la Worshipful Company of Spectacle Makers. Cependant, ce n'est que vers la moitié du XIXᵉ siècle que le mot «optométriste» prend naissance aux États-Unis. Depuis 1880 environ, on utilise ce terme en général et dans le domaine juridique.

Au début, les optométristes apprennent grâce à l'apprentissage. Par la suite, des écoles indépendantes offrent une formation théorique, alors que la formation clinique est dispensée par des optométristes de métier. Il n'y a cependant aucun contrôle de la qualité ou du contenu des programmes, ou de la formation clinique. Des programmes universitaires sont créés à partir de 1925 et comprennent une formation à la fois didactique, en laboratoire, et clinique. Depuis quelque temps, l'enseignement en optométrie est de plus en plus intégré aux autres programmes de sciences de la santé, en particulier à l'étape de la formation clinique. En Amérique du Nord, tous les programmes d'optométrie sont reconnus par le Conseil de l'enseignement en optométrie de l'American Optometric Association.

Deux universités canadiennes, l'U. de Montréal et l'U. de Waterloo, ont des écoles d'optométrie. Chaque année, quelque 40 sujets obtiennent leur diplôme à Montréal dans cette spécialité, et à Waterloo, le nombre se situe entre 60 et 70. Ces deux écoles sont reconnues par le Conseil. Pour être accepté dans ces programmes, le candidat doit avoir suivi un minimum de deux ans en sciences fondamentales. La durée des programmes professionnels est de quatre ans. Les diplômés peuvent commencer à exercer leur profession sans avoir à faire d'internat. Cependant, ils doivent avoir un permis de pratique, qu'ils obtiennent par le biais d'un examen administré par chaque province. Les universités de Montréal et de Waterloo offrent toutes deux un programme de maîtrise en sciences de la vue (optique physiologique). En outre, l'U. de Waterloo offre un doctorat en sciences de la vue. À la fin des années 80, les facultés des deux écoles apportent de l'information nouvelle sur la fonction visuelle par l'entremise de programmes de recherche fondamentale et clinique sur la vision.

Au sein de chaque province, les lois sur l'optométrie ou la législation sur les soins de santé accordent une certaine autonomie à la profession. Les associations d'optométrie de chaque province sont organisées pour promouvoir une pratique respectant l'éthique professionnelle et une formation continue de leurs membres, pour contribuer au bien-être de la profession et pour négocier les honoraires avec le gouvernement dans le cadre des lois relatives à l'assurance-maladie. Conformément à la loi, la formation continue des optométristes est obligatoire dans la majorité des provinces canadiennes. L'Association canadienne des optométristes, une organisation nationale, regroupe 10 associations provinciales.

Les diplômés en optométrie peuvent ouvrir leur propre bureau, mais la plupart optent pour la pratique en groupe. Une autre tendance consiste à se spécialiser dans les domaines tels que les soins par les verres de contact, les soins pour basse-vision, la pédiatrie, la gériatrie, l'électrodiagnostic, le diagnostic à l'aide des ultrasons, l'orthoptique et l'entraînement visuel. Les optométristes spécialisés en santé au travail sont formés pour évaluer les milieux de travail afin d'identifier les dangers pour les yeux et pour la vision. On fait appel à eux pour planifier, mettre sur pied et administrer des programmes de protection des yeux. Ils établissent des normes relatives à la vision dans différents types de travail, et contribuent à créer un environnement de travail et de loisir optimal pour les yeux.

M.E. Woodruff

Opus Dei Institution catholique fondée en 1928 par le prêtre espagnol Josémaría Escrivá, qui prêchait que les laïcs peuvent et doivent rechercher la sainteté dans leur travail et leur vie quotidienne. Malgré les critiques qui s'élèvent dans l'Église contre la doctrine voulant qu'on puisse trouver la sainteté sans quitter son monde, sans devenir prêtre ou sans appartenir à une congrégation ou à un ordre religieux, le Vatican reconnaît l'Opus Dei en 1943 à titre de nouveau phénomène pastoral. Après la Seconde Guerre mondiale, l'institution se répand dans d'autres pays et arrive au Canada en 1957. Les déclarations de Vatican II reprennent beaucoup d'enseignements de l'Opus Dei. En 1982, le pape Jean-Paul II constitue l'Opus Dei en prélature personnelle et en nomme Mᵍʳ Alvaro de Portillo (maintenant évêque) premier prélat; en 1992, il béatifie le fondateur. L'Opus Dei compte maintenant plus de 1500 prêtres et plus de 75 000 membres dans plus de 50 pays. Au Canada, l'Opus Dei possède des centres dans plusieurs villes, et la prélature compte 550 membres, dont 13 prêtres. Le très révérend Gregory Haddock est le vicaire régional du Canada.

Or (Au) Métal jaune brillant, reconnu pour sa grande densité (19,3 fois la masse d'un volume égal d'eau), estimé pour son exceptionnelle ductilité, sa grande résistance à la corrosion, son éclat et sa rareté. La pyrite de fer, parfois appelée l'or des fous, se différencie de l'or véritable par sa fragilité, sa dureté et sa couleur noire sous forme de poudre.

L'or est le plus stable des métaux. On le trouve habituellement à l'état natif ou libre. Il est présent principalement dans les veines (filons) du substrat rocheux, mais aussi sous forme de pépites, de paillettes ou de poussières mêlées au sable, et au gravier des ruisseaux et des rivières. L'or est également un sous-produit de métaux communs, source du cinquième de la production aurifère canadienne.

Extraction La nature du minerai détermine le procédé de séparation et de récupération utilisé. Quand l'or se présente sous une forme relativement grossière et libre, il peut être récupéré par des moyens mécaniques tels que des trappes fonctionnant par gravité et des tables à secousses où, en raison de son poids élevé, il se sépare. Le processus chimique par cyanuration est utilisé pour récupérer l'or finement dispersé dans le minerai. Le procédé est complexe, mais il consiste, fondamentalement, à dissoudre l'or par l'addition d'une solution cyanurée au minerai finement moulu, puis à agiter le tout en milieu aérobique. Après avoir subi diverses étapes de traitement, la solution contenant l'or est clarifiée, puis le métal se précipite après l'addition de poudre de zinc à la solution. La méthode du charbon en pulpe, où l'on utilise du charbon activé pour recueillir l'or sans avoir à filtrer la boue contenant le minerai broyé, compte au nombre des récentes améliorations apportées au processus. Le charbon activé est dépouillé de son or dans un bain d'acide, puis recyclé.

Une fois séparé du minerai et sous forme d'un précipité impur, l'or est placé dans un four à haute température en présence d'un fondant. Une réaction chimique a alors lieu au cours de laquelle le fondant et les impuretés se combinent et produisent de la scorie. L'or en fusion coule au fond du four, d'où il est retiré puis moulé en barres contenant l'or et tout argent qui aurait pu être présent dans le minerai brut.

De tout temps, l'or a représenté un des symboles ultimes de richesse. Bien qu'il soit trop mou pour la fabrication d'armes ou d'outils, l'or est apprécié pour sa valeur artistique et monétaire. L'industrie en fait de nombreux usages. Métal chimiquement inerte, il a longtemps été utilisé en dentisterie pour les couronnes et les plombages. Sa résistance à la corrosion et sa conductivité électrique le rendent utile dans le matériel électronique de précision. Appliqué en une mince feuille sur les fenêtres, il augmente les propriétés thermiques d'un bâtiment de façon phénoménale. Il réduit le gain de chaleur en été et la perte de chaleur en hiver. On a utilisé cette technique pour l'édifice de la BANQUE ROYALE à Toronto.

Or au Canada Les premières découvertes d'or au Canada remontent à 1823 au bord de la rivière Chaudière dans les Cantons de l'Est, au Québec. En 1858, à la suite des fabuleuses ruées en Californie et en Australie, de l'or est découvert dans le sable du fleuve Fraser, en Colombie-Britannique, ce qui lance la RUÉE VERS L'OR DE CARIBOO. Près de 40 ans plus tard, la légendaire RUÉE VERS L'OR DU KLONDIKE, au Yukon, marque le début d'une des périodes les plus productives de l'histoire de l'exploitation aurifère canadienne.

Dès le XXᵉ siècle, plusieurs camps miniers d'or importants tels que Porcupine, Timmins, Larder Lake, Kirkland Lake et Red Lake voient le jour dans le nord de l'Ontario. La frénésie de l'or gagne ensuite la frontière québécoise dans le nord de la province, et de l'or est découvert à Bourlamaque, à Val d'Or, à Chibougamau et à Malartic. Avec l'avènement de la Seconde Guerre mondiale et les dépenses qu'elle entraîne, la production canadienne d'or connaît une augmentation. En 1941, la production atteint un niveau record de 166 tonnes, puis décline considérablement en raison de la situation liée à la guerre.

En 1970, les coûts de production augmentent et provoquent la fermeture de nombreuses mines au Canada. La production diminue, n'atteignant que le tiers de la production des meilleures années. Des modifications dans les politiques monétaires internationales engendrent une hausse saisissante du prix de l'or à la fin des années 70 (*voir* ÉTALON-OR), qui provoque à son tour une augmentation des activités d'exploration et d'exploitation de nouveaux sites miniers. La découverte et l'exploitation, en 1981, d'un important gisement d'or à Hemlo dans le nord de l'Ontario, suivies d'autres découvertes et activités de mise en valeur dans chaque territoire et province du Canada redonne à l'or une place importante dans l'économie canadienne.

En 1995, le Canada se classait au quatrième rang des producteurs d'or au monde, derrière l'Afrique du Sud, les États-Unis et l'Australie. La production canadienne s'élevait à 149 tonnes en 1995, et était évaluée à 2,5 milliards de dollars. L'ouverture de nouvelles mines avant la fin de 1998 devait porter la production à 170 tonnes en 1998 et permettre de maintenir ce volume jusqu'à la fin de la décennie.

Gilles Couturier et Don Law-West

Orage Système de nuages bourgeonnants, qui se déplace sur de vastes territoires, accompagné d'éclairs, de tonnerre et, habituellement, d'averses de PLUIE, et de rafales de VENT près de la surface terrestre. Un orage est aussi parfois accompagné de GRÊLE et, plus rarement, de TORNADES.

Les orages surviennent habituellement les après-midi d'été. Bien qu'un orage touche normalement une localité donnée durant environ une heure seulement lors de son passage au-dessus d'elle, il peut aussi durer de six à dix heures et parcourir plusieurs centaines de kilomètres. En général, les orages commencent par un réchauffement localisé de la surface terrestre par le soleil pendant un jour relativement chaud. L'air près du sol commence par s'élever inégalement ici et là tout en se refroidissant à mesure qu'il s'élève. À une certaine altitude, cette convection rend l'air ascendant, qui s'est refroidi, saturé en vapeur d'eau. La vapeur d'eau en excès se condense, des myriades de minuscules gouttelettes d'eau se forment et une structure blanche appelée cumulus apparaît.

Si la convection reste forte, quelques-uns de ces cumulus peuvent poursuivre leur croissance et continuer à projeter leur sommet de plus en plus haut sous l'effet de leurs courants ascendants propres. La condensation fait grossir lentement les gouttelettes d'eau jusqu'au moment où, à une certaine altitude, la température des nuages devenant inférieure à 0 °C, une faible portion d'entre elles gèlent. Ces cristaux de GLACE grossissent rapidement aux dépens des gouttelettes voisines surfondues non gelées et forment des flocons de neige, des grêlons ou du grésil. Les courants ascendants continuent à les emporter vers le sommet du nuage jusqu'au moment où, devenant trop massifs, ils commencent à tomber. Cela donne un cumulo-nimbus à maturité ou nuage d'orage. Ce nuage ayant acquis une charge électrique durant sa croissance, des éclairs peuvent alors être déchargés. Pendant ce temps, les gouttes de pluie gelées et les grêlons qui tombent dans le nuage se réchauffent au-dessus de 0 °C et fondent. Si la fonte est complète, les averses de pluie, tantôt légères, tantôt fortes, tombent et sont fréquemment accompagnées de bourrasques et d'éclairs intenses. Si la fonte est incomplète, c'est le cas dans les orages plus grands et plus gros, la grêle accompagnera la pluie.

Les orages simples peuvent survenir les jours ensoleillés et raisonnablement chauds. Les plus gros viennent fréquemment en ligne (ligne de grains) lors du passage d'un front froid (*voir* MÉTÉOROLOGIE). Les orages les plus intenses peuvent être accompagnés d'une ou de plusieurs tornades qui se forment le long de la lignes de grains orageux. Les orages surviennent le plus souvent tard l'après-midi, mais il en arrive à n'importe quelle heure du jour et de la nuit. Ils sont plus fréquents de la fin de mai au début de septembre, avec un maximum en juillet, et ils sont très rares de novembre à mars. La partie habitée du sud du Canada subit de dix à vingt-cinq jours orageux par an, la plus grande fréquence moyenne étant de trente à trente-cinq jours dans le sud-ouest de l'Ontario. Les orages sont rares sur la côte Ouest et à Terre-Neuve: moins de cinq par an. Leur fréquence chute aussi rapidement au nord du 55e degré de latitude N. jusqu'à seulement deux ou trois orages par an au-dessus de la majeure partie des Territoires du Nord-Ouest.

J. Maybank

Orange, ordre d' Société fraternelle protestante fondée en 1795 en Irlande pour commémorer la victoire de Guillaume d'Orange lors de la bataille de la Boyne, en 1690. Pendant l'insurrection irlandaise de 1798, l'Ordre d'Orange devient le principal lien entre le gouvernement britannique et les protestants d'Irlande, alors que les Orangistes remplissent les rangs de la milice volontaire et occupent la majorité

des postes de la fonction publique. Bien qu'il demeure puissant en Ulster, l'Ordre d'Orange perd presque toute son influence en Irlande après l'adoption du *Catholic Emancipation Act*, en 1829. Les loges orangistes adoptent un rituel et un fonctionnement de style maçonnique fondés sur l'entraide mutuelle et l'organisation d'événements à caractère social. Les orangistes qui s'installent en Grande-Bretagne et dans les colonies britanniques sont aidés par les loges locales, qui facilitent leur intégration au nouveau milieu.

La Grande Loge d'Amérique du Nord britannique est fondée par Ogle R. Gowan, le 1er janvier 1830 à Brockville dans le Haut-Canada. Gowan essaie d'utiliser les loges orangistes comme tremplin pour sa carrière politique en regroupant, en 1836, catholiques et orangistes sous la bannière conservatrice. En 1844, l'influence électorale des Orangistes est telle que John A. MACDONALD devient membre de l'ordre. En 1853, l'alliance des Conservateurs avec le Parti bleu canadien-français provoque une division au sein du mouvement. Même si la brèche est colmatée en 1856, le vote orangiste est dès lors divisé. Les Orangistes sont accusés d'avoir apporté outre-mer des querelles européennes, alors que ce sont les Pèlerins qui ont importé en Amérique le mouvement anti-catholique. Au Canada, au début des années 1860, le journal *The Globe* du libéral George Brown accuse le grand maître orangiste Ogle Gowan de trahir la cause protestante. En effet, la Grande Loge orangiste freine l'ardeur de l'EQUAL RIGHTS ASSOCIATION ultraprotestante des années 1880 et celle des associations de défense des protestants des années 1890, établies aux États-Unis.

Des deux côtés de l'Atlantique, les orangistes préservent les traditions des Irlandais protestants, pour qui l'anniversaire de la bataille de la Boyne est l'équivalent de la Saint-Patrick. La célébration de cet anniversaire demeure toujours une source de tensions en Ulster, mais, au Canada, il s'agit simplement d'une fête annuelle parmi tant d'autres. L'importance à la fois politique et sociale des loges orangistes atteint son apogée pendant le dernier quart du XIXe siècle, mais leur influence se fait sentir au XXe siècle jusque dans les années 50. Elle survit encore aujourd'hui dans certaines communautés rurales.

Hereward Senior

Orangeville, ville de l'Ont.; pop. 21 498 (rec. 1996), 17 921 (rec. 1991), 14 455 (rec. 1986); superf. 14,07 km²; située à 58 km au nord-ouest de Toronto, dans le comté de Dufferin. Portant le nom d'Orange Lawrence, un meunier de la première heure, cette localité devient village en 1863 et ville en 1874. La Toronto, Grey & Bruce Railway y installe ses voies ferrées dans les années 1870. La ville est réputée pour ses bâtiments bien conservés. Ses principales industries produisent des appareils électroménagers, des fils et des câbles métalliques, des produits chimiques, des formulaires commerciaux, du verre et des appareils de chauffage.

K.L. Morrison

Oratoire Saint-Joseph L'aventure du sanctuaire commence en 1904, alors que le frère ANDRÉ, de la congrégation de Sainte-Croix, appuyé par quelques amis, fait bâtir une première petite chapelle sur le Mont-Royal, en l'honneur de saint Joseph. L'affluence est telle qu'une église de 1000 places, la crypte, est construite en 1917. Les travaux de la basilique, de style renaissance italienne, débutent en 1924 et se terminent en 1967. Au fil des ans, plusieurs architectes participent au développement du projet initial. Aux éléments des premiers architectes, Dalbé Viau et Alphonse Venne, s'ajoutent les contributions de dom Paul Bellot, qui réalise le dôme de l'Oratoire, en 1937, puis celles de Lucien Parent et de Gérard Notbeart.

Cet ensemble architectural de renom a été rehaussé par l'ajout, dans la plus élevée de ses églises, d'un système d'éclairage latéral dont la pièce maîtresse

est un anneau central programmable, et qui offre une nouvelle perspective au pèlerin venu découvrir l'autel, le crucifix et les 12 apôtres réalisés par le maître français, Henri Charlier; le chemin de croix sculpté par Roger de Villiers; les vitraux illustrant les mentions de saint Joseph dans l'histoire canadienne, œuvres de Marius Plamondon. Les grandes orgues sont une réalisation de Rudolh von Beckerath et comptent 5811 tuyaux répartis en 78 jeux; le prestigieux carillon de 56 cloches de bronze a été offert à l'Oratoire en 1954.

Centenaire en 2004, l'Oratoire Saint-Joseph apparaît comme un carrefour de rencontre et de dialogue. Il demeure le plus important sanctuaire au monde dédié à saint Joseph, et il est l'édifice le plus élevé et le plus visible à Montréal. Par sa situation géographique et son imposante architecture, il attire des personnes de toutes appartenances religieuses. Plus de 2 millions de visiteurs et de pèlerins se rendent à l'Oratoire, chaque année. Parmi les pèlerins, les femmes sont représentées à près de 75%. En revanche, hommes et femmes se côtoient en pourcentage égal au sein de la population touristique. Enfin, plus de 40% des visiteurs sont issus de diverses communautés culturelles. En plus des offices religieux, une variété d'activités culturelles se déroulent à l'Oratoire Saint-Joseph dont la principale église, la basilique, offre 3000 places assises.

Luce Dion

Orchestre métropolitain du Grand Montréal Fondé en 1981, cet orchestre compte aujourd'hui une soixantaine de musiciens professionnels diplômés des conservatoires et des facultés de musique du Québec. Dès ses débuts, l'orchestre adopte une approche «grand public» visant à élargir l'auditoire de la musique classique. Son répertoire, accessible et varié, comprend des œuvres classiques, contemporaines et parfois populaires. L'Orchestre Métropolitain se démarque par de nombreuses activités. Ainsi, avant chaque concert, un conférencier présente les artistes, les œuvres et les compositeurs au programme; le chef d'orchestre n'hésite pas à prendre la parole pendant les concerts pour donner quelques informations complémentaires, expliquer un thème, etc. L'orchestre est également à l'origine de belles collaborations avec d'autres disciplines artistiques lors de concerts multidisciplinaires (danse, théâtre, marionnettes, etc.). Enfin, l'ensemble se concentre sur le développement du jeune public en offrant, chaque année, des matinées scolaires à plus de 5 000 élèves des écoles primaires.

En 1986, Agnès GROSSMANN devient directeur artistique de l'Orchestre Métropolitain et crée le chœur de l'OM. En décembre 1995, le chef américain Joseph Rescigno lui succède. En mars 2000, c'est Yannick Nézet-Séguin qui prend la relève. À 25 ans, ce jeune chef a déjà la reconnaissance de ses pairs, et sa fougue, son charisme et son talent ont largement séduit le public montréalais.

L'Orchestre métropolitain présente sa saison régulière à la PLACE DES ARTS, ainsi qu'en tournée dans deux quartiers de Montréal et dans quatre autres villes du territoire de la Communauté urbaine de Montréal. Durant la période estivale, l'OM donne des concerts gratuits dans de nombreux parcs. L'orchestre joue régulièrement dans les productions de l'Opéra de Montréal, au Festival international de Lanaudière, pour le Concours international de la SOCIÉTÉ RADIO-CANADA, ainsi que pour plusieurs autres festivals.

Orchestre national des jeunes du Canada (ONJ) Créé en 1960, il offre un stage de formation annuel aux jeunes musiciens canadiens les plus doués (âgés de 14 à 26 ans), au cours duquel ils acquièrent une expérience préparatoire à la discipline rigoureuse qu'exige le travail au sein d'un orchestre professionnel complet. Cet orchestre voit le jour en grande partie grâce aux efforts de Walter Susskind qui, devenu directeur musical de l'Orchestre symphonique de Toronto en 1956, croit fermement en la valeur d'un orchestre de jeunes semblable au National Youth Orchestra en Grande-Bretagne. «Je crois, déclare-t-il alors, que la création d'un tel orchestre de jeunes est l'étape la plus importante à franchir pour assurer le développement et l'épanouissement des grands orchestres symphoniques de ce pays.»

En 1960, le rêve de Susskind se réalise sous la forme d'un atelier pilote organisé par James McIntosh et dirigé conjointement par Susskind et Harman Haakman à Stratford, en Ontario. Le succès de cet atelier mène à la formation de l'Orchestre national des jeunes du Canada, un organisme sans but lucratif à charte fédérale, voué à la découverte et à la formation de jeunes musiciens d'orchestre canadiens. Depuis 1960, l'ONJ a formé plus de 1900 jeunes musiciens parmi les meilleurs du pays. Chaque année, d'anciens élèves, des membres du corps professoral et des amis de l'Orchestre auditionnent plus de 600 personnes d'un océan à l'autre et en retiennent entre 80 et 90 pour la session d'été, qui dure six ou sept semaines. Seul le talent compte pour être admis à l'ONJ, dont le corps professoral se compose de chargés de cours et d'artistes très bien considérés provenant de quelques-unes des meilleurs orchestres européens et américains. Pendant une semaine type de six jours à l'ONJ, les participants jouent un maximum de 48 heures au cours des leçons particulières, des pratiques individuelles, et des répétitions de sections ou de l'orchestre au complet.

Près d'un tiers des musiciens membres d'orchestres symphoniques professionnels canadiens sont d'anciens élèves de l'ONJ. En 1996, 20 des principaux orchestres canadiens sondés comptaient des anciens de l'ONJ, représentant en moyenne 35 p. 100 du personnel. Dans l'Orchestre de London et l'Orchestre symphonique de Kitchener-Waterloo, on dénombre plus de 50 p. 100 d'anciens élèves de l'ONJ, et on en compte un nombre considérable dans les grands orchestres symphoniques aux États-Unis, en Europe et en Asie. Les revenus du budget annuel de l'ONJ proviennent d'organismes gouvernementaux, de compagnies privées, de fondations et de donateurs particuliers.

L'ONJ a donné des concerts dans toutes les grandes villes canadiennes et dans diverses autres villes à travers l'Amérique du Nord, l'Europe et le Japon. Il a fait l'objet de plusieurs documentaires télévisés.

Barbara Novak

Orchestre philharmonique de Calgary Il est créé en 1955 par le fusionnement de deux orchestres: l'Alberta Philharmonic et la Calgary Symphony. Sa création coïncide avec la construction du Jubilee Auditorium et, à son ouverture, en 1957, le nouvel orchestre s'y installe. Henry Plukker, créateur de l'Alberta Philharmonic en 1955, est le premier à assumer la direction de l'orchestre. En 1963, Haymo Taueber devient le premier directeur musical de l'orchestre, et il forme, la même année, le Calgary Philharmonic Chorus. En 1968, José Iturbi prend la direction musicale de l'orchestre et, lorsqu'une tragédie personnelle l'empêche son retour, des chefs d'orchestre invités se produisent lors de la saison 1969-1970. En 1970, Maurice Handford se charge de la direction musicale, qu'il assume sans interruption jusqu'en 1975, année où Franz-Paul Decker devient conseiller artistique et chef d'orchestre attitré. En 1977, Árpád Joó est nommé directeur musical et demeure en fonction jusqu'en 1984. Mario BERNARDI lui succède.

L'année suivante, l'orchestre change de demeure et s'installe au Jack Singer Concert Hall du CALGARY CENTRE FOR PERFORMING ARTS. En 1989, il fait une tournée dans l'est du Canada sous la direction de Bernardi. En 1992, il entreprend sa première tournée internationale et se produit, entre autres, au Carnegie Hall de New York, au Symphony Hall de Boston, au Kennedy Center de Washington, au Roy Thompson Hall de Toronto, au CENTRE NATIONAL DES ARTS à Ottawa et à la PLACE DES ARTS de Montréal. Mario Bernardi devient

chef d'orchestre lauréat en 1993, et, cette année-là, Leonard Stone accède au poste de directeur administratif de l'orchestre. Victor Sawa commence sa fonction de chef d'orchestre attitré au début de la saison 1994-1995. Hans Graf est nommé directeur musical en 1994. En plus de ses prestations durant sa saison de concerts, l'orchestre joue aussi pour le Calgary Opera et l'ALBERTA BALLET COMPANY.

Barbara Novak

Orchestre symphonique d'Edmonton Succédant à de nombreux orchestres locaux, l'Orchestre symphonique d'Edmonton (OSE) est fondé en 1952, sous la tutelle du chef d'orchestre Lee Hepner. Les concerts se donnent alors au Capitol Theatre, qui compte 1300 places. À partir de 1957, l'orchestre se produit au Northern Alberta Jubilee Auditorium, une salle de 2700 places. Thomas Ralston en est le chef d'orchestre adjoint de 1960 à 1964, puis Brian Priestman devient à la fois chef d'orchestre et directeur musical. En 1968, ce dernier est remplacé par Lawrence Leonard, qui remplit toujours ces fonctions lorsque l'OSE se transforme en orchestre professionnel, en 1971. Pierre Hétu est nommé chef d'orchestre et directeur musical en 1973, puis c'est au tour d'Uri Mayer en 1981.

Sous la direction de Mayer, l'OSE innove grâce à une programmation originale faisant appel à la musique contemporaine avec, à l'occasion, la participation de musiciens rock. En reconnaissance des réalisations de l'OSE, la Performing Arts Organization of Canada remet à Mayer le prix du mérite, et ce, quatre années consécutives (de 1982 à 1986). En 1982, un album que l'OSE a enregistré avec le groupe rock anglais Procol Harum devient le premier enregistrement orchestral à atteindre le niveau de vente platine. À partir de cette date, l'orchestre donne des concerts en compagnie de nombreux artistes classiques, rock et pop, tels que K.D.LANG, Ray Charles, Tom COCHRANE et Red Rider, Frederica von Stade, Itzhak Perlman et Luciano Pavarotti.

L'OSE a souvent collaboré avec d'autres organismes culturels de la communauté, y compris dans le cadre de nombreux programmes réguliers avec l'Edmonton Opera Association et l'ALBERTA BALLET COMPANY, les Richard Eaton Singers, les Greenwood Singers, Pro Coro Canada et le Ukrainian Dnipro Ensemble. Grzegorz Nowak est nommé directeur musical en 1995. L'année 1996-1997 marque la dernière saison de l'OSE au Jubilee Auditorium, après quoi il donne ses représentations au Francis Winspear Centre for Music.

Barbara Novak

Orchestre symphonique de Montréal (OSM) Fondé en 1934, il est le quatrième orchestre mis en place à Montréal. Son premier concert a lieu le 14 janvier 1935 à l'auditorium Le Plateau sous la direction du chef d'orchestre canadien Rosario Bourdon. Le Montréalais Wilfrid Pelletier en est le premier directeur artistique de 1935 à 1940. Le chef belge Désiré Defauw lui succède de 1940 à 1952.

Des chefs invités prestigieux se succèdent jusqu'à la nomination d'Igor Markevitch (1957-1961) comme directeur artistique. Markevitch fait de l'orchestre symphonique un orchestre professionnel. Il institue aussi la commande annuelle d'une œuvre canadienne. Sous la direction de Zubin Mehta (1961-1967), l'OSM est le premier orchestre symphonique canadien à faire une tournée européenne en 1962. L'OSM s'installe à la Place des Arts en 1963. Il fait une tournée au Japon en 1970 sous la direction de Franz-Paul Decker (1967-1975). En 1976, il fait ses débuts au Carnegie Hall (États-Unis), sous la direction de Rafael Frühbeck de Burgos, successeur de Decker. Charles Dutoit est nommé directeur artistique en 1977. L'association de Decker et de Dutoit est reconnue comme l'une des plus réussies au monde. En 1990, Dutoit devient aussi directeur musical de l'Orchestre national de France, où il remplace Lorin Maazel. En septembre 1996, il est nommé premier chef d'orchestre de l'Orchestre symphonique

NHK de Tokyo. Dans le cadre d'un contrat à long terme signé avec la Decca/London en 1980, Dutoit et l'OSM ont produit plus de 80 enregistrements, qui ont remporté au-delà de 40 distinctions et prix nationaux et internationaux, parmi lesquels le Grand Prix du Président de la République (France), le Prix mondial du Disque de Montreux, le High Fidelity International Record Critics' Award, le Amsterdam Edison Award, le Japan Record Academy Award, le German Music Critics' Award, ainsi que plusieurs prix Juno et Félix (de l'ADISQ).

L'OSM et Dutoit ont reçu un Grammy pour le meilleur enregistrement d'un opéra. Depuis 1981, Charles Dutoit et l'OSM ont entrepris de nombreuses visites aux États-Unis, et de grandes tournées en Europe, en Extrême-Orient et en Amérique du Sud. L'OSM est le seul orchestre canadien à s'être produit au Hollywood Bowl, et aux festivals de Ravinia, de Tanglewood et de New York. En plus de ses concerts pour abonnés, l'OSM offre un festival d'été depuis 1980.

Barbara Novak

Orchestre symphonique de Québec Fondé en 1902 sous le nom de Société symphonique de Québec, l'OSQ est le plus vieil orchestre actif du Canada. Il donne son premier concert le 28 novembre 1902 au Tara Hall, sous la direction de Joseph VÉZINA. En 1907, à Ottawa, il remporte le trophée Earl Grey et, en 1924, Robert Talbot en devient le chef après la mort de Vézina. La Société connaît des problèmes de financement et de recrutement de 1935 à 1942, en grande partie à cause de la concurrence du Cercle philharmonique de Québec (incorporé en 1936). En 1942, les deux groupes fusionnent sous le nom d'Orchestre symphonique de Québec (OSQ), avec Edwin Bélanger comme chef.

Wilfrid PELLETIER lui succède en 1951, et Françoys Bernier, qui en devient le directeur général en 1960, amène l'orchestre en tournée au Québec et ajoute plusieurs œuvres canadiennes à son répertoire. Ces deux directeurs attirent des solistes invités de réputation internationale, dont Wilhelm Kempff et David Oistrakh. Bernier succède à Pelletier comme directeur artistique en 1966. Les directeurs artistiques suivants sont Pierre Dervaux (1968), James DePreist (1976) et Simon Streatfeild (1983), Pascal Verrot (1991), et depuis 1998, Yoav Talmi. François Magnan en est le directeur général de 1972 à 1983 (puis directeur des opérations), et il est suivi de Louise Laplante (1988-1995), à laquelle succède Gilles Moisan.

La Société de droits d'exécution du Canada à remis à l'Orchestre un prix pour la place importante qu'il a accordée aux œuvres contemporaines dans ses programmes (1977-1978). Parmi les compositions canadiennes commandées et exécutées par l'OSQ, on retrouve deux des *Mouvements symphoniques* de Roger MATTON ainsi que son *Te Deum*, *Ouranos* de Serge GARANT, le *Concerto pour piano et orchestre* de Jacques Hétu, *Chorégraphie II* d'André PRÉVOST, *Les Représentations surannées* de Jean Lesage, *Berliner momente 4* de Walter Boudreau et *Le Cactus rieur et la demoiselle qui souffrait d'une soif insatiable* de Denys Bouliane. En 1999, l'OSQ s'est mérité deux prix Opus, attribués pour le concert des Voyages et des mémoires, par Denys BOULIANE et Walter BOUDREAU à la direction. Il s'agit du prix du «concert de l'année, musique actuelle, contemporaine, électroacoustique et jazz», ainsi que celui attribué au «concert de l'année, section Québec».

Hélène Plouffe

Orchestre symphonique de Toronto En 1922, un groupe de musiciens de Toronto convainquent Luigi von Kunits de les diriger en tant qu'orchestre. L'année suivante, le New Symphony Orchestra est formé et il présente son premier concert au MASSEY HALL le 23 avril 1923. En 1927, on le nomme le Toronto Symphony Orchestra; on lui donne le nom de Toronto Symphony en 1967, et il reprend le nom de Toronto Symphony Orchestra (TSO) en 1994.

Maestro Von Kunits en est le directeur musical jusqu'à sa mort, en 1931, et il est remplacé par sir Ernest MACMILLAN pendant les 25 années suivantes. Walter Susskind lui succède (1956-1965) et dirige l'orchestre lors de son premier concert au Carnegie Hall le 3 décembre 1963. Seiji Ozawa en devient le directeur musical en 1965, à l'âge de 30 ans, et conserve son poste jusqu'en 1969. Sous sa direction, l'orchestre fait des tournées en Angleterre, en France et au Japon. L'éminent chef d'orchestre européen Karel Ancerl (1969-1973) assure à l'orchestre le succès artistique et financier, et lance ses populaires concerts d'été au Forum de la Place Ontario.

En 1974, l'OST organise le Toronto Symphony Youth Orchestra, dont Victor FELDBRILL est le premier chef d'orchestre. Sous la direction d'Andrew Davis (1975-1988), l'OST fait de nombreuses tournées et devient, en 1978, le premier groupe canadien à entrer en Chine après la Révolution culturelle. En septembre 1982, l'orchestre déménage au Roy Thomson Hall, où plus de 400 000 personnes assistent chaque année à ses concerts.

De 1978 à 1986, l'OST se produit chaque année au Carnegie Hall. En 1989, Davis est nommé chef lauréat, et le maestro allemand Gunther Herbig (1989-1994), directeur musical. Cette année-là, l'OST atteint le nombre le plus élevé de souscripteurs de tous les orchestres au monde. Le chef d'orchestre finlandais Jukka-Pekka Saraste est nommé directeur musical à partir de la saison 1994-1995.

Walter Homburger, le gérant général de l'OST de 1961 à 1987, est considéré comme l'un des administrateurs d'entreprises artistiques les plus chevronnés du Canada. Il a remplacé J.W. Elton, gérant de l'orchestre depuis 1934, après avoir succédé à son père, H.J. Elton. L'orchestre a commencé à produire des enregistrements sous la direction de MacMillan et il continue de le faire régulièrement depuis pour RCA, CBC, CBS Masterworks et Finlandia Records.

Barbara Novak

Orchestre symphonique de Vancouver (OSV) Il existe de façon continue depuis 1930, année où l'on fait revivre un orchestre qui, sous d'autres formes, avait déjà été fondé en 1897, puis fondé à nouveau en 1915 et en 1919. Allard de Ridder en assume la direction musicale de 1930 à 1940. À partir de 1940, une série de chefs d'orchestre invités dirigent l'ensemble jusqu'à ce que Jacques Singer soit nommé directeur musical en 1947. Irwin Hoffman, protégé de Serge Koussevitzky, lui succède en 1952. En 1960, l'orchestre quitte son siège à l'Orpheum pour s'installer au nouveau Queen Elizabeth Theatre.

Hoffman en est le directeur musical jusqu'en 1964, quand il est remplacé par Meredith Davies, qui dynamise et rajeunit l'orchestre pendant qu'il est en fonction, soit jusqu'en 1971. Le premier altiste, Simon Streatfield, devient chef d'orchestre adjoint jusqu'à ce que Kazuyoshi Akiyama soit nommé directeur musical en 1972, fonction qu'il assume jusqu'en 1985, alors qu'il est nommé chef lauréat. Sous sa direction, l'orchestre effectue une tournée au Japon (1974), au Canada (1976) et aux États-Unis (1978). Une fois l'Orpheum Theatre rénové, il y retourne en 1977.

Rudolph Barshai remplace Akiyama comme directeur musical en 1985. Peter McCoppin est nommé chef d'orchestre adjoint en 1987, puis conseiller musical pour une période de deux ans. Sergiu Comissiona, directeur musical de l'OSV depuis 1991 et tenant de la musique contemporaine, commande des œuvres originales de compositeurs de la Colombie-Britannique tels que Jean COULTHARD et Peter Hannan. Par ailleurs, il codirige des concerts avec la Vancouver New Music Society et présente en première plusieurs nouvelles œuvres de compositeurs canadiens et étrangers.

Croissance de l'orchestre Depuis 1973, l'OSV a fait plus de 29 enregistrements. Son programme éducatif, qui comprend deux concerts par année en 1986 et attire 4500 étudiants, en attire 30 000 en 1996, avec ses 14 concerts sous la direction du chef d'orchestre attitré, Clyde Mitchell. En 1995-1996, l'orchestre compte 73 musiciens et jouit d'un auditoire annuel de plus de 160 000 personnes.

Barbara Novak

Orchestre symphonique de Winnipeg (OSW) Il donne son premier concert le 16 décembre 1948, au Civic Auditorium, sous la direction de Walter Kaufmann. Celui-ci est remplacé en 1958 par Victor FELDBRILL, un des premiers musiciens canadiens à diriger un orchestre canadien. Pendant les 10 années suivantes, Feldbrill fait de l'OSW un orchestre permanent. En 1968, l'orchestre déménage au Manitoba Centennial Concert Hall et nomme George Cleve directeur musical. Cleve occupe cette fonction jusqu'à la fin de la saison 1969-1970 et revient par la suite à l'OSW à plusieurs reprises comme chef d'orchestre invité. Après avoir cherché un remplaçant pendant un an, l'OSW nomme Piero Gamba au poste de directeur musical en 1971, fonction qu'il assume jusqu'à l'automne 1980. En 1979, il dirige l'orchestre au cours d'un concert de gala au Carnegie Hall. En 1983, Kazuhiro Koizumi devient directeur musical et, au cours des six années pendant lesquelles il occupe ce poste, le nombre des abonnés de l'OSW s'élève à plus de 10 000. Bramwell Tovey est nommé directeur artistique en 1989. Avec Glenn Buhr, premier compositeur résident de l'OSW, Tovey fonde le Festival du Maurier de musique nouvelle, de renommée internationale, qui débute en janvier 1992. Ne se limitant pas à sa saison régulière de concerts, l'orchestre accompagne aussi le ROYAL WINNIPEG BALLET et la Manitoba Opera Association. En 1996, Max Tapper revient comme directeur général de l'OSW, poste qu'il avait occupé de 1985 à 1991. De 1992 à 1995, il était directeur général de l'ORCHESTRE SYMPHONIQUE DE TORONTO.

Barbara Novak

Orchidée Plante herbacée vivace, de la famille des Orchidacées. Cette famille, qui comporte 735 genres et 20 000 espèces dans le monde, est la plus répandue des plantes à fleurs. Ce genre s'hybride facilement. La majorité des orchidées sont tropicales et épiphytes (c.-à-d. qui croissent sur d'autres plantes, mais sans se nourrir à leurs dépens), mais les 17 genres et les 63 espèces indigènes du Canada sont terrestres. On trouve des orchidées dans tout le pays: certaines sont arctiques, comme l'*Habenaria albida* et l'*H. hyperborea;* la majorité poussent dans les zones boisées et humides, comme le *cypripède* ou SABOT DE LA VIERGE, à grandes fleurs voyantes, de couleur blanche, rose ou jaune.

Le calypso bulbeux (*Calypso bulbosa*) a des fleurs semblables, d'un rose délicat, mais plus petites. Certaines espèces de *Spiranthes* (spiranthe) et d'*Habenaria* (habénaire) portent de petites fleurs odorantes, blanchâtres, en épi. Deux genres, *Eburophyton* (la plante est blanche) et *Corallorhiza* (la plante est jaune ou pourpre), vivent dans l'humus et le bois pourri. Les essais de transplantation de l'orchidée sauvage provoquent la mort de la plante. Les orchidées sauvages sont reconnues dans le monde comme une espèce en voie de disparition; on en interdit donc le commerce.

Patrick Seymour

Ordinateur, apprentissage assisté par (AAO) Terme qui englobe généralement trois utilisations principales de l'ordinateur à des fins éducatives et formatives.

Enseignement assisté par ordinateur La première utilisation est appelée l'enseignement assisté par ordinateur (EAO). On peut la décrire comme l'apprentissage au moyen de l'ordinateur. Dans l'EAO, les séquences d'enseignement et les questions doivent être préprogrammées, et par la suite, l'élève les

utilise de façon interactive. Les exercices de formation, les jeux, la simulation, le dialogue socratique, les examens et les séances de tutorat sont des exemples de séquences classiques d'EAO. Dans ce type d'enseignement, l'accent est mis sur l'apprentissage de nouveaux concepts par l'élève ou encore sur le renforcement de concepts déjà acquis. Malheureusement, comme de nombreuses heures sont nécessaires au développement d'une seule heure d'EAO, les coûts de conception des programmes d'EAO peuvent être élevés.

Enseignement géré par ordinateur La deuxième utilisation principale de l'AAO est l'enseignement géré par ordinateur (EGO). Dans ce mode d'enseignement, l'ordinateur gère essentiellement les activités pédagogiques d'un élève. Cette tâche est accomplie en présentant des activités pédagogiques à chaque élève, ou en établissant l'horaire de présentation et en allouant des ressources physiques à chacun; en donnant à l'élève l'accès aux questions d'examen; en notant les examens et les travaux; en posant des diagnostics de performance d'apprentissage fondés sur les résultats d'examen; en prescrivant des activités pédagogiques différentes selon la performance de l'élève ou son taux de progrès et, enfin, en conservant un dossier des résultats. Il est possible d'intégrer des séquences d'AAO à des cours fondés sur l'EGO, mais cette intégration n'a généralement pas lieu en raison des coûts élevés de production ou d'acquisition de matériel d'EAO. Les élèves qui utilisent l'EGO n'ont habituellement besoin de l'ordinateur qu'à l'occasion, puisqu'on peut se procurer une grande partie du matériel d'apprentissage hors ligne. Les séquences d'enseignement dans l'EGO font appel à une variété de techniques classiques non informatiques, telles que l'enseignement régulier dans une salle de cours, l'auto-éducation, le travail en laboratoire, les séminaires et les ateliers. Par conséquent, un seul ordinateur peut servir à plusieurs élèves, contrairement à l'EAO, où chaque élève doit avoir un accès constant à l'ordinateur. Étant donné que l'EGO est une méthode d'enseignement moins dispendieuse que l'EAO, elle s'impose comme le modèle d'enseignement tout indiqué lorsque les fonds sont limités.

L'ordinateur comme outil La troisième utilisation principale de l'AAO permet aux élèves d'écrire leur propre programme informatique pour résoudre une variété de problèmes. Cette méthode est décrite comme l'apprentissage à l'aide des ordinateurs ou, plus simplement, l'utilisation de l'ordinateur en tant qu'outil. Les élèves examinent les solutions à divers problèmes en écrivant des programmes à l'aide de langages de programmation tels que APL, BASIC, C, LOGO et PASCAL. Par ailleurs, une variété d'outils de programmation perfectionnés est maintenant offerte. L'accès à ces outils permet aux élèves d'intégrer des graphiques, ainsi que du matériel audio et vidéo à leur programmation. Les bases de données, les tableurs, et les applications de télécommunication et de traitement de texte font partie des outils offerts.

Jusqu'en 1977, année où il devient possible de se procurer des micro-ordinateurs assemblés à prix accessibles, la plupart des activités d'AAO sont concentrées dans les établissements d'enseignement postsecondaires, dans les entreprises et les établissements industriels. Les premières utilisations de l'AAO au Canada, par définition, ne relèvent pas de l'EAO. Au fur et à mesure que la programmation et les applications de résolution de problèmes évoluent et se développent, un bon nombre d'universités, de collèges et d'instituts techniques mettent sur pied des centres de calcul informatique et des départements d'enseignement de l'informatique. Citons l'U. de Waterloo, qui est une figure de proue mondiale dans le domaine des interpréteurs et des compilateurs. Ceux-ci fonctionnent sur une grande variété d'ordinateurs, et sont utilisés quotidiennement par des étudiants de niveau collégial et universitaire partout dans le monde.

En 1968, sous la direction de Steve Hunka, le premier projet important d'EAO au Canada voit le jour à la Faculté d'éducation de l'U. de l'Alberta. Au cours de ce projet, un système expérimental d'enseignement par ordinateur, le système IBM 1500, est implanté. IBM n'en a produit que 20. Le IBM 1500 a été utilisé à l'U. de l'Alberta pendant 12 ans, avant d'être remplacé par le système PLATO de la Control Data Corporation. D'autres travaux importants liés à l'EAO ont cours au même moment à l'U. de Calgary, à l'Institut d'études pédagogiques de l'Ontario et au Conseil national de recherches du Canada.

Cours complets Quelques essais de création d'un matériel pédagogique EAO permettant de donner des cours complets obtiennent de bons résultats. Ce matériel est en général produit par des équipes de développement dont peuvent faire partie des experts du domaine, des enseignants, des spécialistes en audio, en graphisme et en vidéo, des analystes en informatique et des rédacteurs techniques. Le temps requis pour concevoir la documentation varie selon le système auteur, les connaissances techniques de l'équipe de développement et la complexité de l'application pédagogique. Asymetrix ToolBook, Icon, Macromedia Authorware, Macromedia Director, Podium, Quest Multimedia et TenCORE Producer sont des exemples de systèmes auteurs actuels. Malgré l'accès à des systèmes auteurs et à des outils de production complexes, il n'est pas rare qu'il faille de 100 à 300 heures pour créer une heure de cours d'EAO.

La plupart des programmes d'EAO visent à renforcer les habiletés précédemment acquises en offrant du matériel pédagogique préprogrammé, en posant des questions, en analysant les réponses de l'étudiant, en offrant des séquences pédagogiques de rechange, qui varient selon la performance précédente de l'étudiant, et en présentant des résumés de la performance de ce dernier. Ce renforcement est évident dans les matières suivantes: mathématiques commerciales, orthographe et exercices d'entraînement en langues et linguistique. Au fur et à mesure que les types de programme d'EAO ont des applications de plus en plus sophistiquées (c.-à-d. au tutorat plutôt qu'aux exercices d'entraînement), on transmet de nouvelles matières aux élèves en fonction des résultats obtenus aux leçons et aux examens de fin des chapitres. Certains cours d'EAO sont plutôt longs (une centaine d'heures). Ils font appel à une variété de moyens et sont principalement conçus pour être suivis sans professeur. D'autres cours peuvent ne durer que 10 ou 15 minutes et sont un complément du travail fait en classe.

Propagation rapide Depuis 1977, l'arrivée des micro-ordinateurs est la raison première de la propagation rapide de l'EAO dans tout le système d'éducation canadien. La plupart des ministères de l'Éducation ont lancé des projets locaux pour s'adapter à l'augmentation rapide de l'utilisation des ordinateurs dans les écoles publiques. P. ex., en 1983, les ministères de l'Éducation de l'Ontario et du Québec présentent chacun leurs propres spécifications concernant le matériel des micro-ordinateurs dans les écoles. Les deux ministères injectent alors des fonds destinés à l'élaboration de matériels relatifs à ces micro-ordinateurs. En réponse aux spécifications des micro-ordinateurs de l'Ontario, la Canadian Education Microprocessor Corporation met au point et construit un micro-ordinateur appelé ICON. Le ministère de l'Éducation de l'Ontario alloue des fonds, sur une échelle mobile, à ses conseils scolaires pour acheter du matériel de micro-informatique répondant à ses exigences. Dans certains cas, ce financement couvre 95 p. 100 du coût des micro-ordinateurs.

Le développement de l'AAO est plus évident dans les établissements d'enseignement postsecondaire que dans les écoles primaires et secondaires du secteur public. Une des raisons, c'est que les cours dans les institutions postsecondaires s'étendent sur

des périodes de temps plus courtes. De plus, la plupart des écoles primaires et secondaires continuent d'offrir un système d'évaluation traditionnel à échelons fixes, qui n'encourage pas l'utilisation de nouvelles méthodes d'enseignement qui permettraient de réduire le temps d'apprentissage de l'élève. Pour cette raison et à cause du coût d'achat élevé du matériel pédagogique d'EAO, les écoles primaires et secondaires préconisent plutôt l'apprentissage avec les ordinateurs que l'apprentissage par l'intermédiaire des ordinateurs. Jusqu'à ce jour, l'EAO a peu d'impact sur l'organisation des salles de classe et sur les activités dans les écoles primaires et secondaires. Les entreprises de conception de didacticiels se montrent donc réticentes à créer des cours complets pour les écoles. Toutefois, certains ministères provinciaux de l'Éducation tentent de faciliter la production de cours complets d'EAO et de les rendre plus accessibles. Un consortium existe d'ailleurs dans l'ouest du Canada dans le but de créer sept cours de mathématiques au niveau secondaire. Il est financé par les ministères de l'Éducation des quatre provinces de l'Ouest (Colombie-Britannique, Alberta, Saskatchewan et Manitoba), par l'U. de l'Alberta (Canadian Centre for the Development of Instructional Computing), par Nelson Publishing Ltd et par le ministère de l'Industrie, des Sciences et de la Technologie. Les cours sont distribués commercialement sur CD-ROM, à prix minime.

Des entreprises et surtout l'armée mènent des projets d'envergure en EAO et en EGO. Dans ce cas, l'AAO est principalement utilisé à des fins de formation. Dans l'armée, l'utilisation par le personnel militaire de nouvelles technologies sophistiquées est en hausse. Par conséquent, ces projets d'AAO font en général appel à une variété de systèmes auteurs très poussés, à du matériel multimédia de pointe et à des méthodes d'enseignement perfectionnées, et ce, afin d'offrir des contextes d'entraînement réalistes et concrets. Depuis 1990, un nombre croissant d'entreprises de conception de didacticiels, encouragées en partie par l'utilisation de l'AAO dans le domaine militaire, font leur apparition au Canada.

E.W. Romaniuk

Ordre de Bon Temps Fondé par Samuel de CHAMPLAIN à PORT-ROYAL en 1606. Après un hiver désastreux à l'île Sainte-Croix (*voir* SAINTE-CROIX, RIVIÈRE), au cours duquel plusieurs de ses compagnons français sont morts du scorbut, Champlain réinstalle la colonie à Port-Royal en 1605. Le scorbut y sévit encore, mais l'hiver suivant est plus clément. «Nous avons passé un très joyeux hiver», écrit Champlain. C'est dans cet esprit convivial que, pour garder le moral des colons et les tenir occupés, il fonde l'Ordre de Bon Temps, en s'inspirant d'un ordre de chevalerie européen. Chaque membre, à tour de rôle, se charge de fournir du gibier frais et, en tant que maître d'hôtel du jour, mène la procession des convives jusqu'à la table.

James Marsh

Ordre de Jacques-Cartier Familièrement appelée «La Patente», cette société secrète à structure hiérarchisée est fondée en 1926. Elle se propage au Canada français pendant les années 30, mais ne compte jamais beaucoup plus que 10 000 membres, dont la majorité appartient à l'élite bourgeoise. Elle lutte pour diverses causes religieuses et nationalistes, noyaute des dizaines d'organisations et anime des campagnes d'opinion publique contre le communisme et en faveur des valeurs morales, de l'éducation et de la langue française. Son influence réelle, toutefois, est matière à discussion. Après sa dissolution officielle en 1965, elle tente, sans succès, de se reconstituer à l'échelle régionale.

Richard Jones

Ordre de Saint-Jean Autrefois appelé Ordre très vénérable de l'Hôpital de Saint-Jean de Jérusalem, il est un ordre religieux militaire fondé au XIe siècle à l'époque des Croisades et nommé ainsi en l'honneur de l'église de Saint-Jean-Baptiste de Jérusalem, où

fut créé un hôpital pour les pèlerins malades. (L'Ordre y a toujours un hôpital.) La renaissance de l'Ordre en Grande-Bretagne a lieu sous le règne de la reine Victoria, qui devient chef de l'Ordre dans le royaume britannique. Les monarques qui lui succèdent continueront à occuper cette fonction. Pendant la révolution industrielle, l'Ordre se consacre à fournir des soins aux blessés. L'Association et la Brigade de l'Ambulance Saint-Jean sont d'ailleurs créées dans ce but. La première enseigne le secourisme, la seconde met sur pied une brigade de travailleurs en uniforme qui soigne les blessés dans les mines et autres industries.

En 1883, l'Association de l'Ambulance Saint-Jean et sa brigade commencent à travailler au Canada. Depuis, l'Ambulance Saint-Jean continue à soigner les blessés sur les lieux de travail ou dans les rassemblements de foule et à enseigner le secourisme au grand public. Au cours des années 60, l'Ordre de Saint-Jean contribue à promouvoir au Canada la réanimation par le bouche à bouche, une technique aujourd'hui mondialement reconnue, avec la réanimation cardio-pulmonaire, comme la technique la plus efficace pour sauver des vies. L'Ambulance Saint-Jean compte des conseils dans chaque province et territoire, quelque 25 000 bénévoles, 7 000 instructeurs agréés et plus de 300 employés. Elle assure chaque année la formation de plus de 784 000 Canadiens en secourisme, en réanimation cardio-pulmonaire et en soins de santé.

Étant donné que la reine est chef de l'Ordre au Canada, le gouverneur général est prieur, et tous les lieutenants-gouverneurs sont invités à devenir vice-prieurs au moment de leur nomination (Chevaliers de l'Ordre de Saint-Jean). Les Chevaliers actuels de l'Ordre sont des personnes qui ont contribué de façon particulière au travail de l'Ordre. Les personnes qui ont rendu service à l'Ordre peuvent en devenir membres à titre de sœurs ou de frères servants, de sœurs ou de frères officiers, ou de sœurs ou de frères commandants.

Harvey D. Hebb

Ordre du Canada Il s'agit de la plus haute récompense du système canadien de TITRES ET DÉCORATIONS; il a été institué le 1er juillet 1967, jour du centenaire de la Confédération. Tout Canadien peut être nommé Membre, Compagnon ou Officier de l'Ordre, à titre de récompense pour ses réalisations ou ses mérites exemplaires dans tous les grands domaines d'activité. Le gouverneur général procède aux nominations en s'appuyant sur les recommandations du Conseil consultatif de l'Ordre, qui se réunit deux fois par année, sous la présidence du juge en chef du Canada, afin d'étudier les candidatures présentées par la population.

À sa création, en 1967, il avait deux grades: Compagnon et Médaille pour services éminents. Il existe maintenant trois catégories et, pour chacune d'elle, le nombre de nominations est limité: Compagnon (dont le nombre ne dépasse jamais 150), décerné «en reconnaissance d'un acte ou d'un mérite éminemment exceptionnel»; Officier (46 nominations au plus par année), «en reconnaissance d'un acte et d'un mérite remarquables»; Membre (92 nominations au plus par année), décerné «en reconnaissance de services distingués rendus dans une collectivité ou un groupe particulier ou pour une collectivité ou un groupe particulier, ou encore dans un domaine donné». Le grade de Compagnon peut être décerné seulement lorsqu'il y a une vacance. Les récipiendaires du grade d'Officier ou de Membre peuvent être promus. La Remise d'insignes a lieu au printemps et à l'automne, à Rideau Hall, la résidence officielle du gouverneur général à Ottawa. La médaille a la forme stylisée d'un flocon de neige à six pointes et se porte autour du cou pour les Compagnons et les Officiers, et sur la poitrine, du côté gauche, pour les Membres. Les récipiendaires peuvent placer après leur nom les initiales de la catégorie à laquelle ils ont été nommés, soit C.C., O.C. ou M.C., et porter une petite reproduction de l'insigne sur leurs tenues de ville. La devise inscrite sur les médailles est *Desiderantes meliorem patriam*, ce qui signifie: «ils aspirent à une patrie meilleure».

Carl Lochnan

Ordre du Mérite militaire La gamme des TITRES ET DÉCORATIONS du Canada est enrichie, en 1972, par l'ajout de l'Ordre du Mérite militaire, qui est une marque de reconnaissance pour service exceptionnel. Tout membre des FORCES ARMÉES régulières et de réserve y est admissible. Les titulaires de cet honneur se divisent en trois grades: commandeur, officier et membre. Le nombre de personnes nommées chaque année ne peut dépasser 0,1 p. 100 de l'effectif des Forces armées. De ce nombre, au plus 6 p. 100 peuvent être commandeurs, au plus 30 p. 100 peuvent être officiers et les autres sont membres. Le gouverneur général procède aux nominations sur recommandation du ministre de la Défense nationale. On peut obtenir la liste des récipiendaires à la Chancellerie des ordres et décorations du Canada, à la résidence du gouverneur général, à Ottawa.

L'insigne comprend une croix pattée (une croix aux extrémités évasées) en émail bleu et un ruban bleu foncé bordé d'or. L'insigne de commandeur se porte au cou, ceux d'officier et de membre, du côté gauche de la poitrine. Les récipiendaires peuvent faire suivre leur nom des initiales correspondant à leur grade (C.M.M., O.M.M. ou M.M.M.).

Carl Lochnan

Ordre national du Québec Il constitue la plus haute distinction conférée par le gouvernement du Québec. Institué par une loi du 20 juin 1984, il vise à rendre hommage aux personnes nées au Québec ou y habitant, qui, grâce à leurs réalisations et à leur mérite exceptionnel, suscitent la fierté et la reconnaissance des Québécois. La devise de l'Ordre, «Honneur au peuple du Québec», témoigne de l'approche démocratique qui caractérise la sélection des nouveaux membres. Celle-ci se déroule de la façon suivante: tout d'abord, un appel public est publié dans les quotidiens du Québec invitant les lecteurs à soumettre des candidatures; ensuite, le conseil, élu par les membres de l'Ordre, transmet ses recommandations au premier ministre; lorsqu'ils ont été confirmés par décret, le premier ministre annonce les noms des nouveaux membres ainsi que leur grade (Grand Officier, Officier ou Chevalier); un insigne leur est remis lors d'une cérémonie officielle tenue annuellement. L'insigne de l'Ordre national peut être attribué par le premier ministre à des personnalités étrangères.

Gisèle Villeneuve

Ordres professionnels Depuis 150 ans, le Québec a développé un système professionnel qui a progressivement regroupé les ordres les plus importants tant par la quantité de leurs membres que par la nature des actes qu'ils posent souvent de façon exclusive.

Après la RÉBELLION DE 1837-1838 et l'Acte d'Union (*voir* ACTE D'UNION) de 1840, les Canadiens français ne peuvent aspirer à une certaine ascension sociale que dans le domaine des services professionnels. Le commerce, surtout le grand commerce, et la fonction publique sont, en effet, largement contrôlés par les Anglais. C'est donc surtout par l'entremise des professions libérales que les élites canadiennes-françaises vont se former et s'affirmer de 1850 à 1950.

La chambre des NOTAIRES et le Collège des médecins et chirurgiens furent les deux premières corporations (aujourd'hui, on utilise plutôt le mot «ordre») constituées au Québec (1847). Le Barreau du BAS-CANADA voit le jour deux ans plus tard. À partir de là et jusqu'en 1974, 38 groupes ont été constitués en ordre professionnel.

Cette valorisation du professionnalisme correspond, d'une part, à la situation socio-économique particulière du Québec et, d'autre part, à la doctrine sociale de l'ÉGLISE CATHOLIQUE, force dominante de l'époque. Elle veut lutter à la fois contre le

LIBÉRALISME, insensible aux inégalités, et le socialisme, qui fait trop aisément fi de la liberté des personnes. C'est la recherche d'une troisième voie.

Le développement du professionnalisme s'est réalisé à des rythmes divers pendant plus d'un siècle, toujours avec une certaine incohérence. Chaque ordre jouit, en vertu de sa loi constitutive, de pouvoirs exclusifs ou non sur un secteur d'activités, réglemente et questionne éventuellement la conduite de ses membres en tentant de concilier des fonctions diverses et parfois incompatibles: promotion de la science, défense des intérêts de l'ordre et de ses membres, protection du public.

À partir des années 70, ce fouillis législatif et réglementaire, de même que les conflits entre les mandats, deviennent inacceptables. Par ailleurs, l'intervention de l'État dans le domaine de la santé exige une clarification des champs d'exercice des divers ordres professionnels et une harmonisation de leurs modes de fonctionnement.

La grande réforme de 1974 impose à tous les ordres une finalité principale pour ne pas dire unique: la protection du public. Le Code des professions précise les conditions d'attribution du statut d'ordre professionnel aux différents groupes. Ceux-ci se divisent en deux catégories: les ordres d'exercices exclusifs et les ordres à titre réservé. Les membres des premiers bénéficient du droit exclusif de poser certains actes énumérés dans leur loi constitutive et de porter le titre correspondant (p.ex. avocat, dentiste). Les membres des ordres à titre réservé sont les seuls à pouvoir porter le titre correspondant à leur activité professionnelle; en revanche, les actes professionnels relevant de ces ordres peuvent être posés par toute personne compétente, qu'elle soit ou non membre de l'ordre (p. ex. psychologue).

Tous ces ordres sont chapeautés par un organisme public, l'«Office des professions», chargé de s'assurer que chaque ordre garantit la protection du public et veille au fonctionnement harmonieux du système. Un second organisme de concertation, «le Conseil interprofessionnel», composé des présidents de chacun des ordres, soumet au ministre concerné, à la demande de ce dernier ou de sa propre initiative, son avis sur toute question pertinente.

Regroupant 265 000 membres, les 44 ordres existants en 2000, dont 24 d'exercice exclusif et 20 à titre réservé, disposent de pouvoirs d'auto-réglementation et d'auto-discipline pour remplir leur mission de protection auprès du public. Chaque ordre adopte ses propres règlements, qui sont cependant soumis à l'Office des professions pour approbation lorsqu'ils ont une incidence sur la protection du public.

Dans chaque ordre, un syndic veille au respect de la réglementation et, notamment, du Code de déontologie. Il a le pouvoir de faire enquête et de porter plainte si nécessaire. Une plainte peut également être portée par toute autre personne. La plainte est soumise au comité de discipline de chaque ordre, qui est composé de trois membres: un avocat et deux membres de l'ordre. Leur décision, peut être portée en appel devant le Tribunal des professions, formé de trois juges de la Cour du Québec. Les sanctions imposables vont de la réprimande à la radiation provisoire ou permanente, en passant par une amende de 600 $ à 6 000 $ par infraction.

De plus, en coordination avec le syndic, un Comité d'inspection professionnelle surveille, dans chaque ordre, l'exercice de la profession. Le comité fait un rapport sur les lacunes qu'il constate dans la pratique de chaque membre inspecté et dans l'ensemble de la profession.

En 1994, une réforme du Code des professions visait à renforcer le rôle de protection du public confié aux ordres, notamment en augmentant le rôle et la représentation de ce dernier dans les structures du système. Par ailleurs, la plainte du syndic doit maintenant contenir une requête en radiation provisoire immédiate lorsqu'il est reproché au professionnel un acte à caractère sexuel dans ses rapports avec

la personne qui le consulte et lorsqu'il y a détournement de fonds détenus en fidéicommis; il en va également ainsi dans toutes les situations où la nature de l'infraction est telle que la protection du public risque d'être compromise si le professionnel continue à exercer.

André Poupart

Ordures (*Voir* DÉCHETS SOLIDES; DÉCHETS, ÉLIMINATION DES)

O'Reilly, Gerald, médecin (Ballinlough, Irl., 11 août 1806—Hamilton, Canada-Ouest, 26 févr. 1861). En 1833, après des études de médecine à Dublin, en Irlande, puis à Londres, en Angleterre, il immigre à Hamilton, où il est un médecin renommé. En plus d'exercer dans son cabinet privé très achalandé, il offre ses services dans le secteur public comme chirurgien de la prison d'Hamilton, de la 3e milice Gore, et des comtés de Wentworth et d'Halton. Il est un des fondateurs, actionnaires originaux et médecins-conseils de la Canada Life Assurance Co. Il est en outre un des premiers à souscrire à une police d'assurance. Sa veuve en touche probablement la somme garantie à la mort prématurée du médecin, due à un empoisonnement du sang à la suite d'une intervention chirurgicale mineure.

Charles G. Roland

Orford, parc du mont Créé en 1938 et d'une superficie de 57 km², ce PARC PROVINCIAL est situé près de MAGOG, au Québec.

Histoire naturelle Le parc s'étend au pied des monts Orford (881 m) et Chauve (599 m), situés sur le plateau inférieur des Appalaches et séparés l'un de l'autre par la Rivière-aux-Cerises, qui traverse le parc en diagonale. Le parc comprend deux terrains de camping. De plus, on y trouve un réseau de sentiers pour la randonnée, le vélo de montagne et le ski de fond, ainsi qu'un terrain de golf.

La végétation abondante et variée fait partie des peuplements d'érables des Laurentides. Il y vit une importante population de cerfs de Virginie et une étonnante colonie de castors.

Installations et services Les escarpements des deux principaux massifs ont permis l'aménagement de la célèbre station de ski alpin. Le réseau hydrographique du parc se prête à merveille aux sports aquatiques, surtout sur les lacs Stukely et Fraser.

En 1951, les JEUNESSES MUSICALES DU CANADA y fondent le Centre d'art Orford, un camp musical et culturel. La salle de concert, un amphithéâtre de 500 places, fut inaugurée en 1960. Deux résidences sont à la disposition des visiteurs depuis 1970. Le QUATUOR À CORDES ORFORD, fondé par quatre étudiants, remonte à 1965.

Claudine Pierre-Deschênes

Organisation des Nations Unies (ONU) Elle est née en 1945 sous la forme d'un système international vaguement coordonné, composé d'organismes de délibération, d'organismes fonctionnels et de commissions temporaires et permanentes dont le siège se trouve à New York, à Genève et ailleurs. Sa structure rappelle celle de la SOCIÉTÉ DES NATIONS, mais avec une participation plus universelle. Le terme apparaît pour la première fois le 1er janvier 1942, lorsque 26 États s'engagent à poursuivre la lutte contre les pouvoirs de l'Axe. À San Francisco, vers la fin de la SECONDE GUERRE MONDIALE, la charte de l'ONU est rédigée par 50 pays, dont le Canada. Elle vise à promouvoir une forme de coopération internationale entre États souverains, où chacun renoncerait à une certaine partie de sa souveraineté dans l'intérêt de toutes les nations, afin de favoriser la paix, la sécurité, le développement économique, la justice sociale et les droits et libertés fondamentaux de la personne. Une grande part de ce travail sera accomplie par les puissants organismes fonctionnels, dont le Fonds monétaire international, l'Organisation de l'aviation civile internationale et l'Organisation pour l'alimentation et l'agriculture, déjà en voie d'être établis et de se joindre à l'ONU. C'est grâce à l'autonomie de ces organismes et à la résistance des petites puissances face à la domination des grandes puissances que les Nations Unies ont su s'adapter à l'évolution de la conjoncture.

Parmi les principaux organes, on trouve l'Assemblée générale, avec ses 159 États membres (1988), dont chacun possède une voix; le Conseil de sécurité de 15 membres, au sein duquel cinq grandes puissances siègent en permanence avec un droit de veto; et le Conseil économique et social, de 54 membres. Même si le Conseil de sécurité est considéré comme l'organe le plus influent, les autres n'ayant qu'un pouvoir de recommandation, il n'en reste pas moins que la capacité de tout organisme de l'ONU d'appliquer des décisions est restreinte par la nécessité d'obtenir un consensus parmi les membres, qui doivent aussi être disposés à imposer des sanctions militaires ou économiques. Le Secrétaire général élu des Nations Unies est lié par les décisions des organismes membres. Après avoir tenté d'imposer sa volonté lors de la GUERRE DE CORÉE, le Conseil de sécurité se tourne vers une solution de non-violence, notamment au moyen des forces du MAINTIEN DE LA PAIX, au sein desquelles les Canadiens joueront un rôle majeur.

Si la sécurité est la préoccupation principale des fondateurs de l'ONU, de nos jours, les questions économiques et sociales partagent aussi la vedette. Les succès de l'ONU dans la promotion de la décolonisation et de l'autodétermination mènent à l'adhésion d'une multitude d'anciennes colonies dont le principal souci est le développement économique et l'instauration d'un nouvel ordre économique mondial. L'ampleur des mutations scientifiques et technologiques depuis 1945 donne de nouvelles dimensions aux conventions, lois et infrastructures internationales portant, entre autres, sur le droit spatial, le commerce, les voyages, l'exploitation minière des fonds marins, les communications par satellite. Par conséquent, les organismes spécialisés tels que l'Organisation mondiale de la santé et le Haut Commissariat des Nations Unies pour les réfugiés traitent d'un plus grand nombre de problèmes, et l'ordre du jour de la Cour internationale de Justice déborde largement le cadre de l'arbitrage des différends politiques.

L'ONU est essentiellement un réseau d'institutions de diplomatie multilatérale, plutôt qu'un gouvernement mondial. Ses succès dépendent donc de la force collective de ses membres. C'est pourquoi elle n'a pu résoudre à ce jour les problèmes persistants de la course aux armements, des conflits régionaux du Moyen-Orient, du Kampuchéa et de Chypre, des violations des droits de l'homme en Afrique du Sud, de l'écart croissant entre les riches et les pauvres, et des réfugiés.

Au cours des années 80, des signes de tension extrême apparaissent au sein de l'organisation. La combinaison de plusieurs années de rétention de contributions destinées à des programmes qui ne répondent pas aux attentes des bailleurs, d'une gestion financière irresponsable et de doubles emplois menace l'avenir de l'organisation et provoque le retrait des États-Unis et du Royaume-Uni d'organismes tels que l'UNESCO. Le Canada préfère travailler de l'intérieur à réformer le système plutôt que de le critiquer de l'extérieur.

Les restrictions s'accompagnent de quelques réussites notables, qui redonnent confiance en l'ONU: la déclaration sur le TERRORISME international, un programme massif de soulagement de la faim en Afrique, et l'utilisation de l'ONU par les superpuissances pour sensibiliser l'opinion internationale au contrôle des armements et à la guerre entre l'Iran et l'Irak.

Pour le Canada, si actif dans la création de la plupart des organes de l'ONU, cet organisme demeure le meilleur moyen d'influencer les décisions des autres nations par la recherche d'un consensus. Le Canada est au premier rang des promoteurs de l'adhésion universelle à l'ONU. S'il n'est plus en posi-

tion de jouer le rôle de médiation qu'il avait dans la CRISE DE SUEZ de 1956, son engagement au maintien de la paix n'a pas faibli, et il a su faire évoluer sa contribution unique au rayonnement international par d'autres moyens tels que les procédures de vérification.

Par le nombre de ses habitants, le Canada occupe le trentième rang dans le monde et le septième parmi les grands pays industrialisés de l'Occident. Il est cependant le quatrième bailleur de fonds en importance de l'ONU. Le Canada est d'avis que la collaboration avec les autres pays demeure notre plus grand espoir de résoudre les problèmes mondiaux comme la pollution, la discrimination raciale, la faim, la discrimination sexuelle et d'autres problèmes qui préoccupent et, finalement, atteignent les Canadiens. Si le système de l'ONU peut paraître frustrant par moments, son objectif premier est toujours servi dans la mesure où il constitue le principal lieu de débat de ces questions et où il s'abstient de poursuivre l'effort séculaire d'établir un ordre mondial. (*Voir aussi* RELATIONS EXTÉRIEURES.)

John W. Holmes et Don Page

Organisation mondiale du commerce (OMC) Elle est fondée en 1995. Lors d'une réunion tenue à Punta del Este en Uruguay du 15 au 20 septembre 1986, les membres de l'ACCORD GÉNÉRAL SUR LES TARIFS DOUANIERS ET LE COMMERCE (GATT) signent une déclaration qui lance la ronde la plus complète de négociations sur le commerce jamais engagée et qui porte le nom de Uruguay Round. Ces négociations, entamées en octobre 1986, s'achèvent à la fin de 1993. Elles sont suivies en avril 1994 d'une rencontre interministérielle à Marrakesh qui débouche sur la signature de la version finale de l'Uruguay Round et de l'accord de Marrakesh créant l'Organisation mondiale du commerce. Les dispositions de cet accord et de l'OMC entrent en vigueur au début de janvier 1995.

L'OMC remplace ou englobe le GATT comme cadre institutionnel unique régissant le commerce international à l'échelle mondiale. Il inclut en effet l'Accord général sur les tarifs et le commerce dans sa version de 1994, qui contient quelques nouvelles règles relatives à l'application des divers articles du GATT, ainsi que l'ensemble des nouveaux accords novateurs négociés au cours de l'Uruguay Round. Pour joindre les rangs de l'OMC, les nations non-membres du GATT doivent accepter l'ensemble des dispositions de l'Uruguay Round – l'approche de l' «adhésion en bloc». En date de janvier 1997, 128 États sont membres de l'OMC.

Sous la gouverne de ce dernier, les réductions de tarifs acceptées par ces États sur un vaste éventail de produits industriels et de matières premières doivent entrer en vigueur en cinq étapes annuelles égales à partir du 1er janvier 1995. Les membres qui le désirent pourront réduire leurs tarifs plus rapidement. C'est aussi la première fois que les produits et les politiques agricoles sont inclus. Les membres sont d'accord pour transformer toutes les restrictions quantitatives frappant ces produits en tarifs (retarification), qui devront ensuite être abaissés dans un délai de six ans de 36 p. 100 pour les pays développés et de 24 p. 100 pour les pays en voie de développement. (Les pays les moins développés n'auront pas à les baisser du tout.) Les pays membres doivent aussi réduire leurs subsides aux exportations d'un pourcentage équivalent et les volumes des exportations subsidiées, de 21 p. 100. De nouvelles dispositions sont également prises pour garantir la sécurité des plantes, des animaux et de la nourriture. De nouvelles réunions sont prévues en 1999 pour améliorer l'accès aux marchés et réduire davantage les distorsions liées aux subsides aux exportations agricoles.

L'OMC supervisera aussi l'Arrangement multifibre (AMF) sur les vêtements et les textiles, qui arrive à échéance le 1er janvier 2005, de manière à faire en sorte que ces lignes de production puissent se sou-

mettre pleinement aux règles gouvernant tous les autres produits. L'accord porte également sur de nouvelles règles destinées à réduire les barrières commerciales de nature technique et sur les mesures d'investissements reliés au commerce (MIRC). S'y ajoute aussi un renforcement des procédures antidumping, des évaluations douanières, des inspections avant embarquement, des règles déterminant l'origine des produits, des licences et protections des importations. Pour la première fois, l'OMC définit et classe clairement les subsides selon qu'ils peuvent ou non permettre aux pays d'imposer des droits d'entrée compensatoires à leur encontre.

En outre, le commerce des services tombe désormais sous la réglementation internationale, comme dans le cas des aspects commerciaux des droits de propriété intellectuelle tels que les brevets, les droits d'auteur et les marques de commerce. Finalement, le mécanisme de règlement des différends est renforcé de sorte que les décisions prises par les jurys de l'OMC devront être appliquées par les pays trouvés coupables de violation des règles de l'OMC.

La première conférence interministérielle de l'OMC, tenue en décembre 1996, a permis la signature de l'Accord international sur la technologie (AIT). Celui-ci prévoit l'élimination en l'an 2000 des tarifs grevant environ 600 milliards de dollars de transactions sur les produits de technologie de l'information. Cet accord concerne 28 pays représentant 84 p. 100 du commerce mondial. Il fait la preuve de la capacité de l'OMC de pousser le monde vers une plus grande libéralisation du commerce.

Bruce W. Wilkinson

Organisme central Un organisme ministériel central de finances et d'administration gouvernementales et, en général, tout service dont le mandat couvre tous les domaines d'intérêt public correspondent à la notion d'organisme central. Le ministère des Finances, p. ex., est chargé de préparer le budget au nom de tous les ministres. Le Secrétariat du CONSEIL DU TRÉSOR élabore, approuve, puis surveille les plans de dépenses des ministères et des organismes. La COMMISSION DE LA FONCTION PUBLIQUE, de concert avec le Conseil du Trésor, joue un rôle important dans la gestion du personnel. Le BUREAU DU CONSEIL PRIVÉ (BCP) fournit des services de secrétariat au CABINET et à ses comités, en plus d'exercer de vastes fonctions de liaison, de coordination et de consultation. Ces fonctions découlent de ses liens avec le Cabinet et avec le premier ministre, ainsi que du rôle du greffier du BCP en tant que premier fonctionnaire du gouvernement. Un quatrième organisme central est le CABINET DU PREMIER MINISTRE, qui s'intéresse davantage aux responsabilités partisanes et politiques du premier ministre.

Vers la fin des années 60, l'élargissement des activités gouvernementales et la croissance rapide des dépenses encouragent la mise à l'essai de nouveaux organismes centraux chargés de coordonner des secteurs de l'«enveloppe» budgétaire dans laquelle le budget global est réparti (budgétisation par programmes). Vers le milieu des années 80, la plupart de ces organismes centraux sont abolis, sans que la taille et le champ d'action des organismes centraux qui subsistent soient réduits pour autant. Ces organismes exercent une surveillance afin que les ministères ordinaires (dits d'«exécution») dispensent leurs services de façon efficiente et efficace. Toutefois, les organismes centraux font toujours face à un dilemme: exercer leurs responsabilités de coordination et de surveillance sans empiéter indûment sur la responsabilité de chaque ministère opérationnel de gérer son propre portefeuille et de rendre compte de sa gestion au PARLEMENT.

J.E. Hodgetts

Orge Nom commun des plantes du genre *Hordeum,* de la famille des GRAMINÉES. Il existe plusieurs espèces sauvages et cultivées. Étant donné que toutes les variétés cultivées et certaines des espèces sauvages sont capables de pollinisation croisée, on suppose qu'elles appartiennent à l'espèce *H. vulgare*. L'orge, qui s'accommode d'une grande variété de sols et de climats, est cultivée dans plusieurs régions du monde. Elle est d'ailleurs l'une des premières céréales à l'être (*voir* CULTURES). Quoique l'on ne connaisse pas son lieu d'origine, l'orge est récoltée depuis des milliers d'années au Proche-Orient, en Extrême-Orient et dans le nord et le centre-est de l'Afrique.

La plante a une tige cylindrique et creuse, entrecoupée de nœuds là où se forment les feuilles. L'épi, ou tête, est formé d'épillets attachés aux nœuds par une structure dentelée nommée rachis. Chaque épillet est composé de deux enveloppes contenant l'une une fleur mâle et l'autre une fleur femelle. Les nœuds du rachis pouvant être formés d'un seul épillet ou de trois, l'inflorescence paraîtra avoir deux ou six rangs de grains d'où les noms d'orge à deux ou six rangs.

On rencontre deux types d'orge: l'une de printemps et l'autre d'hiver. Les variétés semées au printemps mûrissent dans un délai de 80 à 90 jours et sont les plus répandues au Canada. Les meilleurs sols pour la culture de l'orge sont légèrement acides, bien drainés et argileux. L'orge peut être affectée par des maladies des plantes causées par des champignons (rouille, charbon), des bactéries et des virus (jaunisse de l'orge). Elle est également sujette à l'affaiblissement de la tige et l'égrenage. Des botanistes canadiens qui cherchent à améliorer l'orge souhaitent produire de nouvelles variétés ayant une résistance génétique aux maladies, un rendement plus élevé et une capacité agronomique améliorée.

La plus grande partie des 4,8 millions d'hectares réservés à la culture de l'orge se trouve dans les PRAIRIES. La production annuelle de l'orge, en 1986, était d'environ 15 millions de tonnes: à peu près la moitié de la récolte est acheminée vers le marché et le reste est conservé pour être utilisé comme alimentation pour le bétail et comme semence. Une grande partie de l'orge vendue sur le marché est transformée en malt pour la fabrication de la bière ou en produits alimentaires enrichis de malt (*voir* BRASSERIE). L'orge peut également être transformée en grains perlés pour les soupes, ou en farine pour le pain sans levain. On la consomme également en bouillie. Le Canada exporte environ la moitié de l'orge qu'il commercialise, soit 3,8 millions de tonnes par an, ce qui équivaut au cinquième des exportations mondiales. (*Voir aussi* GRAIN, MANUTENTION ET COMMERCIALISATION DU.)

D.R. Metcalfe

Orgues, musique et facture d' C'est dans une église de Québec (1660-1661) que le son d'un orgue se fait entendre pour la première fois en Amérique, quelque 60 ans plus tôt que chez nos voisins américains. Selon les archives, la cathédrale de Québec possède déjà deux orgues en 1663-1664. Les compositions pour orgue jouées à l'époque sont vraisemblablement courtes et divisées en sections, comme la plupart des créations françaises pour orgue. Cela facilite la pratique française qui consiste à entrecouper les morceaux d'orgue de passages chantés par le chœur. Selon le *Livre d'orgue de Montréal* (découvert récemment et réédité en 1981), apporté à Québec en 1724 par Jean Girard (1696-1765), cette tradition française aurait fait partie de la vie liturgique en Nouvelle-France.

Le Britannique Healy WILLAN, arrivé au Canada en 1913, exerce une énorme influence sur la musique d'orgue. Son *Introduction, passacaille et fugue* (1916) devient la norme canadienne dont s'inspirent les compositions originales pour orgue. De plus, sa musique liturgique permet d'établir une liste d'innombrables compositions bien pratiques, essentiellement basées sur des hymnes pouvant servir aux organistes amateurs. Issues de cette tradition anglaise, de belles compositions originales convenant à l'usage liturgique ont enrichi le corpus d'œuvres canadiennes pour orgue. Les compositeurs anglo-canadiens sont, entre autres, Gerhard Wuensch, Gerald Bales, Barrie Cabena, Derek Healy, Bengt HAMBRAEUS, Gerhard Krapf et Jacobus Kloppers.

Les contributions franco-canadiennes perpétuent la tradition romantique française de compositeurs tels que César Franck et Louis Vierne. Parmi les œuvres importantes qui ont enrichi la musique pour orgue, mentionnons les œuvres de Raymond DAVELUY, François MOREL, Rachel Laurin, Jean Lebuis, Jean Morissette, Bernard Piché, Antoine Reboulot, Gilles Rioux et Denis Bédard.

Au XVIIe siècle, tous les orgues de Nouvelle-France viennent d'Europe. Ils sont de petite taille et répondent aux besoins liturgiques de l'époque. L'importation d'orgues de style français se poursuit durant tout le siècle. Le seul orgue fabriqué en Nouvelle-France à l'époque est celui d'un jeune menuisier de Montréal, Paul-Raymond Jourdain, qui termine son premier instrument, qui semble être aussi son dernier, en 1723. L'influence anglaise dans la facture d'orgues commence en 1786 lorsqu'un instrument, ou du moins un rajout à un orgue qui existe déjà, est importé pour l'église St. Paul, à Halifax. Plusieurs autres orgues sont importés par la suite, mais Jean-Baptiste Jacotel, un immigrant français, établit dès 1824 une tradition canadienne pour la fabrication d'orgues. Le premier facteur d'orgues né au Canada est Joseph Casavant (1807-1874). Ses fils, Claver et Samuel, fonderont la société CASAVANT FRÈRES LTÉE qui existe toujours et figure parmi les grands facteurs d'orgues. Les autres facteurs importants du XIXe siècle et du début du XXe siècle sont, entre autres, Samuel Russell Warren, Louis Mitchel et Napoléon Déry, de Québec, dont les orgues susciteront le mouvement de reviviscence de l'orgue au Canada.

Tous les premiers facteurs d'orgues utilisent la méthode mécanique traditionnelle ou la traction mécanique. Cependant, dès la fin du XIXe siècle, les orgues qui utilisent l'électricité d'une façon ou d'une autre ont tôt fait d'envahir le marché. À partir de 1893, les frères Casavant s'emploient à mettre au point un orgue électropneumatique et ils terminent la construction de leur dernier instrument à traction mécanique en 1902.

Le mouvement qui tend à restaurer les méthodes traditionnelles de fabrication d'orgues (mécanique ou à traction mécanique) et à encourager le retour à la sonorité baroque naît en Allemagne peu après la Première Guerre mondiale, mais ne se manifeste au Canada que trente ans plus tard. En 1959, le premier orgue à traction mécanique, fabriqué en Allemagne par Rudolf von Beckerath selon l'ancienne tradition, est installé à Montréal. Stimulés par ce nouvel orgue traditionnel, quelques organistes enthousiastes du Québec forment, en 1960, un groupe nommé Ars Organi, qui se voue à l'interprétation de musique pour orgue sur les meilleurs spécimens d'orgues à traction mécanique. En grande partie grâce à leurs initiatives, Casavant Frères recommence à fabriquer des orgues à traction mécanique en 1963. Plusieurs petits fabricants de renom se consacrent alors à construire des orgues en respectant l'idéal du mouvement de réforme. Parmi les facteurs d'orgues les plus connus figurent Hellmuth Wolff, André Guibault, Guy Thérien, Karl Wilhelm, Fernand Létourneau, Gerhard Brunzema (décédé en 1992), Adrian Koppejan, Gabriel Kney (retraité en 1996), Denis Juget, Halbert Gober et K. Leslie Smith. Inspirés par de solides traditions historiques, les facteurs d'orgues canadiens jouissent, dans les années 80, d'une réputation qui rivalise avec celle des plus grands fabricants d'orgues au monde.

Bruce A. Wheatcroft

Orientation professionnelle La préparation à la vie active constitue l'une des principales responsabilités des écoles, et l'orientation professionnelle est un des moyens d'atteindre ce but. Les conseillers en orientation sont des enseignants spécialisés engagés par les écoles secondaires pour aider les élèves à faire des choix personnels et éducationnels pour préparer leur avenir professionnel.

Ces conseillers offrent parfois des cours d'orientation qui exposent les problèmes du monde du travail. Ils peuvent également, par des évaluations ou par d'autres moyens, aider les élèves à trouver des occupations ou emplois dont les exigences correspondent à leurs compétences. Il leur arrive d'organiser des stages en milieu de travail et de fournir du matériel d'information sur les carrières destiné à l'utilisation en salle de classe. L'idée de l'orientation professionnelle est inspirée des réformes du système éducatif datant du début du XXe siècle. La *Loi sur l'enseignement professionnel de l'Ontario* de 1921 fut la première loi à prévoir le recrutement de conseillers d'orientation. Peu à peu, et dans toutes les provinces, le nombre et le rôle de ces spécialistes prennent de l'ampleur, mais la profession doit attendre les années 60 avant d'être bien établie.

L'orientation professionnelle est sujette à controverse depuis son origine. Nombreux sont ceux qui voudraient que l'école se contente de jouer un rôle purement éducatif. D'autres se demandent quels sont les meilleurs mécanismes pour informer les étudiants sur le marché de l'emploi et les y préparer. Quand le chômage des jeunes est en hausse, certains prétendent que les conseillers d'orientation ne sont pas assez renseignés sur le marché de l'emploi pour être efficaces. Des efforts ont été déployés pour sortir l'orientation professionnelle des écoles et l'intégrer, p. ex., dans les centres d'information sur l'emploi. D'autres ont voulu lui donner plus d'importance en en faisant une matière obligatoire. Au cours des années 90, la plupart des provinces ont privilégié l'expérience de travail et la planification de carrière.

Bien que la profession tire ses origines de la formation professionnelle, les conseillers disposent généralement de plus d'informations sur l'éducation supérieure et les professions libérales (les occupations de cols blancs) et ont tendance à orienter les élèves en ce sens. Les préjugés sociaux du système d'orientation et la tendance des conseillers à prodiguer des conseils en fonction du niveau social des élèves sont des sujets de préoccupation. Le système pourrait aussi facilement prêter flanc à la discrimination raciale ou ethnique. Enfin, le fait d'encourager les jeunes femmes à intégrer différents milieux de travail (surtout ceux qui font appel aux mathématiques ou aux sciences) fait peser de lourdes responsabilités sur les épaules des conseillers d'orientation sur le plan de l'équité.

M. Lazerson et Jane Gaskell

Orignal (*Alces alces*) Le plus grand membre vivant de la famille des CERFS (cervidés). La femelle peut atteindre un poids de 490 kg et, en Alaska, le mâle peut peser jusqu'à 600 kg. Cependant, la femelle pèse habituellement 350 kg et le mâle, environ 400 kg. L'orignal a un pelage noir, de longues pattes en forme d'échasses, utiles pour la marche dans la neige épaisse, un dos bossu, une face longue à la lèvre supérieure pendante, de grandes oreilles et un fanon (repli de peau) sous la gorge.

Répartition et habitat On trouve l'orignal depuis Terre-Neuve (où il a été introduit), la Nouvelle-Écosse et le Nouveau-Brunswick jusqu'en Colombie-Britannique, vers l'ouest, et en Alaska, vers le nord. En Europe, où on l'appelle élan, on le rencontre de l'Asie septentrionale jusqu'en Scandinavie. Il habite les forêts décidues et de conifères du Canada et a récemment étendu sa répartition au nord de la LIMITE FORESTIÈRE. En hiver, il fréquente les forêts où la couche de neige n'est pas trop épaisse.

Bois Le mâle a un long panache aux bois palmés, qui s'étend horizontalement. Les bois se mettent à pousser en avril et sont couverts de velours jusqu'en août ou au début de septembre. Le mâle se sert de son panache pour se battre pendant la saison du rut, en septembre et en octobre, et le perd entre décembre et février.

Reproduction et croissance Pendant la saison du rut, la femelle brame longuement. En imitant ses cris, les chasseurs attirent les mâles. La femelle peut se reproduire dès l'âge de 16 à 18 mois jusqu'à l'âge de 18 à 20 ans. Les petits, souvent des jumeaux, naissent à la fin de mai ou au début de juin. Les nouveaux-nés sont de couleur unie, rouge pâle ou brun roux. La femelle défend ses petits contre les loups, les ours et les humains.

Régime alimentaire L'orignal broute les branches de bouleau, de peuplier faux-tremble et de saule. L'été, il fréquente les lacs, où il se nourrit de végétation aquatique en se submergeant parfois complètement. Après un feu de forêt, il recherche les pousses de feuillus dans les forêts en régénération. Il lui arrive d'endommager les jeunes conifères en les piétinant et en broutant leurs pousses terminales.

Obstacle à l'accroissement des populations Les populations d'orignaux sont limitées par la prédation des loups et des ours, par la CHASSE et par les pertes de sang et de poils attribuables à la tique d'hiver.

A.T. Bergerud

Orillia, ville de l'Ont.; pop. 27 846 (rec. 1996), 25 925 (rec. 1991), 24 141 (rec. 1986); superf. 28,55 km²; const. en tant que village en 1867, puis en tant que ville en 1875; située à l'embouchure des lacs SIMCOE et Couchiching, au centre de l'Ontario. À l'origine, l'endroit est fréquenté par une bande d'Ojibwés, avec le chef William Yellowhead à sa tête. L'installation de colons blancs entre 1838 et 1839 les force à déménager dans la localité voisine de Rama. En espagnol, «orillia» signifie berge. Ce nom est donné par sir Peregrine MAITLAND, lieutenant-gouverneur du Haut-Canada de 1818 à 1828, qui a servi en Espagne.

Historique Au début, l'économie d'Orillia est fondée sur l'exploitation forestière et sur l'agriculture. Plus tard, vers la fin du XIXᵉ siècle, la ville devient une station estivale. En 1902, elle devient la première municipalité canadienne munie de sa propre centrale hydroélectrique. Celle-ci est située près de la rivière Severn. Orillia est le lieu d'inspiration de «Mariposa», une petite ville de l'Ontario décrite par l'humoriste Stephen LEACOCK dans SUNSHINE SKETCHES OF A LITTLE TOWN (1912). Le manuscrit de cet ouvrage et plusieurs autres documents de Leacock sont conservés dans la maison d'été de l'auteur, située à Old Brewery Bay, une communauté avoisinante, où Leacock a écrit plusieurs de ses livres. Cette maison abrite aujourd'hui le Stephen Leacock Museum, déclaré lieu historique national en 1994. Parmi les autres attractions touristiques, on compte le monument Champlain, érigé en 1925 pour commémorer le 300ᵉ anniversaire du passage de Champlain, de même que plusieurs autres bâtiments historiques.

Daniel Francis

Oriole Nom familier donné aux oiseaux aux couleurs éclatantes de la famille des Ictéridés. Les orioles de l'hémisphère occidental sont des oiseaux au plumage coloré de noir, de jaune ou d'orange. On compte environ 30 espèces de ces oiseaux au chant mélodieux, et c'est au Mexique et en Amérique centrale qu'on retrouve la plus grande diversité chez les orioles.

Description Chez la majorité des espèces, le mâle est plus grand et plus coloré que la femelle. Les jeunes mâles d'un an ressemblent souvent aux femelles, ce qui a peut-être pour effet de réduire les attaques dirigées contre eux par les mâles plus âgés. Les orioles se nourrissent d'insectes et de petits fruits.

Répartition et habitat Trois espèces d'orioles nichent au Canada. L'Oriole des vergers (*Icterus spurius*) niche localement dans le sud de l'Ontario et, depuis peu, au Manitoba. L'Oriole de Baltimore (*I. galbula*), qui abonde dans le sud du Canada à l'est de

l'Alberta, niche dans les arbres isolés et dans les forêts claires. L'Oriole à ailes blanches (*I. bullockii*) habite, en été, le sud de la Colombie-Britannique et de l'Alberta où elle niche durant cette saison. L'Oriole de Baltimore et l'Oriole à ailes blanches étaient auparavant reconnues comme deux sous-espèces de l'Oriole du Nord, mais on les considère désormais comme deux espèces distinctes l'une de l'autre. Les orioles hivernent principalement du Mexique jusqu'en Colombie et au Venezuela.

Nidification La femelle pond et incube quatre ou cinq œufs gris-blanc, tachetés de brun et de noir. L'Oriole de Baltimore et l'Oriole à ailes blanches tissent des nids suspendus faits de fibres végétales et de poils. L'Oriole des vergers construit un nid semblable, mais plus petit et constitué d'herbes.

R.J. Robertson

Orléans, île d' Dune superficie de 190,4 km² (33,3 km de long sur 8 km de large), elle se trouve immédiatement en aval de Québec, dans l'estuaire du Saint-Laurent. Il s'agit de la plus grande île du fleuve, après l'île de Montréal. Elle forme un plateau relativement régulier dans des roches appalachiennes, culminant à 137 m d'altitude et bordé par des versants abrupts. Elle est entourée par de larges battures au nord et une étroite terrasse au sud. La partie centrale de l'île est boisée. L'île est très fertile et bénéficie d'un microclimat doux. Elle est drainée par les ruisseaux Maheu, Lafleur, Dauphine et du Moulin.

Jacques CARTIER la nomme «île de Bacchus», en 1535, en raison des vignes qui y poussent, et la rebaptise île d'Orléans, en 1536, en l'honneur du duc d'Orléans. En 1542, François de Roberval y tente un établissement. Elle est décrite par Champlain en 1603 et octroyée en 1636 par la Compagnie de la Nouvelle France à huit associés. Elle devient l'île Sainte-Marie pendant l'établissement des Hurons, de 1650 à 1657. Ces premiers agriculteurs de l'île, installés sur une terre d'Éléonore de Grand'Maison, à l'extrémité amont, sont massacrés en 1656 par les Iroquois. Le défrichement reprend en 1660. La paroisse de Sainte-Famille est fondée en 1661. La première église de l'île y est construite en 1669. Jean de Lauzon, gouverneur de la Nouvelle-France, est victime des Iroquois en 1661. L'île devient propriété de Mᵍʳ de Laval, premier évêque de Québec, en 1668. Elle compte alors 471 habitants, autant qu'à Québec. Elle est cédée en fief à François Berthelot en 1675, sous le nom d'isle de Saint-Laurent. Les paroisses Saint-Pierre, Saint-François et Saint-Jean sont fondées en 1679. La paroisse Saint-Paul devient paroisse Saint-Laurent en 1698. Des moulins à vent sont construits en 1669 et 1675. Une carte précise de l'île est dessinée en 1689 par de Villeneuve.

Appelée de nouveau isle d'Orléans en 1725, elle est très prospère. En 1759, elle est ravagée par les troupes de Wolfe et Carleton. James Cook dresse un plan du chenal nord. En 1824 et 1825, un chantier naval éphémère construit le «Columbus» et le «Baron Renfrew», sur la pointe amont de l'île. Un port maritime est développé à cet emplacement, à l'origine de la paroisse de Sainte-Pétronille en 1870. L'activité agricole reste florissante. La beauté de l'île, les bâtiments historiques et les productions artisanales et horticoles attirent de nombreux touristes qui empruntent le pont construit au-dessus du chenal nord. L'île inspira des œuvres au chanteur FÉLIX LECLERC (1914-1988) qui l'avait élue comme lieu de résidence.

Serge Occhietti

Orme (*Ulmus*) Genre d'arbres de la famille de l'orme (*Ulmaceae*). Les ormes sont restreints aux régions tempérées de l'hémisphère Nord et le nombre d'espèces connues ne dépasse pas 25. Trois de ces espèces sont indigènes au Canada: l'orme d'Amérique, dont l'aire de distribution atteint le centre de la Saskatchewan, les ormes liège et rouge, présents dans l'Est seulement. Les ormes, principalement l'orme d'Amérique, peuvent atteindre des tailles

imposantes. Leur cime en parasol est très caractéristique. Les feuilles, munies d'un très court pétiole, sont disposées de part et d'autre des rameaux. Le limbe est légèrement asymétrique à la base et le contour est bidenté. Les fruits, aplatis et ailés, se développent très tôt au printemps. Ils sont une source de nourriture pour les oiseaux et les écureuils. Les ormes peuvent pousser dans des habitats variés, mais on les trouve le plus souvent dans les stations humides et riches comme les plaines alluviales. Parce qu'il est très résistant, le bois entre dans la fabrication d'articles spéciaux comme les bâtons de hockey. On l'utilise aussi pour la fabrication des châssis de piano, des cercueils et des meubles. On les plante souvent dans les villes comme arbres ornementaux (*voir* PLANTES ORNEMENTALES), mais plusieurs sont morts ces dernières années des suites de la maladie hollandaise de l'orme.

Estelle Lacoursière

Ormeau (Haliotis) Genre de MOLLUSQUE gastéropode marin primitif qui comprend plus de 70 espèces dans le monde, dont deux au Canada: l'ormeau nordique ou haliotide pie (*Haliotis kamtschatkana*), aussi appelé ormeau japonais ou oreille de mer nordique, qui se trouve sur toute la côte de la Colombie-Britannique, et l'haliotide verte du Nord (*H. walallensis*), qu'on ne retrouve que dans les eaux méridionales de la Colombie-Britannique. Ce gros escargot (jusqu'à 12 cm), qui ressemble à une patelle, préfère les eaux semi-protégées situées entre la zone intertidale basse et la zone de 18 m de profondeur.

L'ormeau utilise son pied puissant pour se cramponner à la surface des rochers. *H. kamtschatkana* est une espèce grégaire qui broute sur les algues dérivantes ou de surface. Sa coquille en forme d'oreille est ondulée et porte, sur sa spire externe, quatre à cinq pores respiratoires qui servent aussi d'orifices d'évacuation des produits génitaux et des excréments. La surface extérieure de la coquille est de couleur rouge-vert marbré. Le bleu-vert iridescent de l'intérieur nacré de sa coquille l'a rendu populaire auprès des autochtones de la côte du Nord-Ouest qui l'utilisent pour faire des bijoux et des incrustations. Les muscles tendres de l'ormeau, grillés comme un steak ou hachés pour le bisque, sont des mets de choix pour gourmets. Outre les humains, ses seuls autres prédateurs sont l'étoile de mer et, occasionnellement, la rose de mer.

Peter V. Fankboner

Ormsby, Margaret Anchoretta, historienne et éducatrice (Quesnel, C.-B., 7 juin 1909). Elle étudie à l'U. de la Colombie-Britannique et à Bryn Mawr, puis enseigne au département d'histoire de l'U. de la Colombie-Britannique à partir de 1943, département dont elle sera la directrice de 1965 à 1974. Ses recherches et son enseignement contribuent largement à mieux faire connaître l'histoire de sa province natale. Malgré son indéfectible loyauté envers sa province, le lien entre sa province et l'ensemble de la confédération est un thème dominant de son œuvre.

Son ouvrage le plus important, *British Columbia: A History* (1958, révisé en 1971), se distingue par un style littéraire raffiné qui lui est propre et contribue à sa popularité auprès du grand public. Ormsby écrit aussi de nombreuses biographies de personnalités de la Colombie-Britannique pour le célèbre *Dictionnaire biographique du Canada*. Membre de la Commission des lieux et monuments historiques du Canada (1960-1968) et présidente de la Société historique du Canada (1965), elle est aussi Membre de la Société royale du Canada (1966), de l'Order of British Columbia (1990) et de l'Ordre du Canada (1996).

Margaret E. Prang

Oromocto, ville du N.-B.; pop. 9194 (rec. 1996), 9325 (rec. 1991), 9656 (rec. 1986); superf. 22,08 km²; const. en 1955; située au confluent de la rivière Oromocto et du fleuve Saint-Jean, à 22 km au sud-est de FREDERICTON. Les Malécites appelaient l'Oromocto «Wel-a-mook'-took», ce qui signifie «eau profonde», parce qu'elle était propice au canotage. Vers la fin du XVIIe siècle, les Français y fondent un petit établissement. Après 1763, les commerçants de la Nouvelle-Angleterre fréquentent l'endroit lors de leurs opérations le long du FLEUVE SAINT-JEAN.

Vers 1776, l'armée britannique y construit le fort Hughes pour protéger les nouveaux établissements, la route terrestre vers Québec et les riches stocks de mâts de pin destinés à la Royal Navy. La localité continue de prospérer après l'arrivée des LOYA-LISTES en 1783.

Pendant une bonne partie du XXe siècle, le bois d'œuvre, les chantiers navals, les scieries et les commerces locaux desservant l'arrière-pays constituent la base de l'économie d'Oromocto. Les changements les plus profonds surviennent au cours des années 50 avec l'établissement près d'Oromocto de la BFC Gagetown, la plus grande zone de manœuvres terrestres du Commonwealth.

Lorsque la ville s'agrandit pour répondre aux besoins des militaires, un plan général de zonage en fait la «ville modèle du Canada». L'économie se porte bien depuis, étant fondée sur la fourniture de biens et de services à la base militaire. La ville a également réussi à attirer plusieurs industries non polluantes dans son parc industriel de 30 ha.

Dale R. Cogswell

Orphelins de Duplessis À l'origine, ce sont des enfants illégitimes (nés hors des liens du mariage) ou abandonnés qui vécurent, entre les années 30 et le début des années 60, dans certaines institutions québécoises comme les crèches, les orphelinats et les hôpitaux psychiatriques. À cette époque, la plupart des institutions de ce genre étaient tenues par des communautés religieuses.

En tant que groupe, les orphelins de Duplessis font leur entrée sur la scène publique, au début des années 90, en exigeant réparation pour des actes illégaux commis à leur endroit: internement arbitraire en milieu psychiatrique, faux diagnostics de maladie mentale, sévices corporels et agressions sexuelles, etc. On estime leur nombre à 2 ou 3000. Regroupés au sein d'un comité et dirigés par l'écrivain Bruno Roy, ils accusent en outre certaines communautés religieuses, l'État et le corps médical de leur avoir fait subir une institutionnalisation prolongée pour des motifs essentiellement financiers. Cette affaire se retrouve rapidement devant les tribunaux, mais les orphelins ne connaissent que des échecs successifs (tentatives de recours collectifs et de poursuites criminelles déboutées). Cependant, avec le dépôt d'un rapport du Protecteur du citoyen favorable à leur cause, en janvier 1997, le débat prend une tournure plus politique. On y demande des excuses officielles des trois principaux groupes mis en cause (gouvernement, corps médical et communautés religieuses) de même que des indemnisations personnelles. Le gouvernement Bouchard attend jusqu'en mars 1999 pour offrir des excuses et un très modeste fonds d'aide de trois millions de dollars, non assorti de compensations individuelles. L'offre est rejetée par les orphelins. Pour leur part, en septembre 1999, les évêques du Québec opposent une fin de non-recevoir à leurs demandes d'excuses et écartent l'idée de verser quelque argent que ce soit en leur faveur. Apparemment toujours dans l'impasse, le mouvement a cependant, au printemps 2000, la faveur d'un comité de personnalités appuyant les orphelins, de la population (d'après un sondage) et d'une partie de la députation péquiste, ainsi que de certains membres de l'Église critiques à l'égard de l'attitude adoptée par les évêques.

Thierry Nootens

Orr, Robert, dit Bobby, joueur de hockey (Parry Sound, Ont., 20 mars 1948). Joueur junior de calibre supérieur pour les Generals d'Oshawa, Orr est recruté par les Bruins de Boston en 1967, à 18 ans. La même année, il remporte le TROPHÉE CALDER. Ses attaques fulgurantes, ses jeux et les buts qu'il marque de façon spectaculaire ont révolutionné le rôle des défenseurs. Il est d'ailleurs le seul défenseur à avoir remporté le TROPHÉE ART ROSS, que l'on décerne au meilleur compteur, exploit qu'il réalise deux fois. Il domine le jeu, s'élançant à toute allure et patinant avec ardeur, comme en témoigne une photographie où on le voit littéralement flotter au-dessus de la glace après avoir compté un but qui permet à son équipe de remporter la Coupe Stanley.

Il mérite le titre de plus grand athlète de l'histoire de Boston, surclassant les meilleurs joueurs de baseball et de basketball. À ce jour, aucun autre défenseur de la Ligue nationale de hockey n'a remporté autant d'honneurs et de trophées: le TROPHÉE HART (1970, 1971 et 1972), le TROPHÉE CONN SMYTHE (1970 et 1972) et, huit fois, le TROPHÉE JAMES NORRIS (1968 à 1975). De 1967 à 1975, il est membre de la première équipe d'étoiles à 8 reprises. Il marque 270 buts et obtient 645 assistances en 953 matches, auxquels s'ajoutent 92 points en 74 matches des séries éliminatoires. Il est blessé aux genoux pendant sa toute première saison professionnelle et, au moment de quitter Boston pour devenir membre des Black Hawks de Chicago (1976-1977), un contrat de trois millions de dollars en poche, il avait subi six opérations aux genoux, ce qui l'empêche de participer à la SÉRIE DU SIÈCLE CANADA-URSS (1972), mais il joue dans la première série de la COUPE CANADA en 1976. Malgré des genoux déjà complètement abîmés, son rendement est remarquable et il reçoit le titre du joueur le plus utile à son équipe pour ce tournoi, prouvant ainsi qu'il est toujours le meilleur joueur. Après ce tournoi, il ne joue que 26 autres matches pour les Black Hawks avant d'être forcé à prendre sa retraite en raison du mauvais état de ses genoux. Orr est intronisé au Temple de la renommée en 1979 et devient Membre de l'Ordre du Canada la même année.

James Marsh

Orser, Brian, patineur artistique (Belleville, Ont., 18 déc. 1961). Remarquable patineur en style libre, Orser est, en 1987, le premier athlète masculin canadien à remporter le championnat du monde de patinage artistique en 24 ans. Orser chausse les patins pour la première fois à l'âge de six ans et décroche le titre de champion canadien junior en 1979. En 1981, il remporte le titre de champion canadien senior et le conserve jusqu'en 1988, soit un nombre record de huit victoires consécutives.

Son ascension parmi les grands débute en 1983, lorsqu'il remporte la médaille de bronze au championnat du monde. Pendant les trois années qui suivent, il se classe deuxième au championnat du monde et aux JEUX OLYMPIQUES de 1984, car il ne semble pas pouvoir se hisser au sommet du podium en raison de difficultés dans l'exécution des figures imposées. Toutefois, en 1987, Orser parvient enfin à améliorer sa technique aux figures imposées. Dans son programme long, il offre une prestation impeccable avec une chorégraphie magnifique, au cours de laquelle il exécute six triples sauts. Comme pour marquer davantage l'événement, il devient le premier athlète à réussir deux axels triples en un seul programme lors des championnats du monde.

Aux Jeux olympiques de 1988, Orser mène une bataille mémorable contre l'Américain Brian Boitano pour la médaille d'or. Cependant, un faux mouvement pendant son programme long lui coûte ce titre et il remporte de nouveau la médaille d'argent. Au championnat du monde l'année suivante, les deux athlètes se livrent de nouveau bataille et Orser remporte une fois de plus l'argent. Après ce championnat, il se retire du circuit amateur et se joint aux rangs des professionnels. En 1985, Orser reçoit l'Ordre du Canada.

Barbara Schrodt

ORTECH International (autrefois Fondation de recherches de l'Ontario) Elle a été créée en tant que corporation indépendante par une loi provinciale en 1928. Des laboratoires lui sont attribués dès le début. Destinée initialement à l'enseignement, ORTECH rectifie graduellement le tir et commence à promouvoir le développement industriel, en particulier celui des petites entreprises, par des innovations scientifiques et technologiques. ORTECH est devenue experte en céramique, en mélange de combustibles, en technologie du textile et du tricotage, en méthodologie analytique pour l'amiante, en hydrométallurgie, en microélectronique et en recherche dans les domaines de l'ÉNERGIE SOLAIRE et de la POLLUTION. Elle agrandit de beaucoup ses installations en 1969. Le président doit rendre des comptes à un conseil d'administration qui est nommé par le lieutenant-gouverneur en conseil et dont les membres proviennent des communautés industrielle, commerciale et scientifique.

Au début, le financement provient à parts égales d'un fonds de dotation par le truchement de l'ASSOCIATION DES MANUFACTURIERS CANADIENS et d'une subvention provinciale. Depuis 1967, le revenu d'ORTECH provient de subventions provinciales annuelles. Elle reçoit à peu près la moitié de tous les fonds fédéraux alloués aux organisations de recherche provinciales. À peu près la moitié de la recherche exploratoire est financée par le gouvernement fédéral. Les contrats avec les industriels financent la majeure partie de la recherche appliquée. En 1987, ORTECH dessert plus de 2000 clients industriels. La direction est de type portefeuille: neuf directeurs de centres d'affaires rendent compte à deux chefs de division. Les domaines couverts comprennent la résolution de problèmes dans la production et le traitement, les essais, la recherche et le développement de produits. ORTECH offre de l'expertise dans de nombreux domaines ainsi que de l'équipement spécialisé. Elle doit aussi attirer l'attention du gouvernement et de l'industrie sur des recherches qui apporteraient des avantages sociaux et économiques.

Martin K. McNicholl

Orton, George W., coureur (Strathroy, Ont., 10 janv. 1873—Meredith, N.H., 26 juin 1958). Premier champion OLYMPIQUE du Canada, Orton est l'un des meilleurs athlètes d'Amérique du Nord dans les années 1890. Considéré comme le coureur le plus méthodique en course de demi-fond, il remporte les championnats canadien et américain du mile en 1892 et en 1893. En 1900, il compte 121 victoires à son actif, dont 15 aux championnats américains. Étant donné que le Canada n'envoie pas d'équipe aux Olympiques de Paris, en 1900, il porte les couleurs des États-Unis, remportant le steeple-chase sur 2500 m et finissant troisième au 400 m haies. Il a beaucoup écrit sur le sport et la course.

J. Thomas West

Osgoode, William, juge (Londres, Angl., 1754—*id.*, 17 janv. 1824). Formé à Christ Church (Oxford), Osgoode est admis à Lincoln's Inn en 1779. Après quelques années de pratique à la chancellerie, il devient, en 1792, le premier juge en chef du Haut-Canada, puis, deux ans plus tard, il accepte un poste similaire dans le Bas-Canada. En 1801, il retourne en Angleterre où il sera gentilhomme campagnard pour le reste de sa vie. Homme au tempérament calme, il a joué un important rôle de médiateur pendant son séjour au Canada. Il n'a pas laissé une très grande marque dans le domaine juridique, mais il a néanmoins élaboré une grande partie des premières lois du pays. Les tribunaux judiciaires de Toronto et la plus célèbre école de droit du Canada portent son nom.

Graham E. Parker

Oshawa, ville de l'Ont.; pop. 134 364 (rec. 1996), 129 344 (rec. 1991); const. en 1924; située à 52 km à l'est de Toronto, sur le bord du lac Ontario. À l'origine, la ville s'appelle Skae's Corners. Le nom actuel est d'origine OJIBWÉE, mais son sens exact est sujet à controverse, bien qu'en général, on croit qu'il signifie «portage». En 1974, Oshawa est fusionnée à la nouvelle municipalité régionale de Durham.

Historique Un excellent port, un bon système routier et le chemin de fer de la GRAND TRUNK RAILWAY qui, dès 1856, relie Toronto à Montréal, font d'abord d'Oshawa un centre de transport. L'industrie manufacturière a tôt fait de s'imposer, notamment la Oshawa Manufacturing Co., propriété de Joseph Hall, qui en fait le plus grand fabricant de matériel agricole au Canada.

Le plus important manufacturier d'Oshawa sera la McLaughlin Carriage Works, fabriquant de l'automobile McLaughlin-Buick. En 1918, la McLaughlin Motor Car Co. fusionne avec la Chevrolet Motor Car Co. of Canada pour former la société GENERAL MOTORS du Canada Limitée (GM), dont le président est l'entrepreneur local Robert S. «Colonel Sam» MCLAUGHLIN.

Dans les années suivantes, GM devient le principal employeur, mais après plusieurs années de mauvaises relations de travail, la compagnie fait face à une grève majeure. Les travailleurs de GM accréditent la United Automobile Workers (UAW), un syndicat industriel américain affilié au Committee for Industrial Organization (CIO, appelé plus tard Congress of Industrial Organization). Au grand déplaisir du premier ministre ontarien, Mitchell HEPBURN, qui souhaite la défaite de l'UAW, et malgré le recours à une police spéciale, le syndicat fait une importante percée dans le milieu du travail au Canada (*voir aussi* GRÈVE D'OSHAWA).

Économie L'INDUSTRIE AUTOMOBILE demeure l'employeur principal d'Oshawa. Cependant le principal enjeu pour l'industrie est l'approvisionnement à rabais de fournitures. Celles-ci étaient auparavant fabriquées sur place, et sont maintenant commandées à des fournisseurs extérieurs dont les employés sont souvent non syndiqués et sous-payés. Le problème a été au cœur de la grève des travailleurs de l'usine GM d'Oshawa en 1996. L'entente conclue sert de modèle aux contrats avec Chrysler et Ford. Mais l'enjeu semble devoir perdurer.

Vie culturelle Oshawa est le foyer du Durham College, qui fait partie du réseau des Collèges d'arts appliqués et de technologie de l'Ontario. On y trouve aussi plusieurs musées, notamment le Canadian Automotive Museum, le Oshawa Aeronautical Military and Industrial Museum et le Robert Stuart Aeronautical Museum. Pour sa part, le Oshawa Sydenham Museum comprend trois maisons historiques où sont exposés des objets historiques de la région. Parkwood Estate and Gardens, le manoir de 55 pièces où Robert Samuel MCLAUGHLIN a habité, est un LIEU HISTORIQUE national.

La ROBERT MCLAUGHLIN GALLERY présente des expositions temporaires d'artistes canadiens. Au centre-ville, neuf bâtiments sont ornés de murales représentant l'histoire et la diversité culturelle d'Oshawa. Parmi les autres attractions, on compte les sentiers Oshawa Trails le long des vallées d'Oshawa et de Harmony Creek, du secteur riverain du lac Ontario et de la McLaughlin Bay Wildlife Reserve. De plus, la ville possède un orchestre symphonique, de même que de nombreuses installations sportives et récréatives.

Parmi les célébrités originaires d'Oshawa, mentionnons Michael Starr, ministre du cabinet du gouvernement Diefenbaker, l'ancien chef du Nouveau Parti démocratique, Edward BROADBENT, et le champion mondial de patinage artistique, Donald JACKSON.

Gerald Stortz

Os-Ke-Non-Ton (Cerf courant, son nom de chef MOHAWK), baryton et acteur (né Louie Deer, à Caughnawaga [aujourd'hui Kahnawake], Qc, vers 1890—Lily Dale, NY, vers 1950). Il est d'abord chasseur et guide dans la région de Lac-des-Baies en Ontario; par la suite, Leonora James Kennedy, professeur de musique de Toronto, découvre son talent et lui enseigne le chant. Dans les années 20, il chante à l'Exposition nationale canadienne, au Bigwin Inn (Lac-des-Baies) et dans *Hiawatha* de Coleridge-

Taylor au Albert Hall, à Londres. On l'entend à la radio et dans plusieurs enregistrements. Il se produit également un peu partout en Europe et aux États-Unis. Quatre de ses enregistrements sur disque 78 tours sont répertoriés dans *En remontant les années* d'Edward B. Moogk (Bibliothèque nationale du Canada, Ottawa, 1975).

Osler, sir William, médecin, écrivain et professeur (Bond Head, Canada-Ouest, 12 juill. 1849—Oxford, Angl., 29 déc. 1919). Il est reconnu pour ses contributions dans une vaste gamme de champs cliniques, ses activités et ses écrits dans le domaine de la formation, la stimulation qu'il a procurée aux étudiants qui sont devenus des leaders de la profession médicale, son appui généreux aux bibliothèques scientifiques et pour ses caractéristiques personnelles, son intégrité, sa sérénité et sa bienveillance. Après avoir passé son enfance à Bond Head et à Dundas, au Canada-Ouest, il étudie à l'U. de Toronto, puis à l'U. McGill, où il obtient son doctorat en médecine en 1872. Des études postdoctorales en Angleterre et ailleurs en Europe le mènent à entreprendre une carrière en enseignement à McGill, où il donne des cours de médecine et de pathologie, produit de nombreuses publications et acquiert une réputation internationale comme clinicien astucieux et humain. En 1884, il se joint, sur invitation de l'U. de Pennsylvanie, au corps professoral. Cinq ans plus tard, il devient le premier professeur de médecine de l'U. Johns Hopkins à Baltimore.

Au tournant du siècle, il est probablement le médecin le plus en vue du monde anglophone. Il doit cette renommée à sa remarquable pratique de la médecine, à son enseignement excellent et innovateur, à la grande variété de ses publications et aux rapports qu'il entretient avec d'éminents collègues de l'école la plus avancée de l'époque, Johns Hopkins. Ses intérêts professionnels sont exceptionnellement variés, mais Osler se spécialise surtout dans le diagnostic des maladies du cœur, des poumons et du sang. Son manuel, *The Principles and Practice of Medicine,* publié pour la première fois en 1892 et révisé souvent par la suite, est considéré comme l'autorité en la matière pendant plus de 40 ans. Sa description de l'inaptitude des méthodes de traitement utilisées dans la plupart des maladies a joué pour beaucoup dans la création du Rockefeller Institute for Medical Research à New York.

Osler est un homme ouvert et enjoué qui aime faire des farces et jouer des tours. Il sait comment alléger l'atmosphère dans une chambre de malade et donner de l'espoir à ses patients. Il propose que les programmes de médecine comptent moins d'heures d'apprentissage théorique et plus de temps consacré aux patients. Il compte parmi ceux qui ont structuré les méthodes de formation postdoctorale pour les médecins, contribuant ainsi à la création du système tel qu'on le connaît aujourd'hui. Osler se marie à l'âge de 42 ans avec une descendante directe de Paul Revere. Un de leurs deux enfants mourra à la naissance et l'autre sera tué pendant la Première Guerre mondiale. En 1905, la famille quitte l'Amérique du Nord pour la Grande-Bretagne, où Osler devient professeur titulaire de la chaire royale de médecine à Oxford. Récipiendaire de nombreux diplômes *honoris causa,* il est fait baronnet en 1911. Il consacre les dernières années de sa vie à une pratique très active, à l'écriture, à l'enseignement et à l'enrichissement de sa grande bibliothèque sur l'histoire de la médecine, qui appartient aujourd'hui à McGill. En 1919, Osler meurt d'une pneumonie contractée après un long voyage de consultation. Ses cendres sont conservées à la bibliothèque Osler à Montréal. On le cite encore souvent et sa vie continue de servir d'exemple aux étudiants et aux médecins.

Charles G. Roland

Osoyoos, ville de la C.-B.; pop. 4021 (rec. 1996), 3557 (rec. 1991), 2956 (rec. 1986); superf. 9,06 km²; const. en 1946; située aux abords du lac Osoyoos, à 60 km au sud de Penticton, dans la VALLÉE DE

L'OKANAGAN. Soyoos («point de rencontre de deux lacs») est un nom okanagan. Les brigades de la Compagnie de la baie d'Hudson sont de passage dans la région de 1812 à 1848. Les RUÉES VERS L'OR de la Colombie-Britannique contribuent à l'ouverture de la région. Un bureau des douanes est construit en 1865 près du goulet reliant les deux lacs. John Carmichael Haynes, agent des douanes et juge de paix des districts d'Osoyoos et de Kootenay, est un des premiers colons d'Osoyoos; il acquiert 8900 ha pour l'élevage du bétail et de chevaux. Le premier verger commercial est établi dans les environs en 1890. Grâce au projet d'irrigation de la South Okanagan, un canal assure l'alimentation en eau de la région dès 1919.

Économie Le tourisme et l'agriculture sont les principaux secteurs économiques. Le lac Osoyoos a l'eau douce la plus chaude du Canada et attire des milliers de touristes chaque été. La culture des fruits demeure la principale activité agricole et le programme du lâcher d'insectes stériles, exploité à partir de la ville d'Osoyoos, permet aux pomiculteurs de la région d'être à l'avant-garde de la production commerciale de pommes biologiques. Osoyoos gagne en importance comme porte d'entrée aux É.-U., ce qui stimule grandement l'intérêt des entreprises industrielles.

William A. Sloan

Ostenso, Martha, romancière (près de Bergen, Norvège, 6 sept. 1900—Seattle, Wash., 1963). Sa famille immigre dans le Midwest américain en 1902, puis à Brandon, au Manitoba, et plus tard à Winnipeg, où Ostenso termine son secondaire. Avant de fréquenter l'U. du Manitoba, elle enseigne brièvement à Hayland (Manitoba), qui lui inspire le cadre de son roman *Wild Geese* (1925). Elle travaille quelque temps comme journaliste, puis déménage aux États-Unis en 1921. Elle étudie le roman à l'U. Columbia de New York avec, comme professeur, le Canadien Douglas Durkin (qui a enseigné à Brandon et à Winnipeg). Elle fait du travail social à Brooklyn pendant plusieurs années avant de déménager avec Durkin à Gull Lake (Minnesota) en 1931. Le couple se marie en 1944, après le décès de la première épouse de Durkin et s'installe à Seattle en 1963.

L'œuvre maîtresse d'Ostenso, *Wild Geese,* est son seul roman dont l'action se situe au Canada. Il s'agit d'une histoire sentimentale intense dans laquelle l'auteure examine avec réalisme l'étrange lien qui unit l'être humain à la nature, ainsi que la quasi-absence de vie physique et spirituelle dans une communauté agricole en défrichement. D'abord intitulé *The Passionate Flight,* l'ouvrage remporte le lucratif prix offert par *The Pictorial Review,* la Famous Players-Lasky Corporation et Dodd, Mead & Co. pour un premier roman. Toutefois, il est apparu récemment que Durkin a grandement collaboré à la rédaction du roman et que, étant donné qu'il avait déjà publié, seule Ostenso a signé l'œuvre (Ostenso avait publié un recueil de poèmes en 1924, *In a Far Land*). Malgré leur travail en commun, aucun des romans d'Ostenso, parmi la douzaine publiés par la suite, notamment *The Dark Dawn* (1926) et *The Mad Carews* (1927), n'atteint la même force et la même profondeur que *Wild Geese.*

Donna Coates

Ostry, Bernard, fonctionnaire (Wadena, Sask., 10 juin 1927). Après des études en histoire à l'U. du Manitoba, Ostry débute une carrière aux universités de Londres et de Birmingham en Angleterre. Là-bas, il collabore avec H.S. Ferns à la publication de *The Age of Mackenzie King: The Rise of the Leader* (1955; 2ᵉ éd., 1976), étude critique et controversée sur l'ancien premier ministre.

Ostry revient au Canada vers la fin des années 50, travaillant pour la CBC de 1960 à 1968 en tant que radiodiffuseur et plus tard comme administrateur au ministère des Affaires publiques. Il est alors commissaire au sein d'un groupe de travail ministériel sur l'information gouvernementale et l'un des auteurs du rapport *Communiquer* (1969). Cette occupation permet à Ostry, homme ambitieux et maintenant reconnu, de faire la transition vers les hauts échelons de la bureaucratie culturelle du gouvernement fédéral. Il est sous-secrétaire adjoint d'État de 1970 à 1973, secrétaire général des Musées nationaux du Canada de 1974 à 1978 et finalement sous-ministre des Communications de 1978 à 1980.

Ses opinions arrêtées sur l'importance des arts et sur le rôle du gouvernement dans la vie culturelle sont exprimées dans son livre *The Cultural Connection* (1978). En 1981, après un bref séjour en France en compagnie de son épouse Sylvia OSTRY, il va travailler au gouvernement de l'Ontario, où il occupe une série de postes de sous-ministre avant de devenir président-directeur général de l'Office de la télécommunication éducative de l'Ontario (TVOntario), le service de télédiffusion publique de la province, de 1985 à 1992. Il est aussi membre du Conseil des gouverneurs du Conseil des arts du Canada (1977-1982, 1986-1991) ainsi que directeur puis président (1990) de l'Association des télédiffuseurs éducatifs du Canada (ATEC) (1985-1991).

Il fait partie de plusieurs conseils d'administration, dont le Writers' Development Trust (depuis 1985), l'Institut de radio-télévision pour enfants (1987-1991), l'Institut d'administration publique du Canada (depuis 1987), le Festival of Music of Canada (1988), la Fondation canadienne des arts autochtones (1990), l'École nationale de ballet (1990) et le Marshall McLuhan Centre on Global Communications (1990). De 1991 à 1993, Ostry est président du conseil d'administration du Shaw Festival.

Norman Hillmer

Ostry, Sylvia, née Knelman, économiste et fonctionnaire (Winnipeg, 3 juin 1927). Elle étudie d'abord à Winnipeg, puis à McGill et à Cambridge. Elle débute sa carrière dans l'enseignement universitaire à McGill et à Oxford. En 1964, elle entre dans la fonction publique fédérale et devient directrice adjointe, puis directrice des études spéciales de la main-d'œuvre au Bureau fédéral de la statistique (1964-1969). Elle occupe ensuite différentes fonctions: directrice du Conseil économique du Canada (1969-1972), statisticienne en chef du Canada (1972-1975), sous-ministre de la Consommation et des Affaires commerciales (1975-1978), et présidente du Conseil économique du Canada (1978-1979).

En 1980, elle est nommée à la tête du département des Affaires économiques et statistiques au sein de l'Organisation de coopération et de développement économiques à Paris. En 1983, elle rentre à Ottawa à titre de conseillère spéciale du Bureau du Conseil privé auprès de l'Institut de recherches en politiques publiques. En 1985, elle devient ambassadrice du Canada lors de négociations commerciales multinationales à Ottawa. Cette «fonctionnaire par excellence» est récompensée pour sa contribution, principalement dans les domaines de l'économie du travail, des études sur la main-d'œuvre et de la productivité: on lui décerne le Prix commémoratif Johnny F. Basset, en 1987, la plus haute distinction accordée à un fonctionnaire fédéral. En 1990, elle devient présidente du Centre des études internationales de l'U. de Toronto.

Elle prend sa retraite en 1992 et est nommée chancelier de l'U. de Waterloo. Coauteure de *Labour Economics in Canada* (1979), elle publie également des ouvrages sur la démographie, la productivité et la politique de la concurrence. Officier de l'Ordre du Canada depuis 1978, Sylvia Ostry est nommée Compagnon d'Honneur en 1990.

Osuitok Ipeelee, préalablement connu sous le nom d'Oshaweetok B, sculpteur et graveur (Cape Dorset, 23 oct. 1923). Ses ancêtres autochtones de l'ouest de l'île de Baffin n'ont pas fait partie de la migration depuis le Québec arctique, au tournant du siècle. Membre d'une famille de sculpteurs dont le talent et la finesse sont depuis longtemps reconnus, ce remarquable sculpteur et graveur jouit d'une très grande

réputation chez les collectionneurs tant inuits que privés.

Il a créé depuis les années 60 plusieurs sculptures de caribous d'une rare délicatesse. On retrouve cette fragilité dans ses premières gravures représentant des caribous en mouvement. Aujourd'hui, ses œuvres, qui ont souvent pour sujet un caribou fantomatique aux jambes longues et grêles, sont très recherchées. Sculpter dans la pierre des traits d'une telle finesse et fragilité est un exploit singulier pour tout artiste, puisque la pierre peut à tout moment se briser.

Il a déjà déclaré que ces fragiles *inuas* (esprits du caribou) ont le pouvoir magique de grossir, de dresser la tête et de se faire plus beaux et plus massifs lorsqu'ils se savent observés par des humains.

À partir des années 50, il agit à titre de «gardien des pierres à sculpture». À force de guider les sculpteurs dans leur choix de matériau, qu'il aide à extraire durant l'été, il finit par saisir comment celui-ci peut se fracturer. Cette habileté lui permet de sculpter dans la pierre ses fragiles *inuas*.

Au cours des ans, il acquiert une renommée exceptionnelle. Ses œuvres font partie de collections privées et de musées d'art partout dans le monde.

James Houston

OTAN (Organisation du traité de l'Atlantique Nord) En adhérant à l'OTAN, fondée en 1949, le Canada, dont c'est la première alliance militaire en temps de paix, s'engage dans un dispositif militaire défensif regroupant les États-Unis, la Grande-Bretagne et les nations de l'Europe de l'Ouest. En 1947, Ottawa se préoccupe beaucoup de la création par l'Union soviétique d'une zone tampon en Europe de l'Est, qui la sépare de l'Allemagne de l'Ouest. L'URSS semble apparemment poursuivre une politique militaire expansionniste agressive sur le plan interne et axée sur la subversion à l'étranger, et l'on appréhende réellement que la France ou l'Italie deviennent communistes (*voir* GUERRE FROIDE).

Le problème d'autant plus complexe qu'Ottawa perçoit une certaine recrudescence de l'isolationnisme des États-Unis. En effet, le Congrès hésite à assumer des responsabilités internationales que la France et la Grande-Bretagne, affaiblies par la Seconde Guerre mondiale, ne peuvent plus endosser. La solution semble résider dans la mise en place d'un dispositif d'alliance défensive, qui, en réunissant les démocraties de part et d'autre de l'Atlantique, protégerait l'Europe de l'Ouest d'une attaque éventuelle tout en engageant entièrement les États-Unis sur la scène internationale. Ottawa voit un avantage additionnel à un tel dispositif: le resserrement des liens commerciaux entre tous ses partenaires entraînerait des retombées économiques éventuelles.

C'est Escott Reid, fonctionnaire au ministère des Affaires extérieures qui, le premier, expose publiquement ces préoccupations au cours de la CONFÉRENCE DE COUCHICHING le 13 août 1947. D'autres Canadiens, y compris le ministre pour lequel Reid travaille, Louis SAINT-LAURENT, s'emparent de l'idée qui fait bientôt l'objet de discussions à Washington et à Londres. Des pourparlers secrets s'engagent alors entre les Britanniques, les Américains et les Canadiens, qui aboutissent à des négociations officielles en vue d'une alliance élargie vers la fin de 1948.

Le Canada y est représenté par Hume WRONG, ambassadeur aux États-Unis, homme d'un réalisme à toute épreuve. Wrong est convaincu qu'un traité doit être uniquement fondé sur des objectifs de défense, position que partagent les autres participants. Mais Ottawa voit beaucoup plus grand: L. B. PEARSON et Reid pressent Wrong de plaider pour l'insertion d'une clause qui inciterait les parties à abolir leurs litiges d'ordre économique. Malgré certaines hésitations, Wrong réussit à faire insérer la disposition n° 2, la «clause canadienne», dont les retombées, malheureusement, seront minimes.

Le traité est signé le 4 avril 1949 mais, jusqu'à la GUERRE DE CORÉE, il demeure à toutes fins pra-

tiques une alliance sur papier. Ce conflit amène les États membres de l'OTAN à multiplier leurs forces et, au Canada, il entraîne deux répercussions importantes: un immense accroissement du budget et le premier stationnement de troupes à l'étranger en temps de paix. La contribution militaire du Canada demeure modeste, mais largement reconnue pour sa qualité inégalée. Malgré tout, les coûts élevés et les armements nucléaires, injustifiés par rapport aux forces en présence en 1963, inquiètent les détracteurs.

À la suite d'un examen approfondi de la politique étrangère, le gouvernement Trudeau décide, en 1969, de sabrer dans la participation canadienne en diminuant les effectifs aériens et ceux de l'armée de terre. Même si, au cours des années 80, les effectifs canadiens demeurent cantonnés en Europe en nombre réduit, et malgré les inquiétudes suscitées par une nouvelle agressivité soviétique, la contribution en armes et en effectifs fournie par le Canada à l'alliance demeure nettement inférieure aux attentes des autres partenaires de l'OTAN.

J.L. Granatstein

Ottawa, ville de l'Ontario, capitale du Canada et centre de la Municipalité régionale d'Ottawa-Carleton. Elle est située en bordure de la RIVIÈRE DES OUTAOUAIS, du côté est de la limite entre l'Ontario et le Québec, à environ 200 km à l'ouest de Montréal.

Colonisation Des vestiges d'établissements algonquins ont été découverts tout le long de la vallée de l'Outaouais. On croit que le mot «Ottawa» provient du nom d'un peuple autochtone signifiant peut-être «faire du commerce» (*voir* OUTAOUAIS). Comme la rivière et ses affluents constituent la voie fluviale la plus directe entre le fleuve Saint-Laurent et l'intérieur du continent, c'est un maillon important du réseau commercial des autochtones et, du XVII\ s. au XIX\ s., la principale route de la TRAITE DES FOURRURES de Montréal. Des postes de traite secondaires sont déjà établis dans la vallée au XVIII\ siècle quand le premier établissement permanent, une communauté agricole, est établi sur le site de HULL (Québec) par Philemon WRIGHT, de la Nouvelle-Angleterre. Des bûcherons itinérants sont attirés par le commerce du bois d'œuvre équarri entrepris en 1806 par Wright.

Les militaires du Royal Engineers, sous le commandement du lieutenant-colonel John BY, construisent en 1826, en préparation de la construction du CANAL RIDEAU, un campement non identifié sur un promontoire de 30 m longeant les écluses près des chutes Chaudière et de l'embouchure des rivières Rideau et Gatineau. Ce campement attire très vite des entrepreneurs, des ouvriers et une petite communauté de marchands, de commerçants et de professionnels. En 1827, Bytown est déjà une ville importante, bien qu'elle ne possède aucun pouvoir municipal permanent avant 1850.

Au cours des années 1830, le commerce du bois d'œuvre (*voir* BOIS, HISTOIRE DU COMMERCE DU) avec le Royaume-Uni devient le moteur de l'activité économique. Bytown éclipse «Wrightsville» (qui deviendra Hull) en tant que principale ville de la vallée. Au cours des années 1850, une industrie nouvelle voit le jour lorsque l'énergie des chutes Chaudière et Rideau est utilisée pour le sciage des billes qui seront transformées en bois de charpente destiné au marché américain. En 1855, Bytown devient Ottawa après sa constitution en tant que ville.

Développement Dès les années 1860, en plus du vaste commerce de bois de construction, Ottawa possède un des plus grands centres d'usinage du bois au monde. Une activité importante de sciage, de flottage et de transport de bois par barges s'y déploie. La ville est reliée au GRAND TRUNK RAILWAY OF CANADA et aux réseaux ferroviaires américains. Le chemin de fer fait d'Ottawa une candidate sérieuse au titre de capitale permanente de la PROVINCE DU CANADA, mais les rivalités entre les villes rendent le choix difficile politiquement et la question est soumise à la reine Victoria. Les fonctionnaires coloniaux s'assurent qu'elle n'ait d'autre choix possible qu'Ottawa. La décision est annoncée le dernier jour de 1857. La construction des ÉDIFICES DU PARLEMENT débute en 1859 et ceux-ci sont officiellement ouverts en 1866.

La ville devient capitale du nouveau Dominion du Canada en 1867. On exploite le potentiel hydroélectrique des rivières de la région vers 1890. La production de pâtes et papiers, à partir de bois de qualité inférieure, tiré des forêts épuisées de la vallée, constitue la principale industrie. L'industrie du bois de sciage décline considérablement au cours du XXe s. En 1940, le gouvernement fédéral est le principal employeur. De plus, Ottawa est devenue un centre de tourisme. Cette industrie est aujourd'hui la deuxième en importance de la ville, qui accueille annuellement environ quatre millions de visiteurs.

Paysage urbain Les caractéristiques physiques de la ville d'Ottawa sont remarquables. Les nombreuses cascades et chutes émaillent le cours de la rivière et sont protégées par des parcs et des avenues. La Basse-Ville, à l'est du canal, premier pôle de croissance, constitue une grande partie de la ville au milieu du XIXe s. et englobe le «mille historique» le long de la promenade Sussex et du marché Byward. Au cours des années 1860, la Haute-Ville, favorisée par l'appareil gouvernemental, remplace la Basse-Ville comme centre de commerce au détail et d'immeubles de bureaux. La grande ferme expérimentale, située dans la partie sud-ouest de la ville et une «ceinture verte» fédérale, entourant l'agglomération urbaine, constituent des avantages très appréciés, même si elles sont complètement encerclées par la banlieue en pleine expansion.

Depuis les années 1920, les autorités fédérales remettent en valeur une grande partie du centre-ville grâce à l'aménagement de parcs (place de la Confédération) et par la construction d'édifices nationaux importants (Centre national des arts, Défense nationale, Banque du Canada). Le gouvernement collabore aussi à la construction du Centre Rideau, complexe hôtelier avec boutiques et centre des congrès, situé au centre-ville et ouvert en 1983. Les tours à bureaux qui commencent à surplomber les édifices du Parlement à partir des années 60, dominent le paysage urbain.

La COMMISSION DE LA CAPITALE NATIONALE (CCN), de même que ses prédécesseurs, ont contribué à l'embellissement d'une grande partie de la ville, en supprimant les rails et les cours de chemin de fer du centre-ville et en conservant dans toute son intégrité le panorama du canal. Aujourd'hui, la CCN entretient le vaste réseau d'avenues bordées de milliers de tulipes et d'autres variétés de fleurs, travaille à la mise en valeur des parcs et entretient durant l'hiver la plus longue patinoire extérieure au monde, celle du canal Rideau.

Population En 1996, Ottawa compte 323 340 habitants. Elle est ainsi la treizième ville canadienne en importance et se situe au quatrième rang des régions métropolitaines de recensement (RMR). Le profil de la population est le même depuis 150 ans: environ un quart de francophones catholiques, un quart d'Irlandais catholiques et une majorité d'origine britannique et protestante. De petites communautés – surtout juive, allemande et italienne – arrivées au début du siècle, composent aujourd'hui environ 5 p. 100 de la population. Une communauté arabe (formée surtout de Libanais) et plus récemment une communauté d'Africains de l'Est prennent racine à Ottawa. Dernièrement, une communauté asiatique plus ancienne connaît une forte croissance en raison de l'arrivée massive de Vietnamiens.

De façon générale, la communauté protestante et anglaise s'installe dans la Haute-Ville, tandis que la communauté francophone et catholique s'installe dans la Basse-Ville. Il en va de même pour les institutions religieuses (églises, écoles, hôpitaux), les

associations ethniques et même les organisations politiques. L'Ottawa du XIXe s. devient le foyer de l'activisme catholique et orangiste protestant. Capitale des Franco-Ontariens, elle est au cœur des conflits linguistiques. Pendant les années 1850, une population ouvrière composée surtout de francophones et d'Irlandais catholiques s'installe autour des scieries de la Chaudière. Les services publics, alors en pleine croissance, se concentrent principalement dans les communautés déjà bien établies. Le réaménagement des vieux quartiers modifie le profil de la population, attirant des professionnels dans le centre-ville.

Économie et main-d'œuvre En dépit de tous les changements spectaculaires, la main-d'œuvre d'Ottawa a toujours été, en grande majorité, au service d'une seule industrie. Les premiers colons travaillent à la construction du canal, à l'industrie du bois équarri ou sont agriculteurs. En 1861, les emplois industriels, liés pour la plupart au bois de sciage, englobent environ 48 p. 100 de la main-d'œuvre. Les emplois gouvernementaux, qui constituent 10 p. 100 des emplois en 1871, regroupent 33 p. 100 de la main-d'œuvre vers 1971, dont un grand nombre de femmes, tandis que l'industrie manufacturière n'en totalise qu'environ 6 p. 100.

Dans les années 80, le secteur public emploie près du quart de la main-d'œuvre, mais la compression des effectifs et la décentralisation des années 90, en plus de la croissance dans le secteur de la HAUTE TECHNOLOGIE, permet d'équilibrer la répartition des emplois dans la région. De nos jours, on considère que la ville est autant la «Silicon Valley du Nord» que la «capitale du pays». Le secteur de la haute technologie, qui prend ses racines dans la communication numérique, s'est élargi pour englober les applications logicielles et le matériel de traitement de données, de la conception assistée par ordinateur aux services biotechniques (*voir* BIO-TECHNOLOGIE). Plus de 90 p. 100 des produits sont exportés à l'extérieur de la région. Le domaine de l'imprimerie, notamment l'impression de billets de banque, est toujours aussi florissant dans la région, tout comme la télédétection, qui obtient une grande partie des contrats mondiaux.

Transport Les rivières et les canaux ont été les premières voies de transport. Ottawa ne serait pas devenue la capitale économique du centre du Canada sans le CANAL RIDEAU, qui se rend jusqu'à Kingston, la rivière Gatineau, qui coule jusque dans les Laurentides au Québec, et la rivière des Outaouais qui, à l'est, atteint Montréal et à l'ouest, le lac Huron. Aujourd'hui, le transport s'effectue surtout par route et par chemin de fer. La ville est desservie par des lignes de chemins de fer transcontinentales et par la ROUTE TRANSCANADIENNE. Elle possède l'une des aérogares les plus achalandées au Canada en raison de son emplacement dans le triangle aérien Montréal-Toronto-Ottawa. L'Aéroport international MacDonald-Cartier ainsi que les aéroports de West Carleton, de Rockport et de Gatineau sont situés dans la région d'Ottawa-Carleton. La Commission de transport d'Ottawa, OC Transpo, une société quasi autonome, assure le service des transports publics et est située dans la région d'Ottawa-Carleton.

Gouvernement et politique Les divisions administratives d'Ottawa, son emplacement dans une région peu peuplée (situation qui est également celle de sa ville sœur, Hull), les distances la séparant des capitales provinciales sont des facteurs qui, ajoutés à l'influence économique prédominante de Montréal, contribuent à faire d'Ottawa une zone métropolitaine complexe, de plus en plus dominée par leur établissement respectif en 1968 et 1969, par la Municipalité régionale d'Ottawa-Carleton (municipalités de la région d'Ottawa) et de la Communauté régionale de l'Outaouais (municipalités de la région d'Hull). De plus, la nature et l'influence des divisions administratives ont changé au cours de la dernière décennie. En raison d'un budget réduit, l'influence de la

CCN sur la région de la capitale nationale (4715 km²) décline, tout comme celle des municipalités locales, y compris Ottawa, puisque les gouvernements régionaux (3096 km² à Ottawa et au Québec) se sont appropriés les responsabilités et le budget.

La Municipalité régionale d'Ottawa-Carleton, en Ontario, dispose maintenant d'un budget d'un milliard de dollars. Depuis le 1er décembre 1994, elle est dirigée par un président régional et 18 conseillers directement élus, en remplacement d'un conseil composé d'hommes et de politiciennes appartenant aux gouvernements locaux. Les conseils locaux ont donc perdu de l'influence dans la région et, de plus, le nombre de membres ayant diminué, Ottawa n'a plus qu'un maire et 10 conseillers. Dernièrement, la Communauté régionale de l'Outaouais, au Québec, a été divisée en une section urbaine, la Communauté urbaine de l'Outaouais, et en une section rurale, la Municipalité régionale de comté des collines de l'Outaouais.

Depuis les origines, Ottawa est divisée en quartiers électoraux municipaux marqués par la séparation entre haute et basse villes. Un comité-conseil administre la ville jusqu'en 1908, année où un bureau des commissaires (le maire et quatre commissaires élus) est créé. En 1980, la ville revient au modèle d'administration originel. Un vent de changement souffle au cours des années 70, qui bouscule les petites habitudes administratives de l'hôtel de ville. Depuis 1841, les communautés catholiques, irlandaises et françaises, votent majoritairement pour les partis libéral et réformiste et les communautés anglo-protestantes, pour le Parti conservateur. L'arrivée du Nouveau Parti démocratique et des changements sociaux modifient cette tendance.

Quoiqu'il soit le plus important propriétaire immobilier de la ville, le gouvernement fédéral n'est pas, selon la Constitution, soumis aux règlements administratifs ni tenu de payer des impôts municipaux. Le fait que le gouvernement fédéral accorde des subventions au lieu de payer des impôts fait depuis 100 ans l'objet d'une sérieuse controverse, non encore résolue, entre la Couronne et la Ville.

Un réseau scolaire complexe est administré par le Conseil scolaire d'Ottawa, non confessionnel, et le Conseil des écoles séparées catholiques d'Ottawa. Ce dernier dispense depuis toujours un enseignement égal en anglais et en français, mais, avant 1987, l'éducation était subventionnée par l'État jusqu'en 10e année seulement. Le système non confessionnel était donc responsable d'une grande partie de l'éducation donnée en français dans les écoles secondaires. En outre, il exploite des écoles élémentaires françaises non confessionnelles. En 1987, on autorise la mise sur pied d'une seule commission «francophone» à partir des volets français des quatre conseils de la région d'Ottawa-Carleton. Les quatre conseils conservent le vaste programme d'immersion lancé dans les années 70 dans le cadre des initiatives du gouvernement fédéral en faveur du bilinguisme.

Vie culturelle L'UNIVERSITÉ CARLETON est située dans le sud-ouest de la ville. L'UNIVERSITÉ D'OTTAWA, située près du centre-ville, offre des programmes en anglais et en français et, bien qu'officiellement laïque, elle s'inspire de la tradition établie par les oblats qui l'ont dirigée pendant de nombreuses années. L'U. St. Paul est affiliée à l'U. d'Ottawa. Le Collège Algonquin et son homologue français, La Cité collégiale, font d'Ottawa le centre du réseau collégial de la région.

Le gouvernement fédéral est très présent dans la vie culturelle d'Ottawa et de ses institutions. La majeure partie des services culturels fédéraux sont situés à Ottawa, y compris les MUSÉES NATIONAUX DU CANADA, le MUSÉE DES BEAUX-ARTS DU CANADA, les ARCHIVES NATIONALES DU CANADA et la BIBLIOTHÈQUE NATIONALE DU CANADA. Le CENTRE NATIONAL DES ARTS subventionne seulement son orchestre sur place, mais attire des compagnies étrangères ainsi que l'Orchestre symphonique d'Ottawa.

La ville subventionne aussi différentes compagnies théâtrales, dont l'Ottawa Little Theatre et la Great Canadian Theatre Company. Elle abrite aussi un certain nombre de groupes artistiques comme l'Ottawa Art Gallery située dans l'ancien palais de justice, connu maintenant sous le nom de La Cour des Arts. Les écoles de la région donnent une formation professionnelle dans le domaine de la danse, des arts visuels et du théâtre. Le Musée Bytown est situé dans l'un des édifices ayant appartenu au lieutenant-colonel By. La ville tient un service d'archives et exploite le Billings Estate Museum, situé sur les propriétés de la famille Billings.

La région d'Ottawa-Hull est desservie par quelque onze stations radiophoniques, en plus des services en français et en anglais de la Société Radio-Canada (SRC). On compte donc les réseaux télévisés anglais et français de la SRC, CHOT à Hull et CJOH à Ottawa. Cette dernière fait maintenant partie du réseau BATON BROADCASTING INCORPORATED. En 1996, les deux réseaux de câblodistribution qui desservaient la région d'Ottawa fusionnent au sein du système Rogers. La région de Hull est desservie par Laurentian. La ville possède trois quotidiens, *Le Droit* (français), *The Sun* (anglais) et *The Citizen* (anglais). En 1996, l'empire médiatique de Conrad BLACK achète la chaîne Southam et, par le fait même, englobe *The Citizen*, principal journal de la ville. Les journaux spécialisés sont *The Hill Times* et une version locale du *Frank Magazine*.

L'un des freenets ou libertels originaux et toujours en activité au Canada se trouve à l'U. Carleton. Le Réseau scolaire canadien (RESCOL) s'y trouve également. Il s'agissait, au départ, d'un site de renseignements produits par le gouvernement canadien. Aujourd'hui, il offre une batterie de matériel didactique et sert de lien de communication aux écoles du Canada.

Ottawa est le domicile des SÉNATEURS D'OTTAWA, qui font partie de la Ligue nationale de hockey, de l'équipe de base-ball triple-A les Lynx, ainsi que des 67 d'Ottawa, l'équipe de hockey junior A. Les Sénateurs d'Ottawa jouent au tout nouveau Centre Corel, à Kanata, situé à l'ouest de la région. En 1996, le club de football les ROUGH RIDERS D'OTTAWA cesse ses activités. Ni les propriétaires actuels ni la Ligue canadienne de football ne pouvaient financer l'équipe pour la saison 1997 et il a été impossible de trouver de nouveaux propriétaires.

John Taylor

Ottawa, accords d' Négociés à Ottawa, du 20 juillet au 20 août 1932, par le Royaume-Uni, le Canada et les autres Dominions et territoires du COMMONWEALTH, ces douze accords commerciaux bilatéraux accordent des avantages douaniers réciproques et certains autres engagements de commerce. Il s'agit de l'apogée de l'application du principe du Traitement préférentiel entre nations du Commonwealth qui a débuté par les préférences accordées de façon unilatérale au Canada en 1897. Les industries canadiennes pouvant avoir bénéficié de ces accords sont celles de la culture du blé, de l'exploitation forestière et du bois d'œuvre, de la pomiculture, de l'industrie automobile et des métaux non ferreux. Les négociateurs canadiens, désireux d'obtenir beaucoup en échange de peu, s'engagent toutefois à admettre les produits britanniques à des conditions leur permettant d'obtenir une juste part du marché canadien. Le Canada diminue également ses tarifs sur certains produits britanniques, tout en les augmentant sur d'autres produits étrangers, ce qui élargit la marge entre les tarifs ordinaires et les tarifs préférentiels et mécontente les États-Unis.

L'Angleterre prend des arrangements similaires avec l'Afrique du Sud, l'Australie et la Nouvelle-Zélande. Elle s'engage à ne pas imposer de tarifs douaniers sur les denrées alimentaires de l'Empire, à augmenter les tarifs et à imposer des contingentements d'importation sur les produits alimentaires provenant de l'extérieur de l'Empire. L'Angleterre s'engage également à maintenir l'abolition ou l'abaissement des barrières commerciales pour les produits manufacturés dans l'Empire, comme les automobiles canadiennes. Elle impose donc de nouveaux tarifs sur les produits laitiers «étrangers», des contingentements sur certaines viandes et plusieurs autres ajustements sur les tarifs douaniers du Royaume-Uni et du Dominion. Les accords assurent aux Dominions une large part du marché britannique, mais ils ne peuvent empêcher la baisse de la part britannique du marché de l'Empire. L'accord anglo-canadien est modifié en 1937, puis en 1938, et plusieurs fois depuis 1945. Il existe toujours des concessions mutuelles dont la plupart remontent aux accords d'Ottawa.

Ian M. Drummond

Ottawa Ballet Il succède au THÉÂTRE-BALLET CANADIEN (TBC). Quand il devient directeur artistique du TBC, en février 1989, Frank AUGUSTYN estime que la troupe doit avoir une identité plus locale et, en juillet, le TBC est rebaptisé Ottawa Ballet. À l'époque où Augustyn prend la relève, le TBC éprouve déjà des difficultés financières et artistiques qui, malgré les efforts de ce dernier, s'avéreront insolubles. Augustyn élargit le répertoire, amène la troupe en tournées et produit un spectacle très populaire, *The Tin Soldier* (1990), sur une chorégraphie de Timothy Spain et une musique originale de Robert Swerdlow. Le réseau de télévision de la Société Radio-Canada diffusera *The Tin Soldier*. Augustyn, fort de l'expérience de sa propre carrière et de son don pour l'enseignement, s'emploie à améliorer la performance des jeunes membres de la troupe. Mais la concurrence devient de plus en plus grande pour obtenir un financement public et l'appui du secteur privé est insuffisant. La compagnie n'arrive plus à poursuivre ses activités. Le CONSEIL DES ARTS DU CANADA lui retire sa subvention en 1993. Augustyn démissionne en septembre 1994 et l'Ottawa Ballet se dissout peu après.

Michael Crabb

Ottawa Journal Il est fondé en 1885 par A.S. Woodburn, qui emploie brièvement J.W. DAFOE comme rédacteur en chef. En 1886, P.D. Ross l'achète pour en faire durant plusieurs années le journal du soir des conservateurs d'Ottawa. En 1917, il fusionne avec l'*Ottawa Free Press* d'E. Norman Smith, que l'on publie le matin jusqu'en 1949. Ross est à la tête du journal jusqu'à sa mort, également en 1949. Smith en devient le président jusqu'à sa mort en 1957. Sous la tutelle de Ross et de Smith, M. Grattan O'LEARY signe régulièrement l'éditorial. Il est le successeur tout indiqué pour devenir le président du journal, poste qu'il occupe jusqu'en 1966. Le journal parvient, dans les limites de ses finances, à conserver un éditorial rédigé d'une plume de maître tout en se spécialisant dans le reportage parlementaire. Quoique d'allégeance conservatrice, il demeure relativement impartial entre les élections.

Ses finances n'ont jamais été très solides. En 1959, O'Leary vend le journal à FP Publications (représentant d'un groupe de journaux de l'Ouest dont le *Winnipeg Free Press*) tout en se réservant un droit de regard sur la rédaction. Durant les années 70, le journal connaît des difficultés financières et d'importants problèmes de relations de travail. En 1980, *The Ottawa Journal* est vendu au THOMSON GROUP avant de disparaître quelques mois plus tard. (*Voir aussi* JOURNALISME; JOURNAUX.)

Robert Bothwell

Ottenbrite, Anne, nageuse (Whitby, Ont., 12 mai 1966). Aux JEUX DU COMMONWEALTH, tenus à Brisbane, en Australie, en 1982, Ottenbrite gagne des médailles d'or au 200 m brasse et au relais 4 nages 4 x 100 m, ainsi qu'une médaille d'argent au 100 m brasse. En 1983, aux Jeux panaméricains, elle remporte l'or au 100 m brasse et l'argent au relais 4 x 100 m. Toutefois, elle est disqualifiée dans l'épreuve du 200 m brasse pour avoir utilisé le battement dauphin. Aux OLYMPIQUES de Los Angeles, en 1984, la jeune Ottenbrite, encore élève au secondaire, rafle l'or au 200 m brasse, l'argent au 100 m brasse et le bronze au relais 4 x 100 m. Membre de l'Ordre du Canada depuis 1984, elle est admise au Temple de la renommée des sports amateurs du Canada en 1985.

James Marsh

Otter, sir William Dillon, militaire (Clinton, Ont., 3 déc. 1843—Toronto, 6 mai 1929). Militaire à temps partiel ayant pris part à la BATAILLE DE RIDGEWAY, en 1866, Otter entre dans la force permanente en 1883. Il commande la colonne de Battleford lors de la campagne du Nord-Ouest, en 1885 (*voir* RÉBELLION DU NORD-OUEST), et il devient le premier commandant du Royal Canadian Regiment of Infantry en 1893. Otter est donc l'homme tout désigné pour diriger le premier contingent canadien envoyé à la GUERRE DES BOERS. Son professionnalisme austère, bien qu'impopulaire chez ses subalternes, contribue à rehausser le prestige du Canada. En 1908, il devient le premier chef de l'état-major général d'origine canadienne, puis il remplit les fonctions d'inspecteur général de la milice canadienne de 1910 à 1912, année de sa retraite. Il dirige les opérations d'INTERNEMENT durant la Première Guerre mondiale. Fait chevalier en 1913, Otter devient, en 1922, le deuxième militaire canadien, après sir Arthur CURRIE, à accéder au grade de général.

Desmond Morton

Ouellet, Fernand, historien et éducateur (Lac-Bouchette, Qc, 6 nov. 1926). Après avoir obtenu son doctorat à l'U. Laval, Ouellet fait des études spécialisées à Paris et revient enseigner l'histoire à l'U. Laval, puis à l'U. Carleton, à l'U. d'Ottawa et enfin à l'U. York (Toronto). Il est Membre de la Société royale du Canada et Officier de l'Ordre du Canada. Ouellet est l'historien qui a le plus contribué à transformer l'histoire canadienne-française depuis la Seconde Guerre mondiale. Pour cela, il rompt avec les interprétations nationalistes qui dominaient auparavant la discipline et remplace les méthodes traditionnelles par des techniques quantitatives et scientifiques inspirées des études françaises modernes. La «révolution de Ouellet» consiste à attirer l'attention des historiens canadiens sur les classes plutôt que sur la nation, ainsi que sur les structures et les tendances sociales et économiques. Il faut surtout signaler son *Histoire économique et sociale du Québec, 1760-1850* (1966) et *Le Bas-Canada, 1791-1840* (1976).

A.I. Silver

Ouellette, Fernand, écrivain (Montréal, 24 sept. 1930). Un des intellectuels les plus actifs de sa génération. Cofondateur (1959) et membre du comité de rédaction de *Liberté*, il crée avec Jean-Guy Pilon la Rencontre québécoise internationale des écrivains. Membre de la Commission d'enquête sur l'enseignement des arts au Québec (1966-68), réalisateur d'émissions culturelles à Radio-Canada, il fut écrivain en résidence ou professeur invité dans plusieurs universités.

Ses recueils de poésie, notamment *Ces anges de sang* (1955), *Le Soleil sous la mort*, (1965), *Dans le sombre* (1967), *Ici, ailleurs, la lumière* (1977), ont été rassemblés dans *Poésie* (1972) et *En la nuit de la mer* (1981). Métaphysique et mystique, la poésie de Ouellette est profondément incarnée, contrastée, érotique. Sa quête de l'absolu s'inspire des Romantiques allemands, *Depuis Novalis: errance et gloses,* (1973) aussi bien que des «hauteurs du langage» de Pierre-Jean Jouve et de son «fort désir du réel». Poète exigeant, Ouellette est aussi un essayiste libre, engagé, rigoureux. Peu après la proclamation de la Loi des mesures de guerre, en octobre 1970, il refusa le prix du Gouverneur général pour *Les Actes retrouvés*, sur la poésie et la poétique, le pouvoir, la violence et la tolérance. *Écrire en notre temps* (1979) étudie les mêmes questions éthiques et esthétiques.

Ami de plusieurs peintres, dont Chagall, et du compositeur Edgard Varèse, dont il publia une biographie (1966), Ouellette s'intéresse à l'art qui sous-tend tous les arts. Son *Journal dénoué* (prix de la revue *Études françaises,* 1974) est une autobiographie intellectuelle originale, intense, éclatée.

Après trois excursions dans le roman psychologique, dont *Lucie ou un midi en novembre* (1985), prix du Gouverneur général, Fernand Ouellette revient aux deux genres où il excelle. La poésie des *Heures* (1987), agonie du père, veille du fils, est celle du temps compté, du lyrisme maîtrisé. *En forme de trajet* (1996), essais variés sur la musique, la peinture, le voyage, la langue, la ville, la nation, prolonge et précise *Ouvertures* (1998). *Commencements* (1992) met en rapport la lumière et le regard, le visible et l'invisible, double thème dominant chez Ouellette. En 1996, une anthologie de ses essais parus chez HMH est publiée dans la Bibliothèque québécoise. De 1992 à 1996, il travaille à son *Je serai l'amour*, trajets avec Thérèse de Lisieux.

Laurent Mailhot

Ouellette, Gerald, tireur d'élite (Windsor, Ont., 14 août 1934—près de Leamington, Ont., 25 juin 1975). Ouellette s'initie au tir pendant ses études secondaires, dans le cadre de son entraînement de cadet. En 1952, il est déjà un vétéran et fait partie de plusieurs équipes qui participent à la compétition de Bisley en Angleterre. Il se distingue dans les épreuves de tir de petit calibre et remporte la médaille d'or aux JEUX OLYMPIQUES de 1956 avec un score parfait de 600. En 1959, il est champion canadien de tir à la carabine (discipline sport) et gagne la médaille d'or aux Jeux panaméricains. Il fait partie de l'équipe olympique de 1968. Il meurt dans l'écrasement de son propre avion.

J. Thomas West

Ouellette-Michalska, Madeleine, romancière, poète et essayiste (Saint-Alexandre de Kamouraska, Qc, 1934). Elle obtient son diplôme de l'U. de Montréal en 1968 et son diplôme de maîtrise de l'U. du Québec à Montréal en 1975. Après avoir enseigné, elle devient, en 1976, journaliste et critique littéraire pour *Perspectives, Châtelaine, L'Actualité* et *Le Devoir*. Elle enseigne aussi la création littéraire et la critique journalistique aux universités de Montréal et d'Ottawa. Elle écrit des articles pour de nombreuses revues littéraires québécoises et ses pièces de théâtre sont diffusées par la réseau FM de Radio-Canada.

Elle fait ses débuts littéraires en tant qu'écrivaine de nouvelles pour *Dôme* (1968) et publie un recueil de poésie, *Entre le souffle et l'aine* (1981), et de nombreux romans dont les personnages, particulièrement les personnages féminins, vivent des expériences douloureuses, mais se libèrent lentement de leurs névroses pour ensuite interroger leur propre histoire: *La Danse de l'amante* (1987), *Le Plat de lentilles* (id.), La *Fête du désir* (1983), *L'Été de l'île de grâce* (1993), *La Passagère* (1997), *Les sept nuits de Laura* (1999). Essai théorique, *L'Échappée des discours de l'œil* (1981) fait la lumière sur toutes ses œuvres, grâce à ses réflexions anthropologiques et psychanalytiques sur le patriarcat, sur les relations entre les hommes et les femmes, et sur l'attitude féministe envers l'écriture. Elle a remporté le prix du Gouverneur Général pour cette œuvre. En 1984, on lui a décerné le prix Molson pour *La Maison Trestler*. Dans son journal intime, *La Tentation de dire* (1985), l'écrivaine continue de traiter les sujets qui lui tiennent à cœur: la culture québécoise, les caprices de l'imagination et la mémoire génétique du corps.

Marie-Josée Des Rivières

Ouimet, Gédéon, premier ministre du Québec (Sainte-Rose, Qc, 2 juin 1823—Saint-Hilaire-de-Dorset, Qc, 23 avril 1905). Premier ministre conservateur durant 19 mois, soit de février 1873 à septembre 1874, il est obligé de démissionner à cause de scandales financiers. Pendant son règne, il est également ministre de l'Instruction publique. Il exerce ensuite la fonction de surintendant de l'Instruction publique au Québec, de 1876 à 1895.

Daniel Latouche

Ouimet, Joseph-Alphonse, ingénieur, président de la Société Radio-Canada (Montréal, 12 juin 1908—*id.*, 20 déc. 1988). Après avoir étudié à l'U. de Montréal et à l'U. McGill, Ouimet travaille pour une société qui met au point un prototype de récepteur de télévision en 1932. Deux ans plus tard, il est recruté par la Commission canadienne de radiodiffusion, qui deviendra la Société Radio-Canada (SRC), où, à titre d'ingénieur principal à partir de 1948, il est responsable de la création de la télédiffusion au Canada. Il est nommé directeur général de la SRC en 1953, puis il en devient président en 1958. Sous sa gouverne, le service de télévision nationale s'implante dans les deux langues officielles d'un bout à l'autre du pays. À l'époque, la loi sur la RADIODIFFUSION ET LA TÉLÉDIFFUSION est un sujet litigieux, et Ouimet démissionne de ses fonctions en 1967 après que la secrétaire d'État Judy LAMARSH eût critiqué «l'administration pourrie» de la SRC. Il sera ensuite président du conseil d'administration de Télésat Canada de 1969 à 1980. Sa carrière est jalonnée de nombreuses récompenses, dont le titre de Compagnon de l'Ordre du Canada (1969) et la médaille McNaughton pour sa contribution publique (1972).

Donald J.C. Phillipson

Ouimet, Léo-Ernest, réalisateur, producteur, distributeur et exploitant de cinéma (Saint-Martin, Qc, 16 mars 1877—Montréal, 2 mars 1972). Ouimet, un des plus importants personnages de l'histoire du cinéma au Canada, est un pionnier hors pair. Il produit, réalise et met en marché des films canadiens bien avant que quiconque ne songe à de telles pratiques. Il se heurte au problème qu'ont connu tant de gens depuis: défendre un produit culturel local qui ne reçoit pas toujours l'audience souhaitée et affronter les attitudes impérialistes des Américains au Canada. Électricien, il devient projectionniste en milieu forain.

Il inaugure, le 1er janvier 1906, le premier cinéma permanent de Montréal, le Ouimetoscope, et fait construire un an plus tard une des premières grandes salles de cinéma en Amérique du Nord (1200 places). Pour alimenter ses salles, il devient un des premiers distributeurs de films au Canada. Afin de donner à ses programmes une saveur plus locale, il n'hésite pas à réaliser lui-même des courts métrages qu'il présente avec des films étrangers. Ainsi, il tourne des films mettant en vedette sa famille, *Mes espérances en 1908*, et des actualités, *L'Affaire de la gare Windsor* (1909), *Le Congrès eucharistique de Montréal* (1910) ou *La Chute du pont de Québec* (1916). On a recensé plus de 80 titres de films produits ou réalisés par Ouimet (presque tous perdus), ce qui en fait le plus important cinéaste canadien des années 1900-1910. Il entre en conflit avec le clergé qui veut interdire le cinéma le dimanche mais la Cour suprême lui donne raison en 1911. En 1915, il fonde la Specialty Film Import qui compte six succursales au pays et produit les British Canadian Pathé News. Il tourne, en 1918, trois docu-fictions dont *Le Feu qui brûle*. Après la guerre, il décide d'aller gagner sa vie à Hollywood où il réalise un long métrage, *Why Get Married* (1924). Sa carrière cinématographique se termine à cette époque malgré quelques retours épisodiques durant les années 30 et après sa retraite.

Son rôle fondamental dans l'histoire du cinéma canadien lui vaut plusieurs mais tardives reconnaissances officielles, dont celle de la Canadian Picture Pionneers Association.

Chaque année, l'Association québécoise des critiques de cinéma remet le prix L.E. Ouimet pour récompenser le meilleur long métrage québécois de l'année.

Pierre Véronneau

Our Lady Peace Ce groupe rock a été créé en 1992 à Toronto par Raine Maida (voix) et Mike Turner (guitare). Le nom du groupe s'inspire d'un poème écrit en 1943 par l'Américain Mark Van Doren. Alors qu'il ne lui manque que deux crédits pour obtenir son diplôme en criminologie de l'U. de Toronto, Maida choisit plutôt de consacrer toutes ses énergies à son groupe, auquel se joignent Chris Eacrett (guitare basse) et Jeremy Taggart (batterie) en 1993. Duncan Coutts (guitare basse et violoncelle) remplace cependant Eacrett en 1995.

Le premier album du quartette, *Naveed,* paraît au printemps 1994 sous l'étiquette Sony Music Canada. Produit à Toronto par Arnold Lanni (autrefois membre des groupes Alias et Frozen Ghost), l'album se caractérise par le son rock animé des guitares et par les voix passionnées des chanteurs. Le groupe trouve la faveur des critiques, qui le comparent à Pearl Jam et à d'autres groupes rock de Seattle. La formation effectue une tournée intensive en Amérique du Nord, accompagnant des têtes d'affiche telles que Van Halen, Bush X, Elastica ainsi que Jimmy Page et Robert Plant, anciens membres du groupe Led Zeppelin. L'album *Starseed,* inspiré du livre de Ken Carey sur la communication psychique, intitulé *The Starseed Connection,* se hisse, en 1995, au palmarès des dix plus grands succès américains dans les stations de radio diffusant de la musique rock moderne. L'album *Naveed* se vend à un demi-million d'exemplaires dans le monde entier.

L'album *Clumsy,* aussi produit par Lanni, sort en janvier 1997. Our Lady Peace devient le deuxième groupe, après The Tragically Hip, à faire ses débuts avec un album atteignant le sommet du palmarès canadien des ventes au détail, avec 26 000 exemplaires vendus dès la première semaine. Les ventes ont d'ailleurs continué à connaître du succès tout au long de 1997. *Superman's Dead, Clumsy* et *Automatic Flowers* ont beaucoup tourné dans les stations de radio rock, et l'album s'est vendu à 750 000 exemplaires au Canada. En 1998, *Clumsy* vaut au groupe le PRIX JUNO de l'album rock de l'année. Le groupe sort également gagnant dans la catégorie groupe de l'année. OLP, comme on le dit couramment pour désigner Our Lady Peace, a présenté son spectacle à un total de 300 000 personnes à l'été de 1998 lors de sa participation à la tournée du festival national Edgefest '97, tenant l'affiche au côté de The Tea Party, d'Econoline Crush et d'I Mother Earth.

Jeff Bateman

Ouragan Hazel Cet ouragan, une tempête tropicale, frappe le sud de l'Ontario en 1954. C'est alors l'une des plus fortes tempêtes qui ait frappé l'Amérique du Nord. Le 5 octobre 1954, elle prend naissance au large de la Grenade et, le 12 octobre, elle balaie Haïti, où elle détruit trois villes et tue mille personnes. Puis, gagnant de la puissance, avec des vents soufflant jusqu'à 200 km/h, elle se déchaîne sur la côte de la Caroline du Nord et déverse des pluies torrentielles sur Washington (D.C.) et sur la ville de New York. Quand elle atteint Toronto le 15 octobre, ses vents ont faibli jusqu'à 120 km/h, mais son air tropical chaud heurte un front froid se déplaçant vers l'est; les pluies qui s'ensuivent, gonflant les petits cours d'eau et les rivières, provoquent l'inondation du bassin hydrographique des rivières Humber et Credit. Il tombe plus de 18 cm d'eau en moins de 24 h. Situé en dessous du niveau moyen, le MARAIS HOLLAND est submergé; des routes sont emportées; des maisons sont balayées au loin; et 4000 familles se retrouvent sans logis. La tempête s'épuise au-dessus de la baie James, laissant 81 morts et des dizaines de millions de dollars de dégâts matériels. L'ouragan Hazel incite à la construction de plusieurs barrages et canaux de protection contre les crues dans la région de Toronto et des résidences sont déménagées des plaines d'inondation, qui sont maintenant le site des plus beaux centres de récréation de la région.

James Marsh

Ouragans Ce sont d'énormes tempêtes tropicales en forme de spirale. L'Organisation météorologique mondiale des Nations unies estime que, chaque année dans le monde, en moyenne, 80 ouragans tuent jusqu'à 15 000 personnes et entraînent des dégâts matériels de l'ordre de deux milliards de dollars. Dans l'océan Atlantique, des centaines de perturbations météorologiques se multiplient, à moins de 20° de latitude de l'équateur, dans les alizés prédominants de l'est (*voir* VENT) au-dessus de la zone océanique tropicale, mais moins de 10 par année deviennent des cyclones tropicaux ou des ouragans.

La naissance d'un ouragan implique de nombreux facteurs. Dans la plupart des ouragans, le rayonnement solaire intense réchauffe l'océan qui à son tour réchauffe l'air à sa surface par contact. Une colonne d'air est alors réchauffée par convection. L'air chaud s'élève en emportant la vapeur d'eau chargée d'énergie et crée ainsi une dépression barométrique. L'air chargé de vapeur d'eau monte en spirale, se refroidit, et la vapeur d'eau se condense, libérant sous forme de chaleur l'énergie solaire emmagasinée, ce qui accélère le processus et provoque l'ascension d'une masse d'air de plus en plus importante.

Comme la tempête s'intensifie, la dépression au centre de la colonne s'accentue, créant un vide partiel. Une plus grande quantité d'air océanique est aspirée puis propulsée de plus en plus haut dans l'atmosphère tandis que le vortex, semblable à un tourbillon d'eau, tourbillonne plus vite. En quelques jours, la petite dépression, qui a commencé par temps calme et humide, s'est transformée en une énorme tempête tourbillonnante. Le mouvement centripète spiral (dans le sens antihoraire dans l'hémisphère Nord et dans le sens horaire dans l'hémisphère Sud) imprimé par la rotation de la Terre, est un facteur crucial dans la formation d'une tempête.

Cœur de la tempête Les vents les plus forts, accompagnés d'un déluge permanent, tourbillonnent à plus de 180 km/h juste autour de la colonne centrale de la tempête au milieu de la spirale de nuages en mouvement. Au cœur de la tempête, on retrouve une zone calme et sèche appelée l'«œil». Croyant l'ouragan terminé, bien des gens quittent leur abri lors du passage trompeur de l'œil au-dessus d'eux et sont vite surpris par des vents encore plus violents de l'autre côté de l'ouragan. Le système principal de nuages, de pluie et de vents s'étend sur une distance de 30 à 60 km à partir du centre de l'œil.

À un certain moment, l'ouragan naissant se met à se déplacer lentement, à une vitesse variant habituellement entre 15 et 25 km/h. Mais lorsqu'il sort de la zone tropicale et pénètre dans une région de latitude Nord plus froide, il s'effondre rapidement par manque d'énergie calorifique et d'humidité ou, s'il se déplace dans les terres, par effondrement provoqué par le frottement avec le sol. Plus la tempête se déplace vers le nord à partir de l'équateur, plus les vents d'ouest dominants risquent de l'entraîner vers le nord et le nord-est. C'est la raison principale pour laquelle les ouragans frappent rarement à pleine intensité.

La durée de vie moyenne d'un ouragan est de neuf jours, mais peut varier de quelques heures à un mois complet. Dans l'Atlantique Nord, la saison des ouragans va de juin à novembre, mais 84 p. 100 des tempêtes surviennent entre août et octobre et celles de septembre sont les plus déchaînées et les plus nombreuses.

Les éléments les plus destructeurs d'un ouragan sont souvent les énormes vagues, les raz-de-marée et les inondations qu'il engendre. Un jour avant la tempête, un mur d'eau se crée à la surface de l'océan et déferle sur les rivages en écrasant tout sur son passage. Le niveau de la mer peut dépasser celui des marées normales de 5 m. Les zones côtières plus basses sont inondées. Les ouragans provoquent souvent des TORNADES pour lesquelles les vitesses de vent sont encore plus élevées.

Ouragans canadiens Des 10 cyclones tropicaux qui se forment chaque année dans l'Atlantique Nord, seulement six sont des ouragans, et un ou deux seulement pénètrent dans les eaux froides du pays. Exception remarquable: en 1995, neuf tempêtes tropicales sont entrées au Canada, dont cinq ouragans. La partie du pays touchée va en général des provinces de l'Atlantique à l'est du lac Supérieur (Ont.) en passant par le Québec.

Au Canada, les ouragans s'aventurent très rarement au-dessus des eaux de l'océan Pacifique (où ils sont appelés typhons), trop froides pour entretenir leur intensité. Le typhon Freda, ou du moins ce qui en restait, a frappé la côte nord-ouest du Pacifique le 12 octobre 1962. À Victoria, la vitesse des vents a atteint 74 km/h avec des pointes allant jusqu'à 145 km/h. Il a fait sept morts et a causé pour plus de 10 millions de dollars de dégâts.

L'OURAGAN HAZEL est la tempête la plus mémorable de l'histoire du Canada. Elle a frappé le sud de l'Ontario le vendredi 15 octobre 1954, a tué 81 personnes et a causé 100 millions de dollars de dégâts. Le 16 août 1971, l'ouragan Beth a donné beaucoup plus de pluie que l'ouragan Hazel et a déversé 296 mm d'eau sur la Nouvelle-Écosse. Parmi les cyclones les plus dévastateurs de l'histoire du pays, citons le cyclone qui a frappé les provinces maritimes le 25 août 1873 (1200 navires détruits) et l'ouragan Independence qui a frappé Terre-Neuve le 9 septembre 1775 et qui a provoqué la mort par noyade de plusieurs milliers de marins britanniques.

David Phillips

Ours MAMMIFÈRE de la famille des ursidés, trapu à queue courte et dont chaque patte a cinq doigts griffus. On en trouve trois espèces au Canada: l'OURS POLAIRE (*Ursus maritimus*), le GRIZZLI (*U. arctos horribilis*) et l'OURS NOIR (*U. americanus*). L'ours noir et le grizzli habitent les forêts de conifères ou de feuillus, les marécages et la toundra, tandis que l'ours polaire habite la côte et les îles arctiques. L'espèce la plus répandue au Canada est l'ours noir, dont le pelage peut être brun, couleur cannelle ou même blanc. Le mâle pèse de 80 kg à 250 kg, et la femelle environ 10 p. 100 de moins.

Régime alimentaire Le grizzli (ou l'ours brun) et l'ours noir sont omnivores et se nourrissent surtout de matières végétales, en saison, et parfois de chair. Quant à l'ours polaire, il chasse le PHOQUE, sa principale source de nourriture. Toutes les espèces peuvent se nourrir de cultures sur pied, de légumes, d'animaux d'élevage, et fouiller dans les poubelles et les dépotoirs.

Reproduction et développement L'ours atteint sa maturité sexuelle vers l'âge de trois ans. Il s'accouple en juin ou en juillet, mais le développement de l'embryon ne commence qu'en décembre, car son implantation dans l'utérus est différée. Durant cette période, l'œuf fécondé flotte dans l'utérus et se développe lentement. Il finit par se fixer à la paroi de l'utérus, où son développement se poursuit jusqu'à la naissance. En janvier ou en février, après une gestation de 200 à 225 jours, la femelle met bas dans une tanière une portée de un à trois oursons, mais généralement de deux. Vers un an, l'ourson est autonome. Durant l'hiver, l'ours dort à l'abri dans sa tanière, mais il n'hiberne pas vraiment.

Relations avec les humains Sa peur de l'homme surmontée, l'ours adulte, solitaire, est dangereux. Les peaux d'ours servent de tapis et de couvertures, et sa chair est comestible. La chair de l'ours est souvent infestée de trichines, des vers qui peuvent être transmis à l'homme si la viande n'est pas bien cuite.

Évolution et phylogenèse L'ours habite l'Amérique du Nord depuis le miocène (il y a moins de 23,7 millions d'années) et a évolué vers des formes massives et lourdes, petites et trapues ou avec de longues pattes et adaptées à la course. Pendant le pléistocène (il y a 1,65 à 0,01 million d'années), un gros ours coureur à longues pattes et à face plate (*Arctodus simus*) habitait en Amérique du Nord. Cet ours coureur était probablement surtout carnivore et poursuivait ses proies en terrain découvert. On trouve sa trace en Alaska, dans la PLAINE OLD CROW du Yukon et dans l'ouest des États-Unis de même que celles d'autres mammifères aujourd'hui disparus

tels le mammouth, le bison géant et le machairodonte. L'ours coureur était un prédateur redoutable de la taille de l'ours polaire.

C.S. Churcher

Ours, attaques par les Il est quelquefois arrivé que des grizzlis (ou ours brun), des ours noirs ou des OURS POLAIRES attaquent des humains. Les OURS peuvent courir à des vitesses de plus de 50 km/h. Ils sont beaucoup plus forts que nous et peuvent infliger de graves blessures. Cependant, la majorité des ours et particulièrement l'OURS NOIR sont généralement tolérants à notre égard. L'ours noir et moins fréquemment le GRIZZLI et l'ours polaire ont des comportements agressifs. Ainsi, ils peuvent charger en s'arrêtant juste avant le contact ou émettre des sons puissants pour faire fuir ceux qui se sont trop approchés. Il est difficile de prévoir le comportement des ours parce qu'ils apprennent facilement et ont des personnalités distinctes. Malgré cela, des informations précises sur des attaques ont permis de décrire et de mieux comprendre les rares attaques dirigées contre des humains.

Grizzli Une des circonstances les plus communes d'attaques par des grizzlis est la «rencontre soudaine», particulièrement avec une femelle et son petit. Dans cette situation, les gens ne savent généralement pas qu'ils sont en présence d'un ours jusqu'à ce qu'ils soient à une distance de 50 mètres et que l'attaque se produise. Pour réduire les risques que de tels incidents arrivent, les gens devraient éviter de circuler dans des endroits où il y a des grizzlis ou s'ils le font, être très vigilants. Il peut être utile de faire du bruit pour prévenir les incidents ou de faire le mort si on se fait attaquer.

Environ la moitié des attaques par des grizzlis dans des parcs nationaux sont faites par des ours qui ne craignent plus les humains parce qu'ils ont mangé de la nourriture ou des déchets ou qu'ils ont eu des rencontres répétées avec des humains. Une autre circonstance d'attaque, moins fréquente que la première, est la provocation par un chien, par un photographe qui s'approche trop ou par des chasseurs en poursuite. Environ la moitié des blessures infligées par les grizzlis sont graves. Toutefois, de telles blessures ne sont pas fréquentes. P. ex., pendant les sept années s'étendant entre 1980 et 1986, il y a eu cinq cas de blessures infligées par des grizzlis dans le PARC NATIONAL BANFF et aucun cas rapporté dans le PARC NATIONAL JASPER.

Ours noir Contrairement au grizzli, l'ours noir n'attaque presque jamais au cours des rencontres soudaines. Les blessures typiques qu'il inflige sont bénignes et se produisent aux abords des routes de camping et autres endroits où cette espèce essaie de voler de la nourriture ou des ordures. Il griffe alors ou mord légèrement un individu qui se trouve à proximité. Les gens devraient s'éloigner de l'ours à reculons en le regardant.

Seulement 5 p. 100 à 10 p. 100 des blessures infligées par l'ours noir sont graves. Ces rares incidents se produisent généralement en milieu rural ou éloigné. Dans plusieurs de ces cas, les ours ont tenté de manger ou ont mangé les gens. Entre 1900 et 1986, une recherche exhaustive a permis de retracer 27 cas de mortalités dues à des attaques par des ours noir en Amérique du Nord.

Ours polaire Une recherche détaillée effectuée en Amérique du Nord sur les attaques par des ours polaires a permis d'en dénombrer seulement 20 parmi lesquelles cinq ont été fatales. Les mâles de cette espèce poursuivent parfois les gens et tentent de les dévorer. La connaissance de l'habitat de cette espèce, une vigilance constante ainsi qu'une arme à feu sont des éléments essentiels pour assurer la sécurité des gens dans un milieu où il y a des ours polaires.

Stephen Herrero

Ours, Grand lac de l' D'une superficie de 31 328 km², à 156 m d'altitude, il est situé sur le cercle arctique, au nord-ouest des Territoires du Nord-Ouest, à environ 200 km au sud de l'océan Arctique. C'est le huitième plus grand lac du monde, le quatrième plus grand en Amérique du Nord, et le plus grand lac situé exclusivement au Canada.

Description D'une longueur de 320 km et d'une largeur de plus de 175 km, le Grand lac de l'Ours est très profond, atteignant jusqu'à 413 m de profondeur. Ponctué de nombreuses petites îles, il prend la forme d'une amibe géante à cinq bras formés par les baies Keith, McVicar, McTavish, Dease et Smith et répartis autour d'un centre commun. La rivière Great Bear (120 km) draine les eaux froides du sud-ouest vers le FLEUVE MACKENZIE, à TULITA. Un chapelet de lacs interconnectés au sud (Hottah, Hardisty, Rae, Faber) sont drainés par la rivière Camsell qui se jette dans la baie Conjuror. Le Grand lac de l'Ours est situé au milieu d'une immense région sauvage, les bras sud et ouest atteignant la toundra, tandis que les eaux du côté est de la rive battent la marge rocheuse du BOUCLIER canadien. Les rives Sud et Ouest sont boisées, principalement couvertes d'épinettes rabougries. Les glaces recouvrent le lac huit mois par année, souvent jusqu'en juillet, et des remorqueurs ou des bateaux à vapeur assurent le transport, une fois le plan d'eau dégagé.

Historique Ce n'est que très progressivement que les Européens découvrent ce lac et prennent conscience de son immensité. Peter POND entend parler de son emplacement approximatif en 1783-1784 et on y pratique la TRAITE DES FOURRURES vers les années 1800. Au cours d'une expédition menée en 1825-1826, John FRANKLIN fonde FORT FRANKLIN dans la baie Keith, tandis que John RICHARDSON explore la rive Nord. P.W. DEASE passe l'hiver de 1837-1838 à Fort Confidence et Robert BELL y effectue une étude géologique en 1900.

Le peuplement est provisoire jusqu'à la découverte, en 1930, d'un gisement de pechblende, un minerai de radium et d'uranium. Port Radium (rebaptisé plus tard Echo Bay) est fondé à l'extrémité est de la baie McTavish, en 1933. L'endroit est exploré et des services y sont offerts grâce à l'AVIATION DE BROUSSE. Certains des minerais ayant servi à la fabrication de la bombe atomique utilisée par les Américains durant la Seconde Guerre mondiale proviennent de cet endroit. L'exploitation intensive du minerai a épuisé les réserves, entraînant la fermeture des mines et le départ de la communauté. Fort Franklin est le seul établissement encore présent sur ses rives.

Ce lac est riche en poissons, incluant des espèces reliques ancestrales qui se seraient déplacées vers le sud, depuis l'océan Arctique, au cours de la dernière glaciation. La pêche commerciale n'est pas permise en raison de la lente régénération des poissons dans ces eaux glacées. Le nom du lac, adopté en 1902, fait vraisemblablement référence aux ours présents dans la région, ainsi qu'aux dimensions du plan d'eau. Une autre explication de son origine, plus poétique, fait référence à la Grande Ourse, une constellation boréale qui est reflétée dans ses eaux.

James Marsh

Ours noir (*Ursus americanus*) Il est le plus commun et le plus répandu des OURS du Canada. On le retrouve principalement dans les forêts de toutes les provinces et des territoires.

Description Presque tous les ours noirs de l'est de l'Amérique du Nord ont un pelage noir foncé, avec une tache blanche sur la poitrine. On rencontre souvent, à l'ouest et au sud de leur aire de répartition, des individus au pelage blond, cannelle, brun pâle ou foncé, ou un mélange de toutes ces couleurs. Le long de la chaîne côtière St. Elias, en Colombie-Britannique, et en Alaska, on retrouve des ours aux reflets bleus. Sur certaines îles côtières de la Colombie-Britannique et sur le continent adjacent, on retrouve un petit nombre d'individus dont la couleur varie de blanc à crème.

L'adulte mesure généralement entre 150 et 180 cm et sa queue mesure environ 12 cm de longueur.

Le mâle pèse entre 115 et 270 kg, et la femelle, entre 92 et 140 kg. Des griffes noires acérées et recourbées permettent à l'ours noir de grimper facilement aux arbres. Il se déplace normalement d'un pas lourd et lent, mais il peut courir à une vitesse d'environ 45 km/h et il est très bon nageur. Il est généralement plus actif la nuit, mais peut se nourrir ou se déplacer à n'importe quel moment de la journée.

Régime alimentaire Dans son milieu naturel, l'ours noir se nourrit principalement de végétation (95 p. 100) et d'insectes, de mammifères et d'oiseaux (5 p. 100). Ses habitudes peuvent changer énormément lorsqu'il entre en contact avec l'humain. Il peut alors consommer des déchets, des céréales, et même des animaux d'élevage. Il s'attaque parfois aux ruches des apiculteurs. On chasse l'ours noir pour le sport, pour sa viande et sa fourrure ou pour l'éliminer lorsqu'il devient une nuisance.

Hibernation L'ours noir n'hiberne pas réellement, mais entre dans un sommeil léthargique. À l'approche de la saison froide, l'ours noir engraisse considérablement. Il dort pendant 125 jours environ, du début octobre jusqu'au mois de mai (moins longtemps dans les régions plus chaudes). De 38 °C, sa température corporelle atteint entre 31 et 34 °C, sa respiration et son métabolisme ralentissent.

Reproduction et croissance La période de reproduction s'étend de juin à la mi-juillet, mais l'implantation de l'embryon dans l'utérus n'a pas lieu avant l'automne. Le développement de l'embryon dure 10 semaines seulement et les oursons, entre un et trois par portée, naissent nus et aveugles pendant l'hibernation, en janvier ou février. La femelle quitte la tanière seulement quand les petits ont les yeux ouverts et qu'ils sont capables de la suivre. Les sons émis par les oursons consistent surtout en des cris plaintifs, et ceux des adultes en des grognements et des grondements. (*Voir aussi* ANIMAUX EN HIVER.)

Donald Pattie

Ours polaire (*Ursus maritimus*) OURS blanc de grande taille, sa tête est longue et étroite, et ses oreilles sont très petites. Il vit sur la banquise (*voir* GLACE) et sur les côtes des mers arctiques, principalement au CANADA, mais aussi en Alaska, sur les côtes eurasiennes et au GROENLAND. Au Canada, on le rencontre dans les régions côtières des deux territoires ainsi qu'au Manitoba, en Ontario et dans l'Arctique québécois. La région de la BAIE JAMES est la limite méridionale de sa répartition.

Régime alimentaire Contrairement à la plupart des autres espèces d'ours, l'ours polaire demeure actif durant l'hiver, chassant et se déplaçant sur la banquise. Il se nourrit principalement de PHOQUES, qu'il capture dans les chenaux ou qu'il guette près des trous de respiration, sur la glace. L'été, la débâcle l'oblige souvent à vivre sur la terre ferme, où il mange des OISEAUX AQUATIQUES, des baies, de la végétation marine et même des petits ours polaires.

Reproduction et croissance La femelle est fertile tous les deux ans. À la fin de l'automne, la femelle en gestation construit une tanière dans un grand banc de neige, où naissent les petits. La famille y reste jusqu'en mars, puis déménage sur la banquise, où la mère reprend la chasse. Elle met généralement au monde des jumeaux (de un à trois oursons), qui restent avec elle pendant plus d'un an. L'ours polaire s'accouple au printemps, mais l'implantation de l'embryon est différée jusqu'à l'automne. À la naissance, les oursons sont très petits (environ 1 kg). Cependant, le mâle adulte peut peser 650 kg et la femelle, 350 kg.

Brian Knudsen

Oursin INVERTÉBRÉ marin à symétrie radiaire qui appartient, ainsi que ses proches parents les dollars de sable et les spatangues, à l'embranchement des ÉCHINODERMES et à la classe des échinides. On en connaît environ 900 espèces dans le monde. Les oursins sont couverts d'épines mobiles caractéristiques qui leur servent de protection et de moyen de

locomotion. Certaines espèces tropicales ont des épines venimeuses de 30 cm de longueur qui peuvent infliger de douloureuses blessures aux nageurs. La paroi corporelle des oursins est constituée d'un squelette interne qui leur donne une forme caractéristique: les oursins sont sphériques; les spatangues sont cordiformes; et les dollars de sable sont des disques aplatis. La bouche des oursins est située sur la face inférieure, et leur anus sur la face supérieure. Ils sont habituellement pourvus de cinq rangées doubles d'ambulacres autour du corps. Ces ambulacres constituent leur principal mode de locomotion et d'attachement. Comme les autres Échinodermes, les oursins ont un appareil ambulacraire qui actionne les ambulacres. La surface de leur corps est aussi couverte de pédicellaires (petits appendices en forme de pince) situés à la base des épines et contenant souvent un sac venimeux muni d'une sorte de crochet hypodermique utilisé pour chasser les prédateurs. Au Canada, les oursins sont communs en milieu intertidal et subtidal. On les trouve généralement sur les fonds rocheux où ils se nourrissent d'algues. Dans certains pays, on les récolte pour leurs œufs que l'on mange comme du caviar.

R.D. Burke

Outaouais ou Odawas Peuple de langue algonquine vivant au nord du territoire des HURONS à l'époque de l'arrivée des Français dans la région en amont des Grands Lacs. Selon une tradition des Outaouais, que partagent les Ojibwés et les Potawatomis, ces trois groupes formaient jadis un seul peuple. La division des Algonquins de la région supérieure des Grands Lacs semble s'être faite à Michilimackinac, point de rencontre des lacs Huron et Michigan. Les Outaouais, ou «les traiteurs», demeurent près de Michilimackinac, tandis que les Potawatomis, «ceux qui font ou entretiennent un feu», vont vers le sud en remontant le lac Michigan et que les Ojibwés, «rôtis à en être plissés», vont vers Sault Sainte-Marie, au nord-ouest.

Peuplement et économie Comme celle des autres peuples de la région des Grands Lacs, l'économie des Outaouais repose sur l'agriculture, la pêche, la chasse et le commerce. Ils entretiennent des liens étroits avec les Hurons, leurs voisins, et constituent, en réalité, un élément vital du soi-disant «empire commercial huron». Lorsque les IROQUOIS détruisent la HURONIE au milieu du XVIIe s., les Outaouais s'enfuient vers l'ouest. Vingt ans plus tard, ils retournent dans l'ÎLE MANITOULIN, mais continuent d'occuper des villages ailleurs sur les rives des Grands Lacs. Ils établissent leurs principaux villages près du fort français à Michilimackinac, mais bon nombre d'entre eux émigrent vers la région de Detroit quand les Français y construisent un fort, en 1701. Au cours du combat final pour la possession du nord-est de l'Amérique du Nord, les Outaouais appuient les Français.

Après la défaite de ces derniers, les Outaouais organisent, sous la direction de PONTIAC de la région de Detroit, un soulèvement de toutes les bandes contre les Anglais qui menacent d'empiéter sur leurs territoires. Si l'insurrection échoue, elle incite néanmoins les Anglais à émettre la PROCLAMATION ROYALE DE 1763, qui reconnaît aux bandes autochtones le droit légal de revendiquer la propriété des terres qu'elles occupent. Cette proclamation, élément crucial des droits fonciers des autochtones au Canada, s'applique encore aujourd'hui (*voir* TRAITÉS INDIENS; REVENDICATIONS TERRITORIALES).

Les Outaouais (ou Odawas, comme ils préfèrent se nommer) combattent aux côtés des Britanniques pendant la guerre d'Indépendance américaine et la guerre de 1812, sous la direction de Jean-Baptiste Assikinack, qui est l'un de leurs chefs. Après la signature de traités avec les Américains dans les années 1820 et 1830, plusieurs Outaouais du Michigan s'installent dans l'île Manitoulin. Assikinack, devenu un catéchiste catholique, convainc bon nombre d'insulaires d'embrasser la foi chrétienne. Bien qu'Assikinack accepte de céder l'île Manitoulin au gouvernement de la Province du Canada en 1862, plusieurs Outaouais s'y opposent et la partie orientale de l'île, à Wikwemikong, demeure un territoire non cédé.

Population Comme ils tendent à s'installer dans des communautés mixtes, il est difficile de recenser la population des Outaouais. Plusieurs de leurs descendants sont identifiés en tant qu'Ojibwés ou Potawatomis. En 1996, le Canada compte 7386 Outaouais inscrits. Aux États-Unis, quelque 5000 d'entre eux vivent dans des réserves au Michigan, au Wisconsin et en Oklahoma.

Au XIXe s., de nombreux Outaouais exploitaient leurs propres fermes ou travaillaient comme ouvriers agricoles ou comme bûcherons. Depuis 1945, certains d'entre eux ont déménagé de Wikwemikong à Sudbury et à Toronto pour y trouver des emplois. Daphne ODJIG, artiste autochtone réputée, est l'arrière-arrière-arrière-petite-fille d'Assikinack. (*Voir aussi* AUTOCHTONES: LES FORÊTS DE L'EST et les articles généraux sous la rubrique AUTOCHTONES.)
Donald B. Smith

Outaouais, rivière des Longue de 1271 km, elle est le principal affluent du FLEUVE SAINT-LAURENT. Elle prend sa source dans une chaîne de lacs dans les HAUTES TERRES LAURENTIENNES et poursuit son cours dans le réservoir Dozois, le Grand lac Victoria, le lac Granet, le réservoir Decelles, le lac Simard et le lac Témiscamingue, dans lesquels elle pénètre lentement, mais qu'elle évacue de façon précipitée. Au sud du lac Témiscamingue, elle augmente de largeur et de puissance, s'élargissant dans des lacs marécageux pour ensuite se rétrécir dans des rapides tumultueux. À Saint-André-Est, l'Outaouais s'élargit pour former le lac des Deux-Montagnes, par lequel elle pénètre dans le Saint-Laurent en passant, à l'est, par les rivières des Prairies et des Mille-Îles et, au sud, par un chenal vers le lac Saint-Louis. Les affluents, souvent rapides et sauvages, du côté des hautes terres du Nord sont les rivières DUMOINE (129 km), Coulonge (217 km), Gatineau (386 km), du Lièvre (330 km), Petite Nation (97 km) et Rouge (185 km). Au sud, les rivières Petawawa (187 km) et Madawaska (230 km) traversent aussi des terrains accidentés, mais les rivières Mississippi (169 km), Rideau (146 km) et South Nation (161 km) s'écoulent sur des terrains plus plats.

Après la fonte du dernier glacier, l'Outaouais a drainé l'eau des Grands Lacs jusqu'à ce que la terre se soulève et creuse un nouveau chenal en passant par le Saint-Laurent. Le sol argileux de la vallée du Sud a été déposé par la rivière des Outaouais au cours de son voyage vers la mer, formant une longue intrusion fertile dans le BOUCLIER canadien, par ailleurs inculte. Du lac Témiscamingue à Montréal, la rivière sert de frontière entre l'Ontario et le Québec, mais cette division est plus que politique: au sud, on trouve des fermes opulentes et des petites collines, au nord, les forêts des Laurentides.

Pendant plusieurs centaines d'années, l'Outaouais est la principale route intérieure vers l'ouest. Les Algonquins sont les premiers maîtres de la rivière et un groupe d'entre eux, jouissant d'une position stratégique sur l'île Alumette où ils cultivent le maïs et le tabac, exigent un tribut. Ils surnomment la rivière *Kich esippi*, ce qui signifie «la grande rivière». Jacques CARTIER l'a probablement aperçue du haut du mont Royal, mais Étienne BRÛLÉ est sans doute le premier Européen à y naviguer en 1610. En 1613, pour se rendre à la baie Georgienne en passant par les rivières Mattawa et DES FRANÇAIS, CHAMPLAIN emprunte cette route qui servira pendant les 200 ans suivants au transport des fourrures. La rivière constitue un rude défi pour les voyageurs, nécessitant 18 portages, dont les plus difficiles sont ceux de Long Sault, Deschênes, lac des Chats, Chenaux, Por-

tage-du-Fort, chutes Chaudière, Rocher Fendu, des Joachims, la Cave et des Érables.

Les Français ont laissé peu de traces de leur passage dans la vallée fluviale, bien qu'ils aient construit quelques postes et même fait le transport du bois dans les années 1740. La seigneurie L'ORIGNAL, accordée en 1674, est la première seigneurie de l'Ontario actuel, mais elle n'est mise en valeur que 100 ans plus tard. HAWKESBURY est fondée en 1798, et Thomas Mears y construit le premier moulin à broyer le grain, la première scierie et, plus tard, l'*Union*, le premier bateau à vapeur à naviguer sur la rivière des Outaouais. Le premier moulin à papier du Canada est construit, de 1803 à 1805, à Saint-André-Est, et l'Américain Philemon WRIGHT fonde Wrightsville (plus tard HULL) en 1800 avec des compatriotes. Des loyalistes, ayant à leur tête sir John JOHNSON, s'établissent dans la vallée en 1814, alors que des colons français s'installent dans la seigneurie Petite Nation. En 1817, des terres le long de la rivière Rideau sont cédées à 1000 vétérans britanniques, et, en 1825, Archibald McNAB conduit un groupe d'Écossais à l'embouchure de la rivière Madawaska.

Des radeaux de bois descendent l'Outaouais bien avant qu'elle ne cesse d'être la route principale de la traite des fourrures après 1821. En 1807, Wright démontre que cette route peut servir au transport du bois. La demande de la Grande-Bretagne pour le pin augmente et, dès 1830, le commerce du bois de la vallée domine l'économie canadienne. Après 1850, la demande britannique pour le bois d'œuvre équarri diminue, mais le traité de RÉCIPROCITÉ de 1854 donne au bois canadien libre accès au marché américain. Le commerce du bois d'œuvre envahit la vie sociale des habitants de la vallée. Des centaines d'hommes vivent dans des chantiers rudimentaires pendant l'hiver et, au printemps, retournent à la civilisation sur leurs radeaux. La concurrence entre les chantiers et entre les Français et les Irlandais conduit à des querelles et à des affrontements violents (*voir* GUERRE DES SHINERS). Après l'achèvement du CANAL RIDEAU (1832), Bytown (plus tard OTTAWA) devient le plus grand centre de bois d'œuvre sur la rivière.

Bien qu'un petit nombre de magnats du bois d'œuvre fassent fortune, comme E.B. EDDY et J.R. BOOTH, de nombreux bûcherons et manœuvres irlandais vivent dans la pauvreté et l'insalubrité. La coupe du bois fait des ravages tout le long de la rivière et de ses affluents. En 1828, une scierie s'élevait déjà à l'emplacement futur de PEMBROKE. Après 1850, la coupe du bois atteint la rivière Madawaska et, dans les années 1870, le lac Témiscamingue. Dans les années 1850, les chemins de fer longent la rivière, transportant du bois à BROCKVILLE et à Ogdensburg, dans l'État de New York. Dans les années 1870, les lignes de chemin de fer atteignent déjà CARLETON PLACE, RENFREW, Almonte et Pembroke. Un canal à Carillon permet aux bateaux à vapeur de transporter des passagers et des marchandises sans interruption de Montréal à Ottawa. Ce genre de transport cesse vers 1900.

En 1910, la plupart des peuplements de pins sont déjà décimés. Les fermiers s'installent là où la terre est fertile. Partout ailleurs, il ne subsiste que des terres couvertes de souches et de débris de bois susceptibles de s'enflammer. Une partie de ces étendues sauvages est sauvée de la coupe du bois par la création du PARC PROVINCIAL ALGONQUIN, en 1893, et, en 1918, la première station de recherche en foresterie est établie à Petawawa pour étudier les effets de l'exploitation forestière, des maladies et des feux. La plupart des gros arbres ayant disparu, la majorité des scieries opte pour les pâtes et papier, une industrie encore importante le long de la rivière. Sauf pour la région agricole de la vallée inférieure, l'héritage du commerce du bois se traduit par une économie en déclin, une industrie faible et un taux de chômage élevé. Une grande partie de l'énergie

hydroélectrique obtenue par l'aménagement de la rivière des Outaouais est destinée à Toronto ou ailleurs. Ottawa, qui a été choisie comme la capitale du Canada en 1857, est sans contredit le centre urbain le plus important, mais sa prospérité dépend du gouvernement fédéral et non des ressources de la vallée ou de ses liens fluviaux. Surnommée au départ la Grande Rivière des Algonquins, la rivière tire son nom d'un groupe d'intermédiaires dans le commerce des fourrures, les Outaouais.
James Marsh

Outils de menuiserie La menuiserie est le travail artisanal du bois à des fins architecturales, utilitaires ou décoratives. Les colons européens qui s'établissent dans ce qui deviendra le Canada apportent avec eux un riche héritage en terme de métiers (*voir* ARTISANAT) et d'outils. En Amérique du Nord, les artisans professionnels d'expérience travaillent surtout dans les villes et les municipalités. Devant l'urgence de construire une habitation ou de fabriquer des meubles, les colons et les fermiers doivent souvent s'improviser menuisiers. Les brochures du gouvernement à l'usage des immigrants incitent ces derniers à apporter «un bon coffre à outils». Ces outils servent à abattre les arbres, à bâtir les maisons, à fabriquer les MEUBLES, les véhicules et une variété d'objets pour la maison et la ferme (*voir* BOIS, ARTICLES DE). L'industrialisation et la TECHNOLOGIE déclassent graduellement l'artisan, et les vieux outils qui font aujourd'hui la joie des collectionneurs témoignent de ce passé de pionniers. La courte liste qui suit présente quelques-uns des outils utilisés pour travailler le bois.

Hache De tous les outils rapportés d'Europe pour travailler le bois, la hache est le plus utilisé et celui dont on a le plus besoin pour défricher la forêt et couper le bois qui sert à la construction et au chauffage. La hache européenne est mal adaptée aux besoins des pionniers, et, tout au cours de la colonisation, les colons britanniques mettent au point la hache américaine. Sa lame est modérément évasée et le trou d'insertion du manche est long. La tête est évasée au-dessus du trou, comme une tête étroite pouvant servir de marteau. Le manche est différent, lui aussi. Sa forme en S permet à la main de glisser plus naturellement au moment de la frappe.

Les MAISONS DE RONDINS des pionniers sont construites en plaçant les rondins les uns par-dessus les autres de façon à former quatre murs, avec des joints pour retenir les coins. Les rondins sont habituellement équarris, c.-à-d. que les bouts sont taillés à angles droits pour pouvoir les imbriquer. L'équarrissage se fait à l'aide d'une large hache à long tranchant. La lame est plate d'un côté et concave de l'autre. Le bûcheron se tient près du rondin et décrit un arc vertical avec sa hache. Il se déplace ainsi le long du rondin, laissant derrière lui une surface plate bien nette.

Différentes petites haches (hachettes) sont destinées à des usages particuliers. L'herminette, utilisée pour la taille de finition, a une lame qui fait un angle droit avec le trou d'insertion et le manche. Elle est légèrement recourbée vers l'intérieur.

Scie Après la hache, la scie est l'outil le plus utilisé pour le travail du bois. Il s'agit d'une lame de métal plate dont un des côtés est denté. La plupart des scies ont des dents légèrement inclinées, alternativement, d'un côté ou de l'autre. Le trait de scie, plus large que la lame, évite que celle-ci ne reste coincée. La scie sert avant tout à produire des planches. On utilise aussi un godendard muni d'une longue lame aux dents larges et d'une poignée à chaque extrémité. Il faut deux hommes pour le manipuler, et le rondin doit être surélevé à une extrémité ou étendu au-dessus d'un fossé. Une fois les planches coupées, on se sert de la scie à main. Il en existe deux sortes: la scie de travers, plus petite, aux dents fines et pointues, faite pour couper à travers le grain du bois; et la scie à refendre, aux dents plus larges de la forme d'un ciseau à bois, pour couper dans le sens des fibres du bois.

La scie à guichet sert à faire des ouvertures circulaires ou des bords recourbés. Sa lame est très étroite et fuselée. La scie à tenon, à lame courte et large renforcée à son bord supérieur par une barre de métal, sert à découper avec précision des angles variés. La scie à cadre a une lame étroite et flexible maintenue par une courbure souple en forme d'arc (scie à bûches) ou par une corde tendue entre les prolongements du manche (scie à archet). La menuiserie fine nécessite une variété de petites scies, la plupart montées et de petites dimensions (scie à chantourner, scie à découper). Adaptée à un mécanisme actionné par les pieds, la lame flexible devient une scie sauteuse.

Ciseau à bois Divers outils de menuiserie ont un bord tranchant. La plane comprend une lame montée entre deux poignées que l'on tire vers soi pour enlever des copeaux. Le ciseau à longue lame étroite, avec le bord tranchant à la dernière extrémité, est poussé ou frappé pour creuser ou faire des rainures. La gouge est un ciseau à lame courbée et au tranchant biseauté utilisé pour faire des cannelures et des gorges dans le bois.

Rabot C'est le plus variable des outils tranchants. Il est muni d'une lame oblique ajustée dans un fût (bloc de bois ou de métal). Le bord tranchant dépasse à l'avant grâce à une ouverture à la base de l'outil. Le rabot est poussé le long de la pièce de bois et la lame enlève une mince couche (raboture). Le rabot permet de dégrossir le bois et de rendre le parement uni. Certains rabots, aux tranchants spécialement conçus, peuvent faire des rainures, des cannelures, des feuillures et des moulures. Les rabots sont de différentes tailles: de la longue galère pour dresser les surfaces jusqu'aux rabots minuscules des ébénistes utilisés pour les travaux délicats.

Outils à aléser L'alésoir est muni d'une lame étroite terminée en pointe ou en ciseau. On le pousse ou l'enfonce dans le bois afin de faire un trou. La vrille ressemble à une gouge miniature et agit par rotation. Le foret se termine en forme de vis aux bords coupants à l'extrémité inférieure. Il s'ajuste à un vilebrequin. Ainsi on peut appliquer une pression en même temps que se fait le mouvement de rotation.

Lime Il s'agit d'une lame de métal garnie d'aspérités sur un côté ou sur les deux côtés. Par frottement contre la surface, les bords tranchants des entailles coupent et enlèvent le bois. La râpe, elle, est garnie de petites saillies plutôt que d'entailles. La coupe est plus rapide mais plus grossière que la lime. La lime et la râpe servent toutes deux à polir ou à fignoler la forme d'un objet de petites dimensions.

Clou Les morceaux de bois peuvent être assemblés par des joints, des chevilles ou de la colle, mais le clou est ce que l'on utilise le plus souvent. Le clou est une petite tige de métal (généralement de FER) pointue à une extrémité et s'élargissant à l'autre extrémité pour former une tête. À l'origine, le forgeron façonne les clous individuellement sur une petite enclume. Plus tard, les clous sont fabriqués à partir de bandes obliques découpées d'une feuille de métal. De nos jours, le clou s'obtient par extrusion à partir d'une tige d'acier ressemblant à une broche.

Marteau Le marteau de charpentier à panne fendue, ou marteau pied-de-biche, est utilisé du côté de la tête pour enfoncer les clous, tandis que l'autre extrémité est un pied-de-biche recourbé qui sert à arracher les clous. Une fois la tête du clou introduite dans le pied-de-biche, le menuisier soulève le manche du marteau et extrait le clou. Quant au maillet, il a une tête en bois et sert à enfoncer les ciseaux.

La fabrication de tonneaux, ou tonnellerie, est un type de travail du bois bien particulier, requérant différentes formes de hachettes, d'herminettes, de planes et de rabots pour donner aux douves leur forme incurvée et effilée et pour tailler le fond et le couvercle circulaire. À une certaine époque, le tonnelier et l'art du cerclage sont très populaires en raison de la forte demande de tonneaux, de barillets, de cuves et de seaux. À cela s'ajoutent certains outils simples, et c'est le forgeron (*voir* FORGE, OUVRAGE DE) local qui répare les outils et les ustensiles.

Loris S. Russell

Overlanders de 1862 Groupe de quelque 150 colons partis de l'Ontario pour l'intérieur de la Colombie-Britannique. Ils sont conduits par les frères Thomas et Robert McMicking du canton de Stamford, comté de Welland (Ontario). Ils voyagent en groupes par bateau et par le réseau de chemin de fer américain, et se rendent au fort Garry (Winnipeg). Ils en repartent au début de juin 1862 avec des charrettes de la rivière Rouge et quelques chevaux, et atteignent le fort Edmonton le 21 juillet, où ils troquent leurs charrettes pour des chevaux de bât. Aidés de guides amérindiens, ils traversent les Rocheuses. Six hommes perdent la vie au cours de la périlleuse descente du fleuve Fraser en radeau alors qu'ils se rendent au fort George (Prince George). Pour la plupart des colons, la destination finale est celle des champs aurifères de Cariboo et nombre d'entre eux, dont les frères McMicking, connaissent une carrière enviable en Colombie-Britannique. La seule femme de l'expédition, Catherine O'Hare Schubert, emmène ses 3 enfants avec elle et donne naissance à son quatrième quelques heures seulement après être arrivée à Kamloops en octobre.

Barry M. Gough

Ovilu Tunnillie, sculpteure (Cape Dorset, T.N.-O., 20 déc. 1949). Ovilu vient d'une famille d'artistes de CAPE DORSET. Ses parents, Toonoo et Sheokjuke, sont en effet des artistes célèbres. Ovilu fait partie de l'avant-garde des jeunes artistes nordiques dont l'œuvre dépasse l'intérêt traditionnel pour le passé que l'on retrouve dans la plupart des productions contemporaines de l'art inuit. Au moyen de thèmes qui vont de l'abus d'alcool et du viol aux souvenirs d'un séjour dans un sanatorium du Sud, Ovilu illustre franchement la réalité interculturelle de la femme inuite contemporaine. Matérialisé dans la serpentine typique que l'on retrouve couramment dans le sud de l'île de Baffin, le vocabulaire formel d'Ovilu est original et personnel avec ses volumes flous, ses plans larges et plats, et un sens puissant du design qui confèrent à beaucoup de ses œuvres une qualité architecturale. Ses sculptures ont fait l'objet de nombreuses expositions dont celle des Femmes artistes inuites, organisée par le MUSÉE CANADIEN DES CIVILISATIONS en 1994.

Norman Zepp

Owen, Donald, cinéaste (Toronto, 19 sept. 1934). Owen étudie l'anthropologie à l'U. de Toronto et entre au service de l'Office national du film en 1960, où il fait quelques courts métrages avant de réaliser *Nobody Waved Goodbye* (1964; v.f. *Départ sans adieux*), un long métrage qui traite de l'aliénation des adolescents et qui rejoint plusieurs des thèmes du cinéma canadien. *The Ernie Game* (1967; v.f. *Ernie*) reprend le sujet de *Nobody Waved Goodbye* là où ce dernier l'avait laissé, mais le héros trop indifférent ne réussit pas à s'attirer la sympathie du public. En 1969, Owen quitte l'Office national du film. Son troisième long métrage, *Partners* (1976), obtient peu de succès, ce qui le force à réaliser des films commerciaux pour la télévision entre ses projets. Ses récents longs métrages sont *Unfinished Business* (1984) et *Turnabout* (1987).

Piers Handling

Owen, Lemuel Cambridge, marchand, politicien et premier ministre de l'Île-du-Prince-Édouard (Charlottetown, 1er nov. 1822-*id.*, 26 nov. 1912). Constructeur de navires et marchand prospère et influent sous le régime colonial, Owen est nommé maître-général des Postes en 1860, poste qu'il occupe jusqu'à son élection à l'Assemblée en 1866. À titre de premier ministre, de 1873 à 1876, Owen supervise la fin du système de propriété de terres agricoles, dont le coût est assumé par le gouvernement fédéral à la suite de l'entente qui régit l'entrée de l'Île-du-Prince-Édouard dans la Confédération en 1873.

H.T. Holman

Owen Sound, ville de l'Ont.; pop. 21 390 (rec. 1996), 21 674 (rec. 1991), 19 871 (rec. 1986); superf. 23,69 km²; const. en 1920; située dans une entrée d'eau à l'extrémité sud de la BAIE GEORGIENNE, au confluent des rivières Sydenham et Pottawattomi, à 190 km au nord-ouest de Toronto. Un relevé préliminaire des lieux est effectué en 1837 et le premier immeuble de la ville est érigé en 1840. D'abord appelée Sydenham, du nom de lord SYDENHAM, la localité est rebaptisée en 1857 en l'honneur de William Fitzwilliam OWEN, de la Royal Navy, qui a dressé la carte de la baie en 1815. (En fait, on avait voulu rendre hommage au fils de M. Owen, William F. Owen, mais c'était impossible puisque ce dernier était toujours officier en service actif à ce moment.) Le port agréable d'Owen Sound devient un port d'escale pour les bateaux à vapeur qui naviguent dans la baie Georgienne et, par la suite, un point de transbordement et un centre de construction navale.

Aujourd'hui chef-lieu du comté de Grey, cette ville dessert les terres de polyculture de l'arrière-pays. Les fabricants d'accessoires d'automobiles et d'équipement industriel ainsi que l'imprimeur Richardson, Bond and Wright y sont les employeurs principaux. En hiver, cette région attire de nombreux skieurs. Le peintre Tom THOMSON est originaire des environs, et la Tom Thomson Memorial Art Gallery porte d'ailleurs son nom.

Daniel Francis

Owen, William Fitzwilliam, officier de marine et hydrographe (Manchester, Angl., 17 sept. 1774-Saint-Jean, 3 nov. 1857). Il est réputé pour les levés qu'il a effectués sur les côtes est et ouest de l'Afrique dans les années 1820. Au Canada, de 1815 à 1817, le capitaine Owen jette les bases de la cartographie scientifique des Grands Lacs. Il établit les longitudes des localités à partir de Québec jusqu'à Penetanguishene, fait un levé préliminaire du lac Érié à la baie Georgienne afin de trouver un emplacement pour une base navale et de décrire les eaux limitrophes, puis dresse la carte hydrographique du lac Ontario et du Saint-Laurent en amont de Prescott. Il recrute et forme H.W. BAYFIELD pour ce travail. En 1815, il nomme le bras Owen en l'honneur de son frère, sir Edward W.C.R. Owen. En demi-solde, il s'installe, en 1836, sur le domaine patrimonial Owen de l'île Campobello, au Nouveau-Brunswick, et participe activement aux activités locales et provinciales (il est juge de paix, député provincial de 1838 à 1842, conseiller législatif, lecteur laïque). La famille vit comme la haute bourgeoisie anglaise, elle est pratiquement un avant-poste féodal contre les initiatives yankees. Le levé hydrographique du fleuve Saint-Jean et d'une bonne partie de la baie de Fundy entrepris par Owen dure cinq ans et se termine par sa promotion au rang d'amiral en 1847.

Paul Cornell

Oxytropis de Lambert Oxytropis est le nom commun des plantes du genre *Astragalus* et *Oxytropis* de la famille des pois (légumineuses ou fabacées, *voir* LÉGUMINEUSES), réputées pour provoquer des intoxications chez le bétail. L'*Astragalus* est aussi connu sous le nom d'astragale.

Description Les deux genres ont des fleurs semblables à celles des pois et leurs feuilles composées comptent de nombreuses folioles. Les pétales inférieurs de la carène des fleurs de l'oxytropis sont allongés et pointus et les plantes n'ont pas ou à peu près pas de tige. Les espèces d'astragales ont une carène dépourvue de pointe et les tiges sont apparentes. Les deux genres produisent des fleurs en épi («en épi ou en grappe»); la taille et la couleur varient selon les espèces.

Aire de distribution Il existe dans le monde plus de 1600 espèces d'astragales et une centaine d'espèces d'oxytropis, dont 40 et 15 espèces respectivement au Canada. Les espèces les plus importantes des plaines canadiennes sont l'*Oxytropis lambertii*, (Sud du Manitoba et de la Saskatchewan), l'*O. campestris* (de la Colombie-Britannique au Manitoba) et l'*O. sericea* (Alberta). Parmi les espèces vénéneuses du Canada figurent l'*A. bisulcatus*, l'*A. racemosus* et l'*A. pectinatus.*

Propriétés toxiques Les espèces vénéneuses d'astragales accumulent le sélénium puisé dans le sol, mais le principe toxique n'est pas clairement établi. Au Canada, la plupart des empoisonnements touchent le bétail. (*Voir aussi* PLANTES VÉNÉNEUSES.)

John M. Gillett

Ozone, appauvrissement de l' Amincissement de la COUCHE D'OZONE ou ozonosphère. Les scientifiques ont déterminé que l'utilisation des hydrocarbures chlorofluorés (CFC) appauvrit la couche d'ozone protectrice de la terre. L'amincissement de la couche d'ozone a causé une augmentation des rayons ultraviolets B qui atteignent la surface de la terre. Ce rayonnement UVB accru pourrait avoir des effets biologiques, notamment une réduction des rendements agricoles, un ralentissement de la croissance des forêts et une baisse du rendement des pêches. L'augmentation des UVB peut aussi accroître le taux de CANCER de la peau et avoir d'autres effets sur la santé des humains.

Initiatives internationales En 1987, une réunion du Programme des Nations Unies pour l'environnement a abouti à une convention pour la protection de la couche d'ozone que plus de 80 pays ont signée. Un protocole de contrôle visant à réduire les émissions de CFC a été signé lors d'une conférence tenue à Montréal en septembre 1987. Les pays signataires ont convenu, en vertu de ce protocole, de réduire l'utilisation des CFC à 50 p. 100 des niveaux de production de 1986 avant l'an 2000. Des modifications apportées à ce protocole à Londres, en Angleterre, et à Copenhague, au Danemark, ont resserré le calendrier du protocole de sorte que la production de CFC 11, de CFC 12 et de méthylchloroforme a cessé le 1er janvier 1996 dans les pays industrialisés.

Surveillance Des instruments montés sur des ballons et installés au sol sont utilisés pour mesurer l'ozone et les autres gaz. Le Canada a mis au point des techniques nouvelles pour surveiller la couche d'ozone. On utilise plus de 200 spectrophotomètres Brewer de mesure de l'ozone partout dans le monde au sein d'un réseau de surveillance de l'ozone. Environnement Canada est doté d'un réseau de stations à Edmonton, Toronto, Resolute (auparavant Resolute Bay), Churchill, Victoria, Montréal et Happy Valley-Goose Bay, où l'on surveille les profils de hauteur et d'épaisseur totales de l'ozone. Dans le cadre du projet Stratoprobe d'Environnement Canada, on a effectué des recherches sur la structure chimique de la couche d'ozone en utilisant des ballons de recherche de haute altitude jusqu'en 1990.

Plusieurs organisations, dont Weather Network, Environnement Canada et l'U. Trent, surveillent maintenant le rayonnement UVB dans plusieurs endroits au Canada. Les médias ont entrepris une campagne de relations publiques pour éduquer le public afin que les gens se protègent d'une exposition excessive aux rayons ultraviolets.

Trous de la couche d'ozone En 1985, à l'aide de l'imagerie satellite, on a découvert un nouveau phénomène appelé «trou d'ozone antarctique». Au printemps, et en août et septembre, un immense trou apparaît au-dessus de tout le continent antarctique. Ce trou d'ozone s'étend et devient constamment plus grand et plus profond depuis 1979.

Plusieurs études ont été effectuées dans le Nord depuis 1986 pour déterminer s'il existe un éventuel trou dans la couche d'ozone au-dessus de l'Arctique. Les scientifiques d'Environnement Canada ont rapporté les premières preuves d'un appauvrissement de l'ozone de l'Arctique en 1989. Ces dernières années, une vallée en forme de cratère est apparue sur la carte des champs d'ozone de l'Arctique. L'amincissement de la couche d'ozone semble s'intensifier d'année en année, suivant une évolution qui rappelle le développement du trou antarctique au début des années 80. En mars 1996, la couche d'ozone hivernale était devenue 45 p. 100 plus mince que la normale au-dessus du Groenland et du nord de l'Europe.

L'analyse des données satellites et du réseau de surveillance terrestre révèle que la couche d'ozone au-dessus des latitudes tempérées de l'hémisphère Nord a diminué de plus de 7 p. 100 depuis 1979. En 1993, on a observé une diminution substantielle de 15 p. 100 de la couche d'ozone, accompagnée d'un accroissement de 20 p. 100 des rayons UVB, attribuable au nuage volcanique provenant de l'éruption du mont Pinatubo. Cet événement a montré que la brume sèche volcanique émise dans la couche d'ozone ne peut accroître l'appauvrissement de la couche par l'action des composés chlorés provenant de la décomposition des CFC.

L'avenir Les scientifiques prévoient que la couche d'ozone se sera appauvrie d'environ 12 p. 100 d'ici 2010 et qu'elle ne se rétablira que lentement, au fur et à mesure que la nature décomposera les CFC existant dans l'atmosphère. Les niveaux de rayonnement UVB devraient par conséquent demeurer supérieurs de 10 p. 100 aux niveaux normaux pendant plusieurs décennies après l'an 2000 avant qu'un rétablissement se confirme.

W.F.J. Evans

Pacey, William Cyril Desmond, professeur et critique littéraire (Dunedin, N.-Z., 1ᵉʳ mai 1917—Fredericton, 4 juill. 1975). Formé à l'U. de Toronto et à Cambridge, il enseigne l'anglais à l'U. du Manitoba de 1940 à 1944, puis à l'U. du Nouveau-Brunswick, où il restera jusqu'à la fin de sa vie. Bien que nouvelliste accompli, il est surtout connu comme critique et comme universitaire. Il signe une anthologie de nouvelles canadiennes (1947) et dirige la publication des œuvres de fiction (1971) et des lettres (1976) de Frederick Philip GROVE. Ses travaux critiques portent notamment sur Frances BROOKE, Leonard COHEN, Grove (1945) et Ethel WILSON (1968). Enfin, son jugement pondéré se révèle généralement juste et ses analyses approfondies de certaines œuvres ont une très grande influence. *Creative Writing in Canada* (1952) et *Ten Canadian Poets* (1958) réunissent ses écrits les plus importants.

Tracy Ware

Pacheenahts ou Pacheedahts («gens de l'écume-de-mer-sur-les-roches») Ils tirent leur nom du lieu de l'ancien village «p'aachiida», au fond de la baie de Port San Juan, dans le sud-ouest de l'île de Vancouver. La région entre Sheringham Point et Bonilla Point est maintenant reconnue comme leur territoire. Plusieurs bancs de pêche au large de la côte font aussi partie du territoire qu'ils revendiquent.

Les traditions varient au sujet de leurs origines. Selon certaines traditions orales, les Pacheenahts et les DITIDAHTS étaient, il y a très longtemps, un seul et même peuple qui vivait le long de la rivière Jordan. Une autre tradition semble indiquer que les Pacheenahts parlaient jadis la langue des Salish de la côte de Sooke. Dans les années 1850, des épidémies réduisent leur population à une soixantaine de personnes. Aujourd'hui, près de la moitié des 210 Pacheenahts vivent dans une réserve à Port Renfrew. Certains parlent encore le dialecte traditionnel pacheenaht de la langue nitinate («ditidaht»).

À l'origine, les Pacheenahts étaient probablement, comme leurs voisins, les Ditidahts, un groupe local ou une alliance de groupes autonomes locaux n'ayant pas de structure tribale ou confédérative. Chaque groupe local comprenait un certain nombre de personnes occupant avec les chefs et leurs familles une région géographique particulière. Le groupe était désigné par le nom du lieu de son village principal.

Au début de l'ère historique, il y avait environ quatre villages pacheenahts, en plus de celui de Port San Juan. Au printemps, ils se dispersaient vers des camps de pêche saisonnière, où ils faisaient provision de flétans, de vivaneaux rouges et de morues, qu'ils séchaient pour l'entreposage. La pêche au saumon rouge se faisait d'avril à juillet. Dès septembre, ils regagnaient leur village d'hiver à l'intérieur des terres afin d'être prêts pour les montaisons automnales des saumons Steelhead, coho, chinook, à bosse et kéta. Les coquillages constituaient une part importante de leur régime alimentaire. Comme d'autres bandes de la côte ouest de l'île de Vancouver, les Pacheenahts étaient aussi chasseurs de baleine. Le cerf, l'élan et les oiseaux aquatiques complétaient

leur alimentation. Aujourd'hui, ils continuent de consommer leur nourriture traditionnelle.

Les membres de la bande pacheenaht sont surtout employés dans l'industrie forestière. Depuis 1994, les Pacheenahts, les Ditidahts et les Ohiahts assurent, conjointement avec Parcs Canada, la gestion, l'entretien, l'interprétation et la commercialisation du sentier de la Côte Ouest dans le parc national Pacific Rim.

Dorothy kennedy

Paci, Frank Gilbert, écrivain (Pesaro, Italie, 5 août 1948; immigré à Sault Sainte-Marie en 1952). Il fait ses études à l'U. de Toronto (B.A., 1970; B.Éd., 1975) et à l'U. Carleton (M.A., 1980). Il enseigne dans des écoles de Sault Sainte. Marie et de Toronto. Paci est l'un des premiers et l'un des plus importants romanciers canadiens italiens écrivant en anglais. Parmi ses ouvrages figurent: *The Italians* (1978; trad. *La famille Gaetano*, 1990), *The Father* (1984) et *Black Madonna* (1982), son œuvre maîtresse. Ses romans traitent de la dualité ethnique et de la lutte menée par les familles d'immigrants italiens pour s'installer dans leur nouvelle vie. Ils examinent aussi le processus de la découverte de soi et le conflit engendré par les préoccupations fondamentales qui habitent l'être humain. (*Voir aussi* LANGUE ITALIENNE, PUBLICATIONS DE.)

Joseph Pivato

Pacific Fur Company (PFC) Créée le 23 juin 1810 et dirigée par le négociant en fourrures new-yorkais John Jacob Astor. Ses principaux associés comprennent les anciens Nor'Westers Alexander McKay, Donald McKenzie et Duncan McDougall. Astor envisage d'établir un cordon de postes de traite et de colonies traversant les États-Unis et planifie l'érection d'un fort, Fort Astoria, à l'embouchure du fleuve Columbia. Le 6 septembre 1810, il envoie le TONQUIN de New York jusqu'au fleuve Columbia, où il arrive le 22 mars 1811, pour amorcer la traite des fourrures avec les Amérindiens de la CÔTE DU NORD-OUEST. En juin 1811, le Tonquin est capturé par des Amérindiens, probablement sur le détroit de Clayoquot (île de Vancouver). Un groupe voyageant par voie terrestre n'atteint Astoria qu'en février 1812. Le 25 juin 1813, pendant la GUERRE de 1812, les associés décident de vendre leurs marchandises à leur concurrent, la COMPAGNIE DU NORD-OUEST (CNO). En juillet, ils liquident la compagnie et, le 16 octobre 1813, ils vendent tout aux Nor'Westers. Plus tard, Astoria est renommé Fort George. L'arrivée du HMS RACOON, en novembre 1813, puis celle du navire de la CNO, l'ISAAC TODD, en avril 1814, hâtent le déclin de la Pacific Fur Company. Par la suite, Astor concentre son énergie sur l'American Fur Co.

Barry M. Gough

Pacific, pays côtier du Cette expression désigne l'ensemble des pays qui bordent l'océan Pacifique. Ces dernières années toutefois, elle est devenue synonyme de la région de l'Asie et du Pacifique, qui englobe l'Asie de l'est et du sud-est, l'Asie du sud, l'Australie, la Nouvelle-Zélande et l'Amérique du Nord. Cette nouvelle terminologie traduit le sentiment croissant de l'interdépendance régionale et reflète l'importance grandissante de cette région au cours du XXᵉ s. sur les plans économique et politique.

Comme il possède une longue côte sur le Pacifique, le Canada a toujours eu certains liens économiques et culturels avec les pays en bordure de cet océan. Il y a environ 25 000 ans, les premiers habitants du Canada arrivèrent d'Asie en empruntant le détroit de Béring (*voir* BÉRINGIE). Vers la fin du XVᵉ s., les explorateurs européens essaient à plusieurs reprises, mais en vain, de trouver un passage par la mer, à partir du Canada, qui leur ouvrirait la porte des richesses de l'Asie. Au XVIIIᵉ s., époque où commencent le commerce et la colonisation européenne sur la côte Est, d'autres Européens effectuent les premiers échanges commerciaux avec l'Asie, à

partir de la CÔTE DU NORD-OUEST du Canada. De là, on expédie des fourrures et du bois d'œuvre en Asie qui fournit en échange des articles de luxe comme la porcelaine et le thé.

Après l'achèvement de la liaison ferroviaire transcontinentale en 1885, le Canada est enfin en mesure d'offrir à l'Angleterre une autre route vers l'Asie, continent qui l'intéresse au plus haut point. La construction de ce chemin de fer et la première RUÉE VERS L'OR du fleuve Fraser coïncident également avec la première grande vague des temps modernes de l'immigration asiatique au Canada. Pendant que celle-ci s'intensifie, l'identité culturelle et les priorités économiques du Canada dépendent encore de ses liens historiques avec l'Angleterre et de sa population, d'origine européenne surtout. Cependant, au cours de la période qui suit la Seconde Guerre mondiale, où s'amorcent un processus général de décolonisation et un déplacement de l'économie et de la politique internationale de l'Europe vers la région de l'Asie et du Pacifique, le Canada commence à modifier son identification culturelle et ses priorités économiques. De nos jours, les principaux partenaires commerciaux du Canada sont les États-Unis et le Japon, l'Europe ne venant plus qu'au troisième rang.

Le Canada étant parmi les pays qui dépendent le plus du commerce, son développement continuel repose sur l'acquisition de nouveaux marchés où il peut vendre ses matières premières et ses produits manufacturés. Le gouvernement fédéral et les entreprises du secteur privé sont conscients du potentiel des marchés canadiens dans la région Asie-Pacifique, mais ils reconnaissent aussi que cette expansion ne va pas sans une meilleure compréhension des divers facteurs culturels, économiques et politiques qui influent sur les pratiques commerciales propres à cette région. En réponse à cette nécessité, le Canada fait partie d'associations régionales, telles que le Conseil économique des pays du bassin du Pacifique, et a mis sur pied des organismes gouvernementaux et privés comme le Comité national canadien de la coopération économique avec la région du Pacifique.

En 2000, on trouve quelque 25 mégalopoles dans le monde, d'une population de plus de 10 millions de personnes. Treize de ces villes se trouvent en Asie et seulement trois en Europe et en Amérique du Nord. Il est évident que le développement économique futur du Canada sera assuré dans la mesure où celui-ci pourra s'identifier à la communauté des pays qui bordent le Pacifique.

Pacific Rim, parc national Créé en 1970, il s'étend sur une longueur de 105 km sur le littoral accidenté de l'ouest de l'ÎLE DE VANCOUVER. Il est divisé en trois zones distinctes: Long Beach, avec ses 10,3 km de roches et de sable battus par les vagues; les îles Broken, soit plus d'une centaine d'îles accessibles uniquement par bateau et la piste de randonnée West Coast, longue de 72 km et s'étendant entre Bamfield et Port Renfrew. Le parc est unique en ce qu'il s'étend au large des côtes, jusqu'à 18 m de profondeur, pour assurer la protection de la faune et de la flore marines. Les pluies abondantes et le climat doux qui prévalent toute l'année produisent sur le littoral une luxuriante forêt d'épinettes de Sitka, de pruches de l'Ouest, de sapins gracieux et de cèdres rouges de l'Ouest. Délimitée à l'ouest par l'océan et à l'est par les montagnes escarpées, la forêt abrite l'OURS NOIR, le cerf à queue noire, le puma, la martre, la loutre et l'écureuil. Au large des côtes, la forêt de varech géant recèle une étonnante diversité de poissons et d'invertébrés, telle la pieuvre géante.

Lillian Stewart

Pacific Western Airlines Ltd (maintenant les Lignes aériennes Canadien International) La compagnie, dont le siège social se trouve à Calgary, offre un transport aérien régulier de passagers et de marchandises vers plus de 89 destinations réparties dans 15 pays sur 5 continents. Grâce à sa flotte de 78 avions à réaction, elle offre également des services de vols nolisés dans tout le Canada et vers des destinations internationales. La compagnie est créée en 1946 sous le nom de Central British Columbia Airways Limited et prend de l'expansion grâce à l'acquisition d'autres compagnies, dont Kamloops Air Services (1950) et Skeena Air Transport (1951). En 1953, elle prend le nom de Pacific Western Airlines Ltd. En mars 1987, Canadian Pacific Airlines est acheté par PWA Corp., la société de portefeuille de Pacific Western Airlines. CP Air avait acquis auparavant Nordair et Eastern Provincial Airways. Les quatre compagnies aériennes fusionnent pour former les Lignes aériennes Canadien International. En 1986, PWA Corp. déclare un chiffre d'affaires de 352 millions de dollars et des actifs de 946 millions de dollars en plus d'employer 2725 personnes. Les actions sont détenues par de nombreux actionnaires.

Pacifisme Cette attitude, fondée sur des convictions religieuses ou humanitaires, condamne la guerre et la violence sociale, considérées comme inhumaines et déraisonnables ou même absolument moralement mauvaises et ce, en toutes circonstances. En conséquence, le pacifisme interdit toute participation personnelle à une guerre ou à une révolution sanglante et impose l'engagement de recourir à des méthodes non violentes pour résoudre les conflits. Au Canada, le pacifisme est alimenté par deux traditions. La première est celle des sectes pacifistes. C'est la non-résistance traditionnelle de sectes religieuses pacifistes qui veulent éviter de s'intégrer au grand courant de la société canadienne.

Au début du XXᵉ s., les QUAKERS, les MENNONITES, les HUTTÉRITES et les DOUKHOBORS avaient déjà obtenu des garanties qui protègent leur droit de vivre conformément à leurs convictions pacifistes. Ils sont expressément exemptés du service militaire, et leur immunité est consacrée par les lois et les coutumes du Canada. Les plus nombreux et les plus solides témoins du pacifisme sont les membres de sectes pacifistes, surtout à titre d'objecteurs de conscience pendant les deux guerres mondiales.

La deuxième tradition, qui trouve des appuis dans la population, est celle du protestantisme libéral et des réformes humanitaires. Elle est fondée sur les enseignements pacifistes de Jésus et sur la croyance en l'irrationalité de la guerre et en la fraternité humaine. Les diverses expressions du pacifisme libéral au Canada commencent au début du siècle par le mouvement progressiste pour la paix, qui préconise la conciliation et l'arbitrage internationaux comme étant les meilleurs moyens d'établir un ordre mondial. Presque tous les organismes politiques, religieux, agricoles, syndicaux et féminins adhèrent à ce principe avant le déclenchement de la Première Guerre mondiale. Toutefois, le mouvement pacifiste libéral se désintègre pendant la guerre. Il n'en reste que quelques pacifistes déterminés, notamment J.S. WOODSWORTH et William IVENS, anciens ministres méthodistes qui expriment publiquement leur désaccord avec leur Église en s'opposant à la CONSCRIPTION. La plupart des adversaires de la conscription, spécialement au Québec, ne sont pas motivés par des convictions pacifistes.

Résurgence du pacifisme libéral Le désenchantement qui fait suite à la guerre et l'appui obtenu par la SOCIÉTÉ DES NATIONS et le DÉSARMEMENT provoquent une renaissance du pacifisme libéral. Pendant que Woodsworth et Agnes MACPHAIL débattent au Parlement la question de la paix et que la LIGUE INTERNATIONALE DE FEMMES POUR LA PAIX ET LA LIBERTÉ mène une campagne pour abolir l'entraînement des cadets et le militarisme dans les écoles, un MOUVEMENT PACIFISTE prend de l'ampleur pendant l'entre-deux-guerres. Au début des années 30, il s'était déjà élargi pour former un vaste front représentant diverses tendances religieuses et politiques, mais il s'unit pendant la crise pour réclamer non seulement la paix mais aussi la justice socio-économique. Sous la direction de Woodsworth, la CO-OPERATIVE COMMONWEALTH FEDERATION (CCF) devient le principal porte-parole politique de ce courant pacifiste socialiste.

Au milieu de la décennie, toutefois, les socialistes radicaux commencent à abandonner le pacifisme pour lutter contre le fascisme en Espagne, et, lorsque éclate la Seconde Guerre mondiale, même la CCF a abandonné sa tradition de neutralité en matière de politique étrangère: Woodsworth se retrouve alors seul à défendre les idées pacifistes au Parlement. Le mouvement en vient à ne plus compter que quelques pacifistes chrétiens. Ce sont surtout des ministres de l'Église unie qui sont membres du Fellowship of Reconciliation, qui réaffirment publiquement leurs convictions pacifistes dans le manifeste controversé *Witness Against War* et sont désavoués par les chefs de leur propre Église. Les membres des sectes pacifistes, après s'être tenus à l'écart du mouvement pour la paix de l'entre-deux-guerres, collaborent avec les pacifistes libéraux pendant la guerre pour que soit garantie l'exemption du service militaire aux objecteurs de conscience.

Attrait populaire du pacifisme Le début de l'ère atomique augmente l'urgence et l'attrait du pacifisme, et de nombreux adhérents se joignent au mouvement pacifiste de l'après-guerre. Les nouveaux «pacifistes de l'ère nucléaire» pensent que les armes nucléaires ont rendu toute guerre impensable. C'est pourquoi ils préconisent le désarmement nucléaire et la réduction des tensions entre l'URSS et l'Occident. Au début, ce nouveau mouvement est dominé par le Congrès canadien pour la paix, organisme de gauche dirigé par James Endicott, qui lance une campagne canadienne d'interdiction de la bombe atomique et fait circuler l'appel de Stockholm, une pétition internationale du Conseil mondial de la paix (organisme appuyé par l'URSS) contre les armements nucléaires.

Au début des années 60, toutefois, la Campagne canadienne pour le désarmement nucléaire et LA VOIX DES FEMMES obtiennent un appui plus vaste du public en faisant connaître les dangers des retombées radioactives des essais nucléaires. Les groupes pacifistes importants se joignent au mouvement, qui réclame un traité d'interdiction mondiale des essais, et appuient la campagne visant à empêcher le déploiement de missiles à charge nucléaire en sol canadien. Au milieu de la décennie, les pacifistes s'intéressent à la guerre du Viêt-nam et se joignent aux protestations et aux pétitions contre cette guerre, aident les conscrits américains réfractaires et organisent une aide humanitaire aux civils vietnamiens.

Campagnes antinucléaires Après la fin de la guerre du Viêt-nam, les pacifistes luttent de nouveau contre l'escalade de la course à l'armement nucléaire. Dans les années 80, des organisations comme Canadian Physicians for Social Responsibility, PROJECT PLOUGHSHARES et OPÉRATION DÉSARMEMENT élargissent encore les fondations du mouvement pacifiste au Canada. Un fait particulièrement notable est l'engagement public accru de la communauté mennonite au moment où les pacifistes libéraux et ceux des sectes se lancent dans la campagne antinucléaire.

Réorientation La fin de la guerre froide au début des années 90 amène les pacifistes à se réorienter pour s'occuper d'autres questions, soit les droits de la personne, la violence sociale et la dégradation de l'environnement, dans le cadre de leurs efforts continus pour éliminer les causes des conflits violents et les conflits eux-mêmes.

Thomas P. Socknat

Pacte de l'automobile (*voir* ACCORD CANADO-AMÉRICAIN SUR LES PRODUITS DE L'INDUSTRIE AUTOMOBILE)

Pacte fédératif, théorie du (*voir* HISTOIRE CONSTITUTIONNELLE)

Page, John Percy, éducateur, entraîneur de basket-ball, politicien et lieutenant-gouverneur (né de parents canadiens à Rochester, N.Y., le 14 mai 1887—Edmonton, Alb., 2 mars 1973). Il dirige les GRADS D'EDMONTON, l'équipe féminine de basket-ball la meilleure et la plus respectée du monde au cours de ses 25 années d'histoire (1915-1940). Page est celui qui compte le plus dans les succès de l'équipe. Il préconise des jeux simples, bien exécutés et exige une conduite disciplinée. Son système de recrutement par un club-école assure une relève de joueuses talentueuses. Quand les Grads et Page se retirent du basket-ball, en 1940, ce dernier se lance en politique provinciale. Il sera lieutenant-gouverneur de l'Alberta de 1959 à 1965.

Cathy MacDonald

Pagé, Lorraine, syndicaliste (Montréal). Elle est, en 1988, la première femme élue à la direction d'une centrale syndicale québécoise, la CENTRALE DE L'ENSEIGNEMENT DU QUÉBEC (CEQ). Avant cette élection, elle préside l'Alliance des professeures et professeurs de Montréal durant trois ans. Cette enseignante à la Commission des écoles catholiques de Montréal (CECM) occupe cette importante fonction jusqu'en mai 1999, alors qu'elle démissionne de son poste pour diriger le Service des communications de la CEQ. Durant sa présidence, elle défend avec vigueur les intérêts des enseignants qu'elle représente. Son franc-parler et sa pugnacité font de Lorraine Pagé une adversaire qui attire le respect. Personnage public de premier plan, elle participe activement en 1990, à titre de commissaire, à la Commission sur l'avenir politique et constitutionnel du Québec. Son action est remarquée par la SOCIÉTÉ SAINT-JEAN-BAPTISTE de Montréal qui lui décerne, en 1987, le prix Chomeday-de-Maisonneuve, remis à la personnalité qui s'est le plus illustré sur la scène montréalaise. Le 20ᵉ Salon de la femme de Montréal reconnaît la qualité son action pour la promotion des droits des femmes en la nommant «Femme de l'année 1989, catégorie Syndicalisme». Membre active du Mouvement Québec Français (MQF), Lorraine Pagé voit ses efforts pour la défense et la promotion de la langue française récompensés en 1990 quand elle devient lauréate de l'Ordre des francophones d'Amérique, distinction accordée par le Conseil de la langue française.

Michel Rioux

Page, Patricia Kathleen, poète, écrivaine et peintre (Swanage, Dorset, Angl., 23 nov. 1916). Avec sa famille, P.K. Page quitte l'Angleterre en 1919 et s'installe à Red Deer, en Alberta. Elle fait ses études à Calgary et à Winnipeg, puis étudie les beaux-arts au Brésil et à New York. À la fin des années 30, elle vit quelque temps à Saint-Jean (Nouveau-Brunswick) et déménage à Montréal au début des années 40 pour y travailler comme préposée au classement et spécialiste de la recherche historique. Elle fait partie du groupe qui fonde *Preview* (1942-1945). Ses poèmes paraissent d'abord dans des périodiques et dans *Unit of Five* (éd. Ronald Hambleton, 1942). De 1946 à 1950, elle travaille comme scénariste à l'Office national du film. Elle épouse W.A. IRWIN en 1950 et vit en Australie, où son mari occupe le poste de haut-commissaire de 1953 à 1964, puis au Brésil et au Mexique, où il remplit les fonctions d'ambassadeur. Depuis 1964, elle vit à Victoria.

Son premier ouvrage, *The Sun and the Moon*, est une œuvre romanesque intense publiée en 1944 sous le pseudonyme de Judith Cape (réimpr. en 1973, avec des récits des années 40, sous le titre *The Sun and the Moon and Other Fictions*). Parmi ses recueils de poésie figurent *As Ten As Twenty* (1946); *The Metal and the Flower* (1954, Prix du Gouverneur général); *Cry Ararat!* (1967); *Poems Selected and New* (1974); *Evening Dance of the Grey Flies* (1981, comprenant le récit «Unless the Eye Catch Fire...»); *The Glass Air* (1985, CAA Award, comprenant deux essais remarquables); et *Hologram: A Book of Glossas* (1995). P.K. Page dirige aussi la publication d'une anthologie de poèmes courts, *To Say the Least: Canadian Poets from A to Z* (1981), rédige ses mémoires, *Brazilian Journal* (1987), et trois livres pour enfants, *A Flask of Sea Water* (1989), *The Goat that Flew* (1994) et *The Travelling Musicians of Bremen* (1995).

Au Brésil, P.K. Page se met au dessin et à la peinture. Exécutées sous le nom de P.K. Irwin, ces œuvres complexes et admirables ont fait l'objet de nombreuses expositions et sont reproduites dans plusieurs de ses livres. Elle est Officière de l'Ordre du Canada.

Constance Rooke

Pagliaro, Michel, auteur, compositeur, interprète et producteur (Montréal, 9 nov. 1948). Issu du groupe des années 60, Les Chanceliers, Michel Pagliaro devient l'un des rockeurs les plus connus au Canada dans les années 70. Ses chansons *J'ai marché pour une nation* (1970), *J'entends frapper* (1972) et *Émeute dans la prison* (1976) remportent un énorme succès sur le marché francophone alors que *Lovin' You Ain't Easy* (1971), *Rainshowers* (1972) et *Louise* (1975) sont au sommet de tous les palmarès au Canada anglais. «Pag» se produit notamment avec Procol Harum, Santana et Peter Frampton et effectue une tournée dans 60 villes canadiennes en 1975 et plusieurs villes européennes vers la fin de la décennie. Après avoir produit pendant 5 ans les albums de vedettes françaises, dont Jacques Higelin, Pagliaro revient au Québec, en 1986, et participe au spectacle de David Bowie au Stade olympique de Montréal. Ses nouvelles chansons *L'espion*, *Les bombes* et *Dangereux* raviment les demandes du public, mais le rockeur ne se produit que rarement dans les années 90, créant, à chaque fois, un événement. Servi par une voix merveilleusement bien adaptée au genre et un sens musical remarquable, Pagliaro demeure le meilleur exemple d'intégration intelligente du rock américain.

Robert Thérien

Paiements de péréquation Paiements faits par le gouvernement fédéral aux provinces moins nanties, financés à même ses recettes générales. Les provinces bénéficiaires peuvent dépenser ces sommes selon leurs propres priorités et ne sont assujetties à aucune condition (*voir aussi* PAIEMENTS DE TRANSFERT). Le but des paiements de péréquation est de réduire le déséquilibre horizontal entre les provinces.

En général, deux sortes de déséquilibre financier peuvent survenir dans une fédération: vertical et horizontal. Le premier est un déséquilibre entre les deux niveaux de gouvernement, fédéral et provincial, p. ex., lorsque les responsabilités des provinces sont hors de proportion ou plus grandes que leur part des recettes. Un tel déséquilibre peut alors être compensé par un transfert de responsabilités au gouvernement fédéral (p. ex., allocations familiales et ASSURANCE-CHÔMAGE) ou par un transfert des recettes d'Ottawa aux provinces. Par contre, le déséquilibre horizontal est un déséquilibre financier entre les provinces elles-mêmes ou le fait que certaines provinces ont plus de sources de revenus et sont donc mieux nanties que d'autres. Les paiements de péréquation peuvent contribuer à compenser ce déséquilibre horizontal.

La *Loi constitutionnelle de 1982* stipule que: «Le Parlement et le gouvernement du Canada prennent l'engagement de principe de faire des paiements de péréquation propres à donner aux gouvernements provinciaux des revenus suffisants pour leur permettre d'assurer les services publics à un niveau de qualité et de fiscalité sensiblement comparables.» On peut retrouver le concept de péréquation dans les subventions prévues par la Loi dans l'ACTE CONSTITUTIONNEL DE 1867, et plus récemment dans les subventions d'ajustement national recommandées par la COMMISSION ROYALE D'ENQUÊTE SUR LES RELATIONS FÉDÉRALES-PROVINCIALES, comme élément d'une réorganisation générale des arrangements financiers entre le gouvernement fédéral et les gouvernements provinciaux (*voir aussi* FINANCES INTERGOU-

VERNEMENTALES; RELATIONS FÉDÉRALES-PROVINCIALES).

Le premier programme officiel de péréquation entre en application en 1957. Les transferts sont alors prévus pour s'assurer que, dans toutes les provinces, les recettes par personne provenant des impôts partagés (*voir* IMPOSITION), des impôts sur le revenu des particuliers, des impôts sur les revenus des entreprises et des droits de succession sont équivalentes à celles des provinces les plus favorisées, qui sont à l'époque la Colombie-Britannique et l'Ontario.

On procède à des révisions légales tous les cinq ans. À la première d'entre elles, on établit le niveau des transferts de péréquation à la moyenne de l'ensemble des provinces plutôt qu'en fonction des deux provinces les plus favorisées. Comme compensation, les provinces bénéficiaires reçoivent aussi la garantie que les revenus seront équivalents à 50 p. 100 de la moyenne des recettes de l'exploitation des ressources par habitant de toutes les provinces. Au cours de cette période, les paiements de péréquation augmentent, surtout parce que le gouvernement fédéral transfère aux provinces des proportions croissantes de l'impôt sur le revenu des particuliers, qui sont passées de 10 p. 100 en 1957 à 24 p. 100 en 1967.

La nature englobante du programme de péréquation actuel remonte à 1967. En effet, la plupart des catégories de recettes perçues par les provinces sont équilibrées en fonction de la moyenne nationale. À part une exception importante (l'énergie) et certaines modifications comme l'augmentation du nombre des sources de revenus incluses, le système demeure inchangé jusqu'en 1982. Le programme de péréquation du Canada est devenu le programme le plus complet et le plus généreux du monde.

Toutefois, des problèmes commencent à apparaître en 1973, en raison de la hausse des coûts de l'énergie dans le monde. Le fait de maintenir la répartition des recettes de l'exploitation des ressources, combiné à l'augmentation des coûts de l'énergie locale, aurait signifié une multiplication par trois du total des flux de péréquation et l'ajout de l'Ontario en tant que province bénéficiaire. Des mesures temporaires sont adoptées en 1973-1974 pour diminuer l'impact de l'énergie sur le système. Lors de la révision de 1977, on prend en compte seulement 50 p. 100 des recettes de l'exploitation des ressources pour la péréquation. Malgré cette modification, l'Ontario a encore droit à la péréquation durant la période de 1977 à 1982, mais ne reçoit plus de paiements, à cause de ce qu'on a appelé la disposition particulière relative au revenu des particuliers, ce qui signifie en fait que les provinces dont le revenu par habitant dépasse la moyenne nationale ne se qualifient pas pour la péréquation.

Dans la version du programme de 1982, les provinces se qualifient pour recevoir des paiements de péréquation suffisants pour augmenter les recettes de toutes les sources de revenus, locales et provinciales, jusqu'à un niveau qui est calculé en appliquant le taux national moyen d'imposition à la moyenne de chaque assiette fiscale par habitant des cinq provinces désignées (l'Ontario, le Québec, la Saskatchewan, le Manitoba et la Colombie-Britannique). En conséquence, l'Ontario n'aura plus droit aux paiements et les recettes de l'exploitation des sources d'énergie auront moins d'impact sur les flux de péréquation, du fait surtout que l'Alberta ne fait pas partie des cinq provinces désignées.

La révision de la formule de péréquation prévue en 1987 a été reportée, en partie à cause des mesures proposées pour la réforme de l'impôt. Puisque la taxation s'oriente vers une taxe à la consommation plutôt que sur le revenu, des modifications importantes vont devoir être apportées à la formule. Par ailleurs, le programme de services de garde du gouvernement fédéral comprend des mesures de partage des coûts qui couvrent 90 p. 100 des coûts de Terre-Neuve et seulement 50 p. 100 de ceux de l'Ontario. Cela représente un changement important, car on

s'oriente vers un système de répartition des dépenses, ce qui pourra influencer les négociations sur la formule d'équilibre des recettes.

L'Accord atlantique de 1985 sur l'énergie (entre Terre-Neuve et le Labrador) et l'Accord Canada–Nouvelle-Écosse sur les hydrocarbures extracôtiers de 1986 donnent à ces deux provinces une sorte de statut particulier en ce qui a trait à la péréquation. Porté à l'extrême, ce fait éloignerait la péréquation du système fondé sur une formule et l'amènerait vers une approche bilatérale. En conséquence, les négociations à venir pourraient constituer un moment critique dans l'évolution des paiements de péréquation.

T.J. Courchene

Paiements de transfert Versés directement par des gouvernements à d'autres gouvernements ou à des particuliers, ces paiements sont un mécanisme permettant d'assurer la sécurité sociale et le soutien du revenu ainsi que d'atténuer les disparités régionales. Les allocations familiales, les pensions de vieillesse et l'assurance-chômage sont des paiements de transfert fédéraux aux particuliers. En 1985-1986, ceux-ci se chiffrent à environ 24,9 milliards de dollars. Les paiements de transfert fédéraux aux provinces, notamment les paiements de péréquation (5,4 milliards en 1985-1986), les versements en espèces accordés conformément à la *Loi sur les programmes établis* aux fins de l'assurance-maladie et de l'enseignement postsecondaire (9 milliards en 1985-1986) et d'autres programmes moins importants, comptent pour environ 20 p. 100 des dépenses fédérales et une part considérable des recettes des provinces. Les paiements de transfert des gouvernements provinciaux aux administrations locales, aux conseils scolaires, aux universités et aux hôpitaux font partie des FINANCES PUBLIQUES provinciales.

Richard Simeon

Paige, Brydon, nom de scène de Brydone James Duncan, danseur, professeur, chorégraphe et directeur d'opéra et ballet (Vancouver, C.-B., 13 janv. 1933). À titre de directeur artistique de l'Alberta Ballet (1976-1988), Paige améliore de façon significative l'image et la qualité de la compagnie. Il est membre fondateur des Ballets Chiriaeff et reste avec la compagnie en qualité de chorégraphe attitré et de maître de ballet quand elle devient LES GRANDS BALLETS CANADIENS.

Créateur de nombreux ballets, Paige est aussi directeur artistique invité du National Ballet of Guatemala de 1969 à 1972 et brièvement en 1978, puis en 1988, celui du National Ballet of Portugal. De plus, il est adjoint à la direction du programme d'été de danse du BANFF CENTRE, de 1981 à 1988.

Depuis 1988, Paige est chorégraphe et metteur en scène d'une production de l'opéra *Aïda* qui fait une tournée internationale. Enfin, depuis 1994, il est consultant auprès de l'établissement d'enseignement secondaire Pierre-Laporte, à Montréal, qui offre un programme de formation en danse à des élèves venant de partout au Québec.

Michael Crabb

Paix, ordre et bon gouvernement Dans la première phrase de l'article 91 de la LOI CONSTITUTIONNELLE DE 1867, qui délimite en général l'étendue de la compétence législative du Parlement, il est question de «la paix, de l'ordre et du bon gouvernement». Certains DES PÈRES DE LA CONFÉDÉRATION considèrent cette disposition comme un pouvoir général permettant au Parlement de légiférer dans les domaines qui ne sont pas explicitement attribués aux provinces (ce sont les pouvoirs dits «résiduaires»). En examinant une loi donnée pour établir de quel palier de gouvernement elle relève, il s'avère nécessaire de consulter les deux listes de pouvoirs, y compris le pouvoir des provinces de légiférer sur les questions de «la propriété et des droits civils dans la province». Dans les années 20, la portée de cette disposition est considérablement affaiblie par l'interprétation de lord Haldane, qui la qualifie de pouvoir «d'urgence», interprétation rejetée par lord Simon dans l'affaire de la prohibition en 1946. Après 1949, la Cour suprême du Canada rétablit en grande partie la portée de cette disposition, notamment à l'occasion de renvois comme le RENVOI SUR LA LOI ANTI-INFLATION.

Aujourd'hui, on peut affirmer avec un certain degré de certitude que les premiers mots de l'article 91 créent à la fois un pouvoir résiduaire et un pouvoir d'urgence. Le Parlement peut réclamer les pouvoirs résiduaires créés par les mots «paix, ordre et bon gouvernement» lorsque l'objet d'une mesure législative est réellement nouveau, n'est couvert par aucun des points énumérés aux articles 91 et 92, et revêt une dimension ou une importance nationale. Cela s'écarte quelque peu de la doctrine des «dimensions» des années 60, qui interprétait le pouvoir général comme signifiant la compétence fédérale sur les questions locales qui ont acquis une dimension nationale. Le Parlement peut s'attribuer un pouvoir d'urgence pour légiférer dans les domaines qui sont normalement de compétence provinciale, mais dont l'importance est telle, en raison de l'ampleur ou de la nature qu'on leur attribue, qu'ils nécessitent des mesures législatives nationales ou régionales. L'exercice des pouvoirs d'urgence du Parlement est contraire à la répartition normale des pouvoirs énoncée dans la *Loi constitutionnelle de 1867*. Dans de tels cas, il est essentiel que les mesures législatives soient adoptées à titre temporaire. P. ex., pendant la Première Guerre mondiale, le Parlement édicte la LOI DES MESURES DE GUERRE, qui habilite le gouvernement à établir des règlements sur presque n'importe quoi.

Les provinces ont proposé des réformes touchant la disposition relative à la paix, à l'ordre et au bon gouvernement, et ces propositions seront probablement étudiées.

A.A. McLellan

Paléoindienne, culture Cette expression est une appellation vague désignant un groupe de peuples primitifs, les cultures CLOVIS (Llano), Folsom et Plano, et divers autres de la même époque et d'une époque précédente, dont l'existence est avancée par les archéologues, mais n'est pas entièrement prouvée. Ces trois cultures tiraient leur subsistance du gros gibier, soit le mammouth, le bison à grosses cornes, le chevreuil et probablement le mastodonte. Elles ont existé 10 000 ans av. J.-C. dans l'ouest de l'Amérique du Nord, comme en témoignent des preuves archéologiques. La culture Llano (de l'an 9500 à l'an 9000 av. J.-C.) se distingue par des pointes de projectiles cannelées de type Clovis, tandis que les pointes de la culture Folsom (de l'an 9000 à l'an 8000 av. J.-C.) sont plus minces et plus petites. La culture Plano (de l'an 8000 à l'an 6000 av. J.-C.) se prolonge jusqu'aux premières CULTURES ARCHAÏQUES. Toutes trois se chevauchent dans une certaine mesure, selon la région.

Les sites archéologiques paléoindiens sont en général répandus au Canada, plus particulièrement dans le sud, à l'exception de matériaux préhistoriques trouvés au Yukon et d'une variante nordique plus récente de la culture Plano. Le site le plus connu est DEBERT, en Nouvelle-Écosse. La plupart sont des lieux de massacre d'animaux dont les restes sont directement associés aux pointes de projectiles paléoindiennes. Les cultures paléoindiennes ont disparu avec l'extinction des gros mammifères dont elles dépendaient pour survivre. (*Voir aussi* PRÉHISTOIRE.)

René R. Gadacz

Paléontologie Étude des FOSSILES qui renseigne sur la vie passée, aide à comprendre la nature des anciens organismes et donne la composition de la biomasse du passé. Les organismes qui vivent aujourd'hui représentent une étape de la succession des organismes vivants et, selon la théorie de l'ÉVOLUTION, ils sont les descendants d'anciennes formes de vie. Il est difficile d'estimer combien d'es-

pèces existent de nos jours; probablement plus de 45 millions. Certaines autorités compétentes en la matière estiment que 1,5 million d'espèces vivantes (monère, protiste, champignon, végétal et animal) ont été découvertes et décrites.

Le registre des fossiles, qui représente grandement les 600 millions d'années passées, contiendrait environ 250 000 espèces, ce qui n'est pas beaucoup puisqu'on en décrit constamment de nouvelles. Néanmoins, le nombre réel d'espèces inscrites dans le registre des fossiles est très petit (peut-être moins de 5 p. 100) comparé au nombre de celles qui vivent aujourd'hui, parce que les organismes n'ont pas tous la même chance d'être préservés sous forme de fossile, p. ex., les corps fragiles des insectes.

Dans des circonstances exceptionnelles, les animaux à corps mou peuvent être préservés, p. ex., les corps des organismes qui sont recouverts rapidement par des sédiments. Le Canada est choyé, car il possède une des faunes les plus célèbres de ce type, le SITE DES SCHISTES DE BURGESS cambrien en Colombie-Britannique, découvert par C.D. Walcott (1909). La faune de ce site suscite un grand intérêt auprès des paléontologues à cause de son état de préservation et de la variété des organismes représentés (plus de 120 espèces d'animaux marins à corps mou).

La plus grande proportion de fossiles vient d'animaux qui ont des parties de squelette dur. Les groupes les plus courants dans le registre des fossiles sont les protozoaires, les archéocyathacéens (maintenant éteints), les spongiaires (ÉPONGES), les cœlentérés (CORAUX), les bryozoaires, les BRACHIOPODES, les MOLLUSQUES (moules, nautiloïdes), les arthropodes (TRILOBITES) et les ÉCHINODERMES (crinoïdes, échinidés). Divers minéraux ont été utilisés, et le sont toujours, par les animaux pour la construction de leur squelette (p. ex., chitine, carbonate de calcium, silice et phosphate de calcium).

Quand un organisme meurt, son corps est enfoui dans les sédiments et soumis à l'effet des eaux d'infiltration. Ces solutions aqueuses peuvent avoir des conséquences dramatiques sur les organismes enterrés. Dans certains cas, le squelette disparaît complètement et il ne reste aucune trace de l'organisme. Dans d'autres cas, des minéraux en solution, comme la silice, sont précipités dans les espaces poreux du squelette, ce qui en augmente le poids. Les matériaux des ARBRES et des os (p. ex., les os de DINOSAURES trouvés près de Drumheller en Alberta) sont couramment préservés de cette façon. Un autre processus commun fait en sorte que tout le matériel du squelette original est remplacé par un nouveau minéral. D'autres fossiles s'avèrent simplement le fruit de résidus de carbone à la surface des roches, le carbone restant après la disparition des minéraux volatils. Les plantes fossiles et les graptolites (animaux coloniaux paléozoïques) sont généralement préservés de cette manière.

Le registre des fossiles comprend une grande variété d'organismes, des conodontes microscopiques aux géants du monde fossile, les dinosaures. Il semble évident que l'on doive classer tous ces organismes et regrouper ceux qui sont affiliés. Aristote a entrepris cette classification et il avait découvert les différences entres les groupes importants, p. ex., les oiseaux et les insectes.

De nos jours, la classification utilisée par tous les paléontologues est celle proposée au XVIIIᵉ s. par Linné, un naturaliste suédois. Ce système de hiérarchisation divise les organismes en règnes, phyla, classes, ordres, familles, genres et espèces. Les noms donnés à chaque division sont associés à un groupe particulier d'organismes. Ainsi, ils montrent la relation qui existe entre ces organismes. La partie la plus couramment utilisée du système est la «désignation binomiale». P. ex., le nom en deux parties *Tyrannosaurus rex* implique qu'il s'agit de l'espèce rex et qu'il appartient au genre *Tyrannosaurus*. Le nom

Tyrannosaurus rex devrait immédiatement donner la nature de la bête décrite; ici, il s'agit d'un grand dinosaure, le «roi des terribles lézards».

L'étude des fossiles a de nombreuses applications dans plusieurs domaines. P. ex., elle peut donner des indices sur le moment où sont apparues les premières formes de vies sur Terre ainsi que leur type. On croit que les plus anciens fossiles connus sont des restes d'ALGUES, de bactéries et probablement de champignons, qui ont été conservés par hasard dans les terrains cherteux de la période précambrienne. P. ex., le chert «Fig Tree» de l'Afrique du Sud contient des algues qui dateraient d'au moins 3,2 milliards d'années. Une région célèbre du Canada, le chert «Gunflint», exposé dans le sud de l'Ontario, a produit des bactéries et des algues de 1,9 milliard d'années. Les stromatolites, des structures formées par les algues, sont aussi courants dans les roches précambriennes qui datent d'environ 2,8 milliards d'années. Ils s'avèrent très communs au Canada.

Le registre des fossiles peut aussi aider les paléontologues à identifier les différentes étapes importantes de l'évolution de la vie. P. ex., il montre que celle-ci, pendant la période précambrienne (il y a plus de 570 millions d'années), n'était faite que d'organismes à corps mou. Au commencement de la période cambrienne (il y a entre 570 et 505 millions d'années), les organismes ont développé la capacité de sécréter des squelettes durs. C'est par l'intermédiaire de ce registre qu'on a observé que, pendant le paléozoïque, les animaux INVERTÉBRÉS ont dominé la biomasse. De la même façon, il montre la dominance des dinosaures au cours du mésozoïque (il y a entre 245 et 66,4 millions d'années) et des MAMMIFÈRES au cours du cénozoïque (d'il y a 66,4 millions d'années à aujourd'hui).

À partir du registre des fossiles, on peut aussi montrer la disparition de certains groupes d'animaux. Charles Darwin a mené des études détaillées des fossiles dans les roches de l'Amérique du Sud et a utilisé cette information, ainsi que les données provenant des espèces modernes, pour formuler sa théorie de l'évolution. Le registre des fossiles permet aussi d'étudier l'écologie des temps passés par la description de l'environnement dans lequel évolue un organisme et la relation des différents groupes d'organismes présents (*voir* BIOGÉOGRAPHIE).

Les fossiles servent aussi à la datation relative des roches dans lesquelles on les trouve. Il a été démontré au XIXᵉ s. qu'une suite distincte de fossiles sera trouvée dans toute séquence de couches de roches sédimentaires (horizons) et que les roches d'une période particulière contiennent des types particuliers de fossiles. Cette découverte entraîne le développement de la biostratigraphie, soit la liaison d'unités de roche selon leur contenu biologique. Le principe suit la théorie de l'évolution de Darwin. La vie change graduellement avec le temps, et lorsqu'une espèce disparaît, elle ne réapparaît pas. Utilisée comme outil de déchiffrage de l'évolution géologique d'un endroit, la biostratigraphie a permis de développer des applications économiques et joue un rôle dans la recherche de pétrole, de gaz ou de minéraux. Au Canada, les études biostratigraphiques détaillées ont permis de découvrir de nombreux gisements de PÉTROLE. (*Voir* GÉOLOGIE et PALYNOLOGIE.)

Brian Jones

Paléontologie au Canada, histoire de la L'étude des FOSSILES est une science relativement nouvelle au moment où débute l'exploration géologique au Canada. William LOGAN, premier géologue canadien et originaire de Montréal, s'initie à la GÉOLOGIE en Angleterre et au pays de Galles, et est le premier à appliquer les principes de la géochronologie (DATATION GÉOLOGIQUE) au Canada. En 1842, il est chargé d'effectuer une étude géologique de la PROVINCE DU CANADA. Débutant en 1843, il mesure les roches dévoniennes (vieilles de 408 millions d'années à 360 millions d'années) de la Gaspésie, en dresse la carte et les classe systématiquement. Au cours des quelques années qui suivent, il étend ses études aux formations paléozoïques antérieures des Cantons-de-l'Est, au Québec, ainsi qu'aux roches non fossilifères de la région du lac Supérieur.

Grâce aux progrès accomplis dans l'identification et la cartographie des roches paléozoïques (vieilles de 570 millions d'années à 245 millions d'années) de l'ouest de New York et au nord de la Nouvelle-Angleterre, Logan est capable d'établir les corrélations générales des formations de la région du Saint-Laurent. Cependant, il n'a ni le temps, ni sans doute les connaissances nécessaires pour découvrir les détails de la succession des fossiles. En 1856, il nomme Elkanah BILLINGS, d'Ottawa, au poste de paléontologiste de la COMMISSION GÉOLOGIQUE DU CANADA (CGC).

Avocat et journaliste prospère, Billings se passionne pour la collection et l'étude des fossiles. Au cours des 20 années suivantes, il amasse d'importantes collections de fossiles paléozoïques, qu'il décrit et rattache à leurs positions stratigraphiques. Bien qu'il concentre ses recherches dans les vallées de la rivière des Outaouais et du fleuve Saint-Laurent, il étend son travail de collection et d'identification au sud-ouest de l'Ontario et à la Nouvelle-Écosse. Il s'intéresse particulièrement aux ÉCHINODERMES et aux BRACHIOPODES fossiles.

Pendant que Logan et ses collègues déchiffrent la géologie et la séquence des fossiles du centre du Canada, J.W. DAWSON fait de même dans les colonies maritimes. S'attaquant à l'étude des PLANTES FOSSILES du Canada, il décrit la flore du «houiller» (pennsylvanien ou période carbonifère supérieure, il y a de 320 à 286 millions d'années) de la Nouvelle-Écosse et du dévonien de Gaspésie. Il devient le recteur de l'U. McGill et y fonde le Musée Redpath, centre de recherche paléontologique. Ayant pris connaissance de plantes fossiles de l'ouest du Canada, il décrit les AMPHIBIENS et des MOLLUSQUES à partir des souches d'arbres creux associés aux filons houillers de la Nouvelle-Écosse.

Naturaliste aux multiples talents, J.F. WHITEAVES, de Montréal, succède à Billings (1876) au poste de paléontologiste de la CGC. Dès cette époque, l'exploration géologique des Territoires du Nord-Ouest d'alors et du Manitoba débute par les travaux de G.M. DAWSON et de ses collègues de la CGC. Leurs recherches sur le terrain mettent en lumière une série de nouvelles faunes, soit l'ordovicienne (vieille de 505 millions d'années à 438 millions d'années), la silurienne (vieille de 438 millions d'années à 408 millions d'années) et la dévonienne au Manitoba, ainsi que la crétacée (vieille de 144 millions d'années à 66,4 millions d'années) et la tertiaire (vieille de 66,4 millions d'années à 1,6 million d'années) des futures provinces de la Saskatchewan et de l'Alberta.

Whiteaves les décrit et établit des corrélations avec les faunes découvertes dans l'ouest des États-Unis. De plus, il amorce l'étude des POISSONS fossiles au Canada. Ses exposés détaillés sur la faune aquatique dévonienne de la région de la baie des Chaleurs (Québec et Nouveau-Brunswick) font connaître des groupes archaïques (ostracodermes, antiarchés) de la même époque que les premiers dipneustes et téléostéens ainsi qu'un poisson aux nageoires en frange sur le point de devenir un VERTÉBRÉ à membres, découverte des plus passionnantes. Pendant ce temps, les travaux paléontologiques se poursuivent dans les domaines des fossiles classiques du centre et de l'est du Canada.

W.A. PARKS de l'U. de Toronto ainsi qu'E.M. KINDLE, M.Y. Williams et Alice E. WILSON de la CGC raffinent et élargissent les travaux de base de Billings portant sur les faunes paléozoïques de l'Ontario. G.F. Matthew de Saint-Jean et W.A. Bell de la CGC étudient les plus anciennes flores (du mississippien ou du carbonifère inférieur, soit de 360 millions d'années à 320 millions d'années) du Nouveau-

Brunswick et de la Nouvelle-Écosse. Leurs travaux, ajoutés à ceux de J.W. Dawson, établissent la séquence des flores de la fin du paléozoïque.

Les DINOSAURES crétacés de l'Alberta et de la Saskatchewan sont célèbres. G.M. Dawson les fait d'abord connaître en 1874, puis d'autres prennent la relève dans les années 1880. L.M. Lambe, assistant de Whiteaves, fournit les premières descriptions de ces fossiles, mais il faut attendre que Barnum Brown de l'American Museum of Natural History vienne en Alberta avec son équipe de techniciens qualifiés (1910) pour qu'on prenne conscience de la richesse et de la qualité de conservation des dinosaures canadiens.

Désireuse de prendre part à ces découvertes, la CGC retient les services de C.H. Sternberg, du Kansas, et de ses trois fils. Leurs travaux, particulièrement ceux du deuxième fils, C.M. STERNBERG, mènent à la création, au Musée national du Canada, d'une très importante collection de dinosaures décrite par Lambe et plus tard par Sternberg. W.A. Parks, avec le concours de Levi Sternberg, le cadet, monte une importante collection de dinosaures albertains au Royal Ontario Museum et les fait connaître au monde scientifique. R.G. McConnell de la CGC découvre (1883) dans les collines de Cyprès de Saskatchewan des MAMMIFÈRES fossiles de l'âge oligocène (36,6 millions d'années à 23,7 millions d'années), qui seront décrits par E.D. Cope de Philadelphie. Par la suite, Lambe recueille et décrit d'autres spécimens, les mettant en corrélation avec le groupe White River du Dakota du sud.

C.M. Sternberg découvre (1929) une faune mammifère de la fin du miocène (23,7 millions d'années à 5,3 millions d'années) dans le sud de la Saskatchewan. L.S. Russell décrit des mammifères paléocènes de l'Alberta et de la Saskatchewan, une faune mammifère de la fin de l'éocène provenant de la Saskatchewan et une faune du début de l'oligocène provenant du sud-est de la Colombie-Britannique. Le Canada compte une autre célèbre gisement de fossiles dans le SITE DES SCHISTES DE BURGESS du cambrien moyen situés dans les montagnes Rocheuses, près de Field en Colombie-Britannique. C.D. Walcott de la Smithsonian Institution, qui est spécialisé dans les faunes du cambrien, le découvre en 1909. La faune du site de Burgess, mise à jour grâce aux cinq programmes de fouilles et aux nombreuses monographies de Walcott, se distingue par la présence d'une riche collection d'animaux à corps mou, dont, normalement, les restes ne se seraient pas conservés.

Au début du XXe s., les premiers puits de PÉTROLE sont forés dans les plaines et les contreforts de l'Alberta. Les entreprises pétrolières ont besoin de données stratigraphiques détaillées, qui reposent sur la connaissance de la succession et de la corrélation des faunes fossiles. Les travaux de F.H. McLearn de la CGC représentent une étape importante dans cette direction. Revoyant les mollusques fossiles du trias (245 millions d'années à 208 millions d'années), du jurassique (208 millions d'années à 144 millions d'années) et du crétacé inférieur des contreforts et des plaines du nord de l'Alberta ainsi que ceux des îles de la Reine-Charlotte, il établit des corrélations avec des faunes semblables des États-Unis, de l'Europe et de l'Asie. P.S. Warren, de l'U. de l'Alberta, apporte également d'importantes contributions dans ce domaine ainsi qu'aux faunes de la fin du paléozoïque des Rocheuses et de la région subarctique.

L'intérêt pour la prospection du pétrole et du gaz favorise également l'étude des microfossiles, principalement les foraminifères, dont on peut récupérer les parties dures des débris de forage. Bien que G.M. Dawson soit l'un des premiers à étudier de tels fossiles, J.A. Cushman d'Harvard amorce, en 1927, les investigations modernes dans ce domaine dans l'ouest du Canada. Un de ses étudiants, R.T.D. Wickenden de la CGC, les poursuit. Parmi les chercheurs plus récents, nommons J.H. Wall et C.R. Stelck, en

Alberta, ainsi que W.G.E. Caldwell, en Saskatchewan et au Manitoba.

Dans la biostratigraphie paléozoïque, on fait un emploi similaire des microfossiles ressemblant à des mâchoires ou à des dents connus sous le nom de conodontes. En 1897, G.J. Hinde, alors attaché à l'U. de Toronto, décrit des conodontes à partir de roches ordoviciennes. Ces dernières années, les conodontes suscitent un regain d'intérêt en raison de leur importance sur le plan stratigraphique. On fait l'inventaire des faunes de l'Alberta, de l'Ontario et de l'Est. D'autres paléontologistes canadiens deviennent des spécialistes reconnus de groupes particuliers de fossiles. W.A. Parks est réputé pour ses nombreux articles portant sur les stromatopores (organismes paléozoïques vivant en colonies et ayant une certaine ressemblance avec les coraux).

Madeleine Fritz, de l'U. de Toronto, apporte une importante contribution à la connaissance des bryozoaires paléozoïques. G.W. Sinclair, de la CGC, se spécialise dans les conulaires, organismes du début du paléozoïque sans doute apparentés à la MÉDUSE. Les INSECTES fossiles sont rares, mais de nombreux spécimens se rencontrent dans les shales tufacés éocènes de l'intérieur de la Colombie-Britannique. Ils sont décrits par S.H. Scudder de Boston et Anton Handlirsch de Vienne, en Autriche. Scudder décrit également les insectes de la fin du paléozoïque de Nouvelle-Écosse.

Presque toutes les universités canadiennes possèdent des fossiles, servant principalement à l'enseignement, mais le plus grand nombre de spécimens typiques se trouve dans les très importantes collections de la CGC et du Musée national des sciences naturelles à Ottawa, du Musée Redpath de l'U. McGill à Montréal, du Royal Ontario Museum à Toronto, de l'U. de l'Alberta à Edmonton et au Musée d'histoire naturelle de la Saskatchewan à Regina.

L.S. Russell

Palliser, Hugh, officier de marine et gouverneur de Terre-Neuve (Kirk Deighton, Angl., 26 févr. 1722—Chalfont St. Giles, Angl., 19 mars 1796). Il est officier de marine au siège de Québec en 1759 et est nommé gouverneur de Terre-Neuve en 1764. Il sillonne son territoire et surveille les pêcheurs français et tente de les forcer à respecter les limites établies dans le TRAITÉ DE PARIS de 1763. Palliser s'intéresse uniquement à la pêcherie migratoire anglaise, mais ses efforts pour décourager l'établissement des colons échouent. Aidé par des missionnaires moraves, il est le premier représentant officiel à entrer en relation avec les INUITS DU LABRADOR et les Amérindiens. Il encourage également le capitaine James COOK dans ses relevés hydrographiques (1763-1767).

John Parsons

Palliser, John, chasseur sportif et explorateur (Dublin, Irlande, 29 janv. 1817—Comeragh House, comté de Waterford, Irlande, 18 août 1887). Pendant près de trois ans (1857-1860), Palliser explore la région qu'on appelle maintenant l'Ouest canadien en tant qu'instigateur et dirigeant de l'EXPÉDITION PALLISER. Son intérêt pour le sud des Prairies et les montagnes de l'ouest de l'Amérique du Nord britannique est suscité lors d'un voyage à la grandeur des États-Unis en 1847 et 1848, au cours duquel il passe 11 mois à chasser le bison, le wapiti et le grizzli dans la région du Missouri. À son retour, il écrit un livre sur ses aventures, *Solitary Rambles and Adventures of a Hunter in the Prairies* (1853; nouv. éd., 1972).

Héritier d'un propriétaire terrien irlandais et descendant d'un archevêque protestant de Cashel, Palliser étudie au Trinity College de Dublin et sert périodiquement dans la milice de 1839 à 1863. En plus de son exploration de l'Ouest canadien, il fait deux autres voyages importants: le premier, en 1862 et 1863, est une mission secrète et semi-officielle dans les Caraïbes et dans les États confédérés. Il effectue le deuxième en 1869 avec son frère Frederick à bord de son navire spécialement renforcé, le *Sampson*, à

Novaya Zemlya en Russie et sur la mer de Kara pour explorer et chasser le morse et l'ours polaire. Excepté certains séjours à Londres (où il discute d'itinéraires possibles pour le chemin de fer avec Sandford FLEMING), à Rome, en Suisse et en France, il passe le reste de sa vie à prendre soin de ses neveux et nièces, à occuper des postes de la fonction publique, comme celui de juge de paix, à administrer son domaine lourdement hypothéqué, à jouer de la musique de Bach et à se promener dans les magnifiques montagnes Comeragh.

Irène M. Spry

Palmer, Herbert James, avocat, politicien et premier ministre de l'Île-du-Prince-Édouard (Charlottetown, 26 août 1851—*id.*, 22 déc. 1939), fils d'Edward PALMER. Admis au barreau en 1876 et nommé conseiller de la reine en 1878, Palmer est élu à l'Assemblée législative en 1900. Il devient premier ministre libéral en 1911, mais il est défait lors d'une élection partielle sept mois plus tard. Il donne sa démission en décembre de la même année et retourne à la pratique du droit.

Nicolas J. de Jong

Palynologie Étude des spores et du pollen qui a beaucoup d'applications en BOTANIQUE, en GÉOLOGIE et en MÉDECINE. Les spores sont des cellules haploïdes de reproduction des CHAMPIGNONS et de certaines plantes. Les grains de pollen sont des gamétophytes mâles immatures (plantes haploïdes produisant des gamètes mâles) produits et disséminés par les plantes à graines. Les spores et le pollen sont de minuscules (entre 5 et 100 mm) structures sphériques ou oblongues identifiables au microscope à lumière condensée. On peut en voir les détails de la structure et les formes des parois au microscope à balayage électronique (grossi de 20 000 à 40 000 fois). La structure détaillée de la paroi (couche d'exine), le nombre et la disposition des pores et des sillons dans la paroi sont les caractères diagnostics utilisés pour l'identification. Comme sa paroi extérieure est extrêmement résistante au pourrissement, le pollen est un élément clé dans la reconstitution des environnements et de la végétation du passé (paléoécologie). Cette paroi est bien construite, très élaborée et permet l'identification jusqu'à l'espèce ou la famille.

Parmi les nombreuses plantes se dissémine dans l'air chaque année et retombe dans les lacs et les marais en une «pluie» représentative de la végétation environnante. Au Canada, les nombreuses régions forestières produisent des retombées totales de pollen de 30 000 à 60 000 grains par centimètres carrés annuellement, alors que les régions de toundra en produisent moins de 1000.

Le pollen est conservé dans les sédiments des lacs ou des marais qui s'accumulent chaque année. Ce phénomène de conservation permet d'observer la séquence d'accumulation de pollen qui reflète la succession des végétations du passé. P. ex., les sédiments de l'ère tertiaire datant de 10 à 20 millions d'années, sous le delta du Mackenzie (T.N.-O.), contiennent des dépôts de spores indiquant qu'il y avait là à cette époque une forêt riche en conifères similaire à celles que l'on trouve de nos jours sur la côte de la Colombie-Britannique et de l'État de Washington. L'analyse des spores contenues dans les minéraux est utilisée dans la recherche de combustibles fossiles, et l'industrie pétrolière emploie des palynologues pour ses activités de prospection. L'analyse du pollen des sédiments accumulés depuis la fin de la dernière période de GLACIATION révèle les changements de végétation et les migrations des arbres qui ont abouti à la végétation actuelle du Canada.

En plus de montrer les réactions de la végétation aux changements climatiques, les données sur le pollen indiquent les effets causés par les méthodes de culture, comme le déboisement, les brûlis et l'agriculture. Un relevé du pollen d'un petit lac situé près de Toronto révèle l'existence de la culture du maïs (1380 après J.-C.) dans un village iroquois des environs et des indices sur le déboisement de la forêt. Sur le même site, l'augmentation abrupte de la fréquence du pollen de l'herbe à poux révèle le début de l'agriculture des Européens. On a recours à la palynologie pour les tests de contrôle de qualité du miel, pour identifier les plantes utilisées par les abeilles. On y a eu recours comme science légale pour résoudre des crimes (p. ex. du pollen relevé sur un vêtement peut préciser le lieu d'un crime).

J.C. Ritchie

Pamajewon (1996), affaire Dans cette affaire, la Cour suprême déclare que le droit à l'autonomie gouvernementale des premières nations de Shawanaga et de Eagle Lake, à supposer qu'il soit inclus dans le paragraphe 35(1) de la *Loi constitutionnelle de 1982*, ne comprend pas le droit de réglementer les jeux de hasard dans les réserves autochtones. Il doit être interprété comme un droit ancestral, soit comme le droit de pêche, le droit de chasse, etc. Le droit à l'autonomie gouvernementale est donc soumis à des restrictions raisonnables.

Le juge en chef Lamer écrit que la preuve ne démontre pas que les activités de jeux de hasard à gros enjeux dans la réserve faisaient partie de la culture et des traditions distinctes des peuples autochtones concernés, ni qu'ils utilisaient une partie de leur territoire à cette fin.

Il ajoute que pour les fins de l'arrêt, il ne décide pas si le paragraphe 35(1) vise les revendications du droit à l'autonomie gouvernementale.

Panais (*Pastinaca sativa*) Plante vivace cultivée comme LÉGUME, récoltée une fois l'an, qui appartient à la famille des ombellifères. D'origine eurasienne, le panais a été apporté en Amérique du Nord par des colons européens. Sa racine est blanche, charnue, sucrée et légèrement âcre. La tige, pourvue de petites feuilles ovales, a une hauteur de 40 à 75 cm. Les variétés améliorées (p. ex. la «Hollow Crown») ont un sommet court et une racine lisse, une longueur de 25 à 30 cm et un collet épais de 6 à 8 cm. Le climat tempéré du Canada est propice à la culture du panais, qui est riche en potassium. En 1985, la production canadienne s'élevait à 2924 tonnes et était évaluée à 1,388 million de dollars. L'Ontario a produit 67 p. 100 de cette récolte.

Panamérindianisme Mouvement intertribal autochtone de résistance à la domination des Blancs et à l'assimilation qui se définit principalement par la solidarité et l'expression politique et religieuse. Les principaux représentants historiques en sont, notamment, PONTIAC et Handsome Lake (*voir* RELIGION DE HANDSOME LAKE). Depuis les premiers temps de la colonisation, les dirigeants autochtones encouragent les leurs à se libérer, même si cela nécessite de recourir à la violence. Le culte du mescal, une réaction aux croyances et aux enseignements chrétiens, voit le jour dans le sud des Prairies à la fin du XIXe s. et en vient graduellement à symboliser l'unité des autochtones de toute l'Amérique du Nord. Le Pouvoir rouge est un mouvement panamérindien voué à l'action politique radicale, qu'on trouve dans le National Congress of American Indians (1944) et le Mouvement indien américain (1968). Axés sur la défense de leurs droits, ces groupes sont d'avis que les autochtones doivent choisir entre l'assimilation et la conservation de leur identité et que les gouvernements canadien et américain doivent respecter leurs obligations envers eux. (*Voir aussi* AUTOCHTONES, ORGANISATION ET ACTIVISME POLITIQUES DES.)

René R. Gadacz

Pangnark, John, sculpteur (lac Windy, T.N.-O., 1920—Rankin Inlet, T.N.-O., 1980). INUIT DU CARIBOU de l'intérieur des terres, il est expatrié à Eskimo Point (maintenant Arviat) à la fin des années 50, où il passe les dernières années de sa vie à sculpter. Ses œuvres font partie de l'exposition portant sur la sculpture et la culture inuites de 1971 à 1973, et il est l'un des quatre artistes inuits choisis pour aller à l'Expo 70 d'Osaka, au Japon. Son souci de résoudre des préoccupations de forme, souvent au détriment d'un sujet facilement reconnaissable, distingue ses sculptures des œuvres anecdotiques et naturalistes d'une grande partie de la sculpture inuit contemporaine. Ses abstractions hautement individualisées sont fort appréciées par les critiques, qui les comparent, du moins quant à leur apparence, à la sculpture abstraite du XXe s.

Norman Zepp

Pangnirtung, hameau des T.N.-O.; pop. 1243 (rec. 1996), 1135 (rec. 1991), 1004 (rec. 1986); superf. 2,07 km²; situé sur la côte sud-est du fjord de Pangnirtung, au sud de la BAIE CUMBERLAND sur l'île de Baffin, à 2330 km par avion au nord-est de YELLOWKNIFE. Le nom serait dérivé d'un mot inuit signifiant «lieu du caribou mâle».

Cette région, située près du bord d'une plaine de la toundra, entre des montagnes glaciaires et la mer, a d'abord été visitée en 1585 par John DAVIS. Dès 1840, c'est le point où les navires baleiniers se rassemblent le plus souvent (*voir* BALEINE, CHASSE À LA). Certains Inuits Angmarlik de la région deviennent des capitaines de baleiniers bien connus. Plusieurs d'entre eux fournissent d'inestimables conseils à des explorateurs tels que C.F. HALL (vers 1860).

En 1882 et 1883, des scientifiques allemands qui participent à l'ANNÉE POLAIRE INTERNATIONALE établissent leur camp de base à la baie Cumberland. Vers 1910, la chasse à la baleine a déjà diminué, mais l'intérêt grandissant pour le renard arctique permet la relance de l'économie. En 1921, la Compagnie de la baie d'Hudson construit un poste de traite à Pangnirtung. Puis, en 1923, la Gendarmerie royale du Canada y installe un poste. En 1968, les Inuits de la région forment une coopérative pour faire la promotion de sculptures en stéatite et en fanons de baleine.

De nos jours, la communauté est réputée pour ses objets d'art et, en particulier, pour ses tapisseries tissées par des artistes inuits locaux. Pangnirtung est aussi le point d'entrée du PARC NATIONAL AUYUITTUQ, ouvert en 1972. (*Voir aussi* ART INUIT.)

Annelies Pool

Panneton, Philippe, pseudonyme Ringuet. Médecin, professeur, diplomate et romancier (Trois-Rivières, Qc, 30 avr. 1895—Lisbonne, 28 déc. 1960). Figure de proue de la littérature canadienne-française, Ringuet acquiert la célébrité avec *Trente arpents*, roman paru en 1938 et considéré comme l'un des classiques de cette littérature.

Philippe Panneton réussit à mener de front sa profession, son enseignement à l'U. de Montréal et une activité littéraire considérable. Il collabore à de nombreux périodiques, est membre fondateur et président de l'Académie canadienne-française et publie sept livres, dont un pastiche, un recueil de contes et cinq romans qui touchent à l'histoire, au terroir et à la ville, dont *Un monde était leur empire, Trente arpents* et *Le Poids du jour*. Couronné au Québec et au Canada anglais pour l'ensemble de son œuvre, il doit surtout à *Trente arpents* de recevoir des prix comme celui de la province de Québec, du Gouverneur général, de l'Académie française et des Vikings.

Ce récit, paru d'abord à Paris, est un roman de transition en ce qu'il traduit le passage de la civilisation agraire à la civilisation urbaine au Québec. Il couvre une période qui s'étend de la fin du XIXe s. à la Crise de 1929, soit 45 ans, et touche à trois générations de paysans qui s'épuisent à cultiver leurs 30 arpents de terre. L'action est centrée sur Euchariste Moisan qui fait fructifier son bien et atteint la maturité, aisance et notoriété. En vieillissant, il connaît une série d'épreuves, qui l'amènent à céder sa terre à son aîné et à s'exiler en Nouvelle-Angleterre chez un autre de ses fils, qui comme plusieurs de ses frères et sœurs, a déserté la terre pour gagner la ville. La terre, mère et épouse, est aussi une dure maîtresse. Intraitable et toujours égale à elle-même, elle rejette au fur et à mesure ceux qui ne peuvent plus suffire à la tâche.

La vision de la vie rurale de Ringuet est nouvelle. Celle de ses prédécesseurs, sauf Albert LABERGE et Claude-Henri GRIGNON, était idyllique, moralisatrice et dénuée de dimensions artistiques et littéraires. Ce roman, le plus achevé produit au Québec jusqu'aux années 40, est traduit en anglais et en allemand dès 1940. Son auteur est nommé ambassadeur au Portugal en 1957.

Deux ouvrages posthumes paraissent en 1998: *Le Carnet du cynique* et *Journal de Ringuet* rédigé entre 1920 et 1932, tous deux sous la direction de Jean Panneton et de Francis Parmentier.

Antoine Sirois

Papillon diurne Ce terme s'applique à une fraction minoritaire des INSECTES de l'ordre des lépidoptères (du grec, «ailes écailleuses»). On a recensé 272 espèces de papillons diurnes au Canada, sur un total de 695 en Amérique du Nord et de plus de 20 000 dans le monde. Il reste probablement encore une soixantaine d'espèces à découvrir ou à répertorier au Canada.

Morphologie Les papillons diurnes se caractérisent par des antennes dont l'extrémité est en forme de massue ou de crochet. Ils sont actifs le jour et la plupart du temps de couleurs vives. Les espèces canadiennes sont de tailles variables, leur envergure d'ailes variant de moins de 2,5 cm à 7,5 cm. Les adultes ont une longue trompe pouvant être enroulée en spirale (proboscis) et se nourrissent habituellement de nectar. Les larves de toutes les espèces canadiennes se nourrissent de végétation.

Reproduction et développement Le cycle de vie peut durer de quelques semaines à deux années. Il implique une métamorphose complète depuis l'œuf en passant par la larve (chenille) et la pupe (chrysalide), jusqu'à l'adulte. Les œufs sont généralement pondus sur des plantes hôtes choisies, isolément ou en groupe de 300 ou moins. Ils ont des formes et des couleurs caractéristiques des différentes familles. La majorité des papillons diurnes passent l'hiver sous forme d'œuf, de larve ou de pupe, mais certaines espèces (p. ex. la petite vanesse et le morio) le passent sous forme adulte.

Distribution On trouve les papillons dans toutes les régions du Canada où il y a des plantes à fleurs. Leur nombre diminue vers le nord jusqu'à environ 16 espèces dans l'Arctique. Bien que certaines espèces (p. ex. le vulcain et le coliade commun) soient très répandues, d'autres sont confinées à des régions géographiques ou à des habitats particuliers. Le monarque et la belle dame migrent des États-Unis vers le Canada.

Les populations de papillons sont limitées par les conditions météorologiques peu clémentes, les maladies, les parasites, les prédateurs et la qualité de l'habitat. Les étés frais et peu ensoleillés ainsi que les hivers doux et humides leur sont nuisibles. Les oiseaux consomment les chenilles et les adultes en grande quantité, et les LIBELLULES ainsi que les ARAIGNÉES en mangent également. Les maladies peuvent être particulièrement dévastatrices lorsque la densité de populations est élevée mais, parmi les facteurs naturels de limitation, ce sont les nombreuses espèces de MOUCHES et de GUÊPES parasitoïdes des chenilles qui ont probablement l'impact le plus important.

Les larves de quelques espèces de lycénides, dont les papillons sont communément appelés «bleus», et les théclas sont élevées par certaines FOURMIS pour le miellat qu'elles sécrètent et sont probablement aussi protégées par d'autres espèces d'insectes. Les limitations naturelles s'avèrent nécessaires et ne menacent probablement pas la survie des papillons. La destruction de l'habitat naturel, les arrosages de pesticides à grande échelle pour lutter contre les INSECTES NUISIBLES et, probablement, les PLUIES ACIDES sont des facteurs d'origine anthropique qui pourraient avoir des effets beaucoup plus préjudiciables pour les populations de papillons du Canada.

Relations avec les humains Bien que les papillons soient généralement inoffensifs pour les humains, quelques espèces sont carrément nuisibles. Les chenilles de la piéride du chou sont des ravageurs largement répandus des plantes de la famille du chou. Une autre espèce introduite accidentellement, l'hespérie des graminées, est devenue un fléau dans les champs de mil. Occasionnellement, d'autres espèces peuvent également devenir une nuisance locale lorsque leurs populations atteignent des densités anormalement élevées.

Les papillons sont très utiles pour la pollinisation des plantes (*voir* APICULTURE), comme source de nourriture pour d'autres animaux et comme indicateurs de la santé des milieux naturels. Ils sont d'un intérêt scientifique et récréatif incontestable et, où qu'ils soient, ils ajoutent du charme et de la beauté au paysage. (*Voir aussi* MONARQUE.)

Bernard S. Jackson

Papillon nocturne Il s'agit du nom commun donné à des INSECTES qui forment, avec les PAPILLONS diurnes, l'ordre des lépidoptères. Il en existe probablement plus de 100 000 espèces dans le monde et plusieurs milliers au Canada.

Morphologie Les papillons de nuit se distinguent des papillons de jour par leurs antennes filiformes ou plumeuses. La plupart des espèces sont nocturnes. L'envergure d'ailes de ces papillons varie d'un peu plus de 3 mm chez certaines mineuses des feuilles à 20 cm chez l'atlas d'Asie. Le cécropia, apparenté à ce dernier, a une envergure de 12 cm et est le plus gros papillon de nuit au Canada. Comme les papillons diurnes, la plupart des papillons nocturnes ont les pièces buccales modifiées en un proboscis enroulé en spirale au repos, qui sert à extraire le nectar des fleurs.

Reproduction et développement La majorité des espèces ont une métamorphose complète et passent par quatre stades principaux de développement: l'œuf, la larve ou chenille, la chrysalide et l'adulte. Les larves de plusieurs espèces vivent dans des abris fabriqués de feuilles enroulées ou liées ensemble avec de la soie (enrouleuses, tordeuses); d'autres construisent des cases portatives dans lesquelles elles vivent (psychés). La chrysalide repose généralement dans un cocon ou une cellule située dans le sol. Bien que les larves de la plupart des espèces soient solitaires, certaines vivent en colonies (tisseuses et chenilles à tente).

Régime alimentaire Les chenilles se nourrissent généralement de plantes. La plupart consomment des feuilles, mais certaines mangent les racines (larves d'hépiales), percent les troncs d'arbres (charpentiers des bois tendres), se nourrissent sous la surface des feuilles, des tiges ou de l'écorce en y formant des tunnels (mineuses des feuilles, des tiges ou de l'écorce) ou percent les fruits et les graines (carpocapse de la pomme). Certaines espèces de papillons diurnes et nocturnes des régions tropicales sont prédateurs de MOUCHES.

La livrée d'Amérique est un insecte périodiquement nuisible dans les régions fruitières de l'est du Canada. Les larves tissent un abri de soie dans lequel elles se rassemblent lorsqu'elles ne s'alimentent pas. Les chenilles de la livrée des forêts, qui se nourrissent d'arbres à feuilles caduques, ne construisent pas de nid, mais se rassemblent en masse dans les fourches de branches d'arbres. Certaines années, leur densité est suffisante pour endommager de grandes étendues d'arbres à feuilles caduques.

Relation avec les humains La famille des sphingidés, comprenant les grands papillons soulève l'intérêt populaire. Elle inclut les sphinx, aux ailes longues et étroites, et au vol rapide. Bien qu'essentiellement nocturnes, ils volent souvent au crépuscule, ressemblant aux colibris en vol sur place lorsqu'ils se nourrissent de nectar. Les grosses chenilles de deux espèces, le sphinx du tabac et le sphinx de la tomate, causent occasionnellement des dégâts aux cultures.

La famille des tortricidés, dont les papillons sont beaucoup plus petits, compte des espèces d'importance économique. Le carpocapse de la pomme perce les fruits et les rend non comestibles. La tordeuse des bourgeons de l'épinette, au premier rang des ravageurs pour l'industrie forestière (*voir* FORÊT) canadienne, détruit parfois de vastes étendues de conifères.

L'une des plus grandes familles, celle des noctuidés ou noctuelles, compte plusieurs espèces dont les chenilles appelées vers-gris qui ont une grande incidence économique. Elles se cachent à la surface du sol le jour et se nourrissent de jeunes plantes la nuit, coupant souvent les tiges au ras du sol. On trouve plusieurs espèces nuisibles au Canada, le ver-gris octogonal, le ver-gris à dos rouge ainsi que le ver-gris noir étant parmi les plus importantes.

Le légionnaire, un autre fléau chronique, tire son nom du fait que ses larves affamées se déplacent souvent en masse d'un champ de grains à un autre. Un autre groupe de noctuidés est constitué d'espèces qui percent les fleurs et les fruits (la noctuelle de la tomate ou ver de l'épis du maïs et la noctuelle verdoyante).

Les larves d'une autre grande famille, les géométridés, sont appelées géomètres ou arpenteuses en raison de leur façon unique de se déplacer. Cette famille inclut des espèces nuisibles responsables de la défoliation des arbres (arpenteuse du printemps et arpenteuse d'automne). Les teignes, mites ou gerces que l'on trouve partout dans le monde sont disséminées d'une maison à l'autre sur des vêtements ou d'autres objets d'origine animale. Elles se nourrissent de poil, de laine et de plume.

D.F. Hardwick

Papineau, Louis-Joseph, avocat, seigneur et politicien (Montréal, 7 oct. 1786—Montebello, Qc, 25 sept. 1871), fils de Joseph Papineau, seigneur et député libéral modéré de l'Assemblée. Il étudia au Petit Séminaire de Québec et se prépare à faire carrière en droit. Il est avocat par intervalles après 1810. Représentant de l'influence grandissante des professions libérales au Canada français, il est d'abord élu à l'Assemblée du BAS-CANADA en 1809, durant le «règne de terreur» du gouverneur général sir James CRAIG. Grâce à son assurance, son éloquence et sa popularité, il émerge d'un groupe de jeunes nationalistes comme chef du PARTI CANADIEN (plus tard, le PARTI PATRIOTE) et est élu président de l'Assemblée en 1815.

Il en vient à se voir comme le défenseur du patrimoine national des Canadiens français et mène la lutte en faveur de l'autonomie des institutions politiques du Bas-Canada. Au début de sa carrière, il est un modéré, admirateur des institutions parlementaires britanniques mais, dans les années 1820, il se radicalise, pratique l'obstruction comme tactique parlementaire et utilise les recettes et la liste civile dont l'Assemblée a le contrôle pour lutter contre les politiques de la classe commerciale anglaise, qu'il considère comme une malédiction pour les intérêts du Canada français.

En 1823, il va en Angleterre mener sa campagne d'opposition au Projet d'union de 1822, qui a été déposé dans le but de contourner son contrôle de l'Assemblée. Le projet est rejeté et sa victoire raffermit sa volonté de réformer les institutions politiques du Bas-Canada, surtout le Conseil, dominé par la CLIQUE DU CHÂTEAU. Vers 1830, il intensifie ses attaques virulentes à l'endroit du Conseil législatif non électif et se déclare républicain. Il devient le champion de l'indépendance du Bas-Canada et critique de plus en plus l'autorité impériale. Après l'écrasante victoire électorale de 1834, il redouble d'efforts pour paralyser le système politique. Aiguillonné par les éléments révolutionnaires de son parti, il intensifie sa politique de boycottage et d'obstructionnisme politique de façon à obliger le gouvernement britannique à permettre les réformes qui donneront le pouvoir aux représentants de la nation canadienne-française.

Lui et un petit comité font état de leurs demandes dans les «Quatre-vingt-douze résolutions». Ils réclament que l'Assemblée législative ait le contrôle des recettes, et que le Conseil exécutif soit responsable et électif. Lorsque l'Angleterre rejette catégoriquement ces demandes en 1837, la crise s'aggrave. Le mécontentement populaire, déjà attisé par les crises sociale et économique, s'enflamme et Papineau commence à perdre la maîtrise des événements qu'il a tant contribué à déclencher. Le 23 octobre 1837, il adresse la parole à 4000 citoyens rassemblés à SAINT-CHARLES, où les Patriotes ont plus ou moins déclaré l'indépendance des Six-Comtés et leur volonté de recourir aux armes si cela s'avérait nécessaire. Lorsqu'il devient évident, après la défaite de Saint-Charles, que les Patriotes seront écrasés, Papineau s'enfuit aux États-Unis et, après l'échec de la deuxième insurrection, il s'embarque pour la France, en 1839.

La carrière de Papineau et, surtout, son comportement au cours des RÉBELLIONS DE 1837 n'ont jamais cessé d'être source de controverse et de conjectures. Il prétend n'avoir aucunement participé aux insurrections, mais les preuves démontrent pourtant qu'il a agi comme commandant en chef jusqu'à la BATAILLE DE SAINT-DENIS, d'où il a disparu avant que le combat ne s'engage. Plus tard, bon nombre de ses compagnons patriotes l'accusent de lâcheté, même s'ils continuent à l'appuyer comme seul chef du NATIONALISME CANADIEN-FRANÇAIS susceptible de réussir. Il se déclare libéral et républicain, mais défend avec acharnement le RÉGIME SEIGNEURIAL, de nature féodale, comme base de l'économie agricole du Canada français. Il est lui-même propriétaire de la seigneurie de la Petite Nation, qu'il achète de son père en 1817, et, au dire de tous, il exige pleines mesures de ses habitants. En matière d'économie, il est conservateur, et hostile aux innovations en matière de commerce et de transport que les marchands considèrent comme essentielles à l'essor du Bas-Canada. Bien que déiste et violemment anticlérical, il craint néanmoins que l'affaiblissement de l'Église catholique ne fasse le jeu des ennemis protestants anglophones du Canada français.

Amnistié en 1844, il rentre d'exil à sa seigneurie en 1845. Il profite amplement de ses concessions de forêts et, avec l'aide de ses censitaires endettés, se construit un grand manoir à Montebello. En 1848, il revient à la politique, mais il est en désaccord avec la nouvelle direction de Louis LAFONTAINE. Il s'oppose avec véhémence à l'ACTE D'UNION et préconise l'ANNEXION aux États-Unis. Un nouveau groupe de jeunes nationalistes se rassemble autour de lui et devient plus tard le PARTI ROUGE. Papineau quitte la politique en 1854. Tout complexe et contradictoire qu'il soit, il est néanmoins le premier véritable chef politique de son peuple. Faute d'être le «héros national» que celui-ci recherche, il est un symbole convenable du mécontentement populaire.

James Marsh

Papineau-Couture, Jean, compositeur, professeur et administrateur (Montréal, 12 nov. 1916—*id.*, 11 août 2000), petit-fils de Guillaume COUTURE. Après avoir fait des études à Montréal et à Boston, il travaille sous la direction de Nadia Boulanger à Cambridge (Massachusetts), où il se concentre sur la musique de Stravinsky et des impressionnistes français. Il enseigne au CONSERVATOIRE DE MUSIQUE DU QUÉBEC à Montréal et à la Faculté de musique de l'U. de Montréal, dont il est le doyen de 1968 à 1973.

Son enseignement souligne l'importance de l'acoustique et, parmi ses élèves, on compte un certain nombre de compositeurs comme Jacques HÉTU, François MOREL, André PRÉVOST et Gilles TREMBLAY.

L'étude des timbres est au cœur de l'esthétique de Papineau-Couture. *Psaume CL, Étude en si bémol mineur* et *Pièce concertante* (n°⁵ 1 à 5) font partie de ses œuvres principales.

Papineau-Couture a été président de plusieurs organismes, dont l'Académie de musique de Québec, les JEUNESSES MUSICALES DU CANADA (section de Montréal), le CONSEIL CANADIEN DE LA MUSIQUE, le CENTRE DE MUSIQUE CANADIENNE (dont il est un membre fondateur), LA LIGUE CANADIENNE DES COMPOSITEURS, la SOCIÉTÉ DE MUSIQUE CONTEMPORAINE DU QUÉBEC et le Conseil de recherches en sciences humaines du Canada.

Il a remporté, notamment, le PRIX DE MUSIQUE CALIXA-LAVALLÉE de 1962, la médaille du Conseil canadien de la musique (1973), le Prix Denise-Pelletier (1981) et le diplôme d'honneur de la Conférence canadienne des arts (1986). En 1994, il reçoit le Prix du Gouverneur général pour les arts de la scène. Nommé officier de l'Ordre du Canada en 1968, il en devient compagnon en 1993. Il est aussi grand officier de l'Ordre national du Québec depuis 1988.

Hélène Plouffe

Paquet, Louis-Adolphe, prêtre et théologien (Saint-Nicolas, Canada-Est, 4 août 1859—Québec, 24 févr. 1942). Professeur à l'U. Laval pendant près de 60 ans, il est le «théologien national» du Canada français et le guide des archevêques de Québec (le faiseur d'archevêques, selon certains), qui définit la position de l'Église sur les questions d'intérêt public et élabore le «nationalisme messianique» plutôt défensif de son époque. Formé à Rome lors du renouveau thomiste, Mgr Paquet est l'auteur de *Droit public de l'Église* (4 vol., 1908-1915), expression définitive de la position ultramontaine en matière de relations entre Église et État.

Ayant grandi pendant la période de désillusion de la RÉBELLION DU NORD-OUEST, Paquet tempère le nationalisme conquérant de ses prédécesseurs BOURGET et LAFLÈCHE dans son discours public de 1902 sur la vocation de la race française en Amérique, dans lequel il exhorte les catholiques canadiens-français à défendre leur foi, leur langue et leur terre contre la contamination par les étrangers matérialistes. Il formule la position officielle de l'Église sur des sujets comme la QUESTION DES ÉCOLES DU MANITOBA (1896), le règlement 17 en Ontario (1912) et la CONSCRIPTION en 1917. Orateur puissant et professeur sachant systématiser, il forme les chefs de l'Église de son époque, mais son influence décline sous la pression des problèmes sociaux qui apparaissent pendant l'urbanisation des années 20.

Tom Faulkner

Parachutisme sportif Activité qu'on appelle aussi la «nage aérienne». Les premiers sauts ont été effectués à partir de montgolfières et le premier saut en parachute couronné de succès a eu lieu en 1797, au-dessus de Paris. On n'a pu effectuer de sauts en chute libre avant 1908, année où le câble d'ouverture est inventé. Cependant, ce n'est pas avant 1912 que le câble est utilisé à partir d'un avion. Les compétitions débutent aux États-Unis en 1926, et le premier championnat mondial a lieu en Yougoslavie, en 1951. Les concurrents utilisent généralement des avions légers pour atteindre environ 3600 m d'altitude et les parachutes sont généralement ouverts à 760 m d'altitude. Les parachutistes sportifs participent à quatre disciplines des championnats mondiaux: style individuel dans les manœuvres en chute libre, combiné avec une mesure de la précision de l'arrivée au sol; compétition en chute libre, en groupe de 4 ou de 8 personnes ou sauts récréatifs en groupes de 2 à 100 personnes; formation de groupe en «parachute ouvert» aussi appelé voile-contact ainsi que le «para-ski», où le saut de précision est combiné à des épreuves de slalom géant.

Au Canada, le premier saut en parachute est effectué en 1919, alors que Frank Ellis saute d'un avion Jenny au-dessus du lac Érié. Le trophée Frank Ellis commémore cet événement. Après la Seconde Guerre mondiale, des clubs et des compétitions sont mis sur pied au Canada. Le plus vieux club encore existant s'appelle le St. Catharines Parachuting Club et a été formé en 1947. L'Association canadienne de parachutisme sportif (ACPS) est formée en 1967. Depuis 1960, l'équipe nationale canadienne de parachutisme se classe parmi les 10 premières dans les compétitions internationales. En 1966, S.F. Wykeham-Martin est le premier Canadien à gagner une médaille dans une compétition mondiale, finissant au 2ᵉ rang en saut de précision individuel. En 1976, Pierre Forand gagne la médaille d'argent de saut toute catégorie pour hommes, ne ratant le championnat mondial que par un cinq centièmes de seconde. En 1980, Kathie Cox remporte le championnat mondial de saut de précision dans la catégorie féminine. À la fin des années 70, les équipes canadiennes dominent le parachutisme, gagnant l'épreuve de voile-contact (deux ou plusieurs parachutistes évoluant ensemble en chute libre) aux championnats mondiaux de 1977 et de 1979. En 1981, l'équipe canadienne finit deuxième au classement général. En 1984, le Canada gagne l'or (en groupe de 4) et l'argent (en groupe de 8). En 1985, il remporte l'argent (en groupe de 4) et le bronze (en groupe de 8). L'ACPS décerne cinq certificats de compétence et organise une compétition de sauts (en groupe de 4 ou de 8). Le trophée G.R. Masterson est le premier prix de parachutisme à être décerné au Canada.

Barbara Schrodt

Paradis, Suzanne, poète, romancière, essayiste et critique littéraire (Québec, Qc, 27 oct. 1936). Elle effectue ses études d'institutrice à l'École normale de Lévis (Qc) et obtient un brevet d'enseignement. Après quelques années d'exercice dans sa ville natale (1954-1959), elle décide de se consacrer à l'écriture. Elle devient l'un des auteurs les plus prolifiques du pays: romans (*Les hauts cris,* 1960; *Il ne faut pas sauver les hommes,* 1961; *Les cormorans,* 1968; *Emmanuelle en noir,* 1971; *Quand la terre était toujours jeune,* 1974; *L'été sera chaud,* 1975; *Miss Charlie,* 1979; *Les Ferdinand,* 1984; *La ligne bleue,* 1985), nouvelles (*François-les-oiseaux,* 1967), essais (*Femme fictive, femme réelle. Le personnage féminin dans le roman féminin canadien-français,* 1966), mémoires (*Un aigle dans la basse-cour,* 1985), mais surtout florilèges (*Les enfants continuels,* 1959; *La chasse aux autres,* 1961; *Pour les enfants des morts,* 1964; *Le visage offensé,* 1966; *L'œuvre de pierre,* 1968; *Pour voir les plectrophanes naître,* 1970; *Il y eut un matin,* 1972; *La voie sauvage,* 1973; *Noir sur sang,* 1976; *Les chevaux de verre,* 1979; *Un goût de sel,* 1983; *Effets de l'œil,* 1986).

Successivement animatrice du centre d'art «Val-Menaud» au Saguenay (1961-1962) et des ateliers de création littéraire des universités de Chicoutimi, de Rimouski et de Québec (1973-1974), chroniqueur radiophonique sur le thème de la femme dans le roman québécois (1972-1973), membre de la Commission consultative des Arts (1973-1975), elle collabore à de nombreux périodiques: *Le Soleil, Livres et Auteurs québécois, Le Devoir, Possible, Estuaire.* Membre de l'Académie canadienne française, de la Société des auteurs compositeurs, du Pen Club et de l'Union des écrivains québécois, elle a reçu de nombreuses récompenses littéraires: prix Camille Roy (1961), prix de la Province du Québec (1963), prix France-Québec (1965), prix Du Maurier (1970), prix du Gouverneur général (1983).

L'atmosphère de nuances et d'étrangeté envoûtante qui émane de l'ensemble de son œuvre fait de Suzanne Paradis l'un des écrivains les plus originaux du Québec.

Habités par un souffle lumineux, ses poèmes traduisent une intense ferveur de vivre et une soif inassouvie de liberté au sein d'une nature grandiose et maternelle.

Guy Champagne

Paradise-St. Thomas, ville de T.-N.; pop. 7960 (rec. 1996), 7358 (rec. 1991), 3346 (rec. 1986); superf. 27,83 km²; const. en 1981; située dans les terres, à environ 13 km du centre-ville de St. John's. La ville est fondée vers la fin du XIXᵉ s. dans une région agricole et d'élevage, près de la ligne de chemin de fer reliant St. John's et Harbour Grace. Beaucoup des premiers colons se rendent jusqu'à la baie de la Conception pour pêcher durant l'été. Les forêts abondantes les aident à arrondir leurs revenus en leur permettant de vendre des pièces de bois pour les bateaux, ainsi que du bois servant de combustible et à la fabrication de fûts.

La population de la localité, qui comptait 191 habitants en 1945, s'est accrue rapidement, surtout du fait que la ville est devenue une banlieue résidentielle. La construction est la principale source locale d'emplois. La plupart des résidants travaillent cependant à St. John's et y font la navette matin et soir.

Robert D. Pitt

Parasitologie Branche de la BIOLOGIE qui traite des organismes (animaux ou, rarement, des plantes) qui vivent dans une autre espèce (hôte) ou sur celle-ci et de laquelle ils tirent leur nourriture. Ces organismes sont appelés parasites. Cette définition plutôt simpliste comprend des VIRUS, protozoaires et BACTÉRIES, diverses espèces de vers, d'INSECTES, de TIQUES, de MITES et de copépodes (*voir* CRUSTACÉS). Certains parasites causent des pathologies graves aux humains ainsi qu'aux animaux domestiques et sauvages, quoique la plupart semblent avoir des effets mineurs sur leurs hôtes. Un grand nombre d'entre eux ont des cycles biologiques complexes et fascinants qui se déroulent dans deux ou plusieurs hôtes.

On trouve de nombreux types de parasites chez les humains ainsi que chez les animaux domestiques et sauvages du Canada, mais heureusement ils sont moins nuisibles à la santé que certaines espèces des pays chauds. L'augmentation de la fréquence des cas de parasitisme notée récemment est attribuable à l'augmentation des voyages vers des pays tropicaux et à une hausse de l'immigration en provenance de ces pays. Plusieurs chercheurs canadiens ont contribué à l'acquisition de connaissances sur les parasites du Canada et d'ailleurs. Les travaux de recherche portant sur les virus et les bactéries relèvent de départements de recherche distincts ou sont regroupés sous celui de la MICROBIOLOGIE. La parasitologie est parfois incluse dans cette discipline ou dans les départements de ZOOLOGIE ou de pathologie.

P. ex., il y a presque 100 ans, le Canadien William G. MACCALLUM a étudié un parasite du sang des oiseaux semblable à celui qui est responsable de la malaria. Il a découvert un stade de développement qui a conduit à la compréhension du développement du parasite responsable de la MALARIA chez l'humain. Cette maladie grave est causée par un parasite du sang transmis par les MOUSTIQUES du genre *Anopheles*, mais seulement après certaines transformations du parasite qui se développe dans le corps des moustiques. J.L. Todd, le premier professeur de parasitologie au Canada (à l'U. McGill), a étudié les trypanosomes (protozoaires parasites) qui causent la maladie du sommeil chez les humains en Afrique et, avec Dutlon, il a montré que la fièvre récurrente était transmise par des tiques.

Les premiers explorateurs ont relaté des histoires horribles d'attaques par des moustiques et des MOUCHES NOIRES. Les punaises des lits causèrent bien des souffrances dans les camps de bûcherons et les pensions de famille. Au milieu du XIXᵉ s., des milliers d'immigrants sont morts du typhus pendant leur voyage vers le Canada ou après y être arrivés. À l'époque, on ne savait pas que cette maladie redoutable était transmise par les POUX.

L'importance de l'ENTOMOLOGIE pour l'agriculture ainsi que pour la santé humaine et animale est reconnue en 1884 avec la nomination de James FLETCHER au poste de premier entomologiste du Dominion. En 1832, John ROLPH fonde une école médicale où il donne des cours sur la malaria, qui sévit dans le Haut-Canada à l'époque. Dès les années 1850, les Canadiens écrivent des articles sur les parasites. Au Private Veterinary College, mis sur pied par Andrew SMITH en 1862 (ultérieurement appelé Ontario Veterinary College), on donnait des cours sur la parasitologie. Dans les années 1880, Ramsay WRIGHT de l'U. de Toronto et William OSLER de l'U. McGill étudient divers parasites. Leur travail, leur influence et leur encouragement ont stimulé la recherche dans ce domaine au cours du XXᵉ s.

E.A. WATSON et Seymour Hadwen sont parmi les chercheurs les plus en vue dans ce domaine. Ils travaillent pour le gouvernement fédéral à la Direction générale de l'hygiène vétérinaire. Leurs études portent sur la dourine, une maladie des chevaux causée par un trypanosome, un petit organisme unicellulaire du sang qui cause la stérilité. Grâce à leur travail et à celui de leurs collègues, la dourine est éradiquée du Canada.

S. Hadwen a également découvert le cycle biologique de l'œstre du bœuf. Cet insecte affecte les bovins de deux façons: premièrement, les mouches qui s'apprêtent à pondre leurs œufs sur les poils effraient les animaux qui s'adonnent à des courses affolées pour s'échapper; deuxièmement, la larve qui éclôt de l'œuf pénètre sous la peau pour s'y développer et réémerger après plusieurs semaines pour ensuite se transformer en mouche au sol. Le cuir est ainsi considérablement dévalué. Des recherches subséquentes effectuées par d'autres chercheurs ont montré l'utilité des produits chimiques dans la lutte contre ces insectes nuisibles. Plus récemment, les scientifiques qui travaillent à la STATION DE RECHERCHE EN AGRICULTURE de Lethbridge, ont montré que l'on pouvait contrôler les populations de ces insectes et même les éliminer en lâchant au moment opportun des mâles stériles dans l'environnement.

La parasitologie a connu un essor en 1932 avec la création de l'Institute of Parasitology, au Collège Macdonald, avec T.W.M. Cameron comme premier directeur, et la création du Department of Veterinary Science de la Fondation de recherches de l'Ontario, dirigé par S. Hadwen. À la même époque, Edmund M. WALKER, du département de zoologie, et D.T. Fraser, du département de médecine préventive de l'U. de Toronto encouragent la recherche et l'enseignement dans ce domaine. Le Ontario Veterinary College, qui s'intéressait depuis longtemps au sujet, a créé un département de parasitologie dirigé par Anthony Kingscote. Après la création d'une ferme expérimentale vouée à l'élevage des animaux à fourrure (Ontario Experimental Fur Farm), on a accordé plus d'attention aux parasites des animaux sauvages. Au cours des décennies suivantes, des parasitologistes ont joint le personnel des universités et des institutions fédérales et provinciales, et la recherche a connu un essor et a produit des résultats substantiels dans plusieurs centres partout au pays. Plusieurs universités offrent maintenant des cours de premier cycle dans ce domaine, et certaines offrent des programmes de deuxième et troisième cycles conduisant aux grades de maîtrise et de doctorat.

La recherche est une profession remplie de défis, quelquefois frustrante mais toujours stimulante. Il faut parfois des années d'efforts patients avant de faire une seule découverte significative. La découverte est gratifiante en soi, particulièrement lorsque ces connaissances, ajoutées à celles acquises par d'autres chercheurs, peuvent être bénéfiques aux humains et aux animaux.

La contribution de S. Hadwen à la compréhension du cycle biologique de l'œstre du bœuf fut fondamentale aux travaux subséquents de lutte contre ce parasite et, à certains endroits, à son éradication. Les travaux de E.A. Watson, qui ont permis d'éliminer la dourine des chevaux, furent aussi d'une grande valeur à une époque où les chevaux étaient essentiels à la pratique de l'agriculture.

Plusieurs scientifiques ont travaillé sur les tiques et les mouches qui affectent le bétail et ont trouvé des mesures plus efficaces de lutte contre ces animaux nuisibles. Après plusieurs années de recherche, on comprend désormais la paralysie des moutons et des humains causée par les tiques dans l'ouest du Canada. Cependant, plusieurs espèces de tiques sont encore abondantes à certains endroits, et, depuis quelque temps, on s'intéresse à celles qui transmettent la maladie de Lyme.

Le cestode *Triaenophorus crassus* causa, à une certaine époque, des dommages sérieux aux PÊCHES commerciales dans l'Ouest canadien. On montra qu'un stade intermédiaire du ver dans le corégone devenait mature lorsqu'un poisson infesté était mangé par un Brochet. Des travaux de recherche appliquée furent entrepris pour éliminer le brochet et prévenir ainsi la transmission du parasite. Lee Margolis du Laboratoire de recherche sur les pêches à Nanaimo a trouvé une autre application à l'étude des parasites. Ses travaux montrent que les poissons marins de diverses localités ont des parasites différents qui sont par conséquent des marqueurs biologiques utiles indiquant l'origine du poisson.

Pendant des décennies, la paralysie des orignaux, dans certaines régions du pays, a déconcerté les scientifiques comme les profanes. La cause de cette paralysie était inconnue jusqu'à ce que Douglas Davies observe une espèce de strongle sur les enveloppes membraneuses du cerveau d'un cerf de Virginie. La définition du cycle biologique de ce ver par R.C. Anderson et l'observation du fait que la maladie de l'orignal était limitée aux zones de cohabitation avec le cerf lui a permis de conclure que le ver affectait l'orignal, mais pas le cerf de Virginie. Les œufs du ver sont évacués dans les fèces du cerf et les larves s'établissent ensuite dans des escargots où elles subissent des métamorphoses. Les orignaux ou les cerfs sont infectés lorsqu'ils mangent des végétaux sur lesquels se trouvent ces escargots parasités.

Afin d'effectuer de la recherche fondamentale sur les parasites, on doit décrire et nommer les espèces, et déterminer leur cycle biologique ainsi que leurs relations avec les autres organismes. Au fur et à mesure que l'on acquiert des connaissances et que les techniques se perfectionnent, les chercheurs approfondissent la génétique, la biologie moléculaire et la chimie fondamentale de la vie des parasites. Des biologistes œuvrant dans d'autres domaines étudient aussi les parasites et essaient de comprendre pourquoi certaines espèces vivent en équilibre avec leur hôte tandis que d'autres causent des maladies. (*Voir aussi* FAUNE, CONSERVATION ET AMÉNAGEMENT DE LA)

A.M. Fallis

Parc du patrimoine de Saint-Norbert Situé à Saint-Norbert, aujourd'hui une banlieue de WINNIPEG. Bien que désigné parc récréatif en 1985, il a été aménagé en parc du patrimoine et reclassé comme tel en 1997. Au XIXᵉ s., Saint-Norbert était l'une des quelques communautés francophones établies le long de la rivière Rouge, au sud de ce qui était alors Winnipeg. Ce parc regroupe les maisons Bohemier, Turenne et Delorme. Ces familles ainsi que leurs maisons pièce sur pièce et à ossature de bois témoignent de l'établissement des Canadiens français dans le sud du Manitoba. Le parc comprend un sentier pédestre et, de la mi-mai jusqu'à la fête du Travail, on offre des visites guidées des maisons Bohemier et Turenne, qui ont été restaurées.

Deborah Welch et M. Payne

Parc marin national Fathom Five Composé de l'ancien parc national Fathom Five et de la partie ouest du PARC NATIONAL DES ÎLES-DE-LA-BAIE-

GEORGIENNE, le parc marin national Fathom Five (fondé en 1987; superf. 112 km²) est le premier parc national marin à être créé au Canada.

Histoire naturelle Le parc longe l'extrémité nord de la PÉNINSULE BRUCE et est le prolongement de la formation géologique de l'ESCARPEMENT DU NIAGARA. Les variations du niveau des eaux ont modelé de hautes colonnes de rocher, appelées «pots de fleurs», à même les falaises de dolomie. Les 20 îles du parc abritent des populations de précieuses fougères et orchidées. Les cèdres, formant une partie de l'une des plus vieilles forêts de l'est de l'Amérique du Nord, poussent à même les falaises de l'île. Fathom Five ainsi que le PARC NATIONAL DE LA PÉNINSULE BRUCE voisin protègent les principales zones de la réserve mondiale de la biosphère de l'escarpement du Niagara.

Évolution humaine Il y a environ 8000 ans, les ancêtres de nos premières nations ont suivi la migration du caribou le long des rivages rocheux qui se trouvent actuellement à 30 m sous la surface des eaux du parc. À l'intérieur de ses limites, Parcs Canada protège les vestiges de 22 épaves historiques. Qu'il s'agisse de voiliers ou de navires à vapeur, ils représentent la technologie d'un temps révolu.

Installations et services De l'eau claire et propre ainsi qu'un grand nombre d'épaves font du parc marin national Fathom Five une destination très populaire pour les plongeurs autonomes et les plongeurs libres. Les visiteurs désirant y faire de la plongée doivent s'enregistrer au bureau du parc, qui se trouve dans la ville de Tobermory. À partir de ce pittoresque village de pêche, des bateaux à fond transparent effectuent régulièrement des excursions dans le parc Fathom Five, visitant les épaves et l'île aux Pots-de-Fleurs, où il est d'ailleurs possible de faire du camping ou une randonnée pédestre.

Jack Wellington

Parc provincial Killarney Établi en 1964; superf. 48,5 km², c'est une grande étendue de nature sauvage située sur la rive nord de la baie Georgienne, à environ 80 km au sud-ouest de Sudbury, en Ontario. La beauté et la richesse de son paysage encore intact ont inspiré nombre d'artistes, dont certains membres du GROUPE DES SEPT.

Histoire naturelle La caractéristique la plus impressionnante de ce parc est sa série de crêtes rocheuses constituées principalement de quartzite blanc. Ces grandes collines arrondies sont les vestiges des monts La Cloche, une ceinture de montagnes précambriennes qui s'élevaient jadis plus haut que les Rocheuses actuelles. Au cours des derniers millions d'années, plusieurs glaciations (*voir* ÉPOQUE GLACIAIRE) ont contribué à éroder le sommet des montagnes, ont rempli quelques-unes des crevasses entre les affleurements rocheux et laissé d'innombrables cordons sablonneux marquant les rives d'anciens lacs glaciaires. Le long de ces anciennes plages, les archéologues ont trouvé les traces de trois campements préhistoriques datant de 9000, 6500 et 1500 ans.

Dans la zone de transition entre les RÉGIONS NATURELLES du Bouclier boréal et des plaines de peuplement mixte, le parc Killarney recèle une grande variété de vie animale et végétale. Au sud du parc, l'érable est l'essence dominante. Il partage le territoire avec des espèces qu'on retrouve rarement si au nord, comme le cerisier tardif et le HÊTRE à grandes feuilles. Plus au nord, le pin blanc et le pin rouge, le chêne et la pruche sont les espèces dominantes. Dans les marais, à proximité des huttes de castor, on retrouve des orchidées, des fougères, de l'aulne et des quenouilles.

Le parc compte plus de 100 espèces d'oiseaux reproducteurs. Parmi les petits mammifères qui y vivent, on retrouve l'écureuil roux, le tamia rayé, le castor, le lièvre d'Amérique, le rat musqué et la belette. On y retrouve également plusieurs espèces de gros mammifères, dont le cerf de Virginie, le lynx

roux, l'orignal et l'ours noir. On ne voit pas dans les lacs de grands peuplements de poissons ni beaucoup de plantes aquatiques en raison de l'acidité naturelle des dépôts de quartzite et des PLUIES ACIDES causées par la pollution industrielle provenant de régions éloignées du parc.

Installations et services Avec ses nombreux lacs et son réseau de rivières et de portages, le parc Killarney est une destination recherchée par les canoteurs. L'utilisation de bateaux à moteur est interdite sur les lacs de l'intérieur afin d'assurer les visiteurs d'un séjour paisible dans la nature. Les installations et services du parc comprennent des campings, un grand réseau de sentiers de randonnée et des activités organisées dans la nature.

Nancy Rahtz

Parcs nationaux Les Canadiens vivent dans un pays riche en beautés naturelles. La diversité des paysages terrestres et marins ainsi que la variété de la flore et de la faune qui y vivent font partie d'un patrimoine naturel préservé dans les parcs nationaux.

Protection et préservation L'objectif des parcs nationaux du Canada est de représenter et de protéger des spécimens reflétant la diversité du patrimoine naturel du Canada, et d'inciter la population à connaître, à respecter et à apprécier ce patrimoine naturel de manière à le conserver intact pour les générations futures. Les parcs nationaux sont une composante essentielle des stratégies de préservation de la BIODIVERSITÉ du pays. Ils sont une source de fierté pour les Canadiens et constituent un symbole de notre pays pour les visiteurs du monde entier. Les parcs nationaux offrent un trésor de possibilités éducatives allant des expériences pratiques pour les visiteurs aux programmes de recherche. De plus, ils ont des retombées économiques importantes pour les collectivités locales et l'industrie touristique canadienne.

Pendant des millénaires, les paysages du Canada n'ont été soumis qu'aux forces de la nature. De nos jours, cependant, l'agriculture et les activités industrielles modifient l'environnement à un rythme accéléré. Les parcs nationaux protègent des milieux naturels représentatifs du patrimoine naturel du Canada. Protégé et préservé pour tous les Canadiens et pour le monde entier, chaque parc national est un sanctuaire qui permet à la nature de suivre son cours comme elle le fait depuis la nuit des temps.

Le personnel des parcs nationaux renseigne le public sur tous les aspects des parcs, soit par des renseignements de première main, soit au moyen des programmes éducatifs conçus pour faire connaître les parcs dans les écoles et les foyers. Les parcs procurent aussi des possibilités d'activités récréatives compatibles avec la préservation à long terme de leurs ressources. Il est nécessaire de maintenir cet équilibre délicat entre la préservation des parcs dans leur état naturel et leur utilisation en toute sécurité, telle qu'on l'encourage, par la population. Le maintien de cet équilibre constitue une tâche d'envergure pour le personnel des parcs, qui doit étudier et documenter les ressources de ceux-ci pour ensuite appliquer ces connaissances afin de réduire au maximum l'impact de l'activité humaine sur les écosystèmes des parcs.

Les débuts

Le réseau des parcs nationaux canadiens a été créé en novembre 1885, quand le gouvernement a réservé à l'usage du public une zone d'environ 26 km², située sur le versant nord du mont Sulphur. Cette région, le lieu historique national Cave and Basin, est à l'origine de ce qui est maintenant le PARC NATIONAL BANFF. Des sources d'eau chaude y ont été découvertes en 1883 par deux employés qui travaillaient à la construction du premier chemin de fer transcontinental à travers les MONTAGNES ROCHEUSES. La nouvelle de cette découverte (et de son potentiel comme attraction touristique) s'est rapidement répandue parmi les ouvriers du chemin

de fer, et plusieurs revendications territoriales conflictuelles ont été adressées au ministre de l'Intérieur. Le gouvernement a décidé de ne pas accorder de titres fonciers privés pour ces terres, mais plutôt de les préserver pour le bénéfice de tous les Canadiens.

En 1886, un arpenteur-géomètre du gouvernement fédéral s'est vu confier la tâche d'entreprendre l'arpentage légal de la réserve de sources chaudes. Dans un rapport faisant suite à ce travail, le commissaire des terres fédérales souligne qu'«un vaste territoire se trouvant à l'extérieur de la réserve originale présente des attraits de la plus grande beauté et possède toutes les caractéristiques pour devenir un parc national». Un projet de loi visant la création du premier parc national au Canada est présenté à la Chambre des communes en avril 1887. La *Loi du parc des Montagnes Rocheuses* a été adoptée le 23 juin 1887, établissant ce qui est maintenant le parc national Banff.

Développement et organisation

Le parc de Banff devient un symbole du nouveau respect accordé à la nature. Les députés au Parlement et les dirigeants du Canadien Pacifique manifestent un vif intérêt envers la création d'autres réserves. Dans les années qui précèdent 1895, on établit trois nouvelles réserves en montagne, où la vente, la colonisation et l'occupation des terres sont dorénavant interdites. Ces réserves sont devenues plus tard les parcs nationaux YOHO, des GLACIERS et des LACS-WATERTON. La disponibilité de vastes étendues de terres publiques vierges dans l'Ouest canadien facilite la mise sur pied des parcs nationaux des Rocheuses. Au début du XXᵉ s., on prend des mesures afin d'étendre le réseau des parcs nationaux à l'est du pays, en commençant par la création en 1904 du PARC NATIONAL DES ÎLES-DU-SAINT-LAURENT.

Le premier organisme au monde spécifiquement chargé de parcs nationaux, la Division des parcs du Dominion, voit le jour au Canada en 1911, sous l'autorité du ministère de l'Intérieur. J.B. Harkin en est le premier commissaire, de 1911 à 1936. Au cours de son mandat, neuf parcs nationaux voient le jour: ELK ISLAND (1913), MONT-REVELSTOKE (1914), POINTE-PELÉE (1918), KOOTENAY (1920), WOOD BUFFALO (1922), PRINCE-ALBERT (1927), MONT-RIDING (1929), ÎLES-DE-LA-BAIE-GEORGIENNE (1929) et HAUTES-TERRES-DU-CAP-BRETON (1936). Harkin, qui met l'accent sur la protection des ressources naturelles de ces nouveaux parcs, dirige l'adoption de la *Loi sur les parcs nationaux*, en 1930. L'article IV de la *Loi* énonce les principes directeurs de la gestion des parcs nationaux, qui sont «voués à la population canadienne pour son bénéfice, son éducation et sa jouissance». Cette loi veille encore aujourd'hui à la protection légale des terres constituées en parcs nationaux.

Par la suite, l'établissement de nouveaux parcs nationaux s'effectue de façon sporadique jusqu'en 1961, année où John I. Nicol est nommé directeur de la Division des parcs et lieux historiques nationaux. Sous son administration, 10 nouveaux parcs nationaux sont créés. Nicol coordonne également l'élaboration de la première politique sur les parcs en 1964. Son influence se fait encore sentir dans les *Principes directeurs et politiques de gestion de Parcs Canada* (1994), qui mettent l'accent avant tout sur la préservation des processus écologiques naturels. Les parcs nationaux sont une composante du système fédéral de lieux patrimoniaux, qui comprend les parcs historiques nationaux, les lieux historiques nationaux, les canaux historiques, les rivières du patrimoine et, enfin, les aires marines nationales de conservation.

Il existe aujourd'hui 38 parcs nationaux et réserves de parcs nationaux au Canada. Celles-ci sont établies sur des territoires qui font l'objet de REVENDICATIONS TERRITORIALES non résolues. Ces territoires sont appelés à devenir des parcs nationaux, mais les délimitations et d'autres modalités ne seront fixées qu'au moment de la résolution des revendications territoriales. Ils vont de la RÉSERVE DU PARC NATIONAL DE L'ÎLE-D'ELLESMERE, à 660 km du pôle Nord, au parc national de la Pointe-Pelée, situé sur la pointe la plus méridionale du territoire continental canadien, et du PARC NATIONAL TERRA-NOVA, sur la côte est de Terre-Neuve, à la RÉSERVE DE PARC MARIN NATIONAL GWAII HAANAS, dans les îles de la Reine-Charlotte.

La superficie totale des parcs nationaux canadiens en 1997 est de 224 465,9 km², un territoire presque aussi vaste que les Grands Lacs du Canada, équivalant à près de 37 fois la superficie de l'Île-du-Prince-Édouard, ou encore à 1,5 fois celle des trois provinces Maritimes, et correspondant à 2 p. 100 de la masse continentale du territoire canadien.

Protection permanente

La première politique sur les parcs nationaux, établie en 1964, insistait déjà sur l'importance de protéger les ressources naturelles des parcs. Aujourd'hui, les *Principes directeurs et politiques de gestion de Parcs Canada* stipulent que, dans le but de protéger les ressources, les parcs doivent veiller à ce que l'activité humaine interfère le moins possible avec les processus écologiques naturels. La politique prévoit aussi un cadre de planification à long terme des nouveaux parcs ainsi que des dispositions afin d'offrir des services de qualité aux visiteurs et des installations récréatives adéquates. En 1986, on approuve une politique distincte pour les parcs marins nationaux.

Les parcs nationaux sont protégés par des lois fédérales contre toute forme d'extraction des ressources aux mains, p. ex., de l'exploitation minière, de la foresterie, de l'agriculture et de la chasse sportive. Seules sont permises les activités compatibles avec la protection des ressources des parcs. Tous les efforts visent à conserver l'environnement physique dans un état le plus naturel possible.

Si l'on peut y parvenir en laissant les processus écologiques se dérouler avec une interférence minimale, on assure ainsi la pérennité de l'évolution naturelle des milieux terrestres et aquatiques et des espèces qui y vivent. Cependant, à certaines conditions, il arrive qu'on intervienne activement dans les processus écologiques naturels. Une telle intervention est nécessaire si l'équilibre des écosystèmes d'un parc a été perturbé par l'activité humaine à un point tel que l'environnement ne peut être restauré par les processus écologiques, ou si les visiteurs, les installations ou les terres avoisinantes sont menacés. Bien qu'une intervention active devienne nécessaire, les techniques employées reproduisent alors autant que possible les processus naturels.

La chasse sportive est interdite dans les parcs nationaux, mais la PÊCHE SPORTIVE est permise dans la plupart des parcs dans des zones désignées. Plusieurs parcs nationaux, particulièrement dans le Nord, sont des territoires habités par les premières nations, qui continuent de dépendre de leurs ressources naturelles, et où les cultures autochtones témoignent d'une étroite relation avec le territoire. Le prélèvement des ressources traditionnellement pratiqué par les premières nations aux fins de subsistance a toujours lieu dans de nombreux parcs nationaux. Cette pratique est soumise à des mesures de préservation des ressources et se fait selon des méthodes de gestion coopérative élaborées par des conseils de gestion où les premières nations sont fortement représentées.

La protection et la gestion efficaces des parcs nationaux exigent une compréhension approfondie de leurs ressources, des processus écologiques qui les régissent et qui agissent sur eux, et des effets de la présence humaine, qui entraîne des changements dans les processus naturels. Parcs Canada a mis au point plusieurs outils destinés à aider à approfondir cette compréhension, notamment un mode de gestion des ressources naturelles dont l'élément fondamental est une base de données exhaustive sur les ressources naturelles, régulièrement mise à jour pour l'ensemble des parcs. Ces renseignements permettent d'évaluer les capacités et les limites des parcs relativement à leur utilisation par le public, de déceler les problèmes et d'élaborer des programmes spécifiques pour la protection de ressources fragiles.

Le zonage est une méthode intégrée selon laquelle les terres et les nappes d'eau sont classées en fonction des exigences de protection de l'écosystème et des ressources culturelles, et en fonction de leur capacité à accueillir des visiteurs et de la pertinence de leur en permettre l'accès. En d'autres termes, il s'agit d'une technique qui vise un équilibre entre la préservation et l'utilisation, et qui garantit que la plupart des terres constituées en parcs nationaux sont conservées à l'état sauvage.

Le réseau définit cinq zones dans lesquelles sont classées les terres et les nappes d'eau d'un parc selon leur fragilité et leur capacité d'accueillir des visiteurs. Dans la zone I, l'accès est strictement limité ou interdit. La zone II (réserves naturelles) englobe plus de 90 p. 100 des terres des parcs nationaux et peut accommoder les activités de plein air qui ne nécessitent pas (ou très peu) de services ou d'installations. L'accès motorisé aux parcs est interdit dans les zones I et II. Les zones III et IV procurent des installations plus nombreuses pour les visiteurs et permettent un plus grand nombre d'activités. La zone V comprend les zones habitées, les centres de services aux visiteurs ainsi que les bureaux d'administration du parc.

Les parcs nationaux sont également protégés grâce au processus d'évaluation et d'examen des incidences environnementales, qui veille à déceler et à évaluer tous les effets nuisibles possibles de tout projet ou de toute activité proposés pour les terres ou les nappes d'eau dans les parcs nationaux. Ce processus indique aussi des mesures afin de réduire de tels effets, à défaut de quoi le projet peut être abandonné si les répercussions sont jugées inacceptables.

Création de nouveaux parcs nationaux

En 1970, il existait 20 parcs nationaux déjà établis ou en voie de l'être à la suite d'ententes signées en ce sens. Jusqu'à cette époque, le réseau des parcs nationaux n'était pas développé de façon systématique. Il constituait plutôt une collection d'endroits particuliers choisis dans certains cas par opportunisme politique, ou parce qu'ils présentaient des accidents de relief, ou encore comme l'aboutissement des efforts héroïques de citoyens dévoués. La création des parcs poursuivait aussi des objectifs variés (préserver des sites pittoresques remarquables, offrir des espaces récréatifs à l'échelle régionale, créer des réserves naturelles ou stimuler une économie chancelante dans des régions de chômage chronique). Il n'y avait aucune vision ni aucun objectif à long terme.

Cette vision prend forme au début des années 70 avec le *Plan du réseau des parcs nationaux*. Ce document a guidé le développement d'un réseau fini de parcs nationaux s'appuyant sur le principe de la «représentativité». Suivant ce principe, le Canada se divise en 39 régions naturelles de parcs nationaux. Une région naturelle renferme un ensemble particulier de caractéristiques géologiques, biologiques et écologiques. Si l'on vous kidnappait, qu'on vous bandait les yeux, qu'on vous faisait monter à bord d'un avion pour vous déposer quelque part au Canada, vous devriez être en mesure de reconnaître la région où vous vous trouvez d'après la physiographie des lieux et le type de végétation.

L'objectif est de représenter chaque région dans le réseau des parcs nationaux. En 1998, on distingue 24 régions naturelles dans les 38 parcs nationaux et réserves de parcs nationaux (certaines régions naturelles comptent plus d'un parc). Manifestement, un tel réseau est loin d'être exhaustif.

La désignation, la sélection et l'établissement d'un nouveau parc national peuvent constituer un processus long et complexe qui implique: la désignation des territoires qui représentent le mieux une région naturelle; la sélection des territoires de parcs nationaux potentiels à partir de cette liste; l'évaluation de la faisabilité de l'établissement d'un parc au moyen de consultations avec le gouvernement provincial ou territorial, les collectivités locales, les premières nations, des organismes non gouvernementaux, les industries appropriées, d'autres ministères fédéraux, le public intéressé et d'autres intervenants; la négociation d'une nouvelle entente portant sur le parc; et la constitution légale du nouveau parc.

Depuis 1985, centenaire des parcs nationaux au Canada, les parcs nationaux ou réserves de parcs nationaux suivants ont été créés: la réserve de l'île d'Ellesmere (Territoires du Nord-Ouest), le VUNTUT (Yukon), Gwaii Haanas (Colombie-Britannique), AULAVIK (Territoires du Nord-Ouest), LA PÉNINSULE-BRUCE (Ontario) et, plus récemment, WAPUSK (Manitoba) et Tuktut Nogait (Territoires du Nord-Ouest). Des terres ont été réservées pour de futurs parcs nationaux dans les régions suivantes: le bras est du Grand lac des Esclaves (Territoires du Nord-Ouest) et le nord de l'île de Baffin (Territoires du Nord-Ouest).

Activités pour les visiteurs

Au début, les parcs nationaux mettaient l'accent sur les installations récréatives axées sur les loisirs, tels des terrains de golf, des courts de tennis et des centres de ski. Aujourd'hui, ils visent à offrir des possibilités de loisirs de plein air compatibles avec la protection à long terme des ressources naturelles et nécessitant un minimum d'installations.

Les randonnées pédestres, le canotage, le ski de randonnée et la raquette, p. ex., sont des activités jugées compatibles avec l'aménagement d'un parc. Tous les parcs nationaux ont un service de naturalistes qui interprètent l'environnement du parc au profit des visiteurs et les renseignent sur les activités de loisirs. Les programmes d'interprétation sont conçus non seulement pour renseigner les visiteurs sur les attraits du parc, mais aussi pour faciliter l'apprentissage grâce à l'expérience du personnel, acquise sur place. Dans les SENTIERS DU PATRIMOINE, qu'on parcourt sans guide, des dépliants et des expositions sont aussi à la disposition des visiteurs.

En dehors des limites du parc, le personnel travaille en collaboration avec les écoles, les clubs et les associations coopérantes pour partager son expérience des parcs avec ceux qui n'ont peut-être jamais visité de parc national. Les visiteurs peuvent se livrer à toute une gamme d'activités compatibles avec les objectifs du parc, mais toutes ne peuvent avoir lieu dans n'importe quel parc. Afin de déterminer les activités appropriées et le degré d'utilisation tolérable pour un parc ou un site donné, on évalue les activités de loisirs et l'on permet celles qui favorisent le plus l'expérience des visiteurs tout en minimisant les effets sur l'environnement.

Rôle international

Le réseau canadien des parcs nationaux est associé à un réseau mondial qui compte plus de 2000 régions protégées dans 120 pays. En tant que membre de l'Union mondiale pour la nature, Parcs Canada contribue à l'élaboration de normes et de critères acceptés à l'échelle internationale. Parcs Canada est également le premier organisme responsable de l'acquittement des obligations contractées par le Canada en vertu de la Convention du patrimoine mondial, sous l'égide de l'Organisation des Nations Unies pour l'éducation, la science et la culture (UNESCO). La Convention reconnaît la responsabilité de toutes les nations de protéger les sites dont la valeur naturelle et culturelle est si remarquable qu'on considère qu'ils font partie du patrimoine de l'humanité. Les parcs nationaux et réserves de parcs nationaux KLUANE, NAHANNI, Wood Buffalo et du GROS-MORNE, le parc historique national de L'ANSE AUX MEADOWS, les SCHISTES DE BURGESS du parc national de Yoho, et l'île Anthony (réserve du parc marin national Gwaii Haanas) ont été désignés SITES DU PATRIMOINE MONDIAL DES NATIONS UNIES. Les parcs nationaux de Yoho, Jasper, Banff et Kootenay, ainsi que les PARCS PROVINCIAUX du mont Robson, du MONT ASSINIBOINE et Hamber (Colombie-Britannique) forment ensemble le site du patrimoine mondial des montagnes Rocheuses.

Quant au parc national des Lacs-Waterton, au parc national du Mont-Riding et à celui de la Péninsule-Bruce, ils ont été choisis comme réserves de la biosphère dans le cadre du Programme sur l'homme et la biosphère de l'UNESCO, qui souligne des exemples remarquables d'écosystèmes naturels partout dans le monde.

Défis

L'une des menaces les plus répandues qui pèsent sur l'intégrité écologique des parcs nationaux, particulièrement ceux des régions du sud du Canada, est le morcellement des habitats. Cette menace se fait sentir lorsque les terres entourant un parc ont été transformées en terrains agricoles, urbains, miniers ou forestiers.

Bon nombre des habitats des parcs du Sud ne sont que des parcelles de l'habitat original et subissent ainsi directement les effets des changements apportés aux terrains adjacents. Des espèces qu'on trouve aujourd'hui dans les parcs pourraient ne pas survivre à long terme, à moins que des mesures ne soient prises avec la coopération des responsables de la gestion locale et régionale des terres. Dans les parcs plus éloignés et plus vastes, l'exploitation forestière, minière et les autres types d'exploitation ont de graves répercussions, particulièrement sur les espèces fauniques dont l'habitat déborde largement les limites des parcs (tels le CARIBOU et le GRIZZLI).

Les parcs doivent être représentatifs des régions naturelles du Canada. Cela signifie que toute la biodiversité naturelle doit être suffisamment abondante pour assurer la survie des populations et que les processus écologiques doivent permettre de maintenir ces populations. La réalisation de ce mandat nécessitera, dans bien des cas, des méthodes actives de reconstitution de l'écosystème consistant, p. ex., à retirer de vieux barrages, à réintroduire des espèces et à adopter une approche de coopération régionale.

Parcs Canada entend établir une approche coopérative régionale en formant des partenariats avec les industries agricole et forestière, les premières nations, les propriétaires de terres privées, les groupes environnementalistes, les organismes de parcs provinciaux et d'autres groupes. Les programmes de forêts modèles des parcs nationaux PACIFIC RIM, Prince-Albert, JASPER et FUNDY et les programmes de réserve de la biosphère sont des exemples concrets de cette approche de vaste coopération régionale dans la gestion des parcs.

Quinze des 39 régions naturelles ne sont toujours pas représentées dans le réseau des parcs nationaux. Les grandes absentes se trouvent surtout dans les Territoires du Nord-Ouest, au Québec, au Labrador, au Manitoba et en Colombie-Britannique. Une fois complet, le réseau des parcs couvrira environ 3 p. 100 du territoire canadien. Pour Parcs Canada, il est hautement prioritaire d'avoir complété le réseau à l'orée du présent millénaire, mais la diminution des budgets que lui accorde le fédéral, les conflits ou la concurrence quant à l'utilisation des terres et l'instabilité politique concourent à rendre difficile l'atteinte de cet objectif.

Parcs Canada est à l'origine de méthodes novatrices visant à maintenir et à améliorer l'écosystème des parcs et les services offerts au public, notamment en privatisant un certain nombre de ces services, en

s'associant avec d'autres organismes et des groupes privés de citoyens, et en changeant son statut pour devenir un organisme de service spécial. Il est encore trop tôt pour savoir lesquelles de ces initiatives auront un effet sur le fonctionnement des parcs nationaux. (*Voir aussi* COMMISSION ARCHÉOLOGIQUE DU CANADA; AUYUITTUQ, PARC NATIONAL; CONSERVATION; FORILLON, PARC NATIONAL; PRAIRIES, PARC NATIONAL DES; LIEU HISTORIQUE; IVVAVIK, PARC NATIONAL; KEJIMKUJIK, PARC NATIONAL; KOUCHIBOUGUAC, PARC NATIONAL; MAURICIE, PARC NATIONAL DE LA; ÎLE-DU-PRINCE-ÉDOUARD, PARC NATIONAL DE L'; PUKASKWA, PARC NATIONAL.)

Max Finkelstein

Parcs provinciaux Ce sont des étendues de terre et d'eau, de superficie variable, naturelles ou artificielles, désignées par les gouvernements provinciaux aux fins de protection de la nature, de récréation, de TOURISME, de conservation et d'éducation. Ils sont d'une grande diversité. P. ex., le parc provincial de l'ours polaire en bordure de la baie d'Hudson, parc à l'état sauvage d'une superficie de 24 087 km², reçoit moins de 500 visiteurs par année tandis que le parc provincial Bronte Creek, parc récréatif de 6,4 km², près de Toronto, a reçu 302 327 visiteurs en 1994.

Historique

Comme les parcs nationaux, les parcs provinciaux naissent à la fin du XIXᵉ s. en réponse aux craintes des fonctionnaires, des politiciens et de la population en général concernant l'épuisement des ressources naturelles, la dégradation des paysages et le besoin d'aires de récréation dans un décor naturel pour une population toujours croissante et de plus en plus urbaine.

Le premier parc provincial, le parc Queen Victoria, situé à Niagara Falls, est établi en 1885. Le parc ALGONQUIN, établi en 1893, est le premier parc provincial canadien établi pour protéger un environnement naturel. C'est en 1885 qu'Alexander Kirkwood, un immigrant irlandais, propose l'établissement de ce parc. Commis au Crown Lands Department, il s'inquiète de la destruction des forêts du Nord, de leur faune et de leur flore, et est impressionné par les nouveaux PARCS NATIONAUX de Yellowstone, aux États-Unis, et de BANFF, dans les Rocheuses.

Kirkwood préconise la création d'une forêt et d'un parc national baptisés Algonquin afin de «perpétuer le nom de l'une des plus grandes nations amérindiennes ayant habité le continent nord-américain». Grâce à son enthousiasme et à l'appui de James Dickson, un arpenteur-géomètre des terres provinciales, ses efforts aboutissent à la création d'une commission royale et à l'étude de 18 cantons du district de Nipissing, au sud de la rivière Mattawa et compris entre la rivière des Outaouais et la baie Georgienne. En 1893, cette région, Algonquin, est déclarée «parc public et réserve forestière, de pêche et de chasse, station climatique et espace de détente au profit de la population de la province».

Ayant auparavant été un site sauvage et éloigné où se pratiquait encore la coupe du bois, le parc est soumis à une réglementation en ce qui a trait à la protection de la faune et de la forêt contre les incendies. Toutefois, à mesure que les communications s'améliorent et que des services d'hébergement sont offerts, l'aspect récréatif du parc gagne en importance et, au début du XXᵉ s., le parc Algonquin devient une destination en vogue pour les touristes désireux de canoter, de pêcher et de camper dans un milieu sauvage.

Le troisième parc provincial, RONDEAU, est situé sur une péninsule de la rive nord du lac Érié et est établi en 1894. Sa FORÊT carolinienne, peuplée d'espèces que l'on rencontre normalement plus au sud et fréquentée par de nombreux oiseaux migrateurs, est déjà appréciée des chasseurs de canards et des pique-niqueurs. Pendant les 50 années qui suivent, du fait de la demande croissante d'aires de CONSERVATION et de récréation, 5 autres parcs provinciaux sont établis en Ontario. Le parc Quetico, situé dans le BOUCLIER au sous-sol granitique recouvert par la FORÊT BORÉALE, est créé en 1913, et le parc du LAC SUPÉRIEUR, en 1944. Le long des rives des GRANDS LACS, le parc Long Point est établi en 1921; Presqu'île, en 1922; Ipperwash, en 1938; et Sibley (aujourd'hui Sleeping Giant), en 1944.

Les premiers parcs provinciaux au Québec sont créés à la même époque et pour des raisons semblables à celles de l'Ontario. En 1895, le parc provincial des Laurentides, au nord de Québec, et celui du MONT TREMBLANT, au nord de Montréal, sont créés pour protéger les forêts et les faunes terrestres et marines au profit du public. Toutefois, l'exploitation des ressources s'y poursuit. D'autres parcs provinciaux sont établis dans les années 30: Gaspésie en 1937, Mont-Orford en 1938 et La Vérendrye en 1939. Au cours des 30 dernières années, plusieurs parcs de plus petite superficie sont créés à proximité des villes afin de répondre à la demande en lieux récréatifs dans un décor naturel.

La Colombie-Britannique est la première province de l'Ouest à se doter de parcs provinciaux. STRATHCONA, une région de lacs et de montagnes sur l'île de Vancouver, obtient le statut de parc en 1911, grâce à l'appui populaire de groupes tels le CLUB ALPIN DU CANADA, la Société d'histoire naturelle de la Colombie-Britannique et la Chambre de commerce de l'île de Vancouver. Par la suite, l'attention se porte sur les monts et les glaciers de l'est de la Colombie-Britannique, et le mont ROBSON est déclaré parc provincial en 1913, suivi du mont GARIBALDI, en 1920, puis du MONT ASSINIBOINE et du glacier Kokanee, en 1922.

Le plus grand parc de la province, Tweedsmuir, d'une superficie de 9810 km² et situé dans la Chaîne côtière, obtient le statut de parc en 1938; Wells Gray, en 1939. Plus récemment, de nombreux autres parcs provinciaux, comprenant de vastes zones de nature sauvage et des petites aires récréatives, ont été créés à proximité des villes dans le sud et le nord de la province.

Dans les Prairies, le statut de province et la propriété publique des ressources étant venus plus tard, la création des parcs provinciaux est plus récente. Bien que le gouvernement fédéral y ait déjà créé des parcs nationaux et des réserves forestières, il faut attendre 1930, avec le transfert de la législation relative aux ressources, pour voir naître les premiers parcs provinciaux, qui sont souvent à l'origine de simples réserves forestières. L'Alberta adopte une loi sur les parcs provinciaux et les zones protégées en 1930. Deux ans plus tard, Aspen Beach, le lac Park, le lac Gooseberry, l'île Saskatoon, le lac Sylvan, les chutes Lundbreck, la rivière Ghost et Hommy sont déclarés parcs provinciaux. Les trois derniers sont plus tard retirés du réseau des parcs à la suite des changements de juridiction en 1951 et 1967, mais un grand nombre de parcs plus vastes sont créés.

En 1972, l'Alberta compte 51 parcs, totalisant 567 km². Les trois premiers parcs provinciaux de la Saskatchewan sont créés en 1931, sur les anciennes réserves forestières Duck Mountain, des COLLINES CYPRÈS et de Moose Mountain. Le Manitoba également prend en main la gestion des réserves forestières de TURTLE MOUNTAIN et de Spruce Woods. Le premier parc provincial, WHITESHELL, n'est cependant établi qu'en 1961.

Les provinces Atlantiques, quant à elles, commencent à établir des parcs provinciaux dans les années 50, à une époque où la demande en aires récréatives sur les sites naturels à proximité des villes se fait croissante. Des parcs à vocation récréative axés sur la protection de la nature sont créés, mais leur nombre et leur superficie restent relativement peu importants. Les parcs territoriaux du Yukon et des Territoires du Nord-Ouest sont une innovation encore plus récente, principalement parce que les terres appartiennent en grande partie au gouvernement fédéral. La demande en lieux récréatifs y est très limitée du fait de la faible population, du peu d'achalandage touristique saisonnier et de l'abondance évidente d'étendues sauvages.

Réseau des parcs provinciaux

Aujourd'hui, plus d'un siècle après l'établissement du premier parc provincial, toutes les provinces possèdent un réseau de parcs provinciaux et des territoires réservés à des fins récréatives et de conservation de la nature. Chaque réseau provincial est différent et de nouveaux parcs sont créés tous les ans.

Colombie-Britannique En 1996, elle compte 443 parcs provinciaux, 131 réserves écologiques et une réserve intégrale, totalisant une superficie de 78 000 km². Ces parcs sont d'une grande diversité: régions sauvages, vastes et éloignées, comme le Tweedsmuir, ainsi que parcs marins et petits parcs récréatifs à proximité des villes. On les divise en trois classes. La classe A comprend 391 parcs naturels ou historiques totalement protégés, dans lesquels aucune exploitation commerciale des ressources n'est permise; une exploitation discrète et réglementée est permise dans les 2 parcs de la classe B; les 21 parcs de la classe C sont petits, essentiellement locaux et à vocation récréative et seront éventuellement confiés aux municipalités. En 1995, le réseau des parcs provinciaux de la Colombie-Britannique accueille 24,6 millions de visiteurs.

Alberta En 1996, elle compte 67 parcs provinciaux, 3 réserves intégrales, plus de 300 aires récréatives, 14 réserves écologiques et le parc Willmore Wilderness, qui totalisent à eux tous plus de 10 000 km². Les parcs albertains présentent des aspects fort différents: de vastes étendues sauvages et vierges, peu fréquentées, dans les Rocheuses (p. ex., Siffleur), et des parcs récréatifs, très fréquentés, longeant des cours d'eau et situés dans les régions plus populeuses du centre et de l'est de l'Alberta (p. ex., lac Sylvan). On y rencontre également des zones protégées, qui abritent des précipices à bisons, des lits de fossiles, de l'art rupestre autochtone et d'autres lieux historiques (p. ex., le PARC PROVINCIAL DINOSAUR). En 1995, le réseau albertain des parcs provinciaux accueille approximativement 9 millions de visiteurs.

Saskatchewan En 1995, la province compte 34 parcs provinciaux, d'une superficie totale de 11 482,87 km², et 150 aires récréatives représentant une superficie de 422,22 km². On les divise en 4 classes: parcs historiques (9 en tout, couvrant 274 ha), parcs récréatifs (10 en tout, pour une superficie de 146,94 km²), parcs de conservation du milieu naturel (11, totalisant une superficie de 6774,63 km²) et parcs à l'état sauvage (4, s'étendant sur une superficie de 4558,56 km²). Le réseau comprend également 22 zones protégées et 8 LIEUX HISTORIQUES. La Saskatchewan compte aussi 101 parcs régionaux. En 1995, le réseau des parcs provinciaux de la Saskatchewan reçoit 2,3 millions de visiteurs.

Manitoba En 1994, il dénombre 102 parcs provinciaux totalisant une superficie de plus de 10 000 km². Ils sont répartis en plusieurs catégories: parcs naturels, parcs récréatifs, parcs du patrimoine, parcs à l'état sauvage et haltes routières. Le parc WHITE-SHELL, à l'est de Winnipeg, est un parc naturel, tout comme le parc Nopiming, (mot saulteux signifiant «dans la nature»). Le Hecla est un parc du patrimoine, et l'Atikaki est le seul parc à l'état sauvage. En 1994, le réseau des parcs provinciaux du Manitoba reçoit plus de 3 millions de visiteurs.

Ontario En 1995, cette province compte 265 parcs provinciaux totalisant 634 981 km². D'autres terres (1334 km²), établies par les responsables provinciaux de la protection de la nature, des réserves intégrales (618 km²) et diverses autres zones remplissent aussi des fonctions récréatives et de conser-

vation de la nature. Le réseau des parcs comprend des réserves intégrales (p. ex., le parc Quetico, 4758 km²), des lieux historiques (p. ex., le parc provincial PETROGLYPHS, 1555 ha) ainsi que des aires récréatives très fréquentées (p. ex., Wasaga Beach, 15 km²).

Les parcs provinciaux ontariens sont classés comme suit: nature sauvage (8 en tout, pour une superficie de 41 391,73 km²), milieu naturel (65, totalisant 11 900,29 km²), voie navigable (29, totalisant 8873,99 km²), réserve naturelle (88, totalisant 915,42 km²), récréatif (71, totalisant 395,70 km²) et lieu historique (4, s'étendant sur 2019 ha). Depuis 1983, 132 nouveaux parcs ont été établis, et plusieurs nouvelles régions ont été proposées comme parcs provinciaux. Le plus important de ceux-ci est une extension du parc provincial Wabakimi, d'une superficie de 8000 km², située dans le nord-ouest de l'Ontario. En 1994, le réseau des parcs provinciaux de l'Ontario accueille 8,3 millions de visiteurs.

Québec En 1995, il compte 17 parcs provinciaux, dont 3 sont en processus de désignation, totalisant une superficie de 4248,87 km², 18 autres régions situées au nord du 50ᵉ parallèle ont également été retenues. Le réseau comprend de vastes zones de nature sauvage (p. ex., le parc du mont Tremblant, totalisant 1490 km²) et des zones de plus petite taille (Miguasha, site paléontologique de classe internationale, 62,3 ha). Depuis 1977, ils sont classés en parcs de conservation et en parcs récréatifs. En 1994, le réseau des parcs provinciaux du Québec recense 3,4 millions journées de séjour.

Nouveau-Brunswick En 1995, il compte 33 parcs provinciaux de tailles variées: des sites allant de 17 427 ha (mont Carleton) à 0,2 ha (plages et haltes routières). En 1996, le réseau est réduit: 12 parcs sont transférés à des municipalités, à des organismes bénévoles sans but lucratif et au secteur privé. En 1995, les parcs du Nouveau-Brunswick s'ouvrent à près de 2,5 millions de visiteurs.

Nouvelle-Écosse En 1995, elle compte 119 parcs provinciaux. Ceux qui sont ouverts totalisent 92,15 km² et les aires réservées, 190,10 km². Parcs routiers, côtiers et urbains à vocation essentiellement récréative, ils sont groupés en terrains de camping, aires de pique-nique, plages et haltes routières. On estime à 2 millions le nombre de visiteurs qui fréquentent ces parcs en 1995.

Île-du-Prince-Édouard En 1996, l'île compte 30 parcs provinciaux pour une superficie de 17 km². Presque tous ces sites sont dispersés le long du littoral. Ils comprennent des parcs récréatifs, des parcs de conservation du milieu naturel et des lieux historiques. Plusieurs ont une seconde désignation suivant la Natural Areas Protection Act. Les parcs provinciaux de l'Île-du-Prince-Édouard ont accueilli 500 000 visiteurs en 1990.

Terre-Neuve En 1996, elle dénombre 64 parcs provinciaux totalisant une superficie de 4373,28 km². Le réseau comprend 32 parcs régionaux, 13 attractions panoramiques naturelles et 3 parcs clés. En 1995, ces parcs accueillent plus de 1,8 million de visiteurs. En 1986, le programme des parcs provinciaux est étendu. Il englobe maintenant l'administration de 13 réserves écologiques, notamment plusieurs refuges d'OISEAUX MARINS (totalisant 84,03 km²), 2 réserves de région sauvage (totalisant 3965 km²) et 2 réserves transitoires.

Territoire du Yukon Il possède deux parcs territoriaux: l'île Herschel, établie en 1987, et le Coal River springs, établi comme parc territorial et réserve écologique en 1990. On y trouve également 41 terrains de camping situés le long des routes principales du territoire ainsi que 11 aires récréatives situées le long des routes fréquentées par les touristes et pourvues de panneaux d'interprétation ou de sentiers de nature.

Territoires du Nord-Ouest En 1996, ils comptent 45 parcs territoriaux, pour une superficie de 31 km². On étudie la possibilité de créer des parcs plus

vastes. Ces parcs sont classés de la façon suivante: parcs récréatifs, parcs de loisirs de plein air, parcs de quartier, parcs en bordure de route et parcs historiques. On compte de plus 3 réserves fauniques totalisant 12 321 km² et 9 aires importantes de protection de la faune totalisant 140 000 km².

Administration

Les parcs provinciaux sont administrés par des organismes gouvernementaux provinciaux, qui relèvent habituellement des ministères administrant les ressources naturelles, le tourisme ou la culture. En Ontario, p. ex., la division des parcs provinciaux relève du ministère des Richesses naturelles; en Colombie-Britannique, du ministère des Terres, des Parcs et de l'Habitation. Le personnel occupe des bureaux situés dans les capitales provinciales, dans des bureaux régionaux et dans les parcs eux-mêmes. Le surintendant est normalement secondé par des gardes forestiers et des agents d'interprétation.

La plupart des organismes provinciaux ont élaboré un plan de réseau des parcs facilitant les décisions à prendre quant au nombre de parcs requis, aux caractéristiques, à la taille et à l'emplacement appropriés. Un plan de gestion est généralement préparé pour chaque parc dans le but de faciliter les décisions à prendre quant à la protection de l'environnement du parc, la mise en place d'installations et la prestation de services. Étant donné la grande diversité dans la vocation et les objectifs des parcs, de nombreux organismes les classent (p. ex., nature sauvage, récréatif ou historique) et les administrent en conséquence. Parce que les parcs, et tout spécialement les grands parcs, diffèrent quant à leur vocation et à leurs objectifs, il arrive souvent qu'on les soumette à un zonage, certaines régions étant strictement réservées à la protection de la nature et d'autres au développement touristique. La classification et le zonage d'un parc sont des tâches difficiles, qui peuvent nécessiter la participation du public.

Dans leurs efforts pour protéger l'environnement des parcs tout en répondant aux besoins des visiteurs, les organismes font face à de nombreux problèmes de gestion. Peu de parcs, aujourd'hui, sont autosuffisants du point de vue écologique. Par conséquent, on a recours à des méthodes de gestion en ce qui concerne les incendies de forêt, les déséquilibres écologiques, les maladies des animaux et des végétaux, de même que l'impact de la présence humaine. La fréquentation des parcs par les visiteurs nécessite que l'on prévoie et que l'on administre des services de logement, de transport et des installations de loisirs, ainsi que des services de renseignements et d'éducation, et même, des mesures de sécurité.

Les principaux problèmes survenus au cours des dernières années ont été le maintien des populations de poissons, la prévention des INCENDIES DE FORÊT, la dégradation des lieux par les visiteurs, le vandalisme, la protection des visiteurs contre les ours, l'élimination du braconnage, la réduction de la fréquentation excessive des sites les plus populaires, l'arrivée de technologies nouvelles (p. ex., les motoneiges, les deltaplanes, les planches à voile) et la réduction du nombre d'accidents résultant d'activités à risques (p. ex., l'alpinisme, le canotage, le camping d'hiver).

Au cours des dernières années, dans le but d'améliorer la planification, la gestion, la protection de l'environnement et la satisfaction des visiteurs, les organismes responsables ont organisé des programmes de recherche et ont régulièrement consulté le public à l'aide de sondages et d'audiences publiques. Les entreprises privées, les associations et les bénévoles ont aussi eu l'occasion de participer à l'administration des parcs.

John S. Marsh

Parcs urbains À l'origine, le parc (de style britannique) se définit comme le domaine d'un gentilhomme. Le parc public n'est pas intégré dans l'aménagement des premiers villages et des premières villes du

Canada. Tel que nous le connaissons, il apparaît en Amérique du Nord dans les années 1830 sous la forme du «cimetière rural»: cette tendance d'alors consistait à aménager le cimetière en oasis propice à la promenade et aux pique-niques en famille. Le cimetière Mount Pleasant, de Toronto, conçu par H.A. Engelhardt en 1874, en est un bel exemple.

Quatre facteurs dominants des années 1880 à 1914 expliquent l'apparition de nombreux parcs. Le premier repose sur une opinion fort répandue: le citadin, en s'éloignant de la nature, subit des torts sur les plans physique, psychologique et moral. Les parcs apparaissent comme les parfaits antidotes à ce malaise urbain. Le deuxième facteur, inspiré de la popularité grandissante du «MOUVEMENT CITY BEAUTIFUL», une philosophie mal intégrée de l'amélioration du milieu urbain, encourage les travaux d'embellissement, les grands centres municipaux, les magnifiques paysages urbains et les parcs. Le troisième facteur met l'accent sur les avantages économiques des parcs et sert à la promotion dynamique pour les cités et les villes. Les parcs augmentent la valeur des propriétés adjacentes et sont vantés par les agences immobilières comme étant la preuve d'un quartier prospère, d'une collectivité «soucieuse» du bien-être de ses résidents.

Le quatrième facteur étant la création, en 1874, du parc du Mont-Royal, à Montréal, par Frederick Law Olmsted (1822-1903), prééminent architecte-paysagiste nord-américain. La philosophie d'Omlsted en matière d'aménagement des parcs et des espaces verts en milieu urbain influence fortement l'essor des parc canadiens: il préconise une planification unifiée, évocation de paysages naturels. Il est lui-même fortement influencé par le concept du paysage anglais idéal: collines aux pentes douces, pelouses vertes étendues, bosquets d'arbustes et d'arbres, massifs de fleurs au détour de sentiers sinueux, un endroit idéal pour les pique-niques en famille, les promenades et les concerts du dimanche. Le parc du Mont-Assiniboine de Winnipeg, conçu par l'architecte-paysagiste canadien Frederick Todd, et ouvert au public en 1909, est un autre bel exemple d'aménagement britannique. Selon Olmsted, c'est le style le plus efficace pour contrer les effets nocifs de la vie urbaine. Il maintient aussi que les parcs doivent être ouverts à toutes les classes sociales. Ces divers arguments se voient plus tard entérinés par la *Loi sur les parcs publics* adoptée en 1876 par la Colombie-Britannique, en 1883 par l'Ontario et en 1892 par le Manitoba.

Au début du siècle, la création de vastes parcs conçus et aménagés, tels que le Mont-Royal, ne constitue cependant pas une priorité en planification urbaine. On encourage surtout la création de petits parcs urbains, de jardins publics décorés ou de minuscules «aires de repos» disséminés dans la ville. Dans les années 1880, le Queen Square de Charlottetown, à l'Île-du-Prince-Édouard, voit le jour en grande partie grâce à la générosité des citoyens. Plusieurs parcs sont alors réalisés, non seulement par des experts, mais aussi par des petits groupes, des sociétés horticoles, de nouvelles associations vouées à l'embellissement du milieu et même des Chambres de commerce. Les parcs se multiplient alors dans les plus petites villes et dans les villages. Privés du financement public, les citoyens intéressés consacrent leurs fins de semaine à la planification et à la plantation. Galt, en Ontario, est citée en exemple pour sa politique avant-gardiste et dynamique: les parcs et les terrains de jeux occupent 50 de ses 567 ha.

De nombreux promoteurs se préoccupent surtout de l'embellissement des parcs tandis que d'autres veulent les utiliser aux fins de réforme sociale. Ces réformateurs horticoles sont persuadés que les villes nécessitent plus d'espace pour les activités de loisirs et de sports, de l'espace où les travailleurs à majorité locataires pourront dépenser leur trop-plein d'énergie car, non contrôlée, elle pourrait conduire au bolchévisme, au syndicalisme ou à l'intempérance. Jusque vers les années 20, adeptes de l'esthétique et adeptes de l'athlétisme continuent de s'affronter.

Finalement, les parcs deviennent lieux de loisirs publics, et on y offre de plus en plus de services à la population. Au parc Beacon Hill, à Victoria, en Colombie-Britannique, on s'enorgueillit de posséder un champ de cricket, une pelouse pour le boulingrin, une piste de course, un kiosque à musique, un zoo, un lac pour les promenades en bateau, des jardins de fleurs et des sentiers bordés d'arbres.

À cette époque, les parcs sont en quelque sorte le livre d'histoire de la ville. En 1898, p. ex., les écoliers plantent des arbres dans les jardins publics de Halifax, et les identifient à la mémoire des militaires morts pendant les campagnes sud-africaines. Dans les parcs plus importants, des membres de la famille royale plantent des arbres pour commémorer leur visite, et les entreprises plantent arbres et arbustes pour marquer certains anniversaires. On fait don de fontaines et de statues en l'honneur de personnes ou pour commémorer des événements locaux ou nationaux. Les parcs servent aussi de livres vivants aux écoliers qui y étudient la végétation, scientifiquement identifiée.

À la suite de l'effondrement du prospère secteur immobilier et au début de la Seconde Guerre mondiale, de nombreuses villes se voient incapables de financer leurs projets d'embellissement. Les associations vouées à ces projets disparaissent, car leurs membres épousent d'autres causes. On ne crée donc plus de parcs. À la fin de la guerre, on dresse plutôt des monuments à la mémoire des combattants. L'intérêt pour les parcs renaît cependant, et on débloque à nouveau des fonds publics. Au cours des années 20, l'aménagement et l'entretien de parcs deviennent une entreprise bureaucratisée, confiée aux mains d'experts et non plus d'amateurs.

Une fois de plus, la crise des années 30 met un frein à la création de parcs, mais l'idée de conserver de beaux espaces pour les loisirs subsiste. Au cours des années 60, on note un regain d'intérêt et de nombreux parcs voient le jour, en grande partie pour commémorer l'année du CENTENAIRE. Aujourd'hui, on n'a plus à justifier les parcs comme outils de réforme sociale ou comme «poumons de la ville»; ils font tout naturellement partie du paysage urbain.

Edwinna Von Baeyer

Parent, Étienne, journaliste, avocat, fonctionnaire et essayiste (Beauport, 2 mai 1802—Ottawa, 22 déc. 1874). Après avoir été rédacteur du journal *Le Canadien* (1822-1825), puis de la section française de *La Gazette de Québec*, il ressuscite *Le Canadien* en 1831 (tout en demeurant fonctionnaire, 1825-1838) et lui donne une devise restée célèbre: «Nos institutions, notre langue et nos lois». Il mène la lutte pour la reconnaissance des Canadiens français comme nation en réclamant «tous les droits civils et politiques qui sont l'apanage d'un pays anglais». À la veille des RÉBELLIONS DE 1837, Louis-Joseph PAPINEAU se radicalisant, Parent, réaliste et lucide, l'abandonne (1835); il prêche la modération aux deux partis: les Patriotes le considèrent comme un traître, mais le gouverneur anglais le fait emprisonner (1838-1839) pour «menées séditieuses». Devant le fait accompli de l'union des deux Canadas (PROVINCE DU CANADA, 1840), le polémiste se résigne à ne lutter que pour l'égalité «des deux peuples et des deux pays». Élu député (1841), il se retire peu après à cause d'une surdité contractée en prison. Nommé greffier du Conseil exécutif (1842), il quitte la direction de l'INSTITUT CANADIEN auquel il collaborera occasionnellement (1847, 1851-1854). Il est ensuite sous-secrétaire de la province (22 mai 1847), puis sous-secrétaire d'État fédéral (29 mai 1868) jusqu'à sa retraite (1872). Après 1840, devenu un sage que l'on consulte, il donne huit conférences importantes (1846-1852): il invite ses compatriotes à s'engager dans l'industrie et le commerce, à étudier l'économie politique; il propose des moyens de développer l'éducation et d'améliorer le sort des classes ouvrières; il fait valoir le rôle de l'intelligence, du spiritualisme et du prêtre dans la société. Sa forte pensée, nourrie aux meilleures sources américaines et européennes, s'enracine avec originalité dans le terreau canadien. On l'a appelé le Nestor de la presse canadienne et le Victor Cousin de l'Amérique.

René Dionne

Parent, Kevin, auteur, compositeur et interprète (Greenfield Park, Qc, 12 déc. 1972). Né en banlieue de Montréal, il passe toute son enfance à Nouvelle, un petit village de Gaspésie où il commence à composer des chansons, d'abord en anglais, puis en français à compter de 1992. L'année suivante, il remporte le premier prix au concours «Le pouvoir de la chanson» et enregistre le vidéoclip de sa chanson *Nomade Sédentaire* à Paris. Timide au langage souvent direct, Kevin Parent devient rapidement l'idole de toute une génération. Ses deux premiers albums (1995 et 1998) dépassaient, en l'an 2000, le cap des 350 000 et 250 000 exemplaires vendus et lui apportaient 8 Félix en 4 ans, dont, fait inédit, celui de la chanson de l'année en 1996, 1997 et 1998 ainsi que celui d'interprète masculin à deux reprises. Il a chanté à l'ouverture des Jeux olympiques de Calgary et en première partie de Céline DION au Centre Molson. Ses spectacles affichent presque toujours complets. Ses chansons *Seigneur, Father on the Go* et *Fréquenter l'oubli* sont maintenant devenues des classiques.

Robert Thérien

Parent, Madeleine, syndicaliste (Montréal, juin 1918). Née dans une famille canadienne de classe moyenne, elle reçoit une éducation traditionnelle. Elle se dévouera néanmoins à la syndicalisation des travailleurs. En 1943, elle travaille aux côtés de son futur mari, Kent ROWLEY, à la syndicalisation des Ouvriers unis du textile d'Amérique (OUTA). En 1946, les 6000 travailleurs qu'ils avaient syndiqués à Montréal et à Valleyfield (maintenant Salaberry-de-Valleyfield) sortent victorieux d'une grève menée contre les forces conjuguées de l'employeur, Dominion Textile, de l'Église et de l'État. Un an plus tard, après trois mois de procès, Madeleine Parent est condamnée pour conspiration séditieuse. Dans le Québec de DUPLESSIS, elle doit attendre jusqu'en 1954 pour un nouveau procès qui prononce son acquittement. Congédiée en 1952 par le secrétariat général de l'OUTA sous le faux prétexte qu'elle est communiste, elle organise avec Rowley le Syndicat canadien des travailleurs du textile et de la chimie (1952) et la Confédération des syndicats canadiens (1969). Elle mène certaines grèves acharnées dans les années 70, dont celle de Purtex en 1979, déclenchée pour protester contre la surveillance des travailleurs à l'aide de téléviseurs en circuit fermé.

Margaret E. McCallum

Parent, Mimi, artiste surréaliste (Montréal, 1924). Parent est l'élève d'Alfred PELLAN à l'École des beaux-arts de Montréal, d'où on finit par la renvoyer pour indiscipline en 1947. La même année, elle présente sa première exposition individuelle à la Dominion Gallery de Montréal, et, l'année suivante, elle signe avec 13 autres artistes le Manifeste Prisme d'Yeux. Après son mariage avec Jean BENOÎT, en 1948, elle quitte le Canada pour aller vivre à Paris.

Mimi Parent s'associe au groupe surréaliste en 1959 et conçoit cette année-là l'affiche et la mise en page du catalogue de l'exposition *EROS*, où elle est aussi responsable de la salle du fétichisme. Bien qu'elle participe à des activités collectives surréalistes (Milan, 1960; *L'Écart absolu*, Paris, 1965; Sao Paulo, 1967; *Le Principe de plaisir*, Prague, 1968), elle fait aussi des expositions individuelles (Galerie André-François Petit, Paris, 1984; Museum Bochum, 1984; Noyers-sur-Serein, 1992). À l'automne 1998, la Galerie 1900-2000, à Paris, organise une rétrospective de ses œuvres.

L'œuvre de Parent au cours des trois dernières décennies consiste en de nombreux «tableaux-objets». Il s'agit de boîtes en bois peintes en noir dans lesquelles l'on peut voir une scène, composée de divers éléments, à travers une vitre. Chaque boîte constitue en elle-même un étonnant «théâtre de l'inconscient» et de somptueuses couleurs viennent y souligner l'inquiétante étrangeté de la scène. Une exposition de l'ensemble de ses œuvres révélerait une des artistes canadiennes les plus cohérentes et les plus originales du XXᵉ s.

Jean-Marie Apostolides

Parent, Simon-Napoléon, avocat, homme d'affaires, politicien libéral et premier ministre du Québec (Beauport, Canada-Est, 12 sept. 1855—Montréal, 7 sept. 1920). Premier maire «à l'avant-garde» de la ville de Québec (1894-1906), Parent se fait le promoteur de la planification urbaine et du développement économique. Il devient ministre des Terres et Forêts de la province en 1897 et encourage aussitôt l'exploitation à grande échelle des ressources forestières et hydrauliques du Québec. Il devient premier ministre après le décès de Félix-Gabriel MARCHAND, en 1900, mais il est démis de ses fonctions en 1905, après que ses rivaux personnels et de jeunes nationalistes eurent critiqué les concessions faites aux capitalistes étrangers. Il abandonne ses fonctions de maire peu après, mais il est nommé président de la Commission royale sur les chemins de fer nationaux, puis président de la Commission des eaux courantes de Québec.

Bernard L. Vigod

Parflèche Sorte de contenant en cuir cru fabriqué par les autochtones des Plaines. Le nom vient du terme par lequel les VOYAGEURS désignaient la peau brute. Il est fait d'une seule pièce de peau apprêtée qui se plie comme une enveloppe pour conserver de la viande séchée (PEMMICAN) et d'autres aliments. Les autochtones fabriquaient aussi des sacoches de selle, des contenants tubulaires pour y placer les coiffures de guerre et de petites bourses à effets personnels. Ces objets en peau brute, légère et durable étaient souvent peints ou ornés de DÉCORATIONS DE PIQUANTS DE PORC-ÉPIC.

René R. Gadacz

Paris, ville de l'Ont.; pop. 8987 (rec. 1996), 8600 (rec. 1991), 8088 (rec. 1986); superf. 13,64 km²; const. en 1855; située à 50 km à l'ouest d'Hamilton, au confluent des rivières Nith et Grand. La ville est fondée en 1829 au moment où Hiram Capron, un promoteur américain, fonde une colonie qu'il nomme Forks of the Grand. Il veut exploiter le gypse de la région pour en fabriquer du plâtre de Paris. D'où le nom de la ville.

Paris a toujours été une collectivité rurale autour de laquelle gravitent les industries agricole et laitière. Mais le secteur manufacturier, principalement les usines de produits pharmaceutiques, de textiles et d'ameublement, se développe et fournit maintenant des emplois à 40 p. 100 de la population. La Plains Church, une église en pierre de galet unique en son genre et érigée en 1845, rappelle les débuts de la colonie. Penmarvian, une maison construite par John Penman, un manufacturier de textile, demeure un point d'intérêt. Un bâtiment du centre-ville marque l'endroit où Alexander Graham BELL a reçu, en 1876, le premier appel téléphonique interurbain, en provenance de BRANTFORD.

Daniel Francis

Parizeau, Alice (née Poznanska), journaliste, romancière et essayiste (Luniec, Pologne, 25 juill. 1930—Montréal, 30 sept. 1990). Elle passe son enfance à Cracovie et très jeune, joue le rôle d'agente de liaison au cours de la Seconde Guerre mondiale. Après l'insurrection de Varsovie, elle est internée dans un camp de travail allemand. À la Libération, elle se rend à Paris afin de poursuivre des études en lettres, en sciences politiques (Certificat, 1953) et en droit

(Licence, 1953). Elle émigre à Montréal en 1955 et collabore à différents journaux et revues (*Châtelaine*; *Cité libre*; *La Presse*; *Le Devoir*; *La Patrie*; *Maclean*). Elle exerce aussi le métier de recherchiste chez Radio-Canada et, à partir de 1970, enseigne au Département de criminologie de l'U. de Montréal. Ce qui sous-tend l'œuvre littéraire d'Alice Parizeau, c'est à la fois un vécu aride en Pologne dans un contexte de violence et son intégration à l'étranger. Certains de ses premiers ouvrages, écrits dans les années 60, font ressurgir le passé européen (*Voyage en Pologne*, 1962; *La Québécoise en Europe «rouge»*, 1965). D'autres œuvres au contraires témoignent d'une réflexion ancrée dans le présent (*Les Solitudes humaines*, 1962; *Fuir*, 1963; *Rue Sherbrooke Ouest*, 1967; *L'Envers de l'enfance*, 1976; *Côte-des-Neiges*, 1983). C'est véritablement avec la publication de sa trilogie que la carrière d'Alice Parizeau en tant qu'auteure prend essor en Amérique du Nord comme en Europe: il s'agit d'une saga polonaise marquée par l'expérience tragique de la guerre, où la vie consiste en une conjugaison de courage et de souffrance permanente. La première partie intitulée *Les Lilas fleurissent à Varsovie* (1981) obtient le Prix européen de l'Association des écrivains de langue française en 1982. La trilogie se poursuit avec *La Charge des sangliers* (1982) et s'achève par *Ils se sont connus à Lwow* (1985). Le caractère autobiographique du récit est soutenu par le talent de conteuse d'Alice Parizeau, qui parvient à tenir le lecteur en haleine grâce à la mise en scène combinée de destins collectifs et individuels riches et complexes. Toute la tragédie du peuple polonais rejaillit au travers d'une écriture qui, sans tomber dans la complaisance, restitue de manière romanesque la réalité des faits vécus. D'autres romans suivent mais sont moins édifiants: *Blizzard au Québec* (1987), qui consiste en un hommage aux pionniers de la Baie James, fait l'objet de critiques très partagées. Dans *Nata et le professeur* (1988) s'entremêlent amour et atrocités de la guerre pendant le «massacre de Katyn» (1943), orchestré par les Soviétiques. Ce roman bénéficie d'un jugement plus favorable. Au printemps 1988, Alice Parizeau se sait atteinte d'un cancer incurable et entreprend de tenir un carnet de bord qui sera publié de façon posthume sous le titre *Une Femme* (1991). L'auteure remonte le fil de son existence, partagée entre l'amour viscéral pour une Pologne déchirée et un exil salutaire, au coté de son mari Jacques Parizeau, ancien Premier ministre du Québec.

Delphine Le Roux

Parizeau, Gérard, assureur (Montréal, 16 déc. 1899—Saint-Lambert, Qc, 25 janv. 1994). Après avoir obtenu son diplôme de l'École des hautes études commerciales à l'U. de Montréal, Parizeau travaille dans la fonction publique de 1920 à 1925, année où il devient responsable de la section francophone chez Irish & Maulson, une maison de courtiers d'assurances. En 1925, il fonde aussi *L'Actualité économique*, la revue officielle de l'École des hautes études commerciales, où il enseigne à partir de 1928.

En 1938, il crée sa propre maison de courtiers qui devient l'une des plus importantes du Canada. En 1961, il participe à la mise sur pied de la maison de courtiers de réassurance, Le Blanc, Eldridge, Parizeau, et en est président du conseil pendant de nombreuses années. En 1965, il achète La Nationale, une compagnie canadienne de réassurance, jusqu'alors filiale de La Nationale de Paris. En 1972, il crée le cabinet de gestion de Sodarcan, regroupant ainsi une douzaine de compagnies d'assurances et de réassurance. Son fils Robert et lui détiennent la majorité des parts jusqu'à sa mort. Un autre de ses fils, Jacques PARIZEAU, atteint la direction du Parti québécois et devient premier ministre du Québec.

Jorge Niosi

Parizeau, Jacques, économiste et politicien (Montréal, 9 août 1930). L'un des premiers mandarins de l'État moderne du Québec, Parizeau devient ensuite

une des plus irréductibles figures de proue du mouvement souverainiste québécois.

Parizeau fait partie de l'équipe de bâtisseurs associés à la RÉVOLUTION TRANQUILLE du début des années 60 au cours de laquelle il participe notamment à la nationalisation du réseau électrique, à la mise en place du RÉGIME DE RENTES DU QUÉBEC et à l'instauration d'un nouveau régime de négociations dans la fonction publique québécoise. Il est également le parrain de la CAISSE DE DÉPÔT ET PLACEMENT DU QUÉBEC, un instrument capital de la modernisation de l'économie québécoise.

Parizeau adhère officiellement au PARTI QUÉBÉCOIS (PQ) en 1969, une décision qu'il explique par sa conviction qu'il ne peut y avoir deux gouvernements forts dans le même pays. Par la suite, Parizeau n'accepte jamais de dévier de son objectif indépendantiste. Ministre des Finances des gouvernements successifs de René LÉVESQUE, de 1976 à 1984, il quitte ses fonctions en répudiant le virage fédéraliste de son chef, qui prône, sous le vocable de «beau risque», une tentative de réaménagement des rapports Québec-Canada dans le cadre canadien.

En 1988, les vues de Parizeau triomphent au sein du Parti québécois avec son élection comme chef en remplacement de Pierre-Marc JOHNSON. Il remet l'indépendance à l'ordre du jour des priorités du PQ. Ce faisant, il entame avec son parti une traversée du désert dans l'opposition. L'année précédente, Robert BOURASSA et Brian MULRONEY ont réussi la négociation d'une nouvelle entente constitutionnelle Canada-Québec. Au moment de l'arrivée de Parizeau à la tête du PQ, les Accords du lac Meech filent vers leur ratification finale, des partisans influents du «beau risque», comme Lucien BOUCHARD, ont rejoint le gouvernement conservateur à Ottawa et le fédéralisme semble avoir le vent dans les voiles au Québec.

Aux élections provinciales de 1989, le PQ est de nouveau cantonné dans l'opposition, ne remportant que 29 sièges. Parizeau réussit néanmoins à obtenir 40 p. 100 des suffrages.

En juin 1990, l'alliance entre partisans du «beau risque» et fédéralistes canadiens éclate avec l'échec de l'ACCORD DU LAC MEECH. Bouchard quitte le gouvernement Mulroney pour fonder un parti indépendantiste fédéral. Une grande fièvre nationaliste s'empare du Québec, forçant Robert Bourassa lui-même à envisager brièvement l'indépendance de la province. En 1992, Parizeau mène le camp du Non à la victoire dans le cadre du référendum qui se déroule au Québec sur une nouvelle proposition constitutionnelle canadienne, l'ACCORD DE CHARLOTTETOWN.

En 1994, Parizeau est élu premier ministre du Québec, avec 45 p. 100 des suffrages, aux dépens du successeur de Bourassa, Daniel JOHNSON. Malgré un score électoral serré, le PQ détient 77 des 125 sièges de l'Assemblée nationale. L'année précédente, le BLOC QUÉBÉCOIS, sous la direction de Bouchard, a fait élire des députés souverainistes fédéraux dans plus des deux tiers des circonscriptions du Québec. Parizeau décrète que tout est en place pour la réalisation de sa promesse de tenir, dans l'année, un RÉFÉRENDUM sur la souveraineté. Mais l'élan donné à la souveraineté par l'échec du lac Meech commence à s'estomper. Au déclenchement de la campagne référendaire, le Oui accuse plus de 10 points de retard sur le Non. À mi-campagne, dans un ultime effort pour renverser la tendance, Parizeau accepte de se mettre en retrait de la direction du camp du Oui au profit de son populaire équivalent fédéral, Lucien Bouchard, chef du Bloc québécois.

Le 30 octobre 1995, le Oui rallie 49 p. 100 des suffrages, passant ainsi à quelques dizaines de milliers de votes de la victoire. Au soir du référendum, Parizeau, visiblement amer, laisse entendre qu'il a été vaincu par le pouvoir financier du camp adverse et la forte mobilisation contre le Oui des communautés culturelles, déclaration qui lui sera largement reprochée. Il démissionne le lendemain. Par la suite, Parizeau se donne le rôle d'animateur du mouvement souverainiste, tentant de donner un nouveau souffle à sa cause, en dirigeant notamment un chantier de réflexion sur la question au sein du Bloc québécois.

Chantal Hébert

Parjure Il y a parjure lorsqu'un témoin dans une instance judiciaire donne sciemment un faux témoignage en vue de tromper le juge ou le jury. Il y a aussi parjure lorsqu'une personne, sous serment, fait sciemment une fausse déclaration même hors du cadre d'une instance judiciaire.

Vincent M. Del Buono

Parka Vêtement ajusté que portent les INUITS et qui protège la tête, les bras et le haut du corps contre les rigueurs du climat arctique. Le style varie d'une région à l'autre, et les parkas de femmes ont une coupe différente de ceux des hommes. Les femmes portent leurs jeunes enfants sur leur dos sous le parka ou encore dans le capuchon. Celui-ci est bordé de fourrure ou se ferme par un cordonnet. Les deux modèles servent à garder sous le vêtement l'air réchauffé par le corps. Autrefois, le parka était fait de peau de caribou souvent cousue en mosaïque. Aujourd'hui, ils sont faits généralement de tissus importés du Sud.

Thomas S. Abler

Parker, John Dickerson, dit «Jackie», né John D. Flanagan, joueur de football (Knoxville, Tenn., 1ᵉʳ janv. 1932). Pendant sa jeunesse, Parker excelle au baseball et mérite une bourse qui l'amène dans l'État du Mississippi. Il se tourne ensuite vers le FOOTBALL et devient un quart-arrière remarquable. Il joint les rangs des ESKIMOS D'EDMONTON en 1954 et mène l'équipe à la finale de la COUPE GREY contre l'équipe de Montréal, largement favorite. Parker réalise l'une des séquences les plus marquantes de toute l'histoire du sport canadien en s'emparant d'un ballon échappé pendant les dernières minutes du match et en gagnant 90 verges pour égaliser le compte et préparer le champ pour la transformation gagnante. En 1955, il occupe la position de quart-arrière pour l'équipe d'Edmonton, qui remporte la coupe Grey, et il est receveur et demi-arrière au moment de la victoire de 1956. Au cours des neuf années qu'il passe avec les Eskimos (1954-1962), il gagne sept fois le Jeff Nicklin Memorial, remis au joueur le plus utile à son équipe dans la division Ouest, et trois fois le trophée Schenley, remis au meilleur joueur. Parker est échangé aux ARGONAUTS DE TORONTO après la saison 1962. De 1970 à 1975, il est le directeur général des LIONS DE LA COLOMBIE-BRITANNIQUE. À sa retraite, Parker est le joueur qui a marqué le plus de points (750) dans toute l'histoire de la Ligue canadienne de football. Comme quart-arrière, il a réussi 1089 passes sur 16 476 verges. Il a couru 5210 verges et gagné 2308 verges par la passe. Entraîneur en chef des Eskimos d'Edmonton de 1983 à 1987, il est admis au Temple de la renommée des sports du Canada en 1987.

Frank Cosentino

Parker, Jon Kimura, pianiste (Burnaby, C.-B., 25 déc. 1959). Parker est un jeune Canadien en qui les critiques et les auditoires du monde entier reconnaissent la virtuosité et la maestria d'un grand musicien de classe internationale. Après ses débuts à l'âge de 5 ans avec l'Orchestre des jeunes de Vancouver, Parker remporte plus de 200 premiers prix dans des concours locaux, nationaux et internationaux. Ses professeurs sont, entre autres, Edward Parker (son oncle), Kum-Sing Lee et Marek Jablonski au Canada, ainsi qu'Adele Marcus à la Juilliard School de New York, où il obtient une maîtrise à l'âge de 21 ans. Sa victoire au Concours international de piano à Leeds, en 1984, lui ouvre la voie à des engagements prestigieux de récitals et de concerts, y compris une représentation commandée par la reine Elizabeth II. Son programme international fort chargé comprend des tournées avec de grands orchestres dont l'Orchestre symphonique de Toronto, le St. Paul Chamber Orchestra et l'Orchestre du Centre national des

arts, avec lequel il se produit aux États-Unis en 1996. Son premier disque important est un enregistrement (1986) du *Concerto pour piano en si bémol majeur* de Tchaikovsky et du *Concerto nº 3 pour piano* de Prokofiev, avec André Previn et le Royal Philharmonic Orchestra. Ses enregistrements suivants incluent un récital consacré à Chopin ainsi que le *Concerto for Two Pianos Vs. Orchestra* de PDQ Bach (Peter Schickele).

Barclay McMillan

Parkin, sir George Robert, pédagogue et écrivain (Salisbury, N.-B., 8 févr. 1846—Londres, Angl., 25 juin 1922). Parkin se définit lui-même comme «l'évangéliste errant de l'Empire». Il a du succès comme enseignant dans les écoles secondaires du Nouveau-Brunswick. Dans les années 1880, il devient un des leaders de l'Imperial Federation Movement, et écrit trois livres portant sur l'unité impériale. Il est directeur du Upper Canada College de 1895 à 1902, alors qu'il devient secrétaire du Rhodes Scholarship Trust, en Angleterre, où il vit jusqu'à sa mort. En 1908, il écrit la première biographie de sir John A. MACDONALD, qu'il a connu, et dans laquelle il soutient que des dominions autonomes pourraient quand même coopérer dans un Empire britannique réorganisé. Il est fait chevalier en 1920.

Donald J.C. Phillipson

Parkin, John Burnett, architecte (Toronto, 26 juin 1911—Los Angeles, Calif., 17 août 1975). Parkin obtient un diplôme en architecture de l'U. de Toronto en 1935 et travaille à Londres, en Angleterre, avant de retourner à Toronto en 1937 pour fonder une petite agence. Rejoint en 1947 par John C. PARKIN (aucun lien de parenté), il crée une agence intégrée qui possède tout le savoir-faire requis pour concevoir et diriger la construction de bâtiments importants. L'agence John B. Parkin Associates offre des services d'aménagement paysager sous la direction de son associé et frère, Edmond T. Parkin, la conception graphique et le design d'intérieur, les techniques de construction, le génie électrique et mécanique ainsi qu'une expertise dans les hôpitaux, les écoles, les aéroports et les usines. À la fin des années 50 et dans les années 60, c'est la plus grande agence du Canada. On lui doit, entre autres, la gare d'Ottawa (médaille Massey 1967), le siège social d'IBM, à Toronto, et, en collaboration, le TORONTO CITY HALL et le Toronto Dominion Centre. Bien qu'elles se situent dans le courant dominant de l'architecture moderne, les réalisations de l'agence offrent une grande variété, reflétant la taille de l'agence et les changements dans les modes internationales. En 1970, Parkin ouvre un bureau américain à Los Angeles, en Californie, dont les activités sont dirigées par John B. Parkin Jr (fils de John Burnett Parkin), architecte principal.

Michael McMordie

Parkin, John Cresswell, architecte (né de parents canadiens, Sheffield, Angl., 24 mars 1922—Toronto, Ont., 22 nov. 1988). Après l'obtention d'un diplôme en architecture à l'U. du Manitoba et des études à Harvard sous la direction de Walter Gropius, Parkin se joint à John B. Parkin (aucun lien de parenté) en 1947. Comme associé principal et associé chargé de la conception à l'agence John B. Parkin Associates, Parkin surveille la création d'un grand nombre de bâtiments exceptionnels de style international, rectiligne et sans ornement. John B. Parkin déménage à Los Angeles au début des années 60 pour fonder une filiale américaine, laissant à John C. Parkin la responsabilité de chef de la direction de la corporation propriétaire de l'agence canadienne et de l'agence américaine.

En 1970, John C. Parkin fonde Parkin Partnership alors que d'autres associés de l'agence John B. Parkin continuent à exercer sous l'appellation Neish, Owen Roland and Roy. Parkin Partnership remporte le concours pour une nouvelle Galerie nationale du Canada (Ottawa, 1976), qui ne sera cependant pas

construite selon leurs plans, et aussi celui pour les ajouts au Musée des beaux-arts de l'Ontario. Tout au long de sa carrière, Parkin défend énergiquement et efficacement le style moderne, non seulement en architecture, mais aussi en urbanisme et en design industriel. Il joue aussi le rôle de mentor auprès des architectes sous sa direction. En 1987, une nouvelle agence, Parkin Architects Ltd., est fondée et Parkin se retire de la pratique active.

Michael McMordie

Parkin, John Hamilton, ingénieur en aéronautique (Toronto, 27 sept. 1891—Ottawa, 14 nov. 1981). Une fois diplômé en génie de l'U. de Toronto, Parkin se joint au corps professoral de sa faculté et travaille durant la Première Guerre mondiale à la production d'explosifs et en aviation sous la direction de T.R. Loudon. En 1917, il construit une soufflerie à l'U. de Toronto, où l'on testera des modèles d'hydravions Vickers, le premier aéronef commercial conçu au Canada et construit à Montréal dans les années 20. Parkin se joint au personnel du CONSEIL NATIONAL DE RECHERCHES DU CANADA (CNRC) en 1929 et est directeur du génie mécanique de 1936 à 1957. La crise des années 30 étouffe littéralement l'industrie aéronautique canadienne, mais Parkin écrit durant cette période un article qui fait école sur les avions de ligne transatlantiques. Durant la Seconde Guerre mondiale, l'équipe de Parkin au CNRC fournit un soutien technique aux nouvelles sociétés de la Couronne qui construisent des aéronefs et des moteurs britanniques. Elle se lance également, en 1944, dans la conception de réacteurs et elle perfectionne le système empêchant la formation de glace sur les hélices des aéronefs, système qui est adopté dans le monde entier en 1945. Leur travail est complètement réorganisé après la guerre afin d'appuyer la conception et la production d'aéronefs des sociétés d'aviation AVRO et DE HAVILLAND. Parkin jette aussi les fondations du Musée national de l'aéronautique (maintenant le Musée national de l'aviation) et écrit abondamment sur les débuts de l'aviation canadienne, notamment sur Bell et Baldwin (1964).

Donald J.C. Phillipson

Parks, William Arthur, géologue, paléontologue et enseignant (Hamilton, Ont., 11 déc. 1868—Toronto, 3 oct. 1936). Il fait ses études à l'U. de Toronto (B.A., 1892; Ph.D., 1900) et se joint au personnel en 1893. Il est professeur au Département de géologie, puis en devient directeur en 1922. Un des fondateurs et un des premiers directeurs du MUSÉE ROYAL DE L'ONTARIO, il forme bon nombre d'étudiants qui deviennent des géologues et des paléontologues professionnels. Parks a laissé sa marque pour ses explorations pionnières dans le nord de l'Ontario, ses rapports sur les pierres de construction et ornementales, ses études sur les fossiles invertébrés du paléozoïque, ses découvertes sur les dinosaures de l'Alberta et ses descriptions de ces derniers. Membre de la Société royale du Canada et de la Royal Society of London, il est l'auteur de quelque 80 cahiers scientifiques et (avec A.P. Coleman) du volume *Elementary Geology* comportant de nombreux exemples canadiens (1922).

Loris S. Russell

Parksville, ville de la C.-B.; pop. 9472 (rec. 1996), 7381 (rec. 1991), 5972 (rec. 1986); superf. 15,93 km²; const. en 1945; située sur la côte est de l'ÎLE DE VANCOUVER, à 35 km au nord-ouest de NANAIMO. D'abord appelée Englishman's River, la localité s'appelle plus tard Parksville, du nom du pionnier Francis Parks. Lorsque la route entre Nanaimo et Alberni est achevée en 1886, Parksville devient un important relais pour les diligences. Les premiers colons, en majorité des Anglais, arrivent dès 1890.

Aujourd'hui, Parksville vit surtout du tourisme. Ses belles plages de sable fin, son excellente pêche en eau salée comme en eau douce et ses nombreux motels en font une station d'été populaire. La ville, centre commercial d'une grande région forestière et agricole, met aussi beaucoup en valeur ses plages. De plus, elle compte plusieurs quartiers agréables et des rues bordées d'arbres, ce qui attire de nombreux retraités. On trouve aussi, tout près, de nombreux parcs provinciaux (Rathtrevor Beach, Englishman River Falls et Little Qualicum Falls) et d'autres lieux récréatifs (Cathedral Grove et le centre de ski du mont Arrowsmith).

Alan F.J. Artibise

Parlby, Mary Irene, née Marryat, dirigeante des fermières et politicienne (Londres, 9 janv. 1868—Red Deer, Alb., 12 juill. 1965). Partisane dès la première heure des FERMIERS UNIS DE L'ALBERTA (FUA), elle participe, en 1913, à la formation de la première section syndicale des femmes. Élue présidente de la section féminine (Women's Auxiliary) de la FUA en 1916, elle transforme cette organisation qui devient la United Farm Women of Alberta, qui joue un rôle important dans l'adoption de la législation concernant l'aide sociale accordée aux femmes. Lors des élections provinciales de 1921, elle remporte le siège de Lacombe pour les FUA. Elle le conserve 14 ans et devient ministre sans portefeuille. Elle est la première femme admise au Cabinet en Alberta. Elle appuie les lois favorables aux droits des femmes et participe à l'AFFAIRE DES FEMMES NON RECONNUES CIVILEMENT en 1929. Déléguée canadienne à la Société des Nations en 1930, elle abandonne la politique en 1935.

Eric J. Holmgren

Parlement Au sens strict, le Parlement, aux termes de la loi constitutionnelle de 1982, comprend la reine, la CHAMBRE DES COMMUNES et le SÉNAT. La Couronne est représentée au Canada par le GOUVERNEUR GÉNÉRAL. Dans certains contextes officiels, on parle du Parlement pour désigner l'ensemble de ces trois institutions. En langage courant, toutefois, on identifie souvent le Parlement à la Chambre des communes seulement. Cet usage vient d'une époque où les monarques absolus convoquaient leur corps législatif pour légitimer leurs mesures, fiscales ou autres, et s'est perpétué lorsque les monarques constitutionnels, leurs prérogatives royales ayant été fortement limitées par le corps législatif, en sont venus à n'agir que sur l'avis de ministres qui avaient le droit de donner des conseils aussi longtemps qu'ils conservaient l'appui des députés.

La structure bicamérale du Parlement canadien a été jugée nécessaire pour convaincre des provinces qui différaient grandement par la taille, la puissance et les préoccupations régionales d'adhérer à la vaste union qui constituait la confédération. Si nécessaire qu'il ait pu être à la formation de l'union, le Sénat, étant une assemblée non élue, a été constamment en butte aux critiques qui en réclamaient l'abolition ou la réforme, bien qu'il ait beaucoup d'attraits en tant que Chambre de «second examen réfléchi» ou en tant qu'authentique expression institutionnelle d'un Canada fédéral.

La Chambre des communes est maintenant la Chambre la plus importante, en bonne partie parce que c'est son appui qui détermine le maintien ou la chute du gouvernement en place. La conséquence pratique du principe de la suprématie du Parlement est que le corps législatif peut constituer pour le pays la plus grande tribune (pas forcément éducative) des débats. Cette fonction, ajoutée au droit historique de faire trancher les griefs par la Couronne avant d'approuver des crédits pour financer les activités de cette dernière (contrôle du pouvoir de dépenser), confère au corps législatif non seulement la responsabilité officielle d'approuver les lois, mais aussi le pouvoir de surveiller constamment d'un œil critique les mesures prises par l'exécutif. Dans ce but, la Constitution prévoit que le Parlement (ainsi que chaque Assemblée législative provinciale) doit être convoqué au moins une fois par année et qu'il ne doit pas s'écouler plus de cinq ans avant l'élection d'une nou-

velle législature. Une dérogation à cette garantie n'est permise qu'en cas de guerre, d'invasion ou d'insurrection.

Depuis les changements apportés au Règlement en 1983, une session parlementaire normale se divise en semestres, et des ajournements sont prévus pour les vacances. La session se termine par la prorogation du Parlement. Lorsque celui-ci est convoqué à nouveau, la nouvelle session commence par le DISCOURS DU TRÔNE, qui annonce le programme législatif du gouvernement pour la session. La dissolution, qui marque la fin d'une législature, peut avoir lieu n'importe quand pendant la période de cinq ans et est annoncée par le gouverneur général sur l'avis du PREMIER MINISTRE FÉDÉRAL. Elle entraîne la tenue d'élections et la formation d'un nouveau Parlement.

Par ailleurs, des garanties protègent non seulement le Parlement en lui permettant de choisir sans entrave ses sujets de débat, mais aussi chaque parlementaire, en lui assurant une totale liberté d'expression. Le Règlement, que le Parlement s'impose à lui-même, garantit le droit des partis d'opposition de critiquer le parti au pouvoir sans crainte de représailles.

Une grande partie des affaires courantes du Sénat et de la Chambre des communes sont traitées par des comités permanents ou spéciaux. Alors que les délibérations officielles du Parlement reçoivent toute l'attention des médias, le travail sérieux des comités passe plutôt inaperçu, ce qui alimente l'idée répandue d'un déclin du Parlement. Cette perception est renforcée par le fait que l'organisation et la conduite des travaux de la Chambre sont axées sur le système des partis. Les campagnes électorales sont des luttes partisanes, les candidats élus siègent à la Chambre sous l'étiquette d'un parti, et c'est dans le cadre des partis que se déroulent les travaux de la Chambre et des comités.

L'influence du CABINET sur les membres du parti le rend capable de défendre les mesures émanant du gouvernement contre les écueils de l'opposition. De fait, selon les critiques, la domination du Cabinet sur son parti lui donne un pouvoir tel que cela compromet la capacité traditionnelle du Parlement d'obliger le gouvernement à rendre des comptes en le menaçant d'un vote de défiance. La discipline de parti permet au Cabinet de répliquer en menaçant de dissoudre la Chambre pour forcer les membres du parti à suivre la consigne afin de ne pas mettre leur siège en danger aux élections qui s'ensuivraient. Cette rupture de l'équilibre des pouvoirs rend problématique la capacité du Parlement à obliger le pouvoir exécutif à rendre des comptes, ce qui était sa fonction traditionnelle. Bien que les prérogatives du Parlement soient importantes, celui-ci est généralement considéré, en tant qu'institution, comme fonctionnellement plus faible que le Cabinet et la haute fonction publique.

J.E. Hodgetts

Parlement, bibliothèque du La fusion des bibliothèques parlementaires du Haut-Canada et du Bas-Canada en 1841 est à l'origine de la bibliothèque du Parlement. En 1849, les édifices du Parlement, alors situés à Montréal, sont incendiés par une foule qui proteste contre le BILL DES INDEMNITÉS, et seulement 200 des 12 000 volumes échappent à l'incendie. Réinstallée à Ottawa après l'achèvement des premiers ÉDIFICES DU PARLEMENT, la bibliothèque actuelle est le seul bâtiment qui reste après le désastreux incendie de 1916. La magnifique construction néogothique est préservée lorsqu'on bâtit les nouveaux édifices du Parlement.

Les éléments de la vaste collection de livres, de documents, de disques optiques et de bases de données sont soigneusement choisis pour répondre aux besoins de sa clientèle parlementaire. Grâce à un système unifié de bibliothèque, les parlementaires peuvent consulter le catalogue automatisé à partir de leur bureau, et les bibliothécaires des services de référen-

ce peuvent aussi consulter de nombreuses bases de données électroniques extérieures pour chercher et transmettre des renseignements. La Direction de la recherche fournit une aide considérable aux députés fédéraux et aux comités parlementaires par l'entremise de ses spécialistes dans divers domaines (p. ex. avocats, économistes, scientifiques, sociologues et spécialistes de questions d'intérêt public). D'autres bibliothèques peuvent avoir accès aux collections de la bibliothèque du Parlement grâce aux prêts interbibliothèques. Administrativement, la bibliothèque est considérée comme un ministère et relève de l'autorité du président de la Chambre des communes et du président du Sénat. Le bibliothécaire parlementaire a le statut de sous-ministre.

Norman Hillmer

Parlement, ouverture du On peut parler d'ouverture du Parlement soit au début de la première session du PARLEMENT après des élections générales, soit au début d'une session ultérieure. Toutes les cérémonies ont lieu à la Chambre du Sénat et font appel à la participation des trois éléments du Parlement (la COURONNE, le SÉNAT et la CHAMBRE DES COMMUNES). Si l'ouverture fait suite à des élections, les membres de la Chambre des communes sont convoqués au Sénat le premier jour de la session. Ils se font cependant dire que le DISCOURS DU TRÔNE ne sera pas prononcé avant qu'ils aient choisi un des leurs pour exercer la présidence. Les membres de la Chambre des communes retournent alors à leur Chambre et élisent un président ou une présidente. Plus tard le même jour ou le lendemain, à la suite d'une convocation proclamée, comme la précédente, par le Gentilhomme huissier de la Verge noire, ils retournent à la Chambre du Sénat. Cette fois, ils ont cependant à leur tête le président et le sergent d'armes qui porte la masse. Le président ou la présidente, debout à la barre du Sénat, se présente alors au représentant de la reine et demande que les droits traditionnels de la Chambre des communes soient confirmés.

Ensuite, le représentant de la reine (qui est presque toujours le GOUVERNEUR GÉNÉRAL) donne lecture du discours du trône aux deux Chambres. Les sénateurs sont assis à leur siège. Les membres de la Chambre des communes sont debout, entassés derrière leur président, du côté sud de la Chambre et à l'extérieur de la barre. Le premier ministre est assis à droite du trône. Lorsque le discours est terminé, les membres de la Chambre des communes sont renvoyés, et le président les reconduit à leur propre Chambre. Normalement, après le départ du gouverneur général, les deux Chambres s'ajournent. Le lendemain, les deux Chambres commencent les travaux de la session. Si la session n'est pas la première d'une nouvelle législature, le discours du trône peut être prononcé immédiatement parce que le président est déjà choisi.

John B. Stewart

Parlow, Kathleen, violoniste et professeure (Calgary, 20 sept. 1890—Oakville, Ont., 19 août 1963). Parlow acquiert toute sa formation à l'étranger et termine ses études avec Leopold Auer au Conservatoire de Saint-Pétersbourg. Elle fait ses débuts professionnels à Berlin en 1907. Brillante soliste, reconnue pour la tonalité de son jeu, sa technique et l'ampleur de son répertoire, elle fait des tournées en Europe, en Russie, aux États-Unis, au Canada et en Asie. Après 1927, elle se concentre sur l'enseignement et l'interprétation de musique de chambre. En 1941, elle s'installe au Canada en permanence, enseigne au Conservatoire de musique de Toronto et fonde le Parlow String Quartet. Ce dernier, en tant que quatuor le mieux connu de son époque (1943-1958), influence les goûts musicaux des auditoires de tout le Canada en présentant beaucoup de musique peu connue, dont des œuvres de compositeurs canadiens.

Barclay McMillan

Parr, artiste visuel et chasseur (sud de l'île de Baffin, 1893—Cape Dorset, T.N.-O., 3 nov. 1969). Il mène une existence nomade traditionnelle durant presque toute sa vie. À la suite d'un grave accident de chasse, il est forcé de s'installer à CAPE DORSET en 1961, où il commence à dessiner à l'âge de 68 ans. Au cours de sa brève carrière, il réalise plus de 2000 dessins et fournit 34 gravures aux collections de gravures annuelles de Cape Dorset. Pleines d'illustrations d'animaux et de chasseurs, dessinées dans un style primitif, original et libre de toute préoccupation de naturalisme ou de perspective, ses images naïves expriment avec puissance l'amour d'un vieil homme pour un mode de vie en voie de disparition. Ses dessins, souvent jugés rudimentaires et puérils, demeurent généralement peu appréciés de son vivant. De grandes expositions lui sont consacrées après sa mort, et une gravure intitulée *Hunters of Old*, publiée après son décès, est choisie pour figurer sur un timbre-poste canadien en 1977. (*Voir aussi* ART INUIT.)

Ingo Hessel

Parr, John, militaire et administrateur colonial (Dublin, Irl., 20 déc. 1725—Halifax, 25 nov. 1791). Après une longue carrière dans l'armée, il devient gouverneur de la Nouvelle-Écosse en 1782. Entré en fonction juste avant l'afflux de quelque 30 000 LOYALISTES dans les colonies des Maritimes, il doit donc s'occuper de leur établissement. Il se trouve bientôt pris entre deux feux, soit les revendications des nouveaux venus et les doléances des colons déjà implantés, situation qui perdurera jusqu'à la fin de son mandat. Dans l'ensemble, il s'en tire assez bien, même si ses efforts ne lui attirent guère l'estime et les louanges.

J.M. Bumsted

Parrot, Jean-Claude, dirigeant syndical (Montréal, Qc, 24 juill. 1936). Dirigeant de longue date du Syndicat des postiers du Canada (SPC), organisme militant composé de 23 000 membres, il en est le principal négociateur (depuis 1975) et le président (depuis 1977). Ancien commis aux postes ayant entrepris sa carrière à Montréal en 1954, Parrot dirige le SPC à travers de pénibles négociations de conventions collectives et de longues grèves nationales.

Sous sa direction, le SPC est devenu le syndicat d'avant-garde par ses tentatives visant à arracher des concessions des employeurs. Il ne ménage aucun effort pour ses membres et arrive à des conventions collectives remarquables comprenant, entre autres, le congé de maternité payé pour les employées et l'équité salariale pour les travailleurs à temps partiel. Bon nombre de ces victoires deviennent par la suite les objectifs de négociation, puis les victoires d'autres syndicats.

C'est en 1975 qu'il attire pour la première fois l'attention publique quand le SPC revendique une hausse salariale de 71 p. 100, qui conduit au déclenchement d'une grève nationale de 43 jours. Trois ans plus tard, il est incarcéré pendant deux mois pour avoir fait fi d'une loi de retour au travail. En octobre 1987, Parrot se retrouve de nouveau sous les feux de la rampe quand une loi semblable touche les postiers. Il quitte son poste au SPC en 1992 lorsqu'il est élu vice-président du Congrès du Travail du Canada.

William Kaplan

Parry, détroit de Voie maritime qui traverse les îles arctiques d'est en ouest. Baptisé ainsi en l'honneur de l'explorateur W.E. PARRY, il prend naissance dans le DÉTROIT DE LANCASTER, traverse le détroit de Barrow, entre dans le détroit du Vicomte de Melville pour atteindre finalement la MER DE BEAUFORT par le détroit M'Clure. La banquise permanente qui se trouve dans le détroit M'Clure constitue un obstacle insurmontable à la navigation dans le détroit de Parry, obligeant ainsi les navires qui empruntent le PASSAGE DU NORD-OUEST à faire un détour très loin au sud. Les côtes droites et parallèles ainsi que les eaux profondes particulières au détroit de Parry laissent supposer qu'il s'agit d'une profonde dépression submergée, occasionnée autrefois par d'intenses mouvements de la Terre. Il

marque la division géologique entre les roches précambriennes du BOUCLIER canadien au sud et les roches sédimentaires qui forment les îles arctiques au nord.

Doug Finlayson

Parry, îles Groupe d'îles de l'Extrême-Arctique comprenant les îles MELVILLE, BATHURST et CORNWALLIS, ainsi que quelques petites îles. L'île Melville est la plus grande des trois îles principales et également la plus élevée (plus de 1000 m à certains endroits). D'un point de vue topographique, les îles sont à peu près semblables puisque toutes font partie de la même structure géosynclinale; chacune a la forme d'un plateau uniforme de 600 m d'altitude se terminant abruptement par des falaises de 300 m le long d'une bonne partie de la côte. La particularité la plus frappante des îles Melville et Cornwallis est l'absence quasi-totale de végétation, mettant ainsi à découvert des sols géométriques nombreux et variés.

Doug Finlayson

Parry Sound, ville de l'Ont.; pop. 6326 (rec. 1996), 6125 (rec. 1991), 5977 (rec. 1986); superf. 14,98 km²; const. en 1888; située sur la rive est de la BAIE GEORGIENNE, à 225 km au nord de Toronto. Le nom de cette ville rend hommage à l'explorateur britannique sir William Edward PARRY. W.H. Beatty, un arpenteur-géomètre à la recherche de nouvelles concessions forestières, achète l'endroit au milieu du XIXᵉ s. La colonie y est établie après 1867. Les avoirs de la famille Beatty sont gérés par un des enfants, William fils, qui considère la ville comme son propre fief, ce qui lui vaut le titre de «gouverneur». Il met en vigueur la prohibition et fait même frapper sa propre monnaie, le titre Beatty. L'exploitation forestière demeure l'une des principales industries pendant de nombreuses années, jusqu'à ce qu'elle décline et que le tourisme se développe. La ville est désormais le cœur d'un centre de villégiature, le Thirty Thousand Islands. Célèbre patrie du légendaire hockeyeur Bobby ORR, Parry Sound est aussi l'hôte du Festival of the Sound.

Daniel Francis

Parry, sir William Edward, contre-amiral, explorateur arctique et fils d'un médecin célèbre (Bath, Angl., 19 déc. 1790—Bad Ems, Rhénanie-Palatinat, 8 juill. 1855). Comme aspirant de marine dans la marine royale, il prend part aux combats dans la mer Baltique et la mer du Nord jusqu'en 1812 et en Amérique du Nord, de 1812 à 1817. Il commande les quatre dernières des cinq expéditions arctiques auxquelles il prend part: en 1818, de la baie de Baffin à l'île Ellesmere; en 1819, par le détroit de Lancaster jusqu'à l'île Melville, les premiers navires à franchir 110° Ouest; en 1821, par le bassin de Foxe jusqu'au détroit de Fury and Hecla, une découverte; en 1824, en longeant vers le sud le bras de mer Prince-Régent, mais le *HMS Hecla* s'échoue; en 1827, de Svalbard vers le nord, jusqu'à 82° 45' Nord, un record qui tiendra jusqu'en 1876. Par la suite, il remplit plusieurs affectations navales: hydrographe (1827), contrôleur de la navigation à la vapeur (1836), surintendant de l'hôpital Haslar (1846), lieutenant-gouverneur de l'hôpital Greenwich (1854). Il remplit également des fonctions civiles: commissaire de l'Australian Agricultural Company (1830) et commissaire de l'assistance publique à Norfolk (1834). Il se classe parmi les grands navigateurs pour avoir pénétré dans l'archipel arctique, pour avoir montré comment les navires peuvent le traverser et comment les humains peuvent survivre à un hiver arctique, et pour avoir atteint une latitude qui ne sera pas dépassée avant 50 ans. Il a beaucoup contribué à la découverte subséquente du passage du nord-ouest et du pôle nord.

Robert E. Johnson

Parsons, Timothy Richard, océanographe biologiste (Sri Lanka [Ceylan], 1ᵉʳ nov. 1932). Parsons possède un doctorat en biochimie de l'U. McGill. Il travaille comme chercheur à Nanaimo, en Colombie-Britannique, pendant 11 ans, au secrétariat de l'UNESCO, à Paris, pendant 2 ans, et enfin comme professeur en

océanographie à l'U. de la Colombie-Britannique de 1971 jusqu'à récemment. Il est reconnu pour ses recherches sur l'écosystème du golfe de l'Alaska et pour l'utilisation de grands enclos expérimentaux d'eau de mer (mésocosmes) pour suivre les effets biologiques des polluants. Il est l'auteur de plus de 100 articles scientifiques et de 2 études océanographiques renommées. À titre d'expert scientifique, il organise et dirige la première mission océanographique canadienne dans le Pacifique, sur le *CNAV Endeavour*, en 1967. Il est également à l'origine de la première application réussie d'un fertilisant commercial dans un grand lac (Great Central Lake, Colombie-Britannique), pour la mise en valeur du saumon rouge. Il est membre de la Société royale du Canada (SRC) depuis 1978.

P.J. Harrison

Partage des pouvoirs Le Canada est une fédération depuis 1867. C'est l'un des traits fondamentaux, voire le plus fondamental, de la Constitution canadienne. Le fédéralisme est un système où la souveraineté est partagée entre deux ordres de gouvernement: le pouvoir central et les pouvoirs régionaux (État, province, canton, lander, etc.). Dans sa sphère, chaque pouvoir est souverain; en principe, il y a partage des pouvoirs exécutif, législatif, et judiciaire. Au Canada, le partage du pouvoir exécutif, selon les tribunaux, va de pair avec le partage des compétences législatives; dans une certaine mesure, le pouvoir judiciaire est partagé quoique la plus grande compétence revienne à l'autorité centrale.

Le COMITÉ JUDICIAIRE DU CONSEIL PRIVÉ, jusqu'à l'abolition des appels en 1949, et la COUR SUPRÊME du Canada, instituée en 1875, ont interprété les articles de la Constitution du Canada relativement au partage des pouvoirs. Il est avant tout institué par les art. 91 et 92 de la LOI CONSTITUTIONNELLE DE 1867; mais les cours de justice sont invitées à définir plus précisément les termes qu'elles utilisent et l'interprétation devient cruciale étant donné qu'ils sont d'ordinaire assez vagues. De plus, les tribunaux doivent donner vie à la Constitution qu'on ne peut modifier trop souvent et qui est appelée à évoluer.

L'article 91 dresse une nomenclature des compétences législatives fédérales exclusives, comme le pouvoir résiduel, commerce, taxe directe et indirecte, service postal, recensement et statistique, défense nationale, fonction publique fédérale, navigation, pêches, monnaie, système bancaire, poids et mesures, intérêt, faillite, droits d'auteur, Indiens et terres réservées aux Indiens, naturalisation, mariage et divorce, droit criminel, pénitenciers, et les ouvrages dépassant les limites d'une province.

En 1940, par amendement constitutionnel, le Parlement obtient compétence exclusive en matière d'assurance-chômage et, en 1949, le pouvoir d'amender la constitution fédérale.

En ce qui concerne la compétence résiduelle fédérale, la jurisprudence a inclus, en tout ou en partie, la loi de la tempérance, l'incorporation des entreprises à objets fédéraux, l'aéronautique, la radio, la télévision, l'énergie nucléaire, l'aménagement de la capitale nationale, les droits miniers sous-marins au large de la C.-B., les langues officielles, la citoyenneté, les affaires étrangères, le contrôle des stupéfiants.

La jurisprudence a rattaché à la clause introductive de l'art. 91 le pouvoir d'urgence en temps de paix comme en temps de guerre. À partir de son pouvoir de taxer, la jurisprudence a reconnu au Parlement fédéral un pouvoir de dépenser dont les limites restent mal définies.

Elle a aussi reconnu au fédéral son pouvoir sur les matières d'intérêt national. Il s'agit de la théorie dite de l'intérêt national. Mais cette théorie a récemment subi des retouches importantes, voire des restrictions assez considérables de la part des tribunaux, ce qui lui a fait perdre beaucoup d'ampleur et de valeur.

En vertu de l'art. 92 de la *Loi constitutionnelle de 1867*, les législatures provinciales ont compétence *inter alia* sur leur constitution interne, la taxe directe à fins provinciales, les municipalités, les commissions scolaires, les hôpitaux, la propriété et les droits civils (c'est là leur plus vaste compétence), l'administration de la justice civile et criminelle, les pénalités pour infractions aux lois provinciales, la célébration du mariage, les prisons, la fonction publique provinciale, les ouvrages locaux, les corporations à objectifs provinciaux. Elles ont aussi un mince pouvoir résiduel.

Les tribunaux ont interprété de façon restrictive le pouvoir fédéral en commerce, ne lui laissant que le commerce extraprovincial, mais aussi, et de façon plus libérale, le pouvoir provincial sur la propriété et les droits civils. Toutes les rubriques des art. 91 et 92 n'ont pas reçu la même extension.

Selon la Constitution de 1867, gouvernements fédéraux et provinciaux se partagent quatre pouvoirs: agriculture et immigration à l'art. 95, pensions de vieillesse et prestations additionnelles à l'art. 94A. Le Parlement fédéral et les législatures provinciales peuvent légiférer en ces domaines; en cas de conflit, la législation fédérale prévaut s'il s'agit de l'art. 95, et la législation provinciale en ce qui concerne l'art. 94A.

L'éducation a un statut particulier: dévolue aux provinces en vertu de l'art. 93, elle est assujettie à des garanties confessionnelles concernant catholiques et protestants; les pouvoirs conditionnels et supplétifs que cet art. reconnaît à l'autorité centrale sont devenus en pratique désuets.

Le pouvoir de dépenser laisse place à l'équivoque. Il permet à l'autorité centrale de dépenser dans des domaines où elle n'a pas nécessairement la compétence législative pour légiférer. L'exercice de ce pouvoir peut engendrer ennuis et inquiétudes, et plus d'un juriste a souhaité qu'on le circonscrive. Exercé dans le domaine des PAIEMENTS DE PÉRÉQUATION, il est accepté. Il l'est moins en ce qui a trait aux compétences provinciales comme la santé, la sécurité sociale, l'éducation. Les opinions varient cependant d'un groupe de juristes à l'autre, ou d'une province à l'autre.

La Loi constitutionnelle de 1982 modifie le partage des pouvoirs. Le principe de la péréquation est maintenant enchâssé à l'art. 36. On s'interroge par contre sur la valeur de cette obligation. Comment peut-on mettre celle-ci en vigueur si le législateur fédéral l'ignore? Les droits de propriété des provinces sur leurs richesses naturelles ont été confirmés (*voir aussi* FINANCES INTERGOUVERNEMENTALES); les législatures provinciales, en ce domaine, ont vu leur sphère de compétence législative élargie pour inclure un pouvoir concurrentiel en matière de commerce interprovincial et de mise en marché externe (sous réserve de la prépondérance fédérale). Les provinces se sont également vu octroyer une compétence en matière de taxe indirecte sur les richesses naturelles. Le fédéral (*voir* FÉDÉRALISME) peut avoir recours aux taxes directes et indirectes. Sauf pour les ressources naturelles, les provinces sont confinées au droit de percevoir la taxe directe. Le pouvoir d'amendement constitutionnel de la constitution fédérale interne, prévu à l'art. 91, et le pouvoir d'amendement de la constitution provinciale interne, énoncé à l'art. 92., se retrouvent maintenant aux art. 44 et 45 de la *Loi constitutionnelle de 1982*. Les art. 91.1 et 92.2 sont abrogés.

Il existe au chapitre de la répartition des compétences législatives des zones grises que les tribunaux seront appelés à préciser, à moins que par amendements constitutionnels, on rende ce partage plus adéquat (*voir aussi* DROIT CONSTITUTIONNEL).

Gérald A. Beaudoin

Partenariat Le mot recouvre plusieurs sens et renvoie à plusieurs réalités. Lorsqu'il concerne les relations politiques entre États, le partenariat est alors souvent compris comme faisant référence à un modèle particulier d'organisation politique (qu'il s'agisse d'une union économique, de partenariats politiques secto-

riels, d'une union confédérale ou de l'union européenne incluant des liens fédératifs et confédératifs). Le terme renvoie même parfois plus spécifiquement à des institutions politiques supranationales particulières. On pense, p. ex., à une assemblée parlementaire, un conseil de l'union ou un tribunal d'arbitrage.

Mais on peut aussi comprendre le partenariat comme impliquant seulement l'idée d'une action coordonnée et concertée. Dans ce sens, le terme renvoie non plus à des institutions spécifiques ou à un modèle d'organisation politique, mais seulement à des matières ayant fait l'objet d'une entente entre les États concernés.

Tel que développé au sein du mouvement souverainiste québécois, le partenariat s'inscrit dans le prolongement de la proposition d'association économique, formulée dès la création du mouvement souveraineté-association à la fin des années 60, puis reprise à l'occasion du RÉFÉRENDUM DE 1980 (voir SOUVERAINETÉ-ASSOCIATION). Mais c'est en juin 1995 que le terme fait une première fois son apparition dans le discours souverainiste, à l'occasion d'une entente survenue entre le PARTI QUÉBÉCOIS, le BLOC QUÉBÉCOIS et l'ACTION DÉMOCRATIQUE DU QUÉBEC. Le terme sert à désigner un ensemble d'institutions spécifiques qui serviraient essentiellement à régir le fonctionnement de l'union économique entre un Québec souverain et le Canada.

Depuis cette première définition, les souverainistes ont modifié quelque peu leur façon d'aborder cette question. Après un an de discussions amorcées en 1999, le Bloc québécois a adopté une orientation de principes concernant le partenariat à son Congrès de janvier 2000. Le Bloc affirme qu'il est dans l'intérêt du Québec et du Canada d'établir un partenariat portant sur des matières économiques et politiques. Il se prononce résolument en faveur d'une telle entente entre pays souverains. Le Bloc considère que le partenariat entre les deux pays pourrait couvrir non seulement des matières économiques (partage de la dette, libre circulation des biens, des services, des personnes, des capitaux, de la main-d'œuvre, union douanière, union monétaire), mais aussi des matières politiques telles que les droits des minorités linguistiques et les droits des peuples autochtones. Il estime en outre qu'il n'est pas opportun de se prononcer à l'avance au sujet d'un modèle particulier de partenariat. Selon le parti, les négociateurs pourront se prononcer en faveur d'une intégration économique informelle ou d'une union économique proprement dite, qui impliquerait alors un minimum d'institutions communes. Il pourrait s'agir aussi d'une union économique avec des accords politiques sectoriels, ou encore d'un arrangement semblable à celui de l'Union européenne. Lors de leur congrès du mois de mai 2000, les délégués du Parti québécois ont adopté une résolution qui va à peu près dans ce sens.

Désormais, dans l'esprit de plusieurs souverainistes québécois, l'élément le plus important n'est plus que le Canada réponde favorablement ou non au partenariat. L'important est de maintenir une politique de la main tendue à l'égard du Canada et de proposer une gestion responsable de la transition vers la souveraineté qui tienne compte des intérêts des Canadiens. En effet, selon eux, le Québec peut devenir un pays souverain et néanmoins créer des conditions favorables au respect du besoin d'unité des Canadiens, en favorisant le maintien de liens économiques et politiques entre le Canada des Maritimes et le Canada à l'ouest du Québec. La désaffiliation du Québec ne doit donc pas, selon les souverainistes, être décrite comme une volonté de briser le pays.

Michel Seymour

Parti bleu Formé au Québec vers 1850 à partir des idées modérées de réforme de Louis-Hippolyte LAFONTAINE. On lui donne ce nom pour le distinguer clairement du PARTI ROUGE, un parti extrémiste et anticlérical. Appuyés par l'Église, les

«bleus» s'attirent la faveur du public. Au nombre de ses membres, on compte Augustin-Norbert MORIN et George-Étienne CARTIER, qui servent de leaders politiques canadiens-français dans le gouvernement de la PROVINCE DU CANADA. Le parti s'associe à des tories anglophones et, grâce à la collaboration de réformateurs modérés du Canada-Ouest, il fournit les assises du PARTI CONSERVATEUR.

Parti canadien Fondé au début du XIXe s., il regroupe des membres de professions libérales et des commerçants canadiens-français de classe moyenne, et attire aussi quelques anglophones. Son journal, *Le Canadien*, paraît à Québec le 22 novembre 1806. Sous la direction de Pierre Bédard, le parti s'implique dans une campagne en faveur de la responsabilité ministérielle ainsi que l'accroissement du pouvoir et du contrôle des Canadiens français sur le favoritisme politique.

En mars 1810, le gouverneur CRAIG fait arrêter Bédard et quelques employés du journal *Le Canadien*; par la suite, l'autorité de Bédard décline au sein du parti. Vers 1815, Louis-Joseph PAPINEAU s'impose comme chef; quelques années plus tard, le parti combat la proposition de 1822 visant l'union des Canadas. En 1826, voulant refléter le NATIONALISME CANADIEN-FRANÇAIS qui prend de l'ampleur, le Parti canadien prend le nom de Parti PATRIOTE.

Parti communiste du Canada En 1921, trois représentants de l'Internationale communiste (IC) et 21 Canadiens fondent le Parti communiste du Canada (PCC) lors d'une réunion tenue dans une grange, à Guelph, en Ontario. En février 1922, ce groupe met sur pied le Workers' Party of Canada (WPC). L'identité des participants demeure secrète jusqu'à l'abolition du WPC en 1924. C'est alors que le PCC devient le porte-parole officiel de l'IC au Canada.

Reflet fidèle des enseignements de Vladimir Lénine, le programme du parti est approuvé tel quel au premier congrès de l'IC, tenu en 1919 à Moscou. Lénine apporte des précisions au *Manifeste communiste* rédigé par Karl Marx et Friedrich Engels en 1848. Il lui ajoute 21 articles révolutionnaires, différents de toute autre doctrine socialiste.

Dès la création du parti, la GENDARMERIE ROYALE DU CANADA se prévaut de l'article 98 («Associations illégales») du *Code criminel*. Elle le harcèle, sabote ses réunions, perquisitionne ses bureaux, confisque ses documents et, en 1931, elle arrête ses principaux dirigeants. Cependant, en 1937, Mackenzie King étant premier ministre, le Parlement invalide finalement cet article du *Code* alors que, au cours de cette même année, l'Assemblée législative du Québec, dirigée par l'Union nationale, vote la LOI DU CADENAS qui autorise le procureur général à cadenasser toute maison ou immeuble soupçonnés de servir à la propagande communiste. La Cour suprême du Canada déclare cette loi *ultra vires* en 1957.

Plusieurs membres du PCC deviennent chefs syndicaux ou organisateurs de nouveaux syndicats, en particulier chez les ouvriers industriels et les travailleurs non spécialisés. Durant les années 30, au Canada et aux États-Unis, les communistes réussissent à placer un certain nombre d'industries sous l'égide du Congress of Industrial Organizations (CIO). Ils participent aussi à l'organisation de la MARCHE SUR OTTAWA et au Canadian Youth Congress. Ils recrutent plus de 1500 hommes pour la brigade internationale (*voir* BATAILLON MACKENZIE-PAPINEAU) dans la lutte contre les troupes fascistes de Franco, de Hitler et de Mussolini en Espagne.

Après 1930, les communistes réussissent à faire élire quelques-uns de leurs membres aux échelons municipal et provincial, ainsi que Fred ROSE à la Chambre des communes. On compte parmi eux Jacob PENNER et Joseph Zuken, au conseil municipal de Winnipeg de 1934 à 1983; A.A. MacLeod et J.B. Salsberg, élus à l'Assemblée législative de l'Ontario en 1943; et W.A. Kardash, élu à l'Assemblée législative du Manitoba en 1941. À cette époque, Tim BUCK, qui est bien connu à travers le pays, dirige le parti. Le D' Norman BETHUNE est un autre communiste qui devient un héros pour la cause antifasciste lors de la guerre civile espagnole et pour les Chinois dans la guerre sino-japonaise.

Au début, le PCC appuie la guerre contre Hitler, mais il renverse sa position, sur ordre de Moscou, en l'espace de 10 jours. C'est pourquoi le parti est interdit au Canada, et plus de 100 meneurs sont arrêtés. Le 22 juin 1941, l'Allemagne attaque l'Union soviétique, et la guerre sur le front devient la priorité militaire, ce qui entraîne des millions de morts. Le parti change encore de position pour appuyer la guerre contre l'Allemagne et voit à nouveau le jour sous le nom de Parti ouvrier-progressiste du Canada.

En 1945, un ancien commis de l'ambassade soviétique à Ottawa, Igor GOUZENKO, révèle qu'un certain nombre de Canadiens haut placés ont passé des renseignements aux Soviétiques durant la guerre. Cela mène à l'arrestation de Fred Rose, à sa condamnation et à six ans d'emprisonnement. D'autres, comme Sam Carr, un dirigeant de longue date du parti, sont aussi condamnés. Par ailleurs, la plupart des accusés sont relâchés faute de preuves.

En janvier 1924, la mort de Lénine lance une guerre acharnée au sein du parti soviétique. Joseph Staline en sort vainqueur en 1928 et les autres membres du Politburo subissent une cuisante défaite. Jusqu'à sa mort en mars 1953, Staline est le maître de l'Union soviétique et le chef attitré de tous les partis communistes du monde. Durant ces années, gouvernements, écrivains et activistes politiques à travers le monde critiquent les méthodes antidémocratiques de Staline. On note en particulier les procès de Moscou, en 1936, qui conduisent à l'exécution d'importants dirigeants soviétiques, l'invasion de la Finlande, les traces de camps de travail soviétiques et le pacte germano-soviétique. Ces événements donnent lieu à une condamnation généralisée, qui est rejetée par les partis communistes qui la perçoivent comme de la propagande antisoviétique. Cependant, l'hostilité à l'endroit de l'Union soviétique se calme lorsqu'elle joint les rangs alliés contre Hitler, et son effort de guerre joue un rôle décisif dans la défaite de l'Allemagne.

En 1956, à l'occasion du XXᵉ Congrès du Parti communiste soviétique, Nikita Khrouchtchev, premier secrétaire du Parti communiste de l'Union soviétique, dénonce la brutalité du régime stalinien. Conséquence de cette démarche, bien des anciens communistes, y compris d'importants dirigeants, démissionnent ou créent de nouveaux partis. L'invasion de la Hongrie et de la Tchécoslovaquie par l'Union soviétique et ses tensions avec la Chine ne font qu'accélérer la désintégration des partis communistes à travers le monde. Le processus se poursuit durant le régime de Leonid Brejnev et aboutit en fin de compte à l'effondrement du parti soviétique et du gouvernement de Mikhaïl Gorbatchev.

Au Canada, ces événements se traduisent par une scission des forces du PCC entre partisans et détracteurs du stalinisme. Le reste des membres publie un périodique mensuel, *The Peoples Voice*, et présente des candidats aux élections, mais leur nombre demeure réduit. Plusieurs autres partis communistes canadiens ont toujours répudié le stalinisme. Les plus importants sont le Parti communiste du Canada (marxiste-léniniste) et le Communist League. Celle-ci ne s'est jamais éloignée des écrits de Trotski. Toutefois, depuis quelques années, elle appuie également le gouvernement cubain de Fidel Castro et les idées de Che Guevara. Ses membres s'impliquent dans le mouvement ouvrier et sur le point de vue sociales. La Communist League possède des librairies à Vancouver, à Toronto et à Montréal. De plus, elle fait la promotion d'un journal hebdomadaire, *The Militant*, publié à New York.

Norman Penner

Parti conservateur En 1844, dans *Coningsby*, Benjamin Disraeli, futur premier ministre conservateur de l'Angleterre, décrit le CONSERVATISME comme étant «une malheureuse hybridation; la mule de la politique, qui n'engendre rien». Il écrit cela au moment où le terme «conservateur» apparaît pour la première fois pour qualifier le Parti TORY, dans une tentative pour le rendre plus populaire. Au Canada comme en Angleterre, il est difficile de défendre les valeurs antidémocratiques du torysme du milieu du XIXᵉ s. à une époque où le cens électoral augmente continuellement.

Au Canada, le Parti conservateur épouse les valeurs du Parti tory britannique, mais d'autres courants l'agitent. On peut en effet retracer l'ancêtre du Parti progressiste conservateur d'aujourd'hui dans le GOUVERNEMENT DE COALITION libéral-conservateur de la PROVINCE DU CANADA en 1854.

Héritage de Macdonald John A. MACDONALD se rallie à la coalition en 1854, à titre de conservateur modéré, et c'est lui qui forme le Parti libéral-conservateur qui domine alors dans la CONFÉDÉRATION. En tant que premier ministre du Canada, Macdonald met sur pied un parti attaché à la Confédération et une politique de développement économique du pays. Le nom du parti symbolise l'engagement personnel de Macdonald envers l'équilibre et la modération, à faire valoir ce que les Canadiens ont en commun et à taire ce qui les divise. Il parvient à regrouper les catholiques ULTRAMONTAINS du Québec, les tories, les orangistes et les gens d'affaires des quatre provinces fondatrices. Rejetant les «débats abstraits», il insiste sur la personnalité, le favoritisme et les compromis. Cette même année, cependant, les multiples éléments du pays en pleine expansion sont devenus trop différents pour qu'il soit possible de les unifier. En 1872, il remporte 103 sièges contre 97 pour les libéraux. La majorité ne tient pas le coup et, en novembre 1873, son gouvernement tombe.

Le SCANDALE DU PACIFIQUE, qui provoque la chute du gouvernement Macdonald, témoigne des problèmes que présente sa démarche politique. Le Chemin de fer du Pacifique est essentiel à la réalisation de son rêve de bâtir un pays; cependant, la construction de ce chemin de fer et les politiques de développement unissent trop étroitement le gouvernement et certains intérêts privés, parfois au détriment de l'intérêt public. Une fois dans l'opposition, Macdonald semble être convaincu que son parti doit faire plus que simplement appuyer le Canada. À cette époque, le parti a déjà abandonné l'étiquette libéral-conservateur pour celle de conservateur. Pendant la campagne électorale de 1878, Macdonald engage son parti dans la POLITIQUE NATIONALE, qui met l'accent sur le PROTECTIONNISME, l'expansion dans l'Ouest et un gouvernement central fort. Cela plaît aux fabricants du Québec et de l'Ontario de même qu'à ceux qui craignent les États-Unis à la suite de leur rejet du libre-échange et de la RÉCIPROCITÉ. Il y ajoute un message fortement probritannique qui s'avère efficace, comme en témoigne la réélection de Macdonald en 1882, 1887 et 1891.

La politique nationale de Macdonald s'accompagne d'un favoritisme entendu et prodigue, de même que d'une volonté de compromis. Celle-ci lui fait toutefois défaut dans la cause de Louis RIEL après la rébellion du Nord-Ouest de 1885. L'exécution de Riel ainsi que la faiblesse du leadership chez les conservateurs du Québec entraînent la chute des appuis dans cette province, dont le nombre de sièges passe de 48 en 1882 à 30 en 1891. La réaction de Macdonald aux événements provoqués par Riel procède logiquement de son point de vue centraliste, qui maintient les provinces et les intérêts locaux en arrière-plan. C'est pour cette raison que les provinces deviennent de plus en plus libérales et qu'elles appuient le chef libéral Wilfrid LAURIER, qui défend leurs droits. Après la mort de Macdonald, en 1891, son parti n'est plus en mesure de soutenir les attaques sur autant de fronts. Les gouvernements conservateurs de John ABBOTT, de John THOMPSON, de Mackenzie BOWELL et de Charles TUPPER luttent pour se maintenir au pouvoir, mais les questions linguistique et religieuse (*voir* ÉCOLES DU MANITOBA, QUESTIONS DES) de même que les problèmes de favoritisme au Québec constituent des obstacles importants. Les conservateurs perdent les élections de 1896 et mettent plusieurs années à regagner leur suprématie.

Mandat de Robert Borden L'avocat néo-écossais Robert BORDEN, chef du Parti conservateur de 1901 à 1920, tente de faire fructifier l'héritage de Macdonald. Il nomme, à titre expérimental, un lieutenant québécois, flirte avec le progressisme américain et préconise une réforme de la fonction publique et de la propriété publique. Il perd les élections de 1904 et de 1908. Pour remporter celles de 1911, Borden met l'accent sur la politique nationale et sur les liens avec l'empire britannique. Il gagne ainsi des appuis en Ontario, en Colombie-Britannique et dans une partie des Maritimes.

Au Québec, les conservateurs s'allient aux nationalistes opposés à Laurier, qui sont séduits par la promesse de Borden de tenir un référendum sur l'aide navale à la Grande-Bretagne. Les conservateurs remportent les élections, mais la coalition impérialiste-nationaliste s'effondre. Dès 1913, les nationalistes de son caucus constatent avec amertume que Borden se range du côté des impérialistes qui sont plus nombreux. La Première Guerre mondiale prolonge le mandat de Borden, mais, en 1917, il est impossible de reporter plus longtemps la tenue d'élections.

Les élections de décembre 1917 sont décisives pour le conservatisme canadien. Pour assurer le maintien de sa politique de CONSCRIPTION, Borden conclut une alliance avec des conscriptionistes libéraux. Il en résulte le triomphe du GOUVERNEMENT D'UNION, victoire qui provoque toutefois des ressentiments vivaces chez les Canadiens français et les immigrants, particulièrement chez ceux de souche allemande. Les libéraux quittent bientôt la coalition, laissant aux conservateurs une base plus faible que jamais. En outre, la nationalisation de Grand Trunk Railway et de Canadian Northern Railway entraîne la défection du milieu des affaires de Montréal, probablement le principal bailleur de fonds du parti.

Court règne de Meighen Le successeur de Borden, Arthur MEIGHEN, tente immédiatement de convertir les restes de l'unionisme au conservatisme. Lors des élections de 1921, les conservateurs arrivent troisièmes avec 50 sièges, derrière le PARTI PROGRESSISTE, qui remporte 65 sièges, et les libéraux, 116. En raison de son appui à la conscription, Meighen perd la confiance des francophones. Dans l'ouest canadien, les progressistes s'identifient plus facilement aux libéraux, associant les conservateurs à la politique nationale tant décriée. Meighen est premier ministre pendant un court laps de temps en 1926, mais les libéraux majoritaires reprennent rapidement le pouvoir (*voir* KING-BYNG, AFFAIRE). Les conservateurs sont trop étroitement liés à la Grande-Bretagne à une époque où l'amour du Canada pour la chose britannique s'atténue. En outre, Meighen ne réussit pas à adapter la politique nationale aux nouvelles conditions économiques de l'après-guerre.

Atrophie de l'organisation En 1927, R.B. BENNET, un riche homme d'affaires de Calgary succède à Meighen. En 1930, il gagne les élections, remportant 25 sièges au Québec. La CRISE DES ANNÉES 30 crée le climat propice à la victoire de Bennett, mais elle assure aussi sa défaite cinq ans plus tard. L'attitude de Bennett pendant la crise est typiquement conservatrice: il tente, sans succès, de protéger l'industrie et d'obtenir la préférence impériale (*voir*

IMPÉRIALISME). En 1935, Bennett préconise de nombreuses réformes sociales, mais ses propositions arrivent trop tard pour être convaincantes (*voir* NEW DEAL DE BENNETT). De nombreux conservateurs réformistes ont déjà quitté le parti pour entrer au Parti de la reconstruction, fondé par l'ex-ministre de Bennett, H.H. STEVENS. En outre, deux nouveaux partis, le CRÉDIT SOCIAL et la CO-OPERATIVE COMMONWEALTH FEDERATION (CCF), font leur apparition dans des régions du Canada anglais. Les élections de 1935 infligent aux conservateurs leur pire défaite: ils n'obtiennent que 40 sièges, contre 173 pour les libéraux.

Par la suite, les conservateurs tentent de rétablir une coalition fructueuse. Mais l'hostilité du Canada français persiste même si, en 1938, le parti choisit comme chef Robert J. MANION, qui s'est opposé à la conscription, est catholique et a épousé une Canadienne française. Ses tentatives de s'allier le Québec ne font qu'irriter plusieurs de ses collègues, une fois déclarée la Seconde Guerre mondiale. Les fonds du parti sont épuisés, et son organisation s'atrophie. En 1940, les conservateurs ne remportent à nouveau que 40 sièges. La défaite de Manion pousse le parti à se tourner une fois de plus vers Arthur Meighen, qui fuit les compromis et que de nombreux conservateurs considèrent comme le Churchill canadien. Cependant, le Canada n'est pas la Grande-Bretagne, et Meighen perd une élection complémentaire, en février 1942.

Émergence du Parti progressiste conservateur Encouragé par Meighen, le premier ministre du Manitoba, John BRACKEN, un progressiste qui n'a aucune expérience conservatrice, se présente comme chef du parti et remporte le congrès à la direction de 1942. Le parti change alors de nom et devient le Parti progressiste conservateur. Il amorce un virage à gauche pour s'associer au sentiment de réforme suscité par la guerre, mais les libéraux et la CCF en font autant. En 1944, les conservateurs sont de nouveau aux prises avec le mouvement proconscription. Même si ce sont les libéraux qui instaurent la conscription, l'enthousiasme des conservateurs leur fera porter le blâme. Lors des élections de 1945, ils ne réussissent même pas à trouver de candidats pour la plupart des circonscriptions du Québec. Ailleurs, sitôt la guerre terminée, on oublie la conscription. Le Parti conservateur arrive quatrième dans les Prairies, derrière la CCF, le Parti libéral et le Crédit social.

Populisme de Diefenbaker Les conservateurs deviennent peu à peu un parti ontarien, comme en témoigne l'élection de George DREW, premier ministre de l'Ontario, au poste de chef du parti en 1948. Drew est cependant incapable de sortir du carcan ontarien. Après deux cuisantes défaites en 1949 et en 1953, le parti décide de miser sur John DIEFENBAKER, un homme de l'Ouest, un populiste et un personnage doté d'un remarquable sens de la mise en scène. Il conquiert les Canadiens, que deux décennies d'administration libérale ont blasés, grâce à son leadership fougueux et à son programme visionnaire. En 1957, il gagne une minorité et, en 1958, il étonne les Canadiens en remportant 208 des 265 sièges, dont 50 au Québec. Pour la première fois depuis 1911, le Parti conservateur redevient un véritable parti national.

La plate-forme conservatrice semble plus substantielle qu'elle ne l'est en réalité. En dépit d'appuis solides au Québec, Diefenbaker ne peut s'accommoder du caractère biculturel du Canada. Ses initiatives politiques paraissent éclectiques plutôt que parties intégrantes d'une vision plus vaste. En 1962, il perd sa majorité et, un an plus tard, son gouvernement tombe. Les libéraux gagnent l'élection suivante. Le populisme de Diefenbaker lui fait perdre l'appui du monde des affaires et c'est ensuite au tour des milieux urbains de se désister. Encore une fois, les Canadiens français boudent les conservateurs. Diefenbaker conserve toutefois des appuis solides dans l'Ouest et dans certaines autres régions. Sa destitu-

tion comme chef de parti en 1967 brise l'unité du parti et c'est son successeur, le premier ministre de la Nouvelle-Écosse, Robert STANFIELD, qui en paye le prix.

Héritage de Diefenbaker Celui-ci est un solide appui dans l'Ouest canadien. C'est à l'ordre provincial que les conservateurs connaissent des succès dans les années 60 et 70, et tout particulièrement en Ontario, où ils détiennent le pouvoir de 1943 à 1985. En 1979, les conservateurs gouvernent déjà l'Ontario, le Manitoba, l'Alberta, la Nouvelle-Écosse, Terre-Neuve, l'Île-du-Prince-Édouard et le Nouveau-Brunswick, mais Stanfield ne réussit pas à mener le parti fédéral au pouvoir et, en février 1976, Joe CLARK, un Albertain, en devient le chef. En mai 1979, les conservateurs, sous la direction de Clark, forment un gouvernement minoritaire, qui est renversé en Chambre en décembre de la même année et perd les élections de février 1980.

La défaite des conservateurs en 1980 remet en question le leadership de Joe Clark. Lors du congrès de 1983, le parti le rejette et lui préfère un Québécois bilingue, Brian MULRONEY. Malgré son manque d'expérience parlementaire, Mulroney possède un sens de l'organisation remarquable et connaît à fond sa province natale. Le parti, si souvent divisé, se rallie derrière son nouveau chef pour affronter le successeur de Pierre TRUDEAU, John TURNER, lors de l'élection fédérale de septembre 1984. Mulroney réussit à ajouter à la base du parti dans l'Ouest le nouvel appui des Québécois, déçus par le fédéralisme de Trudeau. La présence de nationalistes québécois éminents, tel Lucien BOUCHARD, donne à croire que la coalition risque d'être difficile.

En dépit des démissions de ministres et des scandales qui affligent le parti, le gouvernement Mulroney parvient à réaliser une bonne part de son programme favorable à l'entreprise privée: il privatise des sociétés d'État et conclut un accord de LIBRE-ÉCHANGE avec les États-Unis. Au cours de son second mandat, toutefois, son infructueuse tentative de renouveler le fédéralisme par le truchement de négociations constitutionnelles et son incapacité à réduire la dette publique ou à libérer le Canada d'une persistante récession érodent la popularité du parti. L'Accord de libre-échange ne produit pas les emplois et la prospérité que Mulroney a promis. En Ontario, l'opinion générale est que l'entente provoque plutôt la perte de nombreux emplois. Dans l'Ouest, le fait que Mulroney tarde à abolir la politique énergétique nationale tant détestée, sa décision d'accorder un lucratif contrat de défense à Montréal plutôt qu'à Winnipeg et la persistante animosité à l'endroit de la taxe sur les produits et services sont autant de causes de la désaffection dans cette partie du pays. La popularité personnelle de Mulroney chute à tous les niveaux plus bas que celle de tout autre premier ministre précédent.

En 1993, la coalition Mulroney se désintègre sous la direction de Kim CAMPBELL, qui se révèle incapable de prendre ses distances par rapport au régime de Mulroney. Les partisans québécois se tournent vers Lucien Bouchard et le BLOC QUÉBÉCOIS, et ceux de l'Ouest, vers le PARTI RÉFORMISTE DU CANADA. Les élections donnent lieu à la défaite la plus dévastatrice de l'histoire de la politique canadienne. Le parti perd 154 sièges et n'en garde que 2, ceux de Jean CHAREST, l'ex-candidat à la direction du parti, et Elsie Wayne, mairesse de Saint Jean, au Nouveau-Brunswick. Le Parti conservateur perd son statut officiel de parti politique et fait face à une crise financière et politique. En 1993, Jean Charest devient le chef par intérim du parti et chef élu en 1995, étant le premier Canadien français à la tête des conservateurs. La jeunesse de Charest est vue comme la clé de la reconstruction du parti, et, en effet, lors des élections de 1997, son parti remporte 20 sièges et 18 p. 100 du suffrage, récupérant ainsi son statut de parti officiel. En dépit de cette victoire, en avril 1998 Charest laisse la direction du PC pour

aller remplacer Daniel JOHNSON à la tête du PARTI LIBÉRAL DU QUÉBEC dans l'espoir de renverser le Parti québécois au pouvoir, lors de l'élection de la même année (ce en quoi il échouera). Le remplacement de Charest s'avère un retour au passé. Joe CLARK effectue un retour à la vie politique fédérale et, en novembre 1998, remporte facilement la course au leadership du Parti conservateur. En juin 1999, l'Alternative unie, un mouvement de coalition de droite créé par le Parti réformiste, vote en faveur de la poursuite d'un projet d'union avec les conservateurs dans le but de faire front commun contre le Parti libéral fédéral. Le Parti conservateur refuse toutefois de participer au mouvement de l'Alternative unie. (*Voir* ALLIANCE RÉFORMISTE CONSERVATRICE CANADIENNE).

Parti libéral, Il a dominé la scène politique fédérale durant tout le XXe s. en tant que «parti du gouvernement» et a élaboré sa formule politique gagnante sous la direction de sir Wilfrid LAURIER, premier ministre de 1896 à 1911. Si le Parti libéral du XXe s. exerce le pouvoir sous le signe du pragmatisme, son histoire, au XIXe s., est marquée par des décennies d'opposition et d'efforts en vue de faire adopter des réformes.

L'opposition politique commence à s'organiser dans les colonies de l'Amérique du Nord britannique, avec l'établissement d'assemblées représentatives en Nouvelle-Écosse (1758), au Nouveau-Brunswick (1784) et dans le Haut et le Bas-Canada (1791). Le pouvoir étant détenu dans ces colonies par une oligarchie composée de gouverneurs et de conseils nommés qui ne sont pas tenus de répondre de leurs actes devant les assemblées élues, les réformistes en appellent au principe du parti whig qui prône la suprématie du Parlement et ils militent en faveur de l'adoption d'un GOUVERNEMENT RESPONSABLE. Dans les Maritimes, Joseph HOWE lutte pendant 10 ans pour l'établissement d'un gouvernement responsable et il y parvient finalement en 1848. Cette année-là, une coalition réformiste dirigée par Robert BALDWIN, au Canada-Ouest, et par Louis-Hippolyte LAFONTAINE, au Canada-Est, accomplit la même percée.

Au Canada-Ouest, des agriculteurs radicaux du sud-ouest de l'Ontario connus sous le nom de Clear Grits, inspirés par le radicalisme antibritannique de William Lyon MACKENZIE, lancent une attaque virulente contre les RÉSERVES DU CLERGÉ, perçues comme l'institutionnalisation du FAMILY COMPACT et comme un déni de liberté pour les confessions protestantes. Avec le soutien retentissant du réformiste George BROWN, propriétaire du journal *Globe*, l'organe le plus influent de la colonie, les réformistes réussissent à éliminer les réserves dans les années 1850. La coopération entre les réformistes du Haut-Canada, opposés au Family Compact, et les rouges du Bas-Canada, opposés à l'oligarchie anglaise, prend fin dans les années 1850 par suite d'un désaccord au sujet du soutien de l'État aux écoles confessionnelles (*voir* ÉCOLES SÉPARÉES). Le libéralisme des réformistes protestants les porte à croire que chaque Église doit être soutenue par ses fidèles sur une base bénévole et que, par extension, les écoles confessionnelles ne devraient pas recevoir de fonds publics.

Les réformistes d'avant la Confédération croient aux principes du libéralisme anglais. Opposés aux interventions du gouvernement dans l'économie, notamment aux mesures protectionnistes que les gouvernements conservateurs tendent à préconiser (*voir* PROTECTIONNISME), les réformistes se font, au milieu du siècle, les promoteurs du libre-échange avec leurs voisins du sud qu'ils admirent. Le traité de RÉCIPROCITÉ signé avec les États-Unis en 1854 est le couronnement de l'administration réformiste de Francis HINCKS et de A.-N. MORIN. Cette inclination pour le CONTINENTALISME sera au cœur de la politique du Parti libéral au cours du siècle suivant.

Peu après la Confédération, les libéraux, puisque c'est ainsi que les survivants réformistes se désignent, sont plutôt désarmés face aux ruses politiques du premier ministre conservateur, sir John A. MAC-DONALD, et à sa puissante coalition au fédéral. Les libéraux réussissent néanmoins à mettre sur pied leurs organisations dans les provinces. Sir Oliver MOWAT, premier ministre de l'Ontario de 1872 à 1896, mène le combat des provinces contre le pouvoir du gouvernement fédéral pour défendre les droits provinciaux, un principe qui sera cher au Parti libéral pendant plusieurs décennies.

Après l'effondrement du gouvernement de Macdonald, à la suite du SCANDALE DU PACIFIQUE, Alexander MACKENZIE, un austère maçon, forme le premier gouvernement libéral de la fédération en 1873. Cependant, une grave récession économique et l'absence d'intuition politique de Mackenzie aboutissent, en 1878, à la réélection de Macdonald, dont la campagne est basée sur le protectionnisme. Il s'ensuit une POLITIQUE NATIONALE de protection tarifaire âprement contestée par Edward BLAKE, avocat de Toronto et ancien premier ministre de l'Ontario, qui dirige le Parti libéral de 1880 à 1887 (Blake est le seul chef libéral à n'avoir jamais été premier ministre au fédéral). Blake et Mowat font des pressions pour obtenir de nouvelles réformes du SYSTÈME ÉLECTORAL et parviennent à détourner leurs partisans ontariens de leur fanatisme anti-catholique, qu'ils tenaient des Clear Grits et de George Brown.

Pendant ce temps, au Québec, Wilfrid Laurier détourne les rouges – les successeurs radicaux des PATRIOTES de Papineau à la suite de l'insurrection de 1837 – de l'anticléricalisme en défendant les principes du libéralisme anglais de William Gladstone et les vertus de la conciliation raciale. Laurier, choisi à contrecœur chef de parti par le caucus fédéral en 1887 à la recommandation de Blake, consolide progressivement les assises libérales au Québec. Après avoir fait des droits des provinces sa plateforme électorale, il remporte les élections de 1896, malgré l'hostilité de la hiérarchie de l'Église catholique et le malaise causé par la discrimination envers les catholiques francophones au Manitoba (*voir* ÉCOLES DU MANITOBA, QUESTION DES).

Laurier remporte les trois élections suivantes en s'inspirant de la formule gagnante de Macdonald: une coalition des forces à l'échelle nationale, une politique gouvernementale expansionniste et un esprit de conciliation entre Canadiens anglais et Canadiens français. Il modère également les principes du réformisme libéral par son pragmatisme et en usant du FAVORITISME. Il forme sa coalition électorale au Canada anglais, appuyé par les organisations libérales des premiers ministres provinciaux qui, nommés au sein de son cabinet, seront d'influents intermédiaires dans leurs régions. Il appuie la POLITIQUE D'IMMIGRATION dynamique préconisée par le ministre du Manitoba, Clifford SIFTON, pour la colonisation de l'ouest. Favorable à la construction d'une ligne transcontinentale, il établit avec le Grand Tronc et le Canadien Nord le même type de collaboration qu'avait dénoncé son caucus, dans les années 1880, lorsque Macdonald s'en faisait le défenseur.

Les principes des libéraux de Laurier diffèrent néanmoins de ceux de leurs rivaux conservateurs. En matière de politique étrangère, les libéraux optent pour une marine canadienne indépendante, plutôt que pour une contribution canadienne à la marine britannique, suivant les principes anti-impérialistes de Gladstone. En matière de politique commerciale, Laurier réussit à conclure une entente de réciprocité avec les États-Unis, un objectif auquel aspiraient les libéraux depuis longtemps. Cette victoire mènera toutefois le Parti libéral à sa perte. L'entente de réciprocité détourne les milieux d'affaires qu'il s'était alliés et qui étaient favorables au protectionnisme, d'où la défaite des libéraux aux élections de 1911,

face à un Parti conservateur hostile aux États-Unis. Laurier, qui demeure à la direction du parti, observe avec désespoir son parti se déchirer au sujet de la CONSCRIPTION militaire de la Première Guerre mondiale, qui ébranle temporairement l'alliance qu'il avait forgée entre anglophones et francophones.

Son successeur, William Lyon Mackenzie KING, est probablement le plus grand chef libéral. D'abord fonctionnaire, il terminera sa carrière avec le record de longévité de l'histoire politique canadienne. Il a été premier ministre de 1921 à 1948 (sauf en 1926 et de 1930 à 1935, années durant lesquelles il siège dans l'opposition). On attribue la longévité de King à son talent incroyable pour embrouiller les questions politiques dans le but de conserver l'appui de groupes aux idéologies diamétralement opposées, comme les fermiers de l'Ouest, favorables au libre-échange, et les manufacturiers du Centre, favorables au protectionnisme. Il reconnaît également avec perspicacité l'importance de conserver l'appui du Québec, particulièrement durant la Seconde Guerre mondiale. Il manifeste par ailleurs un talent pour attirer dans son Cabinet des ministres influents qui ont de solides appuis régionaux et qui utilisent à bon escient leurs talents et leurs relations. Enfin, il réussit à présenter à l'électorat une image progressiste et à mettre graduellement de l'avant des programmes sociaux, tout en conciliant les intérêts des milieux d'affaires. La position politique de King est centriste, bien qu'il ait des penchants pour la gauche. Sa propension à l'ambiguïté, illustrée par le slogan de sa campagne électorale de 1935, «King ou le chaos», et sa position digne de celle de Delphes, «la conscription si nécessaire, mais pas nécessairement la conscription», lui permettront de se frayer un étroit chemin entre les militants canadiens-anglais et les pacifistes du Québec, durant la Seconde Guerre mondiale.

Le successeur de King, qu'il a d'ailleurs choisi, Louis SAINT-LAURENT, est plus admiré que King par les bureaucrates et les milieux d'affaires. Toutefois, en raison de son indifférence pour l'organisation du parti et de sa dépendance envers la bureaucratie fédérale, son régime sera témoin de l'effondrement de la grande alliance libérale de King et du détachement progressif et persistant de l'Ouest canadien. À partir du moment où John DIEFENBAKER l'emporte de peu sur Saint-Laurent, en 1957, le Parti libéral ne cessera de lutter pour retrouver son statut de vrai parti national.

Lester Bowles PEARSON, prix Nobel de la paix, ancien diplomate et secrétaire d'État aux Affaires extérieures, chef du Parti libéral au début de 1958, a dû se présenter à trois reprises avant de prendre le pouvoir, en 1963. C'est en bonne partie grâce aux talents d'organisateur et aux convictions réformistes de son proche conseiller, Walter GORDON, que le moins politique des chefs libéraux réussit à avoir la mainmise sur l'organisation du parti reconstruit. Toutefois, les réformes apportées par Gordon ne font qu'accentuer le détachement des organisations provinciales de l'Ouest vis-à-vis de ce parti d'obédience torontoise. On accorde à Gordon le crédit d'avoir porté au pouvoir un GOUVERNEMENT MINORITAIRE aux élections de 1963, mais on lui reprochera par la suite d'avoir recommandé la tenue d'une autre élection, en 1965, qui s'est soldée par un autre gouvernement minoritaire libéral. Même lorsque l'extraordinaire Pierre Elliott TRUDEAU succède à Pearson, en 1968, dans une course à la direction chaudement disputée, le parti continue de se battre sans succès pour renouer son alliance avec l'Ouest. Il parvient à conserver le pouvoir jusqu'en 1979, puis de 1980 à 1984, malgré sa popularité vacillante, en regard de sa position de force au Canada central.

Importance du parti Les porte-parole du Parti libéral estiment le nombre de membres à quelque 250 000 dans les années 90. Même si le nombre d'adhérents grimpe durant les congrès à la direction et les campagnes électorales, il diminue de façon très

marquée dans les périodes où les membres de la base n'occupent que très peu de fonctions. Bien que la structure du parti soit fondée sur les règles complexes régissant les partis démocratiques populaires et que la direction dépende, en principe, des représentants de la base, elle a en fait toutes les caractéristiques d'une oligarchie. Le vrai pouvoir se trouve entre les mains du chef du parti et de son cénacle. La structure du sommet à la base varie légèrement lorsque le parti est dans l'opposition. Le chef doit faire appel à plus de ressources pour élaborer de nouvelles politiques et mobiliser plus de représentants de la base dans une lutte collective pour reprendre le pouvoir. Le nombre de membres dans les 282 associations de comtés, au fédéral, dans les années 80, peut difficilement être comparé à celui que comptait le parti dans le passé, car, historiquement, celui-ci était une fédération de partis provinciaux dont le nombre d'adhérents variait considérablement selon qu'ils étaient ou non au pouvoir. Au début des années 80, les libéraux ne comptent pas un seul député dans les quatre assemblées législatives provinciales à l'ouest de l'Ontario, une situation qui reflète leur faible représentation fédérale dans l'ouest, où ils sont devenus un tiers parti.

Éclatement du parti Comme dans toute grande formation politique, il y a toujours des groupes, restreints mais influents, qui s'opposent à l'idéologie dominante du parti. En Colombie-Britannique, dans les années 50, de nombreux libéraux des provinces forment une coalition électorale avec le Crédit social, un mouvement politique de l'aile droite, au grand dam du parti fédéral. Dans les années 60, Ross THATCHER, premier ministre libéral de la Saskatchewan, s'oppose énergiquement au libéralisme et aux politiques sociales du premier ministre Lester Pearson. Ces deux conflits achèvent de détruire la crédibilité du parti fédéral dans l'ouest. Tout au long de l'histoire du Parti libéral, des tensions se font sentir dans ses rangs entre les forces du continentalisme et celles du NATIONALISME. Elles deviennent encore plus manifestes dans les années 60, alors que Walter Gordon s'efforce de restreindre la mainmise des étrangers sur l'économie (*voir* INVESTISSEMENTS ÉTRANGERS). Gordon perd ses premières batailles, mais n'abandonne pas la guerre, contrairement à d'autres dissidents comme les ministres James RICHARDSON et Eric KIERANS, qui démissionnent du gouvernement Trudeau après que leurs positions politiques eurent été rejetées.

À la fin des années 70 et au début des années 80, il existe encore des tensions entre la gauche et la droite au sein du parti, surtout entre Pierre Trudeau, John TURNER et leurs partisans respectifs. Bien que Turner, ancien ministre des Finances sous Trudeau, démissionne du Cabinet en 1975, il joue le rôle de dauphin libéral en exil pendant près d'une décennie. Deux semaines après que Trudeau a annoncé son retrait de la politique, Turner se présente à la succession et remporte la victoire à l'issue du congrès du parti, le 16 juin 1984. Assermenté premier ministre le 30 juin, il s'empresse de déclencher des élections générales, espérant bénéficier d'une brève remontée de popularité du Parti libéral, attestée par les sondages d'opinion. Cependant, le manque d'organisation, l'absence d'une plateforme électorale ou d'un style personnel de campagne conduisent le parti libéral à la pire défaite de son histoire: 211 sièges progressistes conservateurs, 40 sièges libéraux, 30 sièges néo-démocrates et 1 siège indépendant.

Élection et appui populaire Depuis les années 30, les libéraux projettent une image de compétence et de compromis. Sur le plan de l'idéologie, le Parti libéral demeure au centre, ajustant ses positions selon les régions et cherchant à attirer une classe moyenne à la recherche de la mobilité sociale dans les villes du centre du Canada. Dans les provinces de l'Atlantique, où les sociaux-démocrates ont toujours eu beaucoup de difficulté à percer comme troisième force politique, les libéraux et les conservateurs se livrent une lutte à deux, qu'ils gagnent à tour de rôle. De 1896 à 1980, une forte pluralité de votes au Québec aboutit généralement à une écrasante majorité de sièges pour cette province, mais le Parti libéral sous Pierre Trudeau, identifié à la très impopulaire réforme constitutionnelle de 1982, n'obtient que 33 p. 100 des voix et 21 p. 100 des sièges aux élections suivantes. En Ontario, un soutien électoral de 40 p. 100 en moyenne se traduit généralement par 60 p. 100 des sièges depuis les années 30. Exceptionnellement, le soutien électoral de 1993 s'est traduit par 53 p. 100 des votes et 98 sièges sur 99, à la suite de l'effondrement du NPD et du fractionnement des votes conservateurs au profit des réformistes. Pendant des décennies, le statut de tiers parti des libéraux dans les provinces de l'ouest et les territoires du nord leur a donné environ 30 p. 100 des votes, mais un très faible nombre de sièges. Là également, les élections de 1993 ont marqué une percée. Dans l'ensemble, les tiers des votes a donné le tiers des sièges et des députés de chaque province au caucus libéral.

Soutien financier Traditionnellement, les fonds des campagnes électorales des libéraux proviennent de riches gens d'affaires et, dans une moindre mesure, de petits entrepreneurs (*voir* PARTIS POLITIQUES, FINANCEMENT DES). Depuis l'adoption de la LOI SUR LES DÉPENSES D'ÉLECTION en 1974, les fonds recueillis auprès des milieux d'affaires ont été considérablement réduits et remplacés par des dons des membres, déductibles d'impôt, et par des contributions directes de la population (*voir* SYSTÈME DE PARTI).

Problèmes actuels et changements majeurs dans le parti Les changements les plus importants survenus dans le Parti libéral au cours des dernières décennies ont eu lieu lors de l'accession de Pierre Trudeau à la direction du parti, en 1968, et sa démission 16 ans plus tard. Sous son égide, les Canadiens français obtiennent un traitement plus équitable au sein du parti et du gouvernement canadien. La détermination de Trudeau à défendre le FÉDÉRALISME et à combattre les forces séparatistes du nationalisme québécois est à l'origine du retentissant succès qu'il remporte auprès de la population dès le début, aussi bien que des profondes animosités qu'il suscitera par la suite chez les Canadiens anglais. Son style personnel controversé et ses politiques changeantes (p. ex., le retrait des Forces canadiennes de l'OTAN suivi de leur renforcement et son opposition au nationalisme économique suivie de son appui au spectaculaire Programme énergétique national) ont pour effet de mettre sa personnalité à l'avant-plan des discussions politiques. Il réussit pourtant à rallier les provinces, à l'exception du Québec, au sujet du «rapatriement» de la CONSTITUTION en 1982. Au moment où le mandat de Trudeau se termine et où son successeur fait face à de graves problèmes d'orientation idéologique et d'organisation du parti, certains critiques avancent, comme en 1957 puis en 1979 lorsque le parti a perdu temporairement le pouvoir, que les libéraux sont sur le point de disparaître de la scène politique nationale.

Turner redonne une certaine respectabilité au parti en 1988, à l'issue d'une solide campagne axée sur le nationalisme, au moment où l'intention des conservateurs de signer une entente de libre-échange avec les États-Unis sème l'inquiétude. Le parti remporte 82 sièges. Lorsque Jean Chrétien en prend la direction en 1990, il hérite d'un parti désorganisé et près de la faillite. Son soutien à l'ACCORD CONSTITUTIONNEL DE CHARLOTTETOWN lui coûte l'appui du Québec, mais les libéraux, qui centrent leurs efforts sur la mise en œuvre de nouvelles politiques et sur l'organisation du parti, sont bien préparés pour les élections d'octobre 1993. Ils mettent l'accent sur la création d'emplois et présentent un programme détaillé qui répond adéquatement aux critiques selon lesquelles ils seraient prêts à se lancer dans des dépenses extravagantes, comme les gouvernements libéraux précédents. La campagne

est un triomphe: les libéraux l'emportent par une claire majorité de 177 sièges. Après le démantèlement du Parti conservateur, qui tombe de 154 sièges à 2 sièges, et l'effondrement presque total du NPD, qui conserve 9 sièges sur 43, le Parti libéral de Chrétien est le seul parti qui puisse se vanter d'avoir des représentants de toutes les provinces à la Chambre des communes.

Christina McCall et S. Clarkson

Parti libéral du Québec Formation politique créée, au XIXᵉ s., autour des «rouges» qui veulent démocratiser les institutions québécoises, réformer l'éducation et limiter l'Église à son rôle religieux. En plus de ces radicaux, le parti comprend des libéraux anglophones et des Canadiens français qui, tout en ayant des idéaux démocratiques, conservent une attitude modérée envers l'Église.

L'arrivée de LAURIER à la tête du PARTI LIBÉRAL fédéral, en 1887, et sa victoire aux élections fédérales de 1896, permettent au Parti libéral de remporter les élections provinciales de 1897 et de prendre la tête du gouvernement du Québec. Le parti restera au pouvoir, sans interruption, jusqu'en 1936.

À cette époque, le Parti libéral est l'aile provinciale du Parti libéral du Canada. L'organisation électorale des deux partis est la même et le chef du parti provincial est choisi par les dirigeants libéraux d'Ottawa. Les deux plus illustres chefs de gouvernement de cette longue domination libérale à Québec sont Lomer GOUIN, premier ministre du Québec de 1905 à 1920, et Louis-Alexandre TASCHEREAU, premier ministre de 1920 à 1936. Les deux sont des leaders autonomistes qui ont en face d'eux, sur la scène provinciale, un PARTI CONSERVATEUR que l'on considère contraire aux intérêts des Canadiens français, en particulier depuis sa décision d'imposer la CONSCRIPTION, en 1917. À Ottawa, le Parti libéral forme le gouvernement durant la majeure partie de la période 1897-1936, ce qui permet aux partisans libéraux du Québec de jouir tout à la fois du patronage fédéral et du patronage provincial.

Au début des années 30, l'usure du pouvoir et la crise économique qui sévit amènent des jeunes libéraux à faire dissidence, réunis autour de Paul GOUIN, fils de l'ancien premier ministre, Lomer Gouin. Ils créent l'ACTION LIBÉRALE NATIONALE, qui s'associe au Parti conservateur, dirigé par Maurice DUPLESSIS. Cette alliance dite d'UNION NATIONALE réussit presque à renverser le Parti libéral à l'occasion des élections de 1935. Elle réussira, en 1936, après que Duplessis aura dévoilé, lors de séances célèbres du comité des comptes publics de l'Assemblée législative, la corruption pratiquée chez les libéraux.

Dirigé par Adélard GODBOUT, le successeur de Taschereau, le Parti libéral remporte, en 1939, une victoire aussi écrasante que l'avait été celle de l'Union nationale, en 1936. La deuxième grande guerre est commencée en Europe, et les libéraux de Québec et d'Ottawa se présentent comme le rempart contre la conscription. Le gouvernement Godbout adopte des mesures progressistes de 1939 à 1944, dont le droit de vote aux femmes et la création d'HYDRO-QUÉBEC, suite à la nationalisation de la Montreal Light and Power et de ses succursales. Godbout sera cependant accusé d'avoir été complice de la centralisation des pouvoirs entre les mains du gouvernement fédéral, à l'occasion de la guerre.

Le Parti libéral est battu, en 1944, par l'Union nationale, même s'il obtient un peu plus de votes qu'elle. Toujours dirigée par Maurice Duplessis, l'Union profite de la prospérité d'après-guerre et accuse les libéraux de Québec d'être les valets de leurs homologues d'Ottawa. Ces accusations s'accentuent après que Georges-Émile Lapalme, ancien député fédéral, a remplacé Godbout, en 1950.

Au milieu des années 1950, Lapalme et ses collaborateurs créent la Fédération libérale provinciale, dans le but de régénérer l'organisation, le finance-

ment et le programme du parti. Lapalme est remplacé, en 1958, par Jean LESAGE, qui a été député et ministre à Ottawa. C'est lui qui conduira les troupes libérales à la victoire, en 1960, alors que les morts successives de Maurice Duplessis et de Paul SAUVÉ ont affaibli l'Union nationale.

La victoire libérale marque le début, sur le plan politique, de ce que l'on a appelé la RÉVOLUTION TRANQUILLE. Il y a réforme de l'éducation, menée par Paul GÉRIN-LAJOIE, nationalisation de plusieurs compagnies privées d'électricité, menée par René LÉVESQUE, création d'un régime public des rentes ainsi que de la CAISSE DE DÉPÔT ET DE PLACEMENT. Il y a aussi un début de réforme de la carte électorale; ceci n'empêche pas le Parti libéral d'être défait en 1966, même s'il obtient 47% des votes exprimés contre 41% à l'Union nationale.

En 1964, le Parti libéral du Québec devient autonome par rapport à celui d'Ottawa. Au congrès de la Fédération libérale, en 1967, un projet de statut particulier pour le Québec, présenté par Gérin-Lajoie, est adopté contre le projet de SOUVERAINETÉ-ASSOCIATION émanant de René Lévesque. Celui-ci quitte le parti pour fonder le Mouvement souveraineté-association, qui donnera naissance au PARTI QUÉBÉCOIS, en 1968. Robert BOURASSA remplace Jean Lesage, au début de 1970 et conduit les libéraux à la victoire, en avril. Il aura à faire face, la même année, à la CRISE D'OCTOBRE et, en 1972, à la désobéissance civile de leaders syndicaux (*voir* GRÈVES DU FRONT COMMUN). Cela ne l'empêchera pas de gagner facilement les élections de 1973. Il perdra celles de 1976 aux mains du Parti québécois et démissionnera.

Claude RYAN lui succède, en 1978, qui oppose son projet de réforme constitutionnelle, contenu dans le «Livre beige», au projet de souveraineté-association du Parti québécois, et contribue, avec Pierre TRUDEAU, à la victoire du Non, lors du RÉFÉRENDUM DE 1980. Le Parti libéral ne réussit toutefois pas à vaincre son adversaire aux élections provinciales de 1981. Robert Bourassa redevient chef du Parti libéral, en 1983, et remporte deux victoires décisives, en 1985 et en 1989. Son gouvernement travaille surtout au développement économique et à la redéfinition de la place du Québec dans la fédération canadienne. À la suite de l'échec de l'ACCORD DU LAC MEECH, en 1990, Bourassa prend des positions autonomistes, proches de la souveraineté-association, mais on lui reproche sa mollesse lors de la phase finale de la négociation de l'entente de Charlottetown (voir ACCORD DE CHARLOTTETOWN), rejetée lors de la consultation référendaire de 1992.

Au début de 1994, Bourassa quitte son poste. Il est remplacé par Daniel JOHNSON, fils de l'ancien premier ministre du même nom. Le Parti libéral est défait aux élections de septembre 1994. Le nouveau gouvernement du Parti québécois s'engage dans la préparation d'un deuxième référendum, qu'il perdra de justesse (voir RÉFÉRENDUM DE 1995). Un peu avant les élections de 1998, Daniel Johnson, dont le leadership est critiqué, cède sa place à Jean CHAREST, chef du Parti conservateur du Canada. Pour une troisième fois depuis 1944, le Parti libéral obtient plus de votes mais moins de sièges que son principal adversaire.

Quoique souvent critique à l'égard du Parti libéral du Canada, le Parti libéral du Québec se définit surtout, à l'aube du XXIᵉ s., par son opposition au Parti québécois et à son projet de souveraineté. Il reçoit l'appui massif des électeurs non francophones, mais il est le plus souvent minoritaire chez les électeurs francophones. Les libéraux s'opposent à l'État interventionniste voulu par le Parti québécois. Toutefois, ils arrivent mal à définir la cause qu'ils défendent et la formule de gouvernement qui leur serait propre.

Vincent Lemieux

Parti national Fondé en 1871 par des libéraux québécois, au nombre desquels figurent Honoré MER-

CIER et Louis Jetté. Il tente en vain d'obtenir l'appui du clergé en faveur du libéralisme dont le PARTI ROUGE est dépourvu. Mercier donne un nouveau souffle au parti en 1885 lors de la crise qui suit le pendaison de Louis RIEL. Le Parti national, une coalition de libéraux et de conservateurs québécois déçus des politiques de leur parti, joue la carte du nationalisme canadien-français et remporte une majorité des sièges lors des élections provinciales de 1886. Les conservateurs tentent en vain de s'accrocher au pouvoir. Premier ministre pour quatre jours seulement, sir Louis-Olivier TAILLON est défait à l'Assemblée législative en janvier 1887. Mercier le remplace et son parti dirige le Québec jusqu'en 1891, année où le gouvernement Mercier est renvoyé par le lieutenant-gouverneur à cause de son implication dans le SCANDALE DE LA BAIE DES CHALEURS. Le parti subit une cuisante défaite lors des élections provinciales de 1892.

Parti pris Magazine politique et culturel fondé en 1963 par les écrivains montréalais André MAJOR, Paul CHAMBERLAND, Pierre Maheu, Jean-Marc Piotte et André Brochu. Tous dans la vingtaine, ses fondateurs étaient convaincus qu'une révolution était nécessaire pour que le Québec devienne un État indépendant, socialiste et laïc. De jeunes intellectuels activistes de la RÉVOLUTION TRANQUILLE en sont rapidement venus à graviter autour du magazine. Durant ses cinq années d'existence (d'octobre 1963 à l'été de 1968), *Parti pris* s'est imposé à la fois comme un magazine de grande qualité (53 numéros publiés en 39 livraisons), comme un centre révolutionnaire d'avant-garde engagé dans les manifestations, la formation de militants, le Club Parti pris et, plus tard, le Mouvement de libération populaire, et comme une maison d'édition comptant à son actif une vingtaine de publications, littéraires pour la plupart et remarquables dans certains cas. Cette maison, les Éditions Parti pris, a continué d'exister après la disparition du magazine.

Le magazine adhérait aux principaux courants idéologiques de son époque: marxisme-léninisme, existentialisme sartrien et décolonisation du Tiers-Monde. Il s'est fortement inspiré de ces mouvements pour développer une analyse virulente du Québec en tant que société colonisée dont la population était profondément aliénée sur les plans économique, culturel et politique, dépossédée de son identité autant que de sa patrie. *Parti pris* a constamment rejeté l'appellation «Canada français» au profit de «Québec». Dans le domaine littéraire, le magazine s'est distingué par la publication de textes en JOUAL. Le groupe a publié des œuvres puissantes et percutantes comme *Le Cassé* de Jacques Renaud (1964), *L'Afficheur hurle* de Paul Chamberland (1965), et un essai extraordinaire, NÈGRES BLANCS D'AMÉRIQUE, de Pierre VALLIÈRES (1968). *Parti pris* était le produit d'une brillante génération littéraire. Pour reprendre les termes d'un observateur de l'époque, il constituait le Front de libération «intellectuel» Québec.

Robert Major

Parti progressiste Formé en 1920 quand des agriculteurs de l'Ontario et des Prairies membres du Conseil canadien de l'agriculture (CCA) s'unissent autour des libéraux dissidents dont le chef, Thomas CRERAR, vient de démissionner du Cabinet fédéral l'année précédente, manifestant ainsi son opposition aux tarifs douaniers élevés. En novembre 1918, le CCA avait proposé une «nouvelle Politique nationale» de libre-échange, de nationalisations (en particulier celle des chemins de fer) et de démocratie directe. Lors des élections de 1921, le Parti progressiste, sous le leadership de Crerar, provoque la fin du régime fédéral bipartite: le parti remporte 65 sièges dans l'Ouest, l'Ontario et le Nouveau-Brunswick, et constitue le deuxième parti au Parlement. Cependant, il est incapable d'agir avec cohésion face au nouveau gouvernement libéral minoritaire. Bon nombre de ses membres ont déjà appartenu au Parti libéral et ils

veulent seulement amener leur ancien parti à opter pour le libre-échange. D'autres souhaitent un parti plus radical. L'appui de l'électorat baisse aux élections de 1925 et de 1926, mais la révolte agraire et le Parti progressiste ont transformé la politique canadienne. Les membres les plus radicaux se joignent à la CO-OPERATIVE COMMONWEALTH FEDERATION en 1932, et d'autres se rallient au PARTI CONSERVATEUR en 1942.

Peter A. Russell

Parti progressiste-conservateur (*Voir* PARTI CONSERVATEUR)

Parti québécois (PQ) Formation politique prônant la souveraineté du Québec née, en 1968, de la fusion du Mouvement Souveraineté-Association (MSA) et du Ralliement national (RN). Les chefs respectifs, René LÉVESQUE, ancien ministre des Ressources naturelles du gouvernement du Parti libéral de Jean LESAGE et père de la nationalisation de l'électricité en 1962, ainsi que Gilles Grégoire, ex-député créditiste fédéral, préconisent l'indépendance du Québec assortie d'une association économique avec le reste du Canada. Idée à laquelle n'adhère pas Pierre BOURGAULT, chef du Rassemblement pour l'indépendance nationale (RIN), premier parti indépendantiste fondé au début des années soixante. Quelques jours seulement après la création du Parti québécois (PQ), le RIN se dissout et ses membres se joignent massivement au nouveau parti dirigé par René Lévesque. S'ajouteront également d'anciens militants du Parti socialiste du Québec (PSQ) et quelques membres déçus de l'UNION NATIONALE. Dès lors, le PQ devient le principal organe de promotion de la souveraineté du Québec.

Bien que les militants du PQ aient la souveraineté du Québec comme objectif commun, ils proviennent de milieux différents et sont de tendances idéologiques divergentes. En 1968, le PQ réussit malgré tout à se doter d'un programme économique et social qui reprend les grandes lignes du manifeste du MSA de 1967 intitulé *Ce pays qu'on veut bâtir*. Jusqu'en 1985, c'est donc un programme social-démocrate qui inspirera la ligne de conduite du parti.

Le parti réussit à faire élire ses sept premiers députés lors des élections de 1970 avec 23,5 p. 100 des suffrages exprimés. En 1973, il passe à 30,8 p. 100 du vote et forme l'opposition officielle avec six sièges. Dès l'élection suivante, en 1976, le PQ remporte le scrutin et forme le nouveau gouvernement (41 p. 100 des voix et 71 sièges).

En 1980, le gouvernement tient sa promesse électorale en organisant un premier RÉFÉRENDUM sur la question de la SOUVERAINETÉ-ASSOCIATION. Comme le stipule la loi sur les consultations populaires, la campagne référendaire s'organise autour de deux comités-parapluies. À la question portant sur un mandat de la négociation de la souveraineté-association, les camps du OUI et du NON s'affrontent. Le 20 mai, 60 p. 100 de la population refuse d'accorder ce mandat au gouvernement de Lévesque.

Deuxième mandat En octobre 1980, lors d'un Conseil national du parti, les membres réaffirment l'option souverainiste tout en s'engageant à ne pas tenir de référendum durant le prochain mandat. Cette position aidera le PQ à remporter les élections générales d'avril 1981 (49,2 p. 100 du vote et 80 députés).

Profitant de l'échec référendaire, le gouvernement fédéral impose, en 1982, le rapatriement de la Constitution canadienne sans le consentement du Québec, ce à quoi toute l'ASSEMBLÉE NATIONALE s'oppose. À cela s'ajoutent la crise économique mondiale et les difficiles négociations avec les employés syndiqués des secteurs public et parapublic. La population ne s'identifie plus au mouvement souverainiste et les crises internes se multiplient. Ceci entraînera la déroute du parti à l'élection de 1985. En effet, durant ce deuxième mandat, une résolution visant à enclencher le processus d'affirmation de la souveraineté sur la base d'une majorité de

sièges lors des prochaines élections avait été adoptée par les délégués. Lévesque, s'opposant à cette résolution, avait annoncé la tenue d'un référendum interne afin de consulter tous les membres sur cette question. Cette consultation, qui fut aussi appelée «renérendum», se solda par un rejet à 95 p. 100.

Les dissensions s'accroissent quand Lévesque, suite à l'élection du PARTI CONSERVATEUR, dirigé par Brian MULRONEY, au gouvernement fédéral en 1984, considère qu'il s'agit là d'«un beau risque» à courir pour le Québec et déclare que la souveraineté ne doit pas être l'enjeu du prochain suffrage prévu pour 1985. Plusieurs ministres parmi les plus souverainistes démissionnent du Cabinet dont Jacques PARIZEAU, Louise Harel et Camille LAURIN. Face à l'affrontement des orthodoxes et révisionnistes, René Lévesque démissionne de son poste de premier ministre; il est remplacé par Pierre-Marc JOHNSON. Cette conjoncture mène à la défaite électorale de 1985: le PQ récolte 38,6 p. 100 des voix et obtient seulement 23 sièges à l'Assemblée nationale.

Durant ces années au pouvoir, le PQ adopte plusieurs lois importantes dont la LOI 101 (1977), véritable charte de la langue française qui oblige tout enfant d'immigrant n'ayant jamais fréquenté l'école anglaise au Québec à s'inscrire à l'école française. Plusieurs aspects de cette législation seront annulés à la suite de contestations à la COUR SUPRÊME du Canada. Tant au niveau de l'éducation, des milieux de travail que dans l'affichage, le français doit dorénavant primer (*voir* POLITIQUES LINGUISTIQUES DU QUÉBEC). Sensible aux luttes féministes, le PQ institue les congés de maternité et développe le réseau des garderies. Entre autres mesures sociales-démocrates, le gouvernement Lévesque démocratise les pratiques politiques par la loi sur le financement des partis, protège les sols québécois par la loi sur le zonage agricole et étatise les régimes d'assurance-automobile.

L'abandon du «beau risque» Le mois de novembre 1987 marque une étape importante dans l'évolution du PQ. D'abord, René Lévesque, fondateur et guide spirituel du parti, décède à l'âge de 65 ans. Quelques jours plus tard, Pierre-Marc Johnson démissionne de toutes ses fonctions au parti, ce qui entraîne le retour en politique de Jacques Parizeau et l'abandon de la politique du «beau risque».

Le 19 mars 1987, Parizeau est élu chef du Parti québécois et promet de remettre l'indépendance du Québec au centre des préoccupations du parti. Dans l'opposition parlementaire jusqu'aux élections de 1994, le PQ s'affaire à démontrer le caractère illégitime du rapatriement unilatéral de la constitution de 1982 et affirme que, jamais, le Québec ne trouvera sa place dans le Canada. Il s'oppose ainsi à l'ACCORD DU LAC MEECH (1990) et à L'ACCORD DE CHARLOTTETOWN (1992), deux tentatives pour amener le Québec à signer enfin la Constitution canadienne. Ces deux accords se soldent par des échecs prouvant, selon le PQ et le BLOC QUÉBÉCOIS, le nouveau parti fédéral constitué de plusieurs ex-députés fédéraux «désillusionnés» d'Ottawa, l'impossibilité d'en arriver à une entente avec le Canada et les autres provinces. En 1994, le PQ est porté au pouvoir avec 44,7 p. 100 du suffrage en promettant la tenue d'un référendum sur la souveraineté au cours des mois suivant le scrutin.

Un deuxième référendum est prévu pour le 30 octobre 1995. Une victoire déclencherait le processus du souveraineté du Québec assortie d'une offre de partenariat au reste du Canada. Le PQ a été contraint d'intégrer cette offre de partenariat devant la faiblesse de l'option souverainiste dans les sondages et la très grande popularité de l'ex-ministre du parti conservateur fédéral Lucien BOUCHARD, devenu chef du Bloc québécois et principal promoteur de cette stratégie post-référendaire. Le OUI recueille plus de 60 p. 100 du vote francophone, mais 49,4 p. 100 des suffrages. Dans une déclaration fracassante, le premier ministre, Jacques Parizeau, attribue cette défaite au «vote ethnique et à l'argent». Dès le lendemain de la défaite, il annonce sa retraite de la vie politique. Lucien Bouchard lui succède et devient officiellement, le 27 janvier 1996, quatrième chef du PQ et premier ministre du Québec.

Pour la première fois, en 1996, la notion de PARTENARIAT économique et politique du Québec souverain avec le reste du Canada est inscrite au programme du parti. Pour le nouveau chef, le Québec ne peut se permettre de perdre un autre référendum. Ainsi, en 1998, lors des élections québécoises, le PQ se fait réélire avec le promesse de tenir un référendum sur la souveraineté dès que les «conditions gagnantes» seront réunies. Le gouvernement s'affaire dès lors à cette tâche en s'attaquant au déficit, condition qu'il juge préalable et favorable à une victoire souverainiste.

En 2000, le parti se félicite d'avoir atteint son objectif de «déficit zéro», non sans créer un certain mécontentement dans les secteurs de la santé et de l'éducation. Tout en continuant de défendre des politiques interventionistes, le parti refuse d'intégrer à ses statuts l'option sociale-démocrate. Avec la reprise économique, Bernard LANDRY, ministre des Finances, accroît son emprise sur le parti tandis que le chef, Lucien Bouchard, voit sa popularité augmenter au sein du parti et de la population.

Robert Comeau

Parti réformiste du Canada Étant issu d'une coalition de groupes de pression mécontents de l'ouest, c'est dans cette région que le Parti réformiste du Canada trouve ses principaux appuis politiques. La coalition est formée en 1986 pour tenter de faire entendre les préoccupations de l'ouest à l'échelle nationale. En mai 1987, la Reform Association of Canada vote toutefois en faveur de la création d'un parti doté d'une base très large pour faire entendre les préoccupations économiques et constitutionnelles de l'ouest.

Le Parti réformiste tient son congrès de fondation en octobre 1987 et élit son premier chef, Preston MANNING. Celui-ci est le fils de E.C. MANNING, l'ancien premier ministre de l'Alberta et chef du parti CRÉDIT SOCIAL. Son programme comporte quelques «remèdes» traditionnels du réformisme populaire des Prairies, comme le libre-échange et la démocratie directe (les référendums, les initiatives et la destitution) ainsi que des propositions récentes comme le Sénat «élu, égal et efficace». Les grandes préoccupations du Parti réformiste sont toutefois une diminution de la taille, de la compétence et du coût du gouvernement, obtenue surtout en réduisant fortement les programmes de bien-être social et d'assistance aux activités culturelles, et une forte opposition aux revendications du Québec en vue d'obtenir un statut spécial au sein de la Confédération. Le parti ne remporte aucun siège aux élections de 1988, mais son pourcentage des suffrages exprimés, surtout en Alberta, est encourageant. La crédibilité du parti augmente encore en 1989, lorsque Deborah Grey et Stanley Waters, tous deux de l'Alberta, remportent respectivement une élection partielle fédérale et la première élection au Sénat.

Le Parti réformiste se prononce catégoriquement contre l'ACCORD DU LAC MEECH, une attitude qui lui vaut un appui populaire considérable au Canada anglais, surtout pendant la période de désenchantement qui dure quelques mois après l'échec de l'accord en 1990. Le parti augmente encore son prestige en s'opposant énergiquement à la taxe sur les produits et services (TPS) et à l'Accord de Charlottetown. Avec le rejet de cet accord lors du référendum de l'automne 1992, la popularité du Parti réformiste atteint un sommet.

Ses appuis s'effritent quelque peu ensuite, mais le parti fait de nouveaux progrès pendant la campagne électorale de 1993. Profitant du désenchantement à l'égard des partis politiques traditionnels en général et du parti PROGRESSISTE-CONSERVATEUR en particulier, le Parti réformiste remporte 52 sièges, y compris 22 des 26 sièges de l'Alberta, 24 des 30 sièges de la Colombie-Britannique, 4 en Saskatchewan et 1 au Manitoba. D'après Manning, son parti a une envergure nationale, mais il ne remporte qu'un siège en Ontario, demeurant ainsi une puissance régionale qui fait contrepoids au parti séparatiste, le Bloc québécois, qui remporte 54 sièges et devient le parti de l'opposition officielle au Canada.

Le Parti réformiste éprouve des difficultés après les élections. Il peut s'attribuer quelque mérite en portant la dette et le déficit gouvernementaux au premier plan de l'actualité, mais il est souvent en butte aux critiques qui l'accusent de manque d'organisation et d'efficacité lorsqu'il s'agit de se présenter comme un remplaçant éventuel des libéraux au pouvoir. Le parti est également tiraillé par des controverses internes sur la direction exercée par Manning, l'orientation future du parti et des accusations persistantes selon lesquelles le parti nourrit des opinions extrémistes à l'égard des minorités ethniques et des homosexuels.

Les politiques financières conservatrices adoptées par les libéraux au pouvoir après 1993, un léger redressement de l'économie canadienne et le fait que les questions constitutionnelles préoccupent moins la population après le référendum de 1995 sur la souveraineté du Québec contribuent aussi à rendre le Parti réformiste moins attrayant. Au début de 1997, beaucoup prédisent des élections fédérales pendant l'année. Cependant, la question la plus souvent posée n'est pas de savoir si le Parti réformiste peut améliorer son résultat électoral de 1993, mais combien de sièges il pourra conserver.

Néanmoins, l'élection de juin 1997 a vu le Parti réformiste enregistrer un succès étonnant en prenant le statut d'opposition officielle de sa Majesté en remportant 60 des 301 sièges en comparaison des 155 pris par le Parti libéral gagnant. Comme à la précédente élection, le Parti réformiste obtient un support considérable en Alberta et en Colombie-Britannique, s'y appropriant respectivement 24 et 25 sièges. Le parti renforce aussi sa position dans les autres provinces des prairies avec 8 sièges en Saskatchewan et 3 au Manitoba. Il perd cependant celui gagné en Ontario en 1993. L'échec du parti à obtenir du soutien électoral hors des provinces de l'Ouest souligne la nature de plus en plus régionale de la politique canadienne.

Durant sa courte existence, le Parti réformiste a une importance significative sur la politique canadienne et remplit le rôle d'opposition officielle. Mais le parti fait face à plusieurs obstacles en tentant d'accéder au pouvoir. Premièrement, l'élection de 1997 voit les conservateurs rafler 20 sièges (comparativement à seulement 2 en 1993). Les efforts des réformistes pour s'unir avec les Progressistes conservateurs se heurtent à l'hostilité du parti fortement affaibli de longue date.

Deuxièmement, l'appel à la contestation du Parti réformiste diminue beaucoup. Avant de devenir le leader de l'opposition officielle, Preston Manning a souvent répété que jamais il n'emménagerait à la résidence Stornoway, décrivant celle-ci comme un luxe superflu payé par les contribuables canadiens. Après les élections, Manning change cependant d'avis sous la pression des supporters de son parti. Cette volte-face, jointe à l'acceptation par les parlementaires réformistes «d'avantages» gouvernementaux auparavant dédaignés, ternit grandement l'image du parti chez certains supporters populistes.

Troisièmement, tandis que la base du parti dans l'Ouest semble très ferme, il échoue dans son effort à gagner quelque appui dans les autres régions.

Mais la principale entrave au développement futur du Parti réformiste est le haut degré de soutien que l'électorat continue de témoigner au gouvernement libéral. À moins d'une crise financière ou politique assez importante pour mettre à mal la foi des électeurs dans le Parti libéral, les chances qu'aurait le Parti réformiste dans un avenir rapproché semblent faibles. Mais encore une fois, peu d'observateurs ayant assisté au congrès inaugural du parti à Winnipeg, en 1987, auraient pu prévoir le succès que la formation a remporté jusqu'à ce jour. (*Voir* ALLIANCE RÉFORMISTE CONSERVATRICE CANADIENNE).

Trevor W. Harrison

Parti Rhinocéros Créé en 1963 par un groupe d'humoristes dirigés par Jacques FERRON, un médecin et écrivain de Montréal, afin de ridiculiser les campagnes électorales précédant les élections à la Chambre des communes du Canada. Les premiers candidats du Parti Rhinocéros s'inscrivent lors des élections partielles fédérales de 1964, et d'autres se présentent lors de chacun des scrutins subséquents, jusqu'aux élections générales de 1984. Lors des élections fédérales de 1984, 89 candidats (au Canada) se réclament du Parti Rhinocéros. Ils ont obtenu 99 207 votes, c.-à-d. 0,79 p. 100 du nombre total de suffrages exprimés lors de ces élections. En mai 1985, peu après la mort de Jacques Ferron, le Parti Rhinocéros est officiellement dissous.

André Bernard

Parti rouge Également connu sous le nom de parti démocratique, il est formé vers 1848 par un groupe de jeunes intellectuels radicaux francophones qui participent à la fondation de l'INSTITUT CANADIEN et qui s'inspirent des idées républicaines de Louis-Joseph PAPINEAU. Le parti compte parmi ses membres les frères Dorion, Louis-Victor SICOTTE, Joseph Papin et Joseph DOUTRE. À la législature et dans *L'Avenir* et *Le Pays*, les rouges prônent l'abrogation de l'ACTE D'UNION, l'annexion du Canada aux États-Unis, l'extension du principe électif du gouvernement à toutes les fonctions, l'abolition du RÉGIME SEIGNEURIAL et le suffrage universel. Si leur extrémisme se modère au cours des ans, ils demeurent néanmoins fermement anticléricaux et s'opposent aux doctrines ultramontaines de Mgr BOURGET (*voir* ULTRAMONTANISME), s'attirant ainsi l'animosité de l'Église et un appui populaire limité. Après la Confédération, le Parti rouge fusionne avec les CLEAR GRITS du Canada-Ouest pour jeter les bases du PARTI LIBÉRAL.

Parti socialiste du Canada En 1904, la fusion de la Canadian Socialist League avec le Parti socialiste de la C.-B., un groupe de marxistes ayant de l'influence dans les campements miniers et chez les syndicalistes de cette province, donne naissance au Parti socialiste du Canada (PSC). En 1910, le parti s'est déjà répandu d'un océan à l'autre. Les membres du PSC adhèrent à l'opinion révolutionnaire (appelée «impossibilisme») selon laquelle il est inutile de tenter de réformer le système capitaliste, mais en vertu de laquelle l'action politique militante est nécessaire pour détruire le système salarial et instaurer l'État coopératif. Le parti perd ses appuis après l'échec des grèves générales de 1919, lorsque la plupart des travailleurs souscrivent aux idées réformistes et que leurs organisations adoptent une stratégie de changement graduel. Beaucoup de militants du PSC qui continuent de s'opposer au réformisme et au travaillisme adhèrent par la suite au PARTI COMMUNISTE DU CANADA.

J.T. Morley

Parti travailliste La représentation des travailleurs par un député de leur classe est un thème qui revient souvent dans l'histoire du mouvement ouvrier canadien. Pourtant, aucune organisation n'en a fait de manière continue son cheval de bataille. Plusieurs chefs syndicaux ont en effet préféré promouvoir leurs idées par l'entremise de partis politiques déjà établis. La présence de syndicalistes et de candidats hybrides au sein des principaux partis a également entravé la création de partis travaillistes indépendants.

Des candidats et des partis travaillistes font leur apparition pendant les années 1870 et 1880. Ils sont souvent appuyés par des syndicats locaux. En 1872, un carrossier de Hamilton, Henry Buckingham Witton, est élu à la Chambre des communes à titre de député conservateur, tout comme Alphonse-Télesphore Lépine, un des dirigeants des CHEVALIERS DU TRAVAIL à Montréal, en 1888. Daniel J. O'DONOGHUE, un imprimeur d'Ottawa, est le premier candidat travailliste indépendant à connaître du succès. Il est élu à l'Assemblée législative de l'Ontario en 1874.

Au tout début du XXᵉ s., le CONGRÈS DES MÉTIERS ET DU TRAVAIL DU CANADA (CMTC) démontre un intérêt croissant pour l'action politique. Ainsi, en 1900, un des fondateurs du Winnipeg Labour Party, A.W. Puttee, et le président du CMTC, Ralph Smith, de Nanaimo, en Colombie-Britannique, sont tous deux élus au Parlement. On considère Puttee comme le premier député travailliste, parce qu'il s'est fait élire tant à l'élection complémentaire de janvier qu'aux élections générales de novembre. Syndicaliste de Montréal et président du CMTC, Alphonse Verville est élu en 1906. Tout en rejetant le PARTI SOCIALISTE DU CANADA, plus radical, le CMTC endosse la création de partis travaillistes provinciaux s'appuyant sur son programme. Des candidats travaillistes se présentent dans les neuf provinces aux élections fédérales de 1921, mais seuls J.S. WOODSWORTH, de Winnipeg, et William IRVINE, de Calgary, sont élus.

Les candidats travaillistes connaissent plus de succès sur la scène provinciale. Ils remportent des sièges en Ontario, en Colombie-Britannique et au Manitoba avant la Première Guerre mondiale, ainsi qu'en Nouvelle-Écosse, au Manitoba et en Colombie-Britannique en 1920. Onze membres du parti travailliste sont élus en Ontario en 1919; ils siègent au sein du gouvernement fermier-travailliste en Ontario (1919-1923). C'est aussi en 1920 que plus de 100 maires et échevins sont élus sous la bannière travailliste. Les tentatives de création d'un parti travailliste canadien unifié échouent, mais la classe ouvrière trouve des représentants dans le PARTI COMMUNISTE (PC), dans la CO-OPERATIVE COMMONWEALTH FEDERATION (CCF) et dans le NOUVEAU PARTI DÉMOCRATIQUE (NPD). Même si le CMTC ne soutient pas la CCF dans les années 30, le Congrès canadien du Travail l'appuie en 1943 en tant qu'aile politique du syndicalisme. Plus tard, le CONGRÈS DU TRAVAIL DU CANADA appuie la création du NPD. De temps en temps, des partis travaillistes locaux font leur apparition, surtout sur les scènes municipale et provinciale.

David Frank

Participation politique Peut se définir comme un acte volontaire visant à influencer des élections ou des prises de décisions politiques (*voir* GROUPE DE PRESSION). Se prévaloir de son droit de vote, se présenter comme candidat, tenter d'influencer les grandes lignes d'une politique ou chercher à obtenir des avantages pour quelqu'un, dans un but très précis (*voir* FAVORITISME), sont autant d'exemples de participation politique. Ces actes peuvent même être illégaux (*voir* CONFLIT D'INTÉRÊTS et CORRUPTION). Payer ses impôts n'est généralement pas considéré comme un acte politique en soi, mais refuser de les payer peut l'être. Faire la grève pour régler des questions salariales ou pour améliorer des conditions de travail, tout en étant généralement un acte accompli sur une base volontaire, n'est pas considéré comme une forme de participation politique, même si certaines grèves sont très politiques. Signalons à ce chapitre le vaste mouvement de protestation du 14 octobre 1976 contre les mesures prises par la Commission de lutte contre l'inflation.

Le taux de participation politique dépend de plusieurs facteurs. Environ 90 p. 100 des Canadiens se sont prévalus au moins une fois de leur droit de vote. Aux ÉLECTIONS fédérales, le taux de participation se situe généralement un peu au-dessus de 75 p. 100. Bien que le taux de participation aux élections au Canada soit considérablement plus élevé qu'aux États-Unis, il se situe néanmoins dans le troisième tiers inférieur des démocraties reconnues, avec un taux de participation de 5 p. 100 sous la moyenne des pays où l'exercice du droit de vote n'est pas obligatoire. Le taux de participation aux élections est généralement un peu plus faible dans les provinces, quoique l'on remarque plutôt le contraire au Québec et dans quelques autres provinces canadiennes (*voir* COMPORTEMENT ÉLECTORAL). Le taux de participation aux élections municipales est généralement le plus bas de tous.

Le taux de participation aux activités plus exigeantes, lors des CAMPAGNES ÉLECTORALES, diminue considérablement. D'après les sondages, environ une personne sur cinq essaie de persuader un ami de voter pour un parti ou une personne en particulier et environ une personne sur six assiste à un rassemblement, une assemblée politique, place une affiche sur son terrain ou pose un autocollant sur sa voiture. Entre 5 p. 100 et 10 p. 100 de la population fait de la sollicitation de suffrages, participe à des tournées électorales, achemine par courrier de la documentation politique, fait des appels téléphoniques se rapportant à la campagne ou agit comme conducteur ou scrutateur le jour du scrutin. Moins de 1 personne sur 20 donne de l'argent à un parti, à un candidat (*voir* PARTIS POLITIQUES, FINANCEMENT DES), ou est membre d'un parti. Moins nombreux encore, sont ceux qui se présentent comme candidats ou s'engagent dans des activités politiques illégales.

Le coût de la participation politique constitue un facteur important. Certaines actions politiques entraînent des dépenses et les gens financièrement à l'aise sont plus susceptibles de s'y engager. D'autres actions politiques exigent avant tout d'avoir des temps libres. D'autres encore, très nombreuses, exigent des qualités sociales, des compétences en administration, une bonne maîtrise de la langue et de la facilité à traiter de l'information. Dans ces cas, le niveau de scolarisation entre en ligne de compte. D'autres différences en matière de participation politique, comme celles qui se retrouvent entre des groupes professionnels ou des catégories de revenus, se reflètent en partie dans les niveaux d'instruction, encore que de telles différences puissent être compensées par l'expérience. Ainsi, quel que soit leur niveau d'instruction, les personnes âgées sont plus actives en politique que les jeunes. Les habiletés acquises dans des activités non politiques, p. ex., dans la bureaucratie, dans du travail pour les églises ou au sein d'associations de bénévoles, se révèlent souvent utiles sur le plan de la participation politique.

Les coopératives rurales, administrées suivant les fondements de la démocratie, jouent depuis toujours un rôle politique important. En effet, les membres y acquièrent des compétences qui peuvent être utilisées en politique, d'où une participation supérieure dans les milieux ruraux à celle des milieux urbains comparables. Les femmes, qui ont obtenu le droit de vote aux élections fédérales de 1918, et qui ont été traditionnellement exclues des rôles sociaux favorisant l'acquisition de connaissances en politique, ont toujours pris une part moins active que les hommes à la politique. Cependant, la participation des femmes aux scrutins est maintenant plus élevée que celle des hommes et les études démographiques laissent croire que cette tendance s'étendra à d'autres champs d'activités politiques.

Les bénéfices que l'on peut tirer d'activités politiques jouent un rôle déterminant dans le taux de participation à ces activités, tout comme le sont les coûts qui s'y rattachent. Ainsi, la population est plus susceptible de voter et de participer activement aux campagnes électorales lorsque la lutte est serrée que lorsqu'un seul parti est en lice. Certains groupes de travailleurs sont davantage touchés par les décisions gouvernementales que d'autres et sont donc plus sujets à s'engager politiquement, quel qu'en soit le prix à payer. Les employés de la FONCTION PUBLIQUE, dont les revenus sont liés à des décisions politiques, votent dans une proportion beaucoup plus élevée que les autres catégories de la population. Les agriculteurs, dont les revenus sont étroitement liés aux prix fixés et aux décisions prises en matière de gestion des approvisionnements par le gouvernement, sont beaucoup plus actifs que d'autres groupes dont les revenus et la scolarité sont comparables, et qui ont suivi le même cheminement au plan organisationnel.

Le degré de participation aux activités politiques varie considérablement d'une province à l'autre, reflet de la compétitivité propre au SYSTÈME DE PARTIS. Traditionnellement, l'Alberta et Terre-Neuve, qui votent toujours à sens unique au fédéral, ont le plus faible taux de participation électorale au pays, tandis que l'Île-du-Prince-Édouard et la Saskatchewan ont le plus fort. Au Québec, le taux de participation est généralement plus élevé aux élections provinciales, où la concurrence est très forte, qu'aux élections fédérales où le vote a plutôt été à sens unique jusqu'en 1984; depuis 1984, cependant, la participation aux élections fédérales est plus élevée en moyenne que dans le reste du pays.

Certaines actions politiques procurent des avantages aux citoyens, peu importe leurs conséquences sur la politique ou les résultats électoraux. La sollicitation des suffrages et le travail à la permanence des partis, parce qu'ils donnent l'occasion de rencontrer des gens, sont surtout prisés des participants qui se plaisent en compagnie des autres. Il n'est pas nécessaire d'avoir beaucoup d'entregent pour donner de l'argent. Poser des autocollants sur sa voiture ou placer des affiches dans sa cour ne requiert ni argent ni grandes qualités sociales. Ces gestes impliquent cependant un engagement envers un parti ou un candidat, puisque leur auteur doit s'attendre éventuellement à subir les critiques de ses voisins. Les sondages révèlent qu'il y a peu de recoupement entre les différents types d'action politique. Les gens préfèrent généralement s'engager dans une même action politique, tant aux élections fédérales que provinciales, plutôt que dans plusieurs actions à l'un des deux ordres.

Certains observateurs soutiennent que le niveau actuel de participation des Canadiens est suffisant. Les sondages donnent d'ailleurs à penser que ceux qui participent peu ne se soucient guère de la politique, qu'ils n'en connaissent pas les enjeux et accordent peu d'importance aux valeurs démocratiques. D'autres observateurs soutiennent que la participation est valable en soi et qu'elle devrait être encouragée, car c'est le meilleur moyen de se sensibiliser aux valeurs démocratiques. L'engagement démocratique relativement faible de certains est en grande partie attribuable à leur exclusion de la vie politique, même si cette exclusion est volontaire.

Pour accroître la participation de la population à la vie politique, il faudrait accroître les avantages ou réduire les coûts inhérents à l'action politique. Au chapitre des avantages, citons notamment les changements qui pourraient être apportés à la loi électorale ou à la réglementation fiscale. L'inutilité des votes individuels et des efforts fournis dans les circonscriptions où le candidat est certain de l'emporter pourrait être contrecarrée par l'adoption d'une formule électorale basée sur la représentation proportionnelle, même si cette formule peut entraîner d'autres conséquences indésirables. L'allocation de crédits d'impôt à ceux qui participent aux campagnes électorales des partis ou des candidats peut transformer les coûts de participation en avantages. C'est précisément ce qui s'est passé aux élections fédérales et provinciales ces dernières années. Les citoyens contribuent maintenant plus que jamais au financement des partis politiques canadiens.

La possibilité de voter par anticipation et à des scrutins spéciaux semble favoriser le taux de participation, tout comme ce serait le cas si l'on tenait les élections un jour de congé, le dimanche p. ex. Cependant, la hausse du niveau d'instruction ne s'est pas traduite par une augmentation correspondante du taux de participation, même si l'on sait depuis toujours qu'il y a une corrélation entre le niveau d'instruction et le taux de participation.

Les partis politiques doivent donner l'exemple et réduire le coût des campagnes électorales, entre autres par un recrutement plus soutenu de bénévoles. D'après les sondages, un nombre beaucoup plus élevé de citoyens seraient intéressés à participer aux campagnes électorales, mais l'importance croissante des médias de masse électroniques laisse croire que les partis auront de plus en plus tendance à remplacer la main-d'œuvre par le capital et non l'inverse. Des lois qui restreindraient l'accès des partis aux médias forceraient peut-être les partis à faire appel aux bénévoles, mais ces lois pourraient par ailleurs empiéter sur d'autres libertés politiques. Le meilleur moyen d'encourager la participation aux campagnes électorales et à d'autres formes d'action politique consiste peut-être à donner davantage d'occasions à la population de participer à des activités qui ne sont pas d'emblée associées à la politique, mais plutôt à la démocratisation de la vie de tous les jours.

Richard Johnston

Partis politiques, financement des Les partis politiques canadiens ont besoin d'argent pour financer leurs campagnes électorales (traditionnellement la seule raison), pour poursuivre leurs activités organisationnelles (menées avec plus ou moins de succès) et pour effectuer des recherches à des fins politiques (une bien piètre raison). Le financement des partis politiques canadiens est le reflet des institutions du pays.

Le Cabinet et le système parlementaire tendent à centraliser le pouvoir et les fonds entre les mains des dirigeants, mais l'influence du FÉDÉRALISME se traduit par leur dispersion entre les gouvernements et les partis fédéraux et provinciaux, qui se trouvent ainsi en concurrence. De la Confédération jusque vers 1897, les fonds des partis politiques s'avèrent un outil essentiel pour surmonter la division en deux tendances qu'entraîne un faible esprit partisan, soit le phénomène des «girouettes» et la domination ministérielle.

Les chefs de parti tels que John A. MACDONALD sont intimement liés aux activités de financement et à l'utilisation des fonds électoraux pour s'assurer la loyauté des partisans. Inévitablement, ils sont mêlés à des transactions douteuses impliquant des intérêts financiers en quête de concessions, de contrats et de faveurs, comme l'illustre le SCANDALE DU PACIFIQUE dans les années 1870 et d'autres scandales entourant les chemins de fer (*voir* FAVORITISME).

À mesure que la loyauté des partisans se cristallise, les chefs de parti cherchent à se dissocier des campagnes de financement de la caisse électorale. Cependant, le scandale de Beauharnois de 1931, dans lequel a trempé W.L. Mackenzie KING, démontre que la tentation continue à hanter les politiciens. King avait accepté l'argent d'un promoteur d'une centrale hydroélectrique, un geste qu'il décrit comme sa plus grande humiliation. Peu à peu, des spécialistes assument ce rôle, libérant les chefs de parti de toute intervention directe dans cet aspect nécessaire mais parfois rebutant de la politique de partis (*voir* CORRUPTION; CONFLIT D'INTÉRÊTS).

Jusqu'à récemment, les grands intérêts industriels et financiers de Toronto et de Montréal (non des milliers mais des centaines de donateurs) ont fourni presque tous les fonds nécessaires au PARTI LIBÉRAL et au PARTI PROGRESSISTE-CONSERVATEUR. Bien que des réformes récentes au fédéral et au provincial aient modifié cet état de choses, les campagnes à tous les ordres de gouvernement, même municipal, dépendaient largement des mêmes sources de financement que la caisse centrale des partis. Aujourd'hui, les multinationales et leurs succursales canadiennes jouent un rôle important dans le financement du SYSTÈME DE PARTIS au Canada.

Traditionnellement, la responsabilité des activités de financement était confiée à des comités à Toronto et à Montréal, et à divers groupes satellites à Hamilton, à London, à Winnipeg, à Calgary et à Vancouver. Il est cependant à noter que, ces derniers temps, les collecteurs de fonds de l'ouest du pays ont accru leur importance en raison de changements dans l'économie canadienne. Les principaux collecteurs n'étaient pas responsables envers les organes élus du parti et occupaient rarement un poste électif.

Nommés par le chef du parti, ils étaient habituellement choisis dans les milieux juridique ou financier, ou bien ils héritaient leurs fonctions d'un membre de leur famille. En guise de reconnaissance quand le parti accédait au pouvoir, ils étaient le plus souvent nommés au Sénat ou à la magistrature.

Le modèle traditionnel a changé avec l'essor des tiers partis et la résurgence du pouvoir économique et politique des provinces après la Seconde Guerre mondiale. La CO-OPERATIVE COMMONWEALTH FEDERATION (CCF), le mouvement du CRÉDIT SOCIAL en Alberta et au Québec ainsi que le PARTI QUÉBÉCOIS ont trouvé de nouvelles sources de financement et sont parvenus en bonne partie à s'autofinancer. Le NOUVEAU PARTI DÉMOCRATIQUE dépendait largement des contributions de ses membres tout en recevant un soutien substantiel de la part des syndicats (p. ex., lors des élections fédérales de 1993, environ un tiers des fonds recueillis par la caisse centrale provenaient de cette source).

L'essor du pouvoir provincial n'a pas réduit la dépendance des partis à l'égard du monde des affaires, mais a modifié les voies de financement des partis et allégé la dépendance des organisations provinciales envers le fédéral.

Les années 60 et 70 ont été témoins d'un mouvement visant à limiter les dépenses électorales à la suite de la disparition de l'organisation de la notoire UNION NATIONALE de Maurice DUPLESSIS, de scandales à Ottawa et dans les provinces, et peut-être aussi dans la foulée du scandale de Watergate aux États-Unis. Un comité consultatif fédéral portant sur les dépenses d'élection a conduit à l'adoption de la LOI SUR LES DÉPENSES D'ÉLECTION (1974), tandis que l'Ontario Commission on the Legislature a débouché sur la création de la Commission sur les contributions et les dépenses électorales dans cette province. Ces deux réformes ont été introduites à des moments où le gouvernement était minoritaire, ce qui est peut-être significatif.

Toutes les provinces ont maintenant adopté des réformes et, dans certains cas, la loi habilite les municipalités à adopter leur propre régime de dépenses. L'importance du financement des partis, auparavant ignorée, a ainsi été reconnue. On a institué des organismes de contrôle et, dans la majorité des cas, imposé des plafonds aux dépenses des candidats et des partis ainsi qu'aux contributions. Il est obligatoire de divulguer le montant et la provenance des dons de plus de 100 $, ainsi que les sources de revenus et les dépenses. Des crédits d'impôt progressifs sont venus inciter les donateurs particuliers et favoriser les petites contributions.

Le gouvernement fédéral et la plupart des gouvernements provinciaux accordent maintenant des subventions sous forme de remboursement d'une partie des dépenses totales permises par candidat et des dépenses électorales des partis. Par ailleurs, aucune autre autorité législative n'a emboîté le pas au Québec, qui a interdit toutes les contributions des sociétés et des autres organisations. Seuls les particuliers ont le droit de faire des dons aux partis politiques de cette province.

Les dépenses maximales prévues pour les partis et les candidats au niveau fédéral s'ajustent selon la hausse de l'INDICE DES PRIX À LA CONSOMMATION. Aux élections générales fédérales de 1993, 2156 candidats ont amassé plus de 42,2 millions de dollars auprès de 160 944 donateurs. Ils ont

dépensé plus de 41,2 millions de dollars, dont 14,9 millions (36 p. 100) leur ont été remboursés par le Trésor fédéral. Les dépenses totales déclarées pour les caisses centrales des partis s'élevaient alors à plus de 37,8 millions de dollars, dont presque 7 millions ont été remboursés par le Trésor fédéral uniquement aux 5 partis présents au Parlement.

Lors de la campagne électorale de 1993, l'ensemble des partis et des candidats a recueilli plus de 96 millions de dollars, dont 34,1 millions pour le Parti progressiste-conservateur, 27,6 millions pour le Parti libéral, 14,9 millions pour le NPD et 13,6 millions pour le Parti réformiste (montants non disponibles pour le Bloc Québécois). Ces sommes représentent plus du double des montants obtenus par ces partis lors des élections générales de 1984 (le Parti réformiste n'existait pas à ce moment). Le fait qu'en 1993 près de la moitié (43,7 millions de dollars) de tout le financement est provenu de contributions de particuliers et que seulement 32,6 millions ont été accordés au milieu des affaires et des entreprises met en relief les effets des changements promulgués depuis les années 70. Les dépenses totales des partis et des candidats pour la campagne de 1993 se sont chiffrées à près de 80 millions de dollars, dont 23 millions ont été remboursés.

Les partis, toutes allégeances confondues, ont droit à un total de 6,5 heures de temps d'antenne, et la période allouée est fonction du nombre de sièges et des suffrages obtenus aux dernières élections par chacun des partis représentés au Parlement. Aux élections fédérales de 1997, ces partis se sont révélés incapables de s'entendre sur le partage du temps d'antenne, de sorte qu'un arbitre a dû trancher, accordant 118 minutes aux libéraux, 51 aux réformistes, 43 au Bloc Québécois, 34 aux progressistes-conservateurs, 26 au NPD et 118 minutes à tous les autres partis.

On a, dans une large mesure, mis fin au mystère entourant les fonds des partis politiques, établissant ainsi l'équité entre les concurrents politiques et freinant l'escalade des coûts jusqu'à un certain point. On a encouragé les dons provenant de la population, et les contributions de particuliers se sont multipliées, tant et si bien que même le Parti libéral et le Parti conservateur (qui ont toujours été les plus tributaires du milieu des affaires) recueillent aujourd'hui presque autant de fonds auprès des particuliers que des entreprises et des gens d'affaires. Le Parti réformiste s'en remet fortement aux contributions de particuliers, bien qu'il bénéficie d'un soutien des sociétés. Le Bloc Québécois et les néo-démocrates reçoivent massivement leur appui financier de leur base populaire, mais les syndicats sont toujours la source d'environ un tiers des revenus du NPD.

En somme, la réforme étalée sur plus de 20 ans a eu pour effet de réduire considérablement l'influence financière des entreprises dans le processus électoral canadien. À moins que toutes les autorités législatives n'adoptent le modèle québécois, il ne reste plus qu'à contrôler plus à fond et de façon régulière les dépenses et les contributions au provincial.

Khayyam Z. Paltiel

Partridge, Edward Alexander, agriculteur, chef de file du secteur agricole et auteur (Whites' Corners [Dalston], près de Barrie, Canada-Ouest, 5 nov. 1862—Victoria, 3 août 1931). Partridge grandit dans une région où la solidarité agricole est solidement ancrée dans les mentalités au cours des années 1870. En décembre 1883, il se rend dans l'ouest avec son frère Henry et devient enseignant, puis achète une propriété à l'est de Sintaluta. Durant la RÉBELLION DU NORD-OUEST, il sert dans la Yorkton Company of Infantry. Au milieu des années 1890, Partridge devient un membre actif des Patrons of Industry dans la région de Sintaluta. Cette communauté en plein essor, où dominent les pionniers de l'Ontario, devient le centre de mouvements politiques et régionaux importants.

En 1902, les agriculteurs de Sintaluta poursuivent le Canadien Pacifique en justice, l'accusant de répartir indûment les wagons à céréales, en vertu de la *Loi des grains du Manitoba*. Henry Partridge, le magistrat dans cette cause, déclare la compagnie coupable. Cette victoire surtout symbolique sur la compagnie ferroviaire rend les frères Partridge très populaires auprès des céréaliers de la Saskatchewan. Au début de 1905, quelques voisins subventionnent Ed Partridge pour qu'il mène une enquête à Winnipeg sur les activités de la Bourse des céréales de cette ville. Choqué devant un tel marché spéculatif, il forme rapidement un plan de coopérative de mise en marché qui donnera le jour à la Grain Growers' Grain Company en 1906. Après une âpre lutte pour joindre les rangs de la Bourse de Winnipeg en 1907, la compagnie prospère. Partridge en est le premier président et il joue aussi un rôle déterminant dans la fondation, en 1908, du GRAIN GROWERS' GUIDE, la voix des agriculteurs des Prairies.

Partridge est un visionnaire et il a la conviction que les clés du développement de l'ouest résident dans le contrôle gouvernemental de la mise en marché des céréales, qui assurerait un service de livraison fiable et peu coûteux des céréales, ainsi que dans la construction de l'HUDSON BAY RAILWAY. Il se bat inévitablement et de manière acharnée contre les politiciens et autres chefs de file du secteur agricole et, en 1912, il donne sa démission à la Grain Growers' Grain Company. Il constate qu'il est un piètre administrateur et il doit nommer son successeur. Peu de temps après, il met sur pied la Square Deal Grain Company mais, quand elle connaît un déclin en 1913, il décide de retourner à Sintaluta.

En dépit de tragédies personnelles et d'une santé défaillante, il s'engage dans le mouvement des agriculteurs à la fin de la guerre, en tant que porte-parole et doyen d'une nouvelle génération de radicaux agraires. Il est respecté de nombreux membres de l'Union des agriculteurs du Canada, un groupement agricole radical formé en 1921. Il devient encore une fois un porte-parole populaire des agriculteurs et, en 1926, il publie *A War on Poverty*. Il s'agit d'un étrange mélange de socialisme inspiré de la pensée de Ruskin, de toryisme du Vieil-Ontario, d'utopisme de l'ouest et de ferveur religieuse, et Partridge y réclame un État de l'ouest indépendant, le Coalsamao. Sa vision hautement individualiste attire beaucoup l'attention, mais peu d'adeptes. Aux prises avec des accès de découragement tout au long de sa vie, Partridge s'est probablement suicidé en 1931.

Ian MacPherson

Paruline Nom commun donné à des petits passereaux appartenant à la famille des parulidés, un groupe d'oiseaux indigènes au Nouveau Monde qu'on ne retrouve donc que dans les Amériques (*voir* ROITELET).

Répartition Environ 37 des 115 espèces de parulines se reproduisent au Canada. Elles sont communes et nichent presque partout au sud de la LIMITE FORESTIÈRE. En migration, plusieurs espèces se regroupent pour former des bandes mixtes spectaculaires quant au nombre d'oiseaux qu'on y trouve, un phénomène observé surtout dans l'Est.

La majorité des espèces qui nichent au Canada appartiennent au genre *Dendroica*. On croit que la paruline de Kirtland (*Dendroica kirtlandii*), que l'on considérait jusqu'à tout récemment comme une espèce nichant exclusivement dans une région restreinte du Michigan, a déjà niché en Ontario et peut-être au Québec, où elle a déjà été observée durant tout un été. Deux autres genres, *Vermivora* et *Oporornis*, sont représentés par de nombreuses espèces et sont aussi très répandus. Les espèces du genre *Oporornis* habitent principalement dans les buissons.

La paruline noir et blanc (*Mniotilta varia*), qui recherche sa nourriture en arpentant les branches et les troncs des arbres, la paruline masquée (*Geothlypis trichas*), un oiseau au masque noir qui fréquente les marais, la paruline flamboyante (*Setophaga ruti-*

cilla), la paruline couronnée (*Seiurus aurocapillus*), qui vit au sol et ressemble à une petite grive, la paruline des ruisseaux (*Seiurus noveboracensis*) et deux espèces du genre *Wilsonia* sont également très répandues.

D'autres espèces nicheuses, dont certaines du genre *Dendroica*, sont moins répandues, tout comme les parulines suivantes: la paruline hochequeue (*Seiurus motacilla*), la paruline orangée (*Protonotaria citrea*), la paruline à capuchon (*Wilsonia citrina*) ainsi que la paruline du Kentucky (*Oporornis formosus*), qui niche probablement dans le sud de l'Ontario, une région où l'on retrouve d'ailleurs ces deux dernières espèces. Finalement, notons aussi la paruline à collier (*Parula americana*), que l'on rencontre depuis le sud du Manitoba jusque dans les Maritimes, et la paruline polyglotte (*Icteria virens*), qui niche dans le sud de l'Ontario, dans certaines vallées du sud de la Colombie-Britannique, de l'Alberta et de la Saskatchewan.

Description Plusieurs espèces de parulines ont un plumage jaune éclatant, ce qui leur a d'ailleurs valu le nom familier de «canaris sauvages», qu'on donne aussi au chardonneret jaune (*Carduelis tristis*). Au printemps, le plumage nuptial des mâles est vivement coloré chez plusieurs espèces, tandis que celui des femelles est plutôt terne, tout comme chez les mâles en plumage d'automne. Les parulines sont de petits oiseaux actifs pour la plupart. Leur bec pointu et effilé est particulièrement efficace pour dénicher les insectes dont elles s'alimentent. Certaines espèces attrapent même les insectes en vol comme le font les moucherolles. Ces derniers ont cependant un bec plus plat, garni de vibrisses à la base, qui diffère de celui des parulines.

Nidification La majorité des espèces construisent un nid en forme de coupe, qui est habituellement installé dans un buisson ou dans une fourche d'un arbre. La paruline couronnée s'installe cependant au sol où elle construit un nid recouvert d'un dôme qui ressemble à un four à pain; la paruline à collier fabrique un nid suspendu dont la base est constituée de lichen; et la paruline orangée niche dans des cavités. Il s'agit de la seule paruline à utiliser des nichoirs artificiels.

Le vacher à tête brune (*Molothrus ater*), parasite les nids d'un grand nombre d'espèces d'oiseaux. Il constitue d'ailleurs une menace sérieuse pour la paruline de Kirtland, qui figure parmi le groupe des espèces menacées. Plusieurs espèces de parulines ont développé des mécanismes pour contrer les effets du parasitisme du vacher. P. ex., la paruline jaune (*Dendroica petechia*) construit souvent un nouveau nid au-dessus de l'ancien lorsqu'elle constate qu'il a été parasité.

Population Le déclin noté chez plusieurs espèces de parulines a motivé un nombre croissant de travaux de recherche sur les oiseaux migrateurs, notamment dans leurs aires d'hivernage situées en Amérique du Sud et en Amérique centrale.

Régime alimentaire Le régime alimentaire insectivore des parulines leur confère une certaine valeur économique, notamment pour les espèces qui se nourrissent de tordeuses des bourgeons de l'épinette.

Martin K. McNicholl

Pasadena, ville de T.-N.; pop. 3445 (rec. 1996), 3428 (rec. 1991), 3268 (rec. 1986); superf. 46,7 km²; const. en 1955. Elle est située sur la rive du lac Deer dans la vallée de l'Humber, dans l'ouest de Terre-Neuve, à 25 km de CORNER BROOK, port de mer et centre de production de papier.

Historique La ville de Pasadena a été fondée comme centre de polyculture de 10 km² par Leonard Earle au début des années 30. Elle tire son nom de Pasadena, en Californie, un mot qui signifie «joyau de la vallée». L'agriculture décline après l'entrée de la province dans la confédération en 1949 et Pasadena devient graduellement une collectivité résidentielle où l'industrie légère et le commerce prennent de l'ampleur.

Situation actuelle La ville compte deux parcs industriels et le premier incubateur d'entreprises de Terre-Neuve, le «Venture Centre». Elle est également dotée des installations de recherche de la Geological Core Storage Library du gouvernement provincial, ce qui en fait le haut lieu de l'exploration et de l'EXPLOITATION MINIÈRE dans l'ouest et le centre de Terre-Neuve.

Robert D. Pitt

Passage du Nord-Ouest La recherche d'une voie maritime traversant l'Arctique, au nord des terres continentales du Canada, pour atteindre les supposées richesses de l'Extrême-Orient est un chapitre de frustrations dans l'histoire de l'EXPLORATION du Canada. Pendant plus de 300 ans, après qu'on eut découvert que l'Amérique du Nord bloquait le passage vers l'Orient, des expéditions explorent les eaux et les terres inhospitalières à la recherche d'une voie commerciale pour atteindre le Pacifique. Martin FROBISHER (1576) et plus tard John DAVIS (1585) signalent l'obstacle que constitue l'improductive île de Baffin, mais relèvent, au nord et au sud de cette grande île, des passages obstrués par les glaces en direction ouest. Au début du XVIIᵉ s., l'exploration est détournée dans la grande embouchure de la baie d'Hudson, mais aucune voie maritime n'est découverte à l'ouest de cette baie.

En 1819, Edward PARRY, commandant des navires de la marine britannique, explore le passage au nord de l'île de Baffin et à l'ouest du détroit de Lancaster vers l'île Melville. Ce parcours empruntant le détroit du Vicomte de Melville est le passage le plus large entre les îles arctiques, mais Parry signale que, même en août, la voie est bloquée par des banquises denses se déplaçant vers l'est. Après 1829, John ROSS confirme le prolongement de la péninsule de Booth au nord de la terre ferme, ce qui bloque toute voie maritime dans cette partie de l'Arctique central, mais l'étroite ouverture du chenal Bellot lui échappe.

Les nombreuses expéditions menées après 1845 à la recherche de sir John FRANKLIN permettent enfin de dresser le profil côtier de la plupart des îles arctiques et de constater une période de navigation sans glaces à peine un ou deux mois, en août et en septembre. En 1853-1854, Robert McCLURE est le premier à faire le trajet de l'ouest à l'est, en partie en traîneau sur les glaces de la mer, à partir de l'île Banks jusqu'à proximité de l'île Devon. En conséquence de l'accumulation de renseignements sur l'environnement naturel, les entreprises de navigation commerciale perdent leur intérêt dans le passage. La Compagnie de la baie d'Hudson continue à se servir d'une partie de la voie maritime pour se rendre dans ses postes de traite autour de la baie d'Hudson. De 1898 à 1902, Otto SVERDRUP confirme l'absence d'un passage maritime entre les îles au nord-ouest des détroits de Lancaster et du Vicomte de Melville.

Enfin, de 1903 à 1906, l'aventurier norvégien Roald AMUNDSEN réussit à traverser le passage du Nord-Ouest à bord de son petit navire, le *Gjoa*. Il se dirige vers l'ouest et le sud du détroit de Lancaster en passant par le détroit de Peel et en longeant la côte ouest de l'Arctique dans les baies de la Reine-Maud et du Couronnement. Pour franchir le passage du Nord-Ouest et sortir à l'ouest de l'Arctique, il suit simplement une voie praticable plutôt qu'un itinéraire planifié. Dans son premier passage de l'ouest vers l'est de 1940 à 1942, le navire ST. ROCH de la Gendarmerie royale du Canada, conduit par Henry LARSEN, suit un itinéraire semblable en passant par les chenaux relativement peu profonds le long de la côte continentale. Pour sortir de l'Arctique central, Larsen emprunte le chenal Bellot et navigue au nord et à l'est de l'île de Baffin.

À l'été 1944, le *St. Roch* est le premier navire à traverser le passage de l'est vers l'ouest en une seule année. Il emprunte un nouveau tracé, passant à l'ouest du détroit de Lancaster, traversant en direction sud le détroit Prince of Wales entre les îles Banks et Victoria, puis longeant la côte nord de l'Alaska. Finalement, en 1954, le *Labrador*, un brise-glace du gouvernement canadien, est le premier navire à réussir le passage de l'ouest vers l'est en une seule année.

En 1969, le pétrolier américain *Manhattan*, assisté du brise-glace canadien *John A. Macdonald*, franchit le passage du Nord-Ouest de l'est vers l'ouest. Ce passage retient de nouveau l'attention nationale dans la seconde moitié des années 80, lorsque sa traversée par le navire américain *Polar Sea* soulève la question de la SOUVERAINETÉ DANS L'ARCTIQUE.

Au début de 1988, le Canada et les États-Unis concluent un accord qui donne aux brise-glaces américains un accès ponctuel aux eaux arctiques, y compris au passage du Nord-Ouest. Toutefois, l'accord ne tranche pas la question de la souveraineté. (*Voir aussi* ARCTIQUE, EXPLORATION DE L')

J. Lewis Robinson

Passamaquoddy, baie de Située à proximité de l'entrée de la baie de Fundy (*voir* FUNDY, GOLFE DU MAINE ET BAIE DE), son embouchure est délimitée par un chapelet d'îles, notamment l'île DEER et l'île CAMPOBELLO, et baignée par des marées de forte amplitude (8,3 m). La pêche commerciale du hareng et du homard y est florissante. La Station biologique de St. Andrews, un important centre de recherche, se situe sur les rives de la baie. Les marées et la topographie de l'endroit ont, par le passé, donné lieu à plusieurs projets de mise en valeur de l'ÉNERGIE MARÉMOTRICE. Le passage dans les eaux canadiennes de superpétroliers qui approvisionneraient une éventuelle raffinerie à Eastport, dans le Maine, a récemment fait l'objet d'un litige entre le Canada et les États-Unis.

P.C. Smith et R.J. Conover

Passchendaele (Passendale, Belgique) En 1917, les Allemands déclenchent une guerre sous-marine à outrance, une partie de l'armée française se révolte après l'échec de l'offensive printanière du général Nivelle et la Russie s'effondre sous l'impact de la révolution, puis se retire de la PREMIÈRE GUERRE MONDIALE. Afin d'alléger la pression exercée par les Allemands sur les troupes alliées, le généralissime britannique sir Douglas Haig lance une attaque depuis le front britannique qui se révélera l'opération la plus controversée de toute la guerre. Le 26 octobre, après que les troupes britanniques, australiennes et néo-zélandaises eurent livré pendant des semaines une bataille écrasante leur causant de nombreuses pertes, le Corps d'armée canadien, sous le commandement du lieutenant-général sir Arthur CURRIE, passe à l'attaque sur un terrain qui ressemble à un bourbier. Le 7 novembre, après avoir enduré des conditions épouvantables et subi des pertes de plus de 15 000 morts et blessés, les Canadiens prennent possession de Passchendaele et de 5 km^2 de boue. Haig sera sévèrement critiqué pour avoir prolongé son attaque, mais les Canadiens ont démontré des qualités exceptionnelles en matière de leadership, d'esprit d'équipe et de formation, réussissant là où tous les autres ont échoué. Neuf CROIX DE VICTORIA ont été décernées à des Canadiens par suite de la bataille.

R.H. Roy

Passerins et bruants Le terme passerin désigne des oiseaux de la famille des cardinalidés. Les passerins ne sont donc pas apparentés au bruant noir et blanc et au bruant des neiges, qui, eux, appartiennent à la famille des BRUANTS (*embérézidés*), et ce, même si les passerins et ces deux bruants sont tous connus comme étant des *buntings* en anglais. Deux passerins nichent au Canada: le passerin indigo *(Passerina cyanea)* fréquente les forêts claires à feuilles caduques et les terrains buissonneux du sud du Canada, et du sud du Manitoba jusque dans le sud-ouest du Québec et le sud du Nouveau-Brunswick; tandis que son congénère de l'ouest, le passerin azuré *(P. amœna)*, habite les contrées broussailleuses, du sud de la Colombie-Britannique jusque dans le sud de la Saskatchewan. Le bruant noir et blanc *(Calamospiza melanocorys)* niche dans les vastes prairies herbeuses du sud de l'Alberta, de la Saskatchewan et du sud-ouest du Manitoba; tandis que le bruant des neiges *(Plectrophenax nivalis)*, une espèce circumpolaire, niche dans la toundra durant l'été et hiverne dans les milieux ouverts du sud du Canada et du nord des États-Unis.

Passerin indigo et passerin azuré Le mâle est entièrement bleu chez le passerin indigo, chez le passerin azuré, le mâle a la tête et le dos bleus, deux bandes alaires blanches, la poitrine cannelle et le ventre blanc. Chez ces deux passerins, les femelles ont un plumage brun terne qui se ressemble, mais les bandes alaires sont mieux définies chez la femelle du passerin azuré. Les deux espèces mesurent environ 14 cm de longueur. Elles sont migratrices et hivernent au Mexique et en Amérique centrale. On a découvert des hybrides là où leurs aires de reproduction se chevauchent.

Bruant noir et blanc En plumage nuptial, le bruant noir et blanc mâle est complètement noir et il porte une grande tache blanche caractéristique sur chacune de ses ailes; la femelle, elle, est brune et porte des stries foncées et des bandes alaires pâles. Le nombre d'individus et l'aire de reproduction de cette espèce varient considérablement d'une année à l'autre. Le mâle chante souvent en vol. Les ailes relevées en angle au-dessus du corps, il se laisse redescendre lentement en décrivant des cercles et en émettant des sifflements, des trilles et des bourdonnements longs et variés.

Bruant des neiges En plumage nuptial, le bruant des neiges mâle est d'un blanc presque immaculé, à part ses ailes et son dos noirs. La femelle, tout comme le mâle en plumage d'hiver, est de couleur plus terne. Il s'agit d'un des oiseaux nicheurs les plus nordiques du Canada: il se reproduit jusque dans le nord de l'île d'Ellesmere. Dans le sud du Canada, on observe régulièrement des volées de bruants des neiges en hiver, habituellement au-dessus des terres en friche et en chaume.

Richard W. Knapton

Pâtes et papiers, industrie des Regroupe des entreprises qui transforment la fibre de cellulose en une grande variété de pâtes, de papiers et de cartons. Près de 95 p. 100 des fibres utilisées proviennent du bois des FORÊTS canadiennes. Le reste est formé de vieux papier ou, dans une faible proportion, de chiffons de toile et de coton. Le bois est réduit en fibres par des procédés mécaniques ou chimiques. Les fibres sont ensuite mélangées avec de l'eau, puis elles s'amalgament lorsque l'eau est évacuée par la pression et par la chaleur. Il s'agit là du principe fondamental de la fabrication du papier, découvert par les Chinois il y a près de 2000 ans et apporté en Espagne par les Maures, probablement au XIIe s.

La fabrication du papier constitue de nos jours une industrie importante qui exige des mises de fonds considérables. Elle nécessite l'utilisation de machines à grande vitesse et de systèmes de contrôle complexes afin de fabriquer, selon des standards rigoureux, des milliers de produits essentiels à l'éducation, aux communications, au marketing, à l'emballage, à la construction, etc. Pour l'heure, le Canada se classe deuxième (après les États-Unis) dans la fabrication des pâtes et papiers, et premier dans l'exportation de ces matières. Il existe actuellement au Canada près de 140 usines de pâtes, de pâtes et papiers et de papiers, réparties dans toutes les provinces, sauf à l'Île-du-Prince-Édouard.

Du milieu à la fin des années 80, la production des pâtes et papiers a été évaluée à quelque 14 milliards de dollars par année, soit 3 p. 100 du produit intérieur brut. Les exportations, qui frôlent les 11 milliards de dollars, représentent à peu près 9 p. 100 du total des exportations canadiennes. Avec 85 000 travailleurs dans ses usines et ses bureaux, quelque 2,8 milliards de dollars payés en salaires et en traitements et près de 6 milliards de dollars en valeur ajoutée par la fabrication, c'est le secteur manufacturier le plus important de l'industrie canadienne. De plus, sa contribution nette de 8 milliards de dollars à la BALANCE DES PAIEMENTS du Canada dépasse celle de toute autre industrie au Canada.

La première usine de papier du Canada est construite en 1805 à St. Andrews, au Québec, par deux entrepreneurs de la Nouvelle-Angleterre. Elle produit du papier d'imprimerie, d'écriture et d'emballage destiné surtout aux marchés en pleine croissance de Montréal et de Québec. Les premières usines sont bâties près de rivières ou de cours d'eau qui fournissent l'eau nécessaire à la fabrication du papier et l'énergie hydraulique pour faire tourner les machines. Les voies navigables servent aussi au transport de la matière première (chiffons) vers l'usine et des produits finis vers les marchés.

Tout au long du XIXe s., l'industrie est surtout orientée vers le marché intérieur pour répondre aux besoins toujours croissants des Canadiens. À mesure que l'alphabétisation se généralise et que les activités commerciales et industrielles s'intensifient, les besoins des Canadiens en papiers d'écriture et d'emballage augmentent. Un grand nombre de nouvelles usines sont construites le long des Grands Lacs, du Saint-Laurent et de ses affluents, ainsi que dans les Maritimes.

Pendant plusieurs siècles, on fabrique le papier à partir de la fibre de cellulose provenant de chiffons de coton et de toile. Ce n'est qu'après avoir découvert la manière de faire du papier à partir du bois (vers 1840) qu'on a pris vraiment conscience de la capacité de production de l'industrie canadienne, basée sur les vastes ressources de la forêt. C'est à Alexander Buntin qu'on attribue l'implantation de la première usine de pâte de bois par procédé mécanique au Canada, à Valleyfield (aujourd'hui Salaberry-de-Valleyfield), au Québec. La pâte obtenue par le défibrage du bois est utilisée principalement pour les papiers bon marché, comme le papier journal. Bien qu'on ignore la date exacte de la mise en place de l'usine de Buntin, on sait qu'elle disposait en 1869 de deux broyeurs importés d'Allemagne.

La première usine de pâte de bois chimique en Amérique du Nord a été construite par Angus & Logan à Windsor Mills, au Québec, en 1864. Elle a été érigée sous la supervision de John Thomson, un Écossais qui avait effectué des essais à Saint-Jean, au Nouveau-Brunswick. La pâte chimique est préparée à partir de copeaux de bois bouillis sous pression avec des produits chimiques (Thomson utilisait du carbonate de sodium) pour produire principalement de la fibre de cellulose. La pâte de bois est lavée, blanchie, mélangée et répandue sur un crible métallique pour laisser une mince couche de fibre. La pâte de bois remplace alors graduellement la pâte de chiffon dans la plupart des utilisations et fait entrer la fabrication du papier dans l'époque moderne.

L'entrée du Canada sur le marché mondial de la fabrication du papier sera favorisée par deux événements rapprochés. Le premier, au cours des années 1890 et au début des années 1900, est l'interdiction faite par les gouvernements provinciaux d'exporter le bois à pâte provenant des terres de la Couronne; le second est l'abolition, en 1913, des droits de douane imposés par les États-Unis sur le papier journal. Cette nouvelle tournure entraîne des investissements massifs dans l'industrie canadienne des pâtes et papiers destinés aux marchés internationaux et la mettent sur la voie qu'elle suit depuis. À la fin de la Première Guerre mondiale, le Canada est déjà le plus grand exportateur de pâtes et papiers au monde.

Chacune des décennies suivantes marque à sa façon l'histoire de l'industrie. Dans les années 20, la croissance est rapide, surtout dans le nord-ouest de l'Ontario et dans trois régions du Québec: le Lac-Saint-Jean, la vallée de la Saint-Maurice et celle de l'Outaouais. Les usines sont construites dans les régions du Nord qui peuvent fournir à la fois l'énergie hydroélectrique et les forêts d'épinettes, deux éléments nécessaires à leur fonctionnement. L'établissement d'une usine nécessite souvent le développement d'une ville, comme dans le cas de KENORA, en Ontario (*voir* VILLES DE RESSOURCES PRIMAIRES). L'expansion est suivie par la crise économique des années 30. Quelques entreprises déclarent faillite et la plupart des autres connaissent de très graves difficultés financières.

La Seconde Guerre mondiale suscite la reprise des activités et même une certaine expansion, car les Américains ne peuvent s'approvisionner en pâte de bois sur les marchés européens comme ils avaient coutume de le faire. La vague de prospérité de l'après-guerre commence vers la fin des années 40 et se poursuit presque sans interruption jusqu'à la fin des années 50. Les entreprises, qui ont retrouvé leur équilibre financier, reprennent alors leurs activités de fabrication en augmentant progressivement leurs expéditions et leurs exportations, et, pendant un certain nombre d'années, elles fonctionnent à plein rendement.

C'est dans les années 60 que l'industrie connaît son essor le plus considérable depuis les années 20. Il se produit partout, mais surtout en Colombie-Britannique. Les gouvernements provinciaux, désireux d'attirer de nouveaux capitaux, ouvrent à l'exploitation de grands territoires forestiers appartenant à la Couronne. Des investisseurs canadiens et étrangers rivalisent alors pour investir dans ce secteur. De 1965 à 1970, 16 nouvelles usines, qui pour la plupart fabriquent de la pâte kraft blanchie destinée au marché mondial, ouvrent leurs portes.

Les années 70 correspondent à une période mouvementée dans l'histoire de l'industrie. Elles sont marquées par l'accroissement de la concurrence sur les marchés mondiaux, par des périodes de surproduction, par une grave récession au milieu de la décennie, par d'importantes modifications des taux de change, par une inflation galopante dans l'ensemble du monde industrialisé et par une baisse de la capacité concurrentielle de l'ensemble de l'économie canadienne. Néanmoins, à la fin de la décennie, la dévaluation du dollar canadien contribue à rétablir la force concurrentielle de l'industrie des pâtes et papiers, et de vastes programmes de modernisation des usines sont mis en œuvre dans toutes les régions.

Le début des années 80 apporte d'autres changements brusques: une grave récession et de fortes baisses de production sont suivies par un redressement de l'économie, une période soutenue de croissance modérée des marchés importants au milieu et à la fin de la décennie, puis par la perspective d'une croissance substantielle de l'utilisation des pâtes et papiers à l'échelle mondiale. Ce dernier facteur laisse se entendre que l'industrie canadienne continuera d'affronter une vive concurrence au sein de ses marchés traditionnels.

Les expéditions canadiennes s'élèvent aujourd'hui à environ 23 millions de tonnes: 40 p. 100 consistent en papier journal, production où le Canada occupe le premier rang depuis plus de 50 ans; 37 p. 100 en pâte de bois destinée à se transformer en papier et en carton; 23 p. 100 en une grande variété de papiers et de cartons d'emballage, de papiers d'édition et d'écriture, de papiers mouchoirs et hygiéniques, ainsi que de papiers et cartons goudronnés.

Le Canada exporte près de 79 p. 100 de sa production, tandis que le reste est écoulé sur le marché intérieur. Depuis longtemps, les États-Unis constituent le marché le plus important à l'exportation, ayant absorbé presque 52 p. 100 de toutes les exportations. L'Europe de l'ouest représente environ 12 p. 100, le Japon 5 p. 100 et les autres marchés internationaux près de 10 p. 100. Le papier journal et la pâte de bois, qui ont accès aux principaux marchés mondiaux sans frais de douane depuis de nombreuses années, représentent presque 87 p. 100 de ces exportations.

Dans le passé, différents pays imposaient des droits de douane sur d'autres types de papiers et de cartons. C'est en partie pour cette raison que ces types sont fabriqués essentiellement à l'intention du marché canadien. Bien que cette situation soit en train de changer à la suite des négociations multilatérales entreprises par les pays du GATT afin de réduire les droits de douane, le papier journal et la pâte de bois demeurent les principaux produits d'exportation de l'industrie canadienne, ainsi que différentes qualités de papiers autres que le papier journal dont la demande augmente rapidement.

L'industrie des pâtes et papiers utilise annuellement près de 90 millions de mètres cubes de bois, dont plus de 90 p. 100 proviennent de l'ÉPINETTE, du SAPIN, du PIN et d'autres résineux. Le reste est formé de feuillus. L'utilisation de copeaux de bois, de bois de rebut et d'autres résidus du bois des scieries constitue le changement le plus significatif des 20 dernières années en matière d'approvisionnement en fibres.

Ces sous-produits représentent plus de la moitié de tout le bois utilisé dans les usines canadiennes, une proportion qui n'était que d'environ 10 p. 100 au début des années 60. Cette nouvelle tournure a permis une utilisation plus efficace des ressources de la forêt et encouragé l'industrie des pâtes et papiers et celle du bois de sciage à coordonner leurs opérations.

Le Québec est le premier producteur au Canada, avec 35 p. 100 de la production totale; viennent ensuite l'Ontario avec 25 p. 100, la Colombie-Britannique avec 22 p. 100, puis les provinces de l'Atlantique et des Prairies avec 18 p. 100. La plupart des usines sont situées dans des localités proches des forêts où elles puisent leur matière première. Celles qui achètent la pâte pour la transformer en produits finis ou qui utilisent surtout du vieux papier se trouvent dans les grandes régions métropolitaines.

Environ 70 p. 100 de la production canadienne est effectuée par des sociétés canadiennes; 23 p. 100, par des sociétés américaines; et 7 p. 100, par des sociétés appartenant à des intérêts étrangers autres qu'américains. Au Canada, les sociétés appartiennent généralement au secteur privé. Au Québec, au Manitoba et en Saskatchewan, les gouvernements provinciaux ou leurs organismes exercent un certain droit de propriété, mais cette participation du secteur public ne représente que de 10 à 15 p. 100 de la capacité de production totale de l'industrie.

Les sociétés canadiennes importantes sont ABITIBI-PRICE INC., British Columbia Forest Products Ltd., Produits forestiers du Canada ltée, CIP Inc., Consolidated-Bathurst Inc., la division Produits des pâtes et papiers du groupe DOMTAR, Great Lakes Forest Products Ltd., Kruger Inc., MACMILLAN BLOEDEL LTÉE et Les Entreprises Repap Inc.

Les industries de pâtes et papiers du Canada et des autres grandes régions productrices du monde, comme les États-Unis, l'Europe et le Japon, partagent depuis toujours leurs connaissances sur les progrès technologiques. Ainsi, les principales innovations du XXe s. dans les domaines de la coupe du bois, de la réduction du bois en pâte et de la fabrication du papier proviennent des recherches conduites dans plusieurs pays.

Le Canada participe pleinement à ces transformations et joue un rôle majeur dans certains cas, notamment en ce qui concerne le système de récupération chimique utilisé dans le procédé au sulfate (ou alcalin), qui a favorisé la croissance de l'industrie de la pâte kraft partout dans le monde; les techniques améliorées de blanchiment de la pâte, qui ont ouvert de nouveaux marchés à de nombreux papiers et cartons; et le procédé de fabrication à double toile (ou procédé duplex), une des innovations les plus importantes dans le procédé de fabrication du papier depuis l'invention de la machine Fourdrinier au cours de la première décennie du XIXe s. (*voir* GÉNIE CHIMIQUE).

Un certain nombre de producteurs canadiens effectuent leurs propres recherches, et l'industrie collabore aussi à celles que mène l'Institut canadien de recherches sur les pâtes et papiers et l'Institut canadien de recherches en génie forestier, tous deux situés à Pointe-Claire, au Québec. Au cours des dernières années, l'industrie investit annuellement de 100 à 150 millions de dollars afin de réduire la POLLUTION de l'air et de l'eau. Les effluents émis par les scieries sont ainsi réduits considérablement: les matières en suspension ont diminué de 90 p. 100 pour chaque tonne produite et la demande biochimique en oxygène a baissé de 72 p. 100.

Gordon Minnes

Patinage à roues alignées Le patinage à roues alignées est un sport-divertissement assez récent. Mais il a connu au cours des années 90 un essor incroyable, reléguant aux musées le traditionnel patin à roulettes. Répandue dans plusieurs pays, cette nouvelle discipline sportive connaît sa plus grande popularité en Amérique du Nord où l'on compte plus de 30 millions d'adeptes. Pour la plupart d'entre eux, c'est avant tout un sport de plaisir et, dans certains cas, un moyen de locomotion qui fait souvent tempêter les automobilistes des grandes villes. Il existe aussi un volet de compétition qui se développe rapidement. Il n'est pas rare de voir certains de ces patineurs prendre le départ d'un marathon ou de courses de moindre distance aux côtés d'adeptes de la course à pied. Et les responsables de plusieurs événements organisent des épreuves pour patineurs à l'intérieur de leur festival de courses à pied.

Le patin à roues alignées est utilisé de multiples manières: hockey, patinage artistique, courses de vitesse et simples randonnées pour se maintenir en forme physique. De nombreux dirigeants de ce nouveau sport espèrent qu'un jour il fera partie des disciplines olympiques. En attendant, les meilleurs éléments participent à des compétitions internationales dont les championnats du monde constituent le point culminant. Cette discipline, sous forme de hockey, fait aussi partie du programme des Jeux panaméricains.

En Amérique du Nord, le marché du patin à roues alignées est en plein essor. Un fabricant américain vient d'ailleurs de mettre au point un patin dont les roues sont munies d'un minuscule ordinateur retransmettant plusieurs données à une montre: la vitesse maximale, la vitesse moyenne, la distance parcourue en une sortie et depuis le début de la saison. On est bien loin des roulettes de bois.

La Fédération internationale des sports de roulettes veille à l'application des règles lors de compétitions mondiales. Roller Sports Canada est responsable de l'organisation des rencontres nationales. Sur la scène provinciale québécoise, la bonne marche des manifestations relève de fédérations différentes selon qu'il s'agit d'épreuves artistiques ou de vitesse. L'Association canadienne de hockey amateur offre aussi à ses membres un programme de hockey à roues alignées allant des compétitions communautaires aux rencontres nationales et internationales.

Yvon Dore

Patinage à roulettes Sport ayant toute une gamme d'aspects, tant récréatifs que compétitifs. La compétition artistique se rapproche étroitement du PATINAGE SUR GLACE et comprend des figures, du style libre, des épreuves en couple ainsi que des épreuves de danse. Le patinage de vitesse comprend des courses individuelles et à relais. L'ancêtre du hockey à roulettes est le polo à roulettes, pratiqué dans les années 1880 et qui se joue aujourd'hui avec une balle ou une rondelle. Le hockey avec balle est maintenant un sport international. L'utilisation de roues en plastique uréthane et de coussinets de précision scellés, tous deux empruntés aux planches à roulettes, offre un patinage à roulement doux sur les surfaces extérieures et favorisant ainsi l'accroissement de la popularité du patinage à roulettes dans les années 1970.

Les patins à roulettes ont été créés au XVIIIᵉ s. en Hollande. À l'époque, des bobines en bois attachées à des bandes de bois font office de patins. Le principe des patins à quatre roues est créé en 1863. Dans les années 1880, des installations pour le patin à roulettes sont construites à Toronto et à Montréal. En 1884, le patinage à roulettes fait son apparition à Chatham (Ontario). En moins d'un an, Chatham devient l'une des villes les plus en vue à l'échelle mondiale pour le patinage à roulettes. En 1884, le patineur de vitesse, George Berry, de Chatham, devient le champion canadien de patinage à roulettes et remporte, l'année suivante, le championnat nord-américain. Il est alors proclamé champion du monde. La Première Guerre mondiale marque la fin du patinage de compétition, mais une reprise du patinage dans les années 1930 encourage la tenue d'épreuves, comme le derby de cinq jours sur patins à roulettes, qui se déroule pendant l'EXPOSITION NATIONALE CANADIENNE en 1940. En 1961, la Canadian Roller Skating Association est formée. Elle devient la Fédération canadienne de patins à roulettes amateur (FCPRA) en 1973. En 1976, le Canada envoie pour la première fois une équipe aux championnats du monde de patinage à roulettes artistique. Le Canada se classe au 5ᵉ rang parmi les 19 pays participants. En 1979, ces championnats ont lieu à Montréal. La FCPRA organise des championnats nationaux dans les catégories de figures, de style libre et de combiné à trois niveaux pour les filles et les garçons ainsi qu'à six niveaux pour les hommes et les femmes. Aux Jeux panaméricains de 1987, où le patinage à roulettes est introduit, l'équipe canadienne remporte une médaille de bronze pour l'épreuve de danse.

Barbara Schrodt

Patinage artistique Sport pratiqué individuellement ou en couple où la performance des patineurs est jugée selon leurs qualités artistiques et techniques. La compétition comprend les épreuves individuelles, hommes et femmes, le patinage en couple et la danse sur glace. Le patinage individuel comporte un programme court et un programme libre, tout comme le patinage en couple. Quant à la danse sur glace, les épreuves consistent en des danses imposées et une danse originale; les sauts, les pirouettes et les levés au-dessus de la ceinture y sont interdits et les patineurs se séparent seulement pour changer de position. Jusqu'au début des années 90, les figures imposées (le patineur doit suivre un tracé précis sur la glace) faisaient aussi partie des épreuves de patinage artistique. L'appellation anglaise *figure skating* y trouve d'ailleurs son origine. Les compétitions internationales de patinage artistique sont organisées par l'Union internationale de patinage, fondée en 1892.

Les Jeux olympiques, les championnats mondiaux et européens constituent les compétitions les plus importantes. Les championnats nord-américains (les derniers datent de 1971) figuraient aussi parmi les compétitions de haut calibre. Skate Canada est une compétition invitation internationale majeure qui a eu lieu pour la première fois en 1973. Pour les championnats du monde ou les Olympiques, le nombre de participants est déterminé selon les résultats antérieurs. Chaque pays n'a droit qu'à trois inscriptions par épreuve.

Ce sport a commencé à progresser après 1742, avec la création de l'Edinburg Skating Club. Dans les années 1880, Saint-Moritz (Suisse) est le centre du patinage artistique; les patineurs de Grande-Bretagne y conçoivent de nouvelles figures et élaborent un système de points pour les évaluer. Pendant ce temps, l'«école viennoise» encourage une approche plus théâtrale du patinage libre en incorporant des mouvements de danse aux sauts et aux pirouettes. Dans les années 1860, Jackson Haines, maître de ballet américain, y ajoute la musique et crée le style qui deviendra plus tard le patinage libre.

La danse sur glace remonte aux années 1880 à Vienne et, dès 1885, à Halifax, on assiste à une valse exécutée sur la glace. En 1896, les premiers championnats mondiaux masculins officiels ont lieu à Saint-Pétersbourg (Russie). En 1906, des championnats féminins sont tenus séparément et le patinage en couple apparaît deux ans plus tard. En 1952, la danse sur glace figure au programme des championnats du monde.

Au Canada, dans les années 1860, ce qu'on appelle alors le «patinage de fantaisie» gagne en popularité à la suite d'une tournée qu'effectue Haines dans l'est et le centre du Canada en 1864. L'inauguration de nouvelles patinoires s'accompagne de démonstrations et, à Montréal, la patinoire Victoria accueille souvent des galas et des carnavals. F. Perkins, de Toronto, patineur vedette de l'époque, gagne la Médaille d'or du Canada en 1867. La même année, le Skating Club de Montréal offre une coupe pour couronner un championnat amateur ouvert aux patineurs du monde entier.

Louis RUBENSTEIN est sans contredit le patineur artistique canadien le plus remarquable de la fin du XIXᵉ s. Après avoir été couronné champion amateur des États-Unis en 1885 et en 1889, il remporte le championnat mondial non officiel à Saint-Pétersbourg en 1890. En 1891, le Montréalais George Meagher gagne une compétition ouverte considérée comme le championnat du monde. Au cours des décennies suivantes, le patinage artistique suscite un intérêt croissant. En 1903, les prix Minto sont présentés par le gouverneur général lord MINTO aux patineurs qui réussissent le mieux à l'épreuve des figures.

En 1914, avec la formation du Figure Skating Department of Canada (division de l'Association canadienne de patinage amateur), le patinage artistique est reconnu comme sport indépendant, distinct du patinage de vitesse. Louis Rubinstein est le premier président de cette organisation qui regroupe le Minto Skating Club d'Ottawa et l'Earl Grey Skating Club de Montréal. En 1939, le département devient l'Association canadienne de patinage artistique (ACPA). Autonome en 1951, l'ACPA est affiliée à l'International Skating Union (ISU).

Jeux olympiques
Bien que le patinage artistique figure aux Jeux olympiques depuis 1908, le Canada n'y participe pas avant 1924, année des premiers Jeux d'hiver, tenus à Chamonix (France). Cecil Smith et Melville Rogers sont les premiers représentants canadiens. Smith est aussi la première femme à représenter le Canada dans une épreuve olympique. En 1930, elle se classe deuxième aux championnats du monde féminins et devient la première Canadienne à remporter une médaille dans une compétition internationale de patinage artistique.

En 1932, les championnats du monde ont lieu pour la première fois au Canada, à Montréal, et les patineurs canadiens Montgomery WILSON et Constance Wilson-Samuel se classent respectivement deuxième et troisième dans leurs épreuves individuelles. La même année, Wilson est médaillé de bronze aux Olympiques de Lake Placid. Entre 1929 et 1939, Wilson sera huit fois champion canadien.

Après la Seconde Guerre mondiale, le Canada établit sa réputation dans le monde du patinage artistique grâce à Barbara Ann SCOTT, d'Ottawa. En 1944, à l'âge de 15 ans, Scott remporte son premier titre canadien. Patineuse exceptionnelle, elle est couronnée championne du monde en 1947 à l'issue de sa première compétition outre-mer. L'année suivante, elle gagne les championnats canadiens, américains, européens et mondiaux ainsi qu'une médaille d'or olympique. Aux Olympiques de 1948, la médaille de bronze remportée par Suzanne Morrow et Wallace Diestelmeyer marque le début des années de gloire pour le patinage en couple. En 1954 et 1955, Frances Dafoe et Norris Bowden deviennent les champions du monde et se classent deuxièmes aux Olympiques de 1956.

En 1957, Barbara WAGNER et Robert PAUL gagnent le premier de quatre titres mondiaux consécutifs et, en 1960, ils sont le premier couple non européen à se voir décerner une médaille olympique. En 1962, Maria et Otto Jelinek remportent le championnat du monde et Debbi Wilkes et Guy Revell terminent deuxièmes aux Olympiques de 1964. À la fin des années 70, les patineurs en couple juniors réalisent une excellente performance à l'occasion des championnats du monde juniors. Parmi les patineurs individuels canadiens les plus remarquables, on trouve Donald JACKSON, troisième aux Olympiques de 1960 et champion du monde en 1962, et Donald McPHERSON, champion du monde en 1963.

Les années 70 sont dominées par Toller CRANSTON, patineur au style innovateur et champion canadien de 1971 à 1976. Il remporte quatre fois l'épreuve de patinage libre aux championnats du monde et il est médaillé de bronze aux Olympiques de 1976. Des patineuses se sont aussi distinguées sur la scène internationale: en 1962, Wendy Griner termine deuxième aux championnats du monde. La même année, la jeune Petra BURKA révèle tout son talent en étant la première femme à exécuter un triple *salchow* lors d'une compétition. Aux Olympiques de 1964, Burka termine troisième et remporte, l'année suivante, les championnats du monde. Au début des années 70, après s'être remise de fractures aux jambes, Karen MAGNUSSEN termine deuxième aux Olympiques de 1972 et est couronnée championne du monde en 1973.

Dans les années 80, les patineurs canadiens comptent encore une fois parmi les meilleurs au monde. En 1984, la longue carrière de Barbara Underhill, d'Oshawa (Ontario), et de Paul Martini, de Woodbridge (Ontario), atteint son point culminant lorsqu'ils remportent le championnat en couple à Ottawa. Brian ORSER de Belleville (Ontario), champion canadien de 1981 à 1988, termine troisième aux championnats du monde en 1983. Deuxième les trois années suivantes, il obtient une médaille d'argent aux Olympiques de 1984 et, en 1987, il remporte le titre mondial. Il est le premier à réussir deux triples axels au cours d'un même programme. Aux Olympiques de Calgary (1988), les Canadiens remportent des médailles dans trois des quatre épreuves de patinage. Orser est médaillé d'argent pour la deuxième fois consécutive; Elizabeth Manley remporte l'argent (patinage individuel), alors que Tracy Wilson et Robert McCall reçoivent le bronze (danse sur glace). Ces trois performances seront réitérées aux championnats mondiaux de 1988.

Kurt BROWNING, premier patineur à réussir un quadruple saut en compétition, détrône Orser comme champion canadien en 1989 pour ensuite remporter trois championnats du monde consécutifs. En 1992, il gagne une médaille d'argent, tandis que le bronze va à Elvis STOJKO. Aux Olympiques d'Albertville (1992), les seuls Canadiens à monter sur le podium sont Lloyd Eisler et Isabelle Brasseur, médaillés de bronze en patinage en couple. Aux championnats du monde de 1990 et 1991, Eisler et Brasseur remportent l'argent et, en 1992, ils obtiennent le bronze. Les championnats du monde de 1993 appartiennent aux Canadiens: Eisler et Brasseur gagnent l'or en couple, alors que Browning et Stojko, dans des performances enlevantes, se disputent le titre de champion du monde. Stojko termine deuxième derrière Browning, qui remporte ainsi son quatrième titre mondial.

Entre 1994 et 1997, Elvis Stojko est trois fois champion du monde et, en 1998, il est médaillé d'argent aux Olympiques de Nagano. Aux championnats du monde de 1996 et 1997, Shae-Lynn Bourne et Victor Kraatz remportent deux médailles de bronze en danse et, aux Olympiques d'hiver de 1998, ils décrochent une quatrième place qui soulève beaucoup de controverse.

L'Association canadienne de patinage artistique (ACPA), responsable du patinage amateur au Canada, est la plus importante association du genre au monde. Alors que seuls deux clubs en faisaient partie en 1914, elle en compte 360 en 1967 et 1410 en 1986. L'ACPA offre des programmes aux patineurs de tous les âges et de tous les niveaux d'habileté, dont le Programme canadien de patinage PCP (introduction au patinage), le Programme canadien de patinage intensif, le Programme canadien de patinage synchronisé, ainsi que des programmes de tests et de compétition. Seuls les patineurs agréés par l'ACPA peuvent se présenter aux tests officiels. L'association gère aussi les cours de formation pour les entraîneurs amateurs et professionnels.

Barbara Schrodt

Patinage de vitesse Les courses de patinage de vitesse se déroulent autant à l'intérieur qu'à l'extérieur et les hommes comme les femmes y participent. Les courses extérieures se tiennent en plein air sur des pistes ovales de 400 m de longueur. Dans des couloirs séparés, deux concurrents patinent dans une course contre la montre, changeant de couloir à chaque tour de piste afin que chacun parcoure la même distance. Des courses sur 500 m, 1500 m, 5000 m et 10 000 m existent chez les hommes, tandis que chez les femmes, les distances sont de 500 m, 1500 m et 3000 m. Une cinquième épreuve est ajoutée aux Olympiques: le 1000 m chez les hommes et le 5000 m chez les femmes. Le type de course décrit précédemment est en général considéré comme le modèle européen de patinage de vitesse. En Amérique du Nord, les courses intérieures avec départ en groupe, où plus de deux patineurs prennent le départ, sont très répandues. Elles se tiennent sur des patinoires plus petites (sur un tracé de 111 m), à l'abri des intempéries, et comportent des règles légèrement différentes. Les départs s'effectuent en groupe, les distances sont plus courtes et, comme il n'y a pas de couloirs définis, les contacts entre patineurs sont fréquents. Le patinage de vitesse sur courte piste est d'abord un sport de démonstration aux Jeux olympiques de 1988.

Le PATINAGE SUR GLACE remonterait à 1250, mais ce n'est pas avant 1763, en Angleterre, qu'on enregistre la première course organisée. Au Canada, on croit que la première course se serait déroulée en 1854. Les premières compétitions organisées ont lieu en 1883 au Victoria Rink à Saint-Jean, au Nouveau-Brunswick. L'Association de patinage amateur du Canada (APAC) voit le jour quatre ans plus tard et tient ses premiers championnats canadiens officiels. En 1894, l'APAC se joint à l'Union internationale de patinage (UIP), amenant le patinage canadien sur la scène internationale.

À l'époque, le patinage de vitesse et le PATINAGE ARTISTIQUE font partie de la même organisation, mais ce sont surtout les intérêts des patineurs de vitesse qui priment. Les patineurs artistiques ne forment leur propre organisation qu'en 1939.

Les patineurs hollandais et scandinaves dominent pendant longtemps le patinage de vitesse à l'échelle internationale, bien que les Russes et les Américains connaissent aussi du succès. Le patineur américain le plus remarquable, Eric Heiden, remporte cinq médailles d'or aux Jeux olympiques d'hiver, en 1980. Toutefois, le Canada forme également d'excellents patineurs de vitesse. En 1897, Jack McCulloch, de Winnipeg, remporte les championnats de l'UIP à Montréal. Les Torontois Fred Robson, Gladys Robinson et Lela BROOKS dominent les compétitions nord-américaines de patinage et établissent un certain nombre de records au cours des trois premières décennies du XXᵉ s. Charles I. Gorman, de Saint-Jean, figure aussi parmi les patineurs exceptionnels de l'époque. La Torontoise Jean Wilson gagne des médailles d'or et d'argent aux Jeux olympiques de 1932, où le patinage de vitesse féminin figure comme sport de démonstration.

De cette période jusqu'aux années 70, la médaille de bronze de Gordon Audley remportée à l'épreuve du 500 m aux Olympiques de 1952 constitue le principal exploit du Canada en patinage de vitesse. Cathy

Priestner gagne, 24 ans plus tard, une médaille d'argent à Innsbruck, en Autriche. En 1973, Sylvia BURKA devient la championne junior mondiale officieuse et remporte le titre mondial féminin en 1976. L'année suivante, elle est la championne mondiale de sprint. En 1980, Gaëtan BOUCHER de Québec termine deuxième dans une compétition mondiale, tout juste derrière Heiden, et enregistre un record du monde au 1000 m. Aux Jeux olympiques de Sarajevo, en 1984, Boucher éveille l'intérêt de la population pour le patinage de vitesse en remportant deux médailles d'or et une de bronze. La même année, il rafle le titre mondial au sprint.

Aux Olympiques de 1988, Boucher se trouve encore à la tête de l'équipe olympique, mais son heure de gloire est passée et l'équipe n'arrive pas à se classer parmi les premières. Cette situation peut s'expliquer en partie par l'essor du patinage sur courte piste, surtout au Québec, où le patinage de vitesse est plus ancré que dans les autres provinces. D'ailleurs, aux Jeux de 1988, les patineurs québécois dominent les épreuves de démonstration sur courte piste: les hommes décrochent le bronze au 5000 m relais et les femmes obtiennent quatre médailles.

Sylvie Daigle gagne l'or au 1500 m, de même que l'argent au 1000 m et au 3000 m. Elle permet aussi à l'équipe de remporter la médaille de bronze au 3000 m relais. Daigle et sa coéquipière de longue date, Nathalie Lambert, remportent à tour de rôle le championnat du monde avant que la course sur courte piste soit acceptée à part entière aux Jeux de 1992. Daigle fait une chute au 500 m, mais au 3000 m relais, elle mène l'équipe, qui comprend Lambert, à la première marche du podium. Frédéric Blackburn, aussi du Québec, remporte l'argent au 1000 m et fait partie de l'équipe du relais, aussi médaillée d'argent.

J. Thomas West

Patinage sur glace Vient probablement de la Scandinavie où, il y a plus de 2000 ans, il servait de moyen de déplacement. Au Moyen Âge, on le pratique aussi sur les canaux en Hollande et, au XVIIᵉ s., il serait apparu en Angleterre. Les premiers patins sont fabriqués à partir d'os (tibias ou côtes) d'élan, de renne ou d'autres animaux. D'ailleurs, le mot «patin» viendrait de «patte». Au XVIIIᵉ s., le patinage est un passe-temps social et récréatif en France de même qu'en Grande-Bretagne. Le premier club de patinage voit le jour à Édimbourg, en 1742.

Au Canada, selon la légende, les Iroquois se seraient adonnés au patinage chaussés de mocassins auxquels ils auraient fixé des tibias d'animaux à l'aide de lanières de cuir. Les explorateurs français auraient patiné en Acadie dès 1604. En tant que sport, le patinage sur glace arrive au Canada dans les années 1840 avec les officiers de l'armée britannique, et gagne très vite la faveur populaire. On estime qu'il convient parfaitement à la gent féminine, si bien qu'il devient une activité sociale importante.

Dans le monde, le Canada fait figure de pionnier en ce qui a trait à l'aménagement de patinoires. La première patinoire extérieure exploitée commercialement voit le jour à Montréal en 1850, et la première patinoire recouverte au monde est construite à Québec, en 1852. Les patinoires sont de glace naturelle et de grands abris protègent les patineurs du vent et de la neige. La plus célèbre, la patinoire Victoria, est construite à Montréal en 1862 et s'avère la plus grande au monde à cette époque. C'est d'ailleurs à partir de cette patinoire que le HOCKEY SUR GLACE va établir les dimensions de son aire de jeu. Durant l'hiver 1911-1912, les premières patinoires de glace artificielle font leur apparition à Victoria et à Vancouver. On en trouve aujourd'hui dans la plupart des grandes agglomérations, bien que les Canadiens prennent toujours du plaisir à patiner sur un lac, un étang ou une rivière gelés. L'art de patiner est fondamental en ce qui a trait au hockey. Toutefois, le patinage sur glace comporte également d'autres formes de compétition parmi lesquelles le PATINA-

GE ARTISTIQUE, le PATINAGE DE VITESSE et la danse sur glace.

Le patin subit plusieurs modifications au fil du temps avant d'en arriver aux lames d'acier ou de type tubulaire que l'on connaît aujourd'hui. Les lames faites entièrement de fer apparaissent au XVIIᵉ s., et les lames d'acier vissées et agrafées aux chaussures sont fabriquées dans les années 1850. En 1861, John Forbes de Dartmouth (Nouvelle-Écosse) invente la première lame à ressort, qui s'ajuste à l'aide d'un simple levier et ne nécessite ni vis ni plaques de métal. On la remplacera par une lame attachée de façon permanente à la bottine. En 1887, l'Association de patinage amateur du Canada voit le jour à Montréal et regroupe le patinage artistique et le patinage de vitesse. En 1939, les adeptes de patinage artistique forment l'Association canadienne de patinage artistique (ACPA).

Barbara Schrodt

Patkau, John and Patricia, architectes (John, Winnipeg, Man., 18 août 1947; Patricia, Winnipeg, Man., 25 févr. 1950). Les Patkau se rencontrent à l'U. du Manitoba, où John obtient un B.A. et un baccalauréat en études de l'environnement en 1969, et une maîtrise en architecture en 1972. Patricia obtient un baccalauréat en aménagement intérieur en 1973, et une maîtrise en architecture à Yale en 1978.

Cette même année, ils fondent ensemble le cabinet Patkau Architects à Edmonton, puis déménagent à Vancouver en 1984. Ils acquièrent rapidement une réputation nationale et internationale grâce au soin et à la sensibilité qu'ils apportent au design de petits et de moyens projets, ainsi qu'à un emploi audacieux de matériaux, inspiré par les conditions particulières du site et du programme de chaque projet.

La qualité exceptionnelle de leurs bâtiments d'Edmonton, dont le Galleria Condominium (1978) et l'école Blue Quill (1982, non construite), et celle de leurs réalisations plus récentes telles que la Galerie canadienne de la céramique et du verre (Waterloo, Ontario, compétition 1986, terminée en 1988), l'école de Seabird Island (Agassiz, Colombie-Britannique, 1988), la Maison Barnes (Nanaimo, Colombie-Britannique, 1992) et la bibliothèque Newton (Surrey, Colombie-Britannique, 1992), a établi leur réputation internationale. Tous deux enseignent et donnent des conférences un peu partout au Canada et aux États-Unis.

Leurs travaux sont couronnés de plusieurs prix dont, entre autres, la Médaille du Gouverneur général en 1986 pour la résidence Pyrch, à Victoria; une médaille en 1990 pour la résidence Appleton, à Victoria; une médaille en 1992 pour l'école de Seabird Island, en Colombie-Britannique; et une médaille en 1994 pour la bibliothèque Newton, à Surrey, en Colombie-Britannique.

Michael McMordie

Patrick, Lester (Drummondville, Qc, 30 déc. 1883—Victoria, 1ᵉʳ juin 1960), patriarche d'une famille qui a marqué les premières heures du HOCKEY, tant en ce qui a trait aux joueurs qu'aux gérants. Lester et son frère Frank (Ottawa, 21 déc. 1885—Vancouver, 29 juin 1960) ont tous deux été des joueurs vedettes à l'U. McGill, et ils ont évolué dans les rangs professionnels pour des équipes à Montréal et à WESTMOUNT, ainsi que pour les Millionnaires de Renfrew (au salaire de 3000 $ chacun par saison). Avec le soutien de leur père, qui a fait fortune dans l'industrie du bois, ils forment la Pacific Coast Hockey League en 1911. Ils font bâtir des arénas pour toutes les équipes de la ligue. Lester joue à Victoria, à Spokane et à Seattle avant de devenir joueur-entraîneur et directeur de l'équipe de Victoria, où les deux frères construisent la première patinoire artificielle du Canada.

En 1924, il entraîne et dirige les Cougars de Victoria et les mène à la victoire lors de la COUPE STANLEY. Toutefois, devant l'expansion incessante de la LIGUE NATIONALE DE HOCKEY (LNH), il vend tous ses joueurs aux propriétaires de la LNH.

En 1926, il devient entraîneur des Rangers de New York de la LNH. En 1928, âgé de 48 ans, il remplace son gardien de but blessé pendant un match de la Coupe Stanley. Cela vaut aux Rangers de remporter la victoire et à Patrick de se hisser au rang des légendes du hockey. En 1939, il quitte son poste d'entraîneur et, en 1946, son poste de gérant. Frank Patrick a été entraîneur à Boston et gérant des Canadiens, mais on se souvient surtout de lui pour les innovations qu'il a apportées: il a proposé 22 des articles des règles de jeu de la LNH, y compris celui portant sur la ligne bleue.

Lynn Patrick, fils de Lester (Victoria, C.-B., 3 févr. 1912—St. Louis, Mo., 26 janv. 1980), se joint aux Rangers en 1934 comme ailier gauche, formant un trio exceptionnel avec Bryan Hextall et Phil Watson. En 1942, il est élu pour figurer dans la première équipe d'étoiles de la ligue. Par la suite, il devient entraîneur des Rangers et des Bruins, puis gérant des Blues de St. Louis.

Frederick Murray «Muzz» Patrick, fils de Lester (Victoria, C.-B., 28 juin 1916), est un magnifique athlète complet, quoique moins bon patineur que son frère. Il est défenseur pour les Rangers de 1937 à 1941 et de 1945 à 1946, puis devient leur entraîneur de 1954 à 1955 et enfin le directeur général de l'équipe de 1955 à 1964.

Le trophée souvenir Lester Patrick est remis chaque année à la personne ayant le plus contribué au développement du hockey aux États-Unis.
James Marsh

Patrick, Thomas Alfred, médecin et législateur (Ilderton, Ont., 23 déc. 1864—North Battleford, Sask., 6 sept. 1943). Après avoir obtenu son diplôme de l'U. Western en 1888, Patrick pratique la médecine et la chirurgie à Saltcoats, en Saskatchewan, jusqu'en 1894 et à Yorkton, toujours en Saskatchewan, jusqu'en 1939. Élu député de la circonscription de Yorkton à l'Assemblée des Territoires du Nord-Ouest en 1897, il inscrit son slogan «Non à l'annexion du Manitoba» sur les macarons de campagne en 1898, et remporte une autre victoire décisive sur la question des deux provinces en 1902. Il est le premier à proposer les frontières entre la Saskatchewan et l'Alberta telles qu'on les connaît aujourd'hui.
C. Stuart Houston

Patrick, William, homme d'Église et éducateur (Glasgow, Écosse, 8 sept. 1852—Kirkintilloch, Écosse, 28 sept. 1911). Après des études de théologie au Free Church College de Glasgow, Patrick est ordonné en 1878. Il allie son engagement actif en faveur de l'éducation à ses devoirs pastoraux. En 1900, il est nommé directeur du Manitoba College (Winnipeg); il y enseigne la philosophie et le Nouveau Testament jusqu'à sa mort soudaine. Pendant sa carrière au Canada, il est membre du Social Reform Council of Canada et siège à la commission royale chargée d'établir un collège agricole au Manitoba. Il est également un chef presbytérien dynamique et respecté du mouvement d'union des Églises.
Neil Semple

Patrimoine, conservation du Consiste à identifier, à protéger et à faire connaître les aspects importants de notre culture et de notre histoire. Le terme «patrimoine» englobe un large éventail de biens tangibles: il peut s'agir d'une construction, p. ex., une gare, un pont ou tout un quartier, d'un artefact ou d'un bien culturel mobile comme une peinture, une robe ou une CHARRETTE DE LA RIVIÈRE ROUGE (*voir* CONSERVATION DU PATRIMOINE MUSÉOLOGIQUE), ou encore d'une composante du milieu naturel comme un parc, un jardin ou un SENTIER DU PATRIMOINE. Sont également inclus, dans la définition, des biens non tangibles tels que le FOLKLORE, les coutumes, le langage, les dialectes, les chansons et les légendes. Par «conservation», on entend la protection du patrimoine contre toute menace de destruction par un agent quelconque (qu'il soit environnemental ou humain). Une telle protection suppose aussi une meilleure compréhen-

sion du patrimoine et une plus grande sensibilisation à ce qu'il sous-entend. Au Canada, la conservation («préservation» aux États-Unis) vise normalement à identifier, à protéger et à faire connaître les éléments estimés de l'environnement bâti, soit les édifices, les structures et les sites créés tout au long de l'évolution du Canada.

Dans notre société moderne, la conservation du patrimoine occupe une place importante parce qu'elle répond à certaines aspirations, notamment le désir de préserver les liens tangibles avec nos racines historiques et d'assurer un «sentiment d'appartenance» à ceux qui déplorent le caractère «banal» de trop nombreuses localités. L'intérêt envers la conservation du patrimoine s'est accru parallèlement à un engouement général pour la CONSERVATION: on admet dans l'ensemble que la société ne peut plus se permettre un tel gaspillage de ressources, quelles qu'elles soient, y compris le patrimoine architectural. Cette notion repose sur une gestion responsable des richesses culturelles et naturelles, afin qu'on puisse transmettre un héritage intact aux futures générations. Elle s'applique aussi bien à l'aménagement des habitats urbains et ruraux qu'aux mesures visant à les rendre plus agréables pour les gens qui y vivent.

L'essor du mouvement de conservation du patrimoine découle en grande partie des efforts des citoyens qui militent à l'échelle locale. Des dizaines d'organismes de défense comme la Lunenburg Heritage Society en Nouvelle-Écosse (1972), Héritage Montréal (1975) et la Society for the Protection of Architectural Resources in Edmonton (SPARE; 1979), ont pris naissance pour contrer les menaces à l'endroit du patrimoine architectural local. P. ex., durant les années 50, des citoyens consciencieux ont sauvé de la démolition le spectaculaire manoir du XIXe s. Craigdarroch Castle à Victoria, en Colombie-Britannique. Durant les années 70 et 80, les résidents et les défenseurs du quartier montréalais de Milton-Parc ont milité en faveur de la rénovation de centaines d'habitations datant du siècle dernier. Aussi, dans les années 80, les habitants du centre-ville à Regina ont mené avec succès une campagne pour préserver l'aspect du pont Albert Memorial, vestige de la crise des années 30, et pour en limiter les capacités à l'échelle du quartier. Par ces réussites, et malgré quelques échecs, ces groupes ont relevé le défi de protéger l'héritage architectural, souvent un site à la fois, en s'opposant aux actes de profanation, en commandant ou en effectuant des travaux de restauration, en prônant des lois plus sévères à cet égard et en sensibilisant les citoyens aux valeurs patrimoniales.

Survol

Une des premières tentatives de préservation à grande échelle au Canada remonte à 1875, quand le gouverneur général Lord DUFFERIN intervient pour sauvegarder et rehausser les fortifications de la ville de Québec (*voir* QUÉBEC, CITADELLE DE). Au lieu de permettre leur démolition, ce que souhaitent alors les gens d'affaires locaux, Dufferin fait reconstruire les murs qui tombent en ruines et ajouter des nouveaux éléments caractéristiques. Dans l'esprit de l'époque, Dufferin vise surtout à améliorer le côté pittoresque de la cité: selon lui, c'est la notion de ville ceinturée qui importe, pas nécessairement les fortifications en pierre elles-mêmes.

Un demi-siècle plus tard, en 1927, la chapelle en bois rond du père Albert LACOMBE à St. Albert, qui date de 1861, fait l'objet de la première tentative de préservation du patrimoine en Alberta. Près de la moitié des billots sont remplacés et le bâtiment est enchâssé dans une coquille protectrice en briques. Ces mesures extrêmes en vue de prolonger la durée de l'édifice témoignent de la fascination des gens au début du XXe s. pour les artefacts rappelant l'époque des pionniers.

Un siècle après l'intervention de Dufferin à Québec, on procède à la revitalisation du bord de mer à Halifax, dans le cadre d'une des plus ambitieuses

entreprises de conservation jamais réalisées au Canada. Les entrepôts et les bâtiments commerciaux délabrés sont remis en état. Une fois les travaux de restauration terminés, il en résulte un nouveau lieu commerçant historique. Signe des temps, la rénovation de ce quartier ancien s'effectue grâce à des investissements privés.

Ces trois exemples illustrent les diverses formes qu'emprunte la valeur patrimoniale, soit un concept comme l'illustrent les fortifications de Québec, un artefact ou un bâtiment associé à un personnage important tel que la chapelle du père Lacombe ou des constructions dont le caractère matériel et économique revêt un intérêt patrimonial, comme dans le cas du quartier historique de Halifax. Désormais, les pierres angulaires de la conservation du patrimoine sont l'intérêt que représentent la conception, les matériaux et le contexte historique. Quand c'est la conception qui prédomine, c.-à-d. l'idée créatrice qui sous-tend un bâtiment, une structure ou un site donné, on tente de redonner vie au concept original. Par contre, si ce sont les matériaux composant le bien patrimonial qui comptent le plus, on s'efforce d'en prolonger la durée. Quand c'est le contexte qui prévaut, autrement dit quand il y a interaction entre le bien historique et la population dans son ensemble, on cherche alors à préserver ou à améliorer l'intégration du bâtiment, de la structure ou du lieu dans la collectivité. De nos jours, la plupart des projets de conservation du patrimoine tournent autour de ces trois pôles d'intérêt. Ainsi, les efforts ont pour but de ressusciter les aspects intéressants de la conception qui ont été perdus (tout en sauvegardant ceux qui restent), de prolonger la durée des matériaux ayant un intérêt historique et de favoriser l'insertion du bien dans la communauté, en fonction de sa valeur patrimoniale.

Historique

Bien que le Manitoba s'enorgueillisse de la création d'une société historique à peine neuf ans après la constitution de cette province et que le FORT CHAMBLY au Québec ait été restauré grâce à une initiative privée en 1882-1883, les activités concertées de conservation du patrimoine demeurent relativement rares au Canada avant le début du XXe s. Avant que les défenseurs du patrimoine aient voix au chapitre et structurent leur intervention, il aura fallu attendre des mesures comme la mise sur pied du Comité de préservation des lieux panoramiques et historiques du Canada (1900), de la SOCIÉTÉ ROYALE DU CANADA, de la Commission des lieux et monuments historiques du Canada (1919) et de la Commission des biens culturels du Québec (1922), ainsi que la légifération visant la protection des artefacts autochtones de la Colombie-Britannique (1925). Durant cette période, on assiste également à l'essor des mouvements de défense, notamment The Architectural Conservancy of Ontario, organisme fondé en 1932, à la création de résidences-musées comme celle de William Lyon MACKENZIE à Toronto, et à la préservation, dans leur état actuel, d'anciens ouvrages militaires tels que FORT YORK en Ontario, le FORT PRINCE-DE-GALLES au Manitoba et FORT LANGLEY en Colombie-Britannique.

Au cours des années 20 et 30, le milieu universitaire s'intéresse de plus en plus à l'architecture ancienne. Des chercheurs redessinent au centimètre près des bâtiments historiques sauvegardés (en s'inspirant du programme d'inventaire écossais), notamment Ramsay Traquair (1874-1952) et ses étudiants en architecture à l'U. McGill, Éric ARTHUR (1898-1982) et ses étudiants à l'U. de Toronto, et un disciple de Traquair, Arthur William Wallace (1903-1978), en Nouvelle-Écosse. Les publications de ces experts et d'autres amateurs commencent à sensibiliser la population aux bâtiments patrimoniaux. Durant cette période, les mesures de conservation sont surtout le fait des gouvernements et, dans la plupart des cas, les bâtiments et les lieux sont préservés à la mémoire d'un personnage ou d'un événement d'importance historique. P. ex., FORT ANNE à Annapolis Royal, en Nouvelle-Écosse, est déclaré lieu historique national en 1920 du fait qu'il rappelle les luttes coloniales entre la France et l'Angleterre, et non pour quelque valeur architecturale qu'ait pu receler le bâtiment abritant les quartiers des officiers supérieurs et datant de 1797.

De plus, cette période marque le début de la reconstruction d'édifices patrimoniaux et de musées en plein air. Ainsi, on recrée au même endroit ou près du site original l'habitation de Champlain à PORT-ROYAL (Nouvelle-Écosse), datant de 1605, et les bâtiments depuis longtemps disparus de FORT GEORGE, en Ontario. Ces réalisations, qui visent souvent à créer des emplois, ne représentent pas des mesures de conservation du patrimoine dans le sens classique du terme, bien que, ironiquement, plusieurs de ces ouvrages reconstruits constituent un témoignage des préoccupations du début du XXᵉ s., et qu'ils soient préservés à ce titre. La popularité de la ville coloniale restaurée et reconstruite de Williamsburg en Virginie (travaux entrepris en 1926) influence la création de plusieurs «musées en plein air», où les visiteurs peuvent déambuler parmi les bâtiments anciens restaurés et des répliques modernes, tandis que des animateurs en costume d'époque font revivre le quotidien ancestral.

Ces excellents moyens permettant de populariser le patrimoine inaugurent un nouveau courant basé sur l'interprétation didactique et les démonstrations concrètes, aspects en grande partie absents dans les résidences-musées et les forts préservés de l'ère précédente. On crée ainsi des musées en plein air un peu partout au Canada. Dans certains cas, notamment à UPPER CANADA VILLAGE en Ontario (années 50 et 60) et KINGS LANDING au Nouveau-Brunswick (années 60), on procède à la conservation en déménageant à un nouvel endroit des bâtiments authentiques. Ailleurs, comme au musée de FORT MACLEOD en Alberta (années 50) et à SAINTE-MARIE-DES-HURONS en Ontario (années 60), il s'agit entièrement d'une reconstruction. La reconstitution d'une partie de la forteresse de LOUIS-BOURG en Nouvelle-Écosse (commencée en 1961) devient la plus grande réalisation du genre en Amérique du Nord, surpassant même Williamsburg. Les travaux de restauration et de reconstruction sur une grande échelle comme à Louisbourg, à DAWSON au Yukon (entrepris en 1960) et à l'ancien Fort William en Ontario (à partir de 1971) reposent sur des recherches historiques poussées, subventionnées par le gouvernement fédéral. Historiens, archéologues, architectes et ingénieurs ont contribué ainsi à reproduire des images emblématiques du passé, avec toute l'objectivité que permettent leurs connaissances et leurs études universitaires.

Au milieu du siècle, survient un point tournant dans le domaine de la conservation, lorsque la Commission royale d'enquête sur l'AVANCEMENT DES ARTS, LETTRES ET SCIENCES AU CANADA (1951) préconise une extension du champ d'application de manière à inclure l'architecture patrimoniale en soi. Jusqu'à cette date, on considère en général que les bâtiments et les lieux historiques n'ont aucune valeur intrinsèque, à moins d'être associés à des personnages ou à des événements majeurs, la valeur architecturale comptant pour peu. En réponse aux recommandations de la Commission, le gouvernement fédéral adopte en 1953 la *Loi sur les lieux et monuments historiques*, qui est modifiée deux ans plus tard, pour permettre la désignation des bâtiments ayant un intérêt architectural au titre de LIEUX HISTORIQUES nationaux. L'ancienne résidence du gouverneur général à Fredericton au Nouveau-Brunswick devient, en 1958, le premier lieu historique national ainsi nommé en raison de son importance architecturale. Néanmoins, à la fin des années 60, on compte à peine quelques dizaines

d'édifices dont la valeur architecturale est ainsi reconnue, aucun gouvernement provincial n'applique de critères définis à cet égard et il n'existe pratiquement nulle part de règlements municipaux visant à désigner les bâtiments patrimoniaux et à les protéger en permanence contre une menace de démolition.

Les années 70 marquent le début d'un changement de cap radical. Dans la décennie suivant EXPO 67, les entreprises privées se tournent peu à peu vers ce secteur afin de profiter du créneau intéressant que représente la réutilisation des bâtiments patrimoniaux, émergeant avec la montée du nationalisme et de l'intérêt pour l'histoire. Que ce soit de son propre chef, comme dans le cas de la multinationale ALCAN ALUMINIUM LIMITÉE, qui mérite des éloges pour l'intégration de quatre bâtiments historiques au complexe de son siège social montréalais en 1980-1983, ou que ce soit dans le cadre d'un partenariat public-privé, comme le réaménagement commercial de Central Chambers à Ottawa, terminé en 1993, dans lequel un édifice patrimonial constitue un élément clé, le secteur privé canadien commence à se rendre compte que la conservation du patrimoine peut s'avérer profitable sur les plans social, civique et même financier.

Entre la fin des années 60 et le début des années 80, on procède aussi au réaménagement complet de quartiers urbains historiques, notamment grâce à des investissements privés. Mentionnons en particulier Gastown à Vancouver, l'arrondissement historique à Halifax, le quartier Yorkville à Toronto, le Vieux-Montréal, l'Exchange District (anciennement Market Square) à Winnipeg et le Market Square de Saint-Jean (Nouveau-Brunswick). Plusieurs petites municipalités emboîtent le pas et participent, même encore, à des programmes fédéraux et provinciaux de revitalisation de la rue principale, mis en place à la fin des années 70 et 80. Dans des initiatives du genre, le patrimoine local sert de catalyseur pour stimuler les affaires dans le quartier commercial. Les écomusées, comme celui qu'on trouve en Beauce au Québec et le Crowsnest Pass Museum (*voir* CROWSNEST, COL) en Alberta, misent sur le même concept en l'appliquant à l'ensemble de la région, de sorte que le tourisme et la main-d'œuvre locale deviennent les principaux moteurs économiques fondés sur le patrimoine.

Durant cette période, le Canada accède au rang des pays mondialement concernés par les questions de conservation. En ratifiant la Convention pour la protection du patrimoine mondial, culturel et naturel (la Convention sur le patrimoine mondial; 1972), en 1976, le gouvernement fédéral s'engage à préserver les sites du patrimoine mondial au Canada, ce qui implique le respect des normes les plus rigoureuses. Choisis par un comité *ad hoc*, ces sites comptent parmi les lieux culturels et naturels les plus remarquables de la planète. En 1978, L'ANSE AUX MEADOWS à Terre-Neuve, où eut lieu le premier débarquement connu de colons européens en Amérique du Nord, devient le premier site culturel canadien inscrit sur la liste du patrimoine mondial. En 1998, cette liste compte 12 sites culturels et naturels canadiens, dont le quartier historique de Québec, ajouté en 1985 à cause de son importance en tant que chef-lieu militaire, administratif, religieux et culturel de l'empire français au Nouveau Monde, et la «vieille ville» de Lunenburg (Nouvelle-Écosse), inscrite en 1995 à titre d'exemple remarquable d'établissement colonial anglais, tant pour sa conception que pour son état de préservation.

Depuis le début du XXᵉ s., le champ d'application de la conservation du patrimoine s'est élargi considérablement, surtout durant les dernières décennies. Désormais, il englobe les bâtiments sans prétention, d'architecture «vernaculaire», et des emplacements industriels, des complexes incluant des quartiers complets et des secteurs historiques, de même que des éléments naturels et culturels interreliés, quali-

fiés de «paysages culturels». Sont maintenant reconnus comme des joyaux de notre patrimoine le jardin muré datant du siècle dernier de Maplelawn à Ottawa, le cimetière juif Beth Israel à Québec ainsi que les petits chemins panoramiques de l'Île-du-Prince-Édouard. Dans la perspective plus vaste qui prévaut de nos jours, des édifices modernes comme le BC Electric Building (1957) à Vancouver, un des premiers gratte-ciel à parois de verre (*voir* GRATTE-CIEL), méritent d'être conservés. Ils servent de catalyseurs dans le débat sur le sens des éléments du passé dignes de conservation en cette époque d'obsolescence planifiée. D'autres visions, p. ex., celle des autochtones de la côte Ouest suivant laquelle il est plus important de préserver l'habileté nécessaire pour créer un TOTEM que de sauvegarder les artefacts eux-mêmes contribuent aussi à élargir des notions depuis longtemps admises.

Processus de conservation du patrimoine

Identification La première étape du processus consiste à identifier et à énumérer les biens qui représentent une valeur culturelle. À ce stade, on effectue normalement des recherches historiques et on dresse un bilan permettant de mieux connaître le sujet et de le documenter, d'une part, et de faciliter les démarches consécutives, d'autre part. On procède d'abord à un relevé pour savoir quels sont les bâtiments, les structures et les lieux qui ont de l'importance pour la collectivité. Souvent, pour rendre plus objectif ce processus d'évaluation culturelle passablement subjectif, on applique des critères visant surtout la conception, les matériaux et le contexte historique. Les biens qui respectent ces critères ont en principe une valeur patrimoniale et s'ajoutent à la liste des richesses à préserver.

Il existe divers relevés individuels à l'échelle municipale, régionale, provinciale et nationale. Les municipalités et les gouvernements provinciaux concernés font souvent une distinction entre les inscriptions déjà documentées, mais pas nécessairement protégées, et les biens désignés, qui requièrent une protection légale. La principale liste individuelle à cet égard est l'Inventaire canadien des bâtiments historiques relevant de Parcs Canada, qui fournit des données informatisées sur plus de 200 000 bâtiments datant de la période précédant la Première Guerre mondiale, répartis dans tout le pays.

Protection L'étape suivante vise à protéger les richesses du patrimoine ainsi recensées. Il peut s'agir d'une formule administrative régissant le mode de gestion du bien, p. ex., une désignation, ou d'une intervention ayant trait notamment à l'entretien de base, ou les deux. Bien que la désignation ne soit pas indispensable à la protection, elle est souvent appliquée afin que le bâtiment ait de meilleures perspectives de préservation à long terme. Au Canada, ce sont les gouvernements provinciaux, territoriaux et municipaux qui s'occupent de la plupart des désignations, car en vertu de la CONSTITUTION, les questions immobilières relèvent de la compétence des provinces. Le gouvernement fédéral peut lui aussi accorder un tel statut à ses propres bâtiments, par l'intermédiaire de la Commission de révision des édifices fédéraux à valeur patrimoniale (1982). Il peut également désigner des lieux historiques d'intérêt national sous l'égide de la Commission des lieux et monuments historiques du Canada, l'organe consultatif du ministère fédéral responsable du patrimoine.

L'ensemble des provinces et des territoires se sont dotés d'une forme quelconque de réglementation, et plusieurs permettent aux municipalités de faire de telles désignations. Celles-ci recourent souvent à un comité consultatif *ad hoc* pour les conseiller sur toutes les questions touchant au patrimoine, y compris les désignations. Normalement, le fait de désigner un bâtiment ou un lieu historique limite le caractère des interventions possibles (en 1997, il y avait au Canada environ 120 districts bénéficiant d'un statut légal) en fonction de la valeur patrimoniale énoncée dans le processus d'évaluation. En contrepartie, les avantages consentis peuvent prendre la forme de subventions, de dégrèvements fiscaux ou d'autres mesures incitatives.

Les interventions peuvent également viser à récupérer des éléments significatifs du concept original, à prolonger la durée de matériaux d'importance historique ou à assurer une meilleure insertion dans la collectivité. Elles incluent parfois des travaux de «préservation» pour stabiliser l'état des constructions en ralentissant ou en empêchant la détérioration, de «restauration» afin de retrouver des formes et des détails présents à un moment de l'histoire, de «rénovation» pour adapter les lieux en fonction des normes actuelles, ou une combinaison de ces types d'intervention. Pour remédier aux problèmes de conservation des biens patrimoniaux, les experts ont mis au point des méthodes appropriées reposant sur des techniques éprouvées et des recherches scientifiques. On s'adresse fréquemment à des artisans spécialisés dans le cas des interventions plus complexes, et il existe des programmes éducatifs pour apprendre aux jeunes les ficelles du métier. On a établi des principes de conservation définissant les limites à ne pas dépasser dans les interventions qui touchent notre irremplaçable patrimoine architectural. Plusieurs organismes professionnels non gouvernementaux ont été créés afin de s'occuper de ces questions, entre autres l'Association pour l'avancement des méthodes de préservation (AAMP) (1969), HÉRITAGE CANADA (1973), la Société pour l'étude de l'architecture au Canada (SÉAC) (1974) et la section canadienne du Conseil international des monuments et sites (1975).

Conscientisation La dernière étape du processus consiste à mieux faire connaître le patrimoine au public et à le sensibiliser à cette richesse. Des événements tels que la Fête du patrimoine (3e lundi de février dans plusieurs provinces) contribuent à promouvoir nos trésors matériels et immatériels. Des activités comme la remise des prix annuels «orange et citron» organisée par Sauvons Montréal viennent respectivement couronner les meilleures réalisations et clouer au pilori les pires interventions faites à notre patrimoine architectural. Des visites à pied commentées permettent aux gens de découvrir les couches successives de l'histoire qui ont façonné des lieux particuliers ou même fréquentés quotidiennement. Des expositions comme celles que présentent le CENTRE CANADIEN D'ARCHITECTURE à Montréal et les Canadian Architectural Archives à Calgary nous font mieux comprendre les beautés artistiques et techniques des édifices qui nous entourent. Des conférences publiques comme le colloque annuel William Kilbourn Memorial Lecture d'Héritage Toronto nous invitent à regarder le passé sous de nouveaux aspects. Enfin, des publications en tous genres, imprimées ou diffusées sur Internet, nous informent sur l'identification, la protection et la promotion des éléments significatifs dans l'histoire de notre environnement bâti.

C'est grâce aux efforts déployés par les citoyens, les groupes de défense, les organismes et les gouvernements que notre patrimoine sera valorisé, que les principes mêmes de la conservation seront mieux intégrés dans le contexte de vie des Canadiens et qu'ultimement cette vaste entreprise de conservation sera couronnée de succès. Bien qu'une bonne partie des richesses du passé soient perdues, plusieurs ont été sauvegardées, garantissant ainsi la survie, au profit des générations futures, de certains des aspects culturels les plus dynamiques et les plus appréciés de notre patrimoine architectural.

Gordon Fulton

Patriotes Nom donné à partir de 1827 au PARTI CANADIEN et au mouvement populaire qui aboutit aux RÉBELLIONS DE 1837 et de 1838. Ce parti, dirigé surtout par des membres des professions libérales et par des petits commerçants, trouve un large appui chez les agriculteurs, les journaliers et les artisans. Principalement francophone, il comprend une minorité d'anglophones. Parmi les leaders les plus célèbres, on distingue Louis-Joseph PAPINEAU, Jean-Olivier Chénier et Wolfred Nelson.

Même si les Patriotes détiennent la majorité à la Chambre d'assemblée élue du BAS-CANADA, leurs adversaires, la bourgeoisie marchande, l'aristocratie et l'administration coloniale, nommés par le gouverneur aux Conseils exécutif et législatif, obtiennent la plus grande part du pouvoir. Les Patriotes réclament des réformes politiques, incluant la responsabilité ministérielle et l'éligibilité du Conseil législatif. Ces revendications, prononcées au nom de la démocratie et du droit des peuples à se gouverner eux-mêmes, révèlent une idéologie à la fois libérale, nationaliste et anticolonialiste.

Selon certains auteurs, les Patriotes associent à leur programme politique une volonté de réaliser à moyen terme un projet de développement économique intégral du Bas-Canada au profit de la majorité de ses habitants et, bien sûr, de ceux qui la représentent. D'autres historiens affirment plutôt que c'est un projet socioéconomique rétrograde et conservateur qui se profile derrière une façade politique libérale. Les Patriotes, sauf ceux de 1838, favorisent le maintien du RÉGIME SEIGNEURIAL et défendent plus volontiers les intérêts de l'agriculture que ceux du commerce. En bloquant les projets économiques de leurs opposants, ils freinent le développement du capitalisme britannique dans la colonie. En fait, les positions ne sont ni univoques ni statiques. Le conflit social et national s'exacerbe tout au long de la décennie 1830 et le parti radicalise ses buts et ses moyens de pression, ce qui ne va pas sans scission entre partisans modérés et extrémistes.

En 1834, les Patriotes exposent dans les 92 Résolutions leurs principaux griefs. La Grande-Bretagne rejette ces demandes de réforme et tranche la querelle des subsides en autorisant, par les résolutions Russell de mars 1837, le gouverneur de la colonie à se passer du vote de la Chambre d'assemblée pour les crédits budgétaires. Cette décision provoque de nombreuses manifestations de protestation, et, bientôt, la violence verbale cède la place à l'affrontement armé. Incendies de maisons patriotes, emprisonnements, exils, procès et pendaisons suivent les Rébellions de 1837-1838. L'échec de celles-ci entraîne la disparition du Parti patriote. Plusieurs de ses anciens dirigeants reviennent toutefois à la politique active sous le régime de l'Union (*voir* PROVINCE DU CANADA). (*Voir aussi* FILS DE LA LIBERTÉ.)

Fernande Roy

Patsalas, Constantin, chorégraphe et danseur folklorique (Thessalonique, Grèce, 1er août 1943—Toronto, 19 mai 1989). Patsalas fait ses études en Allemagne, à la Folkwang Hochschule. En 1972, il entre au BALLET NATIONAL DU CANADA, puis en devient le chorégraphe attitré en 1980. Son ballet *Piano Concerto* (musique de A. Ginastera) remporte le premier prix à la Boston Ballet's Choregraphic Competition en 1979. Ses œuvres embrassent de nombreux styles et sont tantôt abstraites (*Le Sacre du printemps*, *Nataraja*), tantôt romantiques (*Canciones*, *L'Île inconnue*) et même punk (*Past of the Future*). Son ballet *Oiseaux exotiques* (chorégraphie commandée par Harry FREEDMAN en 1984) mélange fantaisie extravagante et thèmes folkloriques sud-américains.

Les chorégraphies extrêmement imaginatives de Patsalas doivent leur unité à leur fidélité à la musique dont elles s'inspirent, à leur intégrité structurelle, ainsi qu'à leur exploration inventive des contrastes dynamiques dans le rythme et dans le mouvement. Patsalas fait brièvement partie de la direction artistique de la compagnie après le décès d'Erik BRUHN, puis quitte le Ballet national en septembre 1986 afin de poursuivre une carrière solo.

Penelope Reed Doob

Patterson, Freeman Wilford, photographe (Long Reach, N.-B., 25 sept. 1937). Patterson débute sa carrière photographique en 1965. Il connaît un premier succès par sa contribution de 75 images en couleurs à *Canada: A Year of the Land* (1967). Outre son travail de pigiste, Patterson participe à l'organisation de l'Association nationale d'art photographique et publie son magazine, *Camera Canada*, durant 10 ans. Depuis, il se consacre à son propre travail d'écrivain et de photographe. Il enseigne également la photographie et la conception visuelle un peu partout au Canada, aux États-Unis ainsi qu'en Afrique.

Bon nombre de ses premiers livres comme *Photography for the Joy of It* (1977), *Photography and the Art of Seeing* (1979) ou bien *Photography and Natural Things* (1982) renferment une mine de renseignements sur les aspects techniques et esthétiques de la PHOTOGRAPHIE. D'ailleurs conçus comme des ouvrages pédagogiques de référence, Patterson les illustre de ses propres photographies, révélant ainsi son approche à la fois documentaire et subjective.

Patterson manifeste un intérêt particulier pour la splendeur des paysages canadiens. Ses derniers ouvrages, *Namaqualand: Garden of the Gods* (1984), *Portraits of Earth* (1987), *In A Canadian Garden* (1989) et *The Last Wilderness: Images of the Canadian Wild* (1990) en témoignent.

Louise Abbott

Patterson, Harold, joueur de football (Rozel, Kans., 1933). Très tôt dans sa carrière, qui durera 14 années, Patterson est un joueur étoile de la Ligue canadienne de football (LCF). De 1954 à 1960, il fait partie de la fameuse offensive par la passe des ALOUETTES DE MONTRÉAL, dirigée par le quart-arrière Sam Etcheverry. En 1956, il connaît une saison pratiquement inégalée dans toute l'histoire de la LCF, ayant complété 88 passes sur 1914 verges en 14 parties, des records qui ont duré 11 et 17 ans. Son record de 338 verges de gain par la passe est établi la même année et tient toujours, tout comme celui de la plus longue passe complétée (109 verges, record partagé avec un autre joueur). La même année, il finit au premier rang des compteurs et reçoit le TROPHÉE SCHENLEY. Il est échangé aux TIGER-CATS D'HAMILTON en 1961 et participe à trois finales de la coupe Grey. Sa carrière compte 460 réceptions de passes, pour un total de 9473 verges et de 64 touchés, ce qui le place parmi les meilleurs receveurs de toute l'histoire de la LCF. Élégant et ayant beaucoup de classe, Patterson est surnommé «Prince Hal».

Peter Wons

Patterson, John, météorologue (comté d'Oxford, Ont., 3 janv. 1872—Clarkson, Ont., 22 févr. 1956). Formé à l'U. de Toronto et à Cambridge, Patterson rentre au Canada en 1910, après un séjour comme professeur titulaire et météorologue impérial en Inde. Il conçoit un ballon-pilote pour étudier la haute atmosphère et met au point un nouvel anémomètre et un nouveau baromètre aux fins d'exploitation. En 1929, il succède à sir Frederic STUPART comme directeur du National Meteorological Service, un poste qu'il occupe jusqu'en 1946. Sous sa direction, le service survit à la crise des années 30 et décuple pour répondre aux besoins du temps de guerre, fournissant des services météorologiques aux nouvelles LIGNES AÉRIENNES TRANS-CANADA, au PROGRAMME D'ENTRAÎNEMENT AÉRIEN DU COMMONWEALTH et aux unités territoriales en état de guerre. Membre de la Société royale du Canada, il est, en 1954, le premier récipiendaire de la médaille Patterson pour services distingués rendus à la MÉTÉOROLOGIE.

Morley Thomas

Patterson, Walter, officier et administrateur colonial (1735, comté de Donegal, Irl.—Londres, 6 sept. 1798). Après un bref service dans l'armée britannique en Amérique durant la GUERRE DE SEPT ANS, il arrive à Charlottetown en août 1770 et devient le premier gouverneur britannique de l'île Saint-Jean (rebaptisée Île-du-Prince-Édouard en

1799). Son mandat (1769-1787) se caractérise par la spéculation foncière et l'agitation politique, mais il laisse comme héritage le statut d'entité distincte pour l'Île-du-Prince-Édouard. Dans sa nouvelle charge, il affronte des problèmes majeurs: la population totale compte à peine quelques centaines de personnes de plus, les agents du gouvernement manquent d'expérience et son administration ne dispose pas d'assises financières solides. En l'espace de quelques années seulement, il crée un embryon de gouvernement, dont une Chambre d'assemblée (1773), et, en 1777, il parvient à obtenir pour la colonie une subvention annuelle de 3000 livres. Mais la spéculation foncière cause sa perte. À la suite de tractations politiques, il s'assure la mainmise sur des terrains couvrant plus de 40 000 hectares, possession précaire toutefois. Selon les termes du capitaine John MacDonald, un de ses adversaires, «il aurait accompli des merveilles si seulement il avait su où s'arrêter». Démis de ses fonctions en 1787, ses opposants lui confisquent son domaine et il meurt pauvre. (*Voir aussi* ÎLE-DU-PRINCE-ÉDOUARD, QUESTION DES TERRES DE L'.)

Harry Baglole

Patterson, William John, premier ministre de la Saskatchewan de 1935 à 1944 (Grenfell, Sask., 13 mai 1886—Regina, 10 juin 1976). D'abord élu à l'Assemblée législative de la Saskatchewan en 1921, le très estimé, bien que prudent, Patterson succède à James GARDINER et devient, en 1935, le premier premier ministre né en Saskatchewan. Bien qu'il hérite d'une formidable machine politique, Patterson se révèle un chef guère inspirant durant la crise des années 30 et la Seconde Guerre mondiale. Pendant ce temps, la CO-OPERATIVE COMMONWEALTH FEDERATION (CCF) élargit son infrastructure de soutien, en minimisant l'importance de l'appropriation par l'État en faveur de la planification gouvernementale. En juin 1944, la CCF dirigée par T.C. DOUGLAS marque une victoire décisive, réduisant le Parti libéral, autrefois puissant, à cinq sièges. Patterson démissionne de son poste de chef du Parti libéral en 1946 et devient par la suite lieutenant-gouverneur de la province de 1951 à 1958. Il est la première personne dans l'histoire de la province à avoir occupé les postes de premier ministre et de lieutenant-gouverneur.

W.A. Waiser

Pattison, James Allen, entrepreneur (Saskatoon, 1er oct. 1928). Pattison est élevé à Vancouver. Il devient vendeur de voitures d'occasion en 1952 et, en 1961, il achète un commerce d'automobiles dont il fera l'un des plus importants de l'ouest du Canada. En 1967, il acquiert Neon Products, une entreprise nationale de fabrication et de location de panneaux. Dès lors, il achète plus de 50 autres sociétés, dont des compagnies aériennes, des producteurs de boissons gazeuses, des épiceries et des distributeurs de revues. Malgré les compressions et les mises à pied dans nombre de ses entreprises au moment de la récession de 1982-1983, le Pattison Group continue à prendre de l'expansion et aide à revitaliser l'économie en Colombie-Britannique. Homme d'affaires compétent et redoutable, chrétien dévot, Pattison a une réputation de gestionnaire rigoureux, et ce, surtout grâce à sa contribution au succès de l'EXPO 86. Il est Membre de l'Ordre du Canada.

Christopher G. Curtis

Pattullo, Thomas Dufferin, politicien, homme d'affaires, fonctionnaire et premier ministre de la Colombie-Britannique (Woodstock, Ont., 19 janv. 1873—Victoria, 30 mars 1956). Bien que mieux connu comme premier ministre de la Colombie-Britannique au cours des années 30, la carrière antérieure de Pattullo est longue et diversifiée. Il travaille pour le *Sentinel* de Woodstock et, en 1898, devient rédacteur en chef du *Daily Reformer* de Galt. Les relations de son père avec le Parti libéral l'amènent à occuper le poste de secrétaire du commissaire du Territoire du Yukon, J.M. WALSH, en 1897. Pattullo

travaille au service du gouvernement, à Dawson, jusqu'en 1902, et il occupe le poste de commissaire adjoint intérimaire de l'or. Avec des associés, il fonde ensuite une société immobilière et d'assurances et devient membre du conseil municipal de Dawson pendant un certain temps. En 1908, il s'établit à Prince Rupert, où il ouvre une succursale de sa société. Il est conseiller municipal et maire de la ville, est élu à l'Assemblée législative de la Colombie-Britannique en 1916, et est nommé ministre des Terres du nouveau gouvernement libéral. Après la défaite des libéraux en 1928, il devient chef de l'opposition. Il revitalise le parti, le conduit à la victoire en 1933, et devient premier ministre.

Confronté aux épineux problèmes économiques et sociaux de la CRISE DES ANNÉES 30, Pattullo innove en élargissant le rôle du gouvernement. Frustré devant les limites du pouvoir provincial, il mène une bataille contre Ottawa qui se termine par une réévaluation du fédéralisme canadien. Après les élections mitigées de 1941, il s'oppose à la formation d'une coalition avec les conservateurs et il est mis en échec par son propre parti. Défait en 1945 dans son ancienne circonscription de Prince Rupert, il se retire à Victoria.

Robin Fisher

Pauk, Alexander Paul, compositeur, chef d'orchestre (Toronto, 4 oct. 1945). Pauk étudie la musique à Toronto et au Japon. Il vit pendant cinq ans à Vancouver, où il est actif dans les cercles de musique nouvelle et en tant que professeur de musique auprès des jeunes. Après avoir étudié en Europe, il retourne à Toronto en 1979. Il a composé plus de 30 œuvres de concert dans un idiome moderne et éclectique, la plupart sur commande, et il a également composé de la musique de film et pour la télévision. Mais c'est à titre de chef d'orchestre pour la nouvelle musique orchestrale qu'il est le mieux connu, spécialement pour son travail comme directeur artistique fondateur de l'ESPRIT ORCHESTRA.

Obin Elliott

Paul, Robert, patineur artistique (Toronto, 2 juin 1937). Spécialiste du patinage en couple, Paul commence à patiner avec Barbara WAGNER en 1952 et, en 1954, ils se classent troisièmes au championnat nord-américain. En 1957, sur une période de 16 jours, ils remportent le championnat canadien, le championnat nord-américain et le championnat du monde, titres qu'ils conservent au cours des trois années suivantes. Ils remportent la médaille d'or aux Jeux olympiques de Squaw Valley (Californie) en 1960 et deviennent les premiers non-Européens à remporter les épreuves en couple. Par la suite, ils continuent à patiner ensemble dans le circuit professionnel jusqu'en 1964, année de leur séparation professionnelle. Paul devient alors chorégraphe de patinage artistique et entraîneur aux États-Unis.

Barbara Schrodt

Paula Ross Dance Company Fondée au milieu des années 60 et incorporée en 1973, elle est l'une des rares troupes de danse canadiennes dont le style et le point de vue artistique sont clairement définis. Malgré de nombreuses années difficiles, durant lesquelles la troupe a dû faire face à des problèmes financiers et organisationnels, Paula Ross crée un vaste répertoire d'œuvres qui reflètent sa vision personnelle des choses et son engagement dans des causes sociales et politiques. Elle reçoit le prix Jean A. Chalmers pour la chorégraphie en 1977. La troupe est inactive depuis 1986.

Grant Strate

Paull, Andrew, chef squamish, organisateur et lobbyiste (Squamish, C.-B., 6 févr. 1892—Vancouver, 28 juill. 1959). Issu d'une famille en vue dans le système Durieu de la réserve Mission n° 1, à Burrard Inlet, il étudie à l'école de la réserve et devient débardeur. Secrétaire de sa bande, il est interprète auprès de la commission royale de 1913 à 1916. En tant que membre du conseil exécutif des Allied Tribes of BC, il est appelé à témoigner devant un

comité spécial mixte à Ottawa en 1927. Dans son milieu, il organise fanfares et orchestres, épreuves athlétiques et concours de beauté, services d'emploi et groupes travaillistes. En 1942, il se joint à la Native Brotherhood of BC et en devient directeur administratif. Il quitte cependant l'association en 1945 pour former la North American Indian Brotherhood. À la fin des années 40, il mémorise de longs extraits de documents afin de témoigner devant des comités parlementaires chargés d'étudier des projets de modifications à la *Loi sur les Indiens*.

E. P. Patterson II

Pauta, Saila, sculpteur (dans un camp de chasse sur la côte ouest de l'île de Baffin, T.N.-O., déc. 1917). Techniquement habile tant sur pierre que sur papier, il est particulièrement connu pour ses «ours dansants», de puissantes sculptures quelque peu abstraites représentant des ours polaires dressés sur une patte arrière. Fils de Saila, un important chef inuit, il grandit sur l'immense territoire de chasse de son père, dans le sud-ouest de l'île de Baffin, où il apprend par l'observation les habitudes de l'ours polaire. Il vit à Cape Dorset avec sa seconde épouse, Pitaloosie, une artiste visuelle bien connue. Une quarantaine de gravures tirées de ses dessins ont été publiées. Son *Ours*, une importante et imposante sculpture réalisée en 1967 lors du Symposium international de sculpture tenu à High Park, à Toronto, a fait partie de nombreuses expositions et collections publiques. Cette sculpture fait maintenant partie de la Collection McMichael, à Kleinburg, en Ontario. Dans les années 60, Pauta sculpte divers animaux arctiques ainsi que des ours, mais des ours se balançant sur un pied deviennent son thème principal dans les années 80.

Dorothy Harley Eber

Pauvreté Combien y a-t-il de personnes démunies au Canada? Pour en estimer le nombre, il convient d'abord de définir la notion de pauvreté; mais à quel point faut-il être mal nourri, mal logé et mal vêtu, et quel degré d'insécurité, de frustration et d'impuissance faut-il atteindre pour être considéré comme pauvre?

Système de mesure objectif Décrire les conditions de la pauvreté s'avère déjà difficile, mais en établir une mesure objective l'est encore davantage. Les deux méthodes distinctes et opposées (absolue et relative) utilisées pour qualifier et évaluer la pauvreté en fonction du revenu de base montrent bien qu'elles sont influencées par des considérations politiques et par un certain système de valeurs. Autrement dit, ce que pense la société sur la pauvreté et ses causes détermine dans une large mesure la façon dont la pauvreté est définie et évaluée.

L'approche «absolue» est fondée sur l'idée que les pauvres n'ont besoin que du strict nécessaire (p. ex., un logement de qualité inférieure aux normes et le minimum en fait de nourriture et de vêtements), et que ces éléments peuvent être établis objectivement. Une telle façon de voir provient de ce que la pauvreté est souvent considérée comme une situation créée par l'individu lui-même, qu'il ne faut ni récompenser ni encourager par des mesures appropriées d'aide sociale. Bien que l'approche absolue et les niveaux de revenu ou seuils de pauvreté qui en découlent ne soient pas appliqués au Canada, les prestations sociales accordées par les gouvernements provinciaux et municipaux ne garantissent aux bénéficiaires qu'un niveau de vie absolu (c.-à-d. en deçà de la norme).

L'approche «relative» rejette la notion absolue voulant que la pauvreté soit définie objectivement sans égard aux normes en vigueur dans la collectivité. Les relativistes prônent qu'un ménage pauvre au Canada existe dans le contexte d'une société canadienne aisée avec laquelle il entretient des liens étroits. C'est pourquoi le fonctionnement économique, social et politique de ce ménage doit être pris en considération.

Le CONSEIL CANADIEN DE DÉVELOPPE-MENT SOCIAL (CCDS), organisme social à but non lucratif, et le Comité sénatorial spécial sur la pauvreté ont développé chacun, à l'échelle nationale, un système de mesure bien connu, fondé sur l'approche relative.

Le CCDS établit le seuil de pauvreté en fonction du revenu moyen d'une famille. Une famille est donc considérée comme pauvre si son revenu n'atteint pas 50 p. 100 du revenu familial moyen. Des ajustements sont prévus selon la taille de la famille. De son côté, le Sénat calcule le seuil de pauvreté de façon analogue, mais en partant du revenu disponible (après impôts). La méthode est plus complexe, mais le résultat final établit le seuil à environ 56 p. 100 du revenu familial moyen au Canada.

Selon les seuils établis par le CCDS et le Sénat (et non ceux de STATISTIQUE CANADA) dans le calcul de l'indice du taux de pauvreté, le Canada n'a connu aucune régression à ce chapitre depuis 1967, ce qui laisse croire (avec justesse) que la répartition relative du revenu est demeurée inchangée. Le CCDS et le Sénat ne tiennent pas compte du lieu de résidence (rural ou urbain) dans leur calcul du seuil de pauvreté puisqu'ils jugent ce facteur de peu d'importance dans le coût d'achat des biens essentiels à un niveau de vie élémentaire.

Sondage annuel sur la pauvreté Le Canada est l'un des rares pays où l'on pratique le recensement annuel des familles pauvres, une approche relative couramment utilisée par Statistique Canada et devenue, à l'usage, la mesure «officielle» de la pauvreté, quoiqu'elle n'ait jamais été désignée comme telle. Statistique Canada effectue ses calculs à partir d'un niveau de revenu fondé sur la part réelle du revenu qu'une famille canadienne moyenne consacre à la nourriture, aux vêtements et au logement (le montant alloué aux familles pauvres est donc relié aux critères de dépenses de la collectivité) et ajoute 20 p. 100 à cette somme. Toute famille qui dépense plus que cette part de son revenu en nourriture, vêtements et logement a un si faible pouvoir d'achat résiduel qu'elle est considérée comme vivant dans des conditions précaires.

Étant donné que le niveau de vie du foyer canadien moyen s'est élevé avec le temps, le seuil de pauvreté a suivi pour s'y ajuster. Statistique Canada établit le niveau de revenu en fonction de la taille des familles et du milieu de vie (rural ou urbain). Le seuil de pauvreté d'un ménage rural est d'environ 30 p. 100 inférieur à celui d'un ménage urbain. Statistique Canada préfère l'appellation «seuil de faible revenu» à celui de «seuil de pauvreté».

Le calcul effectif du nombre de personnes démunies se fait chaque printemps au moyen d'un sondage adressé à un échantillon représentatif d'environ 40 000 foyers canadiens (excluant les foyers autochtones des réserves). Par revenu, on entend les salaires, revenus de placements, PAIEMENTS DE TRANSFERT du gouvernement, rentes ainsi que certaines sommes reçues sous forme de bourses d'études, pensions alimentaires et primes de départ. La famille est définie comme l'ensemble des personnes partageant un même logement et liée par les liens du sang, du mariage ou par l'adoption.

Une fois les projections faites pour la population canadienne globale à partir des données sur les revenus recueillis par échantillonnage, les revenus familiaux et individuels sont classés selon qu'ils sont en deçà ou au-delà du seuil de pauvreté. Statistique Canada publie les résultats du sondage sur les revenus de telle façon qu'il est possible de déterminer le nombre d'individus et de familles pauvres, de même que les caractéristiques de ces foyers.

Faiblesse du système L'un des principaux défauts de ce genre de sondage vient du fait qu'il livre un «instantané» des foyers pauvres uniquement pour l'année en question. Il ne permet pas d'établir si ce sont les mêmes familles ou d'autres qui sont sous le seuil de pauvreté. C'est une lacune grave, car il est

presque certain que c'est la durée pendant laquelle un individu ou un foyer souffre d'un revenu trop faible qui conduit à la pauvreté. Ce sondage annuel ne fait aucune distinction entre l'universitaire temporairement peu rémunéré et la mère célibataire ou la personne handicapée qui vit dans la pauvreté depuis plusieurs années sans grand espoir d'y échapper un jour. Le sondage fournit cependant beaucoup d'information sur le nombre et les catégories de personnes souffrant de pauvreté.

Méthode choisie pour définir la pauvreté Cette méthode détermine le nombre de foyers canadiens officiellement considérés comme pauvres au cours d'une année donnée. Dans son rapport annuel de 1994, Statistique Canada évalue à 1 092 000 (13,5 p. 100) et à 1 559 000 (40,6 p. 100) respectivement le nombre de familles et d'individus sans attache ayant un revenu faible. Les familles monoparentales dirigées par une femme et comptant des enfants de moins de 18 ans représentent 29 p. 100 des familles pauvres. En fait, pour ce type de familles, le risque de pauvreté est de 56 p. 100. Les gens âgés de plus de 65 ans constituent 32 p. 100 de l'ensemble des individus pauvres sans attache familiale, et 53 p. 100 des femmes âgées de cette catégorie risquent la pauvreté.

Autochtones et handicapés Le sondage de Statistique Canada n'inclut pas les autochtones ni les handicapés, mais le recensement de 1991 indique que le taux de pauvreté atteint respectivement dans l'un et l'autre cas 30 p. 100 et 24 p. 100.

Pauvreté dans les familles Notons que, parmi les familles canadiennes à faible revenu, 52 p. 100 ont pour chef une personne active sur le marché du travail. Ces gens sont fréquemment appelés «petits salariés», puisque leurs revenus proviennent essentiellement d'un salaire et non de quelque forme d'assistance publique, contrairement aux autres 48 p. 100, «bénéficiaires d'aide sociale». Selon les chiffres de Statistique Canada, le taux de pauvreté familiale est passé de 18 p. 100 en 1967 à 14 p. 100 en 1994. Toutefois, depuis 1973 environ, il s'est stabilisé autour de 12 p. 100 à 14 p. 100. L'arrêt dans cette régression s'expliquerait surtout par la stagnation prolongée et l'instabilité de la croissance économique sur presque tous les marchés de l'Occident. Le CHÔMAGE qui en résulte fait qu'il est difficile pour un nombre croissant de familles de gagner un revenu adéquat.

Pauvreté chez les individus Chez ceux-ci, le taux de pauvreté n'a pas régressé. En fait, il a même légèrement augmenté chez les femmes de cette catégorie, passant de 47 p. 100 en 1967 à 48 p. 100 en 1994. On a noté une tendance analogue chez les hommes de cette catégorie, qui affichaient pour les mêmes années une progression de 30 p. 100 à 33 p. 100.

Le profil des foyers démunis s'est profondément modifié depuis 1967. On note, p. ex., que la pauvreté est moins concentrée par région. Alors qu'à cette époque, le risque de devenir pauvre était trois fois plus grand pour une famille résidant dans une des provinces de l'Atlantique que pour une famille ontarienne, en 1994, le taux de pauvreté chez les familles ontariennes se situe à 12 p. 100 contre 14 p. 100 dans les provinces de l'Atlantique.

La pauvreté s'est également «urbanisée». Si en 1967, 45 p. 100 des familles pauvres habitent la campagne, en 1994, elles ne représentent plus que 12 p. 100. Dans les grandes villes (500 000 habitants ou plus), le pourcentage de familles pauvres passe de 18 p. 100 en 1967 à 56 p. 100 en 1994. Chez les familles dont le chef est une personne âgée de plus de 65 ans, le taux de 27 p. 100 en 1967 chute à 8 p. 100 de l'ensemble des familles pauvres en 1994.

D'autre part, les familles dont le chef est une femme représentent 15 p. 100 de toutes les familles pauvres en 1967, comparativement à 37 p. 100 en 1994. Ce changement de profil est tel que la pauvreté est beaucoup moins associée à la vieillesse qu'à la condition de femme.

La régression de la pauvreté chez les personnes âgées s'est surtout produite au cours des dernières années, notamment grâce aux améliorations progressives apportées aux programmes gouvernementaux de prestations de retraite. Des programmes tels que le Régime de pensions du Canada (ou le Régime de rentes du Québec), la pension de vieillesse, le supplément de revenu garanti, l'allocation au conjoint et certains programmes de supplément de revenu des gouvernements provinciaux ont aidé un plus grand nombre de gens âgés à éviter l'indigence. La fusion et la révision de ces trois derniers programmes dans le budget fédéral de 1996 s'inscrivent dans le cadre d'un nouveau régime à l'intention des personnes du troisième âge.

Les chiffres officiels sur la pauvreté ne datent que de 1960, lorsque la question commence à susciter l'intérêt du public. Cette préoccupation vient en grande partie des conditions effroyables dans lesquelles vivent alors de nombreux autochtones et beaucoup de gens âgés, auxquelles s'ajoutent d'énormes disparités de revenus entre les régions. Cette soudaine «découverte» de la pauvreté contredit l'impression de prospérité qui prévaut depuis la fin de la Seconde Guerre mondiale. En 1964, les États-Unis déclarent la «guerre à la pauvreté», alors que le Canada entreprend plus discrètement l'analyse des causes pour tenter d'y remédier par des lois. Le BUREAU DU CONSEIL PRIVÉ crée, en 1965, un groupe de spécialistes chargés d'étudier et de favoriser une collaboration fédérale-provinciale dans la lutte contre la pauvreté. Cette même année voit la naissance de la COMPAGNIE DES JEUNES CANADIENS, organisme chargé de coordonner et de stimuler les efforts individuels locaux visant à endiguer la pauvreté. Bien qu'abolie quelques années plus tard, cette compagnie est le précurseur des programmes fédéraux Perspectives Jeunesse, Programme d'initiatives locales et Canada au travail, qui tentent de créer de l'emploi et de réduire la pauvreté par l'intermédiaire d'initiatives locales.

Étendue de la pauvreté au Canada En 1968, Statistique Canada publie les résultats d'une étude sur les revenus des Canadiens. Cette étude deviendra la base utilisée pour définir et mesurer les faibles revenus au Canada. La même année, le Conseil économique du Canada (CEC) ébranle les Canadiens en utilisant ce nouveau système pour évaluer l'étendue de la pauvreté au Canada. Il conclut que 27 p. 100 de la population canadienne vit alors dans la misère. En 1968, en partie grâce à ces découvertes, le puissant Comité spécial du Sénat sur la pauvreté, sous la présidence de David CROLL, commence ses audiences et ses enquêtes dans tout le pays. Son rapport, publié en 1971, jouit d'une large diffusion. Il reprend de nombreux points révélés dans le rapport du CEC et propose un programme de revenu annuel garanti pour éliminer la pauvreté au Canada.

Une autre commission d'importance créée durant cette période et dirigée par Claude CASTONGUAY remet un rapport rédigé à partir d'une étude minutieuse sur la sécurité sociale au Québec. La commission préconise elle aussi (parmi de nombreuses recommandations portant sur la santé, la sécurité du revenu, l'emploi et les services sociaux) un revenu annuel garanti.

L'inquiétude que soulève la pauvreté au cours des années 60, surtout par sa présence gênante dans une société d'abondance, conduit également à l'adoption de nouvelles mesures antipauvreté importantes. Des négociations fédérales-provinciales entreprises en 1964 aboutissent à la création du Régime de pensions du Canada et du Régime des rentes du Québec, puisque les programmes privés s'avèrent souvent inadéquats pour les travailleurs retraités à faible revenu et leur famille. Le Programme de supplément de revenu garanti, créé à la même époque, assure un revenu de base régulier aux gens âgés dans le besoin.

En 1966 s'ajoute le Régime d'assistance publique du Canada (RAPC), qui remplace à lui seul les programmes fragmentaires à coûts partagés auxquels les gouvernements fédéral et provinciaux participent depuis 1927. Visant principalement les invalides, les handicapés visuels et les chômeurs, le RAPC vient aussi en aide à toute autre personne à faible revenu, y compris les petits salariés. Par ce même programme, le gouvernement fédéral est engagé dans divers types de SERVICES SOCIAUX, dont les GARDERIES, les services de conseils familiaux, l'aide à domicile et les SERVICES D'AIDE À L'ENFANCE.

Les défenseurs du RAPC proclament que ce régime accorde des prestations aux personnes démunies incapables de s'assurer une aide suffisante. Bref, c'est promettre d'utiliser les fonds publics non seulement pour lutter contre la pauvreté, mais pour la prévenir. En pratique, cependant, le RAPC s'en tient à son but traditionnel, soit de répondre essentiellement aux besoins des pauvres. Dans le budget fédéral de 1995, le RAPC est remplacé par les programmes de transferts de Santé et Bien-être Canada. Ces nouveaux modes de financement fusionnent les paiements de transfert fédéraux du fonds d'assistance sociale (précédemment chapeauté par le RAPC) au fonds prévu pour la santé et l'enseignement postsecondaire pour ainsi créer un fonds unique de transfert. De ce fait, les provinces jouissent maintenant d'une plus grande latitude en ce qui a trait aux programmes sociaux, y compris ceux qui sont prévus pour alléger la pauvreté.

Le gouvernement innove encore dans le secteur des services sociaux en créant, en 1968, la *Loi sur les soins médicaux* (l'assurance-maladie), qui assure à tous les Canadiens le libre accès à un niveau élémentaire de soins (*voir* SANTÉ, POLITIQUE SUR LA).

Années 70 et 80 Au cours des années 70 et au début des années 80, l'activité législative ne consiste guère qu'en simples ajouts ou retraits aux programmes déjà mis en application. La Loi sur l'ASSURANCE-CHÔMAGE est modifiée en 1971 pour assurer une plus grande protection aux chômeurs de même qu'aux travailleurs malades. En outre, le crédit d'impôt pour enfants de 1978 s'ajoute aux avantages que consent le gouvernement fédéral aux familles avec enfants, particulièrement celles qui ont un revenu faible. Plusieurs provinces instaurent à l'intention des personnes âgées un système de prestations en fonction du revenu. La Saskatchewan, le Manitoba et le Québec implantent des programmes d'aide aux familles de petits salariés. Cependant, la révision globale du système canadien de sécurité sociale entreprise au milieu des années 70 par les deux paliers de gouvernement n'atteint pas son principal objectif qui est d'établir un revenu annuel garanti. Par ailleurs, les années 80 sont marquées par des compressions budgétaires dans les prestations de revenu et les services sociaux destinés aux pauvres, une tendance qui ira en s'accentuant dans la décennie suivante.

Pourquoi y a-t-il tant de pauvreté ? Les préoccupations et les lois des années 60 soulèvent pourtant cette autre question: pourquoi y a-t-il tant de pauvres dans un pays aussi riche que le Canada ? La pauvreté est traditionnellement perçue comme un fait individuel et non comme un problème social. Autrement dit, les démunis sont responsables de leur état. Donc, ce n'est pas la richesse du pays qui est remise en question, mais la façon dont le pays la distribue. À cet égard, une société peut opter pour une économie de «laisser-faire» ou de libre entreprise selon laquelle les gens sont censés retirer du marché ce qu'ils y ont investi. En d'autres termes, ceux qui contribuent très peu ou pas du tout n'obtiennent que peu ou rien en retour, et ceux qui travaillent au foyer pendant toute leur vie ne reçoivent rien directement. Théoriquement, une société peut aussi distribuer ses richesses selon un système collectif ou socialiste voulant que les fruits de la production économique soient distribués en fonction des besoins.

Le système économique canadien a évolué et évolue encore à partir des principes du capitalisme établis au XIXe s., bien que, dans la distribution du revenu, le gouvernement s'engage à venir en aide aux personnes nécessiteuses. C'est pourquoi le système canadien est généralement qualifié de mixte. La plupart des richesses sont distribuées selon une économie de marché, en vertu de laquelle la propriété de biens et les emplois rémunérés donnent droit à une bonne part des profits nationaux. Ceux qui sont incapables de se faire une place décente dans ce système de marché (personnes handicapées, autochtones et travailleurs sans qualification) doivent se rabattre sur une combinaison quelconque de formes d'assistance familiale, sociale ou gouvernementale, mais comme ces personnes sont tenues responsables de leur incapacité à bénéficier du système économique, le faible soutien financier qu'elles reçoivent est généralement offert à contrecœur.

Situation critique des femmes Le sort des femmes et leur relation avec la main-d'œuvre sont des sujets bien particuliers. C'était un fait accepté de tout temps que les femmes demeurent au foyer sans être rémunérées pour leur travail. Dans le cas où l'homme, chef de famille, vient à quitter le domicile conjugal ou à mourir, la femme se trouve peu protégée par le système économique et juridique canadien. Elle est particulièrement vulnérable si elle a, en plus, la responsabilité de jeunes enfants. Les femmes séparées, divorcées ou veuves sont donc des candidates de premier choix à la pauvreté. Par ailleurs, la main-d'œuvre féminine (*voir* FEMMES DANS LA POPULATION ACTIVE) est souvent victime de discrimination. Les femmes gagnent en moyenne 72 p. 100 du revenu des travailleurs masculins, parce qu'elles n'ont pas eu les mêmes possibilités de formation et d'avancement. Elles occupent des postes moins bien rémunérés qui requièrent moins d'aptitudes et, pour un même emploi, elles touchent souvent un salaire inférieur à celui des hommes. En conséquence, les femmes actives n'ont aucune garantie contre la pauvreté, surtout si elles sont chefs de famille.

Bénéficiaires de l'assistance sociale Les ménages à faible revenu comprennent soit des bénéficiaires d'aide sociale, soit des petits salariés. Les premiers sont généralement des gens incapables de produire ou dont le niveau de production est considéré trop faible par des employeurs potentiels. Les femmes chefs de famille, dont on n'attend pas nécessairement qu'elles aient un emploi pendant qu'elles prennent soin de leurs jeunes enfants (bien qu'il y ait changement de ce côté), forment une grande partie de cette catégorie, tout comme les autochtones, bien que, dans leur cas, la situation soit plus complexe vu les PRÉJUGÉS et la discrimination qu'exerce la population non autochtone à leur endroit au cours de l'histoire.

Avant 1996, les assistés sociaux bénéficient principalement du régime d'assistance publique du Canada, mais, avec la création du Transfert canadien en matière de santé et de programmes sociaux (TCSPS), ils dépendent désormais de ce nouveau programme. Le fait de dépendre presque exclusivement des prestations d'assistance sociale accordées par l'intermédiaire des programmes provinciaux (plus les allocations familiales et le crédit d'impôt pour enfants du fédéral, s'il y a lieu) garantit un revenu de pauvreté. Au Canada, les prestations d'assistance sociale représentent 60 p. 100 du revenu marquant le seuil de pauvreté officiel.

La catégorie des petits salariés inclut les travailleurs itinérants qui se trouvent toujours en marge de la main-d'œuvre. Ils sont souvent les derniers embauchés, mais aussi les premiers mis à pied, et même lorsqu'ils ont du travail, ils reçoivent de maigres salaires et peu d'avantages. Ils arrivent rarement à mettre un peu d'argent de côté et à bénéficier d'avantages comme l'assurance-salaire en cas de maladie, les programmes de santé et de soins dentaires, un régime de retraite privé et des vacances payées. Leur vie est marquée du sceau de l'insécurité financière. Le fait que seulement 50 p. 100 des petits salariés arrivent à travailler toute l'année devrait battre en brèche l'éternel argument selon lequel il est toujours possible aux gens de se sortir de leur pauvreté. Pourtant, au Canada, cette conviction fait en sorte que le système de sécurité sociale ne fournit qu'une maigre assistance globale aux gagnepetit, même s'ils reçoivent un salaire de misère.

David P. Ross et C. Lochhead

Pawley, Howard Russell, politicien et premier ministre du Manitoba (Brampton, Ont., 21 nov. 1934). Issu d'une famille méthodiste, Pawley déménage à Winnipeg à l'âge de 17 ans. Il étudie au Manitoba Teachers College, au United College et à la Manitoba Law School. D'abord élu député provincial de Selkirk en 1969, il est réélu en 1973, en 1977 et en 1981. Sous l'administration néo-démocrate du premier ministre Edward SCHREYER, Pawley obtient le portefeuille des Affaires municipales de 1969 à 1976, puis devient procureur général, poste qu'il occupe de 1973 à 1977. Après la défaite du gouvernement Schreyer, Pawley fait partie de l'opposition et il est élu chef permanent du Nouveau Parti démocratique du Manitoba en novembre 1979.

Pawley mène son parti à la victoire aux élections de novembre 1981 et de mars 1986. L'initiative la plus controversée de son gouvernement, au cours de son premier mandat, est une résolution visant à enchâsser les droits des francophones dans la Constitution. L'opposition politique qui s'ensuit le force à soumettre la question à la Cour suprême, laquelle statue en juin 1985 que la province est tenue de traduire les lois passées et à venir dans les deux langues, soit l'anglais et le français.

Afin de se faire réélire, le gouvernement Pawley évite les initiatives controversées jusqu'à la fin de son premier mandat, une approche prudente qu'il laisse tomber au cours de son second mandat. Pawley acquiert une plus grande notoriété sur la scène nationale, remettant en cause l'érosion du pouvoir fédéral dans le sillage de l'ACCORD DU LAC MEECH et de l'Accord de LIBRE-ÉCHANGE avec les États-Unis. Confronté aux frustrations suscitées par l'intérêt qu'il porte aux questions nationales et devant un net recul de l'économie locale, Pawley démissionne comme premier ministre en 1988. Il devient membre du Département des sciences politiques de l'U. de Windsor en 1990.

Paul G. Thomas

Payette, Julie, astronaute (Montréal, 20 oct. 1963). Après avoir obtenu un bac international (1982) au United World International College (UWC) of the Atlantic au Pays de Galles, Royaume-Uni, elle décroche un bac en génie électrique de l'U. McGill (1986) et une maîtrise en sciences appliquées de l'U. de Toronto (1990).

Elle acquiert son expérience à l'occasion d'activités de recherche en informatique, notamment dans le traitement du langage naturel, la reconnaissance vocale automatique, et en application de technologies interactives au domaine spatial. De 1986 à 1988, Julie Payette travaille comme ingénieure chez IBM Canada. De 1988 à 1990, elle a participé à un projet sur l'architecture d'ordinateurs à haute performance. En 1991, elle travaille à titre de scientifique invité à Communications and Computer Science Research Laboratory d'IBM à Zurich, en Suisse. À son retour au Canada, en janvier 1992, Julie Payette se joint au groupe de recherche sur la parole chez Recherches Bell-Northern à Montréal.

Sélectionnée comme astronaute par l'Agence spatiale canadienne en juin 1992, Julie Payette suit d'abord un entraînement au Canada. Après avoir complété son entraînement de base, elle travaille comme conseillère technique pour le Système d'entretien mobile (MSS), un système robotique qui constitue la contribution canadienne à la Station spatiale internationale. En 1993, elle fonde un groupe de recherche sur l'interaction personne-ordinateur et est également l'une des spécialistes techniques du groupe international d'études sur le traitement de la parole RSG-10 de l'OTAN (1993 à 1996).

Durant sa préparation pour une mission spatiale, Julie Payette étudie le russe et effectue plus de 120 heures de vol en apesanteur à bord de différents avions paraboliques (KC-135, T-33, Falcon-20, DC-9). En avril 1996, elle complète, à Vancouver, un programme d'entraînement de plongée en eaux profondes dans un scaphandre pressurisé et obtient son brevet d'opérateur et, en février 1996, son grade de capitaine de jet militaire à la base des Forces canadiennes de Moose Jaw en Saskatchewan. Ayant obtenu sa qualification militaire de vol aux instruments, elle continue de piloter régulièrement avec l'escadron d'entraînement. Julie Payette a enregistré plus de 700 heures de vol, dont 150 heures sur le jet Tutor CT-114.

La jeune voyageuse de l'espace a commencé en août 1996 un entraînement de spécialiste de mission au Johnson Space Center à Houston au Texas. Après un an d'entraînement et d'évaluation, elle est affectée aux dossiers techniques de la division de robotique/EVA du Bureau des astronautes. Après avoir complété avec succès son entraînement, elle est reçue spécialiste de mission de la NASA en avril 1998.

Du 27 mai au 6 juin 1999, Julie Payette prend part à la mission STS-96 à bord de la Navette spatiale Discovery, une mission de logistique et de ravitaillement de la Station spatiale internationale d'une durée de 10 jours, devenant ainsi la première Canadienne à participer à une mission d'assemblage de la Station spatiale internationale et à monter à bord de la station spatiale.

Julie Payette est membre de l'Ordre des ingénieurs du Québec, et a siégé au Conseil de recherche en sciences naturelles et en génie (CRSNG) du Canada (1995-1998). Elle est reçue membre de l'Académie canadienne de génie.

Payette, Lise, née Ouimet, communicatrice, politicienne et écrivaine (Montréal, 29 août 1931). Elle entreprend sa carrière radiophonique dans diverses stations à Rouyn-Noranda, à Trois-Rivières, à Québec et à Montréal. Après un séjour de six ans à Paris, elle devient une très grande vedette au Québec, d'abord à la radio avec *Place aux femmes*, qu'elle anime tous les matins à l'antenne de la Société Radio-Canada (SRC) pendant les années 60, puis à la télévision avec une émission-débat de fin de soirée intitulée *Appelez-moi Lise*. Elle est élue députée péquiste en 1976 et devient ministre de la Consommation, des Coopératives et des Institutions financières, en plus d'hériter du dossier de la condition féminine. Après avoir été le point de mire dans l'affaire des *Yvettes* (elle avait accusé le chef de l'opposition, Claude RYAN, d'être marié à une Yvette; c.-à-d. une femme trop obligeante, voire «nunuche») au cours de la campagne référendaire de 1980, elle se retire de la vie politique l'année suivante et se consacre à l'écriture de téléromans, dont *La bonne aventure* et *Les Dames de cœur*, qui remportent tous deux un immense succès. Grande communicatrice, elle a été honorée par de nombreux prix, notamment le Prix du salon des femmes Carrières multidisciplinaires et le Prix Florence-Bird du Centre national des droits de la personne et du développement (1997). Elle a aussi été nommée, en 1994, femme de l'année par l'Association des femmes en communications du Canada. En 1997, toujours très active, entre autres à titre de productrice, elle publie ses mémoires sous le titre *Des Femmes d'honneur*.

Clinton Archibald

«Pays d'en Haut» Expression utilisée à l'époque de la TRAITE DES FOURRURES et qui désigne la région où les VOYAGEURS se rendent pour faire leur commerce. À l'époque de la NOUVELLE-FRANCE, les Pays d'en Haut couvrent l'actuel Nord-Ouest québécois (à l'exception des POSTES DU ROI), la majeure partie de l'Ontario, la région à l'ouest du Mississippi et au sud des Grands Lacs, et s'étendent au-delà, vers les Prairies canadiennes. Par la suite, l'expression ne fait plus référence qu'aux Prairies et, aujourd'hui, on l'utilise au Québec pour désigner la portion nord-ouest de la province.

Peace River, ville de l'Alb.; pop. 6536 (rec. 1996), 6717 (rec. 1991), 6288 (rec. 1986); superf. 21,2 km²; const. en 1919; située au confluent des rivières DE LA PAIX et Smoky. Son nom vient de la pointe Peace qui se trouve à proximité et où les Cris et les Castors ont réglé un conflit territorial. En raison de sa position stratégique au confluent des deux rivières, cet endroit est d'abord utilisé comme base par Alexander MACKENZIE lors de son voyage vers le Pacifique en 1793. Plus tard, des peaux de bison sont transportées jusqu'à New Caledonia à partir de Fort Edmonton.

Le carrefour est un important point de transbordement, et la Edmonton, Dunvegan and BC Railway traverse la rivière en 1915. Des missions s'installent en 1879 et en 1887. Le révérend J. Gough Brick démontre de façon spectaculaire le potentiel agricole de la région en remportant le championnat mondial du blé lors de l'exposition de Chicago en 1893. En 1913, une colonie permanente est déjà établie sur l'emplacement actuel de la ville, qui est connue sous le nom de Peace River Crossing jusqu'en 1916.

De nos jours, la ville sert de centre administratif et de distribution pour la région. Les attractions touristiques locales comprennent le Peace River Museum, les ruines du fort Fork construit par Mackenzie (1792-1793), la tombe de H.F. «Twelve foot» Davis et le parc provincial Queen Elizabeth, situé à proximité.

Eric J. Holmgren

Peachland, municipalité de district de la C.-B.; pop. 4524 (rec. 1996), 3459 (rec. 1991), 2988 (rec. 1986); superf. 15,95 km²; const. en 1909; située dans le district central de l'Okanagan, sur les rives du lac OKANAGAN, à 25 km au sud de Kelowna. Peachland a reçu son nom de J.M. Robinson, promoteur immobilier, après que celui-ci eût goûté aux pêches de la région. Sa compagnie achète une terre dont une partie est l'emplacement de la ville et le reste est subdivisé en lots de 10 acres destinés à l'exploitation fruitière.

Au début, l'économie repose sur l'industrie fruitière, sur l'exploitation forestière, sur les scieries, ainsi que sur les mines de cuivre et d'argent. Chacun de ces secteurs connaît toutefois un déclin. L'exploitation forestière et la production du bois d'œuvre sont en perte de vitesse après la vente des scieries à de grandes compagnies qui les réimplantent à Kelowna. En 1990, la mine Brenda, une mine de cuivre à ciel ouvert, est fermée après avoir été exploitée pendant 20 ans. Cette fermeture provoque une récession économique dans la ville. L'industrie fruitière demeure une activité économique importante, mais connaît aussi une perte de vitalité en raison de l'augmentation des coûts de production et du manque de terres disponibles. Il existe plusieurs vignobles et fabriques de vin dans la région. Aujourd'hui, Peachland est une municipalité-dortoir et plusieurs de ses résidants sont des retraités. Son économie repose sur le tourisme et les services locaux.

Deborah Welch et M. Payne

Pearce, Joseph Algernon, astrophysicien (Brantford, Ont., 7 févr. 1893;— Victoria, C-B, 8 sept. 1988). En collaboration avec J.S. PLASKETT, le premier directeur de l'Observatoire d'astrophysique du Canada à Victoria, en Colombie-Britannique, Pearce publie la première analyse spectroscopique détaillée de la structure de la Voie lactée en 1935. Ils utilisent les vitesses radiales des étoiles chaudes et très lumineuses qui sont visibles de Victoria pour démontrer que la distance entre le Soleil et le centre de notre galaxie est à peu près égale au deux tiers du rayon du disque galactique et que la période de rotation du Soleil autour du centre galactique est de 220 millions d'années. Pearce étudie les vitesses radiales des étoiles O et B. Il classe les étoiles B qu'il a pu observer et découvre que 40 p. 100 d'entre elles sont des étoiles doubles; il estime la température et les dimensions d'étoiles doubles photométriques géantes. Alors qu'il est directeur de l'Observatoire fédéral d'astrophysique de 1940 à 1951, Pearce est actif au sein de l'Union astronomique internationale, de la Société royale d'astronomie du Canada (président en 1940) et de l'American Astronomical Society (vice-président de 1944 à 1946). Élu membre de la Société royale du Canada en 1931, il en devient le président en 1949. Major dans les forces canadiennes durant la Première Guerre mondiale, il est également franc-maçon et un philatéliste passionné.

K.O. Wright

Pearce, William, topographe et fonctionnaire (près de Port Talbot, Canada-Ouest, 1er févr. 1848—Calgary, 3 mars 1930). Pearce voyage dans l'ouest comme topographe sur les terres de la Couronne pour le ministère fédéral de l'Intérieur en 1874 et est promu inspecteur des mines en 1884. Comme responsable du développement des ressources et de l'utilisation des terres, Pearce s'occupe particulièrement de la gestion des terres arides et développe les politiques fédérales de pâturage et d'irrigation dans le sud de l'Alberta. En 1904, il entre au Canadien Pacifique pour conseiller la société dans ses vastes plans d'installation et d'irrigation. Pearce participe aussi à la fondation du réseau de parcs nationaux du Canada.

David H. Breen

Pearkes, George Randolph, militaire et politicien (Watford, Angl., 26 févr. 1888—Victoria, 30 mai 1984). Il immigre au Canada en 1906, exploite une ferme en Alberta, puis se joint à la Royale gendarmerie à cheval du Nord-Ouest. Il s'enrôle en 1915 comme cavalier dans le 2e bataillon des Canadian Mounted Rifles, obtient le grade de lieutenant-colonel en 1918 et commande le 116e bataillon du Corps expéditionnaire canadien. Il est blessé cinq fois au combat et est l'un des officiers canadiens les plus décorés, recevant l'Ordre du service distingué, la Croix militaire et la Croix de Victoria pour sa bravoure à PASSCHENDAELE en 1918. Il demeure et commande la 1re Division de l'infanterie canadienne au Royaume-Uni (1940-1942) jusqu'à son retour au Canada en qualité d'officier général commandant du commandement du Pacifique. Il démissionne en 1945 à la suite d'un désaccord avec le gouvernement au sujet de la CONSCRIPTION et se lance en politique fédérale sous la bannière du Parti conservateur. Il représente aux Communes la circonscription de Nanaimo (1945-1953), puis celle d'Esquimalt-Saanich. Il est ministre de la Défense nationale (1957-1960) durant une période critique: c'est à cette époque qu'on cesse de produire les avions AVRO ARROW, qu'on commence à fabriquer le missile Bomarc (*voir* BOMARC, AFFAIRE DES MISSILES) et que l'emploi de missiles à tête atomique par les Forces armées canadiennes suscite beaucoup la controverse. Nommé lieutenant-gouverneur de la Colombie-Britannique en 1960, il prend sa retraite en 1968.

R.H. Roy

Pearson, Lester Bowles, surnommé «Mike», homme d'État, politicien et fonctionnaire (Newtonbrook, Ont., 23 avril 1897—Ottawa, 27 déc. 1972). Pearson est le diplomate canadien le plus en vue et jette les bases de la politique étrangère du Canada après la Seconde Guerre mondiale. Habile politicien, il reconstruit le Parti libéral et, en tant que premier ministre, il s'efforce de conserver l'unité canadienne. Fils d'un pasteur méthodiste, Pearson passe son enfance à déménager d'un presbytère à un autre, avant d'entreprendre des études d'histoire à l'U. de Toronto. Quand la Première Guerre mondiale éclate, il s'enrôle dans le service de santé de l'armée canadienne. En 1915, il est envoyé en Grèce auprès des forces alliées qui combattent les Bulgares. Après deux années comme brancardier, il reçoit un transfert dans le Royal Flying Corps, en Angleterre. Sa carrière militaire prend fin brusquement après qu'il eut été renversé par un autobus londonien, puis rapatrié au Canada pour y être soigné.

Après l'obtention d'un baccalauréat ès arts à l'U. de Toronto en 1919, Pearson hésite quant à un choix de carrière. Il touche au droit et aux affaires puis obtient une bourse de recherche à Oxford. Il enseigne l'histoire à l'U. de Toronto, y joue au tennis et est l'entraîneur de son équipe de football. Il se marie à la même époque et a bientôt des enfants. Jugeant que son salaire de professeur est insuffisant, il trouve un emploi au sein du ministère des Affaires extérieures. En 1928, il s'est déjà avéré un observateur perspicace et un rédacteur compétent, des qualités qui le servent bien dans son travail. Pearson attire rapidement l'attention du sous-ministre, O.D. SKELTON.

En 1935, il est affecté à Londres, cette fois en tant que premier secrétaire du Haut-Commissariat du Canada, se trouvant aux premières loges de la scène européenne à l'aube de la Seconde Guerre mondiale. Les événements dont il est témoin le marquent profondément et, par la suite, il attachera une grande importance à l'organisation d'une défense collective contre les dictatures et les agressions armées. En 1941, Pearson revient au Canada. Il est envoyé à Washington en 1942 à titre de commandant adjoint de la légation canadienne. Il y remporte un grand succès, particulièrement auprès de la presse, en raison de sa personnalité débonnaire et de son charme. En 1945, il est nommé ambassadeur du Canada aux États-Unis et assiste à la conférence de fondation de l'ORGANISATION DES NATIONS UNIES (ONU) à San Francisco.

En septembre 1946, Pearson est rappelé au Canada par le premier ministre KING pour occuper les fonctions de sous-ministre (ou sous-secrétaire) des Affaires extérieures. Tout en conservant un profond intérêt pour l'ONU, il préconise un resserrement des liens économiques et politiques entre le Canada et ses principaux alliés, les États-Unis et le Royaume-Uni. Son travail est couronné par l'adhésion du Canada à l'Organisation du traité de l'Atlantique Nord (OTAN) en 1949. Pearson appuie fortement la création d'une organisation d'autodéfense, bien qu'il espère que sa seule existence puisse convaincre l'URSS que toute attaque serait futile.

Au moment où l'OTAN est en place, Pearson a déjà quitté la fonction publique pour se lancer en politique. En septembre 1948, il devient ministre des Affaires extérieures et représente subséquemment la circonscription d'Algoma-Est, en Ontario, aux Communes. En qualité de ministre, il contribue à ce que le Canada prenne part à l'armée de l'ONU et s'engage dans la guerre de Corée. En 1952, il préside l'Assemblée générale des Nations unies, où il cherche une façon de résoudre le conflit. Ses efforts en ce sens déplaisent aux Américains, qui le trouvent trop conciliant sur des questions de principe délicates. Sa carrière diplomatique culmine en 1956, lorsqu'il propose la création d'une force de MAINTIEN DE LA PAIX sous l'égide des Nations unies, afin de faciliter le retrait des Britanniques et des Français hors de l'Égypte. Son plan est mis en œuvre, et Pearson reçoit en récompense le prix Nobel de la paix en 1957.

À ce moment, Pearson n'est plus en poste. Il a abondamment été blâmé, ainsi que le gouvernement de SAINT-LAURENT, pour ne pas avoir soutenu la Grande-Bretagne en 1956, de sorte que les libéraux ont été défaits et Saint-Laurent a quitté la direction du Parti. En janvier 1958, au congrès à la direction, Pearson remporte la victoire contre Paul MARTIN et devient chef du Parti libéral. Les libéraux font alors face au gouvernement conservateur minoritaire de John DIEFENBAKER. Comme premier geste à titre de chef du Parti, Pearson défie Diefenbaker de remettre sa démission pour lui céder le gouvernement. Diefenbaker tourne l'idée en ridicule et, aux élections générales suivantes, les libéraux n'occu-

pent plus que 49 des 265 sièges des Communes. Pearson s'attaque à la longue tâche de reconstruire le Parti. Grâce à l'aide de débatteurs parlementaires de la trempe de Paul Martin et de J.W. PICKERSGILL et de militants bénévoles tels que Walter GORDON, Mitchell SHARP et Maurice LAMONTAGNE, il réussit à restaurer les libéraux comme un véritable parti national. Aux élections de 1962, le Parti libéral augmente à 100 le nombre de ses sièges aux Communes. En 1963, le gouvernement Diefenbaker s'effondre en raison de la controverse sur les armes nucléaires. Aux élections suivantes, les libéraux remportent 128 sièges pour former un gouvernement minoritaire.

Pearson entre en fonction le 22 avril 1963. On s'attend à ce que son gouvernement assure une gestion plus efficace que celui de Diefenbaker, mais il se montre plutôt enclin aux bévues lorsqu'il échoue à faire accepter son premier budget. Le Parlement passe beaucoup de temps dans d'amères disputes partisanes et personnelles qui atteignent leur paroxysme lors de l'interminable DÉBAT SUR LE DRAPEAU, en 1964. En 1965, Pearson déclenche des élections générales, mais il ne parvient pas encore une fois à obtenir un gouvernement majoritaire. L'année suivante, le scandale de MUNSINGER éclate et suscite encore plus d'amertume partisane. L'année 1965 marque le point tournant de son administration: le ministre des Finances, Walter Gordon, démissionne, tandis que Jean MARCHAND et Pierre TRUDEAU, tous deux du Québec, s'imposent de plus en plus au Cabinet. Les efforts qu'avait déployés Pearson pendant son premier mandat dans le but de rallier le Québec et les autres provinces autour d'un «fédéralisme coopératif» et d'une politique de «bilinguisme» et de «biculturalisme» font place à une réponse ferme du fédéral aux demandes provinciales, et aux tentatives du gouvernement québécois d'usurper les rôles fédéraux dans les relations internationales. Lorsque le président français Charles de Gaulle, lors de sa visite dans le cadre du centenaire du Canada, lance le slogan des séparatistes «Vive le Québec libre» devant la foule à Montréal, Pearson lui adresse des reproches officiels, et de Gaulle rentre promptement chez lui. En décembre 1967, Pearson annonce son intention de quitter la scène politique et, en avril 1968, le congrès à la direction libérale choisit Pierre Trudeau pour lui succéder.

Malgré tout le tohu-bohu qui le caractérise, le gouvernement Pearson laisse en héritage des mesures législatives notables, dont le Régime de pensions du Canada, un programme universel d'assurance-maladie, une armée unifiée, un nouveau drapeau ainsi qu'une loi révisée sur les transports. Il ne va pas aussi loin dans sa façon d'aborder le problème des régions défavorisées du Canada, et ses résultats à cet égard, telle l'usine d'eau lourde de Glace Bay, sont décidément mitigés. Ces initiatives n'ont pas toutes porté fruit, et certaines se sont révélées très coûteuses, mais elles représentent l'avènement de l'ÉTAT PROVIDENCE canadien dont avaient rêvé des générations de théoriciens sociaux. Pendant sa retraite, Pearson se consacre à une étude sur l'aide internationale pour le compte de la Banque mondiale et à ses mémoires.

Robert Bothwell

Pearson, Peter Robb, réalisateur pour le cinéma et la télévision, scénariste et fonctionnaire (Toronto, 13 mars 1938). Il étudie les sciences politiques à l'U. de Toronto et le cinéma au Centro Sperimentale de Rome.

Pearson participe activement au développement du cinéma canadien dans les années 60 et au début des années 70. Il travaille à cette époque comme chef scénariste et producteur de la célèbre émission THIS HOUR HAS SEVEN DAYS. Il est président de la Guilde canadienne des réalisateurs (1972-1975) et membre fondateur et président du Council of Canadian Filmmakers (1973), un organisme d'envergure

nationale qui fait pression pour accroître la place du cinéma canadien sur les écrans canadiens.

À titre de réalisateur et de producteur pigiste pour le réseau anglais de la SOCIÉTÉ RADIO-CANADA et de L'OFFICE NATIONAL DU FILM, il remporte plusieurs prix du Palmarès du film canadien. En 1968, son film *The Best Damn Fiddler from Kaladar to Calabogie* lance la carrière de Margot KIDDER et gagne huit prix, dont celui du meilleur film. Le long métrage, *Paperback Hero*, est mis en nomination pour le meilleur film (1973) et remporte trois autres prix. Il réalise des séries pour la télévision, notamment *The Beachcombers, Side Streets, Littlest Hobo* et *Rainbow Country*, de même que de prestigieuses dramatiques pour la série *For The Record*, parmi lesquelles *Insurance Man from Ingersoll* (1976), *The Tar Sands* (1977), *Kathy Karuks is a Grizzly Bear* (1977) et *Snowbird* (1981), scénarisé en collaboration avec Margaret ATWOOD. *The Tar Sands*, un reportage sur l'exploitation des ressources pétrolières de l'Alberta, donne lieu à une poursuite judiciaire (réglée hors cour) du premier ministre d'alors, Peter LOUGHEED.

Pearson travaille pour le compte de TÉLÉFILM CANADA (anciennement la Société de développement de l'industrie cinématographique canadienne) de 1983 à 1987. Il instaure le Broadcast Development Fund à partir de Toronto, déménage à Montréal pour en assumer les fonctions de directeur général en 1985, puis démissionne en 1987, afin de manifester son désaccord avec le type de gestion du président, Jean Sirois.

En 1989, il produit et réalise *Home Game*, une minisérie d'une durée de six heures tirée du livre de Ken Dryden, qui y sert de narrateur. Pendant quelque temps, il tient une chronique sur le cinéma dans *The Montreal Gazette*. Dans les années 90, il réalise des épisodes de la série télévisée *Urban Angel*; une émission musicale d'une heure, *With Glowing Hearts*; et une minisérie pour la Société Radio-Canada, *L'Or et le Papier II*.

Peter Harcourt

Pêche, La (*Prunus persica*, famille de la ROSE), le plus cultivé des fruits à noyau, originaire de Chine et introduite en Europe il y a 2000 ans. Les pêches sont aujourd'hui cultivées dans les zones tempérées du monde entier. L'Ontario produisait déjà une récolte importante dans les années 1880 de même que la Colombie-Britannique dans les années 1890. Les pêchers atteignent de 3 à 5 m de hauteur et sont pourvus de longues feuilles étroites et pointues, de fleurs simples roses et de fruits (de 5 à 8 cm de diamètre) couverts d'un léger duvet. Les pêches sans duvet sont appelées nectarines. Une fois mûres, les variétés cultivées pour être vendues sur le marché du frais (au Canada, 80 p. 100) ont une chair sucrée et juteuse; celles destinées à la transformation (20 p. 100) ont une chair ferme, presque caoutchouteuse, adaptée à la manutention mécanique.

Au Canada, les pêchers ont une courte durée de vie (de 10 à 20 ans) et commencent à donner des fruits à 2 ou 3 ans. Parmi les fruits à noyau, les pêches sont celles qui résistent le moins au froid (des températures hivernales sous les -23 °C les meurtrissent ou les détruisent); on ne les cultive que dans le sud de la Colombie-Britannique et dans le sud de l'Ontario. Les pêches poussent bien là où les températures estivales sont élevées. La saison commence en juillet et se prolonge jusqu'en septembre. Les producteurs plantent au moins une douzaine de variétés, qui mûrissent à différentes périodes. Dans les vallées semi-arides de la Colombie-Britannique, l'irrigation est essentielle à la culture commerciale. En Ontario, les vergers sont habituellement cultivés jusqu'en juillet. Une culture de couverture est ensuite pratiquée pour absorber le surplus en azote accumulé dans le sol, pour ralentir la croissance des arbres et aider ainsi à les endurcir pour l'hiver et pour protéger les racines contre la neige. En Colombie-Britannique, une couverture en herbage est établie en permanence, et on ne cultive pas les vergers. Pour empêcher les animaux de blesser les arbres, on pose des pièges dans les vergers à l'automne et on peint les arbres avec un répulsif. Les pêches sont réceptives à divers insectes ravageurs, aux nématodes et aux MALADIES DES PLANTES. Les pêches crues sont riches en vitamine A. En 1985, la production de pêches totalisait 42 204 t et atteignait une valeur à la ferme de 22 millions de dollars. En 1986, la production a chuté à 31 269 t.

R.E.C. Layne

Pêche, histoire de la Ce sont les lieux de pêche de l'Atlantique canadien qui ont attiré les premiers Européens vers la moitié septentrionale de l'Amérique du Nord. L'économiste Harold INNIS et d'autres prétendent que la pêche a contribué au développement des empires anglais, français et hollandais, d'abord comme «pépinière de marins», mais surtout parce que la pêche, la construction navale, le transport maritime et le commerce s'appuient économiquement les uns les autres. La pêche a aussi encouragé l'établissement des colonies nord-américaines et constitue encore la principale ressource d'importantes régions côtières et continentales. Complexe, contradictoire et variée, la pêche est une industrie à économie en «dents de scie». Au XXe s., les pêcheurs indépendants, qui traditionnellement ont bravé les dangers et les rigueurs du métier, se regroupent en associations plus ou moins fortes pour se protéger contre les pertes et faire pression sur les gouvernements afin qu'ils améliorent les conditions de leur industrie.

Les débuts: 1500 à 1750

Au XVIe s., les Européens – Anglais, Français, Espagnols, Portugais et Basques – commencent à pêcher au large de Terre-Neuve. La MORUE, abondante et facile à prendre, est la denrée la plus précieuse. Salée ou séchée, elle peut être transportée sur de longues distances et être conservée pendant plusieurs mois. Les flottes de navires sont nombreuses puisqu'elles représentent un faible investissement. Les pêcheurs arrivent au printemps et repartent vers le mois de septembre. Ils pêchent directement du bateau, à l'aide de lignes et d'hameçons.

Vers la fin du XVIe s., Anglais et Français rivalisent. Les pêcheurs anglais, originaires du sud-ouest de l'Angleterre pour la plupart, concentrent leur activité dans des campements de pêche semi-permanents établis dans des havres protégés de la côte sud-est de Terre-Neuve. Le capitaine du premier bateau arrivé au port devient l'AMIRAL DE LA PÊCHE et dirige le campement. Ils pêchent le poisson près de la rive dans de petites embarcations qu'ils apportent d'Angleterre. La prise du jour est déchargée directement sur le quai (*stage*), où l'on vide, coupe et sale légèrement le poisson. Il est ensuite séché sur des étendoirs à claire-voie permettant la libre circulation maximale de l'air (*flakes*). Ce traitement, nommé séchérie (*voir* PÊCHE «SÈCHE»), produit une morue séchée à cœur qui se prête bien au commerce avec des marchés éloignés et devient, pour l'Angleterre, le fondement de ses revendications territoriales à Terre-Neuve.

De leur côté, les pêcheurs français, en provenance de ports de diverses régions, pêchent plus souvent au large des GRANDS BANCS DE TERRE-NEUVE et dans d'autres zones peu profondes et très poissonneuses au large de la côte. Ils disposent de plus grandes quantités de sel que les Anglais, et la plupart d'entre eux traitent leurs prises à bord de leurs bateaux. Ce poisson salé «en vert» (*voir* PÊCHE «VERTE») se conserve moins longtemps et supporte donc moins bien les voyages sur de longues distances, mais cette méthode de traitement permet aux pêcheurs français de livrer le poisson sur les marchés plus rapidement que les Anglais et de retourner sur les bancs plus d'une fois par saison. PLACENTIA, à Terre-Neuve, sert de port d'attache aux Français jusqu'au TRAITÉ D'UTRECHT, en 1713, en vertu

duquel ils renoncent à leurs revendications territoriales à Terre-Neuve et en Nouvelle-Écosse. Les pêcheurs français se dispersent alors, certains vers le Cap-Breton, d'autres vers des campements de pêche temporaires sur les côtes nord et ouest de Terre-Neuve. Ils perdent le Cap-Breton en vertu du TRAITÉ DE PARIS (1763), mais ils peuvent continuer à pêcher sur la côte ouest et sur une partie de la côte nord-est de Terre-Neuve (*voir* CÔTE FRANÇAISE).

Entre-temps, les Anglais développent la pêche dans les Maritimes. Si l'on s'intéresse de plus en plus au SAUMON, la morue domine encore le marché. Dans toutes les régions de l'Atlantique, les colons pêchent dans de petits bateaux non pontés, près de la côte, au moyen de lignes simples et d'hameçons, à la façon européenne. Certains bateaux de pêche européens commencent petit à petit à prendre des passagers à leur bord, qui pêchent à partir de petites barques (*voir* BYE-BOAT) et qui retournent en Europe ou restent et s'y établissent. Certains rapportent du poisson traité par les colons (appelés Planters à Terre-Neuve). D'autres navires n'apportent que des marchandises et repartent avec du poisson salé. Vers le milieu du XVIIIe s., la pêche à la BALEINE, près de Terre-Neuve, et la chasse au MORSE, aux îles de la Madeleine, disparaissent pratiquement.

1750-1867

À partir de la seconde moitié du XVIIIe s., on construit une grande flotte de goélettes pour la pêche dans l'Atlantique. Les goélettes (vaisseaux à deux mâts comme le BLUENOSE) à la recherche de morue, de flétan et d'aiglefin sont munies de doris. Les pêcheurs partent dans ces petits bateaux à rames et ramènent les poissons à bord des goélettes, où ils sont tranchés à plat et salés. À Terre-Neuve, une grande flotte de goélettes pêche sur les Grands Bancs et sur la côte du Labrador. Les LIVEYERS longent la côte, et les *stationers* dressent des campements de pêche sur la côte où ils salent le poisson. Les goélettes de la baie de la Conception se lancent aussi dans la chasse au PHOQUE, facteur important de la croissance de Terre-Neuve.

La GUERRE D'INDÉPENDANCE AMÉRICAINE et les GUERRES NAPOLÉONIENNES accroissent la dépendance de l'Angleterre à l'égard du poisson et du bois du nord-ouest de l'Atlantique. La pêche, l'industrie du bois et le commerce s'appuient mutuellement, et ces activités, toutes reliées à la construction des navires en bois, fortifient si bien l'économie de la côte de l'Atlantique que, même aujourd'hui, on considère cette période comme un âge d'or. Il semble cependant que la plupart des pêcheurs aient été pauvres. La majorité d'entre eux ont de petites embarcations au lieu de goélettes, et plusieurs, surtout dans les régions plus au sud, vivent à la fois de la pêche et du transport maritime. Le sud-ouest de la Nouvelle-Écosse et les côtes de la baie de Fundy au Nouveau-Brunswick sont au premier rang des régions de pêche de l'Atlantique en raison de leurs atouts: une bonne réserve de bois et un commerce vigoureux, une longue saison de pêche sans glace, une abondance de poissons, une bonne variété d'espèces, un petit littoral permettant une concentration des entreprises, des marchés à proximité et des emplois de substitution aux États-Unis. Si de petites entreprises dominent les régions méridionales, ailleurs, de grandes entreprises propriétaires de goélettes et d'établissements de traitement du poisson, comme celles de St. John's et les intérêts de Robin dans le golfe du Saint-Laurent, contrôlent une grande partie de l'industrie. À Terre-Neuve, des marchands locaux travaillant à plus petite échelle et des propriétaires de goélettes font quelques profits.

De nouvelles méthodes apparaissent au XIXe s. Jusqu'alors, les pêcheurs utilisaient des seines tirées du rivage qui nécessitaient des ancrages à terre pour aider à l'encerclement des poissons avec les filets. La nouvelle seine coulissante, conçue par des pêcheurs américains et utilisée en haute mer, est constituée

d'un filet suspendu à une ligne munie de flotteurs qui enserre les bancs de poissons nageant en surface. Il suffit alors de resserrer une corde à la base du filet pour les emprisonner dans une sorte de bol flottant. Les pêcheurs français introduisent la palangre (aujourd'hui, la filière), qui est une longue ligne de fond à laquelle pendent, sur toute la longueur, des cordelettes munies d'hameçons et de lignes. On peut maintenant poser des centaines d'hameçons sur la ligne au lieu d'un seul. Pendant cette période, les autorités coloniales s'efforcent de maintenir les navires étrangers à l'extérieur de la limite de trois miles (environ cinq kilomètres), et la présence de flottes de pêche américaines et françaises au large de Terre-Neuve et des Maritimes donne lieu à de nombreux incidents. En vertu de la CONVENTION DE 1818, les pêcheurs de la Nouvelle-Angleterre ne peuvent, en général, utiliser les eaux de l'Amérique du Nord britannique qu'à des fins de mouillage et de réparation ou pour s'approvisionner en bois et en eau. Cependant, les Américains peuvent pêcher à l'intérieur de la zone de trois miles aux îles de la Madeleine, au sud-ouest et à l'ouest de Terre-Neuve et au Labrador, à l'est de Natashquan environ. En outre, ils peuvent sécher leurs poissons sur les rives du Labrador et des baies non colonisées de la côte sud-ouest de Terre-Neuve. De 1854 à 1866, un traité de RÉCIPROCITÉ conclut avec les États-Unis permet aux pêcheurs relevant de chaque territoire de pêcher dans les eaux territoriales de l'autre pays et prévoit une certaine mesure de libre-échange. La fin de la réciprocité coïncide avec une période de misère économique pour les pêcheurs de Terre-Neuve et de la Nouvelle-Écosse.

De la Confédération à la Première Guerre mondiale

Après la Confédération de 1867, les politiciens canadiens tentent de délaisser une économie basée sur le commerce maritime et l'industrie de la pêche et de développer une économie continentale. Les dirigeants des Maritimes essaient de profiter de nouvelles possibilités du côté des chemins de fer et de l'industrie manufacturière et font peu d'efforts pour promouvoir l'économie maritime fondée sur l'exploitation forestière, la pêche et l'exportation, activités qui s'appuient mutuellement. Quand la Première Guerre mondiale éclate, la pêche est le seul grand secteur d'emplois. La dispersion des installations le long de la côte, attribuable à une méthode de pêche nécessitant la proximité de ressources et à une technique de traitement (séchage sur étendoirs) exigeant d'énormes surfaces, persiste. Depuis la Première Guerre mondiale, la pêche n'a jamais réussi à faire vivre convenablement les communautés dispersées de pêcheurs.

L'économie de plus en plus urbaine et industrielle de la fin du XIXe s. crée des changements dans l'industrie de la pêche. Les bateaux en fer, plus fiables, plus sûrs et plus grands, commencent à remplacer les navires marchands en bois. À Terre-Neuve, les bateaux à voile de la chasse au phoque sont remplacés par des navires à vapeur dans les années 1860. De 1870 à 1900 environ, les nouvelles techniques de conserverie favorisent la création des industries du homard et de la sardine de la baie de Fundy. Les poissons de fond salés (poissons à chair blanche, comme la morue, le flétan et l'aiglefin, qui se nourrissent au fond de l'océan) dominent toujours l'industrie, mais les pêcheurs américains commencent à vendre du poisson frais. Des goélettes rapides leur permettent de livrer les marchés et avant qu'ils ne pourrissent des poissons de fond du BANC GEORGES ou d'autres bancs près de la Nouvelle-Écosse. Des goélettes en provenance de LUNENBURG (Nouvelle-Écosse) suivent les Américains, du Labrador aux Grands Bancs de Terre-Neuve et à d'autres bancs, et, graduellement, d'autres bateaux canadiens en feront autant. En dépit d'une certaine pêche sur les Grands Bancs, les goélettes de Terre-

Neuve continuent à dépendre de la pêche au poisson (salé) du Labrador, et les trappes à morues (sorte d'enclos en filet) remplacent presque complètement les lignes à hameçons.

Au XIXᵉ s., la pêche en Ontario dispose de marchés locaux pour le poisson frais et dépend moins de la salaison et de la mise en conserve. La pêche abusive dans les Grands Lacs entraîne une raréfaction des espèces les plus en demande, et celles de moindre valeur les remplacent. En même temps, l'augmentation de la population modifie l'environnement et provoque la disparition, dans le lac Ontario, du SAUMON DE L'ATLANTIQUE. Dans l'Ouest, la pêche lacustre est d'abord entre les mains de compagnies qui louent de petites embarcations à des pêcheurs, souvent des autochtones. On développe en même temps une importante pêche d'hiver, dans le cadre de laquelle on tend des filets sous la glace.

Sur la côte du Pacifique, autochtones, marchands de fourrures et mineurs se nourrissent de poisson salé et séché. Après les années 1870, on construit de nombreuses conserveries de saumon. En raison des techniques de conserverie et des types de colonisation, l'industrie de la pêche de la Colombie-Britannique est beaucoup plus concentrée que celle de l'Atlantique, car, même dans les endroits isolés, l'industrie doit pouvoir rassembler de nombreux travailleurs d'usines à poissons et de nombreux bateaux afin de profiter des migrations saisonnières du SAUMON DU PACIFIQUE. Les chemins de fer assurent à la pêche croissante du saumon et, plus tard, du flétan un moyen de transport vers de plus grands marchés. Les besoins sans cesse croissants d'appâts encouragent la pêche au hareng.

Des conflits, surtout avec les États-Unis, mettent la souveraineté canadienne à l'épreuve et la renforcent. De 1871 à 1885, le TRAITÉ DE WASHINGTON règle quelques problèmes et donne un léger élan à l'industrie de la pêche. Les conflits des années 1880 entre les chasseurs de phoque américains et canadiens dans la mer de Béring sont réglés par un tribunal international en 1893 (voir BÉRING, CONFLIT DE LA MER DE). Les autorités coloniales instaurent des primes et des subventions pour stimuler la pêche. Certaines, comme les LOIS SUR LES APPÂTS de Terre-Neuve, sont instituées en réaction aux importantes subventions versées aux pêcheurs français du nord-ouest de l'Atlantique. Terre-Neuve, grâce à ses efforts obstinés et en partie fructueux pour réglementer les pêcheurs étrangers, gagne davantage le respect des États-Unis et du Canada et devient plus indépendante à l'égard de l'Angleterre (voir BOND-BLAINE, ACCORD).

La Confédération confère au gouvernement fédéral la compétence sur la pêche. Les premières lois de la Province du Canada comprennent un système de permis conçu principalement en vue de protéger la propriété privée des postes de pêche au saumon. Après la Confédération, on met l'accent sur la conservation, et la Loi des pêcheries de 1868 généralise l'usage des permis. Plusieurs commissions royales d'enquête font valoir le bien-fondé d'une réglementation, et les restrictions qui en découlent portent généralement sur les temps de pêche, sur la taille du poisson, sur l'équipement (p. ex. l'utilisation de la seine coulissante est bannie pendant plusieurs années de la pêche en Atlantique) et, en Colombie-Britannique, sur le nombre de bateaux et d'usines. La première Loi des pêcheries prévoit aussi des dispositions interdisant d'introduire dans les eaux des substances nocives pour les poissons. Ces dispositions ainsi que les clauses de la loi sur les permis demeurent les fondements de la gestion canadienne de la pêche. En dépit des nombreuses difficultés de l'industrie, la pêche canadienne est l'une des mieux gérées au monde.

Le Service canadien des pêches est mis sur pied après la Confédération et, au cours des 50 années suivantes, le ministère de la Marine et des Pêcheries développe un important programme d'écloserie (voir

AQUACULTURE). Si les autorités parlent d'excellents résultats, le succès du programme est minime, et, au milieu des années 30, la plupart des écloseries sont déjà fermées. En 1898, le gouvernement fédéral lance la recherche scientifique en créant la première de plusieurs stations de recherche biologique et technique. L'Office de biologie du Canada (plus tard, l'OFFICE DES RECHERCHES SUR LES PÊCHERIES) demeure indépendant jusqu'au début des années 70, lorsque le ministère fédéral des Pêches prend la relève en matière de recherche.

La Première Guerre mondiale interrompt les livraisons de poissons en Europe et crée une pénurie de main-d'œuvre. La brève période de prospérité de l'après-guerre et la nécessité de trouver de l'emploi pour les anciens combattants mettent fin à la limitation des permis de pêche au saumon en vigueur en Colombie-Britannique depuis 1889. Le gouvernement fédéral abandonne aussi le système de subvention pour le transport du poisson établi avant la guerre. Les décisions du COMITÉ JUDICIAIRE DU CONSEIL PRIVÉ de Londres durant cette période de même que dans les années 20 affaiblissent l'autorité du gouvernement fédéral sur les pêches au profit des provinces.

Prospérité et crise des années 30: 1919-1939

La pêche de l'Atlantique souffre très tôt de la CRISE DES ANNÉES 30. Après la Première Guerre mondiale, tandis que les pêcheurs de Terre-Neuve et du golfe du Saint-Laurent utilisent les bateaux désuets de la Nouvelle-Écosse, les flottes européennes se servent de chalutiers (gros bateaux traînant un grand filet conique sur le fond de l'océan), qui sont beaucoup plus fiables que les lignes et hameçons et les trappes à morue saisonnières. Dans les années 20, après avoir perdu une partie de son marché aux mains des fournisseurs européens, Terre-Neuve livre une concurrence plus vigoureuse sur les marchés antillais de l'Ouest, traditionnellement approvisionnés par les Maritimes, et provoque une chute des prix. Selon des pêcheurs utilisant de petits bateaux, cette baisse des prix est attribuable à l'acquisition de chalutiers par quelques compagnies des Maritimes. Pendant que la compétition venue d'outre-mer réduit les marchés du poisson salé des producteurs terre-neuviens et canadiens, les pêcheurs et les apprêteurs de la Nouvelle-Angleterre développent des procédés de filetage et de congélation rapide qui leur permettent de vendre des filets emballés, frais ou congelés, plutôt que du poisson entier, sur de plus vastes marchés.

Les difficultés économiques croissantes suscitent la création d'une commission royale d'enquête, vers 1927, dont les conclusions ont deux effets majeurs. Premièrement, la flotte de chalutiers est réduite à trois ou quatre vaisseaux pendant les années 30. Cette restriction, doublée du déclin des marchés et des investissements, prolonge le retard technologique existant et freine tout développement pendant plusieurs années. En outre, bien que la flotte de Lunenburg, en particulier, se lance dans la pêche d'hiver pour alimenter le marché de poisson frais, cette restriction freine aussi la croissance des pêcheries de poisson frais et congelé ainsi que celle de la pêche à longueur d'année. Deuxièmement, la commission incite le gouvernement à favoriser la création de coopératives de pêcheurs (voir MOUVEMENT COOPÉRATIF), ce qui entraîne la formation de la United Maritimes Fishermen's Co-operative et de la Coopérative des pêcheurs unis du Québec. À Terre-Neuve, un remarquable mouvement de pêcheurs voit le jour avant la Première Guerre mondiale, lorsque William COAKER fait de la Fishermen's Protective Union (FPU) une véritable force industrielle et politique. Ses efforts visant à réformer la commercialisation de la pêche échouent cependant, et la FPU disparaît graduellement pendant les années 30.

Dans les provinces des Prairies, la surpêche, le trop grand nombre de pêcheurs, le manque d'organi-

sation et une faible commercialisation font de la pêche une industrie instable et à faible revenu. Les gouvernements mettent à l'essai divers plans d'amélioration en instaurant, p. ex., des contingents par bateau et par lac, et en limitant les flottes de pêche, mais sans les appliquer de façon rigoureuse et efficace.

Les pêcheurs de la Colombie-Britannique se tirent mieux de la crise que leurs confrères de la côte atlantique. L'industrie du saumon, qui dispose d'une centaine d'usines au début du siècle, commence à se consolider à la fin des années 20 (comme elle le fait de nouveau dans les années 50 et à la fin des années 70). En 1923, le TRAITÉ DU FLÉTAN conclu avec les États-Unis réglemente la pêche au flétan dans le Pacifique. La pêche à la seine et la pêche de réduction, qui transforme la chair et les arêtes en engrais ou en farine de poisson, conviennent bien à la pêche à la sardine de Californie qui se développe à la fin des années 20 et au début des années 30, mais qui cesse dans les années 40 après l'épuisement de l'espèce. Les pêcheurs de la Colombie-Britannique s'organisent mieux que leurs confrères de la côte atlantique, et leurs organisations exercent une grande influence durant des décennies. L'une d'entre elles, la Prince Rupert Fishermen's Association, fondée dans les années 30, devient l'une des coopératives de pêcheurs connaissant le plus de succès au monde. Au début des années 80, elle domine la pêche du nord de la Colombie-Britannique.

Au cours de cette période, bien que les autorités fédérales appliquent une réglementation continue et poussée relative à la conservation, elles démontrent peu de vigueur et font preuve de peu d'innovation. En 1922, le gouvernement fédéral permet au Québec de gérer la pêche à engin fixe sur son territoire et, en 1930, délègue la gestion de la pêche aux provinces des Prairies et sépare le ministère des Pêcheries de celui de la Marine. Il crée aussi l'Office canadien du poisson de conserve, chargé de réglementer et de subventionner les exportateurs. Ceux de Terre-Neuve demeurent en position de faiblesse. On réglemente enfin les exportations, deux décennies après la tentative de Coaker en ce sens.

L'âge de la «productivité»: 1940-1967

La Seconde Guerre mondiale entraîne un accroissement de la prospérité et de la productivité en créant une grande demande pour le poisson et les nouvelles technologies (radio, radar, sonar) que les flottes de pêche adoptent rapidement. L'industrie de la pêche commence à mettre l'accent sur le développement. Les mesures interventionnistes prises par le gouvernement CCF de la Saskatchewan en sont un exemple particulier. Elles donnent lieu à la création d'un système de coopératives de producteurs. De son côté, le gouvernement fédéral distribue de généreuses subventions pour soutenir la construction d'usines et de bateaux surtout destinés à la pêche au poisson de fond. Il met sur pied l'Office des prix des produits de la pêche (1947), étend le programme d'ASSURANCE-CHÔMAGE aux pêcheurs indépendants et celui de prêts et d'assurance des bateaux pour les pêcheurs. Sur la côte de l'Atlantique, des offices de prêts provinciaux offrent aux pêcheurs des taux d'intérêt avantageux, ce qui leur permet de moderniser leurs flottes.

Dans les Maritimes, la pêche prend un nouvel élan grâce à l'avènement de la réfrigération dans les transports, les entrepôts, les magasins et les résidences, ce qui augmente la demande de poisson congelé. Le gouvernement fédéral, qui avait levé l'interdiction sur les seines coulissantes en 1930, met maintenant fin à l'interdiction sur les chalutiers de poisson de fond. Dans l'industrie du poisson de fond, rapidement convertie à celle du poisson congelé, quelques compagnies à intégration verticale (pêche, traitement, mise en marché) commencent à dominer et, depuis, ont étendu cette domination à la pêche au homard, au PÉTONCLE et au HARENG.

Les recherches et les démonstrations de nouvelles techniques, mises en œuvre par le gouvernement, contribuent au démarrage d'un certain nombre de pêches, toutes (à l'exception de la pêche à l'éperlan des Grands Lacs) sur la côte de l'Atlantique: sébaste, flet et autres poissons plats, pétoncle géant, crabe et crevette. De 1940 à 1960, les pêcheurs de la baie de Fundy développent la pêche au hareng à la seine coulissante. Pendant les années 60, le gouvernement fédéral encourage la pêche à la seine dans l'Atlantique, en dépit de la surpêche des bancs de harengs sur la côte du Pacifique, où la pêche au hareng à la seine coulissante est interdite de 1967 à 1972. Les gouvernements des provinces de l'Atlantique aident à augmenter le nombre de bateaux et d'usines de l'industrie de la pêche au hareng. Il en résulte une série de crises non résolues causées par la surpêche et la capacité de production excédentaire.

Avant la guerre, le problème majeur de la grande pêche est sa trop faible capacité. Par contre, après la guerre, c'est sa trop grande capacité qui pose problème. De 1959 à 1974, la flotte canadienne de navires de 50 tonnes et plus quintuple sa capacité, et la prise de poissons de fond diminue sous les pressions exercées par les flottes canadiennes et étrangères. La croissance excessive des flottes épuise les populations de poissons et diminue le revenu moyen des pêcheurs. L'Organisation des pêches de l'Atlantique Nord-Ouest, fondée en 1949, recueille des données complètes sur l'abondance du poisson et sa localisation et fixe de légères restrictions, mais elle n'a pas les pouvoirs de les faire appliquer, ni la volonté politique de prendre des mesures efficaces. Dans le Canada atlantique, toute l'importance accordée au développement semble enthousiasmer les scientifiques, et peu de voix se font entendre au gouvernement pour mettre en garde contre les conséquences de la surpêche.

En Colombie-Britannique, toutefois, les autorités fédérales de la pêche forment un remarquable corps de gestionnaires de la pêche au saumon qui réussit à en maintenir les populations relativement stables, et ce, en dépit des pressions croissantes des flottes de pêche et malgré l'empiètement de la société urbaine et industrielle sur les habitats de poissons. Le ministère mobilise l'opinion publique dans un combat contre les dommages que peuvent causer les barrages hydroélectriques aux populations de saumons. Les associations de pêcheurs de la Colombie-Britannique, comme la United Fishermen and Allied Workers Union, et les associations d'apprêteurs influencent plus activement la gestion de la pêche. Si quelques grandes compagnies de traitement de poisson dans les Maritimes s'équipent d'une puissante flotte de quelque 150 chalutiers, les apprêteurs de la Colombie-Britannique possèdent de moins en moins de navires de pêche. La flotte y devient plus indépendante, et l'industrie de conserverie du saumon s'affermit de plus en plus.

Conservation et économie: 1968-1989
La tendance expansionniste provoque une série de crises et de quasi-effondrements dans l'industrie canadienne de la pêche. Quand la pêche au hareng reprend en Colombie-Britannique (1972), un nouveau et riche marché d'œufs de hareng au Japon favorise les investissements. À l'époque, le gouvernement fédéral a déjà contingenté le nombre de pêcheurs pouvant faire partie des flottes de pêche au saumon et au hareng en soutenant qu'une pêche ouverte à tous tend vers la surpêche et le surinvestissement, tandis qu'une participation limitée favorise à la fois la conservation et l'établissement de revenus moyens. Dès le début des années 80, le surinvestissement contrecarrait l'intention de la limitation des permis. La croissance de la capacité de pêche menace alors les populations de poissons ainsi que la marge de profit des pêcheurs. En 1982, la Commission sur la politique des pêches du Pacifique recommande une plus grande réduction de la flotte et la mise en place d'un système de droits de permis et de taxes sur le débarquement de prises qui élimineraient les gains exceptionnels et atténueraient les hausses et les baisses extrêmes de l'économie de la pêche. En 1987, ces recommandations demeurent toujours lettre morte, mais de bonnes prises et de bons marchés en réduisent l'urgence, au moins temporairement. En vertu du gigantesque Programme de mise en valeur des salmonidés, lancé par les gouvernements fédéral et provinciaux en 1977, on promet d'augmenter les populations.

En 1974-1975, l'industrie du poisson de fond de l'Atlantique est notamment aux prises avec l'épuisement des populations et le coût élevé du mazout. L'insuffisance des marchés mène de grandes entreprises au bord de la faillite. Le gouvernement fédéral alloue 200 millions de dollars en aide spéciale et met en œuvre d'autres mesures. Le 1er janvier 1977, il étend la limite de la pêche canadienne à 200 miles nautiques (370 km) (voir DROIT DE LA MER). La restriction des permis de pêche au homard de l'Atlantique est établie en 1967, et graduellement, à partir de 1973, elle s'étend à toutes les autres pêches principales sur les côtes de l'Atlantique et du Pacifique. Le ministère fédéral des Pêches et des Océans (nom adopté en 1979) tente d'avoir une approche de gestion plus globale et impose des contingents sévères et d'autres mesures de conservation des populations de poissons de fond de l'Atlantique. De plus, entre 1974 et 1982, le ministre des Pêches, Roméo Leblanc, incite les pêcheurs à s'organiser. En général, les revenus augmentent, et le Canada devient le plus grand exportateur de poisson au monde.

Après 1977, un optimisme excessif entraîne un surinvestissement (surtout dans les usines, en dépit des avis contraires du gouvernement fédéral) et la quasi-faillite des grandes compagnies de poisson de fond de l'Atlantique. La pêche appartient à tout le monde, et chaque pêcheur essaie de s'assurer la plus grande part possible de la prise, ce qui, naturellement, donne lieu à une course aux bateaux les plus gros et les meilleurs. En 1982, le gouvernement fédéral crée donc un groupe de travail sur les pêches de l'Atlantique qui recommande l'adoption d'un système de «contingent d'entreprise», en vertu duquel chaque pêcheur détenant un permis aurait droit à une portion de la prise totale, ce qui éliminerait le besoin perçu d'améliorer l'équipement de façon non rentable. Le groupe de travail recommande également des réformes en matière de qualité et de commercialisation. Le rapport détend l'atmosphère en réfutant certains vieux arguments, et, si les progrès ne sont pas à la hauteur des espoirs, on réalise tout de même certaines améliorations. En 1984, on procède à la restructuration financière des grandes compagnies, et le gouvernement fédéral attribue, à lui seul, quelque 200 millions de dollars comme participation temporaire au capital. Deux compagnies, Fishery Products International et National Sea Products, dominent maintenant l'industrie du poisson de fond de haute mer.

Dans les années 70 et au début des années 80, les tensions se multiplient entre les compagnies de traitement du poisson de l'Atlantique, traditionnellement les groupes de pression les plus influents auprès des gouvernements, et les associations de pêcheurs qui ont acquis une nouvelle force, comme la Newfoundland Fisherman, Food and Allied Workers' Union et l'Union des pêcheurs des Maritimes. En 1983, ces associations suggèrent que le gouvernement force les grandes compagnies à intégration verticale de pêche au poisson de fond à abandonner leurs flottes de chalutiers, qui fournissent de 30 p. 100 à 40 p. 100 des poissons de fond de l'Atlantique, ce qui permettrait aux pêcheurs indépendants d'être les premiers fournisseurs de l'industrie. Les compagnies de traitement se montrent sensibles aux appels à de nouvelles interventions du gouvernement, surtout après la création par les gouvernements fédéral et provinciaux de deux sociétés d'État, soit, en 1969, l'Office de commercialisation du poisson d'eau douce, qui détient le monopole de la vente du poisson dans le commerce interprovincial et d'exportation dans les provinces des Prairies, les Territoires du Nord-Ouest et dans des régions du nord-ouest de l'Ontario, et, en 1970, l'Office canadien du poisson salé, qui a le monopole de la commercialisation du poisson d'eau salée de Terre-Neuve et de certaines parties du Québec.

La pêche réussit mieux dans certains endroits comme la Colombie-Britannique, et la région du sud-ouest de la Nouvelle-Écosse et de la baie de Fundy, où des conditions plus favorables permettent aux pêcheurs et aux apprêteurs de faire preuve d'une grande indépendance. Ailleurs, surtout à Terre-Neuve, les conditions plus difficiles ont créé une industrie qui oscille entre des démonstrations d'indépendance et des appels à l'aide au gouvernement. Les pêcheurs s'indignent des restrictions touchant leurs propres bateaux, mais ils demandent au gouvernement de réglementer les navires utilisant des méthodes de pêche différentes ou venant d'autres régions. Les conflits inhérents à une industrie où l'entreprise privée exploite une ressource publique (et où la pêche est de compétence fédérale et la transformation, de compétence provinciale) continuent à provoquer des tensions. Cependant, la pêche et la vie côtière comptent aussi des plaisirs, et l'industrie de la pêche a progressé au fil des ans. Au cours des années 70 et des années 80, la gestion et la compréhension de la pêche ainsi que la consultation entre pêcheurs, apprêteurs et gouvernements se sont améliorées. Depuis le milieu des années 80, les marchés profitent d'une nouvelle sensibilisation aux effets bénéfiques pour la santé des produits de la mer.

Malgré ses difficultés, l'industrie de la pêche possède, à l'heure actuelle, des chances de plus en plus grandes de se stabiliser et de prospérer, grâce à la limite de 200 miles, à une meilleure compréhension par toutes les parties et à une nouvelle démarche qui tente d'ajuster la capacité de production aux ressources disponibles et d'obtenir la valeur maximale par poisson. En dépit des crises et des conflits, les poissons restent, les bateaux continuent de pêcher, et, en général, les communautés de pêcheurs survivent.

Joseph Gough

Pêche, industrie de la Au Canada, en 1995, on évalue la production primaire de la pêche à 2,1 milliards de dollars, dont 85 p. 100 proviennent de la pêche commerciale et 15 p. 100 de la pisciculture. Avec la valeur ajoutée de la manutention et de la transformation, estimée à un peu moins de 2 milliards de dollars, la valeur totale de la production pour l'industrie a atteint 4 milliards de dollars la même année. Le rôle de l'industrie dans l'économie canadienne est donc mineur, même dans l'économie locale du littoral du Pacifique. Elle représente seulement 5 p. 100 de la production de toutes les industries de production primaire. Toutefois, dans les provinces atlantiques, ce chiffre est de 15 p. 100 en Nouvelle-Écosse et de 20 p. 100 à Terre-Neuve.

La production se répartit entre les régions du Pacifique (Colombie-Britannique et Yukon, 20 p. 100); du centre (provinces des Prairies et Ontario, 5 p. 100); et de l'Atlantique (Québec, provinces maritimes et Terre-Neuve, 75 p. 100). La Nouvelle-Écosse prédomine, avec 30 p. 100 de la production totale, suivie de la Colombie-Britannique et de Terre-Neuve qui produisent chacune environ 20 p. 100. L'industrie de la pêche a aussi des répercussions importantes dans les régions, car elle est étroitement liée aux producteurs de biens et de services, en particulier aux chantiers maritimes, mais également aux fournisseurs d'équipement de navires et autres intermédiaires. Ces relations, ajoutées aux interactions entre les familles des pêcheurs, des travailleurs d'usine et les communautés locales, font que toute variation économique dans l'industrie des pêches se répercute sur l'ensemble de l'économie, en s'amplifiant.

Le long de la côte atlantique, quelque 1000 communautés dépendent partiellement ou entièrement de la pêche. Il en est de même pour d'autres communautés, moins nombreuses toutefois, qui se trouvent sur la côte du Pacifique et sur les rives des lacs de l'intérieur, en fait des villages autochtones, surtout dans les deux dernières régions. La plupart sont des hameaux de moins de 500 habitants, mais la pêche soutient aussi de grandes villes dans les 3 régions.

L'emploi dans le secteur de la pêche et de la transformation du poisson a tendance à être saisonnier et à temps partiel. La moitié des pêcheurs déclarés de la région de l'Atlantique, les deux tiers de celle du Pacifique et les trois quarts de celle du centre ont un revenu principal provenant d'autres sources que de la pêche. Certains comptent sur la pêche pour augmenter leur revenu, d'autres pêchent par tradition familiale ou culturelle et tiennent à être reconnus comme pêcheurs. Pour ceux qui disent en avoir fait leur principal gagne-pain, la pêche représente environ 65 p. 100 de leur revenu total. Dans la région du Pacifique et dans le centre du Canada, le reste provient d'activités autres que la pêche, tandis que dans la région de l'Atlantique, le supplément de revenu provient de l'assurance-chômage à laquelle ont droit les pêcheurs (propriétaires et équipages). Jusqu'à présent, tout porte à croire que, dans la plupart des cas, les revenus engendrés par l'industrie de la pêche, non seulement ne permettent pas l'accumulation et l'investissement de capitaux, mais n'arrivent même pas à faire vivre la famille du pêcheur.

Nature des ressources Les ressources comprennent les poissons (les principales espèces marines et toutes les espèces d'eau douce habituelles) et les fruits de mer (CRUSTACÉS et MOLLUSQUES). Les mammifères aquatiques et les ALGUES MARINES sont aussi considérés comme des ressources. Parmi les espèces marines, on distingue les espèces littorales (dans une zone ne dépassant pas 50 ou 60 brasses de la côte), les espèces démersales (vivant près du fond, surtout sur les bancs situés au large) et les espèces pélagiques (de surface, en haute mer). Les espèces littorales regroupent les crustacés (HOMARD et certaines espèces de CRABES) et les mollusques (la plupart des CLAMS et les HUÎTRES).

Dans les espèces démersales on inclut certains crustacés (crabes), un mollusque (PÉTONCLE) et une grande variété de poissons (comme la MORUE et les espèces apparentées, le POISSON PLAT et le scorpène). Les principales espèces pélagiques ne regroupent que des poissons (comme le HARENG et le THON), à l'exception d'un mollusque, le CALMAR. Certaines espèces, dont le sébaste (perche de mer) aux doubles caractéristiques, pélagiques et démersales, échappent à cette classification. D'autres, comme les espèces anadromes, qui frayent en eau douce (p. ex., le SAUMON), sont classées séparément. Très dépendantes des bassins hydrographiques et des milieux estuariens, les espèces anadromes sont les plus sensibles à la dégradation de l'environnement, tout comme les espèces littorales.

Les espèces démersales et de prédateurs pélagiques, ces derniers étant plus gros, vivent relativement longtemps et leur taux de mortalité naturelle est faible. Les stocks ont tendance à demeurer relativement stables: p. ex., d'une année à l'autre, les prises de morue de l'Atlantique varient de 10 p. 100, alors que les prises de SAUMON DU PACIFIQUE varient de 30 p. 100. Les petites espèces pélagiques se nourrissent de PLANCTON, et, comme elles sont au début de la chaîne alimentaire, on les trouve généralement en relative abondance. À cause du niveau élevé de mortalité aux stades plus jeunes, leurs stocks fluctuent beaucoup, certaines (comme le calmar totam) à court terme et d'autres (comme les stocks de hareng) à long terme. Le peuplement ichtyologique en tant qu'entité possède une plus grande stabilité que beaucoup de stocks d'espèces individuelles.

Les stocks de la plupart des espèces pélagiques ont un schéma régulier de migration saisonnière nord-sud, parfois sur de longues distances. Certaines de ces espèces, ainsi que quelques espèces démersales et anadromes, connaissent aussi une migration saisonnière, de la côte vers le large. La présence de ces stocks temporaires côtiers et des stocks sédentaires côtiers fournit les bases d'une pêche diversifiée, pratiquée avec de petites embarcations. L'exploitation des champs de pêche au large des côtes, qui repose sur les bancs (c.-à-d. les concentrations de poissons qui se nourrissent ou qui fraient) de stocks d'espèces pélagiques et démersales, requiert de plus grands bâtiments armés pour la pêche.

En matière de pêche, les ressources du Canada abondent, depuis les côtes de l'Atlantique jusqu'à celles du Pacifique, y compris les eaux intérieures. Même si ces ressources sont renouvelables, elles ne sont pas inépuisables. La façon dont les espèces se reproduisent et les perspectives de leur augmentation montrent que, même en les exploitant au maximum, le total des prises ne peut dépasser 2,5 millions de tonnes par an, soit moins du double du volume actuel. Cette quantité ne représenterait que 2,5 p. 100 des prises annuelles mondiales, qui semblent avoir plafonné à 100 millions de tonnes.

Exploitation des ressources Une des particularités des ressources de la pêche, c'est qu'elles n'appartiennent à personne et sont donc soumises à la «loi du preneur». Les poissons ne deviennent la propriété d'une entreprise de pêche qu'après avoir été capturés et retirés de l'eau. Chaque entreprise va donc tenter de tirer le maximum d'une exploitation limitée par la nature et la réglementation. Pour ce faire, elle aura recours à de larges flottes de pêche, d'où des coûts de production élevés, un haut taux de gaspillage et de longues périodes d'inactivité pour les navires et les usines de traitement et de manutention. En outre, la tendance de plus en plus marquée qui consiste à contourner ou à violer les règlements de CONSERVATION met les réserves de poissons en péril.

Cet effet, probablement renforcé par les facteurs environnementaux, se ressent dans les champs de pêche de l'Atlantique et dans les pêcheries de saumon du Pacifique, dont les prises ont chuté respectivement de 85 p. 100 et de 55 p. 100 au cours de la décennie qui s'est terminée en 1995. Pendant la même période, ces pertes sont compensées par une augmentation de 85 p. 100 des prises de crustacés et de 400 p. 100 de la production d'élevage (surtout du saumon). Ce phénomène combiné à certaines augmentations de prix a provoqué une augmentation de la valeur de l'ensemble du marché portuaire de 60 p. 100 au cours de cette période. On remarque que le niveau d'emploi dans cette industrie primaire est demeuré le même (85 000) à la fin de cette période et, bien que la flotte ait diminué (de 12,5 p. 100) en nombre de bâtiments armés pour la pêche, il n'y a probablement pas eu de réduction de la capacité de pêche. Ces tendances se sont manifestées de façon constante dans les trois régions.

La plupart des entreprises de pêche canadiennes sont des entreprises individuelles privées. Les associations sont courantes dans certains types de pêche, et il existe de puissantes coopératives de producteurs, tant sur les côtes de l'Atlantique et du Pacifique que dans l'intérieur. Dans certaines régions, des bandes autochtones exploitent des entreprises communautaires. L'intégration verticale (phénomène par lequel l'exploitant est également propriétaire de la société traitant le poisson) prédomine dans l'Atlantique, chez les spécialistes du chalutage ou du dragage des pétoncles; bien qu'en régression, elle existe encore chez les pêcheurs à la seine du Pacifique et d'ailleurs.

La rémunération se fait en général au prorata du produit de la pêche. Ordinairement, le propriétaire reçoit un pourcentage fixe pour la mise à disposition du bateau, après quoi on effectue certaines déductions couvrant une partie des dépenses et, dans le cas d'entreprises plus importantes, les primes des responsables. Le reste est alors réparti à parts égales entre les membres de l'équipage. La formule de partage varie avec le volume des prises. Chez les pêcheurs à la seine du Pacifique, la part du propriétaire s'élève à environ 35 p. 100. Chez les exploitants au chalutier de l'Atlantique, elle est de 60 p. 100. Avec la syndicalisation des équipages, ces accords peuvent faire l'objet de négociations et être modifiés (comme en fixant un salaire minimal de base indépendant des résultats de la pêche).

On fait souvent une distinction entre les petites et les grandes entreprises industrielles de pêche, généralement désignées respectivement par pêche «côtière» et «hauturière». Les bateaux côtiers, définis à des fins administratives comme ceux qui ne dépassent pas 25 tonneaux de jauge brute, représentent 95 p. 100 des effectifs de la flotte canadienne, mais seulement 35 p. 100 du tonnage. Toutefois, cette distinction simplifie beaucoup la réalité: les embarcations de toutes tailles, sauf peut-être les plus petites, pêchent souvent dans les mêmes champs. Une distinction plus significative peut être faite entre les embarcations qui sont limitées à une exploitation saisonnière et celles qui permettent une exploitation tout au cours de l'année; et entre les embarcations qui peuvent servir à différentes sortes d'exploitation et celles qui sont spécialisées.

Transformation du poisson Au moins 95 p. 100 du produit de la pêche canadienne sont convertis en produits alimentaires: 75 p. 100 (25 p. 100 réfrigérés et 50 p. 100 congelés) préparés sous forme de filets; 15 p. 100 salés et 5 p. 100 mis en conserve. Les procédés plus élaborés, comme le filetage, la congélation, la salaison et la mise en conserve, prédominent en fonction des besoins d'entreposage (à cause de pointes saisonnières dans l'approvisionnement en matière première), ainsi qu'en fonction des nécessités du transport sur de longues distances et de l'approvisionnement en aliments préparés.

L'industrie de transformation compte 400 usines employant près de 20 000 personnes, réparties à peu près ainsi: 75 p. 100 dans la région de l'Atlantique, 15 p. 100 dans la région du Pacifique et 10 p. 100 dans la région du Centre. Mis à part l'Office de commercialisation du poisson d'eau douce, qui traite plus de la moitié de la production régionale du Centre, les activités de transformation relèvent exclusivement du secteur privé. Les sociétés de transformation varient en importance: de petites, normalement spécialisées, à grandes, en intégrant celles qui fournissent une grande variété de produits.

Dans la région du Pacifique, le regroupement des activités autour des grands centres côtiers s'accompagne d'une concentration massive des entreprises au moyen de fusions et d'acquisitions. Il existe aussi des regroupements dans la région atlantique, mais jusqu'à récemment, ils n'étaient pas accompagnés de la consolidation des usines de transformation. Au contraire, au fur et à mesure que les entreprises artisanales traditionnelles ont décliné dans la période d'après-guerre, les usines se sont multipliées et les ont remplacées. Au début des années 90, près de 400 villes côtières possèdent leurs usines de traitement, la plupart appartenant à des intérêts privés, mais plusieurs à des compagnies ou à des coopératives intégrées (horizontalement). La saturation de l'industrie de transformation et l'effondrement de la pêche à la morue ont obligé certaines de ces dernières à fermer, temporairement ou définitivement.

Mise en marché Bien qu'une part importante des produits de la pêche soit mise en marché par des vendeurs, des courtiers ou des maisons spécialisées en import-export, la plus grande partie est commercialisée par des sociétés de transformation et des coopératives. Certains produits (comme le saumon en conserve et le poisson de fond congelé) sont préparés pour être exportés en quantités considérables sous la raison sociale d'acheteurs étrangers.

Le marché du poisson canadien a toujours été très fortement orienté vers l'exportation et le demeurera vraisemblablement. En 1995, la valeur des exportations des produits de la pêche atteint 3 milliards de dollars, soit les trois quarts de la valeur de la production totale. Par produits, ces exportations se répartissent ainsi: crustacés et coquillages (sous toutes les formes 50 p. 100); poisson (y compris le poisson d'eau douce) préparé en filets, réfrigéré et congelé (25 p. 100), salé et mis en conserve (10 p. 100) et autres produits. La répartition par destination se fait ainsi: États-Unis (50 p. 100), Japon (30 p. 100), Europe (10 p. 100) et autres pays (10 p. 100). Les États-Unis constituent le premier marché pour le poisson d'eau douce réfrigéré, le poisson de fonds réfrigéré ou congelé et les produits des crustacés. Le Japon est le marché le plus important pour le saumon congelé, et l'Europe pour le saumon en conserve. Le poisson fumé et salé est exporté vers les pays méditerranéens et les Caraïbes. Le hareng en conserve est exporté dans le monde entier.

Le marché canadien absorbe près du quart de la production totale annuelle. Avec des livraisons de 1 milliard de dollars à la sortie des usines (valeur FAB), la valeur du marché de détail est environ de 2 milliards de dollars. La proportion de la production vendue au Canada varie selon les produits de pratiquement 0 à 100 p. 100. Le saumon en conserve est probablement le principal produit s'écoulant essentiellement sur le marché intérieur. Quand les ressources intérieures sont insuffisantes, on fait appel à l'importation. En 1995, celle-ci est évaluée à 1,4 milliard de dollars et se compose de produits de crustacés et de coquillages (50 p. 100); de produits du poisson réfrigéré ou congelé (25 p. 100) et de divers produits (25 p. 100). Les États-Unis sont le principal fournisseur (45 p. 100), mais on s'approvisionne aussi dans divers pays.

Au Canada, la consommation de poisson par habitant est approximativement de 7,5 à 8 kg par an, constituée surtout de produits de filets congelés (40 p. 100), de produits de crustacés (autres que des conserves, de 20 à 25 p. 100) et de produits de poisson en conserve (autre que les crustacés, 20 p. 100). Ce taux de consommation est légèrement supérieur à celui des États-Unis, mais il demeure très faible par rapport à beaucoup d'autres pays.

Aspects institutionnels Les deux grands syndicats actuels de pêcheurs, situés en Colombie-Britannique et à Terre-Neuve, protègent les travailleurs des usines de transformation ainsi que quelques propriétaires de bateaux et leurs membres d'équipage, deux groupes dont les intérêts entrent parfois en conflit. Par ailleurs, les pêcheurs de la côte du Pacifique, des eaux intérieures et de la côte de l'Atlantique, Terre-Neuve mise à part, sont généralement groupés en associations de pêcheurs partageant un même secteur d'activité, un même genre d'équipement ou des intérêts communs. Dans les Maritimes, nombre de ces associations se sont réunies en fédération. À la différence des syndicats, qui négocient surtout avec les acheteurs le prix du poisson, les associations ont pour objet de faire valoir les intérêts de leurs membres auprès des gouvernements en matière de réglementation de la pêche.

Il existe aussi en Colombie-Britannique, en Saskatchewan, au Québec et dans les Maritimes des coopératives de pêcheurs qui s'occupent de la pêche, de la transformation et de la mise en marché. Les coopératives et les entreprises privées œuvrant dans les domaines du traitement et de la mise en marché soutiennent les associations qui représentent leurs intérêts. Ces dernières, organisées à l'échelle provinciale, sont regroupées en fédération sous l'égide du Conseil canadien des pêches (CCP) à Ottawa, principal organe de liaison entre le gouvernement fédéral et l'industrie de la pêche.

Seul le gouvernement fédéral a juridiction sur les pêches, le commerce interprovincial, les importations et exportations des produits de la pêche. Les gouvernements provinciaux régissent le commerce local, la préparation, la transformation et la mise en marché. Tout en se réservant un droit de regard, le gouvernement fédéral a délégué son droit de gérance à l'Ontario et aux provinces des Prairies pour la pêche commerciale en eau douce, ainsi qu'au Québec pour la pêche côtière.

Tous les gouvernements provinciaux et divers organismes fédéraux participent au développement des pêches. On tente de coordonner les politiques, avec plus ou moins de succès, à l'aide d'ententes officielles ou ponctuelles. Le gouvernement fédéral exerce son autorité par l'intermédiaire de Pêches et Océans et de certains organismes spéciaux relevant directement du ministre des Pêches.

L'administration centrale est à Ottawa et des administrations régionales se trouvent à Vancouver, Winnipeg, Halifax, St. John's et Moncton. Il existe des stations de recherche et d'importants laboratoires à Nanaimo (Colombie-Britannique), à Winnipeg, à Burlington (Ontario), à St. Andrew's (Nouveau-Brunswick), à Dartmouth (Nouvelle-Écosse) et à St. John's (Terre-Neuve). (*Voir* OFFICE DES RECHERCHES SUR LES PÊCHERIES; INSTITUT DES EAUX DOUCES.)

La loi de référence administrée par le ministère des Pêches et des Océans est la *Loi sur les pêches*, sur laquelle repose la réglementation pour la gestion de la pêche, y compris la surveillance des eaux côtières, la protection de la vie aquatique dans les courants, etc. La *Loi sur la protection des pêcheries côtières* donne le pouvoir au gouvernement de contrôler la conduite des bateaux de pêche étrangers dans les ports canadiens et les eaux territoriales. La *Loi sur l'inspection du poisson* garantit le contrôle de la qualité des produits de la pêche. Les programmes de soutien et d'intervention en développement industriel et des marchés sont régis par un ensemble de lois, comme la *Loi sur le développement des pêches* et la *Loi sur la commercialisation du poisson d'eau douce*. (*Voir* PHOQUE, CHASSE AU; BALEINE, CHASSE À LA.)

W.C. Mackenzie

Pêche «sèche» Activité de pêche à la morue de Terre-Neuve au cours de laquelle le poisson est coupé, nettoyé, salé et séché sur le rivage avant d'être expédié et vendu. Comparée à la PÊCHE «VERTE», la pêche «sèche» demande moins de sel, mais plus de temps de séchage à terre sur des claies de séchage ou des treillis près des bancs de pêche. Pour faire sécher la morue, pratique particulièrement populaire auprès des pêcheurs anglais qui avaient un accès limité au sel, on a besoin de s'installer à terre, ce qui favorisera l'implantation de colonies. En raison de leur dépendance à la terre, les sécheries sont souvent situées près du rivage, dans les endroits où le climat convient au séchage du poisson. Le port d'attache donne facilement accès aux bancs de pêche. (*Voir aussi* PÊCHE, HISTOIRE DE LA.)

Robert D. Pitt

Pêche sportive La présence de pêcheurs à la ligne sur des illustrations faites en Égypte il y a 5000 ans nous laisse croire que la pêche devient un loisir lorsque l'humain peut consacrer du temps à des activités autres que la recherche de nourriture et d'abri. Au Canada, la pêche sportive se classe parmi les activités de plein air les plus populaires et les plus durables et commence avec les premiers Européens qui amènent avec eux leurs intérêts et des traditions de pêche sportive bien établies ainsi que des lois relatives à la pêche. Des espèces comme le saumon jouent un rôle important dans la vie et la culture des Indiens côtiers, mais le plaisir des jeunes Indiens et des jeunes Inuits à essayer d'égaler les exploits de leurs aînés est partagé par des jeunes du monde entier. Des colons et des écrivains étrangers témoignent de l'abondance illimitée de poissons dans les eaux canadiennes et établissent ainsi la réputation internationale du Canada comme Mecque de la pêche.

L'attrait qu'exerce la pêche sportive est universel, mais elle a toujours représenté un intérêt particulier pour les personnes très jeunes et très âgées. Une enquête nationale menée en 1985 montre que 6,5 millions de pêcheurs à la ligne pratiquent leur loisir au Canada et qu'environ 25 p. 100 d'entre eux sont âgés de moins de 16 ans. Environ 5,5 millions sont Canadiens, ce qui représente 21 p. 100 de la population. L'autre million est formé de pêcheurs étrangers provenant principalement des États-Unis. Les prises varient entre des poissons de la taille des FRETINS, des ÉPERLANS et d'autres petits poissons, que l'on peut parfois compter par seaux entiers, et des poissons de la taille du THON rouge (le record pour cette espèce provient de l'Île-du-Prince-Édouard, où l'on a capturé un individu de 679 kg). Le poids total donne une mesure de l'ensemble des prises des pêcheurs. Ainsi, il est estimé de façon conservatrice qu'en 1985, 114 000 t de poissons sont capturés par les pêcheurs à la ligne. Cela représente, au Canada, environ 8,4 p. 100 du poids des prises commerciales et sportives totales de poissons pour l'année.

Pour les pêcheurs à la ligne, l'intérêt de ce sport réside toutefois dans le poisson lui-même et l'expérience qu'il procure. Il est de tradition d'utiliser des leurres, des appâts et des mouches, mais les engins et les méthodes de pêche utilisés varient selon l'espèce convoitée, la saison, l'endroit et les préférences de chacun, et les équipements vont de l'attirail le plus primitif jusqu'au bateau équipé des appareils électroniques et des commodités les plus modernes. Parmi les quelque 100 espèces de poissons convoitées, plusieurs considèrent le SAUMON comme la prise suprême, et ce, sur les deux côtes du Canada. Au cours de l'histoire, le Saumon atlantique a été considéré comme le roi des poissons de sport. Des rivières telles que la Miramichi (*voir* MIRAMICHI, RIVIÈRE) au Nouveau-Brunswick et la Restigouche (*voir* RESTIGOUCHE, RIVIÈRE), qui coule au Nouveau-Brunswick et au Québec, sont connues des pêcheurs à la mouche du monde entier. Les saumons du Pacifique, dont on trouve cinq espèces au Canada, sont beaucoup plus nombreux, et deux espèces (le saumon coho et le saumon chinook) dont le poids peut atteindre 40 kg sont les plus recherchés des pêcheurs sportifs océaniques de la Colombie-Britannique. Des milliers de pêcheurs à la ligne sont attirés par la solitude qu'offrent les étendues sauvages du Yukon et des Territoires du Nord-Ouest et espèrent y pêcher une TRUITE, un grand BROCHET, un OMBLE chevalier ou un OMBRE arctique de taille record. Ailleurs, les pêcheurs à la ligne ont un choix varié. Le grand brochet, le DORÉ et la truite sont largement répandus. Il existe toutefois des différences et des préférences régionales: l'omble de fontaine est le favori à Terre-Neuve et le grand brochet et l'omble de fontaine sont les principales espèces recherchées par les pêcheurs à la mouche dans le nord de la Saskatchewan, du Manitoba, de l'Ontario et du Québec. Quatre espèces remportent cependant la palme de prises totales: la PERCHE, le doré, l'omble de fontaine et le grand brochet. L'hiver ajoute une nouvelle dimension à ce loisir puisque l'on peut pêcher sur la glace (*voir* PÊCHE SUR LA GLACE).

Les gouvernements fédéral et provinciaux se partagent la responsabilité de la protection et de la gestion des pêches. Dans les zones intertidales, les pêches sont exclusivement sous juridiction fédérale. Dans les eaux douces de l'intérieur, il y a un chevauchement relatif à l'interprétation juridique des dispositions de l'AANB (1867). Toutes les lois portant sur la réglementation des pêches sont promulguées par le gouvernement fédéral. Les provinces possèdent cependant des droits de propriété sur les eaux douces, qu'elles exercent principalement en établissant des droits de pêche et en recouvrant les frais qui s'y rattachent. S'il existe une mosaïque d'ententes fédérales-provinciales sur l'administration des lois sur les pêches, il existe également une anomalie concernant l'accès public. Deux provinces, le Québec et le Nouveau-Brunswick, conservent des droits de propriété riveraine en eau douce et des droits exclusifs privés de pêche. Toutes les pêches intertidales sont des propriétés communes et, sauf quelques exceptions, les pêches en eau douce des territoires et des huit autres provinces le sont également.

Les gouvernements sont confrontés à des problèmes de pêche de plus en plus complexes. Au Canada, la plus grande partie des eaux nordiques riches et peu exploitées sont situées dans des régions vulnérables aux PLUIES ACIDES. La POLLUTION, présente sous forme de contaminants industriels et naturels (p. ex., le mercure), ne tue pas nécessairement le poisson, comme le font les pluies acides, mais ces contaminants, combinés à un nombre sans cesse croissant d'autres composés d'origine anthropique, ont tendance à se concentrer dans les grands poissons prédateurs et, dans certains cas, constituent une menace pour la santé de ceux qui les mangent. Quelques stocks de poissons, entre autres les saumons, ont été décimés et d'autres sont surexploités. Avec l'augmentation continuelle probable du nombre de pêcheurs à la ligne, la compétition avec les autres utilisateurs de la ressource s'intensifie et les difficultés de financement servant au rétablissement et à la mise en valeur des pêches se font de plus en plus nombreuses.

La pêche sportive est soutenue par divers intervenants. Des associations de pêcheurs sont l'exemple même des organismes de protection des consommateurs canadiens. Certains clubs de conservation du Saumon atlantique ont été fondés il y a plus d'un siècle et des associations de pêcheurs liées aux fédérations provinciales de chasse et de pêche sont les chefs de file dans la protection et la mise en valeur des pêches. Selon un sondage mené en 1985, les pêcheurs à la ligne dépensent et investissent 4,4 milliards de dollars dans la pêche sportive au Canada, et ces dépenses sont directement liées à leur activité de pêche à la ligne. Grâce aux pêcheurs étrangers qui dépensent quelque 600 millions de dollars au cours de la même année, le Canada est au premier rang dans les recettes en devises étrangères provenant de la pêche sportive. D'un point de vue environnemental, l'abondance naturelle continue de poissons de sport est considérée par plusieurs comme une mesure clé de la qualité de l'habitat aquatique. Avec 21 p. 100 de la population qui pêche chaque année, il n'est pas surprenant que l'intérêt et le soutien qu'accorde le public à la pêche sportive augmentent. Le Canada a également la chance que des personnes comme Roderick HAIG-BROWN, le Izaak Walton de notre époque, apportent leur contribution littéraire dans le domaine de la pêche sportive.

A.L.W. Tuomi

Pêche sur la glace La glace fournit une plate-forme saisonnière pour pratiquer la pêche au filet, au harpon ou à la ligne. Les gens du nord de l'Europe et de l'Amérique du Nord utilisent ces façons de pêcher, hiver comme été, depuis la nuit des temps.

Pêche au filet Le filet est employé pour la pêche commerciale et par ceux qui ont besoin d'une grande quantité de poissons pour nourrir leur famille et les meutes de chiens, ou pour approvisionner les éleveurs de renards ou de visons. Il est plus facile d'installer les filets avant que la glace ne s'épaississe. Une ligne est tendue sur une longueur de 50 m ou plus sous la glace; on perce ensuite des trous dans la glace et on fait passer la ligne d'un trou à l'autre au moyen d'un long bâton. Cette ligne est ensuite utilisée pour tirer une corde qui étend le filet, les flotteurs et les poids sous la surface.

Une autre méthode consiste à se servir d'une navette, petit instrument de bois en forme de traîneau qu'on glisse le long de la surface inférieure de la glace. Sous la glace, la navette traîne une corde derrière elle et, lorsqu'on tire sur la corde, un levier se redresse; au moment où la corde est relâchée, le levier se rabat de telle sorte qu'il s'appuie contre la glace et pousse la navette vers l'avant. On peut voir le mouvement de la navette si la glace est claire ou on peut tendre l'oreille si la glace est couverte de neige. Lorsque la corde a été tirée sur une longueur suffisante, on perce un trou au-dessus de la navette et on la retire.

Pour récupérer le poisson, on tire le filet dans le sens opposé. Les filets doivent être déployés bien au-dessous de la surface, sinon les flotteurs resteront pris dans la glace. Les cordes qui retiennent le filet sont attachées à de longues perches qui les enfoncent profondément dans l'eau, car si elles adhèrent à la glace nouvellement formée dans le trou, elles risquent d'être coupées lorsqu'on voudra briser la glace.

La pêche au harpon Elle remonterait au paléolithique. Les peuples autochtones de l'Amérique du Nord excellent à ce genre de pêche: les Inuits harponnent la truite des lacs et l'omble chevalier à travers la glace. La foëne (kakivak) utilisée dans l'est de l'Arctique est munie d'une pointe centrale pour transpercer le poisson et de fourchons latéraux renversés pour le retenir. Afin d'attirer le poisson, on agite des leurres en os, en andouiller ou en ivoire. Au Canada, la foëne est encore employée dans l'Arctique, mais elle est interdite plus au sud, sauf pour la capture des anguilles hivernant dans les estuaires des provinces de l'Atlantique et pour la pêche sportive au Québec.

La pêche à la ligne Les hameçons nous viennent d'outils primitifs comme les hameçons droits qui datent du paléolithique et qui étaient destinés à être avalés par le poisson. Les leurres faits de métal brillant et émaillé ont remplacé dans une large mesure l'hameçon appâté conçu pour être avalé. Au Canada, la pêche sur la glace est un passe-temps très répandu; on la pratique du Labrador à la vallée de l'Okanagan, du détroit de Lancaster au lac Sainte-Claire.

Les cannes à pêche et les moulinets peuvent être des instruments très élaborés ou de simples diabolos de bois. Il y a trois façons de les utiliser: avec la première, le pêcheur, assis dans un abri, surveille l'hameçon et tire dessus lorsqu'il est avalé par le poisson; avec la deuxième, le pêcheur regarde la ligne afin de détecter tout mouvement indiquant que le poisson mord à l'hameçon; avec la troisième, le pêcheur tire sur l'hameçon en donnant de petits coups secs afin de ferrer la proie.

On utilise aussi des lignes fixes. L'hameçon est généralement appâté d'un morceau d'éperlan ou de fretin. Parfois, un moulinet à ressort est utilisé ou un système à bascule.

Une variété de poissons font l'objet de captures: perches, achigans et brochets dans le lac Érié; requins du Groenland au large de Pond Inlet; inconnus dans un chenal du delta du Mackenzie; dorés jaunes dans la baie de Quinte; poulamons à Sainte-Anne-de-la-Pérade; truites mouchetées dans les étangs de la région d'Halifax.

La plupart des Canadiens ont accès à des bassins où cohabitent plus d'une des espèces suivantes: grand CORÉGONE, perchaude (*voir* PERCHE), doré jaune, lingue (lotte), BROCHET du Nord et TRUITE arc-en-ciel.

A.H. Macpherson

Pêche «verte» Pêche à la morue pratiquée autrefois à Terre-Neuve et au Labrador, au cours de laquelle on conserve le produit de la pêche dans le sel à bord du bateau pour le sécher plus tard. La pêche verte est pratiquée par les pêcheurs sur les bancs de pêche trop éloignés des terres propices au séchage du poisson. Ce procédé requiert une plus grande quantité de sel que celui de sécherie (*voir* PÊCHE «SÈCHE»), mais a les avantages de demander moins de temps de manipulation pendant la saison de la pêche et de ne pas dépendre des variations du climat près des bancs de pêche. La pêche verte rend les bateaux moins dépendants des installations côtières et ne les limite donc pas à une seule zone géographique. (*Voir aussi* PÊCHE, HISTOIRE DE LA.)

Robert D. Pitt

Peckford, Alfred Brian, enseignant, politicien et premier ministre de Terre-Neuve (Whitbourne, T.-N., 27 août 1942). Peckford est élu pour la première fois à la Chambre d'assemblée le 24 mars 1972. Il est nommé adjoint spécial de Frank MOORES en 1973, ministre des Affaires municipales et de l'Habitation en 1974, et ministre des Mines et de l'Énergie en 1976. En 1977, il revendique la propriété des ressources pétrolières au large des côtes de Terre-Neuve et réglemente l'exploration de ces ressources.

En 1978, les sociétés d'exploration se servent déjà de leurs permis de forage émis par la province et le gouvernement fédéral. Sa défense énergique des droits de la province lui vaut l'appui d'un large public et il sort vainqueur de la course à la direction de son parti en mars 1979. Il remporte les élections la même année ainsi qu'en 1982, après avoir promis un avenir prospère fondé sur un contrôle et une gestion efficace des ressources naturelles de Terre-Neuve.

Les efforts qu'il déploie pour assurer plus de pouvoirs au provincial sont marqués par des disputes juridiques avec le gouvernement fédéral. Dans *The Past in the Present* (1983), Peckford expose sa propre vision de la façon dont les ressources naturelles ont été mal gérées dans le passé. Il y fait aussi des propositions quant à l'orientation économique et sociale de Terre-Neuve. Cependant, l'avenir prospère qu'il avait promis ne s'est pas concrétisé et, aux élections de 1985, le chômage s'élève à 21 p. 100. Il est réélu au terme d'une campagne houleuse avec une majorité réduite. Peckford se porte énergiquement à la défense de l'ACCORD DU LAC MEECH et il donne résolument son appui au LIBRE-ÉCHANGE parrainé par B. Mulroney, premier ministre fédéral, dans l'espoir que les exportations de Terre-Neuve puissent en tirer profit. Il démissionne comme premier ministre en 1989 et fonde sa propre société d'experts-conseils.

Melvin Baker

Peden, William J., dit «Torchy», cycliste (Victoria, C.-B., 16 avril 1906—Chicago, Ill., 25 janv. 1980). Pendant sa jeunesse, Peden pratique plusieurs sports et est reconnu comme un nageur de calibre national. Membre de l'équipe canadienne de cyclisme aux Olympiques d'Amsterdam, en 1928, il remporte par la suite plusieurs courses importantes en Europe. Il devient professionnel en 1929 et se joint au circuit des Six-Jours, étendant sa renommée en Amérique du Nord comme en Europe. De stature imposante, il est le favori de la foule à l'époque où ce sport insolite est à son apogée. Entre 1929 et 1948, il remporte 38 courses sur 148, record inégalé jusqu'en 1965.

J. Thomas West

Pédiatrie Branche de la MÉDECINE qui s'occupe des enfants, de leur croissance, de leurs maladies et des soins qui leur sont prodigués. À l'instar des hospices des enfants trouvés, mis sur pied par le dynamisme de l'Église catholique au Québec au début du XVIIᵉ s. pour subvenir aux besoins des nourrissons et des enfants (*voir* HÔTEL-DIEU), les premières écoles de médecine qui apparaissent moins de 200 ans plus tard sont dirigées par des partisans influents d'une médecine et d'une chirurgie orientées vers les adultes (*voir* FORMATION MÉDICALE). À l'image des occupants des hospices des enfants trouvés, négligés, mal nourris et maltraités, la pédiatrie, cette nouvelle spécialité, doit lutter pour s'arracher à l'emprise d'intérêts plus puissants et s'avère la parente pauvre de la médecine.

Luttes pour acquérir une identité propre L'Hôpital général de Montréal est fondé en 1822, mais ce n'est qu'en 1912 que la faculté de médecine de l'U. McGill nomme son premier professeur de pédiatrie, A.D. Blackader. L'U. Laval, à Québec, fait mieux et nomme R. Fortier son premier professeur de pédiatrie en 1893. Blackader, premier président de la Société canadienne de pédiatrie (SCP), a décrit les premières luttes de la spécialité naissante dans le but de faire reconnaître son identité propre. Ces luttes encouragent les membres de la SCP, qui, très tôt, deviennent des ardents promoteurs de la médecine préventive, permettant de dépister chez les jeunes enfants les germes de maladies. Non traités, ces germes pourraient surgir plus tard dans la vie sous forme de maladies dévastatrices.

Le premier des grands hôpitaux pédiatriques à voir le jour est The Hospital for Sick Children de Toronto. Il est fondé en 1875, et, en 1919, il a acquis une réputation internationale. L'Hôpital de Montréal pour enfants (partie de l'Hôpital général de Montréal) est fondé en 1903 et le Winnipeg Children's Hospital, en 1909. Dans les années 20, des pédiatres enthousiastes et ayant une solide formation tels Alan Brown, de Toronto, Alton Goldbloom, de Montréal et Gordon Chown, de Winnipeg, se joignent à ces centres. En raison de l'importance qu'accorde la pédiatrie à la nutrition, à l'hygiène et à l'immunisation pour contrer les infections graves qui frappent les enfants, le taux de mortalité fléchit de façon spectaculaire.

Canadiens exceptionnels La SCP, aidée de ces pionniers et des nombreux pédiatres qui se sont joints à ses rangs depuis 1923, a énormément accru son rôle et est devenue un puissant défenseur de nombreuses questions relatives aux enfants canadiens. Elle entretient une relation suivie avec l'*American Academy of Pediatrics*. Dans les années 50, quelques chirurgiens se spécialisent en chirurgie infantile et fondent, en 1967, l'Association canadienne de chirurgie pédiatrique, qui entretient des liens étroits avec la SCP.

De nombreux pédiatres canadiens ont acquis une réputation internationale, notamment Bruce Chown en immunisation fœto-maternelle, Robert Usher et Paul Swyer pour les soins aux nouveau-nés, Charles Scriver et F. Clarke FRASER en GÉNÉTIQUE, John D. Keith et Richard Rowe en cardiologie, Henri J. Breault pour la conception des contenants de médicaments dangereux munis de bouchons de sécurité, Claude Roy en nutrition et Albert Royer pour l'aide aux pays en voie de développement.

Avenir de la pédiatrie Celui-ci semble vraiment prometteur. Les progrès en BIOLOGIE MOLÉCULAIRE ont provoqué une révolution scientifique qui a donné lieu à plusieurs événements importants, notamment la cartographie du patrimoine génétique humain. Les maladies causées par un matériel génétique défectueux peuvent aujourd'hui être dépistées avec précision, ce qui permet aux médecins de dispenser des conseils judicieux aux parents et aux membres de la famille, et de proposer des actions thérapeutiques novatrices (*voir* MALADIES HÉRÉDITAIRES). Il est possible de prélever du sang dans le placenta et le cordon ombilical humains. Grâce à une série d'étapes complexes, ce sang peut ensuite être transformé en cellules souches, les plus jeunes des lignées formatrices des cellules du sang. Ces cellules souches peuvent être injectées au fœtus *in utero* pour remplacer les cellules atteintes et ainsi guérir la drépanocytose et la thalassémie. Le taux de survie jusqu'à l'âge de 15 ans dans les cas de leucémie lymphoïde des jeunes enfants est passé à 70 p. 100 à la suite de l'apport de la chimiothérapie. La possibilité d'une guérison définitive existe déjà grâce à l'utilisation de la radiothérapie pour détruire les cellules cancéreuses (*voir* CANCER) dans la moelle osseuse, suivie d'une perfusion de moelle osseuse ou de cellules souches provenant d'un donneur compatible. Le GÉNIE GÉNÉTIQUE a rendu possible la production d'INSULINE ou d'hormones de croissance humaines de sorte que le pédiatre n'est plus tributaire de substances prélevées sur des animaux d'abattoir, avec tous les risques que cela comporte. Enfin, les enfants canadiens sont maintenant protégés contre 12 maladies infectieuses au moins grâce à l'utilisation d'agents immunisants particulièrement efficaces. L'avenir semble vraiment prometteur.

William C. Taylor

Pédiculaire Du genre *Pedicularis,* plante herbacée de la famille des scrofulaires (scrophulariacées). Il existe 500 espèces dans l'hémisphère Nord dont 22 au Canada. La plupart des espèces canadiennes sont vivaces et leur taille varie de 10 à 100 cm de hauteur. On trouve des pédiculaires dans les lieux alpins de même que dans les sols humides et marécageux en association avec des graminées. Ils sont hémiparasites: les feuilles vertes produisent des nutriments, mais les racines portent des suçoirs qui s'attachent aux racines des graminées pour se nourrir. Les fleurs en forme de bec de perroquet et aux couleurs souvent éclatantes poussent habituellement en de brillants épis terminaux. Le *P. arctica*, aux fleurs roses soutenues par de robustes tiges (qui atteignent jusqu'à 15 cm) abonde souvent dans les lieux alpins. Le *P. groenlandica*, commun dans les tourbières, atteint 50 cm et ses fleurs sont pourpres. Le pédiculaire du Canada ou bétoine pourprée (*P. canadensis*), aujourd'hui considéré comme toxique, était consommé par les colons qui en nourrissaient aussi leur bétail. Les autochtones de l'Amérique du Nord en faisaient autant et l'utilisaient aussi pour guérir les morsures de serpent à sonnettes, pour réduire les enflures et comme aphrodisiaque.

Patrick Seymour

Peel, Paul, portraitiste (London, Canada-Ouest, 7 nov. 1860—Paris, France, 11 oct. 1892). Il consacre ses années d'études à l'apprentissage du style académique auprès du grand portraitiste américain Thomas Eakins à la Pennsylvania Academy of Fine Arts, à Philadelphie, ainsi qu'à la Royal Academy School de Londres et à l'École des beaux-arts de Paris. Le caractère sentimental de ses études d'enfants, telles que *The Tired Model* (1889) et *After the Bath* (1890), obéit au précepte de copie méticuleuse d'après modèle, précepte prôné par l'Académie voulant qu'il faille reproduire fidèlement le modèle. *After the Bath* lui vaut d'ailleurs une médaille au Salon de 1890 et révèle sa maîtrise de la lumière et de la couleur.

Bien qu'il soit l'un des premiers artistes canadiens à peindre des nus, comme *A Venetian Bather* (1889), ses toiles sont ternes en comparaison de celles de Degas ou de Renoir. Dans des œuvres telles que *Repose* (vers 1890) et *Good News, Toronto* (1890), il essaie timidement de délaisser la représentation académique, et ses petits croquis impressionnistes dégagent une fraîcheur remarquable. Toutefois, il ne vit pas assez vieux pour dépasser son sentimentalisme académique. Il meurt à Paris, où il a passé la plus grande partie de sa vie active, d'une infection pulmonaire provoquée selon toute vraisemblance par le surmenage et l'épuisement. Une importante rétrospective de son œuvre a lieu en 1987 à London, en Ontario.

Pegahmagabow, Francis, chef anishnabe (ojibwé), défenseur des droits autochtones et héros de guerre (Shawanaga, Ont., 9 mars 1889, dans le clan du Caribou—île Parry, Ont., 5 août 1952). Héros de la Première Guerre mondiale, il devient un fervent défenseur des droits et de l'autodétermination des Indiens. Promu caporal suppléant en 1915, il reçoit la médaille militaire et deux agrafes en reconnaissance de son excellence comme tireur d'élite et comme éclaireur dans les batailles d'Ypres (1915), de Passchendaele (1917) et d'Amiens (1918). Il est élu deux fois chef de la bande des Ojibwés de Parry Island. Durant toute sa vie, il lutte éloquemment avec sa plume contre les violations des droits autochtones issus des traités.

Franz M. Koennecke

Peggy's Cove, Localité non const. de la N.-É.; pop. 120 (rec. 1991), 47 (rec. 1986); située à 43 km au sud d'Halifax, sur la rive est de la baie St. Margaret. Cette anse étroite tient probablement son nom de la femme de William Rodgers, un Irlandais venu s'établir à la baie St. Margaret (1770). En 1811, des terres sont concédées à cinq hommes qui y pêchent depuis 1804. En 1827, sept familles sont déjà établies le

long du bras de mer pittoresque bordé par une côte de granit accidentée.

Cette formation rocheuse exceptionnelle, frappée par les vagues, attire depuis longtemps touristes et artistes. Le phare abrite durant l'été un bureau de poste. Le Fishermen's Monument est une peinture murale imposante réalisée par l'artiste William de Garthe sur un bloc de granit et célébrant les liens qui unissent les familles de pêcheurs à l'océan. Le 2 sept. 1998, le vol 111 de la Swissair s'est abîmé à 6 miles nautiques au large de Peggy's Cove, faisant 229 victimes.

Judith Hoegg Ryan

Peguis, chef des Saulteaux (près de Sault-Sainte-Marie, Ont., vers 1774—Rivière Rouge, Man., 28 sept. 1864). Bien que chef éminent de son propre peuple, il devient célèbre pour l'aide qu'il apporte aux colons de Selkirk. À leur arrivée à la rivière Rouge en 1812, il les défend, leur apprend à vivre de la terre et, plus tard, aide les survivants de l'INCIDENT DE SEVEN OAKS. Baptisés par des missionnaires anglicans en 1840, Peguis et sa femme prennent les noms de William et Victoria King, tandis que leurs enfants adoptent le nom de Prince. S'il demeure amical avec les Blancs, il est plus tard déçu par les intrusions dans sa réserve et les violations de son traité de 1817 avec lord SELKIRK.

Hugh A. Dempsey

Peigans ou Pikunis Ils forment la plus grande des trois bandes de la NATION DES PIEDS-NOIRS. Leur nom est une déformation du mot *apiku'ni*, qui signifie «robe mal tannée». Les commerçants de fourrures les appellent les Indiens de la rivière Muddy. Au Canada, l'orthographe officielle du nom est Peigan et, aux États-Unis, Piegan. De souche linguistique algonquine, ils parlent la même langue que les GENS-DU-SANG (Kainahs) et les PIEDS-NOIRS (Siksikas), avec de légères variantes dialectales.

Ils occupaient jadis un vaste territoire de chasse qui s'étendait le long des contreforts depuis Rocky Mountain House jusqu'à Heart Butte, au Montana, et vers l'est jusque sur les Plaines. Au milieu du XIXᵉ s., ils se sont déjà déplacés plus au sud dans la région comprenant les rivières Teton et Marias, au Montana, et la rivière Milk, en Alberta. Ils sillonnent également le Nord jusqu'à Fort Edmonton et l'Est jusqu'à la frontière actuelle de l'Alberta et de la Saskatchewan.

En raison de sa forte population, ce peuple en vient à se scinder en deux bandes, mais elles voyagent souvent ensemble et sont à ce point unies qu'il est impossible de les distinguer nettement. Les Peigans comptent de 3000 à 5000 personnes, mais ne sont plus que 2500 après l'épidémie de variole de 1837. En 1870, la population des Peigans du Sud s'élève à 3240 personnes et celle des Peigans du Nord, à 720. Ce sont des nomades qui chassent le bison et dont l'organisation en sociétés religieuses et guerrières est complexe. Leurs ennemis comprennent les Crows, les Shoshonis, les Nez-Percés, les DAKOTAS et les ASSINIBOINES.

En 1855, ils sont les principaux signataires d'un traité avec les Américains, mais, en 1877, les Peigans du Sud s'étant déjà installés dans une réserve au Montana, seuls les Peigans du Nord signent le Traité nº 7 avec le gouvernement canadien. Ils choisissent une réserve près de Pincher Creek, en Alberta. Plus tard, la bande du Sud adopte l'appellation officielle d'Indiens Pieds-Noirs du Montana et la bande du Nord établie au Canada conserve simplement le nom de Peigans (Pikunis).

Leur réserve se prête un peu à l'agriculture et à l'élevage, mais ce peuple est confronté aux problèmes habituels d'intégration et de perturbation de sa vie sociale et culturelle (*voir* RÉSERVE INDIENNE). On tente de fonder de petites entreprises dans la réserve et de nombreux Peigans cherchent du travail à l'extérieur de la région. De 1986 à 1996, la population de la réserve au Canada est passée de 2000 à

2907 personnes. (*Voir aussi* AUTOCHTONES: LES PLAINES et les articles généraux sous la rubrique AUTOCHTONES.)

Hugh A. Dempsey

Peine capitale En vertu de la loi britannique en vigueur au Canada jusqu'en 1859, quelque 230 délits, y compris le vol de navets et le fait d'être trouvé déguisé dans une forêt, sont passibles de la peine de mort. Dès 1865, seuls le meurtre, la TRAHISON et le VIOL sont des crimes punissables de mort. La campagne pour limiter ou abolir la peine capitale commence en 1914, lorsque Robert Bickerdike présente un projet de loi d'initiative parlementaire qui en demande l'abolition; mais la loi demeure inchangée en dépit des nombreuses propositions à cet effet soumises au Parlement. En 1967, un projet de loi du gouvernement visant à punir d'emprisonnement à perpétuité obligatoire tous les cas de meurtre, sauf ceux où la victime est un policier en devoir ou un gardien de prison, est adopté par 105 voix contre 70 pour une période d'essai de cinq ans. Lors d'un vote en Chambre en 1973, cette loi est maintenue par une majorité de 13 voix. En 1976, la Chambre des communes abolit le pendaison par une majorité de 6 voix (bien que la lâcheté, la désertion, la capitulation illégale et l'espionnage pour l'ennemi demeurent passibles de peine de mort en vertu de la Loi sur la défense nationale). En 1962, Ronald Turgsin et Arthur Lumas sont les derniers détenus à subir la pendaison au Canada.

Débat vigoureux Dans les années 80 et 90, le rétablissement de la peine capitale a fait l'objet d'un vigoureux débat public. Ceux qui sont en sa faveur font valoir, entre autres raisons, que la peine capitale est un moyen de dissuasion efficace contre l'HOMICIDE, mais la majorité des études menées dans les sociétés occidentales concluent que les taux de meurtre demeurent stables ou baissent à la suite du recours décroissant à la peine de mort et que ni l'abolition ni le rétablissement de celle-ci n'ont une influence importante sur les taux d'homicide. Dans un vote historique tenu au Parlement le 30 juin 1987, les députés rejettent par 148 voix contre 127 le rétablissement de la peine de mort, annihilant du même coup toute tentative de la rétablir dans un avenir prochain. Par la suite, on met sur pied une Commission parlementaire sur la justice chargée d'élaborer une solution de remplacement convenable et pratique assurant que les DÉLINQUANTS DANGEREUX soient gardés en prison et permettant une utilisation plus efficace de la libération conditionnelle qui protège mieux la société.

«Clause de la dernière chance» Un autre débat récent porte sur une disposition de la loi en vigueur sur la peine de mort. Il s'agit de l'article 745 du *Code criminel*, la «clause de la dernière chance». Cet article s'applique aux criminels condamnés à l'emprisonnement à perpétuité sans admissibilité à la libération conditionnelle avant 15 ans ou plus, aux criminels condamnés pour haute trahison ou pour homicide volontaire, non admissibles à la libération conditionnelle pendant 25 ans et aux criminels condamnés pour homicide involontaire, dont la libération conditionnelle devient possible après 10 à 15 années d'emprisonnement. Après 15 ans d'internement, un détenu peut demander au juge en chef de la province où il a été condamné de réduire la période de son admissibilité à la libération conditionnelle. Le juge en chef nomme alors un juge de la Cour supérieure chargé de former un jury de 12 membres (représentatifs de la collectivité et de sa conscience) pour entendre et juger la demande.

Le jury doit tenir compte du caractère du détenu, de sa conduite en prison, de la nature de son crime et de toutes autres questions que le juge considère comme pertinentes et, en vertu d'une loi en instance, des informations apportées par les personnes immédiatement touchées par le crime, comme les membres de la famille de la victime. Le jury peut réduire ou mettre fin à la période d'admissibilité à la libération conditionnelle du détenu (par une majorité des deux tiers des votes) ou rejeter la demande. Le détenu peut en appeler de la décision du jury directement à la Cour suprême du Canada.

Buts de l'article 745 Ils consistent à fournir aux condamnés à perpétuité la possibilité de bénéficier d'une libération anticipée, à leur offrir une bonne raison de bien se comporter en prison et à permettre de réduire leur sentence à la lumière des changements survenus. Malgré ces justifications humanitaires et institutionnelles, la possibilité que des tueurs en série tels que Clifford Olson ou Paul Bernardo deviennent admissibles à la libération conditionnelle après seulement 15 ans d'emprisonnement a donné lieu à une demande d'abrogation de l'article 745. En juin 1996, le gouvernement libéral présente un projet de loi qui amenderait l'article 745 de façon que: 1) les tueurs en série n'aient pas le droit de soumettre une demande de libération conditionnelle; 2) les prisonniers soient tenus de persuader un juge qu'une audience de libération conditionnelle comporte une chance raisonnable de succès avant de permettre l'audience avec jury; et 3) l'unanimité du jury soit requise pour réduire l'admissibilité à la libération conditionnelle.

Paul Gendreau et W. Renke

Peintres topographes Les études topographiques remontent à l'intérêt que portait l'Europe du XVIe s. au relief et aux détails dans la représentation du paysage. L'exécution devait être précise tant pour des raisons de fierté, de fidélité à la réalité observée, que pour des raisons stratégiques. Les artistes topographes se plaisaient également à évoquer des images poétiques qui ouvraient de nouveaux panoramas à l'imagination populaire. Il existe dans les collections canadiennes quelques rares paysages topographiques qui datent de la fin du XVIIe s. au début du XXe s. Des dessins topographiques de certaines parties du Saint-Laurent ont été réalisés avant la construction de la voie maritime. Notons que les périodes les plus fécondes se situent à la fin du XVIIIe s. et au XIXe s. À cette époque, les aquarellistes professionnels aussi bien qu'amateurs prolifèrent principalement en Angleterre. La topographie est enseignée par des artistes à l'Académie royale militaire située à Woolwich, ville des environs de Londres. L'un d'eux, Paul Sandby, dessine de remarquables paysages où s'allient la précision du rendu topographique et la vision poétique du paysage d'agrément. L'enseignement de ce maître influence les militaires qui reçoivent une formation en dessin topographique.

Des soldats et des colons britanniques installés au Canada s'adonnent à ce passe-temps et laissent un grand nombre d'œuvres sur les paysages et les coutumes du pays. P. ex., Hervey Smyth montre l'envergure des forces anglaises qui montent à l'assaut de Québec. Richard Short étale dans ses dessins de la ville conquise l'importance de la flotte britannique, la richesse de l'architecture et la nature bon enfant de ses habitants. Thomas DAVIES préfère les aquarelles représentant des scènes où l'humain et la nature vivent en harmonie. George HERIOT illustre *Travels through the Canadas*, qui connaît alors une grande popularité en Europe et en Amérique du Nord. James Pattison COCKBURN réalise une importante collection d'aquarelles sur Québec et ses environs. Il dessine les activités de la place du marché et le charme des rues étroites où se côtoient les militaires anglais et les Canadiens français. Il sait montrer le pittoresque des CHUTES MONTMORENCY et la beauté de la campagne québécoise.

Les artistes topographes peignent des paysages idéalisés et souvent grandioses. Les chutes montmorency sont le sujet favori de plusieurs d'entre eux. Contrairement à d'autres artistes de la même période, Davies et Heriot estiment que tout dans la nature est digne d'être dessiné pour le plaisir des yeux et de l'imagination, et ce, à la manière d'un grand parc anglais éloigné des soucis de ce monde. Leurs tableaux font ressortir le caractère pittoresque du pays conquis, des Canadiens français et des Amérindiens en même temps que le raffinement et l'élégance des administrateurs coloniaux.

Cette période produit aussi des tableaux moins idéalistes tels ceux de John Webber qui accompagne James Cook sur son navire lors de l'exploration du Pacifique. Puisque les toiles, les aquarelles ou les dessins sont quelquefois gravés en Europe ou aux États-Unis, les peintres topographes contribuent à éveiller l'intérêt pour cette partie de l'Amérique du Nord britannique.

Ces artistes sont imités par des explorateurs comme George BACK, des aventuriers comme William HIND, des femmes d'administrateurs comme Lady Dufferin et Elizabeth SIMCOE, des femmes de pasteurs comme Henrietta Cartwright ou des ingénieurs comme William Armstrong. Les œuvres des peintres topographes ont permis de figer dans la mémoire collective l'image des paysages et des habitants du Canada d'hier.

Pierre Doyon

Peinture: les débuts C'est dans les enluminures des cartes géographiques («Mappemonde» de Pierre Descelliers) et dans celles des atlas («Atlas» de Vallard ou de Guillaume Le Testu) du milieu du XVIe s. que l'on trouve les premières représentations du territoire canadien, de ses habitants, de sa faune et de sa flore. Certes, ces documents sont produits en Europe par des artistes qui ne sont jamais venus au Canada et qui tentent d'illustrer, en s'inspirant de la tradition européenne, les récits de voyage. D'où les pygmées et les licornes qui paraissent dans la Mappemonde de 1550 de Descelliers. Par contre, il arrive que les embarcations indiennes soient aussi représentées, en face des côtes de Terre-Neuve, pour une chasse à la baleine.

Les récits de voyage eux-mêmes ne sont pas sans fantaisie. La vue de Hochelaga du *Delle navigationi et viaggi* (1550-1559) de Giovanni Battista Ramusio ressemble plus à une ville utopique de la Renaissance qu'à un village iroquois. Les illustrations des livres de CHAMPLAIN sont plus convaincantes, p. ex., sa représentation d'une femme huronne pilant le maïs au mortier ou sa représentation d'une chasse au cerf.

Mais le document le plus extraordinaire de la période est sans contredit l'*Histoire naturelle des Indes Occidentales* (c. 1675) par le jésuite Louis Nicolas. Certes ses dessins de la faune, tant terrestre que marine et aérienne, s'inspirent de près des gravures de l'*Historia animalium* du grand naturaliste suisse, Konrad Gesner, comme ses portraits d'Indiens sont inspirés des gravures de l'*Historia canadensis, seu Novae Franciae...* d'un autre jésuite, le père François du Creux. Mais la richesse des notations du texte, la naïveté du dessin, l'abondance des observations tant ethnographiques que botaniques et zoologiques en font un document remarquable.

Les gravures des *Mœurs des sauvages américains comparées aux mœurs des premiers temps* (1724) par le père Joseph-François LAFITAU, bien que souvent inspirées des gravures de Théodore de Bry, manifestent une connaissance peu commune des usages iroquois. On pourrait en dire autant de l'*Histoire de la Nouvelle-France* (1744) du jésuite Pierre-François-Xavier de CHARLEVOIX, qui fait inclure dans son ouvrage plusieurs planches consacrées à la flore du Canada.

Alors que ces premières images du Canada paraissent en France et plus généralement en Europe, les colons français font venir au Canada des gravures et des tableaux pour répondre à leurs besoins d'images. On va même jusqu'à faire venir un peintre important, Claude Lefrançois, dit le frère LUC, qui, durant les 16 mois qu'il passe en Nouvelle-France, a peint plusieurs tableaux pour les communautés religieuses de Québec (*L'Assomption*, 1671, pour l'Hôpital Général de Québec) et pour les paroisses des alentours. On lui doit aussi un *Portrait de Monseigneur Laval*, 1671-1672. Les missionnaires catholiques utilisent les unes et les autres dans leur entreprise de conversion des Indiens, comme le rappelle le grand tableau, *La France apportant la foi aux Indiens de la Nouvelle-France* (vers 1666, Couvent des Ursulines, Québec), où la France est personnifiée sous les traits d'Anne d'Autriche. Nous savons que quelques missionnaires se sont adonnés eux-mêmes à la peinture, comme les pères Jean Pierron et Claude CHAUCHETIÈRE. Malheureusement leurs œuvres sont perdues, sauf peut-être le portrait de Katéri TEKAKWITHA (vers 1681), attribué à ce dernier.

À propos des missionnaires jésuites, il faut également signaler la gravure de Grégoire Huret, *Preciosa mors quorumdam Patrum e Societ. Jesu in nova Francia...*, dont on connaît quatre états, le plus ancien remontant à 1651, consacré aux saints martyrs canadiens.

Il va sans dire que des portraits gravés et des représentations peintes du Roi-Soleil (Louis XIV) ont été importés en Nouvelle-France. La résidence des gouverneurs à Québec, le château Saint-Louis, possédait certainement un portrait du roi. Il est plus difficile d'imaginer les tableaux et les gravures qui décoraient les murs des résidences privées et des maisons, les inventaires après décès se contentant bien souvent de signaler la présence de beaux «cadres» sans plus de détails.

Avec la conquête anglaise (1759-1760), les sujets picturaux et les styles changent. Alors que sous le Régime français, les paysages étaient rarissimes (une *Vue des chutes Niagara* dans le livre du récollet Louis Hennepin est l'exception), les premiers PEINTRES TOPOGRAPHIQUES anglais vont faire du paysage et des vues de villes leur sujet principal. Ces peintres britanniques étaient des militaires qui avaient appris leur métier à la Royal Military Academy de Woolwich. On croyait utile de leur enseigner non seulement à faire des cartes géographiques, mais aussi à «saisir» des vues topographiques de paysages. En bons fils des Lumières, ils sont attirés par le pittoresque et le sublime. Les chutes d'eau dans des paysages de montagnes les attirent particulièrement. Mais les tout premiers d'entre eux, comme Richard Short, George HERIOT et le capitaine Hervey Smyth, documentent aussi les destructions de la Conquête. Leurs aquarelles sont gravées à Londres et ont un immense succès.

Certainement, le plus doué d'entre eux fut Thomas DAVIES, qui servit successivement à Halifax, à Québec et à Montréal entre 1757 et 1790, et qui nous a laissé une série d'aquarelles d'une fraîcheur remarquable. Quelques artistes arrivent à vivre de leur art en se faisant portraitistes ou décorateurs d'églises. On attribue à Louis Dulongpré pas moins de 3000 portraits durant la période de 1785 à 1815; beaucoup sont des pastels.

Nés au Canada, François Beaucourt et François BAILLARGÉ font leurs études en France mais retournent au Canada pour y faire carrière. Des artistes étrangers comme William BERCZY, qui avait déjà travaillé en Europe, émigrèrent au Canada. Peu après son arrivée à Markam, près de York, en 1794, Berczy fit le portrait de Joseph BRANT, chef des Mohawks resté fidèle à la couronne anglaise et, en 1808, peignit *The Woolsey Family*, une famille de Québec, une *conversation piece*, comme on disait à l'époque. Cette même année Robert Field arrive à Halifax, où pour les huit années qui suivent, il peint la bonne société de la Nouvelle-Écosse. Le plus célèbre de ces peintres émigrés est cependant Cornelius KRIEGHOFF qui épouse une Canadienne française, s'installe d'abord dans la région de Montréal, puis à Québec. Ses sujets de prédilection, l'habitant canadien-français et l'Indien, plaisent aux amateurs et Krieghoff connaît un succès appréciable auprès de l'élite anglophone du Bas-Canada. Son approche picturale, presque théâtrale, est unique dans la peinture canadienne de son temps.

Contrairement aux villes, le Québec rural reste attaché aux traditions; l'Église occupe toujours une place centrale dans la vie des communautés. *Saint-Louis tenant la couronne d'épines* (1777), peint par l'abbé Jean-Antoine AIDE-CRÉQUY pour l'église Saint-Louis de l'île aux COUDRES (qui donne au saint patron de la paroisse les traits de Louis XVI), illustre bien l'attachement des Canadiens français, devenus sujets britanniques, à la couronne française et à la religion catholique.

Une conséquence inattendue de la révolution française a été l'acquisition par les abbés Desjardins (Louis-Joseph et Louis-Philippe) d'un lot de 200 tableaux sauvés des pillages des églises et exportés au Canada en 1816 et 1820. La plupart de ces tableaux aboutirent dans les églises, mais plusieurs furent achetés par Joseph LÉGARÉ en 1817, pour son musée, le premier à s'ouvrir au Canada. Certes, dans cette collection Desjardins, qu'il vaudrait mieux nommer le fonds Desjardins, comme l'a suggéré le professeur Laurier Lacroix, il y avait à boire et à manger. Il y avait, cependant, des natures mortes, des sujets historiques et des paysages qui ont donné l'idée à nos peintres de s'essayer dans des genres qu'ils n'avaient pas touché auparavant.

Légaré lui-même fut influencé par les tableaux de sa collection, d'autant qu'il pratiqua souvent la copie. Ses meilleurs tableaux, comme *Paysage au monument Wolfe*, vers 1840, réussissent à intégrer des éléments pris à divers sources dans une composition originale, véhiculant un message politique clair aux Canadiens français dans les retombées du Rapport Durham. Antoine PLAMONDON, qui fut son élève, fit des études à Paris auprès de Paulin Guérin, se fit une réputation enviable de portraitiste et de décorateur d'églises. Ses portraits de religieuses de l'Hôpital général de Québec peints en 1841 sont justement célèbres, comme son projet pour un chemin de croix de l'église Notre-Dame à Montréal. Plamondon entendait garder le monopole de la peinture dans la région de Québec et a âprement défendu son territoire contre des peintres américains de passage, comme James Bowman ou Henry Thielcke ou les décorateurs italiens auxquels le clergé ultramontain confiait la décoration de ses églises. Théophile HAMEL, qui fut l'élève de Plamondon, suivit les traces de son maître et se fit également connaître par ses portraits, y compris son *Autoportrait*, vers 1837.

George Théodore Berthon, d'origine française, préféra faire carrière comme portraitiste à Toronto. On ne s'étonnera pas dès lors que le besoin de créer des sociétés d'artistes, sous forme de *art clubs* ou de sociétés plus formelles, comme la Société littéraire et historique de Québec, aient pu voir le jour durant cette période (*voir* ASSOCIATIONS D'ARTISTES).

(*Voir aussi* PEINTURE: 1840-1940 et PEINTURE: LES MOUVEMENTS MODERNES.)

Francois-Marc Gagnon

Peinture: 1840-1940 Avant les années 1840, la peinture canadienne est fortement influencée par les conventions et les goûts européens. Il n'y a pas de changement majeur après cette période, mais le contenu, de plus en plus canadien, influencera grandement la pratique artistique au Canada. Le peintre romantique canadien le plus populaire et le plus prolifique demeure Cornelius KRIEGHOFF qui, après 1841, peint plusieurs scènes des alentours du Saint-Laurent. Certaines sont humoristiques, d'autres anecdotiques. D'un tempérament exubérant, Krieghoff, après avoir vu la peinture de genre à la Düsseldorf Academy, transforme ses portraits de la vie quotidienne en tableaux d'une immense popularité. Il s'intéresse depuis toujours aux Indiens et, comme sa femme est d'origine canadienne-française, il connaît intimement le style de vie des habitants. Il est intéressant de noter que le soutien qu'obtient Krieghoff pour son travail lui vient de ses protecteurs canadiens-anglais, car la bourgeoisie française de l'époque est offusquée par ses tableaux, qu'elle

considère comme une caricature vulgaire de la vie du peuple et une insulte à leur mode de vie.

En même temps que Krieghoff cède à la fascination de la vie quotidienne au Québec, un cas semblable se produit dans l'ouest du pays. L'immigrant suisse, Peter RINDISBACHER, qui arrive à la COLONIE DE LA RIVIÈRE ROUGE en 1821, à l'âge de 15 ans, est tellement impressionné par le style de vie à Fort Garry qu'il peint une série d'aquarelles remarquables. Celles-ci représentent des Indiens vêtus de costumes étranges ainsi que des bisons dans les prairies en hiver. Vingt ans plus tard, Paul KANE devient célèbre pour ses tableaux dans lesquels il représente l'Ouest et ses habitants. Il n'est au départ qu'un petit portraitiste de l'Ontario qui aspire à devenir un grand peintre et part étudier en Europe. Inspiré par les portraits d'Amérindiens des États-Unis qu'expose alors le peintre George Catlin à Londres, Kane envisage de réaliser un projet similaire pour représenter les autochtones du Canada. Au cours des années 1846-1848, lors d'une excursion dans des régions sauvages qui le mène, en compagnie de marchands de fourrures, de l'Ontario jusqu'à Fort Vancouver, il fait des croquis de paysages et de tribus qu'il rencontre sur sa route. Plus tard, il produira 100 toiles à partir de ces esquisses et publiera le récit de ses voyages. Kane inspire d'autres artistes. Ainsi, en 1872, Frederick VERNER entreprend un voyage semblable au cours duquel il réalise des croquis d'Indiens et de bisons. De son côté, William G.R. HIND part en expédition pendant une saison entière avec son frère Henry, un scientifique, pour explorer le Labrador. Plus tard, il se joint aux OVERLANDERS de 1862, un groupe de chercheurs d'or qui se dirigent par voie de terre vers les mines récemment découvertes en Colombie-Britannique. Il immortalisera ces aventures.

Avant la Confédération, la peinture de style documentaire domine au Canada. Elle représente tantôt les frontières, tantôt les gens de la haute société dans les villes de garnison ou encore les paysages merveilleux des nouvelles contrées. Jusqu'à la fin du XIXᵉ s., l'atmosphère est à la croissance et à l'optimisme. On assiste à l'industrialisation, à la rébellion de Riel et au développement de l'Ouest canadien. Pourtant, rares sont les artistes de l'époque qui représentent cette évolution. À mesure que la PHOTOGRAPHIE s'investit dans la documentation sociale, les artistes victoriens se tournent vers le monde idéalisé du paysage rural. Ils fondent des sociétés d'art professionnel grâce auxquelles ils peuvent exposer, promouvoir et vendre leurs œuvres, le plus souvent à Montréal et à Toronto.

Plusieurs artistes de talent travaillent dans les studios de William NOTMAN, un photographe de Montréal qui, dès les années 1860, s'est taillé une réputation internationale avec ses portraits et qui obtient, par la suite, une reconnaissance encore plus grande grâce à ses paysages et à ses photographies de genre. Ils possèdent leur propre salle d'exposition ainsi que leur collection d'œuvres d'art, et leur compagnie devient, quoique officieusement, la plus importante école d'art du pays. Il existe une atmosphère de camaraderie entre les membres du groupe qui, dans leurs temps libres, organisent des séances de peinture ou partent en excursion pour dessiner les lacs et les monts des Cantons-de-l'Est et des environs. John FRASER, chef de file reconnu, ouvre une succursale à Toronto et aide à la mise en place de l'Ontario Society of Artists. Il prévoit d'ailleurs un espace dans la succursale du studio Notman afin de présenter, en 1873, la première exposition annuelle de la société. Parmi ses associés figurent son beau-frère, Henry Sandham, qui fondera plus tard une succursale du studio Notman à Saint-Jean, de même qu'Allan EDSON, formé à Paris, et Otto Jacobi, dont la carrière a commencé en Allemagne.

La recherche du paysage canadien à laquelle s'adonnent les photographes et artistes du studio Notman est étroitement liée au développement du chemin de fer qui ouvre l'accès à un nouveau territoire. Alors qu'auparavant les peintres voyageaient en train à partir de Montréal pour croquer des scènes du Québec, jusqu'à la vallée de la Matapédia, ils peuvent désormais élargir leur vision grâce à la ligne transcontinentale du Canadien Pacifique. qui leur fait traverser les Prairies et les Rocheuses. Sir William VAN HORNE, président de la compagnie de chemin de fer et lui-même collectionneur d'œuvres d'art, fournit des laissez-passer aux artistes afin qu'ils produisent du matériel publicitaire pour le Canadien Pacifique. Notman envoie une équipe de photographes dans les trains pour rendre compte en détail de la progression de la construction du chemin de fer à travers les montagnes. Fraser et d'autres artistes associés à Notman se rendent dans l'Ouest afin de peindre des aquarelles et des huiles de ces paysages magnifiques. Ces tableaux, techniquement exceptionnels et empreints d'un réalisme photographique, sont accueillis dans de nombreuses expositions jusqu'à la fin du siècle.

En 1880, grâce aux efforts du Gouverneur général, le marquis de LORNE, et de sa femme, la princesse Louise, l'ACADÉMIE ROYALE DES ARTS DU CANADA (ARC) est créée, conférant ainsi un nouveau prestige à l'art canadien. Lucius O'BRIEN, premier président de l'ARC, s'enthousiasme pour cette nouvelle exploration du visage du Canada. Il parcourt la Nouvelle-Écosse et le Nouveau-Brunswick, puis dès que le chemin de fer rejoint le Pacifique, il voyage vers l'Ouest pour peindre les montagnes et la région de Vancouver. Quelques-unes de ses plus belles toiles, notamment les magnifiques vues du Québec ou son lever du soleil sur le Saguenay, introduisent la luminosité que l'on retrouvera par la suite dans les peintures américaines de la Hudson River School.

Modèles européens Durant les années 1880 et 1890, l'Europe redevient le modèle à suivre pour les artistes canadiens, qui aspirent à faire des études dans les écoles parisiennes et à exposer au Salon de Paris. Les jeunes Canadiens admirent non pas l'avant-garde, mais les maîtres français et anglais les plus conservateurs, qui peignent des tableaux épiques dans un style naturaliste hautement raffiné. William BRYMNER et Robert HARRIS suivent cette voie et, à leur retour au Canada, enseignent «à la française» à Montréal et à Toronto. En 1883, le gouvernement fédéral commande à Harris un tableau des Pères de la Confédération. Paul PEEL est acclamé à Paris et au Canada pour ses études de baigneurs et d'enfants dont on ne reconnaît pas le style canadien, tandis que George REID a recours aux mêmes traditions monumentalistes dans ses scènes figuratives de l'Ontario rural, comme on peut le constater avec *Mortgaging the Homestead.*

Homer WATSON et Ozias LEDUC, deux jeunes peintres qui s'inspirent du Canada rural, ne visitent l'Europe qu'après avoir été reconnus comme artistes chez eux. Quand la reine Victoria acquiert le *Pioneer Mill* pour l'ajouter à sa collection d'œuvres d'art, Watson devient vite une célébrité. Leduc vit à Saint-Hilaire, au Québec. Pour subsister, il décore des églises, mais pour sa propre satisfaction personnelle, il peint des natures mortes, des personnages et des paysages. Entre-temps, à Paris, le style narratif doucereux du Salon subit les attaques de plus en plus fortes des artistes innovateurs des écoles impressionnistes ainsi que des écoles de Barbizon et de La Haye. Horatio WALKER est influencé par la peinture naturaliste et, à son retour au Canada, ses scènes rurales inspirées de l'ÎLE D'ORLÉANS lui valent des éloges dans toute l'Amérique du Nord. En 1910, la Galerie nationale du Canada verse 10 000 dollars pour *Oxen Drinking.*

Maurice CULLEN et James Wilson MORRICE figurent parmi les premiers artistes à appliquer les principes de l'impressionnisme français aux paysages canadiens. Cullen attire l'attention à Paris, puis revient au Québec à un âge avancé. La critique est acerbe envers lui et il vend peu. Il exerce cependant une grande influence en enseignant à la Société des Arts de Montréal. Pour sa part, Morrice, dont la fortune lui garantit une indépendance, passe une grande partie de sa vie à Paris. Il voyage beaucoup, fréquente Henri Matisse et est influencé par James Whistler. Entre 1907 et 1915, Cullen, Morrice et Marc-Aurèle de Foy SUZOR-COTÉ servent de modèles aux jeunes artistes qui viennent voir leurs œuvres aux expositions annuelles du Canadian Art Club de Toronto.

Nouveau mouvement paysagiste Dans les années qui précèdent immédiatement la PREMIÈRE GUERRE MONDIALE, l'émergence du nouveau mouvement paysagiste à Toronto modifie radicalement la peinture canadienne. Tom THOMSON est mort en 1917, mais les autres peintres, Frank CARMICHAEL, Lawren HARRIS, A.Y. JACKSON, Franz JOHNSTON, Arthur LISMER, J.E.H. MACDONALD et F.H. VARLEY, organisent, en 1920, la première exposition du GROUPE DES SEPT. Le style du Groupe dominera l'art canadien pendant les 30 années suivantes. Il s'agit d'une peinture audacieuse et imaginative, aux couleurs éclatantes et tendant vers un maniérisme postimpressionniste. C'est aussi un mouvement artistique qui suscite des controverses amères et des ferveurs patriotiques, qui capte l'intérêt du public mais qui laisse peu de place à l'émergence de styles artistiques différents. Dissous en 1933, le Groupe fait place à une autre association plus vaste composée d'artistes de tout le pays, le Canadian Group of Painters, qui encourage la peinture figurative et le modernisme aussi bien que le style paysagiste.

Deux artistes qui travaillent à la même époque que le Groupe des Sept, Emily CARR et David MILNE, ne seront pas appréciés avant la fin des années 30. Demeurés fidèles au milieu où ils ont grandi, ils travaillent dans un quasi-isolement, poursuivant leur propre cheminement artistique dans la pauvreté financière et la non-reconnaissance de leur travail. À la suite d'un voyage en Angleterre et en France, Carr est touchée par les couleurs vives et les vigoureux coups de pinceau des Fauves. À son retour, elle peint les forêts denses du Pacifique ainsi que des villages et des totems indiens avec une exubérance qui exprime la célébration de la nature et de ses mystères. Contrairement à Carr qui peint avec encore plus de dynamisme après avoir rencontré le Groupe des Sept, Milne ne partage pas la conscience nationale du Groupe et s'intéresse plutôt à l'expression esthétique individuelle et aux problèmes liés à son art. Il part étudier à New York et participe au célèbre Armory Show de 1913 qui introduira le modernisme en Amérique. Par la suite, dans les Catskills et dans diverses régions rurales isolées du sud de l'Ontario, il expérimente des formes évocatrices, des contrastes de ton et des plans picturaux singuliers, tout en simplifiant sa technique.

Plusieurs excellents peintres sont complètement ignorés à cette époque, d'abord à cause de la crise des années 30, mais aussi en raison de l'importance du Groupe des Sept dans le milieu artistique canadien. Les écoles et les sociétés d'art contrôlent l'accès des artistes aux expositions, l'acquisition d'œuvres d'art nouveau est rare, et le public autant que les institutions expriment de la réticence ou même de l'indifférence face au changement. Lionel LeMoine FITZGERALD peint des scènes intimes et douces ayant pour cadre Winnipeg. Charles COMFORT, avec le portrait de son ami Carl SCHAEFER, intitulé *Young Canadian*, représente encore mieux cette époque. En février 1927, le Arts and Letters Club de Toronto expose des tableaux de Bertram BROOKER. C'est la première exposition d'art abstrait au Canada. Un peu plus tard cette même année, Lawren Harris aide à organiser une exposition d'art abstrait européen au Musée des beaux-arts de Toronto, mais celle-ci est ridiculisée, tant par la critique que par les artistes contemporains. Il faudra attendre la Seconde Guerre mondiale et une nouvelle génération d'artistes québécois avant que la peinture canadienne ne connaisse un nouvel essor.

J. Russell Harper

Peinture: les mouvements modernes Au lendemain de la Seconde Guerre mondiale, les arts visuels connaissent un essor sans précédent partout au Canada, comme en témoignent le nombre grandissant d'artistes, la prolifération des galeries et des expositions d'art et l'apparition de revues spécialisées. Le CONSEIL DES ARTS DU CANADA joue, avec les conseils provinciaux des arts, un rôle crucial à cet égard, au même titre que les musées, les galeries d'art, les ateliers d'artistes et les départements d'arts visuels dans les collèges et les universités. Si l'on veut définir la nouvelle tendance en peinture au Canada, il faut tenir compte de trois facteurs: l'importance des identités régionales, la connaissance de plus en plus grande des courants nationaux et internationaux et les différences de taille entre les diverses communautés artistiques. Ces facteurs peuvent être considérés selon diverses combinaisons, ce qui décourage toute uniformisation de «la» peinture canadienne et encourage plutôt l'importance de la peinture.

Les mouvements modernes font leur apparition à Montréal durant les années 40, grâce à l'initiative des artistes eux-mêmes. Les trois figures de proue, John LYMAN, Alfred PELLAN et surtout Paul-Émile BORDUAS, ont des points de vue divergents et souvent conflictuels qui favorisent des idées énergiques et une volonté de changement. Lyman revient à Montréal après avoir séjourné à l'étranger, surtout en France, pendant 24 ans. Non seulement il donne l'exemple avec sa propre production artistique et se fait le défenseur de l'art européen moderne, mais il publie des critiques dans le *Montrealer* de 1936 à 1940, et fonde, en 1939, la SOCIÉTÉ D'ART CONTEMPORAIN. Cette société accepte les artistes qui ne font pas partie de l'Académie royale des arts du Canada et organise des expositions annuelles au cours des neuf années de son existence. Elle fait aussi découvrir le modernisme européen au pays. Parmi les 26 artistes fondateurs de la société figurent Prudence HEWARD, Fritz BRANDTNER, Goodridge ROBERTS, Louis Muhlstock, Marian SCOTT et Philip Surrey. Il n'y a que cinq francophones dans le groupe, dont Borduas.

Pellan rentre au Canada en 1940 après avoir passé 14 ans à Paris. Il apporte une source d'inspiration plus radicale. Les interprétations du cubisme et du surréalisme de cet artiste éclectique, au talent exceptionnel, sont une révélation pour les artistes de Montréal. Borduas, d'abord bouleversé par le travail de Pellan, va encore plus loin en s'inspirant des idées d'André Breton, le fondateur du surréalisme. Il ne se contente pas d'imiter l'art français, mais exprime une révolution spirituelle originale. Il devient le pivot d'un groupe de jeunes hommes et de jeunes femmes qui comprend, entre autres, Fernand LEDUC, Pierre GAUVREAU, Jean-Paul RIOPELLE, Marcel BARBEAU, Françoise Sullivan et Jean-Paul MOUSSEAU. Au milieu des années 40, ce groupe à l'identité clairement définie se voit octroyer le nom d'AUTOMATISTES, d'après une de ses expositions organisée en 1947.

Riopelle, le plus prestigieux des jeunes peintres, déménage à Paris en 1946, suivi de Leduc qui y séjourne de 1947 à 1953. Grâce à eux, des liens directs sont maintenus avec les surréalistes français. La signature collective du REFUS GLOBAL, un manifeste écrit par Borduas en 1948, représente le point culminant de l'action des automatistes. Le pamphlet proclame la liberté d'expression culturelle et spirituelle, et critique les répressions du gouvernement et la mainmise de l'Église sur la culture et l'éducation au Québec. Cela provoque tout un tollé et Borduas perd son poste d'enseignant à l'École du meuble. Après cinq ans de difficultés financières et professionnelles, il quitte le Canada pour s'installer à

New York. Il y restera de 1953 à 1955 et sera en contact avec l'œuvre des expressionnistes abstraits. Il s'installe finalement à Paris, de 1955 à 1960. Sa peinture ainsi que son plaidoyer pour un changement culturel font de Borduas un des plus grands artistes canadiens.

Les automatistes sèment la division au sein de la Société d'art contemporain. Les membres plus âgés ne peuvent et ne veulent suivre le mouvement. Pellan dirige, pendant une courte période, un groupe «anti-automatiste», Prisme d'yeux (1948-1950), auquel s'associent Léon Bellefleur, Jacques de TONNAN-COUR et Albert DUMOUCHEL. Au milieu des années 50, le mouvement automatiste cède sa place à un courant rigoureux de peinture abstraite, comme le reflètent les œuvres de Leduc et des PLASTICIENS, un groupe formé en 1954 par le critique Rodolphe de Repentigny (qui peint sous le pseudonyme de Jauran) et trois autres peintres. Leur première exposition a lieu en 1955.

L'Association des peintres non figuratifs de Montréal, fondée en 1956, absorbe très vite ce groupe, influencé par les idées et les travaux de Malevich et de Mondrian. Leduc en est le président, de Repentigny, le secrétaire et Guido MOLINARI, le trésorier, et il compte parmi ses membres d'autres artistes comme Rita LETENDRE et Jean MCEWEN. La direction est d'abord assumée avec hésitation par les plasticiens, mais s'affirme ensuite grâce à Leduc, Molinari et Claude TOUSIGNANT. Leduc retourne en France en 1959, et ce sont les travaux de Molinari et de Tousignant, caractérisés par une abstraction particulièrement rigoureuse et nette, à laquelle s'ajoute une dynamique des couleurs, qui orientent la peinture montréalaise vers les années 60. Mais leurs préoccupations sont partagées, comme le démontrent les travaux d'Yves GAUCHER, d'abord dans ses estampes puis, à partir du milieu des années 60, dans ses tableaux, de même que les œuvres de Charles GAGNON, qui s'adonne à la peinture, à l'assemblage et à la photographie.

Mouvements torontois Durant les années 40, le débat radical qui anime Montréal ne se retrouve pas à Toronto. Seuls quelques artistes tels Paraskeva CLARK, Robert «Scottie» Wilson, Albert Franck et Jock MACDONALD (une personnalité importante tant dans la peinture que dans l'enseignement) luttent contre la prédominance du Groupe des Sept, de leurs disciples au sein du Canadian Group of Painters et de leur académisme assidu. D'autres, comme Jack BUSH et des artistes plus jeunes, notamment Oscar CAHÉN, Walter Yarwood, Harold TOWN et William RONALD, développent, vers la fin des années 40, une approche plus radicale qui s'inspire de la peinture européenne et new-yorkaise.

En 1952, Alexandra Luke monte l'exposition itinérante *Canadian Abstract Exhibition*, et l'année suivante, Ronald organise une exposition intitulée *Abstracts at home*, au grand magasin Simpsons. Il y présente ses œuvres de même que celles de six autres artistes: Kazuo NAKAMURA, Luke, Bush, Cahén, Ray Mead et Tom Hodgson. Le groupe décide de continuer d'exposer ensemble puis, avec la venue d'Hortense Gordon, de Yarwood, de Town et de Macdonald, prend le nom de GROUPE DES ONZE. Leur première exposition collective remonte à 1954 et leur dernière, à 1960. Très différents les uns des autres sur le plan conceptuel et stylistique, leurs plus belles œuvres sont représentées par les surfaces de couleurs vives de Town, Ronald, Hodgson et Cahén. En 1956, le groupe expose à New York, conjointement avec les American Abstract Artists. Puis, Ronald, qui travaille alors à New York, invite le critique Clement GREENBERG à venir visiter les artistes de Toronto dans leurs ateliers. Town et Yarwood refusent de participer au projet. La visite de Greenberg influence considérablement Bush, dont les œuvres, à partir des années 60, s'orientent vers la postpeinture abstraite américaine. Bush devient alors un modèle pour plusieurs jeunes artistes de Toronto.

Au moment où le Groupe des Onze commence à se disperser, il continue d'influencer une communauté de jeunes artistes solides et pleins d'énergie, rassemblés autour de la galerie d'Av Isaac. Leurs œuvres englobent un vaste éventail d'intérêts, allant du dadaïsme à l'expressionnisme abstrait, et se distinguent par leur style figuratif fortement expressif. Parmi les membres de ce groupe, mentionnons des artistes comme Graham Coughtry, Joyce WIELAND, John Meredith, Gordon RAYNER, Dennis Burton, Robert Markle, Nobuo Kubota, Richard Gorman et Robert Hedrick. Le plus original d'entre eux, Michael SNOW, qui fait ses débuts comme peintre professionnel, évolue ensuite vers plusieurs médias, notamment la sculpture, la photographie et le cinéma.

Groupe de London Un autre groupe d'artistes se développe à London pendant les années 60, grâce surtout à Jack CHAMBERS, Tony URQUHART et Greg CURNOE. Chambers et Curnoe, chacun à sa manière, définissent le régionalisme avec vigueur, y voyant une expression vitale de la vie quotidienne et du travail dans une communauté donnée. C'est Chambers qui, afin de réglementer les expositions et les droits d'auteurs, et de revendiquer le statut professionnel des artistes, est à l'origine de la mise sur pied en 1967 de la Canadian Artists Representation (*voir* ASSOCIATIONS D'ARTISTES). Aujourd'hui, bien que la communauté de London soit petite, elle n'en demeure pas moins très active dans le domaine de la sculpture, des installations et de la peinture. Parmi ces artistes se distinguent Paterson EWEN, qui est venu de Montréal en 1968, et Ron Martin, qui travaille à Toronto depuis 1983.

Peinture dans les provinces de l'Atlantique Les arts visuels y ont adopté des positions radicales beaucoup plus lentement qu'au Québec et en Ontario. Miller Brittain et Jack HUMPHREY, de Saint-Jean, sont les premiers de cette région à vraiment s'intéresser aux questions reliées à l'art contemporain. Ils sont suivis, après la guerre, de Bruno BOBAK et de Molly Lamb BOBAK de Fredericton. Lawren P. HARRIS de l'U. Mount Allison, à Sackville, est pour ainsi dire le seul peintre abstrait de la région de l'Atlantique, tandis qu'Alex COLVILLE demeure la figure dominante des arts visuels. Il établit de nouvelles normes en art réaliste et, grâce à son enseignement à l'U. Mount Allison de 1946 à 1963, il exerce une influence sur des artistes comme Christopher PRATT, Mary PRATT, Tom FORRESTALL, D.P. BROWN Mackenzie. Depuis le milieu des années 60, le NOVA SCOTIA COLLEGE OF ART AND DESIGN est le carrefour d'artistes radicaux canadiens, américains et européens, dont, entre autres, Garry Neill KENNEDY, Gerald Ferguson et Eric Cameron.

Peinture de l'Ouest canadien Chaque grande ville possède un caractère et un esprit distincts. C'est Vancouver qui regroupe le plus grand nombre d'artistes et qui a été la première à s'intéresser à l'art moderne. Jock Macdonald y travaille dans les années 30 et Lawren S. HARRIS s'y installe dès 1940; B.C. BINNING et Jack SHADBOLT y font leur marque dans les années 40 en tant qu'artistes et enseignants. Binning est surtout connu comme dessinateur et peintre abstrait de bateaux et de paysages, tandis que Shadbolt, considérablement influencé par la richesse du paysage et l'ART AUTOCHTONE DE LA CÔTE DU NORD-OUEST, crée des interprétations surréalistes tout à fait originales à partir de ces thèmes. Les œuvres de Gordon SMITH, Takao TANABE et Don Jarvis joignent le paysage à l'abstraction lyrique et Toni ONLEY, arrivé à Vancouver en 1959, pousse encore plus loin dans cette voie.

Roy Kiyooka quitte Regina pour Vancouver en 1959, où il conçoit des œuvres abstraites plus rigoureuses qui marqueront un groupe de jeunes peintres. Au cours des années 60 et 70, Vancouver, à l'instar de Toronto et de Montréal, s'intéresse à divers courants, avec une préférence pour l'art conceptuel, les

communications, la vidéo et la performance. Les œuvres réalisées par Iain et Ingrid BAXTER dans le cadre de N.E. Thing Co. (la compagnie qu'ils ont fondée en 1966), les performances, les tableaux et les œuvres multidisciplinaires de Michael Morris et Gathie Falk en sont de bons exemples. Mentionnons aussi les peintres Alan Wood, Robert Young et Glen Howarth.

À Regina, dans les années 50, le gros des activités tourne autour d'un petit groupe d'artistes déterminés à briser le sentiment qu'ils ont d'être isolés des grands centres artistiques, en particulier de New York. L'école d'été d'Emma Lake, fondée en 1936 par Augustus Kenderdine, prend de l'expansion en 1955, grâce à Kennert LOCHHEAD et à Arthur McKAY, qui y intègrent un atelier pour les artistes professionnels. Jack Shadbolt dirige le premier de ces ateliers. Par la suite, plusieurs directeurs seront des Américains, notamment Barnett Newman (1959), Clement Greenberg (1962), Kenneth Noland (1963) et Jules Olitski (1964) (*voir* EMMA LAKE ARTISTS' WORKSHOPS). En 1961, Ronald BLOORE, directeur de la galerie d'art Norman Mackenzie, organise une exposition intitulée *Five Painters from Regina*, dans laquelle il présente ses propres œuvres aux côtés de celles de Lochhead, de McKay, de Ted Godwin et de Douglas Morton. Au cours de la même année, l'exposition fait une tournée au Canada, organisée par la Galerie nationale du Canada, et ce groupe se fait désormais connaître sous le nom de REGINA FIVE.

Les ateliers d'Emma Lake influencent aussi les artistes de Saskatoon, une communauté très unie regroupant des artistes de style et d'âge différents. Ernest LINDNER en est le doyen pendant de nombreuses années et il acquiert une réputation nationale grâce à ses tableaux en plans rapprochés d'arbres et de plantes, ainsi qu'à ses études figuratives. Le groupe se démarque surtout par ses paysages, notamment ceux de Reta Cowley, Wynoma Mulcaster et Dorothy KNOWLES, et encourage nombre de jeunes artistes tels Greg Hardy et David Alexander. Cette sensibilité face aux paysages est aussi à l'origine des œuvres abstraites de William PEREHUDOFF et d'Otto ROGERS, aussi disparates soient-elles. Les peintres plus jeunes, p. ex. Robert Christie, manifestent un vif intérêt pour la représentation abstraite de champs colorés. Par contre, le constructivisme d'Eli BORNSTEIN, fondateur du journal *Structurist*, s'éloigne de ces tendances.

Pour les artistes de l'Alberta, comme pour ceux de la Saskatchewan, les ateliers d'Emma Lake de même que le BANFF CENTRE ont joué un rôle important dans le développement des arts visuels. À Calgary, un groupe composé de Ron Spickett, de Marion Nicoll et de Roy Kiyooka s'est formé autour de Maxwell Bates. Ce dernier, architecte de formation, s'adonne à la peinture expressionniste jusqu'en 1961, année où il déménage à Victoria. Par la suite, ce sont des artistes comme Bruce O'Neil et Gerald Hushlak qui sont à la tête du courant moderniste.

Les paysages de style moderniste caractérisent l'œuvre de Ken Christopher et les diverses formes artistiques qu'adoptent John Hall, Derek Michael Besant, Ron Moppett et Gary Olson. L'intérêt pour le formalisme, autant en peinture qu'en sculpture, s'affirme particulièrement à Edmonton, où il est favorisé par l'Edmonton Art Gallery et notamment par Terry Fenton, qui y occupe le poste de directeur pendant de longues années. Parmi l'important groupe de peintres formalistes qui y travaillent, mentionnons Douglas Haynes, Robert SCOTT, Phil Darrah et Terrence Keller.

Durant les années 30, à Winnipeg, Fritz BRANDTNER et LeMoine FITZGERALD occupent une place importante dans le monde artistique. Puis l'activité se concentre autour de l'U. du Manitoba, où enseignent des artistes comme George Swinton, Joe Plaskett et, à partir de 1964, Ken Lochhead. Malgré un certain isolement des autres centres, la communauté de Winnipeg est toujours active et diversifiée. Des peintres comme Don Reichert, Ivan EYRE, Esther Warkov, Jack Butler, Sheila Butler et Suzanne Funnell y habitent.

Nouvelles tendances Dans les années 70, la peinture, qui était jusque-là à l'avant-garde des arts visuels, se voit menacée par de nouveaux courants dans divers domaines: art conceptuel, installations, sculpture, vidéo et performance (*voir* ART CONTEMPORAIN; ART VIDÉOGRAPHIQUE). Si la peinture doit survivre, elle le fera le plus souvent en réaction aux autres formes d'expression visuelle. Pourtant, ces dernières années, au Canada comme à l'étranger, loin de stagner, la peinture a évolué à un rythme rapide, particulièrement chez les jeunes artistes. On remarque, surtout à Toronto et à Montréal, un intérêt pour ce qu'on pourrait appeler l'expressionnisme abstrait, la peinture figurative et la représentation, sans oublier l'abstraction géométrique.

Comme il est encore impossible de prédire l'avenir de ces nouvelles tendances, on doit admettre que ces termes sont arbitraires et imprécis. On peut décrire les œuvres de certains artistes, tels Christian Knudson, Richard Mill, Leopold Plotek, Christian Kiopini et Jocelyn Jean de Montréal, comme étant abstraites et géométriques, mais on se doit de distinguer les champs d'intérêts de ces artistes et de les différencier d'autres peintres comme Ric Evans, Jaan Poldaas, Milton Jewell et Paul Sloggett de Toronto. L'essentiel est de voir comment chaque peinture interpelle le public. L'œuvre de Ron Martin en est un bon exemple. Son passage récent, d'une forme ouverte et picturale à une structure géométrique colorée, marque un changement syntaxique plutôt que stylistique.

Pour plusieurs artistes, notamment Jacques HURTUBISE de Montréal, Joseph DRAPELL, Milly Ristvedt-Handerek et Harold Feist de l'Ontario, la peinture demeure un phénomène abstrait, formel et personnel. De même, la distinction entre l'abstrait et le figuratif n'est pas toujours évidente. Ainsi, dans les œuvres de David Bolduc, Harold Klunder, Paul Fournier, Alex Cameron, Paul Hutner, Howard Simkins, Eric Gamble et Christopher Broadhurst, de Toronto et d'ailleurs, les images figuratives se mêlent aux formes abstraites qui font partie intégrante de leur art.

Vers la fin des années 70, il est difficile d'échapper à l'impression que la peinture, si elle n'est pas un anachronisme, est à tout le moins une activité dont les paramètres sont définis. Sous certains aspects, cela rappelle une situation qui s'est produite il y a 80 ans, alors que le fossé entre les académiciens et les avant-gardistes semblait moins grand que 20 ans auparavant. Mais il s'agit là d'une fausse impression de fermeture, car à la fin des années 1970 comme dans les années 1890, la peinture elle-même est en pleine révision.

Le questionnement vient d'Europe, plus précisément d'Allemagne, mais les jeunes artistes canadiens ne tardent pas à se rallier à ce mouvement. C'est le cas du groupe ChromaZone de Toronto, au début des années 80. Même si ces jeunes artistes imitent ce qui se produit ailleurs, ils remettent en question et réexaminent la nature profonde de la peinture: son histoire, sa raison d'être, ses rapports passés et présents avec les structures sociales et psychologiques et ses interactions avec d'autres formes de productions visuelles contemporaines. Les écoles d'art, qui se sont éloignées des formes d'art «traditionnel», doivent alors répondre aux demandes des étudiants qui réclament d'autres types de cours en peinture.

Il serait tout à fait absurde de vouloir couvrir tout ce qui se passe actuellement dans le domaine de la peinture. L'histoire de l'art a pendant longtemps parlé d'évolution et de progrès, à un point tel que la peinture semblait aller vers son propre anéantissement. L'apparente anarchie stylistique et formelle de la peinture actuelle, loin d'être «éparpillée», s'orien-

te plutôt vers un renouvellement qui s'inscrit dans la réalité d'aujourd'hui. Si elle semble complexe et alambiquée, instable dans ses valeurs, souvent inutile, mais parfois révélatrice, provocante et émouvante, c'est que, de toute évidence, elle est au centre de la réalité et non en marge.

David Burnett

Peinture votive Le terme «ex-voto» vient du latin «ex voto suscepto», ce qui signifie «suivant le vœu fait». Il peut s'agir d'une peinture, d'une plaque ou de tout autre objet placé dans une église ou une chapelle, en mémoire d'un vœu ou en remerciement d'une faveur obtenue. Cette pratique, témoignage religieux fait lorsqu'une personne est confrontée à la mort ou simple expression de gratitude envers Dieu, existe de tout temps et est introduite en Nouvelle-France avec l'arrivée des colons français. Le musée historique de SAINTE-ANNE-DE-BEAUPRÉ (vis-à-vis de l'île d'Orléans) possède la plus grande collection au Canada de peintures votives, dédiées à Sainte-Anne, la patronne des marins. Ces peintures remontent aux XVIIe et XVIIIe siècles, et chacune d'elles raconte une histoire particulière.

Les ex-voto de remerciement, offerts pour une faveur obtenue, sont les plus communs: p. ex., l'Ex-voto de saint François, l'Ex-voto du Saint-Esprit de Québec, l'Ex-voto à sainte Anne et dit de saint Antoine, l'Ex-voto des cinq naufragés de Lévis, l'Ex-voto de Le Moyne d'Iberville, l'Ex-voto du capitaine Édouin (tous à Sainte-Anne-de-Beaupré) et l'Ex-voto de L'Aimable Marthe exposé à l'église Notre-Dame-des-Victoires. Pour solliciter la protection de la puissance divine, le donneur peut aussi offrir un ex-voto propitiatoire, comme celui de Madame Riverin, avant l'événement. Les ex-voto commémoratifs, comme celui de Louis Prat, évoquent un événement passé. Les ex-voto peuvent aussi être offerts par simple dévotion. Habituellement, le saint est peint dans la partie supérieure du tableau et l'événement pour lequel l'ex-voto est offert est peint dans la partie inférieure. L'artiste ne fait pas de lien entre la scène et le saint, et les deux parties sont souvent disproportionnées.

Dans le passé, les peintures votives étaient parfois considérées comme ayant peu de valeur artistique et, ayant perdu de leur importance pour les prêtres en charge des lieux de pèlerinage, beaucoup d'exemplaires connus ont disparu, y compris l'Ex-voto de saint François offert par Antoine Lamorille et le capitaine Pierre d'Astaritz après le démâtage de leur bateau le 29 septembre 1732. Les plaques de marbre apparaissent au Canada au milieu du XIXe s. et remplacent graduellement les ex-voto d'art. Les peintures votives conservées jusqu'à aujourd'hui sont inestimables non seulement pour l'histoire du pays, mais aussi parce qu'on trouve peu d'exemplaires ailleurs datant des XVIIe et XVIIIe siècles.

Nicole Cloutier

Pékan (*Martes pennanti*) MARTRE de la taille d'un chat, à pattes assez courtes, à queue longue et fuselée et dont les pieds munis de griffes sont adaptés à l'escalade. Son pelage fourni est composé de poils de bourre denses recouverts de jarres bruns marqués de bandes argentées. Les femelles ont un poil plus fin et plus lustré que les mâles. Ces derniers peuvent atteindre 100 cm de longueur et peser 7 kg, mais les femelles dépassent rarement 90 cm et 2,7 kg. Elles comptent parmi les animaux à fourrure les plus précieux, mais elles ne sont pas abondantes, et environ 10 000 peaux sont mises en marché chaque année.

Distribution et habitat Le pékan est une espèce forestière que l'on trouvait originairement d'un océan à l'autre, au sud du 65e parallèle. Il a été exterminé dans le sud du Saint-Laurent, mais a été réintroduit en Nouvelle-Écosse et au Nouveau-Brunswick. Il se nourrit principalement de lièvres, d'écureuils et de souris, et il capture régulièrement des porcs-épics ainsi que d'autres espèces selon leur disponibilité.

Reproduction et développement C'est un animal plutôt solitaire, sauf la femelle avec ses petits. Il est polygame et l'accouplement a lieu en mars et en avril. La gestation dure environ 350 jours en raison de l'implantation différée de l'embryon. Les petits, au nombre de un à quatre, naissent en mars. Le pékan atteint sa maturité sexuelle à l'âge de deux ans. (*Voir aussi* FOURRURE, TRAPPAGE DES ANIMAUX À.)

Ian McTaggart-Cowan

Péladeau, Pierre, homme d'affaires et éditeur (Outremont, Québec, 11 avril 1925—Montréal, 24 décembre 1997). Fils d'Henri Péladeau, un prospère commerçant de bois qui connut des revers de fortune lors du krach boursier de 1929, Pierre Péladeau a étudié la philosophie à l'U. de Montréal et le droit à l'U. McGill avant de se lancer en affaires. En 1950, il achète un journal de quartier en difficultés financières, *Le Journal de Rosemont*. Au cours des années suivantes, il acquiert ou lance des hebdomadaires de quartier ainsi que des publications spécialisées dans les nouvelles artistiques. Soucieux de bâtir une entreprise diversifiée et intégrée de communication, Pierre Péladeau achète des imprimeries et jette les bases de son propre réseau de distribution avec les Messageries Dynamiques. Homme d'affaires habile, il profite d'un conflit de travail à *La Presse* en 1964 pour fonder un quotidien de format tabloïd, *Le Journal de Montréal*, auquel s'ajoute, trois ans plus tard, *Le Journal de Québec*.

À compter de 1965, l'empire de Pierre Péladeau prend le nom de QUEBECOR INC., un conglomérat qui s'imposera dans de nombreux domaines des communications au Québec, au Canada et ailleurs dans le monde. En quelques décennies, l'entreprise de Pierre Péladeau s'établit solidement dans les quotidiens urbains et locaux, les hebdomadaires régionaux, l'édition de livres et de magazines, les produits forestiers, les nouveaux médias, la télédiffusion, la distribution et la vente au détail de disques, de livres et de vidéos, ainsi que l'imprimerie commerciale, où Quebecor occupe aujourd'hui le premier rang mondial.

Homme coloré reconnu pour son franc-parler, mélomane averti et grand philanthrope, Pierre Péladeau a soutenu financièrement une foule d'organismes dans les domaines de la santé et de la recherche médicale, de l'aide aux démunis, des arts et de la culture. Pierre Péladeau a reçu l'Ordre du Canada en 1987 et l'Ordre du Québec en 1989. Il a été nommé docteur *honoris causa* de l'U. Laval en 1997. Le gouvernement français l'a fait chevalier de la Légion d'honneur, une décoration reçue à titre posthume en 1998.

Pélagie-la-Charrette (1979), roman d'Antonine MAILLET, qui raconte le voyage épique de la veuve Pélagie LeBlanc. À la fin des années 1770, Pélagie quitte le coeur de l'Amérique pour ramener son peuple acadien (*voir* ACADIE) (déporté dans le Sud en 1755) à Grand-Pré. Son voyage est une double odyssée: les «gens des charrettes» sont hantés par la charrette fantôme, la charrette de la mort associée à Bélonie, le vieux conteur d'histoires qui accompagne les pèlerins. Ils sont aussi hantés par le bateau fantôme, plus concret, une goélette anglaise prise par le bien-aimé de Pélagie, le capitaine Beausoleil-Broussard, lui aussi dévoué au rapatriement de son peuple.

«Pélagie-la-Charrette» incarne les forces de la vie et survit aux nombreuses générations de conteurs d'histoires querelleurs qu'elle inspire. En entremêlant le folklore et les légendes acadiennes, les emprunts à la Bible et aux classiques, à Rabelais et à d'autres sources, Maillet tire profit, avec humour et force poésie, des liens étroits qui unissent l'histoire, la tradition orale, l'imagination et la littérature. Ce roman est le premier ouvrage étranger à recevoir le prix Goncourt (en France). La traduction, de Philip Stratford, paraît en 1982.

Michèle Lacombe

Pèlerinage Voyage effectué dans un lieu saint pour des motifs religieux ou spirituels. Au Canada, plusieurs de ces endroits attirent des foules de pèlerins canadiens et étrangers. Les plus importants sont les sanctuaires CATHOLIQUES du Québec, dont le plus ancien est l'église de SAINTE-ANNE-DE-BEAUPRÉ, à environ 30 km au nord-est de Québec. En 1658, pendant la construction du premier sanctuaire à cet endroit, on signale la guérison miraculeuse d'un ouvrier. D'autres guérisons suivent, et le sanctuaire est bientôt réputé pour les miracles qui s'y produisent. Les pèlerins affluent, et le sanctuaire reçoit des appuis de la mère-patrie, notamment celui d'Anne d'Autriche, mère de Louis XIV, roi de France. Aujourd'hui, la basilique de pierre attire plus de 250 000 pèlerins chaque année. Le principal rassemblement est celui du 26 juillet, fête de sainte Anne.

Un sanctuaire plus récent, aujourd'hui très populaire, est l'oratoire Saint-Joseph, situé sur le mont Royal, à Montréal. Le très pieux frère ANDRÉ, membre de la Congrégation de Sainte-Croix, a une grande dévotion pour saint Joseph et construit en 1904 la première petite chapelle en l'honneur du saint; on ajoute une crypte de pierre en 1917. Une basilique pouvant accueillir 5000 fidèles, dont la construction a commencé en 1922, domine aujourd'hui l'endroit. Le nombre de pèlerins dépasse les 3 millions par année; les plus grands rassemblements ont lieu le 10 mai et le jour de la fête du Travail.

Sainte-Anne-de-Beaupré et l'Oratoire Saint-Joseph attirent les foules parce qu'ils sont célèbres pour les miracles qui s'y produisent. Les pèlerins considèrent les SAINTS patrons de ces sanctuaires comme des intercesseurs efficaces qui transmettent leurs messages à Dieu. Les longs étalages de béquilles, de cannes, d'orthèses et de corsets abandonnés témoignent des nombreuses guérisons miraculeuses qui s'y sont produites. Aux pèlerins qui ne demandent pas de miracles, les sanctuaires offrent des objets de piété qui encouragent la prière.

La basilique du Cap-de-la-Madeleine, à Trois-Rivières, est un autre important sanctuaire catholique du Québec. Le premier concile plénier de Québec confère à l'église le titre de sanctuaire de pèlerinage national en 1909. En 1964, l'église du sanctuaire reçoit le titre de basilique mineure.

Un autre sanctuaire en l'honneur de sainte Anne se trouve à LAC SAINTE-ANNE, en Alberta. Un grand nombre d'autochtones de tout le Canada vont y faire un pèlerinage de plusieurs jours qui se termine le 26 juillet, jour de la fête patronale. Les guérisons sont également un élément important de ce pèlerinage.

Le sanctuaire SAINTE-MARIE-DES-HURONS, près de Midland, en Ontario, illustre un autre aspect de l'histoire des relations entre l'Église catholique et les autochtones. Six des huit saints martyrs de l'Amérique du Nord (morts entre 1642 et 1649) étaient missionnaires à cet endroit.

Des communautés religieuses et des groupes ethniques ont aménagé et entretiennent leurs propres centres de pèlerinage. À Skaro, en Alberta, les gens d'origine polonaise visitent la grotte de Notre-Dame-de-Lourdes aux vêpres de la fête de l'Assomption de la Vierge Marie (15 août). La première église ukrainienne au Canada, à Gardenton, au Manitoba, est un lieu de pèlerinage que ce groupe ethnique visite chaque année.

Les Canadiens vont aussi à l'étranger pour visiter les lieux sacrés des diverses religions. Chaque année, des milliers de musulmans (*voir* ISLAM) font le *hadj* (pèlerinage) à La Mecque et à Médine, en Arabie Saoudite; ces endroits sont sacrés en raison de leur importance dans la vie du prophète Muhammad. Les chrétiens font des pèlerinages à Rome, à Canterbury, à Lourdes, à Fatima et dans beaucoup d'autres sanctuaires. Musulmans, chrétiens et JUIFS se rendent à Jérusalem pour y faire leurs dévotions. Les HINDOUS et les BOUDDHISTES visitent les nombreux sanctuaires de l'Inde et d'autres pays d'Asie, mais ils sont de plus en plus attirés par ceux des États-Unis. Ces voyages permettent aux fidèles de se ressourcer dans les centres mondiaux de leur religion.

Autrefois, un pèlerinage était un voyage austère, difficile et dangereux dont on n'était pas sûr de revenir vivant. Aujourd'hui, la visite d'un lieu saint peut avoir davantage l'apparence d'un voyage organisé que d'un exercice de piété, mais elle demeure un élément important de la religion populaire. Au milieu de l'incertitude et des tristesses du monde, les gens sont attirés vers les lieux où ils croient que le divin se manifeste de façon vivante, active et miraculeuse en guérissant les malades et en allégeant le fardeau des fidèles.

Alan Morinis

Pelham, ville de l'Ont.; pop. 14 343 (rec. 1996), 13 328 (rec. 1991), 12 137 (rec. 1986); superf. 124,52 km²; const. en 1970. Pelham fait partie de la municipalité régionale de Niagara et est située entre l'ESCARPEMENT DU NIAGARA et la rivière Welland. Sont comprises dans la ville les localités de Fonthill, de Fenwick, de Ridgeville, d'Effingham et de North Pelham. Les bureaux municipaux se trouvent à Fonthill. Le milieu rural et agricole comprend les Short Hills, des vignobles, des vergers et les plus vieux peuplements d'érable à sucre du Canada. Sur la crête de Fonthill, se trouvent des carrières de sable.

Au milieu des années 1780, les premiers colons, des LOYALISTES de l'Empire-Uni, y compris des QUAKERS et des membres des Butler's Rangers, s'installent à Pelham. Vers 1820, on propose la construction d'une importante forteresse à l'endroit le plus élevé de la PÉNINSULE DU NIAGARA. Des centres industriels se développent à St. Johns et à Effingham dans les Short Hills. Après la Seconde Guerre mondiale, Fonthill devient un centre résidentiel en constante expansion en raison de ses importantes pépinières. Aujourd'hui, les salariés à revenu moyen et élevé vivent à Pelham et travaillent à WELLAND et à ST. CATHARINES.

John N. Jackson

Pélican On désigne sous ce nom une famille (pélécanidés) de gros oiseaux aquatiques à long bec plat, pourvus d'une poche extensible sous la gorge et de quatre doigts palmés. Il en existe huit espèces dans le monde, dont deux au Canada. Le pélican d'Amérique (*pelecanus erythrorhynchos*) niche dans les provinces de l'Ouest. Le pélican brun (*P. occidentalis*), espèce marine du sud des États-Unis, fréquente occasionnellement les côtes de la Colombie-Britannique et de l'est du Canada.

Description Le pélican d'Amérique possède un bec orange de 32 à 36 cm de long. Adulte, il pèse de 4,8 à 8,2 kg et ses ailes, dont les extrémités sont noires, ont une envergure de 2,4 à 2,9 m. Les pélicans volent en alternant des séries de battements d'ailes et de vols planés; ils forment de longues lignes dans lesquelles ils battent des ailes à l'unisson, puis cessent et planent pendant un moment, et recommencent ensuite à battre des ailes avant de planer de nouveau. En vol, le cou est replié et la tête est ainsi ramenée vers l'arrière jusqu'à ce que le bec repose sur la poitrine.

Nidification Le pélican d'Amérique niche en colonies dans les îles des lacs situés à l'intérieur des terres. Le nid est une structure simple aménagée au sol. La plupart des colonies ne comptent pas plus de 150 couples. Les pélicans n'atteignent leur maturité sexuelle qu'après quelques années, et les individus non reproducteurs vivent aux abords des lacs, éloignés des colonies. Les pélicans ne doivent pas être dérangés pendant la construction du nid ou lors de l'incubation des œufs, car les adultes pourraient abandonner leur nid. C'est au lac Primrose, en Saskatchewan, qu'on trouve la plus grande concentration de nids au Canada.

Régime alimentaire Oiseau grégaire et au développement lent, le pélican d'Amérique se nourrit à partir de la surface de l'eau, capturant ses proies à l'aide de sa grande poche gulaire extensible. Les oiseaux coopèrent souvent afin de rabattre les proies en eau peu profonde. Bien qu'on considère souvent qu'ils se nourrissent de poissons appréciés des pêcheurs sportifs, les pélicans s'alimentent principalement de poissons relativement communs (perches, meuniers, vairons et épinoches). On croit à tort que les pélicans transportent leur proie dans leur poche; ils l'avalent plutôt et la régurgitent ensuite aux jeunes.

Philip H.R. Stepney

Pellan, Alfred, peintre (Québec, 16 mai 1906—Laval, Qc, 31 oct. 1988). En 1923, alors que Pellan est encore étudiant à l'École des beaux-arts de Québec (1920-1925), la Galerie nationale du Canada achète sa toile intitulée *Un coin du vieux Québec*. Aussi, Pellan obtient, en 1926, la première bourse d'études en beaux-arts du gouvernement du Québec, ce qui lui permet d'étudier à Paris, où il demeurera jusqu'en 1940. Là-bas, les couleurs dans ses natures mortes et ses études de figures deviennent plus intenses, ses rythmes linéaires plus fluides, ses images plus abstraites. Durant son séjour à Paris, sa réalisation la plus extraordinaire sera de remporter le premier prix à l'exposition d'art mural de 1935. Quand il doit revenir au Canada, à cause de la Seconde Guerre mondiale, il s'installe à Montréal. Il rapporte de Paris des œuvres qui seront louangées dans des expositions à Québec et à Montréal en 1940, mais, comme l'art cubiste et surréaliste de Pellan est considéré comme trop d'avant-garde, il en vendra peu. Pour survivre, il enseigne à l'École des beaux-arts de Montréal de 1943 à 1952. Les objections qu'il formule à l'endroit des fondements théoriques étroits et académiques de Charles Maillard, le directeur de l'École, poussent ce dernier à démissionner en 1945; s'installe alors une atmosphère plus libérale dans l'École.

Au milieu des années 40, Pellan commence à illustrer des recueils de poésie et conçoit des costumes et des décors pour le théâtre. Durant cette période, il développe son style de la maturité. Il est de plus en plus attiré par le surréalisme: son imagerie devient plus érotique et ses peintures, aux couleurs toujours saisissantes, deviennent plus grandes, plus complexes et plus texturées. Son refus d'adhérer à une quelconque école d'art l'amène à former en 1948 Prisme d'Yeux, un regroupement d'artistes dont le manifeste réclame un art libre de toute idéologie restrictive.

En 1952, Pellan reçoit une bourse de la Société royale du Canada et déménage à Paris, où il vit jusqu'en 1955, année où il devient le premier Canadien à présenter une exposition individuelle au Musée national d'art moderne. À son retour au Canada, de nombreuses expositions ainsi que des commandes de murales établissent sa renommée dans l'ensemble du pays. On lui consacre plusieurs monographies et films (p. ex., G. Lefebvre, *Pellan*, 1986) et il remporte de nombreux prix et distinctions, dont le prix Paul-Émile-Borduas en 1984. En outre, il est fait officier de l'Ordre national du Québec en 1985.

Reesa Greenberg

Pellatt, sir Henry Mill, capitaliste (Kingston, Canada-Ouest, 16 janv. 1859—Toronto, 8 mars 1939). Pellatt fait ses études au Upper Canada College et se distingue comme athlète avant d'entrer dans la maison de courtage de son père. Il participe au développement des projets hydroélectriques des CHUTES NIAGARA, en Ontario, et travaille dans les domaines du transport et de la distribution d'électricité à Toronto jusqu'à ce que le gouvernement provincial crée la Commission de l'énergie hydroélectrique de l'Ontario et nationalise beaucoup de sociétés privées. Il travaille aussi dans plusieurs sociétés de transport et participe à la mise sur pied de la Compagnie générale électrique du Canada. Il démontre un vif intérêt pour la milice canadienne. Son manoir bizarre en pierres Casa Loma est devenu une curiosité à Toronto. Il est fait Chevalier de l'Ordre du Bain en 1905.

T.D. Regehr

Pelletier, Annie, plongeuse (Montréal, 22 déc. 1973). Sous la direction de l'entraîneur Donald Dion, elle franchit toutes les étapes vers le succès international. Elle devient membre de l'équipe nationale canadienne en 1991. Après plusieurs titres canadiens aux tremplins de 1 mètre et de 3 mètres, elle obtient le 2ᵉ rang du 1 mètre aux Jeux universitaires mondiaux de 1993. L'année suivante, elle gagne 2 médailles d'or (1 m et 3 m) AUX JEUX DU COMMONWEALTH de 1994, à Victoria en Colombie-Britannique. Et, en 1995, elle domine le 3 mètres des Jeux panaméricains. Aux Jeux olympiques d'Atlanta en 1996, elle n'est que 17ᵉ aux éliminatoires. Elle franchit cependant la demi-finale en comblant un sérieux retard que certains pensaient insurmontable. Il lui faut 5 plongeons parfaits en finale pour espérer accéder au podium. Au 5ᵉ et dernier plongeon, elle obtient l'une des plus hautes notes de ce tour ultime, ce qui lui vaut le 3ᵉ rang. Elle devient alors la 3ᵉ Canadienne à gagner une médaille olympique en plongeon, après Sylvie Bernier (or en 1984) et Irene Macdonald (bronze en 1956). Quelque temps après Atlanta, elle entreprend une carrière à la télévision québécoise.

Yvon Dore

Pelletier, Denise, comédienne (Saint-Jovite, 22 mai 1923—Montréal, 24 mai 1976). Denise Pelletier, fille d'Albert Pelletier, notaire, éditeur et critique littéraire, fait des études théâtrales chez Marcel Chabrier, Sita Riddez et François Rozet, et entre dans la carrière par la comédie. Elle interprète en 1943, avec Denis Drouin et Paul Guèvremont, le rôle de Pauline dans *À la croisée des chemins* de Jean-Marie Poitevin, un des premiers longs-métrages québécois. Elle travaille à l'occasion avec les Compagnons de Saint-Laurent, notamment pour *Léocadia* d'Anouilh en 1947 et *Britannicus* en 1949, mais joue davantage avec L'Équipe de Pierre Dagenais, notamment dans *Les Fiancés du Havre* de Salacrou en 1946 et *Les Parents terribles* de Cocteau en 1947. Elle est de la distribution de *La Cathédrale* de Jean Desprez en 1949 et de *Polichinelle* de Lomer Gouin, en 1950. En 1957, elle inaugure le théâtre d'été de Percé avec sa compagnie, L'Escale, ralliant Georges Groulx et Guy Provost. Elle se produit régulièrement au THÉÂTRE DU NOUVEAU MONDE (y compris les tournées d'Europe de 1958 et 1971) et au THÉÂTRE DU RIDEAU VERT (y compris la tournée de France en 1964), et quelques fois à la Nouvelle Compagnie Théâtrale.

Sa prestance et son jeu éclatant lui valent souvent des rôles majeurs: personnages populaires de Béatrice dans *L'Effet des rayons gamma sur les vieux garçons* de Zindel, Célestine dans *La Célestine* de Rojas, *Mère Courage* de Brecht, et *La Folle de Chaillot* de Giraudoux; personnages nobles comme Agrippine dans *Britannicus*, et Clytemnestre dans *Iphigénie* de Racine, Gertrude dans *Hamlet* et Isabelle dans *Henri V* de Shakespeare, Hécube dans *Les Troyennes* d'Euripide et Marguerite dans *Le Roi se meurt* d'Ionesco. Elle laisse aussi le souvenir de performances exceptionnelles dans *Bonjour, là, bonjour* de Michel TREMBLAY, *Long voyage vers la nuit* d'O'Neill, mais surtout *La Danse de mort* de Strindberg et sa version moderne, *Jeu Strindberg* de Durrenmatt, de même que *Oh les beaux jours!* de Beckett.

Par ailleurs, elle fait partie d'une production du théâtre du Nouveau Monde à Stratford (Ontario) et, rare comédienne à pouvoir jouer aussi bien en anglais qu'en français, elle est membre de la Compagnie du Festival de Stratford en 1966 et 1968. Ses rôles de célibataires amoureuses, Virginie dans le téléthéâtre *Virginie* de Marcel Dubé et surtout Cécile dans les radioroman et téléroman *La Famille Plouffe* de Roger Lemelin, ont contribué à la faire apprécier du grand public.

L'ascendant qu'elle exerçait sur scène, sa générosité expansive et son décès prématuré en ont fait une référence obligée, au point qu'on lui ait dédié une compagnie et la salle qu'elle exploite, le THÉÂTRE

DENISE-PELLETIER, de même que le prix annuel d'interprétation du Québec, le prix Denise-Pelletier. Elle a été honorée de la Médaille de la Confédération en 1967, de l'Ordre du Canada en 1970 et du prix Molson du Conseil des Arts du Canada en 1975. Elle est la sœur du comédien Gilles PELLETIER.

André G. Bourassa

Pelletier, Gérard, journaliste, syndicaliste, animateur social, politicien et diplomate (Victoriaville, Qc, 21 juin 1919—Montréal, 22 juin 1997). Issu d'une famille ouvrière de huit enfants, Pelletier étudie au Séminaire de Nicolet, au Collège Mont-Laurier et à l'U. de Montréal. Il est secrétaire général de la Jeunesse étudiante catholique du Québec (JEC) de 1939 à 1943 et secrétaire itinérant de la World Student Relief Organization à Genève de 1945 à 1947. Après avoir voyagé en Argentine, il revient à Montréal et devient journaliste pour LE DEVOIR de 1947 à 1950. À la suite de ses reportages sur la GRÈVE DE L'AMIANTE en 1949, les responsables de la Confédération des travailleurs catholiques du Canada (ancêtre de la CSN) lui confient le poste de rédacteur en chef de leur publication, *Le Travail*.

En 1961, il devient le rédacteur en chef de LA PRESSE, mais, en 1964, après une longue grève, les propriétaires du journal le congédient à cause de ses idées jugées trop radicales. Il avait acquis ses convictions personnelles pendant la guerre au contact des militants catholiques français et surtout de la philosophie personnaliste d'Emmanuel Mounier et des penseurs de la revue *Esprit*. Avec de nombreux collègues, dont Pierre Elliott TRUDEAU, il concrétise ses idéaux en fondant la revue CITÉ LIBRE.

Par le biais de *Cité libre* et de la Société Radio-Canada, Pelletier et ses camarades dénoncent les politiques socialement rétrogrades et antidémocratiques du régime DUPLESSIS, ainsi que le cléricalisme de l'Église catholique du Québec. Ils sont des tenants de l'intervention de l'État et de la mise sur pied de syndicats dynamiques pour créer une société québécoise moderne et pluraliste. Le modèle de DÉMOCRATIE SOCIALE prôné par Pelletier contribue au retour du pluralisme idéologique au Québec pendant les années 50.

La montée du séparatisme pendant les années 60 amène Pelletier, Trudeau et leur ami de longue date (et militant syndical catholique), Jean MARCHAND, à faire le saut en politique fédérale en 1965. Pelletier est secrétaire d'État aux Affaires extérieures de 1968 à 1972, puis ministre des Communications de 1972 à 1975 dans le gouvernement Trudeau. Il participe à l'élaboration des propositions du gouvernement fédéral pour faire face à la détérioration des relations entre les gouvernements de Québec et d'Ottawa. Il poursuit ces objectifs à titre d'ambassadeur du Canada en France de 1975 à 1981 avant d'être nommé représentant du Canada aux Nations Unies, de 1981 à 1984.

En 1984, il devient président du conseil d'administration des Musées nationaux du Canada, poste qu'il occupe jusqu'à son retrait de la vie publique en 1987. Il est l'auteur des ouvrages suivants: *La Crise d'Octobre* (1971), *Les Années d'impatience* (1983), *Le Temps des choix* (1986) et *L'aventure du pouvoir* (1992). (*Voir aussi* FRANCOPHONIE.)

Michael D. Behiels

Pelletier, Gilles, comédien, metteur en scène et directeur de théâtre (Saint-Jovite, Qc, 22 mars 1925). Fils d'Albert Pelletier, notaire, éditeur et critique littéraire, Gilles Pelletier se destine d'abord à une carrière de marin. Sa sœur, la comédienne Denise PELLETIER, l'encourage cependant à faire carrière au théâtre. Il suit une formation auprès de Sita Riddez, François Rozet, Henri Norbert, Marcel Chabrier et, surtout, Eleanor Stuart. Il débute en 1945 avec L'Équipe de Pierre Dagenais dans *Le Songe d'une nuit d'été* de Shakespeare et participe par la suite à plusieurs de leurs spectacles, dont *Les Fiancés du Havre* d'Armand Salacrou (1946). En 1949, il interprète le rôle-titre dans *Britannicus* de Racine pour les Com-

pagnons de Saint-Laurent (sa sœur y jouait le rôle d'Agrippine). À partir de 1954, avec *Virage dangereux* de J.B. Priestley, le Théâtre Club de Monique Lepage et Jacques Létourneau lui confie de nombreux premiers rôles, notamment dans *Le Barrage* de Marcel DUBÉ (1955), *La Nuit des rois* de Shakespeare (1956) et *Topaze* de Marcel Pagnol (1957). Il joua aussi le rôle du Père dans *Six personnages en quête d'auteur* de Pirandello montée par Paul Hébert.

Au cours des années 50 et 60, il marque l'imaginaire populaire avec son personnage du Capitaine Aubert dans *Cap-aux-sorciers*, téléroman de Guy Dufresne, ainsi qu'avec celui du Caporal Gagné dans la série RCMP (diffusée à travers le monde). Il apparaît également dans plusieurs films dont *The 13ᵗʰ letter* d'Otto Preminger (1950), *I Confess* d'Alfred Hitchcock (1953), *Bingo* de Jean-Claude LORD (1973), et JÉSUS DE MONTRÉAL de Denis ARCAND (1989). Entre 1962-1964, il séjourne en France pour tourner les séries *Chevalier Tempête* et *Les Compagnons de Jéhu*. En 1966, il jouera sur Broadway avec Geraldine Page dans la comédie *P.S. I Love You*.

Au cours de sa carrière, Gilles Pelletier a joué dans de nombreux téléthéâtres, notamment dans *Les Frères Karamazov* de Dostoïevski, *Bérénice* de Racine, *Oncle Vania* de Chekhov, *Le Père* et *La Danse de mort* de Strinberg, ainsi que dans la création, en 1967, du célèbre *Un Simple soldat* de Marcel DUBÉ (repris l'année suivante à la Comédie Canadienne).

En 1964, avec Françoise Graton et Georges Groulx, il fonde la Nouvelle compagnie théâtrale (NCT) dont la vocation demeure d'initier les étudiants «aux grandes œuvres de la dramaturgie universelle». Il y signe plusieurs mises en scène (dont *La Mouette* d'Anton Chekhov, *Don Juan* de Molière et *Le Roi se meurt* d'Eugène Ionesco) en plus d'y défendre de nombreux rôles-titres (dont *Philoctète* de Sophocle, *Macbeth* de Shakespeare, *Le Cid* de Corneille et *Cyrano de Bergerac* d'Edmond Rostand).

En 1982, Gilles Pelletier quitte la direction de la NCT (qui deviendra le THÉÂTRE DENISE-PELLETIER en 1998). Titulaire de nombreux prix et distinctions (Ordre du Canada en 1988, Ordre du Québec en 1993, Prix Denise-Pelletier en 1998), il poursuit toujours sa carrière de comédien, souvent avec de jeunes compagnies.

«Au théâtre, j'ai toujours retenu le conseil de Madame Stuart», dit Pelletier, «penser long, mais parler court.»

Stéphane Baillargeon et S. Zarov

Pelletier, Wilfrid, chef d'orchestre, pianiste et administrateur (Montréal, 20 juin 1896—New York, 9 avril 1982). Il joue un rôle important dans la formation de la vie musicale du Québec, en particulier dans le domaine du théâtre lyrique (opéra) et auprès des jeunes. Il étudie au Canada avec Mme Françoise Héraly (piano, solfège, harmonie), Alfred La Liberté (interprétation) et Alexis Constant (harmonie, composition), ainsi qu'à Paris avec Charles-Marie Widor (composition) et Camille Bellaigue (répertoire lyrique). À différentes occasions, il occupe le poste de pianiste-répétiteur pour le répertoire français, de chef d'orchestre adjoint, de directeur artistique et de chef d'orchestre attitré au Metropolitan Opera de New York.

Parmi ses nombreuses réalisations canadiennes, on compte la création des Matinées symphoniques pour la jeunesse (1935), des Festivals de Montréal (1936) et du CONSERVATOIRE DE MUSIQUE DE QUÉBEC, dont il est le directeur fondateur. Il est aussi le premier directeur artistique de l'orchestre de la Société des concerts symphoniques de Montréal (1935-1940), le directeur artistique de l'Orchestre symphonique de Québec (1951-1966), le directeur de l'enseignement musical pour le ministère des Affaires culturelles du Québec (1961-1967), un des fondateurs de la Société de musique contemporaine du Québec (1966) et le président national des JEUNESSES MUSICALES DU CANADA (1967-1969). En 1962, on lui décerne la médaille du Conseil des arts du Canada et, en 1975, la médaille du Conseil canadien de la musique. De plus, il devient compagnon de l'Ordre du Canada en 1968.

Hélène Plouffe

Pembroke, ville de l'Ont.; pop. 14 177 (rec. 1996), 13 997 (rec. 1991), 14 131 (rec. 1986); superf. 15,33 km²; const. en 1971; chef-lieu du comté Renfrew; située en bordure de la RIVIÈRE DES OUTAOUAIS, au confluent des rivières Indian et Muskrat, à 158 km au nord-ouest d'Ottawa. Peter White, officier subalterne retraité de la marine ayant servi sous l'amiral Nelson et sur le lac Ontario pendant la Guerre de 1812, s'y établit en 1828. La localité est d'abord connue sous les noms de Campbellton et de Miramichi, puis se voit attribuer le nom de Pembroke en l'honneur du secrétaire de l'amirauté Sidney Herbert, fils du comte de Pembroke.

Longtemps associée au commerce du bois de sciage, la ville produit aujourd'hui du placage, du contreplaqué, des allumettes, des boîtes et du mobilier de bureau. Les premières expériences de téléphonie et d'éclairage commercial ont lieu à Pembroke. Le club de hockey Lumber Kings de Pembroke a gagné de nombreux championnats. La base des Forces canadiennes de Petawawa se trouve à proximité de la ville. Pembroke a un pont qui enjambe la rivière des Outaouais et la relie au Québec.

K.L. Morrison

Pemmican (du cri *pimikan*, qui signifie «graisse fabriquée»), fait de viande séchée, habituellement du BISON, broyée en poudre grossière et mélangée avec une quantité égale de graisse fondue. On peut parfois y ajouter des petites poires (fruits de l'amélanchier) ou d'autres aliments. Refroidi et empaqueté dans des sacs en peau de bison en lots de 41 kg, le pemmican peut facilement être emmagasiné et expédié pour approvisionner le personnel engagé dans la TRAITE DES FOURRURES. On attribue à Peter POND d'avoir fait connaître cette nourriture vitale aux commerçants en 1779, nourriture qu'il a reçue des CHIPEWYANS dans la région de l'Athabasca. Plus tard, les postes de traite situés le long des rivières Rouge, Assiniboine et Saskatchewan Nord s'approvisionnent en pemmican auprès des Amérindiens des plaines et des MÉTIS. Le pemmican est aussi fabriqué et utilisé à l'extérieur de la région. C'est ainsi que la Marine royale approvisionne plusieurs expéditions dans l'Arctique avec du pemmican de bœuf confectionné en Angleterre.

John E. Foster

Penetanguishene, ville de l'Ont.; pop. 7291 (rec. 1996), 6862 (rec. 1991), 5576 (rec. 1986); superf. 12,58 km²; située à la tête de la baie Penetanguishene, une anse au sud de la baie Georgienne, à environ 150 km par la route au nord de Toronto. Étienne BRÛLÉ et Samuel de CHAMPLAIN en sont les premiers visiteurs européens. Ils créent des liens entre la Nouvelle-France et les HURONS.

En 1793, le lieutenant-gouverneur, John SIMCOE, reconnaît le potentiel stratégique de ce site, qui devient une base maritime des lacs du nord en 1817. L'armée et la marine y sont présentes jusqu'en 1856. L'établissement de commerçants de fourrures et de voyageurs (retrait de l'île Drummond, 1828), de vétérans de l'armée en provenance d'Angleterre et d'agriculteurs du Québec (dans les années 1840) en fait une collectivité bilingue.

Les établissements historiques de l'armée et de la marine ont été restaurés et constituent aujourd'hui l'un des principaux lieux touristiques de la Huronie. L'industrie de la coupe du bois du XIXᵉ s. a cédé la place à une économie reposant sur le tourisme et les industries légères, comme les bateaux en fibre de verre, les pièces d'auto et les extrusions d'aluminium.

John C. Bayfield

Penfield, Wilder Graves, neurochirurgien et scientifique (Spokane, Wash., 26 janv. 1891—Montréal, 5 avril 1976). Fondateur et premier directeur de l'Institut neurologique de Montréal, Penfield établit le «protocole de Montréal» dans le traitement chirurgical de l'épilepsie. Après avoir obtenu un baccalauréat (B.Litt.) de Princeton en 1913, il fréquente le Merton College d'Oxford. C'est là qu'il est influencé par deux très grands professeurs en médecine: sir William OSLER, qui deviendra son héros pour le reste de sa vie, et l'éminent neurophysiologiste Charles Sherrington, qui l'initie à l'étude expérimentale du système nerveux. Après l'obtention de son doctorat en médecine de John Hopkins en 1918, il est chirurgien au Presbyterian Hospital (affilié à l'U. Columbia) et au New York Neurological Institute de 1921 à 1922.

Il étudie, en 1924, avec le neurohistologiste madrilène Pio del Rio-Hortega et acquiert ainsi les techniques de coloration métallique qui permettent de faire avancer les connaissances sur l'ensemble des cellules de soutien du système nerveux, qu'on appelle la «glie». En 1928, le chirurgien allemand Otfrid Foerster lui apprend la méthode d'excision chirurgicale des «cicatrices» cérébrales pour remédier à l'épilepsie partielle. Cette même année, il s'en va avec son collègue neurochirurgien William Vernon Cone travailler à l'Hôpital Royal Victoria de Montréal, où ils feront équipe avec le neurologue Colin K. Russel. En 1934, grâce aux subventions de la Rockefeller Foundation, du gouvernement du Québec, de la Ville de Montréal et de donateurs privés, Penfield fonde l'Institut neurologique de Montréal, qui devient rapidement un centre international d'enseignement, de recherche et de traitement dans le domaine des maladies du système nerveux, et dont il sera le directeur jusqu'en 1960.

L'épilepsie devient une très grande source d'inspiration pour Penfield. Ses observations au cours des opérations chirurgicales l'amènent à produire des rapports sur les tumeurs du cerveau, la circulation dans la pie-mère, les mécanismes du mal de tête, la localisation des fonctions motrice, sensorielle et linguistique, et le rôle de l'hippocampe sur les mécanismes de la mémoire. L'épilepsie temporale revêt une importance particulière en raison de la perception de scènes irréelles avec l'impression de déjà-vu, qui survient lorsque le cortex est stimulé durant une opération chirurgicale. L'élaboration de certaines des théories modernes sur la fonction indépendante de chacun des deux hémisphères cérébraux s'appuie sur ses découvertes. Son concept voulant que l'épilepsie centrale provienne des parties médianes profondes du cerveau a une influence importante sur la compréhension des relations entre les structures du cerveau et la conscience. Ses travaux lui rapportent de nombreuses récompenses prestigieuses tant au Canada qu'à l'étranger. Ses articles scientifiques ainsi que les manuels et monographies qu'il a publiés avec ses collègues sont des ouvrages de référence de base sur la fonction du cerveau humain.

Pendant les 15 dernières années de sa vie, Penfield exerce avec plaisir une deuxième carrière en écrivant des romans historiques et des biographies médicales. Il se consacre au service de la collectivité, plus particulièrement en appuyant l'enseignement universitaire. Il occupe le premier le poste de président de l'Institut Vanier de la famille. Il acquiert une grande renommée pour sa promotion de l'apprentissage précoce d'une deuxième langue. Parmi les ouvrages qu'il écrit durant cette période, on relève *The Mystery of the Mind* (1975), qui résume ses points de vue sur le problème cerveau-esprit, et *No Man Alone* (1977), une autobiographie des années 1891 à 1934.

C'est la fondation et la dotation de l'Institut neurologique de Montréal qui représente le legs le plus durable de Penfield. Cet hôpital neurologique intégré à un complexe de recherche sur le cerveau sert toujours de centre où les spécialistes des sciences fondamentales et les médecins étudient le cerveau; il sert également de modèle pour l'établissement d'institutions similaires dans le monde entier. Pour Penfield, le cerveau et le système nerveux représentaient le plus important domaine inexploré de toute la science. Comme il l'écrit: «Le problème de la neurologie est de comprendre l'homme lui-même.» Entre autres distinctions, il a reçu le prix de la Banque Royale.

William Feindel

Penikett, Antony David John, chef du gouvernement du Yukon (près de Sussex, Angl., 14 nov. 1945). Penikett ne commence à s'intéresser sérieusement à la politique qu'en 1972, alors qu'il est nommé directeur de la campagne de Wally Firth, le député fédéral néo-démocrate des Territoires du Nord-Ouest. Son ascension dans la hiérarchie du Nouveau Parti Démocratique est rapide. En 1973, il devient membre du Conseil fédéral du parti et, durant les années 1975-1976, il est nommé adjoint administratif du chef national. Il est élu par la suite à la présidence du parti national, un poste qu'il occupe pendant deux mandats, de 1981 à 1985.

Le succès de Penikett au Yukon est tout aussi retentissant. Il est d'abord le seul député néo-démocrate élu à l'Assemblée législative en 1978. Il devient chef de l'Opposition en 1981 et chef d'un gouvernement minoritaire en 1985, après avoir défait les conservateurs sortants. Ardent défenseur de la régionalisation, il critique ouvertement l'ACCORD DU LAC MEECH qui, selon lui, aurait à jamais empêché le Yukon d'atteindre le statut de province. Il est réélu avec une majorité aux élections territoriales de 1989 et son parti est défait aux élections de 1992 par le nouveau Yukon Party, bien que lui-même conserve son siège.

Stanley Gordon

Péninsule-Bruce, parc national de la (Créé en 1987, 155 km²) Il comprend un ancien parc provincial et des terres privées acquises par vente à l'amiable. Environ 2000 ha de terres privées ont été acquis depuis 1994. Quand le tout sera complété, le parc aura une superficie de 270 km².

Histoire naturelle Le parc est situé à l'extrémité nord de la PÉNINSULE-BRUCE, à la limite nord de l'ESCARPEMENT DU NIAGARA. C'est une contrée magnifique mais fragile abritant des orchidées rares, d'anciennes forêts de cèdres accrochés avec ténacité aux flancs des falaises de pierre calcaire, et des formations karstiques uniques, comprenant des cavernes, des gouffres et des rivières souterraines. Le parc national de la Péninsule-Bruce, avec le parc marin national Fathom Five (premier parc marin national du Canada comprenant un groupe d'îles et une partie de la BAIE GEORGIENNE et du lac Huron), forme la zone centrale de la réserve mondiale de la biosphère de l'escarpement du Niagara.

Aménagements Le populaire SENTIER BRUCE sillonne le bord de l'escarpement du Niagara et traverse le parc jusqu'à sa limite nord dans la ville de Tobermory. On peut y emprunter beaucoup d'autres sentiers pédestres et s'arrêter au terrain de camping du lac Cypress. La plongée sous-marine est populaire dans la région à cause de la clarté de l'eau et de nombreuses épaves.

Maxwell W. Finkelstein

Penner, Fredrick Ralph Cornelius, chanteur pour enfants (Winnipeg, Man., 6 nov. 1946). Après ses études à l'U. de Winnipeg, Penner devient technicien en services à l'enfance et se sert de la musique pour divertir et consoler les enfants. En 1972, il entame une carrière professionnelle de chanteur et d'interprète, puis fonde sa propre troupe de danse théâtrale pour enfants à Winnipeg. Penner et Odette Heyn, sa future compagne, écrivent et signent la chorégraphie des représentations de la troupe. Cette activité permet à Penner de financer un album de chansons pour enfants, et il enregistre *The Cat Came Back* en 1979. La chanson-titre est un succès et l'album se vend à 150 000 exemplaires en Amérique du Nord. Par la suite, Penner lance une série d'enregistrements pour enfants tout aussi couronnée de succès.

En 1984, la télévision de Radio-Canada lui offre l'occasion de faire sa propre émission pour enfants. *Fred Penner's Place,* qui obtiendra de très bonnes cotes d'écoute. En 1987, Penner crée sa propre maison d'enregistrement, Oak Street Music, laquelle produit ses albums, ainsi que les disques d'artistes, tels que Liona BOYD et Connie Kaldor. En 1989, un réseau de télévision américain commence à diffuser *Fred Penner's Place.* Dès lors, Penner fait des tournées aux États-Unis et devient ainsi l'un des plus importants chanteurs nord-américains pour enfants. En 1996, il lance son 10e album: *Moonlight Express.* Durant presque 20 ans de carrière, Penner a vendu au-delà d'un million de disques et, lors d'un peu plus de mille représentations données partout en Amérique du Nord, a joué devant plus d'un million d'admirateurs. Il a également à son actif plusieurs vidéos et cinq livres inspirés de ses chansons. L'intérêt continu qu'il porte au bien-être des enfants est souligné une fois de plus par sa nomination comme porte-parole national d'UNICEF Canada en 1991 et 1992. Cette même année, il reçoit l'Ordre du Canada.

Steve McLean

Penner, Jacob, politicien radical (Russie, 12 août 1880—Winnipeg, Man., 28 août 1965). Déjà marxiste à son arrivée à Winnipeg en 1904, Penner participe à la fondation du Parti social-démocrate. Il joue un rôle majeur au sein du mouvement contre la conscription, en 1917-1918, et lors de la GRÈVE GÉNÉRALE DE WINNIPEG. Fondateur du PARTI COMMUNISTE DU CANADA, il est responsable de l'organisation du parti dans l'Ouest pendant des années. À partir de 1933, et jusqu'à sa retraite en 1960, il siège au conseil municipal de Winnipeg, où il représente le North End. Il a parfois été le seul membre communiste de toutes les assemblées élues en Amérique du Nord. Son fils Roland est devenu procureur général du Manitoba en décembre 1981.

Irving Abella

Pension de vieillesse La première voit le jour en 1927 aux termes d'une loi fédérale. Financée conjointement par les gouvernements fédéral et provinciaux, elle est administrée par ces derniers car, à l'époque, les pensions sont vues comme une obligation constitutionnelle provinciale. La loi prévoit le versement d'une prestation mensuelle maximale de 20 dollars, selon les autres revenus et biens. Elle vise les sujets britanniques de 70 ans ou plus vivant au Canada depuis 20 ans au moins. Un examen des moyens de subsistance est effectué, lequel est généralement considéré comme humiliant.

La Loi sur la sécurité de la vieillesse

En 1951, à la suite d'une modification apportée à l'Acte de l'Amérique du Nord britannique (AANB) visant à permettre au gouvernement fédéral d'administrer un régime de pension, le Parlement adopte la *Loi sur la sécurité de la vieillesse.* Cette loi prévoit le versement d'une pension universelle avec subvention démographique de 40 dollars par mois, financée et administrée par le gouvernement fédéral. Ainsi, tous les Canadiens de 70 ans ou plus qui satisfont aux exigences relativement souples en matière de résidence sont admissibles, peu importent leurs autres revenus ou biens. Le versement des prestations commence en 1952 et celles-ci sont imposables.

Une autre loi est adoptée en même temps, soit la *Loi sur l'assistance-vieillesse.* Celle-ci prévoit l'octroi de prestations de 40 dollars aux Canadiens à la retraite et ayant entre 65 et 69 ans, après examen des besoins. Ce programme fait l'objet d'un partage égal des coûts entre les gouvernements fédéral et provinciaux et il est administré par les ministères provinciaux chargés du bien-être social, qui effectuent un examen des besoins afin de déterminer l'admissibilité des personnes âgées. Celles-ci trouvent cet examen gênant et stigmatisant.

Le Régime de pensions du Canada

Dès 1964, bien que la pension universelle de la Sécurité de la vieillesse (SV) ait atteint 75 dollars par mois, elle est généralement considérée comme insuffisante. Pour remédier à ce problème de façon durable, le gouvernement fédéral met en place en 1965 le RÉGIME DE PENSIONS DU CANADA (RPC), après avoir apporté d'autres modifications à l'AANB. Le Québec, quant à lui, lance son programme, le Régime des rentes du Québec (RRQ), qui est identique au RPC pour tous les points importants.

Le RPC et le RRQ, régimes d'assurance obligatoires, entrent en vigueur en 1966. Ils couvrent 92 p. 100 de la population active, employés et employeurs, qui sont obligés de verser une cotisation leur donnant droit, à l'âge de 65 ans, à une pension liée à la rémunération ainsi qu'à des prestations d'invalidité et de survivant, en plus d'une prestation forfaitaire de décès qui couvre les frais de funérailles. La pension maximale est conçue pour remplacer le quart du salaire moyen dans l'industrie. Les travailleurs indépendants peuvent aussi souscrire au RPC ou au RRQ, qui sont entièrement transférables partout au Canada.

Supplément de revenu garanti

Comme ni le RPC et ni le RRQ ne paient de pleines prestations de retraite avant 10 ans, le gouvernement fédéral établit, pour aider les personnes âgées à faible revenu déjà à la retraite, un supplément non imposable et assujetti à une évaluation du revenu. Ainsi, grâce à une modification apportée à la *Loi sur la sécurité de la vieillesse,* les retraités qui reçoivent la pension de la SV, mais peu ou pas d'autres revenus, bénéficient de ce supplément à partir de 1967. Il suffit de faire une demande annuelle, au moment de la déclaration de revenus, ce qui évite tout stigmate social. Tout revenu excédant la pension de la SV est déduit du supplément, à raison d'un dollar pour un dollar. À la même époque, l'âge d'admissibilité à cette pension universelle est réduit de 5 ans, passant ainsi de 70 à 65 ans, ce qui élimine du régime fédéral des pensions l'examen des ressources et des besoins.

Quoique, au départ, le Supplément de revenu garanti (SRG) soit vu comme un programme de transition qui doit prendre fin quand le RPC ou le RRQ commenceront à verser de pleines prestations en 1976, on constate qu'une proportion considérable des prestataires a droit à une pension inférieure à la pension maximale. Cette constatation, conjuguée au fait que seule une minorité de travailleurs jouit d'un régime d'employeur, signifie que le SRG demeure un élément critique dans les efforts pour diminuer la pauvreté chez les aînés. En conséquence, le gouvernement maintient le programme, augmente sa valeur et indexe les prestations tous les trois mois sur le coût de la vie, jusqu'à ce qu'il annonce, en 1996, ses plans concernant un régime de substitution.

Allocation au conjoint (1975, 1985)

En 1975, le système de la SV et du SRG s'améliore pour une petite proportion de la population grâce à l'Allocation au conjoint (AC), qui apporte un supplément assujetti à une évaluation du revenu aux couples de personnes âgées à faible revenu dont seule l'une d'elles reçoit la SV et le SRG et dont l'autre a entre 60 et 64 ans. En 1985, le programme est élargi pour inclure les veufs et les veuves à faible revenu âgés de 60 à 64 ans et dont le conjoint décédé était prestataire de la SV et du SRG.

Débats sur la réforme des pensions

Les pensions de vieillesse s'avèrent une préoccupation d'intérêt national du milieu des années 70 au début des années 80, surtout à cause des taux d'inflation élevés et de leurs effets sur les revenus fixes. Dans un livre vert (1982), le gouvernement fédéral précise les deux objectifs du système public de pen-sion, soit assurer aux personnes âgées un revenu minimal (lutte contre la pauvreté) et maintenir un rapport raisonnable entre le revenu d'un individu avant et après la retraite (remplacement du revenu). La pension universelle de la SV, de même que les programmes du SRG et de l'AC, assujettis à l'évaluation du revenu, visent à atteindre l'objectif de lutte contre la pauvreté, tandis que le RPC et le RRQ, les pensions d'employeurs et l'épargne personnelle (encouragée au moyen de concessions fiscales particulières) visent à réaliser l'objectif de remplacement du revenu.

Même si, dans l'ensemble, on s'entend sur la nécessité d'entreprendre la réforme des pensions, il n'y a pas de consensus sur l'orientation de cette réforme. Les représentants du monde des affaires, de l'industrie des régimes privés de pension et l'Ontario veulent que les améliorations viennent principalement du secteur privé. Leurs opposants sont d'avis qu'il faut améliorer et élargir le système public de pension, surtout en ce qui concerne le ratio de remplacement du revenu de 25 p. 100. Cette opinion sous-entend que les 14 000 régimes privés de pension qui existent alors sont, selon les termes utilisés dans un rapport du Comité sénatorial spécial d'enquête (1979), nettement insuffisants quant à leur couverture, à leur transférabilité, aux prestations de retraite et de survivant ainsi qu'à la protection qu'ils offrent contre l'inflation. L'approche du secteur public est favorisée par les syndicats, les groupes de femmes, les provinces du Québec et de la Saskatchewan ainsi que par les groupes de bienfaisance.

Malgré des débats, des rapports et des conférences nationales pendant près de 10 ans, très peu de changements importants sont apportés. Quelques améliorations mineures sont faites au programme de SRG, au RPC et au RRQ. De plus, les gouvernements fédéral et provinciaux tentent, sans trop de succès, de rehausser les normes des pensions privées.

À partir de 1985, poussé par l'intérêt qu'il porte à la réduction de la dette et du déficit, le gouvernement fédéral, alors sous la gouverne des conservateurs, propose l'indexation partielle des prestations de la SV sur le taux d'inflation de plus de 3 p. 100. Cette tentative entraîne un tel contrecoup politique que le gouvernement laisse tomber l'idée, mais l'applique avec succès à un autre programme universel, à savoir les prestations familiales.

À l'époque, il semble que la politique fédérale à l'égard des pensions de vieillesse cherche à limiter le système public de pension à l'objectif de lutte contre la pauvreté, c.-à-d. en assurant aux personnes âgées un revenu de retraite minimum de base, mais en laissant au marché privé et aux particuliers la responsabilité de réaliser l'objectif lié au remplacement du revenu.

Promotion de la responsabilité individuelle en matière de revenu de retraite: le régime enregistré d'épargne–retraite (REER)

En 1957, le gouvernement fédéral apporte des changements à la *Loi de l'impôt sur le revenu* pour encourager les travailleurs indépendants à prévoir leur fonds de retraite. Ainsi, l'argent placé dans un compte de REER, habituellement géré par une institution financière, est complètement déductible du revenu imposable. L'imposition des revenus de placement connexes est reportée jusqu'au retrait de l'argent pendant la retraite. Les professionnels indépendants sont les principaux bénéficiaires de ce programme. En 1973, celui-ci est élargi pour inclure les Canadiens, en particulier ceux qui n'ont pas de régime de pension subventionné par l'employeur. Même si tous les Canadiens y ont droit, ce sont ceux de la classe moyenne supérieure et les riches qui détiennent la grande majorité des fonds placés dans des comptes de REER, c.-à-d. ceux qui, très probablement, ont encore des fonds à investir une fois toutes les autres dépenses payées.

Nouveau système de pension dès 2001

Quand les libéraux accèdent au pouvoir en 1993, ils manifestent le même intérêt que leurs prédécesseurs conservateurs pour l'élimination de la dette et du déficit. Le gouvernement affirme que, à cause du vieillissement de la population canadienne, le nombre de personnes âgées fera plus que doubler d'ici 2030. Par conséquent, pour assurer la viabilité du système, il lui faut absolument effectuer un certain remaniement des dispositions relatives aux pensions. Pour le gouvernement, la solution consiste à cibler les bénéfices de ceux qui en ont le plus besoin.

Prestation aux aînés

À l'occasion du discours du budget de 1996, le gouvernement annonce que la Prestation aux aînés, mensualité non imposable, remplacera, en 2001, les prestations actuelles de la SV et du SRG ainsi que deux crédits d'impôt pour les personnes âgées. Il affirme que, grâce à ce nouveau programme, la situation de la vaste majorité des personnes âgées se maintiendra ou s'améliorera. En fait, 75 p. 100 d'entre elles, vivant seules ou en couple, recevront au moins autant sinon davantage. De plus, le sort de 9 femmes âgées célibataires sur 10 s'en trouvera amélioré. Par ailleurs, les personnes de 60 ans ou plus et celles qui reçoivent déjà des prestations pourront, à leur choix, passer au nouveau système ou garder leurs prestations actuelles. Cette proposition ne se concrétise jamais. Dans le budget de 1997, le gouvernement annonce son intention d'introduire un examen des revenus, ce qui résulterait en une hausse des prestations des aînés qui se situeraient sous la barre du niveau de revenu annuel admis, tandis que les autres verraient les leurs amputées. Cette idée se heurte à l'opposition du monde des affaires impliqué dans les régimes de pensions privés. Ce dernier soutient que le programme proposé pénaliserait ceux qui contribuent à de tels régimes. À nouveau, les changements proposés ne furent pas implantés. Le support offert par la SV/SRG aux aînés continue toujours.

Changements apportés au Régime de pensions du Canada et au Régime de rentes du Québec

Tous les cinq ans, les gouvernements fédéral et provinciaux passent en revue les activités du RPC et du RRQ. Au cours des années 90, le RPC a souvent fait l'objet de sombres spéculations. Certains observateurs, notamment ceux qui sont du côté de l'industrie des pensions privées, croient que le vieillissement de la population canadienne, la hausse inattendue des pensions d'invalidité et le déclin du rapport entre les travailleurs et les personnes à la retraite mèneront le RPC à la faillite. Par conséquent, ils recommandent vivement la réduction des prestations, la hausse de l'âge d'admissibilité de 65 à 67 ans et l'établissement du ratio de remplacement du revenu à 22,5 p. 100, qui, pourtant, fixé à un taux de 25 p. 100 suffit à peine et seulement aux personnes qui souscrivent aussi à un régime d'entreprise à titre de supplément au RPC. D'autres soutiennent que les rumeurs au sujet d'une faillite du RPC sont ridicules et qu'elles sont mises de l'avant par des personnes pour qui la question revêt un intérêt politique ou financier, et que les cotisations augmenteront, comme il a été prévu dès le début. Tout l'argent des contributions au RPC et au RRQ est versé dans un fonds. À un moment, les provinces étaient autorisées à emprunter des sommes à un taux d'intérêt très modeste. Une récente législation fédérale autorise l'investissement d'une partie de ce capital dans les marchés boursiers dans l'espoir d'enrichir le fonds. Le succès de cette dernière stratégie est encore à vérifier. (*Voir aussi* SÉCURITÉ SOCIALE.)
Dennis Guest

Pensionnats Bien qu'ils soient généralement considérés comme faisant partie des politiques d'assimilation des autochtones mises en œuvre par le gouvernement canadien à partir des années 1880, leur

origine remonte bien avant ce temps. Les premiers pensionnats sont créés en NOUVELLE-FRANCE par des missionnaires catholiques dans le but d'offrir des soins aux jeunes autochtones et de les scolariser. Ces premières tentatives, tout comme celle qui a lieu en Acadie, échouent lamentablement en raison de l'autonomie dont jouissent encore les PREMIÈRES NATIONS et de la dépendance économique et militaire des Européens envers les autochtones. Les pensionnats deviennent un phénomène durable avec la création d'établissements anglicans et méthodistes dans le HAUT-CANADA (Ontario) à partir de 1830. Ces expériences coloniales donnent le ton aux politiques mises de l'avant après la Confédération.

Tout comme le gouvernement fédéral, les NATIONS DES PLAINES désirent inclure des dispositions relatives à l'éducation dans les traités des années 1870 et ceux d'après, mais pas pour les mêmes raisons. Les chefs amérindiens espèrent que la scolarisation eurocanadienne permettra à leurs jeunes d'acquérir les habiletés de la société des nouveaux arrivants afin qu'ils réussissent à s'adapter à un monde dominé par des étrangers. Pour sa part, le gouvernement voit dans la scolarisation un moyen de rendre les premières nations autosuffisantes sur le plan économique, son objectif sous-jacent étant de diminuer la dépendance des autochtones à l'égard des fonds publics. Le gouvernement s'associe avec des missionnaires chrétiens (*voir* MISSIONS ET MISSIONNAIRES), qui souhaitent aussi encourager l'autosuffisance et la conversion religieuse des autochtones et s'assurer que la politique d'éducation des autochtones élaborée après 1880 repose largement sur des écoles de garde.

Après l'établissement de 3 écoles industrielles dans les Prairies, en 1883, le gouvernement fédéral et les églises mettent sur pied, au cours des 50 années suivantes, un réseau de pensionnats s'étendant de la Nouvelle-Écosse à l'Arctique. La plupart de ces écoles se trouvent dans les quatre provinces de l'ouest et les territoires, mais il y en a aussi un bon nombre dans le nord-ouest de l'Ontario et, plus tard, dans le nord du Québec. Trois des quatre provinces de l'Atlantique n'ont pas de telles écoles parce que, semble-t-il, le gouvernement estime que les Amérindiens y sont suffisamment acculturés. À son apogée, vers 1930, le réseau de pensionnats regroupe au total 80 établissements. Les catholiques administrent les trois cinquièmes d'entre eux, les anglicans le quart, et les méthodistes ainsi que les presbytériens le reste. (En 1925, avec la création de l'Église unie du Canada, la plupart des écoles presbytériennes deviennent des écoles de l'Église unie.)

De leur création jusqu'à la fin des années 50, les pensionnats pour autochtones fonctionnent selon un système de demi-journées: les élèves passent la moitié de la journée en classe et l'autre moitié au travail. Cette pratique vise en principe à permettre aux élèves d'acquérir diverses habiletés grâce auxquelles ils pourraient gagner leur vie une fois adultes, mais en réalité leur travail a pour effet de gérer l'école à peu de frais bien plus que de leur procurer une formation professionnelle. Le financement des pensionnats est un facteur de première importance. Des années 1890 aux années 50, le gouvernement cherche constamment à transmettre le fardeau des écoles aux églises, dont les membres font des dons, et aux élèves, dont le travail est une contribution. Ce n'est qu'avec la prospérité de la fin des années 50 que le financement s'accroît et que le système de demi-journées est aboli.

La journée des élèves commence de bonne heure, généralement au son d'une cloche qui les somme de s'habiller et de se rendre à la chapelle. Comme tous les autres repas, le déjeuner est frugal et englouti en vitesse dans un réfectoire lugubre. Il est suivi de trois heures de classe ou d'une période de travail. À la fin de l'après-midi, les élèves peuvent parfois profiter d'une courte période de jeu avant le souper. En soirée, les loisirs sont limités et les élèves doivent se

coucher tôt. Les fins de semaine apportent un changement à la routine, car il n'y a pas de classes, mais les élèves consacrent habituellement plus de temps aux pratiques religieuses du dimanche. Jusqu'aux années 50, les vacances se résument, pour bien des élèves, à des périodes de travail et de jeu à l'école. C'est seulement dans les dernières années que les écoles prennent l'habitude d'envoyer les enfants à la maison pour les vacances.

Même si certains élèves n'en repartent qu'avec de bons souvenirs et que la plupart se rappellent cette époque avec un plaisir mêlé de douleur, les expériences des pensionnaires s'avèrent plus négatives que positives. La nourriture est de mauvaise qualité et insuffisante, et sa préparation ne contribue aucunement à la rendre plus appétissante. Tous les élèves détestent leurs vêtements, usés, trop petits ou trop grands et, en hiver, mal adaptés aux conditions météorologiques. Le programme pédagogique, tant scolaire que professionnel, est déficient. Les élèves sont aux prises avec des enseignants généralement mal préparés ainsi que des plans d'études et du matériel inadéquats, conçus par et pour une culture étrangère. Au travail, les surveillants se montrent souvent sévères, et les tâches sont dénuées de l'objectif formatif qu'elles sont censées avoir. Les missionnaires prodiguent leur temps et leur attention aux pratiques religieuses tout en dénigrant souvent les traditions spirituelles autochtones.

Malgré les efforts de plusieurs membres du personnel soucieux d'être de bons instituteurs et parents de substitution, le cadre institutionnel et la charge de travail viennent à bout des meilleures intentions. L'impatience et les corrections donnent trop souvent lieu à des punitions corporelles excessives. Presque partout, le fonctionnement des écoles empêche le personnel de répondre aux besoins affectifs des enfants. Parfois, les membres du personnel sont des prédateurs sexuels, et trop souvent la froideur émotive s'aggrave du fait que les missionnaires déprécient la culture de leurs protégés. L'usage des langues autochtones est interdit dans la plupart des activités de l'école, les coutumes autochtones décriées et les pratiques eurocanadiennes constamment présentées comme supérieures.

Un régime aussi sévère suscite naturellement de la résistance de la part des élèves et de leurs parents. Les enfants refusent de collaborer, sabotent les opérations de la cuisine ou de la classe, dérobent de la nourriture et tout ce sur quoi ils peuvent faire main basse, fuguent ou, dans des cas extrêmes, mettent le feu aux écoles. Leurs parents et les chefs politiques autochtones protestent contre les conditions austères et les lacunes pédagogiques des écoles, mais leurs objections sont longtemps ignorées. Cependant, dans les années 40, le gouvernement et la plupart des communautés missionnaires se rendent à l'évidence que les écoles sont inefficaces. En ce sens, les protestations des autochtones aident à obtenir un changement de politique. En 1969, on prend la décision de fermer les pensionnats.

Bien qu'on compte encore quelques écoles du genre dirigées par les autochtones dans l'ouest du Canada, les pensionnats sont surtout un mauvais souvenir. Les collectivités autochtones, souvent avec le soutien des églises et, depuis 1998, avec l'aide financière du gouvernement, assument la tâche difficile de mettre fin à la tradition d'éclatement familial, de violence et de désœuvrement que les pensionnats ont contribué à instaurer. (*Voir aussi* AUTOCHTONES, ÉDUCATION DES.)
J.R. Miller

Pensions Paiements versés par un gouvernement ou un employeur à des employés retraités, jusqu'à leur décès, pour les services qu'ils ont rendus. Ces personnes peuvent avoir quitté leur emploi en raison de leur âge ou d'une invalidité. Après leur décès, un paiement habituellement moindre peut être versé au conjoint ou à tout autre survivant. Le Régime de pensions du Canada compte trois volets: les prestations aux personnes âgées (gouvernemental), l'assurance sociale (gouvernemental) et les régimes de retraite d'employeurs, les régimes individuels d'épargne-retraite et les avantages fiscaux connexes (privés). Le régime de retraite a deux buts principaux: assurer un revenu de base aux personnes âgées (un objectif de lutte contre la pauvreté) et maintenir un rapport raisonnable entre le revenu de retraite et celui de la période active (un objectif de remplacement du revenu).

Le premier volet des régimes de retraite canadiens comprend la pension de la Sécurité de la vieillesse versée par le gouvernement fédéral aux personnes âgées à faible et à moyen revenu, le Supplément de revenu garanti (SRG) pour les personnes âgées à faible revenu et l'Allocation au conjoint (AC) pour les conjoints à faible revenu qui sont veufs et ceux qui sont mariés et âgés de 60 à 64 ans (voir PENSION DE VIEILLESSE). Un supplément de revenu est fourni par cinq provinces et deux territoires à la population âgée pauvre. Le système fiscal accorde un crédit d'impôt non remboursable aux personnes âgées à faible et à moyen revenu, et un crédit pour revenu de pension à tous les contribuables qui bénéficient d'un régime de retraite privé.

Le deuxième volet repose sur le RÉGIME DE PENSIONS DU CANADA et son pendant québécois, le RÉGIME DES RENTES DU QUÉBEC. Il s'agit de programmes d'assurance sociale liés au revenu et qui concernent la quasi-totalité des travailleurs. Le troisième volet correspond aux régimes de retraite d'employeurs financés par les employés et les employeurs ainsi que les régimes individuels d'épargne-retraite (régimes enregistrés d'épargne-retraite ou REER) payés par les bénéficiaires. Le système fiscal prévoit l'allégement des impôts lorsque le contribuable participe au régime de retraite de l'employeur ou cotise à un REER.

Les programmes gouvernementaux sont conçus pour permettre un transfert entre générations en fournissant une pension aux personnes âgées et à la retraite, pension financée par l'impôt sur le revenu (c'est le cas pour les prestations aux personnes âgées) et par les cotisations (Régime de pensions du Canada et Régime des rentes du Québec) en majeure partie versées par la population active plus jeune (RRQ). Les cotisations aux régimes de retraite privés et aux REER sont investies sur le marché. Les cotisants «détiennent» leurs cotisations, et tout élément de transfert entre les générations est accidentel. Les régimes de retraite gouvernementaux couvrent l'ensemble ou la quasi-totalité de la population, alors que la souscription à un régime de retraite d'employeur et à un REER touche les Canadiens au revenu supérieur à la moyenne.

Le Régime de pensions du Canada a suscité bien des débats et subi de nombreuses modifications au cours des deux dernières décennies. Selon ses détracteurs, il n'atteint pas ses objectifs de base, car beaucoup de personnes âgées vivant seules (en majorité des femmes) touchent un revenu en deçà du seuil de pauvreté et de nombreux Canadiens à faible ou à moyen revenu reçoivent une prestation de retraite qui ne suffit pas à maintenir leur niveau de vie. En même temps, le vieillissement rapide de la population canadienne, le ralentissement marqué de la croissance économique et l'instabilité du marché du travail créent aussi une tension sur les coûts du régime de pension. Les régimes gouvernementaux et privés ont d'ailleurs été modifiés en profondeur depuis le milieu des années 80.

Régimes publics Le premier régime d'assurance sociale national pour les pensions de vieillesse a été mis sur pied par le chancelier allemand Otto von Bismarck en 1889. Le Canada a probablement été influencé davantage par la loi britannique de 1908, qui a instauré pour les 70 ans et plus un régime de pension de vieillesse non contributif lié aux ressources. En 1925, la plupart des États européens ont déjà adopté des régimes similaires. En 1935, l'*Ame-*

rican Social Security Act met en place un régime de cotisation par répartition selon lequel les cotisations sont versées pour les pensions en cours, et seul un petit fonds couvre les fluctuations de la proportion des cotisations aux pensions.

En vertu de la première loi canadienne des pensions gouvernementales, la *Loi des pensions de vieillesse* (1927), le gouvernement fédéral rembourse 50 p. 100 des coûts des provinces pour les régimes de pension publics liés aux ressources pour les 70 ans et plus. En 1931, la part du gouvernement fédéral augmente à 75 p. 100, mais le régime ne devient national qu'en 1937, quand toutes les provinces adoptent une loi conciliable (*voir* SÉCURITÉ SOCIALE). Le montant des prestations et autres provisions sont révisés périodiquement jusqu'en 1951, année de l'entrée en vigueur de la *Loi sur la sécurité de la vieillesse*, selon laquelle un montant de 40 $ (259 $ en 1997 après rajustement en fonction de l'inflation) est versé mensuellement à toute personne âgée de 70 ans et plus (âge ramené par la suite à 65 ans), peu importe son revenu. Au cours du premier trimestre de 1997, la SV verse mensuellement 400,71 $, bien que les prestations soient réduites par l'impôt sur le revenu et que la SV n'effectue plus de versements aux aînés à revenu élevé (plus de 85 000 $).

Les lois (1965) sur le RPC et sur le RRQ permettent à 91 p. 100 de la population active (à l'exception des personnes qui ne gagnent que quelques milliers de dollars par année) d'être couverte grâce aux régimes gouvernementaux à cotisation obligatoire. Le RPC fait appel à un financement par répartition sous forme de cotisation (c.-à-d. les cotisations sociales) des employeurs, des employés et des travailleurs autonomes. Le RRQ a un financement mixte, par répartition et par capitalisation. La pension de retraite est établie en fonction du quart du revenu moyen à ne dépassant pas celui du salaire moyen, soit un maximum de 736,81 $ par mois. En plus des pensions de retraite, le RPC et le RRQ procurent aux bénéficiaires des prestations d'invalidité, de survivant, d'orphelin et de décès. Toutes ces prestations sont indexées annuellement au coût de la vie.

Le supplément de revenu garanti (SRG), également institué en 1965, vise à fournir (de concert avec la SV) un revenu de base garanti aux personnes âgées. Le SRG est un programme lié au revenu, qui fournit (au cours du premier trimestre de 1997) un versement maximal de 476,20 $ par mois aux personnes âgées seules et à celles qui sont mariées à des personnes de moins de 65 ans ainsi qu'un versement maximal de 310,18 $ aux aînés mariés à des personnes pensionnées. On déduit 1 $ de la prestation maximale pour chaque 2 $ de revenu autre que la SV. L'AC, instituée en 1975, est un programme lié au revenu pour les personnes veuves et les conjoints de 60 à 64 ans, par lequel on verse une prestation mensuelle maximale de 710,89 $ pour les conjoints et de 784,92 $ pour les personnes veuves (surtout des femmes). La sécurité de la vieillesse, le SRG et la prestation au conjoint sont indexés en entier au coût de la vie tous les trimestres.

Les régimes de pension publics couvrent des groupes importants de la population, contrairement aux régimes de retraite des employeurs et aux REER. En janvier 1997, 3,5 millions de personnes âgées bénéficient de la SV, 1,4 million reçoivent le SRG et 104 000 personnes, l'AC. Le Régime de pensions du Canada verse des pensions de retraite et d'autres prestations à 3,6 millions de Canadiens, tandis que le Régime des rentes du Québec compte environ 1,1 million de bénéficiaires, pour un total de 4,7 millions. En 1993, 1,4 million de contribuables déclarent tirer un revenu de régimes de retraite d'employeurs.

Le budget fédéral de 1996 annonce une nouvelle prestation liée au revenu qui remplacera en 2001 la SV, le SRG et les crédits d'impôt pour revenu de pension. Les prestations aux aînés comprendront un élément semblable au Supplément de revenu garanti

(avec le même taux élevé de réduction de 50 p. 100) et un élément semblable à la SV (avec un revenu familial de 25 921 $ pour les prestations maximales et un taux de réduction de 20 p. 100). Ces prestations excéderont de 120 $ les sommes maximales versées actuellement par la SV et le SRG aux personnes seules et aux couples, ce qui garantira un revenu de 11 420 $ aux personnes seules et de 18 440 $ aux couples en 2001.

Le RPC et le RRQ font l'objet de bien des controverses parce que le taux de cotisation devra augmenter de façon substantielle pour assumer les coûts croissants des pensions à mesure que la population vieillira. Selon les critiques, les membres de la nouvelle génération devront payer beaucoup plus que leurs parents et leurs grands-parents pour soutenir le RPC et le RRQ. La population craint (à tort) que le régime ne se retrouve à sec, et nombre de jeunes Canadiens sont persuadés que le RPC «ne sera pas là pour eux» lorsqu'ils prendront leur retraite.

Afin de rétablir la confiance envers le régime de pension canadien, les gouvernements fédéral et provinciaux, qui administrent conjointement ce régime, se sont entendus pour passer d'un financement de répartition à un financement à capitalisation partielle. En devançant les échéances prévues pour augmenter les cotisations prélevées auprès des employés, des travailleurs autonomes et des employeurs, on accumule des fonds plus importants pour le Régime de pensions du Canada qui équivaudront aux prestations de cinq années (au lieu des deux années actuelles). Ces fonds supplémentaires seront investis dans un portefeuille varié de titres afin qu'ils génèrent des profits supérieurs, ce qui contribuera à limiter la hausse du taux de cotisation.

En maintenant le système par répartition, le taux de cotisation au RPC aurait augmenté graduellement chaque année. Le taux de 5,85 p. 100 de 1997 pour un revenu entre 3 500 $ et 35 800 $ (partagé également entre l'employé et l'employeur) aurait été probablement de 14,2 p. 100 en 2030, au moment où les derniers baby-boomers auront atteint le troisième âge (65 ans). Avec le financement à capitalisation partielle, le taux de cotisation monte plus rapidement pour atteindre 6 p. 100 en 1997, puis 9,9 p. 100 en 2003 (comparativement à 7,35 p. 100 en 2003 selon le financement par répartition); mais, par la suite, ce taux restera «stable», et il n'y aura pas d'autres hausses. De plus, les gouvernements décident de bloquer l'exemption de base annuelle (le revenu minimal de 3400 $ en deçà duquel les employés et employeurs ne versent pas de cotisations au RPC). Cette mesure se traduira à long terme par la hausse du nombre de cotisations perçues et permettra d'offrir des pensions à un plus grand nombre de travailleurs à temps partiel.

Les gouvernements fédéral et provinciaux n'effectueront pas de compressions significatives dans les prestations du Régime de pensions du Canada. L'âge d'admissibilité restera aussi le même. On procédera plutôt à des réductions assez mineures. Les pensions seront établies selon la moyenne du salaire cotisable maximal des cinq dernières années, au lieu des trois années actuelles. L'administration des pensions d'invalidité sera encore plus serrée. Les demandeurs devront avoir travaillé et contribué au régime durant 4 ans au cours des 6 dernières années (plutôt que 2 ans au cours des 3 dernières années, ou 5 ans au cours des 10 dernières années). Les pensions de retraite pour les prestataires de rentes d'invalidité seront calculées sur la base du salaire moyen au moment où l'incapacité à travailler est survenue plutôt que lorsque le bénéficiaire a 65 ans. Le plafond imposé aux prestations combinées de survivant et d'invalidité limitera le versement à la prestation d'invalidité maximale. La prestation de décès unique, qui équivaut à 3580 $ ou à 6 mois de pension de retraite, passera à 2500 $ et sera bloquée à ce montant.

Régimes privés Les gouvernements ont versé des pensions aux vétérans invalides et aux veuves de guerre même avant le XIXᵉ s. Les régimes de pension pour les fonctionnaires, qui remplacent divers paiements spéciaux, sont mis en place dans la seconde moitié du XIXᵉ s. Le GRAND TRUNK RAILWAY crée le premier régime pour employés du secteur privé en 1874, mais la Commission du travail critique cette entreprise parce qu'elle oblige ses employés à assumer 80 p. 100 des coûts de leurs prestations et qu'elle leur demande de renoncer à leur droit pour toute allocation d'invalidité ou de décès, même si ces événements sont dus à la négligence de l'entreprise.

La couverture des régimes du secteur privé créés par les sociétés de chemin de fer et les établissements financiers s'étend à d'autres secteurs de l'économie, mais elle reste partielle et d'intérêt public. En 1983, seulement 45,4 p. 100 des salariés bénéficient d'un régime de retraite au travail. En 1993, cette proportion régresse à 44,6 p. 100 en raison de la chute des cotisations des hommes salariés, qui sont passées de 52,4 p. 100 en 1983 à 46,8 p. 100 en 1993. Cette chute est imputable aux dures récessions du début et de la fin des années 80 et à la restructuration économique qui a entraîné la perte d'emplois dans les secteurs à prédominance masculine, comme les industries manufacturières et de la construction, qui fournissent la plupart du temps un régime de retraite. En revanche, la couverture des régimes de retraite privés augmente chez les femmes salariées, passant de 35,9 p. 100 en 1983 à 41,9 p. 100 en 1993, puisqu'un nombre croissant de femmes se joignent au nombre des salariés (beaucoup occupent un poste gouvernemental qui offre une couverture presque complète) et parce que les lois fédérales et provinciales relatives aux normes applicables aux régimes de pension ont été améliorées. En effet, elles stipulent désormais que les employeurs qui offrent un régime de retraite doivent y ajouter les travailleurs à temps partiel (la plupart sont des femmes).

Le pourcentage de cotisants à un régime de retraite de toute la population active, soit les salariés, les travailleurs autonomes et les chômeurs (officiels), est beaucoup plus bas. En 1983, 36 p. 100 de la population active bénéficient d'un régime de retraite privé. En 1993, ce nombre passe à 35,4 p. 100. Le pourcentage d'hommes actifs cotisant à un régime de retraite privé est de 40,8 p. 100 en 1983 et de 36,4 p. 100 en 1993. Les femmes, elles, ont quelque peu amélioré leur situation, passant de 29,1 p. 100 en 1983 à 34,1 p. 100 en 1993. Peu de travailleurs à faible revenu sont couverts par un régime de retraite privé. Les femmes sont également moins susceptibles d'adhérer à un régime de retraite d'employeur (2 248 561 femmes par rapport à 2 966 086 hommes). Le fossé entre les sexes est cependant moindre aujourd'hui en raison du nombre décroissant d'hommes qui profitent d'une telle couverture.

Au cours de l'important débat sur les pensions qui a lieu au début des années 80, on propose de résoudre le problème de couverture en demandant à tous les employeurs de fournir des régimes de retraite ou à l'ensemble des travailleurs de cotiser à un REER. Toutefois, ces propositions essuient un échec. Les gouvernements fédéral et provinciaux renforcent cependant les normes législatives qui régissent les régimes de retraite d'employeurs et améliorent les mesures d'allégement fiscal afin d'encourager les Canadiens à cotiser à un REER.

Pour amoindrir quelque peu le problème de couverture, on exige des employeurs qui offrent déjà un régime de retraite d'y admettre tous les employés à temps plein qui font partie d'un groupe professionnel couvert par le régime après deux années consécutives à leur service et tous les employés à temps partiel, selon certaines conditions (dans la plupart des champs d'application, les travailleurs à temps partiel sont admissibles s'ils gagnent au moins 35 p. 100 du salaire moyen après deux années consécutives chez l'employeur). Aujourd'hui, dans la plupart des cas,

l'acquisition doit avoir lieu à l'intérieur de deux ans. Par «acquisition», on entend le versement d'une cotisation au régime de retraite par l'employeur au nom du bénéficiaire admissible. Les cotisations doivent être bloquées, c.-à-d. que les cotisants ne peuvent retirer leurs versements ou ceux de leur employeur qu'à la retraite.

Les régimes de retraite d'employeurs doivent fournir des prestations de survivant (bien que le conjoint puisse renoncer à cette disposition), et les prestations accumulées de régime de retraite doivent être partagées entre les conjoints advenant un divorce. Les commanditaires des régimes doivent accorder la retraite anticipée selon la réduction actuarielle de la pension. La transférabilité des pensions est améliorée. Les bénéficiaires qui changent d'emploi peuvent transférer leurs cotisations accumulées au régime de leur nouvel employeur, le cas échéant, à un REER bloqué ou à une rente qui verse les prestations au bénéficiaire une fois qu'il est à la retraite.

Cependant, il n'existe aucune exigence en ce qui a trait à l'indexation. C'est là une des principales lacunes des régimes de retraite d'employeurs, mais un des grands avantages du Régime de pensions du Canada et du Régime des rentes du Québec. Malgré une légère amélioration au fil des ans, grâce surtout aux efforts des syndicats, seuls 43,7 p. 100 des bénéficiaires des régimes de retraite d'employeurs (en particulier les employés du secteur public) profitent de régimes offrant une certaine forme d'indexation qui protège les prestations contre les ravages que peut causer une inflation, même minime, au bout de plusieurs années (l'espérance de vie moyenne est en hausse). Seuls 14,1 p. 100 des bénéficiaires profitent d'une indexation complète. De plus, au lieu des régimes de retraite à prestations déterminées, qui prennent en considération les années de service et le revenu moyen ou récent pour établir la pension versée, on tend à recourir aux régimes de cotisations déterminées, selon lesquels la pension est fonction du montant des cotisations et des revenus de placement accumulés au fil des ans. Les régimes à prestations déterminées offrent un élément de sécurité, ce qui n'est pas le cas des régimes à cotisations déterminées (qui sont avant tout des systèmes d'épargne).

Régimes enregistrés d'épargne-retraite Ils favorisent les économies privées en prévision de la retraite, et contribuent, tout comme les régimes de retraite d'employeurs, à l'objectif de remplacement du revenu. Les limites des déductions fiscales relatives aux cotisations à des REER ont été sans cesse repoussées au cours des dernières années pour inciter les gens à économiser en vue de la retraite, bien que le gouvernement fédéral ait temporairement abaissé la limite, passant de 14 500 $ en 1995 à 13 500 $ en 1996 et en 1997. Elle a atteint 15 500 $ en 1999 et sera indexée aux salaires par la suite. La limite de 1985 établie à 5500 $ pour les déclarants qui n'ont pas de régime de retraite d'employeur a augmenté graduellement au fil des ans pour atteindre 15 500 $ en 1999.

Même si l'utilisation des REER a progressé, seul un petit groupe de Canadiens économise en vue de la retraite à l'aide de ce système. En 1980, 13 p. 100 de l'ensemble des déclarants demandent une déduction d'impôt pour leurs cotisations à un REER. Ce pourcentage connaît une croissance constante et atteint 25,9 p. 100 en 1993. Les REER et les cotisations moyennes augmentent en fonction des salaires. En 1993, seulement 3,1 p. 100 des déclarants gagnant moins de 10 000 $ cotisent à un REER, contrairement à 73,7 p. 100 des déclarants qui gagnent 250 000 $ et plus. La cotisation moyenne varie de 1079 $ pour le petit groupe en deçà de 10 000 $, à 12 806 $ pour l'autre groupe. Les contribuables à revenu élevé profitent également d'épargnes fiscales plus importantes pour leurs cotisations à un REER parce qu'ils y versent plus d'argent et font partie d'une tranche d'imposition supérieure. Parmi les contribuables qui gagnent plus de 50 000 $, soit 10 p. 100 de l'en-

semble, 66,6 p. 100 versent en moyenne 5861 $ dans un REER en 1993 et obtiennent une économie fiscale (fédérale et provinciale) de l'ordre de 2524 $. Pour les 90 p. 100 qui gagnent moins de 50 000 $, 20,9 p. 100 versent en moyenne 2456 $ dans un REER, ce qui correspond à une économie fiscale de 732 $ seulement.

Les améliorations apportées aux régimes de retraite privés sont importantes, mais elles profitent surtout aux Canadiens qui gagnent plus que la moyenne et qui bénéficient à la fois d'un régime de retraite d'employeur et d'un REER. La plupart des gens doivent compter sur les programmes gouvernementaux pour obtenir une pension de retraite. Les dernières modifications apportées aux prestations aux personnes âgées et au Régime de pensions du Canada visent à s'assurer que le régime de retraite gouvernemental puisse faire face à la hausse des coûts due au vieillissement de la population et préparent le terrain pour les baby-boomers qui se joindront massivement à la population âgée après 2010.

A. Asomakopulos

Penticton, ville de la C.-B.; pop. 30 987 (rec. 1996), 27 258 (rec. 1991), 23 588 (rec. 1986); superf. 40,80 km²; const. en 1948; située entre les lacs Okanagan et Skaha, au centre-sud de la Colombie Britannique

Historique Les Okanagans, une des tribus Salish des terres intérieures, ont d'abord nommé le lieu «Phthauntac» («l'endroit idéal pour se rencontrer»), puis «Pen-tak-Tin» («l'endroit où demeurer éternellement»). David Stuart s'y arrête en 1811, puis Alexander Ross, en 1812. De 1812 à 1848, la route de brigade passe par Penticton. Les premiers vergers apparaissent dans les années 1890 et, à partir de 1905, la Southern Okanagan Land Co. installe un système d'irrigation. La ville est fondée en 1906. Depuis 1892, le transport était assuré par chemin de fer jusqu'à Okanagan Landing, puis jusqu'à Penticton par bateaux à vapeur. Dès 1915, le chemin de fer Kettle Valley Railway relie la ville au COL CROWS-NEST et à HOPE. En 1949, la construction de l'autoroute de Hope à Princeton ouvre la région au TOURISME, lequel augmente davantage lorsque la section du COL ROGERS est complétée, en 1962. L'ouverture du centre de congrès Peach Bowl en 1965 fait de la ville un lieu d'attraction durant toute l'année.

Économie Les deux principales sources d'emploi sont le commerce et le secteur des services. L'agriculture, la sylviculture, les industries de transformation, l'EXPLOITATION MINIÈRE et le secteur de l'hébergement pour retraités sont aussi importants. Penticton est le plus grand centre de services et de vente au détail du sud de l'Okanagan. Depuis le milieu des années 80, l'industrie du vin s'est développée considérablement. Le climat peu rigoureux, les magnifiques plages des deux lacs et l'agrandissement d'Apex Alpine pour en faire un centre de ski ouvert à l'année font de la localité une région particulièrement attrayante pour les touristes.

Wiliam A. Sloan

Pentland, Barbara Lally, compositrice (Winnipeg, 2 janv. 1912). Pentland est l'une des premières parmi les compositeurs canadiens à utiliser les techniques avant-gardistes. Elle étudie à la Juilliard School of Music, à New York, et au Berkshire Music Center (Massachusetts). Par ses excellentes compositions pour piano, orchestre, orchestre de chambre et voix, elle aide à initier deux générations de Canadiens à la musique moderne. Elle enseigne au Conservatoire de musique de Toronto de 1943 à 1949 et à l'U. de la Colombie-Britannique de 1949 à 1963. Elle reçoit des doctorats honorifiques de l'U. du Manitoba (1976) et de l'U. Simon Fraser (1985). La Conférence canadienne des arts lui décerne son Diplôme d'honneur en 1977.

Les compositions de Pentland, dont certaines sont des commandes et 17 sont enregistrées, sont exécutées partout dans le monde et plusieurs émissions de radio leur sont consacrées, particulièrement à Radio-Canada. Elles comprennent: *News* (1970), sa réaction à la violence telle que rapportée par les médias; *Disasters of the Sun* (1976, texte de Dorothy LIVESAY), où elle exprime son combat contre la domination mâle; *Music of Now*, une série de trois livres qui initient les jeunes pianistes aux sons modernes; et sa composition la mieux connue, *Studies in Line* (1941), un ensemble de quatre pièces pour piano qui reflètent différentes sortes de mouvements linéaires. Pentland est nommée Officière de l'Ordre du Canada en 1989.

Timothy J. McGee

Pépin, Clermont, compositeur, pianiste, professeur et administrateur (Saint-Georges-de-Beauce, Québec, 15 mai 1926). Après de premières études de composition avec Claude CHAMPAGNE, Rosario Scalero et Arnold Walter, il poursuit ses études de composition, de théorie et de piano à Paris. Pépin remporte le Prix d'Europe comme pianiste en 1949. Il enseigne au CONSERVATOIRE DE MUSIQUE DU QUÉBEC, à Montréal (qu'il dirige de 1967 à 1973) et à Québec. Il est vice-président (1966-1970) et président (1981-1982) de l'Association des compositeurs, auteurs et éditeurs du Canada, et président des JEUNESSES MUSICALES DU CANADA (1969-1972).

Parmi ses œuvres majeures, mentionnons le poème symphonique *Guernica*; *Quasars, Symphonie nᵒ 3*; *La Messe sur le monde, Symphonie nᵒ 4*; *Cycle Éluard*; et une série de pièces intitulée *Monade*. Sa monumentale *Messe sur le monde*, commandée par Radio-Canada, est créée par l'ORCHESTRE SYMPHONIQUE DE QUÉBEC en 1993. En 1970, il gagne le PRIX DE MUSIQUE CALIXA-LAVALLÉE et, en 1980, il fonde Les Éditions Clermont Pépin.

L'univers des nouvelles techniques de composition musicale le fascine, et il fonde avec d'autres, en 1965, le Centre d'études prospectives du Québec, dont il devient président. Pépin est nommé Officier de l'Ordre du Canada (1981) et de l'Ordre national du Québec (1990).

Hélène Plouffe

Pepin, Jean-Luc, universitaire et politicien (Drummondville, Qc, 1ᵉʳ nov. 1924—Ottawa, 7 sept. 1995). Après avoir étudié à l'U. d'Ottawa et à l'U. de Paris, Pepin enseigne les sciences politiques à l'U. d'Ottawa. Élu à la Chambre des communes en tant que libéral en 1963, il occupe plusieurs postes au Cabinet entre 1965 et 1972, sous les gouvernements PEARSON et TRUDEAU, entre autres ceux de ministre des Mines et des Ressources et de ministre de l'Industrie et du Commerce. Défait en 1972, Pepin se tourne vers le monde des affaires de 1973 à 1975 et il devient président de la Commission de lutte contre l'inflation en 1975. En 1977, Trudeau le nomme coprésident, avec John ROBARTS, de la COMMISSION DE L'UNITÉ CANADIENNE. Trudeau ne sympathise guère avec Pepin qui réclame un fédéralisme plus flexible.

De retour à la vie politique de 1979 à 1984, Pepin est ministre des Transports de 1980 à 1983 puis devient ministre d'État aux Affaires étrangères. Il revient ensuite à l'U. d'Ottawa où il est membre résident de l'Institut de recherches en politiques publiques. Orateur engagé et sans cérémonie, il est reconnu pour son habileté à résoudre des problèmes complexes, telle l'abolition des tarifs de la CONVENTION DU NID-DE-CORBEAU qui est au centre de ses préoccupations en tant que ministre des Transports. Il est aussi un ardent défenseur du système métrique. En 1977, l'Ordre du Canada honore Pepin pour les services qu'il a rendus au Canada en lui donnant le titre le plus élevé, soit celui de Compagnon.

Robert Bothwell

Pepin, Marcel, dirigeant syndical (Montréal, 28 février 1926—*id.*, 6 mars 2000). Issu d'un milieu modeste, il devient une figure de proue du monde syndical dans la seconde partie du XXᵉ s., consacrant sa vie à l'avancement de la classe ouvrière. Marcel Pepin est intervenu publiquement jusqu'à la fin pour défendre les droits du Québec et ceux des moins bien nantis, syndiqués ou non.

C'est à l'École des sciences sociales de l'U. Laval de Québec, célèbre lieu de contestation du régime de DUPLESSIS, qu'il fait ses études supérieures. Il s'engage immédiatement dans le syndicalisme au sein de la Confédération des travailleurs catholiques du Canada (CTCC), qui prend le nom de CONFÉDÉRATION DES SYNDICATS NATIONAUX au moment de sa déconfessionnalisation en 1960.

De 1949 à 1961, Marcel Pepin agit comme négociateur à la Fédération nationale de la métallurgie. Il accède au Comité exécutif de la CSN en 1961, prenant, au poste de secrétaire général, la relève de Jean MARCHAND, élu à la présidence de la centrale.

Devenu président en 1965, Marcel Pepin, jusqu'en 1976, imprègne à la CSN une orientation nettement plus radicale, en même temps qu'il est étroitement associé à plusieurs réformes majeures de la RÉVOLUTION TRANQUILLE: syndicalisation de la fonction publique, création du RÉGIME DES RENTES DU QUÉBEC, de la CAISSE DE DÉPÔT ET PLACEMENT DU QUÉBEC, de la SOCIÉTÉ GÉNÉRALE DE FINANCEMENT. Ses rapports livrés au congrès biennal, *Une société bâtie pour l'homme*, *Le deuxième front*, *Un camp de la liberté*, *Pour vaincre*, *Vivre à notre goût* et *Prenons notre pouvoir* tracent la voie à un syndicalisme plus vigoureux et combatif, prenant en compte la dimension politique de l'action syndicale. Partisan de la plus grande unité possible dans l'action, il est l'initiateur et le principal acteur du premier Front commun intersyndical de 1972, dont l'objectif est le relèvement des plus bas salaires. C'est au cours de cette négociation, qu'en compagnie de Louis Laberge (FTQ) et de Yvon Charbonneau (CEQ), il est condamné à un an de prison pour outrage au tribunal (*voir* GRÈVES DU FRONT COMMUN).

Marcel Pepin est le premier Canadien à diriger une organisation syndicale internationale. Président de la Confédération mondiale du travail (CMT) de 1973 à 1981, il conduit plusieurs missions syndicales pour le respect des droits humains et syndicaux dans des pays dirigés par des dictatures. Tant comme président de la CSN que comme président de la CMT, il dénonce avec virulence le système capitaliste.

De 1980 à 1990, il enseigne à l'École des relations industrielles de l'U. de Montréal. Il collabore durant cette période à la création de la Fédération québécoise des professeures et professeurs d'université.

Michel Rioux

Pepperell, sir William, commandant en chef des troupes de la Nouvelle-Angleterre à LOUISBOURG (Kittery Point, ME, 27 juin 1696—6 juill. 1759). Il grandit dans la maison de comptabilité de son père, la plus prospère de la colonie du Maine, qui fait le commerce du poisson et du bois avec les Antilles et l'Angleterre. Il siège à la Massachusetts Bay House of Representatives en tant que membre du conseil et membre d'assemblée (1727-1759), fonctions qui le rendent populaire. Après une longue carrière comme colonel de la milice, il est désigné pour commander les forces de la Nouvelle-Angleterre lors du siège de Louisbourg, en 1745, mais ses talents en affaires ne conviennent pas aux impératifs militaires. La capitulation de la forteresse lui vaut le grade de colonel dans un régiment de fantassins nouvellement formé ainsi que le titre de baronnet, deux distinctions uniques à l'époque pour un Américain. Son régiment fait ensuite partie de la garnison de Louisbourg, bien que lui-même réside à Boston. Promu major-général en 1755, il dirige son régiment pendant la campagne avortée contre Fort Niagara. En 1757, il occupe brièvement le poste de gouverneur suppléant du Massachusetts.

Julian Gwyn

Percé, ville du Qc; pop. 3993 (rec. 1996), 4028 (rec. 1991); superf. 427,94 km²; const. en 1970. Elle est située à 750 km au nord-est de Québec, sur les rives du golfe du SAINT-LAURENT. Les villages voisins de Barachois, Bridgeville, Cap-d'Espoir et Saint-Pierre-de-la-Malbaie ont été annexés en 1970. À elle seule, l'ancienne ville compte environ 1500 habitants. Ses paysages magnifiques attirent de nombreux visiteurs du monde entier. Elle tire son nom du ROCHER PERCÉ, qui domine les environs. Des dizaines d'espèces d'oiseaux affluent par milliers au Refuge d'oiseaux de l'île Bonaventure, situé à quelques kilomètres au large. L'histoire de Percé est aussi ancienne que celle de la NOUVELLE-FRANCE. Jacques CARTIER y arrive en 1534, et des pêcheurs européens trouvent refuge dans la baie aux XVIᵉ et XVIIᵉ siècles. Des missionnaires desservent ce poste de pêche depuis 1673, bien que la mission soit détruite en 1690 par des troupes anglaises et abandonnée jusqu'à la Conquête. Avec l'arrivée des LOYALISTES, Percé reprend vie. Jusqu'à la fin du XIXᵉ s., l'économie locale repose presque exclusivement sur la pêche. C'est alors que la région commence à attirer des touristes et, de nos jours, l'économie repose largement sur le tourisme et la pêche. Des artistes québécois et canadiens de renom en ont fait un important centre culturel.

Antonio Lechasseur

Percé, rocher Monolithe situé en GASPÉSIE à 750 km à l'est de Québec, à proximité de la ville qui porte son nom, PERCÉ. À la fois île et presqu'île, autrefois partie intégrante du rivage, le rocher Percé impressionne par ses dimensions: 433 m de long, 30 m de large et 88 m de haut. Il tire son nom des trous en forme d'arche que la mer a creusés dans la structure rocheuse. Selon certains, le rocher aurait eu, jadis, quatre arches, mais une seule, d'une largeur de 30 m, subsiste aujourd'hui. Énigmatique et fascinant, immortalisé par les artistes, les poètes et les écrivains, le rocher Percé est l'un des attraits touristiques exceptionnels du Québec et du Canada, en plus d'être un important refuge d'oiseaux. Le rocher fait partie, avec l'ÎLE BONAVENTURE, d'un parc provincial créé en 1985.

Antonio Lechasseur

Perche Bien que ce mot soit communément utilisé pour nommer plusieurs espèces de poissons apparentées de loin, il désigne plus correctement les membres de la famille de la perche (percidés), de l'ordre des perciformes et de la classe des actinoptérygiens. Les percidés sont des poissons d'eau douce, benthiques (qui vivent près du fond), carnivores, de taille petite à moyenne. Ils ont généralement un corps long, arrondi et comprimé latéralement, avec deux nageoires dorsales. Leur vessie natatoire est habituellement réduite ou absente, leurs yeux sont évidents et leurs nageoires dorsales, anale et pelviennes portent des épines.

En Amérique du Nord, les perches véritables se trouvent originalement seulement à l'est des Rocheuses, mais certaines espèces sont introduites à l'ouest. Au Canada, on compte 16 espèces de perches véritables, entre autres la perchaude, le DORÉ, le doré noir, 12 espèces de dards (des genres *Ammocrypta*, *Etheostoma* et *Percina*) et une espèce originaire d'Europe. Les dards sont de très petits poissons, la plupart ne dépassant pas 8 cm de longueur. Ils sont plus communs en Ontario, et aucune espèce n'est indigène à l'ouest des montagnes Rocheuses.

Perchaude (Perca flavescens), espèce le plus souvent appelée «perche». Elle se distingue des autres membres des communautés ichtyologiques d'eau chaude ou fraîche par son corps court et trapu qui porte une bosse sur le dos, ses deux nageoires dorsales dont la première a des rayons épineux, et sa bouche plutôt grande. Ses yeux vont du jaune éclatant au vert, tout comme sa robe marquée de ses sept rayures effilées d'une teinte allant du vert au brun.

Dans le sud du Canada, elle se reproduit au printemps (d'avril à mai) et dans le nord elle fraie aussi tard qu'en juillet. Elle ne construit pas de nid, mais elle enroule sur la végétation un unique chapelet d'œufs transparent et gélatineux replié en accordéon. Ce chapelet peut mesurer près de 2 m et peser jusqu'à 1 kg. En moyenne il contient 23 000 œufs. Les nombreux jeunes, presque transparents, constituent une part considérable du régime alimentaire d'autres espèces importantes de poissons.

Les plus grands adultes de cette espèce ont généralement une longueur de 20 à 30 cm et un poids de 170 g à 340 g. Des spécimens de 35 cm sont récoltés dans l'est du Canada, et un individu pêché au Québec pèse presque 2 kg. La perchaude peut vivre jusqu'à l'âge de neuf ans.

Cette espèce nord-américaine a une grande répartition indigène au Canada: on la trouve de la Nouvelle-Écosse (à l'exclusion de l'île du Cap-Breton), jusqu'en Ontario, puis vers le nord, dans une grande partie du Manitoba, de la Saskatchewan et de l'Alberta, dans le sud de la Colombie-Britannique (introduite) et, de là, vers le nord, jusqu'au Grand lac des Esclaves dans les Territoires du Nord-Ouest. Les jeunes et les adultes forment des bancs de 50 à 200 individus, ce qui en fait une espèce intéressante pour les pêcheurs sportifs et commerciaux.

La perchaude est régulièrement l'hôte de parasites tels que le ver jaune et de trématodes dont les larves (métacercaires) enkystées prennent l'apparence de taches noires sur la peau. Ces deux parasites n'affectent pas l'humain. Par contre, elle est parfois porteuse de vers plats qui peuvent infecter l'humain qui mange du poisson cru ou mal cuit. Au Canada, cette espèce est considérée comme un poisson de pêches sportive et commerciale. Au printemps, de nombreux individus de grande taille, en route vers leur site de frai, attirent les pêcheurs sportifs. La chair blanche, floconneuse et très savoureuse de la perchaude en fait une espèce recherchée par les pêcheurs commerciaux des Grands Lacs. En 1993, les prises commerciales canadiennes de perchaudes ont été de 6466 t d'une valeur de 23,4 millions de dollars.

E.J. Crossman

Percival, Lloyd, personnage sportif (Toronto, Ont., 3 juin 1913—*id.*, 23 juill. 1974). Entrepreneur controversé et aux multiples talents, Percival excelle dans les sports durant sa jeunesse. Il récolte plusieurs mentions honorables, dont le titre de champion de boxe bantam du Golden Gloves, il participe à la finale au championnat canadien de tennis junior et, en 1936, il fait une tournée en Angleterre avec l'équipe canadienne de cricket. Il est de plus entraîneur au hockey et en athlétisme. Son émission radiophonique *Sports College*, lancée en 1941 à la Société Radio-Canada, et son Fitness Institute sont probablement ce dont on se souvient le plus. À son apogée, l'émission de radio compte plus de 800 000 étudiants auditeurs, et c'est au Fitness Institute qu'il met au point plusieurs tests et techniques d'entraînement. Percival s'occupe de la préparation physique de nombreux athlètes, dont celle du golfeur George Knudson. La reine Elizabeth lui a remis la Médaille du Couronnement.

Gerald Redmond

Perdants magnifiques, les (Paris, 1972, 1973) Roman de Leonard COHEN, traduit de *Beautiful Losers* (Toronto et New York, 1966; Londres, 1970). Le narrateur, un érudit, cherche à reconstituer la vie d'une sainte iroquoise, Catherine (Kateri) TEKAKWITHA. Il ressasse le souvenir de la mort de son épouse autochtone, Edith, et de son amant, le mystérieux «F», mentor et génie qui sait tout. Le récit de l'ascension de Catherine vers la sainteté se confond avec la béatification du narrateur, qui vit à notre époque, à partir du moment où il descend de la maison de F, construite dans un arbre, gagne Montréal en autostop et se transforme miraculeusement devant une foule ahurie, en plein boulevard Saint-Laurent.

Dans *Beautiful Losers*, la langue allie sérieux, sensualité et poésie. Cohen raconte comment l'histoire de Tekakwitha devient une source d'inspiration

salvatrice pour le «perdant magnifique» qui, pour le bien de son corps et de son âme, invoque la vie de la sainte à la manière d'une prière. Ce roman a été traduit en japonais, en allemand, en hollandais, en suédois, en italien, en danois, en norvégien, en espagnol et en français.

Neil Besner

Père Lacombe, chapelle du, Située à ST. ALBERT, et considérée par plusieurs comme étant l'édifice le plus ancien de l'Alberta. Le père Albert LACOMBE, un missionnaire OBLAT DE MARIE IMMACULÉE, construit la chapelle en 1861. Au début des années 1860, il commence à s'inquiéter de l'avenir des MÉTIS et décide d'établir une nouvelle mission près du FORT EDMONTON. L'évêque de l'époque, Mgr A.-A. TACHÉ, nomme cette mission St. Albert, du nom du saint patron du père Lacombe. Le père Lacombe ne reste que quatre ans à la mission de St. Albert et déménage ensuite plus au sud afin d'établir une nouvelle mission parmi les PIEDS-NOIRS. St. Albert continue toutefois à croître pour devenir une ville moderne.

La chapelle, construite par les métis (selon la technique pièce sur pièce avec tenon à coulisses ou «Red River frame»), dessert la communauté jusqu'en 1870, date à laquelle elle est remplacée par une église plus importante. L'édifice est toutefois conservé afin de servir d'entrepôt. En 1929, la chapelle devient le Father Lacombe Museum et est déclarée LIEU HISTORIQUE provincial en 1977. Au début des années 80, le gouvernement de l'Alberta achète la chapelle et la transporte à son emplacement actuel sur Mission Hill, à St. Albert. Le site est ouvert au public de la mi-mai au début de septembre.

Deborah Welch et M. Payne

Peregrine, David, (nom de scène) Né David Alan Evans, danseur (Ottawa, Ont., 19 sept. 1954—Alaska, probablement le 7 juin 1989). Après une formation initiale en BALLET à l'école de Nesta Toumine, à Ottawa, David Peregrine étudie avec David Moroni et d'autres professeurs à la section professionnelle de l'école du ROYAL WINNIPEG BALLET (RWB) et à la Banff School of Fine Arts (aujourd'hui le BANFF CENTRE). Une bourse pour artistes établis du CONSEIL DES ARTS DU CANADA lui permet de faire un voyage d'études en Europe.

Il fait ses débuts professionnels dans le corps de ballet du Royal Winnipeg Ballet en 1975, est promu soliste en 1978 puis devient premier danseur en 1980. Cette même année, Peregrine reçoit deux médailles de bronze, l'une au Concours mondial de ballet au Japon, l'autre au concours international de ballet de Varna, en Bulgarie. Dans les deux cas, il est le partenaire de la première danseuse du RWB, Evelyn HART, elle aussi formée à l'école du RWB. Tout en dirigeant la compagnie du RWB à Winnipeg et dans des tournées internationales, Peregrine danse comme artiste invité partout en Europe et en Amérique du Nord. Il participe aussi avec Hart à des galas au Canada, aux États-Unis, en Angleterre, en Amérique du Sud, en Hollande et au Japon.

Danseur élégant et sans artifices, Peregrine interprète de façon convaincante un large éventail de rôles, allant des classiques (Roméo dans *Roméo et Juliette*, le prince dans *Le Lac des cygnes*, Albrecht dans *Giselle*) aux ballets modernes de chorégraphes tels que Maurice Béjart, Rudi van Danzig et Hans van Manen. Hart et lui doivent leur réputation internationale à *Belong*, un pas de deux souple et rempli d'émotion de Norbert VESAK. Il est nommé Officier de l'Ordre du Canada en 1986.

Peregrine fait des apparitions dans des téléfilms, dont *Roméo et Juliette*, et, en 1982, il fait ses débuts d'acteur professionnel avec le rôle de Smike dans la pièce *Nicholas Nickleby*, produite par le MANITOBA THEATRE CENTRE (MTC). Son désir passionné d'explorer sans cesse d'autres voies que la danse est indirectement responsable de sa mort. Sa fascination pour le travail d'acteur, susceptible d'élargir ses possibilités sur scène, le ramène en 1989 au MTC, où

il interprète le rôle du monstre dans *Frankenstein*. La pièce, dont l'action se déroule dans l'Arctique, l'émeut à un point tel que, le 7 juin 1989, il décolle de Fairbanks, en Alaska, pour explorer la région par lui-même. Son petit avion s'écrase à quelque 165 km au sud de Fairbanks, sur la pente nord de la chaîne de l'Alaska. Cinq jours plus tard, un satellite capte le signal de détresse émis par son émetteur radio, mais le mauvais temps empêche les équipes de secours d'atteindre les lieux avant le 15 juin. Peregrine, son frère et un ami du Kentucky sont morts dans cet accident.

Max Wyman

Perehudoff, William, peintre (Langham, Sask., 1919). Bien qu'il passe la plus grande partie de sa vie d'adulte à Saskatoon, Perehudoff quitte les Prairies alors qu'il est jeune homme pour faire des études en art. Il explore la peinture murale au Colorado Springs Fine Art Center (1948-1949), puis est l'élève du cubiste français Amédée Ozenfant à New York. Le purisme d'Ozenfant et son insistance sur «la forme signifiante» le marquent profondément. La volonté de réduire la peinture à l'essentiel est à l'origine du style qui sera sien 30 ans plus tard. Ses connaissances et ses aspirations s'accroissent au fil des voyages qu'il fait aux États-Unis et en Europe au cours de l'année 1952. Il épouse Dorothy KNOWLES en 1952, avec qui il revient dans l'Ouest canadien, où il gagne sa vie comme graphiste.

Les ateliers d'été pour artistes de l'U. de la Saskatchewan, à Emma Lake (*voir* EMMA LAKE ARTISTS' WORKSHOPS, THE), notamment ceux dirigés par le critique américain Clement GREENBERG (1962) et par le peintre Kenneth Noland (1963), exercent une influence sur Perehudoff durant la période allant de 1957 à 1968. Le respect dont ils font preuve envers son travail l'incite à développer une peinture abstraite à grande échelle. La couleur, la surface et la texture l'intéressent constamment. Ses œuvres évoluent, passant des compositions complexes de bandes de couleurs transparentes et mouvantes à, plus récemment, des plages texturées de teintes intenses et saturées. En plus d'avoir beaucoup exposé au Canada, aux États-Unis et en Europe, il est considéré par plusieurs comme l'héritier de Jack BUSH et comme l'un des plus importants peintres tachistes du Canada.

Pères de la Confédération Personne ne peut définir précisément ce qu'est un père de la CONFÉDÉRATION. Certaines définitions incluent les délégués de la COLONIE DE LA RIVIÈRE-ROUGE qui créent le Manitoba en 1870 ainsi que ceux qui viennent à Ottawa pour négocier l'adhésion de Terre-Neuve à la Confédération. On considère généralement qu'il s'agit de tous ceux qui représentent les colonies de l'AMÉRIQUE DU NORD BRITANNIQUE à la CONFÉRENCE DE CHARLOTTETOWN et à la CONFÉRENCE DE QUÉBEC de 1864 ou encore à la CONFÉRENCE DE LONDRES de 1866-1867.

Conférence de Charlottetown Les délégués de la Province du Canada sont George Brown, Alexander Campbell, George-Étienne Cartier, Alexander Galt, Hector Langevin, John A. Macdonald, William McDougall, Thomas D'Arcy McGee; du Nouveau-Brunswick, E.B. Chandler, J.H. Gray, J.M. Johnson, W.H. Steeves, Samuel L. Tilley; de la Nouvelle-Écosse, Adams G. Archibald, R.B. Dickey, W.A. Henry, Jonathan McCully, Charles Tupper; de l'Île-du-Prince-Édouard, George Coles, J.H. Gray, A.A. Macdonald, Edward Palmer, W.H. Pope.

Conférence de Québec Aux délégués à la Conférence de Charlottetown se joignent, pour le Canada, Jean-Charles Chapais, James Cockburn, Oliver Mowat, sir Étienne P. Taché; pour le Nouveau-Brunswick, Charles Fisher, Peter Mitchell; pour l'Île-du-Prince-Édouard, T.H. Haviland, Edward Whelan; et pour Terre-Neuve, F.B.T. Carter, Ambrose Shea.

Conférence de Londres Certains de ceux ayant participé aux deux autres conférences n'assistent pas à celle de Londres, et on compte trois nouveaux délégués: pour le Canada, W.P. Howland; pour la Nouvelle-Écosse, J.W. Ritchie; et pour le Nouveau-Brunswick, R.D. Wilmot.

P.B. Waite

Pérez Hernández, Juan Josef, officier de marine et explorateur (Majorque, Espagne, v. 1725—au large de la Californie, 2 nov. 1775). Il sert comme navigateur et officier de la marine marchande espagnole sur la route du Pacifique, entre le Mexique et les Philippines, à l'époque où l'Espagne prend possession de la Haute-Californie. Curieux d'explorer le nord du littoral, encore méconnu, il en demande l'autorisation au gouvernement espagnol, qui la lui accorde d'autant plus volontiers que ce gouvernement cherche justement à se renseigner sur la pénétration russe vers le sud. En 1774, il fait voile à bord de la frégate *Santiago* avec ordre d'atteindre au moins 60º de latitude nord. Il est le premier Européen à explorer les îles de la Reine-Charlotte et à s'approcher du détroit de Nootka, mais le mauvais temps l'empêche d'accoster pour en prendre officiellement possession au nom de l'Espagne. S'il n'atteint que 55º 30' de latitude et n'accomplit pas certaines missions, il en rapporte toutefois des données importantes qui serviront aux futurs navigateurs espagnols. Second officier dans l'expédition de Bruno de Hezeta, Pérez meurt en mer en 1775.

Christon I. Archer

Pergélisol Sol qui se maintient constamment à une température égale ou inférieure à 0 ºC durant au moins deux ans. Il peut s'agir d'une terre sèche et froide; d'une terre froide gorgée d'eau salée; d'amas ou de masses de glace; de terre ou de roc gelé. Même si les GLACIERS répondent à cette définition, ils forment un cas d'espèce dont il est question ailleurs dans la présente encyclopédie. La plupart des pergélisols comprennent des masses ou des amas solides gelés, lesquels se sont formés à la suite du gel de la masse des eaux souterraines. À la plupart des températures de surface, une portion des eaux de rétention capillaire ne gèlera pas. Dans le sol, l'eau salée gèlera lorsque la température descend sous 0 ºC; c'est ainsi qu'on retrouve le talik (zones non gelées à l'intérieur du pergélisol) sous certaines parties des côtes de l'océan Arctique et dans quelques poches de saumure souterraine. Si le sol est sec, on ne trouvera nulle trace de glace, peu importe la température.

Dans les zones de pergélisol, on appelle «couche active» la couche supérieure du sol qui, au gré des saisons, gèle et dégèle. Sous cette dernière, s'étend le pergélisol dont la limite supérieure porte le nom de «plafond du pergélisol». Le pergélisol est dit «continu» lorsqu'il forme plus de 80 p. 100 de la masse terrestre; «discontinu» lorsque cette proportion se situe entre 30 et 80 p. 100; et «sporadique» lorsqu'il occupe moins de 30 p. 100 de la masse. Les taliks se retrouvent sous les nappes d'eau et aux endroits où circulent des eaux souterraines, qui conservent au sol une certaine tiédeur.

Le pergélisol se forme lorsque le flux thermique hivernal sous le point de congélation, observé à la surface du sol, est supérieur à la somme du flux thermique estival au-dessus du point de congélation et du flux géothermique annuel. Les hautes altitudes et latitudes, des hivers longs et froids et une faible épaisseur du tapis de neige en hiver en favorisent la formation. Dans les zones de pergélisol sporadique, le drainage d'air froid dans les vallées de hautes montagnes ou dans les cavernes rocheuses peut contribuer à la création de poches de pergélisol.

Le pergélisol occupe de 20 à 25 p. 100 de la surface émergée du globe, dont environ 99 p. 100 du Groenland, 80 p. 100 de l'Alaska, 50 p. 100 de la Russie, de 40 à 50 p. 100 du Canada et 20 p. 100 de la Chine. Au Canada, les épaisseurs les plus considérables, qui excèdent les 1000 m, se situent en haute altitude dans certaines parties de l'île d'Ellesmere et de la terre de Baffin, et atteignent entre 60 et 90 m à la limite méridionale de la zone de pergélisol conti-

nu. Pour ce qui est de l'épaisseur de la couche active, elle varie de moins de 10 cm dans l'île d'Ellesmere à 15 m en altitude dans les montagnes du sud-ouest de l'Alberta, sur la bordure externe de la zone de pergélisol continu. À l'échelle de la planète, c'est dans l'ÎLE D'ELLESMERE que les températures de surface du pergélisol sont les plus froides (environ −15 ºC).

Au Canada, le pergélisol s'est formé en grande partie après la dernière GLACIATION, et sa répartition géographique s'est effectuée en fonction de faibles changements climatiques. Ainsi, au milieu du XIXe s., la zone de pergélisol continu s'étendait jusqu'au sud de Fort Norman (aujourd'hui Tulita). À la suite d'un réchauffement, de l'ordre de 4 ºC, de la température de l'air hivernale, la bordure sud s'est déplacée vers le nord, presque à la limite d'Inuvik. Depuis 1940, le refroidissement de 2 ºC qu'a connu la température hivernale moyenne a repoussé cette limite vers le sud, jusqu'à la rivière Arctic Red. Des changements similaires se sont opérés entre autres dans les régions des Alpes, en Alaska, dans le nord de la Russie.

Dans l'Ouest canadien, l'observation à long terme de la température de l'air et des températures au sol a révélé à plusieurs endroits, sur une période de 20 ans, un refroidissement de la température de l'air d'environ 1 ºC, alors que dans les Alpes on a noté un réchauffement climatique et une fonte graduelle de la glace de surface. Dans les zones de pergélisol, ce phénomène a des effets désastreux sur la stabilité des pentes et des sols de fondation.

Glace Les deux types de glace que renferme le pergélisol, la glace interstitielle et la glace de ségrégation, sont concentrés dans les quelques mètres de sol immédiatement sous la limite du pergélisol. L'eau a tendance à s'écouler, en empruntant les pores, vers les parties les plus froides du sol, ce qui correspond au processus d'engel qui débute à l'automne. Le gel donne lieu à des teneurs en glace qui atteignent des proportions aussi élevées que 1600 p. 100 par rapport à la masse minérale de certains limons et tourbes des zones de basses-terres, comme le delta du Mackenzie. On trouve des concentrations de glace de ségrégation en masses isolées, en lentilles distinctes disposées parallèlement à la surface du sol ou en coins pointant vers le bas.

Reliefs On associe certains reliefs particuliers au pergélisol (*voir* RELIEF PÉRIGLACIAIRE). Les coins de glace, qui adoptent une forme polygonale, résultent des fissures de contraction hivernales qui se produisent au moment où l'eau de fonte de percolation estivale se transforme en glace. Dans les zones sèches, les infiltrations de sable dans les fissures peuvent former des coins de sable à l'intérieur du plafond du pergélisol. Sur les fortes pentes, une teneur en glace élevée peut provoquer le lent glissement de dépôts meubles, comme c'est le cas pour les glaciers rocheux. Dans les taliks, le gel de l'eau peut occasionner, çà et là, la formation de PINGOS, des collines en forme de dôme possédant un noyau de glace, qui peuvent atteindre une hauteur de 100 m. Dans les basses terres humides, une ségrégation de glace localisée peut favoriser la formation de monticules coiffés de petites lentilles de glace (palsas).

Dans la couche active, le gel saisonnier peut déterrer des rochers, gonfler le sol et entraîner la ségrégation granulométrique des matériaux rocheux, à grains fins ou grossiers. Ces variations saisonnières peuvent également faciliter la désintégration mécanique du substrat rocheux et transformer les shistes indurés en limon, comme c'est le cas le long de la ROUTE DE DEMPSTER dans la gorge du Rat (Territoires du Nord-Ouest). En moins de cinq ans, ce processus de granuloclassement peut donner lieu à un sol d'aspect géométrique. Il arrive souvent que le dégel du pergélisol provoque, aux endroits où la glace était présente, un phénomène d'affaissement et contribue aussi à la formation de lacs thermokarstiques et d'un terrain bosselé. Ce type de terrain, que

l'on nomme «thermokarst», peut être induit soit par suite de l'activité humaine, soit par des changements climatiques.

Développement problématique Étant donné la présence de la glace et les conséquences qui accompagnent les changements du régime de température, le développement économique des zones de pergélisol s'avère problématique. Au cours du processus de gel et de dégel saisonnier, tous les matériaux, à l'exception des graviers et du sable propre, sont sujets au gonflement ou à l'instabilité. À cause du phénomène d'affaissement, le pergélisol rend impossibles les activités agricoles normales et force la mise en place d'une forme d'isolation adéquate entre les planchers des bâtiments chauffés et le sol gelé. En été, les routes pavées et les pistes d'atterrissage accroissent l'échauffement et elles nécessitent un terrain de fondation isolant convenable. La modification, aussi ténue soit-elle, du tapis végétal peut provoquer l'affaissement du thermokarst. La réfrigération artificielle du sol se révèle beaucoup trop onéreuse, sauf dans des circonstances exceptionnelles, ce qui explique que dans les zones de pergélisol l'oléoduc de l'Alaska repose sur des piliers (*voir* PIPELINE).

L'approvisionnement en eau présente aussi des difficultés, excepté dans les endroits où l'on trouve des sources naturelles ou des lacs profonds. L'évacuation des eaux usées comporte d'énormes contraintes. La construction de barrages pour la production d'HYDROÉLECTRICITÉ, et les opérations de minage et de forage pour les puits de pétrole et de gaz naturel exigent l'emploi de techniques particulières. L'élasticité de la glace diminue l'efficacité des charges d'explosifs. Le raffinage du minerai à forte teneur en glace s'effectue plus difficilement, car il faut le décongeler. Au Canada, il est presque impossible d'entreprendre des opérations de forage sans porter atteinte à l'environnement.

Stuart Harris

Périodiques littéraires de langue anglaise Au XIXe s., le Canada dépend principalement des importations étrangères pour approfondir ses connaissances littéraires, car les premières tentatives visant à offrir des périodiques canadiens qui dépassent les normes populaires sont généralement de courte durée. Les revues de ce type qui ont obtenu le plus de succès et qui ont duré le plus longtemps sont le *Canadian Journal* (1852-1878); le *Canadian Monthly* et la *National Review* (1872-1878), qui plus tard ont fusionné pour former la *Rose-Belford's Canadian Monthly* and *National Review* (1878-1882); et la revue *The Week* (1883-1896). Goldwin SMITH assure la promotion des deux dernières revues, et Charles G.D. ROBERTS est le premier directeur du périodique *The Week*.

Au XXe s., on assiste à une division des lecteurs avec l'apparition de revues universitaires qui offrent des articles théoriques et spécialisés, et de magazines sur papier glacé qui s'adressent, souvent superficiellement, à un plus grand bassin de lecteurs. Entre les deux, on trouve la revue CANADIAN FORUM, publiée régulièrement depuis 1920. Elle se décrit elle-même comme «une revue d'opinion indépendante qui traite aussi bien des arts» et n'est associée officiellement à aucune université. Elle compte cependant parmi ses collaborateurs de nombreux enseignants, surtout à Toronto. Même si ses origines sont principalement politiques, si elle reflète (selon les termes de son éditorial paru dans son premier numéro) «un désir d'offrir une analyse plus libre et bien informée sur les questions d'ordre public» et si elle présente de manière générale un point de vue radical ou de gauche, elle s'est constamment efforcée de «suivre et d'évaluer l'évolution de la littérature et des arts canadiens».

QUEEN'S QUARTERLY est la première des trois grandes revues universitaires canadiennes fondées pour favoriser les connaissances humanistes et paraît pour la première fois en 1893. Son objectif est double: elle doit répondre aux besoins intellectuels des diplômés de l'U. Queen et «promouvoir les intérêts de la culture au Canada». Ses priorités sont d'abord d'ordre religieux, mais elle devient vite une publication universitaire d'envergure et respectée. En 1921, Dalhousie Review se joint à elle. Dans son premier numéro, cette revue déclare être un projet d' «extension de l'université» et souhaiter traiter des «problèmes d'importance générale» dans «un style pouvant être compris par tout le monde». Dix ans plus tard, le UNIVERSITY OF TORONTO QUARTERLY est lancé avec les mêmes objectifs. Se définissant lui-même comme «une revue canadienne sur les lettres», il réussit de façon générale à offrir une tribune au discours universitaire, où des érudits canadiens ou de renommée internationale peuvent être publiés. Ces trois revues sont toujours publiées et maintiennent un haut niveau de qualité.

Le trait le plus marquant de la publication des périodiques canadiens au cours des dernières années a été l'apparition de nombreuses revues universitaires destinées à analyser la littérature canadienne. La plus ancienne, et toujours très connue, est la revue CANADIAN LITERATURE, une publication trimestrielle lancée en 1959 à l'U. de la Colombie-Britannique et dont le premier directeur a été George WOODCOCK. Depuis ses débuts, la revue a publié des articles universitaires et des critiques sur des œuvres canadiennes et a souvent consacré des numéros entiers sur des sujets d'intérêt particulier. Considérée d'abord par certains comme une entreprise prématurée, elle a non seulement réussi à créer son propre lectorat, mais a, en offrant un débouché aux études littéraires canadiennes, contribué au développement des thèmes qu'elle abordait. Restée sans concurrente pendant des années, plusieurs revues ayant des objectifs semblables l'ont rejointe, notamment *Essays on Canadian Writing* (fondée en 1974 à l'U. York) et *Studies in Canadian Literature* (fondée en 1976 à l'U. du Nouveau-Brunswick).

La revue interdisciplinaire *Journal of Canadian Studies*, une publication trimestrielle de grande envergure consacrée à l'histoire, les sciences sociales et à la littérature, est fondée à l'U. Trent, en 1966. Le développement du roman et de la poésie au Canada au cours des dernières années donne lieu à la parution de revues spécialement consacrées à ces genres littéraires: le CANADIAN FICTION MAGAZINE (1971-), le *Journal of Canadian Fiction* (1972-), le *Canadian Poetry* (1977-) et le *Journal of Canadian Poetry* (1978-). En outre, la revue *Canadian Drama* est publiée à l'U. de Waterloo depuis 1975, et la revue *Theatre History in Canada* fait son apparition en 1980.

Un certain nombre de SOCIÉTÉS SAVANTES canadiennes publient leurs propres périodiques spécialisés, p. ex. l'Association of Canadian University Teachers of English qui, pour la première fois en 1975, publie *English Studies in Canada*. D'intérêt plus général, on trouve *Humanities Association of Canada's Bulletin* (1951-1973), qui est remplacé par la plus ambitieuse *Humanities Association Review*. Sans oublier de mentionner les nombreuses revues, allant de THE FIDDLEHEAD (1945-) dans les Maritimes à *Malahat Review* (1967-) en Colombie-Britannique, qui se consacrent à la publication de créations littéraires. Notons que la majorité des périodiques littéraires de langue anglaise qui ont de l'importance dans les milieux universitaires ont été créés assez récemment et reflètent le développement des universités canadiennes depuis la fin des années 50, ainsi que le développement simultané de la LITTÉRATURE DE LANGUE ANGLAISE au Canada. (*Voir aussi* REVUES LITTÉRAIRES DE LANGUE ANGLAISE.)

W.J. Keith

Périodiques littéraires de langue française Les périodiques ont toujours joué un rôle déterminant dans la diffusion, voire la création même de la littérature québécoise. Au XIXe s., alors que cette littérature se désigne sous le nom de canadienne et que les imprimeurs hésitent à publier des œuvres de fiction, plusieurs journaux suppléent aux carences des maisons d'édition et publient de manière fragmentée, soit des œuvres entières, soit des textes plus courts dans le domaine du conte ou de la poésie. Les revues spécifiquement littéraires, à l'origine plus rares, sont cependant marquées, dès leur apparition, par des orientations précises qui en font les porte-parole de groupes en même temps que des révélateurs des moments forts de la littérature québécoise.

Fondées dans une optique d'abord patriotique, les revues littéraires du XIXe s. se proposent, comme d'ailleurs le *Répertoire national* de James Huston, d'encourager et «d'entretenir l'amour de la littérature nationale au Canada». L'un des premiers périodiques de ce genre, *La Ruche littéraire illustrée* (1853-1859), veut d'abord réunir des œuvres littéraires canadiennes, mais doit vite se tourner également vers les traductions, pour se spécialiser ensuite dans les récits à tendance romantique d'écrivains français récemment arrivés au pays, parmi lesquels le plus connu est Henri-Émile Chevalier. Les véritables tentatives d'enracinement ont lieu davantage dans les trois revues qui naissent vers le milieu du XIXe s. et qui coïncident avec ce qu'on a nommé le mouvement de 1860 ou l'École patriotique de Québec.

Les SOIRÉES CANADIENNES (1861-1865), sous-titrées «Recueil de littérature nationale», citent en exergue la célèbre phrase de Nodier: «Hâtons-nous de raconter les délicieuses histoires du peuple avant qu'il ne les ait oubliées». Selon les termes de ses animateurs, l'objectif de la revue est «de soustraire nos belles légendes canadiennes à un oubli dont elles sont plus que jamais menacées, de perpétuer ainsi les souvenirs conservés dans la mémoire de nos vieux narrateurs et de vulgariser certains épisodes peu connus de l'histoire de notre pays». Dès le premier numéro, Joseph-Charles Taché y donne «Trois légendes de mon pays» et l'abbé Casgrain «La Jongleuse». À ces noms, il faut ajouter ceux de Hubert LaRue et d'Antoine Gérin-Lajoie comme rédacteurs et collaborateurs principaux. Les *Soirées canadiennes* cherchent à promouvoir une littérature d'inspiration folklorique et bannissent de leurs pages toute discussion à caractère politique. Une dissension au sein du groupe donne bientôt naissance au *Foyer canadien* (1862-1866), recueil littéraire et historique qui, tout en reprenant les objectifs des *Soirées,* ajoute l'intention de publier «toute œuvre canadienne se distinguant par quelque originalité de vues, de pensée ou de style». Antoine Gérin-Lajoie y publie son roman-manifeste: *Jean Rivard, économiste*. Puis succèdent à ces deux périodiques *Les Nouvelles Soirées canadiennes* (1882-1888), qui cherchent à favoriser les œuvres de création afin de «fortifier nos institutions et notre langue». On ajoute même que *Les Nouvelles Soirées* «seront avant tout et toujours canadiennes et catholiques, c.-à-d. qu'elles seront essentiellement nationales».

Malgré un contenu plus diversifié, trois revues prolongent cette conception de la littérature avant tout traditionaliste et folklorisante. Il s'agit de l'*Opinion publique* (1870-1883), une publication politique et littéraire, de l'*Album universel* (1884-1902) et de la *Revue canadienne* (1864-1922), plus ouverte sur l'ensemble de la vie intellectuelle au Canada français.

Le début du XXe s. préfère envisager le problème de la littérature nationale sous l'angle de l'option régionaliste contre l'option universaliste. Un premier groupe d'écrivains fonde en 1909 la revue *Le Terroir,* qui se propose de mettre en évidence les particularismes de «l'âme canadienne-française». On veut permettre «l'exaltation du sol de chez nous» et le «regroupement de la jeunesse littéraire canadienne». Animée par des membres de l'École littéraire de Montréal, dont Charles Gill et Albert Ferland, la revue reste quand même fort éclectique dans son contenu et ne dure qu'un an. Une dizaine d'années plus tard, un autre périodique tout aussi éphémère, le NIGOG (1918) lui fera écho en optant pour un certain universalisme et en affirmant la nécessité de se mettre à l'heure du monde et de la littérature contemporaine. Les débats suscités par ces revues sont repris par certains essayistes et pamphlétaires, comme Victor Barbeau et Claude-Henri Grignon, et se cristallisent, déjà vers les années 30, autour de la question de la langue d'écriture.

À cette époque, d'autres périodiques intègrent la littérature dans une orientation plus large. La revue *Les Idées* (1935-1939), animée par Albert Pelletier, attaque le «manque de vie de l'esprit» et parle d'une vie intellectuelle qui se ramollit en passant «peu à peu dans les limbes de l'instinct». Quant à La RELÈVE (1934-1941), la plus importante revue culturelle de la première partie du XXe s., qui regroupe Robert Charbonneau, Paul Beaulieu, Saint-Denys Garneau et Robert Élie, elle vise un renouveau spirituel et humaniste dont l'art doit demeurer un témoin privilégié. «Dans la grande révolution qui s'ébauche et qui devra être le retour de l'humanité au spirituel, écrit Saint-Denys Garneau, il s'impose que l'art, cette couronne de l'homme, l'expression suprême de son âme et de sa volonté, retrouve son sens perdu et soit l'expression splendide de cet élan vers le haut.» Bien loin du folklore, les œuvres littéraires de ce groupe exaltent l'expression du moi, la vie intérieure et les problèmes spirituels de la civilisation moderne.

Posant la problématique de la double appartenance française et américaine, *Amérique française* (1941-1964), fondée par d'anciens élèves du collège Jean-de-Brébeuf, soit François HERTEL et de ses collaborateurs, reflète les idéaux artistiques et esthétiques d'une certaine élite intellectuelle du Québec d'alors. Andrée Maillet prend la relève en 1951 et oriente davantage la revue vers la création littéraire. Plusieurs auteurs y participent, dont Jacques FERRON et Anne HÉBERT. De 1941 à 1955, la revue est publiée de façon régulière, à raison de 4 à 12 numéros par année. Quant aux *Écrits du Canada français* (1954), ils poursuivent, après quelques années d'interruption, leurs publications de fictions, poèmes et essais inédits.

Tout en s'éloignant progressivement d'une conception étroite de la notion de «littérature nationale», les revues du XXe s. restent marquées au sceau d'un certain catholicisme. Même CITÉ LIBRE (1950-1966) n'y échappe pas. Cette revue réunit les Pierre Elliott Trudeau, Jean Marchand et Gérard Pelletier, mieux connus aujourd'hui par leur engagement politique. En pleine période duplessiste, la revue s'oppose au conservatisme qui a marqué le Québec pendant plus d'un siècle et prône un internationalisme qui fait l'économie du concept de nation. Plus politique que littéraire, *Cité libre* n'en a pas moins marqué l'histoire culturelle du Québec en revendiquant, deux ans après REFUS GLOBAL (1948), le droit à la parole et à la dissidence. Le groupe devient bientôt la cible préférée des rédacteurs de PARTI PRIS (1963-1968), revue politique et culturelle ayant trois objectifs: l'indépendance, le socialisme et le laïcisme au Québec. Par rapport aux mouvements antérieurs, l'originalité de *Parti pris* consiste d'abord à affirmer le nationalisme à gauche, c.-à-d. à analyser le cas du Québec sans s'enfermer dans un conservatisme sclérosé; ensuite à articuler la relation entre le littéraire et le politique, à remettre en question l'un et l'autre, et l'un à cause de l'autre. *Parti pris,* dont le comité de rédaction est constitué en grande majorité par des écrivains (Paul Chamberland, Jacques Renaud, André Major, etc.), réfléchit à la fois sur le fait littéraire, c.-à-d. sur la littérature comme institution, et sur le faire, doublant sa pratique de la fiction d'une théorie de cette pratique. Parmi les questions fréquemment abordées dans la revue, mentionnons celles du statut de l'écrivain, de la situation de la culture, de la littérature en contexte colonial et de la langue d'écriture. Surtout connus pour leur choix – transitoire et politique – du joual, cette langue parlée dont on ne veut éliminer aucune faute ou anglicisme, les écrivains de *Parti pris* ont tenté de renouveler les grands thèmes sartriens (à savoir pour qui et pour quoi écrire) dans la pratique d'une littérature désormais désignée sous le nom de «québécoise». *Cité libre,* quant à elle, publiera son dernier numéro en octobre 2000.

Entre la fondation de *Cité libre* et celle de *Parti pris,* une autre revue se crée, et reste encore aujourd'hui l'un des périodiques littéraires du Québec les plus lus. Fondée en 1959, LIBERTÉ se définit d'abord comme «un centre de discussion des problèmes culturels qui compte accueillir toutes les pensées valables et favoriser le dialogue». Loin d'être «l'organe d'un groupe fermé», elle se veut «ouverte à tous ceux qui ont quelque chose à dire». Point de rencontre, carrefour des divers courants littéraires et culturels, la revue en tant que telle, précise dès le début la direction, «n'a pas à s'engager de quelque manière que ce soit». Un numéro de 1961 contient pourtant une sorte de manifeste: «Nous sommes pour: le désarmement total, universel et immédiat; la liberté, l'amour, l'amitié; le jazz; ceux qui ont la jeunesse de Varèse, Russell, Henry Miller, Abel Gance; un ministère de l'Instruction publique; le respect des consciences; la démocratie culturelle; l'université laïque; l'utilisation raffinée du sexe.» En ses premières années, *Liberté* s'applique à dénoncer les problèmes de la «fatigue culturelle». Elle permet, en 1963, la première expression collective du groupe *Parti pris* et intitule un de ses numéros «Le Québec et la lutte des langues». La revue est à l'origine de la rencontre québécoise des écrivains, qui s'est transformée en rencontre québécoise internationale. Tout en s'intéressant à la publication d'auteurs étrangers (Israël, États-Unis, France, Roumanie), *Liberté* n'en accorde pas moins une place de choix aux jeunes écrivains du Québec qui y trouvent l'occasion de leurs premières armes. La direction de la revue, longtemps assurée par Jean-Guy Pilon, est passée de François Ricard à François Hébert, puis à Marie-Andrée Lamontagne. La revue a fait paraître plusieurs numéros spéciaux importants, parmi lesquels un bilan de «l'institution littéraire québécoise» (1981).

Les générations littéraires, tout particulièrement au Québec, durent en moyenne 10 ans. Si *Parti pris* s'oppose à *Cité libre* et double *Liberté* sur sa gauche, La BARRE DU JOUR, fondée par Nicole Brossard et Roger Soublières (1965-1976), rompt avec une certaine conception sociale de la littérature. L'écrivain n'y est plus le sismographe de la douleur collective: attentif à ses propres pulsions, il traduit, en une mise en scène textuelle savante, une écriture en gestation. Le concept de nouveauté y domine à un tel point qu'après quelques années et un changement de comité de rédaction, on passe de *La Barre du jour* à *La Nouvelle Barre du jour* (1977-1990). On y retrouve l'écriture chiffrée de la modernité, à mi-chemin entre théorie et fiction, où la théorie même devient fiction. D'où un formalisme inévitable et, en corollaire, le reproche de mandarinisme, d'écriture de caste. À cela, les nouveaux écrivains répondent qu'il faut changer les habitudes de lecture, celles qu'a inculquées la culture bourgeoise. Aux codes plus aisément repérables et reconnaissables, ils substituent la notion de texte. Aux écritures linéaires et totalisantes, ils préfèrent le fragment. Les équipes successives se sont engagées dans une série de renouvellements, transgressions et transversions du dire. Ici, rien ne va de soi. Le jeu, d'emblée, s'installe en donnant lieu à des «fabrications» de fables et de contes écrits «au pied de la lettre», à la «page image» et à des chroniques «diasynchroniques». Le défi est de taille. Chaque texte doit jusqu'à un certain point réinventer ses propres codes d'écriture.

Tout à côté de *La Barre du jour,* la revue *Les Herbes rouges* (1968), dirigée par Marcel & François Hébert, et André Roy, choisit de publier dans chaque numéro les textes d'un seul auteur sous forme de petite plaquette. Pas d'énoncés programmatiques: une pratique suffit. En guise de retour à cette pratique, Roger Desroches parlera lui aussi, comme les rédacteurs de *La Barre du jour,* de la matérialité du texte comme lieu de questionnement et de jeu, de l'intention d'«illustrer les particularités du plaisir et du désir, du corps en tant que lieu pensant et pensant ses belles morts», et aussi des «différences dans tous leurs états». Les textes des *Herbes rouges* sont généralement provocants, subversifs, contre-culturels et/ou mythiques, sans dédaigner le lyrisme. De la publicité aux bandes dessinées, du discours social à la conscience politique, tout est matière à texte et à poésie.

Né d'un groupe qui s'était désigné sous le nom de «poètes sur parole» et qui avait fait les belles soirées du Chantauteuil, à Québec, *Estuaire* (1976-) est essentiellement une revue de poésie. À ses débuts, celle-ci privilégie la poésie pour l'œil et pour la voix, puisant aux sources vives du pays et du paysage. C'est pourquoi la revue publie des entrevues avec Miron, Hélias, Perrault, tous des artisans de la parole au verbe manifestaire. Cette orientation semble s'estomper progressivement au profit d'une poésie plus elliptique qui, toutefois, s'en tient à un certain niveau de lisibilité. En 1986, Gérald Gaudet succède à Jean Royer, le directeur-fondateur d'*Estuaire*. Plus électrique, Mœbius (1977) publie poèmes, nouvelles, entrevues d'écrivains et aborde également la production littéraire d'un point de vue critique.

Entre 1960 et 1980, des revues se créent, à l'existence plus ou moins éphémère. *Maintenant* (1962-1975) a tenté d'articuler problématique nationale et catholicisme de gauche. *Mainmise* (1970-1978) s'est fait le porte-parole d'une contre-culture américaine en quête de racines québécoises alors que *Presqu'Amérique* (1970-1973) a cherché à définir de nouvelles appartenances. *Hobo-Québec* (1970-1981) et *Cul-Q* (1973-1975) ont montré un autre versant de la culture québécoise. *Brèches* (1973-1977) a questionné la littérature et la culture dans le sillage de la nouvelle critique parisienne. *Chroniques* (1975-1978) et *Stratégie* (1972-1977) ont analysé l'objet littéraire et les discours critiques qui l'entourent à partir d'une grille marxiste. *Les Têtes de pioche* (1976-1979) ont regroupé les éléments les plus radicaux du mouvement des femmes alors en plein essor.

Du côté de l'information, signalons la disparition de *Livres et auteurs québécois* (1976-1982), recueil annuel de critiques sur la production québécoise qui a remplacé *Livres et auteurs canadiens* (1969). *Lettres québécoises,* sous-titrée «Revue de l'actualité littéraire», est un périodique trimestriel qui, surtout par de longs comptes rendus, passe systématiquement en revue les publications courantes. *Spirale* (1979-), périodique engagé dans une forme de critique moderne, propose une information doublée d'une interrogation et d'une réflexion sur la littérature et les autres domaines artistiques. *Nuit blanche* (1980-), magazine d'information qui s'intéresse à «toutes les littératures», offre un dossier thématique dans chacune de ses livraisons. Dans le domaine du théâtre, *Cahiers de théâtre Jeu* (1976-) fait le lien entre théorie et pratique, scrute attentivement les productions, s'interroge sur les troupes et rend compte des enjeux de l'activité théâtrale au Québec.

Quant aux revues universitaires, elles se consacrent le plus souvent à l'étude d'un thème, d'un écrivain, d'une question. C'est le cas d'*Études littéraires* à Laval, d'*Études françaises* à l'U. de Montréal, et de *Protée* à l'U. du Québec à Chicoutimi. *Voix et Images,* publiées par les PUQ et nées de *Voix et Images du pays,* seule revue entièrement consacrée au domaine québécois, dédie une partie de chaque numéro à un écrivain. À Sherbrooke, *Ellipse* trouve une formule inédite en publiant des œuvres en traduction, tandis que *Présence francophone* rend compte des activités des pays de langue française. À Ottawa, *Incidences* et *La Revue littéraire* de l'U. d'Ottawa ouvrent leurs pages aux questions littéraires de même que la revue de l'U. de Moncton dans la ville du même nom. *Québec français,* revue des enseignants (AQPF) publie aussi des dossiers sur des écrivains. À l'U. du Québec à Rimouski, *Tangence* (1992) a remplacé *Urgence*.

Depuis 1975, plusieurs revues ont vu le jour: *Dérives* (1975-1987), *Possibles* (1976), *Intervention* (1978), *Le Temps fou* (1978-1983), *Focus* (1978). Elles ont en commun de proposer non seulement un décloisonnement des champs d'activités culturelles, mais aussi un antidogmatisme. Si la revue *Intervention,* devenue ensuite *Inter,* oriente d'abord son questionnement vers divers secteurs artistiques, elle ne néglige pas d'analyser les phénomènes connexes à l'art (diffusion, galeries, édition, etc.) ni les faits sociologiques actuels ou les politiques gouvernementales. *Dérives* est une revue interdisciplinaire qui tente d'établir le dialogue Québec/Tiers-Monde et fait appel aux collaborations les plus diverses. Quant à *Possibles,* qui regroupe sociologues, littéraires et critiques d'art, elle poursuit depuis sa création une réflexion sur le Québec, son avenir politique, et les pratiques autogestionnaires qui s'y implantent; la création littéraire et artistique y est considérée comme une composante essentielle de l'imaginaire social, comme lieu d'articulation des «possibles», tant individuels que collectifs. *Le Temps fou,* magazine mensuel qui reparaîtra en 1995, a détecté systématiquement l'innovation dans les différents domaines de la culture et de la société, tandis que *Focus* voulait rendre compte de l'activité régionale du Saguenay–Lac-Saint-Jean. *Trafic* (anciennement *Résistances,* 1982-) rejoint des objectifs analogues tout en ouvrant ses pages à une collaboration internationale. À l'heure de la multidisciplinarité, ces revues intègrent la création à un projet global de société.

À l'époque de l'interplanétaire, deux revues s'orientent vers la science-fiction: *Solaris* (anciennement *Requiem,* 1974-) et *Imagine* (1979-). Du côté des femmes, un féminisme teinté d'humour s'exprime dans *La Vie en rose* (1980-1987) et l'expression littéraire a trouvé un lieu particulier nommé *Arcade* (1982-). En 1987, *La Parole métèque* propose «un nouveau rêve féministe». *Dixit. 01* (1984-) consacre deux numéros sur cinq à un auteur et *XYZ* (1985-) de même que *Stop* choisissent exclusivement la nouvelle. *Exit* (1995) se consacre à la poésie. Moins spécialisée, *Trois* (1985-), revue d'écriture et d'érudition, cherche à faire éclater les catégories trop étanches entre les savoirs et les genres littéraires, l'essai et la fiction, la prose et la poésie, le texte critique et celui de création. Quant à *Vice Versa* (1983-1987), magazine trilingue (français, anglais, italien) dirigé par trois Québécois d'origine italienne, il s'est défini comme transculturel, c.-à-d. en prise directe sur les diverses cultures qui façonnent le monde d'aujourd'hui. *Ruptures,* fondée en 1992 par Edgard Gousse, est une revue qui s'intéresse aux trois Amériques et publie des textes en français, en anglais, en espagnol et en portugais. En Acadie, *Éloizes* (1981-), puis *Vent d'est* (1985-), regroupent poètes et auteurs de fiction.

Regroupées au sein de la Société de développement des périodiques culturels québécois, les revues littéraires de langue française demeurent le creuset de la littérature québécoise, quelle que soit la forme qu'il adopte. Ainsi, répondant au progrès technologique, la plupart des périodiques disposent maintenant d'un site Web et certains n'ont que l'électronique comme support. Tel est le cas de *Calliope* (1998), publication électronique bimestrielle visant la compréhension de la littérature et des débats sur des questions épineuses; de *Livresse* (2000), magazine littéraire en ligne consacré à l'industrie du livre et aux auteurs et de *LivrePlus* (2000), magazine d'information littéraire consacré aux livres traduits en français dans des champs d'intérêts divers.

Parmi les revues disposant d'un site Web, on retrouve, entre autres: *Ad hoc* (1997) qui vise à faire connaître de nouveaux auteurs de fiction (nouvelles, poésie); *Nuit blanche* (1982), seul magazine littéraire québécois couvrant toute la littérature du Québec et d'ailleurs écrite ou traduite en français, il se présente dans sa version électronique depuis mars 1999; *Liberté* (1959), l'une des principales références culturelles et littéraires au Québec, elle publie des inédits d'auteurs québécois et étrangers, des numéros thématiques, des chroniques, des lectures et des interventions critiques; *Solaris* (1974), la plus ancienne revue de littérature fantastique et de science-fiction en français dans le monde. *Lurelu* (1977), consacrée à la littérature québécoise pour la jeunesse; d)*Formes,* revue littéraire d'avant-garde; *Demiurge éditeur* (1999), une revue de nouvelles longues et de novellas inédites.

L'analyse des revues culturelles permet ainsi de constater que plusieurs courants coexistent, survivent et luttent pour la reconnaissance symbolique alors que l'histoire littéraire du Québec nous avait habitués à ne voir surgir, à une même époque, qu'un seul courant dominant. Malgré cette polyvalence, peut-on généraliser? Hasardons, tout au plus, quelques propositions. Au cours des dernières décennies, l'écrivain s'est peu à peu débarrassé de sa mauvaise conscience et a quitté le «mur des lamentations» national. Écrire est devenu une affaire de métier, un métier enraciné et situé dans un contexte social et politique où il est plus facile de dire *je* que de dire *nous*. Sur le plan des groupes, les ruptures sont moins violentes qu'à l'époque de *Refus Global* et de *Parti pris*. On ne s'oppose plus, mais on transpose et on transgresse. D'autre part, la dimension internationale des revues s'affiche avec de plus en plus d'évidence. Place à l'innovation, place au métissage culturel, semblent dire les uns et les autres.

Lise Gauvin

Perkins House Située à LIVERPOOL (Nouvelle-Écosse), elle a été construite pour Simeon PERKINS. Originaire du Connecticut, il est l'un des citoyens les plus éminents de la ville à la fin du XVIIIᵉ s. Perkins est marchand, propriétaire de bateaux et colonel de milice, aussi bien que juge et député à l'Assemblée législative. Il est aussi une figure de premier plan de l'histoire de la Nouvelle-Écosse, comme en fait foi son journal personnel qu'il tient de 1760 à 1812 et qui fournit un excellent aperçu de la vie coloniale. Construite en 1766, la maison emprunte à l'architecture résidentielle de la Nouvelle-Angleterre. Elle a été restaurée comme LIEU HISTORIQUE provincial et meublée dans l'esprit de la fin du XVIIIᵉ s. La Perkins House est ouverte au public du début juin à la mi-octobre.

Deborah Welch et M. Payne

Perkins, Simeon, marchand et auteur d'un journal intime (Norwich, Conn., 24 févr. 1735—Liverpool, N.-É., 9 mai 1812). Il débarque à Liverpool en 1762 et y devient rapidement le principal marchand local. Il fait le commerce du poisson et du bois d'œuvre, construit des scieries et de petits navires et développe un marché avec la Nouvelle-Angleterre et les Antilles. Pendant la GUERRE D'INDÉPENDANCE AMÉRICAINE, il investit avec profit dans plusieurs corsaires de Liverpool. Son talent, son intégrité et sa charité sous-tendent une longue carrière civique dans des postes administratifs et judiciaires locaux. Il occupe également un rang élevé dans la milice. Il est élu député de la circonscription de Queens à l'Assemblée législative (1765-1799) et, malgré qu'il ne s'y présente que par intervalles, il s'avère silencieusement efficace. Son journal (1766-1812), publié en cinq volumes par la CHAMPLAIN SOCIETY, et sa maison, qui est aujourd'hui un musée, sont de précieux témoignages d'un homme dont la carrière reflète les débuts économiques, sociaux et politiques de la Nouvelle-Écosse.

Lois Kernaghan

Perle Nom commun donné à des INSECTES aquatiques de petite ou de moyenne taille et généralement de couleur brune, appartenant à l'ordre des plécoptères (du gr. «ailes pliées»). On en connaît environ

2000 espèces dans le monde et plus de 300 au Canada.

Reproduction et développement Parce que la larve aquatique ne peut normalement pas vivre dans l'eau chaude ou polluée, les perles sont plus communes dans les régions montagneuses du Canada. La femelle pond ses œufs dans l'eau courante, fraîche et propre. Le stade larvaire dure au total de un à trois ans selon l'espèce. Les larves habituellement de forme allongée portent une paire de longues antennes à l'avant et une paire de minces appendices (cerques) à l'arrière. La plupart se nourrissent de matériel végétal, d'autres étant prédatrices de larves d'ÉPHÉMÈRES ou de MOUCHERONS. La larve se retire sur le bord de l'eau avant de se transformer en adulte.

Bien que l'adulte soit ailé chez la majorité des espèces, il marche plus qu'il ne vole. Chez certaines espèces, il ne se nourrit pas et chez d'autres, il mange des algues et des lichens, pouvant alors vivre de trois à quatre semaines. Avant de s'accoupler, les adultes tambourinent du bout de l'abdomen sur le substrat pour communiquer.

G. Pritchard

Perley, sir George Halsey, politicien (Lebanon, N.H., 12 sept. 1857—Ottawa, 4 janv. 1938). Après avoir étudié à Harvard, Perley, au début de sa vie professionnelle, dirige l'entreprise de commerce du bois de son père à Ottawa. Lorsqu'il fait son entrée au Parlement, riche et socialement ambitieux, il représente la circonscription d'Argenteuil de 1904 à 1917 et de 1925 à 1938. Il devient ministre sous les gouvernements de Borden, de Meighen et de Bennett. Il est particulièrement influent sous le gouvernement de Borden, qui le nomme haut-commissaire à Londres de 1914 à 1922 et ministre des Forces militaires d'outre-mer du Canada de 1916 à 1917. Dans le cadre de ses fonctions, Perley protège sans répit le Corps d'armée canadien des politiques partisanes de gestion du personnel instaurées par Sam HUGHES son prédécesseur au ministère de la Défense.

Stephen Harris

Perley, Moses Henry, avocat, naturaliste, auteur (Maugerville, N.-B., 31 déc. 1804—près de la côte du Labrador, 17 août 1862). Passionné de sport et d'histoire naturelle, Perley devient une sommité en matière de ressources au Nouveau-Brunswick au milieu du XIXᵉ s. En 1842, il prépare un rapport sur les réserves indiennes de la province qui sert de base pour la loi sur les réserves indiennes de 1844. Il participe activement à la formation du Saint John Mechanics' Institute en 1838 et de la Provincial Association en 1844. De plus, il travaille comme agent provincial d'émigration de 1843 à 1848. En 1854, il publie le *Handbook of Information for Emigrants to New Brunswick*. En 1846 et 1848, il prépare des rapports sur la construction possible d'un chemin de fer. Il publie aussi un rapport sur les arbres (1847) et en 1848-1849, des rapports sur le poisson du Nouveau-Brunswick et sur les pêches dans le golfe du Saint-Laurent et la baie de Fundy. Perley amasse de l'information qui sert lors des négociations du Traité de réciprocité (1854). En 1855, il devient commissaire des pêches.

W.A. Spray

Permanence On entend généralement par permanence le fait d'être titulaire d'un poste assuré au sein d'un établissement ou d'un réseau d'enseignement. Toutefois, ce terme peut aussi désigner la durée de service d'une personne dans un poste ou un réseau particulier. Habituellement associée aux nominations de membres du corps professoral au niveau universitaire ou collégial, l'attribution de la permanence par un établissement signifie que la personne qui en bénéficie est nommée à vie et que son service ne peut prendre fin que si elle démissionne, part à la retraite ou est renvoyée pour des motifs valables après avoir comparu devant un comité.

Les professeurs d'universités et de collèges considèrent que la permanence est essentielle, car elle leur

permet d'exercer librement, mais de manière responsable, le droit de critiquer leur établissement et tous les aspects de la société sans craindre d'être renvoyés. Au Canada, l'un des cas de permanence qui a connu le plus de retentissement est celui de Frank UNDERHILL, un professeur d'histoire de l'U. de Toronto dont le conseil des gouverneurs avait demandé la démission en raison de déclarations intempestives sur l'évolution des relations du Canada avec la Grande-Bretagne et les États-Unis. En dépit d'une énorme controverse, le professeur Underhill conserva son poste, ce qui signifia clairement au monde universitaire canadien et à la population que, dans ce domaine, la permanence tenait toujours, même en temps de guerre. Malgré les solides arguments invoqués par les universitaires pour défendre la permanence, il reste que celle-ci a pu à l'occasion servir à protéger certains d'entre eux dont les compétences n'étaient plus à la hauteur des attentes de leurs collègues et de la population. Les effets d'une telle pratique risquent moins d'être néfastes en période d'expansion et de multiplication des universités et des collèges (comme dans les années 60 au Canada) qu'en période de croissance limitée ou de réduction (années 70 et 80). Pour contrer ces effets, certains ont prôné l'abolition des postes permanents et l'introduction de contrats d'une durée de trois à cinq ans ouverts à la libre concurrence, invoquant qu'en raison de la rareté des emplois universitaires et de la surabondance de candidats qualifiés, les exigences imposées aux nouveaux venus sont plus élevées et que la permanence les prive de leur droit de concourir dans des conditions d'égalité. Il faut cependant préciser qu'en période de crise financière dans les universités et les collèges, même les postes universitaires dits permanents peuvent disparaître. (*Voir aussi* LIBERTÉ UNIVERSITAIRE.)

W. Brehaut

Perrault, Pierre, réalisateur, écrivain (Montréal, 29 juin 1927—*id.,* 24 juin 1999). Figure de proue du cinéma direct québécois. D'abord homme de radio et homme de parole, il réalise à la Société Radio-Canada plusieurs séries radiophoniques qui le mettent en contact avec des réalités et des gens qu'il a bientôt envie d'enregistrer aussi sur film. Il coréalise d'abord, avec René Bonnière, une série, *Au pays de Neufve-France*, puis signe, avec Michel BRAULT, *Pour la suite du monde* (1963), un classique du cinéma direct. Toujours à l'OFFICE NATIONAL DU FILM (ONF), il poursuit sa trilogie de l'île aux Coudres: *Le Règne du jour* (1966) et *Les Voitures d'eau* (1968). Cinéaste et poète à la conscience nationale vive, il aborde ensuite deux sujets controversés: le séparatisme québécois (*Un pays sans bon sens!,* 1970) et le sort des Acadiens (*L'Acadie, l'Acadie?!?,* 1971). Il s'attaque ensuite simultanément à deux cycles. L'un sur l'Abitibi: *Un royaume vous attend* (1975), *Gens d'Abitibi* (1979) et *C'était un Québécois en Bretagne, madame* (1977). L'autre sur les Amérindiens: *Le Goût de la farine* (1976) et *Le Pays de la terre sans arbres ou le Mouchouânipi* (1980).

En 1982, il présente *La Bête lumineuse,* un film sur la chasse, qui ne laisse personne indifférent. En 1983, il retourne à Saint-Malo, berceau de Jacques CARTIER et lieu de production de *Les Voiles bas et en travers*. Dans *La Grande Allure I* et *La Grande Allure II* (1985), il fait revivre le voyage de Cartier au Canada en voilier. Après ces films, Perrault tourne son attention vers le nord du Québec, aux environs du 80ᵉ parallèle, comme pour dire que l'avenir du pays n'est pas dans le sud mais dans ces contrées de survivance. Il tourne un film poème sur le bœuf musqué, *L'Oumigmag ou l'objectif documentaire* (1993), dans lequel, pour la première fois, il ne s'intéresse pas à des êtres humains mais à des animaux et à la nature. Suprême rupture, son film comporte un commentaire au cours duquel le cinéaste réfléchit sur ce qu'est le documentaire. L'année suivante, il fait du bœuf musqué le seul sujet de *Cornouailles*. Il prend sa retraite en 1996 et l'ONF consacre, en 1999, un coffret de cinq vidéocassettes à son œuvre; on peut également y voir le cinéaste et ses collaborateurs. Perrault est un grand cinéaste du réel, du poids de la parole et de l'âme d'un peuple. Il a reçu de nombreuses distinctions pour ses carrières de cinéaste et d'écrivain, dont des doctorats honorifiques de l'U. Laval (1986) et de l'U. Louis-Lumière de Lyon (1995), le prix Albert-Tessier (1994) et l'Ordre national du Québec (1998). Il a à son actif une importante production littéraire: théâtre (*Au cœur de la rose*, 1963); essais (*L'Art et l'État*, 1974; *Marins du Saint-Laurent*, 1974); et surtout poésie (*Portulan*, 1961; *Toutes Isles*, 1963; *Ballade du temps précieux*, 1965; *En désespoir de cause*, 1971; *Chouennes*, 1975; *Gélivures*, 1977). Comme ses films, toutes ses œuvres disent le pays et traduisent la parole du peuple. On lui doit aussi plusieurs textes sur le cinéma, dont la plupart ont été repris dans deux recueils: *Caméramages* (1983) et *De la parole aux actes* (1985). Il a publié la transcription de la bande sonore de la plupart de ses films.

Pierre Véronneau

Perreault, Jean-Pierre, chorégraphe, scénographe et administrateur (Montréal, 16 févr. 1947). Il veut d'abord être artiste visuel, mais change d'idée à 19 ans lorsqu'il commence à apprendre la danse avec Jeanne Renaud et Peter Boneham au Groupe de la Place Royale. Son entrée dans le monde de la danse, en 1966, est fracassante.

Il étudie la danse classique et la danse moderne, et devient professeur à l'école du Groupe de la Place Royale en 1968. En 1971, il est codirecteur de la compagnie et de son école. *Les Bessons* (1972) est la première des 23 œuvres expérimentales qu'il crée pour la compagnie. Son intérêt pour le décloisonnement des arts saute aux yeux et soulève souvent la controverse. Après avoir suivi Le Groupe à Ottawa, il démissionne de ses fonctions de codirecteur en 1981 et revient à Montréal, où il travaille comme chorégraphe indépendant et professeur. Trois ans plus tard, il forme sa propre compagnie, la Fondation Jean-Pierre Perreault, et travaille à des œuvres de grande envergure. *Joe* (1983), qui a été remontée plusieurs fois, est une œuvre pionnière écrite pour 24 danseurs. Noire au point d'être déprimante, mais humaine au point d'en devenir touchante, elle défend les espoirs et les peurs de la masse anonyme qui grimpe sur la scène en pente raide, à la poursuite de rêves insaisissables. Perreault crée le mouvement, les décors, les costumes et la «musique» minimaliste (la musique consiste en fait en variations rythmiques produites par les pas des danseurs, chaussés de lourdes bottes militaires). La plupart des 15 œuvres qu'il crée par la suite contiennent des éléments de *Joe* et sont spectaculaires.

Les *énormes productions* de Perreault coûtent cher à présenter en tournée. Pourtant, *Joe* voyage en Europe, aux États-Unis et au Canada, et c'est surtout en Europe qu'on peut voir *Nuit* (1986) et *La Vita* (1993). En 1991, Perreault crée *Flyckt* (La Fuite) pour le Sweden's Culberg Ballet. Il réalise également deux œuvres à l'étranger, soit *Piazza* (1988), pour le First New York International Festival of the Arts, et *The Highway '86 Event,* pour l'EXPO de 1986 à Vancouver. En 1996, une adaptation de *Joe* pour la télévision, réalisée par Bernard Picard, reçoit un prix pour la meilleure adaptation réalisée en studio lors du 8e Grand Prix international de vidéo danse, en France. La même année, Perreault *mêle* ses danseurs à ceux de la troupe de Chrissie Parrott de Perth, en Australie, et crée *Eironos*. La première de *Les années de pèlerinage* a lieu à Montréal en septembre 1996. Perreault monte aussi de nombreuses expositions internationales en solo de ses dessins et notes de chorégraphies, et présente une installation chorégraphique, *L'Instinct* (1994).

Il mène ses carrières de professeur et de chorégraphe de front. Il crée d'innombrables chorégraphies pour des artistes indépendants, tels que Marc Boivin, Lucie Boissinot, Paul-André Fortier et

Daniel Soulières. Il reçoit le prix Jean A. Chalmers pour la chorégraphie, en 1990; un livre est écrit à son sujet, *Jean-Pierre Perreault, chorégraphe*, et publié en édition bilingue par Les Herbes Rouges (1991) et par Dance Collection Danse (1992).

Linde Howe-Beck

En 1996, Perreault reçoit de nouveau le prix Jean A. Chalmers d'excellence en chorégraphie, qui souligne la qualité exceptionnelle de l'ensemble de son travail. Fort de cette reconnaissance, il met en place, en 1997-1998, un troisième projet d'installations chorégraphiques intitulé *Les Éphémères*; cette présentation s'échelonne sur neuf semaines consécutives et rassemble autour du créateur 18 interprètes montréalais. En février 1998, l'artiste est mis à l'honneur au Festival New Moves de Glasgow (Écosse).

La création de *L'Exil-L'Oubli*, en octobre 1999, au Festival international de nouvelle danse de Montréal (Find), constitue un autre moment marquant de sa carrière. Avec cette œuvre pour 16 danseurs, Perreault abandonne les décors imposants qui ont fait sa signature depuis 15 ans, pour se concentrer sur l'être humain, sa solitude et sa déchirure. La grande qualité de cette œuvre lui vaut le Grand prix du conseil des arts de la communauté urbaine de Montréal (CACUM) de 1999 et l'entraîne dans une importante tournée panquébécoise: 18 représentations en autant de salles. Cette même année, l'artiste voit la concrétisation d'un grand rêve avec la mise en chantier, en juin, d'un futur Espace de création et de production chorégraphiques, dans ses studios, situés dans l'ancienne église Saint-Robert-Bellarmin, rue Sherbrooke à Montréal. Enfin, au début de l'année 2000, le Ballet national du Canada (BNC) commande une œuvre à Jean-Pierre Perreault pour sa future saison 2000-2001, une première pour la compagnie torontoise et le chorégraphe.

Andrée Martin

Perron, Clément, scénariste et réalisateur (Québec, 3 juill. 1929— Pointe-Claire, Qc, 1999). Après l'obtention d'un diplôme à l'U. Laval, Perron poursuit ses études en France pour devenir enseignant. Son intérêt pour le cinéma naît de sa fréquentation assidue de la Cinémathèque française à Paris. Il s'inscrit alors à l'Institut de filmologie. De retour au Canada, en 1957, il entre au service de l'OFFICE NATIONAL DU FILM (ONF) à titre de scénariste.

En 1962, il réalise *Jour après jour*, un court métrage documentaire sur une usine de papier. Son recours au son synthétique et au commentaire poétique pour évoquer la répétition de tâches souvent dangereuses suscite à la fois un intérêt certain et une controverse. Deux ans plus tard, avec Jacques GODBOUT, Gilles CARLE, Denys ARCAND et Gilles GROULX, Perron s'en prend à l'Office national du film (ONF) dans la revue *Parti pris*, affirmant qu'il s'agit d'une «gigantesque machine de propagande». Certains membres du groupe ne tardent pas à quitter l'ONF, mais Perron continuera à travailler de l'intérieur pour susciter des changements. Il est nommé producteur délégué pour la production française en 1968, puis directeur du Comité du programme français de 1975 à 1978 et de 1980 à 1982.

Perron contribue surtout au cinéma canadien en tant que scénariste de ses propres films et des films d'autres réalisateurs. Son plus grand succès dans ce domaine demeure *Mon oncle Antoine* (1971), de Claude JUTRA, inspiré par son enfance en Beauce, la région québécoise de l'amiante. Il réalise également lui-même deux de ses longs métrages, toujours en Beauce: *Taureau* (1973), une fable sur l'intolérance de notre époque, et *Partis pour la gloire* (1975), qui traite de la conscription durant la Seconde Guerre mondiale. Tous ces films sont produits par l'ONF.

Dans les années 80, Perron se rend dans l'Ouest canadien afin d'encourager la production de films en français à l'extérieur du Québec. Il écrit *Le Vieillard et l'enfant* (Claude Grenier, 1985), dont le scénario s'appuie sur une histoire de Gabrielle ROY. Perron

quitte l'Office national du film en 1986 pour poursuivre une carrière de scénariste dans le secteur privé.

Jim Leach

Perry, Aylesworth Bowen, agent de police (Violet, Ont., 21 août 1860—Ottawa, 14 févr. 1956). Pendant qu'il est commissaire de la Royale gendarmerie à cheval du Nord-Ouest (RGCN-O), Perry transforme cette institution, à l'époque simple contingent remplissant une mission aventureuse aux confins du pays, en un corps de police national moderne. Membre de la première promotion du Royal Military College de Kingston, il entre dans la police en tant qu'inspecteur en 1882. Membre du détachement d'infanterie albertain durant la RÉBELLION DU NORD-OUEST, en 1885, Perry se voit confier la charge de diriger la police du Yukon en 1899, puis, à titre de commissaire entre 1900 et 1923, il en modernise l'équipement et les méthodes. Au cours de la Première Guerre mondiale, cette force policière est affaiblie par le départ des engagés et des conscrits qui vont combattre outre-mer, tandis que la mise sur pied de corps policiers provinciaux en Alberta et en Saskatchewan diminue son champ de responsabilités. L'avenir de cette police paraît douteux, mais celle-ci se rend utile en contribuant à contenir l'agitation de l'après-guerre. Perry est donc chargé de sa réorganisation sous le nom de GENDARMERIE ROYALE DU CANADA.

A.B. McCullough

Perry, Paul John, «PJ», musicien de jazz (Calgary, 2 déc. 1941). Son père, Paul Perry, a dirigé des orchestres de danse en Alberta (notamment à Sylvan Lake) de 1939 à 1965. Le jeune Perry commence à jouer du saxophone dans l'orchestre de son père à l'âge de 14 ans, puis il travaille un peu partout au Canada et, de 1963 à 1966, en Europe, avant de s'établir d'abord à Vancouver, puis à Edmonton (1975-1981), à Toronto (1981-1984) et de nouveau à Edmonton, jouant à chaque endroit du saxophone alto ou ténor dans des studios locaux et des orchestres de jazz. À Vancouver, il fait partie du groupe populaire jazz-rock Pacific Salt; à Edmonton, il travaille longuement avec Tommy BANKS. *My Ideal*, l'un des quatre albums qu'il a lancé avant 1996, lui permet d'obtenir un prix Juno en 1993, soulignant son importance de plus en plus grande en tant que l'un des principaux musiciens de style be-bop au Canada.

Mark Miller

Persaud, Trivedi Vidhya Nandan, anatomiste (Pt. Mourant, Guyane, 19 févr. 1940). Formé à Rostock, dans l'ancienne Allemagne de l'Est (M.D., 1965; D. Sc., 1974), et à l'U. des Antilles à Kingston, en Jamaïque (Ph. D., 1970), Persaud s'attire une reconnaissance internationale pour ses recherches en embryologie, en tératologie et en pathologie. Il arrive à l'U. du Manitoba en 1972 et est promu professeur et chef du département d'anatomie en 1977. Il demeure chef de département jusqu'en 1993. Il est rédacteur en chef du *West Indian Medical Journal* (1970-1973) et président de l'Association canadienne des anatomistes (1981-1983). Auteur de plusieurs ouvrages médicaux dont *Basic Concepts in Teratology* et *Early History of Human Anatomy*, il dirige aussi la publication de *Advances in the Study of Birth Defects* (7 vol.). Il publie plus de 130 articles scientifiques.

Il est élu Membre du Royal College of Pathologists (Londres) et du Royal College of Physicians (Irlande) en 1984. Parmi ses nombreuses distinctions honorifiques, il reçoit en 1981 la Médaille du centenaire de la naissance d'Albert Einstein de l'Académie des sciences d'Allemagne.

Keith L. Moore

Person, Clayton Oscar, scientifique, éducateur (Regina, Sask., 16 mai 1922—Vancouver, C.-B., 1er sept. 1990). Formé à Saskatoon, en Alberta, et outre-mer, Person travaille à l'U. du Manitoba, à l'U. de l'Alberta et à l'U. de la Colombie-Britannique. Il est reconnu au niveau international comme une sommité concernant l'aspect génétique des rapports hôte-parasite. Ses écrits ont fortement contribué au développement d'une base théorique rigoureuse permettant de comprendre comment la structure génétique des populations de parasites interagit avec celle de leurs populations hôtes. Ses méthodes théoriques ont été largement appliquées au contrôle des maladies parasitaires en agriculture et en foresterie.

En 1971, il est élu Membre de la Société royale du Canada (SRC). En 1981, il reçoit la médaille d'or du Science Council of British Columbia et il est élu Membre de l'American Phytopathological Society. En 1982, il reçoit la Médaille Flavelle de la SRC et le prix d'excellence de la Société de génétique du Canada. Il est fait Membre de l'Ordre du Canada en 1986.

A.J.F. Griffiths

Perth, ville de l'Ont.; chef-lieu du comté de Lanark; pop. 5886 (rec. 1996), 5576 (rec. 1991), 5673 (rec. 1986); superf. 9,18 km²; const. en tant que village en 1850 puis en tant que ville en 1854; située en bordure de la rivière Tay, à 83 km au sud-ouest d'Ottawa. En 1816, on y établit un poste militaire reculé destiné à fournir des miliciens d'expérience pour la défense de la voie navigable intérieure reliant la rivière des Outaouais au lac Ontario. Perth est reliée au CANAL RIDEAU par un canal distinct. Cette «porte arrière» donne accès au Haut-Canada et permet ainsi à la colonie de profiter des échanges commerciaux. Parmi les tout premiers colons, on compte des centaines de personnes venant de Perth, en Écosse, d'où l'origine du nom de la ville.

La fabrication du fromage a toujours joué un rôle important dans l'industrie locale. En 1893, un fromage local pesant 9900 kg et possédant une circonférence de 8,56 m et une hauteur de 1,8 m est envoyé à l'exposition internationale de Chicago. L'économie de Perth repose sur l'industrie légère. Pendant l'été, de nombreux vacanciers s'y rendent, attirés par les lacs environnants. La ville possède encore de nombreux bâtiments du XIXᵉ s. admirablement conservés, tels que le palais de justice du comté de Lanark (1843) de style néoclassique, et l'Hotel Imperial, construit avant 1850 et toujours utilisé.

Daniel Francis

Pestieau, Joseph, philosophe et anthropologue (Froidchapelle, Belgique, 1938). Il étudie la philosophie à l'U. de Louvain et fréquente la London School of Economics (1962-1963). Il émigre au Canada en 1963 et devient professeur de philosophie au Collège de Saint-Laurent, où il occupe aussi les postes de directeur de département, de directeur adjoint, etc. Il a aussi été chargé de cours à l'U. du Québec (1970) et à l'U. de Montréal (1979).

Joseph Pestieau collabore à différentes revues et a publié plusieurs livres de philosophie dont *Essai contre le défaitisme politique: imagination politique et intelligence économique* (1973), *L'Espoir incertain: essai sur le pouvoir* (1984), *Guerre et paix sans État. Anarchie et ordre coutumier* (1984), *Les citoyens au bazar. Mondialisation, nations et minorités* (1999). Joseph Pestieau est un passionné de philosophie et de culture. Sa pensée s'élabore aux confins de l'anthropologie sociale, de la philosophie et de la politique.

Paul-Émile Roy

Pesticide Substances utilisées dans la lutte contre les ennemis des plantes. Les pesticides incluent les insecticides (contre les insectes nuisibles), les fongicides (contre les champignons pathogènes), les herbicides (contre les mauvaises herbes), les rodenticides (contre les rongeurs), les avicides (contre les oiseaux), les piscicides (contre les poissons) et les nématicides (contre les nématodes). Les plus utilisés sont les insecticides, les fongicides et les herbicides. Plus de 400 pesticides sont homologués au Canada. Ils se présentent sous forme de liquides, de poussières, de poudres à diluer, d'aérosols ou de granules.

Les pesticides comprennent un large éventail de substances synthétiques et naturelles. Avant la Seconde Guerre mondiale, il existe relativement peu de pesticides. Les insecticides sont alors des cristaux d'arsenic, du fluor ou des produits dérivés des plantes, comme la nicotine, le pyrèthre et la roténone. Les fongicides, de leur côté, sont à base de mercure, de cuivre ou de soufre, et les herbicides incluent les huiles minérales, l'acide sulfurique, certains arsénites et le sel. Après la Seconde Guerre mondiale, un grand nombre de composés synthétiques sont disponibles. Parmi les premiers, citons le D.D.T. contre les insectes ravageurs, l'herbicide du type phénoxy (2-4-D) contre les mauvaises herbes et, finalement, les carbamates (captane) et les dithiocarbamates, utilisés comme fongicides.

Toxicologie La toxicité des pesticides que l'on trouve sur le marché diffère grandement. La mention LD50, utilisée pour indiquer la toxicité létale, fait référence au dosage (exprimé en mg par kg de poids corporel) requis pour tuer 50 p. 100 d'un échantillon de population. Le RAT est le mammifère le plus fréquemment utilisé pour déterminer le LD50, mais la SOURIS et le LAPIN sont aussi soumis aux tests. Avant qu'ils puissent être utilisés, les pesticides modernes subissent une grande variété de tests pour évaluer leurs effets toxiques. On mesure la cancérogénicité (développement d'une tumeur), la tératogénicité (risque d'anomalie ou de monstruosité) et la mutagénicité (dommage génétique). D'autres tests incluent les études sur l'effet environnemental des produits chimiques et leurs effets sur la faune et autres organismes non ciblés.

Un grand nombre de pesticides ont une toxicité sélective, se révélant très dangereuses pour certains organismes et beaucoup moins pour d'autres. Même à l'intérieur d'une seule classe de composés, la toxicité varie grandement: elle peut aller de 10 mg/kg ou moins à plusieurs milliers de mg/kg.

La nature de la toxicité des pesticides varie selon les catégories de substances. En général, les insecticides sont plus toxiques pour les animaux à sang chaud que les herbicides et les fongicides. Cependant, certains des plus anciens fongicides, notamment ceux à base de mercure, ou les herbicides à base d'arsénites sont hautement poison pour les mammifères et les oiseaux. Un grand nombre d'insecticides agissent sur le système nerveux des insectes, et, même s'ils sont moins toxiques pour les animaux à sang chaud, ils en affectent malgré tout le système nerveux. De nouvelles classes d'insecticides ont été mises au point. Ces derniers agissent sur des processus biologiques propres aux insectes, mais absents chez les mammifères. Ainsi, certains composés affectent la mue ou empêchent le durcissement de la carapace externe de l'insecte.

À l'exception du mercure, la plupart des fongicides ne sont pas très toxiques pour les animaux à sang chaud parce que leur toxicité s'exerce sur des systèmes propres aux champignons, lesquels sont différents de ceux des mammifères ou des oiseaux. Il en va de même pour la plupart des herbicides. Avec le temps, les espèces cibles développent une résistance à des pesticides spécifiques. Il faut alors augmenter la dose ou mettre au point de nouveaux pesticides, qui seront probablement d'origine biologique. Grâce au génie génétique, il est maintenant possible de produire des plantes qui génèrent leurs propres insecticides et se protègent ainsi des insectes.

Homologation et utilisation Étant donné leur forte toxicité, les pesticides sont soumis à un contrôle rigoureux et leur vente n'est autorisée qu'après homologation par Agriculture et Agroalimentaire Canada. Le processus d'enregistrement est détaillé et inclut une description de la toxicité du produit, une explication détaillée de l'efficacité du produit sur le ravageur ciblé et la nature du traitement. Le pesticide est homologué pour des usages spécifiques, précisés sur l'étiquette du produit.

Au Canada, un ou plusieurs des nombreux pesticides sur le marché sont employés sur pratiquement toutes les CULTURES, et leur utilisation, particulièrement celle des herbicides, augmente rapidement chaque année. Les insecticides servent à contrer l'envahissement des insectes autour du domicile et à combattre les MARINGOUINS, les MOUCHES NOIRES et les insectes qui accablent le bétail. Quant aux fongicides, ils sont utilisés de façon intensive pour traiter les matériaux de construction, la peinture, les désinfectants et le bois d'œuvre (traverses de chemin de fer, poteaux de téléphone) et en prévenir la pourriture.

Problèmes Bien que beaucoup de Canadiens les aient adoptés pour palier divers problèmes, il reste que les pesticides engendrent bien des inquiétudes. Dans les années 50 et au début des années 60, on identifie certains problèmes environnementaux reliés à l'emploi abusif de pesticides: contamination de l'eau et mort des poissons, troubles de la reproduction chez les oiseaux (FAUCON PÈLERIN) et toxicité directe pour certains oiseaux et autres animaux non ciblés dans les régions où se pratique l'arrosage à grande échelle. Un autre sujet de préoccupation est la présence de contaminants toxiques (comme la dioxane) dans certains types de pesticides. Les travaux de recherche ont identifié les pesticides créant des problèmes, et leur emploi est restreint ou interdit.

Depuis peu, on s'inquiète du fait que les pesticides pourraient causer, à long terme, des problèmes de santé chez l'humain, et leur usage est sujet à controverse. Or, il existe peu de preuves montrant que les pesticides actuels pourraient nuire à la santé lorsqu'ils sont utilisés adéquatement, d'autant plus qu'avant d'être homologué, chaque pesticide est soumis à des tests pour prévoir ses effets à long terme. Néanmoins, la prudence est de mise. Il faut utiliser tous les pesticides avec circonspection et éviter une surexposition des organismes vivants. (*Voir aussi* PLANTES, MALADIES DES.)

F.L. McEwen

Petawawa, village de l'Ont.; pop. 6540 (rec. 1996), 5793 (rec. 1991), 5580 (rec. 1986); superf. 6,01 km²; situé dans le canton de Petawawa sur le lac Allumette, élargissement de la rivière des Outaouais, à 19 km au nord-ouest de PEMBROKE et à environ 150 km au nord-ouest d'OTTAWA. Le village et le canton tirent leur nom de la rivière Petawawa, qui doit probablement son nom à une déformation du mot algonquin «pitewewe» qui signifierait «là où l'on entend le son de l'eau». Une autre histoire veut que ce soit là le nom d'une femme autochtone qui vivait sur les bords de la rivière.

Le canton est arpenté en 1857, mais il attire peu de colons avant que le gouvernement canadien choisisse d'y établir un nouveau camp militaire en 1904. Le camp Petawawa prend de l'expansion et englobe bientôt une grande partie de quatre cantons; il devient ainsi l'une des bases militaires les plus importantes du Canada. Le village de Petawawa se développe comme fournisseur de services de la base militaire, fonction qu'il assume encore aujourd'hui.

Deborah Welch et Michael Payne

Peterborough, ville de l'Ont.; chef-lieu du comté de Peterborough; pop. 69 535 (rec. 1996), 68 379 (rec. 1991), 61 049 (rec. 1986); superf. 53,99 km²; const. en 1905; située sur la rivière Otonabee, à environ 40 km au nord du lac Ontario et 110 km au nord-est de Toronto. Il s'agit de la plus grande ville sur la voie navigable Trent-Severn et du centre régional de la zone de villégiature des LACS KAWARTHA.

Fondation et développement Peterborough est baptisée ainsi en 1826 en l'honneur de Peter ROBINSON, responsable de l'établissement d'un grand nombre d'immigrants irlandais dans la région. Son histoire est liée aux voies navigables, aux forêts et à sa proximité avec Toronto. Située à l'extrémité du long portage au lac Chemung, cet endroit était très fréquenté par les Mississaugas et leurs ancêtres, et visité par Samuel de CHAMPLAIN en 1615. Durant la colonisation par les Européens, la ville devient rapidement le centre administratif de la région, située au nord du lac Rice, surtout avec l'installation de la colonie Robinson et la création du district de Colborne, en 1842. Elle est constituée en tant que ville en 1850. Le développement de la culture du BLÉ Red Fife dans la région apporte une importante contribution à l'agriculture du Canada, mais le bois d'œuvre reste la source de richesse la plus importante pendant plus d'un demi-siècle.

Dans les années 1870, Peterborough était devenue le principal producteur de bois d'œuvre de l'Ontario, expédiant annuellement plus de 100 millions de pieds-planche aux grossistes américains. Le développement subséquent de l'hydroélectricité le long du système Trent (avant les chutes du Niagara), ainsi que des primes et des concessions municipales généreuses, attirent d'importants fabricants, y compris Edison Electric (plus tard, Générale Électrique du Canada Inc.) et Quaker Oats. Des écrivains sont également associés à la ville, dont Catharine Parr TRAILL, Robertson DAVIES et Margaret LAURENCE; des capitalistes aussi, comme sir Joseph FLAVELLE et George A. COX; ainsi qu'un politicien, Lester B. PEARSON, qui y a étudié.

Paysage urbain Peterborough se caractérise par les collines onduleuses d'un grand champ de drumlins. Deux îlots de bâtiments impressionnants, datant d'avant la Confédération et comprenant des édifices de pierres taillées des années 1830, ainsi que plusieurs résidences imposantes témoignent de sa prospérité acquise au cours du XIXᵉ s. Les merveilles d'ingénierie de la plus haute écluse-ascenseur du monde, la Fontaine du Centenaire, et l'UNIVERSITÉ TRENT, reconnue pour son architecture, sont le reflet de changements constants. À l'opposé, les pétroglyphes et le TUMULUS DU SERPENT des environs datent d'au moins un millier d'années.

Population Avant la Première Guerre mondiale, elle double tous les 20 ans grâce au bois d'œuvre et à l'industrie manufacturière, ainsi qu'à l'annexion d'Ashburnham (pop. est. à 2000) en 1904. La ville passe ainsi de 4611 habitants (rec. 1871) à 18 360 (rec. 1911). Bien que modeste depuis, sa croissance démographique est quand même la plus rapide de l'est de l'Ontario (sauf Ottawa) en raison de l'expansion de l'industrie manufacturière. La population de Peterborough a la caractéristique d'être très représentative de la population du pays en général en matière de religion, de profession et d'ethnie, ce qui en fait une circonscription baromètre aux élections provinciale et fédérale et un endroit privilégié pour les études de marché auprès des consommateurs.

Économie et transports Outre l'industrie manufacturière, les établissements d'enseignement, les compagnies d'assurances, les centre commerciaux et les attractions touristiques exercent un impact assez considérable au cours de la dernière décennie. L'agriculture mixte demeure une caractéristique de la région. Peterborough longe la route transcanadienne, avec un accès facile à l'autoroute 401. Jusqu'à tout dernièrement, la ville était bien desservie par les chemins de fer, d'abord par celui de la Grand Trunk Railway, puis par la première voie principale du CP reliant Toronto à Montréal.

Gouvernement et politique Depuis les échecs du chemin de fer dans les années 1850, l'histoire de la ville est marquée par les restrictions financières. Après 1861, les finances de la ville sont confiées pendant 80 ans à une commission fiduciaire. De façon générale, Peterborough favorise le système des quartiers et s'est toujours opposée aux tentatives provinciales pour en faire un gouvernement régional et l'inciter à abandonner son statut de canton-comté.

Vie culturelle Elle est très animée, comptant un orchestre symphonique, une guilde de théâtre et des compagnies professionnelles, des galeries d'art publiques et privées, et le musée du Centenaire. On y organise un carnaval d'hiver (Snowfest) et un festival estival des arts et de l'eau (Festival of Lights).

Pays du canot de Peterborough, la ville remporte des titres nationaux au hockey junior (Petes), à la crosse et en nage synchronisée. En 1980, elle accueillait les Jeux d'été de l'Ontario.

Elwood Jones

Peters, Arthur, avocat et premier ministre de l'Île-du-Prince-Édouard (Charlottetown, 29 août 1854—*id.*, 29 janv. 1908). Frère de Frederick Peters, il est admis au barreau de l'Île-du-Prince-Édouard en 1878 et est élu à l'Assemblée en 1890 comme libéral. Nommé procureur général en 1900, il devient premier ministre le 29 décembre 1901 et conserve son poste jusqu'à son décès. On se souviendra de lui en tant que fervent défenseur des modalités d'adhésion de l'Île-du-Prince-Édouard au sein de la CONFÉDÉRATION.

Peter E. Rider

Peters, Frederick, avocat et premier ministre de l'Île-du-Prince-Édouard (Charlottetown, 8 avril 1852—Prince Rupert, C.-B., 29 juill. 1919). Frère d'Arthur PETERS, Frederick est élu à l'Assemblée en 1890 en tant que libéral. Il devient premier ministre le 22 avril 1891 et occupe ce poste jusqu'à sa démission, le 27 octobre 1897. Il conserve son siège de député jusqu'en 1899, mais il s'établit à Victoria (Colombie-Britannique) en 1897. Il y pratique le droit jusqu'en 1911, année où il est nommé procureur de la ville. Après 1916, il est greffier municipal de Prince Rupert. Durant son mandat comme premier ministre, les deux chambres législatives fusionnent pour former une seule assemblée.

Peter E. Rider

Peters, Thomas, chef de la communauté noire (v. 1738—Freetown, Sierra Leone, 25 juin 1792). Durant la Guerre d'Indépendance américaine, l'Angleterre promet la liberté et l'égalité aux esclaves de propriétaires rebelles qui se joignent à la cause LOYALISTE. Parmi les milliers qui répondent à l'appel, Peters s'engage dans les Black Pioneers et y devient sergent. Après la défaite britannique, quelque 3500 Noirs loyalistes sont transportés en Nouvelle-Écosse et au Nouveau-Brunswick. Les promesses d'égalité n'étant pas respectées pour des raisons de désorganisation et de discrimination, Peters est choisi pour aller présenter la cause des Noirs à la Couronne. En 1790, il se rend à Londres avec des pétitions faisant état des griefs des Noirs. On leur refuse notamment le droit de voter et d'être jugé par procès devant jury, ainsi que des concessions de terres équitables.

À Londres, Peters rencontre des représentants de la Sierra Leone Co., dont la colonie pour esclaves affranchis en Afrique de l'Ouest est à la recherche de colons noirs. Il retourne en Amérique du Nord en possession d'un plan financé par le gouvernement offrant terres gratuites et indépendance en Sierra Leone. En janvier 1792, près de 1200 Noirs quittent Halifax pour l'Afrique, où ils fondent Freetown. Entre-temps, par le truchement de réformes administratives, le lieutenant John Clarkson, l'agent de migration officiel, y devient gouverneur avec un conseil formé de Blancs nommés. Peters dirige un mouvement d'opposition contre le nouveau système, mais meurt de «la fièvre» avant d'obtenir des résultats concrets. Les membres survivants de la migration continuent de développer Freetown en une capitale commerciale et politique, où leurs descendants sont encore connus comme des «Néo-Écossais» et où le souvenir de Thomas Peters est celui d'un chef pionnier courageux.

James W. St.G. Walker

Peterson, Charles W., rédacteur agraire, imprimeur, fonctionnaire dans les Territoires du Nord-Ouest, agriculteur et homme d'affaires (Copenhague, Dan., 28 juin 1868—Calgary, 4 févr. 1944). Peterson s'installe sur une ferme au Manitoba en 1887 avant de devenir commissaire adjoint à l'agriculture pour les Territoires du Nord-Ouest, où il rédige l'avant-projet de loi sur l'agriculture dont hériteront l'Alberta et la Saskatchewan. En 1905, il fonde, avec Malcolm

Geddes, la *Farm and Ranch Review* de Calgary. De 1906 à 1912, il travaille pour le Canadien Pacifique comme directeur général de l'immigration et de la colonisation, puis comme superviseur des travaux d'irrigation. Pendant la Première Guerre mondiale, il est secrétaire du National Service Board et contrôleur adjoint des carburants pour le Canada. Il retourne ensuite à sa première passion, soit la *Farm and Ranch Review*, même s'il est aussi partenaire dans une importante exploitation agricole. Il est l'auteur d'œuvres bien de leur temps, telles que *Wake Up Canada!* (1919), *The Fruits of the Earth* (1928), *Wheat–The Riddle of Markets* (1930), de nombreux tracts économiques et d'innombrables éditoriaux habilement écrits. Il souligne l'importance capitale de l'agriculture dans la vie. L'effondrement du monde agricole à la fin de la dépression bouleverse Peterson et la morale conservatrice du monde des affaires à laquelle il était fidèle. Par la suite, ses discours sont plus vibrants, et ses solutions, plus radicales.

David C. Jones

Peterson, David Robert, avocat, homme d'affaires et premier ministre de l'Ontario (Toronto, 28 déc. 1943). Élevé à London, en Ontario, Peterson est bachelier ès arts de l'U. de Western Ontario (1964) et bachelier en droit de l'U. de Toronto (1967). Il entre au service de l'entreprise familiale spécialisée en électronique en 1969, remporte les élections partielles de London-Centre en 1975, et est élu chef libéral en 1982. Aux élections du 2 mai 1985, son parti renverse les progressistes-conservateurs de Frank MILLER, mettant ainsi un terme aux 42 années consécutives de pouvoir du Parti progressiste-conservateur en Ontario. Son parti obtient le plus grand nombre de suffrages, mais obtient moins de sièges que les conservateurs en Chambre. Peterson signe donc un accord avec les néo-démocrates pour former un gouvernement libéral minoritaire. En retour d'une garantie de deux ans, le nouveau gouvernement s'engage à n'adopter que des lois et des réformes qui auront été approuvées par les deux partis.

Une fois au pouvoir, le 26 juin 1986, Peterson se penche rapidement sur les problèmes liés à la protection environnementale et aux soins de santé ainsi que sur les droits des francophones. Sur la scène nationale, il appuie l'ACCORD DU LAC MEECH et fait preuve de leadership pour donner un rôle aux provinces dans les discussions sur le LIBRE-ÉCHANGE. Il s'oppose par la suite à l'entente intervenue en octobre 1987. Peterson est réélu avec une écrasante majorité aux élections du 10 septembre 1987, mais lors d'une élection éclair déclenchée en septembre 1990, que de nombreux électeurs considèrent comme inutile, voire opportuniste, le gouvernement est renversé par le Nouveau Parti démocratique, et ce, à la surprise générale. Peterson perd son propre siège et abandonne rapidement la direction du parti. En 1991, il s'associe à un cabinet d'avocats de Toronto.

Philip Dewan

Peterson, Leonard Byron, dramaturge (Regina, Sask., 15 mars 1917). Dramaturge prolifique, Peterson se fait d'abord connaître à la radio dans les années 40. Il est aussi l'auteur de films documentaires, de comédies musicales et de pièces de théâtre pour enfants et pour adultes. Au cours de sa longue carrière, il rédige plus de 1200 scénarios. Ses pièces de théâtre mettent souvent en scène la lutte de l'individu ou de petites communautés contre la menace d'une société déshumanisante. Ce thème se retrouve dans *Burlap Bags* (1946), qui propose une vision étourdissante de l'insensibilité des êtres humains, et dans *Almighty Voice* (1974), pièce en un acte sur la poursuite par le gouvernement d'un Cri qui a volé une vache pour nourrir son peuple affamé. Ses préoccupations humanistes et sociales transparaissent aussi dans *They're All Afraid* (1981), qui traite de l'aliénation d'un jeune homme, et dans *The Trouble With Giants* (1973), pièce radiophonique inédite sur la disparition d'une culture lithuanienne unique. Dans *The Great Hunger* (1960), dont l'action se situe dans l'Arctique et qui traite du châtiment imposé à un meurtrier, Peterson explore l'importance des mythes collectifs.

Parmi ses nombreuses autres pièces, il faut citer *Women in the Attic* (1971) et *The Eye of the Storm* (1985). Dans son exploration de la complexité de l'être humain, il met souvent en scène, en alternance avec des épisodes de réalisme théâtral, des psychodrames où les fragments de la psyché assument des identités distinctes. Activiste culturel, Peterson a participé à la création de l'ACTRA et de la Playwrights Co-op. Il a aussi rédigé des scénarios éducatifs pour les jeunes, produits par le réseau anglais de la Société Radio-Canada, ainsi que plusieurs pièces en un acte, montées par le Young People's Theatre, dont *Billy Bishop and the Red Baron* (1975), œuvre inspirée des deux as de l'aviation de la Première Guerre mondiale.

Colin Boyd

Peterson, Oscar Emmanuel, pianiste de jazz et compositeur (Montréal, Qc, 15 août 1925). Avant-dernier d'une famille de cinq enfants, il est élevé dans le quartier pauvre de Saint-Henri à Montréal. Son père, Daniel, porteur pour le Canadien Pacifique et organiste amateur, insiste pour que tous les enfants Peterson apprennent la musique, chacun d'eux enseignant à son tour au plus jeune. Le premier instructeur de Peterson est donc sa sœur Daisy, qui va en fait devenir un professeur de piano respecté dans la collectivité noire de Montréal. Parmi ses élèves, on trouvera les musiciens de jazz Oliver JONES, Joe Sealy et Reg Wilson.

Pendant sa jeunesse et son adolescence, Peterson étudie avec deux professeurs dont les formations sont radicalement différentes: Louis Hooper, un Canadien de formation classique qui a appartenu au monde du jazz de Harlem pendant les années 1920, et Paul de Marky, un pianiste de concert hongrois dans la tradition du XIXᵉ s. de Franz Liszt. La maîtrise grandissante du clavier dont fait preuve Peterson témoigne de sa formation classique; cependant, son avenir se trouve dans le JAZZ avec lequel, sous l'influence des pianistes populaires américains Nat King Cole, Art Tatum et Teddy Wilson, il devient une célébrité à Montréal au début des années 1940, alors qu'il joue à la radio locale et qu'il est en vedette comme soliste avec le Johnny Holmes Orchestra, un orchestre de danse populaire – et par ailleurs blanc – de 1943 à 1947.

Peterson fait ses premiers enregistrements pour RCA Victor en mars 1945. Bien que ces premières productions, notamment *I Got Rythm*, misent sur ses aptitudes pour le style boogie-woogie, qui est populaire à l'époque, elles révèlent aussi, sous une forme naissante, l'extraordinaire technique pianistique qui va caractériser son jeu pendant toute sa carrière. Leur popularité, ajoutée à l'intérêt créé par ses prestations lors de ses spectacles de variétés pour la radio de la SRC, comme *Light Up and Listen* et *The Happy Gang,* de même que deux tournées dans l'Ouest en 1946, font de Peterson la première vedette de jazz que le Canada peut véritablement considérer comme sienne.

Après avoir quitté le Johnny Holmes Orchestra, Peterson forme son propre trio et s'installe à demeure à l'Alberta Lounge, à Montréal, de 1947 à 1949. Il continue à se produire à la radio et à enregistrer. Les 32 pièces qu'il enregistre à Montréal pour RCA Victor sont rassemblés sur un CD produit par BMG France en 1994 et présentés à nouveau par BMG Canada en 1996 sous le titre *Beginnings, 1945-1949.*

À la fin des années 1940, cependant, Peterson a pratiquement épuisé les possibilités du marché limité du jazz au Canada. En septembre 1949, sur la suggestion de l'imprésario américain Norman Granz, il fait ses débuts aux É.-U. en tant qu'invité surprise lors d'un concert du Jazz au Philharmonic au Carnegie Hall, à New York. La brève prestation de Peterson fait sensation, lançant le pianiste, qui est alors âgé de 24 ans, dans une carrière internationale remar-

quablement productive et d'une grande qualité. Il va cependant conserver son domicile au Canada, déménageant de Montréal à Toronto en 1958, et, plus tard, aux environs de Mississauga.

Avec Granz pour gérant, Peterson entreprend en 1950 des tournées avec le Jazz at the Philharmonic, une troupe de musiciens américains réunissant des célébrités. Ses prestations marquées par la bravoure, à la fois en concert et sur disque, fascinent immédiatement le public américain, comme en témoigne sa première place dans les sondages d'opinion des lecteurs effectués par le magazine de jazz de Chicago *Down Beat*, au début des années 1950. Il fait son premier enregistrement américain pour l'étiquette de Granz, Verve, en 1950, avec Ray Brown à la contrebasse, celui-là même qui sera un pilier du trio du pianiste pendant les 15 années suivantes. Un guitariste – Barney Kessel ou Herb Ellis – complétera le trio jusqu'en 1958, et un batteur, Ed Thigpen, s'ajoutera par la suite.

Le trio Peterson de cette période est acclamé pour son sens apparemment télépathique du jeu interactif et pour sa virtuosité d'ensemble, comme en font foi les nombreux enregistrements pour Verve, en concert et dans les clubs, et peut-être surtout *Night Train* (1962). Peterson travaille par la suite avec divers contrebassistes, guitaristes et batteurs. Dans les années 1970, il joue presque exclusivement en tant que pianiste soliste avant de retourner à la formule du petit ensemble. Il conserve un rigoureux échéancier de tournées internationales pendant une bonne partie des années 1980, mais réduit son itinéraire de façon spectaculaire après qu'une attaque a affecté l'usage de sa main gauche en 1993.

Cependant, Peterson continue à enregistrer et, en 1999, on dénombre plus de 130 albums enregistrés sous son nom propre, surtout pour Verve (1950-1964), MPS (1967-1971), Pablo (1972-1986) et Telarc (à partir de 1990). Dans les années 1950 et 1960, il enregistre aussi pour Verve en tant qu'accompagnateur de Louis Armstrong, Ella Fitzgerald, Lester Young et d'autres. Beaucoup de ses propres enregistrements des années 1970 pour Pablo témoignent de sa collaboration avec Fitzgerald et avec d'autres grands noms, comme Count Basie, Roy Eldridge, Dizzy Gillespie et Stéphane Grappelli. Inévitablement, sa sensibilité dans ces rôles de soutien a été éclipsée par sa virtuosité comme soliste.

Les autres activités musicales de Peterson ont également été sous-évaluées en raison de sa prééminence comme pianiste. On sait, par exemple, qu'il chante dans un style doux et décontracté comparable à celui de Nat King Cole. En tant que compositeur, il a écrit et enregistré divers thèmes de jazz qui lui sont propres, dont le populaire *Hymn to Freedom,* qui célèbre le mouvement américain pour les droits civils des années 1960. Son œuvre la plus importante est *The Canadian Suite* (1963), un tour d'horizon programmatique en huit parties des traits distinctifs du pays, avec par exemple *Wheatland* (les Prairies) et *Land of the Misty Giants* (les montagnes Rocheuses). En plus de l'enregistrement du trio de *Peterson pour Limelight,* en 1964, des arrangements de la suite ont été faits pour grand orchestre, à la fois par Phil NIMMONS et par Ron COLLIER, et pour orchestre, par Rick Wilkins. Peterson a aussi composé *The African Suite* (1979), *A Royal Wedding Suite* (1981) et la bande sonore originale du long métrage canadien *The Silent Partner* (1977).

Dans le domaine de l'éducation, Peterson dirige l'Advanced School of Contemporary Music à Toronto, de 1960 à 1962, avec Nimmons, Ray Brown et Ed Thigpen. Plusieurs pianistes canadiens étudient avec lui à cette époque, y compris Brian Browne, Wray Downes et Bill King. Il est aussi présent au lancement du Banff Jazz Workshop (au Centre for the Arts) en 1974 et il enseigne à l'occasion en tant que professeur adjoint de musique à l'U. York à la fin des années 1980.

Il est difficile d'évaluer l'influence de Peterson sur ses confrères musiciens de façon plus générale. Tout en étant une première source d'inspiration pour beaucoup de pianistes, son niveau technique extraordinaire rend son jeu trop difficile pour qu'il puisse constituer directement un modèle. De plus, son approche du piano jazz a été formée par une période de transition dans l'histoire de la musique, les années 1940, plutôt que par un style en particulier. De façon paradoxale, sa plus grande force, sa technique, lui a valu les plus grandes critiques; on reproche à ses prestations – malgré toute leur facilité – de manquer d'une certaine chaleur émotionnelle.

Peterson est néanmoins l'un des musiciens canadiens les plus honorés. Il a été nommé Officier de l'ORDRE DU CANADA en 1972 (élevé au rang de Compagnon en 1984) et fait Chevalier de l'Ordre des Arts et des Lettres en France en 1989. Il a aussi reçu des doctorats honorifiques de plusieurs universités canadiennes et américaines, et a été chancelier de l'U. York de 1991 à 1994. Le FESTIVAL INTERNATIONAL DE JAZZ DE MONTRÉAL a fondé en 1990 un prix Oscar-Peterson qui est décerné annuellement aux musiciens canadiens remarquables, et l'U. Concordia a nommé une salle de concert en son honneur en 1998.

Peterson est accueilli au Temple de la Renommée Juno en 1978 et, en 1997, il reçoit le prix de l'œuvre de toute une vie qui lui est décerné par la National Academy of Recording Arts and Sciences, un prix apparenté aux Grammy Awards (É.-U.). Plusieurs de ses enregistrements ont remporté des prix Grammy à titre individuel pour des prestations solistes ou des prestations de groupe: *The Trio,* en 1975, *The Giants,* en 1978, *Oscar Peterson Jam at Montreux 77* en 1979, *Jousts* en 1980 et *Live at the Blue Note* en 1991. Il a aussi reçu un prix Juno en 1987 pour l'album *If You Could See Me Now.* En 1993, Peterson se voit décerner le prix Glenn GOULD, le seul artiste pouvant être considéré comme un rival parmi les pianistes canadiens de renommée internationale.

Mark Miller

Peterson, Roy Eric, caricaturiste (Winnipeg, 14 sept. 1936). Caricaturiste politique à *The Vancouver Sun* depuis 1962, il remporte six fois le Concours national de journalisme, mais il est surtout connu pour ses illustrations qui accompagnent les chroniques d'Alan FOTHERINGHAM chaque semaine, à la dernière page du magazine *Maclean.*

Peterson s'installe à Vancouver à l'âge de 12 ans et obtient un diplôme de la Kitsilano High School. Pendant huit ans, il fait des annonces publicitaires pour les grands magasins Woodward et Eaton, tout en étudiant le soir au Vancouver College of Art. Ses caricatures paraissent d'abord dans *The South Cariboo Advertiser* et, quand il vend dans la même journée trois dessins humoristiques au *Montreal Magazine,* au *Spectator* de Londres et à un magazine masculin américain, il quitte son emploi de jour. Il entre au *Vancouver Province* en 1962 et commence quelques mois plus tard à collaborer comme caricaturiste politique pigiste avec le *Sun,* pour lequel il travaille toujours.

En 1973, Peterson remporte le premier prix du Salon international de la caricature, à Montréal, et, en 1983, il est élu président de l'Association of American Editorial Cartoonists. La professeure Lucy Shelton Caswell, conservatrice de la Cartoon Research Library de l'Ohio State University, le décrit comme un maître en son genre. «Il ne se contente pas de faire de l'humour et de distraire le lecteur. Il s'emploie à pousser, à secouer, à provoquer ou, sinon, à stimuler son public pour le forcer à réagir.»

Ses dessins ont paru dans de grandes publications internationales, dont *Punch, Time, The New York Time* et *The Washinton Post.* Il a illustré un grand nombre de livres, parmi lesquels les séries *Frog Fable, Beaver Tale, The Canadian ABC Book* et *Drawn and Quartered,* un recueil de caricatures politiques sur le règne de Trudeau. Peterson compare son style particulier au poulet rôti: «Quand on le coupe, on a plein de morceaux. Toutes sortes de personnes m'ont influencé: Ronald Searle, Duncan MACPHERSON et l'illustrateur de *Punch*, Leslie Illingworth.»

Alan Hustak

Petit lac des Esclaves, parc provincial du Situé à 260 km au nord d'Edmonton, sur la rive orientale du deuxième lac le plus étendu de l'Alberta, le parc provincial du PETIT LAC DES ESCLAVES (créé en 1966, 73 km²) offre un panorama de contrastes.

Histoire naturelle Les vents dominants aidés par de fortes tempêtes ont produit quelques-unes des plus belles plages de la province. La plage Devonshire, ainsi baptisée en l'honneur du duc du DEVONSHIRE qui a visité la région en 1920, est populaire pour la baignade, la planche à voile et les concours de châteaux de sable. Située dans le sud du parc, elle est séparée des marais et des terres humides, qui représentent une partie de l'ancien lit du lac, par une série de crêtes de plage et de pourrières. Les plantes tolérantes au sable, comme le RAISIN D'OURS, le rosier, le petit merisier et le bouleau à papier, contribuent à la stabilisation des dunes. Des forêts de pins gris poussent sur les crêtes de plage.

Dans le nord du parc, le relief se dresse abruptement pour atteindre 450 m au-dessus du niveau du lac le sommet du mont Martin. Cette modification soudaine de la topographie et les changements connexes d'humidité, de température et de drainage entraînent des conditions favorisant une diversification de la forêt. Des peupliers baumiers accompagnés de bouquets de fougères plumes (*voir* CROSSES DE FOUGÈRES) poussent le long des cours d'eau à faible altitude topographique. Le sapin baumier, qui se trouve près de la limite occidentale de son territoire, est, avec l'épinette blanche, répandu dans les terrains humides. Le pin de Murray, arbre qui s'est écarté des avant-monts, pousse parmi des forêts de conifères, à proximité du sommet du mont Martin. Parmi les 250 espèces végétales relevées, on note l'aralie épineuse et le SORBIER, qu'on trouve généralement à l'ouest des ROCHEUSES.

L'orignal, l'ours noir, le coyote, le pékan et occasionnellement le lynx, le loup, le GRIZZLI et le caribou des bois vivent dans le parc. On y a répertorié plus de 175 espèces d'oiseaux, et on ajoute de nouvelles espèces à la liste chaque année. L'observatoire d'oiseaux du Petit lac des Esclaves a entrepris un programme de baguage en 1993, afin de déceler les tendances générales des populations d'oiseaux chanteurs. En 1995, on a bagué plus de 3500 oiseaux chanteurs de 68 espèces différentes. Les espèces rares ou nouvelles de la région comprennent la paruline à joues grises et la paruline à poitrine baie, la grive à joues grises, le roselin brun et la sturnelle de l'Ouest.

Histoire humaine Le Petit lac des Esclaves constituait un carrefour important pendant la période de traite des fourrures. La Compagnie de la baie d'Hudson et la Compagnie du Nord-Ouest y possédaient toutes deux des postes de traite. Des bateaux à vapeur ont transporté passagers et marchandises sur le lac de 1907 à 1914; ils ont ensuite été remplacés par le chemin de fer. Le parc est doté d'un certain nombre de sentiers, d'un terrain de camping, d'une installation de camping collectif et d'un terrain de golf.

Archie Landals

Petit pingouin (*Alca torda*), oiseau de bonne taille appartenant à la famille des ALCIDÉS. Il mesure environ de 37 à 39 cm de longueur et pèse entre 524 et 890 g. Sa tête, son cou et le dessus de son corps sont noirs, tandis que le dessous est entièrement blanc. Son bec, aplati latéralement, est marqué d'une ligne blanche et étroite qui s'étend de la base du bec jusqu'aux yeux.

Reproduction Il niche en colonies, se regroupant dans des endroits abrités, telle une crevasse dans un rocher ou encore sous une grosse roche dans un éboulis. Il se reproduit pour la première fois vers l'âge de quatre ou cinq ans. L'unique œuf est incubé de 34 à 39 jours. Après l'éclosion, les deux parents apportent des petits poissons à leur jeune qu'ils vont ainsi nourrir pendant près de 18 jours. Le jeune quitte ensuite le groupe afin de se rendre en mer. Le mâle l'accompagne et reste avec lui pendant encore plusieurs semaines.

Répartition et habitat Le petit pingouin hiverne au large des côtes. Il se reproduit le long des deux côtes de l'Atlantique Nord. En Amérique du Nord, il niche en petites colonies dans tout l'Atlantique canadien et on rencontre la plus importante concentration d'effectifs nicheurs dans le sud du Labrador. La colonie la plus nordique au Canada est située dans le détroit de Digges, à l'entrée est de la baie d'Hudson. Il y a probablement de petits groupes au sud-est de la terre de Baffin.

Population Le nombre total de petits pingouins reproducteurs est estimé à 700 000 couples dans le monde. Il s'agit d'une des plus petites populations nicheuses parmi les alcidés qui nichent dans l'Atlantique Nord. Récemment, le nombre de petits pingouins a considérablement diminué dans toute son aire de répartition, probablement en raison des mortalités causées par les déversements d'hydrocarbures ainsi que par le braconnage dans l'est du Canada.

D.N. Nettleship

Petit-Rocher, village du N.-B.; pop. 2078 (rec. 1996), 1988 (rec. 1991), 1924 (rec. 1986); superf. 4,54 km²; const. en 1966; situé dans la baie des Chaleurs, près de BATHURST. Le nom du village est français et fait référence à un petit rocher qui surplombe un promontoire et forme une anse où se niche le village. La première colonisation de ce site, en 1797, est l'œuvre d'ACADIENS déplacés. Cette année-là, Charles Doucet, Jean Boudreau et Pierre Laplante partent de Nipisiguit (devenu Bathurst) pour fonder une nouvelle colonie. Les moyens de subsistance sont l'agriculture, l'exploitation du bois et la pêche. La pêche côtière et la transformation du poisson constituent les principales activités de l'économie locale jusque dans les années 60. Au cours des dernières années, la Brunswick Mine et la Consolidated Paper à Bathurst, de même que la fonderie de Belledune, ont été les principaux fournisseurs d'emplois pour les résidants de Petit-Rocher.

Deborah Welch et Michael Payne

Petitclair, Pierre, dramaturge (Saint-Augustin-de-Portneuf, Qc, 12 oct. 1813—Pointe-au-Pot, Labrador, 15 août 1860). Petitclair est le premier Canadien français à publier une pièce de théâtre, *Griphon, ou la vengeance d'un valet* (1837), mis à part les dialogues dramatiques à caractère politique. *Griphon, ou la vengeance d'un valet* ne sera jamais jouée, mais les deux autres pièces qu'il rédige, et qui existent toujours, sont jouées à Québec et obtiennent un succès fulgurant. Il s'agit du mélodrame en deux actes *La Donation* (1842), la première pièce écrite par un Canadien français à être publiée et jouée, et *Une partie de campagne*, jouée pour la première fois en 1857 et publiée après sa mort, en 1865. Cette dernière se veut une description satirique des dangers de copier les Anglais et est la première pièce à utiliser le langage des Québécois de la campagne.

L.E. Doucette

Petite entreprise On peut la définir de bien des façons, mais, en général, la petite entreprise désigne les nombreuses entreprises qui sont petites par rapport aux quelques grandes entreprises (caractérisées par des activités menées en plusieurs endroits, de nombreux employés, un régime de propriété par actions offertes au public et une direction assurée par des gestionnaires professionnels salariés). L'activité économique en est arrivée à se concentrer dans des conglomérats (entreprises avec intégration verticale et horizontale), qui sont d'habitude des SOCIÉTÉS MULTINATIONALES étrangères et dont les avoirs et le pouvoir surpassent parfois ceux de la majorité des États-nation. À l'opposé, les petites entreprises sont le plus souvent des organisations locales qui appartiennent à une famille ou à un petit nombre d'actionnaires, dont certains dirigent aussi leurs activités, et qui comptent peu d'employés (s'il y en a) en plus des propriétaires-dirigeants.

Selon certains critères, environ 90 p. 100 des entreprises sont petites, mais on doit faire une distinction supplémentaire entre la petite et la moyenne entreprise. Dans le monde entier, on définit la petite entreprise comme celle qui emploie moins de 50 personnes, quoique d'autres parlent de moins de 20 employés. Dans certains secteurs, comme ceux de la construction et des services personnels, qui ne se prêtent pas à une normalisation et à une direction centralisée, les petites entreprises assurent encore la plus grande partie de l'activité économique.

Rôle dans l'économie Au Canada, selon des données récentes, les petites entreprises représentent près de 25 à 30 p. 100 du produit intérieur brut, et cette proportion va en augmentant. On estime que 850 000 entreprises, soit 94 p. 100 du nombre total d'entreprises au Canada, ont moins de 20 employés. En 1985, les entreprises dont la main-d'œuvre annuelle équivalait à moins de 20 employés à plein temps fournissaient du travail à environ 2,5 millions de personnes, soit 30 p. 100 de l'ensemble des emplois du secteur privé.

La petite entreprise produit des biens pour lesquels il n'y a pas de marché de masse, soit des articles spécialisés, des articles faits à la main et de grande qualité, des produits faits sur mesure et des composantes requérant une conception et une production spéciales. La petite entreprise fait sa propre distribution en gros et au détail là où les exigences en matière de ventes et de services sont élevées en raison de la nature des produits ou du faible nombre de clients. Dans certains cas, en particulier dans ceux de la construction, des services et de l'agriculture, où l'implication individuelle est essentielle, la petite entreprise tient encore bien sa place. Les types de biens et services non standardisés qui sont nouveaux et innovateurs s'avèrent les plus importants. Malgré les réussites technologiques commerciales des grandes sociétés, et en dépit des activités concentrées en recherche et développement, les personnes travaillant seules ou au sein de petites entreprises sont à l'origine d'un bon nombre de progrès technologiques parmi les plus fondamentaux.

Le rôle indispensable de la petite entreprise dans l'ÉCONOMIE canadienne est appelé à croître. De 1978 à 1985, les entreprises de moins de 20 personnes étaient responsables de 81 p. 100 des 1,2 million d'emplois supplémentaires créés dans tout le Canada, et on prévoit que cette tendance se maintiendra au cours des années à venir. En raison du déclin à long terme qui frappe certaines industries importantes, le Canada se tournera davantage vers les petites entreprises novatrices quand il sera question de trouver de nouveaux débouchés sur les marchés internationaux pour des biens et des services spécialisés.

Caractéristiques Les petites entreprises diffèrent beaucoup entre elles en ce qui a trait à la taille, aux activités et au type d'organisation. La majorité des entreprises démarrent petites. Les difficultés et les nombreux détails de la mise en place demandent toute l'attention de l'entrepreneur, et l'obtention d'un financement approprié est un des problèmes courants. On estime de diverses façons que près de 50 p. 100 de toutes les nouvelles entreprises font faillite dans les cinq premières années de leur existence, et cela souvent à la suite d'un financement insuffisant. Comme les petites entreprises sont sous-capitalisées, elles dépendent largement des banques pour leur financement, ce qui les rend très vulnérables en cas de récession ou d'erreurs de gestion. Ironiquement, de grandes sociétés comme DOME PETROLEUM ou MASSEY-FERGUSON peuvent perdre des millions de dollars et survivre quand même. Néanmoins, il est d'une importance vitale pour l'économie que de nouvelles entreprises soient régulièrement créées, car c'est souvent à l'intérieur d'elles que les nouvelles idées ou les nouveaux procédés peuvent se concrétiser.

Jadis, la petite entreprise a eu à lutter contre l'impression, répandue parmi la population et au sein du gouvernement, que les grandes entreprises étaient plus efficaces et plus progressistes. C'est seulement dans les années 70 qu'un organisme national est né pour faire connaître ses préoccupations auprès du gouvernement et du grand public. La Fédération canadienne de l'entreprise indépendante, fondée en 1971, comptait 80 000 membres en 1987. Des données améliorées sur les entreprises ont révélé le rôle croissant des petites entreprises. Elles ont, p. ex., continué à créer des emplois durant la récession de 1982-1983, alors que les grandes sociétés congédiaient des travailleurs en nombre record. Même pendant la reprise économique qui a suivi, les grandes entreprises ont poursuivi leur «rationalisation», alors que les petites entreprises prenaient de l'expansion. En conséquence, les gouvernements introduisent des politiques plus favorables à l'entrepreneuriat et aux petites entreprises.

Patricia C. Johnston et Catherine Swift

Pétoncle et peigne MOLLUSQUES de la classe des bivalves (deux valves articulées) et du sous-ordre des pectininés (latin *Pecten*, «peigne») que l'on trouve dans toutes les mers. Leurs COQUILLES arrondies ou en forme d'éventail sont parmi les coquillages les plus beaux et les plus colorés. On pêche les espèces de grande taille partout dans le monde. Ces organismes vivent habituellement au fond de l'eau, libres ou attachés à un substrat solide par un byssus (filaments résistants qu'ils sécrètent) ou par une substance semblable à du ciment. Au Canada, on rencontre plusieurs espèces dans tous les océans, mais seul le pétoncle géant ou peigne hauturier de l'Atlantique (*Placopecten magellanicus*) est assez nombreux pour être pêché au chalut sur la côte Est. Le peigne géant du Pacifique (*Patinopecten* ou *Pecten caurinus*) est observé de façon sporadique sur la côte ouest, mais est généralement trop rare pour être exploité. D'autres espèces sont capturées par les pêcheurs sportifs sur la côte du Pacifique, entre autres le pétoncle de Hinds (*Chlamys rubidus*) et le peigne des roches géant (*Hinnites giganteus*). Le pétoncle d'Islande (*C. islandica*) est pêché en petit nombre sur la côte est.

Frank R. Bernard

Petrie, Robert Methven, astronome (St. Andrews, Écosse, 15 mai 1906—Victoria, 8 avril 1966). Petrie arrive au Canada avec ses parents en 1911. Il s'intéresse d'abord à l'astronomie à l'école secondaire et il reçoit les encouragements de J.S. PLASKETT. Après des études à l'U. de la Colombie-Britannique et au Michigan, il est engagé par l'Observatoire fédéral d'astrophysique à Victoria, en 1935, lorsque Plaskett prend sa retraite. Il demeure à l'observatoire tout au long de sa vie, à l'exception d'un séjour dans la Marine royale du Canada durant la Seconde Guerre mondiale. Il est nommé directeur en 1951 et devient, en 1964, le dernier astronome fédéral. Il reçoit une reconnaissance mondiale pour ses études sur les étoiles doubles spectroscopiques, le mouvement et l'éloignement des étoiles chaudes de type B. À sa mort, il planifiait la construction d'un immense télescope au Canada. Petrie est le premier astronome canadien à obtenir le poste de vice-président de l'Union astronomique internationale (de 1958 à 1964).

A.H. Batten

Petro-Canada, société pétrolière nationale fondée par le gouvernement fédéral au milieu des années 70, est un produit de la crise énergétique mondiale, du NATIONALISME ÉCONOMIQUE canadien et de l'appui traditionnel de l'État à la mise en valeur des ressources énergétiques dans les régions pionnières, dont l'exploitation est fort coûteuse. Quelque 20 ans

après son entrée en activité, Petro-Canada appartient à 80 p. 100 à des intérêts privés et est la plus importante société canadienne de gaz naturel et de pétrole, avec de gros investissements dans les activités «en amont» (exploration et mise en valeur) et «en aval» (raffinage et mise en marché) de la ressource. Elle a des intérêts importants dans la production réalisée dans l'Ouest canadien, dans les sables bitumineux de l'Alberta, dans les projets de développement Hibernia et Terra Nova au large de Terre-Neuve, et dans des champs de pétrole en Algérie. Elle contrôle près de un cinquième de l'activité de raffinage de pétrole au Canada et du marché de l'essence (*voir* INDUSTRIE PÉTROCHIMIQUE). En 1995, elle se classait au 24e rang parmi les 300 entreprises de l'indice composé de la Bourse de Toronto (TSE 300).

Au Canada, au début des années 70, la question de l'énergie se trouve au cœur d'un grand débat entre le GOUVERNEMENT MINORITAIRE libéral TRUDEAU (*voir* PARTI LIBÉRAL) et ses opposants. Trudeau est assailli par les nationalistes et le NOUVEAU PARTI DÉMOCRATIQUE (NPD), grâce à l'appui duquel il se maintient au pouvoir après les élections fédérales de 1972, à la CHAMBRE DES COMMUNES. L'INDUSTRIE PÉTROLIÈRE est alors majoritairement sous contrôle étranger, principalement américain. L'Arctique canadien commence à attirer des sociétés privées en raison de la découverte récente de pétrole en Alaska, et la POLITIQUE ÉNERGÉTIQUE du Canada semble se fixer de plus en plus sur les besoins de l'Amérique du Nord plutôt que sur ses propres besoins.

Beaucoup de gouvernements nationaux ont déjà créé des sociétés d'État dans le secteur pétrolier dans le but d'exercer un plus grand contrôle sur l'industrie pétrolière internationale et de mieux en connaître les rouages. De telles sociétés servent à garantir la sécurité d'approvisionnement, à augmenter la perception de recettes et à mieux informer les gouvernements sur les marchés mondiaux de l'énergie. Cependant, leur mise en place s'avère coûteuse et, au fil du temps, ces sociétés deviennent de plus en plus semblables aux entreprises du secteur privé. Le cabinet Trudeau rejette d'abord l'idée de fonder une société pétrolière d'État pour des raisons de coût et de rendement.

À l'automne 1973, toutefois, les structures mondiales du secteur pétrolier s'écroulent, les prix quadruplent, et les principales entreprises pétrolières sont nationalisées dans les pays arabes exportateurs de pétrole du Moyen-Orient. La précarité des importations de pétrole force Ottawa à réévaluer sa position: bien que temporairement exportateur net, le Canada est vulnérable à une interruption de l'approvisionnement en pétrole importé qui toucherait plus durement le Québec et les provinces de l'Atlantique, et il veut, de toute urgence, acquérir davantage d'information sur le potentiel de production d'énergie de ses régions pionnières (*voir* PÉTROLE, APPROVISIONNEMENT ET DEMANDE DU). Le NPD menace de dissoudre le gouvernement minoritaire libéral en Chambre s'il n'agit pas rapidement pour protéger les consommateurs et mettre sur pied une société pétrolière d'État. Des voix plus radicales réclament la NATIONALISATION de toute l'industrie pétrolière, et les provinces consommatrices de pétrole appuient fortement une intervention fédérale qui améliorerait la sécurité d'approvisionnement. À la fin d'octobre 1973, le gouvernement Trudeau accepte donc une motion du NPD demandant, entre autres, la création d'une société pétrolière nationale.

La *Loi sur la Société Petro-Canada,* adoptée en 1975 après un âpre débat à la Chambre des communes, établit une nouvelle SOCIÉTÉ DE LA COURONNE, dont les pouvoirs étendus servent à mener des activités d'exploration et de mise en valeur, à importer des ressources pétrolières, et à s'engager dans la recherche et le développement énergétiques de même que dans des activités en aval, comme le raffinage et la mise en marché. La nouvelle société

obtient un budget initial de 1,5 milliard de dollars et la possibilité d'emprunter des capitaux en qualité «d'agent de Sa Majesté», ce qui réduit ses coûts en matière de capital. Toutefois, le gouvernement libéral inclut aussi dans la Loi des dispositions qui accordent à Ottawa l'autorité sur le budget des investissements de Petro-Canada et sa stratégie d'entreprise. Il veut ainsi préserver la nouvelle société de la Couronne comme instrument de sa politique et l'empêcher d'agir de son propre chef: il désire que Petro-Canada soit principalement active dans les régions pionnières où l'on trouve des sables bitumineux, comme l'Arctique et les zones situées au large de la côte l'Est, plutôt que dans le secteur déjà développé des hydrocarbures de l'Ouest canadien.

En 1976, dès l'installation de son siège social à Calgary, en milieu hostile, Petro-Canada a comme principal objectif sa croissance, sous la houlette du premier président de son conseil d'administration, Maurice STRONG, ami du premier ministre. L'entreprise privilégie la croissance plutôt que la rentabilité, car cette stratégie répond à plusieurs préoccupations d'ordre administratif. Ainsi, la croissance est nécessaire pour que Petro-Canada puisse assumer sa responsabilité d'explorer et de mettre en valeur les ressources d'hydrocarbures des régions pionnières sans que ses prises de décision ne dépendent d'Ottawa. De plus, dès le premier jour de ses activités, Petro-Canada est la cible d'une campagne menée par un groupe de pétroliers de droite et par le Parti conservateur fédéral, alors dirigé par Joe CLARK, et visant à dissoudre la société. Albertain d'origine, Clark comprend les objections de l'Ouest, mais il sous-estime nettement la force du sentiment nationaliste et l'importance symbolique de Petro-Canada dans le reste du pays.

Sa menace de démanteler Petro-Canada au lieu de se contenter de la privatiser incite les dirigeants de la société de la Couronne à étendre son champ de rayonnement par une série d'acquisitions qui en font un des joueurs les plus puissants dans le domaine pétrolier, trop important pour qu'un gouvernement songe à le désorganiser. Petro-Canada survit à l'éphémère gouvernement conservateur minoritaire dirigé par Clark en 1979-1980, années de la «deuxième crise du pétrole», car elle a su lier son destin aux inquiétudes des Canadiens en matière d'approvisionnement, de prix et de propriété de l'énergie. Elle participe à la découverte du grand gisement pétrolier d'Hibernia, au large de Terre-Neuve, et est partenaire dans le projet Syncrude portant sur l'exploitation des sables bitumineux à Fort McMurray, en Alberta. Dans l'esprit de la population, ces deux projets ont pour objet la sécurité et le contrôle national.

En 1980, les libéraux reviennent au pouvoir et lancent le très controversé PROGRAMME ÉNERGÉTIQUE NATIONAL (PEN), qui propose entre autres de faire de Petro-Canada une entreprise aussi importante que n'importe quelle multinationale, au dire du ministre fédéral de l'Énergie. Les rôles de la société de la Couronne dans le cadre du PEN sont multiples et coûteux: conseiller le gouvernement, importer du pétrole, accélérer l'exploitation des sables bitumineux, agir comme catalyseur dans l'exploration et la mise en valeur des ressources dans les régions pionnières, percevoir des rentes et autres redevances, et favoriser la «canadianisation» de toute l'industrie pétrolière. Elle doit aussi gérer des actifs importants en aval de la filière énergétique. Tous ces rôles à jouer entraînent des dépenses élevées pour des retombées encore lointaines, dépenses qui ne peuvent être justifiées qu'en présumant, comme le croient la plupart des gouvernements, que le pétrole sera une ressource précaire et très coûteuse dans les années 80 et 90.

Par la suite, cette présomption se révèle fausse et, en 1981-1982, l'industrie pétrolière mondiale traverse sa crise la plus grave des 50 dernières années, marquée par la surproduction, la baisse drastique des prix et l'engorgement des marchés. Les prix échappent au contrôle des pays exportateurs de pétrole et font chuter le baril de plus de 40 dollars à moins de 10 dollars en l'espace de quelques mois. Dans ce contexte de surcapacité, l'idée de maintenir des sociétés pétrolières d'État visant à la sécurité de l'approvisionnement et tournées vers l'avenir paraît moins convaincante qu'auparavant. Bien avant l'arrivée au pouvoir des conservateurs de Brian MULRONEY, en 1984, Petro-Canada commence à veiller à ses propres ressources et à élaborer une stratégie axée sur la prudence et les lois du marché pour assurer la gestion de son empire en expansion. Ottawa n'intervient plus dans les politiques de l'entreprise. Petro-Canada se retire de plusieurs projets coûteux dans les régions pionnières et, dans une démonstration brutale du pouvoir des sociétés, congédie sans préavis 2000 employés, soit près de 25 p. 100 de son personnel, en réaction à la chute des prix.

Les besoins de Petro-Canada en capitaux propres et le désir des gestionnaires d'être dégagés de l'obligation de servir d'instrument à la politique d'Ottawa conduisent à un dénouement prévisible: la société, qui compte des actifs estimés à six milliards de dollars, acquis aux frais des contribuables, doit être privatisée. Une privatisation partielle commence en 1991 et se poursuit en 1995. Depuis, les investisseurs privés ont acquis 80 p. 100 des actions de Petro-Canada et le gouvernement du Canada conserve les 20 p. 100 qui restent. Étant donné qu'aucun investisseur ne peut détenir à lui seul plus de 10 p. 100 des émissions publiques d'actions (la propriété étrangère est limitée à 25 p. 100 des actions offertes au public) et que le gouvernement fédéral a abandonné son droit d'intervention dans les affaires de Petro-Canada, le contrôle réside fermement entre les mains des gestionnaires.

Larry R. Pratt

Petroglyphs, parc provincial Créé en 1976, (1555 ha), il est aménagé en tant que parc historique et se trouve à 55 km au nord-est de Peterborough, en Ontario.

Pétroglyphes Le parc provincial Petroglyphs cache l'un des trésors culturels et archéologiques du Canada. On y trouve sur une étendue rocheuse plate quelque 900 gravures ou pétroglyphes aux formes et silhouettes symboliques, vraisemblablement gravés par les OJIBWÉS entre 500 et 1000 ans plus tôt. Les pétroglyphes, qui illustrent des tortues, des couleuvres, des humains et d'autres créatures et objets, forment l'une des plus importantes concentrations d'art rupestre autochtone en Amérique du Nord.

Les pétroglyphes ont été tracés sur une surface rocheuse plate à peu près rectangulaire d'environ 60 m sur 35 m, accusant une légère pente. On a trouvé 30 marteaux fabriqués en gneiss dur dans des fissures à proximité. Les Ojibwés considèrent toujours l'endroit comme sacré; ils l'appellent Kinomagewapkong, ce qui signifie «les roches qui enseignent».

Histoire naturelle Le parc abrite une grande diversité d'arbres et de végétaux, y compris des peuplements étendus de pins rouges et de pins blancs entremêlés de poches d'épinettes et de feuillus mixtes, comme le bouleau à papier, l'érable à sucre et le chêne rouge. Il compte une population nombreuse de cerfs de Virginie, ainsi que des mammifères de taille plus petite comme le castor, la loutre, le tamia, l'écureuil et divers oiseaux.

Installations En 1984, on a construit un bâtiment spécialement conçu pour le parc au-dessus du principal secteur des pétroglyphes. Cette enceinte de verre protège les images des effets des PLUIES ACIDES, des algues, du gel et des vandales. (*Voir aussi* PICTOGRAMMES ET PÉTROGLYPHES.)

Nancy Rahtz

Pétrole Depuis le début de son exploitation commerciale dans les années 1850, le pétrole est devenu la principale source d'ÉNERGIE du Canada et du monde industrialisé. Le pétrole est un mélange de composés complexes de carbone et d'hydrogène, appelés hydrocarbures, que l'on trouve dans la croûte terrestre. La majeure partie de ces composés sont des restes FOSSILES de forêts et de fonds océaniques préhistoriques. On peut les considérer comme une biomasse (*voir* BIOMASSE, ÉNERGIE DE LA) fossilisée. Les hydrocarbures fossiles à haute teneur en carbone et existant à l'état solide correspondent au CHARBON. Le pétrole peut aussi se présenter sous l'aspect d'un solide ou d'un liquide visqueux, appelé BITUME, ou encore sous forme liquide ou gazeuse, qu'on appelle respectivement pétrole brut et gaz naturel. Les principaux groupes d'hydrocarbures du pétrole comprennent les paraffines, les naphtalènes et les aromatiques, accompagnés de petites quantités de composés oxygénés, azotés et sulfurés. À l'exception de rares gisements de gaz naturel ou de pétrole brut exceptionnellement purs, il faut traiter le pétrole pour le rendre utilisable.

On voit parfois du pétrole suinter de roches en surface, mais la plupart du temps, il faut forer de profonds puits pour le récupérer. L'apparence du pétrole brut, le liquide non raffiné trouvé dans des réservoirs souterrains, varie. Elle peut ressembler à un liquide peu épais, incolore, composé surtout de naphte, ou encore à une substance épaisse, noire et gommeuse, à haute teneur en asphalte. Ces formes exigent un traitement relativement complexe. Entre ces extrêmes se situe la majeure partie du pétrole, qui peut être raffiné et distillé en une gamme étendue de combustibles, de charges d'alimentation pétrochimiques (*voir* INDUSTRIE PÉTROCHIMIQUE) et de lubrifiants.

Le gaz naturel, un mélange combustible incolore et inodore composé de méthane, d'éthane, de propane et de butane, est souvent trouvé en association avec des gisements de pétrole brut ainsi que dans des gisements ou «champs» rentables distincts. Une bonne partie du gaz naturel trouvé dans les piémonts des Rocheuses, en Alberta, contient une proportion importante d'hydrogène sulfuré et est appelé «gaz sulfureux». Ce gaz toxique, incolore, corrosif et nauséabond nécessite des précautions supplémentaires lors du forage. Il faut enlever l'hydrogène sulfuré pour que le gaz naturel convienne aux usages domestiques ou industriels. L'extraction produit du SOUFRE élémentaire. Le bitume, aussi appelé asphalte ou goudron, est un mélange noirâtre de pétrole, d'asphaltite et de résine qui a perdu ses composés les plus volatils par évaporation ou oxydation. Quand on le trouve mélangé à des particules sédimentaires, comme dans le vaste gisement de l'Athabasca, en Alberta, on l'appelle sable bitumineux ou sable pétrolifère. La production de pétrole à partir du bitume exige des procédés complexes.

Le plus souvent, le pétrole et le gaz ne se sont pas formés dans les réservoirs où on les trouve. Ils migrent, souvent sur de grandes distances, à partir d'une «roche mère», un sédiment riche en matière organique, vers le réservoir de pétrole, habituellement une ROCHE SÉDIMENTAIRE poreuse. Le pétrole peut se former à partir de n'importe quelle matière organique: poissons, plantes marines ou terrestres, animaux. Les ALGUES constituent une source importante de matières organiques. Ces minuscules organismes unicellulaires forment la majeure partie de la vie végétale dans les océans. Leur milieu de vie, dans les profondeurs des océans, est idéal pour leur préservation, en raison de leur existence planctonique (c.-à-d. en suspension dans l'eau). Lorsqu'elles meurent, les algues descendent au fond de l'océan, où elles sont recouvertes de boue et de limon. En absence d'organismes fouisseurs, la matière algaire s'accumule pour former une part appréciable (de 1 à 2 p. 100) du sédiment total. L'action des bactéries libère l'oxygène de cette matière, ce qui concentre de plus en plus les molécules faites d'hydrogène et de carbone, nécessaires à la formation du pétrole.

La formation du pétrole peut s'effectuer dès que le sédiment chargé de matière organique est recouvert. La datation au carbone 14 de certaines boues du golfe du Mexique leur donne parfois un âge de 500 ans à peine. En revanche, des études sur certains types de champs pétrolifères montrent que le pétrole et le gaz s'y sont formés des millions d'années après que la roche mère se soit sédimentée. Le champ de pétrole de LEDUC, en Alberta, est situé dans des roches carbonatées du dévonien, sédimentées il y a 350 millions d'années. Pourtant, la formation de pétrole dans les roches mères dévoniennes n'a commencé que lorsque ces roches ont été recouvertes d'une épaisseur suffisante au cours du crétacé, plus de 250 millions d'années plus tard.

Principaux bassins canadiens Un bassin sédimentaire est un grand affaissement de la croûte terrestre qui favorise l'accumulation de couches sédimentaires (débris rocheux altérés et précipités chimiques). Les accumulations de pétrole et de gaz se trouvent toujours dans des bassins sédimentaires ou en association avec ceux-ci. Le Canada possède 40 bassins pouvant contenir des hydrocarbures, ce qui représente 47 p. 100 des terres émergées et des pentes continentales. En réalité, on n'extrait présentement du pétrole et du gaz que de quelques-uns de ces bassins, situés sur des terres émergées. Les plus grandes réserves du Canada en hydrocarbures se retrouvent en mer, dans l'Arctique et au large de la côte Est. Le principal bassin producteur du Canada est le bassin sédimentaire de l'Ouest canadien, situé sous l'Alberta, le nord-est de la Colombie-Britannique, le sud de la Saskatchewan, le sud-ouest du Manitoba et l'ouest des Territoires du Nord-Ouest. Il s'étend de l'océan Arctique au golfe du Mexique, traversant le continent nord-américain du nord-ouest au sud-est. Il constitue pratiquement un manuel d'histoire naturelle, attestant des événements géologiques, environnementaux et biologiques survenus en Amérique du Nord au cours des 600 derniers millions d'années. La partie canadienne du bassin couvre une superficie de 1 815 000 km².

Les autres grands bassins sédimentaires canadiens sont: le bassin de la baie d'Hudson (970 000 km²), sous la baie d'Hudson; les bassins du Mackenzie et de l'île Banks, sous la MER DE BEAUFORT (131 000 km²); le bassin arctique canadien, s'étendant sous la majeure partie de l'archipel Arctique sauf la terre de Baffin (1 721 000 km²); les plateaux continentaux de la baie de Baffin et de la mer du Labrador, au large de la côte Est (780 000 km²); la PLATE-FORME NÉO-ÉCOSSAISE et les GRANDS BANCS DE TERRE-NEUVE, au sud de la Nouvelle-Écosse et de Terre-Neuve (900 000 km²); et les bassins d'Anticosti et des Maritimes dans le golfe du Saint-Laurent (340 000 km²). L'industrie privée et le gouvernement s'attellent à la réalisation de programmes qui visent à découvrir et à exploiter les vastes ressources de la mer de Beaufort, de l'archipel Arctique, de la plate-forme Scotian et de la côte Est au large du Labrador et de Terre-Neuve.

Production de pétrole et de gaz C'est en 1857, dans le sud-ouest de l'Ontario, qu'on découvre du pétrole pour la première fois au Canada. Les premiers prospecteurs localisent leurs cibles à partir des suintements de pétrole à la surface. En Alberta, la province qui produit le plus de pétrole, on découvre du gaz à MEDICINE HAT, en 1904, et du pétrole à Turner Valley, en 1910. Les découvertes importantes dans l'Ouest canadien demeurent sporadiques jusqu'à la Seconde Guerre mondiale, alors qu'une activité renouvelée conduit à la découverte du champ pétrolifère de Leduc, en 1947. Depuis ce temps, l'industrie pétrolière joue un rôle de premier plan dans la croissance du Canada. Parmi les gisements canadiens importants, on compte le champ pétrolifère crétacé de Pembina; les champs pétrolifères dévoniens de Bonnie Glen, de Leduc, de Norman Wells, de Redwater et de Wizard Lake; les sables pétrolifères crétacés d'Athabasca; le champ de gaz crétacé de Suffield et les champs de gaz crétacés et triasiques de Deep Basin, tous situés en Alberta. En décembre

1985, le Canada a déjà produit 1,9 milliard de m^3 de pétrole et 57,5 exajoules de gaz, soit 72 p. 100 des réserves connues de pétrole récupérable au Canada (estimées à 2,6 milliards de m^3) et 38 p. 100 des réserves totales connues de gaz (estimées à 153,5 exajoules).

Propriété et exploitation En ce qui a trait à la réglementation et au contrôle de l'exploration et de l'exploitation des ressources pétrolières au Canada, la disposition des droits sur le pétrole et le gaz relève de divers ordres de gouvernement. Le ministère fédéral de l'Énergie, des Mines et des Ressources (*voir* RESSOURCES NATURELLES CANADA) a la responsabilité des terres fédérales de la Couronne, situées principalement au nord du 60e parallèle et dans les eaux du large. Chaque gouvernement provincial possède également un ministère distinct des RESSOURCES énergétiques qui réglemente toutes les terres provinciales de la Couronne. Le ministère fédéral des Affaires indiennes et du Nord canadien est mandaté par les Indiens inscrits pour l'ensemble des terres de réserve. Chaque ministère gouvernemental annonce périodiquement des ventes de terres dans des parties des régions dont il est responsable. Les droits d'exploration et d'exploitation du pétrole et du gaz par concession ou par permis sont achetés par soumissions cachetées dans une vente aux enchères ouverte. Le plus haut soumissionnaire achète les droits exclusifs de concession des terrains pour une période donnée (habituellement de 3 à 10 ans), durant laquelle il obtient un droit d'exploration pour le pétrole et le gaz selon des méthodes approuvées.

Si le propriétaire de la concession découvre du pétrole, il peut faire une demande d'exploitation du gisement. Les organismes de réglementation (p. ex., l'Energy Resources Conservation Board en Alberta) veillent à ce que le gisement découvert soit exploité de façon à recueillir la quantité maximale possible de pétrole. S'il n'y a pas découverte de pétrole, la concession prend fin et les droits relatifs au pétrole et au gaz retournent à la Couronne.

Le gouvernement fédéral se réserve également le droit de réaliser des accords d'exploration sur les terres fédérales de la Couronne sans avis public s'il croit qu'il y va de l'intérêt de la population (p. ex., pour une exploration coûteuse en régions pionnières) ou qu'il y a urgence d'agir. Les terres franches sont des terres pour lesquelles les droits miniers et les droits de superficie ont été attribués à des personnes ou à de grandes sociétés (p. ex., la COMPAGNIE DE LA BAIE D'HUDSON). À la fin du XIXe s., de grandes étendues de terres franches sont distribuées aux pionniers de l'Ouest canadien et au CANADIEN PACIFIQUE. Les droits relatifs au pétrole et au gaz sur les terres franches peuvent être achetés ou vendus par une personne ou une société, mais les gouvernements provinciaux et fédéral réglementent leur exploitation.

Réglementation gouvernementale L'industrie pétrolière joue un rôle important pour l'économie canadienne dans le secteur de l'énergie. Le Canada ne produit qu'une partie du pétrole nécessaire pour satisfaire ses besoins de consommation; il doit donc en importer en grandes quantités. La fluctuation des prix et des approvisionnements de pétrole importé affecte la stabilité de l'économie canadienne. Un ensemble exhaustif de lois, le Programme énergétique national (PEN), annoncé par l'administration fédérale libérale en 1980, constitue une étape en vue de réduire cette dépendance sur le pétrole en provenance de l'extérieur. Le PEN établit une structure de fixation des prix et une entente de répartition, et il a pour objectif d'assurer la stabilité de l'industrie pétrolière et de redistribuer les coûts de la consommation de pétrole dans tout le Canada. Il institue également des mesures incitatrices visant à conserver l'énergie, à augmenter l'appropriation de l'industrie pétrolière par des Canadiens, à étendre l'exploration aux régions pionnières canadiennes et à concevoir des solutions de rechange à la consommation de pétrole. L'objectif du programme est d'en arriver à une autosuffisance énergétique totale au Canada. Ottawa, les provinces et l'industrie pétrolière participent à des débats passionnés et parfois acrimonieux sur le PEN.

Après l'élection fédérale de 1984, où les conservateurs remplacent les libéraux au pouvoir, la plupart des mesures du PEN sont graduellement éliminées. Les prix du pétrole et du gaz naturel devant changer en fonction des prix du marché international, on donne la permission d'augmenter les exportations. L'efficacité de ce changement est toutefois atténuée par la baisse de 50 p. 100 des prix mondiaux du pétrole, en 1986. Les investissements énergétiques sont alors annulés dans tout le pays et l'économie de l'Ouest est de nouveau malmenée. Les perspectives de l'industrie pétrolière s'améliorent par la suite, en raison de modestes redressements des prix sur les marchés internationaux et des attentes de l'industrie relativement à l'accord de libre-échange conclu avec les États-Unis en 1987, qui contribuera largement à stabiliser le développement énergétique sur le continent.

Gordon Cope

Pétrole, approvisionnement et demande du La demande en pétrole reflète l'utilisation de l'ÉNERGIE dans la société. Dans ce domaine, les projections se fondent habituellement sur les tendances récentes de la croissance économique, de la consommation d'énergie, de la technologie pétrolière et des prix. L'approvisionnement du pétrole disponible et capable de satisfaire à la demande repose sur deux facteurs: les réserves souterraines et la productivité de ces réserves. Le total des réserves en place de pétrole brut, de gaz naturel et de BITUME est moins important que celui des réserves récupérables. Les réserves «établies» sont estimées en fonction de la quantité d'hydrocarbures issue des analyses de données géologiques et techniques, avec une certitude raisonnable, et considérées comme étant récupérables à partir de gisements connus, dans les conditions économiques et technologiques du moment. Elles augmentent avec les nouvelles découvertes et diminuent en même temps à mesure qu'on les exploite.

Les réserves «non prouvées» se calculent d'après la quantité d'hydrocarbures qu'il serait économiquement rentable de récupérer à partir de gisements connus, mais avec un degré de certitude moins grand. Les réserves «spéculatives» constituent quant à elles une catégorie encore moins certaine: ce sont des gisements jusque-là non découverts, mais dont les évaluations géologiques et techniques permettent de croire qu'ils pourraient éventuellement être décelés ou devenir économiquement récupérables. La somme des réserves établies, non prouvées et spéculatives s'appelle «potentiel de récupération». Si on y ajoute la production cumulative, on parle de «potentiel ultime de récupération». La «productivité» est l'évaluation de la cadence maximale à laquelle on peut produire le pétrole et le gaz, en tenant compte des réserves établies et des installations existantes, du taux d'accroissement des réserves établies et de l'installation de nouveaux équipements, ainsi que de facteurs économiques, politiques et autres.

On parle de réserves de pétrole «classique» lorsqu'il provient de puits de forage mis en production à l'aide de techniques courantes. Le pétrole «synthétique» provient notamment de la valorisation du bitume ou de la LIQUÉFACTION DU CHARBON. Au Canada, la production de pétrole classique excède les additions aux réserves établies depuis le début des années 70. En conséquence, les réserves établies ont diminué à quelque 800 millions de m^3. Environ 2100 millions de m^3 ont été produits, pour une réserve établie initiale de quelque 2900 millions de m^3. C'est environ le quart des 10 à 14 milliards de m^3 que la plupart des spécialistes considèrent comme le potentiel ultime de récupération au Canada. Le pétrole synthétique canadien provient du bitume des sables bitumineux de l'Alberta. Certains spécialistes restreignent les réserves établies de pétrole synthétique à la production récupérable au cours de la durée d'exploitation raisonnable des installations existantes. D'autres évaluations englobent tous les volumes de pétrole synthétique récupérable à partir de sables pétrolifères considérés comme économiquement exploitables. Les évaluations de réserves établies de pétrole synthétique varient donc de 230 à 3900 millions de m^3. Le potentiel ultime de récupération de pétrole synthétique est difficile à évaluer, car seule une petite fraction des énormes gisements existants est mise en valeur. Le potentiel ultime de récupération dépend des développements technologiques anticipés et des conditions économiques qui permettent d'extraire et d'enrichir le bitume pour le transformer en pétrole synthétique. Les évaluations actuelles varient de 1 à 40 milliards de m^3.

Au Canada, la croissance des réserves établies de gaz naturel dépasse le rythme de la production pendant de nombreuses années, mais le très grand surplus gazier nord-américain provoque la diminution des forages gaziers et renverse cette tendance pour les années allant de 1983 à 1986. Les réserves établies sont d'environ 2400 milliards de m^3. En les additionnant à la production cumulative à ce jour, on arrive à des réserves établies initiales d'environ 4000 milliards de m^3. Les évaluations du potentiel ultime de récupération du gaz naturel au Canada varient de 12 à 15 trillions de m^3 environ. Dans le cas du gaz naturel et du pétrole classique, il est prévu qu'une partie importante du potentiel futur de récupération au Canada proviendra des régions pionnières comme celles de la MER DE BEAUFORT et du plateau continental de la côte Est. La plus grande partie des réserves établies se situe dans le bassin sédimentaire de l'Ouest canadien, là où a lieu la production courante.

La production canadienne totale de pétrole classique et synthétique a fléchi au cours de la dernière décennie pour atteindre 220 000 m^3 par jour. En 1986, l'effondrement des prix du pétrole, qui passent de 30 $ US à 10 $ US pour ensuite remonter à 18 $ US, crée beaucoup d'incertitude bien qu'on s'attende à une remontée dans les années 90. La production de gaz naturel augmente un peu au cours de la dernière décennie, mais est beaucoup plus faible que la productivité existante qui, à son tour, s'accroîtra dans l'avenir.

La demande canadienne au niveau du capital de pétrole et de gaz naturel est parmi les plus élevées du monde (*voir* ÉNERGIE ET SOCIÉTÉ). Ce résultat est notamment une conséquence du rude climat canadien, mais également du niveau de vie élevé et des prix de l'énergie relativement faibles qui prévalent jusque dans les années 70. Le besoin au Canada de produits pétroliers, qui comprennent le pétrole classique et synthétique et le condensat (un sous-produit du gaz et un substitut du pétrole), augmente régulièrement au début des années 70, puis diminue à la suite des mesures de CONSERVATION, du ralentissement de la croissance économique et de la hausse des prix du pétrole. On s'attend à ce que la baisse se poursuive au cours de la prochaine décennie, la demande chutant du niveau actuel de quelque 250 000 m^3/jour à environ 230 000 m^3/jour au cours du milieu des années 90. La demande pour le gaz naturel couvrant cette même période augmente généralement, mais la baisse des prix du pétrole et la concurrence qui en ont résulté ont éliminé la croissance à la fin des années 80. La plupart des spécialistes s'attendent à revoir le gaz se vendre à prix avantageux et prédisent une croissance substantielle de sa production, qui devrait passer de 160 millions de m^3/jour à 200 millions de m^3/jour vers le milieu des années 90.

Les sources locales fournissent la majeure partie du pétrole et du gaz naturel au Canada, bien que le pays ait été un importateur net de pétrole de 1975 jusqu'à 1983. Les exportations nettes s'élèvent à environ 10 p. 100 de la production totale. Tous les besoins en gaz sont satisfaits par la production canadienne. La majeure partie des exportations canadiennes de pétrole consistent en pétrole lourd, pour lequel il n'existe pas de capacité de raffinage ou de marché suffisants, près des sources d'approvisionnement canadiennes. On s'attend à ce que la productivité totale de pétrole diminue à un niveau inférieur à la demande canadienne d'ici quelques années et y demeure tout au long de la prochaine décennie. Ce déficit, qui devrait être compensé par des importations, pourrait s'étaler de 50 000 à 100 000 m³/jour en 1995. On s'attend à ce que la production de gaz continue d'excéder la demande, ce qui devrait éventuellement générer des surplus disponibles à l'exportation. Les importations et les exportations de pétrole et de gaz naturel sont fonction de la demande canadienne, de la productivité disponible et de la POLITIQUE ÉNERGÉTIQUE du gouvernement. Les importations de pétrole proviennent principalement du Venezuela et de l'Arabie Saoudite, et les surplus de gaz naturel sont exportés aux États-Unis.

G.J. Desorcy

Pétrole et gaz naturel (*Voir* BITUME; POLITIQUE ÉNERGÉTIQUE; PÉTROLE; PÉTROLE, EXPLORATION ET PRODUCTION DU; INDUSTRIE PÉTROLIÈRE; PÉTROLE, APPROVISIONNEMENT ET DEMANDE DU.)

Pétrole, exploration et production du Il y a dans l'industrie pétrolière un dicton selon lequel «le pétrole se trouve dans la tête des hommes», parce que même à l'aide des techniques scientifiques les plus poussées, il faut une bonne mesure d'interprétation créative pour découvrir les gisements cachés. Tant qu'un puits n'est pas foré, la présence de gaz ou de pétrole demeure théorique, et c'est ce qui explique la présence de nombreux puits secs dans les régions où l'on exploite pourtant déjà du pétrole. Une fois qu'un gisement est découvert, sa valeur dépend encore de l'homme. En effet, la prospection et l'exploitation sont coûteuses et ne rapportent que si les gens ont suffisamment besoin de pétrole ou de gaz pour accepter d'en payer le prix.

On connaît depuis des siècles l'existence du pétrole, mais les forages pétroliers n'ont commencé qu'au milieu du XIXᵉ s., au moment où une pénurie d'huile de baleine coïncide avec l'invention d'un procédé de raffinage qui permet de transformer «l'huile de roche» en pétrole lampant (*voir* GESNER, ABRAHAM). Depuis, la demande en gaz et en pétrole a connu des hauts et des bas, dont les conséquences se sont fait sentir sur les prix et la prospection.

Géologie et géophysique Le relief de la terre offre souvent au géologue des terrain des indices au sujet du sous-sol. Parfois, ces indices sont évidents, comme un suintement de pétrole, un dégagement de gaz ou un affleurement de ROCHES SÉDIMENTAIRES ou de FOSSILES visible sur une couche rocheuse inclinée dans une montagne. Cette surface peut avoir été jadis un fond marin qui a été replié, incliné et exposé à la suite des mouvements constants de la croûte terrestre pendant des millions d'années (*voir* TECTONIQUE DES PLAQUES).

Il s'agit d'un indice important, car ces couches rocheuses repliées ou un peu inclinées cachent souvent des gisements de pétrole ou de gaz. Par contre, les pièges à pétrole et à gaz qui servent de réservoir se trouvent souvent à des milliers de mètres sous la surface, et il arrive qu'ils soient recouverts d'une plaine. Les photographies aériennes et les cartes topographiques sont utiles pour déterminer la composition du sous-sol, et la géophysique appliquée l'est encore plus pour établir des cartes des structures du sous-sol.

La géophysique est l'étude des propriétés physiques des roches, comme le magnétisme, la résistivité et la radioactivité. Parmi les instruments utilisés par le géophysicien, on note le magnétomètre et le gravimètre, qui permettent d'identifier les types de roches. Ces deux instruments ont sans cesse été améliorés depuis leur invention, dans les années 1800. Les roches sédimentaires profondément enfouies sont souvent très denses, et leur teneur en FER et en autres matières détectables au magnétomètre est élevée. Le gravimètre mesure également les fluctuations du champ de gravité causées par la présence de roches différentes et aide à en localiser certains types sous la surface.

Un autre instrument, le sismographe, permet presque au géophysicien d'obtenir une image des formations rocheuses souterraines. Cet instrument utilise le principe de la propagation des ondes sonores. Ces dernières sont générées par de petites charges de dynamite ou par des méthodes de percussion ou de vibration. Au cours de leur déplacement vers le bas à travers divers types de roches, elles sont successivement et partiellement réfléchies vers la surface. L'intensité et la vitesse des ondes réfléchies renseignent le géophysicien sur le type et la structure des roches qu'elles ont traversées. En surface, les ondes sonores sont enregistrées par des géophones. Ces appareils très sensibles sont connectés à des ordinateurs qui produisent des «images», c.-à-d. des sismogrammes qui révèlent au géophysicien la composition de la structure des roches situées en profondeur.

Exploration La seule façon de connaître avec certitude ce qui se trouve dans ces roches est de forer un puits. Même avec l'utilisation des techniques modernes de la géophysique et de la GÉOLOGIE, le forage demeure une opération risquée. En effet, les chances de succès des forages d'exploration effectués dans une région où il n'y a jamais eu de forage sont plutôt faibles. Sur 7 ou même 10 puits d'exploration, un seul trouvera des réserves de pétrole ou de gaz assez importantes pour être commercialisées. Pour être rentable, un puits doit produire suffisamment de gaz ou de pétrole pour justifier les coûts de forage et de mise en exploitation. Sur les terrains pétrolifères dont la richesse est indéterminée, les premiers puits d'exploration ne sont que des essais qui ne visent pas à trouver du gaz ou du pétrole. Par contre, après l'analyse d'échantillons et de débris de roches prélevés, ils permettent d'obtenir des renseignements précieux sur la nature des roches et la probabilité d'y trouver du pétrole ou du gaz.

Lorsque les puits d'exploration indiquent la présence de quantités exploitables de pétrole ou de gaz, des puits de développement sont forés afin de déterminer les dimensions et le potentiel du champ. Les chances de succès des forages de développement sont plus élevées, puisque 6 ou 7 forages sur 10 sont performants. Toutefois, le facteur de risque subsiste, parce que la quantité de pétrole ou de gaz peut être insuffisante pour justifier l'exploitation, ou bien la technologie nécessaire peut être trop coûteuse.

Les cycles de forte expansion et de ralentissement qui caractérisent la prospection pétrolière au Canada ne reflètent en rien les quantités de pétrole ou de gaz qui restent à découvrir et à exploiter. Ils dépendent plutôt de l'équilibre entre l'offre et la demande. P. ex., le champ pétrolifère Norman Wells, dans les Territoires du Nord-Ouest, découvert en 1920, était considéré trop éloigné pour susciter l'intérêt dans le sud du Canada. On ne raffinait sur le site que le pétrole nécessaire pour répondre à la demande locale. Au milieu des années 70, le développement à grande échelle de Norman Wells est devenu rentable en raison de la diminution des réserves de pétrole et de la hausse des prix.

La technologie a également des effets sur les activités de prospection. P. ex., l'exploitation intensive de grandes quantités de pétrole lourd dans la région de LLOYDMINSTER n'a pu se faire qu'avec l'amélioration des techniques d'extraction.

Forage Le «romantisme» qui entoure le forage est peut être lié au facteur de risque ou encore à l'image fautive présentée par le cinéma et la télévision, qui montrent des hommes forts manipulant de l'équipement lourd, des éruptions incontrôlées et des puits qui explosent. De nos jours, le forage est axé sur les technologies de pointe. Le savoir-faire est plus important que la force musculaire. De plus, le perfectionnement de l'équipement et des connaissances ont pratiquement éliminé les risques d'éruption incontrôlée.

Au début de l'exploration pétrolière au Canada, les puits ne sont pas forés; ils sont plutôt creusés à l'aide d'un système de forage au câble. L'installation de forage au câble comporte un lourd trépan à l'extrémité affûtée, qui est suspendu à une poulie ou à un câble. C'est par le pilonnage constant du trépan sur le sol que l'on creuse le trou. Vers la fin des années 20, la plupart des installations utilisent de l'équipement de forage rotatif qui permet de creuser plus profondément et plus rapidement.

De nos jours, le forage s'effectue à l'aide d'un trépan fixé à l'extrémité de sections de tubes d'acier. Chaque section d'environ 9 m est vissée à la section précédente. Le trépan, la masse-tige (qui alourdit le trépan) et les sections de tubes forment le «train de tiges», dont la rotation est assurée par une table de rotation. Le trépan en rotation coupe et broie les formations rocheuses tout en étant lubrifié et refroidi par la «boue de forage», un mélange d'eau ou d'huile, d'argile et de produits chimiques.

Les installations de forage conçues pour les puits très profonds (jusqu'à 5000 m) sont beaucoup plus lourdes, imposantes et solides que celles utilisées pour forer à moins de 1000 m. Pour le forage en mer, les installations de forage sont généralement fixées sur des barges ou des plates-formes qui sont remorquées d'un puits à un autre. Certaines plates-formes de forage sont construites sur des navires automoteurs spécialement conçus.

Achèvement d'un puits Les foreurs surveillent constamment la progression du forage pour être en mesure de décider rapidement d'abandonner ou d'achever un puits. Pendant le forage, on analyse les débris de roches pour déceler des traces d'hydrocarbures. D'autres évaluations et analyses sont également réalisées. Si les résultats indiquent qu'il s'agit d'un puits sec, on lui injecte du ciment et on l'abandonne. Toutefois, si les résultats semblent positifs, on procède à la complétion du puits.

La première étape de l'exécution des travaux est l'installation d'une colonne de production, c.-à-d. qu'on fixe solidement un tube d'acier jusqu'au fond du puits. L'installation de forage est ensuite remplacée par une plate-forme de maintenance montée sur camion. La colonne de production est perforée pour permettre la circulation des liquides et des gaz issus de la production dans le puits. Les perforations permettent également d'accéder à la formation de production si des activités supplémentaires sont entreprises pour l'achèvement du puits.

Grâce aux techniques d'exécution devenues rentables, en raison du prix du pétrole et du gaz ou de l'amélioration de la technologie, on peut maintenant obtenir une production intéressante en exploitant des formations dont le potentiel était considéré comme minimal il y a quelques années. La fracturation est la technique de travail la plus courante. Selon ce procédé, on injecte des matières sous haute pression dans le puits pour créer des fissures dans la roche-réservoir et permettre au pétrole ou au gaz de circuler plus facilement.

Production À mesure que la valeur du pétrole brut, du gaz naturel et des produits dérivés augmente, il devient important d'optimiser les méthodes d'extraction. Seulement 25 p. 100 du pétrole contenu dans un gisement typique peut être extrait à l'aide des moyens naturels ou des techniques de récupération primaires. Les techniques d'extraction assistées permettent d'augmenter les quantités extraites de nombreux réservoirs. La méthode par injection d'eau est la plus utilisée. Elle consiste à injecter de l'eau dans la roche-réservoir pour pousser le pétrole vers le puits. Grâce à ces techniques, le taux d'extraction peut dépasser 80 p. 100 de la réserve de pétrole.

Le gaz naturel monte en général à la surface sous l'effet de sa propre pression. C'est pourquoi la tête d'un puits de gaz n'est en général qu'une série d'étrangleurs et de vannes qui servent à en régler le débit. Ce genre de tête de puits s'appelle «arbre de Noël». Le pétrole brut, qui contient généralement une certaine quantité de gaz naturel ou de gaz associés, est parfois poussé à la surface par la pression naturelle qu'il subit, mais, dans la plupart des puits de pétrole brut au Canada, le pétrole doit être poussé ou pompé jusqu'à la surface. Les appareils de pompage sont connus sous plusieurs noms: chevalet de pompage, tête de cheval et balancier.

Transport Dans un pays aussi vaste que le Canada, le transport du pétrole et du gaz des régions productrices vers les régions consommatrices représente un secteur important de l'industrie pétrolière. Dans les provinces productrices de l'Ouest canadien, les longs trains de wagons-citernes font partie du paysage. Ils transportent une variété de produits comme l'asphalte (obtenu à partir du brut lourd et utilisé pour goudronner les routes), le propane, le butane et d'autres liquides ou gaz dérivés du pétrole brut ainsi que du gaz naturel. Plusieurs de ces wagons-citernes se dirigent vers les centres industriels de l'est du pays, où les produits et les sous-produits du pétrole sont utilisés dans un grand nombre de procédés de FABRICATION INDUSTRIELLE (*voir* CHIMIQUE, INDUSTRIE).

Avant les années 50, le chemin de fer et le transport routier étaient les seuls moyens disponibles pour transporter le pétrole et le gaz au Canada. Maintenant, le transport du pétrole et du gaz jusqu'aux régions consommatrices est effectué par PIPELINES. Au même titre que les chemins de fer, qui ont joué un rôle important dans le développement du Canada, les pipelines sont devenus partie intégrante de la croissance industrielle à partir de la seconde moitié du XXe s.

Raffinage L'essence, le carburant diesel et le carburéacteur sont les produits pétroliers les plus connus, mais on retrouve une variété de produits dérivés, des insecticides jusqu'aux shampooings, sans oublier les plastiques. Les procédés de fabrication de ces produits sont souvent complexes, mais tous reposent sur la séparation des composants du pétrole brut nécessaires à la fabrication de sous-produits utiles qui se présentent sous forme solide, liquide ou gazeuse.

Le raffinage commence par le chauffage du pétrole brut jusqu'à son point d'ébullition. Au cours de ce processus de distillation, les divers composants sont vaporisés et condensés séparément en fonction de leur point d'ébullition pour produire des hydrocarbures de base. L'essence, le pétrole lampant, le carburant diesel et le carburéacteur proviennent du distillat moyen, tandis que les lubrifiants, les cires et l'asphalte sont produits à partir des résidus.

Certains produits sont obtenus par mélange puis améliorés à l'aide d'additifs chimiques au cours de procédés de raffinage secondaires conçus pour leur conférer les caractéristiques voulues. Les raffineries peuvent aussi produire de l'huile de chauffage, du mazout lourd et des charges d'alimentation destinées à l'INDUSTRIE PÉTROCHIMIQUE.

Réglementation La mise en marché du pétrole brut, du gaz naturel et de leurs produits dérivés est complexe. Différents règlements fédéraux et provinciaux régissent les divers aspects de la production et de la vente. Bien que les provinces régissent le pétrole et le gaz produits à l'intérieur de leurs frontières, les prix, le transport, les ventes à l'intérieur du pays et l'exportation relèvent du gouvernement fédéral. Les gouvernements partagent les revenus provenant des compagnies productrices par l'intermédiaire des taxes fédérales et provinciales et des redevances provinciales.

La propriété du pétrole et du gaz, en particulier dans le cas des réserves sous-marines, le droit au partage des revenus et la réglementation sont des sujets de discorde entre les gouvernements fédéral et provinciaux (*voir* POLITIQUE ÉNERGÉTIQUE). Le transport du pétrole et du gaz entre les provinces, ainsi que l'exportation du gaz et de l'électricité, est régi par l'OFFICE NATIONAL DE L'ÉNERGIE.

Anne McNamara

Pétrole, recherche et développement du La recherche a toujours été le pivot central de l'industrie pétrolière. Extraire le pétrole brut, le BITUME ou le gaz naturel présente de sérieuses difficultés technologiques et, une fois récupérée, cette RESSOURCE, à l'état brut, connaît très peu d'usages. Au début de l'implantation de l'industrie pétrolière au Canada dans les années 1850, dans la région d'Oil Springs, dans le sud-ouest de l'Ontario, l'asphalte constitue son principal produit. Peu après, le médecin et géologue néo-écossais Abraham GESNER met au point un procédé de fabrication du kérosène, une huile d'éclairage de haute qualité, d'abord à partir du charbon puis à partir du pétrole. Cette invention jette les bases de l'industrie du raffinage du pétrole. La technologie du forage et de la production du pétrole brut est mise au point dans les champs pétrolifères autour de Petrolia et d'Oil Springs (Ontario) durant la seconde moitié du XIXe s. Les premières innovations importantes sont le forage par percussion au moyen d'une tige à ressort et le système de pompes avec tige à saccades encore utilisé dans les champs pétroliers du sud de l'Ontario. L'expertise des foreurs de Petrolia a servi à l'étranger dans l'exploitation des champs pétrolifères de Java, de la Galicie, de l'Allemagne et de la Hongrie. En 1884, la COMPAGNIE PÉTROLIÈRE IMPÉRIALE LTÉE engage le chimiste allemand Herman Frasch pour étudier les problèmes du raffinage du pétrole. Il met au point un procédé d'extraction du SOUFRE contenu dans le kérosène, ce qui règle donc les problèmes d'odeur du kérosène canadien et permet à ce dernier d'entrer en compétition avec les produits tirés du pétrole brut pennsylvanien, qui est pauvre en soufre. Ce procédé marque le début du recours à la CHIMIE pour améliorer la qualité des produits du pétrole.

En 1910, le gouvernement fédéral fonde le premier laboratoire canadien consacré au pétrole, le Fuels Testing Station, du ministère des Mines, appelé maintenant les Laboratoires de recherche énergétique de RESSOURCES NATURELLES CANADA. En 1921, le gouvernement de l'Alberta fonde le précurseur de l'ALBERTA RESEARCH COUNCIL, un organisme intimement lié à la recherche sur le pétrole, le CHARBON et le bitume. La Compagnie pétrolière impériale fonde le premier laboratoire de recherche industriel à Sarnia (Ontario) en 1924 et y engage R.K. Stratford comme chercheur chimiste puis, plus tard, le nomme directeur du département technique et de recherche. Ce laboratoire est maintenant le plus grand centre canadien de recherche sur le pétrole. En 1949, la Compagnie pétrolière impériale établit une branche de recherche sur la production à Calgary, devenue maintenant le département de recherche d'Esso Ressources Canada Ltée. Elle lance aussi, au début des années 50, la recherche et le développement dans les domaines de la géophysique et de la géologie axées sur la technologie de l'exploration; la plupart des grandes entreprises d'exploration effectuent maintenant de la recherche appliquée en sciences de la terre. En 1958, Syncrude Canada, au début Cities Service Athabasca Ltd., base ses travaux de recherche à Edmonton (Alberta) pour soutenir son projet d'usine d'exploitation et d'amélioration des sables pétrolifères. Shell Canada Ltée installe un centre de recherche à Oakville (Ontario) en 1962 et à Calgary (Alberta) en 1982. Gulf Canada Ltée ouvre des laboratoires à Sheridan Park (Ontario) en 1964. PETRO-CANADA se lance dans des travaux de recherche à Calgary peu après sa création en 1975. En 1985, Petro-Canada acquiert les laboratoires de recherche de Gulf à Sheridan Park. NOVA-Husky Research Corporation est fondée en 1987 pour effectuer des recherches. La COMMISSION GÉOLOGIQUE DU CANADA mène des recherches géologiques et géophysiques à l'Institut de géologie sédimentaire et pétrolière de Calgary et à l'INSTITUT OCÉANOGRAPHIE DE BEDFORD à Dartmouth (Nouvelle-Écosse). En plus de ces activités de la part des gouvernements et de l'industrie, des centres associés aux universités de l'Alberta et de Calgary, en particulier le Petroleum Recovery Institute et le Computer Modelling Group, effectuent d'importantes recherches en récupération du pétrole. Au Canada, environ 1500 personnes travaillent dans le secteur recherche et développement du pétrole en 1982; depuis ce temps, ce nombre a diminué à la suite de la baisse des prix mondiaux du pétrole.

Une grande partie de la recherche effectuée dans ces laboratoires porte sur la résolution de problèmes directement liés au contexte canadien; toutefois, les découvertes ont souvent été appliquées dans le monde entier. La fabrication de lubrifiants de haute qualité à partir de pétrole brut canadien, qui contient parfois des éléments paraffineux, du soufre et d'autres impuretés, a mené à la mise au point de procédés d'extraction, de déparaffinage et d'hydrotraitements actuellement utilisés dans de nombreux pays. Les mélanges soufre-asphalte pour revêtement routier ainsi que les combustibles et les lubrifiants conçus pour fonctionner même lors de rudes conditions hivernales sont d'autres exemples de produits mis au point au Canada. Le pays possède de vastes gisements de brut lourd et de sables pétrolifères en Alberta et en Saskatchewan; c'est pourquoi de nombreux laboratoires participent à la recherche afin de trouver des moyens de récupérer et d'améliorer le bitume, de façon à produire du brut synthétique de haute qualité. Dans les années 70 et 80, l'augmentation des prix mondiaux du brut, associée au déclin de la production canadienne de pétrole et de gaz classiques, ont fait s'accroître les recherches axées sur la CONSERVATION et la consommation efficace des ressources naturelles. En plus d'avoir fourni des méthodes augmentant la récupération d'hydrocarbures des champs pétroliers classiques, la recherche a mené à la mise au point de lubrifiants permettant l'économie de combustible, de brûleurs au mazout et au gaz naturel d'une grande efficacité, ainsi que de carburants à base d'alcools permettant d'économiser les réserves d'essence. De nouvelles techniques telles que la construction d'îles artificielles et de plates-formes de forage résistantes aux glaces ont été mises au point pour l'exploration d'hydrocarbures dans le nord du Canada et dans les zones frontalières au large. Un autre domaine important de la recherche est l'étude des gisements au moyen de modèles informatiques et d'autres techniques permettant d'étudier pourquoi le pétrole s'accumule comme il le fait. L'évolution rapide de la situation dans l'industrie pétrolière et les motivations à devenir autonome sont deux raisons pour lesquelles le secteur recherche et développement restera un aspect important de l'industrie pétrolière (*voir* RECHERCHE ET DÉVELOPPEMENT INDUSTRIELS).

J.L. Tiedje

Petrolia, ville de l'Ont.; pop. 4908 (rec. 1996), 4598 (rec. 1991), 4347 (rec. 1986); superf. 11,44 km^2; const. en tant que village en 1866 puis en tant que ville en 1874; située à 30 km au sud-est de SARNIA, et à l'ouest de London. À l'origine, Petrolia s'appelle Petrolea, mais son nom change à la suite d'une erreur de copiste. Dans les deux cas, ce nom témoigne de la découverte de pétrole dans cette région, en 1861, mais l'exploitation n'en commence qu'en 1866. Petrolia a vécu le premier boom pétrolier en Amérique du Nord. Elle devient très prospère et jouit même, pendant un temps, du plus haut revenu par habitant au Canada. D'impressionnants bâtiments publics témoignent encore de cette richesse. Alors que l'absence de chemins de fer nuit à l'exploitation du pétrole, les habitants construisent leur propre voie ferrée, qui se rentabilise dans les premiers six mois.

Dans les années 1860 et 1870, on y construit de nombreuses raffineries mais, en 1898, la compagnie Standard Oil acquiert une participation majoritaire dans la raffinerie d'Imperial Oil, qu'elle fait déménager à Sarnia. Petrolia perd ensuite de l'importance en tant que centre de raffinerie, la majeure partie de son pétrole étant désormais acheminée à Sarnia par pipeline. L'un des attraits de l'endroit est le champ pétrolifère du XIXᵉ s., qui fonctionne encore sur le site Petrolia Discovery.

Deborah Welch et Michael Payne

Pettigrew, Pierre S., homme politique (Québec, 18 avr. 1951). Il a obtenu un baccalauréat en philosophie de l'U. du Québec à Trois-Rivières en 1972 et une maîtrise en philosophie des relations internationales de l'U. Oxford (Balliol College) en 1976.

Pierre S. Pettigrew a occupé le poste de directeur du Comité politique de l'Assemblée de l'OTAN à Bruxelles, de 1976 à 1978. De 1981 à 1984, il a été conseiller en politique étrangère auprès du premier ministre du Canada et, de 1985 à 1995, vice-président de Samson Bélair/Deloitte & Touche (Montréal), faisant à ce titre fonction d'expert-conseil en commerce international. En 1989, il s'est vu décerner le prestigieux prix Prisme, attribué par le Centre des dirigeants d'entreprises au gestionnaire de l'année du Québec, dans la catégorie «Grandes entreprises». En 1994, il a coprésidé le premier Forum national sur les relations internationales du Canada.

M. Pettigrew est devenu membre du gouvernement canadien en janvier 1996 et a alors été nommé ministre de la Coopération internationale et ministre responsable de la Francophonie. Il a ensuite été ministre du Développement des ressources humaines d'octobre 1996 à juillet 1999. En août 1999, il occupe le poste de ministre du Commerce international. À ce titre, il a présidé la réunion ministérielle sur la Zone de libre-échange des Amériques, qui s'est tenue à Toronto en novembre 1999, ainsi que le Groupe de travail sur la mise en œuvre à la conférence ministérielle de l'Organisation mondiale du commerce à Seattle, en décembre 1999.

M. Pettigrew a été élu député du comté montréalais de Papineau-Saint-Michel en 1996, puis réélu l'année suivante pour représenter le comté redessiné de Papineau-Saint-Denis.

Il est l'auteur d'un livre intitulé *Pour une politique de la confiance*, qui traite de la mondialisation et de l'art de gouverner.

Pétuns («tabac») Peuple de langue iroquoise très apparenté aux HURONS, vivant dans la région de COLLINGWOOD, en Ontario, dans la première moitié du XVIᵉ s. Ce sont les Français qui leur donnent le nom de Pétuns, parce qu'ils se distinguent en tant que cultivateurs de tabac. À l'arrivée des Européens, ils occupent de 8 à 10 villages en aval de l'escarpement du Niagara, le long de la côte sud-ouest de la baie Géorgienne. On ne connaît pas leur nombre exact avant l'arrivée des Européens, mais on l'estime à plusieurs milliers.

Les Pétuns sont peu différents des Hurons, qui vivent à un jour de voyage au nord-est. Les relations historiques et les études archéologiques portent à croire que l'origine du peuple pétun est relativement récente et qu'il a été formé à la fin de la préhistoire par l'union de groupes de langue iroquoise partis de la HURONIE vers l'ouest et par d'autres groupes de langue iroquoise des régions actuelles de Toronto et de Hamilton. Ils entretiennent des relations commerciales avec les NEUTRES et les Hurons, ainsi qu'avec les OUTAOUAIS et les Nipissings, de langue algonquienne. En 1649, ils sont massacrés ou dispersés par les IROQUOIS en même temps que les Hurons. Les survivants se joignent aux réfugiés hurons et font de longs voyages dans le Midwest des États-Unis. Dans les années 1850, ils finissent par s'établir en Oklahoma, où les descendants des deux groupes vivent maintenant sous le nom de *Wyandot*,

une variante du nom que les Hurons se donnaient eux-mêmes à l'origine.

L'histoire rapporte que les Pétuns comptaient deux tribus, les Loups et les Cerfs, et que chacune avait son village principal ainsi que plusieurs villages ou hameaux secondaires. Les villages, entourés de palissades, étaient occupés à longueur d'année et comptaient de nombreuses MAISONS LONGUES. Ils cultivaient le maïs, les haricots et la COURGE, en plus de chasser et de pêcher. Les Pétuns sont l'un des peuples autochtones les moins connus, en partie parce qu'ils étaient peu nombreux, mais surtout parce que la confédération huronne, plus nombreuse et d'une plus grande importance politique, a davantage attiré l'attention des Européens au XVIIᵉ s. (*Voir aussi* AUTOCHTONES: LES FORÊTS DE L'EST et les articles généraux sous la rubrique AUTOCHTONES.)

Peter G. Ramsden

Peuplement des terres Le peuplement des terres de l'Ouest est une initiative gouvernementale de la fin du XIXᵉ s. et du début du XXᵉ s. par laquelle on attire des immigrants dans les provinces de l'ouest du Canada en leur offrant des terres à des prix dérisoires. En vertu de la POLITIQUE SUR LES TERRES FÉDÉRALES, 160 acres (65 ha) ne coûtent que 10 $, mais le colon doit construire une maison, souvent faite de rondins, ou une simple hutte de terre et cultiver une superficie déterminée au cours des trois années qui suivent son établissement. Un nouveau colon a besoin d'outils agricoles élémentaires et, comme les chevaux sont chers, la plupart utilisent des bœufs pour défricher et labourer la terre. Ils doivent aussi aménager des coupe-feu pour protéger les bâtiments agricoles contre les incendies, en plus de cultiver des légumes et de chasser pour compléter leur alimentation. Si l'eau est de mauvaise qualité, ils doivent recueillir de la pluie ou de la neige fondante. À plusieurs endroits, une nouvelle ferme doit se trouver à moins de 15 km d'une voie ferrée pour être rentable, et les terres concédées à la Compagnie de la baie d'Hudson ou aux sociétés ferroviaires dans ces secteurs restent un agacement majeur, car les derniers arrivés ou les colons pauvres sont forcés de s'établir loin des marchés et des villes. Les chemins de fer fournissent aussi un emploi aux colons, jusqu'à ce qu'ils puissent vivre des produits de leur ferme.

Les colons et leurs familles sont souvent séparés de leur parenté et de leurs amis, et plusieurs vivent dans des conditions difficiles, marquées par la solitude. L'absence de routes et de ponts représente l'un des grands obstacles. La plupart des pistes deviennent impraticables lorsqu'elles sont détrempées par la pluie, et, à l'automne, les fermiers attendent que le sol soit gelé pour transporter leurs récoltes aux terminaux ferroviaires. Les accidents qui se produisent dans les fermes entraînent souvent des incapacités permanentes ou même la mort, car les médecins sont rares. Par ailleurs, la sécheresse ruine ceux qui se sont établis dans le triangle de Palliser. Le prix de la colonisation s'avère trop élevé pour bon nombre d'agriculteurs, qui doivent abandonner leurs concessions et tenter leur chance ailleurs. Les difficultés, cependant, renforcent les liens qui unissent les colons. Les préjugés s'atténuent à mesure que les gens s'entraident, et les corvées de construction de bâtiments et de confection de courtepointes sont chose courante (*voir* COURTEPOINTES). Les portes ne sont jamais verrouillées et des lanternes restent allumées la nuit pour guider les voyageurs. Au début, les activités de loisir sont confinées aux fermes isolées mais, à mesure que les communautés s'accroissent, on organise des compétitions sportives et les centres communautaires offrent des divertissements variés. Le mouvement de colonisation des Prairies commence à s'essouffler après la Première Guerre mondiale, alors que l'IMMIGRATION décroît et que l'établissement des gens dans les villes s'accentue. (*Voir aus-*

si MAISONS DE RONDINS; COLONS, VIE DES; HUTTES DE TERRE.)

Jane McCracken

Peuplier Arbre à feuilles caduques et à bois dur du genre *Populus*, de la famille du saule. Il ne vit pas très longtemps et on le trouve partout dans la zone tempérée septentrionale. Le genre comprend les TREMBLES. En Amérique du Nord, il pousse de la LIMITE FORESTIÈRE jusque dans le nord du Mexique. Il en existe 40 espèces dans le monde et 5 sont indigènes du Canada. Le tremble (*P. tremuloides*) et le peuplier baumier (*P. balsamifera*) croissent dans tout le Canada. Les peupliers hybrides et naturalisés, comme le peuplier blanc ou peuplier argenté (*P. alba*) et le peuplier noir (*P. nigra*), sont cultivés comme PLANTES ORNEMENTALES et comme brise-vent. Les feuilles sont simples, alternes, arrondies et dentées. L'écorce des jeunes arbres est lisse et vert jaunâtre, puis se fendille et passe du gris verdâtre au brun. Les fleurs mâles et femelles sont groupées en chatons pendants sur des arbres séparés.

Les fleurs sont pollinisées par le vent et apparaissent avant les feuilles. Les graines parviennent à maturité au fur et à mesure que les feuilles s'ouvrent. Le bout des graines est coiffé d'un duvet soyeux (coton) qui permet la dissémination par le vent. Le réseau racinaire étendu et peu profond facilite la régénération des pousses sur les terres déboisées ou brûlées. L'abondance des pousses permet à un seul spécimen de produire un boisé entier de clones possédant les mêmes caractéristiques (p. ex. une foliation rapide ou un maintien tardif des couleurs d'automne). La croissance rapide du peuplier en fait un arbre utile pour le reboisement. Dans des conditions idéales, à 10 ans, l'arbre est suffisamment gros pour donner du bois à pâte; à 15 ans, du bois de sciage et, à 20 ans, du bois d'œuvre. Les hybrides stériles, qui ne produisent pas de «coton», sont reproduits par clonage pour servir de plantations ornementales. L'hybridation naturelle est courante et rend la classification difficile.

Pflug, Christiane, peintre (Berlin, Allemagne, 20 juin 1936—Toronto, avril 1972). La guerre contraint sa mère, une styliste spécialisée dans les tricots, à la placer en foyer d'accueil. Elle y restera jusqu'à l'âge de 12 ans. En 1953, Christiane se rend à Paris pour étudier la haute couture, mais s'en désintéresse rapidement. C'est à Paris qu'elle rencontre Michael Pflug, un jeune étudiant en médecine. Michael a étudié les arts et lui suggère de peindre des scènes extérieures. Au printemps 1954, elle peint ses premières gouaches. Ce sont des paysages parisiens, un autoportrait et quelques natures mortes. En 1956, Christiane épouse Michael et déménage avec lui à Tunis, où elle réalise de saisissantes natures mortes. Elle utilise la technique de la détrempe pour peindre des œuvres à la fois fortes et simples, reflet de sa nouvelle vision du monde. *Bird Cage with Pears* et *Tunisian Interior* expriment d'une manière directe et poignante l'état physique et psychologique dans lequel elle se trouve à l'époque.

En 1959, Christiane s'installe au Canada, où vit sa mère. Elle habite au centre-ville de Toronto. C'est là qu'elle peint ses premiers paysages, puis des scènes d'intérieur ayant pour thème les poupées de ses filles. *On the Black Chair II* en est un exemple frappant. Les scènes de rêve peignant leur apogée dans trois portraits de ses deux filles et de son agent, Avrom Isaacs. La qualité surréaliste de son œuvre est particulièrement évidente dans *Kitchen Door with Ursula*, réalisé en 1965, où la porte est ouverte sur l'hiver, mais où le printemps se reflète dans les fenêtres.

En 1967, les Pflug déménagent avenue Birch, en face de l'école Cottingham. Christiane peint ce qu'elle voit de sa fenêtre: l'école Cottingham, avec les nouveaux gratte-ciel en toile de fond. En 1971, dans *With the Black Flag*, un drapeau noir flotte au-dessus d'une ville engloutie par les gratte-ciel. Une

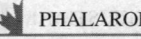

clarté irréelle y prédomine. Pflug disait que son but était d'atteindre une clarté qui n'existe pas dans la vraie vie. Elle se suicide en avril 1972.

Ann Davis

Phalarope Oiseau de rivage, de la famille des scolopacidés, le phalarope ressemble au bécasseau et est très bien adapté à la vie aquatique. Il en existe seulement trois espèces dans le monde, toutes présentes au Canada.

Description Les phalaropes ont des pattes aplaties latéralement et des doigts lobés, réunis à la base par une petite palmure. Ils nagent de façon saccadée, tout en effectuant de petits cercles. Ils saisissent la nourriture (invertébrés aquatiques et larves de poissons) ramenée vers la surface par le courant ascendant qu'ils créent en nageant de cette façon. On observe souvent ces oiseaux loin en mer. Ce sont les femelles, plus colorées que les mâles, qui initient les activités liées à l'accouplement. Elles abandonnent habituellement les mâles une fois la ponte complétée, leur laissant la tâche d'incuber les œufs et de s'occuper des petits après l'éclosion.

Phalarope à bec large Le phalarope à bec large (*Phalaropus fulicaria*) a une répartition circumpolaire. Il niche habituellement en petites colonies près des étangs d'eau douce situés non loin de la côte. Au Canada, il niche de l'ouest de la baie d'Hudson jusque dans le nord de l'île d'Ellesmere. Le nid consiste en une petite dépression en forme de coupe et il est habituellement dissimulé par des herbes posées sur les quatre œufs verdâtres tachetés de brun foncé. Il hiverne en mer, au large de l'Amérique du Sud.

Phalarope de Wilson Le phalarope de Wilson (*P. tricolor*), la plus grande des trois espèces, recherche plus souvent que les autres sa nourriture en marchant en eau peu profonde. Ses doigts n'ont que de très petits lobes et une toute petite palmure à la base. Cette espèce, que l'on trouve exclusivement en Amérique du Nord, se reproduit principalement dans les Prairies et dans certaines régions de l'est du Canada. Le nid consiste en une simple dépression aménagée au sol, près d'une étendue d'eau peu profonde, et tapissé d'herbes par le mâle. Cette espèce hiverne surtout en Argentine.

Phalarope à bec étroit Le phalarope à bec étroit (*P. lobatus*) est le plus petit des phalaropes. Il niche dans le bas Arctique, dans le Nouveau et l'Ancien Monde. Au Canada, il niche du Labrador jusqu'au Yukon. Il migre principalement le long de la côte et hiverne dans les mers de l'hémisphère Sud.

S.D. MacDonald

Phanérogames Composantes les plus connues et les plus abondantes de la végétation terrestre, englobant de 250 000 à 300 000 espèces. Elles surpassent en nombre tout autre groupe de PLANTES, dominant la végétation terrestre. Elles poussent bien dans les masses d'eau douce et, dans une certaine mesure, dans les océans. Elles comprennent le plus gros (séquoia géant) et le plus ancien (pin à cônes épineux) des organismes vivants, ainsi que le minuscule wolffia d'à peine 1 mm de long et l'éphémère, qui ne survit que quelques semaines. Les phanérogames partagent avec d'autres plantes vasculaires (possédant un système vasculaire ligneux) les mêmes organes (racines, tiges et feuilles), types de cellules et tissus de base. De nombreuses formes différentes ont cependant évolué en fonction des conditions environnementales du milieu.

Reproduction La caractéristique commune des phanérogames est la «production de graines», un mode unique de reproduction sexuée. Chez toutes les plantes vasculaires, la phase dominante est productrice de spores (sporophyte), fonction qui alterne, au cours du cycle vital, avec une phase sexuelle (gamétophyte). Chez les phanérogames, la spore qui produit les gamétophytes femelles ne se détache pas pour engendrer une nouvelle plante, mais loge plutôt dans le sporange (organe reproducteur), lui-même entouré d'une enveloppe protectrice (tégument). Il s'agit de la graine immature, ou ovule.

Les spores qui produisent les gamétophytes mâles se dispersent à mesure que les gamétophytes se développent. Il s'agit alors de grains de pollen qui atteindront l'ovule, engendrant ainsi la fécondation, d'où le développement de la graine. L'ÉVOLUTION de ce mode de reproduction, qui remonte à plus de 350 millions d'années, constitue l'une des étapes les plus importantes de l'adaptation des plantes à la vie sur la terre.

Tout comme leurs ancêtres aquatiques, les MOUSSES et les plantes vasculaires inférieures (p. ex. les FOUGÈRES) libèrent des gamètes qui doivent se déplacer dans l'eau pour que s'effectue la fécondation. Les phanérogames n'ont pas à dépendre de l'eau pour se reproduire.

Gymnospermes Les gymnospermes, le groupe le plus ancien des phanérogames, comprennent les CONIFÈRES, les cycadacées et l'arbre aux quarante écus (ginkgo). Bien qu'ils ne comptent qu'environ 800 espèces vivantes, les gymnospermes constituent un élément important de la flore de nombreuses régions (p. ex. la forêt boréale). Les FOSSILES retrouvés indiquent qu'ils étaient beaucoup plus nombreux par le passé et comptaient plusieurs espèces maintenant éteintes (fougère à graine). Le pollen et les ovules sont produits dans des cônes séparés. Les grains de pollen se posent directement sur les ovules et, en bout de ligne, y pénètrent par une ouverture du tégument. Les ovules sont ainsi apparents au moment de la pollinisation (gymnosperme signifie «graine nue»), mais sont habituellement entourés par la suite par les écailles des cônes. Dans la graine mûre, l'embryon est contenu à l'intérieur d'un tissu nutritif qui est, en fait, le gamétophyte femelle.

Angiospermes Les angiospermes, plantes à fleur, dominent la végétation terrestre depuis la période crétacée (il y a entre 135 et 65 millions d'années). Leur structure reproductive distincte, la fleur, se présente sous diverses formes selon le mode de pollinisation. Le pollen et les ovules peuvent se trouver sur une même fleur ou sur des fleurs séparées. Le pollen est produit par les étamines. Les ovules sont formés à l'intérieur du pistil; ils ne sont pas apparents au moment de la pollinisation (angiosperme signifie «graine cachée»). Les grains de pollen sont déposés sur le pistil, où ils germent; les gamètes pénètrent alors dans l'ovule au moyen des tubes polliniques. Les graines arrivent à maturité à l'intérieur du pistil qui devient alors le fruit. On confond parfois certains fruits monospermes (p. ex. les caryopses des graminées) avec les graines elles-mêmes.

Le tissu nutritif de la graine de l'angiosperme est un nouveau tissu, l'albumen, qui, avec l'embryon, résulte du processus de fécondation. L'albumen est souvent absorbé par l'embryon avant que la graine ne soit mûre. Il y a deux lignées importantes d'angiospermes: les monocotylédones, qui possèdent des organes floraux disposés par trois, des feuilles à nervures parallèles et un seul cotylédon (feuille embryonnaire), et les dicotylédones, qui possèdent des organes floraux disposés habituellement par quatre ou cinq, des feuilles à nervures réticulées et deux cotylédons.

Importance économique Il est important d'insister sur l'importance économique des phanérogames. Les angiospermes fournissent la plupart de nos CULTURES vivrières importantes (*voir* GRAMINÉES), ainsi que des épices, des drogues et des médicaments, des fibres, du bois d'œuvre et des matières premières industrielles. La plus grande partie des produits du bois provient des gymnospermes (conifères); on consomme aussi les graines de quelques-unes d'entre elles (p. ex. le pin pignon).

T.A. Steeves

Phares Les fonctions que remplissent les phares varient considérablement. Les grands feux de la côte à Cape Race, Seal Island, Sambro et Race Rocks constituent le premier contact avec la terre pour les voyageurs après des jours, sinon des semaines de navigation sur les océans Pacifique et Atlantique. La navigation côtière bénéficie d'un système de phares de luminosités variées tandis que de plus petits feux sont utilisés sur les voies navigables complexes pour signaler îles et canaux. Les feux de port et les balises lumineuses marquent l'entrée en eau sûre.

Les gardiens de phare sont responsables du maintien des signaux lumineux, de la communication radio, des balises, des avertissements en cas de brouillard, de l'envoi d'équipes de sauvetage et de l'indication des refuges. Certaines stations diffusent des observations météorologiques dans le cadre du système national, et la station de Langara dans les îles de la Reine-Charlotte s'occupe même d'une partie du système d'avertissement des raz-de-marée pour l'océan Pacifique.

Le premier phare recensé, érigé à LOUISBOURG au Cap Breton en 1734, est détruit peu de temps après par un incendie puis reconstruit. Il est bombardé par les canons anglais pendant le siège de 1758 et est rebâti à plusieurs reprises. Le plus ancien phare toujours en activité est érigé en 1758 sur l'île Sambro, à l'entrée du port de Halifax. Le deuxième plus ancien, construit en 1809, est encore visible aujourd'hui sur l'île Verte, à la hauteur de l'embouchure du Saguenay, dans le fleuve Saint-Laurent.

Au début du XIXe s., le commerce maritime entre l'Europe et le Canada est en croissance rapide et augmente conséquemment le nombre de naufrages et autres désastres en mer. En 1840, des phares importants sont érigés à Seal Island, à l'entrée de la baie de Fundy en Nouvelle-Écosse, le long de la côte de Terre-Neuve et à l'embouchure du fleuve Saint-Laurent. Des phares sont aussi construits sur les Grands Lacs à Mississauga (1804) et à Gibraltar Point sur l'île de Toronto (1808). Le secteur supérieur des Grands Lacs reste dans l'obscurité jusqu'à ce que le commerce plus fréquent oblige à allumer des feux sur les rivages de la région vers le milieu du XIXe s.

Sur la côte du Pacifique, ce n'est qu'en 1860 que sont érigés les deux premiers phares, à Race Rocks et à Fisgard, à proximité de ce qui est aujourd'hui Victoria. Dans la seconde moitié du XIXe s., on utilise des feux à l'extrémité de la côte ouest de l'île de Vancouver et à l'entrée de Victoria et de Prince Rupert. Les eaux intérieures, comme la rivière Saint-Jean, la rivière Rouge et le lac Winnipeg, sont jalonnées de feux et de bouées dès le début du XXe s. Dans les eaux arctiques, l'installation de balises coïncide avec l'ouverture du port de Churchill, dans les années 30.

Les premiers phares sont constitués de feux de camp allumés à l'extrémité des pointes s'avançant dans la mer, à l'entrée des ports. Plus tard, ces feux sont remplacés par des balises similaires placées au sommet des tours. Au XVIIIe s. et au début du XIXe, ces phares sont éclairés à l'aide de chandelles, dont le grand nombre ne procure cependant qu'une lueur très faible. La lampe à huile avec mèche est très populaire dès 1800. On a ensuite recours à l'huile de baleine et à d'autres huiles, comme l'huile végétale, l'huile de poisson et l'huile de phoque dans différentes régions, selon les équipements et les ressources disponibles.

Le pétrole lampant, inventé en Nouvelle-Écosse par Abraham GESNER en 1846, rend possible la production de lampes à pétrole de bonne qualité qui, en raison de leur efficacité, de leur fiabilité et de leur prix abordable, deviennent très populaires au Canada dès les années 1860. Grâce à l'arrivée de la lampe à manchon et aux essais de diverses huiles, les phares sont beaucoup plus lumineux dès le début du XXe s. Les ampoules électriques sont utilisées vers la fin du XIXe s. et remplacent graduellement tous les autres types d'éclairage.

Au début du XIXe s., l'utilisation de réflecteurs paraboliques en acier poli ou en cuivre argenté améliore l'efficacité des phares. Certains de ces réflecteurs sont d'ailleurs encore en service dans les phares de l'île Rouge dans le Saint-Laurent et d'East Point sur l'Île-du-Prince-Édouard. Les systèmes réfléchissants sont connus sous le nom de systèmes de feux catoptriques. L'utilisation des systèmes dioptriques et les combinaisons de prismes réfringents et d'objectifs catadioptriques se répandent pendant la seconde moitié du XIXᵉ s. Plusieurs de ces systèmes existent encore aujourd'hui, et le phare le plus grand du Canada, à Cape Race, dispose d'un système qui pèse plusieurs tonnes et émet un faisceau lumineux visible à une distance de 48 km dans l'Atlantique.

Vers 1800, sur les côtes d'Europe, les phares sont si nombreux qu'il est nécessaire de développer un système pour les reconnaître. Ainsi, on décide de fixer un dispositif qui produira des signaux lumineux différents pour chaque phare. La séquence est inscrite dans le Livre des feux de chaque région. Vers 1890, un mécanisme de feux tournants baignant dans du mercure fonctionne grâce à un rouage d'horloge avec un système de poids très lourds. Le gardien du phare doit remonter ce mécanisme aux deux à quatre heures.

Dans les années 70, l'électrification est quasiment achevée. Les lampes à xénon et à vapeur de mercure sont si puissantes que les simples dispositifs optiques de verre moulé ou de plastique remplacent les énormes systèmes de verres et les prismes lumineux rotatifs. Ces nouvelles lampes tournent comme les phares d'aéroport et les faisceaux lumineux au sommet des gratte-ciel. L'automatisation remplace le traditionnel gardien de phare dans la plupart des endroits (75 phares sur 266 sont automatisés depuis 1980, 100 autres doivent l'être avant 1990). L'homme qui vivait avec sa famille dans un de ces endroits retirés du monde fait place à l'hélicoptère et au technicien ambulant chargé de changer les ampoules et de charger les piles. Les ampoules sont changées automatiquement et les phares en région éloignée sont équipés d'un appareillage de secours en cas d'incident.

Le long des côtes canadiennes, où il est nécessaire de rendre les phares visibles malgré la neige et les rochers et où le découpage très accentué de la ligne de côte rend nécessaire la construction de phares à proximité les uns des autres, on peint les tours de motifs distinctifs. Ces marques de jour prennent des formes fort diversifiées, comme la croix rouge de Head Harbour au Nouveau-Brunswick ou les rayures horizontales noir et blanc du phare de Race Rocks en Colombie-Britannique.

Les matériaux de construction varient en fonction de l'époque de construction du phare et des conditions climatiques qu'il doit affronter. Les phares en bois sont caractéristiques du Service de phares canadien. On en trouve d'ailleurs de magnifiques à East Point à l'Île-du-Prince-Édouard, à Pachena en périphérie de l'île de Vancouver et à Gannet Rock à l'entrée de la baie de Fundy. Ce dernier, malgré sa situation périlleuse, brave les intempéries depuis 150 ans.

Les tours de pierre de Race Rocks, de Cove Island (près de Collingwood, en Ontario) et de l'île d'Anticosti sont construites avec les matériaux de l'endroit. Elles peuvent mesurer jusqu'à 30,5 m de hauteur. Certains phares sont bâtis en briques. Les tours construites vers la fin du XIXᵉ s. à Ferryland à Terre-Neuve et à Cape North en Nouvelle-Écosse sont faites de plaques en fonte arrivées par bateau et assemblées sur place. Le phare de Cape North se trouve maintenant sur le terrain du Musée national des sciences et de la technologie d'Ottawa.

Des phares de béton armé font leur apparition à plusieurs endroits au Canada au cours du XXᵉ s. Les plus impressionnants sont érigés vers 1910 et sont constitués d'une tour principale de 30,5 m de hauteur appuyée d'arcs-boutants. On en trouve de superbes exemples, comme à Pointe-au-Père au Québec, à l'île du Caribou dans le lac Supérieur et à Estevan Point à l'ouest de l'île de Vancouver. Des caissons d'acier sont encastrés dans le lit de Prince Shoal et de White Island Reef dans le fleuve Saint-Laurent

et une tour à charpente d'acier ajouré se trouve sur Pigeon Island dans le lac Ontario. On érige même des tours en fibre de verre aux Îles-de-la-Madeleine et sur les voies d'eau intérieures.

Les phares canadiens se trouvent dans des milieux climatiques très diversifiés: dans les forêts ombrophiles du littoral du Pacifique; au milieu d'un parc du centre-ville, comme à Brockton Point à Vancouver; sur les sommets d'îles battues par les vents, de sorte que les tours sont retenues par des haubans en filins d'acier, comme à Gull Island. Malgré une composition souvent austère et purement fonctionnelle, le phare est devenu un symbole romantique, évoquant à la fois le côté maritime grandiose du pays et l'accueil sécurisant de ses ports.

David M. Baird

Pharmacie L'art et la science de la préparation, de la conservation, de la composition et de la distribution des médicaments. Louis HÉBERT, un des pionniers de la Nouvelle-France, était un apothicaire de Paris. Entre l'époque où il s'établit au Québec (1617) et 1750, lorsque furent promulguées les premières lois relatives aux soins médicaux par l'intendant François BIGOT, les professions de la santé étaient peu réglementées en Nouvelle-France. Au cours des 120 années qui suivent, les efforts en vue d'obtenir une législation plus explicite et plus efficace du contrôle de la distribution des médicaments prennent forme dans les réglementations médicales, mais celles-ci sont en grande partie sans effet. Pendant cette période, un certain nombre de regroupements de pharmaciens voit le jour dans le Haut et le Bas-Canada afin de constituer légalement la pharmacie en tant que profession. L'existence de ces groupes est brève et la première organisation nationale permanente de pharmacie au Canada est l'Association pharmaceutique canadienne, fondée en 1907.

Jusqu'à la Confédération, en 1867, les tentatives des organisations de pharmaciens pour obtenir une réglementation appropriée par une législation fédérale sont infructueuses. Lors de la création des provinces de Québec et de l'Ontario, les lois sur la pharmacie sont adoptées, en 1870 et 1871 respectivement, accordant l'autonomie à la profession. Ces lois ont servi de modèles pour le reste du Canada et chaque province possède maintenant une législation semblable pour réglementer la pratique de la profession sur son territoire. En vertu de cette législation, une association professionnelle délivre les permis d'exercice et encadre ses membres.

Néanmoins, il existe des différences importantes d'une province à l'autre. En s'inscrivant dans une province, un pharmacien est également autorisé à pratiquer au Yukon et dans les Territoires du Nord-Ouest, mais pas dans les autres provinces, car pour ces dernières, les exigences doivent être satisfaites séparément. Pour remédier à cette situation, le Bureau des examinateurs en pharmacie du Canada est créé en 1963 par une loi fédérale afin d'établir les titres universitaires acceptables pour les organismes provinciaux de réglementation professionnelle.

Les pharmaciens n'acquièrent plus leur compétence professionnelle par une méthode d'apprentissage. Toutes les provinces exigent des pharmaciens qu'ils détiennent un baccalauréat en pharmacie pour obtenir un permis d'exercice. L'enseignement est dispensé par les facultés de pharmacie à Dalhousie, à l'U. de Montréal, à l'U. Laval, à l'U. de Toronto, à l'U. du Manitoba, à la Memorial U. de Terre-Neuve, à l'U. de la Saskatchewan, à l'U. de l'Alberta et à l'U. de la Colombie-Britannique. Des cours de base en sciences biologiques et physiques constituent des préalables aux cours de pharmacie professionnelle et le programme d'études comprend un stage pratique en milieu de travail. La recherche a pris une place importante dans les facultés de pharmacie, car les progrès en pharmacothérapie résultent surtout des travaux menés dans l'industrie et les universités. Toutes les facultés de pharmacie au Canada offrent des programmes de maîtrise et de doctorat aux étu-

diants se destinant à une carrière dans l'enseignement, la recherche, l'industrie pharmaceutique, la pharmacie en hôpital ou d'autres domaines spécialisés.

Près du tiers des pharmacies canadiennes sont de gros établissements (souvent des magasins à succursales et des concessions de gérance), qui vendent des fournitures en tout genre en plus de remplir les ordonnances et de pourvoir aux besoins de santé.

L'exercice professionnel de la pharmacie a énormément changé au cours des ans. Les pharmaciens distribuent maintenant un grand nombre d'agents médicinaux complexes, puissants et spécifiques. Le gouvernement fédéral a adopté des règlements portant sur la qualité, la sécurité et l'efficacité des agents thérapeutiques, qui précisent les conditions dans lesquelles certains médicaments puissants engendrant une dépendance doivent être manipulés. La préparation des produits pharmaceutiques s'effectue à l'aide de techniques spéciales de formulation et d'analyse, exigeant de l'équipement de laboratoire sophistiqué que l'industrie peut utiliser plus efficacement et plus économiquement. C'est pourquoi, de nos jours, les pharmaciens obtiennent la plupart des substances pharmaceutiques sous forme complète.

Le rôle du pharmacien s'est modifié; de préparateur de médicaments, il est devenu superviseur de traitements médicamenteux et consultant auprès des autres professionnels de la santé et du public sur l'utilisation des médicaments. Cette mutation s'est amorcée dans les hôpitaux, où elle est aujourd'hui bien établie. Plus récemment, ce concept de pharmacie clinique s'est étendu aux malades ambulatoires. Le pharmacien communautaire a des contacts fréquents avec les patients qui prennent des médicaments et il a donc la possibilité de les protéger contre les interactions médicamenteuses, la toxicité, les effets secondaires, les réactions allergiques et autres réactions indésirables. De nos jours, la plupart des pharmacies conservent un système de dossiers des patients, généralement informatisé, pour aider le pharmacien à suivre la progression d'un traitement médicamenteux.

Mervyn J. Huston

Philatélie (*voir* TIMBRES, COLLECTION DE.)

Philippins Ils forment un archipel de 7083 îles dans l'Asie du Sud-Est, avec une population de quelque 72 millions sur un territoire de 300 000 km². Environ 83 p. 100 de la population est catholique; 10 p. 100, protestante; 5 p. 100, musulmane; et 2 p. 100, d'autres confessions. Les Philippins font partie du groupe indo-malais, qui s'étend de l'extrême sud de l'Asie jusqu'à la Polynésie, dans le Pacifique Sud. Il se parle aux Philippines plus de 80 dialectes, mais le pilipino, basé sur le dialecte tagalog, est la langue officielle. Les Philippines sont une colonie espagnole de 1564 à 1898, année où elles sont cédées aux États-Unis à la suite de la GUERRE HISPANO-AMÉRICAINE. Les Américains gouvernent le pays sous forme de «Commonwealth» jusqu'en 1941, quand il est pris par les Japonais au cours de la Seconde Guerre mondiale. Il est libéré ensuite par les forces alliées et obtient son indépendance le 4 juillet 1946. Toutefois, les Philippins célèbrent l'indépendance le 12 juin pour commémorer la déclaration originale d'indépendance de 1898 à l'endroit de l'Espagne.

Immigration au Canada Les Philippins sont enregistrés comme un groupe distinct dans les statistiques de l'immigration au Canada depuis 1965, date à laquelle 1467 Philippins arrivent au Canada, ce qui représente près du double du nombre d'immigrants admis au cours des 2 décennies précédentes. La préoccupation des besoins du Canada en main-d'œuvre, soulignée par la POLITIQUE D'IMMIGRATION fédérale, permet à de nombreux Philippins, qualifiés et bien formés grâce à un programme d'enseignement public de masse, d'immigrer au pays. La surpopulation et les difficultés économiques et politiques (surtout au cours des quelque deux décennies de loi martiale) provoquent une émigration massive à partir des années 70. En 1995, plus de 220 000 Philippins cherchant de meilleures perspectives économiques pour leur famille arrivent au Canada avec le statut d'immigrants reçus. Les immigrants philippins sont en majorité des femmes catholiques, âgées entre 20 et 34 ans, plutôt instruites et parlant couramment l'anglais. En 1992, les Philippines sont au deuxième rang des 10 principaux pays sources d'immigrants au Canada. Le recensement de 1996 fait état de 242 880 Philippins en terre canadienne (réponses uniques et multiples confondues).

En 1972, un sondage national mené auprès des Canadiens d'origine philippine révèle qu'environ 85 p. 100 de ces immigrés sont titulaires d'au moins un baccalauréat. Leur objectif professionnel est de travailler dans les secteurs de la santé, de l'industrie manufacturière, de la vente, de l'enseignement et des services. Par la suite, les nouveaux immigrants sont souvent des parents ou des mineurs à charge venus dans le cadre du programme de réunion des familles. Du fait de l'évolution des préoccupations du Canada en matière d'immigration, le programme concernant les aides familiaux résidants permet à plus de 30 000 Philippins d'immigrer au pays entre 1982 et 1991. Depuis 1992, les Philippins se classent généralement premiers dans la catégorie des immigrants indépendants, groupe choisi sur la base des compétences et de la capacité à contribuer rapidement à la société et à l'économie canadiennes.

Vie sociale et culturelle Les Philippins s'installent principalement dans les zones urbaines. Plus de 50 p. 100 des immigrés philippins sont établis en Ontario (dont 102 525 dans le Grand Toronto). Bon nombre de Philippins habitent également Vancouver, Montréal, Calgary, Edmonton ou Winnipeg. Grâce à leur maîtrise de l'anglais et à leur niveau d'éducation relativement élevé, ils ont tendance à s'intégrer à la communauté urbaine plutôt que de former des enclaves ethniques. Ils s'impliquent activement dans la vie communautaire: deux Philippino-Canadiens ont été récemment élus à la législature fédérale et provinciale, et ils sont nombreux à participer à la vie politique municipale. On recense plus de 1000 associations philippines partout au Canada, organisées selon les origines provinciales ou régionales, les affiliations universitaires ou les intérêts partagés. Celles-ci participent aux festivals et aux célébrations communautaires. Les communautés philippines bénéficient d'un réseau dynamique de médias ethniques: journaux, périodiques, stations de télévision et de radio. Au moins cinq journaux sont édités à Toronto et quatre à Vancouver. Bon nombre de familles philippines au Canada, qui sont très liées entre elles, adhèrent encore aux valeurs asiatiques du respect des aînés, de la valorisation de l'éducation, de l'autonomie et de la préservation de l'honneur de la famille.

L'Église catholique est au centre d'une bonne partie des interactions sociales des Philippins en dehors du foyer. Les fêtes religieuses sont célébrées par des rites traditionnels marqués par des chants et des danses de leur pays, des spécialités culinaires et des décorations.

Eleanor R. Laquian

Philipps, Richard, gouverneur de la Nouvelle-Écosse de 1717 à 1749 (Pembrokeshire, pays de Galles, v. 1661—Londres, Angl., 14 oct. 1750). Bien qu'il passe peu de temps en Nouvelle-Écosse (1720-1722, 1729-1731), ses négociations avec les Acadiens en 1730 ont une incidence considérable sur les événements subséquents. Cédée par la France en 1713, la province est peuplée de francophones qui refusent de prêter le serment habituel d'allégeance et est à peine protégée par une garnison peu nombreuse à ANNAPOLIS ROYAL. Envoyé pour faire valoir l'autorité britannique, mais impuissant à l'imposer, Philipps réussit à faire accepter un serment modifié et fait vraisemblablement la promesse verbale que les Acadiens n'auront pas à prendre les armes contre la France. D'autres officiers avaient déjà fait une concession semblable, mais Philipps a le titre de gouverneur. Rassurés par sa parole, les Acadiens observent une neutralité générale pendant 25 ans. Cette entente les laisse cependant sans défense quand ils font face à l'ultimatum du gouverneur Charles LAWRENCE en 1755, et ils sont par la suite déportés (*voir* ACADIE).

Philipps retourne en Angleterre définitivement en 1731. Les autorités britanniques ne recommenceront à s'intéresser à la Nouvelle-Écosse que vers la fin des années 1740. Le gouverneur, dont les conseils pourtant pratiques seront pour la plupart négligés, vivra ses dernières années de ses rentes à Londres.

Maxwell Sutherland

Phillips, Robin, metteur en scène et acteur (Haslemere, Surrey, Angl., 28 févr. 1942). Formé au Bristol Old Vic, Phillips joue pendant deux saisons au Chichester Festival, interprète un rôle dans la série *The Forsythe Saga* du réseau de télévision de la BBC, ainsi que le premier rôle du film *David Copperfield*. En 1982, il tient la vedette dans *The Dresser* au Vancouver Playhouse. Il se fait remarquer comme metteur en scène en 1970, quand il met en scène *Abelard and Heloise* à Londres et à Broadway.

Après avoir travaillé pour le Chichester Festival et la Royal Shakespeare Co., Phillips devient directeur artistique du Greenwich's Company Theatre (1973-1975) et du FESTIVAL DE STRATFORD (1975-1980). Malgré une opposition nationaliste à ses débuts, il remporte un succès phénoménal, pendant son affectation au Canada, avec ses 35 productions, la création de la Young Company et le recrutement de vedettes internationales. Après un départ fracassant, il tourne *The Wars* (1981) de Timothy Findley et dirige le Grand Theatre de London (Ontario) pendant une saison (1983-1984) qui s'avère un échec financier. Il fait un retour triomphal au Festival de Stratford en 1986-1987, où il présente sur la scène principale *Cymbeline* et *The School for Scandal,* puis dirige la Young Company pendant deux ans (1987-1988).

Professeur né, Phillips impose sa marque au Tom Patterson Theatre avec des mises en scènes sobres et élégantes de *King Lear* (v.f. *Le Roi Lear*), de *Twelfth Night* (v.f. *La Nuit des rois*) et du programme double classique constitué d'*Œdipus Rex* (v.f. *Œdipe Roi*) et de *The Critic*. Se voyant refuser un deuxième mandat comme directeur artistique du Festival de Stratford, il accepte un poste de trois ans à la direction du Chichester Festival, en Grande-Bretagne. Il s'empresse toutefois de revenir au Canada.

Il s'ensuit une série de productions indépendantes. Phillips sauve le *Macbeth* de Glenda Jackson et de Christopher PLUMMER, présenté à Broadway en 1988, et lance la saison du 25e anniversaire du CITADEL THEATRE d'Edmonton avec *The Crucible* et *Midsummer Night's Dream* (v.f. *Songes d'une nuit d'été*; septembre 1989). Il met en scène *The Philadelphia Story* pour le London's Grand Theatre (1989-1990), dirige Denzel Washington dans *Richard III* pour le Joe Papp's Public Theatre à New York (1990) et revient à Stratford en 1993 avec son mémorable *King John* (v.f. *Le Roi Jean*).

Le 15 août 1990, il est nommé directeur général du Citadel Theatre. Un an plus tard, il inaugure la reprise de la comédie musicale *Aspect of Love* d'Andrew Lloyd, qui tiendra l'affiche pendant quatre ans et qui se produira en tournée à Toronto et aux États-Unis. Phillips, se découvrant un intérêt pour la comédie musicale, monte *L'Homme de la Manche* (1992) et un premier opéra, *Le Mariage de Figaro* (1993), pour la Compagnie d'opéra canadienne. Phillips est reconnu pour ses qualités de directeur d'acteurs et ses productions caractérisées par un réalisme «filmique» subtil, une attention toute nouvelle au texte et un décor sobre.

David Gardner

Phillips, Walter Joseph, artiste, professeur et critique d'art (Barton-upon-Humber, Angl., 25 oct. 1884—Victoria, 5 juill. 1963). Encouragé depuis son plus jeune âge, Phillips fait des études en art à Birmingham avant de poursuivre une carrière d'enseignant et de graphiste. Bien qu'il récolte ses premiers succès comme aquarelliste en Grande-Bretagne, il immigre au Canada et s'installe à Winnipeg en juin 1913. Il occupe un poste d'enseignant en art à la St. John's Technical High School et s'établit rapidement dans la jeune communauté artistique de Winnipeg.

Phillips se lie bientôt d'amitié avec un autre Anglais expatrié, Cyril H. Barraud, qui, en 1915, lui communique son amour pour la technique artisanale de la gravure de reproduction et pour l'eau-forte. Alors que Barraud s'enrôle dans l'armée canadienne, Phillips lui achète sa presse et son équipement pour imprimer. En 1917, Phillips commence lui-même à apprendre la gravure sur bois polychromé à la manière des artistes japonais et, en moins de deux ans, il attire l'attention de l'importante revue d'art britannique *Studio*. Tout au long des années 20 et 30, il est le graveur le plus célèbre du Canada: on expose ses œuvres en Grande-Bretagne, aux États-Unis et au Canada, et il devient membre de plusieurs prestigieuses sociétés internationales de graveurs.

Phillips exerce une influence sur plusieurs générations de graveurs et, presque seul, il popularise chez les artistes du Canada la gravure sur bois polychromé, grâce à ses œuvres exemplaires et au manuel technique qu'il rédige. À Winnipeg, en plus d'enseigner à de nombreux bons graveurs, il devient le plus grand critique d'art de la ville, écrivant régulièrement une chronique sur l'art dans le *Winnipeg Herald*. En 1926, il participe à la fondation de la Manitoba Society of Artists.

En 1940, Phillips accepte un poste de professeur à la Banff School of Art (*voir* BANFF CENTRE) et y enseigne jusqu'en 1959. En 1941, il déménage à Calgary et enseigne pendant un moment au Provincial Institute of Technology and Art. On peut attribuer l'épanouissement de la gravure d'art dans l'ouest des Prairies à la présence de Phillips dans ces deux écoles.

Artiste prolifique, Phillips produit plus de 200 gravures et de nombreuses aquarelles dont les sujets vont des paysages aux natures mortes en passant par les portraits. Il a aussi illustré plusieurs livres.

Rosemarie L. Tovell

Phillips, William Eric, financier et industriel (Toronto, 3 janv. 1893—Palm Beach, Floride, 26 déc. 1964). En Europe, au moment de la déclaration de la Première Guerre mondiale, Eric Phillips sert dans l'armée britannique, reçoit l'Ordre du service distingué (DSO) et la Croix militaire, et est nommé lieutenant-colonel. Après la guerre, il sert en Pologne avant de quitter l'armée en 1920. Il épouse la fille de R.S. McLAUGHLIN et fonde en 1922 sa propre entreprise, W.E. Phillips Ltd., à Oshawa, en Ontario. En 1940, C.D. HOWE l'engage pour diriger Research Enterprises Ltd., une entreprise fabricant des verres optiques, des télémètres, des jumelles et des éléments de radar. Entre 1940 et 1946, les ventes de matériel de Research Enterprises totalisent 220 millions de dollars. À la fin de la Seconde Guerre mondiale, Phillips rejoint E.P. TAYLOR chez ARGUS CORPORATION LTD. et devient président du conseil de cette société de placement. En 1945, il est nommé président du conseil des gouverneurs de l'U. de Toronto et s'y fait remarquer par sa gestion solide et volontaire des affaires et des questions financières de l'université.

Robert Bothwell

Philosophie Le mot «philosophie», dans son sens grec originel, signifie «amour de la sagesse», en théorie et dans la pratique. Sur le plan théorique, les philosophes se questionnaient sur l'origine, la composition et la structure de l'univers ainsi que sur la nature de l'être humain et sa place dans l'univers. Sur le plan pratique, ils se penchaient sur des questions de conduite, telles que la moralité personnelle et les moyens d'organiser nos relations interpersonnelles, tant dans notre vie privée qu'au sein d'institutions publiques comme l'État. Les philosophes étaient parfois perçus comme des sages, des personnes perspicaces et sensées qui supportent les épreuves avec sérénité. C'est pourquoi l'on dit d'une personne qu'elle accepte les revers «avec philosophie».

Évolution de la philosophie comme discipline La conception de la philosophie a évolué depuis ses origines. Le questionnement théorique susmentionné relève en grande partie, mais pas entièrement, des sciences spécialisées, telles que la physique, la chimie, la biologie et la psychologie. Les préoccupations philosophiques d'ordre formel, qui sont surtout notre propos ici, sont devenues une discipline universitaire, exigeant une formation spécialisée et suscitant une réflexion critique sur bien d'autres disciplines.

La philosophie est l'affaire de tous Malgré sa spécialisation, la philosophie demeure l'affaire de tous. Chacun peut avoir sa propre philosophie de la vie. Il s'agit alors d'une conception globale du monde et de la place qu'y occupent les personnes, une vision de la moralité et de la société idéale, ainsi qu'un programme individuel qui guide la propre vie de la personne et son comportement. Cette philosophie de la vie peut être héritée, sans trop y penser, de son propre milieu social. La philosophie fait partie de la culture générale. En ce sens, on peut dire que les peuples autochtones du Canada ont une ou plusieurs philosophies. Divers groupes d'immigrants européens sont venus ici avec leurs philosophies. Plus récemment, des immigrants de l'Asie de l'Est et du Sud, du Moyen-Orient, des Caraïbes et d'autres pays du monde ont apporté de nouvelles façons de penser. En tant que nation commerçante, le Canada a toujours été conscient des nombreux courants de pensée qui prévalent ailleurs dans le monde, et ceux-ci l'ont influencé.

Pluralisme canadien Au Canada, le milieu philosophique est pluraliste, à la fois au sens général et au sens plus strict où cette discipline l'entend. Néanmoins, notre politique de multiculturalisme exige non seulement de la tolérance, mais assez de compréhension mutuelle et de terrains d'entente pour permettre d'entretenir un système social et politique commun.

Aperçu d'articles sur la philosophie au Canada La philosophie canadienne (ou plutôt la philosophie au Canada) peut être subdivisée de trois façons distinctes. D'une part, il faut distinguer deux périodes: avant 1950 et après 1950, puisqu'elles présentent de nettes différences. D'autre part, la période qui suit 1950 se répartit en diverses branches, reflétant la spécialisation qui s'est alors produite. Enfin, il faut distinguer l'apport du Canada français et celui du Canada anglais, en égard aux différences historiques et sociales et au caractère bilingue (voire binational) du pays.

La philosophie avant 1950 dans le Canada français et le Canada anglais

La pratique de la philosophie au Canada avant 1950 (*voir* PHILOSOPHIE AVANT 1950, LA) comporte certaines particularités. Le pays compte alors fort peu de philosophes professionnels. Souvent, ces derniers œuvrent au sein d'une institution religieuse ou s'y conforment. La géographie et parfois la langue les séparent. Cela, combiné avec la pauvreté relative des communications et la rigidité des structures institutionnelles, contribue à maintenir les philosophes dans un certain isolement. La plupart enseignent. Occupés par une charge professorale prégnante, ils préservent et transmettent, comme élément d'une culture de l'esprit, un aperçu historique, une tradition philosophique particulière ou les versions d'une «école», comme le thomisme, la théorie écossaise du sens commun ou l'idéalisme objectif. Cela n'empêche qu'au cours de cette période, la philosophie a connu des changements importants et que l'apport de certains philosophes bien connus a

contribué à enrichir la vie intellectuelle et la culture canadiennes.

La philosophie après 1950 dans le Canada français et le Canada anglais

Vers 1950, la richesse croissante du Canada, son explosion démographique et le nouvel intérêt porté à la culture et à l'éducation produiront une véritable révolution. En 1948, le REFUS GLOBAL de Paul-Émile BORDUAS est le porte-drapeau d'une révolte contre l'orthodoxie au Québec. Il s'ensuit la constitution, en 1961, de la Commission royale d'enquête sur l'enseignement dans la province du Québec (dite Commission Parent) et un vaste mouvement de laïcisation. À l'échelle fédérale, la constitution, en 1959, de la COMMISSION ROYALE D'ENQUÊTE SUR L'AVANCEMENT DES ARTS, LETTRES ET SCIENCES AU CANADA (dite Commission Massey) et la création, en 1957, du CONSEIL DES ARTS DU CANADA sont des événements marquants qui ont permis le soutien financier des études supérieures, des sciences et de la culture dans l'ensemble du pays.

La croissance rapide des universités donne lieu à une multiplication du nombre de philosophes ainsi qu'à leur professionnalisation et à leur sécularisation. Souvent, ces derniers se consacrent à des problèmes techniques ésotériques, se considèrent membres d'un milieu universitaire cosmopolite international (plutôt que national), ne se prennent nullement pour des sages, ne manifestent aucun intérêt pour les affaires locales et ont peu d'échanges avec le public.

Toutefois, bien des choses vont amener peu à peu une communauté nationale de philosophes à se constituer. D'abord, des changements surviennent dans le domaine des communications et des déplacements. Ensuite, plusieurs organismes professionnels sont créés, notamment l'Association canadienne de philosophie (ACP, 1957). Plus tard, des associations régionales dans les provinces de l'Atlantique, dans l'Ouest canadien, au Québec et en Ontario, et le lancement de revues telles que *Dialogue* (1962) et le *Canadian Journal of Philosophy* (1971) contribuent à la naissance de cette communauté, de même que les contacts personnels au cours de rencontres professionnelles, comme les congrès des sociétés savantes. Une harmonie relative, associée à une interaction productive entre les deux groupes linguistiques et à d'importants intérêts communs est, d'ailleurs, est alimentée par l'existence de la revue bilingue *Dialogue*, par la politique, au sein de l'ACP, du bilinguisme passif, et par la pratique d'alterner les charges au sein de l'exécutif entre anglophones et francophones. Ainsi, même si les philosophes ne sont pas toujours d'accord, ils apprennent à vivre ensemble et à se comprendre mutuellement.

Dans le Canada d'aujourd'hui, les philosophes ont de multiples allégeances envers un milieu universitaire international qui se consacre à telle question de recherche ou qui défend telle école de pensée, vis-à-vis du département de leur propre université et, enfin, à une communauté régionale ou au Canada en tant que pays. La première de ces allégeances est souvent la plus forte, puisque nombre de philosophes sont des immigrants, surtout des États-Unis ou de l'Europe, avec peu d'attaches locales, sans compter que bon nombre d'entre eux estiment que la philosophie est une entreprise universelle qui transcende les préoccupations locales.

Néanmoins, on peut discerner trois tendances qui font contrepoids à cette optique universaliste. D'une part, des historiens et quelques philosophes s'intéressent à l'histoire intellectuelle du Canada et d'autres pays, et cette histoire comprend l'évolution régionale ou nationale de la philosophie (*voir* ÉTUDES CANADIENNES). D'autre part, le Canada s'est toujours heurté à des problèmes particuliers de communication en raison de son vaste territoire et a produit d'éminents théoriciens des communica-

tions, tels que Harold INNIS et Marshall MCLUHAN. Les nouvelles formes de communication électronique (le courriel et le Web, p. ex.), tout en facilitant la création de communautés internationales virtuelles, aident aussi les philosophes à se regrouper en communautés régionales ou nationales pour se pencher sur des problèmes qui leur sont propres. Voilà qui pourrait revitaliser l'idée du Canada comme «communauté de communautés».

Enfin, un intérêt croissant se manifeste, peut-être motivé par l'obligation de rendre des comptes au public, pour la philosophie appliquée, ce qui pourrait donner lieu à un rapprochement entre les philosophes professionnels et le public canadien. La manifestation la plus évidente de cette tendance est la partie de l'éthique qui se consacre à l'«éthique appliquée», notamment à la DÉONTOLOGIE MÉDICALE, à l'éthique professionnelle et à la déontologie des affaires, qui permettent aux philosophes de discuter de façon intelligible des problèmes réels qui se posent aux praticiens. Des travaux appliqués sont effectués en PHILOSOPHIE POLITIQUE, mais au Canada, il reste beaucoup à faire dans le contexte fertile en problèmes qu'est l'État fédéral, multiculturel et bilingue (voire binational).

Branches de la philosophie

Après 1950, comme on l'a mentionné plus haut, la philosophie au Canada s'est transformée en une discipline plus spécialisée et plus technique. Il n'est donc pas inutile de se pencher sur ses diverses branches ou sous-disciplines en mettant en relief les questions posées, plutôt que les diverses réponses qui y sont données, et cela, par souci d'objectivité.

Logique Qu'elle soit déductive ou inductive, que le discours en soit informel ou rhétorique, la logique étudie les principes du raisonnement valide et de l'inférence. Dans quelles conditions les prémisses d'un argument mènent-elles à une conclusion? Autrement dit, dans quelles conditions, si les prémisses sont vraies, la conclusion est-elle vraie assurément? Dans quelles conditions les prémisses aboutissent-elles à une conclusion sinon certaine, du moins probable? Quelles caractéristiques rendent un argument ou une inférence valide plutôt qu'invalide? À plusieurs égards, la logique est devenue très technique, voire quasi mathématique, comme dans le cas des systèmes axiomatiques déductifs, du calcul des probabilités et des subtilités syntaxiques, sémantiques et pragmatiques du langage.

Épistémologie L'ÉPISTÉMOLOGIE (théorie de la connaissance) étudie les normes qui régissent la croyance raisonnable et l'atteinte de la vérité. Elle pose des questions au sujet de la connaissance. Qu'est-ce que la connaissance? Pouvons-nous connaître une chose? Que pouvons-nous connaître? Comment pouvons-nous acquérir cette connaissance? Autrement dit, quelles sont les sources de la connaissance? L'épistémologie porte sur des questions fondamentales. Qu'est-ce que la vérité? Quels sont les critères de vérité? Elle s'interroge aussi sur d'autres sujets. Qu'est-ce qu'une croyance raisonnable ou justifiée? Quel rôle la raison, l'expérience, l'intuition et la foi jouent-elles pour justifier une croyance? La question est centrée d'habitude sur le normatif, c.-à-d. sur ce que nous devrions croire ou sur ce que nous sommes censés croire. Néanmoins, de telles questions peuvent être examinées, selon une optique psychologique ou sociologique, dans le contexte de ce qu'elles révèlent de nos pratiques et de nos pouvoirs cognitifs.

Métaphysique Traditionnellement, la MÉTAPHYSIQUE s'occupe des questions d'ontologie. Qu'est-ce qui existe? Qu'est-ce qui est réel? Elle porte aussi sur la cosmologie. Quelles sont l'origine de l'univers, son évolution et sa fin? Ces questions relèvent en bonne partie de sciences spécialisées, comme l'astrophysique. Toutefois, certaines questions demeurent. Qu'entend-on par «être»? Que voulons-nous dire quand nous affirmons que quelque chose existe ou est réel? Y a-t-il une différence? Le mode d'existence des personnes diffère-t-il de celui des choses, et quelles seraient les implications d'une telle différence? La métaphysique examine, comme dans le passé, les catégories de pensée les plus générales, abstraites et fondamentales: chose, personne, propriété, relation, événement, espace, temps, action, le possible et l'actuel. Elle pose des questions à propos de l'apparence et de la réalité. La réalité du monde diffère-t-elle grandement de son apparence? Elle se penche sur l'ordre général des choses, notamment le déterminisme. Tout événement a-t-il une cause? Elle s'interroge sur la liberté. Avons-nous le libre arbitre? Le déroulement de nos vies est-il décidé à l'avance par le destin?

Éthique L'éthique pose les questions suivantes: Qu'est-ce que le bien? Qu'est-ce qui est un bien ou une valeur en soi, et qu'est-ce qui est bien comme moyen ou conséquence? Quelles actions sont un bien et quelles autres sont un mal? Qu'est-ce qu'une personne vertueuse? Quels sont nos droits et obligations? Qu'est-ce que la justice? Pouvons-nous déterminer ce que les gens méritent, et, dans l'affirmative, sur quoi nous basons-nous? L'éthique théorique pose des questions critiques et réflexives à caractère normatif. Quels sont les principes valides du raisonnement éthique (logique)? Y a-t-il des vérités morales (épistémologie)? Dans l'affirmative, pouvons-nous connaître ces vérités et comment (métaphysique)? Que devons-nous postuler à propos de la nature de l'univers pour appuyer ou justifier des arguments moraux? Les arguments moraux correspondent-ils à de simples conventions sociales ou s'appuient-ils sur la nature, la raison ou des commandements divins?

Philosophie sociale et politique

La PHILOSOPHIE SOCIALE ET POLITIQUE est étroitement liée à l'éthique. Dans quelle mesure le bien de la personne dépend-il du bien d'un groupe social? Quelles obligations avons-nous à l'égard d'autrui? Qu'est-ce qu'une société juste? Les États doivent-ils se fonder sur des nations qui existent déjà (peuples, tribus, clans, familles)? Y a-t-il à la fois des droits individuels et des droits collectifs, et quels devraient en être les rapports entre eux? Quel régime politique ou juridique devrions-nous avoir? Sur quels principes de base ce régime devrait-il s'appuyer? Voilà des questions d'intérêt capital dans un pays bilingue et multiculturel comme le Canada.

Philosophie de X La philosophie des sciences, de la religion, de l'histoire, de l'art, de l'éducation, du droit, de l'esprit et du langage constitue un examen critique et réflexif dans un domaine particulier, où des questions sont posées à propos des présupposés métaphysiques, logiques, épistémologiques et éthiques du domaine en question. Un grand nombre de questions peuvent être abordées: qu'est-ce que le savoir scientifique? Est-il supérieur aux autres formes de connaissances? Pourrait-il être le seul genre de connaissance fiable? Les croyances religieuses sont-elles une question de raison ou de foi, ou les deux? Les explications historiques diffèrent-elles des explications scientifiques? L'art doit-il avoir un but moral? Quels objectifs l'éducation devrait-elle viser? Le droit utilise-t-il un mode spécial de raisonnement? Le droit doit-il faire respecter la moralité? L'esprit et la matière sont-ils fondamentalement différents? Les événements mentaux sont-ils tributaires des événements physiques (c.-à-d. du cerveau), ou les deux ont-ils un effet identique? Qu'est-ce qui définit une personne et l'identité personnelle? Comment des symboles arbitraires (tels que des mots) peuvent-ils acquérir un sens et même désigner un possible qui n'est pas actuel? Dans quelle mesure faut-il manier un langage quelconque pour être humain? Une grande partie de la philosophie moderne est «ponctuelle», s'efforçant de trouver des réponses à pareilles questions.

Systèmes philosophiques synoptiques Les systèmes philosophiques synoptiques correspondent à diverses tentatives de fournir un ensemble systématique, global et cohérent de réponses à des questions philosophiques. Ces systèmes peuvent comporter les éléments suivants: une métaphysique (un ensemble de catégories fondamentales, une ontologie, une cosmologie, ainsi qu'une théorie de la réalité qui explique le monde et la façon dont il se présente à nous), qui repose sur le savoir scientifique d'une époque donnée; une théorie de la connaissance qui délimite ce qui peut être connu de ce qui ne peut l'être et de quelle façon; une logique qui fixe des normes et limites pour l'usage correct de la raison; une anthropologie philosophique qui décrit la nature humaine et notre place dans l'univers; et un ensemble de normes qui régissent la moralité, les droits et obligations ainsi que les fondements d'une société juste. De tels systèmes sont souvent associés à un penseur individuel, tel que Platon, Aristote, Thomas d'Aquin, Descartes, Hume, Kant, Hegel ou Heidegger, ou alors, à une «école» de philosophie, telle que l'empirisme logique ou l'existentialisme.

Histoire de la philosophie Que la philosophie ait une histoire semble revêtir plus d'importance pour elle que, p. ex., l'histoire de la physique en a pour la physique. En effet, les systèmes philosophiques d'un groupe ou d'une période, ou du moins les solutions proposées à des problèmes donnés, sont de précieux artefacts culturels. Certains philosophes se veulent les gardiens d'une culture et se donnent pour mission de conserver, d'adapter et de transmettre une philosophie ancrée à une période donnée de l'histoire. Ils peuvent la considérer comme une philosophie définitive, valable partout et pour toujours, ou au moins valable pour un peuple particulier. D'autres s'occupent de l'histoire de la philosophie parce qu'ils estiment qu'il y a d'importantes leçons à tirer des erreurs commises dans le passé. Quoi qu'il en soit, il demeure que l'enseignement de la philosophie s'appuie en grande partie sur l'histoire de celle-ci. En outre, la compréhension, l'interprétation et la transmission, d'une part, ou la critique, d'autre part, de philosophes individuels ou d'écoles de philosophie occupent une grande place dans l'histoire de la philosophie. À vrai dire, nul philosophe ne peut se passer d'une contribution aussi importante à la culture intellectuelle.

La question de savoir si la philosophie canadienne a un caractère propre, avec des caractéristiques distinctives, ou des propos sur le développement de la philosophie au Canada serait un autre sujet de discussion.

John T. Stevenson

Philosophie avant 1950, la L'arrivée de la philosophie au Canada suit de près celle des colons. L'histoire de la philosophie canadienne commence au Canada français en 1665 et au Canada anglais lors de la fondation des universités de la Nouvelle-Écosse et de l'Ontario.

Canada français

En Nouvelle-France, comme dans l'ensemble du Nouveau Monde, l'enseignement de la philosophie relève d'abord de l'Église. Dispensés depuis 1665 au Collège des Jésuites de Québec, les cours de philosophie suivent alors, comme dans les collèges de France, les préceptes édictés dans le *ratio studiorum*. En deux ans, les rares élèves que compte le Collège à l'époque s'initient à la logique d'Aristote telle qu'elle est formulée dans le *De interpretatione (De l'interprétation,* le deuxième livre de l'*Organon*) et dans les deux livres qui constituent les *Premiers Analytiques*. Le programme de physique aristotélicienne repose tout entier sur les huit livres de la *Physique,* sur le *Traité du ciel* et sur le premier livre de *De la génération et de la corruption*. La métaphysique enseignée est aristotélicienne elle aussi, et les cours d'éthique s'inspirent de l'*Éthique à Nicomaque,* mais les professeurs font le plus souvent possible référence au philosophe saint Thomas d'Aquin (v. 1224-1274). Dans la hiérarchie des arts libéraux du Moyen Âge, la philosophie était la servante de la théologie (*ancilla theologiae*). Il en est de même au Québec jusqu'en 1759, puisque les étudiants destinés à la prêtrise doivent étudier la philosophie avant d'entreprendre leurs études de théologie.

Philosophie et remise en question de la foi Interrompu par la Conquête, l'enseignement de la philosophie reprend en 1770 dans cinq collèges. C'est ainsi qu'en 1835, l'abbé Jérôme DEMERS du SÉMINAIRE DE QUÉBEC publie le premier manuel de philosophie canadien, *Institutiones philosophicae ad usum studiosae juventutis*. Plus nombreux, pour la plupart nés au pays, les professeurs fondent leur enseignement sur le *Traité des études* (éd. rev., 1845) de Charles Rollin, pour qui la philosophie fournit à l'esprit une armature morale et protège la jeunesse de l'incrédulité. Selon lui, l'incrédulité découle de la Réforme protestante, des écrits du philosophe français René Descartes (1596-1650), de l'*Encyclopédie* (1751-1780) de Denis Diderot et des effets exercés par les révolutions américaine et française (1776 et 1789) sur une province où, dès 1764, il est de plus en plus facile de se procurer des ouvrages imprimés. L'enseignement de la philosophie est donc une activité controversée. De nouvelles idées et des objections à ces idées font leur apparition: l'origine des idées et les fondements de la certitude, l'immortalité de l'âme et l'existence de Dieu, l'ATHÉISME, les origines du pouvoir politique et la forme la plus élevée de gouvernement. Après Descartes et les philosophes des Lumières, il faut désormais accepter ou refuser les lois de la raison.

Cette remise en question est à l'origine de la controverse (1833-1834) qui éclate autour du philosophe français Félicité de Lamennais (1782-1854) et de la publication du livre de l'abbé Demers. Les enjeux du débat sont l'établissement de la certitude, en dépit du doute cartésien dans l'enseignement de la logique, la réfutation de l'athéisme des Lumières dans la métaphysique et la philosophie morale, et la légitimation du pouvoir politique par le droit divin et non par la volonté du peuple.

Philosophie catholique Cantonné dans une position défensive jusqu'en 1840 environ, l'enseignement de la philosophie se caractérise ensuite par la quête de thèses philosophiques affirmatives et par la recherche frénétique d'une autorité et d'une «philosophie catholique» trouvant son expression ultime dans l'encyclique *Aeterni Patris* (1879) du pape Léon XIII, qui traite du rétablissement d'une philosophie chrétienne. C'est dans ce contexte qu'apparaît le thomisme, école qui va devenir pour longtemps synonyme de philosophie canadienne-française. En 1879, la philosophie de saint Thomas d'Aquin apporte des solutions aux problèmes fondamentaux et traditionnels de l'enseignement de la philosophie. La certitude, produit de la raison, prend appui sur la foi sans plus être troublée par le doute. L'éthique est tributaire de la hiérarchie des finalités qui place Dieu au-dessus de l'homme, le spirituel au-dessus du temporel, l'Église au-dessus de l'État, fournissant ainsi les bases doctrinales de l'ULTRAMONTANISME, qui dominera par la suite la société canadienne-française.

L'enseignement de la philosophie est désormais rigoureusement codifié: un seul examen de baccalauréat à la fin du cours classique dans tous les collèges, un même manuel pour tous les établissements. Toutefois, au début du XXe s., la «question sociale» ébranle cette uniformité. L'industrialisation (le capital, la classe ouvrière, les grèves) et l'urbanisation mettent le thomisme aux prises avec de nouveaux problèmes (*voir* DOCTRINE SOCIALE DE L'ÉGLISE CATHOLIQUE) et justifient souvent l'élaboration et l'adoption de nouveaux manuels.

La philosophie fait son entrée dans les universités À partir de 1920, la philosophie fait un bond en avant en s'introduisant dans les universités. Une faculté de philosophie est créée à l'U. de Montréal en 1921. Ceslas-Marie Forest, moine dominicain, en est le doyen de 1926 à 1952. À Québec, l'École supérieure de philosophie (fondée en 1926) de l'U. Laval devient faculté en 1935; c'est le Belge Charles DE KONINCK qui en est directeur de 1939 à 1956.

Le développement de l'enseignement de la philosophie profite initialement de la croissance des universités et de l'importance grandissante des études de philosophie à Louvain et à Rome. Mais cet enseignement prend son véritable essor à la suite d'une autre encyclique, *Deus Scientiarum* (1931), qui fait de la science un bastion de la foi et conduit à une réorganisation des facultés de philosophie. À Laval, on fait une place égale à saint Thomas et à Aristote, comme on peut le constater dans les études publiées par les professeurs et les articles du *Laval théologique et philosophique* (1945-). À Montréal, le latin n'est plus la langue d'enseignement à partir de 1936. Les cours de jour, instaurés en 1942, voient leur nombre doubler en 1948. Les thèses restent dominées par la pensée thomiste jusqu'à la fin des années 40 mais, avec la laïcisation progressive de l'université, l'histoire de la philosophie occupe une place prépondérante.

Franciscains et dominicains Les études canadiennes-françaises en philosophie et en histoire médiévales sont sans doute les plus importantes contributions internationales dans ces sphères du savoir, du moins jusqu'en 1950. L'apport exceptionnel des franciscains à ces travaux est déprécié et devient, en 1927, l'objet d'une polémique au sein des cercles thomistes entre le futur cardinal VILLENEUVE et le grand médiéviste franciscain, le père Éphrem LONGPRÉ. À Ottawa, les dominicains créent en 1930 l'Institut d'études médiévales, qui déménage en 1943 et se joint à l'U. de Montréal. Les travaux les plus marquants de cette époque sont ceux de Charles de Koninck, d'Hermas Bastien et des pères Louis-Marie RÉGIS, Louis Lachance, Patrice Robert, Julien Péghaire et Arcade Monette. Signalons également l'activité de sociétés philosophiques telles que la Société de philosophie de Montréal (fondée en 1924) et la très formaliste Académie canadienne Saint Thomas d'Aquin (1930-1945).

À partir de 1930, une nouvelle génération, qui compte dans ses rangs Étienne Gilson (à Toronto) et Jacques Maritain, remplace la vieille garde et prend les rênes de nouvelles revues et des Journées thomistes (1935 et 1936) organisées pour la jeune génération. Entre la crise des années 30 et le REFUS GLOBAL de 1948, Maritain, catalyseur des débats philosophiques (avec De Koninck) et des controverses idéologiques (concernant le pétainisme), est le grand inspirateur. Il est relayé par Emmanuel Mounier, les existentialismes chrétien et athée, et la phénoménologie.

Yvan Lamonde

Canada anglais

Au Canada anglais, la philosophie prend racine dès la création des premières universités en Nouvelle-Écosse et dans l'Ontario actuel. Avec une population de moins de deux millions d'habitants, le Canada compte 12 universités en 1860. La majorité des philosophes qui enseignent dans ces universités viennent de Grande-Bretagne, en particulier d'Écosse. Ils ont une formation de pasteurs, mais la philosophie constitue une bonne part de leur instruction.

En Écosse, philosophie et théologie ont rendez-vous lors du sermon dominical. Celui-ci sert de véhicule aux débats et à la quête d'une démarche raisonnée, surtout quant à la dramatique remise en question de la théologie traditionnelle qu'est le darwinisme. Au Canada, les théologiens et les intellectuels venus d'Écosse doivent relever des défis plus lourds imposés par une population étudiante de plus en plus diversifiée et un climat de tension qui confine à l'athéisme.

L'omniprésence d'un environnement hostile amène beaucoup d'étudiants d'origine rurale à contester l'existence d'un Dieu sauveur et protecteur. Il faudra alors faire appel à la raison et à des arguments solides

pour les convaincre des choses suivantes: il vaut mieux se comporter de façon morale qu'immorale; l'individu a sa place dans ce nouveau pays sauvage; la nature peut s'avérer productive tout en étant protégée; les théories scientifiques et évolutionnistes avancées peuvent trouver leur place à côté de la théologie et de l'idée de Dieu; la religion garde sa raison d'être au milieu des désastres naturels; et dans une ville peuplée de gens aux convictions religieuses très variées, un pasteur peut prononcer une homélie qui, sans offenser personne, donne à la vie de ses paroissiens fatigués et malmenés un sens et une finalité. Les philosophes chargés d'une mission si conséquente s'adaptent alors aux demandes de leur entourage et entreprennent d'éduquer sans relâche les futurs pasteurs, enseignants, prêcheurs ambulants et fonctionnaires du Canada.

Le Canada a toujours servi de terre nourricière à de nombreuses cultures. Nous reconnaissons souvent une culture au sens qu'elle donne aux événements et aux institutions. Là où une même institution fondamentale (p. ex. la famille, la police, le rôle de l'État) suscite plusieurs ensembles d'attitudes et de réponses, il y a plus d'une culture. Les premiers philosophes savent bien qu'on ne peut imposer facilement, du moins de manière pacifique, un seul ensemble de significations à des groupes de gens éloignés les uns des autres. Beaucoup de Canadiens ont immigré pour échapper à des idées rigides imposées par l'État. Si la liberté d'opinion doit avoir le moindre sens, il faut que le noyau conceptuel de la culture canadienne offre aux nombreuses cultures la possibilité de coexister. C'est pourquoi les philosophes mettent l'accent sur la raison comme base du pluralisme des interprétations.

C'est par la raison que nous donnons un sens aux événements et que nous nous défendons contre les atteintes portées aux interprétations qui organisent nos vies. Les philosophes canadiens ne sont pas les seuls à se poser des questions sur la nature et l'usage de la raison, mais leurs interprétations donnent un fondement distinctif aux notions unificatrices de l'identité culturelle.

Thèmes de base Trois thèmes fondamentaux dominent la pensée canadienne-anglaise à ses débuts: les fondements philosophiques de la religion, l'idée de nature et l'examen des systèmes politiques à la lumière de la philosophie. Vers la fin du XIXe s. et au début du XXe s., des penseurs comme John WATSON de l'U. Queen's publient des travaux sur ces trois sujets. George BLEWETT de l'U. de Toronto analyse l'idée de nature dans ses rapports avec Dieu. La philosophie canadienne ne se confine cependant pas dans ces trois thèmes. Richard Maurice BUCKE, psychiatre de London, parle d'une «spiritualité évolutionniste». John Macdonald, de l'U. d'Alberta, publie des études sur la philosophie de l'éducation. À l'U. Dalhousie, Herbert Leslie Stewart s'intéresse aussi bien au CALVINISME qu'à l'œuvre de Nietzsche.

Rupert LODGE, spécialiste de Platon à l'U. du Manitoba, livre ses réflexions sur l'éthique, le monde des affaires et l'éducation. Selon lui, il n'existe peut-être pas de réponse absolue à une question et tout problème doit être analysé à l'aide de son contexte. Même si ses œuvres tendent vers l'idéalisme et la préservation des grandes valeurs admises, et non vers l'idée du progrès matériel à tout prix, Lodge présente, malgré tout, les points de vue des pragmatistes et des réalistes au niveau de tous les problèmes abordés dans ses derniers livres. Les philosophes canadiens (Lodge en est un bon exemple) pratiquent la tolérance et le respect; ils examinent tous les aspects d'un problème avant de proposer des solutions.

À l'U. de Toronto, George BRETT fait valoir l'importance de l'histoire pour qui veut comprendre la nature humaine et devient le maître à penser de la Toronto School of Intellectual Science, qui joue un rôle majeur jusqu'à la fin des années 50. John

IRVING, également de l'U. de Toronto, porte ce même regard d'historien sur les 100 premières années de la philosophie au Canada et publie en 1952 le premier bilan de la philosophie dite canadienne dans son livre *Philosophy of Canada: A Symposium*. Son ouvrage *Science and Values* prédit la même année la concrétisation d'une union plus étroite de la philosophie et des problèmes pratiques du Canada, en ce sens que les philosophes se pencheront sur l'éducation, l'économie, la politique et le bien-être social quand la culture devra s'adapter à l'évolution rapide du monde. Ses prédictions se réalisent si l'on en juge le nombre croissant de publications et de centres de recherche dans des domaines variés de l'éthique appliquée et des droits de la personne. Les principaux centres se trouvent aujourd'hui dans les U. de la Colombie-Britannique, de Western Ontario, de Toronto, York, McGill et à la Ryerson Polytechnic University.

Religion et science Les philosophes estiment qu'il faut s'attaquer de toute urgence aux revendications religieuses et au progrès de la science. Le machinisme, l'emprise de plus en plus grande sur la nature et les progrès incessants dans la production et la répartition de la richesse semblent donner aux hommes des pouvoirs autrefois attribués à Dieu seul. Le contexte géographique et la diversité de la population canadienne rendent peu probable la présence d'une religion officielle (*voir* ANGLICANISME) dont la plate-forme doctrinale permettrait de trouver une réponse aux questions que soulèvent ces changements. Les philosophes catholiques, quant à eux, cherchent les réponses dans l'œuvre de saint Thomas d'Aquin. La création à Toronto d'un Institut des études médiévales (1929; obtention de la bulle d'érection canonique en 1939 lors de sa transformation en Institut pontifical des études médiévales) témoigne de l'engagement et du professionnalisme de ces pionniers de la pensée catholique. (Un autre Institut d'études médiévales est fondé à Ottawa en 1930 par les dominicains.)

Chez les protestants, la stratégie n'est pas aussi claire. James Beaven publie en 1850 *Elements of Natural Theology*, le premier ouvrage de philosophie écrit par un Canadien anglais. Soucieux de rattacher la religion au progrès de la science, Beaven présente les lois, l'ordre et les structures de l'univers comme une preuve de l'existence d'un être rationnel supérieur, Dieu. L'univers est intelligible dans son ensemble parce que les lois qui le régissent agissent de concert. Si «Dieu» est ce que nous entendons par source de toute intelligibilité, avance Beaven, c'est que la relation étroite qui unit l'homme à Dieu demeure intacte.

John WATSON, un spécialiste reconnu du philosophe allemand Emmanuel Kant, est l'auteur de plusieurs ouvrages importants sur la philosophie et la religion. Dans *Outline of Philosophy* (1908) et *The Interpretation of Religious Experience* (1910-1912), il passe en revue les arguments historiques pour ou contre l'existence de Dieu et propose pour la preuve de cette existence un système métaphysique qui établit des corrélations entre la raison, Dieu, et un concept idéaliste emprunté au philosophe allemand Hegel, «l'Absolu». Dans un chapitre de *The Interpretation of Religious Experience* intitulé «The Invisible Church», Watson prévoit, en outre, le rôle que jouera l'ÉGLISE UNIE dans la vie canadienne comme intermédiaire d'une moralité rationnelle. Il publie 8 ouvrages et plus de 200 articles. Son œuvre connaît un grand rayonnement en Grande-Bretagne et aux États-Unis.

À l'U. McGill, John Clark MURRAY entreprend dans *A Handbook of Psychology* (1885) et *An Introduction to Ethics* (1891) une démarche métaphysique où les pouvoirs accrus de l'homme et la volonté de Dieu se conjuguent pour expliquer rationnellement des choses de l'existence. Murray consacre une grande partie de son temps à donner des conférences et à rédiger des articles pour la presse sur les difficultés de la classe ouvrière. En étant l'un des premiers défenseurs de la pensée féministe, il se montre énergique et intrépide à cet égard. Présents eux aussi sur la place publique, Herbert Leslie STEWART et John Allan IRVING proposent quelques années plus tard des exposés à la radio de la Société Radio-Canada.

George Paxton YOUNG de l'U. de Toronto, qui publie à l'occasion des études sur l'éthique et les mathématiques, s'oppose ouvertement aux doctrines de son Église. En 1864, jugeant ne pas pouvoir souscrire aux articles de foi de l'Église anglicane, il quitte le Knox College de l'U. de Toronto pour occuper un bureau de l'autre côté du campus, au collège universitaire. C'est un professeur populaire qui avait été très actif jusque-là au sein de son Église. En abandonnant tous ses devoirs envers cette Église et en passant ostensiblement d'un collège religieux à un collège laïc, il attire l'attention des médias écrits de l'époque et gagne à sa cause des étudiants dont le nombre va en augmentant.

William LYALL, de l'U. Dalhousie, met en évidence le rapport entre Dieu et l'homme dans son *Intellect, the Emotions, and the Moral Nature* (1855). «L'homme fait partie de la nature, de sorte que le viol de la nature porte indirectement atteinte à l'homme», écrit-il.

George John BLEWETT, un jeune agriculteur du sud de l'Ontario, publie *The Study of Nature and the Vision of God* (1907) et *The Christian View of the World* (1912). Il constate que, par sa négligence et son gaspillage, l'homme met en danger le milieu naturel dans lequel il vit. Selon lui, la raison est le fondement de toute expérience et de toute liberté. De plus, la notion d'une communauté des «esprits rationnels» est plus importante que celle des individus. L'idée de la communauté comme clé de la survie s'enracine profondément dans une société canadienne en évolution, mais encore largement rurale.

Philosophie politique En tant qu'entité politique, le Canada présente deux attributs caractéristiques. L'un est son pluralisme multidimensionnel en matière de langues, de culture, de religion, de géographie, de conception de l'éducation et de valeurs. L'autre est un indéfectible attachement de ses diverses communautés à leurs traditions. Français et Écossais transposent dans leur pays d'adoption les modes d'organisation sociale hérités de leurs ancêtres. À leur arrivée, les LOYALISTES manifestent eux aussi un grand attachement aux traditions, puisqu'ils rejettent les idées radicales de la jeune république américaine. Les philosophes qui s'intéressent à la théorie politique doivent parvenir à instaurer la politique sur une base conceptuelle alors qu'ils sont entourés de factions distinctes, voire parfois opposées. Une fois encore, la raison reste leur guide comme médiatrice et outil de découverte.

Dans son *The State in Peace and War* (1919), Watson avance qu'il faut voir le progrès dans une perspective historique. Les systèmes sociaux ne s'inventent pas du jour au lendemain. Les hommes avancent d'expérience en expérience, et la raison doit interpréter le présent à la lumière du passé. Il est inévitable que des erreurs se commettent pendant le passage de l'égalité théorique à l'égalité réelle. À n'en pas douter, Watson est un conservateur. George Sidney BRETT est tout aussi modéré. Dans *The Government of Man* (1913), il déclare que nous avons plus besoin de comprendre les problèmes que de leur trouver des solutions. Ces philosophes n'estiment toutefois pas que l'État est une entité douée de raison et incontestable.

John Clark MURRAY adopte une approche plus directe dans son analyse de la révolution industrielle et des maux qu'elle engendre. Dans *The Industrial Kingdom of God,* publié en 1981, après sa mort, il parle ouvertement de Karl Marx, de la planification collective, de la grève et des avantages et inconvénients du capitalisme. Sa prose victorienne ne cache pas ses idées radicales, ce qui explique sans doute pourquoi son livre reste à l'état de manuscrit pendant

près d'un siècle. Murray pense que l'évaluation rationnelle des institutions en place entraînerait des changements positifs. Sa proposition de créer des tribunaux d'arbitrage pour désamorcer l'antagonisme des syndicats est une innovation qui demeure d'actualité.

La philosophie politique canadienne tend en général vers la gauche, mais une gauche modérée. Ses représentants pensent qu'on changera les hommes non pas par la violence raisonnée, mais par un dialogue fondé sur la raison. L'établissement d'une société juste sera une tâche longue et ardue, mais en cours de route, la société deviendra plus stable, moins violente, moins encline à tomber dans le piège d'innovations radicales et de solutions hâtives. À défaut d'être aimé, l'État a besoin d'être compris. Les dissensions sont inévitables, mais chercher à les régler en jetant bas des institutions valables entraînerait un surcroît de tensions et de dégâts. Aux yeux des philosophes canadiens, la raison joue un rôle crucial comme interprète et passage obligé vers des compromis. Ce qu'ils envisagent alors ressemble fort au Canada que nous connaissons: ordonné et prudent, mais un exemple pour le reste du monde en instaurant des valeurs telles que la discussion, la tolérance et la démocratie. Les philosophes du Canada anglais et français étaient et sont d'abord des intellectuels, mais l'examen de leurs écrits en révèle autant sur le caractère national des Canadiens et sur la culture canadienne que sur les questions éternelles de la philosophie.

Elizabeth A. Trott

Philosophie: Éthique, philosophie sociale et politique L'éthique est la branche de la philosophie qui s'intéresse aux valeurs et aux actes (qu'ils soient bons, mauvais ou appropriés), aux obligations et aux droits, à la justice et aux structures politiques et sociales idéales. Les philosophies sociale et politique, elles, forment souvent des sous-catégories de l'éthique.

Canada anglais

Depuis 1950, les philosophes du Canada anglais approfondissent l'étude des valeurs, notamment l'éthique (qu'est-ce qui différencie, le cas échéant, un acte bon d'un acte mauvais?), les philosophies sociale et politique (quels principes utiliser pour évaluer les groupes sociaux et les institutions politiques?) et la philosophie du droit (Quelles sont les normes inhérentes à la loi? Quel lien entretiennent-elles avec les règles morales?). Certains de ces travaux sont issus de réflexions sur des personnages célèbres de l'histoire de l'éthique: Hobbes, Hume, Kant, Hegel et Marx. Ce genre de travaux mène souvent à des réponses partielles originales aux questions normatives principales. Néanmoins, la plupart des travaux réalisés au cours de cette période s'attaquent davantage aux problèmes reliés à l'éthique qu'à son histoire. On privilégie l'approche «analytique», traditionnellement anglaise, plutôt que l'approche européenne actuelle. Les principaux travaux dont il est question ici peuvent être divisés en trois catégories: méta-éthique, éthique théorique et politique, philosophie appliquée.

Méta-éthique La méta-éthique, la plus abstraite des trois catégories, est celle qui reçoit le plus d'attention au cours des années 60. Elle s'intéresse principalement à la signification et à la pertinence des affirmations morales, comme en fait état Francis Sparshott dans son ouvrage *Enquiry into Goodness and Related Concepts* (1958). Sa seconde préoccupation concerne la relation entre l'intérêt personnel et la moralité. Certains philosophes, Gauthier p. ex., dans *Morals by Agreement* (1986), soutiennent que l'intérêt personnel est le fondement de la moralité, mais la plupart d'entre eux, Kai Nielsen p. ex., rejettent cette affirmation et la vision de la moralité qui y est implicite.

L'une des plus grandes préoccupations est ce que David Braybrooke qualifie de «croisement éthopoli-

tique», soit la jonction entre la philosophie de l'histoire et des sciences sociales et la philosophie sociale et politique. Braybrooke, Donald Brown, Charles TAYLOR, Jonathan Bennett et Gerald Cohen ont effectué des recherches remarquables sur la différenciation scientifique et normative des comportements humains. Ils ont établi une liste de critères pour les actes rationnels et moraux en ce qui a trait à l'approche normative. La plupart des questions fondamentales continuent d'alimenter les débats en méta-éthique, surtout celles qui déterminent la portée des critères définitifs servant à trouver des solutions aux enjeux moraux, politiques et juridiques (comme dans *Reason and Value* d'E.J. Bond, 1983).

Élaboration de théories Les philosophes canadiens ont également été actifs dans la deuxième catégorie, c.-à-d. l'élaboration de théories. Ils ont élaboré la plupart de leurs théories petit à petit, se concentrant sur l'évaluation des théories opposées relatives aux aspects dominants de la vie morale, p. ex., les relations interpersonnelles, les émotions, les punitions, les droits et les obligations légales et morales. Des efforts sont également déployés à une échelle plus large en vue de défendre les principales théories qui s'affrontent: utilitarisme, droits individuels et marxisme. Ces théories proposent différentes réponses à la question de savoir si la quête de la justice est essentiellement négative (le chacun pour soi) ou également positive (invitant les individus sans problèmes à aider leurs semblables en difficulté). Depuis le milieu des années 70, en philosophie de la politique, on assiste à une polarisation entre le collectivisme de Marx (p. ex. dans l'ouvrage de Kai Nielsen, *Equality and Liberty,* 1985) et l'individualisme libertaire (p. ex. dans l'ouvrage de David Gauthier, *Morals by Agreement,* 1985). Les défenseurs du statu quo sont demeurés discrets, peut-être parce qu'ils concentrent leurs efforts sur la troisième catégorie.

Philosophie appliquée Jusqu'au milieu des années 70, la plupart des philosophes se penchent sur la méta-éthique et l'élaboration de théories. Leurs ouvrages sont principalement destinés aux autres philosophes, et ils fréquentent peu les spécialistes d'autres disciplines et le grand public. Aujourd'hui, la plupart des département de philosophie offrent des cours en éthique biomédicale, en éthique des affaires et professionnelle, ainsi que sur les problèmes moraux, politiques et juridiques. Grâce à l'enseignement partagé, aux rencontres interdisciplinaires et à la mise sur pied d'instituts (p. ex. le Westminster Institute for Ethics and Human Values à London, en Ontario) et de sociétés (p. ex. la Canadian Section for Philosophy of Law), les contacts avec d'autres spécialistes œuvrant dans des domaines connexes augmentent, permettant l'étude des grandes questions morales.

De plus en plus, les philosophes orientent leurs théories vers les problèmes pratiques, tels que les droits des autochtones, la discrimination envers les femmes, l'enseignement moral, l'énergie nucléaire et la guerre. L'ouvrage utilitariste *Abortion and Moral Theory* (1981) de Wayne Sumner illustre bien cette situation. Ils portent également leur attention sur les problèmes spécifiquement canadiens, comme en témoignent les échanges de 1979 sur la CONFÉDÉRATION et la SOUVERAINETÉ-ASSOCIATION.

Grâce à sa CHARTE CANADIENNE DES DROITS ET LIBERTÉS, la Constitution de 1982 fait également l'objet d'études philosophiques de la part de philosophes intéressés par l'aspect légal et par des juristes aux préoccupations philosophiques. L'ampleur de l'intérêt porté aux problèmes canadiens semble être l'élément qui différencie les travaux en philosophie politique et juridique menés au Canada par rapport à ceux menés ailleurs (p. ex. le débat sur la nature et l'importance des droits collectifs aux niveaux linguistique, religieux, autochtone, etc.). Parmi les anthologies récentes en éthique théorique et appliquée, on note l'ouvrage de Stanley French,

Philosophers Look at Canadian Confederation (1979), et celui de Wesley Cragg, *Contemporary Moral Issues* (2ᵉ éd., 1987).

Prise de conscience des philosophes canadiens

Bien que l'intérêt pour la philosophie appliquée ait augmenté au cours des dernières années, les théories normatives et les opinions méta-éthiques sont toujours implicites dans certains domaines d'application. Les philosophes se plaisent à expliciter ces opinions sous-entendues et à les soumettre à la critique. Cela signifie que les philosophes reviennent inévitablement aux questions fondamentales sur le statut et la justification des règles morales, politiques, sociales et juridiques. Enfin, alors que les philosophes canadiens contribueront probablement de plus en plus et de façon importante aux échanges publics sur des enjeux moraux, il faut noter qu'ils ne sont pas parvenus jusqu'à présent à se faire connaître en dehors des départements de philosophie des universités, à l'exception notable de Charles TAYLOR et de George GRANT. Ces deux philosophes soulèvent des questions sur l'évolution technologique et ils critiquent les présupposés moraux de la société industrielle moderne. Taylor s'inspire des philosophes européens des XVIIIᵉ et XIXᵉ siècles, notamment Hegel. Quant à Grant, il s'inspire des libres-penseurs de l'Antiquité et de la doctrine chrétienne. Tous deux, et en particulier Grant, ont réussi à attirer de nombreux partisans parmi les cercles philosophiques professionnels.

Michael McDonald

Au Canada français

Durant les années 50, la réflexion philosophique sur l'éthique au Québec continue d'être enracinée dans la tradition aristotélico-thomiste et l'enseignement de l'Église catholique. La fin de la décennie est marquée par un changement profond. Le pluralisme entre en scène, alors que la tradition scolastique et systématique décline avec la nouvelle génération de philosophes intéressés à l'histoire de la pensée et à la comparaison entre les diverses écoles de philosophie et les divers systèmes de valeurs.

Rupture avec la tradition Depuis les années 60, les courants philosophiques ont considérablement changé au Québec ainsi que toute la manière de philosopher. Au cours des années 60, la philosophie a fait écho à la RÉVOLUTION TRANQUILLE. Le marxisme et l'existentialisme sont devenus les véhicules du changement dans les valeurs ainsi que dans le contenu de la recherche et de l'enseignement de la philosophie. Quelques philosophes sociopolitiques s'interrogent sur les structures et les valeurs de la société québécoise, sur ses valeurs culturelles, sur ses structures de pouvoir et sur ses idéologies. Parmi les travaux importants dans ce domaine, il faut mentionner ceux de Fernand Dumont: *Le pouvoir dans la société canadienne-française* (1966), *Le lieu de l'homme* (1968) et *La vigile du Québec, octobre 1970: l'impasse?* (1971). Au cours de cette période, un groupe de recherche sur l'idéologie a été fondé et dirigé par Claude Savary.

Dans les années 70, les publications en philosophie sociale et politique se font plus nombreuses et plus diversifiées, tels les essais plus personnels et plus populaires de penseurs impliqués dans les questions sociales et politiques du Québec, comme ceux de Jacques Grand'Maison, *Une société en quête d'éthique* (1977) et *Un nouveau contrat social* (1980), et l'essai de Michel Morin et Claude Bertrand, *Le territoire imaginaire de la culture* (1979). Les essais plus académiques traitent surtout des formes du pouvoir politique, comme les travaux de Joseph Pestieau et les réflexions d'un groupe de philosophes sur la Confédération dans *La Confédération canadienne, qu'en pensent les philosophes?* (1979). Maurice Lagueux s'est vu attribuer le prix du Gouverneur général pour son essai sur *Le marxisme des années soixante* (1982).

La question politique du Québec et la philosophie La philosophie sociale et politique au Québec a été essentiellement centrée sur les questions politiques et les idées issues de la Révolution tranquille. Elle s'est aussi intéressé aux questions plus universelles des droits de l'homme, de la justice sociale, des droits à l'égalité, aux valeurs culturelles, aux droits des minorités, etc.

Au cours des années 70, 80 et 90, plusieurs colloques et de nombreuses publications ont traité de la question québécoise et de la réforme possible du fédéralisme canadien. Parmi les écrits les plus significatifs en ce sens, il faut mentionner ceux de Fernand Dumont, *La vigile du Québec* (1971), *Genèse de la société québécoise* (1993) et *Raisons communes* (1995), ainsi que certains ouvrages collectifs tels *Le Québec et la restructuration du Canada* (1991), sous la direction de Guy Laforest, Louis Balthazar et Vincent Lemieux, *Libéralismes et nationalismes* (1995), sous la direction de Guy Laforest, François Blais et Diane Lamoureux, et *Une nation peut-elle se donner la constitution de son choix?* (1995), sous la direction de Michel Seymour. Quelques publications collectives sur des sujets connexes ont paru dans des revues telles que *Carrefour*, *Lekton* et *Philosophiques*.

Un certain nombre de publications se situent à la frontière de la philosophie politique et de la pensée politique, tels les travaux de Charles Taylor, *Reconciling the Solitudes* (1992) et *Multiculturalism: Examining the Politics of Recognition* (1994), et ceux de Gérard Bergeron, *Syndrome québécois et mal canadien* (1981). Les travaux de recherche et de publication les plus importants en ce sens se font principalement à l'UNIVERSITÉ LAVAL, à l'UNIVERSITÉ D'OTTAWA, à l'UNIVERSITÉ DU QUÉBEC À MONTRÉAL (UQÀM) et à l'UNIVERSITÉ DE MONTRÉAL.

Les questions fondamentales Les questions plus universelles de la philosophie sociale et politique sont aussi discutées, parmi lesquelles figurent celles du néolibéralisme et des droits fondamentaux, de la justice sociale, de l'égalité, de l'études des auteurs classiques et des périodes de l'histoire, du marxisme, etc. Bien que le marxisme ne représente plus un intérêt majeur pour les philosophes, les travaux de Maurice Lagueux, *Le marxisme des années soixante* (1982), de Jean-Guy Meunier, *Genèse du matérialisme dans les écrits de jeunesse de K. Marx* (1981), et de Serge Cantin, *La philosophie et le déni du politique* (1992), donnent un aperçu de la recherche qui se fait dans ce domaine. Des travaux de recherche importants sont menés sur le néolibéralisme, la théorie démocratique et la justice sociale. Jean Roy et Guy Lafrance ont produit plusieurs travaux sur les théories de Rawls et sur le néolibéralisme, Jocelyne Couture sur l'*Éthique sociale et la justice distributive* (1991), Roger Lambert sur *La justice vécue et les théories éthiques contemporaines* (1994). Tous ces travaux traitent de la justice sociale. Dominique Leydet ainsi qu'un groupe de recherche établi à l'U. d'Ottawa s'intéressent aux problèmes de la théorie démocratique et de la citoyenneté. Ce domaine particulier de recherche est partagé par plusieurs personnes qui travaillent sur la théorie générale de la démocratie et la nécessité de repenser la démocratie en fonction des besoins de nos sociétés contemporaines, ainsi qu'en témoigne le collectif *Philosophie politique et démocratie* (1996), publié sous la direction de Gilles Labelle et Yvon Thériault.

En ce qui concerne la philosophie du droit, un intérêt particulier pour la question des droits fondamentaux s'est manifesté au cours des dernières années, comme en témoigne l'ouvrage *Éthique et droits fondamentaux* (1989), publié sous la direction de Guy Lafrance. Le rapport entre la philosophie et le droit a aussi été étudié d'une façon générale, comme le montre la publication d'actes de colloques organisés par Josiane Ayoub, Pierre Robert et Bjarne Melkevik dans *Carrefour: Philosophie et Droit*

(1995) et *L'amour des lois* (1996). Ces colloques sont le résultat des activités de recherche du groupe DIKÈ établi à l'UQÀM et associé à la Société canadienne de philosophie politique et de philosophie du droit.

Dans une perspective plus historique, des recherches importantes sont faites sur la philosophie politique des Lumières, en particulier par Josiane Ayoub, qui travaille et publie sur l'idéologie et les théories symboliques ainsi que sur les théories de la culture, comme en témoigne son ouvrage *Contre nous de la tyrannie* (1989). Sur la pensée sociale et politique des Lumières, Philip Knee a publié le résultat de ses recherches dans *Penser l'appartenance, enjeux des Lumières en France* (1995) dans la collection «Pensée libre» de l'Association Jean-Jacques-Rousseau.

La philosophie politique représente un domaine d'intérêt majeur pour les philosophes au Canada français. Cet intérêt se manifeste dans les nombreux colloques, publications, associations et divers groupes de recherche qui se consacrent à ce domaine de la philosophie.

Guy Lafrance

Philosophie, histoire de la La philosophie se distingue des autres sciences humaines et sociales par son intérêt pour les textes de son lointain passé et à ce passé lui-même. L'histoire de la philosophie représente un volet important de la philosophie et comprend la découverte et l'édition commentée de textes de philosophes anciens, leur interprétation et leur discussion en vue d'en faire l'évaluation et la critique, voire de susciter la polémique. Alors qu'un étudiant de premier cycle dans une autre discipline telle que la sociologie ou la psychologie peut suivre pendant un ou deux semestres un cours sur l'histoire de cette discipline dans le cadre d'une spécialisation, et que les étudiants en lettres sont censés s'initier à une longue tradition de critique littéraire, les étudiants en philosophie doivent lire des auteurs de l'antiquité grecque ou chinoise, du Moyen Âge musulman, juif ou chrétien, ou de l'Europe des XVIIᵉ et XVIIIᵉ siècles. Ajoutons que le spécialiste de ce domaine suit au préalable une série de cours de premier cycle couvrant plusieurs époques de l'histoire de la philosophie.

L'importance donnée à l'histoire de la philosophie comme partie de celle-ci se traduit par le soin particulier que les spécialistes du domaine apportent à l'interprétation correcte des textes historiques et à l'évaluation de leur contenu. À partir de la fin du XIXᵉ s., les philosophes canadiens jouent à cet égard un rôle important. On verra dans les paragraphes qui suivent pourquoi l'histoire de la philosophie occupe tant de place dans les programmes de cette discipline, pourquoi les philosophes canadiens privilégient cette branche et quelle contribution ils lui ont apportée.

Pourquoi étudier l'histoire de la philosophie?

Selon certains philosophes, l'histoire de cette discipline n'est pas indispensable au métier de philosophe. Ils fournissent de la sorte un indice de ce qui fait au moins la grande importance de cette histoire, même si elle n'est pas indispensable à l'étude de la philosophie. Les philosophes aiment à prendre en considération un certain nombre d'opinions ayant cours sur un thème dont ils veulent discuter. La thèse de certains penseurs qui réduisent à peu ou à rien le rôle joué dans le passé par la philosophie et qui apportent des raisons à cet appui fait maintenant partie de l'histoire de la philosophie et retient couramment l'attention des spécialistes.

Les philosophes qui soutiennent que la pratique actuelle de la philosophie a tout à gagner de l'examen des travaux des penseurs d'autrefois, y compris ceux des temps les plus reculés, invoquent plusieurs raisons. Certains voient la philosophie comme une recherche perpétuelle de vérités qui transcendent le temps et de réponses à des questions qui, depuis qu'elles se posent, n'ont changé que dans la précision de leur énoncé. Selon eux, l'examen des textes classiques aide à mieux comprendre ces questions éternelles en dévoilant les réflexions qui leur ont apporté des éléments de réponse valables bien que provisoires, et qui ont jeté les bases permettant aux philosophes actuels de se confronter à des questions plus élaborées du temps présent.

D'autres voient dans l'étude des sources historiques le moyen d'aborder les questions courantes dans une perspective nouvelle en échappant à des modes de pensée passablement éculés. Grâce à cette nouvelle perspective, ils considèrent la manière dont une question, généralement abordée à partir d'hypothèses contemporaines, a été traitée autrefois par ceux qui ont analysé en détail une problématique semblable.

Certains philosophes poussent même plus loin leur ambition de faire de la philosophie une démarche fondamentalement historique. Ils la considèrent en effet comme une forme de réflexion sur une culture qui évolue elle-même avec le temps. Cette réflexion se nourrit d'un ensemble de facteurs parmi lesquels se trouvent certes des facteurs économiques et environnementaux, mais reflète aussi la manière dont cette culture réagit aux influences de cultures voisines et antérieures, et à ses propres tensions internes.

Parmi les sujets importants qui doivent retenir l'attention du philosophe, il y a les réflexions faites précédemment sur la culture par les philosophes contemporains et celles qui sont adoptées (et adaptées) d'autres cultures, auxquelles réagit la propre culture du philosophe. Sous cet angle, la philosophie est essentiellement historique, à savoir le produit d'une situation historique qui englobe la représentation d'autres produits culturels antérieurs et qui agit sur eux.

La tâche de comprendre, en tant que philosophe, notre manière libérale et démocratique d'aborder les questions sociales exige de comprendre un personnage tel que Locke, la culture dans laquelle il a baigné et son propre impact sur la culture subséquente. Un des tenants importants de cette approche de la philosophie, du point de vue historique, est le philosophe allemand du XIXe s. G.W.F. Hegel, qui a retenu l'attention de beaucoup de philosophes canadiens, surtout au Canada anglais à la fin du XIXe et au début du XXe s.

L'intérêt marqué que les philosophes portent à l'historique de leur discipline s'explique en partie par des raisons d'ordre pédagogique; en effet, ils peuvent y découvrir des erreurs instructives ou une source d'utiles exercices d'interprétation et d'analyse. Certaines de ces erreurs peuvent porter sur la façon, évidente ou non, de raisonner. Elles peuvent résulter de suppositions erronées ou qui, connues comme telles aujourd'hui, ont égaré les penseurs de l'époque sur des pistes dangereuses. Dans ce cas, l'exercice consiste à détecter l'erreur qui se cache derrière son camouflage de truismes, de déductions logiques et de manœuvres sophistiquées. L'exercice d'analyse consiste à disséquer des arguments pour les rendre intelligibles au point d'en rendre les structures pleinement compréhensibles.

En plus, il y a la valeur pédagogique des expériences passées. S'il existe une démarche scientifique propre à la philosophie ou encore une attitude ou des préoccupations qui caractérisent le philosophe de façon importante, la meilleure façon de les découvrir de manière concrète est d'examiner la vie et les œuvres des philosophes d'autrefois. Comment mieux enseigner cette démarche historique de la philosophie qu'en en exposant souvent les résultats?

Parmi les penseurs ayant exercé une grande influence sur les étudiants en histoire de la philosophie au Canada, au moins l'un d'entre eux croyait dans cette façon d'enseigner. Il s'agit du grand médiéviste français Étienne Gilson, figure dominante de l'Institut pontifical d'études médiévales à Toronto, où il enseigna à temps partiel pendant de nombreuses années. Selon lui, on peut scruter le passé pour y trouver des exemples à la fois de vertus et de paradigmes de succès dans la démarche philosophique. Il estime qu'un grand nombre de réalisations d'envergure se trouvent dans les œuvres d'Aristote et de ses disciples du Moyen Âge, en particulier saint Thomas d'Aquin, mais ces penseurs ne sont pas les seuls à avoir connu le succès et à s'être consacrés à la quête raisonnée de vérités fondamentales.

Comment faire l'histoire de la philosophie?

La manière dont la plupart des philosophes étudient l'histoire de la philosophie tranche avec celle qu'adopterait l'historien des idées ou l'historien intellectuel pour étudier les œuvres des mêmes penseurs. Les philosophes ne sont généralement guère enclins à suivre à la trace les modèles de pensée au cours des différentes périodes pour découvrir des continuités ou des ruptures sur lesquelles spéculer. Ils ne désirent pas non plus s'attarder sur les contextes économique, social ou intellectuel qui servent de toile de fond à l'élaboration des différentes théories, ni à s'interroger sur les usages faits de ces théories. Leurs préoccupations sont de deux autres ordres, soit appropriatives ou reconstitutives. Ces deux approches ne s'excluent pas nécessairement l'une l'autre, mais elles répondent à des objectifs différents dans l'étude du passé de la philosophie.

Les tenants de l'appropriation veulent avant tout relier les travaux passés aux préoccupations du moment. Ils sont en quête d'exemples instructifs ou de considérations défiant le temps. Pour ce faire, ils cherchent à moderniser le vocabulaire de leur sujet, à établir des parallèles entre les données recueillies dans leurs différentes lectures et les positions défendues récemment, et à découvrir des précédents chez les auteurs anciens. À l'aide de précédents tirés de l'histoire de la philosophie, ils estiment que les anciennes façons de faire et les résultats obtenus autrefois peuvent s'appliquer à de nouveaux contextes et répondre à des questions dont les détails sont neufs, mais la structure familière.

Un partisan de l'appropriation lira un auteur, disons Spinoza, pour savoir ce que celui-ci a à nous dire. C'est de cette façon que beaucoup de philosophes catholiques du Québec comme du Canada anglais ont cherché à utiliser Aristote et Thomas d'Aquin. Il en va de même de certains historiens formés dans la philosophie de l'après-guerre, et notamment de Jonathan Bennett, de l'U. de la Colombie-Britannique.

Ceux qui choisissent l'approche de reconstitution historique préfèrent donner aux textes historiques une interprétation se rapprochant de celle que leur auraient donnée les gens de l'époque. Ils éditent des textes expurgés de toute modification ou addition ultérieure. Voilà une tâche particulièrement ardue lorsque les textes originaux n'existent que sous forme de manuscrits et que les plus récentes copies dont nous disposons sont ultérieures de nombreuses années aux originaux. Ces copies étaient souvent faites elles-mêmes à partir de copies produites longtemps après les originaux, sans compter que la précision n'était pas souvent le principal souci des copistes.

Les adeptes de la reconstitution comparent aussi les textes qui les intéressent à d'autres textes du même auteur et à ceux de ses contemporains. Cette dernière comparaison peut s'avérer très utile lorsque l'autre auteur est l'étudiant ou le professeur de l'auteur en question, ou lorsque s'engage une correspondance ou une controverse entre les deux.

Au Canada, c'est à l'U. de Toronto que s'établit très tôt un premier centre important d'étude historique s'inspirant de l'approche reconstitutive. Cette approche est privilégiée à la fois au principal département de cette université du temps de ses directeurs G.S. BRETT et Fulton Anderson (1920-1963) et à l'Institut pontifical d'études médiévales, situé au St. Michael's College. Cette vision finit par s'imposer dans les autres départements de sciences humaines de l'U. de Toronto jusqu'à accréditer l'idée de la naissance d'une école torontoise d'histoire intellectuelle. Cette allégation ne comportait pas toujours une connotation positive. Depuis le début des années 60 cependant, le département de l'U. de Toronto affiche moins clairement celle-ci, alors que les méthodes d'enseignement liées à cette approche se généralisent ailleurs.

Pourquoi l'étude de l'histoire de la philosophie est-elle si développée au Canada?

Il y a à cela deux raisons. La première est institutionnelle et relève de l'emprise économique, sociale et culturelle de Toronto, de Montréal et de la ville de Québec sur la vie intellectuelle et universitaire des communautés anglophone et francophone. Les courants de pensée prévalent dans les universités de Toronto, McGill, Laval et finalement de Montréal, et se diffusent à partir de ces centres métropolitains jusqu'aux régions éloignées du pays, où se créent parfois de nouvelles universités, filiales des anciennes, qui ont comme professeurs des diplômés de ces dernières. Les nouvelles universités n'ont d'autre choix que de se conformer au programme intellectuel des anciennes, ne serait-ce que pour y réagir.

Cette explication d'ordre institutionnel ne rend cependant pas compte du rôle dévolu aux études d'histoire dans les anciennes universités ni du choix que font les départements concernés d'accorder une telle valeur à ces études. On avance plusieurs explications d'ordre culturel à cet effet. Certes, la prédominance qu'exerce au Québec l'Église catholique dans tous les secteurs de l'activité culturelle jusqu'au début des années 60 explique en bonne partie l'intérêt manifesté jusque-là et pendant quelques années encore pour la pensée de saint Thomas d'Aquin et de certains autres philosophes médiévaux. Certains spécialistes détectent un fort courant communautaire et traditionaliste, dans la culture canadienne-anglaise surtout, et l'associent à une forme d'idéalisme à laquelle adhèrent des penseurs tels que John WATSON, de l'U. Queen. Ces penseurs considèrent l'étude de l'histoire comme une partie centrale de leur travail de philosophe, tout comme le font leurs lecteurs et leurs étudiants.

Bien que le contexte ait changé depuis 1960 et que ni les anciennes institutions ni les vieilles bases culturelles n'aient gardé leur hégémonie d'antan, ces approches traditionnelles laissent des empreintes non négligeables dans la vie intellectuelle et universitaire actuelles des communautés anglophone et francophone. La focalisation est cependant ailleurs; les études portent sur de nouveaux personnages pour de nouveaux motifs et avec de nouvelles méthodes. On continue néanmoins à reconnaître des deux côtés le bien-fondé des études historiques en philosophie et l'importance du temps à y consacrer dans les programmes de formation. Les philosophes des deux communautés ont puisé dans les sources de l'histoire l'inspiration qui guidera l'exercice actuel de leur profession et bénéficient, à cet effet, de l'appui de leurs collègues des universités et des CÉGEPS, ainsi que de subventions de plusieurs organismes.

Au Québec, les travaux consacrés à la philosophie catholique traditionnelle fleurissent entre les deux guerres à l'instigation de penseurs tels que Louis LACHANCE, Charles DE KONINCK, Benoît Lacroix et Vianney Décarie; ils sont à l'origine de l'intérêt que suscite la pensée française du début et du milieu du XXe s. L'accent mis sur des penseurs appartenant à la tradition catholique ou récupérés par elle (Henri Bergson, Maurice Blondel, Gabriel Marcel, Jacques Maritain et Emmanuel Mounier) déclenche un intérêt croissant pour Marx, Nietzsche, Freud ainsi que pour les courants de l'existentialisme et de la phénoménologie de l'entre-deux-guerres et de l'immédiat après-guerre. Ces changements se produisent au Québec à partir des années 50 dans la foulée de son expansion économique, de sa laïcisation et de la prise de conscience d'une identité nationale fondée sur des bases autres que religieuses. Ils atteignent leur apogée avec l'élection d'un premier gouvernement du PARTI QUÉBÉCOIS en 1976. Leurs racines proviennent de revues non scientifiques telles que PARTI PRIS et LIBERTÉ, qui servent de porte-parole aux radicaux des années 50 et 60.

Après 1960, l'expansion du réseau universitaire québécois et la laïcisation de celui-ci intègrent ces intérêts séculiers dans le milieu universitaire et leur donnent une stature professionnelle. Ces dernières années, Yvon Lafrance, Luc Brisson et Léonce Paquet ont produit d'excellents travaux sur la philosophie grecque classique. La philosophie moderne fait également l'objet d'études de haut niveau, comme en témoignent celles d'Olivier Reboul sur Kant, de François Duchesneau sur Leibnitz et de Guy Lafrance sur Rousseau, Durkheim et Bergson. La grande qualité des philosophes du Québec se reflète dans les pages des *Philosophiques*, qui est depuis 1974 la revue officielle de la Société de philosophie du Québec.

Au Canada anglais, l'essor universitaire des années 60 et du début des années 70 entraîne un déclin relatif de l'influence exercée par l'U. de Toronto dans le domaine, alors même que son département de philosophie connaît une croissance très rapide en réponse aux inscriptions d'étudiants qui ne cessent d'augmenter (cette hausse est très marquée sous la direction de Thomas A. Goudge, entre 1963 et 1968). En outre, le centre d'intérêt se déplace même à l'U. de Toronto: les professeurs engagés pendant la période d'expansion s'intéressent aux approches systématiques des problèmes philosophiques et aussi à l'étude des principaux penseurs du passé. Aujourd'hui, la philosophie comme discipline d'étude est très largement répandue et diversifie ses travaux tant sur le plan des sujets traités que des approches choisies et de l'implantation institutionnelle. Il est maintenant possible d'étudier Aristote à l'U. de l'Alberta, la philosophie indienne à l'U. Brock de St. Catharines en Ontario, Hegel à McGill, la philosophie du début de l'ère moderne à l'U. de Western Ontario, ou encore la pensée continentale contemporaine à l'U. Trent de Peterborough. Chose tout aussi importante, tous ces centres et beaucoup d'autres disposent de savants de réputation internationale pour guider les étudiants.

L'essentiel des travaux systématiques de nombreux philosophes canadiens actuels se concentre nettement sur les sources historiques. À titre d'exemple, les recherches du Torontois Ian Hacking sur les sciences humaines et sur l'emploi des techniques statistiques, ainsi que la philosophie politique en plein développement chez Charles TAYLOR s'inspirent de réflexions tirées des contributions de nombreux penseurs modernes, les uns illustres, les autres, non. Les institutions et les publications consacrées à l'étude de Hume, Leibnitz, Kant et John Stuart Mill comptent de nombreux Canadiens anglais parmi leurs membres et leurs auteurs. Les Canadiens sont également très bien représentés au sein des réseaux de spécialistes des philosophies grecque et médiévale.

Pour les érudits de la fin du XXe s., la participation aux activités des réseaux internationaux est chose importante, et les experts canadiens de l'histoire de la philosophie y prennent leur place. Les congrès et colloques organisés au Canada sur des sujets d'histoire peuvent réunir des universitaires des États-Unis, de Grande-Bretagne, de France, d'Allemagne, d'Italie et d'autres pays. Dans l'Indiana, on produit actuellement une édition critique des travaux du philosophe américain du XIXe s. C.S. Peirce, à laquelle collaborent des spécialistes de Peirce rattachés aux U. de Waterloo et de Toronto. Des recherches en équipe sur Leibnitz et Descartes réunissent non seulement des contributions de plusieurs centres canadiens, mais aussi de savants allemands et français.

Un certain nombre de philosophes du Canada anglais apportent une contribution substantielle à de nouveaux ouvrages de référence sur différents aspects de l'histoire de la philosophie. Cette collaboration repose notamment sur des communications stimulantes par courrier électronique et sur la diffusion au moyen d'INTERNET de versions provisoires des travaux en cours.

Ce recours à la technologie de l'information dans les communications entre spécialistes constitue l'un des aspects de la seconde grande tendance qui caractérise la vie universitaire, à savoir l'utilisation de l'ordinateur pour l'avancement des recherches. Ce recours à la technologie date de la fin des années 70 et permet de faciliter l'écriture et l'organisation des données. C'est ainsi qu'Alastair McKinnon dirige alors à l'U. McGill la mise en concordance des travaux de Kierkegaard et de Wittgenstein. Une équipe de chercheurs des U. Brock et de Toronto ainsi que d'Allemagne produit une concordance sur l'édition Gerhard des ouvrages de Leibnitz. À Toronto, on publie en 1990 une édition lisible par machine de la collection Adam et Tannery des œuvres philosophiques de Descartes. Aujourd'hui, la technologie facilite à la fois la publication de documents écrits et la circulation de nouveaux travaux dans des médias non imprimés.

Au cours des années 70 et 80, un certain nombre d'universitaires canadiens issus des communautés philosophiques tant anglophone que francophone font le point sur l'état d'avancement de leur discipline dans leur milieu respectif. Cette initiative reflète le développement d'une prise de conscience nationale dans chacune des deux communautés. Ceci est particulièrement digne de mention au Québec, où le travail de pionnier réalisé par Roland Houde ouvre la porte aux très sérieuses études historiques d'Yvan Lamonde sur l'enseignement et l'institutionnalisation de la philosophie dans les universités du XIXe et du début du XXe s. L'étude de l'évolution de l'idéologie au Québec, faite par Denis Monière à l'aide d'une approche marxiste, est suivie de celle de Maurice Lagueux, qui lui vaudra un prix, et qui traite de l'impact de la pensée marxiste sur l'idéologie québécoise des années 60. Parmi les recherches plus récentes, mentionnons celle d'Yvan Cloutier, qui fait un examen microhistorique des modes d'influence de la pensée de Jean-Paul Sartre sur l'opinion des dirigeants québécois au lendemain de la Seconde Guerre mondiale.

L'intérêt qui émerge au Canada anglais pour l'histoire des idées fait que les anciens travaux du philosophe torontois John IRVING sont remplacés par les recherches d'envergure des historiens Carl Berger et Brian McKillop, et par les études plus strictement philosophiques de Leslie ARMOUR et d'Elizabeth Trott. John Slater travaille à la publication d'une histoire détaillée de l'enseignement de la philosophie à l'U. de Toronto. Pour ce faire, il utilise en abondance les archives de cette université et de la province, ainsi que les enregistrements de ses longues entrevues avec les philosophes de Toronto, destinées à situer les travaux de ce département dans son contexte social. Il faut aussi mentionner l'étude biographique que consacre William Christie au philosophe canadien-anglais le mieux connu du public, George GRANT.

John T. Stevenson et Thomas Mathien

Philosophie: Logique, épistémologie, philosophie des sciences La logique se définit comme l'étude de principes permettant d'obtenir une inférence et un raisonnement adéquats. L'épistémologie, aussi appelée «théorie de la connaissance», étudie les normes de la croyance raisonnable et de la recherche de la vérité. La philosophie des sciences est une branche de l'épistémologie qui s'intéresse aux questions philosophiques relevant de la science. Elle cherche à déterminer la structure théorique et les fondements de la connaissance scientifique, ainsi que la place qui lui revient dans la culture humaine.

Canada anglais

La logique est étudiée comme une science déductive formelle faisant partie des mathématiques et comprenant les applications informatiques. C'est un outil essentiel à la compréhension des problèmes posés par le processus de raisonnement (argument pertinent, sémantique, raisonnement hypothétique), et c'est également la partie de la philosophie qui s'intéresse à l'analyse rigoureuse des concepts complexes. Au cours des trois dernières décennies, les philosophes du Canada anglais ont contribué à l'évolution de la logique dans ces deux domaines. Bas Van Fraassen a élaboré une sémantique formelle de la logique. William Harper a mis au point une sémantique des probabilités et une théorie sur la préférence et l'utilité. Hans Herzberger a élaboré une théorie du classement des préférences, et Alasdair Urquhart a mis au point une sémantique de la logique de la pertinence. Urquhart a également démontré clairement l'indécidabilité de la logique de la pertinence. Brian Chellas a étudié la logique modale, et William Rozeboom, les difficultés sémantiques en philosophie. Van Fraassen et Charles Morgan ont étudié la sémantique des probabilités; Anil Gupta et Herzberger, la sémantique de la vérité et des paradoxes; et John Woods a écrit sur la pertinence et les paradoxes.

Épistémologie ou théorie de la connaissance

L'épistémologie est l'étude de la nature et de l'étendue de la connaissance humaine. Elle touche les domaines de la psychologie, des sciences cognitives et des arts. Ausonio Marras, Patricia et Paul Churchland, Roland Puccetti et Zenon Pylyshyn, directeur du Centre for Cognitive Science de l'U. Western Ontario en 1983, ont fait des travaux en philosophie de la psychologie. William Demopoulos a étudié la théorie de la faculté d'apprentissage, un domaine important des sciences cognitives. En 1973, A.H. Johnson a écrit *Experiential Realism*, un ouvrage accessible traitant d'épistémologie et d'autres propos philosophiques.

Philosophie des sciences

La recherche sur la connaissance scientifique, qui tente de déterminer sa structure théorique et son importance dans la culture humaine, représente une branche importante de l'épistémologie. Au Canada, des philosophes, notamment Thomas Goudge, Michael Ruse et Paul Thompson, ont contribué de façon notable à la philosophie de la biologie dans leurs travaux sur la théorie de l'évolution; en philosophie de la physique, plus spécifiquement en mécanique quantique, qui implique une interprétation logique de la théorie (Jeffrey Bub et William Demopoulos); en interprétation modale (Van Fraassen) et dans d'autres aspects de la théorie quantique (Clifford Hooker, Edwin Levy et Leslie Ballentine).

Parmi les autres philosophes de la physique, on trouve Mario Bunge, dont les travaux ont trait tant à la philosophie technique de la physique qu'à la politique scientifique, Roger Angel (physique de la relativité) et Robin Giles (traitement empirique de la thermodynamique). Certains d'entre eux ont commencé l'élaboration de théories portant sur la science à partir de son histoire.

Bon nombre de philosophes canadiens ont participé de près à cette initiative, notamment Robert E. Butts (Whewell, Kant, méthodologie historique), Robert McRae (Leibniz), William Shea (Galilée), John Nicholas (anomalies de Kuhnian), Jagdish Hattiangadi, James Brown et Andrew Lugg (méthodologie, épistémologie évolutionniste, distinction entre pseudoscience et science), Ian Hacking (théorie de la probabilité) et James Brown, dont l'ouvrage *The Rational and the Social* (1988) élabore une théorie de la rationalité reposant sur l'histoire de la science.

D'autres philosophes œuvrent dans le domaine des sciences sociales: Charles TAYLOR, auteur de *The Explanation of Behaviour* (1964), David Braybrooke (problèmes généraux), Frank Cunningham (objectivité) et Jonathan Bennett (rationalité).

William DRAY a écrit sur la philosophie de l'histoire et coédité *Substance and Form in History* (1981). Kathleen Okruhlik et Alison Wylie ont entrepris une étude de trois ans sur la critique féministe des sciences. Alex Michalos a étudié l'implantation des valeurs dans la société, et Brian Cupples, les problèmes posés par la logique de l'explication. Fred Wilson, pour sa part, a élaboré une vaste philosophie empirique de la science, qu'il révèle dans son ouvrage *Explanation, Causation and Deduction* (1985).

Réalisme scientifique Au cours du XXᵉ s., l'une des difficultés majeures qui se posent aux philosophes est l'attribution d'un statut aux éléments dont la science suppose l'existence: électrons, quarks et autres objets impossibles à détecter par des moyens ordinaires. Le réalisme scientifique affirme que ces éléments existent, mais cette théorie ne fait pas l'unanimité.

Trois Canadiens ont contribué de façon importante à ce débat: Ian Hacking (*Representing and Intervening*, 1983), Van Fraassen (*The Scientific Image*, 1980) et Paul Churchland (*Scientific Realism and the Plasticity of Mind*, 1979). Une reformulation intéressante de cette problématique figure dans l'ouvrage d'Ian Hacking, *Representing and Intervening* (1983).

Le Canada encourage de plusieurs façons les travaux en logique, en épistémologie et en philosophie de la science. Il n'est pas facile de se bâtir une réputation internationale d'excellence dans un domaine scientifique important et érudit, mais le Canada y est parvenu avec succès au cours des dernières années.

Robert E. Butts

Canada français

Entre 1950 et 1960, l'enseignement de la philosophie au Canada français est dominé par la nouvelle scolastique. Des chercheurs comme Hughes Leblanc et Roland Houde font carrière aux É.-U. Le thomisme disparaît progressivement entre 1960 et 1970 et les universités recrutent des spécialistes, dont Michel Ambacher et Jerzy Wojciechowski, qui mettent l'accent sur des préoccupations bien contemporaines. L'émergence de nouvelles problématiques est stimulée par le passage sur les campus francophones de philosophes tels que Paul Ricœur, Georges Canguilhem, Jean-Blaise Grize, Alan Montefiore, ainsi que par l'influence grandissante d'épistémologues européens comme Gaston Bachelard ou Jean Piaget et des philosophes analytiques dont J.L. Austin. Les échanges avec l'Europe s'accentuent; la nouvelle philosophie anglo-américaine suscite un grand intérêt. De jeunes chercheurs, formés à la logique, à l'épistémologie et aux philosophies des sciences, affirment leur présence dans les universités

Des études sur la logique et son histoire sont réalisées par Yvon Gauthier, Serge Robert, Daniel Vanderveken, Louis Valcke, Jaromir Danek et François Lepage; sur la philosophie du langage par Gilles Lane, Jean-Paul Brodeur, Jacques Poulain, Ghyslain Charron, Jean-Guy Meunier, Claude Panaccio et Guy Bouchard. Les recherches les plus importantes réunissant la logique et la philosophie du langage sont conduites dans les domaines de la sémantique formelle et de la théorie des lois du langage.

L'analyse des processus par lesquels la science se constitue puis se transforme est le fil conducteur des recherches réalisées par Jean Theau, François Duchesneau, Maurice Gagnon, Normand Lacharité, Robert Nadeau et Serge Robert. Il est frappant de constater que, dans tous les projets entrepris dans cette sphère, l'analyse purement structurale des théories scientifiques a été remplacée par une réflexion sur le développement historique de ces disciplines.

Les recherches de Gauthier et de Charles Castonguay ont trait à la philosophie des mathématiques. Les travaux de R. Bernier, Paul Pirlot, Camille Limoges et Duchesneau touchent les problématiques actuelles de la philosophie de la biologie dans son rapport avec la transformation que les concepts et les théories subissent à travers l'histoire. Gauthier et Georges Hélal explorent la physique théorique contemporaine. Les principes de base de la physique et des mathématiques ont une place importante dans les recherches que Gauthier effectue sous la désignation de «constructivisme». Le constructivisme est une analyse de la dimension constructive (ou constructrice) décelée dans le langage des théories scientifiques, contrastant ainsi avec le réalisme dont le propos veut que les théories décrivent une réalité indépendante de l'agent constructeur de langage.

Le vaste domaine des sciences sociales possède également ses spécialistes: en histoire, Maurice Lagueux, Roberto Miguelez et Nadeau; en psychologie, Charron et J.N. Kaufmann; en économique, Fernand Dumont, Lagueux et Kaufmann; en droit et criminologie, Georges Legault et Jean-Paul Brodeur respectivement; en modèles idéologiques, Fernand Dumont, Panaccio, Kaufmann, Meunier, Claude Savary et Josiane Ayoub.

F. Duchesneau et R. Nadeau

Philosophie: métaphysique et philosophie de la religion La métaphysique traite principalement des questions concernant ce qui est essentiellement réel et important. La philosophie de la religion explore et évalue la conception du réel qu'offrent les diverses religions, et s'efforce de comprendre les pratiques religieuses.

Les deux préoccupations À partir de 1950, les philosophes de la religion et les métaphysiciens font face à deux problématiques principales: l'acceptation de la méthode scientifique comme modèle de base de la connaissance et la préoccupation des philosophes concernant la théorie du sens. Aucune discipline scientifique ne monopolise l'étude du réel, et on avance souvent que les énoncés sur le «réel» sont trop vagues pour pouvoir être soumis à la vérification scientifique, et qu'ils seraient donc peut-être vides de sens. On reproche à la métaphysique de manipuler le langage au point de le rendre inintelligible, et aux grandes religions d'adhérer à des principes qui échappent à la preuve scientifique et d'être parfois incompatibles avec la science.

La position de la croyance religieuse Depuis 1950, des attaques vigoureuses ont été lancées contre la croyance religieuse (p. ex., Kai Nielsen, dans *Scepticism* en 1973 et dans *God, Scepticism, and Modernity* en 1989) et contre les prétentions empiriques des croyants (p. ex., Michael Ruse, dans *The Darwinian Paradigm* en 1989). Nombre de philosophes au Canada estiment néanmoins pouvoir résoudre ces antagonismes tout en sauvegardant et en rendant intelligible la croyance religieuse. Cela aboutit à neuf écoles de pensée.

Science et religion En premier lieu, F.W. Waters, dans *The Way In and the Way Out* (1967), et Alastair McKinnon, dans *Falsification and Belief* (1970), relèvent que la science et la religion ont comme caractéristique commune celle d'être des tentatives faillibles et limitées d'application de principes fondamentaux. Toutefois, ces principes eux-mêmes n'ont rien d'incertain. McKinnon avance donc qu'il incombe au scientifique, qui adhère au principe d'un univers ordonné, et au chrétien, qui adhère à la croyance en Dieu, de s'efforcer de montrer que l'application raisonnable de leur principe rend l'expérience et la vie intelligibles. Dans *Religion and Truth* (1981), Donald Wiebe préconise de prendre au sérieux la connaissance religieuse et même d'en tirer un savoir scientifique. Il reconnaît la grande complexité de la vérité religieuse, mais il estime que la distinction entre le vrai et le faux doit être le souci principal des érudits en ce domaine. Il déplore fortement que ces érudits tendent à décrire les croyances sans les évaluer.

Idéalisme ou quête de l'ordre naturel Une deuxième école s'efforce de réhabiliter certains aspects de l'idéalisme qui a prédominé au Canada anglais jusqu'à la Seconde Guerre mondiale. L'idéalisme revêt plusieurs formes, mais la version canadienne est axée sur le principe selon lequel le réel forme dans son ensemble un tout unifié et rationnel. Les idéalistes affirment que la science et la religion ne sont pas incompatibles, mais font partie d'un système plus global de rationalité, et qu'un ordre naturel préside aux affaires humaines. Cet idéalisme est remis en question par l'évolution de la science (p. ex., la physique quantique), qui reconnaît une part d'incertitude au sein du réel, du fait de l'écart croissant entre la description de l'univers par le scientifique et le croyant, ainsi que par les théories avançant que les sens (ou les interprétations) sont arbitraires.

Présuppositions humaines et idéalisme Dans *Collingwood and the Reform of Metaphysics* (1970), Lionel Rubinoff réplique, à l'instar du philosophe britannique R.G. Collingwood, que notre conception du monde, scientifique ou autre, repose sur des présuppositions humaines. Les diverses conceptions du monde élaborées par la métaphysique et la religion sont intelligibles si elles sont perçues comme des représentations du monde élaborées par l'esprit humain à diverses époques. La science est, elle aussi, tributaire d'un processus historique. Au fil de l'histoire, les diverses conceptions du monde laissent entrevoir un modèle que Rubinoff qualifie de structure transcendantale du réel et qui transparaît au travers des préoccupations de l'expérience humaine, mais qui, finalement, les transcende.

Une partie de la controverse entourant la science, la religion et la métaphysique découle du fait que les théories de la logique, du sens et de la vérité sont conçues en fonction de la connaissance scientifique. Dans *The Rational and the Real* (1962), *The Concept of Truth* (1969) et *Logic and Reality* (1972), Leslie ARMOUR avance que les concepts de logique, de vérité et de sens sont des sous-catégories spécialisées de concepts plus globaux. C'est sur ces derniers que reposent bon nombre d'idées traditionnelles de la métaphysique et de la religion. De récentes études historiques s'intéressent à la métaphysique idéaliste, notamment *Ethics, Metaphysics and Religion in the Thought of F.H. Bradley* (1996), édité par P. MacEwan, *Bradley's Moral Psychology* (1987), de Don MacNiven, *Being and Idea* (1994), de Leslie Armour et *Divine Subjectivity* (1990), de Dale Schlitt.

Rapprochement avec la science Une troisième école, comprenant Thomas Goudge et Charles DE KONINCK, vise à se situer dans un cadre scientifique. Dans *The Ascent of Life* (Prix du gouverneur général, 1961), Goudge tient peu de propos explicites sur la métaphysique et la religion. Il se livre plutôt à un examen minutieux d'aspects de la théorie biologique et dégage certains points où des possibilités conceptuelles demeurent ouvertes. Dans *The Hollow Universe* (1960), De Koninck insiste sur le fait que la conception scientifique du monde est un moule abstrait et vide qui n'acquiert un sens que par la voie de l'expérience concrète. Dans une série d'ouvrages, y compris *Whitehead's Theory of Reality* (éd. rév., 1962), A.H. Johnson s'inscrit dans la tradition du philosophe britannique Alfred North Whitehead, qui voulait passer d'une conception scientifique du monde à une structure plus globale, en montrant que la structure scientifique a besoin d'être complétée par la métaphysique. Les théories de Johnson, surtout présentées dans *Experiential Realism* (1973), s'inscrivent dans sa tentative d'élaborer une théorie fondamentale du réel par le moyen d'une compréhension adéquate de l'expérience.

Distanciation à l'égard de la science Une quatrième école, s'inspirant de saint Thomas d'Aquin, cherche à distancer la science de la théologie, et à comprendre la religion de façon rationnelle. Dans *Epistemology* (1959), Louis-Marie Régis décrit les formes et les limites de la science. Dans *An Interpretation of Existence* (1968), Joseph Owens défend l'idée thomiste selon laquelle l'être se prête à une certaine description générale et est à la fois actif et intelligible. Dans *L'Éducation à la liberté* (1978), Jean-Louis Allard, à l'instar du philosophe Jacques Maritain, montre comment l'ordre dans la vie de chacun confère une intelligibilité aux principes fondamentaux. André Dagenais critique les détails de cette philosophie dans *Vingt-quatre défauts thomistes* (1964) et *Le Dieu nouveau* (1974). *Man Becoming* (1970) et *Religion and Alienation* (1975) de Gregory Baum représentent un autre type de critique de la tradition thomiste.

Une variante distincte de la tradition thomiste est celle de Bernard Lonergan (*Insight,* 1952; *Philosophy of God and Theology,* 1973) et de ses successeurs. Cette variante aborde non seulement la métaphysique, la religion et la théorie de la connaissance, mais aussi l'application des résultats dans divers domaines de recherche. Dans *The Intelligible Universe, a Cosmological Argument* (1982), Hugo Meynell s'inspire de Lonergan pour avancer que l'intelligibilité de l'univers est un argument pour l'existence de Dieu. Dans un ouvrage plus récent, *Is Christianity True?* (1994), Meynell revient toutefois à une défense plus traditionnelle de la croyance religieuse.

Mise en question de la métaphysique Une cinquième école regroupe nombre de philosophes anglophones qui se réclament de la philosophie analytique, un courant fortement influencé par l'Autrichien Ludwig Wittgenstein et les Britanniques Bertrand Russell, G.E. Moore, Gilbert Ryle et J.L. Austin. Kai Nielsen s'appuie sur cette philosophie pour mettre en question les fondements de la religion et de la métaphysique. Dans *Paul Tillich* (1973), Alistair M. Macleod critique fortement les tentatives visant à répondre à ce que Tillich appelle la question de l'existence. Il reproche à Tillich d'être confus en croyant qu'il n'y a qu'un seul mystère global de l'être, mais il ne va pas jusqu'à récuser toute conception métaphysique ou religieuse du monde. Dans *The Mental and Moral Philosophy of John Henry Newman* (1986), Jay Newman emploie une méthode semblable d'analyse du rapport entre l'assentiment et la foi.

Malgré l'hostilité habituelle de la tradition analytique à l'égard de la métaphysique et de la religion, nombre de philosophes analytiques canadiens s'efforcent de faire place à la religion. Dans *Survival and Disembodied Existence* (1970), Terence Penelhum conteste la valeur de certaines croyances religieuses, mais laisse la porte ouverte au discours religieux dans *The Problem of Religious Knowledge* (1971) et *Reason and Religious Faith* (1995). Après une période d'affinité avec la nouvelle philosophie analytique au cours de laquelle il publie *The Logic of Self-Involvement* (1963), Donald Evans se porte à la défense de l'expérience religieuse dans *Struggle and Fulfillment* (1979), *Faith, Authenticity and Morality* (1980) et *Spirituality and Human Nature* (1995). Peu d'ouvrages s'inscrivent dans la tradition du fidéisme analytique, qui met l'accent sur l'autonomie de la foi, quoique l'on en voie des traces chez Wilfred Cantwell Smith (p. ex., dans *Faith and Belief,* 1979). Dans *Empirisme logique et langage religieux* (1976), Pierre Lucier fait le bilan des points forts et des répercussions du courant analytique.

Les philosophes analytiques s'appuient souvent sur l'analyse du langage pour défendre leurs positions essentiellement humanistes contre les déterministes qui, en psychologie et en histoire, prétendent que l'action humaine libre est inintelligible ou impossible (p. ex., William Anglin, dans *Free Will and Christian Faith,* 1990). Dans *Sources of the Self* (1989), Charles TAYLOR fait valoir l'importance de comprendre la nature sociale de la personne humaine. La théorie de l'action est une branche de la philosophie qui analyse le langage servant à décrire l'action humaine. Dans *Action* (1968), Donald Brown examine ce langage de près et conclut que nous ne pouvons pas facilement transposer le langage sur l'action humaine en langage sur les événements, qui est le propre de la science. De même, dans

Laws and Explanation in History (1957), William DRAY prétend que les explications de l'histoire humaine ne sauraient se réduire à des lois scientifiques.

Phénoménologie au Canada En sixième lieu, la philosophie européenne du XXe s. exerce une forte influence au Canada. *Metaphysics and Historicity* (1961) d'Emil FACKENHEIM témoigne de l'influence de la phénoménologie allemande, de l'existentialisme français, d'Hegel, ainsi que de la philosophie allemande du XIXe s. en général. Au Canada français, l'ouvrage le plus complet dans le domaine est *Existant et acte d'être* (1977-1980) de Benoît Pruche, qui s'inspire aussi fortement de Thomas d'Aquin que d'Aristote. Depuis 1980, nombre de philosophes, tels que Gary Madison (*The Hermeneutics of Postmodernity,* 1988) et Jean Grondin, subissent l'influence de l'herméneutique, du criticisme et de la philosophie postmoderne. Ces auteurs critiquent fortement l'idée de systèmes métaphysiques et religieux, et Grondin, dans *Sources of Hermeneutics* (1995), invoque explicitement Kant, Heidegger et Gadamer pour traiter des questions liées à la religion.

Dans *Search for Community in a Withering Tradition* (1990), Hendrik Hart, qui est fortement influencé par la pensée postmoderne, particulièrement par celle de Richard Rorty, manifeste un penchant fidéiste dans une perspective calviniste. *La Philosophie de la religion à la fin du vingtième s.* (1993), ouvrage publié sous la direction de William Sweet, présente des écrits critiques sur certaines de ces questions.

L'idée du soi et la tentative visant à bâtir une anthropologie philosophique (c.-à-d. une théorie de la nature de l'homme) sont des éléments notables dans les ouvrages de Jacques Croteau, comme *L'Homme: sujet ou objet* (1981), qui avance les idées tirées de la phénoménologie européenne dans un contexte influencé par Thomas d'Aquin et Maritain. Dans *La Genèse du concept du soi* (1980), René l'Écuyer établit des liens entre la psychologie expérimentale et les idées de divers philosophes, soulevant plusieurs questions sur lesquelles se sont penchés les existentialistes. Dans *The Art of Art Works* (1982), Cyril Welch applique d'autres aspects de cette même tradition à notre compréhension de l'art et à la façon dont cette compréhension transforme la réalité. Par ailleurs, l'existentialisme et la phénoménologie ont aussi fait l'objet de critiques dans *French Existentialism* (1961) de F. Temple Kingston, p. ex., Dans *De la dignité humaine* (1995), Thomas De Koninck adopte le thème de la dignité humaine dans son étude approfondie des questions fondamentales de la métaphysique et de la religion. En 1996, son ouvrage remporte le prix de philosophie, de morale et de sociologie de l'Académie française (le prix La Bruyère).

Rationalisme En septième lieu, on assiste depuis peu à un retour de la métaphysique rationaliste, dont les représentants par excellence sont Leibniz et Spinoza, des philosophes des XVIIe et XVIIIe siècles. Ce mouvement, qui s'appuie généralement sur des techniques analytiques modernes, est dirigé par John Leslie et Helier J. Robinson. Les rationalistes affirmaient qu'il fallait commencer par s'interroger sur ce qui est logiquement possible plutôt que sur ce qui semble exister. Ils adhéraient au principe voulant que chaque chose ait une explication et que, si une chose n'existe pas, c'est qu'elle en est empêchée par une autre.

Dans *Value and Existence* (1979), Leslie préconise la réintroduction du principe de la valeur dans de telles discussions. Dans *Renascent Rationalism* (1975), qui est aussi une tentative visant à rendre l'expérience intelligible, Helier J. Robinson reconnaît que nous ne pouvons affirmer ou nier qu'un dieu existe en dehors de l'univers, mais il estime que nous pouvons assumer le fait que, dans un certain sens, un dieu existe au sein de l'univers. Un peu dans le même esprit, Leslie, dans *Universes* (1989), se déclare partisan d'un principe anthropique et d'une

forme de néoplatonisme. Il révise en bonne partie sa cosmologie philosophique dans *The End of the World: The Science and Ethics of Human Extinction* (1996), qui examine la probabilité et le fondement philosophique des théories sur les perspectives à long terme de la vie humaine.

Compréhension de la croyance religieuse On porte aussi un intérêt non négligeable à la nature de la pratique et de l'expérience religieuses, où la philosophie est un outil pour comprendre plutôt que pour contester la croyance religieuse. *The Moral Mystic* (1983), de James Horne (qui a subi l'influence de Tillich et de Martin Buber), et *La religion en Occident: évolution des idées et du vécu* (1979), de Michel Despland, sont des exemples d'une telle démarche.

Études interculturelles Enfin, la philosophie de la religion manifeste de plus en plus une teneur interculturelle en réponse au pluralisme religieux. Dans *The Philosophy of Religion and Advaita Vedanta: A Comparative Study in Religion and Reason* (1995), Arvind Sharma explique l'importance d'une philosophie de la religion pluraliste et prétend qu'une philosophie de la religion interculturelle peut être normative. Peter Slater, dans *The Dynamics of Religion: Meaning and Change in Religious Traditions* (1978), et Wilfred Cantwell Smith, dans *Religious Diversity* (1976) et *Towards a World Theology* (1981), sont des pionniers de l'étude des traditions religieuses dans une perspective socioscientifique. L'ouvrage le plus récent de Cantwell Smith revêt un intérêt particulier, car il examine la nature de la croyance religieuse et marque un premier pas vers une «religion mondiale unifiée».

Leslie Armour et Kevin Sullivan

Phips, sir William, aventurier, gouverneur colonial (près de Kennebec, Maine, 2 févr. 1651—Londres, 18 févr. 1694 ou 1695). Fait chevalier après avoir récupéré un galion englouti au large d'Haïti en 1687, Phips s'empare de PORT-ROYAL, livré au pillage, le 19 mai 1690. Plus tard la même année, il se présente devant QUÉBEC avec deux navires et plus de 2000 miliciens. Au lieu d'obéir à son ultimatum et de capituler, le gouverneur FRONTENAC lui fait porter ce message: «Je lui répondrai par la bouche de mes canons!» L'attaque improvisée tourne au désastre et Phips doit regagner Boston. En dépit de cette défaite, il est nommé premier gouverneur royal du Massachusetts, en 1692. Il est rappelé en Angleterre deux ans plus tard pour répondre à des accusations de mauvaise administration, mais il décède avant la conclusion de l'enquête.

James Marsh

Phlox Famille de plantes à fleurs (polémoniacées) regroupant des herbacées annuelles sans feuille, des arbustes (*voir* ARBRE) et des vignes. On trouve la plupart des espèces de phlox en Amérique du Nord, plus particulièrement dans l'Ouest désertique et dans les régions froides et sèches. On en connaît 300 espèces dans le monde. Le genre *Phlox* est le plus connu de cette famille. On en trouve 11 espèces au Canada. Dans l'est du Canada, le phlox divariqué (*P. divaricata*), que l'on retrouve dans les clairières, fleurit en mai. Dans l'ouest du Canada, le phlox de Hood (*P. hoodii*) et le phlox diffus (*P. diffusa*) tapissent les Prairies et les contreforts des Rocheuses de couleurs éclatantes (blanc, rose, mauve) d'avril à juin.

Le phlox à floraison estivale est un dérivé du phlox paniculé (*P. paniculata*) de l'est de l'Amérique du Nord, une des vivaces de jardin les plus populaires au Canada. On l'utilise souvent comme plantes à massif ou pour les bordures, en raison de sa bonne taille et de ses couleurs éclatantes. On peut trouver ces fleurs dans des grandes variétés de couleurs et un doux parfum en émane durant la période de floraison, de juin à septembre. L'œillet de poète, une plante classique des jardins, dérive du phlox maculé (*P. maculata*), plante indigène d'une aire de distribution qui va du Québec à la Virginie. Il est aussi très populaire en fleur coupée.

Roy L. Taylor

Phoque, chasse au Treize espèces de PHOQUES, de loutres d'Europe, de LIONS DE MER et de MORSES peuplent les eaux qui entourent l'Amérique du Nord continentale. La plupart d'entre elles demeurent au moins une partie de l'année dans les eaux canadiennes. Elles sont depuis longtemps, pour les humains, source de nourriture, de vêtements et de combustible.

Des vestiges archéologiques indiquent que les peuples indigènes de l'est du Canada se servent des phoques depuis au moins 4000 ans. Bon nombre d'espèces – dont les phoques annelés (*Phoca hispida*), les phoques barbus (*Erignathus barbatus*) et les morses (*Odobenus rosmarus*) – sont encore chassées dans les régions côtières de l'Arctique canadien.

La plupart des gens associent la chasse aux phoques aux côtes orientales du Canada. Les premiers Européens chassent les phoques dès leur arrivée dans le Nouveau Monde. Une succession de marchands portugais et français, de Basques espagnols et de colons français et britanniques commence dès le début du XVIᵉ s. à exploiter les morses vivant le long de la côte nord du fleuve Saint-Laurent et du golfe du Saint-Laurent pour leur huile inestimable, leurs défenses en ivoire et leur cuir. Cette exploitation est implacable, et le dernier morse est vu dans le golfe en 1800. En 1987, le COMITÉ SUR LE STATUT DES ESPÈCES MENACÉES DE DISPARITION AU CANADA (*voir* ANIMAUX EN VOIE DE DISPARITION) déclare la population de ces morses exterminée.

Après les morses, ce sont les phoques gris (*Halichoerus grypus*) qui sont chassés pour leur huile. En 1790, on chasse les phoques gris toute l'année aux îles de la Madeleine et déjà, en 1860, ils sont éliminés d'une grande partie de leur ancienne aire de répartition. À la fin des années 1940, on pense qu'il n'y a plus de phoques gris dans l'est du Canada. Mais quelques animaux ont survécu et, en 1993, leur population est estimée à 143 500 têtes. Cette population augmente d'environ 8 p. 100 par an.

On chasse aussi les phoques communs (*Phoca vitulina*). Cependant, ils ne font pas vraiment l'objet d'une exploitation commerciale, étant donné leur petite taille, leur faible quantité d'huile et l'éparpillement de l'espèce. Les colons en tuent cependant pour leur chair, leur huile et leur cuir avec lequel ils font des bottes et des vêtements. L'espèce survit aujourd'hui dans le Canada atlantique, éparpillée sur une grande partie de son ancienne aire de répartition. La dernière estimation de sa population, dans les années 70, fait état de 12 700 animaux.

Au milieu du XVIIᵉ s., les colons français commencent à chasser les phoques du Groenland (*Phoca groenlandica*) qui, l'hiver, se nourrissent dans l'estuaire du fleuve Saint-Laurent. Au début, la chasse se fait dans de petits bateaux mais, bientôt, les colons adoptent les méthodes plus efficaces des INUITS locaux et attrapent les phoques à l'aide de filets. En 1720, une pêche au filet lucrative existe le long du fleuve Saint-Laurent, sur les côtes du Labrador jusqu'à l'anse de Hamilton et le long de la côte ouest de Terre-Neuve.

À la fin des années 1700, la demande européenne d'huile et de peaux de phoques conduit au développement d'une «pêche» aux phoques commerciale basée à Terre-Neuve. Depuis lors (sauf durant un an pendant la Seconde Guerre mondiale), une chasse commerciale aux phoques a lieu tous les ans au large de la côte est du Canada et dans le golfe du Saint-Laurent. Deux espèces sont ciblées: les phoques du Groenland et les phoques à capuchon (*Cystophora cristata*).

Au début, la chasse se fait à bord de petits bateaux, qui sont bientôt éclipsés par des grands voiliers en bois. L'industrie se développe, attirant des investissements étrangers et employant non seule-

ment des chasseurs, mais aussi des constructeurs de bateaux, des charpentiers, des maîtres-voiliers et des raffineurs qui extraient l'huile précieuse du blanc des phoques. Entre 1818 et 1862, plus de gens travaillent dans l'industrie de la chasse aux phoques et plus de ports sont consacrés à cette activité qu'à toute autre époque. Durant de nombreuses années, les prises amenées à terre dépassent les 500 000 têtes. Les plus grandes prises ont lieu en 1831, en 1832 et en 1844 avec respectivement 680 000, 740 000 et 686 000 phoques tués. La chasse qui implique le plus de bateaux et le plus de participants se déroule en 1857: plus de 370 bateaux transportent 13 600 personnes à la pêche aux phoques. Durant toute cette période, seule la célèbre pêche à la morue est plus importante pour l'économie de Terre-Neuve (*voir* PÊCHE).

Les bateaux en bois cèdent finalement la place aux bateaux à vapeur (1863) et plus tard aux bateaux à vapeur à coque en acier (1906). L'avantage des bateaux motorisés plus lourds est leur vitesse, leur facilité de manœuvre et leur aptitude à se frayer un chemin dans la glace. Malgré de tels progrès technologiques, les prises de phoques déclinent. Les années de surchasse ont décimé la population, et à deux occasions seulement, en 1871 et 1876, les prises dépassent 500 000 têtes.

À la fin du XIXᵉ s., la production de PÉTROLE et d'électricité réduisent la demande d'huile de phoque. L'industrie continue à décliner pendant les guerres mondiales (les bateaux sont réquisitionnés à d'autres fins) et la crise des années 30. Quand Terre-Neuve se joint au Canada en 1949, sa chasse aux phoques devient celle du Canada. Les marchés rouvrent après la Seconde Guerre mondiale lorsque la chasse redevient profitable, surtout à cause de la demande d'huile, de fourrure et de cuir. À ce moment-là, les bateaux de la Nouvelle-Écosse (appartenant à un Norvégien expatrié) et de Norvège participent à la chasse au large. En 1951, plus de 400 000 phoques sont abattus et la moyenne annuelle des prises entre 1949 et 1961 est de 310 000 phoques. Plus tard, les scientifiques estimeront que la population des phoques du Groenland de l'Atlantique du Nord-Ouest a peut-être décliné de plus de 50 p. 100 entre 1950 et 1970.

En 1965, le Canada impose un quota partiel aux chasseurs de phoques opérant dans le golfe du Saint-Laurent. Des quotas pour les phoques du Groenland sont imposés à tous les chasseurs en 1971 et pour les phoques à capuchon en 1974. Les prises de phoques du Groenland augmentent néanmoins de la fin des années 1970 à 1981, année où 200 000 phoques du Groenland sont débarqués. Les prises des phoques à capuchon fluctuent d'année en année, avec une moyenne annuelle des prises de 12 450 bêtes de 1970 à 1982. En 1983, cependant, la situation change rapidement à la suite d'une proposition de répertorier un certain nombre de phoques nordiques (tels que les phoques du Groenland et les phoques à capuchon) dans l'appendice II de la Convention sur le commerce international des espèces menacées de disparition. Plus tard la même année, la Communauté européenne (maintenant l'Union européenne) interdit l'importation de produits dérivés des bébés phoques du Groenland et des bébés phoques à capuchon, qui, historiquement, constituaient la plus grande partie des prises. En 1986, une Commission royale sur les phoques et la chasse aux phoques, créée par le gouvernement fédéral en 1984, recommande que «la chasse commerciale des bébés phoques du Groenland et des bébés phoques à capuchon, largement réprouvée par le grand public, soit interdite.» En 1987, le gouvernement impose cette recommandation et interdit aux grands bateaux la chasse commerciale des bébés phoques du Groenland et des bébés phoques à capuchon.

De 1983 à 1995, les prises annuelles moyennes de phoques du Groenland et de phoques à capuchon sont d'environ 54 700 têtes et de 1000 têtes, respectivement, bien au-dessous des prises annuelles

totales permises (PTP) de 186 000 phoques du Groenland et de 2340 à 15 000 (selon les années) phoques à capuchon. En décembre 1995, cependant, le Canada augmente les PTP des phoques du Groenland à 250 000 têtes et, pour la deuxième année d'affilée, subventionne la chasse aux phoques pour l'encourager, ostensiblement en raison de la diminution des stocks de morue (*Gadus morhua*). Il s'ensuit l'abattage de plus de 242 000 phoques du Groenland et de plus de 25 000 phoques à capuchon (plus de trois fois les PTP de 1986 de 8000 têtes) durant la plus grande chasse aux phoques depuis 1970. En décembre 1996, le ministre des Pêches et des Océans du Canada relève encore les PTP pour l'année 1997 à 275 000 phoques du Groenland, celles des phoques à capuchon demeurant à 8000.

Selon une évaluation basée sur un modèle informatique du gouvernement fédéral, la population de phoques du Groenland de l'Atlantique du Nord-Ouest a augmenté d'environ 5 p. 100 par année et comprenait 4,8 millions de têtes en 1994. Mais l'incertitude de ces estimations est grande et des analyses gouvernementales indiquent que les quotas actuels pourraient faire décroître la population. L'état actuel de la population des phoques à capuchon est encore moins certain.

Aujourd'hui, la chasse aux phoques fait encore partie de l'industrie de la pêche de la côte est du Canada. De par la loi, les phoques sont une responsabilité fédérale sous la compétence du ministère des Pêches et des Océans. L'instrument légal de sa gestion est la *Loi sur les pêches*. En 1966, les règlements de protection des phoques, établis sous le régime de cette loi, comportent d'abord les textes d'application régissant la chasse aux phoques, notamment la délivrance de permis de chasse, les quotas annuels d'abattage, et les dates d'ouverture et de fermeture de la chasse. En 1993, ces règlements, et ceux concernant d'autres mammifères marins canadiens, sont regroupés en un seul ensemble de «Règlement des mammifères marins» (*voir* POLITIQUE DE LA PÊCHE).

Les règlements relatifs à la chasse aux phoques au-delà de la limite des eaux canadiennes de 370 km (200 milles marins), qui est établie en 1997, dépendent de l'Organisation des pêcheries de l'Atlantique du Nord-Ouest (OPANO) qui réunit les pays exploitant les principales ressources aquatiques de la région. Dans cette zone de 370 km, le Conseil pour la conservation des ressources halieutiques (CCRH), dominé par l'industrie, conseille maintenant le ministre des Pêches et des Océans sur un large éventail de questions relatives à la pêche, y compris celle des phoques (*voir* DROIT DE LA MER).

Dans l'Arctique canadien, le règlement des REVENDICATIONS TERRITORIALES des autochtones a commencé à formaliser la «gestion coopérative» des ressources marines, phoques compris. Bien que le ministre fédéral des Pêches et des Océans demeure l'autorité suprême pour la conservation des populations de phoques, des conseils d'administration autochtones participent maintenant à l'élaboration des quotas et à la surveillance des prises, dressant des règlements, estimant les populations et déterminant les besoins en recherche.

Depuis le début des années 60, des groupes nationaux et internationaux s'opposent vivement à la chasse commerciale aux phoques. Les chasseurs et leurs partisans expriment aussi ardemment leur désir de préserver une source de revenu et ce qu'ils considèrent comme leur héritage. Quoi qu'il en soit, les phoques du Groenland et les phoques à capuchon sont encore potentiellement menacés par une chasse mal réglementée et par des changements environnementaux, tels que la contamination biochimique, le changement climatique ainsi que la recherche et le transport de combustibles fossiles au large de la côte est du Canada. Bien que les deux espèces soient théoriquement capables d'éviter les zones hautement contaminées, un déversement de pétrole pourrait avoir de graves conséquences, particulièrement sur la reproduction et la mise bas plus spécifiquement dans les eaux nordiques, où la biodégradation est lente et le nettoyage difficile. La diminution de nombreux stocks de poissons dans l'Atlantique du Nord-Ouest, dont dépendent les phoques, est une autre de ces menaces.

Pour parvenir à une gestion efficace de la chasse aux phoques et de la chasse commerciale, il va falloir se fier davantage à la raison, à la prudence et à de solides connaissances scientifiques qu'aux émotions des divers intervenants, aux prédictions incertaines et aux mesures politiques.

K. Ronald et D.M. Lavigne

Phoque et otarie Noms communs donnés à des mammifères aquatiques, généralement marins, appartenant à deux groupes distincts de l'ordre des pinnipèdes. Les phoques et les otaries ont un corps fuselé, des membres développés en nageoires, des yeux adaptés à la vision sous-marine et aérienne, et des narines munies de valves. Leurs systèmes respiratoire, circulatoire et excréteur sont adaptés à la vie sans eau douce et à la plongée.

Otaries

Les espèces d'otaries que l'on trouve dans les eaux canadiennes sont les suivantes: l'otarie à fourrure (*Callorhinus ursinus*), la plus petite espèce, qui se distingue par sa fourrure dense qui garde la peau sèche et protège ainsi l'animal de l'eau froide; l'otarie de Steller (*Eumetopias jubatus*), la plus grande espèce, dont le mâle atteint une longueur de 3 m et un poids de 900 kg, tandis que la femelle fait moins de la moitié des dimensions du mâle; et l'otarie de Californie (*Zalophus californianus*). Les otaries n'ont pas de poils de bourre, mais ont une couche de graisse qui les protège du froid.

Description Le corps fuselé des otaries leur permet de nager rapidement avec leurs grandes nageoires antérieures sans poils, dont elles se servent comme des avirons, et leurs nageoires postérieures, qu'elles utilisent comme gouvernail. Sur la terre ferme, elles se déplacent en marchant ou en bondissant à l'aide des membres antérieurs et postérieurs. Elles possèdent une petite oreille externe ou pavillon. Les mâles adultes sont beaucoup plus grands que les femelles (p. ex., le poids de l'otarie à fourrure mâle peut atteindre 320 kg et celui de la femelle, 60 kg).

Répartition Au Canada, les otaries vivent exclusivement dans l'océan Pacifique. L'otarie à fourrure se reproduit dans les îles Pribilof et Bogoslof, au large de l'Alaska, dans les îles du Commandeur, en Russie, et dans l'île San Miguel, en Californie, tandis que l'hiver, on la trouve sur la côte de la Colombie-Britannique. L'otarie de Steller réside dans les îles rocheuses depuis l'État de Washington jusqu'en Alaska et forme deux grandes colonies reproductrices en Colombie-Britannique. Vers 1970, l'otarie de Californie a envahi les eaux canadiennes (la côte de l'ÎLE DE VANCOUVER) et est devenue un visiteur hivernal, mais on n'y rencontre que des mâles.

Nombres On ne connaît pas le nombre d'Otaries à fourrure de la Colombie-Britannique, mais on estime qu'elles sont plus d'un million. En 1913, on comptait de 11 000 à 14 000 Otaries de Steller au Canada et en 1985, elles étaient environ 5000. Les Otaries de Californie sont environ 5000.

Reproduction et développement Les otaries forment des harems où les mâles les plus forts se réservent une à 60 femelles reproductrices. Les femelles donnent naissance à un petit par année après une gestation de 11 ou 12 mois. Les jeunes ne nagent pas, et leur longue période d'allaitement dure de quatre mois, chez l'otarie à fourrure, à plus d'un an, chez l'otarie de Californie et l'otarie de Steller. Bien que les individus des deux sexes soient capables de se reproduire vers l'âge de trois à cinq ans, les mâles sont incapables d'avoir accès à une femelle avant l'âge d'au moins sept ans.

Régime alimentaire Les trois espèces se nourrissent de poissons tels que le hareng, la goberge et le saumon, de pieuvres et parfois d'OISEAUX MARINS.

Relations avec les humains La peau d'otarie à fourrure a été très recherchée par les commerçants de fourrures. Les chasseurs canadiens ont fait une chasse pélagique de cette espèce entre les années 1890 et 1911, ce qui a réduit la population de quelque 4,5 à 5 millions à environ 300 000 individus. En 1911, la Convention pour la conservation des Otaries à fourrure du Pacifique Nord signée entre les États-Unis, la Grande-Bretagne (pour le Canada), le Japon et la Russie a permis de protéger l'espèce, et la population a graduellement augmenté jusqu'au nombre d'origine. Du milieu des années 50 jusqu'à la fin des années 60, la surexploitation des femelles et la croissance des pêches commerciales de goberge ont à nouveau réduit le nombre d'Otaries à fourrure. Aux États-Unis, cette espèce est protégée légalement depuis 1984.

L'otarie de Steller était chassée par les autochtones pour sa peau, sa viande et son huile. On en a fait une petite chasse commerciale entre 1913 et 1940, mais sa diminution s'explique par l'abattage fait dans les colonies entre 1936 et 1967 pour protéger les pêches. On la considère comme une espèce menacée aux États-Unis depuis 1990. Les Otaries de Steller et les Otaries de Californie sont des attractions touristiques.

Phoques

On rencontre communément six espèces de phoques dans les eaux canadiennes: le phoque commun (*Phoca vitulina*), le phoque annelé (*P. hispida*), le phoque du Groenland (*P. groenlandica*), le phoque barbu (*Erignathus barbatus*), le phoque à capuchon (*Cystophora cristata*) et le phoque gris (*Halichoerus grypus*). L'éléphant de mer (*Mirounga angustirostris*) est un visiteur rare au Canada.

Description Les oreilles des phoques consistent en des ouvertures sans pavillon sur les côtés de la tête. Les phoques nagent en effectuant un mouvement alternatif des nageoires postérieures, qui sont orientées vers l'arrière. Les nageoires antérieures sont courtes et munies de griffes. Toutes les nageoires sont velues. Sur la terre ferme, les phoques se traînent à l'aide de leurs membres antérieurs ou en effectuant un mouvement ondulatoire à la manière des chenilles. Sauf chez le phoque gris et l'éléphant de mer, les mâles sont un peu plus grands que les femelles.

Les phoques sont d'excellents plongeurs. Le phoque annelé peut rester immergé pendant 45 minutes, l'éléphant de mer, jusqu'à 2 heures et la plupart des autres espèces pendant de plus courtes périodes. L'éléphant de mer se nourrit sur la bordure du plateau continental, où il plonge régulièrement à des profondeurs de 800 m.

Répartition Au Canada, on rencontre les phoques dans les trois océans: le phoque commun dans le Pacifique et dans l'Atlantique; le phoque barbu et le phoque annelé dans l'Arctique; le phoque du Groenland et le phoque à capuchon dans l'Atlantique Nord et dans certaines parties de l'Arctique; et le phoque gris dans l'Atlantique, depuis le Labrador jusqu'en Nouvelle-Angleterre. Lorsqu'il quitte ses aires de reproduction au Mexique et en Californie, l'éléphant de mer migre vers le nord, et on le rencontre, quoique rarement, sur les côtes de la Colombie-Britannique.

Le phoque du Groenland effectue une migration annuelle d'environ 3200 km depuis l'océan Arctique, où il passe les mois d'été, jusqu'à Terre-Neuve et dans le golfe du Saint-Laurent, où il passe la fin de l'hiver et le printemps. Le phoque à capuchon effectue également de longues migrations. De l'été à l'hiver, le phoque annelé et le phoque barbu se déplacent parfois sur de longues distances afin de rester dans un environnement couvert par les glaces.

Le phoque gris et le phoque commun sont plus sédentaires que les autres espèces.

Nombre Au Canada, on estime qu'il y a environ 50 000 Phoques communs sur la côte du Pacifique, mais il n'existe aucune estimation pour la côte de l'Atlantique. On évalue le nombre de Phoques barbus à 300 000 ou 400 000 et celui de Phoques annelés à 1,5 million. La population de Phoques du Groenland, qui compte approximativement 4, 8 millions d'individus, augmente à un rythme d'environ 5 p. 100 par année. On estime la population du phoque à capuchon à environ 400 000 individus, et celle du phoque gris, évaluée à 144 000, augmente de 8 à 13 p. 100 chaque année.

Reproduction et développement Chez la majorité des espèces, la reproduction débute entre l'âge de trois et six ans chez les femelles et au même âge ou un peu plus tard chez les mâles. Excepté l'éléphant de mer et le phoque gris, les phoques se dispersent pendant la saison de reproduction, et un seul mâle peut s'accoupler avec une ou quelques femelles. L'Éléphant de mer se reproduit en formant des harems. Un seul petit naît après une gestation de 11 ou 12 mois qui inclut une période d'implantation différée.

La saison de mise bas varie d'une espèce à l'autre: chez le phoque annelé, le phoque barbu et le phoque à capuchon, elle a lieu sur la glace en mars et en avril; chez le phoque du Groenland, de la mi-février à la mi-mars; chez le phoque gris, à la mi-janvier, et chez le phoque commun, pendant l'été. Les nouveau-nés sont assez grands (un phoque à capuchon de 180 kg peut donner naissance à un petit de 27 kg) et nagent peu après la naissance (sauf l'éléphant de mer). La courte période d'allaitement dure entre trois et cinq jours chez le phoque à capuchon et environ un mois chez le phoque commun. Le petit devient indépendant après le sevrage.

Régime alimentaire Les phoques se nourrissent de poissons, de calmars, de crevettes ou de crabes, mais le régime alimentaire varie selon l'espèce et la région. Le phoque annelé mange de la morue arctique, des crevettes et du macroplancton. Dans l'Atlantique, les phoques se nourrissent de morue arctique, de morue franche, de capelan, de poissons plats et de chabots. Le phoque commun a un menu varié qui inclut des poissons de fond, de la morue, des scorpènes, du hareng, du saumon, du crabe et de la pieuvre.

Relations avec les humains Le phoque commun de la Colombie-Britannique et les nombreuses espèces de phoques de l'Atlantique sont considérés comme des compétiteurs des pêcheurs commerciaux, mais il n'est pas prouvé que les prises commerciales de poissons augmentent lorsque le nombre de phoques pélagiques diminue. Le phoque commun cause parfois des pertes importantes aux populations locales de saumons lorsqu'il se nourrit intensément des saumons migrateurs à l'embouchure des rivières. Il peut également endommager les élevages de saumons (*voir* AQUACULTURE) ou capturer du saumon directement dans les filets maillants. Le phoque gris est l'hôte intermédiaire le plus important d'un ver parasite qui cause des pertes économiques considérables à l'industrie de la pêche de la morue franche.

Le phoque annelé et le phoque barbu sont une des principales ressources des INUITS, qui les exploitent pour la nourriture et pour leur fourrure commercialisable, et qui en tiraient autrefois de nombreux autres produits utiles. Les habitants des côtes des PROVINCES ATLANTIQUES ont chassé le phoque du Groenland et le phoque à capuchon pour leur viande et leur fourrure commercialisable.

Le commerce de la fourrure des nouveau-nés du phoque du Groenland, appelés blanchons, a été le sujet d'une importante confrontation entre des groupes opposés à la chasse commerciale aux blanchons, certains pour des raisons morales et d'autres qui considéraient ce grand nombre de phoques comme une ressource que l'on pouvait utiliser judicieusement. Le Canada gérait cette chasse comme une pêche commerciale et tenait compte de la conservation de l'espèce et de pratiques humanitaires.

La stratégie des groupes anti-chasse consistait à détruire le marché des fourrures de toutes les espèces de phoques. Ce fut une dure épreuve pour ceux qui utilisaient les phoques comme nourriture et comme source de revenus. La réduction de la récolte a eu pour conséquence une augmentation du nombre de phoques, et on craignait que ceux-ci ne soient responsables de l'effondrement de l'industrie de la pêche de la MORUE franche.

Le marché pour les produits du phoque renaît lentement, mais les bébés ne sont plus chassés. L'augmentation rapide du nombre de Phoques communs sur les côtes de la Colombie-Britannique soulève des questions quant à l'impact de ces animaux sur les pêches commerciales et sportives.

Ian McTaggart-Cowan

Photographie L'invention de la photographie n'est pas le fait d'une découverte soudaine, mais plutôt le résultat de l'évolution des connaissances en chimie et en optique. Les bases de la photographie sont posées dès 1727, en Allemagne, quand Johann Heinrich Schultze fait des recherches sur la sensibilité à la lumière du chlorure d'argent, et lorsqu'on reprend l'usage de la Renaissance qui est d'utiliser une *camera obscura* pour obtenir une meilleure perspective. La création de l'image photographique requérait l'esprit réceptif du XIXᵉ s., métamorphosé par la révolution industrielle.

En 1839, deux procédés photographiques font leur apparition. En France, Louis Jacques Mandé Daguerre, guidé par les expériences de Nicéphore Niepce, réussit à fixer une image sur une plaque de cuivre argentée. Le procédé reçoit le nom de daguerréotype et le surnom de «miroir avec une mémoire». À la même période, en Angleterre, William Henry Fox Talbot invente le procédé négatif-positif sur papier, le négatif étant baptisé «calotype», et le positif, «papier au sel d'argent».

Les deux procédés ont des caractéristiques bien différentes. Dans le cas du daguerréotype, la définition de l'image est précise (c'est la démocratisation de l'optique) et parfaitement égale, tandis que le «papier au sel d'argent» fait ressortir les larges masses et accentue le flou. L'impression par contact à travers un négatif obscurcit les détails et le contour.

Le daguerréotype et le calotype

Au XIXᵉ s., grâce aux réseaux de la presse et au service de messagers, le daguerréotype et le calotype deviennent célèbres dans le monde entier, bien que le premier ait joui d'une plus grande popularité, n'étant assujetti à un aucun brevet d'invention, sauf en Angleterre. Ces merveilleuses inventions parviennent au public canadien au printemps de 1839. *La Gazette de Québec*, le *Patriot* de Toronto et le *Halifax Colonial Pearl* consacrent des articles au daguerréotype et au «nouvel art de peindre avec le soleil» de Talbot. Des daguerréotypistes itinérants installent leurs studios dans des chambres d'hôtel ou des magasins dotés de lucarnes et prennent le portrait de leurs clients, ou de leurs «patients», comme on les appelle quelquefois. La tâche est ardue: longues périodes d'exposition, mauvais temps, températures changeantes et conditions de travail difficiles expliquent le succès mitigé des premiers photographes. Il subsiste peu de photographies de cette époque.

Les journaux canadiens du temps rapportent que deux Américains, Halsey et Sadd, ont installé leurs studios à Montréal et à Québec en 1840, et qu'une certaine Madame Fletcher a ouvert un studio à Montréal en 1841 (sans doute la première femme photographe au Canada). Thomas Coffin Doane est l'un des rares daguerréotypistes qui ait réussi à Montréal. En compagnie de son associé, William Valentine, il visite Terre-Neuve en 1843 et réalise quelques portraits. Il est surtout célèbre pour ses daguerréotypes de lord ELGIN et de sa famille, et de Louis-Joseph PAPINEAU. En 1855, il obtient, conjointement avec Eli J. Palmer, une mention honorable au concours de l'Exposition de Paris. À Toronto, où travaille Palmer, plusieurs studios sont florissants à de brèves périodes de temps, mais leurs travaux sont aujourd'hui perdus. Il n'empêche que, de 1847 à 1870, Palmer a produit des daguerréotypes et les populaires cartes de visite, petites photos collées sur un carton rigide et utilisées à cet effet ou consignées dans les vieux albums de famille pour les générations futures.

Le procédé du collodion humide

La carte de visite a été popularisée en France par André Adolphe Disdéri qui, en 1859, prend la photo de l'empereur Napoléon III et en tire un grand nombre de copies de petits formats. Notables et gens de classe moyenne se ruent alors dans les studios pour se faire photographier. La reproduction des clichés gagne en qualité grâce au procédé du collodion humide mis au point en 1851 par un Anglais, F. Scott Archer. Cette méthode permet d'obtenir des négatifs sur verre d'une grande netteté et, grâce au tirage par contact, une épreuve positive finement détaillée, le verre autochrome. Ce procédé, comme celui de Talbot, permet de faire de nombreuses copies tout en conservant une parfaite netteté des détails.

Le procédé du collodion humide accélère la prise et la reproduction des photos, mais, selon les standards d'aujourd'hui, il s'avère trop difficile. L'opérateur doit recouvrir la plaque de l'émulsion, puis l'exposer et la développer avant qu'elle ne sèche et ne perde de sa sensibilité. Néanmoins, au XIXᵉ s., le procédé facilite l'activité des photographes. En 1851, le *Canadian Directory* de Lovell ne mentionne que 11 daguerréotypistes, mais, en 1865, le *Canada Classified Directory* en recense plus de 360.

Le photographe le plus célèbre de l'époque est William NOTMAN, dont l'influence se fait sentir à Halifax, à Saint-Jean, à Montréal, à Ottawa, à Toronto et aux États-Unis. En 1858, il prend des photos des travaux de construction du pont Victoria à Montréal, le pont tubulaire le plus long au monde à cette époque. Conscient de la portée historique de la cérémonie, il photographie l'inauguration du pont, en 1860, par le prince de Galles. Notman se voit conférer le titre de photographe de la Reine. Sa célébrité grandissante lui attire une large clientèle et son commerce prospère. Au cours des années 1870, Notman, ses fils et ses assistants produisent quelque 14 000 négatifs par année.

Notman excelle aussi dans le montage photographique. Chaque image est composée de plusieurs photos découpées et assemblées en un tableau qu'il rephotographie. Il réalise un ambitieux montage du Carnaval de patinage, en 1869, composé de près de 300 photos. Pionnier au Canada de l'utilisation du magnésium, il recrée dans ses studios montréalais plusieurs scènes très élaborées montrant des Indiens.

À la même époque, à Québec, le studio de Ellison & Co. produit d'élégants portraits reconnus pour leur simplicité, leur spontanéité et leur force. Le studio dispose de décors extravagants, mais utilise aussi des accessoires conventionnels, comme des colonnes et des tentures, pour personnaliser la scène. La production comprend portraits, cartes de visite et cartes d'affaires des dignitaires de Québec. Les cartes d'affaires sont une version agrandie des cartes de visite et ont fait la joie des collectionneurs de 1868 jusqu'à la Première guerre mondiale.

Les albums de photos et les stéréogrammes sont aussi très populaires au XIXᵉ s. Les stéréogrammes d'alors sont l'équivalent de la télévision actuelle. «Pas de maison sans stéréoscope» est l'argument de vente de la compagnie London Stereoscopic. Des images du monde entier ornent les salons de la classe moyenne. L'image stéréographique s'obtient grâce à une caméra dotée de deux lentilles séparées par une distance égale à celle qui sépare les yeux. Il en résulte deux images presque identiques qui, vues à travers un stéréoscope, donnent l'impression d'être en trois dimensions.

Comme dans les albums de montages photographiques, les paysages et l'architecture sont des sujets fréquemment photographiés en stéréogrammes. L'un des premiers photographes à publier un recueil de clichés est Samuel McLaughlin qui, en 1858-1860, montre des vues de Québec et des environs rassemblées dans *The Photographic Portfolio*. Sa photo la plus célèbre, *The Ice Boat*, montre une scène croquée sur le Saint-Laurent, encadrée par la Citadelle de Québec. Il devient, en 1861, photographe officiel du gouvernement et sa première tâche consiste à photographier la construction des édifices du Parlement. Dans l'esprit du gigantisme de ces travaux, McLaughlin utilise des plaques énormes, allant jusqu'à 27 pouces par 36 pouces. Même si le collodion humide s'avère un procédé difficile à manier, il réussit à produire, en 1861, 24 négatifs de tailles variées.

Un autre photographe, Alexander Henderson, est célèbre pour ses œuvres publiées dans *Canadian Views and Studies* et *Photographed from Nature*, une série d'albums parus au milieu des années 1860. Ses photographies sont caractérisées par un sens aigu de l'espace propre au paysage canadien et par une attention particulière au temps comme aux saisons.

La photographie passe à l'Ouest

Au tout début, l'activité photographique se limitait aux principales villes du Haut-Canada et du Bas-Canada. Vers 1850, la poussée vers l'Ouest commence, stimulée par la découverte d'or en Colombie-Britannique, par le désir de protéger les colonies isolées contre l'expansion américaine et par les visées commerciales du gouvernement. En s'efforçant de rapporter des images du pays malgré un environnement hostile, les photographes du XIXᵉ s. ont fait preuve d'héroïsme et de ténacité.

L'un des premiers est Humphrey Lloyd Hime. Il participe à l'expédition vers l'Ouest mandatée par le gouvernement dans les territoires d'Assiniboine et de Saskatchewan afin de préparer le terrain à la colonisation et à l'exploration. Les photographies des Prairies, publiées dans le *London Illustrated News*, sont saisissantes de sobriété et de simplicité. En 1871, Benjamin Baltzly, un employé de Notman, accompagne l'expédition de la Commission géologique du Canada, sous la direction d'Alfred Selwyn, afin de trouver un moyen de prolonger la voie du Canadien Pacifique et d'encourager la Colombie-Britannique à se joindre à la Confédération.

Une fois la Colombie-Britannique ouverte à la colonisation, l'esprit pionnier de quelques photographes est piqué sinon enflammé par la ruée vers l'or des années 1850 et 1860: il s'agit de matériel photographique de premier plan. Charles Gentile a amassé un grand nombre de clichés historiques illustrant la ruée vers l'or de la rivière Leech, en 1864. L'Anglais Frederick Dally photographie les terrains aurifères de Cariboo ainsi que Barkerville, sa ville champignon. D'après les journaux de l'époque, il aurait accompli un «remarquable travail sur les visages», probablement des portraits.

Un autre Anglais, George Robinson Fardon, photographie l'île de Vancouver. Ses clichés, et ses vues panoramiques de Victoria, composées d'une multitude de petites photos savamment associées pour donner l'impression d'un vaste panorama, sont présentés lors de l'Exposition universelle de Londres, en 1862. Francis G. Claudet, fils du célèbre daguerréotypiste français Antoine Claudet, arrive sur la côte du Pacifique en 1859 pour occuper le poste de vérificateur en chef des métaux précieux en Colombie-Britannique. Il réalise au moins deux albums de photos, dont certaines ne semblent pas être de lui. À l'époque, il n'est pas rare que les photographes achètent ou accumulent des clichés qu'ils publient ensuite sous leur nom, rendant difficile la tâche de les identifier.

Quelques-unes des plaques réalisées par Dally sont achetées par Richard et Hannah MAYNARD, deux photographes réputés de la Colombie-Britannique. Hannah Maynard ouvre un studio spécialisé en portraits à Victoria en 1862. C'est auprès d'elle que Richard Maynard apprend son métier, et il signe un bon nombre de vues de la province dans les années 1870 et 1880.

Les améliorations techniques de la fin du XIXe siècle

Vers la fin des années 1870, l'utilisation de la plaque sèche à la gélatine est très répandue, et les photographes n'ont plus à préparer des plaques sur le terrain. Les plaques sèches font partie du matériel standard des expéditions gouvernementales, comme lors de l'expédition britannique vers le pôle Nord. Résistant aux pires tempêtes de neige, les explorateurs atteignent le point le plus septentrional à ce jour, et deux d'entre eux, Thomas Mitchell et George White, réussissent à préserver des intempéries plus de 100 plaques, dont l'une sous une température de -45 °C.

Les améliorations techniques vont ouvrir la voie à l'instantané. À cause d'un équipement encombrant, de l'imperfection des lentilles et des basses vitesses d'exposition, il était jusqu'ici extrêmement difficile de photographier des scènes en mouvement. Il est à signaler néanmoins deux instantanés remarquables: une photo prise par James Inglis du cortège funèbre lors des obsèques de Thomas d'Arcy McGEE à Montréal en 1868 et une photographie anonyme prise la même année du feu de joie en face du Parlement. En 1885, le capitaine James Peters réussit à photographier la bataille lors du soulèvement des Métis dans l'Ouest, grâce à un appareil pourvu d'un magasin facilitant le changement des plaques après chaque photo.

En 1888, George Eastman invente l'appareil photo à main, le Kodak, qui obtient un succès immédiat. L'appareil est chargé d'un film de 100 poses. Une fois la pellicule exposée, l'appareil est retourné à la compagnie avec le film à l'intérieur. Kodak retire le film, le développe, en tire des épreuves, place une bobine neuve dans l'appareil et renvoie le tout au client. «Vous appuyez sur le bouton, nous faisons le reste» constituait une publicité honnête.

Au fur et à mesure que le nombre de photographes amateurs augmente, des clubs naissent un peu partout et quelques excellents photographes se font remarquer. La Toronto Amateur Photographic Association est mise sur pied en 1888, et, à l'instar du Toronto Camera Club, l'association commence à produire des expositions à partir de 1891. En 1905, Sidney Carter, membre-associé de Photo Secession, fonde le Toronto Studio Club sur le modèle du Linked Ring, en Angleterre, qui, pendant un an, croit aux vertus de l'image visiblement retouchée.

La photographie se voit reprocher d'être un procédé mécanique qui se passe de l'intervention du photographe. Dans l'espoir de donner une preuve évidente de l'intervention manuelle surgissent alors plusieurs photographes partisans des retouches. Par contre, au même moment, d'autres préconisent la photo non retouchée comme expression authentique du médium. Le fossé existant entre les «artistes», ou partisans des retouches, et les puristes fait écho aux différences qui séparent le calotype du daguerréotype.

Les artistes photographes recourent à divers procédés pour atteindre leur objectif. La gomme bichromatée, le cyanotype et le décalque de gélatino-bromure permettent au photographe d'intervenir au moment où l'émulsion est appliquée sur le papier. De façon moins évidente, mais sans qu'ils aient besoin d'utiliser de tels procédés, les photographes peuvent aussi, entre autres, prendre une photo hors focus afin d'obtenir une atmosphère éthérée, impressionniste, plutôt qu'un contour bien défini du sujet. Dans les premières décennies du XXe s., Harold Mortimer-Lamb, ingénieur britannique qui a travaillé en étroite association avec Carter et avec le Toronto Camera Club, ainsi que John Vanderpant, Hollandais établi à Vancouver, réalisent des portraits en flou romantique en se concentrant sur les effets d'ombre et de lumière, de masse et de ton.

Dans les années 30, Vanderpant adopte un autre style: il s'intéresse aux possibilités de la photographie standard. Il participe activement aux salons internationaux et son talent est reconnu par les photographes américains. En 1926, Vanderpant et Mortimer-Lamb ouvrent une galerie consacrée au studio de photos, aux œuvres d'art et aux antiquités. Leur association est de courte durée, mais la galerie a poursuivi ses activités, permettant notamment à des membres du Groupe des Sept d'y exposer leurs œuvres.

La Galerie nationale du Canada lance en 1934 son premier Salon international annuel de la photographie d'art, événement qui marque le début de son intérêt pour le médium. Jusque vers la fin de la Seconde Guerre mondiale, la Galerie organise des expositions itinérantes. Le Bureau de Téléfilm Canada a une section photo, une tradition maintenue par l'organisme qui prend la relève, l'OFFICE NATIONAL DU FILM, créé en 1939. À l'origine, le service est mis sur pied pour servir de banque d'illustrations aux divers ministères fédéraux. La presse et les journaux de tout le pays y auront bientôt accès. Un groupe actif d'éditeurs fournissent, chaque semaine, des histoires en photos aux publications canadiennes et étrangères.

Le photojournalisme

Cette reconnaissance par le gouvernement de la valeur documentaire des photographies permet l'essor du photojournalisme au Canada. William James et Arthur Goss sont, dès avant 1914, des photographes très actifs et rassemblent de fort intéressantes collections. L'un des premiers efforts pour documenter les événements de guerre se produit lors de la Première Guerre mondiale. L'Office canadien des archives militaires est créé en 1916, à la demande de Max AITKEN (lord Beaverbrook). Une de ses tâches est de mettre en lieu sûr les photos prises au front, pour conserver de façon permanente le souvenir vivant des événements. William Ivor Castle, un Anglais, devient photographe officiel du Canada et se rend en France en 1916. Il en ramène une série de photographies, les premières à bénéficier d'une aussi large diffusion et, pendant deux ans, les présente lors d'une exposition itinérante dans toute l'Amérique. Ces photos d'hommes se hissant hors des tranchées sont perçues comme une reproduction fidèle de la guerre. En réalité, il semble qu'elles aient été prises lors d'entraînements ou de mises en scène loin de la ligne de feu et découpées par la suite de façon à éliminer tout élément ne se rapportant pas directement à la guerre. De véritables instantanés, cette fois, des combats importants auxquels prenaient part les Canadiens de 1917 à la fin de la guerre ont été pris par William Rider-Rider, un autre Anglais engagé par l'Office canadien des archives militaires.

La vogue grandissante des magazines illustrés offre aussi de nouveaux débouchés aux photojournalistes. Le *Montréal Standard* et le *New World* de Winnipeg sont les premiers à commander des photoreportages dans les années 40. Le Français Henri Paul, photographe au *Montréal Standard* et habitant à Montréal, est célèbre pour sa couverture des productions du THÉÂTRE DU NOUVEAU MONDE. Il est l'un des premiers photographes, au Canada, à utiliser un appareil 35 mm, convenant bien aux besoins du photoreportage. *Weekend* prend la relève du *Montréal Standard* dans les années 50 et devient un magazine d'envergure nationale, à ce titre, entre en compétition avec le *Star Weekly* de Toronto. Ces publications retiennent les services de Kryn Taconis, John Reeves, John de Visser, Lutz Dille, Michel Lambeth, Walter CURTIN, Chris Lund, John Max et Yousuf KARSH. Célèbre portraitiste, ce dernier installe son studio à Ottawa en 1932. Alliant des éclairages dramatiques en studio et des poses classiques du sujet, Karsh photographie les célébrités et autres grands de ce monde.

Galeries et publications

Un regain d'activité sans précédent anime le monde de la photographie à la fin des années 60. L'Office national du film entame un programme de publications et inaugure à Ottawa une galerie de photos. En plus de regrouper les œuvres des principaux photographes canadiens de l'époque, l'ONF organise des expositions itinérantes et produit du support matériel, comme des catalogues et des présentations audiovisuelles. En 1985, le Musée canadien de la photographie contemporaine est créé. Il poursuit le mandat de la collection de photos et du programme d'expositions de l'ONF, mais s'associe ensuite au MUSÉE DES BEAUX-ARTS DU CANADA (nouveau nom de la Galerie nationale du Canada, à partir de 1984). En 1967, sous la direction du conservateur (section photographie) James Borcoman, la Galerie nationale monte une collection internationale, surtout axée sur des photos historiques. Les ARCHIVES NATIONALES DU CANADA possèdent une collection de photos documentaires canadiennes dont l'origine remonte au milieu du XIXe s. Ces trois organismes gouvernementaux mettent tout en œuvre pour présenter une vue d'ensemble de l'activité photographique nationale et internationale, sans se chevaucher ni se faire compétition.

La photographie n'a pas encore obtenu la reconnaissance des galeries et des musées au même titre que les autres formes d'art. Seuls le Musée des beaux-arts du Canada et la Galerie d'art de Winnipeg emploient des conservateurs à temps plein pour la section photographie et accordent des fonds pour enrichir leurs collections. Des expositions individuelles, organisées localement par des commissaires invités, sont toutefois bien accueillies par le public dans plusieurs villes. Depuis 1973, le CONSEIL DES ARTS DU CANADA organise des programmes d'aide et offre des fonds aux nombreux centres gérés par les artistes qui se spécialisent en photographie. Il octroie également des bourses à des photographes ou à des galeries pour les aider à financer des expositions spéciales.

En 1967, un groupe de photographes fonde un mensuel bilingue appelé *Foto Canada*, magazine imprimé en gravures qui met ainsi l'accent sur de hauts standards de qualité en matière de photographie au Canada. Malheureusement, faute de soutien financier, il doit fermer ses portes un an plus tard.

Dans les années 70, les magazines de photo affichent différentes attitudes à l'égard du médium. *Impressions, Image Nation* et *Impulse* présentent des photographies contemporaines, parfois inusitées. Le magazine montréalais *OVO* promeut la photographie au rang d'instrument de communication et de changement social. *Photo Communiqué* sert de tribune et d'intermédiaire aux gens de la profession et offre une analyse critique des œuvres historiques et contemporaines.

Plus récemment, quantité de catalogues d'expositions de photos ont été publiés par les musées et les centres d'artistes autogérés, comme Dazibao, à Montréal, qui expose seulement des photographies, et des articles à ce sujet paraissent régulièrement dans les pages de magazines d'art comme *Parachute* et *Canadian Art*.

Dans les années 70, le Canada, comme les États-Unis et l'Europe, connaît un regain d'intérêt pour la photographie «artistique» et voit s'ouvrir des galeries commerciales vouées exclusivement à l'image photographique: la galerie Yajima à Montréal et la galerie Nova à Vancouver. La galerie Yajima expose les scènes de rue croquées par Charles Gagnon, Tom Gibson et Gabor Szilasi, les œuvres de Lynne Cohen sur les intérieurs contemporains, et les paysages de

PHRYGANE

Geoffrey James. La galerie Nova expose les œuvres en couleurs grand format de l'artiste photographe de renommée mondiale Jeff Wall, dont le vocabulaire visuel emprunte à la publicité dans les médias et à l'histoire de la photographie.

La galerie de photographie de Saskatoon ouvre une salle d'exposition et un atelier gérés en coopération, qui constituent encore aujourd'hui un centre important de l'activité photographique dans l'ouest du Canada. Les premières expositions montrent des œuvres autobiographiques retraçant la vie de Sandra Semchuk. Galerie Ville, à Québec, et le Photographer's Workshop, à Toronto, sont aussi des endroits qui accueillent des expositions de photographies récentes. Au nombre des compendiums de photographie canadienne figurent le *Banff Purchase* publié en 1979 par le BANFF CENTRE, *1984 Canadian Contemporary Photography* publié par la section photo de l'OFFICE NATIONAL DU FILM, et l'œuvre qui fera date, *Montréal au XXe siècle: Regards de photographes* publié par Michel Lessard.

En 1985, le Musée canadien de la photographie contemporaine est fondé à Ottawa dans le but de poursuivre le mandat de la section photo de l'Office national du film. En 1989, sous l'impulsion du regroupement montréalais Vox Populi, commence, sous le titre «Mois de la Photo», une série d'expositions semestrielles dans toutes les villes d'œuvres photographiques nationales et internationales. Le magazine montréalais *CV Photo* se spécialise dans la photographie contemporaine canadienne et surtout québécoise.

Les départements d'art, dont ceux de l'UNIVERSITÉ CONCORDIA, de l'UNIVERSITÉ D'OTTAWA et du NOVA SCOTIA COLLEGE OF ART AND DESIGN, commencent, dans les années 70, à offrir des programmes d'études de premier et deuxième cycles en photographie. Leurs étudiants sont imprégnés du discours théorique sur la photographie de Susan Sontag, Roland Barthes et autres.

Il en résulte qu'au Canada, la photographie des années 80 et des années 90 montre une pluralité fascinante. Certaines photos intègrent des éléments de sculpture et d'installation. Elles traduisent dans bien des cas l'influence de la théorie de l'art et une réflexion théorique sur le médium. Le projet en trois volets de Donigan Cumming, *Reality and Motive in Documentary Photography*, réalisé dans les années 80, s'inspire de la «déconstruction» des procédés classiques de la pratique documentaire, par l'usage excessif de lumière, d'accessoires et de poses, et par l'intervention évidente du photographe.

Une préoccupation nouvelle concerne la représentation historique et médiatique des groupes dits marginaux. Ainsi, la façon dont les femmes sont représentées est le sujet d'étude des images de Shari Hatt et de Nicole Jolicœur, les enfants d'immigrants canadiens le sont dans les installations photographiques de Vid Ingelevics et de Jin-me Yoon, et celle des PREMIÈRES NATIONS dans l'œuvre de Shelly Niro et d'Arthur Renwick. Le commentaire écrit associé ou ajouté aux photographies de paysages de Mark Ruwedel et de Chris Dikeakos témoigne de l'aspect «invisible» de l'histoire culturelle, environnementale, industrielle ou militaire du pays. Angela GRAUERHOLZ et Geneviève Cadieux réalisent des œuvres grand format qui mêlent le questionnement de nature esthétique et philosophique aux propriétés de dénotation propres à la photographie.

À la fin des années 80, le regroupement des 20 ans de séquences autobiographiques de Raymonde April donne lieu à une étude pertinente et poétique de la nature de la photographie en soi. Les photos érotiques en «Polaroïd» couleur, par lesquelles Evergon rend hommage à l'histoire de la peinture, ont fait l'objet d'expositions dans le monde entier et ont remporté le plus vif succès. La photographie canadienne des années 90 jouit d'une réputation exceptionnelle à l'extérieur du pays. Au Canada, ce domaine ne constitue un terrain fertile pour l'une des activités artistiques les plus accomplies.

Katherine Tweedie et Penny Cousineau

Phrygane Petits insectes (1,5 mm à 4 mm) ternes de l'ordre des trichoptères (du grec, ailes poilues) ressemblant aux papillons de nuit. Les adultes ont des antennes et des pattes longues, de grands yeux composés, des pièces buccales atrophiées et deux paires d'ailes nervurées et densément poilues. Les ailes se replient en toit sur le corps de l'insecte au repos.

Répartition On connaît près de 550 espèces de phryganes au Canada et il y en a peut-être plus de 10 000 dans le monde. Leurs larves sont communes dans la plupart des milieux d'eau douce.

Régime alimentaire Les larves des espèces les plus communes vivent dans un fourreau portatif constitué de fragments d'origine végétale ou minérale, assemblés avec de la soie. Elles se nourrissent principalement de matière végétale en décomposition. Certaines tissent un filet de soie avec lequel elles filtrent leur nourriture dans le courant; d'autres sont prédatrices et chassent en se déplaçant librement.

Reproduction et développement L'ensemble des stades larvaires dure d'une à plusieurs années. La larve se transforme en adulte au cours du stade nymphal (pupal). La nymphe ne se nourrit pas et se transforme dans le fourreau larvaire immergé sous l'eau. Arrivé à maturité, l'adulte se débarrasse de l'enveloppe pupale et nage vers la surface. Les adultes sont généralement nocturnes, et leur vie à l'air libre ne dure que quelques semaines.

G. Pritchard

Physique La physique étudie la matière et le rayonnement, le continuum espace-temps qui les détermine et les forces auxquelles ils sont soumis. La physique présente un double aspect: expérimental par l'observation du comportement de la matière et du rayonnement dans diverses conditions à l'aide d'instruments de plus en plus sophistiqués; théorique par l'utilisation d'outils mathématiques pour construire des modèles, formuler des lois qui régissent les phénomènes observés et indiquer (en se basant sur ces modèles et ces lois) les avenues prometteuses vers de nouvelles expérimentations. Les termes «macroscopique» et «microscopique» (plus précisément inframicroscopique) ainsi que «classique» et «moderne» désignent à quelle échelle la physique aborde les phénomènes étudiés. La physique macroscopique ou classique nous présente la matière accessible à nos sens: les solides, les liquides et les gaz.

Le champ de la physique classique englobe des domaines étroitement liés: la mécanique (basée sur les lois du mouvement de Newton), la chaleur (thermométrie et calorimétrie), la thermodynamique, l'électricité et le magnétisme classique (basés sur les découvertes de Coulomb, d'Ampère, de Faraday et de Maxwell) et certains aspects de la physique statistique. La microphysique ou physique moderne étudie la structure de la matière en détail: atomes, molécules, électrons, noyaux, nucléons et particules élémentaires dont beaucoup sont instables et possèdent une durée de vie très brève.

La transition de la physique classique à la physique moderne est accompagnée de la découverte dans la nature d'un certain nombre de constantes fondamentales, mesurées depuis avec une précision toujours plus grande. Ainsi, la vitesse de la lumière dans le vide est aujourd'hui connue à 0,004 partie par million (c = 299 792 458 m/s). D'autres constantes fondamentales ont été mesurées avec une précision de quelques parties par million: e (charge de l'électron), m (masse de l'électron), M (masse du proton) et h (constante de Planck). En physique classique, le rayonnement (p. ex., la lumière visible et les ondes hertziennes) est présenté comme une onde continue caractérisée par une longueur d'onde et une fréquence. La physique moderne introduit le concept de paquets d'énergie de valeurs discrètes appelés quanta, associés aux ondes, et, peu après, s'enrichit de la découverte selon laquelle, dans certaines conditions, les unités de matière subatomiques présentent un comportement de nature ondulatoire. D'où la naissance d'un nouveau mode de description mathématique, la mécanique quantique, pour traiter ce comportement.

Enfin, les termes «fondamentale» et «appliquée» représentent une division arbitraire de la physique en deux vastes champs dont la frontière change continuellement. Les études fondamentales de Michael Faraday sur la relation entre l'électricité et le magnétisme ont conduit au domaine d'application du GÉNIE ÉLECTRIQUE. Les études fondamentales en physique nucléaire entreprises par Ernest RUTHERFORD à l'U. McGill au début du siècle ont par la suite donné naissance aux réacteurs nucléaires CANDU. Les études fondamentales en spectroscopie, comme celles qu'a menées le prix Nobel canadien Gerhard HERZBERG, sont à la base des lasers, des horloges atomiques et du signal horaire (*voir* HEURE) du CONSEIL NATIONAL DE RECHERCHES DU CANADA, diffusé tous les jours sur les ondes de la chaîne radiophonique de Radio-Canada.

George M. Volkoff

Historique

L'histoire de la physique au Canada est liée à l'implantation des études de premier cycle, des études supérieures et de la recherche tant dans les universités que dans les institutions gouvernementales et dans l'industrie privée.

Universités Les premiers professeurs de «philosophie de la nature» (physique associée aux MATHÉMATIQUES) sont nommés en 1838 à l'U. Dalhousie et en 1843 au King's College, qui devient plus tard l'U. de Toronto. Des postes de professeurs sont créés à Dalhousie (1879), Toronto (1887) et McGill (1890). Les professeurs se consacrent surtout à l'enseignement et n'entreprennent que peu de recherches originales. Toutefois, les découvertes en Europe dans les années 1890 (rayons X, radioactivité, électrons et autres) incitent les professeurs canadiens à devenir actifs dans le progrès de leur discipline. Ernest Rutherford (U. McGill) et J.C. McLENNAN (U. de Toronto) se révèlent deux figures dominantes. Par la suite, des programmes d'études supérieures assorties de travaux de recherche voient le jour.

Jusqu'à la fin de la Première Guerre mondiale, seules l'U. de Toronto et l'U. McGill décernent des doctorats en physique. Toutefois, surtout après la Seconde Guerre mondiale, de nombreuses universités canadiennes mettent sur pied des programmes intégrés d'études supérieures et de recherche. Entre 1974 et 1985, 1075 doctorats en physique sont décernés par 28 universités, dont 31 p. 100 à l'U. de Toronto.

La lente évolution initiale de la recherche en physique résulte en grande partie de difficultés financières. La fondation en 1916 du CONSEIL NATIONAL DE RECHERCHES DU CANADA (CNRC) stimule l'essor de la SCIENCE grâce à des bourses d'études pour les étudiants et à des subventions aux professeurs pour l'équipement. L'aide financière des gouvernements fédéral et provinciaux augmente, notamment après la Seconde Guerre mondiale. En 1980, le CONSEIL DE RECHERCHES EN SCIENCES NATURELLES ET EN GÉNIE (fondé en 1978) remplace le CNRC en tant que principal organisme subventionnaire fédéral.

L'U. Dalhousie peut probablement revendiquer la première recherche valable entreprise par un professeur de physique. J.G. MACGREGOR est nommé en 1879 et, au cours des 20 années qui suivent, publie quelque 50 articles et mémoires. H.L. Bronson, directeur de département de 1910 à 1956, stimule de nombreux étudiants à choisir une carrière de physicien, dont G.H. Henderson (radioactivité, halos pléochroïques) et W.J. Archibald (physique théorique).

L'U. McGill connaît un excellent départ avec H.L. Callendar et E. Rutherford comme professeurs de physique à la chaire Macdonald. Rutherford y réalise d'importantes découvertes en radioactivité et en physique nucléaire, aidé de nombreux assistants parmi lesquels certains (p. ex., H.M. TORY, J.A. Gray, H.L. Bronson et R.W. BOYLE) jouent un rôle vital dans le progrès de la science ailleurs au pays. La physique nucléaire à l'U. McGill atteint un sommet en 1949 avec la fondation du Radiation Laboratory, doté du premier cyclotron au Canada. On doit surtout cette expansion à J.S. FOSTER, connu sur la scène mondiale pour ses travaux sur l'effet Stark. Le Radiation Laboratory est sous la direction de R.E. Bell pendant de nombreuses années, et J.M. Robson, spécialiste en physique nucléaire, est directeur du département de physique. Dans les années 20, L.V. King réalise d'importants travaux en physique mathématique. D.A. KEYS et A.S. Eve entreprennent les premiers travaux en géophysique et, un peu plus tard, J.S. Marshall, en physique de l'atmosphère. McGill est la première université canadienne à créer une équipe en physique théorique et à former de nombreux théoriciens de réputation internationale.

J.C. McLennan est directeur du laboratoire de physique à l'U. de Toronto de 1906 à 1932. Ses premières recherches portent sur la conductivité atmosphérique et les rayons cathodiques, mais il passe à la spectroscopie atomique avec l'avènement de l'atome de Bohr en 1912. Des membres du département, M.F. Crawford, H.L. Welsh, Elizabeth J. Allin et, depuis 1965, B.P. STOICHEFF, chef d'un grand laboratoire équipé de lasers, portent un intérêt soutenu à l'optique et à la spectroscopie. Dans les années 20, McLennan, G.M. SHRUM et d'autres construisent un liquéfacteur d'hélium, le premier en Amérique du Nord, pour effectuer des travaux sur les métaux et les gaz solidifiés à basse température. Ce type de travail se poursuit encore activement. Au cours de cette période initiale, E.F. BURTON coordonne des recherches en physique des colloïdes et, à la fin des années 30, il construit avec ses étudiants le premier microscope électronique à haute résolution en Amérique du Nord.

À la fin des années 20, L. Gilchrist entreprend des travaux en géophysique qui, plus tard, sous la direction de Tuzo WILSON, entraînent la formation d'une des plus grandes équipes de recherche du département. Les années 60 voient naître un programme en physique atmosphérique. Au début de cette décennie, K.G. McNeill et A.E. LITHERLAND, en physique des particules de haute énergie, et H.E. JOHNS, en biophysique médicale, entreprennent des travaux approfondis. Jusque-là, c'était surtout le département de mathématiques appliquées, avec J.L. Synge et L. Infeld, qui s'intéressait à la physique théorique. Cependant, en 1958, J. Van Kranendonk est engagé et une importante section théorique, incluant la plupart des branches de la physique moderne, est mise sur pied au département.

L'U. de la Colombie-Britannique et l'U. McMaster, fondées au début du siècle, effectuent des progrès remarquables dans la productivité scientifique au cours des années 40. À l'U. de la Colombie-Britannique, le changement survient à la suite de la nomination de G.M. Shrum (directeur de 1938 à 1961) et d'autres, dont G.M. Volkoff, M. Bloom, R.D. Russell et J.B. Warren. Il en résulte un enseignement et des recherches très diversifiés dans de nombreuses branches de la physique. Dans les années 70, l'U. de la Colombie-Britannique devient le site de TRIUMF (Tri-University Meson Facility), l'une des installations nucléaires les plus importantes au Canada. L'U. McMaster devient un important centre scientifique à la suite de la nomination de H.G. THODE en 1939. Ses travaux sur la spectroscopie de masse et les abondances isotopiques ont amené M.W. Johns, H.E. Duckworth, B.N. BROCKHOUSE et d'autres à entreprendre des recherches approfondies sur divers aspects de la physique nucléaire. En 1957, un réacteur de recherche est installé, le premier dans une université du Commonwealth, suivi dans les années 70 d'un laboratoire doté d'un accélérateur de particules entourés d'installations sophistiquées. L'U. McMaster a pris de l'importance dans d'autres secteurs de recherche comme la spectroscopie (A.B. McLay), la physique de l'état solide, la biophysique et la physique théorique (M.H. Preston, J. Carbotte). La recherche est interdisciplinaire, p. ex. celle qui s'effectue à l'Institute for Materials Research avec J.A. Morrison comme directeur.

R.W. Boyle devient professeur de physique à l'U. de l'Alberta en 1912 et y entreprend des recherches poussées en ultracoustique. Un peu plus tard, S. Smith et R.J. Lang entreprennent d'importants travaux en optique et en spectroscopie. Peu à peu, les chercheurs étendent leurs recherches à d'autres domaines comme la géophysique (J.A. Jacobs), la physique de l'état solide, la physique nucléaire, la physique médicale et la physique théorique (A.B. Bhatia, W. ISRAEL).

À l'U. Laval, le physicien italien F. Rasetti ouvre la voie à une nouvelle ère dans l'enseignement et la recherche (1939-1947). Il est suivi par son ami E. Persico (1947-1950) et J.L. KERWIN, P. Marmet, A. Boivin et d'autres. Leurs principaux domaines de recherche sont l'optique, la physique atomique et moléculaire, la physique nucléaire et la physique théorique. Comme Laval, l'U. de Montréal a grandement intensifié sa contribution au développement de la physique au cours des 30 dernières années. P. Demers, P. Lorrain et d'autres développent deux principaux secteurs de recherche, soit le nucléaire et les plasmas ainsi que la théorie qui leur est associée.

À l'U. du Manitoba, le département commence ses activités grâce à F. Allen, à qui l'on doit des applications de la physique à la physiologie. Après la Seconde Guerre mondiale, R.W. Pringle entreprend activement des travaux en physique nucléaire auxquels B.G. Hogg et d'autres donnent un nouvel essor. Plus tard, A.H. Morrish entreprend des travaux importants sur les matériaux magnétiques. La croissance du département à l'U. de la Saskatchewan a lieu durant le long directorat (1924-1956) de E.L. Harrington. Les recherches sur la haute atmosphère, amorcées par B.W. Currie en 1932, aboutissent à la création de l'Institute of Space and Atmospheric Studies de réputation internationale. Entre 1935 et 1945, Gerhard Herzberg travaille sur les structures atomiques et moléculaires. Dans les années 50, le département acquiert une renommée grâce à son bêtatron utilisé en physique photonucléaire et en radiothérapie, et au développement d'un appareil au cobalt 60 par H.E. Johns et d'autres. La physique des plasmas constitue également un domaine de recherche important. Les universités plus récentes de l'Ouest, Victoria, Simon Fraser et Calgary, possèdent des départements de physique qui prennent rapidement de l'expansion.

L'U. Queen, à Kingston, et l'U. de Western Ontario ont apporté des contributions remarquables à la physique. Dans les années 20, A.L. Clark est à l'origine de la recherche et des études supérieures à Queen. J.A. Gray amorce la recherche en physique nucléaire, suivi par B.W. Sargent, A.T. Stewart et d'autres. Les autres domaines de recherches comprennent l'optique (dont l'étude est amorcée très tôt par J.K. Robertson), la spectroscopie des hyperfréquences et la physique de l'état solide. À l'U. de Western Ontario, la recherche progresse rapidement à partir des années 40 grâce au programme RADAR. Le travail amorcé par R.C. Dearle, G.A. Woonton et d'autres est poursuivi par P.A. Forsyth et aboutit à la création du Centre for Radio Science (1967), où sont étudiés les problèmes de la physique de l'atmosphère et de l'ionosphère. La recherche nucléaire a connu des progrès considé-rables, notamment dans le domaine de la diffusion des positrons (J.W. McGowan).

L'U. de Waterloo est fondée à la fin des années 50. Le département de physique s'engage aussitôt dans un programme de recherches en physique de l'état solide expérimentale et théorique, ainsi que dans des domaines connexes comme la physique du laser et la spectroscopie dans le domaine des hyperfréquences (*voir* COMMUNICATIONS, TECHNOLOGIE DES). Des études portent également sur la géophysique et la biophysique. L'U. York possède le Centre for Research in Experimental Space Science dirigé par R.W. Nicholls. Les universités d'Ottawa, de Windsor, de Guelph et Carleton (avec son programme de physique des particules lancé par E.P. Hincks) ont un avenir prometteur. L'U. Concordia, l'École Polytechnique de Montréal et les U. de Sherbrooke, du Nouveau-Brunswick, St. Francis Xavier et Memorial mènent des études avancées en physique.

Au cours des deux guerres mondiales, les membres et les diplômés des départements de physique jouent un rôle important. Pendant la Première Guerre mondiale, J.C. McLennan devient directeur de la recherche expérimentale pour le ministère de la Marine britannique et organise la production d'hélium à partir des puits canadiens de gaz naturel. R.W. Boyle mène des expériences sur les ultrasons dans la division anti-sous-marine du ministère de la Marine. Pendant la Seconde Guerre mondiale, le personnel des universités fait face au danger de voir ses effectifs complètement épuisés en raison des demandes d'aide de la part du CNRC et d'autres organismes du gouvernement ou de la défense nationale. De plus, plusieurs universités donnent des cours intensifs en physique et en électronique aux militaires choisis pour assurer le fonctionnement des radars et des appareils de signalisation dans l'armée, la marine et l'aviation.

Organismes fédéraux de recherche Le CNRC joue un rôle primordial dans la recherche en physique. En 1928, il ouvre des laboratoires à Ottawa, dont la Division de physique à la tête de laquelle il nomme R.W. Boyle. La division prend de l'expansion très rapidement après le début de la Seconde Guerre mondiale. Les domaines d'études importants pour l'effort de guerre comprennent la physique nucléaire, les appareils de détection de sous-marins et de déminage, la photographie aérienne et les télémètres. Afin de mettre en application les résultats obtenus en optique et en techniques radar, une SOCIÉTÉ DE LA COURONNE est constituée, la Research Enterprises Limited.

Une bonne partie des physiciens sont dispersés à la fin de la guerre. Toutefois, les choses s'améliorent avec l'embauche de Herzberg, en 1948, et l'introduction, en 1949, d'un programme de coopération postdoctorale pour des périodes d'un ou deux ans. La physique appliquée fait alors partie d'une division à part (1955), sous la direction de L.E. Howlett. La section de spectroscopie de la division de physique pure atteint rapidement une renommée mondiale, grâce aux travaux de Herzberg, d'A.E. Douglas, de D.A. Ramsay, de T. Oka et d'autres.

Dans les années 1970, la section de spectroscopie est incorporée à l'ASTRONOMIE et à l'ASTROPHYSIQUE à l'Institut Herzberg d'astrophysique. La section de physique de l'état solide sous la direction de D.K.C. MacDonald (1951-1963) acquiert également une renommée. Après la fondation de l'Institut Herzberg, les divisions de physique et de physique appliquée sont réunies. Cette nouvelle division comprend différentes sections: étalons électromagnétiques et étalons temporels, physique des hautes énergies et science de l'état solide.

En 1942, un projet canado-britannique dans le secteur de l'énergie atomique, administré par le CNRC, est entrepris à Montréal et mène à la construction du NRX, un réacteur de recherche à eau lourde fonctionnant à l'uranium et mis en exploitation en 1947 à Chalk River, en Ontario. En 1952, l'administration du projet est transférée à ÉNERGIE ATOMIQUE DU CANADA LIMITÉE. En 1957, un réacteur beaucoup plus gros, le NRU, entre en service, et un accélérateur Van de Graaff MP de type tandem est installé. Ce programme vise le développement de réacteurs de recherches aux fins d'expérimentations nucléaires et de réacteurs nucléaires (*voir* CENTRALES NUCLÉAIRES) pour la production d'électricité. W.B. LEWIS est responsable de la recherche. De nombreux physiciens canadiens participent au projet, dont G.C. Laurence, B.W. Sargent, J.M. Robson (désintégration neutronique), R.E. Bell, B.N. Brockhouse (diffusion des neutrons), E.P. Hincks (rayons cosmiques) et A.E. Litherland.

Organismes provinciaux de recherche Il existe huit organismes de recherche provinciaux, l'ALBERTA RESEARCH COUNCIL fondé en 1921 étant le plus ancien d'entre eux. Un grand nombre de ces organismes participent à des travaux de recherche en physique. Les sociétés hydroélectriques de la plupart des provinces, dont la plus grande est HYDRO-QUÉBEC, possèdent des laboratoires de recherche orientés vers la PRODUCTION D'ÉLECTRICITÉ et son transport.

Recherche industrielle Le Canada est faiblement engagé dans les activités de RECHERCHE ET DÉVELOPPEMENT INDUSTRIELS par rapport aux autres nations industrialisées. Parmi les meilleurs laboratoires industriels de recherche en physique, beaucoup sont des filiales canadiennes de compagnies américaines. P. ex., la Radio Corporation of America a maintenu pendant de nombreuses années les RCA Canadian Research and Development Laboratories Ltd., sous la direction de M.B. Bachynski à partir de 1958. En 1976, une bonne partie de ses travaux sont transférés à MPB Technologies Inc., avec Bachynski comme président-directeur général. Le Xerox Research Center of Canada Ltd. constitue un exemple récent d'un laboratoire financé par une entreprise américaine sur le territoire canadien. Recherches Bell-Northern ltée effectue un excellent travail.

H.L. Welsh

Divisions de la physique

La physique se divise en sous-disciplines distinctes unifiées par les lois fondamentales de la mécanique, tant newtonienne que relativiste, de la mécanique quantique et de la thermodynamique. Dans chacune des subdivisions, les travaux s'effectuent à la fois sur le plan théorique et sur le plan expérimental, et la science progresse grâce à la constante interaction entre ces deux aspects de la recherche et à leur vérification mutuelle.

Physique théorique La physique progresse grâce au va-et-vient continuel entre expérimentation et observation assortie d'une interprétation conceptuelle des résultats. Jusqu'à la fin du XIXe s., les deux vont de concert. Les physiciens du début du XIXe s. s'adonnent souvent aux deux activités. En raison de l'élaboration de techniques d'expérimentation de plus en plus sophistiquées d'une part, et du perfectionnement de l'analyse mathématique d'autre part, et grâce à l'accumulation des connaissances au XXe s., il y a une tendance à la spécialisation. La physique théorique qui révolutionne les concepts de la physique tire profit de son nouveau pouvoir et émerge en tant que discipline plus ou moins distincte.

Presque tous les physiciens se répartissent aujourd'hui en «théoriciens» ou en «expérimentateurs». Il faut cependant faire une distinction entre «physique théorique» et «physique mathématique»: la première se préoccupe de la conceptualisation et de la modélisation du monde physique tandis que la deuxième a pour objet l'élaboration de techniques mathématiques et d'analyses rigoureuses. C'est ainsi que Michael Faraday, il y a un siècle et demi, malgré de grandes lacunes en mathématiques, apporta des changements fondamentaux à la façon de penser en

physique, et leur importance se reflète dans la physique contemporaine.

La révolution moderne en physique découle de trois innovations de la fin du XIXe s. et du début du XXe s. La première porte sur la généralisation de la thermodynamique, par Rudolf Clausius (1822-1888) et J. Willard Gibbs (1839-1903), en une théorie statistique générale qui allait devenir la pierre angulaire de la physique moderne. L'autre concerne l'énoncé de la théorie de la relativité générale par Albert Einstein en 1917. Cette théorie pose les bases d'une COSMOLOGIE scientifique en intégrant la gravité, le principal moteur du cosmos, dans la structure intime de l'espace et du temps. La troisième innovation consiste en l'élaboration d'une théorie quantique intégrée et cohérente qui a pour origine les travaux de Max Planck, Einstein, Louis de Broglie, Niels Bohr, Erwin Schrödinger et Werner Heisenberg entre autres. P.A.M. Dirac réalise une élégante formulation générale de cette théorie et en effectue une adaptation aux exigences de la relativité. La théorie quantique est essentielle à la compréhension de la structure subatomique de la matière. C'est également le fondement du monde macroscopique, et notamment des phénomènes quantiques qui se manifestent dans les supraconducteurs, les lasers et les effets magnéto-optiques.

Les progrès du XXe s. se sont d'abord manifestés en Europe, surtout en Allemagne et en Grande-Bretagne. Sur le continent américain, où l'accent est avant tout mis sur la technologie et sur une approche traditionnellement empirique, les contributions demeurent modestes. La naissance du fascisme en Europe provoque une émigration massive vers les États-Unis, et les réfugiés comme Einstein, Fermi, Wigner, Bethe, Peierls et Weisskopf propulsent la physique américaine, en l'espace d'une génération, dans une position de chef de file, à l'échelle mondiale, en physique théorique.

Au Canada, où la tradition empirique est profondément ancrée sous l'influence de Rutherford et d'autres, la physique théorique est pratiquement inexistante avant la fin de la Seconde Guerre mondiale, trouvant d'abord le plus souvent dans les départements de mathématiques. Seule l'U. de Toronto, grâce à Leopold Infeld, un réfugié polonais qui travaille dans un nouveau département fondé par le théoricien irlandais J.L. Synge, prépare l'avènement d'une nouvelle école de pensée. Le prestige de la physique théorique s'accroît en effet en raison de ses succès qui contribuent à faire gagner la guerre, ce qui crée des conditions favorables à l'expansion rapide de cette science dans les universités.

Dans les années d'après-guerre, l'importante équipe de théoriciens qui avait travaillé au projet d'énergie atomique en temps de guerre continue ses activités. Ceux qui ne restent pas au sein de l'équipe, ainsi qu'un certain nombre de personnes provenant d'autres projets de temps de guerre, forment des noyaux permettant l'expansion de la physique théorique dans les universités d'avant-garde (p. ex., Colombie-Britannique, McGill, Toronto, McMaster).

En 1957, une division de physique théorique existe déjà au sein de l'Association canadienne des physiciens, et des congrès attirant des théoriciens de renommée mondiale ont lieu. C'est le début d'une période d'expansion rapide qui propulse le Canada vers une position dominante sur la scène mondiale. La transformation du Conseil national de recherches en un centre majeur pour la recherche fondamentale, sous l'impulsion de son directeur du temps de guerre, C.J. MACKENZIE, constitue un élément crucial de ce processus. En plus de créer ses propres laboratoires, le CNRC est responsable du financement de la recherche fondamentale dans les universités, en fonction de politiques éclairées grâce à E.W.R. Steacie et Gerhard Herzberg, entre autres.

L'équilibre entre la physique théorique et la physique expérimentale est maintenant très semblable à celui des États-Unis, et des travaux de renommée

internationale sont effectués par des théoriciens canadiens dans tous les domaines. En même temps, les diplômés des grandes universités canadiennes comme McGill sont bien en vue dans les universités américaines de premier plan.

Le champ d'activité de la physique théorique s'est élargi au cours des dernières années. La physique des particules élémentaires ou des hautes énergies, malgré des incursions en astrophysique et en cosmologie, a atteint certaines limites, incitant des praticiens à chercher des défis dans d'autres secteurs. Les travaux en physique des processus biologiques fondamentaux ont attiré certains des plus grands esprits, tandis que les nouveaux domaines de la théorie du chaos et de la théorie de la complexité (théorie des systèmes auto-organisateurs non linéaires) sont devenus des centres d'intérêt majeurs. Le réductionnisme semble s'être tari et les conceptions de ce qui est vraiment fondamental sont en train de changer lentement. La vision euphorique d'une théorie finale, une «fin de la physique» envisagée par Stephen Hawking, semble céder le pas à une révolution de perspective permettant la prise de conscience de l'existence de vastes domaines encore inexplorés susceptibles de stimuler les théoriciens.

P.R. Wallace

Cosmophysique

La cosmophysique est la science qui a pour objet l'étude du comportement de la matière et du flux d'énergie dans les régions comprises à partir de 60 km au-dessus de la surface terrestre et se prolongeant jusqu'aux confins du système solaire. La majeure partie de cette région est occupée par un gaz ténu, à l'état de plasma, composé de particules chargées dont le comportement est gouverné par les champs magnétiques et électriques. La principale source d'énergie est le flux de plasma provenant du Soleil: le vent solaire. Le vent solaire et le champ magnétique solaire déforment le champ magnétique terrestre qui épouse la forme d'une cavité ressemblant à une comète et appelée magnétosphère. Les scientifiques spécialistes de l'espace tentent de comprendre les interactions complexes qui se produisent entre les champs électriques et magnétiques, les électrons et les ions qui constituent l'environnement du plasma spatial. Les AURORES BORÉALES sont une manifestation de ces processus.

À la fin de la première moitié du XXe s., on reconnaît déjà que les erreurs des boussoles de navigation et les ruptures de communications sont associées à l'apparition d'aurores boréales. Des études effectuées au cours de la première ANNÉE POLAIRE INTERNATIONALE (1882-1883) et de la seconde année polaire internationale (1932-1933) favorisent des activités de recherches intensives. On considère que l'ère de la recherche spatiale moderne a commencé avec l'Année géophysique internationale (1957-1958), et depuis ce temps, les scientifiques canadiens sont à l'avant-garde de la recherche en cosmophysique. Une aire de recherche de fusées d'expérimentation est établie à Churchill, au Manitoba, en 1957. Elle entraîne la création d'une famille canadienne de fusées d'expérimentation Black Brants, fabriquées par Bristol Aerospace. L'expérience acquise avec les fusées d'expérimentation a permis le perfectionnement des charges utiles embarquées dans les satellites canadiens. Parmi les plus remarquables, mentionnons celles qui ont volé à bord des engins spatiaux *Alouette 1* et *Alouette 2* placés en orbite dans la première moitié des années 60 ainsi que *ISIS 1* et *ISIS 2* lancés en 1969 et 1971 respectivement. Ces satellites ont permis d'obtenir des renseignements fondamentaux sur la structure de l'ionosphère et la nature des électrons et des protons énergétiques responsables des aurores boréales.

Les spatiologues canadiens ont acquis une renommée internationale grâce à leur contribution qui a permis d'accroître la connaissance de la nature de l'environnement plasmatique spatial et de l'origine des aurores boréales. Balfour Currie de l'U. de la Saskatchewan, l'un des pères de la cosmophysique canadienne, a contribué à la création d'une imposante équipe de recherche spécialisée dans l'étude des aurores polaires et de la propagation des ondes radioélectriques dans l'ionosphère, au cours de la période qui a suivi l'Année géophysique internationale. Colin Hines de l'U. de Toronto est considéré comme le pionnier de l'étude des ondes de gravité, des perturbations atmosphériques qui ont de profondes répercussions sur les régions de l'atmosphère comprises entre la troposphère et l'ionosphère. En 1961, en coopération avec W. Ian Axford, Hines introduit l'un des deux plans d'ensemble acceptés par les cosmologistes modernes et servant à comprendre le transport et les pertes d'énergie mis en jeu dans le système magnétosphère-ionosphère.

Aujourd'hui, les cosmologistes canadiens font fonctionner des ensembles impressionnants de dispositifs de TÉLÉDÉTECTION au sol (programme OPUS) mesurant l'interaction Soleil-Terre et lancent des charges utiles à bord de satellites étrangers (p. ex., les missions suédoises Viking et Freja et le programme japonais Akebono). L'Agence spatiale canadienne reçoit le mandat en 1989 de soutenir la science et la technologie spatiale au Canada, et est maintenant responsable des frais d'expansion et des coûts opérationnels de la majeure partie des efforts de recherche nationaux dans le domaine spatial. La plupart des chercheurs sont employés par des universités canadiennes et leurs travaux sont financés par le Conseil de recherches en sciences naturelles et en génie du Canada.

Gordon Rostoker

Physique du globe

La physique du globe a pour objet la croûte terrestre, l'atmosphère et les océans. Bien que la TERRE, la mer et l'air soient souvent étudiés de façon isolée à l'intérieur de disciplines distinctes (géophysique, OCÉANOGRAPHIE, MÉTÉOROLOGIE), les recherches modernes sont souvent très multidisciplinaires. La physique de la croûte terrestre comporte des aspects à la fois académiques et appliqués. Les questions à la fine pointe de la recherche actuelle portent sur l'origine de la Terre, sur la façon dont elle s'est formée, sur les éléments qui l'ont composée et sur les processus physiques et chimiques qui assurent son évolution. Le progrès scientifique peut-être le plus important du siècle passé en recherche géophysique est la vérification spectaculaire, depuis 1965, de l'hypothèse de la dérive des continents. Cette théorie de la TECTONIQUE DES PLAQUES a profité de l'aide apportée par les méthodes géophysiques de séismologie et de géomagnétisme (*voir* GÉOLOGIE).

Ces méthodes sont également employées, avec grand succès, dans l'exploration de la région crustale superficielle de la Terre en vue de déceler des gisements économiquement importants de PÉTROLE et de métaux communs. Les méthodes électriques, dont beaucoup ont été mises au point dans des laboratoires canadiens, s'avèrent bien adaptées à la découverte de gisements de MINÉRAUX. Ces méthodes comprennent l'induction électromagnétique, la polarisation induite et les mesures de résistivité en courant continu. Les autres techniques géophysiques de portée industrielle majeure comprennent l'ARPENTAGE par sismique réflexion et sismique réfraction, et aussi les méthodes de mesure sur le terrain basées sur la détection d'infimes variations d'intensité des champs gravitationnel et magnétique terrestres. Dans tous ces domaines, le Canada a joué un rôle prépondérant grâce au développement et à la mise en œuvre des nouvelles méthodologies.

Les sciences de l'atmosphère, souvent regroupées dans la météorologie, sont également caractérisées par un ensemble de considérations appliquées et fondamentales présentant de nombreux aspects comme: les questions se rapportant aux processus détaillés responsables de la formation des précipitations (pluie, grêle et neige); les effets négatifs potentiels de l'augmentation de la concentration de carbone dans l'atmosphère; la sensibilité de l'atmosphère aux petits changements d'insolation et aux variations des teneurs de la stratosphère en ozone et en oxydes d'azote; et l'évaluation de la qualité de l'air, surtout en relation avec le problème des PLUIES ACIDES. Récemment, des progrès considérables ont été réalisés dans la compréhension de l'hydrodynamique de l'atmosphère à l'échelle de la planète à l'aide de modèles mathématiques détaillés et mis en œuvre sur les plus puissants ordinateurs numériques disponibles. Les modèles de prévision météorologique numérique utilisés couramment pour les bulletins météorologiques (deux fois par jour) comptent parmi les retombées pratiques de cette recherche fondamentale. Le Service de l'environnement atmosphérique a joué un rôle important dans le développement et l'amélioration de ces modèles.

La science de l'océanographie possède de nombreuses similarités avec la géophysique de la croûte terrestre et la météorologie. Les physiciens en océanographie physique étudient les vagues et les courants qui caractérisent les mouvements de la mer dans les principaux bassins océaniques à toutes les échelles spatiales et temporelles. Les chimistes océanographes étudient la composition de la mer et, plus récemment, ont commencé à utiliser la concentration des éléments traces pour mettre en évidence les modèles de circulation océanique. Les océanographes biologistes s'intéressent aux systèmes vivants qu'abritent les océans.

La nécessité d'acquérir une meilleure compréhension des océans est apparue particulièrement claire à la suite des récentes tentatives infructueuses des Nations Unies de formuler un DROIT DE LA MER qui régirait l'exploitation des richesses minérales des fonds marins. Ce stimulant économique et celui produit par les programmes de recherches pétrolières au large va de pair avec une augmentation des préoccupations traditionnelles concernant la mer en tant que source de nourriture.

W.R. Peltier

Optique

Le mot grec *Optikos* signifiait à l'origine étude de l'œil et de la vision. Aujourd'hui, l'optique a pour objet l'ensemble du spectre des ondes électromagnétiques: ondes hertziennes, micro-ondes, infrarouges, lumière visible, ultraviolets, rayons X et rayons gamma. L'optique classique porte surtout sur les lentilles, les miroirs, les réseaux et les instruments fabriqués à l'aide de ces éléments. Ces derniers peuvent être conçus et analysés à l'aide des théories classiques de la lumière, c.-à-d. les théories géométrique et ondulatoire. Les principaux adeptes de la théorie géométrique furent Johannes Kepler (astronome allemand) et sir Isaac Newton (physicien et mathématicien anglais). Cette théorie admet qu'une source lumineuse émet des rayons de lumière qui se déplacent en ligne droite dans un milieu homogène. Quand le milieu change, les rayons sont réfléchis, réfractés ou les deux à la fois. Les dispositifs photographiques à trous d'épingle (sténopés) et les ombres des objets projetés par des faisceaux lumineux démontrent la validité de cette théorie.

Le principal défenseur de la théorie ondulatoire est Christian Huygens (scientifique danois). Cette théorie suppose qu'une source lumineuse émet des ondes qui se déplacent en forme de sphère. À chaque instant, chaque point sur le front d'ondes agit comme une source secondaire qui émet de nouvelles ondes. Cette théorie permet d'étudier les phénomènes optiques d'interférence, de diffraction et de polarisation. L'optique a toujours été une composante très importante de la spectroscopie. Elle a joué un rôle vital dans l'étude des atomes et des molécules. Au Canada, Gerhard Herzberg a obtenu un prix Nobel (1971) pour ses travaux en spectroscopie moléculaire.

L'invention du maser et du LASER par Charles Townes (physicien américain), N.G. Basov et A.M. Prokhorov (physiciens soviétiques) a revitalisé et révolutionné l'optique. Ces chercheurs ont mérité le prix Nobel de physique en 1964 pour leurs travaux dans ce domaine. Theodore Maiman (physicien américain) a construit le premier laser en 1960. Il existe de nombreux types de lasers. On les classe habituellement en se référant aux propriétés du milieu amplificateur, qui peut être un solide, un liquide, un gaz, un semi-conducteur ou un colorant. Des impulsions de très haute intensité peuvent être produites par des lasers au dioxyde de carbone à excitation transversale et à pression atmosphérique (CO_2 TEA). Le Centre de recherches pour la défense à Valcartier, au Québec, fait partie des pionniers et des inventeurs des lasers CO_2 TEA. On trouve au Canada quelques entreprises spécialisées dans le domaine des lasers dont Lumonics Inc., de renommée internationale. L'optique des fibres compte parmi les plus récents développements en optique. Les ondes lumineuses peuvent se propager à l'intérieur de fibres transparentes par réflexion interne totale. Le diamètre des fibres peut varier de quelques micromètres (monomode) à quelques centaines de micromètres (multimode). En raison de leur hautes fréquences, les ondes lumineuses dans le domaine visible ou le proche infrarouge peuvent transmettre beaucoup plus de renseignements que des courants électriques circulant dans des fils métalliques. Le Canada est l'un des chefs de file en optique de fibres. Beaucoup de recherches sont effectuées au Centre de recherches sur les communications.

Sur le plan commercial, Recherches Bell-Northern et la Compagnie des câbles Canada dominent le marché canadien. Le premier système numérique de télévision par câble à fibres optiques est implanté à London, en Ontario. Quelques autres systèmes précurseurs sont implantés aux quartiers généraux du ministère de la Défense nationale, à Ottawa (1976), au centre-ville de Montréal (1977), à Toronto (1978) et à Vancouver (1979). Les projets de Calgary-Cheadle en Alberta et de Élie-St. Eustache au Manitoba sont deux systèmes récents et très perfectionnés.

John W.Y. Lit

Physique atomique et moléculaire

La physique atomique et moléculaire se rapporte à la compréhension de la nature physique des atomes et des molécules et à l'observation et à la compréhension des processus qui font intervenir un petit nombre de molécules et d'atomes, qu'ils soient neutres ou chargés. L'importance accordée au nombre restreint de particules permet de distinguer la physique atomique et moléculaire de la physique de l'état solide, de la mécanique statistique et de la thermodynamique ainsi que de la physique des plasmas. La discipline possède une frontière floue avec de nombreuses branches de la physique, de la CHIMIE et de l'astrophysique. La finalité de la physique atomique et moléculaire consiste à établir les lois physiques qui gouvernent les processus atomiques et moléculaires observés.

Il est généralement accepté que tous les phénomènes connus sont compatibles avec les lois de la mécanique quantique et de l'électrodynamique quantique. De nombreuses vérifications élégantes de ces lois ont été obtenues pour des systèmes physiques simples, mais l'application quantitative à des systèmes plus complexes se heurte à des difficultés d'ordre mathématique et calculatoire.

Le terme «électronique» est apparu la première fois pour décrire la branche de la physique issue de la découverte de l'électron par le physicien anglais J.J. Thomson en 1897. La discipline s'étend par la suite à l'identification des propriétés fondamentales des électrons individuels (p. ex., charge, masse, moment magnétique) et les propriétés des électrons libres dans des tubes à vide. Aujourd'hui, le terme a une connotation plus large, englobant l'étude, la conception et l'utilisation d'instruments, comme les tubes électroniques, les transistors, les circuits intégrés, dont le fonctionnement repose en grande partie sur les caractéristiques et le comportement des électrons. L'électronique joue un rôle de premier plan dans les COMMUNICATIONS et les ordinateurs.

La spectroscopie se rapporte à l'interaction entre la matière et le rayonnement. Au début, la discipline se limite à la partie visible du spectre et s'intéresse surtout aux spectres d'émission et d'absorption des atomes. Aujourd'hui, elle englobe tout le spectre électromagnétique et s'applique aux atomes, aux molécules et aux espèces chargées dans les phases gazeuse, liquide et solide. L'émission ou l'absorption de rayonnements par un système s'accompagne d'une transition entre deux niveaux d'énergie ou états quantiques du système et livre ainsi des renseignements sur la nature de ces états quantiques (voir CHIMIE). Le spectre d'une substance est probablement sa propriété singulière la plus caractéristique. Ce fait explique l'utilisation répandue de diverses formes de spectroscopie dans l'analyse tant qualitative que quantitative.

D.A. Ramsay

Physique nucléaire et physique des particules

Le noyau atomique est un objet petit et dense qui représente presque toute la masse de l'atome. C'est E. Rutherford qui, en 1911, a démontré l'existence du noyau, mais la compréhension de sa composition ne survient que lorsque le physicien anglais James Chadwick découvre le neutron en 1932. Du coup, la structure du noyau, composé de neutrons et de protons, devient plus compréhensible. Les neutrons et les protons (appelés nucléons) sont liés dans le minuscule volume du noyau par une force dont le rayon d'action est très court, mais beaucoup plus intense que l'énergie mise en jeu dans les liaisons entre les atomes d'une molécule.

La fission et la FUSION NUCLÉAIRE constituent les manifestations les plus importantes de l'énergie nucléaire. Dans ces processus, une fraction de l'énergie nucléaire interne se transforme en énergie cinétique, laquelle se manifeste finalement sous forme de chaleur (voir CENTRALES NUCLÉAIRES). Un élément chimique possède un nombre caractéristique de protons, mais il y a une certaine latitude quant au nombre de neutrons qui peuvent être liés aux protons sous l'influence de l'interaction forte. La variation du nombre de neutrons engendre les isotopes. Plusieurs isotopes d'un élément chimique peuvent être tout à fait stables tandis que d'autres présentent une instabilité qui donne lieu à des phénomènes de désintégration radioactive. Certains radio-isotopes existent naturellement parmi les éléments lourds et de nombreux autres sont produits artificiellement. La médecine et l'industrie utilisent beaucoup ces radio-isotopes.

Un noyau peut avoir un certain nombre d'états excités possibles, différents l'un de l'autre par des quantités discrètes d'énergie nucléaire interne. Ces états peuvent subir une transformation radioactive sous l'effet perturbateur des interactions électromagnétiques internes ou de l'interaction faible qui reste néanmoins non négligeable. Ces excitations et transformations ont été largement étudiées dans le but de mieux comprendre la complexité de l'interaction forte. Bien que la structure du noyau puisse s'expliquer en faisant intervenir seulement deux particules, un grand nombre d'autres particules subatomiques ont été observées, étudiées et classifiées. Ces particules sont regroupées en trois familles: les baryons, les mésons et les leptons.

La famille des leptons se caractérise par son insensibilité à l'interaction forte. L'attribut le plus notable des baryons et des mésons est leur affinité pour l'interaction forte. Les baryons et les mésons

semblent posséder une structure interne importante qui leur est particulière: la famille des baryons semble formée de différentes combinaisons de trois constituants fondamentaux appelés les quarks *u, d* et *s.* La famille des mésons est formée par la liaison de deux constituants, un quark et un antiquark. Les quarks semblent confinés ou liés en permanence et, par conséquent, il est impossible de les observer en tant que particules libres. L'hypothèse des quarks a reçu un appui important en 1974 et en 1977 avec les découvertes de mésons lourds de longue durée de vie, appelés mésons *psi* et *upsilon,* formés par la liaison de quarks lourds, appelés *c* et *b,* avec leurs antiquarks respectifs.

La théorie unifiée des interactions faibles et des interactions électromagnétiques constitue un concept très important en physique des particules. Selon cette théorie, l'interaction faible est associée aux particules environ cent fois plus massives que le proton. On pourra éventuellement observer ces particules dans les grands accélérateurs produisant des collisions entre électrons et positrons, et entre protons et antiprotons. Ces machines sont actuellement en exploitation ou en construction en Europe et aux États-Unis.

D.G. Stairs

Physique de la matière condensée

En physique de la matière condensée, les scientifiques scrutent les propriétés fondamentales et microscopiques de la matière dans ses états liquide ou solide, tout en étant sensibles aux aspects touchant les applications technologiques. Ainsi, ils veulent étudier l'organisation spatiale des constituants microscopiques, les atomes et leurs électrons, et comprendre leur réaction face à l'influence d'agents externes tels que le froid ou la chaleur, la pression, la lumière, les champs électrique et magnétique, les particules ou radiations de toutes sortes, afin de mieux les contrôler à des fins utilitaires. La physique de la matière condensée est un rejeton de la physique du solide, cette dernière ayant pris son envol dans l'après-guerre. L'intérêt prédominant en physique du solide a porté sur les matériaux cristallins dans lesquels les atomes sont disposés de façon bien ordonnée et forment un motif répétitif. Ceux-ci peuvent être classés selon leurs propriétés électroniques: les métaux, les isolants et les semi-conducteurs. Les métaux ont de bonnes propriétés mécaniques et sont d'excellents conducteurs d'électricité et de chaleur. On les utilise p. ex. dans les câbles et les fils électriques. Les isolants, au contraire, sont de mauvais conducteurs et peuvent servir pour se protéger des chocs électriques, dans les gaines de fils, ou comme isolant thermique dans les maisons. Les semi-conducteurs, dont les propriétés conductrices sont plutôt rébarbatives à l'état pur, auraient pu rester dans l'oubli s'il n'y avait eu la découverte du rôle important des impuretés permettant d'ajuster leurs propriétés conductrices à volonté. C'est grâce à cela que se sont développés le transistor et le laser SEMICONDUCTEUR qui ont révolutionné l'électronique et l'optoélectronique. Ces composants sont au cœur des communications modernes et des TECHNOLOGIES SPATIALES, des ordinateurs, de l'électronique commerciale et de la microélectronique. On parle maintenant de nanostructures dont les éléments ont des dimensions à l'échelle du millionième de millimètre. Ces composants de haute technologie ont atteint le niveau quantique dans lequel les propriétés ondulatoires des électrons se manifestent. P. ex., on étudie les mémoires à un électron, ce qui représente l'ultime miniaturisation. Il y a aussi un travail intense sur la physique des électrons dans des couches à la surface ou aux interfaces de semi-conducteurs. Les effets Hall quantiques entiers ou fractionnaires, objet des prix Nobels de 1985 et 1998 respectivement, ont révélé des comportements inusités des électrons dans ces feuillets en présence d'un champ magnétique. Le premier est maintenant couramment utilisé comme

standard électrique, comme à l'Institut des étalons nationaux de mesure du Conseil national de recherches du Canada, alors que le second a dévoilé l'existence d'entités nouvelles, des quasi-particules, dont la charge électrique est une fraction de celle des électrons qui en sont responsables. En optoélectronique, enfin, on anticipe l'avènement de transistors agissant sur la lumière plutôt que sur des électrons et qui permettent d'atteindre des vitesses d'opération ultimes. C'est la région d'Ottawa qui accueille la «Silicon Valley» canadienne.

La physique du solide s'est transformée en physique de la matière condensée dans les années 70, au Canada. Il existe en effet une grande affinité entre les liquides et les solides, entre les techniques de mesure et d'observation respectives. Il y a des similitudes entre les matériaux désordonnés, les matériaux amorphes (les verres) et les liquides. On peut établir un parallèle entre les superfluides, dont les écoulements se font sans friction, et les supraconducteurs, dans lesquels le courant électrique passe sans pertes, à basse température. Ces phénomènes collectifs, impliquant l'accord de toutes les particules constitutives, ont des applications en cryogénie, dans les ordinateurs, dans la transmission de l'électricité et dans le transport (moteurs supraconducteurs, trains à lévitation magnétique, etc.). Les cristaux liquides, que l'on retrouve dans l'affichage de montres ou d'écrans d'ordinateurs portables, exhibent des propriétés caractéristiques à la fois du solide et du liquide. P.G. de Gennes, lauréat du prix Nobel de physique de 1991, a grandement aidé à disséminer l'appellation «matière molle» pour désigner l'ensemble des matériaux faisant le pont entre les liquides et les solides (les polymères, les colloïdes, etc.).

Cependant, il existe encore des états plus bizarres de la matière. On peut préparer depuis peu des matériaux macroporeux contenant des vides ou pores de la taille de la longueur d'onde de la lumière (le micron) et disposés de façon régulière. On peut anticiper leur utilisation comme cristaux photoniques permettant de contrôler la lumière. Le cristal photonique, sûrement le plus inusité, est un réseau optique obtenu en refroidissant par laser des atomes jusqu'à une température ultrabasse et en confinant ces derniers à l'aide d'un champ magnétique (prix Nobel de 1997). Dans cette expérience, les atomes ne sont pas liés par des forces électromagnétiques, comme dans les matériaux habituels, mais bien par le faisceau laser lui-même. La même technique a été utilisée pour observer la condensation Bose-Einstein, un condensé très peu dense en atomes et ayant des propriétés similaires aux superfluides. Cette condensation avait été prévue il y a fort longtemps par des théoriciens de la physique statistique. Ce n'est toutefois qu'au milieu des années 90 qu'il a été possible de la réaliser.

Beaucoup de matériaux ont dépassé le stade de la curiosité scientifique et s'approchent ou ont déjà franchi le seuil des applications. On peut penser aux matériaux en couches (comme le graphite) ou aux polymères conducteurs, utilisés dans des piles, aux conducteurs organiques et aux céramiques supraconductrices (prix Nobel de 1987), aux nouveaux matériaux à base de carbone que sont les fullerènes et les nanotubes. Le fullerène (prix Nobel de 1996) consiste en une juxtaposition de molécules formées de 60 atomes de carbone agencés en sphère. Il tient son nom de Buckminster Fuller, l'architecte qui a conçu les dômes géodésiques (le pavillon des États-Unis à l'EXPO 67), dont la forme rappelle celle des molécules du fullerène. Ce dernier peut devenir supraconducteur si on le combine à des atomes métalliques. Les nanotubes de carbone, quant à eux, sont formés de feuilles de graphite enroulées en cylindre et dont les bouts sont fermés par des demi-sphères de fullerène. On cherche à les utiliser dans des composants électroniques moléculaires. On s'intéresse aussi activement à la conversion de la lumière en électricité, utilisée dans les piles solaires, et au stockage d'énergie, comme le stockage de l'hydrogène dans les matériaux poreux. Le microscope à effet tunnel (prix Nobel en 1986), permettant de visualiser les atomes à la surface d'un matériau, et son petit cousin, le microscope à force atomique, sont des exemples de transfert technologique mettant en jeu des concepts quantiques fondamentaux vers des applications en science des matériaux, en chimie, en génie et en biologie.

L'effort de recherche en physique de la matière condensée au Canada est substantiel et à la fine pointe de l'art dans la plupart des activités décrites précédemment. Le Canada a joué un rôle de pionnier dans le développement et l'utilisation des neutrons et des positons pour sonder les matériaux. C'est ainsi que les travaux du physicien canadien D. Brockhouse en spectroscopie de neutrons, aux Laboratoires de Chalk River, lui ont valu le prix Nobel en 1994.
Laurent G. Caron

Physique des plasmas

Un gaz ordinaire subit une transition vers un nouvel état appelé plasma lorsque ses atomes sont ionisés, c.-à-d. quand ils se dissocient pour donner des ions positifs et des électrons négatifs. L'ionisation d'un gaz initialement neutre peut être provoquée par une décharge électrique, par chauffage ou par irradiation à l'aide d'ondes électromagnétiques courtes. Les gaz ionisés ne méritent le nom de plasma que s'ils se comportent suffisamment de particules chargées pour produire leur propre champ électromagnétique, qui affecte le mouvement de chaque électron et de chaque ion. Le comportement collectif résultant de ce champ électrique cohérent constitue une caractéristique propre aux plasmas. En moyenne, les plasmas demeurent électriquement neutres grâce au nombre suffisant d'électrons qui équilibrent les charges positives des ions. Depuis les études du chimiste américain Irving Langmuir sur les décharges électriques, dans les années 20, la physique des plasmas est devenue une discipline de recherche importante.

Les plasmas sont présents partout dans l'univers: les étoiles et la matière interstellaire sont à l'état de plasma; les objets astrophysiques comme les pulsars, les étoiles à rayons X, les quasars et les restes de supernovæ présentent divers phénomènes propres aux plasmas. À haute altitude, de 70 à 500 km au-dessus de la surface de la Terre, se trouve une couche de plasma appelée ionosphère qui influe sur les radiocommunications à ondes courtes en réfléchissant les signaux électromagnétiques. L'ionosphère est la frontière inférieure d'un domaine plus vaste, la magnétosphère, où le plasma est soumis à l'influence du champ magnétique terrestre. La frontière externe de la magnétosphère est créée par l'interaction avec le flux de plasma en provenance du Soleil, appelé vent solaire. Ce vent limite le champ magnétique de la Terre et constitue une source d'énergie pour les phénomènes comme les aurores boréales. La foudre produit naturellement des plasmas et certains instruments comme les lampes fluorescentes, les tubes au néon, les postes de soudure à l'arc et les lasers à gaz mettent également en jeu des plasmas. La gravure des surfaces métalliques et le traitement des matériaux dans l'industrie de la microélectronique constituent des exemples d'applications techniques utilisant des plasmas.

Depuis le début des années 50, la quête de la fusion thermonucléaire contrôlée stimule des études poussées sur les plasmas produits en laboratoire. Une réaction thermonucléaire contrôlée constitue pour la physique un défi exceptionnel qui laisse miroiter une solution aux besoins énergétiques mondiaux. Le phénomène produit de l'énergie lors de la fusion d'isotopes légers d'hydrogène comme le deutérium (D) et le tritium (T). Cette réaction pourrait être entretenue dans un plasma dense et très chaud, à une température

re excédant les 100 millions de degrés. Dans la première des deux principales approches utilisées dans la recherche sur la fusion, le plasma est confiné par un champ magnétique à des densités d'environ 10^{14} particules par cm³ pendant une durée de l'ordre de la seconde (fusion thermonucléaire contrôlée basée sur le confinement magnétique). La seconde approche s'appuie sur l'inertie de petites cibles D-T implosives atteignant une densité de 10^{25} particules par cm³ pendant 10^{10} sec pour fournir le confinement et les conditions propices au démarrage de la fusion (fusion par confinement inertiel). Les cibles sont chauffées et «comprimées» par un faisceau laser ou ionique focalisé. Des expériences sur les plasmas produits en laboratoire ont permis la découverte d'importantes sources de radiations à faibles longueurs d'onde, comme les sources de rayons X dans les plasmas créés par lasers et les générateurs d'hyperfréquences accordables, tels que les gyrotrons et les lasers à électrons libres.
W. Rozmus

Sociétés

L'Association canadienne des physiciens, société nationale des physiciens canadiens, possède un effectif de 1800 membres et de 30 corporations. L'ACP a été fondée en 1945 et constituée en société en 1951. Elle publie un bulletin tous les deux mois, *La physique au Canada*, et organise annuellement un congrès de trois jours pour discuter des recherches en cours.

Depuis 1945, la Médaille de l'Association canadienne des physiciens est décernée annuellement pour récompenser des réalisations remarquables en physique et, depuis 1970, la Médaille Herzberg pour des réalisations exceptionnelles par un physicien de 38 ans ou moins. De temps à autre, l'ACP produit des rapports spéciaux sur l'état de la physique au Canada. Le *Journal canadien de physique* est la revue nationale. De nombreux physiciens sont membres de l'Association canadienne-française pour l'avancement des sciences au Québec et dans les communautés francophones d'Amérique du Nord. L'ACFAS, qui compte 2500 membres, organise un congrès annuel auquel participent 2000 chercheurs et étudiants, qui se rassemblent pour assister à environ 1000 exposés scientifiques.

La plupart des physiciens canadiens sont également des membres actifs de nombreuses sociétés scientifiques en physique et en astronomie qui forment l'American Institute of Physics. Les physiciens canadiens prennent une part active dans des organismes internationaux: le Conseil international des unions scientifiques et l'Union internationale de physique pure et appliquée, qui fait la promotion de la coopération internationale en physique et qui conclut des accords internationaux sur l'utilisation des symboles, des unités, de la nomenclature et des normes. Des échanges scientifiques ont permis la collaboration de nombreux groupes de recherche en physique nucléaire et en physique des particules, rendant possible l'utilisation d'accélérateurs coûteux dans les laboratoires nationaux en Europe, aux États-Unis et au Canada (EACL et TRIUMF).

Des physiciens canadiens ont reçu des distinctions décernées par des organismes nationaux et internationaux. Parmi les physiciens qui ont occupé le poste de président de la SOCIÉTÉ ROYALE DU CANADA, on compte G. Herzberg, H.E. Duckworth, J.T. Wilson, J.L. Kerwin et R.E. Bell. Au cours de la dernière décennie, un certain nombre de physiciens canadiens ont été faits membres de la Royal Society (de Londres), dont Z.S. Basinski, R.E. Bell, B.N. Brockhouse, A.E. Douglas, G. Herzberg, W.B. Lewis, A.E. Litherland, M.H.L. Pryce, D.A. Ramsay, B.P. Stoicheff, H.L. Welsh et J.T. Wilson.
Boris P. Stoicheff

Pianos, fabrication de Le piano est un instrument de musique à clavier dont les sons sont produits par des cordes, tendues sur une table d'harmonie, qui vibrent

lorsqu'elles sont frappées par un marteau. On en attribue généralement l'invention définitive à Bartolomeo Cristofori, vers 1709. D'abord instrument délicat à armature en bois et au son doux, le piano devient ensuite plus robuste et plus sonore, son cadre étant renforcé avec de la fonte et de l'acier. De forme carrée ou rectangulaire à l'origine, l'instrument acquiert ensuite les contours contemporains du piano droit et du piano à queue.

Dès la fin du XVIIIe s., les pianos vendus au Canada sont importés d'Europe. Cette pratique est coûteuse et, souvent, le délicat mécanisme de l'instrument souffre du voyage. Au début du XIXe s., la demande de pianos augmente, et quelques artisans britanniques et allemands immigrés se lancent dans la facture de pianos dans des ateliers où ils se font aussi accordeurs et réparateurs. De ces modestes débuts à Québec, Montréal et Toronto naît une importante industrie nationale et exportatrice, qui devient particulièrement florissante des années 1880 jusqu'aux années 20. À un certain moment durant cette période, le pays compte près de 100 entreprises ou artisans s'employant à la facture de pianos ou de pièces accessoires. Des entreprises comme HEINTZMAN AND CO. LTD, R.S. Williams, Mason & Risch, Karn, Lesage, Gerhard Heintzman, Martin-Orme, Mendelssohn, Rainer, Weber, Nordheimer, Bell, Pratte, et Sherlock-Manning, pour n'en nommer que quelques-unes, fabriquent des pianos d'excellente qualité, qui ne se vendent pas trop cher et remportent des prix. À l'exception de quelques maisons, l'industrie est concentrée dans le sud de l'Ontario et dans la région de Montréal, mais on trouve des marchands de pianos partout au Canada.

On attribue le déclin de l'industrie de la fabrication de pianos à plusieurs facteurs, dont la popularité croissante d'autres formes de divertissement au foyer, comme le phonographe et la radio, ainsi que les effets de la CRISE DES ANNÉES 30. À mesure que l'économie se stabilise au cours des années 30 et 40, on assiste à un renouveau d'intérêt pour l'acquisition de pianos, dont profitent sept compagnies survivantes (Lesage, Quidoz, et Willis au Québec, Sherlock-Manning, Heintzman, et Mason & Risch en Ontario, et Edmund en Colombie-Britannique). Cependant, l'avènement de la télévision et de chaînes audio perfectionnées, l'importation de pianos japonais fabriqués en série et moins coûteux, et la durabilité des pianos canadiens existants entraînent une diminution des ventes et la fermeture de plusieurs compagnies. En 1984, il ne reste plus que trois fabricants au Canada qui, dès 1987, mettent fin à leurs activités. Sherlock-Manning ferme en 1987, mais demeure en opération de façon intermittente, sous divers propriétaires, jusqu'en 1995. (*Voir aussi* INSTRUMENTS DE MUSIQUE.)
Florence Hayes

Piapot, chef cri, également connu sous le nom de Payipwat (1816, sud des Prairies—1908, réserve Piapot, Sask.). Durant les 92 années de la vie de Piapot, les Prairies canadiennes connaissent des changements radicaux. Dans sa jeunesse, les Cris parcourent librement les plaines, où abondent encore les bisons. À sa mort, les Prairies sont colonisées par des vagues d'immigration massive, les bisons ont disparu et les premières nations sont isolées dans des réserves.

En qualité de chef de sa bande, il lui incombe de guider son peuple durant ces périodes difficiles et de négocier les meilleures conditions possibles, tâches qu'il accomplit avec habileté. Il obtient des concessions des représentants des gouvernements en jouant de sa réputation d'adversaire dangereux, mais aussi de partenaire loyal.

Piapot signe le Traité nᵒ 4 en 1875. Cependant, en 1883, une année de maladie et de famine dans sa réserve près de Indian Head (Saskatchewan) le convainc que son peuple ne survivra jamais à cet endroit. Grâce à sa volonté et à son habileté de négociateur, il réussit à obtenir de bien meilleures terres dans la vallée Qu'Appelle, où poissons et gibier abondent. Il y emmène sa bande en 1884. L'année suivante, Piapot s'assure d'une protection pour son peuple en déclarant sa loyauté au gouvernement pendant la rébellion du Nord-Ouest.

Néanmoins, il résiste à l'assimilation, refuse de se convertir au christianisme, et encourage fortement la préservation des coutumes et des croyances cries. En 1899, le ministère des Affaires indiennes le destitue de ses fonctions de chef pour avoir autorisé une cérémonie traditionnelle à laquelle le ministère s'était opposé. Cependant, son peuple continue de le considérer comme chef légitime jusqu'à sa mort, et sa mémoire est toujours honorée en Saskatchewan.

Pic Grande famille d'OISEAUX grimpeurs, les picidés, comprenant 216 espèces, dont 14 vivent au Canada. Ce sont les pics à ventre roux, à tête rouge, de Lewis, chevelu, mineur, à tête blanche, tridactyle, à dos noir, maculé, à poitrine rouge, de Williamson, et flamboyant (dans l'ordre *Centurus carolinus, Melanerpes erythrocephalus, Asyndesmus lewis, Picoides villosus, P. pubescens, P. albolarvatus, P. tridactylus, P. arcticus, Sphyrapicus varius, S. ruber, S. thyroideus* et *Colaptes auratus*) et le grand pic (*Dryocopus pileatus*). On trouve des pics presque partout au monde. Si la plupart sont sédentaires, beaucoup de ceux qu'on observe au Canada sont migrateurs. Le vol du pic est ferme, rapide et onduleux. Sa taille varie de 8 à 60 cm de long. Son plumage est coloré de noir, de blanc, de jaune, de rouge, de brun et de vert; sa tête est souvent rouge ou jaune. De nombreuses espèces sont rayées, striées ou tachetées, en particulier sur le ventre, et possèdent une crête proéminente. Le corps du pic est lourd; ses ailes sont modérément longues et plutôt incurvées, et sa queue arrondie ou carrée. Son bec, en forme de ciseau, est fort et habituellement droit. Ses narines se dissimulent dans les touffes de poil. Ses pattes, habituellement courtes et fortes, sont dotées de quatre doigts, deux devant et deux derrière – quelques espèces (deux au Canada) ne possèdent que trois doigts, dont un derrière – pourvus d'ongles acérés et recourbés vers le bas, qui lui permettent de s'agripper verticalement à l'arbre ou à la face inférieure des branches. Il s'aide des plumes de sa queue, raides et pointues, lorsqu'il grimpe et descend. Le pic se perche rarement. Il est essentiellement arboricole, quoique certaines espèces (le pic flamboyant) passent beaucoup de temps au sol. Avec son bec en forme de ciseau, il fouille dans les troncs à la recherche de larves. Le pic maculé, entre autres, perfore à plusieurs reprises l'écorce des feuillus pour en tirer la sève. D'autres pics (le pic flamboyant) capturent des fourmis grâce à la salive gluante sécrétée par les glandes qui recouvrent leur longue langue extensible. En saison, la plupart mangent des baies; certains attrapent même des insectes au vol.

Pour nidifier, le pic creuse une cavité dans une branche ou un tronc, parfois sur un talus. Ses œufs blancs (deux à huit), pondus sur une couche de copeaux, sont couvés et nourris par les deux parents. Les nouveau-nés sont dépourvus de plumes. Le pic chante fort et sur plusieurs tons; il tambourine aussi avec son bec, surtout durant la saison de nidification et lorsqu'il trouve une surface particulièrement résonnante. Il est très utile pour l'élimination des insectes xylophages, et les études ont montré qu'il choisit justement les arbres qui, malgré leur apparence, sont touchés par ces insectes.

Henri Ouellet

Picard, Gérard, dirigeant syndical (Stratford-Centre, Qc, 27 mai 1907—19 juin 1980). Licencié en droit de l'U. Laval, il devient journaliste pour *L'Événement* et *L'Action catholique* à Québec au début des années 30. Secrétaire-trésorier, puis secrétaire général de la Confédération des travailleurs catholiques du Canada (CTCC), il succède à Alfred CHARPENTIER à la présidence en 1946. Après la guerre, plusieurs grèves longues et amères reflètent le militantisme accru de la CTCC sous sa gouverne. C'est le

cas, entre autres, de la GRÈVE DE L'AMIANTE en 1949 et de la violente grève des travailleurs du textile à Louiseville en 1952-1953, qui déclenche presque une grève générale provinciale.

Au cours des années 50, la CTCC se consacre à la démocratisation du milieu de travail au moyen de la cogestion, de la participation au bénéfice et de la copropriété. Elle compte aussi parmi les rares organisations à s'opposer aux politiques et aux méthodes du gouvernement de l'Union nationale de Maurice DUPLESSIS. En 1961, la CTCC devient la Confédération des syndicats nationaux (CSN). Picard encourage les activistes syndicaux à intervenir sur la scène politique. En 1959, il se joint à l'aile québécoise de la Co-operative Commonwealth Federation et contribue, en 1961, à la fondation du Nouveau Parti démocratique, dont il devient le premier président adjoint. Au milieu des années 60, il est nommé au Conseil canadien des relations ouvrières.

Michael D. Behiels

Piché, Paul Auteur-compositeur-interprète (Montréal, 5 sept. 1953). Trimbalant ses refrains revendicateurs dans les boîtes à chansons, Paul Piché connaît un succès rapide en 1978 grâce à *Heureux d'un printemps* et aux autres chansons de son premier album qui dépasse les 100 000 exemplaires vendus. Un des rares artistes à défendre des thèmes sociaux et politiques dans les années 1980, il n'en connaît pas moins d'importants succès sur disque et sur scène, se produisant à la Place des Arts en 1980 et 1983 et remportant le Félix de l'album rock en 1985. Devenu un des artistes-phares de sa génération, Paul Piché est élu Personnalité de l'année dans le domaine de la chanson par le journal *La Presse* en 1990 et Patriote de l'année par la Société Saint-Jean-Baptiste en 1994. Puisant aussi bien aux sources du folklore traditionnel qu'au rock contemporain, il a écrit plusieurs chansons maintenant considérées comme des classiques: *L'escalier, Avec l'amour, Cochez oui cochez non, J'appelle, Château de sable, Sur ma peau* et *L'instant*.

Robert Thérien

Pickard, George Lawson, océanographe et éducateur (Cardiff, Pays de Galles, 5 juill. 1913). Après son service militaire avec les Forces aériennes royales durant la Seconde Guerre mondiale, Pickard émigre au Canada en 1947. Il est professeur de physique à l'U. de la Colombie-Britannique (1947-1979) et directeur de l'Institut d'Océanographie de 1958 à 1979. Les études qu'il mène sur les propriétés et la circulation des eaux des fjords de la Colombie-Britannique sont à la base de beaucoup de nos connaissances sur les eaux côtières du Pacifique. Son expertise sur les fjords l'amène à explorer aussi ceux du Chili et de la Nouvelle-Zélande. En tant qu'enseignant et administrateur, Pickard joue un rôle important dans le développement des sciences de la mer sur la côte Ouest. Ses manuels sur l'océanographie physique sont utilisés dans le monde entier.

P.H. Leblond

Pickering, ville de l'Ont.; pop. 78 989 (rec. 1996), 68 631 (rec. 1991), 48 959 (rec. 1986); superf. 226,52 km²; const. en 1974; située en bordure du lac Ontario, à 43 km à l'est de Toronto. Pickering est nommée d'après la ville du même nom dans le Yorkshire, en Angleterre.

Selon des documents, quelque 800 personnes habitent le canton de Pickering en 1825. La région est alors fortement boisée. Il y a trois scieries et des activités de construction navale dans le canton, à l'embouchure de la rivière Rouge. La région attire aussi les agriculteurs des îles Britanniques et des États-Unis. Lorsque Pickering devient un comté en 1850, sa population dépasse déjà les 6000 habitants. Au cours des années 1870, la Frenchman's Bay Harbour Company construit un phare, un quai et un élévateur de grains de 50 000 boisseaux à Frenchman's Bay. Autour de ces installations s'érige un petit village qui deviendra le cœur de la future ville de Pickering.

Durant presque toute la fin du XIXe et le début du XXe s., la région demeure essentiellement agricole et sa population reste constante. Comme c'est le cas pour plusieurs localités de la périphérie de Toronto, Pickering prend de l'essor après la Seconde Guerre mondiale. Beaucoup de personnes s'y installent dans les années 50, puis, à partir de 1960, la construction résidentielle monte en flèche dans tout le comté. Des entreprises industrielles, attirées par l'accès à la route 401 et à d'autres voies de transport, s'établissent aussi à Pickering. En 1965, la ville s'accroît lorsqu'HYDRO ONTARIO inaugure la première de deux centrales nucléaires, juste à l'est de Frenchman's Bay.

Deborah Welch et Michael Payne

Pickersgill, John Whitney, fonctionnaire, politicien et historien (Wyecombe, Ont., 23 juin 1905). À l'époque de KING et de SAINT-LAURENT, le mot d'ordre à Ottawa est: «Réglez ça avec Jack», ce qui témoigne de l'extraordinaire influence de Pickersgill. Il est élevé sur une ferme pauvre du Manitoba et acquiert une bonne éducation à l'U. du Manitoba et à Oxford, grâce à son grand talent et à une mère extraordinaire. Il enseigne l'histoire au Wesley College, à Winnipeg, de 1929 à 1937, et travaille par la suite au ministère des Affaires extérieures.

Rapidement affecté au Cabinet du premier ministre, Pickersgill collabore avec King et Saint-Laurent à presque tous les éléments de la politique et des principes généraux. Il est nommé greffier du Conseil privé en 1952 et secrétaire d'État l'année suivante. Il détient deux portefeuilles sous le gouvernement PEARSON et il occupe la présidence de la Commission canadienne des transports lorsqu'il quitte la vie politique en 1967. Il a réalisé d'importantes études historiques sur les gouvernements King et Saint-Laurent. Pickersgill a eu l'honneur de recevoir le titre de Très Honorable.

J.L. Granatstein

Pictogrammes et pétroglyphes Les pictogrammes sont des peintures préhistoriques exécutées à l'aide du doigt avec de l'ocre rouge, alors que les pétroglyphes sont des gravures obtenues par incision, frottement ou pulvérisation à l'aide de pierres sur des parois rocheuses, des blocs rocheux et des surfaces plates de l'assise rocheuse. On a découvert de ces peintures partout au Canada. L'art rupestre constitue peut-être la tradition artistique la plus répandue et la plus ancienne du Canada. Il fait partie du genre d'art préhistorique qu'on trouve dans le monde au même titre que les peintures des cavernes en Espagne, en France ainsi que l'art rupestre de Scandinavie, de Finlande, de l'Asie du Nord-Est et de Sibérie. On n'a pas encore découvert de méthode de datation précise incontestable pour l'art rupestre autre que l'association théorique avec les restes archéologiques stratifiés qu'on peut dater approximativement. Bien que la tradition de l'art rupestre ait sûrement été apportée au Canada par ses tout premiers occupants au cours de la dernière ÉPOQUE GLACIAIRE, il est peu probable que l'on puisse en trouver des exemples aussi anciens.

L'art rupestre du Canada est en grande partie lié à la recherche de conseils spirituels et au chamanisme, une tradition religieuse répandue dans laquelle les principales tâches des CHAMANS sont la guérison, la prophétie et l'interprétation des visions. On distingue plusieurs grandes régions d'art rupestre, de styles différents. Les pétroglyphes du PARC NATIONAL KEJIMKUJIK, en Nouvelle-Écosse, présentent un style unique aux traits fins et de petites dimensions qu'on attribue aux MICMACS. Le BOUCLIER canadien, qui s'étend de la rivière Saint-Maurice, au Québec, jusqu'au nord de la Saskatchewan, possède de nombreux sites de pictogrammes, alors qu'on trouve des pétroglyphes seulement dans le sud. Le site de pétroglyphes de Peterborough dans le sud de l'Ontario est le plus remarquable du Canada, avec ses centaines de représentations d'humains, d'animaux, d'oiseaux, de serpents, de tortues et d'embarcations, toutes dessinées sur une seule aspérité rocheuse de calcaire cristallin.

À cet endroit, comme dans beaucoup d'autres sites du Bouclier, il n'y a pas de frontières picturales, telles que des encadrements ou des lignes horizontales. Il n'y a aucun signe d'un regroupement volontaire d'images. L'ordre esthétique correspond à celui de la nature, et les nombreuses cavités, crevasses et couches de la roche font partie intégrante des images elles-mêmes. Les sites de pictogrammes sont moins étendus et contiennent peu d'ensembles d'images. Bien que les sites du parc provincial Bon Echo dans le sud de l'Ontario et du parc provincial du lac Supérieur, près de Wawa, en Ontario, soient renommés, la majorité des pictogrammes ont été découverts dans le parc Quetico et au lac des Bois dans le nord-ouest de l'Ontario.

Des centaines de sites de pictogrammes et peu de sites de pétroglyphes ont été découverts dans cette partie du Bouclier canadien, où ils auraient pu avoir été réalisés lors d'une période très ancienne. Au site de Mud Portage, dans la région du lac des Bois, p. ex., des pétroglyphes ont été découverts sous les couches de dépôts archéologiques de la période archaïque qui remonte à plus de 5000 ans et qui sont, par conséquent, considérés comme les plus anciens du Canada.

Malgré le manque de surfaces rocheuses dans les Prairies, les pétroglyphes et les pictogrammes constituent une forme importante d'art préhistorique dans le sud de la Saskatchewan et de l'Alberta. De nombreux pictogrammes ont été trouvés sur des blocs rocheux isolés et dans des aspérités rocheuses le long des contreforts, à proximité de Calgary. Dans le parc provincial Writing-On-Stone, situé dans le sud de l'Alberta, on trouve une série importante de pétroglyphes de petites dimensions, incisés sur les falaises de grès de la rivière Milk. Ils illustrent des représentations spirituelles et chamanistiques, comme l'OISEAU-TONNERRE, ou des personnages de chaman, ainsi que des contes, comme une scène d'une longueur de 12 pieds, qui illustre un combat et montre un camp circulaire, des guerriers à cheval, des tipis, des fusils et des scènes de tir. Ces pétroglyphes prouvent parfois également l'existence de contacts avec les Européens, car on trouve des chevaux, des hommes porteurs de fusils et des chariots à roues.

Certaines des images les plus intrigantes de l'art rupestre canadien sont peintes sur des falaises situées à l'intérieur de la Colombie-Britannique. Celles qu'on trouve près de Keremeos sont probablement des représentations des esprits que le chaman a rencontrés dans ses visions. La côte de la Colombie-Britannique compte de nombreux sites de pétroglyphes, alors qu'elle compte un petit nombre de sites de pictogrammes, probablement plus récents. En matière de style, l'art rupestre de la côte Ouest est unique au Canada, montrant souvent des liens au niveau des sujets et de la forme avec l'art plus récent du XIXᵉ s. et avec les sites de pictogrammes très ressemblants découverts dans le bassin inférieur du fleuve Amour dans le nord-est de l'Asie. Les sites exceptionnels se trouvent principalement dans l'île de Vancouver, dans le Nanaimo Petroglyph Park et au lac Sproat, mais des sites ont aussi été découverts dans le Nord, aussi loin qu'à Prince Rupert et dans le bassin des rivières Nass et Skeena.

On n'a découvert que deux sites d'art rupestre dans l'Arctique canadien. Un ensemble de 44 visages humains, attribué à la CULTURE DORSET de la préhistoire, a été découvert à Qajartalik, sur une aspérité rocheuse dans la région de la baie Joy (Ungava).

Au Canada, les pictogrammes et les pétroglyphes sont mentionnés par les explorateurs, les voyageurs et les colons à la fin du XVIIIᵉ et au début du XIXᵉ s. Toutefois, les études et les relevés importants ne se font qu'après 1850, tout d'abord par des chercheurs américains. Henry Rowe Schoolcraft,

agent indien américain en poste à Sault-Sainte-Marie (Michigan), est le premier à illustrer et à interpréter les pictogrammes, d'après le point de vue propre aux autochtones, au début du XIXᵉ s. Il décrit les pictogrammes d'Agawa Bay près de Wawa, en Ontario, et, en 1851-1857, il écrit un ouvrage en six volumes sur la pratique et le sens de la pictographie chez les Indiens de langue algonquienne d'Amérique du Nord.

Toutefois, c'est le travail du colonel Garrick Mallery pour le Smithsonian Institute qui stimule principalement la recherche en art rupestre et l'intérêt populaire pour cette forme d'art. Son étude exhaustive, *Picture-Writing of the American Indians* (1893), comporte des descriptions et des dessins représentant plusieurs sites canadiens de la Nouvelle-Écosse, de l'Ontario, de la Saskatchewan et de la Colombie-Britannique. En 1887 et en 1888, Mallery visite le site important de Kejimkujik, en Nouvelle-Écosse, et fait les premiers relevés de certains des pétroglyphes.

Les découvertes et les témoignages en matière d'art rupestre par les auteurs canadiens apparaissent sporadiquement dans les années 1890 et plus fréquemment au début du XXᵉ s. En Colombie-Britannique, James A. TEIT relève nombre de pictogrammes à l'intérieur de la Colombie-Britannique (1896-1930). En Ontario, l'un des pionniers en archéologie du Canada, David BOYLE, effectue la majorité des premiers relevés d'art rupestre dans cette province. Il est notamment, en 1896, le premier à décrire et à illustrer les pictogrammes du lac Mazinaw.

Au cours de ces années, Harlan I. Smith, archéologue attaché au Musée national, écrit également beaucoup de rapports provisoires sur les sites de pétroglyphes situés le long de la côte de la Colombie-Britannique (1906-1936), à la suite des premières découvertes faites dans l'île de Vancouver par l'anthropologue américain, Franz BOAS, en 1891. Alors que la recherche en matière d'art rupestre décline considérablement au Canada entre 1930 et 1950, la Colombie-Britannique demeure un foyer d'activités. Entre 1936 et 1942, p. ex., Francis J. Barrow entreprend de prospecter et d'effectuer des relevés (1942) sur les sites de la côte Sud. L'archéologue norvégien expert en art rupestre Gutorm Gjessing publie deux études importantes sur l'art rupestre de la Colombie-Britannique (1952, 1958) après une étude entreprise dans tout le Canada en 1946 et 1947.

En 1949, Edward Meade, auteur et romancier, commence à effectuer des relevés sur les sites de pétroglyphes de la côte, de l'Alaska vers le sud, jusqu'à Puget Sound. Les résultats de ces études sont publiés en 1971. À partir de 1960, ce même territoire est exploré méthodiquement par Beth et Ray Hill, dont le livre abondamment illustré (1974) suscite beaucoup d'intérêt public pour l'art rupestre de la Colombie-Britannique. À l'intérieur de la Colombie-Britannique, John Corner, apiculteur, continue la recherche de Teit. La recherche exhaustive de Corner des sites de pictogrammes aboutit à une étude populaire illustrée (1968) qui demeure une publication clé pour la région.

Les années 60 sont particulièrement prolifiques en matière de recherche sur l'art rupestre au Canada, ce qui mène à la fondation de la Canadian Rock Art Research Association (CRARA) en 1969. Cette association nationale d'experts se consacre à la recherche, à l'enseignement au public et à la conservation des sites de pictogrammes et de pétroglyphes au Canada. De plus, l'association favorise la sensibilisation du public et stimule l'intérêt des chercheurs à travers le pays par le biais de ses conférences annuelles et de ses bulletins d'information (depuis 1970). Selwyn Dewdney (1909-1979) est élu premier membre principal en reconnaissance de sa longue contribution aux relevés d'art rupestre dans le Bouclier canadien et à l'enseignement. Artiste commercial et thérapeute par l'art, Dewdney commence des relevés de pictogrammes et de pétro-

glyphes pour le Musée royal de l'Ontario en 1957. Pour assurer la continuité de l'œuvre pionnière de Boyle, Kenneth E. Kidd (1906-1994), alors conservateur en ethnologie, part à la recherche de financement pour la documentation systématique des sites d'art rupestre de l'Ontario. Avec le soutien initial de la Quetico Foundation, Dewdney est choisi pour effectuer les relevés des sites oubliés dans la région du Bouclier et des sites qu'il découvrira.

De 1957 jusqu'à sa mort en 1979, Dewdney découvre et décrit des centaines de sites en Ontario et vers l'Ouest, au Manitoba, en Saskatchewan et en Alberta. Le livre écrit conjointement par Dewdney et Kidd (1962, rév. 1967) suscite un intérêt important au sein du public pour l'art rupestre du Bouclier canadien.

À la fin des années 60, l'étude scientifique des pictogrammes et des pétroglyphes commence à se répandre au Canada. On utilise des équipements photographiques plus précis ainsi que d'autres moyens de relevés. Des scientifiques de l'Institut canadien de conservation entreprennent des expériences sur la datation et la conservation des sites d'art rupestre non protégés. Dans les années 70 et jusque dans les années 90, une nouvelle génération de chercheurs et d'étudiants continuent à découvrir de nouveaux sites et à réexaminer des sites connus, en ayant recours à de nouvelles méthodes de relevé et à de nouvelles théories d'interprétation. Parmi ces chercheurs, on trouve Thor Conway du ministère de la Culture, du Tourisme et des Loisirs de l'Ontario; James D. Keyser, du Glenbow-Alberta Institute; Doris Lundy, du BC Provincial Museum; Jack Steinbring, de l'U. de Winnipeg; Gilles Tass, de l'U. du Québec; Ron et Joan Vastokas, de l'U. Trent; Ian Wainwright, de l'Institut canadien de conservation (ICC); Michael A. Klassen, de la Commission archéologique de l'Alberta; Brian Molyneaux, de l'U. Trent, du Musée royal de l'Ontario et de l'Institut canadien de conservation; Grace Rajnovich, du ministère de la Culture, du Tourisme et des Loisirs de l'Ontario; et Paul Taçon, de l'Australian National Museum. Également, la recherche avait tendance à se concentrer sur l'interprétation de la fonction et du sens de l'art rupestre dans le contexte de la culture autochtone et de la relation des pictogrammes et des pétroglyphes avec les autres formes d'expression visuelle autochtones.

Joan M. Vastokas

Picton, localité non const. de l'Ont.; pop. 4673 (rec. 1996), 4386 (rec. 1991), 4317 (rec. 1986). Picton se trouve dans une presqu'île composée de terres agricoles vallonnées et de plages sablonneuses surplombant le lac Ontario, à quelque 160 km à l'est de TORONTO. Située en bordure d'un des bras de la baie de Quinte, Picton se développe comme port et centre de distribution pour la campagne environnante. Établi par des LOYALISTES dans les années 1780, l'endroit s'appelle d'abord Hallowell. Au cours des années 1820, l'avènement des bateaux à vapeur rend le port plus accessible à la circulation lacustre. Un village du nom de Picton est construit tout juste à côté. Hallowell et Picton fusionnent en 1837 pour former la ville de Picton. Sir Thomas Picton est un officier britannique mort à la bataille de Waterloo. Sir John A. MACDONALD pratique le droit à Picton pendant deux ans (1833-1835). Picton demeure un petit port lacustre et un centre de services pour l'arrière-pays agricole. En 1998, Picton et les neuf autres municipalités du comté de Prince Edward, ainsi que le comté lui-même, fusionnent pour former une seule municipalité portant le nom du comté. Picton en est le centre administratif.

Daniel Francis

Pictou, ville de la N.-É.; pop. 4022 (rec. 1996), 4134 (rec. 1991), 4413 (rec. 1986); superf. 7,74 km²; const. en 1878; chef-lieu du comté de Pictou. Située dans le havre de Pictou, près du détroit de Northumberland et du golfe Saint-Laurent.

Centre traditionnel de colonisation écossaise dans les Maritimes, ce site est d'abord occupé par les Micmacs. Investi par les marchands de fourrures et les missionnaires français, l'endroit est ensuite concédé à la Philadelphia Company en 1762. La colonisation de Pictou suit l'arrivée de près de 200 ÉCOSSAIS des Highlands à bord du HECTOR, en 1773.

Dès le début du XIXe s., Pictou est un port franc regorgeant d'activités, d'où l'on expédie du bois d'œuvre vers la Grande-Bretagne. L'industrie du bois de sciage, les fonderies, les tanneries, les biscuiteries et les meuneries soutiennent le commerce d'exportation. La construction navale contribue aussi à la prospérité de la ville. Les efforts de croissance de la fin du XIXe s. se concentrent sur les fonctions du port en tant que lien entre le nord de la Nouvelle-Écosse et l'Île-du-Prince-Édouard, les Îles-de-la-Madeleine et l'île du Cap-Breton. Toutefois, l'isolement géographique de Pictou entraîne son déclin. Les villes situées à proximité sont mieux placées pour l'exploitation des ressources de charbon et de fer du comté. Les chemins de fer et les autoroutes contournent la ville.

De nos jours, Pictou joue un rôle administratif. L'industrie touristique repose sur son riche patrimoine écossais et on y trouve un certain nombre d'industries maritimes. Des maisons de pierre de style écossais et des édifices commerciaux sont toujours bien en vue sur la rue Water. La Pictou Academy, fondée par Thomas McCULLOCH, témoigne de la fin d'une éducation anglicane en Nouvelle-Écosse. J.W. DAWSON, le premier recteur de l'U. McGill, est diplômé de cette académie. La maison McCulloch est un LIEU HISTORIQUE provincial.

L.D. McCann

Pidgeon, George Campbell, pasteur de l'Église presbytérienne et de l'Église unie (Grand-Cascapédia, Qc, 2 mars 1872—Toronto, 15 juin 1971). Ordonné en 1894, Pidgeon obtient un doctorat en théologie du Presbyterian College de Montréal. Il exerce ensuite son ministère dans des églises de Montréal, de Streetsville (Ontario) et de Toronto. Il enseigne la théologie pratique à Westminster Hall (Vancouver) de 1909 à 1915, puis est ministre de l'Église unie située sur la rue Bloor (Toronto), de 1915 à 1948, date de sa retraite. De 1949 à 1960, il écrit une chronique religieuse dans le *Toronto Telegram*. Pidgeon amène l'Église presbytérienne à s'engager dans l'union de 1925 et est unanimement élu premier modérateur de l'ÉGLISE UNIE DU CANADA. Pendant sa longue et remarquable carrière, il est un partisan énergique du mouvement de modération et du travail missionnaire à domicile, et promeut l'Alliance réformée mondiale, le Conseil canadien des Églises et le Conseil œcuménique des Églises. Il est le porte-parole en chef de l'Église unie, qu'il représente au Canada et dans le monde chrétien.

Neil Semple

Pidgeon, Lloyd Montgomery, chimiste (Markham, Ont., 3 déc. 1903). Après des études à McGill sous la direction d'Otto MAASS (1927-1929) et à Oxford (1929-1931), Pidgeon se joint au CONSEIL NATIONAL DE RECHERCHES DU CANADA des problèmes électrochimiques. Durant cette période, il met au point son procédé bien connu de production de magnésium métallique de grande pureté (*voir* MÉTALLURGIE). En raison de la forte demande de magnésium durant la Seconde Guerre mondiale, six usines de magnésium sont construites en Amérique du Nord. Au Canada, la découverte de Pidgeon mène à la fondation de la Dominion Magnesium Ltd., à laquelle il se joint en 1941 à titre de directeur de recherche.

En 1943, Pidgeon est nommé professeur et chef du département de génie métallurgique à l'U. de Toronto. Il y fonde une école d'études supérieures en métallurgie de réputation internationale. Bien qu'il soit chimiste de formation, son goût pour le physique des métaux le mène à développer la métallurgie physique dans son département. Sous sa direction, le département prend de l'expansion et se consacre entre autres, à partir de 1965, à la science des matériaux, ce qui engendre la création d'un groupe de recherche interdisciplinaire sur les matériaux dans la faculté de sciences appliquées et de génie.

J.M. Toguri

Pie Nom commun donné à des oiseaux de genres différents, mais appartenant tous à la famille des corvidés (*voir* CORNEILLE). On compte environ 20 espèces de pies dans le monde, mais seule la pie bavarde (*Pica pica*) se rencontre au Canada. Cette résidante permanente niche depuis le sud du Yukon jusque dans l'ouest du Manitoba; elle est parfois observée plus à l'est pendant l'hiver. Au cours des ans, elle a étendu son aire de répartition vers l'est.

Description Les pies ont un bec fort et des ailes courtes et arrondies. Leur longue queue compte souvent pour plus de la moitié de leur longueur totale, qui est environ de 50 cm. Oiseaux noirs dans l'ensemble, les pies ont cependant du blanc sur les scapulaires (plumes à la base des ailes) et le dessous du corps. Les pies s'alimentent au sol en milieux ouverts et elles sont particulièrement bien adaptées à ce mode de vie. Cependant, ce ne sont pas des oiseaux au vol puissant.

Nidification Elles ont un nid sophistiqué qui demande environ six semaines pour sa construction. Il consiste en un amoncellement de petites branches, assemblées en forme de dôme, et il est doté d'une ou de plusieurs entrées conduisant à une cuvette intérieure fabriquée avec de la boue. La femelle pond généralement de six à neuf œufs gris-vert, tachetés de brun, et c'est elle qui en assume l'incubation par la suite. On croit que les pies forment des couples pour la vie.

Lorraine G. D'agincourt

Pieds-Noirs (Siksikas) Siksikas est la plus petite des trois bandes qui composent la NATION DES PIEDS-NOIRS. Dans leur langue, le mot siksika signifie justement «pied noir» ou «pieds noirs». La tribu est de souche linguistique algonquine et parle la même langue que les GENS-DU-SANG (Kainahs) et les PEIGAN (Pikunis), sauf pour quelques légères variantes dialectales.

Leurs territoires de chasse chevauchant les rivières Battle et Red Deer, les Siksikas forment le groupe le plus nordique des trois. En conséquence, il est le premier à rencontrer les commerçants de fourrures, et c'est probablement ce qui explique que le nom de ce groupe a été appliqué à l'ensemble de la nation. Bien que cette nation s'étende vers le sud jusqu'à la rivière Missouri, on la considère comme une alliée des Britanniques, et elle ne se livre ordinairement pas au commerce avec les Américains ni ne conclut de traités avec eux. Sa population, du temps où elle est nomade, oscille entre 2000 et 3000 personnes, et on en dénombre officiellement 2249, en 1879.

Au cours de leur période de nomadisme, les Siksikas sont des chasseurs de bisons et des guerriers dont les principaux ennemis sont les CRIS et les ASSINIBOINES. À la fin du XVIIIe s., leur grand chef est The Swan, puis Gros-Blanc lui succède. Vers le milieu du XIXe s., Old Swan, Old Sun et Three Suns sont les principaux chefs. Ils seront remplacés par Old Sun fils et CROWFOOT, qui allait devenir le grand chef de la tribu à la faire passer avec succès d'une vie nomade à l'existence dans une RÉSERVE INDIENNE.

En 1877, les Siksikas signent le Traité n° 7 et choisissent une réserve à Blackfoot Crossing, à l'est de Calgary. C'est là qu'ils s'établissent et deviennent agriculteurs et éleveurs, certains se trouvant un emploi dans leur propre mine de charbon. En 1912 et en 1918, la tribu des Siksikas acquiert un statut unique en vendant près de la moitié de sa réserve pour environ 1,2 million de dollars, ce qui en fait la tribu la plus riche de l'Ouest canadien à l'époque. Les Siksikas peuvent ainsi obtenir des maisons neuves, recevoir des paiements réguliers d'intérêts et bénéficier d'autres services. Cependant, ces avantages ne sont que temporaires, car, à la fin de la Seconde Guerre mondiale, leurs fonds sont épuisés et il ne reste plus grand chose de leur richesse, si ce n'est une réserve réduite et des maisons qui prennent de l'âge. La population de la tribu est estimée à 4563 personnes en 1996 (en progression, puisqu'elle s'établissait à 3500 en 1986). (*Voir aussi* AUTOCHTONES; AUTOCHTONES: LES PLAINES; et les articles généraux à la rubrique AUTOCHTONES.)

Hugh A. Dempsey

Pie-grièche OISEAU chanteur de la famille des laniidés. L'habitat de cette famille, qui comprend 30 espèces, couvre l'Afrique, l'Europe, l'Asie et l'Am. du N. On n'en trouve que deux espèces au Canada, toutes deux migratrices: la pie-grièche migratrice et la pie-grièche boréale ou grise (*Lanius ludovicianus* et *L. excubitor*). La longueur des pies-grièches varie de 15 à 37 cm. La couleur prédominante du plumage est le gris ou le brun sur le dos, et le dessous est blanc ou légèrement teinté. Les ailes sont noires et la longue queue, noire et blanche. Les deux espèces du Canada ont un bandeau noir sur l'œil. Le bec est épais, crochu et denté chez plusieurs espèces (*voir* OISEAUX DE PROIE). Les pattes et les pieds sont forts, et les griffes acérées. Les pies-grièches sont solitaires, sauf pendant la nidification. Le mâle et la femelle construisent alors ensemble un nid massif et profond, en général dans un arbre ou un arbuste. Les œufs (deux à huit) sont couvés par la femelle, avec l'aide du mâle chez certaines espèces. Mâle et femelle se chargent de nourrir les petits. Les pies-grièches sont des oiseaux chanteurs et percheurs qui produisent une gamme étendue de notes. Le chant des espèces canadiennes est mélodieux. Ce sont des prédateurs qui se nourrissent d'insectes et de reptiles, d'oiseaux et de mammifères de petite taille. Elles surveillent leur proie du haut d'un perchoir à découvert et, vives et agressives, attaquent rapidement. Elles transportent à l'abri leur proie qu'elles empalent la plupart du temps sur un buisson épineux avant de la dévorer.

Henri Ouellet

Pierce, Lorne Albert, éditeur, rédacteur en chef et écrivain (Delta, Ont., 3 août 1890—Toronto, 27 nov. 1961). Rédacteur en chef à la RYERSON PRESS de 1922 à 1960, Pierce défend la cause de l'écriture et des auteurs canadiens pendant plus de 40 ans. Il étudie à l'U. Queen et au Victoria College de Toronto, au Union Theological Seminary de New York, à l'U. de New York et au United Theological College de Montréal. En 1916, il est ordonné pasteur méthodiste. Il se consacre à son service pastoral à Ottawa et ailleurs, puis sert dans l'armée en temps de guerre avant d'entrer à la Ryerson Press en 1920, où il est d'abord conseiller littéraire pendant une courte période et ensuite rédacteur. Il personnifie le nationalisme fervent du Canada anglais des années 20: il lance l'importante série de recueils de poésie *Ryerson Chapbook,* les ouvrages innovateurs de critique littéraire *Makers of Canadian Literature* et la collection de manuels scolaires *The Ryerson Books of Prose and Verse.*

Parmi les ouvrages écrits par Pierce, on retrouve des études sur William KIRBY et Marjorie Pickthall, une critique et une anthologie de la littérature canadienne, ainsi que des éditions de la poésie de Pickthall et de Bliss CARMAN. En 1926, il institue le prix littéraire Lorne Pierce Medal de la Société royale du Canada. En 1927, il fonde l'Edith and Lorne Pierce Collection of Canadian Literature à l'U. Queen. Il joue également un rôle de premier plan au sein de plusieurs organismes: la Canadian Authors' Association, la Canadian Bibliographical Society, la Fondation des écrivains canadiens, le MUSÉE ROYAL DE L'ONTARIO et l'Art Gallery of Toronto (MUSÉE DES BEAUX-ARTS DE L'ONTARIO). Souffrant lui-même de surdité, il participe à la fondation de ce qui sera la Société canadienne de l'ouïe en 1940.

Sandra Campbell

Pierre précieuse Matière organique, rocheuse ou MINÉRALE, utilisée comme parure personnelle ou comme ornements. Une gemme est le produit fini taillé et poli. La plupart des pierres précieuses sont des minéraux: une centaine des quelque 3000 espèces de minéraux connues ont des variétés de gemmes, mais seulement 25 d'entre elles sont mises sur le marché couramment. Les principaux attributs des pierres précieuses sont: la beauté, déterminée par leur couleur, éclat, forme, texture ou capacité à réfléchir la lumière; la durabilité, en ce sens qu'elles sont assez dures pour résister à l'abrasion, à la cassure ou à la décomposition; et la rareté, une qualité qui augmente leur valeur et la demande.

Utilisation historique Le jade néphritique, la pierre précieuse la plus importante du Canada, était très prisée par les AUTOCHTONES de la côte nord-ouest de la Colombie-Britannique il y a déjà 3000 ans. Entre 500 et 700 ans passé, les INUITS de l'ÎLE D'ELLESMERE taillaient, façonnaient et foraient des nodules d'ambre pour former des perles rondes ou ovales. Ils sélectionnaient les matériaux plus clairs, de qualité gemme, qui seraient issus de l'érosion des couches de CHARBON tertiaires (âgés de 65 millions à 1,65 million d'années) le long des rives du lac Hazen, où on trouve encore de l'ambre aujourd'hui.

Les Inuits façonnaient aussi l'ivoire en perles et en artefacts. Il y a 7500 ans, les peuples de CULTURE ARCHAÏQUE des Maritimes sur les côtes du LABRADOR se servaient de l'ivoire pour fabriquer des outils. La première pierre précieuse à être exportée du Canada serait l'améthyste de la Nouvelle-Écosse, dont des cristaux ont été présentés au roi Henri IV de France par le sieur De Monts alors qu'il était gouverneur de l'Acadie, l'un d'entre eux faisant partie des joyaux de la Couronne de France.

L'*utilisation moderne* des pierres précieuses du Canada a commencé au XIXᵉ s. La mise au jour de gisements de pierres précieuses au cours d'explorations géologiques a attiré les lapidaires amateurs qui ont taillé ou sculpté puis poli la matière brute, faisant ainsi ressortir sa beauté et la transformant en gemme ou ornement. Le Canada ne possède pas de dépôts de pierres précieuses classiques comme le diamant, le rubis, l'émeraude ou le saphir, mais il peut compter sur un assortiment de pierres précieuses moins connues, mais tout aussi intéressantes. Leur valeur intrinsèque est relativement faible, mais dans les mains expertes d'un artisan ou d'un joaillier créatif, leur beauté inhérente peut se manifester et leur valeur, augmenter.

L'extraction des pierres précieuses au Canada est une activité pratiquée comme passe-temps ou dans un but commercial. L'EXPLOITATION MINIÈRE commerciale se fait seulement à petite échelle, souvent au cours d'expédition en solitaire, et de manière sporadique, suivant les fluctuations de la demande. Les plus grandes et les plus importantes exploitations commerciales ont trait au jade néphritique récupéré des dépôts alluviaux et aux affleurements rocheux. La production des récentes années provient des régions du mont Sidney Williams, du mont Ogden, du lac Cry et du lac Dease, en Colombie-Britannique, et de la région du lac Frances, au Yukon. La majorité du jade est expédiée dans les centres de taille de l'Orient. Le Canada est le premier producteur mondial de jade néphritique.

Sont également menées de manière intermittente de petites exploitations commerciales: d'améthyste près de THUNDER BAY; de sodalite et de quartz rose, près de Bancroft (Ontario); de labradorite, sur l'île de Tabor, (Labrador); d'amazonite (microcline), près d'Eganville (Ontario) et au Lac-Saint-Jean (Québec); et de rhodonite à l'ÎLE SALTSPRING (Colombie-Britannique). La production est expédiée aux fournisseurs américains et aux centres de taille d'Orient et d'Europe. Une petite quantité est distribuée sur le marché intérieur pour les lapidaires amateurs et quelque 200 détaillants de minéraux et de pierres précieuses du Canada. Les produits exportés reviennent souvent aux fournisseurs et aux détaillants sous forme de pierres taillées non montées, de perles, de bijoux ou d'objets ornementaux, et seuls les géologues ou les connaisseurs de pierres précieuses du Canada peuvent en déceler l'origine.

L'ammolite, une pierre précieuse de LETHBRIDGE (Alberta), fait exception du fait qu'elle est extraite et transformée en pierres prêtes à être utilisées en joaillerie par une opération intégrée. La plus récente pierre précieuse du Canada a été découverte à la fin des années 70 et provient de la coquille irisée d'ammonodes céphalopodes, des ammonites fossilisées du crétacé (135 à 65 millions d'années). La pierre finie, mosaïque opaline aux couleurs éclatantes, est surtout vendue aux manufacturiers et aux joailliers du Japon, du Canada et des États-Unis. Sur le marché, elle est connue sous le nom de calcentine et korite.

Les pierres précieuses destinées au marché intérieur sont produites par les lapidaires amateurs ou qui travaillent sur demande et par les joailliers. Les techniques de taille, de façonnage et de polissage de la matière brute sont essentiellement les mêmes que celles utilisées dans le monde depuis environ 500 ans. Les pierres précieuses transparentes sont facettées et taillées, parfois en surfaces planes (facettes) comme pour le diamant. La matière translucide et opaque est taillée en forme de cabochon, qui présente une base plate et un dessus dômé. La matière qui n'est pas de qualité gemme est façonnée en sculptures et en ornements (*voir* ART INUIT).

L'extraction non commerciale, qui se pratique au cours d'excursions menées en solitaire ou par un club de lapidaires, est effectuée par des lapidaires amateurs qui traitent eux-mêmes la matière. Ils choisissent la matière brute à partir des affleurements rocheux ou dans les mines et les carrières abandonnées. Dans certains cas, comme dans la mine Cassiar ASBESTOS en Colombie-Britannique, la mine d'amiante Jeffrey à ASBESTOS (Québec) et la mine Geco de métaux communs à Manitouwadge (Ontario), les pierres précieuses (jade néphritique, grenat essonite et iolite, respectivement) sont récupérées par les mineurs ou les géologues travaillant dans les grandes exploitations minières. Ces pierres précieuses sont considérées comme des pierres de collection. Dans les exploitations de sable aurifère du Yukon, les plus grosses pépites d'OR sont réservées pour l'INDUSTRIE DE LA BIJOUTERIE ET DE L'ARGENTERIE.

Les gemmes les plus communes et les plus populaires sont: le quartz, l'agate et le jaspe, provenant de localités de la Colombie-Britannique, de l'Alberta, du Manitoba, de la région du lac Supérieur, de la Gaspésie et de la BAIE DE FUNDY; l'améthyste de la Nouvelle-Écosse; le bois pétrifié de la Colombie-Britannique et de l'Alberta. Parmi les pierres précieuses de collection moins courantes, il y a l'ambre de l'Alberta, l'idocrase de la Colombie-Britannique, les feldspaths de l'Ontario (perthite et péristérite pierre de lune), le scapolite du Québec, la xonolite et l'ivoire de Terre-Neuve ainsi que la saponite et le lapis-lazuli des Territoires du Nord-Ouest.

Ces pierres de collection se présentent habituellement sous forme de pierres non montées dans les joailleries ou sous forme de sculptures dans les expositions d'objets d'art. Il existe aussi une centaine de clubs de lapidaires et d'amateurs de minéraux au Canada et, chaque année, certains d'entre eux organisent des expositions de gemmes et de minéraux. Les sculptures et bijoux façonnés par les peuples autochtones sont souvent vendus dans les coopératives.

L'industrie des gemmes du Canada est modeste en termes de production. Elle soutient toutefois les intérêts lapidaires locaux et l'industrie touristique. La plupart des dépôts sont ouverts aux visiteurs canadiens et étrangers.

Ann P. Sabina

Pierrefonds, ville du Qc; pop. 52 986 (rec. 1996), 48 735 (rec. 1991); const. en 1958; située dans l'ouest de l'île de Montréal. Cette municipalité étalée le long de la rivière des Prairies sur une distance de 28 km couvre une superficie de 24,4 km².

Historique La paroisse de Sainte-Geneviève est fondée en 1741. L'endroit revêt une importance stratégique à l'époque de la traite des fourrures. En effet, les coureurs de bois partant de Lachine doivent faire du portage en passant par là pour éviter les forts courants du fleuve. En 1855, l'endroit acquiert officiellement le statut de municipalité de la paroisse de Sainte-Geneviève. Le territoire est scindé à plusieurs reprises par la suite. En 1904, on crée, à partir de ce territoire, les villages de Sainte-Geneviève et de Sainte-Geneviève de Pierrefonds, qui fusionnent en 1935 pour devenir le village de Sainte-Geneviève. En 1958, le reste du territoire de l'ancienne municipalité forme la ville de Pierrefonds.

Le nom de Pierrefonds a été donné par Joseph-Adolphe Chauret, un notaire qui a fait graver «Château Pierrefonds» sur son manoir à pignons en 1902. Chauret s'était inspiré d'une gravure du château de Pierrefonds dans le département de l'Oise, en France, qu'il a pu visiter en 1911.

Situation actuelle Depuis sa constitution, la municipalité connaît une expansion démographique régulière. La population a grimpé de 198 p. 100 entre 1960 et 1966. Elle compte désormais plus de 50 000 hab.

L'expansion continue de Pierrefonds s'explique par la qualité de vie dont jouissent les résidants. Pierrefonds est une ville essentiellement résidentielle. On y trouve trois parcs-nature d'une superficie totale de 360 ha où les visiteurs peuvent aller à la plage, à la cabane à sucre, à la ferme écologique, ou pratiquer le ski de fond, la marche et la planche à voile.

Pierres tombales Repères verticaux ou monuments placés sur les tombes, de deux types généraux, soit la stèle (dalle ou pilier vertical) ou le type sculptural à trois dimensions, parfois appelé victorien. Les monuments victoriens sont les plus communs au Canada aux XIXᵉ et XXᵉ siècles. Les stèles sont habituellement en pierre, en ardoise ou en marbre. Le style victorien privilégie plutôt le marbre, le granit dans une variété de couleurs et de finis, la pierre et la fonte. La pierre tombale avec stèle consiste généralement en un panneau supérieur décoré d'un bas-relief, soit une tête d'ange ou de la mort avec des ailes, un sablier, un saule ou d'autres symboles suggérant la mort ou la tristesse. L'espace inférieur précise certains faits, tels que les dates de naissance, de mariage, de décès et habituellement une épitaphe. Les meilleurs exemples de cette sculpture délicate se trouvent dans les provinces Maritimes, mais elle résiste mal au dur climat hivernal et aux lichens.

Le visiteur des cimetières canadiens trouvera, en plus de la stèle, une sculpture représentant une femme affligée s'appuyant contre une structure ou une vieille croix robuste. Le marbre de Carrare, d'Italie, est le matériau favori.

Malheureusement, l'alternance de gels et de dégels fait tomber les extrémités des ailes et le nez des anges, et fait subir des affronts particuliers aux chérubins mâles. Au début, de nombreux cimetières étaient des parcs dans lesquels le public était invité à pique-niquer. Les arbres spécimens qui y ont grandi forment maintenant une forêt fraîche et feuillue pour l'amateur d'histoire ou de pierres tombales. (*Voir aussi* CIMETIÈRES.)

Eric Arthur

Pieuvre Les pieuvres possèdent huit bras munis de ventouses qui servent à capturer des proies, une mâchoire en forme de bec et des yeux bien développés, assez semblables à ceux des humains.

Le terme «pieuvre» est le nom commun donné à tous les MOLLUSQUES de l'ordre des octopodes (huit bras) et de la classe des céphalopodes. Il réfère plus précisément au plus grand genre de l'ordre qui compte plus de 100 espèces. Les «cornes», ou cirres, placés derrière les yeux leur donne l'allure d'un chat à huit pattes. Elles ont de grands yeux bridés et explorent les fonds marins avec l'intelligence d'un chat, bondissant sur des proies comme les crabes. Le Canada abrite deux des plus grandes espèces d'octopodes: la pieuvre géante du Pacifique (*Octopus dofleini*), une lente chasseuse benthique (de fond) qui peut peser plus de 80 kg, et l'*Alloposus mollis*, en Atlantique, qui flotte avec le PLANCTON telle une méduse de 40 kg. Il existe neuf autres espèces de pieuvres de plus petite taille. Les coquilles d'argonaute commun (*Argonauta*), qui sont minces comme du papier, dérivent parfois depuis les tropiques jusque sur les rives canadiennes. Ce ne sont pas de vraies coquilles, mais plutôt des nids en forme de bateau que la femelle sécrète et qu'elle utilise comme chambre d'incubation pour la ponte et comme abri.

R.K. O'dor

Pigeon Le pigeon et la TOURTERELLE appartiennent à une grande famille d'oiseaux (les columbidés) comptant 303 espèces réparties dans toutes les régions tempérées et tropicales du monde.

Description Leur taille varie de celle d'un moineau à celle d'un dindon femelle. Plusieurs oiseaux de cette famille portent une livrée plutôt sobre, mais certaines espèces tropicales de l'Ancien Monde arborent des verts, des rouges, des oranges ou des pourpres éclatants. Toutes les espèces possèdent un corps rondelet, un cou court, une petite tête ainsi qu'un bec court et mince, dont la base charnue est dépourvue de plumes. Elles boivent toutes en immergeant leur bec et en aspirant l'eau. Leurs vocalises consistent surtout en des roucoulements.

Répartition et habitat Huit espèces se rencontrent au Canada et quatre s'y reproduisent. La tourterelle triste (*Zenaida macroura*) habite les forêts claires, les vergers et les terres agricoles d'un bout à l'autre du pays, jusque dans le nord du Manitoba et de la Saskatchewan, mais, sur les côtes atlantique et pacifique, elle ne vit que dans l'extrême sud. Le pigeon à queue barrée (*Columba fasciata*) préfère les forêts claires, les zones de transition et les éclaircies du sud-ouest de la Colombie-Britannique. Les populations sauvages de pigeons bisets (*C. livia*), une espèce eurasienne largement domestiquée, sont communes dans les villes et les régions agricoles de tout le Canada. La TOURTE VOYAGEUSE (*Ectopistes migratorius*) est maintenant disparue. Toutes les espèces sauf le pigeon biset sont migratrices, mais certaines tourterelles tristes hivernent dans le sud du Canada.

W. Earl Godfrey

Pika Nom commun qui désigne les plus petits représentants de l'ordre des LAGOMORPHES, dont font partie les LAPINS et les LIÈVRES. Les pikas ont la forme et la taille du cochon d'Inde, ou cobaye, ont des pattes assez courtes, une queue non apparente et de grandes oreilles presque rondes.

Répartition et habitat Les pikas se répartissent de façon irrégulière sur la côte ouest de l'Amérique du Nord et dans toute l'Asie et la Russie européenne. On les appelle aussi lapins des rochers, parce que les pikas d'Amérique du Nord et quelques-unes des espèces asiatiques se retrouvent uniquement dans des habitats rocheux. Des 18 espèces connues dans le monde, deux se rencontrent au Canada: le pika d'Amérique (*Ochotona princeps*), qui vit à la grandeur des ROCHEUSES en Colombie-Britannique et en Alberta, et le pika de l'Alaska (*O. collaris*), que l'on trouve dans le nord de la Colombie-Britannique et partout au Yukon et en Alaska.

Régime alimentaire Les pikas ont une alimentation variée. Ils mangent la plupart des espèces de PLANTES disponibles dans leur habitat. Puisqu'ils n'hibernent pas, ils coupent leurs plantes préférées, les font sécher dans des endroits abrités et ensoleillés et les emmagasinent au milieu des roches pour l'hiver.

Reproduction et croissance Les pikas sont diurnes, et les deux espèces canadiennes forment des colonies. À l'intérieur des colonies, les individus occupent généralement des territoires exclusifs, mais pendant la saison de reproduction, les territoires du mâle et de la femelle se chevauchent. Ils se reproduisent habituellement deux fois par année, au printemps et en été, et leur portée compte de deux à six petits.

Importance biologique Les pikas représentent une importante source de nourriture pour plusieurs espèces de MAMMIFÈRES à fourrure.

M.L. Weston

Pile à combustible Dispositif qui convertit directement l'énergie potentielle de combustibles en énergie électrique. (L'énergie électrique équivaut au travail de sortie.) Par «convertir directement», on entend sans brûler préalablement le combustible pour élever la température et convertir ensuite la chaleur en travail. C'est l'étape de conversion de la chaleur en travail des machines thermiques classiques qui est responsable des limites importantes sur le rendement, limites imposées par le deuxième principe de thermodynamique. (Presque tous les mécanismes technologiques que nous utilisons aujourd'hui pour convertir un combustible en énergie sont des machines thermiques: les moteurs de voitures, d'avions et de hors-bord et même les centrales nucléaires. Ce n'est cependant pas le cas des moteurs électriques qui convertissent de l'électricité en énergie.) Les piles à combustible évitent l'étape de conversion chaleur-travail et, par le fait même, les contraintes sur le rendement de la technologie actuelle de conversion de combustible en travail (énergie).

Le principe de la pile à combustible est connu depuis plus de cent ans. Cependant, le développement de la pile à combustible moderne remonte à la fin des années 30, alors que F.T. Bacon met au point une pile à combustible à électrolyte alcalin qui utilise de l'hydrogène et de l'oxygène. C'est de cette innovation que provient la pile à combustible génératrice d'électricité des vaisseaux spatiaux actuels. Les astronautes boivent l'eau potable qu'elle produit comme déchet.

Les applications terrestres de ces piles dans les locomotives, les véhicules miniers, les sous-marins et même les centrales électriques sont en cours de planification, de conception ou de mise au point. Une pile à combustible est un dispositif de conversion électrochimique d'énergie, comme l'est une batterie d'accumulateurs (qui convertit l'énergie accumulée dans sa matière en électricité) ou une usine d'électrolyse (qui convertit l'énergie électrique en énergie chimique emmagasinée dans l'hydrogène et l'oxygène, et ce, en décomposant les molécules d'eau). Au siècle prochain, les systèmes de conversion électrochimique de l'énergie se développeront peut-être jusqu'à éclipser les moteurs thermiques omniprésents d'aujourd'hui.

Afin de grandir, de courir, de nager ou de voler, tous les êtres vivants convertissent leur combustible (nourriture) en travail (énergie) par des processus électrochimiques. Toutefois, lorsque, il y a environ deux siècles, l'homme invente des machines pour convertir les combustibles en travail, il ne suit pas la voie électrochimique de la nature. Il invente plutôt les machines thermiques, et ce, en commençant par le moteur à vapeur. La conversion électrochimique d'énergie est en soi plus efficace même si les puissances spécifiques atteintes restent inférieures à celles des moteurs thermiques. Les progrès incessants des matériaux et des catalyseurs pourraient malgré tout augmenter fortement cette puissance. Ces progrès et l'évolution parallèle vers l'ère de l'hydrogène feront presque certainement de la pile à combustible un objet familier de la vie quotidienne du XXIe s.

David S. Scott

Pilon, Jean-Guy, écrivain (Saint-Polycarpe, Qc, 12 nov. 1930). Il étudie au Séminaire de Valleyfield

(maintenant Salaberry-de-Valleyfield) de 1943 à 1948, puis au collège Bourget de Rigaud (B.A., 1951). Il reçoit sa licence en droit de l'U. de Montréal en 1954. D'abord réalisateur d'émissions de variétés à la Société Radio-Canada, il est ensuite nommé, en 1970, directeur des émissions culturelles, poste qu'il occupera jusqu'en 1985, année où il se remet à la réalisation. Cofondateur de la revue *Liberté* (1959), il publie un récit et huit recueils de poésie, pour lesquels il reçoit le prix David (poésie, 1956), le prix Louise-Labé (1964) et le prix France-Canada (1969). Il reçoit aussi le prix du Gouverneur général (1970) pour sa rétrospective *Comme eau retenue*, et le prix Athanase-David (1984) pour l'ensemble de son œuvre. De ses premiers poèmes, de *La Fiancée du matin* (1953) à «Dix phrases pour Jérusalem», publiées dans *Estuaire* (1977), il est passé d'une poésie d'inspiration essentiellement romantique à une écriture beaucoup plus simple et plus concise, alliant un sentiment amoureux puissant à une conscience attentive de la nature. Il est reçu Membre de la Société royale du Canada en 1967 et nommé Officier de l'Ordre du Canada en 1987.

Roger Chamberland

Pilot, Robert Wakeham, peintre (St. John's, 9 oct. 1898—Montréal, 17 déc. 1967), beau-fils du peintre Maurice CULLEN. Les vues sombres du fleuve Saint-Laurent, qu'il s'agisse de Québec vue de Lévis, des paysages marins de la Nouvelle-Écosse, ou de ceux du Nouveau-Brunswick, s'avèrent les meilleurs tableaux de Pilot. Il est également connu comme le peintre des Rocheuses enneigées, celui qui a contribué à propager l'image du Canada comme celle d'un pays aux sommets blancs et blancs entourés d'ombres roses et pourpres. Il étudie à Paris (1920-1922), puis retourne travailler à Montréal avec William BRYMNER, Edmond DYONNET et Maurice Cullen. Ses dernières huiles, esquisses et murales ont une raideur dépourvue d'imagination, mais ses œuvres sont bien reçues. En 1925, il est élu membre de l'Académie royale des arts du Canada et il en sera le président de 1952 à 1954.

Anne McDougall

Pimlott, Douglas Humphreys, défenseur de l'environnement, biologiste de la faune, écologiste et environnementaliste (Quyon, Qc, 4 janv. 1920—Richmond Hill, Ont., 31 juill. 1978). Pimlott, l'un des fondateurs du mouvement environnemental moderne au Canada, se fait le défenseur des loups en affirmant qu'ils ont une place légitime dans la nature en tant que prédateurs. Il abolit la prime pour la capture des loups en Ontario et met sur pied des programmes de conservation en Europe, où il n'en reste que très peu. Dans les années 70, il devient également l'un des premiers porte-parole pour la protection de l'environnement nordique canadien. Durant sa carrière, Pimlott dirige de nombreuses organisations environnementales canadiennes: il fonde le Canada-US Environmental Council et préside un groupe international de spécialistes des loups. Il enseigne également à l'U. de Toronto et publie de nombreux articles et livres spécialisés, dont *The Ecology of the Timber Wolf in Algonquin Park* (réimpr. 1978). De plus, il est le coauteur de *Oil Under the Ice* (1976).

Monte Hummel

Pin Le pin (genre *pinus*) est le CONIFÈRE à feuillage persistant qui a donné son nom à la famille des pinacées. On en trouve de 80 à 90 espèces dans l'hémisphère Nord, dont neuf au Canada. La majorité sont des arbres, mais certains sont des arbustes. Les longues feuilles en forme d'aiguilles sont regroupées en faisceaux de deux à huit (rarement une) sur des rameaux courts. Les fruits sont des cônes ligneux dont les écailles sont souvent garnies d'un aiguillon. Chaque écaille porte deux graines, généralement ailées, qui mûrissent une année après la pollinisation. La majorité des pins sont soit à bois tendre, à cinq aiguilles par bourgeon, soit à bois dur, à deux ou trois aiguilles par bourgeon. Les pins souples les plus répandus sont le pin argenté (*P. monticola*) de la

Colombie-Britannique et le pin blanc (*P. strobus*), qu'on trouve à l'est du Manitoba. Le pin flexible (*P. flexilis*) et le pin à blanche écorce (*P. albicaulis*) des montagnes de l'Ouest font aussi partie des pins souples. Parmi les pins durs, on trouve le pin ponderosa (*P. ponderosa*) et le pin tordu (*P. contorta*) dans l'Ouest, le pin gris (*P. banksiana*) dans la forêt boréale, le pin rouge (*P. resinosa*) et le pin rigide (*P. rigida*) dans l'Est. Le pin blanc fournit un bois tendre, très utile, qu'on exporte de Nouvelle-France dès 1700. On l'utilise aussi dans la colonie pour la construction en général ainsi que pour la construction navale. En tant que groupe, les pins sont encore les conifères les plus communs au Canada. On les utilise dans l'industrie du bois d'œuvre et dans l'industrie des pâtes et papiers. (*Voir aussi* FORESTERIE; BOIS, HISTOIRE DU COMMERCE DU; RÉGIONS DE VÉGÉTATION.)

John N. Owens

Pincher Creek, ville de l'Alb.; pop. 3659 (rec. 1996), 3660 (rec. 1991), 3806 (rec. 1986); superf. 6,67 km²; const. en 1906; Pincher Creek est établie en 1878 le long du ruisseau Pincher en tant que poste de police et ferme. Dans les années 1880, plusieurs policiers y prennent leur retraite afin d'y exploiter des ranchs. Située au cœur de vastes concessions louées aux fins d'exploitation de ranchs, Pincher Creek sert de centre commercial pour les ranchs Walrond, Roodee et Alberta. En 1882, C. Kettles dessine les plans de ce site urbain et, en 1883, le premier magasin y est construit. La ville elle-même est incorporée en 1906. La T. Lebel and Co., établie dans la ville, devient la plus importante entreprise commerciale du sud de l'Alberta. Au début des années 1900, l'exploitation de blé et, dans les années 1940, la transformation du gaz ajoutent des secteurs importants à l'économie de la ville.

Frits Pannekoek

Pingo Mot d'origine inuite désignant un tertre de forme habituellement conique possédant un noyau de glace dont la formation et la présence sont exclusives à la zone du PERGÉLISOL. L'expression est d'abord utilisée par le botaniste A.E. PORSILD (1938) pour désigner les monticules formés autour d'un noyau de glace, typiques du delta du Mackenzie. Par la suite, le terme se répand largement ailleurs au Canada, en Alaska et au Groenland. En ex-URSS, on emploie le terme d'origine yakut *bulganniakh*. La hauteur des pingos varie de quelques mètres à plusieurs dizaines de mètres. La région de Tuktoyaktuk, dans le delta du Mackenzie, abrite la plus grande concentration de pingos, soit environ 1450, et quelques-uns des plus gros au monde. Deux des spécimens les plus connus sont Ibyuk, haut de 50 m et dont la formation remonte à près de 1000 ans, et Akliksutuk («celui qui grandit»), esquissé pour la première fois par John RICHARDSON en 1848. On trouve d'autres pingos à l'intérieur du Yukon, le long des plaines côtières occidentales du nord du Yukon et de l'Alaska, et dans l'ÎLE BANKS.

Les pingos se développent à mesure que gèle l'eau qui y parvient sous l'effet d'un gradient de pression à leur endroit. Si l'eau provient d'un point éloigné plus élevé, le pingo est appelé pingo à système hydraulique (c'est le cas des pingos à système ouvert trouvés en Alaska, au Yukon et au Groenland). Si l'eau circule sous l'effet de la pression hydrostatique résultant de l'expansion locale du pergélisol, le pingo est alors appelé pingo à système hydrostatique (c'est le cas des pingos à système fermé du delta du Mackenzie et de l'île Banks). Ce dernier modèle se forme généralement dans les bassins lacustres et les chenaux d'écoulement récemment drainés. Des recherches menées dans le delta du Mackenzie par J.R. Mackay montrent que l'évacuation de l'eau interstitielle et l'accumulation de lentilles de glace sous le pingo contribuent à accélérer la croissance du monticule de 0,1 à 0,5 m par année), particulièrement lors des premiers stades de son développement.

Hugh M. French

Pinsent, Gordon Edward, acteur et écrivain (Grand Falls, Terre-Neuve, 12 juill. 1930). C'est à Winnipeg que commence la brillante carrière de cet homme aux multiples talents. Il se joint comme acteur au Théâtre 77 de John HIRSCH et fait de nombreuses apparitions sur scène à Winnipeg, Toronto et au FESTIVAL DE STRATFORD. Il se produit aussi à la radio et à la télévision, et interprète, entre autres, le rôle principal de la série télévisée du réseau anglais de la Société Radio-Canada (SRC) *Quentin Durgens MP* (1966-1969). Dans ses écrits, Pinsent accorde beaucoup d'importance aux gens et aux lieux de Terre-Neuve.

Pinsent est l'auteur de plusieurs de ses meilleurs rôles, ainsi que du scénario et de la version musicale de *The Rowdyman* (film sorti en 1972), où il interprète un personnage irresponsable mais charmant. Le roman *The Rowdyman* est publié en 1973, suivi de *John and the Missus* en 1974, que Pinsent adapte pour la scène. Il y tient le rôle principal au NEPTUNE THEATRE de Halifax. Il rédige le scénario de *John and the Missus* (film sorti en 1986) et remporte le prix Génie du meilleur acteur pour son interprétation du rôle principal.

Parmi ses autres apparitions dans des films canadiens, mentionnons *Who Has Seen the Wind, Silence of the North* et *Klondike Fever*. Il remporte un prix Génie du meilleur second rôle pour son interprétation dans *Klondike Fever* (1980) et est consacré meilleur acteur pour *The Rowdyman*. Il crée la série *A Gift to Last*, présentée au réseau anglais de la SRC, et il y tient un rôle. Cette série lui vaut un PRIX ACTRA en 1979. Plus récemment, il a joué dans la série télévisée *Due South* (1994-1995). Sa pièce *Easy Down Easy* est montée au Gryphon Theatre de l'Ontario en 1987, et *Brass Rubbings*, au Factory Theatre Lab de Toronto en 1989. Il publie ses mémoires, *By The Way,* en 1993. Pinsent est nommé Officier de l'Ordre du Canada en 1978 et reçoit le Earl Grey Award pour l'ensemble de son œuvre au cours du XIᵉ gala des prix Gémeaux, en 1997.

James Defelice

Pintendre, municipalité du Qc; pop. 6035 (rec. 1996), 5028 (rec. 1991); superf. 52,27 km²; const. en 1901; située sur la rive sud du fleuve Saint-Laurent, dans la région Chaudière-Appalaches. Cette région comprend des plaines agricoles, des plateaux et la majestueuse chaîne des Appalaches.

À l'origine, Pintendre faisait partie du territoire de Lévis. Les rivières Etchemin et La Scie ont permis de coloniser l'arrière-pays et servaient de voies de communication pour les habitants. La population vivait surtout de l'agriculture. On y exploitait aussi les ressources forestières.

En 1901, la localité est constituée en municipalité et prend le nom de Saint-Louis-de-Gonzague-de-Pintendre. En 1951, le nom est raccourci à Saint-Louis-de-Pintendre, puis, en 1986, il devient simplement Pintendre.

La municipalité de Pintendre jouit d'une période de prospérité, comme en témoigne son expansion démographique. Les principales entreprises de la région sont Pintendre Autos, Canatex et Distribution Madico.

Les habitants de Pintendre ont facilement accès à des lieux naturels, comme le Site des pins, et à la ville de Québec, et ce, tant par la route que par le traversier.

Pipeline Vers la fin des années 40, les réserves pétrolifères et les gisements de gaz naturel sont suffisants en Alberta pour permettre l'exportation de ces ressources dans l'Est et aux États-Unis. Puisque le pipeline est le moyen de transport le plus économique pour les liquides et les gaz, le système de canalisation prend rapidement de l'expansion au Canada. Il est d'ailleurs le deuxième plus long au monde (242 400 km), après celui des États-Unis (2 080 000 km), et il est égal à celui de l'ex-URSS (242 400 km). L'Alberta possède le système le plus développé, lequel s'étend à quelque 105 850 km.

Viennent ensuite l'Ontario avec 52 690 km, la Saskatchewan avec 43 120 km, la Colombie-Britannique avec 24 570 km, le Manitoba avec 8 380 km et le Québec avec 6 060 km. Au total, donc, 200 100 km servent au transport du gaz et 42 300 km à celui des produits liquides et pétroliers.

Structure du système Le pipeline simple est un long tuyau muni de pompes, de soupapes et d'organes de régulation. Un réseau de pipelines est un regroupement de systèmes, d'artères principales et de systèmes de distribution semblable aux racines, au tronc et aux branches d'un arbre. Ce système de collecte transporte donc un mélange composé de pétrole, de gaz et parfois d'eau des puits de production vers les points de ramassage, comme les usines de traitement et de purification, où l'on extrait l'eau du pétrole et où l'on sépare le pétrole du gaz. La majorité des réseaux de collecte se trouvent dans l'ouest du pays.

Le pipeline principal transporte le pétrole ou le gaz grâce à une pression très élevée sur des distances relativement longues par des tuyaux d'un diamètre important, à partir du point de ramassage vers les centres des marchés. Afin de résister au frottement, l'énergie est fournie à l'aide de postes de pompage et de stations de compression espacés les uns des autres d'une distance d'une centaine de kilomètres. On augmente la taille des pipelines en installant des lyres de compensations ou en ajoutant des pompes et des compresseurs. La date du début de construction des pipelines principaux et leur emplacement apparaît au plan. Bien que la construction initiale prenne de deux à trois ans, les ajouts peuvent prendre des décennies, à mesure que la ligne prend de l'expansion pour répondre aux exigences du marché.

En ce qui concerne le pétrole, ce sont les lignes principales qui approvisionnent les raffineries qui, à leur tour, distribuent ces produits aux détaillants par camion ou oléoduc. L'oléoduc transporte plus d'un produit à la fois. Cela est possible grâce au pompage des lots de chaque liquide, comme l'essence et le carburant diesel, séparément, l'un à la suite de l'autre. La plupart des pipelines se trouvent à proximité des centres de l'Est, bien que celui de Cochin s'étende d'un bout à l'autre du pays, soit d'Edmonton à Sarnia, en passant par les États-Unis.

Le gaz naturel est extrait du pipeline principal pour être ensuite expédié au consommateur par le système de distribution. Cette partie du réseau est la plus longue des trois systèmes. La longueur de ces systèmes de distribution est la même dans l'Est que dans l'Ouest canadien. Normalement, les tuyaux de ce type de système sont de diamètre réduit et utilisent une pression faible.

Politique et réglementations L'adoption de la première *Loi sur les pipelines* date de 1949. En 1959, le gouvernement fédéral institue l'Office national de l'énergie, qui a pour fonction de réglementer les pipelines traversant les frontières provinciales ou internationales. La première tâche de cet organisme consiste à émettre des permis d'exportation et à établir les tarifs. Par ailleurs, l'ONE tient compte des questions connexes concernant l'évaluation des réserves de pétrole, les coûts, l'ingénierie et les facteurs environnementaux ainsi que des méthodes employées pour assurer la sécurité. À l'occasion, une commission est chargée de se pencher sur une question spécifique, comme c'est le cas pour le PIPELINE DE LA VALLÉE DU MACKENZIE, illustration des difficultés que peuvent engendrer les revendications foncières et environnementales.

La construction des pipelines fait l'objet de beaucoup de controverses politiques, particulièrement lors de la construction des pipelines principaux. Le TRANSCANADA PIPELINES LIMITED et le pipeline de la vallée du Mackenzie soulèvent de vives controverses (*voir* PIPELINE, DÉBAT SUR LE) qui empêchent d'ailleurs la construction de ce dernier. Cependant, celle du pipeline de Norman Wells, qui longe le fleuve MacKenzie sur une distance de 520 km, s'effectue sans entraves. Une fois les questions politiques résolues, la conception, la construction et le fonctionnement des différentes parties du système de pipeline doivent être conformes aux réglementations gouvernementales. Tous les pipelines doivent répondre aux normes acceptées en matière de génie, d'environnement et de sécurité aux niveaux provincial et fédéral.

Technologie des pipelines La plupart des pipelines sont faits d'acier, bien que le plastique et l'aluminium soient parfois utilisés pour les réseaux de distribution de gaz naturel. On fabrique les pipelines d'acier en soudant de courtes sections de tuyaux (20 m) les uns aux autres. Après la radioscopie de l'assemblage, le tuyau est ensuite enveloppé d'une couche protectrice avant d'être enterré. Tous les pipelines, sans exception, font l'objet d'une inspection en plus d'être soumis à une épreuve de pression avant leur utilisation. Les tuyaux de plastique à petit diamètre sont «enfouis» au lieu d'être simplement déposés dans une tranchée. On déroule le tuyau de plastique qui se trouve sur une grosse bobine à l'aide d'un rabot spécial tiré par une charrue. Cette méthode est rapide et cause très peu de perturbation en surface. La profondeur d'enfouissement des gros tuyaux est d'environ 1,5 m et un peu moins pour les plus petits, bien que l'Interprovincial soit plongé dans l'eau à une profondeur de plus de 70 m pour traverser le détroit de Mackinac. Le Canada est le chef de file mondial de la construction des pipelines d'hiver, grâce à la construction d'excavateurs de tranchées uniques pour le pergélisol et la fondrière de mousse, et ce sont des sociétés canadiennes qui conçoivent et construisent les pipelines pour l'ex-URSS, la Chine et l'Asie du Sud-Est.

Les pipelines fonctionnent toute l'année. De plus en plus, on en contrôle les activités à distance par ordinateur. Cette technologie permet de surveiller la pression, l'écoulement et la consommation d'énergie du pipeline sur toute sa longueur de façon continuelle. L'ordinateur permet de faire des calculs de détection de fuites rapidement et de déclencher ainsi des mesures correctives, comme la fermeture de soupapes et de pompes, et d'aviser les équipes de réparation. Pour plus de précautions, on fait des essais périodiques afin de s'assurer du bon fonctionnement des pipelines. À l'occasion, c'est en «raclant» qu'on retire de la cire ou d'autres matières étrangères des oléoducs. Un racleur ou *Go-devil* (l'anglais utilise le mot *pig*) est une sphère garnie de brosses poussée à l'intérieur du pipeline par la pression des liquides et entraînant devant elle la cire. Le bruit provoqué par le nettoyage de la paroi interne du pipeline, qui s'apparente au grognement du cochon, lui a valu son nom anglais de *pig* (cochon). Les «racleurs intelligents» sont munis de capteurs et d'enregistreurs afin de détecter la corrosion et l'amincissement des parois.

Technologie future Aucune grande percée n'est attendue au niveau des pipelines au sol. Cependant, la technologie évolue afin de répondre à la production de plus en plus importante de pétrole lourd. Ces technologies comprennent le chauffage des pipelines, la canalisation du pétrole lourd dilué en pétrole fluide et le pompage d'une émulsion composée de pétrole lourd et d'eau traitée avec un produit chimique. Le climat canadien entraîne deux problèmes importants ayant un effet sur les systèmes de pipelines en mer: ce sont les amas de glaces et les icebergs. Dans les îles de l'Extrême-Arctique, les pipelines sont enfouis complètement dans les glaces avant d'être couchés au fond du lit marin. On fait actuellement des essais d'envergure pour développer cette technologie. En mer, au large de la côte Est, les icebergs peuvent creuser des trous d'une profondeur pouvant atteindre 50 m dans le fond marin lorsqu'ils s'approchent de la côte. Puisque ces coups de gouge des icebergs sont d'une profondeur supérieure à celle à laquelle peuvent être enfouis les pipelines, on développe actuellement de nouvelles technologies pour surmonter ce problème.

J.T. Ryan

Pipeline, débat sur le Il s'est déroulé du 8 mai au 6 juin 1956 et il est l'un des plus célèbres affrontements de l'histoire parlementaire canadienne. Le ministre libéral de l'Industrie et du Commerce, C.D. HOWE, décide que le transport du gaz naturel par PIPELINE, de l'Alberta jusqu'au centre du pays, est une nécessité nationale. Il soutient qu'il doit être installé entièrement sur le sol canadien et ne servir qu'aux consommateurs canadiens. Le projet exige d'importants investissements, des matériaux spéciaux et une main d'œuvre spécialisée. En 1954, Howe réunit un consortium d'investisseurs canadiens et américains. Il compte ainsi rendre active la TRANSCANADA PIPELINES, société nominale constituée en 1951. Le syndicat financier est accusé d'être à la solde des Américains parce que ceux-ci y sont temporairement représentés en majorité.

En mai 1956, après maintes tribulations, le gouvernement dépose un projet de loi visant à approuver le pipeline et à fournir un prêt pour une partie de sa construction. Le Crédit Social appuie le projet, mais la Co-operative Commonwealth Federation (CCF) et les progressistes conservateurs l'attaquent sous tous les aspects. La CCF prône la nationalisation, alors que les conservateurs s'objectent à ce qu'ils considèrent comme une mainmise américaine. Ces objections de principe sont toutefois éclipsées par le recours à la règle de CLÔTURE, par laquelle les libéraux imposent une limite à la durée du débat. Les partis sont bien conscients que la pose des tuyaux doit commencer début juin, sinon tout sera retardé d'un an. Le gouvernement et l'opposition s'accusent respectivement d'obstruction et de dictature, mais le projet de loi est adopté. La construction du pipeline de 3700 km, depuis Burstall, en Saskatchewan, jusqu'à Montréal est terminée dès octobre 1958, et la TransCanada devient une société à intérêts canadiens majoritaires. Mais le débat a discrédité Howe et les libéraux, et il contribue à leur défaite lors des élections générales de 1957.

Robert Bothwell

Pipeline de la vallée du Mackenzie PIPELINE prévu pour le transport du gaz naturel et, plus tard, du pétrole, de l'océan Arctique jusqu'en Alberta. Le projet d'un couloir de pipeline à partir du NORD est proposé au gouvernement fédéral dans ses Directives sur les pipelines de 1970 et provoque une avalanche d'études environnementales et techniques, d'examens de politiques gouvernementales et d'analyses économiques d'une ampleur inégalée dans l'histoire du Canada.

Deux consortiums formulent des propositions détaillées. La Canadian Arctic Gas Pipeline Ltd., composée de 27 producteurs canadiens et américains (dont Exxon, Gulf, Shell et TRANSCANADA PIPELINES), propose un itinéraire qui part des gisements de Prudhoe, en Alaska, traverse le nord du Yukon jusqu'au delta du Mackenzie et se rend vers le Sud, jusqu'en Alberta. La Foothills Pipe Lines Ltd., composée d'Alberta Gas Trunk Line [NOVA] et de Westcoast Transmission, propose un trajet plus court à partir du delta du Mackenzie jusqu'en Alberta. Le gazoduc du Nord aurait été le plus long du monde (3860 km) et la plus grande construction jamais entreprise. Dans chaque proposition, les problèmes techniques de la construction d'un gazoduc dans le PERGÉLISOL sont immenses (les deux projets proposent la réfrigération du gaz) et l'impact sur le Nord aurait été important.

Une commission royale du gouvernement fédéral, dirigée par le juge Thomas BERGER, est nommée en mars 1974 pour examiner les projets et leur impact économique et social sur le Nord. Les commissaires tiennent des audiences publiques dans les communautés du Nord, de 1975 jusqu'en novembre 1976, répondant aux questions des autochtones et des environnementalistes. Le rapport de la commission, publié en avril 1977, confirme qu'on peut construire un gazoduc à partir du delta du Mackenzie en traversant la vallée du Mackenzie jusqu'en Alberta, mais

déclare qu'on devrait le construire uniquement après une nouvelle étude et le règlement des REVENDICATIONS TERRITORIALES des autochtones. Il recommande, avec succès, un moratoire de 10 ans. Toutefois, la commission s'oppose fermement à la construction d'une ligne traversant l'environnement fragile du nord du Yukon. Au milieu des controverses et des conditions économiques incertaines, on suspend les deux projets. La commission elle-même devient une cause célèbre en raison de la large interprétation de son mandat et de la mise au jour des problèmes complexes auxquels fait face le développement du Nord.

James Marsh

Pipes, William Thomas, avocat, politicien et premier ministre de la Nouvelle-Écosse (Amherst, N.-É., 15 avril 1850—Boston, Mass., 7 oct. 1909). Pipes, figure dominante du Parti libéral de la Nouvelle-Écosse, occupe différents postes au sein du Cabinet et est premier ministre de 1882 à 1884. Pendant la campagne électorale provinciale de 1886, il sème la consternation au sein de son parti lorsqu'il caractérise la campagne du premier ministre FIELDING, favorable à la sécession de la Nouvelle-Écosse, de «carcasse putride de révocation». En un sens, son opposition à la sécession reflète sa volonté de développer le secteur industriel de sa ville natale, Amherst. À son décès, Pipes est directeur d'Amherst Boot and Shoe Manufacturing Co., un important actionnaire de la Rhodes Curry Co., directeur et secrétaire de la Nova Scotia Lumber Co. et procureur général de la province.

Colin D. Howell

Pipit Nom commun d'OISEAUX de la famille des motacillidés, dont font aussi partie les bergeronnettes. Cette famille comprend 65 espèces réparties dans le monde entier, à l'exception de certaines îles océaniques. Au Canada, cependant, on n'en a recensé que trois espèces: la bergeronnette printanière (*Motacilla flava*), le pipit commun (*Anthus spinoletta*) et le pipit des prairies ou de Sprague (*A. spragueii*). La taille de ces petits passereaux (percheurs) varie entre 12 et 22 cm. Leur plumage va du noir, gris ou brun au jaune ou olive; il peut être uni ou strié. La queue foncée se termine souvent par des plumes rigides blanches. Le bec est normalement long et effilé. Les pattes et les doigts sont souvent longs, et le doigt postérieur est allongé chez la plupart des espèces. Ce sont des oiseaux principalement terrestres; lorsqu'ils sont au sol, ils agitent fréquemment la queue. Ils se nourrissent d'insectes, d'araignées et de petits mollusques. Ils sont grégaires, surtout en dehors des périodes d'accouplement. Le nid, en forme de coupe, parfois couvert d'un amas d'herbes formant un dôme, est construit sur le sol ou dans des cavités rocheuses, des murs ou des arbres. Les deux parents couvent les œufs, tachetés, dont le nombre varie de deux à sept, et nourrissent les oisillons. Les pipits et les bergeronnettes ont des chants simples et répétitifs; ils chantent souvent en plein vol, parfois lorsqu'ils sont très hauts.

Henri Ouellet

Piraterie Il s'agit de la saisie et le pillage d'un navire ou d'un avion, qui a joué un rôle plutôt négligeable dans l'histoire du Canada. En 1612, le pirate anglais Peter EASTON entreprend une série de raids contre des bateaux de pêche anglais, français et portugais dans les ports de Terre-Neuve, entre la baie Trinity et Ferryland. Les raids causent peu de blessures, mais les pertes matérielles sont estimées à 20 400 livres. Au Canada, beaucoup d'histoires de pirates parlent de trésors enfouis. On prétend qu'un fabuleux trésor appartenant à William Kidd (pendu en 1701) aurait été enfoui à l'ÎLE OAK, au large de la côte du sud de la Nouvelle-Écosse. L'histoire de Bartholomew ROBERTS, le corsaire le plus glorieux de l'âge d'or de la piraterie, est plus vraisemblable. En juin 1720, il attaque Trepassey, à Terre-Neuve, et capture 22 navires marchands et quatre vaisseaux, et fait couler quelques bateaux de pêche. Se dirigeant ensuite vers les Grands Bancs, il y capture six vaisseaux français. Pendant sa carrière de pirate, qui dure quatre ans, Roberts capture 400 navires; il est arrêté en 1722 au large de l'Afrique occidentale par la Royal Navy.

Deux procès pour piraterie ont eu lieu à Halifax. En 1809, Edward et Margaret Jordan, de même qu'un matelot du nom de Kelly, sont accusés d'avoir capturé le *Three Sisters,* qui avait déjà appartenu à Jordan, et d'avoir tué des membres de l'équipage. Au moment de l'attaque, le capitaine du bateau, John Stairs, s'est jeté par-dessus bord et s'est agrippé au couvercle d'une écoutille sur laquelle il a flotté pendant quatre heures avant d'être rescapé par un pêcheur américain. Margaret et Kelly sont acquittés, mais Edward Jordan est trouvé coupable de meurtre et de piraterie. Il est pendu le 23 novembre 1809. Son cadavre enchaîné et goudronné est exposé au gibet à l'entrée du port d'Halifax.

En 1843, le capitaine George Fielding et son fils prennent place à bord du trois-mâts barque *Saladin* en partance de Valparaiso, au Pérou, pour rentrer dans leur pays natal, l'Angleterre. Fielding réussit à convaincre des membres de l'équipage de s'emparer du navire et de tuer six de leurs compagnons de bord. Sous le commandement de Fielding, le *Saladin* se dirige vers Terre-Neuve, chargé d'une riche cargaison de guano, de cuivre et d'argent, et d'un coffre rempli de dollars et de lettres de change. Mais les complices de Fielding et de son fils ont si peur d'eux qu'ils les jettent à la mer. Le *Saladin* s'échoue près de Country Harbour, en Nouvelle-Écosse. Les membres de l'équipage sont d'abord accusés de piraterie, puis de meurtre. Deux d'entre eux sont acquittés puisqu'ils n'ont pas participé aux meurtres et que la Cour considère qu'ils ont contribué malgré eux à la mort des Fielding. Les quatre autres sont pendus le 30 juin 1844 sur la butte où se trouve aujourd'hui le Victoria General Hospital.

Au cours des dernières années, le Canada a connu un petit nombre de détournements d'avions et d'actes de piraterie aérienne. Le 29 novembre 1974, Naim Djemal détourne un avion au-dessus de la Saskatchewan. Il attaque une agente de bord et donne l'ordre au pilote de se diriger vers Chypre. Lorsque l'avion fait escale à Saskatoon pour s'approvisionner en carburant, Djemal remet un couteau au commandant de bord et quitte l'appareil. Il est par la suite arrêté, jugé et reconnu coupable de piraterie aérienne.

John G. Leefe

Pirogue Type populaire de canot utilisé par les autochtones et les premiers colons partout où la grosseur des arbres rend sa construction possible. Les pirogues utilisées par les autochtones des forêts sont faites de façon très grossière, à l'aide de techniques spéciales pour brûler le bois et d'outils à tailler faits en os et en pierre. Elles sont faites de bois tendre comme le cèdre, le tilleul d'Amérique, le balsamier, etc. Avant la venue des canots en planches, les colons fabriquaient des pirogues d'une très belle qualité à l'aide d'outils en métal.

La construction de pirogues atteint son apogée le long de la côte Ouest, où les eaux grouillantes de vie (baleines, phoques, otaries, saumons, flétans, harengs, ouchalons et crustacés) abritent une faune maritime complexe. Bien que la taille et la forme des pirogues de type côte Ouest puissent varier considérablement, deux modèles de base sont les plus fréquents parmi les grands canots de mer longs de 10 à 15 m.

La pirogue de type septentrional utilisée par les TLINGITS, les TSIMSHIANS, les NUXALKS (Bella Coolas) et les KWAKIUTL est perfectionnée par les HAIDAS des îles de la Reine-Charlotte. Elle est caractérisée par une coque arrondie, des côtés évasés et une forte courbure des plats-bords qui se terminent aux deux extrémités par de hautes saillies tronquées. La proue allongée se termine par un taille-mer pratiquement vertical. Les marins haïdas dominent le commerce côtier et leurs canots sont les objets d'échange les plus précieux aux yeux des autochtones du continent.

La forme des pirogues de type chinook ou du Sud est dictée par les Nootkas de la côte ouest de l'île de Vancouver. Leurs canots, très recherchés par les peuples salish et makah, sont en forme de V avec des côtés évasés et une poupe basse pratiquement verticale qui se termine par une petite plate-forme surélevée. La proue élégante de cette embarcation, sculptée de façon à représenter une tête ressemblant à celle d'un cerf ou d'un chien, s'élève en une courbe gracieuse à partir du fond plat de la coque.

Les colons croyaient à tort que ces énormes canots océaniques, conçus pour le commerce, la chasse à la baleine et au phoque, étaient des «pirogues de guerre». Les premiers explorateurs maritimes ont en effet observé des pirogues de guerre authentiques, atteignant 24 m de longueur, munies d'une proue de protection haute et large protégeant les pagayeurs contre les projectiles des ennemis. De tels canots se font très rares vers les années 1860.

Le cèdre rouge géant est le bois préféré des canotiers les plus reconnus. On cherche d'abord des rondins flottants, mais lorsqu'on ne peut s'en procurer, on abat des arbres à l'aide de maillets en pierre, de ciseaux en os, en corne ou en pierre, et on les brûle d'une façon contrôlée. On utilise des herminettes pour façonner la forme extérieure du tronc, puis ensuite pour l'évider ou le creuser. Pour rendre le canot flexible, on utilise de l'eau chaude. Des écarteurs en bois sont alors insérés entre les plats-bords pour élargir le canot au-delà de la largeur initiale du tronc de l'arbre. De hautes pièces de bois sont taillées à part pour être ensuite fixées à la poupe ou à la proue à l'aide d'une technique d'assemblage particulière. Les pirogues sont décorées de motifs animaliers de couleurs vives faites d'ocre rouge, de restes de bois carbonisés et d'un assortiment de dents et de coquillages d'animaux. La propulsion se fait à l'aide de pagaies à simple tranchant, en forme de lance ou de feuille, ainsi qu'à l'aide de voiles carrées et tressées de bandes de cèdre.

Même si les pirogues sont en grande partie supplantées par les bateaux motorisés au début du XXe s., les autochtones de la Côte Ouest utilisent toujours une pirogue spécialisée de type nootka pour les courses de canot.

C. Fred Johnston

Pirole Nom commun de plantes herbacées des bois, à tige très courte et à feuillage glabre (ou «dépourvus de poils»), du genre *Pyrola* de la famille de la pirole (pyrolacées). Les Cris appelaient ces plantes «oreilles de castor» en raison de la forme de leurs feuilles persistantes, petites et rondes. Neuf des douze espèces connues du Canada sont indigènes. Le nom anglais (wintergreen) s'applique aussi à certains genres apparentés à la pirole comme *Chimaphila* (la chimaphile à ombelles), dont on trouve trois espèces au Canada, et *Moneses* (monésès uniflore), dont une espèce pousse au Canada. Le genre *Gaultheria,* de la famille apparentée de la bruyère (éricacées), est aussi souvent appelé «wintergreen». Le genre *Gaultheria* comprend environ 100 espèces dans le monde, dont la plupart se trouvent dans les Andes; cinq sont originaires du Canada. Parmi elles, la gaulthérie couchée (mieux connue sous le nom de *thé des bois* (G. *Procumbens*), a des feuilles persistantes et des fleurs délicates, roses ou blanches, en forme d'urnes, qui deviennent des capsules comme des baies écarlates. L'essence volatile de cette plante contient du salicylate de méthyle (essence de gaulthérie) qui est utilisé en parfumerie. Elle s'est avérée très utile dans le traitement des problèmes associés au rhumatisme, mais est maintenant largement remplacée par des formules synthétisées qui sont plus sûres.

Roger Vick

Pissenlit Plante herbacée vivace, de la famille des composées ou des astéracées. Le nom vernaculaire (ou «commun») anglais «dandelion» est une déformation du français, «dent de lion». On en a identifié plus de 1000 espèces. Comme le pissenlit se reproduit sans avoir recours à la fertilisation croisée, d'innombrables variétés se sont développées. Le pissenlit officinal (*Taraxacum officinale*) porte beaucoup de noms: dent-de-lion, florion d'or, laitue des chiens (Terre-Neuve) et pissenlit (Québec). Chaque fleur (fleur composée) mature produit environ 180 achaines (fruit sec à graine unique) qui se dispersent par le vent. Le pissenlit préfère les endroits herbeux et humides, et les lieux remaniés. On le trouve du niveau de la mer jusqu'en altitude subalpine.

Cette plante originaire d'Europe est devenue une PLANTE NUISIBLE tenace des jardins et des fermes. Cependant, ses fleurs jaune or fournissent du nectar à de nombreux insectes pollinisateurs, et ses achaines, une nourriture pour beaucoup d'oiseaux. Une grande partie de la plante est comestible. Les feuilles riches en vitamine A, en fer, en phosphore, en calcium et en potassium font partie des meilleures sources connues de cuivre. Intéressant pour ses propriétés médicinales, le pissenlit a été employé comme diurétique et remède contre les désordres du foie, l'anémie, l'eczéma, et pour stimuler la digestion.

Bernard S. Jackson

Piste acadienne Sentier de 117 km longeant l'époustouflante côte ouest de l'ÎLE DU CAP-BRETON, en Nouvelle-Écosse. On prévoit prolonger la piste à travers la Nouvelle-Écosse, afin de la relier au sentier Fundy, au Nouveau-Brunswick, puis, par la suite, à la piste des Appalaches, d'une longueur de 3200 km, qui commence dans le Maine. La piste traverse les hautes terres du Cap-Breton en passant par des plages, des prairies, des forêts d'épinettes et des régions de nature sauvage.

Bart Deeg

Pite, Crystal Le-Anne, danseuse et chorégraphe (Terrace, C.-B., 15 déc. 1970). Dès son jeune âge, Pite, déjà reconnue pour l'énergie et la clarté qui caractérisent sa façon de danser, démontre aussi des talents de chorégraphe très prometteurs. La plupart des chorégraphes de sa génération ont délaissé le registre classique. Pite, tout au contraire, en fait la base de son travail. Elle compte aussi parmi les rares chorégraphes féminines dans ce milieu généralement dominé par les hommes.

Pite étudie la danse auprès de Maureen Eastick et de Wendy Green au Pacific Dance Centre à Victoria, puis participe à des programmes d'été offerts par le BANFF CENTRE et la School of the Toronto Dance Theatre. En 1988, à l'âge de 17 ans, elle est recrutée comme danseuse par les BALLETS DE LA COLOMBIE-BRITANNIQUE (Ballet B.C.). Sa carrière de chorégraphe est amorcée deux ans plus tard lorsque le Ballet B.C. présente son œuvre *Between the Bliss and Me,* créée dans le cadre du premier atelier de chorégraphie organisé par la troupe. Elle passe huit ans avec le Ballet B.C. et interprète des œuvres de John ALLEYNE, Serge BENNATHAN, David EARLE et William Forsythe, entre autres. Pendant cette période, elle se consacre aussi à la chorégraphie, créant des œuvres pour le Ballet B.C. (*Offering the Sky,* 1992; *Moving Day,* 1996), pour la ALBERTA BALLET COMPANY (*In a Time of Darkness,* 1993), pour le BALLET JÖRGEN (*Reflections on Billie,* 1992; *Shapes of a Passing,* 1994), pour LES BALLETS JAZZ DE MONTRÉAL (*Pendulum,* 1995), ainsi que pour divers danseurs indépendants.

En août 1996, elle se joint au Ballett Frankfurt en Allemagne, attirée par l'idée de travailler avec le directeur artistique William Forsythe, avec qui elle partage un intérêt pour la «technologie de l'improvisation». Elle interprète les numéros figurant au répertoire habituel de la troupe et participe à deux nouvelles chorégraphies complètes de Forsythe, dont *Sleepers Guts* (1996), où elle danse un rôle créé pour elle.

Pite joue dans deux films. Le premier, *A Hollow Piece,* est un court métrage de cinq minutes réalisé par Dan Sadler. Elle en signe la chorégraphie et y interprète la danse. Le deuxième, *One Night Stand,* réalisé par Mike Figgis, est un long métrage dont elle est la chorégraphe attitrée, dans lequel elle interprète aussi des numéros de danse et d'improvisation. Pite reçoit le Clifford E. Lee Choreographic Award du Banff Centre for the Performing Arts en 1995.

Deborah Meyers

Pitfield, Peter Michael, fonctionnaire et sénateur (Montréal, 18 juin 1937). Il est le fils du financier Ward C. Pitfield et le frère du financier contemporain Ward Pitfield, de la Dominion Securities Pitfield. Bien qu'il vienne à Ottawa en 1959 pour travailler pour le conservateur Davie FULTON, Pitfield est étroitement identifié à Pierre Elliott TRUDEAU et aux libéraux après 1968, et devient l'un des fonctionnaires les plus en vue et parfois les plus controversés au Canada.

Nommé greffier du Conseil privé et secrétaire du Cabinet en 1975, il influence profondément les politiques et le fonctionnement du gouvernement. Le premier ministre Joe CLARK le démet de ses fonctions, mais il les réintègre lorsque Trudeau reprend le pouvoir en 1980. Bien qu'il siège à titre d'indépendant en Chambre, sa nomination au Sénat en 1982 donne lieu à des accusations de favoritisme largement répandues. Toutefois, son attitude en tant que sénateur, la plupart du temps non partisane, lui vaut le respect de ses collègues sénateurs.

John English

Pitseolak Ashoona, graphiste (île Nottingham, T.N.-O., v. 1904—Cape Dorset, T.N.-O., 28 mai 1983). Pitseolak Ashoona est reconnue pour ses gravures et ses dessins pleins de vie montrant «les choses que nous faisions il y a longtemps, avant qu'il n'y ait beaucoup d'hommes blancs», ainsi que pour ses interprétations originales de monstres et d'esprits. Elle commence à travailler à la fin des années 50, après que James HOUSTON ait entrepris d'expérimenter la gravure à Cape Dorset. Pitseolak Ashoona exécute plusieurs milliers de dessins qui reflètent son amour et sa connaissance profonde du mode de vie INUIT traditionnel. Nombreux sont les talents dans sa famille. En 1922, elle épouse Ashoona, un habile chasseur qui meurt jeune. Leurs fils, Kumwartok QAQAQ et KIUGAK Ashoona, ainsi que leur fille Napachie Pootoogook, deviennent aussi des artistes. Sachant très bien s'exprimer, elle raconte son histoire dans la biographie orale illustrée *Pitseolak: Pictures Out of My Life* (à partir d'entrevues enregistrées par D. Eber, publié en 1971; trad. *Pitseolak: le livre d'images de ma vie*), dont l'Office national du film fera un documentaire d'animation. Elle est admise à l'Académie royale des arts du Canada en 1974. (*Voir aussi* ART INUIT.)

Dorothy Harley Eber

Pitseolak, Peter, photographe, artiste et écrivain (île Nottingham, T.N.-O., nov. 1902—Cape Dorset, T.N.-O., 30 sept. 1973). Chef de camp, Pitseolak s'aperçoit très tôt que la vie inuite (*voir* INUIT) traditionnelle est en voie de disparition et s'emploie à en consigner le déroulement. Il écrit des journaux intimes, prend des notes, dessine les coutumes et les légendes inuites et photographie tout ce qui l'entoure. Il prend sa première photographie dans les années 30, pour le compte d'un Blanc effrayé à l'idée de s'approcher d'un ours polaire. Au début des années 40, Pitseolak travaille à Cape Dorset pour des trappeurs et se procure un appareil photo auprès d'un missionnaire catholique. Avec l'aide de sa femme, Aggeok, il développe ses premières photos dans un igloo de chasse, utilisant une lampe de poche à trois piles, enveloppée dans du tissu rouge, comme lampe inactinique.

Pitseolak s'adonne à la photographie pendant 20 ans. Après sa mort, plus de 1500 négatifs, images d'autant plus précieuses qu'elles proviennent d'un témoin des derniers moments de la vie de camp inuite, sont achetés à sa veuve pour les musées nationaux

du Canada. Excellent artiste, on lui attribue aussi les premières œuvres contemporaines sur papier de Cape Dorset. Il s'agit d'aquarelles exécutées en 1939 à la demande de John N.S. Buchan (par la suite, 2e baron de Tweedsmuir), alors trappeur au service de la Compagnie de la baie d'Hudson. Peu de temps avant sa mort, Pitseolak met par écrit en syllabaire inuit l'histoire du début de sa vie (publié en 1975 sous le titre *People from Our Side,* avec une biographie orale de D. Eber), ainsi que le récit d'une aventure dans les banquises qui avait frôlé la catastrophe (publié en 1977 sous le titre *Peter Pitseolak's Escape from Death,* D. Eber, dir.) (*voir aussi* ART INUIT; GRAVURE INUITE).

Dorothy Harley Eber

Pitt Meadows, municipalité de district de la C.-B.; pop. 13 436 (rec. 1996), 11 235 (rec. 1991), 8004 (rec. 1986); superf. 85,61 km^2. Pitt Meadows est une région principalement agricole située dans la vallée du bas Fraser, à l'est de Vancouver (Colombie-Britannique), sur la rive nord du fleuve Fraser, au confluent de la rivière Pitt. Le nom de la municipalité vient de la rivière Pitt et du lac Pitt, probablement appelés ainsi en l'honneur du premier ministre britannique William Pitt. Les premiers habitants de l'endroit, des Amérindiens katzic, gagnent leur vie principalement grâce à la pêche commerciale et vivent dans cinq réserves du district.

La municipalité est d'abord connue sous le nom de «Bonson's landing» et la colonisation de la région débute dans les années 1870. La municipalité est d'abord constituée en 1874 et englobe Maple Ridge, à l'est; son incorporation individuelle date toutefois de 1914. Jusqu'en 1910, la plupart des colons sont anglo-saxons, suivis par de nombreux Canadiens français et Japonais. Après la Seconde Guerre mondiale, un important groupe de fermiers hollandais exploite la majeure partie des basses terres de Pitt Meadows.

John Stewart

Place des Arts Complexe montréalais consacré aux arts de la scène. Il est constitué de cinq salles, dont la plus grande, la Salle Wilfrid-Pelletier, d'abord nommée Grande Salle lorsque le complexe ouvre ses portes en 1963, peut recevoir environ 3000 personnes. Conçue par les architectes montréalais Affleck, Desbarats, Dimakopoulos, Lebensold et Sise, sa structure est faite de béton armé et son toit est en métal. Le tout constitue un ensemble immobilier de plus de 100 000 m^2. Elle héberge l'ORCHESTRE SYMPHONIQUE DE MONTRÉAL. L'Opéra du Québec et Les GRANDS BALLETS CANADIENS y tiennent également l'affiche. L'Édifice des Théâtres, comprenant deux salles superposées, est inauguré en 1967. Le théâtre Jean-Duceppe (l'ancien théâtre Port-Royal) peut accueillir environ 750 personnes, alors que le théâtre Maisonneuve, situé juste au-dessus, peut en accommoder 1300. Cette partie du complexe a été conçue par les architectes montréalais David, Barott, Boulva et Dufresne, et elle ouvre à temps pour accueillir les événements de l'EXPO 67. En 1978, le théâtre du Café de la Place, comprenant environ 130 places, est inauguré pour la présentation de pièces dans une ambiance plus intime. Il est depuis lors fermé. En 1993, La Cinquième salle, un studio de 450 places, a été ajoutée au vaste ensemble de la Place des Arts. De nombreuses vedettes internationales de la chanson, du théâtre et de la danse ont présenté un spectacle à la Place des Arts, dont Maria Callas, Vladimir Horowitz, Jean-Pierre Rampal et Miles Davis.

Frederick A. Hall

Place Royale En juillet 1608, Samuel de CHAMPLAIN construit un bâtiment au pied du cap Diamant, sur la rive du FLEUVE SAINT-LAURENT, créant ainsi le poste colonial de QUÉBEC. D'autres bâtiments s'y ajoutent bientôt pour former la basse-ville. En 1624, Champlain fait rebâtir son habitation. L'établissement, avec sa place du marché, demeure un lieu d'intenses activités pendant plus de 50 ans.

Le 5 août 1682, un incendie réduit la place en un amas de cendres, mais elle est reconstruite. En 1686, l'intendant Jean Bochard de Champigny érige un buste en bronze de Louis XIV sur la place du marché, qu'on nomme alors place Royale. Deux ans plus tard, on édifie une chapelle exactement sur l'emplacement des deux maisons de Champlain. La place Royale continue d'être un carrefour commercial, jusqu'à ce qu'elle soit détruite par la guerre et les bombardements en 1759.

Les fouilles archéologiques menées sur le site, témoin de chapitres importants de notre histoire, ont mis au jour une ancienne habitation autochtone, les vestiges de la deuxième maison de Champlain, ainsi que des murs et des milliers d'objets qui ont permis de reconstituer les activités de cette époque. Ces études ont aussi aidé à reconstruire le vieux quartier, qui porte depuis le nom de Place Royale.

Place Royale constitue une attraction culturelle majeure, dont la valeur historique a permis à la ville de QUÉBEC de figurer sur la liste du patrimoine mondial de l'UNESCO. (*Voir aussi* ARCHÉOLOGIE AU QUÉBEC.)

Norman Clermont

Place Ville-Marie La Place Ville-Marie (architectes I.M. Pei en collaboration avec Ray AFFLECK, 1958-1965), à Montréal, est développée par les Immeubles CN comme un îlot urbain. Elle est érigée par phases: la première, de 1958 à 1960, est la construction de la tour cruciforme (en forme de croix) de 45 étages, communément appelée l'édifice de la Banque Royale. Sa grande place et ses immeubles de bureaux plus bas, conçus par l'architecte américain de réputation internationale I.M. Pei, facilitent l'établissement de nouvelles tendances architecturales au Canada dans les années 60. Le projet réalisé confirme l'importance du réseau de passages piétonniers souterrains (le premier prenant naissance à la gare Centrale du CN) pour Montréal. La phase II, qui comprend la construction de trois bâtiments plus petits, s'étend de 1963 à 1965. Des magasins, des restaurants et des cinémas sont situés sous la place. De vastes puits carrés fournissent lumière naturelle et y donnent accès. La surface unie de la tour, en aluminium et en verre, ainsi que sa forme géométrique stricte, sans ornementation, sont la manifestation de l'adhésion de Pei au courant moderne dominant du XXe s.

Michael McMordie

Placement non volontaire Dans le domaine des soins de santé et du droit de la santé, l'un des droits fondamentaux que la loi reconnaît aux Canadiens est celui qui leur permet de décider des soins de santé qui leur sont dispensés. En règle générale, on ne peut obliger une personne à subir un traitement médical sans son consentement, et le médecin qui traite un patient sans le consentement de ce dernier s'expose à une condamnation pour agression (JURISPRUDENCE MÉDICALE). De même, généralement, on ne peut garder un patient dans un hôpital contre sa volonté; le faire serait risquer d'être condamné en dommages-intérêts pour séquestration.

Le placement non volontaire fait exception à cette règle générale. Au Canada, chaque province et chacun des territoires possèdent une loi (généralement intitulée *Loi sur la santé mentale,* qui autorise, à certaines conditions, la détention de personnes dans un établissement psychiatrique contre leur volonté. Ces patients sont normalement désignés patients en «placement non volontaire». Les critères et la procédure applicables à cet égard ne sont pas uniformes au pays, mais dans la plupart des provinces et dans les territoires, deux conditions doivent habituellement être remplies: le patient doit être atteint de troubles mentaux ou d'une maladie mentale, et il doit constituer un danger pour lui-même ou pour autrui. S'il satisfait à ces deux conditions, la loi autorise la détention du patient dans un établissement psychiatrique pour une courte période (habituellement 72 heures), pour qu'il soit évalué. Par la suite, si deux médecins signent d'autres certificats, le patient peut être gardé à l'hôpital plus longtemps. La *Loi sur la santé mentale* accorde certains droits au patient en placement non volontaire, dont celui de saisir un tribunal d'une requête en révision de son placement. Le tribunal est habilité à ordonner que le patient soit libéré de l'hôpital, s'il conclut que les conditions de détention n'existent plus.

Les prescriptions légales concernant le traitement psychiatrique de patients en placement non volontaire varient aussi au Canada. Certaines lois permettent que les patients en placement non volontaire soient traités sans leur consentement. D'autres prévoient le contraire: il est interdit de traiter un patient sans son consentement (ou sans celui d'un mandataire spécial, si le patient est mentalement incapable). Certaines provinces prévoient une troisième voie: le traitement sans consentement est interdit, sauf si une ordonnance judiciaire autorisant le traitement est rendue sous le régime de la *Loi sur la santé mentale*.

Gerald Robertson

Placentia, ville de T.-N.; pop. 5013 (rec. 1996), 5515 (rec. 1991), 2016 (rec. 1986); superf. 58 km²; const. en 1945; située dans la BAIE DE PLAISANCE, sur la rive ouest de la PRESQU'ÎLE AVALON. L'endroit, nommé Plaisance par les Français, sert de campement de pêche BASQUE à la fin du XVIᵉ s. Son nom viendrait de Plasencia, une ville de Salamanque, en Espagne. Après la revendication de Terre-Neuve par les Français en 1624, Plaisance devient la première colonie française officielle de l'île. Plaisance demeure la capitale française de Terre-Neuve, protégeant les activités de pêche des Français, jusqu'à la signature du traité d'UTRECHT en 1713. Grâce à ses nombreux forts, Plaisance sert de base aux Français pour leurs raids contre les colonies anglaises situées dans la presqu'île Avalon en 1696, en 1705 et en 1709. Après la signature du traité d'Utrecht, Placentia devient un bastion britannique et d'autres fortifications sont érigées jusqu'au retrait de la garnison en 1811.

Grâce à ses vastes plages et à sa position stratégique, Placentia devient un important centre de pêche et de commerce au cours du XIXᵉ s. Toutefois, elle devient très dépendante des possibilités d'emploi offertes par la base navale Argentia, construite en 1940-1941. Depuis la fermeture partielle de la base en 1969, puis sa fermeture définitive en 1974, les emplois proviennent des secteurs de la pêche et du tourisme; les touristes sont attirés par les bâtiments historiques de la ville et, depuis 1968, par le parc historique national de Castle Hill.

Janet E.M. Pitt et Robert D. Pitt

Plaisance, baie de Baie étendue et profonde, elle est délimitée à l'ouest par la péninsule Burin de Terre-Neuve et à l'est par le sud-ouest de la PRESQU'ÎLE AVALON. Elle s'étend sur 125 km jusqu'à sa tête, l'isthme d'Avalon, partant de Ferryland Head à l'ouest et du CAP ST. MARY'S, à 90 km à l'est. Entourée d'anses et de ports, elle comprend deux grandes îles autrefois habitées, Merasheen et Long, qui séparent la baie en deux chenaux au nord.

Jadis fréquentés par les Esquimaux de la culture de Dorset et par les BÉOTHUKS, ses beaux lieux de pêche attirent probablement les BASQUES et les Français au XVIᵉ s. Dès les années 1660, les pêcheurs français fréquentent la baie, comme en font encore foi les noms français contemporains des localités de la région. À la suite du traité d'UTRECHT de 1713, quand les établissements français sont cédés à la Grande-Bretagne, les Anglais remplacent peu à peu les Français dans la baie de Plaisance.

Aujourd'hui, la plupart des habitants vivent dans la région de Burin et MARYSTOWN et autour de PLACENTIA et d'ARGENTIA, jadis le site d'installations militaires américaines d'envergure et servant maintenant de terminus au traversier de Marine Atlantique reliant Terre-Neuve à la Nouvelle-Écosse. La pêche, la construction navale et les services sont les principales sources d'emploi dans la région, bien

qu'il y ait déjà eu à COME BY CHANCE une importante raffinerie de pétrole.

Robert D. Pitt

Plamondon, Antoine, peintre (L'Ancienne-Lorette, Qc, 29 févr. 1804—Neuville, Qc, 4 sept. 1895). Après 6 ans d'apprentissage auprès de Joseph LÉGARÉ, Plamondon part pour l'Europe en 1826. À Paris, il est l'élève de J.B. Paulin Guérin, peintre officiel du roi Charles X. De retour au Québec en 1830, il se spécialise dans les portraits de bourgeois et dans les copies d'œuvres religieuses. En 1838, la Société littéraire et historique de Québec lui décerne une médaille pour son portrait *Zacharie Vincent, le dernier des Hurons,* que lord DURHAM lui achète. L'année suivante, il l'expose dans la Chambre d'assemblée ses fameuses peintures pour les stations du chemin de croix, peintures destinées à l'église Notre-Dame de Montréal. En 1841, il peint trois remarquables portraits de religieuses, parmi lesquels *Sœur Saint-Alphonse*. Il enseigne le dessin dans de nombreuses maisons d'enseignement et compte Théophile HAMEL parmi ses disciples.

Grand polémiste, Plamondon écrit fréquemment dans les journaux pour faire valoir ses idées sur la peinture et attaquer ses rivaux. En 1851, un an après avoir gagné un premier prix à l'Exposition de Québec avec sa *Chasse aux tourtes,* il déménage son atelier à Neuville, à 30 km en amont de Québec. Il continue à y peindre jusque dans les années 1880 et il y produit une série de peintures religieuses de qualité inégale et des portraits réalisés à partir de photographies. En 1880, on couronne sa longue carrière en le nommant vice-président fondateur de l'Académie royale des arts du Canada.

John R. Porter

Plamondon, Joseph-Marcel-Rodolphe, ténor et professeur (Montréal, 18 janv. 1876—*id.*, 28 janv. 1940). Plamondon étudie le violoncelle et le chant à Montréal, où il remporte ses premiers succès comme soliste d'église. Il poursuit ensuite ses études de musique en France. Avant la Première Guerre mondiale, il interprète souvent des rôles d'opéra, mais sa réputation repose essentiellement sur ses talents comme soliste de concerts et d'oratorios, pour lesquels il est très recherché par les chorales et les orchestres importants d'Europe jusqu'à la fin des années 20. Ses concerts comprennent souvent des œuvres de compositeurs canadiens. En 1925 et 1926, il enregistre plusieurs disques de chansons françaises. Ses tournées de chant l'amènent rarement au Canada, mais il rentre à Montréal en permanence en 1928, où il enseigne jusqu'à sa mort.

Barclay McMillan

Plamondon, Luc, parolier (Saint-Raymond-de-Portneuf, Qc, 2 mars 1945). Après des études littéraires en Europe dans les années 1960, il écrit *Dans ma Camaro,* qui devient un succès pour Steve Fiset. Il écrit les chansons d'albums de Monique Leyrac et Renée Claude, puis atteint la notoriété en signant une série de succès pour Diane Dufresne. L'opéra-rock *Starmania,* écrit en 1976 avec le compositeur français Michel Berger, connaît un succès inégalé dans la francophonie; il est de nouveau à l'affiche, à Paris, en l'an 2000. Habile à traduire les sentiments de ses interprètes, Luc Plamondon devient le parolier des plus grandes vedettes françaises et québécoises, dont Céline Dion qui lui consacre un album en 1991. Plus de 400 de ses chansons ont été enregistrées, et plus du tiers a connu le succès. Attiré par la comédie musicale, il signe, encore une fois avec Michel Berger, *La légende de Jimmy* (1989), puis *Sand et les romantiques* (1991) avec Catherine Lara, et, avec Richard Cocciante, *Notre-Dame de Paris* (1998), qui bat des records d'assistance en France, au Canada, ainsi qu'à Londres et à Las Vegas. Très impliqué dans la défense des droits d'auteurs, il a permis à un nombre impressionnant d'artistes québécois de se produire en France. Il a été fait Chevalier de l'Ordre national du Québec (1990), décoré de l'Ordre des francophones d'Amérique (1991) et a reçu le prix du

Gouverneur général du Canada pour les Arts (1996). Outre plusieurs Félix associés à ses chansons, l'ADISQ lui a remis son Félix hommage (1989) et la SOCAN, son prix William Harold Moon (1991).

Planche porte-bébé Elle servait (et sert encore dans certaines régions) d'abri au jeune enfant autochtone. Solidement attaché à une mince planche rectangulaire, le bébé est ainsi porté sur le dos de sa mère ou déposé à l'écart pendant qu'elle travaille. Cette planche est conçue de manière à empêcher l'enfant de se blesser, même si la planche tombe par terre (sur beaucoup de modèles, un anneau ou un arceau fixé au sommet protège la tête du petit). Sa forme exacte varie selon les différents groupes du continent et on accorde presque toujours beaucoup d'importance à la décoration de la planche et des accessoires.

René R. Gadacz

Plancton [du grec *Planktos,* «errant»] Il comprend des PLANTES (phytoplancton) et des ANIMAUX (ZOOPLANCTON) qui vivent en suspension et se déplacent passivement au gré des courants dans l'eau douce des étangs et des LACS ou dans les OCÉANS. Actuellement, on considère que le phytoplancton comprend des espèces de trois règnes: les monères, les protistes et les plantes. Le zooplancton comprend des espèces de deux règnes: les protistes et les animaux.

Comme il est libre et possède peu de possibilité de se mouvoir par lui-même, le plancton se distingue des espèces benthiques (organismes qui vivent sur les fonds ou qui y sont fixés) ou nectoniques (qui nagent). Il est habituellement microscopique, mais certains organismes du zooplancton (p. ex. les MÉDUSES) peuvent atteindre plusieurs mètres de long.

Les chaînes alimentaires planctoniques sont à la base de l'écosystème aquatique. Au niveau le plus bas de la chaîne, il y a le phytoplancton, producteur primaire capable d'utiliser l'ÉNERGIE SOLAIRE, le gaz carbonique et l'eau pour la photosynthèse de la matière organique. Les organismes les plus petits du zooplancton, qui se nourrissent de phytoplancton, se trouvent au deuxième niveau de la chaîne (herbivores). Les organismes plus gros du zooplancton, qui se nourrissent des organismes plus petits du zooplancton, et d'autres animaux marins (p. ex. les poissons) constituent le troisième niveau de la chaîne (prédateurs ou carnivores).

Plante Membre d'un groupe vaste et diversifié d'organismes qui ont en commun certaines caractéristiques, mais qui sont difficiles à dissocier totalement des autres êtres vivants (*voir* BIOLOGIE). Deux caractéristiques distinguent cependant nettement les plantes des ANIMAUX. Elles sont principalement autotrophes, c.-à-d. qu'elles fabriquent leur nourriture en utilisant l'énergie de la lumière du Soleil pour synthétiser des molécules organiques à partir de matière inorganique (photosynthèse). Ce sont des organismes stationnaires qui obtiennent leur énergie en étant fixés à un endroit. Ces propriétés se reflètent dans la structure d'une plante terrestre typique (plante vasculaire), qui est constituée de deux systèmes fondamentaux, le système caulinaire et le système racinaire.

Le système caulinaire (tige et feuilles) croît vers la lumière et est le site de la photosynthèse; le système racinaire pénètre le sol, fixe la plante et absorbe l'eau ainsi que les minéraux nécessaires. Les deux systèmes peuvent croître indéfiniment, ce qui permet à la plante immobile de s'adapter à l'environnement.

Structure de la cellule

On comprend mieux l'immobilité d'une plante lorsqu'on étudie ses cellules. Contrairement aux cellules animales, chaque cellule végétale est enfermée dans une paroi semblable à une boîte, dont l'élément structurel principal est la cellulose. De plus, les parois des cellules adjacentes sont liées par une substance cimenteuse (mais les espaces intercellulaires sont nombreux, surtout lorsqu'il y a plusieurs cellules sur les bordures). Toutes les cellules végétales ont une paroi externe primaire relativement mince qui peut grandir pendant la croissance.

Certaines cellules de soutien et cellules conductrices ont une paroi interne secondaire généralement assez épaisse et qui ne peut croître. Elle ne couvre pas la paroi primaire complètement, mais est interrompue par des ponctuations ou par de plus grands espaces. Il est clair que les tissus nerveux et musculaires, desquels dépend la motilité des animaux, ne pourraient être constitués de telles cellules. Les méristèmes ajoutent continuellement de nouvelles cellules actives aux points de croissance, et remplissent ainsi apparemment la fonction de renouvellement cellulaire qui se produit chez les animaux. Ainsi, à mesure que la tige pousse, les feuilles et les poils absorbants près de l'extrémité des racines sont continuellement remplacés.

À l'intérieur de la paroi cellulaire, le contenu protoplasmique est entouré d'une membrane différentiellement perméable, comme celle qui entoure la cellule animale. Les plantes n'ont pas un système nerveux structuré, mais sont pourvues de plasmodesmes qui relient presque toutes les cellules vivantes. Les plasmodesmes sont des ponts protoplasmiques fins (reliés par une membrane) qui traversent la paroi primaire et assurent une communication d'une cellule à l'autre. Lorsqu'il y a une paroi secondaire, les plasmodesmes se trouvent seulement dans les ponctuations.

Le cytoplasme (protoplasme cellulaire généralisé) contient un noyau et plusieurs organites, qui ont diverses structures et fonctions. Les plus remarquables de ces organites sont les chloroplastes, qui contiennent la chlorophylle dans les tissus photosynthétiques. Une autre caractéristique distinctive des cellules végétales est la présence de vacuoles remplies de liquide et entourées par une membrane semblable à celle de la cellule. De petite taille et souvent nombreuses dans la cellule immature, les vacuoles grossissent et fusionnent pendant la croissance cellulaire, de telle façon qu'une seule vacuole centrale parfois traversée par des ponts cytoplasmiques occupe la plus grande partie de la cellule mature.

Types de cellules

Les cellules végétales peuvent prendre différentes formes, mais celles des plantes vasculaires appartiennent à quelques classes seulement.

Cellules du parenchyme Elles ont une forme plutôt équidimensionnelle et n'ont qu'une mince paroi primaire. Elles assurent la plupart des activités métaboliques de la plante (photosynthèse, réserve).

Cellules du collenchyme Elles sont aussi composées de constituants actifs du protoplasme, mais elles sont allongées et leur paroi primaire est épaisse et irrégulièrement distribuée autour de la cellule. Les cellules du collenchyme confèrent de la flexibilité et du soutien.

Cellules du sclérenchyme Elles ont une membrane secondaire épaisse et donnent de la rigidité. À maturité, elles sont généralement mortes et ne contiennent plus de protoplasme. Les cellules du sclérenchyme allongées sont appelées fibres et les plus équidimensionnelles sont appelées sclérites.

Trachéides et cellules des vaisseaux Ce sont les cellules conductrices du xylème (tissu qui transporte la sève). Ces deux types de cellules sont mortes à maturité et possèdent une paroi secondaire (une paroi uniforme avec des ponctuations ou une paroi annelée, spiralée ou réticulée). Les trachéides sont allongées et fusiformes. La sève circule entre elles par les ponctuations ou par les autres espaces de la paroi secondaire. Les cellules des vaisseaux sont allongées ou en forme de baril et superposées pour former les vaisseaux. Les parois aux extrémités d'une cellule de vaisseau sont perforées, permettant ainsi à la sève de circuler librement à l'intérieur du vaisseau.

Cellules criblées Les cellules criblées sont les cellules conductrices du phloème (tissu qui transporte les solutés organiques). Contrairement aux éléments du xylème, ce sont des cellules vivantes, mais leur protoplasme a subi des modifications considérables (incluant généralement la disparition du noyau). Chez les plantes à fleurs (angiospermes), les cellules criblées sont superposées et forment des tubes criblés reliés par des cloisons criblées à travers lesquelles s'effectuent les échanges intercellulaires.

Cellules épidermiques Elles constituent une barrière qui prévient la perte d'eau. Elles ressemblent au parenchyme, mais leur paroi externe est généralement épaisse et imprégnée de cutine, une substance grandement imperméable à l'eau. Une couche de cutine, la cuticule, recouvre aussi la surface externe. Certaines cellules épidermiques ont une forme modifiée et servent de cellules de garde pour les stomates (minuscules ouvertures à la surface d'une feuille ou d'une tige); d'autres forment des excroissances unicellulaires ou multicellulaires (poils ou trichomes).

Cellules du liège Elles sont mortes à maturité et leur paroi est modifiée par le dépôt de subérine, une substance imperméable qui réduit la perte d'eau.

Tissus et organes

Les diverses cellules d'une plante forment des tissus dont certains sont assez homogènes et d'autres sont plus complexes. En se basant sur leur structure et leurs fonctions, on peut regrouper les tissus en trois systèmes: le système vasculaire (conducteur), le système dermique (protecteur) et le système fondamental (métabolique). Ces systèmes, bien qu'ils prennent différentes formes, se trouvent dans tous les principaux organes de la plante (racines, tiges et feuilles).

Dans les racines, le système vasculaire se compose généralement d'un noyau central de xylème à structure radiale, et de phloème, situé dans les espaces entre les rayons du xylème. Une couche de parenchyme (péricycle), d'où émergent les racines latérales, entoure le phloème. Le péricycle est entouré de l'endoderme, dont les cellules sont pourvues d'une bande composée de subérine dans les parois transversales et radiales, qui limitent le passage des substances entre l'intérieur et l'extérieur du système vasculaire. Les tissus situés à l'intérieur de l'endoderme sont parfois appelés la stèle.

Le système fondamental est constitué par le cortex parenchymateux et parfois par un parenchyme médullaire (moelle) au centre du xylème. Le cortex est délimité par l'épiderme. Dans la zone située tout près de la région de croissance de la racine, il y a des cellules épidermiques qui s'étendent vers l'extérieur et forment des poils absorbants très importants dans le processus d'absorption des matières du sol. La cuticule de la racine est en général très mince, en particulier dans la zone d'absorption.

Dans la tige des PHANÉROGAMES (spermatophytes), le système vasculaire consiste en des faisceaux interconnectés de xylème et de phloème, ce dernier étant à l'extérieur du xylème. Ces faisceaux communiquent avec le système vasculaire des feuilles, et un ou plusieurs faisceaux se rendent dans chaque feuille jusqu'au nœud (point d'attachement de la feuille sur la tige).

Chez les dicotylédones (plantes à deux feuilles embryonnaires), les faisceaux forment un cercle autour de la moelle; chez les monocotylédones (plantes à une feuille embryonnaire), ils sont dispersés au centre de la tige, dans le parenchyme. Le cortex est souvent photosynthétique. La tige est entourée d'un épiderme pourvu de stomates.

Dans la feuille, le pétiole (tige qui supporte le limbe) contient une ou plusieurs cicatrices foliaires fixées dans le parenchyme, qui comprend souvent du collenchyme. Dans le limbe de la feuille, le système vasculaire se subdivise en un réseau de nervures et de petites nervures qui irriguent toutes les parties du tissu photosynthétique. Le système fondamental (mésophylle) se compose de parenchyme chlorophyllien pourvu de nombreux espaces intercellulaires ou lacunes.

Il y a souvent une ou deux couches de cellules cylindriques, le mésophylle palissadique, situé directement sous l'épiderme supérieur et au-dessus du mésophylle lacuneux. Les stomates sont généralement plus nombreux dans l'épiderme inférieur. Les nervures qui traversent le mésophylle sont entourées d'une épaisse couche de parenchyme, la gaine périfasciculaire, souvent associée à une quantité importante de collenchyme (sclérenchyme dans les plus grandes nervures).

Croissance primaire

Au bout de chaque tige et de chaque racine, il y a des zones actives de croissance continue (méristèmes). Les méristèmes se forment au début du développement embryonnaire. L'ovule fécondé (zygote) se divise en plusieurs cellules qui, comme celles de l'embryon animal, commencent à se spécialiser pour une fonction du stade adulte. Deux groupes de cellules restent non spécialisées ou embryonnaires (p. ex. capables de division cellulaire continue). Ces cellules deviennent les premiers méristèmes apicaux des tiges et des racines.

Le méristème apical des tiges commence à former les tissus de la tige, produit des excroissances qui deviennent des feuilles et commence à former les primordiums (qui sont aussi des méristèmes) des branches latérales, juste au-dessus de l'aisselle de la feuille (jonction de la feuille et de la tige). Grâce à une stimulation adéquate, le méristème apical de la tige peut être transformé pour former une fleur, une inflorescence ou un cône, perdant ainsi sa capacité de croissance illimitée.

Le méristème apical des racines forme les tissus des racines ainsi qu'une couche protectrice pour ce dernier (coiffe). Il ne forme pas d'appendices comparables aux feuilles et aux branches; les racines latérales se forment à l'intérieur et émergent d'une certaine distance du bout de la racine.

Croissance secondaire

Bien qu'une plante entière puisse être formée par les méristèmes apicaux de la racine et de la tige, d'autres méristèmes, ou méristèmes secondaires, contribuent considérablement à la formation de la plante, plus particulièrement chez les ARBRES et les arbustes. Le cambium vasculaire et le cambium du liège forment des tissus supplémentaires dans les systèmes vasculaire et dermique, respectivement et sont un autre exemple du remplacement des cellules par ajout. Le cambium vasculaire est une couche de cellules méristématiques située entre le xylème et le phloème. Par division longitudinale de ses cellules parallèlement à la surface de la tige ou de la racine, il forme le xylème secondaire ou bois vers l'intérieur et le phloème secondaire vers l'extérieur. Chez les arbres et les arbustes, cette activité peut durer de nombreuses années. Le bois est l'une des principales ressources naturelles du Canada.

Chez les plantes herbacées, l'activité cambiale est considérablement réduite, ou même absente (chez la plupart des monocotylédones). Mais même sans cambium, des plantes comme les palmiers et les fougères arborescentes peuvent atteindre une grande taille et vivre longtemps. Le développement continu du système vasculaire interne ne peut être longtemps contenu par l'épiderme, dont la rupture aurait des conséquences graves si le système dermique était incapable de le remplacer.

Le cambium du liège, situé près de la surface, produit cependant un périderme (écorce), composé en grande partie de cellules de liège subérisées (contenant de la subérine), qui réduisent la perte d'eau. Les lenticelles de parenchyme lacuneux qui parsèment le périderme constituent des sites d'échanges gazeux. Ces ouvertures ne sont pas contrôlées, mais peuvent être scellées par le développement du liège et rouvertes par la production ultérieure de tissus spongieux.

T.A. Steeves

Plante, Jacques, gardien de but au hockey (près de Mont Carmel, Qc, 17 janv. 1929—Genève, Suisse, 26 févr. 1986). Plante s'initie au hockey devant le filet d'une équipe d'ouvriers de Shawinigan et dans la ligue junior des Citadelles de Québec avant d'être remarqué, à 22 ans, par une équipe professionnelle, les Royals de Montréal. Il dispute plusieurs matches avec les CANADIENS DE MONTRÉAL pendant les séries éliminatoires de 1953, participe aux 17 derniers matches de la saison régulière 1953-1954 et devient le gardien de but régulier de l'équipe en 1954-1955. Il sera le premier gardien de but à remporter le TROPHÉE VÉZINA pendant cinq saisons consécutives (1955-1956 à 1959-1960). Une blessure le force à renoncer au jeu pendant un an, mais à son retour, en 1961-1962, il décroche à nouveau le trophée Vézina ainsi que le TROPHÉE HART (joueur le plus utile). En 1963, des problèmes d'asthme lui valent d'être intégré aux Rangers de New York sous prétexte d'une santé précaire et il prendra sa retraite moins de deux ans plus tard. Il revient dans la Ligue nationale de hockey, à Saint-Louis, de 1968 à 1970, partageant le trophée Vézina avec Glenn HALL en 1968-1969. Il est probablement au meilleur de sa forme lorsqu'il joue à Toronto de 1970 à 1973 et, le temps de quelques matches, avec les Bruins de Boston en 1973. Il termine sa carrière avec les Oilers d'Edmonton (Association mondiale de hockey) en 1974-1975 et occupe le poste d'entraîneur des Nordiques de Québec en 1973-1974.

Plante est un gardien de but spectaculaire doté d'une habileté technique superbe. Il est célèbre pour sa façon d'évoluer hors du filet. Après avoir reçu une rondelle en plein visage, le 1er novembre 1959, il devient le premier gardien à porter un masque en permanence. En 17 saisons dans la Ligue nationale de hockey, Plante a participé à 837 matches en saison régulière (moyenne de 2,37 buts accordés par match) et 112 matches en séries éliminatoires (moyenne de 2,16 buts accordés par match). Il compte également à son actif 82 blanchissages en saison régulière et 14 pendant les éliminatoires. Il a vécu en Suisse de 1975 jusqu'à sa mort.

James Marsh

Planter Dans les années 1600 à 1800, ce terme désigne habituellement un pêcheur indépendant qui possède sa propre pêcherie ou «plantation» sur la côte de Terre-Neuve. Il peut aussi posséder plusieurs grands bateaux pour la pêche côtière. Il emploie d'autres pêcheurs et peut agir à titre de marchand local ou d'intermédiaire pour une grande entreprise. Étant habituellement un colon établi à Terre-Neuve, ou Liveyer, il peut, comme le patron du BYE-BOAT, retourner souvent en Grande-Bretagne ou prendre sa retraite dans ce pays (*voir* PÊCHE, HISTOIRE DE LA). Plus récemment, appliqué à la pêche dans le Labrador, ce terme est quasi-synonyme de *stationer* ou pêcheur qui pêche en été à partir d'établissements côtiers.

Robert D. Pitt

Plantes carnivores Les plantes carnivores sont des PLANTES à fleurs, qu'on retrouve partout dans le monde et dont les feuilles attrapent des petits ANIMAUX, particulièrement des INSECTES. Les genres *Nepenthes, Sarracenia, Darlingtonia, Cephalotus,* dont les feuilles en forme de cornets contiennent de l'eau (en anglais pitcher plants, «plantes pichets»), servent de piège pour les insectes qui sont attirés par le nectar situé autour de l'aréole des cornets.

Chez la grassette (*Pinguicula*), la surface des feuilles est collante et agit comme papier tue-mouches pour piéger la proie; chez la drosère (*Drosera*), des longs poils qui portent à l'extrémité des glandes avec un liquide visqueux se replient pour enrouler la victime. Les utriculaires aquatiques (*Utricularia*) possèdent de nombreux utricules minuscules, chacun ayant une ouverture qui se déclenche quand une victime potentielle touche les poils qui les tapissent. Le minuscule organisme est

alors transporté vers l'intérieur par le mouvement de l'eau. Une fois piégé, l'organisme est digéré par des sécrétions d'enzyme ou décomposé par des micro-organismes. Il ne reste que des molécules organiques solubles (p. ex. des acides aminés) qui s'ajoutent aux éléments nutritifs limités dans les habitats de ces plantes.

Distribution Environ 500 espèces ont été recensées dans le monde entier; on en trouve 18 au Canada, dont une seule espèce de SARRACÉNIE (*Sarracenia purpurea*), commune dans les marais, deux grassettes et plusieurs espèces de droséras. Une des plantes carnivores la plus connue, la dionée gobe-mouches, est indigène seulement dans les régions côtières de la Caroline du Nord et du Sud, aux États-Unis.

Erich Haber

Plantes en voie de disparition Une plante menacée est une plante qui est susceptible de devenir en danger de disparition si les facteurs limitants auxquels elle est exposée ne sont pas supprimés. Le Comité sur le statut des espèces menacées de disparition au Canada (CSEMDC) reconnaît cinq statuts pour les espèces en péril: vulnérable, menacée, en danger de disparition, disparue du Canada et disparue. Une plante peut être menacée localement, à l'échelle nationale ou dans toute son aire de répartition. Le cypripède soulier (*Cypripedium calceolus, voir* SABOT DE LA VIERGE), une espèce commune dans de nombreuses régions du Canada, est probablement la plante la plus rare en Grande-Bretagne, où il ne reste plus que trois ou quatre spécimens à l'état sauvage. La lost Franklinia (*Franklinia alatamaha*), nommée en l'honneur de Benjamin Franklin, a disparu à l'état sauvage, mais survit toujours en milieu cultivé.

Menaces à la survie L'extinction, phénomène naturel qui se produit depuis le début de l'histoire du monde, survient lorsqu'un organisme est incapable de s'adapter aux modifications de son milieu ou de résister face à des espèces mieux adaptées. Aujourd'hui, les humains sont devenus la principale menace à la survie d'un grand nombre de plantes. L'évolution technologique des pays industrialisés et l'expansion des terres agricoles dans les pays en voie de développement ajoutés à l'exploitation des forêts, des minéraux et des autres RESSOURCES naturelles entraînent des changements environnementaux rapides. Ces facteurs touchent des ÉCOSYSTÈMES entiers tels que les forêts humides des pays tropicaux ou les forêts côtières de la Colombie-Britannique et ils représentent une menace pour la survie de milliers d'espèces de plantes.

La destruction des habitats étant actuellement la principale cause de la disparition des espèces, la protection des habitats est le seul moyen efficace de sauver les plantes de l'extinction. Le fait que l'on cultive une plante dans un JARDIN BOTANIQUE ne veut pas dire que l'on ne doit pas assurer sa survie dans son habitat sauvage. Les jardins botaniques peuvent toutefois fournir des plantes qui permettront de reconstituer des populations sauvages de plantes menacées.

Protection Au Canada, la législation assurant la protection des plantes rares est incomplète et a une portée limitée. En tant que ressource naturelle, la flore relève des gouvernements provinciaux plutôt que du gouvernement fédéral, chaque province doit donc adopter ses propres lois sur les espèces menacées. Le gouvernement fédéral, en tant que signataire de la Convention sur le commerce international des espèces de faune et de flore sauvages menacées d'extinction (CITES, 1973), peut néanmoins assurer la protection de plantes figurant sur une liste d'espèces qui font l'objet d'une surveillance internationale.

Peu d'espèces canadiennes figurent sur cette liste qui inclut toutefois toutes les espèces d'ORCHIDÉES et de cactées (*voir* CACTUS). La protection offerte par le CITES vise seulement à contrôler le commerce et le déplacement des espèces listées

d'un pays à l'autre, et la majorité des espèces de plantes canadiennes ne figurent pas sur cette réglementation. Par contre, le GINSENG (*Panax quinquefolius*), une espèce familière répertoriée sur cette liste, est une plante des forêts à feuilles caduques de l'est et du centre du Canada dont les racines sont récoltées et vendues pour leurs propriétés médicinales.

Le Canada ratifie également la Convention internationale sur la diversité biologique en 1992, et ce faisant, s'engage entre autres à promulguer une législation qui protège les espèces menacées.

La plupart des provinces adoptent des lois sur les espèces menacées. P. ex., la *Loi sur les espèces en voie de disparition* de l'Ontario établit que personne ne peut détruire volontairement l'habitat ou interférer avec l'habitat de quelque espèce faunique ou floristique considérée par la loi comme étant menacée d'extinction. Malheureusement, on inclut très peu d'espèces dans ces réglementations et, pour l'instant, les lois n'ont qu'un effet limité sur la protection des plantes rares. Toutefois, les pressions des botanistes et du public peuvent inciter les législateurs à étendre cette protection à d'autres espèces.

Des organismes dont les objectifs sont de protéger l'environnement naturel et la BIODIVERSITÉ des plantes et des animaux qui y vivent offrent une protection plus efficace. Les parcs nationaux offrent à la flore canadienne la protection la plus stricte, la plus efficace et la plus durable. De nombreux parcs sont situés dans des régions où croissent des plantes rares, et une partie du mandat du ministère de l'Environnement Service canadien des parcs est d'assurer la protection constante de ces plantes et de leurs habitats.

En matière de protection des espèces menacées, l'efficacité des parcs provinciaux et des organismes de conservation est très variable. Certains d'entre eux accordent plus d'importance à l'exploitation de l'environnement naturel à des fins récréatives plutôt qu'à la protection des habitats ou des plantes rares. De plus, toute forme de protection peut y être outrepassée sans consultation du Parlement. Toutefois, le public est de plus en plus sensibilisé à l'importance de conserver les plantes rares et contribue à appuyer ces organismes dans leur rôle de conservation. La majorité des provinces ont maintenant une législation qui leur permet de constituer des réserves naturelles ou écologiques dans des zones sensibles où il est possible d'offrir une protection à toute plante rare.

Plusieurs réserves de la biosphère sont créées au Canada sous l'égide de l'UNESCO grâce au Programme sur l'homme et la biosphère (PHB). L'objectif du programme est de développer une base pour permettre l'utilisation nationale et la préservation des ressources de la biosphère, et d'accroître la capacité de l'Homme à gérer efficacement ces ressources. On y accorde beaucoup d'importance à l'intégration de la recherche en écologie et de la formation en environnement. Parmi les réserves de la biosphère au Canada, on compte celles du mont Saint-Hilaire au Québec et du PARC NATIONAL DES LACS-WATERTON en Alberta (avec le Glacier National Park aux États-Unis).

Les organismes non gouvernementaux tels que la Société canadienne pour la conservation de la nature et des sociétés d'histoire naturelle locales jouent également un rôle important dans la protection de l'habitat en achetant des terres et en établissant des ententes de gestion des terres privées par un régisseur.

Flore La flore canadienne comprend quelque 3300 espèces de plantes vasculaires indigènes. Les musées nationaux du Canada, assistés de botanistes de diverses régions, établissent une liste de plantes rares. Des listes semblables sont élaborées pour chaque province ou territoire. Plus de 1000 espèces sont considérées rares au Canada et, parmi celles-ci, 214 sont considérées menacées ou en danger de disparition. Parmi les provinces, la Colombie-Britannique et l'Ontario ont, de loin, le plus grand nombre de plantes rares (426 et 355 respectivement). Cependant, plusieurs de ces espèces sont communes aux États-Unis et atteignent leur limite septentrionale au Canada.

Les plantes rares ou vulnérables peuvent être divisées en trois groupes: les espèces endémiques, qui ne se trouvent qu'au Canada ou dans des endroits restreints traversés par les frontières nationales, les plantes de distribution large, qui sont devenues si rares dans toute leur aire de répartition qu'elles sont en danger de disparition, et les plantes répandues, qui sont seulement menacées dans leur aire canadienne de répartition.

Les plantes endémiques canadiennes ont tendance à se concentrer à plusieurs endroits. De l'Ouest à l'Est, les zones importantes de concentration sont: la région traversée par la frontière de l'Alaska et du Yukon où, parmi les espèces endémiques, on compte une espèce d'anémone (*Anemone multiceps*), deux espèces d'érigérons ou vergerettes (*Erigeron mexiae* et *E. muiri*) et une espèce de stellaire (*Stellaria alaskana*); les ÎLES DE LA REINE-CHARLOTTE, où l'on trouve une espèce de séneçon (*Senecio newcombei*), une espèce de benoîte (*Geum schofieldii*) et une petite anémone (*Enomium savilei*); les dunes de sable, sur la rive sud du lac Athabasca, où croissent une espèce de stellaire (*Stellaria longipes ssp. arenicola*), plusieurs espèces de saules nains et une armeria (*Armeria maritima ssp. interior*); les rives des Grands Lacs où se trouvent deux espèces de chardons (*Cirsium pitcheri* et *C. pumilum*), une espèce d'iris (*Iris lacustris*), la verge d'or de Houghton (*Solidago houghtonii*) et une espèce de marguerite jaune (*Hymenoxys acaulis* var. *glabra*); le golfe du Saint-Laurent (p. ex. les montagnes de la GASPÉSIE, l'ARCHIPEL DE MINGAN et l'ÎLE D'ANTICOSTI et les hauts plateaux de calcaire et de serpentine de Terre-Neuve) où croissent une sabline (*Minuartia marcescens*), une gentiane (*Gentianella victorinii*), deux espèces de roses et plusieurs espèces de saules.

Au Canada, plusieurs espèces sont actuellement si rares et ont une répartition si limitée que leur survie est menacée. Leur rareté est habituellement causée par la destruction de leurs habitats naturels. P. ex., le cypripède blanc (*Cypripedium candidum*), une espèce de petite taille, qui est la première plante à être protégée par la législation ontarienne, se trouve maintenant seulement en petites colonies dans le sud-ouest de l'Ontario, en Saskatchewan et au Manitoba ainsi que dans plusieurs sites isolés aux États-Unis.

Les plantes qui atteignent la limite septentrionale de leur aire de répartition dans le sud du Canada sont les plus exposées aux menaces importantes. Malheureusement, cette région présente une forte densité de population, et les activités agricoles et industrielles y sont concentrées. Il ne reste qu'une bien faible proportion des forêts décidues qui couvraient autrefois le sud-ouest de l'Ontario, mais ces forêts abritent une grande variété de plantes très spéciales que l'on ne rencontre nulle part ailleurs au Canada.

La plupart de ces plantes sont maintenant rares, certaines sont en danger de disparition et quelques-unes ont disparu. Plusieurs espèces d'arbres figurent sur cette liste: le magnolier acuminé (*Magnolia acuminata*), deux espèces de caryers (*Carya glabra* et *C. laciniosa*), le frêne bleu (*Fraxinus quadrangulata*) et quatre espèces de chênes. S'ajoutent à cette liste plusieurs plantes herbacées, arbustes et plantes grimpantes, en particulier le magnifique bignone radicant (*Campsis radicans*), le gainier rouge (*Cercis canadensis*, disparu à l'état sauvage au Canada) et l'hydraste du Canada (*Hydrastis canadensis*), une plante importante pour ses propriétés médicinales.

La majorité survit dans de petits terrains boisés et habitats associés, fragments de forêts presque continues qui couvrent cette région avant la colonisation. Heureusement au cours des dernières décennies, le Programme de la région carolinienne canadienne, mené conjointement par le gouvernement ontarien, les autorités environnementales locales et le secteur privé, permet de protéger plusieurs des plus importants de ces habitats ainsi que les plantes rares et les animaux qui y vivent. Cette protection est rendue possible grâce à l'acquisition de terres et à des ententes de gestion des terres privées par un régisseur.

Il existe des problèmes semblables dans d'autres provinces. En Nouvelle-Écosse et au Nouveau-Brunswick, de nombreuses espèces de plantes caractéristiques des rives de l'Atlantique et des forêts de l'Est sont menacées par la construction de chalets, l'agriculture, les exploitations forestières et la construction de barrages. Au nombre de ces espèces, on compte la lophiolie d'Amérique (*Lophiola aurea*), le céanothe d'Amérique (*Lachnanthes tinctoria*) et le pédiculaire de Furbish (*Pedicularis furbishiae*).

Dans les Prairies, presque toutes les prairies naturelles ont succombé aux labours ou sont intensément utilisées comme pâturage. Plusieurs plantes des prairies survivent de nos jours de façon précaire au bord des routes et des voies ferrées où elles échappent à l'agriculture, mais sont menacées par les herbicides, entre autres le prairie parsley (*Lomatium orientale*), une vernonie (*Vernonia fasciculata*) et des légumineuses, comme *Astragalus kentrophyta*, *Oxytropis besseyi*.

Les montagnes de l'Ouest ont une variété unique de fleurs alpines. Plusieurs espèces, bien qu'elles soient communes aux États-Unis, y atteignent leur limite septentrionale et y sont rares, p. ex. le xérophylle vigoureux (*Xerophyllum tenax*), une petite espèce de sabline (*Minuartia nuttallii*) et une très belle townsendie (*Townsendia condensata*).

Pourquoi les conserver? Pourquoi protéger des plantes de la disparition? Pourquoi ne pas laisser la nature suivre son cours et les plantes disparaître? Il y a de nombreuses raisons à cela. Les plantes sont une source de plaisir et de détente pour nombre de personnes et constituent une source d'inspiration pour les artistes de divers domaines: peinture, photographie, poésie et prose. La vie et la qualité de vie dépendent des plantes. Pourtant, on n'exploite qu'une trentaine d'espèces dans le monde pour la culture vivrière (p. ex. riz, blé, maïs et pomme de terre). Les possibilités de production de nouvelles cultures et d'amélioration des cultures existantes sont illimitées, mais nécessitent l'utilisation de la diversité génétique des plantes sauvages.

Les plantes varient selon l'endroit où elles poussent. P. ex., les populations nordiques diffèrent souvent génétiquement des plantes méridionales. Chacune est adaptée à l'habitat et au climat où elle pousse. Pour que la survie d'une espèce soit assurée, il est essentiel de maintenir sa diversité génétique afin qu'elle puisse s'adapter aux petits changements continuels de l'environnement, aux changements climatiques, aux prédateurs, à la maladie, à la compétition et à d'autres facteurs. C'est pourquoi nous devons protéger les plantes qui atteignent la limite de leur répartition au Canada, même si elles sont abondantes aux États-Unis. De plus, nous devons protéger les ancêtres sauvages des plantes cultivées et assurer la survie d'espèces qui pourraient devenir des plantes de culture, des variétés horticoles ou des sources de produits utiles.

Les plantes sont utilisées depuis les temps préhistoriques pour leurs propriétés médicinales. Les chercheurs actuels découvrent un nombre apparemment illimité de nouveaux produits chimiques dans les plantes sauvages, nombre de ces produits chimiques constituant la base de nouveaux médicaments ou d'autres produits utiles au bien-être et au développement humain. À l'origine, la cortisone est tirée des dioscorées (*Dioscorea*), et un arbuste peu connu du semi-désert de l'Arizona, le jojoba (*Simmondsia chinensis*) s'avère une source de cire liquide qui peut être utilisée dans la fabrication de plusieurs produits aussi variés que l'huile à transmission, les cosmétiques et les lotions solaires.

On a récemment découvert que l'asiminier trilobé (*Asimina triloba*) qui croît dans les forêts de l'est de l'Amérique du Nord, depuis le sud de l'Ontario jusqu'au golfe du Mexique, contient une substance anti-cancéreuse puissante. De plus, une vigne peu connue (*Ancistrocladus konepensis*) qui pousse dans les forêts humides de l'ouest de l'Afrique contient une substance qui inhibe le VIH (*voir* SIDA).

Les bénéfices économiques et matériels que l'on peut tirer des plantes sont illimités, et nous ne faisons que commencer à exploiter les bienfaits des produits contenus dans les plantes sauvages. À cette étape prématurée, nous ne pouvons nous permettre de laisser disparaître une plante car, une fois disparue, une espèce ne pourra jamais être recréée. Les plantes font partie de notre patrimoine naturel, un héritage que nous avons le devoir de protéger au profit des générations futures.

John Morton

Plantes fossiles La paléobotanique consiste à étudier la vie d'anciennes plantes à l'aide de FOSSILES. Le mot «plante» désigne les plantes terrestres, ainsi que les plantes aquatiques, les MOUSSES, les HÉPATIQUES et les ALGUES. Bien que les CHAMPIGNONS et les BACTÉRIES ne soient pas des plantes, ils sont souvent considérés comme telles.

Débuts de la vie

Premières formes de vie Les premiers organismes qui apparaissent sur Terre ressemblent aux bactéries. Ils se nourrissent de molécules organiques, dont ils proviennent eux-mêmes, et de molécules formées par la combinaison de gaz carbonique, d'eau et d'azote accumulés depuis la formation des océans. L'ÉVOLUTION des plantes, organismes capables de synthétiser leur nourriture à partir de la lumière du soleil et de molécules inorganiques, est essentielle à leur survie.

Les plus simples photosynthétiseurs actuels sont les Cyanobactéries, qui vivent dans presque tous les milieux et qui produisent, dans certains habitats aquatiques, les stromatolithes, des monticules formés de couches de sédiments. Les premières traces de vie sur Terre sont des stromatolithes vieux de 3 ou 3,5 milliards d'années, trouvés dans l'ouest de l'Australie, en Afrique du Sud et dans le Bouclier canadien.

Sur les rives du lac Supérieur, près de Kakabeka Falls, on a trouvé des stromatolithes, ainsi que les organismes microscopiques qui vivaient il y a 1,9 milliard d'années, conservés dans de la silice. Ces organismes ressemblent beaucoup aux Cyanobactéries actuelles. Leur description par E.S. Barghoorn et S.A. Tyler en 1965 surprend les géologues et les biologistes de l'époque. En effet, on avait déjà formulé des hypothèses sur les premières formes de vie, mais les preuves de leur existence manquaient. Ces fossiles, qui constituent la première preuve indiscutable que la vie existait à une époque aussi incroyablement reculée, stimulent la recherche de fossiles précambriens (plus vieux que 544 millions d'années) partout dans le monde.

D'anoxique à oxique Au cours de la plus grande partie du précambrien, les cyanobactéries et les bactéries dominent la Terre. Comme l'oxygène libre (O_2) libéré par les cyanobactéries fait lentement rouiller la Terre, produisant ainsi de grands dépôts de minerai de fer, l'environnement global, qui était anoxique (sans oxygène libre) et donc viable seulement pour les organismes anaérobies devient oxique, et les organismes aérobies (nécessitant de l'oxygène) peuvent désormais se développer. Toutes les plantes et tous les animaux familiers, les humains y compris, sont aérobies et leur métabolisme nécessite de l'oxygène libre. La transition de conditions anoxiques à des conditions oxiques durant le précambrien, il y a un milliard d'années, permet l'évolution de plantes et d'animaux complexes.

Le métabolisme aérobie permet l'évolution de diverses formes de vie à un rythme rapide et, semble-t-il, sans cesse croissant. Des organismes anciens comme les cyanobactéries doivent leur survie à leur adaptabilité remarquable dans un monde en perpétuelle transformation et aux habitats toujours disponibles pour les formes de vie aussi petites et aussi simples. Il existe peu de fossiles d'algues supérieures, sauf ceux d'algues calcaires vertes et rouges. Depuis l'époque cambrienne, ces algues jouent un rôle important dans la construction et la cimentation de récifs, dont certains constituent des réservoirs naturels de pétrole au Canada.

Premières plantes terrestres L'invasion du milieu terrestre par les plantes depuis le milieu aquatique se produit au cours du silurien supérieur (il y a 441 à 410 millions d'années). L'eau, d'une importance vitale pour les êtres vivants, est facilement accessible aux organismes aquatiques, mais les ancêtres des plantes terrestres doivent développer des mécanismes de conservation de l'eau pour survivre hors de celle-ci: une cuticule ou revêtement cireux étanche, des racines ou autres organes souterrains d'absorption de l'eau, un système de conduits pour le transport de l'eau et des organes reproducteurs étanches. La vie étant ainsi devenue possible sur la terre ferme, un habitat vaste et nouveau s'offre à toute espèce d'algue qui peut franchir la frontière eau-terre. Plusieurs groupes essaient probablement de s'adapter, mais seuls deux groupes, qui descendent des algues vertes, y parviennent: les bryophytes (mousses et hépatiques) et les plantes vasculaires, pourvues de tissus fibreux servant de support et permettant la circulation de l'eau.

Plantes terrestres

Depuis la colonisation du milieu terrestre par les plantes au silurien, aucun nouveau groupe de plantes terrestres n'évolue à partir des algues. La compétition avec les groupes déjà existants et de mieux en mieux adaptés devient trop forte.

Bryophytes Les bryophytes, dont le mode de vie et la structure expliquent la petite taille, sont habituellement fragiles et se trouvent rarement sous forme de fossiles. Les plus anciennes mousses et hépatiques ont été trouvées dans les roches du dévonien (vieilles de 410 à 353 millions d'années). Des fossiles de mousses trouvés en Colombie-Britannique et vieux de 45 millions d'années sont très semblables aux mousses actuelles et laissent croire que plusieurs espèces de bryophytes sont anciennes et évoluent très lentement.

Plantes vasculaires du dévonien Les plantes vasculaires sont les plantes terrestres dominantes pendant plus de 400 millions d'années. Elles évoluent constamment en raison des changements climatiques et environnementaux. Les plus anciennes plantes vasculaires, les rhyniophytes, sont petites, nues, avec des ramifications rudimentaires, sans racines et sans feuilles. Elles donnent naissance à deux groupes, qui s'épanouissent au début du dévonien (il y a 410 à 392 millions d'années): les zostérophylles, habituellement couverts d'épines molles, et les trimérophytes, souvent pourvus d'une ramification complexe et d'un port arbustif. On trouve des fossiles bien conservés de ces groupes du début du dévonien dans des sites fossilifères célèbres de Gaspé au Québec et de la baie des Chaleurs au Nouveau-Brunswick, ainsi que dans la rivière Abitibi, près de la baie James, en Ontario.

Ces fossiles constituent une source d'informations intéressante sur la structure des plantes et sur leur évolution. J.W. DAWSON est le premier à les étudier et à reconnaître leur importance. La découverte de ces plantes étranges et sans feuilles est longtemps ignorée puisque personne ne croit à l'existence d'un tel monde. Dawson persévère néanmoins et il est maintenant reconnu comme le fondateur de la paléobotanique du dévonien.

Plusieurs nouveaux groupes de plantes terrestres évoluent du milieu du dévonien (392 à 375 millions d'années) jusqu'à sa fin (375 à 353 millions d'années). Les zostérophylles donnent naissance à un groupe de plantes jadis diversifié dont les feuilles évoluent à partir de larges épines: les LYCOPODES et les espèces apparentées, y compris les lycopodes géants de la famille des lépidodendracées. De leur côté, les trimérophytes donnent naissance à de plus nombreux groupes de descendants, dont des feuilles sont formées à partir de ramifications modifiées: les PRÊLES, aux appendices verticillés; les FOUGÈRES, aux frondes composées; et les progymnospermes, les ancêtres ligneux à spores libres des plantes à graines (*voir* PHANÉROGAMES). Les progymnospermes développent des tiges épaisses et ligneuses et forment les premières grandes étendues forestières, dont on découvre des restes préservés dans des roches dévoniennes de la baie Escuminac et de Gaspé au Québec, dans la région de Ghost River, en Alberta, dans les Hess Mountains, au Yukon et sur l'île d'Ellesmere, dans les Territoires du Nord-Ouest.

Carbonifère et permien Le début du carbonifère est très différent du dévonien puisque les mers inondent la plus grande partie du continent. On connaît peu de plantes fossiles provenant de cette époque au Canada. Lorsque les niveaux marins baissent, à la fin du carbonifère, de grands marais se forment sur les anciens fonds marins. Les terrains houillers de Sydney et de Pictou en Nouvelle-Écosse et celui de Minto au Nouveau-Brunswick sont des vestiges de ces marais de l'ère du charbon. Les fossiles de la fin du carbonifère provenant de ces gisements, minutieusement étudiés par W.A. Bell, révèlent un monde étrange de lycopodes arborescents (lycopodes géants de plus de 30 m de hauteur) et de calamites (prêles géantes de 20 m de hauteur). Les branches de calamites pourvues de verticilles de feuilles en forme d'étoile y sont abondantes et facilement identifiables. Les cordaïtes, des espèces éteintes apparentées aux conifères, sont les seules plantes ligneuses et résistantes des marais. Les fougères et les ptéridospermées, des groupes non apparentés, produisent un type semblable de feuillage. Quoique le carbonifère (datant de 353 à 300 millions d'années) soit souvent appelé «l'âge des fougères», plusieurs types de feuilles semblables à celles des fougères portent des graines et ne ressemblent donc qu'en apparence aux fougères.

Les plantes qui poussent dans les hautes terres arides du carbonifère se fossilisent rarement. Les vrais conifères, les fougères rustiques, les cycadophytes et les ptéridospermées évoluent dans ces régions arides. Au cours du permien (datant de 300 à 250 millions d'années) et du trias (250 à 205,7 millions d'années), il se produit une baisse des niveaux marins, une GLACIATION dans l'hémisphère Sud, et des conditions désertiques s'installent dans la plus grande partie de l'Amérique du Nord. Les plantes des marais du carbonifère s'éteignent et les plantes adaptées aux conditions arides se développent.

Du trias au crétacé Les forêts triasiques de conifères, de cycadophytes, de cycadéoïdes, de fougères et de ptéridospermées sont conservées dans les roches carbonifères des îles d'Axel Heiberg et d'Ellesmere. C'est le début de l'ère des conifères et des cycadophytes qui, parallèlement à l'ère des dinosaures, doit durer plus de 100 millions d'années. Lorsque les niveaux marins montent et que le taux d'humidité augmente durant le jurassique (205,7 à 144,2 millions d'années) et le crétacé (144,2 à 65 millions d'années), ces plantes se répartissent dans les habitats disponibles. On trouve plusieurs fossiles du début du crétacé en Colombie-Britannique et dans les terrains houillers de l'ouest de l'Alberta (Dawson Creek, Canmore, Luscar et Grande Cache). Au début du crétacé (144,2 à 98,9 millions d'années), les ptéridospermées disparaissent après avoir donné naissance aux angiospermes, les plantes à fleurs.

Progression des angiospermes Les premiers angiospermes ont des avantages sur les groupes contemporains (p. ex., cycle reproducteur rapide), qui en font des plantes très efficaces et des «mauvaises herbes» très bien adaptées à croître rapidement en envahissant le milieu. Ces adaptations, comme celles des fleurs qui attirent les insectes pollinisateurs, se révèlent précieuses dans différents habitats. L'interaction entre les plantes à fleurs et les insectes permet une incroyable diversification de ces deux groupes. Quelques-unes des premières plantes à fleur connues se rencontrent dans les terrains houillers du nord-est de la Colombie-Britannique. En analysant la flore de la fin du crétacé (98,9 à 65 millions d'années) dans les régions de Dawson Creek en Colombie-Britannique et de Milk River en Alberta, on remarque une domination croissante des angiospermes. Ces fossiles, qui ressemblent généralement à certains angiospermes actuels, appartiennent à des familles archaïques aujourd'hui éteintes, et leurs liens avec les groupes contemporains ne sont pas clairs.

À la fin du crétacé, le climat se rafraîchit, les mers intérieures couvrant la majeure partie de l'Ouest canadien se retirent et les DINOSAURES disparaissent. On trouve également, entre les dépôts du crétacé et du tertiaire, des preuves de l'extinction de plantes terrestres. Au cours de cette période d'extinction massive, la Terre est frappée par un météorite géant. Dans le sud de la Saskatchewan, des débris de l'impact sont conservés dans les sédiments, entre les couches limitant le crétacé et le tertiaire, sous la forme d'argile pâle riche en éléments rares sur la Terre tels que l'iridium.

Début du tertiaire À l'aube du tertiaire (65 à 56,5 millions d'années), la Terre entre dans l'ère des mammifères et, parallèlement à la multiplication de ces derniers, a lieu celle de la flore «moderne», constituée majoritairement de plantes à fleurs. On trouve des fossiles du début du tertiaire (paléocène), vieux de 56,5 à 65 millions d'années, presque partout en Alberta (p. ex., à Red Deer River et dans les terrains houillers du Lake Wabamun et de Robb à Coal Valley) et dans le sud de la Saskatchewan (p. ex., dans la région de Eastend jusque dans les terrains houillers de Estevan) et vers le nord jusqu'à l'île d'Ellesmere. Cette flore révèle une variété de plantes à fleurs, parmi lesquelles on compte des membres des familles des platanes, des bouleaux et des noyers, mais les plantes fossiles les plus abondantes sont le cercidiphyllum du Japon et le métaséquoïa de Chine, maintenant indigènes seulement dans le sud-est de l'Asie.

Au cours de l'éocène (56,5 à 34 millions d'années), une période du début du tertiaire, il se produit un bref réchauffement climatique qui coïncide avec une diversification rapide des plantes à fleurs. Les fossiles de cette époque en Colombie-Britannique (Princeton, Kamloops et la région de Smithers) révèlent un nombre croissant de familles de plantes modernes et des espèces aujourd'hui éteintes de bouleaux, d'érables, de hêtres, de saules, de marronniers, de pins et de sapins.

Des forêts fossiles exceptionnellement bien conservées dans les îles d'Axel Heiberg et d'Ellesmere, dans l'Arctique canadien, illustrent clairement le contraste entre la végétation canadienne moderne et la flore d'une époque beaucoup plus chaude. Ces forêts fossiles, vieilles de 40 à 60 millions d'années, sont constituées de grosses souches, plusieurs de plus d'un mètre de diamètre, conservées là où elles ont poussé et encore enracinées dans un sol ancien. D'épais tapis de feuilles qui forment le sol de la forêt permettent aujourd'hui d'identifier les espèces de plantes qui l'habitent. Des forêts tourbeuses luxuriantes de séquoia et de chamaecyparis couvrent les basses terres tandis que les hautes terres sont dominées par des forêts mixtes de Conifères et de feuillus ressemblant aux forêts actuelles de l'est de l'Amérique du Nord. Ces forêts poussent bien au-dessus du cercle polaire arctique, ce qui témoignent de la dérive des continents et d'une époque où il n'y avait pas de climat froid arctique au Canada.

Refroidissement au cours du tertiaire Le refroidissement global commence au milieu du tertiaire et atteint son apogée lors de la glaciation du Canada à la fin du tertiaire, il y a environ deux millions d'années. Les plantes fossiles de cette époque ne sont pas communes dans le sud du Canada, mais dans le Nord (incluant les îles de Banks, de Meighen et d'Ellesmere), des lits de tourbe contenant des épinettes, des bouleaux, des noyers, des pins, des mélèzes et des mousses nous renseignent sur l'évolution de la forêt boréale il y a plus de 20 millions d'années. Ces lits de tourbe fournissent également des informations sur la disparition définitive des forêts du Canada septentrional à la fin du tertiaire, lorsque le glacier continental commence à se former.

Époque glaciaire Les glaciations du pléistocène (il y a 1,65 million d'années à 10 000 années) transforment complètement les paysages canadiens avec les avancées et les retraits répétés de couches de glace qui peuvent avoir jusqu'à 3 kilomètres d'épaisseur. Au cours des périodes interglaciaires, les forêts recolonisent les territoires dévastés. On trouve des restes bien préservés de flore interglaciaire dans l'argile exposée du Don Valley Brickyard, à Toronto. À cet endroit, la flore indique que pendant ces périodes, le climat du Canada est beaucoup plus doux que celui de la période interglaciaire dans laquelle nous vivons actuellement.

Présent La dernière avancée glaciaire se termine il y a environ 10 000 ans. Le refroidissement qui a lieu au cours du tertiaire et la glaciation éliminent les anciennes forêts nordiques du Canada. Plusieurs plantes trouvent refuge dans le sud-est de l'Amérique du Nord et en Chine, où leurs descendantes vivent encore. Les flores de ces deux régions se ressemblent encore aujourd'hui. La majorité des plantes canadiennes actuelles sont des immigrantes récentes de régions qui n'ont pas subi la glaciation et forment des peuplements assez différents de ceux des époques précédentes. Le monde moderne est seulement le chapitre le plus récent de la longue et fascinante histoire de la vie. Il est heureux que les roches du Canada aient préservé, de façon souvent très détaillée, une partie aussi importante de cette histoire.

James Basinger

Plantes fourragères Cultivées principalement pour l'alimentation du bétail, elles sont consommées soit sous forme de foin, de fourrage en vert ou d'ensilage, ou broutées sur place par les animaux. Les deux sortes de plantes fourragères les plus importantes sont les LÉGUMINEUSES et les GRAMINÉES.

Légumineuses Toutes les légumineuses possèdent un fruit comme gousse et, comme elles ont des nodules sur leurs racines, elles ont la capacité de fixer l'azote atmosphérique. Parmi les deux espèces commerciales de LUZERNE, *Medicago sativa* est celle qui procure les meilleurs rendements au Canada en foin ou en ensilage. La *M. falcata*, de son côté, produit des variétés qui poussent dans les conditions sèches des PRAIRIES. Le TRÈFLE rouge (*Trifolium pratense*) est une plante bisannuelle qui résiste mieux que la luzerne dans un sol où le drainage est imparfait; il est grandement cultivé dans des endroits où les pluies sont suffisamment abondantes. Le trèfle alsike (*T. hybridum*) possède des caractéristiques semblables à celles du trèfle rouge; on le mélange aux graminées.

Le trèfle blanc (*T. repens*), mélangé aux graminées pour le pâturage et pour le foin, pousse au ras du sol et possède de nombreux stolons. Les fleurs du lotier corniculé (*Lotus corniculatus*) sont jaunes; sa capacité de repousser pendant de nombreuses années en fait un fourrage de grande valeur. Le mélilot blanc (genre *Melilotus*) est une plante bisannuelle de grande taille, surtout utilisée dans les provinces de l'Ouest comme foin ou comme ensilage. Les FÈVES FABA, les POIS des champs et différentes sortes de VESCES FOURRAGÈRES sont utilisés comme fourrage en vert ou comme foin.

Graminées Les graminées jouent un rôle important en raison de leur diversité et de leur faculté à pousser dans une gamme de sols et sous différents climats. La fléole des prés (*Phleum pratense*), la graminée la plus répandue au Canada (à l'exception des régions arides des Prairies), croît abondamment dans les sols lourds qui retiennent bien l'humidité. Le dactyle (*Dactylis glomerata*), aux racines fibreuses et profondes, se fixe dans les lieux ouverts au sol souvent sec et est sensible aux fertilisants et à l'irrigation. Le brome (*Bromus inermis*), lui aussi adapté aux sols secs, est cultivé avec la luzerne dans les régions les plus arides de l'est du Canada et des Prairies.

L'alpiste roseau (*Phalaris arundinacea*), originaire d'Amérique du Nord, croît en touffe et se propage rapidement grâce à ses rhizomes robustes. C'est dans les endroits où le taux d'humidité est élevé que l'alpiste donne les meilleures récoltes. Le pâturin des prés (*Poa pratensis*) est largement répandu, surtout dans les endroits frais et humides, où il fournit un pâturage naturel dans les champs incultes. L'agropyre à crête (genre *Agropyron*) est une plante originaire de l'ouest de la Sibérie aux racines nombreuses, denses et profondes. Bien adapté au climat des Prairies, il produit des feuilles de la mi-avril à la fin juin.

L'agropyre intermédiaire (*A. intermedium*), aux racines profondes, est bien adapté au climat sec des Prairies. Il est facile à implanter et fournit un pâturage très apprécié. L'élyme de Russie (*Elymus junceus*) est résistant à la sécheresse et au froid, possède une teneur élevée en protéines et est appétant en automne.

Culture À la fin des années 80, il y avait 4,4 millions d'hectares en pâturages améliorés et 5,1 millions en cultures fourragères. Les méthodes de culture varient selon la zone climatique, mais les cultures fourragères sont en général établies au début du printemps sur un sol complètement labouré et elles sont plantées à l'aide de semoirs à grains; on se sert alors de l'avoine ou de l'orge comme plante-abri. Grâce à la nouvelle technologie accessible aux fermes laitières, un mélange de luzerne et de graminées peut maintenant être semé directement, sans plante-abri. Le foin peut être récolté dès la première année. Dans les endroits où l'on utilise le maïs fourrager comme source d'énergie dans les aliments du bétail (haute teneur en glucides), on cultive aussi la luzerne ou un mélange de luzerne et de graminée pour ajouter des protéines à la ration.

Un mélange de luzerne et de fléole des prés est utilisé dans les sols lourds et bien drainés ayant une grande capacité de rétention d'eau. Dans les sols mal drainés, le trèfle rouge, le trèfle alsike et la fléole des prés sont mélangés et on les récolte comme foin ou pour l'ensilage. Dans la région de la ceinture d'argile du nord du Québec et de l'Ontario, le trèfle rouge, le trèfle alsike et la fléole des prés fournissent le foin et l'ensilage nécessaires à l'alimentation des troupeaux laitiers. Dans l'est du Québec et dans les Maritimes, la fléole des prés représente plus de 80 p. 100 de la production fourragère; dans ce cas l'avoine est utilisée comme plante-abri.

Dans l'Ouest, l'agropyre à crête est généralement choisi et, dans les régions bien irriguées de l'Alberta et de la Saskatchewan, c'est un mélange de luzerne et de brome qu'on cultive pour le foin et l'ensilage. Au Manitoba et dans les sols plus secs de l'Ontario et du Québec, le mélange de brome et de luzerne est généralement employé comme foin. En Colombie-Britannique, la luzerne, le trèfle rouge, le dactyle et le ray-grass sont les types de fourrage les plus en demande.

Les variations selon les types de sols, les méthodes de fertilisation, l'intensité des systèmes d'élevage et les différences climatiques rendent difficile l'évaluation des rendements. P. ex., sous des conditions favorables, la fléole des prés peut produire 9 t de matière sèche par hectare. En cas de sécheresse et de températures élevées en été, le rendement n'en sera plus que du tiers.

Ainsi, dans le sud de l'Ontario, les récoltes de fléole des prés atteignent plus de 12 700 kg par hectare; dans le Nord, elles ne sont que de 6500 kg par hectare. Dans les Prairies, le rendement de l'agropyre à crête et du brome serait de 3700 kg par hectare si les conditions étaient identiques à celles qui prévalent dans le centre de la Saskatchewan. La contribution de la culture fourragère au produit national brut est sensiblement la même que celle des produits laitiers, du bœuf et du mouton, puisque plus de 85 p. 100 des aliments pour animaux utilisés dans les fermes sont issus du fourrage: foin sec, ensilage, et pâturage.

W.R. Childers

Plantes, maladies des Elles peuvent réduire la valeur économique, esthétique et biologique de toutes les espèces. La pathologie végétale (phytopathologie) étudie la nature, les causes, la prévention et les aspects socioéconomiques des maladies des plantes. On reconnaît celles-ci par les symptômes comme la nécrose (mort de cellules ou de tissus), la chlorose (jaunissement), le flétrissement (affaissement des feuilles et de la tige), le pourrissement, le nanisme, la tuméfaction (formation de galle ou enflure localisée), le brunissement ou la fonte des semis (tombée rapide de la plante), etc. On divise les maladies des plantes en deux catégories: les maladies non parasitaires (non infectieuses, non transmissibles) et les maladies parasitaires (infectieuses).

Les maladies non parasitaires sont causées par des conditions environnementales inadéquates telles que les carences ou les excès de nutriments, les toxines biologiques, les conditions défavorables du sol et du climat et les polluants. Les carences en nutriments minéraux (azote, phosphore, potassium, bore, calcium, cuivre, fer, magnésium, manganèse, molybdène, soufre et zinc) peuvent occasionner certaines maladies chez tous les types de cultures. On observe aussi des maladies dues aux polluants. Les polluants atmosphériques issus de la combustion incluent l'anhydride sulfureux et les fluorures, et ceux qui sont engendrés par des réactions photochimiques comprennent les nitrates complexes et l'ozone. À ceux-là s'ajoutent quelques produits chimiques toxiques qui se forment naturellement.

La plupart des maladies des plantes sont dues à des CHAMPIGNONS parasitaires, des bactéries, des mycoplasmes, des spiroplasmes, des virus, des viroïdes, des nématodes et des protozoaires parasitaires. De plus, certaines plantes (p. ex., la cuscute et le GUI) peuvent parasiter d'autres végétaux.

Champignons Ces organismes filiformes microscopiques ou macroscopiques sont dépourvus du pigment photosynthétique qu'est la chlorophylle, mais dotés de structures de reproduction (en général des spores). Des milliers de champignons causent quelque 100 000 maladies chez les plantes, dont la rouille, le charbon, l'oïdium et l'ergot des céréales, le mildiou de la pomme de terre et de la tomate, le chancre du pommier, la pourriture du cœur des arbres, le mildiou velouteux du tabac et la fonte des semis, etc.

Bactéries, mycoplasmes et spiroplasmes Ce sont des cellules simples sans chlorophylle qui se reproduisent habituellement par division cellulaire. On peut considérer les mycoplasmes comme des formes simples de bactéries, dépourvues de paroi cellulaire. Les spiroplasmes sont des cellules semblables aux mycoplasmes, mais de structure spiralée. Dans la nature, les mycoplasmes et les spiroplasmes sont essentiellement propagés par les cicadelles. Dans certains cas, les bactéries peuvent être véhiculées par des insectes, mais aussi par des éclaboussures de pluie, par le vent, par contact, etc. Quelques centaines d'espèces de bactéries attaquent les plantes.

Virus et viroïdes Ils représentent la forme la plus simple des organismes parasitaires. Les virus sont constitués d'acide nucléique entouré de protéines, et les viroïdes, d'acide ribonucléique libre. On les considère comme des parasites moléculaires qui utilisent les composants de leur hôte pour la réplication (c.-à-d. la multiplication) de leur acide nucléique infectieux. Quelques centaines de virus des végétaux causent des maladies comme la mosaïque du tabac, du concombre et de la tomate, l'enroulement des feuilles de la pomme de terre, la tache annulaire du framboisier, la chute des fleurs de la tulipe et le nanisme jaune de l'orge. Plusieurs viroïdes transmettent des maladies comme le virus à fuseaux du tubercule de la pomme de terre, la décoloration des fruits du concombre et le rabougrissement du houblon et du chrysanthème. Les viroïdes et certains virus sont transmis par contact. Un grand nombre de virus sont disséminés dans la nature par des arthropodes vecteurs (comme les PUCERONS, les cicadelles, les THRIPS, les mouches blanches, les aleurodes et les ACARIENS). Certains sont aussi transmis par des nématodes et des champignons du sol.

Nématodes Ce sont des animaux INVERTÉBRÉS non segmentés, comme les anguillules. La plupart des nématodes parasitaires des plantes causent des galles et des lésions aux racines, les font pourrir et peuvent retarder sérieusement leur croissance. Certains nématodes se nourrissent des plantes qu'ils parasitent au moyen de leur stylet (dard). Les nématodes produisent des œufs et des larves qui subissent plusieurs mues avant de devenir des agents pathogènes adultes. Les nématodes sont aussi gênants parce qu'ils peuvent également agir comme vecteurs très efficaces de deux groupes de virus des plantes.

Protozoaires Ce sont des formes primitives d'animaux microscopiques. Quelques espèces ont été associées à certaines maladies des plantes.

La lutte contre les maladies

En raison des pertes économiques (des milliards de dollars chaque année dans le monde entier) qui résultent des maladies des plantes, on a souvent recours à des mesures préventives. L'exclusion consiste à empêcher l'entrée d'agents pathogènes dans une région par la mise en quarantaine des plantes, par des programmes de certification, par des inspections volontaires ou obligatoires et par la production de plantes exemptes d'agents pathogènes. L'éradication s'effectue par le retrait des hôtes pathogènes, par la rotation culturale et par le traitement thermique ou chimique du sol qui héberge les agents pathogènes.

Les méthodes de protection font surtout appel à des PESTICIDES chimiques, comme les fongicides, les bactéricides, les nématicides, les fumigants et les insecticides (contre les insectes vecteurs). Certains agents pathogènes des plantes (comme les virus et les viroïdes) ne peuvent toutefois être supprimés chimiquement, car ils se multiplient en étroite association avec les cellules des plantes. Certaines pratiques culturales (comme les semis précoces et superficiels, la fertilisation) peuvent également protéger les plantes contre les agents ou les conditions qui causent des maladies. L'amélioration génétique demeure la meilleure méthode de lutte lorsqu'on peut trouver facilement des gènes de résistance ou de tolérance stables et les introduire dans le matériel héréditaire de la plante. De nombreuses cultures importantes du point de vue agronomique ont des gènes de tolérance ou de résistance à plusieurs maladies fongiques ou virales. Les mesures de lutte biologique et les approches intégrées de gestion des insectes constituent des voies prometteuses de la recherche pour une lutte efficace et sécuritaire contre les maladies des végétaux. Ces méthodes comprennent l'utilisation de prédateurs naturels contre des organismes causant des maladies (*voir* INSECTES UTILES). Des recherches récentes ont donné quelques plantes transgéniques qui tolèrent mieux les

agents pathogènes. On obtient de telles plantes en leur insérant des gènes spécifiques isolés (*voir* GÉNÉTIQUE).

La recherche au Canada

Étant donné l'importance des opérations de FORESTERIE et du système agroalimentaire (*voir* AGRICULTURE ET ALIMENTATION) dans l'économie canadienne, la lutte contre les maladies des plantes est un élément majeur de la recherche (*voir* RECHERCHE ET DÉVELOPPEMENT AGRICOLES). Les forêts et les vastes étendues ensemencées pour une culture unique sont particulièrement vulnérables aux dommages engendrés par les agents pathogènes, parce qu'il s'agit dans les deux cas de systèmes de monoculture. Il est toutefois difficile d'évaluer le coût des pertes ainsi occasionnées. D'après une étude d'une durée de deux ans menée par le Centre de recherche d'Agriculture et Agroalimentaire Canada à London, les pertes causées durant cette période par les insectes, les maladies et les mauvaises herbes dans des cultures de pommes de terre, de rutabagas et d'oignons étaient respectivement de 64 p. 100, de 88 p. 100 et de 100 p. 100. Les coûts des pertes, basés sur la valeur agricole de ces cultures en 1985, auraient été respectivement de 168,9 millions, 13,1 millions et 19,6 millions de dollars.

La recherche portant sur l'éradication des maladies des plantes ou sur la lutte contre les vecteurs pathogènes est effectuée par les laboratoires des gouvernements fédéral et provinciaux, les facultés universitaires, les écoles d'agriculture et de foresterie, de même que par certaines entreprises privées. Comme un grand nombre de plantes horticoles sont des plants repiqués provenant de pépinières étrangères, la possibilité d'y introduire des organismes causant des maladies représente aussi un problème particulier.

Alain Asselin

Plantes nuisibles ou mauvaises herbes. Ce sont des plantes qui poussent dans des endroits où les humains n'en veulent pas. Leurs défauts sont variés. Ces plantes privent les plantes cultivées de lumière, d'eau et de substances minérales nutritives. Elles sont parfois toxiques pour les humains et les animaux domestiques. Elles sont des foyers de maladie des plantes, hébergent des insectes et des microbes, contaminent le lait ou d'autres produits agricoles, portent des épines et des piquants, causent des allergies comme le rhume des foins. Les plantes nuisibles ne se trouvent pas seulement dans les régions agricoles, mais aussi en forêt, dans les lacs, dans les aires de loisirs, le long des routes et dans d'autres lieux où l'homme est présent.

On en trouve pratiquement dans toutes les familles de plantes: chez les algues, les plantes vasculaires primitives, (p. ex., prêle des champs, *Equisetum arvense*, et la fougère aigle, *Pteridium aquilinum*), les plantes annuelles rampantes (p. ex., le pourpier, Portulaca oleracea), les hautes herbes vulgaires (p. ex., le chou gras, *Chenopodium album*), les vignes (p. ex., le petit liseron, *Convolvulus arvensis*), les parasites (p. ex., la cuscute, *Cuscuta*), les arbustes (p. ex., l'épine vinette, *Berberis vulgaris*) et les arbres (p. ex., l'érable du Manitoba, *Acer negundo*). Les plantes nuisibles partagent les qualités suivantes: croissance vigoureuse et luxuriante; maturation rapide; repousse vigoureuse après endommagement; production de graines abondante; germination intermittente des graines qui peut s'étendre sur plusieurs années; propagation souterraine de racines ou de rhizomes. Une mauvaise herbe ne possède pas toutes ces qualités à elle seule, mais peut en combiner plusieurs.

En agriculture, on estime que les plantes nuisibles créent plus de dommages que les insectes destructeurs et les maladies végétales combinées. Jusqu'au milieu des années 50, le binage et le sarclage étaient les principaux moyens de lutte contre les plantes nui-

sibles. Peu à peu, des moyens plus perfectionnés ont rendu la tâche plus facile, d'abord des machines tirées par des chevaux, puis ensuite par les tracteurs. Toutefois, on consacrait beaucoup de temps et d'énergie à la lutte contre les plantes nuisibles. Au début du siècle, la mise en œuvre d'usines de nettoyage de graines de semence pour éliminer le risque de contamination par les plantes indésirables a marqué un progrès dans la lutte contre les plantes nuisibles.

La *Loi sur les semences* du Canada classe les semences selon leur teneur en graines de plantes nuisibles. Les semences exportées doivent contenir moins de graines de plantes nuisibles que le minimum spécifié, et les graines des espèces désignées comme nocives sont soumises à des règles encore plus strictes.

Lutte chimique La lutte chimique a commencé vers 1950, quand l'usage du 2,4 s'est répandu. De nos jours, on permet la vente de plus de 100 produits chimiques comme herbicides au Canada. On en vend pour des millions de dollars chaque année, mais c'est quand même moins que ce qu'on dépenserait pour débarrasser les champs et les récoltes des plantes nuisibles. Les lois fédérale et provinciales sont prévues pour garantir que les herbicides soient commercialisés et utilisés de façon sûre. Les agriculteurs modernes essaient de maîtriser l'envahissement des plantes nuisibles en combinant les moyens chimiques et le labour. L'avènement des herbicides chimiques a modifié le problème des plantes nuisibles, mais ne l'a pas éliminé complètement.

Dans les Prairies, on a réduit la propagation de plantes nuisibles (p. ex., la moutarde sauvage, *Sinapis arvensis*), mais des espèces résistantes aux herbicides courants (p. ex., la sétaire verte, *Setaria viridis*) se sont beaucoup développées. Des changements similaires dans les populations de plantes nuisibles de différentes espèces se sont produits dans d'autres régions agricoles. Dans les années 70, plusieurs souches de plantes nuisibles résistantes aux herbicides ont commencé à apparaître. Le chou gras, le séneçon (*Senecio vulgaris*) et l'amarante repliée (*Amaranthus retroflexus*) ont des souches résistantes aux herbicides populaires à base de triazine.

Lutte biologique La lutte biologique implique habituellement l'utilisation d'un insecte ou d'un champignon pour maîtriser une mauvaise herbe introduite. On a mis à l'essai de telles méthodes dans beaucoup de régions au Canada. À l'intérieur de la Colombie-Britannique, on a maîtrisé le millepertuis commun (*Hypericum perforatum*) avec des coccinelles. On essaie d'y éliminer également la centaurée noire (*Centaurea*) par l'action combinée d'insectes et de champignons. En général, les cibles sont les espèces vivaces de terrains en friche.

La partie sud des provinces des Prairies constitue la région agricole la plus vaste et la plus importante du Canada. Dans les terres cultivées de la Saskatchewan et du Manitoba, la sétaire verte était la mauvaise herbe la plus abondante (relevé de 1976 à 1979); venaient ensuite la folle avoine (*Avena fatua*) et la renouée liseron (*Polygonum convolvulus*). D'autres plantes nuisibles communes des terres agricoles canadiennes sont le pissenlit (*Taraxacum officinale*), le chardon des champs (*Cirsium arvense*), l'asclépiade commune (*Asclepias syriaca*), l'euphorbe ésule (*Euphorbia esula*), l'amarante (*Amaranthus*), le laiteron (*Sonchus*) et l'herbe à poux (*Ambrosia*).

Les plantes nuisibles croissent dans d'autres habitats: l'herbe à puces (Rhus radicans), dans les bois; le grand plantain (*Plantago major*) et le trèfle blanc (*Trifolium repens*), dans les pelouses. La mauvaise herbe aquatique non indigène, la myriophylle en épi (*Myriophyllum spicatum*), pose des problèmes complexes dans les lacs, les canaux et les ruisseaux dans toute la partie sud du Canada, tout comme l'élodée (*Elodea canadensis*), plante indigène du Canada, l'a fait en Europe dans les années 1800. Les plantes nuisibles peuvent avoir des qualités recherchées. Le trèfle blanc est une plante courante de pâture. Le mélilot (*Melilotus*) est dangereux au bord des routes, car il attire les abeilles près des voitures qui passent et cache les panneaux routiers, mais il est pourtant précieux comme plante de pâturage ou en foin et pour la production de miel. (*Voir aussi* INSECTES UTILES; INSECTES NUISIBLES; PESTICIDES.)

Paul B. Cavers

Plantes oléagineuses La culture des plantes oléagineuses se pratique surtout pour l'huile de leurs graines. La teneur en huile des petites céréales (p. ex., le blé) est à peine de 1 à 2 p. 100, tandis que celle des plantes oléagineuses est de 20 p. 100 environ pour le SOJA et dépasse 40 p. 100 pour le TOURNESOL et la navette (*voir* CANOLA). Les principales sources mondiales d'huiles de graines comestibles sont le soja, le tournesol, la navette, le coton et l'arachide. Les huiles extraites du LIN (graine de lin) et de la graine de ricin ont des usages industriels. Les graisses et les huiles alimentaires ont une structure moléculaire semblable. Toutefois, à température ambiante, les graisses sont solides, tandis que les huiles sont liquides.

Les graisses et les huiles sont des nutriments essentiels qui correspondent à environ 40 p. 100 du régime alimentaire du Canadien moyen. Les huiles végétales alimentaires sont utilisées dans les salades et pour la cuisson. À l'état solide (obtenu par procédé d'hydrogénation), elles servent à la confection de margarine et de shortening. Ces produits complètent ou remplacent des produits d'origine animale (p. ex., le beurre et le lard) dont l'offre ne suffit pas à répondre aux besoins d'une population mondiale croissante.

Bien que les huiles végétales industrielles se prêtent à de multiples usages, leur production mondiale globale n'atteint qu'environ 3 p. 100 de celle des huiles alimentaires. Les applications industrielles tirent parti des propriétés de certains acides gras qui entrent dans la composition des huiles. P. ex., l'huile de lin, riche en acides gras linoléiques non saturés, est une huile siccative utilisée dans des enduits protecteurs (p. ex., les peintures et les vernis). Les huiles végétales sont utilisées dans le mastic, l'encre d'imprimerie, la gomme à effacer, les enduits, la graisse, le plastique et ainsi de suite. Le résidu de l'extraction de l'huile des plantes oléagineuses est une importante source de nutriments pour les bestiaux. La farine de tourteau de soja, d'arachide, de navette ou de la graine de lin est riche en protéines. Mélangée à d'autres ingrédients (p. ex., les grains céréaliers), elle donne une alimentation animale nutritivement équilibrée.

Les principales plantes oléagineuses cultivées au Canada sont le soja, le tournesol, le colza et le lin. En outre, la production expérimentale d'arachides à l'échelle commerciale a commencé en 1981 dans le sud-ouest de l'Ontario. La STATION DE RECHERCHE d'Agriculture Canada à Saskatoon, en Saskatchewan, effectue des expériences de croisements de plantes pour extraire de la graine de moutarde une huile comestible dont les résidus pourraient servir à l'alimentation animale. Le programme vise à réduire la teneur de deux substances nocives, soit l'acide érucique et le glucosinolate, auparavant problématiques dans l'huile de colza.

Le soja requiert une saison de croissance relativement longue (de 100 à 140 jours) et des températures douces. La production canadienne se limite donc surtout au sud-ouest de l'Ontario. Le tournesol tolère une saison de croissance plus fraîche et un peu plus courte (de 100 à 120 jours). Ainsi, la production canadienne se fait principalement dans le sud du Manitoba. Le lin et le colza sont adaptés à la saison de croissance relativement courte et fraîche des Prairies, leur principal lieu de production. La superficie d'adaptation et la mise au point de variétés de meilleure qualité ont fait du colza la principale plante oléagineuse comestible cultivée au Canada.

Les pratiques culturales ont été raffinées pour optimiser la production de chaque culture. La culture du soja et du tournesol se pratique habituellement en rangées, tandis que celle du lin et du colza se fait en semis de surface. La densité de semis habituelle par hectare est de 130 kg pour le soja, de 6 kg pour le tournesol, de 7 kg pour le colza et de 38 kg pour le lin. Le colza et le lin, à petites graines, sont plantés à une profondeur de 2,5 à 4 cm. Le tournesol et le soja, dont les graines sont plus grosses, peuvent être plantés jusqu'à une profondeur de 10 cm si un semis profond est requis pour atteindre le sol humide. La lutte contre les mauvaises herbes s'effectue par le sarclage pour les cultures en rangées, par les rotations pour les cultures semées serrées et par l'application intensive d'herbicides. La lutte contre les maladies se fait par l'emploi de cultivars résistants (variétés commerciales), par le traitement des semences et par l'emploi de fongicides. Les insecticides sont utilisés pour lutter contre l'invasion des INSECTES NUISIBLES (*voir* PESTICIDES).

En 1985-1986, le rendement moyen des semences par hectare de la graine de lin, du colza, du soja et du tournesol était respectivement de 1270 kg, de 1325 kg, de 2455 kg et de 1265 kg au Canada. Le rendement élevé du soja est attribuable à la période de croissance prolongée et aux conditions d'humidité relativement favorables en Ontario. Les autres principales plantes oléagineuses sont cultivées pendant des saisons plus courtes et plus sèches, et le déficit d'humidité en réduit souvent le rendement. Entre 1984 et 1986, la production annuelle moyenne de la graine de lin, du colza, du soja et du tournesol a atteint respectivement 8 874 000 t, 36 075 000 t, 9 933 000 t et 770 000 t au Canada, soit une valeur de plus de un milliard de dollars par année. Lancée pendant la Seconde Guerre mondiale, la production de plantes oléagineuses comestibles fournit désormais des matières premières à une industrie de trituration, de raffinerie et de traitement d'une valeur de plusieurs millions de dollars. Pendant les trois dernières décennies, le Canada s'est transformé d'un pays fortement importateur en un pays exportateur net d'huiles et de plantes oléagineuses comestibles.

B.R. Stefansson

Plantes ornementales En horticulture, les plantes ornementales sont des plantes ligneuses ou herbacées, cultivées surtout pour l'agrément. Les plantes ornementales ligneuses sont vivaces (c.-à-d. qu'elles vivent plus de deux ans) et comprennent des arbres, des arbustes et des plantes grimpantes. Les plantes ornementales herbacées sont annuelles, bisannuelles ou vivaces (c.-à-d. qu'elles vivent un an, deux ans ou plus), et ce sont surtout elles qui donnent de la couleur aux massifs et aux bordures de fleurs. Au Canada, la résistance à l'hiver est un facteur très important pour les producteurs de plantes ornementales ligneuses. La capacité d'une plante ligneuse à survivre à un hiver canadien modérément rigoureux dépend en grande partie du degré de maturité annuel atteint et de la résistance au froid acquise avant la fin de la saison de croissance. Les plantes qui exigent une longue saison pour atteindre la maturité y parviennent rarement lorsqu'elles sont cultivées dans des régions où la saison de croissance est courte.

La résistance à l'hiver ne pose pas un tel problème pour les plantes ornementales herbacées. Les plantes annuelles n'hivernent pas. Si la saison de croissance normale ne dure pas suffisamment longtemps pour qu'elles poussent et produisent des FLEURS, l'horticulteur les plante simplement à l'intérieur (p. ex., en SERRE), puis les transplante à l'extérieur une fois qu'il n'y a plus de risque de gel. P. ex., la gueule-de-loup est habituellement ensemencée en serre en février, puis plantée dehors à la fin mai ou au début de juin. Si de telles plantes étaient ensemencées directement dehors en mai dans les régions où la période sans gel est de 90 jours ou moins, elles fleuriraient à peine quelques semaines

avant d'être tuées par le gel. Les plantes herbacées bisannuelles et vivaces peuvent demeurer en terre toute l'année. Elles survivent habituellement à l'hiver si l'épaisseur de la neige au sol est suffisante pour les protéger contre les températures extrêmes et éviter l'alternance de gel et de dégel du sol autour des racines.

En règle générale, les plantes ornementales résultent de la sélection de formes de plantes particulières (p. ex., des cultivars ou des variétés commerciales) ou d'hybrides entre espèces. En raison du besoin de résister à l'hiver, bon nombre des cultivars et d'hybrides de plantes ornementales ligneuses proviennent de plantes indigène du Canada ou du nord des États-Unis. Toutefois, des plantes en provenance du nord-ouest de la Chine, de la Mandchourie, de la Sibérie et de la Corée, dont le climat se rapproche du nôtre, se prêtent bien comme plante mère pour de nouveaux hybrides, tout en étant un apport précieux en elles-mêmes. Les plantes ornementales herbacées résultent elles aussi de cultivars et d'hybrides. Les programmes d'amélioration au moyen d'hybridation, tant à l'intérieur des mêmes espèces qu'entre espèces distinctes, sont très courants. Les plantes vivaces et bisannuelles rustiques poussent principalement dans les régions tempérées, tandis que les plantes annuelles proviennent surtout de plantes indigènes de l'Afrique du Sud ou de la Californie.

En 1964, le gouvernement fédéral charge la Fondation canadienne des plantes ornementales de promouvoir la sélection, la mise à l'essai et la diffusion de meilleures variétés de plantes ornementales. La procédure permet aux producteurs de nouveaux cultivars de lancer leurs trouvailles valables dans le commerce et, par conséquent, d'en faire profiter le public. Dans tout le pays, les STATIONS DE RECHERCHE d'Agriculture Canada font beaucoup de recherches sur la mise au point de plantes rustiques résistantes au froid. Parmi les réussites figurent un cultivar de l'*alstroemeria*, un membre de la famille de l'amaryllis, mis au point à la Station de recherche et de quarantaine des plantes de Saanichton, en Colombie-Britannique, ainsi que le northline (un érable argenté), l'autumn blaze (un frêne blanc), le wascana (un tilleul d'Amérique hybride) et le baron (un érable négondo), tous mis au point à la Station de recherches de Morden, au Manitoba, pour la culture dans les Prairies. On a aussi mis au point deux nouveaux cultivars de rose résistants à l'hiver (Charles Albanel et Champlain) à la Station de recherche d'Ottawa.

R.H. Knowles

Plantes, sélection des Science de la modification des espèces végétales pour qu'elles répondent aux préférences ou aux besoins humains. Les principes sous-jacents à la sélection des plantes n'ont été bien compris qu'au début du XXe s. À la suite de la découverte des lois de la GÉNÉTIQUE et grâce aux progrès qu'a connus cette science, le croisement des plantes est apparu comme le moyen de modifier les fréquences des populations de gènes qui influencent les caractéristiques importantes des plantes. Les nouvelles techniques du GÉNIE GÉNÉTIQUE et de la BIOTECHNOLOGIE fournissent, aujourd'hui, de formidables outils pour sélectionner les végétaux.

Méthodes

La plupart des programmes de sélection des plantes commencent par la création de nouveaux génotypes (combinaisons génétiques) au moyen de l'hybridation ou de la mutagenèse et se terminent par l'évaluation et la sélection de quelques combinaisons supérieures. Bien que les étapes fondamentales soient les mêmes, les détails des programmes varient considérablement selon la longévité des espèces, leur mode primaire de reproduction et la structure génétique des variétés qui sont destinées à la production commerciale.

Les espèces autofécondées comprennent le blé, l'avoine, l'orge, le lin, le tabac, la tomate, le pois, l'arachide et le riz. Ces espèces ont habituellement des fleurs «parfaites», c.-à-d. que leur stigmate est fécondé avec du pollen produit dans la même fleur. L'autofécondation mène à des taux élevés de consanguinité. Les variétés commerciales (variétés cultivées) sont normalement hautement consanguines, de sorte que leurs descendants ont essentiellement le même génotype.

Chez les espèces autofécondantes, les sélectionneurs doivent forcer l'hybridation entre des plantes de variétés différentes. L'hybridation (croisement) s'accomplit habituellement en retirant manuellement les anthères des fleurs du parent femelle désigné pour y transférer du pollen mûr du parent mâle désigné. La graine hybride qui en résulte porte l'information génétique des caractères des deux parents.

Généralement, l'hybridation est suivie de six à huit générations d'autofécondation, qui produisent une population de nombreuses plantes génétiquement distinctes, chacune étant capable de produire des descendants génétiquement uniformes. Les nouveaux génotypes doivent être testés en divers endroits pendant plusieurs années et évalués selon les caractères liés à la productivité, à leur possibilité de transformation et de conservation et à leur valeur marchande. Les caractères relatifs à l'environnement et à la santé sont aussi pris en considération. Des nombreux et nouveaux génotypes évalués dans chaque population, seuls quelques-uns (et parfois aucun) vont posséder les caractères obligatoires d'une nouvelle variété.

Les espèces à fécondation croisée comprennent le maïs, le seigle, le brome, la fléole des prés, la luzerne et le trèfle. Les variétés commerciales sont habituellement des mélanges de génotypes. De nouveaux génotypes peuvent survenir naturellement par fécondation croisée de différents génotypes d'une variété commerciale ou de génotypes de variétés différentes qui ont poussé ensemble. Chez les espèces vivaces, on peut évaluer les plantes selon leur propre performance, la performance moyenne de clones provenant de celles-ci, ou la performance moyenne des descendants produits par fécondation croisée ou autofécondation forcée. On peut, par combinaison, former une nouvelle variété de plantes sélectionnées, soit en mélangeant leurs graines et en laissant la nouvelle variété se multiplier elle-même par fécondation croisée, soit en mélangeant les graines des parents chaque fois qu'une nouvelle plantation est nécessaire. Cette dernière méthode s'utilise seulement si une certaine forme de multiplication végétative peut maintenir les parents comme source de graines.

Espèces à reproduction asexuée Quelques espèces annuelles et nombre d'espèces vivaces peuvent se reproduire de façon asexuée à partir de tissu végétatif comme les tiges, les tiges modifiées (rhizomes, tubercules, tiges souterraines bulbeuses et bulbes), les feuilles et les racines, et, chez certaines espèces, par la production de graines apomictiques (indépendantes de toute fécondation).

Chez les espèces qui se reproduisent aussi sexuellement, on peut générer une variation génétique par hybridation. Chez les espèces à production de graines difficile, de nouveaux génotypes peuvent apparaître naturellement sous forme de «sports» (mutations spontanées) ou peuvent être créés à l'aide d'agents mutagènes (p. ex., l'irradiation ou les produits chimiques mutagènes). La sélection de nouveaux génotypes chez les espèces qui se reproduisent asexuellement peut se pratiquer comme chez les autres espèces, à ceci près que l'on peut cloner et tester tout génotype supérieur dans son état d'origine dans de nombreux milieux différents.

Variétés hybrides Les variétés commerciales de maïs (blé d'Inde) et de nombreux légumes et fleurs de jardin sont des plantes hautement homogènes produites par le croisement de deux lignées consanguines. Cette technique n'est économiquement possible que si le prix des graines est bas comparativement à la valeur de la culture ou si l'on peut minimiser le prix de production de graines hybrides par un système qui combine la stérilité génétique mâle avec la restauration de la fécondité. Habituellement, les graines hybrides donnent des plantes plus vigoureuses que celles produites par des lignées consanguines.

La biotechnologie a permis récemment de développer des systèmes producteurs de graines hybrides sur des plantes femelles porteuses d'un gène de stérilité mâle. L'application d'un herbicide élimine les donneurs de pollen mâle porteurs du gène spécifique recherché. Des techniques de ce genre ont déjà été appliquées au CANOLA. Elles vont permettre d'augmenter le nombre d'espèces pour lesquelles il est rentable de produire des semences hybrides.

Le rétrocroisement sert à transférer un ou quelques gènes désirables d'un parent donneur à un parent récepteur par ailleurs acceptable. Il nécessite un croisement répété de nouveaux hybrides au parent récurrent et la sélection du gène désiré du parent donneur. Dans le cas des céréales, le rétrocroisement est le principal moyen trouvé pour accroître et maintenir leur résistance à la rouille et aux autres parasites essentiels des céréales.

Applications

La sélection des plantes a permis d'améliorer la productivité, la qualité et la résistance aux maladies de la plupart des céréales. Les graves épidémies de rouille et autres maladies fongiques des plantes sont devenues rares parce que les sélectionneurs et les pathologistes ont réussi à incorporer la résistance génétique dans les nouvelles variétés. La propriété du blé dur de former des pâtes a été modifiée pour répondre aux exigences changeantes des marchés d'exportation et la qualité boulangère du blé a été adaptée aux nouvelles méthodes de cuisson. De même, on a augmenté les concentrations d'enzymes dans l'orge pour qu'il réponde aux besoins des plus récentes techniques de brassage.

La sélection des plantes a modifié certaines espèces de céréales (p. ex., le maïs, le tournesol et le soja) de sorte qu'on peut maintenant les cultiver sur une plus grande superficie au Canada. La mise en valeur du colza, un produit d'exportation important, est une réussite remarquable des sélectionneurs de plantes canadiens en collaboration avec des chimistes, des pathologistes et des agronomes. La teneur en acides gras des graines de lin a été modifiée pour qu'elles donnent une huile comestible. La résistance et la persistance de nombreux fourrages vivaces ont été améliorées par la sélection. La luzerne racinée dans un sol en état de fluage en constitue un bon exemple. De plus, les efforts pour diminuer la teneur en alcaloïdes de l'alpiste des Canaries, la teneur en coumarine du mélilot blanc et jaune ainsi que les taux des agents météorisateurs de la luzerne ont tous été couronnés de succès. La sélection des plantes a aussi permis de réduire l'égrenage spontané de l'alpiste des Canaries et de rendre plusieurs fourrages vivaces résistants aux maladies.

En horticulture, la sélection des plantes a amélioré efficacement la productivité et la qualité de certains fruits (p. ex., les fraises et les pommes) et de certains légumes. Les cerisiers nains ont été obtenus par sélection. Les caractéristiques désirables des variétés européennes de framboises et de raisins ont été combinées avec la résistance d'espèces canadiennes indigènes. La résistance à l'hiver et l'adaptation à une brève période de végétation sont des caractéristiques importantes pour les plantes d'ornement et les fruits. Des améliorations notables de ces caractéristiques ont été obtenues chez les pommiers sauvages, les peupliers, les lilas, les rosiers, les genévriers et les saules en floraison.

Les techniques de sélection des plantes ont aussi amélioré la qualité de cuisson et de découpage en frites des pommes de terre et permis de créer des variétés mieux adaptées aux brèves périodes de végétation. Grâce à l'amélioration de sa qualité et de sa maturation, le maïs sucré a désormais sa place dans les jardins potagers du pays tout entier. Des tomates et des concombres hybrides donnent aux producteurs privés et commerciaux des plantes plus vigoureuses.

Organismes

Les premières sélections de plantes ont été effectuées par des particuliers, comme passe-temps à la ferme ou comme loisir horticole. La plupart des sélections de plantes actuelles sont l'œuvre d'organismes privés ou gouvernementaux. En 1886, le gouvernement fédéral fonde le Service des fermes expérimentales, qui se lance peu après dans la sélection de céréales. Le Service des fermes expérimentales devient finalement la Direction générale de la recherche d'Agriculture et Agroalimentaire Canada, qui a des STATIONS DE RECHERCHE dans toutes les provinces. L'organisation a instauré des programmes de sélection pour les céréales, les graines oléagineuses, les fourrages, le tabac, les légumes, les fleurs, les fruits et les arbustes d'ornement. Le gouvernement fédéral a aussi des programmes de sélection relatifs aux brise-vent et aux espèces d'arbres commerciales.

La sélection des plantes s'effectue dans les ministères ou les écoles d'agriculture de plusieurs universités canadiennes, au sein de groupes de recherche fondés par les ministères provinciaux de l'Agriculture, dans des coopératives agricoles et au sein d'entreprises de semences. Un réseau de comités a traditionnellement coordonné et réglementé le développement et l'approbation de nouvelles variétés. Les membres des comités partagent leur expertise dans les domaines de la sélection des plantes, des maladies et de la qualité des semences. Ils examinent les demandes relatives à l'exploitation de céréales, de variétés candidates, de graines oléagineuses et de graines de légumineuses, puis ils émettent des recommandations. Il existe un système similaire d'évaluation et d'approbation pour les fourrages et certaines cultures horticoles.

R.J. Baker

Plantes, utilisation par les autochtones des Par tradition, les peuples AUTOCHTONES et INUITS utilisaient plus de 1000 espèces de plantes. Ces espèces, allant des ALGUES aux CONIFÈRES en passant par les PLANTES à fleurs, servaient de nourriture, de remèdes et de matériaux et jouaient un rôle important dans leurs langues, leurs rituels et leurs mythologies. Aujourd'hui, nombre d'entre elles conservent leur importance dans les cultures autochtones.

On appelle ethnobotanique l'étude de la relation directe entre les humains et les plantes. Au Canada, les études systématiques en ethnobotanique sont rares, mais on a beaucoup appris, grâce à la contribution de chercheurs de disciplines diverses. Le rôle des plantes dans les cultures traditionnelles est brièvement exposé ci-après.

Plantes alimentaires Les peuples autochtones du Canada pratiquaient la culture vivrière avant l'arrivée des Européens, dans le sud de l'Ontario et dans les basses terres du Saint-Laurent. Ils cultivaient le maïs, les haricots et la courge, ainsi que le tournesol, le tabac et probablement le topinambour. Au Canada, plus de 500 espèces de plantes sauvages servaient d'aliments aux autochtones. Certaines de ces espèces sont aussi celles que nous consommons de nos jours: racines potagères et légumes verts, fruits, noix, graines et CHAMPIGNONS. D'autres espèces, y compris certains types de LICHENS, d'algues marines et la partie interne de l'écorce de certains arbres, ne font normalement plus partie de notre alimentation. Les peuples autochtones tiraient aussi des plantes des édulcorants, des assaisonnements et des boissons. De nombreuses plantes sauvages donnaient plus qu'un type d'aliment. De nos jours, le sirop d'érable, le riz sauvage et beaucoup de fruits sauvages sont appréciés par les Canadiens autochtones et non autochtones.

Plantes médicinales Autrefois, comme aujourd'hui, les plantes constituaient un élément important de la médecine autochtone. Le traitement des maladies et leur prévention étaient assurés par des spécialistes des plantes. Bien que l'administration de remèdes à base de plantes eut été parfois associée au rituel et à la «magie» et que, dans de nombreuses cultures, traitement par les plantes et magie eussent été pratiquement inséparables, les spécialistes n'étaient pas nécessairement des CHAMANS invoquant des pouvoirs surnaturels pour la guérison. Il existait parfois des organisations spirituelles et des traitements particuliers, comme la MIDEWIWIN des Ojibwés, grande société de médecine qui transmettait, au moyen de stages, la connaissance du rituel et des plantes pour traiter les maladies.

Plus de 500 plantes étaient employées en médecine autochtone. Elles étaient administrées sous forme de tisanes, de préparations à mastiquer ou à avaler, de cataplasmes ou d'inhalations. Il existait aussi une variété de moyens d'application plus originaux, p. ex. verser une préparation dans l'oreille d'un patient. Toutes les parties de la plante, seule ou en combinaison avec d'autres HERBES, pouvaient être prescrites.

Bien que les traitements par les plantes des autochtones aient été soit rejetés comme superstition soit adoptés comme panacée, une évaluation objective faite par les autorités médicales indique que le traitement de certains malaises (p. ex., blessures, lésions cutanées, problèmes gastro-intestinaux, toux, rhumes, fièvre et rhumatisme) était rationnel et efficace. Dans nombre de cas, les éléments pharmacologiques des plantes ont une corrélation avec l'utilisation qu'en faisaient les autochtones. Un exemple célèbre est la guérison des compagnons de CARTIER atteints de SCORBUT pendant l'hiver 1535-1536. Ils furent traités par les IROQUOIS de STADACONA avec une tisane à base de conifère, riche en vitamine C (probablement du thuya occidental).

Dans le cas d'autres plantes, «l'élément rituel» ou «magique» était peut être plus important, p. ex., l'utilisation de plantes à épines comme agents protecteurs pour chasser les «esprits» associés à la maladie ou à la mort. Cette approche était probablement efficace pour les maladies psychosomatiques, et pouvait aussi améliorer la condition des patients souffrant de malaises physiques. Les praticiens autochtones savaient sélectionner les plantes médicinales, les préparer et établir les dosages. Il est à noter que de nombreuses espèces utilisées comme remèdes sont très toxiques et ne doivent être employées que sous la surveillance d'une personne qualifiée.

Plantes utilitaires Les peuples autochtones du Canada utilisaient les différents matériaux végétaux de plusieurs centaines d'espèces de plantes différentes. Les diverses essences de bois avaient une importance considérable, car elles servaient de combustible, de matériau de base pour la confection d'articles utilitaires (constructions, PIROGUES, boîtes, TOTEMS, pagaies, bâtons fouisseurs, flèches, arcs, cadres de raquettes et autres objets d'utilisation courante.) L'écorce, surtout celle du bouleau, servait à faire des contenants et des canots; on l'utilisait aussi pour recouvrir les toits et tapisser l'intérieur des puits d'entreposage.

Les tissus fibreux des tiges, des racines, de l'écorce et des feuilles servaient à fabriquer de la ficelle, de la corde et des vêtements. On les utilisait aussi en vannerie pour faire des paniers. La résine des arbres était utilisée comme colle ou scellant imperméable. Les plantes fournissaient aussi des colorants, des pigments, des arômes, des matériaux absorbants, des abrasifs, des matériaux à tapisser et à emballer, des produits insectifuges, des jouets et des objets de loisirs et de parures.

Conclusion Durant des milliers d'années, les plantes ont constitué des ressources abondantes et variées pour les peuples autochtones. Leur vaste connaissance traditionnelle des plantes alimentaires, médicinales et utilitaires leur a permis de prospérer dans différentes parties du Canada. Nombre de plantes dont ils dépendaient font aujourd'hui partie de notre mode de vie. D'autres présentent un potentiel en tant que suppléments nutritifs, ressources alimentaires, sources de nouveaux produits pharmaceutiques et autres éléments utilitaires.

Nancy J. Turner, J.T. Arnason, R.J. Hebda et T. Johns

Plantes vénéneuses La plupart des grands groupes de végétaux (*voir* PLANTES) comprennent des espèces qui peuvent provoquer des réactions toxiques allant d'un simple malaise à des dommages aux organes et parfois même jusqu'à la mort. Les poisons peuvent être absorbés par la peau, ingérés ou inhalés. Les plantes non vénéneuses et les produits des plantes peuvent causer de simples blessures suivies d'une infection.

Propriétés toxiques Les réactions toxiques sont causées par des composés chimiques produits par les plantes ou tirés du sol. Ces composés comprennent les alcaloïdes (substances semi alcalines au goût âcre contenant de l'azote) contenus dans toutes les parties de la plante sous forme de sels acides organiques solubles, de polypeptides et amines (substances organiques contenant de l'azote), de glycosides (composés s'altérant pour former des sucres et des aglycones toxiques), d'oxalates (sous forme de sels solubles ou non solubles), de sels de calcium non solubles (irritants pouvant se déposer dans les reins), de résines ou résinoïdes (qui irritent les tissus musculaires), de phytotoxines ou de toxalbumines (protéines qui agissent comme enzyme) qui altèrent les protéines naturelles, causant une accumulation d'ammoniaque et une carence en protéines. Beaucoup de plantes absorbent des minéraux (cuivre, sélénium, plomb, molybdène, nitrates ou nitrites) du sol en quantités suffisantes pour causer un empoisonnement.

Allergies De nombreuses personnes sont sensibles aux substances végétales. Les substances transportées par l'air (p. ex., les spores des CHAMPIGNONS, les ALGUES terrestres, les grains de pollen, etc.) causent le rhume des foins. Le problème le plus sérieux causé par le pollen est saisonnier. Au printemps, les arbres à floraison précoce produisent du pollen qui peut causer des réactions. Au milieu de l'été, les allergies sont provoquées par le pollen de GRAMINÉES. En automne, ce sont les plantes herbacées qui sont en cause, particulièrement le pollen de l'herbe à poux (3 espèces du genre *Ambrosia*) au Canada. On ne trouve pratiquement pas d'herbe à poux dans une grande partie du Canada, car la longueur des jours ne convient pas à des latitudes plus hautes. On la retrouve dans le sud de l'Ontario et du Québec. Les allergies sont rarement mortelles.

Dermatite Plusieurs plantes dont l'HERBE À PUCE (ou sumac vénéneux), le sumac lustré et la primevère, peuvent causer des irritations de la peau (rougeur, démangeaison ou cloques). Le cyclamen cultivé (famille de la primevère, Primulacées) peut aussi causer des réactions chez certaines personnes, dont la gravité dépend du degré de contact et de la sensibilité de la personne. Le contact avec la grande ortie (genre *Urtica*), l'ortie des bois (genre *Laportea*) et les tiges velues de certaines espèces de benoîte (genre *Geum*) peut causer un malaise temporaire.

Empoisonnement Un empoisonnement ne peut survenir que si la plante ou une partie de celle-ci est ingérée. Les humains peuvent l'éviter, mais les animaux peuvent en manger dans les pâturages. La gravité de l'empoisonnement dépend du type de plante et de la quantité consommée, de l'état de santé et de l'âge de la personne ou de l'animal ainsi que d'autres facteurs.

Blessures corporelles Bien que non vénéneuse, certaines plantes causent des blessures suivies d'infection. L'aubépine (genre *Crataegus*), la rose (genre *Rosa*) et la mûre sauvage (genre *Rubus*) ont des épines saillantes. L'aralie épineuse de la côte ouest (espèce *Oplopanax horridus*) est entièrement épineuse et forme des taillis. Les barbes de graminées comme celles de l'orge sauvage (genre *Hordeum*), du brome de Pumpnell (genre *Bromus*), du chiendent (genre *Agropyron*) et de la stipe (genre *Stipa*) peuvent se loger dans la gorge des animaux. La lampourde (genre *Xanthium*) a des fruits épineux. La molène (genre *Verbascum*), le trèfle incarnat et le trèfle des champs (genre *Trifolium*) peuvent former des boules dans l'estomac des animaux. (*Voir aussi* les entrées d'espèces individuelles.)

John M. Gillett

Plaskett, John Stanley, astronome (Hickson, Haut-Canada, 17 nov. 1865—Esquimalt, C.-B., 17 oct. 1941). Né dans une ferme, Plaskett entre à la Edison Co. à Schenectady (N.Y.) puis à Sherbrooke (Qc). Il est contremaître de l'atelier du département de physique de l'U. de Toronto en 1890 avant de s'inscrire comme étudiant en 1895 et d'obtenir son diplôme en 1899. En 1903, il est engagé par la division d'astronomie du ministère de l'Intérieur à Ottawa et il collabore à la conception et à la construction d'instruments pour le nouvel Observatoire fédéral. Il observe une éclipse solaire en 1905 et effectue d'importantes recherches sur la vitesse radiale des étoiles. On approuve son projet de télescope géant et, en 1918, on termine la construction d'un télescope de 1,8 m (72 po) à Victoria (Colombie-Britannique), le plus grand au monde à l'époque. Plaskett en est le premier directeur jusqu'à sa retraite en 1935. Il fait des recherches sur les étoiles doubles spectroscopiques (il en découvre une très massive qui porte toujours son nom). En 1935, il publie, en collaboration avec J.A. PEARCE, la première analyse détaillée de la structure de la Voie lactée. Ils parviennent à démontrer que la distance entre le soleil et le centre de notre galaxie est à peu près égale aux deux tiers du rayon du disque galactique et que la période de rotation du soleil autour du centre galactique est de 220 millions d'années. En 1984, l'astéroïde n° 2905 est nommé en l'honneur de J.S. Plaskett et de son fils H.H. Plaskett, astronome lui aussi.

A.H. Batten

Plasticiens, les Mouvement pictural au Québec. L'engouement pour l'AUTOMATISME crée, au milieu des années 50, le besoin d'un retour à une forme plus contrôlée, mieux ordonnée de PEINTURE. Cette nécessité se fait déjà sentir dans les travaux récents de Fernand LEDUC, loyal disciple de BORDUAS et de l'aventure automatiste dès ses débuts. Leduc prend conscience de ce que l'automatisme est resté, à son insu, attaché à une ancienne conception de l'espace pictural, en maintenant la dichotomie des objets et du fond. Le mouvement pictural, qui est lancé en 1955 par la publication du *Manifeste des plasticiens*, entend proposer une nouvelle manière de concevoir l'espace pictural. Rédigé par le peintre et critique Rodolphe de Repentigny (alias Jauran) et contresigné par Louis Belzile, Jean-Paul Jérôme et Fernand Toupin, il est bien différent du REFUS GLOBAL par le ton plus mesuré et les préoccupations plus exclusivement plastiques. Le groupe tient sa première exposition en février 1955 à la librairie Tranquille.

Le *Manifeste des plasticiens* a encouragé un certain nombre de jeunes artistes québécois à suivre l'exemple des pionniers de l'art abstrait, en particulier de Mondrian, et propose un espace sans suggestion de profondeur. En 1956, Guido MOLINARI (*Noirs et Blancs*) et Claude TOUSIGNANT (*Monochromes*) prennent des positions plus radicales encore, introduisant le respect absolu de la surface, l'ambivalence des formes et la notion de série. L'influence des plasticiens sur les arts au Québec est considérable. Jean Goguen, Yves GAUCHER, Jacques Hurtubise en ont été marqués. Il n'a fallu rien de moins que la vague post-moderniste des années 70 pour voir son impact sur le développement de la peinture au Québec diminuer.

François-Marc Gagnon

Plastiques, industrie de la transformation des matières Les plastiques se composent de macromolécules (polymères) qui ont une structure ordonnée de manière à pouvoir être modelées sous l'effet de températures et de pressions élevées. En d'autres mots, lorsque soumises à certaines températures, les longues chaînes de polymères se révèlent fluides. Elles sont souvent modifiées par mélange avec d'autres matériaux (plastifiants, matières de charge, stabilisants) avant d'être liquéfiées, puis modelées. Certains polymères thermodurcisseurs subissent des mutations chimiques irréversibles (polymérisation du lien moléculaire), et ne peuvent ainsi redevenir fluides. Les thermoplastiques (notamment le polyéthylène, le polychlorure de vinyle (PVC), le polypropylène et le polystyrène) peuvent être recyclés, car ils retrouvent leur fluidité quand ils sont fondus à nouveau.

Au Canada, on estime que la transformation des matières plastiques en films, en tuyaux, en bouteilles ou en un nombre infini de formes moulées procure du travail à environ 72 000 personnes en 1985, et les expéditions totalisent la somme de 4 milliards de dollars en 1986. Les principales usines sont Leco Inc. à Toronto, Union Carbide Canada Ltd à Toronto et Canadian General-Tower Ltd à Cambridge, en Ontario. Cette industrie est le troisième employeur en importance dans le secteur de la fabrication, et on estime qu'elle a généré 8,2 milliards de dollars du PIB en 1985. Cette activité de fabrication est difficile à classifier à cause du type de sa production (elle va de la baignoire à l'isolation des câbles et des fils) qui est le plus souvent intégrée à une autre activité industrielle. Quand la pièce en plastique est un élément d'un plus grand ensemble (automobile, téléviseur), il est difficile d'en déterminer le secteur d'appartenance. Beaucoup de producteurs de biens durables utilisent l'équipement de transformation de plastiques dans leurs propres usines. À la différence de la fabrication de résine, généralement assumée par des multinationales expérimentées dans la technique des polymères, la fabrication des produits du plastique est souvent effectuée par de plus petits entrepreneurs. Les plus connus d'entre eux adhèrent à la Society of Plastics Engineers (SPE) et à la Société des industries du plastique du Canada (SPI Canada).

Qu'il soit la propriété de quelque 1400 petites et moyennes entreprises indépendantes ou qu'il soit intégré à une chaîne de montage, l'équipement s'est alourdi et sophistiqué au cours de ce siècle. En 1881, un ébéniste de Toronto commence le laminage de feuilles de nitrate de cellulose (celluloïd) pour les claviers de pianos et d'orgues. L'apparition des polymères de phénol-formaldéhyde en 1909-1910 (qui doit beaucoup au rôle de pionnier joué par Lawrence Redmond) prépare le terrain au moulage par compression.

Les machines à injection ne se sont imposées comme un excellent procédé de moulage qu'avec l'arrivée de l'acétate de cellulose thermoplastique, un matériau employé d'abord pour les revêtements et les fibres. Le système d'injection entraîne la fusion du polymère à température élevée avant qu'il ne soit coulé sous haute pression dans les cavités d'un moule fermé. En 1931, la French Ivory Products de Toronto utilise la première presse à injection en Amérique du Nord pour la fabrication de bouchons de tubes de dentifrice en acétate de cellulose. L'usage de la cellulose était limité, mais dans les 30 années qui ont suivi, les entreprises de transformation ont appris à travailler avec de nouveaux matériaux: le nylon, le polychlorure de vinyle, le polystyrène, le polyéthylène et le polypropylène sortis des laboratoires avant 1960.

De nos jours, un moule est conçu pour exploiter les propriétés particulières d'une grande variété de thermoplastiques. Comme le coût est d'une importance capitale, la plupart des produits moulés par injection sont à base de résines commerciales telles

que l'éthylène, le styrène, le propylène et le chlorure de vinyle. Pour les pièces à haute performance, qui requièrent une grande solidité, des propriétés électriques particulières ou une résistance à des températures élevées ou à un environnement hostile, le fabricant choisit parmi plusieurs résines industrielles, p. ex., le nylon, l'oxyde de polyphénylène, le polycarbonate, les acétals et le téréphtalate.

Le polyéthylène est le plus répandu des thermoplastiques. En 1986, la consommation canadienne de grades variés excède les 691 000 tonnes. Le polyéthylène est apprécié parce qu'il peut être moulé par extrusion pour former un film mince qui sert à la fabrication d'emballages souples pour le lait, le pain, les sacs d'épicerie et les sacs à ordures. Le film de vinyle sert à l'emballage des viandes et des produits domestiques, le film de polypropylène remplace le film de cellulose dans divers types d'emballage.

L'imperméabilité du PVC l'a rendu très populaire pour d'autres types d'extrusions. Les tuyaux de vinyle remplacent progressivement ceux en métal, en amiante, en argile et en béton pour les conduits d'eau et d'égout, les câbles électriques et les canalisations. Le vinyle rivalise avec l'aluminium et le bois pour le revêtement des maisons. Le vinyle extrudé possède les caractéristiques qui lui permettent d'entrer dans la composition des châssis à guillotine et il constitue un excellent isolant thermique pour les fenêtres.

D'autres plastiques ont leur part du marché de la tuyauterie. La majorité des maisons sont maintenant équipées de drains, de tuyaux d'évacuation des eaux usées et de ventilation extrudés à partir d'un composé de styrène. Les tuyaux d'évacuation industrielle sont normalement extrudés à partir de polyéthylène. Le drainage des terres agricoles se fait souvent à l'aide de tuyaux d'évacuation ondulés en polyéthylène (ou en polypropylène). Autant l'extrusion que l'injection sont nécessaires pour un autre procédé qui consiste à mouler un tube cylindrique, la paraison, par soufflage. La paraison est maintenue entre les deux parties du moule et gonflée à l'air comprimé. Ce procédé permet de produire à bon marché des bouteilles, des barils et d'autres contenants cylindriques. Les bouteilles de polyéthylène sont idéales pour les détergents, l'eau de Javel et de nombreux autres produits. Des bouteilles de vinyle sont couramment utilisées pour les shampooings. (*Voir aussi* CHIMIQUE, INDUSTRIE)

Charles Law

Plate-forme néo-écossaise Section de 700 km du plateau continental au large de la Nouvelle-Écosse, limitée au nord-est par le chenal laurentien, au nord-ouest par le chenal nord-est et au sud-ouest par le golfe du Maine ouest. Sa largeur varie de 120 km à 240 km tandis que sa profondeur moyenne est de 90 m. Sa bathymétrie irrégulière est caractérisée par de profonds bassins et des chenaux qui séparent des bancs peu profonds au large (terre ferme lors de la période glaciaire). Seule l'ÎLE DE SABLE n'est pas encore submergée. La circulation sur le plateau interne est dominée par un courant de dérive littorale qui coule vers le sud-ouest et qui varie d'une saison à l'autre avec les eaux douces de ruissellement en provenance du golfe du SAINT-LAURENT. Au-dessus des bancs, le courant est plus faible et plus variable à cause de l'influence des tempêtes, des marées et du Gulf Stream, qui passe à plusieurs centaines de kilomètres au sud. De puissants courants de marée près du sud-ouest de la Nouvelle-Écosse produisent un mélange vertical et un enrichissement de la pêche au hareng et au homard. Au large, une flotte internationale pêche près d'un demi-million de tonnes de poissons et de calmars. Les récentes découvertes de gaz naturel à proximité de l'île de Sable ont stimulé les recherches d'hydrocarbure, ce qui crée un conflit potentiel entre les ressources renouvelables et non renouvelables sur la plate-forme.

P.C. Smith et R.J. Conover

Platine (Pt) Le plus connu des six éléments métalliques blanc grisâtre du groupe des platines qui com-

prend aussi le palladium (Pd), l'iridium (Ir), le rhodium (Rh), l'osmium (Os) et le ruthénium (Ru). Le platine et le palladium sont les métaux les plus utilisés du groupe. Leur point de fusion et leur densité sont les suivants: Pt, 1769 °C et 21,45; Pd, 1552 °C et 12,02; Rh, 1960 °C et 12,41; Ru, 2310 °C et 12,45; Ir, 2443 °C et 22,65; et Os, 3050 °C et 22,6. L'osmium et l'iridium sont les métaux les plus denses. Ce groupe de métaux «nobles» possède des caractéristiques exceptionnelles: point de fusion élevé, inertie chimique et, surtout, propriétés catalytiques exceptionnelles, même quand la température est élevée et que la corrosion pose problème. Le platine, le palladium et le rhodium sont surtout connus pour leur utilisation dans les catalyseurs d'automobile destinés à purifier le gaz d'échappement du véhicule.

À l'état naturel, le platine est allié à de petites quantités de métaux du groupe des platines, à des quantités relativement importantes de fer et, souvent, au cuivre, au nickel ou à l'argent. Les Espagnols, qui en font la découverte au XVIe s. dans les bijoux des indigènes en Amérique du Sud, l'appellent *platina* («petit argent»). Au début du XIXe s., on isole le platine en tant qu'élément.

Le platine est un métal précieux et rare, évalué en moyenne à 424 $US l'once troy (31,1 g) en 1995. La valeur du platine tient à sa rareté et à sa grande utilité. Le métal est employé surtout dans la fabrication des catalyseurs de voitures et en orfèvrerie, secteurs qui comptent pour 75 p. 100 de la demande. Les catalyseurs industriels, les piles à combustibles et les applications électroniques constituent d'autres domaines d'utilisation importants. Une quantité plutôt modeste de platine, moins de 10 p. 100, fait l'objet de spéculation. Le palladium s'utilise principalement dans trois domaines: en électronique, en dentisterie et dans les catalyseurs de voitures. Le rhodium s'emploie presque exclusivement dans les catalyseurs de voitures. Le Japon, dont la demande en platine et en palladium correspond respectivement à 49 p. 100 et à 42 p. 100 de celle des pays industrialisés, est le plus grand consommateur de ces deux produits. En 1995, dans les pays développés à économie de marché, la demande primaire estimée, outre le recyclage, s'élevait à 140 t pour le platine, 180 t pour le palladium et 13 t pour le rhodium.

La Russie et l'Afrique du Sud sont les principaux producteurs de platine, de palladium et de rhodium: ils en fournissent respectivement 172 t et 158 t. La Russie produit davantage de palladium que de platine, alors que pour l'Afrique du Sud, c'est l'inverse. En Afrique du Sud, les métaux du groupe des platines sont extraits des dépôts sédimentaires du Complexe Bushveld, près de Pretoria. Au Canada et en Russie, le platine est un sous-produit important de la production de nickel et de cuivre. La production russe provient surtout des mines de Norilsk. Le gros de la production canadienne provient des mines de cuivre et d'argent d'INCO LIMITÉE et de Falconbridge Limitée situées dans le bassin de Sudbury. En 1993, North American Palladium Ltd ouvre sa mine près de Thunder Bay, en Ontario. Le palladium est le produit principal, tandis que le platine est le sous-produit. En 1995, on extrait des mines canadiennes environ 15 t de métaux du groupe des platines. De plus, NORANDA INC. récupère environ quatre tonnes de métaux du groupe des platines en recyclant du matériel électronique et d'autres rebuts.

W.J. McCutcheon

Plats-Côtés-de-Chien Groupe autochtone qui s'appelle lui-même *Doné*, c.-à-d. «le peuple». Il fait partie de l'ensemble des DÉNÉS qui réunit les groupes de la grande famille linguistique athapaskane. Pour se distinguer des bandes dénées avoisinantes (CHIPEWYANS, ESCLAVES, BEARLAKES et LIÈVRES), il adopte le nom de «Plats-Côtés-de-Chien», bien qu'il s'agisse d'une épithète crie désignant les locuteurs athapascans. Son territoire s'étend à l'est du fleuve Mackenzie, depuis le Grand lac des Esclaves jusqu'au Grand lac de l'Ours dans les Territoires du Nord-Ouest. Au milieu du XIXe s., les Plats-Côtés-de-Chien sont au nombre de 800 environ, alors qu'en 1970, on en compte quelque 1700, plus de 1900 en 1986 et plus de 2000 en 1996.

Avant même l'arrivée des Européens et jusqu'à nos jours, les Plats-Côtés-de-Chien chassent le CARIBOU de la toundra dans la forêt boréale en hiver, puis suivent le troupeau durant sa migration printanière jusqu'à la bordure des terres arides de la toundra, où ils se retrouvent à l'automne. L'orignal, le lièvre (qui vivent dans les forêts), les oiseaux aquatiques et les poissons migrateurs constituent aussi, pour ce groupe, d'importantes sources de nourriture. Les liens de parenté étendue permettent aux familles de passer facilement d'une BANDE à une autre. Dans les temps anciens, plusieurs personnes font l'expérience de pouvoirs surnaturels acquis grâce à des esprits ayant revêtu une forme animale. Les prouesses de chasseur doublées d'un généreux souci du bien-être commun, la sagesse, les talents oratoires et les pouvoirs de «guérison» donnent à l'individu de l'autorité et du leadership. Au début du XIXe s., les Couteaux-jaunes les intimident et les attaquent. En 1823, le massacre par les Plats-Côtés-de-Chien des Couteaux-jaunes de la bande de Long Leg met fin à la menace. Conformément à la tradition orale, une paix durable est établie, quelques années plus tard, avec le concours des pouvoirs de guérison et de la force oratoire, lorsque leur chef Edzo et quelques compagnons rencontrent Akaitcho, le grand chef des Couteaux-jaunes et sa bande.

Les Plats-Côtés-de-Chien commencent à s'intéresser à la TRAITE DES FOURRURES vers le début du XIXe s. Cependant, ce n'est qu'en 1852 qu'est établi Fort Rae, situé sur le bras nord du Grand lac des Esclaves. Il s'agit du premier poste de traite établi sur leurs terres. En 1859, les missionnaires catholiques entreprennent de les convertir.

L'établissement d'écoles dans tous les villages des Plats-Côtés-de-Chien à la fin des années 50 facilite leur accès à l'éducation et à leur formation dans des domaines non traditionnels. Fort Rae a été transformé en village permanent (le complexe Rae-Edzo) où vivent des centaines de Plats-Côtés-de-Chien. Ils ont aussi d'autres villages plus petits, dont Detah, près de Yellowknife, de même que des hameaux à Wha Ti (autrefois Lac la Martre) et aux lacs Rae et Snare. Dans ces hameaux isolés, les activités traditionnelles de chasse, de pêche et de piégeage demeurent essentielles. Toutefois, depuis la fin des années 80, le piégeage est de moins en moins pratiqué et, dans le Nord, on prétend généralement que cette baisse serait une conséquence directe des mouvements pour la défense des animaux.

En 1921, les Plats-Côtés-de-Chien et d'autres groupes de Dénés du Grand lac des Esclaves signent le traité no 11. Dans les années 60 et 70, suite à des pressions croissantes en faveur de l'exploitation de la vallée du Mackenzie et plusieurs dispositions du traité n'ayant jamais été respectées, les Dénés insistent pour que le gouvernement fédéral garantisse leurs droits politiques, fonciers et autres dans les Territoires du Nord-Ouest. À partir de 1981, sous la politique unie de la Nation dénée, les Plats-Côtés-de-Chien participent à la négociation d'une revendication territoriale globale. Toutefois, les négociations sont rompues, en 1990, lorsque leurs chefs rejettent la version finale de l'entente. Ils se séparent de la Nation dénée et, en 1995, ils entament eux-mêmes les négociations de leur revendication territoriale, qui portent à la fois sur leur autonomie gouvernementale et leurs droits fonciers. (*Voir aussi* AUTOCHTONES: LA RÉGION SUBARCTIQUE; AUTOCHTONES.)

June Helm

Plaunt, Alan Butterworth, organisateur, communicateur et journaliste (Ottawa, 25 mars 1904—*id.*, 12 sept. 1941). Issu d'une famille propriétaire d'une société d'exploitation forestière prospère, Plaunt consacre sa vie à la défense de l'unité nationale, de la radiodiffusion publique, de la réforme de l'économie et du pacifisme. Cofondateur, avec Graham SPRY, de la Canadian Radio League en 1930, il va chercher le soutien politique et populaire en faveur de la radiodiffusion publique. Son dynamisme imprégnera la ligue jusqu'à sa nomination au premier Conseil des gouverneurs de la Société Radio-Canada (1936-1940). En tant que membre de la LEAGUE FOR SOCIAL RECONSTRUCTION, il participe à l'élaboration du Manifeste de Regina. En 1933, il fonde le New Canada Movement et défend les intérêts de celui-ci par l'entremise d'un journal dont il est copropriétaire avec Spry, le *Farmers' Sun* (1932-1935), en faisant notamment valoir la nécessité de «revoir» les conditions de vie en milieu rural. À la fin des années 30, Plaunt participe à la fondation de la Neutrality League qui milite en faveur du pacifisme et de la neutralité politique du Canada.

Robert E. Babe

Plaut, W. Gunther, rabbin et auteur (Münster, Allemagne, 1er nov. 1912). Plaut quitte l'Allemagne, où il a grandi et étudié, pour échapper aux nazis avant la Seconde Guerre mondiale. Il émigre aux États-Unis et étudie au Hebrew Union College (Cincinnati, Ohio) afin de devenir rabbin du judaïsme réformé; il est ordonné en 1939. Il est aumônier juif dans les Forces armées américaines (1943-1946) et occupe des chaires réformées à Chicago, à St. Paul (Minnesota) et au Holy Blossom Temple de Toronto (1961-1977), où il devient, en 1978, grand hébraïste en résidence.

Parmi ses plus importantes œuvres savantes, citons *The Rise of Reform Judaism* (1963), *The Growth of Reform Judaism* (1965) et *The Torah: A Modern Commentary* (1981); ce dernier ouvrage, auquel il a travaillé pendant 17 ans, est favorable au courant moderne d'études bibliques. Le rabbin Plaut se sépare ainsi des talmudistes traditionalistes et se range du côté des juifs séculiers. Il écrit une chronique hebdomadaire dans le *Canadian Jewish News* et écrit souvent pour le *Globe and Mail*. En 1984, on lui demande d'être l'unique membre d'une commission chargée de redéfinir les règles en matière de reconnaissance du statut de réfugié au Canada; il exerce aussi la vice-présidence de la Commission ontarienne des droits de la personne.

Bien que beaucoup de juifs orthodoxes n'acceptent pas ses opinions religieuses, Plaut réussit à devenir le porte-parole en chef de la communauté juive canadienne. À un âge avancé, il commence à écrire des ouvrages de fiction «pour tenter d'atteindre le plus de gens possible». En 1978, il publie sa première collection de nouvelles, *Hanging Threads*; en 1986, il publie *The Letter*, un roman sur l'Holocauste. Un autre roman, *The Man Who Would Be Messiah*, est publié en 1988.

Sharon Drache

Playwrights Union of Canada (PUC) Remplace la Playwrights co-op, fondée en 1972 par des dramaturges de Toronto dans le but de promouvoir les œuvres de dramaturges canadiens et de les représenter. En 1973, la Playwrights co-op a déjà publié, à peu de frais, plus de 60 textes sous forme de documents polycopiés. En 1982, ce chiffre dépasse les 500 et les textes circulent dans un grand nombre de théâtres et d'écoles. La Playwrights co-op se constitue de nouveau en corporation en 1979, sous le nom de Playwrights Canada, laquelle, après avoir fusionné avec la Guild of Canadian Playwrights, devient la Playwrights Union of Canada. La PUC publie plus de 1400 titres (scénarios ou livres de poche) sous la marque d'éditeur Playwrights Canada. Elle compte plus de 350 membres, pour lesquels elle organise des tournées de lecture à l'échelle nationale et provinciale, et possède un centre de documentation sur les pièces de théâtre et les dramaturges canadiens. Au nom de ses membres, la PUC administre les redevances des productions d'amateurs et négocie des contrats-types de production avec l'Association professionnelle des théâtres canadiens.

Anton Wagner

Plessis, Joseph-Octave, archevêque de Québec (Montréal, 3 mars 1763—Québec, 4 déc. 1825). Ordonné prêtre en 1786, Plessis est ensuite secrétaire de trois évêques et curé à Québec. Nommé coadjuteur en 1797, il devient évêque en 1806, et Rome le nomme en 1819 premier archevêque de Québec. Cependant, le gouvernement britannique ne lui reconnaît jamais ce titre. Petit et corpulent, Plessis est un homme ambitieux, méthodique et réaliste, ayant le sens de la diplomatie. Il collabore avec les autorités coloniales britanniques dans les affaires civiles tout en résistant à leurs efforts pour affaiblir et dominer l'Église. Il presse les Canadiens d'encourager les Britanniques pendant la guerre de 1812 et il est nommé membre du Conseil législatif du Bas-Canada en 1817. Il s'oppose à un plan d'éducation dirigé par l'État et encourage plutôt l'organisation de l'enseignement primaire catholique dans les paroisses.

Plessis maintient la position de l'Église au cours de la lutte opposant le gouvernement colonial britannique et la bourgeoisie canadienne montante qui se disputent la direction de la société du Bas-Canada. Il dispose d'un clergé trop peu nombreux pour répondre aux besoins de la pastorale des paroisses; il dirige un nombre important de jeunes clercs vers les études classiques et ecclésiastiques et cette politique finit par freiner la crise des vocations. C'est surtout grâce aux efforts de Plessis que le diocèse catholique de Québec, qui englobe alors toutes les colonies de l'Amérique du Nord britannique sauf Terre-Neuve, est divisé en un certain nombre d'unités administratives qui sont le fondement de l'organisation actuelle des diocèses.

James H. Lambert

Plessisville, ville du Qc; pop. 6810 (rec. 1996), 6952 (rec. 1991); const. en 1855; superf. 4,44 km²; située dans la région appelée Cour-du-Québec, à environ 95 km au sud de la ville de Québec. La rivière Bourbon passe à l'ouest près de la ville. Cette région est la plus importante région agricole du Québec.

Plessisville doit son nom au onzième évêque de la ville de Québec, Joseph-Octave Plessis. Plessisville est la première municipalité à se développer dans la région des Bois-Francs. La terre, riche et fertile, est idéale pour le développement agricole.

Plessisville s'est développée grâce à sa qualité de vie exceptionnelle et aux richesses naturelles des régions avoisinantes. Le bateau, la pêche et les sports nautiques se pratiquent au lac William, situé à 25 km de la ville.

L'agriculture demeure l'une des activités importantes de l'économie, puisqu'elle génère de l'emploi et des investissements. Plus de 50 industries sont installées à Plessisville et profitent de la situation géographique de la ville. Plessisville, qui se trouve près de l'autoroute 20, entre Québec et Montréal, est facile d'accès.

Plessisville est la «Capitale mondiale de l'Érable». On y retrouve le siège de la Citadelle, coopérative de producteurs de sirop d'érable du Québec, de même que l'Institut québécois de l'érable inc., le Musée de l'érable, le concours provincial et international des produits de l'érable, l'Association des restaurateurs de cabanes à sucre du Québec et le Festival de l'érable de Plessisville.

Pleure pas, Germaine (1965), de Claude Jasmin, une des contributions au «débat sur le joual» les plus accessibles et les plus poétiques du roman canadien-français, raconte le voyage de Gilles Bédard et de sa famille, de Montréal à Gaspé. Alors qu'il fuit l'alcool et les dettes, qu'il traque le violeur qui a tué sa fille et qu'il rend visite aux parents de son épouse, Gilles est coincé entre son désir de vengeance et son inclination naturelle à aimer. Il est libéré grâce à une erreur sur la personne, dans un dénouement où se mêlent l'imagerie du Nouveau Testament et l'engagement politique. La narration, qui emprunte le point de vue de Gilles, est structurée à partir des noms des haltes routières rencontrées sur le chemin de la découverte, et utilise le JOUAL pour exprimer la situation difficile et complexe dans laquelle se trouve un homme naïf. Le titre, tiré du roman de Roger LEMELIN, *Au pied de la pente douce* (1944), associe le récit aux premières expériences en joual.

Michèle Lacombe

Plie (*Voir* POISSON PLAT)

Plomb (Pb) Métal gris argenté que l'on trouve souvent avec les sulfures de zinc et de cuivre sous forme de galène MINÉRALE. Ses propriétés, comme un point de fusion bas (327,4 °C), une densité et une malléabilité élevées, une résistance à la corrosion et une bonne capacité d'atténuer les rayons gamma et les vibrations sonores, donnent lieu à toute une gamme d'applications. L'oxyde de plomb était déjà utilisé pour vernir les poteries entre 7000 et 5000 ans av. J.-C. et le plomb est un des premiers métaux à avoir été fondu. On l'utilisait pour fabriquer les pièces de monnaie en Chine et en Grèce et, environ 100 ans av. J.-C., les Romains ont commencé à s'en servir pour la plomberie et la brasure. Son utilisation dans les revêtements de toiture et les munitions date du Moyen Âge. Les accumulateurs au plomb, qui représentent aujourd'hui la plus grande application du plomb, ont été mis sur le marché en 1911. De plus récentes applications utilisent la capacité du plomb à bloquer les rayons gamma et à amortir les vibrations sonores. Le plomb entre dans la fabrication de l'équipement électronique, de produits chimiques, d'alliages et de gaines de câbles. Il assure aussi une barrière protectrice contre la radiation nucléaire ou les rayons X provenant des téléviseurs, des écrans d'ordinateurs et de l'équipement médico-dentaire.

Le plomb est extrait des minerais contenant du zinc, de l'argent et des quantités minimes de cuivre. Il est aussi récupéré à partir de matériaux recyclés; plus de 50 p. 100 de la production mondiale provient du recyclage, faisant du plomb un des métaux les plus recyclés au monde. En 1995, le Canada a produit 210 000 t de concentré de plomb et 277 000 t de métal affiné, dont 37 p. 100 a été produit à partir de matériaux recyclés. Le production minière canadienne est surpassée seulement par celle de l'Australie, de la Chine, des États-Unis et du Pérou.

Les principales provinces productrices sont le Nouveau-Brunswick, la Colombie-Britannique, les Territoires du Nord-Ouest et le Yukon. Le minerai est extrait, concassé et broyé, puis le minéral contenant du plomb est séparé par flottation pour produire un concentré. À la fonderie, le concentré est oxydé par la chaleur pour libérer le soufre, qui est récupéré sous forme d'acide sulfurique ou d'anhydride sulfureux et peut être transformé en fertilisants. Le concentré oxydé ou le plomb recyclé est ensuite fondu, habituellement dans un haut fourneau, pour produire du plomb d'œuvre impur. L'affinage électrolytique ou thermique purifie le plomb et récupère les sous-produits, dont l'argent, l'antimoine et le bismuth (*voir* MÉTALLURGIE). Les usines de première fusion de la Colombie-Britannique et du Nouveau-Brunswick convertissent les concentrés et les matériaux recyclés en métal et alliages affinés. Les usines de deuxième fusion du Québec, de l'Ontario, du Manitoba et de la Colombie-Britannique recyclent aussi les produits, comme les accumulateurs d'automobile, en métal et en alliages. En 1995, plus de 70 p. 100 de la production canadienne de plomb métallique affiné et d'alliages a été exportée, en grande partie aux États-Unis.

Risques et dangers Le plomb est toxique à de hauts degrés d'exposition et l'empoisonnement au plomb était autrefois un risque professionnel (*voir* POLLUTION). Les questions touchant le plomb et ses effets sur la santé sont souvent très bien documentées et bien gérées. La production et l'utilisation du plomb continuent d'augmenter, tandis que les risques liés à l'exposition au plomb ont grandement

diminué. La moyenne de concentration sanguine chez les enfants est passée de 19 microgrammes par décilitre en 1972, à 12 en 1984 et à 6 en 1988. Au Canada, les mesures visant à réduire les expositions dangereuses au plomb sont nombreuses. Il existe une réglementation pour retirer graduellement le plomb de l'essence, des campagnes de sensibilisation, une participation volontaire du secteur industriel pour éliminer le plomb dans la peinture ainsi que dans les boîtes de conserve (soudées avec du plomb). Les expositions au plomb en milieu de travail et les émissions industrielles sont également réglementées. Ce qui montre que le plomb peut être utilisé de manière sûre, à condition de prendre certaines précautions.

J. Keating

Plongée sous-marine Les premières tentatives de plongée à grande échelle, qui remontent probablement à au moins 6500 ans, étaient menées afin de trouver des perles et de la nacre. Les plongeurs étaient entraînés, dès l'enfance, pour accroître leur capacité pulmonaire et leur endurance. La construction des premiers dispositifs mécaniques sous-marins (p. ex., les cloches de plongée en bois) remonte peut-être à 332 av. J.-C. Ces dispositifs subissent des modifications importantes avant même le XIXe s.

L'Anglais Augustus Siebe conçoit le premier scaphandre pratique vers 1839. Ce vêtement étanche comprend un casque détachable relié à la surface par un tuyau par lequel l'air est pompé. Cette sorte de scaphandre à long tuyau demeure le seul habit de plongée jusqu'en 1943, lorsque deux Français, le célèbre explorateur sous-marin Jacques-Yves Consteau et l'ingénieur Émile Gagnan, adaptent à l'usage sous-marin un appareil respiratoire mis au point antérieurement. Cet appareil amélioré s'appelle un «poumon aquatique» ou un appareil respiratoire autonome de plongée.

Plongée commerciale L'équipement de plongée est continuellement amélioré, afin d'aider les plongeurs à supporter des profondeurs toujours plus grandes en réponse aux demandes de l'industrie de l'exploration pétrolière en mer (*voir* PÉTROLE, EXPLORATION ET PRODUCTION DU). Dans certains travaux en eau profonde, la dextérité du plongeur n'est pas primordiale ou encore le coût de la compression et de la décompression du plongeur peut se révéler prohibitif. Un scaphandre résistant à la pression (scaphandre atmosphérique), mis au point en Grande-Bretagne, permet au plongeur de travailler à une profondeur de 460 m et de revenir à la surface sans aucun des problèmes habituels associés à la respiration d'air à haute pression.

Ces scaphandres sont volumineux et embarrassants. Des versions plus légères et plus souples d'emploi ont donc été mises au point par Can-Dive Services, un important entrepreneur en plongée canadien (*voir* INDUSTRIE OCÉANOGRAPHIQUE ET SUBMERSIBLE).

Plongée récréative La plongée récréative est à la mode le long des côtes et des voies d'eau canadiennes. L'équipement fournissant la fiabilité et la liberté requises par les plongeurs sportifs a été mis au point un siècle après le premier équipement commercial standard. L'équipement récréatif a évolué constamment et les plongeurs utilisent maintenant des bouteilles à air comprimé, des détendeurs à un seul tuyau pour faciliter la respiration et des combinaisons étanches pour une plus grande chaleur. Des ordinateurs de plongée sous-marins, d'abord mis au point au Canada par Kybertec International Inc., affichent continuellement la profondeur, l'heure, la consommation d'air et l'état de la décompression sur un écran numérique.

Les plongeurs sportifs sont entraînés par des instructeurs agréés qui sont inscrits dans des agences de formation. La plus grande agence au Canada, la National Association of Underwater Instructors, constituée en 1971, a son siège à Toronto. L'American and Canadian Underwater Certification Inc. a un

bureau à Burlington, en Ontario et la Professional Association of Diving Instructors, à Victoria, en Colombie-Britannique.

Les autres agences de formation au Canada sont la National Association of Skin Diving Schools, la Scuba Schools International et la Confédération mondiale des activités subaquatiques (CMAS). Des conseils et des clubs de plongée sont actifs dans tout le Canada, et des détaillants d'articles de plongée locaux possèdent de l'information sur ces groupes. L'Ontario Underwater Council, la plus grande association non agréée de plongeurs au monde, a célébré ses 30 ans en 1988. Chaque printemps, ce groupe organise à Toronto un spectacle de plongée de renommée internationale.

Plongée scientifique Les scientifiques de disciplines telles que l'ARCHÉOLOGIE, la BIOLOGIE, la CHIMIE, la GÉOLOGIE, l'écologie marine, l'OCÉANOGRAPHIE et la PHYSIQUE utilisent la plongée pour observer et recueillir des données. Les chercheurs canadiens sont des membres importants de la branche scientifique de la CMAS, la fédération mondiale fondée pour promouvoir les études sous-marines et faire progresser les techniques de plongée ainsi que la sécurité dans cette discipline.

Les scientifiques et les techniciens canadiens sont reconnus mondialement pour leurs études sous-marines effectuées dans des conditions extrêmes. L'exploitation pétrolière dans l'Arctique canadien a provoqué un accroissement de la recherche et des percées technologiques dans des domaines tels que l'interaction entre le pétrole et la glace.

Divers ministères et organismes fédéraux tels qu'Environnement Canada, le Service de protection de l'environnement, Pêches et Océans, ainsi qu'Énergie, Mines et Ressources utilisent des plongeurs lors de leurs recherches scientifiques. Ces plongeurs installent et récupèrent des appareils d'enregistrement. Ils aident à l'entretien des plates-formes d'études, des canaux et des écluses, recueillent des échantillons de fond, des échantillons d'eau, des poissons ou des invertébrés à fins d'analyses et effectuent des plongées de surveillance dans des zones sensibles du point de vue environnemental. Environnement Canada Service des parcs compte à son actif des milliers d'heures de plongée pour localiser et dégager des sites historiques sous l'eau. Signalons le naufrage du San Juan, un baleinier BASQUE, dans la Red Bay (au Labrador) en 1565 et du Machault, un des trois bateaux ravitailleurs français qui sombrèrent dans la baie des Chaleurs en 1763. Les frégates américaines Hamilton et Scourge, en service durant la GUERRE DE 1812, et le BREADALBANE, un bateau ravitailleur d'une expédition arctique coulé dans le PASSAGE DU NORD-OUEST en 1853, sont en train d'être examinés par des groupes financés par le secteur privé sous la surveillance d'Environnement Canada Service des parcs (*voir* MACINNIS, J.B.).

Environnement Canada Service des parcs gère un système de soutien comprenant une péniche de recherche équipée de 150 tonnes de compresseurs à basse pression pour alimenter les béduwés, de génératrices pour alimenter les lampes sous-marines, d'une chambre de recompression, de bureaux et d'ateliers. Le MUSÉE ROYAL DE L'ONTARIO emploie des plongeurs pour récupérer des objets trouvés le long des routes des «voyageurs» du commerce des fourrures et, en 1971, il fait entamer les recherches des frégates Hamilton et Scourge. Ces entreprises font du Canada un chef de file de renommée internationale en matière d'archéologie sous-marine.

Plongée militaire Le travail des plongeurs militaires va de l'emploi de plongeurs-démineurs à bord de navires gouvernementaux aux tâches secrètes de défense. L'Institut militaire et civil de médecine environnementale (IMCME) est un laboratoire multidisciplinaire du ministère de la Défense nationale. Il teste et met au point l'équipement de plongée personnel, forme le personnel militaire et travaille en recherche et développement sur les problèmes humains associés aux opérations sous-marines.

Valerie I. MacDonald

Plongeon Comme en font foi des dessins sur des vases égyptiens et romains, ce sport, qui consiste à se jeter dans l'eau, tête première depuis une plateforme, remonterait à 400 av. J.-C. Du VIIIe au Xe s., en Suède, les Vikings plongent dans l'océan à partir de falaises, une pratique qu'on retrouve aussi, dans les années 1770, chez les Indiens d'Acapulco au Mexique. Entre 1800 et 1820, de nouvelles façons de plonger apparaissent en Allemagne et en Suède. Les figures acrobatiques exécutées au-dessus de l'eau marquent le début des mouvements complexes du plongeon que l'on connaît aujourd'hui.

Le plongeon de compétition voit le jour en Allemagne dans les années 1880 et, en 1904, il devient une discipline olympique. Au Canada, c'est seulement au cours des années 20 qu'il fait son apparition sous les auspices de la Canadian Amateur Swimming Association. En 1969, à l'initiative de Vaughn L. Baird, l'Association canadienne de plongeon se joint à la Fédération des sports nautiques du Canada, une affiliation qui contribuera à l'essor de ce sport aujourd'hui pratiqué dans neuf provinces.

Le plongeon de compétition regroupe les épreuves masculines et féminines de tremplin et de haut vol. Les plongeurs doivent exécuter un nombre déterminé de plongeons qui sont notés sur une échelle de 1 à 10 par un jury formé de 5 à 7 juges; on établit ensuite le score final.

Alfie Phillips est la première plongeuse canadienne à se distinguer en gagnant 10 championnats canadiens consécutifs (1926 à 1935) et en se classant septième aux Jeux olympiques de 1928 et de 1932. Au cours des années 40 et 50, George Athans, Bill Patrick et Irene MacDonald représentent le Canada lors de compétitions internationales. MacDonald remporte une médaille de bronze (tremplin) aux Jeux olympiques de Melbourne (1956) et termine sixième à Rome en 1960. Beverley Boys gagne 4 médailles d'or à des Jeux du Commonwealth et se classe septième aux Olympiques de 1968, cinquième au tremplin en 1972 et quatrième à la tour en 1968. Cindy Shatto termine cinquième à la tour aux Jeux olympiques de Montréal (1976).

La performance canadienne par excellence reste celle de Sylvie BERNIER, gagnante d'une médaille d'or aux Jeux olympiques de Los Angeles en 1984. Aux Jeux panaméricains tenus en août 1987, le Canada obtient 3 médailles: l'argent au 10 m, le bronze au tremplin et le bronze à la tour. Les plongeurs canadiens ont moins de succès aux Jeux olympiques de Séoul (1988) où ils occupent les neuvième et dixième rangs au classement final. Aux Jeux olympiques de Barcelone (1992), ils finissent avec une huitième place (Mary De Piero au tremplin de 3 m). De Piero et Anna Dacyshyn remportent des médailles d'or dans leurs épreuves respectives aux Jeux du Commonwealth de 1990 et Annie Pelletier enlève le bronze (tremplin) aux Olympiques d'Atlanta en 1996.

Janice Waters et M. Lowry

Plongeon (Oiseau) Nom commun donné à cinq espèces d'oiseaux aquatiques de grande taille appartenant à la famille des gaviidés. Les plongeons sont confinés à l'hémisphère Nord et on les rencontre tous en Amérique du Nord. Les plongeons nichent en région d'eau douce, près de lacs et rivières situés à l'intérieur des terres, et ils hivernent en mer.

Description Leur plumage d'été est noir ou gris, le blanc formant des motifs caractéristiques et marqués à différents endroits. Les plongeons ont le dessous du corps entièrement blanc. L'hiver, leur plumage dense mue et devient uniformément gris. Durant la mue, les plongeons sont incapables de voler. Le plongeon huard (*Gavia immer*), le plongeon à bec blanc (*G. adamsii*), le plongeon arctique (*G. arctica*) et le plongeon du Pacifique (*G. pacifica*)

muent à la fin de l'hiver, tandis que, pour sa part, le plongeon catmarin (*G. stellata*) mue au cours de l'automne. Le mâle et la femelle sont semblables chez les plongeons. Le bec est fort, droit et pointu, le cou est long et trapu, et la queue très courte.

Les pattes sont très bien adaptées à la nage: elles sont situées loin à l'arrière du corps, elles ont les côtés aplatis et les pieds sont entièrement palmés. Les plongeons ont de la difficulté à marcher sur la terre ferme. Comme leurs ailes sont petites comparativement au corps, ils doivent courir sur une bonne distance à la surface de l'eau afin de s'envoler.

Ces oiseaux sont connus pour leur cris variés, particulièrement pour leur rire étrange et triste et leur plainte lugubre qui rappelle le hurlement du loup. Pour certains observateurs, ces sons très caractéristiques symbolisent l'atmosphère du Nord canadien.

Nidification Les plongeons ne vont sur la terre ferme que pour y nicher. Leur nid consiste en un amas de végétation situé à proximité de l'eau. La couvée compte généralement deux œufs brun olive, portant des taches foncées. Les deux parents incubent les œufs pendant environ quatre semaines et élèvent ensemble les petits. Les jeunes, d'une couleur uniformément grisâtre, quittent le nid peu de temps après l'éclosion et se déplacent souvent sur le dos de leurs parents.

Régime alimentaire Les plongeons s'alimentent principalement de poissons et ils peuvent plonger jusqu'à 75 m de profondeur. Généralement, ils demeurent sous l'eau moins d'une minute.

R.D. James

Plouffe, Les (1948), roman de Roger LEMELIN, dans lequel l'auteur dresse, avec humour, un portrait très juste de la classe ouvrière de la basse-ville de Québec. La saga de la famille Plouffe couvre la période de la Seconde Guerre mondiale et présente, dans la tradition socio-réaliste, des personnages inoubliables: Ovide, le sensible, qui hésite entre la religion et l'amour; Guillaume, le farceur et, surtout, le héros sportif local; Cécile, la vieille fille aigrie; Théophile, l'inconditionnel «anti-Anglais»; le curé Folbèche, dissident de l'Église et patriote silencieux; et la belle Rita Toulouse. Les imbroglios de l'ambitieux journaliste Denis Boucher, ami d'Ovide et personnage principal du premier roman de Lemelin, sèment le trouble dans une communauté confrontée à la censure, à la conscription et aux syndicats militants catholiques. Peuplé de conducteurs de tramways, de typographes de journaux, de prêtres indiscrets et de voisins curieux, le récit de Lemelin est à la fois une satire et une éloge du mélange des influences américaines et catholiques dans la culture populaire locale. Traduite sous le titre *The Plouffe Family* (1950), l'histoire est adaptée pour la télévision en anglais et en français et diffusée sur les ondes de Radio-Canada, dans les années 50. Gilles CARLE en fait un film en 1981.

Michèle Lacombe

Plue Peu après sa fondation, en 1670, la COMPAGNIE DE LA BAIE D'HUDSON (CBH) trouve nécessaire d'établir une unité de valeur qui harmoniserait le troc des Indiens avec les méthodes de tenue de livres des Européens. Elle crée son unité de valeur pour le négoce, basée sur le plue (valeur d'une peau de castor de premier choix et en bonne condition). Les prix de toutes les marchandises sont fixés en plue («made beaver»). Plus tard, la CBH émet des pièces en cuivre en unités de plue et en fractions de celui-ci. (*Voir aussi* TRAITE DES FOURRURES.)

Jennifer S.H. Brown

Pluie Précipitation liquide. Une précipitation est de l'EAU, sous forme liquide ou solide, qui s'est condensée dans l'atmosphère avant de tomber. Une goutte de pluie type a un diamètre d'environ 2 mm (gamme de diamètre: de 0,5 à 5 mm). Presque tous les nuages producteurs de pluie sont formés par un mouvement ascendant d'air chargé de vapeur d'eau. Le gain d'altitude s'accompagne d'un refroidissement de la vapeur d'eau qui se condense alors en

gouttelettes d'eau et en cristaux de GLACE. Normalement, les cristaux fondent avant d'atteindre le sol. Au Canada, il pleut surtout pendant la saison chaude. On classe parfois la pluie selon le processus responsable de l'ascendance initiale de l'air. La pluie est cyclonique lorsque l'air humide s'élève dans les régions de basse pression (cyclone). La plupart des pluies au Canada sont de ce type.

Importance environnementale Les basses pressions, nées dans le centre des États-Unis et qui entrent au Canada quelque part entre le Manitoba et le Québec, ont une grande importance environnementale parce qu'elles passent au-dessus de la partie la plus industrialisée des États-Unis et apportent donc fréquemment des PLUIES ACIDES. La pluie frontale est causée par l'ascendance d'air chaud sur le côté d'une surface frontale (zone séparant des masses d'air de caractéristiques différentes) au-dessus d'une masse d'air plus froide et donc plus dense, de l'autre côté du front. La pluie de convection, causée par de l'air plus chaud s'élevant dans un milieu plus froid, donne parfois lieu aux orages. L'ascendance d'air humide au-dessus de montagnes donne quant à elle naissance aux pluies orographiques.

La pluie qui tombe à travers la base d'un nuage rencontre quelquefois, surtout au début du printemps et à la fin de l'automne, une couche atmosphérique peu épaisse s'étendant à quelques centaines de mètres au-dessus du sol et ayant une température inférieure au point de congélation. Les gouttes d'eau sont refroidies et arrivent sur le sol dans un état surfondu que l'on appelle pluie verglaçante. Lorsque ces gouttes d'eau surfondue frappent des objets à des températures inférieures à 0 °C, elles gèlent instantanément et finissent par former une couche de glace vive.

Classifications Dans le cadre d'observations synoptiques, la pluie est classée légère s'il en tombe moins de 0,5 mm/h, modérée s'il en tombe de 0,5 à 4 mm/h et forte s'il en tombe plus de 4 mm/h. Les plus fortes pluies canadiennes tombent le long de la côte de la Colombie-Britannique, où les précipitations annuelles peuvent dépasser 2500 mm. Ocean Falls, en Colombie-Britannique, reçoit la plus grande quantité de pluie par an: 4145,1 mm. La région de Ucluelet dans l'île de Vancouver détient le record national de pluie en un jour (489 mm, le 6 octobre 1967). Les provinces de l'Atlantique suivent la Colombie-Britannique. Dans certaines régions de la Nouvelle-Écosse et de Terre-Neuve, il tombe en moyenne plus de 1500 mm de pluie. Dans les autres parties du pays, les fortes pluies sont souvent liées à la phase extra-tropicale des ouragans: l'OURAGAN HAZEL, p. ex., a déversé plus de 18 cm de pluie en moins de 24 h dans certaines parties du sud de l'Ontario, les 15 et 16 octobre 1954. C'est dans les régions arctiques qu'il pleut le moins, puis dans le sud des Prairies et, enfin, dans les vallées profondes de l'intérieur de la Colombie-Britannique. Toutefois, même dans ces régions, il peut pleuvoir très fort de temps en temps en certains endroits. À Winnipeg, p. ex., il est tombé 17,8 mm de pluie en cinq minutes le 14 juillet 1968.

La pluie présente beaucoup d'avantages; au Canada, elle constitue le moyen par lequel les ressources en eau douce se renouvellent. Dans de nombreuses régions, et surtout dans les Prairies, le rendement des récoltes dépend fortement de l'abondance des pluies et de la synchronisation des chutes avec la saison de croissance des céréales. De très fortes pluies peuvent causer des crues soudaines (*voir* INONDATION) et de sérieuses érosions.

L.C. Nkemdirim

Pluie, lac à la D'une superficie de 932 km² (741 km² au Canada), il est situé à une altitude de 338 m, dans une région accidentée couverte de forêts. Il est à cheval sur la frontière entre l'Ontario et le Minnesota, à 240 km à l'ouest du lac Supérieur. Il se décharge par la rivière à la Pluie, qui coule vers l'ouest le long de la frontière jusqu'au LAC DES BOIS. Peuplée à l'origine par des Cris et des Assiniboines, la région entourant le lac reçoit d'abord la visite de Jacques de Noyon en 1688. L'explorateur Pierre LA VÉREN-DRYE fait construire un poste à une extrémité ouest en 1731. Le lac se trouve sur la ROUTE DE LA TRAITE DES FOURRURES, qui est très fréquentée en direction nord-ouest. Plus tard, la coupe du bois et l'industrie des pâtes et papiers y occupent une place importante. La principale localité riveraine, FORT FRANCES, se trouve face à une chute, à l'endroit où la rivière quitte le lac.

Daniel Francis

Pluie, production artificielle de la La pluie est d'une importance vitale pour la vie sur notre terre et beaucoup de techniques ont été mises en œuvre pour la provoquer. Dans les temps anciens, on allumait des feux pour apaiser les dieux. Dans l'Europe napoléonienne, on tirait des coups de canon lorsque le temps était nuageux. En Amérique du Nord, les Amérindiens exécutaient des danses très recherchées. Malheureusement, ces techniques ne dépassaient probablement guère le stade de l'effet psychologique. La production artificielle de pluie (pluviogénie) ou l'augmentation des précipitations voit le jour en 1946, lorsque les chercheurs américains Vincent Schaefer et Bernard Vonnegut découvrent, lors d'études séparées, qu'il est possible de transformer les gouttelettes d'eau surfondues des nuages (à une température inférieure à 0 °C) en cristaux de glace par l'injection de glace sèche (dioxyde de carbone à l'état solide, à une température de -72 °C) ou de cristaux d'iodure d'argent dans le nuage. Au cours de la formation naturelle de la pluie, les gouttelettes des nuages se forment lorsque la vapeur d'eau monte, et elles atteignent rapidement un point d'équilibre à un diamètre de 5-20 m. Un million ou plus de telles gouttelettes sont nécessaires pour produire une pluie moyenne. Quoique ces gouttelettes puissent croître par collision, c'est un processus inefficace et inhabituel dans les nuages des latitudes tempérées. Au Canada, la pluie se forme plutôt grâce à un processus très efficace, alliant cristaux de glace et gouttelettes d'eau surfondues.

En faisant geler directement les gouttelettes des nuages, par le biais d'injection de pastilles de glace sèche, il est possible d'activer la croissance des cristaux de glace pour aboutir éventuellement à la pluie. L'iodure d'argent agit de façon plus subtile. Les dimensions de son cristal moléculaire sont très similaires à celles d'un cristal de glace. Par voie de conséquence, quand les particules d'iodure d'argent entrent en contact avec les gouttelettes d'eau surfondues du nuage, elles provoquent un alignement des molécules d'eau similaire à celui des molécules de glace, ce qui fait geler les gouttes d'eau.

Au Canada, la production artificielle de pluie débute en 1948 par une expérience du gouvernement fédéral. On dispersait de la glace sèche dans les nuages pour provoquer une chute de pluie et, dans des conditions appropriées, on réussissait à en obtenir. Toutefois, ces activités ont soulevé la question classique: que serait-il arrivé sans l'intervention humaine? Les résultats de ce projet ont été remis en question car, en l'absence de nuages non ensemencés, on ne pouvait établir une comparaison avec les nuages ensemencés. Néanmoins, malgré les incertitudes scientifiques, les années 50 voient une prolifération d'activités de production artificielle de pluie à des fins agricoles dans les Prairies et, dans l'Est du Canada, pour favoriser l'exploitation forestière et la production d'énergie hydroélectrique. L'iodure d'argent, l'agent d'ensemencement, est diffusé de diverses façons à partir d'installations au sol et aéroportées. Ces activités n'étant pas conçues comme des expériences scientifiques, les analyses subséquentes n'ont pas été concluantes: en comparaison avec les moyennes de précipitations, on a remarqué soit de légères augmentations, soit de légères diminutions.

En 1959, le gouvernement fédéral entreprend la première d'une série d'expériences de production artificielle de pluie à des fins de statistiques interna-

tionales dans le nord-est de l'Ontario et dans le nord-ouest du Québec. Cette expérience d'une durée de quatre ans sur des systèmes de tempête d'envergure a abouti à une baisse totale de 2,5 p. 100 des précipitations. Cette baisse n'est pas statistiquement significative et pourrait être le simple résultat du hasard. Toutefois, un projet de production artificielle de pluie dans la région du LAC SAINT-JEAN, au Québec, semble avoir très bien réussi, d'après les résidants. En fait, ce projet a si bien réussi qu'on a mis sur pied l'Opération Parapluie et que des mères de famille ont réclamé au gouvernement du Québec, par voie de pétition, des vitamines pour leurs enfants à cause du manque de soleil. En 1965, le ministre des Ressources naturelles du Québec ordonne de cesser toute activité de production artificielle de pluie dans la province.

Cette production artificielle de pluie décline dans tout le Canada, pendant les années 60 et 70, bien que certains projets aient continué sporadiquement à Terre-Neuve, en Ontario et en Alberta. Au milieu des années 70, des progrès révolutionnaires dans les techniques d'observation des nuages et de la précipitation de particules à partir d'aéronefs permettent au gouvernement fédéral d'effectuer une expérience, d'une durée de quatre ans, sur l'ensemencement de nuages uniquement de type cumulus, dans le nord-ouest de l'Ontario et dans les Territoires du Nord-Ouest. Bien que l'échantillon de nuages ensemencés soit restreint, des preuves sérieuses montrent qu'il est possible de provoquer le processus de précipitation si le nuage ne se dissipe pas dans les 20 minutes suivant l'ensemencement. On remarque que la durée de vie des nuages dans le nord-ouest de l'Ontario est de courte durée et que ceux-ci sont peu susceptibles d'être ensemencés; dans les Territoires du Nord-Ouest, la durée de vie des nuages est longue et ces derniers réagissent positivement à l'ensemencement. La recherche dans ce domaine effectuée en Alberta, pendant les années 80, apporte des preuves supplémentaires de ce que la glace sèche et l'iodure d'argent peuvent être utilisés pour provoquer la croissance des cristaux de glace dans les nuages qui ne précipitent pas.

Des résultats similaires ont été obtenus dans d'autres pays. Toutefois, la communauté scientifique internationale est encore prudente quant à la production artificielle de la pluie. Il n'existe pas de réponse générale satisfaisante: le succès de ces entreprises dépend probablement de nombreux paramètres géographiques et météorologiques que la science n'a pas encore définis précisément.

A.J. Chisholm

Pluie, valeurs extrêmes de la La quantité de PLUIE ou de neige qui tombe sur le sol peut varier énormément au cours d'une même journée et même sur de courtes distances. Combien de gens ont vu des pluies presque diluviennes s'abattre sur la cour arrière, tandis qu'au même moment leur voisin d'en face restait bien au sec.

Au Canada, différentes conditions météorologiques peuvent produire des pluies intenses. Les ORAGES peuvent provoquer de courtes averses de pluie sur de petites zones (moins d'une centaine de kilomètres) un peu partout dans le sud du Canada. Les orages qui produisent d'énormes précipitations atteignant de 50 à 80 mm ne sont pas rares, surtout ceux qui restent au même endroit pendant une heure ou deux ou qui se déplacent lentement. Parfois, ce genre d'orage donne lieu à des crues éclairs, c.-à-d. à un débordement soudain des eaux qui coulent dans les ravins, les vallées ou les cours d'eau, souvent avec des effets dévastateurs (*voir* INONDATIONS). Les systèmes de dépressions atmosphériques peuvent s'attarder le long de la côte du Pacifique et pomper l'air humide qui flotte sur les pentes des montagnes, ce qui donne de longues périodes de fortes pluies. L'intensité relativement faible de ces précipitations est compensée par leur persistance. Ce genre de tempête peut durer plusieurs jours et apporter plus

de 300 mm de pluie sur plusieurs milliers de kilomètres carrés. Les tempêtes tropicales et les OURAGANS apportent également beaucoup de pluie. Certaines des pires inondations de l'est du Canada sont causées par des pluies diluviennes prolongées, amenées par des ouragans qui se dissipent sur l'Atlantique.

Il arrive aussi que ces énormes tempêtes se concentrent sur une zone et détrempent une région tout en laissant la région avoisinante complètement au sec. Le 30 mai 1961, une tempête de ce genre a frappé le hameau de Buffalo Gap (Saskatchewan), situé à environ 150 km au sud de Regina, près de la frontière américaine. En moins d'une heure, l'orage gigantesque a déversé plus de 250 mm de pluie sur la localité.

Pour les habitants de localités septentrionales comme Eureka dans l'île d'Ellesmere, les précipitations abondantes ne sont pas une source de préoccupation. La moyenne annuelle de pluie et de neige atteint à peine 64 mm, soit une goutte d'eau dans l'océan comparativement au déluge de 6655 mm de précipitations que reçoit annuellement Henderson Lake sur la côte Ouest de l'île de Vancouver.

Sur la côte du Pacifique, la région la plus pluvieuse du pays, il tombe plus de 3000 mm de pluie annuellement sur de grandes zones. Pourtant, à moins de 100 km à l'est, de l'autre côté des montagnes côtières, se trouve une des régions les plus sèches du Canada, la vallée du fleuve Fraser, zone semi-désertique où pousse l'armoise. La moyenne des précipitations annuelles atteint 400 mm, mais certaines localités reçoivent moins de 250 mm de pluie.

Les ombres pluviométriques L'ombre pluviométrique traverse graduellement les Prairies, où les précipitations annuelles varient entre 350 et 500 mm, la quantité augmentant de 40 mm tous les 100 km en direction est. Les accumulations s'élèvent à 500 mm par an à Winnipeg et atteignent 1500 mm à Halifax. L'est du Canada peut compter sur une abondante quantité de pluie et de neige. L'Ontario et le Québec n'ont pas de saisons particulièrement pluvieuses ou sèches, tandis que la fin de l'année est la période la plus pluvieuse de la côte Atlantique. Au nord, le désert de l'Arctique reçoit un maigre 100 à 200 mm de pluie et encore moins de neige.

Un autre orage s'est attardé sur le bassin inférieur des Grands Lacs pendant 20 heures en juillet 1989, inondant de précipitations records la partie sud du comté d'Essex dans le sud-ouest de l'Ontario. Provoqué par un système de basse pression qui se déplaçait lentement sur le nord de l'Ohio, l'orage déversa une des plus grandes quantités de pluie jamais enregistrée par Environnement Canada dans l'est du Canada. Les 264 mm de pluie, qui sont tombés sur la ville de Harrow, battent tous les scores officiels pour une période de 24 heures, y compris le record détenu précédemment par l'est de l'île de Vancouver; ils dépassent même de 40 p. 100 les plus grandes accumulations laissées sur une période de 48 heures par l'OURAGAN HAZEL.

Les *records de précipitations*, mesurées par périodes allant d'une heure à un an, ont été enregistrés par les centres d'observation météorologique d'Environnement Canada en Colombie-Britannique. Des mesures sont prises régulièrement dans près de 2500 endroits répartis dans tout le Canada. Au cours des années, des données couvrant différentes périodes ont été collectées dans plus de 8000 emplacements. C'est à Ucluelet sur la côte Ouest de l'île de Vancouver que revient l'honneur peu enviable d'avoir eu le jour le plus pluvieux. Le 6 octobre 1967, il est tombé 489 mm de pluie, un record canadien, mais l'endroit le plus pluvieux au monde, Cilaos, sur l'île de La Réunion dans l'Océan Indien, en a reçu quatre fois plus, soit 1870 mm, les 15 et 16 mars 1952.

L'heure la plus pluvieuse du Canada, où il est tombé 250 mm de pluie entre 16 h 30 et 17 h 30, durant un orage qui a frappé Buffalo Gap en 1961, peut rivaliser avec l'heure la plus pluvieuse du monde, au cours de laquelle il est tombé 305 mm de pluie sur la plantation de canne à sucre Kilauea à Kauai, à Hawaii.

David Phillips

Pluies acides Retombées sèches ou humides de substances acides et de leurs précurseurs à la surface de la Terre. Les retombées humides sont la pluie, la neige, la grêle, la bruine et les autres formes de précipitation visibles. Les retombées sèches, invisibles pour la plupart, correspondent à la déposition des grosses particules et à l'absorption des gaz et des petites particules à la surface de la Terre. Selon leur composition chimique, la pluie et autres précipitations peuvent être acides ou alcalines. L'acidité est mesurée à l'aide de l'échelle de pH, une mesure logarithmique de la concentration des ions hydrogène (H+) dans la précipitation. Si le pH est inférieur à 7, la solution est acide, s'il est supérieur à 7, elle est alcaline et s'il est égal à 7, elle est neutre. Pour toute variation du pH d'une unité, la teneur en ions hydrogène change d'un facteur 10. Un échantillon d'eau pure en équilibre avec le gaz carbonique atmosphérique aura une valeur de 5,6, souvent citée comme correspondant à une pluie «normale». Un écart à cette valeur suggère que d'autres substances, naturelles ou anthropiques, sont présentes dans l'eau de pluie.

Les relevés annuels courants du pH moyen des précipitations dans l'hémisphère boréal varient d'environ 4,0 à 7,0. Les faibles valeurs, correspondant à une acidité élevée, se produisent principalement au-dessus et immédiatement sous le vent des zones fortement industrialisées du nord-est de l'Amérique du Nord et de l'Europe. De très fortes valeurs du pH surviennent dans des régions moins industrialisées où l'atmosphère contient de grande quantité de poussières alcalines. Produit des émissions industrielles et urbaines de dioxyde de soufre (SO_2), l'acide sulfurique (H_2SO_4) est la cause principale de la faiblesse du pH relevé dans les précipitations déposées dans les régions du nord-est de l'Amérique du Nord. L'acide nitrique (HNO_3), dérivé des émissions d'oxydes d'azote (NO_x), est aussi un facteur important dans cette région. Actuellement, les émissions annuelles de SO_2 atteignent environ 23 millions de tonnes aux États-Unis et 4 millions de tonnes au Canada. Les centrales thermiques alimentées au charbon produisent environ 70 p. 100 des émissions américaines et 20 p. 100 des émissions canadiennes. Au Canada, les fonderies de métaux non ferreux, tels que le nickel et le cuivre, sont responsables d'environ 45 p. 100 des émissions de SO_2. Les précurseurs des pluies acides, (SO_2 et NO_x) peuvent être transportés très loin de leur source dans l'atmosphère avant d'être précipités sous forme acide sèche ou aqueuse.

Étendue des dégâts Les pluies acides peuvent endommager les écosystèmes aquatiques et éroder édifices et monuments. Avec les polluants qui leur sont associés (SO_2, NO_x, particules de sulfate SO_4, et ozone), les pluies acides peuvent également dégrader les forêts et les cultures et porter atteinte à la santé publique. L'étendue des dégâts dépend de la capacité réductive des surfaces concernées (p. ex., végétation, sols et roches). Dans des régions à faible capacité tampon (le Bouclier canadien), les dépôts acides accroissent au cours des années l'acidité des rivières et des lacs et accélèrent la lixiviation de l'aluminium dans le sol. L'aluminium peut exister sous une forme toxique pour les organismes aquatiques. De même, l'acidification des eaux de surface, amorcée dès que le pH s'abaisse à environ 5,5, appauvrit la vie aquatique (végétation, zooplancton, amphibiens et poissons). La plupart des poissons disparaissent lorsque le pH moyen d'un lac atteint 4,5. Des milliers de lacs dans l'est de l'Amérique du Nord et dans les pays scandinaves perdent ainsi leur cheptel à la suite de l'acidification de leurs eaux. D'autres, par centaines de milliers, sont menacés. Les rivières portent aussi

des traces de la nocivité des pluies acides telles que le déclin marqué du saumon de l'Atlantique dans les provinces maritimes et les pays scandinaves. Faute de nourriture, les oiseaux et autres prédateurs piscivores peuvent voir leur nombre s'affaiblir.

En ce qui concerne les forêts et l'agriculture, les effets des pluies acides et des polluants associés ne sont pas aussi bien documentés qu'ailleurs, mais on sait qu'ils restent potentiellement graves. Les pluies acides provoquent des dommages aux feuilles, empêchent la germination, retardent le développement, détériorent les racines en favorisant le lessivage de la matière humique et augmentent probablement la vulnérabilité des végétaux face aux insectes et aux maladies. Comme l'industrie forestière du Canada représente 20 milliards de dollars par an, même une légère perte de productivité est évidemment significative.

Enfin, les pluies acides posent de nombreux risques pour la santé publique. Acidifiés, les approvisionnements en eau potable peuvent être contaminés par la dissolution du cuivre, du plomb et d'autres métaux présents dans les tuyauteries. La concentration accrue des métaux lourds dans les poissons vivant dans les lacs et les rivières acidifiés peut présenter un risque pour les populations qui en consomment en grande quantité.

Méthodes de contrôle Le recours au charbon et au pétrole à faible teneur en soufre, l'épuration des combustibles et des minerais, la désulfuration des effluents gazeux, l'économie d'énergie et l'utilisation des énergies de remplacement sont autant de méthodes courantes permettant de limiter les pluies acides. En Amérique du Nord, les techniques servant à contrôler les précurseurs acides visent avant tout à ramener leur concentration dans le voisinage des sources à des valeurs limites permettant d'éviter des répercussions immédiates et à court terme sur la santé publique (*voir* POLLUTION DE L'AIR). Certes, la mise en place de dispositifs antipollution et de cheminées plus hautes contribue à l'amélioration de la qualité de l'air dans les villes nord-américaines. Mais ces cheminées plus hautes ont aussi pour effet de disperser les émissions de SO_2 et de NO_x sur de vastes régions au point que les normes d'émission censées protéger la santé humaine à court terme s'avèrent insuffisantes pour protéger les régions touchées et assurer la santé publique à long terme.

Les émissions de SO_2 diminuent tant au Canada qu'aux États-Unis entre le début des années 70 et 80 grâce à l'utilisation accrue des dispositifs antipollution, des combustibles à faible teneur en soufre, à la mise en service de centrales nucléaires et au ralentissement de l'activité économique. Cette diminution permet le rétablissement partiel de certains écosystèmes dans l'est du Canada, illustrant ainsi les vertus potentielles de nouvelles initiatives en matière de contrôle. En attendant ces nouvelles initiatives, la recrudescence des émissions de SO_2 est à craindre (les émissions de NO_x en Amérique du Nord vont déjà croissant) alors que, même aux niveaux actuels, l'effet cumulatif de l'acidification des environnements régionaux demeure inquiétant.

Objectifs du contrôle Comme première mesure visant à contrôler les effets des pluies acides sur les eaux de surface, le Canada s'est fixé l'objectif de 20 kilogrammes de dépôts humides de sulfate par hectare par année. La réduction du taux de dépôt à ce niveau, réalisable dans toute l'Amérique du Nord en réduisant les émissions de SO_2 d'environ 50 p. 100, a permis de protéger les écosystèmes lacustres modérément fragiles (*voir* LAC). Dans le cadre de plusieurs ententes fédérales-provinciales conclues en 1987, les provinces de l'est du Canada et le gouvernement fédéral ont réduit les émissions de 50 p. 100 en 1994.

Après des années de pression canadienne, l'administration américaine a finalement adopté, en novembre 1990, une nouvelle *Clean Air Act* (loi sur la lutte contre la pollution atmosphérique) qui a

réduit de 50 p. 100 les émissions de dioxyde de soufre aux alentours de l'an 2000.

Dans le cadre d'un accord international élaboré par la Commission économique européenne (CEE), les pays signataires ont réduit de 30 p. 100 leurs émissions de composés sulfurés (ou la pollution atmosphérique transfrontalière) en 1993. Fort de son adhésion au «30 Per Cent Club», le Canada organisait en mars 1984 une conférence internationale au cours de laquelle les 10 premiers pays membres signaient l'accord. Les pluies acides ne sont qu'une manifestation de nombreux effets qu'ont sur l'atmosphère de la planète les substances chimiques anthropiques. La brume arctique, le réchauffement de la planète et l'appauvrissement de la COUCHE D'OZONE (*voir aussi* OZONE, APPAUVRISSEMENT DE L') sont autant de manifestations d'origine anthropique associées à une industrialisation croissante et à une société qui se nourrit de chimie. En raison des modifications qu'elles imposent à l'environnement, tant régional que mondial, sans oublier leurs conséquences socio-économiques, ces manifestations attirent de plus en plus l'attention internationale. (*Voir aussi* ANIMAUX EN VOIE DE DISPARITION.)

H.L Ferguson

Plumes d'oiseau Les plumes sont propres aux OISEAUX et c'est d'ailleurs ce qui les caractérisent dans le règne animal. Elles se sont probablement développées à partir d'écailles semblables à celles des REPTILES modernes afin de maintenir constante la température de leur corps. Les plumes sont des structures complexes, habituellement composées d'un rachis, du vexille, de barbes, de barbules, de barbicelles et parfois de duvet, comme chez la gélinote (*voir* GÉLINOTES, LAGOPÈDES ET TÉTRAS). Elles sont légères, mais peuvent être extrêmement rigides selon leur fonction et leur emplacement sur le corps.

Types de plumes Les plumes de vol ou rémiges comprennent les rémiges primaires (larges plumes à l'extrémité des ailes) et les rémiges secondaires (à l'intérieur des ailes). Elles permettent, avec les plumes de la queue (rectrices) de maîtriser le décollage, la direction et l'arrêt. Les plumes de contour, qui incluent toutes les plumes du corps, donnent sa forme à l'oiseau. Le duvet, particulièrement abondant chez les OISEAUX AQUATIQUES, et les plumules sont les petites plumes cachées sous les plumes de contour qui augmentent l'isolation.

Certaines plumes très spécialisées, notamment les vibrisses autour du bec des espèces d'oiseaux qui s'alimentent la nuit (p. ex., les ENGOULEVENTS) ou le duvet poudreux des hérons, peuvent très bien ne pas ressembler à des plumes. Certaines plumes sont très belles, notamment celles de la queue des paons ou les plumes d'ailes des engoulevents africains. Les plumes poussent à des endroits précis sur le corps de l'oiseau, le long des lignes de la ptérylie, dont la forme et l'emplacement varient selon l'espèce et qui s'avèrent très utiles pour la CLASSIFICATION DES OISEAUX.

Mue Les oiseaux muent au moins une fois par année. Les plumes du corps muent graduellement, mais chez certains groupes, comme chez les OIES, toutes les plumes de vol tombent simultanément, laissant l'oiseau incapable de voler jusqu'à ce que poussent ses nouvelles plumes. Les plumes peuvent changer de couleur au fil des saisons, comme chez le TANGARA écarlate, ou de forme entre les mues à cause de l'usure, comme chez le bruant des neiges (*voir* PASSERINS et BRUANTS) et l'ÉTOURNEAU. La couleur originale peut se ternir à force d'être exposée à la lumière et aux éléments naturels. Chez beaucoup d'espèces, le plumage des jeunes oiseaux diffère considérablement de celui des adultes (p. ex., chez le vacher à tête brune), et celui des femelles diffère de celui du mâle. Ainsi, la forme et la couleur des plumes peuvent servir à déterminer l'âge et le sexe des oiseaux, notamment chez les oiseaux aquatiques.

Nombre de plumes Le nombre de plumes peut varier d'une saison à l'autre. P. ex., les oiseaux qui vivent sous un climat froid, tel que celui des régions arctiques ou subarctiques du Canada, peuvent avoir plus de plumes en hiver qu'en été, comme chez le mésangeai du Canada. Au Canada, le colibri à gorge rubis, avec ses 940 plumes, est l'oiseau qui en a le moins, tandis que le CYGNE de Bewick, avec ses 25 216 plumes, est celui qui en a le plus. Un grand nombre d'espèces de petits passereaux en ont entre 1119 et 4607. Les gros oiseaux en ont plus que les petits et, comparativement au poids du corps, le plumage des gros oiseaux est plus léger que celui des petits oiseaux.

Henri Ouellet

Plummer, Arthur Christopher Orme, acteur (Toronto, 13 déc. 1927), arrière petit-fils du premier ministre John ABBOTT et élégante vedette internationale, il partage son temps entre les États-Unis, la Grande-Bretagne et le Canada. Élève du Montreal Repertory Theatre, il fait ses débuts professionnels en 1948 à l'Ottawa's Stage Society et joue plus de 100 rôles pour la compagnie qui lui succède, le Canadian Repertory Theatre. Le succès qu'il remporte aux Bermudes lui vaut une tournée aux États-Unis, dans la pièce *Nina* (1953). Puis il acquiert une renommée à Broadway dans *The Starcross Story* (1954), *The Lark* (1955) et dans le rôle de Marc Antoine lors de la saison inaugurale de l'American Shakespeare Festival, en 1955.

Il joue dans de nombreuses pièces à New York: *The Dark is Light Enough* (1955); *J. B.* (1958), où il interprète le diable; *Arturo Ui* (1963); *The Royal Hunt of the Sun* (1965), où il tient le rôle de Pizarro; *The Good Doctor* (1971); et enfin le rôle de Cyrano dans la comédie musicale du même nom (1973), qui lui vaut un Molière, le rôle de Iago dans *Othello* (1981) et de Macbeth aux côtés de Glenda Jackson (1988).

En 1961, il incarne Richard III à Stratford-upon-Avon (Angleterre) et, en alternance, Henri II à Londres dans *Becket* (Evening Standard Award). Il poursuit sa carrière britannique au National Theatre avec des reprises d'*Amphitryon 38* et de *Danton's Death*, en 1971, et de *The Scarlet Pimpernel* à Chichester, en 1985.

De 1956 à 1967, il tient la vedette au STRATFORD FESTIVAL du Canada et interprète les rôles de Henri V, Hamlet, Aguecheek, Mercutio, Leontes, Macbeth, Cyrano de Bergerac et Marc Antoine, pour ne citer qu'eux. Il y revient 26 ans plus tard, le 13 juillet 1993, afin de participer aux activités du quarantième anniversaire du festival, fondé le 13 juillet 1953. Il s'y présente dans un spectacle solo intitulé *A Word or Two, Before You Go*.

Plummer tourne plus de 50 films dont *Stage Struck* (1958), *The Sound of Music* (1965; v.f. *La mélodie du bonheur*), *Inside Daisy Clover* (1966), *Œdipus the King* (1967; v.f. *Œdipe roi*), *Lock Up Your Daughters!* (1968), *Waterloo* (1970), *The Man Who Would Be King* (1975; v.f. *L'homme qui voulut être roi*), *The Return of the Pink Panther* (1975; v.f. *Le retour de la panthère rose*), *The Silent Partner* (1978; v.f. *L'argent de la banque*), *Murder By Decree* (1979; v.f. *Meurtre par décret*, prix Génie, 1979), *Dreamscape* (1984), *The Boy in Blue* (1986), *Stage Fright* (1988), *Star Trek VI: The Undiscovered Country* (1991; v.f *Strar Trek VI*), *Wolf* (1994) et *Dolores Claiborne* (1995).

Il travaille aussi beaucoup pour la télévision. Citons, entre autres, *Little Moon of Alban* (1958) et *Hamlet at Elsinore* (BBC, 1965), tous les deux mis en nomination pour des Emmy Awards, *The Money Changer* (Emmy Award, 1977), son interprétation de sir John A. Macdonald dans *Riel* (réseau anglais de la Société Radio-Canada, 1979), *Spearfield's Daughter* (1986), *The Young Catherine* (Primedia, 1991) et la série canadienne *Counterstrike* (1991-1993). De plus, Plummer est un narrateur talentueux et a prêté sa voix aussi bien à des films d'animation qu'à la bande sonore de l'exposition Barnes Art Exhibit, à Toronto, en 1994. Il a enregistré de nombreux livres jeunesse sur cassette, notamment *Jacob Two-Two* (trad. *Jacob deux-deux*) de Mordecai RICHLER et *Alice au pays des merveilles*.

Pianiste accompli, il interprète les versions concerts de *Peer Gynt et de Henri V* (avec la partition écrite par William Walton pour le film *Olivier*); le Toronto Symphony Orchestra participe à la présentation de *Henri V* en 1992. Ses autres présentations sur scène comprennent une soirée solo avec Stephen Leacock et *Love and Master Will*, un poème shakespearien récité en duo avec l'actrice Zoe Caldwell. Plummer est nommé Compagnon de l'Ordre du Canada en 1968. Sa fille Amanda Plummer (23 mars 1957) connaît également une brillante carrière d'actrice, notamment dans *The Fisher King* (1991; v.f. *Le roi pêcheur*) et *Pulp Fiction* (1994; v.f. *La fiction pulpeuse*).

David Gardner

Pluvier Nom commun donné à des oiseaux de rivage de la famille des charadriidés, dans laquelle on retrouve deux sous-familles: les charadriinés (les pluviers) et les vanellinés (les vanneaux).

Répartition Des 66 espèces réparties dans le monde, sept nichent au Canada. Le pluvier kildir (*Charadrius vociferus*), le pluvier semipalmé (*C. semipalmatus*), le pluvier argenté (*Pluvialis squatarola*) et le pluvier bronzé (*P. dominica*) sont les espèces les plus répandues au pays. Le pluvier grand-gravelot (*C. hiaticula*) niche dans le nord-est de l'Arctique canadien. Le pluvier siffleur (*C. melodus*) niche du centre sud-est de l'Alberta jusqu'au Manitoba, dans l'est du Québec, dans les Maritimes et, jusqu'à une période récente, il nichait aussi en Ontario. Le pluvier montagnard (*C. montanus*) se reproduit dans le sud-est de l'Alberta et probablement aussi dans le sud-ouest de la Saskatchewan.

Description Les charadriidés ont un corps rondelet, un cou et un bec courts, ce dernier étant plus large à son extrémité. Bien qu'aucune espèce ne soit vivement colorée, plusieurs ont un plumage fortement marqué de noir, de blanc et de brun, formant des motifs particulièrement visibles en vol. Ils ont de grands yeux et une bonne vision leur permettant de bien repérer les invertébrés qu'ils capturent.

Les pluviers sont caractérisés par leurs ailes effilées. Plusieurs espèces ont une ou plusieurs bandes sur la poitrine (collier) et la plupart ont un chant mélodieux. Les vanneaux sont beaucoup plus grands que les pluviers et on les distingue à leurs ailes larges et arrondies. Quelques vanneaux ont des huppes ou des caroncules sur la face ou encore, chez quelques espèces, de petits éperons sur les ailes; autant d'attributs qui se révèlent importants lors de la parade nuptiale et au moment de la défense du territoire.

Migration La plupart des espèces sont grégaires en dehors de la saison de reproduction et se rassemblent en bandes comptant de plusieurs centaines à plusieurs milliers d'individus. Leur vol est énergique et ils migrent sur de grandes distances. Au printemps, ils quittent leurs quartiers d'hiver situés dans les baies et les estuaires côtiers du sud pour se diriger vers leurs sites de reproduction situés jusque dans les régions nordiques de l'Arctique.

Nidification Le nid consiste en une simple dépression, peu profonde, aménagée à même le sol et plus ou moins garnie à l'intérieur selon les espèces. Les charadriidés pondent en général quatre œufs (de deux à quatre). À l'éclosion, les petits sont couverts de duvet et ils quittent le nid dès qu'ils sont secs. Les deux adultes assument habituellement l'incubation, qui dure de 21 à 30 jours; après le départ du nid, ils demeurent tous les deux avec les jeunes. Tous les pluviers utilisent des manœuvres de diversion élaborées afin de détourner l'attention des prédateurs voulant s'en prendre à leurs œufs ou aux jeunes. Ils peuvent notamment feindre d'avoir une aile brisée afin de créer la diversion souhaitée.

A.J. Baker

Podborski, Steve, skieur alpin (Toronto, 25 juill. 1957). Il apprend à skier à l'âge de 2 ans et, à 10 ans, il se lance dans la compétition, puis il se joint à l'équipe nationale de ski alpin en 1973. Lors de compétitions internationales, ses performances en descente comme membre clé des «Crazy Canucks» s'améliorent constamment, malgré une blessure sérieuse au genou en 1976, et ce, jusqu'à ce qu'il remporte sa première victoire lors de la Coupe du monde en 1979 (à Morzine, en France). En 1980, il remporte une médaille de bronze en descente aux Jeux olympiques, soit une des deux seules médailles remportées par le Canada à ces Jeux. En 1982, il remporte trois descentes consécutives lors de la Coupe du monde, faisant preuve d'une rare perfection technique, surtout sur les pistes glacées qu'il affectionne. Sa puissance, son habileté et son audace sont particulièrement évidentes lors de sa troisième victoire, à l'occasion de laquelle il atteint une vitesse de 166 km/h, soit la plus grande vitesse enregistrée sur la piste de Kitzbühel, en Autriche. En 1982, il remporte encore trois autres victoires et se classe parmi les meilleurs dans d'autres épreuves, devenant ainsi le premier non Européen tenant du titre de champion du monde de descente. Après avoir remporté les championnats canadiens de descente en 1983 et en 1984, il se retire de la compétition et se lance dans les affaires. Au cours d'une période de compétition internationale de 10 ans, il gagne 8 courses lors des coupes du monde, ce qui en fait le meilleur skieur canadien à ce jour. Il est fait Officier de l'Ordre du Canada en 1982.

Murray Shaw

Poésie de langue anglaise J. MacKay, s'adressant aux poètes de tradition classique européenne dans *Quebec Hill* (1797), s'exprimait ainsi: «Poètes, vous qui célébrez en strophes le Pô ou qui chantez le Tibre, vous donneriez-vous la peine de proclamer en vers la majesté du fleuve Saint-Laurent?». En plus de souligner l'une des principales préoccupations des poètes canadiens anglais d'avant la Confédération, soit de décrire la vie et les paysages canadiens dans le style des poètes européens, les vers de MacKay présagent ce qui caractérisera beaucoup plus tard la poésie canadienne. Ils laissent entrevoir la continuité des thèmes qui inspirent les poètes depuis la première heure jusqu'à une période récente.

Avant la Confédération

Le partage chronologique que nous avons fait de la poésie d'avant la Confédération, s'il est arbitraire, nous paraît justifiable. Nous diviserons la poésie canadienne en deux périodes: celle d'avant 1825 et celle qui se situe entre 1825 et 1867. Avant 1825, les modèles néoclassiques influencent grandement la poésie de ce qui va devenir le Canada, surtout celle du Bas-Canada, de la Nouvelle-Écosse et du Nouveau-Brunswick. Parmi les grandes influences de la poésie de cette période, on trouve les couplets héroïques des Anglais Alexander Pope et Oliver Goldsmith et les vers blancs de James Thomson dans *The Seasons* (1726-1746), poème portant sur un pays dont les variations saisonnières sont les mêmes qu'au Canada. Si la forme relativement fluide et continue des vers blancs semble avoir été un bon véhicule pour des sujets comme les chutes du Niagara et la «majesté liquide» du Saint-Laurent, c'est par la rigueur du distique héroïque que les premiers poètes ont affirmé et transmis l'ordre qui les régissait, eux et leur environnement.

L'influence du romantisme se fait de plus en plus sensible après 1825 (il n'est pas complètement absent avant cette date, tout comme le néoclassicisme ne disparaît pas complètement après). Byron, Wordsworth, Shelley et Thomas Moore servent de modèles. On a alors souvent recours à l'*ottava rima* (pour la satire), à la strophe spensérienne (pour exprimer le pittoresque et les moments d'illumination) ainsi qu'au sonnet. Le récit romantique et le «poème dramatique» (préface d'Adam Kidd dans *The Huron Chief and Other Poems*, 1830) sont aussi privilégiés. Ils conviennent bien pour décrire les sujets complexes sur les plans émotionnel et spirituel, les conflits et les quêtes.

En 1864, il y a suffisamment de poésie canadienne de styles différents pour permettre à Edward Hartley Dewart de publier *Selections from Canadian Poets* (aucune œuvre antérieure à 1825 n'en fait partie), la première anthologie de poésie canadienne de langue anglaise et la seule à précéder la Confédération. Les poèmes de l'anthologie sont classés selon les catégories «sacré et idéologique», «descriptif et national» et «divers» (qui comprend «Heroes», «Childhood», «Twilight», «Taapookaa – A Huron Legend», «Glimpses of Highland Superstitions» et «The Beech-Nut Gatherer»), ce qui est révélateur des thèmes et du contenu de la poésie d'avant la Confédération.

Presque tous les poèmes de cette époque ont pour auteurs des néophytes, hommes et femmes, qui n'espèrent pas vivre de leur plume, mais qui y voient un moyen d'occuper «quelques heures de loisir» (préface de Thomas Cary dans *Abram's Plains*, 1789). À l'instar de Cary, ces néophytes n'écrivent généralement qu'un poème important qu'ils publient dans un journal, en plaquette, seul ou accompagné d'«autres poèmes». Cependant, leur écriture ne sert pas qu'à satisfaire un plaisir des mots, n'est qu'un passe-temps entre sermons, dîners au mess, récoltes ou travaux quotidiens. Non, les poètes de ce temps s'emploient à décrire les beautés et l'attrait économique du Canada, à tenir une chronique sur les réussites de la société coloniale, à prévenir le lecteur des pièges de l'immoralité et à exprimer les aspirations culturelles et spirituelles d'un peuple sensible qui s'enracine dans un sol nouveau. C'est tout ce programme que s'est tracé Oliver Goldsmith (petit-neveu de l'auteur irlandais du célèbre *Deserted Village* de 1770) en écrivant *The Rising Village*, probablement la meilleure description de la vie des pionniers des premières années en Nouvelle-Écosse. La publication de ce récit montre assez bien comment les poètes se faisaient connaître du public. En 1825, son récit est publié en opuscule en Angleterre, la même année, quelques extraits paraissent dans *The Canadian Review* (Montréal) et enfin avec d'«autres poèmes», en 1834, à Saint-Jean. Bref, il est passé par toute la gamme des types de publication de l'époque. Au cours de la période qui précède la Confédération, des poètes comme Jacob Bailey, Charles Heavysege et Charles SANGSTER sont à l'origine d'une production qui pourrait emplir plusieurs gros volumes, de sorte que ces auteurs auraient pu vivre de leur plume si la population avait été plus nombreuse.

Les Maritimes, refuge de beaucoup de LOYALISTES, sont, avant 1825, le centre de l'activité poétique, comme de la prose. Bien avant l'arrivée des loyalistes, John Hayman a chanté les vertus coloniales de Terre-Neuve dans *Quodlibets* (1628). Durant la période qui précède la vague loyaliste, Henry ALLINE a écrit son excellent *Hymns and Spiritual Songs* (2 vol., 1782-1786). L'œuvre de ces immigrés et de leurs descendants, comme Bailey, auteur de diverses œuvres satiriques, constitue la première floraison de la poésie d'avant la Confédération, qui prend l'aspect d'ouvrages traitant du présent et de l'avenir des Maritimes et des États-Unis. Parmi eux, citons Jonathan Odell et Joseph Stansbury, dont les *Loyal Verses* ont été publiés après sa mort, Joseph HOWE et Goldsmith.

L'activité de l'époque ne se concentre pas dans les seules Maritimes. Henry KELSEY, en 1690, décrit les Prairies en vers, et en 1825, James Lynn Alexander publie un poème narratif dramatique, *The Wonders of the West*, sur les chutes du Niagara. Entre-temps, les Cary, MacKay et John Hood Burwell (*Talbot Road*, 1818) ainsi que de nombreux autres écrivains attestent l'existence de la poésie dans ce que sont aujourd'hui le Québec et l'Ontario, sans oublier John RICHARDSON, l'auteur de *Tecumseh* (1828) et de *Kensington Gardens* (1830).

Montréal constitue, déjà à ce moment-là, le foyer de l'activité littéraire. Plusieurs journaux et périodiques y sont publiés (*voir* REVUES LITTÉRAIRES DE LANGUE ANGLAISE). De 1820 à 1830, quantité de poèmes et de volumes paraissent, dont les imitations réussies de Byron par Levi Adams (*Jean Baptiste*, 1825) et de George Longmore (*The Charivari*, 1826), qui demeurent intéressants pour leur satire, leur description de la vie au Canada et leur valeur poétique. Parmi tous les travaux publiés à Montréal, *The Huron Chief* d'Adam Kidd est l'un des plus remarquables, mais il ne faut pas négliger ceux de William Hawley, Margaret Blennerhasset et Ariel Bowman. Il faut également aborder avec sympathie la lecture de ces auteurs (comme tous ceux d'avant la Confédération) qui traitent de sujets locaux avec des formes empruntées aux poètes européens. Le rayonnement littéraire de Montréal s'affirme avec la fondation de *Literary Garland* (1838-1851), le périodique le plus longtemps publié avant la Confédération. C'est dans le *Garland* que paraissent les œuvres de poètes tels que Rosanna (Mullins) LEPROHON. À Montréal, les éditeurs de la fin des années 1830 et des années 1840 publient des œuvres comme *The Emigrant* (1841) de Standish O'grady, qui contiennent des descriptions précises de l'environnement canadien.

Au cours des années 1850 et 1860, on assiste, à Montréal, à la publication de plusieurs ouvrages intéressants, dont *Sonnets* (1855) et *Jephthah's Daughter* (1865) de Charles Heavysege et *Canadian Ballads* (1858) de Thomas D'Arcy McGEE. Charles Sangster, qui avait fait publier *The St. Lawrence and the Saguenay and Other Poems* à New York en 1856, voit son *Hesperus* (1860) paraître à la fois à Montréal et dans sa ville natale de Kingston. Toronto a aussi ses poètes: Alexander McLachlan publie, entre autres travaux, *The Emigrant and Other Poems* (1861) et William KIRBY, *The U.E.: A Tale of Upper Canada* (1859), imprimé à Niagara-on-the-Lake. Plus que tout autre ouvrage de poésie d'avant la Confédération, les longs poèmes narratifs de Heavysege, Sangster, McLachlan et Kirby retiennent l'attention de la critique, probablement parce que leurs visées grandioses compensent largement les écarts dans l'exécution.

Beaucoup de poèmes de cette époque ne seront publiés qu'après 1867, à la faveur d'une prise de conscience nationale qui coïncide avec la création du nouvel État canadien. Citons *Poems and Ballads*, qui comprend «Acadia», de Howe, *Canadian Idylls* de Kirby et *Poetical Works* de Leprohon, dont la forme et la démarche sont déjà d'une époque révolue. Bien que les œuvres de cette période ne soient que rarement remarquables, qu'elles soient des pastiches et n'aient que peu de valeur pour le lecteur d'aujourd'hui de même que pour notre culture canadienne, on ne saurait les passer sous silence.

D.M.R. Bentley

1867-1918

Charles Mair a l'honneur de publier le premier ouvrage en vers après la naissance de la Confédération: *Dreamland and Other Poems* (1868). Médiocre, ce livre attire l'attention après que son auteur réussit à s'échapper des mains de Louis RIEL lors des événements de la rivière Rouge (*voir* ROUGE, RÉBELLION DE LA RIVIÈRE) en 1869-1870. Le *Tecumseh: A Drama* de Mair suit en 1886, et, bien que ses vers manquent de panache, cette interprétation d'un sujet canadien à la manière héroïque traditionnelle donne à l'œuvre une certaine vigueur.

L'œuvre d'Isabella Valancy CRAWFORD, *Old Spookses' Pass, Malcolm's Katie, and Other Poems*, meilleure mais inégale, est publiée à compte d'auteur en 1884. Malgré une vie morne et solitaire à Peter-

borough et à Toronto et un manque de contact avec le monde littéraire, Crawford dépeint admirablement bien la nature canadienne et atteint la puissance visionnaire de Blake. Langage et images sont souvent empruntés (parfois avec inexactitude) à la vie et aux traditions amérindiennes. On se rappelle les passages descriptifs vibrants de «Malcom's Katie», long poème narratif d'amour et de trahison quelque peu mélodramatique sur toile de fond de camps de bûcherons et de pionniers. D'autres poèmes plus courts, comme «The Camp of Souls», «Said the Canoe» et «The Dark Stag», exaltent le rythme des saisons et les forces de la nature par des images d'une grande intensité.

On appelle «poètes de la Confédération» ceux qui sont nés dix ans avant ou après la Confédération, sans pour autant former un groupe homogène. Leur mérite est d'avoir posé les jalons d'une tradition poétique canadienne, remarquée au-delà de nos frontières. Leurs premiers travaux se modèlent sur ceux des écrivains britanniques, et, à un degré moindre, sur ceux des Américains. Peu à peu, ils acquièrent un style personnel. Charles G.D. ROBERTS donne l'exemple avec *Orion and Other Poems* (1880). Cet ouvrage confirme une habileté technique considérable, bien qu'il traite «de sujets insolites dans des régions éloignées». Ses contes sur les animaux le feront connaître par la suite. Dans *In Divers Tones* (1886), les thèmes se rapprochent de la vie canadienne (on y trouve le célèbre poème «Tantramar Revisited»), tandis que *Songs of the Common Day* (1893) contient une série de sonnets descriptifs qui évoquent les paysages de son Nouveau-Brunswick natal. Malheureusement, cette poésie tardive, produite principalement aux États-Unis et en Europe, n'est qu'un pâle reflet de ses premières œuvres.

Bliss CARMAN, cousin et ami de Roberts, originaire comme lui des Maritimes, est aussi plus réputé pour son caractère que pour sa poésie. C'est le plus lyrique des poètes de la Confédération. Ses poèmes les plus distinctifs enrobent un thème ou une histoire simple et romantique d'une profusion d'images évocatrices mais vagues. Il publie *Songs from Vagabondia* (1894), écrit en collaboration avec le poète américain Richard Hovey, qui lui vaut une réputation de bohème. «Low Tide on Grand Pré» (1893), poème éponyme de son premier ouvrage, est probablement ce qu'il a fait de meilleur.

C'est en lisant *Orion* de Roberts que l'Ontarien Archibald LAMPMAN, qui travaille pendant un temps comme postier à Ottawa, décide de se consacrer à la poésie. Ses poèmes, pour la plupart des méditations mélancoliques sur des objets naturels, exaltent la vie sereine à la campagne opposée à celle, trépidante, de la ville. D'une portée limitée, ils n'en demeurent pas moins admirables par leurs descriptions et leurs sentiments retenus. Caractérisés par une habile rythmique des mots et des sons, ils sont toutefois assez homogènes sur le plan des idées. Les plus célèbres sont «Heat», tiré de *Among the Millet* (1888), et le cauchemardesque «City of the End of Things», de *Alcyone* (1899).

Un autre Ontarien, Duncan Campbell SCOTT, employé au ministère des Affaires indiennes, puise surtout son inspiration dans des voyages officiels dans le nord de l'Ontario. Il contribue à faire connaître Lampman après la mort prématurée de celui-ci. Scott fait preuve d'un sens aigu de l'évocation du paysage nordique et décrit de façon émouvante le déclin de la culture amérindienne dans «The Onondaga Madonna», paru dans *Labor and the Angel* (1898), et dans «The Forsaken», tiré du recueil *New World Lyrics* (1905). Ses préoccupations philosophiques et poétiques se font jour dans un des poèmes de *Lundy's Lane* (1916), «The Height of Land», où il médite sur la culture de l'homme et le mystère de la vie dans un cadre symboliquement approprié. Il s'agit d'un poème capital qui réunit les préoccupations poétiques et philosophiques de Scott. Wilfred Campbell, qui est aussi vaguement associé aux poètes de la Confédération, connaît ses plus grands succès lorsqu'il prend pour sujet la «région des lacs» de l'ouest ontarien.

Au tournant du siècle, les œuvres des poètes sont plus variées par le style, mais moins importantes. Pauline JOHNSON, dont le père est mohawk et la mère anglaise, a, pendant un temps, beaucoup de succès comme poète et récitante. Ses poèmes sur la vie des Amérindiens et leurs légendes sont d'un charme irrésistible, mais d'une portée moindre. William Henry Drummond acquiert une grande renommée avec la publication de *The Habitant and Other French-Canadian Poems* (1897), mais le dialecte qu'il emploie, plaisant à l'époque, nous semble aujourd'hui empreint de condescendance. Rimeur plutôt que poète, Robert SERVICE dépeint la vie des trappeurs et des orpailleurs de la RUÉE VERS L'OR DU KLONDIKE. Ses recueils tels que *Songs of a Sourdough* (1907), qui contient «The Shooting of Dan McGrew» (son poème le plus connu), et *Rhymes of a Rolling Stone* (1912) plaisent par leurs formidables histoires et leur rythme emphatique. Francis Sherman et Marjorie Pickthall ont tous deux écrit des poèmes qui allient éloquence lyrique et habileté technique, mais qui manquent d'originalité et de profondeur. Ces deux poètes mineurs n'ont à offrir souvent que des clichés, ils n'ont pas réussi à atteindre la qualité d'écriture de leurs prédécesseurs immédiats. La contribution du groupe des poètes de la Confédération ne sera pas surpassée jusqu'à la venue d'E.J. Pratt après la Première Guerre mondiale.

W.J. Keith

1918-1960

Les premiers pas en poésie «nouvelle» au XXe s. se font en 1914. Ils viennent du poète et romancier populaire Arthur Stringer, qui présente cette année-là un recueil de vers libres, *Open Water*. Ce n'est encore qu'un départ timoré vers une véritable expression de principes modernes, qui prend forme lorsqu'un concours de circonstances réunit F.R. SCOTT, A.J.M. SMITH et Leon Edel à l'U. McGill, où ils font carrière. En 1925, Smith et ses collègues, auxquels se joindront plus tard A.M. KLEIN et Leo KENNEDY, lancent le *McGill Daily Literary Supplement* (1924-1925), suivi du *McGill Fortnightly Review* (1925-1927), dans lequel ils publient des poèmes à la manière moderne et des articles qui décrivent notre époque. Parallèlement, à Toronto, le CANADIAN FORUM, fondé en 1920, voit large et inaugure un débat sur l'art actuel et la critique canadienne. Il présente une série d'articles et d'énoncés de la plume de jeunes écrivains et de critiques qui comparent l'ancienne poésie à la nouvelle, attirant de ce fait l'attention de lecteurs avertis et jetant les bases d'une approche critique canadienne vigoureuse. Felix Walter, E.J. PRATT et Dorothy LIVESAY, pour ne nommer que ceux-là, participent à ce mouvement.

Le début des années 30 ne favorise pas l'essor de la nouvelle poésie. La CRISE DES ANNÉES 30 freine l'activité créatrice des uns et en oriente d'autres vers l'action politique. Les poètes connus, plus âgés et plus conservateurs, continuent de publier leurs écrits, mais les nouveaux courants ne sont que difficilement acceptés, exception faite de *The Shrouding* (1933) de Kennedy. En 1936, le vent tourne avec la parution d'une anthologie, *New Provinces*, première tentative sérieuse de la part des nouveaux poètes, colligée non sans difficulté par Scott. Outre ses propres poèmes, elle comprend ceux de Pratt et de Robert Finch de Toronto ainsi que de Smith, Kennedy et Klein. On met de côté une présentation osée et avant-gardiste de Smith parce que jugée trop provocante et on la remplace par la petite «Preface» modérée de Scott. Très peu d'exemplaires de l'anthologie trouveront preneurs. Toujours en 1936, un professeur de français de l'U. Western Ontario, W.E. Collin, publie *The White Savannahs*, premier manifeste critique de la poésie contemporaine du point de vue

moderniste. Il s'agit là d'un admirable complément à *New Provinces*. On y affirme le credo moderniste: rejet des pratiques poétiques passées, élimination de la ponctuation et de la typographie conventionnelles, abandon de la versification traditionnelle, recherche de nouveaux sujets s'inspirant de la vie urbaine, de sa grande diversité, de ses malaises sociaux, de sa politique, de son ouverture à l'innovation dans l'art, de son ironie, de ses tensions, de son organisation sociale complexe et de son nouveau langage. C'est un pas dans une nouvelle direction, mais, en 1936, on n'est pas exclusivement moderniste. Cette année-là, en effet, la CANADIAN AUTHORS ASSOCIATION (CAA) fonde le *Canadian Poetry Magazine*, bientôt associé à un courant traditionnel. La CAA, au sein de laquelle Pratt est très influent, prend fermement position en faveur d'une poésie de nature plus conventionnelle.

Lorsque la Seconde Guerre mondiale éclate, la poésie canadienne est partagée en deux camps, le moderne et le traditionnel, celui-ci jouissant d'une meilleure audience auprès du public et de plus de facilité pour la publication de ses travaux. La guerre semble donner un nouveau souffle à la poésie, principalement dans les nouveaux petits magazines qui avaient souffert durant les difficiles années 30. En 1941, un périodique aux goûts éclectiques publié par Alan Crawley, *Contemporary Verse*, voit le jour en Colombie-Britannique. En 1942, à Montréal, F.R. Scott se joint à un nouvel arrivant, Patrick Anderson, pour lancer une nouvelle publication intitulée *Preview* (1942-1945), dont l'objectif est de présenter aux lecteurs un atelier d'écriture poétique.

En l'espace de quelques mois, une nouvelle génération d'écrivains plus pragmatiques et politisés se fait connaître à Montréal par une petite revue polycopiée: *First Statement* (1942-1945). John SUTHERLAND dirige le groupe, aidé d'Irving LAYTON et de Louis DUDEK. La poésie qu'on peut y lire se caractérise par un réalisme social plus aigu et une évocation puissante de l'expérience urbaine. Les articles et les comptes rendus littéraires qui composent la revue font état de l'identité nationale dans la littérature canadienne. De ce groupe et de son périodique sort une modeste série de livres éditée par *First Statement* et présentant les premiers travaux de Layton, Anderson, Raymond SOUSTER et Miriam WADDINGTON ainsi qu'une importante anthologie de cette génération, *Other Canadians* (1947). Le mouvement des PETITES MAISONS D'ÉDITION est bien amorcé et vise à diffuser les œuvres de poètes modernes isolés et à les rassembler. Dorothy Livesay, Raymond Knister, R.G. Everson et W.W.E. Ross ont émergé dès les années 20 et 30, mais ce sont les petites revues et les petites imprimeries qui donneront à la poésie moderne son véritable élan (*voir* REVUES LITTÉRAIRES DE LANGUE ANGLAISE). *First Statement* ne se contente pas de faire connaître le travail d'écrivains partageant les mêmes opinions, c'est aussi une revue au sens classique du terme, qui offre un débouché à la nouvelle pensée critique sur la littérature canadienne et un foyer destiné à alimenter la petite édition. C'est elle également qui servira plus tard de pivot au périodique littéraire NORTHERN REVIEW (1945-1956) (*voir* PÉRIODIQUES LITTÉRAIRES DE LANGUE ANGLAISE).

Au cours des années de guerre, pendant que les auteurs s'émeuvent du carnage et de la destruction des richesses humaines et matérielles de la civilisation, on observe une éclosion inhabituelle de la poésie canadienne. En 1942, Ralph Gustafson fait connaître les poètes canadiens anglais à l'étranger avec son *Anthology of Canadian Poetry*, que publie la prestigieuse maison Penguin Books. Le recueil offre à la lecture non seulement les poètes déjà connus à l'époque, tels que Scott, Klein, Smith, Kennedy, Pratt et Finch, mais aussi ceux qui le sont moins: Livesay, P.K. PAGE et Earle BIRNEY. En 1943, Gustafson est le rédacteur invité du numéro

113 de *Voices*, la revue trimestrielle de Harold Vinal, où apparaissent les noms d'Anderson, Layton et Souster. Cette publication leur confère une certaine «reconnaissance». La poésie canadienne moderne a dorénavant la certitude de figurer dans d'importantes revues internationales. Un magazine de Chicago, *Poetry: A Magazine of Verse*, consacre un numéro aux poètes canadiens en avril 1941. Il porte la marque du goût prudent d'E.K. BROWN, initiateur de la rubrique annuelle portant sur les écrivains canadiens, «Letters in Canada», du UNIVERSITY OF TORONTO QUATERLY. La sélection de poèmes de Brown va de Duncan Campbell Scott à Livesay, F.R. Scott, Finch en passant par Kennedy et Anne Marriott. Dans ce numéro, on peut également lire l'essai de Brown, «The Development of Poetry in Canada, 1880-1940», qui préfigure, par son ampleur et son approche, sa remarquable étude, *On Canadian Poetry* (1943). L'ouvrage est un complément à l'anthologie d'A.J.M. Smith (presque aussi pertinent que l'a été *The White Savannahs* pour *New Provinces* en 1936), *The Book of Canadian Poetry* (1943). Le livre de Smith se distingue par l'exigence de sa critique, mais aussi par une introduction controversée dans laquelle il classe les poètes en deux catégories: ceux de la tradition «nationale» et ceux de la tradition «cosmopolite».

Ce faisant, il anticipe un clivage qui surviendra dans la poésie canadienne au cours de la seconde moitié du XXe s., entre une poésie puisant aux sources littéraires de la Grande-Bretagne et un langage proprement canadien imprégné d'une sensibilité nord-américaine.

À la fin de la guerre, *Preview* fusionne avec *First Statement* pour former NORTHERN REVIEW, dont le rédacteur en chef est John Sutherland. Une dissension apparaît bientôt dans le camp des modernistes. La querelle des critiques, partagés entre les «cosmopolites» et les «nationaux», s'intensifie. La fin des années 40 et les années 50 correspondent à une période sombre pour la poésie canadienne. Mis à part THE RYERSON PRESS, les éditeurs ne font que de modestes efforts et les magazines de poésie produisent peu. Signalons toutefois l'activité de FIDDLEHEAD à Fredericton, de *Northern Review* et de *Canadian Forum* au centre du pays, de *Contemporary Verse* à Vancouver et, à l'échelle nationale, du *Canadian Poetry Magazine*. Toutefois, l'heure est à la désillusion, la ferveur des années de guerre s'est épuisée, on peut même parler d'échec.

Le renouveau survient en 1952 sous la forme d'une nouvelle revue littéraire polycopiée, CONTACT (1952-1954), conçue par Raymond Souster de Toronto, qui, au cours des années 40, a collaboré à *First Statement*. Souster a fait son apprentissage comme rédacteur en chef d'un petit magazine, *Direction* (1943-1946), réalisé à partir d'une base des Forces armées des Maritimes; il a également réalisé six numéros d'*Enterprise* à Toronto en 1948. Vivement désireux de contrer le courant conservateur représenté par les idées de Sutherland, il lance *Contact* à l'instigation de Layton et Dudek. Cette orientation vers une nouvelle poésie s'inscrit dans un même mouvement constaté en Europe et aux États-Unis dans la seconde moitié du siècle. Les années 50 voient aussi l'émergence des idées de Marshall McLUHAN (codirecteur du magazine *Exploration* en 1953-1959) et l'ascension de Northrop FRYE parmi les critiques et théoriciens littéraires les plus respectés.

Le travail de Frye exerce un ascendant certain sur les jeunes poètes canadiens. L'un de ses élèves, James REANEY, gagne le prix du Gouverneur général en 1949 avec un recueil de poèmes, *The Red Heart*, qui marque le début de l'école «créatrice de mythes» dans la poésie canadienne. Ce mouvement rallie aussi Jay Macpherson, Eli MANDEL, D.G. JONES et, plus tard, Margaret ATWOOD, tous influencés par Frye.

Durant la même période et grâce aux efforts de *Contact*, la maison Contact Press voit le jour (1952-1967). Elle va devenir l'un des principaux éditeurs de poésie canadienne. Créée pour donner aux jeunes poètes la chance d'être publiés, en dépit de l'apparente indifférence des éditeurs commerciaux, Contact Press diffuse les travaux de Dudek, Layton et Souster et accorde leur première chance à plusieurs des poètes qui vont marquer les années 60 et les années 70. Margaret Atwood, George Bowering, Al Purdy, Alden Nowlan, Eli Mandel, Phyllis Webb, Gwendolyn MacEwan, John Newlove, Frank Davey et Ron Everson verront leurs écrits publiés par cette maison. Contact Press tisse aussi des liens avec les poètes canadiens français de l'époque, grâce aux traductions de Gael Turnbull et Jean Beaupré.

Au cours des années 50, la poésie emprunte une fois de plus une autre direction. En 1954, Fred Cogswell commence à publier une série de plaquettes intitulée *Fiddlehead Poetry Books* avec, entre autres, Purdy et Nowlan. En 1956, Robert Weaver fonde TAMARACK REVIEW, et Dudek lance *McGill Poetry Series*, où sont publiés pour la première fois Leonard COHEN et Daryl Hine. La poésie canadienne se diversifie et grâce à la popularisation des arts, elle est sur le point de se trouver un vaste public. La popularité croissante des cafés, l'alliance du jazz et de la poésie, la nouvelle vogue des séances de lecture publiques sous forme de «happening», dans le sillage de la pensée de McLuhan, tout cela contribue à faire de la poésie un mode d'expression incarné dans le réel. Le poète est devenu un personnage public et nul n'a réussi à projeter cette image aussi bien qu'Irving Layton, qui fait connaître la poésie au public canadien d'une façon hardie et souvent scandaleuse. En 1959, Layton, qui avait fustigé le public pour son insensibilité à la poésie et s'était heurté à l'incompréhension et à l'indifférence de la critique littéraire, fait une percée éclatante avec son recueil *A Red Carpet for the Sun*, prix du Gouverneur général. Une nouvelle phase est amorcée.

Michael Gnarowski

La nouvelle génération, après 1960

Irving LAYTON figure dorénavant comme un poète de première importance, tandis que *A Red Carpet for the Sun* annonce la montée d'une seconde génération de modernistes au Canada. De façon habile, il allie aux formes traditionnelles un contenu populaire dont l'expression emprunte souvent à la verdeur de la langue parlée. L'attitude qu'il prône face à la poésie, à l'instar de ses collègues de chez Contact Press, Louis DUDEK et Raymond SOUSTER, prévaut au cours des années suivantes. Cependant, s'il continue à produire beaucoup, son influence demeure marginale, mis à part le fait qu'il ait pavé la voie à toutes les formes de langage en poésie.

Les progrès ou les transformations dans le domaine des arts ont surtout trait à la forme, et, à ce chapitre, Layton est essentiellement un conservateur. Le *New American Poetry*, publié par Donald Allen (1945-1960), a un plus grand impact, au Canada comme aux États-Unis. Ce recueil a changé l'écriture d'au moins une génération de poètes canadiens en mettant au goût du jour les formes ouvertes prônées par Ezra Pound, puis par William Carlos Williams. Voilà que l'expression poétique au Canada devient nord-américaine et abandonne la tradition britannique. Si, comme l'ont fait remarquer certains critiques, le Canada ne fait que passer d'un colonialisme à un autre, l'accent, au moins, appartient à son propre continent.

Il est fascinant alors de lire *Irving Layton & Robert Creeley: The Complete Correspondence, 1953-1978* (1990) et de constater que Layton a d'abord pris en considération les critiques très pénétrantes de son jeune admirateur, l'un des chefs de file de la *New American Poetry*, avant de s'en détourner pour revenir à son propre égotisme romantique.

Le début des années 60 révèle de nombreux poètes dont un des principaux, Al PURDY, a cultivé son art tout au long des années 50. Avec son *Poems for All the Annettes* (1962), il parvient à une forme unique d'expression qui renferme tous les enseignements du modernisme, tout en étant d'une facture indéniablement canadienne, voire régionale (centre de l'Ontario, loyaliste de l'Empire-Uni, milieu du XXᵉ s.). Lauréat du prix du Gouverneur général en 1965 pour *The Cariboo Horses*, il affirme sa poétique personnelle: discours familier, moqueur, engageant et englobant qui affiche en quelque sorte la présence canadienne comme jamais on ne l'a fait auparavant.

Moins populaire que COHEN, qui publie THE SPICE-BOX OF EARTH en 1961, Purdy fait néanmoins figure de modèle pour les jeunes poètes canadiens auxquels son œuvre laisse entrevoir un style poétique encore inconnu au Canada. Purdy reçoit son deuxième prix du Gouverneur général en 1986 pour *The Collected Poems of Al Purdy*, qui vient souligner la continuité de son œuvre.

Entre-temps, de talentueux jeunes poètes commencent à publier au début des années 60: Margaret ATWOOD, John Robert COLOMBO, Gwendolyn Macewen et Joe ROSENBLATT à Toronto; George BOWERING, Frank Davey, Lionel Kearns, Daphne MARLATT, John NEWLOVE et Fred WAH sur la côte Ouest; Alden Nowlan sur la côte Est. Atwood et MacEwen, premières d'un nombre croissant de poètes, ont des styles opposés. Alors qu'Atwood est pudique, ironique et moderniste, MacEwen fait montre d'une sensibilité exubérante, mythique, passionnée et d'un romantisme postmoderne.

Bowering, Davey, Kearns, Marlatt et Wah s'associent aux bulletins de poésie *Tish* et s'identifient à la nouvelle poétique mise de l'avant par les écrivains Robert Creeley, Robert Duncan, Denise Levertov, Charles Olson et Jack Spicer dans *The New American Poetry*. Le groupe de *Tish* a plus de cohésion que la plupart des associations d'écrivains.

Il s'agit à la fois d'un avantage et d'un désavantage. Les poètes de *Tish* se soutiennent et se critiquent mutuellement, mais ce rapprochement crée une sorte de complexe de persécution. Ils ont l'impression d'être boudés, tandis que les poètes du reste du Canada se croient laissés de côté par le groupe. Ces impressions vont perdurer jusqu'au milieu des années 70.

Si on jette un regard sur ce qui s'est passé à Vancouver au début des années 60, il apparaît évident que la poésie canadienne en a été influencée. Bien qu'ils ne fassent pas partie du groupe de *Tish*, des auteurs aussi différents que John Newlove, Gerry Gilbert et Bill BISSETT y publient aussi leurs écrits. B.P. NICHOL est de Vancouver, même s'il est surtout à Toronto. De Vancouver viennent également Pat LANE et Barry McKinnon, quelques années plus tard. L'U. de la Colombie-Britannique inaugure un cours de création littéraire et, à l'U. Simon Fraser, plusieurs poètes de convictions différentes forment un noyau. Vancouver reste un foyer d'activité poétique jusque dans les années 80. Les magazines *Writing* et *Raddle Moon* s'associent à l'école d'écriture et «ses lectures, discussions, ses écrivains résidents et ses ateliers portant sur les aspects de la poésie», en même temps que le *West Coast Line* se refait une jeunesse. Tout cela indique un intérêt soutenu pour la toute nouvelle poésie américaine, dont les tendances théoriques portent souvent sur le langage.

Des poètes plus âgés sont aussi stimulés par ce mouvement novateur. Le *Selected Poems 1940-1966* d'Earle BIRNEY, par sa poétique inventive et sa typographie, témoigne de l'intérêt de celui-ci pour le concept formaliste des nouveaux poètes américains, tout comme c'est le cas pour la première collection parue depuis une décennie de Dorothy LIVESAY, *The Unquiet Bed* (1967). À Edmonton, Eli MANDEL, d'abord identifié à l'école de Frye, gagne le prix du Gouverneur général pour *An Idiot Joy*

(1967). Ce recueil annonce un nouveau franc-parler dans son discours poétique et une conscience personnelle qui va s'intensifier plus tard dans des écrits comme *Stony Plain* (1973), *Out of Place* (1977) et *Life Sentence* (1981).

Plus tard, plusieurs critiques voient une forme d'impérialisme à l'américaine dans ce qu'enseignent Olson et bien d'autres. Voici à ce sujet la réponse de Marlatt: «Ce que ces poètes nous enseignent sur la langue et la composition, ce sont des données qu'il nous faut connaître un jour ou l'autre; n'en pas tenir compte ou essayer de les réduire à un simple phénomène régional américain est une absurdité». De fait, l'un des principaux enseignements de la nouvelle poésie est que celle-ci doit être enracinée dans son milieu de création. Purdy professait la même chose. Peu importe où il se trouvait, son langage et sa perception des choses étaient enracinés dans la très loyaliste «région au nord de Belleville», où il revenait toujours.

Des poètes de l'est des États-Unis, comme Robert Lowell et Sylvia Plath, ainsi que de plus anciens Canadiens, comme F.R. SCOTT, Birney, Livesay et Ralph GUSTAFSON, font aussi impression sur les jeunes écrivains. Essentiellement modernistes, ils n'ont pas autant d'influence que la nouvelle poésie américaine et certains courants contemporains européens. En revanche, ils démontrent que la poésie canadienne contemporaine existe.

Dans Naked Poems (1965), Phyllis WEBB réinvente le long poème sans toutefois s'éloigner de la poétique contemporaine. Cette influence est encore très présente. Ses séries de poèmes lyriques portent, avec un art subtil, les même leçons que les grandes œuvres américaines en matière d'écriture et de travail sur le langage. Le long poème, transformé en quelque chose de nouveau, de riche et d'étrange, représente peut-être le genre poétique le plus important des années 60, 70 et 80. C'est ce qu'affirme Robert KROETSCH, l'auteur de l'un des longs poèmes les plus novateurs, «Field Notes», dans son essai avant-gardiste et imaginatif *For Play and Entrance: The Contemporary Canadian Long Poem* (1981).

Parmi les premières œuvres importantes de cette lignée, on trouve *The Journals of Susanna Moodie* (1970) et *Power Politics* (1971) de Margaret Atwood, *Autobiology* (1972) et *Allophanes* (1976) de George Bowering, *King of Swords* (1972) de Frank Davey, *The Collected Works of Billy the Kid* (1970) de Michael ONDAATJE, *Stevenson* (1974) de Daphne Marlatt et *The Martyrology: Books 1 and 2* (1972) de B.P. Nichol.

Si la littérature contemporaine subit l'ascendant de mouvements extérieurs, le renouveau nationaliste canadien engendré par le centenaire de la Confédération en 1967 permet, par l'ouverture de petites maisons d'édition, la publication de la nouvelle écriture. Contact Press est presque la seule maison d'édition des années 50 à avoir survécu (grâce aux *Fiddlehead Books* de Cogswell), mais, vers la fin des années 60, on trouve aussi House of Anansi et Coach House Press à Toronto, Oberon Press à Ottawa et Talonbooks à Vancouver.

Depuis ce temps, plusieurs autres petites maisons d'édition ont vu le jour, mais d'autres ont dû fermer leurs portes. Sans leur engagement à la cause de la nouvelle poésie canadienne, certains ouvrages n'auraient jamais été publiés. Dans une de ses dernières initiatives, Contact Press publie *New Wave Canada* (1966), dirigé par Raymond Souster. Parmi les 17 poètes qui y sont représentés, au moins 8 – Daphne Buckle (Marlatt), Victor Coleman, Gerry Gilbert, Robert Hogg, David McFadden, B.P. Nichol, Michael Ondaatje et Fred Wah – sont des innovateurs influents dont les œuvres surprennent et plaisent toujours. David Cull, David Dawson, E. Lakshmi Gill et George JONAS continuent d'écrire et d'être publiés dans les années 70: seulement quatre auteurs ont abandonné la poésie.

La publication de *New Wave Canada* annonce l'arrivée triomphante de jeunes poètes, qui sera confirmée par la parution de recueils individuels. En 1966, Margaret Atwood gagne le prix du Gouverneur général avec son recueil fleuve intitulé *The Circle Game*. En 1968, les auteurs suivants publient tous au moins un livre, la plupart dans une petite maison d'édition: Nelson Ball, Wayne Clifford, Dennis Lee, Tom Marshall, Bissett, Coleman, Hogg, Lane, McFadden, Marlatt, Nichol, Ondaatje, Rosenblatt et Wah.

En 1970, les prix du Gouverneur général confirment la place qu'occupe la nouvelle écriture dans la littérature canadienne. Les trois prix pour l'écriture de langue anglaise sont décernés à des œuvres expérimentales. En prose et en poésie, le long poème «assemblé» de Michael Ondaatje intitulé *The Collected Works of Billy the Kid* est décoré, tout comme quatre livres de B.P. Nichol, y compris une boîte de poèmes visuels minimalistes, *Still Water*, et une anthologie de «poésie concrète», *The Cosmic Chef*. Tous ces livres ont été publiés par de petites maisons d'édition. La poésie concrète est apparue dans les années 60 dans les travaux de Bissett, Nichol etc. et *The Cosmic Chef* démontre clairement l'importance de cette forme expérimentale pour bon nombre d'auteurs.

Bissett et Nichol se mettent aussi à explorer la poésie «performante» ou «poésie vocale», les psalmodies et les formes semblables, qui sont des façons de briser le sens intelligible du poème afin d'engager l'auditoire à communier par l'émotion grâce à la voix du poète. En 1970, Nichol, Steve McCaffery, Paul Dutton et Rafael Barreto-Rivera forment The Four Horsemen, premier ensemble de «poésie sonore» au Canada.

Au cours des années 70, d'autres ensembles sont créés et, à l'instar d'artistes solo, ils se produisent dans tout le Canada: le Cold Mountain Group de Montréal, Owen Sound de l'Ontario, Sounding en Alberta. D'autres formes naissent, dont la «poésie découverte» et la «traduction homolinguistique», qui consiste à traduire des textes d'une langue en de nouveaux textes de la même langue par des méthodes variées. Ces formes expérimentales exercent une véritable fascination en raison des nombreuses possibilités qu'offre le discours poétique.

Pendant que les nouveaux poètes manifestent leur présence, les anciens en grand nombre continuent d'écrire avec, parfois, une vigueur soutenue ou renouvelée. C'est le cas de Livesay qui publie, en 1972, *Collected Poems: The Two Seasons*. Gustafson, à son tour, reçoit, en 1974, le prix du Gouverneur général pour *Fire on Stone*. La nouvelle génération se caractérise notamment par le fait qu'elle ne rejette pas complètement la tradition classique. C'est ainsi que de plus en plus de styles apparaissent qui conquièrent un public.

Ce climat d'ouverture se traduit non seulement par une production continue d'auteurs plus âgés ou au style plus traditionnel, mais encore par la diversité des manières chez les nouveaux poètes. Ainsi, l'année 1973, à elle seule, verra paraître les premiers livres d'auteurs aussi différents que John Thompson, poète savant et très symboliste, Tom Wayman, poète narratif dans la lignée de Purdy, et Christopher DEWDNEY, explorateur rigoureux et complexe de la poétique centrée sur le langage.

Les années 70 marquent un retour au RÉGIONALISME. Toronto n'a plus le monopole de la culture. La côte Ouest, que les Rocheuses protègent à la fois des rigueurs du climat et des préjugés culturels du reste du Canada, a toujours une place bien à elle, et la poésie continue d'y intéresser le lecteur. Les Prairies s'affirment, surtout depuis que Robert Kroetsch et Andy Suknaski se sont fait connaître. Les poètes des Prairies sont influencés par Purdy, particulièrement Suknaski dans ses premiers poèmes historiques et familiaux. Sa démarche narrative et son discours en langue familière offrent aux poètes des Prairies un

moyen de raconter leurs propres histoires (ce moyen a toutefois dégénéré en une sorte de forme normative d'«anecdote des Prairies» sombrant trop souvent dans le banal et le prosaïque).

Les enseignements de Kroetsch sont plus complexes. Ses écrits sont souvent empreints d'un ton conversationnel, mais l'auteur explore aussi diverses possibilités plus rigoureuses qui soumettent la conversation aux formes traditionnelles de la poésie lyrique. Au début, les nouveaux poètes des Prairies étaient des hommes, mais au fil du temps, un certain nombre de femmes poètes d'envergure se distingue, comme Anne Campbell, Lorna CROZIER, Leona Gom, Kim Morrissey et Anne Szumigalski. Tandis que ces poètes se font connaître dans les Prairies, des maisons d'édition régionales voient le jour: NeWest Press, Longspoon Press et RDC Press en Alberta, Thistledown Press et Coteau Books en Saskatchewan et Turnstone Press au Manitoba. La place qu'occupe la poésie des Prairies dans la littérature canadienne s'est vue confirmée par le livre de Dennis Cooley, *Inscriptions: A Prairie Poetry Anthology* (1992).

À Montréal, l'activité est intense au cours des années 40 et 50. Dans les années 70, un certain nombre de poètes dont Richard Sommer, Artie Gold, Ken Norris et Stephen Morrissey, la plupart associés à Véhicule Press, suscitent l'intérêt des lecteurs et, dans les années 80, une autre maison d'édition, The Muses' Company, est fondée. Dans les Maritimes, le groupe de Fredericton, gravitant autour d'Alden Nowlan et du magazine *Fiddlehead*, est soutenu par beaucoup de jeunes écrivains.

La plupart de ces poètes ne sont pas connus de tout le pays parce que les maisons qui les publient ne peuvent s'offrir le luxe d'étendre leurs publications à l'échelle nationale (*voir* AUTEURS ET MILIEUX DE L'ÉDITION), à l'exception de Don Domanski, dont les poèmes visionnaires paraissent chez Anansi et Coach House, et de John Thompson, dont les deux principaux recueils sont édités par Anansi.

Au début des années 80, il semble que beaucoup de nouveaux poètes et d'éditeurs du début de la période 1960-1980 soient bien établis. La situation, par ailleurs, a changé. Le soutien généreux que reçoivent écrivains et éditeurs de la part du Conseil des Arts du Canada et d'organismes provinciaux y est pour quelque chose. Ces entités ont largement soutenu les écrivains et les maisons d'édition malgré les coupures subies depuis les années Mulroney. En effet, à la fin de 1994, le mandat du Conseil des Arts du Canada a été révisé de manière qu'il puisse accomplir autant, sinon plus, avec des moyens réduits. Il reste à voir quelles seront les conséquences de telles coupures sur la culture.

De nouveaux poètes s'affirment durant les années 80 et au début des années 90, à un point tel que même une courte nomenclature révèle une grande diversité dans la poésie comme d'ailleurs dans l'origine ethnique des poètes. L'héritage culturel et poétique est différent chez des poètes comme Pamela Banting, Roo BORSON, Dionne Brand, Di Brandt, Dennis Cooley, George Elliott CLARKE, Jeff Derksen, David Donnell, Patrick Friesen, Kristjana Gunnars, Claire Harris, Diana Hartog, Karen MacCormack, Anne Michaels, Colin Morton, Daniel David Moses, Erin MOURÉ, Marlene Nourbese Philip, Gerry Shikatani, Sharon THESEN, Lola Lemire Tostevin et Jan Zwicky. Si bon nombre d'entre eux ne sont pas les innovateurs de la nouvelle poésie qu'on a vus dans les années 60, ils profitent des percées accomplies par leurs prédécesseurs. Toutefois, certains comme Derksen et MacCormack explorent davantage les possibilités de l'avant-gardisme, tandis qu'Erin Mouré et Lola Lemire Tostevin appliquent des théories féministes et déconstructivistes à leur poésie imaginative.

L'écriture nouvelle et radicale est particulièrement florissante dans deux domaines. La poésie féministe et la poétique sont devenues les principales sources de pouvoir poétique, en particulier depuis la

conférence de Vancouver de 1983, Women and Words/Les femmes et les mots. La poésie provenant de groupes autrefois marginalisés, comme les Africains, les Antillais, les Japonais, les Chinois et les Canadiens autochtones, a pris une place de choix.

La montée du féminisme et de la théorie de la poésie des 20 dernières années peuvent être retracées dans des projets tels que les ateliers d'écriture Women and Words/Les femmes et les mots, l'émergence de revues comme *Room of One's Own*, *CV/2*, *Fireweed: A Feminist Quarterly* et *Tessera*, le Feminist Caucus of the League of Canadian Poets et ses publications, diverses publications lesbiennes et quelques maisons d'édition entièrement consacrées aux œuvres féministes.

Beaucoup d'écrivains qui se font remarquer en tant que poètes féministes travaillent en collaboration avec d'autres poètes féministes du Québec comme Nicole Brossard. La poésie et la politique féministes vont bien au-delà des noms des quelques auteurs que le public associe au féminisme. Nombre d'auteurs, hommes et femmes, ont tiré profit de la poussée du féminisme. Les années 80 et les années 90 ont aussi vu une importante progression de la publication de poésie d'auteurs venant de divers milieux ethniques.

Parmi les plus connus figurent Dionne Brand, dont le *No Language is Neutral* a été retenu en sélection finale pour le prix du Gouverneur général, George Elliott Clarke, Claire Harris, Daniel David Moses et Marlene Nourbese Philip. Bien d'autres jeunes auteurs suivent leurs traces. Tandis que le pays continue de débattre des mérites et des dangers du multiculturalisme et que des conférences comme *Writing Through Race* (tenue à Vancouver en juillet 1994) génèrent leurs propres controverses, ces écrivains, de même que leurs œuvres, soulignent le fait qu'il y a une place pour eux dans la mosaïque littéraire canadienne.

On peut trouver une introduction intéressante à la question du multiculturalisme dans les éditions spéciales d'*Absinthe* et de *West Coast Line–The Skin on Our Tongues: a collection of work from writers of colour and aboriginal writers* (1993) et dans *Colour: An Issue*.

Au cours des deux dernières décennies, le poème long a conservé sa place centrale comme genre littéraire d'importance au Canada. Deux études critiques exhaustives viennent confirmer ce statut: *On the Edge of Genre: The Contemporary Canadian Long Poem* (1991) de Smaro Kamboureli et *The Art of Difference: «Documentary Collage» and English-Canadian Writing* (1994) de Manina Jones. Le poème continu de Nichol, *The Martyrology* (malgré la mort prématurée et tragique de l'auteur en 1968, les six volumes contenant les livres 1 à 9 ont été réimprimés au milieu des années 90 par Coach House) est, avec le *Field Notes* de Kroetsch, notre plus important poème long.

Sous l'influence de ces deux œuvres majeures et aussi des œuvres de la «tradition» du «poème documentaire», le poème long revêt plus d'une forme. Trois poèmes longs fort différents ont été couronnés par le prix du Gouverneur général: *McAlmon's Chinese Opera* de Stephen Scobie en 1980, *Waiting for Saskatchewan* de Fred Wah en 1985 et *Furious* d'Erin Mouré en 1988. Parmi d'autres exemples de ce type de poème on trouve *The Holy Forest* (1993) de Robin Blaser, *Kerrsdale Elegies* (1984) de Bowering, *No Language is Neutral* de Dionne Brand, *Bloody Jack* (1984) de Dennis Cooley, *A Natural History of Southwestern Ontario* de Christopher Dewdney, *Pear Tree Poems* (1987) de Roy Kiyooka, *Riffs* (1993) de Dennis Lee, *The T.E. Lawrence Poems* (1982) de Gwendolyn MacEwan, *Touch to My Tongue* (1984) de Daphne Marlatt, *Country of the Open Heart* (1982) de David McFadden, *Confabulations: Poems for Malcolm Lowry* (1984) de Sharon Thesen, *Stilt Jack* (1978) de John Thompson et *Waiting for Saskatchewan* (1985) et

Music at the Heart of Thinking (1987; poursuivi dans *Alley Alley Home Free*, 1992) de Fred Wah. Le poème long a obtenu une certaine respectabilité avec *The Long Poem Anthology* (1979, maintenant épuisé) de Michael Ondaatje. Les lecteurs ont pu trouver une bonne sélection de ce genre de poèmes dans *A/Long Prairie Lines: An Anthology of Long Prairie Poems* (1989) de Daniel S. Lenoski et *The Long Poem Anthology* (1991) de Sharon Thesen.

Beaucoup de petites maisons d'édition, considérées d'abord comme marginales, se trouvent maintenant au cœur de l'activité culturelle. P. ex., Coach Press, dont les premières publications étaient des œuvres expérimentales d'auteurs novices, a publié *Under the Thunder the Flowers Light Up the Earth* (1977), qui a valu à D.G. Jones le prix du Gouverneur général, et des œuvres de Phyllis Webb: *Wilson Bowl* (1980), qui marquait son retour après plus de dix ans d'absence, et deux autres textes brillants, *Water and Light: Ghazals and Anti Ghazals* (1984) et *Hanging Fire* (1990). Coach Press a aussi édité un certain nombre de traductions importantes de poèmes du Québec. House of Anansi a refait surface dans les années 90, après une absence de quelques années, forte d'une nouvelle équipe de rédaction, et elle publie les œuvres d'un certain nombre de jeunes poètes reconnus.

Au milieu des années 80, la poésie se porte bien au Canada. De fait, avec le retour de la culture de cafés et d'événements tels que le *Stroll of Poets*, présenté annuellement à Edmonton, il semble que la poésie ait acquis une nouvelle popularité auprès des jeunes, du moins en tant qu'art d'interprétation. Peut-être y a-t-il trop de poètes médiocres qui voient leurs textes publiés, mais c'est là un faible prix à payer pour que la poésie reste active et vivante. Après tout, elle demeure une forme littéraire où l'écrivain sert le langage dans l'optique la plus désintéressée qui soit. Tant que la poésie fleurira, l'avenir de la culture canadienne, dans son ensemble, sera prometteur.

Douglas Barbour

Poésie de langue française Les JOURNAUX québécois commencent à publier des poèmes satiriques et des épigrammes dès le XVIIIᵉ s., mais avant 1820, seuls deux poètes, tous deux français, sont dignes de mention. Joseph Quesnel (1746-1809), capturé au large de Halifax en 1779, s'installe par la suite près de Montréal et écrit des chansons, des poèmes et des pièces de théâtre. Envoyé au Canada avec les soldats DE MEURON pour repousser l'invasion américaine de 1812, Joseph Mermet (1775-1828?) écrit des dizaines de poèmes, dont une description des chutes du Niagara et un récit de la victoire canadienne-française à la BATAILLE DE CHÂTEAUGUAY (1813).

Le premier recueil de poèmes publié par un Canadien français (1830) renferme des poèmes didactiques de Michel Bibaud (1782-1857), notamment des satires sur l'avarice, l'envie, la paresse et l'ignorance. À cette époque, les «collèges classiques» commencent à former des jeunes gens intéressés à la politique et à la littérature. Les poètes romantiques français Lamartine et Hugo sont lus et imités par le futur historien François-Xavier GARNEAU et par Pierre-Joseph-Olivier CHAUVEAU, futur premier ministre du Québec. Avant 1850, la poésie demeure toutefois une arme politique ou un divertissement raffiné, et seuls les journaux et les revues publient des poèmes.

Après 1850, les poètes se font plus nombreux. On peut les regrouper en trois «générations». La première, née vers 1820, comprend Joseph Lenoir, auteur de fantaisies orientales exotiques et d'habiles traductions en vers de Burns, de Longfellow et de Goethe; Louis-Joseph-Cyprien Fiset, qui écrit de longs poèmes narratifs sur des questions historiques canadiennes et sur la crise de l'émigration (*voir* FRANCO-AMÉRICAINS); et le poète en vers le plus talentueux de l'époque, Octave CRÉMAZIE qui,

avant de s'exiler en 1862 après avoir fait faillite, devient en quelque sorte le poète officiel du Canada français. Ses poèmes s'inspirent de questions internationales (guerre de Crimée, unification de l'Italie), des exploits du régime français au Canada et des obligations des vivants à l'égard des morts.

Cependant, Lenoir meurt prématurément, Crémazie quitte le Canada et Fiset délaisse la poésie pour pratiquer le droit. Une nouvelle génération de poètes, nés après 1830 et associés au mouvement littéraire de 1860, leur succède. Alfred Garneau (1836-1904), fils effacé de l'historien, laisse une soixantaine de poèmes témoignant de sa sensibilité et de sa vaste connaissance de la poésie française. Léon-Pamphile Le May, bibliothécaire de l'Assemblée législative du Québec, publie plus d'une dizaine de recueils de poèmes, dont une traduction en vers de l'ÉVANGELINE de Longfellow. Son œuvre la plus célèbre, *Les Gouttelettes* (1904), est entièrement composée de sonnets, forme nouvelle à l'époque, mais ses thèmes (la religion, l'amitié, le patriotisme, les beautés de la campagne) demeurent ceux de sa jeunesse et font le lien entre le mouvement de 1860 et le régionalisme québécois du début du XXᵉ s. Le poète le plus important de cette génération est Louis FRÉCHETTE, auteur de la première œuvre québécoise de poésie lyrique (*Mes loisirs,* 1863) et du plus remarquable recueil de poèmes narratifs publié au Québec au XIXᵉ s. (*La Légende d'un peuple,* 1887). C'est également le premier poète québécois à être honoré par l'Académie française (1880) et à publier une édition complète (3 vol., 1908) de ses propres poèmes.

Après le transfert du Parlement à Ottawa par la Confédération (1867), le mouvement littéraire de 1860 stagne au Québec jusqu'en 1875, où une nouvelle génération de poètes, nés vers 1850, commence à publier des recueils. Nérée Beauchemin (1850-1931), obscur médecin de campagne de Yamachiche, décrit avec une grande sensibilité les joies de la vie champêtre dans des poèmes qui ne sont réunis qu'en 1897. William Chapman (1850-1917), dans sa jeunesse un admirateur de Fréchette, se retourne plus tard contre son maître, qu'il accuse de plagiat. Les recueils les plus populaires de Chapman sont publiés en France au début du XXᵉ s. (*Les Aspirations,* 1904; *Les Rayons du Nord,* 1909). Ils décrivent un Nord canadien pittoresque peuplé de VOYAGEURS, de trappeurs et de bûcherons. Le représentant le plus original de cette dernière génération de poètes romantiques est Eudore Évanturel, dont l'unique plaquette, *Premières poésies* (1878), est dénoncée par les ennemis de son préfacier, Joseph Marmette. Découragé, Évanturel renonce à tout jamais à ses descriptions baroques d'amourettes et à ses personnifications pleines d'esprit des saisons canadiennes.

De 1830 à 1895, quelque 50 poètes québécois publient une centaine de recueils de poèmes. Les œuvres s'inspirent souvent des romantiques français, mais contrairement à leurs modèles, les poètes québécois du XIXᵉ s. négligent les thèmes de l'amour passionné, de l'individualisme ou du panthéisme, préférant des sujets patriotiques, sociaux, historiques ou religieux. Cependant, ils tentent de nombreuses expériences de versification. Dans leur jeunesse, Fréchette et Le May essayent des dizaines de formes différentes. Peu à peu, le sonnet et le sizain deviennent la norme dans les poèmes lyriques, alors que les alexandrins à rimes plates (12 syllabes) composent les poèmes narratifs. Ainsi, la période de 1830 à 1895 est une époque d'apprentissage poétique. Aucun grand poète, aucune œuvre remarquable ne se distingue, mais il y a beaucoup d'imitation, d'adaptation et d'expérimentation. Une tradition poétique prend forme, et avec elle, un nouveau public.

David M. Hayne

1896-1930

Fondée en 1895, l'École littéraire de Montréal concentre ses efforts sur l'épuration de la langue française et sur la recherche de nouvelles formes

d'expression littéraire. Ce mouvement, qui va au-delà des années 1930, est marqué par l'émergence d'une poésie symboliste, l'école du Terroir et le mouvement parnassien qui préconise «l'Art pour l'Art».

Le point culminant des cinq premières années de publication de l'École est la parution des *Soirées du Château de Ramezay* (1900), suivie de *Poésies d'Émile* NELLIGAN en 1904. Nelligan est le plus jeune du groupe et, en l'espace de trois ans (1896-1899), il compose un remarquable recueil en vers. Sa poésie est influencée par Paul Verlaine, Charles Baudelaire, Georges Rodenbach, Maurice Rollinat, Edgar Allen Poe, José Maria de Hérédia et Leconte de Lisle. Il a du génie pour l'image et la sonorité. Maîtrisant tour à tour le sonnet et le rondeau, il décrit les profondeurs de son être troublé avec des accents délirants, empreints de tristesse et parfois hallucinants. Ses deux célèbres poèmes, «Romance du Vin» et «Vaisseau d'Or», apparaissent comme une prémonition de sa folie et attestent sa merveilleuse maîtrise des vers.

Après 1900, le rêve symboliste s'effondre. L'École tente d'évoquer «l'âme du peuple» selon les mots de Charles GILL, auteur de *Cap Éternité* (1919), dont les fragments d'allégorie dantesque reflètent les tendances de l'époque. Des poètes tels que Louis-Joseph Doucet, Lionel Léveillé, Hector Demers et Albert Ferland, auteur du *Canada chanté*, se consacrent à la poésie nationaliste. La revue *Le Terroir* dure à peine un an. Ses 10 numéros sont assemblés en un volume, publié en 1910.

Quelques membres de l'École s'adonnent à une poésie à tendance philosophique: Jean Charbonneau, qui publie *Les Blessures* (1912), Alphonse Beauregard (*Les Forces,* 1912 et *Les Alternances,* 1921) et Jean-Aubert Loranger (*Les Atmosphères,* 1920 et *Poèmes,* 1922). Loranger introduit dans sa méditation sur l'homme des concepts orientaux et unanimistes. Le troisième recueil de l'École, *Les Soirées de l'École littéraire de Montréal* (1925), se compose des travaux de 10 poètes et, vers 1930, l'École se démembre, non sans qu'il y ait quelques autres publications: de Charbonneau, *La Flamme ardente* (1928), de Gonzalve Desaulniers, *Les Bois qui chantent* (1930) et de Joseph Melançon, *Avec ma vie* (1931).

Les écrivains continuent à développer le thème de la vie rurale. Les champs, les rivières, les forêts et les villages y sont décrits avec un accent souvent nostalgique qui rappelle les chansons des premiers colons. Cette tradition littéraire provient du siècle précédent, comme si les jeunes poètes de la période de Crémazie, fortement attachés à la patrie, s'étaient soudainement retrouvés à l'aube du XXᵉ s. Cet attachement devient le leitmotiv de toute l'œuvre poétique de Blanche Lamontagne-Beauregard dont le second recueil, *Par nos champs et nos rives* (1917), est un exemple frappant. Alphonse Désilets, sous le pseudonyme de Jacquelin, reprend le même thème dans *Heures poétiques* (1910), *Mon pays, mes amours* (1913) et *Dans la brise du terroir* (1922). Un autre poète régionaliste, Jules Tremblay, se fait intimiste avec la publication de *Arômes du terroir* (1918), son quatrième recueil. Émile Coderre, sous le pseudonyme de Jean Narrache, crée un genre de poésie dialectale, en publiant *Quand j'parl' tout seul* (1933), mais les deux meilleurs poètes régionalistes sont sans aucun doute Nérée Beauchemin et Alfred DESROCHERS.

Les deux recueils de Beauchemin, *Les Floraisons matutinales* (1897) et *Patrie intime* (1928), évoquent l'histoire canadienne et la vie à Trois-Rivières, tandis que DesRochers révèle une saisissante perception de la réalité alliée à une maîtrise du sonnet, du rondeau, du madrigal, de la chanson, de l'acrostiche, de l'ode et de l'élégie. Il décrit dans *L'Offrande aux vierges folles* (1928) et *À l'ombre de l'Orford* (1929), la vie des premiers colons. Il y manifeste une vigoureuse pensée et y démontre la maîtrise de son art. Son poème «Hymne au vent du Nord», à puissante évocation

épique, est un chef-d'œuvre de la poésie régionaliste.

Le mouvement parnassien commence à faire sentir son influence au Québec en 1895 avec les sonnets
exotiques d'Arthur de Bussières. Si Alfred Garneau,
Émile Nelligan, Jules Tremblay, Guy Delahaye,
René Chopin et Marcel Dugas sont plutôt symbolistes, ils se laissent influencer, à l'occasion, par le
Parnasse. Paul MORIN, un avocat, est celui qui
illustre le mieux ce mouvement. Vocabulaire sonore,
imagerie saisissante et paysages exotiques caractérisent *Paon d'émail* (1911) et *Poèmes de cendre et
d'or* (1922). La revue NIGOG (1918) relance le
mouvement parnassien mais comme la revue, ce dernier ne fait pas long feu.

Le début du siècle salue la venue de nouveaux
poètes qui ont peu ou pas de liens avec une école en
particulier. Louis Dantin (pseudonyme Eugène
Seers), p. ex., est auteur de poésie philosophique et
critique littéraire, mais par-dessus tout, il est celui
qui a fait connaître la poésie de Nelligan aux Montréalais en 1902. Il faut aussi mentionner le poète
paralytique Albert Lozeau, dont la toile de fond de
nostalgie se trouve dans ses volumes *L'Âme solitaire*
(1907) et *Le Miroir des jours* (1912), et Antonio Desjardins, auteur de *Crépuscules* (1924). Le plus
important d'entre eux est Robert Choquette, dont les
trois premiers recueils *À travers les vents* (1925),
Metropolitan Museum (1931) et *Poésies nouvelles*
(1933) sont empreints d'une force visionnaire et sondent la destinée de l'homme moderne.

Entre 1895 et 1930, la poésie québécoise porte sur
une grande diversité d'expériences. Tenant d'abord
de la tradition romantique, la poésie passe bientôt au
symbolisme, puis au mouvement du terroir et enfin à
l'école parnassienne. Ayant abandonné les formes
traditionnelles, les poètes se tournent lentement du
côté des vers libres.

Paul Wyczynski

1930-1970

En poésie comme ailleurs, le Québec résiste souvent au changement. Clément Marchand (*Les Soirs
rouges*, 1947) et Alphonse Piché (*Remous*, 1947)
tentent d'aborder de nouveaux thèmes tout en ayant
recours à des formes traditionnelles. Simone Routier
(*Les tentations*, 1934) adopte le vers libre mais ne
tente aucune autre innovation. L'inconstant François
Hertel (*Axes et parallaxes*, 1941), jésuite et personnage de marque du milieu culturel pendant plus
d'une décennie, s'emploie activement à susciter un
climat de changement. Pourtant, ses poèmes intellectuels ne tiennent pas compte des réalités de l'avenir
du Québec. À cette époque, l'avant-garde de la poésie est composée de quatre poètes plutôt isolés: Hector de Saint-Denys GARNEAU, Anne HÉBERT,
Rina LASNIER et Alain GRANDBOIS.

De son vivant, Garneau ne publie qu'un seul
recueil, intitulé *Regards et jeux dans l'espace* (1937).
Un second recueil, *Les Solitudes*, paraît après sa mort
dans ses *Poésies complètes* (1949). Menant une vie
recluse, Garneau se consacre à la poésie et à une
recherche spirituelle toujours plus ardue. Ses
poèmes, en vers libres rigoureusement maîtrisés, ont
un caractère presque magique: ils expriment l'angoisse et la joie avec simplicité et beauté.

Dans *Les Songes en équilibre* (1942) d'Anne
Hébert, le poète devient prêtre-magicien et joue un
rôle social. Dans *Le Tombeau des Rois* (1953), les
explorations psychologiques d'Hébert atteignent
l'inconscient collectif par une poésie dépouillée à
l'extrême. Dans la deuxième moitié de ses *Poèmes*
(1960), elle passe à une nouvelle étape et s'adresse
au Québec (ou à l'humanité) avec une incomparable
générosité de forme et d'esprit.

À partir d'*Images et proses* (1941), Lasnier s'intéresse surtout à des thèmes religieux. Ses premières
œuvres, trop intellectuelles, sont sans véritable intérêt durable. Cependant, dans *Escales* (1950), *Présence de l'absence* (1956) et ses œuvres subséquentes,

sa poésie baigne dans les contradictions, où la lumière cohabite avec les ténèbres. Parmi les autres
femmes poètes de l'époque, on note Medjé Vézina
(*Chaque heure a son visage*, 1934), Jovette Bernier
(*Les masques déchirés*, 1932), Cécile Chabot
(*Vitrail*, 1939) et Jeannine Bélanger (*Le visage dans
la roche*, 1941).

Grandbois devient le plus influent des nouveaux
poètes, surtout auprès des jeunes poètes qui vont
dominer dans les années 60. *Les Îles de la nuit*
(1944), œuvre rafraîchissante inspirée de son obsession des voyages autour du monde, évoque le monde
cosmique et la fraternité humaine ainsi qu'un érotisme débridé. Ses poèmes sont fragmentés et souvent
surréalistes, mais tout à fait accomplis, tout comme,
par la suite, *Rivages de l'homme* (1948) et *L'Étoile
pourpre* (1957).

Pendant la «Grande noirceur», sous le règne de
Maurice DUPLESSIS (1944-1959), une minorité de
poètes choisit le surréalisme comme mode d'expression. La plupart d'entre eux avaient des liens avec les
arts visuels ou le jazz. Le REFUS GLOBAL (1948),
manifeste culturel révolutionnaire du peintre Paul-
Émile BORDUAS, comprend des poèmes de Claude
Gauvreau (*Brochuges*, 1957), dont l'œuvre est
constituée de mots incompréhensibles qui gardent
pourtant une étrange signification. Roland
GIGUÈRE est peintre, graveur et typographe accompli ainsi qu'un grand poète. Ses poèmes, réunis dans
L'Âge de la parole (1965), constituent une révolte
contre tout ce qui menace la vie. Gilles Hénault
cherche des «signes» dans le passé lointain, parmi les
populations autochtones et dans l'inconscient collectif qui se manifeste dans les rêves. Ses trois recueils
de poèmes sont réunis dans *Signaux pour les voyants*
(1972).

Parmi les autres poètes qui ont marqué le surréalisme, on note Yves Préfontaine (*Boréal*, 1957), collaborateur de LIBERTÉ; Marie-Claire BLAIS (*Pays
voilés*, 1963), mieux connue pour ses romans; et
Claude Péloquin (*Jéricho*, 1963). Paul-Marie
LAPOINTE, musicien de jazz dont la méthode
d'écriture «automatiste» (*voir* AUTOMATISTES,
LES) avait des traits communs avec les improvisations du jazz, se distingue particulièrement. Seul son
premier livre, *Le Vierge incendiée* (1948), est véritablement surréaliste, mais il aborde les thèmes fondamentaux de toute sa poésie: justice, liberté sexuelle
et pouvoir libérateur de l'amour, exprimés avec une
grande musicalité par la répétition et l'inventaire.
Dans ses dernières œuvres, réunies dans *Le réel
absolu* (1971), la révolte de l'individu devient révolution de la collectivité.

Pendant que la poésie se politise progressivement,
de nombreux poètes continuent d'écrire en s'inspirant de leur univers personnel. Éloi de Grandmont
(*Plaisirs*, 1953) écrit des vers charmants qui exaltent
les plaisirs de l'amour. Sylvain Garneau (*Les
trouble-fête*, 1952) vit dans un monde imaginaire
d'adolescent, pur mais inquiétant, et se suicide dans
la jeune vingtaine. Gilles Constantineau (*Simples
Poèmes et ballades*, 1960) trace le portrait d'un monde intimiste illuminé par le bonheur et par des perceptions saisissantes. Luc Perrier (*Du temps que j'aime*, 1963) traduit avec précision l'étrange poésie du
quotidien. À l'autre extrême, Suzanne Paradis (*Pour
les enfants des morts*, 1964) proclame son ardent
désir de vivre en forgeant une mystique féminine
puissante et en l'appliquant à toutes les circonstances
de la vie.

En 1958, la publication de *La poésie et nous*, qui
regroupe des essais d'Hénault, Préfontaine, de
Michel Van Schendel, de Jacques BRAULT et de
Wilfrid Lemoine, marque l'élaboration de théories
poétiques authentiquement québécoises. Pendant les
années 40, les revues *La Nouvelle Relève* et *Gants du
ciel* contribuent à diffuser les idées de l'avant-garde
française. Vers les années 60, par contre, les idées les
plus pertinentes au Québec sont de toute évidence
celles qui surgissent dans la province même. Les

revues *Liberté* et PARTI PRIS favorisent un foisonnement d'échanges littéraires et politiques. Les maisons d'édition, en particulier les Éditions de l'Hexagone (fondées en 1953) jouent un rôle tout aussi
important.

Pendant les années 60, le Québec vit une croissance soudaine de sa conscience collective ainsi
qu'un contexte politique en effervescence (*voir*
RÉVOLUTION TRANQUILLE). Devenus inséparables, le NATIONALISME CANADIEN-FRAN-
ÇAIS et les arts se justifient et se stimulent mutuellement. Un nombre étonnant d'œuvres conserve une
très grande valeur poétique, comme *Mémoire* (1965)
de Brault. Ce dernier, ainsi que Paul-Marie Lapointe
et de nombreux autres poètes de l'époque, fait partie
du mouvement de l'Hexagone, qui regroupe essentiellement des poètes nationalistes. Au centre du
mouvement se trouve l'énergique et charismatique
poète Gaston MIRON, âme des Éditions de l'Hexagone. Mais après *Deux sangs* (1953), qu'il publie en
collaboration avec Olivier Marchand, Miron refuse
de réunir ses poèmes jusqu'en 1970, bien qu'il soit
un poète et un interprète de talent.

Le thème du terroir revient souvent dans la poésie des années 60, qui se détache peu à peu de la
perspective pancanadienne suggérée par Pierre
Trottier dans *Le Combat contre Tristan* (1951). Le
Saint-Laurent devient un symbole national: Pierre
Perrault exalte ses îles dans *Toutes îsles* (1963), et
la poésie expansive de Gatien Lapointe s'exprime
de la manière la plus achevée dans *J'appartiens à la
terre/Ode au Saint-Laurent* (1963). *Les Poèmes de
l'Amérique* (1958) de van Schendel constituent une
réaction à la violence de l'Amérique moderne, mais
ses *Variations sur la pierre* (1964) évoquent un sentiment de renaissance pour son pays d'adoption, le
Québec. Les thèmes nationalistes sont exploités
sous la plume puissante de Fernand OUELLETTE
dans *Le Soleil sous la mort* (1965), titre suggérant
une régénération de la nation. Cette idée est présentée d'une manière explicite dans *Le Chant de l'Iroquoise* d'Andrée Maillet (1967). Par ailleurs, bien
que *Genèses* (1962) de Paul CHAMBERLAND
puisse suggérer une lutte spirituelle solitaire, cette
lutte se concrétise et s'étend à la collectivité dans
Terre Québec (1964), œuvre pleine d'intensité et
d'originalité.

La langue, qui détermine à la fois la forme et le
contenu de la poésie québécoise, est le thème nationaliste le plus important. Considéré comme du
JOUAL ou comme un dialecte «légitime» du français, le français québécois est pendant longtemps une
source d'humiliation. Par la confession, la dissection
et l'étalage de cette humiliation, la langue est peu à
peu considérée comme une richesse nationale. Pour
les poètes, le parler québécois devient un mode d'expression vivant ainsi qu'un symbole de la nation et
de l'essence même de l'entreprise poétique. Ainsi,
Fernand Dumont publie un recueil de poèmes intitulé *Peuple sans parole* (*Liberté*, 1965), et Yves Préfontaine fait paraître *Pays sans parole* (1967). La
langue domine les poèmes du futur ministre des
Affaires culturelles du gouvernement du PARTI
QUÉBÉCOIS, Gérald Godin (*Les Cantouques*,
1966). Le plus célèbre reste *Speak White* de Michèle
Lalonde (1974), poème ironique récité pour la première fois en 1968.

Vers la fin des années 60, la phase nationaliste de
la poésie québécoise tire à sa fin. Lalonde la pousse
toutefois à l'extrême dans *Défense et illustration de
la langue québécoise* (1979). Des poètes comme Luc
Racine (*Les dormeurs*, 1966) et Raoul Duguay (*Ruts*,
1966) commencent à réclamer une attention plus
grande à l'acte d'écriture plutôt qu'au message.
Comme si, après plus d'une décennie d'activisme
pour une cause commune, la poésie avait prouvé sa valeur. Elle peut désormais se tourner vers
elle-même et s'adapter à des intérêts personnels,
qu'ils soient intimes ou métaphysiques.

Rod Willmot

1970-1980

Cette décennie est marquée par l'éclatement de l'unité idéologique, nationale et humaniste qui animait la poésie des années 60. Il n'y a pourtant pas rupture totale avec la tradition. Toutefois, ce n'est pas le courant de la «poésie du pays», représenté par Gaston Miron, *L'homme rapaillé* (1970), que les jeunes poètes adoptent, c'est plutôt celui du surréalisme et de sa version québécoise: l'automatisme. Les œuvres de Paul-Marie Lapointe, Claude Gauvreau, Roland Giguère et Gilles Hénault, tous nés entre 1920 et 1930, et affiliés au surréalisme, sont rééditées et diffusées. La nouvelle poésie ne constitue pas un simple prolongement de cette tendance, mais elle reflète davantage une mentalité. Elle caractérise la mise au ban de toutes les institutions sociales et culturelles, ainsi que des valeurs qui s'y rattachent, et critique en même temps, l'unité du sens inhérente à «la belle poésie».

L'avant-garde trouve sa plus cohérente expression autour du groupe *Les Herbes rouges*. Véhicule de l'avant-garde française plus que de la contre-culture américaine qui s'exprime par les poètes Denis Vanier et Lucien Francœur, le journal *Les Herbes rouges* est en réalité un maison d'édition qui a publié une centaine de brochures en 10 ans. L'influence de Nicole Brossard y est prépondérante. Deux de ses recueils, *Suite logique* et *Le Centre blanc* (1970), donnent le ton à la décennie: désarticulation syntaxique, recours à l'irrationnel (le désir, le corps, la perte du sens, la folie) mais sur un mode réflexif et critique. Roger Des Roches et André Roy suivent la tendance des *Herbes rouges*, tandis que François Charron tend à s'en éloigner, par la parodie et un retour au lyrisme.

D'une manière générale, la poésie de cette décennie se refuse au lyrisme d'inspiration tellurique et cosmique qui dominait auparavant, sinon sous la forme de l'utopie mystico-cosmique dessinée par Paul Chamberland dans *Demain les dieux naîtront* (1974). Ailleurs, la vie privée et le monde urbain dominent. Cette poésie du quotidien s'exprime dans l'œuvre de Michel Beaulieu qui emploie, dans *Variables* (1973) et dans *Anecdotes* (1977), un langage analytique épousant la dérive du sujet moderne dans son corps, ses désirs et sa mémoire. La vie privée devient le lieu d'une expérience métaphysique (épreuve, purification) chez Juan Garcia et Alexis Lefrançois, l'individualisme est une forme de dénonciation de la société moderne chez Gilbert Langevin avec *Mon refuge est un volcan* (1978), une œuvre au langage lapidaire et corrosif. À l'inverse, Michel GARNEAU et Pierre Morency affirment l'énergie «torrentielle» et «amoureuse» du sujet humain. Enfin, deux poètes de la génération de l'Hexagone, Jacques Brault dans *L'en dessous l'admirable* et *Poèmes des quatre côtés* (1975), et Fernand Ouellette dans *Ici, ailleurs, la lumière* (1977), poursuivent un itinéraire intérieur et réagissent contre les aspects les plus superficiels de la modernité.

Pourtant, le fait poétique majeur de la seconde partie de la décennie est lié au modernisme des *Herbes rouges*. Nourri par la réflexion de Nicole Brossard sur l'imaginaire, ce nouveau courant met au premier plan les préoccupations féministes. *Pour les femmes et tous les autres* (1974) de Madeleine Gagnon, *La partie pour le tout* (1975) de Nicole Brossard et *Bloody Mary* (1977) de France Théoret constituent les premiers exemples d'une «écriture féministe» qui remet en cause la symbolique patriarcale et développe un genre consacré à l'histoire et à l'expérience des femmes. Cette orientation semble amener une évolution de la poésie vers des formes moins éclatées et vers une fusion avec d'autres formes littéraires, notamment le récit et l'essai, comme en témoignent les œuvres de Yolande Villemaire et de Suzanne Jacob.

À la fin de la décennie, on parle d'un «nouvel imaginaire» et d'une «nouvelle lisibilité» incarnés dans *Les Passions du samedi* (1979) d'André Roy, par le néo-lyrisme de François Charron, la transpa-

rence de Philippe Haeck et, à un autre niveau, celle de Marie Uguay. Le succès retentissant de *Estuaire,* une revue publiée à partir de 1976, les maisons d'édition comme les Éditions du Noroît, les Écrits des Forges du poète Gatien Lapointe et la production d'ouvrages aux Éditions de l'Hexagone, attestent de la continuité et de la diversité de la poésie québécoise au début des années 80. Deux œuvres remarquables sont à souligner: *La Vie n'a pas de sens* (1985) de François Charron et *Catégoriques* (1986) de Normand de Bellefeuille.

1980-1986

En même temps que s'estompent les idéologies qui dominent la poésie des années 70, notamment le formalisme déconstructeur, le marxisme et même le féminisme (dans la mesure où celui-ci s'exprime sous des formes moins militantes), la poésie des années 80 peut se lire comme une vaste entreprise de questionnement sur le réel, sur son non-sens et sa fragmentation. D'où le retour de certains thèmes philosophiques (la mort, le temps, la communauté, le religieux) et d'un lyrisme euphorique ou angoissé, suscitant des débats autour de la notion de «modernité», définie jusque-là en termes rationalistes et critiques.

Jamais la poésie québécoise n'aura été aussi explicitement savante, abondante et éclectique: les références littéraires et culturelles proliferent, de même que le mélange des genres et des styles, comme en témoigne le travail de *La Nouvelle Barre du jour,* une des principales revues poétiques des années 80. Tandis que Nicole Brossard avec *Amantes* et France Théoret dans *Nécessairement putain* (1980) poussent l'écriture au féminin du côté du lyrisme utopique ou d'une narration sensible aux paradoxes de l'existence, d'autres poètes comme Claude BEAUSOLEIL (*Une certaine fin de siècle,* 1983) cherchent à transfigurer «l'hyperréalité contemporaine» en faisant un lieu mythique où la magie urbaine multiplie les possibilités de sensations et de trajectoires. À l'inverse, Michel Beaulieu exprime dans ses deux recueils les plus achevés, *Visages* (1981) et *Kaléidoscope* (1985), une angoisse profonde et un sens aigu et ironique du caractère discontinu, désœuvré de la vie moderne. Souvent agressive et subversive durant les années 70, la poésie québécoise se fait désormais plus sensuelle et musicale, notamment chez Philippe Haeck (*La Parole verte,* 1981), et dans les œuvres d'André Roy et de Madeleine Gagnon.

François Charron et Normand de Bellefeuille, enfin, poursuivent deux des itinéraires les plus représentatifs de la décennie: le premier, par son lyrisme qui s'élabore comme une expérience limite face à la perte du sens et de tout territoire, en particulier dans *La Vie n'a pas de sens* (1985), le second qui, avec *Catégoriques* (1986), construit une riche orchestration poétique qui exprime une quête de la légèreté de l'être.

Tout compte fait, même si elle ne parvient guère à élargir son public et que, sauf exceptions, la plus jeune génération tarde à s'imposer, la poésie québécoise des années 80 paraît s'être remise d'un certain excès de formalisme et d'abstraction.

Pierre Nepveu

Poids et mesures Les termes poids et mesures font généralement référence aux unités de masse (ou de poids), de longueur et de volume. Depuis quelques milliers d'années, de telles unités ont fréquemment été introduites de par le monde et ce, à des fins commerciales et fiscales. Cependant, les mesures étant l'un des aspects les plus fondamentaux de la science et de l'ingénierie, l'expression poids et mesures englobe aujourd'hui une gamme beaucoup plus vaste d'unités que jadis.

En fait, le développement et la diffusion des normes en matière de mesures sont devenus une science en soi, la métrologie. Aux unités fondamentales de départ, la masse et la longueur (le volume étant une unité dérivée), se sont ajoutées d'autres

«unités de base» servant à mesurer le temps, la température, le courant électrique, la luminosité et le concept quelque peu ésotérique de quantité de matière. Une version du système métrique, le Système international d'unités, ou SI, détermine rigoureusement ces unités de base ainsi qu'un grand nombre d'unités dérivées. C'est le Bureau international des poids et mesures (BIPM) qui a formulé et supervise le SI. Ce dernier, adopté en 1960, n'est cependant pas fixe et il évolue lentement au gré des besoins de précision, de commodité ou de cohérence. Presque tout le travail scientifique dans le monde est formulé en unités SI: la construction, l'ingénierie et le commerce dans tous les pays industrialisés, à l'exception de la Grande-Bretagne et des États-Unis, qui font encore grand usage du système impérial britannique, utilisent ou vont utiliser ce système.

En 1965, le gouvernement britannique fait connaître son intention d'adopter le SI, se donnant 10 ans pour y parvenir. En 1972, le Sénat américain se déclare en faveur d'une conversion volontaire étalée sur 10 ans, mais sa suggestion n'est pas approuvée par la Chambre des représentants quant à une question de procédure. Les progrès de la conversion sont sporadiques dans ces deux pays, et il est impossible de prédire quand elle sera terminée. Au Canada, la conversion commence en 1971 et, en 1988, le processus est presque terminé, à l'exception de quelques cas dans le domaine du commerce de détail et de la publicité.

L'ancien système de poids et de mesures du Canada découle principalement du système impérial, avec quelques emprunts au système français. C'est en 1838 que le système impérial est codifié en une première forme «scientifique», après une évolution fort complexe. En fait, certaines unités impériales, comme le pied et le mille, remontent à l'Empire romain. En revanche, leur valeur a fluctué avec les époques et les emplacements. L'ouvrage *A Dictionary of English Weights and Measures, from Anglo-Saxon Times to the Nineteenth Century,* de R.E. Zupko, comprend quelque 3000 unités de mesures et environ 25 000 variantes numériques.

En 1884, le Royaume-Uni (et donc le Canada, en tant que colonie) adhère à la Convention du mètre, régie par le Bureau international des poids et mesures (BIPM) depuis 1875. Ainsi, il s'associe à la première distribution de prototypes nationaux de mètres et de kilogrammes étalons par le BIPM en 1889. En 1907, le Canada adhère à la convention de son propre chef. Un Canadien, J.C. MACLENNAN, est membre du Comité international des poids et mesures (CIPM) de 1929 à 1935. Ce comité dirige et supervise le BIPM, dont les laboratoires métrologiques sont situés à Sèvres, en banlieue de Paris. Depuis 1951, on compte toujours un Canadien au sein de ce comité. L.E. Howlett, président de 1964 à 1968, est l'un d'entre eux. Le CIPM est formé de 18 membres (pas plus d'un par pays), élus pour leur compétence et non en qualité de représentants de leur pays. Leur tâche consiste à diriger et à favoriser la métrologie fondée sur le système métrique dans tous les pays adhérant à la Convention du mètre (47 pays en 1988).

Depuis 1951, les divers membres canadiens du CIPM sont également membres du CONSEIL NATIONAL DE RECHERCHES (CNR). C'est le département de physique du CNR qui est chargé de maintenir ou d'établir, en matière de mesures, les normes de base et leurs multiples normes dérivées. On y calibre les étalons pour les laboratoires et l'industrie, pour qui la plus haute précision est requise. Les standards de référence pour le commerce (qui sont périodiquement calibrés au CNR) relèvent du ministère de la CONSOMMATION ET DES AFFAIRES COMMERCIALES et constituent la base juridique de tous les standards locaux utilisés pour les transactions commerciales (*voir* NORMES DE CONSOMMATION) conformément à la *Loi sur les poids et mesures* (1971). Le Canada s'est joint en

1982 à l'Organisation internationale de métrologie légale (OIML, fondée en 1955), organisme dont l'unique préoccupation est l'application de la métrologie au commerce, notamment par l'uniformisation des pratiques commerciales internationales.

Les grands pays industriels ont tous des laboratoires de normes comparables à celui du CNR, comme le National Bureau of Standards aux États-Unis et le National Physical Laboratory, au Royaume-Uni. Des procédures de comparaison et de contrôle minutieuses assurent l'uniformité des mesures entre les laboratoires nationaux. Dans nombre de pays, dont le Canada, les normes des mesures sont maintenant stables, et des systèmes de contrôle efficaces ont réduit les fraudes au rang d'incidents secondaires. Cette réussite couronne des efforts soutenus qui n'ont porté fruits qu'à partir de la première moitié du XXᵉ s. De nombreuses raisons auraient pu faire échouer cette tentative, en particulier la cupidité. La situation actuelle est l'une des heureuses conséquences du mariage de la technologie avec une infrastructure si omniprésente qu'elle semble maintenant toute naturelle.

Le système international (SI)

Les descriptions suivantes des sept unités de base du SI et des deux unités supplémentaires comprennent les estimations de 1987 sur leur reproductibilité. Ces estimations sont fondées sur des mesures précises effectuées en divers endroits et à divers moments; elles sont applicables aux mesures à l'échelle de l'unité. L'imprécision s'accroît à des échelles de grandeur beaucoup plus petites ou beaucoup plus grandes. Ainsi, la masse d'un kilogramme peut être évaluée avec précision jusqu'à 2×9^{mn}, mais la masse d'un gramme ne peut être mesurée au mieux qu'à 3×7^{mn} près et celle d'une tonne, à 1×6^{mn} près.

Longueur Lors de son adoption en 1799, le mètre (m) a été fixé à un millionième d'un quadrant du méridien terrestre. En 1983, on le définit comme la distance que parcourt la lumière dans le vide en 1/299 792 458 de seconde. La définition est précise à 2×11^{mn} près.

Masse Elle a pour unité le kilogramme (kg), et non le gramme (g). Adopté en 1799, le kilogramme a d'abord été défini comme la masse d'un décimètre cube d'eau. Depuis 1889, le kg correspond à la masse de l'étalon international en platine iridié conservé à Sèvres. L'unité est précise jusqu'à 2×9^{mn}.

Temps La seconde (s) correspondait à 1/86 400 d'un jour solaire moyen jusqu'en 1960. Elle est alors établie à 1/31 556 925,9744 de l'année tropique 1900. En 1968, on redéfinit la seconde en fonction de la fréquence de la radiation correspondant à la transition entre les niveaux d'énergie précis de l'atome de césium 133. La précision de l'unité est de 5×14^{mn}.

Courant électrique L'ampère (A) est défini en 1881 en termes de force s'exerçant entre deux pôles magnétiques (concept purement théorique). En 1908, un «ampère international» plus reproductible est défini en termes électrolytiques. Depuis 1948, «l'ampère absolu» est défini en fonction de la force qui s'exerce entre des conducteurs parallèles. Toutefois, en pratique, on utilise les ohms et les volts pour définir l'intensité du courant électrique. La reproductibilité de l'ampère est de 1×10^{mn}.

Température Le kelvin (K) est la seule unité de base qui soit «intensive» et non «extensive», c.-à-d. que deux températures ne peuvent être additionnées pour représenter leur somme, caractéristique qui crée certaines difficultés de mesure. L'échelle internationale pratique de température de 1968, qui est toujours en vigueur, dérive de «l'échelle de la température de l'hydrogène» de 1889. À la température ambiante, les mesures sont précises à 0,0002 K près. Les équivalences avec les degrés Celsius sont les suivantes: 273,15 K = O °C et 373,15 K = 100 °C.

Quantité de matière La mole (mol) est la quantité qui sert à relier les unités macroscopiques du SI aux mesures utilisées en chimie et en physique atomique. Une convention de 1902 utilisant pour norme l'oxygène 16 est remplacée en 1960-1961 par une autre utilisant le carbone 12. Cette nouvelle norme est incorporée au SI en 1971. La mole est la quantité de matière qui contient autant de particules élémentaires (atomes, molécules, ions, etc. selon le cas à l'étude) qu'il y a d'atomes dans 0,012 kg de carbone 12. Dans certaines circonstances, il est possible de déterminer des masses atomiques relatives à 1×7^{mn} près. La valeur absolue de la mole est connue environ à 1×6^{mn} près.

Intensité lumineuse La candela (cd) est l'une des «bougies étalon» déjà en usage avant 1800. C'est en 1946 qu'est définie pour la première fois la candela (alors appelée «bougie nouvelle») comme la température de congélation du platine. La définition actuelle est l'intensité radiante monochromatique ($f = 540 \times 10^{12}$ Hz) de 1/683 watt par stéradian. La reproductibilité de l'unité est de 3 par mille.

Angle plan Le radian (rad) est l'angle plan compris entre deux rayons qui, sur la circonférence d'un cercle, interceptent un arc de longueur égale à celle du rayon. Ainsi, un cercle plein (360 degrés) est un angle de 2 Pi rad. La précision de l'unité atteint $5 \times -7n$ rad. ou 0,1 seconde d'arc.

Angle solide Le stéradian (sr) est l'angle solide qui, ayant son sommet au centre d'une sphère, découpe sur la surface de cette sphère une aire égale à celle d'un carré de côté égal au rayon de la sphère. Ainsi, l'angle solide d'une sphère entière est de 4 sr.

Le SI est essentiellement un système décimal, c.-à-d. un système dont les unités sont liées par des facteurs de 10, exprimés sous forme de préfixes attachés au nom de l'unité. Cependant, plusieurs grandeurs dérivées des unités de base et qui pourraient être exprimées en fonction de ces unités sont plutôt désignées par des noms et des symboles distincts. Le SI comprend aussi des unités d'autres systèmes qui sont largement utilisées partout dans le monde: c'est le cas de l'heure, du nœud et du mille marin. D'autres unités, comme l'hectare, la tonne et le litre, ne sont pas des unités SI, mais elles sont utilisées conjointement avec le SI pour des raisons pratiques.

(*Voir aussi* PRÉFIXES DU SI; MESURES DE LA NOUVELLE-FRANCE)
H. Preston-Thomas

Point Amour, phare de Construit en 1858 afin de guider les navigateurs à travers les eaux dangereuses du détroit de Belle Isle, situé entre le LABRADOR et TERRE-NEUVE. Désigné LIEU HISTORIQUE provincial en 1994, le phare et la résidence du gardien du phare sont ouverts au public de la mi-juin à la fin de septembre. Par le biais d'expositions, les visiteurs peuvent connaître l'histoire du détroit de Belle Isle, se familiariser avec la technologie propre aux phares et avoir un aperçu de ce qu'était la vie des familles chargées de garder le phare. Point Amour, qui mesure 33 m de haut, est le deuxième plus haut phare au Canada. De son sommet, les visiteurs bénéficient d'une vue panoramique de la côte du Labrador.
Deborah Welch et M. Payne

Pointe-au-Père, ville du Qc; pop. 4145 (rec. 1996), 4001 (rec. 1991); superf. 17,84 km²; const. en 1989; située à 300 km en aval de Québec, dans la région du Bas-Saint-Laurent. La municipalité, qui s'étend sur 7 km le long de la rive sud du fleuve, a des allures maritimes.

En 1663, le père jésuite Henri Nouvel débarque sur la rive sud du Saint-Laurent et y célèbre la première messe. En 1696, ce territoire forme la seigneurie de Lessard, qui est concédée à Pierre Lessard et Barbe Fortin, son épouse. En 1882, on y fonde la paroisse de Pointe-au-Père, qui devient, en 1989, la municipalité de Pointe-au-Père.

De 1859 à 1960, on y trouve une des plus importantes stations d'aide à la navigation au Canada, la station de pilotage du Saint-Laurent, qui comprend quelques bâtiments annexes et le phare de Pointe-au-Père, un des plus hauts au Canada, au sommet d'un escalier de 128 marches.

Le 29 mai 1914, le paquebot EMPRESS OF IRELAND coule à 11 km au large de Pointe-au-Père, faisant 1012 victimes. Il s'agit du pire naufrage de l'histoire du Canada. Le Musée de la mer de Pointe-au-Père rappelle cette catastrophe maritime.

Situation actuelle La population n'augmente d'abord que très lentement. En 1971, le village comptait moins de 1000 habitants mais, depuis lors, sa population a quadruplé. Cet essor démographique est attribuable à l'arrivée de jeunes ménages en quête d'un cadre urbain dans un milieu naturel. La construction résidentielle et commerciale a pris beaucoup d'ampleur pour satisfaire la demande.

L'emplacement stratégique de Pointe-au-Père favorise le développement et l'implantation de nouvelles entreprises. Celles-ci bénéficient de la proximité de l'aéroport et du port, situés à Rimouski-Est. En outre, on y trouve la station aquicole de l'Institut national de recherche scientifique, où s'effectuent des recherches sur l'eau de mer.

Pointe-Pelée, parc national de la Créé en 1918, il se situe à l'extrémité de la Pointe-Pelée, longue péninsule qui fait saillie dans le LAC ÉRIÉ, à la limite la plus au sud du territoire continental canadien. Le climat de cette péninsule, sise à la même latitude que Rome et le nord de la Californie, est plus clément que celui du reste du Canada, ce qui favorise la présence d'animaux typiques des régions méridionales. Le parc repose sur un dépôt de sable qui, en certains endroits, atteint 70 m d'épaisseur. Celui-ci a été laissé par la fonte des glaces sur une crête rocheuse calcaire submergée. Avec les siècles, un sol mince, mais riche, s'est formé. Il y pousse une forêt luxuriante à feuilles caduques, composée d'espèces exotiques, telles que le caryer à noix douces, le sassafras officinal et le micocoulier, derniers vestiges de la forêt carolinienne au Canada. Une passerelle de bois donne accès aux marais qui couvrent presque tout le parc. REPTILES et AMPHIBIENS y abondent et plusieurs espèces rares ailleurs au Canada, dont la couleuvre fauve et la tortue ponctuée, y prolifèrent. Le parc abrite aussi le scinque pentaligne, le seul lézard de l'Est canadien.

Pointe-Pelée, située au croisement de deux importants corridors de MIGRATION, est surtout réputé meilleur endroit au Canada pour l'OBSERVATION DES OISEAUX. On peut observer plus de 100 espèces le même jour. Par ailleurs, on a répertorié plus de 300 espèces dans le parc. La pointe doit son nom à des explorateurs français qui l'ont nommée Pointe-Pelée pour souligner son manque de végétation. Les pressions exercées par les naturalistes et les chasseurs de canards mènent à la création du parc en 1918, bien qu'il compte de nombreux chalets et même, en 1939, deux hôtels. Aujourd'hui, seuls deux chalets subsistent, mais la présence des visiteurs menace de détruire la fragile végétation qui empêche la pointe de tomber à l'eau. Le parc national de la Pointe-Pelée se prête aux activités de jour, comme la randonnée pédestre, la natation et l'observation des oiseaux.
Lillian Stewart

Poirier (du genre *Pyrus*) Nom commun de plus de 20 espèces d'arbres fruitiers et d'ornement de la famille des ROSACÉES, de souches européennes et asiatiques. Le poirier européen (*P. communis*), qui produit un FRUIT butyreux, juteux et aromatique, est grandement cultivé. Au Canada, la production commerciale de poires n'a lieu que dans les régions au climat hivernal doux, soit la VALLÉE DE L'OKANAGAN en Colombie-Britannique, le sud de l'Ontario et la Nouvelle-Écosse. Dans d'autres régions, on trouve des hybrides du poirier de Mandchourie (*P. ussuriensis*) et du poirier européen dans les jardins privés. La reproduction asexuée des variétés de poires est effectuée grâce à une greffe insérée dans un porte-greffe obtenu par semis. La Bartlett, variété la plus importante, est vendue fraîche. On la trouve également en conserve et dans la nourriture pour bébés. Les variétés Anjou et Bosc sont vendues fraîches seulement. L'Anjou est offerte toute l'année grâce à des méthodes d'entreposage sous atmosphère contrôlée. La Kieffer occupait auparavant une place très importante dans le domaine des conserves, mais a récemment connu une baisse. Le feu bactérien cause des dommages considérables dans les régions chaudes et humides de l'Ontario. Le psylle du poirier est un insecte suceur qui produit du miellat. Un champignon noir (fumagine) se développe sur le miellat, ce qui altère l'apparence du fruit. En 1985, 28 217 t de poires ont été produites, pour une valeur à la ferme de 11,8 millions de dollars. En 1986, la production totalisait 24 896 t.

H.A. Quamme

Poirier, Anne Claire, réalisatrice (Saint-Hyacinthe, Qc, 6 juin 1932). Après quelques années de travail à la Société Radio-Canada en tant que comédienne, animatrice et scripte, elle entre à l'OFFICE NATIONAL DU FILM (ONF) en 1960, comme assistante à la réalisation et au montage. Elle passe ensuite à la réalisation, fonction essentiellement réservée aux hommes. Après trois courts métrages, elle tourne son premier long métrage, *De mère en fille* (1967), qui aborde la question de la grossesse telle qu'elle est vécue et ressentie par les femmes. En 1973, dans le cadre du programme Société nouvelle, elle produit la série *En tant que femmes*, qui offre pour la première fois et de façon organisée, l'occasion aux réalisatrices québécoises de s'exprimer. Elle y réalise deux films: *Les Filles du roy* (1974) et *Le Temps de l'avant* (1975). Ce dernier pose avec justesse et à-propos la question de l'avortement. La série terminée, elle demeure productrice mais effectue un retour fracassant à la réalisation avec *Mourir à tue-tête* (1979), une réflexion provocante et stimulante sur le viol. Son film suivant, *La Quarantaine* (1982) traite de l'importance de cet âge dans la vie d'une personne. En 1988, elle tourne *Salut Victor!*, un téléfilm sur la vieillesse, la solitude et l'homosexualité, adapté d'un texte de l'écrivain canadien Edward O. Phillips. L'année suivante, pour le 50e anniversaire de l'ONF, on lui confie la réalisation d'un film de montage sur la présence et la situation des femmes dans les productions de l'ONF. Avec son dernier film, *Tu as crié Let Me Go* (1997), elle retrouve le documentaire ainsi que la puissance de *Mourir à tue-tête*. Il s'agit d'une histoire bouleversante écrite avec l'aide de Marie-Claire BLAIS: celle de l'assassinat de sa propre fille et de l'univers de la drogue dans lequel elle était tombée. Pionnière du cinéma féminin et féministe au Canada, Poirier a obtenu du gouvernement du Québec le prix Albert-Tessier en 1988. Elle a occupé la présidence de la CINÉMATHÈQUE QUÉBÉCOISE de 1991 à 1993.

Pierre Véronneau

Pois des champs (*Pisum arvense*) Plante rustique annuelle qui appartient à la famille des Légumineuses. Une des CULTURES les plus anciennes, il est originaire de l'Inde, s'est implanté en Europe pendant la préhistoire et est introduit dans le Nouveau Monde au XVIIe s. Plante grimpante, le pois des champs est de type nain, moyen ou à rames. Certains cultivars (variétés cultivées) disposent de tiges ramifiées. Les types feuillus présentent des feuilles alternes comportant de une à trois paires de folioles aboutissant à une ou plusieurs vrilles. On trouve aussi des types semi-aphylles et aphylles. Solitaires ou en deux ou trois grappes, les fleurs pourpres rougeâtres sont portées dans l'aisselle des feuilles. La gousse cylindrique varie en longueur (de 2,5 à 12,5 cm), est jaune-vert ou verte et contient de 2 à 10 graines. Le pois des champs se plante à une profondeur de 5 à 8 cm, en rangées séparées de 30 à 60 cm, à une densité de semis de 130 à 200 kg/ha, selon la grosseur des graines. Il lui faut de 90 à 160 jours pour parvenir à maturité et de 40 à 100 cm de pluie pendant la saison de croissance. Le pois des champs est cultivé dans les zones tempérées du monde entier. Toutefois, sa vulnérabilité aux MALADIES DES PLANTES pourrait en limiter l'expansion ultérieure comme plante de grande culture. Le pois des champs est cultivé pour ses graines protéagineuses, utilisées dans les soupes, le pois cajan, l'alimentation du bétail et la farine. En 1986, le Canada a produit environ 50 214 t de pois des champs, d'une valeur de 17 691 000 $.

P. McVetty

Pois vert (*Pisum sativum*) LÉGUME annuel de la famille des Légumineuses. Les différentes espèces sont originaires d'Asie centrale et occidentale, où l'on trouve toujours des espèces sauvages que l'on peut croiser avec différentes variétés cultivées. Au Canada, les pois des champs (sucrés ou potagers) sont utilisés pour la mise en conserve ou la congélation. Les pois mange-tout (ou orientaux) sont cultivés pour leur cosse qui, lorsqu'ils sont cueillis tôt, est tendre et sans fibre. Cette variété, cependant, est moins commercialisée. Certains cultivars (variétés commerciales) sont de type à rame et poussent sur des treillis; d'autres sont de type nain et servent surtout à l'industrie de la conserverie. Les pois verts poussent mieux par temps frais. Une température de 5 à 10 °C est idéale pour la germination des graines, et la croissance de la plante est optimale entre 15 et 20 °C. Le sucre contenu dans les graines est rapidement converti en amidon lorsque les températures sont trop élevées. Les pois sucrés sont récoltés au moyen de machines agricoles qui coupent, écossent et trient les graines. L'industrie de la conserverie requiert des pois petits et tendres. Des tendéromètres (instrument mesurant la tendreté des graines) servent à déterminer le temps propice pour la récolte. Des pois plus gros peuvent convenir pour la congélation.

Roger Bédard

Poisson Fait partie d'un grand groupe hétérogène de VERTÉBRÉS qui vivent dans des habitats aquatiques très variés. Les espèces de poissons sont un peu plus nombreuses que toutes les autres espèces de Vertébrés réunies. Ce groupe inclut les poissons sans mâchoires (agnathes), tels que les MYXINES et les LAMPROIES, et les poissons à mâchoires (gathostomes). Les espèces vivantes de poissons à mâchoires présentent soit un squelette cartilagineux (chondrichtyens), comme les REQUINS et les RAIES, ou un squelette caractérisé par des pièces osseuses au moins au niveau des rayons de nageoires (actinoptérygiens) comme les SAUMONS, les PERCHES et les POISSONS PLATS.

Certains ichtyologistes (les zoologistes qui étudient les poissons) utilisent le terme «poisson» dans un sens plus restreint que dans le présent article. Certains n'y incluent que les formes avec des mâchoires. Pour notre part, nous définissons le terme «poisson» de la façon suivante: vertébré poïkilotherme (dont la température corporelle interne est semblable à celle de son environnement) qui possède des branchies à toutes les étapes de sa vie et dont les membres, s'il en a, sont des nageoires. La majorité porte des écailles et des nageoires paires. Toutefois, il y a des exceptions: de nombreux groupes non apparentés n'ont ni écailles (p. ex., les lamproies et les POISSONS-CHATS) ni nageoires paires ou bien elles en portent un seul ensemble (p. ex., les lamproies, les ANGUILLES et les lançons).

Écailles Les requins et les raies ont des écailles placoïdes semblables à de petites dents. La plupart des espèces de poissons osseux à écailles ont des écailles cycloïdes (à bordure lisse) ou cténoïdes (à bordure munie de spicules). Chez les téléostéens, le groupe de poissons osseux le plus grand et le plus récent sur l'échelle temporelle évolutive (on les considère comme étant une forme plus avancée ou modifiée par opposition à une forme ancestrale), on trouve les deux types de vraies écailles: les cycloïdes, qui caractérisent les téléostéens assez primitifs (p. ex., les saumons et les FRETINS); et les cténoïdes, qui caractérisent les téléostéens évolués (p. ex., les perches et les crapets).

Les poissons à écailles cycloïdes ont généralement les nageoires pelviennes au milieu du corps et n'ont pas d'épines dans les nageoires, tandis que ceux à écailles cténoïdes ont les nageoires pelviennes sous les pectorales et sont pourvus d'épines sur certaines de leurs nageoires. Bien que les écailles soient souvent utilisées pour déterminer l'âge des poissons, elles ne sont pas toujours une méthode sûre. Certains os de la tête ou des nageoires permettent une lecture plus précise.

Flottabilité et respiration La majorité des poissons osseux sont pourvus d'une vessie natatoire, ou vessie gazeuse, qui les aide à avoir une flottabilité neutre. De nombreuses espèces ne possèdent pas cette vessie, ce qui leur permet de rester au fond, même dans des cours d'eau assez rapides, en dépensant le moins d'énergie possible. Certaines espèces comme le naseux de rapides peuvent faire varier le volume de leur vessie pendant de courtes périodes, l'augmentant dans un lac et le diminuant dans un cours d'eau.

Même si quelques espèces ont des poumons ou d'autres organes respiratoires, elles sont toutes munies de branchies. Au Canada, les poissons respirent presque uniquement dans l'eau, mais ailleurs dans le monde, certaines espèces respirent dans l'air et peuvent même faire de courtes incursions sur la terre ferme.

Formes et couleurs Les poissons exhibent une grande diversité de formes, de tailles et de couleurs. Certains sont allongés comme une corde, d'autres sont globulaires. Ils peuvent aussi ressembler à une roche bosselée, à une feuille ou à un serpent. La plupart ont un corps fuselé, comme celui des TRUITES.

Leur taille varie de 15 m chez le requin baleine à 8 mm chez le minuscule goujon. Les plus petites espèces canadiennes mesurent environ 10 cm (p. ex., quelques espèces de menés, de dards et de poissons de la famille des CHABOTS); quelques-unes, dont l'ESTURGEON noir et le THON rouge, font plus de 3 m de longueur et plusieurs, comme l'esturgeon blanc, le renard marin, le requin pèlerin et le requin blanc, peuvent même dépasser 5 m de long.

Les poissons affichent une large gamme de couleurs. Dans les tropiques, plusieurs espèces dulcicoles et marines sont très colorées, mais celles du Canada et d'autres régions nordiques sont généralement de couleur terne. Il existe cependant quelques exceptions, et les mâles de plusieurs espèces exhibent quelquefois des couleurs éclatantes pendant le frai. C'est le cas entre autres de l'OMBLE chevalier, du saumon rouge, du ventre rouge du nord, du catostome noir (*voir* CATOSTOMIDÉS) et de quelques espèces de dards. Les populations d'une même espèce ont des couleurs plus variables dans les eaux nordiques que dans les eaux tropicales. Les variations très marquées de couleur de la truite arc-en-ciel et du grand BROCHET convainquent certains pêcheurs sportifs qu'il existe autant d'espèces que de localités où les trouver.

Régime alimentaire Les poissons se nourrissent d'une grande variété d'aliments. Les espèces nordiques ont une alimentation plus diversifiée que celle des espèces tropicales et ont tendance à manger la nourriture disponible. La majorité sont carnivores. Certaines sont herbivores et mangent habituellement des ALGUES. Ces dernières ont souvent de plus longs intestins. Un grand nombre sont essentiellement des poissons de fond (p. ex., les esturgeons et les meuniers), d'autres se nourrissent de PLANCTON en milieu pélagique (p. ex., les HARENGS, les ciscos). Les poissons piscivores (p. ex., le grand brochet) se nourrissent principalement d'autres poissons. Les insectes et les crustacés constituent la plus grande partie du régime alimentaire des espèces dulcicoles non piscivores canadiennes. La lamproie est le seul poisson parasite proprement dit des eaux nordiques, quoique les adultes de plusieurs espèces se nourrissent du sang d'autres poissons.

Reproduction Les habitudes reproductrices des poissons sont aussi très diversifiées. Les chondrichthyens ont une fertilisation interne, tandis que la plupart des actinoptérygiens ont une fertilisation externe. Au Canada, la majorité des actinoptérygiens se reproduisent à une saison déterminée. Les œufs pondus en eau douce l'automne éclosent généralement au printemps, et ceux pondus l'été éclosent quelques jours ou quelques semaines plus tard. Certaines espèces, comme les ÉPINOCHES et les crapets, construisent des nids dans lesquels ils déposent les œufs qu'ils surveillent parfois.

Les harengs et les MORUES abandonnent leurs œufs après le frai. Les individus de la majorité des espèces peuvent se reproduire pendant plusieurs années, mais les lamproies et les SAUMONS DU PACIFIQUE fraient une seule fois et meurent. De nombreuses espèces migrent sur de longues distances afin d'atteindre leurs aires de reproduction. Le saumon quinnat effectue l'une des plus longues migrations et remonte le fleuve Yukon sur environ 2800 km sans se nourrir.

Habitat En eau douce comme en eau salée, plusieurs espèces peuvent être considérées comme des poissons de fond c.-à-d. benthiques (p. ex., les poissons de fond des PÊCHES commerciales) ou des poissons d'eau libre (pélagiques). On trouve les poissons des zones littorales près des côtes et, en milieu océanique, on les observe parfois dans les mares intertidales. Dans l'Arctique, que ce soit dans l'océan ou dans les lacs, les poissons peuvent passer la plus grande partie de leur vie sous la glace. Les eaux y sont très froides avec des températures qui descendent sous -1 °C.

Parmi les habitats diversifiés des poissons dits d'eau douce, on compte des sources thermales, des torrents froids de montagnes, des lacs profonds et même des eaux salées. Dans le bassin hydrographique des sources d'eau chaude de Cave et Basin, près de Banff en Alberta, on trouve une variété de naseux de rapides (qui vit normalement dans les lacs et les cours d'eau froids) dans des eaux à 26 °C à proximité de poissons d'aquarium tropicaux introduits (p. ex., le molly noir et le gambusie qui vivent à des températures pouvant atteindre 30 °C et donnent naissance à des petits entièrement formés). Dans le PARC NATIONAL WOOD BUFFALO, les poissons vivent dans des lacs à dolines, formés par l'affaissement de la surface dû à la dissolution de la roche. Il arrive que les poissons se déplacent vers les petits étangs par des chenaux souterrains.

Évolution Les poissons ont probablement évolué à partir de descendants des ÉCHINODERMES, et ils sont à leur tour à l'origine de l'apparition des AMPHIBIENS. Leur origine remonte à environ 500 millions d'années. Au Canada, il existe une grande quantité de FOSSILES de poissons incluant des agnathes, des chondrichthyens et des actinoptérygiens. Les placodermes et les acanthodiens sont deux autres grands groupes connus seulement par leurs fossiles.

Le Canada a une faune vivante diversifiée qui inclut des représentants de toutes les classes. Cette faune compte un grand nombre d'individus, mais pas un grand nombre d'espèces, particulièrement si on tient compte des nombreux lacs et rivières d'eau douce ainsi que des longues côtes. On reconnaît environ 25 000 espèces vivantes de poissons appartenant à environ 450 familles dans le monde. Presque 40 p. 100 des espèces vivent en eau douce. D. E. McAllister, du MUSÉE CANADIEN DE LA NATURE à Ottawa, calcule qu'au Canada il y a environ 1100 espèces de poissons indigènes appartenant à 190 familles.

De ce nombre, environ 890 sont exclusivement marines (océans Pacifique, Arctique et Atlantique). Plusieurs espèces sont diadromes, c.-à-d. qu'elles passent une partie de leur vie en eau salée et une par-

tie en eau douce. Parmi celles-ci, certaines sont anadromes (le saumon du Pacifique et plusieurs espèces de lamproies) et fraient en eau douce, tandis que l'anguille d'Amérique de la côte atlantique est catadrome et se reproduit dans l'océan.

Les espèces indigènes d'eau douce (environ 180) vivent dans les bassins hydrographiques des océans Pacifique, Arctique et Atlantique, de la baie d'Hudson et du golfe du Mexique. C'est dans les Grands Lacs et dans le sud de l'Ontario que l'on rencontre le plus grand nombre d'espèces. Le Yukon, les Territoires du Nord-Ouest, le Nunavut, l'Alberta et la Saskatchewan comptent relativement peu d'espèces si l'on considère l'étendue de leur territoire et de leurs eaux.

Les périodes glaciaires influencent profondément la faune ichtyologique canadienne, et les différences dans le nombre d'espèces d'un bout à l'autre du Canada peuvent s'expliquer par les glaciations. Jusqu'à il y a environ 18 000 ans, la plus grande partie du Canada est recouverte de glace. Des poissons venus de régions libres de glace (refuges) se redistribuent ensuite, et la majorité des espèces dulcicoles actuelles du Canada provient du refuge du Mississippi-Missouri. La plupart des espèces de la Colombie-Britannique proviennent du refuge du fleuve Columbia. Les refuges du fleuve Yukon et de la côte atlantique jouent un rôle important dans d'autres régions du Canada. Lors de la fonte des glaciers, des espèces peuvent se déplacer d'un bassin hydrographique à l'autre, p. ex. du fleuve Columbia au fleuve Fraser. Seuls les poissons qui ont une certaine tolérance à l'eau salée peuvent atteindre le large des côtes (Terre-Neuve, île de Vancouver et îles de la Reine-Charlotte).

Chaque année dans le monde, on décrit plus de nouvelles espèces de poissons que de tout autre groupe de Vertébrés. Il est peu probable que l'on découvre de nombreuses espèces inconnues des scientifiques dans les eaux canadiennes, mais on pourrait encore apprendre que certaines étendent leur répartition. Quelques espèces semblent n'habiter que les eaux canadiennes. On a décrit une autre espèce de CORÉGONE (*Coregonus huntsmani*, auparavant appelé *Coregonus canadensis*) qui habite exclusivement une partie de la Nouvelle-Écosse, mais sa survie est peut-être menacée par les PLUIES ACIDES.

Même si des biologistes d'organismes gouvernementaux provincial et fédéral, d'universités et d'entreprises d'experts-conseils étudient les poissons, nos connaissances sur ces animaux sont encore limitées, particulièrement celles portant sur l'histoire naturelle de plusieurs espèces commerciales importantes (p. ex., on sait très peu sur les habitats des larves de harengs et de grands corégones). Des pêches expérimentales révèlent régulièrement la présence d'une espèce là où elle n'a jamais été observée auparavant que ce soit au niveau d'une province ou même du Canada. Ces constatations sont particulièrement fréquentes sur la côte du Pacifique. Les pêcheurs qui ont un bon sens de l'observation et qui s'intéressent à l'identification de leurs prises peuvent apporter des informations précieuses sur la répartition de ces animaux. (*Voir aussi* SAUMON DE L'ATLANTIQUE; BAR; CHIMÈRE; LÉPISOSTÉ; OMBRE; MAQUEREAU; ÉPERLAN; PÊCHE SPORTIVE.)

Joseph S. Nelson

Poisson-chat POISSON de petite ou de grande taille, principalement dulçaquicole, de l'ordre des siluriformes (environ 2000 espèces dans le monde). Dans le sud du Canada, on retrouve sept espèces des genres *Ameiurus*, *Ictalurus*, *Noturus* et *Pylodictis* qui font partie de la famille nord-américaine des ictaluridés (environ 25 espèces). Il s'agit des barbottes, des barbues et des chats-fous.

Description Les poissons-chats se caractérisent par un corps sans écaille, plusieurs paires de barbillons (appendices de chair allongés près de la

bouche), une nageoire dorsale adipeuse devant la queue et des épines sur les nageoires dorsales et pectorales avec lesquelles ils peuvent infliger de douloureuses blessures. Chez certaines espèces de chats-fous de plus petite taille, les épines ont un sillon et sont munies d'un sac de venin. Les barbillons et la plus grande partie de la peau sont couverts de papilles gustatives qui permettent de repérer la nourriture la nuit, période où le poisson est le plus actif. Les poissons-chats mangent des insectes aquatiques, des mollusques, des crustacés, des végétaux et d'autres poissons.

Reproduction Les ictaluridés jouent leur rôle de parents: ils creusent un nid et s'occupent des œufs et des petits. Le couple reproducteur exécute une étreinte tête-à-queue avant la ponte des œufs.

Pêche La plupart des espèces de poissons-chats ne sont pas exploitées par les humains, mais la barbotte brune et la barbue de rivière sont pêchées sportivement et commercialement au Canada. Aux États-Unis, la barbue de rivière fait l'objet d'une industrie importante d'aquaculture.

Brian W. Coad

Poisson plat Nom donné à des espèces de poissons de fond principalement marines de l'ordre des pleuronectiformes (heterosomata) et de la classe des actinoptérygiens. Parmi ce groupe, on trouve certaines des espèces de poissons comestibles les plus précieuses comme le flétan, la plie, la limande, le turbot et la sole.

Répartition et habitat Les eaux du plateau continental des océans du monde abritent environ 570 espèces de poissons plats appartenant à 11 familles, mais certaines vivent dans les mers profondes et quelques-unes remontent dans les cours d'eau. La plupart se trouvent dans les eaux tempérées et tropicales, mais certaines fréquentent les eaux arctiques. Au Canada, 48 espèces appartenant à trois familles se rencontrent dans les eaux côtières. Avec ses 29 espèces, la famille des pleuronectidés, qui inclut les poissons dont les yeux sont du côté droit (entre autres les flétans du genre *Hippoglossus*, les limandes et les plies du genre *Hippoglossoides* ainsi que le flet européen introduit dans les Grands Lacs), est la plus représentée dans les eaux canadiennes. Les deux autres familles sont les bothidés (les espèces dont les yeux sont du côté gauche comme le turbot de sable, 17 espèces) et les cynoglossidés (la sole à grandes écailles et la sole tachetée).

Description La perte de la symétrie bilatérale distingue les poissons plats de tous les autres poissons. Après l'éclosion, les jeunes nagent à l'endroit et sont symétriques, mais quelques jours plus tard, un œil commence à migrer d'un côté à l'autre du crâne et finalement les deux yeux se trouvent du même côté. La nageoire dorsale se prolonge sur la tête, et les mâchoires, les nageoires pectorales ainsi que l'anatomie subissent aussi des changements. Finalement, le jeune poisson migre vers le fond où il vit tourné sur le côté, les yeux vers le haut. Selon l'espèce, l'œil gauche ou le droit se déplace. Les espèces qui portent les deux yeux du côté droit sont dites dextres et celles qui les portent du côté gauche sont dites sénestres. Le côté qui porte les yeux est coloré et l'autre est généralement blanc. Certaines espèces ont la capacité de changer de couleur pour se confondre avec le fond de l'océan.

La majorité des poissons plats est de petite taille (30 à 38 cm de longueur), mais les flétans atteignent parfois une longueur de 267 cm et un poids de 316 kg. La bouche est habituellement petite, sauf chez les flétans. La majorité des espèces a une mâchoire inférieure qui dépasse la supérieure, mais les véritables soles, que l'on trouve en Europe, ont un museau arrondi qui dépasse la bouche. Les nageoires dorsale et anale sont généralement longues et à rayons mous. Les poissons plats sont carnivores et mangent une variété de poissons, de crustacés et d'invertébrés de fond.

Importance de la pêche On capture ces poissons principalement avec des chaluts à panneaux, des seines danoises ou des palangres, et parfois avec des lignes à pêche. Au Canada, le flétan atlantique (*H. hippoglossus*) et le flétan du Pacifique (*H. stenolepis*) sont les espèces les plus recherchées et leur prix est le plus élevé sur les marchés locaux et étrangers. Les plus petites espèces de poissons de fond, connues sous le nom de plie, de cardeau ou de limande, sont vendues, en filets frais ou congelés, sous le nom de sole.

W.B. Scott

Poissons, classification des Il n'y a pas un unique système de classification des poissons généralement accepté, et, parmi les ichtyologistes, il y a plus de désaccords sur les relations entre les poissons que parmi tout autre groupe de taxinomistes des vertébrés. Cette situation résulte en partie des connaissances assez limitées que nous avons sur les quelque 22 000 espèces vivantes de poissons et sur les nombreux groupes de fossiles; elle résulte aussi du fait qu'il existe différentes méthodes de classification. Elle n'est pas nécessairement due à des divergences de points de vue sur les relations évolutives.

Méthodes Plusieurs ichtyologistes adoptent la méthode cladistique, relativement nouvelle, qui classifie les organismes vivants strictement selon l'ancêtre commun le plus récent, créant un agencement de deux groupes ayant plus de caractéristiques communes entre eux qu'avec les autres groupes. D'autres utilisent une méthode plus conventionnelle, la classification évolutive ou synthétique, qui tient compte du degré présumé de divergence entre les groupes ainsi que de l'histoire de leurs liens évolutifs (phylogénie, la détermination de ces liens étant une autre histoire). Ces différents points de vue peuvent mener à des classifications qui diffèrent considérablement.

Différences entre les méthodes P. ex., dans un système cladistique, les MYXINES seraient probablement placées dans une catégorie différente de celle des LAMPROIES et des autres vertébrés, étant donné que l'on croit que les lamproies, contrairement aux myxines, dérivent d'un embranchement généalogique commun à tous les autres vertébrés. Les taxinomistes qui utilisent la méthode évolutive peuvent exprimer les liens de plusieurs façons, mais ont tendance à placer simplement les myxines et les lamproies dans la catégorie des poissons sans mâchoires, séparées de tous les vertébrés à mâchoires, tout en reconnaissant qu'elles sont d'une parenté très éloignée. Les taxinomistes qui utilisent la classification cladistique peuvent employer des termes d'une façon qui diffère considérablement de l'usage classique c.-à-d. qu'ils peuvent assembler tous les dérivés évolutifs de la classe des actinoptérygiens et envisager ainsi d'y inclure les tétrapodes (notamment les mammifères).

Autres différences Les différences dans les systèmes de classification peuvent aussi résulter du fait que les taxinomistes tendent à regrouper ou à diviser les taxons. Les premiers construisent leur classification avec des catégories contenant plus de groupes que les seconds. Il n'existe pas de règles régissant le nombre de différences nécessaires pour distinguer les différentes catégories. Les taxinomistes, qui tendent à regrouper les taxons, reconnaissent une seule famille pour les saumons, les corégones et les ombres tandis que les autres en reconnaissent deux ou trois.

Joseph S. Nelson

Poitras, Edward, peintre, sculpteur, photographe, artiste de scène (Regina, Sask., 1953). En 1974, il est inscrit au programme d'art autochtone du Saskatchewan Indian Cultural College, à Saskatoon, sous la direction de Sarain Stump. En 1976, il participe au programme d'art du collège Manitou, à La Macaza, au Québec, sous la direction de Domingo Cisneros. Il obtient un certificat de technicien en audiovisuel du Saskatchewan Indian Cultural College. Il fait aussi des études à l'UNIVERSITÉ DU MANITOBA et au Saskatchewan Indian Federated College.

Poitras est reconnu pour la façon dont il exploite les matières organiques pour transmettre des concepts spirituels tout en les alliant aux idées et au vocabulaire formel propres à l'art européen. Ses sculptures-installations fortement conceptuelles se caractérisent par la combinaison d'éléments aussi variés et disparates que la pierre, les ossements vieillis des Prairies, les ouvrages perlés traditionnels et les photographies anciennes, ainsi que les plaques transistorisées, les fils électriques, les rubans audio et les plastiques. La juxtaposition d'éléments en apparence incongrus du passé et du présent donne des œuvres stimulantes tant pour l'œil que pour l'intellect, où se trouvent réunis une manifestation personnelle inspirée et un commentaire sociopolitique cinglant sur les rapports entre les cultures autochtone et européenne.

La place importante qu'occupe Poitras en tant qu'artiste canadien est mise en évidence lorsqu'il est choisi pour représenter le Canada à la Biennale de Venise en 1995. Parmi les autres expositions où l'on a pu voir ses œuvres, citons *Horses Fly Too*, organisée par la Mackenzie Art Gallery à Regina en 1984; *Indian Territory*, organisée par la Mendel Art Gallery à Saskatoon en 1988; la Biennale canadienne d'art contemporain, organisée par le MUSÉE DES BEAUX-ARTS DU CANADA en 1989; et *Indigena*, organisée par le MUSÉE CANADIEN DES CIVILISATIONS en 1992.

Norman Zepp

Poitras, Jane Ash, peintre, graveuse d'art, écrivaine (Fort Chipewyan, Alb., 1951). Elle obtient un B.Sc. de l'U. DE L'ALBERTA en 1977, participe à un programme de gravure et de dessin à Yale en 1982 et obtient un baccalauréat en beaux-arts pour la gravure du Département d'art et de design de l'U. de l'Alberta en 1983. Elle obtient une maîtrise en beaux-arts pour la gravure de la School of Painting and Sculpture de l'U. Columbia en 1985.

Au début, Poitras se consacre à des eaux-fortes qui révèlent sa formation scientifique, mais la confiance et la capacité d'introspection qu'elle acquiert lors de son séjour à Columbia transforment son œuvre. Inspirée par les théories de la couleur de Han Hofmann, Kandinsky et d'autres, elle commence à introduire des références autochtones dans ses peintures fortement expressionnistes. Les œuvres les plus achevées de Poitras combinent une sensibilité aux tendances contemporaines de l'art occidental à une compréhension pénétrante de l'histoire et de la culture autochtones. Ses œuvres récentes contiennent souvent un texte et des images photographiques servant à souligner son profond sentiment d'appartenance à ses racines cries et sa participation active à la culture contemporaine dominante par son art, son écriture et son enseignement.

Les expositions solos de Poitras comprennent *Sweat Lodge Etchings*, organisée par le Musée d'anthropologie de l'UNIVERSITÉ DE LA COLOMBIE-BRITANNIQUE en 1987; *Americas*, au pavillon de l'Andalousie à Expo 1992, à Séville, et *Who Discovered the Americas?* organisée par la Thunder Bay Art Gallery en 1992. Tout en participant à deux grandes expositions du MUSÉE CANADIEN DES CIVILISATIONS, *In the Shadow of the Sun* en 1988 et *Indigena* en 1992, elle expose dans d'importants collectifs à Brooklyn, Los Angeles, Vancouver, Phoenix, Toronto et Montréal.

Norman Zepp

Poitras, Jean-Claude, designer de mode (Montréal, 18 juin 1949). Élevé à Montréal, il obtient un diplôme en dessin de mode de l'École des métiers commerciaux, en 1969, et un second diplôme en graphisme du Studio Salette, en 1971.

Il crée sa première collection au début des années 70 pour le fabricant Arthur Sanft. Le style de sa marque se distingue par un vêtement se rapprochant de la haute couture. En 1990, il s'associe avec le fabricant Irving Samuel et conçoit l'une des principales marques de cette maison. Cette association prend fin en 1995, au moment où la compagnie ferme ses portes.

Au cours de la même année, il reprend les choses en main et lance BOF!, une nouvelle collection de vêtements. BOF! est produit par Fashion Société Design inc., la maison de mode fondée par Jean-Claude Poitras (où il agit à titre de créateur et de vice-président) et Arthur Sanft, maintenant son associé. Les collections de Jean-Claude Poitras sont vendues au Canada et aux États-Unis.

Poitras gagne de nombreux prix de design, dont le Moda del Amo Award (Californie, 1981) et le Fil d'Or (Monte-Carlo, 1989). En 1995, il reçoit l'Ordre du Canada. Il est membre du temple de la renommée du magazine *Style* et est le directeur de la Fondation Mode Matinée ltée depuis 1992.

Alexia Economou

Poivron (*Capsicum annuum*) Plante vivace cultivée comme une plante annuelle, qui appartient à la famille de la MORELLE. Originaires de l'Amérique tropicale, les poivrons se sont largement répandus après la découverte de l'Amérique par Christophe Colomb. Des botanistes affirment maintenant que certaines espèces viennent du sud de l'Asie. Il existe certaines variétés botaniques croisées naturellement et de nombreux cultivars (variétés commerciales). La plupart des plants de poivron sont très branchus, mesurent de 35 à 80 cm et sont pourvus de feuilles lisses et brillantes, de forme oblongue à ovale. Leurs fruits sont dressés ou pendants. Les fruits immatures de toutes les espèces sont verts. Selon les variétés, les fruits matures sont généralement rouges ou jaunes, doux ou forts. La plupart des fruits sont boursouflés, peu importe leur forme, et ont un cœur auquel les graines sont attachées. La production du poivron démarre en serre, soit pendant 8 à 10 semaines. Les plants sont ensuite transplantés à l'extérieur une fois que les risques de gel sont passés. Ils mettent de 55 à 80 jours pour atteindre leur maturité au champ. Dans tout le Canada, les insectes nuisibles communément rencontrés sont le puceron de la pomme de terre, l'altise et, dans le sud-ouest de l'Ontario, la pyrale du maïs, la mouche du piment et le puceron vert du pêcher. Les principales maladies qui attaquent la plante sont la fonte de semis, la tache de la feuille, les virus et la flétrissure verticillienne. Les poivrons, riches en vitamines A et C, sont mangés crus ou cuits. Ils entrent dans la préparation de condiments, de marinades, de sauces, etc. Des variétés ont été créées pour les différentes zones climatiques du Canada. La production commerciale se limite aux régions dont le climat est favorable, comme le sud de l'Ontario et de la Colombie-Britannique. En 1986, la production canadienne totalisait 21 250 t, dont 16 229 t provenaient de l'Ontario.

V.W. Nuttall

Polanyi, John Charles, chimiste, professeur (Berlin, All., 23 janv. 1929). Polanyi descend d'une famille hongroise talentueuse. Son grand-père, Mihaly Pollacsek, était un important constructeur ferroviaire et sa grand-mère a participé activement à la vie intellectuelle de Budapest. Un fils, Karl (1886-1964), a été l'un des critiques influents du capitalisme de marché du siècle. Le père de John, Michael, un chimiste et un philosophe accompli, a été l'un des premiers à étudier les mécanismes des réactions élémentaires.

Pendant la Seconde Guerre mondiale, pour des raisons de sécurité, John est envoyé à Toronto. Il entre à l'U. de Manchester en 1946 et obtient un doctorat en chimie en 1952, à la suite de ses travaux sur la mesure des forces des liaisons chimiques dans les composés soumis à de très hautes températures. La même année, il accepte une bourse de recherche postdoctorale au Conseil national de recherches du Canada (CNRC) à Ottawa, où il travaille avec E.W.R. Steacie et passe quelques mois dans le laboratoire du futur lauréat du prix Nobel, Gerhard Herzberg. À cette époque, Polanyi a déjà orienté ses travaux vers l'étude des mouvements des produits de réaction juste formés et les empreintes révélatrices laissées par les forces ayant participé à la formation de ces produits. Après un séjour de deux ans à Princeton, il revient au Canada en 1956 comme assistant en chimie à l'U. de Toronto, où il reste comme professeur (1962) puis comme professeur distingué (depuis 1974).

En 1958, Polanyi et son étudiant diplômé Kenneth Cashion publient leurs premières découvertes sur la chimiluminescence infrarouge (l'émission de lumière par un atome ou une molécule se trouvant dans un état excité). En introduisant de l'hydrogène atomique nouvellement formé dans un courant de gaz chloré à basse température, ils découvrent que, au lieu de dissiper leur énergie à l'occasion des collisions, les molécules d'acide chlorhydrique nouvellement formées la déchargent en une cascade de photons infrarouges. Au même moment, Arthur Schawlow (un diplômé de l'U. de Toronto) et Charles H. Townes développent le principe du laser, pour lequel ils partagent un prix Nobel en 1964. Polanyi se rend compte rapidement que ses découvertes pourraient avoir d'importantes implications pratiques dans la construction d'un laser «chimique» puissant. En 1964, J.V.V. Kasper et G.C. Pimentel parviennent à construire un tel laser dont le fonctionnement repose sur des réactions chimiques. Depuis lors, ces lasers «vibrationnels» contribuent énormément à l'avancement des sciences, de la médecine et de l'industrie.

Au-delà de leurs bénéfices pratiques considérables, les découvertes de Polanyi apportent un nouveau moyen de scruter la nature profonde des réactions chimiques elles-mêmes. Les contributions scientifiques de Polanyi sont reconnues mondialement en 1986, quand il partage le prix Nobel de chimie avec Dudley Herschenbach et Yuan T. Lee pour le développement d'«un nouveau champ de recherche en chimie [...] dans lequel on mesure l'émission infrarouge extrêmement faible d'une molécule nouvellement formée». Ses travaux récents portent sur l'utilisation de la spectroscopie (la science qui traite de l'analyse du spectre de la lumière) pour élucider ce qu'il appelle la «danse moléculaire» des réactions chimiques, le processus par lequel les produits chimiques changent de partenaires.

L'influence de Polanyi s'étend bien au-delà de ses contributions à la chimie. Il critique verbalement les politiques gouvernementales sans vision qui jettent un regard sceptique sur la valeur de la recherche «pure». Il a participé très activement aux mouvements de paix et de désarmement en tant que président du Groupe canadien Pugwash et comme orateur et auteur prolifique. Il a aussi beaucoup parlé de la nature de la science et de ses relations avec la créativité et les arts. Il a reçu de nombreux honneurs en plus du prix Nobel, dont celui de compagnon de l'Ordre du Canada. Il a aussi reçu le Prix commémoratif Izaak-Walton Killam (1988), la Royal Medal de la Royal Society of London (1989) et 26 doctorats honorifiques d'universités de six pays.

James Marsh

Pôle Nord Point géographique formant l'extrémité nord de l'axe de la Terre, le pôle Nord est situé dans l'océan Arctique à plus de 720 km au nord de l'ÎLE D'ELLESMERE, là où l'océan accuse une profondeur de 4087 m et est habituellement recouvert d'amas de glaces. Il y fait jour durant six mois, suivis de six mois d'obscurité. Partant de ce point, on ne peut se diriger que vers le sud. Comme les rayons du soleil atteignent les régions polaires nord et sud sous un angle très réduit, celles-ci n'absorbent qu'un minimum de chaleur. Sous l'effet de la force centrifuge, la Terre présente un renflement à l'équateur et un léger aplatissement aux pôles. On a cependant pu établir, au cours de l'Année internationale de géophysique (1957-1958), que la planète a un peu la for-

me d'une poire, le pôle Nord étant situé à sa plus petite extrémité. Ce gonflement, d'une quinzaine de mètres de hauteur, s'étend sur des millions de kilomètres carrés autour du pôle.

Le pôle Nord n'est devenu l'objectif principal des EXPLORATIONS DE L'ARCTIQUE que relativement tard. Les premiers explorateurs qui ont cherché à s'y rendre tentaient surtout de découvrir une route polaire vers l'est. En 1827, W.E. PARRY quitte Spitzbergen en direction du pôle et atteint 82° 45′ de latitude N. Des expéditions britannique et américaine sont ensuite conduites au cours des années 1860 et 1870. Il est généralement admis de nos jours que l'explorateur américain Robert E. Peary, parti de l'île d'Ellesmere le 1er mars 1909, a été le premier à atteindre le pôle Nord. Il a franchi la dernière étape accompagné de son conducteur de traîneau à chiens, Matthew Henson, et de quatre Inuits. Ils seraient parvenus au pôle le 6 avril et y seraient demeurés 30 heures. Un ancien compagnon de Peary, F.A. Cook, a contesté cette version, prétendant avoir atteint le pôle le 21 avril 1908 et y être resté deux jours.

La controverse n'a pas cessé, mais le récit de Peary semble davantage digne de foi et a été accepté par le Congrès américain et par des institutions de géographie dans de nombreux pays. En 1926, Richard E. Byrd et Floyd Bennett survolent le pôle en avion pour la première fois et, la même année, l'équipe internationale formée de Roald AMUNDSEN, Lincoln Ellsworth et Umberto Nobile s'y rend par dirigeable. En 1958, le *Nautilus,* sous-marin américain à propulsion nucléaire, atteint aussi le pôle Nord.

Depuis 1907, de nombreux Canadiens ont invoqué le «principe du secteur» pour fonder en droit la souveraineté du Canada sur la région polaire. Selon cette thèse, le Canada aurait juridiction sur un territoire en forme de coin situé entre le 60e degré de longitude Ouest (au nord d'un point situé près de l'île d'Ellesmere) et le 141e méridien à l'ouest de Greenwich (frontière entre l'Alaska et le territoire du Yukon). Comme tous les méridiens de l'hémisphère Nord, ceux-ci se rejoignent au pôle Nord. La théorie n'est cependant pas reconnue partout comme fondement d'une prétention à la souveraineté. Le pôle Nord est aussi l'habitat du mythique père Noël. À titre de service public, la Société canadienne des Postes et ses employés assurent la liaison postale à l'adresse du père Noël: Pôle Nord, Canada, H0H 0H0. (*Voir aussi* PÔLES MAGNÉTIQUES.)

Hugh N. Wallace

Pôles magnétiques Puisqu'elle se comporte comme une sphère magnétique, la Terre possède deux pôles magnétiques. Ils sont situés tout près des pôles géographiques, où passe l'axe de rotation de la Terre.

Les pôles magnétiques Nord et Sud sont l'endroit où les champs magnétiques de la planète pointent vers le bas (au pôle Nord magnétique) ou vers le haut (au pôle Sud magnétique). Les boussoles conventionnelles, qui se déplacent horizontalement, ne peuvent pas être utilisées près des pôles magnétiques. Toutefois, une aiguille magnétisée qui se déplace verticalement, pointe directement vers le bas au pôle Nord magnétique et vers le haut au pôle Sud magnétique. C'est pour cette raison qu'on appelle les pôles magnétiques des «pôles d'inclinaison».

Pôles géomagnétiques Les géophysiciens utilisent aussi le terme pôle géomagnétique. Leur location est déterminée selon une analyse mathématique de l'ensemble des champs magnétiques terrestres en supposant que les pôles magnétiques agissent exactement comme une barre aimantée. Le pôle Nord géomagnétique est actuellement situé dans le BASSIN KANE entre l'île d'Ellesmere et le Groenland. Le pôle Sud géomagnétique est situé dans l'Antarctique. L'emplacement des pôles géomagnétiques est théorique et ne peut donc pas être détecté avec une boussole ou aucun autre instrument au sol. Vu de l'espace, les pôles géomagnétiques de la Terre marquent le centre d'une région en forme d'ovale où les

AURORES BORÉALES se produisent le plus souvent.

Une montagne de fer La nature des pôles magnétiques intéresse les explorateurs et les géographes depuis des siècles puisque leur situation géographique affecte la précision de la navigation au compas. Les premiers marins arabes croyaient que les aiguilles des boussoles étaient attirées par une montagne de fer située au PÔLE NORD. Avec la venue du sextant qui utilise les étoiles pour déterminer la position, les navigateurs ont découvert la différence qui existe entre le Nord géographique (le vrai) et le Nord magnétique. Gerardus Mercator, cartographe flamand, a tenté d'expliquer cette variation de l'angle, appelée déclinaison magnétique en plaçant deux pôles Nord magnétiques, à 500 km l'un de l'autre, sur sa carte de l'Arctique publiée en 1569.

En 1600, William Gilbert, médecin personnel de la reine Élizabeth I, propose l'idée révolutionnaire selon laquelle la Terre serait un énorme aimant avec un pôle Nord et un pôle Sud magnétiques. Il avait raison de croire que l'aiguille d'une boussole réagit aux forces des profondeurs de la Terre, bien qu'il soit maintenant connu que le magnétisme de la Terre est loin d'être statique. Les scientifiques croient maintenant que le champ magnétique terrestre est causé par un courant en fusion de minéraux riches en fer qui circulent dans la partie externe du noyau de la Terre. Ainsi la Terre agit davantage comme un électroaimant imprévisible qu'une simple barre aimantée comme le pensait Gilbert.

Toujours en mouvement Une caractéristique fascinante des pôles est qu'ils sont toujours en mouvement. Dans le cas des pôles magnétiques, on détermine seulement une position moyenne. Le plus récent relevé officiel établi en 1994 par la COMMISSION GÉOLOGIQUE DU CANADA (CGC) a placé le pôle Nord magnétique dans l'ÎLE ELLEF RINGNES à une latitude de 78,3° N. et une longitude de 104° O. Cela place le pôle Nord magnétique à 1300 km au sud du pôle Nord géographique, qui lui est situé au milieu de l'océan Arctique.

Alors qu'ils cherchent le pôle Nord magnétique, les scientifiques découvrent deux types de mouvement. En plus du déplacement vers le nord à une vitesse d'environ 15 km par année, le pôle se déplace aussi quotidiennement selon une ellipse. On pense que le mouvement vers le nord est causé par les courants de convections, très irréguliers, de roche en fusion à l'intérieur de la Terre. La rotation quotidienne du pôle magnétique est causée par les particules chargées du Soleil qui bombardent la Terre et affectent son champ magnétique. À l'aide d'un Twin Otter, l'expédition du CGC de 1994, dirigée par Larry Newitt, réussit à mesurer le pôle magnétique plusieurs fois dans la même journée. À partir de leurs observations, l'expédition estime que le pôle magnétique peut se déplacer de 80 km en 24 heures.

Les autres pôles de la Terre bougent aussi, mais leur déplacement est lent et prévisible. Les pôles géomagnétiques dérivent à une vitesse de 4 km par année. Même les pôles géographiques se déplacent, dans un rayon de 60 m, selon un modèle cyclique parce que la Terre oscille sur son axe de rotation.

Atteindre le pôle Au XIXe s., la communauté internationale scientifique part à la recherche du pôle Nord magnétique. SIR JAMES ROSS de la British Royal Navy sera la première personne à le découvrir. Le 1er juin 1831, après un voyage en traîneau de 200 km, il atteint le point où son aiguille aimantée, suspendue à l'horizontale par un fil de soie, pointe à 89° 59′. Il construit un cairn pour indiquer l'endroit situé sur la côte ouest de la PRESQU'ÎLE DE BOOTHIA.

Le CGC refait le relevé de la position moyenne du pôle nord magnétique presque chaque décennie pour que les valeurs de la déclinaison magnétique soient mises à jour sur les cartes topographiques et aéronautiques. Le pôle magnétique continue d'attirer les aventuriers de partout dans le monde, qui tentent de s'y rendre à pied, à ski ou à motoneige à partir de RESOLUTE BAY dans les Territoires du Nord-Ouest.

Le Nord devient le Sud Il reste encore un mystère à éclaircir: à peu près tous les 100 000 ans, le champ magnétique terrestre s'atténue et les pôles magnétiques s'inversent. Les coulées de lave volcanique démontrent bien ce changement puisque la lave, quand elle se refroidit, retient en elle l'orientation du champ magnétique. Cette propriété a servi de preuve dans la démonstration de la théorie des plaques tectoniques (*voir* TECTONIQUE DES PLAQUES). Les géophysiciens supposent que ces inversions magnétiques sont causées par la nature chaotique du courant de magma dans le noyau de la Terre. Quand se produira la prochaine inversion? Il ne semble pas y avoir de suite logique, alors les scientifiques sont incapables de la prédire.

Ian Darragh

Police La fonction principale de la police est de maintenir l'ordre (on dit aussi «de faire régner la paix») dans la collectivité. Ce qui constitue l'ordre peut soit correspondre à des idées largement partagées au sein de la collectivité, soit être imposé par un groupe dominant.

Genre de police Lorsqu'un service de police relève d'un organisme public (p. ex., une municipalité), on parle alors d'un service de POLICING. Quand le service relève d'un organisme privé (p. ex., une grande entreprise), on parle plutôt d'un service de police privé (aussi appelé agence de sécurité privée pour éviter toute confusion avec le service de police). Le service de police est généralement assuré par une force policière à plein temps, mais le personnel des magasins et les concierges d'immeubles d'appartements sont souvent appelés à exercer des fonctions de sécurité dans le cadre de leur travail. Selon Statistique Canada, en 1986, il y avait au pays 54 604 agents de police et quelque 50 000 agents de sécurité privés. Environ 66 p. 100 de ces derniers travaillent directement pour l'organisme dont ils relèvent, le reste étant constitué d'agents de sécurité contractuels travaillant pour des entreprises qui offrent des services de sécurité.

Histoire et développement Avant le XIXe s., la responsabilité des services de police relève des simples citoyens et les services de police privés sont la norme. La Révolution industrielle rompt les structures traditionnelles de police, créant une lacune que l'État remplit au début du XIXe s. en mettant sur pied des services modernes de police. Ce modèle de «police nouvelle» est également adopté au Canada. Les services de police municipaux s'inspirent principalement du service de police de Londres, alors que la POLICE À CHEVAL DU NORD-OUEST (aujourd'hui la GENDARMERIE ROYALE DU CANADA (GRC)) s'inspire du modèle beaucoup plus militarisé de la *Royal Irish Constabulary*. Même au Québec, où l'influence française est dominante, il va sans dire, les services de police sont organisés selon le modèle britannique. Aujourd'hui, des indices permettent de croire que l'organisation des services de police est en train de retourner à ses origines. Les services de police comptent de moins en moins fréquemment sur leurs propres ressources et font intervenir le public de plus en plus directement dans la prestation des services de police par le truchement de programmes communautaires tels que le programme «Parents-Secours» (qui encourage les parents à rendre leurs quartiers plus sécuritaires pour leurs enfants) et le programme «Surveillance de quartier». Dans certains cas, les forces policières et les gouvernements ont retenu les services d'agences de sécurité privées pour accomplir diverses tâches, y compris la patrouille, qu'elles accomplissaient elles-mêmes auparavant. En outre, les entreprises s'intéressent de plus en plus à leur propre sécurité, p. ex., en maintenant l'ordre dans des endroits comme des centres commerciaux.

Méthodes La police s'acquitte de sa mission en encourageant les citoyens à se conformer volontairement à l'ordre souhaité, en imposant cet ordre par la force ou par les deux à la fois. La contrainte physique étant l'ultime ressource coercitive à sa disposition, les instruments de force qu'elle utilise le plus communément (p. ex., la matraque et l'arme de poing) en sont venus à la symboliser. Cependant, la police au Canada compte généralement sur l'obéissance volontaire, et lorsqu'elle recourt à la force, elle ne peut le faire que sous forme de menace implicite ou déclarée. Une autre caractéristique fondamentale du travail de la police est le service de renseignement. Cette fonction a façonné l'organisation de la police. P. ex., le système traditionnel de patrouille de quartier a été mis sur pied pour élargir autant que possible la portée de la surveillance policière.

La surveillance policière est constamment mise en échec par des institutions protégeant la VIE PRIVÉE, qui limitent les endroits où la police peut obtenir des renseignements et la manière dont elle doit s'y prendre pour les obtenir. P. ex., les agents de police doivent largement limiter leur patrouille aux lieux publics. Par conséquent, ils doivent constamment patrouiller les rues publiques, alors que les crimes sont généralement commis dans des lieux privés. Les agents de sécurité privés au service des propriétaires de biens privés ont généralement un accès beaucoup plus libre aux biens privés.

Nombre des changements organisationnels des services de police résultent des tentatives de la police de répondre aux restrictions imposées par les institutions protégeant la vie privée. P. ex., les postes radios émetteurs-récepteurs, les téléphones et les automobiles sont utilisés afin de pouvoir répondre le plus rapidement possible aux besoins du public. Leur utilisation tient au fait que les citoyens ont accès aux lieux privés. De la même façon, le recours récent au travail policier par équipe, qui permet d'affecter des équipes de policiers de façon permanente à un secteur donné, constitue en grande partie une stratégie visant à améliorer la capacité de la police à se renseigner.

La tension créée entre la protection de la vie privée et la nécessité pour la police de recueillir des renseignements est une constante essentielle de la police. Cette tension fait pression sur la police pour l'amener à contourner les restrictions légales et sociales limitant son pouvoir. Cette tension se fait le plus sentir sur les forces policières politiques, telles que le SERVICE CANADIEN DU RENSEIGNEMENT DE SÉCURITÉ (SCRS), qui ne peuvent que très rarement se servir de la preuve d'une infraction pour justifier des atteintes à la vie privée.

Sources des pouvoirs de la police Les pouvoirs de la police découlent des ressources dont disposent les autorités de tutelle dont elle relève. Lorsque l'autorité est l'ÉTAT, cette capacité est en fin de compte la force physique, l'accès à une telle force étant une caractéristique essentielle du pouvoir de l'État. Dans le cas d'une agence de sécurité privée, les ressources mises à sa disposition varient considérablement. P. ex., dans les milieux scolaires, elles comprennent des sanctions telles que la révocation des privilèges d'accès à la bibliothèque et la retenue des certificats d'études. De la même manière, dans les secteurs économiques, les sanctions tendront à être de nature économique (p. ex., perte du salaire ou du privilège d'obtenir du crédit). Dans le cas d'une agence de sécurité privée, la menace du recours à la force physique peut être sous-jacente à d'autres sanctions parce que l'agence peut avoir recours à l'assistance de la police. En outre, elle peut même s'arroger la qualité d'agents de l'État, p. ex., en exerçant le pouvoir que possèdent les citoyens de procéder à des arrestations ou en agissant comme constables ou gendarmes spéciaux, statut qui est utilisé pour étendre certains pouvoirs de police à quelques agences de sécurité.

Garanties La loi (les mesures législatives en général, mais plus particulièrement le CODE CRIMINEL canadien, et les lois provinciales régissant la police) limite les pouvoirs de la police en précisant les circonstances dans lesquelles elle peut agir. Ces limites peuvent être écartées par des mesures législatives qui accorderont à la police des «pouvoirs spéciaux» dans des circonstances particulières. L'exemple le plus remarquable au Canada est la LOI DES MESURES DE GUERRE, invoquée au cours de la CRISE D'OCTOBRE de 1970 au Québec. Les autorités de tutelle de la police peuvent limiter les pouvoirs de la police d'autres façons. Les agents de police sont soumis à des règlements internes. Les employés des agences de sécurité peuvent également être soumis à des règlements internes, comme les conditions relevant de leur convention collective.

Toutes les limitations des pouvoirs de la police visent à circonscrire la capacité de la police de porter légalement atteinte à la vie privée d'autrui. Les institutions qui protègent la vie privée aident ainsi à déterminer les limites des pouvoirs de la police.

Déviance policière et responsabilité de la police L'agent de police qui ne respecte pas les restrictions limitant l'exercice du pouvoir de la police s'expose à des sanctions. Les sanctions juridiques traditionnelles se sont révélées inefficaces pour contrôler la déviance policière en raison des problèmes liés à l'obtention d'éléments de preuve qui pourront être admis en justice (dans le cas d'accusations criminelles) ainsi que des coûts en cause (lorsque des recours civils sont exercés). Ainsi, les sanctions le plus souvent utilisées pour réprimer l'inconduite policière sont de nature disciplinaire, mais l'utilisation de ces mesures a provoqué des accusations de «camouflage» et a donné lieu à des pressions politiques considérables pour établir des organismes indépendants chargés d'entendre les plaintes portées contre la police. Là où elles ont été établies, les commissions comptent encore sur la police pour entreprendre des enquêtes, aussi les accuse-t-on de manquer d'indépendance.

En outre, au cours de la dernière décennie, les pouvoirs publics ont mis sur pied plusieurs commissions d'enquête pour faire des investigations sur des allégations d'inconduite policière (*voir* COMMISSION D'ENQUÊTE SUR CERTAINES ACTIVITÉS DE LA GENDARMERIE ROYALE DU CANADA). Même si ces enquêtes n'ont donné lieu qu'au dépôt de quelques accusations criminelles contre les agents de police, elles ont permis de mettre en œuvre d'importants changements dans la façon dont on traite les plaintes contre la police et dans les procédures disciplinaires internes.

Dans plusieurs cas, les médias ont initialement rapporté les allégations et réclamé la tenue d'une enquête. Cependant, la presse, tout en faisant office de chien de garde par excellence à l'égard de la police, s'est montrée jusqu'à très récemment beaucoup moins intéressée aux abus commis par les agences de sécurité privées.

Compétences constitutionnelles relatives à la police Selon la Constitution, la responsabilité principale à l'égard des services de police appartient aux provinces. Dans l'exercice de cette responsabilité, les provinces, par le truchement des lois provinciales concernant la police, ont suivi la tradition britannique et délégué cette responsabilité aux grandes municipalités qui sont en mesure de l'exercer. Néanmoins, les provinces exercent un contrôle considérable sur les services de police en payant une partie du coût des services de police municipaux et en pénalisant les municipalités qui ne respectent pas les normes établies. Dans la plupart des provinces, cette surveillance est confiée à une commission de police établie pour éviter tout au moins l'apparence d'un contrôle gouvernemental direct sur les services de police. En outre, à l'échelon municipal, plusieurs villes ont créé des commissions de police pour surveiller le fonctionnement de la police. La plupart des forces policières municipales sont cependant dirigées directement par les conseils municipaux ou leurs comités.

Les provinces fournissent non seulement des services de police dans les régions non municipalisées, mais également des services d'appui et de coordination tels que la formation policière, le service de renseignement et les services de criminalistique.

Bien que le gouvernement fédéral n'ait pas la responsabilité constitutionnelle principale à l'égard des services de police, la force policière fédérale, la GRC, dont le quartier général est à Ottawa, est la plus importante force policière au pays et travaille tant à l'échelon municipal que provincial dans toutes les provinces, sauf en Ontario et au Québec ainsi qu'au Yukon et dans les Territoires du Nord-Ouest. La GRC offre des services de police aux échelons provincial et municipal par voie de contrat. En plus d'agir comme un organisme contractuel vendant des services de police, la GRC offre des services à toutes les forces policières au Canada. Les deux services les plus importants sont le Centre d'information de la police canadienne, qui fournit des renseignements sur des questions telles que les casiers judiciaires, et le Collège canadien de la police, qui offre une formation policière avancée.

En plus des forces policières fédérales, provinciales et municipales, les gouvernements au Canada autorisent la création d'autres formes de services de police dont les pouvoirs sont issus de la loi, mais qui, tout en étant limités à des domaines, à des groupes précis ou aux deux, s'apparentent aux services de police. La police du port, la police militaire et la police des chemins de fer en sont des exemples. (*Voir aussi* RENSEIGNEMENT ET ESPIONNAGE.)

C.D. Shearing et P.C. Stenning

Police à cheval du Nord-Ouest (P.C.N.-O.) Force de l'ordre paramilitaire créée en 1873 pour maintenir l'ordre et faire respecter la loi, et pour être un symbole visible de souveraineté canadienne dans les Territoires du Nord-Ouest nouvellement acquis (incluant l'Alberta et la Saskatchewan actuelles). La P.C.N.-O. aide les Indiens dans le processus de transition vers les RÉSERVES INDIENNES après la signature des traités, et offre son appui aux nouveaux colons. Le terme «Royale» est ajouté à son nom en 1904, et en 1920, la Royale gendarmerie à cheval du Nord-Ouest (R.G.C.N.-O.) fusionne avec la POLICE DU CANADA pour former la GENDARMERIE ROYALE DU CANADA.

Police du Dominion Elle est, à l'origine, une petite force protectrice mise sur pied par le gouvernement fédéral en 1868 afin de garder les édifices du Parlement à la suite de l'assassinat de Thomas D'Arcy MCGEE. Elle fournit également des gardes du corps pour les chefs du gouvernement et elle comporte un service d'espionnage qui infiltre la société des FENIANS. Plus tard, la police du Dominion se charge de protéger les quais d'Halifax et d'Esquimalt (1911), dirige le bureau des empreintes digitales (1911) ainsi que le bureau des mises en liberté conditionnelles. Elle est également responsable de l'application des lois relatives à la contrefaçon et à la traite des blanches. Au cours de la Première Guerre mondiale, on élargit ses pouvoirs afin qu'elle coordonne les efforts de la police et des services de sécurité au Canada dans l'application de la LOI DES MESURES DE GUERRE. Le 1er février 1920, la police du Dominion est absorbée par la Gendarmerie royale du Canada.

S.W. Horrall

Police provinciale de l'Ontario Troisième corps policier actif en nombre en Amérique du Nord qui a compétence sur tout le territoire ontarien, à l'exception des municipalités qui ont leur propre police. Cette force moderne de plus de 5000 membres compte plus de 200 divisions et bureaux de district, elle patrouille toutes les routes provinciales et a une Direction des enquêtes criminelles. Son siège est fixé à Toronto. Elle est créée le 13 octobre 1909 par la

nomination de 51 policiers recrutés parmi les forces frontalières de l'Ontario, les détectives du gouvernement et les constables provinciaux de la partie septentrionale de la province.

En 1974, la Police provinciale de l'Ontario est devenue la première force policière active au Canada à recruter, à former, à équiper et à affecter des femmes aux mêmes tâches que leurs homologues masculins et au même salaire. L'Académie de la police provinciale, à Brampton, assure la formation des agents. La Police provinciale de l'Ontario compte des unités spécialisées comme la direction de la lutte contre l'escroquerie, le service du renseignement, la direction de la sécurité, unité canine, le service de plongée sous-marine, le service héliporté, le service informatique, l'escouade tactique et le service de sauvetage, le service maritime, la police auxiliaire, le service d'identification et les services de maintien de l'ordre dans les réserves indiennes. Les patrouilles aériennes sont utilisées dans les communautés éloignées du nord de l'Ontario. Depuis 1964, les officiers supérieurs de la Police provinciale de l'Ontario reçoivent le brevet d'officier décerné par la Reine.

Dahn D. Higley

Politique Au sens large, ce terme s'entend de tout conflit interpersonnel quant à l'attribution du pouvoir, de la richesse ou du prestige dans la poursuite d'intérêts par des moyens autres que la violence physique. De façon plus optimiste, la politique est un moyen essentiel de réaliser des objectifs collectifs par la coopération pacifique. Au sens strict, la politique renvoie aux activités liées au GOUVERNEMENT et à l'ÉTAT. L'État a pour but de gérer les conflits et d'imposer des solutions qui lient tous les particuliers et les groupes sur lesquels il exerce un pouvoir. Pour être viable, l'État doit détenir un pouvoir incontesté sur une population et un territoire donnés.

Le rôle de l'État fait l'objet de nombreuses théories en SCIENCE POLITIQUE. Selon David Easton, un politicologue de renommée mondiale originaire du Canada, l'État a pour rôle l'attribution autoritaire des valeurs. Les marxistes, par contre, perçoivent la politique comme une lutte des classes et l'État comme l'institution qui reflète et exprime les intérêts communs de la CLASSE SOCIALE dominante. Pour les pluralistes, la politique correspond à une concurrence des intérêts et des groupes organisés, l'État servant alors d'arbitre neutre qui impose des solutions acceptables pour l'ensemble. D'autres observateurs perçoivent la politique comme une lutte entre des ÉLITES qui manipulent les masses pour parvenir à leurs propres fins.

Au Canada, la politique date de milliers d'années, quoique le pouvoir politique chez les peuples autochtones avant l'arrivée des Européens diffère grandement de ce qu'on trouve dans un État moderne. Au sens strict, la politique remonte probablement au régime français et sûrement pas plus tard que la fin de XVIIIe s., lorsque des assemblées législatives élues sont établies dans le Haut-Canada, dans le Bas-Canada, en Nouvelle-Écosse et au Nouveau-Brunswick.

Dans l'État canadien, la politique englobe habituellement les activités liées aux trois niveaux de gouvernement – fédéral, provincial et municipal – ainsi que leur interaction. Les activités politiques liées à ces trois niveaux comprennent une interaction des pouvoirs législatif, exécutif et judiciaire, ainsi que des ministères et organismes administratifs du gouvernement, des partis politiques et des groupes d'intérêts.

Une grande partie des activités sur lesquelles portent les reportages et les observations des médias d'information a trait à la politique (*voir* POLITIQUE ET MÉDIAS). La plupart des Canadiens peuvent nommer le PREMIER MINISTRE FÉDÉRAL et celui de leur province (*voir* PREMIER MINISTRE PROVINCIAL) et d'autres personnalités reliées au

processus politique. La vaste majorité des Canadiens adultes participent à l'activité politique en votant aux élections. L'étude théorique de la politique s'appelle «la science politique», mais d'autres disciplines telles que l'histoire, la géographie et la sociologie se penchent aussi sur la politique.

Les gens associent parfois l'expression «politique» à la manipulation cynique de l'OPINION PUBLIQUE, à l'échange de faveurs pour obtenir un soutien politique, ainsi qu'à l'enrichissement des hommes et des politiciennes et de leurs amis aux dépens de la société (*voir* CORRUPTION). Bien qu'une telle activité existe sûrement, elle ne correspond qu'à une infime partie de la vie politique.

Garth Stevenson

Politique budgétaire Lorsque les gouvernements se servent de leurs pouvoirs d'imposition et de répartition des dépenses pour influencer la conjoncture économique (*voir* ÉCONOMIE), ils pratiquent une politique budgétaire. La production et le revenu totaux de même que le niveau de l'emploi ont un rapport direct avec le total des dépenses publiques et privées, appelé «demande globale». Les dépenses privées comprennent les produits et services achetés par les consommateurs, ceux que les entreprises achètent à des fins d'investissement et l'exportation nette (la différence entre les importations et les exportations). De leur côté, les gouvernements tirent, entre autres, de l'impôt sur le revenu, des taxes de vente, des cotisations sociales et des recettes fiscales qu'ils pourront consacrer notamment aux soins de santé, à l'éducation, aux régimes de pensions, à l'assistance sociale et à la défense.

La politique budgétaire désigne les mesures prises par le gouvernement pour modifier le montant ou la composition de ces recettes et de ces dépenses afin de diriger la croissance de la demande économique. L'objectif est de maintenir un niveau relativement élevé d'emploi d'une POPULATION ACTIVE croissante et du parc d'usines et de machinerie industrielle du pays, mais sans provoquer l'INFLATION ni devoir trop dépendre d'emprunts à l'étranger pour payer des produits importés. L'augmentation des recettes réduit la demande globale et l'augmentation des dépenses l'augmente. En conséquence, s'il y avait diminution de dépenses privées telles que les achats de voitures par les consommateurs, les gouvernements pourraient chercher à freiner le fléchissement de la demande globale, et donc de la production, du revenu et de l'emploi globaux, en augmentant leurs dépenses ou en réduisant les taxes et les impôts.

Selon l'optique traditionnelle, la politique budgétaire met l'accent sur l'influence directe des recettes et des dépenses gouvernementales sur la demande globale. On utilise le solde budgétaire du gouvernement comme indicateur grossier de l'influence du gouvernement sur la demande globale, même s'il est reconnu que certains changements apportés aux recettes fiscales et aux dépenses ont plus d'influence que d'autres sur l'économie. Au début, on croit que les excédents budgétaires vont de pair avec une faible activité économique, et les déficits, avec un niveau élevé de production et d'emploi. Plus tard, ces idées simplistes ayant été démenties par les faits, on formule une théorie plus raffinée selon laquelle c'est la demande globale qui varie en fonction du changement du solde des recettes et des dépenses gouvernementales.

Toutes choses étant égales par ailleurs, si les recettes d'un gouvernement augmentent plus que ses dépenses, l'amélioration du solde budgétaire qui s'ensuit (l'augmentation de l'excédent ou la réduction du déficit) tend à réduire la demande globale, ce qui fait diminuer la production, les revenus, l'emploi et, par ricochet, les prix. Si par contre les dépenses gouvernementales augmentent plus que les recettes, le solde budgétaire plus défavorable qui s'ensuit (l'augmentation du déficit ou la réduction de l'excédent) fait augmenter la demande globale, ce qui stimule la production, les revenus, l'emploi et, par ricochet, les prix.

Certains économistes contestent cette théorie raffinée de l'influence de la politique budgétaire. Un courant affirme, de façon extrême, que toute détérioration du solde budgétaire doit être financée par des emprunts gouvernementaux et que ces emprunts, à leur tour, équivalent à des taxes et à des impôts futurs dont les consommateurs avisés tiennent compte exactement comme ils le font pour les taxes et les impôts actuels, c.-à-d. en réduisant leurs dépenses. Cela annule entièrement l'influence d'une politique budgétaire expansionniste sur la demande globale. Selon un autre courant, les emprunts gouvernementaux accrus qui résultent d'une politique budgétaire expansionniste font concurrence aux demandes de fonds des emprunteurs privés, ce qui fait monter les taux d'intérêt et les taux de change tout en augmentant le coût des exportations et des investissements privés. Cela aussi annule en partie l'influence d'une politique qui était expansionniste au départ. Les économistes monétaristes (de l'école de Milton Friedman, de l'U. de Chicago) vont jusqu'à soutenir que toute l'influence expansionniste de la politique budgétaire serait ainsi perdue.

De plus, si les déficits se poursuivent pendant une période prolongée, l'accumulation de la DETTE PUBLIQUE et la croissance des paiements d'intérêt sur cette dette feront augmenter à la longue les taux d'intérêt, ce qui fera fléchir la demande globale et compromettra la capacité du gouvernement à apporter de nouveaux changements aux recettes et aux dépenses à des fins de stabilisation.

Les modèles macroéconomiques de l'économie canadienne confirment l'opinion de ceux qui soutiennent que les dépenses des gouvernements laissent moins de place aux dépenses du secteur privé. Les multiplicateurs financiers (l'augmentation provoquée du produit intérieur brut (PIB) divisée par l'augmentation supposée des dépenses gouvernementales) produits par des simulations de ces modèles sont supérieurs à 1 au début, mais ils diminuent pour atteindre 0 au bout d'un certain nombre d'années. Ce résultat indique que les dépenses gouvernementales accrues ont un effet expansionniste temporaire sur la production, mais ne l'augmentent pas de façon permanente. Il confirme aussi qu'il est impossible de dissocier les répercussions de la politique budgétaire de celles de la POLITIQUE MONÉTAIRE et de la variation de la dette publique.

Le gouvernement fédéral est le premier responsable de la politique budgétaire, quoique les provinces y participent aussi. Dans ses documents budgétaires, le ministre fédéral des Finances présente un sommaire des dépenses futures et des recettes prévues du gouvernement, et il indique, si l'on prévoit un déficit, le niveau d'emprunts qui sera nécessaire (les besoins financiers totaux, y compris les opérations «non budgétaires» comme les comptes et les emprunts du régime de pensions, les investissements et les avances).

Aux fins de la politique budgétaire, le ministre présente aussi le budget (voir PROCESSUS BUDGÉTAIRE) d'après un système de comptes nationaux, dans lequel les recettes et les dépenses diverses sont regroupées dans des rubriques qui se rapportent à leur influence économique (p. ex., les achats de produits et de services, les transferts aux particuliers et les transferts aux autres paliers de gouvernement) et non, comme dans le budget administratif, selon les ministères ou l'objectif général (p. ex., les programmes sociaux).

L'excédent ou le déficit réel du gouvernement calculé d'après le système des comptes nationaux peut donner une indication trompeuse de l'influence de la politique budgétaire sur l'économie. P. ex., surtout à partir de 1979, le gouvernement fédéral a pris des mesures en vue d'observer une politique budgétaire plus restrictive en réduisant certaines dépenses et en augmentant les taxes et les impôts. Son déficit réel

n'en monte pas moins en flèche pendant la RÉCESSION de 1981-1982 et continue de s'accroître en proportion de la production économique totale jusqu'au milieu des années 80. L'une des causes de ce phénomène est que certaines recettes fiscales et certains postes de dépenses réagissent automatiquement aux variations des prix et du niveau d'activité économique. P. ex., des «stabilisateurs naturels» comme l'impôt sur le revenu des particuliers et l'impôt sur le revenu des sociétés diminuent et les paiements d'assurance-chômage augmentent lorsque l'activité économique diminue, ce qui fait augmenter la demande globale et le revenu global même si aucune politique n'est appliquée.

De plus, les paiements d'intérêt sur la dette publique ont tendance à augmenter par suite de l'inflation. Pour distinguer ces répercussions de celles des politiques appliquées intentionnellement, le ministre présente des montants d'excédent ou de déficit «corrigés en fonction des variations conjoncturelles» et «corrigés en fonction de l'inflation» pour montrer ce que serait la situation financière si, d'une part, les niveaux moyens d'emploi étaient plus élevés et si, d'autre part, l'inflation n'avait aucune influence sur les frais de la dette.

Historique de la politique budgétaire canadienne

Avant les années 30, de nombreux économistes sont d'avis que le niveau d'activité économique se stabilise de lui-même dans une grande mesure, sauf qu'une politique monétaire doit y contribuer quelque peu en prévenant les variations excessives de prix. On s'attend seulement à ce que les gouvernements, comme les ménages prudents, équilibrent leur budget chaque année. Cela entraîne parfois des augmentations de taxes et d'impôts ou des réductions de dépenses lorsque l'activité économique est déjà faible, ce qui aggrave encore davantage les fluctuations économiques. Heureusement, la taille du secteur public est alors plutôt réduite et les modifications de la politique budgétaire ont en conséquence une faible incidence sur l'économie.

Le chômage très élevé et prolongé causé par la CRISE DES ANNÉES 30 met fin à la croyance optimiste en une stabilisation automatique et la voix publique réclame de plus en plus l'intervention délibérée des gouvernements. Les économistes n'ont aucun système théorique cohérent pour expliquer la crise et émettent des avis très divergents sur les mesures à prendre, du moins jusqu'à ce que John Maynard Keynes formule son programme d'action dans son ouvrage *General Theory of Employment, Interest and Money* (1936; trad. *Théorie générale de l'emploi, de l'intérêt et de la monnaie*, 1955), qui donne une explication théorique des raisons pour lesquelles un chômage si élevé peut persister si longtemps (voir ÉCONOMIE KEYNÉSIENNE). Ce livre est l'un des plus controversés jamais écrits. De nos jours encore, les économistes ne s'entendent pas sur les causes de la crise des années 30. P. ex., les économistes monétaristes qui s'inspirent de Milton Friedman, de l'U. de Chicago, affirment qu'elle a été causée par de mauvaises politiques monétaires et non par des politiques budgétaires.

Cependant, la Crise des années 30 et l'ouvrage de Keynes, ajoutés au fait que les gouvernements ont montré ce qu'ils pouvaient faire en occupant une place de plus en plus grande pendant la guerre, provoquent une révolution des mentalités. Notamment, on insiste fortement sur la politique budgétaire et, pendant un certain temps, on déprécie la politique monétaire en tant que moyen d'atteindre la stabilité économique. En 1945, le gouvernement canadien s'engage à suivre une politique budgétaire visant «à maintenir un niveau élevé et stable d'emploi et de revenu» en adaptant la position budgétaire en fonction de la conjoncture économique.

Pendant les années 50, et surtout après la guerre de Corée, le gouvernement réussit raisonnablement bien à maintenir un faible taux de CHÔMAGE et des

prix stables grâce à sa politique budgétaire, mais aussi grâce à une politique monétaire qui devient plus interventionniste après le milieu de la décennie. Le regain de l'intérêt pour la politique monétaire est attribuable aux économistes monétaristes, qui contestent de plus en plus la théorie économique dominante.

Au début des années 60, les économistes keynésiens dominants acquièrent la conviction que de simples efforts pour atténuer les fluctuations économiques étouffent parfois la reprise avant que l'économie ait atteint sa pleine croissance. On commence à s'intéresser à la possibilité de recourir à un alliage de politiques budgétaires et de politiques monétaires pour stimuler l'économie. Telle est l'origine de la réduction fiscale proposée au début des années 60 par le président Kennedy, aux États-Unis, et de réductions fiscales semblables au Canada. On estime qu'il est possible d'«ajuster» l'économie en la dirigeant de sorte que la production et l'emploi augmentent constamment, même si le prix à payer est de ne pouvoir équilibrer le budget que sur des périodes beaucoup plus longues que le cycle économique habituel. La forte croissance du milieu des années 60 engendre une mentalité optimiste quant au recours à des politiques axées sur la demande globale. On croit qu'il serait possible d'obtenir le taux de chômage souhaité, si faible soit-il, si seulement les gens étaient prêts à accepter le taux d'inflation qui s'ensuivrait.

L'optimisme disparaît pendant les années 70, lorsque les faits démontrent qu'il ne s'agit pas simplement de choisir entre l'inflation et le chômage. En conséquence, de plus en plus d'économistes rejettent l'idée voulant qu'il existe un taux fixe d'échange entre l'inflation et le chômage, comme l'indique la «courbe de Phillips» selon laquelle l'inflation est inversement proportionnelle au taux de chômage. Un nombre croissant d'économistes en viennent plutôt à croire qu'il existe un taux de chômage naturel (actuellement estimé à 7 ou à 8 p. 100, au Canada), et que l'économie produit automatiquement un chômage de cet ordre: si le gouvernement essaie d'obtenir un taux de chômage inférieur au taux naturel en appliquant des politiques monétaires ou budgétaires expansionnistes, cela accélérera l'inflation, et si le gouvernement fait monter le chômage plus haut que le taux naturel, l'inflation en sera réduite.

Stagflation La STAGFLATION, qui se caractérise à la fois par une faible croissance de la production, un taux de chômage élevé et une accélération de l'inflation, est particulièrement grave après 1975. Elle s'explique en partie par de brusques interventions extérieures et particulièrement par de très fortes hausses du prix du pétrole. Les décideurs tentent d'abord de maintenir un taux élevé de production et d'emploi au moyen d'une série de réductions fiscales tout en limitant l'inflation au moyen du contrôle des prix et des salaires (1975-1978) et en restreignant les nouveaux programmes de dépenses. Toutefois, même les mesures visant à contrôler les prix et les salaires, de 1976 à 1978, ne réussissent que temporairement à freiner la poussée de l'inflation, qui dépasse la barre des 10 p. 100 en 1981. L'inflation n'est ramenée à un niveau plus modeste qu'au moyen d'un renforcement sévère de la politique monétaire, ce qui provoque en 1981-1982 la grave récession que le Canada ait connue depuis les années 30 et fait grimper le taux de chômage au-delà de 12,5 p. 100 en 1982, au plus creux de la récession.

Malgré certaines augmentations de taxes et d'impôts et des réductions sélectives des dépenses pendant la récession, la politique budgétaire demeure essentiellement expansionniste. Cette politique de stimulation se poursuit pendant la reprise, lorsque les frais croissants de la dette et les coûts des programmes législatifs s'avèrent difficiles à réduire.

Même si la reprise économique est raisonnablement bonne, la récession a été si grave que la production ne dépasse son niveau d'avant la récession qu'en 1984 et demeure inférieure à la pleine capacité jusqu'à la seconde moitié de la décennie. Ce n'est qu'en 1986 que le taux de chômage redescend pour se stabiliser au niveau des 9 ou 10 p. 100.

Pendant la reprise qui fait suite à la récession, le fardeau croissant de la dette du gouvernement fédéral provoque une réorientation de la politique budgétaire, qui vise dorénavant à réduire le déficit plutôt qu'à promouvoir la croissance. Le gouvernement fédéral affiche un déficit chaque année depuis 1976, et les augmentations sont particulièrement fortes de 1982 à 1985, de sorte que, au milieu des années 80, le rapport de la dette à la production économique totale est beaucoup plus élevé qu'avant. La préoccupation grandissante suscitée par la dette accumulée du gouvernement fédéral amène celui-ci, dans ses budgets de 1985 et de 1986, à adopter à la fois des mesures fiscales et des mesures visant à ramener le déficit à un niveau plus facile à contrôler.

En 1989, le déficit était devenu sensiblement plus bas. Toutefois, la politique axée sur les efforts de stabilisation fait alors place à un objectif de stabilité des prix. En conséquence, on adopte une politique monétaire plus rigoureuse pour tenter de réduire le taux d'inflation, figé à 4 p. 100 depuis la récession de 1981-1982. Cette politique a aussi pour but de couper court à l'inflation des salaires qui s'est amorcée en prévision de l'entrée en vigueur de la TPS, en 1991. Une nouvelle récession s'ensuit en 1990-1991 et fait remonter le taux de chômage, qui dépasse 11 p. 100. La politique a toutefois un résultat positif: elle amène une réduction radicale du taux d'inflation, qui se situe à 1,5 p. 100 en 1992, près de la limite inférieure de la fourchette de 1 à 3 p. 100 d'inflation fixée comme objectif en 1991.

Le déficit du gouvernement monte en flèche pendant la récession de 1990-1991, parce que les recettes de l'impôt sur le revenu diminuent et que la croissance des taux d'intérêt se répercute sur les frais de la dette publique. Il continue d'augmenter pendant la timide reprise qui suit.

Le déficit ne commence à diminuer qu'en 1994, lorsqu'un nouveau gouvernement présente le premier de trois budgets annuels comportant de sévères réductions de dépenses qui visent à ramener le déficit budgétaire fédéral à 3 p. 100 du PIB pour l'exercice 1996-1997. Bien que le gouvernement réussisse à atteindre ses objectifs de réduction du déficit, le ratio du déficit fédéral au PIB continue de croître, pour atteindre environ 75 p. 100 du PIB en 1996-1997. Néanmoins, les réductions du déficit, ajoutées à une conjoncture extérieure favorable et à un faible inflation, permettront aux taux d'intérêt d'atteindre en 1996 leur plus bas niveau depuis près de 30 ans. Cette situation favorise la croissance économique, mais ne suffit malheureusement pas à ramener un niveau élevé d'activité économique et un faible taux de chômage. En 1996, le chômage est encore de l'ordre de 10 p. 100.

Ces dernières années, le gouvernement consacre ses efforts à la réduction du déficit malgré la persistance d'une croissance ralentie et d'un chômage élevé, abandonnant ainsi la politique budgétaire inspirée de l'interventionnisme keynésien. La nouvelle stratégie du gouvernement porte davantage attention aux pressions internationales et intérieures qui s'exercent sur la politique budgétaire. Elle s'appuie sur l'hypothèse voulant que la seule manière d'obtenir une croissance soutenue et un faible taux de chômage soit de faire baisser les taux d'intérêt, ce qui nécessite une stratégie crédible de réduction du déficit et de maîtrise de la dette. On croit que, sans une telle stratégie, les détenteurs canadiens et étrangers de bons du Trésor ou d'obligations du gouvernement vendront leurs titres, ce qui provoquera des augmentations des taux d'intérêt qui suffiront à compromettre la croissance économique.

Le gouvernement met en œuvre sa stratégie au moyen d'une budgétisation prudente: il s'assure de pouvoir atteindre l'objectif visé quant au déficit en planifiant l'économie d'après des hypothèses prudentes de croissance réelle et d'inflation (les valeurs adoptées sont un peu plus modestes que la moyenne de celles des prévisionnistes du secteur privé) et en incluant ses dépenses une importante réserve pour éventualités, se procurant ainsi une marge additionnelle qui l'assure de pouvoir atteindre ses objectifs en matière de déficit. Jusqu'ici, cette méthode lui permet de faire mieux que le déficit visé.

La plupart des économistes, particulièrement dans le milieu des marchés financiers, appuient la stratégie gouvernementale de réduction du déficit, mais il reste encore un petit groupe d'économistes influents qui pressent le gouvernement d'adopter des politiques keynésiennes traditionnelles pour lutter contre le chômage.

Formulation et mise en œuvre de la politique

Le ministre des Finances est l'ultime responsable de la préparation du budget annuel du gouvernement canadien, dans lequel est décrite la politique budgétaire du gouvernement. Le budget annonce les objectifs financiers et économiques du gouvernement, ses mesures prioritaires d'intérêt public et toute nouvelle initiative importante. Il indique aussi comment le gouvernement pourvoira aux priorités et aux nouvelles initiatives dans le cadre du plan financier.

Le travail effectif de préparation du budget est effectué par les fonctionnaires du MINISTÈRE DES FINANCES, en collaboration avec le CONSEIL DU TRÉSOR et d'autres ministères et organismes. L'opération d'examen des programmes, lancée à l'occasion du budget de 1994 afin d'examiner tous les programmes du gouvernement, apporte une contribution importante au budget en réussissant à indiquer beaucoup des réductions de dépenses effectuées lors des récents budgets.

Les ministres et les comités du Cabinet participent à la préparation du budget des dépenses. Toutefois, bien que le Cabinet examine la stratégie budgétaire, y compris les objectifs financiers, les nouvelles initiatives et les réductions de dépenses, les décisions ultimes sont prises par le PREMIER MINISTRE FÉDÉRAL et le ministre des Finances. Les projets de changements fiscaux ne sont pas examinés par le Cabinet, mais sont décidés de concert par le premier ministre et le ministre des Finances. La tradition du secret budgétaire limite la capacité du ministre des Finances à tenir de vastes consultations sur les stratégies fiscales qu'il adoptera dans le budget à venir.

Toutefois, en raison de l'importance du budget pour le pays, le gouvernement a tenté récemment d'inciter plus de gens à participer au processus budgétaire et de faire intervenir davantage le public. C'est pourquoi, à l'automne qui précède le budget, le ministère des Finances publie maintenant des documents de consultation budgétaire qui décrivent les perspectives économiques et financières et les objectifs financiers et de dépenses provisoires, puis il entreprend une vaste série de consultations auprès du grand public, d'autres intervenants et des ministres provinciaux des Finances. Dans le cadre de cette démarche, le Comité permanent des finances tient ses propres audiences et prépare un rapport sur la stratégie financière du prochain budget.

Le budget fédéral, qui est maintenant présenté d'ordinaire en février et suivi du dépôt du budget des dépenses principal avant le 1er mars, contient un plan budgétaire qui donne des renseignements sur le niveau prévu des dépenses fédérales globales et leur répartition entre les ministères et les programmes, ainsi que sur les prévisions des recettes provenant des taxes et des impôts en vigueur. P. ex., le plan budgétaire de février 1996 couvre une période de trois années, soit l'exercice 1995-1996, se terminant le 31 mars après le budget, et les exercices 1996-1997 et 1997-1998.

Limites de la politique budgétaire

La politique budgétaire n'est pas un outil de précision qui peut servir à une direction stricte de l'économie. Divers délais séparent le besoin de mesures de politique budgétaire et l'influence de ces mesures sur l'économie. Tout d'abord, les renseignements sur les facteurs économiques actuels comme l'emploi, la production et les prix ne sont connus qu'après un certain délai. De plus, il faut du temps pour apporter les changements fiscaux et modifier les dépenses de la façon voulue pour stabiliser l'économie, une fois que l'on a constaté la nécessité de ces changements. Enfin, une fois que les changements sont apportés à la politique, il peut se passer deux ans ou plus avant que leurs effets sur l'économie ne se fassent pleinement sentir. En outre, l'économie canadienne est relativement petite comparativement à celle de certains grands pays industrialisés, et l'influence des mesures prises peut être occultée par ce qui se passe ailleurs.

Qui plus est, il apparaît de plus en plus clairement que nous n'en savons pas assez sur le fonctionnement détaillé de l'économie pour être certains que la politique budgétaire (ou monétaire) atteindra toujours les résultats souhaités. Nous ignorons p. ex., dans quelle mesure les emprunts gouvernementaux entravent les dépenses du secteur privé et jusqu'à quel point la crédibilité des intentions financières déclarées du gouvernement est importante pour les taux d'intérêt et les mouvements de capitaux.

En raison de toutes ces incertitudes, les économistes monétaristes préconisent depuis longtemps une politique de STABILISATION fondée sur des règles plutôt que sur l'interventionnisme. La politique budgétaire actuelle du gouvernement fédéral n'est plus interventionniste, mais elle vise à atteindre un certain ratio du déficit au PIB.

Les difficultés de mise en œuvre de la politique budgétaire sont aggravées par le fait que le Canada compte deux grands paliers de gouvernement, dont l'ensemble des dépenses et des recettes détermine la politique budgétaire globale. Le gouvernement fédéral n'est plus en mesure de dominer la politique budgétaire. De 1960 à 1994, les dépenses totales des gouvernements, y compris les achats directs de produits et de services et les paiements de transfert aux particuliers, passent de 29 à 48,5 p. 100 du PIB, alors que les dépenses fédérales, à l'exclusion des transferts aux autres paliers de gouvernement, ne passent que de 14,5 à 18,5 p. 100 et que les dépenses provinciales et locales augmentent fortement, passant de 14,5 à 30 p. 100 du PIB. Les gouvernements provinciaux et les administrations locales effectuent donc des dépenses totales dans une proportion beaucoup plus grande que le gouvernement fédéral, ce qui réduit la capacité de ce dernier à appliquer une politique de stabilisation indépendamment des provinces.

Les économistes et les gouvernements ne sont pas les seuls à être en désaccord avec la politique budgétaire. Même si les autorités pouvaient être absolument certaines de ce qu'il faut faire, la politique budgétaire, comme la politique en général, n'est que l'art du possible, même dans le meilleur des cas. Il est impossible que des changements considérables touchant la fiscalité ou les dépenses (ou même la politique monétaire) soient acceptables pour toutes les classes de la société, particulièrement pour les groupes organisés comme les entreprises et les syndicats, soit en raison de désaccords sur les objectifs, soit parce qu'on conteste les moyens pris pour les atteindre.

Critique de la politique

La politique budgétaire gouvernementale réussit à atteindre ses objectifs de réduction du déficit, mais le ratio du déficit du gouvernement au PIB demeure très élevé, ce qui augmente les risques de crise économique et réduit la capacité du gouvernement à stabiliser l'économie. Ces dernières années, les modifications apportées à la politique fiscale sont bien coordonnées par les gouvernements fédéral et provinciaux, car les deux paliers s'efforcent d'atteindre le même objectif de réduction du déficit.

Toutefois, la politique budgétaire ne réussit pas entièrement, soit isolément, soit en harmonie avec la politique monétaire, à stabiliser l'économie canadienne. Elle obtient un résultat positif en ramenant l'inflation à des niveaux très voisins de l'objectif de stabilité des prix, et la situation du pays quant aux paiements internationaux s'améliore. Ses aspects négatifs s'avèrent une croissance économique très faible depuis le milieu des années 70, et un taux de chômage, atteignant presque le double de celui des États-Unis, beaucoup trop élevé au Canada.

La capacité du gouvernement à modifier la demande globale, au moins à court terme, est un fait bien établi, mais il reste beaucoup à apprendre sur les moments opportuns pour apporter de tels changements et sur l'influence de ces changements sur les taux d'intérêt, les revenus, la production et l'emploi, ainsi que sur les prix.

La poursuite de la stratégie gouvernementale de réduction du déficit finira-t-elle par réduire suffisamment les taux d'intérêt pour ramener dans l'économie un haut niveau de production et d'emploi sans reprise de l'inflation? Si le gouvernement finit par éliminer le déficit, devrait-il ensuite tenter d'afficher un excédent pour rembourser graduellement sa dette accumulée? Devrait-il plutôt utiliser les nouveaux fonds disponibles pour accroître les dépenses ou diminuer les taxes et les impôts? Si oui, quelles seraient les augmentations de dépenses ou les réductions fiscales qui favoriseraient davantage la croissance économique? Quel ratio du déficit au PIB serait le meilleur pour favoriser la croissance et la stabilité? Un ratio élevé du déficit au PIB augmente-t-il beaucoup les risques de crise économique?

Patrick Grady

Politique culturelle Elle a trait, en général, aux mesures adoptées par un gouvernement pour appuyer ou protéger les activités dans des secteurs considérés comme culturels. Une grande part de la confusion entourant les buts de la politique culturelle tient du mot CULTURE lui-même, un terme d'ordre général dont les racines remontent au mot latin *cultura*, qui signifie culture du sol. Dans un premier sens, le terme reflète l'excellence dans les arts (*voir* FINANCEMENT DES ARTS, DU PATRIMOINE ET DES INDUSTRIES CULTURELLES).

De tout temps, les sociétés reconnaissent le pouvoir de l'art et la plupart honorent et encouragent les artistes. Au XXᵉ s., les États en viennent à reprendre le rôle joué auparavant par l'Église, la royauté ou les mécènes. Dans une autre acception, la culture est associée aux COMMUNICATIONS et à la «culture de masse» avec la radiotélévision, le cinéma, l'édition, la vidéo, l'enregistrement sonore, etc.

L'expression de la culture est de plus en plus liée au développement des industries culturelles, dont le rôle est capital non seulement pour la diffusion des œuvres mais aussi par son impact sur la façon dont la culture elle-même est perçue. La notion de culture possède une dimension encore plus vaste, élaborée par la philosophie, mais qui trouve son champ d'application principal en sciences sociales. Cette définition de la culture ne recouvre rien de moins que «le tout complexe qui réunit les connaissances, les croyances, les arts, les lois, la morale, les coutumes et toutes autres habiletés et mœurs acquises par l'homme en société».

Dans cette optique, les politiques culturelles soulignent l'importance de sauvegarder et de stimuler l'identité culturelle ou, à tout le moins, de créer un environnement dans lequel une culture originale puisse se constituer. De telles politiques sont souvent mises de l'avant en réaction à des pressions externes. Dans le cas du Canada, cette pression provient depuis toujours de la présence envahissante des États-Unis.

Bien que les Canadiens soient souvent les premiers à se reprocher leur incapacité à formuler une définition claire de leur «identité», on ne peut quand même pas caractériser une identité culturelle en la réduisant à quelques traits immuables. La culture est en soi diversifiée et multiple. Elle ne se définit pas seulement par quelques particularités nationales. Le dilemme de toute politique culturelle est de défendre une réalité impossible à définir et de demeurer ouverte aux influences extérieures sans se laisser dépasser par elles.

Les tenants d'une politique culturelle vigoureuse au Canada soulignent le fait que, bien que les Canadiens soient de grands consommateurs de biens culturels, ils importent la plus grande partie de ce qu'ils consomment. La grande majorité des livres, des films et des disques achetés ici sont produits à l'extérieur du Canada pour les marchés étrangers. La plus grande partie des revenus de la vente de ces produits au Canada quitte le pays plutôt que de revenir à des Canadiens qui pourraient être enclins à contribuer à financer le développement de talents canadiens.

De 1990 à 1994, dans le domaine de la distribution de films et de vidéos, industrie qui génère des recettes d'un milliard et demi de dollars, les distributeurs étrangers accaparent 84 p. 100 des recettes des salles de cinéma, ne laissant que 16 p. 100 aux firmes détenues par des intérêts canadiens. Les distributeurs étrangers déclarent des recettes pratiquement nulles pour la distribution des films canadiens. Dans le domaine de l'édition, les 8 p. 100 de firmes actives au Canada sous contrôle étranger accaparent 47 p. 100 des ventes de livres tout en ne produisant que 17 p. 100 des titres publiés ici. La plus grande partie des enregistrements sonores est produite par des compagnies de disques sous contrôle étranger, qui représentent moins de 7 p. 100 de l'ensemble des firmes, mais accaparent 80 p. 100 des revenus. Les entreprises sous contrôle canadien produisent plus de 71 p. 100 des nouvelles parutions à contenu canadien. Les firmes étrangères gagnent 89 p. 100 du produit des enregistrements sonores, mais ne produisent que 28 p. 100 des disques canadiens. En bref, les producteurs canadiens n'ont qu'un accès très limité à leur propre marché, alors que les firmes étrangères, dont les économies d'échelle leur procurent un avantage insurmontable, tirent d'énormes profits de leurs opérations au Canada.

Pratiquement toutes les nations occidentales appuient les artistes, les organismes artistiques et la production intérieure de leurs industries culturelles. Une étude récente portant sur 13 pays européens dénombre quelque 400 mesures pour favoriser la production nationale de biens culturels. Plusieurs de ces pays ont un marché national beaucoup plus vaste que celui du Canada et une langue nationale à protéger. En France, p. ex., les réseaux de radiotélévision ne sont autorisés à acheter leurs programmes qu'auprès de distributeurs sous contrôle français. Les investissements étrangers dans le domaine de l'édition sont limités à une participation de 20 p. 100 à des coentreprises.

La plupart des pays de l'Union européenne possèdent leur réseau public de radiotélévision. Certains pays d'Europe ont commencé dès le milieu des années 20 à limiter l'importation de films. Il est difficile d'établir des comparaisons satisfaisantes, mais il n'en demeure pas moins que le Canada demeure un marché beaucoup plus ouvert à la culture extérieure que la plupart des pays.

Historique de la politique culturelle La première forme d'aide à la culture au Canada est apparue au XIXᵉ s., alors que l'intérêt naissant pour les choses du passé a valu aux archives et aux musées un financement timide. Bien que les ARCHIVES NATIONALES DU CANADA n'aient été constituées qu'en 1903, la tradition archivistique remonte au temps de la Nouvelle-France. Le Musée national du Canada est né en 1841 de l'octroi par la reine Victoria d'une somme de 1500 £. Ces mesures constituent déjà une reconnaissance de l'importance des archives et des objets culturels pour la préservation du patrimoine. La participation sérieuse du gouvernement canadien se fait cependant attendre jusqu'après la Seconde Guerre mondiale, dans la foulée d'un accroissement général du rôle du gouvernement dans la vie sociale qui s'accélère après la Crise des années 30.

Le pouvoir des communications a déjà fait ses preuves pendant la Première Guerre mondiale, avec la tentative gouvernementale de contrôler la perception du conflit par la propagande et par une censure généralisée. Le gouvernement embauche alors des ARTISTES DE GUERRE pour illustrer la participation du Canada à la guerre. C'est toutefois l'avènement de la radio dans les années 20 qui suscite la prise de conscience par les autorités de la nécessité d'une politique nationale.

En 1928, la technologie radiophonique canadienne est encore rudimentaire, mais les stations américaines diffusent déjà librement outre-frontière. La Commission royale de la radiodiffusion (Commission Aird) est donc mise sur pied. Son rapport (1929) recommande l'établissement d'un système sous le contrôle de l'État, capable «de susciter un esprit national et de rendre l'essence de la citoyenneté nationale». Tour à tour, le cinéma, la télévision et d'autres technologies soulèveront les mêmes inquiétudes.

Les pressions de la Ligue canadienne de la radio (fondée en 1930) ont une influence majeure sur la concrétisation des recommandations de la Commission Aird et sur la fondation en 1936 de la SOCIÉTÉ RADIO-CANADA, financée par des fonds publics. D'autres groupements sans but lucratif apparaissent au cours des années 30 et 40.

Parmi ceux-ci, la Federation of Canadian Artists est l'une des premières à demander au gouvernement d'appuyer les arts. Les groupes artistiques font pression auprès du Comité spécial Turgeon de restauration et rétablissement (1944) pour la création d'un conseil voué à la promotion de la culture. Ces activités contribuent à une prise de conscience des questions culturelles et établissent le cadre des développements ultérieurs.

Le rapport de la COMMISSION ROYALE D'ENQUÊTE SUR L'AVANCEMENT DES ARTS, LETTRES ET SCIENCES AU CANADA (Commission Massey, 1951) demeure le document le plus complet et le plus influent pour le développement d'une politique culturelle canadienne. Le rapport souligne l'extrême vulnérabilité du Canada face à l'influence américaine et souligne que les journaux, livres, revues et autres produits américains inondent le pays.

De plus, la commission constate avec embarras que ce que les arts peuvent recevoir d'appui au Canada provient principalement de fondations américaines, dont 7,3 millions de dollars de la Fondation Carnegie et 11,8 millions de dollars de la Fondation Rockefeller. Le rapport conclut que le Canada a payé le prix fort pour cette dépendance facile, par la perte de talents, l'appauvrissement de nos universités et «l'acceptation aveugle d'idées et de conceptions étrangères à notre tradition».

Le rapport note comme exemple typique que sur 34 enfants canadiens d'une classe de 8ᵉ année, 19 savent ce que signifie le 4 juillet et sept seulement savent ce qu'est le 1ᵉʳ juillet. La fondation de la BIBLIOTHÈQUE NATIONALE (1953) et celle du CONSEIL DES ARTS DU CANADA (1957) sont au nombre des résultats concrets du rapport. Le rapport soulève aussi de façon éloquente des questions fondamentales sur le sens de la SOUVERAINETÉ, la responsabilité qu'a le gouvernement de stimuler la créativité de ses citoyens et les problèmes particuliers que le Canada doit surmonter pour survivre à l'assaut culturel des États-Unis.

Le rapport de la Commission royale d'enquête sur la radio et la télévision (1957) va dans le même sens en soulignant «la nécessité d'instaurer un système de radiotélédiffusion qui puisse aider à établir une identité culturelle canadienne qui réponde particulièrement aux empiétements américains» (*voir* RADIODIFFUSION ET TÉLÉDIFFUSION). La COMMISSION ROYALE D'ENQUÊTE SUR LES PUBLICATIONS est formée pour examiner les préoccupations de l'industrie du magazine, qu'elle considère dans son rapport (1961) comme «une composante de notre patrimoine national qui reflète davantage que notre intérêt pour le marché».

La Royal Commission on Book Publishing (Ontario, 1972) reconnaît que «la portée culturelle de l'édition pour la société dépasse de beaucoup sa portée économique». Des appuis supplémentaires viennent du Comité spécial du Sénat sur les moyens de communication de masse (1970), de la Commission royale sur les quotidiens (1981) et du rapport du COMITÉ D'ÉTUDE DE LA POLITIQUE CULTURELLE FÉDÉRALE (1982). Le Groupe de travail sur le statut de l'artiste amène une législation fédérale sur le statut de l'artiste et sur les rapports professionnels entre artistes et producteurs au Canada (1992). Le Groupe de travail sur les Musées nationaux mène à l'abolition de la Corporation des musées nationaux et, en 1990, il fait des quatre musées nationaux des sociétés de la Couronne autonomes (*voir* MUSÉES NATIONAUX DU CANADA).

Un certain nombre de thèmes reviennent au long de ces enquêtes. Le premier est qu'il faut encourager la culture canadienne par l'injection de fonds publics et la protéger par une réglementation gouvernementale. Dans les faits, les dépenses en matière de culture grimpent de façon abrupte pour atteindre en 1995-1996 un total de 5,8 milliards de dollars pour l'ensemble des gouvernements. On admet que les industries culturelles canadiennes sont lourdement désavantagées parce qu'elles n'ont pas accès à un marché suffisamment vaste pour leur permettre des économies d'échelle et parce qu'une grande part des revenus de la distribution des produits culturels est drainée hors du pays.

En second lieu, la plupart de ces rapports mentionnent que l'aide à la culture doit être accordée sans ingérence politique et que les principales agences culturelles doivent jouir d'une autonomie au regard du pouvoir politique. En dernier lieu, ces enquêtes traduisent la conviction que l'activité culturelle a une grande importance pour le caractère et la qualité de notre mode de vie et la survie d'une société canadienne distincte. Il va sans dire que ces principes sont contestés et que les mesures prises pour les appliquer suscitent souvent la controverse, notamment par des affrontements sur le PARTAGE DES POUVOIRS.

L'AANB de 1867 n'aborde pas nommément la notion de «culture», sauf en ce qui a trait à l'ÉDUCATION, qu'il confie aux provinces. En 1932, le Québec et l'Ontario contestent le droit du gouvernement fédéral de régir la radiodiffusion. La compétence fédérale est confirmée par les tribunaux, mais les affrontements se répètent chaque fois qu'arrive une nouvelle technologie.

Le point de vue du Québec a toujours été que le pouvoir provincial en matière d'éducation englobe tout ce qui est nécessaire à la préservation de la culture canadienne-française. Le développement du Québec dans les années 60 mène à une politisation grandissante de la question culturelle. Des institutions fédérales comme le Conseil des arts du Canada, l'OFFICE NATIONAL DU FILM (ONF) et la Société Radio-Canada (SRC) sont souvent perçues au Québec comme des intrus qui affaiblissent la culture locale.

La SRC devient donc pratiquement un système de radiotélédiffusion autonome au Québec, et l'ONF met sur pied une unité de production francophone à Montréal. Le premier ministre Jean Lesage crée le ministère des Affaires culturelles en 1961 en le dotant d'un budget initial de trois millions de dollars. Le Parti québécois le transforme en ministère d'État au Développement culturel et élargit son mandat, qui englobe désormais la langue et l'immigration. Ce ministère porte aujourd'hui le nom de ministère de la Culture et des Communications du Québec. Le Québec dépense davantage que toute autre province pour la culture, soit environ le tiers de toutes les dépenses consenties par l'ensemble des provinces et des territoires (602 millions de dollars en 1994-1995).

Sous le gouvernement de l'Union nationale du premier ministre Daniel Johnson, le ministre des Affaires culturelles Jean-Noël Tremblay entreprend de forger des *instruments de la culture* comme la Bibliothèque nationale du Québec. Il fonde le Grand Théâtre de Québec et la revue *Culture vivante*. Des rapports successifs de Marcel Rioux (1968) et de Jean-Paul L'Allier (1975) plaident pour un appui à des politiques de nature à «créer un milieu propice».

L'idée que la culture québécoise ne serait florissante que dans un environnement souverain et sous la gouverne d'un État québécois renforcé ou indépendant est au centre de tous ces efforts. Sous le gouvernement du Parti québécois d'après 1976, une imposante étude menée sous la direction de Fernand DUMONT élargit la portée de la culture au-delà de l'éducation et des arts pour englober presque tous les aspects de la société. Des tensions entre les autorités fédérales et québécoises se répètent périodiquement dans le secteur culturel.

Les provinces et territoires investissent aujourd'hui 1,8 milliard de dollars dans la culture, dont une part d'environ 37 p. 100 va aux bibliothèques et une autre de 28 p. 100 aux ressources du patrimoine et aux parcs. La littérature, les arts de la scène et les arts visuels ne reçoivent une part importante du budget culturel qu'en Alberta et dans les Territoires du Nord-Ouest. En revanche, les bourses, contributions et transferts accordés aux arts de la scène par les provinces et les territoires dépassent de loin la part du gouvernement fédéral (93 millions contre 41 millions de dollars). Quoique la plupart des ministres de la culture provinciaux n'aient pas autant de pouvoirs que le ministre québécois, le poste existe dans toutes les provinces. Il est souvent associé à un autre secteur comme l'éducation, le tourisme ou les loisirs. Toutes les provinces comptent également sur un Conseil ou un Office des arts, généralement chargé d'accorder des subventions aux artistes et aux organismes artistiques.

Une large part de la montée des politiques culturelles provinciales tient à la reconnaissance du fait que le secteur culturel est une source importante d'emploi, de revenu et d'achalandage touristique. À la fin des années 80 et tout particulièrement pendant les années 90, des producteurs de cinéma et de télévision étrangers, surtout américains, choisissent le Canada comme lieu de production pour bon nombre de projets. Des villes comme Toronto, Vancouver et Montréal favorisent activement la production étrangère, et le gouvernement fédéral, tout comme certaines provinces, offre des crédits d'impôt pour la production de tournages en extérieurs au Canada.

Les dépenses municipales en matière de culture ont augmenté considérablement au cours des dernières années. En 1994, les gouvernements municipaux ont consacré 1,4 milliard de dollars à la culture, 75 p. 100 de ce montant allant aux bibliothèques.

L'ingérence politique dans l'affectation des fonds constitue une deuxième cause de dispute. La politisation de l'action fédérale s'accroît avec des événements comme les fêtes du CENTENAIRE et la mise de l'avant d'objectifs «nationaux» en réponse au courant séparatiste québécois. En 1977, p. ex., le Conseil des arts du Canada se voit offrir des fonds spéciaux à condition qu'ils servent à promouvoir l'unité nationale.

Dès que le Conseil des arts commence à recevoir des subventions gouvernementales, ses actions sont scrutées à la loupe. En 1977, p. ex., on dénonce l'attribution de bourses à des séparatistes. En 1978, des plaintes sont formulées relativement à l'octroi de bourses à des écrivains considérés comme des pornographes. Depuis quelques années, particulièrement au Québec, des artistes émettent des réserves chaque fois qu'ils jugent que la promotion de l'«unité nationale» joue un rôle dans l'appui fédéral à la culture. Le ministère fédéral du Patrimoine canadien a actuellement la responsabilité d'instaurer une politique globale sur les questions culturelles d'importance nationale et de superviser les agences culturelles fédérales.

La mise sur pied de nombreux programmes aux objectifs parallèles, comme Perspectives Jeunesse en 1971, le Programme d'initiatives locales, Explorations (CAC), le CONSEIL DE RECHERCHES EN SCIENCES HUMAINES (CRSH) en 1977 et la Banque d'œuvres d'art en 1972, crée de la confusion et jette un certain discrédit sur les motivations politiques. De fait, une certaine ingérence politique est inévitable, l'approbation des crédits et la nomination de hauts fonctionnaires étant toujours du ressort d'un ministre du Cabinet ou du premier ministre.

Instruments de la culture Une grande part des politiques culturelles au Canada se concrétise au moyen d'agences culturelles, créées pour la plupart au cours des 50 dernières années. En 1936, la SRC commence à doter le Canada d'un réseau national de radiodiffusion, mais la Société reçoit un mandat plus large que précis, dont l'exécution s'avère particulièrement difficile en matière de télévision. Le Conseil des arts du Canada devient rapidement l'agence centrale de subventions dans le domaine artistique, bien que certains politiciens éprouvent des difficultés à accepter le principe d'autonomie essentiel au processus d'attribution des bourses par le Conseil. Plusieurs des programmes administrés par le Conseil sont transférés au CRSH, créé pour subventionner la recherche et la formation supérieure en sciences sociales et en sciences humaines.

À Ottawa, la COMMISSION DE LA CAPITALE NATIONALE est créée en 1958 avec le mandat de conserver à la région de la capitale un statut digne de son importance nationale. Le CENTRE NATIONAL DES ARTS (CNA) est construit pour servir de vitrine aux arts de la scène canadiens, mais il reçoit jusqu'ici trop peu de soutien financier pour pouvoir atteindre ses objectifs. Toutefois, le CNA bénéficie aujourd'hui d'une revitalisation qui lui permet à nouveau de fonctionner toute l'année, après plusieurs étés passés sans avoir grand-chose à offrir aux personnes habitant la région et aux touristes. L'ONF, créé en 1939, est la cible d'attaques en 1945 en raison de présumées tendances gauchistes, mais il survit à l'épreuve et continue d'apporter un éclairage unique au cinéma canadien.

À mesure que ces agences établissent chacune sa propre influence, elles deviennent plus vulnérables aux coupures de subventions, qui touchent à leur tour les personnes et les organismes qu'elles appuient et qu'elles ont parfois contribué à faire naître. La plupart des agences ont souffert de restrictions budgétaires ces dernières années, à la suite de la réforme gouvernementale des programmes et des budgets. Chaque agence est constituée en organisme indépendant, qui doit mener ses activités à l'abri des ingérences politiques. Ainsi, chacune poursuit sa propre «politique», qui consiste généralement à donner son appui à une excellence reconnue par les pairs.

Le ministère du Patrimoine canadien (MPC), issu du précédent ministère des Communications (MDC) lors du remaniement gouvernemental de 1993, est responsable du développement culturel, des programmes et politiques touchant les arts et le patrimoine, mais s'occupe aussi du multiculturalisme, de l'appui aux langues officielles et des sports. Cependant, certains mandats culturels auparavant sous la houlette du MDC sont maintenant dévolus au ministère de l'Industrie, des Sciences et de la Technologie (ISTC). La juridiction sur les droits d'auteur est partagée entre les deux ministères, et la radiotélédiffusion conventionnelle se trouve dans la sphère du MPC alors que les télécommunications sont du ressort d'ISTC. Le ministre du Patrimoine est chargé d'édicter les politiques culturelles liées aux investissements étrangers, mais c'est Investissement Canada (une division d'ISTC) qui veille à les mettre en œuvre. En raison de ces mandats partagés, le ministre du Patrimoine peut facilement se trouver en conflit avec d'autres ministères plus puissants.

Les politiques proposées par le MDC, comme celle de prévoir une dérogation pour la culture dans le cadre de la *Loi sur l'investissement au Canada,* ont été fortement contestées par le ministère des Affaires extérieures pendant les négociations avec les États-Unis sur le LIBRE-ÉCHANGE en 1986-1987. Le point de vue selon lequel les industries culturelles doivent demeurer en dehors du cadre des négociations subit non seulement l'attaque des Américains, qui désirent un libre accès au «marché» canadien, mais aussi celle de plusieurs membres du gouvernement lui-même.

L'Accord de libre-échange est entré en vigueur en 1988, puis s'est transformé en Accord de libre-échange nord-américain en 1994, avec l'entrée du Mexique. Ces accords contiennent une «dérogation» pour les industries culturelles. Cependant, ils contiennent aussi une «clause nonobstant» qui permet à l'un des pays d'évaluer l'impact économique de nouvelles mesures culturelles adoptées par un autre pays et d'imposer en retour à ce pays des contre-mesures de valeur égale touchant n'importe quel aspect de son économie. En pratique, cela veut dire que les États-Unis pourraient répondre à une nouvelle initiative culturelle canadienne en infligeant une sanction économique à une autre industrie canadienne.

Les craintes que les accords commerciaux internationaux ne paralysent les initiatives culturelles canadiennes ont atteint un sommet au cours des dernières années, à la suite de deux événements. D'abord, l'Organisation mondiale du commerce (OMC) a donné raison au gouvernement américain en condamnant la taxe canadienne sur les revenus de revues vendues au Canada et ayant moins de 80 p. 100 de contenu éditorial canadien. Ce débat s'articule autour d'une revue à tirage dédoublé préparée aux États-Unis, puis transmise de façon électronique au Canada et imprimée ici avec un contenu canadien minimal et des tarifs très bas pour les annonceurs canadiens. Dans son jugement, l'OMC déclare aussi que le Programme d'aide à la distribution des publications viole les règles du commerce international. Le gouvernement canadien étudie présentement la manière de venir en aide à l'industrie du magazine sans contrevenir à ces jugements.

Le deuxième événement est constitué par les négociations actuelles de l'Organisation de coopération et de développement économique sur l'Accord multilatéral sur l'investissement (AMI). À l'étude en ce moment, l'AMI comporte un train étendu de mesures favorables aux intérêts des investisseurs internationaux, dont l'interdiction de limiter la propriété étrangère et d'appliquer des exigences de contenu national. Comme cela pourrait toucher un grand nombre de programmes de subventions et de règlements, le milieu culturel a demandé que la culture bénéficie d'une dérogation complète à l'AMI.

Politiques particulières Malgré des mandats changeants et des querelles de compétence, les gouvernements provinciaux et fédéral s'impliquent de plus en plus dans les questions culturelles. Le gouvernement s'engage dans le domaine de la radiodiffusion dès les années 20 et crée la SRC en 1936. Les réglementations sur le contenu canadien restreignent la diffusion d'émissions étrangères à la télévision.

Les stations canadiennes sont autorisées à substituer leur propre signal de CÂBLODISTRIBUTION à celui des stations américaines lorsqu'elles diffusent la même émission. Au Canada, seuls les Canadiens peuvent posséder un réseau de télédistribution ou une station de radio ou de télévision.

En 1976, des modifications à la *Loi de l'impôt sur le revenu* rapatrient les revenus publicitaires canadiens des stations frontalières américaines. Le Conseil de la radiodiffusion et des télécommunications canadiennes (CRTC) émet des règles sur le contenu canadien minimum à l'intention des diffuseurs conventionnels et fixe les conditions pour l'obtention d'un permis de diffusion. Le titulaire d'un permis de diffusion doit être sous contrôle canadien dans une proportion d'au moins 80 p. 100.

Dans le domaine du livre, le gouvernement fédéral commence à aider les éditeurs canadiens en 1972, après la vente des maisons d'édition Ryerson et Gage à des intérêts étrangers et une faillite évitée de justesse par MCCLELLAND AND STEWART INC. Le Programme d'aide au développement de l'édition canadienne débute en 1979 et distribue annuellement jusqu'à 9,7 millions de dollars. Le gouvernement fédéral annonce en 1986 son nouveau Programme d'aide au développement de l'industrie de l'édition. Son budget en 1996-1997 est de 19,1 millions de dollars.

Le Conseil des arts du Canada distribue en 1996-1997 plus de 8,9 millions de dollars aux éditeurs de livres. Le Conseil engage aussi 2,2 millions de dollars dans l'aide aux revues d'art et aux magazines littéraires. Le CRSH accorde 1 960 000 $ à des revues savantes. Le projet de loi C-58, voté en 1965 et modifié en 1976, canalise les revenus publicitaires vers les revues à propriété canadienne, ce qui amène une augmentation du tirage des périodiques canadiens.

Les subventions postales sont aussi d'un grand secours pour l'industrie du magazine en offrant des tarifs préférentiels pour la distribution au Canada. Le Programme d'aide à la distribution des publications du MPC accorde actuellement des tarifs postaux préférentiels aux éditeurs canadiens pour la distribution de périodiques, de livres de bibliothèque et de certains journaux. Le budget de ce programme s'élève à 58 millions de dollars en 1996-1997.

Dans le domaine de l'enregistrement sonore, la réglementation sur le contenu canadien adoptée par le CRTC en 1971 exige que 30 p. 100 de la musique qui passe à la radio AM aux heures de grande écoute soit canadienne. Au réseau FM, cependant, la proportion de contenu canadien exigé varie de 30 p. 100 pour la musique classique à 70 p. 100 pour la musique populaire. En 1986, le gouvernement fédéral met sur pied le Programme d'aide au développement de l'enregistrement sonore afin de stimuler la production canadienne. Son budget pour 1997 est de 9 450 000 $.

L'engagement du gouvernement dans le secteur du CINÉMA s'accroît en 1968 avec la création de la Société de développement de l'industrie cinématographique canadienne (devenue plus tard TÉLÉFILM CANADA), qui a pour objectif d'aider au financement de longs métrages. Pendant sa première décennie d'existence, la SDICC investit 26 millions de dollars dans l'industrie. En 1996-1997, son budget est de plus de 123 millions de dollars. En 1974, une exonération d'impôt de 100 p. 100 sur l'investissement dans le cinéma canadien provoque un boom dans la production, mais génère aussi de nombreux «films exonérés d'impôts» de qualité douteuse. Cette exonération est remplacée en 1995 par un crédit d'impôt fédéral remboursable sur les films et documents vidéo admissibles. En 1998, le ministère du Patrimoine canadien annonce une réforme majeure de la politique canadienne sur les longs métrages en soulignant qu'en dépit des critiques favorables, la part des recettes des films canadiens au Canada est

demeurée pratiquement inchangée, à environ 2 p. 100, depuis au moins 1984.

Les deux programmes principaux de Téléfilm Canada sont le Fonds de développement de la production d'émissions canadiennes, doté d'un budget de plus de 58 millions de dollars pour 1996-1997, et le Fonds de financement des longs métrages, d'une valeur de 22 millions de dollars. La Colombie-Britannique, le Manitoba, l'Ontario, le Québec, le Nouveau-Brunswick et la Nouvelle-Écosse se sont dotés de programmes de crédits d'impôt pour la production de films et de documents vidéo, et six provinces fournissent des subventions directes.

D'autres programmes en Colombie-Britannique, en Ontario et en Nouvelle-Écosse s'attachent à attirer la production étrangère. Ces mesures, accompagnées d'un taux de change favorable, d'une main-d'œuvre canadienne qualifiée et créative et d'une promotion active de la part des bureaux du cinéma municipaux et provinciaux, ont eu pour résultat une floraison de productions américaines au Canada pendant la dernière décennie. Au Québec, le déclin de l'industrie cinématographique mène en 1983 à l'adoption de la Loi 109, qui réglemente la distribution des films et des documents vidéo.

Préservation de la culture dans une société de masse En rejetant les traditions réformatrices nées des révolutions américaine et française et ses propres éruptions républicaines des années 1830, avec les compromis entre région et nation qui caractérisent la Confédération, le Canada émerge de son passé colonial doté d'une culture politique distinctive.

Ironiquement, pendant que les Canadiens pensent à exploiter l'avantage de leur diversité, leur environnement culturel se transforme rapidement en un fragment du marché américain de l'*entertainment*. Le décret créant la Commission Massey souligne qu'il est «dans l'intérêt national d'encourager les institutions qui expriment le sentiment de la collectivité, favorisent la bonne entente et apportent de la variété et de l'abondance à la vie canadienne». Les mêmes moyens de communication qui offrent tant de perspectives pour la réalisation de ces objectifs servent tout autant à soumettre les Canadiens aux mythes, aux angoisses et aux valeurs préfabriquées d'une société étrangère.

Le but ultime de la politique culturelle est de créer des conditions propres à encourager toutes les formes de créativité. Les valeurs de l'économie de marché, celles de la recherche du profit et de l'appât du gain qui, selon la plupart des économistes et des hommes d'affaires, devraient gouverner la culture comme n'importe quel autre produit de consommation, sont choses abominables du point de vue de l'art, qui vénère le dépassement, le risque, l'expérimentation et l'esprit critique.

Si on croit que l'expression artistique est vitale à la société et qu'on reconnaît que le potentiel des technologies de communication dépasse le simple accroissement de la consommation, il est inacceptable d'abandonner la culture à une économie de marché complètement dominée par quelques entreprises étrangères. Dans une économie de marché, l'écart entre la capacité de production, de distribution et de commercialisation des États-Unis et celle du Canada réduirait le plus modeste des deux à un rôle de consommateur passif.

Toute tentative de limiter la circulation des produits culturels ou des idées peut sembler rétrograde. Le but de la politique culturelle est cependant de promouvoir la tolérance envers tous les moyens d'expression artistique en s'assurant que chaque milieu créatif puisse entrer en contact avec son propre auditoire.

La société de consommation moderne a amené un niveau de vie matériel élevé, mais aussi une angoisse indubitable. L'esprit créateur, qui explore le sens éthique et esthétique de la vie, n'a jamais été aussi vital qu'aujourd'hui. En parlant des sommes énormes engagées par notre société dans la défense, la Commission Massey demande: «Qu'est-ce donc que nous voulons défendre? Nous voulons défendre la civilisation, la part qui nous en revient, l'apport que nous avons pu lui faire. Or notre enquête porte justement sur tout ce qui donne à cette civilisation son caractère et sa valeur. Ce serait un paradoxe que de nous apprêter à défendre une richesse que nous ne voudrions ni accroître ni faire fructifier, et que nous laisserions, au contraire, se désintégrer.» Ce discours s'applique encore aujourd'hui. (*Voir* POLITIQUES CULTURELLES AU QUÉBEC.)

James Marsh et J. Harvey

Politique de défense Le Canada, selon C.P. Stacey, forme une «communauté non militarisée». Cela n'a rien de fortuit. Les Canadiens n'ont jamais eu à payer le prix d'un manque de préparation. Les FORTIFI-CATIONS, édifiées à grands frais par les Français ou les Britanniques, attirent des hordes de touristes et servent de monuments à la folie humaine. Des capitaux, qui auraient pu être dilapidés à des fins militaires, ont pu servir au financement de la construction du chemin de fer Intercolonial et de celui du Canadien Pacifique de même qu'à des programmes sociaux du XX* s.

Avant 1870, la défense du Canada représente un lourd fardeau pour la France et ensuite la Grande-Bretagne, invariablement pour se prémunir contre une attaque en provenance du sud, qu'il s'agisse des Iroquois, des Anglais ou des envahisseurs américains de 1775-1776 ou de 1812-1814. La GUERRE DE SÉCESSION a convaincu les Britanniques qu'il n'est pas possible d'envisager une reprise victorieuse de la GUERRE DE 1812. Aux yeux des Britanniques, la Confédération de 1867 apparaît comme un instrument apte à permettre à leurs colons nord-américains d'assumer le fardeau désespéré de leur propre défense. En 1871, avec le départ des garnisons britanniques, le jeune dominion doit se débrouiller par ses propres moyens.

Les Canadiens sont alors confrontés à une réalité paradoxale: le pays est à la fois invulnérable et indéfendable. Les distances et la présence de la Marine royale offrent une protection aux deux frontières océaniques contre toute attaque, sauf quelques raids occasionnels. Jusqu'à l'apparition, dans les années 30, d'avions à long rayon d'action, le Nord demeure infranchissable. Sur le flanc sud, malgré ce qu'ont pu avancer George T. DENISON et d'autres colonels de la milice, la défense s'avère impossible sans un état de préparation qui, en lui-même, constituerait un geste de provocation. La solution, contenue dans l'avertissement lancé en 1865 par A.-A. DORION, consiste à «se tenir tranquille et à ne donner aucun prétexte pouvant conduire à une guerre». La signature du TRAITÉ DE WASHINGTON, en 1871, et la résolution, en 1903, de l'AFFAIRE DES FRONTIÈRES DE L'ALASKA éliminent les menaces à la paix. Il en est de même de la mise sur pied, en 1873, de la POLICE À CHEVAL DU NORD-OUEST, qui a pour but de prévenir le banditisme et les violences frontalières susceptibles d'attirer les troupes américaines à l'intérieur des «vastes immensités isolées», comme elles le feront au Mexique, au Nicaragua, à Haïti et dans d'autres pays méridionaux.

Le deuxième moyen de défense sur lequel compte le Canada se présente sous la forme d'une garantie britannique, obtenue en 1865, de défendre chacune des parcelles de l'Empire «en faisant appel à toutes les forces à sa disposition» en échange d'un engagement, de la part du Canada, à «mettre à contribution la totalité de ses ressources, tant humaines que financières, au maintien de ses liens avec la mère patrie». La crise du Venezuela de 1895-1896 démontre que les Britanniques, ni le Canada d'ailleurs, ne se sont jamais vraiment arrêtés à considérer sérieusement leur engagement. Un observateur américain a déjà qualifié la milice aux effectifs purement théoriques de 40 000 hommes, coûtant un million de dollars annuellement, de «sorte d'instrument de magouille militaire». Les réformateurs n'y sont

pas les bienvenus. Tant les conservateurs que les libéraux vantent les mérites du Canada comme foyer d'asile des conscrits et lieu de refuge pour ceux qui fuient ce que sir Wilfrid LAURIER appelle le «tourbillon du militarisme européen».

Lorsque les guerres éclatent au XX* s., les Canadiens peuvent répondre à l'appel d'une noble cause ou à celui d'une mère patrie déjà à moitié oubliée, car leur pays demeure inexpugnable. D'autres, imperturbables devant cette fièvre de partir en croisade, développent un sentiment de rancœur à l'endroit de leurs compatriotes qui cherchent à les entraîner dans un conflit qualifié par Armand Lavergne d'«aventure plus ou moins intéressante dans un pays étranger». Au cours de la Première Guerre mondiale, la menace extérieure est considérée suffisamment lointaine pour que l'on refuse aux quelques milliers de défenseurs de Halifax et du canal Welland le statut d'ancien combattant.

Pendant la Seconde Guerre mondiale, la menace plus réelle que constitue la présence de sous-marins japonais et allemands suffit mal à justifier le déploiement de trois divisions ou du considérable effectif territorial de l'Aviation royale du Canada. Même dans le contexte de la crise de 1940, le Canada offre toujours l'image, immortalisée par les mots du sénateur Raoul Dandurand, «d'un havre à l'épreuve du feu, loin des sources de conflagration».

Brusquement, en 1945, cette situation prend fin. Cinq ans auparavant, à Ogdensburg dans l'État de New York, le président américain Franklin Delano Roosevelt, principalement pour calmer les inquiétudes que suscite à Washington la possibilité d'une utilisation du Nord comme zone de déploiement pour des attaques aériennes, a invité le Canada à participer au système défensif américain. Le premier ministre Mackenzie KING accepte avec enthousiasme, convaincu qu'il permet ainsi au Canada d'agir en tant que pivot de l'alliance entre les États-Unis et la Grande-Bretagne. Les Canadiens ont en grande partie négligé l'importance militaire de l'Arctique. Il en est tout autrement des Américains. Ce n'est que lorsque les Américains se précipitent vers le Nord pour y construire la ROUTE DE L'ALASKA et y aménager des bases aériennes qu'Ottawa se rend compte de la menace qui pèse sur la SOUVERAI-NETÉ DANS L'ARCTIQUE canadien.

Pendant la période d'après-guerre, au cours de laquelle l'hostilité soviéto-américaine devient rapidement la GUERRE FROIDE, le Canada se retrouve coincé entre deux superpuissances belliqueuses. Les responsables de la défense canadienne sont confrontés à un nouveau paradoxe: alors que l'Union soviétique représente l'ennemi absolu, la menace immédiate vient des États-Unis. Washington s'érige en juge unique de la sécurité de l'Amérique du Nord. Les Canadiens peuvent toujours remplir la mission qui leur a été assignée, dans le cas contraire, les Américains le feront pour eux.

Dès les années 50, l'URSS possède des armes thermonucléaires ainsi qu'une capacité limitée de frapper avec celles-ci les villes canadiennes et américaines. Les Canadiens deviennent des associés au sein d'un réseau continental de défense aérienne qui possède trois lignes radar nordiques et des escadrons de chasseurs intercepteurs déployés principalement sur le sol canadien. Lorsque vient le temps de choisir un organisme responsable de la défense du territoire nord-américain, le choix de l'OTAN, la «solution providentielle» du Canada aux dangers que présente une alliance bilatérale disproportionnée, est rejetée par Washington.

L'entente sur la Défense aérienne du continent nord-américain (NORAD), entérinée par Ottawa en 1957, est militairement bien conçue pour faire face au danger qui menace le continent. Sur le plan politique, elle octroie à Washington une autorité réelle sur le droit du Canada de vivre en paix ou en guerre. Ce fait, dont prend tardivement conscience le gouvernement DIEFENBAKER au cours de la CRISE

DES MISSILES DE CUBA en 1962, révèle une faille dans le système défensif de NORAD et provoque une crise politique. Au cours de l'élection qui suit, en 1963, où pour une rare fois dans la vie politique en temps de paix au Canada les questions militaires sont un enjeu important, un nouveau gouvernement est élu.

Provisoirement, c'est la technologie qui vient aider les Canadiens à résoudre leurs dilemmes en matière de défense nationale. Les possibilités nouvelles qu'offre la trajectoire stratosphérique des missiles balistiques intercontinentaux (ICBM) ainsi que l'abstraction que représente la destruction mutuelle assurée (MAD) métamorphosent la guerre nucléaire. Les fusées équipées d'ogives nucléaires survoleraient le Canada pour s'écraser sur le sol des superpuissances voisines. Les priorités en matière de défense qui, en 1949, en 1959 et en 1964, ont respectivement placé en tête de liste l'OTAN, NORAD et la contribution canadienne aux Forces de MAINTIEN DE LA PAIX de l'ORGANISATION DES NATIONS UNIES, sont soudainement remises en question par le gouvernement Trudeau. La SOUVERAINETÉ devient la «priorité numéro un» sur le plan de la défense, qu'elle passe par la surveillance des frontières du Canada ou l'intimidation d'adversaires de l'unité nationale, comme lors de la Crise d'octobre de 1970.

Dans un contexte marqué par une diminution draconienne de l'effectif des Forces armées qui affecte principalement les engagements du Canada envers l'OTAN, on instaure des patrouilles de surveillance des pêcheries, des survols du territoire arctique et l'on met sur pied un minuscule Commandement du Nord à Yellowknife. L'effectif des Forces armées, qui est passé de 120 000 à 100 000 personnes sous le gouvernement PEARSON, est réduit par le régime TRUDEAU à 78 000 hommes et femmes dans la force régulière à moins de 20 000 réservistes. Jusque vers la fin des années 70, les programmes de rééquipement demeurent languissants. Ce sont les pressions exercées par Washington et par les alliés de l'OTAN qui forcent le gouvernement à acquérir un nouvel avion de chasse, le CF-18 *Hornet*, et un avion de patrouille à grand rayon d'action.

Vers 1984, la faiblesse et la désuétude de leurs systèmes défensifs préoccupent de nombreux Canadiens. Le conflit anglo-argentin des îles Falkland rappelle aux Canadiens que, dans le cadre d'une guerre moderne, leur propre petite flotte est pratiquement sans défense. En partie pour restaurer la fierté nationale, en partie pour rassurer le gouvernement Reagan, MULRONEY, élu en septembre 1984, s'engage à moderniser et à accroître l'effectif des Forces armées. En 1987, le ministre de la Défense, Perrin Beatty, dépose un livre blanc, attendu depuis fort longtemps, dans lequel il réitère le respect des engagements du Canada dans le cadre de l'alliance, promet l'instauration d'un concept de «force totale» qui prévoit la reconstitution des Forces de réserve en les dotant d'effectifs atteignant 90 000 personnes, et annonce des mises de fonds importantes afin de pourvoir au remplacement des armes et des équipements.

En moins de deux ans, les fondements de la politique canadienne de défense issus de la guerre froide de même que le livre blanc du ministre Beatty se sont effondrés tout autant que le mur de Berlin. Avant même son lancement, le programme des sous-marins à propulsion nucléaire est mis en échec par une levée de boucliers dans l'opinion publique. D'autres programmes, y compris la reconstruction du système d'alerte du Nord et la mise sur pied d'une «force totale», par l'intégration des forces régulières et des réservistes, sont maintenus en place quoique, après 1989, les ressources financières se révèlent insuffisantes pour en permettre la mise en œuvre.

Durant plusieurs années après la fin de la guerre froide, les dispositions du livre blanc de 1987 demeurent la politique officielle, mais à l'automne de 1991, le successeur de Beatty, William McKnight, y apporte des modifications en annonçant une diminution importante de l'effectif des Forces canadiennes. Puis, à la suite de prises de position contradictoires, le gouvernement Mulroney ordonne la fermeture en 1994 des deux bases de l'OTAN situées en Allemagne. Dans le cadre des mesures d'allégement du déficit budgétaire, on prévoit le retour au pays et la dissolution de l'ensemble des Forces canadiennes déployées en Europe.

La priorité accordée par les gouvernements libéraux et conservateurs à la modernisation de la marine et de l'aviation est mise en évidence au moment de la guerre du Golfe, en 1990-1991, par l'envoi d'un petit contingent composé de trois navires et d'un escadron de CF-18. Ce contingent ne participe à aucun incident important et ne subit aucune perte de vie. Cependant, les événements chaotiques qui marquent la période qui suit la fin de la guerre froide laissent présager un recours fréquent à l'effectif réduit des forces terrestres. À l'été de 1990, la plupart des éléments d'une brigade mécanisée sont déployés en périphérie de Montréal, afin d'apporter leur soutien aux autorités civiles et de faire face aux gestes de défi des Mohawks à Kanesatake et à Kahnawake.

En 1991, dans le cadre d'une opération de maintien de la paix, des soldats canadiens doivent être déployés dans l'ancienne Yougoslavie et, un an plus tard, un bataillon aéroporté canadien, intégré au sein d'une force de rétablissement de la paix, est envoyé en Somalie. Toutefois, la politique de «force totale» fait en sorte que, de plus en plus, ce sont des réservistes mal entraînés qui sont affectés aux missions en territoire canadien et de maintien de la paix à l'étranger et que l'acquisition d'équipement perfectionné pour les forces terrestres demeure peu probable. Même l'acquisition d'équipement adéquat pour la marine et l'aviation est remise en question au moment d'un débat, en 1993, sur l'annulation du contrat d'achat de 50 hélicoptères EH-101 destinés aux frégates de patrouille et sur le remplacement d'équipement désuet de recherche et de sauvetage.

Depuis, il y a eu le livre blanc de 1994, qui a remis la défense de la souveraineté nationale à l'avant-plan et a placé la contribution à la sécurité internationale au troisième rang des priorités canadiennes de défense. En réduisant ce nombre de militaires professionnels à 60 000 et celui des réservistes à 23 000, le Canada compte libérer plus de moyens à l'acquisition de matériel de pointe. Ce choix commence à porter des fruits, en particulier du côté de l'armée de terre et du renouvellement des flottes d'hélicoptères liés aux opérations en mer et de recherche et sauvetage en général. Quant à la sécurité internationale, le Canada n'y a jamais autant contribué qu'entre 1995 et 2000. Du Timor oriental à l'ex-Yougoslavie, en passant par Haïti, il a aussi été joueur important dans la guerre aérienne de l'OTAN entre la Serbie au sujet du Kosovo.

L'immensité du territoire, la rigueur du climat, la rareté des ressources et la faible population constituent des difficultés auxquelles ont toujours été confrontés les stratèges canadiens. En outre, ils ont été forcés de composer avec la réalité historique. Depuis près de deux siècles, les guerres auxquelles participent les Canadiens ont lieu ailleurs. Au pays, l'illusion d'être totalement à l'abri de toute menace intérieure ou extérieure côtoie la conviction généralisée que les préparatifs militaires sont de la folie.

Pourtant, la population de plus en plus multiculturelle du Canada tend à oublier à quel point, en 1899, en 1914 et en 1939, les liens ancestraux ont contribué à propulser le pays dans des guerres pour défendre la mère patrie de la plupart des Canadiens. Au cours des dernières années, des Canadiens de souche irakienne, croate et somalienne ont su exercer une influence sur la défense canadienne et la politique extérieure, et ces exemples sont appelés à se multiplier à mesure que d'autres crises éclateront. Un monde dominé par de nombreuses puissances, où l'on assiste à une explosion des nationalismes et à une prolifération des stocks d'armes nucléaires, risque de se révéler beaucoup plus dangereux que celui, antérieur aux années 90, de la guerre froide et de la rivalité opposant deux superpuissances, mais les Canadiens continuent innocemment de se sentir en sécurité.

Desmond Morton

Politique de la pêche La gestion et le développement des pêches sont un secteur important de la politique publique. Les pêches côtières et intérieures du Canada sont de compétence fédérale depuis la LOI CONSTITUTIONNELLE DE 1867, et les pêches sont une entité administrative depuis ce temps, soit comme ministère distinct, soit comme direction au sein d'un autre ministère. En 1979, le gouvernement fédéral a créé le ministère des Pêches et des Océans. Depuis, toutefois, certains domaines des pêches, y compris la transformation du poisson et la formation des pêcheurs, sont de ressort provincial.

Le défi de la politique des pêches est de conserver les stocks de poisson tout en maximisant les avantages économiques que les pêches procurent aux gens de l'industrie, aux collectivités qui en vivent et à l'ensemble du pays. L'industrie des pêches est complexe et difficile à administrer, car elle est composée de nombreux groupes différents aux intérêts souvent contradictoires.

Une partie des difficultés vient de la nature même de la ressource, qui est de «propriété commune». Comme il n'y a aucun arrangement d'exclusivité sur la propriété du poisson, il s'ensuit une course effrénée à la pêche de stocks limités de poisson. La première priorité de la politique des pêches est le maintien et, si possible, l'expansion de la ressource par l'établissement chaque année d'un quota global ou d'un total de prises admissibles pour les stocks d'espèces distinctes. Cette méthode s'applique en particulier à la gestion des espèces démersales (de fond) et des espèces pélagiques (en haute mer). Pour d'autres pêches, des approches différentes sont adoptées, notamment un échappement nécessaire optimal (saumon) ou une taille légale minimale (homard). Le gouvernement fédéral a également limité le nombre de nouveaux intervenants dans l'industrie des pêches et restreint les permis pour certaines espèces de poisson.

Récemment, la politique fédérale s'est orientée vers l'instauration de quasi-droits de propriété ou d'affectations par entreprise, en vertu desquels chaque entreprise de pêche reçoit son propre quota. Les partisans de cette approche sont d'avis qu'elle contribuera à régler les problèmes de surinvestissement et de concurrence vaine qu'entraîne la ressource de propriété commune.

Au cours des années 60 et au début des années 70, la surpêche par des flottes étrangères de chalutiers-usines appauvrit gravement les stocks de poissons. Après une série de négociations multinationales, un nouveau régime de gestion des pêches entre en vigueur au pays en 1977: le Canada a dorénavant compétence sur les 200 milles marins (370 km) au large de ses côtes. Le gouvernement fédéral tente ensuite de renverser le déclin des stocks de poisson en réduisant graduellement la pêche étrangère à l'intérieur de la limite de 200 milles, tout en accroissant l'effort du Canada. La croissance subséquente des stocks de morue du Nord au large des côtes du Labrador est l'une des réussites de la gestion des pêches, bien que la croissance a semblé avoir diminué en 1983-1984.

Une partie des stocks de poisson sur lesquels compte l'industrie des pêches canadienne se trouve à l'extérieur de la zone de gestion de 200 milles. Des organismes seront donc mis sur pied pour protéger les stocks des eaux internationales, notamment l'Organisation des pêches de l'Atlantique nord-ouest et la Commission internationale des pêches du Pacifique nord. Cela n'empêche pas les problèmes occasionnels entre pays individuels. Ainsi, au début des années 80, le Canada accuse l'Espagne (qui n'a alors pas encore signé le traité d'OPANO) de surpêche juste à l'extérieur de la limite de 200 milles dans une zone connue sous le nom de queue du Grand banc, ce qui mènera à la réduction des échanges commerciaux entre les deux pays.

La limite de compétence autour des îles françaises SAINT-PIERRE ET MIQUELON au large de la côte sud de Terre-Neuve fait toujours l'objet d'un litige entre le Canada et la France; par contre, la plupart des différends avec les États-Unis sont réglés. En 1984, la Cour internationale de Justice a ordonné qu'une zone frontalière soit établie dans le golfe du Maine et permis une gestion commune de certaines pêches dans la région. Le Traité sur le saumon du Pacifique de 1985 conclu avec les États-Unis prévoit des innovations en matière de gestion des pêches et comprend les conditions nécessaires au rétablissement des stocks de poisson et au partage des prises.

Dans les années 80, l'industrie des pêches de l'Atlantique et, dans une moindre mesure, celle du Pacifique, connaissent des difficultés économiques profondes. Sur les deux côtes, on prétend qu'il y a trop de bateaux pêchant trop peu de poisson. L'instauration de la limite de 200 milles a incité les pêcheurs et les transformateurs à trop étendre leurs activités en prévision d'une manne qui ne s'est jamais concrétisée. Bon nombre ont non seulement accumulé de lourdes dettes, mais ils sont frappés par des taux d'intérêt extrêmement élevés qui coïncident avec une conjoncture à la baisse sur les marchés mondiaux. En réaction, le gouvernement fédéral crée deux commissions royales (sous la présidence de Peter Pearse et de Michael Kirby, respectivement) pour étudier les pêches dans le Pacifique et dans l'Atlantique.

Les questions liées à la politique diffèrent sur chaque côte. Sur la côte Ouest, les questions les plus importantes sont la conservation, la rationalisation de l'effort, la réduction de la taille des flottes et la stabilisation des marchés. Sur la côte Est, les principales questions concernent l'amélioration de la qualité et donc de la valeur marchande des produits du poisson (en particulier la morue et le hareng), le développement de marchés pour les espèces sous-utilisées abondantes (merlu, maquereau, hareng, gaspareau), une certaine réduction du nombre de pêcheurs, un revenu plus élevé et plus stable pour les pêcheurs, et la création d'un équilibre juste et stable entre l'effort et les flottes intérieures, semi-hauturières et hauturières.

Les recommandations formulées par les deux commissions sont controversées et le resteront. Sur la côte Ouest, Pêches et Océans se heurte à la résistance des pêcheurs dans ses tentatives de mise en œuvre du programme de la Commission Pearse, qui vise une réduction marquée de la flotte de pêche au moyen d'un régime de redevances et de rachats. Le rapport de la Commission Pearse propose qu'une commission nommée par le gouvernement offre un dédommagement aux titulaires de permis de pêche qui abandonnent volontairement leur permis, réduisant ainsi le nombre total de pêcheurs de saumon et de hareng rogué.

Le rapport Pearse propose que le coût du programme soit partagé entre le gouvernement et le reste des titulaires de permis de pêche, à qui la réduction de la flotte devrait profiter en leur permettant d'augmenter leurs prises individuelles. Des recettes seraient perçues des pêcheurs sous la forme de redevances, qui seraient un pourcentage fixe de la valeur des débarquements de poissons.

Sur la côte Est, un processus de restructuration est mis en branle, notamment par l'injection de fonds publics dans le refinancement de cinq grandes entreprises de pêche hauturière acculées à la faillite. La restructuration donne lieu à la création de deux méga-entreprises, l'une basée à Terre-Neuve, l'autre en Nouvelle-Écosse. L'entreprise de Terre-Neuve appartient aux gouvernements fédéral et provincial, tandis que celle de la Nouvelle-Écosse appartient à des intérêts privés. Le plan de restructuration suscite de vives critiques, surtout parce que rien n'est fait pour aider les pêcheurs indépendants qui sont financièrement pris à la gorge par de fortes hausses de leurs coûts d'exploitation.

Le rôle que devrait jouer au juste le gouvernement dans l'industrie des pêches est une question qui sous-tend une bonne part du débat concernant la restructuration et même la politique des pêches en général. Les transformateurs de poisson souscrivent au principe de l'entreprise privée, alors que les critiques prétendent que l'entreprise privée est la source des crises dans l'industrie des pêches, crises qui ont nécessité l'intervention du gouvernement.

En vertu de la *Loi sur le soutien des prix des produits de la pêche*, en vigueur depuis les années 40, les programmes gouvernementaux aident à protéger les principaux producteurs contre les fluctuations périodiques que connaissent les marchés des produits primaires, et nombreux sont ceux qui voudraient voir ces programmes élargis. La Norvège, qui compte parmi les principaux concurrents du Canada dans le commerce du poisson, offre des programmes semblables à ses pêcheurs. En 1969, le gouvernement canadien établit l'Office de commercialisation du poisson d'eau douce, une société commerciale d'État formée sur le modèle de la Commission canadienne du blé, en vue de contrôler les exportations de poisson et de produits du poisson d'eau douce en provenance des Prairies canadiennes, des Territoires du Nord-Ouest et du nord de l'Ontario. L'exportation traditionnelle de poisson salé vers les pays de la Méditerranée et des Caraïbes n'est plus ce qu'elle était en raison d'une commercialisation désordonnée par une multitude de petits exportateurs et de la concurrence efficace livrée par la Norvège et l'Islande.

En 1970, en réaction à une initiative du gouvernement terre-neuvien, le gouvernement fédéral établit l'Office canadien du poisson salé, créé sur le même modèle que l'Office de commercialisation du poisson d'eau douce, mais doté d'un mandat légèrement différent. L'Office s'occupe de l'exportation et du commerce interprovincial de la morue salée séchée et d'autres produits semblables en provenance de Terre-Neuve, du Labrador et de la Basse-Côte-Nord du Québec. Les deux offices sont des entreprises fédérales-provinciales.

Rôle des syndicats

Tandis que, de façon générale, les transformateurs s'opposent à une intervention gouvernementale accrue dans la commercialisation du poisson, la plupart des syndicats qui représentent les pêcheurs et les travailleurs des usines à poisson l'approuvent. De plus en plus de pêcheurs et de travailleurs d'usine à poisson se regroupent en syndicats et autres organisations pour protéger leurs intérêts devant les entreprises et les gouvernements. Les syndicats négocient directement avec les entreprises pour fixer les prix du poisson et la rémunération des travailleurs d'usine, et ils font pression sur les gouvernements pour obtenir des politiques qui leur sont favorables.

En 1908, une des premières formations syndicales est mise sur pied à Terre-Neuve. Il s'agit du Fishermen's Protective Union, créé par William COAKER. Ce mouvement social et politique vise l'abolition du système de crédit ou de paiement en nature, qui garde les pêcheurs dans un état de semi-servage. En effet, les pêcheurs ne sont jamais payés en argent et c'est le marchand qui leur fournit, à crédit, les produits courants comme la farine et la mélasse. À la fin de la saison, le marchand prend le poisson fumé, calcule sa valeur selon un prix non pas fixé par les pêcheurs mais par les négociants. De cette façon, les pêcheurs sont constamment endettés et totalement à la merci du marchand.

Coaker tente d'obtenir pour les pêcheurs une certaine indépendance financière en créant une compagnie à actionnaires qui exploite des magasins au comptant, où l'on vend des produits courants à des prix non gonflés. Le mouvement de Coaker perdra de sa force après 1919 car, en tant que ministre des Pêches dans un gouvernement de coalition, il tentera sans succès de faire adopter des réformes visant la politique des pêches, notamment la coordination de l'exportation du poisson salé.

Sur la côte Ouest, le principal syndicat de l'industrie des pêches est le United Fishermen and Allied Workers Union, fondé en 1945 et encore de nos jours un agent de négociation efficace pour les pêcheurs et les travailleurs à terre. En Colombie-Britannique toutefois, aucune mesure législative n'accorde aux pêcheurs indépendants le droit officiel de négociation collective. La première province à avoir adopté une loi sur la négociation collective des pêcheurs est Terre-Neuve, en 1971, à la suite des pressions politiques exercées par le Newfoundland Fishermen, Food and Allied Workers Union (NFFAWU), syndicat nouvellement formé.

Le Nouveau-Brunswick a obtenu des droits de négociation collective en 1982, mais la Nouvelle-Écosse et l'Île-du-Prince-Édouard n'ont toujours pas adopté de mesure législative permettant la négociation collective pour les pêcheurs autonomes. Le NFFAWU, qui représente quelque 28 000 pêcheurs côtiers, travailleurs de chalutiers hauturiers et travailleurs d'usine de Terre-Neuve et de la Nouvelle-Écosse, est aujourd'hui le plus important syndicat canadien de l'industrie des pêches. Il est affilié à l'Union internationale des travailleurs et travailleuses unis de l'alimentation et du commerce, qui compte aussi plusieurs sections locales dans l'industrie des pêches au Canada. Le NFFAWU a joué un rôle important dans la hausse des prix du poisson et des salaires, dans l'orientation de la politique publique et dans l'instauration d'avantages sociaux pour les pêcheurs, dont l'indemnisation des accidents du travail.

Les syndicats influencent la politique gouvernementale en ayant des représentants membres de divers comités consultatifs du gouvernement fédéral sur l'établissement des quotas pour les différentes espèces. Ainsi, le NFFAWU a des représentants au Comité consultatif du poisson de fond de l'Atlantique. Lorsque les pêcheurs, d'une part, et les organisations de transformateurs, d'autre part, font des pressions contradictoires pour influencer la politique, ce sont parfois les pêcheurs qui pèsent le plus lourd. Ainsi, la politique gouvernementale permet les ventes directes en mer (auxquelles s'opposent les transformateurs), grâce auxquelles les pêcheurs autonomes qui n'arrivent pas à vendre leurs prises à une usine peuvent les vendre directement à des navires-usines étrangers.

Lorsque les syndicats de l'industrie des pêches se rendent compte que la politique gouvernementale favorise les intérêts des entreprises de poisson, leur dernier recours peut être de mobiliser leurs membres en tenant un scrutin, comme ils l'ont fait avec la campagne de 1984 en faveur de l'unité contre la politique de restructuration d'Ottawa, qui a regroupé sept syndicats différents des provinces de l'Atlantique.

Richard Cashin

Politique énergétique Les mesures des gouvernements qui portent sur la production, le transport et l'utilisation des produits énergétiques constituent leur politique énergétique. Les gouvernements peuvent adopter de telles politiques pour réaliser des objectifs comme la croissance économique, la redistribution du revenu, la diversification industrielle et la protection de l'ENVIRONNEMENT. Depuis la forte hausse des prix de l'énergie au début des années 70, les gouvernements du monde entier jouent un rôle de plus en plus grand dans la politique énergétique.

Bien que le Canada semble disposer d'abondantes ressources quant aux principales sources d'ÉNERGIE (p. ex., CHARBON, PÉTROLE ET GAZ NATUREL, URANIUM et HYDROÉLECTRICITÉ) et bien qu'il ait occasionnellement produit certains combustibles en quantité supérieure à ses besoins intérieurs, il n'a jamais été totalement autosuffisant en matière d'énergie. Si le Canada a traditionnellement besoin d'importer de l'énergie, c'est surtout en raison des grandes distances entre les sources intérieures d'approvisionnement et les marchés. Ce sont donc les facteurs géographiques, davantage que les facteurs géologiques, qui expliquent pourquoi les questions relatives à l'importation, à l'exportation et surtout au transport de l'énergie préoccupent ceux qui élaborent les politiques énergétiques.

Les tentatives pour concilier les divers intérêts économiques afin de surmonter les difficultés de transport constituent un thème dominant de la politique énergétique canadienne. Ces intérêts opposent traditionnellement les producteurs d'énergie (p. ex., le charbon de la Nouvelle-Écosse avant la Première Guerre mondiale, le charbon de la Nouvelle-Écosse et de l'Alberta entre les deux guerres et le pétrole et le gaz de l'Alberta depuis la Seconde Guerre mondiale) et les consommateurs d'énergie, dont la majorité vivent en Ontario et au Québec.

Un deuxième facteur important de la politique énergétique canadienne découle du régime de gouvernement du pays. En raison du PARTAGE DES POUVOIRS prévue par la Constitution, les deux ordres de gouvernement possèdent d'importants pouvoirs en matière de gestion des ressources (*voir* RESSOURCES NATURELLES, PARTAGE DES COMPÉTENCES LÉGISLATIVES CONCERNANT LES). L'article 109 de la LOI CONSTITUTIONNELLE DE 1867 attribue aux provinces le pouvoir sur toutes les ressources naturelles dans leur territoire. Les provinces ont également le droit de percevoir des taxes directes (redevances) sur ces ressources.

Toutefois, le gouvernement fédéral possède de vastes pouvoirs fiscaux, et sa compétence englobe tous les aspects du commerce interprovincial et international. Le gouvernement fédéral a aussi le pouvoir constitutionnel d'annuler des lois provinciales et d'assumer la direction de travaux publics «pour l'avantage général du Canada», bien qu'aucun de ces deux pouvoirs n'ait été exercé ces dernières années.

Comme cette répartition des pouvoirs provoque un chevauchement des compétences des deux ordres de gouvernement, la politique énergétique canadienne est souvent le fruit de négociations fédérales-provinciales. Ces négociations peuvent devenir acerbes lorsqu'il y a divergence d'opinions entre le gouvernement fédéral et les provinces productrices, comme ce fut le cas pendant la majeure partie des années 70 et au début des années 80. Le Canada est d'ailleurs peut-être le seul pays où les intérêts collectifs des producteurs et des consommateurs d'énergie sont si opposés.

L'influence des États-Unis est un troisième facteur majeur qui entre en jeu dans l'élaboration de la politique énergétique canadienne. Au fil des années, les États-Unis ont à la fois fourni et acheté de l'énergie au Canada, et la valeur des échanges commerciaux d'énergie entre le Canada et les États-Unis a dépassé 10,7 milliards de dollars en 1985. Les États-Unis constituent également une importante source de capitaux d'investissement et jouent en conséquence un rôle important dans l'exploitation des ressources pétrolières et gazières canadiennes.

Politique énergétique canadienne avant 1973

Après la Confédération (1867), la politique énergétique canadienne est conçue pour promouvoir une plus grande utilisation des réserves intérieures de charbon grâce à l'imposition d'un tarif douanier sur les importations américaines. Ce tarif est un élément de la POLITIQUE NATIONALE de 1879. Néanmoins, le charbon canadien alimente rarement plus de 50 p. 100 du marché intérieur. L'Ontario, qui est le principal consommateur, s'approvisionne alors (comme aujourd'hui) auprès des mines de Pennsylvanie, alors que les producteurs de la Nouvelle-Écosse et de l'Alberta alimentent respectivement les provinces de l'Est et celles de l'Ouest.

Après la Première Guerre mondiale, en raison de la croissance des importations américaines et des préoccupations grandissantes au sujet de la sécurité énergétique, de nouvelles politiques, y compris des subventions relatives aux coûts de transport, sont adoptées pour protéger l'industrie canadienne du charbon. Ces politiques réussissent plus ou moins à remédier à l'excédent chronique de capacité de production dans cette industrie, problème qui s'aggrave à la suite de la découverte de pétrole à Leduc (Alberta) en 1947. Après la Seconde Guerre mondiale, la politique du gouvernement vise à soutenir les régions productrices de charbon.

L'importance du charbon comme source majeure d'énergie diminue (ce qui touche notamment le Nouveau-Brunswick et la Nouvelle-Écosse) jusqu'à ce que la consommation intérieure du Canada augmente d'environ 150 p. 100 entre le milieu des années 60 et la fin des années 70. Les États-Unis augmentent également leur consommation de charbon, et l'utilisation accrue du charbon dans les deux pays contribue à créer des problèmes d'environnement, notamment celui des pluies acides. En conséquence, des producteurs de charbon de l'Alberta demandent que le centre du Canada s'approvisionne chez eux, faisant valoir notamment que le charbon de l'Alberta contient huit fois moins de soufre (ingrédient principal des pluies acides) que le charbon des États-Unis. Toutefois, comme dans les années 20, l'argument de leurs adversaires est que le prix du charbon albertain est trop élevé.

Pétrole et gaz Bien qu'une production pétrolière existe dans le sud de l'Ontario dès 1857, les réserves et la consommation intérieures sont faibles. L'ère moderne de l'industrie pétrolière est déclenchée par la découverte de 1947 à Leduc, suivie de plusieurs autres découvertes de pétrole et gaz dans les trois provinces les plus à l'ouest. Or, il se trouve que la demande de pétrole au Canada et dans le monde augmente fortement par suite de la guerre et de l'essor économique qui suit.

Pendant les 20 années suivantes, l'objectif primordial de la politique énergétique canadienne est de stimuler la croissance de L'INDUSTRIE PÉTROLIÈRE du pays. En conséquence, des oléoducs et des gazoducs importants (*voir* PIPELINE) sont construits pour relier les provinces productrices aux marchés canadien et américain, ce qui encourage les investissements et favorise l'exportation.

Dès le début, les États-Unis jouent un rôle important dans l'exploitation des réserves pétrolières et gazières du Canada, non seulement parce que les industries appartiennent en grande partie à des Américains, mais aussi en raison de la répartition des ressources pétrolières canadiennes: l'efficience économique exige en effet que l'Alberta alimente les marchés les plus rapprochés, soit le nord-ouest et le centre-ouest des États-Unis, tandis que l'est du Canada continue de dépendre des importations américaines.

Lorsque les pipelines sont enfin construits pour relier les marchés intérieurs aux provinces de l'Ouest, celles-ci exportent une partie de la production pour amortir les frais de transport du pétrole sur des distances si considérables. Comme le Canada dépend des exportations de pétrole et de gaz, d'abord pour satisfaire ses propres besoins en énergie, puis pour stimuler la croissance de l'industrie pétrolière, une proportion croissante de la production intérieure de pétrole et de gaz est destinée au marché américain. Cette proportion atteint un sommet en 1971 lorsque le Canada exporte aux États-Unis 57 p. 100 de sa production pétrolière et 47 p. 100 de sa production gazière.

La croissance rapide de l'industrie pétrolière dans les années 50, la controverse entourant la construction des deux premiers grands gazoducs du Canada (le DÉBAT SUR LE PIPELINE de 1956 qui porte en fait sur TransCanada Pipelines contribue à la défaite du gouvernement libéral aux élections de l'année suivante) et le fait que le gouvernement admet être insuffisamment informé en matière d'énergie amènent la création de la commission Borden en 1957 (*voir* COMMISSION ROYALE D'ENQUÊTE SUR L'ÉNERGIE) pour étudier la politique énergétique canadienne. Les recommandations de la commission entraînent la constitution de l'OFFICE NATIONAL DE L'ÉNERGIE (1959), chargé de réglementer les gazoducs interprovinciaux et le commerce interprovincial des ressources énergétiques ainsi que de conseiller le gouvernement fédéral en matière d'énergie.

La commission préconise aussi la formulation d'une Politique nationale du pétrole (PNP) afin de protéger l'industrie pétrolière canadienne contre les importations de pétrole étranger moins coûteux. Cette politique, qui entre en vigueur en 1961, assure un marché protégé pour le pétrole canadien à l'ouest de la vallée de l'Outaouais, ce qui met l'industrie à l'abri de la concurrence étrangère, tandis que les cinq provinces de l'Est continuent de dépendre des importations. La PNP demeure le fondement de la politique énergétique canadienne pendant la décennie qui suit.

Les années 60 sont une période de raffermissement. Aucune nouvelle initiative d'intérêt public n'est lancée avant le début des années 70. La consommation de pétrole et de gaz canadiens augmente constamment, les prix sont stables, et les réserves du pays en hydrocarbures semblent presque illimitées. La tranquillité de cette décennie rend d'autant plus douloureuse l'adaptation à la crise de l'énergie du début des années 70.

Politique hydroélectrique et nucléaire Le secteur public joue un rôle important dans l'exploitation des ressources électriques du Canada depuis le début du siècle, la Hydro-Electric Power Commission of Ontario étant constituée peu après 1900. Aujourd'hui, toutes les provinces sauf l'Alberta et l'Île-du-Prince-Édouard dirigent leur propre entreprise d'électricité. Toutefois, le gouvernement fédéral n'a pas l'habitude d'intervenir beaucoup en matière d'hydroélectricité, notamment parce que les sources de production d'électricité sont réparties de façon relativement égale dans le pays et que le commerce interprovincial de l'électricité est donc relativement réduit.

Le Parlement adopte néanmoins en 1907 la *Loi de l'exportation de l'électricité et des fluides* pour réglementer l'exportation d'électricité et de gaz naturel, fonction qui est dévolue en 1959 à l'Office national de l'énergie. En 1963, le gouvernement fédéral annonce une Politique nationale de l'électricité (dont les grands principes sont encore en vigueur aujourd'hui) pour encourager la mise en valeur des ressources électriques, de meilleurs raccordements des réseaux de distribution provinciaux les uns avec les autres et l'exportation des excédents d'électricité aux États-Unis.

Dans les années 80, l'hydroélectricité couvre au moins 70 p. 100 des besoins du Canada en électricité. L'expansion des réseaux hydroélectriques pose des problèmes importants, car la plupart des emplacements hydroélectriques encore inexploités sont loin des centres de population et les lignes de transport à grande distance sont coûteuses à installer. La construction de barrages peut aussi causer de graves dommages à l'environnement. Le gouvernement fédéral s'intéresse fortement au développement de l'ÉNERGIE NUCLÉAIRE, surtout parce qu'il a exproprié en 1944 (pour des raisons militaires) une mine d'uranium qui est la seule du Canada à l'époque.

Le gouvernement renforce en 1946 son contrôle des ressources en uranium en adoptant la *Loi sur le contrôle de l'énergie atomique,* qui transfère la compétence relative à l'uranium des provinces aux pouvoirs fédéraux et réglemente la production et les utilisations de l'uranium au Canada. Deux importantes sociétés d'État fédérales s'occupent de l'énergie atomique: ÉNERGIE ATOMIQUE DU CANADA LIMITÉE (EACL) et Eldorado Nucléaire Limitée (*voir* ELDORADO GOLD MINES LIMITED). La première est chargée de la recherche nucléaire, la seconde exploite les mines et raffine l'uranium.

Le programme canadien d'énergie nucléaire débute en 1953 lorsque des études de faisabilité sont entreprises sur la conception du réacteur CANDU. C'est seulement en 1971 que le premier réacteur CANDU à usage commercial commence à fonctionner à Pickering (Ontario), mais, dès 1980, 38 p. 100 de l'électricité consommée en Ontario est d'origine nucléaire. En 1985, l'Ontario, le Québec et le Nouveau-Brunswick possèdent des CENTRALES NUCLÉAIRES.

Politique énergétique canadienne après l'OPEP Le Canada, comme la plupart des pays industrialisés, est pris au dépourvu lorsque les prix internationaux du pétrole quadruplent, et que les pays arabes membres de l'Organisation des pays exportateurs de pétrole (OPEP) imposent un embargo partiel sur le pétrole à la suite de la guerre du Proche-Orient en 1973. La politique énergétique canadienne entre alors dans une décennie de bouleversements sans précédent en raison de la lutte entre les provinces de l'Ouest et le gouvernement fédéral pour le contrôle des revenus énergétiques croissants et de leur désaccord sur l'alignement des prix intérieurs aux prix mondiaux du pétrole et du gaz.

Certaines des initiatives prises par le gouvernement fédéral en 1973 et en 1974 provoquent de vives réactions de la part des provinces. En mars 1973, Ottawa intervient pour réglementer l'exportation du pétrole lorsqu'une rapide augmentation des expéditions aux États-Unis menace de tarir l'approvisionnement intérieur. En septembre, Ottawa bloque pour six mois le prix intérieur du pétrole et impose une taxe sur l'exportation du pétrole pour garantir que les ventes aux États-Unis procurent des rentrées équitables et pour aider à soutenir l'est du Canada, qui dépend des importations pétrolières. Les provinces de l'Ouest, interprétant ces mesures comme des empiétements fédéraux sur leurs domaines traditionnels de compétence, répliquent en adoptant de nouvelles mesures législatives qui sont censées régir la production, la réglementation, la commercialisation et la fixation des prix de leurs ressources en plus de prévoir de nouveaux régimes de redevances visant à leur procurer une plus grande part des recettes.

L'Alberta crée également la Commission de commercialisation du pétrole de l'Alberta, qui est dotée de vastes pouvoirs sur la production, la fixation des prix et la commercialisation du pétrole dans la province. Le gouvernement fédéral répond en modifiant la *Loi de l'impôt sur le revenu* pour interdire de déduire les redevances provinciales des impôts sur le revenu des sociétés et en édictant la *Loi sur l'administration du pétrole,* par laquelle Ottawa s'assure de plus vastes pouvoirs de réglementation des prix du pétrole et du gaz au Canada.

En décembre 1973, dans le cadre de ses mesures pour parer à la crise de l'énergie, le gouvernement fédéral annonce la création de PETRO-CANADA, qui vise à stimuler l'exploration pétrolière et gazière dans le Nord et en mer, à favoriser l'exploitation des sables bitumineux (*voir* BITUME) et à maintenir des sources fiables d'importation de pétrole. Dans les années 80, Petro-Canada est l'une des plus grandes sociétés pétrolières du Canada. En tant qu'avant-poste du gouvernement fédéral dans l'industrie, cette société lui sert à la fois d'agence de renseignement sur le pétrole et le gaz et d'instrument de réalisation de ses politiques, notamment pour le forage dans les régions pionnières.

De 1973 à 1978, le prix du pétrole et du gaz naturel au Canada augmente rapidement par suite d'ententes conclues entre le gouvernement fédéral et les provinces productrices, mais il n'atteint pas les niveaux internationaux. L'écart entre les prix intérieurs et les prix internationaux se rétrécit pour devenir inférieur à trois dollars le baril au milieu de l'année 1978. À la suite de la révolution iranienne de 1979, toutefois, les prix mondiaux augmentent de 150 p. 100, et le gouvernement fédéral renonce à son intention d'établir l'égalité entre les prix mondiaux et les prix en vigueur au Canada, lesquels demeurent donc très inférieurs aux prix internationaux. Cette situation crée de fortes tensions entre l'Alberta et le gouvernement fédéral.

Programme énergétique national de 1980 L'augmentation des prix mondiaux du pétrole en 1979 aggrave certains des problèmes que connaît déjà le Canada. En premier lieu, elle entraîne un transfert considérable de richesses des consommateurs aux producteurs. Au Canada, ce transfert de richesses comporte deux volets importants: un vaste transfert interrégional de richesses de l'Ontario et du Québec (qui consomment au total 58 p. 100 du pétrole utilisé au Canada en 1980) vers l'Alberta (qui produit 86 p. 100 du pétrole canadien) et un transfert international de richesses du Canada vers les États-Unis, attribuable au fait qu'une grande partie de l'industrie pétrolière et gazière appartient à des intérêts américains (*voir* INVESTISSEMENT ÉTRANGER).

Deuxièmement, la hausse rapide des prix internationaux rend l'économie nationale difficile à gérer pour le gouvernement fédéral. Elle aggrave l'inflation et exerce de fortes pressions sur le système de PAIEMENTS DE PÉRÉQUATION. Elle est également un facteur du déficit fédéral, car le gouvernement fédéral continue de subventionner les importations pétrolières pour maintenir un prix intérieur uniforme dans tout le pays. Toutefois, la hausse du prix mondial du pétrole fait également naître la possibilité d'accroître le degré d'autosuffisance pétrolière grâce à l'exploitation de gisements pétroliers coûteux dans des régions pionnières et à l'accroissement de la production par synthèse à partir des sables bitumineux.

En 1980, le gouvernement fédéral établit le Programme énergétique national (PEN), qui a pour objectifs d'accroître la participation canadienne à l'industrie pétrolière, d'atteindre l'autosuffisance pétrolière et de recueillir une plus grande part des recettes énergétiques. Bien que les trois objectifs soient plus ou moins controversés, c'est le troisième qui suscite les plus vifs débats parce qu'il amène les provinces productrices et l'industrie pétrolière à craindre que leurs recettes ou leurs revenus, selon le cas, diminuent si le gouvernement fédéral augmente ses recettes. Les moyens choisis pour promouvoir les objectifs du PEN sont également contestés, car ils amènent un degré sans précédent d'intervention fédérale et sont imposés sans consultation préalable avec l'industrie et les provinces productrices.

P. ex., pour «canadianiser» l'industrie, le gouvernement fédéral met en vigueur un impôt qui sert à financer les acquisitions de Petro-Canada et il favorise les compagnies appartenant à des intérêts canadiens lorsqu'il attribue les subventions à l'exploration. De plus, il continue de maintenir des prix intérieurs inférieurs aux prix internationaux. Enfin, pour atteindre l'autosuffisance pétrolière, le gouvernement fédéral finance des projets coûteux d'exploration de régions pionnières et met en vigueur un système de subventions afin d'encourager les consommateurs à économiser l'énergie et à utiliser d'autres combustibles.

Auparavant, la politique énergétique considérait comme un fait admis que la demande ne pouvait que s'accroître et qu'il fallait donc constamment mettre en valeur de nouvelles sources d'énergie. Le PEN innove donc en reconnaissant que la solution à l'insuffisance énergétique réside dans le contrôle de l'offre et de la demande. Bien que la plupart des programmes du PEN visant la conservation et le passa-

ge à d'autres sources d'énergie que le pétrole soient abolis par la suite, le gouvernement encourage encore la conservation aujourd'hui.

Toutefois, après deux ans de négociations infructueuses avec l'Alberta, le PEN provoque un dur affrontement entre la province et le gouvernement fédéral. L'Alberta réduit sa production de pétrole, refuse d'autoriser deux grands projets relatifs aux sables bitumineux et au pétrole lourd et conteste devant les tribunaux la légalité de l'impôt fédéral envisagé sur les exportations de gaz. En tant que productrices d'énergie, la Saskatchewan et la Colombie-Britannique dénoncent également le PEN, sans toutefois user de représailles directes contre le gouvernement fédéral. Une entente entre l'Alberta et Ottawa n'est conclue que lorsque le gouvernement fédéral modifie sensiblement les dispositions du PEN sur la fixation des prix et l'imposition de sorte que les prix intérieurs se rapprochent des prix internationaux. Cette entente met fin au conflit politique, mais elle ne parvient pas à stabiliser la politique énergétique.

Le PEN et les régimes fiscaux des provinces doivent être presque immédiatement adaptés à la situation créée en 1983 par la chute des prix internationaux du pétrole, la réduction des exportations de gaz et la récession. Les élections de 1984 portent au pouvoir un gouvernement conservateur qui croit aux forces du marché, et cela amène des changements plus radicaux, car la plupart des politiques interventionnistes du PEN (contrôle des prix, subventions à la consommation, mesures d'encouragement à l'exploration, impôts sur la production et participation de la Couronne à raison de 25 p. 100 sur les terres fédérales, dite «privilège d'acquisition») sont graduellement éliminées.

L'industrie pétrolière et les provinces de l'Ouest se réjouissent de ces changements, mais elles doivent bientôt faire face à une menace encore plus grave que celle du PEN lorsque le prix mondiaux du pétrole diminuent de 50 p. 100 en 1986. L'effondrement des prix internationaux provoque l'annulation des investissements énergétiques dans tout le pays et frappe durement l'économie des provinces de l'Ouest. Par conséquent, on recommence à réclamer que le gouvernement intervienne pour stabiliser les prix et les revenus.

Vers la fin de l'année 1987, les perspectives de l'industrie pétrolière s'améliorent: les prix du pétrole sont à la hausse depuis le creux de l'année précédente, et les revenus augmentent. Un fait encore plus important est l'accord de LIBRE-ÉCHANGE entre le Canada et les États-Unis. En amenant les deux pays à laisser les forces du marché définir les orientations du développement énergétique, l'accord de libre-échange constitue un engagement de grande importance en faveur de la déréglementation énergétique et de l'intégration des marchés continentaux.

Conclusion Le pétrole et le gaz continueront de satisfaire à une large part des besoins énergétiques du Canada au XXIᵉ s., mais l'importance du pétrole diminue déjà. L'épuisement des ressources traditionnelles de l'Ouest forcera le Canada à dépendre des importations ainsi que du pétrole extrait des sables bitumineux, du pétrole lourd, du pétrole de l'Arctique et du pétrole extrait des fonds marins. Les nouvelles sources intérieures de pétrole seront plus coûteuses à obtenir, occasionneront de nouveaux risques environnementaux dans certains cas et exigeront souvent le développement d'une nouvelle technologie.

Le coût croissant de l'énergie, qu'elle soit pétrolière, gazière et électrique, amène déjà une insistance accrue sur la conservation et des efforts pour trouver des sources d'énergie de remplacement, particulièrement en utilisant des combustibles liquides et des formes d'énergie renouvelable comme l'ÉNERGIE SOLAIRE, l'ÉNERGIE ÉOLIENNE et l'ÉNERGIE DE LA BIOMASSE. Ces formes d'énergie, et d'autres encore, pourraient un jour rem-

placer le pétrole et le gaz pour beaucoup de leurs utilisations actuelles. Toutefois, les hydrocarbures demeureront probablement importants comme carburants de transport et comme composants de produits pétrochimiques.

François Bregha

Politique et médias Ce que savent les Canadiens sur leurs chefs politiques, sur les politiques des partis et sur la politique gouvernementale, ils l'apprennent en grande partie dans les médias, particulièrement la télévision, la radio et les journaux, qui constituent le principal lien d'information entre la population canadienne et le monde politique. Les médias tentent d'expliquer les objectifs et les politiques du gouvernement, contribuant ainsi à mobiliser et à renforcer l'appui public nécessaire à une action politique efficace, mais ils attirent également l'attention sur des politiques controversées, dénoncent la corruption et tiennent les personnes politiques responsables devant l'opinion publique. En rendant compte de la politique, les médias aident à choisir les sujets qui retiendront l'attention publique et à donner forme à l'ordre du jour des débats parlementaires.

La libre circulation de comptes rendus significatifs sur les événements et les questions politiques est nécessaire à la bonne compréhension de la politique par la population, à la formation de l'OPINION PUBLIQUE et à la participation des citoyens au processus politique. L'indépendance des médias envers toute ingérence politique, leur vitalité et la façon dont ils s'acquittent de leur fonction politique, la manière dont leur liberté s'accommode aux pressions du système commercial qui les finance, ainsi que la transparence du gouvernement dans la transmission de l'information; voilà autant de facteurs qui influent sur la santé et le dynamisme de la démocratie canadienne.

Au cours du XIXᵉ s., des luttes acharnées ont opposé les éditeurs de journaux et les autorités politiques. En 1835, le procès en diffamation intenté à Joseph HOWE, à Halifax, a créé un important précédent en faveur du droit de la presse à critiquer les autorités (*voir* DROIT ET PRESSE; JOURNAUX). Au XXᵉ s., la Cour suprême du Canada a apporté un appui solide à l'importance de la liberté de la presse (écrite et électronique) et des outils essentiels à un gouvernement démocratique, bien avant que la liberté de la presse ne jouisse de garanties constitutionnelles. Dans le RENVOI DE L'ALBERTA PRESS ACT (1938), la Cour suprême a statué que les tentatives du gouvernement créditiste de l'Alberta visant à museler les critiques de la presse étaient inconstitutionnelles. Au Québec, on a recouru à la LOI DU CADENAS comme instrument de CENSURE durant 20 ans, jusqu'à ce qu'elle soit jugée inconstitutionnelle en 1957. On a aussi appliqué la censure pendant la Première et la Seconde Guerre mondiale ainsi que pendant la CRISE D'OCTOBRE, en 1970.

Depuis 1982, le rôle des médias dans la protection démocratique du Canada est considérablement renforcé par la CHARTE CANADIENNE DES DROITS ET LIBERTÉS, qui prévoit des garanties constitutionnelles de la liberté d'expression, y compris la liberté de la presse et des autres moyens de communication. Ainsi, la Charte reconnaît formellement une tradition de liberté de la presse qui n'a cessé d'évoluer depuis 150 ans en dépit de reculs occasionnels. Les garanties constitutionnelles ne sont pas exprimées ou appliquées en termes absolus. Dans certaines situations, il est entendu que les intérêts de la société jugés plus importants ou aussi importants par les tribunaux, comme le droit à un procès juste et équitable et la liberté des institutions parlementaires, ont préséance sur le principe de la liberté de la presse. Les tribunaux ont joué un rôle de plus en plus visible de gardiens de la garantie de la liberté de la presse, et la signification même de cette liberté dans le contexte canadien est en voie d'être précisée.

Il existe dans toute société des restrictions quant à la circulation de l'information au sujet du gouvernement. Le processus parlementaire canadien a tendance à être secret comparativement au système présidentiel américain. Le «droit de savoir» du public est souvent sacrifié par l'inclination du gouvernement à procéder dans l'ombre, loin des feux de la publicité. En 1982, le gouvernement corrige partiellement cette situation en promulguant la *Loi sur l'accès à l'information* (*voir* INFORMATION, LIBERTÉ DE L'), qui vise à soumettre les agissements du gouvernement fédéral à un plus grand examen de la part des médias et du public. Un bilan des 15 premières années suivant sa mise en vigueur indique que la *Loi sur l'accès à l'information* n'a pas donné les résultats escomptés et que son efficacité est affaiblie par des clauses d'exemption qui créent, dans la pratique, des échappatoires considérables. Cependant, l'existence même d'une loi sur la liberté de l'information signifie que la pratique du secret est soumise aux attaques et est en train de s'effriter.

Économie et liberté de la presse Bien que les médias canadiens participent aux rouages de la POLITIQUE, ils sont habituellement exploités à des fins lucratives (la SOCIÉTÉ RADIO-CANADA étant la plus importante exception). Les quotidiens et les services de radiodiffusion privés comptent parmi les entreprises les plus rentables du Canada. Toutefois, la recherche du profit a entraîné l'expansion des chaînes de journaux et la disparition, à toutes fins pratiques, de la concurrence dans ce secteur.

En 1997, des 90 villes canadiennes dotées de journaux, seulement huit ont plus d'un quotidien. Des 105 quotidiens, 59 appartiennent à une même compagnie, Hollinger Incorporated, qui vend près de la moitié des journaux publiés chaque jour; trois entreprises détiennent 66 p. 100 du tirage national et six entreprises, plus de 90 p. 100. La concentration de la propriété est aussi accentuée dans la presse francophone que dans la presse anglophone. Quebecor, une chaîne québécoise, contrôle près de la moitié des journaux de langue française. Dans le domaine de la radiodiffusion, la concentration de la propriété s'accroît également et avec autant d'intensité, sinon davantage, que dans l'industrie de la presse écrite. Certaines sociétés possèdent dans les mêmes villes des stations de radiodiffusion et des quotidiens.

La Commission royale d'enquête sur les quotidiens (Commission Kent) rapporte en 1981 que, dans ce domaine, la concentration étendue de la propriété des journaux qui prévaut au Canada est «tout à fait inacceptable» dans une société démocratique: «Le pouvoir, et un pouvoir qui n'a aucun compte à rendre, est concentré dans trop peu de mains». La Commission recommande l'intervention du gouvernement fédéral afin de réduire le pouvoir des chaînes de journaux, et de rendre plus démocratique et plus comptable l'exploitation des journaux. En revanche, des critiques ont soutenu que ces propositions augmenteraient les risques d'ingérence politique dans les entreprises d'information (*voir* MÉDIAS, PROPRIÉTÉ DES), et l'on n'a pas donné suite aux recommandations de la Commission.

Rôle changeant des médias dans la politique La presse canadienne s'implique de façon importante en politique à partir d'environ 1820, lorsque l'économie des colonies de l'Amérique du Nord britannique est devenue suffisamment forte pour soutenir un système concurrentiel de journaux grâce à la publicité, aux abonnements et aux contrats d'impression. En dirigeant leur attention sur la politique, les journaux ont aidé à politiser la population et à mobiliser son appui en faveur des institutions démocratiques, en particulier du GOUVERNEMENT RESPONSABLE. Dans la dernière partie du XIXe s., la presse et la politique étaient si intimement liées que les journalistes canadiens les plus en vue étaient souvent des politiciens.

À la CONFÉRENCE DE CHARLOTTETOWN (1864), qui a conduit à la Confédération, 23 sur 98 délégués étaient des journalistes (*voir* JOURNALISME). En outre, les journaux ont stimulé la croissance des partis politiques, tandis que le favoritisme politique a aidé à financer les journaux. Au début des années 1900, des changements technologiques dans la production des journaux et les intérêts changeants des annonceurs ont créé une nouvelle relation entre la presse et la politique. La concurrence entre les journaux a diminué et l'attachement aux partis s'est relâché. L'avènement de la radio dans les années 20 et de la télévision dans les années 50 a révolutionné l'industrie des communications de masse. Même si la presse écrite et la presse électronique rivalisent pour s'attirer un auditoire et des recettes publicitaires, elles n'opèrent pas de façon autonome: elles sont plutôt interdépendantes et complémentaires. Dans les années 90, les effets combinés de la technologie, des forces du marché et des politiques gouvernementales créent de nouvelles réalités politiques et économiques.

L'une de ces nouvelles réalités est la définition de la radiodiffusion, qui a été étendue en vertu de la *Loi sur la radiodiffusion* de 1991 pour englober «toute transmission d'émissions», quelle que soit la technologie utilisée. Un environnement plus concurrentiel est donc en train de se créer: les compagnies de téléphone projettent de transmettre des émissions télévisées dans les ménages et d'entrer ainsi en concurrence avec les compagnies de câblodistribution et les services de diffusion directe à domicile par satellite. De plus, les nouvelles attitudes de la population canadienne ont transformé l'environnement dans lequel les médias évoluent. Depuis le milieu des années 90, les Canadiens critiquent, comme jamais auparavant, leur relation avec les médias: en 1995, ils se révoltent contre les méthodes de facturation de l'industrie de la câblodistribution; les propriétaires de journaux sont stupéfaits de constater que les Canadiens achètent moins de journaux en réaction à l'augmentation de leur prix. Les Canadiens semblent aussi avoir fixé une limite au nombre d'heures qu'ils sont disposés à passer devant leur téléviseur. Aucune incitation en ce sens, comme une programmation plus variée, les magnétoscopes à cassettes et la transmission par satellite, n'a produit une augmentation du nombre d'heures d'écoute.

En 1997, presque 70 p. 100 des 11 millions de ménages canadiens ont déjà au moins deux téléviseurs et plus de 80 p. 100 sont reliés au câble. Les marchés des magnétoscopes et des télécommandes sont presque saturés, et il y a plus de postes de radio que de citoyens. Les Canadiens, qui consacrent plus de 24 heures par semaine à regarder la télévision, considèrent que la télévision est le moyen d'information le plus important et le plus fiable.

La télévision est devenue le grand champ de bataille de l'opinion publique dans la lutte pour le pouvoir politique. La transmission de l'information politique électorale tend à être conditionnée par le média. Ainsi, la télévision a peut-être contribué à sensibiliser les Canadiens à la politique, mais au prix d'une simplification à outrance des problèmes complexes.

Les campagnes électorales sont de plus en plus menées en fonction des médias d'information, et l'on se préoccupe beaucoup moins de convaincre directement les auditoires dans les tribunes populaires. Les chefs politiques sillonnent le pays afin de multiplier les occasions d'être filmés pour la télévision en des endroits opportuns, et l'on accorde une grande importance à «l'image» que dégagent les chefs des partis lors des débats télévisés. Les stratégies électorales des partis misent sur l'utilisation efficace des médias. Les sondages d'opinion publique servent aux partis à concevoir l'image convenable et à déterminer les plates-formes des partis (*voir* CAMPAGNE ÉLECTORALE).

Médias et esprit national On dit souvent que les médias canadiens, en particulier les médias électroniques, contribuent à bâtir l'identité nationale du Canada sans effacer les dimensions multiculturelles et linguistiques de la société. C'est la raison pour laquelle les gouvernements canadiens ont joué un rôle actif dans le façonnement de la presse électronique. Le Canada a été un chef de file mondial dans l'application et le développement de la nouvelle TECHNOLOGIE DES COMMUNICATIONS.

Cependant, il est possible que la technologie n'ait pas aidé à combler le manque de communication au sein de la société hétérogène canadienne. P. ex., les médias français et anglais, véhiculant de part et d'autre leur propre histoire et leur bagage d'expériences, présentent des explications très différentes des événements politiques canadiens, qui reflètent des cultures politiques différentes, en particulier au regard du fédéralisme canadien et des questions constitutionnelles. Les médias de langue française sont généralement une source d'appui au nationalisme québécois et assument le rôle de chien de garde des intérêts politiques et culturels du Québec vis-à-vis du reste du Canada. De leur côté, les médias de langue anglaise sont très proches des médias américains et diffusent une très grande quantité de PROGRAMMATION TÉLÉVISUELLE américaine. Afin de se protéger contre l'envahissement des industries culturelles américaines, le Canada a mis en œuvre toute une panoplie de mesures qui comprennent des exigences en matière de propriété commerciale, des réglementations quant à l'origine canadienne des émissions dans les contenus des programmations radiophoniques et télévisuelles, des subventions postales et des mesures fiscales, toutes destinées à créer une concurrence plus équitable.

Lors des négociations de l'Accord de LIBRE-ÉCHANGE entre le Canada et les États-Unis, et plus tard de l'Accord de libre-échange nord-américain, le Canada a cherché et obtenu une certaine protection de ses industries culturelles. Cependant, les nouvelles technologies permettent de contourner certaines de ces mesures de protection, particulièrement dans le cas des revues. Ce que le Canada perçoit comme une industrie culturelle est plutôt vu comme une entreprise commerciale par les États-Unis. En 1996, l'Organisation mondiale du commerce a appuyé la position américaine lorsqu'un litige a surgi relativement à la publication, par *Sports Illustrated,* d'une édition canadienne dont le contenu éditorial est américain et dont la publicité est canadienne.

Il semblerait que le Canada n'ait pas utilisé efficacement les progrès technologiques pour soutenir les intérêts nationaux liés au flot des communications. En fait, les nouvelles technologies ont habituellement entraîné une dépendance accrue envers les États-Unis. À certains égards, les médias canadiens ont été les principaux agents de dénationalisation et n'ont pas nécessairement contribué de façon marquante à l'identité nationale.

Arthur Siegel

Politique étrangère, livre blanc sur la Le ministère des Affaires extérieures rédige de 1968 à 1970, avec la participation de beaucoup d'autres ministères et organismes gouvernementaux, de chercheurs invités, de gens d'affaires et d'autres personnes, six volumes contenant un examen de la politique étrangère. Le premier exposé global est rejeté par le Cabinet. Une version révisée, plus conforme aux discours et aux écrits du premier ministre Trudeau, est acceptée. En plus d'un document général, l'étude comprend des documents sectoriels sur l'Europe, l'Amérique latine, les États-Unis, le développement international et le Pacifique. Le livre blanc recommande que la politique étrangère soit axée sur six questions d'intérêt national, particulièrement les trois premières: la croissance économique, la justice sociale, la qualité de vie, la souveraineté et l'indépendance, la paix et la sécurité, l'environnement naturel harmonieux. Il y est question de réduire le rôle du Canada dans le MAINTIEN DE LA PAIX, de resserrer les liens avec l'Europe et les pays en développement, d'augmenter l'AIDE EXTÉRIEURE et d'accorder la reconnaissance diplomatique à la République populaire de Chine. Tout cela ne fait que confirmer la réorientation déjà entreprise par le nouveau gouvernement Trudeau en matière de politique étrangère. On n'y examine pas les relations canado-américaines.

C.E.S. Franks

Politique familiale au Québec En vertu de la Constitution canadienne, la gestion et la responsabilité des services de santé et de bien-être reviennent aux provinces. Cependant, pour assurer l'équité entre ces dernières et une certaine uniformisation de l'aide offerte aux citoyens, le gouvernement fédéral utilise, à partir des années 20, la formule du cofinancement. C'est ainsi que plusieurs programmes à frais partagés sont mis en place au fil des ans. Le Québec montre dès le début de la résistance à partager ses champs de juridiction et se prévaut à l'occasion de son droit de retrait. Parmi les nombreuses mesures associées à la politique familiale, plusieurs reflètent cette interaction entre les paliers fédéral et provincial.

Quelques repères historiques

En 1967, le Québec crée son propre régime d'allocations familiales. Une dizaine d'années plus tard, le gouvernement ouvre des places en garderie puis, en 1979, instaure des allocations de maternité et met en œuvre la *Loi sur les services de garde à l'enfance*. L'année 1984 marque l'enclenchement d'une série d'actions: publication du Livre vert sur la politique familiale; vaste consultation auprès des personnes et regroupements concernés; et création du Secrétariat à la politique familiale (lequel deviendra plus tard le Secrétariat à la famille). C'est au Secrétariat que revient le soin d'élaborer la politique familiale et veiller à son application à travers différents domaines d'intervention du gouvernement (logement, éducation, loisir, santé, fiscalité, droit, etc.) En 1987, le gouvernement publie l'Énoncé d'orientation en matière de politique familiale et crée, l'année suivante, le Conseil de la famille, organisme consultatif chargé de conseiller le ministre responsable. Le rôle de l'État est dès lors clairement précisé: il s'agit de soutenir les parents qui demeurent les premiers responsables du bien-être de l'enfant.

Les années subséquentes voient l'adoption de trois plans d'action, qui s'échelonnent de 1989 à 1997. Le premier se démarque des deux autres par sa visée nettement nataliste; cette politique, mise en place par les libéraux, ne connaîtra pas le succès escompté. Les plans d'action de 1992 et 1994 font état des problèmes engendrés par la pauvreté et de la difficulté pour les mères – surtout celles qui ont de jeunes enfants – d'intégrer le marché du travail à plein temps.

Les nouvelles dispositions

À l'automne 1996, le gouvernement du Parti québécois annonce trois nouvelles dispositions: instauration d'une nouvelle allocation familiale, développement de services éducatifs et de garde à la petite enfance et création d'un nouveau régime d'assurance parentale. En 1997, le gouvernement crée le ministère de la Famille et de l'enfance et met en branle l'application des mesures proposées.

Le gouvernement accorde son soutien financier par l'entremise de prestations familiales, de mesures fiscales et de différents programmes. Il souhaite ainsi enrayer la pauvreté de certaines familles, particulièrement les familles monoparentales. Son aide se veut une incitation à demeurer sur le marché du travail ou à y retourner. Elle prend plusieurs formes: l'allocation familiale, l'aide fiscale, le supplément de revenu au travail et l'allocation-logement. La nouvelle allocation familiale remplace d'anciens régimes. Elle est établie en fonction de la prestation fiscale canadienne pour enfants, qu'elle vient compléter, afin de répondre aux besoins essentiels des enfants tels que reconnus par la fiscalité. Sur le plan fiscal, les crédits d'impôt non remboursables représentent le volet universel de l'aide aux familles, alors que les crédits d'impôt remboursables visent des situations particulières. La réduction d'impôt à

l'égard de la famille s'adresse aux travailleurs à faible ou à moyen revenu qui ont des enfants à charge. Quant au Programme d'aide aux parents pour leurs revenus de travail (APPORT) et à l'allocation-logement, ils ciblent les familles défavorisées.

Afin de faciliter la conciliation des responsabilités parentales et professionnelles, d'encourager la réinsertion professionnelle ou encore de stimuler les enfants défavorisés, le gouvernement implante progressivement, depuis septembre 1997, un réseau de centres de la petite enfance pour les enfants de 0 à 4 ans. Selon les besoins des parents, ces services sont offerts à temps plein ou à temps partiel, en garderie ou en milieu familial, au coût de 5$ par jour, pour un maximum de 10 heures par jour, 261 jours par année. En lien avec la réforme de la sécurité du revenu, les parents bénéficiaires de l'aide de dernier recours ont accès gratuitement aux services de garde, à raison de 23 1/2 heures par semaine. Cette période peut être exceptionnellement prolongée. Quant aux travailleurs à faible revenu bénéficiant du programme APPORT, ils reçoivent un remboursement d'au plus 3$ par jour. Pour un maximum de 5$ par jour, des services de garde sont aussi offerts aux enfants de la maternelle et de l'école primaire, au sein des écoles publiques ou des centres à la petite enfance disposant de places à cet effet. Enfin, la maternelle à plein temps est offerte gratuitement à tous les enfants de 5 ans depuis septembre 1997. On estime que 98,8% des enfants de 5 ans au Québec vont à la maternelle. Depuis septembre 1998, sur l'île de Montréal, la maternelle à temps partiel est proposée aux enfants handicapés de 4 ans ou venant d'un milieu économiquement faible. Le réseau de services de garde ainsi constitué place le Québec à l'avant-garde des provinces canadiennes en cette matière.

Compte tenu de l'évolution du marché du travail, soit la hausse du nombre de travailleurs indépendants et à temps partiel ou d'autres formes d'emploi atypique, le gouvernement a décidé de revoir les congés de maternité et parentaux. Il veut ainsi soutenir et favoriser la naissance ou l'adoption d'un enfant. Mais l'instauration du nouveau régime dépend de négociations avec le gouvernement fédéral en vue du transfert des fonds relatifs aux congés de maternité et aux congés parentaux. Or, cette question fait l'objet d'un litige entre les deux paliers de gouvernement.

Politique familiale ou politique de lutte contre la pauvreté?

La politique familiale québécoise comprend un ensemble de mesures qui visent le mieux-être des familles. Cependant, ces mesures ont varié au cours des décennies selon le contexte économique. Ainsi, on assiste depuis la fin des années 80 à une augmentation de mesures sélectives, qui visent les familles défavorisées, au détriment des mesures universelles. Les compressions budgétaires entreprises par le gouvernement fédéral, notamment la diminution des transferts aux provinces, ont entraîné au Québec une baisse du soutien étatique à l'égard des programmes sociaux. Les nouvelles dispositions de la politique familiale mises en place en 1997 s'inscrivaient dans une perspective très claire, soit l'atteinte du déficit zéro pour l'an 2000. De là les mesures incitatives pour rester sur le marché du travail ou à le réintégrer. Et c'est dans ce sens qu'il faut voir l'implantation de services de garde beaucoup plus accessibles, bien qu'il s'agisse là d'une revendication de longue date du mouvement des femmes. À cet effet, il est intéressant de constater qu'au Québec, au sein même de l'appareil étatique, ce mouvement est représenté, depuis 1973, par le Conseil du statut de la femme (CSF), ce qui lui donne un poids non négligeable. Or, pour le CSF comme pour le Conseil de la famille d'ailleurs, une politique familiale doit s'inscrire dans une politique de lutte contre la pauvreté en s'adressant à toutes les familles, quel que soit leur revenu. La société reconnaît ainsi le temps et l'argent inves-

tis pour élever des enfants. (*Voir* SERVICES DE GARDE; FAMILLE.)

Muriel Gaudel

Politique linguistique Elle a trait aux efforts officiels visant à modifier le statut relatif et l'usage d'une ou de plusieurs langues. Des politiques linguistiques en tous genres apparaissent tout au long de l'histoire de l'humanité. Ainsi, le latin s'implante avec les conquêtes militaires des Romains, et le français, un dialecte parmi d'autres à l'intérieur des frontières de la France, est choisi comme langue nationale unificatrice à l'instigation du cardinal de Richelieu.

Dans une société pratiquement unilingue, la politique linguistique ne s'intéresse habituellement qu'à la définition des normes grammaticales officielles de la langue véhiculaire. Toutefois, au Canada, l'expression est le plus souvent associée à une situation dans laquelle plusieurs langues sont en contact et même en conflit. La politique linguistique canadienne est conçue pour modifier l'usage relatif des diverses langues de façon à ce qu'elles servent l'intérêt général. Au fil du temps, à mesure que la perception de cet intérêt change, le consensus à propos de ce qui est juste en matière linguistique change aussi. La politique linguistique est une réponse évolutive à un environnement linguistique changeant et elle s'adapte aux climats sociaux et politiques.

Histoire de la politique linguistique au Canada La politique linguistique au Canada est le fruit des rapports historiques entre diverses communautés linguistiques. Le débat national sur la langue porte souvent sur l'usage du français et de l'anglais (*voir* RELATIONS FRANCOPHONES-ANGLOPHONES), mais ces deux langues officielles ont été précédées par les langues des peuples autochtones et suivies de beaucoup d'autres langues, européennes ou non (*voir* AUTOCHTONES, LANGUES DES).

Des 3,5 millions d'habitants des quatre provinces fondatrices en 1871, plus de deux millions sont d'origine britannique et plus d'un million, d'origine française. En 1991, le pourcentage de la population d'origine britannique avait considérablement décru. Des 27 297 000 Canadiens, 6,5 millions déclarent être de langue maternelle française; 16,5 millions, de langue maternelle anglaise; et 3,5 millions, de langue maternelle autre que le français ou l'anglais. De plus, 620 000 personnes parlent l'anglais et une ou plusieurs autres langues. La communauté anglophone est distribuée assez également dans tout le Canada, mais les Canadiens francophones sont concentrés au Québec, au Nouveau-Brunswick, en Ontario et dans certaines parties du Manitoba.

On peut présumer que la plus ancienne politique linguistique pratiquée dans la colonie découle de l'esprit hautement pragmatique et commercial qui domine habituellement lors de premiers contacts entre des groupes linguistiques, c.-à-d. que la langue européenne ou autochtone la mieux adaptée à la tâche à exécuter l'emporte. Cependant, à mesure que le conflit entre les deux puissances colonisatrices s'étend à l'Amérique du Nord, on ouvre la voie à des affrontements linguistiques qui dureront pendant des générations et à l'élaboration de politiques linguistiques spécifiquement canadiennes. Puisque qu'on est rarement attentif à la question des langues amérindiennes, le cœur du problème linguistique au Canada devient le statut relatif et l'usage officiel de l'anglais et du français.

De prime abord, les termes du traité selon lequel le territoire français est cédé aux Britanniques en 1763 font preuve d'une assez grande ouverture d'esprit pour l'époque. Le droit de la population francophone de pratiquer la religion catholique romaine y est reconnu dans la mesure où les lois britanniques l'autorisent. La LANGUE FRANÇAISE continue de s'affirmer, puisque l'ACTE DE QUÉBEC de 1774 restaure, en droit civil, les anciennes lois et coutumes du pays d'origine française. De plus, l'ACTE CONSTITUTIONNEL DE 1791 divise la province de Québec en deux colonies distinctes, le Haut-Canada et le Bas-Canada, et leur accorde à chacune une assemblée législative.

Dans le Bas-Canada, la majorité des parlementaires élus sont des francophones qui voient à ce que leur langue soit employée au même titre que l'anglais et qu'elle jouisse du même statut dans les procédures parlementaires. Le député Alain Chartier, marquis de Lotbinière, l'exprime ainsi lors d'un débat parlementaire, en 1793: «Comme le plus grand nombre de nos électeurs se trouvent dans une situation singulière, nous voilà forcés d'enfreindre les règles ordinaires et de demander à ce que soit permis l'usage d'une langue qui n'est pas celle de l'Empire. Cependant, étant aussi justes envers les autres que nous espérons qu'ils le seront envers nous, nous ne voudrions pas que notre langue bannisse celle des autres sujets de Sa Majesté. Nous demandons que toutes deux soient permises.»

L'opinion selon laquelle il n'est pas sage d'encourager la coexistence de deux communautés linguistiques dans le même état est exprimée par Lord DURHAM dans son rapport. L'ACTE D'UNION de 1841 réunit le Haut et le Bas-Canada en une seule province. L'article 41 de cet acte consacre l'unilinguisme à l'assemblée législative de la province du Canada, bien qu'il ne défende pas la traduction des documents à d'autres fins. Ces traductions ne sont cependant pas réputées avoir la même valeur légale que l'original. Cet article provoque tant de protestations indignées de la part des députés francophones que le Parlement britannique doit l'abroger en 1848.

La langue française demeure donc vigoureuse au Canada dans beaucoup de domaines de la vie publique et privée grâce à la résistance des «habitants» et à la tolérance officielle. En consacrant l'usage du français dans les institutions (les lois, le Parlement fédéral, l'assemblée législative du Québec, les tribunaux fédéraux et québécois), la LOI CONSTITUTIONNELLE DE 1867 reconnaît ce qui existe déjà dans les faits dans ce pays en devenir. Le droit des parents de faire éduquer leurs enfants en anglais ou en français n'est pas inscrit dans cette loi, mais le droit à des écoles confessionnelles est et a été souvent interprété comme une garantie sur la langue d'enseignement.

Si la langue française se porte bien jusqu'à l'avènement de la Confédération, les 50 années d'expansion et de modernisation qui suivent au Canada prélèvent un lourd tribut sur l'usage du français et sur les mesures censées le protéger. À la fin du XIXe et au début du XXe s., plusieurs lois publiques, dont l'abrogation du bilinguisme au Manitoba en 1890 (*voir* ÉCOLES DU MANITOBA, QUESTION DES) l'abolition des écoles françaises en Ontario en 1912 (*voir* ÉCOLES DE L'ONTARIO, QUESTION DES) et les restrictions sévères imposées à l'enseignement français dans d'autres provinces, visent expressément à réprimer l'usage du français. De plus, parce que la LANGUE ANGLAISE est devenue la langue du commerce nord-américain, l'intérêt pour le français décline à mesure que croît l'économie continentale.

Au moment où le premier ministre Lester B. Pearson créait la COMMISSION ROYALE D'ENQUÊTE SUR LE BILINGUISME ET LE BICULTURALISME (Commission B.B.), en 1963, la position relative de la langue française avait chuté à un degré inacceptable. La Commission, à qui on demande d'étudier et de proposer une politique linguistique canadienne, se préoccupe surtout d'apporter une solution fédérale et provinciale concertée à ce qu'on appelle la «crise» dans les rapports entre francophones et anglophones. Elle doit aussi tenir compte du fait qu'un nombre de plus en plus grand de Canadiens n'appartiennent à aucun de ces deux groupes linguistiques.

Les relations linguistiques entrent dans une nouvelle ère, mais la politique linguistique ne suit pas. La Commission B.B. constate que le français vient loin derrière l'anglais, p. ex., dans la fonction publique, à un degré tel que c'est politiquement et socialement inacceptable. Elle plaide pour l'adoption rapide par les gouvernements fédéral et provinciaux d'une «nouvelle charte des langues officielles du Canada, une charte basée sur le principe de la coexistence.» Le Parlement adopte, en 1969, en réponse aux recommandations de la Commission, une LOI SUR LES LANGUES OFFICIELLES, qui est appuyée par tous les partis à la Chambre. Dans la foulée de l'ambitieux programme qui s'ensuit, le gouvernement fédéral cherche à améliorer sa propre capacité à servir les Canadiens dans la langue de leur choix et à permettre aux fonctionnaires de certaines régions d'utiliser l'une ou l'autre langue au travail.

Les réactions à la réforme du gouvernement fédéral sont, dans certains cas, extrêmement négatives. Tout en supervisant les efforts du fédéral pour se conformer à la Loi, le COMMISSAIRE AUX LANGUES OFFICIELLES (nommé en 1969) et d'autres doivent dépenser beaucoup d'énergie afin de convaincre les Canadiens que ces réformes sont justes et nécessaires. Certaines provinces telles l'Ontario et le Nouveau-Brunswick donnent des services dans les deux langues et tentent de mettre en place leur propre politique linguistique, particulièrement en ce qui a trait à la langue de la minorité et à l'enseignement de la langue seconde.

Les principes de la *Loi sur les langues officielles* et d'autres composantes importantes de la politique linguistique sont inscrits dans la Constitution de 1982, dans la CHARTE CANADIENNE DES DROITS ET LIBERTÉS. L'effet de la Loi, en particulier dans le domaine de l'enseignement aux minorités, est lent à se faire sentir. La Charte ne rend pas non plus les politiques linguistiques fédérales et provinciales complémentaires en tous points. Certaines initiatives du gouvernement du Québec en matière de politique linguistique semblent fondées sur la conviction qu'il est vital que les intérêts de la majorité francophone de la province soient pleinement protégés avant que des concessions importantes ne soient accordées à d'autres groupes linguistiques, y compris à la minorité anglophone. En 1977, le Québec adopte la *Charte de la langue française* (LOI 101), faisant du français la seule langue officielle de la province et renforçant sa position comme langue la plus importante au travail, dans le commerce et dans la vie communautaire.

Le droit de choisir l'école anglaise est limité aux seuls parents qui satisfont à une définition plutôt restrictive du terme «anglophone», et l'on restreint certains usages publics de langues autres que le français. Cependant, à mesure que l'usage du français devient mieux enraciné, les gouvernements provinciaux font preuve de plus de souplesse dans l'application de ces interdictions. Le Nouveau-Brunswick a sa propre loi sur les langues officielles, des systèmes scolaires francophone et anglophone parallèles et des lois garantissant un traitement égal du gouvernement à l'un et l'autre groupe. L'Ontario, foyer de la population francophone la plus nombreuse au pays à l'extérieur du Québec, met en application en 1986 la *Loi sur les services en français* (loi 8), garantissant des services en français dans les régions de la province où vivent la grande majorité des Franco-Ontariens. La province légifère aussi pour faire du français une langue officielle des tribunaux. Le Manitoba reconnaît formellement l'usage du français et de l'anglais dans ses lois, son assemblée législative et ses tribunaux en vertu des conditions de son entrée dans la Confédération en 1870. Il faillit toutefois à se conformer à ces dispositions.

Un jugement de la Cour suprême de 1979 exige la restauration du bilinguisme institutionnel au Manitoba, plongeant la province dans un débat pour savoir si elle doit se conformer rétroactivement à *l'Acte du Manitoba* de 1870 ou imaginer un compromis qui tenterait de donner un visage contemporain au bilinguisme prévu par cette loi fondamentale. Le sujet est soumis à la Cour suprême du Canada qui déclare unanimement que toutes les lois (ainsi que les règles et règlements s'ensuivant) adoptées par l'assemblée législative du Manitoba, imprimées et publiées en anglais seulement, sont et ont toujours été invalides. Toutefois, dans l'intérêt de l'ordre public et de la primauté du droit, la Cour déclare du même souffle que les lois existantes seront réputées en vigueur jusqu'à ce qu'expire le délai fixé pour leur traduction.

La politique linguistique exerce une grande influence sur la POLITIQUE EN MATIÈRE D'ÉDUCATION dans tout le Canada. Beaucoup de provinces, avec l'aide financière du gouvernement fédéral, étendent et améliorent leurs programmes d'enseignement à la minorité et celui des langues secondes (*voir* ENSEIGNEMENT DES LANGUES SECONDES). Pendant les années 70 et 80, plusieurs gouvernements provinciaux prennent des mesures afin d'offrir, pour la première fois, l'enseignement primaire et secondaire en français. Malgré ces progrès récents, le réseau d'enseignement anglophone au Québec reste le système d'éducation dans une langue minoritaire le plus complet au Canada. Dans les provinces anglophones, le nombre d'étudiants inscrits dans des classes d'immersion en français grimpe de manière spectaculaire, et l'anglais langue seconde est toujours une matière obligatoire pour les enfants francophones au Québec pendant une grande partie de leurs études primaires et secondaires.

Communautés de langues non officielles Il n'existe pas de politique claire envers tous les groupes linguistiques canadiens. La Constitution de 1982 et la CHARTE CANADIENNE DES DROITS ET LIBERTÉS, malgré leurs puissants effets sur les politiques linguistiques anglophone et francophone au Canada, ne sont pas signées par le Québec. Bien que des tentatives sérieuses aient été menées pour résoudre les différends entre le Québec et le reste du Canada, parmi lesquelles l'ACCORD DU LAC MEECH et l'ACCORD DE CHARLOTTETOWN, les tensions entre ces deux groupes dominent encore la politique nationale au Canada. Cette situation laisse dans l'ombre les questions linguistiques autres que celle du français et de l'anglais. Les événements internationaux et les modifications à la *Loi sur l'immigration* au cours du XXe s. annoncent que l'immigration n'est plus surtout caucasienne et ne provient plus en majorité de l'Europe du Nord-Ouest, mais qu'elle devient largement internationale avec des représentants d'un grand nombre de langues.

Jusque dans les années 60, on laisse aux immigrants le soin d'apprendre par eux-mêmes ou avec l'aide des églises, du Collège Frontière ou du YMCA, la langue de la majorité dans les régions qu'ils adoptent. Depuis, la plupart des gouvernements provinciaux et le gouvernement fédéral se sont joints aux établissements communautaires, privés ou post-secondaires, pour créer des programmes d'enseignement des langues officielles comme langues secondes aux adultes immigrants, sans jamais cependant offrir assez de cours pour satisfaire à la demande. L'intérêt exprimé pour ces programmes lie généralement l'apprentissage d'une langue officielle à l'économie et à la citoyenneté. La plupart des enfants immigrants reçoivent de l'aide financière du gouvernement provincial pour apprendre la langue d'enseignement de leur école.

Bien que les écoles canadiennes enseignent depuis longtemps les langues non officielles comme langues «vivantes», elles ne le font pas dans le but de tirer avantage des ressources linguistiques présentes au pays ni de faciliter l'intégration des immigrants aux communautés francophone ou anglophone. Les communautés linguistiques non officielles continuent d'appuyer l'enseignement de leur langue d'origine au moyen de classes communautaires et même d'écoles privées. La politique du MULTICULTURALISME (1971) et la *Loi sur le multiculturalisme canadien* (1988) fournissent une certaine aide aux groupes ethnolinguistiques pour promouvoir leur langue. Depuis les années 70, les écoles provinciales inscrivent un grand nombre de ces langues comme matière scolaire (langues d'origine), ce qui prête à certaines controverses.

La plupart des 50 langues autochtones (ou davantage) qui sont menacées de disparaître le sont en raison notamment des politiques d'enseignement répressives. Alors que l'inuktitut et le cri sont utilisés comme langues d'enseignement au cours des premières années du primaire dans certaines écoles du Nord, les langues autochtones sont enseignées dans plusieurs écoles pour enfants autochtones en recevant peu l'appui des professeurs et pratiquement sans programmes d'études, même dans les Territoires du Nord-Ouest, où les LANGUES AUTOCHTONES sont les langues officielles avec le français et l'anglais. Quelques communautés du Sud mettent sur pied des classes d'immersion en langues autochtones pour faire revivre et conserver des langues qui perdent rapidement du terrain.

Commissariat Aux Langues Officielles

Politique monétaire Il s'agit des nombreuses mesures gouvernementales conçues pour avoir une incidence sur les marchés financiers et les conditions de crédit, dans le but final d'influencer l'économie nationale. Au Canada, la politique monétaire relève de la BANQUE DU CANADA, une société de la Couronne qui met en œuvre des décisions stratégiques, en grande partie grâce à son pouvoir de modifier la masse monétaire canadienne. La masse monétaire correspond à la partie du patrimoine financier des ménages canadiens qui présente des liquidités suffisantes pour être considérée comme de l'argent. Elle comprend au bas mot des pièces de monnaie, des billets de banque et des actifs aux comptes-chèques des banques à charte, qui sont tous monnayables au pair puisqu'ils permettent de régler des achats sur-le-champ. Certains économistes élargissent la définition de la masse monétaire en y greffant d'autres formes d'actifs aux comptes des banques à charte, comme les soldes des comptes épargnes, ou les dépôts dans d'autres institutions financières comme les sociétés de fiducie et les sociétés de crédit.

La Banque du Canada n'a pas de pouvoir direct sur la masse monétaire, parce que les dépôts sont assujettis aux décisions prises par le système bancaire privé (*voir* ACTIVITÉ BANCAIRE). En se servant des dépôts des entreprises et des ménages canadiens pour effectuer des prêts, les banques commerciales créent de l'argent, en quelque sorte, parce qu'en théorie les intérêts générés seront injectés dans le système bancaire. Cependant, ce pouvoir de création d'argent détenu par les banques commerciales est restreint par deux facteurs. Dans un premier temps, lorsque les taux d'INTÉRÊT provenant d'autres actifs financiers sont à la hausse, les Canadiens choisissent de ne conserver qu'une partie relativement faible de leurs actifs en monnaie, billets de banque et dépôts bancaires (qui ne produisent habituellement qu'un faible taux d'intérêt). Deuxièmement, les banques ne peuvent prêter la totalité des sommes qui leur sont confiées, car elles doivent conserver une certaine réserve (essentiellement sous forme d'argent liquide dans leurs coffres-forts ou de dépôts auprès de la Banque du Canada) pour répondre aux demandes de retrait de leurs clients. En faisant fluctuer les taux d'intérêt et les réserves bancaires, ou les deux, la Banque du Canada peut manipuler indirectement la masse monétaire avec une grande précision, particulièrement sur des périodes de trois à six mois, ou plus.

Une méthode employée pour manipuler la masse monétaire, appelée opération sur le marché libre, consiste à mettre en marché les titres d'État canadiens sur les marchés secondaires des bons du Trésor et des obligations. L'achat d'obligations d'État par la Banque du Canada se traduit par une augmentation immédiate de la masse monétaire du grand public et une hausse des réserves du système bancaire, ce qui multiplie indirectement la masse monétaire totale.

En outre, l'accroissement de la demande de bons du Trésor allège aussi les exigences à l'égard du rendement de ces bons, ce qui se traduit par une diminution globale des taux d'intérêt. À l'opposé, lorsque la Banque du Canada vend des bons du Trésor, la masse monétaire diminue et les taux d'intérêt augmentent.

Le contrôle de la masse monétaire est un outil puissant qui permet d'influencer le comportement général de l'ÉCONOMIE canadienne. P. ex., une politique monétaire stimulante (c.-à-d. un taux plus élevé de mise en valeur de la masse monétaire) provoque une baisse des taux d'intérêt et stimule les investissements commerciaux et le marché du logement, ce qui a pour effet de hausser la demande. Dans les périodes de ralentissement cyclique, qui se caractérisent par un taux de chômage élevé et une stagnation de la production, cette hausse de la demande devrait, en principe, se traduire par une augmentation de la production et du niveau d'emploi. Par contre, le ralentissement de la croissance monétaire freine la croissance de l'économie, provoquant une hausse des taux d'intérêt et réduisant à la fois le niveau des investissements et la demande totale. En période de forte INFLATION, ces facteurs contribuent à réduire le prix des biens de consommation et les augmentations de salaire.

En raison de l'étroitesse des liens qui unissent les marchés financiers canadien et américain, la politique monétaire a aussi des conséquences considérables sur le TAUX DE CHANGE des devises de ces deux pays. Lorsque la politique monétaire canadienne est sensiblement plus expansionniste que celle des États-Unis, la valeur du dollar canadien tend à diminuer par rapport au dollar américain. Par contre, des mesures de contraction monétaire au Canada auront l'effet contraire. Par conséquent, la politique monétaire du Canada joue essentiellement sur deux volets, celui des taux d'intérêt et celui du taux de change. La Banque du Canada tente de mesurer l'effet combiné de ces deux facteurs par son indicateur de la conjoncture monétaire, selon lequel une diminution de 1 p. 100 des taux d'intérêt à court terme correspond à une baisse de 3 p. 100 de la valeur du dollar canadien.

Malgré son pouvoir appréciable, la politique monétaire a aussi des limites. Elle ne peut, p. ex., à la fois stimuler la demande économique pour réduire le chômage et la restreindre pour lutter contre l'inflation. La Banque du Canada ne peut non plus stimuler le taux de croissance de la valeur du dollar pour faire baisser les taux d'intérêt sous le niveau américain, tout en stabilisant avec succès la valeur du taux de change entre le dollar américain et le dollar canadien. Les décisions afférentes à la politique monétaire exigent souvent, par conséquent, des choix difficiles et des compromis douloureux. Ces compromis engendrent parfois des incompatibilités entre les effets à court terme et les effets à long terme d'une politique particulière. Ainsi, une augmentation importante de la croissance de la masse monétaire pourra d'abord se traduire par une reprise du marché de l'emploi et du volume de production, mais elle mènera éventuellement à une hausse correspondante du taux d'inflation ayant peu ou pas d'effet permanent sur l'emploi et la production.

De même, une réduction substantielle du taux de croissance de la masse monétaire pourra faire échec à l'inflation la plus récalcitrante en bout de ligne, mais au coût de nombreuses années au cours desquelles le volume de production et le marché de l'emploi national connaîtront des heures pour le moins difficiles. Ces conflits qui s'imbriquent dans le temps peuvent être accompagnés d'un troisième facteur, l'ignorance de l'avenir, du fait que nombre de questions demeurent encore en suspens au sujet des répercussions des mécanismes de modification de la masse monétaire sur l'économie, de la nature des rapports entre les variables financières hypothétiques et réelles et des véritables facteurs sur lesquels

on s'appuie pour fixer les salaires et le prix des produits.

Enfin, la politique monétaire est restreinte par les conséquences d'autres mesures gouvernementales, notamment par la POLITIQUE BUDGÉTAIRE, c.-à-d. les décisions qui ont trait aux dépenses publiques et au régime d'imposition. La politique budgétaire influence aussi l'ensemble du marché de la demande et, à moins d'en coordonner les objectifs, les politiques budgétaire et monétaire d'un gouvernement peuvent évoluer à contresens. Au Canada, le ministre des Finances et le gouverneur de la Banque du Canada se consultent régulièrement. De plus, depuis 1961, une entente explicite stipule qu'en cas de conflit irrémédiable entre ces deux politiques, le gouverneur doit soit se rendre à la ligne directrice (de notoriété publique) écrite du ministre des Finances, soit démissionner de son poste. Dans le budget fédéral de 1991, le gouvernement progressiste-conservateur de l'époque et la Banque nationale avaient convenu d'articuler la politique monétaire et la politique budgétaire autour d'un objectif précis de réduction du taux d'inflation. Cet objectif, de 1 p. 100 à 3 p. 100 de 1995 à 1998, a été reconduit par la Banque du Canada et le gouvernement libéral élu en 1993. Pourtant, malgré ce souci de collaboration, il existe aussi une tradition fermement ancrée qui permet à la Banque du Canada d'établir, sauf dans des circonstances aussi difficiles, une politique monétaire à l'abri des pressions politiques. Par conséquent, il est possible que ces politiques visent des objectifs contradictoires.

L'élaboration de la politique monétaire est souvent un exercice très délicat. Elle peut parfois donner lieu à des différends soulevés par diverses interprétations de la conjoncture économique (à savoir, si le pays est ou non en période de récession) ou par des jugements de valeur conflictuels (à savoir, p. ex., lorsqu'on doit choisir entre une inflation qui fera chuter la valeur des rentes fixes et une récession qui se traduira par une hausse du taux de chômage). Il arrive cependant fréquemment que le débat reflète les vastes différences conceptuelles au sujet de la stratégie qu'il convient d'appliquer à la politique monétaire. Bien qu'il existe plusieurs points de vue contrastants ou mitigés à ce sujet, deux grandes écoles ont fait leur marque.

Théories keynésiennes Bien que considérablement modifiées et raffinées au fil des ans, les conceptions de l'économiste britannique John Maynard Keynes en matière de mise en œuvre des politiques monétaire et budgétaire, élaborées pendant la CRISE DES ANNÉES 30, demeurent aujourd'hui encore très pertinentes (*voir* ÉCONOMIE KEYNÉSIENNE). Les keynésiens accordent beaucoup d'importance aux nombreux facteurs susceptibles de déstabiliser l'économie, comme les fluctuations des affaires et du niveau de confiance des consommateurs, les cycles d'investissement dynamique et les soubresauts du commerce international, du secteur financier et de l'indice des prix à la consommation. La politique keynésienne tend par conséquent à être très active ou discrétionnaire, compte tenu du fait que la politique monétaire (ou budgétaire) différera sensiblement selon l'évolution observée ou prévue de la conjoncture économique globale.

Les économistes keynésiens reconnaissent que la politique retenue s'accompagne parfois de conséquences néfastes pour l'économie. Par conséquent, certains font prudemment valoir que, bien qu'il soit possible de remédier aux grandes fluctuations cycliques en adoptant des politiques opportunes, il vaut mieux ne pas du tout tenir compte des fluctuations de moindre importance. Toutefois, dans l'ensemble, les keynésiens se soucient particulièrement du fait que l'inaction totale en cas de ralentissement de l'activité économique pourrait engendrer de longues périodes de stagnation économique grave, qui se caractérisent par une diminution du volume de production et un taux de chômage très élevé, ce que l'on peut et doit éviter.

Monétarisme Le trait distinctif le plus important des monétaristes tient à leur scepticisme marqué face à l'utilisation de la politique monétaire discrétionnaire pour pallier aux fluctuations du marché financier. Ils préconisent plutôt l'instauration d'une politique neutre, aux termes de laquelle le taux de croissance de la masse monétaire serait fixé et maintenu à de bas niveaux, sauf dans des circonstances économiques extrêmes. Les monétaristes estiment que, en pratique, la politique monétaire keynésienne est trop agressive, ne témoignant que du souci de stimuler le marché de l'emploi et de la production à court terme sans tenir compte des conséquences inflationnistes à long terme.

Durant les années 60 et au début des années 70, l'école keynésienne était prédominante et le rendement économique soutenu de l'ensemble du Canada, et de bien d'autres pays, était redevable à l'adoption des politiques budgétaires et monétaires keynésiennes. Toutefois, les nombreux soubresauts de l'économie qui ont marqué le milieu des années 70 et le début des années 80, associés à la nouvelle analyse théorique de plusieurs monétaristes, ont vivement contribué à la montée des préceptes monétaristes chez les économistes universitaires et les banquiers des banques centrales, y compris la Banque du Canada. La politique anti-inflationniste dont s'est dotée la Banque du Canada dans les années 90 a relancé le débat entre keynésiens et monétaristes. Ces derniers étaient satisfaits du taux d'inflation, qui oscillait autour des 2 p. 100, affirmant qu'il était garant d'un avenir financier prometteur pour le Canada. Les keynésiens se disaient, quant à eux, inquiets des conséquences à long terme d'une telle situation, déplorant le coût élevé du CHÔMAGE qu'avait entraîné cette politique anti-inflationniste.

Ronald G. Wirick

Politique municipale Ce qui distingue le plus la politique municipale de la politique provinciale et fédérale au Canada est l'absence des grands partis politiques. Bien que les candidats comptent souvent sur l'appui de partis politiques pour mener leur campagne électorale, ils se présentent habituellement à titre d'indépendants. La scène politique municipale ne donne pas lieu à l'affrontement entre le gouvernement et l'opposition qui caractérise communément le Parlement et les assemblées législatives.

Les maires n'ont pas le pouvoir que possède le Cabinet de dominer le Parlement et de le diviser entre les partisans et les opposants. Le conseil municipal s'apparente plutôt aux assemblées législatives du XVIIIe s.: tous les membres qui participent à la conduite des affaires publiques se liguent avec les uns ou avec les autres en différentes occasions. Il y a consensus sur la plupart des questions, mais de vives disputes sur des points particuliers viennent souvent troubler cette entente de fond entre les conseillers municipaux. Puisque les politiciens n'y sont pas soumis à la discipline de parti, les disputes naissent souvent de conflits de personnalités, de rivalités, de divergences d'intérêts et parfois de questions idéologiques. La complexité et la futilité apparente de ces disputes nuisent à la structure et à la portée de la politique locale.

De nombreux conflits importants en politique municipale concernent les biens immobiliers, les terrains et les immeubles. Les principaux services des municipalités (*voir* GOUVERNEMENT MUNICIPAL) sont la réglementation de l'usage du sol urbain et la prestation de services matériels tels que les rues et les égouts. Les conseils municipaux tirent la majorité de leurs recettes de l'impôt prélevé sur les terrains et les immeubles qu'ils desservent et réglementent. Du point de vue juridique, les municipalités sont créées par les provinces et sont soumises à toute une série de contrôles législatifs, judiciaires et administratifs. Après la Crise des années 30 et la Seconde Guerre mondiale, les municipalités ont fortement compté sur l'aide financière fédérale et provinciale pour assurer les services publics, alors en pleine expansion. Plus récemment, le fédéral et les provinces ont réduit leur financement de façon draconienne tout en transférant de nouvelles responsabilités aux municipalités, ce qui a eu pour effet de les inciter fortement à trouver une formule plus économique de prestation des services. On a aussi observé un regain des campagnes de promotion de la part des municipalités, qui estiment devoir utiliser tous leurs pouvoirs, et particulièrement en matière de réglementation et d'imposition des terrains, dans le but d'attirer les investissements d'entreprises.

En règle générale, les élus municipaux trouvent que leur champ d'action est limité. Les municipalités ont peu de moyens d'obtenir des recettes et assument une lourde responsabilité en matière de services essentiels. Néanmoins, ce sont elles qui détiennent le plus de pouvoir et la plus grande liberté d'action pour ce qui est de l'aménagement des terrains. Aujourd'hui plus que jamais, on s'attend à ce qu'elles encouragent le développement pour favoriser la croissance économique. Les pressions en ce sens viennent surtout du milieu des affaires. Les gens d'affaires et ceux qui ont des intérêts dans l'IMMOBILIER ont joué un rôle prépondérant dans la politique municipale canadienne. En revanche, l'implication du gouvernement municipal dans des questions commerciales a toujours rencontré de l'opposition chez les contribuables, qui s'inquiètent de la hausse des impôts, et chez les propriétaires, qui craignent les effets du développement sur la valeur de leurs propriétés et sur leur qualité de vie. On peut soutenir que l'affrontement entre le milieu des affaires et les intérêts des consommateurs sont au cœur même de la politique municipale, bien qu'il ne se traduise pas toujours par un conflit ouvert (*voir* MOUVEMENTS POPULAIRES URBAINS).

Cet affrontement s'est manifesté avec plus d'acuité après le long boom économique qui a suivi la Seconde Guerre mondiale. Les politiciens réformistes, au nom des intérêts des consommateurs, se plaignaient des effets de la rapidité du développement urbain aux mains de conseillers municipaux ayant traditionnellement des liens étroits avec le milieu des affaires (*voir* RÉFORMES URBAINES). Dans quelques villes, dont Winnipeg, Toronto et Ottawa, le Nouveau Parti démocratique (NPD) est parvenu à s'imposer comme la principale organisation de gauche en politique municipale. Le plus souvent, cependant, les réformistes ont formé une coalition exempte de toute affiliation partisane.

Dans les faits, de telles coalitions sont des partis municipaux, mais leur organisation est moins resserrée et moins soumise à la discipline que les partis provinciaux. À cet égard, la gauche a suivi l'exemple de la droite. Les partis locaux qui ont connu le plus de succès sont des organisations ayant une structure souple, formées par des conservateurs pour résister aux incursions politiques de la gauche. Les plus anciennes organisations de ce genre, telles que l'Independent Citizens' Election Committee de Winnipeg (1921) et la Civic Non-Partisan Association de Vancouver (1934), ont vu le jour entre les deux guerres. Ironiquement, un de leurs objectifs consistait à préserver le gouvernement municipal de la politique partisane.

Montréal constitue un cas particulier en ce sens que son conseil municipal est dominé depuis le début des années 60 par des partis communautaires organisés. Il est rare qu'un maire domine un conseil municipal comme l'ont fait Jean DRAPEAU et Jean Doré à Montréal. Les comités du conseil tendent à partager les pouvoirs, tandis que le pouvoir exécutif est divisé ou confié à un conseil composé de plusieurs membres au sein duquel le maire ne possède qu'un seul vote. Les conseillers municipaux sortants s'appuient généralement sur leur réputation et sur leur organisation pour briguer leur réélection et demeurent ainsi indépendants des partis et des chefs politiques. Cela est vrai en particulier des politiciens conservateurs traditionnels qui détiennent la plupart des sièges dans pratiquement tous les conseils municipaux.

Les réformistes acceptent peut-être plus facilement la discipline de parti, mais ils sont divisés sur des questions de politique et tirent leur appui d'organisations communautaires aux intérêts contradictoires. En fait, le désir des réformistes – que la municipalité soit plus sensible aux demandes de la population de chaque quartier – a contribué à la poursuite de la fragmentation de la politique municipale, malgré les efforts pour regrouper les forces de la gauche et de la droite.

Les élections municipales mobilisent moins de la moitié des électeurs qui participent aux élections provinciales et fédérales, peut-être en raison de l'absence des grands partis, du manque de publicité ou de l'apparente insignifiance des dossiers. D'autres formes de participation des citoyens sont plus courantes et plus accessibles au niveau municipal, que ce soit par des contacts directs avec les représentants, ou en intervenant directement dans les décisions d'ordre public. Pour bien des gens, ce qui compte, c'est l'écoute des conseillers municipaux aux demandes de la population en dehors des campagnes électorales. Le faible taux de participation aux élections municipales peut d'ailleurs inciter les politiciens à prêter une oreille plus attentive aux requêtes des petits groupes et des particuliers, en raison de la marge étroite qui détermine souvent la victoire.

Par ailleurs, les gens sont moins enclins à prendre part à la politique municipale en raison du nombre relativement restreint de dossiers qui lui incombent. Jusqu'à récemment, le droit de vote était réservé aux propriétaires. De récents bouleversements dans la politique municipale canadienne n'ont pas réussi à élargir suffisamment ses possibilités d'action pour susciter l'engagement massif souhaité par les défenseurs de l'autonomie gouvernementale locale.

Warren Magnusson

Politique muséale Elle dépend des dispositions législatives, financières et administratives prises par les gouvernements pour fonder et financer les musées, et aussi des décisions prises par chaque musée pour prendre sa place dans la société. Par ailleurs, suivant la définition acceptée à l'échelle internationale, le musée est un établissement permanent sans but lucratif au service de la société et de son développement et ouvert au public, qui acquiert, conserve, fait de la recherche, communique et expose à des fins d'étude et de loisir des témoignages matériels de l'existence de l'homme et de son environnement.

Il y a toutes sortes de musées, mais pour avoir droit à ce nom, un établissement doit avoir une collection systématique. Il peut se spécialiser dans des sujets aussi différents que la traite des fourrures, les fossiles ou l'art moderne. Les zoos collectionnent des animaux, les aquariums des poissons et les jardins botaniques des plantes et ce sont tous des musées. Les collections nous renseignent sur les cultures des peuples qui vivent aujourd'hui, sur leur évolution, sur notre environnement naturel et son évolution. Nous pouvons ainsi comprendre la façon dont nos ancêtres percevaient leur monde et aussi le monde qu'ils voyaient.

Les musées canadiens ne diffèrent pas seulement par les sujets qu'ils traitent, mais par leur envergure et leur financement. Ils vont des petits musées communautaires qui présentent l'histoire des pionniers de la localité aux musées spécialisés qui s'intéressent à des industries en particulier, à des organismes, à des arts ou à des sports, jusqu'aux grands établissements gouvernementaux qui présentent les collections les plus réputées du monde. Certains musées sont installés dans des cabanes en rondins, d'autres dans des forteresses, des halls ou des couvents. Quelques-uns se trouvent dans des édifices très impressionnants, qui ont été conçus à cette fin. Il y en a probablement 2500 au Canada, mais 90 p. 100

des collections publiques sont aux mains d'une soixantaine de grands établissements.

La plupart des musées ont été fondés et sont exploités par des groupes de citoyens désireux de préserver les témoignages du passé et de les offrir à l'admiration du public. Le plus ancien musée canadien est probablement le Musée du Nouveau-Brunswick, fondé en 1842, qui partage cet honneur avec la COMMISSION GÉOLOGIQUE DU CANADA, laquelle établit son musée (qui deviendra le MUSÉE NATIONAL DES SCIENCES NATURELLES) la même année. À cette époque, les gouvernements n'apportent leur aide qu'à contrecœur, voire pas du tout. L'intérêt et la participation officiels sont minimes, sauf quand des groupes d'organismes de recherche gouvernementaux comme la COMMISSION GÉOLOGIQUE DU CANADA se constituent presque naturellement des collections de référence dans le cadre de leurs travaux scientifiques. À l'instigation du gouverneur général d'alors, le marquis de LORNE, la Galerie nationale du Canada (aujourd'hui le MUSÉE DES BEAUX-ARTS DU CANADA) est créée en 1880, mais n'est sanctionnée par une loi du Parlement qu'en 1913 et ne s'installe dans des locaux convenables qu'en mai 1988. Les gouvernements provinciaux font preuve de la même circonspection et, pour des motifs d'ordre pratique, les gouvernements municipaux ne portent aucun intérêt aux musées. Au milieu du siècle, beaucoup de musées canadiens ont déjà fait leur apparition et certains sont même devenus des établissements dynamiques, mais davantage grâce aux efforts des particuliers que de ceux de l'un ou l'autre ordre de gouvernement. Dans les mentalités officielles, il n'existe pas de réelle politique muséale.

Depuis la Seconde Guerre mondiale, et plus particulièrement depuis le centenaire de la Confédération, fêté en 1967, la position officielle envers les musées est devenue beaucoup plus favorable, sans doute en grande partie parce que le public a changé d'attitude à l'endroit de la science, de l'art, de la culture et du patrimoine. Les facteurs contributifs de ces changements influencent à des degrés divers les différents musées, ordres de gouvernement et régions du pays, mais il est possible d'en présenter sommairement quelques-uns.

Le Centenaire accroît sans nul doute l'intérêt du public pour le patrimoine canadien. Ce facteur joue surtout sur la création et l'expansion des musées spécialisés et des musées d'histoire régionale. La population se rend compte tout à coup que non seulement la confédération canadienne a survécu, mais encore qu'elle a grandi et prospéré d'une façon spectaculaire au cours de son premier siècle. Le pays tout entier a le sentiment qu'il faut conserver les preuves de cet exploit à l'intention de ceux qui bâtiront le prochain siècle. Il lui semble que le meilleur moyen de réaliser cet objectif est de créer des musées ou d'améliorer les établissements déjà constitués. Les gouvernements réagissent en donnant des conseils techniques, des encouragements et un financement partiel. Les sociétés commerciales et les associations industrielles considèrent également l'établissement de musées spécialisés comme un bon moyen de se réjouir des succès du pays et de faire valoir le rôle qu'elles y ont joué. Cette tendance ne disparaît pas après le Centenaire. En 1986, le groupe de travail fédéral sur les musées nationaux estime que 50 nouveaux musées sont inaugurés chaque année. La politique muséale constitue une réponse partielle à ces initiatives populaires.

Pendant cette même période d'après-guerre, le Canada ne peut faire autrement que de constater sa diversité culturelle. Les groupes hétérogènes qui composent notre société (régionaux, ethniques, religieux, autochtones, linguistiques et autres) s'attendent en toute logique à ce que leurs traditions soient représentées dans nos institutions culturelles, y compris dans les musées généraux et spécialisés. Ce sont surtout les musées historiques et les musées d'art qui

sont visés en l'occurrence. Il reste beaucoup à faire, mais les progrès sont manifestes. Les gouvernements tiennent davantage compte de la diversité sociale du Canada, d'abord en aidant les musées spécialisés, ensuite en adaptant mieux leurs interventions aux préoccupations pluralistes qui se font sentir au sein même de leurs propres établissements.

Un autre facteur joue également un rôle depuis peu de temps: il a en effet fallu reconnaître, malgré une certaine réticence, que nous vivons une période de l'histoire humaine où quelques notions scientifiques sont nécessaires à tout le monde, et où les capacités en ce domaine de la société canadienne seront déterminantes pour son avenir. Ces aspects concernent plus particulièrement les musées des sciences naturelles, des sciences pures et de la technologie, et à ce chapitre, en dépit des contributions du Musée national des sciences naturelles, du MUSÉE NATIONAL DES SCIENCES ET DE LA TECHNOLOGIE et du CENTRE DES SCIENCES DE L'ONTARIO, les Canadiens sont bien mal servis.

Ce problème s'explique par au moins deux facteurs. Le premier concerne la «vulgarisation scientifique», c.-à-d. le principe selon lequel les connaissances scientifiques sont importantes pour tout le monde et accessibles à tous, à condition d'être présentées de façon à ce que tous puissent les comprendre. Les musées des sciences excellent en ce domaine. Malheureusement, il n'y en a que trois ou quatre qui ont ce mandat au Canada, et même s'ils attirent plus de visiteurs que les autres musées dans les villes où ils sont installés, la population des autres régions du pays ne bénéficie pas d'avantages semblables.

L'autre facteur, c'est le fait que les collections muséologiques sont elles-mêmes des ressources scientifiques. La chose est vraie pour tous les musées, mais plus particulièrement pour les musées de sciences naturelles. Dans les sciences naturelles, et surtout en biologie, l'identification des spécimens est d'une importance capitale. Elle est indispensable, p. ex., à l'étude des effets des pesticides, des précipitations acides ou des autres contaminants de l'environnement. Les collections des musées constituent dans ce cas le seul critère d'évaluation des nouvelles découvertes ou des mutations inattendues. Au Canada, les gouvernements ont mis du temps à reconnaître que les musées représentent une ressource pour la recherche. Le Musée national des sciences naturelles fait autorité dans certains domaines, tout comme le MUSÉE ROYAL DE L'ONTARIO et le Jardin botanique de Montréal, mais dans la bataille engagée pour le budget, les scientifiques ont du mal à défendre leur position devant les responsables des services directs aux visiteurs.

Il va de soi qu'en reconnaissant la nécessité de politiques muséales, les gouvernements ne sont pas exclusivement guidés par l'amour de la science et des arts. Dans la seconde moitié du XXᵉ s., en particulier, le TOURISME est devenu une industrie de plus en plus importante au Canada et une forte proportion des visiteurs des musées sont des touristes. Dans leur pays, les gens ont tendance à reporter à plus tard leur visite au musée, mais ils profitent des occasions fugitives qui se présentent de le faire lorsqu'ils sont en voyage. Par conséquent, les musées sont perçus comme des attractions touristiques rentables, ce qui constitue une incitation économique qui vient s'ajouter aux objectifs culturels et scientifiques pour obtenir l'aide financière de l'État.

Bien que les raisons puissent varier d'une région ou d'un musée à un autre, tous les ordres de gouvernement ont été amenés à s'intéresser plus activement aux musées aux cours des dernières années. C'est pourquoi le fédéral, tous les gouvernements provinciaux et même certaines municipalités ont élaboré des politiques muséales. Le changement d'attitude est illustré par le fait qu'en 1968, une seule province, le Québec, avait confié à un ministre d'importantes responsabilités au chapitre des musées. Dix ans plus

tard, tous les gouvernements provinciaux avaient un ministre responsable des affaires des musées.

Dans le détail, les politiques diffèrent d'un secteur de compétence à l'autre, mais toutes établissent une distinction de base entre les collections qui appartiennent à un gouvernement, celles qui appartiennent aux municipalités ou à des établissements à but non lucratif comme les sociétés muséologiques et celles qui sont entre les mains de collectionneurs. Il est dans l'ordre des choses qu'avec le temps, les gouvernements accumulent, délibérément ou non, beaucoup de choses qui finissent par devenir des objets de musée. Les collections du Canadian Postal Museum, à Ottawa, et du Royal Canadian Mounted Police Museum, à Regina, en sont des exemples. En bons intendants, les gouvernements ont fini par reconnaître qu'il leur incombait de conserver et d'organiser les collections qu'ils possèdent et d'encourager le public à venir les voir.

Quant aux musées à but non lucratif dont ils ne sont pas les propriétaires, les gouvernements fédéral et provinciaux leur fournissent une modeste aide financière, grâce à divers programmes de subventions, ainsi que des conseils professionnels et de l'assistance pour les aspects techniques de la gestion du musée, y compris, p. ex., de l'aide pour conserver les collections (voir CONSERVATION DU PATRIMOINE MUSÉOLOGIQUE). Souvent, cette aide passe par les associations muséologiques nationales ou provinciales dont le soutien est essentiel, surtout pour les petits musées locaux. Les programmes gouvernementaux favorisent aussi l'organisation et la circulation des expositions itinérantes, afin que la population de chaque région du pays ait l'occasion de découvrir le patrimoine culturel des autres régions.

En ce qui a trait à la part importante de notre patrimoine se trouvant entre les mains des particuliers, il n'y a pas grand-chose que les gouvernements puissent faire ou devraient faire. Grâce à un système de permis d'exportation soutenu par des subventions d'achat, la Loi fédérale sur l'importation et l'exportation des biens culturels de 1977 permet aux collections publiques d'acquérir d'importants artefacts quand leur propriétaire décide de vendre, à supposer qu'il le fasse, mais en général, les gouvernements n'interviennent pas beaucoup dans ce domaine.

Les collections fédérales les plus importantes sont réparties entre quatre établissements: le Musée des beaux-arts du Canada, le MUSÉE CANADIEN DES CIVILISATIONS (histoire et préhistoire de l'humanité), le Musée national des sciences naturelles (tout ce qui touche à la nature à l'exception de l'homme) et le Musée national des sciences et de la technologie. En vertu de la Loi sur les musées nationaux de 1968, ces quatre établissements ont été chapeautés par une société unique qui a également assumé par la suite la responsabilité de l'Institut canadien de conservation, du Réseau canadien de l'information sur le patrimoine et de plusieurs programmes qui fournissent une aide financière aux musées à but non lucratif de tout le pays. Au cours des années, ce regroupement s'est révélé difficile à exploiter efficacement et, en 1987, le gouvernement annonçait son intention de redonner à ces quatre musées leur statut d'institutions indépendantes et d'assumer, au sein du ministère des Communications, la responsabilité directe de l'aide fédérale aux musées mêmes.

Les musées canadiens sont des nouveaux venus sur la scène internationale. Dans les autres pays, et plus particulièrement en Europe, les grandes collections comprennent des œuvres d'arts, des objets de grande valeur et d'autres objets intéressants qui ont été accumulés pendant des siècles d'histoire impériale, religieuse ou dynastique. L'une des questions récurrentes en matière de politiques muséales au Canada consiste à savoir jusqu'à quel point nous devrions essayer d'assembler des collections comparables, ce qui nous obligerait automatiquement à acheter à l'étranger des objets de plus en plus rares et de plus en plus chers, au lieu de nous concentrer sur notre propre histoire naturelle et nos propres traditions sociales et culturelles, dont l'histoire est beaucoup plus brève. Si les raisons de mettre le Canada en valeur sont évidentes, il y a aussi de bonnes raisons de constituer des collections internationales, surtout dans le domaine des beaux-arts. Pour une bonne part, les racines de la peinture, de la sculpture et des arts appliqués canadiens plongent dans le sol des «vieux pays». En outre, les œuvres contemporaines du Canada font partie de la scène internationale.

D'après cette théorie, les musées (les musées des beaux-arts en particulier) devraient encourager les Canadiens à découvrir les dimensions mondiales et historiques de notre civilisation moderne sans avoir à se rendre à l'étranger. Par ailleurs, on ne peut s'attendre à ce que les musées des autres pays se spécialisent dans l'art canadien: cette spécialisation doit se faire au Canada ou pas du tout. Au surplus, les œuvres classiques des siècles passés sont très coûteuses. Les acheter, en ces rares occasions où elles viennent sur le marché, c'est se contraindre à acquérir beaucoup moins d'œuvres canadiennes contemporaines.

Des questions de principe d'un autre ordre se posent à l'égard des collections d'artefacts, souvent représentatives de la culture des peuples autochtones du Canada, qui sont aux mains des grands musées d'histoire. Certaines de ces collections, notamment les objets confisqués sur la côte ouest au début du siècle lors des cérémonies du POTLATCH, ont été acquises dans des circonstances que l'on considère comme odieuses aujourd'hui. D'autres ont été assemblées de façon tout à fait légitime, à une époque où leur intérêt à longue échéance n'était reconnu que par quelques spécialistes. Si elles n'avaient pas été constituées, la majorité d'entre elles auraient presque certainement disparu. Compte tenu de leur importance culturelle, et parfois spirituelle, pour les peuples qui gardent vivantes les traditions dont elles sont issues, devrait-on les restituer aujourd'hui?

Il est sans doute impossible de répondre de façon catégorique à cette question, ce qui explique pourquoi elle demeure du domaine des principes. Beaucoup d'articles sont devenus très fragiles, et ils sont beaucoup moins susceptibles de se désintégrer dans de bonnes conditions et sous la supervision de professionnels. Les grandes collections unifiées offrent également de meilleures possibilités aux chercheurs et par conséquent de meilleures perspectives de comprendre à fond les cultures qu'elles représentent. Par contre, les grandes institutions ne sont pas des gardiennes irréprochables, et les intérêts scientifiques ne sont pas les seules valeurs en cause. On a pu trouver un foyer permanent satisfaisant pour les objets prêtés pour une longue durée par le Musée canadien des civilisations à Thunder Bay, à Yellowknife et ailleurs. Il est probable que des ententes ponctuelles du même ordre seront conclues à l'avenir.

Une troisième question de principe – celle qui préoccupe les curateurs et les directeurs de musées plus que toute autre – tourne autour de l'argent. Non seulement il n'y en a jamais assez, ce qui est normal, mais celui dont on dispose ne peut pas toujours être consacré aux questions les plus urgentes. Recueillir des fonds n'est jamais facile, mais, généralement parlant, il est plus facile de s'en procurer pour les nouveaux musées, les nouveaux édifices et les expositions spéciales impressionnantes que pour le travail essentiel et banal qui consiste à garder les portes ouvertes, à conserver les collections déjà constituées pour les générations futures et à les exposer pour la population actuelle. Chaque année, il se perd probablement plus de matériel par désintégration qu'il ne s'en gagne par de nouvelles acquisitions. Il y a beaucoup à dire en faveur d'un meilleur financement, mais aussi en faveur de l'adoption d'une nouvelle politique administrative qui mettrait l'accent sur l'exploitation plutôt que sur le capital, autrement dit qui pousserait à ralentir le rythme auquel on crée et agrandit les musées au profit d'une meilleure conservation et d'une meilleure mise en valeur des collections déjà constituées. Cette question ne se pose pas de la même façon pour les curateurs et le personnel des musées que pour les politiciens et les hauts fonctionnaires, et sans doute est-ce l'opinion publique qui en déterminera l'issue.

En fin de compte, la politique muséale n'est qu'un volet de ce qui constitue la POLITIQUE GOUVERNEMENTALE et, comme toutes les politiques d'intérêt public, elle naîtra non pas des délibérations qui se tiennent dans les salles de conférences ou dans les bureaux du gouvernement, mais des désirs de la population et de ce qu'elle est prête à payer. Les musées canadiens sont de bons musées et ils peuvent être meilleurs encore, mais les potentialités qu'ils pourront réaliser dépend de l'importance que le public attache aux valeurs qu'ils représentent.

David W. Bartlett

Politique nationale Se traduisant par l'imposition de tarifs douaniers pour la protection des fabricants canadiens, c'est le slogan de ralliement du Parti libéral-conservateur de sir John A. MACDONALD pendant sa campagne victorieuse aux élections générales de 1878. Le Parti libéral d'Alexander MACKENZIE, au pouvoir de 1873 à 1878, adhère à une politique des tarifs douaniers (environ 20 p. 100 de droits de DOUANE sur les produits fabriqués) dans le but de faire des revenus, malgré la dépression des années 1870 et l'échec du gouvernement, en 1874-1875, dans la négociation d'un accord de RÉCIPROCITÉ avec les États-Unis. La Politique nationale de Macdonald devient une question d'intérêt public après le refus du gouvernement libéral d'augmenter les tarifs douaniers dans le budget de 1876. Le gouvernement Macdonald les augmente dans le budget du 14 mars 1879, après consultation du milieu des affaires.

Il est prévu que ce serait une Politique nationale qui élargirait la base de l'économie canadienne et instaurerait à nouveau la confiance des Canadiens dans le développement de leur pays. Le fait que la Politique nationale favoriserait le développement d'un groupe d'hommes d'affaires prospères qui pourraient contribuer généreusement au Parti conservateur est un autre facteur que Macdonald reconnaît. On augmente le tarif douanier sur la plupart des produits fabriqués à l'étranger, offrant ainsi une protection substantielle aux fabricants canadiens. De plus, la réduction des droits de douane sur les matières premières et les produits semi-finis fait diminuer les coûts de production.

Au fil du temps, la Politique nationale prend un sens plus large dans la rhétorique du Parti conservateur, qui a tendance à assimiler la Politique nationale aux plus grandes politiques de développement. Parmi celles-ci, on compte le chemin de fer du CANADIEN PACIFIQUE (années 1880), la colonisation de l'Ouest (la *Loi sur les terres fédérales de 1872* et la politique d'immigration; *voir* TERRES FÉDÉRALES, POLITIQUE SUR LES), l'aménagement portuaire et l'octroi de subventions au service rapide de navires à vapeur vers l'Europe et l'Asie pour faciliter l'exportation des produits canadiens. Elle devient la base de la politique du Parti conservateur pendant des décennies. Dans les années 1930, R.B. BENNETT l'adopte de façon aussi fervente que Macdonald dans les années 1880. Macdonald remporte sa dernière élection, en 1891, en défendant sa Politique nationale. Le gouvernement libéral de sir Wilfrid LAURIER, de 1896 à 1911, adopte les principes du protectionnisme sans la rhétorique de la Politique nationale des tarifs douaniers et garde ses tarifs généraux à des taux fortement protectionnistes.

Même si le célèbre accord de réciprocité signé avec les États-Unis par le gouvernement de Laurier, en 1911, abolit dans son ensemble les droits sur les produits naturels et diminue les droits de douane sur une liste restreinte d'articles manufacturés, il ne fait que quelques concessions sur les tarifs s'appliquant à la majorité des produits manufacturés. Toutefois, l'accord proposé inquiète suffisamment les fabricants pour qu'ils transfèrent leur soutien aux conservateurs à l'élection générale de 1911. Faisant campagne sur l'argument que la Politique nationale a permis de développer une économie équilibrée, que la réciprocité menace l'économie canadienne et que le choix des électeurs est «soit l'esprit de canadianisme ou l'esprit de continentalisme qui prévaudrait sur la moitié Nord de ce continent», les conservateurs de Robert BORDEN remportent la victoire, apportant une continuité à la Politique nationale. (*Voir aussi* CONTINENTALISME; NATIONALISME; NATIONALISME ÉCONOMIQUE.)

Robert Craig Brown

Politique scientifique Terme entré dans l'usage dans les années 60 pour désigner les mesures coordonnées que devraient prendre les gouvernements pour promouvoir le développement de la recherche scientifique et technologique et, en particulier, pour guider l'exploitation des résultats de la recherche dans le but de faire progresser la croissance et le bien-être économiques du pays. Le patronage des SCIENCES et de la TECHNOLOGIE par l'État n'est pas un concept nouveau, il a au contraire une longue histoire. Est nouveau, par contre, le sentiment croissant parmi le public et les dirigeants politiques de l'importance primordiale des sciences et de la technologie dans le monde moderne et de la nécessité d'une approche plus systématique des gouvernements afin d'en orienter et d'en encadrer l'utilisation. Dans un rapport datant de 1963, l'Organisation de coopération et de développement économiques (OCDE) déclare que le fait de dire qu'un gouvernement a besoin d'une politique scientifique articulée signifie simplement qu'incombe à ce gouvernement l'importante et incessante responsabilité de faire des choix au sujet des enjeux scientifiques. Les sciences sont devenues un «bien national» (*voir* INVENTEURS ET INNOVATIONS).

Des organismes internationaux (dont l'OCDE) et une multitude d'organisations officielles et non officielles dans de nombreux pays ont largement appuyé dans les années 60 et au début des années 70 la nécessité d'établir des politiques scientifiques nationales. Cependant, il existe de profondes divergences quant à la forme que doit prendre au juste une politique scientifique et quant aux institutions gouvernementales qui doivent l'élaborer. Au Canada, ce sont la création du Secrétariat des sciences (1964) au BUREAU DU CONSEIL PRIVÉ, l'établissement du CONSEIL DES SCIENCES DU CANADA (1966) et la création du ministère d'État chargé des Sciences et de la Technologie (1971) qui ont été les principales réalisations de l'époque. Les documents les plus importants à émerger du débat ont été des rapports produits par le Conseil des sciences, et en particulier son quatrième rapport intitulé *Vers une politique nationale des sciences au Canada* (oct. 1968), l'*Examen des politiques scientifiques nationales, Canada* par l'OCDE (1969), ainsi que les trois rapports exhaustifs du Comité spécial de la politique scientifique du Sénat (le comité Lamontagne), qui a été mis sur pied en 1967 et a siégé plus de cinq ans.

On peut dire de la politique scientifique qu'elle comporte deux aspects complémentaires: une politique visant la promotion des sciences, c.-à-d. des dispositions gouvernementales qui favorisent un milieu propice à l'acquisition de connaissances scientifiques et technologiques, et une politique d'utilisation des sciences, c.-à-d. l'exploitation de ces connaissances dans le domaine du développement et de l'innovation. Le premier volet peut signifier un ensemble de politiques mises en œuvre de façon plus ou moins autonome par des organismes gouvernementaux afin de parrainer la recherche qui a uniquement trait à leurs responsabilités fonctionnelles particulières. Dans ce sens, on peut dire des pays les plus «avancés» (dont le Canada, très certainement) qu'ils ont en place une politique de promotion des sciences depuis plus d'un siècle. Toutefois, cette définition minimale ne suffit pas. En effet, on vise une politique gouvernementale globale et cohérente de soutien des sciences et de la technologie en général. La commission Glassco (*voir* COMMISSION ROYALE D'ENQUÊTE SUR L'ORGANISATION DU GOUVERNEMENT), dans un rapport publié en 1962, l'a clairement exprimé. Elle a fortement critiqué ce qui est alors considéré comme l'expansion désordonnée et non encadrée des sciences et de la technologie au Canada après la Seconde Guerre mondiale, une critique qui a directement mené à la création du Secrétariat des sciences. De plus, à une époque où les progrès en matière scientifique ouvrent des possibilités d'exploitation beaucoup plus nombreuses que les ressources disponibles en mesure de les satisfaire, il est nécessaire d'établir des priorités.

Dans un pays comme le Canada, notamment, où les sciences occupent une place modeste, il y a des limites importantes aux genres de sciences et de technologies qui peuvent bénéficier de soutien. En conséquence, on a avancé qu'une politique de promotion des sciences devait être fondée sur des «critères de choix scientifiques» soigneusement définis, c.-à-d. sur des principes permettant de décider de l'ampleur du soutien, sous forme de fonds publics et d'autres ressources (p. ex., un personnel qualifié), qui devrait être accordé au domaine des sciences et de la technologie du pays dans son ensemble, sur la façon dont cette «réserve» devrait ensuite être répartie parmi les différents secteurs (c.-à-d. la recherche universitaire, la recherche interne par les organismes gouvernementaux et la recherche par l'industrie) et, enfin, sur la façon dont chacune de ces répartitions sectorielles devrait être faite parmi les différentes disciplines scientifiques et technologiques. La mise en œuvre de tels critères aurait des conséquences indirectes sur le taux de croissance et l'orientation des diverses sciences et technologies, et des conséquences directes sur l'équilibre entre les sciences fondamentales, les sciences appliquées et le développement découlant des innovations technologiques. Le Conseil des sciences, l'OCDE et le comité Lamontagne ont tous fortement soutenu que la promotion des sciences au Canada a été alignée de façon trop prononcée sur la recherche fondamentale et que la recherche fondamentale et la recherche appliquée sont trop éloignées des possibilités de développement (à savoir l'INDUSTRIE). La situation s'est grandement redressée depuis les années 70, mais le problème persiste, car une forte proportion de l'industrie canadienne est une «industrie de succursales», pour laquelle la recherche et le développement ont lieu dans les laboratoires des sociétés mères aux États-Unis.

Un gouvernement pourrait appliquer une politique cohérente de promotion des sciences fondamentales et appliquées en employant des critères qui font peu ou pas mention de la pertinence de la recherche visant des besoins sociaux particuliers ou des priorités nationales. Une telle politique appuierait les domaines de recherche qui semblent annoncer les résultats les plus prometteurs sur le plan scientifique ainsi que les scientifiques jugés les plus compétents et les plus productifs. De fait, le CONSEIL NATIONAL DE RECHERCHES a appliqué pendant de nombreuses années cette politique, dont l'objectif est de bâtir une «base scientifique» viable au Canada et de regrouper des scientifiques compétents qui pourraient prendre leur place sur la scène scientifique internationale. Par contre, si la politique scientifique doit aussi être directement liée à l'utilisation des sciences, il faut nécessairement faire intervenir les critères de «pertinence» sociale. Trois possibilités se présentent alors. D'abord, pour décider de la répartition du soutien gouvernemental, les organismes publics chargés d'appuyer les projets peuvent simplement avoir pour mandat de veiller à ce que la priorité soit accordée aux projets qui peuvent prouver leur pertinence directe relativement aux besoins sociaux précis ou à la solution d'importants problèmes sociaux. C'est l'approche qu'adopte finalement la politique scientifique canadienne. La deuxième possibilité, qui a été analysée par le Conseil des sciences dans son quatrième rapport, fait en sorte qu'au moins une partie importante de l'effort scientifique et technologique d'un pays vise de très grands projets «axés sur un but précis», faisant intervenir des organismes scientifiques gouvernementaux, des universités et l'industrie. La Seconde Guerre mondiale a été la scène d'une «mission» scientifique type, le projet Manhattan, qui a produit les premières bombes atomiques. Parmi les exemples d'après-guerre, on retrouve le programme d'ÉNERGIE NUCLÉAIRE du Canada qui a permis la mise au point du réacteur CANDU et les programmes spatiaux américain et soviétique. Le Conseil des sciences a recommandé que la plupart des nouvelles grandes entreprises canadiennes dans le domaine scientifique soient organisées en grands projets multidisciplinaires, axés sur un but précis, ayant comme objectif la mise au point de solutions à d'importants problèmes économiques et sociaux et auxquels devraient participer sur un pied d'égalité tous les secteurs de la communauté scientifique. Ces grands projets auraient chacun contenu des volets de recherche fondamentale et de recherche appliquée, de développement et d'innovation. Pour l'avenir, le Conseil entrevoit alors que la recherche fondamentale sera menée surtout dans des domaines ayant trait à ces grands projets, mais il souligne du même coup qu'elle devra aussi être soutenue comme étant une source possible de découvertes théoriques et un moyen d'assurer la masse d'expertise nécessaire pour comprendre et absorber les progrès réalisés ailleurs (en particulier aux États-Unis). Il propose plusieurs domaines généraux qui conviendraient à des «missions», notamment la haute atmosphère et l'espace (*voir* TECHNOLOGIE SPATIALE), les ressources hydrauliques (*voir* EAU), les TRANSPORTS, l'environnement urbain (*voir* URBANISATION) et le développement du Grand NORD canadien et de nouvelles sources d'ÉNERGIE. Ces propositions ont trouvé quelques échos dans les progrès subséquents du soutien gouvernemental à l'endroit des sciences et de la technologie au Canada, mais l'idée de base d'une série de grandes missions multidisciplinaires n'a jamais eu de suite.

La troisième possibilité de structuration de la politique en matière d'utilisation des sciences a été évoquée, peut-être involontairement, dans le rapport de 1963 de l'OCDE, qui prétend que la politique scientifique doit mener à des décisions nationales sur la direction et la rapidité de l'évolution des sciences et sur les objectifs nationaux auxquels elle contribuerait. Cette déclaration contient l'idée implicite d'une planification globale des sciences en fonction d'objectifs prescrits par l'État, comme c'était censé se produire dans l'ancienne Union soviétique. La poursuite d'une politique scientifique dans un cadre défini par des objectifs nationaux a reçu une certaine attention dans le quatrième rapport du Conseil des sciences, mais il semble n'y avoir que très peu de liens entre les objectifs très généraux qu'il suggère (la prospérité nationale, la liberté personnelle, etc.) et les programmes concrets qu'il préconise. Aujourd'hui, tous les pays qui l'ont envisagée, y compris la France, qui possède une longue tradition de dirigisme et qui ont adopté la planification après la Seconde Guerre mondiale, ont renoncé à la notion selon laquelle les sciences peuvent, dans une société libre, faire l'objet d'une planification globale. Dans un État totalitaire comme l'ancienne Union soviétique, la planification centrale des sciences est possible en principe (bien qu'en pratique les conséquences aient souvent été malheureuses), mais dans les démocraties fortement pluralistes et décentralisées comme le Canada, l'idée est maintenant jugée irréalisable sauf, peut-être, dans l'éventualité très peu plausible d'une guerre mondiale conventionnelle. Cette situation ne découle pas uniquement, ni même principalement, d'insuffisances dans l'appareil gouvernemental, mais plutôt du fait qu'il est impossible, dans les démocraties occidentales, d'établir arbitrairement de grands objectifs sociétaux vers lesquels doivent tendre les progrès scientifiques et technologiques.

Le débat international sur la politique scientifique a fait ressortir trois grandes options que l'appareil gouvernemental pourrait adopter. La première est la création d'un poste de ministre des Sciences, investi de responsabilités exécutives, qui dirigerait un ministère chapeautant au moins les principaux établissements gouvernementaux voués aux sciences, finançant et appuyant d'autres manières la recherche et le développement scientifiques et technologiques et, par l'intermédiaire du ministre, conseillant les responsables en matière de politique scientifique (dans les régimes parlementaires avec Cabinet comme en Grande-Bretagne et au Canada, le Cabinet directement). La deuxième option est la création d'un poste de ministre des Affaires scientifiques ou d'un ministre chargé de la politique scientifique (peut-être à la tête d'un ministère ou aidé par un personnel ministériel de taille suffisante), qui n'aurait aucune fonction exécutive mais qui agirait à titre consultatif auprès des autres ministères et organismes et auprès du Cabinet, et qui pourrait aussi s'acquitter de certaines fonctions de coordination (p. ex., la présidence d'un comité du Cabinet chargé de la politique scientifique). La troisième option consiste à établir un organisme consultatif non ministériel au centre du gouvernement (c.-à-d. au Secrétariat des affaires du Cabinet ou peut-être au sein du ministère chargé d'autoriser toutes les dépenses gouvernementales). Un tel organisme serait chargé de fournir des conseils sur les aspects de la politique scientifique de tous les programmes et politiques et pourrait être dirigé par un conseiller scientifique en chef du gouvernement, qui aurait un accès direct au chef de la direction (dans le cas d'un régime parlementaire avec Cabinet, le premier ministre).

L'option recommandant la création d'un poste de ministre des Sciences a été rejetée pour le Canada, surtout parce qu'un ministre directement responsable du rendement en matière de recherche dans son propre ministère ne serait pas un conseiller impartial sur la politique scientifique gouvernementale générale, et que la concentration de fonctions scientifiques si nombreuses en un seul lieu créerait une administration trop centralisée et trop rigide. L'idée ne plaît surtout pas aux scientifiques, qui gardent jalousement leur autonomie depuis toujours, préférant fonctionner dans un système décentralisé et pluraliste. On a plutôt adopté, en partie du moins, l'option favorisant la mise sur pied d'un organisme consultatif, qui s'est concrétisée par la création en 1964 du Secrétariat des sciences au sein du Bureau du Conseil privé et par la nomination en 1968 de son directeur au poste de conseiller scientifique principal du Cabinet. Cette orientation prometteuse a toutefois été abandonnée en 1971, lorsque le gouvernement s'est tourné vers la deuxième option en créant le ministère d'État chargé des Sciences et de la Technologie. Cette option s'est avérée faible, étant donné les réalités politiques du Cabinet et de la bureaucratie au Canada. Le ministère a connu au poste de ministre d'État une succession rapide de titulaires, dont aucun n'a été particulièrement efficace. Entre 1971 et 1986, le ministère a connu 13 titulaires et cinq réorganisations. Dans un régime parlementaire avec Cabinet, un ministre sans responsabilités exécutives n'a généralement pas beaucoup d'influence au Cabinet et cette absence d'influence signifie que le poste est confié à des personnages politiques en vue en route vers des postes plus importants ou à des gens moins réputés qui ont peu de possibilités d'avancer plus loin dans leur carrière. Par contre, si le poste est confié à un ministre qui reçoit aussi un deuxième portefeuille, exécutif celui-là (ce qui s'est déjà vu), les fonctions du deuxième portefeuille tendent à dominer, au détriment des fonctions consultatives en matière de politique scientifique.

L'élaboration d'une politique scientifique et technologique nationale a joui d'un nouveau souffle en 1986 lorsque, à l'initiative du ministre d'État aux Sciences et à la Technologie, le Conseil des sciences a réuni en congrès des représentants de l'industrie, des syndicats, des universités et des gouvernements. Le congrès s'insère dans le cadre d'une démarche continue de réunions fédérales-provinciales et d'une série de colloques bilatéraux réunissant des responsables fédéraux et provinciaux. Ces étapes ont donné lieu à la création, en décembre 1986, du Conseil des ministres des Sciences et de la Technologie et à la signature, le 12 mars 1987, d'une entente fédérale-provinciale-territoriale dont l'objectif est, pour la première fois, de travailler en vue de l'établissement d'une stratégie nationale coordonnée visant à promouvoir l'activité entrepreneuriale, à reconnaître l'importance cruciale de la recherche scientifique et technique pour le développement économique, social, culturel et régional du Canada et à examiner les entraves à la recherche, au développement et aux innovations. En janvier 1988, le premier ministre Mulroney a promis d'affecter aux sciences et à la technologie un montant additionnel de 1,3 milliard de dollars réparti sur cinq ans, un quart de la somme devant servir à deux nouvelles initiatives, à savoir des centres d'excellence et un programme de bourses national.

J.W. Grove

Politiques culturelles au Québec L'évolution des politiques culturelles au Québec se démarque nettement des tendances et dynamiques de l'ensemble canadien, autant de l'action fédérale que de celle des autres provinces canadiennes. Au Québec, l'intervention du palier par rapport à celle des gouvernements central et local y est notamment beaucoup plus déterminante que ce qui s'observe ailleurs au Canada et même dans la plupart des pays occidentaux. Une grande partie des politiques culturelles fédérales ne s'expliquent en outre qu'à la lumière de la dynamique culturelle québécoise, tout particulièrement au cours des années 60 et 70, décennies marquées par une rivalité accrue entre les deux paliers de gouvernement sur les fronts aussi bien culturel que constitutionnel. On s'attardera donc non seulement ici à l'évolution des politiques culturelles québécoises au sens strict - en particulier à celle de son ministère des Affaires culturelles, aujourd'hui ministère de la Culture et des Communications (MCCQ, 1994) -, mais encore à l'action croisée des politiques culturelles, tant fédérales que provinciales, au Québec.

Les antécédents de la politique québécoise

Les politiques culturelles des deux paliers prennent véritablement leur envol au Québec à partir des années 60 dans la foulée de la RÉVOLUTION TRANQUILLE. Des actions gouvernementales n'en existent pas moins bien avant, et celles du gouvernement provincial diffèrent déjà sensiblement de celles du gouvernement canadien. Alors que l'action fédérale se structure principalement à partir du secteur des communications, de juridiction fédérale, et du patrimoine (MUSÉES NATIONAUX, BIBLIOTHÈQUES et ARCHIVES NATIONALES, PARCS NATIONAUX), l'action québécoise s'organise initialement à partir des secteurs de l'éducation et de la formation professionnelle (enseignement des arts, conservatoires, marché du livre et bibliothèques scolaires) et bientôt du secteur municipal (loisirs, activités socioculturelles, bibliothèques), tous deux de juridiction provinciale. Le secteur de l'éducation, comme celui des loisirs, relève très largement du clergé jusqu'à la création du ministère de l'Éducation en 1964, période où

l'État est amené à prendre le relais. Le gouvernement s'y trouve néanmoins impliqué dès le début du XXe s. et est amené à constituer, dès la première moitié du siècle, l'embryon d'un réseau séculier d'éducation publique. La création d'écoles techniques et les efforts de développement d'un enseignement professionnel supérieur (École d'arpentage, en 1907; École forestière et École des hautes études commerciales, en 1910) seront suivis d'un ensemble d'autres mesures, tout spécialement à partir de la Seconde Guerre mondiale. Dans le domaine spécifiquement culturel, la nomination d'Athanase David, en 1922, au poste de Secrétaire de la Province du gouvernement TASCHEREAU, contribue aussi à accentuer l'engagement provincial dans le domaine des arts. La gestion subséquente du Secrétariat par Jean Bruchésie, sous-secrétaire de façon ininterrompue de 1937 à 1959, sous Maurice DUPLESSIS comme sous Adélard GODBOUT, contribue également à assurer une certaine continuité dans les actions gouvernementales. Cette période voit ainsi la création de plusieurs institutions et programmes liés au secteur scolaire: cours facultatifs de dessin dans l'enseignement primaire élémentaire (1920); Écoles des beaux-arts à Montréal et Québec (1921); École des arts graphiques (1942); Conservatoires de musique (1943) et de théâtre (1954) à Montréal et Québec (*voir* CONSERVATOIRE DE MUSIQUE ET D'ART DRAMATIQUE DU QUÉBEC). À ces mesures touchant au champ éducatif, s'ajoutent la création de prix littéraires et scientifiques (1922) et l'implication dans un certain nombre d'institutions culturelles: Commission des monuments historiques (1922), MUSÉE DU QUÉBEC (1933); acquisition de la bibliothèque Saint-Sulpice (1941), qui devient Bibliothèque nationale du Québec en 1967; adoption d'un embryon de législation favorisant le développement de bibliothèques publiques municipales au cours des années 50. Ces formes initiales de «mécénat» gouvernemental anticipent, pour la communauté francophone du Québec, le passage de l'autorité culturelle de l'Église à celle de l'État qui s'accomplit à partir des années 60 au cours desquelles la culture va finalement se développer sur une base essentiellement laïque.

Entre l'éducation, de juridiction surtout provinciale, et les communications, surtout fédérale, le centre de gravité véritable de l'autorité «culturelle» se révèle bientôt une zone grise fortement disputée par les deux ordres de gouvernement. Et l'ambiguïté entourant la répartition des pouvoirs est perceptible avant même les années 60. Dans le secteur des communications, le gouvernement provincial refuse notamment depuis toujours de laisser tout le champ libre à l'État fédéral. La législature québécoise adopte ainsi, dès 1929, la première loi canadienne sur la radiodiffusion et, en 1945, une loi prévoit déjà la création de Radio-Québec (Télé-Québec depuis 1995). Freiné par l'administration fédérale, l'organisme ne voit cependant le jour qu'en 1969 et ses premières stations n'émettent qu'à partir de 1975. De son côté, l'action fédérale tend aussi à pénétrer le champ de l'éducation, en cherchant notamment, au lendemain de la Seconde Guerre mondiale, à soutenir directement l'éducation supérieure par des subventions directes aux universités et aux chercheurs. Cette volonté fédérale, affirmée depuis la COMMISSION ROYALE D'ENQUÊTE SUR L'AVANCEMENT DES ARTS, DES LETTRES ET DES SCIENCES AU CANADA (1949-1951), présidée par Vincent MASSEY, et le refus du gouvernement de la province de s'y soumettre, sont à l'origine de la COMMISSION ROYALE D'ENQUÊTE SUR LES PROBLÈMES CONSTITUTIONNELS (1953-1955), présidée par Arthur TREMBLAY. Créée par Maurice Duplessis pour contrer l'offensive fédérale, cette Commission aura finalement été, contre toute attente, le lieu d'une critique systématique du système d'éducation québécois.

Les particularités de la politique culturelle québécoise

La création d'un ministère des Affaires culturelles, en 1961, et la mission originelle qui lui est impartie, sont exemplaires de l'importance toute particulière que les gouvernements québécois successifs accordent, à partir de cette date, à cette dimension de l'action publique. Le MACQ est en effet destiné, selon les termes alors employés par le premier ministre Jean LESAGE, à devenir le «ministère de la Civilisation canadienne-française et du fait français en Amérique». George-Émile Lapalme, premier titulaire de ce ministère, et Guy FRÉGAULT, sous-ministre en titre de façon quasi ininterrompue jusqu'en 1975, y voyaient non seulement un instrument de développement des activités et des institutions culturelles québécoises, mais surtout un outil privilégié d'affirmation de l'identité canadienne d'expression française. À sa création, le MACQ recouvre ainsi un ensemble de fonctions de soutien aux arts et lettres, relevant autrefois soit du ministère de la Jeunesse, soit du Secrétariat de la province. S'ajoutent deux organismes – l'Office de la langue française (OLF) et le Département du Canada français outre-frontières – qui démontrent la volonté du Québec d'assurer le rayonnement de la culture québécoise d'expression française aux plans national et international.

Le fait que le gouvernement québécois ait consacré nommément un ministère à la culture constitue une autre originalité à l'échelle canadienne. L'action culturelle fédérale apparaît à ce titre à la fois plus tardive et plus indirecte. Les divers organismes culturels fédéraux ne seront en réalité intégrés à la structure ministérielle que très progressivement, d'abord au sein d'un Secrétariat d'État (1963), avant de passer successivement sous la responsabilité du ministère des Communications (1980) et, plus récemment, sous celle du Patrimoine canadien. Bien que le Québec ne soit pas le premier gouvernement provincial à se doter d'un instrument d'intervention en matière de culture – la Saskatchewan a créé son Conseil des arts dès 1949 – il est sans doute le premier et sans contredit le seul à lui donner une signification politique et identitaire aussi nette. Sur ce point, la succession de livres ou projets de livres, blanc (Pierre LAPORTE 1965), vert (Jean-Paul L'Allier, 1976) et encore blanc (Camille LAURIN, 1978), de même que la plus récente politique culturelle du Québec (Liza Frulla-Hébert,1992) témoignent de la préoccupation constante et réitérée d'affirmation culturelle nationale via ce ministère. Elles traduisent également une recherche de cohérence visant à intégrer les multiples dimensions de l'action culturelle dans une politique globale, ce qui n'est pas non plus courant à l'échelle canadienne. À une action fédérale pour ainsi dire *à l'anglaise*, se développe parallèlement une action québécoise *à la française*. Créé peu de temps après le ministère français de la Culture (1959), et sur le même modèle, le MACQ se démarque d'entrée de jeu de l'approche adoptée initialement dans le reste du Canada, plus souvent inspirée de modèles britanniques. Le gouvernement fédéral, dans la perspective du *arms' lenght*, tend ainsi à déléguer le pouvoir décisionnel à des organismes sectoriels – CONSEIL DES ARTS DU CANADA, SOCIÉTÉ RADIO-CANADA, OFFICE NATIONAL DU FILM, Musées nationaux, etc. – dont l'action recouvre, à peu de chose près, les différents secteurs d'activités culturelles professionnelles le plus souvent regroupés en milieux métropolitains. L'action provinciale, au contraire, réunit initialement au sein d'un même organisme ministériel un ensemble de fonctions culturelles plus large et favorise un arrimage plus étroit à l'administration publique et au pouvoir politique. Elle vise également à couvrir l'ensemble du territoire québécois et est amenée à se justifier en termes de démocratisation et de décentralisation. Bien que le MACQ évolue progressivement en se concentrant davantage sur des fonctions de soutien aux activités artistiques et médiatiques au sens strict, c'est le plus souvent de lui que naîtront un ensemble d'organismes et ministères à vocation culturelle au sens plus large, notamment en matière d'immigration, de relations internationales et de promotion de la langue française.

Les rivalités culturelles fédérales-provinciales au Québec

L'action croisée des deux niveaux de gouvernement et le climat politique au Québec vont contribuer, à partir des années 60, à faire de la culture non seulement un objet d'administration publique à part entière, mais un véritable enjeu politique. De qui doit dépendre l'évolution de la culture au Québec? Du gouvernement d'un Canada majoritairement anglais ou de celui d'un Québec majoritairement français? Aiguillonnés par la question linguistique, les deux niveaux de gouvernement sont ainsi amenés à intervenir beaucoup plus directement dans le champ culturel et bientôt à s'y confronter. L'action provinciale se caractérise par la création de l'OLF (1961), suivie par une succession de législations linguistiques (Loi 63 en 1969, Loi 22 en 1974) et culmine avec la Charte de la langue française en 1977 (LOI 101). Sur le plan fédéral, c'est l'époque de la COMMISSION ROYALE D'ENQUÊTE SUR LE BILINGUISME ET LE BICULTURALISME (1963-1969), coprésidée par André LAURENDEAU et Davidson DUNTON, qui débouche, au début des années 70, sur une politique des langues officielles et les premières mesures en faveur du multiculturalisme. La culture devient dès lors le terrain privilégié d'affrontement de deux nationalismes que le recours à des conceptions et des approches différentes de l'action culturelle vient renforcer. Mais, de façon plus complexe, la dynamique peut aussi se résumer à cette autre tendance, double et qui suit des logiques inverses: d'un côté, l'État fédéral s'inspire progressivement du modèle du ministère de la Culture; de l'autre, l'État provincial adopte plus d'un comportement de l'État fédéral; il a notamment tendance à déléguer plus de pouvoirs aux milieux professionnels et à des organismes autonomes.

L'implication nouvelle du gouvernement québécois dans les années 60 débouche tout d'abord sur un certain retrait du fédéral dont l'intervention était déjà bien établie. Si la mission provinciale est plus large, ses moyens sont aussi nettement plus réduits. Jusqu'au milieu des années 70, le fédéral conserve l'initiative et tend même à essouffler sur le terrain un gouvernement québécois à la traîne, par ailleurs bousculé par les mobilisations nationalistes d'une fraction importante des milieux culturels et intellectuels qui, globalement, en viennent à réclamer un plus fort leadership québécois en cette matière. La tenue, en 1975, d'un Tribunal de la culture, présidé par le sociologue Marcel Rioux, avec Gérald GODIN à titre de secrétaire, aura ainsi surtout été l'occasion d'un procès du MACQ. D'un côté on réclame l'exclusivité des pouvoirs culturels pour le Québec, mais de l'autre on se méfie de l'inefficacité du ministère québécois qui en a la charge, en lui proposant comme exemple l'action fédérale, mieux dotée et moins directive. La prise du pouvoir par le PARTI QUÉBÉCOIS, en 1976, marque à cet égard un point tournant avec la création, la même année, d'un ministère d'État au développement culturel. En 1978 est publiée une politique globale de «développement culturel» à laquelle ont contribué des intellectuels aussi influents que Fernand DUMONT et Guy ROCHER. Ce super ministère regroupe, outre le MACQ, tout ministère et organisme impliqué, à un titre ou à un autre, dans ce secteur. Bien que d'existence relativement brève – elle disparaît en 1982 – cette structure de coordination aura eu pour effet de diffuser à l'ensemble de l'appareil gouvernemental un souci de la culture jusque là plus confiné. Le gouvernement provincial effectue également à partir de ce moment là un important rattrapage en terme d'investissements. De 1977 à 1994 (année précédant la fusion du MACQ et des Communications), la part du budget québécois consacrée à la culture va doubler, passant de 0,4 p. 100, niveau où elle se maintenait depuis le début des années 60, à 0,8 p. 100. La contribution provinciale aux dépenses culturelles au Québec, de négligeable qu'elle était somme toute au début des années 60, devient déterminante, voire dominante dès qu'on exclut le secteur de la radiotélévision (RTV). L'estimation des dépenses des différents paliers au Québec varie en effet considérablement selon que l'on inclut ou non ce poste. En 1997, en incluant la RTV, la part provinciale représente 31 p. 100 des dépenses globales estimées à 1,5 milliard, contre 53 p. 100 au fédéral et 16 p. 100 aux municipalités. En l'excluant, elle domine au contraire sensiblement, comptant pour 40 p. 100 d'un total de 976 millions, contre 35 p. 100 au fédéral et 25 p. 100 au municipal.

Par rivalité ou synergie, l'action croisée des deux paliers atteint une sorte de point d'équilibre financier, au moment même par ailleurs où le modèle de l'État-providence commence à connaître de profondes remises en cause. Depuis le RÉFÉRENDUM DE 1980, les milieux culturels sont, pour leur part, amenés à cibler des enjeux beaucoup plus nettement «professionnels» que «nationalitaires». On réclame 1 p. 100 du budget de l'État (québécois) pour la culture. On lutte pour une amélioration du statut de l'artiste. C'est dans ce contexte qu'est engagé, au début des années 90, un vaste processus de restructuration de la politique québécoise qui conduit notamment, en 1994, à la fusion du MACQ et des Communications et à la création de deux entités relativement autonomes: la Société de développement des entreprises culturelles (SODEC) – dont relève aujourd'hui le soutien aux entreprises privées – et le Conseil des arts et des lettres du Québec (CALQ), dédié aux artistes individuels et aux organismes artistiques. Le nouveau ministère de la Culture et des communications, dont relève maintenant Télé-Québec, conserve pour sa part la responsabilité de l'ensemble de l'infrastructure de diffusion culturelle – bibliothèques, musées, salles de spectacles – dont il continue à s'occuper aussi de façon plus directe dans un certain nombre de cas: la Bibliothèque nationale, des salles de spectacles comme la PLACE DES ARTS (1964) ou le *Grand Théâtre de Québec* (1970) ainsi que les trois musées d'État que sont le Musée du Québec, le MUSÉE D'ART CONTEMPORAIN (créé en 1964) et le Musée de la civilisation de Québec (inauguré en 1990). Il administre aussi, depuis 1981, une ambitieuse politique d'intégration des arts à l'architecture qui engage l'ensemble des organismes et ministères à réserver un pourcentage du budget lors de la construction ou de l'agrandissement d'immeubles.

Le nouveau MCCQ disposait d'un budget de 423 millions de dollars en 1999. L'ancien MACQ disposait, quant à lui, au moment de l'intégration des communications, en 1994, de 329 millions de dollars contre 39 millions en 1976. Même en tenant compte de l'inflation, cette croissance fait état d'un effort remarquable. Mieux pourvu mais délesté de bon nombre de ses fonctions, et des plus politiques (langue, immigration, relations internationales) assumées aujourd'hui à partir d'autres lieux de l'Administration publique, ce nouveau ministère recentré sur le soutien des activités culturelles, artistiques et médiatiques, ne peut plus de la sorte être aussi nettement assimilé à ces dimensions identitaires auxquelles le destinaient ses fondateurs.

Guy Bellavance

Politiques gouvernementales Cette expression désigne à la fois les objectifs généraux poursuivis par l'action des gouvernants et cette action elle-même. Autrement dit, une politique gouvernementale, c'est l'ensemble des actions engagées par un gouvernement dans la poursuite d'un objectif ou d'un ensemble d'objectifs. Certaines politiques gouvernementales concernent la façon de faire les choses, c.-à-d. les règles et les procédures, et on dit de ces politiques qu'elles sont des politiques administratives. D'autres politiques concernent plutôt les choses à faire, et on identifie ces politiques au domaine ou secteur de l'activité humaine qu'elles affectent (p. ex., l'éducation). Afin de mieux coordonner les activités gouvernementales, les gouvernants élaborent des politiques d'ensemble dont les objectifs sont généraux (p. ex., la politique sociale, la politique économique, la politique des relations intergouvernementales), et ils adoptent, dans la logique de ces politiques d'ensemble, des politiques sectorielles dont les objectifs sont plus précis et restreints (p. ex., la sécurité publique, les soins de santé, l'agriculture). Selon cette logique, la POLITIQUE DE L'AGRICULTURE, p. ex., est une politique sectorielle élaborée en fonction d'objectifs à atteindre dans le secteur de l'agriculture, mais l'atteinte de ces objectifs «sectoriels» est censée contribuer à l'atteinte des objectifs de la politique économique (*voir* INSTITUT CANADIEN DE POLITIQUE ÉCONOMIQUE), qui est une politique d'ensemble.

Les moyens nécessaires à la mise en œuvre des politiques gouvernementales suscitent fréquemment des controverses, soit en raison des contraintes qu'ils impliquent (prescriptions, interdictions, redistributions, etc.), soit en raison de la menace de pénalités (pour refus d'obtempérer, notamment). Dans tous les cas, pour appliquer une politique, il faut des ressources (réquisitionnées, empruntées ou achetées, produites ou consommées, accumulées, distribuées, prêtées ou vendues) et des règles précisant ce qui est interdit, permis ou obligatoire. En mobilisant des ressources et en édictant des règles, dans la mise en œuvre d'une politique, les gouvernants tentent de résoudre les problèmes qui leur sont posés et de saisir les occasions qui paraissent favoriser leurs ambitions.

Tout comme les moyens mis en œuvre, les objectifs visés par les politiques gouvernementales suscitent la controverse, du fait des oppositions entre les partis politiques, chacun cherchant à imposer ses vues (la lutte pour le pouvoir), et du fait de la concurrence entre les intérêts (intérêts exprimés, notamment, par les GROUPES DE PRESSION). Ils le sont aussi quand persistent les problèmes qu'ils concernaient ou quand surgissent de nouveaux problèmes. Finalement, les politiques gouvernementales sont influencées par les changements qui se produisent dans la société, et elles le sont aussi par le désir de changement et par les idéologies.

L'histoire montre l'influence du changement social sur les politiques et l'influence des politiques sur le changement. L'objectif initial ou prioritaire des politiques gouvernementales, c'est la population et la paix. Cependant, quand la production et le commerce ont posé problème, les gouvernants ont tenté de «réguler» ce qu'on appelle le «marché», et pour accroître la productivité, ils ont, p. ex., doté leurs pays de routes, canaux, aqueducs, ports, entrepôts, etc. Pour répondre aux défis posés par l'urbanisation et par la transformation de la société, les gouvernants ont favorisé le développement de l'ÉDUCATION, adopté des POLITIQUES SUR LA SANTÉ et lancé de vastes opérations d'aménagement du territoire. Après la Seconde Guerre mondiale, disant vouloir le bien-être des populations, les gouvernants de plusieurs pays ont adopté une politique de stabilisation de l'activité économique, une politique d'assurance-santé obligatoire et une politique de soutien du revenu (*voir* RÉPARTITION DES REVENUS).

Au Canada, le gouvernement fédéral met en œuvre certaines politiques sectorielles seul (p. ex., dans le domaine de la DÉFENSE, des RELATIONS EXTÉRIEURES, de la monnaie, des poids et mesures et des brevets) ou en collaboration avec les gouvernements provinciaux, si la matière concernée ne relève par de l'autorité législative exclusive du

Parlement du Canada, comme en matière d'agriculture (voir PARTAGE DES POUVOIRS). Les autres politiques relèvent des autorités provinciales ou territoriales ou, en raison de délégations dont elles bénéficient, des autorités régionales et locales. Ainsi, l'éducation, la voirie et les travaux publics relèvent principalement des gouvernements provinciaux. Les gouvernements provinciaux interviennent, en fait, dans de nombreux secteurs, allant de la production d'énergie au développement minier et forestier, en passant par les services de soins de santé et, dans le cas du Québec et de l'Ontario, la police.

Les activités des gouvernements sont financées, pour l'essentiel, par les impôts, c.-à-d. des prélèvements obligatoires qui ne comportent pas de contrepartie directe. Les impôts procurent toutefois les bénéfices qui découlent des politiques gouvernementales. Les impôts, c.-à-d. le prix à payer pour ces bénéfices, ne sont pas nécessairement proportionnels aux bénéfices reçus par chaque contribuable, et ils ne sont pas négociables, car ils sont établis pour l'ensemble des contribuables à titre d'éléments de la POLITIQUE BUDGÉTAIRE, laquelle est l'une des plus importantes des politiques gouvernementales et l'une des plus controversées. Comme les autres politiques gouvernementales au Canada, la politique budgétaire reflète certains points de vue plutôt que d'autres, les divers points de vue n'ayant pas une chance égale d'être pris en compte.

Les recherches scientifiques consacrées aux politiques gouvernementales peuvent adopter diverses perspectives (historiques, descriptives, juridiques, normatives). Parmi ces perspectives, celle des politologues, qui font souvent des études de cas, privilégie l'évaluation des mérites de chaque politique, l'examen des solutions possibles aux problèmes posés et les pressions qui s'exercent à propos de cette politique. Finalement, en cataloguant les questions à étudier, les spécialistes de l'étude des politiques ont été amenés à distinguer les diverses catégories de politiques, les institutions dont elles relèvent, les populations qu'elles concernent, les périodes au cours desquelles elles ont été mises en œuvre, les idéologies et valeurs qu'elles reflètent, l'appui dont elles bénéficient et les administrations qui en ont la charge. (Voir aussi POLITIQUE CULTURELLE; POLITIQUE ÉNERGÉTIQUE; PÊCHE, POLITIQUE DE LA; STRATÉGIE INDUSTRIELLE; TRAVAIL, POLITIQUE DU; POLITIQUE LINGUISTIQUE; POLITIQUE MONÉTAIRE; POLITIQUE MUSÉALE; POLITIQUE NATIONALE.)

André Bernard

Politiques linguistiques du Québec Depuis près de deux siècles, les clercs, écrivains et journalistes ont dit et redit que le maintien de la langue française était la seule garantie possible de la survivance du peuple québécois. Il a toutefois fallu attendre les années 60 et la RÉVOLUTION TRANQUILLE pour que le Québec se mobilise et que les gouvernements légifèrent sur la question. Depuis 1974, cette province a comme seule langue officielle le français (plusieurs services gouvernementaux demeurent accessibles en anglais). Elle a la particularité d'être bilingue sur le plan constitutionnel et dans les institutions fédérales, tout en n'admettant officiellement que le français au sein des institutions provinciales.

Après la création de l'OFFICE DE LA LANGUE FRANÇAISE, en 1961, par le gouvernement LESAGE (libéral, 1960-1966) pour qui «bien parler, c'est se respecter», les actions en faveur d'une langue française de qualité se multiplient. Les premiers projets d'échanges franco-québécois sont mis sur pied (1965-1966). De 1966 à 1968, le gouvernement JOHNSON s'applique à faire du français la langue dominante au Québec. Il rend obligatoire l'usage du français dans l'étiquetage des produits alimentaires et crée un ministère de l'Immigration qui exige des nouveaux arrivants une connaissance d'usage de la langue (voir IMMIGRATION DU QUÉBEC, POLITIQUES D').

Les premiers projets de lois linguistiques voient le jour sous le gouvernement BERTRAND (UNION NATIONALE, 1968-1970) suite à la crise scolaire de 1968 au cours de laquelle un nombre important d'immigrants italiens établis à Saint-Léonard réclame une scolarité bilingue. Devant ce nouveau danger d'assimilation provenant de l'intérieur même du Québec, un premier projet de loi (85) est retiré et la commission Gendron voit le jour, chargée d'analyser la situation de la langue française au Québec (1968-1972). En 1969 est édictée la loi 63, *Loi pour promouvoir la langue française au Québec*, qui garantit aux parents le droit de choisir la langue d'instruction de leurs enfants, le ministre de l'Éducation devant simplement s'assurer que les enfants recevant un enseignement en anglais acquièrent «une connaissance d'usage de la langue française». Conséquence de cette mesure: les allophones s'anglicisent, les francophones se mobilisent en bloc et constituent le Front du Québec français.

Le rapport de la commission Gendron, présenté sous le gouvernement Bourassa (libéral, 1970-1976), propose que le français devienne la seule langue officielle du Québec, le français et l'anglais demeurant les deux langues nationales. En ce qui concerne la langue de l'éducation, la décision est laissée au gouvernement qui, devant l'agitation sociale grandissante, élabore, en 1974, la loi 22, *Loi sur la langue officielle*, destinée à pallier les lacunes de la loi 63.

La loi 22 fait du français la langue de l'administration, des services et du travail à l'échelle provinciale, mais les modalités d'application demeurent floues. Voulant préserver la biethnicité et le BICULTURALISME, les libéraux laissent place à l'équivoque dans le texte: il y est dit que le français doit être la langue de l'éducation et que les anglophones désirant entrer à l'école anglaise devront faire la preuve, par voie de test, qu'il s'agit bien de leur langue maternelle. Cela suscite le mécontentement tant des francophones, qui jugent le projet trop modéré, que des anglophones et des groupes ethniques qui trouvent injustifié de devoir subir un examen pour étudier en anglais. La question de l'affichage commercial en français est également abordée, mais aucune exigence claire n'est formulée. La désapprobation des deux camps aura une répercussion directe sur les élections de 1976 qui porteront pour la première fois le PARTI QUÉBÉCOIS au pouvoir.

Le gouvernement LÉVESQUE (1976-1985) fait de la question linguistique sa priorité et édicte, en 1977, la LOI 101, *Charte de la langue française* qui vise à permettre aux Québécois de vivre et s'affirmer en français. Cette loi fait suite à la publication d'un livre blanc paru la même année, le projet de loi 1, né dans la controverse. Camille LAURIN, le «père» de la Charte de la langue française, en fait une loi très précise qui dote le Québec d'institutions comme le Conseil de la langue française et la Commission de surveillance. La loi 101 stipule que le français doit être la langue de la législation et de la justice, de l'administration, du travail et des affaires, ainsi que de l'enseignement. Bien que nombre de Québécois se félicitent de la clarté et de la fermeté de ces nouvelles mesures, la loi ne fait pas l'unanimité et est considérée en partie comme «inconstitutionnelle» par le fédéral. Un coup dur est porté en 1980 par la COUR SUPRÊME du Canada qui vient confirmer un jugement de la Cour supérieure du Québec déclarant caduc l'article de la Charte faisant du français la langue de la législation et de la justice. Le Québec se voit dans l'obligation d'amender quelques points supplémentaires, notamment une clause du chapitre VIII portant sur la langue de l'enseignement, jugée trop restrictive (voir LOI 101, AFFAIRE CONCERNANT LA). La clause «Québec», stipulant que les immigrants doivent étudier en français, y compris ceux provenant des autres provinces canadiennes, à moins qu'un accord n'intervienne entre le Québec et la province d'origine, est remplacée par la clause

«Canada» qui permet aux enfants ayant fréquenté une école anglaise dans une autre province de poursuivre leurs études en anglais.

En 1983, la Cour juge que l'usage obligatoire du français dans l'affichage prôné par la loi 101 est contraire à la liberté d'expression. De retour au pouvoir, le gouvernement libéral de BOURASSA vote alors la loi 178 selon laquelle l'affichage doit se faire en français, sauf dans quelques cas (taille des commerces, nombre d'employés, etc.) où les deux langues seront tolérées, à la condition que prédominance soit accordée au français. L'insatisfaction est vive, les anglophones s'estimant trahis et les francophones redoutant le retour au bilinguisme.

Les débats linguistiques se poursuivent encore aujourd'hui au Québec et au Canada, suscitant passions et controverses. Depuis les manifestations des antiquaires de l'Estrie au printemps 2000, l'affaire de l'affichage est à nouveau portée en Cour suprême où des partisans de l'un et de l'autre camp ont peine à se mettre d'accord. Tout semble indiquer que le débat pourrait se poursuivre encore de nombreuses années. Ainsi, en butte aux protestations du Parti Égalité, le Parti québécois, réélu depuis 1994, s'est demandé s'il ne devait pas durcir la loi sur l'affichage. Lors de son congrès national de mai 2000, il a résolu de s'en tenir au statu quo en attendant la tenue d'États généraux sur la langue française appelés à définir une ligne de conduite à moyen et à long terme. Si la langue française est bien vivante, parvenir à la conserver forte et présente est toujours ressenti par plusieurs comme un défi quotidien.

Anne-Marie Busque

Pollock, Sharon, née Mary Sharon Chalmers, dramaturge, actrice et administratrice (Fredericton, N.-B., 19 avril 1936). Elle grandit dans les Cantons de l'Est, au Québec, et fréquente l'U. du Nouveau-Brunswick. Sa première expérience d'écriture, *A Compulsory Option,* remporte l'Alberta Playwriting Competition en 1971. Par la suite, elle enseigne la dramaturgie à l'U. de l'Alberta, dirige le Playwrights' Colony au Banff Centre et devient dramaturge résidente au Alberta Theatre Projects de Calgary. En 1984, elle est la première femme à occuper le poste de directrice artistique dans un grand théâtre de l'Ouest canadien, le Theatre Calgary.

Pollock écrit six pièces pour enfants, plusieurs textes pour la télévision et la radio et des dramatiques qui seront primées. En 1980, elle reçoit le PRIX ACTRA pour la meilleure dramatique radio (*Sweet Land of Liberty*). Elle remporte le prix Golden Sheaf (1981) pour le téléfilm *The Person's Case* et le prix du Gouverneur général (1982) pour *Blood Relations* qui porte sur Lizzie Borden, acquittée de meurtres à la hache. Avec ses principales œuvres, *Walsh* (1974), *The Komagatu Maru Incident* (1978) et *One Tiger to a Hill* (1981), mises en scène dans tous les grands théâtre canadiens, elle se taille une réputation de dramaturge de la conscience. Ses pièces plus récentes, *Generations* (1981), *Blood Relations* et *Doc* (1984, prix du Gouverneur général), délaissent les préoccupations d'ordre social pour se pencher davantage sur les conflits familiaux. Pour écrire *Doc,* l'auteure s'inspire assez librement de son expérience familiale. À l'instar de ses autres pièces, elle y est d'une honnêteté brutale et tient des propos dérangeants. Sa pièce *Whiskey Six Cadenza* est mise en nomination pour le prix du Gouverneur général en 1987, sans toutefois le remporter. En janvier 1988, elle reçoit le Prix littéraire Canada-Australie.

Donna Coates

Pollution Elle peut être définie comme étant la libération dans l'ENVIRONNEMENT de toute substance, de toute énergie ou de tout organisme susceptibles d'avoir sur lui des effets nocifs immédiats ou à long terme. À l'origine, on qualifiait de pollution les saletés inesthétiques ou les dommages visibles causés à l'environnement par le rejet inconsidéré de substances diverses. Le plus souvent, la pollution désignait l'écume de saletés à la surface des lacs ou des rivières, le nuage de smog gris-jaune au-dessus des villes ou les fumées des fonderies et des usines.

On considérait à l'époque que ces problèmes, bien visibles, étaient des questions d'intérêt local et qu'il suffisait, pour y remédier, d'enfouir les déchets ou de les répartir sur de grandes surfaces à l'aide des courants aériens ou aquatiques, de façon à ce que le milieu naturel absorbe et purifie ces matières. La dilution apparaissait comme une solution. Cependant, les polluants ont nui à d'autres utilisateurs de l'environnement, et les pollueurs ont été forcés de réduire les émissions provenant des égouts, des cheminées d'usines, des procédés industriels et de la fabrication de produits en général. Dans les années 90, il est d'ores et déjà admis que l'utilisation de l'environnement en toute liberté pour éliminer des déchets constitue une pratique injuste pour les autres êtres humains et pour l'environnement.

Qu'entend-on par pollution ? La pollution peut prendre la forme d'un BRUIT excessif qui cause des troubles auditifs; de chaleur émise, p. ex., par les eaux chaudes que déversent les centrales électriques et qui occasionnent des changements dans les associations d'espèces aquatiques; de rayonnements de haute intensité produits par la désintégration de substances radioactives, qui altèrent les gènes humains; ou encore d'organismes pathogènes qui provoquent des maladies. Les scientifiques ne connaissent pas encore exactement quel degré d'exposition aux nombreux polluants modernes pose un danger pour les humains et les autres organismes vivants. Dans certains cas, le degré zéro est le seul niveau acceptable d'exposition aux polluants, ce qui a conduit à l'émergence des concepts de déversement nul et d'élimination complète des contaminants dangereux.

Les recherches scientifiques montrent de plus en plus que la pollution s'applique également à des produits chimiques inodores et incolores qui restent actifs dans le sol, l'air ou l'eau longtemps après la disparition des matériaux qui les contenaient. Désormais, la pollution comprend aussi les produits chimiques utilisés comme fertilisants et PESTICIDES pour les terres agricoles, les produits contenus dans les bombes aérosol sous pression et des produits dont on revêt les murs et les plafonds, comme l'AMIANTE ignifuge. Les problèmes peuvent mettre des dizaines d'années à se manifester, comme l'amiantose, affection pulmonaire mortelle causée par l'exposition à la poussière d'amiante.

Ampleur de la pollution On sait maintenant que les problèmes sont très étendus. Les PLUIES ACIDES qui tuent les poissons des lacs de l'Ontario sont causées en grande partie par la POLLUTION DE L'AIR que produisent les cheminées d'usines situées à des centaines de kilomètres, dans le sud de l'Ontario, en Ohio et ailleurs. La neige qui tombe sur l'Arctique canadien contient des produits chimiques provenant du Japon. Les eaux froides du LAC SUPÉRIEUR reçoivent des pesticides agricoles transportés dans l'atmosphère, apparemment depuis le Mexique. Quand les eaux du lac se réchauffent, elles libèrent certains de ces contaminants, qui sont à nouveau transportés jusqu'aux ÉCOSYSTÈMES arctiques, où ils s'accumulent.

La pollution augmente en raison notamment de l'accroissement rapide de la population mondiale. Chaque être humain produit inévitablement des déchets. Toutefois, les populations qui jouissent d'un niveau de vie élevé et qui utilisent des technologies qui engendrent du gaspillage et de la pollution ont un impact bien plus nocif que les populations au niveau de vie plus modeste, dont la culture est plus respectueuse de l'environnement. Pour réussir à vaincre la pollution, il faut limiter, voire enrayer la croissance des trois facteurs que sont la population, la consommation et le gaspillage qui résulte des technologies. D'ici là, de nombreux éléments du milieu naturel auront disparu à tout jamais.

Effets de l'urbanisation Un regroupement d'êtres humains, comme une ville, fait venir de la nourriture, des ressources et des produits commerciaux de l'extérieur et envoie d'autres produits commerciaux et des déchets à l'extérieur. La consommation des RESSOURCES et le rejet des déchets ont tous deux des répercussions néfastes sur l'environnement, qui s'aggravent souvent du fait de leur interaction. La superficie occupée par les aménagements urbains, y compris les routes et les aéroports, est entièrement artificielle et ne procure, par conséquent, aucun avantage naturel. On appelle parfois ces zones des «empreintes».

Pour en tirer des ressources et se débarrasser de ses déchets, toute ville exploite également une superficie supplémentaire que l'on peut appeler son «empreinte écologique». On estime que celle de la vallée du bas Fraser, en Colombie-Britannique, est 19 fois plus grande que la région même. Si la région transformait davantage ses déchets en ressources, son empreinte écologique ne s'étendrait pas si rapidement.

Bioaccumulation Dans les années 50, pour répondre à la demande croissante de notre société de consommation génératrice de gaspillage, les industries alimentaires et pharmaceutiques, entre autres, ont créé de nombreux produits chimiques artificiels. Or, de nombreux produits de synthèse ne peuvent se décomposer par les processus naturels tels que l'action de la lumière, de la chaleur, du froid ou des BACTÉRIES.

Ces produits chimiques se diffusent dans l'environnement et s'accumulent dans le sol, dans l'air, dans l'eau, dans les végétaux et dans notre corps. Certains composés organiques contenant du chlore sont chimiquement attirés par les graisses présentes dans les organismes. Transmis des plantes aux animaux le long de la chaîne alimentaire, ils atteignent des concentrations de plus en plus élevées, parce que les organismes ne disposent d'aucun moyen efficace pour décomposer ces produits ou les éliminer. À mesure que s'accroît leur concentration dans la chaîne alimentaire, leur toxicité augmente, particulièrement pour les premiers stades de la vie.

Le pesticide DDT a fourni un des premiers exemples du danger de la bioaccumulation. Des millions de kilogrammes de DDT ont été employés en Amérique du Nord dans la lutte contre les insectes nuisibles, jusqu'à ce que des chercheurs découvrent qu'il s'accumulait dans l'organisme des oiseaux se nourrissant d'insectes et de poissons, au point d'endommager leurs œufs. Le FAUCON PÈLERIN a ainsi frôlé l'extinction. Le DDT est interdit au Canada depuis 1971, excepté pour certaines cultures comme le tabac, qui a bénéficié d'un sursis de quelques années. Vingt-cinq ans après son interdiction partielle, les concentrations retrouvées chez les goélands, les touladis et les aigles des Grands Lacs ont chuté de façon radicale. Certaines espèces, comme les goélands, se sont reconstituées à l'excès, en partie parce que l'écosystème reste encore gravement déséquilibré.

Mesures et risques De nos jours, on analyse et évalue la pollution sous l'angle médical en tant que cause possible du CANCER ou de déficiences physiques. On étudie également sa durée (souvent de nombreuses années) et ses concentrations (souvent infimes). Nombre de produits chimiques que les Canadiens ont acceptés, dont ils ont fait l'essai, qu'ils ont utilisés et sur lesquels ils ont compté depuis les années 50 sont désormais considérés comme étant «toxiques» ou mortels à faibles doses sur de longues périodes. Il y a quelques décennies, on louait les biphényles polychlorés (BPC) comme une merveille technique pouvant servir à de nombreux usages industriels et n'ayant pratiquement aucun effet secondaire néfaste. Bien des années plus tard, des chimistes ont trouvé comment déceler les BPC et en mesurer les quantités, même en faibles concentrations, présentes dans l'environnement et les organismes. Ces produits sont maintenant reconnus comme étant dangereux.

Jusqu'aux années 90, la recherche médicale tendait à présumer que le cancer constituait généralement le plus grand risque associé aux contaminants dangereux. Cette opinion s'appuyait sur l'hypothèse selon laquelle les effets nocifs causés aux gènes par les contaminants et conduisant au cancer étaient la principale source de tort à la santé des êtres humains. On sait maintenant que bien que certains contaminants, comme les radionucléides (atomes radioactifs), soient génotoxiques (s'attaquent aux gènes), d'autres sont surtout neurotoxiques (endommagent le système nerveux) ou perturbent le système endocrinien (en imitant les hormones ou en entravant leur production).

Le processus de la reproduction, auquel participent l'ovule, le spermatozoïde puis l'embryon, implique aussi l'apparition séquentielle des trois sous-systèmes «d'information»: génétique, neuronal et endocrinien. Les contaminants dangereux nuisent au fonctionnement de ces systèmes d'une manière analogue à un virus sournois dans un ordinateur. Un être humain ou un organisme dont un de ces systèmes d'information est affaibli ou défaillant au moment de sa formation peut présenter une ou plusieurs déficiences permanentes.

La branche des sciences particulièrement appropriée pour étudier ces phénomènes de «désinformation» est elle-même en pleine évolution. Les chercheurs ne s'entendent pas sur la fiabilité des nouvelles avenues de recherche, ni sur leurs premiers résultats. Il devient évident que les contaminants dangereux maintenant présents dans tous les systèmes écologiques et humains du monde nuisent considérablement aux phénomènes complexes du développement. Nous en savons déjà suffisamment pour juger, avant même que des preuves ne le démontrent clairement, que des précautions s'imposent.

Au fil des ans, un certain nombre d'incidents ont illustré la gravité potentielle des problèmes de pollution. Dans le nord de l'Ontario, un grand nombre d'habitants du réseau des rivières English et Wabigoon ont perdu leur emploi lié à la pêche commerciale et ont vu leur communauté se déstabiliser après qu'on eut découvert la présence de MERCURE invisible et toxique dans les poissons. Ce mercure avait été rejeté par une usine de papier locale avant 1970 et a continué pendant longtemps à représenter une menace pour la qualité de l'eau et du poisson. À Port Hope, en Ontario, on a retiré de sous les maisons, les écoles et les magasins des milliers de tonnes de déchets légèrement radioactifs enfouis des années auparavant, afin de réduire les risques de cancer pour la population. À Toronto, on a organisé des cliniques publiques dans certains quartiers pour déceler dans le sang de leurs habitants la présence de faibles quantités de PLOMB. Ce métal, qui peut entraîner des troubles nerveux et d'apprentissage, provenait d'usines dont certaines recyclaient des batteries d'automobile sans précautions suffisantes.

Priorités et perception Beaucoup d'industries ont longtemps omis de tenir compte de la pollution manifeste qu'elles créaient. L'éthique commerciale de certains entrepreneurs leur dicte (ou leur dictait) de maximiser les profits des actionnaires. Dans cet esprit, toute activité engendrant la pollution des environnements intérieurs ou extérieurs est considérée tolérable si la loi ne l'interdit pas expressément. Comme le CONSEIL DES SCIENCES DU CANADA le soulignait en 1977 dans un rapport accablant intitulé *L'ambiance et ses contaminants*, les gouvernements ont trop longtemps été mal outillés pour mesurer la pollution et paralysés par la bureaucratie et les compromis politiques, de sorte qu'ils n'ont pu s'attaquer aux pollueurs. De nos jours, ils sont nettement plus proactifs, mais certains problèmes de pollution ne seront pas résolus avant une époque avancée du XXIe s.

Les sondages d'opinion montrent que l'environnementalisme et la lutte contre la pollution sont devenus des enjeux importants pour les Canadiens. La réponse à la pollution ne se résume plus à fermer une usine polluante et à en subir les conséquences économiques. L'assainissement et la protection de l'environnement créent de plus en plus d'emplois. En outre, les déchets sont recyclés plutôt que rejetés dans l'environnement, ce qui s'avère plus économique pour les entreprises. En effet, le coût d'une technologie «verte» et propre et de la prévention est inférieur à celui de la remise en état du milieu, des soins de santé ou de la perte irrémédiable d'une ressource environnementale. Si la facture revient en bout de ligne au pollueur, il est alors dans son intérêt économique d'internaliser ces coûts. Au Canada, à la fin du XXᵉ s., seules quelques entreprises caduques, criminelles ou volontairement négligentes combattent encore cette politique dans le but de retirer quelques profits mal acquis. Certaines ont déjà constaté que le virage vers une technologie verte et propre s'est traduit par une rentabilité accrue.

Scientifiques et citoyens travaillent dans deux directions. Les premiers étudient des produits chimiques nouveaux ou existants en utilisant les approches toxicologique, épidémiologique et écosystémique afin de déceler tout effet subtil mais durable qu'ils pourraient avoir sur les organismes vivants. Les seconds créent des lois et de nouveaux codes de pratique en vue d'assurer la résolution adéquate des problèmes actuels, la prévention de nouveaux problèmes et le respect des normes de sécurité individuelle relativement aux contaminants, et ce, à tous les égards (voir ENVIRONNEMENT, DROIT DE L').

Principaux types de pollution

Pollution des eaux La pollution des eaux peut anéantir les activités lucratives des PÊCHES commerciale et sportive, rendre impropres à la consommation humaine et animale les ressources vitales en eau potable et endommager une ressource récréative et esthétique d'une valeur inestimable pour les Canadiens (voir POLLUTION DE L'EAU; EAU, TRAITEMENT DE L').

Il existe divers degrés de traitement des eaux usées allant du traitement primaire, qui consiste à retirer seulement les matériaux solides du mélange des eaux usées et à ajouter des désinfectants pour tuer les organismes pathogènes, à un traitement tertiaire, grâce auquel la qualité des effluents de l'usine d'épuration peut dépasser celle des eaux naturelles où ils sont déversés. Au Canada, à la fin des années 90, le niveau d'épuration des eaux usées peut varier selon l'ampleur des courants naturels des eaux réceptrices et le degré d'isolement de la ville par rapport aux autres villes en aval.

Dans les GRANDS LACS, en vertu d'un accord binational conclu en 1978, les eaux usées font l'objet d'un traitement tertiaire. Dans les années 80, toutes les grandes usines d'épuration se sont conformées à cet accord, et la plupart des usines de moindre envergure ont emboîté le pas au cours de la décennie suivante. Jusqu'aux années 90, Montréal comptait sur l'important débit du Saint-Laurent pour diluer et assimiler ses déchets. À Victoria (Colombie-Britannique) et à Halifax (Nouvelle-Écosse), à la fin des années 90, la majeure partie des eaux usées sont déversées sans traitement dans l'océan, et leur dispersion est assurée par les courants de marée et les courants littoraux. Halifax projette, depuis les années 70, de prendre des mesures pour nettoyer son port envahi par les eaux usées. Un plan élaboré à la fin des années 80 prévoyait le traitement primaire et la désinfection d'environ 75 p. 100 des eaux d'égout brutes et de ruissellement déversées dans le port. À la fin des années 90, ce plan n'a toujours pas de financement.

Dans les années 60, l'écosystème du LAC ÉRIÉ s'est transformé, et le lac a pris des allures de vaste étang d'eaux usées. En raison des odeurs nauséabondes dégagées par les déchets en décomposition, on a décrit la condition du lac comme une sorte de «mort» d'un écosystème. Des polluants complexes, comme les ions métalliques dissous (p. ex., le mercure et le cadmium), les organochlorés (p. ex., le DDT et les BPC) et les phosphates (provenant des détergents ménagers et des fertilisants agricoles), conjugués à la surpêche ainsi qu'à la restructuration et au dragage inappropriés des berges, ont provoqué cette transformation. Dans les baies peu profondes des autres Grands Lacs, les écosystèmes subissent des transformations similaires à celles du lac Érié. Après des décennies de mesures correctives et de restauration qui ont absorbé des milliards de dollars, on commence à renverser certains de ces processus de dégradation, en partie du moins. Toutefois, ces baies ne pourront jamais retrouver un état proche de leur état originel.

En 1981, des chercheurs canadiens ont pour la première fois décelé dans les Grands Lacs de faibles quantités de l'un des produits chimiques de synthèse les plus nocifs, soit la 2, 3, 7, 8-tétrachlorodibenzo-p-dioxine (TCDD). Le groupe des DIOXINES contient des produits, dont le TCDD, dérivés des procédés industriels qui font appel au chlore et à des matériaux organiques. Les produits chimiques entrant dans la composition de ce produit servant d'herbicide ont été fabriqués à Niagara Falls (État de New York) et à Elmira (Ontario). Ces deux localités continueront de subir les conséquences de la contamination par la dioxine pendant de nombreuses années. Des barrières coûteuses destinées à empêcher les fuites provenant des sites d'entreposage des déchets chimiques ainsi que les efforts pour extraire les contaminants des sols et les détruire réduisent les risques, mais ne peuvent les éliminer complètement, car le coût de ces méthodes en décourage l'utilisation.

Pollution des sols Le déversement des déchets industriels et urbains, les pratiques inadéquates de l'agriculture et de l'exploitation minière produisent des polluants qui réduisent ou détruisent la capacité des sols de soutenir une végétation saine. Beaucoup de ces polluants aboutissent dans les nappes d'eau et peuvent provoquer sur leur passage la stérilité, la contamination et l'érosion des sols (voir DÉCHETS SOLIDES; DÉCHETS, ÉLIMINATION DES).

On constate des progrès dans la réduction des effets engendrés par l'élimination des déchets. L'incinération des ordures peut produire de l'énergie utile, particulièrement dans les fours à ciment, et réduire considérablement le volume à enfouir, mais elle risque de contribuer à la pollution de l'air. On peut, par un procédé de réduction chimique, séparer les ions de chlore des substances organochlorées dangereuses telles que les BPC, afin d'obtenir des sels inoffensifs et des combustibles organiques utiles. Les activités de RECYCLAGE et de réduction des déchets à la source, p. ex., les emballages superflus, gagnent en importance, et les déchets ménagers deviennent une ressource prisée. Certains constructeurs d'automobiles choisissent leurs métaux et leurs plastiques de façon à faciliter le démontage et le recyclage une fois le véhicule hors d'usage.

Il existe d'autres sources de pollution des sols, entre autres de mauvaises PRATIQUES AGRICOLES DES SOLS et d'exploitation forestière qui mettent à nu la couche arable du sol et l'exposent à l'érosion éolienne et hydrique, ou encore l'utilisation excessive de fertilisants et de pesticides chimiques qui s'accumulent peu et ralentissent la croissance des récoltes ou les rendent impropres à la consommation humaine. Les sols pollués, dépourvus des minéraux et des micro-organismes essentiels à leur cohésion, sont également plus sujets à l'érosion. Celle-ci peut entraîner une sédimentation importante dans les rivières et les ruisseaux, qui entrave l'écoulement de l'eau et augmente les risques d'inondation ou de grave érosion des berges, dans un processus qu'on pourrait qualifier de rétroaction positive.

Aucun site d'enfouissement de déchets industriels à toxicité élevée n'est absolument sûr (voir DÉCHETS DANGEREUX). Ainsi, il n'existe toujours pas de moyen d'entreposer ou d'éliminer sans aucun danger les déchets provenant des centrales nucléaires, bien qu'il y ait trois ou quatre décennies qu'elles ont généré leurs premiers déchets (voir ÉNERGIE NUCLÉAIRE). Certains secteurs de ces centrales sont eux-mêmes devenus radioactifs, et l'on ignore toujours ce qu'il en adviendra.

Pollution atmosphérique L'air contient un large éventail de substances produites par la nature ou par l'activité humaine. La plupart n'ont pas atteint des niveaux d'accumulation manifestement nuisibles. Les polluants atmosphériques proviennent surtout de la combustion de carburants fossiles, comme le charbon, le pétrole et le gaz naturel, qui produit des substances invisibles pouvant être nocives. Ces substances peuvent, seules ou combinées à d'autres, entraîner des problèmes de pollution à l'échelle locale, régionale ou mondiale.

Le smog, p. ex., est causé par la combinaison d'oxydes d'azote, d'hydrocarbures et d'oxydes de carbone qui, sous l'action de la lumière et de l'eau, se transforment en polluants. Les particules et l'ozone qui en résultent irritent les tissus pulmonaires humains et endommagent la végétation, les aldéhydes irritent les yeux et la peau et les acides s'attaquent aux tissus humains et aux bâtiments. En 1952, une semaine de smog à Londres a provoqué la mort de plus de 4000 personnes et incité le gouvernement à imposer de nouveaux seuils pour la combustion de charbon dans les usines et les habitations urbaines. À Toronto, les jours de smog, le taux de mortalité humaine augmente de plusieurs points.

Au Canada, on a réduit la pollution par les matières en suspension grâce à l'installation de filtres sur les cheminées d'usines, à la modification des procédés industriels et à un meilleur réglage des automobiles. Dans le sud de l'Ontario, au smog produit localement s'ajoute le smog provenant du Midwest américain, que des systèmes atmosphériques de basse pression transportent vers le nord-est. Quand les conditions météorologiques favorisent l'accumulation de smog, les industries locales doivent ralentir leurs opérations jusqu'à ce que le temps s'améliore, c.-à-d. jusqu'à ce que des vents frais dispersent le smog.

En matière de pollution, les perspectives s'avèrent plutôt sombres pour les Canadiens au cours des 20 prochaines années. Des villes comme Sudbury, Hamilton, Toronto et Montréal sont maintenant moins polluées qu'il y a quelques décennies, tout comme le bassin des Grands Lacs et du Saint-Laurent. Toutefois, la pollution augmente dans le cas des agents polluants transportés par des phénomènes planétaires, tels le dioxyde de carbone, qui provoque le RÉCHAUFFEMENT PLANÉTAIRE, et les chlorofluorocarbones (CFC), qui causent l'APPAUVRISSEMENT DE L'OZONE. Les graves problèmes qu'elle suscite pourraient bien persister, au moins pendant un autre siècle. Aucun de nos petits-enfants ni de nos arrière-arrière-petits-enfants n'échappera totalement aux effets de la pollution que nous causons.

Ross Howard et H. Regier

Pollution de l'air Les polluants atmosphériques sont des substances qui, lorsqu'elles sont présentes dans l'air en quantité suffisante, peuvent mettre en danger la santé ou causer des dommages aux matériaux ou à toute matière vivante. Parmi les sources de pollution atmosphérique, on trouve les industries, les véhicules, les activités domestiques (chauffage, cuisson), l'agriculture (fertilisants, nuages de poussière, PESTICIDES, herbicides, émanations liées à l'élevage), la foresterie (pesticides, feux de forêt), les phénomènes naturels (VOLCANS, tempêtes de poussière, sel provenant des feux de forêt, embruns, pollen) et les émissions provenant des terres humides, comme le méthane et les composés organiques volatils (COV). Dans des villes septentrionales comme Edmonton, la vapeur d'eau émanant de la combustion du gaz naturel peut causer un FOG glacé en hiver. Dans ces conditions, l'eau peut être considérée comme un polluant. La teneur des polluants dans l'air est très faible, de l'ordre de quelques parties par million ou par milliard. Certains produits chimiques responsables d'odeurs incommodantes se retrouvent en concentrations si faibles qu'il est impossible de les mesurer.

Types de polluants Les polluants comprennent les particules en suspension totale, les COV, le dioxyde de soufre (SO₂), les oxydes d'azote (NO₂ et NO), l'ozone (O₃), le monoxyde de carbone (CO), le sulfure d'hydrogène (H₂S), le fluorure d'hydrogène (HF) et le PLOMB (Pb). Beaucoup de ces substances proviennent de la combustion des combustibles fossiles (charbon, pétrole et essence). On trouve également quelques polluants très toxiques, comme le MERCURE et les biphényles polychlorés (BPC). La poussière des manufactures et la fumée de cigarette font partie des polluants émanant d'activités professionnelles et domestiques. Parmi les autres polluants qui valent la peine d'être mentionnés, il y a les sulfates et les nitrates présents sous forme de particules en suspension (*voir* PLUIES ACIDES), le dioxyde de carbone (CO₂), les chlorofluorométhanes et les radiations ionisantes. Les particules de diamètre inférieur à 10 microns affectent de façon particulière la santé, car elles pénètrent dans les voies respiratoires inférieures.

Voies d'entrée de la pollution atmosphérique dans l'environnement Le comportement initial d'un polluant dépend de la nature de sa source, qui peut être une cheminée qui rejette des gaz à haute température et à grande vitesse ou le tuyau d'échappement d'un véhicule en mouvement. Par la suite, le polluant se déplace avec le vent et est dilué par les tourbillons. Dans certains cas, il peut subir des réactions chimiques produisant de nouvelles formes de composés. Le SO₂ peut se transformer en sulfate, tandis qu'une combinaison d'oxydes d'azote, de COV, de rayonnement solaire et de conditions météorologiques favorables peut produire des smogs oxydants.

Sous l'action du vent, la pollution est souvent transportée sur de grandes distances avant de retomber sous forme de dépôts humides et secs. Des substances comme le mercure, dont une fraction est présente dans l'atmosphère sous forme de vapeur, causent des problèmes en raison de leur dérive vers l'Arctique, où elles sont finalement incorporées à la chaîne alimentaire. Les scientifiques prétendent que si toutes les sources de pollution d'origine humaine étaient fermées soudainement, l'atmosphère reviendrait à son état originel en quelques jours. Malgré la capacité de l'atmosphère, en apparence illimitée, à absorber et à diluer les déchets de la société, les conditions météorologiques causent parfois des épisodes sérieux de pollution atmosphérique, notamment dans la vallée du bas Fraser et dans le corridor Windsor-Toronto-Montréal-Québec.

Ces épisodes causés par des sources au sol sont associés à des vents légers et à des inversions de température qui se manifestent par une augmentation de la température avec l'altitude, ce qui réduit les rafales de vent et le taux de dilution des polluants et provoque des épisodes de smog. Les épisodes de pollution causés par les hautes cheminées sont associés à des vents forts et soutenus ainsi qu'à des enfumages (inversions de température au-dessus du sol et brassage intense entre la couche d'inversion et le sol résultant d'un échauffement de la surface du sol). L'épisode de pollution atmosphérique le plus important enregistré au Canada est le «smog de la coupe Grey», en novembre 1962, qui dura cinq jours. Il causa une augmentation des admissions à l'hôpital dans tout le sud de l'Ontario et la remise du match de football à Toronto, en raison de la mauvaise visibilité. Au cours du long hiver arctique, des épisodes de vents légers accompagnés de fortes inversions de température peuvent causer l'accumulation de polluants en provenance de latitudes australes après leur déplacement vers cette région.

Effets des polluants atmosphériques Parmi les effets néfastes sur la santé des humains et des animaux, on compte les troubles respiratoires (silicose, pneumonie, asthme, emphysème, bronchite et fièvre des foins) causés par des particules (SO₂, NO₂, O₃, pollen); la carboxyhémoglobinémie, une pathologie qui nuit à la capacité de l'hémoglobine à se combiner avec l'oxygène à cause de la présence de monoxyde de carbone dans la circulation sanguine; les irritations cutanées et les larmoiements causés par l'ozone; et les lésions aux organes internes causées par le plomb, le mercure, les pesticides et autres. On soupçonne la pollution atmosphérique de causer ou d'exacerber le CANCER du poumon et d'autres maladies chroniques.

Quant à la végétation, elle subit des dommages directs tels que la nécrose (mort des tissus), la chlorose (décoloration des feuilles) et le vieillissement prématuré. L'acidification du sol par les précipitations acides peut provoquer des dommages indirects. La corrosion des métaux, causée surtout par le SO₂ et les embruns, prend la forme d'un accroissement de la rouille et de la fatigue du métal. Les dommages affectant les étoffes, la peinture et le caoutchouc sont surtout dus au NO₂, à l'O₃ et au H₂S et provoquent la décoloration, le craquelage et le pelage. La souillure des matériaux par la suie nécessite un entretien fréquent. Les effets climatiques de la pollution peuvent être régionaux et immédiats (brouillard glacé à Edmonton, brumes sèches régionales très étendues) ou à l'échelle planétaire et à long terme. Les principales substances présentes à l'état de trace et responsables du réchauffement de la planète sont la vapeur d'eau, le CO₂, le NO₂, le méthane, les chlorofluorocarbures (CFC) et les sulfates.

Gestion des ressources atmosphériques Il existe différentes stratégies mises en œuvre pour maîtriser la pollution atmosphérique. Les émissions peuvent être réduites par divers moyens: utilisation de combustibles propres, comme le gaz naturel au lieu du charbon, ou réduction de la consommation; combustion plus efficace à des températures plus élevées ou en ajoutant de l'oxygène; installation de dispositifs antipollution. Le recours à de hautes cheminées, comme les «supercheminées» érigées par Inco Ltd. à Sudbury, en Ontario, peut résoudre les problèmes localement, mais a tendance à élargir la région touchée. La maîtrise des épisodes de pollution nécessite la réduction des émissions (par l'utilisation de combustibles à basse teneur en soufre) quand la dispersion atmosphérique est faible. D'autres stratégies sont disponibles, comme la planification de l'utilisation des terrains, les permis d'émission négociables, la création de souches de végétation résistantes aux polluants et la mise au point de peintures, de métaux et autres dont la durée de vie en milieux pollués est allongée. La lutte contre les émissions est d'une importance primordiale, mais certaines sources peuvent s'avérer techniquement ou économiquement difficiles à contenir. C'est pourquoi la plupart des programmes de ressources atmosphériques ont recours à une combinaison de stratégies.

Environnement Canada a récemment pris conscience que la réglementation et les initiatives en vue de résoudre un problème de pollution atmosphérique peuvent contribuer à faire empirer un autre problème. Ainsi, l'utilisation de voitures électriques pourrait réduire la pollution atmosphérique au sol dans les villes, mais augmenterait les émissions provenant des hautes cheminées des centrales thermiques. L'élimination des accumulateurs au plomb causerait également des problèmes. De même, il existe des gaz de substitution pour les CFC permettant de contrer l'APPAUVRISSEMENT DE L'OZO-NE stratosphérique, mais un grand nombre d'entre eux participent au réchauffement planétaire.

Environnement Canada a classé les problèmes de pollution atmosphérique en six catégories principales: dépôts acides, réchauffement de la planète, appauvrissement de l'ozone stratosphérique, épisodes de smog (polluants oxydants), polluants atmosphériques dangereux et particules en suspension. Chacun de ces problèmes est traditionnellement étudié par un groupe spécifique composé de scientifiques, de modélisateurs, d'économistes et d'analystes des politiques. Il y a peu d'interactions entre les six groupes. Il s'ensuit que des stratégies optimales pour traiter d'un problème en particulier peuvent ne pas être appropriées à l'ensemble. Pour surmonter cette difficulté, des efforts importants sont consentis à l'élaboration de plans d'ensemble visant l'évaluation de plusieurs problèmes à la fois.

Lutte antipollution La plupart des provinces canadiennes et le gouvernement fédéral ont des lois sur la lutte contre la pollution atmosphérique qui déterminent les normes d'émission (taux maximal d'émission permis pour un polluant déterminé par catégorie de sources) et les normes de qualité d'air ambiant (concentration maximale permise de polluants déterminés dans l'environnement extérieur). Selon la Constitution canadienne, la santé relève des provinces. La lutte antipollution est donc en grande partie entreprise par les provinces. Le gouvernement fédéral est cependant l'autorité en matière de pollution causée par les trains et les bateaux, il réglemente la teneur en plomb de l'essence et peut intervenir quand la pollution atmosphérique franchit la frontière canado-américaine. La COMMISSION DE CONTRÔLE DE L'ÉNERGIE ATOMIQUE réglemente les radiations ionisantes. Le gouvernement fédéral joue également un rôle de coordination important par le biais de comités et de groupes de travail fédéraux-provinciaux, par l'établissement des normes et par la supervision des critères de recherche et des programmes d'ingénierie.

Les polluants intérieurs sont réglementés surtout par les autorités responsables de l'hygiène industrielle. Certaines villes diffusent des alertes au smog et des indicateurs de pollution. Le gouvernement émet des prévisions sur le rayonnement ultraviolet (UV) afin de prévenir les expositions excessives au soleil. (*Voir aussi* ENVIRONNEMENT, DROIT DE L', POLLUTION.)

R.E. Munn

Pollution de l'eau Elle résulte des décharges d'énergie et de substances qui engendrent une dégradation de la qualité de l'eau pour d'autres utilisateurs. L'accroissement de la population et l'industrialisation ont entraîné la POLLUTION des eaux intérieures et des océans. Les différents types de pollution de l'eau peuvent être classés suivant la nature des polluants, leur source et la masse d'eau dans laquelle ils sont déversés. Le degré de pollution de l'eau dépend de la concentration des polluants présents dans la masse d'eau et de leurs effets sur les autres utilisations de l'eau. Les polluants ont été classés en six catégories.

Pathogènes Les pathogènes sont les bactéries, les VIRUS et les protozoaires, des vecteurs de maladies qui proviennent habituellement des eaux usées. Le risque pour la santé publique augmente avec le nombre de pathogènes présents.

DBO La demande biochimique en oxygène (DBO) résulte de la décomposition de déchets organiques dans la masse d'eau. Les usines de PÂTES ET PAPIERS et les égouts municipaux sont des sources importantes de DBO. Lorsque l'oxygène dissous est épuisé, tous les poissons meurent et leur décomposition anaérobie (c.-à-d. sans oxygène) libère des gaz nocifs (l'hydrogène sulfuré, p. ex.).

Éléments nutritifs Les éléments nutritifs, l'azote et le phosphore en particulier, enrichissent l'eau et accélèrent le vieillissement des lacs et des cours d'eau (eutrophisation). Il en résulte un développement exubérant de plantes aquatiques, qui interdit souvent toute activité de loisirs, ainsi qu'une poussée planctonique (*voir* PLANCTON), qui abaisse la teneur en oxygène de l'eau. Les principales sources d'éléments nutritifs sont les égouts municipaux, les écoulements urbains et le lessivage des terres cultivées.

Substances toxiques Les substances toxiques peuvent nuire à la santé des organismes aquatiques, de ceux qui les consomment et de ceux qui boivent une eau contaminée. Les substances toxiques comprennent les métaux lourds (le PLOMB et le MERCURE, p. ex.), les hydrocarbures chlorés (le DDT et les BPC, p. ex.), les hydrocarbures aromatiques polycycliques (le benzopyrène, p. ex.) et les phtalates (le phtalate de dibutyle, p. ex.). Elles proviennent d'un grand nombre de sources comme conséquence directe de l'omniprésence des produits chimiques dans le secteur industriel. Un mélange de substances toxiques peut s'avérer dangereux, même lorsque la concentration de chaque produit reste inférieure au niveau létal. Les polluants d'origine pétrolière sont toxiques. Ils étouffent les organismes aquatiques et causent la mort des oiseaux, qui sont attirés par une surface dont l'apparence rappelle l'eau calme, en détruisant les propriétés imperméabilisantes de leur plumage.

Acidification L'acidification, en particulier dans les lacs, survient à la suite de précipitations contenant des oxydes de soufre et d'azote émis par les industries et les véhicules à moteur (*voir* PLUIES ACIDES).

Modification de la température La modification de la température (ou pollution thermique), qui résulte des déversements d'eaux chaudes (p. ex., les eaux de refroidissement d'une CENTRALE NUCLÉAIRE), peut être une cause de pollution lorsque l'augmentation de température provoque une diminution de la teneur en oxygène dissous et une accélération de l'eutrophisation, nuit aux processus biologiques et fait obstacle à la migration des poissons.

Contrôle Les mesures de contrôle antipollution les plus rentables économiquement dépendent du polluant considéré et de sa source. La désinfection (généralement à base de chlore) est couramment utilisée contre les pathogènes pour les eaux usées municipales et l'eau potable (*voir* TRAITEMENT DE L'EAU). La collecte et la désinfection des eaux de ruissellement ne sont habituellement pas praticables à cause du coût prohibitif de l'opération. La DBO peut être réduite en amont du déversement en traitant les effluents municipaux et industriels en bassins de décantation et de rétention et en stations d'activation des boues. Un traitement analogue des eaux de ruissellement est souvent trop coûteux. Le contrôle le plus économique de l'azote et du phosphore consiste à réglementer la source (p. ex., par des détergents sans phosphore) et l'utilisation du sol (p. ex., par des limites d'usage des engrais). Des traitements spéciaux permettent de les éliminer des effluents municipaux et industriels.

Les matériaux toxiques ne peuvent être contrôlés au point d'entrée dans l'eau qu'au prix de dépenses astronomiques. Ils devront donc être régulés en amont. La diversité des produits toxiques va de pair avec celle des problèmes qu'ils engendrent et des possibilités de régulation qui existent. Les BPC (biphényles polychlorés), p. ex., doivent être contrôlés sur le lieu de production si l'on veut limiter leur dispersion. Les matériaux coûteux, comme le chrome et le plomb, peuvent être recyclés de manière économique. Certains produits toxiques peuvent être remplacés par des substituts non toxiques (p. ex., le remplacement des rinçages au cyanure en galvanoplastie). Les procédés de traitement municipaux et industriels consistent habituellement à incorporer les matériaux toxiques dans une boue qui doit ensuite être traitée ou entreposée. L'acidification peut être prévenue efficacement, ne serait-ce qu'en contrôlant les rejets atmosphériques d'oxydes d'azote et de soufre. Les modifications de température ne peuvent

être évitées qu'en dissipant la chaleur dans l'atmosphère à l'aide d'un refroidissement par air.

La richesse du Canada en eau douce et en océans est menacée par des pénuries régionales, comme dans le sud de la Saskatchewan et de l'Alberta, et par de sérieux problèmes de pollution, comme dans les Grands Lacs. S'il peut être relativement aisé de remédier à la pollution due aux pathogènes, à la DBO et aux déversements d'eau chaude, les problèmes liés à l'eutrophisation et aux déversements d'hydrocarbures sont plus difficiles à résoudre, tandis que l'acidification et la pollution par les matériaux toxiques peuvent, quant à elles, s'avérer irréversibles. Les politiques de contrôle à tous les niveaux gouvernementaux mettent par conséquent de plus en plus l'accent sur la réglementation des produits toxiques ainsi que sur la détection précoce et la prévention de la pollution.

Anthony H.J. Dorcey

Pollution Probe Créée en 1969 pour sensibiliser et conseiller la population sur les façons de restaurer et de protéger l'environnement canadien. Devenu la Pollution Probe Foundation (un organisme de charité enregistré) en 1971, cet organisme s'est attaqué avec succès à un grand nombre de questions environnementales, dont les PLUIES ACIDES, l'abus de PESTICIDES, les additifs alimentaires, la réduction et le recyclage des déchets industriels, la POLLUTION DE L'EAU, les produits chimiques toxiques et l'économie d'énergie (*voir* CONSERVATION). La fondation gère également, dans le centre-ville de Toronto, la Maison écologique, un bâtiment modèle en matière d'économie d'énergie et des ressources, et publie une revue, le *Probe Post: Canada's Environmental Magazine*. L'organisme est géré par un conseil d'administration composé de 25 membres. Ses sources de financement proviennent de particuliers, d'entreprises, d'organismes de charité, de la vente de publications et de services et des cotisations de ses membres situés un peu partout au Canada.

Colin F.W. Isaacs

Polonais En 1795, la Russie, la Prusse et l'Autriche procèdent au partage de la Pologne. L'assimilation des territoires polonais ainsi que la persécution religieuse et une faible économie ont provoqué l'émigration des Polonais. La majorité des premiers arrivants au Canada ne proviennent pas directement de Pologne. Le premier immigrant polonais arrive au Canada en 1752.

Deux autres Polonais seraient venus au Canada en 1776: August F. Globenski, un chirurgien militaire du régiment Hesse-Haynau, et Leveright Pinze, un chirurgien des forces auxiliaires du Brunswick. Karol Blaskowitz, capitaine cartographe de l'armée anglaise, arrive en 1802, et Aleksander E. Kierzkowski, ingénieur qui devient politiquement engagé dans la circonscription de Saint-Hyacinthe en 1867, arrive en 1841. Au sein des régiments suisses qui ont combattu à Fort Barrie en 1812, on retrouve une douzaine de Polonais ayant appartenu aux légions napoléoniennes. Sir Casimir GZOWSKI, ingénieur civil renommé, constructeur de chemins de fer et activiste social, arrive des États-Unis en 1842. Izaak Helmuth, de Varsovie, immigre à partir de l'Angleterre et devient l'un des fondateurs de l'U. Western Ontario.

Migration L'immigration polonaise au Canada a connu six vagues importantes: de 1854 à 1901, de 1902 à 1915, de 1916 à 1939, de 1944 à 1956, de 1957 à 1979 et de 1980 à 1993. Plusieurs groupes de familles en provenance de villages et de petites villes du territoire occupé par l'Autriche font partie des deux premières vagues. Paysans travailleurs et pieux, plusieurs se voient octroyer des terres par le gouvernement ou achètent des terrains au Manitoba, en Saskatchewan et en Alberta, où ils établissent des fermes. D'autres travaillent à la construction de chemins de fer ou obtiennent un emploi dans des mines de charbon. Les membres de la deuxième génération déménagent vers des localités plus grandes ou vers les villes, où ils ouvriront de petits commerces.

De 1916 à 1939, les immigrants polonais arrivent d'une Pologne déjà indépendante et s'établissent (au moins jusqu'en 1931) surtout dans les Prairies. Jusqu'en 1944, Winnipeg compte la plus grande communauté polonaise. La première vague d'immigrants après 1944, dont plus de 50 p. 100 s'installent en Ontario, se compose surtout d'anciens militaires des forces armées polonaises qui ont combattu en Europe de l'ouest, d'anciens détenus de camps de concentration ou de camps de travail nazis et de RÉFUGIÉS politiques de la Pologne communiste. De 1957 à 1979, des immigrants arrivent à nouveau directement de Pologne. La vague de 1981 à 1993, constituée d'environ 119 000 personnes, est causée par l'importante crise économique et politique en Pologne, et 50 p. 100 d'entre eux s'installent en Ontario.

Peuplement À l'exception du groupe homogène en provenance du territoire occupé par l'Allemagne, qui arrive en 1858 et s'établit à Renkew County, en Ontario, les nouveaux arrivants d'origine polonaise exploitent souvent des fermes à proximité de fermiers ukrainiens déjà établis, originaires de villages voisins des leurs en Pologne (entre autres au Manitoba, dans la région de Springfield, St. Clement's, Brokenhead, Lac du Bonnet, Whitemouth, Gimli, Bifrost, Glenella, Rosedale, McCreary et Dauphin). Un important mouvement d'immigrants vers les centres plus importants débute dans les années 30.

Au recensement de 1996, on dénombre 786 735 Polonais vivant au Canada (réponses multiples et uniques combinées). Les plus grandes communautés polonaises se retrouvent, par ordre décroissant, à Toronto, à Winnipeg, à Edmonton, à Vancouver, à Ottawa-Hull, à Montréal, à Calgary et à Hamilton. D'autres habitent, en moins grande concentration, à Kitchener, à London, à Sudbury, à Regina, à Saskatoon, à Thunder Bay, à Windsor, à St. Catharines et à Oshawa. Quelque 85 p. 100 des Polonais du Canada vivent en zone urbaine.

Vie économique Les premiers immigrants polonais participent à la colonisation des prairies du Manitoba, de la Saskatchewan et de l'Alberta et forment un fort pourcentage de la main-d'œuvre des mines, de l'industrie forestière et des travaux publics. Les membres de la deuxième génération et les immigrants d'après la Seconde Guerre mondiale sont financièrement mieux nantis et peuvent compter sur une expérience professionnelle et des connaissances techniques. Ils fondent leurs propres entreprises, occupent des postes de direction dans l'industrie et se distinguent dans le domaine des services sociaux, des services de santé et de l'éducation supérieure.

Vie sociale et communautaire La majorité des Polonais sont catholiques, mais d'autres sont luthériens ou membres de l'Église unie. Une Église catholique polonaise, qui n'est pas affiliée à l'Église catholique romaine, compte des paroisses dans différentes villes (*voir* CATHOLICISME). Les paroisses forment les premières unités organisationnelles, fournissant un cadre à la vie communautaire et sociale. Des organismes laïques n'apparaîtront dans les villes que peu avant la Première Guerre mondiale.

Pendant les années 30 naissent les clubs sociaux qui ont aidé à maintenir les habitudes et les traditions polonaises, comme l'a fait le gouvernement polonais par l'entremise de ses consulats. Des caisses de crédit polonaises existent partout au Canada. La première, la caisse de crédit Saint-Stanislas, a été fondée à Toronto. En 1994, elle était la plus grande institution du genre en Amérique du Nord, avec des biens immobilisés de 223 millions de dollars et 38 530 membres. Au milieu des années 50, des femmes forment un organisme autonome et indépendant, la Federation of Polish Women in Canada, qui s'intéresse aux questions culturelles et politiques. Différents groupes folkloriques ou ensembles de danse font aussi leur apparition à divers moments et dans diverses communautés.

L'Église catholique a joué un rôle très important dans la vie du peuple polonais, particulièrement pendant les périodes difficiles. Pour plusieurs immigrants, l'Église constituait, dans le passé, le seul contact avec leur mère patrie et sa culture. Les prêtres se font conseillers, défenseurs, porte-parole, chefs religieux et communautaires. Les catholiques des communautés polonaises observent encore les coutumes de Noël, du Carême, de la semaine sainte et de Pâques.

Le premier journal polonais, fondé à Winnipeg en 1904, ne paraîtra que durant peu de temps. Le second, *Gazeta Katolicka (Catholic Gazette)* est fondé à Winnipeg en 1908. La presse polonaise au Canada est maintenant très active et comprend plusieurs publications différentes, dont un quotidien et un bihebdomadaire.

Parmi les écrivains et les poètes polonais, mentionnons Louis DUDEK, W. Iwaniuk, B. Czaykowski, Florian Smieja, J. Ihnatowicz, A. Busza, J. Abramow-Newerly, W. Liebert, A. Tomaszewski, J. Tomaszewski, E. Ejbich, Zofia Bohdanowicz, B. Czaplicka, A. Grobicki, A. Poznanska-Parizeau et Danuta Bienkowska. Parmi les artistes, on retrouve K. Bryzgalski, J. Kolacz, E. Kujawska, A. Pawlowski, L. Wyczolkowski, E. Koniuszy, S. Katski, T. Jaworska, G. Staron, M. Ciechomska, B. Michalowska, J. Lubojanska, J. Kolaer, G. Denisiuk, E. Chrúscicki, H. Hoenigan, K. Sadowska et M. Schneider.

Éducation Parmi les deux premières vagues d'immigration polonaises, on trouve de nombreux paysans illettrés, mais les immigrants qui suivent sont généralement instruits. Les enfants fréquentent les écoles publiques, mais on a également mis sur pied un réseau d'écoles où l'enseignement est partiellement dispensé en polonais. La plupart de ces dernières sont affiliées à la Polish Teachers Federation.

L'identification ethnique n'est pleinement réalisée qu'au sein de groupes directement en rapport avec des organismes ou des paroisses polonais. Le Congrès polonais regroupe quelque 160 organismes indépendants dont le nombre de membres varie de dizaines à des milliers de personnes. Selon le recensement de 1996, le polonais est la langue maternelle de 222 355 Canadiens.

Politique Jusqu'en 1980, la majorité des Polonais appuient les libéraux lors des élections fédérales. Les candidats d'origine polonaise ont toujours reçu l'appui de leurs concitoyens de même origine. Stanley Haidasz, né à Toronto de parents polonais, est le premier Polonais élu député libéral. Il deviendra plus tard ministre du Multiculturalisme dans le gouvernement Trudeau et le premier représentant d'origine polonaise au Sénat. Trois ministres d'origine polonaise ont fait partie du gouvernement néo-démocrate de la Saskatchewan jusqu'à sa défaite en 1982. Donald Mazankowski a été vice-premier ministre au sein du gouvernement conservateur fédéral de Mulroney. Walter Paszkowski a été ministre de l'Agriculture au sein du gouvernement provincial de l'Alberta.

Identification collective Le sentiment d'unité chez les Canadiens d'origine polonaise s'est d'abord exprimé sous forme d'appui au peuple polonais. L'appui politique et financier à la Pologne était solide pendant la Seconde Guerre mondiale, alors que la mère patrie était occupée par les Allemands, puis quand le gouvernement communiste a tenté de supprimer l'Église. Un vaste programme d'aide à la Pologne, créé au Canada après octobre 1956, a été réactivé récemment. Le lien avec la mère patrie est entretenu au moyen de voyages organisés par des Polonais, de visites familiales et de cours de langue polonaise à l'intention des jeunes. La fierté nationale a été renforcée par l'élection du pape Jean-Paul II en 1978, l'attribution du prix Nobel de littérature à Czeslaw Milosz en 1980 et du prix Nobel de la paix à Lech Walesa en 1983.

Le Canadian Polish Research Institute, fondé en 1956, mène des études sur les Polonais au Canada. Il possède une bibliothèque et des archives imposantes et publie les résultats de ses recherches (plus de 19 volumes ont été publiés en anglais jusqu'à ce jour). L'institut collabore avec des centres scientifiques affiliés au Canada et en Pologne, donne des bourses et de l'aide aux jeunes chercheurs et organise des conférences. Le Polish Scientific Institute, dont le siège social est à Montréal, diffuse de l'information sur l'histoire de la Pologne et sur les groupes ethniques polonais à l'étranger. Cinq fondations ont aussi été créées pour aider les écoles polonaises et favoriser la vie culturelle.

Benedykt Heydenkorn

Polytechnique, tragédie de Le 6 décembre 1989, un jeune homme, Marc Lépine, fait irruption dans une classe de Polytechnique à Montréal, muni d'une arme automatique. Il sépare les étudiants des étudiantes et tire à bout portant sur ces dernières en leur criant «Vous êtes toutes des féministes». Quatorze jeunes femmes sont assassinées et 13 autres personnes blessées. Lépine retourne alors son arme contre lui et se suicide. On retrouvera par la suite une liste de personnalités féminines identifiées par lui comme étant des «féministes à abattre».

Cet événement provoque, au Québec et au-delà, une violente onde de choc aux répercussions multiples. Dès les premiers jours qui suivent le massacre, et longtemps après encore, les médias se font l'écho des profondes divergences quant à l'explication et à la signification de l'événement. Pour certains, le geste de Marc Lépine a des causes strictement psychologiques: il s'agissait d'un acte isolé sans signification sociale. Pour d'autres, au contraire, l'acte de Lépine révèle, de manière tragique, un profond malaise quant à la place des femmes dans la société québécoise. Pour plusieurs, et pour les féministes elles-mêmes, cette tragédie est la manifestation aussi bien de la violence faite aux femmes tout autant que d'un sentiment anti-féministe tenace et répandu. La couverture de presse en particulier est critiquée, le mouvement féministe n'hésitant pas à parler d'une véritable campagne de «dénigrement du féminisme» et reprochant aux médias d'avoir ignoré l'expertise féministe en matière de violence masculine.

L'événement tragique a également des répercussions du côté de la lutte pour le contrôle des armes à feu. Suite aux événements du 6 décembre, Heidi Rathjen et Wendy Cukier fondent la Coalition pour le contrôle des armes. Leur travail a contribué à l'adoption, en novembre 1995, de la Loi fédérale sur le contrôle des armes à feu.

Stéphanie Lanthier

Pomerleau, René, mycologue et phytopathologiste (Saint-Ferdinand, Qc, 27 avril 1904—Québec, 11 octobre 1993). Après ses études d'agronomie à l'U. Laval (1925), il poursuit ses études à l'U. McGill (M.Sc. 1927), à la Sorbonne et à l'École des Eaux et Forêts de Nancy, de 1927 à 1930, en qualité de boursier du gouvernement du Québec, puis, à l'U. de Montréal (Doctorat ès sciences, 1937). Pionnier de la pathologie forestière au Canada, il dirige des recherches dans les laboratoires du gouvernement du Québec de 1930 à 1952, à Berthierville et à Québec. En 1952, il participe à la fondation du Centre de foresterie des Laurentides à Québec, où il restera jusqu'en 1970. Aujourd'hui, l'Herbier René Pomerleau, consacré aux champignons, y rappelle son souvenir. Il fut également professeur de pathologie forestière et de mycologie à l'U. Laval et au Jardin botanique de Montréal.

Auteur de 250 articles scientifiques et de sept livres, René Pomerleau a consacré ses principales recherches aux maladies des arbres et à leurs agents. Il a étudié nombre d'infections parasitaires, notamment celle à l'origine de la maladie hollandaise de l'orme, dont il a découvert la présence au Canada en 1944. Il s'est également fait remarquer par ses travaux sur les caries des conifères, domaine où son

savoir a fait autorité. Vulgarisateur doué, il publie en 1951 *Champignons de l'est du Canada et des États-Unis*, ouvrage qui ne sera surpassé que par sa *Flore des champignons du Québec*, parue en 1980. Il est également à l'origine de la création de nombreux cercles de mycologie.

Sa longue carrière a été jalonnée de prix et distinctions. Membre de la Société royale du Canada depuis 1948, il a été président de l'Acfas en 1952. Il a reçu notamment le prix David (1947), la médaille Parizeau de l'Acfas (1955), la médaille de la Société botanique de France et le prix Marie-Victorin, décerné par le gouvernement du Québec (1981). Il fut fait Officier de l'Ordre du Canada en 1970.

Raymond Duchesne

Pomme La pomme de verger («*Malus domestica*») est une espèce cultivée de la famille des ROSACÉES et représente la plus importante CULTURE FRUITIÈRE au Canada. Elle est le résultat de plusieurs siècles de sélection à partir d'espèces sauvages (p. ex., *M. sylvestris*, *M. prunifolia*, *M. pumila*) et d'hybridation interspécifique. Plus de 75 espèces sauvages ont été reconnues, mais beaucoup sont des hybrides sur 17 espèces véritables ou plus (trois sont indigènes). Probablement originaires du Caucase, les variétés cultivées deviennent connues au IIIᵉ s. avant J.-C.

La culture des pommes fut introduite en France et en Grande-Bretagne par les Romains et, de là, dans le Nouveau Monde où on ne retrouvait aucune espèce indigène. La pomme, consommée sous forme de cidre ou de fruit frais, constituait une très importante source de nutriments. Si l'on pense que les Français auraient fait une première tentative d'introduction à Port Royal dès 1606, on a toutefois la certitude que des variétés de pommiers améliorés poussaient près d'Annapolis Royal vers 1633-1634. À partir de cette date, les Acadiens en ont fait une culture extensive: un recensement réalisé en 1698 dénombre 1584 pommiers et ce, uniquement à Port Royal.

De vieux documents montrent qu'en 1635 des pommiers croissent à La Hève, en ACADIE. La plupart des récoltes de ces années étaient d'ailleurs transformées en cidre. Le cultivar Fameuse, cultivé au Québec depuis plus de 150 ans, provient de pépins ou de jeunes plants importés de France à cette époque.

Les fleurs éclatantes sont portées en groupes terminaux, principalement par des rameaux courts et latéraux (coursonnes ou lampourdes) sur des arbres de taille modeste. Les arbres peuvent atteindre 12 m de hauteur par 6 m de large, bien que l'on préfère des arbres plus petits. La taille des arbres est contrôlée par le choix du porte-greffe, du cultivar, de l'emplacement, du sol et des pratiques culturales (p. ex., l'émondage). Les fruits se développent par fertilisation croisée. Les variétés doivent être propagées par multiplication végétative (p. ex., le greffage); toutefois, de nombreux arbres fruitiers sont cultivés à partir de graines et constituent une riche source de nouveaux cultivars.

Des milliers de cultivars répertoriés, on n'en retrouve maintenant que quelques centaines parmi lesquels seulement une dizaine sont importants. Au Canada, les variétés principales sont la McIntosh, la Red Delicious, la Spy, la Spartan, la Cortland, la Golden Delicious, l'Idared, la Newton, la Winesap et la Gravenstein. La Spy, la Cortland et la Gravenstein sont peu répandues en Colombie-Britannique, alors que la Newton et la Winesap ne sont cultivées qu'en cette province. La Granny Smith est, quant à elle, importée en grande quantité. La pomme est le fruit préféré des Canadiens qui la dégustent fraîche ou cuisinée. De grandes quantités sont consommées sous forme de jus tandis que de plus petites quantités sont transformées en produits fermentés et en vinaigre. Les résidus (marc) de l'extraction du jus, sont une source de pectine et de nourriture pour le bétail.

Adaptés aux régions tempérées, les pommiers doivent avoir une période de dormance d'environ 1000 heures sous les 5 °C. Toutefois, ils ne peuvent survivre à une température hivernale inférieure à -40 °C. Ils préfèrent le voisinage des cours d'eau. Au Canada, les régions productrices sont la Nouvelle-Écosse, le sud du Nouveau-Brunswick et du Québec, la région près des lacs Érié et Ontario, ainsi que les vallées du sud de la Colombie-Britannique. Après la plantation, plusieurs années de soins sont nécessaires avant d'atteindre le seuil de rentabilité. Les soins comprennent l'émondage, la pulvérisation, l'installation de ruches pour aider à la pollinisation par les abeilles (voir APICULTURE), l'irrigation et la surveillance des rongeurs et des cerfs.

Les pommes sont soigneusement cueillies à la main. La maturité est importante et des pulvérisations sont parfois nécessaires pour contrôler la maturation et les chutes de prérécolte. Les fruits cueillis sont rapidement réfrigérés et l'entreposage à atmosphère contrôlée contribue à maintenir la qualité. Les pommes sont vendues par variété et, pour la mise en vente, classées selon la grosseur et la qualité. Les fruits ne répondant pas aux normes sont généralement transformés en jus. En 1985, 478 605 t, évaluées à 115,6 millions de dollars (115 598 000 $), ont été produites au Canada, dont près de 44,3 millions de dollars en Ontario, 35,4 millions en Colombie-Britannique, 24,1 millions au Québec, 9,1 millions en Nouvelle-Écosse et 2,7 millions au Nouveau-Brunswick.

A.D. Crowe

Pomme de terre (*Solanum tuberosum*) Plante herbacée annuelle de la famille de la MORELLE, qui produit des tubercules à l'extrémité des tiges souterraines. La pomme de terre est une importante culture légumière dont la production dépasse légèrement celle du blé. Les principaux cultivars (variétés commerciales) cultivés au Canada pour la consommation et la transformation sont la Superior (hâtive), la Norchip (mi-saison), la Kennebec (culture principale) et la Russet Burbank (tardive). Les tubercules contiennent environ 80 p. 100 d'eau, et le reste est constitué de quantités utiles de minéraux, de vitamines B$_1$ et C, d'hydrates de carbone et de protéines. Huit cents grammes de pommes de terre et un œuf comblent le besoin quotidien en protéines d'un humain de 70 kg. Une plante des saisons fraîches, la pomme de terre est originaire des Andes et est maintenant cultivée dans les régions tempérées du monde entier. Amenée en Espagne par les conquistadores autour de l'an 1500, elle demeurera une curiosité botanique pendant quelque 200 ans avant d'être reconnue comme une source alimentaire utile. La culture de la pomme de terre s'est répandue lentement dans l'Europe de l'Ouest et, de là, en Angleterre et en Amérique du Nord.

Les plus grands producteurs de pommes de terre et les productions de haut rendement se trouvent en Europe de l'Est et dans l'ex-URSS, où une bonne partie de la récolte est transformée en amidon, en alcool et en aliments pour animaux. Au Canada, ce sont les provinces de l'Est qui demeurent les plus grandes productrices. La récolte est produite à partir de tubercules entiers ou de tranches de gros tubercules. En 1986, la production canadienne totalisait 2,85 millions de tonnes, cultivée sur environ 114 000 ha: Terre-Neuve, 200 ha; l'Île-du-Prince-Édouard, 28 400 ha; la Nouvelle-Écosse, 1 600 ha; le Nouveau-Brunswick, 20 600 ha; le Québec, 19 800 ha; l'Ontario, 13 100 ha; le Manitoba, 16 600 ha; la Saskatchewan, 1 000 ha; l'Alberta, 9 100 ha et la Colombie-Britannique, 3 200 ha. La valeur des récoltes varie d'une année à l'autre et, en 1985, elle atteignait 237 millions de dollars. Les exportations de tubercules de semence et de produits de consommation, provenant en grande partie de l'Île-du-Prince-Édouard et du Nouveau-Brunswick, s'élevaient alors à environ 67 millions de dollars. Les importations en provenance des États-Unis représentaient la moitié de ce montant en 1986.

G. Rowberry

Pommetier (genre *Malus*) Arbre à feuilles caduques qui diffère du pommier de verger (*voir* POMME) de par ses fruits plus petits et souvent plus acides. Il est cultivé pour ses qualités ornementales particulières (*voir* PLANTES ORNEMENTALES), telles la forme de l'arbre, ses fleurs éclatantes et ses fruits colorés, et pour sa capacité d'adaptation au climat. Ses fruits sont hautement appréciés dans la préparation de gelées et de confitures. Les nombreuses espèces sauvages ancestrales comprennent probablement le *M. sylvestris*, le *M. prunifolia* et le *M. pumila*. Au Canada, les chercheurs s'efforcent d'augmenter la vigueur de ces arbres en les croisant avec le très vigoureux pommetier de Sibérie (*M. baccata*). Récemment, quelques espèces ont été utilisées pour conférer aux pommetiers une résistance aux maladies. On compte d'ailleurs le pommetier du Japon (*M. floribunda*), qui s'avère très résistant à la tavelure (*Venturia inaequalis*). Plusieurs spécimens retrouvés localement de *M. fusca* sont collectionnés à l'U. de Colombie-Britannique.

A.D. Crowe

Pompe foreuse Outil utilisé au cours des périodes préhistorique et historique par les INUITS, les peuples autochtones du sud-ouest des États-Unis et les IROQUOIS. La pompe foreuse vient peut-être du nord de l'Asie, où elle est également assez répandue. Cette foreuse consiste en une traverse percée d'un trou dans lequel passe un arbre (axe). Des cordes sont attachées au sommet de l'arbre et aux deux extrémités de la traverse. Lorsque celle-ci est poussée vers le bas, l'arbre se met à pivoter, aidé par les cordes. Étant donné que l'arbre ne pivote pas assez rapidement pour rembobiner les cordes, il est muni d'un volant servant à les rembobiner et à maintenir l'arbre en rotation, d'abord dans un sens, puis dans l'autre. L'arbre est coiffé d'un chapeau qui permet à l'utilisateur d'accroître sa pression sur la foreuse.

René R. Gadacz

Pond, Peter, commerçant de fourrures (Milford, Conn., 18 janv. 1739 ou 1740—*id.*, Milford, Conn. 1807). Doté de la vivacité d'esprit proverbiale des yankees, Pond quitte la région sud-ouest des Grands Lacs en 1775, où il faisait le commerce des fourrures depuis près d'une décennie, pour se consacrer à la région de l'actuel ouest canadien qui se révèle alors un territoire beaucoup plus riche. En 1778, des associés dans la traite le désignent pour transporter des marchandises depuis la rivière Saskatchewan Sud jusque dans le pays Athabasca, dont ils avaient entendu parler par les Amérindiens. Il accomplit ce pénible voyage, passe l'hiver sur la rivière Athabasca et y effectue une excellente traite. En 1779, il reçoit une part de la compagnie qui rassemble les intérêts commerciaux de Benjamin FROBISHER et de Simon MCTAVISH dans la traite des fourrures. Il retourne dans le pays Athabasca en 1783-1784, puis à nouveau de 1785 à 1788 comme associé de la Compagnie du Nord-Ouest.

Adjoint de Pond durant l'hiver de 1787-1788, Alexander MACKENZIE est grandement influencé par la conception de la géographie de la région de Pond. Impliqué dans l'assassinat de deux concurrents, Pond abandonne la TRAITE DES FOURRURES en laissant un mauvais souvenir. Il retourne aux États-Unis, probablement dans sa ville natale. La carte du nord-ouest dessinée par Pond en 1784-1785 d'après ses propres explorations et les renseignements obtenus des Amérindiens, est la première carte de l'actuel bassin du Mackenzie. Par la suite, il révise à quelques reprises cette carte et écrit un récit de ses premières aventures, œuvre qui respire l'énergie et l'immense confiance qui l'ont dirigé.

Jane E. Graham

Ponoka, ville de l'Alb.; pop. 6149 (rec. 1996), 5861 (rec. 1991), 5476 (rec. 1986); superf. 10,07 km²; située à environ 100 km au sud d'Edmonton, dans une riche région vallonnée de la prairie-parc. La localité est constituée en tant que village en 1900, et en tant que ville en 1904. À la fin des années 1870, les méthodistes y établissent une mission pour les Stoneys de la réserve voisine de Samson. Un petit nombre d'Européens s'y établissent au début des années 1880. Une certaine activité règne dans la région lorsque survient la RÉBELLION DU NORD-OUEST, au cours de laquelle les autochtones pillent le magasin de la Compagnie de la baie d'Hudson situé au passage de la rivière Battle. Par la suite, le magasin est temporairement fortifié pour protéger la route Edmonton-Calgary.

La construction de la voie de chemin de fer Edmonton-Calgary par le Canadien Pacifique en 1891 augmente l'attrait de cette région de polyculture, et Ponoka en devient le centre de services. En 1911, la province fonde un hôpital psychiatrique juste au nord de la ville. Ponoka garde son rôle de centre de services de la région et l'hôpital demeure un élément important de l'économie locale.

D.G. Wetherell

Pont de Québec, catastrophes du La construction du pont de Québec, à 11 km en amont de QUÉBEC, débute officiellement en 1900. Le 29 août 1907, alors que le pont est presque terminé, la travée sud, à 46 m au-dessus de l'eau, se tord et s'écroule dans le fleuve Saint-Laurent. Soixante-quinze travailleurs, dont plusieurs sont des Indiens de la réserve de Caughnawaga, meurent dans le pire DÉSASTRE du genre au Canada. Une enquête permet d'établir que l'accident est dû à la fois à des plans erronés et à une surveillance inadéquate des travaux. Le travail reprend, mais le 11 septembre 1916, alors qu'on s'apprête à fixer la travée centrale, cette dernière tombe dans le fleuve, entraînant la mort de 13 travailleurs. On termine la construction du pont en 1917 et le prince de Galles (qui deviendra Édouard VIII) l'inaugure le 22 août 1919. (*Voir aussi* PONTS.)

Hugh A. Halliday

Pontbriand, Henri-Marie Dubreil de, sixième évêque de Québec (Vannes, France, janv. 1708—Montréal, Qc, 8 juin 1760). Élève des jésuites et des sulpiciens, Pontbriand est nommé évêque de Québec en 1740. Il arrive en août 1741, bien décidé à mettre fin aux abus causés par l'absentéisme épiscopal. Il visite les maisons religieuses, les paroisses, les missions et les réserves de son vaste diocèse de 1741 à 1744 et de 1749 à 1752. Dans le cadre de ses efforts de réforme, il constitue de nouvelles paroisses, organise des retraites spirituelles pour le clergé et les laïcs, et assouplit les règles sévères du jeûne et de l'abstinence. Il réduit le nombre considérable de jours de fête pendant lesquels le travail est interdit, mais les gens du peuple sont fâchés de perdre 19 jours de congé. Après la chute de Québec en 1759, il préconise la conciliation avec le général James MURRAY. Il meurt avant la capitulation de Montréal, laissant la Nouvelle-France privée de chef spirituel à son heure la plus sombre.

Cornelius J. Jaenen

Pontiac, chef des OUTAOUAIS (v. 1720—Cahokia, Ill., 20 avril 1769). Il fait peut-être partie des forces françaises et indiennes qui battent le major-général Edward Braddock à FORT DUQUESNE (1755). Plus tard, il réussit à mobiliser les Indiens insatisfaits du Régime anglais en organisant une série de réunions secrètes parmi les SÉNÉCAS et d'autres groupes. Au printemps de 1763, il déclenche les hostilités en menant un groupement de guerriers OUTAOUAIS, HURONS, potawatomis et OJIBWÉS contre fort Détroit et en tuant ou capturant 46 militaires anglais à Pointe-Pelée. Détroit est assiégée et le soulèvement s'étend dans les PAYS D'EN HAUT, alors que Michillimackinac, fort Sandosk, fort Saint-Joseph, fort Miami, entre autres, tombent aux mains des rebelles.

À Bloody Run, le 29 juillet, les forces de Pontiac mettent en déroute un renfort de 260 militaires en route vers Detroit. Pontiac n'a autorité que sur le groupe de guerriers autour de Detroit, mais même celui-ci se désintègre avec le départ des Potawatomis et des Hurons, et même les Outaouais désertent vers les territoires de chasse d'hiver. En juillet 1765, une série de traités de paix sont conclus et le prestigieux Pontiac en est un signataire clé. Il souligne avec insistance que les Indiens ne cèdent pas leur territoire en faisant la paix. Ceux qui demeurent hostiles aux Anglais se tournent contre lui et le chassent de son propre village. Il mène une vie d'errant jusqu'à ce qu'il soit assassiné par un Indien de Peoria.

James Marsh

Ponts Ils occupent depuis toujours une place importante dans l'histoire du TRANSPORT au Canada, ne serait-ce qu'en raison des nombreux cours d'eau que les routes et les chemins de fer doivent franchir. Avant l'invention des treillis au début du XIXe s., les billes de bois coupées dans les forêts locales servent de chemins rudimentaires pour traverser les cours d'eau. En hiver, la surface glacée des rivières et des lacs permet une traversée sans danger lorsque la glace atteint une épaisseur suffisante. Certains de ces ponts de glace existent toujours. Ce sont ces passages soigneusement conçus (avec de la glace artificielle) qui mènent au PROJET DE LA BAIE JAMES durant l'hiver 1971-1972 avant la construction des ponts définitifs.

Le plus notoire des ponts de glace est sans aucun doute celui qui supporte une voie ferrée à écartement standard sur le fleuve Saint-Laurent au cours des hivers 1880-1881 et 1881-1882, de Hochelaga à LONGUEUIL (Montréal). Ainsi, pendant les mois de janvier à mars de ces deux hivers, un petit train d'une soixantaine de tonnes peut faire en toute sécurité la navette sur cette traverse très spéciale.

Les ponts couverts, dont quelques-uns se trouvent encore sur certaines routes secondaires de l'est du Canada, détiennent une place de choix dans l'histoire des ponts canadiens. Les premiers apparaissent en 1805 à Philadelphie et sont longtemps connus comme étant les «ponts des amoureux» (pour des raisons évidentes). Ces ponts sont très répandus vers la fin de ce siècle. Pendant cette période, on en compte au moins 1000 au Québec et plus de 400 au Nouveau-Brunswick. Aujourd'hui, on n'en compte pas plus de 200 dans chacune de ces provinces, et au Nouveau-Brunswick beaucoup d'efforts sont faits pour les conserver. Le pont couvert qui traverse la rivière Saint-Jean à Hartland au Nouveau-Brunswick, mesure 391 m et est considéré comme «le plus long pont couvert du monde».

Les ponts couverts sont tous construits en bois. Divers types de treillis donnent graduellement à ceux-ci plus de portée après la délivrance du brevet du treillis aux États-Unis en 1830. Trois ans plus tôt, John BY incorpore, d'après un modèle européen, un pont qui supporte des poutres à treillis de 60 m au pont Union qui franchit la rivière des Outaouais en passant au-dessus de la marmite de géant de la Chaudière à Bytown (Ottawa). Ce pont est d'ailleurs le premier à relier le Haut et le Bas-Canada et est construit au début des travaux sur le CANAL RIDEAU.

Même avant 1827, les ingénieurs-mécaniciens de l'état-major du Royal Corps utilisent des ponts en bois préfabriqués sur les canaux de la rivière des Outaouais (*voir* CANAUX ET VOIES NAVIGABLES). À ce jour, le bois continue d'être employé dans la fabrication des ponts canadiens. Les grands ponts à chevalets en bois, conçus dans l'ouest pour les premiers chemins de fer, en sont d'ailleurs des exemples célèbres. La plupart sont toutefois remplacés par des structures d'acier.

Les ponts en bois sont fort populaires au début de la construction des chemins de fer au Canada. Le CHEMIN DE FER INTERCOLONIAL, terminé en 1876, est la seule exception à cette règle. L'ingénieur en chef, sir Sandford FLEMING, insiste en effet pour que tous ses ponts soient dotés de piliers en maçonnerie et que les travées soient composées de fer puddlé, comme les deux ponts à travées multiples

qui franchissent la rivière Miramichi au Nouveau-Brunswick. Les poutres à treillis en acier remplacent désormais les travées de fer puddlé. Les piliers, cependant, sont encore ceux du siècle précédent.

Plus importants encore sont les ponts construits dans les années 1850 pour le GRAND TRUNK RAILWAY OF CANADA entre Montréal et Toronto. Le pont Victoria (1860), notamment, qui enjambe le fleuve Saint-Laurent à la hauteur de Montréal, est encore aujourd'hui un des plus grands ponts du monde (2742 m de long). Les travées d'origine, ainsi que celles sur lesquelles sont posées les rails au-dessus de la rivière des Outaouais à Sainte-Anne-de-Bellevue, constituées de poutres à section rectangulaire en fer peddlé, sont remplacées plus tard par des poutres à treillis en acier.

À la fin du siècle, l'acier est fort répandu. On peut constater l'éventail des possibilités de ce matériau en observant le pont Interprovincial qui s'étend au-dessus de la rivière des Outaouais à Ottawa. Il s'agit au moment de sa construction du plus grand pont cantilever du monde. Il est désormais réservé à la circulation automobile. Plus en aval, le pont Jacques-Cartier de Montréal (dont l'inauguration a lieu en 1929) est un autre bel exemple de structure cantilever.

Le pont de Québec, plus loin encore en aval, est certainement le pont le plus connu du Canada. Conçu pour permettre au chemin de fer National Transcontinental de franchir le fleuve Saint-Laurent, sa construction débute en 1900. Il est alors considéré comme le plus long pont cantilever qui soit. Il s'écroule en août 1907 et encore en septembre 1916, en pleine construction, entraînant dans la mort plusieurs ouvriers (*voir* PONT DE QUÉBEC, CATASTROPHES DU).

Le pont définitif est inauguré le 22 août 1919. Les deux accidents font l'objet d'une étude, dirigée par une commission royale d'enquête formée d'experts. Le rapport qu'elle dépose est considéré comme un classique dans le domaine de la construction civile et sert d'exemple pour des ponts du monde entier.

À côté du pont de Québec, se trouve maintenant un pont suspendu réservé à la circulation routière. Il est l'un de ces rares ponts, à la gracieuse silhouette, érigés dans des emplacements stratégiques au Canada: le Lions Gate à Vancouver; la section internationale du Saint-Laurent; et entre Halifax et l'entrée du port de Dartmouth. La popularité de ce dernier pont est telle qu'on en y construit un second.

Le premier pont qui franchit la rivière Niagara, en aval des chutes, est un pont suspendu lequel passe non seulement la circulation automobile, mais aussi le GREAT WESTERN RAILWAY. Il est remplacé plus tard par le premier d'une série de ponts d'acier en arche.

La réparation des ponts sans entraver la circulation routière forme un chapitre significatif du savoir-faire des ingénieurs canadiens. Un exemple notoire est le renforcement du pont d'acier en arche à treillis suspendu au-dessus de Stoney Creek sur la ligne principale du CP qui sillonne les montagnes Rocheuses. Dans les années 50, on apporte des modifications semblables à certains ponts surplombant la VOIE MARITIME DU ST-LAURENT de façon à donner suffisamment de dégagement pour laisser passer les bateaux. D'égale importance est le remplacement des travées centrales fixes des trois ponts du canal de la centrale de Beauharnois par des ponts-levis pour le passage du trafic maritime. Cette caractéristique figurait déjà dans les plans originaux, 20 ans plus tôt.

C'est en 1906 qu'est construit le premier pont en béton armé, le pont Hurdman à Ottawa. Aujourd'hui, la majorité des ponts routiers secondaires sont en béton armé, et un grand nombre d'entre eux sont assemblés à partir d'unités préfabriquées. Ce matériau polyvalent sert à la construction de grands ponts, comme c'est le cas du pont Broadway, à arches multiples, qui franchit la rivière Saskatchewan Sud à Saskatoon. Le pont Broadway et le pont University,

aussi à arches multiples, donnent beaucoup de cachet à cette ville des Prairies. Le pont de la Confédération, qui relie l'Île-du-Prince-Édouard à la terre ferme, s'étend sur quelque 13 km sur le détroit de Northumberland. Son inauguration se fait en mai 1997.

Certains ponts plus anciens ne sont pas des modèles d'esthétique, mais le béton armé contribue certainement à améliorer l'apparence des ouvrages d'art. Il semblerait que les lignes élégantes des ponts à cadres rigides qu'on voit sur les autoroutes principales de l'Ontario aient des émules aux États-Unis et en Grande-Bretagne. (*Voir aussi* INGÉNIERIE.)

Robert F. Legget

Pool, Léa, réalisatrice et scénariste (Soglio, Suisse, 1950). Peu après son arrivée au Québec en 1978, elle réalise un premier long métrage comme cinéaste indépendant, *Strass Café* (1980), où elle s'est inspirée du style de Marguerite Duras. Ses longs métrages *La Femme de l'hôtel* (1984), *Anne Trister* (1986), *À corps perdu* (1988), *La Demoiselle sauvage* (1991), *Mouvements du désir* (1994) et *Emporte moi* (1998) gravitent autour des thèmes de l'exil, du déracinement, de la mélancolie et de la quête d'identité.

Grâce à l'exploration approfondie de la place qu'occupent les femmes dans notre société moderne, Léa Pool scrute les liens entre l'art et la réalité. Son documentaire, *Hotel Chronicles* (1990), approfondit cette recherche. Dans ce documentaire, la réalisatrice décrit les grands mythes américains dans un style très personnel, semblable à celui utilisé dans *Strass Café*. En 1996, elle participe à la réalisation d'une série télévisée sur l'histoire des femmes. Elle assume ensuite la réalisation d'un documentaire sur Gabrielle ROY. Depuis les années 80, ses films, par leur intelligence raisonnée, ont laissé leur marque dans le cinéma québécois.

Marcel Jean

Pope, Georgina Fane, infirmière militaire (Charlottetown, Î.-P.-É., 1862—*id.*, 6 juin 1938), fille de W.H. POPE et sœur de sir Joseph Pope. Diplômée de la Bellevue Hospital School of Nursing de New York, Pope occupe divers postes administratifs dans des hôpitaux américains jusqu'en 1899, année où elle s'engage dans le service infirmier de l'armée britannique pendant la GUERRE DES BOERS. Elle dirige le premier petit groupe d'infirmières, au nombre de quatre, qui s'embarque à Québec en octobre avec les engagés volontaires.

Après plus d'un an d'extrêmes souffrances morales et physiques au service des blessés, Pope revient au Canada pour aussitôt repartir, en 1902, servir en Afrique du Sud durant la longue guérilla de partisans. Le troisième petit contingent qui sert sous ses ordres constitue officiellement le Canadian Army Nursing Service, partie intégrante du Service de santé de l'armée canadienne. Sa contribution est reconnue en 1903, lorsqu'elle devient la première Canadienne à recevoir une distinction de la Croix-Rouge royale pour services remarquables sur les champs de bataille.

Après sa démobilisation, Pope sert pendant une courte période au sein de la Force de réserve. En 1906, elle s'engage dans la Force permanente à Halifax et devient un peu moins de deux ans plus tard la première directrice des soins infirmiers du Service de santé de l'armée canadienne. Au cours de la Première Guerre mondiale, elle sert dans les hôpitaux militaires fixes du Canada situés au Royaume-Uni et en France. Elle revient invalide et vivra retirée jusqu'à sa mort.

Nancy Miller Chenier

Pope, James Colledge, entrepreneur, propriétaire terrien, agent des terres, politicien et premier ministre de l'Île-du-Prince-Édouard (Bedeque, Î.-P.-É., 11 juin 1826—Summerside, Î.-P.-É., 18 mai 1885). Deuxième fils d'une famille bien connue des milieux d'affaires et politiques de l'Île-du-Prince-Édouard (il est le frère cadet de W.H. Pope), Pope collabore à plusieurs types d'entreprises et est le troisième propriétaire de bateaux en importance de l'Île-du-Prince-Édouard au XIXᵉ s. Il se lance en politique pour le Parti conservateur en 1857 et occupe le poste de premier ministre provincial à trois reprises: de 1865 à 1867, comme conservateur; de 1870 à 1872, après avoir formé une coalition; et d'avril à septembre 1873, à nouveau comme conservateur. Durant ces mandats, il fait appel à ses troupes pour réprimer les troubles causés par la TENANT LEAGUE en 1865, il négocie l'achat des actifs de la succession Cunard en 1866, il entreprend la construction d'un chemin de fer en 1871 et il fait entrer l'Île-du-Prince-Édouard au sein de la Confédération le 1ᵉʳ juillet 1873. Il est parmi les six premiers députés de l'Île-du-Prince-Édouard à siéger à la Chambre des communes. Il est ministre de la Marine et des Pêcheries dans le gouvernement de John A. MACDONALD, de 1878 à 1882. Accablé par la maladie et tourmenté par des pertes financières, il décède dans la déchéance.

Ian Ross Robertson

Pope, sir Joseph, fonctionnaire aux AFFAIRES EXTÉRIEURES, fils de W.H. Pope et frère de Georgina Pope (Charlottetown, Î.-P.-É., 16 août 1854—Ottawa, 2 déc. 1926). Après avoir acquis de l'expérience au sein du gouvernement de l'Île-du-Prince-Édouard et dans le domaine bancaire, il arrive à Ottawa en 1878 à titre de secrétaire particulier de son oncle, James Colledge Pope. Il est secrétaire de sir John A. Macdonald de 1882 à 1891 et écrit sa biographie (2 vol., 1894). De 1896 à 1909, il est sous-secrétaire d'État responsable des premières relations du Canada avec les pays étrangers. Il persuade le gouvernement de sir Wilfrid Laurier de créer un ministère, en 1909, qui réunira les documents et se chargera de la correspondance, fournira des conseils et mènera les négociations concernant les relations extérieures du Canada. Il est le premier directeur permanent du ministère des Affaires extérieures (1909-1925). Il aide à résoudre plusieurs litiges bilatéraux entre le Canada et les États-Unis, notamment l'AFFAIRE DES FRONTIÈRES DE L'ALASKA. Indifférent à l'avancement du statut du Canada à l'étranger, Pope est néanmoins un fonctionnaire loyal et compétent, et un conseiller respecté des premiers ministres (de Macdonald à King).

D.M.L. Farr

Pope, Maurice Arthur, ingénieur, officier de l'armée et diplomate (Rivière-du-Loup, Qc, 9 août 1889—Ottawa, Ont. 20 sept. 1978). Fils de sir Joseph Pope et petit-fils de sir Henri T. Taschereau, il est un fervent nationaliste qui croit que les Canadiens doivent respecter les traditions des deux peuples fondateurs. Il devient membre du Royal Canadian Engineers en 1915 et fait son service outre-mer au sein du CORPS EXPÉDITIONNAIRE CANADIEN. Il demeure dans l'armée et devient chef adjoint de l'état-major général (1941), officier supérieur de l'Armée canadienne à la COMMISSION PERMANENTE MIXTE DE DÉFENSE CANADA-ÉTATS-UNIS (1942), président de la Mission conjointe des états-majors du Canada à Washington (1942-1944), et officier d'état-major du premier ministre Mackenzie KING. Il est ambassadeur en Belgique (1950-1953) et en Espagne (1953-1956). Ses mémoires, *Soldiers and Politicians*, sont publiés en 1962.

Stephen Harris

Pope, William Henry, avocat, journaliste, politicien et juge (Bedeque, Î.-P.-É., 29 mai 1825—St. Eleanors, Î.-P.-É., 7 oct. 1879). Né d'une famille influente dans la vie économique et politique de l'Île-du-Prince-Édouard, il devient avocat après avoir étudié à Londres. À l'instar de plusieurs autres avocats de l'île, il est agent des terres et, en 1854, il se fait connaître par la controverse que soulève la transaction immobilière dans laquelle il touche, avec trois associés, plus de 10 000 livres aux dépens de son employeur. Il est rédacteur en chef du plus important journal tory de la colonie, le *Islander* (1859-1872). Élu à l'assemblée en 1863, Pope appuie avec ferveur l'union des colonies britanniques en Amérique du Nord, une position impopulaire qui le pousse à quit-

ter le Cabinet en 1866 et à ne pas se présenter aux élections suivantes. Partisan de la CONFÉDÉRATION le plus tenace de la colonie, il continue cependant à promouvoir l'union de l'île avec le Canada. Une fois celle-ci réalisée en 1873 sous la direction de son frère cadet, James Colledge Pope, le gouvernement de sir John A. Macdonald le nomme juge de la Cour du comté de Prince.

Ian Ross Robertson

Population Le peuplement du Canada par les Européens est le produit des révolutions agricoles et industrielles qui surviennent en Europe de l'ouest, ainsi que de l'accroissement de la population européenne qui s'ensuit au cours du XVIIᵉ s. Les Français sont parmi les premiers explorateurs du Nouveau monde. La fondation de la NOUVELLE-FRANCE résulte principalement de leurs visées politiques et militaires, de leur quête de richesses naturelles ainsi que du désir de l'Église catholique de convertir les peuples autochtones.

Les conditions du milieu sont pénibles, et la survie des premiers établissements dépend, dans une large mesure, du flux continu de commerçants, de militaires, de prêtres et d'administrateurs venant de France. En 1666, la population de la Nouvelle-France n'est que de 3215 habitants. La plupart des habitants sont des hommes célibataires, comme c'est habituellement le cas dans les premiers établissements, mais un nombre croissant de colons en provenance de France en viennent finalement à établir une population capable de se maintenir par accroissement naturel.

Pendant les 100 années qui suivent, les taux de natalité fluctuent de 50 à 65 naissances pour 1000 habitants; ceci entraîne un excédent des naissances sur les décès de sorte que la population atteint 70 000 habitants à l'époque où les Britanniques prennent le contrôle politique de la Nouvelle-France, au terme de la GUERRE DE SEPT ANS. La croissance démographique rapide se poursuit, et la population d'origine non française augmente de façon fulgurante sous l'impulsion de la migration massive de LOYALISTES fidèles à l'Empire britannique – qui arrivent des colonies américaines après la Révolution – et de l'IMMIGRATION croissante en provenance d'Europe. En 1867, la population dépasse 3,4 millions.

L'accroissement de la population est tour à tour stimulé et freiné par les fluctuations répétitives des conditions économiques et de l'immigration. L'économie est en crise au moment de la Confédération, et l'ÉMIGRATION dépasse l'immigration de façon soutenue durant les quatre dernières décennies du XIXᵉ s. La population aurait diminué si ce n'était de la grande fécondité qui caractérise encore la population vers la fin du siècle. Le taux brut de natalité fluctue entre 45 et 36 naissances pour 1000 habitants, tandis que le taux de mortalité baisse modérément de 21 à 18 décès pour 1000 habitants pendant cette période.

Croissance de la nation

Au tournant du siècle, avec la chute des taux de fécondité et de mortalité, l'accroissement naturel élevé, conjugué à l'immigration massive du début des années 1900, porte le taux d'accroissement annuel moyen au Canada à un sommet de 3 p. 100. Une période trouble succède à la Première Guerre mondiale et culmine lors de la CRISE DES ANNÉES 30. En 1941, le taux d'accroissement est tombé à 1 p. 100, mais la baisse de la fécondité à long terme est interrompue par l'approche de la Seconde Guerre mondiale, qui s'accompagne d'une période de croissance de l'activité politique et économique. Pendant la période d'après-guerre, le niveau de développement économique qui, contre toute attente, est élevé, stimule grandement l'immigration et le taux de natalité. Le taux d'accroissement annuel moyen au Canada atteint 2,8 p. 100 pendant le BABY-BOOM, à la fin des années 40 et pendant les années 50.

Au début des années 60, une économie chancelante et des changements sociaux continus mettent un terme à la croissance démographique sans précédent de l'après-guerre. La baisse du taux de natalité demeure relativement constante malgré les fluctuations économiques. Au début des années 60, les changements apportés à la POLITIQUE D'IMMIGRATION stimulent la venue d'étrangers. On élimine les restrictions de longue date fondées sur l'origine raciale ou ethnique et l'on établit des critères de sélection basés sur l'éducation, les compétences professionnelles et les besoins de la POPULATION ACTIVE; le taux d'accroissement annuel moyen baisse néanmoins à 1,7 p. 100 en 1966.

Pendant les années 70, il poursuit sa chute jusqu'à 1,3 p. 100 et atteint un plancher historique en 1986 avec 0,8 p. 100. En 1996, ce chiffre remonte à 1,3 p. 100. En dépit de la détérioration des économies nationale et mondiale, le Canada enregistre, pendant chacune des décennies 70 et 80, le même nombre d'immigrants (1,4 million) qu'il avait connu entre 1961 et 1971 (seulement un peu moins que les chiffres correspondant à la période du baby boom). En 1978, le Canada fixe des plafonds annuels globaux au nombre d'immigrants admissibles, afin d'exercer un meilleur contrôle sur l'afflux ininterrompu d'immigrants. Ces plafonds sont maintenant établis après consultation des gouvernements provinciaux.

Le Canada est l'une des trois nations du monde qui accueillent le plus d'immigrants. Le rapport entre les immigrants et la population est l'un des plus élevés dans la dernière moitié des années 1971-1981. De 1976 à 1981, le nombre d'immigrants varie entre 149 429 et 86 313, pour une moyenne annuelle d'environ 122 000. Malgré un taux de chômage qui demeure élevé, le Canada s'engage publiquement, en 1982, à maintenir ses plafonds d'immigration entre 135 000 et 145 000 individus, tels que prévus pour la période de trois ans se terminant en 1984, et à les augmenter au cours des années suivantes dans le but de compenser partiellement les effets de la baisse du taux de croissance démographique. Cependant, entre 1980 et 1985, le nombre d'immigrants diminue de 143 117 à 84 302, alors que les pressions visant à admettre un nombre croissant de réfugiés demeurent importantes. Le nombre d'immigrants s'accroît vers la fin des années 80 pour culminer, en 1993, à 256 000, avant de redescendre légèrement à 212 504 en 1995. En 1998, le Parlement fixe le plafond du nombre d'immigrants et réfugiés pour 1999 à 200 000-225 000 (le même taux qu'en 1998). Le nombre total d'immigrants augmente légèrement tandis que le niveau ciblé et la part représentée par les réfugiés sont, quant à eux, proportionnellement réduits.

Accroissement naturel Toutefois, c'est l'accroissement naturel, et non l'immigration, qui demeure le principal facteur de croissance démographique depuis plus de 100 ans. Depuis 1871, la population du Canada a connu une augmentation de plus de 24 millions d'habitants, qu'on peut attribuer pour environ 80 p. 100 à l'excédent des naissances sur les décès. Comme le taux de natalité décline pendant cette période, la contribution importante de l'accroissement naturel reflète principalement l'amélioration de la qualité de vie et la baisse du taux de mortalité.

Le taux annuel d'accroissement naturel du Canada, sous la barre de 1 p. 100 depuis 1971, est caractéristique des pays industrialisés et urbanisés, qui ont connu une transition démographique se traduisant par le passage de taux élevés à des taux faibles de natalité et de mortalité. Bien qu'il soit considérablement inférieur à la moyenne mondiale de 1,4 p. 100, le taux d'accroissement naturel de 0,5 p. 100 prévu pour 1998 est presque le même que celui des États-Unis, mais il est sensiblement supérieur à celui de plusieurs pays de l'Europe de l'Ouest et du Nord, dont certains accusent déjà des taux d'accroissement naturel négatifs.

Mortalité Le taux de mortalité est en baisse depuis la dernière partie du XVIIIᵉ s., mais cette baisse est plus prononcée depuis 1867. L'importante hausse de l'espérance de vie est attribuable davantage à l'amélioration de la nutrition, de l'hygiène personnelle et des conditions de logement qu'aux progrès de la médecine ou à de meilleurs soins médicaux. L'élimination progressive des maladies infectieuses et des maladies parasitaires, importantes causes de mortalité, a considérablement accru l'espérance de vie de la population canadienne. Mais l'amélioration la plus significative provient plutôt de la diminution de la mortalité infantile que des gains réalisés par la population âgée, les femmes ayant à cet égard progressé davantage que les hommes. En 1931, l'espérance de vie à la naissance, dans les conditions de mortalité alors observées, était de 60,0 ans chez les hommes et de 62,1 ans chez les femmes. En 1996, l'espérance de vie atteint 75,3 ans chez les hommes et 81,3 ans chez les femmes. L'espérance de vie au Canada est un peu plus grande qu'aux États-Unis, mais elle est rejointe ou dépassée par plusieurs pays scandinaves (p. ex., la Suède, la Norvège et l'Islande). Compte tenu d'une augmentation modérée de l'espérance de vie, les projections laissent supposer qu'en 2011 elle sera de 77 ans chez les hommes et de 84 ans chez les femmes. L'amélioration des conditions de vie et du NIVEAU DE VIE a radicalement transformé les préoccupations des Canadiens en ce qui concerne la santé et leurs problèmes de soins médicaux.

Les principales causes de décès sont actuellement les maladies dégénératives (le cancer et les maladies cardiovasculaires). En 1995, les maladies cardiovasculaires et les maladies du cœur représentent près de 37 p. 100 de tous les décès, et le cancer, 28 p. 100.

Fécondité Avant le XIXᵉ s., les niveaux de fécondité en Amérique du Nord sont aussi élevés, sinon davantage, que ceux que connaissent aujourd'hui les pays les moins industrialisés du monde. À mesure que le Canada se développe et que les conditions de vie s'améliorent, le taux de natalité baisse régulièrement depuis sa valeur initiale d'environ 50 naissances pour 1000 habitants. En 1920, le taux brut passe sous la barre de 30 naissances pour atteindre un plancher de 20 naissances pour 1000 habitants (1937). La Seconde Guerre mondiale relance l'économie et renverse la tendance à la baisse du taux de natalité, qui enregistre des taux records lors du baby boom, soit 28,9 p. 1000 en 1947 et à nouveau en 1954, avant de reprendre sa baisse historique à long terme à partir des années 60. En 1995, le taux de natalité au Canada se situe à 16,4 naissances pour 1000 habitants et, en 1998, il est estimé à seulement 12 pour 1000.

La signification de la baisse du taux de natalité pour la croissance démographique future prend tout son sens à la lumière du taux brut de reproduction (TBR). Ce taux indique combien d'enfants de sexe féminin les femmes auront durant leurs années de fécondité si leur taux de fécondité par âge correspond à celui qui prévaut au cours d'une année donnée, en tenant compte du coefficient de féminité des naissances. Le TBR des Canadiennes passe de 1,7 par femme en 1921 à 1,3 en 1937, avant de faire un bond à 1,9 dans la deuxième moitié des années 50, à la fin de la période du baby boom. Le taux baisse de nouveau considérablement par la suite et, après 1971, il tombe sous le seuil de renouvellement des générations, se situant à 0,98 par femme en 1972. En 1985, le taux atteint 0,81, et les femmes sont encore moins susceptibles qu'avant de mettre au monde suffisamment de filles pour les remplacer elles-mêmes au cours de leur vie. Le maintien d'aussi faibles taux de fécondité pour une période indéterminée pourrait finalement conduire à un déclin de la population canadienne, en supposant qu'il n'y ait pas de reprise significative de l'immigration. En 1996, le taux brut de reproduction s'élève à 0,88, demeurant sous le seuil de renouvellement des générations.

Historiquement, les taux de natalité au Canada sont demeurés un peu plus élevés que ceux enregistrés aux États-Unis, tout en suivant des courbes de changement presque identiques. Les taux de natalité, en Amérique du Nord, ont tendance à être supérieurs à ceux des pays d'Europe du Nord et de l'Ouest et, depuis peu, à ceux des pays d'Europe de l'Est et du Sud. Par contraste, les taux de natalité de presque toutes les régions les moins développées du monde sont plus de deux fois supérieurs à ceux du Canada; dans certains pays d'Afrique p. ex., on peut encore observer des taux de natalité de près de 50 pour 1000 habitants.

Répartition des sexes Les jeunes hommes adultes ont immigré au Canada en nombre relativement plus élevé que les femmes au début de son histoire. Dans la foulée de l'immigration massive de la première décennie du XXᵉ s., le recensement de 1911 rapporte 113 personnes de sexe masculin pour 100 de sexe féminin vivant au Canada. Depuis 1921, le rapport de masculinité baisse graduellement dans l'ensemble du pays, atteignant la parité peu après le recensement de 1971. Le vieillissement de la population, caractérisé par une plus longue espérance de vie chez les femmes, et l'accroissement de la proportion des femmes au sein de la population immigrante continuent d'éroder le rapport de masculinité, qui atteint 0,98 en 1981. Le recensement de 1996 indique seulement 94 hommes pour 100 femmes.

On note un excédent relatif de personnes de sexe masculin chez les populations plus rurales ainsi que dans l'ouest et le nord jusqu'en 1986. Le rapport de masculinité le plus élevé en 1996 se trouve au Yukon et dans les Territoires du Nord-Ouest, avec 107 hommes pour 100 femmes. En revanche, il y a relativement plus de femmes dans les grands centres urbains, où elles sont attirées par de meilleures possibilités d'emploi. Cette tendance était déjà observable en 1961, année au cours de laquelle le rapport de masculinité avait baissé dans 7 des 11 régions métropolitaines.

Le rapport du nombre d'hommes pour 100 femmes varie de façon significative selon le groupe d'âge et selon que les régions sont rurales ou urbaines. Le rapport de masculinité à la naissance est de façon constante d'environ 106 en faveur des garçons, mais il diminue graduellement en fonction de l'âge. Parmi la population âgée de plus de 75 ans, il y a seulement 59 hommes pour 100 femmes en 1996, et parmi la population âgée de plus de 85 ans, il y a plus de deux fois plus de femmes que d'hommes. En 1981, aucun groupe d'âge de moins de 80 ans n'a un rapport de masculinité inférieur à 100 en secteur rural tandis qu'en milieu urbain, seul le groupe d'âge inférieur à 20 ans présente encore un plus grand nombre d'hommes que de femmes. En 1991, pour la première fois, le rapport de masculinité tombe au-dessous de 100 au sein de la population rurale âgée de 25 à 29 ans et de celle de 65 ans et plus, mais le rapport de masculinité en milieu rural demeure considérablement plus élevé que celui des régions urbaines pour tous les groupes d'âge.

Structure par âge La population du Canada vieillit graduellement au fur et à mesure du déclin de l'immigration et du taux de natalité. En 1951, l'âge moyen (médian) se situait à 27,8 ans avant que les taux de natalité sans précédent des années 50 ne l'abaissent à 25,6 ans en 1966. Entre 1976 et 1996, cependant, l'âge moyen de la population augmente de 27,8 à 35,3 ans. La part relative de la population jeune et dépendante (celle qui a moins de 15 ans) retrouve en 1961 son niveau de 1901, soit 34 p. 100, avant de chuter fortement à 20,5 p. 100 en 1996. Au cours de la même période, le pourcentage de la population canadienne âgée de 65 ans et plus, fait plus que doubler, s'élevant à 12,2 p. 100.

La population du Canada est passée du statut «jeune adulte» qu'elle avait en 1881, avec 4,1 p. 100 de ses effectifs âgés de 65 ans et plus, à un statut de population «vieillie», ce qui signifie que la propor-

tion de la population de 65 ans et plus dépasse le critère de 8 p. 100 établi par les Nations Unies. Comme la génération du baby boom prend de l'âge, si les taux de fécondité demeurent bas, l'importance relative de ce dernier groupe continuera de connaître un accroissement significatif.

Au Canada, l'importance relative de la population jeune et dépendante est assez semblable à celle des États-Unis et des pays d'Europe de l'Ouest et du nord; la proportion des personnes âgées de 65 ans et plus demeure cependant plus forte dans la plupart des pays européens, allant de 16 p. 100 au Danemark, en Norvège et au Royaume-Uni jusqu'à 17 p. 100 en Suède. En revanche, les pays du monde les plus pauvres économiquement continuent de se signaler par les proportions de leur population âgée de moins de 15 ans et de 65 ans et plus, qui se situent respectivement à près de 50 p. 100 et de 2 p. 100.

Population autochtone et population née à l'étranger Les variations de l'immigration, ainsi que la croissance naturelle de la population autochtone, au fil des ans, modifié la part et l'importance de ces populations. Au début de la colonisation française, la population autochtone est composée d'Amérindiens et d'Inuits, et la population née à l'étranger comprend les explorateurs, les commerçants, le personnel militaire et administratif, les prêtres, les missionnaires et les colons venus d'Europe. La population amérindienne a du mal à survivre `face à l'empiétement des Européens et l'on estime que, vers le milieu du XXᵉ s., leur nombre est inférieur à ce qu'il était lors de la fondation de la colonie française. Au cours de la période intermédiaire, la population née au Canada augmente grandement grâce à la naissance d'enfants d'immigrants européens. Cette population a tendance à s'accroître, du fait de la croissance naturelle, plus rapidement que la population née à l'étranger ne s'accroît par l'immigration. Parce que les populations amérindiennes éprouvent de grandes difficultés à maintenir leur nombre, leur survie à long terme est sérieusement menacée. Ce n'est que dans les années 30 qu'elles commencent à montrer une croissance soutenue. En 1971, la population globale des autochtones d'Amérique du Nord, y compris les Inuits, s'élève à 313 000. Avec la baisse continue du taux de mortalité, ainsi que la hausse du taux de fertilité leur population atteint 845 000 individus en 1986, 1 million en 1991 et 1,1 million de descendance autochtone lors du recensement de 1996. Parmi ces derniers, 867 000 ont répondu être d'origine nord-américaine, 221 000 d'origine métis et environ 50 000 d'origine inuite.

Il est encore difficile d'obtenir un dénombrement précis des populations amérindienne, métisse et inuite. Les facteurs politiques opposent à leur recensement précis et exhaustif autant, sinon plus, d'obstacles que ne le faisait par le passé leur isolement social et physique. Cependant, il ne fait guère de doute que les populations autochtones continueront de connaître une croissance naturelle importante, contrairement à la population d'origine européenne née au Canada.

À la veille de la Confédération, la population née à l'étranger représente 21 p. 100 de la population canadienne totale. L'émigration de la fin du XIXᵉ s. réduit cette proportion à 13 p. 100 en 1901, mais la forte immigration du début du XXᵉ s. fait monter en flèche sa part relative à 22 p. 100 entre 1911 et 1931. La population née au pays s'accroît plus rapidement durant la grande crise et les premières années de guerre, mais l'immigration massive de l'après-guerre renforce le pourcentage de la population canadienne née à l'étranger. Pendant que le taux de natalité baisse après le baby boom, l'immigration continue d'augmenter l'importance de la population née à l'étranger, faisant passer sa part relative de 14,7 p. 100 en 1951 à 17,4 p. 100 en 1996.

Pays d'origine Les pays d'origine de la population canadienne née à l'étranger ont à la fois formé et transformé le visage culturel de la société canadienne. Son caractère biculturel est une conséquence du peuplement français dans un premier temps et de la prise de contrôle militaire et politique subséquente par les Britanniques, après laquelle la majorité des immigrants viennent des îles Britanniques, des États-Unis et d'Europe. En 1871, 84 p. 100 de la population née à l'étranger est originaire du Royaume-Uni. Puis, le caractère de l'immigration se modifie, particulièrement après la Seconde Guerre mondiale, de sorte que cette proportion tombe à 36 p. 100 en 1971, alors que s'accroît l'immigration issue d'autres pays européens, notamment de l'Allemagne et de l'Italie.

Le principal lieu de naissance des Canadiens nés à l'extérieur du Canada demeure l'Europe, mais la proportion de ceux qui y sont nés passe de 52 p. 100 en 1971 à 47 p. 100 en 1996. Pendant la même période, la proportion de ceux qui sont nés aux États-Unis diminue, de 9 p. 100 à 5 p. 100. Le nombre d'immigrants nés en Asie augmente et passe de 4 p. 100 à 31 p. 100 entre 1971 et 1996. La nouveauté de ce déplacement vers des sources non européennes d'immigration est démontrée par le fait que 57 p. 100 de la population immigrante arrivée au Canada entre 1991 et 1996 est d'origine asiatique comparativement à seulement 12 p. 100 de celle arrivée avant 1961. Par contraste, la proportion des immigrants d'origine européenne a chuté de 90 p. 100, avant 1961, à 19 p. 100.

Ce glissement vers les pays non européens en tant que source d'immigrants pour le Canada, résulte à la fois de l'élimination des aspects discriminatoires des politiques canadiennes d'immigration, durant les années 60 et 70, et du changement dans les procédures de recensement qui non seulement reconnaissent mais encouragent la déclaration d'origines ethniques et raciales multiples. Tout cela contribue à accroître la diversité ethnique et raciale de la population. Cependant, quoique le Canada devienne de plus en plus multiculturel en termes d'origines ethniques, il demeure de façon prédominante un pays bilingue et biculturel.

En 1996, presque 5 millions d'habitants, soit 17 p. 100 de la population, s'affirment d'origine essentiellement britannique et environ 2,7 millions, soit 9,5 p. cent, affichent une origine strictement française. Une autre part de 2,9 millions, soit 10,2 p. 100, déclare une origine britannique ou française ou canadienne; et encore 4,6 millions, soit 16,1 p. 100, revendique une origine combinée britannique, française, canadienne et autre. Plus de la moitié, soit 53 p. 100, déclare une origine à la fois britannique et française. Comme les faits suggèrent que la majeure partie des 5,3 millions restant ayant affirmé être d'origine canadienne sont des personnes qui, dans des sondages précédents, ont répondu être d'origine individuelle britannique ou française, on peut affirmer que près des trois quarts, ou 72 p. 100 de la population du Canada est d'ascendance britannique ou française au moment du recensement de 1996.

Des 28,5 p. 100 se déclarant d'origine autre que britannique ou française, presque 1,5 p. 100 se disent originaires d'Asie de l'Est ou du Sud-Est. Les 921 585 Chinois, soit 3,2 p. 100 de la population totale, représentent le second groupe d'origine non-européenne en importance, après les 1,1 million de descendance autochtone. La diversité ethnique de la population augmente considérablement à la suite de la libéralisation des politiques et des règles d'immigration du Canada durant les années 60 et 70. À aucun endroit ceci ne fut plus apparent que dans les grands centres urbains qui attirent la plus grande partie des immigrants. De 1991 à 1996, 85 p. 100 de tous les immigrants et 93 p. 100 des nouveaux arrivants sont établis en secteur métropolitain, Toronto étant la destination privilégiée. En 1996, Toronto rassemble la plus grande partie des immigrants avec 42 p. 100, suivie par Vancouver avec 35 p. 100 et Montréal, 18 p. 100.

Sans égard pour les futurs taux d'immigration au Canada, les pressions en faveur de l'immigration

venant de pays non européens continuent de s'exercer sous l'action des conditions mondiales. On peut s'attendre à ce que la population du Canada, particulièrement dans les zones les plus fortement urbanisées, ait des origines ethniques et culturelles de plus en plus diversifiées au fur et à mesure que le pays répondra à ces pressions. On estime que la population du Canada a franchi le cap des 25 millions d'habitants le 1ᵉʳ janvier 1984. Le 1ᵉʳ juillet 1996, elle s'élevait à 28 528 125 habitants, ce qui représente un accroissement de 3,2 millions, soit 13 p. 100, par rapport au 25,3 millions du recensement de 1986. En juillet 1998, compte tenu du recensement de 1996 et d'une nette sous-évaluation, on estime la population canadienne à 30 300 400 habitants. Ceci représente un accroissement de 296 500 personnes par rapport à la même date en 1997 et un taux de croissance annuel juste au dessous de la barre de 1 p. 100, pour la première fois depuis 1986. Cette diminution peut être attribuée à une baisse du nombre de naissances, ainsi que du nombre d'immigrants s'installant au Canada.

Warren E. Kalbach

Population active Ce terme désigne l'ensemble de la population adulte disponible sur le MARCHÉ DU TRAVAIL à un moment donné. Statistique Canada la définit ainsi: «Partie de la population civile hors institution âgée de 15 ans et plus qui avait un emploi ou était au chômage durant la semaine de référence (semaine de l'enquête sur la population active)». Les personnes ayant un emploi comprennent toutes celles qui travaillent, à plein temps ou mi-temps, et celles qui auraient été au travail n'eut été de la maladie, d'une incapacité, de responsabilités familiales, du mauvais temps, de conflits de travail ou de vacances. Les chômeurs comprennent les personnes sans emploi qui en cherchent un, celles qui sont disponibles mais qui ne cherchent pas de travail parce qu'elles ont été mises à pied temporairement et s'attendent à retourner au travail au même endroit, celles qui sont mises à pied pendant moins de six mois et qui sont disponibles, et celles qui n'ont pas cherché d'emploi dans les quatre semaines précédentes mais qui ont un emploi qui les attend dans moins de quatre semaines.

Il s'agit là d'une définition technique pour les besoins de la collecte de données statistiques. On l'a raffinée et modifiée au fil des ans pour des raisons d'ordre pratique et pour traduire les changements sociaux et économiques. P. ex., dans la première moitié du XXᵉ s., on incluait dans la population active toutes les personnes de 10 ans et plus. En 1941, cet âge est passé à 14 ans, puis à 15 ans en 1961 pour tenir compte du déclin de l'économie agricole.

La taille de la population active est en fonction de la taille de la population adulte (population potentiellement active) et de la proportion de cette population qui est disposée et apte à travailler (population active réelle). Elle est calculée à partir d'un sondage mensuel auprès de 52 000 ménages totalisant 96 000 répondants partout au Canada. Ce sondage permet entre autres de calculer le taux de chômage et le taux d'emploi ainsi que de déterminer les raisons qui poussent les particuliers à quitter la population active. La proportion de la population adulte appartenant à la population active constitue le taux d'activité, lequel peut varier selon les régions et des facteurs démographiques comme l'âge ou le sexe.

Paul Philips

Populisme Dans la CULTURE POLITIQUE et la vie publique du Canada, le populisme a eu et continue d'avoir une place importante. Cette idéologie très adaptable se présente sous de nombreuses formes, adoptant des éléments d'idéologies politiques de base comme le SOCIALISME, le LIBÉRALISME et le néo-conservatisme (*voir* CONSERVATISME) tout en s'opposant à la puissance des élites dans la vie publique et en préconisant l'exercice d'un plus grand pouvoir politique par «le peuple». L'insistance du populisme sur la participation de «la base» en fait un

élément important des mouvements de CONTESTATION POLITIQUE.

Tous les genres de populisme interprètent la répartition du pouvoir et le fonctionnement des institutions sociales de base comme un antagonisme fondamental entre «le peuple» et «les élites au pouvoir». Les mouvements populistes de gauche s'accordent avec le socialisme, la SOCIALE-DÉMOCRATIE et le libéralisme réformateur pour dire que les ÉLITES au pouvoir se retrouvent surtout dans les grandes entreprises capitalistes et les partis politiques traditionnels. À leurs yeux, «le peuple» est une coalition naturelle entre les travailleurs salariés, les agriculteurs, les pauvres et la classe moyenne. Les mouvements populistes de droite s'accordent généralement avec les conservateurs pour préconiser une réglementation beaucoup moins forte de l'économie de marché. À leurs yeux, l'élite au pouvoir est un certain ensemble qui comprend les bureaucrates de l'État, les politiciens interventionnistes, les «groupes d'intérêts spéciaux» qui préconisent plus d'interventions de l'État dans la vie sociale et économique et, à l'occasion, les intérêts financiers. Selon cette conception, «le peuple» désigne tous ceux qui ne sont pas représentés par des groupes d'intérêts spéciaux.

Le populisme de gauche émane tout d'abord des mouvements de fermiers de l'Ontario et des trois provinces des Prairies (p. ex., les FERMIERS UNIS DU CANADA, section saskatchewannaise, la NON-PARTISAN LEAGUE et les FERMIERS UNIS DE L'ALBERTA). Les militants de ces mouvements ont souvent fait leurs premières armes dans les organismes de démocratie directe en luttant contre la grande entreprise dans des coopératives de fermiers et de consommateurs (*voir* MOUVEMENT COOPÉRATIF). Le travail des partis travaillistes du Canada de 1880 à 1930, qui vise à former des coalitions entre les classes contre la grande entreprise et les partis libéral et conservateur, s'inscrit nettement, lui aussi, dans le populisme de gauche.

Le représentant par excellence du populisme social-démocrate est la CO-OPERATIVE COMMONWEALTH FEDERATION (CCF), créée en 1932. Ce parti politique regroupe les militants des mouvements de fermiers et de travailleurs des Prairies et d'autres régions. Il critique le capitalisme dans l'optique d'un socialisme modéré, propose des mesures d'étatisation et de planification et préconise un État providence généreux. Au palier fédéral, la CCF demeurera toujours un tiers parti, mais il forme en Saskatchewan le premier gouvernement social-démocrate d'Amérique du Nord en 1944, sous la direction de T.C. DOUGLAS, et y garde le pouvoir pendant 20 ans. Les mouvements sociaux-démocrates qui obtiennent du succès au Canada tiennent toujours un langage populiste qui s'adresse à plusieurs classes.

Le représentant le plus remarquable du populisme de droite est la ligue du CRÉDIT SOCIAL de l'Alberta, qui forme des gouvernements dirigés par William ABERHART (1935-1943) et Ernest MANNING (1943-1968). Au début, le crédit social lutte contre les grandes banques du Canada, professe une théorie économique peu orthodoxe et un christianisme fondamentaliste, accorde aux experts une confiance technocratique et pratique un style de direction autoritaire. Il devient graduellement un parti qui préconise des valeurs sociales conservatrices, s'oppose aux programmes sociaux nationaux et prône une administration semblable à celle des entreprises. Au Québec, des années 40 aux années 60, le populisme autoritaire de droite s'incarne d'abord dans l'UNION NATIONALE, parti provincial de Maurice DUPLESSIS, puis dans le parti fédéral des CRÉDITISTES, dirigé par Réal CAOUETTE.

Le PARTI RÉFORMISTE, dirigé par Preston MANNING, est devenu en 2000 l'ALLIANCE RÉFORMISTE. Ce parti propose un SÉNAT élu, des compressions budgétaires et des réductions fiscales radicales ainsi que le remplacement des programmes actuels de bien-être social par des initiatives privées de bienfaisance. Une forte opposition à la revendication du Québec, qui veut être reconnu comme «société distincte» dans la Constitution, est depuis longtemps un trait distinctif du Parti réformiste. Ce parti propose aux Canadiens le recours aux RÉFÉRENDUMS pour neutraliser l'influence politique des groupes d'intérêts spéciaux et des vieux partis quant à des questions comme les langues officielles, la peine capitale, la promotion sociale et le financement de l'économie par les déficits des gouvernements. Des 51 députés fédéraux du parti, 50 sont de l'ouest. Comme William Aberhart et Ernest Manning (son père), Preston Manning dirige de façon autoritaire un parti dont le pouvoir est centralisé.

Pour le NOUVEAU PARTI DÉMOCRATIQUE, les chefs Glen Clark, en Colombie-Britannique, et Roy ROMANOW, en Saskatchewan, se présentent comme des populistes de gauche, obtiennent un deuxième mandat pour leur gouvernement en 1995 et en 1996 respectivement. Dans leurs campagnes, ils décrivent les autres partis comme des exécutants de la grande entreprise qui démolissent les programmes sociaux. Au Québec, le PARTI QUÉBÉCOIS, dirigé par René LÉVESQUE dans les années 70 et au début des années 80, allie le gauchisme populiste de participation et le NATIONALISME québécois. Par la suite, son programme nationaliste s'appuie sur des politiques économiques et sociales plus orthodoxes, ce qui déçoit grandement ses partisans syndicaux. Le NPD fédéral subit des pertes importantes aux élections de 1993 et a aujourd'hui de la difficulté à faire entendre à la population son message de gauche, qui est souvent populiste. Les organisations de nouveaux mouvements sociaux, environnementalistes et féministes p. ex., sont aujourd'hui politiquement plus efficaces que le NPD fédéral en tant que forces populistes de gauche.

Beaucoup de politiciens veulent actuellement être considérés populistes. Les premiers ministres Ralph KLEIN et Michael Harris peuvent passer pour populistes lorsqu'ils promettent de «lutter contre le pouvoir établi» ou «contre les groupes d'intérêts spéciaux» au nom des «gens ordinaires». Toutefois, leurs mesures centralisent davantage le pouvoir de leur gouvernement ou transfèrent ce pouvoir aux élites du secteur privé, et ils n'ont pas augmenté l'influence réelle de «la base» dans les décisions politiques fondamentales. Ils sont populistes par le style mais non par le fond.

Le populisme n'en demeure pas moins un facteur clé de la culture politique et des luttes idéologiques canadiennes. L'attitude des gens à l'égard de la politique est empreinte d'une méfiance croissante envers les politiciens, les partis politiques et les gouvernements, d'un moins grand respect de la population envers l'autorité et d'un grand désir de *voir* «la base» prendre plus de décisions. Ces changements d'attitude se manifestent notamment lors du référendum sur l'Accord de Charlottetown, que la population rejette malgré l'appui des élites politiques et journalistiques du Canada. Comme les idées populistes gagnent en popularité partout au Canada, les politiciens emprunteront de plus en plus le style et le langage du populisme, et parfois même son contenu.

David Laycock

Porc-épic Des 23 espèces dans le monde, seul le porc-épic d'Amérique (*Erethizon dorsatum*) se rencontre au Canada, dans les FORÊTS et les taillis continentaux.

Description Il est le deuxième plus grand RONGEUR au Canada (jusqu'à 18 kg et 103 cm de longueur, incluant sa queue de 30 cm). Son corps trapu est noir et blanc jaunâtre et porte, sur les parties supérieures et sur la queue, 30 000 piquants effilés qui atteignent parfois 8 cm de longueur et sont munis de barbillons orientés vers l'arrière. Lorsqu'il est menacé, le porc-épic dresse ses piquants et bat de la queue. Les piquants se délogent facilement de sa peau, mais il ne peut les projeter. Ses prédateurs, des MAMMIFÈRES comme le PÉKAN et le CARCAJOU, évitent les blessures en l'attaquant à la tête, qui est presque dépourvue de piquants. Sa lenteur le rend vulnérable aux automobiles et aux incendies.

Reproduction et croissance Sept mois après l'accouplement, qui a lieu l'automne, un seul petit naît. Il ne tarde pas à marcher et à grimper, et est sevré 10 jours à peine après sa naissance. Il quitte sa mère à l'automne. Le porc-épic est habituellement nocturne et n'hiberne pas.

Régime alimentaire Ce rongeur est habituellement solitaire, mais il lui arrive de partager une bonne tanière ou une aire d'alimentation. Il se nourrit d'écorce, de bourgeons, de feuilles et de branches d'arbres ainsi que d'autres types de PLANTES. Il coupe sa nourriture à l'aide de 4 incisives en ciseaux et la broie à l'aide de 16 dents jugales à cuspides. Il endommage parfois les arbres, mais il cause rarement des dommages importants aux forêts. Le porc-épic ronge des objets salés, des outils et des bâtiments en bois et s'en prend parfois aux cultures de maïs et de luzerne.

Donald A. Smith

Pornographie Historiquement, elle s'est entendue des représentations, par écrits, dessins, peintures ou photos, de la vie et des activités des prostituées et de leurs clients. Cette définition correspond bien à l'étymologie du mot en grec, le préfixe *porno* signifiant «prostituée» et le suffixe *graphie* signifiant «écrire». On utilise souvent le mot pornographie de façon interchangeable avec le mot «obscénité», terme juridique qui décrit la pornographie et dont l'aire sémantique se limite à la violation des normes de tolérance de la collectivité. Le terme «obscénité» vient du latin *obscenus*, signifiant «de mauvais présage».

Évolution de la pornographie au XXᵉ siècle La pornographie s'est longtemps exprimée au cours des siècles dans des poèmes, des romans, des dessins, des peintures et des photos répondant aux besoins d'un marché plutôt limité. Il s'agissait surtout de descriptions, dessins, d'images, de récits, de débats et de discussions à propos d'activités hétérosexuelles et homosexuelles non violentes. Dans la deuxième moitié du XXᵉ s., le marché et le contenu de la pornographie ont considérablement changé. La commercialisation de masse est devenue réalité grâce aux nouveaux supports de distribution que constituent les photos des magazines illustrés, les vidéos domestiques et les images photographiques et informatiques. Le contenu est passé des photos de nus artistiques accompagnés d'un langage suggestif à des formes beaucoup plus explicites, associant souvent sexe et violence. Dans la «nouvelle» pornographie, on présentait la brutalité à l'endroit des femmes, leur dégradation et leur humiliation ainsi que l'exploitation sexuelle des enfants comme des activités socialement acceptables, sexuellement gratifiantes et divertissantes. Ces développements ont suscité une vive controverse au Canada à propos de l'interdiction et de la réglementation légales du discours pornographique.

Perspectives conservatrices Pendant des siècles, la plupart des sociétés occidentales, dont le Canada, ont soutenu le point de vue conservateur selon lequel l'OBSCÉNITÉ devait être légalement contrôlée parce que la structure organisationnelle de la société et sa fibre morale devaient être protégées. Pour les penseurs conservateurs, le matériel pornographique est nocif parce qu'il affaiblit les principes moraux communs considérés comme la «colle» qui assemble durablement les sociétés. En particulier, la pornographie doit être réprimée par les lois en raison de ses répercussions sur les institutions sociales fondamentales telles que la famille, où les relations sexuelles ne sont normales et acceptables que dans le contexte d'un engagement profond du couple, de l'amour, de la retenue et de l'inhibition du plaisir sexuel.

Opinions libertaires contraires Les penseurs libertaires défendent le point de vue contraire. Selon eux, la valeur conservatrice de la cohésion morale présuppose l'existence d'une vérité universelle et éternelle, ce qu'ils rejettent. Ils soutiennent que le fait de réprimer l'expression sexuelle crée une façade du comportement sexuel «correct» hypocrite, tout en constituant une forme de contrôle social inutile. De plus, ils font valoir que lorsque la moralité est sanctionnée par la loi, il en résulte des maux beaucoup plus grands que l'érosion de la moralité publique, à savoir des limitations de la liberté individuelle qui outrepassent les limitations de l'expression. De plus, toute forme d'expression ne peut être légitimement limitée par la loi que lorsqu'il est démontré qu'elle cause un préjudice direct et immédiat à autrui. Qui plus est, même si elle est source de préjudice direct pour autrui, elle est, disent-ils, défendable, dans la mesure où elle présente une valeur artistique, pédagogique ou scientifique.

Les libertaires homosexuels vont encore plus loin en s'opposant aux restrictions applicables à l'expression sexuelle. Ils soulèvent trois arguments: premièrement, disent-ils, ces lois auraient des effets différents, beaucoup plus préjudiciables à leur endroit qu'à l'endroit de la communauté hétérosexuelle; deuxièmement, l'expression sexuelle serait une partie intégrante de leur culture sociale; et troisièmement, les lois interdisant l'expression sexuelle seraient appliquées de manière discriminatoire contre les gais et les lesbiennes.

La pornographie dans la perspective des droits de la personne Une troisième perspective est présentée par ceux qui considèrent que la pornographie est une question qui touche aux droits de la personne, la tenant pour une forme de discrimination, particulièrement au détriment des femmes et des enfants. Cette perspective met l'accent sur le préjudice, mais le caractérise de façon différente de celle que mettent de l'avant les libertaires. Alors que la notion de préjudice telle qu'elle est comprise par les libertaires est directe et linéaire (comme un poing dans la figure), elle devient plus nuancée et subtile pour ceux qui envisagent la pornographie dans la perspective des droits de la personne. Selon eux, la consommation de la pornographie entraîne des changements d'attitude qui sont préjudiciables aux femmes et aux enfants, notamment l'acceptation de la violence à leur endroit, l'acceptation des mythes liés au viol (les femmes aimeraient être violées) et la désensibilisation à la violence sexuelle. Ils invoquent des études qui montrent que les consommateurs de pornographie ont une tendance accrue à recourir au viol, à ne pas hésiter à maltraiter les femmes et les enfants et à les rabaisser, à les considérer comme de purs objets sexuels et à élever la domination des hommes à un niveau supérieur sur l'échelle des valeurs.

La perspective humanitaire dénonce à la fois les perspectives conservatrice et libertaire en raison de leurs visions étroites et phallocentriques. Les humanitaires affirment que les conservateurs privilégient le besoin de protéger l'expression des hommes. Quant à eux, ils adoptent une perspective centrée sur les droits, qui exige que toute interprétation relative au rapport entre la loi et la pornographie tienne compte de la distribution inégale des droits au sein de la société à la lumière du contenu de la pornographie. Ils font valoir que dans la pornographie, les personnes exploitées sont presque exclusivement les femmes et les enfants, et ce, pour le plaisir sexuel des hommes. Dans une société qui croit à l'égalité de tous les citoyens, comme le Canada, une telle exploitation est discriminatoire parce que cette subordination sexualisée encourage et perpétue leur inégalité.

La perspective jurisprudentielle: l'acceptable et l'inacceptable Décider de façon précise où tracer la ligne de partage entre ce qui est une pornographie acceptable et une pornographie inacceptable constitue une véritable gageure tant pour le législateur que pour les tribunaux. Il ressort de l'histoire du droit que les opinions tant des législateurs que des juges ont été principalement influencées soit par le point de vue des conservateurs, soit par celui des libertaires. Récemment, cependant, la perspective a changé, favorisant une approche fondée sur les droits de la personne.

Pour les juges favorisant l'opinion conservatrice, l'obscénité était assimilée à la lubricité et à une atteinte à la pudeur ou à la décence. Étant donné que le matériel obscène causait ou avait pour but de causer l'excitation sexuelle ou la luxure à des fins de divertissement plutôt que de procréation, on pensait qu'il affaiblissait la moralité sexuelle des individus et minait l'ordre social en général. La nudité, le caractère explicite, l'excès de sensualité, la lascivité et la perversité étaient des éléments que les juges examinaient lorsqu'ils évaluaient la légalité de l'expression sexuelle.

Les tribunaux s'inspiraient du «critère des normes de la collectivité» pour déterminer jusqu'à quel point la société pouvait tolérer l'atteinte à la moralité. Jusqu'à la fin des années 80, aucune tentative judiciaire ou législative n'avait été faite pour évaluer ou analyser le préjudice que la pornographie pouvait causer aux femmes et aux enfants.

La première indication d'un revirement jurisprudentiel à l'égard de la justification fondamentale des lois sur l'obscénité est apparue en 1983, lorsqu'un tribunal de première instance de l'Ontario a reconnu que certains matériels pornographiques dégradaient et déshumanisaient les femmes en tant que groupe social. Cette réalisation, dans l'affaire *R. v. Doug Rankine Co.*, (1983), 36 C.R. (3rd) 154, à la page 172, mit en branle un mouvement caractérisé par l'abandon de l'opinion selon laquelle l'obscénité constituait une menace à la moralité sexuelle de la collectivité, pour privilégier le rapprochement de la pornographie à la dignité humaine et aux droits à l'égalité. Au lieu d'utiliser le caractère sexuel explicite comme pierre angulaire de l'obscénité, le tribunal a déclaré que la violence et la cruauté associées au sexe, en particulier lorsque le comportement pervers dégrade et déshumanise les personnes qui en sont les objets, constituaient une meilleure approche. En liant la norme relative à l'obscénité à la violence et à la cruauté, le tribunal a ouvert la voie à de nombreuses considérations nouvelles. Contrairement à la justification fondée sur le caractère explicite, qui ignorait le préjudice, la justification fondée sur les droits de la personne donnait aux juges l'occasion d'examiner comment la pornographie présente la sexualité humaine et ce qu'elle évoque à propos des femmes et des enfants. Cette nouvelle approche leur a permis d'envisager la pornographie dans le contexte beaucoup plus large de la violence sexuelle dans la société et de son lien avec la discrimination.

L'érotique et l'obscène Le tribunal qui a tranché l'affaire *Rankine* a aussi fait œuvre de pionnier en rendant, après plus de 200 ans de jurisprudence, une décision en matière d'obscénité qui envisageait les normes sociales expressément du point de vue des femmes. Il a déclaré penser que peu de femmes dans notre pays toléreraient la distribution de films montrant des outrages à d'autres êtres humains, en particulier aux femmes, au nom du divertissement. Une décision ultérieure, qui a fait jurisprudence, a été celle qu'a rendue dans l'affaire *R. c. Wagner*, 43 C.R. (3ᵈ) 318 un tribunal de l'Alberta qui a entièrement analysé la notion d'obscénité dans une perspective contextualisée centrée sur les droits. Selon le juge, il fallait examiner la façon dont l'activité sexuelle était représentée et non uniquement le degré de son caractère explicite. Pour la première fois, un tribunal établissait la distinction entre le matériel érotique et le matériel obscène, écartant le caractère explicite comme critère de l'illégalité. Il a défini l'érotisme comme l'expression sexuelle représentant «des activités sexuelles humaines, positives et amoureuses entre des individus consentants et y participant sur un pied d'égalité», ajoutant que la société canadienne

contemporaine tolérerait l'érotisme, «quel que soit son degré d'explicitation».

Par ailleurs, le même tribunal a décrit la pornographie illégale comme l'expression sexuelle qui combine sexe et violence ou encore le sexe avec des représentations dégradantes et déshumanisantes des femmes. Le juge a accepté la preuve d'expert selon laquelle une telle expression affermit la dureté à l'égard des femmes et limite la réceptivité à leurs prétentions légitimes à l'égalité et au respect. Il a décrit cette forme de pornographie comme contenant une violence verbale à l'égard des femmes, représentant les femmes comme possédant des caractéristiques animales et exhibant une fausse représentation de la sexualité féminine, laquelle réduit les femmes à n'être que des objets sexuels.

Un troisième tribunal, la Cour d'appel de la Colombie-Britannique, a adopté une approche axée sur les droits de la personne pour examiner la pornographie dans l'affaire *R. c. Red Hot Video*, 45 C.R. (3rd) 36. La Cour a conclu que «vilipender les femmes de façon dégradante est inacceptable eu égard aux normes sociales canadiennes raisonnables». Cette forme de représentation se produit lorsque le comportement sexuel représenté est associé au crime, à l'horreur, à la cruauté ou à la violence, ou lorsqu'il y a «exploitation indue» qui dégrade les participants en les «représentant comme possédant des caractéristiques animales». Dans cette affaire, la Cour a clairement énoncé que l'objet des lois sur l'obscénité est d'assurer l'égalité et d'empêcher le préjudice plutôt que d'appliquer un code de comportement sexuel fondé sur la moralité. Elle a conclu que le matériel était obscène parce qu'il «constitue une menace de préjudice réel et substantiel à la société» par son «approbation de la domination des femmes par les hommes comme une philosophie sociale acceptable».

Contestation constitutionnelle: liberté d'expression Ces décisions des tribunaux inférieurs ont préparé le terrain pour l'arrêt que la Cour suprême du Canada a rendu dans l'affaire *R. c. Butler*, [1992] 1 R.C.S. 432. La Cour suprême a été saisie de cette affaire par suite d'une contestation constitutionnelle selon laquelle les lois sur l'obscénité violent la liberté d'expression que garantit la *Charte canadienne des droits et libertés*. En plus de la première occasion pour la Cour de déterminer la constitutionnalité des lois sur l'obscénité, cette affaire lui permettait de déterminer la justification de la réglementation ou du manque de réglementation en matière d'expression sexuelle.

Cette contestation découlait de la saisie de tout le stock d'un magasin de pornographie à Winnipeg et de la poursuite de son propriétaire, lequel avait été accusé de divers chefs d'infractions relatives à l'obscénité, notamment d'avoir exposé à la vue du public du matériel obscène. Après des décisions divergentes rendues par les tribunaux inférieurs, la Cour suprême a finalement été saisie de l'affaire. La Cour s'est limitée à l'examen de la définition que donne le *Code criminel* de l'obscénité, soit «l'exploitation indue des choses sexuelles, ou des choses sexuelles de l'un ou plusieurs des sujets suivants, à savoir: le crime, l'horreur, la cruauté et la violence». Selon la Cour, le sens à donner au mot «indue» doit être déterminé par la norme sociale de tolérance. Cette détermination doit être faite «en fonction du degré de préjudice qui peut en résulter», le préjudice de cette nature «prédispose une personne à agir de façon antisociale». En définissant explicitement la pornographie comme étant préjudiciable, la Cour a déclaré que celle-ci portait atteinte aux droits des femmes à l'égalité, à leur valorisation personnelle et à leur sécurité physique. Selon la Cour, le préjudice est exacerbé par l'industrie pornographique florissante, rendant l'objectif du Parlement encore plus urgent et réel maintenant qu'il ne l'était au moment où les dispositions en matière d'obscénité ont été adoptées pour la première fois.

La Cour a statué que le genre de matériel sexuel que vise la loi est la représentation des choses sexuelles accompagnées de violence ou des choses sexuelles explicites qui dégradent ou déshumanisent tout en créant un risque de préjudice grave. Les choses sexuelles explicites non accompagnées de violence, qui ne sont ni dégradantes ni déshumanisantes ne seront pas considérées obscènes, à moins qu'elles ne mettent en cause des enfants. La Cour a reconnu une exception à la loi, à savoir lorsque le matériel obscène est nécessaire à des fins artistiques ou s'il est nécessaire pour traiter un thème sérieusement.

La décision selon laquelle l'objet des dispositions législatives sur l'obscénité n'est pas d'exprimer une réprobation morale, mais d'éviter un préjudice du genre de celui qui victimise potentiellement les femmes constitue une décision historique. Pour la première fois, la Cour suprême du Canada a établi un lien entre le matériel obscène et les choses qui rabaissent ou dégradent les femmes plutôt qu'avec les choses qui heurtent une certaine notion de moralité sexuelle.

Kathleen Mahoney

Porsild, Alf Erling, botaniste et explorateur du Nord (Copenhague, Danemark, 17 janv. 1901—Vienne, Autriche, 13 nov. 1977). Assistant botaniste à la station de biologie danoise au Groenland de 1922 à 1925, il est engagé avec son frère Robert par le gouvernement canadien en 1926 pour étudier les pâturages des caribous dans l'Arctique canadien et en Alaska. En 1936, il est nommé botaniste en chef intérimaire au Musée national du Canada. Il occupe le poste de consul du Canada au Groenland de 1940 à 1943. Il revient au Musée national comme botaniste en chef de 1946 à 1967. Il est l'auteur de plus de 100 publications et ses collections de botanique comptent environ 80 nouvelles espèces.

W.J. Cody

Port Alberni, ville de la C.-B.; pop. 18 468 (rec. 1996), 18 523 (rec. 1991), 18 241 (rec. 1986); superf. 17,81 km²; const. en 1912, puis fusionnée à Alberni en 1967. Port Alberni est située dans le centre de l'ÎLE DE VANCOUVER, à 195 km au nord de Victoria, en amont du bras de mer d'Alberni, un bras de mer aux eaux profondes qui divise l'île presque en deux. Le nom d'Alberni vient de Don Pedro Alberni, le commandant espagnol de la garnison Nootka en 1791, durant l'occupation espagnole.

Dans les années 1850, les employés de la Compagnie de la baie d'Hudson, dirigés par Adam Horne, se lancent dans le commerce de la fourrure avec les autochtones de la région, les NOOTKAS et les SALISH de la côte. En 1860, profitant de l'accès facile par le bras de mer, la compagnie anglaise de transport maritime Anderson and Company y établit une scierie. Les premiers colons arrivent alors dans la région pour y exploiter les terres et les mines; plus tard, plusieurs optent pour le travail forestier.

L'exploitation forestière est depuis longtemps l'industrie première à Port Alberni. La ville est dotée des plus grandes installations forestières de toute l'île, lesquelles figurent parmi les plus importantes du monde. Elle tire aussi profit des secteurs de la fabrication et de l'entretien d'équipement forestier. Grâce à l'industrie du bois de sciage, le port de Port Alberni vient au troisième rang en Colombie-Britannique pour son volume. La pêche et les mines sont également importantes.

En plein cœur de Port Alberni se trouvent un port de plaisance, deux terrains de golf, le centre Echo (bibliothèque, musée, piscine et centre de congrès), le centre d'art Rollin et le sanctuaire d'oiseaux J.V. Clyne. On peut se rendre à pied aux chutes Della, les plus hautes CHUTES D'EAU du Canada. Le mont Arrowsmith et deux grands lacs d'eau douce, Sproat et Great Central. agrémentent aussi la région.

Alan F.J. Artibise

Port Colborne, ville d'Ontario; pop. 18 451 (rec. 1996), 18 766 (rec. 1991), 18 281 (rec. 1986); superf.

122,82 km²; const. en 1966. Elle est située en bordure du lac ÉRIÉ au port d'entrée sud du CANAL WELLAND. Son nom lui vient de sir John COLBORNE, un lieutenant-gouverneur du Haut-Canada. L'établissement est fondé en 1833 par suite de la construction du canal et sa croissance est proportionnelle à la construction de chaque voie navigable. C'est à cet endroit que se trouve l'écluse 8, la plus longue du canal et, avec ses 392,1 m, l'une des plus longues du monde. La ville prend de l'expansion tout autour du port et tire profit de son emplacement le long du Welland Railway et du Buffalo and Lake Huron Railway (aujourd'hui le Canadien National).

Les industries associées au canal comprennent l'entretien des navires, les meuneries, la réparation et le dégagement des navires, la pêche en eau douce et l'extraction du calcaire. La ville compte aussi une importante affinerie de nickel. Les régions industrielles avoisinantes sont situées sur des terres gagnées sur le lit du lac. L'agriculture intensive dans la région rurale avoisinante se fait sur d'anciens terrains marécageux. À la fin des années 1880, Port Colborne attire de riches touristes américains, et leur influence se fait toujours sentir le long de l'avenue Tennessee. Le tourisme d'aujourd'hui se reflète dans les chalets d'été et les ensembles résidentiels le long du littoral, dans les deux directions. Le Historical and Marine Museum occupe sept édifices du patrimoine situés au centre de la ville.

John N. Jackson

Port Coquitlam, ville de la C.-B.; pop. 46 682 (rec. 1996), 36 773 (rec. 1991), 29 115 (rec. 1986); superf. 28,76 km²; const. en 1913; située en bordure de la rivière Pitt et du fleuve Fraser, à 27 km à l'est de VANCOUVER, dont elle est une ville satellite. Port Coquitlam est délimitée au nord et à l'ouest par la ville de COQUITLAM. Son nom, qui signifie «petit saumon rouge», vient des autochtones coquitlams, les premiers à s'installer à l'embouchure de la rivière du même nom, qui est reconnue pour son poisson abondant.

Port Coquitlam doit son existence au chemin de fer. Le Canadien Pacifique (CP) aboutit d'abord à PORT MOODY, à l'ouest. La région industrielle entourant la gare terminale de la côte pacifique du CP devient plus tard Port Coquitlam. La Première Guerre mondiale vient rapidement anéantir tout espoir de commerce important après l'ouverture du canal de Panama. Avant et durant la Seconde Guerre mondiale, la plupart des emplois sont liés au chemin de fer. Après la guerre, on voit apparaître de nombreuses industries: métallurgie, caoutchouc, fonderies, raffinage du TUNGSTÈNE, construction navale et carrières de gravier. La population grimpe à 3 200 en 1951, à 19 500 en 1971 et à 36 800 en 1991. La croissance rapide de la population survenue au cours des 45 dernières années a fait de Port Coquitlam une ville plus résidentielle, dotée de nouveaux quartiers d'habitation (Citadel Heights et Riverwood) et de plus anciens quartiers réaménagés.

Depuis quelques années, la ville encourage l'industrie et le commerce. Elle jouit d'une assise manufacturière assez importante avec des entreprises spécialisées dans la fabrication de produits métalliques et des industries de haute technologie et de transport. Le chemin de fer du CP de Vancouver maintient toujours une gare de triage et un terminal routier dans la ville. Tout autour de Port Coquitlam, le secteur agricole se porte bien grâce aux fermes laitières et avicoles et à l'arboriculture fruitière.

Alan F.J. Artibise

Port Elgin, ville de l'Ont.; pop. 7041 (rec. 1996), 6857 (rec. 1991), 6208 (rec. 1986); superf. 5,92 km²; const. en tant que municipalité en 1856, puis en tant que ville en 1949. Port Elgin est située à 48 km au sud-ouest d'Owen Sound, dans le comté de Bruce, sur les rives du LAC HURON, à l'embouchure de la rivière Saugeen.

Les premiers colons s'établissent dans la région après 1849. La plupart sont de descendance allemande bien que l'on attribue à un Écossais, Lachlan McLean, la construction de la première résidence à l'endroit qui deviendra Port Elgin. Dès 1857, on arpente le village et on y construit un magasin et un bureau de poste. Le village se nomme alors Normantown. Ce n'est qu'en 1878 que le nom devient Port Elgin, en l'honneur du gouverneur général lord ELGIN.

Vers le milieu du XIXᵉ s., le village se dote de quelques industries, dont une fonderie, une briqueterie et une filature de laine. Un quai, construit en 1858, permet aussi aux navires qui parcourent le lac de s'arrêter au village. Celui-ci devient vite un lieu d'expédition du grain et d'autres produits exportés.

Aujourd'hui, les principaux employeurs à Port Elgin sont HYDRO ONTARIO, qui exploite la centrale nucléaire de Bruce, située tout près, et l'industrie touristique, qui repose sur les plages de Port Elgin, la pêche sportive et le canotage sur la rivière Saugeen et dans le havre. Port Elgin se trouve aussi à proximité de quelques parcs nationaux et provinciaux, d'une réserve d'oiseaux migrateurs et de l'ESCARPEMENT DU NIAGARA, une réserve de la biosphère mondiale.

Deborah Welch et M. Payne

Port Hardy, municipalité de district de la C.-B.; pop. 5283 (rec. 1996), 5082 (rec. 1991), 5389 (rec. 1986); superf. 40,44 km²; const. en 1966; située sur la côte nord-est de l'île de Vancouver, à 391 km de route au nord de NANAIMO. Son port de mer est le plus grand et le mieux abrité du nord de l'île.

Le nom de Port Hardy vient du vice-amiral sir Thomas Masterman Hardy. Le premier peuplement non autochtone remonte aux environs de 1850. Dès 1904, un bureau de poste et un magasin général y ouvrent leurs portes. Avec sa promotion vantant une localité prospère, la Hardy Bay Land Company attire des colons d'Angleterre. Toutefois, de ce nombre, beaucoup sont déçus de la région isolée et inhospitalière. Peu d'entre eux y demeurent, et la population reste réduite jusqu'à l'inauguration de la mine de cuivre en 1971.

Aujourd'hui, l'économie repose toujours sur l'exploitation minière, mais la forêt constitue aussi un important pilier de la région. Des entreprises forestières munies de permis de fermes forestières y exploitent plus de 650 000 ha de forêt. Port Hardy est aussi le centre de la pêche commerciale du saumon dans le nord de l'île et une région importante pour l'aquaculture. Depuis l'achèvement de la route de l'île et la mise en service du traversier jusqu'à PRINCE RUPERT vers la fin des années 70, l'industrie du tourisme s'accroît.

Alan F.J. Artibise

Port Hawkesbury, ville de la N.-É.; pop. 3809 (rec. 1996), 3991 (rec. 1991), 3869 (rec. 1986); superf. 7,87 km²; const. en 1889; située sur la rive sud du détroit de Canso. Dans les années 60, la ville est connue à la grandeur du Canada en tant que futur haut lieu du développement industriel à grande échelle. On prévoit à cette époque l'octroi de fonds fédéraux et provinciaux pour transformer et moderniser la région de Canso. Le port en eau profonde libre de glace était tout indiqué, sans compter qu'il avait attiré des pêcheurs de France, de Nouvelle-Angleterre et d'ailleurs au cours des siècles passés.

La population est principalement d'origine écossaise. Elle vit de l'industrie forestière locale et un peu de l'agriculture. Au début du XIXᵉ s., la ville est un port maritime et devient ensuite un centre ferroviaire. Au milieu des années 50, Port Hawkesbury est affecté par l'arrêt de ces activités en raison de l'érection du pont-jetée de Canso, à Port Hastings, une ville voisine. Un moulin à papier est construit près de Point Tupper en 1960, ce qui remédie au problème de chômage. Dans les années qui suivent, la construc-

tion d'une raffinerie de pétrole crée une atmosphère de ville-champignon. Malheureusement, la tentative de diversification de l'économie échoue et, aujourd'hui, la raffinerie a fermé ses portes.

L.D. McCann

Port Hope, ville de l'Ont.; pop. 11 698 (rec. 1996), 11 505 (rec. 1991), 10 552 (rec. 1986); superf. 13 km²; const. en 1834; située en bordure du lac Ontario, à l'embouchure de la rivière Ganaraska, à 60 km à l'est de Toronto. Le site est d'abord un village autochtone du nom de Cochingomink. Un poste de traite des fourrures s'y installe en 1778. L'endroit porte le nom de Smith's Creek pendant un certain temps, du nom du trappeur Peter Smith. Les habitants décident de rebaptiser la ville Port Hope en 1817 en l'honneur du colonel Henry Hope, ancien lieutenant gouverneur.

Port Hope est un centre manufacturier et commercial régional pendant de nombreuses années. Sa rue principale, qui date de la fin du XIXᵉ s., est une des mieux conservées en son genre en Ontario. Aujourd'hui, la ville vit de raffinage de l'uranium et de fabrication de machinerie, d'outils, de matières plastiques et de caoutchouc. Le Trinity College School, fondé en 1865, est une des plus anciennes écoles privées pour garçons au pays.

K.L. Morrison

Port Moody, ville de la C.-B.; pop. 20 847 (rec. 1996), 17 756 (rec. 1991), 15 948 (rec. 1986); superf. 26,21 km²; const. en 1913. La ville est située à la tête du bras de mer Burrard, à 20 km à l'est de Vancouver. Sur ses battures, on trouve de nombreuses preuves d'une occupation par les peuples salish du littoral avant l'arrivée des Européens. En 1859, l'endroit est nommé en l'honneur de Richard Clement MOODY, arrivé en Colombie-Britannique en tant que colonel du Corps royal du génie. L'emplacement de la future ville est d'abord concédé par la Couronne à deux sapeurs de ce corps.

Le développement foncier commence le 12 mars 1883 avec l'arrivée des premières pièces d'acier pour la construction du chemin de fer du Canadien Pacifique. En 1879, Port Moody est officiellement désigné terminus ouest du CP. Le premier train de voyageurs à atteindre le Pacifique à partir de Montréal arrive le 4 juillet 1886; c'est la première fois qu'un train de voyageurs traverse tout le continent.

Port Moody établit la liaison avec le commerce de la soie de l'Extrême-Orient et les fameux navires gréés en carré y viennent en grand nombre au début. Des origines jusqu'à 1950 environ, l'industrie principale est l'exploitation forestière, qui a cependant ralenti ces dernières années. En plus d'industries, la ville possède aussi une grande raffinerie de pétrole, une fabrique de tuyaux d'acier, des usines de fabrication de meubles, de produits électroniques, de produits chimiques et de roulottes-remorques ainsi qu'un établissement vinicole. Le développement récent le plus important dans les années 60 d'un port en eau profonde doté d'installations de chargement en vrac très automatisées. Ces installations servent à l'exportation de charbon, d'engrais, de minerais et de copeaux de bois. Les gros océaniques peuvent se rendre à Port Moody en passant par le havre de Vancouver.

Port Refuge Cette petite baie est située sur la côte sud de la péninsule Grinnell, sur l'ÎLE DEVON, dans l'Arctique. C'est sir Edward Belcher qui lui donne son nom en 1853, lorsqu'il s'y abrite des glaces en mouvement au cours de l'expédition lancée à la recherche de sir John FRANKLIN. Les trouvailles archéologiques démontrent une occupation sporadique de la baie depuis 4000 ans. On a identifié quatre occupations paléo-inuites distinctes entre 2000 av. J.-C. et 1000 ap. J.-C., de même qu'une occupation par les Inuits de culture THULÉ de 1200 à 1400. La présence dans la baie d'une clairière de glace, où les courants gardent les eaux libres presque toute l'année, y attire les chasseurs préhistoriques qui y trouvent une forte concentration de mammifères marins. On s'intéresse particulièrement à ce site du point de vue de l'ARCHÉOLOGIE, parce que la plupart des occupations préhistoriques des îles de l'Arctique sont représentées sur la plage qui entoure Port Refuge. (*Voir aussi* PRÉHISTOIRE.)

Robert McGhee

Portage Voie terrestre qui sert à contourner un obstacle sur une voie d'eau. Jusqu'au début du XIXᵉ s., la plupart des habitants du Canada actuel voyagent surtout sur les cours d'eau. Alexander MACKENZIE et Simon FRASER prouvent qu'il est possible, en effectuant 100 portages, de relier en canot le Saint-Laurent aux océans Pacifique ou Arctique.

Les premières pistes situées près des cascades et des rapides sont souvent tracées par des orignaux. Les Amérindiens empruntent ces sentiers en portant leurs CANOTS d'écorce de bouleau extraordinairement légers. Le réseau de la TRAITE DES FOURRURES exige le transport de marchandises lourdes. On attend des VOYAGEURS qu'ils portent deux paquets (ou pièces) de 41 kg chacun. Le premier est placé sur le dos et maintenu par une courroie de portage s'appuyant sur le front; le second est posé par-dessus. C'est un travail fatigant, effectué le plus souvent à un pas de course lent pour réduire la tension sur le dos. Au cours d'un long portage, les voyageurs font une pause tous les kilomètres en se délestant de leurs paquets avant de retourner chercher un autre chargement. Il faut de deux à quatre voyageurs pour transporter le canot nordique ou montréalais et, quand les lourdes BARGES D'YORK deviennent répandues dans les années 1820, on installe des rouleaux sur de nombreux portages.

On utilise des chevaux de bât sur la piste du fort Assiniboine et sur le passage de l'Athabasca. Il faut des chariots à bœufs pour transporter des marchandises plus lourdes sur le PORTAGE LA LOCHE et au fort Smith. Dans l'est du Canada, des canaux et des routes améliorent et complètent les itinéraires fluviaux. À Niagara et de Montréal à la rivière Richelieu, les premiers «chemins de fer de portage» sont une solution partielle aux besoins de transport (*voir* HISTOIRE DU CHEMIN DE FER). Le GRAND TRUNK RAILWAY, dans les années 1850, et le CANADIEN PACIFIQUE, dans les années 1880, marquent le passage au transport terrestre ininterrompu dans le sud du Canada.

C.S. MacKinnon

Portage La Loche (Portage Methye) Situé dans le nord de la Saskatchewan actuelle, c'est le PORTAGE le plus long (20 km) utilisé régulièrement pendant la TRAITE DES FOURRURES. Il traverse la déclivité située entre la baie d'Hudson et le bassin arctique. Il s'étire entre le lac La Loche (extrémité du bassin de la RIVIÈRE CHURCHILL), au sud-est, et la RIVIÈRE CLEARWATER (qui se déverse dans la rivière Athabasca), au nord-ouest. *Methy(e)* est le nom cri pour la loche (*voir* MORUE). Après avoir été utilisé pendant longtemps, ce nom disparaît pour laisser place au nom français loche (ou lotte).

Peter POND explore cette route traditionnelle indienne en 1778, et bientôt les NOR'WESTERS se mettent à portager leurs canots et leur matériel dans la riche région de l'Athabasca. Plus tard, la COMPAGNIE DE LA BAIE D'HUDSON réorganise le réseau: en 1823, le groupe de l'Athabasca laisse ses BARGES D'YORK à l'extrémité nord-ouest du portage, traverse à pied avec les paquets de fourrure, et s'embarque dans d'autres bateaux qui les attendent à l'extrémité sud-est. En 1826, le groupe plus éloigné du fleuve Mackenzie échange simplement des fourrures contre des provisions avec le groupe du Portage La Loche venant du sud-est. Au cours des premières années, on engage des Indiens sur place pour aider au portage des charges lourdes. Dans les années 1850, on utilise des chevaux de bât et des chariots à bœufs, ce qui permet de transporter plus de 100 t de

marchandises par an. À partir de 1886, cet itinéraire est déplacé par La PISTE D'ATHABASCA LANDING, qui est en développement depuis 1875.

C.S. MacKinnon

Portage la Prairie, cité du Man.; pop. 13 077 (rec. 1996), 13 186 (rec. 1991), 13 198 (rec. 1986); superf. 24,03 km²; const. en 1907; située à 85 km à l'ouest de WINNIPEG. Portage la Prairie est un important centre régional de services pour les terres avoisinantes des plaines du Portage, qui sont plutôt plates, mais très fertiles. LA VÉRENDRYE construit Fort La Reine à proximité de la ville en 1738, mais ce sont les voyageurs qui lui donnent son nom. Après 1794, la Compagnie du Nord-Ouest et la Compagnie de la baie d'Hudson exploitent des postes de traite au portage, mais les Blancs ne s'y établissent en permanence qu'après 1851, lorsque le révérend Cockran y fonde une mission.

En 1867-1868, la colonie, encore minuscule, devient la capitale de la brève «colonie» du Manitoba établie par Thomas Spence. L'arrivée de la ligne de chemin de fer de la Pacific Railway entraîne une augmentation rapide de la population; la localité est donc constituée en tant que ville. Depuis, Portage la Prairie a connu booms et récessions, misant avec succès sur son accessibilité et ses ressources agricoles exceptionnelles pour devenir l'une des localités les plus prospères du Manitoba.

Les industries de transformation des aliments sont le pilier de l'économie. On continue la manutention du blé et autres cultures traditionnelles du district en y ajoutant maintenant la mise en conserve de divers produits, tels que champignons et soupes et la congélation d'aliments. La ville possède aussi d'importants entrepôts frigorifiques, de même que le Food Products Development Centre du Conseil Manitobain de la recherche. Situé le long de la ROUTE TRANSCANADIENNE et des lignes principales du Canadien Pacifique et du Canadien National, le parc industriel moderne de Portage la Prairie attire diverses entreprises non reliées à l'alimentation. Parmi les établissements d'envergure gérés par le gouvernement, on compte la base militaire canadienne située à proximité.

H. John Selwood

Portage Methye (*Voir* PORTAGE LA LOCHE)

Port-au-Port, péninsule de Elle a à peu près la forme d'un triangle, et sa côte rocheuse de 130 km de longueur ne compte aucun port. Elle est rattachée au sud-ouest de Terre-Neuve, à l'ouest de Stephenville. Les BASQUES l'ont baptisé Ophor portu («port du repos»). Haute terre érodée et marquée de collines au sud et de basses terres en pente du côté nord, la péninsule, autrefois densément boisée, est délimitée par la baie Port-au-Port, par le GOLFE DU SAINT-LAURENT et la baie Saint-George; elle se termine au cap Saint-George à l'extrémité sud-ouest et, 50 km plus loin vers le nord-est, par la longiligne Long Point. Au milieu du XIXᵉ s., quelques colonies s'établissent ici et là sur ses côtes et, comme la péninsule fait partie de la CÔTE FRANÇAISE, la colonisation s'est poursuivie jusqu'en 1904. La péninsule représente les groupes ethniques et linguistiques plus variés que ce qu'on retrouve habituellement à Terre-Neuve; c'est ici qu'on trouve la plus grande proportion de villages francophones de l'île (15 p. 100). Depuis 1971, la péninsule a été désignée le seul district bilingue de l'île de Terre-Neuve. L'économie repose sur la pêche, la coupe du bois et l'extraction du calcaire (de 1900 environ à 1960) à Aguathuna. De 1940 à 1966, un grand nombre d'habitants de plus de 20 petites collectivités de la péninsule travaillaient à la base militaire américaine de Stephenville.

Janet E.M. Pitt

Porteous, John Cameron, costumier et scénographe (Rosetown, Sask., 2 févr. 1937). Porteous figure parmi les plus éminents scénographes canadiens et fait partie des anciens du monde de la scène dans lequel il évolue depuis la fin des années 60. Il étudie la scé-

nographie à la Wimbledon School of Art à Londres, en Angleterre.

Porteous se fait d'abord connaître comme directeur de la scénographie de la VANCOUVER PLAYHOUSE (1972-1981) puis devient scénographe en chef au SHAW FESTIVAL (1980-1997), où il crée des productions aussi variées et remarquables que *Cyrano de Bergerac* (1982-1983), profondément ancrée dans la période romantique, *Caesar and Cleopatra* (1983), pleine d'esprit et métathéâtrale, et *Cavalcade* (1985, remontée en 1986 et en 1995), brillante sur le plan technique et qui connaît un succès phénoménal. Pendant cette période, il travaille beaucoup avec le metteur en scène Christopher Newton et cette collaboration s'avérera l'une des plus brillantes et des plus durables de l'histoire du théâtre canadien. Ensemble, ils font du Shaw Festival une importante compagnie internationale et défendent le concept de «scénographie homogène», destiné à assurer l'unité de la présentation visuelle en confiant les décors et les costumes à un même artiste.

Porteous travaille partout au Canada et a à son actif de nombreuses expériences. Parmi les nombreux théâtres pour lesquels il a réalisé des scénographies figurent le TARRAGON THEATRE, le GRAND THEATRE (London), le CENTRE NATIONAL DES ARTS (Ottawa), le CITADEL THEATRE (Edmonton) et le Vancouver Opera. Devenu maître dans le domaine de la technologie scénographique, il utilise fréquemment des projections pour illuminer (au sens propre et métaphorique) des constructions architecturales à la fois audacieuses et d'une élégante simplicité. Ses scénographies sont présentées dans le cadre de nombreux projets télévisés et cinématographiques nationaux et internationaux, notamment dans le classique pour enfants *Beethoven Lives Upstairs* (1991), qui remporte un Emmy Award.

Porteous reçoit de nombreuses récompenses, dont la Canadian Centennial Scholarship et la Médaille du Jubilé de la Reine pour sa contribution au théâtre canadien. Depuis 1979, il participe sans faillir à la Prague Quadrennial, exposition mondiale et concours mondial de scénographie. Il enseigne la scénographie à l'U. de la Colombie-Britannique et à la Banff School of Fine Arts (*voir* BANFF CENTRE) et est membre de l'Association des designers canadiens.

Sandra Siversky

Porter, John Arthur, sociologue (Vancouver, C.-B., 12 nov. 1921—Ottawa, Ont., 15 juin 1979). Considéré par plusieurs comme le principal sociologue canadien, il publie son ouvrage le plus important, VERTICAL MOSAIC, en 1965. Ses sujets de prédilection sont l'égalité des chances et l'exercice du pouvoir par l'élite bureaucratique, économique et politique du Canada. Il exerce une grande influence sur ses étudiants dont certains sont devenus d'éminents spécialistes en sciences sociales et poursuivent son œuvre. Diplômé de la London School of Economics, il consacre la majeure partie de sa carrière universitaire à l'U. Carleton, où il est professeur, directeur de département, doyen et vice-recteur à l'enseignement. Porter est aussi professeur invité à Harvard et à l'U. de Toronto. Peu avant sa mort, il publie *The Measure of Canadian Society: Education, Equality, and Opportunity* (1979), un volume rassemblant ses 10 essais qu'il considère comme les plus révélateurs.

Frank G. Vallée

Porteurs Tribu athapaskane ou DÉNÉE du centre nord de la Colombie-Britannique, dont la population est de plus de 10 000 personnes. Leur nom vient d'une ancienne coutume voulant que la veuve porte les cendres de son défunt mari dans un sac pendant environ un an, après quoi une distribution cérémonielle de biens la libère de cette obligation. Les Porteurs s'appellent aussi Dakelhs et ajoutent les suffixes -*xwoten*, «peuple de» ou -*t'en*, «peuple» aux noms de villages ou de lieux pour désigner des tribus spécifiques (p. ex., *Tl'azt'en*, *Wet'suwet'en*). Les Porteurs établissent surtout leurs villages d'hiver près d'une décharge de lac, d'un confluent de rivières ou d'une gorge de rivière stratégique. Ils parlent l'athapaskan et comprennent trois grands sous-groupes basés sur les différences dialectales et sur la culture: les Porteurs du Nord ou Babines, qui vivent le long de la rivière Bulkley et du lac Babine dans le bassin versant de la rivière Skeena; les Porteurs du centre, dans les bassins des lacs Stuart et Fraser dans le bassin versant du fleuve Fraser; et les Porteurs du sud, dans la région de la rivière Blackwater.

Organisation sociale L'organisation sociale des Porteurs du sud est fondée sur des clans de parenté bilatérale centrés autour de familles étendues formées des frères, de leurs épouses et enfants et des familles des fils mariés. Chaque clan (ou *sedeku*) a son territoire de chasse et de pêche et ses lieux de cueillette. Les Porteurs du nord et du centre vivent en clans de filiation matrilinéaire et disposent de droits sur les ressources d'une région (*keyoh*) et sur ses lieux de cueillette. Les chefs des clans de parenté portent le nom de *deneza*. Les clans tenaient des POTLACHS, distribution cérémonielle de biens et de nourriture, pour commémorer les décès, l'héritage de noms et autres occasions spéciales. Les membres de chaque communauté sont unis par des liens étendus de parenté qui règlent la transmission de territoires de piégeage et l'échange de biens et de services.

Organisation économique L'économie traditionnelle des Porteurs est fondée sur la pêche (saumon et poissons de lac principalement), sur la chasse au gros et petit gibier (le caribou, jusqu'à la moitié du XIXe s., puis l'orignal, la marmotte et le castor, après 1900 environ), et sur la cueillette (baies et plantes). Ils pêchent le saumon au moyen de nasses tendues dans les embouchures de rivière ou avec des gaffes le long des cours d'eau. Les Porteurs entretiennent aussi des relations commerciales avec les groupes voisins, tels que les NUXALKS (Bella Coolas), les GITKSANS et les SEKANIS. Après l'établissement de postes de traite des fourrures dans la région des Porteurs au début du XIXe s. (p. ex., FORT ST. JAMES au lac Stuart en 1806), les Porteurs font la traite du saumon et des fourrures avec la COMPAGNIE DU NORD-OUEST jusqu'en 1821 et, par la suite, avec la COMPAGNIE DE LA BAIE D'HUDSON. En 1873, des missionnaires oblats fondent une mission au lac Stuart et incitent les Porteurs à abandonner le potlatch et autres coutumes. À cause de la mission et du poste de traite du lac Stuart, Fort St. James devient un important centre de rassemblements saisonniers pour tous les Porteurs de la région.

Influences sur l'économie et la population des Porteurs Une fois la ligne de chemin de fer achevée en 1914, les Porteurs s'engagent dans la coupe de bois et dans des travaux saisonniers rémunérés tout en continuant à chasser, trapper et pêcher, comme ils le font encore aujourd'hui. Plusieurs changements ont eu des répercussions sur l'économie et la population des Porteurs. Dès 1911, on interdit l'usage de nasses pour la pêche au saumon dans les bassins versants du fleuve Fraser et de la rivière Skeena. En 1913-1914, des éboulements de rochers dans le canyon Hell Gate du fleuve Fraser ayant considérablement réduit la quantité de saumons atteignant la région des lacs Stuart et Fraser, les Porteurs doivent miser davantage sur la pêche lacustre, la chasse et le piégeage. La variole et les oreillons, dans les années 1800, ainsi que l'influenza, en 1918, ont décimé la population des Porteurs, réduite à son minimum à la fin des années 20. En 1871 et au cours des années 1890, des RÉSERVES INDIENNES leur sont allouées.

Dans les années 80, les tribus de Porteurs les plus à l'ouest, les Wet'suwet'en et les Gitksans de la rivière Skeena, se pourvoient en justice pour la reconnaissance de leur titre autochtone dans l'affaire *Delgamuukw* (*voir* AUTOCHTONES, DROITS DES). En 1996, la population des Porteurs s'établissait à plus de 10 000 personnes réparties dans environ 17 groupes désignés.

Douglas Hudson

Port-Royal (près d'ANNAPOLIS ROYAL, Nouvelle-Écosse) Fondée durant l'été 1605 sur la rive nord du bassin d'Annapolis, près de l'embouchure de la rivière Annapolis, par une expédition française de colonisation conduite par Pierre du Gua de MONTS et Samuel de CHAMPLAIN. De Monts souhaite un emplacement plus hospitalier que celui de la RIVIÈRE SAINTE-CROIX, où ses hommes vivent un hiver funeste entre 1604 et 1605. L'habitation est constituée de bâtiments groupés autour d'une cour centrale. Son potager est le premier jardin expérimental en Amérique du Nord.

Au cours de l'hiver 1606-1607, Champlain fonde l'ORDRE DE BON TEMPS, la première amicale en Amérique du Nord, et c'est là qu'est donnée en 1606 la première représentation théâtrale au Canada, *Le Théâtre de Neptune en la Nouvelle-France* de Marc LESCARBOT. Les espoirs de colonie prospère sont toutefois déçus et l'emplacement est abandonné au cours de l'été 1607.

La colonie est rétablie en 1610 par BIENCOURT DE POUTRINCOURT, un de ceux qui avaient participé au premier établissement, mais l'habitation est détruite trois ans plus tard par le pirate anglais Samuel Argall. En 1629, sir William Alexander, fils aîné de sir William Alexander, comte de Stirling, y établit une colonie écossaise, mais les Français reprennent le territoire en 1632, à la suite de la signature du traité de Saint-Germain-en-Laye. Malgré ses bâtiments rudimentaires, Port-Royal n'en est pas moins le premier établissement européen durable en Amérique du Nord au nord de St-Augustine, en Floride. Les premières digues sont construites sur les marécages avant le milieu du siècle, et la concentration des troupes et de l'administration autour du fort en font le seul village compact d'Acadie (*voir* ACADIE, HISTOIRE DE L').

Les fermiers y vivent dans une relative pauvreté par rapport au reste de l'Acadie, bien qu'ils entretiennent de petits vergers et arrivent à fournir du bétail, des moutons et du blé à la forteresse de LOUISBOURG. Lorsque Port-Royal est repris par les Anglais en 1654, le village compte environ 200 habitants, alors qu'à la CONQUÊTE (1759-1760), ils sont environ 350. Le gouvernement fédéral reconstruit l'habitation entre 1938 et 1939, et établit en 1940 le parc historique national de l'Habitation de Port-Royal. (*Voir aussi* LIEU HISTORIQUE.)

Robert Allen

Ports et havres L'administration portuaire au Canada relève du ministère des Transports fédéral. Les installations destinées aux petites embarcations servant exclusivement à la pêche et à la plaisance relèvent essentiellement du ministère des Pêches et des Océans. Pour certaines marinas, la responsabilité incombe au ministère des Affaires indiennes et du nord canadien, aux provinces, aux municipalités ou aux propriétaires privés.

Il existe trois catégories de terminus de TRAVERSIER: les terminus internationaux et interprovinciaux relevant des ministères et les terminus privés. Tous les ports commerciaux où s'effectue la manutention de marchandises se classent dans les catégories suivantes:

Ports de la Société canadienne des ports La Société canadienne des ports est une SOCIÉTÉ DE LA COURONNE faisant rapport au Parlement par l'entremise du ministre des Transports. La *Loi sur la Société canadienne des ports*, adoptée le 24 février 1983, change le nom de l'organisme préalable, le Conseil des ports nationaux, qui devient Ports Canada (officiellement Société canadienne des ports), et dicte les responsabilités de la Société, celle-ci devant promouvoir directement les échanges commerciaux intérieurs et internationaux empruntant les ports canadiens. Les 15 ports régis par cette Loi sont des ports importants, ils sont polyvalents, c.-à-d. qu'ils offrent toute une gamme de services à prix concurrentiels pour les bateaux et qu'ils possèdent des installations d'amarrage pour la manutention et la protection des cargaisons. L'exploitation de neuf autres grands ports se fait par des commissions portuaires partiellement autonomes sous la surveillance de l'Administration canadienne du transport maritime (ACTM).

La moitié du commerce maritime canadien passe par les ports de la Société canadienne des ports, faisant d'eux des liens indispensables dans le système global de TRANSPORT. Ces ports sont souvent considérés comme des bailleurs, puisqu'on y loue des emplacements et des installations au secteur privé, comme les entreprises d'arrimage, les sociétés de transport maritime et les exploitants des havres. Les employés de la Société canadienne des ports veillent au bon fonctionnement de la navigation à l'intérieur des limites portuaires, ils sont responsables de la gestion, de la perception de l'argent et de l'administration de la propriété. La Société canadienne des ports offre aussi un service de police et de sécurité pour veiller sur les cargaisons et sur le personnel et propose des installations spécialisées comme les SILOS ÉLÉVATEURS, les installations portuaires et les systèmes ferroviaires du port.

La nouvelle Loi confère au conseil d'administration le pouvoir de créer des sociétés portuaires locales dans n'importe quel port de la Société canadienne des ports qui répond aux exigences nationales et régionales, qui est conforme aux intérêts locaux et qui fait preuve de viabilité financière. Les sociétés locales possèdent leur propre conseil d'administration, tout en bénéficiant de beaucoup d'autonomie dans la gestion et l'exploitation de leurs ports. La responsabilité de la Société canadienne des ports se limite à s'assurer que ces ports répondent aux besoins en matière de transport au niveau fédéral et que les ressources soient utilisées à bon escient. Les ports qui détiennent le statut de société portuaire locale sont St. John's (Terre-Neuve), Halifax (Nouvelle-Écosse), Québec et Montréal (Québec); Vancouver et Prince Rupert (Colombie-Britannique). Les ports qui ne bénéficient pas de ce statut sont St-Jean et Belledune (Nouveau-Brunswick), Chicoutimi, Sept-Îles et Trois-Rivières (Québec), Prescott et Port Colborne (Ontario) et Churchill (Manitoba). Quelque 161 millions de tonnes de cargaisons transitent par la Société canadienne des ports en 1986 (ce qui représente 50 p. 100 du trafic maritime canadien, dont 63 p. 100 proviennent des cargaisons internationales et 71 p. 100 de l'exportation des grains).

Commissions portuaires Ces commissions sont responsables d'environ 29 p. 100 des cargaisons canadiennes (93 millions de tonnes). Elles bénéficient d'une autonomie partielle dans 9 ports du pays. Sept d'entre elles sont constituées en vertu de la *Loi sur les commissions portuaires* (1964) à Thunder Bay, à Windsor et à Oshawa (Ontario), ainsi qu'à Fraser River (New Westminster), à North Fraser, à Nanaimo et à Port Alberni (Colombie-Britannique). Les commissions portuaires qui ont un autre statut se trouvent à Toronto et à Hamilton (Ontario). Dans une large mesure, le contrôle et la gestion du port se trouvent entre les mains des commissaires locaux. Les commissions portuaires ne représentent pas la Couronne. Elles sont quasicommerciales puisqu'il leur incombe de s'occuper de la gestion quotidienne des activités, de la planification, de la construction, de l'exploitation et de l'entretien des installations, de l'infrastructure et des services portuaires.

Ports et installations portuaires publics Ces ports et installations sont administrés par la Direction générale des havres et des ports de la GARDE CÔTIÈRE CANADIENNE, en vertu de la *Loi sur les ports et installations portuaires publics* adoptée le 24 février 1983. Il existe quelque 341 de ces ports qui sont réservés au transport commercial d'un bout à l'autre du Canada, de Long Pond Manuels (Terre-Neuve), à l'est, à Port Clements (Colombie-Britannique), à l'ouest et de Pelee Island, (Ontario), au sud, à Tuktoyaktuk dans l'Arctique. Il existe 101 ports publics sur la côte Ouest du Canada, dont 34 dans les régions polaires, 33 sur les Grands Lacs, 60 sur le fleuve Saint-Laurent et 96 sur la côte Est et à Terre-Neuve.

Les ports publics desservent quelque 85 communautés sur les côtes est, ouest et dans les régions polaires où aucune route ni aucun chemin de fer n'accède. Ces ports sont donc le seul lien de ces communautés isolées avec le reste de la population. Les ports publics canadiens gèrent environ 21 p. 100 du tonnage maritime du pays (67,3 millions de tonnes). Quelque 64 p. 100 de ces jauges concernent le transport international et 46 p. 100 le transport intérieur. Les biens marchands qu'on y trouve sont le sel, les produits pétroliers, l'essence, le papier journal et les marchandises en vrac comme le minerai, le grès et le grain.

Les ports publics ont tendance à desservir une clientèle régionale. P. ex., chaque année, quelque 500 000 tonnes de concentrés de zinc partent de Dalhousie et du Nouveau-Brunswick en direction de l'Europe. Les produits sont transportés par chemin de fer, à partir de la mine qui se trouve à une distance de 200 km. Le port de Goderich (Ontario) est un cas extrême de port desservant une clientèle locale en raison des puits de mines de sel qui se trouvent au quai. L'agrandissement de ce port, terminé en 1987, lui permet de recevoir et d'expédier quelque trois millions de tonnes de sel par année.

Les ports publics relèvent directement de Transports Canada, qui veille à ce que le système de transport maritime soit sûr, efficace et équitable. Transports Canada n'est pas directement responsable des installations portuaires. Toute expédition ou réception de cargaisons se fait par l'entremise du secteur privé. L'administration du port varie selon les exigences d'exploitation locales. Les quelques ports les plus achalandés disposent d'emplacements et de gestionnaires à plein temps. Dans d'autres, où la densité du trafic n'est pas suffisante pour payer un directeur de port à temps complet, on paie des honoraires aux employés de la capitainerie et au gardien de quai.

Portugais Les explorateurs portugais sont parmi les premiers Européens à toucher le sol canadien. On croit que Diogo de Teive (1452), Joao Vaz Corte-Real (1470), Joao FERNANDES et Pedro de Barcelos (1493) ont débarqué sur la côte est du Canada, et il existe des preuves indiscutables des explorations de Miguel et de Gaspar CORTE-REAL, qui se sont perdus dans les eaux de Terre-Neuve, respectivement en 1501 et en 1502. Les Portugais pêchent par la suite la morue dans les GRANDS BANCS DE TERRE-NEUVE, comme le prouvent de nombreux toponymes. Le nom de Labrador, probablement dérivé du portugais *lavrador* («petit propriétaire terrien» ou «fermier»), montre que les Portugais connaissaient ce territoire. Toutefois, en cinq siècles de contacts épisodiques, une poignée seulement de pêcheurs portugais se sont établis sur la côte de l'Atlantique. Les Portugais de Nouvelle-France descendent de quelques familles, fondées par des immigrants venus en 1668 et plus tard.

L'immigration de Portugais, à peine perceptible dans les années 40 (quelque 200 personnes) augmente rapidement après 1953. Il arrive alors des immigrants des archipels des Açores (70 p. 100 des Portugais venus au Canada en sont), de Madère et de la partie continentale du pays. Parmi ceux qui sont arrivés au cours des années 50, un grand nombre est envoyé travailler dans les régions rurales et isolées du Canada, mais ils n'ont pas tardé à s'établir dans de plus grandes villes. De 1951 à 1957, il en vient 8115; de 1958 à 1962, 16 731; de 1963 à 1967, 32 473; de 1968 à 1973, 54 199; et en 1984, 869. Les Portugais immigrent pour les mêmes raisons que bien d'autres: ils fuient la pauvreté, le chômage et la répression politique. En 1996, on estime le nombre de Portugais au Canada à 252 640 (réponses

uniques) et 82 470 (réponses multiples) pour un total de 335 110.

Migration et peuplement Le portugais est la langue maternelle de 222 870 Canadiens d'origine portugaise (rec. 1996). La plupart des Portugais habitent en Ontario (47 p. 100), les autres, au Québec (22 p. 100), en Colombie-Britannique (16 p. 100) et dans les provinces des Prairies (12 p. 100). Ils vivent pour la plupart dans les centres urbains. Parmi les résidents canadiens, 51 p. 100 qui déclarent que le portugais est leur langue maternelle vivent à Toronto, surtout dans le centre-ville, et ce choix de quartier est tout aussi évident à Montréal. C'est à Kitchener (Ontario) qu'on trouve la plus forte concentration de Portugais par rapport à la population totale. Winnipeg, Hamilton et Vancouver comptent aussi plusieurs milliers de résidents d'origine portugaise. Les seules concentrations de Portugais en région rurale se trouvent en Colombie-Britannique, dans le sud de la vallée de l'Okanagan, où ils pratiquent la culture fruitière.

Vie sociale et culturelle Pour la première génération de Portugais, la vie culturelle communautaire est en grande partie liée aux loisirs populaires avec les parties de soccer, les bals, les pique-niques et la musique. Ces activités récréatives sont commanditées par des clubs, en collaboration avec des associations régionales, certaines paroisses ou encore avec des associations politiques portugaises. De nos jours, là où le nombre le permet, de nombreuses écoles et universités du Canada enseignent la culture classique et la langue portugaise après les heures normales de classe.

De nombreux Portugais de la première génération préfèrent participer aux activités en langue portugaise, mais ce n'est pas le cas des jeunes générations éduquées au Canada. Le fait de s'installer dans les villes améliore leur situation économique. La plupart des ouvriers travaillent d'abord dans les fermes ou pour les chemins de fer. Lorsqu'ils déménagent en ville, ils cherchent du travail en entretien ménager, dans la construction et à l'usine. Les femmes sont domestiques, ouvrières du textile ou affectées à la transformation des aliments. Au cours des années 60, de plus en plus de familles se mettent à ouvrir des boutiques de vêtements ou d'accessoires, des poissonneries, des boulangeries et des restaurants. Ceux qui possèdent une formation secondaire, la minorité, deviennent souvent agents d'immeubles ou de voyages, moniteurs de conduite automobile ou offrent divers services aux membres de leur communauté. À partir des années 70, la deuxième génération, formée au Canada, compte des enseignants du secondaire, des avocats, des travailleurs sociaux, des ingénieurs et des fonctionnaires. D'autres, plus nombreux encore, sont ouvriers spécialisés ou semi-spécialisés.

La plupart des Portugais sont catholiques, mais certains se sont convertis à d'autres confessions chrétiennes, p. ex., aux Églises pentecôtiste, baptiste et adventiste du Septième jour.

Maintien de l'identité ethnique Les immigrants portugais de première génération ont le souci de conserver leurs signes distinctifs, leur *Portuguesismo*, mais leur fidélité à leur localité d'origine est également très forte. Au niveau local, l'insistance sur l'avancement économique individuel et familial, appuyée par les différences de classes basées sur l'éducation et le mode de vie, provoque des rivalités qui font obstacle à une véritable cohésion ethnique. Dans la deuxième génération, on voit à l'occasion des mariages avec des non-Portugais. Il se publie plusieurs journaux portugais à Toronto, à Montréal, à Winnipeg et à Vancouver.

David Higgs et G. M. Anderson

Portugal Cove-St. Philip's, ville de T.-N.; pop. de Portugal Cove 5773 (rec. 1996), 5459 (rec. 1991), 2497 (rec. 1986); pop. de St. Philip's 1604 (rec. 1986); superf. 56,43 km²; const. en 1992. La ville est créée à la suite de la fusion des deux villes, de la

ville de Hogan's Pond (pop. 133, rec. 1991) et des terres environnantes. Portugal Cove-St. Philip's est située dans une petite anse profonde, sur la rive nord-est de la BAIE DE LA CONCEPTION, à quelque 15 km de ST. JOHN'S.

Portugal Cove, qui figure sur les cartes vers 1630, tire probablement son nom des pêcheurs portugais qui occupent l'anse de façon saisonnière au XVIᵉ s., alors que les Anglais et les Français dominent St. John's et d'autres importants lieux de pêche dans la presqu'île Avalon.

D'abord colonisée par des pêcheurs venant de Devon et de Jersey, Portugal Cove est l'une des colonies anglaises dont Pierre Le Moyne d'IBERVILLE s'est emparé lors de son expédition de 1696-1697, pendant la lutte que se livrent Anglais et Français pour le contrôle de Terre-Neuve. À cette époque, Portugal Cove compte trois habitants, mais il y en a 651 en 1857 et 1026 en 1911.

Portugal Cove, qui est reliée à St. John's en 1811 par l'une des premières routes importantes de Terre-Neuve, devient une voie de transport provinciale vers l'ÎLE BELL, située à proximité, après le début de l'exploitation de mines de minerai de fer à cet endroit dans les années 1890. À leur apogée, ces mines offrent une importante source de travail aux habitants de Portugal Cove, dont la plupart se rendent travailler maintenant à St. John's. Portugal Cove-St. Philip's demeure la gare maritime à destination de l'île Bell et conserve son caractère rural en raison de sa coopérative avicole, de sa ferme laitière et de son usine de transformation du poisson.

Robert D. Pitt

Post, Sandra, golfeuse (Oakville, Ont., 4 juin 1948). Elle est championne junior canadienne de 1964 à 1966, puis s'établit en Floride, où elle peut pratiquer son sport durant toute l'année. Elle devient la première golfeuse professionnelle du Canada en 1968 et, à sa première saison, elle remporte le championnat de la Ladies Professional Golf Association (LPGA) à Sutton, au Massachusetts. Entre 1968 et 1983, elle remporte huit tournois officiels de la LPGA et 746 714 $, soit le plus grosse somme jamais gagnée par un golfeur canadien (homme ou femme). L'année 1979 est sans doute sa plus fructueuse: elle gagne 178 750 $ et trois tournois; se classe deuxième pour ce qui est des bourses dans le circuit de la LPGA; et elle reçoit le TROPHÉE LOU-MARSH, qui couronne l'athlète de l'année. Sa détermination et ses succès finissent par encourager d'autres Canadiennes à s'engager dans le golf professionnel. En 1984, au moment où elle décide de prendre sa retraite, sept autres Canadiennes jouent dans le circuit de la LPGA.

Lorne Rubenstein

Poste de traite Il peut être décrit comme une grande maisonnée dont la taille et l'organisation sociale sont le reflet de l'héritage culturel de ses membres et du rôle du poste dans la TRAITE DES FOURRURES. Bien que tous les postes échangent des biens fabriqués en Europe et au Canada contre des fourrures et des produits de la terre récoltés par les Amérindiens, les postes plus importants remplissent d'autres fonctions dans le système de traite. Ainsi, certains constituent de grands lieux d'entreposage et de réexpédition des marchandises. D'autres fabriquent des objets de commerce, tels que des têtes de hache, des ciseaux à glace et des manteaux pour les chefs, destinés au commerce. La fabrication de clous et de contrevents en métal pour la construction, de tonnelets pour l'alcool, ainsi que de canots et de BARGES D'YORK pour le transport sont des à-côtés de la traite. Des employés non spécialisés passent de longues heures à couper, à ramasser et à scier du bois pour la construction et le chauffage, ou encore nettoient les détritus autour du poste, ramassent le fumier dans les écuries et déblaient la neige. Là où c'est possible, des cultures sont plantées et récoltées ou on pêche des poissons au filet.

Pour assurer la réalisation des tâches de façon intégrée, le poste de traite est hautement hiérarchisé. Un commandant dirige un poste de district, tandis que l'agent principal est à la tête d'un poste principal. Tous deux font partie de la bourgeoisie et tirent des bénéfices de la traite. Beaucoup des responsabilités liées à la tenue de livres et à la correspondance commerciale sont l'affaire des commis. Sous cette classe d'officiers se trouvent les employés spécialisés et non spécialisés. Les employés spécialisés sont les forgerons, les charpentiers de bateaux, les menuisiers et les tonneliers, ainsi que les chasseurs, les timoniers, les guides et les interprètes. Dans les petits postes et les postes temporaires, le maître de poste est parfois un commis, mais c'est souvent un interprète ou autre employé spécialisé plus âgé. Sous eux, se trouvent les jeunes employés non spécialisés qui sont souvent les fils d'employés plus âgés et de leurs épouses autochtones.

Dans les premières années de la traite des fourrures, seul le commandant, à l'image du maître de maison, a comme conjointe de fait une Amérindienne qui vit au poste. Les familles des autres officiers et des employés plus âgés doivent vivre parmi les bandes amérindiennes environnantes. Plus tard, les femmes amérindiennes ayant montré leur valeur dans la traite des fourrures, les employés obtiendront la permission d'installer leur famille à l'intérieur du poste, bien que les officiers et les employés continuent d'exiger la permission de leur bourgeois avant de prendre femme. Outre leurs responsabilités domestiques et familiales, les épouses autochtones contribuent à la préparation des provisions, au soin des fourrures et à l'entretien des cultures. Plusieurs servent d'interprètes et, à l'occasion, d'habiles négociatrices auprès des bandes amérindiennes. Comme les Amérindiens accordent beaucoup d'importance aux relations sociales dans leur comportement économique, les femmes autochtones s'avèrent un atout essentiel pour chaque poste de traite.

John E. Foster

Postes Le service postal est un réseau d'installations de services de transport reliant tous les bureaux de poste et les milliers d'employés travaillant à l'acheminement et à la distribution du courrier. C'est un service utilisé à des fins personnelles, sociales et commerciales. La coopération entre les administrations postales transcende les désaccords politiques et rend possible l'échange de courrier avec presque tous les pays du monde. Il passe chaque année environ 8 milliards de lettres et de colis dans les 8500 bureaux de poste.

Bureaux de poste Le centre principal de traitement du courrier, situé près de l'aéroport international à Mississauga, en Ontario, couvre une superficie de 10 hectares sous un même toit et est l'un des 30 centres de traitement automatisé du courrier au Canada. En plus de ces grands centres où le tri du courrier se fait mécaniquement, il y a environ 400 bureaux de poste urbains suffisamment importants pour justifier un service de livraison par facteur et environ 2000 bureaux de poste semi-urbains dans des villes plus petites. Près de 3500 bureaux de poste à commission desservent les villages et les régions rurales. Par tradition, les maîtres de poste et leurs adjoints sont rémunérés à même les revenus du bureau. On trouve également des bureaux de poste saisonniers dans certaines régions de villégiature très fréquentées.

Les succursales postales sont des prolongements du bureau principal et offrent les principaux services. Dans certains magasins et commerces, des bureaux auxiliaires permettent également de mieux desservir la population. C'est le propriétaire qui agit comme maître de poste et engage un commis au besoin. Dans les régions rurales suffisamment populeuses, il existe un service de livraison. Dans certains cas, des boîtes postales multiples sont placées en un lieu bien situé où les clients viennent chercher leur courrier. On peut également louer des cases dans les bureaux

de poste. Le courrier peut être envoyé à une adresse précise ou à la poste restante. Dans le deuxième cas, le destinataire devra le prendre au bureau de poste.

Historique Dès ses débuts, le commerce exige des moyens d'échanger de l'information autant que des biens et des services. L'expansion des empires demande un réseau rapide et fiable de transmission des ordres et des rapports. Grâce à un réseau de postes de relais, l'Égypte est en mesure d'acheminer rapidement des messages sur de longues distances. Les Romains se servent de chevaux rapides sur leurs routes carrossables pour assurer, en 24 heures, la livraison postale jusqu'à 280 kilomètres. Par la suite, le premier changement important survient avec l'arrivée des véhicules à vapeur au XIXᵉ s.. Par train, le courrier parcourt 800 kilomètres en une journée. De nos jours, l'avion permet de transporter le courrier à des milliers de kilomètres en moins de 24 heures, et depuis peu, la transmission par satellite permet à un envoi de faire le tour du monde en quelques heures.

C'est en Angleterre que le système postal moderne est créé avec l'introduction par Rowland Hill du TIMBRE-POSTE gommé, en 1837. Hill met également au point des tarifs uniformes basés sur le poids plutôt que sur les dimensions et rend possible et pratique le paiement à l'avance des frais de poste. En mai 1840, le gouvernement britannique adopte le système de Hill. Il sera bientôt imité dans le monde entier.

Grandes lignes de l'évolution au Canada À l'arrivée des Français en Amérique du Nord, au début du XVIᵉ s., les Amérindiens envoient leurs messages par des messagers rapides et dignes de foi. Les Français utilisent le canot d'écorce entre les colonies situées en bordure du fleuve Saint-Laurent. En 1735, une route est ouverte entre Québec et Montréal et un messager spécial est nommé pour transporter les proclamations officielles. Contre paiement, il transporte également d'autres messages. Le long de la route, des «relais de poste» dirigés par un «maître de poste» sont aménagés pour recevoir les messages et l'argent et pour fournir des chevaux frais jusqu'au relais suivant.

En 1753, Benjamin Franklin est nommé maître général des postes d'Amérique et des colonies britanniques. Il met sur pied, en 1755, le premier service postal régulier, qui relie mensuellement Falmouth, en Angleterre, et New York. Il ouvre également le premier bureau de poste officiel du Canada, à Halifax, en Nouvelle-Écosse, pour relier cette ville aux colonies de l'Atlantique et assurer un service postal vers l'Angleterre. En avril 1754, Benjamin Leigh ouvre à Halifax un bureau de poste pour le courrier local et extérieur.

Après la signature du Traité de Paris, en 1763, Franklin établit un bureau de poste à Québec et des succursales à Montréal et à Trois-Rivières et nomme un immigrant écossais, Hugh Finlay, maître de poste. Ce bureau permet d'instaurer un service mensuel de messagerie par la voie du lac Champlain entre Montréal, New York et le service d'expédition de colis de l'Atlantique. Ses sympathies envers la Révolution américaine valent à Franklin d'être démis de ses fonctions en 1774, et Finlay devient alors le maître général des postes des colonies du Nord. En 1775, les révolutionnaires perturbent sérieusement le service postal et mettent en danger la vie des messagers. C'est pourquoi Finlay interrompt le service intérieur. La paix revient en 1783, et le 7 juillet 1784, Finlay devient maître de poste général du Canada. La Révolution provoque une vague d'immigration de LOYALISTES au Canada et nécessite l'amélioration des services postaux. Au début de 1784, Finlay engage un messager, Pierre Durand, pour mettre sur pied une liaison canadienne entre Halifax et Québec, séparées par 1000 km de forêt. L'aller-retour prend 15 semaines.

En 1851, il y a des maîtres de poste généraux en Nouvelle-Écosse, au Nouveau-Brunswick et dans la Province du Canada, mais le gouvernement britan-

nique administre toujours les postes. Convaincus de pouvoir faire fonctionner le service plus efficacement, les adjoints provinciaux réclament à la reine Victoria la passation de pouvoir. L'approbation royale devient officielle le 22 février 1851 et entre en vigueur le 5 avril suivant. Jusqu'à la Confédération, les provinces unissent leurs efforts pour offrir les services postaux nécessaires, sous la direction de W.H. Griffin, secrétaire de James Morris, maître de poste général de la Province du Canada. Cette nouvelle collaboration décentralisée comble les attentes de ses artisans. Les tarifs sont réduits et le nombre d'envois double au cours de la première année de collaboration interprovinciale.

Vers 1850, les bateaux à vapeur remplaçaient en bonne partie les voiliers pour le transport en toute sécurité du courrier sur les principales voies navigables du Canada. Durant la saison navigable, des bateaux à vapeur postaux acheminent régulièrement le courrier de Kingston à Montréal et de Montréal à Québec. En 1852, ces services fonctionnent selon un programme de liaisons et s'étendent jusqu'à l'extrémité du lac Ontario pour accélérer le transport du courrier en provenance du Canada-Ouest. Vers 1865, des navires postaux sillonnent la région supérieure des Grands Lacs, reliant Parry Sound, Collingwood, Sault-Sainte-Marie et Fort William avec le service postal des États-Unis. Un service hebdomadaire de navire postal à vapeur transporte aussi le courrier de Québec vers la Gaspésie et les ports du golfe du Saint-Laurent.

En 1860, les Postes décident de créer leur propre service transatlantique de Montréal à Liverpool, en Angleterre. L'année 1861 est un vrai désastre. En effet, le 4 juin, le *Canadian* heurte un iceberg et sombre au large de Terre-Neuve tandis que le *North Briton* coule sur le Rocher du Perroquet dans le golfe du Saint-Laurent, le 5 novembre. De nouvelles règles améliorent la sécurité et la fiabilité du service tout en abaissant les coûts, de sorte que vers 1890, le Canada dispose d'un service postal par mer qui le relie à la Grande-Bretagne et à l'Europe au départ de Montréal et de Halifax, aux Antilles à partir de Saint-Jean, au Nouveau-Brunswick, et à la Chine et au Japon au départ de Vancouver. Une ligne directe avec l'Australie est créée en 1893 en passant par Honolulu et Fiji.

En 1899, la Police montée du Nord-Ouest cède le service postal à la Canadian Development Company, qui lance un service de navire postal bihebdomadaire entre Atlin et Bennett et entre Bennett et Dawson pendant la saison navigable au Yukon. Des commis des postes ambulants commencent, en 1854, à trier le courrier et à le distribuer aux étapes entre Niagara et London (Ontario). En 1857, des wagons spécialement aménagés, appelés bureaux de poste du chemin de fer, rattachés au service postal par train, réduisent le délai de livraison du courrier de Québec à Windsor (Ontario), de 10 jours à 49 heures, sans faute. En 1863, la période d'essai des bureaux de poste mobiles se termine et, le 12 août, un décret en généralise l'utilisation sur le Grand Trunk Railway.

Les Postes sont l'un des premiers ministères formés après la Confédération et prennent en charge le service postal le 1ᵉʳ avril 1868. À bord du Canadien Pacifique, qui traverse les Prairies, un bureau de poste, dont l'adresse est «terminus» est mis à la disposition des pionniers les opérations bancaires, les mandats postaux et les commandes postales. Un autre train, parti de Montréal le 28 juin 1886, arrive le 4 juillet à Port Moody, en Colombie-Britannique. Ce train inaugure un service postal national qui fait l'envie du monde entier pendant 80 ans. Le service gratuit de facteur est introduit à Montréal le 1ᵉʳ octobre 1874. La livraison rurale gratuite commence entre Hamilton et Ancaster, en Ontario, le 10 octobre 1908. Le 24 juin 1918, le capitaine Brian Peck pilote de Montréal à Toronto le premier avion postal officiel du Canada. Deux semaines plus tard, Katherine Stinson, la première femme à piloter un avion postal au Canada, répète l'exploit de Calgary à Edmonton, emportant avec elle 259 lettres «autorisées». Le 21 septembre 1924, un avion postal transporte, de Haileybury, en Ontario, à Rouyn, au Québec, du courrier payé à l'avance, ce qui réduit le délai de livraison entre ces deux villes minières nordiques et isolées de quelques semaines à quelques heures.

Les premiers «contractuels» de la poste aérienne entreprennent leurs activités le 4 octobre 1927 entre Lac du Bonnet, Bisset et Waldhope, au Manitoba. En 1927, les Postes mettent également à l'essai un service de poste aérienne qui rejoint les transatlantiques à Rimouski et transporte ensuite le courrier vers Québec, Montréal et Ottawa. Ce service est maintenu jusqu'en 1939. En janvier 1929, en compagnie de l'ingénieur L. Parmenter, F. Lundy de Western Canada Airlines et de T.J. Reilly, inspecteur des bureaux de poste, le célèbre pilote de brousse. Punch Dickins transporte du courrier jusqu'à Fort McMurray, Fort Resolution et Aklavik. La même année, en décembre, la poste aérienne entre Fort McMurray et Aklavik relie les Territoires du Nord-Ouest au réseau postal et fait pénétrer le service postal 480 kilomètres à l'intérieur du cercle arctique. En 1937, un contrat de poste aérienne contribue à financer les LIGNES AÉRIENNES TRANS-CANADA. Le 1er mars 1939, un service quotidien de poste aérienne entre Montréal et Vancouver est inauguré. Il s'étend aux Maritimes en janvier 1940. Le 1er juillet 1948, le Canada devient le premier pays du monde à introduire un service intérieur entièrement par avion. Le courrier de première classe est acheminé par avion au tarif normal.

Changements technologiques Au XIXe s., le train et le bateau à vapeur permettent de transporter plus rapidement du courrier toujours plus volumineux sur des distances sans cesse croissantes. Il est possible d'effectuer le tri pendant l'acheminement, ce qui élimine les temps morts et la manutention au bureau de poste. La mécanisation du réseau raccourcit énormément les délais de livraison et augmente la régularité du service. Durant les années 20, l'introduction du convoyeur, de l'élévateur et du système d'alimentation par gravité réduit le temps et le travail requis pour la manutention dans les bureaux de poste. Un postier albertain du nom de J.A. Lapierre construit une machine à neige pour le transport du courrier entre Saint-Paul et Sainte-Lina, en Alberta, durant l'hiver de 1923. Pour ce faire, il remplace les roues avant d'un modèle T de Ford par des skis et relie les roues avant en tandem avec les roues arrière. Des chaînes d'une double longueur passe au-dessus de chaque couple de roues. La cabine est chauffée par la chaleur du radiateur. Cette machine ressemble quelque peu aux premières motoneiges. Elle fonctionne tellement bien qu'on s'en sert comme taxi pour conduire les gens vers les salles de danse ou de réunion quand les routes sont impraticables.

L'introduction du service postal complet entièrement par avion, l'amélioration du réseau routier asphalté et des services de l'INDUSTRIE DU CAMIONNAGE de même que la grève des chemins de fer en 1950 entraînent la fin du transport postal par train et ramènent les opérations de tri aux bureaux de poste. La poste aérienne rend également la population plus exigeante envers les Postes: on s'attend à recevoir son courrier en quelques heures.

La croissance du pays et l'urbanisation, en plus des changements dans la composition du courrier, rendent plus complexes les réseaux de distribution. Puis, au milieu des années 60, l'abandon des examens annuels sur les capacités de distribution et de la réglementation réduit la vitesse du tri manuel de mémoire. Pour résoudre ce problème, on étend donc à toute l'année le tri alphabétique simplifié, habituellement employé à la période de Noël. Ce tri exige moins de formation, mais plus de gens pour le faire. Les installations, déjà à peine suffisantes, deviennent nettement inadéquates. De toute évidence, il faut mécaniser le tri.

Les Postes canadiennes cherchent d'abord à simplifier, à rationaliser et à standardiser le travail tout en s'accommodant des installations existantes. Cela entraîne la mécanisation des étapes du tri. Une machine à séparer, à redresser et à oblitérer de conception britannique est introduite à Winnipeg et une machine à trier, importée de Hollande, du nom de Transforma, est installée à Peterborough au cours des années 50. Ces machines sont bruyantes et lentes.

Le ministère des Postes charge alors Maurice Lévy, un expert en électronique, de concevoir et de superviser la construction, pour le Canada, d'un nouveau système électronique contrôlé par ordinateur de tri automatique du courrier. Il fait tester, en 1953, un modèle expérimental et artisanal de trieuse au quartier général des Postes à Ottawa. Comme il fonctionne bien, des manufacturiers canadiens construisent le prototype d'une codeuse-trieuse, capable de traiter l'ensemble du courrier en provenance de la ville d'Ottawa. Cet appareil est assemblé en 1956 dans l'édifice Langevin, à Ottawa. Son taux de rendement est de 30 000 lettres à l'heure, avec une marge d'erreur de moins d'une lettre sur 10 000.

Cette machine impressionne les visiteurs venus de tous les coins du monde, en 1957, pour participer au congrès mondial de l'Union postale universelle. Un nouveau gouvernement ordonne cependant la fermeture du laboratoire de Lévy et charge Canadair, à Montréal, de poursuivre les mises au point. C'est un échec, et l'équipement sera vendu plus tard à la ferraille. C'est alors qu'en 1970, Postes Canada porte son choix sur une machine belge qui a fait ses preuves pour le tri et le codage ainsi que sur des machines ultra-rapides de conception japonaise pour la séparation, le redressement, l'oblitération et la lecture optique. Le Canada possède actuellement le réseau postal le plus mécanisé et peut-être le plus efficace du monde.

Processus d'acheminement du courrier On dépose une lettre dans une boîte aux lettres rouge du voisinage. Cette boîte est vidée à heures fixes et son contenu est transporté par camion au bureau de poste central, où les colis, les grandes enveloppes et le courrier affranchi au compteur sont mis à part et où le reste est oblitéré. Le courrier qui circule à l'intérieur de la ville où il a été posté est trié par nom de rue et réparti selon les itinéraires des facteurs ou expédié aux succursales postales, où il sera distribué aux facteurs, qui eux, le répartiront par rues et numéros de porte en vue de la livraison. Le facteur prend dans son sac environ 16 kilogrammes de courrier à la fois. Le reste est amené par camion à des boîtes de relais situées à des endroits commodes sur le trajet du facteur. Les gros colis sont livrés par camion. Le courrier destiné à l'extérieur de la ville est trié, mis en sacs et acheminé vers le pays, la ville ou le centre de distribution nécessaire. Là, il est à nouveau trié, placé dans les boîtes des abonnés ou distribué aux facteurs ruraux qui le livrent aux destinataires.

C'est à Ottawa qu'on commence à mécaniser le tri du courrier, en 1972. Le système est fondé sur un code postal alphanumérique (AN) de six caractères qui constitue la dernière ligne de l'adresse. Ce code est composé de lettres et de chiffres alternés et divisés en groupes ANA et NAN. Le premier désigne la zone géographique alors que le deuxième est un code local qui peut désigner la rue, l'immeuble ou le groupe de bureaux de poste ruraux. Le courrier est apporté à un centre de tri, puis déchargé sur un convoyeur qui le transporte vers une machine à vider les sacs. Puis, un autre convoyeur l'achemine vers un poste de tri éliminatoire, où les articles trop gros, trop petits ou inacceptables sont retirés à la main. Le courrier est ensuite dirigé vers une machine à séparer, à redresser et à oblitérer, où il est à nouveau séparé s'il ne répond pas aux normes de dimensions et d'épaisseur de la machine. La machine redresse alors le reste des enveloppes et une cellule photoélectrique repère le timbre et déclenche l'oblitération. Les lettres sont ensuite empilées dans des plateaux codés et envoyées à un système d'entreposage temporaire, d'où un ordinateur les expédie à l'étape suivante, selon un programme préétabli.

Pour ce qui est de l'étape suivante, il peut s'agir du balayage au lecteur optique qui repère et lit les codes dactylographiés ou écrits en caractères d'imprimerie et applique un code de lignes colorées qui actionne une trieuse. Un maximum de 20 000 lettres à l'heure peuvent ainsi parvenir aux boîtes d'acheminement de la trieuse. Les adresses qui ne peuvent être lues par le lecteur optique sont envoyées à un pupitre de codage où un employé introduit à la main le code de lignes colorées. Les enveloppes qui ne portent pas de code ou dont le code est indéchiffrable sont rejetées par le pupitre de codage qui les envoie à des codeurs manuels. Le lecteur optique et le pupitre de codage s'occupent du premier tri et ajoutent les lignes de couleur au code en vue du tri final par la trieuse.

Le courrier qui ne répond pas aux normes ou dont le code n'est pas facilement lisible doit être mis à part. Les grandes enveloppes et les revues, qu'on appelle les grands objets plats, sont triées par des machines spéciales. Les petits colis et les petits objets comme les clés d'hôtel ont également leur propre système de tri. Un employé indique leur code postal à un ordinateur, qui les achemine vers un mécanisme qui les trie en fonction de leur destination. Le courrier ordinaire, les colis, les grandes enveloppes et le courrier trié à la main sont ensuite rassemblés en un point où le courrier destiné à un endroit précis est assemblé et emballé, puis transporté par convoyeur ou par chariot élévateur jusqu'à l'aire de répartition. Des navettes de camions assurent le transport du courrier local vers les succursales postales, d'où il sera livré. Le reste du courrier est transporté par camion à d'autres bureaux de poste ou à une installation de poste aérienne, d'où il sera expédié par avion vers d'autres villes ou d'autres pays.

Union postale universelle L'Union postale universelle est un organisme international qui facilite l'échange de courrier entre les pays. C'est un lieu de discussion où les nations peuvent résoudre les problèmes qui empêchent la libre circulation du courrier. L'Union est fondée en 1874, à Berne, en Suisse. Le Canada en est membre depuis 1878. L'Union postale universelle est un organisme spécialisé des Nations Unies comptant 165 pays membres qui forment un territoire postal unique. Le libre transit du courrier est garanti dans tout le territoire de l'Union. Le Canada est également membre de l'Union postale des Amériques et de l'Espagne au sein de laquelle il joue un rôle actif.

Société canadienne des postes Postes Canada devient la Société canadienne des postes le 16 octobre 1981. Le sous-ministre des Postes, J.C. Corkery, est alors remplacé par le président de la Société, R. Michael Warren, responsable devant un conseil d'administration présidé par le juge R.J. Marin. Les sous-ministres adjoints sont remplacés par des vice-présidents exécutifs, et la SOCIÉTÉ DE LA COURONNE est réorganisée de façon hiérarchique.

La NÉGOCIATION COLLECTIVE est régie, conformément au Code du travail du Canada, par la Commission des relations de travail du Canada et le ministère fédéral du Travail. En 1986, la Société canadienne des postes compte environ 61 000 employés à temps plein et à temps partiel. Plus de 90 p. 100 d'entre eux font partie des 26 unités de négociation, représentées par 7 syndicats, dont le plus important est le Syndicat des postiers du Canada qui représente environ 23 000 employés de tri et de service aux clients. L'Union des facteurs du Canada regroupe environ 20 000 facteurs et conducteurs de camions. L'Association canadienne des maîtres de poste et adjoints représente 9300 maîtres de poste ruraux et leurs adjoints. L'Association des officiers des postes du Canada représente plus de 3500 superviseurs des opérations postales. L'Alliance de la fonction publique du Canada représente environ 5700 employés d'administration et d'entretien. L'Institut professionnel de la fonction publique du Canada regroupe environ 250 informaticiens, ingénieurs et autres membres de professions libérales. La Fraternité internationale des ouvriers en électricité représente environ 70 électriciens et électroniciens.

La Société canadienne des postes fait concurrence à plusieurs entreprises. Sa survie dépend de sa capacité à rétablir la rapidité et la fiabilité du service postal. Son avenir repose sur des initiatives de coopération telles que les Messageries de la poste prioritaire, reliées au réseau international de courrier exprès, Télépost, reliée aux Télécommunications CNCP et Intelpost, reliée à Téléglobe Canada et au monde entier. On peut obtenir de plus amples renseignements sur le service postal canadien au Musée national de la Poste, à Ottawa, ou encore à la direction des communications de la Société canadienne des postes.

H. Griffin

Postes du roi Nom donné sous le régime français aux postes de TRAITE DES FOURRURES et de pêche du Domaine du roi, vaste territoire s'étendant du nord du Saint-Laurent jusqu'à la ligne de partage des eaux de la baie d'Hudson, entre la limite est de la seigneurie des Éboulements (à l'est de Québec) et le cap Cormorant. Propriété du roi, le territoire est loué à une compagnie privée; des postes sont établis à TADOUSSAC, à CHICOUTIMI, à SEPT-ILES et à LA MALBAIE.

Le terme «poste du roi» s'applique aussi aux forts plus au nord vers la baie d'Hudson, comme Mistassini, et plus à l'ouest, comme Lachine, le FORT FRONTENAC, le fort Rouillé et le FORT DUQUESNE. Après la CONQUÊTE, le Domaine du roi est loué à des individus et à des compagnies, dont la Compagnie de la baie d'Hudson (CBH, 1842-1859). En 1859, le gouvernement reprend l'administration des terres et continue à y accorder des concessions pour la pêche et la coupe du bois. La CBH, de son côté, continue à exploiter plusieurs postes de traite des fourrures. (*Voir aussi* CARTOGRAPHIE, HISTOIRE DE LA.)

Potamot Nom commun des espèces de la famille des Potamogétonacées (du grec *Potamos*, «fleuve»), qui forment le genre *Potamogeton*. Autrefois, le potamot était classé dans la famille des Zostéracées, comme plusieurs autres genres, dont la *Ruppia* (ruppie maritime), la *Zannichellia* (zannichellie palustre) et la *Zostera* (zostère marine ou mousse de mer). Tous ces genres sont représentés au Canada et on considère généralement qu'ils appartiennent à des familles distinctes. Le potamot pousse dans l'eau douce ou parfois dans l'eau saumâtre. Le genre *Zostera* est véritablement marin. Au Canada, on trouve la zostère marine aussi bien sur la côte Est que sur la côte Ouest. Le potamot est une plante herbacée vivace qui vit enracinée dans la boue au fond des lacs et des étangs peu profonds, au moyen de rhizomes (tiges souterraines). Les feuilles, de formes très différentes suivant les espèces, sont alternes et peuvent être submergées ou flotter. Les fleurs, petites, se présentent souvent en épis, submergées de façon à permettre la pollinisation par l'eau, ou émergent de l'eau pour permettre la pollinisation par le vent. L'aire de distribution du potamot est très vaste, mais on trouve la majorité des 100 espèces dans les régions nord tempérées. Au Canada, on trouve environ 30 espèces, dont plusieurs jusque dans les régions arctiques.

Potasse Ce nom désigne des substances contenant du potassium et des composés du potassium, dont le plus commun est le chlorure de potassium (KCl). Dans l'écorce terrestre, le potassium est le septième élément en termes d'abondance. C'est également le troisième fertilisant des récoltes en importance, après l'azote et le phosphate. Les engrais comptent pour environ 95 p. 100 de la consommation mondiale de potasse, et de petites quantités servent à la fabrica-

tion de savons, de verre, de céramique, de colorants chimiques, de médicaments, de caoutchouc synthétique et d'explosifs. Le terme «potasse» (de l'anglais *pot ash*, cendre de pot) vient de l'habitude qu'avaient les pionniers d'extraire un engrais au potassium (K_2CO_3) en lessivant des cendres de bois et en faisant évaporer la solution dans de grands pots de fer.

Croissance de l'industrie Dès 1767, le Canada exporte la potasse fabriquée à partir de cendres de bois, et les exportations de potasse et de carbonate de potassium brut (potasse et chaux) s'élèvent, en 1865, à 43 958 barils. En 1871, on compte 519 fabriques de potasse en exploitation. Cette activité décline à la fin du XIXe s. lorsque l'Allemagne entreprend la fabrication à grande échelle de potasse, à partir de sels minéraux. En 1943, on découvre de la potasse en Saskatchewan lors de forages pétroliers. La prospection réelle débute en 1951 et, en 1958, la Potasse d'Amérique Inc. devient la première productrice au Canada en exploitant une mine de potasse souterraine au lac Patience, mais la production cesse à la fin de 1959 en raison de fuites d'eau dans le puits. Après d'importants travaux de cimentation et de réparation, la mine reprend ses activités en 1965. En 1964, la Kalium Chemicals Co. Ltd. ouvre la première mine d'extraction de potasse par dissolution près de Régina, à une profondeur de 1585 m. De 1960 à 1985, l'exploitation de la potasse se fait surtout en Saskatchewan et au Nouveau-Brunswick.

Réserves canadiennes En 1995, l'industrie canadienne compte quatre compagnies qui emploient plus de 3800 travailleurs. La production se fait dans 12 mines: en Saskatchewan, 8 souterraines et 2 d'extraction par dissolution, et au Nouveau-Brunswick, 2 souterraines.

Les gisements de potasse de l'ouest canadien se trouvent dans les formations d'évaporites du dévonien moyen des Prairies, à des profondeurs de plus de 900 m. Ils occupent la région du centre et du centre-sud de la Saskatchewan, débordent de quelques kilomètres dans le Manitoba et s'étendent sur 200 à 300 km dans le nord du Dakota du Nord. Les réserves de potasse du Canada, qui comptent parmi les plus vastes et les plus riches du monde, sont évaluées à environ 75 milliards de tonnes de chlorure de potassium. En Saskatchewan, les réserves exploitables par les méthodes d'extraction souterraine classique à une profondeur de 1100 m sont évaluées à 23 milliards de tonnes de KCl. De plus, on estime à 50 milliards de tonnes de KCl les réserves qui peuvent être extraites par dissolution. La teneur des minerais de potasse varie entre 21 et 27 p. 100 de K_2O. Les réserves prouvées du sud-ouest du Manitoba, évaluées à au moins 40 millions de tonnes, à des profondeurs de 800 à 900 m, ont une teneur de 23 à 25 p. 100 de K_2O.

On trouve également des réserves importantes dans les formations du groupe Windsor au Nouveau-Brunswick, où on estime à plus de 1,6 milliard de tonnes de KCl la ressource disponible. Les réserves prouvées se chiffrent à 160 millions de tonnes de KCl, à des profondeurs de 600 à 925 m. Au Nouveau-Brunswick, la teneur des minerais, généralement supérieure à celle de la Saskatchewan, varie entre 24 et 28 p. 100 de K_2O. Les plus récentes mines de potasse du Canada, ouvertes en 1983 et en 1985, se trouvent près de Sussex (Nouveau-Brunswick), à 50 km de Saint-Jean.

Capacité de production En 1995, le Canada est le plus important producteur et exportateur de potasse du monde, produisant près de 15 millions de tonnes de KCl évaluées à plus de 1,4 milliard de dollars. Sa capacité de production, évaluée à plus de 22 millions de tonnes de KCl, représente 36 p. 100 de la capacité mondiale. La capacité de la Saskatchewan est évaluée à environ 20 millions de tonnes de KCl; celle du Nouveau-Brunswick, à 2 millions de tonnes de KCl. Au Canada, on produit de la potasse à engrais et de catégories industrielles dont la teneur en K_2O varie entre 60 et 63 p. 100. La plus grande partie de la pro-

duction de potasse se partage en trois catégories: ordinaire (25 p. 100), brute (30 p. 100) et granulée (30 p. 100). La potasse et le sel gemme sont souvent produits ensemble: six mines de potasse extraient ou récupèrent le sel comme co-produit.

Le transport de la potasse se fait par camion (5 p. 100) et par chemin de fer (95 p. 100). L'exportation vers les États-Unis se fait surtout par chemin de fer. La potasse destinée aux marchés outre-mer est généralement transportée par train-bloc de la Saskatchewan à la région de Vancouver (environ 1900 km); le train-bloc comprend 100 wagons-trémies découverts d'une capacité de 100 tonnes chacun. Au Nouveau-Brunswick, la potasse est transportée sur environ 85 km jusqu'au port de Saint-Jean par train-bloc de 50 wagons d'une capacité de 90 tonnes chacun. Au Canada, la potasse occupe le troisième rang en volume parmi les produits minéraux (*voir* MINÉRAL) transportés par les chemins de fer canadiens et les navires internationaux.

Les ventes sur les marchés intérieurs sont relativement réduites en raison de la maturité et de la taille du marché canadien: près de 0,6 million de tonnes par année sont vendues au Canada, surtout en Ontario et au Québec. Le secteur agricole utilise la potasse pour la culture de quatre importantes céréales: le MAÏS (30 p. 100 de la potasse vendue au Canada), le SOJA (20 p. 100), le BLÉ (18 p. 100) et l'ORGE (14 p. 100).

Le Canada exporte 95 p. 100 de sa production dans une trentaine de pays, mais les États-Unis demeurent le principal marché absorbant 55 p. 100 des exportations. Les autres destinations importantes sont la Chine, le Brésil, le Japon, la Malaisie, l'Australie et la Corée du Sud. En 1995, l'exportation de potasse du Canada représente 40 p. 100 des exportations mondiales et apporte une contribution positive de plus de 1,8 milliard de dollars à la BALANCE DES PAIEMENTS du pays. Cette contribution se chiffrait à 800 millions en 1986.

Le Canada et la Communauté des États indépendants produisent respectivement 37 p. 100 et 24 p. 100 du total mondial; l'Allemagne, les États-Unis, Israël et la Jordanie sont aussi d'importants producteurs de potasse.

M. Prud'homme

Poterie d'étain L'alliage utilisé pour la poterie d'étain est essentiellement composé des mêmes métaux que le bronze (cuivre et étain). La découverte de l'étain remonte probablement à l'âge de bronze. Du début du XVIIe s. au milieu du XIXe s., l'étain est le matériau le plus souvent utilisé pour fabriquer les couverts (cuillères, fourchettes) et les petites pièces de vaisselerie pour servir, verser, manger et boire. À l'état naturel, l'étain est constitué d'environ 80 p. 100 d'étain et de 20 p. 100 de cuivre. En Amérique du Nord, l'étain brut est difficile à trouver et les potiers d'étain le tirent de la ferraille. L'alliage obtenu après refonte de ces rebuts est fréquemment adultéré, ou «gonflé» au plomb, avant d'être façonné en nouveaux objets. Le plomb constitue parfois jusqu'au tiers de certains étains non soumis à l'usure (p. ex., tuyaux d'orgues et moules à chandelles).

Comme l'étain est un métal mou, la durée des objets d'usage quotidien n'est pas longue: on l'évalue à cinq ans. Il se vend des moules en bronze en deux morceaux pour couler les pièces de vaisselle les plus courantes; les potiers d'étain fabriquent leurs propres moules pour les autres pièces. Aujourd'hui, au Canada, quelques anciens ordres religieux du Québec, comme la Congrégation de Notre-Dame, utilisent encore l'étain et possèdent plusieurs moules à cuillères et à assiettes qui servent à la refonte périodique.

Sous le régime français, les étains d'origines française et anglaise étaient d'usage courant comme en témoignent les cuillères et les fragments d'écuelles, de bols et d'assiettes retrouvés sur le site des premières habitations situées entre Louisbourg et Montréal. Bien qu'il n'existe aucune preuve documentaire de l'existence d'une industrie de l'étain à cette époque, on a retrouvé des pièces sans poinçon qui ont sans doute été fondues ou refondues ici. Les habitants plus tardifs de la NOUVELLE-FRANCE et les premiers colons de l'Amérique du Nord britannique semblent avoir utilisé presque exclusivement des étains importés. Ce n'est qu'au début du XIXᵉ s. qu'apparaissent les pièces d'étain gravées d'un poinçon d'origine canadienne, et elles se limitent à Montréal et à Québec. On sait aujourd'hui que la poterie d'étain n'est jamais devenue une industrie artisanale importante au Canada, peut-être parce que, dès les années 1830, la vaisselle en étain est remplacée par des articles en céramique et en acier peu coûteux importés d'Angleterre.

Rares sont les potiers d'étain canadiens qu'on a pu identifier aux poinçons gravés sur la vaisselle. Le plus important est Thomas Menut, de Montréal, qui fabrique surtout des cuillères et des fourchettes frappées d'un grand «T. M.» et d'un castor. Il semble avoir commencé à travailler entre 1810 et 1820, jusqu'aux années 1850. Son fils Jean-Baptiste lui succède. Ce dernier figure sur la liste des potiers d'étain de Montréal en 1857-1858, puis encore en 1868. Son poinçon représente un ange aux ailes déployées encadré par les initiales «I.M.». Il semble que quelques orfèvres de Montréal et de Québec fabriquent aussi occasionnellement des objets en étain. Quelques pièces conservées sont gravées d'un petit «Montréal», identique au poinçon qui distingue l'argenterie des Arnoldis, de Robert Cruiskshank, de Salomon Marion et de Paul Morand. Aucun de ces étains ne porte d'estampille susceptible de nous faire connaître leur auteur. Dans la ville de Québec, David Smellie, qui exploite un commerce de 1780 à 1827, fabrique aussi une petite quantité d'étains. La vaisselle Britannia, constituée d'un étain dur qui s'obtient par repoussage dans les moules et finition au tour, ne semble pas avoir été fabriquée au Canada.

D.B. Webster

Potlatch (du mot chinook *patshatl*) C'est une cérémonie régie par des rites précis et commune à la plupart des peuples autochtones de la côte du nord-ouest (*voir* AUTOCHTONES: LA CÔTE DU NORD-OUEST). Le potlatch a pour fonction d'authentifier un statut, un rang et de manifester des prétentions à des noms, à des pouvoirs et à des privilèges. On accumulait des richesses sous forme de biens d'utilisation courante tels que couvertures, coffres sculptés en cèdre, nourriture, poissons et canots, ou de symboles de prestige comme les esclaves et les CUIVRES, pour ensuite les offrir en guise de présents ou même les détruire avec grande cérémonie. Les potlatchs ont lieu pour célébrer une initiation, souligner un deuil ou marquer l'investiture des chefs. Ils consistent en une longue série d'échanges souvent compétitifs entre CLANS, lignées et groupes rivaux.

Un grand potlatch pouvait demander des années de préparation, durer plusieurs jours et comporter un jeûne, des danses des esprits, des représentations théâtrales et la distribution de présents. De 1884 à 1951, le gouvernement fédéral interdit le potlatch, justifiant son intolérance par la façon dont les autochtones y traitent la propriété. Le dernier grand potlatch, celui de Daniel Cranmer, un KWAKIUTL d'Alert Bay, a eu lieu en 1921. Cependant, des agents autochtones y confisquent les biens. Abrogée en 1951, cette interdiction a causé un grand tort à l'identité culturelle et à la stratification sociale des bandes. Aujourd'hui, on célèbre à nouveau le potlatch, mais l'événement n'a plus l'ampleur qu'il avait par le passé.

René R. Gadacz

Potts, Jerry, ou Ky-yo-kosi, qui signifie «Enfant de l'Ours», éclaireur, guide et interprète (Fort McKenzie, É.-U., 1840—Fort Macleod, Alb., 14 juill. 1896). Descendant de Gens-du-Sang et d'Écossais, il devient célèbre chez les PIEDS-NOIRS en tant que grand guerrier et chasseur. Engagé par le commissaire de la Police à cheval du Nord-Ouest (P.C.N.-O.), G.A. FRENCH, Potts mène un détachement de la police au fameux poste de traite du whisky, Fort Whoop-up, ainsi que dans une île de la RIVIÈRE OLDMAN où ils construisent FORT MACLEOD. Héros de la Confédération des Pieds-Noirs et officier de police spécial de la P.C.N.-O., il aide chaque groupe à se familiariser avec les coutumes de l'autre et assure l'établissement de relations amicales. Son influence auprès des Pieds-Noirs favorise la signature du Traité nº 7 et convainc ceux-ci de demeurer neutres dans la RÉBELLION DU NORD-OUEST de 1885.

D. Bruce Sealey

Potvin, Damase, journaliste et écrivain (Bagotville, Qc, 16 oct. 1879—Québec, 9 juin 1964). Après des études au Petit séminaire de Chicoutimi en 1903, Potvin entre au noviciat des Pères blancs d'Afrique à Alger. De retour à Chicoutimi en 1905, il commence sa longue carrière de journaliste en tant que fondateur et éditeur du *Travailleur*. Au cours des années suivantes, il travaille pour plusieurs journaux et écrit un roman agricole, *Restons chez nous!* (1908). En 1910, il devient chroniqueur parlementaire à *L'Événement*, en 1912, président de l'Associated Press au Québec et en 1915, chef de la Tribune de la presse à Québec. En 1916, il public un roman politique, «Le Membre».

Il fonde avec des amis, dont Alonzo Cinq-Mars, la Société des arts, sciences et lettres de Québec, et en 1918 contribue à la création du journal de la société, *Le Terroir*, dans lequel il signe quelque 500 articles et critiques. Il publie un deuxième roman agricole, *L'Appel de la terre*, en 1919. Il quitte *L'Événement* pour entrer au *Soleil* en 1920, qu'il quitte en 1925 pour *La Presse*, où il signe des articles jusque dans les années 60. Au cours de sa prolifique carrière, il collabore à plus de 150 périodiques du pays et de l'étranger et publie pas moins de 36 ouvrages. En 1945, il devient fonctionnaire provincial au ministère de l'Instruction publique. Il reçoit plusieurs honneurs et distinctions, dont le prix David (1938). Il réussit à perfectionner la forme du roman agricole et exerce une immense influence sur les auteurs de ce genre d'écrit.

Aurélien Boivin

Potvin, Denis, joueur de hockey (Ottawa, 29 oct. 1953). Au terme d'une carrière chez les juniors avec les 67's d'Ottawa, Potvin est le 1ᵉʳ joueur choisi au repêchage de la Ligue nationale de hockey en 1973. En 1974, il remporte le TROPHÉE CALDER (meilleure recrue de l'année) avec les Islanders de New York. Ses jeux habiles font de lui un grand joueur de défense et le leader des Islanders de New York qui remportent la COUPE STANLEY quatre saisons d'affilée (1979 à 1983). Il reçoit le TROPHÉE NORRIS en 1976, 1978 et 1979 et prend sa retraite après la saison 1987-1988. En 15 saisons dans la LNH, toutes avec les Islanders de New York, il a une fiche de 310 buts et 742 aides pour un total de 1052 points en saisons, et de 56 buts et 108 assistances pour un total de 164 points en 185 matches éliminatoires. Lors de son départ à la retraite, les Islanders ont souligné sa forte contribution aux succès de l'équipe en retirant son chandail numéro 5. Potvin est entré au Temple de la renommée du hockey en 1991.

Derek Drager

Potvin, Gilles, éditeur d'encyclopédies de musique, producteur et critique (Montréal, 23 oct. 1923—*id.* 4 sept. 2000). Avec Helmut KALLMANN et Kenneth WINTERS, il est co-éditeur de l'*Encyclopédie de la musique au Canada*. Il est plus particulièrement responsable du texte de la version française. Après des études en musique à Montréal, il entreprend une longue association avec la Société Radio-Canada (SRC) en 1948. Nommé directeur de la production musicale du service international de la SRC en 1966, il conduit son service vers un succès remarquable dans la production d'enregistrement. Pendant une grande partie de sa carrière, il est aussi impresario à mi-temps et journaliste spécialisé en musique. Potvin et Kallmann rédigent ensemble la deuxième édition entièrement révisée et mise à jour de l'*Encyclopédie* en 1992.

Barclay McMillan

Pou Nom commun largement employé pour désigner principalement des INSECTES NUISIBLES de petite taille qui vivent en ectoparasites (parasites externes) sur les mammifères, les oiseaux et les plantes (PUCERONS). Il désigne aussi des insectes broutant la flore microbienne sur les livres et le papier entreposés en conditions humides (trogiidés ou poux des livres). On l'utilise enfin pour désigner certains CRUSTACÉS (poux de poissons) qui vivent en commensaux avec des mammifères aquatiques ou des poissons. Le terme désigne le plus souvent des INSECTES piqueurs et suceurs de sang, aptères et aplatis dorso-ventralement, qui sont des ectoparasites des oiseaux et des mammifères. Les poux ont des pattes courtes munies de grosses griffes. Leurs yeux sont réduits ou absents. Même en conditions favorables, ils ne peuvent survivre plus de quelques jours sans leur hôte. Chaque espèce est exclusive à une seule ou tout au plus à quelques espèces étroitement apparentées d'hôtes. On connaît au moins une espèce de pou pour la très grande majorité des animaux terrestres à sang chaud.

Poux suceurs Ces insectes, de l'ordre des Anoploures, qui compte plus de 250 espèces en Amérique du Nord, sont des parasites qui se nourrissent exclusivement du sang des mammifères, incluant les humains. Ils sont pourvus de pièces buccales du type perceur-suceur et dépendent entièrement des éléments nutritifs extraits du sang de leur hôte.

Ricins ou Poux broyeurs Il y a environ 10 fois plus d'espèces connues de poux broyeurs (ordre des mallophages) que de poux suceurs. La grande majorité des poux broyeurs parasitent des oiseaux, la minorité étant des parasites de mammifères. Ils possèdent des pièces buccales du type broyeur et se nourrissent des desquamations et des sécrétions de l'épiderme de l'hôte.

Relations avec les humains Les poux portent et transmettent des organismes pathogènes aux animaux (p. ex., ceux causant la fièvre récurrente et le typhus chez les humains). Ils prolifèrent rapidement et causent des épidémies en conditions de surpeuplement et d'insalubrité.

W.O. Haufe

Poulin, Jacques, romancier (Saint-Gédéon de Beauce, Qc, 23 sept. 1937). Auteur de neuf romans, lauréat de plusieurs prix littéraires, dont le prix David en 1995, Jacques Poulin est l'un des romanciers québécois les plus lus et les plus estimés par la critique.

Après des études classiques aux séminaires de Saint-Georges et de Nicolet (baccalauréat en 1957), il obtient une licence en psychologie en 1960 à l'U. Laval, et une deuxième licence en lettres en 1964 à la même université. Conseiller en orientation professionnelle dans un collège de Sainte-Foy de 1967 à 1970, puis traducteur pour le gouvernement fédéral de 1970 à 1973, il se consacre depuis lors à l'écriture, vivant modestement à Paris où il réside depuis une quinzaine d'années.

Mon cheval pour un royaume, premier roman paru en 1967, inspiré en partie par le terrorisme, est l'histoire d'un homme aux prises avec lui-même (interné dans un hôpital psychiatrique), une femme (dont il partage l'amour avec ses amis), une ville (Québec) et une société dont il essaie de se libérer par un acte terroriste qui finit par le blesser. Suivent *Jimmy* en 1969, enfant qui témoigne du pourrissement de tout (le chalet sur pilotis au bord du fleuve, le couple parental, la société), *Le cœur de la baleine bleue* en 1970, récit d'un homme qui se fait greffer un cœur de jeune fille et qui s'éveille aux aléas d'une identité sexuelle problématique, et *Faites de beaux rêves,* pour lequel il obtient le prix La Presse en 1974. *Les grandes marées,* prix du Gouverneur général en 1978, l'une des œuvres les plus fortes de l'auteur et l'un des romans québécois les plus profonds malgré sa légèreté apparente, raconte l'histoire d'un traducteur solitaire, isolé sur une île qui fait figure de nouvel Éden, qui connaît momentanément l'amour d'une jeune femme venue du ciel (par l'hélicoptère du patron), mais dont la solitude sera brisée et anéantie par l'arrivée d'une multitude de personnages qui finissent par l'expulser de l'île pour mieux s'y installer. Le roman est une fable sur l'impossibilité de vivre en société.

Dans *Volkswagen Blues*, paru en 1984, Jack Waterman, double fictif de l'écrivain comme le nom de plume l'indique, part à la recherche de son frère Théo disparu, et parcourt l'Amérique, de Gaspé jusqu'à San Francisco, accompagné d'une jeune Métis avec qui il refait la route ancestrale des Amérindiens. *LE VIEUX CHAGRIN*, publié en 1989 à la fois au Québec et en France, est l'histoire d'un écrivain en panne d'inspiration qui veut écrire un roman d'amour, perturbé dans sa propre vie par une femme mystérieuse qu'il ne rencontre pas, et qui finit par se réconcilier avec l'écriture en accueillant chez lui une jeune fille abusée par son père qui lui fait entendre la voix de la tendresse. Au cours des années 1990, où l'audience de l'auteur grandit, paraissent *La tournée d'automne* (1993), où l'on voit un bibliothécaire ambulant nouer une relation amoureuse avec une femme au cours d'un voyage entre Québec et la Côte-Nord, et *Chat sauvage* (1997), roman dans lequel le narrateur joue au détective dans les rues de Québec et rencontre par hasard une jeune fille qu'il ne cherchait pas, mais qui finit par occuper une place sans cesse grandissante dans sa vie.

D'une écriture sobre, dépouillée tant dans la syntaxe que dans la stylistique, en apparence simple et même légère, les romans de Jacques Poulin racontent l'histoire de personnages en quête d'eux-mêmes et des autres, blessés plutôt que déchirés par le désir de se (re)trouver et l'impossibilité presque absolue de le faire. La solitude méditative, l'amour placé sous le signe de la tendresse et de l'ambiguïté, la douceur désespérée qui habite les personnages dans leurs quêtes sont les thèmes de prédilection d'un écrivain soucieux de raconter la fragilité des êtres jusque dans la banalité de la vie quotidienne.

François Rochon

Poulin, Roland, sculpteur (St. Thomas, Ont., 1940). Dès son enfance, Poulin déménage à Montréal, où il étudie à l'École des beaux-arts. Il expose beaucoup au Canada, notamment dans des expositions personnelles au MUSÉE D'ART CONTEMPORAIN DE MONTRÉAL en 1982 et en 1983, et au MUSÉE DES BEAUX-ARTS DU CANADA en 1994, aussi bien qu'à l'étranger, y compris à New York, en 1981 et en 1986, et à Paris, en 1989. Il reçoit le Prix Ozias-Leduc en 1993. Il vit et travaille près de Montréal.

Poulin est fortement marqué dès ses débuts par les toiles abstraites de Paul-Émile BORDUAS, aussi bien que par l'abstraction rigoureuse des PLASTICIENS, surtout celle des artistes de la génération de Guido MOLINARI, qui le précède. Toutefois, il ne souscrit pas à la recherche d'abstraction pure de Molinari, et son œuvre fait de plus en plus appel à des formes hybrides de l'art figuratif et de l'art abstrait.

Sculptures abstraites basses L'œuvre de la maturité, chez Poulin, peut se diviser en deux périodes majeures. De 1978 à 1984, il réalise une admirable série de sculptures abstraites basses faites de dalles de ciment moulé. Souvent organisées autour d'un vide central, ces œuvres possèdent une force expressive et intellectuelle qui résulte du contraste entre la densité matérielle du ciment et l'espace environnant, ainsi que de la présence, dans des configurations géométriques d'apparence régulière, de légères irrégularités dont les subtilités se révèlent progressivement à l'observateur attentif. Par ailleurs, Poulin confère à ses sculptures une autre dimension en explorant à travers elles des formes archétypales inspirées par ses lectures de l'œuvre de Carl Jung.

Déséquilibre dynamique Depuis 1985, Poulin travaille le bois, créant de grandes masses sculpturales fragmentées, disposées selon un déséquilibre dynamique. Toujours abstraites, ces formes évoquent néanmoins des échos figuratifs de plus en plus fréquents. En faisant référence aux tombeaux et aux tables, aux autels et aux foyers dans cet ensemble d'œuvres, Poulin touche de près au thème de la mort et tente de suggérer des éléments de son mystère. On peut le ressentir en particulier dans l'ambiguïté de ses formes ainsi que dans le ton sombre et presque noir des surfaces de ses sculptures. Dans les œuvres récentes, apparaissent des références à l'iconographie chrétienne, rendant plus visible encore l'intensité dramatique du conflit entre le charnel et le sacré qui est au cœur de cette œuvre.

Diana Nemiroff

Pouliot, Adrien, ingénieur et mathématicien (Saint-Jean, Île d'Orléans, 4 janv. 1896—Québec, Qc, 1980). Après avoir complété son cours classique au Séminaire de Québec, il entre à l'École polytechnique de Montréal et obtient un baccalauréat ès sciences appliquées en 1915. En 1922, il quitte son poste d'ingénieur au ministère de Travaux publics du Québec pour enseigner les mathématiques à temps plein à l'École supérieure de chimie de l'UNIVERSITÉ LAVAL. Il fonde la Société mathématiques de Québec (1923) et en devient le premier président. Il se perfectionne à la Sorbonne, en France et à Chicago aux États-Unis. Secrétaire de la Faculté des sciences de l'U. Laval en 1938 et doyen de 1940 à 1956, ce pionnier des sciences au Québec y organise plusieurs départements (mines et métallurgie, physique, mathématiques, génie civil, génie mécanique, actuariat). Orateur brillant, il se fait le champion des luttes pour un meilleur enseignement des sciences dans les collèges classiques. Il participe activement à la reconstruction des universités européennes après la Seconde Guerre mondiale.

Il occupe pendant 20 ans (1939-1959) le poste de gouverneur de la SOCIÉTÉ RADIO-CANADA et devient un ambassadeur énergique des droits des minorités francophones au Canada ainsi que de la culture et de la langue françaises à l'étranger (Prix de la langue française 1948 de l'Académie française). Personnage légendaire de son vivant, il a entre autres reçu de nombreux doctorats honorifiques, la Légion d'honneur en France et l'ORDRE DU CANADA.

Danielle Ouellet

Poundmaker, chef cri (centre de la Sask., v. 1842 Blackfoot Crossing, Alb., 4 juill. 1886). Stoney, Poundmaker est le neveu de Big Child (frère de sa mère), chef important des Cris de Eagle Hills. En 1873, Poundmaker devient une figure influente quand il est adopté par CROWFOOT, grand chef des Pieds-Noirs. En 1876, il s'oppose au Traité n° 6, mais il finit par l'accepter et, deux ans plus tard, est reconnu chef. Durant la RÉBELLION DU NORD-OUEST de 1885, les guerriers de Poundmaker ravagent le village de Battleford et assiègent le fort. Peu après, le colonel W.D. OTTER, menant ses troupes en représailles contre les Indiens, attaque le camp de Poundmaker près de CUT KNIFE HILL, mais ses militaires sont repoussés sous le feu nourri des Indiens. Bien qu'il ne participe pas à la bataille, Poundmaker empêche les guerriers de poursuivre l'armée en retraite. Lors de son procès pour trahison et délits, il proteste de son innocence, mais est condamné à trois ans d'emprisonnement. Il est libéré au bout d'un an et, abattu et malade, meurt quelques semaines plus tard, alors qu'il rend visite à son père adoptif dans la réserve des Pieds-Noirs.

Hugh A. Dempsey

Pourfarrokh, Ali, chorégraphe et directeur de ballet (Kermanshah, Iran, 27 nov. 1938). En tant que directeur artistique de l'ALBERTA BALLET COMPANY depuis 1988, Pourfarrokh confère à la compagnie une image fraîche et contemporaine, renforce sa position comme troupe régionale dans l'ouest du Canada et améliore son image de marque à l'échelle nationale et internationale.

Pourfarrokh amorce des études en danse à l'âge de 12 ans avec des professeurs russes émigrés à Téhéran, puis poursuit avec l'Américain William Dollar au Conservatoire iranien de musique et de danse. En 1957, il déménage à New York, où il devient l'élève de professeurs bien connus tels Antony Tudor, Margaret Craske et Vera Volkova. Il se produit avec l'American Ballet Theatre de 1959 à 1963, pendant une saison sous la direction de la légendaire ballerine Alicia Markova au Metropolitan Opera Ballet, puis se joint au tout nouveau Harkness Ballet de 1964 à 1967. Il danse avec le Joffrey Ballet de 1967 à 1968, avec le Ballet de Francfort de 1968 à 1969, et c'est après un retour au Harkness qu'il quitte la scène en 1972.

Pourfarrokh se joint au Alvin Ailey American Dance Theater, d'abord en tant que maître de ballet, puis comme directeur associé, de 1972 à 1976. Il devient directeur artistique du Ballet national iranien de 1976 à 1979 et, après avoir chorégraphié et enseigné pendant un certain temps à New York, il devient directeur artistique et chorégraphe en résidence au ballet de l'opéra d'Essen en Allemagne de 1981 à 1984. De retour aux États-Unis, il fonde, en 1984, le théâtre de danse de Long Island ainsi qu'une école associée. Il devient directeur artistique de l'Alberta Ballet en 1988, organisant son transfert d'Edmonton à Calgary et sa fusion avec le Calgary City Ballet.

Bien qu'il mette en scène une version réussie des classiques *Casse-Noisette* (1995), de Tchaïkovski, et *Roméo et Juliette* (1998), de Prokofiev, l'orientation générale de la direction assumée par Pourfarrokh consiste en une restructuration de l'Alberta Ballet en lui donnant une image plus contemporaine et en engageant des chorégraphes canadiens et étrangers qui amalgament ballet traditionnel et mouvements de danse moderne. Pourfarrokh contribue habituellement au répertoire de chaque saison en offrant un nouveau ballet de sa création.

Il prend sa retraite à la fin de la saison de 1998. On lui doit d'avoir rehaussé les standards de performance de la compagnie et de lui avoir apporté une plus grande uniformité stylistique.

Michael Crabb

Poussière sur la ville Ce roman d'André LANGEVIN, paru en 1953, décrit l'échec d'un mariage. Sa structure simple et élégante évoque celle de la tragédie grecque mais le ton et la perspective complexe utilisés par l'auteur s'inspirent plutôt de la littérature existentialiste moderne. Le narrateur, révolté contre les règles répressives de la société, traîne son désespoir et son incapacité à communiquer dans Macklin, ville industrielle calquée sur Thetford Mines (Québec) et dominée par un climat hivernal lugubre, par la poussière grise de l'amiante et par les lumières des néons criards. Enfant de la ville, le docteur Alain Dubois se rappelle son étrange mariage avec Madeleine, jeune femme passionnée, son hésitation concernant l'infidélité de son épouse avec Richard Hétu, aventure à laquelle les prêtres de la paroisse mettent fin et, finalement, le suicide de celle-ci qui renforce la décision de Dubois de demeurer à Macklin pour pratiquer la médecine, un acte de compassion et de vengeance. Récipiendaire du prix du Cercle du livre de France, le roman est traduit par John Latrobe et Robert Gottlieb, sous le titre *Dust over the City* (1955).

Michèle Lacombe

Powell, Ray Edwin, surnommé «Rep», dirigeant d'entreprise (Table Grove, Ill., 7 déc. 1887 —Montréal, Qc, 9 nov. 1973). Après des études à l'U. de l'Illinois, Powell sert dans l'armée américaine pendant la Première Guerre mondiale. Il entre ensuite à Alcoa, l'Aluminum Company of America, et arrive au Canada en 1928, devient vice-président d'ALCAN (Aluminium Company of Canada), une filiale d'Aluminium Ltd. De 1937 à 1957, Powell est président d'Alcan qui connaît sous sa direction une expansion extraordinaire. Comme l'ALUMINIUM est un matériau de guerre essentiel, Powell est en mesure d'emprunter aux gouvernements britannique, américain et australien, et de conclure des ententes fiscales avec le gouvernement du Canada pour étendre les installations de la société le long de la rivière Saguenay. Entre 1937 et 1944, les actifs d'Alcan augmentent de 500 p. 100. Alcan s'agrandit de nouveau au début des années 50, créant un aménagement hydroélectrique et une fonderie à KITIMAT, en Colombie-Britannique. Sous la gouverne de Powell, Alcan passe du statut de filiale américaine à celui d'une société canadienne indépendante.

Robert Bothwell

Powell River, municipalité de district de la C.-B.; pop. 13 131 (rec. 1996), 12 991 (rec. 1991), 12 440 (rec. 1986); superf. 29,14 km²; const. en 1955; située sur la rive est du DÉTROIT DE GEORGIA, à 133 km au nord-est de Vancouver. À l'est de la municipalité se trouvent la chaîne de montagnes Smith et les lacs Powell et Haslam. Le climat est doux à longueur d'année, grâce au courant chaud du détroit. Nommé en l'honneur d'Israel Wood Powell, surintendant des Indiens de la Colombie-Britannique dans les années 1880, le village d'origine vivait de la production de pâtes et papiers.

L'économie de la région repose sur l'industrie forestière, plus particulièrement sur les usines de pâtes et papiers de MACMILLAN BLOEDEL LTÉE, le principal employeur. Le climat et les paysages font de Powell River et de son arrière-pays une station estivale recherchée. On s'y adonne beaucoup à la pêche et à la navigation de plaisance, tant en eau salée qu'en eau douce. L'inauguration en 1965 d'un service de traversier entre COMOX, dans l'ÎLE DE VANCOUVER, et la côte continentale a grandement stimulé le tourisme.

Alan F.J. Artibise

Powell, William Dummer, juge en chef du Haut-Canada (Boston, Mass., 1755—Toronto, Ont., 6 sept. 1834). Powell déménage en Angleterre avec sa famille en 1776. Il retourne à Boston seulement après la GUERRE D'INDÉPENDANCE AMÉRICAINE pour essayer, mais sans succès, de se faire restituer les biens confisqués de son père. Après avoir été admis au barreau d'Angleterre, il déménage à Montréal en 1779 pour pratiquer le droit. Porte-parole du mécontentement des Loyalistes à l'égard de l'ACTE DE QUÉBEC, il exerce en vain des pressions afin d'obtenir une assemblée élue et rédige également le rapport qui incite Guy CARLETON, le baron Dorchester, à former quatre nouveaux districts administratifs dans ce qui sera bientôt le Haut-Canada. En 1789, il est le premier juge nommé à la Cour des plaids communs du district d'Hesse, dont le siège se trouve à Détroit. En 1794, il devient juge à la Cour du Banc du Roi du Haut-Canada, puis membre du Conseil exécutif en 1807. Avocat compétent et administrateur consciencieux, il obtient les postes de président du Conseil législatif et de juge en chef en 1816. Il est le premier résident permanent de la province à obtenir cette charge. Le procès de Robert GOURLAY est sa cause la plus controversée. Il prend sa retraite en 1825.

S.R. Mealing

Power, Charles Gavan, «Chubby», avocat et politicien (Sillery, Qc, 18 janv. 1888—Québec, Qc, 30 mai 1968). Il est gravement blessé durant la Première Guerre mondiale et reçoit la Croix militaire pour sa bravoure contre l'ennemi. À partir de ce jour, il dénonce les officiers militaires de très haut rang. Il est député fédéral de Québec-Sud (l'ancien siège de son père) de 1917 à 1955, puis est nommé au Sénat. Le populaire député devient ensuite membre du gouvernement de Mackenzie KING grâce à l'appui d'Ernest LAPOINTE, bien que celui-ci ait des doutes légitimes quant à la tempérance de Power. Il est aussi ministre des Pensions et de la Santé nationale (1935-1939), et ministre des Postes (1939-1940). Toutefois, sa plus grande contribution est sa lutte, en

tant que ministre associé de l'Air au ministère de la Défense nationale (1940-1944), pour la promotion des intérêts du personnel de l'Aviation royale du Canada servant sous le commandement britannique et pour la création d'escadrons canadiens dans le nord-ouest de l'Europe. Direct et émotif, il s'oppose à la CONSCRIPTION pour le service militaire outremer et, par conséquent, démissionne de son poste au Cabinet en 1944. Ses mémoires, *A Party Politician* (1966), font partie des meilleurs livres du genre écrits par un politicien canadien.

Norman Hillmer

Power Corporation du Canada En 1925, J.A. Nesbitt et P.A. Thomson fondent cette entreprise pour exploiter la demande industrielle et domestique croissante d'électricité, ce qui les amène à concevoir et à réaliser plusieurs des installations hydroélectriques les plus innovatrices du Canada. Mais Power Corporation ne se limite pas seulement à être une entreprise de production d'électricité et, dans les années 60, sa diversification s'accélère pour toucher à d'autres secteurs: pétrole, gaz et pipeline, services financiers, pâtes et papiers et autres positions. En 1966, la fusion des deux principales participations de Power Corporation dans les pâtes et papiers donne naissance à la Consolidated-Bathurst.

À partir de 1968, Paul DESMARAIS (Sudbury, Ontario, 1927) assume la direction de cette importante société diversifiée active dans les communications, les services financiers, les pâtes et papiers, et l'emballage. Par l'entremise de sa filiale, Gesca ltée, Power publie quatre quotidiens au Québec, dont *La Presse*, de même que plusieurs hebdomadaires. Gesca détient aussi deux maisons d'édition distinctes et possède des stations de radiodiffusion et de télévision en Ontario et au Québec.

Dans le secteur des services financiers, la société a une participation majoritaire dans Great-West Lifeco Inc., Montréal Trustco Inc., Investors Group Inc. et Pargesa Holding S.A.

Dans le secteur des pâtes et papiers et de l'emballage, les intérêts de la société sont regroupés dans Consolidated-Bathurst Inc.

En 1996, Paul Demarais se retire de ses fonctions de président du conseil et chef de la direction, tout en restant président du comité exécutif et actionnaire majoritaire. Lui succèdent ses deux fils: Paul Desmarais comme président du conseil et co-chef de la direction et André Desmarais, comme président et co-chef de la direction. En 1997, avec l'appui de la Financière Power et du Groupe Investors, la Great-West achète, au coût de trois milliards de dollars, la totalité des actions du Groupe d'assurances London (détenteur de la quasi-totalité des actions de la London Life, Compagnie d'Assurance-Vie). Cette fusion fait de La Great-West la plus grande compagnie d'assurance-vie et maladie du Canada. En 1998-1999, la Great-West Life & Annuity achète les unités d'assurance collective d'Anthem Health & Life Insurance Company, d'Allmerica Financial Corporation et de General American Life Insurance Compagny, affermissant ainsi sa présence sur le marché américain.

Avec des participations solides et diverses en Europe, aux États-Unis, au Canada et en Asie, Power Corporation est une entreprise véritablement internationale. Son actif consolidé est supérieur à 57 milliards $ CAN, son bénéfice net excède 500 millions et la valeur boursière globale de ses actions comportant droit de vote limité dépasse 4 milliards.

Peter S. Anderson

Pow-wow Fête autochtone traditionnelle célébrée chaque année, habituellement entre juillet et décembre, par les Indiens et les Inuits de toute l'Amérique du Nord. Elle est du même ordre que les cérémonies religieuses, les festivals, les danses, les rodéos et les compétitions athlétiques.

René R. Gadacz

PPS Danse Fondée en 1989, Pierre-Paul Savoie Danse change de nom pour s'appeler PPS Danse en 1991. Les œuvres contemporaines de Pierre-Paul

Savoie et de son codirecteur artistique, Jeffrey Hall, ont captivé le public partout au Canada avec leur aspect athlétique, leur charme et leur conception humaniste. L'approche interdisciplinaire de Savoie et Hall leur permet d'associer chants d'opéra, personnages et textes de théâtre, chorégraphie, décor sculptural et imagerie virtuelle novatrice. La compagnie se compose de collaborateurs artistiques très dynamiques: Bernard Lagacé (scénographie), Marc Parent (éclairage), Alain Francœur (chorégraphe adjoint), Ginette Bertrand (compositrice), Paule-Josée Meunier (créatrice de costumes), Michel Lemieux (imagerie virtuelle) et Victor Pilon (projections scéniques).

Joseph «Pierre-Paul» Savoie (14 janv. 1955, Maria, Qc), fondateur et directeur artistique de la compagnie, étudie la danse moderne à l'U. Concordia, le théâtre à l'École nationale de théâtre de Montréal et le chant avec Phillippe Parent. Il crée plus d'une dizaine d'œuvres, danse dans de nombreux théâtres au Québec et réalise de nombreuses chorégraphies pour des pièces de théâtre, des comédies musicales, des spectacles de cirque et des performances à Montréal. Son répertoire très riche comprend des solos, notamment *Tripes attisées* (1987), une étude bouleversante des béquilles, l'héroïque *Don Quichotte de la Tache* (1988) et des œuvres de groupe tels que le quatuor *Antichambre* (1987) et l'opéra expérimental *Ombre d'un doute* (1992).

Jeffrey Lawton Hall (29 juill. 1958, Ottawa), collaborateur de longue date de Savoie, étudie le piano classique à l'U. McGill, obtient un baccalauréat en danse à l'U. Concordia et devient champion du *Canadian Freestyle Frisbee*. En plus de créer six chorégraphies personnelles, il se produit sur la scène internationale avec Jean-Pierre PERREAULT et la compagnie de théâtre *Carbone 14*. Il joue dans les films *Le Dortoir* (réalisé par François Girard) et *Café des Aveugles* (réalisé par Michel Tousignant), tous deux réalisés à partir de spectacles de *Carbon 14*.

C'est avec la création de *Duodenum* (1986), un duo signé par Savoie et Hall, que la compagnie se fait connaître au niveau national et entreprend une tournée au Canada. Ce duo enjoué, inspiré des bandes dessinées, étudie le psychisme masculin à travers les mésaventures de deux antihéros, introduisant ainsi un zeste d'humour et de critique sociale dans la danse montréalaise. Par la suite, Savoie et Hall créent et interprètent deux autres duos: *Bagne* (1993), une étude athlétique et chargée d'émotions qui évoque l'emprisonnement du corps et de l'esprit, et *Pôles* (1996), une rencontre onirique entre deux exilés dans un monde imaginaire où le corps, l'âme, l'esprit et les gestes interagissent avec des projections virtuelles pour réinventer le théâtre. Cette trilogie réalisée par des hommes sur des hommes, tels des exploits inoubliables de la saga de Savoie et Hall, est le fondement de PPS Danse.

Hall et Savoie reçoivent le prix Jacqueline Lemieux en 1996 pour la création de *Bagne*. Lors de la cérémonie de présentation, ils sont cités pour l'intégrité avec laquelle ils représentent la condition humaine.

Dena Davida

Prairie Les explorateurs français ne disposent d'aucun terme précis pour désigner les grandes surfaces herbeuses de l'Amérique du Nord, mais le terme prairie suppose qu'il s'agit d'un paysage libre, dépourvu d'arbres et couvert d'herbe. Les Prairies canadiennes occupent la partie méridionale de l'Alberta, de la Saskatchewan et du Manitoba. Elles sont comprises à l'intérieur d'un arc presque semi-circulaire le long du 49e parallèle, traversant Calgary, Edmonton, North Battleford, Yorkton et Winnipeg. La région constitue l'extrémité nord d'une vaste zone herbeuse qui s'étend presque jusqu'au golfe du Mexique.

Souvent considéré comme un terrain monotone sans relief, le paysage des Prairies offre en réalité une grande diversité: de grandes plaines succèdent à des collines et à des plateaux, souvent découpés de superbes vallées et d'escarpements. Bien que la végétation naturelle se compose principalement de GRAMINÉES, la présence de fleurs de prairie telles la violette, la marguerite, le crocus et la verge d'or en rehausse la beauté. La prairie est aussi l'habitat naturel du CHIEN DE PRAIRIE, du BISON, du COYOTE, des sauterelles, du gaufre, de la poule des prairies, d'oiseaux chanteurs, du cerf et de l'antilope.

Le CLIMAT se caractérise par des extrêmes: hivers froids, étés chauds et une saison des pluies suivie d'une période de SÉCHERESSE plus ou moins prononcée. La gravité de la sécheresse s'accroît à mesure que l'on s'éloigne des limites de la forêt. Des conditions au-dessus ou au-dessous de la moyenne sont fréquentes et reviennent de façon cyclique.

Au cours de la dernière partie du XIXe s., des colons venus d'Europe, de l'est du Canada et des États-Unis, attirés par la grande fertilité du sol, s'installent dans la région pour y pratiquer l'agriculture et l'élevage. Le BLÉ, principale graminée de l'agriculture canadienne de l'ouest, a remplacé en grande partie les herbes indigènes de la prairie. Au Canada, le mot prairie sert aussi à désigner les trois provinces du Manitoba, de la Saskatchewan et de l'Alberta (*voir* PRAIRIES OCCIDENTALES). (*Voir aussi* PRAIRIES, PARC NATIONAL DES; ZONES DE GÉOGRAPHIE PHYSIQUE.)

D.F. Acton

Prairie Oyster Ce groupe de musique country a été créé en 1974 à King City, en Ontario, par Russell deCarle (voix) et Keith Glass (guitare), anciens membres du groupe de musique bluegrass Cement City Stompers. Dennis Delorme (guitare hawaïenne) fait aussi partie de la première formation (1974-1978) des Prairie Oyster, qui fait de nombreuses tournées et devient très populaire dans les festivals du centre du Canada.

Après une interruption de quatre ans, le groupe renaît en 1982. Joan Besen (voix et claviers) et John P. Allen (violon et mandoline) se joignent alors à deCarle, Glass et Delorme. Le batteur Bruce Moffet, ancien membre du groupe de Corey HART, remplace John Adames en 1986. Après un album indépendant, *Oyster Tracks* (1986), l'ensemble enregistre sur étiquette BMG Music Canada un premier album de musique country soigné, intitulé *Different Kind of Fire* (1990). L'enregistrement suivant, *Everybody Knows* (1991), connaît un succès sans précédent pour un album canadien de musique country, avec plus de 100 000 exemplaires vendus et des critiques élogieuses aux États-Unis. Le disque *Only One Moon* (1994) se distingue aussi par les chansons aux paroles intenses de Besen, Glass et deCarle. Le groupe reçoit plusieurs prix de la Canadian Country Music Association, de même que cinq prix JUNO, tels que celui de groupe country de l'année. *Did You Fall In Love*, *One Precious Love*, *Everybody Knows*, *Only One Moon* et *Don't Cry Little Angel* figurent parmi les plus grands succès du groupe. Le disque *Blue Plate Special*, lancé en 1996, comprend les succès radiophoniques *Unbelievable Love* et *One Way Track*.

Jeff Bateman

Prairie Theatre Exchange Cette compagnie fait ses débuts en 1972 sous le nom de Manitoba Theatre Workshop (MTW). Elle est créée dans le but de remplacer la Manitoba Theatre School (dirigée par le MANITOBA THEATRE CENTRE), fermée récemment et qui offrait des cours d'interprétation aux enfants et aux adolescents. Sous la direction de Colin Jackson (1972-1976) et de plusieurs personnes nommées à court terme, les activités du MTW s'étendent bien au-delà des cours d'art dramatique. Il produit un nombre considérable de pièces de théâtre destinées aux enfants (*voir* THÉÂTRE POUR JEUNES), dont beaucoup sont mises en scène par Deborah Quinn. Le MTW aide aussi à fonder des compagnies locales telles que le Muppet Puppet Theatre et le Confiden-

tial Exchange (le seul vrai débouché pour les auteurs dramatiques de la région, à l'époque), et reçoit de nombreuses troupes itinérantes venant d'autres villes canadiennes.

En 1981, la compagnie est rebaptisée Prairie Theatre Exchange (PTE) et annonce que, dorénavant, elle mettra l'accent sur les productions pour adultes tout en poursuivant son travail pédagogique. Colin Jackson revient à titre de producteur exécutif et Gordon McCall est nommé directeur artistique. Les deux premières saisons ont un succès mitigé. La remarquable production de George Ryga, *The Ecstacy of Rita Joe*, est présentée et des comédiens autochtones y jouent pour la première fois des personnages autochtones.

En 1983, Kim McCaw succède à McCall. La remarquable production de *The Fighting Days*, de Wendy Lill, réalisée par McCaw au mois de mars 1984 marque le début de la période la plus fructueuse du PTE.

Sous la direction de Jackson, puis de McCaw, le PTE ne présente que des œuvres canadiennes faisant une large place aux Prairies, souvent inédites et écrites par des auteurs dramatiques de la région. Les plus populaires sont peut-être les courtes œuvres réalistes dont l'action se déroule dans les communautés ethniques ou rurales des Prairies, rédigées par des auteurs comme Kelly Rebar et Ted Galay. Parmi les auteurs de la région encouragés par le PTE figurent Bruce McManus, Patrick Friesen, David Arnason et Sandra BIRDSELL. La compagnie développe un style de production et d'interprétation original, remarquable pour sa simplicité, sa chaleur et sa sensibilité culturelle, dont les meilleures représentantes sont peut-être les actrices Laurel Paetz et Maggie Nagle.

À la fin des années 80, le PTE approche les 6000 abonnés. Son école et son théâtre sont toujours situés dans l'édifice historique mais délabré du Grain Exchange, dans un quartier peu recommandable sur Princess Street, derrière le Public Safety Building. Il s'agit d'un théâtre de fortune au plafond bas, où la plupart des spectateurs doivent s'asseoir sur les côtés de la scène.

En 1989, le PTE déménage dans de nouveaux locaux dans le centre commercial Portage Place, au centre-ville de Winnipeg. Il y dispose d'un théâtre de 364 places équipé d'une avant-scène, d'un théâtre de poche, d'une surface de bureaux beaucoup plus grande, d'ateliers et de locaux pour l'école. Certains pensent que le nouveau théâtre est moins intime et que l'ambiance superficielle du centre commercial va à l'encontre de l'esprit du PTE.

Kim McCaw quitte le PTE en 1991. Sa dernière saison comprend une production de *Sisters* de Wendy Lill, dans laquelle Paetz et Nagle interprètent les rôles principaux. *Sisters* résume l'esprit de la compagnie sous sa direction. Colin Jackson part l'année suivante et le poste de producteur exécutif est supprimé.

Sous la direction du successeur de McCaw, Michael Springate, le théâtre présente une image moins populiste. Le nombre d'abonnés chute de façon vertigineuse, bien que l'on produise de nouvelles œuvres importantes de Carol Shields, Patrick Friesen et de Margaret Sweatman (entre autres). *FareWel*, de Ian Ross, figure parmi les productions les plus importantes de cette période. La pièce, présentée en mars 1996, après la démission de Springate, se veut un portrait réaliste de la vie dans une réserve du Manitoba et est entièrement jouée par des autochtones.

Confronté à des problèmes financiers, le successeur de Springate, Allan MacInnis, met de côté la préférence que le théâtre accordait traditionnellement aux nouvelles œuvres et aux œuvres canadiennes. Une version abrégée de la comédie musicale *My Fair Lady* se révèle le clou de la saison

1996-1997. MacInnis réussit à regagner de nombreux abonnés, ce qui augure bien pour la survie du théâtre.

Douglas Arrell

Prairies occidentales, Partie «intérieure ouest» du Canada, elle est entourée par le lac Supérieur et les montagnes Rocheuses, le 49e parallèle de latitude et le Bas-Arctique. Elles ont été peuplées en cinq grandes époques. La migration d'Asie, il y a environ 20 000 à 40 000 ans, est à l'origine d'une population autochtone de 20 000 à 50 000 individus aux environs de 1640. De 1640 à 1840, plusieurs milliers de commerçants de fourrures européens et canadiens, suivis par plusieurs centaines d'immigrants britanniques, fondent des douzaines de petits avant-postes ainsi que quelques colonies de style européen, dont la plus importante est la COLONIE DE LA RIVIÈRE ROUGE. La troisième vague, de 1840 à 1890, est principalement composée de Canadiens dont l'héritage est britannique. La quatrième, et de loin la plus importante, provient d'un grand nombre de nations et a lieu de 1897 à 1929, avec une interruption associée à la Première Guerre mondiale entre 1914 et 1922. La cinquième, provenant des autres provinces canadiennes et de partout dans le monde, commence à la fin des années 40 pour se poursuivre avec des fluctuations jusqu'à aujourd'hui. Pendant tout le XIXe s., la région a aussi régulièrement perdu des résidents, en raison de leur migration vers d'autres régions du Canada et du monde.

Les premiers immigrants se déplacent d'une région naturelle à une autre selon les besoins de la saison, leur succès à la chasse et les relations diplomatiques avec les groupes voisins. Au cours du XVIIIe s., ils utilisent les produits européens provenant des échanges commerciaux tels les haches et les couteaux, et ils sont affectés par certaines innovations européennes, particulièrement le fusil et le cheval. Toutefois, ils gardent le contrôle de leur économie domestique et de leurs alliances diplomatiques.

Les autochtones perdent leur autonomie au XIXe s., en partie à cause de la pression exercée par la population de l'est de l'Amérique du Nord et en partie à cause de la destruction de l'élément unique et crucial dans l'économie des plaines: le bison (*voir aussi* BISON; BISON, CHASSE AU). Dans les années 1870, sept TRAITÉS INDIENS sont négociés entre le gouvernement canadien et les autochtones des Prairies selon lesquels le gouvernement promet aux autochtones l'aide économique, l'éducation et la création de réserves en échange de leur souveraineté territoriale. C'est ainsi qu'en l'espace de quelques décennies, les autochtones des Prairies deviennent des pupilles de l'État.

D'un point de vue européen, l'histoire des Prairies occidentales est à ses débuts l'histoire d'une compétition pour la TRAITE DES FOURRURES. La COMPAGNIE DE LA BAIE D'HUDSON (CBO), société britannique fondée en 1670, fait la traite depuis des postes situés sur la baie d'Hudson jusqu'à ce que la compétition la force à établir des habitations à l'intérieur des terres, dans les années 1770. Les Français, et après eux la COMPAGNIE DU NORD-OUEST (CNO), dont le siège est à Montréal, créent un réseau considérable de postes que LA VÉRENDRYE et ses fils repoussent toujours plus à l'ouest pendant les années 1730, et qui sera encore élargi par Peter POND dans les années 1770 et par Alexander MACKENZIE de 1789 à 1793. Une compétition implacable force finalement la CBH et la CNO à fusionner en 1821. Restructurée, la CBH dirige la traite des fourrures et la région pendant encore 50 ans.

Quelques commerçants ont des liaisons avec des femmes autochtones. Au début du XIXe s., leurs descendants, qu'ils soient de langue française (Métis) ou de langue anglaise («sang-mêlés» ou nés au pays), sont assez nombreux pour constituer le groupe le plus important dans la colonie de la rivière Rouge et pour jouer un rôle important dans les opérations de la compagnie de fourrures. Et quand des intérêts étrangers se font plus pressants dans la région, de 1840 à 1860, ils se portent à la défense des intérêts locaux contre les spéculateurs. Le Canada garantit éventuellement la souveraineté sur la TERRE DE RUPERT, mais seulement après que la RÉBELLION DE LA RIVIÈRE ROUGE (1869-1870) conduite par Louis RIEL eut entraîné des révisions importantes des conditions permettant l'entrée de la région dans la CONFÉDÉRATION.

En raison des pouvoirs étendus du gouvernement fédéral, et aussi parce que le premier ministre J.A. Macdonald a décidé de garder le contrôle sur les terres de l'ouest, le cadre des politiques de développement est décidé à Ottawa. Les décisions prises entre 1870 et 1874 ayant trait à l'envoi de la Police à cheval du Nord-Ouest, à la topographie en quadrillage (voir TERRES FÉDÉRALES, POLITIQUE SUR LES; ARPENTAGE), aux politiques de PEUPLEMENT DES TERRES et aux activités de recrutement de l'immigration demeurent les pierres angulaires de l'histoire des Prairies pendant deux générations. Des décisions cruciales touchant les politiques tarifaires et le CANADIEN PACIFIQUE sont prises de 1879 à 1880. La région doit devenir un arrière-pays agricole, bâti sur l'IMMIGRATION internationale et la ferme familiale, et intégré à un secteur manufacturier croissant au centre du Canada.

L'échec de la RÉBELLION DU NORD-OUEST de 1885, l'adoption de la loi sur les écoles du Manitoba et d'autres législations relatives à la langue en 1890 montrent que, dorénavant, la société des Prairies se définira comme protestante, de langue anglaise et britannique. En 1905, la création de la Saskatchewan et de l'Alberta (voir AUTONOMIE, PROJETS DE LOI D') semble démontrer que la tradition britannique de l'évolution pacifique allant de la colonie à l'État indépendant a été remplie.

Mais avec le début du XXe s., de nouvelles forces à l'œuvre dans les Prairies occidentales rendent ce contentement caduc. Les dirigeants sont troublés par l'arrivée de centaines de milliers d'immigrants non britanniques qui exercent de grandes tensions sur les institutions des Prairies au cours des quelques décennies qui suivent. D'un autre côté, en aidant à bâtir l'ouest nouveau, ces arrivants abandonnent une bonne partie de leur culture traditionnelle.

Les Scandinaves et les Allemands s'assimilent rapidement; les MENNONITES, les JUIFS et les UKRAINIENS cherchent à préserver davantage leur patrimoine culturel, contribuant de ce fait à créer la définition d'un Canada multiculturel; les HUTTÉRITES demeurent coupés de l'ensemble de la communauté; quelques autres groupes religieux, notamment certains DOUKHOBORS et les Mennonites, préfèrent quitter la région plutôt que de s'adapter à ses normes. Vers 1950, les Prairies tendent beaucoup plus vers l'idéal canadien britannique que vers celui de toute autre culture.

Les institutions politiques sont aussi durement mises à l'épreuve au début du XXe s.. Un large fossé séparant riches et pauvres engendre une véritable tension. Dans les villes comme Winnipeg et Calgary, les demeures luxueuses situées dans des quartiers résidentiels séparés, les clubs privés, les événements associés aux collèges et à la vie sociale ainsi que la concentration des pouvoirs économique et politique entre les mains d'une poignée de gens indiquent qu'une classe dirigeante se forme. Par contraste, la misère des quartiers pauvres tels ceux du North End, à Winnipeg, de certains chantiers de construction frontaliers et des villes minières comme Lovettville et Cadomin, en Alberta, suggèrent qu'une lutte des classes est en train de se créer. L'intensité des conflits opposant les travailleurs au patronat, spécialement à Winnipeg (voir GRÈVE GÉNÉRALE DE WINNIPEG) et les villes houillères de l'Alberta doivent être vues dans ce contexte.

Ce n'est pas avant le début du XXe s. que se développe une lutte des classes généralisée, et ce, pour trois raisons. La première, c'est l'ouverture relative de la frontière agricole: la disponibilité des fermes freine la tendance au militantisme des travailleurs miniers et des travailleurs de chantiers en leur offrant l'alternative immédiate d'une vie modeste et d'un espoir pour l'avenir. À ses débuts, l'avenir de l'agriculture est trop incertain pour qu'une identité de classe puisse se définir clairement entre les fermiers. La deuxième raison, c'est le développement d'une classe moyenne professionnelle: les enseignants, les médecins, les travailleurs sociaux et les journalistes n'appartiennent ni à l'élite des affaires ni à la classe ouvrière et, en même temps, ils tempèrent la dureté des décideurs et le prix et offrant de l'aide et de l'espoir aux travailleurs. Le troisième facteur qui prévient la formation de classes, c'est la CRISE DES ANNÉES 30.

La combinaison de la sécheresse, de la crise du commerce mondial, de la baisse des prix des matières premières et de la disparition des investissements locaux est si dévastatrice que la société des Prairies en demeure longtemps paralysée. L'hostilité ethnique, dramatique à la fin des années 20 (voir KU KLUX KLAN), disparaît devant cette crise plus grave. Politiquement, la colère s'exprime soit par la COOPERATIVE COMMONWEALTH FEDERATION, qui est modérée, soit par une variante du CRÉDIT SOCIAL en Alberta. Les Prairies entrent dans la Seconde Guerre mondiale plus pauvres et plus unies qu'à n'importe quel moment depuis le début du siècle.

Après 1940, il se produit une remarquable transformation des Prairies. La richesse se met à abonder dans la région quand le PÉTROLE et la POTASSE, aussi bien que l'URANIUM et d'autres minéraux, viennent diversifier une économie dépendante du BLÉ. Les progrès de l'agriculture, qui vont d'un équipement plus important à l'usage des fertilisants, des herbicides et des nouvelles espèces de plantes, accroissent la productivité, réduisent l'importance de la main-d'œuvre et hâtent le départ des enfants des fermes vers les villes. En 1986, les fermes des Prairies sont au total deux fois moins nombreuses qu'en 1941.

Un changement significatif de la culture matérielle accompagne les gains d'ordre économique. La télévision, les automobiles, les avions et les universités rapprochent les Prairies d'un consensus culturel grandissant. Dans la région, les questions sociales ressemblent de plus en plus à celles des autres nations: la renaissance des peuples indigènes, un phénomène politique et culturel international, constitue un développement important; le gouffre qui sépare de plus en plus les fondamentalistes et les modernistes dans les Églises chrétiennes fait partie d'une tendance internationale; comme chez les autres nations, les débats politiques sur l'avenir de la région reposent sur la perception locale des SOCIÉTÉS MULTINATIONALES et sur l'équilibre global du pouvoir. De la même façon, les changements sociaux adoptent le moule international: les transformations remarquables dans la famille qui accompagnent le contrôle des naissances généralisé, le taux de participation plus élevé des femmes au marché du travail, le taux de divorce plus élevé et l'accroissement de l'espérance de vie sont évidentes dans les Prairies occidentales comme partout dans le monde de l'Atlantique Nord.

L'art des Prairies est également devenu international. Bien que fermement enracinés dans l'imagerie locale, même consciemment, les artistes, les romanciers, les comédiens et les danseurs des Prairies trouvent leur contexte, leurs critères et leur public dans la communauté internationale plutôt que dans la communauté locale ou régionale. Des années 40 aux années 80, les Prairies sont devenues un quartier du monde capitaliste industriel de l'Atlantique Nord.

Gérald Friesen

Prairies, parc national des Une entente signée en 1981 entre les gouvernements du Canada et de la Saskatchewan permet la création du parc national des Prairies qui couvrira plus tard une superficie de 906,4 km². Dès 1996, environ 50 p. 100 des terres recherchées sont déjà acquises par la vente de gré à gré.

Histoire naturelle Situé dans les PRAIRIES du sud-ouest de la Saskatchewan, à la frontière canado-américaine, le parc apparaît vide au premier abord, comme une étendue de plaines légèrement ondulées et chauffées par le soleil. Pourtant, sont dissimulés au regard des BADLANDS, des rivières sinueuses et des bourbiers fertiles. Les étés torrides et secs et les hivers froids créent un milieu où vivent une flore et une faune uniques. On y trouve diverses espèces d'herbes rares, deux graminées fourragères rares et les seuls chiens de prairie au Canada. Le parc abrite aussi des antilopes, des coyotes, des renards roux, des cerfs-mulets et de nombreux petits mammifères. Le long de la vallée de la rivière Frenchman vivent des espèces de reptiles et d'amphibiens rares ailleurs au Canada. Le crotale des prairies et le crapaud cornu en sont des exemples.

Histoire humaine Jusqu'au milieu du XIXe s., la région du parc n'est habitée que par des Indiens nomades qui chassent sur tout le territoire. À partir de ce moment, la colonisation rapide amène la croissance de l'élevage de bestiaux.

Maxwell W. Finkelstein

Pratiques funéraires Elles consistent dans l'observance d'une série de coutumes relatives à la personne décédée et dans les arrangements à prendre pour la disposition de son corps. Elles impliquent un ensemble d'exigences sociales et légales qui requièrent habituellement les services de plusieurs professionnels (voir MORT).

Préarrangements funéraires Beaucoup d'arrangements peuvent se prendre avant le décès, depuis la rédaction du testament jusqu'aux dons de certains organes. La loi canadienne se limite cependant au mode d'exécution des dernières volontés après le décès. Grâce à l'appui des sociétés de prévoyance funéraire et de la fraternité des médecins se fait jour une tendance croissante de léguer des organes aux fins de transplantation et de recherche, mais une famille que choquerait gravement le démembrement du corps de la personne défunte peut faire opposition à la volonté de celle-ci. Les attitudes et traditions religieuses influencent de telles décisions. Une personne peut dicter la nature et le type de ses obsèques, la disposition finale de son cadavre, voire le contenu des avis mortuaires qui paraîtront dans les journaux.

Les préarrangements funéraires sont chose beaucoup plus courante qu'il y a 30 ans. On trouve dans la plupart des grandes villes des sociétés de prévoyance funéraire, qui sont des organismes bénévoles sans but lucratif, qui informent les consommateurs. Leur objectif est d'encourager les préarrangements et de veiller à ce que les entreprises funéraires offrent des options de funérailles simples et peu coûteuses.

Dans les cas de personnalités ou de membres des forces armées ou de la police, les protocoles de funérailles officielles peuvent avoir préséance sur les coutumes et les volontés du défunt ou de sa famille. Dans tous les arrangements, autant les valeurs du groupe concerné que les organisations professionnelles jouent un rôle significatif.

Procédures préalables à l'inhumation Une personne peut être déclarée morte en l'absence de signes vitaux ou d'activité cérébrale. En cas de mort subite ou d'absence d'une cause précise de décès, le coroner provincial ou le médecin légiste réclame une autopsie. Puisque les soins de santé sont de juridiction provinciale, ce sont les lois provinciales qui stipulent les exigences légales. Celles-ci ont dans tous les cas préséance sur les opinions religieuses.

Des codes non écrits président aussi à l'annonce d'un décès. La famille immédiate passe avant les membres de la parenté qui pourraient s'être trouvés plus près du lieu du décès, et ce serait un manquement à l'étiquette de ne pas informer du décès un proche parent. Comme rien ne peut être entrepris avant que le médecin signe le certificat de décès, le protocole hospitalier exige cette première étape. Dans le cas des juifs orthodoxes, un certain délai peut précéder l'annonce d'un décès (particulièrement à la veille du sabbat) et les arrangements relatifs à la sépulture doivent attendre la fin du sabbat.

Les décès causés par une maladie très contagieuse sont traités d'une autre manière que les autres. En cas de décès par suite d'une hépatite, p. ex., le cadavre doit être placé immédiatement dans un cercueil scellé sans être embaumé. Si un corps doit être expédié hors frontières, le bureau local de la santé doit certifier qu'il n'est pas porteur d'une maladie contagieuse.

Les salons funéraires constituent au Canada une industrie de services. Certaines provinces, dont l'Ontario, exigent la présence d'un directeur des funérailles, ce qui est facultatif dans la plupart des provinces. Dans les endroits reculés, la plupart des funérailles se déroulent dans les salons funéraires. Les embaumeurs doivent posséder un permis provincial et, même si la loi canadienne ne l'exige pas, l'embaumement est entré dans les mœurs.

Les lois provinciales n'exigent l'embaumement ou le placement dans un cercueil scellé que pour les corps qui ne sont pas acheminés au cimetière dans les 72 heures du décès. Les exigences de formation des embaumeurs varient selon les régions du Canada, avec un minimum de deux semaines de cours professionnels, un cours par correspondance et un apprentissage sur place.

Groupes religieux Certains groupes religieux, tels que les hindous et les sikhs, exigent que la préparation du corps revienne au fils aîné ou à une personne désignée à cet effet. Pour la majorité des Canadiens, cependant, c'est le directeur des funérailles qui prépare le corps, le lave, vide les artères et les veines de leur sang qu'il remplace par un fluide embaumeur (compensant ainsi la décoloration de la peau), nettoie et désinfecte les cavités thoracique et abdominale, applique des cosmétiques, coiffe les cheveux et revêt le corps des vêtements fournis par le plus proche parent. En cas de traumatismes au visage, il peut aussi en restituer l'apparence. Les musulmans font exception à cette règle puisqu'ils ont l'habitude d'envelopper le mort dans un linceul avant de le porter en terre.

Plusieurs options s'offrent au directeur des funérailles en matière de coûts et de services. Certains fournissent le cercueil et les services essentiels à prix fixe. Ce système est populaire en cas de préarrangements funéraires et demande à la famille endeuillée moins de temps et de prises de décisions. Une autre option est celle du système de prix fonctionnel, qui ajoute au prix de base celui du cercueil et des services choisis.

En dépit des nombreuses critiques à l'égard des coûts pratiqués par l'industrie des funérailles, peu de choses changent. Les familles peuvent choisir des cercueils haut de gamme et des services coûteux sous l'effet d'un sentiment de culpabilité ou parfois pour soigner leur image publique. Les coûts d'un enterrement peuvent varier selon les régions et entre zones urbaines et rurales.

La veillée du corps C'était une pratique courante de veiller le corps au domicile de la famille avant l'enterrement. Bien que cette coutume subsiste encore, surtout chez les nouveaux immigrants venus d'Europe, les veillées cèdent maintenant la place à des visites au salon funéraire, où la famille du défunt reçoit les condoléances des visiteurs. Pendant longtemps, les proches parents et les amis intimes ont coutume d'acheter des bouquets et couronnes de fleurs dont la dimension varie selon le degré de proximité de leurs liens avec la personne décédée. Ces dernières années, les familles sont de plus en plus portées à demander des dons pour des œuvres de charité à la place des fleurs.

Les services funéraires varient en fonction des pratiques religieuses et culturelles. En l'absence d'une mosquée, les musulmans peuvent réciter une dernière prière sur le corps du défunt au domicile de celui-ci avant de le conduire au cimetière. Étant donné qu'ils n'ont pas l'habitude d'embaumer le corps, cette dernière prière se récite le jour même du décès et est suivie sans délai de l'inhumation par des hommes membres de la communauté. Chez les catholiques romains, les anglicans et les chrétiens de rite orthodoxe oriental, ainsi que pour tous ceux qui ont appartenu à une église pendant leur vie, la norme veut que le service religieux soit célébré à l'église en présence du corps. Certaines de ces confessions voient dans l'église le seul lieu sanctifié où célébrer une messe, mais beaucoup d'autres communautés considèrent que l'église est l'endroit approprié pour des funérailles, quelle que soit l'appartenance religieuse. En contexte urbain, la chapelle funéraire joue un rôle beaucoup plus grand. Une tendance récente se dessine sous la forme d'un service commémoratif, qui rend hommage aux réalisations de la personne décédée au cours d'une cérémonie souvent embellie par un choix de poèmes et de musiques rappelant quelques-uns des goûts de cette personne. De tels services peuvent n'avoir aucune connotation religieuse. Moins de 5 p. 100 des gens meurent sans aucun service funéraire.

Une scène courante au Canada est le cortège funèbre dirigé par les voitures où prennent place les proches parents en deuil et que suivent le corbillard et les voitures des amis de la famille. Les phares du cortège d'automobiles avertissent traditionnellement les passants de bien vouloir s'arrêter par respect pour le défunt. Cette coutume est cependant en voie de disparition dans le Canada d'aujourd'hui.

Inhumation Selon la norme, l'inhumation se fait en terre dans des cimetières conformes aux exigences ethniques et religieuses. Certains groupes attachent de l'importance à l'orientation du corps enterré. Les musulmans, p. ex., doivent avoir la tête tournée vers la Mecque. L'incinération gagne en popularité. Les revenus que l'industrie funéraire tire de l'incinération augmente de près de moitié entre 1960 et 1984, et d'environ 15 p. 100 de plus au cours de la décennie suivante. Les premiers bouddhistes du Canada suivent l'exemple de Bouddha en incinérant leurs morts. Actuellement, certains bouddhistes ne suivent plus cette pratique et enterrent leurs morts ou conservent leurs cendres dans les tombes. Les chrétiens orthodoxes, les musulmans traditionnels, les juifs et les chefs spirituels autochtones refusent l'incinération pour des motifs religieux. L'incinération est en hausse même chez les catholiques romains, et le pape lève en 1983 tout interdit à son encontre. Selon les directeurs funéraires, le mode de disposition des corps est affaire de culture et non de religion. Le manque d'espace pour enterrer les corps est une autre raison de la vogue croissante de l'incinération.

Les CIMETIÈRES peuvent être privés ou publics, bien que la loi restreigne l'usage des premiers. La loi considère le lieu de sépulture comme un bien immobilier attesté par un acte de vente. Cet «acte» prend souvent la forme d'une location plutôt que d'un plein transfert de titre. La plupart des cimetières ont des règlements concernant les PIERRES TOMBALES, les monuments funéraires et même les fleurs. Au Canada, les cimetières ethniques et confessionnels sont chose courante et n'accueillent que leurs membres.

Les cimetières peuvent limiter le temps d'usage des lots ou réutiliser un lot pour une personne apparentée après un laps de temps précis. La mode des monuments funéraires ostentatoires se perd progressivement, parfois à la demande des cimetières mais aussi à cause du prix élevé du marbre. On trouve au pays certains parcs commémoratifs renfermant des aires réservées à des thèmes spéciaux ou des jardins ethniques, et le coût de leurs lots comporte un certain pourcentage consacré à leur entretien à perpétuité.

Le service au pied de la fosse avec la mise en terre accompagnée d'un jet symbolique de terre sur le cercueil est le dernier geste que posent les personnes en deuil. La fermeture de la fosse est faite par les ouvriers du cimetière. La disposition des cendres provenant de l'incinération revient à la famille du défunt, et comme aucune loi ne fixe de lieu précis pour leur entreposage, les cendres peuvent être dispersées n'importe où. Certaines personnes les placent dans une urne, et certains cimetières ont à cet effet des niches dans un caveau.

Rites postfunéraires Il n'y a pas de durée fixée pour la période de deuil. La loi judaïque traditionnelle fixe celle-ci à une semaine, après quoi elle enjoint les survivants à réintégrer la communauté. Certaines traditions, comme chez les chrétiens coptes, exigent des veuves qu'elles portent des vêtements noirs pendant une année qui se termine par un service commémoratif. Certains catholiques ont coutume de faire dire une messe au premier anniversaire du décès, et d'autres en commandent plusieurs. Les protestants, par contre, évitent cette commémoration de la personne décédée.

Les mormons célèbrent souvent des rituels spéciaux destinés à élever jusqu'à l'état de grâce l'esprit des personnes décédées sans être initiées à la foi. Différents chrétiens orthodoxes consacrent une journée spéciale pendant l'année au souvenir des morts de leur communauté, dont les noms sont récités en même temps que des prières, après quoi chaque famille se rassemble pour un pique-nique près de la tombe du disparu.

Pour la plupart des Canadiens, les funérailles représentent la dernière rencontre publique avec leurs morts. Certains autochtones du Yukon et du nord de la Colombie-Britannique érigent au-dessus de la tombe une petite demeure entourée d'une clôture et qui renferme des offrandes symboliques destinées à accompagner la personne décédée dans son voyage au pays des morts. Des mausolées peuvent aussi être érigés pour les personnes riches et de haut rang, mais les coûts et la réticence à glorifier la personne disparue empêchent cette pratique de se répandre. Pour les personnes qui laissent un testament derrière elles, un liquidateur testamentaire en réunit les bénéficiaires pour leur en faire la lecture de sorte que la mémoire de cette personne survit dans les biens qu'elle lègue. Les visites privées aux tombes peuvent servir à raviver le souvenir des défunts, mais, sauf pour ceux qui suivent les traditions ancestrales, il y a peu de liens visibles avec les morts.

Earle Waugh

Pratley, Gerald Arthur (Londres, 3 sept. 1923). Remarquable critique de films et analyste du cinéma, Pratley est le directeur-fondateur de l'Ontario Film Institute, créé en 1968, organisme dont le mandat consiste à conserver, classer, faire connaître et présenter les films du monde. Il arrive au Canada en 1946 et devient, deux ans plus tard, le premier critique de films du réseau anglais de Radio-Canada, où, entre 1948 et 1975, il écrit et anime *The Movie Scene*, *Music from the Films* et *Pratley at the Movies*. Au cours de cette période, il collabore avec la Toronto Film Society, le Toronto and District Film Council et A-G-E Film Society. De 1970 à 1975, il est directeur du Stratford International Film Festival et, de 1969 à 1976, président du jury international du Palmarès du film canadien. Il publie de nombreux articles dans un grand nombre de revues internationales et rédige des livres sur le cinéma. Comptant parmi les premiers défenseurs d'un cinéma canadien puissant, Pratley travaille sans relâche dans le domaine culturel pour réaliser cet idéal. En 1984, il est nommé Membre de l'Ordre du Canada. Il est professeur adjoint de cinéma à la Ryerson Polytechnic University.

Piers Handling

Pratt, Edwin John, poète, professeur et critique (Western Bay, T.-N., 4 févr. 1882—Toronto, Ont, 26 avril 1964). Fils d'un ministre du culte méthodiste, il grandit dans divers villages de Terre-Neuve et termine ses études au collège méthodiste de St. John's. Après deux années d'enseignement, il se présente pour devenir ministre du culte méthodiste en 1904. Il fait un stage de trois ans avant d'entrer au collège Victoria de l'U. de Toronto, où il étudie la théologie et la psychologie. Ordonné en 1913, il n'exerce jamais de ministère de façon régulière et enseigne la psychologie à l'U. de Toronto avant d'être nommé au département d'anglais du collège Victoria en 1920, où il enseigne jusqu'à sa retraite en 1953.

Pratt commence à publier de la poésie en 1914, mais attire peu l'attention avant *Newfoundland Verse* (1923). Suit alors une douzaine de recueils de poèmes variés, de *The Witches' Brew* et *Titans* en 1926 à *Collected Poems* en 1958, qui le placent au premier rang des poètes canadiens de la première moitié du siècle. Récipiendaire de nombreux prix, il est élu à la Société royale du Canada (1930) qui, en 1940, lui décerne la Médaille Lorne Pierce pour la poésie. Ses recueils de poésie lui valent des prix du Gouverneur général en 1937, 1940 et 1952. Enfin, le roi George VI le nomme Compagnon de l'Ordre de St-Michel et St-Georges en 1946. Il dirige le *The Canadian Poetry Magazine* de 1936 à 1943.

Sa poésie reflète souvent son origine terre-neuvienne bien qu'il y fasse rarement une allusion directe, à l'exception de *Newfoundland Verse*. Toutefois, la mer et la vie en mer demeurent le thème central de beaucoup de ses vers, qu'il s'agisse de poèmes courts (p. ex., «Erosion», «Sea-Gulls» ou «Silences») ou de poèmes longs, comme *The Cachalot* (1926), qui raconte le combat d'une baleine contre ses ennemis, un calmar géant et un baleinier avec son équipage. *The Roosevelt and the Antinoe* (1930) décrit le sauvetage héroïque de l'équipage d'un navire de charge en perdition en plein hiver, au cours d'un ouragan. Dans *The Titanic* (1935), il reprend l'histoire de la célèbre tragédie maritime sur un ton ironique. *Behind the Log* (1947) consiste en un récit tragique du convoi de l'Atlantique Nord pendant la Seconde Guerre mondiale.

Des thèmes scientifiques et technologiques apparaissent fréquemment dans ses ouvrages et, au cours des années 30, ses poèmes manifestent l'inquiétude générale devant les problèmes sociaux et économiques de l'époque. *The Fable of the Goats* (1937) est un poème pacifiste écrit à la veille de la Seconde Guerre mondiale. Dans *Brébeuf and His Brethren* (1940; trad. *Brébeuf et ses frères*, 1989) et *Towards the Last Spike* (1952), il aborde des thèmes héroïques et historiques expressément canadiens. *Brébeuf and His Brethren* raconte avec précision et de façon vivante le martyr des missionnaires jésuites en HURONIE au XVIIe s. et *Towards the Last Spike* fait un récit saisissant de la construction du chemin de fer du Canadien Pacifique. Pratt trace un portrait de la vie généralement réaliste d'où sont absents les sentiments et ce, souvent avec une pointe d'humour et d'ironie. Il apprécie et glorifie par-dessus tout l'héroïsme, l'abnégation, la loyauté et le courage devant l'oppresseur. Poète important de la littérature canadienne, il demeure néanmoins une figure isolée, n'appartenant à aucune école ni mouvement et n'ayant une influence directe que sur peu de poètes de son époque.

David G. Pitt

Pratt, John Christopher, peintre et graveur (St. John's, T.-N., 9 déc. 1935). Encouragé par sa femme Mary PRATT, il étudie à la Glasgow School of Art (1957-1959) et à Mount Allison (1959-1961), où il travaille avec Alex COLVILLE. Il enseigne ensuite à l'U. Memorial avant de décider, en 1963, de se consacrer entièrement à la peinture. Il est bien connu pour ses études minutieuses et impeccables représentant des décors typiques de l'Atlantique, expurgées de tout détail inutile. Il se concentre sur les images puisées dans ses souvenirs. Le regard qu'il porte sur Terre-Neuve la transforme en un autre pays. Il en fait une terre âpre aux contrastes prononcés. Ses études architecturales sont tout aussi sobres, ordonnées et dépourvues de sentimentalité. Toutes ses œuvres évoquent un sentiment de solitude et d'âpreté, une beauté austère, la simple réalité de la vie.

Les personnages des portraits de Pratt évoquent la même réalité lointaine, envoûtante et pourtant vigoureuse. Il arrive parfois que leur sensualité craintive vienne troubler l'existence tranquille que dépeint Pratt. Il est, avec Colville, l'un des plus grands peintres classiques de la peinture canadienne contemporaine (*voir* PEINTURE: LES DÉBUTS). Une grande rétrospective itinérante des œuvres de l'artiste a lieu au Canada en 1986.

Joan Murray

Pratt, Mary, née West, peintre (Fredericton, N.-B., 15 mars 1935). Les sujets de prédilection de Pratt se trouvent dans la cuisine de sa maison de St. Mary's Bay (Terre-Neuve): pommes cuites ou filets de morue sur du papier d'aluminium, poulets éviscérés sur une caisse de Coca-Cola, deux gamelles. Certaines de ses premières peintures sont d'humeur fantasque, tandis que certaines des plus récentes, des œuvres ambitieuses de grand format (comme celle d'une carcasse d'orignal suspendue dans une station-service), sont plus sombres. Toutefois, c'est son imagerie culinaire qui fonde sa renommée.

Pratt peint avec soin. Sa formation a été longue: c'est sa mère, Katherine E. MacMurray, qui lui donne ses premières leçons sur les couleurs. Elle étudie ensuite à Mount Allison (1953-1956) avec Alex COLVILLE, Lawren Stewart HARRIS et le maître du dessin Ted Pulford, puis obtient son diplôme en 1961. Elle travaille souvent à partir de diapositives, une technique de l'art international qui la rapproche des photoréalistes américains tels que Richard Estes, Chuck Close et Ben Schonzeit. Cependant, contrairement aux œuvres de ceux-ci, les siennes rappellent d'anciens maîtres comme Chardin. Elle illustre le livre *Across the Table: An indulgent Look at Food in Canada* (1985), écrit par Cynthia Wine. Elle est la femme du peintre Christopher PRATT.

Joan Murray

Pré-Dorset, culture S'étendant de l'an 2000 à l'an 500 av. J.-C., elle représente la première présence des Paléo-inuits en Amérique du Nord arctique. Ce peuple, probablement lié sur les plans biologique et culturel aux INUITS, semble être venu de Sibérie par le détroit de Béring peu avant l'an 2000 av. J.-C., puis s'est rapidement dispersé dans tout l'Arctique canadien et le Groenland. Malgré l'absence de la technologie qui permettra plus tard aux Inuits de s'adapter aux conditions de l'Arctique, ces gens réussissent à survivre grâce à la chasse au phoque et aux autres mammifères marins, au caribou, au bœuf musqué et au petit gibier. Ils vivent dans des campements, dans des tentes et peut-être des abris de neige. Leurs outils et leurs armes ont des tranchants remarquablement fins et petits, taillés dans la pierre, ce qui a conduit les archéologues à parler de la culture pré-Dorset et du complexe des silex de Denbight, en Alaska, qui lui est associé, comme de «la tradition arctique des petits outils». La culture pré-Dorset devient la CULTURE DORSET vers l'an 500 av. J.-C. (*Voir aussi* PRÉHISTOIRE.)

Robert McGhee

Préfixes du SI (*Voir* MESURES.)

Préhistoire Les premiers habitants du Canada ont fait leur apparition à l'époque de la dernière PÉRIODE GLACIAIRE, qui a débuté il y a environ 80 000 ans pour se terminer il y a environ 12 000 ans. Pendant la majeure partie de cette période, presque tout le Canada était recouvert de plusieurs centaines de mètres de glace. La quantité d'eau enfermée dans les GLACIERS continentaux a entraîné un abaissement de plus de 100 m du niveau des mers dans le monde, ce qui a eu pour effet de faire apparaître des ponts terrestres dans des régions désormais recouvertes d'étendues d'eau peu profondes. Un pont terrestre de ce genre occupait l'emplacement qui correspond aujourd'hui à la mer de Béring, reliant la Sibérie à l'Alaska sur une étendue plate de plus de 1000 km de largeur (*voir* BÉRINGIE). De grands herbivores, comme le caribou, le bœuf musqué, le bison, le cheval et le mammouth, parcouraient cette plaine. À certaines époques de cette période glaciaire, ces animaux ont été poursuivis par des chasseurs humains qui avaient réussi à adapter leur mode de vie aux froids climats des latitudes septentrionales.

L'époque de l'arrivée des premiers êtres humains au Nouveau Monde reste un sujet de controverse. On a longtemps pensé que les humains n'avaient pu atteindre les continents américains qu'à la fin de la période glaciaire. On croyait aussi qu'avant la dernière progression importante des glaces, il y a entre 25 000 et 15 000 ans, les peuples de l'Ancien Monde n'étaient pas parvenus à mettre au point des techniques qui leur auraient permis de survivre dans les conditions glaciales de l'Asie du Nord-Est, ni à construire des embarcations capables d'affronter les eaux du détroit de Béring. De récentes découvertes tendent toutefois à démontrer que l'homme est parvenu jusqu'en Australie en suivant un large couloir maritime voilà au moins 30 000 ans, et qu'à une époque aussi reculée qu'il y a 200 000 ans les habitants de l'Europe de l'ère du paléolithique (âge de pierre) vivaient dans des conditions environnementales extrêmement froides et pouvaient disposer d'embarcations capables de traverser le détroit de Gibraltar. Il demeure donc théoriquement possible que des humains en provenance de la Sibérie aient pu atteindre l'Amérique du Nord à une époque quelconque au cours des 100 000 dernières années.

La période paléoindienne Au cours des dernières décennies, on a fait remonter l'origine de plusieurs sites archéologiques du Nouveau Monde à l'époque de la dernière glaciation. Les archéologues reconnaissent toutefois universellement que les premières occupations d'importance ont commencé il y a seulement 12 000 ans. La plus grande partie de l'Alaska et du Territoire du Yukon est demeurée exempte de glace au cours de la période glaciaire, probablement à cause du climat sec et de la rareté des chutes de neige (*voir* NUNATAK). Reliées à la Sibérie par la plaine béringienne et séparées du reste de l'Amérique du Nord par des glaciers, ces régions, appelées Béringie, faisaient essentiellement partie de l'Asie. L'environnement se caractérisait par une TOUNDRA froide, fréquentée par une variété d'animaux, mais il y avait des forêts d'épinettes, du moins durant les époques interstadiaires et non glaciaires. Des découvertes archéologiques le long du BASSIN D'OLD CROW dans le nord du Yukon laissent croire à la présence de groupes de chasseurs durant le paléolithique, il y a entre 25 000 et 30 000 ans. Toutefois, ces objets ont été trouvés dans des sédiments accumulés en dépôts, et plusieurs d'entre eux ont pu être façonnés par des agents autres que l'homme (comme la mastication des carnivores ou le mouvement des glaces), de sorte qu'on a mis en doute l'âge des quelques objets de fabrication indubitablement humaine.

Le site archéologique reconnu comme ayant été le témoin de la plus ancienne occupation humaine est celui des GROTTES BLUEFISH dans le nord du Yukon. À cet endroit, à l'intérieur de trois petites grottes surplombant un vaste bassin, quelques objets de pierre taillée ont été découverts dans des couches de sédiments contenant des os d'ANIMAUX FOSSILES qui, selon la datation au radiocarbone, seraient âgés d'au moins 10 000 à 13 000 ans, et vraisemblablement de 15 000 à 18 000 ans (*voir* DATATION GÉOLOGIQUE; ÉVOLUTION GÉOLOGIQUE; PALÉONTOLOGIE). Certains de ces artefacts sont similaires à ceux de la dernière période du paléolithique du nord-est de l'Asie et indiqueraient que des populations de chasseurs de l'Asie auraient migré vers le nord-ouest du Canada en passant par la Béringie et l'Alaska. On ignore si des peuples semblables à ceux qui ont habité les grottes Bluefish ont essaimé plus loin en Amérique du Nord. Un corridor relativement étroit et dépourvu de glace a pu exister entre les glaciers cordillériens de l'ouest et l'inlandsis laurentidien s'étendant à partir du BOUCLIER canadien, mais il demeure aussi possible qu'un tel corridor n'ait vu le jour qu'après la fonte et le retrait des glaciers, il y a environ 15 000 ans (*voir* GLACIATION). De récentes découvertes laissent supposer qu'une autre route pourrait avoir été suivie le long du littoral du Pacifique vers les glaciers cordillériens. On n'a pas trouvé de sites anciens le long de ces corridors, mais certains groupes humains se sont aventurés dans la région ouest des États-Unis, il y a quelque 12 000 ans, et y ont développé un mode de vie basé sur la chasse aux gros herbivores qui parcouraient les régions herbeuses et la toundra bordée de glace.

Il y a environ 11 000 ans, certains de ces peuples PALÉOINDIENS, comme les appellent les archéologues, ont commencé à migrer vers le nord, à l'intérieur du Canada, à mesure que l'extrémité sud des glaciers continentaux régressait. Des zones environnementales semblables à celles qu'on trouve aujourd'hui dans l'Arctique et le subarctique canadiens se sont déplacées vers le nord de la même façon. Dans plusieurs régions, le front de glace a fait place à d'immenses lacs formés à la suite de la fonte des glaciers (p. ex., le LAC AGASSIZ), leurs dégorgeoirs étant barrés par des glaciers au nord. Les lacs étaient entourés de terre couverte d'une végétation de toundra où broutaient des caribous, des bœufs musqués et d'autres herbivores. Au sud de cette étroite bande de toundra s'étendaient des forêts d'épinettes et des régions herbeuses, et les Paléoindiens ont probablement suivi la limite nord de ces zones dans leurs déplacements d'un bout à l'autre du Canada.

La datation au radiocarbone des sites paléoindiens fait remonter leur origine à environ 10 500 ans dans des régions aussi éloignées l'une de l'autre que le centre de la Nouvelle-Écosse et le nord de la Colombie-Britannique. Les sites les plus importants découverts au Canada se trouvent dans le sud de l'Ontario, où ils sont groupés le long de la rive sud du lac Algonquin, le prédécesseur de l'actuel lac Huron et de la baie Georgienne (*voir* GRANDS LACS).

Il y a quelque 10 000 ans, les Paléoindiens avaient probablement au moins occupé la partie sud de toutes les provinces sauf Terre-Neuve. Sur la plupart des sites, on trouve des objets de pierre taillée, dispersés çà et là, parmi lesquels des pointes de lance munies d'une rainure distinctive ou «cannelure» pratiquée d'un côté ou de l'autre de la base pour y insérer un manche. Ces «pointes cannelées» sont caractéristiques des premières techniques paléoindiennes utilisées du Canada jusqu'à l'extrémité méridionale de l'Amérique du Sud et permettent de situer la première occupation à grande échelle dans le Nouveau Monde à entre 9 000 et 12 000 ans avant aujourd'hui.

À cause de la rareté des matières organiques préservées sur les sites archéologiques de cette période, il est difficile de reconstituer le mode de vie des Paléoindiens. Dans les régions sèches de l'ouest des États-Unis, où les sites se sont mieux conservés, ils semblent avoir consacré leurs énergies à la chasse aux grands herbivores, dont le bison et le mammouth. Au Canada, on peut simplement présumer que les Paléoindiens ont chassé les troupeaux de caribous de l'est et les troupeaux de bisons des plaines du nord et qu'ils ont vécu de pêche et traqué le petit gibier. Comme les zones littorales étaient alors bien au-dessous de l'actuel niveau de la mer, l'élévation ultérieure de ce dernier a fait disparaître toute trace d'une utilisation paléoindienne des ressources côtières.

Au moment où les Paléoindiens occupaient le sud du Canada, les glaciers continentaux ont fondu rapidement, pour disparaître il y a près de 7000 ans. Un climat plus chaud que celui d'aujourd'hui a régné jusqu'à il y a environ 4000 ans, et l'environnement s'est diversifié à mesure que les forêts de conifères, les forêts décidues, les étendues herbeuses et une végétation de toundra ont colonisé les régions propices. Les modes de vie des Paléoindiens de ces régions se sont diversifiés à mesure qu'ils se sont adaptés, comme l'ont fait plus tard les populations venues de Sibérie, aux conditions et aux ressources du milieu. Le développement à travers les âges des diverses cultures des peuples autochtones préhistoriques pourra par conséquent être mieux décrit à partir d'un contexte régional.

La côte Ouest Il existe peu de preuves démontrant que les cultures paléoindiennes des «pointes cannelées» ont atteint les régions côtières de la Colombie-Britannique. Les premiers habitants de la région semblent avoir appartenu à d'autres traditions culturelles. Il y a entre 9000 et 5000 ans, les régions du sud étaient habitées par des populations de la tradition ancienne de la Cordillère, dont les sites recèlent des outils rudimentaires sur galet, obtenus en retirant des éclats de grosses pierres déposées par la mer, des pointes de projectile lancéolées, confectionnées avec plus de soin, ou encore des couteaux taillés dans la pierre. Aucune matière organique n'a été préservée en ces endroits, mais leur emplacement laisse présumer que ces populations s'étaient d'abord adaptées aux ressources intérieures et fluviales, avant de faire progressivement un plus grand usage des ressources marines.

Le centre et le nord du littoral ont été occupés par des populations appartenant aux premières traditions dites des microlames de la côte, qui utilisaient aussi des outils sur galet mais ne connaissaient pas l'existence des pointes lancéolées. Les microlames sont de petits outils affûtés en silex ou en obsidienne fabriqués au moyen d'une technique spécialisée inventée dans l'Ancien Monde, dont l'utilisation était très répandue à cette époque en Alaska et dans le nord-ouest du Canada. On suppose que ces populations sont arrivées en Colombie-Britannique par le nord et qu'elles étaient apparentées aux groupes de l'Alaska qui ont peut-être franchi le pont terrestre de Béring peu avant qu'il soit submergé.

On ne peut préciser comment l'un ou l'autre de ces deux groupes était apparenté à ceux qui ont peuplé la côte ouest il y a moins de 5000 ans, mais il est probable qu'ils comptent tous deux parmi les ancêtres des occupants ultérieurs. Il y a quelque 5000 ans, un changement majeur est survenu dans cette région côtière. Alors que les plus anciens sites mis au jour sont relativement peu étendus, ce qui indiquerait de brèves périodes d'occupation par de petits groupes, la plupart des sites plus récents se caractérisent par d'énormes amas coquilliers.

La stabilisation du niveau des mers a probablement entraîné un accroissement des quantités de saumon, ce qui a permis aux gens d'entreposer davantage de nourriture et de mener une existence plus sédentaire dans des villages côtiers qui ont été habités pendant des années ou des générations. Les os d'animaux et les outils en os qui ont été préservés à l'intérieur de dépôts de coquillages, de même que les objets en bois ou les fibres de plantes trouvés dans certains dépôts imprégnés d'eau, ont permis aux archéologues de reconstituer le mode de vie de ces populations de façon plus précise que dans le cas des premiers habitants de la région.

Les artefacts découverts dans les sites les plus anciens témoignent d'une adaptation efficace à l'environnement côtier. Des harpons à barbelures pour attraper des mammifères marins, des hameçons, des cliquettes, des couteaux en ardoise polie, des pointes d'armes et des outils pour le travail du bois sans doute utilisés pour la construction d'embarcations ont été trouvés dans les sites côtiers de cette période. Dans d'autres sites gorgés d'eau, on a découvert des articles de vannerie, des filets, des étoffes tissées et des boîtes de bois semblables à ceux de l'époque historique. Il existe des preuves selon lesquelles, il y a environ 3500 ans, ce phénomène d'adaptation préparait l'évolution vers les sociétés plus développées de l'époque historique de la CÔTE DU NORD-OUEST dont l'existence est connue.

Le nombre d'objets trouvés dans les sépultures varie de l'une à l'autre, ce qui révèle une différence de traitement entre les membres de la communauté. De même, la découverte dans certaines régions de crânes déformés artificiellement laisse supposer l'existence de classes sociales à l'intérieur des communautés auxquelles on a rattaché ces pratiques. La grande quantité d'ossements et de crânes brisés trouvés dans des sépultures d'hommes, en concordance avec l'apparition de massues décorées en pierre ou en os de baleine, semble indiquer l'existence d'une forme quelconque de guerre.

L'émergence d'organisations sociales fondées sur le rang et la richesse peut aussi expliquer l'apparition à cette époque de nombreux objets d'art, d'ornements personnels, tels que des perles, des labrets et des tampons d'oreille, et d'articles exotiques témoignant de l'étendue des réseaux d'échange avec l'intérieur et le sud du pays. Dans la région du détroit de Georgia, les époques de la plage de Locarno (il y a entre 3500 et 2500 ans) et du Marpole (entre 2500 et 1500 ans) sont considérées comme l'apogée d'une culture locale, à cause des traces qui attestent la présence d'une culture plus riche que celle qui a existé dans la région à une époque ultérieure (*voir* ART AUTOCHTONE).

Une situation similaire semble avoir caractérisé la plupart des régions côtières au cours des 1500 dernières années. Cette interprétation se fonde sur le déclin des objets en pierre sculptée qui avaient marqué la période précédente, ce qui peut n'être que l'indice d'un passage de l'art sur pierre à l'art sur bois et aux textiles, dont la conservation sur le plan archéologique est très médiocre, mais qui ont atteint un haut niveau de raffinement chez les habitants de la région à la période historique. Cette époque laisse apparaître pour la première fois des preuves indiscutables de la présence de grands villages de maisons de planches, typiques de la période historique, de travaux de terrassement et d'emplacements à caractère défensif, signe de l'intensification des guerres. Les pipes en pierre témoignent de l'apparition du TABAC, seul produit agricole cultivé dans la région à l'époque préhistorique. S'appuyant sur les adaptations réalisées par leurs ancêtres durant les trois millénaires précédents, les populations qui ont habité la région au cours des 1500 dernières années ont établi les divers modes de vie et traditions tribales des Indiens de la côte du nord-ouest (*voir* AUTOCHTONES).

Les vallées Les vallées et les plateaux de l'intérieur de la Colombie-Britannique se caractérisent par des environnements divers, allant des forêts boréales et des régions herbeuses à des étendues quasi désertiques. Les cultures préhistoriques de la région ont varié en conséquence, et cette diversité, à laquelle il faut ajouter l'insuffisance des recherches archéologiques dans cette zone, fait en sorte que le tableau de l'époque préhistorique reste imprécis.

Les découvertes de pointes de projectiles paléoindiens et d'autres artefacts démontrent que les premiers habitants de la région sont venus des plaines et qu'ils ont adapté leur mode de vie centré sur la chasse au bison en régions herbeuses à une chasse au bison, au wapiti et au caribou plus appropriée dans les vallées. On connaît peu de choses sur ces populations, mais on a fait remonter à environ 8250 ans le squelette d'un homme ayant péri dans un glissement de boue près de Kamloops après l'avoir soumis à la datation au radiocarbone, et il demeure ainsi le plus ancien squelette humain du Canada qu'on puisse dater. L'analyse de la composition des os de cet homme révèle qu'il se nourrissait surtout d'animaux terrestres plutôt que des saumons de la rivière Thompson. Il y a entre 8000 et 3000 ans, cette région semble avoir été habitée par divers groupes qui fabriquaient et utilisaient des microlames, tout comme les populations de la côte nord ou de l'intérieur du Yukon auxquelles ils auraient été apparentés. Le fait que plusieurs de ces sites à microlames soient situés en bordure de cours d'eau laisse présumer que ces groupes ont adapté leur mode de vie en fonction de la ressource que constituait le saumon des rivières de l'intérieur, mais on n'en sait guère plus à leur sujet.

Un changement majeur dans le mode d'occupation de la région s'est opéré il y a environ 3000 ans avec l'apparition de maisons creusées semi-souterraines entre le plateau de la Columbia et le sud. Des villages de maisons creusées se sont développés avec le temps, indice d'une économie plus efficace et d'un mode de vie plus sédentaire. Comme dans le cas des régions côtières situées à l'ouest, l'apparition d'objets commerciaux exotiques (coquillages), de sculptures en pierre et de différentes méthodes d'ensevelissement est interprétée comme une preuve de la plus grande complexité de ces sociétés, à l'intérieur desquelles l'ordre social se fondait sur la richesse et l'étalage qu'on en faisait. Au cours des trois derniers millénaires, les influences culturelles venues de la côte Ouest, des plaines et du plateau de la Columbia se sont conjuguées pour façonner les traits culturels des diverses populations de l'intérieur de la Colombie-Britannique.

Les plaines et les prairies Les plaines et les prairies septentrionales du Canada central, comme aucune autre région de l'Amérique du Nord, constituaient un environnement qui a permis aux descendants des Paléoindiens d'il y a 10 000 ans de conserver un mode de vie presque inchangé jusqu'à l'arrivée des Européens. Quand les grands herbivores de la période glaciaire ont disparu au début de la période postglaciaire, ces populations se sont tournées vers la chasse aux diverses espèces de bisons, maintenant disparues, qui parcouraient alors les régions herbeuses. Malgré leur forte dépendance vis-à-vis du bison, les Paléoindiens et leurs descendants ont probablement aussi chassé la petite faune et cueilli des plantes comestibles là où le milieu s'y prêtait. Il est fort probable qu'ils ont inventé des techniques de chasse collective telles que les embuscades ou le détournement des bisons vers des groupes de chasseurs armés de lances et de javelots lancés à l'aide de propulseurs. L'ARCHÉOLOGIE connaît ces peuples surtout à cause des pointes de lance en silex taillé qu'ils utilisaient.

Il y a quelque 9000 ans, leurs pointes de projectile cannelées avaient été remplacées par diverses variétés lancéolées ou à tige, caractéristiques de la fin de la tradition Plano paléoindienne. Il y a entre 9000 et 7000 ans environ, ces derniers ont développé une technique de chasse au bison répandue et apparemment efficace dans les plaines du nord, et, il y a au moins 7000 ans, des chasseurs de caribou utilisant des pointes de lance manifestement semblables à celles de la tradition Plano ont progressé vers le nord en direction de la toundra canadienne, entre le Grand lac de l'Ours et la baie d'Hudson.

On connaît peu de choses sur les plaines du nord pour la période couvrant les deux millénaires suivants, soit il y a entre 7000 et 5000 ans. Cette époque correspond au paroxysme de la période postglaciaire chaude ou altithermale, et on croit que la chaleur et la sécheresse auraient réduit la capacité d'accueil des régions herbeuses, de sorte que le nombre de bisons a diminué tout comme, conséquemment, celui des chasseurs de bison. Les sites qui se trouvent aux limites des plaines et quelques sites de la région des plaines elles-mêmes témoignent d'une occupation continue et du développement des pointes de lance avec encoches permettant l'emmanchement. Ces pointes sont caractéristiques de la période suivante, la préhistorique moyenne (il y a entre 5000 et 2000 ans), durant laquelle divers groupes ont perfectionné les techniques de chasse collective du bison, dont l'utilisation d'enclos et les chutes forcées dans des précipices.

Au cours des deux derniers millénaires, la région des plaines a été soumise à diverses influences venues des forêts de l'est et des populations des vallées du Mississippi et du Missouri, au sud. Durant le premier millénaire ap. J.-C., de petites pointes de flèche en pierre taillée ont commencé à remplacer les pointes de lance antérieures, et l'invention de l'arc a dû accroître l'efficacité des chasseurs. On utilisait des pots à cuire en poterie semblables à ceux de l'est et du sud. Des tertres funéraires ont été érigés dans certaines régions, particulièrement dans le sud du Manitoba, et la présence d'objets commerciaux exotiques indique qu'il y a eu des contacts avec des agriculteurs de la vallée du Missouri. Même si la majeure partie des plaines du nord se trouvait au-delà de la limite où l'agriculture préhistorique était possible, dans les régions situées plus au sud, l'agriculture se pratiquait sur une petite échelle.

L'avancée de la colonisation européenne vers l'ouest au XVIIIe s. a accéléré le processus de transformation du mode de vie préhistorique dans les plaines, au moment où les bandes des forêts de l'est commençaient à se déplacer vers l'ouest en direction des régions herbeuses. Les chevaux, qui avaient peu à peu gagné le nord après l'établissement des colonies espagnoles dans le sud-ouest américain, ont fait leur apparition dans les plaines canadiennes vers 1730, provoquant une véritable révolution dans les techniques de chasse, les déplacements et les guerres. Au cours des 150 années suivantes, jusqu'à la disparition du bison à la fin du XIXe s., les plaines et les prairies canadiennes ont vu s'instaurer un mode de vie qui s'est avéré beaucoup plus évolué, plus nomade et plus varié que celui des premiers habitants de la région.

Les forêts de l'Est Les premiers chasseurs paléoindiens ayant utilisé des pointes de flèche cannelées vivaient dans le sud de l'Ontario, et probablement dans la vallée du Saint-Laurent, il y a au moins 10 000 ans. Avec l'assèchement des immenses lacs et des mers aux bords gelés, la disparition de la faune de la période glaciaire et l'apparition de forêts de conifères, l'environnement de ces régions s'est modifié radicalement au cours des deux millénaires suivants. La région a été ensuite peuplée par les derniers Paléoindiens qui utilisaient des objets fabriqués semblables à ceux de la tradition Plano, dont l'usage avait commencé dans les plaines de l'ouest. Les traces les plus probantes de la présence de la culture Plano se trouvent sur la rive nord des lacs Supérieur et Huron, mais on a découvert des sites de cette culture en amont du Saint-Laurent et aussi loin à l'est que la Gaspésie. Ces populations Plano qui vivaient dans l'est, il y a entre 9000 et 7000 ans, étaient probablement des chasseurs de la grande faune dont la subsistance dépendait du caribou, principal herbivore des forêts subarctiques à cette époque.

Pendant le millénaire suivant, les climats plus chauds et l'apparition des forêts décidues ont favorisé la naissance des cultures ARCHAÏQUES. On appelle archaïques les cultures de l'est de l'Amérique du Nord qui se sont adaptées à l'environnement en tirant parti des ressources que constituaient les animaux, les poissons et les plantes de leur région et qui sont, par conséquent, beaucoup plus diversifiées que les cultures paléoindiennes, répandues mais relativement uniformes, qui les avaient précédées. Ce phénomène d'adaptation a sans doute permis l'accroissement de la population dans plusieurs régions, et l'existence de pratiques funéraires complexes et d'échanges commerciaux entre régions éloignées dénoterait une plus grande complexité sociale. L'époque archaïque est également caractérisée, sur le plan archéologique, par l'invention de nouveaux objets d'usage courant: couteaux et pointes de lance encochées ou pédonculées, harpons en os, pointes d'arme en pierre polie, outils pour le travail du bois (gouges, haches) et, dans certaines régions, outils et parures en CUIVRE natif.

La région du Bouclier canadien située dans le centre et le nord du Québec et de l'Ontario était habitée à cette époque par des groupes appartenant à la culture archaïque du Bouclier. Il semble qu'ils se soient développés il y a environ 7000 ans à partir des cultures Plano du nord, comme celle de la toundra de l'ouest de la baie d'Hudson ou celle du nord-ouest de l'Ontario. Comme les sols acides des forêts de la région ont détruit tous les restes organiques, notre connaissance de leur mode de vie demeure très limitée. Les emplacements de leurs camps laissent toutefois penser que ces populations vivaient surtout de la chasse et que leur subsistance dépendait du caribou et du poisson. Malgré l'introduction de la poterie et d'autres objets importés du sud au cours des 3000 dernières années, identifiés à la période préhistorique du Sylvicole, il est probable que le mode de vie de l'Archaïque n'a subi aucune modification majeure et qu'il ressemblait beaucoup à celui des peuples algonquiens de cette région au moment de l'arrivée des Européens et de la TRAITE DES FOURRURES.

Les zones de forêts décidues du sud comptaient de plus fortes populations que celles des forêts d'épinettes du nord et ont vu apparaître, il y a environ 6000 ans, la culture Archaïque laurentienne, probablement issue de cultures archaïques antérieures locales. Ces populations vivaient surtout de la chasse et de la cueillette dans une région qui se caractérisait par l'abondance relative de ses ressources animales et végétales. Des matériaux exotiques comme le cuivre et les coquillages marins, qu'on a le plus souvent trouvés dans les tombes et qui dénotent des cérémonials funéraires élaborés, attestent l'existence d'échanges commerciaux importants avec le sud, l'est et l'ouest.

L'apparition de la poterie, importée de régions situées au sud des Grands Lacs il y a entre 3000 et 2500 ans, sert sur le plan archéologique à identifier le début de la période du Sylvicole. Comme dans le cas des régions du nord, la période du Sylvicole initial a probablement connu peu de changements dans le mode de vie général des populations locales. Il existe certaines preuves, toutefois, au cours des siècles suivants, de la continuité et de l'extension d'une influence provenant du sud, dont un ensemble complexe de pratiques funéraires comprenant des sépultures tumulaires, qui semblent avoir été transmises, ou du moins inspirées, par les cultures Adena et Hopewell de la vallée de l'Ohio. L'acquisition la plus importante reste l'agriculture, reposant sur des produits cultivés au Mexique et en Amérique centrale plusieurs millénaires auparavant et qui se sont peu à peu répandus vers le nord, à mesure qu'ils s'adaptaient aux conditions climatiques plus froides.

Le maïs est le premier produit agricole qu'on a commencé à cultiver dans le sud de l'Ontario, il y a près de 1500 ans, et constituait un supplément important dans une économie basée sur la chasse et la cueillette. Les premiers producteurs de maïs vivaient dans des villages relativement permanents, constitués de maisons multifamiliales en bois et en écorce, et qui étaient souvent fortifiés par des palissades, en guise de protection contre les attaques armées qui ont semblé s'intensifier à la suite de l'apparition de l'agriculture. Vers 1350 apr. J.-C., l'addition de la fève et de la courge à l'agriculture de la région a permis d'équilibrer le régime alimentaire, ce qui a réduit l'importance de la chasse et de la cueillette des plantes sauvages (*voir* PALYNOLOGIE; PLANTES, UTILISATION PAR LES AUTOCHTONES DES). À l'époque de l'arrivée des Européens, ce mode de vie agricole caractérisait les populations iroquoiennes qui vivaient dans la région s'étendant du sud-ouest de l'Ontario à la vallée moyenne du Saint-Laurent. Il s'agit là de la seule région du Canada où l'agriculture préhistorique a constitué la base économique. Cette région comptait également la plus forte densité de population autochtone.

Les Iroquoiens de la période préhistorique tardive vivaient dans des villages formés de grandes MAISONS LONGUES multifamiliales, certaines des plus importantes bourgades regroupant plus de 2000 individus. Diverses activités sociales, commerciales et politiques occupaient leur temps et s'ajoutaient aux activités guerrières qui mobilisaient presque toutes leurs énergies. Ces pratiques se sont intensifiées avec l'arrivée des Européens et de leurs objets de traite au cours du XVIIe s. et ont entraîné ultimement, au milieu du XVIIe s., la disparition des Iroquoiens du Canada, victimes de leurs voisins iroquois du sud du lac Ontario.

La côte Est Les Paléoindiens ont vécu dans les Maritimes il y a au moins 10 000 ans, mais il reste peu de traces de leur présence à cause du niveau de la mer jadis beaucoup plus bas qu'aujourd'hui, et seuls des vestiges de campements érigés à l'intérieur du pays et plus élevés que l'actuel niveau de la mer peuvent être découverts. Le même problème limite l'étendue de nos connaissances sur les sites du début de l'Archaïque, quoiqu'on puisse supposer que cette période s'est caractérisée par une présence continue comme dans le cas des forêts de l'est plus à l'ouest.

On trouve la meilleure preuve d'une présence humaine dès le début de la période archaïque dans la région du détroit de Belle-Isle, au Labrador, où les premiers habitants se sont installés il y a plus de 8000 ans, et où l'on a découvert des objets de pierre taillée qui laissent supposer une transition entre la fin de l'époque paléoindienne et la période archaïque. L'emplacement de ces premiers sites en bordure de la côte indiquerait une adaptation au milieu marin. Cette interprétation est renforcée par la présence d'un tumulus vieux de 7500 ans situé aux sépultures de L'ANSE AMOUR, dans lequel on a découvert un harpon à tête détachable, une défense de morse et un artefact en ivoire de morse. On utilise le terme «Archaïque maritime» pour désigner ces populations et leurs descendants.

La chasse et la pêche côtières ont permis aux populations de l'Archaïque maritime de se répandre vers l'extrémité nord du Labrador il y a 6000 ans et vers Terre-Neuve il y a environ 5000 ans. Au cours des deux millénaires suivants, ils ont été les principaux habitants de ces régions, développant un mode de vie maritime distinct avec leurs harpons à barbelures, leurs engins de pêche, leurs armes en ardoise polie et leurs outils en pierre adoucie pour le travail du bois. Ils ont aussi établi un complexe mortuaire dans lequel de vastes cimetières ont servi pendant de longues périodes. Au moment de l'inhumation, on déposait de nombreux objets dans les tombes qu'on saupoudrait abondamment d'ocre rouge. Il existe des cimetières de ce genre dans les Maritimes et en Nouvelle-Angleterre. Les ressemblances dans les traditions funéraires, les artefacts et la morphologie des squelettes laissent supposer l'existence de liens avec des populations laurentiennes archaïques contemporaines des forêts de l'est, et il est probable que des peuples laurentiens ont occupé certaines régions des Maritimes.

Il y a entre 4000 et 2500 ans, les populations de l'Archaïque maritime ont été chassées de la plupart des régions côtières du Labrador par des Paléoesquimaux venus de l'Arctique et par d'autres groupes archaïques se déplaçant vers l'est depuis la région du Bouclier et la vallée du Saint-Laurent. Les Paléoesquimaux du Dorset ont aussi vécu à Terre-Neuve durant 1000 ans, à compter d'il y a 2500 ans environ. Après le départ des Paléoesquimaux de Terre-Neuve et du Labrador, sauf de sa partie septentrionale, il y a quelque 1500 ans, ces régions ont été habitées à nouveau par des autochtones, probablement les ancêtres des Innus du Labrador et des BÉOTHUKS de Terre-Neuve. On ignore si ceux-ci étaient les descendants des premières populations de l'Archaïque maritime ou d'autres groupes venus ultérieurement s'installer dans la région.

Dans les Maritimes, au sud du golfe du Saint-Laurent, les 2500 dernières années ont vu apparaître la céramique, importée du sud et de l'ouest. Le tumulus vieux de 2300 ans découvert à Augustine, au Nouveau-Brunswick, qui reprend le cérémonial funéraire de la culture Adena de la vallée de l'Ohio et qui contient des objets funéraires importés de cette région, laisse croire à une extension d'autres influences culturelles. Au début de cette période, il semble que certains groupes de la région aient commencé à adopter un mode de vie plus sédentaire, comme en fait foi l'accumulation de dépôts de coquillages dans certaines régions côtières. Les traces relevées dans ces sites démontrent l'existence d'un mode de vie centré sur la chasse et la pêche et une utilisation des ressources tant côtières qu'intérieures. Ce mode de vie était caractéristique du Canada atlantique au moment de l'arrivée des Européens, et les sites remontant aux 2000 dernières années appartenaient certainement aux ancêtres des MICMACS et des MALÉCITES.

La région subarctique occidentale Le territoire où se déploient la forêt et la toundra entre la baie d'Hudson et l'Alaska demeure, sur le plan archéologique, l'une des régions les moins explorées du Canada. Bien qu'on ait trouvé les traces d'une présence humaine très ancienne dans l'extrême nord-ouest de cette région, on possède très peu de détails sur son évolution ultérieure.

Dans le territoire situé à l'ouest du fleuve Mackenzie, on pense avoir identifié la présence de deux groupes distincts au début de la période postglaciaire, soit il y a entre 11 000 et 7 000 ans. L'un d'entre eux aurait été rattaché aux Paléoindiens des régions méridionales et se caractérisait par ses pointes de lance lancéolées. Il est probable que les premiers Paléoindiens à avoir vécu dans la région utilisaient des pointes cannelées, étant donné que quelques objets de cette nature ont été trouvés en Alaska et dans le Territoire du Yukon. On n'a toutefois pu assigner à ces découvertes une date plus reculée que celle des emplacements contenant des pointes cannelées situés au sud, de sorte qu'on ignore toujours si elles correspondent au déplacement initial des Paléoindiens vers le sud ou à un mouvement ultérieur de retour vers le nord.

Des occupations un peu plus récentes sont révélées par des pointes de lance associées à la fin de la tradition Plano paléoindienne des plaines du nord, ou encore à la tradition cordillérienne ancienne de la Colombie-Britannique et de l'ouest des États-Unis. La deuxième occupation majeure est celle de groupes rattachés à la tradition paléoarctique de l'Alaska, un peuple dont les techniques à base de microlames ont été empruntées à l'est de l'Asie et dont on suppose qu'elles ont traversé le pont terrestre de Béring.

On ne peut préciser de quelle façon ces premières occupations se rattachent à celles de la période archaïque du nord, qui remontent à il y a entre 6000 et au moins 2000 ans. Cette culture se caractérise par ses pointes encochées et d'autres éléments qui semblent venir du sud, mais au moins les premiers sites se rapportant à cette période ont aussi livré des microlames, et il est possible que ces dernières aient été utilisées dans certaines régions presque jusqu'à la fin de cette période. On ne sait pas davantage quels liens existent entre la période archaïque du nord et les ancêtres des peuples de langue dénée qui ont vécu dans le nord-ouest intérieur canadien. Les sites dénés ancestraux ne peuvent être retracés de façon précise dans cette région qu'au cours de la période couvrant les 1500 dernières années. Cela peut signifier que des Dénés venus d'ailleurs y auraient fait une incursion, ou qu'il y a eu une évolution continue à partir de la période archaïque du nord.

Les peuples de tradition Plano qui ont pénétré dans la toundra en provenance du sud, il y a un peu plus de 7000 ans, ont été les premiers habitants de la région s'étendant entre le fleuve Mackenzie et la baie

d'Hudson. Les pointes de lance encochées et d'autres types d'outils en pierre datant d'au moins 6000 ans ont conduit à la définition de la tradition archaïque du Bouclier. Il semble que la culture archaïque du Bouclier se soit développée régionalement à partir de la culture Plano, plutôt qu'à partir d'une occupation par des peuples venus du sud, et que le mode de vie de ces groupes ait subi peu de changements. Les Indiens de la période archaïque du Bouclier ont continué à vivre dans la toundra jusqu'à il y a 3500 ans environ, au moment où, peut-être à cause du refroidissement climatique qui a repoussé plus au sud la limite des forêts, la région a été envahie par des Paléoesquimaux venus de la côte arctique (*voir* CLIMAT, CHANGEMENT DE).

Cette occupation a duré moins de 1000 ans, jusqu'au moment où des Indiens, utilisant diverses sortes de pointes de lance lancéolées et à tige, et plus tard des pointes de flèche, sont revenus dans la région. On ne connaît pas l'origine de ces groupes d'autochtones, mais ils se sont probablement installés dans la toundra après avoir quitté le sud et l'ouest et ont pu arriver à diverses époques il y a entre 2500 et 1000 ans. On croit toutefois que les plus récents de ces groupes préhistoriques étaient les ancêtres des habitants de langue dénée de la période historique, dont le mode de vie basé sur la chasse au caribou était assez semblable à celui des populations Plano et archaïques du Bouclier d'une époque beaucoup plus éloignée.

L'Arctique Les côtes et les îles de l'Arctique canadien ont été peuplées il y a environ 4000 ans par des groupes appelés Paléoesquimaux. Leurs techniques et leur mode de vie se distinguaient considérablement de ceux des groupes autochtones connus de l'Amérique et se rapprochaient davantage de ceux des populations de la Sibérie orientale. Malgré les désaccords qui divisent les archéologues sur la question de l'origine des Paléoesquimaux, il est probable que ces derniers ont traversé le détroit de Béring après avoir quitté la Sibérie, soit par bateau ou en marchant sur la glace, il y a un peu plus de 4000 ans, et qu'ils se sont rapidement répandus dans la toundra inhabitée de l'Alaska, du Canada et du Groenland. Ces premiers habitants semblent avoir préféré les régions où abondaient le caribou et le bœuf musqué, mais ils ont pu également chasser le phoque au harpon et s'adapter à un mode de vie maritime dans certaines régions.

La technologie des premiers Paléoesquimaux, basée sur de petits outils en silex taillé comprenant des microlames, était beaucoup moins efficace que celle des INUITS de la région à la période historique. On ne possède aucune preuve indiquant qu'ils auraient fait usage d'embarcations, de traîneaux à chiens, de lampes à huile ou d'igloos, puisqu'ils vivaient la majeure partie du temps, ou même toute l'année, à l'intérieur de tentes en peau que chauffaient des feux d'os ou de bois (plutôt rare). Néanmoins, il y a entre 4000 et 3000 ans, ils ont occupé la plupart des régions arctiques et ont essaimé au sud par la toundra et la côte du Labrador, après en avoir chassé les autochtones.

Après environ 2500 ans, le mode de vie des Paléoesquimaux avait évolué à un tel point qu'on lui a donné une nouvelle appellation, la CULTURE DORSET. Il existe de minces preuves selon lesquelles les populations du Dorset utilisaient le kayak et qu'elles avaient des chiens pour chasser ou tirer leurs traîneaux. Les lampes et les marmites en stéatite faisaient alors leur apparition ainsi que les abris semi-permanents pour l'hiver, isolés à l'aide de tourbe séchée. Les sites des Dorsétiens sont plus grands que ceux de leurs prédécesseurs, ce qui laisse supposer une présence permanente de groupes plus considérables, et il semble évident que, dans certaines régions, les habitants du Dorset étaient d'habiles chasseurs de mammifères marins tels le morse ou le béluga. Une production artistique remarquable s'est développée sous forme de petites sculptures de bois et d'ivoire (*voir* ART INUIT). Il y a environ 2500 ans, les habitants du Dorset ont migré vers le sud, en direction de Terre-Neuve, où ils ont vécu pendant près de 1000 ans.

L'occupation de l'Arctique canadien par la culture du Dorset a pris fin il y a entre 1000 et 500 ans avec l'apparition dans la région de la culture inuite de THULÉ, originaire de l'Alaska. Au cours des trois millénaires précédents, les ancêtres des Inuits, qui descendaient probablement des Paléoesquimaux de l'Alaska, avaient mis au point des techniques très efficaces de chasse au mammifère marin, dont le flotteur de harpon, du matériel de drague, le kayak et de grandes embarcations ouvertes en peau qui leur permettaient de chasser la baleine. La pénétration de la culture thuléenne dans l'Arctique s'est effectuée rapidement, à une époque où le climat était relativement chaud et où la mer de glace avait sans doute régressé, permettant un accroissement de la population des baleines.

Se déplaçant dans des embarcations en peau ou des traîneaux à chiens, ces peuplades, vers 1200 ap. J.-C., ont instauré un mode de vie caractéristique de l'Alaska sur presque tout le territoire de l'Arctique canadien et en ont chassé les populations du Dorset. Au Groenland et probablement dans l'est de l'Arctique canadien, elles sont bientôt entrées en contact avec des Scandinaves qui avaient débarqué au Groenland vers 980 ap. J.-C. On a découvert des artefacts d'origine scandinave dans plusieurs sites thuléens.

Le mode de vie de Thulé se caractérisait par la chasse en mer durant l'été et l'entreposage de nourriture en prévision de l'hiver, qu'on passait à l'intérieur d'abris permanents en pierre et en tourbe. Cette façon de vivre est devenue plus difficile après 1200 ap. J.-C. avec le refroidissement du climat de l'Arctique, qui a atteint son paroxysme entre 1600 et 1850 ap. J.-C., au moment du petit âge glaciaire. Durant cette période, les peuplades thuléennes ont dû modifier plusieurs éléments de leur mode d'existence, ce qui les a forcées à quitter certaines régions de l'Arctique ou encore à s'adapter rapidement aux nouvelles conditions. Au cours de la même période, les contacts avec les navigateurs européens, les chasseurs de baleine et les commerçants, et les conséquences des maladies européennes peuvent avoir été aussi importants que le changement climatique dans la modification du mode de vie traditionnel de Thulé. C'est durant la phase finale de cette période préhistorique que la culture inuite de l'époque historique a commencé à s'épanouir.

Robert McGhee

Préjugés et discrimination Le terme «préjugé» désigne habituellement un jugement négatif non confirmé, porté *a priori* sur des gens ou des groupes en raison de leur IDENTITÉ ETHNIQUE, de leur race ou de leur religion (*voir* RACISME). La discrimination est l'exclusion d'individus ou de groupes d'une participation sociale entière en raison de leur origine ethnique, de leur race ou de leur religion. Le préjugé (une attitude) et la discrimination (un comportement) sont ordinairement liés mais demeurent des phénomènes distincts. À l'intérieur d'un cercle vicieux, un préjugé entraîne souvent un comportement discriminatoire, tandis que la discrimination renforce ou crée des inégalités sociales et économiques, qui renforcent à leur tour les préjugés.

Relations avec les autochtones Les premiers contacts entre les autochtones et les colonisateurs européens arrivés en Amérique du Nord au cours des XVIIe et XVIIIe s. sont déjà marqués par des préjugés. Les Européens entretenaient une attitude complexe et ambivalente à l'égard des autochtones, certains les considérant comme de «nobles sauvages», alors que pour d'autres, ils ne sont que des barbares inhumains. Malgré les différences importantes qui caractérisent les relations avec les citoyens d'origine française et ceux d'origine britannique avant la Confédération, dans les deux cas, les intérêts économiques liés à la TRAITE DES FOURRURES permettent d'instaurer des relations de travail acceptables entre les colonisateurs et les autochtones. Cependant, l'expansion de la colonisation à grande échelle entraîne une détérioration de ces liens, car les Amérindiens sont maintenant devenus un obstacle au développement économique plutôt qu'un appui.

À la suite de la création de colonies européennes durant les XVIIIe et XIXe s., de la CONQUÊTE britannique de 1759-1760 et de l'isolement géographique des Amérindiens, les RELATIONS ENTRE AUTOCHTONES ET BLANCS perdent graduellement de leur importance par rapport à celles qui existent entre les puissances coloniales. La coopération et les rivalités économiques, politiques, sociales et religieuses entre les colons français et britanniques façonnent une grande partie du développement du Canada depuis les années 1750. Il existe des préjugés et de la discrimination dans les deux camps. En raison du partage par les deux groupes d'une culture occidentale basée sur la technologie, la nature de leurs relations, les genres de discrimination et de préjugés qui les caractérisent sont fort différents de ceux qui marquent les rapports des Amérindiens avec les Blancs.

Les Noirs et l'esclavage À l'époque de la Confédération, en 1867, les ALLEMANDS constituent le groupe ethnique le plus important, à l'exclusion des Britanniques, des Français et des autochtones. Ils ont très peu de difficulté à être acceptés au sein de la société canadienne.

Toutefois, les NOIRS sont la cible de préjugés importants durant la période précédant la Confédération. Malgré ses adversaires, L'ESCLAVAGE existe en Nouvelle-France et en Amérique du Nord britannique. Dans les années 1860, les 40 000 Noirs du Canada comptent des descendants d'esclaves noirs de la Nouvelle-France, des Loyalistes noirs, des Jamaïcains marrons, des réfugiés noirs américains de la GUERRE DE 1812 ainsi que des Noirs venus s'établir dans le Haut-Canada pour fuir l'esclavage.

Nombre de Canadiens de race blanche luttent contre l'esclavage pour des raisons d'ordre moral et prêtent assistance à des réfugiés venus des États-Unis, mais de nombreux autres craignent l'arrivée de colons noirs qu'ils considèrent comme rétrogrades, ignorants, immoraux, criminels et menaçants sur le plan économique. Les Noirs sont avant tout perçus comme une main-d'œuvre à bon marché. Après l'abolition définitive de l'esclavage dans tout l'Empire britannique, en 1833, les Noirs sont moins la cible d'obstacles légaux mais doivent néanmoins subir de nombreux préjugés sociaux.

Impérialisme et racisme Le nombre de personnes d'origine autre que britannique, française ou autochtone reste limité jusqu'à l'arrivée des vagues d'immigrants s'installant au Canada, d'abord dans l'ouest, à la fin du XIXe s.. La plupart des Canadiens anglais considèrent cette immigration non britannique et non française avant tout comme un moyen d'accélérer le développement économique du pays. Toutefois, d'autres s'inquiètent de l'impact social de cette immigration et de cette main-d'œuvre non britannique et s'élèvent contre une POLITIQUE D'IMMIGRATION trop ouverte. Le Canada français s'y oppose en faisant valoir qu'une telle politique minerait davantage son statut à l'intérieur de la Confédération. La plupart des Canadiens anglophones sont nourris de préjugés en ce qui a trait aux avantages relatifs qu'apportent ces groupes d'immigrants.

À la fin du XIXe et au début du XXe s., la croyance en l'avancement et en la suprématie de la race blanche n'est pas mise en doute en Occident. Influencés par des théories pseudo-scientifiques relatives à la race, tirées surtout du DARWINISME SOCIAL, certains Canadiens anglais estiment que les peuples anglo-saxons et les principes britanniques de gouvernement constituent le sommet de l'ÉVOLUTION biologique et que la grandeur du Canada repose sur son héritage anglo-saxon (*voir* IMPÉRIALISME). Leur évaluation des avantages qu'apporte la venue d'un groupe par rapport à un autre dépend presque donc directement du degré de conformité de ses membres par rapport au type physique britannique et à sa culture. Les immigrants britanniques et américains sont au sommet de la pyramide. Viennent ensuite les immigrants de l'ouest et du nord de l'Europe, ceux de l'Europe centrale et orientale, puis les JUIFS et les immigrants originaires du sud de l'Europe.

Presque au bas de cette pyramide hiérarchique, on trouve les sectes religieuses pacifistes, les HUTTÉRITES et les MENNONITES de langue allemande et les DOUKHOBORS parlant le russe, qui sont considérés de la même façon, tant par les fonctionnaires que par le grand public. Leur isolement social rend leur intégration problématique, leur zèle au travail et leur sens de l'économie en font de redoutables concurrents commerciaux, et leur pacifisme soulève des doutes quant à leur loyauté envers le Canada.

Les Noirs et les immigrants asiatiques, les CHINOIS, les CANADIENS D'ORIGINE JAPONAISE et les ASIATIQUES DU SUD, qu'on considère comme inférieurs et non assimilables, occupent le palier le plus bas. L'immigration chinoise est ralentie au moyen d'une taxe d'entrée et interrompue avec la promulgation, en 1923, de la *Loi de l'immigration chinoise* et visant à la restreindre. Un «engagement d'honneur» est conclu avec le Japon en 1907 afin de restreindre l'immigration en provenance de ce pays. La même année, des décrets interdisent l'immigration en provenance de l'Inde. Les Noirs se voient dans les faits refuser l'accès au pays à compter de 1910. Le gouvernement fait également voter des lois restrictives sur l'immigration en 1906, 1910 et 1919 pour limiter l'immigration européenne.

Entre 1896 et la Seconde Guerre mondiale, des nationalistes canadiens-français qualifient l'immigration à grande échelle de complot canado-britannique visant à éroder le statut du Canada français, surtout parce qu'on compte très peu de francophones parmi les immigrants. L'immigration n'est pas un sujet aussi brûlant d'actualité au Québec qu'en Ontario ou dans l'ouest à cause du peu d'immigrants qui s'y établissent. Toutefois, en 1914, la communauté juive de Montréal est victime d'un antisémitisme virulent qui puise sa source en bonne partie dans les préjugés religieux du NATIONALISME CANADIEN-FRANÇAIS. Les Juifs sont considérés comme des exploiteurs, comme une menace à la moralité et à la civilisation chrétiennes et sont le symbole des maux que représentent l'internationalisme, le bolchévisme, le libéralisme, le matérialisme et la vie urbaine. Des controverses publiques impliquant des francophones et des anglophones de Montréal éclatent au sujet de la place à accorder aux Juifs à l'intérieur du système scolaire confessionnel et de la législation touchant la fermeture des commerces le dimanche. L'opposition aux Juifs prend la forme de profanations de cimetières et de combats de rue occasionnels. L'hostilité des Canadiens français par rapport à l'immigration juive fait pendant à celle des ultra-protestants du Canada anglais à l'égard des immigrants catholiques originaires d'Europe, qu'ils considèrent comme des suppôts de Rome et d'éventuels alliés politiques des Canadiens français catholiques.

Au début du siècle, les stéréotypes ethniques en vogue au Canada font ressortir les origines paysannes des immigrants venus du centre, de l'est et du sud de l'Europe et des Asiatiques. On affirme alors qu'ils sont pauvres, illettrés, porteurs de maladies, que leurs mœurs sont relâchées, qu'ils sont politiquement corrompus et peu pratiquants. La prédilection supposée des immigrants d'Europe centrale et méridionale pour l'alcool, la violence et le crime et celle des Chinois pour les drogues, les jeux de hasard et les femmes blanches sont des images profondément ancrées dans la société dominante. Les insultes à caractère ethnique chargées d'opprobre sont fort répandues avant les années 50.

Avant la Seconde Guerre mondiale, on voit naître, partout au Canada, de forts courants de discrimination sociale, économique et politique à l'endroit des non Anglo-Saxons. Les immigrants de l'Europe du Nord et de l'Ouest sont victimes de relativement peu de discrimination comparativement aux Juifs et aux autres venus d'Europe centrale et méridionale, tandis que les personnes qui ne sont pas de race blanche, particulièrement en Colombie-Britannique, sont soumises à des formes répandues de discrimination qui touchent pratiquement chaque aspect de leur existence. La discrimination est l'un des facteurs qui entraîne la transformation de «l'ordre des préséances» ethnique, suivie par les politiques d'immigration, en une MOSAÏQUE VERTICALE des occupations et des revenus. Les Britanniques s'y trouvent au sommet alors qu'on confie des emplois subalternes aux Chinois et aux Noirs, au bas des échelons. Les groupes non britanniques et non français disposent d'une très faible puissance économique, de sorte qu'ils ne parviennent pas à effectuer de percée importante au niveau des échelons intermédiaires de la politique, de l'enseignement ou de la FONCTION PUBLIQUE avant la période qui suit la SECONDE GUERRE MONDIALE (voir ÉLITES).

La forme la plus répandue de discrimination légalisée frappe les Asiatiques, en Colombie-Britannique, où des sentiments anti-asiatiques prévalent de façon endémique pendant un siècle à partir des années 1850. Les Asiatiques sont considérés comme des étrangers, des êtres inférieurs qu'il est impossible d'assimiler. Les syndicats prétendent que les Asiatiques s'emparent des emplois des Blancs et abaissent le niveau de vie de tous les travailleurs en acceptant de travailler à des salaires moindres que ceux des Blancs. Les Asiatiques sont exclus de la majorité des syndicats et les employeurs adoptent comme ligne de conduite de rémunérer les ouvriers asiatiques à des taux inférieurs.

En Colombie-Britannique, en raison d'une législation et de pratiques sociales discriminatoires, les Chinois, les Japonais et les Asiatiques du sud ne peuvent voter, être membres du barreau ou pharmaciens, être élus à des fonctions publiques, être jurés ou obtenir un poste rattaché aux travaux publics, à l'enseignement ou à la fonction publique. L'opinion publique s'exprime sur la question de l'immigration asiatique à l'occasion de plusieurs émeutes violentes dirigées contre les Chinois et les Asiatiques. Les plus sérieuses se produisent à Vancouver en 1887 et 1907. Des groupes anti-asiatiques tentent également à quelques reprises d'exclure les Asiatiques des écoles publiques, de limiter la vente de terrains à des Asiatiques et de restreindre de façon stricte le nombre de permis délivrés aux pêcheurs japonais. En 1892 et en 1907, des émeutes anti-chinoises moins importantes surviennent en Alberta. À la même époque, le Québec, la Nouvelle-Écosse et la Saskatchewan adoptent des lois interdisant aux femmes de race blanche de travailler dans des restaurants, des blanchisseries ou toute autre entreprise commerciale appartenant à des Chinois ou à des Japonais.

Les Noirs sont également la cible d'une discrimination largement répandue dans les domaines du logement, de l'emploi et de l'accès aux services publics à la fin du XIXe et au début du XXe s. Ils ont de la difficulté à être servis dans les hôtels et les restaurants ou à être acceptés dans les théâtres et les piscines. En outre, à certains endroits, ils sont parfois confinés à des écoles séparées, particulièrement en Ontario et en Nouvelle-Écosse où ils sont en plus grand nombre. La discrimination contre les Noirs dégénère à l'occasion en actes de violence. Lors des deux guerres mondiales, les unités des forces armées sont réticentes à accepter dans leurs rangs des Noirs, des Chinois, des Japonais et des Asiatiques du sud, ce qui n'empêche pas certains membres de ces groupes ethniques de servir finalement sous les drapeaux.

Nationalisme et «étrangers ennemis» Le degré de préjugés et de discrimination à l'endroit des minorités non blanches est égal à celui dont sont l'objet les immigrants de race blanche lors des périodes de NATIONALISME intense engendrées par la guerre. Pendant la Première Guerre mondiale, les Allemands et les immigrants originaires de l'Empire austro-hongrois sont victimes de graves persécutions et préjugés. Les «étrangers ennemis» sont congédiés, certains sont placés sous surveillance policière ou gardés à l'intérieur de camps D'INTERNEMENT. Leurs écoles de langue et beaucoup de leurs églises sont fermées. On censure d'abord leurs journaux avant de les supprimer peu à peu. Lors de périodes de crise, durant la guerre, des meutes de militaires et de civils attaquent les locaux de clubs privés et d'entreprises appartenant à des Allemands. Tenant pour acquis que le loyalisme et l'uniformité culturelle et linguistique sont synonymes, les gouvernements provinciaux des Prairies abolissent les écoles et les classes bilingues. Le GOUVERNEMENT D'UNION dépouille de leurs droits les «étrangers ennemis» devenus citoyens canadiens après le mois de mars 1902.

L'opposition aux sectes religieuses pacifistes s'intensifie également pendant la guerre, pour aboutir finalement au décret de 1919 (abrogé au cours des années 20) qui interdit spécifiquement l'entrée du pays aux membres de ces groupes. De 1919 à 1953, les Doukhobors de Colombie-Britannique sont privés du droit de vote. La même mesure est en vigueur au niveau fédéral de 1934 à 1955. Le retour des anciens combattants de la Première Guerre mondiale et la dépression qui marque l'après-guerre poussent l'hostilité contre ces sectes pacifistes à son maximum et engendrent un «chauvinisme» anti-radical, soit la conviction que le radicalisme politique des immigrants constitue une menace à la vie nationale du Canada. On cesse de percevoir les immigrants d'origine slave comme «d'impassibles paysans», mais on les considère comme de dangereux révolutionnaires.

Dans l'opinion publique, la relation entre les immigrants et le radicalisme se voit renforcée par la GRÈVE GÉNÉRALE DE WINNIPEG. L'adoption d'un projet de loi prévoyant la déportation en certaines circonstances de citoyens canadiens nés à l'étranger est l'une des mesures votées par le gouvernement fédéral pour mettre un terme à cette grève. Les anciens combattants et les ouvriers radicaux d'origine slave en viennent aux coups à l'occasion de violents incidents syndicaux qui éclatent dans tout le Canada en 1919, lorsque les anciens combattants revendiquent ce qu'ils considèrent comme leurs droits prioritaires à bénéficier des emplois.

Au début des années 20, on classe officiellement les immigrants originaires d'Europe centrale, méridionale et orientale à l'intérieur des catégories d'immigrants «non préférentielles» et «restreintes». Toutefois, au milieu des années 20, en réaction aux pressions publiques, le gouvernement fédéral assouplit les restrictions sur l'immigration en provenance d'Europe de manière à favoriser le développement économique. Le gouvernement fédéral permet aux compagnies ferroviaires de faire venir plus de 185 000 immigrants originaires de l'Europe orientale et centrale et des Mennonites pour travailler comme ouvriers et employés agricoles et domestiques à la fin de la décennie. Cette nouvelle vague d'immigration réveille de vieux préjugés. Des organisations telles que le KU KLUX KLAN (KKK), les Fils natifs du Canada et l'ORDRE D'ORANGE prennent à partie les nouveaux immigrants en qui elles voient une menace au caractère anglo-saxon du Canada. Plusieurs de ces organisations, surtout le KKK, s'opposent aussi à la venue d'immigrants catholiques. Au début des années 20 toujours, le Klan commence à s'organiser à Montréal, en Ontario, en Colombie-Britannique et au Manitoba, et le nombre de ses adhérents en Saskatchewan approche 20 000 à la fin de cette décennie. Le Klan incite au boycottage des entreprises commerciales catholiques, intimide des politiciens qui paraissent favorables aux intérêts français ou catholiques, s'oppose à la législation fédérale sur l'immigration, lutte contre les écoles catholiques et la soi-disant influence catholique dans les écoles publiques. Il tente aussi d'empêcher les mariages mixtes entre catholiques et protestants. Le Klan acquiert suffisamment d'autorité en Saskatchewan pour contribuer à la défaite des libéraux lors de l'élection provinciale de 1929.

Au moment de la CRISE DES ANNÉES 30, de nombreux citoyens non anglo-saxons sont contraints à dépendre de l'assistance publique parce que des travailleurs anglo-saxons exigent et reçoivent souvent un traitement prioritaire puisque ce sont ces derniers qui obtiennent et conservent les emplois. Des immigrants originaires d'Europe centrale et orientale souffrent d'une discrimination voilée au moment de l'application des programmes d'aide, tandis que les Chinois sont victimes d'une discrimination ouverte de la part de l'administration responsable de l'aide sociale en Colombie-Britannique et en Alberta. Dans sa *Loi sur l'immigration*, le gouvernement fédéral prévoit la déportation de citoyens non canadiens bénéficiaires de l'aide sociale. Les fonctionnaires gouvernementaux utilisent le prétexte de la loi pour réduire leurs listes de bénéficiaires.

Un cercle vicieux fait de préjugés et de discrimination prend davantage forme durant les années 30. La discrimination qui touche les non Anglo-Saxons les incite à appuyer des mouvements politiques radicaux, p. ex., le communisme (voir PARTI COMMUNISTE DU CANADA) et le FASCISME, ce qui a pour effet d'accroître la discrimination à leur endroit. Entre 1930 et 1935, le premier ministre R.B. BENNETT a recours à la déportation pour contrecarrer les appuis dont bénéficient les communistes. À l'occasion de conflits de travail qui sévissent dans l'ouest du Canada et en Ontario pendant la Dépression, les forces ouvrières à prédominance non anglo-saxonne sont souvent aux prises avec une administration anglo-canadienne qui s'efforce de détruire la solidarité ouvrière et de jeter le discrédit sur les grévistes en évoquant leurs origines étrangères.

Au cours des années 30, des formes de discrimination sociale à l'égard des Juifs (p. ex., restrictions officieuses en matière de logement, contingentements dans les facultés universitaires et exclusion des clubs sociaux, des plages et des endroits de villégiature réservés à l'élite à Montréal, à Toronto et à Winnipeg) se développent, sous l'action de groupes fascistes, en un antisémitisme haineux et virulent qui influence bientôt les politiques d'immigration du pays. Le Canada ferme ses portes aux immigrants juifs au moment où ils sont désespérément à la recherche d'un refuge pour fuir la persécution nazie en Europe.

Pendant la Seconde Guerre mondiale, les Allemands, les Italiens et les membres de sectes pacifistes sont la cible d'actes d'hostilité. Les préjugés populaires à l'égard des Doukhobors, qui se manifestent avec force dans les régions rurales de la Colombie-Britannique au cours des années 20 et 30, sont renforcés par les attitudes engendrées par la guerre. En 1942, le gouvernement de l'Alberta vote une loi interdisant la vente de terrain aux Huttérites pour la durée de la guerre. De 1947 à 1972, il promulgue des restrictions relatives à la quantité de terrains que peuvent posséder les colonies huttérites et aux régions de la province dans lesquelles on leur permet de se développer.

L'hostilité à l'égard des Canadiens d'origine japonaise, avant et après la guerre, est continue, répandue et profonde, particulièrement en Colombie-Britannique. Des vagues de sentiments anti-japonais, chacune d'une durée de plusieurs mois, déferlent sur la province en 1937-1938, en 1940 et en 1941-1942.

L'attaque de Pearl Harbour par la marine japonaise déclenche les plus violents courants d'hostilité à l'endroit des Canadiens d'origine japonaise. Par suite de l'arrêté du gouvernement fédéral du 24 février 1942 obligeant tous les Japonais à quitter la côte du Pacifique, quelque 22 000 Canadiens d'origine japonaise sont relogés à l'intérieur de la Colombie-Britannique et dans d'autres provinces, où ils continuent à souffrir de préjugés raciaux. Le gouvernement vend leurs biens pour empêcher leur retour à la fin de la guerre. Vers la fin du conflit, le gouvernement encourage également les Japonais à demander leur déportation volontaire, et après la guerre, il donne suite à ces projets. Des pressions considérables exercées par des groupes de défense des droits civils entraînent finalement le retrait des ordres de déportation (1947), la remise de compensations partielles pour les pertes de biens et l'annulation des restrictions qui empêchent les Japonais de retourner dans la région du littoral (1949).

Néanmoins, plusieurs événements survenus pendant et après la guerre érodent certains préjugés tenaces à l'égard des groupes minoritaires. Des communautés telles que les Chinois et les UKRAINIENS acquièrent une nouvelle respectabilité grâce à leur appui à l'effort de guerre. La participation de toutes les couches de la société aux industries de guerre ébranle les barrières sociales. De plus, la répugnance que suscitent Hitler et le nazisme entraîne finalement une réaction contre le concept hitlérien de supériorité raciale et contre les manifestations publiques d'antisémitisme.

L'adhésion du Canada à la charte de l'ORGANISATION DES NATIONS UNIES, en 1944, et à la Déclaration universelle des droits de l'homme, en 1948, a pour effet d'étaler les politiques discriminatoires du Canada au grand jour. À la suite de l'action énergique de divers groupes de pression asiatiques et d'une opinion publique blanche sans cesse plus favorable, on accorde finalement le droit de vote aux Asiatiques (les Asiatiques du sud et les Chinois en 1947, les Japonais en 1949), et on fait disparaître l'interdiction qui touche l'immigration des Chinois et des Asiatiques du sud, bien que seuls les enfants et les femmes de citoyens canadiens soient autorisés à immigrer.

Nouvelle tolérance L'immigration qui s'amorce après 1945 favorise encore les Européens, même si le gouvernement permet un léger contingentement d'immigrants en provenance de l'Inde, du Pakistan et de Ceylan (1951). Les immigrants arrivés après la Seconde Guerre mondiale sont mieux acceptés, en partie parce que plusieurs d'entre eux sont plus instruits et possèdent un métier. L'éclatement des postulats intellectuels et de la respectabilité sociale du racisme anglo-saxon est sans doute le facteur le plus important qui entraîne une plus grande tolérance à l'endroit des immigrants des années 50 et 60, avec pour conséquence l'adoption de lois provinciales et de codes relatifs aux DROITS DE L'HOMME, l'adoption par le fédéral de la DÉCLARATION CANADIENNE DES DROITS (1960) ainsi que la création de commissions fédérale et provinciales des droits de l'homme. Ce changement d'attitude découle, entre autres choses, du dégoût suscité par le racisme d'Hitler, du déclin du Royaume-Uni en tant que puissance mondiale et de la montée des mouvements de droits civiques aux États-Unis. La prospérité des années 50 et 60 facilite la progression socio-économique des non Anglo-Saxons de la deuxième et de la troisième générations et favorise l'affaiblissement du lien jusque-là plutôt rigide existant entre la classe et l'origine ethnique.

Traitement des groupes d'autochtones Au cours des XIXe et XXe siècles, les attitudes envers les autochtones suivent en bonne partie celles à l'égard des immigrants et d'autres groupes ethniques. Toutefois, le traitement des autochtones est toujours conditionné par un statut particulier, résultat de leur statut d'autochtones et d'un statut légal particulier, confirmé dans les traités et la *Loi sur les Indiens* qui «protègent» les Indiens de la société blanche et qui favorise une approche paternaliste de la part des gouvernements, approche qui existe d'ailleurs toujours plus ou moins. On considère les autochtones soit comme nobles sauvages, soit comme alliés militaires ou comme partenaires essentiels à la traite des fourrures pendant la période d'avant la Confédération, mais on commence à les considérer peu à peu comme un obstacle à l'expansion. Les gouvernements les isolent dans des réserves et, en accord avec les principales communautés chrétiennes, essaient d'éliminer leur culture indigène par l'instauration de l'agriculture, de l'éducation de type européen et du christianisme. À la fin du XIXe et au début du XXe s., les Anglo-Canadiens dominants placent les autochtones au bas de l'échelle de l'évolution biologique et sociale.

Comme dans le cas des nouveaux immigrants, on pense que leurs langues et leurs cultures doivent être éliminées et qu'il faut les intégrer à un nouveau mode de vie supérieur. Les missions protestantes chez les autochtones, les Chinois, les Juifs et les Ukrainiens au Canada, ainsi qu'à l'étranger, sont toutes motivées par la même conviction sous-jacente de la supériorité du mode de vie des protestants canadiens de descendance britannique. L'idée couramment admise au sujet de l'assimilation inévitable des immigrants va de pair avec l'idée de l'assimilation inévitable ou de l'extinction des autochtones.

À la consternation des agents des Amérindiens et des missionnaires, on encourage de temps en temps les autochtones à présenter leur culture indigène aux visiteurs d'importance ou lors de foires locales, mais ces démonstrations sont perçues comme des vestiges pittoresques du passé plutôt que comme une part intégrante de la société canadienne en évolution. Pendant la Seconde Guerre mondiale, ironiquement, pour faire augmenter le nombre d'engagés, le gouvernement commence à encourager le sentiment guerrier chez les autochtones du Canada alors qu'il a tenté de l'éliminer pendant des décennies. Toutefois, cet encouragement s'arrête rapidement à la fin de la guerre, lorsque le gouvernement fédéral exige que les anciens combattants d'origine autochtone retrouvent un statut inférieur sur le plan légal, politique, social et économique, similaire à celui qu'ils ont avant la guerre. Comme la majorité des immigrants qui ne sont pas blancs, les autochtones ne peuvent voter. Ils sont relégués au bas de l'échelle en matière d'économie, sont stigmatisés sur le plan social et sont l'objet de nombreux préjugés et de discrimination lorsqu'ils doivent traiter avec les Blancs. Comme dans le cas des premiers immigrants de l'Europe orientale et centrale, les impressions de pauvreté et d'abus d'alcool sont des facteurs déterminants dans les attitudes envers les autochtones.

Pendant la période d'entre-deux-guerres, les autochtones cessent d'être les sujets principaux du débat public. En raison de leur pauvreté, de leur absence en matière de concurrence économique et de leur isolement sur le plan géographique, ils n'attirent pas l'attention du public. À la différence des Asiatiques et des Noirs, qui sont largement exclus de l'immigration vers le Canada durant cette période, les autochtones ne sont visiblement pas la cible des racistes pour l'exclusion du pays. Leur statut de peuple indigène les protège de certaines formes de nationalisme virulent que les groupes autres que les Blancs doivent affronter.

La période de l'après-Seconde Guerre mondiale amène des modifications dans les relations entre les Blancs et les autochtones, qui vont de pair avec certains changements d'attitude envers les immigrants et les groupes ethniques autres que britanniques ou français. Les autochtones sont peu à peu plus instruits et mieux organisés. De plus, un certain nombre de porte-parole indigènes commencent à défier leur statut de deuxième classe. En 1960, le gouvernement de Diefenbaker abolit la mesure discriminatoire qui empêche les autochtones de voter au niveau fédéral. Le public devient plus sensible aux valeurs des autochtones et à leur culture. Les programmes d'assimilation qui devaient éliminer la culture des immigrants et des autochtones tombent dans le discrédit et les programmes du gouvernement commencent à promouvoir la fierté des racines, le progrès économique et social ainsi que le maintien de la langue et de la culture pour les minorités d'immigrants et les autochtones. La forte opposition au livre blanc de 1969 du gouvernement fédéral qui propose de mettre un terme au statut particulier des autochtones constitue une transformation des mentalités. En réaction à cette opposition, le gouvernement fédéral désavoue ses objectifs d'assimilation.

Comme ils déménagent de plus en plus dans les centres urbains dans la période d'après 1950, les autochtones se heurtent encore à de nombreux préjugés et à la discrimination en matière de logement, dans les restaurants et autres lieux publics, mais ils ont des recours pour redresser la situation grâce à la législation des droits de la personne. Les gouvernements professent le désir d'instaurer une nouvelle approche à l'égard des autochtones, et les discussions prolongées au sujet des revendications territoriales et d'un nouveau statut constitutionnel s'accompagnent d'un appui important du public pour les modestes revendications des autochtones. Les autochtones, comme de nombreux groupes ethniques autres que britanniques ou français (particulièrement, les minorités visibles) subissent bon nombre de préjugés et de la discrimination, mais moins que par le passé. Bien que peu de personnes font véritablement preuve de préjugés, les minorités d'immigrants et d'autochtones souffrent encore psychologiquement et socialement des effets des préjugés et de la discrimination.

Howard Palmer

Préjugés et discrimination depuis 1960

Dans les années 60, les recommandations de LA COMMISSION ROYALE D'ENQUÊTE SUR LE BILINGUISME ET LE BICULTURALISME et l'instauration d'une POLITIQUE D'IMMIGRATION plus juste, ainsi que l'accent mis sur le MULTICULTURALISME par Pierre Trudeau dans les années 70, entraînent, depuis plusieurs décennies, le passage d'une immigration essentiellement européenne vers un plus grand afflux d'immigrants d'origine asiatique. Le recensement de 1971 démontre que près de 95 p. 100 de la population canadienne se compose de descendants de Blancs européens et qu'il est difficile de trouver plus de 5 p. 100 de personnes considérées comme non européennes. Seulement 25 ans plus tard, la population de non-Européens et de groupes de la minorité visible a doublé pour atteindre 11 p. 100, et on s'attend à ce qu'elle double encore au cours des prochaines décennies. Une telle modification de base dans les races a changé les attitudes de la population canadienne à majorité blanche.

Modification de la politique d'immigration En 1965, John PORTER publie son ouvrage *The Vertical Mosaic*, devenu un classique, dans lequel il classe les Britanniques et les Français comme groupes fondateurs. Tous les autres qui entrent plus tard au Canada appartiennent au groupe issu des entrées, et les autochtones appartiennent au groupe issu des traités. Ce sont les membres des deux groupes fondateurs qui composent plus de 90 p. 100 de la population canadienne au moment de la Confédération en 1867. Toutefois, au fil du temps, leur proportion diminue et la population issue des entrées augmente.

En 1963, la RÉVOLUTION TRANQUILLE au Québec s'intensifie au point où la mise sur pied de la Commission royale sur le bilinguisme et le biculturalisme (1965) s'impose. Les auteurs du quatrième rapport de cette commission, intitulé *L'apport culturel des autres groupes ethniques* (1970), reconnaissent plus que les deux cultures officielles britannique et française. En 1971, le premier ministre Pierre Trudeau déclare le pays officiellement bilingue (*voir* BILINGUISME) et multiculturel. Toutefois, on ne discute pas encore de race, puisque seulement 5 p. 100 des Canadiens ne sont pas blancs.

La Commission royale sur le bilinguisme et le biculturalisme réveille plus que les questions de langues officielles des groupes fondateurs (*voir* POLITIQUE LINGUISTIQUE). En fait, les Québécois qui veulent l'égalité pour la LANGUE FRANÇAISE et le statut culturel trouvent bientôt que les questions d'ouverture en matière de langue et de culture soulèvent d'autres problèmes. En réalité, l'agitation des années 60 soulève beaucoup de questions au sujet de la politique d'immigration préférentielle qui favorise les Européens de race blanche et au sujet de l'injustice à l'égard des minorités visibles originaires du Tiers-Monde auxquelles on accorde moins de chances.

De 1967 à 1977, on instaure une nouvelle législation qui favorise les immigrants indépendants, parrainés ou désignés. Comme les candidats indépendants peuvent maintenant faire demande à partir de n'importe quel endroit dans le monde, le Canada s'ouvre plus à l'immigration de minorités visibles. Dans les années 90, la proportion de minorités visibles de la population canadienne est passée de 5 à 11 p. 100 sur une période de 25 ans.

Recherche sur les préjugés et la discrimination

Dans les années 70, les chercheurs canadiens deviennent plus conscients du besoin de faire des recherches sur les minorités visibles, les préjugés, la discrimination, les stéréotypes et le racisme. Des études sur ces sujets commencent donc à proliférer. Francis (1976) définit le préjugé comme une catégorisation illégitime et la discrimination comme un traitement injuste. Toutefois, le problème est plus complexe en raison des attitudes et des actions, considérées comme légitimes pour tous, qui peuvent reposer sur les attentes de la société en ce qui concerne les minorités et les immigrants dans cette société. D'un côté, les personnes en faveur de l'intégration souhaitent que toutes les personnes s'intègrent dans un creuset culturel. D'un autre côté, les pluralistes estiment que la différentiation et la multitude des sous-identités constituent le droit légitime des minorités. Des questions se posent au sujet des droits des membres d'une société de transformer leur diversité religieuse et politique en un pluralisme ethnique. Au Canada, un tel droit légitime est étendu aux deux peuples fondateurs (britannique et français), et en 1982, la CHARTE CANADIENNE DES DROITS ET LIBERTÉS accorde aussi plus de droits aux autres groupes.

John Hagan (1977) ne relève que quatre dénotations des termes préjugés et discrimination dans la documentation canadienne (traitement différentiel, traitement préjudiciable, traitement défavorable et négation du désir) qui constituent plutôt un continuum utile. La différentiation représente la prédisposition aux préjugés, alors que le traitement défavorable représente des formes flagrantes de discrimination. Le traitement différentiel peut constituer une prédisposition à la discrimination, surtout parce que les Canadiens tiennent à un idéal de droit à un traitement égalitaire dans une société démocratique. Le traitement préjudiciable est perçu comme une prédisposition négative au comportement qui conduit à la discrimination. Le préjugé est un jugement antérieur pour autant qu'on admette que des opinions préconçues sont vraies avant de les avoir évaluées. La négation du désir peut être une forme de discrimination si on suppose que toute personne peut obtenir l'égalité de traitement et la liberté de choix. On présume que ceux qui cherchent une plus grande liberté et plus d'égalité subissent la discrimination si on leur refuse des occasions d'emploi, si on ne leur donne pas entière liberté en matière de logement ou s'ils n'ont pas accès aux activités de loisirs et institutionnelles. Le traitement défavorable représente une forme nette de discrimination. Celle-ci se produit quand la victime des préjugés est placée dans certaines conditions défavorables non méritées. On peut définir la discrimination comme le traitement injurieux réel de personnes pour des motifs non pertinents sur le plan rationnel.

Changement d'attitude envers les minorités

Au moyen de trois sondages à l'échelle nationale, Berry, Bibby and Reid analysent les attitudes des Canadiens entre les années 70 et 90, au moment où la proportion de minorités visibles double au Canada, passant de 5 à 10 p. 100 de la population totale. En 1976, cinq ans après que Trudeau a déclaré le Canada pays multiculturel, John Berry, Rudolf Kalin et Donald Taylor publient *Multiculturalism and Ethnic Attitudes in Canada*, une étude menée sur une période de trois ans dans laquelle les auteurs analysent l'étendue du soutien au multiculturalisme.

Berry et coll. (1977) classent les 26 groupes ethniques et raciaux en demandant au groupe échantillon national d'évaluer chacun de ces groupes ethniques au moyen de critères spécifiques. Selon les résultats représentatifs, les Japonais se classent au 8e rang et il s'agit du seul groupe de minorité visible dans la moitié supérieure du classement. On trouve les cinq autres groupes dans la moitié inférieure : les Antillais (16e), les Chinois (21e), les Amérindiens (24e), les Noirs (25e) et les Indiens orientaux (26e). Il est clair que les répondants ont peu d'estime pour la majorité des minorités visibles.

En 1991, le groupe Angus Reid entreprend une enquête par sondage au niveau national afin de savoir jusqu'à quel point les Canadiens sont en faveur de la diversité. Il constate qu'une grande majorité de Canadiens sont en faveur d'une politique gouvernementale qui favorise l'égalité et la garantie, élimine la discrimination raciale dans l'éducation, dans les soins de santé et le système judiciaire, aide la police à améliorer ses services ainsi que les nouveaux immigrants à acquérir des habiletés pour s'intégrer. La grande majorité est aussi en faveur d'activités à l'appui telle que l'élaboration de manuels scolaires. Elle reconnaît que la diversité est acceptable et qu'il faut aider les organisations à refléter la diversité canadienne. L'enquête Reid demande aussi aux personnes interrogées quelle est leur perception des immigrants récents faisant partie d'une liste de 13 groupes. Quelque 70 à 80 p. 100 sont à l'aise à l'égard de six groupes de Blancs européens et les deux tiers se disent très à l'aise par rapport aux Chinois, aux Juifs ainsi qu'aux Antillais de race noire. Toutefois, seulement une petite majorité a les mêmes sentiments à l'égard des Arabes, des musulmans, des Indo-Pakistanais et des Sikhs, qui appartiennent clairement à des minorités visibles ethniques et religieuses. De 10 à 20 p. 100 sont mal à l'aise par rapport à ces quatre derniers groupes. Ces chiffres sont le reflet d'un malaise qui augmente nettement lorsque les personnes témoignent de sentiments prêts aux deux groupes fondateurs européens blancs au sujet des autres minorités visibles asiatiques et africaines.

Reginald Bibby dirige cinq enquêtes, soit en 1975, en 1980, en 1985, en 1990 et en 1995. En 1985, il demande à son groupe échantillon national de Canadiens s'ils préfèrent le modèle de la mosaïque ou celui du creuset. Si plus de la moitié (56 p. 100) préfère le modèle de la mosaïque, un quart (27 p. 100) aime mieux celui du creuset. Toutefois, en 1995, l'attrait pour la mosaïque diminue (44 p. 100) et le soutien pour le creuset (40 p. 100) est presque aussi élevé. Bibby constate qu'en 1975, une grande majorité de Canadiens sont à l'aise à l'égard des Juifs, des Amérindiens, des Orientaux et des Noirs, et cette tendance augmente légèrement en 1995.

Perception de la discrimination à l'échelle nationale

Reginald Bibby pose aussi la question suivante: «Pensez-vous qu'il existe de la discrimination raciale et culturelle envers certains groupes de votre communauté ?». Il constate qu'en 1980, près de la moitié des répondants pense que certains groupes sont victimes de discrimination tandis qu'en 1995, deux tiers des gens le croient. Des résidants de toutes les régions, sauf de la Colombie-Britannique, témoignent d'une discrimination accrue à partir de 1980.

Bibby constate aussi une augmentation graduelle du nombre de personnes qui approuvent les mariages mixtes, passant de 57 p. 100 en 1975, pour ceux qui approuvent les mariages entre les Blancs et les Noirs, à 81 p. 100 en 1995. En 1975, les trois quarts des répondants approuvent les mariages entre Blancs et Amérindiens, chiffre qui augmente à 84 p. 100 en 1995. Deux tiers approuvent les mariages entre Blancs et Asiatiques, chiffre qui augmente aussi et atteint 83 p. 100 en 1995. Le nombre de ceux qui approuvent les mariages de membres de différentes religions est plus élevé en 1995 qu'en 1975, passant de 78 à 86 p. 100, et ces chiffres augmentent même plus puisque environ 9 personnes sur 10 approuvent les mariages entre catholiques, protestants et juifs.

En plus des recherches quantitatives, une recherche conceptuelle de plus en plus qualitative est faite dans les années 80 et 90. Frances Henry (1973), Wilson Head (1975, 1981) et Daniel Hill (1981) commencent des études sur les Noirs. Subhas Ramcharan (1982) publie les résultats d'une recherche sur le racisme des non-Blancs. En 1977, John Hagan amorce une analyse conceptuelle des préjugés et de la discrimination, suivi par John Berry et coll. (1977) ainsi que Leo Driedger et coll. (1981, 1984). Ces premières recherches des années 70 et 80 mènent aux nombreuses publications de Frances Henry et coll. (1984, 1994, 1995), Evelyn Kallen et coll. (1974, 1982, 1995), Peter Li et coll. (1983, 1988a, 1988b), Karl James (1990, 1992) et beaucoup d'autres auteurs sur les préjugés, la discrimination et le racisme. La diversité ethnique et raciale de la population canadienne est devenue un terrain fertile pour accroître la recherche, comme le démontre le Conseil de recherches en sciences humaines (CRSH) en allouant 8 millions de dollars pour une recherche d'une durée de plus de 6 ans sur l'immigration canadienne centrée à Toronto, à Montréal, à Vancouver et à Edmonton, qui se terminera au cours du prochain millénaire. (*Voir* ETHNIES, ÉTUDES SUR LES; RELATIONS INTERCULTURELLES.)

Leo Driedger

Prêle PLANTE vivace, du genre *Equisetum*, seul représentant vivant de la classe primitive des Sphénopsides, dont certains membres de la taille d'un arbre étaient dominants dans la végétation terrestre de l'ère du Carbonifère (il y a de 353 à 300 millions d'années).

Structure Les tiges sont généralement creuses, possèdent des gaines cylindriques de feuilles réduites aux nœuds, et poussent à partir de rhizomes (tiges souterraines). Lorsque présentes, les ramifications sont souvent en verticilles aux nœuds. Les entrenœuds sont souvent divisés horizontalement, et ces divisions portent des excroissances ou des bandes contenant de la silice. Ce sont des herbacées ou des arbrisseaux qui dépassent rarement un mètre de haut.

Reproduction Les prêles montrent une alternance de générations (une phase sexuée suivie d'une phase asexuée), et à chaque génération correspond une plante indépendante. Les spores sont produits par les sporanges, formant parfois un cône terminal de fructification (appelé strobile) sur la tige fertile. Les spores germent, forment les plantes (prothalle) qui portent les anthéridies et les archégones (produisent respectivement les cellules reproductrices mâles et femelles). Le prothalle est de la génération sexuée. La fécondation de l'oosphère (ou «cellule reproductrice femelle»), et son développement subséquent, donne la plante que l'on connaît, la prêle, qui est de la génération asexuée.

Distribution et habitat Quinze espèces d'*Equisetum* (aire de distribution mondiale pour la plupart) et beaucoup d'hybrides stériles (certains largement répandus) existent présentement. On en trouve dix espèces au Canada: le prêle lisse (*E. laevigatum*), principalement dans les régions du centre; la queue de cheval géante (*E. telmateia*) sur la côte ouest et dans la VALLÉE DE L'OKANAGAN; la prêle des champs ou queue de renard (*E. arvense*) et la prêle panachée (*E. variegatum*) qu'on trouve dans tout le pays et loin au nord de la LIMITE DES ARBRES. Six autres espèces sont transcontinentales, mais ne se trouvent pas dans l'Arctique. La plupart des espèces poussent en milieu humide. La prêle des champs et la prêle d'hiver (*E. hyemale*) sont parfois considérées comme des PLANTES NUISIBLES.

Utilisation Les colons utilisaient les tiges riches en silice de ces espèces soit pour nettoyer, soit pour polir. On l'utilise encore pour polir le bois des instruments à vent. Au Canada, la prêle des champs est reconnue comme étant toxique pour le bétail.

W.J. Cody

Prématernelle En tant que composante de l'éducation de la petite enfance, elle se rapporte aux activités de groupe pour les enfants de trois et quatre ans et comprend les SERVICES DE GARDE de même que différents types de programmes éducatifs. Influencées par le travail des sœurs McMillan en Angleterre et par leur engagement à veiller à tous les aspects du développement de l'enfant, les prématernelles ont commencé à s'implanter en Amérique au début du XXe s.. Aujourd'hui, leur approche peut le mieux se décrire comme éclectique dans sa philosophie et se caractérise au Canada, comme ailleurs, par une grande diversité de fonctionnement, d'orientation et de parrainage. Toutefois, la participation de longue date des parents à la prématernelle se poursuit et illustre un aspect de son approche qui a alimenté la réflexion sur le rôle des parents dans le processus éducatif. (*Voir aussi* ÉDUCATION PRÉSCOLAIRE.)

Ellen M. Regan

Premier ministre, Cabinet du (CPM) C'est un organisme central qui prend de l'importance vers la fin des années 60. Il diffère des autres organismes centraux du fait que son personnel est constitué de nominations politiques temporaires plutôt que de fonctionnaires de carrière à temps plein, et du fait qu'il ne découle d'aucune disposition législative, son budget faisant partie des prévisions budgétaires du BUREAU DU CONSEIL PRIVÉ (BCP). Le premier ministre décide de l'organisation et du rôle du CPM, dont les fonctions découlent des responsabilités politiques du premier ministre à titre de chef de parti plutôt que de chef du gouvernement. En pratique, la distinction entre les deux aspects est cependant floue, ce qui permet alors au CPM d'empiéter sur le domaine plutôt administratif des autres ORGANISMES CENTRAUX.

Le CPM est notamment chargé de la liaison avec la presse, des relations publiques, de la correspondance volumineuse du premier ministre et du calendrier des allocutions de ce dernier. Il suggère des candidatures aux nombreuses nominations par décret, p. ex., la direction des SOCIÉTÉS DE LA COURONNE et les membres des commissions de réglementation, où la recommandation du premier ministre est essentielle et décisive. Le CPM reste en communication avec la direction du parti à l'extérieur du Parlement et au sein du caucus. D'une façon générale, il sert de poste d'écoute et de «gare de triage», déterminant quelles questions seront portées à l'attention du premier ministre et s'assurant que la bureaucratie ne perd pas de vue les dimensions politiques des décisions gouvernementales. Un conflit et un chevauchement peuvent survenir avec le Bureau du Conseil privé. L'accroissement du personnel et des fonctions du CPM, qui remonte au temps du premier ministre Pierre TRUDEAU, atteste l'ascendant croissant du premier ministre à titre de chef du gouvernement et de chef du parti, et les successeurs de Trudeau ont perpétué cet ascendant.

La tension inhérente au rôle lié au parti politique et le rôle consultatif en matière de politiques fait que le personnel du CPM est tantôt perçu comme

étant faible et incapable de fournir une orientation, tantôt comme étant trop puissant et envahissant le domaine des autres organismes centraux, notamment le BCP.

J.E. Hodgetts

Premier ministre fédéral C'est le responsable de l'exécutif en régime parlementaire et habituellement le chef du parti majoritaire à la CHAMBRE DES COMMUNES. En l'absence d'un parti majoritaire, le premier ministre est le chef du parti le plus susceptible de recevoir l'appui des autres partis à la Chambre. Au Canada, la désignation de «premier ministre» s'applique tant au chef du gouvernement fédéral qu'aux chefs des gouvernements provinciaux. Pour les distinguer, on ajoute «fédéral» ou «du Canada» dans le cas du «premier et provincial» ou le nom de la province dans le cas des autres (*voir* PREMIER MINISTRE PROVINCIAL).

Le premier ministre est, en principe, nommé par le GOUVERNEUR GÉNÉRAL, qui a peu de choix en la matière, sauf en cas de crise tel le décès du premier ministre en poste. Bien que la charge et les attributions ne soient définies dans aucun texte de loi ou document constitutionnel, le premier ministre a toujours été le personnage le plus puissant sur la scène politique canadienne. Il dirige son parti et en est le porte-parole. Une fois nommé à son poste, le premier ministre dispose d'un large éventail de nominations politiques (*voir* FAVORITISME) pour récompenser les fidèles du parti. C'est lui qui nomme et renvoie les membres du CABINET et répartit les responsabilités de ces derniers.

À titre de président du Cabinet, le premier ministre décide de l'ordre du jour et y dirige les discussions. Il désigne aussi les membres des comités du Cabinet. Pour ces raisons, auxquelles s'ajoute le principe de la solidarité du parti, le premier ministre exerce une grande influence sur les activités et l'ordre du jour du PARLEMENT. Il entretient aussi une relation privilégiée avec la COURONNE, puisqu'il est le seul à conseiller au gouverneur général de dissoudre le Parlement et à déclencher les élections. Ces dernières années, le premier ministre dispose d'un personnel particulier de son choix pour le conseiller en matière de politiques. Il peut ainsi influer directement sur les discussions en matière de politiques et les décisions prises par les comités, ce qui rend très peu probable l'adoption d'une politique proposée qui n'aurait pas reçu son assentiment.

Par contre, les pouvoirs du premier ministre se voient limiter par les réalités politiques, diverses conventions et la CONSTITUTION. Le premier ministre doit toujours veiller à n'offusquer aucune région du pays et doit savoir réconcilier les diverses factions au sein du parti, du Cabinet et à la grandeur du Canada. Il doit aussi pouvoir déléguer tout en gardant les rênes en main. Le tout exige de rares qualités, et peu de premiers ministres ont su les réunir toutes. La résidence officielle du premier ministre du Canada est située au 24, PROMENADE SUSSEX, à Ottawa.

W.A. Matheson

Premier ministre provincial Le ministre qui dirige un gouvernement provincial porte ce titre. Sa charge ressemble à celle du PREMIER MINISTRE FÉDÉRAL, s'inscrivant dans le même cadre de gouvernement par CABINET. Le premier ministre d'une province domine de façon évidente l'orientation politique et la gestion de son gouvernement. Il est à tous égards le chef des ministres provinciaux.

Les LIEUTENANTS-GOUVERNEURS, représentants de la Couronne dans les provinces, n'exercent ordinairement leurs pouvoirs constitutionnels que sur l'avis du premier ministre provincial. En conséquence, les autres ministres provinciaux doivent leur poste au premier ministre provincial et peuvent être démis de leurs fonctions ou mutés à d'autres ministères à la discrétion du premier ministre provincial. Les intérêts du parti ou d'autres facteurs socio-politiques peuvent dicter le choix des

collègues du Cabinet, mais c'est le premier ministre provincial qui en décide la composition exacte. Un premier ministre provincial peut détenir un portefeuille de ministre en plus du titre de président du Conseil exécutif. Sa position dominante est partout rehaussée par le nombre accru de conseillers en communications et en politiques d'intérêt public qui font partie de son cabinet personnel. En général, la nomination des directeurs des sociétés publiques et celle des sous-ministres, qui sont les directeurs administratifs des ministères, requiert aussi l'approbation du premier ministre provincial.

Le premier ministre provincial dirige la conduite et les décisions du Cabinet et parle au nom du gouvernement, sans égard aux attributions ministérielles des autres ministres. Des réformes gouvernementales radicales comme celles de l'Alberta et de l'Ontario pendant les années 90 sont donc à jamais indissociables des premiers ministres Ralph KLEIN et Mike HARRIS. Les élections générales provinciales ne sont pas déclenchées sans qu'il ait eu des discussions au Cabinet ou conseil des ministres, mais le lieutenant-gouverneur ne dissout l'Assemblée législative que sur l'avis du premier ministre provincial.

En plus de l'autorité qu'il détient en tant que chef du gouvernement, le premier ministre provincial possède d'autres sources de puissance en tant que chef du parti politique au pouvoir. Pour devenir premier ministre provincial, le candidat doit d'abord être nommé chef du parti à l'épreuve de la course à la direction. Il s'assure ainsi, au sein du parti, un bassin d'influence qu'aucun autre membre du parti ne vient près d'égaler. Puisque son image en tant que chef du parti est un facteur déterminant du comportement de l'électorat, son prestige de chef est rehaussé par la victoire électorale qui porte un parti au pouvoir. Des victoires successives renforcent encore ce bassin d'influence.

L'importance accrue des RELATIONS FÉDÉRALES-PROVINCIALES augmente aussi le prestige personnel des premiers ministres provinciaux. Grâce aux rencontres intergouvernementales des premiers ministres provinciaux, qui portent sur toutes sortes de questions d'intérêt public, des premiers ministres comme Frank MCKENNA, du Nouveau-Brunswick, et Roy ROMANOW, de la Saskatchewan, sont connus par plus de gens d'autres provinces que de leur propre province. La participation aux missions commerciales internationales d'«Équipe Canada» et les initiatives commerciales personnelles mettent aussi en évidence les premiers ministres provinciaux.

Ces sources d'autorité et de prestige ne font que créer des conditions favorables à ce que le premier ministre provincial exerce une direction autoritaire et centralise le pouvoir. Beaucoup de premiers ministres provinciaux ont été qualifiés d'autocrates, mais l'exploitation de ces conditions favorables dépend en grande partie du désir et de la capacité de chaque premier ministre provincial d'accaparer les pouvoirs de sa charge. Le contexte politique peut amener certains premiers ministres provinciaux à vouloir monopoliser davantage le pouvoir.

Norman J. Ruff

Première armée canadienne Composée de quelque 170 000 hommes regroupés en deux corps (cinq divisions et deux brigades blindées), elle est constituée outre-mer en 1942, sous le commandement du lieutenant-général A.G.L. MCNAUGHTON. McNaughton souhaite garder l'armée unifiée afin de mener l'assaut par-delà la Manche, au nord-ouest de l'Europe. Au lieu de cela, en 1943, le gouvernement canadien détache le Premier Corps d'armée canadien du commandement de McNaughton, afin de l'engager dans la campagne d'Italie pour que les troupes canadiennes gagnent de l'expérience au combat. Étant donné qu'au pays, on accorde beaucoup d'importance à l'existence d'une armée canadienne distincte, des formations alliées sont rattachées à la Première armée canadienne pour lui permettre de conserver son niveau d'effectifs.

En conséquence, lorsque la Première armée canadienne, alors sous le commandement du lieutenant-général H.D.G. CRERAR, se lance dans la bataille sur le flanc gauche en France, en Belgique et en Hollande, dégageant les côtes de la Manche après le DÉBARQUEMENT DE NORMANDIE, elle compte plus de militaires alliés parmi ses troupes que de militaires canadiens. C'est en mars 1945, à la suite de la BATAILLE DU RHIN, que l'équilibre se rétablit, lorsque les troupes canadiennes préalablement déployées en Italie rejoignent la Première armée canadienne pour la LIBÉRATION DES PAYS-BAS. (*Voir aussi* BATAILLE D'ORTONA; SECONDE GUERRE MONDIALE.)

Stephen Harris

Première Guerre mondiale L'ultimatum de la Grande-Bretagne, enjoignant à l'Allemagne de se retirer de la Belgique, expire le 4 août 1914. L'Empire britannique, dont le Canada fait partie, est en guerre contre les empires allemand et austro-hongrois. Ses alliés sont la Serbie, la Russie et la France. Avant la guerre, l'armée régulière du Canada ne compte que 3000 hommes, mais 60 000 miliciens s'entraînent depuis 1913. La plupart des provinces, y compris le Québec, insistent sur l'entraînement militaire dans les écoles, et les dépenses affectées à la défense ont sextuplé depuis 1897.

Guerre et économie Au début, la guerre fait l'unanimité au Canada. L'opposition libérale presse le gouvernement conservateur du premier ministre fédéral, sir Robert BORDEN, de s'attribuer les pouvoirs très vastes prévus dans la nouvelle LOI DES MESURES DE GUERRE. Le ministre de la Milice, Sam HUGHES, demande 25 000 volontaires prêts à s'entraîner au nouveau camp de Valcartier, près de Québec. Il s'en présente environ 33 000. Le 3 octobre, le premier contingent embarque pour l'Angleterre. L'effort de guerre du Canada est dû en grande partie à l'initiative des volontaires: le Fonds patriotique canadien recueille de l'argent pour aider les familles des militaires; la Commission des hôpitaux militaires s'occupe des malades et des blessés; les Églises, les organismes de bienfaisance, les organisations féminines et la Croix-Rouge s'ingénient à «faire leur petite part» pour l'effort de guerre. Dans leur ferveur patriotique, des Canadiens réclament que les Allemands et les Autrichiens installés au pays soient privés de leur emploi et internés (*voir* INTERNEMENT) et poussent Berlin (Ontario) à changer de nom pour devenir Kitchener.

Au début, la guerre nuit à une économie chancelante, faisant augmenter le chômage et rendant le financement difficile à obtenir pour les nouvelles compagnies de chemin de fer transcontinental déjà criblées de dettes, soit le Chemin de fer Canadien du Nord et le Grand Trunk Pacific Railway. En 1915, les dépenses militaires sont aussi élevées que les dépenses totales du gouvernement en 1913. Le ministre des Finances, Thomas White, s'oppose à une hausse des taxes. Puisque la Grande-Bretagne n'a pas les moyens de prêter au Canada, White s'adresse aux États-Unis.

Cependant, même s'il croit que les Canadiens ne voudront jamais prêter de l'argent à leur propre gouvernement, White est forcé de prendre le risque de s'adresser à eux. En 1915, il leur demande 50 millions de dollars et il obtient 100 millions. En 1917, la campagne d'emprunts de la Victoire du gouvernement permet de recueillir pour la première fois d'énormes sommes d'argent provenant des gens ordinaires. L'effort de guerre du Canada est donc financé surtout par des emprunts. De 1913 à 1918, la dette nationale passe de 463 millions à 2,46 milliards de dollars.

Le fardeau économique du Canada serait accablant sans d'énormes exportations de blé, de bois et de munitions. Une année de mauvaises récoltes avant la guerre avait prévenu les fermiers des Prairies que

d'autres sécheresses viendraient, mais une récolte exceptionnelle en 1915 et une flambée des prix font oublier la prudence. Comme de nombreux ouvriers agricoles se sont enrôlés dans l'armée, les fermiers commencent à se plaindre d'une pénurie de main-d'œuvre. On espère que les usines qui étaient fermées à cause de la récession tireront profit de la guerre. Les fabricants forment un Comité des obus, obtiennent des contrats de fabrication de munitions pour l'artillerie britannique et créent une toute nouvelle industrie, mais non sans difficultés. Le total des commandes jusqu'à l'été 1915 s'élève à 170 millions de dollars, mais le comité n'a livré que 5,5 millions de dollars d'obus. Le gouvernement britannique insiste pour que l'entreprise soit réorganisée, et c'est ainsi qu'est constituée la COMMISSION IMPÉRIALE DES MUNITIONS, qui est un organisme britannique au Canada, même si son directeur compétent et dynamique, Joseph FLAVELLE, est un Canadien. En 1917, Flavelle a fait de cette commission la plus grande entreprise du Canada, avec 250 000 travailleurs. Les Britanniques cessent alors de s'approvisionner au Canada, mais Flavelle négocie de nouveaux contrats énormes avec les Américains, qui se sont engagés dans la guerre.

Les chômeurs s'enrôlent en grand nombre en 1914 et en 1915. Le recrutement, organisé par les régiments de milice formés avant la guerre et par des organisations communautaires, ne coûte rien au gouvernement. À la fin de 1914, le CORPS EXPÉDITIONNAIRE CANADIEN vise un objectif de 50 000 militaires. À l'été 1915, l'effectif approuvé atteint 150 000 militaires. Pendant l'été, le premier ministre Borden visite l'Angleterre et est renversé par l'ampleur de la guerre. Pour donner aux Britanniques un exemple de zèle, Borden promet, dans son message du Nouvel An de 1916, l'envoi de 500 000 militaires sur une population canadienne d'à peine 8 millions. À cette date, il n'y a presque plus de volontaires. Les premiers contingents étaient formés surtout d'immigrants britanniques arrivés depuis peu. Les recrutements de 1915 ont attiré la plupart des Canadiens de naissance qui étaient disposés à partir. Le total de 330 000 ainsi atteint est impressionnant, mais insuffisant.

Les méthodes de recrutement se font pressantes au point de semer la division. Le clergé prêche sur les devoirs des chrétiens, les femmes portent des insignes proclamant que ceux qui ne tricotent pas doivent combattre, et un nombre grandissant de Canadiens anglais se plaignent que les Canadiens français ne font pas leur part. Ce n'est pas étonnant, peu d'entre eux sont profondément attachés à la France ou à l'Angleterre. Les rares Canadiens français qui font partie du gouvernement Borden se sont fait élire en 1911 en s'opposant à l'impérialisme. Henri BOURASSA, chef et porte-parole des nationalistes québécois, approuve d'abord la guerre, mais se met bientôt à répéter que les vrais ennemis du Canada français ne sont pas les Allemands, mais «les anglicisateurs canadiens-anglais, les intrigants de l'Ontario et les prêtres irlandais» qui travaillent à abolir l'éducation en français dans les provinces anglophones. Au Québec et partout au Canada, le chômage a fait place à des salaires élevés et à une pénurie de main-d'œuvre. Il est donc financièrement avantageux de demeurer au pays.

Organisation du Corps expéditionnaire canadien Les Canadiens du Corps expéditionnaire sont intégrés à l'armée britannique. En tant que ministre de la Milice, Hughes insiste pour choisir les officiers et pour garder le FUSIL ROSS, fabriqué au Canada. L'armée canadienne est très désavantagée parce que le fusil a de graves défauts et que certaines personnes choisies par Hughes sont des favoris incompétents. La méthode de recrutement consiste à former des centaines de nouveaux bataillons, de sorte que la plupart d'entre eux sont dissous dès leur arrivée en Angleterre, laissant pour compte un grand nombre d'officiers supérieurs mécontents. Hughes croit que

les Canadiens ont naturellement l'étoffe des militaires, mais en pratique, ils ont bon nombre de leçons coûteuses à apprendre, et ils le font avec courage et abnégation.

À la deuxième BATAILLE D'YPRES, en avril 1915, la 1re Division du Canada, inexpérimentée, perd 6036 hommes, et la Princess Patricia's Canadian Light Infantry en perd 678. Les troupes se débarrassent de leurs fusils Ross défectueux. Aux cratères de Saint-Éloi, en 1916, la 2e Division subit un revers pénible parce que ses officiers supérieurs n'arrivent pas à repérer leurs hommes. En juin, la 3e Division est écrasée au MONT SORREL. La position est cependant reprise par la 1re Division, maintenant aguerrie. L'épreuve de la bataille élimine les officiers incapables et montre aux survivants que l'organisation, la préparation et la discipline sont essentielles.

Les Canadiens ne participent pas aux premières BATAILLES DE LA SOMME à l'été 1916. Un corps terre-neuvien distinct, le 1er Newfoundland Regiment, est anéanti à Beaumont-Hamel pendant la désastreuse première journée, le 1er juillet. Lorsque les Canadiens s'engagent dans la bataille, le 30 août, leur expérience aident à faire des progrès limités, mais les pertes sont lourdes. À la fin de la bataille, le Corps canadien dispose de tout son effectif, soit quatre divisions.

La confusion embarrassante qui règne dans l'administration canadienne en Angleterre et la répugnance de Hughes à destituer ses favoris forcent le gouvernement Borden à établir à Londres une organisation distincte, le MINISTÈRE DES FORCES ARMÉES OUTRE-MER, chargée de diriger le Corps expéditionnaire à l'étranger. Hughes n'a plus guère de pouvoir et démissionne en novembre 1916. La loi qui crée le nouveau ministère spécifie que le Corps expéditionnaire est désormais une organisation militaire canadienne, quoique ses relations quotidiennes avec l'armée britannique ne se modifient pas immédiatement. Deux ministres, sir George PERLEY, puis sir Edward Kemp, réforment graduellement l'administration d'outre-mer et accroissent l'autorité réelle du Canada sur le Corps expéditionnaire.

Bien que la plupart des troupes appartiennent au Corps canadien ou à une brigade de cavalerie canadienne distincte sur le front occidental, on trouve des Canadiens dans presque tous les aspects de l'effort de guerre des Alliés. De jeunes Canadiens se sont entraînés (à leurs propres frais au début) pour devenir pilotes dans les services aériens britanniques. En 1917, le ROYAL FLYING CORPS ouvre des écoles au Canada. Lorsque la guerre se termine, presque le quart des pilotes de l'Aviation royale sont des Canadiens. Deux d'entre eux, les majors William A. BISHOP et Raymond COLLISHAW, sont parmi les as pilotes de guerre. La formation d'une aviation canadienne indépendante est autorisée pendant les derniers mois de la guerre. Des Canadiens servent aussi dans la Marine royale, et le tout petit service naval canadien organise une patrouille sous-marine côtière.

Des milliers de Canadiens coupent des arbres en Écosse et en France, en plus de construire et de faire fonctionner la plupart des lignes de chemins de fer derrière le front britannique. D'autres pilotent des bateaux à vapeur sur le Tigre, soignent les blessés à Thessalonique (Grèce) et luttent contre les bolcheviks à Arkhangelsk et à Bakou (*voir* GUERRE CIVILE RUSSE, INTERVENTION DU CANADA DANS LA).

Les stratèges britanniques et français déplorent que des forces soient ainsi détournées de l'effort déployé sur le front occidental. C'est là qu'il faut faire la guerre, contre le gros des forces allemandes. Le Corps canadien, habitué aux batailles, apporte une contribution importante à la guerre d'usure. Son habileté et son entraînement sont mis à l'épreuve la fin de semaine de Pâques 1917, lorsque les quatre divisions sont envoyées attaquer la CRÊTE DE VIMY, apparemment inexpugnable. Des semaines de combats simulés, de stockage d'approvisionnements et de bombardements portent fruit. Au bout de cinq jours, le poste est capturé.

L'habile commandant britannique du corps, le lieutenant-général sir Julian BYNG, obtient une promotion. Son successeur est un Canadien, le lieutenant-général sir Arthur CURRIE, qui reprend les méthodes de Byng et les améliore. Au lieu d'attaquer Lens à l'été 1917, Currie capture la CÔTE 70 à proximité et utilise l'artillerie pour détruire les vagues successives de contre-attaque allemande. Il est un subordonné de plus en plus indépendant et discute les ordres, mais il ne peut pas les refuser. Lorsqu'il reçoit l'ordre d'achever la désastreuse offensive britannique de PASSCHENDAELE en octobre 1917, Currie avertit ses supérieurs qu'il y perdra 16 000 de ses 20 000 hommes et insiste pour avoir du temps pour se préparer. La victoire canadienne sur l'horrible bourbier que constitue le champ de bataille se solde par 15 654 militaires morts ou blessés.

Conscription L'année précédente, même les ligues patriotiques admettaient l'échec du recrutement volontaire. Des chefs d'entreprise, des protestants et des anglophones catholiques comme l'évêque Michael FALLON se mettent à critiquer le Canada français. Face à des pressions de plus en plus fortes en faveur de la conscription, le gouvernement Borden fait un compromis en instituant, en août 1916, un programme d'inscription nationale. Un important fabricant de Montréal, Arthur Mignault, est chargé du recrutement au Québec, et des fonds publics sont fournis pour la première fois. Une dernière tentative pour lever un bataillon canadien-français, le 14e des 258 bataillons du Corps expéditionnaire, échoue en 1917.

Jusqu'en 1917, Borden n'en sait pas plus que les journalistes sur la guerre et sur la stratégie des Alliés. La manière dont les Britanniques mènent la guerre le préoccupe, mais il s'applique, en 1916, à améliorer l'administration militaire canadienne et la production de munitions. En décembre 1916, David Lloyd George devient chef d'un nouveau gouvernement de coalition britannique entièrement voué à gagner la guerre. Un Canadien expatrié, Max AITKEN, contribue à organiser les changements. Aux prises avec la méfiance des officiers et le fléchissement de l'effort de guerre, Lloyd George convoque à Londres les premiers ministres des dominions pour qu'ils puissent constater par eux-mêmes que les Alliés ont besoin d'un renfort de troupes. Le 2 mars, lorsque Borden rencontre les autres premiers ministres, la Russie est en déroute, l'armée française est au bord de la rébellion, et les sous-marins allemands privent la Grande-Bretagne de presque toutes ses sources d'approvisionnement.

Borden contribue largement à ce que les dominions soient admis à participer aux décisions et deviennent plus indépendants dans le monde de l'après-guerre. Des visites dans les camps et les hôpitaux canadiens le persuadent également que le Corps expéditionnaire a besoin de plus d'hommes. La victoire de la crête de Vimy, remportée pendant sa visite, inspire de la fierté à tous les Canadiens, mais elle a coûté 10 602 hommes, dont 3598 sont morts. Borden annule les projets visant à grossir le corps, mais, de retour au Canada, il est déterminé à imposer la conscription. Le 18 mai 1917, il informe les Canadiens de la nouvelle politique de son gouvernement. La promesse d'un contingent purement volontaire, faite en 1914, ne tient plus devant les événements.

Beaucoup de Canadiens anglophones, qu'ils soient fermiers, chefs syndicaux ou pacifistes, s'opposent à la conscription, mais ils ont peu de moyens d'expression. Au Canada français, l'opposition est presque unanime. Son porte-parole, Henri Bourassa, soutient que le Canada a suffisamment contribué, que le conflit en Europe ne sert en rien les intérêts du Canada et que les hommes sont plus utiles en produisant de la nourriture et des munitions. Borden estime que de tels arguments sont insensibles et matérialistes. Selon lui, le Canada se doit d'appuyer ses jeunes militaires, et la lutte des Alliés contre le militarisme prussien est une croisade pour la liberté. Les camps opposés sont irréconciliables. Pour réussir à imposer la conscription, Borden propose une coalition à Laurier. Le chef libéral refuse, convaincu que son parti peut maintenant défaire les conservateurs. Il craint aussi que le Québec ne soit balayé par le nationalisme de Bourassa s'il se joint à Borden. Laurier évalue mal ses appuis.

De nombreux libéraux anglophones conviennent en effet que la guerre est une croisade. Une vague de réformisme et d'esprit de sacrifice amène plusieurs provinces à accorder le droit de vote aux femmes et à interdire la vente et la consommation d'alcool (*voir* MOUVEMENT POUR LA TEMPÉRANCE). Bien qu'ils détestent les conservateurs, beaucoup de libéraux réformistes, comme l'Ontarien Newton Rowell, croient que Borden veut vraiment faire la guerre, mais pas Laurier. Borden se procure également deux appuis politiques. Le 20 septembre 1917, le Parlement accorde le droit de vote à tous les militaires, y compris ceux qui sont à l'étranger. Il accorde également le droit de vote aux femmes, aux mères et aux sœurs des militaires ainsi qu'aux femmes qui servent dans les Forces armées, et il l'enlève aux Canadiens originaires des pays ennemis qui sont devenus citoyens depuis 1902. Il fait ainsi augmenter fortement le vote en faveur de la conscription en plus de faire perdre aux libéraux beaucoup d'électeurs assurés. Le Parlement est dissous le 6 octobre, et cinq jours plus tard, Borden annonce un gouvernement d'union (ou de coalition) favorable à la conscription, la fin du favoritisme politique et le DROIT DE VOTE DES FEMMES sans restriction.

Huit des neuf provinces du Canada appuient le nouveau gouvernement, mais Laurier l'emporte au Québec, et de nombreux Libéraux partout au Canada lui restent fidèles. Borden et ses ministres doivent promettre maintes exemptions pour rendre la conscription acceptable. Le 17 décembre, les candidats unionistes remportent 153 sièges et Laurier 82, mais, abstraction faite du vote des militaires, il n'y a que 100 000 voix d'écart entre les deux partis. La conscription n'est imposée que le 1er janvier 1918. La LOI DU SERVICE MILITAIRE laisse tellement de possibilités d'exemption et d'appel que, sur plus de 400 000 hommes appelés à s'enrôler, 380 510 interjettent appel. Le problème des effectifs persiste donc.

Phase finale En mars 1918, un désastre frappe les Alliés lorsque les armées allemandes transférées du front oriental au front occidental après l'effondrement de la Russie, en 1917, défoncent les lignes des Britanniques, dont la 5e armée est anéantie. Au Québec, des émeutes contre la conscription pendant la fin de semaine de Pâques font quatre morts. Le nouveau gouvernement de Borden annule toutes les exemptions, et beaucoup de gens qui ont voté pour les unionistes en croyant que leurs fils seraient exemptés se sentent trahis.

La guerre entre dans sa phase finale, qui est très pénible. L'EXPLOSION D'HALIFAX, le 6 décembre 1917, fait plus de 1600 morts et est suivie de la pire tempête de neige depuis des années. Dans l'ensemble du pays, les emprunts massifs du ministre des Finances, sir Thomas White, finissent par déclencher une inflation galopante. Les travailleurs se syndiquent et font la grève pour avoir de meilleurs salaires. Les contrôleurs des vivres et des carburants en sont venus à préconiser la conservation, réclament une production accrue et envoient des agents pourchasser les accapareurs. Les pressions du public en faveur d'une «conscription de la richesse» amènent White à imposer en avril 1917, bien malgré lui, une taxe sur les profits d'affaires et un impôt de guerre sur le revenu. Une loi contre la «fainéantise» menace de prison tout homme qui n'a pas un emploi rémunérateur. La police fédérale reçoit l'ordre de traquer les fauteurs de sédition. Les partis socialistes et les syndicats radicaux sont interdits ainsi que les journaux publiés dans des langues «ennemies». Les Canadiens apprennent à se plier à des mesures sans précédent d'ingérence et de contrôle gouvernementaux dans leur vie quotidienne. Face aux pénuries de nourriture et de carburant, on instaure les «vendredis sans viande» et les «dimanches sans carburant».

Dans d'autres pays en guerre, l'épuisement et le désespoir sont bien plus graves encore. Les Alliés du front occidental sont au bord de la défaite, mais le Corps canadien échappe aux offensives allemandes successives. Sir Arthur Currie insiste pour qu'il demeure unifié. La 5e Division canadienne, retenue en Angleterre depuis 1916, est finalement dissoute pour fournir des renforts. Lorsque Borden se rend en Angleterre au printemps 1918, le Corps canadien, pour sa taille, est la formation la plus forte du front britannique. Borden est furieux de l'ineptie avec laquelle la guerre est dirigée et fulmine contre les pertes inutiles de Passchendaele, mais il admet qu'il faudrait ménager l'armée et la reconstruire en vue d'une victoire qui pourrait se faire attendre jusqu'en 1920. Selon lui, il faut reconstituer le front russe, et il est obligé d'offrir des troupes canadiennes pour aider la Grande-Bretagne à tenter de renverser le nouveau gouvernement bolchevique.

Pour aider à rétablir la ligne alliée, les Canadiens et les Australiens déclenchent une attaque près d'Amiens le 8 août 1918 (*voir* BATAILLE D'AMIENS). Grâce à des tactiques de choc faisant intervenir les avions, les chars d'assaut et l'infanterie, ils pulvérisent la ligne allemande. Lorsque la résistance devient plus forte, Currie est l'un de ceux qui conseillent de changer de cible. En septembre et au début d'octobre, les Canadiens attaquent à maintes reprises, subissant de lourdes pertes, mais faisant des progrès qui semblaient impossibles. Les Allemands combattent avec habileté et courage jusqu'à Mons, petite ville belge où les Canadiens livrent leur dernière bataille, qui se termine à 11 h 00, heure de Greenwich, le 11 novembre 1918. La guerre se termine officiellement par la signature du TRAITÉ DE VERSAILLES, le 28 juin 1919.

Le Corps expéditionnaire compte 60 661 hommes morts au combat. Beaucoup d'autres, à leur retour au pays, sont diminués physiquement ou psychologiquement. À l'automne 1918, presque autant de Canadiens meurent d'une épidémie mondiale de grippe. Les deux épreuves frappent durement la jeunesse. Les survivants constatent que la guerre a bouleversé presque tous les aspects de la vie au Canada, de la longueur des jupes à la valeur du dollar. Les gouvernements se sont dotés de pouvoirs qu'ils ne voudront jamais abandonner. L'impôt sur le revenu est maintenu après la guerre ainsi que les entités gouvernementales qui deviendront plus tard le MINISTÈRE DES ANCIENS COMBATTANTS et le ministère des Pensions et de la Santé nationale.

À l'étranger, les militaires canadiens ont lutté pour se libérer de la tutelle britannique et ont effectivement obtenu un degré d'autonomie considérable. Les rêves de fédération impériale qu'on entretenait avant la guerre s'évanouissent après ce qu'a vécu Borden en 1917 et en 1918. Comme récompense directe pour ses sacrifices, le Canada obtient une présence discrète à la conférence de Versailles et un siège à la nouvelle SOCIÉTÉ DES NATIONS. Toutefois, les profondes divisions créées entre francophones et anglophones par la guerre et surtout par la crise de la CONSCRIPTION en 1917 amènent le Canada de l'après-guerre à craindre d'assumer des responsabilités internationales. Les Canadiens ont fait de grandes choses pendant la guerre, mais pas ensemble.

Desmond Morton

Premières nations Au Canada, c'est le terme utilisé par les populations autochtones ou indigènes pour désigner les INDIENS. Il inclut parfois les MÉTIS et les INUITS. La terminologie qui s'applique aux

AUTOCHTONES ou aux indigènes est complexe et ne correspond pas toujours aux termes que ces derniers utiliseraient. Le mot «Indien» désigne soit un membre d'une population autochtone de l'hémisphère occidental (excluant les Inuits et les Métis), soit un Indien tel que défini dans la LOI SUR LES INDIENS. Durant les années 70, le terme «Inuit» remplace le terme «ESQUIMAU» et désigne les populations du nord du Canada, de l'Alaska, du Grœnland et de l'est de la Sibérie. Les Métis, quant à eux, sont des autochtones d'ascendance mixte: Indien et Français, Indien et Anglais ou Indien et Écossais. Certains Métis se considèrent comme le seul vrai peuple autochtone ou «d'origine», car ils sont les seuls à avoir formé un nouveau groupe en Amérique du Nord.

De part le monde, ces peuples préfèrent souvent l'appellation plus large d'«autochtones» qui élimine la distinction entre «sang pur» et «sang mixte», une distinction importante pour les Métis. Le terme autochtone est aussi celui utilisé à l'article 35 de la *Loi constitutionnelle de 1982* et désigne les Indiens, les Inuits et les Métis du Canada.

Les autochtones se considèrent parfois comme un peuple indigène minoritaire et, jusqu'à 1980, comme un peuple du «quart monde». Ainsi, la Déclaration des Dénés de 1975 inclut-elle la phrase suivante: «Nous, les Dénés, faisons partie du quart monde» (*voir* DÉNÉE, NATION). Parmi les peuples du quart monde, figurent les Aborigènes d'Australie, les Maoris de Nouvelle-Zélande, les Aïnous du Japon, les Saamis des pays scandinaves et les populations indiennes d'Amérique Centrale et d'Amérique du Sud. Les minorités indigènes du quart monde se définissent comme un peuple sans pouvoir, exploité et colonisé, vivant dans les pays industrialisés, les pays du deuxième et du tiers monde; c.-à-d. dans les États-nations industrialisés, capitalistes, démocratiques, socialistes, communistes, en voie de développement et dans les pays en construction.

En 1980-1981, le Conseil mixte de l'ASSEMBLÉE DES PREMIÈRES NATIONS utilise le terme «Premières nations» pour la première fois dans la Déclaration des Premières nations. Premières nations fait souvent référence aux Amérindiens seulement. Symboliquement, le terme cherche à donner aux peuples autochtones, en quête d'autodétermination et d'autonomie gouvernementale, le statut de «premiers parmi les égaux» aux côtés des peuples fondateurs: les Anglais et les Français. Ce terme n'est pas utilisé par les autochtones qui vivent à l'extérieur du Canada.

René R. Gadacz

Prérogative royale de clémence Le cabinet fédéral a le pouvoir d'accorder la clémence à quiconque a été déclaré coupable d'une infraction criminelle. Le pardon peut être absolu ou conditionnel. Grâce au pardon absolu, la personne est réputée n'avoir jamais commis l'infraction pour laquelle elle a été condamnée. Les demandes de clémence sont reçues par le SOLLICITEUR GÉNÉRAL du Canada.

Vincent M. Del Buono

Prérogatives Elles sont définies comme «le reliquat de l'autorité discrétionnaire ou arbitraire que la COURONNE peut légalement exercer à un instant donné». Elles sont la consécration juridique d'usages qui se sont élaborés au cours des siècles. Le souverain les délègue au GOUVERNEUR GÉNÉRAL sur l'avis du Cabinet fédéral et aux lieutenants-gouverneurs par l'entremise du gouverneur général en conseil. Les prérogatives sont la nomination et le renvoi du premier ministre, la convocation, la prorogation et la dissolution du Parlement sur l'avis de l'exécutif, les usages parlementaires et les recours constitutionnels lors des situations imprévues comme une égalité des sièges aux élections ou le décès d'un premier ministre provincial.

Frank MacKinnon

Prescott, ville de l'Ont.; pop. 4480 (rec. 1996), 4512 (rec. 1991), 4583 (rec. 1986); superf. 4,09 km²;

const. en 1834; située à 18 km à l'est de Brockville, en bordure du fleuve Saint-Laurent. Prescott jouit d'un emplacement stratégique à la limite des eaux navigables en amont des anciens rapides du Saint-Laurent. Les Français érigent le Fort de Lévis à proximité en 1760. La ville est fondée en 1810 par des LOYALISTES sous les ordres du major Edward Jessup et nommée en l'honneur du gouverneur général Robert PRESCOTT.

Le fort Wellington a été construit au cours de la GUERRE DE 1812 et utilisé comme base pour attaquer Ogdensburg, dans l'État de New York. Le fortin (1838) a été remis en état et intégré au lieu historique national du Fort-Wellington. Le moulin à vent en pierre (1822) ayant servi de fort improvisé à des insurgés durant la sanglante Bataille du Moulin à vent a également été préservé. On trouve à Prescott des usines de fabrication de téléviseurs couleurs, de contenants en papier, de vêtements, de composants électroniques et de tuyaux en plastique. La ville a aussi son hebdomadaire, le *Prescott Journal*.

K.L. Morrison

Prescott, Robert, militaire et administrateur colonial (Lancashire, Angl., vers 1726—Rose Green, West Sussex, Angl., 21 déc. 1815). Il entre dans l'Armée britannique en 1745 et sert à Louisbourg en 1758 pendant la GUERRE DE SEPT ANS. Il est nommé aide-de-camp du général Jeffery AMHERST en 1759 et prend part à l'avance sur Montréal l'année suivante. Par la suite, il sert dans les Antilles durant la GUERRE D'INDÉPENDANCE AMÉRICAINE. Gouverneur de la Martinique pour une courte période (1794-1795), Prescott est nommé en 1796 gouverneur en chef des deux Canada, du Nouveau-Brunswick et de la Nouvelle-Écosse et commandant des forces de l'Amérique du Nord britannique, fonction qu'il exerce à partir d'avril 1797. Bien qu'il soit gouverneur en chef jusqu'en 1807, il ne passe que trois ans au Canada. Il est connu pour son entêtement et son irascibilité, mais n'est pas dénué de compétence. Toutefois, son attitude décidée et son bon jugement ne suffisent pas à l'aider à résoudre les difficultés auxquelles il fait face au BAS-CANADA, surtout celles touchant la question des terres. Il est rappelé en 1799.

David Evans

Présence des caméras de télévision dans la salle d'audience, La Les portes des tribunaux canadiens sont ouvertes à toute personne dès lors qu'il y de la place pour elle, si le tribunal ne se trouve pas trop loin et si elle peut trouver le temps de s'y rendre. Depuis des années, les organes de presse canadiens revendiquent le droit de téléviser les instances judiciaires. Certains tribunaux canadiens se sont prêtés à une couverture télévisée, mais il ne s'agit pas là d'une pratique courante.

La Cour suprême du Canada a autorisé la présence de caméras dans ses enceintes en 1981, pour téléviser sa décision dans le *Renvoi relatif au rapatriement de la Constitution canadienne*. Depuis le 2 mars 1993, elle a autorisé le reportage télévisé de trois causes, la première ayant trait à la déductibilité des dépenses liées aux frais de garde d'enfants d'une professionnelle (Symes); la deuxième, au droit au suicide assisté (Rodriguez); la troisième, à la déduction fiscale liée aux prestations alimentaires (Thibaudeau). Aujourd'hui, elle enregistre toutes les argumentations pour ses propres besoins et, parfois, à des fins pédagogiques.

En Ontario, un projet expérimental a été mené en 1982 par l'Association canadienne des directeurs de l'information en radiotélévision sous la surveillance du comité du juge en chef sur la magistrature et le barreau. Les procédures devant les tribunaux de tous les niveaux ont été enregistrées et ont servi à une série de reportages une semaine durant. Tous les intervenants ont trouvé que l'expérience avait été une réussite. Depuis lors, le service anglais de Radio-Canada a enregistré quelques procès devant les tribunaux de l'Ontario (un procès pour meurtre, une

partie d'une demande d'injonction dans une affaire relative à un avortement et la détermination de la peine dans une cause environnementale), à Terre-Neuve (un procès pour conduite en état d'ébriété présidé par le premier juge autochtone de la province), en Alberta (devant le Tribunal pour adolescents) et dans les Territoires du Nord-Ouest (six causes présidées par un juge de circuit).

Le 1er janvier 1995, la Cour d'appel fédérale a lancé un projet expérimental de deux ans portant sur la couverture de ses travaux par la presse électronique. Au cours de la première année, l'appel de la décision autorisant la construction du lien fixe entre l'Île-du-Prince-Édouard et le Nouveau-Brunswick a été télévisé. Le 1er janvier 1996, la Cour d'appel de la Nouvelle-Écosse a également amorcé un projet expérimental de deux ans. Au cours des premiers mois, trois causes ont été télévisées.

Au cours des dernières années, les médias canadiens ont télévisé les travaux de commissions royales, d'enquêtes publiques, les audiences des tribunaux des droits de la personne, les audiences en matière d'immigration, les audiences de commissions des valeurs mobilières et les audiences de commissions d'enquête des plaintes contre la police. Les travaux de plus de 20 commissions d'enquête et d'autres travaux ont été télévisés en tout ou en partie depuis le début des années 80. Parmi les exemples récents, on compte l'enquête sur l'affaire de la Somalie, à Ottawa, et l'enquête Westray, à Halifax. Des témoignages quotidiens ont été télévisés des années durant.

En 1987, dans son rapport sur la réforme judiciaire en Ontario, le juge Zuber a recommandé la réalisation d'un projet expérimental de deux ans dans les tribunaux de l'Ontario. Cette année-là, la Commission de réforme du droit du Canada et l'Association du Barreau canadien (ABC) ont mené des études indépendantes et ont recommandé l'accès immédiat des caméras aux juridictions d'appel et la réalisation d'un projet expérimental de deux ans au cours duquel la présence des caméras serait autorisée dans les tribunaux de première instance. Selon le comité de l'ABC chargé de l'étude, la caméra pourrait cesser de tourner à tout moment si le juge présidant le tribunal le jugeait nécessaire dans l'intérêt de la justice.

De son côté, le Conseil canadien de la magistrature s'est opposé à la présence des caméras dans les salles d'audience, après avoir voté sur la question en 1983, en 1988 et en 1995. Sa position actuelle est considérée uniquement comme une «recommandation».

La présence de caméras dans les tribunaux n'est pas une question nouvelle. Elle a été autorisée à une époque ou à une autre en Australie, en Chine, en France, en Israël, en Italie, dans les Pays-Bas, en Nouvelle-Zélande, en Norvège, en Russie, à Singapour, en Espagne et à la Cour européenne des droits de l'Homme. L'expérience la plus étendue à l'extérieur du Canada est sans contredit l'expérience américaine.

La présence des caméras est autorisée devant les tribunaux de 47 États et a été autorisée pendant trois ans dans des litiges civils choisis devant la Cour fédérale des États-Unis. Depuis juillet 1991, la chaîne CourTV diffuse des procès judiciaires en continu et, aujourd'hui, elle atteint plus de 15 millions de foyers. La couverture télévisée des procédures judiciaires a été massive et, même si le débat public porte particulièrement sur des cas individuels tels que l'affaire O.J. Simpson, l'affaire Menendez, l'affaire Bobbit et l'affaire W. Kennedy-Smith, des milliers de causes sont télévisées chaque année, à l'échelle locale, régionale et nationale.

Les partisans font valoir que la télévision constitue tout simplement un autre mode de diffusion de travaux publics. Les reportages par la presse électronique sont beaucoup plus justes et offrent à plus de personnes des renseignements de première main. Le fait de placer une seule caméra et un seul microphone dans la salle d'audience, du côté des banquettes publiques, sans éclairage supplémentaire ne nuit pas aux procédures, et la dignité et le décorum des procédures sont maintenus. Les témoins sont plus portés à dire la vérité, sachant que les téléspectateurs les observent. Pour ce qui est de certains témoins vulnérables, telles les plaignantes dans des causes d'agression sexuelle, il existe au Canada des interdictions de publication de tout renseignement qui permettrait de les identifier, et ces interdictions s'appliquent à toute forme de couverture médiatique, y compris la télévision. De leur côté, les avocats seront plus portés à très bien préparer et présenter leurs causes s'ils plaident à la télévision.

S'il y a des préoccupations à propos de l'anonymat des jurés, des règles peuvent être établies pour assurer que les caméras de télévision ne se tournent pas vers eux. Les partisans mentionnent un certain nombre d'études qui soutiennent leur position. L'une des plus récentes études scientifiques, publiée en 1990, a révélé que la présence de caméras dans les salles d'audience n'empêchait pas les témoins de se rappeler avec exactitude les détails d'un crime ou de communiquer efficacement et n'avait pas nui aux perceptions des jurés quant à la véracité des témoignages.

Ceux qui s'opposent à la présence de caméras dans les salles d'audience prétendent qu'il y a une plus grande tendance à jouer pour la galerie, et ils soulignent l'usage de clips «trompeurs» et «sensationnalistes» par les médias. Ils maintiennent que les médias ne sont pas intéressés à éduquer le public, mais plutôt à exploiter, à des fins commerciales, les tragédies privées de ceux qui sont forcés de se présenter au tribunal pour obtenir justice ou pour y participer. La publicité préjudiciable porte inévitablement atteinte à l'équité du procès. Les victimes hésiteront à signaler les crimes, de peur de devoir paraître à la télévision. La justice ne sera donc pas servie.

La plupart s'entendent pour dire que la couverture télévisée des procédures des juridictions d'appel ne fait pas problème. Les préoccupations touchent plutôt à la couverture télévisée des dépositions des témoins devant les tribunaux de première instance. La question qui se pose alors est de savoir si elle devrait être subordonnée au consentement des parties en cause et du témoin concerné. Selon les partisans d'une plus grande accessibilité, exiger le consentement, comme on le fait en Ontario, reviendrait pratiquement à réduire, sinon à éliminer, la couverture télévisée des procédures judiciaires. Ils font valoir que, bien que la position des participants puisse être prise en compte, il devrait appartenir au juge de décider si la présence des caméras doit être autorisée, en se fondant sur le principe de la publicité des procédures, les droits constitutionnels et l'intérêt public.

Libertés fondamentales Au Canada, deux autres éléments s'ajoutent au débat. La CHARTE CANADIENNE DES DROITS ET LIBERTÉS prévoit en son alinéa 2b) qu'une liberté fondamentale constitue la «liberté de pensée, de croyance, d'opinion et d'expression, y compris la liberté de la presse et des autres moyens de communication». Contrairement aux États-Unis, où le droit constitutionnel de la présence de caméras dans les salles d'audience n'a pas encore été établi, la jurisprudence canadienne précise que le droit que prévoit la Charte en son alinéa 2b) comprend le processus d'enregistrement en général, ainsi que l'accès du grand public aux tribunaux. Dans l'affaire Squires, qui portait sur la question de l'accès des caméras de télévision à l'entrée d'une salle d'audience, la Cour d'appel de l'Ontario a statué que l'alinéa 2b) englobait le droit de filmer dans un palais de justice. Dans cette affaire, une majorité de 3 contre 2 a confirmé l'interdiction de l'accès des caméras à l'entrée du palais de justice comme étant une limite raisonnable de la liberté de presse au titre de l'article premier de la Charte, tout en indiquant

que les considérations qui s'appliqueraient à l'accès par les caméras de télévision à la salle d'audience elle-même seraient différentes. Depuis lors, la Cour suprême du Canada, dans la décision qu'elle a rendue dans l'affaire Dagenais, a reformulé pour l'essentiel la règle de common law régissant les interdictions de publication de façon générale (*voir* PUBLICITÉ DES DÉBATS EN JUSTICE ET INTERDICTIONS DE PUBLICATION). Cette règle s'appliquerait aussi à la question de l'accès des caméras de télévision aux salles d'audience.

Du point de vue de l'intérêt public, il est manifeste que les Canadiens sont actuellement inondés par la couverture des tribunaux américains à la télévision. Les partisans de la présence des caméras de télévision dans les salles d'audience canadiennes font valoir que cela permettrait à la population canadienne de voir et d'entendre le fonctionnement de leur système unique de justice. (*Voir aussi* MÉDIAS ET LE DROIT, LES.)
Daniel J. Henry

Présents du Roi À la fin du XVIIᵉ s., la pratique d'offrir régulièrement des cadeaux aux partenaires de commerce et alliés autochtones, commencée par le gouverneur MONTMAGNY en 1648, est institutionnalisée sous l'appellation «Présents du Roy» à l'occasion d'une rencontre annuelle avec le gouverneur général de la Nouvelle-France à Montréal. Cette distribution au Canada avait lieu à Montréal et, après 1713, à Port Toulouse au Cap-Breton pour les Nations des Maritimes. Le protocole adopté, soit la cérémonie du CALUMET, était souvent associé à la remise de cadeaux. On ne doit pas confondre les présents ordinaires du roi avec les indemnités payées aux alliés de guerre et aux guides, ou avec les présents offerts pour sceller des alliances, pour traverser les territoires de chasse et pour obtenir la permission de construire des forts, des postes de traite et des missions sur des terres reconnues par l'administration française comme des propriétés autochtones, bien que sous la gouverne et la protection de la France.

En 1702, Louis XIV commence à s'inquiéter que les présents du roi soient considérés comme un paiement obligatoire, une sorte de tribut «comme prix de notre amitié.» En 1707, l'ordre est donné de diminuer les présents «petit à petit, jusqu'à ce qu'on puisse les éliminer complètement.»

Malgré cela, le montant augmente à chaque décennie jusqu'à la conquête britannique. Les Britanniques décident d'éliminer la pratique, mais sir William JOHNSON, surintendant des Affaires indiennes, convainc le régime militaire de continuer à offrir des présents annuels. Les présents du roi étaient indispensables pour garder la coopération des autochtones pendant la GUERRE D'INDÉPENDANCE AMÉRICAINE et la GUERRE DE 1812. La pratique demeure une composante essentielle des relations entre militaires et peuples autochtones jusqu'en 1830. On tend de plus en plus à la remplacer par les sommes versées annuellement au titre des divers TRAITÉS de cession de terres conclus à compter de 1784.
Cornelius J. Jaenen

Président de la Chambre des communes Élu par les parlementaires après chaque élection générale, le président dirige les séances de la CHAMBRE DES COMMUNES. Jusqu'en 1986, le président est nommé par le premier ministre, qui a généralement consulté au préalable le chef de l'opposition. Le 30 septembre 1986, les parlementaires choisissent le nouveau président par scrutin secret parmi plusieurs candidats. Le président représente la Chambre et parle en son nom. Sa permission est nécessaire pour que la police exécute un mandat de perquisition sur la colline du Parlement.

À l'ouverture de chaque législature, le président demande que les privilèges des Communes soient confirmés. Au moment de la sanction royale, il présente au nom de la Chambre les projets de loi de crédits. Qui manque de respect envers le président manque de respect envers la Chambre. Le président dirige les délibérations de la Chambre à la manière d'un arbitre, mais il en est aussi le gestionnaire. On compte sur son impartialité, sa patience et sa compréhension, mais aussi sur sa capacité d'empêcher les parlementaires de faire de l'obstruction et de paralyser la Chambre. Le président reçoit la même indemnité de session et les mêmes allocations pour frais que le chef de l'opposition. Il dispose aussi d'une voiture avec chauffeur, d'une maison de campagne à Kingsmere, dans les collines de la Gatineau, et d'un logement privé dans l'édifice du Centre, sur la colline du Parlement.

Comme les quatre autres commissaires de la Commission de la régie intérieure, le président demande à la COURONNE l'argent nécessaire pour payer les indemnités des parlementaires, les dépenses des témoins cités à comparaître ainsi que les salaires des pages, des cuisiniers et des secrétaires. C'est lui qui engage le personnel du HANSARD, les agents de sécurité, etc. Après avoir été traîné de force au fauteuil (par modestie, le président désigné fait semblant de résister), le président rompt les liens avec son parti. En 1963, le premier ministre John Diefenbaker nomme au Cabinet l'honorable Marcel Lambert, président de 1962 à 1963. En 1980, le premier ministre Pierre Trudeau nomme l'honorable Jeanne SAUVÉ, alors membre du Cabinet, à la présidence, qu'elle quitte en 1984 pour devenir Gouverneure générale. De telles mutations ont été critiquées par les partisans d'une présidence forte et indépendante.

Ces derniers temps, tous les présidents ont été bilingues. Le président ne vote qu'en cas d'égalité des voix, et même alors, il ne vote pas selon son opinion personnelle, mais de telle sorte que la Chambre puisse se prononcer plus tard sur le fond de la question. En Grande-Bretagne, la Chambre des lords est présidée par un ministre, le lord chancelier. À Ottawa, le Sénat a un président, nommé par la Couronne, qui a le droit de vote. Les présidents des assemblées législatives provinciales ont des fonctions semblables à celles du président de la Chambre des communes.
John B. Stewart

Presse canadienne (PC) La plus importante agence de presse au Canada, est un organisme sans but lucratif qui appartient, en 2000, à 102 organes d'information quotidiens. En plus de communiquer constamment des nouvelles nationales et étrangères à ses membres, la PC offre ses services à des stations privées en passant par la *Broadcast News Ltd.*, les *Nouvelles Télé-Radio (NTR)* et fournit des nouvelles à la Société Radio-Canada par l'entremise d'une autre filiale, la *Press News Ltd.* Elle vend également un fichier de données informatisées à des organismes qui ne font pas partie des médias et offre un service d'archives photos ainsi que des services photographiques commerciaux et un service en ligne. Le service en langue française commence en 1951 et dessert actuellement 11 journaux. Bien avant les organisations bureaucratisées de traducteurs et de linguistes, l'agence a publié un «Style Book» ou *Guide du journaliste* dont l'influence est incontestée dans le milieu des communications.

En 1996, la production quotidienne de la PC est de 250 000 mots. Une des raisons de sa création en 1917 est de faciliter l'échange de nouvelles entre les différents journaux. Aujourd'hui, cependant, seulement un quart de sa couverture nationale provient des journaux membres, lesquels doivent fournir rapidement toute nouvelle locale susceptible d'intéresser les autres journaux. Les autres nouvelles canadiennes sont rédigées par des journalistes de la PC. Son siège social se trouve à Toronto et une équipe de nouvelles composée d'environ 260 employés à plein temps est dispersée dans 13 villes au Canada. La PC a aussi des bureaux à Washington (D.C.) et à Londres, en Angleterre, mais la plupart des nouvelles internationales proviennent de deux agences, *Associated Press* (É.-U.) et *Reuter* (Angleterre). À l'instar de la plupart des journaux des années 90, la PC doit faire face à des pressions financières grandissantes en raison de la baisse des profits de ses membres et de la diminution du nombre même de ces membres. En 1996, le budget de la PC est d'environ 45 millions de dollars (dont 27 millions proviennent des cotisations), une diminution par rapport à celui de 1990 qui était de 50 millions de dollars.

Klaus Pohle

Presse hebdomadaire au Québec La presse se caractérise au Québec par la forte présence de journaux hebdomadaires. Ceux-ci pullulent littéralement dans le paysage médiatique québécois où l'on compte, en 1998, plus de 200 de ces publications. De ce fait, la presse hebdomadaire québécoise ne passe pas inaperçue avec un tirage global de 5 millions d'exemplaires, par semaine, soit presque autant que le tirage cumulé des 11 quotidiens du Québec qui fluctue entre 6 et 8 millions d'exemplaires, chaque semaine.

La presse hebdomadaire québécoise génère un chiffre d'affaires annuel de quelque 250 millions et compte plus de 3 000 artisans à son service. Selon une étude effectuée en avril 1999 par le Centre d'études sur les médias, 81 p. 100 des titres de la presse hebdomadaire au Québec sont de langue française, alors que 10 p. 100 sont publiés en anglais et un peu plus de 8 p. 100 ont un caractère bilingue.

Autre particularité: il s'agit surtout d'une presse gratuite, dont les revenus dépendent quasi exclusivement des annonces publicitaires. En 1997, près de 88 p. 100 des 206 hebdomadaires répertoriés au Québec sont distribués gratuitement. La plupart de ces publications non payantes sont francophones. Du côté de la presse anglophone, la tradition de vente à l'unité semble bien enracinée; la moitié des hebdomadaires anglophones, soit 10 journaux sur un total de 21 publications, sont écoulés directement auprès des lecteurs.

Le phénomène de la concentration de la propriété, également présent dans l'industrie de la presse hebdomadaire, s'est particulièrement accru depuis les cinq dernières années, avec, notamment, l'arrivée sur le marché du leader canadien de la diffusion et de l'imprimerie commerciale, la compagnie GTC Transcontinental. Dans les faits, on peut parler de la mainmise de deux groupes de presse nationaux sur les hebdomadaires au Québec: les Hebdos Transcontinental et Quebecor qui possèdent à eux seuls près de la moitié de l'ensemble des publications de la province. Il ne reste en tout et pour tout, aujourd'hui dans ce secteur, qu'une quarantaine de titres indépendants.

De récents sondages confirment que la fidélité du lectorat québécois à la presse hebdomadaire demeure élevée. En 1997, plus de 80 p. 100 des Québécois affirmaient lire un hebdomadaire, 65 p. 100 de façon régulière et 16 p. 100 occasionnellement.

Robert Maltais

Presse, La JOURNAL montréalais fondé en 1884 par William-Edmond Blumhart, surtout grâce au soutien de la famille Wurtele et de ses associés. Le journal est lancé par des conservateurs insatisfaits du gouvernement du premier ministre John A. MACDONALD et de l'appui qu'il reçoit du *Monde*, dirigé par Hector LANGEVIN. De 1889 à 1904, *La Presse* appartient à Trefflé Berthiaume. C'est entre 1899 et 1904 que son contenu adopte une tendance libérale. Après avoir brièvement appartenu à David Russel (1904-1906), le journal devient la propriété de la famille Berthiaume-Du Tremblay (1906-1955). Durant toute cette période, il est plutôt de tendance conservatrice. En 1955, Paul DESMARAIS devient le véritable propriétaire du journal. À partir de cette date, ses rédacteurs en chef seront de tendance libérale: Jean-Louis GAGNON (1958-1961), Gérard PELLETIER (1961-1965), Roger Champoux (1965-1969), Jean-Paul DESBIENS (1969-1972), Roger

LEMELIN (1972-1980) et Roger D. Landry (1980-2000). En 2000, le nouvel éditeur est Guy Crevier.

En 1896, *La Presse* tire à 14 000 exemplaires. Le tirage atteint 64 000 en 1900, 121 085 en 1913, 147 074 en 1940 et 285 787 en 1962. Cependant, en 1975, des grèves à répétition et la fondation du *Journal de Montréal* font tomber le tirage à 164 976. En 1995, le tirage est de 188 215 exemplaires en semaine, 322 461 le samedi et 190 519 le dimanche. En 2000, le tirage oscille aux alentours de 220 000 en semaine et de 320 000 le samedi.

Son contenu a toujours été diversifié. En 1955, on l'appelle «le bréviaire des Canadiens». Son service des nouvelles locales a toujours excellé et son service des nouvelles internationales compte les sources d'information les plus diversifiées. (*Voir aussi* JOURNAUX.)

André Donneur et O. Beylerian

Presses universitaires Bien qu'elles apparaissent en Europe dès les XVᵉ et XVIᵉ s. et aux États-Unis vers la fin du XIXᵉ, leur début au Canada est assez récent. Traditionnellement, les universitaires canadiens publient à l'étranger, dans des presses savantes, chez des éditeurs commerciaux, ou dans des périodiques étrangers. C'est encore la pratique aujourd'hui, puisque la plupart des éditeurs canadiens manquent d'expertise ou d'intérêt pour publier des textes aussi spécialisés, lesquels sont moins rentables que les manuels pédagogiques et les ouvrages commerciaux.

Le travail quotidien qui se fait dans les presses universitaires ressemble, à certains points de vue, à celui d'un éditeur commercial, mais ce qui l'en distingue reste très important. D'abord, les presses universitaires sont des entreprises spécialisées qui appartiennent à une université ou à un centre de recherche et dont le mandat est de publier des livres ou des périodiques savants. Elles peuvent à l'occasion publier un manuel pédagogique, voire des ouvrages populaires de nature commerciale. De plus, contrairement au cas des éditeurs commerciaux, ce sont des évaluateurs universitaires indépendants qui font l'évaluation des manuscrits afin d'assurer l'objectivité des décisions. La révision des manuscrits est une tâche coûteuse et longue, et la mise en marché coûte cher à cause du tirage limité, réservé à un public restreint, spécialisé et souvent international. Leur objectif premier étant la diffusion des connaissances, les presses universitaires ne peuvent dépendre uniquement du profit des ventes pour couvrir leurs dépenses. Elles doivent donc faire des demandes de financement à l'université et au gouvernement.

Au cours des années 60, les presses universitaires canadiennes poussent comme des champignons. Durant cette décennie, les inscriptions ne cessent de croître tant au premier qu'aux deuxième et troisième cycles. Les bibliothèques augmentent leurs acquisitions, et on pousse les professeurs à publier sous peine de licenciement. Vers la fin des années 70, les budgets des universités diminuent cependant, et tout le commerce de l'édition se trouve en sérieuse crise financière. L'avenir de plusieurs collections de volumes, et même celui des monographies individuelles, est remis en question. Le gouvernement fédéral remet en question divers programmes de subventions aux maisons d'éditions commerciales et savantes. Un groupe consultatif fondé en 1976 recommande dans *L'édition savante au Canada* (1980) qu'on accorde davantage de soutien à l'organisation d'ateliers de publication, qu'on subventionne un plus grand nombre de périodiques savants peu coûteux, et qu'on accorde davantage d'attention à la para-publication.

Depuis les années 40, c'est le Programme Aide à l'Édition savante (PAÉS) qui accorde les subventions aux éditeurs. Ce programme est maintenant géré conjointement avec la Fédération canadienne des études humaines et la Fédération canadienne des sciences sociales. En 1986, le PAÉS accorde 920 000 $ de subventions pour 150 ouvrages en

sciences humaines et sociales. Entre-temps, en 1985, Ottawa annonce une restructuration majeure de son programme d'aide financière aux maisons d'édition commerciales et savantes, et, en 1986, le Groupe d'étude sur l'enseignement supérieur, dirigé par Nielsen, critique sévèrement le PAÉS, avec comme effet une réduction du budget des publications.

Par la suite, les presses universitaires restructurent elles-mêmes leurs services. Plusieurs informatisent leur production et leur mise en marché. Certaines centralisent leur système de distribution, comme le font les PETITES MAISONS D'ÉDITION; d'autres font de la publication et de la distribution en partenariat avec des presses universitaires étrangères. Les travaux de recherches qui doivent être mis à jour régulièrement, comme les bibliographies et les statistiques, peuvent être enregistrés dans une base de données centrale de façon à éliminer les coûts élevés de l'édition.

Les presses plus importantes publient des textes dans de nombreuses disciplines. La University of Toronto Press est la plus ancienne (1901) et une des dix plus grandes en Amérique. Elle a édité 1020 ouvrages en sciences humaines et en sciences. Elle publie annuellement de 80 à 90 ouvrages en plus de 25 périodiques, et ses ventes atteignent 4 millions de dollars. Parmi ses collections, on trouve les *Collective Works of John Stuart Mill* et (en collaboration avec l'U. Laval), le DICTIONNAIRE BIOGRAPHIQUE DU CANADA. Les presses de McGill, fondées en 1963, s'unissent à celles de Queen's en 1969 pour devenir la McGill-Queen's University Press et elles se spécialisent dans la publication d'études canadiennes en plus de la Canadian Public Administration Series. Pour sa part, la University of Alberta Press (1969), qui a accumulé 83 titres en 1987, se spécialise en histoire de l'ouest canadien, en sciences générales et en écologie. La Wilfrid Laurier University Press (1974) compte actuellement 122 ouvrages traitant d'archéologie, d'histoire militaire et de sociologie/archéologie. La University of British Columbia Press (1971) met pour sa part l'accent sur le monde des affaires canadien et les études sur le Pacifique. De leur côté, Les Éditions de l'U. d'Ottawa (1936), Les Presses de l'U. Laval (1950), Les Presses de l'U. de Montréal (1962) et Les Presses de l'U. du Québec (1969), s'intéressent toutes à la civilisation canadienne-française, à la littérature, aux études médiévales, au droit, aux sciences sociales, aux sciences physiques et à l'ingénierie. La Carleton University Press (1982) possède 146 titres, dont la *Caleton University Series* sur l'histoire, la société et les institutions du Canada.

Par ailleurs, les ouvrages et les périodiques publiés dans les centres de recherche couvrent un moins vaste éventail de sujets. Les 214 ouvrages du Pontifical Institute of Medieval Studies (1939) de Toronto traitent de l'histoire et de la culture du Moyen Âge. La Ontario Institute for Studies in Education Press (1965) de Toronto est centrée sur le matériel pédagogique, les programmes éducatifs et le développement professionnel. Le Canadian Plains Studies Centre (1973) de Régina étudie les différents aspects des Plaines du Canada.

Parmi les 20 presses universitaires du Canada, 15 sont membres de l'Association des presses universitaires du Canada. En 1985, les ventes de manuels pédagogiques se sont chiffrées à 505,8 millions, dont le tiers était sous le contrôle d'entreprises canadiennes. Ces chiffres incluent les ventes des éditeurs commerciaux.

Malgré ces chiffres intéressants, la survie des presses universitaires reste précaire. Les coûts d'édition et de production ne représentent qu'une partie du problème dans ce pays où le financement, la distribution et le lectorat posent des problèmes difficiles à résoudre. Par contre, la contribution des presses universitaires à la culture canadienne et internationale n'en demeure pas moins significative, même si peu de livres savants atteignent un large public. *The*

Vertical Mosaic (UTP, 1964) de John Porter et *Canadian Corporate Elite* (de *Carleton Library Series*, 1975) de Wallace Clement se sont très bien vendus. Le plus souvent, les livres savants comme *The Fur Trade in Canada* (1930) de Harold Innis et *Empire and Communications* (1946) exercent cependant une influence importante bien qu'indirecte. En fin de compte, les idées des intellectuels ont un effet sur la société dans la mesure où celle-ci se perçoit à travers leurs écrits.

George L. Parker

Preston, Isabella, spécialiste de l'hybridation des plantes, horticultrice, écrivaine et fonctionnaire (Lancaster, Angl., 4 sept. 1881—Georgetown, Ont., 31 janv. 1965). Après avoir immigré en Ontario en 1912, Preston entre au Collège d'agronomie de l'Ontario en 1913, mais elle abandonne bientôt ses études pour entreprendre des travaux pratiques sous la supervision du professeur J.W. Crow. En 1916, elle est non seulement la première femme à pratiquer professionnellement l'hybridation des plantes au Canada, mais elle se hisse à l'avant-garde dans ce domaine grâce à un croisement judicieux produisant le célèbre lis «George C. Creelman». En 1920, elle se joint à la division de l'horticulture de la Ferme expérimentale centrale (Ottawa), sous la direction de W.T. Macoun, à une époque où l'horticulture connaît une grande effervescence. À partir de ce moment-là jusqu'à sa retraite en 1946, elle crée près de 200 hybrides (roses, lilas, iris sibériens, pommetiers Rosybloom et lis). Ses hybrides de lis lui assurent à eux seuls la renommée, bien qu'elle ait reçu des prix et des marques de reconnaissance pour presque tous les programmes de sélection qu'elle a entrepris. Elle a écrit de nombreux articles couvrant un large éventail de sujets dans le domaine horticole de même que le premier livre sur la culture du lis au Canada.

Edwinna Von Baeyer

Prêt-bail Loi adoptée par le Congrès des États-Unis, le 11 mars 1941, qui prévoit la livraison de matériel de guerre américain à l'Angleterre et à ses alliés à charge de paiement théoriquement différé. La participation du Canada dans la SECONDE GUERRE MONDIALE entraîne une grave détérioration de sa BALANCE DES PAIEMENTS vis-à-vis des États-Unis, et la *Loi du prêt-bail* menace de détourner toutes les commandes de guerre britanniques du Canada vers les États-Unis.

Pour éviter une crise, le premier ministre Mackenzie King et le président F.D. Roosevelt conviennent, le 20 avril, dans la Déclaration de Hyde Park (du nom de la résidence présidentielle où se tient la rencontre), de l'achat par les États-Unis de matériel de guerre au Canada. *La Loi du prêt-bail* inclut les pièces de fabrication américaine du matériel de guerre produit au Canada pour l'Angleterre. Cet arrangement allège le déficit commercial du Canada et lui permet de mieux répondre aux commandes de la Grande-Bretagne, tout en en garantissant le financement. Le prêt-bail, qui prend fin en août 1945, aide considérablement l'effort de guerre de l'Angleterre, de l'URSS et des autres puissances alliées. Le Canada n'en bénéficie qu'indirectement.

N.F. Dreisziger

Prêts sur gages Les personnes qui ont un besoin immédiat de prêt comptant peuvent apporter comme garantie à un prêteur sur gages des objets personnels, tels que des montres, des instruments de musique et des bijoux. Si l'emprunt n'est pas remboursé au bout d'une période donnée, le prêteur sur gages peut vendre l'objet mis en garantie. En fait, celui-ci fonctionne à la fois comme un établissement de prêt et comme un magasin de vente au détail.

La procédure de dépôt en gage est la même partout au Canada. Le prêteur sur gages demande à la personne combien elle veut emprunter. S'il accepte l'objet qu'elle apporte en garantie, il en fait une estimation rapide. Beaucoup de prêteurs sur gages ont parmi leurs employés des gemmologues de formation pour évaluer les pierres précieuses. Le prêteur

sur gages indique la somme qu'il est disposé à avancer et remet au client une reconnaissance de dépôt de gage. En général, le prêt ne dépasse pas 25 p. 100 de la valeur de l'objet laissé en garantie, mais il peut aussi se limiter à quelques dollars. L'objet peut être réclamé à tout moment à l'intérieur de la période précisée dans la reconnaissance de dépôt de gage, moyennant le remboursement intégral de l'emprunt, plus les INTÉRÊTS, les frais de service et les frais d'entreposage. Les prêteurs sur gages sont, en fait, fréquentés par une certaine catégorie de la population canadienne. Une partie de l'attrait qu'exerce ce mode d'emprunt rapide tient au fait qu'on ne vous demande pas pourquoi vous avez besoin de cet argent.

L'indigence, la cupidité et le désespoir étant intrinsèques à ce commerce, le prêt sur gages a un passé pittoresque et comporte certaines connotations peu reluisantes. Des prêteurs peu scrupuleux avaient autrefois la réputation de dévaliser des clients désespérés en acceptant des vêtements, des chaussures, des fausses dents et des yeux de verre. Ils n'hésitaient pas non plus à demander des taux d'intérêt usuraires ou à vendre les objets auxquels les gens tenaient dès que ceux-ci avaient quitté la boutique. Certains voleurs avaient aussi recours aux prêteurs sur gages pour écouler des marchandises volées.

De nos jours toutefois, le prêt sur gages au Canada est si bien réglementé que presque tous les risques (à la fois pour les emprunteurs et les prêteurs, ainsi qu'une partie des drames) ont disparu. Le gouvernement fédéral a adopté une loi sur les prêteurs sur gages en 1886, et plus récemment diverses lois semblables sont entrées en vigueur dans les provinces. En général, les lois régissent des aspects comme la garde des objets laissés en garantie, les taux d'intérêt qui peuvent être demandés, la durée pendant laquelle les objets en gage doivent être gardés avant d'être vendus (habituellement un an) et les exigences relatives aux permis municipaux. La police locale contrôle les activités des prêteurs sur gages en comparant leurs registres quotidiens avec les listes des marchandises volées.

La marchandise déposée chez les prêteurs sur gages se compose encore souvent d'un ramassis d'objets hétéroclites. Au Canada, cependant, les prêteurs sur gages deviennent plus sélectifs et certains se spécialisent dans les métaux précieux. À peu près 80 p. 100 des objets mis en garantie sont réclamés par leurs propriétaires.

Ruth Danys

Prévisions économiques Elles consistent en l'extrapolation ou l'estimation des mesures statistiques de la performance d'un pays, d'un ensemble de pays, d'une industrie, d'une société ou d'une collectivité. Les concepts faisant l'objet de prévisions sont souvent des mesures types des résultats obtenus par l'économie ou par les entreprises, comme la production, l'emploi, les prix, les revenus, les dépenses, les ventes, les profits et autres statistiques semblables. Les prévisions peuvent être établies fréquemment et à court terme (p. ex., une fois pas mois pendant un an) ou peu souvent, mais à long terme (p. ex., une fois par année pendant plusieurs décennies). Elles sont préparées par des instituts et des firmes spécialisées, ainsi que par des entreprises, des ministères et des services publics. Au Canada, beaucoup de groupes établissent des prévisions détaillées pour le pays, les provinces, certaines industries, les services publics et les sociétés.

Les dirigeants et les cadres supérieurs se servent des prévisions comme élément de leur planification et de leurs prises de décision en matière de placements. P. ex., les fabricants peuvent y avoir recours dans le cadre de la dotation en personnel ou pour l'achat de stocks et de matériel. Les entreprises de services publics s'en servent pour déterminer la capacité de production dont elles auront besoin. Les gouvernements font appel aux prévisions touchant l'industrie ou l'économie dans son ensemble pour

prévoir les recettes et les dépenses à des fins d'établissement du budget. Les institutions financières les utilisent pour prévoir la demande de services et jauger le comportement futur des marchés.

Les prévisionnistes emploient diverses techniques. Les plus simples consistent en extrapolations informelles des tendances récentes. Les méthodes plus sophistiquées reposent sur des analyses complexes de séries chronologiques et économétriques (une forme d'analyse de régression statistique). La plupart des prévisions supposent une analyse informatique et de la rigueur mathématique et exigent des prévisionnistes qu'ils fassent preuve de jugement. Souvent, on simule le risque associé aux prévisions en préparant d'autres projections fondées sur des hypothèses différentes. On vérifie l'exactitude des prévisions à l'aide de diverses mesures acceptées, et il est fréquent que des observateurs indépendants évaluent l'exactitude relative des différentes projections.

Les détracteurs des prévisions soutiennent que l'avenir est en grande partie inconnu et que les extrapolations ne font souvent que créer un faux sentiment de sécurité. D'importantes erreurs de prévision sont commises, et les méthodes utilisées présentent des points faibles, tels que des défauts structurels ou des illogismes.

William F. Empey

Prévisions météorologiques Elles consistent à prévoir, entre autres, la température et l'humidité de l'air, la vitesse et la direction du VENT, les précipitations et les NUAGES pour une région ou un lieu donné, à une date précise dans l'avenir. On peut considérer l'atmosphère comme une immense machine pneumatique qui déplace la chaleur et l'humidité d'un endroit à un autre. Le temps qu'il fait est un produit de cette machine. Le fonctionnement de l'atmosphère est soumis aux lois physiques, c.-à-d. aux lois de la thermodynamique, du mouvement, de la conservation de la masse et de l'énergie, etc., lesquelles sont très complexes à appliquer (*voir* PHYSIQUE). Les lois du mouvement ne peuvent être décrites simplement à cause de la rotation de la terre, presque sphérique, autour de son axe. Certains écarts à la sphéricité, spécialement les montagnes et les CHAÎNES DE MONTAGNES, créent encore plus de problèmes. De plus, la majeure partie de l'ÉNERGIE SOLAIRE atteint la Terre dans une bande proche de l'équateur. L'atmosphère et les océans jouent un rôle important dans la redistribution de cet excès de chaleur vers le nord et vers le sud. Ce processus ajoute à la complexité des lois physiques mises en jeu. En outre, les océans et la terre ferme agissent différemment sur la partie inférieure de l'atmosphère. Les forêts, les lacs, les plaines, la toundra, les villes, entre autres, influent tous, à leur manière, sur l'atmosphère.

La plupart des météorologistes modernes tentent d'apprivoiser les processus physiques en les exprimant mathématiquement, c.-à-d. en créant des modèles mathématiques de l'atmosphère. Ils utilisent ensuite de puissants ordinateurs pour résoudre les problèmes à l'aide de modèles dont la complexité, et souvent la précision, augmentent avec la puissance des machines. Pendant les années 60 et 70, des modèles atmosphériques améliorés permettent de faire des prévisions utilisables à beaucoup plus long terme qu'auparavant; dès 1980, les prévisions portent sur cinq jours. Tous les services météorologiques mondiaux coopèrent pour porter la durée des prévisions à deux semaines d'ici la fin du XXe s.. Les étapes de la prévision météorologique sont habituellement les suivantes: observation en divers lieux des phénomènes actuels; analyse de ces observations et représentation détaillée des phénomènes actuels en divers endroits de l'atmosphère; projection de cette représentation dans le futur (pronostic); interprétation de cette représentation future afin de déterminer, entre autres, la température, l'humidité, le vent et les précipitations escomptés au moment correspondant à cette représentation.

Les météorologistes qui sont plus intéressés par le court terme (de un à deux jours) délaissent souvent les modèles mathématiques et utilisent leurs connaissances en matière de succession d'événements météorologiques. Beaucoup de croyances météorologiques, qui prédisent le temps en fonction de l'apparence du ciel, de la distribution des précipitations, des vents récents ou des tendances de la pression, reposent sur ces observations. D'autres observent le comportement des animaux ou les réactions de personnes (p. ex., articulations douloureuses, maux de tête, migraines) et en tirent des prévisions souvent justes. Les gros phénomènes locaux (p. ex., averses, violentes tempêtes produisant des dégâts, orages de GRÊLE, TORNADES) sont d'un grand intérêt, mais l'observation par RADAR combinée à une extrapolation est habituellement le seul moyen efficace de les prédire parce que leur cycle de vie, habituellement de quelques dizaines de minutes, est très court.

La prévision météorologique n'a que faire des frontières nationales et des limites continentales. La MÉTÉOROLOGIE est donc une science vraiment internationale. L'Organisation météorologique mondiale (OMM), un organisme des NATIONS UNIES, coordonne les activités liées à la météorologie dans le monde entier. La Veille météorologique mondiale (VMM), un des principaux programmes de cette organisation, tente d'offrir l'analyse et la disponibilité des informations nécessaires à tous les services météorologiques nationaux pour que ces derniers puissent effectuer des prévisions météorologiques. Les principaux éléments du VMM sont le Système mondial d'observation, qui fournit les observations météorologiques indispensables à la prévision, le Système mondial de télécommunications, qui achemine les observations vers tous les pays qui en ont besoin pour effectuer leurs prévisions, et le Système mondial de traitement des données, qui analyse les observations et effectue des pronostics météorologiques pour les pays qui ne peuvent le faire. Tous les pays bénéficient des services du VMM. Sans eux, les météorologistes canadiens ne seraient pas certains de disposer des observations météorologiques indispensables pour prédire le temps. Ils ne seraient pas certains non plus que les observations météorologiques faites au Canada soient disponibles aux autres pays qui en auraient besoin.

Le Canada et les autres pays avancés sur le plan scientifique prédisent le temps de la même façon. Les observations météorologiques effectuées au sol, à bord de ballons, par les SATELLITES ARTIFICIELS, les radars, les avions et les navires sont échangées dans le monde entier par l'intermédiaire du système mondial de télécommunications. Ces données sont analysées au Centre météorologique canadien, à Montréal, afin de représenter mathématiquement l'état actuel de l'atmosphère au-dessus de l'hémisphère nord. Une série de cartes météorologiques pour la surface et diverses altitudes sont tirées de cette représentation et envoyées aux météorologistes canadiens. Un ordinateur exécute ensuite le modèle mathématique en une série d'étapes de courte durée, certaines ne durant que six minutes. De nouvelles séries de cartes sont fournies aux météorologistes à des intervalles précis jusqu'à la fin de l'exécution du modèle. Les résultats du modèle sont ensuite traduits en prévisions météorologiques. De nombreuses recherches en cours tentent, à l'aide de ce modèle, de prédire directement les divers éléments du temps. Toutefois, en attendant qu'elles y parviennent, les prévisionnistes continueront à prévoir le temps. De nombreux aspects des prévisions ne se font pas encore bien automatiquement, en grande partie parce qu'on ne peut pas encore créer des modèles mathématiques aussi complexes que l'atmosphère elle-même.

J.A.W. McCulloch

Prévost, André, compositeur et professeur (Hawkesbury, Ont., 30 juill. 1934). Il étudie au CONSERVATOIRE DE MUSIQUE DU QUÉBEC à Montréal, au Conservatoire de Paris avec Olivier Messiaen, à l'École normale de musique et (la musique électronique) à l'Office de la radiodiffusion-télévision française. Il gagne le prix d'Europe pour la composition (1963). Sa symphonie *Fantasmes* lui vaut les prix de la fondation des Amis de l'art (1963) et de l'ORCHESTRE SYMPHONIQUE DE MONTRÉAL (1964). Son œuvre, *Terre des Hommes*, composée d'après le poème de Michèle Lalonde, est créée lors de l'inauguration d'Expo 67.

Plusieurs de ses œuvres orchestrales ont été chorégraphiées, dont *Diallèle, Évanescence, Fantasmes* et *Chorégraphie 1*.

Yehudi Menuhin demande à Prévost de composer une pièce à son intention. Ce dernier crée *Cantate pour cordes* (1987), qui devient l'une de ses œuvres les plus populaires, et, en 1990, le réseau anglais de la Société Radio-Canada réalise un documentaire sur la collaboration des deux musiciens: *Une aventure créatrice*. Il commence à enseigner à l'U. de Montréal en 1964. Il reçoit la médaille du CONSEIL CANADIEN DE LA MUSIQUE en 1977 et il est nommé officier de l'Ordre du Canada en 1985.

Hélène Plouffe

Prevost, sir George, militaire, administrateur et gouverneur en chef du Canada (New Jersey É.-U., 19 mai 1767—Londres, Angl., 5 janv. 1816). Prevost est déjà capitaine d'infanterie dans l'Armée britannique en 1784. Au cours des guerres napoléoniennes, il sert surtout dans les Antilles en tant que commandant de l'île de Saint-Vincent (1794-1796), lieutenant-gouverneur de Sainte-Lucie (1798-1802) et gouverneur de la Dominique (1802-1805). En 1808, il est nommé lieutenant-gouverneur de la Nouvelle-Écosse, puis, en 1811, il devient gouverneur en chef de l'Amérique du Nord britannique et commandant des forces britanniques en Amérique du Nord, prenant son poste en juillet 1812. Il est le candidat tout désigné pour prendre en main l'administration de Québec, puisqu'il parle français et fait preuve de compétence en matière d'administration coloniale. En tant que commandant des forces britanniques pendant la GUERRE DE 1812, il est tenu responsable de l'échec de la tentative de capturer Plattsburgh, dans l'État de New York, en 1814, ce qui provoque son rappel en Angleterre en 1815. Il meurt avant qu'une enquête soit tenue.

David Evans

Price, Frank Percival, carillonneur, spécialiste de l'art campanaire et compositeur (Toronto,Ont., 7 oct. 1901—Ann Arbor, Mich., 10 oct. 1985). Price est le premier diplômé non européen de l'école de carillonneurs Beiaardschool à Malines, en Belgique. Il participe à la conception du carillon de la Tour de la Paix des édifices du Parlement à Ottawa et, une fois celui-ci installé en 1927, il devient le premier carillonneur du Dominion.

Passionné des cloches et de leur musique, Price devient un spécialiste de l'art campanaire de renommée internationale. Il est à l'origine de réformes et d'innovations dans la conception du carillon et dans la pratique de cet art. De 1939 à 1972, il enseigne à l'U. du Michigan, à Ann Arbor, où il est aussi le carillonneur de l'université. Faisant preuve d'un talent impressionnant lors de récitals, il joue du carillon dans le monde entier et, en tant que compositeur et arrangeur, augmente de centaines d'œuvres le répertoire de cet instrument.

Barclay McMillan

Price, William, entrepreneur (Hornsey, Angl. 17 sept. 1789—Québec, Qc., 14 mars 1867). Commerçant dynamique de bois d'œuvre et de charpente, William Price, «le père du Saguenay», développe un empire commercial qui couvre les régions du Saguenay, du Saint-Laurent et de la rivière Outaouais. À l'âge de 14 ans, Price entre comme employé chez Chistopher Idle, un important homme d'affaires de Londres. Six ans plus tard, il est envoyé à la succursale de l'entreprise britannique à Québec comme commis et devient directeur du bureau en 1815. En 1820, il s'associe dans les bureaux de Montréal, de Québec et de Londres. La William Price Company à Québec se spécialise dans l'exportation de bois. Price réinvestit les profits de ce commerce, qui, en 1833, a bien grossi: elle effectue en effet plus de 100 chargements de bateaux par an en plus de posséder des scieries, des concessions forestières et de financer des activités dans le petit et le gros bois d'œuvre. Price rachète finalement les parts de ses associés pour fonder William Price and Sons en 1855. À sa mort, ses fils continuent à gérer l'entreprise. (*Voir aussi* BOIS, HISTOIRE DU COMMERCE DU.)

Christopher G. Curtis

Price, sir William, marchand de bois et fabricant (Talca, Chili, 30 août 1867—Kenogami, Qc, 2 oct. 1924). Petit-fils de William PRICE, le jeune Price étudie dans des collèges privés au Québec et en Angleterre avant de se joindre à l'entreprise familiale, Price Bros. and Company, en 1886. En 1889, il devient président, directeur de l'exploitation et propriétaire. Rajeunissant l'entreprise alors chancelante, il utilise ses importantes concessions forestières et ses ressources financières pour se lancer dans le développement de l'industrie papetière. Il achète l'usine de pâte à papier de Jonquière et utilise sa pâte pour produire du carton et, ensuite, du papier. Comme il se consacre à fournir du papier journal au marché américain, son installation de Kenogami-Jonquière devient le producteur canadien de papier journal le plus important et redonne un grand élan à l'économie du Saguenay. Price est député conservateur de Québec-Ouest de 1908 à 1911. Associé à beaucoup d'entreprises commerciales du Québec, il est un impérialiste affirmé et fonde deux entreprises pour la GUERRE DES BOERS. Il meurt accidentellement lors d'une inspection de ses concessions forestières à Kenogami.

Christopher G. Curtis

Primauté du droit Principe constitutionnel prépondérant selon lequel la loi s'applique aussi bien au gouvernement qu'à tous les fonctionnaires publics qui doivent répondre de leurs actes devant les tribunaux ordinaires (*voir* DROIT ADMINISTRATIF). Le principe a peut-être été formulé à l'origine par Bracton (1250), juge et ancien auteur sur le droit anglais, qui avait déclaré: «Le Roi lui-même ne devrait pas être assujetti à un homme, mais à Dieu et à la loi, car c'est la loi qui le fait Roi.» L'expression anglaise rule of law nous vient du juriste anglais Dicey, qui l'a formulée dans son ouvrage intitulé *Introduction to the Study of the Law of the Constitution* (1885).

Stephen A. Scott

Prince Albert, ville de la Sask.; pop. 34 777 (rec. 1996), 34 181 (rec. 1991), 33 686 (rec. 1986); superf. 64,98 km²; const. en 1904; située sur la rive sud de la RIVIÈRE SASKATCHEWAN NORD, près du centre géographique de la province, à 141 km au nord de Saskatoon. Surnommée la «Porte du Nord», Prince Albert donne sur les Prairies, au sud, et sur des forêts parsemées de nombreux lacs, au nord. Troisième plus grande ville de la Saskatchewan, Prince Albert est administrée par un conseil municipal composé d'un maire et de huit conseillers.

Historique Fondée en 1866 en tant que mission presbytérienne, Prince Albert porte le nom du prince consort de la reine Victoria. Son caractère change radicalement quand on choisit d'y faire passer le chemin de fer transcontinental qui traverse la vallée de la rivière Saskatchewan Nord. Prince Albert connaît alors une croissance rapide qui cesse cependant lorsque le Canadien Pacifique choisit un tracé plus au sud.

Au début du XXᵉ s., Prince Albert met sur pied un projet d'aménagement des chutes La Colle, avec l'espoir que l'électricité à bon marché attirera des industries. Ce rêve ne se réalise pas et le projet mène la ville au bord de la faillite.

Pendant quatre décennies, c'est la stagnation, mais depuis 1945 l'exploitation des ressources et l'expansion du tourisme au PARC NATIONAL DE PRINCE-ALBERT et aux nombreux lacs au nord de la ville donnent un nouvel élan à l'économie. La découverte plus au nord de certains des plus riches gisements d'or et d'uranium d'Amérique du Nord amène plusieurs compagnies minières à utiliser Prince Albert comme base d'approvisionnement et de services.

Population La majorité de la population y est née et la plupart des habitants sont d'origine britannique ou autochtone. Les habitants d'origine française, ukrainienne et allemande y sont également nombreux. Les groupes religieux les plus importants appartiennent aux Églises catholique, unie, anglicane, luthérienne et presbytérienne.

Économie La Prince Albert Pulp and Paper Mill and Timberlands, une filiale de Weyerhaeuser Canada, est le principal employeur de la ville. Le complexe comprend une usine de pâte, une machine à papier, une coupeuse de papier en feuilles et une coupeuse de feuillets. La section Timberlands de l'entreprise s'occupe de l'exploitation forestière. En période de pointe, cette industrie emploie plus de 1400 personnes.

Prince Albert est devenu le principal centre hospitalier, de formation, de commerce et de vente au détail du centre et du nord de la Saskatchewan, y desservant les industries agricole, forestière, touristique et minière. La ville est également bien connue dans l'ouest canadien pour ses institutions carcérales. On y trouve un pénitencier fédéral, des maisons de correction pour hommes et femmes, et une institution pour jeunes contrevenants qui abrite plus de 700 prisonniers.

Deux compagnies aériennes, deux compagnies d'avions nolisés, une ligne secondaire du CP, 25 compagnies de transport et une compagnie d'autobus desservent la ville.

Vie culturelle Prince Albert comprend le campus le plus au nord du réseau d'enseignement rattaché au Saskatchewan Institute of Applied Science and Technology. La ville est desservie par une station de télévision communautaire, deux stations de télévision de langue anglaise, un poste de radio AM et un FM, un quotidien, le *Prince Albert Daily Herald*, et un hebdomadaire, *The PA Shopper*. Elle possède une équipe de hockey junior, les *Raiders*.

Trois premiers ministres, Wilfrid LAURIER, Mackenzie KING et John DIEFENBAKER, ont représenté Prince Albert à la Chambre des communes.

J. William Brennan

Prince-Albert, parc national de Fondé en 1927 et situé à 200 km au nord de Saskatoon, il possède une superficie de 3874 km². Parsemé de forêts boréales, de prairies vallonnées et de lacs cristallins, il est marqué d'eskers, de drumlins, de lacs glaciaires, de moraines, de chenaux d'eau de fonte et d'autres vestiges de l'époque glaciaire. La cabane et la tombe de Grey Owl (*voir* BELANEY, Archibald) se trouvent au cœur du parc, au bord du lac Ajawaan où il passe les sept dernières années de sa vie. Les lieux regorgent d'animaux sauvages, lesquels il a défendu toute sa vie. Élans, orignaux et cerfs de Virginie broutent dans les forêts de peupliers faux-trembles; loups et caribous parcourent la forêt de pins gris, de mélèzes et de sapins baumiers; des blaireaux côtoient, dans les prairies et les prés de fétuque, un troupeau de 20 bisons. Les cours d'eau du parc abritent le castor, l'animal préféré de Grey Owl. Plus de 195 espèces d'oiseaux y ont été observées et les pélicans blancs et les cormorans à aigrettes nichent dans une île du parc. On peut trouver logement et commerces à proximité, à Waskesiu, en Saskatchewan.

Lillian Stewart

Prince de Galles, trophée Il est remis annuellement à l'équipe représentant la Conférence de l'est de la LIGUE NATIONALE DE HOCKEY aux finales de la Coupe Stanley. Il a été offert par le Prince de Galles (le futur roi Édouard VIII) à la LNH, en 1924. De la saison 1927-1928 à la saison 1937-1938, il est décerné à l'équipe qui finit au premier rang de la section américaine. À partir de la saison 1938-1939 et jusqu'en 1967-1968, il est remis à celle qui finit première au classement général de la LNH. Il redevient un trophée de section après l'expansion de 1967-1968, étant remis au début à la section de l'est, puis à la Conférence Prince de Galles, et finalement, aujourd'hui, à la Conférence de l'est.

James Marsh

Prince, Edward Ernest, biologiste des pêches (Leeds, Angl., 23 mai 1858—10 oct. 1936). Après des études aux universités St Andrews, Cambridge et Édimbourg, Prince devient le disciple de W.C. McIntosh de St Andrews, un important chercheur des pêches. En 1893, il est nommé commissaire des pêches. Il demande immédiatement une station des sciences de la mer pour le Canada par l'intermédiaire d'une rencontre avec la Société Royale du Canada (SRC), dont il devient membre, et avec la British Association for the Advancement of Science réunie à Toronto en 1897. Quand, en 1898, le Parlement alloue 7000 dollars pour établir la station, Prince en devient le directeur et préside le conseil d'administration jusqu'en 1921. En 1912, cette station devient l'Office de biologie du Canada et en 1937, l'OFFICE DES RECHERCHES SUR LES PÊCHERIES, une expérience, unique et réussie, d'administration de la recherche par un groupe majoritairement composé de chercheurs universitaires qui travaillent en collaboration avec des représentants du gouvernement et de l'industrie.

A.W.H. Needler

Prince George, ville de la C.-B.; pop. 75 150 (rec. 1996), 69 653 (rec. 1991), 67 621 (rec. 1986); superf. 315,94 km²; const. en 1915. Troisième plus importante ville de la province, elle est située au centre de la Colombie-Britannique, au confluent de la rivière NECHAKO et du fleuve FRASER, à 784 km au nord de VANCOUVER. Les autochtones de la région, les Dénés-Porteurs, ont aidé Alexander MACKENZIE lors de son voyage vers la côte du Pacifique, en 1793.

Historique Simon FRASER donne à la région le nom de NOUVELLE-CALÉDONIE lorsque la Compagnie du Nord-ouest y entreprend le commerce des fourrures en 1805. Deux ans plus tard, Fraser construit, au confluent de la rivière Nechako et du fleuve Fraser, un poste de traite qu'il nomme Fort George en l'honneur de George III d'Angleterre. De 1814 jusqu'à la ruée vers l'or de Cariboo dans les années 1860, Fort George est situé sur le chemin Brigade reliant, au nord, le lac Stuart, aux forts situés au sud. Fort George ne fait pas partie de la région colonisée pendant la ruée vers l'or, même si la plupart des OVERLANDERS, dirigés par R.B. McMicking, y passent en 1862, en route vers les champs aurifères situés le long du Fraser. Fort George ferme en 1915.

Développement Il y a peu d'habitants avant l'intense développement des terres qui se produit de 1908 à 1914, à la suite de la construction du chemin de fer Grand Trunk Pacific (aujourd'hui propriété du Canadien National). Pendant plusieurs années, trois lieux de peuplement avoisinants se disputent la primauté et c'est le lieu le plus près de la voie ferrée qui l'emporte. À la suite d'un référendum tenu à l'occasion des premières élections municipales en 1915, on nomme la ville Prince George, cette fois en l'honneur d'un ancien duc de Kent, décédé dans un accident d'avion en 1942. La croissance de la ville est plutôt lente avant la Seconde Guerre mondiale. Dans les années qui suivent, une forte croissance de l'industrie forestière amène la prospérité et un développement rapide de la région avec l'arrivée de nouveaux habitants en provenance des Prairies. Petite ville forestière jusque là, Prince George devient entre 1961 et 1981 le plus important centre manufacturier, gouvernemental, éducationnel et d'approvisionne-ment du centre-nord de la Colombie-Britannique. En 1986, la ville compte 15 scieries, deux usines de pâte à papier séparées et une usine de pâte à papier jumelée, l'une des plus grandes au monde. Les autres industries comprennent la fabrication de produits forestiers et de produits chimiques employés dans les usines de pâte à papier, une raffinerie et une brasserie.

Économie On trouve à Prince George de grandes cours de triage et un atelier de réparation pour les locomotives devant acheminer le grain, le charbon et le bois d'œuvre vers le littoral. La ville est également le carrefour de la ligne Tête Jaune Cache–Prince Rupert du Canadien National, ainsi que le terminus nord du service aux voyageurs du chemin de fer British Columbia Railway, autrefois le Pacific Great Eastern Railway (PGE). De 1952 à 1958, la ville est le terminus du PGE, dans le nord de la province, jusqu'à ce que la ligne soit prolongée jusqu'à Dawson Creek, puis à Fort Nelson. Prince George est un important carrefour routier. Son aéroport est desservi par la compagnie des Lignes aériennes Canadien International Ltée.

Vie culturelle La ville possède une grande bibliothèque moderne, un collège régional, une galerie d'art, un musée régional, un orchestre symphonique et une troupe de théâtre amateur. Elle est un centre de pêche sportive, de chasse à l'orignal et de ski de randonnée.

John Stewart et K. Sedgwick

Prince Rupert, ville de la C.-B.; pop. 16 714 (rec. 1996), 16 620 (rec. 1991), 15 755 (rec. 1986); superf. 53,56 km²; const. en 1910; située dans l'île Kaien, à l'embouchure de la RIVIÈRE SKEENA, dans la CHAÎNE CÔTIÈRE de la Colombie-Britannique, à 724 km à l'ouest de PRINCE GEORGE. La plus pluvieuse des villes canadiennes, Prince Rupert reçoit 2552 mm de précipitations par année. Elle constitue le terminal ouest de la route transcanadienne Yellowhead. En tant que port de mer, elle relie la partie inférieure des États-Unis, Vancouver et l'Alaska. Elle est aussi le centre industriel, commercial et institutionnel de la CÔTE DU NORD-OUEST de la Colombie-Britannique.

L'île Kaien, où se rencontraient autrefois les TSIMSHIANS et les HAÏDAS, conserve de nombreuses reliques de son passé autochtone. Au début des années 1900, Prince Rupert (dont le nom rappelle le premier gouverneur de la Compagnie de la baie d'Hudson) était perçue comme pouvant devenir le terminal ouest du GRAND TRUNK PACIFIC RAILWAY et comme une rivale de Vancouver, vu son ouverture sur le Pacifique, mais le projet d'essor économique ne se matérialisera jamais. Ce n'est qu'après la Première Guerre mondiale que l'industrie de la pêche acquiert de l'importance pour l'économie de la ville. Durant la Seconde Guerre mondiale, le port devient un centre de construction navale et sert de liaison pour le transport des hommes et du matériel vers l'Alaska, les îles du Pacifique et l'Extrême-Orient. Après la guerre, l'économie est favorisée par l'établissement d'une usine de pâte à papier dans l'île Watson.

Le port de Prince Rupert (1912) est désigné port national en 1972 avant de devenir, en 1984, une société portuaire à gestion locale. Un terminal est aménagé en 1977 (agrandi en 1990) pour le transport de marchandises diverses et de produits forestiers. Au début des années 80, l'intérêt renouvelé pour les gisements de houille du nord-est de la Colombie-Britannique et les stratégies visant à accélérer l'expédition des céréales des Prairies vers les marchés des pays en bordure du Pacifique touchent beaucoup la ville et mènent à la construction d'installations pour l'entreposage des céréales et du charbon dans l'île voisine de Ridley.

Situation actuelle L'usine de pâte à papier demeure l'un des principaux employeurs de la ville. Toutefois, les céréales des provinces des Prairies et le charbon de la Colombie-Britannique sont les deux principaux produits qui transitent par le port, comptant pour plus de 90 p. 100 du volume d'exportation. Les pays de la côte du Pacifique accueillent plus de 85 p. 100 des produits d'exportation. Prince Rupert est le plus important port de débarquement de poisson sur la côte nord-ouest ainsi que le terminus des réseaux de traversiers de la Colombie-Britannique et de l'Alaska.

L'industrie touristique est en plein essor grâce à la pêche sportive. Le nouveau musée d'histoire du nord de la Colombie-Britannique, qu'abrite la longue maison du village de Chatham, gagnante d'un prix, et la visite de l'île Pike récemment mise sur pied, donnent un excellent aperçu de la culture et de l'histoire des premières nations. (*Voir aussi* PORTS ET HAVRES.)

Alan F. J. Artibise

Prince-de-Galles, détroit du Il est situé dans l'AR-CHIPEL ARCTIQUE, entre les hautes terres de l'est de l'ÎLE VICTORIA et la côte est de l'ÎLE BANKS. Il mesure environ 275 km de longueur et 20 km de largeur; sa profondeur atteint 160 m à l'extrémité sud et elle diminue peu à peu vers l'entrée nord. L'orientation nord-est sud-ouest empêche les vents dominants d'entraîner des banquises denses le long du détroit, surtout couvert de glace formée localement qui se brise plus facilement, laissant ainsi un chenal suffisamment dégagé. Reliant le détroit du Vicomte de Melville et le golfe Amundsen, le détroit fait partie des quatre routes du PASSAGE DU NORD-OUEST qu'il est possible d'emprunter. En 1850, MCCLURE et son groupe y effectue le premier levé, mais aucune embarcation ne l'avait sillonné avant celle de la patrouille du sergent LARSEN, de la GRC, en 1944. Depuis, elle est la voie préférée des gros navires qui empruntent le passage.

Doug Finlayson

Prince-de-Galles, île D'une superficie de 33 339 km² et située dans les Territoires du Nord-Ouest, elle est la huitième en importance dans l'ARCHIPEL ARC-TIQUE. Formée presque entièrement d'un fond rocheux sédimentaire, sa partie nord est accidentée et atteint 415 m d'altitude. Le reste de l'île est légèrement vallonné. Clairsemée par endroits, la végétation est celle d'un milieu polaire désertique ou semi-désertique. On trouve toutefois de larges vallées où la végétation abonde, particulièrement dans l'est. Le BŒUF MUSQUÉ et le CARIBOU de Peary sont communs dans l'île et fréquentent respectivement le nord-est et le nord. Les côtes de l'île ont été explorées par les membres des expéditions parties à la RECHERCHE DE FRANKLIN, et menées en 1851 par le capitaine T.H. Austin et en 1852 par William Kennedy.

S.C. Zoltai

Princess Sheila Selon la croyance populaire, Sheila Na Geira Pike était une princesse irlandaise capturée au début du XVIIᵉ s. par Gilbert Pike, un officier de la marine devenu pirate, qu'elle épousa. L'aventurier qu'elle avait pour mari s'établit à Carbonear, dans la baie Conception, où les Pike racontent encore aujourd'hui l'histoire de leur belle, fière et noble ancêtre. À Terre-Neuve, on associe parfois la princesse à diverses conditions climatiques, p. ex., la tempête que l'on nomme Sheila's Brush.

Carole H. Carpenter

Prior, Edward Gawler, ingénieur minier, homme d'affaires et premier ministre de la Colombie-Britannique (Dallaghgill, Angl., 21 mai 1853—Victoria, C.-B., 12 déc. 1920). En 1873, Prior immigre à l'île de Vancouver, en Colombie-Britannique, et travaille pour une compagnie minière de Nanaimo. Nommé inspecteur des mines en 1877, il retourne dans le milieu des affaires en 1883, à titre de gérant de E.G. Prior, chef de file dans le domaine de la quincaillerie et de la machinerie en Colombie-Britannique. Élu par la suite député fédéral, il perd son siège en 1900 pour avoir contrevenu à la loi électorale. De retour à la politique provinciale, il est nommé ministre des Mines en 1901 et premier ministre, en 1902. Destitué

de ses fonctions en 1903, après que des accusations de conflit d'intérêt eurent été portées contre lui, il conserve son siège de député provincial jusqu'à sa défaite, en 1904. Nommé lieutenant-gouverneur en 1919, il remplira cette fonction jusqu'à son décès.

Sydney W. Jackman

Prisme d'yeux Manifeste rédigé par Jacques de TON-NANCOUR et lancé le 4 février 1948, donc quelques mois avant le REFUS GLOBAL, par le peintre Alfred PELLAN et un groupe de peintres et de sculpteurs qui entendaient réagir contre une définition trop étroite de l'avant-garde en peinture. De même que le prisme révèle que la lumière blanche est faite en réalité de toutes les couleurs, de même ce mouvement se voulait le lieu de rencontre de plusieurs tendances (yeux) de l'art moderne, de la figuration de Jeanne Rhéaume et de Goodridge ROBERTS à la semi-abstraction de Gordon Weber, au cubo-surréalisme du sculpteur Louis ARCHAMBAULT et de Pellan et de ses élèves (Jean BENOIT, Mimi PARENT, Gabriel Filion, Pierre Garneau, Lucien Morin et Roland Truchon). Malheureusement, *Prisme d'yeux*, n'ayant pas la cohésion du mouvement des AUTOMATISTES, ne survécut pas. Après seulement deux expositions, dont l'une (qui ne dura qu'un jour) au Art Center, une annexe de la Art Association of Montreal, lors du lancement du manifeste et l'autre à la Librairie Tranquille, du 15 au 29 mai 1948, il disparut, ses adhérents préférant poursuivre des carrières individuelles, parfois très brillantes, comme Albert DUMOUCHEL ou Goodridge ROBERTS.

François-Marc Gagnon

Prison Ce terme, qui désigne un lieu où les gens sont tenus en captivité, couvre une variété d'établissements au Canada. Les centres de détention et les centres de détention provisoire servent généralement à l'incarcération de personnes qui attendent leur procès ou de personnes condamnées à de courtes peines. Traditionnellement, ces centres relevaient, dans la plupart des provinces, de la responsabilité des municipalités ou des comtés. Aujourd'hui, ils font partie du système correctionnel provincial, qui comprend également les maisons ou les établissements de correction (les centres correctionnels provinciaux) pour les personnes condamnées à des peines d'emprisonnement de moins de deux ans. Les peines d'emprisonnement de deux ans ou plus doivent être purgées dans des pénitenciers fédéraux, lesquels font partie du Service correctionnel du Canada et relève du ministère fédéral du Solliciteur général. Cette division est uniquement fondée sur la durée de la peine. Sur le plan constitutionnel, le droit criminel relève du fédéral, mais les infractions sont énumérées non seulement dans le *Code criminel* du Canada et dans d'autres lois fédérales, mais également dans de nombreuses lois provinciales (*voir* CRIME). Les personnes déclarées coupables d'infractions aux lois fédérales peuvent purger leur peine dans des établissements provinciaux, et vice versa, selon la durée totale des peines infligées.

Les établissements pour jeunes, généralement appelés centres de détention des jeunes, sont de compétence provinciale. La *Loi sur les jeunes contrevenants* (fédérale) s'applique aux adolescents âgés de 12 (l'âge de la responsabilité criminelle) à 17 ans inclusivement, inculpés d'infractions à des lois fédérales, y compris le *Code criminel*. Les lois provinciales concernant les jeunes contrevenants s'appliquent aux adolescents inculpés d'infractions aux lois provinciales telles que les lois sur la réglementation des alcools, le code de la route, etc.

Évolution historique Au début des années 1800, les prisons sont essentiellement des maisons d'arrêt rattachées aux palais de justice. Elles servent à la détention des débiteurs en matière civile et, dans une moindre mesure, à la détention des personnes en instance de procès. La première grande prison, établie à Kingston, dans le Haut-Canada (en juin 1835) est réservée au Haut-Canada et au Bas-Canada par l'Acte d'union de 1840. En 1867, il y a également des

pénitenciers à Saint John, au Nouveau-Brunswick, et à Halifax, en Nouvelle-Écosse. En 1880, le pénitencier de Dorchester est construit dans les Maritimes. Les pénitenciers de Saint-Vincent de Paul, au Québec (1873), de Stony Mountain, au Manitoba (1874), de New Westminster, en Colombie-Britannique (1878), et de Prince Albert, en Saskatchewan (1911), complètent la série de prisons forteresses au Canada. En 1930, un autre pénitencier est établi à Collins Bay, en Ontario.

Le développement des systèmes carcéraux provinciaux dépend de la taille et de la croissance des populations aussi bien que des ressources dont on dispose. Les peines infligées varient également d'une province à l'autre, influencées en cela par le nombre et le genre d'établissements existants. Sur une période de 12 mois entre 1994 et 1995, il y a en moyenne 34 867 prisonniers au Canada par jour, dont 14 933 dans les pénitenciers fédéraux. Après une certaine stabilité au cours des années 70, le nombre de prisonniers recommence à grimper au début des années 80, malgré l'augmentation des autres modes de peine, p. ex., la probation (*voir* PROBATION ET LIBERTÉ CONDITIONNELLE), les ordonnances de service communautaire, la restitution et le dédommagement et les amendes.

Le débat concernant les prisons comme établissements de châtiment s'amorce dès que celles-ci sont créées. Elles le sont en partie parce qu'il n'est plus possible de bannir les contrevenants et en partie par suite de la répugnance publique à l'infliction des châtiments corporels et à l'exposition des contrevenants à la honte et au ridicule publics, bien que le stigmate demeure l'un des éléments essentiels, non seulement de la condamnation et du châtiment, mais aussi de l'accusation officielle. Les pénitenciers (dont l'objet était d'amener le contrevenant à la pénitence au moyen de l'isolement, du silence et de l'instruction religieuse) et les maisons de correction (dont l'objet visait le redressement des criminels) reflètent les valeurs sociales de l'époque. La pénitence est suivie du travail comme condition principale du salut, mais c'est le régime de travail, comportant souvent des tâches insignifiantes et l'assujettissement aux règles, qui constitue le facteur important.

La formation et l'éducation visant à «relever» le contrevenant dans sa situation sociale sont les objectifs suivants, puis l'accent est mis sur la réinsertion sociale et le traitement. Au cours des années 70, c'est la justice et l'application régulière de la loi, le respect des droits des prisonniers et l'équité sur le plan administratif qui prévalent. Puisque la plupart des prisonniers finissent par être remis en liberté, il est légitime de se demander s'il est utile de dépenser 45 000 dollars chaque année par prisonnier. On admet généralement de nos jours que les prisons existent parce que nous ne savons pas par quoi les remplacer. Divers groupes, y compris les Quakers, qui travaillent à faire des prisons des lieux de réformation humanitaire, réclament leur abolition.

Programmes Le pénitencier de Kingston, dont l'ouverture est accompagnée de grands espoirs de trouver une solution au problème de la criminalité et des criminels, est marqué dès le début par la dissension, la corruption et l'inhumanité. La première grande enquête, qui mène au rapport Brown (1849), abonde en exemples comme celui de Peter Charbonneau, enfant de 11 ans emprisonné à Kingston pendant 7 ans en 1845. Durant son emprisonnement, il a été fouetté 57 fois en 8 1/2 mois pour des infractions commises en prison, notamment pour avoir dévisagé quelqu'un, avoir fait un clin d'œil et avoir ri. Bien que des changements importants aient été apportés au traitement des prisonniers et à l'administration des établissements, les problèmes et les rapports n'ont jamais cessé.

De nos jours, il existe plus de 200 établissements fédéraux et provinciaux, généralement classés en établissements à sécurité maximale, à sécurité moyenne ou à sécurité minimale selon les mesures de sécurité qui y sont appliquées, en camps de travail et en centres communautaires de libération. Les programmes s'inspirent toujours des croyances traditionnelles concernant la pénitence (redressement moral), l'éducation, le travail et la réinsertion sociale, mais, dans la plupart des prisons, la vie consiste essentiellement à tuer le temps. Les émeutes et les prises d'otage, bien qu'entourées de beaucoup de publicité, sont des événements relativement rares, compte tenu des tensions que crée un environnement rigidement contrôlé.

Rapports avec la collectivité En dépit du fait que les prisons soient généralement isolées de la collectivité, elles dépendent de celle-ci, ne serait-ce que pour un semblant de raison d'être et pour leur bon fonctionnement. Un réseau de groupes d'intérêt accompagné d'une grande variété de programmes, à l'intérieur comme à l'extérieur des établissements, s'est développé autour des prisons, p. ex., les sociétés John Howard et Elizabeth Fry, les maisons de transition, les visiteurs de prison et les groupes d'entraide. Il reste, malgré tout, que les citoyens en général tendent à en savoir très peu au sujet des prisonniers et semblent même se soucier encore moins d'eux, au genre de vie qu'on mène en prison et de la situation des gens après leur sortie de prison.

Johann W. Mohr

Prisonniers de guerre (PG) Ce sont les militaires capturés par l'ennemi durant un combat. Cela relève d'un certain raffinement dans la pratique de la guerre, car, dans les combats primitifs, on faisait rarement des prisonniers puisque les vaincus étaient torturés (souvent dans un rituel) ou mis à mort. L'idée de réduire l'ennemi vaincu à l'esclavage permanent est d'ailleurs à l'origine de la notion de rançon pour les riches et les puissants. Ces procédés sont courants chez les autochtones d'Amérique du Nord et – sauf la torture rituelle – chez les colons européens. À la fin du XVIIIe s., toutefois, la plupart des communautés ont adopté comme principe de simplement mettre les prisonniers en quarantaine, en les enfermant ou en les libérant sous certaines conditions. C'est ce qui se passe pendant les guerres franco-anglaises, la GUERRE D'INDÉPENDANCE AMÉRICAINE et la GUERRE DE 1812.

Les premières règles internationales régissant le traitement des PG sont formulées à Genève en 1864 et peaufinées à La Haye en 1899 dans le cadre d'une codification des règles de la guerre. Les Canadiens faits prisonniers pendant la GUERRE DES BOERS n'ont que faire de ces règles puisque les Afrikaners, qui mènent une guérilla pendant presque toute la guerre, n'ont pas d'installations où les détenir. Une fois dépouillés de leurs armes, de leur équipement et de leurs provisions, les prisonniers sont en général relâchés.

La Convention de La Haye est révisée en 1907 et les 2818 hommes du CORPS EXPÉDITIONNAIRE CANADIEN faits prisonniers pendant la PREMIÈRE GUERRE MONDIALE, ainsi que les 2005 prisonniers de guerre allemands détenus au Canada, sont traités conformément aux nouvelles règles. Mais en Europe, on se plaint que l'esprit de la convention n'est souvent pas respecté. La SOCIÉTÉ DES NATIONS négocie, en 1929, une Convention de Genève portant précisément sur le traitement des prisonniers de guerre. Les prisonniers doivent être traités humainement, sous réserve de la nécessité de les détenir. Ils sont tenus de révéler à ceux qui les ont capturés uniquement leur nom, leur rang et leur numéro. Ils peuvent être forcés de travailler, mais non à des tâches ayant des répercussions militaires directes.

Durant la SECONDE GUERRE MONDIALE, les quelque 8000 Canadiens faits prisonniers de guerre par les Allemands sont traités, en général, conformément à la Convention de Genève. On compte toutefois deux exceptions flagrantes. D'abord, il y a l'exécution de certains participants à une tentative d'évasion massive du *Stalag Luft III* en mars 1944.

Puis, il y a également le fait d'avoir passé les menottes aux prisonniers britanniques et canadiens en octobre 1942 en guise de représailles au ligotage temporaire d'Allemands faits prisonniers à DIEPPE et lors d'un raid britannique de moindre importance. En réponse, les Britanniques enchaînent des prisonniers et demandent aux Canadiens d'en faire autant. Le Canada acquiesce et certains prisonniers allemands demeurent menottés jusqu'en décembre 1942, quand les gouvernements canadien et britannique en arrivent à la conclusion que la riposte va à l'encontre du but recherché. Les Allemands continuent de mettre les prisonniers aux fers jusqu'en novembre 1943, mais, depuis longtemps déjà, les prisonniers ne sont menottés que lorsqu'on les fait parader.

Parmi les 30 000 PG allemands et italiens détenus au Canada pendant la guerre, l'*oberleutnant* Franz von Werra de la Luftwaffe se distingue comme étant «celui qui s'est enfui». Il s'évade d'un train près de Prescott, en Ontario, la nuit du 23 au 24 janvier 1941, traverse la frontière des États-Unis et rentre par la suite en Allemagne, où il meurt plus tard au combat. D'autres s'enfuient aussi, mais ne réussissent pas à retraverser l'Atlantique. Un, au moins, s'est rendu au Mexique. Plusieurs prisonniers de guerre ont été assassinés par leurs collègues prisonniers pour avoir contrevenu au code de conduite hitlérien.

Pendant la GUERRE DE CORÉE, les 32 Canadiens faits prisonniers sont traités durement, la Corée du Nord et la République populaire de Chine n'étant pas signataires de la Convention de Genève de 1949. On les soumet à un lavage de cerveau dans le but de changer leurs opinions politiques. Aucun d'eux ne meurt en captivité. Des militaires canadiens servent momentanément de gardiens après un soulèvement de prisonniers de guerre nord-coréens et chinois dans un camp de l'Organisation des Nations Unies dans l'île KOJE-DO en mai 1952. (*Voir aussi* INTERNEMENT.)

Brereton Greenhous

Prix de la Banque Royale Il rend hommage à un citoyen canadien ou à une personne vivant au Canada pour souligner ses réalisations exceptionnelles qui ont contribué de façon importante au bien-être de l'humanité et servi le bien commun. Le prix a été créé en 1967, année du CENTENAIRE, et consiste en une somme de 100 000 $ et une médaille d'or. Le comité de sélection est formé de sept Canadiens éminents et est indépendant de la BANQUE ROYALE DU CANADA.

Wilder PENFIELD, C.J. MACKENZIE, le cardinal Paul-Émile LÉGER, Morley CALLAGHAN, Arthur ERICKSON, R. Keith DOWNEY et Baldur STEFANSSON, Northrop FRYE, Georges-Henri LÉVESQUE, Hugh MACLENNAN et David SUZUKI ont reçu le Prix de la Banque Royale. En 1987, les récipiendaires ont été Gweneth LLOYD et Arnold SPOHR.

Prix de musique Calixa-Lavallée Créé en 1959, il est décerné par la Société Saint-Jean-Baptiste de Montréal à l'artiste québécois dont les activités musicales «ont servi les intérêts supérieurs de la nation québécoise, que ce soit au Québec ou à l'étranger». D'abord annuel, le prix devient triennal en 1993. Le lauréat reçoit un prix en argent (1500 dollars depuis 1996) et une médaille portant l'inscription *bene merenti de patria*.

Le prix a été décerné à:

1959: Léopold SIMONEAU et Pierrette ALARIE
1960: Jacques Beaudry
1961: Françoise AUBUT
1962: Jean PAPINEAU-COUTURE
1963: Gilles Lefebvre
1964: Victor BOUCHARD et Renée MORISSET
1965: Louis QUILICO
1966: Gilles VIGNEAULT
1967: Joseph ROULEAU
1968: Gilles TREMBLAY
1969: Roger MATTON
1970: Clermont PÉPIN
1971: Colette BOKY
1972: Claire Gagnier
1973: Gaston Germain
1974: Pauline JULIEN
1975: Félix LECLERC
1976: Jean CARIGNAN
1977: Lionel DAUNAIS
1978: prix non décerné;
1979: Monique LEYRAC
1980: Serge GARANT
1981: Kenneth GILBERT
1982: Marie-Thérèse Paquin
1983: Gilles POTVIN
1984: prix non décerné;
1985: Maryvonne KENDERGI
1986: prix non décerné;
1987: Yvonne Hubert
1988: Jean Cousineau
1989: Bernard Lagacé
1990: Otto JOACHIM
1991: Louise André
1992: prix non décerné;
1993: Fernand Lindsay
1996: Angèle DUBEAU.
Claire Versailles

Prix du Gouverneur général pour les arts de la scène Il est créé en 1992 pour récompenser les artistes qui ont contribué tout au long de leur vie au rayonnement de la culture canadienne. Ce sont les prix les plus prestigieux accordés aux artistes de la scène canadienne. Il existe six catégories: théâtre, danse, musique classique et opéra, musique populaire, cinéma et radiodiffusion. Les finalistes sont choisis par la Fondation du prix du Gouverneur général pour les arts de la scène, un organisme non gouvernemental sans but lucratif, dont le comité est composé d'artistes d'expérience, de gérants et de producteurs. Les gagnants reçoivent un prix en argent de 10 000 $ et une médaille commémorative.

En 1992, le prix du Centre national des arts (CNA) est aussi créé pour récompenser l'artiste ou le groupe d'artistes qui se sont distingués pour leur contribution à la culture canadienne pendant l'année précédente. Le prix Ramon John HNATYSHYN pour le bénévolat dans le domaine des arts de la scène est créé dans le but de récompenser le dévouement exceptionnel d'un ou d'une bénévole pour la promotion des arts de la scène. Les gagnants du prix du Centre national des arts reçoivent 10 000 $ et une sculpture originale, don de la fondation du CNA. Les récipiendaires du prix pour le bénévolat reçoivent une œuvre d'art spécialement commandée à l'artiste du verre Daniel Crichton. La première remise des prix, présidée par le Gouverneur général de l'époque Ramon Hnatyshyn, a eu lieu le 7 novembre 1992.

Parmi les récipiendaires du prix du Gouverneur général, figurent, en 1998, Paul BUISSONEAU, Bruce COCKBURN, Rock Demers, ROYAL CANADIAN AIR FARCE, Arnold SPOHR et john VICKERS; en 1997 Gilles CARLE, Nicholas GOLDSCHMIDT, Monique LEYRAC, Gordon LIGHTFOOT, Betty OLIPHANT et Jean-Pierre RONFARD; en 1996, Joni MITCHELL, Martha HENRY, Grant STRATE, Luc PLAMONDON, François Barbeau et Michel BRAULT; en 1995, Denys ARCAND, Maureen FORRESTER, Peter GZOWSKI, Paul Hébert, Anne MURRAY et Jeanne REANAUD; en 1994 Frédérick BACK, Robert CHARLEBOIS, Jean PAPINEAU-COUTURE, Celia FRANCA, Frances HYLAND et Neil YOUNG; en 1993, Leonard COHEN, Don Haig, Lois MARSHALL, Ludmilla CHIRIAEFF, Monique Mercure et Gilles VIGNEAULT; en 1992, William HUTT, Gweneth LLOYD, Dominique MICHEL, Mercedes Palomino, Oscar PETERSON et Léopold SIMONEAU.

Les récipiendaires du prix Hnatyshyn sont Norman JEWISON (1992), Joan Chalmers (1993), Sandra Kolber (1994), Arthur Gelber (1995) et Martha

Lou Henley. Les récipiendaires du prix du CNA sont Gilles Maheu (1992), Michel Marc BOUCHARD et Les Deux Mondes (1993), Robert LEPAGE (1994), Ben HEPPNER (1995), Jon Kimura PARKER (1996), Karen KAIN (1997) et Denis Marleau (1998).

Prix du Québec En 1922, Athanase David, alors secrétaire de la province de Québec, crée les Concours littéraires et scientifiques pour soutenir le travail d'écrivains et de chercheurs chevronnés. Jusqu'en 1967, les prix littéraires, (parmi ceux-ci le prix David) et scientifiques récompensent respectivement œuvres littéraires et ouvrages de recherche.

En 1977, pour mieux refléter la diversité culturelle, sociale et scientifique, le gouvernement du Québec crée les Prix du Québec. En plus du prix Athanase-David, qui couronne une carrière littéraire, le prix Léon-Gérin pour les sciences humaines et le prix Marie-Victorin pour les sciences de la nature et le génie sont institués en remplacement des prix scientifiques; s'y ajoutent le prix Paul-Émile-Borduas pour les arts visuels et le prix Denise-Pelletier pour les arts de la scène. En 1980, est créé le prix Albert-Tessier pour le cinéma et, en 1992, le prix Gérard-Morisset pour le patrimoine. En 1993, deux autres prix scientifiques voient le jour: le prix Armand-Frappier souligne une contribution exceptionnelle au développement d'institutions de recherche ou à la promotion des sciences et de la technologie, tandis que le prix Wilder-Penfield, couronne une carrière de recherche dans le domaine biomédical. En 1997, une autre récompense s'ajoute à cette liste, le prix Georges-Émile-Lapalme qui reconnaît la contribution exceptionnelle d'une personne à la qualité de la langue française, parlée ou écrite, au Québec. Enfin, le prix Lionel-Boulet, créé en 1998, récompense une personne qui s'est illustrée, par ses activités de recherche et développement, en milieu industriel. Les Prix du Québec sont attribués, chaque année, à des citoyens canadiens qui vivent ou ont vécu au Québec. Les prix ne peuvent être accordés à titre posthume ni partagés. Les lauréats reçoivent, du ministère de la Culture et des Communications ou du ministère de la Recherche, de la Science et de la Technologie, une bourse de 30 000 $ non imposable, un parchemin calligraphié et une médaille en argent, création exclusive d'un artiste du Québec.

Gisèle Villeneuve

Prix et concours de musique Les prix de musique sont accordés selon le mérite ou attribués dans le cadre de concours. En 2000, il existe déjà différentes catégories dans lesquelles entrent les genres musicaux (classique, country, folk, pop, rock). Les prix sont remis selon ces catégories et visent à reconnaître l'excellence des solistes et des groupes, ainsi que l'excellence dans les médias (film, radio, enregistrement, télévision, vidéo). Les prix accordés selon le mérite récompensent le niveau atteint, les efforts, l'esprit d'initiative ou la générosité. Les récipiendaires font parfois partie d'ensembles honorés par des institutions gouvernementales (l'Ordre du Canada, l'Ordre national du Québec, les Toronto Arts Awards). Ils remportent aussi des prix ou des trophées réservés aux personnes œuvrant dans le domaine de la musique et décernés par des clubs musicaux, des organisations professionnelles ou des entreprises en rapport avec la musique (médaille du Conseil canadien de la musique, prix Juno, prix Félix, prix Opus, etc.). Les récipiendaires peuvent aussi recevoir un prix en argent d'une fondation créée à la mémoire d'un musicien canadien célèbre (le Prix Glenn Gould). Enfin, certaines universités décernent des diplômes honorifiques. Les gagnants sont habituellement désignés par un jury spécial ou par un comité des prix. Les prix de musique attribués selon le mérite peuvent prendre la forme de bourses d'études ou de bourses de recherches offertes par des particuliers, des entreprises, des fondations, des clubs musicaux, des institutions d'enseignement ou des associations professionnelles de musiciens.

Les prix remportés dans le cadre de concours se divisent en plusieurs catégories: ceux décernés pendant des festivals et ceux attribués lors des concours d'exécution, de direction d'orchestre ou de composition. Les prix se présentent sous différentes formes: médailles, trophées, montants en argent ou honneurs. Les festivals offrent aux jeunes musiciens, peu importe leur discipline musicale, l'occasion de se mesurer à leurs pairs, d'acquérir l'expérience de la scène et de bénéficier de l'évaluation et des conseils des juges.

Les candidats aux concours d'exécution sont généralement des élèves avancés ou de jeunes professionnels. Les lauréats sont désignés par un jury. Aux prix en argent s'ajoute la satisfaction d'être reconnu à l'échelle nationale grâce à la couverture du concours par les médias, la possibilité de se voir offrir un contrat par les maisons d'enregistrement et des invitations à se produire à la radio, à la télévision, avec de grands orchestres, des chorales ou des ensembles. Ces concours ont lieu en public, parfois dans des salles de concert (le CONCOURS INTERNATIONAL DE MONTRÉAL) ou à la radio (les concours radiophoniques de la Société Radio-Canada, anciennement le *CBC Talent Festival* et successeur de *Opportunity Knocks*). Les concours peuvent être régionaux, nationaux ou internationaux. Certains visent un objectif précis (concours national d'exécution de musique canadienne Eckhardt-Gramatté); d'autres sont réservés à des types d'instruments ou à des genres spécifiques (le Banff International String Quartet Competition).

Au Canada, les concours de direction d'orchestre sont plutôt récents. Commandités par des fondations, des universités ou des conservatoires, ils rendent hommage à un chef d'orchestre réputé ayant manifesté un intérêt particulier envers les jeunes musiciens désireux de diriger (le prix Heinz Unger). En plus d'offrir un prix, généralement en argent, ces concours permettent aux candidats de faire valoir leurs talents devant des représentants d'orchestres locaux à la recherche de chefs énergiques et ambitieux. Les concours de composition se sont multipliés au cours des 40 dernières années. Ils peuvent être commandités par Radio-Canada et ses diverses sociétés, de même que par des organisations musicales du pays comme les sociétés de perception des droits d'auteurs (SOCAN, PRO Canada, etc.) par des organisations de la scène (chorales et orchestres) ou par des établissements d'enseignement. Ces concours (prix Jules-Léger pour la musique de chambre) offrent généralement au gagnant un prix en argent, la possibilité de faire exécuter son œuvre, voire de la faire enregistrer, par un orchestre, une chorale, un ensemble ou un soliste reconnu. Les musiciens canadiens, interprètes et compositeurs, se voient remettre des prix et des distinctions dans de nombreux concours internationaux importants (le concours reine Élisabeth de Belgique, le concours international de piano de Leeds, Let the People Sing, le Metropolitan Opera Auditions of the Air).

Mabel H. Laine et P. Wardrop

Prix Juno L'origine de ces prix remonte à un sondage organisé auprès des lecteurs par la revue professionnelle de l'industrie de la musique *RPM Weekly*, en décembre 1964, pour élire les lauréats des prix RPM Gold Leaf. La revue maintient cette façon de procéder jusqu'en 1970. Cette année-là, la remise des prix a lieu, pour la première fois, lors d'une cérémonie au St. Lawrence Hall de Toronto. Dès l'année suivante, les prix sont rebaptisés Juno, en l'honneur de la déesse romaine (Junon) et en hommage à Pierre JUNEAU. Ce dernier a été le premier président du Conseil de la radiodiffusion et des télécommunications canadiennes et a mis en place le règlement imposant à la radio AM de diffuser 30 p. 100 de contenu canadien dans ses émissions.

La Canadian Academy of Recording Arts and Sciences (CARAS) est créée pour coordonner la cérémonie annuelle de la remise des prix Juno en

1975. La cérémonie est télédiffusée pour la première fois par le réseau de langue anglaise de Radio-Canada. L'adhésion à la CARAS est élargie à toutes les personnes œuvrant dans l'industrie phonographique, ce qui augmente le nombre d'électeurs pour les prix Juno. La CARAS fonde le Canadian Music Hall of Fame en 1978. Oscar PETERSON et Guy LOMBARDO sont les premiers artistes canadiens récompensés pour leurs réalisations. En 1984, le Walt Grealis Special Achievement Award est inauguré en l'honneur de Walt Grealis, éditeur du *RPM Weekly* et fondateur des Junos. Le Walt Grealis Special Achievement Award est destiné à récompenser les membres de la communauté musicale qui ont contribué de façon importante à édifier une industrie musicale canadienne viable et prospère.

En 1995, la remise des prix Juno connaît un nouvel essor. Elle consistait jusqu'alors en une cérémonie réservée à l'industrie musicale qui avait lieu au Centre O'Keefe de Toronto. Cette année-là, elle devient un événement public, présenté au Copps Coliseum d'Hamilton devant une foule de 10 000 admirateurs. La parution d'un livre et la sortie d'un coffret de quatre disques portant le titre *Oh What A Feeling* célèbrent le 25e anniversaire des prix Juno. Le coffret de disques est le premier enregistrement canadien à être certifié diamant pour un million d'exemplaires vendus.

Steve McLean

Prix littéraires du Gouverneur général En 1936, la CANADIAN AUTHORS ASSOCIATION (CAA) décerne les prix littéraires du Gouverneur général pour la première fois. La CAA juge elle-même les œuvres jusqu'en 1944, date à laquelle un comité des récompenses indépendant est créé. En 1959, le CONSEIL DES ARTS DU CANADA se charge d'administrer les prix et offre au moins six prix de 1000 $ chacun pour une œuvre romanesque, une étude ou un essai, une œuvre dramatique ou un recueil de poésie en anglais et en français (auparavant, les prix étaient seulement attribués à des ouvrages rédigés en anglais). La même année, la catégorie «littérature de jeunesse», créée en 1948, est abandonnée. En 1971, le Conseil se charge de nommer deux jurys (l'un francophone et l'autre anglophone), chacun composé de neuf membres choisis parmi des écrivains, des universitaires et des critiques littéraires d'expérience. En 1989, le montant du prix passe de 5 000 à 10 000 $. De nouvelles catégories viennent s'ajouter au fil des ans: œuvre dramatique (1981), littérature de jeunesse pour les textes (1988) et littérature de jeunesse pour les illustrations et les traductions (1988).

Comme tous les prix, les prix du Gouverneur général suscitent parfois la controverse. Les jugements portés sur une œuvre à une époque donnée ne résistent pas toujours à l'épreuve du temps. De façon générale, on se plaint que le prix ne récompense pas toujours la meilleure œuvre d'un écrivain. D'autres critiques sont plus précises: ainsi, on estime que *The Great Code* de Northrop FRYE aurait dû remporter un prix en 1983. Certains lauréats refusent leur prix pour des motifs politiques. Il n'en reste pas moins que le Prix du Gouverneur général demeure le PRIX LITTÉRAIRE le plus prestigieux décerné à des œuvres canadiennes uniques. Les prix du Gouverneur général servent à récompenser les écrivains canadiens et à faire connaître la littérature canadienne par le biais des cérémonies qui se déroulent un peu partout au Canada.

Prix littéraires pour œuvres de langue anglaise Avant les années 20, aucun prix littéraire annuel n'est accordé aux auteurs d'œuvres littéraires de langue anglaise au Canada. L'ironie du sort veut que le premier prix du genre soit celui du Concours littéraire du Québec, remis de 1923 à 1970 par la province de Québec. Attribuée pour la première fois en 1926 et parrainée par la SOCIÉTÉ ROYALE DU CANADA, la Médaille Lorne Pierce est le prix littéraire le plus ancien encore décerné à l'heure actuelle. En 1928, la Société royale remet pour la première fois la Médaille Tyrrell, destinée à récompenser différentes contributions à l'histoire canadienne. Jusqu'en 1966, ces deux médailles sont remises une fois par an. Depuis elles sont décernées tous les deux ans et sont accompagnées d'une somme de 1000 $.

Aucun autre prix littéraire datant des années 20 n'est encore offert. La National Short Story Competition de l'IMPERIAL ORDER DAUGHTERS OF THE EMPIRE est organisée chaque année de 1923 à 1933, tandis que l'IODE National One-Act Play Competition n'existe que de 1923 à 1936. Le Montreal Poetry Contest, parrainé par la section montréalaise de la CANADIAN AUTHORS ASSOCIATION (CAA), est organisé de 1925 à 1946. Enfin, le Maclean's Magazine Short Story Awards est attribué sept fois de 1927 à 1955.

De tous les prix créés dans les années 30, les PRIX LITTÉRAIRES DU GOUVERNEUR GÉNÉRAL sont devenus les plus importants. Lancé en 1937 par la CAA, le prix littéraire du Gouverneur général est attribué pour la première fois à une œuvre publiée en 1936. À l'origine, il comporte trois catégories: romans et nouvelles, études et essais, et poésie et théâtre. En 1959, le CONSEIL DES ARTS DU CANADA assume en partie la responsabilité des prix, crée des catégories similaires pour les œuvres rédigées en français et ajoute un montant de 1000 $ à chaque prix. Finalement, en 1971, le Conseil des arts assume l'entière responsabilité des prix dont le montant passe à 2500 $ en 1966, et à 5000 $ en 1975. En 1981, un prix spécial est créé pour le théâtre.

Deux prix créés dans les années 30 existent encore: l'Alberta Poetry Contest, lancé en 1930 par la section d'Edmonton de la CAA, et le Canadian One-Act Playwriting Contest, institué en 1937 par l'Ottawa Little Theatre. Les divers prix attribués par le Festival national d'art dramatique (aujourd'hui Théâtre Canada) de 1934 à 1969 sont fort prisés jusqu'en 1970, date à laquelle le festival cesse d'organiser des concours.

Parmi les prix littéraires institués dans les années 40, le Stephen Leacock Memorial Medal est sans doute le plus renommé. Créé en 1947, il est décerné au meilleur livre humoristique. En 1973, la Compagnie d'assurance Manu-Vie y ajoute un prix en argent et, en 1981, la Compagnie de la baie d'Hudson se charge de son attribution. Parmi les prix établis dans les années 40 figurent aussi le Book of the Year for Children, décerné depuis 1947 à l'auteur du meilleur livre jeunesse par l'Association canadienne des bibliothécaires pour les enfants; le Provincial Chapter of Ontario Short Story Competition de l'IODE, créé en 1948; l'Eaton Short Story Competition, lancé en 1948 par le Women's Canadian Club de Winnipeg et la section de la CAA de la même ville (son nom actuel est adopté en 1960 lorsque la Compagnie T. Eaton y ajoute une contribution en argent); enfin, le Nova Scotia Poetry Contest, créé en 1949 par le Nova Scotia Centre of the Poetry Society of England. Parmi les prix créés à la même époque figurent aussi Ryerson Fiction Award, attribué 14 fois par la Ryerson Press entre 1942 et 1960; le O'Leary Newfoundland Poetry Awards (1944-1955); et le IODE Annual Book Contest (1946-1957) parrainé par la section de l'Alberta.

Dans les années 50, de nombreux prix sont créés: les prix d'excellence de l'U. de l'Alberta en littérature, en musique, ainsi qu'en peinture et arts connexes (depuis 1951), la University of British Columbia Medal for Popular Biography (depuis 1952), la Médaille du président de l'U. Western Ontario (depuis 1952), créée pour compléter les prix du Gouverneur général et pour reconnaître les œuvres parues dans des revues, la Médaille Chauveau de la Société royale (annuelle de 1952 à 1966; attribuée tous les deux ans depuis et accompagnée d'une somme de 1000 $), le Newfoundland and Labrador Arts and Letters Competition (depuis 1952) et le Cana-

dian Children Books Award de la maison d'édition Little-Brown (depuis 1957). Plusieurs autre prix, tels le Maclean's Magazine Novel Award (de 1953 à 1957) et le Beta Sigma Phi Award (de 1956 à 1967), attribué pour un premier roman, n'ont existé que quelques années.

Le PRIX MOLSON est le prix le plus prestigieux instauré au cours des années 60, grâce à une dotation de la Fondation Molson au Conseil des arts du Canada. Deux prix de 50 000 $ chacun sont attribués chaque année pour une contribution exceptionnelle aux arts ou aux sciences humaines. Parmi les autres prix établis dans les années 60 qui existent toujours, citons le prix Vicky Metcalf (depuis 1963), pour la littérature jeunesse, le Beaver Trophy (depuis 1965), accordé par la Compagnie de la baie d'Hudson d'Edmonton, le CAA Vancouver Branch Award (depuis 1966), l'Alberta Playwriting Competition (depuis 1967), et le Dr William Henry Drummond National Poetry Contest (depuis 1969). Le Doubleday Canadian Prize Novel Award (de 1961 à 1967), d'une valeur de 10 000 $, attribué à un premier roman, n'existe plus.

Le nombre, la valeur et le prestige de ces prix littéraires n'a cessé de croître et s'explique sans doute par une prise de conscience de plus en plus grande de notre littérature nationale d'expression anglaise ainsi que par la qualité et le nombre croissant des œuvres appartenant à cette littérature. Bien que la plupart de ces nouveaux prix soient uniques, plusieurs associations ont créé des prix afin de rivaliser avec les prix littéraires du Gouverneur général. En 1973, la CAA attribue pour la première fois des médailles d'argent visant à remplacer les prix du Gouverneur général qu'elle administrait avant 1971. En 1975, les romans Harlequin ajoutent un prix de 1000 $ aux médailles, les prix en argent s'élèvent aujourd'hui à 5000 $. Toujours en 1975, le Conseil des arts crée les prix de littérature jeunesse (5000 $) remis chaque année à deux auteurs, un anglophone et un francophone. En 1980, deux prix de 5000 $ sont créés pour les illustrateurs de livres jeunesse (un francophone et un anglophone). Le Conseil des arts accorde également des prix pour les TRADUCTIONS.

En 1980, la radio anglaise de la Société Radio-Canada remet pour la première fois les CBC Radio Literary Awards. En 1982, le Writers Development Trust et le Festival national du livre commanditent le premier Writers' Awards, une série de prix remis une fois par an qui inclut le Gerald Lampert Memorial Award, le Pat Lowther Memorial Award, et le John Glassco Translation Prize. En Alberta, à la fin des années 70, l'*Edmonton Journal* lance l'Edmonton Journal Awards et, au début des années 80, les Writers Guild of Alberta Awards sont créés.

Plusieurs autres prix voient le jour après 1970. Citons, entre autres, le City of Toronto Book Award (depuis 1973), le Rothmans Merit Award for Literature (depuis 1974), l'IODE Book Award (depuis 1974), le prix littéraire Canada-Australie (depuis 1976), remis à un Canadien une fois tous les deux ans, le Gibson Merit Award for Literature (depuis 1977), l'Evelyn Richardson Memorial Award (depuis 1978) pour les résidents de la Nouvelle-Écosse, le Livre de l'année (depuis 1977) et l'Auteur de l'année (depuis 1981) du Periodical Distributors of Canada, et, en 1984, le prix Philips (5000 $ et un système de traitement de texte) est accordé pour la première fois.

Les prix attribués pour un premier roman sont toujours aussi populaires et de nouveaux prix s'y sont ajoutés: le Search for a New Alberta Novelist Competition (depuis 1972), le Books in Canada First Novel Award (depuis 1977), le Gibson First Novel Award (depuis 1997), enfin le Seal Books First Novel Award (depuis 1978), d'un montant de 50 000 $, qui bénéficie d'une très grande publicité. Plusieurs nouveaux prix sont remis pour les romans et les nouvelles, dont le prix littéraire de l'Association canadienne des distributeurs de livres (depuis 1972), le Chatelaine Magazine Annual Fiction Competition

(depuis 1979) et le Young Canadian Writers Award (depuis 1982). Parmi les nouveaux prix décernés dans cette catégorie, le plus intéressant est sans doute le Pulp Press International 3-Day Novel Writing Contest (depuis 1978), qui s'est développé très rapidement et qui connaît un intérêt grandissant aux États-Unis.

La plupart des nouveaux prix pour la poésie ont été intégrés aux séries de prix de littérature générale, sauf dans le cas du Poetry Award de la Federation of Women Teachers Associations of Ontario, et du Canadian Author & Bookman Poetry Award. Par ailleurs, certains prix distincts ont été créés pour le théâtre, la littérature jeunesse et les études et essais.

Les prix réservés au théâtre comprennent, entre autres, l'Alberta Television Playwriting Competition (depuis 1970), le University of Saskatchewan Playwriting Competition (depuis 1971), le prix Floyd S. Chalmers pour les pièces de théâtre canadiennes (depuis 1972) et le Clifford E. Lee Award (depuis 1973). Parmi les prix de littérature jeunesse figurent la Médaille Amelia Frances Howard-Gibbon (depuis 1971), le Collier-Macmillan Award (depuis 1974), le Ruth Schwartz Memorial Award (depuis 1976), le Vicky Metcalf Short Story Award (depuis 1978) et le prix Claude Aubry (depuis 1981). Parmi les nouveaux prix pour les études et les essais, citons le Sainte-Marie Prize in History (depuis 1971), l'Alberta Non-Fiction Award (depuis 1973), l'Alberta Regional History Award (depuis 1973) et le Saskatchewan Native Writers' Contest (depuis 1976).

La création récente d'une nouvelle catégorie de prix dénote la vitalité des prix littéraires au Canada. En 1982, le premier Malahat Review Awards for Book Design est remis.
Alan R. Knight

Prix littéraires pour œuvres de langue française En 1809, le Québec lance son premier concours littéraire dont le sujet porte sur le 50e anniversaire de l'accession au trône du roi Georges III. Il est suivi de plusieurs concours, parrainés par des sociétés ou des périodiques ayant pour thèmes l'histoire ou la politique et que les organismes donateurs utilisent à des fins de publicité. Au début du XXe s., deux prix annuels – le prix d'Action intellectuelle de l'Association de la jeunesse canadienne-française et le concours de poésie de la Société des poètes canadiens-français – acquièrent une grande notoriété.

Au fil des ans, plusieurs prix sont venus s'ajouter à la liste des nombreuses récompenses attribuées, depuis le début du XXe s., aux œuvres littéraires de langue française: Grand Prix de la science-fiction et du fantastique québécois, Grand Prix du livre de la Montérégie, Grand Prix Société Radio-Canada des scénaristes, nouvellistes et poètes, prix Alain-Grandbois, prix Alfred-DesRochers, prix Alphonse-Desjardins, prix Ringuet, prix Félix-Antoine-Savard de la poésie, prix Félix-Leclerc de poésie et bien d'autres. L'édition 2000 du *Répertoire des prix littéraires du Québec* énumère plus de 85 prix. D'autres sont disparus, tels le prix Esso, un des plus anciens prix québécois, le prix du Cercle du livre de France, créé en 1950, peu de temps après le prix Duvernay, les Grands Prix du *Journal de Montréal,* le prix littéraire de *La Presse,* le prix Québec-Paris, les prix littéraires Canada-Suisse et Canada-Japon, et bien d'autres encore. *Le répertoire 2000* en dénombre 61.

C'est en 1922, sous l'influence d'Athanase David, alors secrétaire de la province de Québec, qu'apparaît l'un des prix les plus prestigieux accordés à un écrivain pour l'ensemble de son œuvre. Depuis 1968, on octroie ce prix à tous les ans. D'une valeur de 30 000 $, il couvre tout genre littéraire qui contribue au développement culturel de la collectivité québécoise. De 1968 à 1986 font partie des lauréats: Mgr Félix-Antoine Savard, Alain Grandbois, Gabrielle Roy, Paul-Marie Lapointe, Hubert Aquin, Marcel Dubé, Rina Lasnier, Fernand Dumont, Pierre Vadeboncœur, Jacques Ferron, Anne Hébert, Yves Thériault, Gérard Bessette, Gilles Archambault,

Marie-Claire Blais, Gaston Miron, Jean-Guy Pilon et Jacques Godbout. Plus récemment, ce prix a été accordé à Gilles Hénault (1993); Réjean Ducharme (1994); Jacques Poulin (1995); Monique Bosco (1996); Gilles Marcotte (1997); André Langevin (1998) et Roland Giguère (1999).

Créé en 1944, le prix Ludger-Duvernay compte au nombre des prestigieuses récompenses accordées à des auteurs dont la compétence et le rayonnement dans le domaine littéraire servent les intérêts supérieurs de la nation québécoise. La médaille *Bene merenti de patria* accompagne la bourse de 3000 $. Accordé à tous les trois ans, les lauréats de la fin du XXᵉ s. sont Fernand Ouellette (1994) et Marie Laberge (1997). Le prix littéraire France-Québec Jean-Hamelin (autrefois le prix France-Québec), fondé en 1965 par l'Association des écrivains de langue française (ADELF) avec la collaboration de la DÉLÉGATION GÉNÉRALE DU QUÉBEC à Paris, récompense un écrivain québécois soit pour un ouvrage, soit pour l'ensemble de son œuvre. La bourse offerte par le gouvernement du Québec se chiffre à 8000 FF.

Pour célébrer le 100ᵉ anniversaire de la naissance du poète, la Fondation Émile-Nelligan a créé un prix destiné à un poète nord-américain de langue française de moins de 35 ans. Le prix Émille-Nelligan de 5000 $, accompagné d'une médaille de bronze à l'effigie de Nelligan, créée par James Guilet et frappée à la Monnaie de Paris, a été offert, entre autres, à François Charron, Claude Beausoleil, Jean-Yves Collette, Philippe Haeck et Jocelyne Félix, Lucien Francœur et Anne-Marie Alonzo. Le prix Robert-Cliche, créé en 1979, s'adresse à tout écrivain n'ayant pas encore publié. Le lauréat reçoit une bourse de 5000 $ et a la chance de voir son roman publié chez VLB éditeur pendant que Québec Loisirs en assure la promotion et le publie en édition de club.

Le Grand Prix du Festival international de la poésie, créé en 1984 en l'honneur du poète Gatien LAPOINTE, remet, par l'entremise de la Fondation Les Forges, une bourse de 5000 $ à l'auteur d'une poésie écrite en français. Le prix Québec–Wallonie-Bruxelles du livre de jeunesse, créé en 1978 pour encourager le développement de la littérature de jeunesse et faire connaître aux deux communautés – québécoise et française de Belgique – leur production respective. L'auteur reçoit un montant de 3500 $ auxquels s'ajoutent une aide financière à l'éditeur de 6000 $.

D'abord attribuée occasionnellement, la Médaille de l'Académie des lettres du Québec honore un écrivain québécois pour l'ensemble de son œuvre. Gabrielle Roy fut la première à la recevoir en 1946, suivie de Germaine Guèvremont. Depuis 1984, elle est décernée à tous les automnes. Parmi les lauréats, citons: Maurice Lemire (1993), Maryvonne Kendergi (1994), Roland Giguère (1995), Jean-Marc Léger (1996), Marie-Éva de Villers (1997) et Lise Bissonnette (1998). Le prix Gilles-Corbeil, un legs de celui-ci à la Fondation Émile-Nelligan permet à cette Fondation d'offrir une bourse de 100 000 $ à l'auteur d'une œuvre en français, citoyen du Canada ou des États-Unis. Ce prix triennal a été remis pour la première fois en 1990 à Réjean Ducharme et, par la suite à Anne Hébert (1993) et à Jacques Brault (1996).

Afin de tenir compte des deux langues officielles au Canada, plusieurs organismes récompensent des auteurs francophones et anglophones canadiens. Ainsi, les PRIX LITTÉRAIRES DU GOUVERNEUR GÉNÉRAL DU CANADA, lancés en 1937 par la CANADIAN AUTHORS' ASSOCIATION, sont parrainés par le CONSEIL DES ARTS DU CANADA à partir de 1959. Depuis ce temps, ils comportent un volet francophone et s'adressent à sept catégories d'œuvres: roman; nouvelle, conte et récit; essai; poésie; écriture dramatique, traduction et littérature pour la jeunesse (texte et illustrations). En plus d'une somme de 10 000 $, le lauréat reçoit un exemplaire de son livre relié par un maître relieur. Parmi les lau-

réats: Christiane Frenette, *La terre ferme,* roman et nouvelles; Suzanne Jacob, *La part de feu,* poésie; François Archambault, *15 secondes,* Théâtre; Pierre Nepveu, *Intérieur du Nouveau Monde,* études et essais; Angèle Delaunois, *Variations sur un même «t'aime»,* littérature de jeunesse (texte); Pierre Pratt, *Monsieur Ilétaitunefois,* littérature de jeunesse (illus.); Charlotte Mélançon, *Les sources du moi: La formation de l'identité moderne,* traduction.

Le prix Molson du Conseil des Arts, d'une valeur de 50 000 $, récompense une contribution exceptionnelle à la vie culturelle et intellectuelle du Canada. Sans être à proprement parler un prix littéraire, il peut cependant être remis à un écrivain. Établi en 1964, ce prix est financé grâce à une dotation d'un million de dollars faite par la Fondation de la famille Molson. Depuis 1983, deux prix de 50 000 $ sont remis chaque année et parmi eux: Juliet McMaster, spécialiste de la recherche littéraire et R. Murray Schafer, compositeur, écrivain et éducateur (1993); Michel Tremblay, écrivain, et Martin Friedland, professeur à l'Université de Toronto (1994); Donald Akenson, historien, et Gérald Ferguson, peintre et professeur (1995); Mavis Gallant, écrivaine, et Pierre Maranda, professeur à l'Université Laval, spécialiste de l'anthropologie culturelle (1996); Guy Rocher, Université de Montréal, et Mary Pratt (1997). La Compagnie Christie Brown a créé le prix du livre M. Christie pour souligner l'excellence dans la rédaction et l'illustration de livres canadiens pour la jeunesse. Ce concours comporte un volet francophone et un volet anglophone et distribue, au total, une somme de 45 000 $ répartis en six bourses égales de 7500 $, soit pour chacune des catégories (7 ans et moins, 8-11 ans et 12-14 ans). La Ville de Montréal offre une bourse de 10 000 $ pour une œuvre inédite de langue française ou anglaise. Le Grand Prix du Livre de Montréal admet tous les genre d'œuvres: poésie, roman, nouvelle, conte et récit, littérature pour la jeunesse, bande dessinée, écriture dramatique, essai, la seule condition étant d'être résident de la Communauté urbaine de Montréal.

Nicole Henri

Prix Molson Récompense attribuée chaque année par le Conseil des Arts. La Fondation de la famille Molson a fait don de un million de dollars au CONSEIL DES ARTS DU CANADA, «pour encourager les Canadiens et les Canadiennes qui se sont particulièrement distingués dans les domaines des arts, des sciences humaines et des sciences sociales à poursuivre leur contribution au patrimoine culturel ou intellectuel du Canada». Les lauréats sont choisis par le président du conseil d'administration et le président du Conseil des Arts du Canada, en consultation avec un jury formé de membres venant de partout au Canada. Les membres du jury ont tendance à choisir des lauréats qui approchent du sommet d'une carrière remarquable, et la même personne ne peut recevoir le prix qu'une seule fois. Le premier prix a été décerné en 1964 et s'élevait à 15 000 $. La somme est passée à 25 000 $ en 1982 et à 50 000 $ en 1983. Le Conseil des Arts n'a remis qu'un seul prix par an jusqu'en 1982. Cette année-là, pour souligner le 25ᵉ anniversaire du Conseil, quatre prix ont été attribués. Depuis, deux Prix Molson sont décernés chaque année.

Prix Nobel En 1901, le Suédois Alfred Nobel (1833-1896), inventeur de la dynamite, instaure les prix Nobel. Jusqu'en 1968, cinq prix sont décernés annuellement dans les domaines de la physique, de la chimie, de la médecine et de la physiologie, de la littérature et de la paix. Cette année-là, la banque d'État de Suède crée un prix d'économie. Les prix Nobel consistent en une médaille accompagnée d'un prix en argent; il arrive souvent que deux ou trois lauréats se les partagent. Les trois prix décernés dans les domaines des sciences par les académies des sciences de Suède, sont généralement considérés comme la plus haute récompense scientifique au monde.

Huit Canadiens ont gagné un prix Nobel scientifique: F.H. BANTING et J.J.R. MACLEOD ont reçu le prix de physiologie et de médecine en 1923; Gerhard HERZBERG et John POLANYI ont obtenu le prix de chimie en 1971 et en 1986 respectivement. Sidney ALTMAN (né à Montréal en 1939 et chercheur à Yale depuis 1971) a partagé le prix de chimie en 1989 pour sa découverte des propriétés catalytiques du matériel génétique ARN.

En 1990, Richard E. Taylor, chercheur à l'U. Stanford, a remporté le prix de physique. En 1993, le biochimiste Michael SMITH a partagé le prix de chimie avec le scientifique américain Kary Mullis pour avoir mis au point une technique cruciale utilisée en génie génétique, la mutagenèse dirigée. Cette découverte permet aux chercheurs de mieux comprendre comment fonctionnent les gènes du cancer et des virus. Bertram BROCKHOUSE a partagé le prix de physique, en 1994, pour ses travaux portant sur le comportement des atomes dans les solides.

Les listes de lauréats sont un bon indicateur de l'importance d'un pays dans le monde scientifique. Les prix de littérature récompensent une œuvre imprégnée d'un «idéal» et ont une fonction similaire, bien qu'ils s'appuient sur des considérations plus subjectives que les prix scientifiques, pour lesquels les citations de recherches sont un indice de la réputation d'une personne au niveau mondial. Ainsi, le prix attribué en 1986 à Wole Soyinka a largement été perçu comme la juste reconnaissance par l'Europe de l'apport africain ou nigérian à la culture mondiale. Dans cet esprit, la littérature canadienne, de plus en plus reconnue depuis les années 60, peut espérer une telle marque d'appréciation dans un avenir rapproché. On sait que les candidatures d'Irving LAYTON et de Robertson DAVIES ont été soumises. De nombreuses personnes, p. ex., des professeurs d'université, peuvent procéder à des mises en candidature à l'académie suédoise qui décerne les prix.

Le prix Nobel de la paix, accordé par le parlement de la Norvège, a une connotation plus politique. Des particuliers et des institutions telles que la Croix-Rouge et l'UNICEF l'ont reçu. L.B. PEARSON a reçu le prix Nobel de la paix en 1957 pour avoir apporté des solutions diplomatiques à la CRISE DU CANAL DE SUEZ de 1956. Aucun Canadien n'a remporté le prix Nobel d'économie.

Le caractère politique des prix Nobel a pris naissance en 1936, quand Karl von Ossietzky, un citoyen allemand alors emprisonné dans un camp de concentration, s'est vu attribuer le prix Nobel de la paix. Adolf Hitler a décrété qu'aucun Allemand ne devait accepter un prix Nobel. Trois scientifiques allemands récompensés en 1938 et en 1939 ont reçu leur médaille (mais pas l'argent) après la guerre. Certains lauréats ont refusé leur prix: Boris Pasternak (littérature, 1958), Jean-Paul Sartre (littérature, 1964) et Le Duc Tho (paix, 1973). Les prix Nobel scientifiques ne sont généralement pas considérés comme politiques et n'ont jamais été refusés.

Donald J.C. Philippson

Probation et libération conditionnelle La probation s'entend d'un régime correctionnel dans le cadre duquel les contrevenants sont surveillés dans la collectivité au lieu d'être emprisonnés ou surveillés dans la collectivité après avoir purgé une partie de leur peine. La théorie qui la sous-tend découle d'une très ancienne tradition des tribunaux anglo-américains de surseoir au jugement dans certains cas et d'offrir une deuxième chance aux délinquants primaires.

Origines Dans la pratique, c'est John Augustus, cordonnier de Boston, qui est à l'origine de la notion de la probation et qui, par suite de son intérêt pour la TEMPÉRANCE, avait accepté de surveiller la conduite d'un contrevenant en remplacement de l'infliction d'une peine d'emprisonnement. À sa mort, Augustus avait été chargé de la surveillance de près de 2000 contrevenants.

La probation est une des modalités de la peine que le juge peut imposer à l'auteur d'infractions relevant de certaines catégories. Au Canada, elle relève exclusivement des provinces. Les services de probation, qui existent dans toutes les provinces, sont responsables de la préparation des rapports présentenciels portant principalement sur les antécédents de l'accusé. Ces rapports peuvent proposer que le contrevenant dédommage la victime ou qu'il accomplisse un service communautaire dans le cadre de sa peine. Ils peuvent également recommander que le contrevenant soit obligé de suivre une cure de traitement d'alcoolisme ou de toxicomanie ou d'accepter des services de consultation en matière de santé mentale ou d'attitude sociale. Bien que les autorités concernées par les aspects juridiques et sociologiques de l'application de la loi conviennent que, pour la plupart des contrevenants la probation est une méthode de réadaptation beaucoup plus efficace et moins coûteuse que l'incarcération, relativement peu de pays adhèrent aux principes dont dépend son succès: sélection minutieuse des cas, sursis à la condamnation des contrevenants choisis, surveillance par un personnel compétent et libération du détenu en probation à la fin de la période probatoire en cas de conduite satisfaisante ou révocation de la probation dans le cas contraire.

Procédure de mise en liberté sous condition La libération conditionnelle est une mesure discrétionnaire qu'applique un organisme administratif. La Commission nationale des libérations conditionnelles, relevant de l'autorité du solliciteur général du Canada, examine les demandes de libération conditionnelle présentées par les détenus des pénitenciers fédéraux. Elle a également compétence à l'égard des prisonniers dans les provinces où il n'existe pas de commission provinciale des libérations conditionnelles. Le but de la libération conditionnelle est de contribuer au maintien d'une société juste, paisible et sécuritaire par la gestion du moment et des conditions de libération des prisonniers d'une façon qui facilite le mieux leur réadaptation et leur réinsertion sociale comme citoyens respectueux de la loi.

Les lois fédérales statuent que la plupart des contrevenants doivent bénéficier d'une forme de libération conditionnelle, appelée libération d'office, afin de purger le dernier tiers de leur peine dans la collectivité sous la surveillance du Service correctionnel du Canada. La libération d'office n'est pas une décision de la Commission nationale des libérations conditionnelles, mais un mécanisme légal. Cependant, à la demande du Service correctionnel du Canada, la Commission nationale des libérations conditionnelles peut assortir la libération d'office de certaines conditions. Les contrevenants peuvent présenter une demande de libération conditionnelle totale après avoir purgé le tiers de leur peine et une demande de semi-liberté 6 mois avant la date de leur admissibilité à la libération conditionnelle totale. Avant l'abolition de la peine capitale, les détenus condamnés à perpétuité étaient admissibles à la mise en liberté après 7 ans, mais, en juillet 1976, la loi a été modifiée en vue de prévoir l'emprisonnement à perpétuité obligatoire pour les meurtres au premier degré et au second degré. Les personnes condamnées pour meurtre au premier degré sont inadmissibles à la libération conditionnelle avant d'avoir purgé 25 ans de leur peine, bien que la loi prévoie que les tribunaux peuvent examiner la période d'inadmissibilité après 15 ans d'emprisonnement. En ce qui concerne les personnes condamnées pour meurtre au second degré, le juge doit, au moment de l'infliction de la peine, fixer le nombre d'années qu'elles doivent purger avant d'être admissibles à la libération conditionnelle, période d'admissibilité qui va de 10 à 25 ans. Le contrevenant condamné à une peine d'emprisonnement à perpétuité qui est remis en liberté fait l'objet d'une surveillance pour le reste de sa vie.

Critères Les deux critères d'attribution de la libération conditionnelle sont les suivants: le prisonnier présentera-t-il un risque indu pour la société en commettant une autre infraction pendant sa libération conditionnelle? La libération du prisonnier contribuera-t-elle à la protection de la société en facilitant sa réintégration dans la collectivité comme citoyen respectueux de la loi? La Commission examine les projets post-libératoires du prisonnier, la gravité de son casier judiciaire, sa conduite en prison, et tous les autres renseignements fournis par les psychologues et les psychiatres, les tribunaux, la police et les victimes. La surveillance des libérés conditionnels est confiée aux services correctionnels fédéraux ou provinciaux ou à des organismes privés (p. ex., la société John Howard, l'Armée du Salut, le Native Counselling Services et la société Elizabeth Fry) dont les services sont retenus à contrat par le Service correctionnel du Canada. Les maisons de transition servent d'étape intermédiaire entre l'emprisonnement et la mise en liberté, particulièrement pour ceux qui sont en semi-liberté.

Guy Lemire

Procédure civile Branche du DROIT portant sur les méthodes prescrites pour régler les litiges devant les tribunaux (*voir* DROIT CIVIL). L'adjectif «civil» distingue cette branche du droit de la PROCÉDURE CRIMINELLE, qui, elle, s'intéresse aux méthodes permettant la répression des infractions criminelles. La procédure civile porte notamment sur l'organisation et la juridiction des tribunaux compétents pour juger les poursuites au civil, pour assurer le déroulement des actions, depuis leur introduction jusqu'au jugement en passant par le procès ou l'instruction, la procédure d'appel et assurer l'exécution des jugements et des ordonnances judiciaires.

Le DROIT DE LA PREUVE, qui se rapporte à la procédure civile, régit quant à elle l'admissibilité et la force probante des éléments de preuve produits au procès. La procédure civile s'intéresse également aux problèmes d'opportunité, au coût et aux solutions de rechange au litige, à l'admissibilité des parties à l'AIDE JURIDIQUE et aux obligations des membres de la profession juridique dans la conduite des litiges.

De la même manière que les règles du DROIT COMMERCIAL influencent, de par leur cohérence et leur légitimité, le cours et le volume des affaires, les règles de procédure civile influencent l'administration ou la qualité de la justice civile. Entre autres questions importantes, elles déterminent dans quelles circonstances un justiciable peut s'adresser à un tribunal.

Compétence législative

Selon la Constitution, la responsabilité principale de l'administration de la justice relève des provinces, aussi la plupart des lois concernant la procédure civile ontelles été adoptées par les assemblées législatives provinciales. Cependant, en raison d'une disposition particulière de la LOI CONSTITUTIONNELLE DE 1867, deux tribunaux canadiens ont été créés par des lois du Parlement: la COUR SUPRÊME DU CANADA (la Cour d'appel de dernier ressort au pays), en 1875 et la COUR FÉDÉRALE, en 1971, pour assurer une meilleure application des lois fédérales. Les lois constitutives de ces tribunaux précisent également les principales caractéristiques de leur procédure.

Sources et historique de la procédure Dans les provinces de common law (c.-à-d. toutes les provinces sauf le Québec), les règles juridiques qui constituent l'essentiel de la procédure civile se trouvent dans des lois telles que les lois sur l'organisation judiciaire, dans des règles de pratique ou dans des règles de procédure. S'inspirant des lois anglaises, ces lois sur l'organisation judiciaire ont unifié les tribunaux de common law et d'*equity*. Elles ont également rendu possible la codification de nombreuses règles de procédure techniques, la plupart ayant été établies par des juges au cas par cas. Aujourd'hui, les juges participent encore à l'élaboration de ces règles.

Pour ce qui est des tribunaux créés par le Parlement, des règles de procédure détaillées et souvent complexes régissent également la plupart des éléments de leur pratique et de leur procédure. Au Québec, le *Code de procédure civile*, loi contenant plus de 2 000 articles, codifie la plupart des règles de procédure et joue un rôle semblable aux règles de procédure avec lesquelles il partage de nombreuses caractéristiques. Le *Code de procédure civile* du Québec remonte à l'Ordonnance de la Procédure française de 1667. La jurisprudence constitue également une autre source importante du droit de la procédure civile, surtout dans les provinces de common law.

Procédure devant les tribunaux civils Partout au pays, les systèmes de procédure civile sont fondés sur le principe du contradictoire dont l'objet est d'assurer aux parties en présence l'accès aux renseignements nécessaires pour la préparation de leur cause et leur offre l'occasion de s'affronter devant le tribunal. Habituellement, celui qui s'estime lésé dans ses droits consulte d'abord un avocat pour s'informer des coûts et des risques inhérents à une poursuite. Si la décision est prise d'introduire une action, la première question d'ordre procédural qu'un avocat examine est celle du tribunal compétent. La réponse à cette question dépend de la nature du litige, du montant réclamé et du ressort.

Dans la plupart des provinces canadiennes, il existe plusieurs juridictions de première instance (*voir* COURS DE JUSTICE). La compétence de certains de ces tribunaux se limite à un comté ou à une circonscription judiciaire. Une fois ce choix fixé, l'avocat représentant la partie qui intente l'action (le demandeur) se présente au greffe du tribunal pour faire délivrer contre la partie actionnée (le défendeur) un document appelé bref (ou assignation, exposé de la demande, déclaration).

Dans la plupart des cas, le bref est signifié (remis) en personne au défendeur par un huissier. Ce document informe le défendeur de la nature de la réclamation formée contre lui et l'avise que, s'il ne comparaît pas pour contester l'action, un jugement par défaut pourra être accordé au demandeur.

Après la signification, chaque partie doit à son tour produire, au moyen de plaidoiries écrites (un exposé de la demande ou une déclaration, parfois déjà signifié avec l'acte introductif, un exposé de la défense, une réponse et une réplique), des précisions sur sa réclamation, sur sa défense ou sur sa réplique à la réclamation de la partie adverse.

Les plaidoiries, signifiées à l'autre partie et déposées auprès de la Cour, aident le demandeur et le défendeur à circonscrire les questions précises en litige entre elles. Les parties peuvent également se prévaloir de plusieurs procédures «de communication de la preuve» (INTERROGATOIRE PRÉALABLE, communication de la preuve ou des documents, examen médical, etc.) destinées à faciliter le recueil des renseignements pertinents et à leur permettre de lier contestation en connaissance de cause.

Si les parties ne peuvent s'entendre sur un règlement à l'amiable, le tribunal instruit l'affaire. En raison de l'engorgement des rôles, il s'écoule des mois et parfois des années entre l'introduction d'une action et l'instruction elle-même. L'instruction a lieu soit devant un juge siégeant seul, soit devant un juge et un JURY. Au Québec, tous les procès civils sont entendus par des juges siégeant seuls.

Au procès, chaque partie a le droit de présenter sa cause, habituellement par le truchement de témoins ou de documents. Le témoin assigné et interrogé par une partie peut être contre-interrogé par l'autre partie. À cette étape de l'affaire, les règles de preuve revêtent une importance cruciale. Ensuite, les parties, par l'intermédiaire de leurs avocats, présentent leurs conclusions sur les faits et le droit. Habituellement, le juge rend jugement après rédaction de ses motifs de jugement.

Cependant, dans le cas d'un procès avec jury, celui-ci tranche les questions de fait à la fin du procès, et le juge rend le jugement en conséquence. Si le défendeur ne comparaît pas, ou n'oppose aucune défense à l'action, ou si le demandeur a négligé de poursuivre l'action, le jugement pourra être obtenu sommairement, sans procès. Après jugement, la partie perdante peut choisir d'interjeter APPEL. Selon la nature de l'affaire et le montant en cause, elle peut le faire de plein droit ou avec l'autorisation du tribunal.

Il existe une cour d'appel fédérale et une cour d'appel pour chaque province ou territoire. Les juridictions d'appel se limitent généralement à des questions de droit. Les parties ne peuvent présenter de nouveaux éléments de preuve et doivent se fonder sur le dossier de la preuve présenté au procès. À l'aide de leur mémoire et, plus tard, oralement, l'appelant et l'intimé plaident respectivement contre et pour le jugement attaqué. La cour d'appel peut confirmer, modifier ou infirmer le jugement de première instance ou ordonner la tenue d'un nouveau procès.

Dans certains cas, la partie perdante peut interjeter un second appel, cette fois devant la Cour suprême du Canada, dont le jugement est insusceptible d'appel. Le jugement définitif dans l'affaire (soit de la juridiction d'appel ou du tribunal de première instance, s'il n'y a pas eu appel) peut rejeter l'action ou l'accueillir en tout ou en partie. Les dépens de l'action sont généralement adjugés à la partie gagnante, qui les recouvre auprès de la partie perdante. Les dépens ne représentent généralement qu'une fraction de l'ensemble des dépenses engagées et ne comprennent pas normalement les honoraires professionnels des avocats.

Les règles de procédure civile prévoient également un régime d'exécution des jugements si le débiteur judiciaire ne s'y est pas conformé. Parmi les mesures qui peuvent être appliquées à cette fin, mentionnons la saisie et la vente en justice des biens du débiteur ainsi que la saisie-arrêt de ses créances. Parfois, le débiteur judiciaire défaillant peut même être emprisonné.

Réforme et avenir de la procédure civile

Depuis 20 ans, des efforts ont été déployés dans la plupart des provinces pour moderniser et améliorer le droit de la procédure civile. Les inquiétudes grandissantes à l'égard des coûts et des lenteurs de la justice civile et de la piètre accessibilité aux tribunaux ont mené à la création et à la bonification de régimes d'aide juridique, de COURS DE PETITES CRÉANCES, de recours collectifs et de nouvelles méthodes de règlement de litiges telles que la médiation en droit de la famille.

Au cours de la même période, la nécessité de simplifier et de rationaliser la procédure civile a mené à la création d'organismes de réforme dans plusieurs provinces qui, dans certains cas, ont considérablement modifié les règles locales de pratique. La réforme du droit procédural doit établir un équilibre précaire entre les règles de fond et les règles de forme.

D'une part, le DROIT PROCÉDURAL doit se mettre au service du DROIT SUBSTANTIEL: les justiciables devraient pouvoir être entendus rapidement sur le bien-fondé de leurs prétentions et ne devraient pas être obligés de débattre sur la manière dont leurs prétentions devraient être présentées ou entendues.

D'autre part, la justice exige que soit établi un corps de règles procédurales dont l'application soulève inévitablement des questions accessoires: dans une procédure judiciaire qui se définit comme un système fondé sur le principe du contradictoire, la décision du tribunal dépend dans une grande mesure de la façon dont les parties ont présenté les questions en litige, laquelle dépend à son tour de la façon dont les règles de procédure les ont aidées à préparer leur cause.

Yves-Marie Morissette

Procédure criminelle Au Canada, elle constitue une partie intégrante, mais distincte, du DROIT CRIMINEL. Elle est distincte de la substance même du droit criminel en ce sens qu'elle ne définit pas les genres de comportements qui constituent une infraction criminelle ni ne fixe les châtiments, mais détermine plutôt par qui et dans quelles circonstances les poursuites criminelles peuvent être engagées, être conduites, se terminer et faire l'objet d'un appel. La procédure criminelle est un ensemble de règles régissant l'application du droit substantiel. L'objectif principal de la procédure criminelle est d'assurer la détermination juste et équitable de la culpabilité ou de l'innocence. Cette détermination se fait conformément aux principes que les Canadiens ont acceptés comme traduisant l'équilibre approprié entre deux valeurs: la protection de la société et les libertés individuelles (*voir* DROIT ET SOCIÉTÉ).

La procédure criminelle commence longtemps avant qu'un prévenu ne comparaisse en justice, car des lois détaillées prévoient comment la police peut enquêter sur un crime (*voir* ENQUÊTE CRIMINELLE). P. ex., de nombreuses règles de procédure énoncées au CODE CRIMINEL ou établies par la COMMON LAW prescrivent comment et quand la police peut interroger les témoins ou les suspects, effectuer des fouilles et des perquisitions, arrêter des suspects, saisir des éléments de preuve ou utiliser des tables d'écoute. La procédure criminelle prescrit alors des règles qui établissent comment une accusation doit être portée, quand le prévenu sera mis en liberté et devant quel tribunal il comparaîtra éventuellement pour subir son procès. La procédure judiciaire elle-même est mise en branle par le dépôt d'une dénonciation sous serment (généralement appelée accusation) devant un juge de paix ou un MAGISTRAT (un juge de la cour provinciale). La dénonciation est une allégation faite par un citoyen (généralement un agent de police) selon laquelle des motifs raisonnables et probables permettent de croire qu'une autre personne (le prévenu) a commis un crime.

Toutes les infractions au Canada peuvent être classées en deux catégories: les actes criminels (les infractions les plus graves) ou les infractions punissables sur déclaration de culpabilité par procédure sommaire (les infractions les moins graves). À l'appréciation de la Couronne, certaines infractions peuvent être poursuivies soit en tant qu'actes criminels, soit en tant qu'infractions punissables sur déclaration de culpabilité par procédure sommaire. L'instruction de cette dernière catégorie d'infractions se fait soit devant un magistrat, soit devant un juge de paix et, généralement, le contrevenant est passible d'une peine maximale de 2000 $ ou de 6 mois d'emprisonnement. Les infractions punissables sur déclaration de culpabilité par procédure sommaire se prescrivent généralement par 6 mois à compter de la date de leur perpétration.

La procédure applicable aux actes criminels est beaucoup plus compliquée et varie d'une province à une autre. Selon la nature de l'acte criminel en cause, le *Code criminel* détermine si le procès sera tenu devant un magistrat, devant un juge d'une cour supérieure (le juge d'une cour de comté, d'une cour de district, d'une cour suprême ou d'une cour du Banc de la Reine nommé par le gouvernement fédéral) ou devant une cour composée d'un juge d'une cour supérieure siégeant avec JURY. Règle générale, lorsque le prévenu doit être jugé par un juge d'une cour supérieure ou par une cour composée d'un juge et d'un jury, il a droit à une enquête préliminaire. Le *Code criminel* comporte plusieurs dispositions d'ordre procédural régissant la conduite de l'enquête préliminaire et les droits dont bénéficie le prévenu à cette étape de la poursuite criminelle. L'enquête préliminaire est tenue devant un magistrat et le procureur de la Couronne présente les témoins à charge. Par le truchement de son avocat, le prévenu peut contre-interroger ces témoins. L'instance est publique, mais souvent la presse ne peut publier les éléments de preuve entendus. L'objet de l'enquête préliminaire n'est pas de déterminer l'innocence ou la culpabilité, mais de déterminer s'il existe suffisamment d'éléments de preuve pour justifier la tenue d'un procès. S'il est décidé que tel est le cas, le magistrat ordonne au prévenu de subir son procès devant la cour supérieure.

Il n'existe aucune règle limitant la période au cours de laquelle le prévenu doit être accusé d'un acte criminel, bien que la CHARTE CANADIENNE DES DROITS ET LIBERTÉS exige que, dès lors qu'il y a accusation, le prévenu soit jugé dans un délai raisonnable. La peine maximale pour chaque acte criminel est prévue au *Code criminel* et varie selon l'infraction commise.

Qu'il soit accusé d'une infraction punissable sur déclaration de culpabilité par procédure sommaire ou d'un acte criminel, le prévenu finira éventuellement par déclarer en audience publique s'il plaide coupable ou non coupable. S'il plaide non coupable, il y a procès. S'il plaide coupable, une séance de détermination de la peine a lieu devant le juge qui reçoit le plaidoyer. Plusieurs règles de procédure régissent la manière dont le plaidoyer de culpabilité peut être inscrit et dont le juge peut déterminer la peine du prévenu. Dans toutes les affaires criminelles, le prévenu comme la Couronne ont le droit légal d'interjeter appel contre la reconnaissance de la culpabilité ou de l'innocence et contre la peine prononcée. Il convient de le répéter, de nombreuses règles de procédure régissent les appels.

Il existe différentes théories concernant la meilleure méthode d'atteindre un équilibre entre la lutte entre la criminalité et la protection des droits individuels. Au Canada, en Angleterre et aux États-Unis, on recourt au système accusatoire par opposition au système inquisitoire utilisé en France et dans d'autres pays européens. Au Canada, les règles de procédure sont par conséquent conçues pour appuyer le système accusatoire dans lequel une instance est une contestation entre l'État ou la Couronne, d'une part, et le défendeur ou le prévenu, d'autre part. Comme il a été mentionné précédemment, les parties comparaissent devant un arbitre indépendant, qui est soit un juge, soit un jury, lequel doit déterminer s'il est coupable ou non coupable. Les deux parties sont tenues de recueillir et de présenter la preuve. L'arbitre doit jouer un rôle relativement passif, en maintenant une impression d'indépendance et d'impartialité et en veillant à ce que les règles de procédure soient respectées. Par contraste, le système inquisitoire est un système d'enquête judiciaire. La responsabilité de faire enquête sur les faits et de les faire ressortir incombe au responsable décisionnel. Les rôles des parties se limitent à veiller à ce que leurs intérêts soient bien représentés au cours du procès.

Le système accusatoire et les règles de procédure qui le régissent favorisent indéniablement le prévenu beaucoup plus que dans le cadre du système inquisitoire. Généralement, la Couronne a le fardeau de produire des éléments de preuve pour prouver la culpabilité de l'accusé, qui bénéficie presque toujours de la présomption d'innocence jusqu'à ce que la Couronne ait prouvé le contraire hors de tout doute raisonnable. Le prévenu n'est pas tenu de témoigner et le tribunal doit l'acquitter si la Couronne n'a pas établi le bien-fondé de ses affirmations. Si le prévenu choisit de ne pas témoigner ou de ne faire témoigner personne en sa faveur, il demeure (par l'intermédiaire de son avocat) un participant actif au procès au moyen du contre-interrogatoire des témoins à charge. Cette procédure est très différente de celle qui prévaut dans le système inquisitoire dans le cadre duquel l'accusé est généralement soumis, sans choix de sa part, à un interrogatoire en règle tout en étant par ailleurs inactif au cours de la procédure.

Néanmoins, certains principes sont communs aux deux systèmes, notamment les exigences qui prescrivent que le procès soit public, que la décision soit fondée sur les éléments de preuve présentés en audience publique et que l'accusé soit présumé innocent tant que sa culpabilité n'est pas établie. Cependant, même si les deux systèmes partagent ces principes fondamentaux, la façon dont ils sont appliqués diffère.

La *Loi constitutionnelle de 1867* confère au gouvernement fédéral la compétence de légiférer en matière de «loi criminelle, sauf la constitution des tribunaux de juridiction criminelle, mais y compris la procédure en matière criminelle». Sur le fondement de ce pouvoir, le Parlement a incorporé au *Code criminel* la plupart des règles de procédure canadiennes. Par ailleurs, les lois connexes comme la *Loi sur les stupéfiants* comportent leurs propres règles de procédure particulières. Il convient de se rappeler que la plupart des règles de procédure sont établies par les tribunaux, car les diverses dispositions législatives à cet égard nécessitent souvent une interprétation.

Un développement très important en matière de procédure criminelle (comme c'est le cas dans la plupart des domaines de droit criminel sinon dans tous ces domaines) est l'inclusion de la *Charte canadienne des droits et libertés* dans la *Loi constitutionnelle de 1982*. Bien que la Charte n'énonce aucune règle de procédure, elle prévoit un grand nombre de principes applicables aux règles de procédure. Des dispositions législatives telles que l'inversion de la charge de la preuve (aux termes de laquelle l'accusé doit prouver son innocence) en cas d'infraction de «possession en vue d'en faire le trafic» que prévoit la *Loi sur les stupéfiants*, ont été annulées ayant été déclarées contraires à la Charte.

L'interprétation judiciaire des règles de procédure a également été influencée par la Charte. P. ex., la police doit maintenant être beaucoup plus diligente lorsqu'elle interroge les suspects et s'assurer qu'ils savent qu'ils ont le droit de consulter sans délai un avocat comme l'exige l'alinéa 10*b*) de la Charte. Si elle ne permet pas à l'inculpé d'exercer ce droit, la probabilité est forte que tout aveu ou autre élément de preuve obtenu par la suite sera déclaré inadmissible. Auparavant, une violation de cette nature ne donnait généralement pas lieu à l'exclusion de la preuve. Les tribunaux ont également jugé que la Charte oblige la Couronne, avant le procès, de communiquer entièrement à l'accusé tous les renseignements ou tous les éléments de preuve qu'elle a en sa possession et qui portent de quelque façon que ce soit sur la question de la culpabilité ou de l'innocence. S'il n'y a pas eu communication complète de toute la preuve, l'accusé a le droit de faire ajourner le procès ou, s'il a déjà été déclaré coupable, d'obtenir l'annulation de la déclaration de culpabilité et de demander que soit ordonnée la tenue d'un nouveau procès.

A. Pringle

Procédure parlementaire Elle comporte cinq principes élémentaires. Premièrement, la CHAMBRE DES COMMUNES décide de ses propres procédures. Deuxièmement, tout débat doit s'articuler autour d'une motion et être orienté en vue d'en arriver à une décision par la Chambre. Troisièmement, autant que faire se peut, la Chambre ne devrait pas être prise au dépourvu (les avis doivent normalement être communiqués 48 heures à l'avance). Quatrièmement, une majorité des votes exprimés est nécessaire pour approuver une motion, et non une majorité des députés élus. Enfin, toute la session, et non une séance, constitue l'unité de temps de base en matière de procédure parlementaire.

La Chambre des communes a adopté un grand nombre d'ordres permanents qui régissent ses travaux, mais elle est aussi régie par des lois, par les décisions du PRÉSIDENT et par les pratiques adoptées au fil des ans. Si aucune règle canadienne ne s'applique, la Chambre se tourne vers le Parlement britannique. Tous les ordres de la Chambre sont consignés au procès-verbal – les procès-verbaux de chaque jour et les journaux des débats parlementaires – et, de temps en temps, on codifie les ordres permanents pour le bénéfice des parlementaires. Les dernières modifications importantes des ordres permanents ont eu lieu le 20 décembre 1968, le 24 juillet 1969, le 12 décembre 1975, le 29 novembre 1982, le 27 juin 1985 et le 13 février 1986. Lorsque les députés invoquent le règlement, ils se réfèrent souvent au *Règlement annoté et formulaire de la Chambre des communes du Canada*, d'Arthur Beauchesne, et au volume d'Erskine May, *Parliamentary Practice*, un ouvrage britannique qui date de 1844, mais qui est constamment mis à jour par les greffiers en poste à Westminster.

La Chambre exprime ses opinions sous forme de résolutions et sa volonté par des ordres. La plupart des ordres ont trait à sa propre conduite. P. ex., la décision d'ordonner une seconde (ou une troisième) lecture constitue, en fait, un ordre adressé au greffier pour qu'il inscrive la lecture du projet de loi à l'ordre du jour. La plupart des ordres sont précis, p. ex.: «Que le projet de loi C-27 soit maintenant lu une troisième fois.» Les ordres permanents sont ceux qui demeurent en vigueur jusqu'à ce que la Chambre les modifie.

La Chambre communique à l'aide de messages, d'adresses et de projets de loi. Elle envoie fréquemment des messages au SÉNAT et celui-ci lui en fait aussi souvent parvenir. L'adresse la plus célèbre a été transmise conjointement avec le Sénat à Sa Majesté en 1981 et elle demandait le rapatriement de la CONSTITUTION. La présentation d'un projet de loi à la Couronne constitue une requête pour qu'elle sanctionne le texte de ce projet de loi, qui devient ensuite une loi. Aucun projet de loi ne peut recevoir la sanction royale s'il n'a pas d'abord été approuvé par la Chambre des communes et le Sénat.

Les décisions de la Chambre prennent d'abord la forme de motions et la plupart doivent être précédées d'un avis écrit distribué à tous les parlementaires dans le *Feuilleton des Avis* quotidien. Une décision prise par la majorité des parlementaires qui votent sur un point ou un autre est considérée comme étant une décision de la Chambre. Plusieurs votes sont unanimes. Les votes par appel nominal sont très formels: chaque parlementaire se lève de son fauteuil, exprime son vote et celui-ci est consigné au procès-verbal. L'expression «à la majorité» est souvent utilisée pour indiquer qu'il y a eu de l'opposition, mais que les opposants ne voient pas la pertinence de procéder par appel nominal. Étant donné que le Président de la Chambre et 19 autres parlementaires constituent un quorum, un projet de loi pourrait être adopté par la Chambre même si le vote, à chaque lecture, ne comportait que 10 Oui et 9 Non.

Les nombreux sujets présentés sont traités dans le cadre d'un programme précis, la distinction de base se faisant entre les points qui n'accaparent pas beaucoup de temps, que l'on appelle souvent les affaires courantes, et le reste. La période de questions orales et les affaires courantes requièrent un peu plus d'une heure au début de chaque séance. Dans le cadre des affaires courantes, on présente les projets de loi et on procède à la première lecture, les comités permanents et les comités spéciaux (*voir* COMITÉS PARLEMENTAIRES) font rapport à la Chambre, le gouvernement répond aux questions écrites et des motions d'adhésion sont présentées généralement dans les rapports des comités. À la fin de la période consacrée aux affaires courantes, la Chambre se penche sur l'ordre du jour. La seconde distinction à faire concerne les affaires émanant des députés et les affaires émanant du gouvernement. Sous la rubrique des ordres permanents, une fois les affaires courantes expédiées, le gouvernement dispose de la majeure partie du temps consacré aux travaux (16 heures par semaine). Au mieux, les députés se verront accorder quatre heures.

Les affaires émanant des députés comprennent des motions (pour présenter des ordres ou des résolutions), des projets de loi d'initiative parlementaire (pour modifier la loi générale), des projets de loi de caractère privé et des motions concernant le dépôt de documents. Conformément aux règles formulées en 1986, 20 questions des affaires émanant des députés, choisies au hasard, reçoivent la priorité dans le cadre des délibérations et 6, retenues par un comité, doivent aboutir à un vote. Avant même qu'ils n'aboutissent à la Chambre, la grande majorité des projets de loi et des motions des députés ont été éliminés, à la suite de discussions qui ne leur laissent pratiquement aucun espoir de devenir des lois; à partir de là, un petit nombre ont droit à des délibérations exhaustives à la Chambre des communes et pourront réellement devenir des lois. Par contre, tous les ordres du gouvernement se retrouvent pêle-mêle à la rubrique «Affaires émanant du gouvernement». Le leader parlementaire du gouvernement peut décider de l'ordre de priorité des sujets des affaires émanant du gouvernement et représenter le même sujet devant la Chambre jour après jour. Les résolutions émanant du gouvernement ne sont jamais éliminées, mais leur adoption peut être retardée si elles font l'objet d'une OBSTRUCTION SYSTÉMATIQUE.

Les cinq listes, ainsi que les questions écrites, sont publiées dans le Feuilleton, qui épaissit à mesure que la session avance. Les projets de loi d'intérêt privé servent maintenant avant tout à incorporer certaines catégories de sociétés à charte fédérale. Les motions émanant des députés sont presque toujours éliminées. Les motions demandant aux ministres de déposer des lettres, des documents et des rapports n'ont pas beaucoup d'importance, à moins que le gouvernement ne soit minoritaire. Si le gouvernement n'y voit pas d'objection, elles sont adoptées sans faire l'objet de débats, tandis que les motions qui entraîneront des délibérations seront battues si le gouvernement est majoritaire.

L'expression «ordres du jour» tire son origine du Parlement de Westminster où l'on planifiait le travail en ordonnant que des points précis soient traités telle ou telle journée, voire à des heures prévues d'avance. Après une première lecture, le Président de la Chambre des communes à Ottawa demande toujours: «Quand ce projet de loi sera-t-il lu une deuxième fois?», puis après l'étape du rapport: «Quand ce projet de loi sera-t-il lu une troisième fois?» Chaque point constitue vraiment un ordre et, à la fin de la période des affaires courantes, le Président de la Chambre annonce les «ordres du jour». Un point mis à l'ordre du jour après les affaires courantes prend la forme d'un ordre et l'ordre peut prendre la forme d'une motion en faveur de la deuxième ou de la troisième lecture d'un projet de loi. Les médias d'information confondent souvent les ordres, les motions et les projets de loi. Les motions présentées par le gouvernement ne sont pas destinées à modifier des lois, mais à amener la Chambre à formuler un ordre ou une résolution. Elles correspondent, par leur nature, aux motions présentées par les députés. Les mesures législatives présentées par le gouvernement comprennent des projets de loi sans incidence financière, des mesures financières qui aboutissent à des projets de loi d'imposition et de taxation, et des autorisations de crédits qui aboutissent à des projets de loi de crédits (*voir* PROCESSUS BUDGÉTAIRE).

Les deux premières motions du processus législatif habituel – la permission de présenter un projet de loi et celle de procéder à la première lecture – sont considérées comme des affaires courantes qui ne nécessitent pas de délibérations, mais elles peuvent être adoptées sur division. La motion en faveur d'une deuxième lecture peut faire l'objet d'un débat. Par conséquent, elle est présentée en vertu d'un ordre du jour. Si cette motion est adoptée, l'un des greffiers au Bureau «lit» le projet de loi. De nos jours, il s'agit d'une lecture symbolique; le greffier dit simplement: «Deuxième lecture de ce projet de loi». Le projet de loi est transmis par la suite à un comité, où il fera l'objet d'un examen attentif, une disposition avec ou sans modifications. Il est ensuite renvoyé à la Chambre. Si le projet de loi a été étudié par un comité autre qu'un comité plénier, tout parlementaire peut présenter des modifications au projet de loi après avoir présenté un avis écrit. Si le projet de loi a été renvoyé à un comité plénier, l'étape du rapport n'est qu'une formalité. La dernière étape a trait à la motion voulant que le projet de loi «soit maintenant lu une troisième fois et adopté». Si le projet de loi est adopté, il est renvoyé au Sénat afin d'y être adopté ou, s'il a déjà été adopté au Sénat, il y est renvoyé en attendant la sanction royale. Les projets de loi présentés à la Chambre des communes sont numérotés C-1, C-2, etc., tandis que les projets de loi présentés au Sénat sont numérotés S-1, S-2, etc. La sanction royale a lieu, tout comme les DISCOURS DU TRÔNE, au Sénat.

Les projets de loi de crédits, présentés pour répondre à des besoins financiers précis, suivent un processus semblable, mais ne prennent généralement que quelques minutes du temps des parlementaires, car ceux-ci ont eu le temps d'étudier les demandes de subsides gouvernementales (estimations) au sein des comités permanents. Les ordres permanents prévoient 25 jours par année à la Chambre à titre de Journées de l'opposition, pour permettre à celle-ci de critiquer le gouvernement avant que la Chambre ne fasse l'objet d'une demande de crédits.

Les projets de loi d'imposition et de taxation sont présentés aussi, avec quelques variations du processus législatif habituel. Le ministre des Finances annonce habituellement les changements fiscaux importants dans le discours du budget et présente une motion demandant que «la Chambre des communes approuve la politique budgétaire globale du gouvernement». Le débat sur le budget, restreint à six jours, commence alors. Souvent l'opposition officielle présentera un amendement, tandis qu'un tiers parti présentera un sous-amendement.

Le 8 mai 1974, le gouvernement TRUDEAU a été renversé à l'occasion d'un vote portant sur un sous-amendement présenté par le Nouveau Parti démocratique à propos du budget et, le 13 décembre 1979, ce fut au tour du gouvernement CLARK de subir le même sort. Pendant son discours, le ministre dépose des avis de motions de voies et moyens détaillant les changements fiscaux proposés. Ces documents permettent aux fiscalistes, aux comptables et à d'autres intervenants de formuler des remarques sur la mise en œuvre des changements proposés. Plus tard, des mois plus tard peut-être, il présente ses projets de loi d'imposition et de taxation, un pour chaque motion de voies et moyens. Les projets de loi d'imposition et de taxation, qui sont étudiés par des comités pléniers, progressent lentement en deuxième lecture, pendant l'examen en comité et au stade de la troisième lecture. Le débat suscité par le discours du trône est maintenant limité à huit jours et n'attire pas tellement l'attention, à moins que le gouvernement ne soit minoritaire.

Les délibérations ont lieu à la Chambre des communes, qui ne constitue pas toujours le lieu idéal pour certaines questions qui sont mieux traitées au sein de comités. Dans les comités pléniers, les travaux sont menés avec plus de souplesse qu'à la Chambre. Presque tous les projets de loi non financiers sont étudiés dans des comités spéciaux qui sont dissous une fois le travail terminé.

La défaite du gouvernement lors d'un vote à la majorité ne signifie pas nécessairement que celui-ci doive démissionner ou convoquer une élection; il peut même poursuivre ses activités en dépit du rejet d'un projet de loi, comme ce fut le cas pour le gouvernement PEARSON en février 1968, et la Chambre elle-même peut très bien refuser d'assimiler le rejet d'un projet de loi à une motion de censure. Les règles parlementaires offrent à l'opposition des occasions fréquentes de présenter des motions de censure directes. Ce peuvent être des amendements à la motion de l'Adresse en réponse au discours du trône, des amendements à la motion de présentation du budget et des motions présentées au cours de 6 des 25 Journées de l'opposition prévues. Même un vote de censure direct n'impose pas d'obligation légale de démissionner ou de convoquer des élections, mais il serait insensé qu'un gouvernement ne tienne pas compte d'un tel vote.

La Chambre peut forcer un gouvernement à démissionner en lui refusant les crédits nécessaires. Les règles permettent aux députés de poser quotidiennement des questions orales en Chambre aux membres du CABINET. Au Canada, les questions n'ont pas à faire l'objet d'avis écrits comme c'est le cas en Grande-Bretagne. Par conséquent, la période des questions au Canada est plus opportune, plus turbulente et, comme le prétendent certains observateurs, plus triviale. La période quotidienne des questions orales constitue la source de la plupart des nouvelles en provenance d'Ottawa. Un ministre n'est pas tenu de répondre à quelque question que ce soit avec franchise. De fait, la Chambre pourrait souvent penser que des réponses tout à fait honnêtes pourraient aller à l'encontre de l'intérêt national.

La Chambre consent parfois à débattre une question qui n'est pas à l'ordre du jour. Une fois l'avis de délai expiré, on peut passer à l'étude de n'importe quelle question à l'ordre du jour, même si elle figure en dernier lieu, de sorte que les débats d'urgence sont rarement nécessaires. L'ordre permanent n° 43 permet aux parlementaires de réclamer un débat d'urgence. Une motion d'ajournement, conformément à l'ordre permanent n° 26, peut faire l'objet d'un débat, mais ne peut être présentée sans autorisation spéciale. Le député doit alors en faire la demande au Président après la période des affaires courantes. Si la demande est jugée valable, elle doit recevoir le soutien de 19 autres députés seulement. Ces débats ont généralement lieu en après-midi (à 15 h, le vendredi) quand la Chambre ne siège habituellement pas. Le Président peut y mettre fin lorsqu'ils se font répétitifs, mais, en pratique, ils se poursuivent jusqu'à ce que tous ceux qui désiraient s'exprimer aient pu le faire. Étant donné les différences dans leur volume et dans les pratiques adoptées au fil des ans, plusieurs des procédures particulières aux assemblées législatives provinciales diffèrent de façon importante de celles de la Chambre des communes (p. ex., en matière de recours à des comités, de règles relatives aux affaires émanant des députés et dans les questions financières). Les principes sous-jacents demeurent cependant les mêmes.

John B. Stewart

Processus budgétaire À tous les ordres de gouvernement, il est destiné à assurer l'exercice d'un contrôle, l'obligation de rendre des comptes et la planification en matière de budget. En théorie, la préparation, par l'exécutif, d'un budget (habituellement annuel) soumis à l'approbation du corps législatif permet le contrôle démocratique des dépenses.

L'établissement budgétaire doit comprendre les recettes et les dépenses prévues pour toute l'année. En tant qu'outil de planification, le budget, toujours d'un point de vue théorique, permet au gouvernement d'analyser les conséquences de ses programmes actuels et à venir en termes de recettes et de dépenses, ainsi que les liens qui existent entre eux. À l'échelle fédérale, le processus budgétaire sert aussi à stabiliser l'économie.

En fait, il existe deux budgets (recettes et dépenses) et deux processus budgétaires au sein du gouvernement canadien. Le processus budgétaire des recettes aboutit à la présentation du discours du budget par le ministre des Finances devant le Parlement. Dans ce discours et les documents y afférents, le ministre passe en revue la situation économique actuelle et future ainsi que la situation financière du gouvernement, et il annonce tout changement aux taux d'imposition et aux structures fiscales.

Après le débat sur le budget, la Chambre des communes procède au vote afin d'accepter ou de rejeter le budget. Ce vote engage la confiance de la Chambre. Si celle-ci rejette le budget des recettes prévues, le gouvernement démissionne, et des élections peuvent être déclenchées. C'est ce qui s'est produit en mai 1974 et en décembre 1979 pour des budgets présentés par des GOUVERNEMENTS MINORITAIRES.

Étant donné l'importance cruciale que revêt le discours du budget pour le gouvernement au pouvoir, le processus de préparation du budget semble plutôt curieux. Traditionnellement, le ministre des Finances et un groupe relativement restreint de ses collaborateurs préparent le budget dans le plus grand secret. Le contenu du budget demeure généralement secret pour le reste du Cabinet, à l'exception peut-être du premier ministre, jusqu'à peu avant le discours du budget.

Si la préparation du budget s'entoure de tout ce mystère et ne se prête guère à la consultation, c'est parce que, de toute évidence, la connaissance de son contenu avant qu'il ne soit rendu public pourrait permettre à des individus de tirer indûment avantage de la situation. Cependant, au cours des dernières années, les ministres des Finances ont reconnu l'opportunité des consultations en vue de la préparation du budget et ont commencé à lever le voile sur ce processus.

Pour sa part, le budget des dépenses n'est pas soumis à tant de précautions, du moins au sein du gouvernement. Déposé en Chambre en février de chaque année pour l'exercice commençant en avril suivant, on l'appelle officiellement le Budget des dépenses et officieusement le Livre bleu. L'orientation générale du budget et l'établissement de ses priorités relèvent des ORGANISMES CENTRAUX, qui ensuite négocient les corrections, concilient les demandes budgétaires des divers ministères et préparent le budget des dépenses totales, qui sera soumis au Parlement par le président du Conseil du Trésor.

Avant 1971 Jusqu'au début des années 70, le Parlement devait tout approuver: salaires, approvisionnements, pensions de vieillesse, frais de déplacement des fonctionnaires... Le facteur déterminant des dépenses allouées pour la plupart des postes budgétaires dans une année donnée était le niveau des dépenses de l'année précédente. Les gens qui participaient au processus budgétaire ou qui l'étudiaient estimaient généralement que le budget des dépenses ne permettait pas au Parlement d'exercer un contrôle significatif ou au Cabinet d'effectuer une planification adéquate.

Dans bien des cas, les députés au Parlement ne pouvaient pas faire le lien entre les dépenses prévues d'un ministère particulier et les services qu'il dispensait. De plus, l'information fournie se limitait à l'année financière à venir. Par conséquent, les députés étaient incapables d'évaluer les conséquences budgétaires possibles d'un poste du budget pour les années subséquentes.

Pour les mêmes raisons, il devenait difficile pour le gouvernement et ses représentants d'établir un rapport entre les dépenses et la planification des politiques et des programmes. Le gouvernement n'avait pas un moyen satisfaisant de déterminer l'impact des nouveaux programmes à l'étude sur les dépenses. Le contraire est également vrai: les problèmes s'aggravaient du fait de l'inévitable interdépendance entre les ministères, car les dépenses de l'un pouvaient renforcer celles d'un autre, servir aux mêmes fins ou annuler leurs effets.

Réforme fondamentale Au début des années 70, le gouvernement de Pierre TRUDEAU a cherché à réformer en profondeur le processus budgétaire en adoptant une procédure «scientifique» ou «rationnelle» de budgétisation et de prise de décisions, c.-à-d. la rationalisation des choix budgétaires (RCB). Comme l'indique son nom, la RCB visait à intégrer la planification des politiques et le processus budgétaire. Au lieu d'être axée sur les facteurs de production et les articles de dépense, la RCB insistait sur les produits, c.-à-d. les résultats en bout de ligne des activités du gouvernement pour les Canadiens.

Les activités ministérielles ont été divisées en programmes et en sous-programmes. Un programme était défini en fonction d'un aspect particulier du service public, tel que la santé, la justice, la sécurité individuelle ou nationale, et devait comprendre toutes les activités ayant un impact à cet égard. Toutefois, dans la réalité, la classification des activités en programmes n'était jamais clairement définie.

En théorie, dans le cadre du système de la RCB, le Cabinet et les organismes centraux visés (principalement le BUREAU DU CONSEIL PRIVÉ) devaient établir les priorités sous forme de programmes. Les ministères étaient tenus de soumettre leurs demandes budgétaires en respectant ce cadre de travail et d'effectuer des analyses démontrant comment leurs activités contribuaient aux objectifs de divers programmes. Les activités qui ne produisaient pas de résultats satisfaisants pouvaient être modifiées, voire supprimées, ce qui, explicitement, mettait en cause l'interdépendance des activités des divers ministères.

Sur le plan pratique, la RCB n'a jamais rempli ses promesses, surtout parce que l'analyse inhérente au système requérait une trop grande quantité de données, y compris non seulement des statistiques financières, faciles à obtenir, mais aussi de l'information fiable sur les activités et les résultats des programmes, plus difficile à obtenir. Dans de nombreux cas, les responsables des programmes étaient dépourvus des connaissances élémentaires en sciences sociales et d'autres connaissances nécessaires pour évaluer l'impact des programmes. P. ex., il est très difficile de déterminer, même théoriquement, jusqu'à quel point les dépenses consacrées à la recherche sur de nouveaux médicaments, au système public de soins médicaux, à la promotion d'une meilleure alimentation ou à tout autre programme d'éducation en matière de santé ont véritablement des répercussions sur la santé de la population, même s'il est possible de mesurer son état de santé.

La RCB n'a pas tenu compte de la réalité politique du processus budgétaire. Un budget constitue un compromis entre des intérêts et des objectifs opposés, tant à l'intérieur qu'à l'extérieur du gouvernement. Le choix d'injecter plus de fonds dans la défense nationale ou dans les programmes sociaux est déterminé par des valeurs sociales et exige une décision politique. Une fois que les décisions sont prises, les batailles bureaucratiques et politiques qu'il faut livrer chaque année pour les faire accepter s'avèrent très coûteuses et fort perturbatrices. C'est pour cette raison que, traditionnellement, le processus budgétaire a concentré son attention sur les postes budgétaires marginaux. Sauf dans des circonstances extraordinaires, les dépenses gouvernementales demeurent en effet essentiellement les mêmes, et les discussions portent surtout sur l'allocation de nouvelles dépenses ou de dépenses additionnelles.

Si la RCB avait donné les résultats escomptés, il aurait fallu renégocier chaque année la totalité du budget. Néanmoins, la RCB a apporté de légères améliorations au processus budgétaire. L'analyse de l'impact des programmes et des activités est désormais pratique courante. La formule du Livre bleu présenté au Parlement, si imparfaite soit-elle, est plus pratique pour les députés et engendre des débats plus éclairés.

Au cours des dernières années, le processus du budget des dépenses a connu diverses réformes visant à intégrer l'évaluation des programmes, l'établissement des priorités politiques et la question du financement. De 1979 à 1989, le système de gestion des secteurs de dépenses (SGSD) était en vigueur. Les programmes gouvernementaux étaient regroupés en domaines sectoriels (p. ex., le développement économique, la politique sociale), et chaque domaine se voyait accorder une limite ou une enveloppe de dépenses.

Il incombait alors en bonne partie aux comités des ministres ayant des responsabilités dans chacun des domaines de décider comment partager l'enveloppe entre les divers programmes et ministères dans ce domaine. Cette méthode avait pour but de permettre aux ministres engagés dans un même secteur de dépenses (et de les y contraindre) d'établir ensemble les priorités et de déterminer comment financer les programmes nouveaux ou élargis en réduisant ou en éliminant d'autres programmes du secteur.

Depuis l'implantation du SGSD, on a entrepris de modifier le processus budgétaire (et, par le fait même la structure du CABINET) en vue d'appuyer les efforts du gouvernement visant à limiter les dépenses et à réduire le déficit. De façon générale, ces changements ont été conçus pour concentrer le pouvoir d'autoriser des dépenses entre les mains des ministres des principaux organismes centraux, au premier chef le ministre des Finances. Il semble que l'exercice du contrôle des dépenses est plus efficace lorsque l'autorité se trouve ainsi limitée. La mesure la plus récente en ce sens, instituée par le gouvernement libéral de Jean CHRÉTIEN, se nomme simplement le système de gestion des dépenses (SGD).

Cependant, en dépit de leur importance, les processus budgétaires ne sont pas les facteurs qui en soi déterminent les résultats du budget. Le processus mis en place reflète plutôt les objectifs et les priorités du gouvernement. Ainsi, lorsqu'un gouvernement décide de contrôler ou de réduire ses dépenses, il établit un système très centralisé qui restreint la capacité des ministres d'engager des dépenses. Compte tenu de ses objectifs, le gouvernement conçoit le processus budgétaire en fonction des résultats qu'il compte en tirer. (*Voir aussi* POLITIQUE BUDGÉTAIRE.)

Allan M. Maslove

Processus réglementaire Au Canada, tous les paliers de gouvernement interviennent dans la réglementation. Étant donné que de nombreuses activités y sont réglementées (les itinéraires des lignes aériennes, les genres et les prix des services fournis par les entreprises de télécommunications, le nombre de taxis dans une municipalité, les tarifs des courses, etc.), les systèmes de réglementation doivent être adaptés aux besoins particuliers. Toutefois, on a largement adopté certains modèles types d'organismes de réglementation. Dans les années 80, la réforme de la réglementation, en partie sous forme de «déréglementation» (bien que moins importante que celle entreprise aux États-Unis) et de propositions et mesures qui mènent à une réglementation plus étendue, cause de plus en plus de préoccupations.

Organismes de réglementation Il existe trois grandes catégories d'organismes de réglementation: les organismes autonomes, qui réglementent la conduite de leurs propres membres; les organismes et les conseils indépendants du gouvernement; les ministères responsables établis qui sont dirigés directement par un ministre et qui réglementent des industries et des activités précises. Les organismes autonomes bien connus sont, p. ex., ceux qui représentent des professions comme le droit, la médecine et la comptabilité, qui sont habilités par les assemblées législatives provinciales à déterminer leurs propres critères d'admission et à prendre des mesures disciplinaires à l'encontre des membres qui ne répondent pas aux normes de conduite professionnelle prescrites.

Les organismes autonomes vont choisir les responsables de la réglementation parmi leurs propres membres, alors que les membres des organismes de réglementation gouvernementaux sont nommés par le gouvernement. Appelés entre autres commissions (p. ex., Commission de la fonction publique), conseils (p. ex., Conseil canadien de l'aménagement rural) ou offices (p. ex., Office d'expansion des entreprises de la région de l'Ontario), ces organismes reçoivent leurs pouvoirs de l'assemblée législative, et un organisme de réglementation ne peut avoir plus

de pouvoirs que ceux que lui confère expressément l'assemblée législative.

La direction de la sécurité au travail d'un ministère provincial du Travail qui établit et applique des normes de sécurité professionnelle est un exemple d'organisme de réglementation ministériel. Certains organismes peuvent sembler plus indépendants qu'ils ne le sont en réalité. Ainsi, l'AGENCE D'EXAMEN DE L'INVESTISSEMENT ÉTRANGER (AEIE) évaluait les avantages des investissements étrangers mais, en réalité, elle se limitait à conseiller le Cabinet fédéral qui, lui, prenait les décisions. Dans de nombreux domaines de la politique publique (p. ex., l'énergie et les communications), il n'est pas rare de trouver les trois genres d'organismes de réglementation.

Si les membres d'un organisme sont nommés pour une durée déterminée avec permanence (contrairement aux autres fonctionnaires, qui peuvent être réaffectés en tout temps) et si l'organisme existe de façon séparée et distincte de tout ministère, il s'agit d'un organisme de réglementation indépendant. Un exemple typique d'un tel organisme est le CONSEIL DE LA RADIODIFFUSION ET DES TÉLÉCOMMUNICATIONS CANADIENNES (CRTC), qui réglemente le réseau de radiotélévision canadien et les télécommunicateurs fédéraux. L'organisme a son propre personnel et il est entièrement séparé du ministère des Communications du Canada. Bien que de tels organismes soient créés par les assemblées législatives à qui ils doivent rendre des comptes et dont ils dépendent pour leurs fonds d'exploitation, ils demeurent tout de même relativement indépendants comparativement à une direction au sein d'un ministère. Toutefois, l'indépendance est rarement absolue, puisque le Cabinet ou un ministre (ou les deux) peuvent souvent communiquer des directives à un organisme et ont le pouvoir de nommer les responsables de la réglementation et d'approuver le budget de l'organisme.

Formulation et mise en œuvre des politiques Les organismes de réglementation indépendants fonctionnent habituellement de façon ouverte, bien que le degré d'ouverture puisse varier grandement. Leurs méthodes sont conçues de manière à permettre un certain degré de participation publique. Une situation typique serait celle d'une entreprise qui fait une demande de majoration des tarifs qu'elle facture à ses abonnés ou de permis pour exercer une activité. Un avis de la demande est publié dans le journal officiel du gouvernement, parfois aussi dans les journaux locaux, afin d'inviter les personnes intéressées à une audience publique qui leur permettra de manifester leur soutien ou leur désaccord à l'endroit de la demande. L'organisme rend ensuite sa décision. Cette marche à suivre est peut-être efficace pour des décisions précises, mais elle ne convient pas nécessairement à la détermination de questions de principe plus larges. C'est alors qu'on emploie une méthode quelque peu différente. Un avis fait part d'une nouvelle proposition de politique et les personnes intéressées sont invitées à faire connaître leur opinion. Des audiences publiques non officielles peuvent avoir lieu.

Il arrive souvent que les responsables de la réglementation découvrent une lacune à combler en matière de politique. Lorsqu'elles créent les organismes de réglementation, les assemblées législatives laissent souvent le soin aux responsables de la réglementation d'élaborer les règles qui définissent les normes législatives générales. P. ex., elles peuvent ordonner à l'organisme de délivrer des permis pour les activités de camionnage commercial dans les cas où la délivrance de permis est «de nécessité publique». Un autre organisme de réglementation peut approuver des itinéraires de lignes aériennes «dans l'intérêt public» ou permettre que seuls des tarifs «justes et raisonnables» soient imposés aux consommateurs de télécommunications. Voilà des expressions à ce point vagues que les responsables de la réglementation se sentent obligés de définir avec précision les critères applicables, ce qui signifie dans les faits qu'ils établissent des politiques et exercent un pouvoir discrétionnaire considérable.

En théorie, dans le régime politique canadien, seuls les élus prennent des décisions de principe importantes, car ils sont les seuls à rendre des comptes sur le plan politique, et des politiques impopulaires peuvent entraîner leur défaite aux élections. Toutefois, le langage législatif général employé ne fait pas que permettre aux responsables de la réglementation qui sont nommés de déterminer les grandes politiques en matière de camionnage, de transport aérien ou de télécommunications, mais les oblige à le faire. En conséquence, il est souvent proposé que le Cabinet ait le pouvoir de communiquer des directives exécutoires en matière de politique aux organismes de réglementation indépendants. Ce pouvoir existe d'ailleurs déjà dans le cas de certains organismes, ce qui crée souvent le chevauchement de deux responsabilités politiques qui ne sont pas toujours entièrement compatibles, puisqu'une disposition assure une obligation plus importante de rendre compte au niveau politique par l'entremise des ministres élus, tandis que l'autre vise à fournir des possibilités de participation publique directe dans l'élaboration des politiques.

Évaluation du processus réglementaire L'autoréglementation professionnelle s'avère habituellement dans le meilleur intérêt d'une profession, mais pas nécessairement dans celui du public. Il est nécessaire que les organismes autonomes fassent constamment l'objet d'un examen minutieux par le public et par les assemblées législatives. En matière de réglementation par les ministères, c'est un accès accru à de l'information précise, tant pour le public que pour les législateurs élus, qui constitue le besoin le plus important. Pour tenir les chargés de la réglementation responsables, le public doit avoir accès à l'information. Lorsque la réglementation est le fait d'un organisme indépendant, il est essentiel que le public ait l'occasion de participer, sinon de tels organismes ont tendance à subir l'influence des industries qu'ils sont censés réglementer. L'évaluation définitive des organismes de réglementation ne repose pas uniquement sur le processus utilisé, mais aussi sur les valeurs sous-jacentes souvent – et même presque toujours – contradictoires qui régissent les objectifs auxquels la réglementation dans des secteurs précis est censée répondre.

H.N. Janisch

Prochain épisode *Prochain épisode* est le premier roman d'Hubert AQUIN (1965). Son narrateur sans nom transforme, comme l'auteur, ses aventures en roman d'espionnage, afin d'occuper le temps qu'il passe dans l'aile psychiatrique d'une prison de Montréal, où il attend un procès pour un crime révolutionnaire dont la nature n'est pas dévoilée. Le roman psychologique se transforme en une confession pleine d'incertitude aux accents suicidaires, tandis que la quête révolutionnaire personnelle échoue. Confronté à H. de Heutz, son ennemi et son double, dans une résidence luxueuse en Suisse, le narrateur ne peut se résoudre à tuer cet homme, qui lui aussi est un amateur d'art. La belle mais insaisissable K hante le roman. Elle est probablement un agent double mais aussi le symbole de l'amour perdu du personnage principal, le pays du Québec. Acclamée tant par la critique que par le monde politique durant la RÉVOLUTION TRANQUILLE, *Prochain épisode* est une œuvre poétique, aux allusions nombreuses, qui présente une théorie autoréférentielle postmoderne sur l'art et le langage. En 1967, Penny Williams rédige la traduction anglaise.

Michèle Lacombe

Proclamation royale de 1763 Le roi George III promulgue la Proclamation royale de 1763 pour jeter les bases d'une administration gouvernementale dans les territoires nord-américains officiellement cédés par la France à la Grande-Bretagne par le TRAITÉ DE PARIS (1763) à l'issue de la GUERRE DE SEPT ANS. Cette proclamation établit le cadre constitutionnel qui régit la négociation de traités avec les populations amérindiennes de vastes régions du Canada. C'est pourquoi elle a été appelée la «grande charte amérindienne» ou la «charte des droits des autochtones».

Ce document est mentionné à l'article 25 de la *Loi constitutionnelle de 1982*. Cet article stipule que la *Charte canadienne des droits et libertés* ne diminue en rien les droits et libertés reconnus aux peuples autochtones par la proclamation royale.

La proclamation du roi George s'avère un document juridique fondamental pour la mise sur pied des gouvernements coloniaux de la PROVINCE DE QUÉBEC, 1763-1791, de l'est et de l'ouest de la Floride et de la Grenade. Elle confère aussi à une grande partie de l'intérieur de l'Amérique du Nord le statut juridique d'une grande réserve amérindienne: la ligne de partage de la chaîne des Appalaches est fixée comme limite orientale du territoire en question, dont sont expressément exclus la colonie du Québec et les terres de la Compagnie de la baie d'Hudson. La limite occidentale n'est pas précisée. Ces dispositions visant à reconnaître et à protéger certains droits des peuples autochtones de l'intérieur de l'Amérique du Nord s'expliquent par le respect qu'on a de la force guerrière que leur ensemble représente.

En promettant aux Amérindiens une certaine sécurité en leur donnant en exclusivité l'autorisation d'habiter la majeure partie de leurs terres ancestrales, le gouvernement britannique s'efforce de stabiliser les limites occidentales des anciennes colonies de la Couronne qui longent l'Atlantique. La décision d'officialiser ainsi cette reconnaissance limitée mais importante des droits des autochtones est accélérée par la nouvelle qu'un certain nombre d'Amérindiens, dirigés par le chef outaouais PONTIAC, se sont révoltés avec succès contre le pouvoir de la Couronne sur leurs terres en s'emparant rapidement de plusieurs postes militaires que les Britanniques avaient récemment enlevés aux Français. Cette nouvelle ne semble que démontrer aux autorités impériales qu'elles seraient bien avisées, dans leur propre intérêt, d'accorder aux peuples autochtones, dont beaucoup ont récemment combattu les Britanniques en tant qu'alliés des Français, une certaine protection contre l'expansionnisme des défricheurs de l'ouest des 13 colonies qui veulent s'emparer de leurs terres. Les conséquences d'une politique contraire, qui entraînerait d'énormes dépenses pour le maintien de la loi et de l'ordre dans l'intérieur de l'Amérique du Nord, sont jugées inconcevables par les dirigeants parcimonieux chargés de la défense stratégique de l'Empire britannique.

Le roi George réserve les terres occidentales à titre de «territoires de chasse» aux «nations ou tribus sauvages» qui vivent sous sa «protection». En tant que souverain du territoire, toutefois, le roi revendique la «souveraineté» suprême sur toute la région. Il interdit en outre à tout particulier d'acheter directement les droits de groupes autochtones sur leurs terres ancestrales. Ce droit d'achat, il le réserve exclusivement à lui-même et à ses héritiers. Le roi institue une procédure, énoncée en détail dans la proclamation, suivant laquelle un groupe d'Amérindiens, s'il décide librement de le faire, peut vendre ses droits territoriaux à des représentants dûment autorisés du souverain britannique. La transaction ne peut être effectuée qu'à une assemblée publique convoquée spécialement à cette fin. Ainsi est établi le fondement constitutionnel des futures négociations de traités avec les Amérindiens de l'Amérique du Nord britannique. La proclamation royale fait donc de la Couronne britannique l'organe central indispensable du transfert des terres amérindiennes aux colons.

Bien qu'il s'avère pratiquement impossible aux autorités impériales d'empêcher les 13 colonies de dépasser les frontières fixées par la proclamation royale, des efforts répétés sont tentés pour protéger la majeure partie des terres réservées aux Amérindiens contre la pression de l'expansion colonisatrice. L'indignation des 13 colonies contre cette politique impériale est l'un des facteurs qui contribuent à faire éclater la Révolution américaine en 1776. C'est dans les régions situées au nord des Grands Lacs, qui deviennent le Haut-Canada en 1791, que sont effectuées les premières tentatives systématiques en vue d'appliquer de façon cohérente les dispositions de la Proclamation royale relatives à la conclusion de traités. Les modalités de conclusion de traités qui s'élaborent ainsi dans cette colonie de la Couronne sont largement adoptées dans les territoires achetés de la Compagnie de la baie d'Hudson par le nouveau dominion en 1870.

Bien que ces régions soient expressément exclues en 1763 du cadre juridique établi par la Proclamation royale, les dirigeants du gouvernement canadien reconnaissent que les peuples autochtones des territoires nouvellement annexés ont les mêmes droits aux terres ancestrales non cédées que les Amérindiens du Haut-Canada avant la négociation de traités. En conséquence, un mode de tenure des terres est établi dans le nord de l'Ontario et la majeure partie des Prairies, où sept traités portant des numéros sont négociés dans les années 1870 conformément aux principes de base énoncés dans la Proclamation royale de 1763.

On a tendance à examiner très attentivement la Proclamation royale dans chaque affaire où la valeur juridique d'un titre foncier autochtone est remis en question. P. ex., dans l'affaire Milling, à St. Catharines, qui constitue en 1889 une occasion de régler un litige constitutionnel entre le gouvernement de l'Ontario et celui du jeune dominion, les avocats de l'Ontario soutiennent que la Proclamation royale n'a aucune portée sur l'étude juridique des droits des Amérindiens. Toutefois, en énonçant en 1973 l'avis de trois juges sur sept, le juge Emmett HALL, de la Cour suprême du Canada, interprète la Proclamation d'une manière très différente. Dans une affaire portant sur les droits territoriaux de la nation nishga, il conclut que les principes fondamentaux de la Proclamation royale sont généralement applicables en Colombie-Britannique, où la majeure partie des terres n'est pas visée par les traités avec les Amérindiens. Si l'avis du juge Hall est techniquement exact, il s'ensuit que les droits territoriaux des autochtones ont force exécutoire dans d'autres grandes régions du pays comme le Yukon, l'est de l'Arctique et des parties du Québec et des Maritimes. Dans ces régions, les dispositions de la Proclamation royale régissant la conclusion de traités n'ont jamais été appliquées.

En conséquence, il reste à voir si les principes de la Proclamation royale ont une valeur constitutionnelle partout au Canada ou seulement dans certaines régions du pays. Une autre question à résoudre consiste à savoir si la Proclamation est elle-même à l'origine des droits territoriaux des autochtones ou si elle ne fait que reconnaître et confirmer des droits déjà établis à l'époque. Il est certain, du fait que la *Loi constitutionnelle de 1982* renvoie à la déclaration du roi George, que l'interprétation des termes de sa proclamation continuera pendant longtemps d'être une donnée importante pour les tentatives visant à clarifier la portée exacte des droits des autochtones au Canada. (*Voir aussi* DROITS ANCESTRAUX; TRAITÉS INDIENS; REVENDICATIONS TERRITORIALES; AUTOCHTONES.)

Anthony J. Hall

Proctor, Alexander Phimister, sculpteur et peintre (Bosanquet Township, comté de Lambton, Canada-ouest, 27 sept. 1860—Palo Alto, Californie, 5 sept. 1950). La famille de Proctor quitte le Canada en 1866 et s'installe à Denver, au Colorado, en 1871. Le jeune Proctor y développe une passion indéfectible pour la vie de pionnier dans l'ouest américain, pour les animaux et pour la chasse. Il sera fait membre du club Boone and Crockett, un club de chasse au gros gibier, par Theodore Roosevelt en 1893.

Il étudie à la National Academy of Design et à la Art Students League, à New York (1886-1891), réalise plusieurs sculptures monumentales pour la World's Columbian Exposition à Chicago (1891-1893), puis étudie à l'Académie Julian, à Paris, où il est l'élève de Denys Puech. Il retourne à New York en 1894 afin de préparer les chevaux de deux monuments équestres d'Augustus St. Gaudens – *General John A. Logan* (Chicago) et *General W.T. Sherman* (New York) – et en 1896, à son retour à Paris, il réalise deux pumas dressés sur leurs pattes arrière, commandés pour le Prospect Park de Brooklyn (New York).

Proctor sculpte un quadrige monumental pour le pavillon américain à l'Exposition universelle de Paris de 1900 ainsi que plusieurs pièces pour la Pan-American Exposition à Buffalo, remportant une médaille d'or aux deux expositions. En 1903, il sculpte quatre lions pour le McKinley Monument à Buffalo et, en 1909, deux tigres pour le Nassau Hall, à l'U. Princeton.

D'inspiration romantique et héroïque, les sculptures naturalistes de Proctor se fondent sur une connaissance détaillée de ses sujets, issue de son expérience. Il dessine des croquis et chasse au Colorado, dans le Montana, dans l'État de Washington et en Colombie-Britannique. Il se rend aussi en Alberta en compagnie d'Edmund Morris en 1909 et en 1910. Il est membre du Canadian Art Club de 1909 à 1915. Proctor réalise de nombreux monuments urbains, notamment à Washington, DC, au Colorado, dans l'Oregon, dans le Missouri et au Texas. Parmi ceux-ci, on peut citer *Theodore Roosevelt (The Rough Rider)*, à Portland (1917-1924), et *General Robert E. Lee* à Dallas (1927-1936).

Charles C. Hill

Proctor, Henry, officier de l'armée (vers 1763, Irl.— Bath, Angl., 31 oct. 1822). Proctor s'engage dans l'Armée britannique le 5 avril 1781 et sert au Canada dans le 41e régiment quand la guerre contre les États-Unis éclate en 1812. Commandant du front ouest, il mène des membres de la force régulière et des autochtones vers la victoire contre le général Winchester à la rivière au Raisin en janvier 1813. Toutefois, des retournements forcent une retraite en mai et en juillet, et en octobre 1813, Proctor est vaincu par le général Harrison à Moraviantown (*voir* BATAILLE DE MORAVIANTOWN). Proctor est traduit devant le tribunal militaire et suspendu pour six mois sans salaire. Le major général Henry Proctor est souvent confondu avec le jeune Henry Adolphus Procter (1787-1859) qui servit au Canada pendant la Guerre de 1812 en tant que major dans le 82e régiment, et qui s'éleva plus tard au rang de lieutenant-général.

Carl A. Christie

Procureur de la Couronne Il s'agit du substitut du PROCUREUR GÉNÉRAL du Canada ou du procureur général provincial ou territorial, qui est respectivement le conseiller juridique principal du gouvernement fédéral, provincial ou territorial. Il exerce l'essentiel des fonctions et des responsabilités du procureur général, comme le fait de veiller au respect de la loi dans l'administration des affaires publiques et de s'occuper des litiges concernant le gouvernement.

La préparation et la conduite des poursuites criminelles comptent parmi les responsabilités les plus importantes du procureur de la Couronne. Le procureur de la Couronne provincial est responsable de la plupart des poursuites intentées sous le régime du CODE CRIMINEL, sauf dans les Territoires du Nord-Ouest et au Yukon où cette responsabilité relève du procureur de la Couronne fédéral. La responsabilité de la conduite des poursuites criminelles intentées sous le régime des lois fédérales autres que le code criminel, dont la *Loi sur les aliments et*

drogues et la *Loi sur les stupéfiants*, incombe également au procureur de la Couronne fédéral. On désigne parfois familièrement le procureur de la Couronne sous le vocable de la Couronne.

Patrick Bendin

Procureur général Il est essentiellement le conseiller juridique principal de la Couronne. En cette qualité, il est responsable de la conduite des poursuites criminelles pour le compte de la Couronne et il est l'avocat de la Couronne en matière civile. Au Canada, la grande majorité des poursuites sont menées sous les auspices des procureurs généraux provinciaux. En cette qualité, le procureur général possède le pouvoir discrétionnaire, compte tenu des éléments de preuve qui lui sont présentés ou qui sont présentés à son mandataire, d'engager une poursuite ou de s'abstenir dans un cas donné.

Dans le cas de certaines infractions, telles que celles visées par les dispositions du CODE CRIMINEL relatives à la propagande haineuse, le procureur général doit donner son consentement avant que ses services ne puissent entamer une poursuite. Certaines poursuites sont assurées par le bureau du procureur général ou par l'intermédiaire d'un mandataire du procureur général du Canada (en particulier, les poursuites ayant trait aux infractions relatives aux stupéfiants, aux infractions fiscales et aux coalitions). Plusieurs causes constitutionnelles ont récemment soulevé la question de cette division de la compétence relative aux poursuites judiciaires entre les autorités fédérales et provinciales.

En ce qui concerne la fonction du procureur général en tant qu'avocat de la Couronne, toute communication entre le bureau du procureur général et d'autres bureaux du gouvernement est privilégiée au titre du privilège du secret des communications entre avocat et client reconnu en common law.

Dans toutes les provinces, la charge de procureur général relève du paragraphe 92 (14) de la *Loi constitutionnelle de 1867*, qui accorde aux législatures provinciales la compétence sur «l'administration de la justice». Cependant, le procureur général d'une province peut être officiellement désigné procureur général ou ministre de la Justice (comme au Québec, p. ex.) ou les deux. Au fédéral, le procureur général est en même temps procureur général du Canada et ministre de la Justice du Canada. Dans certaines provinces, la fonction de procureur général incorpore celle de SOLLICITEUR GÉNÉRAL. Dans d'autres, les deux charges peuvent être séparées et distinctes, les responsabilités étant partagées. Au fédéral, les deux charges sont séparées. En 1993, l'Alberta a fusionné les charges de procureur général et de solliciteur général pour créer une nouvelle charge de ministre provincial de la Justice.

Certaines causes récentes fondées sur la CHARTE CANADIENNE DES DROITS ET LIBERTÉS ont soulevé la question de l'indépendance des juges des cours provinciales et des juges de paix, compte tenu de leur lien légal avec le bureau du procureur général et de leur obligation constitutionnelle d'être indépendants sous le régime de la nouvelle Charte constitutionnalisée.

Gerald L. Gall

Produit biologique Substance dérivée d'un organisme vivant et utilisée dans la prévention ou le traitement de maladies. Les produits biologiques, qui comprennent les antitoxines, les vaccins antimicrobiens et antiviraux, les produits sanguins et les extraits d'hormones, sont généralement trop complexes pour en obtenir une synthèse chimique. CONNAUGHT LABORATORIES LIMITED de Toronto et l'INSTITUT ARMAND-FRAPPIER, qui fait maintenant partie de BioChem Pharma Inc. de Montréal, comptent parmi les organismes actifs dans la fabrication de produits biologiques au Canada. Bon nombre des nouveaux procédés biotechnologiques ont donné

naissance à de nouvelles entreprises au pays (*voir* BIOTECHNOLOGIE).

Vaccins

Vaccins antiviraux La méthode de vaccination initiale employée par Edward Jenner utilisait un VIRUS causant une forme bénigne de variole bovine, qui est une maladie infectieuse chez les bovidés. L'immunité acquise contre cette maladie protégeait également contre la variole (humaine), un virus beaucoup plus virulent. Ces vaccins offraient une bonne protection parce que l'organisme réagit mieux à un virus de réplication.

Depuis ces débuts fructueux, la connaissance de la structure et du mécanisme d'action des virus a beaucoup progressé. Par contre, il a fallu attendre la mise au point de la culture des tissus pour faire croître des virus en laboratoire. Bien que la culture de certaines cellules ait eu lieu vers 1945, la percée décisive est venue du Dr Raymond Parker, de l'ancien Connaught Medical Research Laboratories, à Toronto, qui a trouvé un milieu de culture nutritif chimique pour la croissance et la reproduction des cellules.

La découverte de Parker a permis à Jonas Salk de mettre au point son vaccin contre la poliomyélite. Le vaccin de Salk a surtout été produit à Toronto en vue d'essais cliniques au Canada et aux États-Unis. Le virus était cultivé sur des cellules de rein de singe, puis séparé des cellules, concentré et enfin inactivé au formol. La réussite du vaccin à virus inactivé devient bientôt évidente, et l'épidémie annuelle de poliomyélite disparaît. Le vaccin antipoliomyélitique de Sabin, préparé à partir d'un virus affaibli ou atténué, également cultivé sur des cellules de rein de singe et administré oralement, est mis au point quelques années plus tard.

Plus récemment, on a réussi la culture de cellules diploïdes fibroblastiques humaines (qui, dans l'organisme, forment le tissu conjonctif). Il s'agit de cellules qui sont mieux définies que les cellules rénales isolées du singe et qui ont permis la préparation de vaccins antiviraux d'une plus grande pureté (vaccins antipoliomyélitiques de Salk et de Sabin, vaccin antirabique, vaccin antirougeoleux, vaccin antiourlien, vaccin antirubéoleux, vaccin contre l'hépatite A). Les premiers vaccins antirabiques à virus inactivé de Pasteur étaient préparés sur des tissus nerveux (cerveau ou moelle épinière de souris, p. ex.) puis sur des cellules d'embryon de canard. Leur injection était douloureuse, et des doses multiples étaient nécessaires. Grâce au vaccin cultivé sur des cellules diploïdes, les doses sont moins nombreuses, et les réactions indésirables ont grandement diminué. Le vaccin peut être administré de façon prophylactique ou après une exposition au virus.

Parmi les vaccins à virus atténué que l'on connaît aujourd'hui, mentionnons la souche vétérinaire de la rage (connue sous le nom de souche ERA), mise au point dans les laboratoires Connaught, ainsi que les souches de rougeole et de rubéole, qui sont actuellement largement utilisées. Les vaccins antiviraux de l'avenir seront de deux types: les vaccins traditionnels à virus entier, préparation hautement purifiée à partir de substrats déterminés de cellules, et les vaccins préparés à partir d'une sous-unité ou d'un antigène pur, préparés par extraction, synthèse chimique ou GÉNIE GÉNÉTIQUE (dont le vaccin antiaphteux).

Vaccins antimicrobiens Ces vaccins sont de trois types: vaccins à organismes ou bactérines entiers inactivés, y compris les vaccins anticoquelucheux et ceux utilisés en médecine vétérinaire et en aquaculture; vaccins à antigène pur extraits de la bactérie et préparés par génie génétique; et les vaccins à toxoïdes. De nombreuses bactéries, comme celles qui causent le tétanos, la coqueluche et la diphtérie, libèrent des toxines qui entraînent des dommages cellulaires. Ces toxines sont purifiées et inactivées, en général à l'aide de substances chimiques, pour produire des toxoïdes. Une fois injectées, les toxoïdes provoquent la formation d'anticorps contre la toxine originale.

Les autres vaccins antimicrobiens fabriqués visent, entre autres, le typhus, la fièvre typhoïde, le choléra, l'haemophilus, la grippe de type B, le pneumocoque, le méningocoque et le bacille de Calmette-Guérin (ou BCG, utilisé dans la prévention de la tuberculose). Les vaccins à usage vétérinaire comprennent des vaccins pour les animaux domestiques, les animaux de ferme et d'autres espèces d'élevages, notamment le vison et les poissons. La forte densité des alevins dans les exploitations d'AQUACULTURE rend nécessaire aujourd'hui la vaccination des poissons, qui est une innovation. Administrés par injection, par immersion ou par pulvérisation, ces vaccins sont d'une efficacité remarquable.

Produits de fractionnement du sang et sérums sanguins

Le sérum sanguin, c.-à-d. la partie liquide qui demeure après la coagulation du sang, est recueilli et lyophilisé à partir des années 30. La Seconde Guerre mondiale en stimule la production. Une fois reconstitué avec de l'eau, le sérum servait à traiter, en partie, les pertes de sang et les traumatismes. C'est aux États-Unis que sont mises au point les méthodes de séparation du plasma sanguin (le liquide non cellulaire) en ses protéines constituantes. Ces méthodes ont permis aux services de transfusion sanguine de la Croix-Rouge canadienne d'élargir les applications des dons de sang. Les produits préparés à partir des dons de sang comprennent les globules rouges, les globules blancs, les plaquettes ainsi que le plasma, qui est fractionné en albumine, en immunoglobuline sérique (y compris des produits spécialisés, tels que l'immunoglobuline antitétanique, anti-Rh, et antirabique), et des concentrés de facteurs de coagulation pour le traitement des hémophilies A et B. Entre 1953 et 1987, les laboratoires Connaught fractionnent le plasma recueilli au Canada. Depuis, tout le plasma canadien est transformé à contrat par des entreprises de fractionnement commerciales américaines. Hemosol Inc., une entreprise de biotechnologie de Toronto, cherche à mettre au point un produit fabriqué à partir de globules rouges qui assurera le transport de l'oxygène tout en éliminant les risques potentiels liés au sang.

Hormones Jusqu'à la fin des années 80, le Canada a produit de l'INSULINE à partir du pancréas de bovins et de porcs. À Toronto, en 1921-1922, Frederick G. BANTING et Charles H. BEST isolent l'insuline pour la première fois. La forme humaine de cette protéine est aujourd'hui fabriquée à l'extérieur du Canada selon des techniques de génie génétique.

A.A. Magnin

Produit national brut (PNB, depuis 1986 Produit intérieur brut) Il désigne la valeur de tous les biens et services produits dans un pays au cours d'une période donnée, normalement un an. Malgré ses limites, le PNB est la meilleure mesure générale du rendement de l'économie. On s'en sert souvent pour calculer les changements survenus dans le bien-être des résidants d'un pays. Ses principales composantes sont les salaires et les autres revenus de travail, la solde et les indemnités des militaires, les bénéfices des sociétés avant impôt (moins les dividendes versés aux non-résidants), les revenus de placement et les intérêts (sauf les intérêts sur les prêts à la consommation et les recettes du gouvernement tirées des sociétés d'État), le revenu net (bénéfices avant impôt) des exploitants agricoles, le revenu net des entreprises et des spécialistes, comme les médecins, les revenus de location et un rajustement pour les modifications subies par la valeur des stocks en raison des variations de prix. Ensemble, ces éléments forment le REVENU NATIONAL net aux coûts des facteurs ou les gains des divers facteurs de production.

Le PNB se mesure en tenant compte aussi des impôts indirects moins les subventions, p. ex., les taxes de vente des fabricants, les impôts fonciers des entreprises et les autres impôts auxquels sont assujetties les entreprises, mais qui sont payés par les consommateurs. Il tient également compte de la déduction pour amortissement et des rajustements divers au titre de l'amortissement des biens d'une entreprise et d'une erreur d'estimation résiduelle, soit une petite régularisation statistique des chiffres. Une autre mesure, celle de la dépense nationale brute (niveau total de la demande de biens et services dans l'économie), révèle de quelle manière le PNB est utilisé par les dépenses des consommateurs, les dépenses d'investissement et celles du gouvernement.

En 1986, Statistique Canada a adopté le PIB pour ses calculs de production nationale afin de faciliter la comparaison avec les autres statistiques, comme celles de l'emploi et de la productivité dans les provinces. Bien que le PIB ne soit pas utilisé aux États-Unis, il se rapproche davantage des pratiques internationales que recommande le Système de comptabilité nationale des Nations Unies. L'Organisation de coopération et de développement économiques (OCDE) se sert aussi du PIB comme mesure de comparaison économique. En 1993, l'OCDE a estimé que le PIB par habitant au Canada se situait à 19 179 $ US pour l'année 1990, alors qu'il s'élevait à 21 499 $ pour les États-Unis, à 16 896 $ pour la Suède et à 15 882 $ pour le Royaume-Uni.

Profession enseignante Au sens large, elle englobe toutes les personnes qui assurent de l'enseignement dans une école publique ou privée ou de façon indépendante. Dans le présent contexte, la profession enseignante ne comprend que les personnes qui détiennent un brevet décerné par les autorités provinciales ou territoriales pour enseigner aux élèves des niveaux élémentaire ou secondaire dans une école publique. La mise sur pied graduelle des SYSTÈMES SCOLAIRES publics, au début des années 1800, est le facteur déterminant de la création de la profession enseignante au Canada.

Les principes d'une éducation gratuite et universelle concordent bien avec les aspirations de nombreux pionniers qui immigrent au Canada en quête d'une vie meilleure (*voir* ÉDUCATION, HISTOIRE DE L'). Dans les premiers temps, les communautés engagent pratiquement quiconque désire enseigner. Cependant, au milieu des années 1800, les administrations coloniales commencent à s'intéresser davantage à l'éducation publique et à lui accorder un plus grand soutien financier. Au même moment, plusieurs surintendants de l'instruction se battent pour mettre sur pied des écoles de formation des enseignants (ÉCOLES NORMALES) et un système de certification qui assurerait les compétences minimales des enseignants.

Création des associations d'enseignants Dans le domaine de l'éducation, les progrès réalisés dans les années 1800 s'accompagnent de tentatives répétées de la part des enseignants pour former des associations locales. Au début, les organisations d'enseignants sont principalement constituées de représentants du ministère de l'Éducation, d'inspecteurs, de membres du clergé et de laïcs influents. En conséquence, les réunions de ces associations ont alors surtout tendance à privilégier des discours édifiants sur la mission enseignante ou des discussions sur les méthodes d'enseignement, et portent rarement sur les préoccupations des enseignants quant à leurs conditions de vie et de travail qui laissent grandement à désirer au début des années 1900.

En 1910, le salaire annuel des femmes enseignant dans les écoles élémentaires urbaines se situe entre 300 et 1000 dollars, tandis que celui des hommes s'élève entre 600 et 1400 dollars. Dans les écoles secondaires, les femmes touchent un salaire variant entre 800 et 1800 dollars, et les hommes, entre 1000 et 2000 dollars. La sécurité d'emploi est alors à peu près inexistante. Les conditions se révèlent particulièrement difficiles en milieu rural, où les enseignants, mal rémunérés, sont affectés à des écoles d'une seule pièce, austères et mal équipées. De plus, ils doivent souvent cumuler les fonctions de concierge et accepter de vivre dans un logement primitif et isolé.

C'est pendant et tout de suite après la Première Guerre mondiale que le mécontentement des enseignants atteint son comble. Leurs salaires ne changent pas alors que le coût de la vie a presque doublé. Les unes après les autres, les régions se regroupent en associations provinciales afin d'obtenir de meilleures conditions salariales, leur titularisation et une caisse de retraite. Un organisme national, la Fédération canadienne des enseignants (FCE), voit le jour en 1920, date à laquelle chaque province compte au moins une association. Ces activités organisationnelles se déroulent en grande partie dans le secret, étant donné l'hostilité générale à l'égard des syndicats ouvriers à cette époque. Même si la majorité des associations modernes d'enseignants existent déjà en 1920, ce n'est pas avant 1955 que dans les faits la profession est entièrement organisée dans les provinces et les territoires. En 1995-1996, les 13 associations provinciales et territoriales membres de la FCE représentent plus de 245 000 enseignants et enseignantes.

Au Québec, le premier organisme provincial d'enseignants francophones est une fédération d'enseignantes rurales créée en 1937. En 1946, ce groupe et deux autres, qui réunissent respectivement les enseignants ruraux et les enseignantes et enseignants urbains, forment ensemble une fédération, la Corporation générale des instituteurs et institutrices catholiques du Québec. En 1967, elle change de nom et devient la Corporation des enseignants du Québec (CEQ). Un changement fondamental sur le plan organisationnel se produit en 1974, quand la CEQ renonce à son statut de corporation et se transforme en une CENTRALE SYNDICALE. Rebaptisée Centrale de l'enseignement du Québec, la CEQ représente non seulement les enseignants, mais divers autres groupes d'employés du secteur de l'éducation. Ni la CEQ ni ses prédécesseurs ne font partie de la FCE.

La nouvelle association d'enseignants cherche avant tout à améliorer les salaires, à s'assurer la sécurité grâce à la PERMANENCE et à des pensions, et à obtenir un statut professionnel et à faire progresser l'éducation. En 1919, un groupe de 178 enseignants de Victoria, en Colombie-Britannique, qui réclament de meilleurs salaires, déclenche une grève de deux jours, qui sera la première grève d'enseignants de tout l'Empire britannique. Le ministère de l'Éducation de la Colombie-Britannique réussit à trouver un accord à l'amiable. Par la suite, le gouvernement de cette province fait les premiers pas en vue de créer une procédure d'arbitrage sur la question des salaires. D'autres grèves et démissions ont lieu dans les provinces de l'ouest durant les années 20. Un incident particulièrement grave se déroule en 1922, à Brandon, au Manitoba, lorsque 80 enseignants démissionnent pour protester contre la direction d'école, qui veut leur faire accepter une baisse de 25 p. 100 de leur salaire.

Les premiers objectifs économiques des associations d'enseignants tardent à se concrétiser. Bien que dès 1920 les délégués au congrès de la FCE scandent le slogan «Doublez les salaires de 1914», dans le cadre d'une campagne menée dans tout le Canada, c'est seulement après la Seconde Guerre mondiale que les associations obtiennent le salaire annuel moyen de 1600 dollars auquel elles aspirent. Par ailleurs, elles obtiennent plus facilement la sécurité en matière de pensions. En 1920, seuls le Québec (depuis 1856), le Nouveau-Brunswick, Terre-Neuve et l'Ontario offrent des régimes de pension aux enseignants. Au cours des 20 prochaines années, le Manitoba (1925), la Nouvelle-Écosse (1928), la Colombie-Britannique (1929), la Saskatchewan

(1930), l'Île-du-Prince-Édouard (1931) et l'Alberta (1939) mettent sur pied des régimes de pension.

Pendant la CRISE DES ANNÉES 30, les salaires des enseignants subissent des baisses, et la concurrence pour les postes disponibles s'intensifie. En 1942-1943, le gouvernement fédéral émet un décret qui, malgré l'amélioration d'ensemble des conditions économiques, gèle les conditions de travail des enseignants et limite grandement leurs augmentations de salaire. La période de prospérité et de croissance démographique rapide de l'après-guerre entraîne une grave pénurie d'enseignants, qui se fera sentir jusqu'au début des années 70. De 40 000 en 1910, le nombre d'enseignants à plein temps passe à 75 000 en 1940, puis à 262 000 en 1970, pour atteindre un sommet de 272 000 en 1976. Ensuite, les effectifs d'enseignants à plein temps chutent à 252 000 en 1985 avant de remonter pour se situer à plus de 293 000 en 1995. En outre, la taille du corps enseignant continue de s'accroître en raison de l'augmentation du nombre d'enseignants à temps partiel. Leur proportion passe de 2 p. 100, en 1973, à 11 p. 100, en 1993.

Droit de négociation collective En 1941, l'Alberta Teachers' Association est la première association à acquérir pleinement le droit de négociation, y compris le droit de grève. La Manitoba Teachers' Society obtient un droit similaire en 1948. Cependant, en 1956, le remplacement de l'arbitrage exécutoire par le droit de grève dans la procédure de négociation est inclus dans la *Loi sur les écoles publiques* du Manitoba. Les enseignants de la Saskatchewan se voient également concéder le droit de négociation dans les années 40.

Dans les autres provinces, les enseignants continuent de négocier de façon informelle et décrochent de meilleures conditions salariales et des avantages sans en venir à des mesures de pression. Dans les années 50, on assiste à seulement 5 ou 6 petites grèves, mais dans les années 60, 6 démissions en bloc et 42 grèves ont lieu dans 5 provinces. La majorité des grèves se produisent au Québec. Les mouvements de grève se poursuivent dans les années 70 chez les associations d'enseignants qui n'ont toujours pas acquis officiellement le droit de négociation.

Préoccupations professionnelles Les fondateurs des diverses associations d'enseignants cherchent non seulement à assurer la sécurité économique de leurs membres, mais aussi à ériger l'enseignement en une profession au même titre que le DROIT et la MÉDECINE. Les enseignants luttent en particulier pour l'adhésion obligatoire à une association, l'établissement d'un code de déontologie, le pouvoir d'imposer des mesures disciplinaires aux membres qui ne se conforment pas au code et un contrôle des normes d'admission dans la profession.

Les assemblées législatives de la Saskatchewan (1935) et de l'Alberta (1936) votent des lois, qui obligent tout enseignant d'une école publique à adhérer à une organisation professionnelle d'enseignants. Dès 1960, l'adhésion à une association provinciale est automatique ou obligatoire, et la plupart des associations acquièrent des pouvoirs disciplinaires. Toutes les associations d'enseignants, sauf au Québec, adoptent des codes de déontologie qui régissent la conduite des enseignants.

Formation et accréditation des enseignants Bien que les ministères provinciaux d'éducation se réservent le pouvoir d'émettre des brevets d'enseignement, les enseignants font néanmoins campagne pour obtenir des normes d'accréditation plus élevées. À l'origine, cette revendication vise à assurer que tous les enseignants terminent leurs études secondaires avant d'être admis à l'école normale, objectif qui n'est pas encore atteint en 1939. Après la Seconde Guerre mondiale, il est convenu que tous les enseignants doivent détenir un diplôme d'études postsecondaires et que toute la formation des futurs enseignants incombe aux universités. En

1950, 10 p. 100 des enseignants détiennent un diplôme, et la plupart reçoivent encore leur formation dans une école normale. Actuellement, neuf provinces exigent que tous les nouveaux enseignants, ou la plupart, possèdent un diplôme. Le transfert de la formation des enseignants aux universités se termine à la fin de 1970.

Pouvoirs d'autoréglementation Les associations d'enseignants n'assument pas encore l'entière responsabilité en matière d'accréditation, d'annulation d'accréditation, d'évaluation des compétences et d'éducation permanente de leurs membres. Toutefois, au début des années 80, l'Ontario et l'Alberta proposent aux associations d'enseignants de s'autoadministrer pleinement, à condition que les membres acceptent de diviser leurs organisations en deux groupes: un collège professionnel auquel l'adhésion serait obligatoire et une association volontaire qui serait responsable de la négociation collective. Les enseignants rejettent cette proposition, préférant maintenir une association provinciale unique. En 1987, le gouvernement de la Colombie-Britannique, passant outre aux objections de la British Columbia Teachers' Federation, met en œuvre des mesures législatives pour créer un collège des enseignants habilité à accréditer, à adopter des mesures disciplinaires et à réglementer la pratique de l'enseignement. En 1995, l'Ontario adopte une loi semblable.

Préoccupations pédagogiques et sociales Les enseignants canadiens croient fermement en un système d'éducation publique fondé sur l'équité et l'universalité. Ils revendiquent sans cesse un financement vaste et équitable, qui reflète l'importance de l'éducation publique à titre de responsabilité collective. L'évaluation des élèves est pour eux une source constante de préoccupation. P. ex., depuis des décennies, on débat de la nécessité de faire subir des examens externes aux élèves des écoles secondaires. En général, les enseignants soutiennent que l'évaluation des progrès de l'élève doit relever de l'école qu'il ou elle fréquente. En dépit de leur opinion, la plupart des gouvernements provinciaux et territoriaux instaurent des programmes d'évaluation à l'échelle provinciale. Ils font également subir une série d'épreuves à l'échelle nationale en mathématiques, en sciences, en lecture et en écriture dans le cadre d'un programme d'indicateurs scolaires. En outre, le Canada participe à la Troisième étude internationale de mathématiques et des sciences, vaste projet d'évaluation mené dans plusieurs pays.

Les enseignants participent aussi activement à la révision des lignes directrices des programmes d'études provinciaux (*voir* PROGRAMMES D'ÉTUDES, ÉLABORATION DE) et à la mise en œuvre de modifications locales des programmes et d'unités de travail en ÉTUDES CANADIENNES. Le maintien de la discipline dans les salles de classe et dans l'école semble un problème qui prend de l'ampleur. Des études révèlent que, bien que la violence soit plutôt rare dans la plupart des écoles canadiennes, les actes de violence verbale contre les enseignants sont relativement courants.

Les enseignants appuient constamment l'égalité des droits et l'égalité d'accès à l'emploi pour les femmes (qui, en 1992-1993, représentaient 61 p. 100 du corps enseignant à plein temps, comparativement à 81 p. 100 en 1910). Néanmoins, même si la discrimination fondée sur le sexe n'existe plus dans l'échelle salariale et qu'apparemment plus rien ne fait obstacle à leur promotion, la proportion de femmes à la direction des écoles diminue beaucoup, passant de 34 p. 100, en 1960, à 13 p. 100, en 1982. Depuis, cette proportion est à la hausse et atteint 25 p. 100 en 1992.

Développement international En 1962, la FCE lance un programme d'aide dans le cadre duquel des enseignants canadiens consacrent leurs vacances à des programmes de formation sur place d'enseignants de divers pays. Depuis 1962, plus de 1200 enseignants bénévoles du Canada offrent des cours

de perfectionnement scolaire et professionnel à plus de 41 000 enseignants à l'étranger.
Géraldine Gilliss

Profession musicale Elle englobe un large éventail de carrières directement ou indirectement associées à la musique. Outre les musiciens qui gagnent leur vie à exécuter de la musique, ce domaine comprend les compositeurs, les arrangeurs et les auteurs-compositeurs de chansons; les chefs d'orchestre, les professeurs de musique et les répétiteurs; les impresarios, les agents, les managers et les administrateurs de représentations musicales; les bibliothécaires et les archivistes musicaux; les musicologues, les critiques de musique, les journalistes, les rédacteurs et éditeurs; les techniciens du son, les ingénieurs radio et les réalisateurs d'émissions musicales pour la radio, la télévision, les compagnies de disques et de vidéos; les fabricants, réparateurs et accordeurs d'instruments; les musicothérapeutes, etc. Les musiques classique, populaire, militaire et sacrée sont autant de domaines de spécialisation de la profession musicale. Le terme «classique» est couramment utilisé pour désigner la musique «de concert» ou «d'art» de toutes les périodes de l'histoire, tandis que le terme «populaire» s'applique à toute la gamme de musiques non classiques, comme le JAZZ, le blues, la musique folklorique (*voir* MUSIQUE FOLKLORIQUE CANADIENNE-ANGLAISE et MUSIQUE FOLKLORIQUE CANADIENNE-FRANÇAISE), le rock-and-roll, la musique pop (*voir* MUSIQUE POPULAIRE), le jazz-rock, la MUSIQUE COUNTRY ET WESTERN, la world music, ainsi que leurs nombreuses sous-catégories.

Au Canada, les premiers musiciens professionnels sont les membres des fanfares ou harmonies militaires des régiments français et britanniques affectés au Canada à l'époque coloniale, aux XVIIe et XVIIIe siècles. Une fois leur période de service terminée, certains d'entre eux choisissent de rester au Canada, mais ils y gagnent difficilement leur vie comme musiciens. Ils doivent se faire chefs d'harmonie, musiciens à la pige, entrepreneurs en musique, marchands d'instruments, ou professeurs privés, p. ex., et, dans bien des cas, s'adonner à des activités non musicales pour s'assurer un revenu suffisant. Les organistes d'église font aussi partie des premiers musiciens professionnels au Canada. Étant donné que leurs tâches ne leur demandent que quelques heures par semaine, ils doivent, eux aussi, se faire tour à tour organistes, maîtres de chorale, tuteurs, compositeurs afin de continuer leur carrière musicale. Cette situation perdure, en s'améliorant graduellement, pendant tout le XIXe s. et une partie du XXe s., au cours desquels le Canada perd de bons musiciens, attirés par de meilleures conditions à l'étranger. P. ex., Calixa LAVALLÉE, le compositeur du Ô CANADA, quitte le pays et y revient plusieurs fois avant de s'installer en permanence aux États-Unis, où il réussit à s'imposer comme musicien professionnel et y atteint même une notoriété nationale vers la fin du XIXe s.

Jusqu'aux années 50 environ, il demeure impossible pour de nombreux musiciens professionnels au Canada de gagner un salaire suffisant par leurs activités musicales. Cependant, leur situation s'améliore considérablement après la création du CONSEIL DES ARTS DU Canada, en 1957, et, par la suite, de divers conseils des arts provinciaux, régionaux et municipaux dans tout le pays. Pour un nombre croissant de musiciens, il devient donc possible, au cours de la deuxième moitié du XXe s., de gagner leur vie uniquement par la pratique de leur art, et plusieurs y parviennent en s'adonnant à une seule activité particulière, comme professeurs de musique aux niveaux primaire, secondaire et universitaire, chanteurs d'opéra ou de comédies musicales, ou comme exécutants d'orchestres symphoniques, de ballet, d'opéra ou de théâtre, dans les studios d'enregistrement ou encore dans de petits ensembles de jazz ou des groupes rock.

Même si ce n'est plus nécessaire pour s'assurer un salaire suffisant, certains musiciens canadiens, vers la fin du XXe s., choisissent de s'adonner simultanément à plus d'une occupation musicale. Ainsi, le Canadien Robert AITKEN est compositeur, chef d'orchestre et flûtiste classique. Il fait des tournées internationales comme soliste spécialisé en musique d'avant-garde, est professeur de flûte à la Staatliche Hochschule für Musik à Freiburg, en Allemagne, et est directeur artistique des Concerts de musique nouvelle, à Toronto. Daniel LANOIS, un musicien et auteur-compositeur rock canadien bien connu, et aujourd'hui installé à la Nouvelle-Orléans, est également un producteur de disques acclamé, ayant travaillé à ce titre avec des vedettes internationales comme Peter Gabriel, Brian Eno et Bob Dylan. De nombreux symphonistes et musiciens de jazz transmettent leurs connaissances et expertise musicales en étant enseignant ou conseiller à temps partiel dans des conservatoires ou des écoles de musique de niveaux collégial et universitaire partout au pays.

Depuis les années 50, l'enseignement de la musique, particulièrement dans des institutions ou pour le compte de commissions scolaires, fournit aux musiciens des salaires et des conditions de travail relativement stables. Ceux qui gagnent leur vie comme exécutants, même s'ils sont attachés à des orchestres symphoniques, mais surtout s'ils sont pigistes ou jouent dans des groupes rock ou des ensembles de jazz, jouissent souvent de revenus moins stables, et les conditions de travail et les avantages sociaux des musiciens, à l'exception de ceux qui sont attachés en permanence à des orchestres symphoniques bien établis, laissent beaucoup à désirer. Jusqu'au milieu des années 60, même l'OR-CHESTRE SYMPHONIQUE DE TORONTO (OST), l'un des orchestres professionnels les plus importants et les mieux financés au Canada, ne garantit à ses musiciens que 30 semaines de travail par année. Si, au cours de la décennie suivante, la durée annuelle d'emploi à l'OST passe à 48 semaines, cette augmentation se révèle bientôt insoutenable et, en 1995-1996, le contrat de l'OST n'assure plus que 42 semaines de travail au salaire de base de 1167 dollars par semaine. Tout comme d'autres grands organismes musicaux du Canada (orchestres, compagnies d'opéra et de ballet) dans les années 90, l'OST subit d'importantes compressions budgétaires en raison de la diminution des subventions en provenance des gouvernements de tous les ordres et de l'érosion de leur auditoire causée par des facteurs économiques et démographiques.

En dépit des multiples défis que doivent surmonter les musiciens en herbe aussi bien que les professionnels, les Canadiens talentueux demeurent attirés par la vie musicale. Une carrière musicale peut comporter un immense potentiel de croissance et de satisfaction personnelle pour peu qu'on soit prêt à consentir l'engagement et les sacrifices essentiels à l'atteinte de l'excellence. Entreprendre une carrière musicale est à la fois très coûteux et exige beaucoup de temps. En plus des dépenses engagées dans l'achat d'instruments et d'équipement et dans les leçons de musique, qui commencent habituellement, mais pas toujours, dans les années de préadolescence, il faut consacrer plusieurs années d'études pour perfectionner talents et connaissances et acquérir l'expérience nécessaire. Dans bien des cas, il est nécessaire de poursuivre des études en vue d'obtenir le diplôme d'un conservatoire, d'un collège ou d'une université. P. ex., pour enseigner la musique dans les écoles primaires et secondaires de la plupart des régions du Canada, il faut maintenant être diplômé d'un collège ou d'une université.

Connaître le succès comme exécutant ou créateur dans telle ou telle autre discipline musicale est sans doute extrêmement satisfaisant, mais peu de musiciens réalisent le rêve de faire des tournées internationales et d'exécuter ou de créer de la musique pour de grands auditoires admiratifs. Pour bon nombre de musiciens professionnels, y compris ceux qui acquièrent une certaine célébrité ou prospérité financière, il faut en réalité beaucoup de travail, de discipline et de chance pour obtenir ne serait-ce qu'un succès limité ou à court terme. Pour se maintenir en pleine forme, la plupart des musiciens professionnels doivent passer plusieurs heures par semaine à s'exercer seuls en plus de répéter et de jouer avec d'autres. Ce qui, même sans tournées, laisse peu de temps aux loisirs et à la vie familiale. Les problèmes de santé ou la perte d'habiletés d'exécution, même temporaires, peuvent avoir de lourdes conséquences. Certains domaines de la profession sont extrêmement stressants et peuvent entraîner un épuisement professionnel ou des problèmes physiques incapacitants (p. ex., tendinite, syndrome de tension répétée) ou même ces deux désordres à la fois.

Les musiciens peuvent aussi être victimes de décisions arbitraires ou injustes de la part d'employeurs, bien que la plupart des types d'exploitation soient réduits au fil des ans grâce aux efforts des syndicats et des associations professionnelles représentant les musiciens, les professeurs de musique et les compositeurs. La Fédération américaine des musiciens des États-Unis et du Canada négocie des ententes syndicales avec les grands employeurs comme la SRC, le réseau CTV, l'ONF, l'industrie du disque et les compagnies productrices de messages publicitaires à contenu musical pour la radio et la télévision. Les sections locales de la Fédération américaine des musiciens négocient séparément avec les orchestres symphoniques, les salles de concert, les théâtres, les boîtes de nuit et les autres établissements où l'on présente des concerts ou des spectacles de musique, en vue d'assurer à leurs membres des niveaux de salaires et des conditions de travail convenables. L'Union des Artistes (UDA) et l'Association of Canadian Television and Radio Artists (ACTRA) protègent les droits de leurs membres et les droits d'enregistrement pour la radio et la télévision, la Canadian Actors' Equity Association protège les exécutants de la scène et la SOCAN assume la collecte et la distribution des droits d'auteur des compositeurs, des chansonniers et des paroliers pour l'exécution en public de leur musique, que ce soit en direct ou par enregistrement.

Bien que ces agences et d'autres permettent à bon nombre d'artistes et de créateurs musicaux d'être rémunérés convenablement pour leur dur travail et leur créativité, il reste au Canada des boîtes de nuit et d'autres lieux de divertissement qui ne sont pas soumis à des ententes syndicales et où les musiciens ne jouissent pas des salaires ou des avantages offerts par les établissements syndiqués. En outre, la deuxième phase des réformes à la *Loi sur le droit d'auteur*, qui est attendue depuis longtemps et doit enchâsser pour la première fois au Canada la notion de droits d'auteur payables aux musiciens dont les disques sont joués à la radio et à la télévision (en sus des droits d'auteur des compositeurs et des paroliers), n'était toujours pas adoptée au début de 1997. Il en résulte que les musiciens professionnels demeurent privés de revenus auxquels plusieurs d'entre eux croient, à juste titre, avoir droit. En 1992, le gouvernement fédéral adopte la *Loi sur le statut de l'artiste*, qui reconnaît pour la première fois que les artistes canadiens sont des travailleurs professionnels autonomes ayant les mêmes droits et privilèges que les autres professions et qui leur accorde l'accès aux programmes sociaux comme les pensions, l'assurance-invalidité et l'assurance-emploi. Mais le Québec demeure la seule province canadienne à avoir adopté une loi semblable. Étant donné que plusieurs questions d'ordre culturel et artistique échappent à la juridiction fédérale, les effets de la loi de 1992 demeurent limités et les musiciens professionnels en sont réduits à attendre l'adoption d'autres mesures au niveau provincial.

Il est de plus en plus possible pour les jeunes musiciens qui poursuivent des études de musique au Canada d'obtenir une excellente formation et de se préparer ici même à une carrière professionnelle. Les collèges et les universités du pays offrent maintenant un large éventail de programmes menant au baccalauréat en musique. Ces programmes comprennent l'étude du jazz, l'exécution de musique classique ou populaire, la théorie et la composition, l'enseignement de la musique, la musicologie, la critique musicale et la musicothérapie. Les universités canadiennes plus importantes offrent certains de ces programmes aux niveaux de la maîtrise et du doctorat. La majorité de ceux qui cherchent à faire carrière aux niveaux les plus élevés de la profession continuent à poursuivre une formation supérieure et à acquérir une expérience professionnelle à l'étranger. Pour plusieurs de ceux qui étudient la musique populaire et pour plusieurs Canadiens anglophones étudiant la musique classique, la destination préférée est les États-Unis, tandis que les Canadiens francophones préfèrent poursuivre leur formation en musique classique en Europe. Les musiciens qui reviennent au pays et cherchent de l'emploi dans les grands orchestres professionnels et dans les universités continuent de découvrir, dans la dernière décennie du XXe s., que la majorité des employés de ces institutions sont encore des étrangers, surtout des Américains. Toutefois, le fait que, au début des années 90, le tiers des musiciens de l'OST sont des Canadiens est la preuve que les temps changent.

Les Canadiennes sont actives dans la profession musicale depuis au moins le milieu du XIXe s. Bien qu'il y ait plus de 100 ans qu'elles se taillent une place dans les compagnies d'opéra professionnelles et dans l'enseignement de la musique, particulièrement dans les studios privés et dans les écoles primaires, il leur faut plus de temps pour être acceptées comme compositrices ou instrumentistes professionnelles. En 1940, les femmes n'étant pas acceptées dans les orchestres, la violoniste Ethel Stark devient la cofondatrice du Montreal Women's Symphony Orchestra, un ensemble professionnel qu'elle dirige et qui survit jusque dans les années 60, époque où les femmes commencent à pénétrer les rangs des grands orchestres. Les premières compositrices employées par une université canadienne sont Jean COULTHARD et Barbara PENTLAND à l'U. de la Colombie-Britannique en 1947 et 1949, respectivement. D'autres femmes finissent par être nommées professeures dans des écoles de musique canadiennes mais, alors que la fin du siècle approche, elles demeurent toujours moins nombreuses que leurs collègues masculins dans les universités et les orchestres professionnels au Canada. En 1990, p. ex., 23 des 101 musiciens de l'OST sont des femmes.

Dans les années 90, les orchestres canadiens comptent au moins trois premiers violons féminins. Cependant Gwen Hœbig à l'ORCHESTRE SYMPHONIQUE DE WINNIPEG, Chantal Juillet (co-premier violon) à l'ORCHESTRE SYMPHONIQUE DE MONTRÉAL, et Jean Lamon continuent de diriger l'orchestre baroque TAFELMUSIK à Toronto depuis la chaise du premier violon. De plus, Maureen FORRESTER, la chanteuse d'opéra de réputation internationale, occupe le poste prestigieux de présidente du Conseil des arts du Canada de 1983 à 1988. Entre-temps, plusieurs générations de Canadiennes jouent des rôles importants dans le domaine de la musique populaire. Depuis LA BOLDUC, au Québec, dans les années 20 et 30, jusqu'à Joni MITCHELL, Anne MURRAY, Céline DION, K.D. LANG et Shania Twain, pour ne nommer que cinq chanteuses étoiles des années 90, un nombre croissant de Canadiennes sont acclamées au pays et à l'étranger.

Si l'on en juge d'après les succès internationaux de plus en plus nombreux de la fin du XXe s., dont ceux des chanteurs rock Bryan ADAMS et Alanis Morrissette, du CANADIAN BRASS et du pianiste classique Louis LORTIE, des chanteurs d'opéra Nancy Argenta et Ben HEPPNER, de l'orchestre symphonique de Montréal et de Tafelmusik à Toronto, les musiciens et les ensembles canadiens présentent au monde une maturité et une confiance artistiques nouvelles qui augurent extrêmement bien de l'avenir de la profession musicale au Canada à l'aube du troisième millénaire. (*Voir aussi* MUSIQUE DE CHAMBRE; DIFFUSION DE MUSIQUE; CRITIQUE MUSICALE; INSTRUMENTS DE MUSIQUE; MUSICOLOGIE; OPÉRA; MUSIQUE ORCHESTRALE; DISQUE, INDUSTRIE DU; MUSIQUE RELIGIEUSE; CHANSONS, COMPOSITION DE.)

S. Timothy Malone

Programmation radiophonique La radio permet d'atteindre un public plus vaste que celui de la presse écrite. La technologie de la RADIODIFFUSION, où la seule préoccupation est de véhiculer un message sonore, en fait un média très souple, loin des contraintes des médias visuels. Ses frais d'exploitation sont bien moins élevés. Il en va de même des exigences de l'auditoire. Le radiodiffuseur peut se livrer à des expériences et élaborer sa programmation en vue de susciter un intérêt constant chez l'auditeur et de stimuler son imagination. Ainsi, la radio joue une multitude de rôles dans la société, répondant aux besoins toujours changeants du public.

La programmation radiophonique est passée par trois stades au cours des 60 dernières années. Objet de curiosité lors de son avènement, la radio devient un moyen de communication de masse entre 1920 et 1940. Dans les années 20, les stations canadiennes de petite taille et à faible puissance remplissent leur temps d'antenne avec des émissions en direct de qualité inégale: musique, comédie, drame, éducation, religion, nouvelles, poésie, contes. Son trait dominant reste l'amateurisme. L'auditoire préfère toutefois les émissions mieux conçues de la radio américaine, et, à la fin de la décennie, 80 p. 100 des émissions écoutées au Canada sont américaines. En 1929, deux stations de Montréal et de Toronto s'affilient à des réseaux américains.

La création de réseaux canadiens semble être la solution au problème. Les pionniers sont des entreprises qui trouvent ainsi une façon de promouvoir leurs produits. En 1925, le service de radiodiffusion du Canadien National diffuse des pièces de théâtre. Dès 1930, il présente chaque semaine quelques heures de programmation de qualité, tant en français qu'en anglais, dans ses propres stations indépendantes réparties dans l'ensemble du pays: musique de chambre, symphonique et folklorique, productions originales de théâtre et d'opéra, contes pour enfants, information sur les prix des céréales et même chroniques médicales. Certaines émissions nationales sont commanditées par l'Imperial Oil et le Canadien Pacifique. Ces initiatives ne résistent pas à l'arrivée de la radio d'État en 1932. Le gouvernement accorde à cette dernière le monopole de la radiodiffusion. La Commission canadienne de radiodiffusion met sur pied le premier réseau national qui, à partir de 1936, prend de l'expansion avec la création de la SOCIÉTÉ RADIO-CANADA (SRC). Deux réseaux, l'un de langue française et l'autre de langue anglaise, sont mis sur pied. Chacun possède ses propres stations, auxquelles s'ajoutent, dans certaines régions, des stations privées affiliées.

Dès la fin des années 30, les auditeurs ont accès à une programmation très variée. La présence américaine se fait sentir en raison de la vaste utilisation de musique populaire enregistrée et d'émissions transcrites, des stations canadiennes affiliées aux réseaux américains et de la SRC elle-même, qui transmet des émissions populaires américaines commanditées le soir. Les feuilletons américains de jour, tels que *Ma Perkins* et *Big Sister* et les comédies de soirée, comme *Amos'n'Andy* et *Fibber McGee & Molly*, sont extrêmement populaires. Les stations privées présentent en direct un grand nombre d'émissions: grands orchestres enregistrés dans les salles de bal d'hôtels, théâtre pour enfants ou adultes, émissions-débats et commentaires sur l'actualité. La SRC offre au public un nombre toujours grandissant d'émissions canadiennes: des matchs de hockey, des spectacles de variétés tels que *The Happy Gang* de Toronto, des orchestres de danse tel le Mart Kenny's Group de Vancouver, le feuilleton sur la famille rurale *The Craigs*, des tables rondes et des forums. La radio est cependant un phénomène encore trop récent pour s'attirer un public nombreux et fidèle, au Canada anglais du moins. Au Québec, la situation est toute différente. Les émissions de langue française sont suivies avec passion par un vaste auditoire.

Avec la guerre, on découvre le puissant instrument de propagande que représente la radio. La SRC offre un ensemble équilibré d'émissions visant à informer, à inspirer et à divertir le grand public ainsi qu'un auditoire sélectionné ou un public plus précis. On met sur pied un service spécial de nouvelles qui renseigne la population en émoi sur les efforts déployés par les Canadiens tant au front qu'au pays. Les bulletins d'informations sont complétés par des discussions et des émissions éducatives, comme le célèbre *Citizens' Forum* et la TRIBUNE RADIOPHONIQUE AGRICOLE, par des miniséries ayant trait à la guerre, telles que *Let's Face the Facts* et *Arsenal of Democracy*, et par l'émission *Radio-Collège* du réseau français. On déploie de nombreux efforts en vue de réaliser des émissions musicales, telles que *Les joyeux troubadours* et *Victory Parade*, et des émissions de variétés faisant la promotion des bons de la Victoire et où figurent des vedettes américaines. Cependant, les plus grands succès de la SRC sont accomplis dans le domaine du théâtre radiophonique.

De nombreuses séries ont pour thème la guerre, notamment *Theatre of Freedom*, *Fighting Navy*, *L for Lanky* et *Soldier's Wife* (feuilleton commandité par la Commission des prix et du commerce en temps de guerre). Une série d'un style tout autre, *Stage*, comporte plusieurs pièces canadiennes, et sa diffusion débute en 1944 par une pièce d'Andrew ALLAN destinée à un public averti. Afin de diffuser les meilleures émissions canadiennes et américaines de divertissement, la SRC crée un deuxième réseau, le Dominion, qui ne diffuse que le soir. Ce réseau se veut un complément de Trans-Canada, lequel diffuse le jour.

Le succès remporté pendant les années de guerre prépare l'âge d'or de la radio canadienne. Les JOURNAUX et les MAGAZINES n'exercent plus leur monopole sur l'information. Des émissions telles que *Les idées en marche* traitent de sujets aussi divers que l'éducation des enfants, le contrôle des prix, la voie maritime du Saint-Laurent et la politique internationale du Canada. Les émissions de musique sérieuse et d'opéra fondent la réputation de la SRC comme promoteur de la grande culture. Les nombreuses pièces de théâtre réalisées par des producteurs tels Allan, Esse W. LJUNGH, Rupert Caplan et J. Frank Willis font de la SRC le théâtre national des Canadiens anglais. En 1947, la SRC entreprend une expérience de programmation élitique avec *CBC Wednesday Night*: trois heures sans interruption publicitaire sous la supervision de Harry Boyle, où l'on offre opéras, comédies musicales, œuvres théâtrales classiques et originales et même des documentaires. Cette initiative gagne la faveur des milieux intellectuels et artistiques canadiens.

Les réseaux atteignent bien sûr un auditoire beaucoup plus vaste avec la présentation régulière d'événements sportifs, notamment le hockey, ce dernier étant l'une des seules activités où vibre à l'unisson toute la population canadienne. La SRC offre aux Canadiens français des émissions de divertissement et des feuilletons qui jouissent d'une extraordinaire popularité (*voir* RADIO, THÉÂTRE DE LANGUE FRANÇAISE À LA). Parmi les plus écoutées, signalons *Un homme et son péché* (qui, à certains moments, a la faveur de 80 p. 100 des auditeurs), des émissions consacrées à la MUSIQUE FOLKLORIQUE et à la DANSE FOLKLORIQUE, comme *Soirée à Québec*, ou aux jeunes artistes, telles *Nos futures étoiles*. Le Canada anglais possède également des émissions de variétés et de comédie fort populaires: *The Happy Gang* et *The Wayne and Shuster Show*, produites par le réseau anglais de la SRC. On a aussi des émissions spécialisées destinées à un public précis: les écoles, les régions, les femmes (*Lettre à une Canadienne*), les enfants (*Maggie Muggins*), les agriculteurs (*Le choc des idées*) et les fidèles (*National Sunday Evening Hour*). De 1945 à 1955, la SRC est au cœur de la vie nationale, mettant en valeur et alimentant les facettes les plus diverses de la culture du pays.

La SRC n'est toutefois pas la seule station de radiodiffusion. Une étude réalisée en avril 1949 sur la programmation hebdomadaire de diverses stations révèle une grande variété d'approches principalement due à l'existence de trois sortes de radiodiffuseurs: les stations de la SRC, les stations privées affiliées et les 36 stations indépendantes. Les émissions provenant de la Grande-Bretagne sont peu nombreuses. À la radio d'État, les émissions produites au Canada dominent la programmation de jour et celle du soir, contrairement aux stations indépendantes. Toutefois, les auditeurs canadiens peuvent entendre à toute heure du jour émissions ou disques américains, surtout aux stations privées, ce qui fait des États-Unis la source la plus importante de programmation anglophone au Canada anglais. Les émissions américaines se classent au premier rang des émissions les plus écoutées. La programmation d'émissions locales réalisées en direct (nouvelles, sports, variétés, religion et causeries) se poursuit, surtout dans les stations privées où elle occupe le tiers du temps d'antenne en soirée.

Malgré tout, la musique populaire étrangère occupe la part la plus importante de l'ensemble des émissions, sauf au réseau français de la SRC qui accorde encore une grande place à la musique «sérieuse». La programmation de la SRC variée, à contenu canadien, est célèbre pour son grand nombre d'émissions d'où la réclame est toujours absente. Pour cette raison, plusieurs la comparent à la British Broadcasting Corporation (BBC), la radio d'État britannique. Néanmoins, la programmation des principales stations privées, même celle des affiliées de la SRC, prend exemple sur la radio américaine. Elle vise à attirer un plus vaste public et davantage de revenus provenant de la publicité. Donc, au Canada anglais, la radio garde les auditeurs en contact avec les principaux courants culturels des États-Unis.

En 1952, l'avènement de la télévision au Canada sonne le glas de cet âge d'or. Les téléviseurs pénétrant dans les foyers canadiens, la cote d'écoute des émissions du soir à la radio baisse considérablement. Il en va de même des revenus de la publicité et, finalement, du nombre d'émissions. Les grands noms anglais des variétés, Johnny Wayne, Frank Shuster (*voir* WAYNE AND SHUSTER), Don MESSER et ses Islanders, se tournent vers la télévision. Dès la fin de la décennie, les grands succès américains sont retirés des ondes. Le radio théâtre connaît aussi le même sort. La SRC reconnaît officiellement que la radio est détrônée en fermant son réseau Dominion en 1962.

Bien que la radio ne soit presque plus écoutée en famille, surtout en soirée, elle s'affirme comme la compagne des personnes seules. Cette renaissance est favorisée par l'apparition des transistors et des autoradios qui permettent aux auditeurs d'écouter la radio lorsqu'ils en ont envie et dans leurs moments de solitude. Les stations privées s'adaptent bien au changement, accroissant même des deux tiers leurs revenus provenant de la publicité au cours des années 50. Les émissions comme telles disparaissent, l'accent est mis sur la musique diffusée pratiquement sans interruption, entrecoupée de bulletins d'informations et de publicités. La présentation est confiée à des animateurs qui se relaient à quelques heures d'intervalle. Les seules exceptions à cette règle surviennent lors de la présentation d'événements sportifs ou des nouvelles tribunes libres, dans la tradition de la radio en direct. Un nombre croissant de stations se spécialisent dans un genre de musique particulier: musique grand public, musique légère, rock et enfin country. Cette formule de programmation type a aussi permis aux stations FM, déjà populaires, d'accroître leurs cotes d'écoute.

Le Conseil de la radio-télévision canadienne établit des règles afin d'assurer un minimum de contenu canadien sur les ondes AM et une programmation distincte dans les stations FM. La musique américaine conserve cependant sa prédominance, en accord avec les goûts de la majorité des auditeurs, même au Canada français où une réglementation est nécessaire afin d'assurer la diffusion de chansons francophones menacées par les stations qui accordent trop de temps d'antenne au rock américain. Dès 1967, les stations privées sont écoutées par les trois quarts des auditeurs de la radio. Les cotes d'écoute atteignent maintenant leur sommet lors des émissions du matin et de fin d'après-midi.

La SRC s'adapte beaucoup moins rapidement au changement. Jusqu'à la fin des années 60, la programmation y conserve un caractère vieillot, avec des émissions courtes et bien délimitées. Au Canada anglais d'abord, puis au Québec, le nombre d'auditeurs décroît. La SRC ne répond plus aux besoins des temps nouveaux. À partir de 1971, l'ancienne programmation de jour est modifiée et laisse place à sept heures d'informations quotidiennes, le matin et en fin de journée. De nouvelles émissions-débats et tribunes, comme *As It Happens*, *Aux 20 heures*, *This Country in the Morning* et *Présent à l'écoute*, sont lancées aux réseaux AM. On apporte, en outre, des améliorations aux émissions consacrées à la musique populaire, aux arts, au théâtre et aux tribunes libres, en particulier en soirée. Ainsi, la SRC établit un réseau FM pour offrir au public l'occasion de satisfaire ses goûts culturels: musique classique et érudition. Ces changements s'accompagnent de l'élimination de toute forme de publicité en 1975.

Le renouveau de la SRC en matière de programmation permet aux stations du réseau de presque doubler leur clientèle au Canada anglais de 1967 à 1977. *This Country in the Morning* (devenue par la suite *Morningside*) et *As It Happens* sont devenues très populaires. La radio de la SRC est réputée dans toute l'Amérique du Nord pour son excellence. Néanmoins, cette renaissance ne met pas en danger la domination des stations privées au Canada anglais et français, où les stations de la SRC obtiennent près de 10 p. 100 des cotes d'écoute en 1987.

Aucun changement à cette situation n'est survenu ces dernières années. La popularité croissante du FM, qui détient plus de 40 p. 100 des cotes d'écoute dès 1988, l'accessibilité plus facile aux stations américaines grâce au câble, l'entrée en ondes de postes FM voués à l'information seulement, le retour à la programmation-réseau sont tous des facteurs qui modifient la radio à venir. Aujourd'hui, la musique reste l'élément dominant (même à la radio de la SRC, où 20 p. 100 des émissions AM et 70 p. 100 des émissions FM sont consacrées à la musique). On offre un éventail de genres musicaux divers afin de répondre à tous les goûts. (*Voir aussi* ÉMISSIONS ÉDUCATIVES; DIFFUSION DE MUSIQUE.)

Paul Rutherford

Programmation télévisuelle La télévision doit répondre aux besoins et aux goûts d'un très grand public en matière d'information et de divertissement. Pour s'adapter à cette réalité culturelle, la programmation télévisuelle doit donc prendre une multitude de formes: journaux télévisés, magazines d'information, documentaires, émissions-débats, émissions sportives, jeux et jeux télévisés, émissions de variétés et pour enfants, ainsi que toute une gamme de téléromans. Ce sont les mêmes impératifs culturels qui expliquent que la programmation semble répéti-

tive, voire rebattue, car les émissions les plus populaires auprès des téléspectateurs sont celles qui leur sont familières; que la programmation nécessite des sommes d'argent colossales, car il faut, pour s'assurer le succès, choisir les valeurs sûres parmi les artistes, les réalisateurs et les techniciens; qu'elle adopte le plus souvent la forme de l'histoire, du conte, car c'est bien là le mode d'information ou de divertissement le plus universellement accepté.

C'est pendant la première décennie de la télévision (1952-1962) qu'a lieu ce qu'on a appelé par la suite l'âge d'or de la programmation canadienne. À cette époque, en effet, la SOCIÉTÉ RADIO-CANADA (SRC), une société d'État, détient le monopole de la télédiffusion. La SRC organise des réseaux de langue anglaise et française distincts, par lesquels elle rejoint, dès 1962, plus de 85 p. 100 des foyers canadiens. Sa programmation débute d'abord en soirée, pour l'écoute en famille, puis l'horaire s'étend peu à peu à l'après-midi à l'intention des femmes, des enfants et des adolescents. Les réalisateurs, à partir de leur expérience à la radio et des leçons tirées des télévisions américaine et britannique, produisent une programmation variée, représentative de toutes les formes principales de télévision. C'est une période d'expérimentation et d'enthousiasme.

La SRC est bien décidée à informer son public sur la vie et les affaires. La diffusion régulière de journaux télévisés débute donc au printemps de 1954 sur les deux réseaux. On consacre beaucoup de temps d'antenne aux émissions d'affaires publiques importantes, et parfois controversées, dont *Point de mire* (1956-1959), animée par René LÉVESQUE, et *Close-Up* (1957-1963), réalisée par Ross McLean. Il y a des émissions-débats, des séries d'interviews, comme le populaire *Tabloid* de Toronto qui reçoit des personnalités, et des résumés sportifs tels que le *Jim Coleman Show*.

Le divertissement fait l'objet d'efforts encore plus grands, reflétant l'importance toute spéciale de la télévision dans ce domaine, où elle occupe la première place. On offre aux intellectuels des jeux télévisés, comme *Fighting Words*, des concerts et, moins fréquemment, des ballets, des opéras et des dramatiques raffinées. Les amateurs de sport sont mieux servis avec la diffusion des matchs de hockey et de football la fin de semaine (la télédiffusion des parties de la Ligue nationale de hockey débute en 1952). À Montréal, on réalise une foule de jeux et de concours tels que *Le nez de Cléopâtre* et *La clé des champs*, mais ce sont des réalisateurs de Toronto qui créent, à l'été 1957, la série FRONT PAGE CHALLENGE, qui reste à l'horaire très longtemps.

Le réseau anglais ne ménage pas ses efforts pour alimenter les émissions de variétés les plus populaires avec le duo comique de Johnny Wayne et de Frank Shuster (*voir* WAYNE AND SHUSTER), la chanteuse vedette JULIETTE (Sysak), qui connaît une longue carrière, et divers groupes de musique country, comme ceux de Gordie Tapp, King Ganam, Tommy Common, Tommy HUNTER et Don MESSER. Les réseaux français et anglais mettent tous deux en vedette quelques anthologies dramatiques (*Téléthéâtre*, *General Motors Presents*, *En Première* et *Festival*) qui offrent aussi des pièces originales.

Toutefois, seul le réseau français réussit dans le domaine de la dramatique populaire avec des téléromans comme *Les Plouffe*, *La Pension Velder* et *Marie Didace*, tous tirés de l'histoire et de la culture du Québec (*voir* TÉLÉVISION, DRAMATIQUES DE LANGUE FRANÇAISE À LA).

Bon nombre de ces programmes connaissent un immense succès. La télévision canadienne-française, plus particulièrement, attire un public énorme, ce qui lui vaut le titre de médium tribal parce qu'elle semble refléter «l'âme» du Québec d'hier et d'aujourd'hui. Il y a pourtant des problèmes à l'horizon. Dans les années 50, le réseau anglais de la SRC se révèle incapable de réaliser des dramatiques populaires à succès, malgré des essais comme *The Plouf-*

fe Family (1954-1959), *Radisson* (1957-1958), une série d'aventures historiques pour enfants présentée aux heures de grande écoute, et *RCMP* (1959-1960), une série policière à gros budget.

Ce réseau ajoute à sa programmation de soirée des productions américaines (des comédies de situation et des séries d'action et d'aventure), telles que *I Love Lucy* et *Have Gun, Will Travel*. Le réseau français lui-même commence à diffuser des traductions d'émissions américaines, comme *La Cité sans voile* (v.f. de *The Naked City*), une dramatique policière, et le *Donna Reed Show* (v.f. *Donna Reed*) une comédie de situation. De plus, le réseau anglais de la SRC découvre bientôt que les émissions de variétés importées, comme *The Ed Sullivan Show* et *The Perry Como Show*, reçoivent généralement des Canadiens anglais un meilleur accueil que leurs équivalents canadiens.

Dans des marchés compétitifs comme ceux de Toronto et de Vancouver, où les téléspectateurs peuvent facilement capter les stations américaines, le réseau anglais de la SRC perd en effet une bonne partie de son public aux périodes de pointe lorsqu'il diffuse les émissions canadiennes. En effet, la pression augmente partout au pays pour accroître le choix. C'est donc la fin du monopole de la SRC et le début d'un style de divertissement télévisuel plus populaire, modelé sur celui des États-Unis.

C'est un des mythes de l'époque de penser que les intérêts commerciaux façonneront de quelque façon un service télévisuel qui diffusera la culture populaire canadienne. En outre, le Bureau des gouverneurs de la radiodiffusion établit, en 1959, une série de règlements sur le contenu canadien qui doivent en principe assurer le maintien de la programmation nationale dans toutes les stations. Cependant, ces règlements servent surtout à justifier l'avènement d'une nouvelle ère de concurrence qui transforme, dès 1975, la télévision canadienne. L'État, d'abord par le truchement du Bureau des gouverneurs de la radiodiffusion, puis par celui du CONSEIL DE LA RADIODIFFUSION ET DES TÉLÉCOMMUNICATIONS CANADIENNES (CRTC), délivre des licences à des stations concurrentes partout au pays, autorise la création de réseaux privés (le réseau de langue anglaise Canadian Television Network, ou CTV, en 1961; Télé-Diffuseurs Associés, ou TVA, au Québec, en 1971; et Global, en Ontario, en 1974) et permet, en 1975, l'expansion de la CÂBLODISTRIBUTION à plus de 40 p. 100 des foyers canadiens.

Au Québec, la langue et la culture canadiennes-françaises assurent la survie de la programmation locale, mais il y a toutefois des changements. Les anthologies dramatiques des années 50 disparaissent pratiquement, car les programmateurs francophones, et surtout ceux de la station indépendante CFTM-Montréal, ont recours aux films pour attirer les auditeurs aux heures de très grande écoute. La proportion d'émissions américaines augmente en effet, surtout aux stations autres que celles du réseau de la SRC. Cependant, dès sa création, CFTM-Montréal produit des émissions de variétés servant de tribune aux comédiens et aux chanteurs du Québec.

Quant aux dramatiques populaires, elles non plus ne sont pas touchées. La comédie de situation *Moi et l'autre*, produite localement par la SRC, garde l'affiche de 1966 à 1971 les mardis de 21 h à 21 h 30. Elle aurait attiré environ deux millions de téléspectateurs par semaine au début des années 70. TVA, la station privée concurrente, doit contre-attaquer avec ses propres séries. La SRC travaille alors à améliorer sa programmation en matière d'information en déplaçant le *Téléjournal* à 22 h 30 (1971-1972), ajoutant à sa programmation du vendredi une émission-débat de fin de soirée très populaire animée par Lise Payette et intitulée *Appelez-moi Lise*, et en élargissant la gamme de ses émissions d'affaires publiques et de ses magazines.

Si on regarde la programmation de 1974-1975, on voit que la SRC offre un horaire mieux équilibré d'émissions de qualité dans les secteurs du théâtre, de la musique et de la danse (5 p. 100), de l'information (32 p. 100) et du divertissement léger (63 p. 100), tandis que TVA est résolument populaire, mettant l'accent sur le divertissement léger (82 p. 100) et n'offrant qu'une quantité limitée d'émissions d'information (18 p. 100). Ces réseaux rivaux se partagent presque également le public canadien-français.

Au Canada anglais, les choses prennent une tournure bien différente. Le seul moyen pour les nouvelles stations de gagner rapidement des téléspectateurs est de mettre au programme, aux heures de grande écoute, autant de spectacles hollywoodiens que le permet la réglementation (qui se révèle très souple) sur le contenu canadien. Ainsi, l'horaire de soirée de CTV en 1966-1967 compte les succès américains *The FBI, Bewitched, Dean Martin, Mission Impossible, Run for your Life* et *The Jackie Gleason Show*. Dix ans plus tard, Global met aussi à l'horaire des émissions étrangères aux heures de grande écoute. Ce qui est plus étonnant, c'est que l'on peut en dire autant de la SRC.

L'aspect financier explique en partie ce phénomène. Une émission importée coûte, en 1974-1975, 2000 dollars la demi-heure (le coût réel de production étant d'environ 125 000 dollars) et peut rapporter de 20 000 à 24 000 dollars en revenus de publicité sur les chaînes de CTV et de la SRC. La production nationale, comparée à ces chiffres, n'est guère lucrative. En effet, une production d'une demi-heure coûte près de 30 000 dollars (ce qui signifie que sa «valeur» en tant que production est inférieure à celle des émissions américaines) et rapporte des profits de 55 dollars à CTV et engendre des pertes de 2050 dollars à la SRC. En outre, la télédiffusion d'une émission canadienne cause habituellement une perte de téléspectateurs et de revenus pour la durée de cette émission, car les téléspectateurs n'ont qu'à changer de canal pour trouver une émission importée plus attirante.

Il est cependant vrai que les réseaux canadiens continuent d'offrir des spectacles de variétés et des jeux-questionnaires lorsque le coût en est raisonnable. À la SRC, *Front Page Challenge* garde l'affiche, Tommy Hunter s'impose avec sa propre émission et The IRISH ROVERS deviennent célèbres. Au réseau CTV, on mise sur des imitations telles que *Headline Hunters, The Ian Tyson Show* et *Pig & Whistle*. CTV offre aussi une comédie de situation canadienne intitulée *Excuse My French* (1974-1975), dont chaque épisode lui fait perdre près de 14 000 dollars. Les deux réseaux présentent aussi une couverture complète des sports. Pourtant, en réalité, tous deux ont abandonné l'idée de concurrencer Hollywood en vue d'attirer le grand public.

Il est cependant des secteurs où la SRC, et ultérieurement CTV, concentrent vraiment leurs efforts. C'est le cas de l'information et des affaires publiques, des genres qui tirent profit de l'intérêt du téléspectateur pour la vie collective et publique. La SRC met en ondes, assez tôt, un magazine d'information sur les affaires publiques, *This Hour Has Seven Days* (1964-1966), qui fait sensation. Il s'agit d'un mélange éclectique de techniques de l'industrie du spectacle, de reportages et d'interviews sérieux assortis de chroniques pour attirer un vaste public de téléspectateurs enthousiastes. *Seven Days* est en effet un spectacle très théâtral, une collection d'histoires sensationnelles qui suscitent d'ailleurs bien trop de controverse pour lui permettre de survivre sur les ondes d'un réseau de plus en plus prudent. Cela dit, le réseau offre d'excellents documentaires ainsi qu'une vaste gamme d'émissions d'affaires publiques et de magazines, comme *Telescope, Man Alive, Take 30* et *The Fifth Estate*, et améliore *The National*, son journal télévisé de soirée.

Bien qu'il soit moins actif, le réseau CTV diffuse un journal télévisé national équivalent, un important magazine d'information appelé *W5*, ainsi qu'un

documentaire d'actualité intitulé *Maclear*. La télévision canadienne-anglaise possède en effet un meilleur dossier que celui de son équivalent américain.

Grâce à cette concurrence, les Canadiens anglais jouissent d'un choix tout à fait extraordinaire. La SRC demeure le réseau le mieux équilibré, offrant aux téléspectateurs la programmation la plus diversifiée, tandis que celle de CTV et de Global est nettement plus restreinte et populaire. L'avènement de la câblodistribution entraîne l'introduction de plusieurs canaux américains. Les statistiques démontrent que la SRC a perdu un nombre important de téléspectateurs au profit des autres canaux anglophones. Dès 1984, les stations américaines détiennent le tiers du public, comparativement à un peu moins de 30 p. 100 pour CTV (ce qui est moins élevé qu'au milieu des années 70), à près de 24 p. 100 pour la SRC et à 15 p. 100 pour les stations indépendantes canadiennes. Autrement dit, près de 65 p. 100 des émissions regardées par les téléspectateurs sur les ondes de réseaux anglophones sont d'origine étrangère (surtout d'origine américaine). Cette situation demeure pratiquement inchangée.

Ces faits provoquent une série de réévaluations déchirantes de tout le milieu de la télévision. Mais, malgré cela, la situation ne s'est pas améliorée de façon significative depuis le milieu des années 70; elle a peut-être même empiré. Les catégories de productions canadiennes les meilleures et les plus populaires demeurent l'information, les affaires publiques, les sports et, au Québec, les téléromans. Au Canada anglais, la SRC tente de créer un renouveau en augmentant le contenu canadien de sa programmation aux heures de grande écoute et en effectuant un retour vers le divertissement léger. Cet effort donne naissance à une émission familiale très écoutée, *The Beachcombers*, à une comédie de situation également très réussie, *The King of Kensington*, à une brochette d'émissions de variétés, à la série *Home Fires* et, surtout, à *The National/Journal*, une combinaison de nouvelles et de reportages présentée en semaine de 22 h à 23 h.

Les réseaux privés ne suivent pas l'exemple de la SRC. Cela tient probablement au fait que la concurrence fait grimper le coût d'achat des émissions étrangères et menace par conséquent leur marge bénéficiaire. Les efforts du CRTC pour contraindre CTV, et par le fait même toutes les stations privées, à offrir plus de dramatiques canadiennes rencontrent une résistance farouche. De même, la tentative du gouvernement de stimuler la production d'émissions canadiennes en autorisant la TÉLÉVISION PAYANTE, en subventionnant les réalisateurs indépendants et en procédant à la modification de la réglementation sur le contenu canadien n'a pas encore porté ses fruits.

Partout au Canada, les stations et les émissions américaines conservent leur importance. La part du marché du réseau le plus canadien, la SRC, n'a cessé de décroître. En effet, de 50 p. 100 en 1967, elle a reculé pour se stabiliser à un peu plus de 25 p. 100 dans les années 80. Les statistiques démontrent que même les téléspectateurs de télévision francophone regardent beaucoup de dramatiques hollywoodiennes doublées (jusqu'à 80 p. 100 des dramatiques regardées en 1984 sont d'origine étrangère). On craint donc que le Québec subisse le même sort que le Canada anglais. Les productions hollywoodiennes arrivent en tête des classements, qu'il s'agisse de films, de téléromans diffusés aux heures de grande écoute, comme *Dallas*, d'émissions pour enfants comme *The Wonderful World of Disney* (v.f. *Le monde merveilleux de Disney*) ou de comédies de situation comme *The Cosby Show* (v.f. *Le Cosby Show*).

Bien que le Canada ait mis sur pied l'un des systèmes de télévision les plus perfectionnés au monde, l'ironie du sort veut qu'il soit incapable de le pourvoir de produits issus de sa propre culture. (*Voir aus-*

si RADIODIFFUSION ET TÉLÉVISION; COMMUNICATIONS DANS LE NORD; COMMUNICATIONS AU QUÉBEC; DIFFUSION DE MUSIQUE.)

Paul Rutherford

Programme d'entraînement aérien du Commonwealth Entente signée le 17 décembre 1939 entre le Canada, le Royaume-Uni, l'Australie et la Nouvelle-Zélande, faisant du Canada le centre d'un programme établi dans tout l'Empire britannique pour offrir un entraînement aux aviateurs. Importante participation canadienne à la suprématie aérienne des Alliés pendant la SECONDE GUERRE MONDIALE, ce programme dure jusqu'au 31 mars 1945. Surnommé «l'aérodrome de la démocratie» par le président des États-Unis, F.D. Roosevelt, le Canada possède beaucoup d'espaces d'entraînement aérien hors de portée des avions ennemis, d'excellentes conditions climatiques pour le vol, un accès direct à l'industrie américaine, et se trouve relativement près du Royaume-Uni par les routes maritimes de l'Atlantique Nord.

Le Canada ayant mis sur pied un important programme de recrutement et d'entraînement pendant la PREMIÈRE GUERRE MONDIALE, les Britanniques y reviennent pour recruter des aviateurs quand la situation internationale se dégrade dans les années 30. La circonspection du premier ministre W.L.M. KING à l'égard de programmes de ce genre en temps de paix se dissipe avec la déclaration de la guerre, en 1939. Pour lui, ce programme d'entraînement permet aux Canadiens de demeurer chez eux et de parer la demande d'un important corps expéditionnaire tout en enterrant la question de la CONSCRIPTION pour le service outre-mer, source de discorde politique.

La négociation de l'accord s'avère difficile. Le Canada consent à absorber l'ensemble des coûts du programme, mais insiste auprès des Britanniques pour qu'ils déclarent publiquement que l'entraînement des aviateurs a préséance sur tous les autres aspects de l'effort de guerre canadien. Les Britanniques s'attendent à pouvoir intégrer sans restriction dans la Royal Air Force (RAF) les Canadiens entraînés dans le cadre du programme, comme à l'occasion de la Première Guerre mondiale. Le gouvernement King réclame que les escadrilles canadiennes soient identifiées par leur insigne comme faisant partie de l'Aviation royale du Canada (ARC).

Toutefois, l'article 15 de l'accord prévoyant la mise sur pied éventuelle «d'unités et de formations» canadiennes outre-mer est vague et insatisfaisant, surtout en raison de l'hésitation d'Ottawa à absorber à la fois les coûts d'entraînement et ceux de l'entretien de forces opérationnelles à l'étranger. L'ensemble du personnel de l'ARC sert outre-mer dans la RAF, non dans les forces aériennes nationales, et le processus de création d'escadrilles canadiennes distinctes est lent et laborieux.

Le Canada gère et contrôle le programme selon les normes et le plan d'ensemble établis par la RAF. Le programme d'entraînement est donné par l'ARC, soutenue par la Canadian Flying Clubs Association, les compagnies d'aviation commerciale et le ministère fédéral des Transports. L'entraînement débute le 29 avril 1940, mais est freiné par un manque d'appareils, d'instructeurs et de terrains d'aviation.

Après la défaite de la France en juin 1940, on accélère le programme et on effectue les premiers transferts d'écoles d'aviation de la RAF vers le Canada. En 1942, après un renouvellement de l'accord et une réorganisation du programme, toutes les unités britanniques au Canada sont officiellement intégrées au programme d'entraînement aérien du Commonwealth.

À son apogée, le programme regroupe 107 écoles, 184 unités auxiliaires et 231 bases. L'effectif de l'aviation est de 10 906 personnes soutenues par une organisation de 104 113 hommes et femmes au sol. Le gouvernement canadien assume les trois quarts du coût total, soit plus de 1,6 milliard de dollars. On entraîne un total de 131 553 pilotes, navigateurs, bombardiers, radiotélégraphistes, mitrailleurs et mécaniciens de bord provenant des quatre pays fondateurs et d'autres pays du COMMONWEALTH, des États-Unis et de pays européens occupés.

Presque la moitié des équipages employés dans les opérations aériennes de la Grande-Bretagne et du Commonwealth reçoivent leur entraînement dans ce programme. Les diplômés canadiens sont au nombre de 72 835, fournissant 40 escadrilles de défense du territoire à l'ARC et 45 escadrilles outre-mer à la RAF, ce qui constitue environ 25 p. 100 des escadrilles de la RAF. En raison de cette importante participation à la guerre aérienne outre-mer, particulièrement dans l'aviation de bombardement, les Canadiens connaissent de lourdes pertes en vies humaines, un résultat bien différent du but que s'était fixé Mackenzie King.

F.J. Hatch et N. Hillmer

Programme de réinstallation de Terre-Neuve
Depuis les débuts de la colonisation de Terre-Neuve, les gens se sont déplacés pour trouver de meilleurs lieux de pêche, de nouvelles terres ou de l'emploi. Lorsque les champs de pêche devenaient trop achalandés ou, comme ce fut le cas plus récemment, quand la pêche côtière déclinait, les gens quittaient leur domicile en quête de nouvelles perspectives d'emploi dans d'autres régions de Terre-Neuve, ailleurs au Canada ou aux États-Unis. Cela avait pour effet de réduire grandement la population de certaines communautés et d'en laisser d'autres complètement abandonnées.

Entre 1946 et 1954, quelque 49 communautés ont été ainsi abandonnées sans aucune assistance gouvernementale. En 1953, le ministère du Bien-être social de Terre-Neuve, sentant le besoin de venir en aide à ces communautés, a mis sur pied un programme centralisé d'assistance pour accélérer le processus. Le programme offrait une aide financière minime pour faciliter le déménagement des familles de communautés où les services de santé, d'éducation et autres étaient inexistants ou insuffisants et où tous les ménages avaient accepté de partir. Ainsi, 110 communautés ont été déplacées, ce qui marquait l'avènement des mesures d'aide gouvernementale à la réinstallation à Terre-Neuve et au Labrador.

Le programme de réinstallation de Terre-Neuve qui succédait à celui de la centralisation était une initiative fédérale-provinciale. De 1967 à 1975, les habitants de 150 communautés ont reçu une aide financière. Le montant maximal d'assistance était augmenté de 400 $ à 1000 $ ou plus, selon le nombre de membres du foyer, et la proportion exigée quant au pourcentage de familles acceptant de partir était diminuée de 100 p. 100 à 75 p. 100. Un comité fédéral-provincial de réinstallation approuvait le déménagement de chaque famille vers un des «centres de croissance», soit vers une des 77 communautés plus importantes de Terre-Neuve. Ces centres étaient apparemment désignés parce qu'ils étaient plus grands et qu'ils offraient de meilleurs services sociaux et de meilleures perspectives d'emploi.

Ce programme, aujourd'hui abandonné, est généralement considéré comme un échec. Malgré les services sociaux supérieurs des centres de croissance, surtout dans le domaine de l'éducation, plusieurs industries y ont échoué et les travailleurs réinstallés avaient dû délaisser la pêche, leur gagne-pain traditionnel. La piètre intégration sociale et économique de ces gens dans leur nouvelle communauté a entraîné dysfonction et aliénation sociales. Avec la reprise de la pêche côtière, certains pêcheurs et leur famille, surtout ceux de la baie de Plaisance, sont retournés à leur travail saisonnier ou annuel, dans leur ancienne communauté, sans assistance gouvernementale. On organise souvent des réunions dans ces localités abandonnées pour marquer la fin d'un style de vie.

Robert D. Pitt

Programme énergétique national (PEN) Il est lancé le 28 octobre 1980 dans le cadre du premier budget libéral après les élections de 1980. Faisant suite à une augmentation de 160 p. 100 des prix mondiaux du pétrole en 1979-1980 et à l'impasse prolongée entre le gouvernement fédéral et l'Alberta quant à l'établissement des prix de l'énergie et au partage des recettes, le PEN est une tentative unilatérale du gouvernement fédéral de poursuivre trois objectifs: la sécurité énergétique, c.-à-d. l'autosuffisance pétrolière, la redistribution de la richesse au profit du gouvernement fédéral et des consommateurs et l'accroissement de la propriété canadienne dans l'industrie pétrolière. Pour atteindre ces objectifs, le gouvernement adopte un large éventail de mesures d'envergure, notamment des subventions pour encourager le forage pétrolier dans les régions éloignées, des subventions aux consommateurs pour favoriser leur conversion au chauffage au gaz ou à l'électricité, de nouvelles taxes visant l'industrie pétrolière, un rôle élargi pour la société d'État PETRO-CANADA et une part gouvernementale de 25 p. 100 dans toute découverte de pétrole et de gaz dans les zones extracôtières ou dans le nord. Ces mesures sont toutes promises dans l'expectative que les prix mondiaux du pétrole allaient augmenter indéfiniment. Or, quand l'hypothèse est apparue fausse (les prix commencent à baisser en 1982), ces politiques interventionnistes perdent toute leur raison d'être, et le PEN lui-même se révèle mal conçu dès le départ.

Le PEN, une des politiques les plus ambitieuses jamais envisagées au Canada, est démantelé par les progressistes-conservateurs après leur victoire électorale de 1984. Même s'il a effectivement réduit la dépendance du Canada en ce qui concerne le pétrole et atténué la mainmise étrangère sur l'industrie pétrolière, le PEN a laissé comme legs principal une méfiance des provinces de l'ouest à l'égard du gouvernement fédéral. (*Voir aussi* POLITIQUE ÉNERGÉTIQUE.)

François Bregha

Programmes de formation générale La formation générale s'intéresse à la personne entière et se distingue de la formation technique et professionnelle. Elle ouvre le monde intellectuel aux individus. Dans ce cadre, on reconnaît que la vie émotive et spirituelle devrait pouvoir se développer librement grâce à une compréhension complète et dynamique de la société. Autrefois, la mission des universités s'appuyait sur ce type d'éducation, mais au cours des dernières années, elles ont abandonné ce cadre en raison de pressions politiques et économiques. Le public a davantage l'œil sur les universités, en partie parce que la réduction des paiements de transfert fédéraux aux provinces, combinée aux compressions budgétaires provinciales, ont entraîné une hausse des droits de scolarité au Canada. La grande inquiétude suscitée par le coût des études universitaires soulève des questions sur leur valeur. Pourquoi la formation universitaire a-t-elle une valeur? Qu'apporte-t-elle aux citoyens? Présente-t-elle plus d'intérêt que les programmes de formation pratique des collèges communautaires et des instituts de technologie? De telles questions auxquelles les médias accordent présentement une place de choix comportent une dimension historique. Elles trouvent leur origine dans l'histoire des institutions vouées à la formation universitaire générale, autrefois étroitement associée aux lettres et sciences humaines.

À la fin du XIIe s., le terme «université» fait référence à ces facultés de haut savoir, comme la théologie, le droit et la médecine, où de nombreux maîtres se consacrent à l'enseignement. Les premières universités furent celles de Salerne (spécialisée en médecine, puis remplacée par Montpellier), de Bologne (spécialisée en droit, exigeant une formation antérieure en arts et contrôlée par des étudiants étrangers adultes) et de Paris (où l'École des beaux-arts était un préalable à la théologie, au droit et à la médecine). À Paris et, plus tard, à Oxford, bien des étudiants abandonnent leurs études à la fin d'un cours de belles-lettres de six ans (grammaire, logique et rhétorique). Constituée à partir d'une école cathédrale, l'U. de Paris encourage la résistance aux idéaux monastiques pour assurer la sauvegarde du savoir. Les écoles cathédrales, situées dans des grandes villes et liées aux éléments vitaux de la vie du Moyen Âge, privilégient l'originalité intellectuelle. Les étudiants veulent moins devenir moines qu'entrer au service du roi ou accéder à la hiérarchie ecclésiastique. Durant le premier quart du XIIIe s., l'aristotélisme est enseigné à Paris, l'enseignement de Thomas d'Aquin y renouvelant l'unité de la théologie et de la philosophie et redonnant forme aux notions chrétiennes d'un créateur incarné, personnel. Tout au long du XVIe s., les universités sont lentes à changer les programmes, la base du recrutement des étudiants demeurant l'Église, le droit et la médecine. Pourtant, comme une importante minorité désire étudier à l'étranger et qu'on autorise les chercheurs invités à enseigner pour des diplômes en tirant leur subsistance des paiements que les étudiants leur versent directement, l'enseignement adopte de nouvelles méthodes d'apprentissage (p. ex., le Collège de France). Pendant la Réforme, les études à l'étranger habituent les étudiants à fréquenter des pairs et des mentors d'autres pays.

Programmes de formation générale au Canada

Le cadre des programmes de formation générale au Canada provient d'un grand nombre de modèles ecclésiastiques étrangers. Au début du XIXe s., ce sont surtout des mouvements religieux et philosophiques britanniques qui influencent la formation universitaire.

L'anglicanisme, le catholicisme, le méthodisme, le presbytérianisme et les Lumières écossaises du XVIIIe s. influencent la formation cléricale et l'enseignement laïc. Après la Confédération, les questions fondamentales soulevées par les confessions religieuses ouvrent la voie à un corpus de formation générale. Cependant, au début du XXe s., les universités adoptent le modèle des universités d'État américaines, fondé sur le principe utilitaire et se consacrant, à la manière allemande, à la recherche appliquée spécialisée. Malgré les traces que les affrontements entre valeurs religieuses et laïques laissent dans les études universitaires, la croissance rapide du système postsecondaire dans les années 1960 et 1970 mènera les universités à adopter les théories de la productivité économique et de la sociologie appliquée. Aux États-Unis les programmes de formation générale subsistent dans de petits collèges privés tandis qu'au Canada, les universités se présentent davantage comme des «multiversités».

L'histoire de la formation générale ne permet pas de définir ses fonctions et objectifs en termes simples. Sa défense soulève toujours des oppositions: elle forme des leaders, mais elle fournit aussi un savoir gratuit au grand public; elle est une base pour les professions, mais elle remet en question le sens commun et la façon dont les choses sont administrées au jour le jour; elle s'oppose au surnaturel, mais elle réglemente la société pour qu'elle tienne compte des valeurs fondamentales, transformant les idéologies confessionnelles en perspectives globales; elle informe l'identité nationale, mais elle appelle à la compréhension et au respect de la diversité des pratiques culturelles. La théorie de la formation générale inclut les conflits nécessaires entre les moyens et les fins, les systèmes institutionnels et les conceptions personnelles. À moins de comprendre l'opposition de Socrate à la systématisation de Platon et celle du Christ au christianisme, et à moins de voir en quoi l'humanisme amène Érasme et Swift à célébrer l'ironie et l'incertitude, il est difficile d'expliquer la crise supposée des études universitaires.

Associée aux traditions humanistes la formation générale est souvent défendue pour sa valeur propre.

D'un point de vue historique, cette défense abstraite est discutable. Si cette formation se présente en opposition à la formation professionnelle, elle se voit elle-même au service de la science appliquée. Avant d'étudier sa théorie, tâchons de comprendre ce que les individus soumis à la formation générale sont censés connaître: les règles de l'expression artistique dans un large éventail de supports physiques; les conventions qui gouvernent l'efficacité du discours, de l'écrit et de la pensée; l'histoire du discours institutionnel, littéraire et métaphysique; les principes à la base du développement moral et spirituel des individus et de la société; la structure politique des pays, des nations et des empires; et, enfin, les raisons pour lesquelles l'étude requiert la redécouverte continuelle et la réécriture du passé. Ce savoir est médiatisé par les disciplines théorisées des facultés de beaux-arts, d'humanités et de sciences sociales. La supposée crise de l'université soulève des questions: les universités assurent-elles l'harmonisation structurelle et pédagogique des disciplines ou favorisent-elles la fragmentation et la spécialisation? Les disciplines ne font-elles pas fleurir la professionnalisation au détriment de la formation générale?

Les tensions non résolues des philosophies institutionnelles et individuelles mettent à rude épreuve les apologies que font de la formation générale John Henry Newman et Matthew Arnold dans la Grande-Bretagne du XIXe s.. Dans *The Idea of a University* (1852-1858), les idées patristiques de la connaissance comme une fin en soi poussent Newman à s'opposer à l'utilitarisme: le désir de connaître Dieu et de transcender le soi constitue le caractère unique de l'homme. De ce point de vue, le savoir général est nécessaire et suffisant. Il n'a pas besoin d'une théorie de la causalité ou d'autres téléologies pour conduire à la contemplation. Bien qu'il soit au courant de l'engagement des universités médiévales dans l'Église et l'État, Newman conçoit l'institution comme lieu de connaissance universelle opposée aux modèles séculiers et ecclésiastiques. En tant que communauté de savants, son université est libre et pourtant responsable. Il s'agit d'un royaume de la recherche et de la découverte qui institutionnalise l'idéal socratique de façon à ce que les professeurs et les étudiants poursuivent une même quête. Dans un environnement où des étudiants enseignent aussi à leurs pairs, on forme l'intellect pour qu'il se voie lui-même comme son meilleur objet et comme le sommet de la culture. Une telle culture générale cependant n'annonce en rien le caractère affairiste et la professionnalisation des universités modernes. Mettant l'accent sur le savoir universel qui est intellectuel et non moral et insistant sur la propagation plutôt que sur l'avancement du savoir, Newman véhicule des antagonismes invraisemblables et indéfendables. Il ne tient pas compte des théories de la recherche appliquée mises au point dans les universités allemandes après 1800 et il marginalise l'histoire de l'institution qui montre que les universités médiévales donnaient la priorité à la médecine, au droit et à la théologie et considéraient les arts et les sciences comme des fondements.

Matthew Arnold admire Newman et ses idées sur la formation humaniste. Longtemps inspecteur d'école, Arnold réclame un système étatique d'éducation secondaire basé sur une philosophie s'opposant à la complaisance et au philistinisme qu'il lie à l'industrialisation et à la dissidence religieuse. Dans *Culture and Anarchy* (trad. *Culture et Anarchie*), il lie la critique littéraire et la sociologie en s'appuyant sur la contestation visionnaire du sens commun proclamée par William Blake et sur le défi lancé à l'analyse rationnelle par la philosophie historiciste et organiciste d'Edmund Burke. La théorie de la connaissance d'Arnold préconise une conception organique de la vie qui place la conduite, l'incertitude et la probabilité au-dessus du positivisme scientifique et de l'inclination religieuse à tout prendre au pied de la lettre. Son ouvrage *Literature and Dogma* (trad. *Littérature et Dogme*, 1873) s'apparente aux questions de formation générale, dans la mesure où il déconstruit les traditions interprétatives de la théologie médiévale et rétablit la canonicité de la Bible sur le terrain plus élevé de la poésie. Comme nous soulignons le caractère iconoclaste du livre, nous pourrions demander dans quelle mesure l'individualisme libéral d'Arnold est affecté par l'anticonformisme qu'il combat.

Les citations de *The Analogy of Religion* (trad. *L'Analogie de la religion*) de Joseph Butler (un texte essentiel pour l'enseignement de la philosophie morale à l'université dans les cent années qui ont suivi 1740) dans *Literature and Dogma* (*Littérature et Dogme*) font ressortir la conception théorique de la théologie naturelle d'Arnold et le caractère abstrait de sa définition de la conduite. Pour lui, le «pas nous-mêmes» chez les humains et dans le monde fait naître une conscience sublime. Le langage de l'Ancien Testament est «abandonné» à ce vaste objet de conscience, créé pour la grande préoccupation de la vie qu'est la conduite humaine. Le langage biblique est littéraire, non scientifique, parce que ses auteurs se placent sur le terrain de l'expérimentation et de la poésie, différent de la métaphysique. Ils ne prétendent pas comprendre les objets de la conscience religieuse. Suivant Sophocle ou Isaïe, la religion révélée est l'expression de la magnifique et puissante nécessité de la vertu. La religion révélée est moins une affaire de miracle et de vision que de compréhension de la façon dont les humains utilisent les mots et les significations. La connaissance des belles-lettres, ce qui a été pensé et dit de mieux dans le monde, implique une appréciation des impératifs moraux vécus et de la nature divine. On ne connaît pas Dieu par déduction logique, mais par une règle de conduite, qui n'est pas le fait de l'homme, qui est innée aux humains. Les règles divines sont un passage obligé auquel ceux-ci ne peuvent pas échapper. Une façon de croire au Christ est de s'enseigner soi-même la faillibilité des auteurs bibliques. Plus on les voit victimes de leurs illusions, plus le Christ devient transparent. Arnold presse ses lecteurs de voir dans leurs récits et la profondeur de leur méprise un signe de la supériorité du Christ. Sortir le Christ des récits de ses narrateurs faillibles constitue la grande tâche de la critique. De la même façon, on doit voir la divinité orthodoxe comme une énorme erreur littéraire. La nullité de la théologie dogmatique est perceptible dans les erreurs de la compréhension patristique et médiévale de la vertu. Arnold rejette la prétention de Newman voulant que le dogme catholique soit vrai parce qu'il corrige les absurdités les plus graves. L'Église de Jésus est une institution anti-ecclésiastique. Elle s'oppose à l'esthétisme religieux traditionnel et aux confessions réformées, tout en consacrant l'individualisme absolu.

Les questions critiques suscitées par Arnold sont difficiles parce qu'elles sont un retour sur son argumentation. Sur quelle base maintient-il l'équilibre entre les valeurs individuelles et institutionnelles? Comment précisément articule-t-il le système éducationnel et prescrit-il une conduite vertueuse? Il ne démontre pas comment la poésie biblique s'oppose à ses créateurs ni comment les lecteurs peuvent accéder au sublime tout en discréditant la médiation poétique. (Il faudra attendre le postmodernisme pour ce faire.)

Théorie des «arts libéraux» (formation générale) au Canada anglais

Au Canada anglais, George GRANT et Northrop FRYE en rajoutent à la théorie de la formation générale, en réaction à Arnold. Dans son essai, «The University Curriculum» faisant partie de *Technology and Empire* (1969), Grant affirme que depuis que le positivisme domine la vie au point que les institutions ne peuvent pas s'étudier elles-mêmes ou être évaluées à l'aune des idéaux moraux, le libéralisme d'Arnold est non pertinent. Pour Grant, le libéralisme a été coopté par le capitalisme. Les universités forment simplement le personnel de direction de la société, dévaluant ainsi le processus et les problèmes de l'apprentissage. Le pouvoir déplace l'émerveillement dans le domaine de la science, et les universités proclament leur utilité en soutenant le dogme des sociétés d'État et privées. Le libéralisme s'est transformé en propagande de la technologie issue des multiversités. En accord avec Arnold selon qui l'éducation dans l'antiquité cherchait, par l'entremise de la réflexion libre, l'essence de la vie collective, Grant admet aussi que cette éducation privilégiée s'est butée aux tensions entre les approches humaines et non humaines. Il soutient cependant que le débat nécessaire à propos du but moral a été subordonné à la méthode statistique et empirique. Il se fait plus amer en reprochant aux professeurs des humanités d'avoir vicié leurs disciplines par la professionnalisation et le scepticisme importés d'Europe. Il méprise l'historicisme moderne pour ne pas avoir remis en question la confiance excessive dans le progrès. Il condamne le fait que l'analyse et la classification dans les humanités ne fassent pas place à l'évaluation, ce qu'il relie à Frye.

Selon Grant, les professeurs d'humanités ne sont plus en contact avec la réalité sociale quand ils prétendent que le savoir général se suffit à lui-même et qu'ils prêchent un retour au passé. S'appuyant sur une expertise inattaquable et opaque, ils n'ont plus la capacité d'aborder les significations à la fois immédiates et ultimes. Affirmant que le libéralisme reconnaît une fausse légitimité à la société technologique en soumettant les idées générales sur l'excellence humaine au dogme de ceux qui dominent la société, Grant prévoit que les humanités se retrouveront en dessous des arts d'interprétation. Les humanités se sont ralliées au point de vue selon lequel il ne peut pas y avoir de critique sérieuse de l'université ou de la société qu'elles devraient servir.

Les points de vue de Frye sur la formation générale et sur la pensée d'Arnold, tels qu'il les exprime dans ses essais sur la culture canadienne dans *Divisions on a Ground* (1982), sont optimistes. Frye avance des positions idéalistes: les visions culturelles vont rendre la société libre et égalitaire grâce à l'université, dont le but est de créer un contre-environnement. Détachés de la vie, les vrais intellectuels ne s'en retirent cependant pas, de telle sorte qu'ils peuvent proposer la société sans classe comme l'incarnation finale de la culture.

Frye concède que le haut savoir devient inintelligible pour un nombre grandissant de personnes qui le considèrent comme élitiste et mystérieux. Ce que les programmes de formation générale peuvent faire de façon militante est de permettre aux étudiants d'accéder à une expression claire de leurs idées, alors qu'ils sont confrontés à la confusion et à l'ignorance de la vie moderne. Comme Arnold, Frye souligne la réciprocité du mot et de l'idée dans son insistance pour qu'on enseigne l'instrumentalité du langage aux étudiants. La mission de l'université, prétend-il, est de favoriser les conditions sociales qui permettent d'apprécier la littérature.

Sa tâche consiste à défendre un phénomène qui ne peut pas être considéré comme un progrès et qui requiert du temps libre (la racine sémantique de haut savoir). Malgré son but social, Frye défend la formation générale dans des termes individualistes qui renvoient à Blake: le temps libre est moins une conduite qu'une liberté consciente d'évaluer la conduite en fonction de buts personnels. La liberté est moins le privilège de ne pas avoir à travailler que le choix de travailler suivant une conception rationnelle de soi et de la société. Dédaignant l'idéologie de classe moyenne de Newman et d'Arnold, Frye ne conçoit pas l'éducation comme une préparation au travail. L'éducation se heurte à la vie réelle. Elle n'adapte pas les étudiants aux illusions sociales, les fantasmes de la banalité. Frye se rapproche de la critique institutionnelle de Grant en prétendant que le corps enseignant aurait adopté des normes propres aux classes privilégiées, en raison de sa professionnalisation. Il rejette l'illusion de l'autonomie professionnelle qui conduit le corps professoral à considérer l'enseignement spécialisé de haut niveau comme préférable à l'instruction de base: les professeurs tournés vers la recherche pensent que l'enseignement est un mal nécessaire, trahissant ainsi le paradoxe traditionnel de la participation et du détachement essentiels pour encourager la société à se critiquer continuellement et à se libérer de ses illusions.

Si on en croit les travaux de Grant et de Frye des années 60, la crise présumée de la formation générale existe depuis au moins trois décennies. Récemment, cependant, le rôle de l'université fait l'objet de débats plus intenses en raison du multiculturalisme, de la technologie et des changements de politique entraînés par les réactions à l'endettement de l'État. Dans ce contexte, les critiques culturels étudient la formation des élites en opposition aux notions traditionnelles de discours public et de bien commun. Christopher Lasch constitue un exemple à cet égard. Dans *The Revolt of the Elites and the Betrayal of Democracy* (1995), il montre que les élites, ayant perdu contact avec les gens, ne manifestent plus d'intérêt humain pour leurs semblables ni pour la postérité. En termes plus généraux, les élites utilisent des euphémismes plutôt que de s'attaquer aux problèmes, flattant les minorités sociales tout en dévaluant l'argumentation intellectuelle et l'imagination morale. Le contexte dans lequel les élites encouragent la manie des slogans politiques rend les positions de gauche et de droite redondantes. Rejetant les appels pour un retour aux sources, Lasch considère que les positions de gauche et de droite souffrent de scepticisme et de nihilisme. Les théoriciens de l'éducation qui ignorent le pragmatisme comme objet renouvelé d'étude historique et philosophique manifestent une drôle de religiosité: pour eux, la diversité n'est qu'un slogan permettant aux minorités de se réfugier derrière des croyances sourdes à la critique rationnelle. Avec la vertu non intériorisée des sceptiques, ils réduisent la diversité à des formules. S'opposant au jargon sur la construction sociale de la réalité comme celui de Samuel Johnson, Lasch alerte les intellectuels sur leur éloignement de la vie matérielle. Leur prétention à créer des institutions de remplacement constitue un éloignement des positions rétrogrades ou peu éclairées. Les batailles autour des canons littéraires sont un abandon de la démocratisation de la société par l'entremise de la culture générale. Le carriérisme et le mépris du public sous-tendent les postures intellectuelles comportant une indétermination linguistique et l'individualité problématique dans la théorie littéraire. La fausse supériorité conduit les universitaires à penser que la titularisation est sans rapport avec ce qu'ils ont écrit pour le bien public. Avec la même ironie, Lasch dénonce la condescendance de l'université envers les minorités. Au nom du pluralisme, les étudiants sont privés d'expériences se situant au-delà de leurs horizons, les doubles standards en éducation les dépossédant de la culture générale. Pour Lasch, les problèmes du système d'éducation sont liés à l'absence d'une véritable confiance dans les mondes intérieur et public. C'est pourquoi la gauche et la droite s'engagent dans des querelles qui tiennent pour acquis que le radicalisme universitaire est subversif. Cependant, les universitaires radicaux ne s'attaquent pas à la mainmise de l'entreprise sur les universités. Au contraire, cette mainmise corrompt les universités en transférant les ressources consacrées aux humanités à la recherche militaire et technologique, en réduisant les sciences sociales à des mesures quantitatives, en remplaçant le langage ordinaire par un jargon de bureaucrates et en formant des administrations qui considèrent l'éducation en termes de nivellement par le bas. Finalement, Lasch souhaite une critique sociale qui conteste l'intégration de l'université dans l'ordre de l'entreprise et qui réprimande la classe instruite émergente parce qu'elle ne s'attaque pas aux droits acquis.

Au Canada, John Ralston Saul présente des arguments très semblables à ceux de Lasch dans *The Unconscious Civilization* (1995). Il accuse les classes de gestionnaires de corrompre l'éducation universitaire et d'encourager l'anti-intellectualisme. L'idéologie de la classe des gestionnaires la conduit à décourager les individus qui doutent et pensent. On préfère plutôt les consommateurs passifs. Comme Grant et Lasch, Saul blâme les universités qui vident la citoyenneté de son sens: il n'y a pas de possibilité de doute socratique dans un système sous l'emprise des notions de propriété intellectuelle. La société soumise à l'entreprise qui met l'accent sur le marketing du savoir et lie la réforme de l'enseignement à l'emploi rend l'université aveugle aux illusions de l'esprit pratique, laissant les questions de gestion l'envahir. Le corporatisme a envahi l'université au point de réduire la tradition humaniste à la scolastique médiévale la plus étroite. Les universités n'encouragent pas les élites à s'élever au-dessus de l'intérêt personnel parce qu'elles cèdent à l'esprit d'entreprise et aggravent la crise de la communication. Plutôt que de rétablir les fondements humanistes de la culture, les universités suivent les tendances du marché.

L'attaque de Saul implique que l'opinion publique a raison de reprocher aux universités d'ignorer la formation générale et de concurrencer les collèges et les instituts de technologie. Les universités sont-elles victimes de l'idéologie de la compétition du monde des affaires? La formation générale est-elle une illusion? Un apologiste traitait récemment de ces questions. Cependant, le ton de Peter Emberley dans *Zero Tolerance: Hot Button Politics in Canada's Universities* est inquiétant. Il est surpris par l'intolérance à l'égard des autorités privilégiées des universités et se plaint que leur recherche des «richesses fugaces» de la compréhension et de la vérité ne soit pas reconnue par la société. Comme Frye, Emberley considère que l'université sert la société en lui offrant un idéal plus élevé et en la dotant d'un sens moral et de grâce. Ses métaphores sont cependant usées et confuses: l'université serait un «havre de paix» où on étudie la liberté, Dieu et la mort ou encore, il s'agirait d'une «oasis» de sérénité et de mystère, d'un «navire» sur un océan sans bornes, d'une «odyssée» de l'âme et d'une «demeure gothique» remplie de «chambres secrètes et d'escaliers cachés». Ses images tombent à plat pour plusieurs raisons: il sécularise des termes religieux tout en voyant l'université comme une source exclusive de valeurs morales et esthétiques. Il lie la culture générale à l'université, insouciant du fait que celle-ci soit une institution politique, économique et sociale. Il ne fait pas le lien entre sa prétention selon laquelle l'incertitude et le doute caractérisent la culture universitaire et celle voulant que l'éducation véritable soit un savoir d'expert qui trouve son sens uniquement dans cette culture. Une professionnalisation zélée provoque l'amnésie quand l'auteur dit que l'éducation est faussée si les étudiants se voient comme acheteurs des services de leurs enseignants. Il idéalise l'université à l'excès quand il dit qu'elle seule sème un doute salutaire dans une culture aveuglément arrimée à une seule voie de développement humain et que la titularisation représente la reconnaissance par la société, que le privilège caractérise le savoir. À la lumière des points de vue de Grant et de Frye, Emberley n'est pas plus convaincant quand il avance que les problèmes de l'université proviennent des administrateurs et des professeurs qui ont grandi dans les années 60. Cette vue partiale des générations est contrebalancée par son mépris pour le postmodernisme, mais son refus de repenser les relations entre les besoins des étudiants et de la société affaiblit son point de vue selon lequel les universités ont par-dessus tout besoin d'une campagne de relations publiques énergique.

Le plaidoyer d'Emberley en faveur de la culture générale montre que la théorie de l'éducation est plus que jamais politique. Le transfert de responsabilités résultant de la dette de l'État et de la méfiance à l'égard de la professionnalisation rend un tel plaidoyer plus difficile à exprimer. Si l'endettement des étudiants interpelle la politique nationale, les autorités provinciales s'opposent à ce que cela aille au-delà des bourses et des prêts. Les querelles non médiatisées entre la droite, favorable à l'entreprise, et la gauche culturelle continueront d'affaiblir les universités, la droite insistant sur la formation professionnelle et la gauche dénigrant l'humanisme comme eurocentrique et capitaliste. Dans ce dilemme, plus de programmes adoptent les modèles de l'entreprise. La spécialisation des disciplines est souvent aveugle: les programmes d'art dramatique, de musique et d'arts sanctionnent la pratique plutôt que de défendre la formation générale. C'est ce que font aussi certains programmes tels que la criminologie et l'économie politique dans les sciences sociales et la théorie littéraire dans les humanités. Les truismes sur la construction sociale de la vérité tournent en ridicule la connaissance établie, générale et évidente. Les administrations aggravent cette professionnalisation. L'enseignement et la recherche sont rarement dans un rapport de tension harmonieuse. Ils ne sont pas sur un pied d'égalité et ne constituent pas une base égale d'embauche. L'expertise importe davantage que le service à la communauté, la collégialité moins que la renommée. Il y a quelques années, la charge d'enseignement a été réduite au moment des compressions budgétaires, augmentant ainsi le ratio étudiants/professeurs. En même temps, les cours proliféraient en fonction de la spécialisation, rendant plus difficile pour les étudiants de compléter leur programme dans les limites de temps prévues.

Les campagnes de financement amènent les universités à se faire connaître de manière trompeuse. Il est fantastique de recruter les meilleurs étudiants de partout et il est profitable d'avoir de distingués professeurs qui leur ouvrent le monde. Cependant, le service à la communauté et aux étudiants moyens, qui ont le plus grand besoin de formation générale, est évacué par la propagande de l'excellence. Pourquoi des modèles tirés du cinéma ou du sport devraient-ils présider au recrutement du personnel enseignant? Les responsables des relations publiques ne pourraient-ils pas élaborer un modèle du professeur plus constructif et sociable que celui de la «vedette»? Comme institution publique, l'université devrait-elle utiliser des ressources pour créer des entreprises privées qui vendent des marchandises aux contribuables ayant financé leur invention? L'excellence de l'université doit-elle reposer sur des laboratoires de la propriété intellectuelle qui voient les idées comme une marchandise à monopoliser dans un but de lucre? Des contrats d'exclusivité avec les compagnies de boissons gazeuses ne risquent-ils pas de servir à institutionnaliser le consumérisme irréfléchi? Parmi les questions plus intéressantes que les lecteurs pourraient explorer dans le cadre de cet article, mentionnons les suivantes. Les universités ont-elles suffisamment débattu publiquement de l'évolution de leur rôle? Ont-elles révisé la formation générale à la lumière des diverses conceptions de la citoyenneté liées au multiculturalisme? Ont-elles réussi l'intégration des rôles conflictuels de l'enseignement et de la recherche? Comment les administrateurs exploitent-ils de tels conflits pour résister aux diktats gouvernementaux et de l'entreprise? Et enfin, comment les universités devraient-elles mieux servir les communautés?

Robert James Merrett

Programmes d'études, élaboration de Planification systématique de ce qui est enseigné et appris dans les écoles et qui se reflète dans les cours et dans les programmes scolaires, consignés dans des documents officiels (qui servent en général de «guides» pour les programmes d'études pour les enseignants) et rendus obligatoires par les ministères de l'Éducation des provinces et des territoires.

Un programme d'études indique essentiellement ce qui doit être enseigné et quand il faut le faire. Le choix des méthodes d'enseignement relève donc des enseignants. Dans les faits, cependant, aucune distinction précise n'existe entre le contenu du programme et la méthodologie employée, la manière d'enseigner une matière détermine souvent ce qu'on enseigne. C'est pour cette raison, entre autres, qu'il faut différencier le programme d'études officiel ou prévu, soit le programme d'études officiellement approuvé, du programme de fait ou réel (souvent appelé programme caché), à savoir les «leçons» données par l'enseignant.

On tente à maintes reprises, mais en vain, de modifier le système d'éducation en revoyant les programmes d'études approuvés. Les innovations prescrites ne sont pas toujours mises en œuvre d'une manière complète ou efficace en salle de classe. En fait, comme la vaste majorité des enseignants se fient aux manuels scolaires, ceux-ci constituent souvent le contenu du programme d'études, ce qui donne aux éditeurs un important rôle.

Historique

Au Canada, l'histoire des programmes d'études est essentiellement une bataille entre divers camps idéologiques qui cherchent à exercer un contrôle sur le contenu ou, à tout le moins, veulent que celui-ci reflète leur pensée. L'orientation que prennent les programmes, peu importe l'époque, traduit les intérêts divergents qui s'expriment au sein même du milieu de l'enseignement et à l'extérieur, parmi les groupes militants, issus des milieux culturel, économique, intellectuel, linguistique, politique et religieux, et qui dominent à un moment ou l'autre la scène de l'éducation.

Bien que l'expression «programme d'études» semble être rarement utilisée comme telle au Canada avant la Confédération, le *Ratio Studiorum* des jésuites («plan d'études»), qu'on dit être le programme d'études le plus systématique jamais conçu, est adopté en Nouvelle-France vers 1630. À ses débuts, l'éducation canadienne-française a pour objectif de «faire de bons serviteurs du roi [...] et de Dieu». Plus tard, en Nouvelle-Écosse et dans le Haut-Canada, l'éducation anglophone a des visées semblables qui s'expriment dans l'enseignement de la moralité judéo-chrétienne et dans le patriotisme britannique. Par conséquent, lorsque, après la Confédération, l'éducation tombe sous juridiction provinciale, le programme d'études se base sur les valeurs sociales traditionnelles courantes. En tant que tel, il sert, comme encore aujourd'hui, d'impératif de survivance culturelle à divers groupes de la mosaïque canadienne désireux de conserver ou de renforcer leur identité.

Avant 1840, l'instruction au Canada constitue une expérience sans caractère officiel, intermittente et non encore nettement séparée du monde du travail. Elle a lieu dans un «système» contrôlé par l'Église et les parents et vise à donner l'instruction de base et à enseigner les préceptes fondamentaux de la religion. En Nouvelle-France, un programme d'études formel n'est offert qu'à une minorité de l'élite qu'on forme en vue de la vocation religieuse et autres vocations socialement «supérieures». Après la conquête britannique (1759-1760), l'enseignement au Québec, qui est contrôlé par l'Église, est le principal agent de survivance culturelle. Il le reste jusqu'en 1964 et contribue à préserver la langue française et la religion catholique.

Promoteurs de l'instruction Au Canada anglophone, la survivance est liée à la peur de l'américanisation. Cette peur s'accroît après l'arrivée des «Irlandais de la famine» (*voir* IRLANDAIS) et des autres immigrants dépossédés au cours des années 1840. Les promoteurs de l'école, tels que Egerton RYERSON, le fondateur du programme d'études

canadien, envisagent l'enseignement contrôlé par l'État comme principal moyen d'assimiler ces éléments «étrangers».

Au cours du demi-siècle suivant, les promoteurs scolaires du reste du Canada s'inspirent de Ryerson en établissant des structures administratives qui permettent de diviser les enfants en classes, de créer un effectif d'enseignants formés et organisés de façon hiérarchique, et de concevoir un programme d'études commun à toute une province. Ce programme est mis en pratique au moyen de manuels scolaires uniformes et est contrôlé grâce à l'inspection et aux examens à l'intérieur d'un système voulant que tous les enfants apprennent à croire, à penser et à agir de la même façon (*voir* ÉDUCATION, HISTOIRE DE L').

Au cours de plusieurs décennies suivant le début du siècle, ce système produit un programme d'études national de fait au sein du Canada anglais. Durant une période d'urbanisation et d'industrialisation, le programme d'études s'alourdit au moment où l'éducation traditionnelle est remise en question dans tous les pays occidentaux. Au Canada, l'adaptation, toujours prudente, prend la forme de la «nouvelle éducation» par laquelle des innovations telles que l'ÉCOLE MATERNELLE, la formation manuelle, l'ÉCONOMIE DOMESTIQUE, l'agriculture et l'«étude de la nature», l'éducation pour la santé et la tempérance, l'ÉDUCATION PHYSIQUE (KINÉSIOLOGIE) et l'éducation commerciale obtiennent un succès mitigé. Néanmoins, on reconnaît que les écoles entraînent une très forte baisse de l'analphabétisme au cours des années 20. Elles sont un important facteur d'assimilation pour la multitude de néo-Canadiens qui ne parlent pas l'anglais et qui envahissent les villes de l'est et les Prairies. Les valeurs anglo-saxonnes animent les programmes d'études. L'éducation bilingue dans toutes les «langues secondes», y compris le français, est pratiquement éliminée.

Idées progressistes Durant l'entre-deux-guerres, on adopte d'autres idées nouvelles, principalement américaines, qui comprennent des notions nouvelles sur l'examen scientifique, la santé mentale et les structures administratives fondées sur des modèles de gestion des affaires. Le contenu culturel du programme d'études anglophone demeure cependant britannique. L'affluence étudiante de l'après-guerre, le BABY-BOOM et la pression sans précédent de la population conduisent à une expansion de l'enseignement; en même temps, la critique conservatrice des prétendus excès de l'éducation progressiste crée un changement en faveur d'un programme d'études plus centré sur les matières (*voir* SYSTÈMES SCOLAIRES). En 1960, ce changement est renforcé lorsque les Canadiens, après leurs voisins américains, demandent un programme plus rigoureux, particulièrement en sciences et en mathématiques, afin, dit-on, de «rattraper les Russes». On doit y parvenir en enseignant la «structure» (concepts de base et formes uniques de raisonnement) de chaque discipline au moyen de méthodes de recherche ou de «découverte» qui, ironiquement, doivent beaucoup aux théories progressistes qu'on avait rejetées. Ces idées reçoivent une approbation mitigée au Canada où, de façon caractéristique, le manque de ressources oblige les responsables des programmes d'études à s'appuyer sur les innovations britanniques et américaines.

Innovation et groupes d'intervention

Après 1965, une nouvelle tolérance à l'égard du programme scolaire se manifeste par un relâchement du contrôle centralisé, la prolifération des cours conçus à l'échelle régionale et une tendance renouvelée, mais différente, centrée sur l'enfant au niveau primaire. De nouvelles connaissances, le désir des étudiants de recevoir un enseignement plus pratique et plus pertinent, une population étudiante plus nombreuse et plus diversifiée, ainsi que les tensions

découlant de la disparition de l'ancien consensus social et de la remise en question des valeurs traditionnelles donnent lieu à des demandes de changement.

Devant la peur de plus en plus grande de l'américanisation, l'émergence du séparatisme québécois et les requêtes des peuples autochtones et autres groupes minoritaires assoiffés d'égalité, les responsables des programmes d'études décident d'élaborer des programmes autochtones, multiculturels et bilingues. Ils cherchent aussi à s'opposer au RACISME et au sexisme grâce à un traitement plus équilibré et plus juste des minorités et des femmes dans les manuels scolaires.

Des programmes d'études spéciaux sont conçus pour environ un million d'enfants en difficulté (*voir* ENSEIGNEMENT SPÉCIAL). En Ontario, la liste de base des livres d'école approuvés passe de 61 en 1950 à 1648 en 1972. Les groupes d'intervention comprennent non seulement des tenants libéraux de l'«enseignement des valeurs», mais aussi des défenseurs d'établissements scolaires dispensateurs de «valeurs traditionnelles». Ce dernier groupe exige l'incorporation au programme des croyances chrétiennes traditionnelles, la censure des manuels scolaires et une discipline plus stricte.

D'autres groupes de revendication (organismes fédéraux, organisations s'intéressant aux droits de la personne, à l'environnement et aux consommateurs, fondations, associations professionnelles, syndicats, groupes de gens d'affaires et autres formations) qui voient l'école comme un lieu voué au prosélytisme, exercent des pressions pour qu'on modifie les programmes d'études et dirigent vers les classes un flot constant de matériel pédagogique. Le plus frappant dans tout cela, c'est la confiance qu'on place à la fois dans le programme d'études pour réformer les méthodes d'enseignement et dans l'instruction pour redresser les injustices sociales et économiques, attitude qu'on observe encore aujourd'hui.

À mesure que s'accroît la visibilité des luttes au sujet du programme d'études, les décideurs sont souvent obligés de répondre au coup par coup aux préoccupations générales mais souvent éphémères de la population. Parfois, les demandes conduisent à des actions immédiates pour lesquelles les enseignants, en l'absence de soutien, de formation et de matériel adéquats, sont souvent mal préparés. En 1980, les ministères de l'Éducation reviennent à la centralisation, car les demandes relatives à la «responsabilité», conduisent la plupart des provinces à remettre en vigueur les examens provinciaux qu'on a abandonnés. Ces tendances et d'autres encore révèlent un nouvel intérêt pour l'élaboration «scientifique» du programme d'études, entraînant des énoncés précis d'«objectifs» et l'évaluation des «comportements» des élèves mesurés par le rendement des habiletés dans les trois disciplines traditionnelles (écriture, lecture et arithmétique). Cette insistance vient démentir le manque de consensus censé exister sur les fondements de l'enseignement et sur la perte de leur importance dans les écoles.

Ironiquement, en 1976, une étude remarquable sur l'éducation canadienne, effectuée à Paris par l'Organisation de coopération et de développement économiques (OCDE), fait l'éloge du progrès extraordinaire et de la qualité supérieure de l'enseignement au Canada, mais critique la place limitée accordée à des «futilités» telles que la musique et l'art. Ce renouveau d'intérêt pour la «responsabilité» s'accompagne d'une préoccupation de voir le programme d'études «mis en application». Ceux qui sont chargés de son élaboration cherchent à s'assurer que les programmes sont enseignés selon les prescriptions. L'attention accrue portée aux questions de cette mise en application fait qu'on prend de plus en plus conscience du rôle central que doivent jouer les enseignants dans l'évolution de l'éducation, eux qui sont les «gardiens» de ce qui se passe en classe.

Tout au long des années 80, les enseignants demandent d'avoir davantage voix au chapitre dans l'élaboration du programme d'études, refusant d'être traités essentiellement comme des techniciens dont la seule tâche consiste à appliquer la politique de l'éducation imposée de façon hiérarchique. L'autonomie professionnelle des enseignants et leur responsabilité à l'égard du programme d'études gagne ainsi progressivement du terrain.

Tendances récentes

Au début des années 90, plusieurs provinces entament de vaste réformes de l'éducation, poussées par la nécessité de préparer les étudiants en vue du XXIe s. Ces efforts trouvent en grande partie leur impulsion dans les revendications entourant la compétitivité continuelle du Canada dans l'économie mondiale, alimentées pas des études internationales qui comparent d'une manière défavorable le rendement des étudiants canadiens à celui des étudiants d'autres pays industrialisés et par la perception du fort taux de décrochage qui sévit dans les écoles.

Une préoccupation connexe non moins importante se fait également jour: celle d'offrir un programme d'études plus équitable et plus global qui tient réellement compte de la diversité des étudiants sur le plan de leurs aptitudes, intérêts, orientations et antécédents. Entre autres changements, cela suppose d'aller au delà de la représentation souvent symbolique qui est faite des femmes et d'autres groupes dans les manuels scolaires et de repenser le programme d'études et l'éducation de manière à mettre ces groupes à contribution. Dans de nombreuses provinces, les étudiants handicapés sont intégrés à la vie scolaire normale.

Les principaux changements apportés au programme d'études comportent deux volets: d'abord, établir un ensemble d'éléments communs ou essentiels qui constituent les «fondements pour tous», puis conférer au programme d'études suffisamment de souplesse pour permettre aux étudiants de faire valoir leurs ambitions et intérêts personnels. Le nouveau «noyau» du programme, moins axé sur les études théoriques, insiste davantage sur le perfectionnement professionnel et sur la formation préparant à une carrière, en particulier dans les domaines de la technologie, des mathématiques et de la science, de la résolution de problèmes, de la pensée critique, de l'alphabétisation et de la communication. La nouvelle valeur accordée au fait d'aider les étudiants à se prendre en main en tant qu'apprenants et de répondre à leur désir d'intégrer leur apprentissage en lui donnant un sens personnel modifie les attentes quant à la façon dont les enseignants sont censés «suivre» le programme. Pendant les années 90, les leitmotivs inscrits à l'ordre du jour sont de rendre l'école plus équitable pour les diverses populations étudiantes, de faire en sorte qu'elle prépare mieux les citoyens de demain au monde du travail et qu'elle soit plus responsable à l'endroit des différents intervenants.

G.S. Tomkins et Roland Case

Prohibition Mesure législative visant à interdire la vente et la consommation de boissons enivrantes. Elle est mise en vigueur à l'Île-du-Prince-Édouard en 1901 et dans les autres provinces, au Yukon et à Terre-Neuve pendant la Première Guerre mondiale. Le gouvernement canadien contrôle la fabrication et le commerce de l'alcool et il en interdit en mars 1918, pour la durée de la guerre, la fabrication et l'importation dans les provinces où il est illégal d'en acheter. La prohibition atteint son apogée au début des années 20, car l'importation d'alcool est de nouveau interdite, conséquence de plébiscites provinciaux.

Bien qu'elle soit considérée comme un geste patriotique et un sacrifice en vue de la victoire, la prohibition est aussi l'aboutissement des efforts de plusieurs générations de partisans du MOUVEMENT POUR LA TEMPÉRANCE qui demandent la fermeture des bars et des tavernes, grande cause

d'ivrognerie et de misère à une époque où l'aide sociale n'existe pas. Les principales organisations pour la tempérance sont la Dominion Alliance for the Total Suppression of the Liquor Traffic et la WOMAN'S CHRISTIAN TEMPERANCE UNION, dont l'organe s'appelle *Canadian White Ribbon Tidings*. Au XIXe s., diverses mesures législatives avaient réussi à limiter la consommation d'alcool, dont l'adoption de la «Dunkin Act» dans la Province unie du Canada en 1864, une loi qui permettait à un comté ou à une municipalité d'interdire par un vote majoritaire la vente au détail d'alcool. En 1878, cette «option locale» est étendue à l'ensemble du dominion en vertu de la *Loi de tempérance du Canada*, dite loi Scott.

En 1898, le mouvement pour la tempérance a acquis une telle vigueur qu'il force un plébiscite national sur la question, mais le gouvernement de sir Wilfrid Laurier estime que la majorité de 13 687 voix obtenue en faveur de la prohibition n'est pas suffisante pour justifier l'adoption d'une loi, d'autant plus que le Québec a massivement voté contre. De toute façon, une grande partie du pays est déjà un territoire «sec» avant la guerre grâce à l'option locale, et la prohibition provinciale n'est pas un changement radical par rapport au passé. La lutte contre le «démon du rhum» va de pair avec d'autres réformes en cours, dont le mouvement en faveur du DROIT DE VOTE DES FEMMES, et est motivée en partie par les idéaux du SOCIAL GOSPEL.

Les lois provinciales sur la tempérance varient, mais elles ont en général pour effet de fermer les débits de boissons et d'interdire la vente, la possession et la consommation d'alcool, sauf dans les maisons privées. Dans certaines provinces, les vins faits sur place ne sont pas touchés. On peut se procurer de l'alcool dans les bureaux du gouvernement à des fins industrielles, scientifiques, mécaniques, artistiques, sacramentelles et médicinales. Les distilleries, les brasseries et autres entreprises titulaires d'un permis peuvent vendre leurs produits à l'extérieur de la province.

Malgré les difficultés que présente l'application de la loi, l'ivrognerie et les délits qui en découlent diminuent de façon marquée. Cependant, les distilleries clandestines et l'alcool de contrebande commencent à pulluler. On trouve en quantité des boissons frelatées, mais aussi des alcools de qualité, puisque la fabrication en est permise après la guerre. La vente illégale augmente de façon alarmante, tout comme le nombre de débits de boissons clandestins. La «maladie» est un prétexte pour boire sans enfreindre la loi, et les médecins rédigent des ordonnances délivrées dans les pharmacies. Ce système engendre des abus scandaleux et provoque de véritables «épidémies» et de longues files d'attente pendant le temps des fêtes.

Un des aspects frappants de la prohibition est la contrebande du rhum. En raison d'une modification constitutionnelle, la prohibition aux États-Unis est encore plus stricte qu'au Canada de 1920 à 1933: la fabrication, la vente et le transport de la bière, du vin et des spiritueux y sont interdits. La loi canadienne permet l'exportation légale vers son voisin «sec» de l'alcool fabriqué ou importé légalement au Canada. La CONTREBANDE, souvent accompagnée de violence, se pratique à la frontière et le long des côtes. Des dessins humoristiques de l'époque représentent le Canada comme un territoire plein de trous tandis que l'Oncle Sam tente d'endiguer la marée d'alcool qui s'en écoule.

La prohibition dure trop peu longtemps pour atteindre vraiment ses buts. Ses opposants soutiennent qu'elle va à l'encontre de la tradition britannique du respect des libertés individuelles et que le règlement de cette question par un référendum ou un plébiscite déroge totalement aux usages parlementaires du Canada. Le Québec la rejette dès 1919, ce qui lui vaut le surnom de «cloaque» de l'Amérique du Nord, mais les touristes affluent vers le «vieux

Québec historique», et le gouvernement de la province tire d'énormes recettes de la vente d'alcool.

En 1920, la Colombie-Britannique vote en faveur de la vente légale de l'alcool. L'année suivante, certaines boissons alcooliques y sont vendues légalement, ainsi qu'au Yukon, dans les magasins du gouvernement. En 1923, le Manitoba inaugure un système de vente et de contrôle gouvernementaux, suivi de l'Alberta et de la Saskatchewan en 1924, de Terre-Neuve en 1925, de l'Ontario et du Nouveau-Brunswick en 1927, et de la Nouvelle-Écosse en 1930. Le dernier bastion de la prohibition, l'Île-du-Prince-Édouard, rejette enfin la «noble expérience» en 1948, bien que des zones sèches persistent à divers endroits du pays en vertu de l'option locale.

Gerald Hallowell

Project Ploughshares Cet organisme est lancé en 1976 pour entreprendre des recherches sur le militarisme et le sous-développement. Son principe de base est que le développement international ne saura progresser tant qu'une réduction radicale des dépenses mondiales en matière d'armements n'aura pas lieu et tant que l'expansion du militarisme dans les pays en développement ne cessera pas. Un appui est accordé aux programmes de recherche, d'éducation et de défense des droits dans des domaines tels que de nouvelles approches au règlement de conflits régionaux, au contrôle du commerce mondial des armes, ainsi qu'à des solutions de remplacement de la politique canadienne sur la sécurité.

Le centre de recherche et de documentation à Waterloo, en Ontario, renferme des dossiers étoffés sur des questions économiques, militaires, politiques et liées au désarmement, ainsi qu'une base de données concernant les activités de plus de 5000 entrepreneurs militaires canadiens et de plus de 80 conflits régionaux actuels ou potentiels.

La principale publication est le bulletin trimestriel *Ploughshares Monitor*, tandis qu'une série de documents de travail examine des questions de façon plus approfondie. Des groupes Ploughshares se trouvant dans une quarantaine de centres canadiens organisent des activités locales, des journées de sensibilisation, des ateliers de formation et de suite. L'organisme est parrainé par le Conseil canadien des Églises et appuyé par un certain nombre d'organisations civiques et œcuméniques. (*Voir aussi* MOUVEMENT PACIFISTE.)

Promyshlennik Russe (le plus souvent un cosaque) pratiquant à son compte le commerce des ressources naturelles, particulièrement la traite des fourrures. Comme le COUREUR DES BOIS, les *promyshlenniki* parcourent avec un instinct sûr les cours d'eau, les forêts et les contrées. Il «voyage» en bande, partageant les ressources et les profits. Éclaireurs de l'Empire russe, ils font la traite des fourrures sur la CÔTE DU NORD-OUEST du XVIIIe s. jusqu'au début du XIXe s. Ils sont le précurseur de la Russian American Fur Co. instituée en 1799.

Barry M. Gough

Propagande haineuse Au Canada, le fait de fomenter publiquement la haine contre des groupes identifiables et d'encourager au génocide constitue, dans certaines circonstances, une infraction criminelle dont l'auteur est passible d'un emprisonnement maximal de deux ans.

Le Code criminel a été modifié en 1970 pour inclure ces dispositions contre la haine. La modification découlait en partie du Rapport de 1965 du Comité spécial sur la propagande haineuse au Canada. Ce comité sélect, présidé par Maxwell Cohen, doyen de la Faculté de droit de McGill, plus tard juge à la Cour internationale de justice, comprenait également le professeur Pierre Trudeau, devenu par la suite premier ministre du Canada. Le comité a examiné les effets pervers de la propagande haineuse et recommandé en toute prudence l'adoption de mesures législatives pour la réprimer.

À ce jour, la Couronne a poursuivi avec succès trois personnes sous le régime de ces dispositions.

L'affaire qui a fait le plus de bruit est celle qui mettait en cause James Keegstra, un ex-enseignant albertain, dont la condamnation pour la propagation de ses opinions antisémites dans sa classe a été confirmée à l'unanimité par la formation plénière des neuf juges de la Cour suprême du Canada, en 1996.

Outre les poursuites criminelles, les lois fédérales et provinciales en matière de droits de la personne ont été invoquées avec succès contre ceux qui fomentent la propagande haineuse. Ces dispositions ont été particulièrement efficaces dans la lutte contre la transmission téléphonique de la propagande haineuse. Aujourd'hui, le combat porte sur la propagande haineuse transmise sur l'Internet. Par ailleurs, la *Loi sur les douanes* a servi à empêcher l'importation au Canada de littérature haineuse. (*Voir aussi* CRIMES MOTIVÉS PAR LA HAINE, DÉTERMINATION DE LA PEINE EN MATIÈRE DE.)

Jack Silverstone

Pro Pelle Cutem Expression latine signifiant «peau pour peau», devise officielle de la COMPAGNIE DE LA BAIE D'HUDSON adoptée peu après que la compagnie ait reçu sa charte en 1670. On s'est beaucoup interrogé sur l'origine et la signification de cette devise. Il s'agit peut-être d'une adaptation de *pellem pro pelle* (Job 2:4), que l'on traduit habituellement par «peau pour peau», ou de *pro cute pellem* (Juvénal, *Satires* 10, 192), «une peau d'animal à la place d'une peau humaine». On donne souvent à cette devise le sens de «peaux (d'animaux) acquises au prix d'une peau (humaine)».

Propriété étrangère et la structure de l'industrie canadienne, Groupe d'étude sur la En 1967, Walter GORDON presse le gouvernement libéral, dirigé par le premier ministre Lester Pearson, de constituer un GROUPE DE TRAVAIL sur la propriété étrangère. Huit économistes font partie du groupe de travail présidé par Mel Watkins. Le rapport Watkins (1968) fournit des données sur ce que coûte et ce que rapporte aux Canadiens le haut degré de propriété étrangère de l'ÉCONOMIE canadienne. Il formule de nombreuses recommandations, préconisant notamment la constitution d'une société de développement chargée de favoriser la propriété canadienne et d'une agence chargée de coordonner les politiques relatives aux multinationales. Le Groupe de travail oriente le débat sur la propriété étrangère vers une politique plus interventionniste, qui mène finalement à la création de la CORPORATION DE DÉVELOPPEMENT DU CANADA et de l'AGENCE D'EXAMEN DE L'INVESTISSEMENT ÉTRANGER. (*Voir aussi* INVESTISSEMENT ÉTRANGER; INVESTISSEMENTS ÉTRANGERS, GROUPE DE TRAVAIL SUR LES.)

Mel Watkins

Propriété intellectuelle Ce terme sert à décrire les droits qui protègent les résultats d'une activité intellectuelle et créatrice, tels qu'un nouveau produit, un livre, une peinture ou un slogan publicitaire.

Normalement, le droit de propriété comporte deux éléments essentiels: le contrôle du bien par le propriétaire et la capacité d'interdire à d'autres de l'utiliser ou de s'ingérer dans son utilisation. En matière de propriété intellectuelle, ces éléments doivent être adaptés. L'idée sous-jacente prend généralement une forme externe. P. ex., l'invention se manifeste sous la forme d'un produit ou d'un procédé; le design, dans un motif ou une forme; la marque de commerce, dans un nom ou un logo. Dans la plupart des cas, le titulaire du droit doit enregistrer la création de la propriété et consigner l'idée afin d'informer le public de l'existence de son droit.

Exclusivité Le droit d'interdire à d'autres d'utiliser la propriété constitue la caractéristique essentielle de la propriété intellectuelle. Le titulaire possède le droit exclusif d'utiliser la propriété ou de permettre à quelqu'un d'autre de l'utiliser. La valeur de la propriété réside dans son caractère exclusif ou dans les revenus compensateurs de l'octroi du droit d'utilisation à d'autres personnes. Le domaine de la

propriété intellectuelle comprend quatre volets principaux:

1. Le droit d'auteur qui protège les œuvres originales littéraires, dramatiques, musicales et artistiques (*Loi sur le droit d'auteur*).

2. Les dessins industriels concernant les caractéristiques visuelles touchant la forme, le motif ou la configuration d'un objet manufacturé, c.-à-d. la forme ou le motif, mais non la fonction (*Loi sur les dessins industriels*).

3. Les marques de commerce couvrant les noms, logos ou dessins servant à marquer l'identité, la réputation ou une entreprise (*Loi sur les marques de commerce*).

4. Les brevets accordés pour des produits ou des procédés nouveaux, utiles et commercialement exploitables (*Loi sur les brevets*).

Chacun de ces volets est régi par une loi fédérale qui énonce les modalités de création, la procédure d'enregistrement (obligatoire dans tous les cas, à l'exception du droit d'auteur), le droit du propriétaire enregistré, les recours en cas de contrefaçon et les droits du public d'utiliser la propriété.

Indicateur de l'identité et de la culture L'industrie de la propriété intellectuelle est extrêmement précieuse tant en elle-même que comme indicateur de l'identité et de la culture canadiennes. P. ex., l'industrie de la musique compte sur la protection du droit d'auteur pour son existence. Des questions soulevées récemment portent sur l'imposition de redevances sur les cassettes vierges et sur le droit de recevoir des prestations pour le temps de radiodiffusion et de télédiffusion. Dans le domaine des brevets, le débat est axé sur le droit des fabricants de produire des versions génériques de médicaments brevetés et sur la capacité d'utiliser les brevets pour protéger divers aspects du génie et de la technologie génétiques. Les exemples les plus récents ont trait aux variétés de plantes ou à une souris génétiquement définie destinée à la recherche médicale.

Chaque loi accorde effectivement un monopole limité dans le temps au titulaire des droits en cause. Elle cherche à établir l'équilibre voulu entre l'activité privée et l'intérêt public. (*Voir* DROIT D'AUTEUR, LOI SUR LE; BREVET; MARQUE DE COMMERCE.)

Peter Lown

Prospection La recherche de nouvelles RESSOURCES MINIÈRES a commencé dès la première utilisation du métal (le CUIVRE et l'OR) il y a environ 7000 ans. En Amérique du Nord, avant l'arrivée des Européens, les peuples autochtones utilisaient le cuivre natif dans au moins deux régions: la péninsule Keweenaw, dans le Michigan, sur la rive sud du lac Supérieur, et à l'embouchure de la RIVIÈRE COPPERMINE, dans les Territoires du Nord-Ouest.

La première exploration minéralogique organisée par les Européens, dans ce qui est aujourd'hui le Canada, a été menée par Martin FROBISHER au cours de ses trois expéditions à l'île de Baffin (1576, 1577 et 1578). Bien que sa première expédition visait surtout à trouver le PASSAGE DU NORD-OUEST vers l'Asie, celles de 1577 et de 1578, beaucoup plus importantes et financées par des intérêts privés, étaient motivées en grande partie par l'espoir de trouver de l'or. L'aventure s'est soldée par un échec et le minerai d'or qu'il a rapporté était, semble-t-il, du schiste ou du gneiss contenant du mica scintillant.

L'entreprise exploratrice connue qui a suivi, près de l'actuel port de St. John's (Terre-Neuve), a été suscitée par sir Humphrey GILBERT. En 1583, Gilbert amène avec lui un mineur saxon du nom de Daniel, qui fait la prospection des côtes et déclare avoir trouvé de l'ARGENT. Aucun gisement rentable de quelque minerai que ce soit n'a cependant été trouvé; Gilbert et Daniel meurent pendant le voyage de retour.

Aux premiers jours de la Nouvelle-France, le maître-mineur Simon, qui accompagne Samuel de CHAMPLAIN, signale la présence de minerai de

FER et d'argent dans la baie Sainte-Marie, en Nouvelle-Écosse. En 1672, Nicolas DENYS, qui avait reçu une concession de Louis XIV en 1654 pour exploiter de l'or, de l'argent, du cuivre et d'autres minéraux, découvre du charbon dans l'île du Cap-Breton. On découvre du minerai de fer près de l'embouchure de la rivière Saint-Maurice (Québec), où il est fondu pour la première fois en 1737 pour produire du métal. En 1770, les Jésuites font des expériences sur le cuivre natif trouvé à Port Mamainse, sur la rive nord du lac Supérieur.

Les employés de la Compagnie de la baie d'Hudson (CBH) semblent avoir fait peu de prospection, à l'exception de Samuel HEARNE. Employé par la CBH au fort du Prince-de-Galles près de l'actuel port de Churchill, au Manitoba, Hearne a entrepris une expédition à la grandeur du pays pour trouver la source du cuivre natif utilisé par une tribu autochtone du nord. En 1771, après deux tentatives infructueuses, Hearne atteint la source de cuivre sur les berges du fleuve Coppermine près de l'océan Arctique. Mis à part ces expéditions, il s'est fait très peu de prospection organisée au Canada de 1600 à 1800, à l'exception des commerçants et des trappeurs toujours à l'affût de dépôts de minéraux pendant leurs voyages dans la nature sauvage, en particulier dans la région du BOUCLIER précambrien. Alexander MACKENZIE, marchand de fourrure et explorateur de la COMPAGNIE DU NORD-OUEST, découvre du charbon à la Grande rivière de l'Ours (Territoires du Nord-Ouest) en 1789, et David THOMPSON trouve du charbon sur le bord de la rivière Saskatchewan, en 1800. On exploite du GYPSE en Nouvelle-Écosse dès 1779 et on découvre du charbon au Nouveau-Brunswick près du Grand Lac, où on en extrait pour la première fois en 1782.

On trouve du PLOMB près de la rivière des Outaouais et sur la rive est du lac Témiscamingue en 1686, mais cette source sera oubliée jusqu'en 1870. Le premier dépôt de cuivre exploité commercialement au Canada est celui découvert à Bruce Mines sur la rive nord du lac Huron; la production commencera en 1848. On découvre de l'argent sur l'ÎLOT SILVER, sur la rive nord du lac Supérieur, en 1868, et on en fait l'exploitation jusqu'en 1884. La présence de nickel-cuivre (*voir* NICKEL) près de ce qui est devenu la mine Murray à Sudbury est découverte par accident en 1883, lors de la construction du chemin de fer dans la région.

La fondation de la COMMISSION GÉOLOGIQUE DU CANADA (CGC) en 1842, des départements de géologie de l'Ontario Bureau of Mines (1891) et du ministère de la Colonisation et des Mines du Québec (1898) encouragent la prospection dans ces provinces. Le district de Porcupine, en Ontario, qui deviendra la région d'exploitation aurifère la plus importante du Canada, est pour la première fois reconnu comme favorable à la minéralisation de l'or par W.A. PARKS, dans son rapport au ministère des Mines de l'Ontario (vers 1900). Le district devient la scène d'une RUÉE VERS L'OR, en 1909. Le «Golden Mile» au lac Kirland, en Ontario, au sud-est de la région de Porcupine, est la deuxième plus importante région d'exploitation aurifère du Canada depuis sa découverte en 1911, bien que le gisement aurifère Hemlo, découvert en 1981 à l'est de Marathon (Ontario), rivalise avec le «Golden Mile» pour le deuxième rang. En 1903, on découvre de l'argent à Cobalt (Ontario) et, au cours des 20 années qui suivent, la région devient chef de file mondial pour la production d'argent.

Entre-temps, la prospection s'est étendue de la côte ouest aux vallées et aux montagnes de la Colombie-Britannique. Après la découverte, en 1859, du district aurifère de Cariboo au centre de la Colombie-Britannique, les placers aurifères attirent d'abord les prospecteurs au nord des premières ruées vers l'or de l'ouest des États-Unis qui ont lieu au milieu du XIXe s. En 1896, la découverte de placers d'or au Yukon dans la rivière Klondike et ses affluents provoque la plus grande ruée vers l'or de l'histoire canadienne (*voir* RUÉE VERS L'OR DU KLONDIKE). En Colombie-Britannique, la prospection pour le plomb, l'argent et le cuivre a commencé dans les années 1880. Plusieurs mines de métaux communs étaient en activité dans cette province. La mine Sullivan près de la rivière Slocan, encore grande productrice de plomb et d'argent au milieu des années 90, a été découverte en 1893.

Durant cette période, la prospection, assistée par la CGC, s'est poursuivie dans les Cantons de l'Est au Québec, au sud du fleuve Saint-Laurent. Les placers d'or découverts plus tôt dans la rivière Chaudière n'avaient donné qu'une production limitée. À la fin du XIXᵉ s., on commence à s'intéresser au cuivre et, un peu plus tard, à l'ASBESTOS. Dans le nord du Québec, on remarque la présence de cuivre pour la première fois dans la région de Chibougamau, en 1870, mais cette découverte ne déclenchera une prospection intensive que 25 ans plus tard. À partir des années 1860, une prospection énergique pour l'or dans l'est de la Nouvelle-Écosse donne lieu à l'établissement de nombreuses petites exploitations aurifères, mais la production totale des mines de la Nouvelle-Écosse n'est pas très élevée. En 1920, la prospection se poursuivait déjà activement dans certaines parties de toutes les provinces (exception faite de l'Île-du-Prince-Édouard) et, depuis la fin de la Seconde Guerre mondiale, la prospection, aujourd'hui appelée exploration minérale, représente une part importante des dépenses canadiennes au chapitre des RESSOURCES naturelles.

Aides à la prospection

Géologie Jusqu'après la fin de la Seconde Guerre mondiale, la prospection au Canada et ailleurs se fait essentiellement au moyen de la pique et de la pelle par des prospecteurs guidés par de vagues connaissances en GÉOLOGIE. Les prospecteurs choisissaient des zones d'exploration à l'aide des cartes géologiques dressées et distribuées par la CGC et par les bureaux d'études géologiques des différentes provinces. Presque tous les gîtes minéraux du Canada se trouvent dans trois principales régions géologiques : la ceinture montagneuse de la Colombie-Britannique et du Yukon créée par le plissement de la région de la Cordillère, il y a entre 230 et 50 millions d'années ; le bouclier précambrien, qui s'étend vers l'ouest depuis la côte du Labrador jusque dans le nord de la Saskatchewan et vers le nord jusqu'à la côte arctique, qui a des roches et des périodes de plissement et d'intrusion datant de 4 milliards d'années à 570 millions d'années ; et le sud du Québec, du Nouveau-Brunswick, de la Nouvelle-Écosse et de Terre-Neuve, des régions qui ont toutes été affectées par des périodes de plissement des Appalaches, il y a 470 à 320 millions d'années. Chaque région géologique possède ses propres caractéristiques et cibles de prospection.

Géophysique Depuis 1946, l'exploration minière utilise de plus en plus des techniques géophysiques (*voir* PHYSIQUE). Cette tendance coïncide avec la proportion croissante de l'EXPLOITATION MINIÈRE menée par des compagnies de prospection indépendantes ou regroupées pour une entreprise commune, ce qui contraste avec les prospecteurs solitaires ou les petits groupes de prospecteurs. La première application de la géophysique a été la conception et l'utilisation d'une aiguille d'inclinaison aimantée et de son successeur, le magnétomètre. Ce dernier, un instrument d'abord mis au point en Suède au cours de la seconde partie du XIXᵉ s., sert à mesurer l'attraction magnétique relative des différentes parties de la surface de la terre. La magnétite (oxyde magnétique de fer) donne une plus forte attraction magnétique que tout autre minéral, mais le minerai de sulfure de nickel contient la forme magnétique du minéral pyrrhotine, de sorte qu'il a une intensité magnétique supérieure à la moyenne et,

sous le sol ou la roche, il est repérable par le magnétomètre.

Au Canada, c'est l'inventeur américain Thomas Edison qui a été le premier, officiellement, à utiliser le magnétomètre sur le nickel. Près de Sudbury (Ontario), peu après la Première Guerre mondiale, il a remarqué une forte anomalie magnétique entre deux gisements de cupronickel à la projection du même contact géologique, mais dans une zone recouverte d'une épaisse couche de gravier. Le puits foncé à l'endroit indiqué n'était pas assez profond et ce n'est que quelques années plus tard que des investigations plus profondes ont prouvé l'existence du corps minéralisé qu'avait décelé le magnétomètre. Cet instrument a aussi été utilisé avant la Première Guerre mondiale dans des régions connues pour leurs formations de minerai de FER, qui sont fortement magnétiques, en Ontario et au Québec. Son usage s'est répandu dans les années 30, pour l'indication directe de minerais magnétiques et pour repérer les contacts magnétiques sous la couverture de surface.

Au Canada, à la fin des années 20, la géophysique s'appliquait aussi à la prospection pour la mesure des voltages de la terre. On a découvert que de faibles courants électriques naturels passaient entre des formations rocheuses possédant une charge électrique différente. Ces courants électriques sont plus forts dans le voisinage de gisements de sulfures métalliques et produisent une tension mesurable ou potentiel spontané. Ils constituent essentiellement une grosse pile, dont l'intensité de courant peut être détectée à travers les couvertures de sol peu profondes. Cette méthode de mesure du courant naturel électrique a mené à l'utilisation de courants artificiels, transmis à la terre au moyen d'une paire d'électrodes ; les variations de la tension dans la terre étant mesurées par une seconde paire d'électrodes. Cette technique, appelée méthode de résistivité électrique, sert à mesurer le degré de résistance de la terre aux passages de courants électriques. Les minéraux métallifères présents dans la terre sont de bons conducteurs électriques et ont une faible résistance, alors que les roches stériles ont une haute résistance.

D'autres innovations ont amené l'énergisation indirecte du sol au moyen d'un courant alternatif primaire utilisant une puissante bobine émettrice. Autour des conducteurs naturels, comme les gîtes métallifères, un champ électrique secondaire est produit par le champ électrique primaire. Ces champs électromagnétiques secondaires peuvent être détectés au moyen d'une bobine réceptrice, un peu comme un appareil radio reçoit un signal de la station à partir d'un émetteur à distance. La variation dans la force du signal est liée aux différences de conductivité dans la composition du sous-sol rocheux. En utilisant la méthode électromagnétique, les concentrations de minerais métallifères conducteurs peuvent être détectées à travers une couverture rocheuse épaisse.

Ces innovations ont eu lieu avant la Seconde Guerre mondiale, mais ce n'est que dans les années 50 que des progrès dans les domaines de l'électronique et de l'instrumentation ont fait de la méthode électromagnétique un des principaux outils efficaces pour la prospection de gîtes minéralisés cachés. À cette époque, on installait l'équipement magnétique et électromagnétique sur des avions à voilure fixe pour procéder à des levés aériens systématiques, ce qui augmentait la production et permettait de couvrir une plus grande surface. Grâce à la conception d'équipement électronique aéroporté plus petit et plus léger et à l'amélioration des systèmes de navigation, on a pu installer cet équipement dans des hélicoptères pour étudier les terrains accidentés, comme ceux de la Colombie-Britannique et du Yukon.

Les méthodes géophysiques aériennes ne peuvent indiquer l'emplacement d'un corps magnétique ou conducteur avec suffisamment de précision pour permettre un essai direct par forage. Habituellement,

lorsqu'une anomalie est décelée par les techniques aériennes et sélectionnée pour une investigation, une équipe au sol est dépêchée pour prospecter dans la zone au moyen de méthodes conventionnelles et pour confirmer et repérer plus précisément par techniques géophysiques terrestres les indications reçues du haut des airs. Au Canada, la première découverte d'un gîte minéralisé au moyen de méthodes électromagnétiques aériennes date de 1952 et a donné naissance à la mine Heath-Steele au Nouveau-Brunswick. De 1950 à 1959, 19 des 59 découvertes canadiennes proviennent des premières indications recueillies par des levés géophysiques aériens. La plus importante de ces découvertes a eu lieu en 1963 et de là est née la mine Kidd Creek près de Timmins (Ontario), une des plus grandes et des plus riches mines de métaux communs au monde.

À la fin des années 50, en raison des progrès dans les techniques de mesure électronique, la technique de résistivité a été améliorée. Jusque-là, les particules individuelles de minéraux métallifères qui dans le roc n'avaient pas de connexion électrique ne pouvaient pas être détectées au moyen des méthodes électriques ordinaires. Cependant, des expériences faites en laboratoire ont montré que les particules de minéraux métallifères disséminées dans une roche, si elles reçoivent une énergie électrique, deviennent des particules chargées pendant une courte période et, dans l'ensemble, agissent comme capaciteurs ou condensateurs pour emmagasiner l'électricité. Après un certain temps, ces charges se dissipent dans le sol. En mesurant la tension du sol à deux faibles fréquences différentes, cet effet capacitif peut être calculé.

Cette méthode, appelée mesure de polarisation induite, peut aussi être faite en énergisant le sol et en coupant le courant très rapidement pour ensuite mesurer le temps de suppression de la tension. Certains types de gîtes de métaux communs et de métaux précieux, comme les gisements de minerais de cuivre et de molybdène porphyrique de la Colombie-Britannique, sont associés avec les minéraux métallifères disséminés. Ce genre de gîte minéralisé ne constitue pas un conducteur électrique. L'application de la méthode de polarisation induite a été une percée importante dans la détection des gîtes minéralisés cachés sous la terre ou la roche. Plus récemment, cette méthode a contribué à la découverte de gisements aurifères. Comme le minerai d'or ne contient que d'infimes quantités de ce métal, on ne peut le détecter directement au moyen de méthodes géophysiques, mais il est couramment associé aux minéraux métallifères disséminés qui eux peuvent être détectés.

En raison de l'intérêt grandissant pour l'URANIUM après la Seconde Guerre mondiale, les instruments pour mesurer la radioactivité, comme le compteur Geiger et, plus tard, le scintillomètre, qui est beaucoup plus sensible, sont devenus d'importants outils d'aide à la prospection. De nombreuses découvertes, surtout dans le nord de la Saskatchewan, résultent du repérage d'alignements de blocs erratiques radioactifs, qui ont été détachés de leur source par les GLACIERS à l'ÉPOQUE GLACIAIRE du pléistocène et alignés dans le sens approximatif du mouvement des glaces. La mesure de la radioactivité de l'eau des lacs recouvrant les dépôts radioactifs a permis de faire des découvertes. Les techniques pour mesurer la radioactivité sont de plus en plus sensibles et précises. L'utilisation des mesures radioactives à partir des avions est maintenant chose courante et la CGC, en collaboration avec quelques équipes géologiques provinciales, a mené ce type de levés de reconnaissance au-dessus d'une bonne partie du bouclier précambrien.

Le compteur Geiger et le scintillomètre permettent de distinguer la radioactivité émanant de l'uranium, du thorium, du potassium et d'autres éléments et isotopes radioactifs. Plus récemment, la mise au point d'un détecteur de radiation plus sophistiqué, le spectromètre de rayons gamma, a rendu possible la distinction entre divers degrés d'énergie de radiation émis par des éléments et isotopes radioactifs particuliers et de détecter ainsi les éléments particuliers à un dépôt, au lieu de simplement mesurer la radioactivité produite par des éléments non identifiés.

Prospection géochimique Diverses méthodes géophysiques ont été mises au point depuis les années 50 et utilisées dans l'exploration pour les dépôts minéralisés. L'altération des dépôts libère des quantités de métaux et autres éléments qu'ils contiennent dans l'environnement avoisinant. Ces métaux peuvent être présents dans les eaux souterraines ou dans les sols et peuvent être précipités des eaux souterraines et ainsi enrichis dans le sol, selon l'environnement chimique, le potentiel de réduction-oxydation et l'acidité et l'alcalinité (pH) de ces sols. Ils peuvent aussi être récupérés et concentrés par les plantes qui utilisent les eaux souterraines contenant des métaux, concentrant ainsi ces métaux dans les tissus des plantes.

Des levés géochimiques se font parfois en collectant et en analysant chimiquement des échantillons de sols, de sédiments fluviatiles, d'eaux de lac et de sédiments lacustres. Des levés biochimiques se font par la collecte et l'analyse de différents échantillons d'espèces de plantes, comme les pointes de branches d'épinettes.

Les zones dont la teneur en métal est anormalement élevée (mesurée, dans le cas des sédiments, en parties par million) peuvent indiquer la présence de dépôts métallifères tout près ou en amont. Dans le cas des sédiments fluviatiles, les anomalies géochimiques peuvent se produire quand la réduction-oxydation locale et les conditions du pH dans un cours d'eau font en sorte de précipiter et de concentrer les infimes quantités de métaux présentes dans les eaux courantes quand elles passent devant. Ce genre d'anomalie n'indique pas nécessairement la présence d'un dépôt métallifère dans le voisinage, mais peut fournir des indices sur son emplacement. De plus, les anomalies géochimiques peuvent n'indiquer que la présence de vastes zones de types de roches ayant des niveaux naturels inhabituellement élevés des métaux recherchés, mais sans présence de gîtes intéressants.

Les méthodes de prospection géochimique sont utiles dans certaines circonstances, mais le signalement de fortes anomalies géochimiques ne mène pas nécessairement à la découverte de gîtes minéralisés rentables.

Prospection de minéraux lourds Le Canada a subi l'effet des glaciations et les glaciers ont gratté sur leur passage la surface des dépôts minéralisés et ont transporté des particules d'or, de diamants et autres minéraux. La prise d'échantillons de graviers glaciaires déposés par la vaste nappe glaciaire du pléistocène, au moyen de petits trous de prospection, de pelles ou de forage des dépôts meubles, et la préparation de concentrés de minéraux lourds à partir de ces échantillons, est une méthode de prospection utile. La fraction de minéraux lourds peut être examinée au microscope pour chercher les grains de minéraux lourds de valeur, comme l'or et les diamants, ou pour chercher des grains de type particulier des deux minéraux indicateurs de la présence de diamants, le pyroxène et le grenat. Ces variétés de pyroxène et de grenat existent seulement dans la kimberlite, le type de roche où on trouve des diamants, et non dans les autres types de roches ignées.

Lorsque des minéraux lourds intéressants sont repérés, des échantillons supplémentaires peuvent être pris en amont du sens de l'écoulement des glaces (la direction d'où sont venus les glaciers) comme l'indiquent les stries glaciaires sur les surfaces des affleurements rocheux. Là où les concentrations de minéraux lourds d'intérêt particulier ne se trouvent plus en amont de l'écoulement des glaces, le dépôt minéralisé d'où ils proviennent doit être quelque part en aval de l'écoulement des glaces. Des méthodes

d'exploration appropriées, comme des levés géophysiques ou des forages d'exploration, sont alors utilisées pour poursuivre les recherches afin de trouver des corps minéralisés quand de telles zones cibles ont été repérées.

La prospection de minéraux lourds a été couronnée de succès durant les années 80 et 90 par la découverte d'un certain nombre de gîtes aurifères et diamantifères.

Succès dans les explorations récentes

Au cours de la période de 40 ans allant du milieu des années 50 au milieu des années 90, la découverte de nouveaux gîtes métallifères est devenue de plus en plus difficile et coûteuse au Canada, malgré le succès dans l'application de techniques d'exploration toujours plus sophistiquées et efficaces. De nombreux autres gîtes métallifères restent à découvrir, mais plusieurs seront très difficiles à trouver.

Le grand gîte à teneur élevée de nickel-cuivre COBALT de Voisey's Bay, la troisième plus importante découverte canadienne de nickel après celle des districts de Sudbury et de Thompson, a été trouvé en 1994 par des prospecteurs à la recherche de diamants qui avaient posé leur hélicoptère pour examiner un affleurement minéralisé de couleur rouille qu'ils avaient observé du haut des airs. Cette importante découverte minière a été faite au moyen de méthodes à peine plus sophistiquées que celles utilisées lors de la découverte d'un affleurement semblable en 1883 qui a mené à la mise au jour des gîtes miniers de nickel-cuivre du district de Sudbury. Le fait que les gîtes minéralisés de Voisey's Bay et les autres gîtes plus récents aient été découverts par simple prospection plutôt que par des méthodes plus raffinées prouve nettement que l'époque des prospecteurs individuels n'est pas encore révolue.

Donald Cranstone, D. R. Derry et I.S. Thompson

Prostitution On la définit généralement comme l'offre de services sexuels contre de l'argent, mais comme elle nécessite un acheteur et un vendeur, il serait peut-être plus juste de la définir comme l'échange d'argent et de services sexuels. La prostitution hétérosexuelle, où l'homme est l'acheteur et la femme la vendeuse, est la forme la plus répandue. La prostitution homosexuelle entre hommes existe, mais à une échelle plus réduite. Quant à la prostitution homosexuelle entre femmes, elle existe peut-être, mais elle n'est guère attestée dans les articles de recherche sur le sujet.

Organisation

Au XIXe s., la prostitution gravite au Canada autour des maisons de tolérance. Celles-ci sont regroupées en un même endroit, souvent à proximité des tavernes, dans les quartiers les plus pauvres de la ville. Ces maisons se trouvent dans la basse ville à Québec et à Ottawa et à proximité du port à Saint-Jean, à Halifax et à Kingston, en Ontario. À Montréal et à Toronto, on en trouve dans plusieurs quartiers. Les maisons de prostitution de Saint-Jean et de Halifax, qui sont également des maisons de jeux et des débits de boissons, ont la réputation de faire partie des commerces les plus prospères pendant la première moitié du XIXe s..

Au tournant du siècle, l'expansion des chemins de fer transcontinentaux donne lieu à un important mouvement migratoire vers l'ouest. Alors que les premiers habitants établis dans cette région étaient généralement des familles d'agriculteurs, les nouveaux immigrants sont plutôt des hommes seuls, célibataires ou mariés ayant quitté temporairement leur foyer. Leur arrivée massive crée un climat propice au développement de la prostitution. Les maisons de prostitution sont situées près des gares et, dans la mesure où ces maisons ou leurs pensionnaires n'attirent pas trop l'attention des réformateurs sociaux ou moraux, les autorités ne cherchent pas à intervenir outre mesure. Celles-ci considèrent que cette situation doit être tolérée, parce que de toute façon, il est

impossible d'enrayer la prostitution. S'il arrive à la police à cheval du nord-ouest d'intervenir, c'est généralement pour des raisons autres qu'une simple violation des lois relatives à la prostitution. P. ex., lorsqu'on accuse cette dernière d'avoir des effets néfastes sur la population autochtone ou sur les travaux de construction du chemin de fer, ou encore lorsque les pensionnaires des maisons de tolérance sont impliquées dans d'autres activités criminelles.

À partir de 1890, la répression judiciaire rend la vie plus difficile aux tenanciers des maisons de prostitution. La prostitution sur la voie publique devient alors plus courante. Le taux de prostitution augmente durant la Première Guerre mondiale, période où les emplois sont rares pour les femmes, et diminue au cours de la Seconde Guerre mondiale, grâce aux industries de guerre qui permettent aux femmes à faibles revenus d'accéder au marché du travail. Juste après le conflit, le taux de prostitution continue à diminuer et le racolage dans les lieux publics se décentralise.

Les maisons de prostitution (qui se déguisent parfois en salons de massage), et les agences de prostitution sur rendez-vous (souvent dissimulées sous l'étiquette d'agences de mannequins ou d'escorte) existent encore aujourd'hui, mais le racolage sur la voie publique est toutefois la forme de prostitution la plus visible et celle qui attire le plus l'attention. Pourtant, au Canada comme ailleurs, elle ne représente qu'une faible proportion, soit de 10 p. 100 à 33 p. 100 du commerce des rapports sexuels.

Législation et application de la loi

Au Canada, la prostitution proprement dite n'a jamais été considérée comme un crime, mais diverses activités connexes ont toujours été interdites. Actuellement, quatre types d'activités sont interdites à ce chapitre: 1) fournir des prostitués ou vivre de la prostitution d'autrui; 2) posséder, exploiter ou occuper une maison de débauche; 3) communiquer dans des lieux publics à des fins de prostitution et 4) mener ou transporter sciemment quelqu'un dans une maison de débauche. Des actes législatifs interdisent certaines de ces activités au Canada depuis plus de 200 ans. L'un des tout premiers, contenu dans la *Nova Scotia Act* de 1759, veut faire de l'état de prostituée une infraction. La criminalisation de l'USAGE NON MÉDICAL DES DROGUES, qui remonte à 1908, soit à un peu plus de 90 ans, est fort récente si on la compare à celle de la prostitution, établie depuis assez longtemps sous des formes diverses. Les interventions sociales et juridiques suscitées par la prostitution se rangent dans quatre périodes bien distinctes: la période antérieure à la Confédération (1759-1867), l'époque victorienne (milieu du XIXe s.-1920), la période post-victorienne (1920-1972) et enfin, l'époque contemporaine (1972-1992).

Avant la Confédération La législation qui régit la prostitution avant 1867 prend la forme de lois sur le vagabondage conçues pour empêcher les indigents et autres indésirables de traîner dans les rues. Les premières interdictions visent l'état de prostituée, dès lors considéré comme une infraction. Il n'est pas nécessaire que cet état s'accompagne d'un comportement perturbateur ou fâcheux pour entraîner l'incarcération; dès que cet état est prouvé, la condamnation s'ensuit presque automatiquement. Les prostituées et ceux qui exploitent ou fréquentent les maisons de débauche sont qualifiés de vagabonds et passibles de poursuites en vertu de la loi. Somme toute, l'application de la loi durant cette période est sporadique et aléatoire. La prostitution a de fortes chances d'être tolérée dans les villes portuaires comme Halifax et à la frontière de l'ouest, mais elle est réprimée lorsqu'on y voit une menace directe pour les membres respectables de la population. Quels que soient l'endroit et le moment où ces lois sont appliquées, ce sont les femmes qui, au début de l'histoire canadienne, font l'objet de poursuites pour prostitution.

Époque victorienne Après la Confédération, des dispositions plus complexes sont adoptées pour protéger les femmes et les enfants contre les souteneurs, les proxénètes et les tenanciers des maisons de tolérance. En 1867, le nouveau gouvernement fédéral fait tomber sous le coup de la loi la corruption des femmes de moins de 21 ans. En 1869, les dispositions en vigueur sur le vagabondage sont renforcées et s'appliquent dorénavant aussi aux hommes qui vivent du produit de la prostitution. En 1874, les sanctions deviennent plus sévères, et en 1886, les dispositions sur les maisons de débauche sont remises en vigueur. Quand on met la dernière main au *Code criminel* en 1892, on y intègre les dispositions relatives au vagabondage. Celles-ci rendent illégales le racolage sur la voie publique et les maisons de débauche en y ajoutant quelques autres infractions dirigées contre les tenanciers de ces maisons et les entremetteurs qui fournissent des femmes aux fins d'un «commerce charnel illicite». Des dispositions sont également prises pour l'obtention de mandats de perquisition lorsqu'il y a lieu de croire qu'on dissimule la présence de femmes ou de jeunes filles entraînées par la ruse à faire de la prostitution. Au cours des 28 années suivantes, les lois sur le proxénétisme se précisent: les définitions s'élargissent et les sanctions se font plus sévères. Les dispositions relatives aux maisons de débauche se précisent également, mais à un degré bien moindre.

Certains soutiennent que ces changements sont attribuables aux membres des organisations nationales de tempérance et des associations paroissiales protestantes qui entretiennent alors un climat où les méfaits de la traite des blanches occupent un rôle important dans l'imagination populaire. Les réformateurs ont pour objectif d'éliminer le «fléau social» en punissant les exploiteurs et en sauvant les femmes et les enfants de l'exploitation sexuelle en général, et plus particulièrement de la traite des blanches. Quelle que soit l'origine de ces préoccupations, elles se reflètent clairement dans les modifications que l'on apporte à la législation à cette époque. Malheureusement, la volonté de punir les exploiteurs et de sauver les femmes et les enfants ne se concrétise pas. Au cours des années qui précèdent et suivent immédiatement la promulgation du *Code criminel*, aucune accusation n'est portée devant les tribunaux pour débauche ou proxénétisme, ni contre les tenanciers de maisons de prostitution. Les condamnations pour vagabondage ne connaissent qu'une légère augmentation et après 1895, première année où des statistiques sont établies en fonction des sexes, les données montrent que les femmes sont plus souvent l'objet de condamnations que les hommes. Le nombre de condamnations à l'endroit des tenanciers de maisons de débauche augmente également, mais là encore, le nombre de femmes déclarées coupables dépasse largement celui des hommes. Les condamnations pour proxénétisme sont rares. Après 1911, elles atteignent un nombre suffisant pour qu'on en parle, mais leur nombre ne dépasse jamais 66 par an dans l'ensemble du Canada. Ces chiffres sont négligeables si l'on songe aux propos véhéments déclenchés par la prétendue ampleur de la traite des blanches et du commerce des femmes et des enfants.

Période post-victorienne Le mouvement pour la pureté sociale décline dans les années 20 et le commerce sexuel continue sans trop attirer l'attention au cours des 50 années subséquentes. Aucun changement n'est apporté aux articles sur le proxénétisme et la prostitution de rue, et celui qui traite des maisons de prostitution est à peine modifié. La dernière modification apportée à ce chapitre date de 1947, où la peine maximale prévue pour les tenanciers des maisons de prostitution et leurs pensionnaires passe à trois ans et où une nouvelle infraction s'ajoute au Code: le fait d'emmener sciemment quelqu'un dans une maison de débauche. La loi durant cette période est appliquée suivant les mêmes principes qu'à l'époque victorienne: les femmes (et non les hommes) qui offrent des services d'ordre sexuel sont passibles de poursuites criminelles, le nombre de femmes condamnées pour activités illicites graves dans des maisons de prostitution dépasse celui des hommes et le taux des condamnations pour proxénétisme reste très peu élevé. Ce n'est que pour les infractions les moins graves se rapportant aux maisons de prostitution que le nombre de condamnations chez les hommes dépasse celui des femmes.

Époque contemporaine Si le débat public reprend de plus belle à la fin des années 70 et au début des années 80, c'est que la visibilité accrue de la prostitution de rue dans les quartiers résidentiels est de plus en plus préoccupante. Les protestataires reprennent durant cette période les griefs formulés avant la Confédération, à savoir que la prostitution constitue une nuisance. Des regroupements de citoyens qui dénoncent la prostitution comme étant une source insidieuse de détérioration de leurs quartiers et une nuisance publique dans les secteurs résidentiels, exercent des pressions auprès des politiciens municipaux, provinciaux et fédéraux pour qu'ils prennent des mesures plus efficaces pour lutter contre la prostitution de rue. Les solutions prônées par la plupart des regroupements ont simplement pour but de renforcer l'article du *Code criminel* sur la sollicitation. À l'opposé, les groupes qui se portent à la défense des libertés civiles, les diverses organisations féministes et les organismes de défense des droits des prostitués prônent une réforme juridique et sociale beaucoup plus large. Leurs préoccupations font écho, dans une large mesure, à celles des réformateurs victoriens. Ces regroupements réclament la criminalisation de ceux qui exploitent les prostitués et usent de coercition à leur égard, ainsi que de nombreuses réformes sociales en vue de mettre fin à toute situation qui force les gens à se prostituer. De plus, ils veulent modifier la loi de façon que les hommes et les femmes puissent vendre leurs faveurs sexuelles, autrement dit se prostituer, sans être accusés d'infraction criminelle.

En 1983, le gouvernement fédéral nomme un comité spécial qui mène une enquête sur cette question. Dans son rapport, le comité recommande de fortes sanctions pénales contre la prostitution de rue, mais reconnaît par ailleurs la nécessité de profondes réformes juridiques et sociales. Le gouvernement ne retiendra que les sanctions. Les mesures législatives mises en vigueur relativement à la prostitution durant cette période modifient le libellé du *Code criminel* dans quatre domaines.

Premièrement, la prostitution de rue cesse désormais d'être une infraction liée au statut. La disposition sur le vagabondage est abrogée en 1972 et remplacée par un article sur la sollicitation, remplacé à son tour, en 1985, par une disposition sur la communication à des fins de prostitution. En cours de route, la définition juridique du comportement délictueux s'est élargie au simple fait de communiquer, voire de «tenter de communiquer», dans le but de se livrer à la prostitution (autrefois, la sollicitation devait être «pressante ou persistante»).

Deuxièmement, des poursuites pour prostitution peuvent dorénavant être intentées contre les hommes, aussi bien ceux qui se prostituent que ceux qui achètent leurs services. Modifiée en 1983, la définition de prostitué vise désormais toute «personne de l'un ou l'autre sexe qui se livre à la prostitution» et le nouvel article portant sur la communication à des fins de prostitution inclut clairement les clients. Il stipule que toute personne qui communique avec une autre à des fins de prostitution ou dans le but d'obtenir les services d'un prostitué est passible de poursuites.

Troisièmement, les dispositions relatives au proxénétisme qui assurent la protection des femmes sont élargies pour viser aussi bien les hommes que les femmes, et les personnes des deux sexes peuvent dorénavant être poursuivies pour proxénétisme ou pour avoir vécu des produits de la prostitution.

Quatrièmement, des dispositions particulières sont prises en 1988, à l'intention des clients des prostitués juvéniles et des proxénètes qui ont recours aux services de jeunes, afin que des peines plus sévères leur soient imposées.

L'entrée en vigueur du nouvel article sur la communication ne met pas un terme au débat public. Les avocats, les prostitués, les défenseurs des droits de la personne et les féministes le critiquent et le remettent en cause à divers égards, et en contestent notamment la légalité aux termes de l'article sur la liberté d'expression de la CHARTE CANADIENNE DES DROITS ET LIBERTÉS. Certaines provinces sont parvenues à récuser cette allégation, tandis que d'autres l'ont soutenue. Toutefois, la constitutionnalité de cet article demeurera incertaine, tant que la Cour suprême du Canada n'aura pas tranché la question. Entre-temps, les femmes sont punies plus fréquemment et plus sévèrement que les hommes, les prostituées plus que leurs clients, les proxénètes ou les entremetteurs, et la prostitution de rue est traitée plus sévèrement que la prostitution en établissement. Le taux de prostitution est tombé en flèche après l'adoption de la disposition sur la communication, mais comme il a vite retrouvé, voire dépassé, son niveau antérieur, on peut s'interroger à juste titre sur son efficacité.

Personnes impliquées La plupart des études sur la prostitution mettent l'accent sur les femmes qui travaillent dans les rues, sans aborder la question des hommes qui se prostituent, de ceux qui achètent leurs services, du proxénétisme et du commerce du sexe dans les établissements de prostitution. Pourtant, des enquêtes sur le terrain montrent que les femmes ne représentent qu'un très faible pourcentage des personnes qui interviennent dans la prostitution. Des évaluations prudentes, fondées sur le ratio hommes-femmes qui se prostituent et sur le nombre moyen de clients servis par semaine, indiquent que moins de 5 p. 100 des personnes qui se livrent à la communication à des fins de prostitution sont des femmes. D'après les statistiques de la police et des tribunaux, de même que les échantillons des cliniques et des services sociaux, les prostitués de la rue sont généralement jeunes, célibataires, de sexe féminin, toxicomanes, peu instruits, à la merci de proxénètes et issus de milieux pauvres où ils ont été maltraités. Ces données ne sont que partiellement corroborées par les enquêtes réalisées sur le terrain. La plupart des prostitués sont des femmes et la plupart, quel que soit leur sexe, sont jeunes (la moyenne varie entre 22 et 25 ans). Ils ont commencé à se prostituer entre l'âge de 16 et 20 ans en moyenne, et ils sont généralement célibataires, quoique de 30 à 70 p. 100 des femmes (les données varient selon les régions) aient des enfants et doivent subvenir à leurs besoins. Les données sur l'usage de la drogue varient considérablement selon la région et le sexe. On en consomme davantage dans les provinces de l'Atlantique, moins au Québec, et il semble que les hommes connaissent plus souvent ce problème que les femmes. Le niveau de scolarité des prostitués semble bas, ils proviennent souvent de milieux pauvres et ont souvent été victimes de mauvais traitements, mais il reste encore à comparer convenablement les taux en la matière à ceux qui règnent dans la société en général. Toutes les études sur le terrain démontrent clairement qu'un grand nombre de femmes travaillent pour leur propre compte: ce serait le cas de 62 p. 100 des prostituées à Vancouver, de 50 p. 100 à Toronto et de 69 p. 100 à Montréal. La présence et l'influence des proxénètes est plus marquée dans les Maritimes et dans les Prairies.

Il est généralement admis que la prostitution est un métier dangereux. Les prostitués – les femmes plus que les hommes – risquent de se faire agresser physiquement et sexuellement, de se faire voler et de contracter des maladies transmissibles sexuellement.

L'origine de ces risques ne fait cependant pas l'unanimité. Certains soutiennent qu'il s'agit des risques du métier, d'autres que le danger réside dans l'illégalité de ce métier, d'autres encore considèrent que la prostitution est dangereuse du seul fait que les femmes sont en général plus menacées que les hommes dans la société.

Les recherches sur la prostitution chez les adolescents et les enfants sont peu nombreuses, mais l'ampleur de ce phénomène est de plus en plus un sujet de préoccupation pour la population. Il est généralement admis que la prostitution juvénile constitue un grave problème, mais on ne s'entend pas sur le nombre de jeunes en cause. D'après des estimations non officielles, beaucoup de prostitués qui travaillent dans les rues et les autres endroits publics sont des jeunes. Les statistiques de la police indiquent le contraire: moins de 5 p. 100 de ceux qui sont accusés de se livrer à la prostitution seraient des jeunes et, sur ce nombre, plus de 80 p. 100 seraient des femmes.

Ces constatations ne remettent pas en question l'intégrité des bases de données traditionnelles. Elles indiquent simplement que ces données doivent être combinées aux échantillons recueillis sur le terrain si l'on veut obtenir une image plus représentative de la situation. Le manque d'information sur les clients, les proxénètes et le commerce des relations sexuelles proprement dit fait ressortir la nécessité d'étudier la question de façon plus approfondie.

Politiques juridiques Les stratégies utilisées pour réprimer la prostitution et enrayer les problèmes qui s'y rattachent se classent dans quatre régimes de réglementation: la criminalisation, la légalisation, l'abolition des sanctions pénales ou la décriminalisation.

Criminalisation La criminalisation, ou la prohibition comme on disait au XIXe s., suppose le recours au droit pénal pour lutter contre la prostitution et les activités connexes. Les prohibitionnistes de l'époque victorienne croyaient en la nécessité d'éradiquer la prostitution et voulaient que le droit pénal leur permette d'en extirper complètement toutes les formes. Aujourd'hui, les tenants de cette doctrine ne désirent plus que renforcer le droit pénal applicable à la prostitution de rue et à la prostitution juvénile.

La légalisation, l'abolition des sanctions pénales et la décriminalisation sont autant de stratégies visant à légaliser certaines formes de prostitution chez les adultes.

Légalisation La légalisation consiste à réglementer les prostitués et leurs activités en vertu du droit pénal. Cette réglementation pourrait prendre la forme d'un permis délivré aux prostitués, d'examens médicaux obligatoires, d'un zonage (quartiers réservés à la prostitution) et de l'enregistrement des maisons de prostitution par l'entremise du système de justice pénale. Les premiers adeptes de la légalisation considéraient que les hommes et les femmes n'avaient pas les mêmes besoins sexuels et que la prostitution était le résultat de cette différence. Selon eux, la prostitution devait être considérée comme un mal nécessaire et réglementée afin d'endiguer ses effets les plus néfastes, soit la propagation de MALADIES TRANSMISES SEXUELLEMENT et la traite des femmes. Aujourd'hui, les partisans de la légalisation s'inquiètent moins des conséquences sociales négatives que des nuisances apportées par la prostitution sur la voie publique, puisque les tentatives pour l'enrayer ont échoué. La prostitution est légalisée dans plusieurs pays.

Abolition des sanctions pénales L'abolition des sanctions pénales soustrait les prostitués à la justice pénale, mais elle conserve certaines lois qui criminalisent leur exploitation ou la coercition dont on use à leur égard. Les prostitués sont considérés comme des victimes et non comme des criminels. L'objectif est de les protéger tout en visant à abolir complètement la prostitution en punissant les exploiteurs et en réintégrant les prostitués dans les rangs des citoyens respectueux de la loi. Cette approche s'apparente à cel-

le que défendaient les réformateurs victoriens, bien qu'ils ne l'aient jamais mise en pratique. L'abolition des sanctions pénales a reçu l'appui des Nations Unies, à l'issue de la Convention pour la répression et l'abolition de la traite des êtres humains et de l'exploitation de la prostitution d'autrui. À ce jour, aucun pays n'a opté pour l'abolition complète des sanctions pénales.

Décriminalisation La décriminalisation suppose l'abrogation de toutes les lois sur la prostitution, y compris l'exploitation et la coercition. Dans cette optique, la prostitution est considérée comme un choix personnel, et donc comme une affaire privée entre adultes consentants. Les partisans de cette théorie soutiennent que les personnes et les activités auxquelles elles se livrent peuvent être réglementées sans le recours au droit pénal et que l'abolition des sanctions pénales, bien qu'elle protège les prostitués, a pour effet de les marginaliser davantage encore. Leur objectif est de faire en sorte que ceux qui maltraitent les prostitués soient punis aux termes des articles pertinents du *Code criminel* (p. ex., enlèvement, voies de fait, agression sexuelle, extorsion et vol) et d'offrir ainsi aux hommes et aux femmes de meilleures chances de s'en sortir, si tel est leur désir. Cette approche cherche à donner aux prostitués une place légitime dans la société, en éliminant, à tout le moins sur le plan juridique, ce qui peut les distinguer du reste de la société, mais aucun pays à ce jour ne l'a mise en pratique.

La politique officielle du Canada est de criminaliser la prostitution et ses activités connexes. Dans la pratique toutefois, on remarque une tolérance sélective voisine de la réglementation par la légalisation. Plus de 90 p. 100 des Canadiens sont convaincus qu'il est impossible d'enrayer la prostitution, mais il n'y a pas consensus quant à la façon d'aborder le problème. Les groupes de défense des droits des prostitués et certaines féministes font des pressions pour la décriminaliser, et la majorité des analystes en arrive à cette même conclusion. La population est quant à elle divisée, mais un grand nombre prône la légalisation de certaines activités. Le gouvernement actuel, au contraire, est en faveur de la criminalisation: plusieurs comités s'apprêtent à réclamer l'application plus stricte de la législation en vigueur et à adopter des dispositions qui faciliteraient l'arrestation et le châtiment des clients et des proxénètes des prostitués juvéniles. De toute évidence, la prostitution suscitera longtemps encore la controverse au Canada et le débat est loin d'être clos.

Frances M. Shaver

Protecteur du citoyen (*Voir* OMBUDSMAN)

Protection civile La protection des populations civiles en temps de guerre devient de plus en plus problématique au cours de la Seconde Guerre mondiale avec l'avènement des raids aériens massifs. Même si la menace qui plane sur l'Amérique du Nord est négligeable, le Canada adopte des mesures de défense passive qui englobent la défense active de l'espace aérien par des avions de chasse, la LIGNE DE RADARS AVANCÉS, le black-out et la mise sur pied d'organismes de sauvetage et de secours d'urgence. C'est en octobre 1948 qu'est nommé le premier coordonnateur en temps de paix de la protection civile. Son rôle est de coordonner les efforts des autorités fédérales, provinciales et municipales en matière d'abris antiaériens, de ressources alimentaires et médicales d'urgence et de plans d'évacuation des zones les plus susceptibles d'être ciblées.

La mise au point des armes nucléaires et la GUERRE FROIDE durant les années 40 et 50 incitent les Canadiens à envisager des mesures encore plus élaborées. En 1959, le gouvernement Diefenbaker confie au Bureau des mesures d'urgence (Planification d'urgence Canada, de 1974 à 1986, et Protection civile Canada, depuis 1986) la responsabilité de la protection civile et charge ensuite toutes les unités de l'armée de terre déployées au Canada des

opérations d'évacuation et des opérations de survie, en cas d'attaque nucléaire.

L'année suivante, le gouvernement lance une campagne visant à encourager l'instauration d'abris antiatomiques dans les domiciles. L'enthousiasme du public pour ces programmes décroît rapidement. En effet, les coûts sont excessifs et les probabilités de survie diminuent. En effet, les superpuissances disposent d'un nombre de missiles et de têtes explosives plus que suffisant pour détruire le monde.

De nos jours, le gouvernement fédéral maintient un système d'alerte en cas d'attaque et la planification fédérale des mesures d'urgence, en temps de paix comme en temps de guerre, est prise en charge par PROTECTION CIVILE CANADA.

Stephen Harris

Protection civile Canada En encourageant et en appuyant la préparation des autorités civiles en cas d'urgence, Protection civile Canada (PCC) doit pouvoir planifier des mesures d'urgence en cas de désastres et communiquer l'information aux professionnels des autres ordres gouvernementaux. On y parvient actuellement en mettant en scène des catastrophes nationales fictives par l'intermédiaire d'un centre des opérations à Ottawa, au moyen d'ordinateurs, de communications par satellite et de câblodistribution. Ces opérations font appel à du personnel provenant des ordres municipaux, provinciaux et fédéral.

La PCC est en train d'élaborer plusieurs nouvelles technologies pour l'avenir. La plus innovatrice, NHEMATIS, une carte électronique des catastrophes naturelles et un système d'information sur les instruments d'évaluation, est un programme informatique national pour la collecte et l'analyse des données sur les catastrophes naturelles. NHEMATIS sera combiné à des caractérisations de populations et d'infrastructures qui permettront d'analyser différents risques et vulnérabilités.

En contribuant à l'évaluation des risques, NHEMATIS comportera à long terme des capacités d'analyse et de modélisation complexes se rapportant à la situation canadienne, y compris des analyses par quartier, des analyses de réseau, des analyses topologiques et des analyses de visibilité. L'évaluation des risques devrait comporter plusieurs avantages importants, dont l'échange de connaissances parmi les experts de la santé et les organismes nationaux, provinciaux et municipaux, dont c'est l'intérêt direct d'appuyer la Protection civile dans différents lieux géographiques du Canada. NHEMATIS devrait également devenir un moyen d'intégrer la base de connaissances des professionnels de disciplines complémentaires.

La transmission rapide sur de grandes distances est l'enjeu d'un autre secteur de recherche. Des essais ont lieu sur si l'utilisation d'INTERNET permettrait l'accès en partie ou en entier, à l'échelle locale, à d'importantes bases de données géographiques. À un autre niveau, l'accès à d'importantes bases de données sur les opérations d'urgence et à des programmes informatiques connexes au moyen de liaisons radio à très haute fréquence et de liaisons par satellite directement dans les sites éloignés est très prometteur.

Communication des renseignements sur les catastrophes naturelles

Reconnaissant la valeur des renseignements nationaux officiels sur l'état des catastrophes naturelles et les mesures de préparation à prendre en cas de catastrophe naturelle, la PCC et d'autres partenaires du gouvernement fédéral et du secteur privé se sont engagés dans un projet d'élaboration d'une carte-affiche du Canada sur les catastrophes naturelles. Le public et les planificateurs peuvent se procurer la carte-affiche générale depuis 1996, sous forme imprimée ou sous forme électronique, en passant par Internet, sur le site d'EPIX (Emergency Preparedness Information Exchange), à l'adresse «http://hoshi.cic.sfu.ca/~epc/». La carte est le fruit du travail d'une équipe multidisciplinaire de scientifiques et de professionnels qui ont fourni à un organisme central, l'ATLAS NATIONAL DU CANADA, des renseignements dans leurs champs de compétence respectifs, à l'aide de cartes et de rapports conventionnels et par des moyens électroniques et des systèmes d'information géographique. La carte-affiche devrait accroître la sensibilisation des gouvernements et du grand public, servir d'outil aux écoles et aux établissements d'enseignement, aider le travail des planificateurs de mesures d'urgence et des compagnies d'assurances ainsi que soutenir la participation du Canada à l'Organisation des Nations Unies et à la Décennie internationale de la prévention des catastrophes naturelles.

Chris Tucker

Protection de l'enfance Au Canada, elle désigne un ensemble de services mis en place par les gouvernements des provinces et des territoires, parfois en collaboration avec des organismes privés appelés sociétés d'aide à l'enfance, dans le but d'offrir des services qui complètent ou remplacent les soins et la surveillance des parents.

Chaque province dispose maintenant d'un système bien établi de services de protection de l'enfance (*voir* FAMILLE, DROIT DE LA) pour prévenir ou aider à corriger les situations où les enfants sont victimes de négligence, de mauvais traitements ou d'exploitation, ou ont des démêlés avec la justice (*voir* ENFANTS MALTRAITÉS; DÉLINQUANCE JUVÉNILE); pour fournir des soins hors du foyer (p. ex., le placement en foyer nourricier, les soins en foyer de groupe, les soins en institution et les services d'ADOPTION) aux enfants retirés de leur foyer; et pour offrir diverses formes de services de soutien aux familles qui ont de la difficulté à prendre soin de leurs enfants. Les services modernes de protection de l'enfance ne se limitent pas seulement au comportement des enfants et des parents, mais traitent aussi de divers problèmes sociaux et environnementaux qui compromettent le bien-être de tous les membres de la famille. Non seulement au Canada, mais partout ailleurs dans le monde civilisé, le principal problème social associé aux questions de protection de l'enfance est la pauvreté.

Évolution historique

Dès les premiers documents historiques, les enfants apparaissent comme une marchandise qu'on achète, vend ou même met à mort, et ils sont considérés comme la propriété exclusive de leur père. La tendance de l'État à intervenir dans les soins aux enfants est un phénomène relativement récent. À l'époque de la «prise en charge des enfants», qui commence à la fin du XIXᵉ et au début du XXᵉ s., divers organismes philanthropiques, religieux et de bienfaisance entreprennent de venir en aide aux enfants abandonnés, aux orphelins et aux enfants négligés. Ces organismes dirigent des orphelinats, des écoles de formation et des asiles de pauvres, cherchant à s'assurer que l'éducation fera des enfants des citoyens disciplinés, industrieux et sachant lire et écrire.

Dans le Haut et le Bas-Canada d'avant la Confédération, les enfants sont d'abord la responsabilité de la famille. Toute autre assistance provient de l'Église ou de la communauté locale. Les gouvernements provinciaux fournissent des établissements comme les prisons, les maisons de correction et les écoles industrielles, et soutiennent les orphelinats dirigés par les églises et les organismes privés. Ils établissent aussi un système de contrats d'apprentissage selon lequel un enfant peut être confié à un employeur en échange du gîte et du couvert, et parfois d'un salaire. À cette époque, la plupart des Canadiens vivent dans des fermes, et la survie des familles repose largement sur le travail des enfants.

Le problème social des ENFANTS AU TRAVAIL est cependant lié à l'essor de l'industrialisme et du capitalisme. Ce phénomène apparaît avec le développement du système domestique, qui est remplacé par le système industriel. Au Canada, le travail des enfants n'entraîne alors pas une situation aussi sérieuse qu'en Angleterre ou en Europe, parce que le pays demeure principalement agricole pendant une bonne partie du XXᵉ s.. Toutefois, la pauvreté et l'indigence, favorisées par l'industrialisation et l'urbanisation, commencent à faire des victimes, peu de services de santé publique et de secours publics sont disponibles (*voir* SÉCURITÉ SOCIALE). Le nombre croissant d'enfants démunis et sans foyer dans les centres urbains, l'accroissement de la criminalité juvénile et les changements dans les pratiques du travail des enfants forcent les gouvernements à répondre à la situation lamentable des enfants. À la même époque (1870-1925), un grand nombre d'enfants sont amenés de la Grande-Bretagne au Canada pour travailler comme ouvriers agricoles et employés domestiques, ce qui, dans les faits, produit le premier grand système de placement en famille d'accueil, lequel souvent ne sert pas le meilleur intérêt des enfants (*voir* ENFANTS IMMIGRANTS).

À mesure que les mouvements philanthropiques visant à secourir les enfants qui vivent dans des conditions inacceptables prennent de l'ampleur, les organismes grandissent, et il faut bientôt des lois pour soutenir ces nouvelles bureaucraties. L'État entreprend de réglementer et de financer un système de services de protection de l'enfance lorsque diverses provinces adoptent des lois sur la protection de l'enfance. À la même époque, on assiste aussi à la création et à la croissance de sociétés d'aide à l'enfance et de divisions de protection de l'enfance au sein des ministères. La première société d'aide à l'enfance voit le jour à Toronto, en 1891, et la première loi portant sur le bien-être de l'enfance est adoptée en Ontario, en 1893. Pour la première fois, cette loi, l'*Act for the Prevention of Cruelty to and Better Protection of Children*, considère comme un acte criminel les mauvais traitements infligés aux enfants, encourage le placement en famille d'accueil et les sociétés d'aide à l'enfance, donne à ces dernières un pouvoir de tutelle et crée le bureau du surintendant des enfants négligés.

L'expansion rapide des services de protection de l'enfance dans la plupart des provinces au cours des 20 années suivantes entraîne leur bureaucratisation et leur professionnalisation, ce qui a une grande influence sur leur développement ultérieur. L'évolution des mentalités à l'égard de la participation des enfants au marché du travail, l'appui grandissant à l'importance d'une éducation formelle et la reconnaissance graduelle du droit des enfants à la protection contre divers préjudices favorisent aussi des changements en matière de protection de l'enfance. Au cours de cette période, les responsables de la planification et de la prestation des services ont tendance à mettre l'accent sur la famille et ses problèmes, et les problèmes sociaux à plus grande échelle, comme le chômage, la pauvreté et les logements insalubres, sont moins souvent perçus comme des facteurs à considérer.

Négligence et violence

La législation de chaque province définit maintenant les situations dans lesquelles l'intervention de l'État est nécessaire pour assurer la protection des enfants. C'est le cas, p. ex., des orphelins, des enfants abandonnés, des enfants victimes de violence physique, sexuelle ou psychologique, et de ceux dont le comportement peut constituer un danger pour eux-mêmes ou pour leur entourage. Selon ces dispositions législatives, la responsabilité d'enquêter et d'intervenir est confiée à un agent provincial de protection de l'enfance ou à une organisation mandatée à ces fins, telle qu'une société d'aide à l'enfance. Ces intervenants doivent faire enquête sur toute plainte de négligence ou de mauvais traitements et prendre toute mesure nécessaire pour protéger l'enfant.

Quiconque soupçonne qu'un enfant est victime de négligence ou est violenté peut rapporter le cas. Si la cour retire l'enfant de son foyer, l'autorité en matière de bien-être de l'enfance devra prévoir des soins appropriés (habituellement un placement temporaire), et un travailleur social sera désigné pour intervenir auprès de la famille afin que l'enfant puisse réintégrer le foyer dès que possible. La politique actuelle de protection de l'enfance accorde beaucoup d'importance au soutien et au renforcement des familles, de façon que le plus grand nombre d'enfants possible puissent demeurer dans leur famille naturelle. Les enfants retirés de façon permanente de leur famille peuvent être placés dans des foyers d'adoption ou demeurer sous la tutelle administrative jusqu'à l'âge de la majorité. Dans la plupart des cas, les parents naturels peuvent demeurer en contact avec leur enfant.

Soins alternatifs

L'enfant confié à la garde d'un service de protection de l'enfance est habituellement placé dans une famille d'accueil recrutée par le bureau local de protection de l'enfance ou par la société d'aide à l'enfance et supervisée par le personnel des services sociaux. On donne une responsabilité considérable aux parents nourriciers quant aux soins quotidiens apportés à l'enfant vivant sous leur toit. Compte tenu notamment de la tendance actuelle suivant laquelle les deux parents travaillent à l'extérieur, il est difficile de trouver des foyers d'accueil hautement qualifiés, en particulier pour les enfants plus âgés et ceux qui ont des besoins spéciaux.

Certains enfants sont placés dans des foyers de groupe financés par l'État, dirigés par les services publics ou privés de protection de l'enfance et qui emploient des parents nourriciers ou du personnel apportant des soins aux enfants. Certains de ces établissements fournissent simplement un foyer de remplacement à l'enfant, alors que d'autres offrent des traitements spécialisés aux enfants et aux jeunes présentant des besoins spéciaux. Pour certains de ces enfants, ces foyers de groupe constituent un «placement de choix».

Les enfants sont aussi placés dans des centres résidentiels plus grands, dont certains offrent un service de garde général en milieu surveillé, tandis que d'autres offrent des services aux enfants ayant des besoins spéciaux. Ces derniers établissements, souvent appelés centres de traitement, sont habituellement privés et emploient diverses catégories de professionnels, mais leur financement provient principalement de l'État.

Adoption

L'adoption fait passer la garde et la tutelle d'un enfant des parents naturels (ou du parent naturel ou de l'État) à d'autres personnes (ou à une autre personne) et est réglementée par la loi sur la protection de l'enfance de chaque province. Traditionnellement, les enfants placés en adoption étaient nés de jeunes mères célibataires. L'évolution des valeurs sociales fait qu'on accepte maintenant davantage que ces jeunes mères gardent leurs enfants, si bien que moins d'enfants en bonne santé sont offerts en adoption. Pour les familles qui le souhaitent, il est possible d'adopter des enfants plus âgés, des enfants ayant des besoins spéciaux ou des groupes de frères et sœurs. Les enfants peuvent aussi être adoptés par le nouveau conjoint du parent qui en a la garde quand celui-ci se remarie. L'adoption internationale est un phénomène des années 90 qui soulève bien des controverses.

Dans toutes les provinces, les parents adoptifs potentiels sont évalués par la direction de la protection de l'enfance (ou par une agence d'adoption privée accréditée) et, si leur candidature est acceptée et qu'un enfant leur convient, celui-ci sera d'abord placé dans le foyer pour une période de probation avant que l'ordonnance d'adoption finale ne soit rendue par la cour. Par le passé, il y avait peu de rapports entre les parents naturels et l'enfant adopté, mais depuis quelques années, on met beaucoup l'accent sur l'«adoption ouverte». Même quand un enfant est placé dans un foyer adoptif dans sa petite enfance, les parents naturels peuvent continuer à jouer un certain rôle. De plus en plus, des adultes ayant été adoptés et leurs parents naturels essaient de se retrouver, et quelques provinces mettent en place des mécanismes pour faciliter de telles rencontres.

Protection des enfants autochtones

La situation des enfants autochtones du Canada pourrait bien être le problème le plus épineux du système de protection de l'enfance au pays. Bien que l'ensemble de la population autochtone ne représente que 4 p. 100 de la population nationale, on estime que 20 p. 100 des enfants sous la garde de l'État au Canada sont autochtones. Dans les provinces de l'ouest, cette proportion est d'environ 40 p. 100. Dans plusieurs régions du pays, on est en voie de créer des organismes autochtones de protection des enfants, tandis que les peuples autochtones tentent de corriger la situation et de préserver l'identité et l'héritage culturels de leurs enfants.

La fréquence avec laquelle les problèmes sociaux comme la pauvreté, le chômage, l'insalubrité des logements et l'éducation déficiente se rencontrent dans les communautés autochtones est directement liée aux problèmes des enfants autochtones. Quand il faut retirer des enfants autochtones de leurs familles, il est difficile de trouver des familles d'accueil autochtones en raison, entre autres, de l'extrême pauvreté qui afflige de nombreuses familles, tant dans les réserves qu'à l'extérieur.

Dans la plupart des provinces, quand des enfants autochtones sont placés dans des familles non autochtones, de façon temporaire ou permanente, ceux qui s'en occupent doivent maintenant s'engager à leur permettre d'avoir des liens constants avec leurs racines culturelles. Comme on ne sait pas très bien de quel palier de gouvernement relève le bienêtre des enfants autochtones, il arrive fréquemment qu'aucun gouvernement n'en assume la responsabilité. Il n'existe pas de loi fédérale sur la protection des enfants autochtones, de sorte que les enfants autochtones ont moins accès à des services adéquats que les enfants non autochtones.

Questions actuelles au sujet de la protection de l'enfance

Des changements énormes surviennent en matière de bien-être de l'enfance au Canada au cours des 30 dernières années. Une meilleure compréhension de la dynamique de la violence physique, psychologique et sexuelle et de la négligence à l'égard des enfants entraîne des changements non seulement dans la nature et l'approche des services offerts aux enfants et aux familles, mais aussi dans la législation, qui oblige maintenant les professionnels et les particuliers à rapporter les cas soupçonnés d'enfants maltraités. On exige désormais, dans la plupart des territoires, que les personnes qui travaillent dans le domaine de la protection de l'enfance possèdent une formation en travail social.

La reconnaissance plus universelle de la relation entre les problèmes sociaux à grande échelle et le bien-être de l'enfance change aussi la façon dont plusieurs communautés gèrent les services à l'intention des enfants et des familles. Même s'il y aura toujours des enfants et des familles qui auront besoin des services des agences de protection de l'enfance, on reconnaît généralement qu'une communauté qui offre de vastes possibilités d'emplois intéressants, des logements adéquats, des services universels d'éducation et de soins de santé, et un bon service de garde d'enfants pour les parents qui travaillent, connaît moins de problèmes liés à la protection de l'enfance. (*Voir* ALLOCATION FAMILIALE; PAUVRETÉ; SÉCURITÉ SOCIALE; ÉTAT PROVIDENCE.)

Jim Albert et M. Herbert

Protectionnisme Il consiste en l'adoption par un gouvernement de politiques destinées à protéger les biens produits au pays contre la concurrence étrangère. Ainsi, l'imposition d'un tarif douanier de 15 p. 100 sur une automobile coûtant 5000 dollars dans un pays étranger signifie qu'on prélève une taxe (droits de DOUANE) de 750 dollars lors de l'importation du véhicule au Canada. Le prix canadien est donc de 5750 dollars. Les fabricants canadiens réalisent ainsi un profit en vendant un véhicule semblable 5750 dollars, mais ils n'en feraient pas en le vendant 5000 dollars. Ils sont donc en mesure de concurrencer les importations sur le marché canadien. Les fabricants qui dépendent de cette protection ne peuvent normalement pas exporter, puisque leurs prix dépassent les prix mondiaux. Ils dépendent presque entièrement du marché intérieur. (L'ACCORD CANADO-AMÉRICAIN SUR LES PRODUITS DE L'INDUSTRIE AUTOMOBILE de 1965 a permis d'exporter aux États-Unis les automobiles fabriquées au Canada, même si le prix canadien est plus élevé.)

L'analyse économique montre qu'un tarif douanier cause des pertes économiques supérieures à ses avantages. En théorie, il est peu avantageux, car il entraîne la substitution de produits coûteux fabriqués au pays à des importations moins coûteuses. Si on le supprimait, la main-d'œuvre et les capitaux des industries protégées passeraient à d'autres emplois, au pays ou ailleurs, et tous, en tant que consommateurs, bénéficieraient de prix moins élevés. Les propriétaires fonciers obligés de consacrer leurs ressources à d'autres utilisations y perdraient. Les propriétaires de terre et les actionnaires des industries en déclin perdraient plus en tant que propriétaires qu'ils ne gagneraient en tant que consommateurs. Les travailleurs spécialisés des industries seraient probablement contraints de se recycler ou d'accepter un emploi moins bien rémunéré. D'autres devraient supporter les frais «transitoires» imposés par la réorganisation de leur vie économique. Les nombreux gagnants y gagneraient probablement peu, tandis que le petit nombre relatif de perdants subirait des pertes assez importantes. En supprimant les tarifs douaniers, le gouvernement devrait néanmoins, en principe, être en mesure d'indemniser les perdants tout en suscitant un «bénéfice» social net.

Le débat sur le protectionnisme a porté sur la recherche d'une réfutation intellectuellement valable de l'argument économique, mais on n'en a trouvé aucune. Ce débat serait plus fécond si les partisans du protectionnisme indiquaient que, même s'il engendre des coûts économiques, d'autres «avantages» l'emportent sur les arguments de nature économique. Pourtant, ce qui étonne, c'est que presque tous les gouvernements ont adopté sciemment des lois qui réduisent le bien-être économique de leurs citoyens.

Les mesures protectionnistes comportent peutêtre des avantages étrangers aux lois du marché: renforcement de la sécurité militaire, augmentation de la population, diversification de la production et consolidation de l'identité nationale. Il n'est sans doute pas possible de réfuter définitivement ces vagues prétentions, mais elles ne semblent pas très bien convenir à la situation du Canada. L'argument concernant la défense est hors de propos pour les pays à faible population. Contrairement aux économistes, les politiciens semblent croire aux vertus de la taille et de la diversification. Les électeurs sont susceptibles de considérer ces aspects comme des questions de fierté nationale, fusionnant ainsi l'argument de la «diversification» et celui de l'«identité nationale». Au Canada, les habitants de huit provinces ne soutiennent pas généralement le protectionnisme, puisqu'ils sont d'avis que les tarifs douaniers favorisent la diversification de la production, surtout au Québec et en Ontario.

Deuxième explication possible: la dynamique politique entraîne presque inévitablement des mesures protectionnistes. Souvent, les politiciens soutiennent les tarifs douaniers là où se concentrent les électeurs «protectionnistes», mais choisissent de n'en point parler ailleurs ou même d'appuyer le libre-échange pour la forme. Même les électeurs que l'abolition des tarifs avantagerait votent parfois contre celle-ci par sympathie pour les «intérêts personnels» de ceux dont la vie serait perturbée. Cette explication n'est toutefois pas vraiment satisfaisante. Il existe des moyens pratiques d'indemniser ceux que désavantage le changement de la politique gouvernementale, ce qui fait de la «compassion» un argument moins important. Quant à «la recherche des suffrages», il faut se demander pourquoi un parti politique ne pourrait pas promettre à la fois de relever le niveau de vie en abolissant les tarifs douaniers et d'adopter des mesures facilitant la transition.

Une troisième façon d'expliquer le protectionnisme consiste à faire appel à des «impératifs» psychologiques ou biologiques profonds contraignant les gens à favoriser les fabricants du pays et à protéger la production nationale.

Les colonies britanniques d'Amérique du Nord se sont appuyées sur des tarifs douaniers relativement bas touchant certaines denrées, mais c'est après la Confédération que le premier système protectionniste canadien cohérent est créé. Sir John A. MACDONALD gagne les élections générales de 1878 en grande partie grâce à l'attrait de la POLITIQUE NATIONALE, une politique de NATIONALISME ÉCONOMIQUE destinée à protéger les entreprises canadiennes contre la concurrence des entreprises américaines dont les coûts sont moins élevés. Depuis lors, même si la question du LIBRE-ÉCHANGE avec les États-Unis (*voir* RÉCIPROCITÉ) est débattue lors des élections générales de 1911, les relations économiques internationales du Canada ont toujours fait place à une part de protectionnisme.

Après la Seconde Guerre mondiale, le Canada signe l'ACCORD GÉNÉRAL SUR LES TARIFS DOUANIERS ET LE COMMERCE (GATT) qui oblige les nations membres à abaisser leurs tarifs douaniers et les autres barrières commerciales par des négociations multilatérales. Le GATT a permis de réduire les tarifs douaniers, mais non les barrières non tarifaires. En réalité, la baisse des tarifs douaniers s'est accompagnée de l'augmentation d'autres barrières: contingentement des importations, menaces de contingentement ou autres mesures qui amènent les étrangers à accepter des «limitations volontaires des exportations» lorsqu'ils exportent certaines marchandises au Canada. Ces obstacles comprennent également des mesures administratives de protection grâce auxquelles les agents de douane limitent ou entravent l'entrée de produits importés, et bien d'autres mesures allant du contrôle des devises aux règlements touchant l'hygiène et la santé.

Le Canada peut sans doute prétendre avoir lancé une nouvelle forme de protection: les clauses concernant le «contenu» qui facilitent l'importation par les entreprises de marchandises dont elles fabriquent au Canada une certaine proportion du contenu. Ces clauses, appliquées aux produits de l'industrie automobile depuis 1926, touchent aussi l'industrie de la radiodiffusion.

Depuis la Seconde Guerre mondiale, un important mouvement de «protectionnisme provincial» a amené les provinces à adopter plusieurs mesures de substitution aux tarifs douaniers. On a ainsi créé des offices de commercialisation pour augmenter les revenus de certains agriculteurs (notamment les producteurs de lait, d'œufs et de volaille) en limitant la production provinciale et en persuadant le gouvernement central d'appliquer des tarifs douaniers aux importations étrangères et des «quotas de production» à toutes les provinces. Lors de l'octroi de contrats, les gouvernements provinciaux favorisent aussi les entrepreneurs locaux en acceptant leurs soumissions, même si elles sont plus élevées que celles en provenance des autres provinces. Depuis peu, certaines provinces exigent que les soumissions respectent les règles concernant le «contenu provincial» et embauchent en priorité des personnes habitant la province, ou encore, qui y sont nées.

Le phénomène du protectionnisme provincial et l'implantation éventuelle d'un protectionnisme municipal (s'il était possible de limiter le commerce entre les villes comme cela se faisait au Moyen Âge, grande époque de protectionnisme local) semblent indiquer que le protectionnisme n'est pas simplement une question de diversification de l'économie nationale ou d'identité nationale. (*Voir aussi* INVESTISSEMENT ÉTRANGER; LIBRE-ÉCHANGE; COMMERCE INTERNATIONAL.)

John H. Dales

Protestantisme Né de la Réforme dans l'Europe chrétienne du XVIᵉ s., le protestantisme est la tradition religieuse du CHRISTIANISME occidental qui rejette l'autorité papale de Rome. On considère que les protestants ont tous en commun trois convictions fondamentales: 1) la Bible est l'autorité suprême en matière de vérité religieuse; 2) l'être humain n'est sauvé que par la grâce de Dieu, c.-à-d. par un don non mérité; 3) tous les chrétiens sont prêtres, c.-à-d. qu'ils peuvent intercéder auprès de Dieu pour les autres et pour eux-mêmes, témoigner, confesser leurs péchés et être pardonnés.

Lorsqu'une majorité catholique soigneusement arrangée rejette certaines réformes à la diète de Spire (Allemagne) en 1529, la minorité défaite reçoit le nom de «protestants», dérivé d'un mot latin qui veut dire «témoigner en faveur de quelque chose». Le rejet de l'enseignement et de la pratique catholiques prend rapidement pour cible l'autorité du pape, souvent appelé «Antéchrist» par les protestants. Le rejet de la papauté est le seul trait commun de tous les protestants à toutes les époques.

Émergence de la civilisation occidentale On a dit que les trois autres convictions protestantes ont eu une influence décisive sur la formation de la civilisation occidentale. P. ex., la vénération qui entoure la Bible a favorisé l'alphabétisation et l'éducation populaire. Paradoxalement, l'expérience de la gratuité du don de Dieu a porté les protestants à préconiser une morale stricte et à travailler beaucoup; c'est ce que le sociologue Max Weber appelle l'«éthique protestante». Le «sacerdoce des fidèles» est à l'origine de la démocratie moderne et a suscité une activité terrestre qui, ironiquement, a favorisé la sécularisation (optique qui fait abstraction du sacré). Les spécialistes sont en profond désaccord quant au bienfondé de ces affirmations, mais la plupart des protestants sont heureux d'y souscrire.

En réalité, la pratique du protestantisme a souvent occulté ses trois caractéristiques contestées. Bien que les protestants s'accordent pour reconnaître l'autorité de la Bible, ils l'interprètent souvent différemment et n'insistent habituellement pas sur les mêmes aspects. On remarque que les protestants parlent de la grâce de Dieu, mais agissent comme si tout dépendait de leurs efforts humains. Quant au sacerdoce des fidèles, sa valeur est affaiblie par le respect porté aux ministères conférés par ordination de la Parole, des sacrements et du travail pastoral.

Contrastes avec les catholiques Contrairement aux catholiques (*voir* CATHOLICISME), les protestants ne célèbrent généralement que deux sacrements (le baptême et l'eucharistie) et mettent l'accent sur la prédication ainsi que sur le caractère relativement informel de leurs offices religieux dominicaux. Les assemblées protestantes chantent souvent en chœur. Les temps forts de leur calendrier religieux sont Noël, Pâques et la Pentecôte (fête de la descente du Saint-Esprit et de la fondation de l'Église). Quelques confessions protestantes seulement (les anglicans surtout) comptent des évêques parmi leur clergé, lequel comprend habituellement des femmes, quoique en petit nombre. Les laïcs tiennent généralement une place importante dans la vie de la communauté, qui demeure la cellule essentielle et typique des Églises protestantes.

Les premiers explorateurs français amènent des aumôniers protestants au Canada, et les violentes querelles entre ceux-ci et les aumôniers catholiques

marquent le début d'une tendance qui continuera à marquer l'histoire religieuse du Canada. Vers 1659, toutefois, il est devenu évident que les protestants ne seront pas tolérés en Nouvelle-France. Après la CONQUÊTE britannique, c'est maintenant aux protestants à tenir le haut du pavé; jusque vers l'époque de la Seconde Guerre mondiale, ils dominent la culture et les institutions du Canada anglais. La suprématie protestante est finalement neutralisée par l'arrivée d'immigrants européens, dont beaucoup sont catholiques, juifs ou chrétiens orthodoxes, et par la sécularisation. Les protestants constituent aujourd'hui 36 p. 100 de la population canadienne; à peine un peu plus de la moitié d'entre eux appartiennent à l'ÉGLISE UNIE DU CANADA et à l'Église anglicane du Canada (*voir* ANGLICANISME).

Aspects distinctifs Le protestantisme s'est manifesté de façon caractéristique au cours de l'histoire canadienne. Les luthériens ont occupé une place considérable dans les pays d'Europe continentale, mais pas au Canada anglais. En Angleterre, l'Église anglicane était l'Église dominante, situation qu'elle n'est jamais parvenue à atteindre au Canada. Aux États-Unis, les confessions protestantes se sont multipliées mais, au Canada anglais, les unions entre Églises se sont effectuées plus facilement, et quelques confessions ont atteint une grande importance. Jusqu'à l'immigration non protestante et la sécularisation qui ont marqué le XXᵉ s., les protestants du Canada n'ont guère eu de motifs de protester.

Nous avons vu que les historiens sont en désaccord sur la nature de l'héritage protestant; aujourd'hui, beaucoup s'interrogent sur l'avenir du protestantisme. Les protestants marient des non-protestants de plus en plus fréquemment et librement. La société canadienne est de plus en plus sécularisée; la vie religieuse elle-même est une affaire plus privée que jadis. En raison de l'intérêt nouveau que les catholiques canadiens accordent à l'étude de la Bible, à l'expérience de la grâce de Dieu dans le RENOUVEAU CHARISMATIQUE et à l'importance des ministères et des vocations laïques, les trois convictions déclarées du protestantisme semblent moins proprement protestantes. Du côté protestant, l'affection et le respect que beaucoup ont manifestés à certains papes récents donnent lieu à des conjectures selon lesquelles le seul pilier immuable du protestantisme est peut-être en voie de s'écrouler.

Tom Faulkner

Proulx, Maurice, prêtre et cinéaste (Saint-Pierre-de-Montmagny, Qc, 13 avril 1902—La Pocatière, Qc, 7 juin 1988). Issu d'une famille d'agriculteurs, il entre au Séminaire de Québec en 1924 et est ordonné prêtre en 1928. Bien qu'il étudie en agronomie après son ordination, il s'intéresse au cinéma, qu'il utilise pour enregistrer les progrès de la colonisation de l'Abitibi et d'autres régions du Québec dans les années 30. Son film le plus connu, le long métrage *En pays neuf* (1934-1937), offre un témoignage extraordinaire du peuplement de l'Abitibi. De 1934 à 1961, il réalise 36 films pour le compte du gouvernement provincial et de l'industrie, axés surtout sur l'agriculture, le tourisme et la religion. Il prend sa retraite en 1966. En 1977, le gouvernement du Québec acquiert ses œuvres afin de les préserver.

Peter Morris

Provancher, Léon, prêtre et naturaliste (paroisse de Bécancour, Qc, 10 mars 1820—Cap-Rouge, Qc, 23 mars 1892). Alors qu'il est encore simple curé de campagne, il se fait remarquer par les scientifiques et le public grâce à la publication de sa *Flore canadienne* (1862) et au lancement du journal *Le Naturaliste canadien* (1868). Après s'être établi dans le petit village de Cap-Rouge, en 1872, il consacre le reste de sa vie à l'histoire naturelle. Sa *Petite faune entomologique du Canada*, où il décrit plus de 1000 nouvelles espèces d'insectes, principalement des Hyménoptères, le fait connaître des naturalistes du monde entier.

Parmi les travaux de cet auteur prolifique, on compte le *Traité élémentaire de botanique* (1858), *Le Verger canadien* (1862), l'*Histoire du Canada* (1884) et *De Québec à Jérusalem* (1884).

En 1888, il fonde *La semaine religieuse de Québec*. Son tempérament troublant, ses polémiques virulentes et ses convictions ultramontaines strictes le font remarquer parmi les intellectuels de Québec. Ce véritable scientifique sans disciples a apporté de précieuses contributions à la science.

Raymond Duchesne

Provencher, Joseph-Norbert, prêtre catholique et évêque de Saint-Boniface (Nicolet, Qc, 12 févr. 1787—Saint-Boniface, Man., 7 juin 1853). Ordonné prêtre en 1811, Provencher est envoyé en 1818 dans la région agitée de la COLONIE DE LA RIVIÈRE ROUGE pour y construire la première église catholique et travailler à stabiliser quelque peu une population composée en grande majorité d'Écossais, d'Irlandais et de Métis catholiques. Modeste mais strict et intransigeant, très méfiant à l'égard du protestantisme, il cherche à renforcer le catholicisme dans le nord-ouest en poursuivant plusieurs objectifs importants: éducation des jeunes, conversion des Amérindiens et encouragement de l'immigration catholique, que préconiseront également ses successeurs. Il est nommé évêque et vicaire apostolique du nord-ouest en 1820, et son autorité s'étend jusqu'à la côte du Pacifique en 1835. En 1847, il devient le premier évêque de Saint-Boniface.

Stanley Gordon

Provigo inc. Société de portefeuille spécialisée dans la distribution, en gros et au détail, de produits alimentaires, de tabac, de médicaments et d'articles d'usage courant. Son siège social se trouve à Montréal. Provigo commence ses activités au Québec en 1961 et s'étend par la suite à l'Ontario, à l'ouest du Canada, aux Maritimes et à la Californie. Au Québec, elle est aujourd'hui le plus important fournisseur de la province dans le secteur de la restauration. À la fin de 1987, par l'intermédiaire d'une filiale, elle acquiert la majorité des actions de catégorie A et B de Distribution aux consommateurs ltée. Après une restructuration en 1988, la société prend le nom d'Univa.

En 1993, une offre publique d'achat effectuée par une entreprise américaine aboutit à la vente des intérêts d'Unigesco dans la Société à la CAISSE DE DÉPÔT ET PLACEMENT DU QUÉBEC. La Société reprend alors son ancien nom de Provigo afin de récupérer les parts de marché perdues.

Quand, en 1998, Provigo devient une filiale de Loblaw, le supermarché nᵒ 1 au Canada, elle opère au-delà de 250 supermarchés au Québec sous les noms de Provigo, Maxi et Maxi & Co. Bien que ses supermarchés offrent des marques nationales, des produits à étiquette personnelle et des articles importés, la compagnie s'approvisionne aussi en aliments produits localement. Les entrepôts de Provigo fournissent plus de 700 magasins indépendants et 26 magasins libre-service Presto. Provigo exploitait près de 100 magasins en Ontario sous le nom de Loeb, mais tous ont été vendus à l'épicier canadien Métro comme condition de rachat par Loblaw. En 1998, Provigo employait 23 500 personnes et ses ventes pour janvier 1999 s'élevaient à 3 875,7 millions de dollars.

D.C. Sawyer

Province de Québec, 1763-1791 À la fin de la GUERRE DE SEPT ANS, la G.-B. procède à l'organisation des territoires dont la possession lui a été confirmée par le TRAITÉ DE PARIS (1763). Sur la fraction habitée de la NOUVELLE-FRANCE, elle crée, par la proclamation royale, la province de Québec, dont le territoire forme un quadrilatère de chaque côté du Saint-Laurent et s'étend du lac Nipissing et du 45ᵉ parallèle jusqu'à la rivière Saint-Jean et à l'île d'Anticosti.

Ces frontières sont modifiées par l'ACTE DE QUÉBEC (1774) pour inclure la zone de pêche du Labrador et de la basse côte nord et celle de la TRAI-

TE DES FOURRURES des Grands Lacs. Le TRAITÉ DE PARIS (1783) recule la frontière vers le nord. L'«ancienne province de Québec», selon l'expression de l'historien A.L. Burt, cesse d'exister lorsqu'elle est divisée en deux colonies distinctes, le BAS-CANADA et le HAUT-CANADA, à la suite de la LOI CONSTITUTIONNELLE DE 1791.

La perception du pays que se font les habitants de la province n'est pas nécessairement restreinte à ces frontières juridiques. Plusieurs d'entre eux sont ou ont été à l'emploi de marchands ou de compagnies de fourrures et leur univers géographique s'étend également vers les PAYS D'EN HAUT et le N.-O., d'où proviennent les fourrures, le principal produit d'exportation de la colonie.

Le commerce a été pratiquement détruit durant la guerre de la Conquête; les marchandises de traite ne sont pas arrivées de France, les hommes étaient occupés à la guerre et la plupart des postes, abandonnés. Ralentis par la révolte de PONTIAC et ensuite par les restrictions imposées par les autorités brit., les marchands mettent près d'une décennie à reconstruire le commerce. Puis, ils dépassent les limites du territoire exploité antérieurement par les Français et y annexent le bassin du Mackenzie. Peter POND amorce l'exploration et l'exploitation de cette région vers 1775. Quatorze ans plus tard, Alexander MACKENZIE descend le fleuve jusqu'à son embouchure. Le nord-ouest du lac Supérieur aux Rocheuses est ainsi rattaché au Bas-Canada par ses VOYAGEURS et ses marchands de fourrures. Tout au long de ces trente années, Montréal continue de drainer aussi la majeure partie des fourrures du S.-O. La concurrence de New York et d'Albany est graduellement éliminée par la décision, en 1768, de remettre aux colonies le soin d'établir la réglementation relative au commerce des fourrures et par l'annexion à la province, en 1774, du territoire situé entre l'Ohio, le Mississippi et les Grands Lacs. Les relations entre cette région et Montréal se poursuivent même après le traité de 1783, puisque la G.-B. retient jusqu'en 1796 les postes établis au s. des Grands Lacs (voir TRAITÉ DE JAY). Bien que le commerce des fourrures soit vital pour la province et son commerce avec la métropole, il ne constitue pas la principale activité économique domestique. C'est l'agriculture qui occupe le plus grand nombre de personnes et qui alimente le marché local. L'habitant produit surtout du blé pour lui-même et pour les villes. De plus en plus, ses surplus sont assez gros pour qu'on les exporte vers les Antilles et la G.-B. Quant à la production industrielle, de type artisanal, elle répond à la demande du marché domestique et à celle, plus réduite, du commerce des fourrures.

Il ne faudrait pas sous-estimer l'importance de ce marché domestique; il est en expansion à la suite de la croissance démographique. Durant la période, la population passe de 69 810 en 1765, à 143 929 en 1784 et à 161 311 en 1790. Cette augmentation rapide et régulière est le produit d'un fort taux de natalité.

La migration contribue très peu à la croissance. Quelques milliers de personnes ont quitté la vallée du Saint-Laurent à la suite de la CONQUÊTE et du traité de paix. L'immigration britannique attendue ne s'étant pas produite, les «anciens sujets» sont peu nombreux: env. 500 en 1766, peut-être 2000 en 1780. Ce n'est qu'à la suite de la RÉVOLUTION AMÉRICAINE que leur nombre s'accroît de façon significative: au recensement de 1784, ils sont 25 000. Les LOYALISTES s'établissent principalement dans la partie S.-O. de la province, partie qui deviendra le H.-Canada.

Ces Britanniques, marchands et administrateurs civils, exercent une influence et jouent un rôle immense par rapport à leur petit nombre. Les gouverneurs, James MURRAY, Guy CARLETON et Frederick HALDIMAND, ont la responsabilité de la province; de ce fait, ils y exercent, avec leur entourage, le pouvoir politique et social. Favorisés par leur

crédit à Londres, les marchands prennent, en très peu de temps, la maîtrise du commerce avec la métropole. D'abord appuyés par les autorités militaires et assistés par des voyageurs d'origine française, ils se taillent, en moins de deux décennies, la part du lion dans le commerce des fourrures. Leur puissance s'exprime par l'établissement, à la fin des années 1770, de la COMPAGNIE DU NORD-OUEST, que caractérise une forte tendance monopolisatrice.

Il arrive très fréquemment qu'administrateurs et marchands ne partagent pas le même point de vue. Les marchands réussissent même à faire rappeler le premier gouverneur, James Murray. Le contentieux porte principalement sur l'application des lois brit. et sur la création d'une Chambre d'assemblée, prévues par la proclamation. Les marchands jugent ces institutions essentielles à la «britannisation» de la colonie et à la préservation des intérêts brit., perçus et définis comme les intérêts des Britanniques établis dans la colonie.

Pour Murray, et pour Carleton ensuite, les intérêts brit. sont surtout ceux de la Couronne brit. Par conséquent, ces deux hommes considèrent que leur fonction première est d'éviter de mettre en danger l'appartenance de la colonie à la Couronne. Étant donné les habitudes de gouvernement prises durant la période d'occupation (1760-1763), l'absence d'une migration brit. suffisamment nombreuse et le mécontentement croissant des treize colonies, le gouverneur n'a d'autre choix que de tenter de se concilier la majorité de la population. Il ne peut appliquer intégralement la proclamation, dont l'histoire est une détérioration constante. Les «nouveaux sujets» participent de plus en plus à l'administration civile, au bas de l'échelle. Et Carleton, qui tient à préserver une base d'opérations militaires en Amérique du Nord, obtient l'Acte de Québec en 1774, dont les dispositions sont loin de satisfaire les marchands, quoique la loi étende vers le sud leur territoire exclusif du commerce des fourrures.

Par l'Acte de Québec, le gouverneur vise à s'allier les membres de l'élite francophone. Déjà Murray s'est acquis la collaboration du clergé catholique. La mort de Mgr Henri-Marie du Breil de PONTBRIAND, en 1760, a laissé l'Église catholique sans évêque pour prendre sa tête et ordonner de nouveaux prêtres; de plus, les fonds lui manquent cruellement et il faut reconstruire les édifices détruits durant la guerre. L'Église est menacée de disparaître. Murray se fait alors son défenseur et obtient la consécration en France, en 1766, de Jean-Olivier Briand (voir CATHOLICISME).

L'Acte de Québec permet la pratique libre de la religion catholique, rétablit la COUTUME DE PARIS en matières civiles et restaure les droits de propriété de l'Église et des seigneurs. Ces derniers sont également favorisés par la création d'un Conseil; l'abandon du serment du Test leur ouvre l'accès aux fonctions publiques.

Ces mesures de conciliation ne produisent pas tout l'effet escompté. Le gouverneur obtient l'appui du clergé et des seigneurs, mais les habitants manifestent peu d'enthousiasme pour les intérêts brit., en particulier lors de l'invasion américaine de 1775-1776. Pour diverses raisons, ils ne se rangent pas non plus du côté des révolutionnaires. La stratégie de Carleton a partiellement réussi; la province demeure britannique.

Le bel édifice sociopolitique érigé à partir de l'Acte de Québec ne peut résister aux suites de la guerre. Il est remis en question par l'arrivée des Loyalistes et l'établissement d'un grand nombre d'entre eux à l'intérieur des limites de la province. Cette augmentation de la population brit. renforce considérablement la position des marchands et augmente les frictions entre ceux-ci et le gouverneur. Les autorités brit. demandent à Carleton, devenu entre-temps lord Dorchester, de proposer une solution à la situation.

Pour satisfaire, en partie du moins, le groupe des marchands et des Loyalistes, tout en évitant de contrarier les Canadiens, Londres révise l'Acte de Québec et adopte, en 1791, une nouvelle constitution, qui comprend la création d'une Chambre d'assemblée. Les caractéristiques de la province de Québec sont préservées dans le Bas-Canada, l'un des produits de sa division.

Les trente ans qui suivent la conquête et le traité de Paris sont d'une importance capitale pour la compréhension de l'histoire canadienne. La structure économique de la vallée du Saint-Laurent a été très peu modifiée: y coexistent deux économies, l'une commerciale et orientée vers la métropole, l'autre agricole et artisanale et orientée vers le marché local. Ces trente années sont marquées, d'une part, par la volonté clairement exprimée, en 1763, de «britanniser» la colonie et, d'autre part, par la nécessité de composer avec les circonstances et les événements.

En somme, durant ces trois décennies, deux ethnies se sont rencontrées, des précédents ont été créés, des habitudes prises, des politiques définies et des positions précisées. En 1791, la «britannisation» envisagée par la Proclamation de 1763 n'est plus possible. La culture francophone va survivre.

G. Allaire

Province du Canada Elle vient de l'union des anciennes provinces du HAUT-CANADA et du BAS-CANADA à la suite du RAPPORT DURHAM de 1839, rédigé au terme d'une mission impériale devant faire enquête sur les RÉBELLIONS DE 1837 dans les deux Canadas. Lord DURHAM propose de former une seule province afin qu'un système commercial commun puisse se développer et, plus particulièrement, afin de compléter la construction des canaux sur le Saint-Laurent. Qui plus est, un Canada uni comprendrait une écrasante majorité d'anglophones, capables de contenir les forces de division observées par Durham dans le Bas-Canada à majorité française. Cette mesure rendrait moins risquée la formation d'un GOUVERNEMENT RESPONSABLE, qu'il préconise également. L'Angleterre voit cette union d'un bon œil, mais pas le principe d'un gouvernement responsable.

En 1840, le Parlement britannique entérine l'ACTE D'UNION, qui entre en vigueur le 10 février 1841, instaurant un gouvernement unique et une seule assemblée législative. Sûr que l'immigration britannique augmenterait de façon constante la majorité canadienne-anglaise, Durham recommande une représentation selon la population. L'Acte d'Union prévoit une représentation égale pour chacun des deux Canadas au nouveau Parlement, même si la population du Haut-Canada anglais est considérablement moindre, soit environ 480 000 habitants, contre 670 000 dans le Bas-Canada, dont près de 510 000 sont Canadiens français. Dans l'idée de Durham, les francophones seront ainsi sous-représentés et noyés dans la masse dès le départ. Cependant, la formule de représentation égale donne lieu à un résultat inattendu. Les anciens Canadas, différents du point de vue historique, social et culturel, demeurent pratiquement les mêmes, donnant lieu à deux sections distinctes au sein d'un même système politique. Certes, sur le plan géographique, les noms de Canada-Ouest et de Canada-Est prévalent, mais ce sont les noms de Haut-Canada et de Bas-Canada qui subsistent dans la langue courante et dans quelques emplois officiels. L'Acte d'Union enchâsse le dualisme dans la Constitution même et donne lieu au doublage des partis politiques comme des ministères et à une politique particulariste.

Dès le début, les Canadiens français réalisent parfaitement que le but de l'Union est de les assimiler, mais Louis-Hippolyte LAFONTAINE, un chef libéral de plus en plus populaire, voit l'avantage de s'allier aux réformistes du Canada-Ouest pour réaliser le gouvernement responsable. Les Canadiens français partageraient alors la direction de la province unie. Ils conserveraient leur identité propre tout en collaborant avec leurs alliés canadiens-anglais. LaFontaine répond donc favorablement aux avances faites par les principaux réformistes du Canada-Ouest, Francis HINCKS et Robert BALDWIN.

Hincks, journaliste à Toronto et fin stratège, appuie déjà la campagne de Baldwin en faveur d'un régime fondé sur le principe britannique du gouvernement responsable. Si ce principe est adopté au Canada, il s'ensuivra que les gouvernements dépendront des majorités élues au Parlement. Baldwin et LaFontaine bâtissent sur ce principe une puissante alliance réformiste.

Leur entrée au Parlement en septembre 1842 oblige le gouverneur général, sir Charles BAGOT, à reconstituer son ministère en raison de l'important appui parlementaire dont ils jouissent. Le 26 novembre 1843, Baldwin et LaFontaine démissionnent avec quelques autres membres du parti, alléguant qu'ils ne peuvent être tenus responsables des nominations faites par METCALFE, le nouveau gouverneur, qu'ils n'ont pas recommandées. William DRAPER, qui tient en pratique le rôle de premier ministre du gouvernement tory-conservateur qui suit, use ouvertement de favoritisme pour conserver le pouvoir. En fait, il tient bon jusqu'en mai 1847, servant ainsi la cause du gouvernement responsable avant même que ce principe ne soit pleinement accepté.

C'est un changement dans la politique impériale qui y concourt. En 1846, l'Angleterre annule les LOIS SUR LES CÉRÉALES, ce qui déclenche un mouvement en faveur du LIBRE-ÉCHANGE et met fin à un système impérial de réglementations commerciales et de tarifs protectionnistes, vieux de plusieurs siècles. L'Empire britannique ne sent plus le besoin de refuser l'autonomie gouvernementale à ses colonies plus politiquement évoluées. En 1847, lord ELGIN arrive au Canada comme gouverneur général chargé de réaliser le gouvernement responsable. Au début de l'année 1848, après la victoire électorale des réformistes dans les deux Canadas, le gouvernement tory-conservateur de Henry Sherwood démissionne, et Elgin fait immédiatement appel aux réformistes pour former un nouveau gouvernement. Le principe du gouvernement responsable est clairement confirmé lorsque, en mars, un cabinet composé uniquement de réformistes prend le pouvoir. LaFontaine, ayant le plus grand nombre de partisans, en est le premier ministre, et Baldwin, le premier ministre associé.

Les épreuves sont cependant loin d'être terminées. Le commerce bat de l'aile et les canaux du Saint-Laurent récemment terminés ne sont qu'à moitié utilisés. Les commerçants anglais conservateurs de Montréal associent ces problèmes à la perte de la protection tarifaire impériale, mais la cause la plus profonde en est la crise mondiale, qui prend de l'ampleur depuis 1847. De plus, pendant la prospérité du début des années 1840, le développement des régions agricoles et forestières, la construction de canaux et la croissance des villes avaient rapidement absorbé la vague d'immigrants anglais. Maintenant que les temps sont difficiles et que le front de colonisation s'est arrêté au bord du Bouclier canadien, voici que déferle une nouvelle vague d'immigrants irlandais, démunis et atteints du typhus, après avoir fui la famine dans leur patrie. C'est au milieu de ces tensions que le gouvernement réformiste dépose, en 1849, le BILL DES INDEMNITÉS de la rébellion.

Destiné à compenser les dommages subis lors des rébellions de 1837-1838 au Bas-Canada (on a déjà satisfait aux réclamations des habitants du Haut-Canada), ce projet de loi est considéré par les Canadiens français comme une mesure vitale pour rétablir la justice sociale, et il prouve également qu'un gouvernement responsable peut leur être favorable. Quant aux tories-conservateurs anglais du Canada-Est, ils y voient une façon éhontée de récompenser des rebelles. L'Assemblée législative, composée en majorité de réformistes, se réunit à Montréal. Elle adopte le projet de loi au milieu de violentes protestations, et les tories-conservateurs espèrent encore que le gouvernement anglais refusera de l'approuver. Elgin les déçoit: la loi a été proposée par un gouvernement responsable avec l'appui de la majorité parlementaire.

Ces tensions accumulées éclatent lors des ÉMEUTES DE MONTRÉAL, mais Elgin et ses ministres arrivent à mater la tempête, qui se calme en avril, au bout de quelques jours tumultueux. En octobre, le manifeste de l'ANNEXION, qui réclame l'union avec les États-Unis, fait son apparition dans les rues de la ville. Il ne s'agit là que d'un geste d'amertume passager. La plupart des Canadiens français constatent que le gouvernement autonome de la colonie fonctionne. Les tories de l'est s'effacent, tandis qu'au Canada-Ouest, mis à part quelques radicaux, les réformistes et les conservateurs tiennent fermement à leurs liens avec les Anglais. Le gouvernement responsable a survécu à sa première épreuve.

Dès 1850, la crise cède le pas à une ère de développement accéléré du commerce mondial. La production de céréales et de bois augmente, les canaux du Saint-Laurent fourmillent d'activités et les commerçants de Montréal ont tôt fait d'oublier l'annexion. De plus, grâce à l'augmentation des capitaux anglais et américains dont ils disposent, les entrepreneurs canadiens s'engagent à fond dans la construction ferroviaire. Des lignes relient Montréal à Portland, port du Maine sur l'Atlantique dont les eaux ne gèlent pas l'hiver, et Toronto à Collingwood, dans le secteur supérieur des Grands Lacs. Une ligne de Niagara Falls à Windsor via Hamilton est reliée à une voie ferrée allant de New York à Chicago, pour bientôt se rendre également jusqu'à Toronto.

Plus important encore, la société ferroviaire GRAND TRUNK RAILWAY OF CANADA, incorporée en 1853, construit une voie interprovinciale reliant le bas du fleuve Saint-Laurent à Sarnia, en Ontario, en passant par la région de Québec, Montréal et Toronto. Après 1857, une autre crise mondiale vient ralentir le premier grand boom ferroviaire. Le Grand Trunk, en particulier, construit à grands frais et annoncé à grands renforts de publicité, se retrouve profondément endetté et miné par des menées politiques et des scandales. Les chemins de fer transforment néanmoins le Canada. Ils brisent l'isolement de l'intérieur du pays en hiver, améliorent considérablement le transport à grande distance et intensifient le développement des grandes villes. Les industries manufacturières reliées au chemin de fer se multiplient, en particulier à Montréal, à Toronto et à Hamilton, ce qui a pour résultat d'en augmenter rapidement la dimension, la richesse et la complexité.

Le traité de RÉCIPROCITÉ conclu avec les États-Unis en 1854 stimule la croissance en permettant le libre accès au marché américain des céréales et du bois. Il a aussi pour effet de lier plus étroitement le Canada à l'économie américaine. La décision du congrès américain, en 1865, de ne pas renouveler l'accord de réciprocité encourage le Canada à tenter de s'unir à l'économie des autres provinces anglaises de l'Amérique du Nord britannique. Toutefois, la montée de l'industrie provinciale dans les années 1850 mène à l'instauration d'un tarif protectionniste canadien. En 1858 et en 1859, la hausse des tarifs douaniers est une mesure destinée à protéger les fabricants canadiens. Cette protection accessoire sert de prétexte pour éponger l'énorme dette publique encourue par les généreuses subventions consenties à la construction du chemin de fer. Les tarifs douaniers sont de nouveau abaissés en 1866. Les tarifs de 1858-1859 donnent quand même un avant-goût de la tendance de la POLITIQUE NATIONALE à hausser les tarifs et préfigurent le resserrement constant des liens entre le gouvernement et le monde des affaires, à une époque où le capitalisme ne cesse de croître.

Entre-temps, d'autres facteurs perturbent constamment la vie politique de l'union depuis le début des années 1850. Des éléments réformistes de gauche font leur apparition vers 1850, le PARTI ROUGE dans le Canada-Est et les CLEAR GRITS dans le Canada-Ouest, qui prônent une démocratie entièrement élective et une constitution écrite selon le modèle américain. En 1851, Baldwin et LaFontaine, découragés d'avoir à combattre les radicaux à l'intérieur même de leurs rangs, quittent la politique. Leurs principaux adjoints, Francis Hincks et Augustin Morin, forment le nouveau gouvernement qui semble plus sûr, au début, vu que la ferveur des radicaux s'est dissipée dans l'enthousiasme général qui entoure la promotion du chemin de fer.

De nouveaux enjeux concernant l'enseignement public et les relations entre l'Église et l'État sèment bientôt la discorde. Le Canada-Ouest, à majorité protestante, opte en général pour des écoles publiques non confessionnelles et s'oppose à ce que la religion soit liée à l'État et soutenue par l'État. Le Canada-Est, majoritairement catholique, où les libéraux francophones, en plus grand nombre, ont tissé des liens étroits avec le clergé, revendique des écoles confessionnelles et des rapports étroits entre l'Église et l'État. Au Parlement, les Canadiens français votent en faveur de projets de lois élargissant les droits des écoles catholiques subventionnées par l'État dans le Canada-Ouest.

Bien des habitants du Haut-Canada en viennent à penser qu'un pouvoir catholique français non réprimé menace leurs propres intérêts. De plus, le recensement de 1851-1852 révèle que le Canada-Ouest est maintenant le plus populeux, il est donc sous-représenté, tout en payant la plus grande part des impôts.

George BROWN, l'énergique rédacteur en chef du puissant journal torontois, le *Globe*, est élu à l'Assemblée législative en tant que réformiste indépendant et se met en guerre pour que «justice» soit rendue au Canada-Ouest. En 1853, il propose la représentation selon la population afin que le Canada-Ouest ait le nombre de sièges qui lui revient. Si sa première tentative échoue, la question de la représentation selon la population (*voir* REPRÉSENTATION PROPORTIONNELLE) déclenche cependant une lutte particulariste aiguë. Le Haut-Canada la réclame pour vaincre la «domination française», tandis que les Canadiens français s'y opposent pour éviter d'être à nouveau submergés dans l'Union.

Le 22 juin 1854, le gouvernement Hincks et Morin est renversé, l'ancienne alliance réformiste s'étant effondrée sous le poids des tensions particularistes. Une nouvelle coalition (*voir* GOUVERNEMENT DE COALITION) libérale-conservatrice prend le pouvoir, regroupant les libéraux modérés de Hincks et de Morin et les forces conservatrices au nombre desquelles se distingue rapidement John A. MACDONALD, un politicien de Kingston, dans le Canada-Ouest. Cette large coalition réussit à abolir les anciennes RÉSERVES DU CLERGÉ ainsi que le RÉGIME SEIGNEURIAL. Laissés en plan, les partisans de Brown, les Clear Grits et les rouges qualifient de «sans scrupule» cette association à tendance conservatrice.

Celle-ci repose en fait sur une entente fondamentale entre les principaux partis sur plusieurs points: le développement des chemins de fer et du commerce, le maintien de l'Union et la défense de la place des Canadiens français au sein de celle-ci. De plus, la coalition est vite dominée par deux partenaires d'envergure: John A. Macdonald, débonnaire mais brillant, et Georges-Étienne CARTIER, redoutable dirigeant de parti et avocat montréalais du Grand Trunk. Ce sont eux qui, peu à peu, donnent forme au futur PARTI CONSERVATEUR.

Par ailleurs, Brown et les Clear Grits, jusque-là opposés, s'associent. Le 8 janvier 1857, un congrès tenu à Toronto acclame la renaissance du Parti réformiste du Haut-Canada, quand les brownistes, les grits et quelques libéraux modérés, de retour sur la scène politique, prennent officiellement position en faveur de la représentation selon la population, de l'enseignement non confessionnel et de l'acquisition de la TERRE DE RUPERT. Ce territoire attire depuis peu l'attention des hommes d'affaires de Toronto, désireux d'étendre vers l'ouest leur champ commercial, et des agrariens, avides de nouvelles terres à cultiver. Le parti browniste-grits qui en résulte raffermit considérablement le particularisme du Canada-Ouest, et le fait qu'il défend les droits des agriculteurs et qu'il refuse d'investir davantage dans les chemins de fer selon les vœux d'un gouvernement ruineux lui donnera un long avenir politique.

Il s'ensuit une lutte incessante entre le conservatisme de Macdonald et de Cartier et le libéralisme des brownistes, vaguement associé avec le petit groupe des rouges du Canada-Est sous la direction d'A.-A. DORION. En août 1858, un gouvernement dirigé par Brown et Dorion ne tient que deux jours (*voir* DOUBLE REMANIEMENT). De nouveau au pouvoir et poussés par Alexander GALT, important financier de Montréal qui s'est joint au gouvernement, les conservateurs se tournent vers l'union fédérale de l'Amérique du Nord britannique pour résoudre les problèmes du Canada. Les autres provinces n'y voient aucun intérêt, ce qui fait échouer le principe d'une fédération générale. En novembre 1859, lors d'un autre congrès des réformistes, Brown rallie les grits à l'idée d'une double fédération des Canadas (déjà suggérée par Dorion), qui est tout de suite refusée au Parlement. Bien que les deux côtés aient accepté le principe de la fédération comme moyen d'échapper à la rupture particulariste, aucun d'eux n'est vraiment prêt à l'instaurer, et les querelles reprennent au sujet de la représentation selon la population.

En mai 1862, les forces de Macdonald et de Cartier sont battues en raison d'un coûteux projet de loi concernant la milice formulé en réponse aux tensions frontalières provoquées par la GUERRE DE SÉCESSION. Un réformiste modéré, Sandfield MACDONALD, tente de maintenir l'Union en imposant une double majorité, c.-à-d. que les projets de loi gouvernementaux devront être approuvés par la majorité dans les deux parties de la Province. Malgré l'échec de ses tentatives, Sandfield reste en place jusqu'au début de 1864, quand John A. Macdonald revient au pouvoir, avant d'être battu trois mois plus tard. Les élections et les changements de gouvernements ne changent rien à l'équilibre des forces particularistes. En juin 1864, la province unie se trouve de toute évidence dans une impasse. C'est alors que Brown fait l'offre cruciale d'appuyer tout gouvernement désireux de reconstruire l'Union.

Des négociations entre Macdonald, Cartier, Galt et Brown mènent rapidement à une entente visant à promouvoir une fédération générale et à y inclure le nord-ouest ou, en cas d'échec, une fédération des deux Canadas. Le premier objectif est couronné de succès. Brown et deux collègues libéraux se joignent au gouvernement, et la GRANDE COALITION entreprend de créer une fédération avec les autres colonies de l'Amérique du Nord britannique. Il en ressort un projet de CONFÉDÉRATION et l'ACTE DE L'AMÉRIQUE DU NORD BRITANNIQUE de 1867.

Durant toute l'élaboration de ce projet, des représentants canadiens, en particulier Macdonald, joueront un rôle de premier plan. Lorsque la Confédération entre en vigueur, le 1er juillet 1867, l'époque de l'Union est révolue, mais peu s'en affligent devant ce que l'avenir leur promet. Avant qu'elle ne prenne fin, le Parlement avait approuvé, en 1865, le projet de fédération avec des majorités tant du côté anglais que du côté français et, en 1866, il avait rédigé la constitution des futures provinces du Québec et de l'Ontario. La province unie a eu une vie bien remplie et fructueuse, et sa réalisation ultime réside dans la Confédération elle-même.

J.M.S. Careless

Province House Cet édifice construit de 1811 à 1818, à Halifax, pour abriter le Parlement, les tribunaux et la fonction publique, est le plus bel exemple d'architecture palladienne au Canada. Chaque étage est nettement mis en valeur, et la partie centrale de la façade est ornée de dix pilastres ioniques soutenant un grand fronton triangulaire décoré d'armoiries. Dans les parties latérales, deux pilastres soutiennent également des petits frontons. L'emplacement des éléments décoratifs, des ouvertures et des pilastres dénote un grand souci d'harmonie et de symétrie. La tradition veut que ce soit John Merrick qui ait conçu l'édifice, mais on cite souvent aussi le nom de Richard Scott.

Nathalie Clerk

Province, The Quotidien autonome de Vancouver fondé en 1898. En 1994, il vend 184 855 exemplaires du lundi au vendredi et 224 750 exemplaires le dimanche. Hewitt BOSTOCK et ses associés lancent d'abord en 1894, à Victoria, en Colombie-Britannique, un hebdomadaire appelé *The Province*. En 1898, la ruée vers l'or du Klondike est en plein essor à Vancouver et on décide d'y transférer l'entreprise.

Le premier numéro du quotidien *The Province* paraît le 26 mars 1898, à Vancouver. Bostock acquiert aussitôt la part de ses associés et décide de se joindre à Walter C. Nichol. Lorsque Bostock entre en politique, Nichol en devient le propriétaire unique. En 1923, il vend le journal au groupe *Southam*. En 1952, le journal prend le nom de *The Vancouver Province*, puis redevient *The Province* en 1956. En 1957, il abandonne le créneau de soirée et opte pour le format tabloïd. Ce journal s'adresse à des lecteurs bien différents de ceux de son frère rival, *The Vancouver Sun*. Il compte parmi les rares journaux qui ont augmenté leur tirage durant les années 80 et 90.

Jean O'Clery

Provinces maritimes L'ÎLE-DU-PRINCE-ÉDOUARD, la NOUVELLE-ÉCOSSE et le NOUVEAU-BRUNSWICK couvrent 134 584 km², soit à peine plus de 1 p. 100 de la surface terrestre du Canada. Les populations de la Nouvelle-Écosse (873 199), du Nouveau-Brunswick (710 422) et de l'Île-du-Prince-Édouard (126 646) constituent environ 7 p. 100 de la population totale (25 354 064) (rec. 1986) du Canada. Faisant partie d'un pays qui a mis l'accent sur son étendue et son espace quasi illimités et sur la mise en valeur de l'ouest, les habitants des Maritimes se sont souvent trouvés, avec l'évolution du XXᵉ s., à la périphérie du développement du Canada.

Les Maritimes sont formées d'un groupe de péninsules et d'îles, qui forment le prolongement nord-est des hautes terres des Appalaches et subissent l'influence importante de l'océan Atlantique. La tension créée par la force d'attraction du continent et celle de l'Atlantique a façonné, à travers les siècles, le développement culturel, social, politique et économique de la région. Durant la plus grande partie de la période où elle a été habitée (tant avant qu'après l'établissement des Européens), la région des Maritimes a abrité des populations aux caractéristiques spécifiques. Avant l'arrivée des premiers Européens, les MICMACS, groupe linguistique et social distinct, habitent tout le territoire qui englobe l'actuelle péninsule de la Nouvelle-Écosse, l'île du Cap-Breton, l'Île-du-Prince-Édouard ainsi que le sud et l'est du Nouveau-Brunswick. Dans le haut de la vallée du fleuve Saint-Jean, on rencontre les MALÉCITES, qui parlent un dialecte algonquien quelque peu différent, mais partagent beaucoup d'autres points communs avec leurs voisins micmacs.

L'arrivée des Français, en particulier au début du XVIIᵉ s., pose un défi à l'hégémonie des Micmacs et des Malécites dans la région. À partir de ses débuts en 1604, l'ACADIE française est progressivement créée sur un territoire qui recoupe à peu près celui qu'englobent aujourd'hui les Maritimes. Bien qu'elle soit constituée de colonies isolées, l'Acadie est unie par une langue, une culture et une économie communes. En 1763, la France se voit contrainte de livrer le dernier avant-poste encore en sa possession en Acadie–Nouvelle-Écosse (*voir* LOUISBOURG) aux Britanniques. Ainsi, sur une période de 150 ans, la région passe de l'autorité des Micmacs et des Malécites à celle des Français puis, après 1713, à la double souveraineté de la France et de l'Angleterre avant de tomber finalement, en 1763, sous la domination des Britanniques.

L'hégémonie britannique établie, le peuplement se caractérise par la diversité ethnique. Des Acadiens, des colons de la Nouvelle-Angleterre, des protestants étrangers venus de ce qui constitue aujourd'hui l'Allemagne et la Suisse, des Anglais, des Irlandais, des Écossais et des LOYALISTES de différents horizons assurent à la Nouvelle-Écosse, au Nouveau-Brunswick (créé en 1784 pour accueillir les loyalistes) et à l'Île-du-Prince-Édouard une saveur ethnique tout à fait singulière. Ce mélange ethnique, composé fondamentalement d'Anglo-Saxons et d'Acadiens, est demeuré pratiquement inchangé par l'arrivée de centaines de milliers d'immigrants européens qui, après avoir contourné les Maritimes, affluent au Canada, surtout à partir du début du XXᵉ s..

Au moment de la CONFÉDÉRATION, en 1867, les Maritimes partagent peu de caractéristiques communes avec le pays. Le développement de la région a suivi une voie entièrement différente et, de plus, sa singularité a été influencée de façon importante par les effets réciproques de trois forces majeures: celles de l'Atlantique, de la Nouvelle-Angleterre et de la Grande-Bretagne. Pour plusieurs habitants de la région, la région de l'Atlantique forme une zone de grands espaces et d'abondance dont les métaphores servent à colorer plusieurs expressions de la culture régionale. Son attrait puissant permet, à certains, non seulement de s'évader des dures réalités de l'existence quotidienne, mais aussi d'y trouver un sens du fatalisme aigu marqué par la conviction qu'on ne parviendra jamais à maîtriser réellement l'environnement.

La deuxième force de changement, non seulement à l'époque de la Confédération, mais aussi durant la période postérieure à celle de la domination amérindienne, tire son origine de la proximité de la Nouvelle-Angleterre. Jusqu'à l'éclatement de l'empire anglais en Amérique, à l'occasion de la GUERRE D'INDÉPENDANCE AMÉRICAINE, la région des Maritimes est «l'avant-poste de la Nouvelle-Angleterre». Même dans les années 1980, les liens économiques, culturels, religieux et sociaux unissant les deux régions demeurent puissants.

Les relations avec la Grande-Bretagne composent la troisième force de stimulation. Après la disparition du pouvoir direct exercé par la France en Amérique du Nord, l'influence britannique sur les Maritimes demeure absolue. L'arrivée de milliers de loyalistes durant et après la Guerre d'Indépendance américaine, et de dizaines de milliers d'immigrants britanniques, venus s'établir dans la région au cours du XIXᵉ s., renforce l'influence britannique. L'interaction de ces forces, avant 1867, dote les habitants de la Nouvelle-Écosse, du Nouveau-Brunswick et de l'Île-du-Prince-Édouard d'un puissant sentiment d'identification provinciale. Ils ne se considèrent pas comme des citoyens des Maritimes, et certainement pas comme des Canadiens, mais plutôt comme des insulaires britanniques de l'Île-du-Prince-Édouard, des Néo-Écossais ou des Néo-Brunswickois d'origine britannique.

On pourrait soutenir que les Maritimes ne se sont jamais complètement remises, du point de vue psychologique, de l'expérience traumatisante de la Confédération et de l'extinction subite, à la fin du XIXᵉ s., de l'âge d'or des «navires en bois et des hommes de fer». Avant la Confédération, plusieurs habitants des Maritimes croient que leur région offre un potentiel économique illimité et, de toutes les colonies britanniques dotées d'un GOUVERNEMENT RESPONSABLE, les leurs sont les plus développées et les mieux administrées. On estime qu'un rôle particulier est dévolu aux Maritimes dans l'évolution d'un nouvel Empire britannique.

La vision d'une destinée aussi idyllique connaît une fin brutale après la Confédération. Les Maritimes sont oubliées par le nouveau Canada qui connaît une importante poussée vers l'ouest. Elles sont négligées par les immigrants attirés vers l'intérieur du pays, privées des ressources naturelles et humaines nécessaires à l'industrialisation. La plupart des habitants des Maritimes sont prompts à identifier la source de leurs malheurs: le gouvernement fédéral d'Ottawa. La preuve en est évidente: avant la Confédération, la prospérité régnait partout et un sentiment général d'orgueil et d'optimisme prévalait dans l'ensemble de la région. La Confédération entraîne des récessions économiques prolongées et donne lieu à un sentiment collectif croissant d'infériorité et d'amertume.

Le ressentiment anti-Confédération, particulièrement puissant en Nouvelle-Écosse, donne un caractère émotionnel aux protestations régionalistes dans les Maritimes, surtout entre 1867 et 1930. Les habitants ont tendance à demeurer calmes jusqu'à l'arrivée de périodes de crise économique profonde, au cours desquelles leur mécontentement et les soupçons qu'ils entretiennent à l'endroit du Haut-Canada et des «Hauts-Canadiens» seront canalisés dans le cadre d'un mouvement de protestation politique à l'échelle régionale (*voir* MOUVEMENT SÉCESSIONNISTE).

Durant les années 1920, le MOUVEMENT DES DROITS DES MARITIMES forme la dernière expression importante de protestation au niveau régional et de ressentiment anti-Confédération. N'ayant jamais tenté de situer son action politique à l'extérieur du traditionnel système bipartite, le mouvement n'est jamais parvenu à transformer ses griefs sur le plan régional en un cadre politique permanent. Même les conservateurs, qui se sont posés en champions du mouvement, n'ont pas tardé à se considérer d'abord comme des conservateurs et, ensuite, en partisans des droits des Maritimes. La question des droits alimente à bon escient les débats de la classe politique. Elle peut servir à gagner une élection et être remisée soigneusement aux oubliettes jusqu'au scrutin suivant, n'exigeant aucun sacrifice ni aucune intervention de nature politique. Le pragmatisme des habitants des Maritimes les pousse plutôt à éviter la confrontation potentielle, que risque d'entraîner l'escalade de leurs doléances à l'échelle régionale. On considère comme un suicide politique l'idée de s'écarter du système bipartite. On ne parviendra certainement pas à renverser le courant de progrès et de développement, qui caractérise alors le centre du Canada, au moyen de protestations régionalistes «paranoïaques», inconciliables avec la «politique de coercition».

À la fin des années 1920, l'atmosphère a manifestement changé dans la région des Maritimes. L'une des raisons est le regain économique, qui s'amorce après 1927, offrant les premiers signes d'espoir après une décennie de morosité, alors qu'une vague de prospérité agite les domaines de la construction et du tourisme. La réouverture des marchés traditionnels avec les États-Unis et la Grande-Bretagne s'accompagne d'une relance des industries axées sur les ressources. Des injections de capitaux contribuent à l'épanouissement de l'industrie des pâtes et papiers. Cette reprise économique ne touche toutefois que certaines régions telles que la vallée de l'Annapolis, le Cap-Breton, la région d'Halifax et Saint-Jean.

Ailleurs, la situation continue de se détériorer, au point où on assiste à un exode massif de jeunes (on en compte au moins 300 000 entre 1900 et 1930), dont au moins les trois quarts prennent la direction des États-Unis. Les coûts sociaux d'un tel mouvement d'émigration demeurent incalculables, mais on peut présumer que ceux qui font preuve d'ambition et d'initiative choisissent plus souvent de quitter la région que d'y demeurer. Ceux qui restent doivent se résigner à un sort collectif, où les promesses ne sont liées qu'aux chances personnelles de réussite. Dans la plupart des cas, le Mouvement pour les droits des Maritimes n'a engendré que «cynisme et apathie». L'orgueil régional a cédé la place à un sentiment de dépendance et le tranchant de l'aliénation s'est trouvé émoussé par un état d'indifférence générale devant le changement.

À la fin des années 70, le sentiment d'appartenance collective des habitants des Maritimes subit une transformation marquante. Ces derniers cessent d'être les critiques les plus acharnés de la Confédération et du Canada. Une curieuse pirouette de l'histoire les a transformés en fervents Canadiens. Ils sont parvenus à dépasser le stade limité d'une identification strictement régionale pour adopter, en même temps, une attitude leur permettant de discuter et d'apprécier ouvertement le formidable impact émotionnel de leur attachement au Canada. Quand un individu s'avère capable de déclarer sa ferveur pour l'Île-du-Prince-Édouard, le Nouveau-Brunswick ou la Nouvelle-Écosse et de se reconnaître, du même souffle, une passion tout aussi forte pour le Canada, il se montre en mesure d'intégrer deux niveaux d'appartenance fort différents mais nullement incompatibles.

Selon Northrop FRYE, cette tension dynamique existant entre l'identification régionale, fruit de l'imagination, et l'attachement au Canada constitue l'essence de toute définition que l'on puisse donner au mot «Canadien». Les Néo-Écossais sont Néo-Écossais, les insulaires de l'Île-du-Prince-Édouard sont des insulaires de l'Île-du-Prince-Édouard et les Néo-Brunswickois sont Néo-Brunswickois parce que, pour reprendre les paroles, prononcées en 1967, par un premier ministre des Maritimes: «Nous sommes Canadiens avant quoi que ce soit d'autre.»

(*Voir aussi* ATLANTIQUE, PROVINCES DE L'.)

George A. Rawlyk

Prowse, Daniel Woodley, juge, journaliste et historien (Port de Grave, T.-N., 12 sept. 1834—St. John's, 27 janv. 1914). Après des études à St. John's et à Liverpool (Angleterre), il est admis au barreau de Terre-Neuve en 1859. Il pratique le droit et est membre de l'Assemblée législative de 1861 à 1869, année où il est nommé juge de la cour de circuit et, par la suite, juge de la Central District Court. Juge chevronné, bien que parfois excentrique, et promoteur infatigable de Terre-Neuve, Prowse est un journaliste prolifique dont les articles sont publiés dans les revues locales, américaines et britanniques. Il écrit aussi le *Manual for Magistrates in Newfoundland* (1877), le *Newfoundland Guide Book* (1905) et *A History of Newfoundland* (1895), la synthèse historique la plus complète de l'île jusqu'à ce jour et la première rédigée à partir de «documents anglais, coloniaux et étrangers».

G.M. Story

Pruche (ou tsuga) La pruche du Canada, ou «pruche de l'est», est une des trois espèces de pruche du Canada. Elle pousse dans les lieux humides et ombragés et peut vivre très longtemps (*voir* illustrations de Claire Tremblay). La pruche est un CONIFÈRE à feuillage persistant du genre *Tsuga*, de la famille des PINS (Pinacées). Le terme «pruche» est probablement dérivé de «Prusse» ou «Pérusse» qui sont des appellations populaires pour les épinettes. Il existe dix espèces connues: six au Japon, en Taïwan et dans l'est de l'Asie, et quatre en Amérique du Nord. Parmi ces dernières, trois poussent au Canada: la pruche du Canada (*T. canadensis*), dans l'ouest de l'Ontario, au Québec et dans les Maritimes; la pruche occidentale ou pruche de l'ouest (*T. heterophylla*) et la pruche de Mertens ou pruche subalpine (*T. mertensiana*), sur la côte ouest depuis l'Alaska jusque dans le nord de la Californie. La pruche est un grand arbre majestueux dont les branches et la flèche sont minces et retombantes. Ses feuilles sont aciculaires, et leur pointe est arrondie.

Les cônes ne sont pas ligneux et mesurent à peine 2 cm de long; ceux de la pruche de Mertens peuvent atteindre 7 cm. La pollinisation a lieu au printemps et ses graines ailées se disséminent à la fin de l'été et à l'automne. Ses racines peu profondes s'étendent sur une grande surface. Le bois, relativement dur, est fortement exploité par les industries des pâtes et papiers et de la construction.

John N. Owens

Prune Nom commun de certaines espèces du genre *Prunus* de la famille de la ROSE. Ce FRUIT, à la peau lisse et à noyau plat, revêt plusieurs formes: cœur, ovale, oblongue ou ronde. Environ 18 espèces de prunes sont importantes en horticulture, dont la prune européenne (*P. domestica*), qui vient probablement de la région de la mer Caspienne; la prune japonaise (*P. salicina*), d'origine chinoise; la prune ornementale (*P. ceracifera*), native du sud-est de l'Europe ou du sud-ouest de l'Asie; la *P. nigra* et la *P. americana*, d'origines canadienne et américaine respectivement.

En Amérique du Nord, la culture de la prune a commencé vers la fin du XVIIIe s.. Les prunes européennes ont d'abord été amenées dans les Maritimes par des colons français; les prunes japonaises ont été introduites en Amérique du Nord vers 1870; et la domestication d'espèces indigènes a commencé vers 1850. Les prunes européennes et les prunes japonaises résistent bien dans les régions canadiennes qui possèdent un climat plus doux et sont cultivées pour la vente en Colombie-Britannique, en Ontario et en Nouvelle-Écosse. Les espèces indigènes sont plus petites, mais on a créé des hybrides qui donnent un fruit d'excellente qualité et qui sont relativement résistants au froid de l'hiver. La plupart des prunes produites au Canada sont destinées au marché du frais. Les principales variétés sont la Bluefre, la Bradshaw, la Burbank, la Golden hâtive, l'Italienne, la Pêche, la Shiro et la Stanley. Les INSECTES NUISIBLES communs sont l'acarien rouge des pomacées, le charançon de la prune, la cochenille, le puceron, la mouche et, moins souvent, le perceur du pêcher. Les principales maladies sont la moniliose, le nodule noir et la tache de la feuille. En 1985, on a produit 5485 t de prunes et de pruneaux au Canada, pour une valeur à la ferme de 3,9 millions de dollars; en 1986, la production totalisait 5133 t.

G. Tehrani

Pryce, Maurice Henry Lecorney, physicien de recherche, professeur titulaire (Croydon, Angl., 24 janv. 1913). Après un baccalauréat ès arts à Cambridge et un doctorat obtenu à Princeton en 1937, il est chargé de cours en mathématiques à Cambridge durant deux ans et maître de conférences en physique théorique à Liverpool durant un an. Pendant trois ans, durant la Seconde Guerre mondiale, il effectue des recherches sur les RADARS à l'Admiralty Signal Establishement, avant son premier séjour au Canada, de 1944 à 1945, à titre de membre du projet secret conjoint du Canada, du Royaume-Uni et des États-Unis sur l'énergie atomique à Montréal.

Pryce vient au Canada pour y résider en permanence en 1968, après avoir occupé divers postes prestigieux à Oxford de 1946 à 1954, à l'U. de Bristol de 1954 à 1964 et à l'U. of Southern California de 1964 à 1968. On le désigne professeur titulaire de physique à l'U. de Colombie-Britannique en 1968. Quand il prend sa retraite, en 1978, il est d'abord fait professeur honoraire puis professeur émérite. Il reste actif durant sa retraite, effectuant beaucoup de travail de consultation pour Énergie atomique du Canada ltée. Il est l'auteur de plus de 75 publications sur un large éventail de sujets en physique théorique et en astronomie. En 1951, on l'élit Membre de la Royal Society of London.

George M. Volkoff

Psychiatrie Branche de la médecine consacrée à l'étude et au traitement des maladies mentales et d'un large éventail de troubles de comportement, notamment les réactions et les états émotionnels engendrés par les maladies physiques, le stress et les crises personnelles, les troubles de la personnalité et les problèmes d'adaptation et de réalisation de soi.

Les psychiatres sont des médecins et, à ce titre, ils doivent réussir les examens du Collège Royal des Médecins et Chirurgiens du Canada, ou au Québec, de la Corporation professionnelle des médecins. Ces examens sont précédés d'un internat et de quatre années d'études supérieures dans un centre reconnu. Ce programme vise à assurer que les psychiatres diplômés ont les compétences nécessaires pour établir des diagnostics et traiter l'ensemble des troubles psychiatriques, intervenir dans les urgences psychiatriques et appliquer les techniques de psychothérapies brèves ou prolongées ainsi que des thérapies médicamenteuses. Les résidents en psychiatrie, déjà détenteurs d'un doctorat en médecine, doivent s'inscrire dans une université et planifier leur programme de concert avec le directeur du programme de formation. Trois des quatre années de formation doivent être consacrées à une étude approfondie permettant aux médecins d'acquérir une expérience clinique de base et une formation théorique. De plus, au moins deux années sont consacrées à une supervision hebdomadaire en psychothérapie de longue durée.

Les connaissances théoriques et pratiques qui doivent former l'apprentissage de base au Canada comprennent les modèles fondamentaux des maladies, les tendances historiques en psychiatrie, les développements psychosexuels normaux et anormaux, l'apport des sciences biologiques, psychologiques et socioculturelles, la psychiatrie de l'enfant et de l'adolescent, l'arriération mentale, la génétique, les théories de la personnalité et de la psychopathologie, l'évaluation psychiatrique, les urgences psychiatriques, la médecine psychosomatique, les réactions psychosociales à la maladie, les syndromes psychiatriques, les modes de traitement (p. ex., psychopharmacologie, thérapie comportementale, psychothérapies, thérapie sociale), la psychiatrie communautaire, la psychiatrie médico-légale, l'alcoolisme et les toxicomanies, la recherche et les méthodes de recherche en psychiatrie.

Toutes les écoles de médecine au Canada offrent maintenant des programmes d'études supérieures en psychiatrie. En 1986, on y trouvait 567 étudiants en psychiatrie.

La psychiatrie, tout comme d'autres professions liées à la santé mentale, se spécialise dans la psychothérapie. Souvent confondue avec la psychanalyse, la psychothérapie consiste pour le professionnel à établir une relation clinique avec un patient dans le but de modifier ses symptômes, de changer son comportement ou de favoriser sa croissance personnelle. Il existe de nombreux genres de psychothérapies, certaines mettent l'accent sur le changement d'attitude, d'autres sur la modification des réactions émotionnelles ou encore sur la transformation du comportement lui-même. En outre, des psychothérapies de soutien ou de rééducation sont utilisées pour traiter des problèmes de comportement qui ne sont pas à proprement parler des maladies mentales, à savoir les problèmes professionnels, scolaires ou matrimoniaux. La psychanalyse, terme mis de l'avant par Freud pour définir son système d'association libre, d'interprétation du rêve de résistance et de transfert, n'est pas largement pratiquée au Canada, où peu de psychiatres sont formés pour exercer cette spécialité. Les traitements médicamenteux et les électrochocs complètent les démarches psychothérapiques effectuées par les psychiatres dans le traitement des maladies.

Troubles psychiatriques La connaissance générale de la maladie mentale est plus profonde qu'on ne le suppose généralement, bien qu'on n'ait pas encore trouvé de moyens précis de poser un diagnostic. Lors de l'examen du patient, le psychiatre examine ses antécédents personnels, médicaux et familiaux, et dresse un bilan du malaise ressenti. Il note le comportement du patient, sa façon de parler, son humeur,

ses perceptions. Il observe le cours, la forme et le contenu de ses pensées et teste sa mémoire, sa perception du temps, de l'espace et d'autrui, de même que sa pensée abstraite. Partout dans le monde, la *Classification internationale des maladies* est utilisée pour classifier les troubles mentaux (troubles affectifs courants).

Les psychoses organiques sont des maladies associées à un dysfonctionnement des tissus cérébraux et se caractérisent par des pertes de mémoire, des problèmes d'orientation et des changements de comportement qui se manifestent souvent à un âge avancé. La plupart de ces symptômes sont attribuables à des maladies dégénératives comme la maladie d'Alzheimer. L'artériosclérose (durcissement des artères) est à l'origine d'une petite proportion des démences. De 5 à 10 p. 100 des personnes âgées de plus de 65 ans pourraient être atteints de démence.

Schizophrénie Cette maladie, accompagnant souvent le malade toute sa vie, se caractérise par des troubles de la pensée, des idées délirantes et des hallucinations, une réponse affective limitée, une absence d'impulsion et un mauvais jugement, mais jamais, contrairement à la croyance populaire, par un dédoublement de la personnalité. Nombreux sont ceux qui croient que cette maladie est, dans une large mesure, héréditaire, qu'elle est largement influencée par l'environnement social et qu'elle fait intervenir des perturbations cérébrales biochimiques. La médication a beaucoup amélioré les perspectives d'avenir des patients.

Dépression Les troubles affectifs comprennent les dépressions bipolaires (manie et dépression) et unipolaires (dépression seule). Bien que 10 p. 100 de la population présente des symptômes de dépression, la proportion de personnes qui sont victimes de troubles affectifs graves au cours de leur vie est relativement faible, soit 0,2 p. 100. Les dépressions sont épisodiques, plus que chroniques. Les dépressions bipolaires (qui comprennent des phases maniaques) se manifestent habituellement dans la vingtaine et la trentaine et touchent aussi bien les hommes que les femmes; les dépressions unipolaires, qui apparaissent surtout dans la cinquantaine et la soixantaine, sont plus fréquentes chez les femmes. Le SUICIDE constitue un risque sérieux chez les patients qui souffrent de dépression grave et peut toucher 15 p. 100 de cette population. Les traitements utilisés pour traiter la dépression comprennent les antidépresseurs, les électrochocs et le carbonate de lithium.

Névroses L'anxiété, la dépression légère, l'insomnie, la perte d'appétit, la fatigue, l'irritabilité, les problèmes de concentration et l'hypocondrie sont des névroses. Ce sont des troubles courants, qui durent habituellement peu de temps et qui sont généralement traités par des médecins généralistes à l'aide d'une psychothérapie et de médicaments. Certains troubles persistants doivent être traités par des spécialistes.

Troubles de la personnalité Ce sont des troubles caractérisés par des schémas permanents et limités de comportement, un fonctionnement inefficace et des difficultés dans les relations avec autrui.

Services hospitaliers Dans les années 40, la majorité des personnes qui souffraient de maladies mentales graves étaient traitées dans des hôpitaux psychiatriques éloignés de leur environnement et des autres services de santé. Au début des années 50, 75 p. 100 des patients des hôpitaux psychiatriques étaient hospitalisés depuis plus de 5 ans et avaient peu de chances d'en sortir. Peu de services appropriés étaient alors offerts en dehors des hôpitaux psychiatriques.

L'avènement d'une médication efficace a facilité la réinsertion sociale de malades hospitalisés et a réduit la nécessité d'hospitalisations, longues ou courtes. Les premiers psychotropes efficaces font leur apparition vers 1953 et ils sont maintenant largement utilisés, aussi bien par les omnipraticiens que par les psychiatres.

Il existe aujourd'hui 51 hôpitaux psychiatriques au Canada, qui emploient 34 000 personnes. Ces hôpitaux coûtent annuellement plus d'un milliard de dollars. Chaque année, environ 35 000 patients y sont admis, dont la moitié pour des séjours de moins d'un mois. Dans certaines provinces, plus du tiers des malades ne sont pas placés de leur propre chef dans un hôpital psychiatrique. L'utilisation de lits d'hôpital psychiatrique (pour les séjours de moins d'un an) varie généralement de 1 par 32 000 habitants en Nouvelle-Écosse à moins de 1 par 189 000 habitants en Saskatchewan.

Le nombre de séjours prolongés (plus d'un an) a atteint un sommet dans les années 50 avec 286 par 100 000 habitants, et la plupart concernaient des personnes âgées ou souffrant de lésions cérébrales. En Ontario, on dénombre actuellement 16 séjours prolongés par 100 000 habitants pour des patients âgés de moins de 65 ans. Le nombre de patients qui doivent être hospitalisés pendant une longue période diminue chaque année.

Beaucoup des patients qui sont encore hospitalisés pourraient être traités efficacement en unité de soins ambulatoires, en centre de jour ou à domicile. Des études portant sur les besoins des patients actuellement hospitalisés en Colombie-Britannique, en Ontario et au Nouveau-Brunswick révèlent toutes que de 40 à 60 p. 100 d'entre eux n'auraient pas besoin d'être hospitalisés pour des traitements, mais que les services et les installations qui répondraient à leurs besoins sont inexistants dans leur collectivité.

Dans certaines villes (Victoria, Calgary, Regina, Saskatoon, St. Catharines, Windsor et Sherbrooke), les hôpitaux psychiatriques ne sont pas beaucoup utilisés. Les patients, qu'ils présentent des désordres sévères ou plus légers, sont traités dans les services psychiatriques d'hôpitaux généraux situés près de leur collectivité. Ce sont des «oasis psychiatriques» où des psychiatres attachés à des hôpitaux généraux traitent la plupart des patients nécessitant une hospitalisation. À l'heure actuelle, il y a plus d'admissions dans les services psychiatriques des hôpitaux généraux que dans les hôpitaux psychiatriques. Le nombre de services psychiatriques dans les hôpitaux généraux est passé de 45 en 1958 à 190 en 1985.

En regard d'autres pays, le Canada a une proportion relativement élevée de lits réservés aux soins psychiatriques dans les hôpitaux généraux. En 1985, cette proportion était de 25 lits par 100 000 habitants, variant de 19 par 100 000 habitants au Nouveau-Brunswick à 36 par 100 000 à l'Île-du-Prince-Édouard.

Ce sont les POLITIQUES SUR LA SANTÉ en vigueur dans les provinces de même que les besoins des patients qui déterminent le genre de services offerts. Les différences importantes dans le recours aux hôpitaux psychiatriques et aux services psychiatriques des hôpitaux généraux d'une région à l'autre procèdent surtout de différences dans la façon d'organiser les services plutôt que de différences cliniques chez les patients.

Personnel Il y a environ 2700 psychiatres au Canada, dont 73 p. 100 exercent leur profession dans des cliniques privées. Environ 33 p. 100 des psychiatres ont étudié à l'extérieur du Canada. La majorité travaillent dans les grandes villes, tandis que 7 p. 100 d'entre eux exercent dans des collectivités de moins de 50 000 habitants.

Environ 80 p. cent des psychiatres sont des hommes, mais cette proportion est en pleine mutation puisque 44 p. cent des futurs psychiatres dans les écoles de médecine sont maintenant des femmes. La plupart exercent la psychiatrie générale, mais certains se spécialisent en pédopsychiatrie, en gérontopsychiatrie, en psychiatrie médico-légale, en psychiatrie de liaison, en thérapie comportementale, en thérapie familiale, en sexologie, en psychanalyse ou en recherche. Les services offerts par les psychiatres qui exercent en cabinet privé représentent 3,8 p. 100 des dépenses de santé. En moyenne, les psychiatres à temps plein consacrent 29 heures par semaine (82 p. 100 de leur temps) à la psychothérapie et aux soins de longue durée. Le reste du temps est passé en consultations et en visites dans les hôpitaux.

Le nombre de cas d'un psychiatre varie beaucoup et dépend du nombre d'heures et des types de psychothérapie exercées ainsi que de la durée du traitement. Dans certaines villes canadiennes, 50 p. 100 du temps des psychiatres est consacré aux patients nécessitant un traitement prolongé, ce qui représente un huitième des cas. Dans certaines provinces, le psychiatre qui exerce en cabinet privé voit 250 patients par année.

En vertu du système canadien de soins de santé, les médecins de famille, les psychiatres en cabinet privé, les cliniques communautaires de santé mentale, les services psychiatriques des hôpitaux généraux et les hôpitaux psychiatriques publics offrent des traitements aux personnes souffrant de maladies mentales. La plupart des malades peuvent être traités par un omnipraticien, sans avoir recours à un psychiatre.

Au cours d'une année, environ 10 p. 100 des adultes consultent un médecin de médecine générale pour des problèmes psychiatriques et 2 p. 100 de la population consulte un psychiatre ou une clinique de santé mentale. En outre, au moins 10 p. 100 de la population demande de l'aide à un ministre du culte, à un psychologue ou à un travailleur social pour les crises ou les problèmes personnels. Entre 18 et 24 ans, plus du tiers de la population va consulter un psychiatre.

Le nombre de psychiatres en cabinet privé et de services de psychothérapie offerts par des omnipraticiens a énormément augmenté. En 1985, la proportion d'heures consacrées à la psychothérapie par les psychiatres varie selon les régions de 62 à 1118 heures par 1000 Canadiens. En 1984-1985, 5,4 p. 100 (226 millions de dollars) des dépenses canadiennes de paiement à l'acte du régime d'assurance-maladie sont allées aux services de psychothérapie et de consultation offerts par les médecins. Environ 45 p. 100 de ces services ont été dispensés par des médecins généralistes. Entre 1972 et 1985, le nombre de services de psychothérapie ou de consultation offerts par les omnipraticiens est passé de 57 à 140 par 1000 habitants, et les services de psychothérapie représentent actuellement 7,7 p. 100 des coûts des consultations auprès des médecins de famille.

Apports de Canadiens à la psychiatrie Le Canada a fait de grandes contributions à la psychiatrie. Les services canadiens de santé mentale ont été favorisés par des régimes uniques d'assurance-maladie et d'assurance-hospitalisation, qui prévoient une couverture universelle des soins de santé mentale. La Commission royale d'enquête sur les services de santé (1964) recommandait que les régimes d'assurance-maladie ne fassent pas de discrimination à l'endroit du diagnostic et du traitement des problèmes psychiatriques. Il n'y a donc aucune restriction quant à la durée et à la nature des traitements psychiatriques dispensés par les médecins généralistes et les psychiatres.

La Saskatchewan a été un chef de file international en ce qui a trait aux changements apportés aux services psychiatriques. Dans cette province, en effet, ils ne sont plus offerts dans des hôpitaux psychiatriques, mais bien dans des services psychiatriques d'hôpitaux généraux régionaux. Les services communautaires permettent aux patients de suivre un traitement près de leur foyer, ce qui favorise également leur suivi et la continuité des soins. Le Canada a également été une figure de proue en ce qui concerne les services psychiatriques dans les hôpitaux généraux de même que les hôpitaux de jour et de nuit. La notion d'hospitalisation partielle pour les patients n'ayant pas à être suivis 24 heures sur 24, mais qui ont besoin de consultations, de supervision ou de médication quotidiennes a vu le jour à Montréal.

En 1963, une publication de l'Association canadienne pour la santé mentale, *Au service de l'esprit*, souligne la nécessité d'apporter certains changements: intégration des services de santé mentale aux services généraux de santé, régionalisation, décentralisation des services psychiatriques des gouvernements provinciaux vers des organismes régionaux et coordination des services psychiatriques offerts aux patients pendant toutes les phases de leur maladie. Chaque étude des services psychiatriques menée au Canada après 1963 appuie ces principes de base comme objectif à atteindre.

D'importantes contributions ont été faites à la psychiatrie par D.E. Cameron, chef de file canadien de la recherche en psychiatrie, qui joua un rôle de premier plan dans la mise en œuvre des hôpitaux de jour; F.C.R. Chalke, premier directeur de la *Revue de l'Association des psychiatres du Canada*, G.B. CHISHOLM, ancien directeur général des services médicaux de l'armée canadienne pendant la Seconde Guerre mondiale et premier directeur général de l'Organisation mondiale de la santé (OMS); C.B. Farrar, fondateur du premier programme d'études supérieures en psychiatrie, ancien chef du département de psychiatrie de l'U. de Toronto et rédacteur en chef de l'*American Journal of Psychiatry* pendant 34 ans; C.M. HINCKS, fondateur du Comité national canadien de l'hygiène mentale, aujourd'hui l'Association canadienne pour la santé mentale, et directeur des comités canadien et américain de l'hygiène mentale dans les années 30; R.O. Jones, fondateur du premier programme de formation universitaire en psychiatrie; D.C. Meyers, fondateur du premier service psychiatrique dans un hôpital général en 1906; A.B. Stokes, ancien président du département de psychiatrie à l'U. de Toronto et l'un des fondateurs du Clarke Institute of Psychiatry. Parmi les manuels de psychiatrie signés par des Canadiens, mentionnons *A Method of Psychiatry* (1980), *Précis pratique en psychiatrie* (1981) et *Psychiatrie clinique: approche contemporaine* (1981).

Problèmes et perspectives En dépit de l'évolution de la psychiatrie, il existe toujours des doléances quant aux services psychiatriques. Après étude de leurs services de santé mentale depuis la fin des années 70, presque toutes les provinces ont constaté que les objectifs énoncés par l'Association canadienne pour la santé mentale 20 ans auparavant n'ont toujours pas été atteints. Malheureusement, le traitement adéquat, administré aussi tôt que possible et de façon aussi continue que possible, sans déplacement et avec autant de réinsertion sociale que possible n'existe toujours pas. Le nombre sans cesse croissant de services psychiatriques demandés fait contrepoids aux augmentations de personnel, d'installations et de programmes psychiatriques.

De plus en plus, de nombreux psychiatres modifient leur rôle, consacrant moins de temps à conseiller d'autres médecins et assumant une plus grande responsabilité pour les soins de patients aux prises avec des problèmes de santé mentale, surtout pour les personnes qui ont des besoins relatifs par opposition à des besoins absolus, c.-à-d. celles qui souffrent de névroses et de problèmes d'adaptation moins débilitants, pour qui le travail et l'insertion sociale demeurent possibles et à qui des services de psychothérapie ou des traitements d'ordre social pourraient être offerts par un médecin généraliste ou des professionnels de disciplines de santé mentale non médicales. Cependant, le traitement psychiatrique et le soutien social des patients souffrant de schizophrénie chronique ou de troubles dépressifs graves sont encore insuffisants. (*Voir aussi* SANTÉ MENTALE.)

Alex Richman

Psychologie (du grec *Psyche*, «esprit», et *logos*, «étude») littéralement «l'étude de l'esprit ou de l'âme». Il semble que le terme ait été utilisé pour la première fois par Melanchthon au XVIe s.. Originellement, le sujet fait partie de la PHILOSOPHIE et ses ori-

gines remontent à l'antiquité. Sir Francis Galton (1822-1911), un demi-cousin de Charles Darwin, est généralement considéré comme le fondateur de l'étude scientifique de la psychologie des différences individuelles alors que Wilhelm Wundt (1832-1920), un physiologiste allemand qui a établi le premier laboratoire dédié exclusivement aux recherches psychologiques à l'U. de Leipzig, est considéré comme le fondateur de la psychologie expérimentale moderne. Au début, certains académiciens proposent de considérer la psychologie comme une des sciences biologiques, alors que pour d'autres, il s'agit d'une science sociale. Cependant, à partir des années 60, la psychologie est de plus en plus considérée comme une des sciences du comportement: la science du comportement des organismes vivants.

On la considère comme une science parce qu'elle se base sur la méthode scientifique pour élaborer un corpus de connaissances systématiques dont l'objet est la description, l'explication, la prédiction et dans certains cas le contrôle du comportement. La notion de «comportement» inclut tant les conduites observables que les processus internes (pensées, réactions émotives, sentiments, etc.) qui peuvent être inférés des actions externes.

La psychologie en tant que science appliquée La psychologie est aussi une science appliquée, car elle tente de résoudre des problèmes concrets. À cause de l'étendue de son champ, elle se divise en plusieurs spécialités, parmi lesquelles la psychologie expérimentale, qui utilise des expériences de laboratoire pour étudier des phénomènes comme la sensation et la perception, l'apprentissage et la mémoire; la psychologie physiologique (maintenant appelée neuropsychologie), qui est l'étude des bases physiques du comportement et en particulier du rôle du cerveau et du système nerveux (qui est affecté par une grande variété de facteurs: l'hérédité, l'alimentation, les substances chimiques, etc.) dans des activités caractéristiques des humains et des animaux; la psychologie du développement, qui s'intéresse aux facteurs qui influencent le développement des conduites de l'enfance à la vieillesse (*voir* GÉRONTOLOGIE); la psychologie sociale, qui étudie les relations entre le groupe et l'individu; la psychologie clinique, qui s'intéresse principalement au diagnostic et au traitement des désordres émotifs; la psychologie de l'orientation, qui, bien que semblable à la psychologie clinique, cherche plutôt à aider des personnes fondamentalement équilibrées, mais qui éprouvent des difficultés à définir leurs objectifs éducatifs ou professionnels; la neuropsychologie clinique, qui évalue les conséquences émotives, cognitives et comportementales de problèmes neurologiques; la psychologie de l'éducation, qui intervient dans le cas de difficultés à l'école; la psychologie industrielle, qui traite des facteurs humains dans l'industrie et les organisations; la psychologie de la personnalité ou l'étude des traits de personnalité; la psychologie cognitive, qui étudie les processus mentaux supérieurs, comme la perception, le langage, l'intelligence, l'imagerie mentale et la créativité.

La psychologie est généralement considérée comme une branche de la famille des sciences du comportement, qui comprend, entre autres, la SOCIOLOGIE et l'ANTHROPOLOGIE, mais qui, dans sa recherche et ses applications, maintient des liens privilégiés avec la BIOLOGIE et les sciences de la santé.

La psychologie au Canada

La psychologie au Canada s'est développée en même temps et de la même façon qu'en Europe et qu'aux États-Unis. Dans la première moitié du XIXe s., on donne plutôt des cours de philosophie morale et mentale. C'est Thomas MCCULLOCH qui, semble-t-il, donne le premier cours de psychologie dans l'est du Canada, en 1838, à l'U. Dalhousie, mais la discipline ne se développe vraiment que dans la dernière moitié du siècle. En 1855, William LYALL, qui enseigne à Halifax, écrit le premier manuel de base en psychologie publié au Canada.

En 1879 Wundt ouvre le premier laboratoire de psychologie à Leipzig, et c'est alors que la psychologie se dissocie de la philosophie et devient une science. Dix ans plus tard, James Mark Baldwin, un étudiant de Wundt qui enseigne à Toronto, fonde le premier laboratoire de psychologie au Canada. Durant les années 20, des départements de psychologie indépendants commencent à faire leur apparition: un à McGill dirigé par W.D. Tait et un à Toronto dirigé par E.A. Bott. Après 1940, d'autres départements de psychologie se séparent de la philosophie et deviennent indépendants. Le même processus se reproduit un peu plus tardivement dans l'ouest du pays. J.M. McEachran, qui en 1909 devient professeur de philosophie à l'U. de l'Alberta, peut être considéré comme le premier psychologue dans une université de l'ouest. Par la suite, la recherche et l'enseignement en psychologie se développent dans d'autres universités, mais là aussi, ce n'est pas avant les années 40 que plusieurs des départements de psychologie acquièrent leur autonomie et se dissocient de la philosophie.

Même si la psychologie dans les universités francophones suit le même chemin, elle subit d'autres influences. Alors que la conception de l'humain enseignée dans les universités anglophones prend sa source dans un mélange philosophique de réalisme écossais et d'idéalisme anglais, celle des universités francophones relève de la philosophie catholique thomiste. Les deux premiers départements de psychologie francophone sont fondés à l'U. d'Ottawa par R.H. Shevenel, en 1941, et à l'U. de Montréal par N. Mailloux, en 1942. Ces deux départements conservent au début une orientation catholique romaine et mettent l'accent sur la psychologie clinique et les recherches appliquées. La recherche fondamentale ne s'y développe qu'au cours des années 50, mais elle y est aujourd'hui équivalente à ce qui se fait dans les universités anglophones. La psychologie s'est développée très rapidement au Canada au cours des trois dernières décennies, et il y a maintenant des départements de psychologie dans la plupart des universités canadiennes. Une étude de 1990 montre qu'il y a 88 programmes d'études supérieures en psychologie au Canada.

La psychologie et ses applications Parallèlement à son développement en tant que discipline académique, la psychologie, depuis le début du XXᵉ s., mais surtout depuis les années 50, a aussi connu une croissance remarquable en tant que discipline appliquée. Au début du siècle, A. Binet développe, en France, le premier test d'intelligence. Par la suite, le développement de tests de sélection des militaires, par les États-Unis durant la Première Guerre mondiale, établit la validité de la psychologie comme science aux applications pratiques. Aujourd'hui, on applique la psychologie à tous les secteurs de l'activité humaine.

Contrairement à la croyance répandue, la psychologie ne travaille pas qu'avec les personnes souffrant de maladie mentale ou de graves problèmes d'adaptation. Généralement, les psychologues appliquent leur savoir à la solution ou à la prévention de problèmes comportementaux ou affectifs de tout genre. P. ex., certains psychologues appliquent leur savoir à la conception de panneaux de contrôle de machines sophistiquées pour assurer qu'ils sont bien adaptés aux caractéristiques de leurs utilisateurs. D'autres s'intéressent aux problèmes d'adaptation à l'école ou au travail et essaient, avec les personnes concernées, de mettre au point des structures et des façons de faire qui vont faciliter l'étude ou le travail. D'autres encore essaient de modifier les comportements et les styles de vie qui causent ou accompagnent le développement de maladies psychosomatiques, comme les ulcères ou les allergies.

Associations scientifiques et professionnelles Comme beaucoup d'autres disciplines au Canada, la

psychologie doit une bonne partie de son développement et de sa vitalité à diverses associations scientifiques et professionnelles. La plus influente, la Société canadienne de psychologie (SCP), est fondée en 1939 pour rassembler les psychologues canadiens. Jusqu'alors, ce rôle était assumé par l'American Psychological Association, fondée en 1894 comme une organisation continentale. L'imminence d'une guerre dans laquelle le Canada risque d'être impliqué plus rapidement que les États-Unis déclenche la mise sur pied d'une organisation canadienne. Au cours de la Seconde Guerre mondiale, la SCP est à la source de l'acceptation de la psychologie comme science appliquée.

En 1941, le CONSEIL NATIONAL DE RECHERCHES est le premier organisme fédéral à donner une subvention de recherche en psychologie pour la première d'une longue série de projets entrepris par la SCP. Avec son congrès annuel, ses divers comités d'étude, son lobby politique et ses trois périodiques scientifiques (la *Revue canadienne de psychologie expérimentale*, la *Revue canadienne des sciences du comportement* et *Psychologie canadienne*), la SCP est encore aujourd'hui la plus importante association nationale de psychologues.

Les associations provinciales jouent aussi un rôle très important. La Constitution canadienne donne aux provinces la responsabilité en matière de critères d'accréditation à la pratique professionnelle. Une ou plusieurs associations existent dans chaque province. Les deux plus vieilles sont la BC Psychological Association, fondée en 1938, et L'Ordre du Québec, établi en 1944 et qui devient en 1962 la Corporation professionnelle des psychologues du Québec.

Il y a maintenant plus de 12 000 psychologues accrédités au Canada qui offrent des services dans les domaines traditionnels de la psychologie appliquée et dans les domaines en émergence, comme la psychologie de la santé et la psychologie légale.

Luc Granger

Publicité L'utilisation payée d'espace ou de temps choisi dans un média par un organisme connu ou un particulier pour présenter un message est typique du XXᵉ s. Les publicitaires cherchent à convaincre le public de l'intérêt d'acheter certains produits ou services, à rehausser l'image du commanditaire ou à présenter leur point de vue. Puisque le développement de la publicité et celui des médias se produit simultanément, l'évolution de la technologie et des communications entraîne un changement des formes et de l'utilisation de la publicité. L'image et le contenu de la publicité sont des indicateurs des climats politique, social, économique et artistique d'une époque donnée. INTERNET constitue l'exemple par excellence de la rapidité des progrès de la technologie. Mis en place à la fin des années 80 comme outil de communication, le réseau Internet relie quelque 300 millions d'utilisateurs dans le monde dès l'an 2000. Ses possibilités semblent illimitées et révolutionneront les habitudes en matière de marketing et de publicité.

En 1752, une annonce de beurre parue dans la *Halifax Gazette*, publication officielle du gouvernement, est la première annonce publicitaire à paraître au Canada. En 1764, est fondée la *Québec Gazette* (qui devient par la suite le *Chronicle-Telegraph*) dans le but de relater des événements aussi bien que de présenter des annonces commerciales. En 1900, les annonceurs, pour rejoindre les 5 millions de Canadiens, ont 4 moyens à leur disposition: 112 quotidiens pour 570 000 abonnés, des magazines d'intérêt général, des revues spécialisées ainsi que des affiches extérieures qui présentent des messages graphiques peu coûteux, souvent épinglées dans les magasins de détail ou dans les environs. Le moyen le plus efficace pour rejoindre un marché national est le catalogue de commande postale, notamment celui du magasin EATON. Ces catalogues saisonniers rejoignent des millions de gens dans les campagnes et les villes et offrent une grande variété de marchandises,

mais il ne s'agit pas de médias de publicité au sens strict du terme parce que les espaces publicitaires ne sont pas vendus.

Première agence de publicité canadienne En 1889, la publicité dans les journaux a pris assez d'importance pour encourager Anson McKim à ouvrir un bureau à Montréal et à offrir des espaces publicitaires aux journaux de l'Ontario. Il crée ainsi un nouveau type de commerce et sa compagnie devient la première agence de publicité canadienne. Les journaux dans lesquels paraissent les publicités préparées par son agence lui paient une commission. Il s'agit encore aujourd'hui de la principale source de revenus des agences publicitaires. De plus, McKim met de l'ordre dans la publicité des journaux et ramène à une juste proportion leurs prétentions sur leur tirage par la publication du *Canadian Newspaper Directory*. Au début des années 1900, une autre agence, McConnell Advertising, ouvre ses portes à London, en Ontario.

Émergence de la radio En 1919, le Canada émet la première licence de diffusion radiophonique à Marconi, qui exploite un poste expérimental de téléphonie sans fil à Montréal (XWA, qui devient par la suite CFCF). En 1928, plus de 60 stations de radio ont déjà obtenu leur licence d'exploitation. La radio devient un média publicitaire très populaire. À la fin des années 20, les Canadiens se plaignent déjà de l'abondance de publicité à la radio. En 1932, le gouvernement fédéral, qui considère que la diffusion radiophonique ne devrait pas appartenir uniquement à l'entreprise privée, crée la Commission canadienne de la radiodiffusion, rebaptisée par la suite SOCIÉTÉ RADIO-CANADA. Cette dernière a le droit de posséder des stations dans les grandes villes et de détenir le monopole d'exploitation des réseaux radiophoniques. En 1953, le gouvernement cesse de percevoir les droits des licences annuelles et finance la Société Radio-Canada à l'aide des fonds publics. Au milieu des années 70, la publicité payante est totalement éliminée des stations de radio de la SRC.

Pouvoir de persuasion de la télévision Peu après la fin de la Seconde Guerre mondiale, les signaux de télévision commencent à envahir le Canada à partir des villes frontalières des États-Unis. Alarmée par l'influence des réseaux américains, la SRC ouvre, en 1952, des stations de télévision à Toronto et à Montréal et accorde des licences à des stations privées dans d'autres villes. La télévision devient un puissant média publicitaire grâce au pouvoir persuasif de l'image, du son, du mouvement et, plus tard, de la couleur. En l'espace de huit ans, les annonceurs en viennent à dépenser annuellement 50 millions de dollars en publicité télévisée. L'engouement de la population canadienne pour un choix diversifié d'émissions télévisées permet la construction d'importants réseaux de câblodistribution au cours des années 70, multipliant ainsi le nombre de canaux disponibles dans des millions de foyers. En 1996, 76 p. 100 des foyers canadiens sont équipés du câble, le taux de pénétration le plus élevé du monde (*voir* CÂBLODISTRIBUTION).

Les annonceurs qui désirent atteindre le grand public doivent maintenant répartir leur budget parmi un nombre toujours croissant de chaînes commerciales (plus de 130 aujourd'hui). En moyenne, les téléspectateurs adultes regardent 23 heures de télévision par semaine et ont le choix entre les réseaux nationaux et régionaux, les chaînes locales, la télévision payante américaine et les chaînes offertes par câble. Les chaînes canadiennes attirent plus de 60 p. 100 des téléspectateurs et les chaînes américaines, environ 20 p. 100. Le reste de la population regarde les chaînes offertes par le câble, la télévision payante et les émissions enregistrées sur magnétoscope. La transmission des signaux de télévision qui s'effectue de plus en plus par satellite et par câble à fibres optiques permettra de diversifier encore davantage la programmation – l'univers des 500 canaux qu'on nous prédit souvent – et offrira la possibilité d'interaction bidirectionnelle entre le téléspectateur et l'émetteur.

En 1994, les annonceurs ont dépensé, dans les divers médias, environ 8,3 milliards de dollars, contre près de 6,7 milliards en 1986. En 1995, deux des plus importants annonceurs, à savoir General Motors du Canada et les Entreprises Bell Canada, dépensent 178 millions de dollars en publicité au Canada. Les autres grands utilisateurs de publicité sont des entreprises qui œuvrent dans les secteurs de l'alimentation, de l'automobile, de la vente au détail, des communications, de la bière et des boissons gazeuses.

Les annonceurs travaillent soit à l'échelle nationale, soit à l'échelle locale. Ceux qui annoncent à l'échelle nationale vendent leurs produits ou services dans plus d'un marché, généralement dans les principaux marchés du pays. La publicité de l'annonceur local, habituellement un détaillant, s'adresse à une clientèle précise et vise uniquement cet auditoire. Une partie croissante de la publicité a pour but de promouvoir des idées. Cette publicité d'opinion est utilisée par les sociétés, les associations professionnelles, les groupes d'intérêts ou les syndicats ouvriers qui désirent faire valoir leurs points de vue dans des espaces où ils peuvent exercer un contrôle sur le message, plutôt que de laisser les médias d'information émettre leurs idées selon leur interprétation.

Ainsi, les élections fédérales et provinciales sont d'excellents exemples de campagnes de publicité d'opinion, et les partis politiques s'en servent pour expliquer leurs programmes et leurs politiques à l'électorat. Par ailleurs, les gouvernements sont toujours d'importants annonceurs. En 1995, les différents ministères du gouvernement fédéral dépensent 68 millions de dollars à ce chapitre, ce qui les place au sixième rang des annonceurs. Quant aux gouvernements du Québec et de l'Ontario, leurs dépenses totalisent 72 millions de dollars cette même année, auxquels s'ajoutent les dépenses des autres provinces et des sociétés d'État qui totalisent plusieurs millions de dollars supplémentaires.

Principaux médias de publicité La télévision perçoit la majeure partie des recettes publicitaires au Canada (21 p. 100) et elle affiche depuis cinq ans le taux de croissance le plus fort (17 p. 100) parmi les principaux médias écrits et électroniques. Son importance est illustrée par le coût d'une annonce de 30 secondes sur les 18 stations du réseau CTV, le plus grand diffuseur privé du Canada. P. ex., le coût d'une annonce de 30 secondes durant la remise des Oscars en 1997 (l'une des émissions ayant la plus forte cote d'écoute de l'année) pouvait atteindre 50 000 dollars.

Le Canada compte 108 JOURNAUX quotidiens, qui totalisent un tirage payé de 5 millions d'exemplaires. Ces journaux pénètrent dans 63 p. 100 des foyers canadiens. Les quotidiens reçoivent plus de 13 p. 100 des sommes dépensées en publicité. En 1994, le total des revenus publicitaires de tous les quotidiens du Canada est de 1,1 milliard de dollars, une diminution de plus de 25 p. 100 en cinq ans, ce qui représente la perte de revenus la plus considérable de tous les grands médias. Les publicités diffusées à l'échelle nationale comptent pour 30 p. 100 de ce montant. L'achat par Conrad BLACK de quelque 50 quotidiens canadiens dans les années 90 intensifie les discussions sur le spectre d'une domination des médias par une poignée d'intérêts privés puissants. La tendance ne se limite toutefois pas aux journaux. La radiodiffusion canadienne aussi est entre les mains d'un nombre limité de sociétés (*voir* MÉDIAS, PROPRIÉTÉ DES).

L'avènement de la télévision force la radio à redéfinir ses forces et, aujourd'hui, elle reprend de la vigueur et reconquiert sa place comme média publicitaire. Relativement moins coûteuse, elle permet aux annonceurs de diffuser leurs messages de façon répétitive. Utilisée d'une manière créative, elle fait appel à l'imagination des auditeurs. En 1994, les 793 stations de radio perçoivent près de 9 p. 100 du total des dépenses publicitaires, qui atteignent 740 millions de dollars, et dont 77 p. 100 proviennent des annonceurs locaux.

Les MAGAZINES traitant de sujets généraux ou de loisirs, plutôt que d'intérêts professionnels ou commerciaux, sont aussi des supports très importants aux yeux des annonceurs. Les magazines d'intérêt général sont distribués de deux façons. Les magazines à tirage payé visent un auditoire payant, tandis que les magazines à tirage contrôlé sont distribués gratuitement aux auditoires choisis que les éditeurs estiment susceptibles d'être intéressés par la publicité des annonceurs. Même si le tirage contrôlé était déjà utilisé pour les publications d'affaires, ce n'est que depuis les années 70 que cette méthode est employée auprès des consommateurs. Les années 70 voient également l'avènement de la télévision locale et des magazines de divertissement insérés dans l'édition de fin de semaine des quotidiens. Le total des revenus publicitaires dans les magazines grand public est passé de 198 millions de dollars en 1986 à 260 millions de dollars en 1994.

Les journaux communautaires sont généralement publiés une ou deux fois par semaine. Leur rôle s'est modifié depuis les années 50 où la plupart appartenaient à des imprimeries locales. Aujourd'hui, certains d'entre eux sont la propriété de groupes et vendent de l'espace aux annonceurs nationaux par l'entremise de groupes de ventes organisés par province. Leur contenu vise des segments de la population à l'intérieur des villes ou dans les banlieues. Bon nombre ont un tirage relativement faible, de 2000 à 3000 exemplaires, mais certains, comme le *Mississauga News*, s'adressent à des auditoires plus larges et peuvent atteindre un tirage de 118 500 exemplaires. En 1994, on trouvait au Canada près de 940 journaux communautaires en français et en anglais, avec un tirage hebdomadaire moyen de 8,8 millions d'exemplaires. Des études indépendantes montrent que 60 p. 100 des Canadiens ont lu un journal communautaire au cours des 7 derniers jours. Les revenus publicitaires, qui étaient de 55,6 millions de dollars en 1971, ont grimpé pour atteindre, en 1994, un total de 568 millions de dollars, dont une très forte proportion (90 p. 100 ou 512 millions de dollars) est constituée de revenus publicitaires locaux.

Le Canada compte près de 750 publications d'affaires ayant des tirages variant de quelques milliers d'exemplaires à plus de 50 000. Elles présentent de la publicité et des articles qui intéressent particulièrement les gens d'affaires et les professionnels. La plupart d'entre elles sont publiées par un nombre important de petites maisons d'édition qui se font concurrence. Les principales maisons d'édition canadiennes, qui publient environ 40 titres par an, sont MACLEAN HUNTER LTÉE et le Groupe d'information d'affaires SOUTHAM. De nombreux magazines proposent à leurs annonceurs d'autres services et d'autres activités comme des salons commerciaux et des séminaires. Leurs revenus sont passés de 55 millions de dollars en 1975 à 170 millions en 1994.

Dans les années 70, l'industrie de la publicité extérieure voit son existence compromise quand les Canadiens commencent à manifester un vif intérêt pour tout ce qui touche la protection de l'environnement. Dans une logique d'autodéfense, les entreprises et l'industrie de la publicité établissent des règlements rigoureux. Ils éliminent certains panneaux publicitaires, en restreignent d'autres aux voies publiques commerciales, imposent une marge de recul de 0,4 km sur les autoroutes et améliorent leur conception.

La publicité extérieure est maintenant perçue comme un élément médiatique essentiel. L'industrie a trouvé de nouveaux débouchés: la publicité dans les abris d'autobus et sur les panneaux des centres commerciaux. Elle a également conçu des étalages spectaculaires à composantes mobiles et à éclairage recherché. La publicité extérieure est économique. L'annonceur peut présenter un message frappant à un prix modique, souvent pour accompagner la publicité faite dans d'autres médias. Le message commercial doit toutefois être efficace puisqu'on ne l'aperçoit qu'un instant. La publicité dans les transports, placée à l'intérieur et à l'extérieur des véhicules, dans le métro, sur les bus, dans les gares routières et sur les trains de banlieue est très populaire. Aux points de vente, la publicité s'adresse à la clientèle par des messages ou par la représentation des produits à vendre. Cette forme de publicité extérieure présente un message de rappel dans les magasins ou aux environs sous forme d'étiquettes collantes dans les vitrines ou sur les rayons et les présentoirs spéciaux. Les revenus de publicité extérieure ont augmenté pour passer de 484 millions de dollars en 1986 à 813 millions en 1994.

Agences de publicité Tandis que certains annonceurs ont des services de publicité internes et que quelques-uns ont même leur propre service de publicité responsable de la création et du placement de leurs annonces, la plus grande partie de la publicité nationale est confiée à des agences. Les agences sont des organisations complexes qui offrent à leur clientèle une vaste gamme de services: planification et utilisation des médias, gestion de comptes, études de marketing, graphisme et rédaction, productions écrites et électroniques et études sur le comportement des consommateurs. Le nombre d'agences de publicité de propriété et de gestion canadiennes a chuté de façon spectaculaire depuis les années 60, la plupart des grandes agences canadiennes étant passées aux mains d'agences américaines dotées de réseaux internationaux étendus. Ces agences multinationales peuvent mieux servir les besoins, en matière de communications, d'un nombre croissant d'annonceurs mondiaux de biens de consommation, ce qui exige la conception et l'exécution de stratégies et de programmes publicitaires multilingues. Depuis 20 ans, on assiste à la mise sur pied et à la croissance rapide d'entreprises de création et de gestion médiatique aussi bien au Canada qu'ailleurs. Ces entreprises mettent à la disposition de leur clientèle des services spécialisés, et il semble qu'elles offrent des produits de la même qualité que ceux offerts par les grandes agences à service complet.

Au Canada, deux organismes fournissent aux annonceurs, aux agences et aux médias des rapports périodiques sur les cotes d'écoute de la télévision et de la radio. A.C. Nielsen, le chef de file mondial en la matière, offre depuis 1989 des rapports quotidiens sur tous les réseaux et, depuis 1995, la programmation de Toronto TV au moyen de l'audiomètre, un système de mesure unique qui enregistre électroniquement les préférences individuelles des auditoires. Pour sa part, le Bureau of Broadcast Measurement (BBM) couvre tous les autres auditoires régionaux et locaux du marché de la télévision en publiant 4 rapports par an. BBM mesure aussi les cotes d'écoute à la radio dans plus de 130 marchés au Canada. Les sondages de Nielsen et de BBM ventilent les auditoires selon le sexe, le groupe d'âge et selon d'autres critères démographiques clés. Le Print Measurement Bureau (PMB) analyse chaque année le lectorat de plus de 70 magazines d'intérêt général en français et en anglais et fournit des renseignements démographiques et psychographiques, basés sur les habitudes d'un échantillon de 20 000 consommateurs, sur leur âge, leur niveau de scolarité, leur revenu, leur état civil et leur profession. Il fournit également des données sur l'utilisation de 1100 produits et services. On considère que ces analyses sont parmi les plus précises au monde. NADbank offre des données annuelles concernant le lectorat et l'achat de produits de plus de 50 quotidiens distribués dans 32 grands marchés canadiens. Le premier rapport est paru en 1984. D'autres sociétés de recherche évaluent la rétention du contenu publicitaire auprès des consommateurs qui ont regardé, entendu ou lu ces publicités.

Réglementation de la publicité Au Canada, la publicité est très réglementée. Le droit de la publicité est devenu une spécialité juridique très rentable. Compte tenu des licences exigées par le gouvernement pour toutes les stations de radio et de télé, la diffusion est davantage réglementée que les médias écrits. Le CONSEIL DE LA RADIODIFFUSION ET DES TÉLÉCOMMUNICATIONS CANADIENNES (CRTC), créé en 1968, émet des numéros d'approbation préalable pour toutes les publicités de boissons alcoolisées (bière, vin, cidre). Santé Canada approuve le contenu publicitaire pour tous les médicaments en vente libre. La Fondation canadienne de la publicité (FCP) est un organisme financé par l'industrie, chargé de vérifier la conformité de ses membres aux règles du CRTC en ce qui concerne les annonces visant les enfants et la publicité des produits cosmétiques et des parfums, des aliments et des boissons non alcoolisées. Le Québec a adopté une loi unique sur la publicité visant les enfants de moins de 13 ans. Le Comité des télédiffuseurs, établi en 1972, est un organisme volontaire d'autoréglementation qui regroupe 65 chaînes de télévision et qui assure un degré d'approbation encore plus poussé que ceux de la FCP et du CRTC. De plus, d'autres approbations sont nécessaires pour la publicité télévisée diffusée sur le réseau de la Société Radio-Canada.

Suivant une décision de la Cour suprême en 1995, le gouvernement fédéral a dû accorder aux compagnies de tabac une marge de manœuvre plus étendue pour promouvoir leurs différentes marques. Essentiellement, la mesure législative permet maintenant les annonces imprimées dans les publications pour adultes, les panneaux-réclames et les publipostages. Par contre, la publicité sur le tabac est toujours interdite dans les médias électroniques, et une proposition de mesure législative prévoit l'interdiction de la publicité sur les panneaux-réclames, les kiosques qui se trouvent sur les voies publiques, les autobus et les étalages aux points de vente.

Carrières en publicité La publicité touche aux domaines du commerce, du monde du spectacle, des sciences et des arts. L'industrie offre un vaste choix de carrières: agences, services de publicité des grandes entreprises, médias imprimés et électroniques, fournisseurs. Il n'existe pas d'enseignement couvrant tous ces domaines. Les employeurs exigent souvent un diplôme universitaire ou, au moins, des études collégiales. Ils demandent des diplômés en administration et en commerce pour des postes en gestion et en comptabilité, des diplômés en arts comme directeurs artistiques et illustrateurs, des diplômés en sociologie et en psychologie pour les analyses de marché, des études en journalisme et en littérature pour la rédaction. Plusieurs associations impliquées dans ce domaine offrent des cours du soir en publicité. L'Institut canadien de la publicité, association qui groupe les agences de publicité, commandite un cours du soir de trois ans qui a comme préalable une année d'expérience pratique. Ce cours conduit à un certificat de publicitaire. Un nombre croissant de collèges et d'universités offrent aussi une gamme complète de programmes en publicité et en marketing.

Jerry Goodis et B. Pearman

Publicité des débats en justice et interdictions de publication Le Canada a hérité de la tradition de la publicité des débats en justice de la Grande-Bretagne. Le principe de la publicité des débats a une finalité multiple. Il garantit le traitement égal de chacun devant la loi. Il invite tous les intervenants dans le processus à faire de leur mieux. Il encourage les témoins à dire la vérité, de peur que les membres du public qui entendraient leur témoignage ne sachent qu'ils ont menti et les démentissent. Enfin, il répond au besoin du public que justice soit rendue dans chaque cas et affermit sa confiance dans le processus judiciaire lui-même.

Les tribunaux sont ouverts au public, sous réserve de certaines exceptions limitées. Les poursuites ayant trait aux secrets commerciaux peuvent être instruites à huis clos, parce qu'on estime que, dans ces circonstances, une audience publique ne sert pas les intérêts de la justice.

Rôle des médias Les médias jouent un rôle particulier devant les tribunaux. On reconnaît que, sans eux, le public ne serait pas informé de ce qui s'y passe. Comme le dit le philosophe juriste Jeremy Bentham, «Là où il n'y a pas de publicité, il n'y a pas de justice».

Les tribunaux ont statué que l'accès du public aux tribunaux est implicitement consacré à l'alinéa 2b) de la CHARTE CANADIENNE DES DROITS ET LIBERTÉS, qui garantit la «liberté de pensée, de croyance, d'opinion et d'expression, y compris la liberté de la presse et des autres moyens de communication».

Les tribunaux canadiens ont jugé que quiconque peut avoir accès à la documentation donnant lieu à un mandat de perquisition, si la perquisition a été effectuée et que quelque chose a été trouvé. Ils ont aussi statué que l'accès du public aux documents judiciaires est un mécanisme important qui permet au public de comprendre le processus judiciaire.

Publication des procédures judiciaires Le système juridique canadien envisage différemment la question de l'accès du public à la salle d'audience et la publication des procédures. Les lois prévoient que les tribunaux peuvent, tant en matière civile que criminelle, exclure le public si le maintien de l'ordre ou la bonne administration de la justice l'exigent. La loi permet rarement le huis clos. Elle ne le permet que pour une partie des procédures où cela est nécessaire. La publication des procédures judiciaires publiques est cependant limitée beaucoup plus fréquemment.

En matière criminelle, p. ex., le *Code criminel* prévoit que la publication de la plus grande partie du déroulement des audiences en liberté et des enquêtes préliminaires peut être interdite à la demande de la défense, de la poursuite ou du juge. L'interdiction de publication est automatique dès lors qu'elle vise à indiquer qu'un aveu a été admis en preuve à l'enquête préliminaire. Ces interdictions durent jusqu'à la fin du procès ou jusqu'à la libération de l'accusé, si elle est antérieure. L'interdiction est souvent permanente dans le cas de la publication de renseignements de nature à identifier les victimes de certaines infractions telles que les agressions sexuelles. Au cours d'un procès, il y a interdiction de publication des témoignages entendus en l'absence du jury si celui-ci n'est pas séquestré au cours du procès.

D'autres lois fédérales et provinciales comportent des dispositions interdisant la publication des procédures. P. ex., pour ce qui est des procès de jeunes contrevenants, il est interdit de publier quelque renseignement que ce soit qui pourrait tendre à identifier un jeune accusé, un jeune témoin ou une jeune victime sans la permission du juge. En matière de protection de l'enfance, les lois limitent souvent le droit de publier des renseignements, dans un reportage des procédures, susceptibles d'identifier des enfants ayant besoin de protection.

Critère de la common law Là où il n'y a pas d'interdiction légale, la Cour suprême a formulé un nouveau critère de common law pour déterminer si l'interdiction doit être prononcée. «Une ordonnance de non-publication ne doit être rendue que si: a) elle est nécessaire pour écarter le risque réel et important que le procès soit inéquitable, vu l'absence d'autres mesures raisonnables pouvant écarter ce risque; et si: b) ses effets bénéfiques sont plus importants que ses effets préjudiciables sur la libre expression de ceux qui sont touchés par l'ordonnance.» La Cour indique que les interdictions de publication ne peuvent servir de bouclier contre les dangers incertains et hypothétiques. Elle ajoute que l'avènement de nouvelles technologies telles que l'Internet oblige les tribunaux à tenir compte de l'efficacité des interdictions qu'ils voudraient ordonner. La liberté d'expression et le droit à un procès juste et équitable sont maintenant considérés comme des libertés égales dans l'analyse.

Malgré la publicité des débats en justice en général et la protection accordée à divers intervenants concernant leur identification, les tribunaux canadiens n'autorisent pas de façon générale l'utilisation courante des caméras et des microphones pour rehausser la qualité des reportages des procédures judiciaires et améliorer l'accès du public aux tribunaux (*voir* PRÉSENCE DES CAMÉRAS DE TÉLÉVISION DANS LA SALLE D'AUDIENCE).

Daniel J. Henry

Puce Insecte minuscule sans ailes au corps comprimé latéralement et qui appartient à l'ordre des siphonaptères. Des 180 espèces et sous-espèces indigènes du Canada, 23 seulement sont PARASITES des oiseaux, et les autres, des mammifères.

Répartition Six espèces introduites en provenance de l'Europe ou de l'Asie sont des parasites communs des humains et des animaux domestiques. Il existe un grand nombre d'espèces de puces dans le monde, mais la documentation à leur sujet est incomplète. Elles sont plus abondantes dans les climats secs, p. ex., il y en a plus dans certaines régions de la Colombie-Britannique et en Alberta qu'au Québec et dans les Maritimes.

Morphologie Les puces adultes sont des insectes très spécialisés. Leur tégument (revêtement externe) dur et couvert de poils raides les rend bien adaptés à leur existence comme parasites externes d'hôtes à sang chaud. Leurs ancêtres, originaires d'Asie, auraient d'abord évolué comme parasites occasionnels de petits mammifères.

Reproduction et développement Le cycle de vie des puces commence par un œuf pondu dans les poils ou les plumes de l'hôte et qui tombe dans le nid ou par terre. La larve de puce n'est pas parasite et se nourrit de débris organiques. Elle s'empupe dans un cocon. Ces deux stades sont sédentaires. L'adulte par contre est très mobile et peut effectuer des sauts d'une hauteur équivalente à 200 fois sa longueur.

Relations avec les humains Leurs habitudes de se nourrir de sang et de vivre dans des endroits malpropres en font des vecteurs potentiels de maladies, particulièrement de la peste bubonique ou peste noire et de la peste sylvatique.

W.O. Haufe

Puce d'eau Minuscule crustacé qui nage par mouvements saccadés. On la trouve dans presque chaque goutte des mares d'eau où elle se propulse en battant puissamment de ses antennes. Elle appartient à la sous-classe des branchiopodes et au sous-ordre des cladocères, un groupe cosmopolite dulçaquicole qui compte environ 400 espèces. La puce d'eau se nourrit de phytoplancton et de détritus qu'elle filtre à l'aide de soies de leurs appendices. Les sexes sont séparés, la femelle couve les œufs dans une chambre dorsale. La taille de la population varie de façon saisonnière, et les individus passent les périodes difficiles en état de dormance. Au Canada, on étudie de nombreux aspects de la biologie des cladocères qui pourraient être élevés et utilisés comme nourriture pour les poissons.

V. Tunnicliffe

Puceron Petit INSECTE au corps mou qui suce la sève des plantes et qui appartient à l'ordre des hémiptères et au sous-ordre des homoptères. Les pucerons sont rouges, roses, bruns, jaunes, verts, pourpres ou noirs. La plupart des espèces sont polymorphes et comptent des individus ailés et aptères. On connaît plus de 3900 espèces de pucerons dans le monde et plus de 600 espèces au Canada.

Ils sont apparus sur terre il y a environ 280 millions d'années. Au Canada, on a trouvé un puceron fossile de plus de 78 millions d'années, dans de l'ambre. Les pucerons peuvent effectuer de longues migrations (jusqu'à 1300 km). Ils sont très prolifiques.

Reproduction et développement À l'automne, les femelles fertilisées pondent des œufs d'hivernement.

Des femelles aptères sortent des œufs au printemps et se reproduisent asexuellement (sans accouplement) pour éventuellement donner des larves femelles qui sont autonomes à la naissance (viviparité). Au cours de l'été, plusieurs générations de femelles asexuées peuvent se succéder, qui produiront à leur tour des femelles. À la fin de l'été, des mâles et des femelles sexuées naissent. Ils s'accouplent et la femelle pond les œufs d'hivernement. Il est fréquent que les générations à reproduction asexuée vivent sur une plante hôte différente des générations à reproduction sexuée. Sous les climats chauds, les pucerons ne produisent habituellement pas de mâles, ni de femelles à reproduction sexuée ou d'œufs.

Relations avec les humains Plusieurs pucerons sont des INSECTES NUISIBLES importants qui retardent la croissance des plantes ou les tuent, provoquent la formation de galles, réduisent la vitalité et le rendement des cultures, contaminent les parties comestibles des végétaux, ou transmettent des virus de plantes. Le facteurs de contrôle des populations de pucerons sont les extrêmes climatiques, les barrières terrestres et aquatiques, des insectes prédateurs et maladies fongiques, ainsi que des interventions impliquant des plantes résistantes, l'irrigation, l'ajustement des dates de plantation ou de récolte et l'application d'insecticides.

A.M. Harper

Pudlo Pudlat, graphiste (Camp Kamadjuak, île de Baffin, T.N.-O, 4 févr. 1916—Cape Dorset, T.N.-O., 28 déc. 1992). Un des artistes inuits contemporains les plus originaux, Pudlo commence à dessiner au début des années 60 après s'être établi à CAPE DORSET, abandonnant une vie semi-nomade consacrée à la chasse et à la pêche saisonnières. Sa technique préférée est une combinaison de lavis acrylique et de crayons de couleur.

Contrairement à la plupart de ses contemporains, Pudlo intègre dans son imagerie la technologie moderne, qui a apporté de si profonds changements dans le nord canadien. Dans son œuvre, les avions, les hélicoptères et les poteaux téléphoniques entrent dans une étrange interaction avec le paysage arctique et ses animaux. Une personne montée sur un bœuf musqué prenant un avion au lasso ou un huart pilotant un bateau à moteur sont des exemples de ses juxtapositions. À bien des égards, les œuvres de Pudlo symbolisent les paradoxes de la rencontre de deux cultures.

Ses œuvres font partie des collections de la plupart des musées canadiens. En 1990, le MUSÉE DES BEAUX-ARTS DU CANADA a organisé une exposition rétrospective de ses dessins. (*Voir aussi* ART INUIT.)

Maria Muehlen

Puffins Les puffins appartiennent à la famille des procellariidés, qui fait partie de l'ordre des Procellariiformes, un groupe d'oiseaux dans lequel on retrouve des espèces particulièrement bien adaptées à la vie en mer. Les puffins sont des OISEAUX MARINS de taille moyenne (jusqu'à 50 cm de longueur) apparentés aux albatros et aux fulmars (*voir* FULMAR BORÉAL). Ils sont complètement foncés ou ils ont le dessus foncé et le dessous blanc. Ils nichent en colonies, souvent de taille importante, qu'ils visitent seulement pendant la nuit. Ils pondent un seul œuf blanc qu'ils déposent au fond d'un terrier.

Répartition Seul le puffin des Anglais (*puffinus puffinus*) niche au Canada où on le retrouve dans des petites colonies situées à Terre-Neuve. Cependant, un grand nombre de puffins qui nichent dans l'hémisphère sud visitent les eaux canadiennes au cours de l'été. Le puffin à bec grêle (*P. tenuirostris*), qui niche en Tasmanie, et le puffin fuligineux (*P. griseus*), qui se reproduit en Nouvelle-Zélande et à la Terre de Feu, sont observés au large de la Colombie-Britannique. Du côté atlantique, un certain nombre de puffins fuligineux et l'ensemble de la population mondiale de puffins majeurs (*P. gravis*), qui niche

principalement dans les îles Tristan da Cunha et à l'île Gough situées dans l'Atlantique sud, remontent, en été, jusque dans les eaux qui baignent Terre-Neuve. Ces migrateurs surpassent probablement en nombre les populations locales nicheuses d'oiseaux marins.

Régime alimentaire Les puffins se nourrissent de calmar, de capelan, de hareng et de grandes quantités de crustacés, et mangent les restes que les bateaux de pêche jettent à la mer.

R.G.B. Brown

Pugsley, William, avocat, politicien, premier ministre et lieutenant-gouverneur du Nouveau-Brunswick (Sussex, N.-B., 27 sept. 1850—Toronto, 3 mars 1925). Politicien notoire au Nouveau-Brunswick, au début du XXᵉ s., Pugsley est un dur qui a ouvertement recours au favoritisme pour obtenir des appuis à la cause libérale. Il est président de la Chambre, solliciteur général et procureur général avant de devenir premier ministre provincial en 1907. Il démissionne après quelques mois afin d'entrer au Cabinet fédéral en tant que ministre des Travaux publics. Après avoir occupé le poste de lieutenant-gouverneur, de 1917 à 1923, il est nommé commissaire au règlement sur les réclamations de guerre, à Ottawa, poste qu'il conservera jusqu'à son décès.

Arthur T. Doyle

Puissance moyenne Pendant et après la Seconde Guerre mondiale, les Canadiens prennent de plus en plus conscience que, bien qu'ils ne sauraient aspirer aux privilèges et aux responsabilités d'une grande puissance, leur pays comme d'autres d'égale importance ne peuvent se limiter au rôle de petites puissances. Dans les diverses conférences se déroulant sous l'égide des NATIONS UNIES, le Canada, l'Australie ainsi que des pays d'Europe et d'Amérique latine de moyenne dimension endiguent la prétention des grandes puissances de dominer toutes les activités de l'ONU. Au cours des premières années de l'après-guerre, on a besoin de puissances moyennes, moins directement engagées dans l'économie et la politique mondiales, pour remplir des tâches intermédiaires au sein des Nations Unies, particulièrement dans les conflits consécutifs à la décolonisation au Moyen-Orient, en Asie du sud et en Afrique. Les pays scandinaves, le Canada, le Brésil, la Yougoslavie notamment contribuent à la recherche de compromis et de formules d'entente, et fournissent le personnel nécessaire pour les opérations de MAINTIEN DE LA PAIX lorsque des trêves sont conclues. Le terme «moyen» acquiert dès lors une connotation de médiation. Avec l'émergence des deux superpuissances dans une classe à part, on a maintenant tendance à désigner la Grande-Bretagne, la France, l'Allemagne et le Japon du nom de «puissances moyennes».

John W. Holmes

Pukaskwa, parc national Créé en 1971, (superf. 1888 km²) il est délimité à l'ouest par le littoral du lac Supérieur, une étonnante série de caps massifs et de plages à blocs situés dans la région du BOUCLIER, et un ancien plateau de granit et de gneiss criblé de lacs et disséqué par des rivières en cascade. Cette région sauvage abrite l'orignal, l'OURS NOIR, le caribou, le loup et les plus petites espèces adaptées à la forêt nordique où poussent l'épinette noire, le pin gris et le bouleau blanc. Les «fosses de Pukaskwa» attestent de la présence des OJIBWÉS depuis les origines. La raison d'être de ces rochers méthodiquement placés demeure un mystère. Au XVIIᵉ s., les explorateurs européens s'amènent, suivis peu après des commerçants de fourrures et des travailleurs de l'industrie forestière. Aujourd'hui, le parc Pukaskwa invite l'explorateur moderne à pagayer sur ses rivières printanières turbulentes et à faire de la randonnée dans les collines accidentées. Le logement commercial est offert dans la ville voisine de Marathon, en Ontario.

Lillian Stewart

Purcell, chaîne L'une des chaînes de montagnes intérieures de la Colombie-Britannique qui se trouve entre le sillon des Rocheuses, à l'est, le lac Kootenay, à l'ouest, la route transcanadienne, au nord, et s'étend au-delà de la frontière canado-américaine au sud. Les montagnes de la chaîne Purcell sont généralement de 300 à 600 m moins élevées que celles des Rocheuses, mais cette chaîne possède plus de 50 sommets s'élevant entre 3353 et 3408 m. Ses montagnes sont constituées surtout de ROCHES SÉDIMENTAIRES, y compris d'argilites, de grès et de calcaire. Les alpinistes sont attirés par les nombreuses intrusions granitiques, comme les pics de Bugaboos, les Leaning Towers et le St. Mary Batholith. À part les roches du Grand Canyon, celles des montagnes de la chaîne Purcell sont les plus anciennes que l'on peut observer dans les Rocheuses de l'Amérique du Nord. À 3457 m, le mont Farnham est le plus haut sommet de la chaîne. Purcell Wilderness Conservancy englobe le cours supérieur de plusieurs des rivières qui arrosent le centre de la chaîne Purcell. Du côté ouest, Fry et Carney Creeks sont des réserves de loisirs. Le St. Mary's Alpine Lakes Park et les pics de Bugaboos sont des parcs provinciaux de classe A.

Margie Jamieson

Purcell, Gillis Philip, journaliste (Brandon, Man., 25 nov. 1904—Toronto, Ont. 16 nov. 1987). Formé à l'U. du Manitoba et à l'U. de Toronto, Purcell occupe le poste de directeur général de la PRESSE CANADIENNE de 1945 à 1969, après y avoir été le numéro deux pendant treize ans. Durant son mandat, la Presse canadienne se hisse au rang des principaux services mondiaux d'information. Il crée, entre autres, un service de photographie et de radiodiffusion et met sur pied un service de nouvelles en français. Une de ses principales tâches est de lancer des reportages de guerre. Purcell est pendant quelque temps agent de presse de la Première division de l'Armée canadienne avant de devenir officier des relations publiques du Premier corps d'armée canadien à l'étranger, où il perd la jambe gauche lors de manœuvres. Il est fait Officier de l'Ordre du Canada et membre du Canadian News Hall of Fame.

Bruce Levett

Purcell, Jack, joueur de badminton (Guelph, Ont., 24 déc. 1903—Toronto, Ont., 10 juin 1991). Grand, souple et mince, il est reconnu pour son vaste répertoire technique et son extraordinaire présence sur le court. Dans les année 20, il gagne plusieurs fois le championnat ontarien. En 1929 et en 1930, il est champion canadien en simple. Il joint les rangs des professionnels en 1932 et déploie ses talents avec énergie et combativité.

Après sa victoire sur des professionnels du Canada, de l'Angleterre et des États-Unis, il est proclamé, en 1933, champion du monde professionnel. Il conserve ce titre jusqu'au moment de sa retraite, au début des années 40. En 1950, les chroniqueurs sportifs canadiens choisissent Purcell comme athlète canadien par excellence des 50 dernières années.

John J. Jackson

Purcell James, tailleur de pierres, entrepreneur, architecte (v. 1804; actif de 1841 à 1858 à St. John's, T.-N.). Purcell vient à Terre-Neuve en 1841 à l'initiative de l'évêque catholique, M.A. Fleming, pour superviser le chantier de construction de la cathédrale à la suite d'une dispute avec le premier directeur. Bien que principalement tailleur de pierres, Purcell a sans aucun doute une formation en dessin d'architecture et s'en sert pour obtenir des commandes autant de l'évêque anglican que de l'évêque catholique. Pour les anglicans, il conçoit le Theological Institute (démoli) et la Christchurch de Quidi Vidi, en 1842 dans le style néogothique alors à la mode. Au même moment, il élabore un projet (probablement un remaniement de la proposition d'un autre architecte) pour la cathédrale anglicane. Même si la pierre pour cette construction parvient à St. John's, elle est tellement endommagée par l'incendie de 1846 que le nouvel évêque anglican, Edward Feild, saisit l'occasion de choisir un autre projet. Par conséquent, la cathédrale de Purcell ne sera jamais construite.

Purcell a néanmoins l'occasion de concevoir un autre bâtiment d'envergure: le COLONIAL BUILDING de St. John's, qui abrite le parlement et les bureaux du gouvernement. Commencé en 1847, avec Purcell comme entrepreneur travaillant sur son propre concept architectural, il est terminé en 1850. La force de sa composition néoclassique tient au fait qu'il est érigé sur un sol en fondation pleine et qu'une série de marches mènent le visiteur à un portique constitué de six colonnes ioniques de la hauteur du bâtiment.

On ne connaît pas à Purcell de réalisations commerciales ou domestiques, mais on sait qu'il continue à travailler comme entrepreneur pour l'Église catholique, et qu'il construit le Presentation Convent (1850-1853) à St. John's. À la fin des années 1840 et au début des années 1850, Purcell se lance dans une série d'acquisitions de propriétés qui le conduisent à la faillite, de sorte qu'en 1858, il a quitté Terre-Neuve.

Shane O'Dea

Purcell String Quartet Originaire de Vancouver, ce quatuor à cordes est créé en 1969 par quatre instrumentistes chefs de pupitre de l'Orchestre symphonique de Vancouver, Norman Nelson et Raymond Ovens (violons), Simon Streatfield (alto) et Ian Hampton (violoncelle). Philippe Etter (alto) se joint à l'ensemble en 1969, ainsi que Sydney Humphreys et Bryan King (violons), en 1979. Le quatuor est très actif au Canada: tournées, diffusions et enregistrements. Il se présente notamment à Londres, à New York, à San Francisco ainsi qu'au Japon. En 1987, au cours de sa 18e saison, le quatuor fait une tournée à Cuba, en Floride et au Mexique. Le Purcell String Quartet est le quatuor résident de l'U. Simon Fraser de 1972 à 1982. Il a commandé et présenté en première de nombreuses œuvres canadiennes. Marc Destrub remplace Humphreys en 1987 et cède à son tour sa place à Heather Hay en 1988. Le quatuor visite la France et le Royaume-Uni en 1989 et suspend ses activités en 1990.

Max Wyman

Purdy, Alfred Wellington (Wooler, Ont., 30 déc. 1918–21 avril 2000). Il fait partie d'un groupe de poètes canadiens importants, composé, entre autres, de Milton ACORN, d'Alden NOWLAN et de Patrick LANE. Ces poètes n'ont pas fait d'études très poussées et sont issus de la culture de la classe ouvrière canadienne. Élevé à Trenton, en Ontario, il fait ses études au Albert College de Belleville, mais ne fréquente pas l'université. Pendant la Crise des années 30, il erre un peu partout et s'installe à Vancouver où il occupe pendant plusieurs années divers emplois manuels.

Il sert dans l'Aviation royale du Canada pendant la Seconde Guerre mondiale. Après la guerre et jusqu'à la fin des années 50, il occupe des emplois occasionnels en Ontario. Il finit par s'installer à Ameliasburgh, la petite communauté loyaliste dont il fait l'éloge dans ses poèmes. Au début des années 60, Purdy peut enfin gagner sa vie grâce à ses publications, à ses lectures de poèmes et à ses séjours comme écrivain résident dans divers collèges. Voyageur infatigable, il parcourt le Canada (y compris le Grand Nord) et le monde, une expérience présente dans ses écrits.

À l'instar d'autres écrivains vivant de leur plume, Purdy touche à tous les genres: radio théâtre et télé-théâtre, critiques de livres, chroniques de voyages, et articles de revues. Il publie des anthologies, surtout de poètes plus jeunes, ainsi qu'un recueil d'essais intitulé *The New Romans* (1968), qui révèle son profond nationalisme canadien. Toutefois, le véritable domaine de Purdy est la poésie. Il rédige des poèmes depuis l'âge de 13 ans et, en 1982, il a déjà publié 25 volumes. L'évolution de sa poésie démontre une progression intéressante qui va du lyrisme traditionnel

de son premier recueil, *The Enchanted Echo* (1944), au style ouvert, familier et contemporain qu'il adopte à partir de son quatrième recueil, *The Crafte So Longe to Lerne* (1959).

Purdy se libère des modèles romantiques traditionnels en introduisant dans son œuvre l'humour et la colère, un style décontracté qui génère des vers au rythme vif, ainsi qu'un ton brusque, volubile et attachant. Il est au cœur des mouvements des années 60 qui poussent les poètes canadiens à parcourir le pays afin de lire leurs poèmes à de vastes auditoires. Il ne fait pas de doute que cette expérience l'a encouragé à écrire une poésie plus proche de la langue parlée, ce qui contraste avec les poèmes qu'il écrivait dans les années 40.

L'influence des lectures de Purdy sur son œuvre est un des aspects du lien étroit qui existe chez lui entre l'expérience et la création. Il a été qualifié de «journaliste versificateur» et certains de ses ouvrages sont en effet des récits poétiques de voyages, comme *North of Summer* (1967), inspiré d'un séjour dans l'Arctique, et *Hiroshima Poems* (1972), d'un voyage au Japon.

Souvent, il écrit ses poèmes pendant ses voyages, comme s'il s'agissait d'un journal. Le temps qui s'écoule entre l'expérience et la création est court, d'où une certaine inégalité de ton, même si certains de ses poèmes de voyages sont magnifiques.

Purdy voyage à la fois dans le temps et dans l'espace. Son œuvre est celle d'un autodidacte passionné de lecture qui a surtout cherché à intégrer à la poésie le passé du Canada et à y montrer l'évolution rapide grâce à laquelle ce pays a pu acquérir une maturité en si peu de temps. Peu de poètes canadiens ont su rendre ce passé comme l'a fait Purdy dans des poèmes tels «The Runner», «The Country North of Belleville», «My Grandfather's Country», «The Battlefield of Batoche» et sa série de poèmes pour la radio sur l'héritage loyaliste, «In Search of Owen Roblin» (1974).

Parmi les ouvrages les plus réussis de sa vaste production, citons *Poems for All the Annettes* (1962), *The Cariboo Horses* (1965), qui lui vaut le Prix du Gouverneur général; *Sex & Death* (1973), pour lequel il reçoit le A.J.M. Smith Award; *The Stone Bird* (1981); et *Piling's Blood* (1984). Deux importants recueils, *Being Alive* (1978) et *Bursting into Song* (1982), contiennent ses poèmes les plus remarquables à l'exception de ceux de *The Stone Bird*. *Collected Poems, 1956-1986* (1986) remporte le Prix du Gouverneur général. Pour bien comprendre l'œuvre de Purdy, il est nécessaire de l'entendre réciter ses propres poèmes. Cela est possible avec les enregistrements du réseau anglais de Radio-Canada sous le titre *Al Purdy's Ontario* et avec ses œuvres complètes sur cassettes de la collection Audio Encore de McClelland & Steward. En 1993, il publie une autobiographie, *Reaching for the Beaufort Sea*, et un nouveau recueil de poèmes, *Naked With Summer in Your Mouth*.

George Woodcock

Pur-sang, courses de Elles réunissent des chevaux de race qui courent sur des pistes dont la longueur, en Amérique du Nord, varie de moins d'un mille à un mille et demi (1,6 à 2,4 km). Au Canada et aux États-Unis, les courses de plat sur gazon ou sur terre sont la règle. En Europe, on trouve les courses de plat et les courses d'obstacles où cheval et cavalier doivent franchir une série d'obstacles (des haies p. ex.). Tous les chevaux pur-sang sont les descendants des chevaux arabes, turcs et barbes importés en Angleterre dans les années 1600. En fait, la plupart des pur-sang ont comme ancêtre commun l'un des trois chevaux suivants: Byerly Turk, Godolphin Arabian, et Darley Arabian.

Certains considèrent les courses de chevaux comme un sport de riches, fondé sur une longue tradition à laquelle l'histoire a accordé beaucoup d'importance. Pour d'autres, elles ont aussi leur côté sombre, étant associées aux paris et à la sous-culture des nou-

veaux riches qui en résulte. Cette dichotomie existe depuis le tout début des courses de chevaux au Canada. Il est évident que le sport a toujours été populaire, particulièrement dans une société de pionniers où le cheval représente un moyen de transport essentiel. Néanmoins, en 1771, les autorités d'Halifax interdisent les courses de chevaux sous prétexte qu'elles transforment les citoyens en joueurs paresseux et immoraux. Malgré cela, le Halifax Turf Club est fondé et tient sa première assemblée en 1825.

Être propriétaire d'un cheval, même au prix de sévères privations, est un symbole de statut social aux yeux des Canadiens français et les courses de chevaux sont très populaires dans le Bas-Canada (Québec)e et au XIXe s., à tel point que les chroniques sportives des journaux leur accordent, à l'époque, autant d'importance qu'à tous les autres sports réunis. Le Québec Turf Club est fondé en 1789 et, en 1836, le King's Plate, course accompagnée d'une bourse de 100 guinées, a lieu pour la première fois à Trois-Rivières. Initialement, la course est réservée aux chevaux élevés dans le Bas-Canada mais, en 1859, on admet les chevaux du Haut-Canada. L'année suivante, le QUEEN'S PLATE a lieu à Toronto pour la première fois. Cette course, qui depuis a lieu chaque année, est la plus vieille en Amérique du Nord (15 ans de plus que le derby du Kentucky). Le gagnant de cette course en 1860, est un cheval appelé Don Juan, propriété de James White Stable de Bronte et Milton (Ontario). Les petits éleveurs aux moyens limités pouvaient, à cette époque, espérer gagner la course. C'est aussi l'époque où la qualité des chevaux est discutable et les agissements d'un grand nombre de propriétaires suspects. En 1865, les juges disqualifient trois chevaux avant de faire connaître le gagnant du Queen's Plate. Dix ans plus tard, le gagnant de la course la plus prestigieuse au Canada est Trumpeter, un cheval de huit ans n'ayant pas connu de succès auparavant.

En août 1881, le colonel Casimir GZOWSKI et quelques-uns des citoyens les plus respectables de Toronto fondent l'Ontario Jockey Club afin «de sortir les courses de chevaux de la boue». À titre de premier président du club, Gzowski cherche à redorer le blason du sport en le débarrassant de sa mauvaise réputation et en améliorant la qualité des pur-sang canadiens. Un important pas est accompli lorsque, deux ans plus tard, le club obtient que le Gouverneur général, le marquis de Lorne et sa femme, la princesse Louise (quatrième fille de la reine Victoria) assistent au Queen's Plate. Dès lors, la course aura toujours lieu à Toronto et gagnera l'intérêt des Canadiens les mieux nantis. En 1891, un cheval nommé Terror Colt, appartenant à Joseph Seagram, riche distillateur de Waterloo (Ontario), remporte la première d'une série de 20 victoires revenant aux écuries Seagram. L'ère des riches propriétaires commence.

Le sport a aussi été soutenu par le pari de 2 $ qui, au cours des années, a contribué à assurer aux courses une couverture dans les journaux. Au tournant du siècle, les activités des agents de paris suffisent à effrayer les clients les plus courageux. Ces agents font courir leurs chevaux en empruntant le nom d'autres chevaux, ils arrangent les courses et on modifie les cotes en leur faveur. Finalement, en 1910, le Parlement canadien, par une majorité d'une seule voix, interdit ce type de commerce. L'année suivante, la création du pari mutuel aux pistes de course de Toronto, Winnipeg et Calgary, rend le pari plus équitable et contribue à sauver le sport.

Dans l'ouest canadien, le sport subit une relance grâce à R.L. «Jim» Speers, commerçant de grain et de fourrage qui a quitté Toronto pour Winnipeg et qui deviendra le doyen de ce sport. En 1922, il achète sa première piste de course et, en 1925, il en possède trois autres. Il finit par avoir la mainmise sur les pistes et les courses à Winnipeg, Regina, Saskatoon, Calgary et Edmonton. Comme il est difficile d'obtenir des chevaux de qualité qui attireraient les foules lors des courses, Speers met sur pied sa propre ferme d'élevage à Winnipeg, qui dès le milieu des années 30 est la plus grande au pays.

Les difficultés économiques que connaît l'ensemble du Canada dans les années 30 affectent l'opération des pistes de course et intensifient les abus associés à ce sport. Cependant, les efforts soutenus du gouvernement et des dirigeants de pistes de course viennent à bout des abus à la fin des années 40. Le sport est en train de devenir un commerce et E.P. TAYLOR joue un rôle important dans cette transformation qui rendra plus efficace les courses de chevaux. Taylor est responsable de la fermeture des vieilles pistes non rentables et organise des journées de course à la piste reconstruite de Fort Érié et à Woodbine (nouvelle grande piste au nord-ouest de Toronto). Ainsi, la saison des courses est plus longue et, conséquemment, le nombre de spectateurs augmente, les bourses sont plus importantes et de meilleurs chevaux participent. En 1949, Taylor achète aussi les écuries Parkwook de R.S. MCLAUGHLIN, pionnier canadien de l'automobile et un des plus grands éleveurs de chevaux de course dans les années 30 et 40. Le nom des écuries est changé pour National Stud Farm d'où seront issus 15 gagnants du Queen's Plate, y compris le légendaire NORTHERN DANCER. Résultat d'un programme d'élevage à long terme établi par Taylor, ce petit cheval trapu démontre une volonté de gagner inouïe: en 1964, il est le premier cheval d'élevage canadien à remporter le derby du Kentucky. Il remporte aussi le Preakness, enlevant ainsi deux pierres précieuses à la American triple crown. Après une blessure à une patte la même année il assumera le rôle d'étalon. Ses victoires totalisent 580 000 $ en bourses. Durant sa deuxième année de reproducteur, il engendre le magnifique Nijinsky qui aura une brillante carrière en Europe et remportera le derby d'Epsom, le derby irlandais et plusieurs autres courses de chevaux importantes. Un autre de ses descendants, The Minstrel, remporte 2 millions de dollars en bourses en 1977. On dit que Northern Dancer est l'ancêtre de tous les véritables pur-sang d'Amérique du Nord.

En 1973, Ron TURCOTTE du Nouveau-Brunswick et son cheval Secretariat remportent la victoire au American triple crown. La carrière de Turcotte se termine cinq ans plus tard au moment où une chute de cheval le laisse paraplégique. Il a eu le temps, cependant, de se distinguer comme un des meilleurs jockeys nord-américains. La même année, Sandy HAWLEY de Mississauga (Ontario) obtient 515 victoires et devient le premier jockey à dépasser le cap des 500 victoires en un an. Dix ans plus tard (1983), Sunny's Halo remporte le derby du Kentucky et, en 1991, Dance Smartly remporte le Distall Breeder's Cup (Coupe des éleveurs); il est le premier cheval d'élevage canadien à remporter cette coupe. En septembre 1980, Hawley, âgé de 31 ans, remporte la 4000e victoire de sa carrière et devient ainsi un des dix jockeys à réaliser un tel exploit. En 1992, il est le huitième jockey à avoir obtenu 6000 victoires. Au cours de sa carrière, Jeffery Fell remporte plus de 2600 victoires avant de prendre sa retraite en 1986. Auparavant, Johnny LONGDEN avait obtenu 6032 victoires entre 1927 et 1966. Son contemporain, George Woolf, baptisé «Iceman» pour son sang-froid sur la selle, monte de nombreux chevaux victorieux dont Seabiscuit qui l'emportera sur War Admiral en 1938. Woolf meurt en 1946 dans un accident de course. Un autre jockey qui se distingue à cette époque est Nick Wall de Terre-Neuve qui monte Stagehand et remporte le derby de Santa Anita en 1938. De son côté, Avelino Gomez obtient 4078 victoires et arrive au premier rang des jockeys nord-américains en 1966. Il est tué dans un accident à Woodbine lors de la course du Canadian Oaks en juin 1980. Woolf, Longden, Hawley, Turcotte et Gomez sont honorés

au Racing Hall of Fame aux États-Unis. Le Temple de la renommée canadien du cheval rend hommage aux jockeys, aux chevaux et à ceux et celles qui ont contribué de façon importante aux courses de chevaux au Canada.

J. Thomas West

Pursh, Frederick, botaniste (né Friedrich Traugott Pursch, Grossenhain, Saxe, 4 févr. 1774—Montréal, Qc., 11 juill. 1820). À l'âge de 25 ans, il quitte Dresde pour tenter sa chance dans le Nouveau Monde. Après avoir travaillé aux jardins botaniques de Baltimore et de Philadelphie, il devient collectionneur pour le riche naturaliste Benjamin Smith Barton. Pour le compte de Barton et de plusieurs autres botanistes bien nantis, Pursh explore l'est des États-Unis depuis la Caroline du Nord jusqu'au Vermont entre 1806 et 1811. Il étudie aussi les spécimens que rapportent les explorateurs Lewis et Clark. Il se rend en Angleterre avec ses notes et ses collections et y trouve des appuis et des ressources qui lui permettent de publier son travail principal, *la Flora Americae Septentrionalis* (1814). Malgré des erreurs importantes, cette flore est une contribution importante à la connaissance de la flore nord-américaine. Après avoir espéré pendant un certain temps participer à l'expédition de lord SELKIRK sur la rivière Rouge, Pursh s'établit à Montréal afin de rédiger une flore du Canada. En 1818, il explore l'ÎLE D'ANTICOSTI, mais ses spécimens sont détruits dans un incendie l'hiver suivant. Découragé et pauvre, il meurt à l'âge de 46 ans.

Raymond Duchesne

Purvis, Arthur Blaikie, industriel (Londres, Angleterre, 31 mars 1890—Prestwick, Écosse, 14 août 1941). À l'âge de 20 ans, Purvis entre à la Nobel's Explosives Co. de Glasgow, qui joint les rangs d'Imperial Chemical Industries (ICI) de Londres. C'est en tant qu'employé d'ICI que Purvis est envoyé au Canada comme président et directeur de l'exploitation de Canadian Industries Ltd., une des entreprises canadiennes les plus avancées au plan de la technologie. Cet employeur d'esprit libéral largement ouvert aux questions économiques et sociales est nommé président de la Commission nationale de l'emploi du Canada (1936-1938) par le premier ministre Mackenzie KING; les deux s'affrontent cependant au sujet de la recommandation de la commission voulant que le gouvernement fédéral assume l'entière responsabilité matérielle et financière de l'aide aux chômeurs. Pendant la Seconde Guerre mondiale, le gouvernement britannique (et non pas le gouvernement canadien) place Purvis à la tête de la Commission britannique des approvisionnements responsable des achats britanniques en Amérique du Nord. Purvis se réconcilie avec Mackenzie King, mais se querelle régulièrement avec lord Beaverbrook (Max AITKEN), le ministre britannique de la Production aéronautique. Purvis meurt dans un accident d'avion.

Robert Bothwell

Put-In-Bay Site d'une bataille entre les forces navales britanniques et américaines le 10 septembre 1813, pendant la GUERRE DE 1812, dans la partie sud-ouest du lac Érié. Les deux flottes, dont les bâtiments ont été récemment construits en bois vert, connaissent des problèmes techniques. Les navires américains sont supérieurs à ceux des Britanniques en tonnage, en poids, en bordée et en équipage. Le courageux commandant américain Oliver Hazard Perry utilise ses avantages astucieusement. Après une résistance ferme et vaillante, la flotte britannique, commandée par Robert Barclay de la Marine royale, est forcée de se rendre. Les Américains gardent la mainmise sur le lac Érié jusqu'à la fin de la guerre. Toutefois, les Britanniques parviennent malgré tout à ravitailler leurs postes de la région supérieure des grands lacs en créant une nouvelle route

via York (Toronto), le lac Simcoe, la baie Georgienne et le lac Huron.

Robert S. Allen

Putnam, Donald Fulton, géographe et professeur (Lower Onslow, N.-É., 15 août 1903—Toronto, Ont., 23 févr. 1977). Bien qu'il étudie d'abord l'agriculture et les sols, Putnam est invité par Griffith TAYLOR, fondateur du département de géographie de l'U. de Toronto, à entrer au département en 1938. Son ouvrage remarquable *The Physiography of Southern Ontario* (1951), écrit en collaboration avec Lyman Chapman, est la première étude publiée sur les reliefs glaciaires de la région. Il est directeur du département à l'U. de Toronto de 1953 à 1963 et se voit décerner la Médaille Massey en 1969.

Marie Sanderson

Putois d'Amérique (*Mustela nigripes*) Espèce de grande BELETTE probablement éteinte au Canada et presque éteinte aux États-Unis, où elle est pratiquement disparue à la suite du programme d'éradication du CHIEN DE PRAIRIE. Le dernier spécimen du Canada a été capturé en 1937. Le putois d'Europe (*M. Putorius*) a été introduit par l'homme.

Description Le putois d'Amérique est de la taille d'un vison, a un corps long et mince et des pattes courtes. Le mâle mesure jusqu'à 53 cm, et la femelle est plus petite dans une proportion de 10 p. 100. Son pelage est chamois-sable; sa figure, son cou, ses pattes et le bout de sa queue sont brun foncé ou noirs, et il a du blanc sur la figure, la gorge et les parties inférieures.

Répartition et habitat Le putois d'Amérique vivait dans les PRAIRIES, habituellement là où il y avait des colonies de chiens de prairie, mais on le rencontrait également plus à l'est, dans la région méridionale de l'Alberta et de la Saskatchewan méridionales. Il se nourrit de chiens de prairie, de spermophiles (*voir* ÉCUREUILS) et d'autres petits MAMMIFÈRES. (*Voir aussi* ANIMAUX EN VOIE DE DISPARITION.)

Reproduction et développement L'accouplement a lieu en mars et en avril, et la portée, qui compte de 1 à 5 petits (habituellement 3 ou 4), naît 42 à 45 jours plus tard. Afin de bien élever sa portée, il semble que la femelle ait besoin d'une agglomération de chiens de prairie d'une superficie d'au moins 20 ha.

Ian McTaggart-Cowan

Puttee, Arthur, typographe, rédacteur en chef (Folkestone, Angl., 25 août 1868—Winnipeg, Man., 21 oct. 1957). Puttee est le premier membre du Parti ouvrier du Manitoba à représenter la circonscription de Winnipeg (1900-1904) à la Chambre des communes. Ayant immigré en Amérique du Nord en 1888, il s'établit à Winnipeg trois ans plus tard, où il exerce une influence particulière comme éditeur de l'hebdomadaire *The Voice*, de 1899 à 1918. Puttee y diffuse ses idées de réforme, soulignant les liens qui existent entre le «travaillisme» au Canada et la pratique d'une représentation ouvrière en Grande-Bretagne.

Ses adversaires politiques l'accusent de servir de paravent à des «révolutionnaires» et à des «assassins». Ces accusations lui font perdre son siège aux élections générales de 1904. En fait, Puttee est un libéral d'avant-garde, non un socialiste et encore moins un partisan de l'opposition pacifiste à la Guerre des Boers (1899-1902). Comme il désapprouve les méthodes syndicales radicales des Industrial Workers of the World durant la Première Guerre mondiale, il est remplacé par des chefs plus jeunes et plus radicaux. Même s'il contribue à semer les germes de la GRÈVE GÉNÉRALE DE WINNIPEG en 1919, il n'y joue aucun rôle important.

Allen Seager

Pyrite (*Voir* OR; MINERAI DE FER)

Qaqaq Ashoona (aussi appelé Kaka), sculpteur (19 août 1928—*id.* 1996, Cape Dorset, T.N.-O.). Fils aîné de l'artiste inuite PITSEOLAK ASHOONA, Qaqaq est un personnage important dans cette famille remarquable dont tous les membres débordent de créativité : ses frères KIAWAK et Kumwartok (sculpteurs), sa sœur Napatchie Pootoogook (graphiste), sa femme Mayureak (sculpteure et graphiste) et son fils Ohitok (sculpteur). Homme réservé, attaché aux valeurs traditionnelles, Qaqaq choisit pendant presque toute sa vie de ne pas habiter dans le peuplement moderne de CAPE DORSET et préfère camper toute l'année sur les terres avoisinantes. Il entreprend une carrière artistique lorsqu'il est âgé d'environ 18 ans. Ses sculptures sont reconnues pour l'impression de monumentalité et de force qui émane des animaux et des humains qu'elles représentent. (*Voir aussi* ART INUIT.)

Marie Routledge

Quakers L'organisation chrétienne des Quakers, dont le nom exact est la Société Religieuse des Amis, est née de l'effervescence religieuse de l'Angleterre puritaine au milieu du XVIIᵉ s. Elle est fondée par George Fox (1624-1691), le fils d'un tisserand du Leicestershire. Fox et ses disciples sont surnommés «quakers» (trembleurs) par dérision, à la suite d'un incident où Fox, pendant l'un de ses procès, presse le juge de trembler devant la Parole du Seigneur.

Persécutés en Angleterre, beaucoup de quakers émigrent dans les colonies d'Amérique du Nord, où William Penn fonde la Pennsylvanie. À la fin du XVIIᵉ s., des quakers appelés communicateurs de la Vérité visitent Terre-Neuve. Au milieu du XVIIIᵉ s., des baleiniers quakers de Nantucket arrivent en Nouvelle-Écosse, mais leur établissement est de courte durée. À la suite de la Guerre d'Indépendance américaine, des réfugiés quakers s'établissent à divers endroits dans le sud de l'Ontario actuelle, où ils ouvrent des temples et des écoles. Dans les années 1820, des quakers commencent à arriver d'Angleterre et d'Irlande. Leur nombre s'accroît et, en 1860, ils sont plus de 7300 en Ontario. Leur nombre diminue ensuite puis se stabilise à 1000, niveau maintenu jusqu'à nos jours. Au début du XXᵉ s., les quakers fondent plusieurs communautés dans l'Ouest canadien.

La communauté religieuse des quakers se distingue par une foi et des rites originaux, des usages matrimoniaux particuliers et une prise de position contre l'ESCLAVAGE, la PEINE CAPITALE et la guerre. Avant le XXᵉ s., les quakers se distinguent également par leur habillement et par certaines particularités de langage. Au cours du XXᵉ s., les quakers canadiens militent en faveur du mouvement pacifiste chrétien (*voir* PACIFISME et MOUVEMENT PACIFISTE), de la réforme des prisons, de la justice sociale, des secours à l'étranger et de la paix dans le monde. En 1947, les organismes internationaux d'aide sociale de la Société des Amis reçoivent le prix Nobel de la paix pour les secours apportés et le tra-

vail de réconciliation effectué après la guerre. Au Canada, le Secours Quaker Canadien est le principal organe de témoignage et d'aide sociale de la Société des Amis. Dans plusieurs villes canadiennes, on trouve des assemblées et des temples quakers affiliés à la Société Internationale des Amis.

David L. Newlands

Qualicum Beach, ville de la C.-B.; pop. 6728 (rec. 1996), 5137 (rec. 1991), 3419 (rec. 1986); superf. 11,14 km²; const. le 5 mai 1942; située sur la côte Est de l'île Vancouver, à 48 km au nord de Nanaimo. Le nom Qualicum est un mot amérindien qui signifie «là où le saumon kéta remonte». La ville est depuis longtemps un endroit de villégiature fort achalandé en raison de ses plages sablonneuses et de son climat doux. Elle est également reconnue pour sa pêche sportive et les panoramas spectaculaires du détroit de Georgia et de ses îles. À proximité se trouvent deux parcs provinciaux intéressants, celui de la rivière Englishman et celui des chutes Little Qualicum. Le climat et les possibilités récréatives attirent aussi de nombreux retraités.

John Stewart

Qu'Appelle, rivière D'une longueur de 430 km, la rivière Qu'Appelle prend sa source dans le lac DIEFENBAKER et traverse le sud de la Saskatchewan en serpentant surtout vers l'est. Elle rejoint la RIVIÈRE ASSINIBOINE tout juste à l'est de la frontière du Manitoba. Les terres agricoles fertiles de la vallée fluviale, vaste et paisible, sont renommées pour les baies qui poussent sur leurs pentes humides qui font face au nord. À Fort Qu'appelle, la rivière s'élargit pour former une chaîne de lacs agréables entourés de parcs. Une légende crie est à l'origine du choix de ce nom charmant. Alors qu'il traverse la vallée d'un des lacs, un jeune homme entend quelqu'un l'appeler par son nom. Il demande alors : «Qui appelle?», mais seul l'écho lui répond. Plus tard, il découvre que sa fiancée l'appelait à l'instant même de sa mort.

James Marsh

Quarante-neuvième parallèle Ligne de latitude qui marque la frontière entre le Canada et les États-Unis, du LAC DES BOIS jusqu'au DÉTROIT DE GEORGIA. La section du lac des Bois au sommet des ROCHEUSES a été fixée par la CONVENTION DE 1818, et celle des Rocheuses au détroit de Géorgie a été établie par le TRAITÉ DE L'URÉGON en 1846. Telle qu'elle a finalement été tracée par le levé de délimitation et démarquée, la frontière se compose maintenant de plusieurs cordes tracées entre des points déterminés par des mesures astronomiques sur la courbe du parallèle. Le parallèle constitue aussi la première ligne de base du Système d'arpentage des terres du Canada, qui a servi à diviser le territoire devenu les provinces du Manitoba, de la Saskatchewan et de l'Alberta ainsi que quelques parties adjacentes de la Colombie-Britannique et de l'Ontario. Le quarante-neuvième parallèle et les lignes de base qui ont été établies au nord à des intervalles de 38,6 km (24 milles) sont des lignes de contrôle d'arpentage orientées d'est en ouest, marquées par des cordes de 9,6 km (6 milles) alignées sur des parallèles de latitude.

N.L. Nicholson

Quastel, Judah Hirsch, professeur de neurochimie (Sheffield, Angl., 2 oct. 1899—Vancouver, 15 oct. 1987). Quastel est un fondateur de la neurochimie moderne. Au cours des années 1927-1928, il formule l'hypothèse du centre actif pour l'action des enzymes, ce qui l'amène à sa découverte du principe de l'inhibition compétitive d'une enzyme par l'analogue d'un substrat. Il est parmi les premiers à utiliser les suspensions d'E. coli dans les études biochimiques systématiques de la cellule vivante et invente le mot «phénylcétonurie» dans le cadre des études de la débilité mentale. Sa contribution à l'étude du processus de transport à travers les membranes comprend la démonstration originale de la nécessité de l'ion sodium dans le processus actif consommateur

d'énergie. Professeur à l'U. de la Colombie-Britannique de 1966 à 1983 et professeur émérite depuis lors, il a reçu la Médaille Flavelle de la Société royale du Canada et le Gairdner Foundation International Award en 1974, et il est Compagnon de l'Ordre du Canada. Il a publié plus de 370 articles scientifiques et plusieurs livres.

Shan-Ching Sung

Quatuor à cordes Hart House Formé à Toronto, en 1923, quand Geza de Kresz, violoniste, Milton Blackstone, altiste, Boris Hambourg, violoncelliste, et un peu plus tard Harry ADASKIN, violoniste, commencent à répéter ensemble. Le Quatuor donne son premier concert au Hart House Theatre, en 1924, devant un auditoire invité. Ce concert remporte un tel succès que la Fondation Massey décide d'établir le groupe de façon permanente en garantissant le salaire des musiciens. L'ensemble entreprend dès lors une carrière internationale qui se poursuivra jusqu'en 1946. Hambourg restera avec le quatuor pendant toute sa carrière, contrairement aux autres musiciens. De Kresz quitte le quatuor en 1935 et est remplacé par James Levey. Adolph Koldofsky succède à Adaskin en 1938 et est remplacé par Henry Milligan en 1942. Blackstone quitte le quatuor en 1941 et Allard de Ridder prend sa place; Cyril Glyde lui succède en 1944. Le quatuor a donné dix concerts annuels au Hart House et dix concerts à la Convocation Hall de l'U. de Toronto.

L'ensemble a fait de nombreuses tournées au Canada, donné plusieurs concerts aux États-Unis et réalisé deux tournées en Angleterre et en Europe. Dès les débuts de la radio au Canada, le groupe signe un contrat avec le Canadien National et continue de remplir des engagements radiophoniques jusqu'à la fin des années 30 et le début des années 40, pour le réseau anglais de Radio-Canada. Son répertoire comprend des œuvres de compositeurs classiques, romantiques et modernes. Il a joué à certaines occasions avec d'éminents artistes invités, tels Maurice Ravel, sir Ernest MACMILLAN et Ernest Seitz. Il a été acclamé dans le monde entier pour son interprétation habile et sensible, réputation dont il a joui jusqu'à sa dissolution en 1945. Ses enregistrements sous l'étiquette Victor sont précieusement conservés par des collectionneurs avertis et des particuliers.

Mabel H. Laine

Quatuor à cordes Orford Ensemble formé en 1965 au Centre d'art des JEUNESSES MUSICALES DU CANADA (JMC), au mont Orford (Québec). Il se compose alors d'Andrew Dawes et de Kenneth Perkins, violonistes, de Terence Helmer, altiste, et de Marcel Saint-Cyr, violoncelliste. La composition du quatuor reste inchangée jusqu'en 1980, année où Denis Brott remplace Saint-Cyr. Desmond Hœbig succède à son tour à Brott en 1988. En 1986-1987, Robert Levine succède à Helmer et est lui-même remplacé plus tard par Sophie Renshaw.

Après son premier concert, le quatuor entreprend une série de tournées canadiennes des JMC, lesquelles sont suivies d'engagements à l'étranger. Ses débuts au Carnegie Hall, en 1967, lui attirent beaucoup d'éloges.

Installé à Toronto depuis 1965 et très sollicité pour jouer dans les salles de concerts partout au Canada, le groupe devient le quatuor résident de l'U. de Toronto en 1968. Par la suite, ses ateliers de maître, ses récitals et ses interprétations d'intégrales, comme les 16 quatuors de Beethoven au Walter Hall de Toronto en 1977, repris au Festival d'Ottawa, font du Quatuor à cordes Orford l'un des plus connus et des plus appréciés au monde.

Le quatuor remporte plusieurs prix, dont le PRIX MOLSON (1976) et des médailles du Conseil canadien de la musique en 1978 et en 1986 pour son interprétation en concert et ses nombreux enregistrements. Son répertoire comprend presque toutes les œuvres pour quatuor ainsi que des œuvres qui nécessitent des exécutants supplémentaires.

Fréquemment invités à des festivals partout au Canada, les «Orfords», comme on les appelle affectueusement, prennent aussi la vedette lors de festivals à l'étranger. La liste des leurs enregistrements, parmi lesquels les quatuors de Beethoven sous l'étiquette Delos (1987), donne un aperçu de leur immense talent. En 1991, les «Orfords» jouent pour la dernière fois à Music at Sharon. Ils répètent le programme du premier concert, donné 26 ans plus tôt. Les recettes de leur spectacle d'adieu ont servi à créer la Bourse du Quatuor à cordes Orford.

Mabel H. Laine

Québec Il s'impose par sa superficie, 1 667 926 km² si l'on tient compte de l'espace maritime de l'estuaire et de la partie québécoise du golfe SAINT-LAURENT; l'étendue terrestre proprement dite atteint 1 521 626 km². Avec 16 p. 100 du territoire canadien, le Québec est non seulement la plus vaste province du Canada, il est aussi plus étendu que tous les États des États-Unis, seul l'Alaska s'en approche avec 1 500 000 km². Aucun pays d'Europe n'est aussi étendu que le Québec, qui fait trois fois la France et six fois la Grande-Bretagne. Et pourtant, il n'y a pas de comparaison possible entre les chiffres de population de ces pays et ceux du Québec. Il y a une distorsion évidente entre l'étendue du territoire québécois et l'écoumène réel qui ne s'étend guère au-delà de 100 000 km² et se situe entièrement dans la partie méridionale. Alors que le nord du Québec compte moins de 35 000 habitants pour une superficie de 840 000 km², la région immédiate de Montréal regroupe 1,8 million d'habitants sur à peine 500 km². Les 7,4 millions d'habitants du Québec se concentrent sur moins de 6 p. 100 du territoire. C'est dire que la densité globale de 4,9 habitants au km² a une valeur toute relative. La densité de l'écoumène réel est bien plus significative.

Le milieu physique

Territoire et ressources À la suite de William LOGAN, dont les travaux remontent à la première moitié du XIX⁰ s., les géologues et les géographes ont pris l'habitude de diviser le Québec en trois grands ensembles physiographiques. Le BOUCLIER CANADIEN, 1,4 million de km², couvre 92 p. 100 du territoire. Les Basses terres du Saint-Laurent, géologiquement parlant, dépassent à peine 20 000 km²; au plan de la topographie elles s'étendent sur 42 000 km². Enfin, la portion québécoise des APPALACHES, qui va de la frontière du 45⁰ nord jusqu'à Gaspé, couvre 80 000 km² sur une distance de 1000 km. Sans être fausse, cette définition des grandes unités structurales est ancienne; depuis l'énoncé de la théorie de la TECTONIQUE DES PLAQUES, nous savons que la réalité est plus complexe. Les continents sont en réalité des assemblages de cratons, c.-à-d. des morceaux de la croûte terrestre primitive qui se sont soudés les uns aux autres pour former les continents tels que nous les connaissons.

La partie québécoise du Bouclier canadien est formée de noyaux archéens dont l'âge varie de 2,7 milliards d'années à 1,1 milliard, sans compter les petites formations sédimentaires, comme celle de Mistassini, qui sont des reliquats de mers anciennes disparues. Le noyau le plus ancien est le Supérieur qui s'étend à l'est de la baie d'Hudson (*voir* HUDSON, BAIE D'). Cette formation est vieille de 2,7 milliards d'années. Dans la partie sud, elle est marquée par un intense épanchement de laves dû à une activité volcanique ancienne sur le bord fracturé de ce craton. Cette montée de magma a donné lieu à la création des gîtes minéraux (*voir* MINÉRAL) de l'Abitibi et de CHIBOUGAMAU, le plus grand champ minier du Québec. L'érosion intense dans un milieu pauvre en oxygène a créé deux autres domaines de gîtes minéraux sur le pourtour du Supérieur. À l'est, l'accumulation de dépôts riches en fer est à l'origine de la formation de la fosse du LABRADOR, vaste géosynclinal de plus de 1000 km de longueur. Plus au nord, la fosse d'UNGAVA résulte, elle aussi, d'une accumulation de sédiments riches en NICKEL; la compression de ces dépôts fera surgir au milieu de la fosse des écailles du plancher marin, des ophiolites, roches porteuses de fibres d'AMIANTE. Ces gîtes minéraux datent de 2,2 milliards d'années.

Par le jeu des déplacements telluriques, le plus vieux noyau du Québec va se trouver imbriqué dans plusieurs cratons archéens qui appartiennent à la formation dite de Churchill; cette formation apparaît vers 1,7 milliard d'années. La pression exercée par cette formation va broyer les couches horizontales des fosses du Labrador et de l'Ungava, avant de s'imbriquer définitivement dans les flancs du Supérieur. Plus au sud, une autre formation de roches métamorphiques se met en place vers 1,5 milliard d'années. Il s'agit de la formation de Grenville qui forme une bande de 400 km de large et 1700 km de longueur. La série Grenville est riche en minéraux de toutes sortes dont le niobium, un métal rare. Le heurt entre le Grenville et le Supérieur a duré des centaines de millions d'années et a été très intense, un peu comme le choc actuel entre l'Inde et le continent asiatique qui fait surgir l'Himalaya. La rencontre de ces blocs gigantesques est à l'origine de la plus longue faille de chevauchement qui traverse le Québec en diagonale, de l'Abitibi au LABRADOR, et qui délimite la ligne de partage des eaux divisant le territoire en trois grands versants hydrographiques d'un extrême importance pour la production hydroélectrique (*voir* HYDROÉLECTRICITÉ).

Cette disposition du relief permettra, en effet, de réunir le maximum d'avantages pour l'installation de barrages, de lacs de retenue, de centrales. Le versant du Saint-Laurent, incliné vers le sud, est le plus étendu avec 673 000 km²; le versant de la baie d'Hudson s'étend sur 518 000 km²; vers le nord, celui de l'Ungava occupe 492 000 km². Des bassins versants aussi vastes favorisent évidemment l'écoulement de débits forts. De part et d'autre de la ligne de partage des eaux, les bassins des rivières s'étirent sur 7 à 800 km de longueur. Les rebords du Supérieur, tout comme ceux du Grenville, sont lardés de ruptures de pentes faciles à aménager en barrages et en centrales sur des socles rocheux extrêmement résistants. Ces ruptures de pentes, chutes ou rapides, se situent presque à l'embouchure des rivières, là où le débit est à son maximum. Vers le sud, ces ruptures de pente se trouvent à proximité des marchés de consom-

Mandat	Premier ministre	Parti
1867-73	Pierre-Joseph-Olivier CHAUVEAU	Conservateur
1873-74	Gédéon OUIMET	Libéral
1874-78	Charles-Eugène Boucher de BOUCHERVILLE	Conservateur
1878-79	Henri-Gustave JOLY DE LOTBINIÈRE	Libéral
1879-82	Joseph-Adolphe CHAPLEAU	Conservateur
1882-84	Joseph-Alfred MOUSSEAU	Conservateur
1884-87	John Jones ROSS	Conservateur
1887	Louis-Olivier TAILLON	Conservateur
1887-91	Honoré MERCIER	Libéral
1891-92	Charles-Eugène Boucher de BOUCHERVILLE	Conservateur
1892-96	Louis-Olivier TAILLON	Conservateur
1896-97	Edmund James FLYNN	Conservateur
1897-1900	Félix-Gabriel MARCHAND	Libéral
1900-05	Simon-Napoléon PARENT	Libéral
1905-20	Jean-Lomer GOUIN	Libéral
1920-36	Louis-Alexandre TASCHEREAU	Libéral

(PREMIERS MINISTRES DU QUÉBEC)

Mandat	Premier ministre	Parti
1936	Joseph-Adélard GODBOUT	Libéral
1936-39	Maurice DUPLESSIS	UN
1939-44	Joseph-Adélard GODBOUT	Libéral
1944-59	Maurice DUPLESSIS	UN
1959-60	Paul SAUVÉ	UN
1960	Antonio J. BARRETTE	UN
1960-66	Jean LESAGE	Libéral
1966-68	Daniel JOHNSON	UN
1968-70	Jean-Jacques BERTRAND	UN
1970-76	Robert BOURASSA	Libéral
1976-85	René LÉVESQUE	PQ
1985	Pierre-Marc JOHNSON	PQ
1985-94	Robert BOURASSA	Libéral
1994	Daniel JOHNSON (fils)	Libéral
1994-96	Jacques PARIZEAU	PQ
1996-	Lucien BOUCHARD	PQ

(PREMIERS MINISTRES DU QUÉBEC)

UN = Union nationale
PQ = Parti québécois

mation d'électricité. Au nord-ouest, il faudra construire des lignes de haute tension de 750 000 volts pour drainer la production hydroélectrique vers le sud.

La formation des Appalaches est à l'origine d'une autre grande unité structurale du Québec. Elle a commencé dans une mer bordière, il y a environ 900 millions d'années. L'accumulation de sédiments de milliers de mètres d'épaisseur dans une mer chaude donnera des dépôts de nature diverse qui deviendront du CHARBON, du PÉTROLE, du gaz naturel. Les fractures dans ces roches sédimentaires permettront l'intrusion de dépôts de CUIVRE, de ZINC, d'OR et divers autres matériaux. Aux Îles de la Madeleine, des intrusions de sel formeront des diapirs. Vers 450 millions d'années, cette mer soulevée et asséchée, son fond marin sera poussé contre le rebord du Bouclier canadien qui était depuis longtemps une assise rocheuse stable. Les strates du fond marin de cette mer Iapétus vont être plissées, broyées, fracturées. Les grands plissements de la formation appalachienne, en deux poussées séparées de cent millions d'années, vont venir se souder au rebord de l'Amérique du Nord, sise à l'équateur à cette époque. Les Appalaches étaient alors une chaîne de montagnes bien plus élevées; l'érosion fera son œuvre pour araser les plis et créer le relief appalachien si caractéristique.

Entre cette chaîne de montagnes et le rebord du Bouclier, un fossé subsiste. Envahi par la mer, il va peu à peu être comblé par des dépôts qui atteindront 3000 m d'épaisseur en 200 millions d'années. C'est ainsi que la plus jeune structure géologique du Québec se met en place, celle des Basses terres du Saint-Laurent. Au lieu de rester un autre «Grand Lac», ce large fossé va bénéficier d'un apport constant de dépôts pour donner naissance à ce qui deviendra plus tard la meilleure zone agricole du Québec. Le Saint-Laurent et son ancêtre, la mer de Champlain (voir CHAMPLAIN, MER), vont occuper cette dépression après la disparition du couvert de glace qui recouvrait 10 millions de km² en Amérique du Nord, il y a 25 000 ans.

Dans les régions de Montréal et des Cantons de l'Est, il y a 140 à 90 millions d'années, des événements remarquables se déroulent dans cette portion des Basses terres. En dérivant vers le nord-ouest, au fur et à mesure de l'élargissement de l'Atlantique, le continent nord-américain est passé au-dessus de ce que l'on appelle un «point chaud» dans le manteau du globe terrestre. Ce point chaud a forcé l'intrusion de magma dans les strates sédimentaires. Nous savons cependant que la lave n'est pas venue jusqu'en surface, elle s'est solidifiée sur place, ce qui atteste que les montérégiennes n'ont jamais été des VOLCANS. Plus tard l'érosion va dégager ces «nœuds» de roche dure et laisser dans le paysage des collines résiduelles qu'on appelle les montérégiennes. Ces formations endogènes s'étendent de Montréal jusque sous le rebord de l'Atlantique où elles prennent le nom de monts Kelvin. Elles font pendant à ces formations exogènes que sont les cratères météoritiques (voir MÉTÉORE, MÉTÉORITE, CRATÈRE MÉTÉORITIQUE), comme ceux de Charlevoix et de MANICOUAGAN et d'une bonne dizaine d'autres endroits au Québec.

Depuis 2,5 millions d'années, à quatre reprises, le territoire du Québec a été envahi par d'immenses champs de glace qui l'ont recouvert en entier. Nous ne savons pas grand chose sur les glaciations précédentes, mais la dernière GLACIATION, celle du Wisconsin, a laissé suffisamment de traces dans le paysage pour que nous puissions mesurer ses effets. Commencée il y a 70 000 ans, au cœur du Québec, cette glaciation, à son maximum, atteindra en endroit de 1000 à 2500 m d'épaisseur. Sous son poids, la croûte continentale va s'affaisser de 200 m et se fracturer en surface. Le pouvoir d'érosion de cette masse de glace sera considérable et le paysage québécois s'en trouvera profondément modifié. Les sommets des Laurentides et ceux des Appalaches vont être rabotés et arrondis. Les vallées seront élar-

gies, leurs versants subissant l'usure latérale des glaciers. Le SAGUENAY deviendra un fjord, un des rares exemples de fjord intracontinental dans le monde.

Les matériaux arrachés à l'écorce continentale ont été transportés sur de longues distances sous forme d'ESKERS, de MORAINES et de dépôts fluviatiles, créant des formes d'accumulation, telles les terrasses le long des vallées ou des paléos deltas à l'embouchure des rivières, comme ceux de la rivière Saint-Maurice ou de la rivière aux Outardes. Une fois de plus, les Basses terres du Saint-Laurent seront envahies par les eaux de fonte créant une mer intérieure. Une nouvelle couche de dépôts d'argile et de sable va se superposer à tous les sédiments accumulés dans cette fosse depuis des millions d'années; cette dernière accumulation sera bénéfique. Pendant 5000 ans, la mer de Champlain va brasser les sédiments apportés par les rivières tapissant le fond de cette cuvette de sols fertiles de part et d'autre du Saint-Laurent. Un phénomène semblable agira autour du lac Saint-Jean et dans la plaine de l'Abitibi. Ainsi le domaine agricole du Québec sera constitué, environ 7,5 millions d'hectares, dont seulement 3,5 millions d'hectares sont en culture de nos jours, soit la même superficie qu'en 1885. En 1941, 7 millions d'hectares étaient en culture, la presque totalité des sols ayant une valeur agricole.

Climat Dans le sud du Québec. Température moyenne: janvier: -15 °C, juillet: 24 °C. Précipitations nivales: 300 cm, précipitations pluviales: 1000 mm. Jours sans gel: Montréal, 157 jours; Québec, 135 jours. Plusieurs facteurs contribuent à l'instabilité climatique au-dessus du Québec où les masses d'air froid entrent souvent en contact avec des masses d'air chaud venues d'aussi loin que le golfe du Mexique. Le Québec méridional est presque à mi-chemin entre l'équateur et le pôle Nord. De plus, il est situé à l'est du continent nord-américain et, par conséquent, il subit les effets de la continentalité du climat, ce qui se traduit par des étés chauds et humides et par des hivers froids et secs. Pendant un tiers de l'année, la vallée du Saint-Laurent peut être aussi sous l'influence des masses d'air de l'Atlantique-Nord, ce qui n'est pas de tout repos.

Les cinq grands courants aériens qui affectent le Québec circulent aisément dans cet espace dont le relief se situe à 93 p. 100 sous les 600 m d'altitude et offre peu d'obstacles pour bloquer ou détourner les intempéries. Le nord québécois est régulièrement affecté par l'air arctique venant du Pôle et dévié vers l'est quand il descend vers les latitudes moyennes. En hiver, au-dessus de la baie d'Hudson couverte de glace, cette masse d'air de basse thermicité prend de l'accélération et pénètre profondément dans le territoire québécois jusqu'à atteindre la vallée du Saint-Laurent et y provoquer des chutes de température jusqu'à -35 °C. L'air arctique maritime qui émane de la mer de Baffin n'est pas aussi froid, mais il contribue largement à repousser vers le sud des écosystèmes froids qui descendent plus bas que partout ailleurs dans l'hémisphère Nord.

L'air polaire continental qui occupe tout l'espace entre les 30ᵉ et 60ᵉ degrés de latitude N. arrive de l'ouest du Canada et, en haute altitude, du Pacifique. En traversant le continent, il perd une grande partie de son humidité. En hiver, quand il arrive au-dessus du Québec méridional, il apporte un temps froid et sec variant de -15 °C à -25 °C. En été, ces masses d'air peuvent se combiner avec des courants humides venus du sud et former de violents ORAGES, accompagnés de GRÊLE et même de brèves TORNADES. Du côté est du continent, l'air polaire maritime, produit par le mouvement anticyclonique du Groenland au-dessus de l'Atlantique-Nord, apporte généralement un temps frais et pluvieux. Cet air polaire peut causer des dégâts en hiver quand il s'engouffre dans le couloir du Saint-Laurent. En janvier 1998, une masse d'air polaire maritime est entrée en contact avec de l'air chaud et humide arrivant du

centre des États-Unis, ce qui provoqua la pire tempête de verglas de l'histoire du Québec.

Car il faut bien le noter, le Québec est soumis à l'air tropical maritime qui arrive du golfe du Mexique et de la mer des Caraïbes. En été, cet air chaud et humide est cause de l'invasion de températures dépassant les 32 °C, ce qui peut rendre le temps tout à fait inconfortable. Le Québec est une immense péninsule bordée de trois étendues maritimes dont deux génèrent un bilan thermique très bas. La baie d'Hudson avec ses 1 230 000 km² gèle 5 ou 6 mois par année. La mer du Labrador n'est qu'un immense courant froid qui charroie vers le sud les eaux de l'océan Arctique. Le golfe du Saint-Laurent, 230 000 km² de superficie, pourrait avoir un effet modérateur sur le climat de l'est de la Province. Hélas, ses eaux sont envahies par le courant du Labrador, et, le long de la Côte-Nord, la température de l'eau ne dépasse guère les 8 à 10 °C. Il n'y a que dans le sud, où sont dérivés les courants de l'estuaire, qu'on trouve des températures se situant autour de 18 °C. Du fait de sa situation géographique, le Québec, par ailleurs soumis aux influences de la continentalité du climat, à cause de sa longitude, perd les avantages thermiques que lui vaudrait normalement sa latitude.

Dans le Québec méridional, la température moyenne de janvier ne dépasse pas les -15 °C, dans le nord cette moyenne frôle le -25 °C avec des creux de -45 °C quand les vents soufflent depuis l'archipel nordique canadien. Les précipitations nivales sont importantes: 250 cm dans la région montréalaise et 350 cm dans les environs de Québec avec des extrêmes de 500 cm dans le massif des Laurentides à l'aplomb de la ville de QUÉBEC, une des villes les plus enneigées du monde. L'été est tout à l'opposé avec une moyenne de juillet de 22 °C; il arrive brusquement en mai et affiche une chaleur continue jusqu'en août où les nuits commencent à fraîchir. Les précipitations annuelles sont d'une grande régularité, avec une moyenne mensuelle de 100 mm; le mois d'avril est le moins arrosé, mais la fonte des neiges compense pour l'alimentation des cours d'eau. Avec ses 1180 mm par année, Québec est une des villes les mieux arrosées au Canada; il n'y a que sur la côte du Pacifique que l'on trouve des totaux plus impressionnants.

La saison sans gel dans la région de Montréal oscille autour de 150 jours; mais elle n'est plus que de 80 jours en Abitibi, 60 jours à la hauteur de la Radissonie et d'une trentaine de jours seulement en Ungava. L'effet sur la biomasse est évident (voir BIOMASSE, ÉNERGIE DE LA). Alors que dans les forêts tropicales, la biomasse produit environ 500 t de matières organiques par hectare annuellement, elle ne dépasse guère 350 t dans les Laurentides et n'est plus que de 6 t dans la toundra de la péninsule de l'Ungava.

Végétation Le Québec compte cinq grandes zones de végétation qui résultent de combinaisons complexes du climat ambiant, de la valeur des sols et de la position géographique. Au nord, la TOUNDRA arctique est dépourvue d'arbres, à l'exception d'arbres nains dans de rares endroits abrités. La TAÏGA de l'hémiarctique contient un tapis végétal fait d'arbres clairsemés, à croissance lente dans des sols pauvres et acides. La forêt subarctique, vaste étendue monotone d'ÉPINETTES, de SAPINS, de BOULEAUX a déjà meilleure allure, mais une grande partie de cette forêt demeure inaccessible. Ce n'est que dans la FORÊT BORÉALE, en deçà du 52ᵉ de latitude N. que commence la forêt de CONIFÈRES à valeur commerciale. Elle s'étend sur environ 490 000 km², jusque sur le rebord du plateau laurentien et la partie orientale du plateau appalachien, y compris les hautes terres gaspésiennes. La forêt de feuillus se situe dans le sud où croissent les bois francs comme le HÊTRE, le CHÊNE et surtout l'ÉRABLE à sucre dont l'apport économique n'est pas négligeable parmi les produits d'exportation. Ressource renouvelable, la forêt québécoise fut exploitée dès le début de la colonie, mais la gestion de cette ressource reste délicate et des règles strictes s'imposent pour éviter les abus.

De nos jours, l'industrie forestière procure du travail à des milliers de travailleurs. Avec un possibilité annuelle de 50 millions de mètres cubes de coupe, environ 30 millions sont effectivement récoltés. Les industries de transformation du bois occupent aussi un place importante dans l'économie, plus de 35 000 personnes en dépendent. Dans le seul domaine du papier-journal, les 54 usines québécoises assurent 14 p. 100 de la production mondiale (voir PÂTES ET PAPIER, INDUSTRIE DES). Cependant, cette industrie reste très dépendante de la variation de prix sur le marché international, particulièrement sur le marché américain où s'écoulent 80 p. 100 de la production. Plus d'une trentaine de localités québécoises doivent leur survie à cette industrie séculaire.

Population

La Croissance démographique Il est difficile d'évaluer le chiffre de la population indigène quand les Français viennent s'établir sur les rives du Saint-Laurent. Des auteurs s'y sont essayés et leurs évaluations varient de 17 000 à 35 000 personnes, ce qui est très peu pour un territoire si étendu. Le peuplement stable, avec défrichement et labourage, va commencer avec l'arrivée des Français. Mais ce peuplement va se faire si lentement qu'il faudra plus d'un siècle avant que la population n'atteigne les 25 000 habitants. On estime qu'environ 27 000 personnes séjournèrent en Nouvelle-France pendant le siècle et demi que dura le Régime français. Toutefois, seuls 10 000 décidèrent de se fixer à demeure, les autres retournèrent en France. Ce groupe initial s'est multiplié par 1000 en quatre siècles et aujourd'hui sa descendance se répartit comme suit: 6 millions de personnes au Québec, 3 millions aux États-Unis, 1 million dans le reste du Canada (voir ACADIE; FRANCO-AMÉRICAINS; FRANCO-ONTARIENS, FRANCOPHONES DE L'OUEST). Cet accroissement s'explique par un certain nombre de nécessités immédiates.

En effet, quand un groupe humain s'installe dans un pays neuf, presque vide de population, il a très vite besoin de main-d'œuvre pour la mise en valeur du pays. Diverses raisons sociales et psychologiques militent en faveur de l'accroissement des naissances. À cette époque, il ne faut pas compter sur l'État pour subvenir à ses besoins quand arrivent les années de vieillesse. En conséquence, il y a un grand avantage à élever une famille nombreuse, d'autant plus qu'il faut aussi penser à la terrible mortalité infantile, s'élevant à un taux effarant de 225 p. 1000, c.-à-d. qu'un enfant sur quatre meurt en bas âge. En ces temps de médecine aléatoire, des maladies, aujourd'hui bénignes, emportent le nouveau-nés à la moindre manifestation. Dès le début de la colonisation, le comportement démographique de la nation sera axé vers des taux de natalité élevés, presque toujours au-delà de 50 p. 1000. Les taux de mortalité étaient eux aussi élevés, environ 25 p. 1000, ce qui laissait tout de même un accroissement naturel de 25 p. 1000, suffisant pour doubler les effectifs de population tous les quarts de siècle.

Pendant presque trois siècles l'accroissement naturel va se maintenir très haut. De 1608 à 1875 environ, 90 p. 100 de la population est essentiellement agricole, et le milieu rural favorise les familles nombreuses. À la fin du XIX° s., l'industrialisation se répand dans la région de Montréal avec l'arrivée du chemin de fer, le développement de la navigation, l'ouverture des marchés, l'apport de capitaux et d'autres facteurs. L'urbanisation va croître très vite, en moins de 50 ans, la population urbaine va passer de 20 p. 100 qu'elle était en 1871 à 51 p. 100 en 1921. Avec l'urbanisation, les premiers fléchissements des taux de natalité apparaissent. En milieu rural, le nombre d'enfants par famille était de sept. En milieu urbain, il descend à cinq et même moins dans les familles aisées. Le taux de natalité qui était

encore de 47 p. 1000 en 1880 va décroître jusqu'à 28 p. 1000 en 1940. Grâce aux progrès de la médecine et de l'hygiène publique, les taux de mortalité diminuent eux aussi; pour la même période, ils passent de 24 à 10 p. 1000. Pour la première fois depuis les débuts de la colonie, l'accroissement naturel chute sous les 20 p. 1000.

Presque en même temps, de 1850 à 1920, la croissance de la population est ralentie par un mouvement migratoire puissant vers les États-Unis. Près de 800 000 Québécois s'expatrient pour aller grossir les effectifs ouvriers dans les usines de textiles de Nouvelle-Angleterre; seuls 100 000 reviendront vivre au Québec. Cette saignée au sein d'une population de 2 000 000 de personnes va ralentir la croissance des effectifs. Pendant les trois dernières décennies du XIX° s., c'est, chaque fois, 10 p. 100 de la population qui part et ne revient pas.

Le comportement démographique des Québécois subira d'autres secousses entre 1930 et 1970. La crise économique d'avant-guerre cause un large appauvrissement qui affecte le taux de natalité; la Seconde Guerre mondiale contribue aussi à réduire les naissances. Le taux de natalité chute autour de 25 p. 1000. Pendant la décennie 1931-1941, le solde migratoire est constamment négatif. La reprise de la natalité et de l'accroissement naturel se fera après la guerre, surtout pendant la période du «baby boom» de 1950 à 1965. Tout au long de cette période, le nombre de naissances se tiendra autour de 130 000 par année, avec des pointes à 144 000 de 1957 à 1960. L'indice de fécondité, c.-à-d. le nombre d'enfants par femme en âge de procréer, s'établit alors à 3,7. Pendant ces années de haute fécondité, les démographes évaluent qu'à la fin du siècle, le Québec atteindra 13 millions d'habitants; ils ignoraient qu'un facteur totalement imprévu viendrait contrecarrer leurs prévisions.

La «révolution contraceptive», en effet, va imprimer un tournant brusque à ce régime en expansion. De 1966 à 1971, le nombre de naissances chute à 102 000 par année; l'indice de fécondité n'est plus que de 1,8 et il descend à 1,5 en 1981, niveau où il est resté depuis. Le nombre de naissances diminue régulièrement pour se situer sous les 90 000. En l'espace de 30 ans, le Québec est passé de l'un des plus hauts taux de natalité du monde à l'un des plus bas. En comparaison avec la décennie 1950-1960, le Québec accuse un déficit annuel de 50 000 naissances. Pour que la population se renouvelle tout simplement, il faudrait un indice de fécondité de 2,1, alors qu'il frôle maintenant 1,4. La pyramide des âges a donc tendance à s'inverser; les groupes d'âge de jeunes se rétrécissent et ceux des personnes âgées s'élargissent. Le Québec n'est plus capable d'assurer le renouvellement de sa population. Un tel comportement démographique aura inévitablement des conséquences sociales, économiques et politiques de grande importance. Il est à prévoir que les générations des «années creuses» pourront difficilement assumer les charges sociales que l'ÉTAT-PROVIDENCE a mises en place au cours du dernier quart de siècle.

Peuplement La répartition des 7,4 millions d'habitants sur le territoire du Québec est très inégale. La densité globale de 4,9 hab/km² n'a d'autre signification que d'établir des comparaisons avec des entités politiques semblables de part le monde. La densité par rapport à l'espace réellement occupé est bien différente. L'écoumène continu n'excède guère 100 000 km², ce qui donnerait une densité corrigée de 74 hab/km². Évidemment, cela n'a rien de comparable avec les Pays-Bas qui atteignent 400 hab/km² ou le Japon avec 333 hab/km² et moins encore avec l'Île de Java qui, pour 1/12° du Québec, compte 100 millions de personnes, soit 769 hab/km². À l'échelle mondiale, le Québec est un pays de faible densité.

Un bref examen de la densité de population par région donne une idée plus précise de l'inégale répartition de la population. L'immense territoire du Nord-du-Québec ne compte que 37 000 habitants

pour 844 000 km², c.-à-d. une densité de pays désertique de 0,04 hab/km². À part quelques lieux de peuplement sédentaire récents, ce n'est que sur le pourtour qu'on trouve une frange de peuplement, des sites dispersés comme les 15 villages INUITS et les 8 municipalités d'indiens CRIS qui regroupent respectivement 6000 et 8000 habitants. Les autres sites de peuplement sont associés à des exploitations minières comme Chibougamau ou à des centrales hydroélectriques comme celles de l'immense municipalité de la baie de James.

Au Québec, le véritable écoumène débute sous le 52° degré de latitude N. et de façon discontinue. Au nord et à l'est des Basses terres, il y a cinq régions dites périphériques, à la marge de l'écoumène continu. Ces régions, qui regroupent en tout près d'un million d'habitants, font la transition entre le nord désertique et les Basses terres. Elles ont toutes pour caractéristique d'avoir des densités faibles. L'Abitibi-Témiscamingue a une densité de 2,5 hab/km². Le Saguenay-Lac-Saint-Jean, à cause de ses sites industriels, réussit un peu mieux avec une densité de 2,9 hab/km². La vaste Côte-Nord n'a que 0,4 hab/km², une densité de marge désertique semblable à celles de la Sibérie ou de la périphérie du Sahara. D'ailleurs, la GASPÉSIE a aussi une forme de peuplement linéaire avec une densité de 5,2 hab/km². Malheureusement, cette population est en diminution depuis plusieurs années. Le Bas-Saint-Laurent a une densité de 9,3 hab/km², plus proche de la densité des régions des Basses terres.

Plus de 86 p. 100 de la population du Québec demeure dans les Basses terres du Saint-Laurent et sur les marges des plateaux laurentiens et appalachiens. Ces régions ont des chiffres de densité de l'ordre de 25 à 30 hab/km², exceptées la Mauricie et l'Outaouais qui, à cause de l'étendue de leur arrière-pays, accusent des densités de l'ordre de 10 hab/km². Plus on se rapproche de Montréal, plus la densité augmente. Les régions qui se trouvent dans la couronne urbaine de Montréal ont déjà des densités qui évoquent une grande urbanisation. La Montérégie a une densité de 119 hab/km². Laval a une densité nettement urbaine avec 1430 hab/km². Enfin, Montréal regroupe 1,8 million d'habitants sur 499 km² pour une densité de 3675 hab/km².

Le survol des régions du Québec démontre que la répartition de la population se caractérise à la fois par une assez grande dispersion et par des ruptures dans l'écoumène. Au centre, la région montréalaise accapare 43 p. cent de la population du Québec. Des distances de 400 à 900 km séparent ce peuplement des régions périphériques et, enfin, le Nord quasi désertique couvre plus de 90 p. 100 du territoire immense. Cette disparité du peuplement a fait dire au géographe Louis-Edmond HAMELIN que «le Québec est un pays bâti autour du Saint-Laurent». D'ailleurs, pouvait-il en être autrement? Le Saint-Laurent a été la grande voie de pénétration jusqu'au cœur de l'Amérique du Nord. L'installation le long de cet axe fluvial, flanqué de terres fertiles, était dans l'ordre des choses. L'ouverture des Grands Lacs par les nombreux affluents permettait l'accès à un hinterland riche en fourrures, le principal produit de la colonie naissante. Les voies d'eau seront, pendant presque un siècle, les seules praticables, d'où leur importance dans la mise en valeur du pays.

Religion Naguère, le Québec était facilement identifiable par son appartenance massive au catholicisme, huit québécois sur dix étaient catholiques et francophones (voir CATHOLICISME; ÉGLISE CATHOLIQUE). Après la RÉVOLUTION TRANQUILLE, le monolithisme éclate. Le pluralisme des croyances est favorisé par l'arrivée de 120 ethnies différentes qui pratiquent des religions peu ou pas connues auparavant dans la vallée du Saint-Laurent. Ces nouvelles religions apparaissent d'abord à MONTRÉAL où se regroupent plus de 90 p. 100 des immigrants. Bien sûr, la religion catholique reste dominante. Actuellement, plus de 2,5 millions de

Québécois se disent catholiques, même si des enquêtes fiables révèlent que seulement 12 à 15 p. 100 des fidèles fréquentent les églises sur une base régulière. Autrefois toute puissante, l'Église catholique a vu son rôle diminuer de beaucoup.

Les Églises protestantes ont aussi subi des baisses importantes dans la pratique religieuse, souvent aggravées par l'émigration interprovinciale. Ainsi, l'Église anglicane (*voir* ANGLICANISME), jadis la plus nombreuse, n'aurait plus que 48 000 adeptes dont 30 000 dans la seule région de Montréal. L'É-GLISE UNIE du Canada, les BAPTISTES, le MOU-VEMENT PENTECÔTISTE regroupent chacune environ 30 000 à 50 000 fidèles. Les presbytériens seraient environ 12 000 (voir ÉGLISES PRES-BYTÉRIENNES ET RÉFORMÉES). Les LUTHÉ-RIENS, les MÉTHODISTES, les ADVENTISTES sont beaucoup moins nombreux, le nombre de leurs adeptes varie de 2000 à 5000 membres. Pour les autres religions le nombre de personnes est aussi très variable. Les TÉMOINS DE JÉHOVA seraient 8 à 10 000. L'ÉGLISE MORMONE regroupe environ 3500 personnes. Avec l'arrivée de nombreux immigrants slaves comme les Ukrainiens, les Russes, les Bulgares et autres ethnies de l'Europe de l'Est, l'É-GLISE ORTHODOXE a vu le nombre des fidèles augmenter. Ils sont maintenant près de 80 000, presque tous dans la région de Montréal.

Les religions sémites sont aussi bien représentées. Les ISLAMITES sont en progression avec l'arrivée d'immigrants du Moyen-Orient et de l'Afrique du Nord; ils dépassent maintenant les 50 000 adeptes. Les JUIFS, après les Catholiques et les Protestants, sont le troisième plus ancien groupement religieux en terre québécoise, si l'on excepte certaines formes de pratiques religieuses propres aux Amérindiens. Déjà en 1767, il y avait une Congrégation juive à Montréal, une synagogue fut érigée en 1777. Aujourd'hui, ils sont plus de 92 000 au Québec. Les religions asiatiques sont récentes. L'HINDOUISME et le BOUDDHISME regrouperaient environ 20 000 adeptes. Notons enfin qu'il est difficile d'évaluer les tenants de certains mouvements religieux qui pratiquent volontiers le secret quant à l'identité de leurs membres.

Langue Le français est la langue officielle du Québec depuis 1974. Tout au long de son histoire, le parler français québécois s'est heurté à toutes sortes de difficultés. Coupé de la France pendant plus d'un siècle, le Québec ne pouvait guère vivifier sa langue au sein d'un continent unilingue anglais. Pire encore, les termes de vocabulaire de l'industrie, de la technologie et autres domaines connexes lui étaient transmis dans une langue autre que la sienne. Le français québécois au fil des générations va donc se teinter d'archaïsmes et d'anglicismes. Il a fallu l'essor des communications modernes pour que cette langue se mette au diapason du français international, tout en conservant certaines particularités qui traduisent la réalité québécoise dans le contexte nord-américain.

Au cours des années 60 et 70, le mouvement souverainiste fait siennes les revendications visant à donner un statut officiel au français. Ce statut a déjà été évoqué par la COMMISSION ROYALE D'EN-QUÊTE SUR LE BILINGUISME ET LE BICUL-TURALISME (1963-1972). Le Québec a eu sa propre commission d'enquête sur la situation de la langue française et sur les droits linguistiques au Québec (1968-1972). Ces travaux débouchent sur des lois linguistiques, tant à Ottawa qu'à Québec. Le gouvernement fédéral reconnaît un statut de langues officielles au français et à l'anglais. Le Québec adopte plusieurs lois linguistiques à compter de 1968. Pour la première fois dans son histoire, en 1974, le gouvernement proclame le français seule langue officielle au Québec. La loi linguistique fondamentale sera la loi de la Charte de la langue française (LOI 101) adoptée en 1977. Cette loi, vaste et complexe, crée plusieurs organismes pour faire du français la

langue du travail, la langue du quotidien, dans toutes les sphères d'activité. Mais elle a été souvent contestée devant les tribunaux (voir LOI 101, AFFAIRES CONCERNANT LA; POLITIQUE LINGUIS-TIQUE DU QUÉBEC).

Sur une population de 7,4 millions d'habitants, environ 5,9 millions parlent français et 590 000, anglais. Les autres langues non officielles sont parlées par plus de 680 000 personnes, dont les plus importantes sont l'italien (160 000 personnes), l'espagnol (65 000), le grec (43 000), le portugais (33 000) et l'arabe (58 000). Les langues asiatiques sont pratiquées par 34 000 Chinois et par 21 600 Vietnamiens. Si l'ensemble du Québec est francophone à 80 p. 100, il n'en est pas tout à fait de même dans la région de Montréal où la diversité linguistique est beaucoup plus apparente. Dans la zone métropolitaine, on compte environ 80 communautés culturelles. Les francophones représentent 72 p. 100 de la population et les anglophones 16 p. 100. Plus de la moitié des Montréalais sont bilingues et 20 p. 100 sont trilingues, ce qui fait de Montréal une mosaïque culturelle sans égale au Canada.

Maurice Saint-Yves

Économie

Le niveau de vie des Québécois, au début de l'an 2000, mesuré par la valeur de la production intérieure brute, s'établit à 27 501 $ par habitant. Ce dernier est d'environ 11,5 p. 100 inférieur au niveau de vie canadien, évalué à 30 756 $ par habitant.

Conjoncture: le marché du travail Le Québec comptait en l'an 2000 un total de 3 742 000 travailleurs, ce qui représente 63,2 p. 100 de la population totale de 15 ans et plus, soit la population en âge de travailler. Le taux d'activité québécois (rapport entre la population active et la population des 15 ans et plus) est quelque peu inférieur à la moyenne canadienne, qui se situe à 66,8 p. 100 de la population en âge de travailler. On explique cet écart par trois phénomènes: 1- Un taux de chômage supérieur au Québec à la moyenne canadienne; 2- Une prédominance plus élevée d'industries saisonnières telles les pêcheries, la forêt et le tourisme; 3- Un taux de participation des femmes sur le marché du travail (54,5 p. 100) quelque peu inférieur au Québec à la moyenne canadienne (58,1 p. 100).

En l'an 2000, le Québec comptait 3 431 000 emplois et 321 000 chômeurs. Le taux officiel de chômage (rapport en pourcentage entre le nombre de travailleurs au chômage et la population active) se situait à 8,3 p. 100 au Québec contre 6,8 p. 100 au Canada. Historiquement, le taux de chômage au Québec, comme celui des provinces canadiennes de l'Atlantique, tend à se situer au-dessus de la moyenne canadienne.

Au cours de la deuxième moitié du XXe s., le taux de chômage au Québec est, en général, de 25 p. 100 supérieur à la moyenne canadienne. On explique cet écart par une prédominance plus grande au Québec du chômage saisonnier, relié à la non disponibilité de certains emplois durant une partie de l'année; par des déficiences au chapitre de la main-d'œuvre, résultant en une non concordance entre les compétences exigées par les entreprises et celles offertes par les demandeurs d'emploi, ce qui crée un chômage structurel; et par les imperfections d'un marché du travail encadré par des législations du travail plus restrictives qu'ailleurs au Canada et par un taux de syndicalisation (40 p. 100) de 20 p. 100 plus élevé que celui de l'ensemble du Canada (33 p. 100), et deux fois et demie supérieur au taux de syndicalisation des travailleurs des États-Unis (15 p. 100).

La production et l'emploi selon les secteurs La structure des emplois au Québec s'est profondément modifiée de 1946 à l'an 2000. Le *secteur primaire* (agriculture, mines, forêts, pêches), qui occupait plus du quart de la population active en 1946, ne donne plus de l'emploi qu'à 3 p. 100 de la population à la fin du XXe s. À titre d'exemple, le nombre de fermes

au Québec est passé de 134 000 en 1951 à seulement 28 355 en 1998. Ces dernières représentent 12,3 p. 100 des fermes canadiennes (230 230 en 1998), et génèrent environ 15 p. 100 de la production agricole canadienne. La production agricole au Canada en 1998 se chiffrait à $ 35 447 millions, contre une production agricole québécoise égale à $ 5 299 millions.

Les ressources naturelles n'en jouent pas moins un rôle important dans l'économie québécoise, notamment en ce qui concerne la production hydro-électrique. En effet, le Québec se distingue par son grand potentiel en la matière: plus de 90 p. 100 de l'électricité consommée au Québec est produite à partir de ses cours d'eau, soit une énergie renouvelable. C'est pour cette raison que les Québécois émettent dans l'atmosphère deux fois moins d'équivalent en gaz carbonique (CO2) que les autres Canadiens ou les Américains.

On constate, en effet, qu'environ 40 p. 100 de l'énergie totale utilisée au Québec provient de l'électricité, tandis que le pétrole et le gaz naturel importés comptent respectivement pour environ 35 et 16 p. 100. Les énergies dites non conventionnelles (nucléaire, solaire, éolienne) fournissent environ 8 p. 100 de l'énergie consommée au Québec et le charbon, plus polluant, moins de 2 p. 100.

La société HYDRO-QUÉBEC est le principal producteur d'énergie hydroélectrique au Québec. Établie en 1944, lors de la prise en charge par l'État de la Montreal Light, Heat & Power, elle fut considérablement élargie en 1963 par la nationalisation de 11 compagnies d'électricité privées additionnelles. Aujourd'hui, elle est la 9e plus grande société d'État d'électricité dans le monde.

Le secteur secondaire, qui regroupe les industries manufacturières et celle de la construction, a vu son importance relative décliner au cours du dernier demi-siècle. En effet, alors que presque le tiers de la main-d'œuvre travaillait dans le secteur secondaire il y a 50 ans, c'est moins de 25 p. 100 des travailleurs québécois qui gagnent aujourd'hui leur vie dans les industries manufacturières et dans la construction.

Depuis une décennie, cependant, la consolidation de la structure industrielle se fait de plus en plus autour des industries de la nouvelle économie, c.-à-d. les industries orientées vers les nouvelles technologies et le savoir.

Au cours du XXe s., le Québec a connu, en effet, quatre grandes vagues d'industrialisation. Au début du siècle, ce sont les industries à forte intensité de main-d'œuvre et reliées à la forêt, au sciage de bois et aux biens de consommation, tel le textile, le vêtement, et la chaussure, s'ajoutant à l'équipement ferroviaire, qui dominent. Au milieu des années 30, l'industrie lourde à forte intensité de capitaux et à base de ressources naturelles prend de l'importance autour des deux pôles que sont les pâtes et papiers et l'aluminium. Après la Seconde Guerre mondiale, des industries à forte intensité technologique s'implantent, notamment dans le secteur du transport (autos, avions), dans celui des produits chimiques et dans celui de l'électricité et de l'électronique. Depuis le début des années 90, une nouvelle vague d'industrialisation est en marche, autour des industries du savoir et de la haute technologie.

En effet, même si le Québec est encore un des plus grands producteurs de pâtes et papiers (ABITI-BI-CONSOLIDATED, DOMTAR, etc.) et d'aluminium (ALCAN ALUMINIUM, Reynolds, Alumax, etc.) au monde, et le plus important producteur d'électricité (Hydro-Québec) au Canada, d'autres industries dans les domaines de la technologie et du savoir ont connu une forte expansion, comme c'est le cas aussi du secteur de la culture et des communications.

Ces nouvelles industries, surtout localisées dans la grande région du Montréal métropolitain avec ses 3 327 000 habitants, sont celles des pâtes et papiers de l'aéronautique et de l'aérospatiale (BOMBARDIER, 3e constructeur aéronautique au monde, Pratt & Whitney, etc.), de l'informatique, de l'électronique et des télécommunications (Nortel Networks, 1ᵉʳ fabricant mondial de raccords optiques pour Internet, Marconi, CAE Élec., Ericsson, etc.), de bio-pharmaceutique (Merck Frosst, BioChem Pharma, etc.) et celles de l'information et du multimédia (Altimage, Softimage, Ubi Soft, etc.).

Le secteur aéronautique et de l'aérospatiale compte, à lui seul, plus de 150 entreprises et plus de 32 000 employés. Il représente 48 p. 100 des ventes canadiennes dans ce domaine (*voir* AÉROSPATIALE, INDUSTRIE). Les télécommunications occupent aussi une place prépondérante au Québec avec plus de 12 000 employés. Il en va de même de l'industrie pharmaceutique qui regroupe quelque 75 entreprises et fournit plus de 8000 emplois (*voir* INDUSTRIE PHARMACEUTIQUE). Ces industries viennent s'ajouter à la concentration à Montréal de nombreux sièges sociaux (AIR CANADA, VIA RAIL CANADA, Alcan, BANQUE NATIONALE DU CANADA, etc.) et d'organisations internationales (OACI, IATA, etc.).

En fait, une étude place Montréal au 14ᵉ rang parmi les 55 plus grandes villes nord-américaines en tant que centre de localisation pour les sièges sociaux de grandes entreprises. Montréal est le 10ᵉ plus grand centre de biotechnologie au monde et se situe, en Amérique, au 3ᵉ rang derrière New York et Washington pour le nombre de réunions internationales qui s'y tiennent. Globalement, les emplois de haut niveau de savoir et de technologie comptent pour environ le tiers des emplois totaux de la grande région montréalaise (32,5 p. 100).

Le grand phénomène structurel des dernières décennies a été l'expansion des industries de services du *secteur tertiaire*. En fait, avec 73,7 p. 100 de la population active œuvrant dans les services, l'économie québécoise peut être qualifiée de postindustrielle. Cependant, comme la productivité progresse moins rapidement dans le secteur des services que dans celui des biens, la part de la production intérieure brute (PIB) qui revient aux services n'atteignait pas les 70 p. 100 (66,9%) en 1999, contre 51,6 p. 100 en 1946.

La montée de l'emploi dans le secteur tertiaire a coïncidé avec l'expansion du rôle des gouvernements dans l'économie et dans la société en général, à partir de la Révolution tranquille du début des années 60, ainsi qu'avec le phénomène de l'ouverture des économies au cours du dernier demi-siècle. L'administration publique, les services publics (éducation, santé, sécurité) et les services socioculturels, commerciaux et personnels réunissent presque la moitié des emplois tertiaires (48,5 p. 100). Les services de soutien à l'économie, tels ceux de la finance, l'assurance, l'immobilier, le commerce, le transport et l'entreposage accaparent l'autre moitié des emplois tertiaires au Québec (51,5 p. 100).

Montréal est une importante place financière nationale et internationale pour les transactions bancaires, de courtage, d'assurance et de montage financier. En 1999, la Bourse de Montréal s'est fusionnée avec la Bourse de Toronto. Suite à cette restructuration pancanadienne, la Bourse de Montréal est devenue la principale place financière canadienne pour les produits dérivés (options, contrats à terme, etc.) Et, en 2000, la grande bourse électronique américaine, la NASDAQ, spécialisée dans les titres de sociétés à haute technologie, a choisi de s'implanter à Montréal pour sa première incursion hors des États-Unis.

L'ouverture sur l'extérieur L'économie québécoise est très ouverte sur l'extérieur puisque environ 37,5 p. 100 (72 459 millions de dollars) de sa production intérieure est exportée vers les autres pays et 19,6 p. 100 (38 011 millions de dollars) vers les autres provinces canadiennes, pour un grand total de 57,2 p. 100 de la production totale exportée (110 470 millions de dollars). La place qu'occupent les importations totales en provenance des autres pays et des autres provinces dans l'économie est du même ordre que celle des exportations, soit 57,2 p. 100 du PIB.

Les exportations internationales de biens sont fortement tributaires du marché américain, ce dernier en accaparant 85 p. 100, contre seulement 15 p. 100 pour l'ensemble des autres pays. Les importations internationales de biens du Québec sont cependant plus diversifiées, puisque seul un peu plus de la moitié d'entre elles proviennent des États-Unis.

Les économistes estiment que chaque million de dollars en exportations de biens génère en moyenne 7,3 emplois; il s'en suit donc que les exportations internationales de biens du Québec (62 milliards de dollars en 1999) soutiennent quelque 453 000 emplois.

Le commerce international du Québec porte surtout sur des produits, tandis que le commerce interprovincial comporte une proportion élevée de services. Sur le plan international, l'importance des produits exportés reflète les changements observés dans la structure industrielle du Québec. En 1999, les 5 principaux produits d'exportation internationale étaient: 1- les équipements de télécommunication; 2- le papier journal et les papiers de toutes sortes; 3- l'aluminium; 4- les avions et pièces; 5- les automobiles et pièces. Au chapitre des importations internationales, les 5 principales catégories d'importation étaient: les automobiles et pièces; les tubes électroniques et les semi-conducteurs; les avions (moteurs et pièces); et le pétrole brut.

Rodrigue Tremblay

Gouvernements et politique

Institutions politiques québécoises Les institutions politiques québécoises sont analogues à celles des autres provinces canadiennes et empruntées au modèle britannique. Au sommet de la pyramide, le lieutenant-gouverneur peut être considéré comme le chef de l'État québécois en tant que représentant de la Couronne au palier provincial. Cependant, au même titre que la reine, il a perdu l'essentiel de ses pouvoirs au profit du premier ministre. Il est nommé par le gouverneur général sur recommandation du premier ministre du Canada, normalement après consultation des autorités politiques québécoises. Son rôle principal consiste à assurer la continuité de l'État, en plus de présider un certain nombre de cérémonies officielles.

Chef du gouvernement, le premier ministre est sans aucun doute le personnage le plus important de la vie politique québécoise. À la tête du Conseil exécutif, appelé aussi Conseil des ministres, il en préside les séances, en fixe l'ordre du jour, y dégage les consensus nécessaires à la prise de décision, y dispose éventuellement d'un droit de veto sur les décisions importantes, sans oublier le fait qu'il choisit tous les membres du Conseil des ministres et qu'il peut demander leur démission. Il détient donc des pouvoirs que les autres ministres n'ont pas.

Le Conseil exécutif ou Conseil des ministres est composé du premier ministre et de tous les autres ministres, soit de 20 à 25 personnes toutes nommées par le premier ministre. Le Conseil exécutif est chargé de définir les orientations générales du gouvernement et les politiques qui viendront concrétiser ces grandes orientations. Il prend des décisions à la fois sous forme d'arrêtés en conseil et de projets de loi d'intérêt public. Les membres du Conseil des ministres sont liés par une solidarité ministérielle dont ils doivent faire montre et sont donc responsables des décisions prises en collégialité au Conseil des ministres.

Depuis les années 70, d'importantes réformes ont été apportées dans le but d'aider le travail du Conseil des ministres et d'en assurer une plus grande efficacité. C'est ainsi qu'a été créé le Conseil du Trésor, dirigé par un ministre, qui veille à la préparation des crédits budgétaires nécessaires au fonctionnement de l'administration et à la mise en œuvre des politiques de dépenses du gouvernement. D'autres comités ministériels ont également vu le jour, chargés de s'occuper de questions économiques, sociales ou culturelles. Un comité des priorités, présidé par le premier ministre, peut chapeauter cet ensemble. Mais cette dernière pratique varie en fonction des gouvernements en place, certains ne voyant pas la nécessité d'une telle instance. Lors de l'élection de 1994, ce comité a été composé, pour la première fois, d'une majorité de femmes.

L'Assemblée nationale représente la branche législative de l'État. À ce titre, elle est appelée à adopter, modifier ou refuser les différents projets de loi d'intérêt public ou d'intérêt privé qui lui sont soumis. Jusqu'en 1968, cette fonction législative était assumée par deux Chambres, soit l'Assemblée législative et le Conseil législatif, équivalent du Sénat canadien. Avec l'abolition du Conseil législatif, l'Assemblée législative a été renommée l'ASSEMBLÉE NATIONALE du Québec. En 2000, celle-ci est composée de 125 députés élus dans autant de circonscriptions électorales pour une période de cinq ans au maximum, sauf circonstances exceptionnelles. Tous les citoyens canadiens résidant au Québec et âgés d'au moins 18 ans ont droit de vote.

En 1984, on a procédé à une grande réforme parlementaire visant à donner plus d'autonomie à l'administration de l'Assemblée nationale et à diminuer considérablement le nombre de commissions parlementaires permanentes. Outre la Commission de l'Assemblée nationale, on retrouve aujourd'hui dix autres commissions permanentes, composées de 10 à 12 députés chacune et chargées d'examiner, en détail, les projets de loi, les crédits budgétaires et bien d'autres sujets qui leur sont soumis.

Contrairement au système présidentiel américain, où prévaut une stricte séparation des pouvoirs, le système parlementaire québécois, issu du modèle britannique, se caractérise par la collaboration des pouvoirs. Il serait même plus exact de parler de fusion des pouvoirs en ce sens que l'exécutif domine largement le législatif, bien que le gouvernement (ou Conseil exécutif) doive conserver la confiance de l'Assemblée nationale pour continuer à gouverner en vertu de la règle de la responsabilité ministérielle. En conséquence, c'est le chef du parti ayant obtenu le plus grand nombre de sièges à l'Assemblée nationale (et non pas le plus grand nombre de voix) qui forme habituellement le gouvernement. En retour, lorsque ce dernier dispose d'une majorité de sièges, la confiance de cette Assemblée lui est pratiquement toujours acquise. Par ailleurs, les décisions prises par l'Assemblée nationale en vertu de la règle de la majorité bénéficient d'une légitimité importante puisque tout le processus démocratique repose largement sur une telle règle. Ce qui commande, en retour, le respect des droits des minorités.

Représentation au palier central Comme province de la fédération canadienne, le Québec est représenté au palier fédéral par 75 sièges sur 301 à la Chambre des communes et 24 sénateurs sur 105 au Sénat. Si les sénateurs sont tous nommés sur recommandation du premier ministre du Canada, les députés fédéraux sont élus par la population du Québec dans le cadre de circonscriptions électorales. Il faut aussi tenir compte d'un autre élément de représentation au niveau central. Dans la composition de son cabinet, le premier ministre fédéral essaie d'intégrer des députés (parfois des sénateurs) des différentes provinces canadiennes, au même titre que le premier ministre québécois cherche à tenir compte des différentes régions de la province dans la composition de son conseil des ministres. Mais le nombre de représentants du Québec au sein du cabinet fédéral a varié selon les gouvernements en place, atteignant parfois le tiers de la représentation et, à d'autres moments, le cinquième seulement.

Depuis le début du XXᵉ s. et jusque dans les années 80, le Québec a accordé un appui massif au Parti libéral du Canada (sauf à de rares occasions, comme en 1958). Mais il a appuyé majoritairement le Parti progressiste-conservateur en 1984 et 1988 et le Bloc québécois en 1993 et 1997.

Dès 1961, le Québec fut la première province à se doter d'un ministère des Affaires intergouvernementales (d'abord appelé ministère des Affaires fédérales-provinciales). Sa vocation première était de coordonner les activités du gouvernement québécois ayant trait à ses relations avec les autres provinces, avec le palier fédéral et avec l'extérieur. Depuis lors, un ministère des Relations internationales s'occupe du travail des délégations du Québec à l'étranger, des accords de coopération qui lient le Québec à plusieurs pays et de la participation du Québec à de nombreuses institutions internationales, en particulier francophones (*voir* RELATIONS INTERNATIONALES DU QUÉBEC; FRANCOPHONIE).

Finances publiques Dans le budget de l'an 2000, les revenus de la province s'élèvent à plus de 48 milliards de dollars, dont la moitié proviennent de l'impôt sur le revenu des particuliers (33 p. 100) et de l'impôt des sociétés (17 p. 100), près de 20 p. 100 des taxes à la consommation (taxe de vente, tabac, carburant, alcool) et 15 p. 100 des transferts fédéraux, dont 10 p. 100 en péréquation et 4 p. 100 pour le transfert canadien en matière de santé et de programmes sociaux (ce qui comprend également l'éducation postsecondaire).

Quant aux dépenses, pour la même année, elles se situent à plus de 46 milliards de dollars, ce qui indique un surplus budgétaire pour l'année en cours. Ce surplus fait suite à l'atteinte du «déficit zéro» obtenu une année plus tôt que prévu (soit au terme de l'exercice financier 1998-1999) à la suite d'un consensus difficilement dégagé lors d'un sommet, tenu en 1996, qui réunissait les principaux intervenants socio-économiques et politiques du Québec. Pour y arriver, le gouvernement péquiste de Lucien BOUCHARD a dû procéder à des coupures importantes dans les dépenses gouvernementales. Si le déficit est éliminé, la dette accumulée à ce jour totalise tout de même 100 milliards de dollars, soit 49 p. 100 du PIB québécois. Il ne faut dès lors pas être étonné par le fait qu'environ 15 p. 100 des dépenses soient consacrées au seul service de la dette. En revanche, plus de la moitié des dépenses est destinée à la santé, aux services sociaux et à l'éducation qui, depuis les années 60, accaparent toujours la part du lion.

Institutions judiciaires Il importe d'abord de souligner que le droit criminel relève du palier fédéral et que le droit civil est de compétence provinciale selon la Loi constitutionnelle de 1867. Cette même loi confie aux provinces l'administration de la justice et au fédéral la nomination de tous les juges de niveau supérieur, y compris ceux de la Cour suprême.

L'organisation judiciaire au Québec comprend deux grands paliers. Au premier palier se retrouvent les cours de première instance, soit la Cour du Québec qui englobe une chambre civile (y compris la division de petites créances), une chambre criminelle et pénale, ainsi qu'une chambre de la jeunesse, et la Cour supérieure, dont les juges sont nommés et payés par le fédéral, qui entend des causes de nature tant civile que criminelle. Le deuxième palier n'est constitué que d'un seul tribunal appelé la Cour d'appel du Québec. À ces tribunaux s'ajoutent au niveau canadien la Cour fédérale et, surtout, la Cour suprême qui agit comme dernier tribunal d'appel en toute matière, que celle-ci soit de nature civile, criminelle ou constitutionnelle. L'organisation judiciaire au Québec inclut également, mais à un niveau inférieur, les Cours municipales, chargées de faire respecter les lois et règlements municipaux ou encore le code de la sécurité routière, et les tribunaux administratifs, qui s'occupent de la révision des décisions prises par des fonctionnaires ou par des organismes gouvernementaux.

La vie politique Au Québec, elle a le plus souvent été dominée par deux grand partis, ce qui n'a pas empêché la création de nouvelles formations politiques et la disparition de certains partis au cours du XXᵉ s.

Les conservateurs dirigent le Québec de 1867 à 1897, à l'exception de deux brèves périodes (de 1878 à 1879 et de 1887 à 1891). Largement dominés par le PARTI CONSERVATEUR fédéral qui détient le pouvoir à Ottawa durant la même période, les conservateurs québécois symbolisent l'alliance entre le monde des affaires, présent dans le parti, et l'Église catholique qui impose son conservatisme social et religieux. À la suite de la victoire du libéral Wilfrid LAURIER au palier fédéral en 1896, les libéraux provinciaux prennent le pouvoir en 1897 pour le conserver sans interruption jusqu'en 1936 (*voir* PARTI LIBÉRAL DU QUÉBEC). L'alliance entre l'État, l'Église et le milieu des affaires se poursuit, bien que le Parti libéral réussisse à apporter quelques changements dans le domaine de l'éducation et dans le champ social, et à se montrer un peu plus interventionniste dans le secteur des ressources naturelles.

L'arrivée au pouvoir de l'UNION NATIONALE, dirigée par Maurice DUPLESSIS, vient mettre fin à ce long règne libéral et en même temps la disparition du Parti conservateur. En 1935, Duplessis, alors chef des conservateurs, signe une entente avec de jeunes libéraux mécontents réunis au sein de l'ACTION LIBÉRALE NATIONALE, afin de mener la lutte contre le gouvernement libéral de Louis-Alexandre TASCHEREAU. En 1936, Duplessis ne renouvelle pas cette entente, mais réussit à prendre le pouvoir sous la bannière de l'Union nationale. En dépit de ses promesses, il continue dans la voie déjà tracée par les libéraux. C'est plutôt le Parti libéral d'Adélard GODBOUT, au pouvoir de 1939 à 1944, qui va procéder à d'importantes réformes: création d'HYDRO-QUÉBEC, droit de vote aux femmes au niveau provincial, fréquentation scolaire obligatoire.

De retour au pouvoir en 1944 avec 38 p. 100 des voix seulement (soit moins que le Parti libéral qui en obtient 40 p. 100), Duplessis le conserve jusqu'à sa mort en 1959. Laissant à l'entreprise privée le soin d'assurer la prospérité économique et à l'Église le contrôle de l'éducation et d'une bonne part du domaine social, il s'emploie plutôt à aider les milieux ruraux, à bâtir des équipements collectifs et à réaliser des travaux d'infrastructure, tout en se portant garant de l'autonomie provinciale face au fédéral.

Sa mort ouvre la voie à la RÉVOLUTION TRANQUILLE, entreprise par les libéraux de Jean LESAGE, qui prennent le pouvoir en 1960. C'est le temps des grandes réformes dans tous les secteurs d'activité, à commencer par l'État lui-même. L'État, en effet, deviendra la figure emblématique de la Révolution tranquille en remplacement de l'Église qui avait occupé jusque-là une place centrale dans la vie des Québécois. Réformes en éducation, dans le domaine social, en matière économique, partout l'État impose sa marque. Surtout, on met sur pied un ensemble d'institutions créées par l'État ou gravitant autour de lui qui forment, avec cet État, un modèle d'intervention puissant au sein de la société, ce que plusieurs vont appeler le modèle québécois.

La création du PARTI QUÉBÉCOIS, en 1968, à l'initiative de son futur leader, René LÉVESQUE, marque un réalignement des forces politiques au Québec. L'Union nationale va disparaître peu à peu du paysage politique, le Ralliement CRÉDITISTE ne se maintiendra qu'au début des années 70. Bref, l'arrivée au pouvoir du Parti québécois, en 1976, vient consacrer ce réalignement.

De tendance social-démocrate et d'inspiration souverainiste, ce parti procède à de nombreuses réformes qui touchent aussi bien au financement des partis politiques qu'à l'assurance-automobile et au zonage agricole, sans oublier la célèbre Loi 101, appelée aussi *Charte de la langue française*. Durant son mandat, le PQ ajoute un autre volet au modèle québécois évoqué précédemment en convoquant un certain nombre de sommets socio-économiques permettant à différents intervenants de se concerter entre eux et avec les dirigeants politiques de façon à dégager un consensus sur des sujets particuliers. Surtout, après avoir fait adopter une loi permettant les consultations populaires de type référendaire, le gouvernement du Parti québécois tient un RÉFÉRENDUM en vue d'obtenir le mandat de négocier la SOUVERAINETÉ-ASSOCIATION, ce qui lui est refusé par près de 60 p. 100 de la population. La deuxième mandature du PQ, réélu en 1981, est surtout marquée par une profonde crise économique qui a des répercussions importantes au niveau social.

Les libéraux, sous le leadership de Robert BOURASSA, dirigent la province de 1970 à 1976 dans un contexte de crises sociales très fortes. À la suite de la cuisante défaite du PLQ en 1976, le chef libéral quitte la direction du parti pour revenir dès 1983, succédant ainsi à Claude RYAN qui n'a pas réussi à conduire le PLQ à la victoire. Le retour de Robert Bourassa, qui l'emporte facilement en 1985 et conserve le pouvoir jusqu'en 1994, marque une pause dans les grandes réformes sociales: le premier ministre accorde la priorité à l'économie et à la gestion des finances publiques. Mais c'est surtout la question constitutionnelle qui l'occupe et tout d'abord l'ACCORD DU LAC MEECH conclu en 1987, mais qui se solde par un échec en 1990 faute d'avoir obtenu l'appui de toutes les provinces. Cet échec ouvre la voie à la création de la COMMISSION SUR L'AVENIR POLITIQUE ET CONSTITUTIONNEL DU QUÉBEC, mieux connue sous le nom de commission Bélanger-Campeau. Créée dès septembre 1990, elle présente son rapport en mars 1991, prévoyant, entre autres, la tenue d'un référendum sur la souveraineté au plus tard à la fin d'octobre 1992. L'échec de Meech ouvre également la voie à l'ACCORD DE CHARLOTTETOWN, conclu en 1992 mais rejeté par la majorité de la population canadienne consultée par référendum. Durant cette période, des anglophones, mécontents des politiques du Parti libéral sur la question linguistique, fondent le Parti égalité qui obtient 4 sièges à l'Assemblée nationale en 1989 (*voir* ANGLO-QUÉBÉCOIS).

De retour au pouvoir en 1994, le Parti québécois, désormais dirigé par Jacques PARIZEAU, l'emporte de peu (en termes de voix), tout en obtenant 77 sièges sur 125. Son objectif premier est de gagner le référendum, déclenché en 1995, sur un projet de souveraineté-partenariat. Avec l'appui du BLOC QUÉBÉCOIS et de son chef populaire et charismatique, Lucien Bouchard, et le soutien de l'ACTION DÉMOCRATIQUE de Mario Dumont, le Oui obtient un résultat inattendu et spectaculaire de 49,4 p. 100, ce qui provoque un choc brutal dans l'ensemble du Canada.

À la suite de cette défaite référendaire, Jacques Parizeau démissionne et Lucien Bouchard devient le nouveau chef du PQ et premier ministre du Québec, en janvier 1996. Sa priorité est de rétablir l'équilibre budgétaire. Lors d'un sommet socio-économique convoqué la même année, les participants conviennent de l'objectif du «déficit zéro», atteint grâce à d'importantes compressions des dépenses, surtout en santé et éducation. Le modèle des sommets, abandonné sous les libéraux, est repris sur d'autres thèmes, comme celui de la jeunesse. Réélu en 1998, Lucien Bouchard répète qu'il ne tiendra un référendum que lorsque les conditions gagnantes seront réunies. Entre-temps, il s'emploie à obtenir le soutien massif des membres de son parti - ce qui est fait lors du congrès de mai 2000 - et à injecter de nouveaux fonds en santé et en éducation, puisque des surplus budgétaires ont été dégagés. Lors de ce congrès, le premier ministre s'engage à relancer l'objectif de souveraineté et ramène l'éventualité d'un nouveau référendum à l'avant-scène politique, quoique que celle-ci apparaisse lointaine.

Réjean Pelletier

Le système municipal québécois

Cette structure n'a pas subi de transformations radicales depuis son instauration en 1855. Il existe toujours des municipalités locales, soit les municipalités urbaines régies par la Loi des cités et villes et les municipalités rurales régies par le code municipal. Ces municipalités constituent des quasi-gouvernements locaux. Elles sont autorisées, par législations provinciales, à adopter des règlements (quasi-lois ou *by-laws*), à lever des impôts et à élire des personnes responsables de la gestion des services locaux pour une population établie sur un territoire identifié. Ces administrations municipales sont dites multifonctionnelles parce qu'elles exercent leurs compétences déléguées dans plusieurs domaines, contrairement aux commissions scolaires et aux centres locaux de services communautaires (CLSC) qui ne s'occupent respectivement que des questions d'éducation primaire et secondaire et des questions de bien-être et de santé.

Par comparaison avec d'autres États ou provinces, qui ont eu recours à des formules de regroupement pour diminuer le nombre de leur municipalités, le Québec compte toujours un grand nombre de municipalités, soit 207 municipalités urbaines de plus de 5000 personnes, 251 municipalités urbaines de 2000 à 5000 personnes et 848 municipalités rurales de villages, de paroisses ou de cantons (2000 personnes et moins). Pour un total de 1306 unités en mars de l'an 2000.

Comme lors de la mise en marche du système, il existe également des instances supramunicipales de gestion, soit les municipalités régionales de comté (MRC), anciennement connues sous le nom de Conseils de comté, au nombre de 96, et les communautés urbaines, au nombre de 3. Les conseils de ces instances sont formés de personnes élues dans les municipalités de base, ce que l'on nomme représentation indirecte. Les communautés urbaines, qui existent depuis 1970, exercent diverses fonctions de nature métropolitaine (transport en commun, police, aménagement du territoire, protection de l'environnement, etc.) sur les territoires des agglomérations de Montréal, Québec et Hull. Dans le reste du Québec, les municipalités régionales de comté jouent, depuis le début des années 80, un rôle qui s'apparente à celui des communautés urbaines, mais avec moins d'ampleur au plan des compétences. Elles sont essentiellement responsables des schémas d'aménagement et des territoires non organisés en municipalités sur leur territoire respectif. Elles ont toutefois tendance à prendre plus d'initiatives depuis quelques années.

Au cours du XXᵉ s., et plus particulièrement depuis les années 70, les municipalités ont connu des transformations importantes dans leurs modes de gestion et dans l'ampleur des ressources financières, matérielles et humaines mises au service des populations locales. Il s'agit toutefois de modifications «internes», donc moins spectaculaires. Les réformes plus marquantes touchent les instances supramunicipales. Avec la question des fusions des municipalités, dont à cherche à réduire le nombre jugé trop élevé, celles-ci étaient, au printemps 2000, au centre des préoccupations législatives du gouvernement provincial québécois.

Il est normal que le gouvernement provincial se préoccupe de l'avenir de l'ensemble des municipalités, des communautés urbaines et des municipalités régionales de comté parce qu'elles constituent une force économique et administrative très importante. Le total des dépenses municipales courantes atteint 9 milliards de dollars en 1997. De plus, même si le taux de croissance de ces dépenses a connu une hausse moins prononcée depuis quelques années, il

demeure plus élevé que celui des dépenses du gouvernement provincial depuis que ce dernier s'est résolument engagé dans une lutte contre le déficit.

Cet argent, ainsi que les services municipaux qu'ils permettent de fournir aux contribuables, sont administrés par environ 10 000 personnes élues et quelque 55 000 employés municipaux, auxquels il faut ajouter quelques centaines de cadres.

Enfin, un ensemble de syndicats, d'associations professionnelles et d'unions municipales représentent les élus et les fonctionnaires municipaux. Ainsi, pour défendre et promouvoir les intérêts des municipalités et des élus municipaux, deux unions municipales coexistent et se partagent la tâche. L'Union des municipalités du Québec est parvenue, au fil des années, à se spécialiser dans la représentation des municipalités urbaines. Pour sa part, la Fédération des municipalités du Québec, qui portait, jusqu'à une période récente, le nom d'Union des municipalités régionales de comté et des municipalités locales du Québec (UMRCQ), prête une attention toute particulière aux intérêts des plus petites municipalités du Québec.

Jacques Léveillée

Éducation

L'éducation est inextricablement liée au champ politique et à la construction de la cité. En rappeler les grandes évolutions et en souligner les principales caractéristiques montre combien, au Québec comme ailleurs, l'éducation ne peut être convenablement saisie qu'en lien avec la société qu'a l'engendre, la soutient et l'oriente. C'est ainsi qu'au Québec, les caractéristiques fondamentales du système éducatif sont indissociables des paramètres et des clivages religieux et linguistiques.

Au Canada, depuis 1867, soit depuis l'ACTE DE L'AMÉRIQUE DU NORD BRITANNIQUE, l'éducation est de juridiction provinciale: dans le cas du Québec, elle est donc du ressort de l'ASSEMBLÉE NATIONALE. En conformité avec l'article 93 de l'Acte de l'Amérique du Nord britannique, garantissant les droits scolaires des Catholiques en Ontario et des Protestants au Québec, le système scolaire québécois s'est développé, après la CONFÉDÉRATION et jusqu'à une période récente, suivant une logique d'abord confessionnelle, puis linguistique. Ainsi, des réseaux scolaires catholiques (francophones et anglophones) et protestants (anglophones et francophones) ont cohabité jusqu'en 1997, sans grande coordination entre eux, du moins jusqu'à la création du ministère de l'Éducation en 1964. Il faut voir ici une manifestation, dans le champ éducatif, des «deux solitudes» traditionnelles de la société québécoise. Celles-ci furent d'abord juridiquement et socialement définies en termes religieux; depuis 1997, elles le sont surtout en fonction de la langue.

Rappelons que le réseau catholique fut traditionnellement sous le contrôle effectif de l'Église catholique, les communautés religieuses assumant une bonne part de l'enseignement primaire et secondaire, et la hiérarchie cléricale occupant les postes de commande dans ce réseau, y compris au sein des structures étatiques, comme le Département de l'Instruction Publique, le Conseil de l'Instruction Publique, la direction des Écoles Normales d'État, celles des universités et des collèges (privés).

Au temps de la colonisation française et au cours des premières décennies du régime anglais, l'éducation, relativement peu développée, est une affaire d'Église, comme il est alors de mise en Europe. Avant la Confédération, tout au long de la première moitié du XIXᵉ s., des luttes significatives au sein de la société québécoise francophone opposent les tenants d'un système scolaire public, laïc et libéral, à ceux épousant les thèses éducatives religieuses et ultramontaines. Ces derniers l'emportent et, de 1875 aux débuts des années 1960, l'Église catholique est le pouvoir dominant et, somme toute, peu contesté en matière d'éducation. Celle-ci, avec le soutien des

élites traditionnelles, assume la responsabilité d'un système scolaire de type «vieille Europe», c.-à-d. d'un réseau d'écoles primaires publiques pour le peuple, dispensant une formation de base qui, pour la très grande majorité, est terminale; les plus fortunés et les plus doués peuvent profiter d'un réseau de COLLÈGES CLASSIQUES privés, destinés à la production de l'élite, formant celle-ci aux humanités gréco-latines et les préparant au sacerdoce et aux professions libérales, apanage des UNIVERSITÉS.

La RÉVOLUTION TRANQUILLE modifie cet ordre des choses: la création du ministère de l'éducation (avec un sous-ministre catholique et un sous-ministre protestant), la mise sur pied du Conseil Supérieur de l'éducation (et de ses comités catholique et protestant), ainsi que le financement public des écoles privées (pour la plupart sous la responsabilité des communautés religieuses) marquent tout à la fois la prise en charge réelle de l'éducation par l'État et la réalisation d'un compromis avec l'Église catholique qui permet une passation de pouvoirs en douceur. Cette intervention de l'État en matière éducative s'inscrit dans un mouvement plus vaste, largement soutenu par les nouvelles classes moyennes montantes, de modernisation individuelle et collective, par le biais d'un État conçu comme agent interventionniste dans le développement économique, social et culturel.

Dans un contexte de prospérité économique, de santé financière de l'État québécois et de croissance démographique (les baby-boomers et leurs parents sont alors fortement demandeurs de scolarité), les années d'après-guerre et les années 60 et 70 connaissent la forte expansion d'un système éducatif public en pleine (re)structuration et modernisation: création des commissions scolaires régionales, d'un réseau d'écoles secondaires polyvalentes, des collèges d'enseignement général et professionnel, de l'UNIVERSITÉ DU QUÉBEC et de ses constituantes régionales. Légitimés par une idéologie nationaliste mettant l'accent sur l'importance du rattrapage scolaire des Canadiens français par rapport à leurs compatriotes anglo-canadiens, ainsi que par le principe démocratique de l'égalité des chances et la volonté d'utiliser l'école comme outil de modernisation et de développement endogène, ces changements donnent lieu à une poussée significative de la scolarisation, tant des jeunes que des adultes. Ainsi, à la fin des années 50, à peine 4 p. 100 d'une génération se rendait aux portes de l'université; aujourd'hui, de 25 à 30 p. 100 y sont admis et y poursuivent des études.

L'année 1977 marque un tournant majeur de l'éducation québécoise. En effet, la LOI 101 – la *Charte de la langue française* – est alors promulguée. Centrée sur la promotion du français comme langue de communication publique, celle-ci a des conséquences importantes pour le système éducatif et pour les réseaux catholiques et protestants. La loi rend l'école française obligatoire pour tous les enfants, y compris pour les enfants d'immigrants qui traditionnellement optaient pour l'école anglaise, perçue comme plus propice à des projets de mobilité sociale et d'insertion continentale. Sont soustraits de cette obligation les enfants des Anglo-Canadiens à qui sont reconnus des «droits historiques». Cette loi change considérablement l'ordre linguistique scolaire, notamment et surtout dans la grande région montréalaise où se concentrent tout à la fois la population anglo-québécoise et plus de 90 p. 100 de la population immigrante dite allophone. Soulignons que l'obligation de fréquenter l'école française ne touche que l'école primaire et secondaire, chacun étant libre de s'inscrire au CÉGEP et à l'université de son choix. On a comparé cette arrivée des élèves allophones dans les écoles françaises et le transfert de clientèles du réseau anglophone au réseau francophone à un véritable cheval de Troie, aux conséquences méconnues et difficilement prévisibles. Les développements d'une pédagogie dite interculturelle, d'abord, puis dans un deuxième temps, d'une éducation à la citoyenneté, sont venus apprivoiser ces changements socioculturels qui posent la question de la contribution de l'école à la construction d'une identité dite nationale dont on a peine à saisir les contours précis dans pareil contexte pluraliste et mouvant.

Enfin, il importe de compléter ce portrait évolutif en rappelant qu'en 1997, les gouvernements du Québec et du Canada se sont entendus afin de modifier l'article 93 de l'Acte de l'Amérique du Nord britannique, rendant constitutionnellement valide la déconfessionnalisation des commissions scolaires et leur réorganisation sur une base linguistique. Depuis lors, le Québec connaît un réseau de COMMISSIONS SCOLAIRES francophones et un réseau de commissions scolaires anglophones. À la demande du gouvernement provincial, une commission a remis récemment un rapport – le rapport Proulx, du nom du président de cette commission –; celui-ci prône, au nom de l'égalité, une déconfessionnalisation des établissements scolaires, un enseignement culturel des religions, et la possibilité pour les groupes religieux d'offrir, dans les locaux de l'école, mais en dehors des heures d'enseignement, un enseignement religieux. Les groupes catholiques, épiscopat en tête, se sont opposés à ces recommandations, préférant plutôt une solution dite «communautaire», c.-à-d. la possibilité pour les diverses confessions de développer au sein des écoles publiques des projets éducatifs religieux.

L'éducation québécoise, dans ses structures comme dans ses orientations, est indissociable des paramètres religieux et linguistiques qui ont sous-tendu le débat social tout au long de l'histoire. Il est difficile de prévoir l'évolution à venir. Cependant, il apparaît évident que d'autres facteurs doivent être pris en compte. La donne change et ces changements ne sont pas spécifiquement québécois, puisqu'ils traversent l'ensemble des sociétés occidentales. En effet, la mondialisation de l'économie et le développement de «l'économie du savoir» ont un impact sur les orientations et les structures éducatives étatiques traditionnelles. Au Québec et un peu partout, l'école est en procès: on la dit inefficace, inadaptée aux nouvelles réalités, bureaucratique et coûteuse, incapable de se transformer de l'intérieur, étouffant l'initiative et muselant les usagers, etc. Plusieurs acteurs la souhaitent plus décentralisée, plus proche de ses «clients-consommateurs», voire à toutes fins pratiques, «privatisée», en «partenariat» avec l'entreprise, et plus différenciée dans ses cursus comme dans ses pédagogies. Ainsi se débattent et se redessinent les contours de l'école de demain, dont ni la dimension de service public ni la mission de construction d'une communauté de citoyens ne nous sont encore connues. Faisons l'hypothèse que dans le débat et le conflit un nouveau compromis est en train de se forger, entre une logique instrumentale et économique, forte, et une logique sociale et civique, elle-même aux prises avec un pluralisme croissant et une forte individualisation des modes de vie et des valeurs.

Claude Lessard

Vie culturelle

Le Québec est marqué, depuis la Seconde Guerre mondiale, par une explosion des activités artistiques et culturelles professionnelles, phénomène qui touche autant les formes d'expressions populaires que savantes. Longtemps contraints par les institutions culturelles liées au clergé catholique, artistes et intellectuels se sont progressivement émancipés, particulièrement depuis la Seconde Guerre mondiale et à la faveur de l'intervention croissante de l'État et de la radio-télévision. Montréal n'en est pas moins depuis longtemps un centre culturel de premier plan à l'échelle canadienne, autant pour la culture d'expression anglaise que française. Si le Québec a pu accentuer son profil français au cours des 30 dernières années, le visage culturel de Montréal demeu-

re marqué par des vagues d'immigrations successives qui lui confèrent une forte originalité. «Multiculturelle», «polyglotte» et «cosmopolite», la culture occupe, indéniablement, à Montréal une place centrale et touche autant l'alimentation et les loisirs que la vie artistique et intellectuelle. On se limitera ici à un survol des productions culturelles professionnelles de la 2e moitié du XXe s., période marquée par la mutation d'une première culture «canadienne-française» en une culture «québécoise».

Cette époque est d'abord caractérisée par une percée importante des mouvements identifiés à la modernité. En peinture, la montée d'un art non figuratif autour de Paul-Émile BORDUAS, Jean-Paul RIOPELLE et le groupe AUTOMATISTE, signataires du REFUS GLOBAL, précède, de peu, les premières compositions musicales contemporaines d'un Serge GARANT ou d'un Pierre MERCURE. En littérature, paraissent des œuvres qui contrastent avec la tradition littéraire dominante, régionaliste ou édifiante. Ces œuvres romanesques (Gabrielle ROY, Roger LEMELIN, André LANGEVIN, Yves THÉRIAULT, Jacques FERRON), poétiques (Anne HÉBERT, Gaston MIRON, Paul-Marie LAPOINTE, Claude GAUVREAU) ou dramaturgiques (Gratien GÉLINAS, Marcel DUBÉ, Françoise LORANGER), forment la base d'un premier répertoire québécois au sens moderne (voir LITTÉRATURE DE LANGUE FRANÇAISE; ROMAN DE LANGUE FRANÇAISE, POÉSIE DE LANGUE FRANÇAISE; THÉÂTRE DE LANGUE FRANÇAISE). La période est aussi celle d'un développement sans précédent des arts d'interprétation (musique, danse, théâtre) à la faveur de la création de la télévision de la SOCIÉTÉ RADIO-CANADA, en 1952, qui soutient le développement et assure parfois la naissance de troupes et compagnies, comme LES GRANDS BALLETS CANADIENS (1952) qui furent d'abord la troupe officielle de Radio-Canada. Émergent aussi, dans l'orbite de Radio-Canada, les premières grandes compagnies de théâtre professionnelles (THÉÂTRE DU RIDEAU VERT en 1949, THÉÂTRE DU NOUVEAU MONDE en 1951, Théâtre de Quat'Sous en 1956). La production populaire commerciale locale qui s'intensifie semble quant à elle pouvoir maintenant rivaliser avec les produits d'importation. Le téléroman succède alors au radio-roman, déjà bien implanté, alors qu'apparaît une «nouvelle chanson canadienne», plus laïque, des premiers succès de Félix LECLERC en 1950 au premier hit de Michel Louvain en 1957 (voir MUSIQUE POPULAIRE FRANCOPHONE). À la jonction du radio-téléroman, de la musique enregistrée et des petits journaux de vedettes, on peut ainsi voir se mettre en place un premier *star-system* local. Tous ces mouvements anticipent le passage de l'ancienne identité «canadienne-française» à la nouvelle identité «québécoise». L'entrée en scène des pouvoirs publics, au début des années 60, conjuguée au développement de ce que l'on appellera bientôt les industries culturelles, va donner un second souffle à ces mouvements. La nouvelle identité se manifeste tout particulièrement dans les secteurs où la langue occupe un rôle central: littérature (Jacques GODBOUT, Hubert AQUIN, Réjean DUCHARME, Marie-Claire BLAIS), mais aussi théâtre (Michel TREMBLAY), cinéma (Pierre PERRAULT, Michel BRAULT, Gilles CARLES, Denys ARCAND) et chanson (Gilles VIGNEAULT, Robert CHARLEBOIS, BEAU DOMMAGE, Luc PLAMONDON). L'ONF, qui s'installe à Montréal en 1956, devient une véritable école du cinéma direct, et un certain nombre de ses «élèves» s'orientera vers la fiction soutenue par de nouvelles institutions comme la SDICC (aujourd'hui TÉLÉFILM CANADA). La littérature profite des nouvelles aides gouvernementales apportées à l'édition qui permettent la consolidation de certaines maisons d'édition (L'Hexagone, 1953, Les Éditions de l'Homme et Leméac, 1957) et l'émergence de nouveaux éditeurs (HMH, 1960,

Boréal, 1963, Parti Pris, 1964) et périodiques (LIBERTÉ, 1959, PARTI PRIS, 1963, LA BARRE DU JOUR 1965) (voir ÉDITION DE LANGUE FRANÇAISE). Les arts de la scène connaissent également un essor remarquable. Le secteur de la musique classique, déjà bien organisé, comme en témoigne la création de l'ORCHESTRE SYMPHONIQUE DE MONTRÉAL dès 1934, profite de l'ouverture de nombreuses salles de spectacles, dont la PLACE DES ARTS en 1964, alors qu'une SOCIÉTÉ DE MUSIQUE CONTEMPORAINE DU QUÉBEC (1966) peut soutenir la création et l'interprétation d'un répertoire d'avant-garde. Le théâtre acquiert pour sa part une popularité sans précédent. Les troupes créées après la guerre trouvent bientôt un abri permanent, et quelques autres naissent (Jean DUCEPPE en 1963, la Nouvelle compagnie théâtrale en 1966, devenu THÉÂTRE DENISE-PELLETIER, Le Trident en 1971, à Québec). Un nouveau théâtre «québécois» se constitue autour de troupes comme Les Apprentis-Sorciers, Le Grand Cirque ordinaire, le Théâtre d'aujourd'hui ou le Théâtre expérimental, en se réappropriant bien souvent la langue populaire à la manière et souvent dans la foulée des *Belles-Sœurs* de Tremblay (1968). Les années 70 sont ponctuées par les CRÉATIONS COLLECTIVES, d'où émerge une LIGUE NATIONALE D'IMPROVISATION (1977), et les années 80 par la prolifération, à l'échelle du Québec, de THÉÂTRES D'ÉTÉ et de spectacles d'humoristes (voir HUMORISTES FRANCOPHONES). Le secteur de la danse connaît également un essor à partir des années 70, avec des compagnies d'avant-garde animées par des chorégraphes originaux (Marie CHOUINARD, Édouard LOCK, Jean-Pierre PERREAULT, Ginette LAURIN). Le secteur des arts plastiques bénéficie pour sa part, tout comme la musique, d'un développement considérable grâce à sa pénétration du système d'enseignement suite aux réformes des années 70. S'ajoute la création de musées et centres d'art à l'extérieur des grands centres urbains, à Joliette et Rimouski notamment, et une prolifération de centres d'artistes autogérés à l'échelle du Québec. La production visuelle québécoise est appuyée aujourd'hui par un grand nombre de revues trimestrielles. À *Vie des Arts*, créée en 1956, se joignent plusieurs revues d'avant-garde: *Parachute* (1975), *Inter* (1978), *ETC Montréal* et *Espace* (1987). Des individualités fortes se sont également imposées depuis Borduas, comme les sculpteurs Armand VAILLANCOURT, Robert ROUSSIL, Pierre GRANCHE, Gilles Mihalcean, Michel GOULET, les peintres Guido MOLINARI, Yves GAUCHER, Serge LEMOYNE ou des artistes plus inclassables comme Betty GOODWIN. Des pratiques singulières, souvent multidisciplinaires, impliquent ou induisent de nouvelles formes d'art (PHOTOGRAPHIE, VIDÉO, performances, installations, art public) comme c'est le cas chez Melvin CHARNEY, Geneviève CADIEUX, Jana STERBAK, Rober RACINE et bien d'autres (voir ART CONTEMPORAIN).

La vie culturelle de cette période reste profondément marquée par la montée de l'audiovisuel dont le multimédia et INTERNET marque, à la fin du siècle, une sorte de point d'orgue. La multiplication des sources et des supports de diffusion est, en effet, à l'origine d'une véritable explosion de la consommation culturelle. L'entrée en scène de la télévision privée, suite à la «libéralisation des ondes» et l'inauguration de deux premières chaînes en 1961 (CFTM et CFCF), sera suivie de peu par la création de Radio-Québec (aujourd'hui Télé-Québec), en 1969. La création d'une quatrième chaîne francophone en 1986, Télé-Quatre-Saisons, est pour sa part contemporaine de celle de la firme *Softimage*, par la suite composante de l'empire Microsoft. L'utopie de la communication est portée par des raffinements technologiques continus en matière d'enregistrement de l'image et du son (disques, vidéo, photo, cinéma, infographie). Les vieux 78 tours sont définitivement éliminés du hit-parade radio en 1960 (*voir* DISQUE, INDUSTRIE AU QUÉBEC). La radio MF apparaît peu après, modifiant les habitudes d'écoute. La commercialisation à grande échelle de la haute fidélité dans les années 70, avec la vague des «chaînes stéréo», contribue à élargir le marché... et à faire du rock'n'roll le fond sonore de cette seconde décennie. Tout cela concourt à donner à la culture une nouvelle signification économique. La réhabilitation, au cours de la période, du terme «d'industries culturelles», jusque là utilisé de façon strictement péjorative, est révélatrice à cet égard (*voir* POLITIQUES CULTURELLES AU QUÉBEC.)

Guy Bellevance

Historique

Le peuplement du Québec s'amorce il y a au moins 10 000 ans, quand des peuples venus du sud commencent à s'y installer au fur et à mesure de la retraite des glaciers. Quand les Européens arrivent à leur tour, au XVIe s., les descendants des premiers occupants forment une mosaïque de peuples aux caractères culturels distincts. La plus grande partie du territoire est alors habitée par diverses nations de chasseurs-cueilleurs de langue algonquienne. Dans la vallée du Saint-Laurent prédominent plutôt des groupes d'agriculteurs de langue iroquoïenne qui disparaîtront mystérieusement vers la fin du XVIe s. Quant au grand Nord, il est occupé par des groupes de culture inuite dont les ancêtres sont venus par le nord-ouest (voir INUITS). L'arrivée des Européens perturbe de façon importante l'écologie des nations autochtones, notamment avec l'éclosion de maladies inconnues en Amérique du Nord, qui déciment leurs populations. Au cours du XVIIe s., de nouveaux groupes s'installent à proximité des établissements français du Québec, notamment les IROQUOIS-MOHAWKS, des HURONS-WENDAT et des ABÉNAKIS.

Le peuplement européen permanent commence avec la fondation de QUÉBEC par CHAMPLAIN, en 1608. Pendant un siècle et demi, une dizaine de milliers de colons français, de religion catholique, prennent racine dans la vallée du Saint-Laurent, et leurs descendants forment aujourd'hui la composante principale de la population du Québec. D'abord attirés par la traite des fourrures (*voir* FOURRURE, INDUSTRIE DE LA), ces immigrants entreprennent bientôt l'exploitation agricole du territoire et donnent naissance à une société nouvelle qui puise abondamment aux sources françaises, tout en intégrant des apports culturels amérindiens et en se transformant au contact de l'environnement nord-américain. La colonie, appelée Canada, devient le cœur de la NOUVELLE-FRANCE. D'abord gérée par des compagnies de commerce (*voir* COMPAGNIE DES CENT-ASSOCIÉS), elle devient colonie royale en 1663; ses structures politiques, étroitement dominées par la mère-patrie, ressemblent à celles des provinces de France.

Les relations avec les colonies britanniques établies plus au sud sont marquées de nombreux conflits et aboutissent à la CONQUÊTE du Canada par la Grande-Bretagne, achevée en 1760 et confirmée par le TRAITÉ DE PARIS en 1763. Les nouveaux maîtres pensent d'abord qu'il sera facile d'assimiler les Canadiens et de les convertir au PROTESTANTISME (*voir* PROCLAMATION ROYALE; PROVINCE DE QUÉBEC), mais doivent bientôt accepter leur spécificité. L'ACTE DE QUÉBEC (1774), source de la reconnaissance constitutionnelle du caractère distinct de ce territoire et de ses habitants, rétablit la légitimité de la langue française, de la religion catholique et du droit civil français (*voir* CATHOLICISME et CODE CIVIL).

La conquête de 1760 lance une nouvelle colonisation du territoire par des immigrants venus des Îles britanniques. Peu nombreux les premières années, leurs effectifs s'accroissent de façon importante à partir du début du XIXe s., surtout grâce à l'apport

des IRLANDAIS, de sorte qu'au milieu du siècle, les anglophones représentent le quart de la population du Québec. Leur pourcentage diminuera par la suite, mais l'immigration britannique continuera à être importante jusque dans les années 60; au XXe s., il s'agit surtout d'ANGLAIS (*voir aussi* ANGLO-QUÉBÉCOIS).

Les immigrants britanniques dominent rapidement l'économie et monopolisent les postes administratifs, ce qui provoque des tensions avec la majorité d'origine française. En 1791, une nouvelle constitution adoptée par Londres (ACTE CONSTITUTIONNEL DE 1791) sépare les territoires situés à l'ouest de l'Outaouais et colonisés surtout par des Britanniques, qui deviennent une colonie distincte (HAUT-CANADA), du Québec qui prend alors le nom de BAS-CANADA. Elle crée aussi de premières institutions démocratiques, avec un parlement dont la chambre basse est élective. Les Canadiens y obtiennent la majorité des sièges, mais leur pouvoir est limité par l'emprise du gouverneur sur le Conseil législatif et le Conseil exécutif. La revendication politique et nationaliste portée par le PARTI CANADIEN, puis le Parti PATRIOTE, se heurte à la résistance des autorités britanniques et conduit à des soulèvements (les RÉBELLIONS DE 1837-1838) écrasés militairement. Londres règle le problème en plaçant les Canadiens en minorité politique avec l'Union du Haut et du Bas-Canada de 1840 (*voir* ACTE D'UNION).

Ceux que l'on appelle désormais les Canadiens français apprennent à composer avec la nouvelle réalité. Leurs dirigeants politiques s'associent à des Canadiens anglais pour obtenir le GOUVERNEMENT RESPONSABLE (1848) et réussissent à défendre la langue française et les institutions spécifiques du Québec, maintenant appelé Canada-Est. Le gouvernement du Canada-Uni devient dans les faits bicéphale et administre de façon distincte les deux grandes parties de la colonie (*voir* PROVINCE DU CANADA).

La CONFÉDÉRATION de 1867 sépare à nouveau les deux entités qui deviennent les provinces du Québec et de l'Ontario. Les Canadiens français obtiennent ainsi une certaine autonomie politique pour le territoire où ils sont majoritaires. Ils jouissent des pleins pouvoirs en matière d'éducation, de culture, de droit civil, de services sociaux et sur les questions de nature purement locale. En revanche, leur statut minoritaire se trouve accentué au niveau fédéral où le gouvernement exerce les principales responsabilités en matière économique et militaire (voir QUÉBEC DEPUIS LA CONFÉDÉRATION, LE).

Depuis 1760, les effectifs des francophones du Québec s'accroissent rapidement grâce à une natalité élevée qui se maintiendra jusque vers 1965. La minorité britannique compte surtout sur l'immigration; elle obtient une reconnaissance et une protection de ses droits en matière linguistique, religieuse et scolaire. Au début du XXe s., s'amorce une nouvelle immigration en provenance de divers pays européens qui modifie la composition ethnique du Québec; après 1967, le bassin de recrutement s'élargit aux autres régions du monde. À la fin du siècle, ces nouveaux immigrants et leurs descendants dépassent en nombre les Québécois de souche britannique, ce qui accentue le caractère multiculturel de la société québécoise où les francophones restent néanmoins majoritaires (*voir* IMMIGRATION, POLITIQUE DU QUÉBEC).

L'Église catholique représente longtemps une institution fondamentale de cette société. Elle a la mainmise sur l'éducation, les hôpitaux et les services sociaux et contribue à préserver la foi, la langue et la culture des Canadiens français. Son emprise est appuyée par les gouvernements, mais contestée par une minorité qui se fait plus pressante à partir du milieu du siècle. Entre-temps, la société québécoise évolue: longtemps à prédominance rurale, elle se transforme sous l'effet de l'industrialisation et de

l'urbanisation. De nouvelles élites francophones émergent et veulent une meilleure place au soleil. Le régime du premier ministre DUPLESSIS, qualifié de «Grande Noirceur», résiste au changement.

Avec l'arrivée au pouvoir du PARTI LIBÉRAL DU QUÉBEC, dirigé par Jean LESAGE, la RÉVOLUTION TRANQUILLE (1960-1966) déclenche une vague de réformes qui mènent à une laïcisation accrue sous l'égide de l'État. Alimentée par un nouveau nationalisme militant, elle vise également à réduire l'emprise économique et linguistique de la minorité anglophone qui s'exerce au détriment de la majorité francophone. D'une certaine manière, la Révolution tranquille marque donc une rupture substantielle dans l'histoire du Québec, mais, sous d'autres aspects, elle apparaît comme le prolongement et l'approfondissement de changements qui étaient en marche depuis longtemps. Les années qui suivent la Révolution tranquille sont marquées par l'affirmation des francophones et par une revendication nationaliste qui veut faire reconnaître par la constitution le caractère distinct du Québec. Des partis prônent même la souveraineté du Québec (*voir* PARTI QUÉBÉCOIS, BLOC QUÉBÉCOIS), mais ce projet est rejeté par les électeurs lors du RÉFÉRENDUM DE 1980 et du RÉFÉRENDUM DE 1995. La lutte des Québécois pour faire modifier la constitution aboutit à un échec total (*voir* CONSTITUTION, RAPATRIEMENT DE LA; ACCORD DU LAC MEECH; ACCORD DE CHARLOTTETOWN). Néanmoins, les francophones réussissent à transformer de façon substantielle leur société et à renforcer le statut de leur langue (*voir* POLITIQUES LINGUISTIQUES DU QUÉBEC). Ayant vaincu leur complexe d'infériorité, ils s'ouvrent sur le monde et définissent désormais le Québec comme francophone et multiculturel.

Paul-André Linteau

Québec (ville) Capitale de la province de QUÉBEC, elle est située sur la rive nord du fleuve SAINT-LAURENT, au confluent de ce fleuve et de la rivière Saint-Charles. À cet endroit, le fleuve se rétrécit à un peu plus d'un km, et un chapelet d'îles, dont la principale est l'ÎLE D'ORLÉANS, en complique l'accès en aval. Un promontoire de plus de 98 m, appelé le Cap Diamant, domine le site et se prête admirablement bien aux travaux de fortifications qui valent à Québec le surnom de «Gibraltar d'Amérique du Nord». Québec tire probablement son nom d'un mot algonquien qui signifie «rétrécissement de la rivière».

Fondation Avant l'arrivée des Européens, le site de Québec est occupé par des chasseurs et des pêcheurs amérindiens pendant quelques millénaires. Ainsi, en 1535, Jacques Cartier y trouve un important village iroquois (env. 1000 hab.) appelé STADACONA. Vivant de pêche, de chasse et de la culture du maïs, ces Amérindiens quittent Québec dans les années qui suivent et ne sont pas remplacés sur le site, qui reste toutefois visité par des nomades algonquiens, probablement des INNUS (MONTAGNAIS-NASKAPIS).

Mandaté par le roi de France, Jacques Cartier visite Stadacona et y passe l'hiver 1535-1536. Il revient en 1541-1542 et hiverne à quelques km au sud-ouest, à Cap-Rouge, avant de rentrer en France avec des barils de minéraux sans valeur (*voir* DIAMANTS DU CANADA). L'échec de cette expédition et de celle de Jean-François de La Rocque ROBERVAL (1542-1543) refroidit l'intérêt de la France et retarde tout établissement permanent. Il faut attendre que Samuel de Champlain y fonde en 1608 un poste de traite qui va durer. Capturée par les frères KIRKE en 1629, puis restituée aux Français en vertu du TRAITÉ DE SAINT-GERMAIN-EN-LAYE (1632), la ville est attaquée à nouveau sans succès par sir William PHIPS, en 1690, mais elle sera finalement conquise en 1759 par les troupes britanniques. Des forces américaines échouent cependant dans leur tentative pour la prendre, en 1775-1776.

Expansion L'emplacement de Québec va déterminer les caractéristiques de son développement. Au temps de la voile, Québec conserve une position dominante comme port d'entrée et de sortie pour la navigation océanique destinée au réseau hydrographique du Saint-Laurent. Québec devient très tôt le lieu de transbordement des produits (fourrures et bois, surtout) destinés aux commerces extérieur et intérieur ainsi que le point d'arrivée et de départ des voyageurs et des immigrants qui visiteront et peupleront l'Amérique du Nord. Cette position stratégique confère à Québec, depuis sa fondation, des fonctions politiques, administratives et militaires.

Les chemins de fer qui l'ignorent longtemps, la réorientation du commerce international, l'évolution technologique dans la navigation qui permet aux navires de rejoindre MONTRÉAL plus facilement et le déplacement de la population et de l'économie vers l'ouest tendent à marginaliser graduellement Québec depuis le milieu du XIXᵉ s. Malgré des efforts répétés, Québec ne parvient pas à retenir une activité économique productive substantielle et stable et devient graduellement un centre administratif et culturel de plus en plus provincial et même régional.

Entre 1960 et 1980, la croissance considérable du gouvernement provincial et de ses activités contribue à accélérer la croissance de Québec et de sa banlieue, tout en accentuant encore l'importance relative de sa fonction administrative. Toutefois, depuis les années 80 et surtout dans les années 90, la tendance s'arrête et s'inverse même avec les compressions budgétaires. Enfin, la vocation touristique de Québec continue de s'épanouir (*voir* TOURISME).

Paysage urbain Au XVIIᵉ s., les habitants de Québec occupent d'abord l'étroite bande de terre entre le promontoire et le port (la Basse-Ville) et ensuite le promontoire même, suivant en cela les institutions religieuses et l'administration de la colonie (la Haute-Ville). De plus, l'occupation du territoire est grandement influencée par la construction et l'amélioration des FORTIFICATIONS de la ville, principalement sur la Haute-Ville, mais aussi sur les rives du fleuve (*voir* QUÉBEC, CITADELLE DE).

Ces fortifications et les casernes militaires qui les accompagnent, en plus d'occuper un espace considérable, contraignent encore plus la fonction domiciliaire civile, déjà entravée par les propriétés des institutions religieuses (archevêché, cathédrale, séminaire, collèges et couvents, HÔTEL-DIEU et château Saint-Louis). La Basse-Ville reste longtemps le centre domiciliaire et commercial. Les deux parties de la ville forment le noyau de la vieille ville, encore bien conservé et même partiellement reconstruit dans le projet de la PLACE ROYALE.

Dès la fin du régime français, la Basse-Ville s'étend quelque peu le long du port vers le palais de l'intendant, au nord du promontoire. C'est cependant au XIXᵉ s. que la ville éclate hors de sa coquille fortifiée et s'étend vers l'ouest, sur le promontoire, sur les rives de la Saint-Charles et au pied de la face nord du promontoire. Ces nouveaux quartiers, souvent construits à la hâte et en bois, subissent plusieurs incendies importants, notamment à Saint-Roch (1845), à Saint-Sauveur (1866, 1870, 1889) et à Saint-Jean-Baptiste (1845, 1876, 1881), qui nécessitent des reconstructions considérables et une amélioration des mesures de protection (aqueduc et pompiers).

Ce déplacement vers l'ouest et vers le nord s'accentuera encore au XXᵉ s., en particulier depuis les années 50. Ainsi, de petites paroisses périphériques deviennent des banlieues résidentielles et commerciales en croissance accélérée telles Sillery, SAINTE-FOY, Charlesbourg, Cap-Rouge et l'Ancienne-Lorette. Même si le centre-ville se transforme assez radicalement avec l'apparition d'édifices administratifs gouvernementaux et privés et de quelques grands hôtels, le caractère historique de la vieille ville est préservé dans l'ensemble, et les édifices modernes se marient de façon acceptable avec le paysage caractéristique de Québec: promontoire, fortifications, château Frontenac, Parlement, rivière Saint-Charles, port et pont de Québec.

Population Sous le régime français (*voir* NOUVELLE-FRANCE), même si Québec est la capitale de l'empire français d'Amérique du Nord, elle reste longtemps un gros village, passant de 28 hab. en 1608 à un peu plus de 8000 au moment de la CONQUÊTE britannique, en 1759. C'est vraiment dans la première moitié du XIXᵉ s. que sa population croît très rapidement et atteint près de 60 000 hab., en 1861. Cette croissance reflète une expansion économique considérable, liée au commerce du bois (*voir* BOIS, HISTOIRE DU COMMERCE DU), surtout, et à l'importance des activités politico-administratives.

S'ajoute aux nouveaux arrivants une importante circulation d'immigrants qui transitent chaque année par Québec, en route vers le HAUT-CANADA ou le reste de l'Amérique du Nord. Ainsi, certaines années, la population de Québec double l'été, avec tous les problèmes qu'un tel afflux momentané aggrave (ÉPIDÉMIES et insalubrité).

Comme le commerce du bois et la CONSTRUCTION NAVALE subissent un ralentissement graduel, mais marqué, dans la seconde moitié du XIXᵉ s., la population reste à peu près stable jusqu'au début du XXᵉ s. La Basse-ville et la Haute-ville voient même leur population décroître au profit des nouveaux quartiers tels que Saint-Roch. De 60 000 environ en 1860, la population n'atteint que 68 840 en 1901, soit une augmentation totale d'à peine 14,7 p. 100 en 40 ans.

En plus des conditions économiques défavorables, la vieille ville manque d'espace habitable, et seule l'annexion de petites municipalités périurbaines permet une croissance de sa population, au début du XXᵉ s. La région métropolitaine connaît, toutefois, une croissance plus rapide dans les années 50, et ce, jusqu'à la fin des années 70. On assiste enfin, depuis les années 80, à un nouveau ralentissement imputable en partie à une stabilisation de la croissance et à une réduction de la taille de l'État provincial.

Au recensement de 1996, la population atteint 167 264 hab. (RMR 671 889). Le Québec métropolitain inclut parmi ses municipalités les plus populeuses Charlesbourg (pop. 70 942), Sainte-Foy (pop. 72 330), BEAUPORT (pop. 72 920), LÉVIS (pop. 40 407) et Val-Bélair (pop. 20 176).

La population, d'origine française avant la Conquête, se transforme, à partir du début du XIXᵉ s. surtout, en raison d'une immigration britannique qui s'installe à Québec. On y trouve alors, en 1851, un maximum de 43 p. 100 de Britanniques et d'autres nationalités, et 41 p. 100 en 1861. Rapidement, cette proportion élevée chute avec un arrêt de l'immigration et le départ de nombreux Britanniques vers le reste du Canada et les États-Unis. Déjà en 1871, le pourcentage de non francophones baisse à 31,5 p. 100, puis à 10 p. 100 en 1921, à 6 p. 100 en 1971 et finalement à 5 p. 100 pour la ville et à 3 p. 100 pour la région métropolitaine en 1996. La ville retrouve ainsi et maintient depuis un caractère essentiellement français.

Économie, transports et main-d'œuvre L'économie de Québec dépend étroitement de ses activités portuaires, liées au transit des richesses naturelles exportées vers l'Europe (fourrures, céréales et bois) et des produits manufacturiers importés. L'expansion considérable de ce commerce permet à Québec de maintenir une position relativement concurrentielle avec Montréal comme principal centre commercial du Québec, jusqu'au milieu du XIXᵉ s.

À cette époque, de multiples facteurs entament sérieusement la position commerciale de Québec: le déclin du commerce du bois et le passage du bois équarri au bois scié, l'implantation tardive des réseaux de chemins de fer qui ignorent Québec (le GRAND TRUNK PACIFIC RAILWAY passe sur la rive Sud, en face de Québec), la faiblesse de son arrière-pays, le dragage du Saint-Laurent entre Québec et Montréal, l'expansion des relations économiques avec les États-Unis et les changements technologiques dans le commerce et les transports. Montréal acquerra rapidement, dans la seconde moitié du XIXᵉ s., une position dominante, tant dans le commerce que dans la finance, les transports et l'industrie à l'échelle aussi bien québécoise que canadienne.

La bourgeoisie de Québec, elle-même en déclin, tente de lutter pour préserver sa position, mais échoue. Elle lutte pour obtenir que les chemins de fer transcontinentaux adoptent Québec comme terminus océanique, soit le chemin de fer Québec, Montréal, Ottawa et Occidental (QMO&O), qui atteindra le premier Québec en 1879 et dont la section Montréal-Ottawa fera partie du Canadien Pacifique, le CHEMIN DE FER NATIONAL TRANSCONTINENTAL et le CANADIAN NORTHERN RAILWAY.

De plus, un lien entre les deux rives doit être construit. Le pont de Québec, encore le plus grand pont cantilever du monde, est érigé de 1900 à 1917, non sans difficulté puisqu'il s'écroule partiellement deux fois en 1907 et en 1916 (*voir* PONT DE QUÉBEC, CATASTROPHES DU). Paradoxalement, il facilite la circulation des produits vers les ports plus à l'est. Un second pont, suspendu cette fois, le pont Pierre-Laporte, est construit en 1970, à quelques centaines de mètres du premier.

Au milieu du XIXᵉ s., Québec connaît aussi sa révolution industrielle. Elle se manifeste surtout dans l'industrie de la chaussure, qui occupe graduellement une part de plus en plus importante de la main-d'œuvre industrielle. Cependant, Québec ne réussit pas à maintenir la croissance de ses activités manufacturières. L'INDUSTRIE DE LA CHAUSSURE décline dans les années 20 et, même si diverses industries apparaissent, disparaissent et occupent une main-d'œuvre parfois importante, elles ne réussissent pas à faire de Québec une ville industrielle quelque peu diversifiée. Les entreprises et les industries représentées à Québec sont principalement la construction navale, les brasseries, les textiles et vêtements et les pâtes et papiers.

La majorité des emplois à Québec se trouvent dans les secteurs de l'administration publique et de la défense, des services, du commerce et des transports, contre à peine 10 p. 100 dans le secteur manufacturier. En plus d'attirer de nombreux touristes, Québec profite de son statut de capitale provinciale et de centre régional d'administration et de services.

Gouvernement et politique De 1765 à 1833 et de 1835 à 1840, Québec est administrée par une commission de juges de paix, nommée par le gouverneur et dominée par des seigneurs, des professionnels «canadiens français» et des marchands britanniques. Cette commission voit au respect des ordonnances de la législature du BAS-CANADA. À la suite des pressions des habitants, Québec obtient une première charte municipale, en vigueur de 1833 à 1835, et une seconde en 1840, établissant un conseil municipal élu qui adopte des règlements relatifs à toutes les questions qui en relèvent.

De 1833 à 1856 et de 1870 à 1908, le maire est élu par les échevins et les conseillers, puis de 1856 à 1870 et à partir de 1908, il est élu par les citoyens (propriétaires et locataires). Par ailleurs, le nombre d'échevins, de conseillers et de districts change constamment au gré des annexions, en particulier suivant celles de Saint-Sauveur en 1889, de Saint-Malo en 1908, de Limoilou en 1909, de Montcalm en 1913, de Notre-Dame-des-Anges en 1924, des Saules en 1969, de Duberger en 1970, de Neufchâtel en 1971 et de Charlesbourg-Ouest en 1973.

Actuellement, 20 conseillers sont élus au suffrage universel. Depuis 1970, la Communauté urbaine de Québec (CUQ) regroupe 13 municipalités de la rive Nord et s'occupe de planification urbaine, de transports en commun (STCUQ), d'évaluation foncière et de promotion industrielle et touristique.

Le rôle de Québec comme capitale «nationale» jusqu'en 1840, de 1851 à 1855 et de 1859 à 1865, puis celui de capitale provinciale depuis 1867, établit des relations privilégiées entre politiciens nationaux, provinciaux et municipaux. Ainsi, mis à part quelques hommes d'affaires, avant 1870, la plupart des maires de Québec mènent également une carrière importante dans les hautes sphères de la politique, avant, après et même pendant leur mandat. Un des maires les plus importants de Québec, Simon-Napoléon PARENT (1894-1906), a également été ministre des Terres et Forêts (1897-1905) et premier ministre du Québec (1900-1905). La Commission de la capitale nationale du Québec est établie en 1995 avec le mandat de promouvoir et de développer toutes les dimensions d'une capitale «nationale».

Vie culturelle Québec demeure le principal centre de la culture française et le siège du seul gouvernement francophone d'Amérique du Nord. En plus d'en avoir conservé les vestiges et les traditions, elle a pu maintenir une homogénéité culturelle plus grande que Montréal, l'autre pôle déterminant de la culture française.

Parmi ses maisons d'enseignement, citons le SÉMINAIRE DE QUÉBEC (1668) et l'UNIVERSITÉ LAVAL (1852). Jusqu'en 1920, cette dernière était la seule université francophone du Québec, jusqu'à ce que son université satellite, à Montréal, fondée en 1876, devienne indépendante et prenne le nom d'U. de Montréal, ce qui provoque souvent des affrontements acrimonieux à l'intérieur du clergé et des milieux politiques provinciaux. Située auparavant dans le vieux Québec, l'université se déplace graduellement vers la banlieue à partir de 1950.

Le caractère historique de Québec transparaît dans l'architecture de la vieille capitale, qui a aussi fait l'objet de restaurations importantes et qui abrite maintenant des musées exceptionnels. Les gouvernements municipal, provincial et fédéral conjuguent leurs efforts et aménagent la place Royale, le parc de l'Artillerie et les fortifications de Québec (citadelle, murs, portes, forts de la rive Sud), le Vieux-Port, les voûtes du Palais, le Musée de l'Amérique française (1806, 1993), plusieurs musées privés, surtout religieux, et le Musée de la Civilisation (1988). En 1985, l'arrondissement historique de Québec est inscrit sur la liste des SITES DU PATRIMOINE MONDIAL DES NATIONS UNIES et accueille, depuis 1993, le secrétariat général de l'Organisation des villes du patrimoine mondial de l'UNESCO.

Le MUSÉE DU QUÉBEC (1933) possède de nombreuses œuvres d'art ancien et moderne et fait partie d'un grand parc urbain, les plaines d'Abraham (ou parc des Champs de bataille, 1908), qui commémore la bataille décisive, épilogue de la conquête de la ville et de la Nouvelle-France par l'armée britannique (1759). Ajoutons enfin un jardin zoologique à Charlesbourg, au nord; un aquarium, près du Pont de Québec; et le Grand Théâtre (1971), qui héberge notamment l'ORCHESTRE SYMPHONIQUE DE QUÉBEC.

À quelques minutes de la ville se trouvent plusieurs centres de ski alpin et de randonnée tels le MONT SAINTE-ANNE, Stoneham et celui de Lac-Beauport. Après avoir eu longtemps d'excellentes équipes de hockey mineur, Québec obtient enfin son entrée dans le hockey professionnel majeur avec les NORDIQUES DE QUÉBEC (1972), qui font partie de la LIGUE NATIONALE DE HOCKEY (LNH), de 1979 à 1995. Vendue et déménagée à Denver, au Colorado, l'équipe, renommée Avalanche, gagne la coupe Stanley en 1996. Québec est également l'hôte d'un tournoi international de hockey peewee.

Plusieurs manifestations attirent touristes et Québécois, notamment le carnaval de Québec, qui a lieu en février depuis 1954; le festival d'été, en juillet; et on souligne plusieurs événements importants tels que les 300ᵉ (1908), 375ᵉ (1983) et 450ᵉ anniversaires de l'arrivée de Cartier (1984).

Parmi les nombreux auteurs de Québec ayant marqué la littérature québécoise, citons Roger LEMELIN, dont les romans ont pour toile de fond les quartiers ouvriers de la ville. Québec possède quatre stations de télévision, dont une anglophone, de nombreuses stations de radio et deux quotidiens, *Le Soleil* et le *Journal de Québec*.

Marc Vallières

Québec, citadelle de FORTIFICATION militaire construite à Québec de 1820 à 1831, qui, dominant une falaise de 100 m, le cap Diamant, a fait de Québec, selon plusieurs auteurs du XIXᵉ s. dont Charles Dickens, le «Gibraltar de l'Amérique du Nord». Elle fut construite quand la ville était le principal port du Canada, pour lui assurer la protection contre les attaques provenant du fleuve Saint-Laurent, au sud, et des plaines d'Abraham, à l'ouest. Elle pouvait aussi servir de dernier refuge à la garnison en cas d'un coup audacieux de l'ennemi. La citadelle remplaça ou incorpora des bâtiments de défense du régime français, tel le rempart ouest (se dressant toujours en face de l'Assemblée nationale). Après la CONQUÊTE (1759-1760), les Anglais jugèrent ce rempart insuffisant; au début du XIXᵉ s., ils terminèrent la construction du mur actuel, qui couronne le promontoire de la haute ville, et bâtirent quatre tours MARTELLO sur les plaines d'Abraham. Conçue par des ingénieurs britanniques sur un modèle classique, la citadelle était plutôt anachronique, étant donné l'évolution récente de l'architecture militaire européenne. Elle fut commencée en 1820 et terminée en 1831. La garnison fournit la majeure partie de la main-d'œuvre. La citadelle fut conçue aussi bien comme caserne que comme dépôt d'armes, de munitions et de vivres, pourtant une partie seulement de la garnison de 1000 hommes y logeait: les militaires étaient également cantonnés au parc de l'Artillerie et à la caserne des Jésuites (à l'emplacement actuel de l'hôtel de ville).

Après le milieu du XIXᵉ s., des améliorations apportées aux armements, en particulier l'introduction, en 1856, d'une artillerie légère plus précise et à plus longue portée, amenèrent les autorités britanniques à modifier profondément leur méthode de défense. Les fortifications militaires furent alors poussées plus loin du centre de la ville. Durant la GUERRE DE SÉCESSION, la menace d'une invasion américaine encouragea l'armée à bâtir trois forts, entre 1865 et 1871, sur les hauteurs de la Pointe-Lévis, de l'autre côté du fleuve. Tous ces bâtiments n'ont jamais été assaillis (si ce n'est par les touristes).

L'armée britannique quitta Québec en 1871. La citadelle servit de quartier général pour une école d'artillerie de l'Armée canadienne et est devenue le quartier général du Royal 22ᵉ durant la Première Guerre mondiale. Lord DUFFERIN fut le premier gouverneur général à faire de la citadelle une résidence vice-royale et à persuader les politiciens locaux de sauver les anciennes promenades françaises de la destruction.

Yvon Desloges

Québec depuis la Confédération, le La Confédération permet de régler de façon permanente un problème politique auquel le Canada est confronté depuis plusieurs décennies: l'existence d'une nation canadienne française dans un pays qui, grâce à l'immigration, est devenu majoritairement anglophone.

La Confédération confirme la mise en minorité des Canadiens français, mais attribue un statut de province à leur territoire d'origine, l'ancien BAS-CANADA, et reconnaît le bilinguisme des institutions fédérales. Les Canadiens français constituent la majorité dans la nouvelle province, le Québec, et obtiennent la responsabilité de leur propre développement social et culturel. Cette réorganisation politique n'est cependant que l'une des transformations fondamentales qui affectent la société québécoise à cette époque.

Les dernières décennies du XIXᵉ siècle Pendant longtemps, les auteurs qui écrivaient sur l'histoire du Québec l'ont perçu comme une société traditionnelle, en marge des changements observés ailleurs en Amérique du Nord. Ils décrivaient le Québec comme une société paysanne et mettaient l'accent sur sa stabilité en affirmant qu'au fond, ses caractéristiques avaient bien peu évolué entre le XVIIIᵉ s. et le milieu du XXᵉ s. Toutefois, depuis les années 60, de nouvelles recherches historiques permettent de constater que la société québécoise était beaucoup plus complexe, qu'elle a connu une évolution constante, avec des phases d'apparente stabilité et des phases de changement accéléré. Elles montrent que le Québec participe aux grandes transformations qui affectent le monde atlantique entre 1815 et 1930: mouvements de population de grande envergure, industrialisation et urbanisation croissantes, et que la seconde moitié du XIXᵉ s. s'avère un moment crucial à cet égard.

Changements démographiques On peut le constater en observant l'évolution démographique. La composition ethnique de la population du Québec change de façon significative au cours du XIXᵉ s. À la suite d'une forte vague migratoire en provenance des îles Britanniques, entre 1815 et 1860, le quart du 1,2 million d'habitants que compte le Québec vers 1867 a ses origines ancestrales dans les îles Britanniques (surtout en Irlande), tandis que les trois quarts sont d'origine française. Vers 1870, cependant, cette vague migratoire est terminée et la proportion des Québécois d'origine française va en augmentant au cours des décennies suivantes.

C'est un taux de natalité élevé qui explique l'augmentation de la population canadienne française. Dans les vieilles zones rurales du Québec, celle-ci devient même trop considérable et les fils de cultivateurs doivent se diriger ailleurs pour trouver un emploi. Un Canadien français qui veut être agriculteur n'a alors d'autre choix que d'aller vers les régions de colonisation du Québec, souvent éloignées, où la terre est peu fertile et les conditions de vie difficiles. Le colon est isolé et, à cause du rendement insuffisant de sa ferme, il doit souvent travailler en forêt, comme bûcheron, pour joindre les deux bouts. Peu de ruraux québécois sont attirés par les nouvelles régions de colonisation, et la majorité préfère se diriger vers la ville, car même les longues heures de travail en usine paraissent préférables à la vie de colon.

Les filatures de la Nouvelle-Angleterre ont alors besoin d'une abondante main-d'œuvre à bas salaires et elles la trouvent dans les campagnes du Québec. Durant les dernières décennies du XIXᵉ s., l'émigration aux États-Unis devient un mouvement de masse (*voir* FRANCO-AMÉRICAINS). On estime qu'entre 1850 et 1930, près d'un million de Canadiens français tentent ainsi l'aventure américaine. Le surplus de population rurale favorise aussi l'émergence d'entreprises manufacturières au Québec même. C'est un des nombreux facteurs qui expliquent la croissance industrielle au Québec. L'expansion du marché intérieur canadien, la construction ferroviaire et les politiques économiques du gouvernement du Canada, en particulier le tarif protectionniste de 1879 (*voir* POLITIQUE NATIONALE), y contribuent aussi.

Industrialisation L'industrialisation du Québec pendant cette période se déroule en deux étapes. La première, au milieu du XIXᵉ s., est surtout concentrée à Montréal. La seconde, dans les années 1880, permet de renforcer la structure industrielle montréalaise, mais elle est aussi témoin de l'implantation de l'industrie dans plusieurs autres villes, petites et moyennes, notamment à Québec et dans les centres urbains des Cantons de l'Est.

Au Québec, l'industrialisation s'appuie surtout sur l'industrie légère, qui emploie une main-d'œuvre abondante et faiblement rémunérée, et qui produit des biens de consommation, tels la chaussure, le textile et les aliments. Il y a aussi de l'industrie lourde, surtout liée au secteur des transports et concentrée à Montréal.

L'industrialisation accélère le processus d'urbanisation et, à la fin du XIXe s., le tiers des Québécois vivent dans les villes. La croissance urbaine et industrielle la plus significative se manifeste à Montréal, où la moitié de la production industrielle du Québec est concentrée et où habitent près du quart des Québécois, en 1901.

La majorité de la population du Québec vit néanmoins dans les régions rurales, où l'agriculture de subsistance cède de plus en plus la place à des productions commerciales. Les agriculteurs abandonnent la culture des céréales pour se consacrer à l'élevage laitier et à des cultures spécialisées. Un changement d'une telle importance ne peut se faire que graduellement, à des rythmes fort inégaux d'une région à l'autre.

La croissance économique de cette période favorise l'émergence d'une nouvelle bourgeoisie dont les membres, contrairement à leurs prédécesseurs, ne se limitent pas au secteur commercial, mais investissent également dans les transports, le secteur financier et les entreprises industrielles. On les trouve surtout parmi les groupes d'origine anglaise ou écossaise, et ils sont concentrés à Montréal, métropole du Canada. Ils ont la mainmise sur les grandes entreprises œuvrant à l'échelle du Canada telle la puissante BANQUE DE MONTRÉAL (fondée en 1817). Les Canadiens français sont à peu près absents des rangs de la grande bourgeoisie, mais ils manifestent de plus en plus leur présence à un autre niveau, celui de la moyenne bourgeoisie, qui œuvre à l'échelle locale ou régionale. Ils participent activement à l'exercice du pouvoir politique au Québec et mettent sur pied des institutions francophones telles des banques, une presse d'affaires, des chambres de commerce.

L'industrialisation conduit aussi à la formation d'une classe ouvrière. À Montréal, à Québec et dans les petites villes industrielles, les Québécois qui ont quitté les fermes pour devenir ouvriers vivent dans des conditions pénibles: bas salaires, longues journées de travail, mauvaises conditions de logement, taux de mortalité élevé et chômage saisonnier. Les ouvriers canadiens français, moins qualifiés, doivent se contenter des emplois les moins bien rémunérés. C'est particulièrement le cas pour les femmes, de plus en plus nombreuses dans les industries du textile, du vêtement et du tabac. L'importance croissante de la classe ouvrière est confirmée par la montée du mouvement ouvrier dans les années 1880 et 1890 (voir TRAVAILLEURS, HISTOIRE DES). Le syndicalisme est rapidement dominé par deux organisations américaines, les CHEVALIERS DU TRAVAIL et la Fédération américaine du Travail, qui mettent sur pied des syndicats affiliés au Canada. Pendant cette période, seule une faible proportion des ouvriers québécois (surtout parmi les plus qualifiés) est syndiquée.

Sur le plan politique, cette période est dominée par le Parti conservateur qui, sauf pour de brefs intermèdes, est constamment au pouvoir à Ottawa comme à Québec. Après le décès de George-Étienne CARTIER en 1873, le parti est déchiré par les querelles entre ses ailes ultramontaine (voir ULTRAMONTANISME) et modérée. Entre 1867 et 1897, le Québec a 10 premiers ministres: huit conservateurs, dont P.J.O. CHAUVEAU (1867-1873) et J.A. CHAPLEAU (1879-1882), et deux libéraux, dont Honoré MERCIER (1887-1891).

L'Église catholique (voir CATHOLICISME) représente une puissante force sociale. Elle a la mainmise sur le système d'éducation et, grâce à son réseau de paroisses et d'associations religieuses, exerce une forte emprise morale sur le peuple. La vitalité et le pouvoir social de l'Église sont alimentés par la rapide croissance des effectifs du clergé et des communautés religieuses, qui se manifeste depuis le milieu du XIXe s. Le pouvoir de l'Église a cependant ses limites. Malgré ses succès dans les champs social et culturel, son influence est moins forte dans les domaines de l'économie ou de la politique. Le clergé ne parvient pas à freiner l'industrialisation ou l'émigration vers les États-Unis. Il tente bien de contrôler les politiciens, allant même jusqu'à appuyer le Programme catholique aux élections de 1871, mais n'y parvient pas. Plusieurs prêtres expriment ouvertement leur opposition au Parti libéral, mais celui-ci, sous la direction de Wilfrid LAURIER au fédéral et de Honoré Mercier au provincial, atténue son radicalisme et accroît ses appuis parmi la population.

Même si le monde rural représente toujours une caractéristique importante à la fin du XIXe s., le développement économique et social du Québec est parallèle à celui d'autres régions d'Amérique du Nord qui sont en voie d'industrialisation. Toutefois, la langue et la culture distinguent nettement le Québec du reste du continent. De plus, les Canadiens français ne dominent pas le développement économique. Ils deviennent souvent des citoyens de seconde zone, plus susceptibles d'être ouvriers que patrons.

1896-1930 Pendant les trois premières décennies du XXe s., le Québec connaît une forte croissance économique, et le rythme des changements qui ont caractérisé l'époque précédente s'accélère. L'industrialisation et l'urbanisation poursuivent leur progression: pendant la Première Guerre mondiale, la part de la population qui est urbaine atteint 50 p. 100 et elle grimpe à 60 p. 100 en 1931.

L'agglomération de Montréal s'affirme encore plus comme la métropole du Québec et rassemble 35 p. 100 de la population de la province en 1931. Sa croissance industrielle est remarquable: de nouvelles industries se développent, tandis que les entreprises déjà bien établies accroissent substantiellement leur production pour répondre à la demande engendrée par la croissance rapide du Canada. Grâce à ses réseaux de chemins de fer, à ses grandes banques et à ses nombreuses entreprises commerciales et industrielles, Montréal devient le centre organisateur du développement de l'Ouest. Son port expédie le blé canadien vers l'Europe. Montréal reste le plus important centre industriel du Canada et assure les deux tiers de la valeur de la production manufacturière du Québec.

Simultanément, le paysage québécois est transformé par un nouveau type d'industrialisation centré sur l'exploitation des ressources naturelles. Des industries liées aux ressources hydroélectriques et forestières (pâtes et papiers, aluminium, chimie) se développent rapidement dans les anciennes régions de colonisation, comme la Mauricie et le Saguenay–Lac-Saint-Jean. L'émigration vers les États-Unis ralentit, bien qu'elle reste importante jusqu'en 1930.

À mesure que s'accroît la concentration des entreprises dans les secteurs bancaire et industriel, le pouvoir économique devient encore plus centralisé aux mains d'une poignée de grands capitalistes de Montréal, presque tous canadiens anglais. La bourgeoisie canadienne française est marginalisée et son emprise réduite aux entreprises de nature locale et aux secteurs traditionnels. Elle conserve toutefois une forte présence sur la scène politique, surtout à l'échelon provincial.

La majorité des Canadiens français n'a cependant d'autre choix que l'agriculture ou le travail en usine. La situation des agriculteurs québécois continue à s'améliorer jusqu'à la Première Guerre mondiale, grâce à la spécialisation et à la commercialisation accrues. Pendant les années 20, ils cherchent à briser leur isolement traditionnel en formant des associations et des coopératives (voir FERMIERS UNIS DU QUÉBEC; MOUVEMENT COOPÉRATIF).

Dans les villes, les ouvriers canadiens français font maintenant face à la concurrence d'une nouvelle vague d'immigrants, venant de plus en plus d'Europe continentale. Parmi les groupes ethniques qui ne sont ni d'origine française, ni d'origine britannique, les Juifs d'Europe de l'Est sont les plus nombreux, suivis de loin par les Italiens. Pendant la seconde moitié du XIXe s., la proportion des Canadiens français dans la population du Québec passe de 75 p. 100 à 80 p. 100 et elle se maintient à ce niveau dans les premières décennies du XXe s. La part du groupe d'origine britannique décline toutefois à 15 p. 100 en 1931, tandis que celle des groupes d'autres origines que française ou britannique atteint près de 6 p. 100. La diversité ethnique est cependant un phénomène de plus en plus limité à l'île de Montréal, où environ 60 p. 100 de la population est d'origine française.

Tout comme à la fin du siècle précédent, les politiciens et les hommes d'affaires canadiens français appuient vigoureusement le développement industriel. Le Parti libéral provincial, au pouvoir de 1897 à 1936, mise beaucoup sur la grande entreprise et sur l'apport du capital américain pour développer les nouvelles industries d'exploitation des ressources naturelles. Les premiers ministres F.-G. MARCHAND (1897-1900), S.-N. PARENT (1900-1905), Lomer GOUIN (1905-1920) et L.-A. TASCHEREAU (1920-1936) poursuivent tous des programmes de modernisation. Cependant, un groupe d'intellectuels et de membres de professions libérales, dirigé successivement par Henri BOURASSA et Lionel GROULX, s'approprie l'étiquette de nationaliste et veut résister à l'industrialisation rapide et surtout à la vente des ressources naturelles à des étrangers.

L'opposition des nationalistes à l'industrialisation massive reçoit un solide appui du clergé catholique, alarmé par l'ampleur de l'exode rural et par l'urbanisation rapide de la population. Cependant, plutôt que de rejeter globalement un processus qu'il ne contrôle pas, le clergé adopte une nouvelle stratégie en mettant sur pied des organisations qui lui assureront une mainmise de l'intérieur sur le nouvel ordre économique et social. P. ex., le clergé favorise la création de syndicats catholiques qui s'implantent surtout dans les petites villes industrielles du Québec. Ces syndicats ne réussissent toutefois pas à percer à Montréal et, malgré l'appui du clergé, ils ne rassemblent qu'un quart des syndiqués québécois à la fin des années 20, les autres préférant les syndicats internationaux d'origine américaine.

Libéralisme et traditionalisme Tout au cours de la période, deux conceptions de la société québécoise s'opposent sur la place publique. La première, appelée idéologie libérale, est soutenue par les hommes d'affaires et la majorité des politiciens. Mettant l'accent sur la croissance économique et l'idée de progrès, elle accorde une grande importance à l'individu et à la libre entreprise. Ses représentants croient que l'avenir de la nation passe par le progrès individuel de ses membres et que la voie de la croissance économique est la seule viable pour le Québec. Puisqu'ils estiment que le progrès individuel conduit au progrès collectif, ils sont convaincus que c'est l'éducation qui mène à l'amélioration de la situation économique. Ils veulent donc moderniser les structures économiques et sociales du Québec.

S'opposant à ce libéralisme, l'idéologie traditionaliste, appelée aussi clérico-nationaliste, croit que le salut de la nation passe par le respect des traditions et par le maintien des valeurs canadiennes françaises et catholiques, ce qui l'amène à valoriser la vie rurale. Soutenue par les intellectuels nationalistes et par de nombreux membres du clergé, cette idéologie s'oppose à presque tout ce qui est étranger. Elle est exprimée avec force dans un grand nombre de publications, de discours et de sermons. Elle est formulée de façon beaucoup plus explicite et articulée que l'idéologie libérale, ce qui a longtemps conduit les historiens et les sociologues à la considérer comme l'idéologie dominante au Québec. En réalité, la situation est plus complexe. Malgré la résistance des ténors de l'idéologie clérico-nationaliste, l'industrialisation se poursuit et un nombre croissant de Québécois francophones quitte la ferme pour se diriger vers la ville. Le rêve d'un retour à la société rurale traditionnelle ne se réalisera jamais.

Quant aux idéologies socialistes, très importantes en Europe à l'époque, elles n'occupent qu'une position marginale au Québec. Quelques représentants syndicaux se lancent dans l'action politique grâce au Parti ouvrier, mais leur discours est plus près de celui des travaillistes anglais que des socialistes européens.

La montée du nationalisme au Québec soulève en outre la question de la place du Québec dans la Confédération. Quand Laurier est premier ministre fédéral, bien des Canadiens français pensent que, grâce à lui, ils détiennent un certain pouvoir. En réalité, ils assistent à une réduction de leurs droits scolaires et linguistiques dans plusieurs parties du pays, malgré les luttes vigoureuses menées par les nationalistes. L'élection d'un gouvernement conservateur à Ottawa, en 1911, et surtout la crise de la CONSCRIPTION de 1917 accentuent l'échec des nationalistes et contribuent à l'isolement du Québec. Par la suite, le Québec se range massivement derrière le Parti libéral.

1930-1945 La CRISE DES ANNÉES 30 paraît donner en partie raison au clergé et aux intellectuels nationalistes qui prédisent depuis longtemps l'échec du modèle libéral. Au Québec, la région la plus touchée est celle de Montréal. Principal port du Canada, la métropole est très affectée par le chômage quand le commerce international et les exportations canadiennes s'effondrent. De plus, la chute de la consommation intérieure heurte de plein fouet ses industries manufacturières. Montréal se retrouve donc avec des dizaines de milliers de sans-emploi qui doivent compter sur l'aide gouvernementale pour survivre.

Partout au Canada, les solutions traditionnelles, reposant avant tout sur la charité privée, s'avèrent insuffisantes pour résoudre la crise, et les gouvernements doivent intervenir. Dépassés par l'ampleur des problèmes, les gouvernements provinciaux font appel à Ottawa, qui participe au financement de l'aide aux chômeurs. Cette intervention fédérale en matière de politique sociale provoque une remise en question du fonctionnement du fédéralisme canadien, avec les travaux de la commission Rowell-Sirois. Elle marque aussi le début d'un long processus de centralisation au bénéfice du gouvernement fédéral, qui a un impact considérable sur le Québec.

La Seconde Guerre mondiale joue un rôle déterminant à cet égard, alors qu'Ottawa intervient massivement dans la gestion de l'économie. Pendant la Crise et la guerre, on en vient graduellement à accepter l'idée d'une intervention gouvernementale plus systématique, à l'aide de politiques économiques keynésiennes. Un tel changement soulève toutefois une question fondamentale dans un régime fédéral tel celui du Canada: quel gouvernement doit avoir la responsabilité des nouveaux instruments de régulation? Généralement, les Canadiens anglais en viennent à estimer que ce doit être une responsabilité fédérale, afin que puisse s'établir une égalité des chances d'un bout à l'autre du pays.

À l'opposé, la majorité des penseurs et des politiciens francophones du Québec s'opposent à une telle concentration des pouvoirs à Ottawa, parce qu'elle menace l'autonomie que les Canadiens français ont acquise grâce à l'existence d'un gouvernement provincial qu'ils contrôlent. La question est d'autant plus compliquée que la plupart des députés du Québec à Ottawa sont des libéraux, dont le parti détient le pouvoir de 1935 à 1957, et qu'ils appuient la centralisation fédérale. Pendant la guerre, le gouvernement fédéral peut imposer sa solution, mais la paix revenue, la question ressurgit avec force. En conséquence, l'histoire du Québec dans la seconde moitié du XXe s. (et celle du Canada tout entier) est marquée par d'incessantes luttes fédérales-provinciales.

Les perturbations causées par la crise économique remettent en question l'ordre politique et social existant. Les groupes communistes et socialistes sont alors en plein essor au Canada, mais ils ne réussissent pas à attirer les Canadiens français, chez qui la tradition de gauche est à peu près inexistante. Au Québec, leur recrutement se fait surtout parmi les immigrants et chez certains intellectuels anglophones. Ce sont plutôt les mouvements nationalistes et traditionalistes qui ont la faveur des Canadiens français, et de nouveaux groupes, mettant l'accent sur le nationalisme et le corporatisme tels l'ACTION LIBÉRALE NATIONALE et, plus tard, le BLOC POPULAIRE CANADIEN obtiennent un certain succès auprès de l'électorat.

Leur succès ne dure pas, car l'effervescence idéologique des années 30 s'estompe avec la guerre. Au Québec, la guerre est synonyme de retour à la prospérité et au plein emploi. Les Québécois profitent en effet de la guerre, mais ils sont réticents à en payer le prix. Même si des milliers de Canadiens français s'enrôlent pour combattre en Europe, l'armée canadienne reste une institution profondément anglophone qui n'attire guère les francophones du Québec. Les dirigeants nationalistes présentent la guerre comme un phénomène étranger qui ne concerne pas les Canadiens français, de sorte qu'une intense résistance à la participation militaire du Canada en Europe, et surtout à la conscription, se développe au Québec.

En 1942, Ottawa tient un plébiscite pancanadien sur la conscription. Une forte majorité de Québécois vote contre l'enrôlement obligatoire pour service outre-mer, tandis qu'une majorité de Canadiens anglais dans les autres provinces y est favorable. Il en résulte de sérieuses divisions nationales.

La guerre a aussi, sur le plan social, des conséquences à long terme qui touchent aussi bien les mentalités que la vie quotidienne. Les Québécois qui combattent en Europe sont en contact avec des cultures et des modes de vie différents des leurs. Des milliers de femmes travaillent en usine, afin de répondre aux besoins militaires, et même si plusieurs retournent à un rôle familial plus traditionnel après le conflit, leur expérience a des effets à long terme. L'impact de la guerre se fait particulièrement sentir en milieu rural. Les agriculteurs sont encore plus intégrés à l'économie capitaliste et sont amenés à améliorer l'exploitation de leurs fermes pour les rendre plus productives, tandis que leurs fils et leurs filles quittent la campagne pour travailler en usine. De plus, la propagande du temps de guerre, l'accès plus grand à la radio et l'amélioration des communications contribuent à intégrer les ruraux dans le courant de modernisation qui se manifeste au Québec depuis longtemps, mais qui n'a pas touché également toutes les régions.

Époque duplessiste, 1945-1960 Après la guerre, le Québec connaît une autre période de croissance économique accélérée. Cela est particulièrement visible dans le secteur des ressources naturelles, stimulé par la demande américaine. La manifestation la plus spectaculaire est l'ouverture à l'exploitation minière des régions septentrionales de la Côte-Nord et du Nouveau-Québec. La croissance se fait aussi sentir dans le secteur manufacturier et dans les services. Une nouvelle poussée d'urbanisation accélère l'exode rural, de sorte qu'en 1960, les agriculteurs ne représentent plus qu'une faible minorité de la population active du Québec. En outre, le niveau de vie s'améliore de façon notable, ce qui permet aux Québécois d'accéder en plus grand nombre à la société de consommation.

La population du Québec augmente substantiellement. Le nombre de naissances s'accroît et reste à un niveau élevé jusqu'au début des années 60. L'immigration reprend, après avoir été presque réduite à néant entre 1930 et 1945. Les nouveaux venus proviennent en grand nombre des îles Britanniques, comme auparavant, mais aussi d'Europe du Sud, en particulier d'Italie. Le caractère cosmopolite de Montréal s'en trouve accentué et, en 1961, les Québécois d'origine italienne forment le plus important groupe ethnique d'origine autre que française ou britannique.

La croissance économique a aussi des effets sociaux très significatifs. Elle favorise la montée d'une nouvelle classe moyenne de gestionnaires, de travailleurs hautement qualifiés et d'enseignants. Ce groupe réclame de plus en plus une modernisation des structures politiques et sociales du Québec, encore fortement marquées par le traditionalisme et l'emprise du clergé. L'écart entre, d'une part, la réalité socio-économique et les besoins de la population et, d'autre part, le traditionalisme des institutions, devient de plus en plus évident.

Tout au long de cette période d'après-guerre, le Québec est gouverné par l'UNION NATIONALE et son chef, Maurice DUPLESSIS. Maintenu au pouvoir grâce à l'appui des éléments les plus traditionnels de la société, à la corruption politique et aux distorsions d'une carte électorale inadaptée aux réalités démographiques, Duplessis dirige un gouvernement conservateur qui affiche une vision traditionaliste de la société québécoise. Même si des groupes de plus en plus nombreux expriment le besoin de réformes en profondeur, l'Union nationale en retarde la mise en œuvre.

Le gouvernement Duplessis justifie ses politiques au nom du nationalisme, mais d'un nationalisme traditionnel et conservateur qui met l'accent sur la religion, la langue et le caractère rural du Canada français. Il résiste au gouvernement fédéral au nom de l'autonomie provinciale. De son côté, le gouvernement fédéral représente un nouveau type de libéralisme réformateur qui attire plusieurs jeunes intellectuels canadiens français. Ceux-ci décrivent alors la période duplessiste comme celle de la Grande Noirceur. En outre, le gouvernement fédéral est dirigé par un Canadien français, Louis Saint-Laurent, qui obtient un fort appui de l'électorat québécois. Ainsi, une partie de cet électorat appuie simultanément deux premiers ministres aux orientations opposées.

La période duplessiste est particulièrement difficile pour le mouvement syndical qui se heurte aux politiques antisyndicales du gouvernement. De nombreuses grèves, surtout la GRÈVE DE L'AMIANTE, en 1949, ont un retentissement considérable. On assiste aussi à des changements au sein du monde syndical: les syndicats catholiques se laïcisent et se radicalisent (*voir* CONFÉDÉRATION DES SYNDICATS NATIONAUX), et la fusion des deux grandes centrales américaines, la Fédération américaine du Travail et le Congrès des organisations industrielles mène au regroupement de leurs organisations affiliées au Québec.

Effets de la Révolution tranquille Certaines des institutions de la société québécoise (notamment le système d'éducation, les services sociaux et la fonction publique) sont de plus en plus inadaptées aux nouvelles réalités de l'après-guerre. La mort de Duplessis, en 1959, marque le début d'une nouvelle ère, celle de la RÉVOLUTION TRANQUILLE, qui dure de 1960 à 1966. L'héritage politique et idéologique du duplessisme est rapidement éliminé, ce qui indique à quel point il était peu adapté à la réalité socio-économique.

Le Parti libéral du Québec, dirigé par Jean LESAGE (1960-1966) entreprend de moderniser l'appareil gouvernemental, le système scolaire et les services sociaux. Cette orientation est maintenue, quoique de façon moins spectaculaire, par les gouvernements suivants: ceux de l'Union nationale de Daniel JOHNSON (1966-1968) et de Jean-Jacques BERTRAND (1968-1970), du Parti libéral de Robert BOURASSA (1970-1976) et du Parti québécois de René LÉVESQUE (1976-1985) et de Pierre-Marc JOHNSON (1985). La société québécoise rompt aussi avec une longue tradition en se décléricalisant: la pratique religieuse décline, les rangs du clergé s'amenuisent et l'Église perd son emprise sur les services sociaux et, plus généralement, sur les mentalités.

Mais la Révolution tranquille s'inscrit aussi dans la continuité d'une évolution séculaire de la société québécoise. Les processus d'industrialisation, d'urbanisation et de tertiarisation sont en marche depuis fort longtemps et font pleinement sentir leurs effets dans les années 60 et 70. D'autres tendances récentes se poursuivent: l'amélioration du niveau de vie, la montée d'une nouvelle classe moyenne et de nouvelles élites et la hausse du niveau d'éducation.

La prospérité de l'après-guerre profite aux francophones, mais elle leur fait en même temps percevoir de façon plus nette l'existence d'une importante discrimination ethnique. Sur les lieux de travail, ils n'obtiennent que les emplois subalternes, tandis que, dans les grands magasins et sur la place publique en général, leur langue a un statut de seconde zone.

Un nouveau nationalisme émerge. Il se démarque de celui de Duplessis en s'affichant comme réformiste et en exigeant une révision du statut du Québec dans la Confédération. Ce nouveau nationalisme s'exprime dans des tendances diverses: celle des libéraux, autonomistes, mais toujours fédéralistes; celle des indépendantistes, qui gagne en importance et en crédibilité au cours des années 60; celle des socialistes, présente dans le mouvement syndical, maintenant plus fort, et chez les intellectuels, qui veulent aller plus loin que le réformisme.

Le Québec des années 60 et 70 est témoin d'importantes luttes pour le pouvoir, entre anciennes et nouvelles élites, et entre francophones et anglophones. Ces luttes sont surtout menées sur trois fronts: la langue, l'économie et la politique.

La bataille de la langue vise à donner au français, qui est la langue de la majorité, une reconnaissance complète, un véritable statut de langue principale. Un enjeu important est celui de l'intégration à la majorité francophone des Québécois qui ne sont ni d'origine française ni d'origine britannique, et la lutte porte sur la langue d'enseignement. L'objectif de francisation est atteint par étapes, provoquant à chaque fois des résistances de la part des groupes non francophones.

Le conflit linguistique quitte les batailles de rues qui le caractérisent, vers la fin des années 60, pour se retrouver à l'Assemblée nationale du Québec et, plus généralement, dans l'opinion publique. Trois lois linguistiques sont adoptées par autant de gouvernements différents entre 1969 et 1977. Elles viennent successivement accroître la pression, étendre la reconnaissance du français comme langue officielle et en rendre l'apprentissage et l'utilisation obligatoires. La dernière de ces lois, la Loi 101, appelée *Charte de la langue française,* dépasse de beaucoup le cadre scolaire. Elle vise non seulement à intégrer plus d'enfants à l'école française, mais également à franciser l'ensemble de la société: entreprises, services professionnels, affichage public, etc. À la fin des années 70, le français est parlé et reconnu partout sur le territoire québécois. Les anglophones conservent néanmoins leurs institutions et les droits linguistiques qui leur sont garantis par la constitution.

La lutte pour le pouvoir se déroule également sur le plan économique. Un des objectifs est de transformer le milieu de travail afin que les Canadiens français obtiennent, dans le secteur privé, de meilleurs emplois et des possibilités de carrière. Un autre objectif est d'appuyer les hommes d'affaires canadiens français et les entreprises qui leur appartiennent pour les aider à se développer et à obtenir une plus grande part du marché. Un troisième objectif est d'amener les grandes entreprises canadiennes ou internationales établies dans la province à mieux tenir compte des besoins spécifiques du Québec. Un dernier objectif est de faire de l'État québécois un partenaire majeur de l'entreprise privée dans le développement économique. Dans ces domaines, les

Canadiens français réalisent des progrès notables au cours des années 60 et 70.

Il faut souligner l'émergence de nouveaux groupes financiers francophones, mais également l'intervention accrue de l'État québécois dans l'activité économique par l'intermédiaire de nombreuses sociétés d'État telles HYDRO-QUÉBEC ou la CAISSE DE DÉPÔT ET PLACEMENT DU QUÉBEC. Ces succès sont cependant contrebalancés par l'affaiblissement de la position économique du Québec dans l'ensemble du Canada, avec le déplacement vers l'ouest du centre de gravité économique. Montréal perd son titre de métropole du Canada au profit de Toronto, et un grand nombre d'entreprises déménagent en Ontario leur siège social ou leurs activités manufacturières.

Le troisième champ de bataille est celui du pouvoir politique à l'intérieur du Canada. Les années 60 et 70 sont marquées par des luttes continuelles pour accroître le poids du Québec dans la fédération canadienne et en arriver à une nouvelle répartition des pouvoirs entre les deux niveaux de gouvernement. L'objectif du gouvernement québécois est de freiner le processus de centralisation fédérale et de devenir lui-même le principal porte-parole des Canadiens français. Le débat sur la constitution est l'un des grands thèmes de l'actualité au cours des années 60 et 70. Il est ponctué de déclarations fracassantes, de guerres de protocole et d'image, mais aussi de discussions, de négociations, de conférences fédérales-provinciales. À l'affirmation marquée du Québec au cours de la Révolution tranquille, succède une période de résistance fédérale à la volonté des provinces d'accroître leur autonomie. Elle se précise avec l'arrivée de Pierre Elliott TRUDEAU au pouvoir à Ottawa, en 1968.

Ce long conflit politique est même ponctué de moments de violence avec les interventions du Front de libération du Québec et la CRISE D'OCTOBRE 1970. Généralement, toutefois, il se déroule dans le cadre du régime démocratique. Pendant deux décennies, il mobilise beaucoup d'énergie et aboutit à deux défaites importantes pour le Québec: celle des partisans de l'indépendance, qui perdent le RÉFÉRENDUM DU QUÉBEC de 1980, et celle des partisans d'un Québec plus fort au sein de la fédération canadienne, avec l'adoption de la nouvelle constitution du Canada, en 1982. Il se solde par un renforcement du centralisme fédéral et par la confirmation de la mise en minorité du Québec dans la Confédération. En 1987, l'ACCORD DU LAC MEECH indique une volonté de réduire la tension et de permettre au Québec d'accepter la *Loi constitutionnelle de 1982* (voir DROIT CONSTITUTIONNEL), mais sans succès.

La position du Québec dans le gouvernement fédéral semble toutefois s'améliorer. À l'époque de Trudeau (1968-1979 et 1980-1984), il y a plus de Québécois que jamais au Conseil des ministres et l'administration fédérale devient plus ouvertement bilingue. Ces résultats sont toutefois fragiles et dépendent de l'influence des représentants du Québec dans le Parti libéral. Dans les années 80, le nombre de francophones occupant des responsabilités administratives demeure faible, surtout aux échelons supérieurs.

Il y a en outre des conflits qui se déroulent à l'intérieur du groupe francophone. Le renforcement du mouvement syndical, au cours des années 60, aboutit, dans la décennie suivante, à de véritables affrontements entre les grandes centrales syndicales et l'État. De même, la nouvelle classe moyenne canadienne française, qui s'est développée dans l'après-guerre et qui occupe l'avant-scène au cours des années 60 et 70, est marquée par des tensions profondes. Elle affiche une relative unanimité pendant la Révolution tranquille, mais par la suite de fortes divisions se manifestent: sur le plan politique, avec la polarisation entre le Parti libéral et le Parti québécois; sur le plan social, avec les tensions entre diri-

geants syndicaux et administrateurs gouvernementaux.

Malgré l'amélioration du niveau de vie, la société québécoise reste marquée par de profondes inégalités. Il y a des inégalités régionales: alors que Montréal prospère, d'autres régions restent sous-développées. Il y a aussi des inégalités sociales, alors que le Québec connaît un taux de chômage nettement plus élevé que la moyenne canadienne et qu'un grand nombre de ses citoyens vivent dans la pauvreté. Les années 60 et 70 sont témoins d'une prise de conscience beaucoup plus nette de ces problèmes et de l'expression de revendications visant à changer la situation.

Une fin de siècle mouvementée La période de rattrapage et de transformations rapides qui a caractérisé le Québec depuis le début de la Révolution tranquille se termine à l'aube des années 80. Les deux décennies suivantes sont marquées au coin de l'incertitude et de l'instabilité provoquées par les revirements de la situation économique et politique.

Le Québec est durement affecté par la récession de 1981-1982. La reprise est lente, mais elle finit par entraîner une forte croissance dans la seconde moitié de la décennie. L'euphorie prend fin abruptement avec la crise du début des années 90, et il faut attendre le milieu de la décennie pour voir l'économie reprendre un peu de vigueur. Aux effets de ces crises cycliques s'ajoutent ceux de la restructuration en profondeur de l'économie, amorcée avant 1980, et qui se font maintenant pleinement sentir. Les industries manufacturières traditionnelles, reposant sur l'emploi d'une main-d'œuvre peu qualifiée et faiblement rémunérée, sont lourdement affectées par la nouvelle concurrence internationale. Un grand nombre de vieilles usines ferment leurs portes, le chômage s'accroît de façon dramatique et des centaines de milliers de personnes sont réduites à l'aide sociale. Il y a toutefois des signes d'espoir à mesure que la nouvelle économie, s'appuyant sur des technologies de pointe, s'implante dans le secteur manufacturier et celui des services, et alimente la croissance. Le processus d'adaptation est cependant douloureux, car les travailleurs mis à pied ne peuvent pas facilement se trouver de l'emploi dans un marché du travail reposant sur des qualifications élevées. Le pouvoir d'achat, en hausse constante depuis la fin de la Seconde Guerre mondiale, commence à décliner.

Malgré ces problèmes, la société québécoise bénéficie après 1980 des politiques économiques, éducatives et linguistiques adoptées au cours des deux décennies précédentes. L'émergence de nouvelles générations hautement qualifiées transforme les conditions de vie. La participation des femmes à la main-d'œuvre devient beaucoup plus significative, et elles s'insèrent dans des secteurs d'emplois auparavant dominés par les hommes. En général, les francophones améliorent leur situation. Dans les grandes entreprises canadiennes ou américaines, où ils ont longtemps été confinés aux échelons inférieurs, ils atteignent rapidement des positions de premier plan. Les entreprises privées possédées par des francophones deviennent beaucoup plus nombreuses et puissantes; quelques-unes telles que Bombardier et Quebecor se hissent même au rang des multinationales.

Le succès des entrepreneurs francophones a pour effet de redorer le blason du secteur privé et de remettre en question l'un des fondements des politiques héritées de la Révolution tranquille, l'intervention étatique dans l'économie. Au cours des années 80 et 90, un vent de privatisation et de déréglementation souffle sur le Québec. Les déficits en hausse constante forcent les gouvernements à réduire leurs dépenses et à réviser l'offre de services de l'État providence. Le rythme de ces réductions s'accélère au milieu des années 90 et permet d'atteindre le déficit zéro à la fin du siècle.

Il se produit aussi d'importants changements démographiques. À compter des années 60, le taux de natalité des Québécois d'origine française décline rapidement pour devenir l'un des plus faibles au monde, ce qui compromet l'accroissement futur de ce groupe. La population d'origine britannique chute de façon marquée à la suite de nombreux départs vers d'autres provinces. Ces facteurs contribuent à accroître l'importance des autres minorités ethniques dont les effectifs augmentent grâce à l'immigration. Les nouvelles politiques d'immigration adoptées à la fin des années 60 contribuent à élargir l'éventail des groupes représentés au Québec. Leur présence est d'ailleurs reconnue officiellement par le gouvernement québécois, qui adopte sa propre version du multiculturalisme avec la politique des communautés culturelles. Les représentants de ces groupes occupent une place accrue sur la place publique et dans la vie politique. La scène politique est alors caractérisée par un va-et-vient entre la souveraineté et le fédéralisme renouvelé, entre le Parti québécois et le Parti libéral.

Le référendum de 1980 et le rapatriement de la constitution canadienne portent un dur coup au mouvement indépendantiste. Le premier ministre Lévesque propose de jouer à nouveau la carte du fédéralisme renouvelé, avec sa stratégie du «beau risque», ce qui entraîne un schisme dans le Parti québécois (PQ). Il démissionne en 1985, et son successeur, Pierre-Marc Johnson, perd les élections tenues quelques mois plus tard. Le départ de Lévesque et celui de Trudeau l'année précédente marquent la fin d'une époque. Le chef du Parti libéral du Québec, Robert Bourassa, reprend le pouvoir en 1985. Conjointement avec le nouveau premier ministre canadien, le conservateur Brian Mulroney, il tente de résoudre le conflit entre le Québec et le Canada en proposant de nouvelles discussions constitutionnelles. Celles-ci aboutissent en 1987 à l'Accord du Lac Meech, qui reconnaît de façon nominale le caractère distinct du Québec, mais le refus de Terre-Neuve et du Manitoba, en 1990, empêche la ratification de cette modification à la constitution.

L'échec de l'accord provoque un profond ressentiment au Québec et accroît l'appui populaire à l'idée de souveraineté. Bourassa met le reste du Canada au défi de proposer une solution de rechange acceptable, mais sa stratégie échoue. En 1992, il est forcé d'accepter l'Accord de Charlottetown, qui est ensuite rejeté par la majorité des Québécois lors d'un référendum provincial et par les électeurs de cinq des neuf autres provinces. Ces événements ont deux conséquences majeures sur le plan politique. La première est la création d'un parti fédéral voué à la souveraineté du Québec, le Bloc québécois, dirigé par Lucien Bouchard. Aux élections fédérales de 1993, le Bloc obtient 54 des 75 sièges dans la province et devient l'Opposition officielle à la Chambre des communes. La seconde conséquence est le retour au pouvoir du Parti québécois, dirigé par Jacques Parizeau, qui gagne les élections de 1994 contre les libéraux de Daniel Johnson. Le PQ organise un autre référendum sur la souveraineté en 1995, qu'il perd par une faible marge. Après cet échec, Lucien Bouchard remplace Parizeau à la tête du PQ et comme premier ministre du Québec.

L'appui à la souveraineté décline alors. Aux élections fédérales de 1997, le Bloc québécois voit ses appuis réduits quelque peu et le Parti réformiste prend la tête de l'Opposition. Sur la scène provinciale, Daniel Johnson abandonne la direction du Parti libéral au début de 1998. Jouissant d'un fort appui dans l'opinion publique, Jean Charest quitte alors la direction du Parti conservateur fédéral pour prendre la tête du Parti libéral du Québec. Fédéralistes et libéraux comptent sur lui pour défaire le Parti québécois de Lucien Bouchard, mais ce dernier réussit à conserver le pouvoir lors des élections de novembre 1998. Au-delà du va-et-vient entre les deux grands partis provinciaux, il faut reconnaître que l'un et

l'autre ont, depuis les années 60, combattu pour obtenir une reconnaissance plus nette du caractère distinct du Québec, que ce soit à l'intérieur ou à l'extérieur du régime fédéral. L'un et l'autre ont manifestement échoué dans ces tentatives.

Malgré cet échec, les francophones, sous l'impulsion de la Révolution tranquille, ont réussi à améliorer de façon significative leur situation dans leur propre province et à cesser d'être perçus comme des citoyens de seconde classe. Au cours du XXe s., la société québécoise a été transformée de multiples façons. Son évolution, loin d'être linéaire, a été marquée par des avancées et des reculs. Ce processus a produit des gagnants et des perdants et n'a pas éliminé les inégalités. Les tensions récurrentes prouvent que le Québec forme une société complexe et que son histoire ne peut être expliquée de façon simpliste. Les Québécois eux-mêmes ont été, et sont encore, loin d'être unanimes à propos de l'interprétation de l'histoire du Québec, de ses politiques et de son avenir.

Paul-André Linteau

Quebecair Cette compagnie aérienne régionale, dont le siège social se trouve à Dorval, au Québec, est fondée en 1946 sous le nom de Rimouski Aviation Syndicate. Cette compagnie devient Air-Rimouski ltée en 1947, fusionne avec l'Aviation du Golfe inc. pour créer Quebecair en 1953, puis acquiert Matane Air Service, Les Ailes du Nord ltée (maintenant Regionair) et Northern Wings Helicopters en 1965. Quebecair offre des vols réguliers de passagers au Québec, dans l'ouest du Labrador et en Ontario, ainsi que des vols nolisés intérieurs et internationaux. La compagnie emploie environ 900 personnes. L'État québécois en est l'actionnaire majoritaire, après en avoir pris le contrôle en 1981. N'étant pas très rentable, la compagnie est vendue en 1986 à Nordair-Metro, après avoir fait perdre à l'État 80 millions de dollars de 1981 à 1986. Peu après, Nordair est vendue à CP Air, elle-même bientôt vendue à PWA qui est maintenant en activités sous le nom de Lignes aériennes Canadien International.

Deborah C. Sawyer

Quebecor inc. Né modestement au début des années cinquante à Montréal avec l'achat d'un premier hebdomadaire de quartier, *Le Journal de Rosemont*, le groupe de communication fondé par Pierre PÉLADEAU a aujourd'hui la dimension d'un empire commercial dont le chiffre d'affaires annuel a atteint tout près de 11 milliards de dollars canadiens en 1999 et qui emploie 60 000 personnes dans quinze pays. Quebecor s'impose comme le premier imprimeur commercial au monde (Quebecor World), le second groupe de presse au Canada (Corporation Sun Media) et, dans le secteur des nouveaux médias, le premier intégrateur Web au Canada et le troisième en Europe (Nurun).

Après avoir développé un solide réseau d'hebdomadaires de quartier et de journaux artistiques, l'entreprise de Pierre Péladeau prend sa véritable envolée en 1964 avec la création du *Journal de Montréal*. Ce tabloïd montréalais demeure aujourd'hui le quotidien francophone le plus lu en Amérique. En 1967, Pierre Péladeau répète sa formule à succès avec le lancement du *Journal de Québec*. L'acquisition de Sun Media Corporation en 1999 permet à Quebecor de se déployer sur l'ensemble du marché canadien avec huit quotidiens urbains et quelque 170 journaux régionaux.

Quebecor débute ses activités dans l'imprimerie commerciale en 1952. À la suite d'une soixantaine d'acquisitions réalisées au cours de la seule décennie 90, dont celle de World Color Press pour 2,7 milliards de dollars US en 1999, Quebecor devient un géant mondial du secteur avec des assises en Amérique du Nord, en Europe, en Amérique latine et en Asie. La filiale Quebecor World emploie plus de 40 000 personnes réparties dans 160 ateliers.

Joueur dominant sur le marché québécois de l'édition de magazines à grands tirages, Quebecor

réunit également un groupe d'éditeurs de livres de littérature générale, d'ouvrages scolaires et juridiques, qui publient au total plus de 500 titres annuellement. Ce groupe d'éditeurs affiliés est le plus important du genre au Québec. En 1995, Quebecor se porte acquéreur de Groupe Archambault, le réseau de disquaires numéro un de l'est du Canada. Quebecor contrôle aussi le premier réseau indépendant de distribution de musique et de vidéos au Canada. En 1997, Quebecor fait une entrée remarquée dans le monde de la télévision lors de l'achat du réseau TQS, le second télédiffuseur privé au Québec.

De 1987 à 2000, la production de papier journal figure aussi parmi les secteurs d'expertise de la compagnie, grâce à une participation dans Donohue, un grand producteur nord-américain de papier journal, de pâte commerciale et de produits du bois. En février 2000, Donohue fusionne avec la compagnie Abitibi-Consolidated. Quebecor demeure le plus important actionnaire de la nouvelle société.

L'univers en émergence des communications électroniques représente un secteur d'activités en pleine expansion pour Quebecor. Avec la mise sur pied de Quebecor Nouveaux Médias, un nouveau virage est pris. Virage dans l'information en ligne grâce au portail bilingue CANOE, à des portails spécialisés et à des sites urbains dans plusieurs grandes villes du pays, mais aussi virage dans le commerce électronique et l'intégration Web. Nurun, une filiale de Quebecor implantée dans ce secteur, regroupe plus de 1000 employés au Canada, aux États-Unis, en Europe et en Amérique latine.

Le fondateur de Quebecor est décédé en décembre 1997. La nouvelle génération d'entrepreneurs poursuit le développement de la compagnie dans le respect de l'esprit insufflé par Pierre Péladeau. Deux de ses fils occupent des postes stratégiques au sein de l'entreprise: Pierre Karl, aux commandes du conglomérat, et Érik, à la tête de l'une de ses filiales.

Queen Elizabeth, autoroute Reliant Toronto à Niagara Falls et à Fort Erie, en Ontario, elle est la première autoroute à quatre voies et à accès limité du Canada. Utilisant les tout derniers concepts de l'architecture moderne, on la construit dans le but de désengorger la circulation locale et de faciliter l'accès à la province pour les automobilistes américains arrivant par le Peace Bridge à Fort Erie. La construction s'amorce au début des années 30 sur la section Toronto-Burlington, d'abord appelée Middle Road. La route est officiellement inaugurée par la reine Élizabeth, l'épouse du roi George VI, à St. Catharines, le 7 juin 1939. On termine la construction de quatre voies de circulation à Fort Erie en 1956.

Robert M. Stamp

Queen's Plate Course stake pour chevaux pur-sang. La première course a lieu le 27 juin 1860 au Carleton Race Track de Toronto. En 1859, la course avait reçu la sanction royale de la reine Victoria. Pour assurer son maintien pendant la Première Guerre mondiale, les 59e et 60e courses sont organisées, en 1918 et en 1919, en tant que concours hippiques de la Croix-Rouge à Toronto, et sont les seules à avoir lieu ces deux années. Elle devient ainsi la plus vieille course stake ininterrompue du continent (le Derby du Kentucky a été inauguré en 1875).

Dès les premières années, les politiciens exercent des pressions pour que la course ait lieu dans leur circonscription. Elle a lieu en Ontario, dans les villes de Toronto, Guelph, St Catharines, Whitby, Kingston, Barrie, Woodstock, Picton, London, Hamilton et Ottawa avant que Toronto n'en devienne le lieu permanent, en 1883, avec l'approbation de la reine. À ses tout débuts, l'ambiance de la course ressemble à celle d'une foire agricole. Deux ou trois épreuves éliminatoires, ou essais, se déroulent afin de choisir un gagnant. On prétend que la course attire un public de bagarreurs et des accusations de truquage de courses sont portées.

Jusqu'en 1902, année suivant la mort de la reine Victoria, la course s'appelle la Queen's Plate, puis devient la King's Plate (en l'honneur d'Édouard VII) pour finalement redevenir la Queen's Plate, après l'accession au trône d'Elizabeth II en 1952. Le premier monarque régnant à assister à la course est George VI (accompagné de son épouse, la reine Elizabeth). En effet, en 1939, ils assistent à la course qui se tient à l'hippodrome Woodbine, à Toronto. En 1959, Elizabeth II et le prince Philip assistent à la centième course. Jusqu'en 1944, seuls les chevaux élevés en Ontario peuvent participer à la course, mais à partir de cette date, les chevaux de trois ans élevés ailleurs au Canada sont aussi admis. La distance de la course varie entre 1,6 km et 3,2 km jusqu'en 1957, où elle est fixée à 2 km. En 1960, Victoria Park, le cheval de E.P. TAYLOR, enregistre le record de course en franchissant la distance en 2 min 2 sec. Des gagnants comme le renommé NORTHERN DANCER, en 1964, et l'Enjôleur, en 1975, n'arrivent pas à égaler cette marque. En 1990, Izvestia bat finalement le record grâce à un chronomètre de 2 min 1 sec. 4. Depuis 1959, la course constitue le premier joyau des séries de la triple couronne au Canada. Après avoir remporté la Queen's Plate, New Providence (1959), Canebora (1963), With Approval (1989), Izvestia (1990) et la pouliche Dance Smartly (1991) ont gagné les deux autres courses de la triple couronne: la Prince of Wales Stakes et la Breeders Stakes.

Les gagnants de la Queen's Plate remportent une bourse de 50 guinées de la part du monarque. Cependant, la petite bourse mauve ne contient pas des guinées mais plutôt des souverains, la frappe de guinées ayant été abandonnée par George III, dont l'ancêtre, George I, est à l'origine de l'institution de ce cadeau royal, tradition qui existe encore aujourd'hui.

Queen's Quarterly Il est fondé en 1893 à l'U. Queen, en grande partie sur l'initiative de son président, G.M. GRANT. Le *Quarterly* est le plus ancien des périodiques universitaires canadiens. Au début, les collaborateurs proviennent surtout du corps professoral de Queen. En 1928 toutefois, cette revue ouvre ses portes à des collaborateurs nationaux et même internationaux, et commence également à publier des romans et de la poésie. Pendant les années 30, y paraissent les récits de F.P. GROVE et ceux de l'écrivain Sinclair ROSS, dont elle lance la carrière. *Queen's Quarterly* entame vraiment son ascension dans les années 50 sous la brève responsabilité éditoriale de Malcolm ROSS, qui essaie constamment de lui faire prendre conscience de l'essor littéraire de l'époque au Canada.

Depuis lors, cette revue publie les travaux d'un grand nombre des meilleurs écrivains au Canada. On retrouve parmi eux des romanciers tels que Rudy WIEBE, Sheila WATSON, W.P. KINSELLA, Hugh HOOD et John METCALF, et les poètes Margaret ATWOOD, Irving LAYTON, Al PURDY, George BOWERING, John GLASSCO, F.R. SCOTT, A.J.M. SMITH et Tom Wayman. Le *Quarterly* continue à publier des articles d'universitaires qui portent sur de nombreuses disciplines et accorde beaucoup de place aux comptes rendus critiques de livres.

George Woodcock

Quenouille Nom commun de PLANTES vivaces herbacées (genre *Typha*) de la famille des quenouilles (*Typhaceae*), qui poussent dans les marécages et les terrains humides. Leur épi brun de forme cylindrique est à l'origine de leur nom. Au moins huit espèces existent dans le monde et il y en a deux au Canada: le typha à feuilles étroites (*T. latifolia*) et le typha à feuilles larges (*T. latifolia*). Les fleurs en épis et les feuilles rubanées, hautes de 3 m (ou plus), poussent à partir d'un groupe de racines horizontales (rhizomes).

Biologie Les racines sont riches en amidon. La plante, les jeunes pousses et les épis verts sont aussi comestibles; le pollen et les graines riches en huile sont une bonne source de nourriture. Les feuilles dures, piquantes, étaient utilisées par les AUTOCHTONES pour faire des tapis, des sacs, des paniers et des vêtements. Les tiges et les feuilles conviennent pour faire du papier et des vêtements.

Autrefois, la fibre cotonneuse attachée au fruit était employée comme matière de rembourrage. Les quenouilles servent également de nourriture et d'abri pour la faune. Ces plantes sont aussi appelées massettes, en référence à la forme de leur inflorescence. (*Voir aussi* PLANTES, UTILISATION PAR LES AUTOCHTONES DES.)

Nancy J. Turner

Quesnel, ville de la C.-B.; pop. 8468 (rec. 1996), 8208 (rec. 1991), 8448 (rec. 1986); superf. 23 km²; const. en 1928; située au confluent de la rivière Quesnel et du fleuve Fraser au centre de la province, à 625 km au nord-est de Vancouver. Cette ville tient son nom de la rivière et du lac situés au sud-est. L'explorateur Simon FRASER lui donne le nom du greffier de la Compagnie du Nord-Ouest, Jules Maurice Quesnel. Celui-ci l'accompagnait lors de son voyage d'exploration de 1808 lorsqu'il a descendu le fleuve Fraser. La colonisation commence en 1860 lorsque la région devient la meilleure porte d'accès aux champs aurifères de Cariboo.

Pendant les années, Quesnel est un point d'arrivée des bateaux à vapeur desservant la ville aurifère de BARKERVILLE, à l'est. Le magasin de bois de la Compagnie de la baie d'Hudson, construit en 1866, est encore debout aujourd'hui. Le nombre d'exploitations agricoles augmente avant la Première Guerre mondiale. Le Pacific Great Eastern Railway, aujourd'hui la British Columbia Railway, arrive à Quesnel en 1918, permettant ainsi de mettre à profit les importantes réserves forestières de la région.

Les industries forestière et minière de même que l'agriculture (surtout l'élevage) sont de nos jours les principales sources de revenu, auxquelles s'ajoutent l'exploitation du pétrole et l'exploitation du gaz. Quesnel constitue la porte d'entrée du parc historique de Barkerville et du parc provincial de Bowron Lake.

John R. Stewart

Quesnel, Louis-Joseph-Marie, marchand, compositeur, poète et dramaturge (Saint-Malo, France, 15 nov. 1746—Montréal, 3 juill. 1809). Premier compositeur d'opéra du Canada, Quesnel arrive au pays par hasard. En effet, alors qu'il est capitaine d'un navire transportant des munitions aux Américains en 1779, Quesnel est capturé par les Anglais et emmené à Québec où le gouverneur HALDIMAND lui accorde un sauf-conduit. Il se lance dans la traite des fourrures et l'importation de vin à Boucherville, près de Montréal. Les divertissements raffinés de la France lui manquant, il se met à écrire et à composer.

Bien que plusieurs pièces de théâtre et poèmes soient toujours intacts, il ne nous reste que des fragments de ses œuvres musicales. À l'aide des parties pour voix et second violon qui ont survécu, le compositeur Godfrey RIDOUT reconstitue l'opéra *Colas et Colinette,* présenté pour la première fois à Montréal en 1790. Depuis sa restauration en 1963, cette charmante œuvre d'époque a été publiée, exécutée et enregistrée. John BECKWITH, de son côté, restaure les fragments de la deuxième œuvre, *Lucas et Cécile,* qui est publiée en 1992 et présentée en première à Toronto en 1994. Jouée quelque 200 ans après sa composition, il s'agirait en effet de la première mondiale de cette œuvre, puisqu'il n'existe aucun document attestant qu'elle ait été présentée du vivant de Quesnel ou même après sa mort.

Barclay McMillan

Quévillon, Louis-Amable, menuisier, sculpteur et architecte (Saint-Vincent-de-Paul [Laval], Qc, 14 oct. 1749—*id.*, 11 mars 1823). Il débute sa carrière comme menuisier à Saint-Vincent-de-Paul au début des années 1770. Il travaille surtout dans la région de Montréal et est engagé par environ 40 paroisses pour réaliser des sculptures et décorer les églises avec de la dorure, de l'argenture et de la marbrure. Au début du siècle, il pénètre le marché des environs de Québec, où il travaille pour diverses églises. Tout au long de sa carrière, Quévillon forme des apprentis, et son atelier, qui emploie 14 sculpteurs, compagnons sculpteurs et apprentis en 1818, produit un grand nombre d'œuvres, dont beaucoup sont détruites dans des incendies. Subsistent un maître-autel dans l'église de Verchères et quelques pièces de ses mobiliers d'église, conservés dans des musées au Québec, à Montréal et à Ottawa. (*Voir aussi* SCULPTURE.)

Nicole Cloutier

Qui a vu le vent Traduction française (Montréal, 1974) du roman de W. O. MITCHELL, *Who Has Seen the Wind* (Toronto et Boston, 1947). Ce roman raconte l'initiation d'un garçon des Prairies aux mystères de la vie, de la mort, de Dieu et de l'esprit qui souffle partout: le vent. La plus grande force du roman repose sur les évocations délicates des «sentiments» de Brian O'Connal. Il s'agit parfois de ses expériences de la mort, parfois de la curiosité vitale, souvent inexprimée mais pressante, d'un enfant à la découverte d'un monde intérieur et extérieur à lui-même. Brian apprend la vie et la mort dans la ville et dans la prairie: la ville est le cadre des conventions et des institutions sociales et de l'hypocrisie; la prairie est le cadre d'un ordre naturel où le vent peut imposer ses volontés invisibles, essentiellement le changement et la mort. Vibrant de la comédie et du sérieux d'un dialogue d'enfant, riche de descriptions poétiques des Prairies, *Who Has Seen the Wind* exprime un thème universel dans une voix typique de l'Ouest canadien. Le roman a été traduit en français et dans plusieurs autres langues. Il a aussi été adapté pour le cinéma et le film a connu beaucoup de succès.

Neil Besner

Quidi Vidi, batterie Elle a été construite par les Français en 1762. Ces derniers, dans l'une des dernières campagnes de la GUERRE DE SEPT ANS, ont capturé et brûlé plusieurs établissements autour des baies Trinity et Conception dans les environs de ST. JOHN'S (Terre-Neuve). Ils ont ensuite monté cette batterie pour défendre le territoire nouvellement conquis. Une expédition navale sous la direction du colonel William Amherst a alors été dépêchée de New York afin de reprendre St. John's aux Français. Le poste de garde de la batterie date de 1812. Désignée LIEU HISTORIQUE provincial en 1967, la batterie est ouverte au public de la mi-juin à la mi-octobre. Des guides en costume d'époque se chargent de l'animation auprès du public.

Deborah Welch et M. Payne

Quilico, Gino, baryton (New York, 1955). Fils de l'illustre baryton canadien, Louis QUILICO, et de feu son épouse Lina Pizzolongo, pianiste de concert, Quilico obtient son diplôme de la faculté de musique de l'U. de Toronto en 1978. Nommé artiste de l'année (1988) par le Conseil canadien de la musique, il est porte-parole du Canada au Haut-Commissariat des Nations Unies pour les réfugiés en 1992 et est nommé Officier de l'Ordre du Canada.

Particulièrement renommé pour ses interprétations des répertoires français et italien, il chante régulièrement dans les plus grandes maisons d'opéra, notamment le Metropolitan Opera, La Scala, Covent Garden, l'Opéra de Paris, le Bayerische Statsoper de Munich et le Teatro Colon à Buenos Aires. Il participe aux plus grands festivals du monde, comme ceux de Salzburg, d'Édimbourg, d'Aix-en-Provence et d'Orange, et il travaille avec bon nombre des plus illustres chefs d'orchestre.

Gino Quilico fait ses débuts professionnels dans le monde de l'opéra au Canada en jouant M. Gobineau dans *The Medium* de Menotti (1977), ses débuts américains dans le rôle de Papageno dans la *Flûte enchantée* de Mozart à Milwaukee et ses débuts à la COMPAGNIE D'OPÉRA CANADIENNE dans le rôle de Marcello dans *La Bohème* en 1979. Il retourne chanter Paolo dans *Simon Boccanegra* aux côtés de son père, Louis Quilico, dans le rôle titre. La carrière internationale de Gino Quilico débute à Paris en 1980 avec l'*Héritière* (Damase). Il fait ses débuts au Covent Garden (1983) dans le rôle de Valentin et il a tôt fait de chanter partout en Europe par la suite. Il fait ses débuts au Met (1987) dans le rôle de Lescaut dans la production de *Manon* par Jean-Pierre Ponnelle. Il y fera des apparitions régulières dans le cadre d'une carrière internationale florissante. Il reçoit un Grammy Award en 1995.

Mabel Mercer

Quilico, Louis, baryton et professeur (Montréal, 14 janv. 1925—15 juill. 2000). Quilico étudie à Rome (1947-1948), puis rentre à Montréal pour étudier avec Lina Pizzolongo (1948-1952), qu'il épouse peu après. Il complète ses études au Mannes College à New York (1952-1955). En 1954, il fait ses débuts professionnels au Canada avec l'Opera Guild of Montreal et, bien que lauréat des Metropolitan Opera Auditions of the Air, c'est avec le New York City Opera qu'il fait ses débuts à New York en 1955. Sa première apparition officielle avec le Metropolitan n'a lieu qu'en 1973.

Au cours de sa longue et prestigieuse carrière, Quilico interprète des rôles importants avec la plupart des grandes compagnies d'opéra d'Europe et d'Amérique du Nord. Comme professeur à l'U. de Toronto (1970-1987) et à l'U. McGill (1987-1990), il participe à la formation de plusieurs jeunes chanteurs, y compris celle de son fils Gino Quilico, qui chante avec son père au Canada et aux États-Unis. En novembre 1987, ils chantent tous les deux dans l'opéra *Manon* de Massenet, monté par le Metropolitan Opera.

Louis Quilico reçoit le prix de musique Calixa-Lavallée en 1965 et le prix du Conseil canadien de la musique en 1985. Il est nommé compagnon de l'Ordre du Canada en 1975.

Mabel H. Laine

Quill & Quire Revue consacrée au marché du livre au Canada. Elle est surtout lue par les éditeurs, les libraires, les bibliothécaires, les écrivains et les éducateurs. Fondée en 1935 par la famille Seccombe, *Quill & Quire* est tout d'abord une revue mensuelle destinée aux papetiers et aux libraires. En 1971, Michael de Pencier, président de Key Publishers, achète la revue. Cette date est aussi celle à laquelle la revue change d'orientation pour se consacrer exclusivement au marché du livre.

Depuis 1972, la revue augmente en taille et en étendue. Ses chroniques comportent une section de critiques de livres, des annonces des éditeurs au printemps et à l'automne, des portraits d'auteurs, des statistiques sur l'industrie ainsi que des articles approfondis sur l'ÉDITION, les politiques gouvernementales, la vente de livres (*voir* LIBRAIRIES) et la bibliothéconomie. La revue est tirée à 6400 exemplaires. Un supplément bimensuel, *Books of Young People,* traite de l'évolution de la littérature pour enfants. Deux fois par année, *Quill & Quire* publie le *Canadian Publishers Directory.*

Susan Walker

Quill, lacs Ces deux lacs communicants, Big Quill and Little Quill, d'une superficie totale d'environ 500 km², sont situés à 152 m d'altitude, à 150 km au nord de REGINA et à 152 km à l'est de SASKA-TOON. Les deux lacs sont alimentés par de nombreux petits ruisseaux, rivières et lacs, et se jettent, vers le sud-est, dans la rivière Whitesand qui serpente puis se déverse finalement dans la RIVIÈRE ASSINIBOINE. Ce sont des lacs peu profonds et très salés à cause du courant chargé de minéraux qui les parcourt. Ces étendues salifères, très visibles sur les rives, restreignent la végétation aux arbustes les plus résistants. Les lacs doivent leur nom à la multitude de plumes (*quills*) perdues par les oiseaux migrateurs qui y font halte. Le village slovène de Quill Lake (fondé en 1905), non loin des lacs, est situé sur la ligne de chemin de fer du CN.

David Evans

Quilles, jeu de Il consiste à faire tomber des quilles au moyen d'une boule lancée à la main le long d'une allée de bois. Déjà en Égypte, 5000 ans av. J.-C., on s'adonne à des jeux similaires. On introduit la variante à 10 quilles aux États-Unis au XIXe s., et Thomas F. RYAN invente le jeu à cinq quilles au Canada en 1908 ou en 1909.

Ryan est propriétaire d'un club de bowling au centre-ville de Toronto et tente différentes formules pour susciter l'intérêt de ses clients qui trouvent la boule du jeu à 10 quilles trop lourde et le jeu trop fatigant. Finalement, son père fabrique une quille réglementaire sur un tour, et Ryan en dispose cinq sur l'allée de 10 quilles et introduit l'usage d'une boule plus petite (pesant environ 2 kg et mesurant 13 cm de diamètre). Ryan met alors au point un système de marquage par lequel les quilles sont numérotées de 1 à 5, ce qui permet d'enregistrer 15 points si toutes les quilles sont abattues lors du tour de chaque joueur (appelé carreau). Le joueur a droit à trois boules par tour.

Afin de rendre le jeu encore plus excitant, Ryan introduit la règle selon laquelle le joueur doit obligatoirement abattre la quille du coin gauche (la 4) avant de marquer des points. Ainsi, avec trois boules par tour et 10 tours par partie, le score parfait est de 450. Or, comme les quilles sont très légères, le contact avec la boule les projette facilement dans les airs, ce qui rend le jeu beaucoup plus bruyant qu'auparavant.

En 1912, Ryan trouve la solution à ces deux problèmes en ajoutant une bande épaisse de caoutchouc autour de la quille, et cette quille est encore utilisée de nos jours. Le jeu des cinq-quilles devient rapidement un des sports les plus populaires au Canada et dans le nord des États-Unis. La première compétition internationale a lieu en 1913. En 1918, Alfred Shrubb est le premier à réussir une partie de 400 points, et, en 1921, Bill Bromfield est le premier à réussir une partie parfaite de 450 points.

En 1927, 500 quilleurs se réunissent à l'hôtel King Edward de Toronto et fondent la Canadian Bowling Association. Au cours des quelques années suivantes, plusieurs groupes dirigeants s'organisent dans tout le pays et, en 1978, ils fusionnent pour former l'Association canadienne des cinq-quilles qui compte maintenant plus de 250 000 membres d'une océan à l'autre. L'association organise des tournois, fournit du matériel didactique et décerne des prix.

En 1956, Double Diamond Ltd. invente une machine qui remet les quilles debout automatiquement et remplace ainsi le «planteur». L'invention d'un dispositif à cordes suit en 1963: il ajoute vitesse et régularité au jeu tout en réduisant les dépenses.

De nos jours, le jeu est resté essentiellement le même, et plus de deux millions de Canadiens s'y adonnent chaque année dans plus de 700 salles de quilles. C'est un jeu facile pour les enfants, et des milliers d'hommes et de femmes participent annuellement à des tournois et à des championnats provinciaux, nationaux et internationaux. Le jeu des cinq-quilles est typiquement canadien et compte le plus grand nombre de participants au pays.

Le jeu des dix-quilles est demeuré populaire au Canada, et on prétend que c'est le sport comptant le plus de participants au monde. Plusieurs Canadiens se sont distingués lors de compétitions internationales. Entre autres, Graydon Robinson, de Toronto, est champion du monde à Tokyo en 1969; Ray Mitchell, originellement de l'Alberta, remporte le championnat mondial des maîtres à Hambourg, en Allemagne de l'Ouest, en 1972; Cathy Townsend, de Montréal, gagne la Coupe du monde à Manille en 1975; et Jean Gordon, de Vancouver et Ron Allenby, d'Ottawa, se classent parmi les premiers aux championnats du monde de la Fédération internationale des quilleurs (FIQ) tenus à Helsinki en 1987.

A.G. Hong

Quimper, Manuel, officier de marine et explorateur (actif vers 1790). Quand surgit la CONTROVERSE DU DÉTROIT DE NOOTKA, l'Espagne envoie Quimper et six autres jeunes lieutenants raffermir sa position dans le Pacifique. Au cours de l'expédition en vue de reprendre possession du détroit de Nootka, en 1790, il s'empare du *Princess Royal,* un navire britannique. En juin, il reçoit l'ordre d'explorer le détroit Juan de Fuca et d'y faire la traite. Il rend visite au chef Wickananish à la baie Clayoquot, puis explore les havres et les baies autour de l'emplacement actuel de Victoria. Plus tard, il traverse le détroit pour explorer Puerto Nuñez Gaona (Neah Bay), qui devient le deuxième poste espagnol sur la côte du Nord-Ouest. En 1791, Quimper commande le *Princess Royal* jusqu'à Hawaï et aux Philippines pour rendre le navire à ses propriétaires britanniques.

Christon I. Archer

Quispamsis, ville du N.-B.; pop. 8839 (rec. 1996), 8446 (rec. 1991), 7251 (rec. 1986); superf. 39,98 km²; const. en 1982; située à 16 km au nord-est de Saint-Jean, juste au nord de Fairvale. Elle est d'abord constituée en tant que village en 1966. Le nom Quispamsis vient du mot malécite signifiant «petit lac» et désignait probablement le lac Ritchie. Il lui est attribué par la European and North American Ry en 1857 lorsqu'elle construit un chemin de fer dans la région. Auparavant, la ville avait porté les noms de Wetmore's, Gondola Point et Lakefield.

La région essentiellement rurale est fréquentée surtout par les estivants jusqu'au milieu des années 1960. Depuis lors, la population de la ville a augmenté de 460 p. 100 à mesure qu'elle devenait une banlieue-dortoir de Saint-Jean. Seulement 17 p. 100 de la population active de Quispamsis y travaille. On y trouve Stoneycroft, l'ancienne «Twelve Mile House», construite vers 1800 et aujourd'hui un lieu historique provincial.

Burton Glendenning

Rabin, Linda, professeur, chorégraphe et directrice artistique (Montréal, 28 sept. 1946). Elle découvre la danse avec Elsie Salomons, Séda Zaré et Birouté Nagys pour ensuite être diplômée en danse de la Juilliard School of Music de New York. Elle suit des cours chez Martha Graham, à la Connecticutt School of Dance et avec Zena Rommett. Elle acquiert une formation complémentaire auprès de Richard Pochinko et son Theatre Resources Centre d'Ottawa (ateliers de masques; travail vocal avec Ann Skinner). Plus tard, elle développe une connaissance approfondie en Body Mind Centering, Alexander, Shiatsu, Pilates et ideokinesis.

Rabin chorégraphie sa première œuvre en 1972, pour la Batsheva Dance Company de Tel Aviv, après un séjour comme répétitrice au Ballet Rambert de Londres. Bien qu'elle ait dansé par le passé sa contribution porte surtout sur l'enseignement et la chorégraphie. Pédagogue réputée, elle a enseigné au Canada, en Israël, en Angleterre et au Guatemala.

Sa recherche chorégraphique intègre des éléments de théâtre, de rituel, de danse contemporaine ainsi que des approches postmodernes et classiques. Ses œuvres figurent au répertoire de plusieurs compagnies canadiennes et de la Nederlands Danz Theater 2. Tantôt lyriques, tantôt épurées, elles démontrent une spiritualité profonde et un travail détaillé et musical.

Elle signe une œuvre majeure, *La déesse blanche*, en 1977. C'est la première chorégraphie montréalaise qui dure une soirée entière. Le public se déplace d'une salle à l'autre pour assister à ce cérémonial intimiste qui exploite le rituel, les archétypes féminins, le travail vocal, le texte et la danse et donne le ton au courant minimaliste montréalais utilisant épuration et temps dilaté.

En 1981, elle fonde, à Montréal, Linda Rabin danse moderne mettant à contribution sa connaissance intime des techniques Graham, Limon et Holm et comblant un vide en termes de formation moderne à Montréal; elle crée aussi une troupe, Triskelian Dance Foundation, qui ne dure que deux saisons. Rebaptisée Les ATELIERS DE DANSE MODERNE DE MONTRÉAL INC (LADMMI) en 1985, l'école vise à former des interprètes professionnels. Quittant le gouvernail de LADMMI en 1993, Rabin continue toutefois à y enseigner comme elle le fait également ailleurs.

Après un passage comme professeur à l'UQAM, elle réoriente sa carrière aux alentours de 1997 afin d'intégrer mouvement, spiritualité et biomécanique dans sa vision et veiller à la santé corporelle non seulement des danseurs mais de l'être humain en général.

Iro Valaskakis Tembeck.

Rabinowitch, David, sculpteur (Toronto, 6 mars 1943). Tout comme son frère jumeau, Royden RABINOWITCH, il se fait d'abord connaître sur la scène nationale en tant que membre de la communauté artistique de London, en Ontario, réunie autour de Greg CURNOE et reconnue lors de l'exposition The Heart of London (1968), à la Galerie nationale du Canada. Depuis, il produit l'un des corpus d'œuvres les plus intéressants de la SCULPTURE contemporaine récente. Il partage l'intérêt des minimalistes en explorant cette volonté de la sculpture d'interagir avec le spectateur dans le temps et l'espace. Ses sculptures «romanes», formées de masses d'acier plat dont l'horizontalité est contrecarrée par des trous forés verticalement dans chaque masse, se présentent comme des zones de perception où l'aspect de la sculpture varie selon la position du spectateur. La sculpture prend tour à tour une série d'aspects indépendants les uns des autres à mesure que le spectateur se déplace autour d'elle. C'est comme si le monde se fondait en une succession d'aspects uniques qui, bien que reliés, demeurent irréconciliables. On reconnaît la possible unité de la sculpture du fait que toutes les composantes physiques sont toujours présentes, mais cette connaissance est le fruit de l'intelligence ou du désir et non celle de l'expérience.

Rabinowitch déménage à New York en 1972 et enseigne à l'U. Yale (1974-1975) et à Düsseldorf (1984). Il a présenté un nombre important d'expositions, surtout en Europe.

Roald Nasgaard

Rabinowitch, Royden, sculpteur (Toronto, 6 mars 1943). Rabinowitch figure parmi les Canadiens qui ont apporté une contribution vraiment originale à la SCULPTURE contemporaine. Il entreprend sa carrière à London, en Ontario, durant les années 60 (tout comme son frère jumeau, David RABINOWITCH) et déménage à New York dans les années 70. Il participe à de nombreuses expositions, surtout en Europe. Bien que les premières œuvres de Rabinowitch présentent les caractéristiques du minimalisme, ses sculptures en sont aussi une critique, comme c'est le cas pour la plupart des autres sculptures non figuratives (dont il conteste le fait qu'elles soient fondées sur des prétentions spatiales trop mécaniques, abstraites et visuelles). La série *Handed, Limited and Numbered Manifolds* est typique de son style: ce sont des constructions basses, au ras du sol, chacune constituée d'une plaque d'acier polygonale, inclinée pour former une série de plans à angle (l'étendue, la diversité), au sommet desquels, alignées sur les arêtes, se trouvent d'autres plaques d'acier (les limites) placées à droite ou à gauche, selon que les sculptures individuelles sont à droite ou à gauche. Bien que purement abstraites, les sculptures évoquent les propriétés principales du corps humain quant à son orientation dans l'espace.

Royden Rabinowitch vit à Gand, en Belgique. Depuis 10 ans, il a présenté un nombre exceptionnel d'expositions en Europe, parmi lesquelles des expositions individuelles au Kunstmuseum de Berne (1990) et au Gemeentemuseum de La Haye (1992).

Roald Nasgaard

Race, cap Il s'élève à une altitude de 30 à 40 m et constitue l'extrémité sud-est de la PRESQU'ÎLE AVALON à Terre-Neuve. Baptisé «Race» en raison de ses falaises au sommet plat (en portugais *raso*), il a un aspect aride qui crée une impression de désolation auprès des passagers transatlantiques arrivant au Canada par la mer. Le cap est l'emplacement d'un puissant émetteur du système de navigation Loran C, un outil précieux pour les navigateurs. On peut apercevoir des icebergs dans les eaux au large du cap de mars à juillet. En 1977, le cap Race est devenu un lieu historique national.

P.C. Smith

Racine, Rober, artiste visuel, musicien et écrivain (Montréal, 1956). Au cours des années 70, il étudie la littérature, l'histoire de l'art et le cinéma, puis commence à exercer un art multidisciplinaire. Racine donne des représentations remarquables au cours desquelles il relève des défis extraordinaires, entre autres dans *Tetras 1* (1978), une composition musicale à la mise en scène complexe avec des musiciens, des acteurs et des objets divers, et aussi dans les *Vexations* d'Erik Satie (1978-1979), où 152 notes de musique sont jouées 840 fois (l'artiste doit jouer du piano durant plus de 14 heures de suite). Il étudie aussi les dimensions physiques, spatiales, et temporelles du *Salammbô* de Gustave Flaubert (1978-1980). Pour ce faire, il transcrit le texte de Flaubert et construit un escalier qui rappelle la structure architecturale du roman. Durant la représentation, qui dure 14 heures, Racine lit le roman tout en montant les marches au fur et à mesure que l'histoire avance.

Plus tard, Racine conçoit l'idée d'un parc qui puisse contenir tous les mots du dictionnaire. *Le Parc de la langue français* se veut une étude de l'organisation spatiale de l'écriture dans un environnement extérieur, où le lecteur-promeneur aurait à se déplacer dans l'espace pour passer d'un mot à l'autre. Le projet est encore à l'étape conceptuelle. Toutefois, *Terrain du dictionnaire A/Z* (1980) donne une bonne idée de ce que sera le parc si le projet se concrétise. L'artiste a découpé 55 000 entrées dans deux éditions du dictionnaire *Robert,* les a collées sur des cartes montées sur des chevilles, puis les a attachées sur une grande surface.

Le projet d'exploration du dictionnaire a donné naissance à d'autres projets. P. ex., Racine enlumine de dorures et de couleurs les 2130 pages des deux exemplaires abîmés du dictionnaire *Robert*. Il compose ensuite de la musique en isolant d'abord les notes cachées dans les mots (do, ré, mi, fa...) puis en les intégrant à des portées musicales. La musique des *Pages-miroirs* a été adaptée pour voix, piano et quatuor à cordes et jouée à plusieurs occasions au Canada et en Europe.

Rober Racine est particulièrement reconnu pour sa manière spectaculaire de transposer des mots en musique, en images et en gestes. Il a exposé dans plusieurs galeries et musées à travers le monde et a été choisi pour participer à des événements internationaux d'envergure, tels l'Aperto de la biennale de Venise (1990), la Biennale de Sydney (1990) et la Documenta IX de Kassel (1992). En 1995, le CIAC (Centre international d'art contemporain) de Montréal et le P3 de Tokyo ont présenté une rétrospective de ses œuvres. Il a aussi publié un roman (*Le mal de Vienne,* 1992), réalisé des émissions radio et une vidéo (*J'aurais dit Glenn Gould,* 1984). Enfin, il a composé de la musique de danse et de la musique destinée à des spectacles.

Louise Déry

Racisme Le mot race, pourtant d'usage courant aujourd'hui, est d'origine récente. Ne le confondons pas avec le terme «discrimination raciale» qui est axé sur les comportements, ni avec «l'ethnocentrisme», relié à la croyance en la supériorité de son propre groupe ethnique. Tandis que le terme racisme met l'accent sur les différences biologiques des êtres humains, les préjugés racistes peuvent découler d'aspects sociaux ou culturels.

L'idée des races Elle apparaît pour la première fois en Angleterre vers le XVIIe s. Les Nord-Américains adoptent ce terme dans leurs écrits scientifiques vers la fin du XVIIIe s. Sous l'influence des scientifiques du XIXe s., il se répand et est popularisé puisqu'on estime que ceux-ci sont porteurs de vérité. À cette époque, l'idéologie raciste permet d'expliquer les conflits politiques et économiques un peu partout sur la planète et de légitimer la position dominante du capitalisme britannique dans le système économique mondial. Le racisme est un phénomène universel, bien visible dans de nombreux groupes ethnoraciaux. La population blanche n'en a pas le monopole.

Vers le milieu du XIXe s., on s'entend généralement sur le fait qu'on peut répartir la population du monde entre une variété de races constituées de groupes humains partageant des attributs phénotypiques similaires tels que la couleur de la peau et la texture des cheveux. Ce processus consistant à cataloguer les races, nommé *racialisation*, est un préalable à l'émergence du racisme comme idéologie.

Croyances et affirmations Le racisme est une idéologie qui prétend diviser l'espèce humaine en un certain nombre de groupes biologiques distincts. Ces groupes déterminent les comportements et les succès des individus qui en font partie. Il s'agit d'une croyance qui perçoit les «races» comme des subdivisions naturelles et immuables du genre humain, chacune ayant ses caractéristiques culturelles et son potentiel distincts et variables pour créer et faire évoluer sa civilisation respective. C'est dire que les attributs biologiques peuvent servir à expliquer la diversité sociale et culturelle de l'humanité. Fait aussi partie de cette idéologie la croyance en un ordonnancement naturel et hiérarchique des groupes humains, qui permet aux «races» supérieures de dominer les autres. Elle ne découle pas d'études de la race et de certaines inégalités actuelles entre certains groupes. Elle se présente en effet comme l'affirmation de l'inégalité comme fait absolu et inconditionnel.

La pensée raciste tient pour acquis que les différences entre groupes sont innées et immuables. Selon elle, l'environnement n'influence donc pas l'intelligence, les attitudes et les croyances. Elle interprète l'existence de groupes au bas et au sommet de la hiérarchie sociale comme le résultat de différences qualitatives dans leur constitution biologique naturelle et non pas comme le produit des influences de leur milieu social. Les racistes s'opposent à l'intégration sociale en affirmant qu'elle provoquerait la dégénérescence du groupe supérieur. L'idéologie raciste repose sur trois suppositions erronées: 1° les différences biologiques vont de pair avec des différences culturelles; 2° la constitution biologique prédétermine les réalisations culturelles d'un groupe; 3° la constitution biologique limite le niveau de développement culturel qu'un groupe peut atteindre.

Les recherches montrent le caractère erroné de ces suppositions qui reposent en bonne partie sur la thèse insoutenable voulant que la nature (biologie) soit le seul et unique agent causal. Les nombreux faits qui démontrent l'existence de différences plus marquées à l'intérieur des groupes qu'entre eux et l'impact des facteurs sociaux sur les comportements ébranlent sérieusement les croyances racistes. Pour tout dire, si le terme de race s'emploie dans le langage courant, surtout pour désigner les différentes couleurs de la peau, il n'est guère utile sur le plan biologique.

Racisme institutionnel L'application du concept de racisme a pris de l'ampleur avec le temps. Dans les années 60, les sciences sociales ne se contentent pas de parler de racisme individuel, à savoir qu'une personne croit à l'infériorité «raciale» d'une autre. Il y a racisme institutionnel lorsque les institutions politiques, économiques et sociales d'une société fonctionnent au détriment d'un individu ou d'un groupe spécifique sur la base d'une supposée constitution génétique. Le racisme culturel repose non pas sur des idées de supériorité biologique innée, mais sur une prétendue incompatibilité entre traditions culturelles.

À défaut de pouvoir percevoir aisément des différences biologiques, les racistes en inventent (p. ex., la taille du nez, la couleur des yeux). Le racisme n'est pas le produit de différences physiques objectives entre les humains, mais plutôt celui de la reconnaissance sociale de telles différences.

Au XXᵉ s., H.S. Chamberlain, ce publiciste allemand d'origine britannique, se fait le promoteur de l'idéologie raciste. Plus récemment, l'éducateur américain A. Jenson affirme qu'il existe des différences entre le quotient intellectuel des Noirs et des Blancs. Au Canada, P. Rushdon dit noter l'existence d'une nette hiérarchie psychologique et sociale en ordre descendant entre Asiatiques, Blancs et Noirs. Ces affirmations ne sont pas confirmées par d'autres chercheurs et on n'estime pas qu'elles découlent d'une démarche scientifique. Au Canada, le racisme tant individuel qu'institutionnel a fait partie de politiques d'immigration et de pratiques restrictives au détriment des autochtones et des immigrants de couleur, et plus particulièrement, des Chinois, des Noirs et des Juifs.

Doctrine en perte de vitesse Si une idéologie ouvertement raciste a connu son âge d'or, certains groupes (Western Guard, KU KLUX KLAN et d'autres groupes de l'extrême droite) continuent de répandre des croyances racistes. Au cours de ce dernier quart de siècle, les gouvernements fédéral et provinciaux ont légiféré pour combattre le racisme (p. ex., la politique multiculturelle et les commissions des droits de la personne). Dans certains cas, le gouvernement poursuit des individus – p. ex., Keegstra et Zundel – devant les tribunaux en vertu de sa législation sur la PROPAGANDE HAINEUSE et dans le but de les empêcher de répandre leurs opinions racistes. (*Voir aussi* ANTISÉMITISME, PRÉJUGÉS ET DISCRIMINATION.)

J.S. Frideres

Racoon Le *Racoon*, un sloop de guerre britannique équipé de 26 pièces d'artillerie et commandé par le capitaine William Black, a pour mission de prendre Astoria, le poste de la compagnie américaine PACIFIC FUR COMPANY situé à l'embouchure du fleuve Columbia, et d'y établir un avant-poste durant la GUERRE DE 1812. Quand il arrive, le 30 novembre 1813, Astoria a déjà été racheté par des Nor'Westers dirigés par John George McTavish. Néanmoins, le 13 décembre, obéissant aux ordres initiaux du gouvernement britannique, Black revendique le territoire au nom du roi George III et nomme le poste Fort George. Le TRAITÉ DE GAND prévoit le retour au *statu quo ante bellum*. Comme Black a revendiqué le territoire comme prise de guerre, Astoria est restitué aux Américains. La traversée du *Racoon* constitue un appui officiel du gouvernement à la TRAITE DES FOURRURES au Canada et ouvre la porte à une collaboration entre les commerçants de fourrures et la Marine royale sur la CÔTE DU NORD-OUEST.

J.W. Shelest

Racquetball Il est l'un des sports les plus récents et les plus populaires à l'heure actuelle en Amérique du Nord. Il se joue à l'intérieur, sur un court entouré de quatre murs. La largeur du court est de 6 m, sa longueur de 12 m et sa hauteur de 6 m. Le jeu se joue avec une balle de caoutchouc de 6,35 cm et consiste à frapper la balle pour la renvoyer au mur frontal avant qu'elle ne fasse un deuxième bond sur le sol. Le plafond et les murs servent aussi au jeu. En 1970, seulement 50 000 personnes y jouent, mais, au milieu des années 1970, on prétend que trois millions de personnes s'y adonnent. Le jeu dérive probablement du paddle-ball, inventé dans les années 1930 et transformé par un joueur de squash professionnel du Connecticut en paddle-racquet. Pour jouer au paddle-racquet, on utilisait une raquette à manche court et en corde de boyau. En 1968, le premier tournoi national de paddle-racquet attire l'attention des médias et des hommes d'affaires et, en moins d'un an, la Fédération Internationale de Racquetball est formée.

En 1971, l'Association canadienne de racquetball est constituée en corporation et une croissance importante du sport s'ensuit, particulièrement dans les provinces de l'Ouest. Edmonton est qualifiée de capitale du racquetball en Amérique du Nord et l'U. de l'Alberta devient l'hôte de nombreux tournois. Des clubs privés existent maintenant dans plusieurs villes, tout comme des courts de racquetball dans les collèges et les YMCA. Deux événements marquent le racquetball en 1976-1977: une subvention de Sport Canada ainsi que des subventions du Gouvernement du Canada sont remises à deux joueurs de racquetball. Certains joueurs canadiens, comme Wayne Bowes et Lindsay Myers, ont participé avec succès à des compétitions aux États-Unis, où il existe un circuit professionnel lucratif. Toutefois, pendant les années 1980, le racquetball connaît une baisse de popularité alors que le sport rival, le SQUASH, connaît une recrudescence.

Gerald Redmond

Radar Ce terme est l'abréviation de l'expression anglaise «radio detection and ranging». Il s'agit d'un appareil pouvant recueillir des informations (distance, position) sur un objet quelconque en émettant un signal électromagnétique et en analysant l'écho renvoyé par l'objet. Les composantes essentielles d'un système radar sont l'émetteur, le récepteur et l'unité centrale de traitement des données. Les radars utilisent l'émission d'ondes dans le domaine des radiofréquences dont l'analyse théorique a été réalisée en 1864 par J.C. Maxwell.

Les ondes radioélectriques font partie du spectre électromagnétique, tout comme la lumière visible. Une démonstration pratique de la théorie de Maxwell a été effectuée par H.R. Hertz qui, en 1888, mène des expériences sur la réflexion des ondes radioélectriques. En 1900, Nikola Tesla soutient que les cibles mouvantes peuvent être détectées grâce au décalage en fréquence de l'onde réfléchie (prédit par C.J. Doppler, en 1842, en ce qui concerne les ondes en général). Le premier brevet d'un radar rudimentaire est déposé en Allemagne en 1904. Toutefois, c'est l'imminence de la Seconde Guerre mondiale qui entraîne de réels progrès dans ce domaine.

En 1934, Robert Watson-Watt soumet au gouvernement britannique le principe d'une détection aérienne à l'aide d'un radar pulsé au sol. Au printemps 1935, un système expérimental démontre son utilité, et la British Home Chain est mise sur pied. Cinq stations de radar tournées vers l'Europe entrent en opération en 1938. Leur efficacité a été un facteur décisif de la BATAILLE D'ANGLETERRE.

Les systèmes radar se perfectionnent à un rythme accéléré pendant le conflit. Les échanges techniques conclus entre les alliés y contribuent grandement. Les scientifiques du CONSEIL NATIONAL DE RECHERCHES DU CANADA y participent. En 1946, A.E. COVINGTON utilise les surplus d'équipements de recherche sur les radars pour construire le premier radiotélescope canadien (*voir* OBSERVATOIRE). La portée et la sensibilité des radars s'accroissent constamment, et de petits appareils sont conçus pour les avions et les navires. En 1935, les radars fonctionnent sur des longueurs d'ondes de 25 m, et en 1940, elles sont réduites à 10 cm. Le radar à hyperfréquences est né.

La principale innovation est la mise au point du magnétron à cavités par John T. Randal et Henry A. Boot de l'U. de Birmingham (1939-1941). Ce dispositif peut générer des impulsions de micro-ondes atteignant 500 kW et permet la construction de petits radars qui, pour l'époque, sont très précis. Comme toutes ces innovations techniques doivent demeurer secrètes au cours de la Seconde Guerre mondiale, les pays alliés utilisent des noms de code qui sont toujours en usage pour les longueurs d'ondes: bande L (25 cm), bande S (10 cm), bande C (5 cm), bande X (3 cm) et bande K (1 cm). Les ondes plus courtes sont utilisées par les «radars millimétriques».

Fonctionnement Les appareils radar émettent de l'énergie dans un faisceau d'ondes dont la géométrie est modelée par l'antenne émettrice. L'énergie rayonnée dans les limites du faisceau se propage vers son objectif à la vitesse de la lumière. Quand elle frappe un obstacle, une petite fraction de cette énergie est réfléchie et captée au retour par le radar. L'écho revient en un court laps de temps après la transmission. Ces délais, extrêmement courts pour les radars terrestres, sont mesurés en microsecondes. La vitesse de la lumière étant connue, on sait que chaque microseconde (0,000001 seconde) du délai correspond à une portée de 150 m. Il est nécessaire que l'impulsion soit très courte et puissante pour détecter plusieurs objets petits, souvent rapprochés les uns des autres comme dans le cas d'une escadrille d'avions. Ces caractéristiques sont indiquées par le pouvoir de résolution (généralement donné en mètre) et la sensibilité (en mètre carré). Plus ces grandeurs sont petites, plus le radar est «bon». Un radar doté d'un pouvoir de résolution élevé peut identifier séparément des objets éloignés de quelques mètres seulement les uns des autres.

Sortes de radars De nombreux systèmes radar sont aujourd'hui en service, des appareils mesurant la vitesse utilisés par la police (au coût de quelques milliers de dollars chacun) jusqu'à Magellan, d'une valeur approximative de 350 millions de dollars. Magellan, approuvé par la NASA en 1983, avait pour objectif de produire en 1990 une carte radar de Vénus à partir d'un système SATELLITE. Les radars sont utilisés à des fins militaires, notamment pour la surveillance, le réglage de trajectoire, le guidage, la navigation et la pré-alerte (*voir* RÉSEAU D'ALERTE AVANCÉE). Le Canada et les États-Unis poursuivent leur coopération dans le domaine de la défense antimissile balistique. Ainsi, le système d'alerte avancé pour les missiles balistiques comprend des systèmes radar sophistiqués dans le Nord canadien, le centre de traitement des données étant cependant situé au poste central souterrain du Colorado qui collecte les données provenant de nombreux autres systèmes, dont AWACS (Système aéroporté d'alerte et de contrôle).

La plus importante application civile du radar est le contrôle de la navigation aérienne. Les radars sont également essentiels pour la sécurité de la navigation sur les voies maritimes canadiennes. Parmi les autres usages du radar, signalons le suivi des systèmes orageux, les sondages atmosphériques et l'ASTRONOMIE.

Télédétection radar Depuis 1976, le Canada a acquis une réputation mondiale dans certaines techniques liées aux radars, notamment en étant le premier à s'en servir pour l'observation et la surveillance de vastes étendues (*voir* TÉLÉDÉTECTION). En plus de dresser une carte systématique de l'état des glaces dans l'Arctique et l'Atlantique Nord par radar aérien, le Canada tire profit du SEASAT américain, un satellite expérimental (juillet-octobre 1978) qui transporta en orbite autour de la Terre le premier radar capable de produire des images. Il s'agit d'un système à grand pouvoir séparateur, fonctionnant sur la bande L, capable de mettre en image le balayage d'une zone large de 100 km. Cet appareil est un radar à ouverture synthétique (SAR) fonctionnant selon un principe s'apparentant à l'holographie. Les données sont obtenues à partir de l'image par traitement optique.

Le Canada a mis au point le premier processeur numérique pour de telles données. MacDonald, Dettwiler et Associés, de Vancouver, ont publié la première image du genre en novembre 1978. La technologie canadienne demeure à la fine pointe de la recherche internationale dans ce domaine. Les technologies des SAR aéroportés et spatiaux font l'objet d'un actif développement au Canada, qui compte les utiliser pour la GESTION DES RESSOURCES. Le Centre canadien de télédétection a mis au point des SAR aéroportés dans les bandes X et C. Les radars STAR 1 et 2, exploités par Intera de Calgary, sont les meilleurs radars imageurs civils au monde utilisés pour surveiller les glaces de l'Arctique, cartographier les régions tropicales couvertes de nuages, comme l'Indonésie, et bien d'autres applications. (*Voir aussi* SONAR.)

R.K. Raney

Raddall, Thomas Head, auteur de romans historiques (Hythe, Angl., 13 nov. 1903—Liverpool, N.-É., 1ᵉʳ avril 1994). Il est encore enfant quand il arrive en Nouvelle-Écosse, province qui va inspirer ses nombreux romans et essais. À une époque où les lecteurs sont friands des œuvres de fiction publiées dans les revues, il se fait d'abord connaître comme nouvelliste. Ses premières nouvelles, regroupées sous le titre *The Pied Piper of Dipper Creek and Other Tales* (1939), lui valent son premier prix du Gouverneur général (1943).

C'est toutefois comme auteur de romans historiques qu'il devient célèbre, surtout avec *His Majesty's Yankees* (1942) et *The Governor's Lady* (1960).

Pourtant, son livre le plus apprécié *The Nymph and the Lamp* (1950), n'est pas un ouvrage historique et s'inspire de son expérience comme opérateur de radio dans l'île de Sable, au lendemain de la Première Guerre mondiale. Son étude historique *Halifax, Warden of the North* (1948, prix du Gouverneur général), demeure son ouvrage documentaire le plus lu. Son autobiographie, *In My Time* (1976), décrit la lente évolution de la vie littéraire au Canada depuis les années 20. En 1986, un recueil de nouvelles publiées dans des revues entre 1928 et 1955 paraît sous le titre *The Dreamers*.

Doug Fetherling

Radio (*Voir* RADIODIFFUSION ET TÉLÉVISION)

Radio-Canada (*Voir* SOCIÉTÉ RADIO-CANADA)

Radio, théâtre de langue anglaise à la Au Canada, la production de radiothéâtres débute en 1925 lorsque les Chemins de fers nationaux du Canada (CN), dotés à cette époque d'un service radiophonique, entreprennent la diffusion de dramatiques. Les réseaux nationaux de radiodiffusion du CN, de la Commission canadienne de radiodiffusion (CCR) et de la Société Radio-Canada (SRC) sont à l'avant-garde du radiothéâtre. Grâce à eux, de nombreux professionnels du théâtre canadiens ont pu bénéficier d'un auditoire et d'une formation.

Les dramatiques radio possèdent les mêmes qualités que les dramatiques présentées sur scène, au cinéma ou à la télévision, mais sans la dimension visuelle. Le son étant le seul moyen de communication, les concepteurs de radiothéâtres doivent raffiner les techniques dont ils disposent: voix, musique, trucages sonores, ainsi que contrôle sonore et mixage. Le radiothéâtre canadien est à l'avant-garde dans tous ces domaines et fait preuve d'ingéniosité dans la représentation et l'enchaînement des scènes, l'originalité de la musique et la description des personnages.

La première série dramatique diffusée au Canada est une production du CN, *CNRV Players*, réalisée par Jack Gilmore à Vancouver de 1927 à 1932. Les productions de l'époque incluent, entre autres, des pièces de Shakespeare, des adaptations de pièces américaines ou européennes et de romans, ainsi que des créations locales. La première série comprenant des œuvres d'auteurs canadiens, *Romance of Canada*, comporte 24 pièces sur l'histoire du Canada écrites par Merrill Denison. Elle est réalisée dans les studios montréalais du CN (1931-1932). Tyrone GUTHRIE réalise les 14 premières dramatiques. Rupert Caplan et Esmie Moonie prennent la relève pour la deuxième saison. Une autre série, *The CKUA Players*, réalisée par Sheila Marryat à la station de radio de l'U. de l'Alberta, est diffusée tout au long des années 30 par de nombreuses stations du réseau de l'Ouest.

Le réseau radiophonique du CN est nationalisé en 1932 et donne naissance à la Commission canadienne de la radio-diffusion (*Voir* RADIODIFFUSION ET TÉLÉDIFFUSION). En trois ans, à partir de novembre 1933, la CCR augmente à 17 le nombre de séries diffusées chaque semaine sur son réseau national anglais, avec Ernest BUSHNELL comme directeur des émissions. La série *Radio Theatre Guild* de Rupert Caplan, qui comprend des pièces canadiennes, américaines et européennes, est la plus populaire. Parmi les séries les plus écoutées, signalons aussi *Forgotten Footsteps*, de Don Henshaw, et le feuilleton *Youngbloods of Beaver Bend*. En novembre 1936, la CCR devient la SOCIÉTÉ RADIO-CANADA. Le premier superviseur des émissions dramatiques, Rupert Lucas, poursuit dans la même veine avec divers classiques, notamment Shakespeare, des adaptations de romans, des documentaires et des dramatiques écrites pour la radio. Il lance des émissions régionales hebdomadaires produites à Winnipeg, à Toronto, à Montréal et à Vancouver. Au début de la Seconde Guerre mondiale, les séries du Service des émissions dramatiques de Radio-Canada deviennent d'importants outils de sen-

sibilisation et de publicité. La SRC entreprend donc de centraliser la production des principales séries dramatiques.

L'arrivée d'Andrew ALLAN, en 1943, au poste de superviseur national des émissions dramatiques, marque le début de l'âge d'or des dramatiques radio. Les pièces canadiennes originales volent la vedette au théâtre britannique et au théâtre américain qui dominaient jusque-là. En janvier 1944, Allan lance une nouvelle série hebdomadaire, *Stage*, réalisée à Toronto. Il y présente un choix équilibré de créations d'auteurs canadiens et des meilleures pièces classiques et modernes européennes et américaines. *Stage* attire un auditoire national considérable. L'équipe de cette émission fait figure de troupe nationale de théâtre professionnel et sert de modèle pour les séries régionales de Radio-Canada. En 1947, c'est au tour de Halifax de réaliser sa propre série dramatique.

La même année, une autre série débute à Toronto: *CBC Wednesday Night*. On y présente des œuvres étrangères et canadiennes. Quatre grands réalisateurs de dramatiques se partagent la réalisation: Andrew Allan, Rupert Caplan, Esse W. LJUNGH et J. Frank Willis.

Le réseau de Radio-Canada, où sont diffusées ces grandes séries nationales et régionales, sert de scène prestigieuse aux meilleures pièces canadiennes et internationales et devient un lieu de formation pour de nombreux professionnels de théâtre. Citons, parmi les auteurs les plus connus de ces séries: Fletcher Markle, Len Peterson, Joseph SCHULL, Mac Shoub, Lister SINCLAIR, Gerald Noxon, Alan King, Mavor MOORE, Hugh Kemp et W.O. MITCHELL. De 1944 à 1961, la SRC produit quelque 6000 dramatiques dans le cadre de plus de 100 séries réalisées partout au Canada. Plus de la moitié sont des œuvres canadiennes.

En 1952, la naissance du réseau de télévision de langue anglaise de Radio-Canada, dont la programmation comporte aussi des émissions dramatiques, éloigne de la radio un nombre important d'amateurs de théâtre (*voir* TÉLÉVISION, DRAMATIQUES DE LANGUE ANGLAISE). L'essor que connaît le théâtre dans les années 50 accentue cet effet. C'est notamment le cas du FESTIVAL DE STRATFORD, que de nombreux professionnels de Radio-Canada ont contribué à mettre en place. La production de radio théâtres ne diminue pas cependant, du moins jusqu'au milieu des années 60. La deuxième génération de réalisateurs de Radio-Canada, notamment John Reeves et Gerald Newman, expérimente de nouvelles techniques. Les séries *Stage* et *Wednesday Night* (qui deviendra *Tuesday Night*), se poursuivent jusqu'au milieu des années 70 et, de nos jours, le réseau national ainsi que la plupart des régions continuent de réaliser des radio théâtres.

Un regain d'intérêt pour les radiothéâtres se manifeste au cours des années 80. Les Canadiens redécouvrent la radio «parlée», c.-à-d. la radio des idées et des dramatiques. Le réseau national présente davantage de séries dramatiques: *Stereo Theatre, Vanishing Point*, les éléments dramatiques quotidiens de la série *Morningside* (du même genre que *Wednesday Night*), la série vedette *Sunday Matinee* (composée de pièces originales).

Au début des années 90, toutes ces séries ont disparu et la dramatique radio est en déclin à Radio-Canada. *Morningside* devient hebdomadaire et reprend des dramatiques policières présentées dans le cadre de *The Mystery Project*. Une série de pièces choisies d'une durée d'une heure est aussi diffusée. Sur le réseau FM, *Monday Night Playhouse* diffuse une série de pièces choisies, reprises par *Sunday Showcase* sur le réseau AM. Cette série comprend des pièces originales et des adaptations dramatiques de romans contemporains connus.

En parallèle, le réseau de Radio-Canada continue de produire des satires populaires (dans la tradition de *Rawhide* et de *Wayne and Shuster* de Max Ferguson). Les séries *Royal Canadian Air Farce* et *Double*

Exposure connaissent un grand succès. Radio-Canada continue de produire des dramatiques radio, surtout dans les régions de Vancouver et des Prairies, mais elle les diffuse rarement sur le réseau national.

La plupart des quelque 7000 pièces radiophoniques écrites par des auteurs canadiens ont été publiées. Le Centre d'études en radiotélévision de l'U. Concordia, à Montréal, conserve les archives officielles des textes des pièces radiophoniques de Radio-Canada. Les bandes sonores se trouvent aux Archives nationales du Canada (Ottawa), au Glenbow Center (Calgary) et aux archives de plusieurs provinces et universités. Les enregistrements plus récents sont conservés aux Archives d'émissions de Radio Canada. (*Voir aussi* PROGRAMMATION RADIOPHONIQUE.)

Howard Fink

Radio, théâtre de langue française à la Au Québec, il existe deux formes de théâtre radiophonique en français, les radioromans (séries ou feuilletons) et les radiothéâtres (pièces écrites ou adaptées pour la radio). Les séries radiophoniques s'inspirent du théâtre par la forme, et du roman par la structure et la longueur. À l'apparition de la radio au Québec, le THÉÂTRE conserve un côté hérétique tandis que les romans passent pour frivoles, voire immoraux. En outre, les journaux francophones n'ont que rarement publié des romans-feuilletons d'auteurs locaux. La première série radiodiffusée ayant connu un succès immédiat, *L'Auberge des chercheurs d'or* d'Alfred Rousseau (CKAC, janv. 1935—juin 1938), inspirera d'autres auteurs et donnera lieu à des commandes. En 1937, Édouard Baudry lance à CKAC le feuilleton *Rue principale*, qui sera diffusé pendant 22 ans. À l'automne 1938, quatre séries radiophoniques voient le jour en même temps et marquent le début d'un âge d'or qui se prolongera durant plus de 20 ans, un phénomène proprement québécois à la fois socioculturel et littéraire.

De 1939 à 1960, de 10 à 15 séries radiophoniques sont diffusées quotidiennement au Québec, pour une moyenne de 3 heures par jour, sans compter les sketches comiques (plus d'une centaine) ainsi que les pièces présentées par épisodes (au nombre de 120) et les œuvres historiques (au nombre de 90). Les 71 feuilletons radiophoniques répertoriés équivalent à 260 000 pages dactylographiées, soit plusieurs centaines de volumes, et à près de 13 000 heures d'émissions. Une trentaine d'auteurs québécois auront contribué à ce genre radiophonique entre 1935 et 1965, notamment Paul Gury, qui s'est occupé durant 15 ans de *Rue principale* et pendant 14 ans de *Vies de femmes*; Aliette Brisset-Thibaudet, qui a rédigé pendant 11 ans les textes de l'émission hebdomadaire de 30 minutes *Ceux qu'on aime* et Claude-Henri GRIGNON qui, 23 ans durant, a écrit les textes de l'émission vedette quotidienne de 30 minutes *Un Homme et son péché*. Il s'agit dans certains cas de traductions ou d'adaptations de feuilletons américains, mais plus de 75 p. 100 des séries radiophoniques sont des œuvres originales, la plupart rédigées par de jeunes auteurs. Comme *La Famille Plouffe* de Roger LEMELIN ou *Un Homme et son péché* de Grignon, les émissions ont été précédées des romans qui ont servi de point de départ à de nouvelles situations.

Trois stations en particulier, CKAC, CBF et CKVL, diffusent des feuilletons radiophoniques à des heures de forte écoute et attirent des centaines de milliers d'auditeurs. Ces émissions quotidiennes, d'une durée moyenne de 15 minutes, deviennent un rituel. Le feuilleton a une portée limitée et reste stable au fil des ans, mêlant romans populaires et romans «à l'eau de rose». Le ton est habituellement mélodramatique, parfois comique, à l'occasion léger. Les sujets puisent dans la veine réaliste et reflètent les mœurs familiales québécoises. Dénigré par les intellectuels, ce genre sera pourtant fortement exploité. Certaines séries radiophoniques méritent toutefois de figurer dans l'histoire de la littérature, en

particulier les œuvres de Robert CHOQUETTE (*Le Curé de village, La Pension Velder, Métropole*) et le feuilleton d'Henri Deyglun (*Les Secrets du docteur Morhange*). Cependant, l'arrivée de la télévision sonne le glas pour les séries radiophoniques (*voir* TÉLÉVISION, DRAMATIQUES DE LANGUE FRANÇAISE À LA). Leur nombre commence à diminuer à la fin des années 50 pour disparaître progressivement des ondes. La station CKVL refait une tentative en 1974 et, en 1984, CHRC cherche à ressusciter le genre avec *La Minute de vérité*, qui sera diffusée de septembre à décembre, sans qu'il y ait de suite.

Au Québec, les radiothéâtres n'obtiennent pas autant de succès que les radioromans, mais ils jouent un rôle important dans la vie culturelle québécoise. Chronologiquement, les pièces précèdent les feuilletons radiophoniques, puisque CKAC diffuse une première émission, *Le Théâtre de J.O. Lambert*, dès novembre 1933. Le radiothéâtre remplace le théâtre, durement frappé par la Crise des années 30. En 35 ans, les stations AM québécoises diffusent 80 séries de pièces choisies qui font vivre de nombreux auteurs et acteurs. Ce genre se démarque de plus en plus du théâtre traditionnel alors qu'on tire parti des multiples possibilités offertes par le microphone. Au début, les auteurs se contentent d'adapter des romans, des nouvelles et des œuvres tirés du théâtre de répertoire (*Le Thé L'Atelier*), habitude qui persistera tout au long de l'histoire du radiothéâtre, surtout à CBF. La station de radio publique diffuse ainsi 26 séries de pièces étrangères, dont *Radio-Théâtre* (1939-1940), *Le Théâtre classique français* (1940), *Théâtre par Radio-Collège* (1941-1950), *Sur toutes les scènes du monde* (1953-1970), *Théâtre populaire* (1950) et *Petit Théâtre* (1966-1967). En outre, 10 émissions, notamment *Le Radio théâtre de Radio-Canada*, présentent à la fois des adaptations et des œuvres originales québécoises. Des producteurs talentueux mettent en scène de nombreuses pièces importantes du répertoire international, depuis les classiques jusqu'à l'avant-garde. Ces adaptations marquent les débuts de jeunes auteurs comme Marcel DUBÉ, Louis Pelland, Hubert AQUIN et Yves THÉRIAULT.

Bien qu'ils ne représentent qu'une part minime des émissions diffusées à la radio, les radiothéâtres d'auteurs québécois jouent un rôle primordial sur le plan culturel. Ils servent de banc d'essai à plusieurs jeunes dramaturges canadiens-français et favorisent l'émergence d'un corpus de pièces québécoises. La liste comprend plus de 1500 radiothéâtres écrits par plus de 200 auteurs. Chaque semaine durant 20 ans, la radio diffuse au moins une pièce originale québécoise. Au cours des années 50, jusqu'à quatre nouvelles œuvres passent en ondes chaque semaine. Entre 1930 et 1970, les stations AM de la province présentent 44 séries québécoises. Dans la première série diffusée par CKAC, de 1938 à 1947, intitulée *Le Théâtre de chez nous*, Henri Letondal occupe une place majeure. Robert Choquette est le premier auteur important dont plusieurs œuvres sont radiodiffusées (CRCM, 1934). La station CBF commence à diffuser des séries québécoises en 1944 avec *Entrée des artistes*, émission qui sera suivie par, entre autres, *L'Équipe aux quatre vents, Les Voix du pays* et *Le Théâtre des nouveautés*. L'émission la plus marquante en raison de son caractère expérimental, *Les Nouveautés dramatiques*, produite par Guy BEAULNE et diffusée de 1950 à 1962, servira de rampe de lancement à plusieurs auteurs. Parmi les 58 collaborateurs de cette émission, mentionnons Yves Thériault, Marcel Dubé, Louis-Georges Carrier, Marcel Cabay, François Moreau, Jacques GODBOUT, Jacques LANGUIRAND, Félix LECLERC et Robert Gadouas. Plus de 320 pièces seront présentées dans le cadre de cette série.

La radio diffuse des pièces québécoises variées, qui vont du drame psychologique au théâtre de rue, en passant par les comédies de genre, la satire socia-

le, le mélodrame et les œuvres surréalistes. Selon l'époque et la station, la priorité est donnée à certains genres, mais ce sont dans presque tous les cas des pièces d'auteurs locaux qui soulèvent des problèmes propres au Québec, destinées à un public québécois et écrites dans sa langue. Il s'agit sans contredit d'un théâtre populaire, comme en témoignent les titres de plusieurs de ces émissions.

Durant les années 60, les séries et les radiothéâtres disparaissent des ondes AM. Depuis, les pièces sont présentées presque exclusivement à la télévision. Le dernier bastion du téléthéâtre est le réseau FM de Radio-Canada, avec l'émission *Théâtre du lundi*.

Gérard Laurence

Radiodiffusion et télédiffusion Dans un pays nordique où les hivers sont longs, les distances énormes, et la population dispersée, l'importance des communications rendues possibles par la radio et la télévision canadiennes est capitale. Non seulement ces médias sont-ils devenus une source principale de divertissement, mais, en plus, ils assurent la liaison entre le citoyen et les événements extérieurs, ce qui encourage le développement d'un sentiment d'appartenance à la collectivité.

Le Canada s'est doté d'installations de radiodiffusion plus complexes et plus perfectionnées que tout autre pays industrialisé. En 1979 p. ex., il y avait 982 stations de radiodiffusion en fonction aux États-Unis, tandis que le Canada, avec une population 10 fois moindre, en comptait 1045 (les stations de retransmission comprises). En 1981, ce nombre était de 1225.

Le Canada fut un pionnier des COMMUNICATIONS PAR SATELLITE. Il est aussi le premier pays à utiliser des satellites géostationnaires pour les COMMUNICATIONS intérieures. Grâce à ces satellites, le service national de radiodiffusion, la SOCIÉTÉ RADIO-CANADA (SRC), transmet la plupart de ses émissions dans tout le pays. Elle les utilise aussi pour établir sa programmation. Les services de télévision qui desservent le Nord canadien dépendent presque entièrement des satellites et des stations terrestres. À la suite de ces développements techniques, 99 p. 100 de la population a accès à deux canaux de télévision, 91 p. 100, à trois canaux, et 50 p. 100, à huit canaux ou plus.

Le point faible du système de radiodiffusion ne se trouve donc pas dans les installations, mais plutôt dans la proportion du contenu canadien de la programmation (*voir* PROGRAMMATION RADIOPHONIQUE; PROGRAMMATION TÉLÉVISUELLE; DIFFUSION DE LA MUSIQUE). La SRC produit un nombre impressionnant d'émissions de radio et de télévision en anglais et en français, dont beaucoup sont de haute qualité. Toutefois, les stations privées de télévision de langue anglaise dépendent principalement des émissions étrangères importées (surtout américaines) pour leurs heures de grande écoute. Bon nombre de ces émissions sont populaires, mais cette dépendance entraîne une lutte continuelle pour instaurer des politiques gouvernementales garantissant la diffusion d'un contenu davantage canadien.

Au cours des 50 dernières années, le Canada recourt à l'entreprise publique et à l'entreprise privée, ce qui le situe quelque part entre le système britannique, où la propriété d'État prédomine, et le système américain, moins réglementé et fondé sur l'entreprise privée. Les différentes lois adoptées par le Parlement ainsi que les divers organismes de réglementation créés pour l'octroi des licences et la fixation et l'application des règlements témoignent de cette évolution.

L'époque des pionniers (1913-1928)

En vertu de la Loi du radiotélégraphe de 1913, c'est au ministre fédéral (le ministre de la Marine et des Pêcheries pour la majeure partie de cette période) qui détient le pouvoir d'émettre des licences pour les stations de radio et d'imposer un droit de licence de un dollar pour chaque récepteur radioélectrique. La première licence est émise en 1919 à la XWA, une station de radio expérimentale de Montréal exploitée par la Compagnie Marconi Canada. Dès 1928, plus de 60 stations sont en activité, la majeure partie d'entre elles avec une faible puissance et n'offrant qu'un service intermittent. La réglementation est minimale.

Émergence de la propriété de l'État et réglementation (1928-1936)

Dès 1936, le système actuel de propriété et de gestion de la radiodiffusion est en place. En 1928, le gouvernement crée une commission d'enquête parlementaire présidée par sir John AIRD pour élaborer des recommandations sur l'avenir de la radiodiffusion au Canada. Le développement de la radio au pays est jusqu'alors rudimentaire, et de nombreux auditeurs se tournent vers les stations américaines et les réseaux américains récemment créés. Par surcroît, les stations canadiennes subissent de plus en plus de perturbations radioélectriques en raison des fréquences de transmission non réglementées des États-Unis.

Bon nombre se plaignent aussi de l'intrusion de la publicité dans les stations commerciales canadiennes et américaines, et envisagent la possibilité de mettre sur pied un réseau calqué sur le modèle de la British Broadcasting Corporation (BBC). Le rapport de la Commission Aird, déposé en 1929, propose la création d'une société d'État semblable à la BBC. Ses principales recommandations sont appuyées par un groupe de citoyens engagés qui ont formé une organisation appelée la Ligue canadienne de la radio. Selon eux, il faut considérer la radiodiffusion comme un service d'État et non comme une simple entreprise orientée vers le profit. On doit faire en sorte que les droits de propriété et la structure d'exploitation des réseaux reflètent ce principe.

Le Québec, appuyé par l'Ontario, conteste le droit du fédéral de s'approprier le contrôle de la radiodiffusion. On porte alors la cause devant la Cour suprême du Canada et on en appelle au Comité judiciaire du Conseil privé. Dans son jugement rendu en 1932, le Comité confirme la compétence fédérale de l'État sur la radiocommunication et sur le contenu des émissions. On met aussi sur pied un comité parlementaire spécial pour concevoir des moyens de mettre en œuvre les recommandations de la Commission Aird.

Une loi créant la Commission canadienne de radiodiffusion est adoptée à l'unanimité le 26 mai 1932. La Commission, composée de trois membres, a le pouvoir de réglementer, diriger et exploiter des stations de radiodiffusion au Canada; de produire et transmettre des émissions; de louer, acheter ou faire construire des stations et, en fin de compte, d'assumer la propriété de tout le réseau de radiodiffusion canadien, si on lui en donne les moyens. Pendant toute la durée de son mandat, la Commission fait face à de nombreuses difficultés.

Au cœur de la Crise des années 30, le gouvernement de R.B. Bennett n'accordera jamais à la Commission les fonds nécessaires pour remplir son mandat de programmateur de façon satisfaisante. La Commission canadienne de radio-diffusion n'arrive à établir des stations que dans cinq villes seulement. Dans la plupart des centres urbains, des stations privées transmettent les émissions du réseau de la Commission. C'est ainsi que le système actuel à caractère mixte, fait de stations publiques et privées au sein d'un même réseau, voit le jour. Encore aujourd'hui, il caractérise la radio et la télévision de la Société Radio-Canada (SRC).

La Société Radio-Canada, radiodiffuseur et législateur (1936-1958)

Les faiblesses de la Commission canadienne de radiodiffusion et le nombre croissant de critiques au Parlement sont à l'origine de l'adoption d'une nouvelle loi sur la radiodiffusion lorsque les libéraux, dirigés par W.L. Mackenzie King, prennent le pouvoir en 1935. On estime que la Commission est trop dépendante du gouvernement. Certains soupçonnent des considérations partisanes d'avoir influencé quelques-unes de ses décisions. Le nouveau premier ministre, cédant aux pressions de la Ligue canadienne de la radio, décide de réviser la législation pour se conformer aux recommandations du rapport Aird tout en les modernisant.

Avant même l'adoption en 1936 de la nouvelle *Loi canadienne sur la radiodiffusion*, la situation s'est considérablement modifiée. Le nombre de foyers détenant des licences pour leurs radios est passé d'un demi-million en 1931 à un million à la fin de 1936. Les Canadiens ont pris l'habitude de recevoir les émissions de leur propre réseau en anglais ou en français pendant au moins quelques heures au cours de l'après-midi et de la soirée.

Le gouvernement n'envisage pas d'abandonner l'expérience nationale. Cependant, les stations privées de radio n'ont pas fait que survivre, elles ont prospéré. Elles diffusent de la musique, des bulletins météorologiques et de l'information d'intérêt public. La plupart d'entre elles diffusent aussi des émissions de divertissement en provenance des États-Unis, au cours desquelles les annonceurs cherchent avidement à insérer leur publicité.

En novembre 1936, la Commission canadienne de radiodiffusion est remplacée par la Société Radio-Canada, que dirige un conseil de neuf personnes. Cette nouvelle société jouit d'une autonomie beaucoup plus grande. Financée grâce à l'augmentation du coût des licences, la SRC prend des mesures vigoureuses pour augmenter sa couverture en faisant appel à des émetteurs régionaux à haute puissance. Elle améliore aussi sa programmation nationale en augmentant le nombre d'heures hebdomadaires de diffusion, incluant dans sa programmation un certain nombre d'émissions américaines. Dès 1944, la SRC exploite déjà trois réseaux de radiodiffusion, dont deux anglais (Trans-Canada et Dominion) et un français.

Les stations de radio privées n'ont pas le droit de former leur propre réseau national. Elles y parviennent quand même, encouragées en cela par la réglementation plutôt libérale de la SRC. Certains se plaignent du monopole détenu par la SRC, mais des commissions parlementaires successives ainsi que la COMMISSION ROYALE D'ENQUÊTE SUR L'AVANCEMENT DES ARTS, LETTRES ET SCIENCES AU CANADA (Commission Massey) expriment leur approbation du système en place et de l'apport de la SRC à la vie culturelle du pays.

L'avènement de la TÉLÉVISION en 1952 laisse présager la fin du régime selon lequel la SRC est à la fois organisme de réglementation et principal programmateur canadien. La télévision fait ses débuts sous l'égide de la SRC, selon les recommandations mêmes de la Commission Massey, mais la double responsabilité liée à la réalisation d'émissions et à la distribution nationale se révèle si coûteuse que le gouvernement de Louis Saint-Laurent rejette le projet de construction de stations de la SRC dans chaque province. La télévision de la SRC ne peut s'autofinancer comme celle de la BBC en Grande-Bretagne. Une fois de plus, on compte sur les stations privées pour assurer la distribution des émissions du réseau national.

Il est important de mentionner que la politique adoptée par le gouvernement au milieu des années 50 et visant à n'autoriser l'établissement que d'une seule station, publique ou privée, dans les principaux centres urbains du pays favorise grandement le développement rapide des services de télévision dans l'ensemble du pays. Cependant, la demande pour des stations supplémentaires se fait si pressante que l'on doit modifier cette politique. De 1955 à 1957, la Commission royale d'enquête sur la radio et la télé-

vision (Commission Fowler) conduit à l'adoption d'une nouvelle législation.

Régime du BGR (1958-1968)

La *Loi sur la radiodiffusion* de 1958, qui remplace celle de 1936, est adoptée par le gouvernement conservateur de John Diefenbaker. Au cours de la décennie précédente, l'Association canadienne des radiodiffuseurs, qui représentait la plupart des stations privées de radio et de télévision, mène une vigoureuse campagne pour convaincre le public que la position de la SRC comme diffuseur et organisme de réglementation est injuste.

Cet argument amène les progressistes-conservateurs à cesser d'appuyer la législation de 1936 et à adopter une nouvelle loi, tout en considérant encore l'ensemble de la radiodiffusion canadienne comme un réseau unique. On assigne au Bureau des gouverneurs de la radiodiffusion (BGR), qui comprend 15 membres, la responsabilité de réglementer «les activités des stations de radiodiffusion privées et publiques et les relations entre elles» et d'«assurer l'existence et l'exploitation efficace d'un réseau national de radiodiffusion».

Le BGR doit s'occuper des demandes de licences pour les nouvelles stations et faire des recommandations au ministre fédéral responsable de l'émission de celles-ci. Malgré le pouvoir de réglementation du BGR et conformément à la nouvelle loi, la SRC conserve son propre conseil d'administration et continue à dépendre directement du Parlement.

Sous le régime du BGR, le réseau de télévision s'étend rapidement et la radio, à l'exception du réseau de la SRC, devient plutôt un service local et communautaire. Un deuxième réseau de télévision, CTV, qui consiste en une seconde série de stations installées dans les grands centres, entre en fonction en 1961. Les réseaux de télévision anglais et français de la SRC continuent à diffuser des émissions, certaines avec de la publicité et d'autres non commanditées, par l'entremise des stations détenues par la Société et surtout grâce aux stations privées affiliées, dont le nombre s'accroît.

Régime de radiodiffusion du CRTC (de 1968 à nos jours)

La Loi de 1958 suscitait des différends entre les deux organismes publics, le BGR et la SRC. Ainsi, en 1968, on adopte une nouvelle loi pour régler certaines ambiguïtés. Le pouvoir d'émettre des licences est délégué au Conseil de la radio-télévision canadienne. De plus, la nouvelle loi place la CÂBLODISTRIBUTION, déjà solidement établie dans bon nombre de villes, sous la juridiction du nouvel organisme de réglementation que l'on renomme CONSEIL DE LA RADIODIFFUSION ET DES TÉLÉCOMMUNICATIONS CANADIENNES (CRTC) en 1976.

Le CRTC se montre plus acharné que le BGR dans ses efforts pour que le système de la radiodiffusion canadienne soit, aux termes de la loi, «possédé et contrôlé effectivement par des Canadiens de façon à sauvegarder, enrichir et raffermir la structure culturelle, politique, sociale et économique du Canada», que la programmation soit «de haute qualité et utilise principalement des ressources canadiennes créatrices et autres». La SRC n'a aucune difficulté à satisfaire aux normes du CRTC quant au contenu canadien de la programmation et elle arrive même à les dépasser. Toutefois, les stations et les réseaux privés se conforment peu aux normes minimales, surtout aux heures de grande écoute. Combinées aux effets de l'importation par câble d'émissions américaines, ces normes minimales ont pour résultat que l'on offre plus d'émissions américaines que canadiennes aux téléspectateurs canadiens.

Il est clair que le CRTC n'a pas eu l'intention d'augmenter le temps d'antenne réservé aux émissions américaines, mais c'est pourtant ce qui s'est produit. Il existe plusieurs explications possibles. La plus importante est la décision, influencée par la demande du public, de permettre aux entreprises de câblodistribution du Canada d'importer, dans un premier temps, les principaux réseaux américains, puis, au cours des années suivantes, bon nombre d'autres canaux de câblodistribution américains et de télévision payante. Ainsi, les services américains de programmation (ABC, NBC, CBS, PBS, Fox Network, CNN et divers canaux spécialisés) sont offerts presque partout.

En plus des stations et des réseaux canadiens régionaux déjà existants, le CRTC accorde une licence à Global Television, qui aspire maintenant à devenir le troisième réseau national destiné aux téléspectateurs anglophones. Il décerne aussi des licences à une vingtaine de canaux spécialisés ou plus, lesquels diffusent des émissions d'information, de musique populaire, d'art, de sciences naturelles et pour les jeunes, ainsi qu'à des canaux spécialisés dans la diffusion de films (à la télévision payante). Cela a pour résultat de fragmenter le marché. Ainsi, ni la SRC ni CTV ne possèdent le nombre de téléspectateurs qu'ils avaient autrefois.

De plus, en raison de la définition trop large des «heures de grande écoute» adoptée par le CRTC (de 18 h à minuit), les radiodiffuseurs privés peuvent concentrer leur contenu américain à l'intérieur de ce temps d'écoute, de 19 h à 23 h. Tout cela contribue à l'augmentation de la proportion du nombre de personnes qui regardent des émissions américaines, laquelle passe à près de 75 p. 100 chez celles qui captent des émissions de langue anglaise. La situation est moins grave au Canada français, où environ 60 p. 100 des émissions sont d'origine canadienne. Toutefois, même au Québec, la proportion d'émissions étrangères augmente.

La SRC continue de diffuser un grand nombre d'émissions canadiennes à la radio et à la télévision, en anglais et en français, à l'échelle régionale et nationale. Contrairement aux stations privées, ses réseaux de télévision diffusent un contenu principalement canadien aux heures de grande écoute. Au Québec, le réseau privé TVA partage sa programmation plus équitablement entre les contenus canadien et américain. Par conséquent, il constitue une source importante d'émissions destinées aux téléspectateurs francophones.

La radio et la télévision aideront-elles à sauvegarder la souveraineté culturelle du Canada? Cette question se pose toujours et devient de plus en plus complexe à mesure que la technologie progresse. Le Canada s'est doté des plus importantes installations de transmission au monde, mais il s'en sert en grande partie au profit de l'industrie américaine du divertissement. Les gouvernements canadiens cherchent maintenant un moyen de créer un réseau national d'information utilisant toutes les ressources des systèmes modernes de TÉLÉCOMMUNICATIONS. Pour ce qui est de la radiodiffusion, on entrevoit la possibilité (à compter de mars 1996) de remplacer le câble par des systèmes de diffusion par satellite. Un service de diffusion par satellite est actuellement en activité sous l'autorité du CRTC.

En 1985, un nouveau gouvernement conservateur nomme un groupe de travail coprésidé par Gerald CAPLAN et Florian Sauvageau pour le conseiller sur les modifications à apporter aux politiques en matière de radiodiffusion. Le groupe, composé de sept membres, dépose un rapport unanime. Selon eux, toutes les entreprises de radiodiffusion devraient faire partie d'un système composite et tous les titulaires de licence devraient être considérés comme des fiduciaires du public canadien, un principe déjà établi par des organismes précédents tels que les commissions Massey et Fowler.

La SRC devrait jouer un rôle central afin de s'assurer que les citoyens du pays aient accès à un système de radiodiffusion véritablement canadien. Toute nouvelle loi devrait continuer de la reconnaître comme le service national de radiodiffusion, qu'il diffu-

se à la radio ou à la télévision, en anglais ou en français. Les bases de son financement devraient être assurées pour la même durée que ses licences de station et de réseau. Il peut être nécessaire que le réseau de télévision de la SRC demeure en partie commercial, mais dès que possible il devrait diminuer progressivement la diffusion d'émissions américaines. Le CRTC devrait établir des conditions relatives à l'émission de licences pour s'assurer qu'à l'avenir les stations et les réseaux privés consacrent davantage de ressources aux émissions canadiennes.

L'État devrait accorder une certaine dose de soutien et de protection à l'ensemble du secteur privé, en échange de quoi chaque composante contribuerait aux objectifs du système de radiodiffusion. En fait, le secteur privé de la télévision a l'appui du public, ce qui l'avantage de deux façons principales. En vertu de la politique de substitution simultanée des émissions, le CRTC autorise les entreprises de câblodistribution à substituer une émission américaine diffusée par une station locale, y compris les publicités vendues par la station ou le réseau canadien, si celle-ci est diffusée à la même heure sur les ondes d'une station américaine. De cette façon, les radiodiffuseurs canadiens profitent d'un public plus vaste et les frais liés à la production d'émissions canadiennes qui en découlent sont réduits grâce à l'aide financière accordée par Téléfilm Canada et son Fonds pour la production d'émissions.

Des comités de la Chambre des communes composés de représentants de tous les partis examinent en détail le rapport du groupe de travail avant l'adoption d'une nouvelle *Loi sur la radiodiffusion* au début de 1991. En général, cette toute dernière loi accepte les recommandations émises par Caplan et Sauvageau sur les objectifs relatifs à la diffusion d'un contenu canadien. Quant au CRTC, il accepte une recommandation voulant que la SRC obtienne une licence afin d'exploiter une chaîne d'information (Newsworld en anglais et RDI en français). Toutefois, le gouvernement refuse de se plier à la recommandation voulant qu'il accorde un financement stable et à plus long terme à la SRC.

Des compressions budgétaires successives entamées en 1986 à la SRC l'entraînent en fait à dépendre davantage des revenus de la publicité. Le gouvernement libéral élu en 1993 avait promis d'accorder un financement stable et pluriannuel à la SRC, mais jusqu'à maintenant il n'a pas tenu promesse.

En 1995, le ministre du Patrimoine canadien demande à un comité composé de trois membres (présidé par Pierre Juneau) de revoir le mandat et la performance de la SRC, de l'Office national du film et de Téléfilm Canada. Dans son rapport intitulé *Faire entendre nos voix*, le Comité d'examen des mandats demande que la SRC soit principalement non commerciale, qu'elle poursuive sa performance satisfaisante dans le domaine de la radio, qu'elle améliore sa performance dans le domaine de la télévision et, encore une fois, qu'on mette en place un système pluriannuel de financement à l'intention de la SRC pour remplacer les crédits parlementaires annuels. Le gouvernement de Jean Chrétien étudie actuellement cette recommandation, à une époque où l'existence du Canada en tant que fédération unie semble fragile.

Frank W. Peers

Radiodiffusion et télédiffusion éducatives (*Voir* ÉMISSIONS ÉDUCATIVES)

Radiotélévision communautaire
Elle est conçue pour répondre aux besoins culturels et sociaux en permettant au public de participer aux décisions concernant la programmation et, dans le cas des stations de radio, d'en être propriétaire. Elle dessert des communautés locales, reflétant la diversité de leurs besoins et de leurs opinions, et est accessible à tous ceux qui veulent y prendre part. C'est une radiotélévision publique, mais elle n'est pas exploitée par un État ou un organisme gouvernemental.

Au cours des 15 dernières années, on a établi plus de 150 stations de radio communautaire. Elles vivent grâce aux dons, à la publicité, aux frais d'adhésion et, particulièrement dans le cas du Québec et des radiotélévisions autochtones, grâce à l'aide des gouvernements provinciaux et fédéral.

La radio communautaire se présente sous de nombreuses formes différentes. À Vancouver et à Montréal, les stations appartiennent aux membres d'une association ou d'une coopérative, et la programmation comprend des émissions d'information, d'affaires publiques, des émissions musicales, des représentations en direct, des reportages sur les réunions publiques, un contenu d'intérêt spécial et un service multilingue. Dans plusieurs des plus petits centres, principalement au Québec, les stations de radio communautaire se consacrent surtout à un type de programmation, comme la musique ou un service multilingue.

La radio étudiante est diffusée sur le FM ou en circuit fermé et est souvent destinée à une communauté plus étendue, avec des émissions éducatives, des choix de musique peu commune et des reportages sur le sport universitaire et les événements spéciaux. La radio multilingue, sur le FM ou transmise par câble, est de la radiodiffusion communautaire si elle est exploitée sur une base non lucrative.

Dans les communautés isolées et rurales du Nord, des stations de radio communautaire offrent une programmation similaire à celle des petites stations privées. Elles sont exploitées par des sociétés de radiodiffusion autochtones, et certaines diffusions se font en langues autochtones. Certaines reçoivent l'appui de la Société Radio-Canada, qui diffuse aussi une programmation autochtone par ses services destinés au Nord.

En 1981, les deux premiers réseaux autochtones obtiennent un permis pour offrir un service de radio et de télévision, en utilisant les installations des Communications par satellite canadien (CANCOM). Depuis lors, et avec l'assistance du Programme d'accès des autochtones du Nord à la radiodiffusion, qui est un projet de financement par commandite du gouvernement fédéral (créé en 1983), le niveau de participation des groupes autochtones à la radio communautaire a augmenté considérablement.

Au début des années 70, le Conseil de la radiodiffusion et des télécommunications canadiennes (CRTC) accorde aux premières stations de radio communautaire leur permis sur une base expérimentale, mais sans leur permettre de temps de publicité. En 1975, le CRTC reconnaît officiellement la radio communautaire par un permis particulier et permet la vente d'une quantité limitée de publicités.

En 1984, les radiodiffuseurs privés se plaignent que les stations de radio communautaire, surtout au Québec, leur font une concurrence déloyale dans les petites communautés en recevant des subventions du gouvernement et en pouvant vendre de la publicité. Le CRTC revoit complètement ses politiques qui établissent, en 1985, des règlements pour différents types de stations communautaires, en éliminant beaucoup de restrictions relatives à la publicité.

Les réseaux de câblodistribution ont un service de télévision communautaire depuis le début des années 70, et les règlements fixés en 1975 par le CRTC sur la câblodistribution incluent des dispositions visant les chaînes communautaires du câble. Les services de câblodistribution doivent fournir une chaîne, de façon prioritaire, dans leur service de base, et tous les réseaux, sauf les plus petits, doivent y verser 10 p. 100 de leur revenu brut.

La télévision communautaire doit être différente de la télévision commerciale, avoir une orientation locale et reposer sur la participation volontaire des membres de son public. Sa programmation comprend des reportages en direct des réunions, des nouvelles et des événements spéciaux, des émissions de service aux consommateurs et des émissions pour des groupes d'intérêt particuliers.

La publicité y est interdite. Les revenus viennent des entreprises de câblodistribution autorisées, qui sont légalement responsables de l'ensemble de la programmation, bien que la majorité d'entre elles engagent un comité consultatif communautaire. Plusieurs réseaux de câblodistribution offrent aussi une chaîne multilingue à but non lucratif, qui peut faire un peu de publicité.

Deux organismes représentent les diffuseurs de radio communautaire: l'Association des radiodiffuseurs communautaires du Québec et la National Campus/Community Radio Organization. L'organisme qui représente les diffuseurs de télévision communautaire au Québec est le Regroupement des organisations communautaires de communication du Québec.

Dans les centres urbains, la radiotélévision communautaire n'intéresse qu'un public restreint, même si elle échappe à certains problèmes propres aux moyens de communication de masse: l'influence de la commandite des publicitaires sur les émissions, le manque de couverture de certains enjeux locaux et la diversification insuffisante du portrait de la vie communautaire présenté à la télévision. Ses difficultés lui viennent de la limitation de son financement, du contrôle exercé par les entreprises de câblodistribution autorisées, de la préoccupation de certains radiodiffuseurs communautaires d'être représentatifs de tous les groupes ou de leur façon d'éviter la controverse publique, ainsi que de l'importance accordée à la participation aux dépens de la qualité de la programmation.

Néanmoins, le Canada fait de grands efforts, et les politiques du CRTC visant la création d'une radiotélévision communautaire sont uniques en leur genre. La fidélité et le soutien du public à la radiotélévision communautaire compensent le nombre relativement réduit de ses auditeurs.

Liora Salter

Radis (*Raphanus sativus*) C'est un légume annuel ou bisannuel rustique appartenant à la famille des Crucifères. La racine est la plupart du temps ronde et de couleur rouge à l'extérieur; sa chair est blanche et âcre. Originaire d'Eurasie, le radis était très prisé des Égyptiens et des Grecs. Parmi les variétés commerciales, on distingue le Red Prince, le Champion, le French Breakfast et le White Icicle. Le radis est une plante de saison fraîche et à germination rapide. À l'extérieur, il est prêt à être consommé de 25 à 30 jours après avoir été semé. Les radis d'hiver mettent de 50 à 60 jours à pousser. Le radis tolère les gels légers et est planté à 1 cm de profondeur dès que le sol peut être travaillé au printemps. Des semoirs de précision donnent un espacement uniforme pour les cultures commerciales. Grâce à de bonnes techniques et à des sols humides et frais, on peut ensemencer tous les 10 à 14 jours et obtenir ainsi des radis d'avril à septembre (début novembre dans le sud-ouest de l'Ontario). Des arrêts de croissance provoqués par la chaleur ou la sécheresse donnent des radis non comestibles au goût fort et dont les racines sont coriaces. L'altise des radis, la mouche du chou et la fonte de semis doivent être surveillées. Apprécié pour sa texture croustillante et douce, son goût piquant, le radis a une forte teneur en potassium et constitue une excellente source de vitamines A et C. En 1985, la production canadienne se chiffrait à 5167 t (sur 582 ha), soit 3,45 millions de dollars. Ces chiffres englobent les 2230 t produites au Québec (sur 350 ha) et qui représentent 1,25 million de dollars, les 2172 t de l'Ontario (sur 192 ha) dont la valeur atteint 1,62 million et les 765 t de la Colombie-Britannique (sur 40 ha) qui correspondent à 582 000 dollars.

W. Nuttall

Radisson, Pierre-Esprit, explorateur et commerçant de fourrures (France, 1636—Londres, juin 1710). En 1651, Radisson, un opportuniste rusé réputé pour sa connaissance du mode de vie des Amérindiens et de la géographie de l'Amérique du Nord, suit sa demi-sœur à Trois-Rivières et observe les IROQUOIS, d'abord comme prisonnier adopté par la tribu en 1652-1653, puis avec les jésuites en mission chez les Onondagas en 1657-1658. En 1659, il est recruté par le mari de sa sœur, Médard Chouart DES GROSEILLIERS, pour participer à une expédition de traite aux lacs Supérieur et Michigan, expédition pour laquelle ils n'ont pas de permis. Dans les terres situées au-delà des lacs, ils trouvent des castors en abondance et entendent parler de la «baie de la mer du Nord» qui permettrait d'atteindre directement la région.

Après avoir été punis par le gouverneur de la Nouvelle-France pour cette expédition non autorisée, les deux associés partent pour Boston afin d'organiser un voyage jusqu'à la baie d'Hudson. En 1665, ils s'embarquent pour l'Angleterre, où ils trouvent l'appui financier pour mettre à dessein leur projet d'atteindre la région intérieure riche en fourrures sans passer par le Saint-Laurent. Le voyage du NONSUCH en 1668-1669 prouve que leur projet est viable et rentable. Après la constitution de la COMPAGNIE DE LA BAIE D'HUDSON (CBH) en 1670, Radisson établit le poste de la rivière Nelson et sert de guide, d'interprète et de conseiller.

Insatisfaits de la compagnie et attirés par une offre généreuse du secrétaire d'État français, Jean-Baptiste Colbert, les deux beaux-frères passent à la France en 1674. Radisson, dont la femme est anglaise, n'inspira jamais pleine confiance. Comme le gouverneur du Canada ne veut pas l'employer, Radisson devient aspirant dans la marine française de 1677 à 1679. En 1682, la COMPAGNIE DU NORD l'engage pour défier les négociants anglais dans la baie d'Hudson. Il détruit les postes des rivaux et érige Fort Bourbon sur la rivière Nelson.

Lorsque le gouverneur du Canada décide de lever une taxe sur leurs fourrures et de relâcher un navire qu'ils avaient capturé, les deux beaux-frères réclament un dédommagement à la France. Ils perdent leur cause, car Colbert, leur protecteur, est mort. En 1684, Radisson retourne en Angleterre et, malgré les pertes qu'il lui avait causées, la CBH le réengage en espérant ainsi profiter de sa grande expérience et de son habileté. Il oblige son neveu à rendre Fort Bourbon et son inventaire à la CBH. Il dirige la traite à Fort Nelson de 1685 à 1687. Sa tête étant mise à prix au Canada, il se retire avec sa famille à Westminster (Londres), où il terminera l'écriture de ses récits de voyage. (*Voir aussi* TRAITE DES FOURRURES.)

Peter N. Moogk

Radium (Ra) Métal radioactif rare qu'on trouve en association avec l'URANIUM présent dans la nature (environ 1 part de radium pour 3 millions de parts d'uranium). Il est découvert en 1898 par Pierre et Marie Curie et G. Bémont, en traitant chimiquement de la pechblende, un minerai d'uranium obtenu comme sous-produit de la mine d'argent Joachimsthal en Bohême. En 1902, Marie Curie isole le premier sel de radium pur (chlorure de radium) et, en 1910, elle prépare du radium métal avec A. Debierne. Les bienfaits du radium dans le traitement de certaines tumeurs malignes sont vite reconnus.

Au début du XXe s., le radium est récupéré des mines de Bohême et d'autres gisements minéralisés en Australie, en Angleterre, à Madagascar, au Portugal, en Russie et dans les pays voisins, et en République sud-africaine. La plus grande partie du radium mondial provient de la mine Shinkolobwe (exploitée depuis 1921), aujourd'hui au Zaïre, et de la mine Port Radium (exploitée depuis 1933), près du Grand lac de l'Ours dans les Territoires du Nord-Ouest. Les concentrés de pechblende à teneur élevée sont traités dans les affineries de radium d'Oolen, en Belgique, et de PORT HOPE, en Ontario. Ces deux mines ferment leurs portes vers la fin des années 30, puis rouvrent au début des années 40 en tant que sources d'uranium. Le radium est récupéré comme sous-produit de l'uranium à l'affinerie Port Hope jusqu'en 1953.

Le radium sert surtout à détruire les cellules cancéreuses. On implante des composés de radium scellés dans des tubes ou des aiguilles dans les sièges cancéreux des patients. Le radium est aussi utilisé en industrie pour la fabrication, entre autres, de la peinture lumineuse des cadrans de montres et d'autres instruments. Toutefois, la demande pour le radium a beaucoup diminué, puisque les radio-isotopes comme le COBALT 60 peuvent être traités à coût moindre et sont plus efficaces dans la plupart des applications.

Robert T. Whillans et R.M. Williams

Rae-Edzo, hameau des T.N.-O.; pop. 1662 (rec. 1996), 1521 (rec. 1991), 1378 (rec. 1986); superf. 31,08 km²; situé près du bras nord du GRAND LAC DES ESCLAVES, à 106 km au nord-ouest de Yellowknife. Il est formé de la communauté traditionnelle des DÉNÉS Dogrib de Rae et de l'établissement gouvernemental d'Edzo. Plus importante communauté dénée des Territoires du Nord-Ouest, Rae est à l'origine un poste de traite, établi en 1790. Cette région a été le territoire de chasse traditionnel des Dogrib (ou Plats-côtés-de-chien) pendant des siècles.

Edzo, situé à environ 24 km de Rae, a été construit en 1965 par le gouvernement en raison du mauvais drainage de Rae. La plupart des Dogrib ont toutefois préféré demeurer dans leur village traditionnel, à partir duquel ils pratiquent toujours la chasse et le piégeage. Edzo consiste en un petit regroupement de maisons, la plupart habitées par des employés du gouvernement des Territoires du Nord-Ouest.

Annelies Pool

Rae, John, commerçant, explorateur (îles Orcades, 30 sept. 1813—Londres, Angl., 22 juill. 1893). Navigateur, nageur et alpiniste accompli, Rae devient chirurgien en 1833, entre à la Compagnie de la baie d'Hudson (CBH) et est posté à Moose Factory. En 1846-1847, il explore la côte ouest du détroit de Fury et Hecla jusqu'à l'isthme de Boothia. En 1848, il accompagne sir John RICHARDSON à la recherche de sir John FRANKLIN. En 1851, dans le même but, il fouille les côtes ouest, sud et est de l'ÎLE VICTORIA. Une bonne partie du territoire constitue de nouvelles découvertes. Il rapporte de son expédition de 1853-1854 les premières nouvelles concrètes du désastre de Franklin (*voir* FRANKLIN, À LA RECHERCHE DE). En 1860, Rae est engagé pour réaliser l'arpentage de la portion terrestre d'une ligne télégraphique prévue entre la Grande-Bretagne et l'Amérique du Nord en passant par les îles Féroé, l'Islande et le Groenland. En 1864, dans le même but, il arpente le territoire de Winnipeg aux Rocheuses. Il passe les dernières années de sa vie à Londres. Rae s'est facilement adapté à la vie rude de l'Arctique, vivant des ressources qu'offrait le pays, avec un certain confort et une certaine sécurité. Mais comme il n'était pas très habile pour se vendre, sa modestie a permis à Vilhjalmur STEFANSSON de s'approprier les honneurs qui auraient dû lui revenir.

L.H. Neatby

Rae, Robert Keith, avocat, politicien, premier ministre de l'Ontario (Ottawa, 2 août 1948). Rae étudie à l'École internationale de Genève, à l'U. de Toronto (baccalauréat en droit, 1977) et à Oxford (baccalauréat en philosophie, 1971) où il est boursier de la Fondation Cecil Rhodes. Après avoir été travailleur communautaire à Londres, en Angleterre, en 1973 et 1974, il retourne à Toronto pour faire ses études en droit. De 1975 à 1977, il travaille comme adjoint au conseiller juridique canadien des Métallurgistes unis d'Amérique et, de 1976 à 1977, il donne des cours en relations industrielles à l'U. de Toronto.

Rae entre à la Chambre des communes, en tant que néo-démocrate, en 1978, à l'issue d'une élection complémentaire. Il est réélu en 1979 et en 1980. Député éloquent et d'une grande efficacité, il se distingue rapidement comme critique financier. En février 1982, il est élu chef du NPD de l'Ontario. Il abandonne donc ses fonctions à la Chambre des communes en novembre et obtient un siège à l'Assemblée législative de la province.

Un gouvernement minoritaire est élu au terme de la campagne électorale de 1985. Bien que Rae ait obtenu la «balance du pouvoir», il veut éviter la coalition avec les libéraux afin de maintenir l'intégrité de son parti. Il propose donc aux libéraux et aux conservateurs une formule originale, soit de ne pas faire obstruction à une série de réformes spécifiques soumises en Chambre et, en retour, il s'engage à ne pas provoquer d'élections avant au moins deux ans. Les conservateurs refusent cette offre, mais les libéraux de David PETERSON l'acceptent. Peterson tient parole, ses réformes sont appréciées et, en 1987, il remporte les élections par une majorité écrasante, réduisant le nombre de sièges néo-démocrates à 19.

En 1990, Peterson déclenche des élections, trois années seulement après avoir été élu, et le NPD, avec seulement 37,6 p. 100 des suffrages, obtient 74 sièges. C'est une première victoire néo-démocrate dans l'histoire de l'Ontario. Rae est assermenté premier ministre le 1er octobre.

Les premières années de Rae au pouvoir sont parsemées d'embûches, en bonne partie en raison de l'inexpérience de son Cabinet. Ses efforts pour rassurer les milieux financiers sceptiques et apaiser les groupes de travaillistes et de réformistes impatients et combatifs à l'intérieur de son parti ne satisfont personne. Il est fermement opposé à l'entente sur le LIBRE-ÉCHANGE des conservateurs fédéraux, alléguant qu'elle porterait un coup dévastateur à l'industrie manufacturière de l'Ontario.

Dans la nouvelle ronde de négociations constitutionnelles, Rae accepte une série de réformes du Sénat en échange d'une représentation accrue du Québec et de l'Ontario à la Chambre des communes et contribue ainsi à résoudre l'impasse constitutionnelle et à créer une ouverture en vue de l'ACCORD DE CHARLOTTETOWN en 1992. Les Canadiens rejettent néanmoins cet accord à l'issue du référendum de 1992.

Rae fait preuve de courage et propose ce que l'on a appelé un «contrat social», c.-à-d. des politiques sociales visant à garantir un niveau de vie, un travail et des salaires décents. Il fait toutefois face à une vive résistance provenant de tous les milieux et plus particulièrement des syndicats. Les travailleurs tournent alors le dos au NPD et les piètres résultats que son parti obtient auprès de l'opinion publique contribuent pour beaucoup à l'effondrement presque total du NPD fédéral aux élections générales de 1993. Incapables de se rallier les travailleurs, Rae et son parti subissent une défaite cuisante aux élections générales provinciales de 1995 devant le Parti conservateur de Mike Harris, qui promet d'importantes compressions dans les dépenses publiques et des réductions d'impôt. Rae abandonne la direction du Parti néo-démocrate et son siège de député en février 1996.

Raginsky, Nina, photographe (Montréal, 14 avril 1941). Formée à Rutgers, Nina Raginsky s'engage sérieusement dans la photographie à partir de 1964 en travaillant comme pigiste pour l'Office national du film. Elle travaille d'abord en noir et blanc, puis se met au traitement en sépia et au coloriage de ses épreuves. Elle crée aussi des tableaux avec la peinture à l'huile en s'inspirant de photographies. De 1972 à 1981, Raginsky enseigne au Emily Carr College of Art, l'ancienne École d'art de Vancouver. Ses œuvres apparaissent dans des expositions en solo ou en groupe au Canada et aux États-Unis ainsi que dans divers magazines et livres parmi lesquels figure la série «Image» de l'Office national du film, *Canada: A Year of the Land* et *Between Friends*. Mais elle est plus connue pour ses portraits en pied, de face, en particulier ceux représentant des personnalités fantasques ou excentriques. Raginsky délaisse la photographie au cours des années 80 et se consacre

presque exclusivement à la peinture. En 1985, elle est nommée Officier de l'Ordre du Canada.
Louise Abbott

Raid de St. Albans Il est un des nombreux incidents qui ravivent les tensions entre la Grande-Bretagne et les États-Unis durant la GUERRE DE SÉCESSION. Le 19 octobre 1864, un groupe d'agents confédérés établis au Canada lancent un raid contre la ville de St. Albans, au Vermont. Après avoir pillé les banques, ils fuient au Canada, où 13 d'entre eux sont arrêtés et détenus afin d'être extradés.

Leur libération pour des raisons de procédures par un magistrat de Montréal sème la consternation des deux côtés de la frontière. De tels incidents contribuent à alimenter les tensions le long de la frontière et à créer un climat de peur dans les colonies britanniques, ce qui favorisera l'avènement de la CONFÉDÉRATION.
Ernest R. Forbes

Raie Ce poisson à squelette cartilagineux étroitement apparenté aux requins appartient à l'ordre des rajiformes et à la sous-classe des élasmobranches. Cet ordre comprend les poissons-scies (pristidés), les guitarfishs (rhinobatidés), les pastenagues, les torpilles ou raies électriques, les mantes et les raies. Les raies sont largement réparties dans les océans du monde et certaines habitent également les estuaires tropicaux et subtropicaux. Les raies du genre *Raja* sont, parmi les poissons de l'ordre des rajiformes, les plus communs des mers tempérées et fraîches des latitudes élevées. Cet ordre compte environ 400 espèces parmi lesquelles une centaine appartiennent au genre *Raja*. Au Canada, on trouve 29 espèces de rajiformes, et le genre *Raja* est le plus commun. Occasionnellement, on rencontre également des torpilles et des pastenagues au large des côtes atlantique et pacifique.

Description Les raies sont en forme de disque et sont aplaties dorso-ventralement. Leurs nageoires pectorales sont attachées aux côtés de la tête. La bouche, les narines ainsi que cinq paires de fentes branchiales se trouvent sur la face inférieure du corps qui est de couleur blanche. Sur la face supérieure, on retrouve une paire de spiracles derrière les yeux. Leur peau peut être lisse ou couverte de façon variable de courtes épines. Leur queue est habituellement longue et ressemble à un fouet. La taille varie beaucoup d'une espèce à l'autre: certaines forment un disque dont le diamètre est d'environ 30 cm, tandis que les mantes peuvent peser 1300 kg et leur diamètre peut atteindre 6 m. Les raies nagent par un mouvement ondulatoire des nageoires pectorales ou en faisant une sorte de battement de nageoires. La plupart se nourrissent principalement d'organismes de fond qu'elles écrasent à l'aide de dents broyeuses qui servent spécialement à cet effet.

Reproduction Les raies du genre *Raja* sont ovipares. Elles pondent chacun de leurs gros œufs dans une capsule cornée. Toutefois, la majorité des autres espèces portent des jeunes complètement formés (ovovivipares).

Importance des pêches Les raies ont peu d'importance économique. En Europe, elles sont transformées pour la mise en marché, mais au Canada où elles constituent des prises accidentelles, on les utilise principalement comme nourriture pour les poissons et on ne les mange qu'occasionnellement.
W.B. Scott

Rain, Douglas, comédien, enseignant et metteur en scène (Winnipeg, Man., 1928). En 1936, il est déjà acteur à la radio. Il étudie au BANFF CENTRE (autrefois la Banff School of Fine Arts), où il remporte une bourse d'études au Old Vic School of Theatre de Londres. De retour au Canada, il joue à la SRC et au Jupiter Theatre de Toronto, dans la pièce de Jean Anouilh, *Ring Round The Moon* (trad. *L'Invitation au château*; ROYAL ALEXANDRA THEATRE, 1954). Devenu membre de la première troupe du FESTIVAL DE STRATFORD en 1953, il incarne Dorset et sert de doublure à Alec Guiness

dans *Richard III*. Jouant dans cette troupe durant 31 des 45 saisons subséquentes, il évolue avec autant d'aisance dans les personnages de Shakespeare que dans les autres rôles classiques: Malvolio dans *Twelfth Night* (trad. *La Nuit des rois*; 1957), le prince Hal dans *Henry IV*, la première et la deuxième partie (1958 et 1965), Jean dans *Le Roi Jean* (1960), Iago dans *Othello* (1959 et 1973), Macbeth, dans la pièce du même nom (1978), Shylock dans *The Merchant of Venice* (trad. *Le Marchand de Venise*; 1996), Orgon dans le *Tartuffe* de Molière (1968), Mosca dans *Volpone* de Ben Jonson (1971), Sid dans la pièce *Ah, Wilderness!* de Eugene O'Neill, (1990), Walrus et Humpty Dumpty dans *Alice Through the Looking Glass* (trad. *De l'autre côté du miroir*; 1994) et, enfin, Tiresias dans *Œdipus Rex* (trad. *Œdipe roi*; 1997).

Rain joue au FESTIVAL SHAW dans *Arms and the Man* (trad. *Le Héros et le Militaire*) en 1967 et il y fait des apparitions plus fréquentes au cours des années 80: il joue César dans *Caesar and Cleopatra* (trad. *César et Cléopâtre*), en 1983, Andrew Undershaft dans *Major Barbara*, en 1987, et le serveur dans *You Never Can Tell* (trad. *On ne peut jamais dire*), en 1988. De plus, il joue les premiers rôles dans *Duet For One* (CENTRE NATIONAL DES ARTS, 1981); *The Master Builder* (trad. *Solness le Constructeur*; TARRAGON THEATRE, 1983) de Ibsen et dans *Jitters* (Centre Stage, 1986). Sur la scène internationale, il retourne à Londres et joue dans *Hadrian VII* de Peter Luke en 1968 et dans *The Heretic* de Morris West en 1970. Il revient ensuite sur les scènes nord-américaines, où on le voit dans *The Ruling Class* (Washington, 1971) de Peter Barnes, et dans la pièce de Robert Bolt *Vivat! Vivat!* (Regina, 1972), ce qui lui vaut une nomination pour le prix Tony.

Qualifié d'«acteur modèle» en raison de la «perfection élégante et soyeuse» de son jeu, Rain dirige de 1974 à 1977 la section anglaise de l'École nationale de théâtre (*voir* THÉÂTRE, ENSEIGNEMENT DU). Sa voix claire suscite l'admiration de ses collègues et d'un vaste public qui ne connaît pas son nom: il prête en effet sa voix à l'ordinateur Hal dans les films *2001: A Space Odyssey* (trad. *2001: L'Odyssée de l'espace*) et *2010*.
Patrick B. O'neill

Rainbow Le *Rainbow* est un croiseur léger utilisé dans la Marine royale de 1891 à 1910, date à laquelle le gouvernement canadien en fait l'acquisition pour la toute nouvelle Marine royale du Canada. À son arrivée à Esquimalt en Colombie-Britannique le 7 novembre 1910, il sert à l'entraînement et à la surveillance des pêches. En juillet 1914, sa présence incite le KOMAGATA MARU à quitter le port de Vancouver. À partir du mois d'août 1914, tandis que de puissants croiseurs allemands font de brèves incursions dans le nord-est du Pacifique, le Rainbow patrouille le secteur en mode défensif, et ce, jusqu'au début de 1917. Le *Rainbow* est vendu pour les pièces en 1920.

Roger Sarty

Rainbow Stage Quand le vieux kiosque à musique de Kildonan Park, au nord de Winnipeg, est endommagé par l'inondation de 1950, la ville a l'idée de le remplacer par un théâtre en plein air. Thomas R. Hodgson, surintendant des parcs, et James Duncan, directeur du U. of Manitoba Glee Club, sont les premiers à défendre cette idée, qui s'inspire du Theatre Under the Stars de Vancouver.

Le 7 juillet 1954, un spectacle de variétés, dirigé par Duncan, inaugure le Rainbow Stage, qui tire son nom de la forme en arc-en-ciel son cadre de scène. En septembre 1955, Duncan y dirige *Brigadoon*, la première comédie musicale. Par la suite, la COMÉDIE MUSICALE devient un élément clé des saisons d'été du théâtre. Le metteur en scène John HIRSCH, le chorégraphe Arnold SPOHR et l'actrice Evelyn Anderson sont parmi les premiers à participer aux productions du Rainbow Stage.

Au début des années 60, le théâtre devient de plus en plus professionnel mais rencontre des difficultés financières. En 1964, le producteur new-yorkais Michael McAloney est engagé pour diriger le théâtre. Il tente d'attirer le public avec une saison comportant quatre comédies musicales jouées par des vedettes américaines sur le déclin, mais c'est le désastre. À la fin de la saison 1965, la compagnie a des dettes d'un montant de 95 000 $ et ferme ses portes. Un an plus tard, une nouvelle compagnie est créée et Jack Shapira est engagé comme producteur. Il dirigera le théâtre pendant 22 ans. Il présente deux spectacles chaque été, habituellement des comédies musicales populaires de Broadway des années 40 et 50, qu'il produit de façon semi-professionnelle en écourtant les rôles et en confiant les chœurs à des amateurs de la région. Shapira enregistre rarement un déficit et la salle est souvent remplie à plus de 90 p. 100 de sa capacité. En 1970, on construit un dôme géodésique au-dessus de l'emplacement réservé aux sièges. Pendant la période où Shapira dirige le théâtre, aller au Rainbow Stage devient un rituel estival pour de nombreuses familles de Winnipeg et faire partie du chœur constitue pour de nombreux jeunes artistes la première étape à franchir avant d'entrer dans le monde du spectacle.

En 1988, Shapira est reconnu coupable d'avoir volé 381 000 $ au théâtre et est condamné à 18 mois de prison. Il rembourse 503 000 $ au total, dont une partie est rendue aux bailleurs de fonds du théâtre. Une part considérable du montant qui reste est engloutie dans une production désastreuse de *Anne of the Green Gables* (v.f. *Anne, la maison aux pignons verts...*), la seule œuvre canadienne jamais produite par le Rainbow Stage et présentée à l'essai au Pantages Playhouse Theatre durant une saison d'hiver au moment où le scandale est au plus fort.

Le successeur de Shapira, Jack Timlock doit faire face à un public désillusionné, à une baisse des subventions accordées par le gouvernement et à un accroissement des dépenses de production. Ses tentatives visant à faire des productions plus professionnelles et à présenter des œuvres comme *Sweet Charity* et *A Funny Thing Happened on the Way to the Forum* (pour public averti) ne font qu'aggraver les problèmes financiers. Timlock démissionne après la saison 1992 et la compagnie ferme de nouveau en 1993.

Certains des hommes d'affaires qui ont sauvé le théâtre en 1966 reviennent à la rescousse. Ils créent une nouvelle compagnie et continuent de diriger le théâtre. Le nouveau Rainbow Stage ouvre en 1993 avec *Fiddler on the Roof* (v.f. *Un violon sur le toit*; présenté pour la 4e fois) et ne présente plus désormais qu'une seule comédie musicale populaire par année.

Parmi les artistes de renom qui ont fait leurs premières armes au Rainbow figurent Len CARIOU, Heath Lamberts, Catherine Mckinnon, Dinah Christie, Fred PENNER et Loreena MCKENNITT. Cliff Gardner, Stan Lesk et Richard Hurst font partie des talents locaux que l'on associe le plus au Rainbow Stage.

Douglas Arrell

Raisin Nom commun donné à une famille (vitacées) de plantes ligneuses grimpant au moyen de vrilles et aux grappes de fruits qu'elles produisent. Le genre *Vitis* comprend de 30 à 50 espèces. On cultive l'espèce européenne *Vitis vinifera* depuis au moins 5000 à 6000 ans. On compte plusieurs espèces différentes de vignes du Canada jusqu'au Mexique. Les deux principales espèces nordiques sont *V. labrusca* et *V. riparia*. Dès 1616, on a tenté de cultiver l'espèce *V. vinifera* dans l'est de l'Amérique du Nord. La culture de cette espèce s'est poursuivie, mais elle demeure encore peu rentable au Canada, bien que de petites quantités soient produites pour la fabrication de vins spéciaux. Néanmoins, l'espèce *V. vinifera* est souvent utilisée pour l'hybridation de plusieurs variétés de vignes plus populaires. Il y a deux principales régions viticoles au Canada: la PÉNINSULE DU

NIAGARA, en Ontario (80 p. 100 des plantations), et la VALLÉE DE L'OKANAGAN en Colombie-Britannique, en plus de quelques plantations dans le sud-ouest de l'Ontario et en Nouvelle-Écosse.

Quelque 76 617 t de raisin, d'une valeur d'environ 36 millions de dollars, ont été produites au Canada en 1985. La Péninsule du Niagara connaît une saison sans gel de 177 jours par an et reçoit 678 mm de précipitations en moyenne. De plus, elle se situe dans une région à 2335 unités thermiques (en haut de 5 °C), unités qui sont requises pour atteindre la maturité de la culture. En Colombie-Britannique, on a recours à l'irrigation pour combler le manque de précipitations. Des pratiques culturales appropriées sont nécessaires si on veut réussir dans la production de raisins. P. ex., sauf pour les jeunes vignes, on utilise des herbicides pour contrer les mauvaises herbes. De plus, on sème des engrais verts et, au milieu de l'été, on procède à une fertilisation adaptée aux besoins de la plante. Les principaux insectes nuisibles sont la cicadelle, l'altise, la mite du raisin et le phylloxéra, et les principales maladies affectant les plantes sont le mildiou poudreux, le mildiou duveteux, la pourriture noire, la moisissure grise et les branches moribondes.

La plupart des raisins produits au Canada sont utilisés pour fabriquer du vin (*voir* INDUSTRIE VINICOLE) et du jus. De petites quantités sont vendues pour la fabrication domestique du vin et la confection de desserts. Les principales variétés de raisins cultivés sont le Concorde, le De Chaunac, le Niagara, l'Elvira et le Foch. Les usines de fabrication de vin utilisent environ 45 variétés de raisins. En produisant de nouvelles vignes hybrides et en faisant l'évaluation des vins, les chercheurs d'Agriculture Canada et ceux du ministère de l'Agriculture et de l'Alimentation de l'Ontario, des stations de recherche de Summerland, en Colombie-Britannique, et de Vineland, en Ontario (*voir* AGRICULTURE, STATIONS DE RECHERCHE EN) apportent leur aide à l'industrie vinicole. (*Voir aussi* CULTURES, RECHERCHE SUR LES.)

O.A. Bradt

Raisin d'ours, ou *kinnickinnick*, est un arbrisseau rampant à feuillage persistant de famille de la bruyère. Les tiges rampantes et souples atteignent jusqu'à 2 m de long. Elles sont couvertes d'écorce filamenteuse rougeâtre et portent des feuilles alternes, oblongues et vert foncé. Les fleurs sont petites, luisantes, en forme de calice, blanches ou roses, teintées de rouge. Elles poussent en petites grappes, à l'extrémité des tiges, tard au printemps et au début de l'été et se développent en fruits charnus rouge brillant. Le nom du genre *Arctostaphylos* vient du grec *arctos,* qui signifie «ours», et *staphylos,* «grappe de raisins». Le nom de l'espèce *Uva-Ursi* (du latin *uva,* qui signifie «grappe de raisins», et *ursus,* «ours») veut littéralement dire «raisin d'ours».

On trouve le raisin d'ours partout au Canada sur des sols secs et sablonneux (souvent appelé «raisin des sables»). On le trouve aussi sur des terrasses en gravier, des dunes de sable et dans la forêt boréale. Il est précieux comme plante couvre-sol pour limiter l'érosion dans les bassins de drainage. Il est moins commun au nord de la LIMITE FORESTIÈRE. Lors de leurs rites religieux, les Pieds-Noirs et d'autres tribus d'autochtones fumaient les feuilles de *kinnickinnick* (mot algonquin signifiant «qu'on peut mélanger») qu'ils mélangeaient à des feuilles de tabac.

L'extrait de raisin d'ours contient un taux élevé d'acide gallique et beaucoup de tannin qui le rendent astringent. Il contient aussi de l'arbutin, qui devient un germicide dans le canal rénal du système urinaire. La tribu des Thompson de la Colombie-Britannique l'utilisait pour traiter les maladies du rein, et les Pieds-Noirs le prenaient en infusion pour traiter l'irritation des gencives, et en pommade pour traiter les maladies de peau.

Beryl Hallworth

Râle et marouette Noms communs donnés à certaines espèces d'oiseaux appartenant à la famille des rallidés, dans laquelle on retrouve également les FOULQUES et les GALLINULES. On compte environ 140 espèces de rallidés dans le monde, parmi lesquelles 44 vivent uniquement dans des îles ou des archipels, et 13 espèces sont disparues. Parmi les espèces inaptes au vol, plusieurs habitent des îles isolées.

Description Les râles et les marouettes qui vivent en Amérique du Nord sont généralement de couleur fauve et portent parfois des rayures gris-brun. On voit rarement ces oiseaux discrets, qui ressemblent quelque peu à des poules, mais on entend souvent leurs chants. Leur vol est peu puissant. Ils volent habituellement sur de courtes distances, les pattes pendantes, se posant promptement dans les marais, où leurs pattes fortes et leurs longs doigts leur sont alors bien utiles pour se déplacer.

Répartition Au Canada, la marouette de Caroline (*Porzana carolina*) et le râle jaune (*Coturnicops noveboracensis*) nichent dans presque toutes les provinces. Dans l'Ouest, le râle de Virginie (*Rallus limicola*) a une aire de reproduction semblable à celle du râle jaune, mais, sauf en Alberta, on ne le rencontre pas aussi au nord que ce dernier. Il niche aussi dans le sud de la Colombie-Britannique. Le râle élégant (*R. elegans*) et le râle gris (*R. longirostris*) ne sont observés qu'à l'occasion dans le sud-est du Canada.

Régime alimentaire Les râles fouillent la boue à la recherche d'escargots, de myes, de crustacés, d'insectes, de petites grenouilles et de matériel végétal.

Nidification Leurs nids ressemblent à des paniers tissés à l'aide de plantes aquatiques. Ils sont parfois couverts des tiges des plantes environnantes. Les couvées contiennent de cinq à 12 œufs, de couleur chamois.

E. Kuyt

Ralston, James Layton, avocat et politicien (Amherst, N.-É., 27 sept. 1881—Montréal, 21 mai 1948). Commandant de bataillon pendant la Première Guerre mondiale, Ralston est réputé pour sa bravoure et ses compétences. Il devient ministre de la Défense nationale de 1926 à 1930 et de 1940 à 1944. Homme vif, rigoureusement honnête, il est un représentant compétent des intérêts politiques des provinces Maritimes et un pilier du Cabinet du premier ministre Mackenzie KING pendant la Seconde Guerre mondiale. D'abord ministre des Finances pendant une courte période (1939-1940), Ralston devient vite ministre de la Défense. Malgré sa tendance à s'embourber dans les détails administratifs, il juge habilement des tactiques de guerre et est un fervent défenseur des combattants canadiens. King force Ralston à démissionner en 1944 en raison de ses déclarations ouvertes de soutien à la CONSCRIPTION pour le service militaire outre-mer.

Norman Hillmer

Ramezay, Claude de, officier et gouverneur par intérim de la NOUVELLE-FRANCE (La Gesse, France, 15 juin 1659—Québec, 31 juill. 1724). Officier des TROUPES DE LA MARINE, il arrive au Canada en 1685. Il est gouverneur de Trois-Rivières de 1690 à 1699, commandant des troupes canadiennes de 1699 à 1704 et gouverneur de Montréal de 1704 à 1724 (à l'exception de la période de 1714 à 1716 où il est gouverneur par intérim de la colonie en l'absence de VAUDREUIL). Il s'intéresse également à la TRAITE DES FOURRURES et au commerce du bois d'œuvre. Le magnifique château de Ramezay, qu'il a construit de 1705 à 1706, peut encore être admiré à Montréal.

Mary McDougall Maude

Ramezay, Jean-Baptiste-Nicolas-Roch de, officier (Montréal, 4 sept. 1708—Blaye, France, 7 mai 1777), fils de Claude de RAMEZAY. Il se hisse dans les rangs des TROUPES DE LA MARINE en Nouvelle-France, servant dans l'Ouest et en Acadie, jusqu'à ce qu'il devienne, en 1758, lieutenant du roi à Québec, le plus haut poste militaire dans la ville sous les ordres immédiats du gouverneur. En septembre 1759, agissant selon les ordres donnés par le gouverneur VAUDREUIL la nuit de la défaite de MONTCALM sur les PLAINES D'ABRAHAM, et prié par les habitants de la ville, il négocie les termes de la reddition de la ville. Les Britanniques signent l'entente le 18 septembre et Ramezay capitule le lendemain.

Mary McDougall Maude

Ramsay, Donald Allan, physicien (Londres, Angl., 11 juill. 1922). Après ses études à Cambridge, Ramsay se joint au CONSEIL NATIONAL DE RECHERCHES (CNRC) en 1947. De 1975 à 1987, il est à la tête de la section de spectroscopie de l'Institut Herzberg d'astrophysique du CNRC. Les recherches de Ramsay font avancer les connaissances sur les spectres des molécules, des radicaux libres et des ions moléculaires dans les domaines des micro-ondes, de l'infrarouge, du visible, de l'ultraviolet et de l'ultraviolet lointain. Ces avancements fondamentaux ont de nombreuses applications en chimie, en physique et en astrophysique, et fournissent une base rigoureuse pour vérifier les calculs théoriques.

Au fil des ans, Ramsay est professeur invité dans des universités et des instituts scientifiques dans le monde entier. Durant les années 1975 et 1976, il occupe la vice-présidence de l'Académie des sciences de la Société royale du Canada et, de 1976 à 1979, il est trésorier honoraire de la société. Il est Membre de la Société royale du Canada, de la Royal Society of London, de l'American Physical Society et de l'Institut de chimie du Canada.

Ranch, histoire du Dans les ranchs, l'élevage se développe dans les régions où les caractéristiques climatiques et physiques combinées produisent des herbages naturels suffisants pour que le bétail, surtout des bovins (*voir* BOVINS, ÉLEVAGE DES) mais aussi des moutons, paisse de façon relativement indépendante toute l'année. L'élevage débute à l'intérieur de la Colombie-Britannique à la fin des années 1850 et est favorisé par les marchés créés par les ruées vers l'or. Le bétail est amené de l'Ouest des États-Unis vers les régions abritées et clémentes de Cariboo et de Chilcotin, et dans les vallées des rivières Thompson et Nicola. L'élevage s'étend rapidement dans d'autres vallées de la Colombie-Britannique, dans les avant-monts des Rocheuses, puis finalement dans les COLLINES DE CYPRÈS et les plaines semi-arides du sud-est de l'Alberta et du sud-ouest de la Saskatchewan.

La région de l'avant-mont du sud-ouest de l'Alberta est le cœur de l'élevage à l'époque. Cette région demeure un centre de l'industrie contemporaine de l'élevage bovin. Grâce à ses vallées bien arrosées et abritées ainsi qu'à ses montagnes balayées de leur neige d'hiver par le chinook, cet endroit est vu comme une des meilleures régions d'élevage du continent. Après 1874, la police à cheval du Nord-Ouest fournit les deux éléments de base d'une industrie naissante d'élevage extensif: un petit marché local et la protection des pâturages libres. La police est bientôt rejointe par Joseph MacFarland, un frontalier américain d'origine irlandaise, et George Emerson, un ex-employé de la Compagnie de la baie d'Hudson, qui amènent de petits troupeaux du Montana. En même temps, dans la vallée de la rivière Bow, à l'ouest de Fort Calgary, George et John Mcdougall établissent un troupeau près de leur établissement à Morleyville (Morley, Alberta).

De nombreux policiers se joignent à la fraternité des éleveurs quand leur période d'engagement se termine, créant ainsi un noyau distinctif autour duquel l'industrie se développe, tout en favorisant l'émergence de son caractère social. L'orientation anglo-canadienne de l'élevage de la région est renforcée par l'arrivée d'Anglais attirés par la publicité importante faite en Angleterre sur l'élevage nord-américain de bovins. Ils se définissent eux-mêmes comme des gentlemen et viennent généralement de la classe

des propriétaires terriens. Ils possèdent un capital suffisant pour établir leurs propres ranchs.

L'accès aux marchés éloignés est assuré quand le chemin de fer du CANADIEN PACIFIQUE rejoint les Prairies au début des années 1880, faisant ainsi augmenter sérieusement l'intérêt pour l'élevage. Dirigés par le sénateur Matthew COCHRANE, un éleveur et capitaliste de Montréal, les hommes d'affaires canadiens rivalisent pour obtenir les baux de pâturages fournis par le biais de la POLITIQUE SUR LES TERRES FÉDÉRALES. Le fait de pouvoir envoyer le bœuf de l'Ouest, élevé à peu de frais, sur le marché britannique en rapide expansion et de réaliser des profits au moment du boom du bœuf attire le sénateur Cochrane et d'autres. Cela les amène à organiser de grandes compagnies d'élevage qui dominent rapidement le milieu canadien: les ranch Cochrane, Bar U, Oxley et Walrond en Alberta, les ranchs 76, Hitchcock et Matador en Saskatchewan, et les ranch Douglas Lake, Gang et Empire Valley en Colombie-Britannique.

Toutefois, le chemin de fer apporte aussi la menace d'une colonisation générale avec son réseau de fils barbelés, particulièrement en Saskatchewan et en Alberta. Les grands éleveurs sont aussi déterminés à garder les cultivateurs en dehors des pâturages que ceux-ci le sont à y entrer. Finalement, le gouvernement cède à la demande irrépressible d'une colonisation générale: en 1892, les grands éleveurs reçoivent un préavis que, dans quatre ans, tous les anciens baux limitant l'entrée des homesteaders (*voir* PEUPLEMENT DES TERRES) seront annulés.

Le bloc puissant des éleveurs soutient cependant que la région est trop aride pour la culture des céréales. Reconnaissant que le pouvoir est aux mains de ceux qui contrôlent l'approvisionnement en eau, les éleveurs persuadent Ottawa de protéger l'industrie de l'élevage en transformant les principales sources, les rivières et les berges des ruisseaux en réserves publiques pour abreuver le cheptel. La plupart des lieux choisis deviennent alors inaccessibles à la colonisation et l'hégémonie des grands éleveurs continue.

Après l'élection des libéraux de Wilfrid Laurier (1896), les éleveurs font face à un gouvernement engagé à poursuivre une colonisation sans restrictions. Convaincus que les techniques d'agriculture en terre sèche surmonteront l'obstacle de la déficience en humidité, les libéraux commencent à mettre aux enchères le système complexe des réserves d'eau pour le bétail. La vive défense de la cause des grands éleveurs par les associations d'éleveurs ainsi que les forts marchés du bœuf ne font que ralentir le déclin de l'industrie. Bientôt en retraite complète devant la ruée des colons qui s'installent même sur les terres les plus pauvres du sud de l'Alberta et de la Saskatchewan, la prééminence chancelante de l'élevage reçoit le coup de grâce de la nature. Tandis que les colons sont contents des années où les précipitations de pluie étaient au-dessus de la moyenne, l'hiver de 1906-1907 où l'habituel chinook ne souffle pas fait baisser le cheptel de milliers de têtes pour beaucoup de gros éleveurs.

La disparition des grandes compagnies d'élevage de l'Alberta et de la Saskatchewan donne la première place à une nouvelle génération de grands éleveurs locaux, dont A.E. CROSS du ranch A7 et George LANE du ranch Bar U. En même temps, les origines américaines prédominantes des colons des terres sèches, combinées au poids de l'enrôlement lors la Première Guerre mondiale et aux pertes de la population anglo-canadienne, changent profondément le caractère social de la région des ranchs.

Néanmoins, pendant la guerre, la chance des grands éleveurs commence à tourner: leur parti politique retrouve le pouvoir à Ottawa, les prix du bœuf sont en hausse et le retour d'un cycle sec fait décliner la colonisation. Une décennie plus tard, le déclin s'accélère et le départ de milliers de réfugiés à cause de la sécheresse, au cours des années

1930, est la preuve que les éleveurs ont été des pionniers et continueront de développer une entreprise particulièrement adaptée aux environnements semi-arides. (*Voir aussi* ZOOTECHNIE.)

David H. Breen

Rand, Ivan Cleveland, juge, éducateur et médiateur dans les domaines ouvrier et international (Moncton, N.-B., 27 avril 1884—London, Ont., 2 janv. 1969). Rand doit sa renommée dans le domaine des relations de travail à la mise au point, lors de la GRÈVE DE WINDSOR en 1945, de la FORMULE RAND pour traiter avec des ateliers syndicaux fermés. En plus d'être renommé dans le domaine des affaires internationales pour son rôle de premier plan au sein du Comité spécial des Nations Unies sur la Palestine (1947), il s'illustre comme juriste grâce à son dévouement aux droits naturels et aux libertés civiles à la Cour suprême du Canada (1943-1959) ainsi que comme éducateur à titre de premier doyen de la Faculté de droit de l'U. de Western Ontario (1959-1964). Fils d'un mécanicien de chemin de fer de religion baptiste, homme de principes, frugal, éloquent et souvent brusque, Rand s'engage dans l'activisme judiciaire par sa quête de justice sociale, engagement qui sera encouragé alors qu'il aura Louis D. Brandeis pour mentor à Harvard, et par le fait d'être avocat plaidant dans la région reculée de Medicine Hat, en Alberta (1913-1920). Après avoir travaillé comme avocat à Moncton de 1920 à 1924 et après une brève incursion en politique comme procureur général libéral du Nouveau-Brunswick (1924-1925), il est conseiller juridique des Chemins de fer nationaux du Canada de 1926 à 1943. Il est promu à la Cour suprême par le gouvernement de Mackenzie KING et son expérience judiciaire l'amènera plus tard à être nommé à diverses commissions royales.

G. Blaine Baker

Randazzo, Peter, danseur et chorégraphe (Brooklyn, N.Y., 2 janv. 1943). Il entre à la Martha Graham Company en 1962, puis crée des rôles pour plusieurs œuvres de Graham. En 1968, il quitte la compagnie et fonde le TORONTO DANCE THEATRE (TDT) avec Patricia BEATTY et David EARLE. Randazzo est le chorégraphe le plus prolifique du triumvirat du Toronto Dance Theatre et l'influence de son illustre professeure transparaît dans ses chorégraphies. Son style très caractéristique, vif, dégingandé et saccadé, se remarque davantage dans ses premières œuvres dramatiques. Dans ses chorégraphies ultérieures, il dévoile son humour noir et compte davantage sur la pureté du mouvement pour produire un effet. En 1986, le TDT joue son œuvre *Rewind* au cours d'un engagement d'une semaine au Toronto's Premiere Dance Theatre et, en 1987, le spectacle du TDT *Mystery, Mayhem & Mozart* inclut une de ses œuvres chorégraphiques, *L'assassin menacé*, inspirée d'une peinture de Magritte, devenue un classique du TDT.

Graham Jackson

Randonnée pédestre Elle consiste à marcher sur de longues distances pour le plaisir ou l'exercice, généralement dans un décor naturel et pittoresque. Auparavant, pour certains, la randonnée pédestre correspondait à une excursion de plusieurs jours, sac au dos. De nos jours, plusieurs sports et activités extérieures sont redéfinis en fonction de leur spécialité et du type de participants. La randonnée pédestre est ainsi associée à une variété d'activités, telles que le trekking, qui consiste en une marche lente et laborieuse en montagne; la balade à pied dans des régions éloignées, souvent rurales (p. ex., dans la campagne anglaise); la randonnée héliportée, où les marcheurs sont transportés par hélicoptère dans des zones lointaines et inaccessibles (p. ex., des glaciers); et la randonnée accompagnée de bêtes de somme (cheval, âne, lama).

La promenade du matin ou du week-end dans les parcs municipaux et les espaces ouverts constitue la forme de randonnée la plus commune. Pratiquée essentiellement pour le plaisir, elle relève moins de la randonnée pédestre que de la marche, l'activité la plus populaire au pays et à laquelle plus de 80 p. 100 des Canadiens s'adonnent. Il peut s'agir aussi d'une promenade de trois heures ou moins dans un endroit situé à environ une heure de chez soi.

Si la popularité de la randonnée avec sac au dos dans la nature sauvage tend à décliner, des formes plus exotiques et spécialisées (qui requièrent un transport en hélicoptère) gagnent toujours plus d'adeptes depuis les années 80 et le début des années 90. L'intérêt soutenu pour la randonnée pédestre et le nombre grandissant de ses inconditionnels tiennent dans une large mesure à l'augmentation de la population urbaine. Les citadins recherchent un environnement naturel et se préoccupent de leur qualité de vie et de leur condition physique. De plus, en raison de la variété du matériel et des vêtements légers qu'on trouve sur le marché, de l'accès plus facile aux espaces ouverts et aux parcs éloignés, la randonnée attire de nombreux participants, jeunes et vieux, de toutes catégories. En général, ils sont âgés de 20 à 35 ans, bien qu'un nombre croissant de personnes de plus de 55 ans continuent de pratiquer la randonnée pédestre. De nos jours, les gens d'un certain âge sont plus en forme et désireux d'améliorer leur mode de vie. Ils disposent aussi des revenus nécessaires pour s'adonner à des formes plus exotiques de randonnée.

Un grand nombre de personnes font de la randonnée au sein d'un club ou d'une association, comme l'Association du SENTIER BRUCE, la Waskahegan Trail Association ou les Skyline Hikers of the Rockies. D'autres joignent des clubs qui offrent plusieurs activités dont la randonnée fait partie; c'est le cas des groupes de naturalistes, d'ornithologues ou du programme Elderhostel (séjours culturels des aînés), de plus en plus populaire chez les 55 ans et plus.

Il arrive souvent que l'on fonde des clubs pour promouvoir le développement, la protection et l'utilisation d'une piste en particulier ou d'un endroit qui offre des possibilités d'aménagement de sentiers pédestres. Avec la création de la fondation du SENTIER TRANSCANADIEN, qui a pour mission d'aménager un sentier reliant villes et régions canadiennes d'un océan à l'autre, il y a lieu de croire que plusieurs autres associations ou clubs seront créés afin d'encourager la participation à cette activité.

Parmi les pistes que fréquentent les randonneurs, bon nombre représentent un aspect historique du patrimoine canadien. C'est le cas de la Piste du patrimoine Alexander Mackenzie (Colombie-Britannique). D'autres donnent accès à un environnement naturel et pittoresque à l'intérieur même d'une ville, en milieu rural ou en pleine nature sauvage, notamment la piste Great Divide (Alberta). Il existe des pistes pour tous les randonneurs, novices ou experts: pistes faciles des parcs urbains; pistes de campagne relativement faciles (la piste Waskahegan, en Alberta); pistes d'endurance et pistes raboteuses telles la piste West Coast, dans l'île de Vancouver, ou la piste Chilkoot Pass, au Yukon. (*Voir aussi* SENTIERS ET ESPACES VERTS.)

Rang canadien Il trouve son origine dans les premiers défrichements en Nouvelle-France. Dès 1634, le Seigneur Robert Giffard en fait l'expérience sur la côte de Beaupré près de Québec. Dans le RÉGIME SEIGNEURIAL, le Roi accorde de grandes étendues de terres, de part et d'autre du fleuve Saint-Laurent et des rivières affluentes; plus de 4 millions d'hectares sont ainsi octroyés pendant le siècle et demi qu'a duré le RÉGIME FRANÇAIS. Le Seigneur a le devoir d'attirer le plus grand nombre de colons sur ses terres. Pour cela, il doit leur offrir des conditions avantageuses, dont un accès à un cours d'eau pour leur permettre de circuler, de pêcher, de faire paître les animaux et d'autres facilités. De là naît l'idée de diviser les lots en bandes étroites sur le fronteau, 3 ou 4 arpents de large (180 ou 240 m). Ce que le colon perd en largeur, il le gagne en profondeur, 30 à 40 arpents (1,88 à 2,4 km). Cette forme de cadastre permet d'aligner le maximum de propriétés en rang sur le bord de l'eau tout en favorisant le rapprochement

des habitations, élément important en ces temps de grande insécurité.

Au début, les rangs n'ont des maisons que sur un côté du chemin, c'est le rang simple. Par la suite, les maisons sont situées des deux côtés du chemin et se font face, c'est le rang double, plus dense et plus sécuritaire. Ainsi est né le Rang canadien dont les caractéristiques sont partout visibles dans le paysage québécois. Ce système cadastral est à l'origine d'une forme d'habitat mi-groupé, mi-dispersé qui convenait fort bien à la mise en valeur d'un pays neuf. D'ailleurs, le Rang canadien sera «exporté»; on le trouve le long de la rivière Rouge au Manitoba, la ville de Détroit en porte encore les marques, de même que le vieux site de Cahokia près de Saint-Louis. Curieusement, les photos aériennes des nouveaux territoires d'Amazonie révèlent, traits pour traits, une forme d'habitat identique à celle du Rang canadien conçu il y a presque quatre siècles sur les berges du Saint-Laurent.

Le Rang canadien a été bien plus qu'un simple système cadastral. À une époque où les déplacements sont lents et difficiles, il constitue un noyau social qui précède même la ville. Par les relations de voisinage et de parenté, le rang acquiert une unité et une cohésion sociales qui en feront un milieu de vie primordial sur divers plans. Le rang a son conseiller, son commissaire d'école, son organisateur politique, parfois tous ces titres réunis sur la tête d'un seul homme, l'homme «fort» du rang. La solidarité sociale y est très forte, les échanges de biens et de services, les corvées, les travaux en commun, comme les récoltes, témoignent d'une vie de relations qui s'estompe avec l'essor des moyens de communication. La ruralité québécoise a été marquée par le rang. Le géographe Louis-Edmond HAMELIN estime qu'il y a eu jusqu'à 10 000 rangs au Québec. Par ailleurs, il soutient que l'appellation Rang canadien ne correspond ni à la tradition, ni à la géographie et il propose de lui substituer le terme Rang d'habitat, titre d'un livre qu'il a publié sur le sujet.

Maurice Saint-Yves

Rankin Family, The Ce groupe de musiciens est originaire de Mabou, en Nouvelle-Écosse. Les Rankin grandissent dans une famille où la musique occupe une place importante et ils se produisent pendant de nombreuses années, avec leurs parents, dans les *ceilidhs* du Cap-Breton. À un moment ou à un autre, neuf des douze enfants font partie du groupe, les aînés étant remplacés par leurs frères et sœurs plus jeunes à mesure qu'ils atteignent l'âge adulte et qu'ils fondent leur propre famille. En 1989, cinq d'entre eux, Jimmy, Raylene, Heather, Cookie et John Morris, fondent officiellement le groupe. Ils commencent à présenter leur répertoire d'airs traditionnels d'inspiration celtique de façon professionnelle à l'occasion de FESTIVALS FOLKLORIQUES et lancent, en 1989, un album sous étiquette indépendante, *The Rankin Family*.

Un passage à la télévision nationale en 1990 fait connaître les musiciens à un large public puis, la même année, ils font l'objet d'une émission spéciale à la télévision de la SRC. Au début de 1992, ils lancent leur disque *Fare Thee Well Love,* qui bénéficie maintenant d'une large diffusion, se vend à 400 000 exemplaires au Canada grâce à de nombreuses tournées, à la diffusion fréquente sur les ondes de la chanson titre et de l'air traditionnel *Orangedale Whistle.*

L'album *North Country* (1993) confirme la popularité du groupe au Canada et lui vaut quatre PRIX JUNO (dont ceux pour le groupe de l'année et le choix du public). C'est alors que débutent les tournées internationales, et le groupe connaît du succès en Angleterre, en Écosse, en Australie, en Nouvelle-Zélande et aux États-Unis. Une édition limitée d'un enregistrement de cinq chansons, *Grey Dusk of Eve* (1995), met en vedette un duo avec Liam O'Maonlai, du groupe irlandais Hothouse Flowers. L'évolution continue du groupe, qui passe d'une musique tradi-

tionnelle basée sur le violon à une musique plus contemporaine, franchit une nouvelle étape avec la parution de *Endless Seasons* (1995), qui présente un plus grand pourcentage de chansons originales écrites par John Morris, Cookie et Jimmy Rankin. L'album de leurs plus grands succès, *The Rankin Family Collection* (1996), se vend lui aussi très bien.

Jeff Bateman

Rankin, Harry, politicien municipal, avocat, journaliste (Vancouver, 8 mai 1920). Pendant 30 ans, Rankin fait figure de défenseur et de chef exceptionnel du mouvement des citoyens pour la réforme à Vancouver. Après avoir servi durant la Seconde Guerre mondiale, il termine son diplôme en droit à l'U. de la Colombie-Britannique, où il devient socialiste et, par conséquent, se fait presque refuser l'admission au barreau en 1950. Reconnu comme un fervent défenseur des gens démunis, Rankin se spécialise dans le droit du travail ainsi que dans les causes criminelles et de libertés civiles. En 1966, il est élu au conseil municipal de Vancouver et, en 1968, il se joint à d'autres groupes pour former le Committee of Progressive Electors (COPE), coalition de gauche appuyée par les syndicats. Au cours des années 70, à titre de seul représentant du COPE au conseil et dans une chronique hebdomadaire d'un journal, Rankin s'élève contre les politiciens promoteurs du développement de la ville et attire l'attention sur des questions sociales laissées de côté. Aux élections municipales, il l'emporte toujours haut la main quand il se présente comme conseiller, mais il est défait en 1986 comme candidat à la mairie.

Andrea B. Smith

Rankin Inlet, hameau du Nunavut; pop. 2058 (rec. 1996), 1706 (rec. 1991), 1374 (rec. 1986); superf. 24,19 km²; situé sur la côte ouest de la BAIE D'HUDSON, à 1150 km à l'est de Yellowknife. Baptisé du nom de l'anse (découverte par John Rankin) près de laquelle il se trouve, le hameau a été fondé par la North Rankin Nickel Mines en 1955 afin d'exploiter ses gisements minéraux. En 1956, un concentrateur de 250 tonnes est construit à l'emplacement de la mine; la production de concentré de nickel commence en 1957. La population (surtout des Inuits) est durement touchée par la fermeture de la mine en 1962.

L'économie s'est aujourd'hui améliorée grâce à la pêche et à l'artisanat inuit. C'est aussi un centre clé de services gouvernementaux, de communications et de transport.

Annelies Pool

Raphael, William, peintre (Prusse-Occidentale, 1833—Montréal, 15 mars 1914). Diplômé de l'École d'art de Berlin, Raphael arrive au Canada en 1860, fort de son prestige académique et muni de couleurs abricot saisissantes qu'il applique à ses peintures de genre qui dépeignent le port de Montréal et l'animation du marché. L'élégance et la précision de ses personnages de citadins qui attendent le long des quais se remarquent aussi dans ses portraits conservés dans les édifices du Parlement à Ottawa. Il peint de violentes tempêtes de neige et des loups, et on inclut de ses tableaux dans *Picturesque Canada* (1882). En 1904, il donne des cours de dessin et de peinture à Montréal, et est nommé membre du Conseil des arts et manufactures.

Anne McDougall

Rapson, William Howard, ingénieur chimiste, professeur, conseiller (Toronto, 15 sept. 1912). Après 12 ans de recherche à la Compagnie internationale de papier canadienne de Hawkesbury, en Ontario, il revient à l'U. de Toronto où il avait obtenu un doctorat en génie chimique en 1941. Tout en enseignant, en faisant de la recherche et en s'occupant d'administration à l'université jusqu'à ce qu'il prenne sa retraite en 1981, il devient conseiller pour la fabrication et l'utilisation de produits chimiques pour l'industrie des pâtes et papiers. Il découvre de nouvelles méthodes de blanchiment de la pâte de bois qui permettent d'utiliser le pin commun pour fabriquer pour la première fois du papier blanc résistant et donnent au Canada des avantages importants sur les marchés internationaux.

Il a aussi inventé des procédés pour l'industrie manufacturière. Ces dernières années, il a tourné ses efforts vers les moyens de diminuer la pollution des eaux engendrée par les papeteries. Membre de la Société royale du Canada et membre honoraire et ancien président (1986) de l'Institut de chimie du Canada, il a été honoré au Canada et à l'étranger. En 1986, il a reçu le prix commémoratif Izaak-Walton Killam du Conseil des arts du Canada en génie.

Morris Wayman

Rapt Désigne littéralement le fait de prendre quelqu'un avec soi. À l'origine, le terme désignait la séduction par laquelle on amenait une femme à quitter son mari, ou une fille ou une héritière à quitter ses parents ou son gardien légitime, à des fins de mariage, de concubinage ou de prostitution. Depuis l'époque d'Édouard Ier, la séduction dolosive est une infraction criminelle et le mari ou le gardien a le droit d'obtenir des dommages-intérêts pécuniaires en réparation de l'infraction. Selon le *Code criminel* du Canada, il y a rapt lorsque, sans son consentement, une personne de sexe féminin est soutirée de la possession de son père ou de sa mère ou d'un tuteur à des fins de mariage ou de relations sexuelles illicites ou lorsqu'une personne de sexe féminin âgée de moins de 16 ans est soutirée illégitimement de la possession de toute personne qui en a la charge légale. Dans le cas de relations sexuelles illicites avec une fille âgée de moins de 16 ans, l'accusé peut être acquitté s'il est démontré qu'elle était plus à blâmer que lui ou s'il peut convaincre le tribunal qu'il croyait honnêtement qu'elle était âgée de plus de 16 ans. Ce moyen de défense est inopposable à une accusation de rapt. L'accusé ne peut non plus se prévaloir du consentement de la personne ainsi enlevée. Il y a aussi rapt lorsque l'on emmène un enfant âgé de moins de 14 ans avec l'intention de priver de sa présence le père, la mère ou une autre personne qui en a la garde légale ou avec l'intention de dérober quoi que ce soit appartenant audit enfant.

La recrudescence du trafic des stupéfiants a amené plusieurs pays à revendiquer le droit d'enlever tout trafiquant de l'endroit où il se cache, par la ruse ou même en pénétrant sur un territoire étranger, et de le ramener chez lui pour le traduire en justice. La Commission internationale du droit des Nations Unies a déclaré que le trafic des stupéfiants constituait un crime en droit international. Lorsque le traité fondé sur cette proposition entrera en vigueur, toute partie signataire sera tenue de juger les trafiquants dans son territoire ou de les extrader vers les pays intéressés. (*Voir aussi* ENLÈVEMENT.)

L.C. Green

Raptors de Toronto Équipe de BASKETBALL. Près de 50 ans après que les Huskies de Toronto – membres fondateurs de la Basketball Association of America, ancêtre de la National Basketball Association (NBA) – ont été les hôtes du premier match de l'histoire de la ligue, en 1946, les Raptors de Toronto deviennent la vingt-huitième équipe de la NBA en 1995, et la première de la ligue depuis les Huskies à jouer à l'extérieur des États-Unis. En 1993, un groupe d'investisseurs, dirigé par John Bitove et Donald Slaight, fait une demande à la NBA en vue d'obtenir une concession d'expansion pour la ville de Toronto et celle-ci retient cette soumission aux dépens de deux autres soumissionnaires. Le 4 novembre 1993, la concession est accordée et, le 15 mai 1994, le nom de l'équipe ainsi que son logo sont dévoilés. L'ancienne étoile des Pistons de Détroit, Isiah Thomas, est engagée pour diriger les activités sportives de la concession et devient membre du groupe de propriétaires. Les Raptors commencent à jouer lors de la saison 1995-1996 au Skydome. Les Raptors éprouvent des difficultés sur le terrain, comme la plupart des équipes de l'expansion, mais les recettes d'entrée sont excellentes.

Dès la première année, avec à leur tête la personne qui sera la recrue de l'année de la NBA, Damon Stoudamire, les Raptors remportent 21 matchs, y compris leur premier match, disputé contre l'autre équipe d'expansion, les GRIZZLIES DE VANCOUVER. Slaight finit par racheter les parts de Bitove et, en 1997, il vend la totalité de ses parts à un groupe local dirigé par Thomas.

Raquette Forme d'activité physique qui se pratique à l'aide de larges «semelles» à cadre de bois garni de fibres entrecroisées, pour marcher ou courir sur la neige. Chez les autochtones d'Amérique du Nord, il s'agissait d'un moyen de déplacement habituel, et probablement d'un sport. La raquette a tôt fait d'être adoptée par les trappeurs. Autour des années 1840, 12 Montréalais anglophones se réunissent tous les samedis après-midi pour faire de la raquette. En 1843, le groupe, qui compte certains des hommes d'affaires les plus influents de la ville, forme le Montreal Snow Shoe Club (MSSC), première organisation du genre au monde. Nicholas «Evergreen» Hughes joue un rôle clé dans l'organisation du club et dans l'expansion de ce sport.

Randonnées Les randonnées de longue distance constituent la forme d'activité la plus courante pendant presque 20 ans. Des membres du MSSC ainsi que ceux d'une poignée d'autres clubs se donnent rendez-vous près du McGill College pour participer à une excursion de 19 km ou plus. Les randonneurs suivent à la file le principal responsable du club. Le guide, un raquetteur d'expérience, dont la tâche consiste à garder le groupe ensemble, ferme la marche. À la moitié du parcours, ou à la fin, les raquetteurs font une pause dans une taverne de la ville ou du mont Royal. Les raquetteurs y mangent, y chantent des chansons comme *Rise, Ye Sons of Canada* et *Partant pour la Syrie*, y récitent des poèmes et y dansent des cotillons. Des courses ont lieu dès 1843. Elles comportent des sprints, des épreuves de 3,2 km et des courses de haies hautes de 1,2 m. Tout porte à croire que la course de haies en raquettes a fait son apparition une dizaine d'années avant l'épreuve similaire en athlétisme. (Dans le même ordre d'idées, le mot *jogged* était utilisé pour décrire le mouvement lent et haletant des raquetteurs, au début des années 1870.) Avant la Seconde Guerre mondiale, les athlètes de piste et pelouse font de la raquette pour s'entraîner l'hiver, en l'absence d'installations intérieures adéquates.

À la fin des années 1860, les clubs de raquettes sont déjà fort nombreux à Montréal et des courses ont lieu régulièrement. L'intérêt accru pour la compétition se traduit par des trophées prestigieux, comme la coupe Tecumseh; par de nouvelles épreuves, comme la course d'obstacles en montagnes; par l'apparition de compétiteurs exceptionnels, dont Keraronwe et W.L. Maltby, raquetteurs rapides; par des temps améliorés dans toutes les épreuves (1,6 km en 6 min. est devenu normal); par l'arrivée de raquettes de course de 0,68 kg au lieu de 1,8 kg; et par la naissance de clubs de compétition à Ottawa, Toronto et Québec. De plus, des organisations de patinage sur glace présentent des courses de raquettes comme première épreuve de leurs courses annuelles. Les courses de raquettes ont même leur propre vocabulaire, p. ex., le mot «brosser», qui signifie accélérer pour doubler un autre raquetteur. Dans les années 1880, la raquette est sans contredit l'activité hivernale la plus pratiquée.

De Winnipeg à Terra Nova, à Terre-Neuve, la présence de clubs de raquette témoigne de l'importance de ce sport. Le MSSC contribue à la formation d'une organisation multisport, soit l'Association athlétique amateur de Montréal en 1881. Par ailleurs, entre 1883 et 1889, en collaboration avec d'autres clubs de raquette de Montréal, le MSSC organise, promeut et parraine le célèbre Mardi gras ou carnaval d'une durée d'une semaine.

Les raquetteurs donnent aussi des concerts, participent à des campagnes de financement et organisent

des clubs de marche en été. En surmontant les rigueurs du climat, les engelures, la douleur causée par des orteils en sang et les points de côté omniprésents, ils assurent le phénomène sportif du XIXe s. propre au Canada, appelé familièrement «christianisme musclé».

Dans les années 1890, le regain de faveur dont jouit le patinage et l'enthousiasme que suscite un nouveau sport d'hiver, le HOCKEY SUR GLACE, mettent fin aux belles années de la raquette. Au début du XXe s., Winnipeg devient le siège de ce sport et, en 1907, est fondée l'Union canadienne des raquetteurs, qui régit les 70 clubs modernes de raquette.

Don Morrow

Raquettes Presque tous les peuples autochtones du Canada, hormis ceux des côtes du Pacifique et de l'Arctique, utilisaient les raquettes pour voyager en hiver. Les Athapascans de l'Ouest et les Algonquins du Nord-Est fabriquaient les raquettes les plus perfectionnées. Habituellement, l'armature était faite en bois de frêne, durable et flexible, et les lacets du treillis en peau de chevreuil, de caribou ou d'orignal. Une mince BABICHE laçait les deux extrémités de la raquette tandis qu'une babiche plus robuste retenait la partie centrale pour mieux supporter le poids. Pour faire de la raquette, la chaussure traditionnelle était le MOCASSIN de style indien. La raquette fait partie du FOLKLORE amérindien. Les OJIBWÉS, p. ex., célébraient la première chute de neige de l'hiver par la danse de la raquette. Au début de la colonisation, la raquette contribue au développement du pays, au même titre que le canot, la charrette ou le chemin de fer. (*Voir aussi* RAQUETTE.)

René R. Gadacz

Rasminsky, Louis, banquier (Montréal 1er févr. 1908—Ottawa, 14 sept. 1998). Rasminsky joue un rôle majeur dans la création du système monétaire international après la Seconde Guerre mondiale. Il étudie à l'U. de Toronto et à la London School of Economics, où il se spécialise dans l'étude de la monnaie. En 1930, il entre à la section économique et financière de la Société des Nations à Genève en Suisse. En 1939, il jouit déjà d'une excellente réputation. En 1940, il devient membre de la Commission de contrôle du change étranger à Ottawa, dont il met sur pied la section de recherche et de statistiques. En 1942, il en est le président du conseil suppléant.

Rasminsky consacre une bonne part de son temps à produire un «plan canadien» pour un système monétaire international. Au cours des réunions avant et pendant la conférence de Bretton Woods au New Hampshire en 1944, son plan est étudié minutieusement et approuvé en partie. Après la Seconde Guerre mondiale, il gravit les échelons de la BANQUE DU CANADA et en devient gouverneur en 1961. Il la dirige pendant onze ans en guidant soigneusement sa POLITIQUE MONÉTAIRE tout au cours de périodes difficiles. Il est président du conseil des gouverneurs de l'Institut de recherches pour le développement international de 1973 à 1978. Il est fait Compagnon de l'Ordre du Canada en 1968.

J.L. Granatstein

Rat On appelle communément «rat», certains MAMMIFÈRES de l'ordre des RONGEURS et de la famille des muridés. Quatre espèces se trouvent au Canada. Le neotoma à queue touffue (*Neotoma cinerea*) et le RAT MUSQUÉ (*Ondatra zibethicus*) sont cependant les deux seules espèces indigènes. Le rat noir d'Eurasie (*Rattus rattus*) et le rat surmulot, appelé aussi rat de Norvège (*R. norvegicus*), ont été introduits par l'homme en Amérique du Nord.

Neotoma à queue touffue Le neotoma à queue touffue, qui peut atteindre 50 cm de longueur, possède une longue queue poilue et une fourrure longue et douce. Il habite la cordillère de l'ouest de l'Amérique du Nord, du Yukon jusqu'au Nouveau Mexique. Il est solitaire et nocturne. Il s'alimente principalement de végétation et vole fréquemment des objets dans les bâtiments abandonnés et les chalets. Au Canada, il produit une portée par année, de trois à quatre jeunes en moyenne.

Rat noir et rat surmulot Les rats noir et surmulot ont un pelage court et dru et une queue écailleuse et nue. Le rat surmulot est le plus grand des deux, pouvant atteindre 68 cm. Les deux espèces se retrouvent dans les régions habitées par l'homme; le rat noir n'est présent que le long du littoral de la Colombie-Britannique, alors que le rat surmulot est répandu dans la plupart des régions habitées du Canada. Ces espèces sont grégaires. Le rat noir, un excellent grimpeur, cherche refuge dans les greniers et les toits des maisons et des bâtiments de ferme. Le rat surmulot est principalement fouisseur.

Ces deux espèces de rat sont prolifiques et peuvent se reproduire à l'année, quoique surtout du printemps à l'automne. Le rat surmulot peut avoir de trois à 12 (habituellement cinq) portées de neuf ratons en moyenne, par année. Ces rats omnivores consomment les aliments produits par l'homme, transmettent des MALADIES et peuvent même s'attaquer aux humains durant leur sommeil. Ils causent des dommages aux maisons, aux lignes de transmissions, ainsi qu'aux canalisations.

Jean Ferron

Rat musqué (*Ondatra zibethicus*) RONGEUR d'assez grande taille que l'on rencontre presque partout en Amérique du Nord dans les milieux humides et les cours d'eau de un à deux mètres de profondeur, qui ne gèlent pas jusqu'au fond l'hiver et dans lesquels des végétaux sont enracinés. Cette espèce a été introduite en Eurasie vers 1905.

Description Le rat musqué est brun et trapu. Sa queue distinctive, mesurant de 18 à 25 cm, est aplatie latéralement et est couverte de poils épars. L'adulte fait de 40 à 63 cm de longueur, et sa masse corporelle varie entre 0,5 et 1,8 kg. Ses larges pattes postérieures et ses doigts légèrement palmés sont bordés de poils courts et raides (cirres natatoires). Il possède quatre incisives, qui servent à couper et à tenir les PLANTES dont il se nourrit, et 12 dents jugales pour les broyer. Deux glandes situées sous la base de la queue produisent un musc au moyen duquel il marque son territoire. Entre avril et août, la femelle donne naissance à deux ou trois portées. Chacune peut compter de 1 à 11 petits, bien que la moyenne varie entre 5 et 7.

Comportement Dans les marais, le rat musqué construit une hutte faite de végétation et en forme de dôme, qui peut mesurer jusqu'à 1,2 m de hauteur et 1,8 m de largeur. Dans les étangs et les ruisseaux, il creuse des terriers sur la rive. Il nage avec aisance et est bon plongeur. Il se nourrit de diverses plantes aquatiques, particulièrement de QUENOUILLES. L'hiver, il se nourrit sous des cloches qu'il construit sur la glace au-dessus d'un trou de plongée, où il lui arrive d'être emprisonné.

Importance biologique Le VISON est son principal prédateur, à part l'humain. Sa peau de bonne qualité est une importante source de revenus pour les trappeurs canadiens. Le rat musqué endommage quelquefois les rives et les barrages. Les biologistes de la faune effectuent la gestion de cette espèce pour en tirer un rendement soutenu, en améliorant son habitat et en réglementant sa récolte. Tous les 6 à 10 ans, les populations de rats musqués connaissent une forte chute en raison de maladies infectieuses et de problèmes de reproduction.

Donald A. Smith

Rat-kangourou RONGEUR solitaire et strictement nocturne qui appartient à la famille nord-américaine des hétéromyidés. Cette famille comprend 75 espèces (*voir* SOURIS À ABAJOUES). Des 14 espèces de rats-kangourous, on n'en retrouve qu'une seule au Canada: le rat-kangourou d'Ord (*Dipodomys ordii*). Cette espèce habite la région des Grandes collines Sand du sud-ouest de la Saskatchewan et de l'Alberta et elle est l'un des rares MAMMIFÈRES canadiens adapté au milieu désertique.

Description Les membres antérieurs du rat-kangourou sont courts et faibles alors que les postérieurs sont puissants. La queue, plus longue que le corps, est utilisée comme point d'appui et comme balancier. Ceci permet à ce rat de se déplacer par bonds. La longueur totale du rat-kangourou peut atteindre 28 cm dont environ la moitié pour la queue. Le dos est de couleur fauve et le ventre est blanc. On trouve également des taches blanches au niveau de la lèvre supérieure, au-dessus des yeux ainsi que derrière les oreilles. Il y a aussi des lignes blanches qui traversent les hanches. Les abajoues sont utilisées pour transporter des graines au terrier où le rat-kangourou hiberne.

Régime alimentaire En plus des graines, des insectes sont aussi consommés. Les rats-kangourous boivent très peu d'eau, étant adaptés pour réduire au minimum leurs pertes d'eau du fait qu'ils vivent en milieu aride. Malgré leur grande agilité, ils sont la proie de mammifères carnivores, d'OISEAUX et de SERPENTS.

Reproduction et développement Au Canada, la pariade a normalement lieu au printemps. La gestation dure 29 ou 30 jours. Les femelles peuvent produire annuellement deux portées ou plus, ayant en moyenne de trois à quatre petits par portée.

Jean Ferron

Raton laveur (*Procyon lotor*) Il est le seul représentant canadien des procyonidés, une famille de carnivores que l'on trouve surtout dans les régions tropicales du Nouveau Monde. On le reconnaît à son masque noir et à sa queue annelée. La couleur de son pelage varie de presque noir à brun pâle, et il pèse de 5 à 12 kg (maximum 22 à 26 kg). Il habite le nord de l'Alberta, le sud de la Colombie-Britannique et de la Saskatchewan, le centre de la Saskatchewan, du Manitoba et de l'Ontario ainsi que le sud du Québec et les Maritimes.

Reproduction et croissance Le raton laveur utilise un nid seulement tant que les petits ne sont pas sevrés. Il se reproduit à partir de l'âge de un an et donne généralement naissance à trois petits, entre mars et mai, après 63 à 65 jours de gestation. Les petits sont indépendants à l'automne. Il arrive que les adultes imprègnent le nid d'une odeur nauséabonde.

Comportement Reconnu pour l'agilité avec laquelle il grimpe, le raton laveur est aussi un bon nageur, mais il n'aime pas nager. Il produit une grande variété de sons tels que des sifflements, des hurlements, des jacassements, des claquements de dents et des grondements.

Régime alimentaire Le raton laveur est omnivore. Il manipule sa nourriture dans l'eau, mais ne la lave pas vraiment. Ses mains très habiles lui servent entre autres à fouiller et à capturer des ÉCREVISSES.

Relations avec les humains Le raton laveur cohabite avec les humains dans les milieux urbains. Si la nourriture est abondante, il reste actif pendant tout l'hiver. Les jeunes aiment bien la compagnie des humains, mais deviennent plus indépendants et moins sociables à l'âge adulte. La fourrure de raton laveur est utilisée dans la confection de manteaux. Ces dernières années, l'incidence de la rage a considérablement augmenté chez cette espèce dans l'est du Canada. Sa viande est comestible, à condition que l'on en retire les glandes odoriférantes.

C.S. Churcher

Rattenbury, Francis Mawson, architecte (Leeds, Angl., 11 oct. 1867—Bournemouth, Angl., 28 mars 1935). Rattenbury émigre au Canada en 1892 et travaille d'abord comme agent pour les investisseurs Bradford à Vancouver. Il a fait un stage dans l'agence d'un oncle à Leeds, chez Lockwood and Mawson, où il a acquis de l'expérience en construction commerciale et publique ainsi qu'en structure, et des connaissances du vocabulaire architectural et du travail en agence.

Grâce à ses talents de dessinateur, Rattenbury supplante rapidement les architectes immigrants qui

l'ont précédé en Colombie-Britannique. En 1893, il remporte le concours du nouveau parlement provincial à Victoria avec un projet qui combine planification efficace et articulation réussie, exprimant nettement le lien avec l'Empire mais reflétant néanmoins les goûts contemporains aux États-Unis. Malgré les dépassements des coûts de construction, le parlement qui ouvre en 1898 vaut à son concepteur de nombreux éloges puisqu'il représente les ambitions métropolitaines de la colonie.

La compétence dont Rattenbury fait preuve lui procure l'appui d'institutions de premier plan ainsi que du gouvernement. Ses réalisations comprennent des succursales de la Banque de Montréal (1895-1900), dont l'acquisition de son élégante Merchant's Bank, à Victoria, (1906-1907). Il réalise également des installations pour le Canadien Pacifique: rajouts à leurs centres de villégiature dans les Rocheuses (1901-1904) et au Vancouver Hotel (1902-1908); le Mount Stephen House Hotel (1902-1903) à Field, en Colombie-Britannique; l'Empress Hotel (1905-1908) à Victoria; la station de câble international (1902-1903) à Bamfield, en Colombie-Britannique; les Victoria Steamship Terminals (1904 et 1923-1926, avec P.L. James). En plus de construire plusieurs belles maisons de style Arts and Crafts à Victoria, il conçoit aussi des entrepôts frigorifiques au centre de la Colombie-Britannique et un hôtel particulier à Calgary (1903) pour le propriétaire de ranch Pat Burns, tout en construisant des palais de justice à Chilliwack (1894), à Nanaimo (1896), à Victoria (remise à neuf, 1899), à Nelson (1905-1906) et à Vancouver (1906-1911), avec un agrandissement par Thomas Hooper.

Il est particulièrement habile à appliquer les styles château et beaux-arts alors en vogue. Cette habileté dans le traitement de la manière beaux-arts est surtout évidente dans le palais de justice de Vancouver (transformé par Arthur ERICKSON Architects en 1978-1983 pour la Vancouver Art Gallery) et dans le bâtiment qui abrite la nouvelle bibliothèque provinciale du Parlement (1911-1913), qui devait à l'origine comprendre plutôt un musée provincial et l'imprimerie du gouvernement.

Les projets commerciaux de Rattenbury sont complexes et comptent de nombreuses envolées spectaculaires qui se transforment en échecs. Citons la tentative de fournir des bateaux à vapeur préfabriqués pour la ruée vers l'or du Klondike (1898-1900), les entreprises liées à la construction, de même que des acquisitions substantielles de terrains dans le nord de la Colombie-Britannique. Ces échecs sont grandement dus aux perturbations économiques et sociales causées par la Première Guerre mondiale. En raison de l'effondrement subséquent du Grand Trunk Railway, pour lequel il avait conçu une série de grands projets de style château et beaux-arts entre 1908 et 1914, seules les fondations du massif Hotel Prince Rupert sont creusées en 1914.

La principale contribution de Rattenbury à l'architecture de la Colombie-Britannique ne réside pas dans l'originalité de ses créations, mais plutôt dans son aptitude à procurer au style architectural en vogue un niveau de sophistication plus élevé, qui satisferait les aspirations de la province à un moment crucial de son développement politique. Ses bâtiments, qui révèlent sa maîtrise du vocabulaire architectural, reflètent les liens de la colonie avec l'Empire.

Rattenbury obtient peu de commandes après 1918, préoccupé qu'il est par les litiges qui l'opposent à l'administration provinciale au sujet de l'acquisition de ses terrains dans le Nord pour relocaliser les anciens combattants. Les travaux qu'il réalise toutefois pour le Canadien Pacifique, soit les Crystal Gardens (1921-1925) et le Secord Steamship Terminal à Vancouver, sont la preuve qu'il a conservé intactes ses capacités à concevoir des projets publics et ornementaux.

Éclaboussé par le scandale provoqué par son divorce et son remariage, Rattenbury rentre en Grande-Bretagne en 1929. Il est assassiné en 1935 par son chauffeur, qui est l'amant de sa deuxième femme.

Rhodri Windsor Liscombe

Raudot, Antoine-Denis, intendant de la Nouvelle-France de 1705 à 1710 (1679—Versailles, France, 28 juill. 1737). Il avait entrepris une carrière au ministère de la Marine quand son père Jacques RAUDOT et lui sont nommés conjointement INTENDANTS. Intelligent et rationnel, Antoine-Denis se consacre à rehausser l'économie de la colonie qui est en chute à cause d'une surabondance de castors sur le marché européen. Pour ce faire, il entend développer l'agriculture, la pêche et l'exploitation forestière. Sa suggestion la plus audacieuse, qu'il décrit dans un volumineux mémoire en 1706, est d'établir une nouvelle ville sur l'île du Cap-Breton qui servirait d'entrepôt à l'Empire français. En raison de son emplacement, cette ville diminuerait les problèmes de transport entre la France et ses colonies. Incapable de mener à bien son entreprise en raison de la GUERRE DE LA SUCCESSION D'ESPAGNE et de la dispute de son père avec le gouverneur VAUDREUIL, il demande un rappel et va s'établir en France où il connaît une brillante carrière.

Mary McDougall Maude

Raudot, Jacques, intendant de la NOUVELLE-FRANCE de 1705 à 1711 (1638— Paris, France, 20 févr. 1728). Apparenté à la puissante famille de Pontchartrain, il a déjà mené une brillante carrière de juriste lorsqu'il est nommé intendant conjointement avec son fils Antoine-Denis RAUDOT (seul Jacques touche de l'argent). Il confie les finances en grande partie à son fils, et s'occupe de l'administration de la justice et de l'ordre public. Il tente d'apporter des réformes aux systèmes seigneurial et judiciaire, à l'éducation, à l'agriculture et à la milice. Bien que sociable et cultivé, il est de tempérament émotif, et il s'offense facilement. Il a une piètre opinion des Canadiens en général. N'appréciant guère la position prééminente du gouverneur VAUDREUIL, il passe les dernières années de son mandat en querelles stériles avec lui.

Mary McDougall Maude

Rawson, Donald Strathearn, spécialiste en limnologie (Claremont, Ont., 19 mai 1905—Saskatoon, le 16 févr. 1961). Sa thèse de doctorat (U. de Toronto, 1929) porte sur la faune benthique du lac Simcoe et sert de modèle pour la limnologie écologique des 20 années suivantes. Ses recherches sur le Grand Lac de l'Esclave et le lac Athabasca permettent l'exploitation rationnelle de ces lacs. Il est le premier à étudier les lacs des Rocheuses. Il parcourt aussi les Prairies et le Bouclier canadien. La base de l'index morphoédaphique, très utilisé pour estimer le potentiel de rendement du poisson, vient de sa définition de l'influence des bassins lacustres sur la productivité des lacs. Il se joint à la faculté de l'U. de la Saskatchewan en 1928 et devient directeur du département de biologie en 1949.

J.R. Nursall

Ray, Carl, artiste CRI et auteur (Sandy Lake, Ont., 18 janv. 1943—Sioux Lookout, Ont., 26 sept. 1978). Après ses études, il devient trappeur, bûcheron puis mineur dans une mine d'or. Il contracte la tuberculose et utilise la peinture comme thérapie. Remarquable dessinateur, Ray est capable de peindre dans différents styles et d'utiliser diverses techniques. Son œuvre se distingue de l'école Anishnabe (OJIBWÉE), qui privilégie les tableaux à deux dimensions, par son évocation d'une troisième dimension ainsi que par ses courbes gracieuses et sa composition originale. Son influence transparaît dans l'œuvre de nombreux artistes anishnabes d'aujourd'hui. Admiré de tous, il est, avec Norval MORRISSEAU, un des premiers artistes autochtones de l'Ontario à défier les tabous tribaux et à représenter les légendes sacrées. Ray reçoit une commande pour le pavillon des Amérindiens du Canada à EXPO 67.

Rédacteur en chef de *Kitiwin,* le journal de Sandy Lake, il est aussi coauteur et illustrateur de *The Sacred Legends of the Sandy Lake Cree* (1971).

Mary E. Southcott

Raymond, Claude, joueur de baseball (Saint-Jean-sur-Richelieu, Qc, 7 mai 1937). Il joue pendant 17 saisons dans les rangs professionnels, dont 12 dans les ligues majeures. «Frenchy», comme le surnomment ses coéquipiers, se joint aux EXPOS DE MONTRÉAL le 19 août 1969 lorsque son contrat est racheté aux Braves d'Atlanta. Il connaît sa meilleure saison en 1970 alors qu'il préserve 23 matches comme lanceur de relève. Il joue aussi pour les Braves de Milwaukee et les Astros de Houston, dans la Ligue nationale de baseball, et il dispute quelques matchs dans l'uniforme des White Sox de Chicago, dans la Ligue américaine. Il participe aussi au match des étoiles du baseball majeur en 1966. Il prend sa retraite en janvier 1972 et entreprend une carrière de commentateur de baseball à la radio et à la télévision.

Yvon Dore

Raymond, Louis-Marcel, botaniste et homme de lettres (St-Jean, Qc, 2 déc. 1915—Montréal, 23 août 1972). C'est un disciple et un collègue de travail du frère MARIE-VICTORIN, au Jardin botanique de Montréal. La qualité littéraire de ses écrits scientifiques les rend agréables à lire pour les non-initiés. Il étudie à l'U. de Montréal et travaille au Jardin botanique de 1943 jusqu'à sa retraite en 1970, à l'âge de 54 ans. Il écrit au moins 240 œuvres scientifiques et 500 articles littéraires. Son *Esquisse phytogéographique du Québec* (1950) est la seule étude phytogéographique provinciale et, pendant 25 ans, constitue le seul travail important sur le sujet. Ses traités sur les cypéracées (la famille des carex) de différents pays deviennent des travaux de référence. Au cours des deux dernières années de sa vie, il travaille sur l'histoire botanique du Canada. Il veut réintroduire la poésie dans le théâtre, et sa pièce *Le jeu retrouvé* (1943) est un panorama de l'histoire française entre les guerres mondiales.

Bernard Boivin

Rayner, Gordon, peintre (Toronto, 14 juin 1935). Réputé pour sa façon de manipuler les outils servant à peindre, Rayner est surnommé le charpentier de l'art contemporain canadien. Il apprend son métier de son père, un peintre paysagiste, et il travaille pour plusieurs maisons de graphisme, dont la Wookey, Bush and Winter, avec Jack BUSH. Après avoir assisté à une exposition de l'œuvre de William RONALD à la Hart House de Toronto, il se tourne vers l'art abstrait. Au début des années 60, les œuvres de Rayner, avec leurs matériaux juxtaposés, leurs formes expérimentales et leur sens de l'humour, sont le reflet de la mode néo-dadaïste qui domine alors à Toronto. Avec le temps, il en vient à peindre de merveilleux paysages du Canada, représentant surtout les environs de Magnetawan, en Ontario. Ses paysages urbains évoquent sa maison de l'avenue Spadina, à Toronto. L'œuvre de Rayner saute hardiment d'un intérêt à l'autre, et ce, à l'intérieur d'une même PEINTURE. Cependant, sa touche large et son sens spectaculaire de la couleur unifient ces fantaisies.

Joan Murray

Rayside-Balfour, ville de l'Ont.; pop. 16 050 (rec. 1996), 15 039 (rec. 1991), 14 231 (rec. 1986); superf. 328,21 km²; const. en tant que municipalité de canton en 1891, puis en tant que ville en 1973. Rayside-Balfour fait partie de la municipalité régionale de SUDBURY qui comprend aussi Capreol, Onaping Falls, Sudbury East, Walden et Nickel Centre. La ville est issue de la fusion de l'ancien canton Rayside et d'une partie de l'ancien canton Balfour.

À la fin du XIXe s., Rayside est un centre ferroviaire. On y ouvre un bureau de poste en 1891 et on nomme la municipalité St. Azilda à la mémoire d'Azilda Brisbois, l'un des premiers résidants. Elle change de nom lorsque les dirigeants du bureau de

poste se rendent compte qu'aucun saint ne porte le nom d'Azilda. Quant à Balfour, son nom rappelle soit celui de William Douglas Balfour, un président de l'Assemblée législative de l'Ontario, soit celui d'un arpenteur qui a délimité le canton.

Dans les années 1890, Rayside et Balfour profitent d'une vague de prosperité dans le secteur minier; on y trouve encore des vestiges de mines abandonnées. Dans les années 20 et 30, on exploite des fonderies de zinc et de plomb dans le canton de Balfour. Le territoire de la ville comprend aujourd'hui des terres rurales et agricoles. Tout comme dans d'autres municipalités en périphérie de Sudbury, de nombreux résidants de Rayside-Balfour travaillent à Sudbury dans les secteurs minier, industriel, administratif ou des services. Rayside-Balfour compte aussi Sudbury Downs, le seul champ de course attelée du Nord de l'Ontario.

Deborah Welch et Michael Payne

Razilly, Isaac de, capitaine de la marine, chevalier de Malte, colonisateur et lieutenant-général en Acadie (Château d'Oiseaumelle, Touraine, France, 1587—La Hève, Acadie, 1635). En 1626, après avoir servi dans la marine dans diverses parties du monde, Razilly adresse un important mémoire au cardinal Richelieu concernant la puissance maritime de la France et la nécessité d'une expansion des colonies françaises en Amérique du Nord. En 1632, il est choisi pour diriger une expédition chargée de rétablir la colonie de l'ACADIE après trois années d'occupation écossaise. Il installe son quartier général et un établissement de quelque 300 militaires et colons à La Hève, puis il s'emploie avec succès à consolider l'emprise française sur l'Acadie jusqu'à sa mort inattendue en 1635.

John G. Reid

Razutis, Al, cinéaste, vidéaste, holographeur et professeur (Bamberg, Allemagne de l'Ouest, 28 avril 1946). Il quitte les États-Unis pour s'installer à Vancouver en 1968. Son intérêt pour l'imagerie criarde et colorée des médias populaires, son désir de susciter des sensations fortes avec son art et son penchant pour les questions politiques le rapprochent davantage des cinéastes américains de la côte Ouest que des autres artistes de Vancouver tel David RIMMER. Remarquable technicien, il est le premier réalisateur de cinéma expérimental au Canada à utiliser la tireuse optique et le générateur d'effets spéciaux. Ses films sont réunis dans deux grandes séries: *Amerika* (1972-1983), une étude des effets des médias dans une culture dominée par les médias, et *Visual Essays: Origins of Film* (1973-1982), constituée de plusieurs essais visant à reconstruire l'esprit qui animait les pionniers du cinéma quant à ses possibilités expressives du cinéma.

R. Bruce Elder

Rea, John, compositeur et professeur (Toronto, 14 janv. 1944). Parmi ses professeurs, il compte John WEINZWEIG, Gustav Ciamaga, Milton Babbitt et Peter Westergaard. En 1973, il commence à enseigner à l'U. McGill, où il est doyen de la Faculté de musique de 1986 à 1991. Il est compositeur résident à Mannheim (1984) et au festival d'été italien Incontri in Terra di Siena (1991).

La musique de Rea intègre une gamme de styles et d'influences et rappelle souvent la musique européenne historique et la musique non occidentale. Le jeu réciproque de la fiction et de la réalité est un thème qu'il exploite souvent dans ses compositions. Il remporte deux fois le prix Jules-Léger de la nouvelle musique de chambre: en 1981, pour *Com-possession* et, en 1992, pour *Objets perdus*. On joue ses œuvres régulièrement au Canada, aux États-Unis et en Europe. *Treppenmusik, Vanishing Points, Over Time* et *Las Meninas* sont quelques-unes de ses nombreuses œuvres commandées.

Claire Versailles

Read, John Erskine, avocat et juge (Halifax, 5 juill. 1888—Toronto, 23 déc. 1973). Professeur de droit

(et doyen) à l'U. Dalhousie dans les années 20, Read est présent durant les années de formation du ministère des Affaires extérieures, pour lequel il est conseiller juridique de 1928 à 1946. Il est juge à la Cour internationale de justice à la Haye de 1946 à 1958. Au sein du ministère des Affaires extérieures, il défend les intérêts du Canada lors de conflits tels que l'affaire de l'I'M ALONE, saisissant ainsi des occasions d'accroître l'indépendance juridique du Canada. Il devient ensuite sous-secrétaire d'État adjoint. Expert en droit constitutionnel et international, il possède une vision progressiste. Il est l'auteur de *The Origins and Nature of the Law* (1955) et de *The Rule of Law on the International Plane* (1961).
Norman Hillmer

Read, Kenneth John, skieur alpin (Ann Arbor, Mich., 6 nov. 1955). Il grandit à Calgary, chausse ses premiers skis à trois ans et commence à participer à des compétitions à huit ans. Choisi pour faire partie de l'équipe canadienne aux compétitions de la Coupe du monde en 1974, il commence la saison 1975 par une victoire en descente à Val d'Isère, en France. C'est la première épreuve de la Coupe du monde à être remportée par un skieur canadien. Avec quatre autres victoires lors d'épreuves de la Coupe du monde, il devient un membre important de l'équipe nationale de descente, surnommée les «Crazy Canucks», et dont la presse européenne vante les exploits à la fin des années 70. Il remporte cinq championnats canadiens consécutifs en descente de 1975 à 1980 (la compétition est annulée en 1977). En 1978, il reçoit, *ex æquo*, le trophée Lou-Marsh décerné à l'athlète canadien de l'année. Après s'être retiré de la compétition en 1983, il devient analyste pour les compétitions de ski à la télévision et publie un ouvrage (*White Circus,* en 1987). C'est le premier représentant canadien à siéger à la Commission des athlètes du Comité international olympique. Il est par la suite vice-président de l'Association olympique canadienne, directeur de l'Association de développement olympique de Calgary et porte-parole pour le Programme des pièces olympiques en 1988. En 1992, il est chef de mission de la délégation canadienne aux Jeux olympiques de Barcelone. Read reçoit l'Ordre du Canada en 1991.
Murray Shaw

Reaney, James Crerar, poète, dramaturge, auteur de livres pour enfants, professeur et critique littéraire (Easthope, près de Stratford, Ont., 1er sept. 1926). Reaney a participé à un programme dynamique de stimulation des facultés intellectuelles chez les Canadiens, en faisant connaître les diverses formes littéraires existant au Canada, en particulier dans le sud-ouest de l'Ontario. Son premier livre, *The Red Heart* (1949), lui vaut le premier de trois prix du Gouverneur général. Les deux autres prix sont attribués à *A Suit of Nettles* (1958) et à *Twelve Letters to a Small Town* (1962) qui le partage avec *The Kildeer and Other Plays* (1962). Avec son recueil de poésies *Poems* (1972), il est reconnu comme un poète érudit qui sait développer des structures à partir de métaphores, de mythologie et de traditions littéraires cosmopolites tout en exprimant un profond sentiment d'appartenance à son milieu. Son plus récent recueil de poésie s'intitule *Imprecautions: the art of swearing* (1984).

En 1960, Reaney quitte son poste de professeur d'anglais à l'U. du Manitoba, à Winnipeg, et va enseigner au département d'anglais de l'U. de Western Ontario, à London. Après la publication de *The Killdeer and Other Plays,* il s'oriente vers une forme théâtrale publique et communautaire en publiant *Colours in the Dark* (1969), *Listen to the Wind* (1972), *Masks of Childhood* (1972) et des pièces pour enfants. En 1986, il publie un roman-jeunesse, *Take the Big Picture.* Ses pièces *Wacousta, The Canadian Brothers* et la trilogie *The Donnellys,* son œuvre marquante, consistent en un montage d'ar-

chives, de poésie, d'intrigues amoureuses et de mélodrame, de mime et de mythes relatant les principales histoires et légendes de l'Ontario.
Catherine Ross

Rébellion du Nord-Ouest Cette rébellion datant de 1885 est le point culminant du malaise social des MÉTIS, des autochtones et des colons blancs qui ne cesse d'être source d'agitation depuis la RÉBELLION DE LA RIVIÈRE ROUGE de 1869-1870. La quasi-disparition du bison réduit presque à la famine les Indiens des Prairies, soit les CRIS, les PIEDS-NOIRS, les GENS-DU-SANG, les PEIGANS et les Saulteaux. En 1880, le chef cri BIG BEAR s'emploie à former une confédération des autochtones et trouve un allié en CROWFOOT, grand chef des Pieds-Noirs. Une série d'affrontements au sujet des rations entre les autochtones dépourvus et les employés du ministère des Affaires indiennes menace de déclencher des incidents violents. Les Métis éprouvent beaucoup de difficultés à passer de la chasse à l'agriculture et, en 1884, désespèrent que leurs droits soient reconnus.

Une délégation ramène Louis RIEL de son exil aux États-Unis, et, le 8 juillet, à sa première assemblée publique au Canada depuis 1870, le chef métis exhorte tous les habitants insatisfaits du Nord-Ouest à s'unir et à faire valoir leurs droits auprès d'Ottawa. Les colons blancs ont aussi des griefs. Ceux qui se sont installés le long de la rivière Saskatchewan en escomptant la construction du chemin de fer sont mécontents que le CP ait choisi une route plus au sud. Le gouvernement conservateur de John A. Macdonald néglige d'aborder les griefs des trois groupes.

À l'automne de 1884, Riel prépare une pétition et exhorte les Métis, les sang-mêlé anglophones ainsi que les colons blancs à la signer. Le 8 mars 1885, une assemblée tenue à Saint-Laurent, en Saskatchewan, adopte une «Déclaration révolutionnaire des droits» en dix points qui revendique pour les Métis les droits de possession de leurs fermes et énonce d'autres exigences. À Batoche, les 18 et 19 mars, les Métis forment un gouvernement provisoire présidé par Riel et une force armée commandée par Gabriel DUMONT. Ils font des prisonniers dans la région de Batoche et, prévoyant une avance de la police, ils occupent la communauté du LAC AUX CANARDS, à mi-chemin entre Batoche et Fort Carlton. Le matin du 26 mars, une force de 100 hommes de la Police à cheval du Nord-Ouest et de citoyens volontaires avance vers le village du lac aux Canards, sous le commandement du surintendant (chef de police) Lief Crozier. Une importante force de Métis et d'autochtones les rencontre sur la piste Carlton près du village. Les pourparlers se terminent dans la confusion, et les policiers et volontaires font feu sur leurs ennemis cachés dans un grand ravin au nord du chemin et dans une cabane au sud. La bataille se termine peu après quand policiers et volontaires se retirent vers Fort Carlton. Neuf volontaires et trois policiers sont tués. Cinq Métis et un autochtone meurent au combat. Riel persuade les militaires rebelles de ne pas pourchasser la troupe en retraite, et les Métis retournent à Batoche. La police quitte Fort Carlton et se retire à Prince Albert.

Le gouvernement d'Ottawa réagit avec une rapidité étonnante, compte tenu que le chemin de fer du CP n'est pas terminé au nord du lac Supérieur. Le Canada ne compte alors que quelques centaines de militaires réguliers, mais on mobilise la milice dès le 25 mars, la veille de la bataille du lac aux Canards. William VAN HORNE, directeur du CP, organise rapidement le transport des troupes canadiennes entre les tronçons terminés, ce qui leur permet d'arriver à Qu'Appelle le 10 avril. En moins d'un mois, près de 3000 militaires sont transportés dans l'Ouest. La plupart appartiennent à des unités de la milice de l'Ontario, mais la force comprend également deux bataillons de la province de Québec et un de la Nouvelle-Écosse. En comptant les 1700 militaires arrivés

de l'Ouest, le major général Frederick MIDDLETON dirige une force de plus de 5000 hommes.

La victoire des rebelles au lac aux Canards encourage un fort contingent de Cris des réserves à l'ouest à avancer sur Battleford. Les habitants de la région s'empressent de se réfugier au Fort Battleford, car, le 30 mars, des Assiniboines se sont joints aux Cris après avoir tué deux Blancs au sud de Battleford. Les colons terrifiés restent terrés au Fort Battleford pendant près d'un mois, tandis que les Cris et les Assiniboines montent un immense camp de guerre à l'ouest.

En 1885, Big Bear, dernier chef des Plaines à signer un traité, résiste encore à accepter une réserve et continue à faire campagne en faveur d'une meilleure entente. Aussi, sa bande comprend-elle certains Cris des Plaines des plus militants. Le gouvernement adopte une attitude dure envers la bande de Big Bear, lui coupant les rations pour le forcer à conclure une entente. Au printemps de 1885, il est presque inévitable que sa bande au lac La Grenouille, au nord d'où se trouve maintenant Lloydminster, recoure à la violence contre le gouvernement. La nuit du 1er avril, ses guerriers capturent plusieurs Blancs et Métis. Peu après l'office religieux du dimanche 2 avril, le chef guerrier Wandering Spirit abat l'agent des Affaires indiennes Thomas Quinn. Big Bear tente d'arrêter la violence, mais les guerriers obéissent aux ordres de leur chef de guerre et tuent deux prêtres, l'instructeur agricole du gouvernement, un marchand indépendant, un meunier et trois autres hommes. Ils épargnent plusieurs personnes, dont les veuves de deux des hommes abattus.

Le premier plan du major général Middleton est simple. Il entend faire avancer ses troupes au pas depuis la tête de rail à Qu'appelle jusqu'à Batoche au nord. Or, les tueries au lac La Grenouille et le «siège» de Battleford le forcent à dépêcher vers le nord, depuis une autre tête de rail à Swift Current, un important détachement sous le commandement du lieutenant-colonel William OTTER pour prêter main-forte à Battleford. Les pressions exercées en Alberta mènent à la création d'une troisième colonne à Calgary sous la direction du major général Thomas Bland STRANGE.

Le 14 avril, les Cris du lac La Grenouille assiègent Fort Pitt, sur la rivière Saskatchewan Nord, à l'est de la frontière actuelle entre l'Alberta et la Saskatchewan. Le 15 avril, après la mort d'un policier dans une petite escarmouche, les Cris permettent au détachement de la Police à cheval du Nord-Ouest de fuir en aval de la rivière.

Le 23 avril, Middleton et ses troupes partent à pied de Clarke's Crossing sur la rivière Saskatchewan Sud et se dirigent vers Batoche, à 50 km de là. Environ 900 hommes, y compris deux batteries d'artillerie, sont divisés en deux groupes avançant de chaque côté de la rivière. Les Métis sont décidés à se battre, mais ils ne s'entendent pas sur l'endroit où doit s'établir la résistance. Riel veut concentrer tous les efforts à la défense de Batoche, tandis que Dumont est en faveur d'une position avancée. Dumont l'emporte et, le 12 avril, avec 150 Métis et autochtones, prépare une embuscade à la Coulée des Tourond, que les militaires du gouvernement appellent Fish Creek, à 20 km au sud de Batoche, sur la rive est de la rivière Saskatchewan Sud. À l'arrivée des éclaireurs de Middleton à la Coulée, tôt le matin du 24 avril, les rebelles ouvrent le feu. Jusqu'au milieu de l'après-midi, les troupes de Middleton tentent en vain de chasser les hommes de Dumont hors du ravin et subissent de lourdes pertes: 6 morts et 49 blessés. Les rebelles ne perdent que quatre hommes. Pour les hommes de Middleton sur la rive ouest de la rivière, le gros de la journée se passe à traverser la rivière sur un radeau de fortune, et ils arrivent trop tard pour prendre part à la bataille. À la fin du jour, les deux commandants décident de se retirer. Les Métis ont tenu le terrain et arrêté l'avance de Middleton.

Le 1ᵉʳ mai, le colonel Otter avance depuis l'ouest de Battleford avec 300 hommes. Tôt le matin du 2 mai, ils affrontent les troupes cries et assiniboines juste à l'ouest de CUT KNIFE CREEK, à 40 km de Battleford. Les autochtones ont l'énorme avantage du terrain, une plaine triangulaire en pente où ils encerclent littéralement les troupes d'Otter. Fine Day, le chef de guerre cri, déploie ses hommes dans un ravin boisé, stratégie qui s'avère fort fructueuse. Après environ six heures de combat, Otter bat en retraite. Il aurait subi des pertes beaucoup plus élevées tandis que ses miliciens retraversaient le ruisseau si le chef POUNDMAKER n'avait persuadé les autochtones de ne pas les pourchasser. Otter a perdu huit hommes. Cinq ou six autochtones ont été tués. L'incursion d'Otter a violé l'esprit des ordres du général Middleton, et l'échec pousse ce dernier à attendre des renforts pendant deux semaines avant de reprendre sa marche sur Batoche. Le matin du 9 mai, ses forces attaquent les défenses soigneusement érigées à l'extrémité sud du village de Batoche. Le bateau à vapeur *Northcote*, transformé en canonnière, tente d'attaquer le village depuis la rivière, mais les Métis l'en empêchent en abaissant le câble du traversier. Après un combat court et intense au cours de la matinée, le prudent Middleton retient ses attaquants à une distance respectueuse des positions ennemies. Dans l'après-midi, après avoir tenté sans succès d'avancer sur les retranchements de l'ennemi, les troupes construisent une fortification juste au sud de Batoche.

Le lendemain et le surlendemain, soit les 10 et 11 mai, on répète les mêmes opérations que celles du premier jour. Les troupes sortent le matin, attaquent les lignes des Métis sans grand succès et se retirent, le soir venu. Le 12 mai, Middleton essaie de coordonner une action depuis l'est et le sud, mais le groupe au sud, qui n'entend pas le canon de signal, n'attaque pas. L'après-midi, deux colonels impétueux, apparemment sans en avoir reçu l'ordre, mènent une charge avec plusieurs unités de la milice. Les rebelles, épuisés et à court de munitions, sont vaincus. Huit hommes de la force de Middleton meurent dans la bataille de Batoche. Le général rapporte plus tard que 51 rebelles ont péri, mais ce nombre semble élevé. Riel se rend le 15 mai, Dumont s'enfuit au Montana.

Pendant la bataille de Batoche, l'Alberta Field Force dirigée par le général Strange se repose, à Edmonton, de sa longue marche depuis Calgary. La colonne quitte Edmonton le 14 mai et, le 28, rattrape les autochtones du lac La Grenouille, retranchés au sommet d'une colline escarpée, près d'un point de repère important connu sous le nom de FRENCHMAN'S BUTTE, à 18 km au nord-ouest de Fort Pitt. Il aurait été très difficile d'avancer directement sur les autochtones retranchés, et les éclaireurs de Strange ne trouvent aucune voie permettant de les contourner. Il y a échange de coups de feu à distance pendant plusieurs heures avant que les deux côtés se retirent.

Le dernier affrontement de la rébellion a lieu le 3 juin au lac Loon, à 40 km au nord de Frenchman's Butte, dans une escarmouche entre quelques cavaliers de la Police à cheval du Nord-Ouest, sous le commandement du surintendant Sam STEELE, et les Cris du lac La Grenouille qui battent en retraite. Aucun des hommes de Steele n'est tué, mais quatre Indiens meurent, dont un chef cri des bois.

Le 26 mai, le chef Poundmaker et les autochtones de la région de Battleford capitulent devant le général Middleton à Battleford. À la fin de mai, Big Bear est le seul rebelle important encore en liberté, et Middleton se lance à sa poursuite de façon si maladroite que les militaires ne le retrouvent jamais. Le 21 juin, les autochtones du lac La Grenouille libèrent leurs prisonniers blancs, et le 2 juillet, Big Bear se rend à la Police à cheval du Nord-Ouest à Fort Carlton. Presque tous les miliciens sont repartis avant le 1ᵉʳ août.

La rébellion n'est pas un effort concerté de tous les groupes du Nord-Ouest. Même la plupart des communautés métisses n'y participent pas. Les principaux combattants sont les groupes de la Saskatchewan-du-Sud, dont le centre était Batoche. Les Cris des Plaines de la bande de Big Bear y prennent part, mais non les Cris des bois, leurs voisins. Quelques Cris de la région de Batoche combattent aux côtés des Métis, tout comme les Dakotas d'une réserve au sud de l'endroit où se trouve maintenant Saskatoon. Les Pieds-Noirs demeurent neutres et les Gens-du-Sang refusent d'oublier leur animosité traditionnelle envers les Cris. Presque tous les colons blancs se rallient au gouvernement, même si leur agitation verbale avant que la violence n'éclate contribue à créer un climat propice à la rébellion.

Tandis que les militaires quittent l'Ouest, le procès de Louis Riel, accusé de haute trahison, s'ouvre à Regina. Riel réclame un procès politique. Si ses avocats ne réussissent pas à convaincre le jury que les chimères religieuses et politiques de Riel l'ont rendu inconscient de la nature de ses actes, c'est surtout en raison de l'éloquence avec laquelle l'accusé s'adresse au jury, le 31 juillet. La loi ne prévoit aucune autre sentence que la peine capitale, et, le 18 septembre, Riel est condamné à être pendu.

Le gouvernement arrête de nombreuses personnes sous l'accusation moins grave de trahison. W.H. JACKSON, le secrétaire personnel de Riel, est acquitté pour raison d'aliénation mentale. La plupart des membres du conseil du gouvernement provisoire plaident coupables et reçoivent des peines allant de la libération conditionnelle à sept années d'emprisonnement. Les chefs Poundmaker et Big Bear sont jugés et condamnés à trois années d'incarcération. Plusieurs autres autochtones de Batoche, du lac La Grenouille et de Battleford accusés de trahison reçoivent diverses sentences. Le seul à être acquitté de cette accusation est le chef dakota White Cap. Onze autochtones sont reconnus coupables de meurtre à la suite du «massacre» du lac La Grenouille et d'autres tueries au cours de la rébellion.

On reporte trois fois l'exécution de Riel: deux fois pour permettre de porter la cause en appel devant des tribunaux supérieurs et une troisième fois afin de procéder à un examen médical plus complet, en raison de sa présumée aliénation mentale. Les appels échouent, et le rapport du comité médical est ambigu. Le gouvernement fédéral aurait pu commuer la peine de mort. Sa décision de «laisser la loi suivre son cours» est purement politique. Riel est pendu à Regina le 16 novembre 1885.

Les Canadiens français appuient la campagne pour contrer la rébellion, mais l'exécution de Riel provoque au Québec un intense sentiment d'indignation qui ne s'apaise pas avec le temps. En dénonçant avec passion les actes du gouvernement, Wilfrid Laurier marque un pas en avant dans sa carrière. Le 26 novembre, huit autochtones, dont Wandering Spirit, chef du soulèvement du lac La Grenouille, sont pendus à Battleford. Trois autres accusés trouvés coupables de meurtre voient leur peine commuée. Tous les rebelles condamnés à l'emprisonnement sont bientôt libérés. Gabriel Dumont, entre autres, revient des États-Unis grâce à une amnistie générale.

La Rébellion du Nord-Ouest a de profonds effets dans l'Ouest canadien. Elle constitue le point culminant des efforts que déploie le gouvernement fédéral pour maîtriser les autochtones et les colons de l'Ouest. Les Indiens, qui se considéraient déjà opprimés après les traités des années 1870, se retrouvent maintenant assujettis. Les dirigeants métis les plus fervents se sont enfuis au Montana ou ont été emprisonnés. Les autochtones de l'Ouest canadien prendront plusieurs décennies à se remettre politiquement et psychologiquement de la défaite de 1885.

Bob Beal et Rod MacLeod

Rébellions de 1837 En 1837, des rébellions éclatent dans le Bas-Canada et le Haut-Canada. La rébellion du BAS-CANADA est dans une grande mesure l'ex-

pression d'une renaissance du NATIONALISME CANADIEN-FRANÇAIS. La communauté canadienne-française supérieure en nombre détient une majorité écrasante à l'Assemblée élue au palier local, qui a été constituée par la loi sur le Canada ou l'ACTE CONSTITUTIONNEL DE 1791.

Antécédents Après la GUERRE DE 1812, l'Assemblée est dominée par les représentants de la classe moyenne canadienne-française qui, sous l'égide d'une nouvelle élite professionnelle, éveille sa conscience nationale et cherche à s'approprier les pouvoirs de l'Église catholique (dans des domaines comme l'éducation) et des milieux d'affaires anglophones, lesquels élargissent leur base économique grâce à la croissance rapide du commerce du bois.

Les nationalistes dirigés par Louis-Joseph PAPINEAU, qui est élu orateur (président) de l'Assemblée en 1815, organisent d'abord le PARTI CANADIEN, puis le Parti patriote après 1826. Ils revendiquent le droit de décider de l'affectation de toutes les recettes de la colonie, contestent l'autorité de la Chambre haute nommée (ou Conseil législatif) et veulent avoir la maîtrise de la fonction publique provinciale, y compris le Conseil exécutif, qui est l'organisme consultatif du gouverneur.

Au cours des années 1820, le gouverneur général, le comte de Dalhousie, s'oppose énergiquement à ces revendications. Toutefois, un comité spécial de la Chambre des communes britannique ayant présenté, en 1828, un rapport désapprouvant les activités du gouverneur général, le ministère des Colonies applique une nouvelle politique de conciliation avec l'Assemblée du Bas-Canada et remplace Dalhousie par des titulaires plus accommodants: sir James KEMPT (1828-1830), lord AYLMER (1830-1835) et lord GOSFORD (1835-1838). Or, malgré leurs efforts, la situation du Bas-Canada se détériore graduellement.

Le début des années 1830 est marqué par un marasme économique généralisé, alimenté par l'aggravation rapide d'une crise agricole qui conduit beaucoup d'habitants canadiens-français au bord de la famine. Parallèlement, on assiste dans la province à une vive augmentation de l'immigration des îles Britanniques, si bien que la minorité anglophone forme presque la majorité dans les centres urbains de Montréal et de Québec. Les immigrants apportent le terrible CHOLÉRA, qui tue des milliers de Canadiens français et ajoute à la xénophobie croissante au sein de la majorité francophone.

Une série d'incidents, comme la mort de trois Canadiens français tués à coups de fusil par les troupes britanniques pendant une émeute électorale en 1832, avive la tension entre la majorité et la minorité, en plus de promouvoir la polarisation. Le Parti patriote, qui a perdu son aile modérée et la plupart de ses appuis anglophones, durcit ses revendications, qu'il formule dans 92 résolutions adoptées par l'Assemblée en 1834.

L'Assemblée refuse totalement de voter des crédits, de sorte que les fonctionnaires ne sont pas payés, tous les travaux publics cessent et le gouvernement est pratiquement paralysé. La minorité britannique réplique en formant des associations constitutionnelles et en faisant appel au gouvernement britannique pour qu'il résiste aux prétentions de l'Assemblée. En 1838, lord DURHAM décrit le problème politique du Bas-Canada en disant qu'il y a «deux nations en guerre au sein d'un même État», mais ce n'est pas si simple, car ni le Parti patriote ni le Parti britannique ne sont des blocs monolithiques. Aussi, à mesure que les extrémistes des deux partis tendent davantage vers la violence, le fossé ethnique s'élargit-il.

En mars 1837, le gouvernement britannique, à contrecœur, fait adopter par le Parlement de Grande-Bretagne les 10 résolutions de Russell rejetant toutes les revendications importantes des PATRIOTES. Il donne à lord Gosford le pouvoir de prélever des fonds sur le Trésor provincial pour payer les fonctionnaires de la colonie. Les Patriotes organisent un boycott des produits britanniques, tiennent de grands rassemblements de protestation dans la colonie et se préparent sérieusement à une insurrection armée. Toutefois, cette stratégie suscite de profondes divisions entre les chefs des Patriotes, et les modérés y adhèrent en croyant que le gouvernement britannique reculera s'il fait face à une menace de soulèvement.

Rébellion du Bas-Canada Les Patriotes commettent une erreur fatale en sous-estimant la détermination du gouvernement britannique, qui a déjà commencé à envoyer au Bas-Canada des troupes provenant de tout l'Empire et qui laisse désormais la minorité britannique organiser impunément des clubs de tir. À Montréal, les Patriotes militants fondent l'organisation des FILS DE LA LIBERTÉ, qui est mêlée, le 6 novembre, à une escarmouche avec le DORIC CLUB, organisme représentant les anglophones militants. Pendant ce temps, l'autorité britannique s'affaiblit rapidement dans les campagnes tandis que les Canadiens français font de plus en plus preuve de désobéissance civile.

Le 16 novembre, le gouvernement cherche à prévenir la rébellion en arrêtant les chefs des Patriotes, qui se réfugient à la campagne. Le 23 novembre, les forces gouvernementales menées par le colonel Charles Gore subissent une défaite sans conséquence à Saint-Denis lors du premier affrontement important de la rébellion (*voir* BATAILLE DE SAINT-DENIS). Les Patriotes, mal organisés, mal équipés et mal dirigés, sont écrasés par la force régulière britannique commandée par le colonel Charles Wetherall deux jours plus tard à Saint-Charles (*voir* BATAILLE DE SAINT-CHARLES), même si les rebelles combattent avec l'énergie du désespoir.

Le 30 novembre, Gore retourne à Saint-Denis, mais la ville capitule sans combat. Les militaires la ravagent et incendient 50 maisons. Le 14 décembre, le commandant en chef britannique, sir John COLBORNE, prend Saint-Eustache (*voir* BATAILLE DE SAINT-EUSTACHE) après une résistance acharnée des habitants ayant à leur tête Jean-Olivier CHÉNIER, et la première rébellion est écrasée. Les volontaires britanniques pillent et brûlent de nombreuses habitations canadiennes-françaises.

Papineau et plusieurs autres chefs patriotes s'enfuient aux États-Unis. Des centaines d'insurgés sont blessés ou tués, beaucoup d'autres sont capturés, et l'application de la Constitution est suspendue. Lord Durham, envoyé à titre de gouverneur général et de commissaire spécial, accorde l'amnistie à la plupart des prisonniers et tente de rétablir l'harmonie, mais comme ses mesures ne sont pas soutenues adéquatement par le gouvernement de la mère patrie, il démissionne.

Encouragés par des sympathisants américains qui se sont regroupés en LOGES DE CHASSEURS, les rebelles se préparent à une deuxième rébellion, qui éclate tout de suite après le départ de Durham au début de novembre 1838. Sous la conduite des docteurs Robert Nelson et Cyrille Côté, les rebelles espèrent réussir à rompre les communications entre Montréal et la rive sud du Saint-Laurent pour déclencher un soulèvement général des habitants. Mal organisés et mal approvisionnés, ils sont défaits à Napierville et à Odelltown. Un groupe de rebelles est capturé à Caughnawaga par les Iroquois, qui sont les alliés des Britanniques.

Les Patriotes défont une petite troupe britannique à Beauharnois le 9 novembre, puis se dispersent à l'approche d'une armée plus puissante. En une semaine, la deuxième révolte est étouffée, et ce, presque uniquement par les volontaires, qui se livrent au saccage dans les campagnes et sèment la dévastation. Des prisons improvisées sont remplies de suspects, et 108 hommes sont condamnés par les cours martiales. Les rumeurs de soulèvements et d'invasions des États-Unis persistent, mais sont sans fondement, et même Papineau s'exile à Paris.

Parmi les 99 condamnés à mort, 12 seulement sont pendus et 58 sont envoyés en Australie. En tout, les six batailles des deux campagnes font 325 morts, 27 parmi les militaires et 58 chez les rebelles, 13 hommes sont exécutés (dont un par les rebelles), un est assassiné, un autre se suicide, et deux prisonniers sont fusillés.

Rébellion du Haut-Canada En comparaison, la rébellion du HAUT-CANADA a moins d'ampleur. Le mécontentement s'accroît envers un réseau de fonctionnaires, appelé à tort le FAMILY COMPACT, qui domine l'administration gouvernementale et distribue les faveurs comme il l'entend dans toute la province. La population en vient à s'opposer au gouvernement en raison de ses pratiques de concession des terres (particulièrement aux vastes RÉSERVES DU CLERGÉ), de ses politiques en matière d'éducation, de ses priorités économiques et du favoritisme systématique manifesté à l'égard de l'Église anglicane et de ses partisans ainsi qu'aux immigrants britanniques récemment arrivés.

Les plus mécontents sont les colons natifs des États-Unis qui ont immigré avant la guerre de 1812 (les «derniers Loyalistes») et leurs descendants (leurs opinions religieuses sont anticonformistes, et leurs tendances politiques sont plutôt républicaines). Ils ont été privés de leurs droits politiques pendant les luttes des années 1820 sur la question des étrangers. Même si les colons originaires des États-Unis constituent une proportion de plus en plus faible de la population à mesure que les immigrants britanniques affluent dans le Haut-Canada au début des années 1830, le régime oligarchique établi par l'ACTE CONSTITUTIONNEL DE 1791 suscite une opposition grandissante, et le Parti réformiste obtient la majorité à l'Assemblée en 1828, puis en 1834.

Le lieutenant-gouverneur sir Francis Bond HEAD est envoyé dans la colonie pour apaiser la majorité réformiste de l'Assemblée, mais ne réussit qu'à précipiter une rébellion. Il aide les conservateurs à remporter les élections de 1836, marquées par la défaite de Marshall Spring BIDWELL, orateur (président) de l'Assemblée et véritable chef du mouvement réformiste, ainsi que de nombreux réformistes modérés comme Robert BALDWIN. Les éléments les plus extrémistes du Parti réformiste commencent alors à se mobiliser sous la direction de William Lyon MACKENZIE.

Au début, Mackenzie ne cherche qu'à exercer des pressions sur le gouvernement en organisant un réseau d'unions politiques et un boycott des produits importés ainsi qu'en nouant des relations de collaboration avec les réformistes du Bas-Canada. Ce n'est qu'à la fin de l'été 1837 ou plus tard qu'il décide d'abandonner les moyens de protestation non parlementaires pour déclencher la rébellion. Toutefois, l'agitation politique s'intensifie cette année-là en raison d'une crise économique internationale qui atteint le Haut-Canada et de récoltes plus ou moins bonnes qui entraînent des pénuries de denrées alimentaires.

Lorsque Head envoie toutes les troupes de la colonie dans le Bas-Canada, Mackenzie convainc les radicaux, le 16 novembre, de publier l'avant-projet d'une Constitution du Haut-Canada qui s'inspire de celle des États-Unis et de tenter de s'emparer du pouvoir au début de décembre. Près de 1000 hommes se rassemblent à la taverne de Montgomery, à Toronto, pendant les quatre jours de la rébellion de Mackenzie (du 5 au 8 décembre). Ils viennent surtout du district Home, au nord de Toronto, et sont issus des milieux agraires, qui ont toujours fourni à Mackenzie le gros de ses partisans. Ce groupe compte aussi un nombre disproportionné de colons originaires des États-Unis et de membres de sectes dissidentes.

Le 5 décembre, de 500 à 700 rebelles armés de fusils, de bâtons et de fourches empruntent la rue Yonge, marchant vers le sud à la rencontre d'une troupe moins nombreuse de 200 à 250 volontaires et miliciens. Ils se heurtent à un piquet d'une vingtaine de Loyalistes qui ouvrent le feu et s'enfuient. Le pre-

mier rang des rebelles réplique à coups de fusil, puis tombe au sol. À la lumière incertaine du crépuscule, les rebelles pensent que leurs hommes d'avant-garde ont été tués, tournent le dos et s'enfuient. En tout, deux rebelles et un Loyaliste seulement perdent la vie en ce début de rébellion.

Le 8 décembre, quelque 1000 à 1500 loyalistes marchent vers la taverne de Montgomery et dispersent le reste des rebelles. Une deuxième escarmouche mal organisée éclate quelques jours plus tard près de Brantford lorsqu'un bataillon de 500 hommes commandés par Charles Duncombe est facilement mis en déroute à son tour par des volontaires, dont le chef est sir Allan MACNAB. Mackenzie et Duncombe s'enfuient aux États-Unis. Appuyé par des Américains qui veulent libérer le Canada du pouvoir britannique, Mackenzie s'empare de l'île Navy et proclame la république du Haut-Canada, mais il est forcé de se retirer le 14 janvier après que des volontaires canadiens ont brûlé le navire ravitailleur des rebelles, le CAROLINE.

En 1838, les rebelles continuent d'organiser des expéditions outre-frontière. Ils lancent, entre autres, des attaques importantes à l'île Pelée, sur le lac Érié, où des forces américaines considérables sont repoussées en février après un dur combat, puis à Short Hills le 30 juin, à Prescott (*voir* BATAILLE DE WINDMILL) à la mi-novembre et à Windsor au début décembre. Ces raids, quoique mal organisés et facilement écrasés, entretiennent l'agitation à la frontière et viennent presque provoquer une guerre entre la Grande-Bretagne et les États-Unis. En outre, la rébellion et les incursions renforcent la situation de la faction ultraconservatrice du Haut-Canada, qui se retrouve temporairement en position de force.

Seulement deux des rebelles du début, Samuel LOUNT et Peter MATTHEWS, sont exécutés, mais de nombreux réformistes, dont Bidwell, s'enfuient aux États-Unis par crainte de représailles. Les conflits frontaliers entraînent beaucoup plus d'exécutions, de morts et de déportations que ne l'a fait le premier soulèvement, plutôt pitoyable.

Causes et conséquences Les causes et les conséquences des deux rébellions demeurent controversées. Certains auteurs soulignent les lacunes fondamentales des arrangements constitutionnels de 1791, qui donnent aux Assemblées élues le pouvoir de neutraliser l'exécutif mais non de le diriger et accusent le gouvernement britannique de n'avoir pas répondu convenablement aux doléances légitimes des colons. Toutefois, les tenants de cette interprétation ne tiennent pas compte des sincères efforts de conciliation tentés après 1828 pour satisfaire les réformistes des deux colonies, minimisent l'importance de l'antagonisme ethnique au Bas-Canada et négligent le fait que la majorité des colons n'a pas appuyé la rébellion du Haut-Canada.

Dans le Bas-Canada, les tensions économiques et sociales des années 1830 précipitent la rébellion, mais la cause profonde est le conflit entre la majorité canadienne-française, qui réclame la dévolution de tous les pouvoirs à l'Assemblée élue par le peuple, où elle est dominante, et la minorité britannique, qui n'est pas moins déterminée à résister à la domination des Canadiens français. Les chefs patriotes sont entraînés plus ou moins malgré eux dans une rébellion sans disposer de moyens suffisants pour l'emporter et beaucoup de Canadiens français modérés s'opposent au recours à la force, y compris la hiérarchie de l'Église catholique, à laquelle la défaite des chefs patriotes anticléricaux sera profitable. Toutefois, une grande partie de la population canadienne-française appuie la révolte, et Papineau ainsi que ses lieutenants gagnent à tout jamais le cœur des nationalistes canadiens-français.

Dans le Haut-Canada, les débats persistent quant à savoir qui a été responsable de la rébellion et dans quelle mesure elle était appuyée par la population. Les historiens radicaux ont beaucoup de sympathie pour les rebelles et croient qu'ils étaient les véritables représentants de la majorité, au moins dans la classe ouvrière coloniale. La majorité est d'avis que le soulèvement avait de faibles appuis et était en grande partie un accident historique provoqué par l'esprit partisan inexcusable de Head et la témérité de Mackenzie, le plus invraisemblable des héros canadiens. Rares sont les historiens estimant que les deux soulèvements sont nécessairement liés. Cependant, sans la rébellion du Bas-Canada, la révolte du Haut-Canada n'aurait probablement jamais eu lieu.

Les conséquences des rébellions sont également sujettes à discussion. Dans les deux colonies, l'influence des radicaux est ébranlée et le mouvement réformiste est renouvelé par des chefs plus modérés, Louis-Hippolyte LAFONTAINE dans le Bas-Canada et Robert Baldwin dans le Haut-Canada. Les rébellions ont comme répercussions directes la nomination de lord Durham et le rapport Durham, qui recommande l'union des deux Canadas en une seule colonie, mesure réclamée depuis longtemps par la minorité britannique (et particulièrement les marchands), ainsi que l'établissement de ce que l'on appellera le GOUVERNEMENT RESPONSABLE.

L'ACTE D'UNION est adopté en 1840, la PROVINCE DU CANADA unifiée voit le jour en 1841, et les détails du gouvernement responsable sont élaborés petit à petit de 1841 à 1848. Pour ce qui est de savoir si on doit attribuer aux chefs rebelles la paternité de ces deux mesures, auxquelles ils s'opposaient, la question n'a pas encore été tranchée. Auparavant, la plupart des auteurs soutenaient que, sans les rébellions, les changements se seraient produits lentement ou n'auraient pas eu lieu du tout. Selon la tendance récente, les rébellions auraient plutôt été inutiles, parce que la Grande-Bretagne s'orientait vers des réformes graduelles.

Sans une certaine forme d'association générale, il est peu probable qu'un gouvernement britannique ait pu accorder des pouvoirs accrus au Bas-Canada et encore plus douteux qu'une union, quelle qu'elle soit, ait pu être imposée aux Canadiens français sans susciter un vaste mouvement de résistance. Ainsi, la rébellion du Bas-Canada a dénoué l'impasse qui régnait au milieu des années 1830.

Il est plus difficile de trouver des aspects positifs à la rébellion du Haut-Canada, sauf que, en discréditant les extrémistes de part et d'autre du spectre politique, elles ont contribué à porter au pouvoir des modérés qui ont concentré leurs efforts sur la formation d'un gouvernement responsable et étaient donc préparés à assurer le succès de l'union. Il est pourtant indiscutable que même les historiens conservateurs, selon lesquels les rébellions étaient d'inutiles effusions de sang qui ont compliqué et probablement retardé la transition vers une plus grande autonomie gouvernementale, gardent beaucoup de sympathie pour les tentatives des rebelles visant à établir un régime gouvernemental plus populaire. Enfin, comme Louis Riel, cet autre rebelle malheureux, Mackenzie et Papineau ne semblent pas menacés de perdre leur titre de héros du Canada.

P.A. Buckner

Récession Sur le plan technique, il y a récession quand le produit intérieur brut réel, ajusté en fonction des variations de prix, diminue pendant au moins deux trimestres successifs. P. ex., si le PIB augmente de 12 p. 100 et le niveau des prix de 8 p. 100, le PIB réel croît de 4 p. 100. Les récessions sont causées par une baisse de l'une ou plusieurs composantes de la demande globale de biens et services, soit les dépenses de consommation, les dépenses d'investissement des entreprises, les dépenses des gouvernements ou les exportations. Les dépenses d'investissement constituent d'ailleurs l'élément le plus volatil. En période de récession, la demande de produits de la majorité des entreprises diminue, ce qui occasionne un fléchissement des ventes, de la production et de l'emploi. On peut normalement freiner la récession par une politique monétaire expansionniste, laquelle suppose une augmentation de la masse monétaire. Les taux d'intérêt s'en trouvent réduits et le crédit devient plus facile à obtenir. On peut aussi adopter une POLITIQUE BUDGÉTAIRE expansionniste qui contribue à accroître les dépenses de l'État. Les récessions qui ont suivi la Seconde Guerre mondiale ont été moins profondes, en partie grâce à l'effet des mécanismes autostabilisants (mécanismes qui augmentent automatiquement les dépenses de l'État en période de repli et les diminuent en période de reprise), comme l'assurance-chômage. Une dépression est une récession très marquée.

Au Canada, les deux dernières récessions ont eu lieu en 1982 et en 1990. Celle de 1982 a été particulièrement grave, le PIB ayant chuté de 6,7 p. 100 en 18 mois. La dernière récession a commencé au deuxième trimestre de 1990, et le PIB a alors diminué de 3,2 p. 100 au cours des 12 mois suivants. Parmi les facteurs ayant contribué au ralentissement de l'économie, cause de cette récession, mentionnons le recul de l'économie aux États-Unis, la politique monétaire restrictive de la BANQUE DU CANADA visant à lutter contre l'INFLATION et, enfin, les contraintes de la politique fiscale découlant du poids du service de la dette du gouvernement fédéral. La reprise a été anormalement lente. En effet, du milieu de 1991 au milieu de 1992, il n'y a presque pas eu de croissance. Cette lenteur est imputable à la faiblesse des exportations.

W.C. Riddell

Réchauffement planétaire Ce changement climatique à l'échelle mondiale se traduit par une hausse des températures moyennes de l'air près de la surface terrestre par rapport à une température de référence. Du point de vue technique, il se produit un réchauffement général de la planète chaque fois que le CLIMAT de la Terre subit une transformation vers un état plus chaud, semblable à la transition des conditions climatiques glaciaires aux conditions interglaciaires amorcée il y a environ 18 000 ans. Au cours des récentes décennies, le réchauffement du globe est devenu une expression populaire qui désigne un changement climatique à l'échelle planétaire causé directement ou indirectement par des émissions dans l'atmosphère de gaz à effet de serre résultant de l'activité humaine.

Le réchauffement planétaire est en fait beaucoup plus qu'une simple hausse des températures moyennes de l'air en surface. Ces changements de températures, variables selon les saisons et les latitudes, modifient de façon considérable l'intensité et le mouvement global de la circulation atmosphérique et du cycle hydrologique. Ce phénomène provoque à son tour des changements dans l'intensité et la répartition des précipitations, et peut modifier les mouvements de la circulation océanique (*voir* COURANT MARIN).

L'intensité et les caractéristiques de ces changements varient de façon importante d'une région à l'autre et chambardent toute une gamme d'autres éléments climatiques, p. ex., la couverture neigeuse et la couverture de glace, les conditions nuageuses ainsi que la fréquence et la violence des phénomènes météorologiques extrêmes (p. ex., les sécheresses, les inondations, les tempêtes et les températures extrêmes). C'est pourquoi de nombreux scientifiques considèrent que l'expression «CHANGEMENT DE CLIMAT» décrit mieux les conséquences des effets néfastes de l'activité humaine sur le système climatique, et les deux termes sont souvent interchangeables.

Gaz à effet de serre dans l'atmosphère Les gaz à effet de serre représentent moins de 1 p. 100 du volume total de l'atmosphère, mais produisent un effet de serre naturel intense qui ralentit le dégagement d'énergie thermique vers l'espace. Ces gaz contribuent à l'isolation de la surface terrestre contre les pertes de chaleur, un peu comme une couverture isolante sur un lit. Sans cet effet de serre, les températures à la surface de la Terre seraient d'environ 33 °C plus froides en moyenne. Le mathématicien français M. Fourier (1827) a formulé l'hypothèse de cet effet, et le chimiste suédois Svante Arrhenius (1896) l'a relié aux changements climatiques du passé. Le scientifique britannique G.S. Callendar (1938) a proposé le premier que les humains pouvaient effectivement émettre des gaz à effet de serre en quantités suffisantes pour provoquer un réchauffement global important.

Aujourd'hui, les mesures démontrent que la concentration du principal gaz à effet de serre, le dioxyde de carbone, a déjà augmenté de 30 p. 100 par rapport aux niveaux de l'ère préindustrielle, en grande partie à cause des émissions provenant de la combustion du CHARBON, du pétrole et du gaz naturel pour la production d'énergie, ainsi que de la déforestation. Les concentrations d'autres gaz à effet de serre importants (p. ex., le méthane, l'oxyde nitreux, l'ozone troposphérique et les gaz de synthèse comme les fluorocarbures) ont également augmenté de façon significative en raison des émissions anthropiques.

Degré de variation des températures Les meilleures estimations quant aux futures émissions anthropiques de gaz à effet de serre et à la réaction correspondante du système climatique avancent une augmentation globale moyenne des températures de surface de 1 à 3,5 °C au cours du prochain siècle. Une telle augmentation s'ajouterait à toute variation climatique naturelle qui pourrait se produire pendant cette période. Cette variation est du même ordre de grandeur, mais surviendrait beaucoup plus rapidement, que l'augmentation de 4 à 5 °C qui a eu lieu durant la dernière déglaciation. En fait, de telles températures sont susceptibles d'atteindre des niveaux que le climat terrestre n'a pas connus depuis au moins 100 000 ans.

Les modèles de climat utilisés pour réaliser ces estimations prévoient que l'augmentation des températures serait plus grande sur terre que sur mer, sous les hautes latitudes que sous les basses latitudes, et plus importante en hiver qu'en été.

Répercussions possibles Les hivers canadiens vont, selon toute vraisemblance, se réchauffer de deux à trois fois plus que la moyenne planétaire et devenir plus humides. Il est également probable que les étés dans le sud du Canada vont se réchauffer au-delà des moyennes planétaires et devenir plus secs. Les régions du Nord canadien se réchaufferont beaucoup moins en été en raison de l'effet des glaces marines et des eaux froides de l'océan Arctique. Ces changements affecteraient radicalement les écozones de tout le Canada et influeraient de bien des façons à la fois sur l'environnement naturel et les activités socioéconomiques et culturelles des Canadiens.

Certaines répercussions seront bénéfiques tandis que d'autres seront coûteuses et potentiellement désastreuses. Les conséquences les plus problématiques seront dues, vraisemblablement, à des changements dans la fréquence et l'intensité des phénomènes météorologiques extrêmes, car ceux-ci sont difficiles à prédire et dépassent souvent la capacité d'adaptation des ÉCOSYSTÈMES et des sociétés.

Les récentes augmentations de phénomènes météorologiques et climatiques extrêmes au Canada et dans le monde ont entraîné des pertes importantes de forêts par les incendies, des inondations catastrophiques, le détachement de plates-formes de glace de la péninsule antarctique et une fréquence accrue des fortes tempêtes hivernales et des ouragans dévastateurs. Il n'existe aucune preuve montrant que de telles conditions climatiques inhabituelles surviennent déjà en raison du réchauffement planétaire, mais ces phénomènes servent d'exemples utiles de ce que l'avenir réserve aux Canadiens pour les prochaines décennies.

Recherche Les scientifiques conviennent que les risques de réchauffement planétaire sont réels et d'une grande portée, mais il y a encore beaucoup d'incertitude et de discussion concernant la rapidité et l'ampleur du réchauffement éventuel, et la maniè-re dont il se répercutera sur les conditions climatiques et l'environnement d'une région du monde par rapport à une autre. Les scientifiques canadiens participent de façon très active aux programmes de recherche internationaux comme le Programme mondial de recherches sur le climat et le Programme international concernant la géosphère et la biosphère, qui se consacrent à l'étude de ces incertitudes scientifiques.

Le Canada a mis sur pied un des modèles les plus avancés du monde en recherche climatologique, appuyé par un réseau national de chercheurs dans les universités canadiennes et les laboratoires gouvernementaux qui étudient les processus climatiques et leurs rétroactions. Les chercheurs canadiens travaillent aussi activement à mieux comprendre les processus qui modifient les flux des gaz à effet de serre dans l'atmosphère, à détecter les tendances climatiques au Canada, à étudier les conséquences du changement climatique pour les Canadiens et à développer des stratégies d'adaptation.

Initiatives mondiales Le gouvernement fédéral a reconnu la nécessité de prendre des précautions pour réduire les risques associés au changement climatique, en signant et en ratifiant la *Convention cadre internationale sur le changement climatique,* un traité élaboré par les Nations Unies. Conjointement avec plus de 170 autres pays signataires de la Convention, le Canada a accepté de dresser des inventaires nationaux des émissions de gaz à effet de serre et de mettre en place un programme national pour limiter ces émissions. Plus récemment, conformément au *Protocole de Kyoto* à la Convention, le Canada s'est engagé à réduire de 6 p. 100, d'ici 2010, ses émissions de gaz à effet de serre par rapport aux niveaux de 1990. Il reste à ratifier le *Protocole* et à le mettre en œuvre.

Henry Hengeveld

Recherche de dinosaures dans l'Ouest canadien Le monde scientifique ne savait rien de l'existence des DINOSAURES avant 1824, date à laquelle des dents et des os fossilisés (*voir* FOSSILE) ont été découverts dans des roches du Jurassique supérieur et du crétacé inférieur dans le Sud de l'Angleterre. Depuis, des ossements de dinosaures ont été découverts sur tous les continents dans des roches datant de 65 à 200 millions d'années.

Les premières découvertes ont surtout découlé de travaux de terrassement, telles que des carrières et des mines de charbon. L'ouverture de l'Amérique du Nord occidentale à l'exploration géologique a favorisé la découverte de vastes zones où l'érosion naturelle avait retiré le sol et le roc, rendant possibles la recherche systématique et la collecte organisée de squelettes fossiles.

Badlands L'une de ces zones se trouve dans la vallée de la rivière RED DEER, en Alberta, communément appelée les BADLANDS. Des fossiles de dinosaures y ont été prélevés pour la première fois il y a plus de 100 ans. Joseph B. TYRRELL, un jeune géologue membre de la COMMISSION GÉOLOGIQUE DU CANADA (CGC), y a alors découvert le crâne incomplet d'un dinosaure carnivore connu sous le nom d'Albertosaurus sarcophagus, le mangeur de carcasses de l'Alberta, dans la vallée du ruisseau Kneehills, à environ 5 km au nord-ouest de DRUMHELLER.

Cinq ans plus tard, Thomas C. Weston, également membre de la CGC, a découvert un autre crâne de la même espèce, dans la vallée de la rivière Red Deer, près de Rumsey. Weston découvre aussi un territoire riche en fossiles dans la partie la plus au sud des badlands, qui forme aujourd'hui le PARC PROVINCIAL DINOSAUR.

Première collecte organisée En 1891, Lawrence M. Lambe, de la CGC, mène la première expédition canadienne ayant pour mission de recueillir des fossiles de dinosaures, puis il effectue une seconde expédition en 1901. La même année, il publie le pre-

mier compte rendu détaillé sur les dinosaures de l'Alberta. C'est un exploit pour l'époque, mais les travaux ne révèlent pas pleinement la richesse du sous-sol albertain, ce que fera Barnum Brown, un paléontologue américain du American Museum of Natural History de New York.

En 1909, un propriétaire de ranch du nom de John L. Wegener, qui vit près du site actuel de Drumheller, visite le musée de New York et signale la présence de nombreux fossiles d'os sur son ranch. Brown, un collectionneur de fossiles expérimenté, se rend au ranch de Wegener pour vérifier les découvertes signalées. En 1910, il arrive à Red Deer avec trois adjoints qualifiés et fait construire une barge, dans laquelle il descend la rivière Red Deer avec ses compagnons, faisant de l'exploration et de la collecte à partir de camps provisoires installés en bordure de la rivière. Ce programme se poursuit durant cinq étés et permettra de découvrir et de mettre au jour 16 spécimens de dinosaures, dont la plupart étaient à l'époque encore inconnus de la science.

Apport de Sternberg L'acquisition de ces fossiles canadiens par un musée étranger pousse la CGC à reprendre ses activités de collecte dans les badlands de la rivière Red Deer, mais aucun Canadien ne connaît les techniques de fouilles et les méthodes sûres de transport de ces larges squelettes fragiles. On décide alors de retenir les services de la famille Sternberg de Lawrence, au Kansas. Le père, Charles H. Sternberg, est un collectionneur de fossiles professionnel pour divers musées depuis 1876. Ses trois fils, George F. Sternberg, Charles M. STERNBERG et Levi Sternberg, apprennent les techniques de leur père et deviendront eux-mêmes des collectionneurs réputés.

La première expédition Sternberg pour le compte de la CGC a lieu en 1912. Les participants visitent alors la région où s'était rendu Brown en tournée de reconnaissance en 1909. Ils remportent quelques succès, mais ils se déplacent en 1913 vers le champ situé plus au sud, alors connu sous les badlands Stephenville, aujourd'hui le parc provincial Dinosaur. Ils y trouvent de nombreux spécimens importants qui sont aujourd'hui au MUSÉE CANADIEN DE LA NATURE, à Ottawa. En 1916, C.H. Sternberg et son fils Levi quittent la CGC pour travailler pour d'autres musées et le fils aîné, George, les suit en 1918. Charles M. Sternberg, le deuxième fils, restera à la CGC et au Musée national du Canada jusqu'à la fin de sa carrière, devenant une sommité mondiale sur les dinosaures.

Outre les spécimens exposés à Ottawa, les squelettes de dinosaures recueillis par les Sternberg en Alberta sont aujourd'hui conservés au MUSÉE ROYAL DE L'ONTARIO à Toronto, à l'U. DE L'ALBERTA à Edmonton, au American Museum of Natural History à New York, au Field Museum à Chicago, au San Diego Museum en California et au British Museum (Natural History) à Londres, en Angleterre.

Initiatives provinciales En 1956, le gouvernement de l'Alberta lance un programme d'exposition des dinosaures, d'abord au parc provincial Dinosaur, près de Brooks. Le programme atteint son point culminant lors de l'ouverture, en 1985, du ROYAL TYRRELL MUSEUM OF PALAEONTOLOGY, à Drumheller, un établissement de calibre mondial qui se consacre à la recherche sur les dinosaures et autres fossiles ainsi qu'à des expositions.

Les fossiles de dinosaures étant irremplaçables, les gouvernements de l'Alberta et de la Saskatchewan ont adopté des lois pour interdire l'enlèvement sans discernement de ces ressources historiques. En Alberta, les collectionneurs éventuels de fossiles doivent obtenir la permission écrite du gouvernement provincial.

La collecte La collecte de fossiles de dinosaures sur le terrain consiste en deux étapes distinctes, soit la découverte et l'excavation. Aucune technique moderne n'a encore supplanté la méthode traditionnelle de prospection, qui est un examen visuel de la

surface, tout simplement. Il faut pour s'y adonner des yeux perçants et habitués et des jambes solides et agiles. Le chasseur de dinosaures se munit d'un outil pour creuser, en général un pic léger, qui sert à faire des sondages exploratoires et l'aide à grimper des pentes abruptes.

Une équipe de prospection est habituellement composée de trois personnes. Chacune se concentre sur un niveau en particulier des sols exposés. Dans les badlands de la rivière Red River, les surfaces exposées sont situées dans un dédale de ravins aux versants abrupts. Tout en restant le plus possible au niveau sur lequel il travaille, le chasseur de fossiles se déplace le long des parois, monte un versant du ravin puis descend l'autre. Il est important de faire un examen exhaustif des surfaces rocheuses, mais, souvent, un intervalle abrupt force le chasseur à faire un détour par le haut ou par le bas, puis à remonter à son niveau initial. Le travail est ardu et fatigant, mais le savoir que la découverte de l'année se trouve peut-être à quelques mètres suffit pour motiver le chasseur de fossiles.

Il n'existe aucun moyen de déceler un os fossilisé à moins qu'il ne soit exposé. Le fossile est fragile et se brise facilement et, à cause de l'érosion naturelle, des morceaux tombent et se répandent le long des pentes et des sillons d'érosion. Ce sont les «roulants», que le chercheur de fossiles suit jusqu'à ce que leurs traces disparaissent ou qu'ils révèlent des os encore en place faisant saillie dans les surfaces rocheuses. Les fossiles d'os sont en général facilement reconnaissables à leur surface extérieure polie ou, s'il s'agit de morceaux, à leur structure interne en couches ou en nid d'abeilles. Les os entiers se reconnaissent à leur forme et à leur éclat unique, facile à voir au soleil.

L'importance de la découverte est révélée en découvrant soigneusement l'os, à l'aide d'un pic ou d'un outil à main comme un poinçon et un petit balai pour enlever les débris. Si l'os est prometteur, la deuxième étape de la collecte commence: on exhume les os pour les envelopper et les retirer du sol. On forme un genre de carrière en excavant les couches rocheuses supérieures. Plus la pente est abrupte, plus l'excavation doit être élevée pour obtenir une surface de travail plate au-dessus des os.

Le principe de base de mise au jour des spécimens est d'exposer l'os le moins possible, juste assez pour déterminer l'étendue et l'orientation de la roche. L'excavation suit le contour des os, en réduisant l'exposition au minimum et en dégageant tout point où affleurent des parties d'os. Dès qu'il est à l'air libre, l'os fossile doit être protégé pour ne pas qu'il se désintègre davantage. Les surfaces exposées sont durcies et scellées à l'aide d'un fin ciment liquide, qui pénètre bien et prend rapidement.

Une fois que la zone occupée par les os est délimitée par un plan, une tranchée est creusée autour du périmètre, à une profondeur bien au-dessous du niveau des os. La tranchée est ensuite minée aussi loin sous la couche contenant les os que le permettent les outils manuels et la stabilité de la matrice. On peut alors enlever les débris rocheux dégagés de la surface.

Selon la dureté de la roche, les outils sont des grattoirs ou des ciseaux à froid. Dans certains cas, un marteau pneumatique ou électrique est indiqué. Les débris sont balayés ou pelletés, et les surfaces de l'os bien imprégnées de ciment. Une fois le ciment sec, du papier de riz ou des mouchoirs de papier sont placés sur l'os exposé et mouillés à l'aide d'une brosse ou d'un arrosoir. Cette opération sert à séparer l'os du bandage de plâtre.

De la toile de jute est coupée en longues bandes d'environ 12 cm de largeur et le plâtre liquide est préparé. Une bande à la fois est roulée dans le liquide pour imprégner la toile de jute et former un rouleau facile à manipuler. La toile de jute imprégnée de plâtre est alors déroulée sur la roche et la surface osseuse et aplatie pour une bonne adhésion. Les bandes sont déroulées jusqu'au bord de la roche et rentrées dans l'espace sous-cavé. Des bandes successives de jute sont appliquées, chacune chevauchant la précédente d'environ 2,5 cm, jusqu'à ce que le bloc entier soit recouvert.

Une fois que le recouvrement de plâtre a durci, parfois jusqu'au lendemain, le bloc de la matrice et des os est sous-cavé encore plus profondément, jusqu'à ce que le piédestal qui reste soit assez petit pour être fendu par une pression soigneusement appliquée au moyen d'un levier. Le bloc est ensuite retourné. La surface ainsi découverte, non bandée, demeure intacte si elle est suffisamment forte et pas trop large. Une fois le bloc retourné, on peut retirer la roche excédentaire, comme on l'a fait pour le dessus. Les os exposés sont cimentés et recouverts de papier, et les bouts des bandes qui dépassent sont coupés au ras de la matrice. Puis, des bandes de plâtre sont appliquées sur le dessous retourné, les bords chevauchant étroitement les bandes du dessus.

Si le spécimen est de trop grande taille pour être bandé et transporté en un seul bloc, il est divisé en sections, chacune bandée séparément. Une fois que les sections sont durcies et sèches, elles sont étiquetées et transportées au lieu d'emballage, ce qui est parfois difficile à cause de la difficulté d'accès à la carrière. Dans les premiers temps, on se servait d'un petit traîneau de bois. La section était fixée au traîneau par une corde et la charge était tirée par un attelage de chevaux. De nos jours, les véhicules à quatre roues motrices et les treuils mécaniques rendent la tâche plus facile et des hélicoptères ont été utilisés en Saskatchewan et en Alberta pour sortir de gros spécimens.

Les premiers collectionneurs n'avaient à leur disposition que leur force et celles de leurs chevaux pour excaver et transporter les blocs préparés. Les automobiles ont fait leur apparition dans les champs de fossiles albertains en 1921, et le transport motorisé s'est graduellement amélioré. Les marteaux pneumatiques accélèrent l'excavation. La dynamite peut servir à rendre la surface meuble ou à briser les couches rocheuses compactes. Des roulottes ont remplacé les tentes et les installations de cuisine sont aujourd'hui équipées de réchauds au naphta et de réfrigérateurs au propane. Il n'en reste pas moins qu'une chasse aux dinosaures fructueuse exige encore du chasseur qu'il marche, qu'il grimpe et qu'il soit capable de reconnaître et d'interpréter une découverte potentielle à partir de quelques fragments. (*Voir aussi* PALÉONTOLOGIE.)

L.S. Russell

Recherche et développement agricoles L'industrie agroalimentaire canadienne produit et transforme efficacement des aliments pour l'homme et les animaux grâce à des agriculteurs acharnés et innovateurs, à une bonne gestion des ressources du sol et à l'application de technologies dérivées de la recherche agricole. L'agriculture canadienne est composée d'un grand nombre de fermes indépendantes, de superficies et de types de production différents. Les agriculteurs fonctionnent à une échelle relativement petite, dans des climats différents, sur des sols distincts et dans diverses conditions. Ils n'ont pas les moyens de financer, d'organiser et d'effectuer des recherches. Comme il en va de l'intérêt public, la plupart des recherches agraires et des recherches en alimentation sont financées directement ou indirectement par les gouvernements.

La priorité de la recherche agricole est la production d'aliments. Cependant, le système AGRICULTURE ET ALIMENTS comprend aussi les industries des secteurs de la transformation, de l'approvisionnement et de la commercialisation des produits agricoles. Les produits agricoles devant satisfaire nos besoins nutritionnels, la recherche en alimentation complète la recherche en production agricole classique pour produire en abondance un large éventail d'aliments de haute qualité.

Au Canada, la nécessité de la recherche agricole est reconnue depuis plus de 100 ans. La première étape de l'organisation de cette recherche a lieu en 1859 quand l'abbé Pilote fonde la première école canadienne d'agriculture à Sainte-Anne-de-la-Pocatière, au Québec. En 1863, le docteur A. Smith fonde l'Ontario Veterinary College. L'Ontario School of Agriculture ouvre ses portes à Toronto en 1873, déménage à Guelph en 1874, puis devient l'Ontario Agricultural College et enfin l'U. de Guelph. Bien que les recherches effectuées dans ces trois écoles soient utiles, les diverses conditions climatiques et pédologiques limitent leur applicabilité. Dix ans plus tard, les méthodes agricoles se révèlent inadéquates, les sols s'appauvrissent et donnent de piètres rendements de cultures. La crise agricole répandue amène de nouveau la nécessité de la recherche agricole à l'ordre du jour, et, en 1886, le parlement adopte une loi afin d'établir cinq fermes expérimentales.

Le système de STATIONS DE RECHERCHE et de fermes expérimentales s'étend et comprend plus de 40 établissements de recherches d'un océan à l'autre. Des organismes de recherches provinciaux sont fondés, et les programmes de recherches industriels et universitaires prolifèrent. Durant un siècle de recherches, on améliore des souches animales et des souches de variétés végétales; on instaure de bonnes pratiques de CONSERVATION DES SOLS; on réduit ou élimine les pertes causées par les INSECTES NUISIBLES, les MALADIES DES PLANTES, les maladies des animaux, la SÉCHERESSE et le gel; on découvre des méthodes économiques d'entreposage et de conservation des aliments; et on développe de meilleurs moyens d'utiliser les CULTURES alimentaires et les produits de l'élevage. Ces types de recherches rassurent les agriculteurs canadiens et procurent de meilleurs produits aux consommateurs.

Responsabilité de la recherche

Au Canada, les gouvernements provinciaux et fédéral peuvent légalement entreprendre des recherches. La responsabilité de la congruence de l'ensemble revient aux autorités fédérales, tandis que les provinces ont juridiction sur l'enseignement et les services de vulgarisation agricoles. La recherche est partagée entre Agriculture et Agroalimentaire Canada et d'autres organismes fédéraux, les ministères de l'Agriculture provinciaux, les conseils de recherches provinciaux, les départements universitaires d'agriculture et de MÉDECINE VÉTÉRINAIRE et l'industrie privée. Les rôles respectifs de ces organismes sont tenus et définis par les représentants des institutions et des ministères lors d'une série de conférences tenues en 1964. Les représentants acceptent que tous les organismes engagés dans la recherche agricole soient libres d'entreprendre toute enquête relevant de leur compétence. Aujourd'hui, 3632 scientifiques font de la recherche agricole à plein temps ou à temps partiel.

Deux comités nationaux principaux constitués de représentants des gouvernements provinciaux et fédéral, des universités et d'autres organismes engagés dans la recherche sont responsables de la coordination de la recherche agricole. Le Comité de coordination des services agricoles du Canada (créé en 1932 et réorganisé en 1964) coordonne les recherches, la vulgarisation et l'enseignement. Il est responsable de l'évaluation des besoins en recherches immédiats et futurs et de l'élaboration des propositions appropriées. Les comités provinciaux et régionaux évaluent la recherche et l'enseignement agricoles dans les provinces et font des recommandations. Le Conseil canadien de la recherche agronomique (créé en 1974) est le principal conseiller gouvernemental dans ce domaine.

Agriculture et Agroalimentaire Canada

Agriculture et Agroalimentaire Canada est l'organisme public de recherche le plus important et assume la plus grande part des responsabilités des recherches

agricoles et en dirige plus de 50 p. 100. Le programme est surtout centré sur la Direction de la recherche, mais des fonds sont tout de même accordés pour la recherche vétérinaire dans les départements de santé animale des universités et d'autres institutions privées ou publiques. La Direction de la recherche est créée en 1959 par la fusion de deux services de recherches du ministère Agriculture et Agroalimentaire Canada: le Service des fermes expérimentales et le Service de la science. Agriculture et Agroalimentaire Canada emploie près de 950 scientifiques dans ses différentes institutions de recherche.

Les ministères de l'agriculture provinciaux Les ministères de l'agriculture provinciaux jouent un rôle vital dans le domaine de la recherche. Les provinces peuvent facilement identifier les besoins en recherche surtout grâce à leur personnel de liaison qui est en contact direct avec les agriculteurs. Elles participent aussi à des comités consultatifs aux niveaux provincial et national. La recherche agricole varie d'une province à une autre en raison du développement historique du Canada, des différences d'importance économique et de la nature des produits agricoles des différentes provinces.

Les provinces de l'Ouest effectuent relativement peu de recherche, elles comptent plutôt sur les universités et les stations de recherche agricole du gouvernement fédéral. En Ontario et au Québec, les ministères provinciaux supportent des services, des fermes et des stations de recherches et subventionnent aussi la recherche agricole dans les universités. Les provinces de l'Atlantique, qui n'ont que deux institutions offrant des études agricoles, comptent davantage sur les programmes de recherches du gouvernement fédéral que les autres régions du pays. L'Alberta, l'Ontario et le Québec ont un conseil de recherche agricole qui identifie les besoins en recherche, planifie et coordonne les programmes de recherche et accorde et des subventions.

Les universités Les universités canadiennes offrent des programmes de recherche agricole nécessaires à la formation des chercheurs scientifiques. Dans une certaine mesure, elles sont les institutions de recherche des gouvernements provinciaux et fédéral. Au Canada, les chercheurs des 11 facultés d'agriculture et de médecine vétérinaire constituent le deuxième groupe en importance pour la recherche agronomique.

Les succès et les buts La révision et l'ajustement de la politique en matière de recherche agricole sont incessants. Les changements dans la structure et l'organisation des recherches doivent aller de concert avec les changements en agriculture. Le succès des recherches agricoles est en partie le résultat des liens entre la découverte scientifique, le développement et l'application de la technologie. Les résultats des recherches sont habituellement diffusés par les services de liaison agricole des ministères de l'Agriculture provinciaux. Cependant, les résultats qui peuvent être immédiatement intégrés aux pratiques agricoles sont parfois diffusés par l'organisme qui dirige les recherches.

Les succès du Canada en sélection de plantes, en enraiement de maladies et en élevage des animaux lui valent une renommée internationale. Les différentes créations de variétés de BLÉ (du Red Fife, vers 1840, au Marquis, en 1907) et, plus tard, la création de variétés résistantes à la rouille (comme Renown, en 1936, et Selkirk, en 1953) sont parmi les plus importantes réussites. La recherche sur la rouille est entreprise à la station de recherches d'Agriculture et Agroalimentaire Canada à Winnipeg (fondé en 1925).

La création du CANOLA comme source d'HUILE VÉGÉTALE et de tourteau sans danger pour l'homme et les animaux connaît un succès retentissant après la guerre. Des chercheurs de l'U. du Manitoba ont largement contribué à la production d'une nouvelle céréale, le TRITICALE, croisement fertile de deux sortes de céréales: le blé et le SEIGLE.

Le perfectionnement du maïs, du SOJA, du TOURNESOL, du TABAC et de différentes cultures de FRUITS et de LÉGUMES pour augmenter leur superficie de culture et leur rendement est une amélioration moins spectaculaire, mais très importante du point de vue économique.

Le succès le plus connu en sélection animale est peut-être la mise au point de la race de PORC Lacombe à la station de recherches d'Agriculture et Agroalimentaire Canada à Lacombe, en Alberta. Des travaux sont aussi effectués sur la volaille (pour la viande et la production d'œufs; *voir* AVICULTURE), les bovins de boucherie (*voir* BOVINS, ÉLEVAGE DES) et les bovins laitiers (*voir* ÉLEVAGE LAITIER). Ces travaux impliquent d'importantes recherches en génétique et sur les anomalies congénitales des animaux, ce qui peut être applicable à l'étude des maladies génétiques chez l'homme.

Les méthodes agricoles ont changé, mais la responsabilité du système de l'agriculture et de l'alimentation du Canada est toujours de procurer à la population un approvisionnement adéquat en aliments complets et nutritifs. La prise de conscience grandissante du contrôle de la qualité des aliments s'est concentrée sur les besoins en recherche agricole. Il faut aussi mettre l'accent sur l'utilisation et la conservation des RESSOURCES (particulièrement des sols) et sur le développement de nouvelles sources d'ÉNERGIE. (*Voir aussi* AIDE AGRICOLE.)

Bertrand Forest

Recherche et développement industriels L'innovation technologique est essentielle à la croissance économique et à l'amélioration de la qualité de vie et résulte principalement des activités de recherche-développement (R-D) menées dans l'industrie. Si d'autres secteurs, en particulier le gouvernement et les universités, poursuivent des travaux de R-D, c'est nettement à la R-D industrielle qu'on attribue le progrès technologique et, par conséquent, la croissance économique.

Avant la Seconde Guerre mondiale, l'industrie canadienne s'appuie largement sur une TECHNOLOGIE importée. Les quelques innovations locales sont l'œuvre d'inventeurs isolés, non pas le résultat d'une R-D systématique et planifiée. Pendant la guerre, l'industrie manufacturière (*voir* FABRICATION INDUSTRIELLE) connaît un essor spectaculaire et la R-D se développe presque aussi rapidement. À la fin du conflit, le Canada occupe le quatrième rang mondial pour sa production industrielle, après les États-Unis, le Royaume-Uni et l'URSS. Toutefois, personne ne s'attend à ce qu'il s'y maintienne après le redressement des économies du Japon, de l'Allemagne, de la France et de l'Italie.

Après la guerre, le Canada devance de beaucoup la plupart des autres pays dans de nombreux domaines de HAUTE TECHNOLOGIE. Le Conseil de recherches pour la défense (CRD) et les forces armées, soutenus à l'occasion par le CONSEIL NATIONAL DE RECHERCHES DU CANADA (CNRC) et d'autres organismes gouvernementaux, tentent vaillamment, mais le plus souvent sans succès, de maintenir cette avance. Retracer l'historique de certaines de ces activités à caractère militaire permet de comprendre l'histoire de la R-D et de l'innovation dans l'industrie canadienne de 1945 jusqu'aux années 70 (*voir* DÉFENSE, RECHERCHES POUR LA). La réussite technologique la plus remarquable de l'après-guerre reste l'énergie nucléaire et le réacteur CANDU.

Le Canada participe, avec les États-Unis et l'Angleterre, à l'effort commun en vue de fabriquer une bombe atomique en construisant un réacteur à l'eau lourde pour la production de plutonium. Si le projet démarre bien et rapidement, c'est surtout grâce à C.J. MACKENZIE, alors président par intérim du CNRC, lequel jouit de l'appui de C.D. HOWE, ministre des Munitions et Approvisionnements. L'équipe dirigée par sir John Cockcroft, de Cambrid-

ge (Angleterre), produit les plans de construction des premiers réacteurs NRX et NRU. La participation de l'Angleterre et de la France, d'abord importante, diminue au fil des ans, de sorte que le projet CANDU devient presque entièrement canadien. L'impulsion donnée par John ROBARTS, alors premier ministre de l'Ontario, en commandant pour HYDRO ONTARIO les premiers réacteurs CANDU à usage commercial, confirme la réussite du projet. Les réacteurs nucléaires construits par la suite au pays comptent parmi les meilleurs réacteurs producteurs d'énergie du monde. Malheureusement, le succès s'avère plus facile à obtenir sur le plan technique que commercial: très peu de réacteurs CANDU sont exportés.

L'entreprise privée, parfois avec une aide efficace du gouvernement, réalise d'importants progrès. À la fin de la guerre, le Canada est déjà très actif dans le domaine de la recherche en électronique, menée à la fois au sein du gouvernement et dans l'industrie. Le Conseil de recherches pour la défense entend maintenir et même accroître l'activité de ce secteur en soutenant cette industrie tant financièrement que par les travaux exécutés dans son propre laboratoire, le Telecommunications Research Establishment, à Shirley Bay (Ontario). La division de radiotechnique et de génie électrique du CNRC participe également au projet, qui contribuera à la création du laboratoire de recherches Bell-Northern, aussi à Shirley Bay, et au succès international de Northern Telecom Limitée, de Mitel Corporation et de nombreuses autres entreprises canadiennes spécialisées en électronique (*voir* ÉLECTRONIQUE, INDUSTRIE DE L').

Les progrès technologiques en matière de commutation numérique et électronique réalisés grâce aux travaux de Bell-Northern font de Northern Telecom l'un des plus importants fabricants d'équipement de commutation téléphonique au monde. En 1976, le Telecommunications Research Establishment est intégré au ministère des Communications, lequel poursuit la politique d'aide à l'industrie dans des domaines comme la COMMUNICATION PAR SATELLITE.

L'évolution dans l'INDUSTRIE AÉROSPATIALE se révèle beaucoup plus complexe. Déjà en 1945, le colonel W.W. Goforth, fondateur du CRD, prévoit l'avènement des satellites. Certains des tout premiers programmes du CRD portent sur les fusées et les composantes électroniques des missiles téléguidés. À Shirley Bay, le laboratoire du CRD construit les premiers satellites de conception canadienne, soit ceux des séries Alouette et ISI. En 1962, le gouvernement choisit RCA Victor de Montréal, un des sous-traitants du projet, comme entrepreneur principal chargé de la recherche et de la planification en vue de la construction du premier satellite canadien de COMMUNICATIONS. Télésat Canada est alors créée et accorde le contrat de construction à Hughes Aircraft, en Californie.

Espérant mettre à profit sa compétence reconnue en R-D pour la construction des satellites et des stations terrestres, RCA Victor se voit plutôt attribuer un contrat de recherche pour la nouvelle génération de satellites de communications. En janvier 1977, l'entreprise vend à Spar Aérospatiale Limitée de Toronto ses installations de R-D en périphérie de Montréal et abandonne la recherche sur les satellites au Canada. Le laboratoire du CRD, intégré entretemps au ministère des Communications, continue à développer les satellites de demain en collaboration avec Spar.

En 1954, les forces armées canadiennes s'intéressent aux utilisations possibles d'une technologie qui ferait appel au rayonnement infrarouge. Le CRD accorde à DE HAVILLAND AVIATION DU CANADA LIMITÉE un contrat de R-D en vertu duquel une équipe de spécialistes d'Angleterre vient initier les Canadiens à cette technologie. Les travaux débutent dans la division des projets spéciaux et de la recherche appliquée de la Société de Havilland, divi-

sion achetée ultérieurement par L.G.A. Clarke pour ensuite devenir Spar Aérospatiale Limitée.

Après de nombreuses années d'une fructueuse participation au programme spatial américain, Spar fait la manchette en 1981 avec l'annonce de son invention d'un système de télémanipulation destiné à la navette spatiale américaine et baptisé BRAS SPATIAL CANADIEN. En outre, l'entreprise collabore avec Hughes Aircraft au projet des satellites de communications Anik, ayant l'entière responsabilité d'Anik D, lancé en 1982. Elle construit ensuite deux satellites semblables pour le Brésil.

Les universités canadiennes s'intéressent très tôt à l'INFORMATIQUE. En 1951, le CNRC et le CRD fournissent à l'U. de Toronto l'un des plus gros ordinateurs du monde, le ferut, fabriqué en Angleterre par Ferranti Co. Peu après, Ferranti crée un laboratoire de recherches à Toronto et obtient un important contrat du CRD. Un grand nombre des futurs chefs de file en ordinatique au Canada seront formés dans ce laboratoire. Le premier grand projet, Datar, est un système de gestion de l'information pour la marine canadienne qui fait appel à une nouvelle technologie et à des concepts originaux en matière de gestion de l'information. Tellement avancé pour l'époque qu'aucune autre marine ne l'adopte, Datar servira néanmoins de modèle pour de futurs systèmes.

Le Canada sort de la Seconde Guerre mondiale doté d'une industrie aéronautique relativement importante, prospère et innovatrice. À la fin du conflit, celle-ci est en grande partie propriété du gouvernement, mais en raison des engagements de C.D. Howe envers l'entreprise privée, elle est rapidement cédée à des intérêts britanniques et américains. À Toronto, la A.V. Roe Co. construit, selon des plans originaux, le chasseur AVRO-CF 100 et le moteur Orenda, deux remarquables succès selon les normes internationales. Elle produit simultanément et à titre privé le AVRO JETLINER, dont le premier vol a lieu en 1949, quelques jours à peine après celui du Comet de De Havilland, en Angleterre. Howe ordonne cependant l'arrêt des travaux.

En 1959, le nouveau chasseur supersonique AVRO ARROW a déjà effectué plusieurs vols d'essai remarquablement satisfaisants, et son moteur Iroquois donne un excellent rendement au banc d'essai. Cependant, comme les coûts dépassent largement les prévisions, l'armée de l'air américaine refuse de commander de tels appareils. Le premier ministre John DIEFENBAKER ordonne alors l'abandon du projet et non pas la mise au rebut, mais la destruction de tous prototypes et pièces. Les contrats de sous-traitance pour la construction de l'Arrow et d'autres types d'avions font vivre un nombre de plus en plus important de petites entreprises capables d'innovation et d'une production de grande qualité. Même s'ils sont fournis en vertu du contrat Arrow, les services de ces entreprises stimulent le progrès dans de nombreuses industries connexes.

Depuis une trentaine d'années, le maigre budget consacré à la R-D par les entreprises canadiennes, en comparaison avec les autres pays, suscite préoccupations et débats au Canada. Représentant 0,76 p. 100 du PIB en 1985 et 0,73 p. 100 en 1990, il équivaut à environ la moitié de celui des autres pays industrialisés. Au Canada, 25 entreprises effectuent plus de la moitié de la R-D dans l'industrie, les ENTREPRISES BELL CANADA INC. (Bell Canada, Recherches Bell-Northern et Northern Telecom) étant la plus performante. Parmi les six entreprises les plus actives figurent ÉNERGIE ATOMIQUE DU CANADA LIMITÉE, HYDRO ONTARIO et HYDRO-QUÉBEC. Pour sa part, stimulée par le renforcement, en 1987, de la protection conférée par un brevet, l'INDUSTRIE PHARMACEUTIQUE accroît considérablement ses activités de R-D depuis une dizaine d'années.

En 1991, on estime à 5,2 milliards de dollars le budget consacré à la R-D par l'industrie canadienne.

Si la R-D industrielle ne représente alors qu'environ 55 p. 100 de toute la R-D effectuée au Canada, on observe néanmoins une hausse importante depuis le milieu des années 70, où la proportion était de 36 p. 100. Parmi les 12 pays membres de l'OCDE les plus importants du point de vue économique, le Canada se classe au 10e rang en ce qui a trait à la R-D industrielle exprimée en pourcentage du PIB.

En les groupant par secteurs, on constate que les entreprises canadiennes effectuent, en général, moins de R-D que leurs concurrentes. En effet, si l'on utilise l'indicateur de R-D comme pourcentage des ventes, la R-D des entreprises canadiennes représente environ de un tiers à la moitié de celle qu'y mènent leurs principales concurrentes sectorielles internationales. Les TÉLÉCOMMUNICATIONS font cependant exception.

Les raisons qui motivent de nombreuses industries canadiennes à consacrer à la R-D un budget moins important sont les suivantes: la stratégie d'entreprise et les choix en matière de technologie (de nombreuses entreprises canadiennes du secteur primaire doivent ainsi se concentrer sur les produits de base, s'excluant ainsi d'un grand nombre de secteurs à valeur ajoutée supérieure); la taille relativement petite de nombreuses entreprises canadiennes (p. ex., dans les secteurs des pièces d'automobiles, de la machinerie et de la transformation des aliments); les seuils absolus élevés des dépenses en R-D nécessaires pour devenir un participant valable dans certaines lignes de produit, surtout en ce qui a trait aux technologies révolutionnaires; la part d'intérêts étrangers dans les entreprises canadiennes principalement dans l'INDUSTRIE DE L'AUTOMOBILE, mais aussi dans des secteurs comme la pétrochimie, le pétrole et le gaz (*voir* INDUSTRIE PÉTROCHIMIQUE; INDUSTRIE PÉTROLIÈRE).

Dans l'important secteur des produits forestiers, les entreprises canadiennes consacrent à la R-D un budget équivalant à moins de 0,5 p. 100 du montant de leurs ventes, soit environ la moitié de ce que dépensent à cette fin les grandes entreprises américaines et européennes. En 1990, environ 500 personnes travaillent en R-D, nombre qui correspond approximativement à la moitié du personnel affecté à de telles activités par une seule entreprise chef de file des États-Unis. Environ 17 p. 100 de cette R-D est effectuée en coopération par des établissements de recherche, et 43 p. 100, par les gouvernements et les universités (*voir* ÉCONOMIE FORESTIÈRE; PÂTES ET PAPIERS, INDUSTRIE DES).

Au Canada, de nombreuses mesures visent à amener la recherche universitaire à servir les intérêts généraux ou particuliers de l'industrie. À cet égard, le gouvernement fédéral crée le programme Réseaux de centres d'excellence pour soutenir une recherche de premier ordre dans les domaines intéressant l'industrie tels les maladies héréditaires, les neurosciences, les réseaux microélectroniques, le béton et les télécommunications (*voir* RECHERCHE ET DÉVELOPPEMENT SCIENTIFIQUES.)

Dans les années 90, le gouvernement fédéral met fin à la plupart de ses programmes de subvention destinés à stimuler la R-D dans l'industrie. Il mise plutôt sur des encouragements fiscaux, qui sont parmi les plus généreux au monde. En 1995, il lance Partenariat technologique Canada, un programme d'investissement qui lui permet de partager les risques et les bénéfices de la R-D effectuée dans le secteur privé, principalement dans l'INDUSTRIE AÉROSPATIALE, mais aussi dans les entreprises qui développent certaines techniques industrielles de pointe.

Malgré l'incertitude relative à l'aide de l'État et des dirigeants industriels, le génie des Canadiens ne cesse de se manifester. L'industrie aéronautique continue d'innover, comme en font foi le DE HAVILLAND OTTER, qui prédomine sur les parcours nordiques, le Dash 7 et le Dash 8, le CANADAIR CHALLENGER et d'autres avions très en demande comme le Regional jet de Bombardier, ainsi que la turbine à gaz Pratt and Whitney (United Aircraft). De plus, grâce à des entreprises telles Northern Telecom, Mitel, Newbridge, Cognos, Corel et d'autres, l'industrie canadienne des télécommunications et de l'électronique est maintenant à l'avant-garde dans les domaines des fibres optiques, de la gestion des données numériques, des microprocesseurs, des réseaux de communication à grande vitesse et des logiciels.

Le Canada n'a plus à démontrer qu'il possède les ressources humaines et matérielles et les compétences voulues pour une R-D industrielle de toute première qualité. Le succès, mesuré en termes d'emplois dans l'industrie et d'exportations, dépend de l'existence à tous les niveaux (industrie, gouvernement et universités) d'un climat favorisant la R-D, ainsi que de l'audace et du dynamisme manifestés par l'industrie en matière d'innovation technologique et d'entrepreneuriat. Si l'on peut créer ces conditions et les maintenir, le Canada fera bonne figure dans la nouvelle économie du savoir. (*Voir aussi* INVENTEURS ET INVENTIONS; RECHERCHE SCIENTIFIQUE ET DÉVELOPPEMENT.)

Omond Solandt et W.R. Stadelman

Recherche médicale Le champ de la recherche médicale s'étend de la recherche fondamentale à la recherche clinique et aux applications technologiques. La recherche fondamentale comprend l'étude des fonctions biologiques. Les connaissances ainsi acquises peuvent être ensuite appliquées à la recherche clinique afin d'aider à comprendre certaines maladies et à élaborer de nouveaux traitements, soins ou méthodes de prévention. Les applications technologiques sont issues à la fois de la recherche clinique et de la recherche fondamentale: vaccins, médicaments, instruments, diagnostics, prothèses et autres équipements sanitaires. Médecins, biologistes, biochimistes, ingénieurs biomédicaux, chimistes, dentistes, vétérinaires, économistes sanitaires, infirmiers et pharmaciens font partie des professionnels de la santé participant à la recherche médicale. L'objectif global vise l'amélioration des diagnostics, des traitements, de la prévention et de la guérison des maladies et de la prestation de soins offerts aux Canadiens, de la manière la plus efficace et la plus économique possible.

La découverte de l'INSULINE en 1922 par Frederick BANTING, J.J.R. MACLEOD, Charles BEST et James COLLIP, l'événement le plus célèbre dans l'histoire de la recherche médicale au Canada, a conduit à la création des CONNAUGHT LABORATORIES LIMITED et du Banting Institute, à l'U. de Toronto.

Depuis lors, la recherche canadienne s'est diversifiée et s'est étendue à des domaines comme la biologie moléculaire, les neurosciences, l'immunologie, la nutrition et le métabolisme, la biochimie, la biologie de la reproduction, le CANCER, les sciences du comportement, la génétique, la cardiologie, la biologie de la croissance, la DENTISTERIE, la microbiologie, la pharmacologie, les MALADIES PROFESSIONNELLES, le système de santé, les risques de l'environnement, et la biologie et la santé des populations humaines.

De plus, les chercheurs canadiens, dont beaucoup sont des chefs de file dans leur domaine, étudient la fonction et les maladies d'organes particuliers: la peau (dermatologie); le sang (hématologie); les reins (néphrologie); l'œil (ophtalmologie); l'oreille, le nez et la gorge (oto-rhino-laryngologie); l'estomac et les intestins (gastroentérologie); les glandes endocrines (endocrinologie); l'appareil respiratoire (pneumologie); et les affections des tissus conjonctifs.

L'étendue des progrès réalisés est impressionnante. La recherche en chirurgie cardio-vasculaire, pour ne citer que celle-ci, a contribué de façon considérable au traitement des pathologies vasculaires et des CARDIOPATHIES. Des Canadiens sont à l'origine de progrès importants en ce qui concerne le stimulateur cardiaque, les appareils cœur-poumon pour oxygéner le sang et corriger les défaillances cardiaques et les premières unités de soins coronariens. Hans SELYE était un expert de renommée mondiale dans la compréhension du STRESS, de ses effets et de sa maîtrise.

En neurosciences, des Canadiens ont apporté des contributions exceptionnelles à la compréhension du système nerveux central et des maladies qui y sont liées. L'Institut neurologique de Montréal (INM), fondé en 1934, est un important centre de recherches dans ce domaine. Son fondateur, Wilder PENFIELD, était non seulement le pionnier de la technique de la cartographie cérébrale, qui permet une meilleure compréhension de fonctions localisées du cerveau, mais il a aussi contribué à faire de l'INM un centre de formation connu mondialement.

Les recherches menées à l'INM ont permis d'améliorer les techniques de chirurgie et de soins infirmiers dans le traitement des lésions rachidiennes, de perfectionner l'électroencéphalographie (EEG), de progresser dans le traitement d'affections telles que l'épilepsie et de mieux comprendre les modifications cognitives et comportementales reliées aux lésions cérébrales. Des techniques non invasives d'imagerie, telles que la tomographie axiale transverse commandée par ordinateur (TACO) et la tomographie par émission de positrons (TEP), de concert avec une nouvelle compréhension des neurotransmetteurs, aident les chercheurs à mieux comprendre la croissance et le développement des diverses parties du cerveau et du système nerveux, leurs tâches spécifiques et la façon dont ces tissus se réparent et se reconstituent.

À l'U. de Western Ontario, Charles Drake s'est taillé une renommée internationale grâce à l'élaboration de nouvelles techniques permettant de mieux réparer et traiter les anévrismes (affaiblissement ou rupture d'artères du cerveau, notamment de l'artère basilaire) potentiellement mortels.

Les gouvernements provinciaux et fédéral, des organismes bénévoles, des fondations privées, l'industrie, des fournisseurs commerciaux et étrangers, tous contribuent à la recherche biomédicale au Canada, en fournissant de l'équipement, en assurant la formation à la recherche et une assistance technique, et en payant les frais d'exploitation.

Organismes de subventions fédéraux En 1936, le CONSEIL DE RECHERCHES MÉDICALES DU CANADA (CRM) est établi en tant que Comité associé de recherche médicale au CONSEIL NATIONAL DE RECHERCHES DU CANADA (CNRC). En 1956, il devient la Division de recherches médicales du CNRC et, en 1960, un organisme autonome du CNRC. En 1969, le Parlement en fait un établissement public indépendant dont le but est de promouvoir, d'aider et d'assurer les recherches fondamentales, appliquées et cliniques en santé et de conseiller le ministre de la Santé en matière de recherche.

Le CRM pourvoit à environ 25 p. 100 des dépenses directes en recherche médicale au Canada. Sur la base de l'excellence scientifique, déterminée à l'échelle nationale par les pairs, il apporte son aide à la recherche et à la formation des chercheurs dans les facultés des sciences de la santé. Ces facultés universitaires regroupent les départements et laboratoires de 16 écoles de médecine, de 10 écoles d'art dentaire et de 8 écoles de pharmacie ainsi que leurs HÔPITAUX et instituts affiliés dans tout le pays.

Le CRM soutient également certaines recherches reliées à la santé dans des départements universitaires qui ne sont pas des écoles médicales, notamment des recherches en optométrie et en médecine vétérinaire. Au cours de l'exercice financier 1996-1997, le budget du CRM s'élevait à 242 millions de dollars.

Cinq des Réseaux de centres d'excellence du gouvernement fédéral et le Programme canadien de technologie et d'analyse du génome, constituant la participation du Canada au Projet international sur le génome humain, relèvent également du CRM. De plus, le CRM et le Programme national de recherche et de développement en matière de santé (PNRDS), conjointement avec l'Institut national du cancer du Canada, soutiennent l'Initiative canadienne pour la recherche sur le cancer du sein, mise en place il y a plusieurs années.

La recherche liée à la prestation des soins de santé a été financée par le gouvernement fédéral, surtout grâce au PNRDS du ministère de la Santé, un programme qui a vu le jour grâce à l'aide des Subventions annuelles pour la santé publique (accordées depuis 1948). Le CRM avait été exclu de l'aide à la recherche en matière d'hygiène publique jusqu'en 1976, lorsque le Parlement retira cette restriction. Les subventions du PNRDS visent à encourager la recherche afin de promouvoir, protéger, maintenir et redonner la santé aux Canadiens. Les chercheurs peuvent appartenir à l'un des quatre secteurs de la santé: organisation de soins médicaux, risques reliés à l'hygiène environnementale, modes de vie ou biologie des populations humaines.

Pour aborder le problème du SIDA, le gouvernement fédéral a mis sur pied un programme national qui comporte un volet recherche important.

Organismes de subventions provinciaux Des organismes provinciaux en Alberta, en Colombie-Britannique, au Manitoba, en Ontario, au Québec et en Saskatchewan contribuent à la recherche médicale et à la formation des chercheurs par le biais de différentes organisations, telles que l'Alberta Heritage Foundation for Medical Research et le Fonds de la recherche en santé du Québec.

Organismes de financement bénévoles Les organismes bénévoles encouragent généralement la recherche sur une maladie en particulier et jouent un rôle important dans la recherche médicale. Ainsi, la Société canadienne du cancer subventionne 80 p. 100 des recherches de l'Institut national du cancer du Canada.

Les coûts de recherches, tels que les salaires, la construction de laboratoires et l'administration des installations pour les animaux, sont habituellement payés par les institutions qui mènent les recherches. Elles reçoivent des fonds par l'intermédiaire des gouvernements provinciaux et des dons de particuliers.

Structure de la recherche médicale

La recherche médicale est hautement décentralisée dans les universités, leurs hôpitaux et institutions affiliés dans chaque province. Le Canada est un des rares pays qui ne possède pas de laboratoires gouvernementaux consacrés à la recherche biomédicale. Si cette décentralisation lie la recherche avec la formation professionnelle et la prestation des soins de santé, elle rend difficiles la définition ou le maintien d'une concertation nationale sur les programmes de santé, d'autant plus que la santé et l'éducation relèvent de la compétence des provinces. Toutefois, en 1982, des représentants fédéraux et provinciaux ont défini plusieurs domaines de santé d'intérêt national: cancer, accidents, arthrite et troubles des articulations, maladies cardiovasculaires et cérébrovasculaires, problèmes de santé maternelle et infantile, SANTÉ MENTALE et maladies respiratoires. Le CRM et d'autres organismes de financement aident la recherche dans ces domaines.

En 1983, le Cabinet fédéral a donné un accord de principe pour une structure de recherche médicale qui mettrait l'accent sur une formation de grande qualité, sur un équilibre entre les recherches fondamentale et appliquée ainsi qu'entre les régions et les disciplines (avec une attention particulière accordée aux secteurs d'intérêt national) et sur l'utilisation des nouvelles connaissances pour l'amélioration des soins de santé. Cette stratégie fédérale, élaborée dans le cadre du plan quinquennal du CRM, permet d'établir de solides bases pour la recherche, de favoriser celle-ci dans les secteurs d'intérêt national et d'ef-

fectuer un transfert plus efficace des nouvelles connaissances aux systèmes de soins de santé. En 1986, le CRM s'est fixé un objectif supplémentaire visant à promouvoir l'interaction entre les chercheurs en sciences de la santé et dans l'industrie, au moyen de la mise sur pied de programmes conjoints universités-industrie.

Dans un plan stratégique adopté il y a plusieurs années, le CRM a étendu son mandat pour couvrir l'ensemble de la recherche sur la santé, touchant alors à des domaines tels que l'efficacité et la rentabilisation des actes médicaux. Ce plan met l'accent sur l'importance d'évaluer scientifiquement diverses techniques et technologies pour faciliter le processus de réforme des soins de santé. Le CRM accorde une importance renouvelée aux problèmes de santé des femmes et à l'admission de celles-ci en plus grand nombre dans les essais cliniques, dont elles étaient traditionnellement exclues en raison de craintes quant aux effets possibles sur les cycles hormonaux et la grossesse.

Le CRM a lancé un programme de développement d'affaires et a accru de façon importante ses efforts pour trouver des partenaires dans les autres secteurs du domaine de la santé communautaire touchant l'industrie et les entreprises, les autres ministères et agences bénévoles, afin d'obtenir des ressources supplémentaires pour aider la recherche dans un contexte de restrictions financières importantes. La mise sur pied du Fonds de découvertes médicales canadiennes, qui est subventionné par un régime enregistré d'épargne retraite de travailleurs, constitue une initiative majeure dans ce domaine.

Problèmes en recherche médicale Certains critiques soutiennent que les progrès en recherche médicale ont peu contribué à améliorer l'état de santé. Certains voient là le résultat d'une communication inadéquate entre les travailleurs des différents secteurs de la santé et recommandent une augmentation du nombre de cliniciens chercheurs pour multiplier les nouvelles connaissances en soins de santé et augmenter les recherches orientées vers les traitements. D'autres pensent que la nature conservatrice du système d'évaluation par les pairs restreint les innovations et ils préconisent la participation d'un plus grand nombre de professionnels de la santé, comme les infirmières et les pharmaciens, qui ont reçu jusqu'à maintenant une aide moins importante que les chercheurs en sciences fondamentales et cliniques.

L'absence d'une industrie forte dans le secteur des soins de santé, activement engagée dans la recherche et bénéficiant d'un financement à long terme adéquat, constitue un autre problème. Un débat est aussi en cours à propos de l'équilibre à trouver entre les recherches guidées par la curiosité et celles plus ciblées, ainsi qu'entre la recherche orientée vers les coûteux traitements de haute technologie et l'épidémiologie et la médecine du milieu.

L'éthique constitue, elle aussi, un problème important de la recherche médicale (*voir* DÉONTOLOGIE MÉDICALE). Le CRM a participé à l'élaboration de lignes de conduite pour une pratique sûre et respectueuse de l'éthique par rapport aux expériences sur les humains, aux recherches sur les animaux et à l'utilisation de substances dangereuses et d'agents infectieux. Cependant, celles-ci n'ont pas force de loi et ne lient en fait que les chercheurs financés par le CRM et d'autres organismes fédéraux. Un chercheur qui enfreint ces lignes de conduites perd son financement. De nombreux groupes s'y conforment volontairement.

Par l'intermédiaire de son Comité sur la déontologie et l'expérimentation, le CRM, de concert avec le CONSEIL DE RECHERCHES EN SCIENCES NATURELLES ET EN GÉNIE et le CONSEIL DE RECHERCHES EN SCIENCES HUMAINES DU CANADA, a élaboré de nouvelles lignes de conduite qui prennent en compte les progrès de la dernière décennie en ce qui a trait aux connaissances et à la

technologie. Les principales questions à l'étude dans ces révisions comprennent la responsabilité dans le processus de révision déontologique, les moyens d'améliorer la qualité et l'uniformité de la révision déontologique, les façons de réduire le nombre d'animaux dans les études et leur souffrance, la recherche sur les groupes vulnérables et la recherche sur les embryons. Ces lignes de conduite seront en vigueur au cours de l'année prochaine. Certains critiques prônent une législation qui définirait une recherche médicale sûre et conforme à l'éthique en se basant sur le principe qu'il est plus facile d'assurer l'application de lois que de lignes de conduite. Aucune loi canadienne ne protège les volontaires qui participent à une recherche, même si les lignes de conduite exigent des chercheurs qu'ils informent complètement les volontaires de la nature et des dangers des techniques ou des médicaments expérimentés sur eux.

Les aspects internationaux de la recherche deviennent de plus en plus cruciaux en raison de l'augmentation tant des problèmes sanitaires (comme le SIDA) auxquels font face de nombreux pays, que des études multinationales pour examiner ces problèmes. Le Colloque international de bioéthique qui s'est tenu au Canada en 1987, sous l'égide du CRM et du ministère de la Santé nationale et du Bien-être social d'alors, constituait pour le Canada une importante occasion de débats avec d'autres pays. Le colloque est suivi de la publication et de la distribution d'un rapport intitulé *Towards an International Ethic for Research with Human Subjects*.

Avenir de la recherche médicale Le réseau des soins de santé au Canada est en évolution. L'importance plus grande accordée à l'influence des facteurs environnementaux et comportementaux sur la santé mentale et physique, l'insistance croissante sur la compression des coûts et l'affectation de ressources limitées, l'augmentation importante du nombre de femmes en médecine et en recherche, les besoins croissants de soins pour les maladies chroniques affectant une population sans cesse vieillissante, la tendance vers les soins à domicile et hors du système hospitalier ainsi que l'augmentation du nombre d'instituts de recherche dans des milieux hospitaliers influeront sur la nature et l'importance de la recherche médicale.

Beaucoup de découvertes en recherche médicale, comme celles qui ont récemment fourni de nouveaux moyens pour les manipulations génétiques, les fécondations in vitro et les expérimentations sur des embryons, la transplantation d'organes et les tests de dépistage de problèmes génétiques, continueront d'exiger des chercheurs qu'ils excellent. Cependant, le nombre croissant de questions à caractère social et éthique soulevées par ces recherches nécessitera une collaboration plus étroite entre les scientifiques et les citoyens canadiens. Les chercheurs peuvent aider la population à mieux comprendre les enjeux des nouvelles connaissances, tandis que les citoyens doivent exercer leur responsabilité en donnant leur opinion sur l'importance, la conduite et l'application de la recherche médicale au Canada.

Judith Miller et Neil R. Morris

Recherche, organismes provinciaux de Dans toutes les provinces, à l'exception de Terre-Neuve et de l'Île-du-Prince-Édouard, des organismes de recherche sont mis sur pied afin de promouvoir le développement économique par l'application de la TECHNOLOGIE moderne à l'INDUSTRIE régionale. Le plus ancien de ces organismes est, selon son nom actuel, l'ALBERTA RESEARCH COUNCIL (1921) et le plus récent, le CENTRE DE RECHERCHE INDUSTRIELLE DU QUÉBEC (1969). La plupart sont des SOCIÉTÉS DE LA COURONNE, mais le CONSEIL MANITOBAIN DE LA RECHERCHE fonctionne essentiellement comme une division du gouvernement et le BRITISH COLUMBIA RESEARCH COUNCIL est une société indépendante à but non lucratif. Ces organisations coopèrent avec d'autres organismes dans le cadre de programmes fédéraux. Les mandats de la NOVA SCOTIA RESEARCH FOUNDATION CORPORATION et du CONSEIL DE LA RECHERCHE ET DE LA PRODUCTIVITÉ DU NOUVEAU-BRUNSWICK pourraient être étendus pour desservir toute la région atlantique. Ces organismes remplissent leurs mandats en combinant conseils gratuits aux petites entreprises, conseils au gouvernement, recherches à court terme et enquêtes à plus long terme, par contrat et à but non lucratif. Les priorités des organismes de recherche dépendent des besoins et des activités des autres entreprises de la province. Tous ont acquis une expertise dans des champs appropriés aux ressources régionales. Cette expertise varie des textiles pour la ORTECH INTERNATIONAL à l'uranium pour le SASKATCHEWAN RESEARCH COUNCIL. Bien que de nombreux économistes critiquent l'importance accordée aux petites entreprises, la plupart reconnaissent que les organismes provinciaux de recherche jouent un rôle essentiel en aidant l'industrie canadienne à suivre le rythme du développement technologique.

Martin K. McNicholl

Recherche scientifique et développement L'expression «recherche scientifique et développement», ou «recherche-développement» s'utilise pour regrouper les activités dont l'objectif principal est l'approfondissement de la connaissance et son utilisation. Ces activités sont généralement bien organisées et utilisent des méthodes multidisciplinaires et les services de personnel hautement spécialisé. La recherche scientifique et le développement (abrégé en «R-D» dans le présent article) touchent aux sciences exactes plutôt qu'aux lettres et aux sciences humaines. La R-D se classe généralement en trois catégories selon ses objectifs: recherche fondamentale, recherche appliquée et développement. La recherche fondamentale est motivée par la curiosité et s'entreprend dans le seul but de faire avancer la connaissance. La recherche appliquée vise à obtenir des résultats utiles à l'avancement de la TECHNOLOGIE. Le développement, quant à lui, s'occupe d'appliquer les connaissances technologiques à la fabrication de matériel opérationnel concret. On peut généralement décrire le processus de la R-D par le lien qui unit ces trois catégories: la recherche appliquée utilise les idées générées par la recherche fondamentale pour créer des inventions qui, à leur tour, deviennent commercialisables grâce au développement. Cette description, bien qu'elle définisse correctement le processus de mise en œuvre de la connaissance, est trop simpliste pour bien rendre compte des efforts de la R-D.

La R-D canadienne ressemble beaucoup à celle des autres pays. Pour bien comprendre sa situation au Canada, il est très important d'en connaître les caractéristiques principales et l'évolution générale.

La R-D, en tant qu'activité officielle, apparaît au cours de la deuxième moitié du XIXe s. et prend très rapidement de l'ampleur au XXe s. Sa montée rapide s'explique par la cadence accélérée de l'industrialisation dans certains pays comme l'Allemagne et les États-Unis et par l'utilité grandissante de la science. La croissance des activités de R-D prend place dans un contexte institutionnel, constitué de l'enseignement supérieur, de l'INDUSTRIE et de l'État. Les universités de nombreux pays s'évertuent à suivre l'exemple de l'Allemagne en mettant sur pied des laboratoires scientifiques et des programmes d'études supérieures en recherche, et vont même jusqu'à percevoir la recherche comme un de leurs devoirs. Certaines industries, dont les meilleurs exemples sont l'industrie de l'ÉLECTRICITÉ et l'INDUSTRIE CHIMIQUE, sont créées ou transformées radicalement par l'amélioration de la connaissance scientifique. Ces industries basées sur la science sont les premières à intégrer des laboratoires de recherche dans leur infrastructure. Leur but est d'institutionnaliser l'innovation. En s'engageant dans la recherche, les firmes veulent s'assurer d'une certaine sécurité face aux changements technologiques, tenir à distance la compétition et contrôler les marchés. L'État s'engage également dans les activités scientifiques d'une façon plus formelle et en suivant les objectifs nationaux tels qu'ils sont perçus. Les agences scientifiques sont mises sur pied afin de s'occuper des domaines comme l'AGRICULTURE ET L'ALIMENTATION, l'armée, la SANTÉ PUBLIQUE, la FABRICATION INDUSTRIELLE et l'exploitation des RESSOURCES naturelles. De plus, les universités, les industries et les gouvernements unissent leurs efforts de recherche scientifique, ce qui reflète bien l'importance que la société accorde à la R-D.

Les pays industrialisés utilisent une bonne proportion de leurs ressources nationales pour la R-D, à un niveau tel que ce financement est devenu une importante question politique. La valeur de la R-D repose principalement sur le fait qu'elle est une source de changements technologiques. Cependant, on connaît peu de chose au sujet du rendement des dépenses liées à la R-D parce que cette dernière couvre un trop grand nombre d'activités diversifiées, qu'elle s'intéresse à de nombreux domaines (p. ex., les domaines médical, militaire et de la TECHNOLOGIE SPATIALE) et qu'elle a de nombreuses raisons d'être (p. ex., la santé et le bien-être, le prestige, la sécurité et l'avancement de la science). Ainsi, il est très difficile d'interpréter les dépenses associées à la R-D, tel que le rapport entre les dépenses brutes et le produit intérieur brut. Nous connaissons d'autre part très mal l'efficacité des systèmes de la R-D. Enfin, l'efficacité de la R-D se mesure en termes de conséquences dans les domaines sociaux et économiques, alors que d'autres facteurs, qui ne sont pas liés à la technologie, ont aussi une influence sur ces domaines. P. ex., la RECHERCHE ET LE DÉVELOPPEMENT INDUSTRIELS (c.-à-d. consacrée à des objectifs économiques) est menée dans l'espoir qu'elle contribue à la croissance économique en contribuant à l'amélioration des produits et des processus ou par l'innovation. Il est cependant difficile de déterminer l'influence de la R-D industrielle parce que de nombreux autres facteurs, dont les forces du marché, le degré de qualification de la main-d'œuvre, la gestion et le financement, jouent aussi un rôle important quand vient le temps de déterminer si les résultats de la R-D industrielle favorisent la croissance économique. En fait, les coûts de la R-D ne représentent généralement qu'une petite partie des coûts totaux nécessaires au lancement d'un nouveau produit ou processus.

Bien qu'il reste beaucoup à apprendre sur la R-D, particulièrement sur son fonctionnement économique, on a déjà identifié certaines de ses caractéristiques. Les dépenses consacrées à la R-D sont concentrées dans les pays les plus développés économiquement, et les États-Unis sont loin devant pour ce qui est de l'importance des dépenses. Dans tous ces pays, les gouvernements apportent une contribution substantielle et financent non seulement leurs propres travaux, mais aussi une bonne partie de la R-D faite dans les universités, ainsi que la R-D industrielle. Les universités se consacrent davantage à la recherche fondamentale et à la formation des ingénieurs et des scientifiques qu'aux travaux de développement. En raison du haut niveau de risques et des incertitudes associées à la R-D, les industries consacrent principalement leurs efforts au développement et, dans ce domaine, à l'amélioration à court terme. Presque toute la R-D industrielle est consacrée aux biens de production et aux biens intermédiaires et non aux biens de consommation. Les dépenses de la R-D industrielle sont très concentrées dans quelques industries (INDUSTRIE AÉROSPATIALE, les industries du GÉNIE ÉLECTRIQUE, de la chimie, de l'ÉLECTRONIQUE et des instruments scientifiques). Les grandes entreprises font la majorité de la R-D industrielle, mais beaucoup de petites entreprises sont aussi axées intensivement sur la recherche. Il est difficile d'identifier et d'évaluer les déterminants qui indiquent l'intensité de la recherche en raison des différences entre les industries et du manque de données adéquates.

Au Canada, on n'a pas encore vraiment étudié l'histoire de la recherche scientifique et du développement. Quelques études ont été consacrées aux activités du gouvernement fédéral, en particulier à celles du CONSEIL NATIONAL DE RECHERCHES DU CANADA (CNR). Toutefois, peu de travail a été fait du côté de la recherche universitaire et presque rien sur la R-D industrielle. Néanmoins, on peut dégager les grandes lignes de l'historique général. Au XIXe s., le gouvernement canadien met sur pied des agences scientifiques pour s'occuper des industries primaires telles que l'EXPLOITATION MINIÈRE, l'agriculture, la FORESTERIE et la PÊCHE. Au Canada, le soutien et l'organisation de la recherche industrielle et scientifique prennent de l'ampleur dans les premières décennies du XXe s., au moment où un mouvement en faveur des recherches de ce genre prend naissance. Ce mouvement est à la fois une réaction aux efforts similaires des autres pays industrialisés, en particulier après le début de la Première Guerre mondiale, et une réponse aux développements internes du Canada. Beaucoup d'universités canadiennes tentent d'améliorer leurs programmes en sciences et en INGÉNIERIE dans le but d'encourager les études supérieures et de promouvoir l'idéal de la recherche. En 1916, le gouvernement fédéral met sur pied le CNR pour favoriser la R-D au Canada. L'ALBERTA RESEARCH COUNCIL est formé en 1921, la Fondation de recherches de l'Ontario (*voir* ORTECH INTERNATIONAL), en 1928, suivis par d'autres centres de RECHERCHES, surtout après la Seconde Guerre mondiale.

Dans l'industrie canadienne, le tournant du siècle est témoin d'une tendance à la concentration industrielle, la spécialisation et la croissance de la domination des grandes entreprises, tous des facteurs favorables à la croissance de la R-D industrielle. L'ASSOCIATION DES MANUFACTURIERS CANADIENS se révèle un fervent défenseur de la croissance de la R-D au Canada. Plusieurs entreprises se lancent dans la recherche, dont la Shawinigan Chemicals Ltd et la Riordon Pulp and Paper. Le nombre d'entreprises qui s'intéressent à la R-D croît très rapidement après la Première Guerre mondiale. En 1917-1918, environ 37 entreprises canadiennes ont des laboratoires de recherches, alors qu'en 1939 on dénombre 998 laboratoires industriels. La croissance exponentielle des dépenses brutes faites en R-D après la Seconde Guerre mondiale est le reflet du développement rapide des activités en R-D au Canada. En plus de cette croissance de la fin des années 60 et des années 70, on s'inquiète au sujet de la performance de l'innovation industrielle au Canada et de l'absence de POLITIQUE SCIENTIFIQUE explicite. Cela a pour conséquence la création d'un certain nombre d'études et de groupes-conseils par le gouvernement fédéral, dont le CONSEIL DES SCIENCES DU CANADA, créé en 1966, et le ministère d'État chargé des Sciences et de la Technologie, créé en 1971.

Selon Statistiques Canada, en 1987, environ 7,1 milliards de dollars ont été dépensés au Canada pour la R-D scientifique et environ 860 millions de dollars pour les sciences sociales et les lettres. Le gouvernement fédéral a financé 34 p. 100 de ces 7,1 milliards de dollars. Les gouvernements provinciaux ont fourni 6 p. 100; les entreprises privées, 42 p. 100; l'enseignement supérieur, 9 p. 100; les organismes privés à but non lucratif et les sources étrangères, 9 p. 100. Pour ce qui est des activités, 20 p. 100 des 7,1 milliards de dollars reviennent au gouvernement fédéral, 3,2 p. 100 aux gouvernements provinciaux, 51 p. 100 aux entreprises privées, 24,7 p. 100 à l'enseignement et 1,3 p. 100 aux organismes privés à but non lucratif. Le gouvernement fédéral consacre 66 p. 100 des fonds à ses propres programmes, 15,2 p. 100 aux entreprises et 21,4 p. 100 aux études supérieures.

Du pourcentage de R-D accompli par les entreprises, 69,5 p. 100 est financé par les entreprises elles-mêmes, 10,9 p. 100 par le gouvernement fédéral, 11,1 p. 100 par d'autres sources canadiennes, dont les gouvernements provinciaux, et 8,5 p. 100 par des sources étrangères. Comme c'est le cas dans d'autres pays, la R-D industrielle canadienne se concentre dans le domaine manufacturier, principalement sur les appareils électriques, les produits pétroliers (voir PÉTROLE), la MACHINERIE, les produits chimiques et la chimie, l'équipement de transport (aérospatial), les métaux primaires, ainsi que le papier et ses produits dérivés. Pour la R-D faite par l'ENSEIGNEMENT SUPÉRIEUR, 45,1 p. 100 du financement vient du gouvernement fédéral, 11,7 p. 100 des gouvernements provinciaux, 3,5 p. 100 des entreprises, 12,3 p. 100 des organismes privés à but non lucratif, 26,3 p. 100 de l'enseignement supérieur, 1,1 p. 100 des sources étrangères. Par région, en 1985, 52 p. 100 des dépenses liées à la R-D étaient faites en Ontario, 21 p. 100 dans les provinces de l'Ouest, 22 p. 100 au Québec et 5 p. 100 dans les Maritimes.

Les dépenses brutes pour la R-D (DBRD) en sciences naturelles et en génie au Canada étaient estimées à 1,35 p. 100 du produit intérieur brut (PIB) en 1986, environ la moitié du pourcentage consacré par les États-Unis, le pays en tête dans ce domaine. Après une hausse entre 1979 et 1982, le rapport DBRD/PIB demeure stable. Il n'y a pas de fondement théorique pour déterminer le rapport optimal DBRD/PIB et ce rapport doit être interprété en fonction de la structure et des objectifs scientifiques et économiques de chaque pays. Ainsi, bien que le rapport DBRD/PIB du Canada se maintienne parmi les plus bas comparativement aux autres principaux pays industrialisés, l'Organisation pour la Coopération et le Développement classe le Canada dans la moyenne, dans la même catégorie que d'autres pays qui, eux, ont des rapports élevés. On a longtemps pensé que le financement de la R-D était insuffisant au Canada, même si le gouvernement fédéral s'est engagé en janvier 1988 à fournir des fonds supplémentaires, soit 1,3 milliard de dollars sur 5 ans, pour la science et la technologie.

La préoccupation principale pour la R-D canadienne, à part son financement, est sa distribution. Ici, le problème majeur est la R-D industrielle. Des opposants se sont souvent élevés, même sans vraiment comprendre le rôle du gouvernement dans la science, contre le fait que, dans le passé, le gouvernement fédéral ait trop mis l'accent sur la recherche fondamentale au détriment du développement et qu'il ait dépensé trop de ses fonds destinés à la R-D au sein du gouvernement. Les universités ont aussi été critiquées parce qu'elles étaient trop éloignées des besoins des entreprises. À la fin des années 60, et particulièrement dans les années 70, le gouvernement fédéral commence à prendre certaines mesures visant à sous-traiter les activités de R-D, à soutenir la R-D industrielle et à établir des liens favorisant le transfert des idées et de la technologie du gouvernement et des universités vers les industries. Le financement et les performances de la R-D des industries représentent une autre source de malaises. On pense que leur rendement n'est pas suffisant et qu'elles ont donc un effet négatif sur l'économie canadienne. Il y a eu de nombreux débats sur le rôle des INVESTISSEMENTS ÉTRANGERS dans les coupures affectant la R-D industrielle au Canada. Certains pensent que les filiales étrangères nuisent à la quantité de recherche faite au Canada et augmentent notre dépendance envers la technologie étrangère. D'autres disent qu'il est peu probable que le Canada aurait atteint un tel taux de croissance sans les filiales et que, grâce à elles, le Canada a profité d'un afflux invisible de technologie. Les opinions sont mitigées et, bien qu'il ne semble pas que le Canada appar-

tenant à des Canadiens soient plus axées sur la recherche que celles appartenant à des étrangers, on ne sait pas encore si cette situation est le résultat de la nationalité du propriétaire ou d'autres facteurs tels que les différences structurelles entre les industries. (Voir aussi INVENTEURS ET INNOVATIONS.)

Philip C. Enros

Réciprocité Elle consiste en une réduction mutuelle de droits de douane imposés sur les marchandises échangées entre le Canada et les États-Unis. Le mouvement en faveur de la réciprocité prend naissance en 1846-1850 dans le Canada-Ouest (Ontario) et dans les Maritimes, plus particulièrement au Nouveau-Brunswick. Son premier grand défenseur au Haut-Canada est William Merritt. Les négociations menées par les diplomates britanniques à Washington demeurent infructueuses jusqu'en 1852, lorsque survient une querelle à propos du droit d'accès des pêcheurs américains dans les eaux côtières de l'Amérique du Nord britannique. Les deux gouvernements sont alors impatients de conclure une entente globale sur les questions de réciprocité et de pêche. Le Traité de réciprocité est finalement signé le 6 juin 1854 par lord ELGIN, gouverneur général de l'Amérique du Nord britannique, et William Marcy, secrétaire d'État américain. Le Congrès américain le ratifie en août. Les clauses principales du Traité autorisent les pêcheurs américains à pêcher dans les eaux côtières de l'Amérique du Nord britannique et accordent le même droit aux pêcheurs de l'Amérique du Nord britannique dans les eaux côtières américaines au nord du 36º de latitude N. Il introduit aussi le LIBRE-ÉCHANGE pour un grand nombre de produits naturels. Après la signature du Traité en 1854, le commerce entre les États-Unis et les colonies britanniques augmente rapidement. Mais cette croissance est due en grande partie à d'autres facteurs, tels que l'expansion spectaculaire des chemins de fer et les effets de la GUERRE DE SÉCESSION (1861-1865).

Au début, le Traité est bien perçu dans les deux pays, mais des facteurs politiques et économiques contribuent à le rendre impopulaire aux États-Unis. Il est donc abrogé par les Américains et n'est plus effectif à partir du 17 mars 1866. Les Canadiens désirent le renouveler et John A. MACDONALD, George BROWN, Charles TUPPER et d'autres font des pèlerinages à Washington, mais en vain. La déception est grande quand Macdonald ne réussit pas à obtenir de clauses de réciprocité intéressantes dans le Traité de WASHINGTON de 1871. Au cours des années 1880, Erastus Wiman, Richard CARTWRIGHT et d'autres préconisent un arrangement de libre-échange à grande échelle, appelé «union commerciale» ou «réciprocité illimitée». Cependant, les sentiments protectionnistes et probritanniques entraînent le rejet de ces propositions lors des élections générales de 1891. Le gouvernement libéral de sir Wilfrid LAURIER procède en 1911 à la dernière grande tentative de négociation sur la réciprocité. Cet accord de réciprocité, dont la mise en œuvre doit se faire par l'adoption de lois parallèles, prévoit le libre-échange de produits naturels et la réduction des droits de douane sur une gamme d'autres produits. Le Congrès américain ratifie l'accord, mais les Canadiens le refusent en délogeant les libéraux du pouvoir lors des élections générales du 21 septembre 1911. Par la suite, la réciprocité joue un rôle secondaire dans les RELATIONS CANADO-AMÉRICAINES. En 1935, le gouvernement de Mackenzie KING négocie un accord commercial qui élimine beaucoup moins de barrières commerciales que le traité de 1854. Mais en 1938 une nouvelle entente plus détaillée accorde d'autres concessions au Canada en plus de réitérer celles accordées en 1935. Cet accord est mis de côté en 1948, année où les deux pays deviennent membres de l'ACCORD GÉNÉRAL SUR LES TARIFS DOUANIERS ET LE COMMERCE (GATT).

D.C. Masters

Récollets Branche réformée de la famille franciscaine, ils s'établissent en France à la fin du XVIᵉ s. Leur objectif principal est d'observer plus strictement la règle de saint François. Comme d'autres branches semi-autonomes, ils relèvent du ministre général des franciscains. Les récollets arrivent en Nouvelle-France en 1615; on les retrouve à diverses périodes soit en Acadie, soit à Terre-Neuve, soit au Québec. Missionnaires et prédicateurs, ils sont reconnus pour la simplicité et l'austérité de leur vie. En 1763, les autorités britanniques leur interdisent toutefois d'admettre des novices; l'ordre disparaît donc en 1848 avec la mort du dernier récollet canadien à Montréal. Les récollets reviennent à Trois-Rivières, au Québec, en 1888, mais ils s'unissent, en 1897, à d'autres branches pour former l'ordre appelé aujourd'hui «ordre des frères mineurs» (ou franciscains).

Michel Thériault

Reconstruction Programme de mise en place d'une économie de temps de paix après la Seconde Guerre mondiale. Beaucoup de gens craignent que la fin de la guerre signifie un retour de la crise économique des années 30, accompagnée d'une chute de production et d'un chômage généralisé. Mais lorsque le gouvernement de Mackenzie KING crée le ministère de la Reconstruction en 1944, il en remet la direction à C.D. HOWE, l'un de ses ministres les plus optimistes. Celui-ci est convaincu qu'à la fin de la guerre le pays fera face à une pénurie de biens et non à un surplus. Howe s'emploie donc à reconvertir les usines à la fabrication de produits de consommation de temps de paix, tout en stimulant l'industrie de la construction afin de compenser pour les pertes subies depuis le début de la Crise des années 30. Son programme est un grand succès: le gouvernement déréglemente plusieurs secteurs et le Canada se tourne de nouveau vers l'économie de libre entreprise. (Voir aussi SECONDE GUERRE MONDIALE; HISTOIRE DEPUIS LA CONFÉDÉRATION.)

Robert Bothwell

Recrutement militaire Pratique qui consiste à convaincre les gens de servir dans les FORCES ARMÉES. Même si dans certains pays le service militaire est obligatoire, au Canada, la tradition veut que l'on s'en tienne au maintien de troupes formées de volontaires (pour les exceptions, voir CONSCRIPTION). Cette façon de procéder réduit considérablement la marge de manœuvre des officiers de recrutement quant à la sélection d'un nombre suffisant de candidats qualifiés et consentants. En période de chômage généralisé, la simple perspective d'avoir un emploi peut inciter de jeunes hommes et femmes à s'enrôler. En temps de guerre, on évoque avec insistance le patriotisme, l'honneur et le devoir pour encourager les citoyens à servir leur pays. En temps de paix, les recruteurs peuvent en appeler au goût des jeunes adultes pour l'aventure, mais, plus récemment, ils ont mis l'accent sur le fait que l'apprentissage des métiers et l'enseignement qui est dispensé par les forces armées peuvent, au moment où prend fin la carrière militaire d'un individu, se révéler utiles pour trouver un emploi lors du retour à la vie civile. En 1987, près de 512 officiers et agents civils de recrutement, œuvrant à partir de 37 sites, ont visité des centaines d'écoles secondaires et de collèges dans tout le pays, pour attirer le personnel requis afin de maintenir le niveau des effectifs des Forces canadiennes à son seuil établi d'environ 82 000 hommes et officiers.

Stephen Harris

Recyclage Les Canadiens produisent environ de 2 à 2,5 kg d'ordures par personne par jour, dont environ 50 p. 100 à 60 p. 100 sont des déchets ménagers. En 1984, les coûts d'élimination de ces déchets atteignent en moyenne approximativement 40 dollars par personne par an. Avec un programme de recyclage efficace, on pourrait transformer en ressources utiles la moitié des ordures ménagères. Les programmes de recyclage municipaux ont connu un tournant majeur (plus de 50 p. 100 de la population ontarienne est desservie par un service de collecte d'objets recyclables sur le trottoir depuis la fin des années 80) et), depuis, la récupération de l'énergie à partir de rebuts de diverses matières suscite un intérêt grandissant.

Le recyclage peut être effectué de façon centralisée, après la collecte, ou à la source (à la maison, p. ex.). Le tri après collecte est rarement viable sur le plan économique, étant donné qu'il suppose le ramassage des matériaux non triés et leur transport vers des centres coûteux pour être triés. La plupart des grands centres de tri actuels broient les ordures, desquelles ils retirent le verre et le fer blanc, un métal ferreux de peu de valeur (de 0 à 20 dollars la tonne) qui constitue 5 p. 100 du poids des ordures (les boîtes de conserves, p. ex.). Le reste est brûlé et récupéré sous forme de vapeur ou de chaleur qui peut se vendre à des prix extrêmement variables (de 0 à 30 dollars la tonne de déchets incinérés). La cendre peut être vendue comme agrégat pour le béton dans certaines régions du pays. Les coûts d'investissement et d'exploitation d'une usine de recyclage, qui seraient d'environ 50 à 60 dollars par tonne de déchets traités, seraient compensés par l'économie réalisée sur les coûts d'enfouissement, qui varient entre 4 et 35 dollars la tonne selon l'endroit.

Le tri à la source demande la mise en place d'un programme de sensibilisation du public et l'engagement de chaque foyer à séparer les différents types de déchets, comme c'est actuellement la cas dans la plupart des municipalités. Il nécessite également un réseau de dépôts locaux pour les matières recyclables ou un ramassage sélectif à domicile. Par contre, les matériaux organiques peuvent être recyclés assez simplement durant l'été sous forme de compost utile dans les jardins.

Les marchés et les prix des matériaux recyclés varient aux échelons national et international. P. ex., le papier recyclé vaut entre 0 et 180 dollars la tonne en fonction du type, de la qualité, de la propreté du papier et de la demande. Papiers et cartons constituent toujours la composante principale des ordures ménagères (entre 30 p. 100 et 40 p. 100) et pourraient être recyclés en grande partie s'ils faisaient l'objet d'un tri à la source. Des usines de désencrage enlèvent l'encre et permettent d'obtenir un produit recyclé de haute qualité. Un système de recyclage efficace du papier réduirait la quantité des déchets disponibles pour la production de chaleur humide.

Le recyclage des métaux permettrait de réaliser d'importantes économies d'énergie en évitant la production de nouveaux métaux: 74 p. 100 pour l'acier et jusqu'à 95 p. 100 pour l'aluminium. La majorité des matériaux ferreux contenus dans les ordures ménagères proviennent des boîtes de conserve, dont le recyclage présente peu d'intérêt étant donné qu'il faut enlever leur couche d'étain pour produire un acier de bonne qualité. Presque tout l'aluminium, métal très prisé (environ 1200 dollars la tonne) contenu dans les ordures ménagères, provient des récipients à boissons. On estime respectivement à 24 000 tonnes et à 50 000 tonnes la quantité de cuivre et d'aluminium qui s'est retrouvée dans les poubelles canadiennes en 1976. En 1987, la valeur des seuls déchets d'aluminium aurait été de près de 60 millions de dollars.

Là où la loi exige la consignation de tous les récipients à boissons (boissons gazeuses, bière, vin, boissons alcoolisées, etc.), le recyclage des bouteilles et du verre est très efficace. En Alberta, en 1986, 85 p. 100 des bouteilles de vin et d'alcool, près de 50 p. 100 des canettes, 95 p. 100 des bouteilles de plastique et 75 p. 100 des bouteilles de boissons gazeuses en verre à remplissage unique ont été rapportées. Il en coûte de 0,10 à 0,15 dollar pour produire une bouteille à remplissages multiples qui peut servir entre 20 et 30 fois. Quand les bouteilles de bière sont réutilisées 12 fois, les économies dépassent 50 p. 100. Les canettes coûtent autant à produire, mais ne peuvent servir qu'une seule fois.

Le verre lavé et pilé peut servir avantageusement à réduire les coûts d'énergie et de matériaux nécessaires à la fabrication de nouveau verre. Son recyclage n'est possible que s'il est exempt d'impuretés comme les métaux, le papier d'aluminium, la saleté, le verre de fenêtres et le verre de différentes teintes. Les plastiques comptent pour presque 5 p. 100 des déchets domestiques, et le mélange des différents types de plastiques rend difficile leur recyclage. Lorsqu'il est de même nature, le plastique recyclé peut revenir à seulement un tiers de ce que coûte le même polymère neuf. L'Alberta recycle environ 1000 tonnes de polyester par année à partir des bouteilles de boissons gazeuses de 2 l en plastique. Les Canadiens jettent environ un pneu par personne par année, soit un total de 25 millions de pneus par an. On peut recycler les pneus de caoutchouc par procédé cryogénique (c.-à-d. en utilisant des températures extrêmement froides) en les transformant en morceaux de caoutchouc qui sont incorporés au bitume caoutchouté des routes ou dans la fabrication de nouveaux pneus.

L'élimination des huiles de lubrification pose un problème majeur. Un moteur en marche brûle environ 20 p. 100 de son huile. Le reste est éliminé lors de la vidange. Au moins la moitié de cette huile résiduelle pourrait être récupérée, puis raffinée à nouveau en une huile de lubrification commercialisable. En Alberta, le prix de l'huile recyclée a atteint 0,13 à 0,17 dollar le litre en 1985, mais a depuis chuté à presque rien en raison de la baisse des prix mondiaux du pétrole. Les essais n'ont pu montrer aucune différence notable entre l'huile neuve et l'huile recyclée.

Le recyclage permet d'économiser de l'énergie, de réduire la POLLUTION directe causée par l'ÉLIMINATION DES DÉCHETS et la pollution indirecte provenant de la fabrication de matériaux neufs. Il permet de préserver les ressources, de réduire les coûts d'élimination des DÉCHETS SOLIDES (un système complet permettrait d'en réduire le volume d'environ 25 p. 100), de créer de nouveaux emplois et d'accroître la fierté et la conscience environnementale des collectivités.

Dixon Thompson

Red Bay, communauté de T.-N.; pop. 275 (rec. 1996), 288 (rec. 1991), 334 (rec. 1986); superf. 1,25 km²; const. en 1973; située sur la côte sud du Labrador dans le détroit de Belle Isle. Elle porte le nom des falaises rouges qui la dominent. Elle est l'une des deux grandes stations de dépeçage de baleines établies par les BASQUES dans les années 1540. Après des recherches dans des documents espagnols et des découvertes archéologiques dans l'île Saddle et sous l'eau, la localité est déclarée lieu historique en 1978-1979. (*Voir* RED BAY, SITE ARCHÉOLOGIQUE DE).

Le baleinier *San Juan,* qui gît au fond de l'eau, est l'une des épaves de la période postmédiévale les plus vieilles et les mieux conservées, et a fourni des informations sur certains des quelque 2000 hommes qui ont pêché et transformé la baleine à Red Bay au plus fort de la pêche. Depuis, plusieurs autres épaves ont été découvertes dans la région.

Établie dès le début du XIXᵉ s. par des pêcheurs terre-neuviens venant de la BAIE DE LA CONCEPTION, la communauté occupait à l'origine un site d'été et un site d'hiver, mais occupe aujourd'hui l'ancien port d'été à longueur d'année. Red Bay a accueilli le premier magasin coopératif du Labrador, la seconde initiative du genre dans la colonie.

Janet E.M. Pitt et Robert D. Pitt

Red Bay, site archéologique de Petite communauté du Labrador située sur la côte du détroit de Belle Isle, Red Bay fut, à la fin du XVIᵉ s., le plus grand port BALEINIER au monde. Des archéologues ont mis au jour les vestiges de plus d'une vingtaine de stations côtières où la graisse de baleine était transformée en huile, les restes d'ateliers de tonnellerie où on fabriquait et réparait les tonneaux, ainsi que les ruines d'un cimetière de pêcheurs de baleines com-

prenant les tombes de plus de 140 personnes. Des archéologues sous-marins ont découvert les vestiges de trois baleinières et de plusieurs petites embarcations à Red Bay Harbour. On attribue à la température froide de l'eau la préservation quasi parfaite de la membrure des bateaux.

Des milliers d'artefacts témoignent de l'industrie de la pêche à la baleine et de la tonnellerie, et de la vie sur la côte du Labrador au XVIᵉ s.

Red Bay est un lieu historique national qui accueille les visiteurs durant la belle saison.

James Tuck

Red Carpet for the Sun, A Publié en 1958, ce livre marque le début d'une longue relation entre Irving LAYTON et McClelland and Steward. En outre, c'est le seul livre de Layton qui remporte le prix du Gouverneur général. Avec des poèmes choisis dans 12 recueils antérieurs, cet ouvrage contient les meilleures œuvres, non seulement des premières années de Layton, mais de toute sa carrière: «The Birth of Tragedy», «The Cold Green Element» et «Berry Picking». On y trouve aussi un avant-propos dans lequel Layton, avec son style énergique habituel, fustige la «grande gueule insupportable» des autres poètes et proclame son propre «sens impeccable du rythme». Sachant faire preuve de génie, comme d'une parfaite dérision, Layton demeure parmi les poètes canadiens les plus méritoires et les plus exaspérants.

Stephen Scobie

Red Crow, chef gens-du-sang (rivière Belly, Alb., v. 1830—près de Stand Off, Alb., 28 août 1900). Grand chef de la tribu des GENS-DU-SANG, son appui est essentiel à la colonisation pacifique de l'Ouest. Descendant d'une longue lignée de chefs, il devient un guerrier remarquable avant d'accéder, en 1870, à la chefferie de sa bande de la nation des PIEDS-NOIRS. Il accueille les membres de la POLICE À CHEVAL DU NORD-OUEST comme des amis quand ils arrivent dans l'Ouest en 1874. Trois ans plus tard, parce qu'il leur fait confiance, il accepte de signer le Traité n° 7. Une fois installé dans sa réserve (la plus grande au Canada), il cherche à réaliser l'autosuffisance de son peuple en développant l'élevage et en faisant valoir l'importance de l'éducation, tout en demeurant un fervent partisan du respect des coutumes et de la religion autochtone.

Hugh A. Dempsey

Red Deer, ville de l'Alb.; pop. 60 075 (rec. 1996), 58 145 (rec. 1991), 54 425 (rec. 1986); superf. 58,18 km²; const. en 1913; située le long de la RIVIÈRE RED DEER, à 150 km au sud d'Edmonton. Les Cris disaient «rivière aux élans», mais les colons écossais ont sans doute confondu l'élan et le cerf rouge (red deer) de leur pays natal. Le premier établissement, qui remonte à 1882, était situé à la jonction de l'ancienne piste Calgary-Edmonton et de la rivière Red Deer. En 1885, au cours de la rébellion des Métis de Riel, la milice canadienne y construit le fort Normandeau, qui servira de poste à la Police montée du Nord-Ouest jusqu'en 1893. En 1891, la communauté déménage à 7 km en aval, le long de la nouvelle voie ferrée Calgary-Edmonton Railway (qui fait maintenant partie de la CPR). Au début du siècle, l'installation massive de colons dans la région gonfle rapidement la population de Red Deer.

Cette ville est d'abord un centre de services et de distribution agricoles, activités que favorise son emplacement privilégié entre Calgary et Edmonton, en plein centre d'un district de polyculture très fertile. En 1907, elle devient une importante localité de limite divisionnaire du CPR et, en 1911, les chemins de fer Alberta Central et Canadian Northern font leur entrée dans la ville. L'établissement provincial de soins aux personnes handicapées mentales, qui s'appelle aujourd'hui le centre Michener, est fondé en 1922 et aura des répercussions importantes sur la collectivité. Après la Seconde Guerre mondiale, Red Deer connaît un boom de longue durée en raison de la découverte de gisements de pétrole et de gaz naturel dans la région. À la fin des années 50, elle est sans doute la ville à la croissance la plus rapide du Canada. L'industrie des services pétroliers devient alors un secteur de plus en plus important de son économie. Après un ralentissement de la croissance au début des années 70, la construction d'entreprises pétrochimiques d'envergure mondiale à Joffre et Prentiss, deux localités situées à l'est de Red Deer, relance l'expansion économique de celle-ci.

Red Deer est une ville moderne dotée d'excellentes installations récréatives et culturelles, d'un collège, d'un grand centre hospitalier régional et de vastes infrastructures capables d'accueillir des congrès et des expositions. Elle est également située au cœur du secteur des parcs du centre de l'Alberta. On compte parmi les points d'intérêt l'hôtel de ville à l'architecture primée (1964), l'ÉGLISE ST. MARY (1968), le Red Deer and District Museum et le Red Deer and District Archives (1978), le centre d'interprétation du fort Normandeau (1985) et le centre d'interprétation forestière Kerry Wood (1986).

Michael Dawe

Red Deer, rivière D'une longueur de 740 km, elle possède un débit annuel moyen de 62 m³/s. Elle est alimentée par des sources issues des glaciers des monts Drummond et Cyclone dans les Rocheuses du parc national Banff, en Alberta. Elle coule vers l'est puis bifurque vers le sud pour se joindre à la RIVIÈRE SASKATCHEWAN Sud immédiatement à l'intérieur de cette province. Son bassin d'une superficie de 44 500 km² se compose de montagnes, de contreforts et de prairies semi-arides. Ses sections plus sauvages, en amont, comportent des rapides d'eau vive réputés. Dans son cours inférieur, sur une distance de 300 km, on trouve en bordure les célèbres BADLANDS aux paysages pittoresques recelant des fossiles de dinosaures, dont on peut voir des spécimens au ROYAL TYRRELL MUSEUM OF PALAEONTOLOGY (à DRUMHELLER, en Alberta) et au PARC PROVINCIAL DINOSAUR, un SITE DU PATRIMOINE MONDIAL DES NATIONS UNIES. La ville de RED DEER est une consommatrice d'eau très importante à cause de ses industries pétrochimiques, tout comme le réseau d'irrigation et les canaux de dérivation.

Ian A. Campbell

Red Ensign Souvent appelé *Red Ensign* canadien, il s'agit du drapeau reconnu du Canada jusqu'en 1965, date où il est remplacé par le drapeau à feuille d'érable. Dérivé du pavillon des navires marchands britanniques, le *Red Ensign* est un drapeau rouge portant l'*Union Jack* au coin supérieur, à la hampe, et les armoiries du Canada au battant. Le *Red Ensign* portant respectivement les armoiries de l'Ontario et du Manitoba est le drapeau officiel de ces provinces. (*Voir aussi* EMBLÈMES DU CANADA; DRAPEAU.)

John Robert Colombo

Redcliff, ville de l'Alb., pop. 4104 (rec. 1996), 3768 (rec. 1991), 3834 (rec. 1986); superf. 9,93 km²; const. en 1912. Elle est située à 7 km au nord-ouest de Medicine Hat. Redcliff doit son nom aux affleurements d'argile rouge le long des berges de la rivière Saskatchewan Sud. Malgré la présence d'une petite mine de charbon et d'une briqueterie dans la région aux alentours des années 1880, la communauté voit vraiment le jour en 1907 avec la construction de l'usine de la Redcliff Brick Company. Cette même année, l'emplacement de la ville est arpenté, un réseau d'aqueduc est mis en place, des maisons en brique et divers édifices sont construits.

En 1912, la «Pittsburgh sans fumée», ainsi qu'on appelait la ville dans le matériel promotionnel de l'époque, attirait plus de 3000 personnes venues travailler dans les nombreuses industries, installées grâce à l'abondance du gaz naturel. À cette époque, trois briqueteries sont exploitées, auxquelles s'ajoutent la Dominion Glass Company, une ferronnerie et une usine de fabrication de camions. Cependant, cette prospérité prend malheureusement fin avec la Pre-

mière Guerre mondiale. À quelques exceptions près, les entreprises ferment alors toutes leurs portes définitivement.

Bien que la plupart des entreprises initiales n'existent plus à Redcliff, la Dominion Glass Co. (maintenant la Domglas Inc.) fabrique encore des contenants en verre, et la I-XL Industries Ltd. produit toujours des briques en argile.

Mark Rasmussen

Reeves, Hubert, astrophysicien et vulgarisateur (Montréal, 13 juill. 1932). Il étudie au collège Jean-de-Brébeuf, à l'U. de Montréal, à l'U. McGill et à l'U. Cornell, où il obtient un doctorat en astrophysique nucléaire. De retour au Canada, il enseigne la physique à l'U. de Montréal, tout en étant conseiller scientifique auprès de la NASA. Depuis 1966, il vit en France, où il est directeur de recherches au Centre national de la recherche scientifique (CNRS) et travaille au Centre d'études nucléaires de Saclay et à l'Institut d'astrophysique de Paris. En 1989, il occupe un poste à l'U. de Toronto et partage son temps entre l'U. de Toronto et Paris.

Il attire l'attention de la communauté scientifique internationale par ses écrits, dont plusieurs sont des succès de librairie: *Patience dans l'azur* (1981), *Poussières d'étoiles* (1984), *L'Heure de s'enivrer* (1986), *Malicorne* (1990) et *Dernières nouvelles du cosmos* (1994). Traduits dans plusieurs langues, ses ouvrages sont le fruit d'un très grand talent pour la vulgarisation scientifique associé à une grande sensibilité pour la condition humaine et le sens de l'univers. Reeves participe aussi à la réalisation d'un certain nombre de films scientifiques. Docteur honorifique de l'U. de Montréal (1983), il est Chevalier de la Légion d'honneur (France, 1986) et Officier de l'Ordre du Canada (1991). L'Union astronomique internationale l'a honoré en donnant son nom à un astéroïde.

Françoise Côté et Alain Létourneau

Reeves, John, juge (probablement à Londres, Angl., v. 1752 ou 1753—*id.*, 7 août 1829). Après des études à Oxford, Reeves est admis au barreau en 1779. En 1791, il devient juge en chef d'un nouveau tribunal temporaire de juridiction civile constitué afin de corriger un défaut détecté dans le système judiciaire en place à Terre-Neuve. Il demeure en poste à Terre-Neuve du 10 septembre au 1ᵉʳ novembre 1791. En 1792, il devient juge en chef d'une autre cour temporaire, la Cour suprême de justice de l'île de Terre-Neuve, et se rend de nouveau dans sa juridiction. En 1793, sur sa recommandation, on adopte des lois instaurant des réformes permanentes du système judiciaire à Terre-Neuve. La même année, il publie son ouvrage intitulé *History of the Government of the Island of Newfoundland*. Reeves s'y penche sur l'affrontement entre les habitants de l'île et les marchands du sud-ouest de l'Angleterre qui commercent avec Terre-Neuve, deux groupes aux intérêts opposés, thème que les historiens revisiteront fréquemment par la suite. Bien que temporaire, le passage de Reeves à Terre-Neuve a malgré tout été d'une grande influence sur le plan intellectuel et judiciaire.

Peter Neary

Reeves, Keanu, comédien (Beyrouth, Liban, 1964). Dans sa petite enfance, après avoir suivi sa famille de par le monde, Reeves déménage à Vancouver avec sa mère en 1969, à l'âge de cinq ans, et y reste jusqu'en 1984, fréquentant diverses écoles de théâtre sous l'influence de son beau-père, Paul Aaron, le producteur de Broadway et de Hollywood.

Sa carrière théâtrale commence sérieusement dans une production du THÉÂTRE PASSE MURAILLE, *Wolfboy*, du dramaturge Brad FRASER en 1983. Il apparaît ensuite dans quelques films secondaires puis, en 1984, il décide de s'installer à Los Angeles où sa carrière prend rapidement son essor. Il fait ses débuts à Hollywood dans River's Edge (1986), un film sombre et intense destiné aux adolescents. On le voit bientôt dans des succès populaires comme *Bill and Ted's Excellent Adventure*,

ainsi que dans des films pseudo-artistiques ou plus originaux tels que *Dangerous Liaisons* (1988) (trad. *Les liaisons dangereuses*), *My Own Private Idaho* (1991), *Even Cowgirls Get the Blues* (1993) et *Much Ado About Nothing* (1993). Il joue dans le somptueux *Bram Stoker's Dracula* (1992) de Francis Coppola, dans *Speed* (trad. *Clanche*), un immense succès, et dans des films grand public et à gros budget comme *The Devil's Advocate* (1997) (trad. *L'avocat du diable*), s'attirant au fil du temps une immense célébrité auprès des cinéphiles du monde entier.

En tant qu'étoile du cinéma, sa qualité la plus frappante est sa beauté sensuelle. Son charme viril lui donne l'image d'un homme objet tel que Mel Gibson ou Brad Pitt. Les critiques remettent souvent son talent en question, attribuant son succès à sa présence physique plutôt qu'à sa capacité d'apporter profondeur et nuance à ses interprétations. L'ambivalence des critiques est nourrie par ses choix de scénarios qui vont de projets franchement commerciaux à des œuvres plus ambitieuses. Bien que recalé à une audition du FESTIVAL DE STRATFORD au début des années 1980, Reeves joue plusieurs fois dans des pièces de Shakespeare et interprète, entre autres, le rôle titre de Hamlet au MANITOBA THEATRE CENTRE en 1995.

Référendum Consultation par laquelle le peuple se prononce directement, par un vote, sur une question politique. Le mot vient du latin *ad referendum,* qui signifie «ce qui doit être repris» ou «ce qui doit être soumis à une assemblée». La procédure remonte à la Rome antique, vers le IVᵉ s. av. J.-C., où certaines lois étaient promulguées par le vote des gens du peuple ou des plébéiens, d'où «plébiscite». Les expressions «référendum» et «plébiscite» sont souvent utilisées comme synonymes, mais, à proprement parler, le plébiscite est un vote à caractère consultatif, qui ne lie pas légalement le gouvernement.

Les référendums cadrent mal avec les traditions du parlementarisme britannique et, par nature, polarisent et enflamment les opinions. Par conséquent, il est risqué pour les gouvernements d'y recourir. Néanmoins, selon de nombreux observateurs, le référendum constitue un moyen utile et foncièrement démocratique d'obtenir une réponse précise de l'électorat sur une question particulière. La Suisse recourt aux référendums depuis le XVIᵉ s. En France et dans d'autres pays européens, la pratique est utilisée au XVIIIᵉ s., mais ne se répand que dans la seconde moitié du XXᵉ s. L'Australie tient aussi des référendums sur les modifications constitutionnelles, et certains États et administrations municipales aux États-Unis s'en servent pour des questions liées aux politiques et à la Constitution.

Comme le démontre l'expérience canadienne, les référendums et les plébiscites peuvent avoir une portée constitutionnelle ou simplement législative et être d'initiative gouvernementale ou populaire. Dans ce dernier cas, ils se déroulent à l'échelle locale ou régionale, plutôt que nationale. Au Canada, le gouvernement fédéral a procédé à trois référendums (ou, à vrai dire, trois plébiscites). Le premier, en 1898, porte sur la PROHIBITION et enregistre un taux de participation d'à peine 44 p. 100 de l'électorat, dont 51 p. 100 se prononce pour et 49 p. 100 contre. Le deuxième, en 1942, porte sur la CONSCRIPTION. Le gouvernement libéral de Mackenzie KING demande alors à la population canadienne de le dégager de sa promesse de ne pas recourir aux conscrits pour le service militaire outre-mer. Plus de 60 p. 100 des votants se prononcent pour, tandis que les autres sont contre. Au Québec, toutefois, environ 73 p. 100 s'y opposent.

Le troisième référendum, en 1992, concerne l'ACCORD DE CHARLOTTETOWN (*voir* HISTOIRE CONSTITUTIONNELLE). Pendant les négociations qui ont conduit à l'Accord, plusieurs provinces prennent des arrangements pour tenir un référendum sur toute entente qui serait conclue. Au

Québec, le gouvernement avait menacé de tenir un référendum sur la souveraineté avant octobre si aucune offre acceptable n'était soumise par le reste du Canada. C'est ainsi que le référendum devient un instrument stratégique dans les négociations. Après que les premiers ministres sont parvenus à une nouvelle entente en septembre, le premier ministre fédéral Brian Mulroney annonce la tenue d'un référendum national le 26 octobre. Pas moins de 75 p. 100 des votants inscrits participent au scrutin. L'Accord est rejeté dans six provinces (la Nouvelle-Écosse, la Colombie-Britannique, l'Alberta, la Saskatchewan, le Québec et le Manitoba) et un territoire (le Yukon). À l'échelle du pays, le vote se partage comme suit: 44,8 p. 100 pour et 54,2 p. 100 contre.

En 1948, Terre-Neuve tient deux référendums constitutionnels importants sur la question de l'union avec le Canada. Lors du premier, aucune des trois options, soit la confédération avec le Canada, le maintien du gouvernement responsable tel qu'il existait en 1933 et l'établissement d'une COMMISSION DE GOUVERNEMENT pour une durée de cinq ans, ne recueille la majorité absolue. Le second vote, qui a lieu un mois plus tard, le 2 juillet, donne une faible majorité (52,3 p. 100) en faveur de la Confédération. En 1996, un plébiscite constitutionnel se déroule à Terre-Neuve sur l'opportunité d'une modification allant à l'encontre du droit à des écoles confessionnelles. La majorité lui a donné son aval.

Toutes les provinces, sauf le Nouveau-Brunswick, ont tenu des référendums non constitutionnels sur diverses questions telles que l'interdiction des boissons alcooliques et autres problèmes connexes, l'adoption de l'heure avancée, le droit de vote des femmes, la santé publique, le mode de propriété des compagnies d'électricité ou la commercialisation des céréales. En janvier 1988, l'Île-du-Prince-Édouard tient un référendum pour déterminer si l'île doit être liée par un lien fixe à la terre ferme. Depuis la Confédération, il y a eu plus de 50 référendums provinciaux. Quatre provinces (la Colombie-Britannique, l'Alberta, la Saskatchewan et le Manitoba) ont édicté des lois autorisant le peuple à appeler un référendum, et l'Assemblée législative de l'Ontario étudie un projet de loi en ce sens. Les référendums provinciaux au Canada présentent habituellement un caractère consultatif (il s'agit donc plutôt de plébiscites), bien qu'on juge parfois que les gouvernements qui en sont à l'origine se trouvent liés par leurs résultats.

Le premier RÉFÉRENDUM DU QUÉBEC (1980) sur la question de la souveraineté a lieu le 20 mai 1980. À l'issue de la campagne, 60 p. 100 des votants refusent de donner au gouvernement péquiste le mandat de négocier la SOUVERAINETÉ-ASSOCIATION. Le deuxième référendum québécois a lieu le 30 octobre 1995 et demande aux votants s'ils acceptent *que le Québec devienne souverain après avoir offert formellement au Canada un nouveau partenariat économique et politique*. Les résultats donnent une mince victoire, soit 50,6 p. 100 aux partisans du «Non», tandis que les partisans du «Oui» récoltent 49,4 p. 100 des voix. Le taux de participation est de 94 p. 100.

Vincent Lemieux

Référendum du Québec (1980) Déclenché par le gouvernement du PARTI QUÉBÉCOIS pour donner suite à la promesse faite en 1976 de tenir un RÉFÉRENDUM avant d'adopter un quelconque changement radical au statut du Québec, un tel référendum a lieu le 20 mai 1980. La population québécoise est invitée à se prononcer sur un mandat de négocier, d'égal à égal, un nouvel accord avec le reste du Canada. Le projet de SOUVERAINETÉ-ASSOCIATION est rejeté dans une proportion de près de 60 p. 100 des votes exprimés. On estime par ailleurs qu'environ 50 p. 100 des votants francophones ont appuyé cette option. Les dirigeants péquistes ont réaffirmé que la souveraineté demeure la seule option viable pour le Québec et qu'elle gagnera un jour un appui majoritaire. Regroupées

sous un parapluie commun comme l'exige la loi relative au référendum, les forces fédéralistes sont, quant à elles, dirigées par Claude RYAN.

Dans un discours solennel prononcé vers la fin de la campagne référendaire, le premier ministre Pierre TRUDEAU a convaincu une partie des Québécois qu'un rejet de l'option péquiste enclencherait des négociations menant à un renouvellement du FÉDÉRALISME canadien. D'intenses négociations prennent place entre le gouvernement fédéral et ceux des provinces immédiatement après le référendum, mais elles prennent fin quand les représentants des dix provinces rejettent les propositions de l'équipe fédérale de négociation. Les provinces, à l'exception du Québec, vont plus tard s'y rallier. En dépit de sa défaite au référendum, le gouvernement du Parti québécois est réélu en 1981 à la faveur d'un accroissement marqué (9 p. 100) de la proportion des suffrages exprimés en sa faveur.

La situation évolue après l'élection, en 1984, d'un gouvernement conservateur au fédéral et le retour au pouvoir des Libéraux québécois en 1985. Un accord est conclu en juin 1987 par lequel le Québec est reconnu comme «société distincte», conditionnellement à son approbation et par le Parlement et par les assemblées provinciales. En bout de course, l'ACCORD DU LAC MEECH, qui comporte aussi d'autres changements constitutionnels, n'est pas adopté. Comme conséquence indirecte, un autre référendum est tenu en 1992 sur un autre accord, l'ACCORD DE CHARLOTTETOWN. Celui-ci est rejeté. En 1995, un autre référendum portant sur la souveraineté est organisé au Québec (*voir* RÉFÉRENDUM DU QUÉBEC, 1995). Le camp fédéraliste l'emporte par une très mince majorité, 50,6 p. 100 des votes valides. Le taux de participation a atteint le sommet sans précédent de 94 p. 100.

R. Hudon

Référendum du Québec (1995) L'échec de l'ACCORD DU LAC MEECH et de l'ACCORD DE CHARLOTTETOWN provoque une profonde incertitude au sujet de l'avenir constitutionnel du Canada, dont la première manifestation est le changement radical de la composition de la Chambre des communes à la suite des élections de 1993. Le Parti progressiste-conservateur, associé à l'ancien premier ministre Brian Mulroney et aux accords infructueux, disparaît pratiquement. Sous la direction de Jean CHRÉTIEN, les Libéraux fédéralistes forment un gouvernement majoritaire. Quant à l'opposition, elle se morcèle en partis régionaux, le Parti réformiste de l'Ouest, et le parti nationaliste avoué, le BLOC QUÉBÉCOIS, qui forme l'opposition officielle.

Alors que le reste du Canada dit en avoir assez des questions constitutionnelles, l'aliénation du Québec, résultant en partie de la situation acrimonieuse découlant du débat sur la notion de société distincte, ramène au pouvoir le parti nationaliste, le PARTI QUÉBÉCOIS. Le premier ministre Jacques PARIZEAU promet immédiatement qu'un référendum sur la séparation du Québec aura lieu en 1995. En vue du référendum, un projet de loi est rédigé et une série de consultations publiques sont tenues. Le référendum est d'abord prévu pour le printemps de 1995, mais on doit le reporter au 30 octobre 1995. La question posée au référendum est la suivante: «Acceptez-vous que le Québec devienne souverain, après avoir offert formellement au Canada un nouveau partenariat économique et politique, dans le cadre du projet de loi sur l'avenir du Québec et de l'entente du 12 juin 1995?»

Le projet de loi mentionné dans la question est le projet de loi 1, *Loi sur l'avenir du Québec* (dont le préambule comprend une déclaration de souveraineté), et l'entente du 12 juin 1995 est le Texte de l'Entente entre le Parti québécois et l'Action démocratique du Québec, ratifié par le premier ministre Parizeau, Lucien BOUCHARD (chef du Bloc Québécois) et Mario Dumont (chef de l'Action démocra-

tique du Québec). Le référendum se tient sous le régime de la Loi sur la consultation populaire du Québec.

Au début de la campagne référendaire, le camp dit du «Non» (opposé à la séparation) prend une avance considérable dans les sondages. Mais, au cours de la campagne, et plus particulièrement lorsque Lucien Bouchard prend la direction du camp du «Oui» à la place de Jacques Parizeau durant les trois dernières semaines de la campagne, le camp du «Oui» gagne du terrain. À la fin, après une campagne émotive et quelque peu controversée, le camp du «Non» remporte la victoire par une faible majorité de 50,56 p. 100.

Après le vote, une controverse considérable s'élève concernant le dépouillement du scrutin (en raison du grand nombre de bulletins «détériorés»), le recensement des personnes ayant qualité d'électeur et d'autres préoccupations. Jacques Parizeau démissionne et Lucien Bouchard prend la direction du Parti québécois, devenant aussi premier ministre du Québec. Avant d'assumer la charge de premier ministre, il annonce son intention de tenir un autre référendum sur la séparation en 1997.

Au cours des derniers jours de la campagne, les politiciens fédéraux annoncent leur intention de répondre à certaines préoccupations du Québec. Ainsi, le premier ministre Jean Chrétien déclare qu'il prendra des mesures en vue de reconnaître le Québec comme «société distincte» et de lui garantir un veto de fait sur toute modification constitutionnelle.

Jean Chrétien établit un comité spécial du Cabinet chargé de formuler une nouvelle proposition constitutionnelle. Celle qui en résulte, principalement conçue pour répondre aux demandes répétées du Québec, comporte trois initiatives non constitutionnelles que la Chambre des communes doit édicter.

La première, sous forme de motion de la Chambre des communes, reconnaîtrait que le Québec forme une société distincte au sein du Canada (c.-à-d. une société caractérisée par la langue française, sa culture unique et sa tradition de droit civil). La motion est adoptée par le Parlement.

La deuxième initiative accorderait un droit de veto aux provinces de l'Ouest, aux provinces de l'Atlantique, à l'Ontario et au Québec sur toutes les modifications constitutionnelles futures touchant les institutions nationales comme le Sénat, la création de nouvelles provinces, et sur toute modification touchant le partage des pouvoirs. Ainsi, toute modification constitutionnelle nécessiterait le consentement de deux des quatre provinces de l'Ouest, pourvu que la population confondue des provinces consentantes représente 50 p. 100 de la population des provinces de l'Ouest, le consentement de deux provinces de l'Atlantique, à la condition que la population confondue des provinces consentantes représente 50 p. 100 de la population des provinces de l'Atlantique, le consentement de l'Ontario et celui du Québec. Devant l'insistance de la Colombie-Britannique, la formule est amendée de façon à faire de la Colombie-Britannique une région distincte, possédant un droit de veto sur les modifications constitutionnelles importantes. Les provinces des Prairies possèderaient elles aussi le droit de veto, en ce sens que le consentement devrait être obtenu de deux des provinces des Prairies, pourvu que la population confondue des provinces consentantes représente 50 p. 100 de la population des provinces des Prairies. Du point de vue démographique, cette formule revient en fait à conférer un droit de veto à l'Alberta.

Selon la troisième initiative, le gouvernement fédéral abandonnerait tout rôle dans les domaines de la formation de la main-d'œuvre, des programmes d'apprentissage, des programmes d'alternance travail-études et des programmes de formation en milieu de travail, ce qui permettrait aux provinces d'assumer cette responsabilité.

Aucune de ces initiatives ne permet de mettre fin à l'incertitude constitutionnelle qui règne au Canada, tout particulièrement dans la perspective de la tenue d'un autre référendum au Québec. Cette incertitude donne lieu à des poursuites judiciaires à propos des règles de droit relatives à la légitimité d'une province à faire sécession au regard du droit constitutionnel interne et du droit international public. Bref, la question de la séparation possible du Québec demeure, comme elle l'a été au cours du dernier quart de siècle, une caractéristique déterminante de la politique canadienne, du droit constitutionnel canadien et de l'histoire du Canada. (*Voir* DROIT CONSTITUTIONNEL; HISTOIRE CONSTITUTIONNELLE; RÉFÉRENDUM DU QUÉBEC (1980).)

Gerald L. Gall

Reforestation Rétablissement d'une FORÊT sur un terrain ayant été boisé antérieurement. Le boisement est la création d'une forêt sur un terrain n'ayant jamais été boisé. La reforestation peut s'effectuer naturellement au cours du temps (régénération) ou résulter de l'introduction artificielle de graines ou de plantes. La régénération naturelle finit presque toujours par se produire, mais la reforestation artificielle permet de réduire la durée nécessaire au reboisement, d'améliorer l'espacement des semis, de contrôler le mélange des essences et d'introduire des semis sains et à croissance rapide provenant de sélections génétiques en vergers à graines.

Du début du siècle jusqu'au milieu des années 70, un trop grand nombre de forêts brûlées ou coupées ont été abandonnées à la régénération naturelle. Il en est résulté une immense superficie mal reboisée. La prise de conscience grandissante de ce problème s'est accompagnée d'un nombre croissant d'efforts de reforestation artificielle. Le procédé consiste tout d'abord à collecter et à stocker les graines. Ces dernières peuvent être semées directement sur place, mais il est plus courant de planter au printemps ou à l'automne des semis que l'on a fait pousser en pépinière. Les semis poussent mieux lorsqu'ils sont plantés près du lieu d'origine de la graine. On prépare l'endroit de la plantation soit par le brûlage des débris indésirables, soit par le scarifiage (une opération consistant à briser la couche superficielle du sol). La plupart des semis plantés au Canada sont des essences indigènes, mais on essaie aussi des essences nouvelles ou «exotiques» à l'occasion.

M.F. Painter

Réforme du système des soins de santé et la norme de diligence au Canada, La Reposant sur la volonté de freiner les dépenses, cette réforme est devenue un lieu commun de la politique canadienne au cours des années 90. En fait, nombreux sont ceux qui estiment qu'elle a déjà produit un effet considérable sur la qualité du système canadien des soins de santé. Ces mesures ont donné lieu à des conjectures concernant la responsabilité juridique des décideurs chargés du système de santé dans la réduction de la qualité des services de soins de santé. P. ex., le patient qui estime avoir été lésé par suite d'une mesure de compression des dépenses peut-il avoir gain de cause dans une action intentée contre son médecin, sa corporation sanitaire ou le gouvernement?

Très peu de causes ont porté sur ce point. Toutefois, les tribunaux canadiens semblent actuellement peu enclins à permettre qu'on utilise la conjecture économique pour justifier la prestation de services de santé de qualité inacceptable (c.-à-d. que l'obligation prépondérante du médecin s'applique au patient, non au système de soins de santé). Toutefois, comme la compression des dépenses devient de plus en plus un thème courant de notre politique des soins de santé, les tribunaux canadiens pourront trouver difficile de ne pas tenir compte de considérations économiques en jugeant des affaires relatives aux fautes professionnelles médicales.

Timothy Caulfield

Réformes urbaines Elles correspondent à un amalgame d'initiatives prises par des autorités municipales et des groupes de citoyens entre la fin des années 1890 et la fin de la Première Guerre mondiale, puis entre la fin des années 60 et le milieu des années 70,

dans le but d'améliorer la qualité de vie en milieu urbain. Les premières réformes ont un caractère politique qui favorise la délégation de pouvoirs à des spécialistes soi-disant apolitiques. Une méfiance envers la démocratie locale, d'une part, et le sentiment que des mesures doivent être prises pour garder au pouvoir les gens ayant fait la preuve de leur talent, d'autre part, sous-tendent la réforme structurelle de l'administration locale.

Comme on préfère être gouverné par les personnes les plus compétentes, il arrive parfois que les membres d'organismes municipaux soient nommés plutôt qu'élus. Les réformateurs assimilent la compétence reconnue au succès commercial ou, à mesure que de nouvelles professions, notamment dans les domaines de l'urbanisme, de la comptabilité et de la santé publique, prennent de l'essor, à une formation appropriée.

Il arrive rarement que les nouveaux organismes du GOUVERNEMENT MUNICIPAL empiètent sur les pouvoirs du maire et du conseil. Toutefois, l'installation en 1896 d'un bureau de contrôle à Toronto fait une légère entorse à la tradition d'une administration municipale composée d'un conseil et de comités permanents. Les membres de ce bureau finissent par être élus par un vote pris à l'échelle de la ville, ce qui contourne la politique de quartier, et ils disposent de pouvoirs spéciaux en matière de finances. Parmi les grandes villes qui adoptent ce genre de bureau figurent Winnipeg (1906), Ottawa (1907), Montréal (1909), Hamilton (1910) et London (1914). Un changement encore plus radical survient lorsque la direction d'une administration municipale est confiée conjointement à un maire et à un directeur municipal. En 1904, Edmonton embauche un commissaire municipal, poste équivalant à celui de directeur municipal. Des dispositions semblables sont prises à Saint-Jean, au Nouveau-Brunswick (1908), ainsi qu'à Regina, à Saskatoon et à Prince Albert en Saskatchewan (1911 à 1912). Bien après la période de réforme, de nombreuses municipalités québécoises, de même que Halifax et Victoria adoptent ce concept de directeur municipal.

La véritable délégation de pouvoirs à l'échelle municipale par les élus et des bureaucrates se fait pour l'administration de nouveaux services, à mesure que la RÉGIE PUBLIQUE prend de l'ampleur et amène la gestion des services de transport en commun, ainsi que la distribution de l'électricité par des commissions dont les membres sont nommés. D'autres commissions sont mises sur pied pour l'urbanisme et les parcs. La régie municipale n'est pas un concept nouveau. Entre les années 1850 et les années 1870, les grandes villes canadiennes prennent directement en charge les réseaux d'aqueducs ou en retirent le contrôle à des entreprises privées. Les réseaux de tramways des années 1870 et des années 1880, de même que les entreprises de production et de distribution d'électricité des années 1890, signent avec les villes des contrats de franchise leur permettant d'exploiter leurs réseaux. Toutefois, la réputation de ce système de franchise au profit du secteur privé est ternie par les griefs des consommateurs qui se plaignent des tarifs et du service. Dans de nombreuses grandes villes des Prairies, la mise en place de régies municipales est accompagnée de campagnes de publicité. En 1914, la ville d'Edmonton rehausse son image progressiste par la prise en charge de toute une gamme de services urbains: électricité, tramways et téléphone. À Montréal, des hommes d'affaires locaux exploitent des entreprises de services publics qui résistent aux critiques des partisans de la réforme. À Vancouver, les réseaux de tramways et d'électricité de la British Columbia Electric Railway appartiennent à des Britanniques. Même si la régie municipale est une cause défendue partout au Canada, ce qui en découle confirme les diverses identités régionales au pays.

Avant le début de la période de réforme, les préoccupations de SANTÉ PUBLIQUE donnent lieu à

des réactions ponctuelles à certaines ÉPIDÉMIES sporadiques. Dans les années 1880, l'évolution des connaissances sur l'origine microbienne de la morbidité et l'expansion de la collecte de statistiques démographiques par le gouvernement contribuent à favoriser de vigoureuses campagnes de santé publique. Jusqu'à la fin des années 20, la plupart des grandes villes sont tributaires d'organismes bénévoles et d'un modeste budget de santé publique. Dans certaines collectivités, les médecins hygiénistes se servent des pouvoirs considérables que leur attribuent la législation provinciale de santé publique et les arrêtés municipaux adoptés entre 1900 et 1920 pour éliminer les toilettes extérieures, les logements surpeuplés, les aliments avariés et les lieux d'approvisionnement en eau contaminés. D'autres réformateurs sont très patriotiques et s'inspirent de la religion pour accomplir de bonnes œuvres (*voir* MOUVEMENT SOCIAL GOSPEL). Des mouvements en faveur de terrains de jeux voient le jour pour insuffler aux enfants étrangers le caractère, les vertus et la propreté britanniques. Des centres d'œuvres sociales administrés par des pionniers en travail social (dont All People's Mission à Winnipeg, dirigée pendant un certain temps par J.S. WOODSWORTH) tentent, de leur côté, d'«améliorer» les immigrants. Bien que condescendants, ces programmes sociaux ont des objectifs pratiques: le terrain de jeu est plus sûr que la rue et les centres d'œuvres sociales offrent des cours de conversation anglaise.

L'essor démographique des villes canadiennes entre 1900 et 1920 fait du logement une préoccupation pour les réformateurs. Reconnaissant le besoin de remédier à l'insuffisance des logements, nombre de groupes discutent la faisabilité de la création de sociétés philanthropiques de logement. La plupart des projets sont abandonnés pendant la récession de 1913, puis le fragile mouvement philanthropique reçoit le coup de grâce pendant la Première Guerre mondiale.

L'urbanisme apparaît aussi pendant la première période de réforme urbaine, suite à des préoccupations liées au délabrement des rues et au manque de caractère des aménagements et immeubles municipaux. Des autorités municipales ou des groupes de citoyens chargent des urbanistes de concevoir une belle ville (*voir* CITY BEAUTIFUL, MOUVEMENT), dotée d'immeubles municipaux néoclassiques, de boulevards, de larges avenues et d'un meilleur tracé des réseaux ferroviaires. La guerre vient toutefois modérer cet optimisme. Vers la fin de la période de réforme, l'intérêt se tourne vers la santé, le logement et la mise en place efficace de services. Thomas ADAMS, embauché en 1914 comme conseiller en planification auprès de la COMMISSION DE LA CONSERVATION (1909), fait campagne en faveur de lois provinciales d'urbanisme qui viendraient étayer les pouvoirs des organismes municipaux d'urbanisme. C'est également lui qui supervise la reconstruction après l'EXPLOSION D'HALIFAX en 1917.

Les changements politiques survenus pendant cette période complexe de réforme augmentent les pouvoirs des experts municipaux, mais il n'est pas certain qu'ils aient réglé tous les problèmes. En effet, les élus et les administrateurs municipaux ne s'entendent pas, tandis que la multiplicité d'organismes sème la confusion dans la population. Malgré les améliorations apportées par les médecins hygiénistes, les urbanistes et les travailleurs sociaux, ces remises en question des décisions politiques prises à l'échelle des quartiers ne suppriment pas entièrement les anciennes pratiques. En outre, même si de nombreuses idées brillantes importées des États-Unis et d'Angleterre influencent les mesures prises au Canada, les réformes canadiennes restent modestes.

La seconde période de réforme a une dimension tout aussi internationale. Elle procède d'une réaction généralisée des démocraties occidentales contre la centralisation bureaucratique des pouvoirs et du rejet des doctrines mégalomanes. Dans les grandes villes canadiennes, des groupes de quartiers se mobilisent pour mettre fin à la construction de voies rapides, à des projets de démolition et de rénovation ainsi qu'à l'invasion du centre-ville par les gratte-ciel. *City Magazine* est un important porte-parole de ce mouvement dans les années 70. Le style politique fait aussi sa marque. John Sewell, maire de Toronto de 1978 à 1980, a toutes les qualités d'un réformateur: identification avec le militantisme communautaire et méfiance à l'égard des bureaucrates municipaux non élus. Des croisades sont organisées pour sauver des quartiers et contrer les transformations radicales du territoire. Certaines font appel aux intérêts personnels pour protéger les valeurs foncières. Dans de nombreuses grandes villes, les démarches sont entreprises trop tard pour sauvegarder des vieilles structures remarquables ou de vénérables quartiers résidentiels. Néanmoins, malgré sa courte existence, le second mouvement de réforme transforme la perception qu'ont de la ville les politiciens, les urbanistes et la classe moyenne. Il est désormais de bon ton de restaurer plutôt que de démolir, et l'urbanisme n'est plus forcément dominé par les exigences de la circulation automobile. (*Voir aussi* HÉRITAGE CANADA; LIEU HISTORIQUE; AMÉNAGEMENT URBAIN ET RÉGIONAL.)

John Weaver

Réformistes du Haut-Canada Le développement rapide du HAUT-CANADA après la GUERRE DE 1812 provoque des tensions sociales et économiques donnant lieu à de vives querelles politiques, comme celles qui entourent l'expulsion de Robert GOURLAY, la question des étrangers, le monopole anglican sur les RÉSERVES DU CLERGÉ et sur l'éducation, et le favoritisme politique TORY. Rassemblant des hommes de diverses tendances politiques, comme BALDWIN, BIDWELL, William Lyon MACKENZIE, John ROLPH et Egerton RYERSON, un regroupement de «réformistes» s'oppose au tout-puissant FAMILY COMPACT. En 1828, les réformistes sont déjà majoritaires à l'Assemblée, mais leur programme est refusé par les conseils où dominent les tories.

Au début des années 1830, le mouvement réformiste se scinde. Les modérés, dirigés par Robert BALDWIN, restent fidèles à la constitution britannique, au lien colonial et au principe d'une société centralisée et hiérarchisée; ils ne veulent qu'élargir l'élite gouvernante en établissant un GOUVERNEMENT RESPONSABLE. Les réformistes radicaux optent plutôt pour l'application des principes républicains et souhaitent créer une démocratie sociale et économique calquée sur le modèle américain; ils recherchent également une plus grande indépendance envers l'Empire. Quant à Mackenzie, il est à la tête d'une troisième faction, extrémiste celle-là.

En 1836, Baldwin entre au conseil exécutif, mais le lieutenant-gouverneur, sir Francis Bond HEAD, refuse d'instaurer un gouvernement responsable. Le gouvernement démissionne et les modérés sont exclus des affaires politiques. Le groupe de Mackenzie, battu lors de l'élection suivante, se tourne vers la violence, mais est écrasé pendant les RÉBELLIONS DE 1837. Les modérés, conduits par Baldwin et Francis Hincks, réapparaissent comme une force politique puissante dans la PROVINCE DU CANADA unifiée. Quant aux radicaux non révolutionnaires, ils tombent dans l'oubli.

David Mills

Refroidissement éolien Cette expression populaire décrit l'effet ressenti par TEMPS froid dans diverses combinaisons de basse température et de grand VENT. Comme la perte de chaleur corporelle augmente avec la vitesse du vent, on a plus froid, pour une même température, quand le vent souffle. Le vent contribue à abaisser une force corporelle en évaporant la transpiration et en emportant la chaleur, toutes deux produites à la surface de la peau. Le vent n'affecte pas les objets inanimés – une boîte à lettres ou une clôture métallique, p. ex. – qui n'ont pas de chaleur à perdre.

Plus le mouvement de l'air (le vent ou le déplacement d'air produit par la marche, le ski ou une promenade en décapotable) est important et plus la différence de température entre la surface corporelle et l'air est grande, plus la perte de chaleur est élevée. Quand on souffle sur du chocolat chaud fumant pour l'amener à température ambiante, on fait appel au refroidissement éolien. Mais, si fort qu'on souffle, on ne le refroidira pas au-dessous de cette température. De même, si fort que souffle le vent, il n'abaissera pas la température au-dessous de celle de l'air environnant. Bien sûr, le chocolat chaud se refroidira jusqu'à la température ambiante, qu'on souffle ou non; l'action de souffler accélère simplement le phénomène.

Origine de l'expression Le célèbre explorateur et géographe des régions polaires, Paul Siple, l'utilise le premier en 1939. Pendant la deuxième expédition de l'amiral Richard Byrd, Siple et son associé, Charles Passel, déterminent expérimentalement à Little America, dans l'Antarctique, le temps de congélation de l'eau contenue dans des flacons de plastique exposés au vent. Ils trouvent la formule de la perte de chaleur en fonction de la vitesse du vent et de la température de l'air et l'expriment en unités de refroidissement atmosphérique, soit en watts par mètre carré. Cette formule a été modifiée plus tard pour permettre le calcul de la température équivalente rendant compte du refroidissement éolien.

La différence entre des flacons de plastique remplis d'eau et une personne habillée en fonction du temps est grande. La méthode Siple-Passel estime seulement l'inconfort engendré par diverses températures et divers vents. Elle ne tient pas compte des nombreux autres facteurs importants pour déterminer la sensibilité au froid. Les facteurs suivants affectent le taux de refroidissement du corps: la marche, la course, l'immobilité, l'ensoleillement, l'humidité, l'âge de la personne, sa condition physique et son état de santé, le nombre et la qualité isolante des vêtements. En dépit de ses défauts et des nombreux efforts pour trouver une mesure plus exacte de l'inconfort dû au refroidissement, la formule simple de Siple continue à gagner du terrain. Un grand nombre de courbes, de tables—en unités métriques et en unités anglaises—et de programmes informatiques donnent le refroidissement éolien. Le grand public et les militaires l'utilisent pour savoir comment s'habiller par temps froid et venteux. Il sert aussi à évaluer le risque de gelure et de perte de chaleur corporelle excessive (hypothermie). Sa popularité en fait un terme météorologique très utile. Environnement Canada émet des avertissements de refroidissement éolien lorsqu'il est important.

Deux façons d'exprimer le refroidissement éolien Les deux façons d'exprimer le refroidissement éolien sont la perte de chaleur en watts par mètre carré (W/m²) et la température de l'air équivalente en degrés Celsius (ºC).

Les plus grands refroidissements éoliens Au Canada, les plus grands refroidissements éoliens surviennent en janvier dans la toundra du nord-ouest de la baie d'Hudson. Baker Lake, dans les Territoires du Nord-Ouest, détient le record du refroidissement éolien canadien. Plus au nord, dans les îles de l'Arctique, la vitesse du vent est inférieure à celle du sud de l'Arctique; donc, le refroidissement éolien y est plus faible. Les villes du Sud souffrent aussi de refroidissements éoliens importants. Les refroidissements éoliens de Winnipeg ressemblent à ceux de l'extrême Arctique. Montréal n'est pas différente du Yukon, relativement calme. La fraction du temps pendant lequel le refroidissement éolien dépasse -20 ºC (1400 W/m²), ou le point de frisson, est de 83 p. 100 à Winnipeg, de 62 p. 100 à Edmonton, de 42 p. 100 à Ottawa, de 17 p. 100 à Halifax et de moins de 1 p. 100 à Vancouver et à Victoria. Le refroidissement éolien le plus sérieux, depuis l'enregistrement du phénomène en 1953, a eu lieu à Pelly Bay, dans les Territoires du Nord-Ouest, le 13 janvier 1975. Le refroidissement éolien équivalent était de -92 ºC et la perte de chaleur, de 3357 W/m². À ce moment, la température de l'air était de -51 ºC et les vents soufflaient à 56 km/h. (*Voir aussi* CLIMAT, RIGUEUR DU.)

David Phillips

Réfugiés Personnes qui quittent leur pays d'origine pour échapper à la persécution ou au danger. Le Canada est un pays d'immigrants, soit un pays qui, selon ce que pensent la plupart des Canadiens, possède une longue tradition d'accueil des réfugiés et des dissidents en provenance de tous les coins du monde. C'est du moins la légende. On considère généralement que la première grande vague d'immigrants arrivés au pays est celle des LOYALISTES de la United Empire. Comme le fait remarquer Gerald Dirks dans son ouvrage intitulé *Canada's Refugee Policy*, la plupart de ces arrivants ne sont pas des réfugiés, mais des colons britanniques qui préfèrent leur ancienne appartenance au régime américain. Parmi eux, on compte d'authentiques réfugiés, en majorité des QUAKERS, des MENNONITES et d'autres non-conformistes qui, craignant la persécution du nouveau gouvernement américain, s'enfuient vers le nord. Avant 1860, des milliers d'esclaves américains arrivent au pays et le Canada, connu pour avoir servi de terminus au fameux «CHEMIN DE FER» CLANDESTIN, prouve une fois de plus qu'il est un asile pour les opprimés et les esclaves. Environ 30 000 NOIRS entrent au pays. Ce n'est probablement pas le paradis pour eux, car, dès qu'ils le peuvent (après la Proclamation de l'émancipation et la fin de la GUERRE DE SÉCESSION), la plupart de ces ex-esclaves rentrent chez eux.

Au cours de la génération suivante, deux groupes de réfugiés, les Mennonites et les DOUKHOBORS, arrivent de Russie. La vie sous le régime des tsars est insupportable et ils sont pressés de partir. Le gouvernement canadien, alors en quête désespérée d'immigrants, et tout particulièrement d'agriculteurs pour coloniser l'Ouest, est tout aussi impatient de les accueillir. En fait, jusqu'à la Crise des années 30, presque tous les immigrants, exception faite des Noirs et des Asiatiques, sont acceptés au Canada. Parmi les millions d'immigrants qui arrivent, il y a évidemment de nombreux réfugiés, mais ils ne font pas l'objet de mesures particulières.

Au cours des années 30, la réputation de terre d'asile pour les opprimés acquise par le Canada est rudement mise à l'épreuve au moment où de nombreux JUIFS allemands mendient leur admission dans n'importe quel pays. De nombreux pays encore plus atteints que le Canada par la crise économique se montrent néanmoins plus hospitaliers. Tandis que le Canada accepte de mauvaise grâce 4 000 de ces réfugiés, les États-Unis en accueillent 240 000; la Grande-Bretagne, 85 000; la Chine, 25 000; l'Argentine et le Brésil, plus de 25 000 chacun; et le Mexique et la Colombie, quelque 40 000 en tout. Toutefois, la xénophobie et l'ANTISÉMITISME se répandent au Canada. Il y a donc peu de soutien populaire et beaucoup d'opposition à l'admission des réfugiés.

Cette attitude ne change qu'après la Seconde Guerre mondiale. L'Europe regorge alors de «personnes déplacées» (une nouvelle expression à la mode pour décrire un vieux phénomène, celui des réfugiés), et le Canada se montre beaucoup plus accueillant, à cause de la nouvelle vague de prospérité économique et de son besoin désespéré de main-d'œuvre. Des centaines de milliers de «personnes déplacées» arrivent au pays, recevant souvent un soutien financier pour payer leur voyage. Le Canada joue un rôle de plus en plus actif au sein de l'organisme des Nations Unies s'occupant des réfugiés (*voir* ORGANISATION DES NATIONS UNIES).

En 1956, il est encore mis à l'épreuve. Cette fois, il ne manque pas à son devoir. Dans les mois qui suivent le soulèvement hongrois contre les Soviétiques, le gouvernement doit céder à une pression intérieure, surtout de la part de groupes ethniques et religieux, et annonce qu'il acceptera un grand nombre de réfugiés HONGROIS. Il en arrive presque 37 000. Le gouvernement canadien est très satisfait. Non seulement ces réfugiés possèdent des compétences dont le pays a grand besoin, mais ils donnent aussi à l'Occident l'occasion de placer l'URSS dans l'embarras. En 1968, 11 000 TCHÈQUES s'établissent au Canada après l'invasion de leur pays par les Soviétiques. La plupart d'entre eux constituent une main-d'œuvre spécialisée qui n'a aucune peine à s'intégrer à la société canadienne. En 1972, le Canada accepte 7 000 Ougandais d'origine asiatique, très qualifiés et instruits, qui ont fui le régime tristement célèbre d'Idi Amin. Tout comme les Tchèques, ils contribuent rapidement à la prospérité du pays.

Un groupe de réfugiés plus sujet à polémique est celui des résistants à la guerre américaine au Viêtnam (*draft dodgers,* c.-à-d. insoumis). Ces résistants traversent la frontière pour échapper à l'obligation de participer à la GUERRE DU VIÊT-NAM. Bien que la plupart retournent chez eux après la guerre, nombreux sont ceux qui commencent une nouvelle vie au Canada. Cependant, les réfugiés qui soulèvent le plus de controverses sont les Chiliens et autres réfugiés LATINO-AMÉRICAINS exilés du Chili après le coup d'État de septembre 1973 qui a renversé le gouvernement marxiste de Salvador Allende. Le gouvernement canadien, qui craint que la plupart de ces réfugiés politiques ne manifestent une idéologie trop à gauche et qui ne veut pas envenimer les relations avec les dirigeants américains et les nouveaux chefs chiliens, n'en accepte qu'un nombre restreint.

Cet exemple forme un contraste frappant avec l'attitude humanitaire que le Canada adopte à la fin des années 70 lors de l'exode des réfugiés de la mer vietnamiens. Touchés par la situation désespérée de centaines de milliers de personnes qui fuient le régime communiste en prenant la mer sur des embarcations de fortune et qui risquent de couler, de nombreux Canadiens offrent de parrainer leur voyage et le gouvernement laisse entrer quelque 70 000 réfugiés.

En 1978, une modification à la *Loi sur l'immigration* donne pour la première fois aux réfugiés la possibilité de faire une demande d'immigration. Auparavant, les réfugiés n'étaient admis au Canada que sur décrets spéciaux. Dorénavant, leur admission est moins tributaire des aléas économiques et politiques du Canada. Bien que le gouvernement n'ait toujours pas énoncé ce qu'il entend par «réfugié», le Canada accepte d'agréer la définition globale du Haut Commissariat des Nations Unies pour les réfugiés (HCR). La *Loi sur l'immigration* de 1976 décrit le réfugié comme une personne qui «en raison d'une peur bien fondée de la persécution pour des raisons de race, de religion, de nationalité ou d'appartenance à un groupe social ou à une tendance politique particulière» se trouve exilée de son pays et ne peut, ou craint de ne pouvoir y retourner.

En 1986, en hommage à ses politiques généreuses, le Canada s'est vu décerner la convoitée médaille Nansen par le HCR. Fait plutôt ironique, réagissant aux protestations de la population devant le nombre grandissant de réfugiés admis—Sri Lankais [Ceylan], ressortissants des Indes orientales et surtout de l'Amérique Centrale—et craignant que de faux demandeurs abusent du système, le gouvernement du Canada adopte en moins d'un an des lois sévères visant à restreindre l'afflux des réfugiés au pays. (*Voir aussi* IMMIGRATION.)

Irving Abella

Réfugiés de la mer (V*oir* ASIATIQUES DU SUD-EST)

Refus global Manifeste dont l'essai principal, contresigné par 15 membres du mouvement AUTOMATISTE, est rédigé par Paul-Émile BORDUAS. Cet essai est accompagné de textes de Bruno Cormier, Claude GAUVREAU, Fernand LEDUC et Françoise SULLIVAN et illustré d'œuvres des membres du groupe. Publié à 400 exemplaires, il est lancé à la Librairie Tranquille le 9 août 1948. Non seulement *Refus global* met en question les valeurs traditionnelles (foi catholique et attachement aux valeurs ancestrales), mais il propose aussi le «refus» de toute idée de repliement sur soi («Au diable le goupillon et la tuque!») et se fait le champion d'une idéologie d'ouverture sur la pensée universelle pour la société québécoise. Exprimant un profond besoin de libération, le manifeste va jusqu'à souhaiter sinon l'«anarchie resplendissante» du moins la naissance d'un nouvel «espoir collectif». Ces idées scandalisent les autorités et Borduas perd son emploi à l'École du meuble. Après sa parution, une centaine d'articles de journaux et de revues, s'échelonnant de la date de sa publication à janvier 1949, le condamne. L'année 1998 marque le cinquantenaire de la parution du manifeste. Les grands musées canadiens, la presse et les maisons d'édition en profitent pour en rappeler le souvenir par des expositions, des numéros spéciaux (notamment dans *Le Devoir*) et des publications.

François-Marc Gagnon

Regan, Gerald Augustine, avocat, politicien et premier ministre de la Nouvelle-Écosse (Windsor, N.-É., 13 févr. 1928). Regan est élu député libéral fédéral en 1963 et devient chef du Parti libéral de la Nouvelle-Écosse en 1965. Ses interventions musclées ébranlent le gouvernement conservateur de George Smith. Il parvient à former un gouvernement minoritaire en 1970 et obtient une solide victoire en 1974. Comme premier ministre provincial, il approuve l'implantation d'un nouveau complexe sidérurgique à Gabarus, est favorable à l'industrialisation, à l'aménagement d'un super port dans le détroit de Canso, d'une centrale marémotrice dans la baie de FUNDY et à l'exploitation des ressources de pétrole et de gaz au large des côtes. Avant que ces projets ne portent fruit, son gouvernement est défait par les conservateurs de John BUCHANAN, en 1978, principalement en raison d'une forte augmentation des coûts de l'énergie au pays, liée aux coûts plus élevés du pétrole à l'étranger. Réélu à la Chambre des communes en 1980, il est nommé ministre du Travail et ministre d'État au Commerce international. Après une défaite personnelle aux élections de 1984, il se tourne vers le secteur privé.

J. Murray Beck

Régates de St. John's Sans doute le plus ancien événement sportif annuel en Amérique du Nord, ces régates consistent en une course à l'AVIRON de 2,6 km. Cette course se déroule dans de longues embarcations à sièges fixes qui comptent chacune six rameurs. Ce sont les courses de voiliers et d'aviron, qui avaient lieu dans le port de St. John's au début du XIXe s., qui ont donné naissance aux régates. La première course officielle se serait toutefois tenue le 22 septembre 1818 sur le lac Quidi Vidi, situé juste au nord du port et de Signal Hill. En 1828 ou en 1829, une autre course a lieu.

En 1860, le prince de Galles, le futur roi Édouard VII, assiste à la course et offre 100 livres au gagnant. À la fin du XIXe s., les temps de course s'améliorent et une équipe d'Outer Cove enregistre en 1901 un temps record de 9 min 13 s qui ne sera battu qu'en 1981 (l'équipe sera d'ailleurs élue au Temple de la renommée du sport canadien).

Après avoir été interrompues pendant la Première Guerre mondiale, les régates recommencent en 1918 et continuent d'avoir lieu depuis lors. Un carnaval animé se tient pendant les régates, éclipsant souvent la course. Les régates sont gérées par un comité qui a le pouvoir de déterminer si les conditions sont favorables à la course et qui détient le privilège probablement unique de décréter un jour férié pour les commerces et les *Banques.*

James Marsh

Régie des marchés agricoles Organisme public qui fait office d'agent de vente obligatoire et qui dirige et exécute en partie ou en totalité les ventes au nom des producteurs de denrées agroalimentaires particulières. Les régies peuvent être créées et gérées en vertu d'une législation adoptée par le gouvernement provincial ou fédéral, selon que les produits qu'elles mettent en marché ou qu'elles réglementent sont produits ou vendus à l'échelle provinciale (intraprovinciale), à l'échelle interprovinciale ou dans les marchés d'exportation. Certaines régies sont assujetties à la juridiction des deux paliers de gouvernement. En 1987, on comptait 121 régies des marchés agricoles au Canada. Elles œuvrent dans chacune des provinces et réglementent une grande variété de produits agroalimentaires.

Les premières régies ont été établies par les agriculteurs en vue d'obtenir un plus grand pouvoir de marché par la concertation et en réaction à l'instabilité des prix des produits agroalimentaires et des revenus. Au début du XXe s., les efforts pour mettre sur pied des entreprises de commercialisation de produits agricoles se sont transformés peu à peu, en raison de certains groupes de producteurs, en tentatives de mise en marché centralisée et obligatoire par des régies. La dislocation des réseaux de mise en marché pendant et après la Première Guerre mondiale a amené la centralisation de la MANUTENTION ET DE LA COMMERCIALISATION DU GRAIN par des organismes gouvernementaux provisoires de 1917 à 1920. Toutefois, les premières régies des marchés agricoles dirigées par les producteurs canadiens ont été établies en Colombie-Britannique à la fin des années 20.

En 1931, la Cour suprême du Canada a statué que la loi en vertu de laquelle ces premières régies de marchés dirigées par les producteurs avaient été établies empiétait sur l'autorité du gouvernement fédéral en matière de commerce interprovincial et que les régies elles-mêmes constituaient une taxe indirecte. Les pressions pour l'adoption d'une loi nationale permettant d'établir des régies de marchés se faisaient de plus en plus fortes en raison de la chute des prix pour les produits agroalimentaires et des revenus durant la CRISE DES ANNÉES 30. Pour pallier cela, une loi fédérale, déclarée par la suite inconstitutionnelle du fait qu'elle empiétait sur l'autorité des provinces en matière de marché intraprovincial, a été adoptée en 1934. Une loi provinciale et fédérale adoptée par la suite reconnaissait les juridictions respectives des deux ordres de gouvernement.

Les lois provinciales sur la commercialisation Les lois provinciales sur la commercialisation permettent généralement de constituer les comités de surveillance ou les conseils qui élaborent des plans de mise en marché des denrées de la province et supervisent la mise en place et les activités des régies et des commissions qui les exécutent. Les directeurs des commissions sont généralement désignés par le gouvernement, alors que ceux des régies sont élus par les producteurs. Les plans de mise en marché des denrées sont adoptés après un vote favorable des producteurs de ces denrées. En vertu de la *Loi sur l'organisation du marché des produits agricoles* de 1949, le gouvernement fédéral peut autoriser les régies établies en vertu des lois provinciales sur la commercialisation à réglementer les ventes interprovinciales et d'exportation.

Les conflits provoqués par les tentatives de certains comités provinciaux de gestion de l'approvisionnement visant à contrôler l'entrée des produits provenant d'autres provinces ont contribué à l'adoption de la *Loi sur les offices de commercialisation des produits de ferme* en 1972. Cette loi a amené la création du Conseil national de commercialisation des produits agricoles, chargé de l'élaboration des plans de mise en marché nationale ou régionale et de l'établissement ainsi que du fonctionnement des organismes ou des régies de mise en marché nationale. En 1978, il y avait déjà des régies nationales pour les œufs, la dinde et le poulet à griller, qui œuvraient conjointement avec les régies provinciales pour ces denrées. Parmi les intermédiaires commerciaux agroalimentaires nationaux œuvrant en vertu de législations distinctes, on compte la COMMISSION CANADIENNE DU BLÉ (CCB), une agence de mise en marché de la plupart des céréales des Prairies qui œuvre depuis 1935, et la Commission canadienne du lait qui a été fondée en 1966 et qui, de concert avec les autres commissions du lait provinciales, administre le programme laitier national pour la production industrielle de lait et de crème.

Il existe d'importantes variations dans le pouvoir, sanctionné par la loi, que détiennent et qu'exercent les régies. De plus, les régies font face à de grandes différences dans les activités qu'elles mènent pour poursuivre leurs objectifs. Les principaux objectifs des régies de marchés visent à hausser les prix et les revenus des producteurs et à réduire les écarts. Certaines régies veulent que les occasions d'accès au marché soient partagées équitablement parmi les producteurs et que les conditions de vente soient normalisées pour les produits qu'elles réglementent. Les régies ont le pouvoir de mettre en application des règlements de mise en marché qu'elles gèrent et peuvent aussi accorder des permis aux transformateurs et aux manutentionnaires des produits qu'elles réglementent.

Les régies ont habituellement le pouvoir de mener ou de subventionner des activités de recherche, d'information ou de promotion des produits. De plus, la plupart d'entre elles sont autorisées à acheter et à vendre les produits qu'elles réglementent. Certaines sont établies comme seuls acheteurs auprès des producteurs et seuls vendeurs pour le compte de ceux-ci. P. ex., la CCB est le seul vendeur du BLÉ et de l'ORGE des Prairies destinés à l'alimentation humaine du marché intérieur et des marchés d'exportation. Certaines régies donnent le même prix à chaque producteur ou une rémunération selon le classement du produit par catégories (p. ex., la CCB, plusieurs régies du PORC et quelques régies de LÉGUMES). Certaines régies ont le pouvoir de fixer les calendriers de livraison des producteurs du réseau de mise en marché par des quotas de livraison. C'est le cas de la CCB qui, en plus, exerce une influence sur la livraison des producteurs par des contrats de livraison. Certaines régies de marchés, les régies du porc et les régies de FRUITS, p. ex., négocient les prix et les conditions de vente avec les transformateurs et les manutentionnaires.

Le pouvoir d'établir des prix, lorsqu'il est appuyé de la capacité d'appliquer des quotas, constitue le plus grand moyen de mise en marché détenu par les régies. Ces quotas servent à contrôler l'arrivée de nouveaux producteurs et la quantité de produits qu'ils produisent ou qu'ils mettent en marché. Ces mécanismes de réglementation des prix et de gestion des approvisionnements de la VOLAILLE et des PRODUITS LAITIERS par les régies provinciales et nationales sont controversés. Ceux qui sont en faveur de ces mécanismes invoquent que les programmes ont réduit les écarts de prix des produits agricoles et ont augmenté les revenus des producteurs; ceux qui sont contre invoquent que les programmes ont contribué à l'augmentation des prix des aliments et que ce mode de gestion a créé des inefficacités économiques dans la production et la mise en marché. Les régies qui ne possèdent pas ou qui n'exercent pas ces pouvoirs de contrôle sur l'approvisionnement suscitent beaucoup moins de controverses et sont beaucoup mieux acceptées.

M.M. Et T.S. VEEMAN

Régie publique Elle correspond à l'offre de biens et de services par le gouvernement, ainsi qu'à une exploitation commerciale ou industrielle dirigée par l'ÉTAT. Même si le rôle croissant du gouvernement dans l'économie rend floues les frontières des secteurs public et privé, la régie publique renvoie habituellement aux entreprises qui appartiennent entière-

ment ou partiellement au gouvernement et qui vendent des biens et des services moyennant des frais d'utilisation. Selon une telle définition, les entreprises d'État dans le domaine du chemin de fer, du transport aérien et des services publics sont des régies publiques, contrairement à celles qui s'occupent des hôpitaux, des routes et des écoles publiques. Au Canada, ces derniers services sont fournis par l'État, mais surtout financés par les recettes générales du gouvernement, plutôt que par des frais d'utilisation versés par des particuliers en fonction de la quantité des biens ou des services produits. La définition, bien qu'elle ne soit pas absolue, présente l'avantage de distinguer la régie publique (propriété publique) de l'entreprise privée (propriété privée) et d'autres activités de l'État.

Quoique bon nombre de Canadiens croient probablement que l'entreprise privée domine leur économie, la régie publique est répandue aux trois niveaux de gouvernement au Canada. En 1987, p. ex., le gouvernement fédéral était propriétaire d'AIR CANADA (le plus important transporteur aérien au Canada), des CHEMINS DE FER NATIONAUX DU CANADA, de la SOCIÉTÉ RADIO-CANADA, de PETRO-CANADA, de mines de charbon et d'uranium, ainsi que d'institutions financières. La régie publique provinciale est très diversifiée. Non seulement la plupart des provinces voient à la production et au transport de l'électricité (*voir* SERVICES PUBLICS), à la vente au détail de boissons alcooliques et à l'offre de services financiers aux agriculteurs et aux petites entreprises, mais elles assument aussi la régie du service téléphonique dans les provinces des Prairies, de chemins de fer en Colombie-Britannique, en Alberta et en Ontario, d'aciéries au Québec et en Nouvelle-Écosse, de l'assurance automobile dans plusieurs provinces, ainsi que des sociétés d'énergie dans la plupart des provinces. La régie publique joue aussi un rôle important dans les municipalités canadiennes, où elle peut comprendre les services de transport, d'eau, d'électricité et, dans quelques cas, notamment à Edmonton, de téléphone.

Même si l'élection de gouvernements provinciaux dirigés par le NOUVEAU PARTI DÉMOCRATIQUE a accru la régie publique, les gouvernements au Canada n'y recourent pas par idéologie politique. La régie publique, qui complète habituellement l'entreprise privée et le marché privé, sert à promouvoir la croissance économique grâce à la mise en place d'une infrastructure économique, à la réglementation fédérale et provinciale de certaines entreprises et industries, au soutien de l'emploi et à la protection de la sécurité nationale. L'entreprise privée n'est pas toujours apte ou disposée à fournir d'importants biens et services dans un pays aussi vaste, où la population est dispersée. La présence menaçante des États-Unis, le besoin de fournir des services essentiels malgré de vastes distances, ainsi que les forces régionales et culturelles ont joué un rôle déterminant dans le recours à la régie publique.

Néanmoins, la régie publique n'est pas sans créer la controverse au Canada. La régie publique des entreprises d'électricité dans plusieurs provinces, la nationalisation de l'assurance-automobile en Colombie-Britannique et au Manitoba, ainsi que la création et l'essor de Petro-Canada sont quelques-unes des mesures gouvernementales qui ont suscité des conflits quant au rôle du gouvernement dans l'économie. L'efficacité du secteur croissant des entreprises publiques a été sérieusement contestée au Canada. Certains intérêts font maintenant valoir que la régie publique est trop étendue au Canada. La solution souvent avancée est la privatisation (le retour à la propriété privée) d'un certain nombre d'entreprises d'État.

À compter de 1984, le gouvernement progressiste-conservateur de Brian Mulroney poursuit un programme actif de privatisation. Plusieurs entreprises d'État, y compris Canadair et de Havilland, sont ven-

dues à des investisseurs privés, dans ce dernier cas à Boeing Aircraft, de Seattle, ce qui en fait une vente controversée. Petro-Canada, Air Canada et les Chemins de fer nationaux du Canada sont aussi sur la liste de ventes possibles à des intérêts privés. La privatisation a aussi cours dans les provinces. Vers la fin de 1987, le gouvernement créditiste de la Colombie-Britannique suscite un vif débat lorsqu'il rend public un plan d'action visant la privatisation de nombreuses entreprises et de nombreux services gouvernementaux. La régie publique compte aussi beaucoup de partisans et de défenseurs. Elle demeure un important outil d'intervention des gouvernements de diverses allégeances politiques au Canada.

Au Canada, la régie publique s'établit de plusieurs façons. À l'occasion, les gouvernements créent de nouvelles entreprises. Plus rarement, ils acquièrent ou nationalisent des entreprises privées. La NATIONALISATION d'industries telles que la potasse en Saskatchewan, l'amiante au Québec et l'énergie hydroélectrique en Ontario a été très controversée. Toutefois, les propriétaires des entreprises ainsi nationalisées se voient normalement offrir une compensation financière.

La régie publique est habituellement dirigée par une SOCIÉTÉ DE LA COURONNE, mais toute entreprise publique ne revêt pas forcément la forme d'une société. Ainsi, les ministères peuvent administrer les entreprises appartenant à l'État. Les gouvernements recourent depuis quelque temps à des sociétés d'économie mixte, c.-à-d. à des entreprises qui, à divers degrés, appartiennent à la fois au secteur public et au secteur privé.

L'Alberta Energy Company, qui appartient à la fois au gouvernement albertain et à de nombreux investisseurs canadiens, est un bon exemple d'entreprise d'économie mixte. L'efficacité politique et économique de telles entreprises n'est pas encore déterminée. Toutefois, des inquiétudes sont souvent exprimées quant à la capacité de telles entreprises de concilier les impératifs parfois contradictoires liés à la poursuite, d'une part, des objectifs des politiques gouvernementales et, d'autre part, du profit.

Allan Tupper

Régime de pensions du Canada (RPC) Institué par une loi en 1965 et mis en œuvre en 1966, c'est un régime de PENSION national lié à la rémunération, qui transfère des revenus des travailleurs aux retraités. Le RPC et son équivalent, le RÉGIME DES RENTES DU QUÉBEC, couvrent tous les Canadiens tout au long de leur vie active.

La rente de retraite du RPC représente 25 p. 100 des gains moyens de carrière, jusqu'à concurrence du revenu moyen. En 1997, le plafond de la rente était de 8842 $, même si la prestation moyenne des nouveaux pensionnés atteignait seulement 4885 $ ou 55 p. 100 du plafond. En plus d'une rente de retraite, le RPC verse des prestations d'invalidité, de survivant, de décès et d'orphelin. Chaque année, les prestations sont entièrement indexées au coût de la vie (*voir* INDICE DES PRIX À LA CONSOMMATION).

Le RPC est financé à même les charges sociales (cotisations) prélevées auprès des employeurs, des employés et des travailleurs indépendants. Le taux de cotisation en 1997 s'établissait à 3 p. 100 du revenu compris entre l'exemption de base (3 500 $) et le maximum des gains admissibles (35 800 $), qui est à peu près le salaire moyen. Le montant de la cotisation est réparti également entre les employeurs et les employés, alors que les travailleurs indépendants cotisent le plein montant. En vertu d'un accord conclu entre les gouvernements fédéral et provinciaux en 1997, le taux de cotisation a augmenté plus rapidement qu'il ne l'aurait fait en vertu de l'ancien système, s'établissant à 9,9 p. 100 en 2003. Après cette date, il se maintiendra à ce «taux de condition stable» plutôt que de continuer à grimper comme avant et d'atteindre un taux estimatif de 14,2 p. 100 en 2030. De plus, l'exemption de base annuelle (niveau sous lequel les cotisations ne sont pas prélevées) sera bloquée à son niveau de 1997, soit 3500 $.

Selon l'ancien système, la cotisation annuelle maximale de l'employé serait passée de 945 $ en 1997 à 2295 $ en 2030. En vertu des nouvelles dispositions, la cotisation maximale de 1997, qui était de 969 $, passera à 1730 $ en 2030.

Le RPC était auparavant financé sur la base d'un régime par répartition (sans capitalisation), selon lequel les cotisations étaient établies à un niveau suffisant pour verser les prestations courantes et constituer un fonds de prévoyance équivalant à deux années de prestations. Les surplus étaient prêtés aux provinces sous forme de placements dans des obligations de gouvernements provinciaux non négociables. En accélérant l'augmentation du taux de cotisation, la réforme de 1997 fera passer le RPC à un régime par capitalisation partielle accumulant un fonds plus important (équivalant à environ cinq ans de prestations), investi en grande partie dans un portefeuille diversifié de valeurs mobilières pour obtenir un meilleur rendement.

La réforme de 1997 réduit aussi le montant des prestations du RPC. Les rentes sont désormais calculées selon la moyenne du maximum des gains admissibles à une pension durant les cinq dernières années plutôt que les trois dernières. La gestion des rentes d'invalidité s'est encore resserrée: les requérants devront avoir travaillé et cotisé durant quatre ans au cours des six dernières années (au lieu de l'ancienne règle de deux des trois dernières années ou de cinq des dix dernières années); les rentes de retraite pour les bénéficiaires invalides seront calculées en fonction du revenu moyen au moment de l'invalidité et non plus au moment où le bénéficiaire atteint l'âge de 65 ans; et le plafond des prestations combinées survivant-invalidité sera fixé au niveau maximum de la rente d'invalidité. La prestation de décès ponctuelle, qui était de 3580 $ ou l'équivalent de six mois de prestations de retraite, sera réduite et bloquée à 2500 $.

Ces modifications apportées aux prestations et au mode de financement visent à assurer la viabilité financière d'un RPC confronté à l'augmentation des dépenses engendrée par le vieillissement démographique, et à rétablir la confiance de la population dans ce régime.

K. Battle

Régime des rentes du Québec (RRQ) Établi en 1966, il est l'équivalent du RÉGIME DE PENSIONS DU CANADA (RPC) pour la population active du Québec. C'est un régime d'assurance public et obligatoire qui offre une protection financière de base aux travailleurs et aux travailleuses ainsi qu'à leurs proches lors de la retraite, du décès ou en cas d'invalidité. Le taux de remplacement du revenu à la retraite, le taux de cotisation, le maximum de gains admissibles et l'indexation annuelle des prestations sont les mêmes que pour le programme fédéral. La rente de retraite et la rente d'invalidité sont semblables mais la rente de conjoint survivant, la prestation d'enfant de personne invalide et la rente d'orphelin diffèrent. Les fonds du RRQ sont consignés à la CAISSE DE DÉPÔT ET PLACEMENT DU QUÉBEC. Au 31 décembre 1999, l'actif net de la Caisse totalisait 81,1 milliards de dollars, dont 17,5 milliards de dollars appartenaient au RRQ. L'actif net du RRQ était investi en obligations (45 p. 100), en actions et en titres convertibles (44 p. 100), dans l'immobilier (5 p. 100), en investissements à court terme (4 p. 100) et en hypothèques (2 p. 100).

Régime seigneurial Mode institutionnel de distribution et d'occupation des terres, implanté en NOUVELLE-FRANCE en 1627 et aboli officiellement en 1854. La COMPAGNIE DES CENT-ASSOCIÉS, qui se fait octroyer le territoire en toute propriété, justice et seigneurie obtient aussi le droit d'aménager l'espace et de répartir les terres selon les modalités qu'elle juge les plus avantageuses. Ainsi, la terre est concédée à titre de fief et de seigneurie—un vestige du système féodal—aux personnages les plus importants de la colonie, qui, à leur tour, concèdent des portions de leur seigneurie à des censitaires (*voir* HABITANT).

Ce système de distribution des terres est régi par des règles juridiques et présente plusieurs avantages. Il vise à favoriser le peuplement et à encadrer la population d'une façon systématique. Le découpage des terres en longues bandes rectangulaires est particulièrement bien adapté aux impératifs géographiques, puisqu'il facilite les relations entre voisins et procure de multiples accès au fleuve qui constitue la principale voie de communication à l'époque (*voir* RANG CANADIEN). Les terres sont suffisamment grandes (habituellement 3 arpents par 30 ARPENTS) pour assurer une certaine aisance aux familles des habitants. Enfin, le système seigneurial instaure, entre le seigneur et le censitaire, des rapports étroits et individuels.

L'État fixe une série de règles régissant le fonctionnement du système et les rapports entre les seigneurs et leurs censitaires. Le principe est que l'État accorde à une personne, qui ainsi devient seigneur, une portion de territoire à mettre en valeur, par l'exploitation directe et par la concession de censives à des habitants qui en font la demande. À son tour, le seigneur concède une terre, habituellement par contrat devant notaire. Ces actes de concession précisent les droits, les obligations et les charges de chacune des parties. Le seigneur bénéficie de droits onéreux et de droits honorifiques. Il peut établir une cour de justice, ériger un moulin et organiser une commune. Il perçoit de l'habitant diverses redevances: le cens, une redevance légère datant de la période féodale, qui réaffirme la sujétion théorique du censitaire au seigneur; la rente, en argent ou en nature; et les banalités, c.-à-d. la part prélevée sur la production céréalière que l'habitant doit faire moudre au moulin du seigneur. Il accorde, ou non, des droits de chasse, de pêche et de coupe du bois. À partir du premier tiers du XVIIIe s., il en vient à exiger quelques journées de CORVÉES par année.

Au cœur de la politique de colonisation de la France, le système seigneurial en arrive à jouer un rôle majeur dans la société québécoise traditionnelle. Malgré l'attrait des villes et du commerce des fourrures, jusqu'au milieu du XIXe s., de 75 p. 100 à 80 p. 100 de la population vit sur le territoire seigneurial. Les quelque 200 seigneuries concédées durant le régime français couvrent presque tout le territoire habité et en particulier les deux rives du fleuve Saint-Laurent entre Québec et Montréal, les vallées de la Chaudière et de la Richelieu et s'étendent jusqu'en Gaspésie. D'autres institutions s'alignent sur les frontières seigneuriales, en particulier la paroisse, la milice et, au XIXe s., les municipalités. Concédée à des nobles, à des institutions religieuses (en retour des services d'éducation et d'hospitalisation), à des officiers, à des administrateurs civils ou à de grands bourgeois, la seigneurie couvre en général une à trois lieues de largeur par la même profondeur.

Ce mode d'occupation des terres laisse des traces évidentes dans le paysage québécois et dans les mentalités. L'habitant, qui s'offusque de se faire appeler paysan, fait de sa terre une unité économique de survie pour sa famille. Chacun peut espérer en tirer la majeure partie des biens et des produits nécessaires à la vie. Le rang, la côte et, à compter du début du XIXe s., le village traduisent l'importance des rapports de voisinage, de famille et d'entraide. La terre ancestrale et le bien paternel prennent une connotation patrimoniale.

Après la cession du Canada à l'Angleterre en 1763, un nouveau système de distribution des terres, les *townships,* est mis en place. Le régime seigneurial est de plus en plus considéré comme un système fondé sur le privilège et une entrave au développement économique. La loi de 1854 abolit le régime seigneurial et permet au censitaire de racheter les droits sur sa terre. Il faut cependant attendre jusqu'au milieu du XXe s. pour que disparaissent les derniers vestiges de cette institution qui a profondément marqué la société québécoise traditionnelle.

Jacques Mathieu

Régiment Unité militaire composée d'escadrons, de batteries ou de compagnies, qui est souvent divisée en bataillons pour les opérations militaires. Un régiment ne comptant qu'un bataillon regroupe de 300 à 1000 individus. Au Canada, le terme «régiment» a une signification complexe. Les régiments d'infanterie sont des organisations administratives mères qui lèvent un ou plusieurs bataillons pour les besoins du service actif. Les régiments blindés ont généralement la taille d'un bataillon, bien qu'ils puissent rassembler à la fois des éléments des forces régulières, des réservistes et du personnel d'administration. Au sein de l'artillerie, on organise les batteries en régiments, mais on a l'habitude d'employer le terme régiment pour désigner l'ensemble de l'artillerie. Les régiments du génie et des communications ont aussi la taille d'un bataillon. Les régiments blindés et les régiments d'infanterie sont le centre de la fierté de leurs membres et favorisent entre ceux-ci d'étroites relations «familiales». Pour l'artillerie, comme pour les autres, c'est le service, plus que le régiment lui-même, qui constitue traditionnellement le cœur de la famille. Dans la pratique, au Canada, la «vie» d'un régiment se mesure au nombre d'années d'existence ininterrompue, même si l'identité d'unités dissoutes (de même que leurs coutumes et leurs titres de gloire) est perpétuée par d'autres régiments avec qui elles partagent un lien clairement établi. C'est surtout ce degré d'ancienneté qui détermine l'ordre de préséance des régiments blindés et d'infanterie.

En Europe, avant le XVIe s., l'organisation principale levée pour livrer bataille est la compagnie. On en vient ensuite à regrouper les compagnies en régiments, sous le commandement d'un seul officier supérieur responsable du recrutement, de l'entraînement et de l'administration. Les régiments ne tardent pas à adopter chacun leur emblème et leurs coutumes et à forger un véritable esprit de corps. Sur les champs de bataille, on les appelle bataillons. À l'époque, ce terme et celui de régiment sont interchangeables. Plus tard, la France révolutionnaire organise en permanence chacun de ses régiments en trois bataillons. Cette pratique s'est depuis largement répandue sans pour autant devenir universelle.

Très tôt, les colons français du Canada mettent sur pied une milice (*voir* FORCES ARMÉES), qui compte une compagnie par paroisse. Quand le besoin s'en fait sentir, ces compagnies s'unissent pour former un bataillon. Le RÉGIMENT DE CARIGNAN-SALIÈRES, le premier à servir au Canada, arrive en 1665, mais la quasi-totalité de ses militaires retourne en France au bout de trois ans. Jusqu'à la GUERRE DE SEPT ANS, la milice et les TROUPES DE LA MARINE, l'infanterie régulière présente dans la colonie, sont responsables de la défense. Il faut attendre jusqu'en 1755, à la veille de la guerre, pour voir revenir l'armée régulière française. Des bataillons issus de huit régiments arrivent alors à Louisbourg et à Québec. La guerre amène également au Canada l'armée régulière britannique, cantonnée auparavant en Nouvelle-Écosse et à Terre-Neuve. Après la CONQUÊTE, les Anglais conservent et améliorent la milice organisée par les Français, en y ajoutant des particularités propres à leur patrimoine militaire. Au moment où les Américains attaquent Québec en 1775, la garnison ne compte que deux faibles bataillons de l'armée régulière britannique, deux bataillons mixtes de la milice et les Royal Highland Emigrants. Ces derniers, qui regroupent éventuellement deux bataillons, sont une unité britannique recrutée spécialement en Grande-Bretagne pour servir à plein temps en Amérique du Nord. Ils constituent le premier d'une série de régiments coloniaux réguliers ou sédentaires. À la suite de la GUERRE D'INDÉPENDANCE AMÉRICAINE, des membres de régiments LOYALISTES s'établissent au Haut-Canada et au Nouveau-Brunswick.

C'est ainsi que des unités telles que les Butler's Rangers, établis à Niagara, fourniront à la milice, au cours des années suivantes, des chefs expérimentés. À mesure que se multiplient les difficultés entre la Grande-Bretagne et la France révolutionnaire, les autorités ont à nouveau recours aux régiments sédentaires. De 1793 à 1802, le Royal Nova Scotia Regiment, les Royal Canadian Volunteers et les Queen's Rangers sont respectivement affectés en permanence en Nouvelle-Écosse, au Bas-Canada et au Haut-Canada.

La GUERRE DE 1812 est menée, du côté britannique, par des régiments réguliers, certains régiments sédentaires et la milice. À cette époque, la milice du Haut-Canada et du Bas-Canada est organisée en régiments en fonction des comtés. Le nombre de régiments par comté dépend de la population de ce dernier. Il ne se révèle pas pratique d'appeler sous les drapeaux pour de longues périodes tous les habitants d'une région. On se contente plutôt, au Bas-Canada, de former en bataillons hors rang des éléments de la milice, alors que dans le Haut-Canada on se contente d'instruire et d'équiper les «compagnies de flanc» (c'est ainsi que l'on désigne les deux compagnies d'élite d'un bataillon régulier, qui en regroupe dix). Le Battalion of Incorporated Militia, qui s'est illustré au cours de plusieurs batailles, est réellement un régiment canadien permanent, composé de volontaires provenant de ces compagnies de flanc.

Les LOIS DE MILICE de 1846 et de 1855 changent considérablement la structure des régiments canadiens. L'existence d'un grand nombre des plus anciens régiments canadiens actuels commence officiellement au moment de la mise sur pied, en vertu de ces lois, d'unités volontaires. Quelques unités officieuses existant déjà à cette époque acquièrent un statut officiel. P. ex., les York Dragoons, qui font depuis 1822 partie du West York Militia Regiment, sont officiellement constitués en 1847 sous le nom de 1st Toronto Independent Troop of Cavalry, qui deviendra plus tard les Governor General's Horse Guards. L'histoire du Régiment Royal de l'artillerie canadienne remonte directement à des batteries de campagne formées en 1855. Au début, les unités de cavalerie et d'infanterie, formées de volontaires, sont structurées en troupes et en compagnies. Toutefois, durant les années 1860, les menaces de guerre avec les États-Unis et les tentatives d'invasion des FENIANS illustrent la nécessité d'unités plus nombreuses. Le 1st Battalion, Volunteer Militia Rifles of Canada est formé en 1859. Il existe encore aujourd'hui sous le nom de Canadian Grenadier Guards. Au moment de la Confédération, les Forces armées sont regroupées en bataillons de ce genre. Avec la Loi de milice de 1868, le système canadien est étendu aux Maritimes et absorbe les régiments de volontaires déjà sur place.

Ce n'est que plus tard que l'armée régulière canadienne voit le jour. Les premières unités permanentes, les écoles d'artillerie formées en 1871, existent toujours à titre de batteries de la Royal Canadian Horse Artillery. Trois compagnies de l'Infantry School Corps, constituées en 1883, ont donné naissance au Royal Canadian Regiment. Le Cavalry School Corps, également formé en 1883, a été à l'origine du Royal Canadian Dragoons. Pendant la GUERRE DES BOERS, le Royal Canadian Regiment forme deux nouveaux bataillons. Alors que le deuxième bataillon est envoyé outre-mer, le troisième part pour Halifax pour prendre la relève des troupes britanniques. À la fin de la guerre, les deux unités sont dissoutes. Plusieurs bataillons des Canadian Mounted Rifles sont également formés à cette occasion et sont dissous à leur retour. À même ses fonds personnels, Donald SMITH, lord Strathcona, lève le Lord Strathcona's Horse pour servir en Afrique du Sud. Plus tard, cette unité continuera à exister dans les forces régulières sous le nom de Lord Strathcona's Horse (Royal Canadians).

En 1900, bien que la plupart ne comptent plus qu'un seul bataillon, tous les bataillons d'infanterie de la milice sont rebaptisés et acquièrent le nom de régiments. La structure mise sur pied pour la Première Guerre mondiale est très différente. Le CORPS EXPÉDITIONNAIRE CANADIEN est composé de bataillons d'infanterie, de batteries d'artillerie et d'autres armes et services récemment constitués et auxquels des numéros ont été attribués. Les régiments de milice ne servent qu'au recrutement, et, dans bien des cas, plus d'un bataillon est levé par ces derniers pour le service outre-mer. Il existe toutefois quelques exceptions, comme le Princess Patricia's Canadian Light Infantry, composé surtout d'anciens militaires britanniques installés au Canada, qui combat pendant un an dans l'armée britannique avant de se joindre au Corps canadien en France. D'autres unités ne seront pas intégrées au Corps. La Canadian Cavalry Brigade, composée des Royal Canadian Dragoons, du Lord Strathcona's Horse (Royal Canadians), du Fort Garry Horse et de la Royal Canadian Horse Artillery, combat durant toute la guerre aux côtés de l'armée britannique. (Le Royal Newfoundland Regiment combat également avec les Britanniques, car Terre-Neuve ne fait pas partie du Canada à l'époque.) Après la guerre, le Canada dissout les unités du Corps expéditionnaire, mais décide que les régiments en place perpétueront les bataillons ayant servi au cours de la guerre auxquels ils sont le plus étroitement associés, afin de préserver leurs titres de gloire sur les champs de bataille. À la même époque, les numéros attribués aux régiments sont remplacés par des noms. Deux nouveaux régiments s'ajoutent aux effectifs permanents: le Princess Patricia's Canadian Light Infantry (PPCLI) et le Royal 22e Régiment, unité francophone s'étant distinguée en tant que bataillon du Corps expéditionnaire. Plus tard, une réorganisation des effectifs de réserve change les rôles de plusieurs régiments. Six régiments d'infanterie deviennent des régiments de chars, alors que d'autres sont transformés en régiments de mitrailleuses, attribution autrefois réservée à des unités différentes. En général, les unités de cavalerie sont converties en régiments blindés (de chars ou d'auto mitrailleuses).

Pendant la Seconde Guerre mondiale, l'armée mobilise les effectifs actifs des régiments existants. Des unités individuelles participent aux combats de HONG KONG jusqu'au Nord-Ouest de l'Europe. Des batteries d'artillerie, jusque-là réunies en brigades à des fins tactiques, sont définitivement regroupées en régiments. Une unité canado-américaine unique en son genre, la First Special Service Force, est formée et organisée selon les structures régimentaires américaines.

Au cours des années 50, les effectifs de la force régulière augmentent considérablement à cause de la participation canadienne à la GUERRE DE CORÉE et à l'OTAN. À partir de bataillons d'infanterie supplémentaires, on forme un nouveau régiment, The Canadian Guards, et l'on ajoute des composantes de la force régulière à deux régiments de réserve déjà en place, The Queen's Own Rifles of Canada et The Black Watch (Royal Highland Regiment) of Canada. D'autres régiments de réserve, comme The Loyal Edmonton Regiment (4th Bataillon, Princess Patricia's Canadian Light Infantry) sont transformés en bataillons de réserve au sein des régiments restants de l'infanterie régulière. De nouveaux régiments d'artillerie et un régiment de transmissions sont constitués. Deux régiments blindés de réserve, le 8th Canadian Hussars (Princess Louise's) et The Fort Garry Horse, ont recruté également des effectifs réguliers. Au cours des années 60, les restrictions imposées au budget de défense et la diminution de la main-d'œuvre entraînent la réduction des effectifs de l'armée de terre à l'intérieur des Forces armées canadiennes unifiées. Les Canadian Guards disparaissent, tout comme les éléments réguliers de certaines autres unités. Afin d'accroître la proportion des franco-

phones dans les forces armées, deux nouveaux régiments réguliers sont formés: le 12e Régiment blindé du Canada et le 5e Régiment d'artillerie légère du Canada. On crée aussi le Régiment aéroporté du Canada.

Voici, en ordre de préséance, la liste des régiments blindés et d'infanterie actifs inscrits à l'ordre de bataille en 1987. L'astérisque (*) indique la présence d'éléments réguliers et de réserve inscrits séparément. Unités blindées de la force régulière: The Royal Canadian Dragoons, Lord Strathcona's Horse (Royal Canadians), *8th Canadian Hussars (Princess Louise's), 12e Régiment blindé du Canada. Unités blindées de la milice: The Governor General's Horse Guards, *8th Canadian Hussars (Princess Louise's) (milice), The Elgin Regiment, The Ontario Regiment, The Queen's York Rangers (1st American Regiment), The Sherbrooke Hussars, 12e Régiment blindé du Canada (milice), 1st Hussars, The Prince Edward Island Regiment, The Royal Canadian Hussars (Montréal), The British Columbia Regiment (Duke of Connaught's Own), The South Alberta Light Horse, The Saskatchewan Dragoons, The King's Own Calgary Regiment, The British Columbia Dragoons, The Fort Garry Horse, le Régiment de Hull, The Windsor Regiment. Unités d'infanterie de la force régulière: *The Royal Canadian Regiment, le Princess Patricia's Canadian Light Infantry, le *Royal 22e Régiment, le Régiment aéroporté du Canada. Unités d'infanterie de la milice: Governor General's Foot Guards, The Canadian Grenadier Guards, The Queen's Own Rifles of Canada, The Black Watch (Royal Highland Regiment) of Canada, Les Voltigeurs de Québec, The Royal Regiment of Canada, The Royal Hamilton Light Infantry (Wentworth Regiment), The Princess of Wales' Own Regiment, The Hastings and Prince Edward Regiment, The Lincoln and Welland Regiment, *The Royal Canadian Regiment, The Highland Fusiliers of Canada, The Grey and Simcoe Foresters, The Lorne Scots (Peel, Dufferin and Halton Regiment), The Brockville Rifles, The Lanark and Renfrew Scottish Regiment, Stormont, Dundas and Glengarry Highlanders, les Fusiliers du Saint-Laurent, le Régiment de la Chaudière, le *Royal 22e Régiment, les Fusiliers Mont-Royal, The Princess Louise Fusiliers, The Royal New Brunswick Regiment, The West Nova Scotia Regiment, The Nova Scotia Highlanders, le Régiment de Maisonneuve, The Cameron Highlanders of Ottawa, The Royal Winnipeg Rifles, The Essex and Kent Scottish, les 48th Highlanders of Canada, le Régiment du Saguenay, The Algonquin Regiment, The Argyll and Sutherland Highlanders of Canada (Princess Louise's), The Lake Superior Scottish Regiment, The North Saskatchewan Regiment, The Royal Regina Rifles, The Rocky Mountain Rangers, le Loyal Edmonton Regiment (4th Battalion, Princess Patricia's Canadian Light Infantry), The Queen's Own Cameron Highlanders of Canada, The Royal Westminster Regiment, The Calgary Highlanders, les Fusiliers de Sherbrooke, The Seaforth Highlanders of Canada, The Canadian Scottish Regiment (Princess Mary's), The Royal Montreal Regiment, The Irish Regiment of Canada, The Toronto Scottish Regiment, The Royal Newfoundland Regiment.

M.V. Bezeau et O.A. Cooke

Regina, capitale et centre financier et commercial de la SASKATCHEWAN, est située à 160 km au nord de la frontière américaine. Elle est construite sur une large plaine alluviale. Son nom lui vient de la reine VICTORIA, belle-mère du gouverneur général à l'époque de sa fondation, le marquis de Lorne.

Peuplement et croissance Regina est fondée en 1882 et devient la capitale des Territoires du Nord-Ouest en 1883. Elle doit son existence au CANADIEN PACIFIQUE, qui en détermine l'emplacement, près d'un ruisseau à méandres, le Pile O'Bones (Wascana), et en influence la disposition des rues et l'utilisation du terrain. La POLICE À CHEVAL DU NORD-OUEST choisit la ville comme quartier général en 1882. Trois ans plus tard, on commence l'instruction des recrues.

La croissance de Regina est d'abord lente. Sa population s'élève à 2250 habitants en 1901, mais, par la suite, la situation s'améliore grandement. Désignée capitale provinciale lors de la constitution de la Saskatchewan en province en 1905, Regina connaît une croissance rapide et compte, en 1911, plus de 30 000 habitants. L'optimisme engendré par la rapidité de cette évolution survit aux destructions provoquées par la tornade de 1912, mais la récession économique de 1913 et la déclaration de la Première Guerre mondiale freinent temporairement la croissance de la ville.

Les conditions économiques demeurent instables après la guerre, et Regina continue à marquer le pas. La prospérité ne revient que vers 1925, et la population passe alors de 34 400 à 53 200 habitants en moins de dix ans. Par la suite, dix années de sécheresse et de crise économique amènent la Saskatchewan au bord du dénuement. Lorsque les fermiers de la province retrouvent la prospérité après 1939, l'économie de Regina suit le courant.

Depuis la Seconde Guerre mondiale, la ville connaît une croissance stable, sans être spectaculaire, dont le fait marquant est l'augmentation de 57 p. 100 de la population dans les années 50. Entre 1981 et 1991, en raison d'une économie diversifiée et d'un exode rural, elle connaît un accroissement de près de 10 p. 100. Entre 1991 et 1996, la croissance ralentit considérablement.

Paysage urbain Les habitants de Regina transforment la morne prairie dénudée en une ville de parcs et de rues ombragées. Le Wascana Centre, autour du lac artificiel de Wascana, est une zone unique de 920 ha au cœur de Regina où se trouvent l'édifice de l'Assemblée législative (1912) et d'autres bureaux du gouvernement provincial, le Royal Saskatchewan Museum, le Saskatchewan Centre of the Arts et le Saskatchewan Science Centre.

Le concept du Market Square de Regina est un ensemble de 24 blocs dans le centre-ville. D'importants changements affectent le paysage des gratte-ciel de la ville, avec l'ajout des tours jumelles McCallum Hill, de l'édifice de la Crown Life et de plusieurs édifices de banque. Nombre de ces édifices sont reliés par des espaces piétonniers. L'un des plus anciens édifices du noyau du centre-ville, une ancienne gare de chemin de fer, abrite maintenant le Casino de Regina.

Population La population de Regina fait plus que doubler depuis la Seconde Guerre mondiale, en partie à cause de l'immigration de l'extérieur de la province, mais surtout à cause de l'exode rural en Saskatchewan. La majorité des habitants sont nés dans la province et près de la moitié sont d'origine britannique. La ville compte également des groupes importants d'origine allemande, ukrainienne et scandinave, et de nombreux autochtones s'y sont installés depuis 20 ans. Les catholiques, les membres de l'Église unie, les luthériens, les anglicans et les orthodoxes grecs sont les groupes religieux les plus importants.

Économie et main-d'œuvre Regina est entourée de riches plaines céréalières essentielles à son économie. La ville est le plus important centre de commerce de détail, de distribution et de services dans le sud de la Saskatchewan. Le siège social du SASKATCHEWAN WHEAT POOL, la plus grande coopérative céréalière du monde, est situé à Regina. L'Exposition agricole de l'Ouest canadien, la deuxième exposition en importance d'animaux d'élevage en Amérique du Nord, se déroule à Regina chaque hiver et renforce la position de cette ville comme centre important de l'agriculture au Canada.

Le gouvernement provincial demeure un facteur important de l'économie urbaine, même si son importance est en déclin. Au cours des dernières décennies, Regina diversifie aussi son économie avec des nouveaux développements majeurs dans les télécommunications et les services financiers (en 1992, la Crown, Compagnie d'assurance-vie, déménage son siège social de Toronto à Regina, ce qui représente 1000 emplois). ISM et CGI Canada gèrent les services de données de gouvernement, d'organismes et de société de toute l'Amérique du Nord. De plus, SEARS CANADA INC., la BANQUE ROYALE DU CANADA, la BANQUE CANADIENNE IMPÉRIALE DE COMMERCE et la Société canadienne du cancer ont établi leur centre d'appels téléphoniques à Regina pour desservir leur clientèle.

Regina assure à elle seule près d'un tiers de la valeur totale des activités manufacturières en Saskatchewan. Parmi les principales entreprises de ce secteur, on remarque IPSCO Inc. (aciérie et usine de tuyaux) et Consumers' Co-operative Refineries Ltd. (raffinage du pétrole lourd). La croissance récente et la diversification de l'économie de Regina se reflètent dans son niveau de chômage relativement faible: au cours des années 90, la moyenne annuelle est de 7,3 p. 100.

Transports Regina est située sur la ROUTE TRANSCANADIENNE, sur la ligne principale du Canadien Pacifique et sur une ligne secondaire du Canadien National. La ville est desservie par six compagnies aériennes et deux compagnies d'autocars.

Administration et politique Regina est gouvernée par un maire élu et dix conseillers représentant chacun un quartier précis. Le système des quartiers, d'abord instauré en 1906, est aboli en 1914 et repris en 1934 pour être à nouveau abandonné deux ans plus tard. La délimitation des quartiers actuels date de 1973. Des commissions scolaires publiques et confessionnelles (catholiques romaines) administrent les deux réseaux d'écoles primaires et secondaires de Regina, qui sont soutenus par les fonds publics.

Vie culturelle Au nombre des établissements d'enseignement supérieur, on compte l'UNIVERSITÉ DE REGINA, le Saskatchewan Institute of Applied Sciences and Technology (SIAST). Le SASKATCHEWAN INDIAN FEDERATED COLLEGE, à l'U. de Regina, est l'unique collège universitaire dirigé par et réservé aux autochtones du Canada.

Le Regina Symphony Orchestra est l'une des institutions culturelles les plus éminentes de la ville. La Mackenzie Art Gallery et la Dunlop Art Gallery possèdent des collections permanentes imposantes et organisent de nombreuses expositions itinérantes. Les productions professionnelles du GLOBE THEATRE lui valent une réputation nationale. L'École de formation de la Gendarmerie royale du Canada (GRC) et le Musée centenaire de la GRC attirent des milliers de visiteurs chaque année.

Regina est desservie par une chaîne communautaire par câble, trois stations de télévision de langue anglaise et une de langue française, neuf stations radiophoniques, un quotidien, le *Leader-Post* et un hebdomadaire, le *Free Press*. Les usagers d'INTERNET ont accès au site Web de la ville et à The Great Plains Free-Net, qui couvre Regina et la région sud de la Saskatchewan.

Les ROUGHRIDERS DE LA SASKATCHEWAN, équipe de la Ligue canadienne de football qui joue au stade Taylor, sont la fierté de la capitale et, en fait, de toute la province. Il existe aussi une équipe professionnelle de baseball, les Cyclones de Regina.

J. William Brennan

Regina Five Nom donné aux artistes qui participent, en 1961, à l'exposition itinérante intitulée «Five Painters from Regina», montée par la Galerie nationale du Canada. Il s'agit de Kenneth LOCHHEAD, Arthur McKay, Douglas Morton, Ted Godwin et Ronald BLOORE. Ces jeunes peintres de l'Ontario et des Prairies (nés entre 1925 et 1933) ont étudié ailleurs au pays et à l'étranger avant de venir s'établir à Regina. Ils partagent avec le peintre Roy Kiyooka et l'architecte Clifford Wiens une même passion professionnelle et forment ensemble, à Regi-na, une communauté artistique qui est petite, mais très active.

À partir de 1958, Ronald Bloore, en tant que directeur de la galerie d'art Norman Mackenzie, fait venir à Regina des expositions d'envergure nationale et internationale. En 1961, à l'occasion d'une réunion de l'Association des musées canadiens, il organise le «May Show», qui constitue la base de l'exposition que Richard Simmins, de la Galerie nationale (Musée des beaux-arts du Canada), prépare et fait voyager partout au Canada. Les tableaux qui figurent dans cette exposition sont non figuratifs, peints à grands coups de pinceaux et se concentrent souvent sur une seule image qui domine la toile. Ils représentent une nouvelle forme d'art abstrait au Canada et reflètent des préoccupations théoriques qui sont comparables aux nouvelles tendances de l'art contemporain à New York.

Plusieurs facteurs contribuent à cette maturité d'explosion créatrice dans un endroit jusque-là isolé sur le plan culturel. D'abord, il y a le Regina College à l'U. de la Saskatchewan et son personnel enseignant. En 1955, le directeur, Lochhead, de concert avec une collègue de la faculté, McKay, fonde l'Emma Lake Artists Workshop, une série d'ateliers professionnels qui ont lieu chaque année au mois d'août et durent deux semaines. Pendant les premières années de l'existence de cet atelier, Joe Plaskett, Jack SHADBOLT et Will Barnet sont des participants. En 1959, la visite de l'artiste américain Barnett Newman joue un rôle catalyseur auprès des futurs membres de Regina Five. Trois ans plus tard, le critique américain Clement Greenberg exerce une influence remarquable sur nombre d'artistes de l'Ouest, dont Lochhead. Au cours de la décennie suivante, trois des membres de Regina Five quittent Regina pour poursuivre ailleurs leur carrière de peintre et de professeur. (*Voir aussi* PEINTURE.)

Joyce Zemans

Région métropolitaine de recensement Statistique Canada a défini des zones géographiques appelées régions métropolitaines de recensement (RMR) aux fins de collecte et d'organisation des données relatives aux grandes régions urbaines. Les RMR englobent la principale zone du marché du travail d'un noyau urbanisé et des secteurs urbains et ruraux voisins qui en dépendent. La ville principale ou centrale de cette zone doit compter au moins 100 000 habitants. Les municipalités entièrement ou partiellement incluses dans le noyau urbanisé et les autres secteurs périphériques constitués ou non en municipalités font partie de la RMR si l'une ou l'autre des deux conditions suivantes est satisfaite: 1° au moins 50 p. 100 de la population active occupée qui réside dans la RMR travaille dans le noyau; 2° au moins 25 p. 100 de la population active occupée qui travaille dans la RMR réside dans le noyau urbanisé. Les RMR ne coïncident pas forcément avec les régions métropolitaines délimitées par les administrations locales. D'après le Recensement du Canada de 1996, il y a 25 RMR, qui portent habituellement le nom de la principale ville de leur noyau (p. ex., Halifax, Toronto ou Winnipeg).

Régionalisme Il désigne le caractère local particulier de différentes parties du monde ou la perception qu'a une société des endroits auxquels elle s'identifie. Ce concept est rarement appliqué, p. ex., aux différences entre les parties d'une grande ville ou entre des continents ou des pays. Habituellement, on l'utilise à une échelle intermédiaire. Au Canada, le terme connaît aujourd'hui une certaine vogue en raison des nombreuses tensions entre les intérêts nationaux et locaux sur les plans économique, institutionnel et émotionnel. En général, l'expression «régionalisme canadien» renvoie à la vitalité des différences régionales au sein du Canada.

Que le régionalisme soit un élément incontournable de la société, de l'économie et de la politique canadiennes n'est guère étonnant. Une organisation nationale est imposée il y a un peu plus de 100 ans à un vaste territoire et aux peuples différents qui y sont éparpillés. La nature du peuplement canadien et la structure spatiale de l'économie du pays assurent la persistance d'une texture régionale complexe, tout autant que la technologie toujours plus standardisée de la fin du XXe s., l'économie intégrée fonctionnellement et les sentiments nationaux qui font aussi partie de la vie canadienne.

Le peuplement du Canada prend racine dans des espaces restreints bordés au nord par des terres inhospitalières et au sud par les États-Unis, entre lesquels se trouvent des portions de terre capables d'accommoder plus qu'une poignée de personnes. Les colons européens arrivent au début du XVIIe s. Quelques pêcheurs restent dans les ports entourés de rochers de Terre-Neuve, tandis que quelques colons français occupent les terres marécageuses de la baie de Fundy et que d'autres, plus nombreux, commencent à cultiver d'étroites bandes de terre sur les rives du Saint-Laurent. Beaucoup plus tard, des Écossais, des Irlandais et des Anglais, les uns expulsés des Highlands en Écosse, les autres fuyant la famine en Irlande, ou poussés par les changements technologiques et démographiques issus de l'industrialisation au début du XIXe s., peuplent la péninsule de l'Ontario et les ports de pêche, les camps de bûcherons et les maigres terres agricoles de la région de l'Atlantique (*voir* IMMIGRATION). Les descendants de ces colons connaissent bientôt un sort difficile. Les endroits où s'établir sont restreints, les possibilités agricoles limitées et, à mesure que la population s'accroît dans les sociétés préindustrielles encore rurales, la terre vient à manquer. Les zones limitrophes n'ont à offrir que des terres rocailleuses. Jusqu'à la fin du XIXe s., il n'y a pas d'ouverture à l'Ouest, à l'exception du BOUCLIER canadien granitique et d'autres endroits déjà peuplés de l'Amérique britannique. Les jeunes en surnombre doivent alors choisir entre le Nord, pays de roc et de forêt, et le Sud, aux États-Unis. Ceux de la région atlantique, du Québec et de l'Ontario vont pour la plupart aux États-Unis, où ils s'intègrent dans une plus grande Amérique. Au nord de la frontière, les sociétés locales qui exportent désormais des gens évitent ainsi les effets des mélanges ethnoculturels provoqués par les migrations qu'elles ont déclenchées. C'est seulement avec l'arrivée du CANADIEN PACIFIQUE à Winnipeg, en 1881, que le Canada a vraiment un Ouest, mais qui reste fermé aux Canadiens français par la révolte protestante contre Louis RIEL et par l'abolition au Manitoba des garanties linguistiques et scolaires dont les francophones bénéficient. Même si l'Ontario y est bien représenté, les Prairies se peuplent avant la Première Guerre mondiale, en l'espace d'une génération, avec des migrants de l'est du Canada, des immigrants venus des îles Britanniques, une fraction des paysans d'Europe centrale arrivés à la fin du XIXe s. et au début du XXe et une vague d'Américains venus au nord par le flanc est des Rocheuses. En Colombie-Britannique, le mélange est encore différent: beaucoup moins de gens en provenance d'Europe continentale, un bon nombre de l'Ontario, quelques-uns de la région atlantique et, sur la côte du Pacifique, des groupes venus d'Orient.

C'est ainsi que les parcelles de terres arables entre un Nord implacable et les États-Unis se peuplent. Le Canada ne connaît pas une expansion continue. Le peuplement s'effectue par parcelles: une parcelle se remplit, les gens migrent, au sud plus souvent qu'au nord, car les États-Unis sont plus invitants que le Bouclier. Jusqu'au XIXe s., l'Ouest des colons n'existe pas. La parcelle canadienne la plus proche est soit inaccessible, soit déjà occupée, et quand l'Ouest s'ouvre finalement, les populations de l'Est y sont partiellement représentées et très dispersées. Le processus de peuplement du Canada produit des discontinuités frappantes. Le Canada ne s'étend pas vers l'ouest à partir de la côte atlantique où il est né. Différents territoires sont colonisés à différents moments par des gens de différentes provenances qui dépendent d'économies et de technologies différentes.

En raison de ce mode particulier de peuplement, l'expérience canadienne diffère largement de l'expérience américaine. Là, la terre est perçue comme un jardin tout comme la nature sauvage et elle attire beaucoup plus de colons et alimente les rêves européens. Là, les premiers établissements de la côte est peuvent se diriger vers l'ouest sur un continent de 3000 km qui constitue le premier obstacle naturel majeur à l'expansion d'une civilisation agricole. Là, l'Ouest maintient son attrait pendant 300 ans. Comme les divers courants des peuplements initiaux le long de la côte coloniale, augmentés par les nouveaux venus d'Europe, migrent vers l'ouest, différentes coutumes se croisent, puis s'entremêlent de façon significative. Parvenue à son point culminant à la fin du XVIIIe s. et au début du XIXe s., l'occupation américaine d'une terre essentiellement accueillante peut ainsi réunir différents peuples dans une culture relativement homogène tout en les dispersant dans un espace immense. Par contre, au Canada, où cette possibilité est contrecarrée par les limites physiques des territoires, la structure sous-jacente de la population demeure disjointe et discontinue.

La structure spatiale de l'économie canadienne contribue aussi à renforcer le régionalisme au Canada. À la fin du XIXe s., une technologie industrielle capable d'intégrer les nombreux produits d'un grand territoire dans un seul marché s'impose sur les portions de peuplement du territoire canadien. Ce genre d'intégration spatiale crée des centres métropolitains où prospère une économie d'agglomération et de distribution qui peut compter sur les ressources et le marché de vastes arrière-pays. Les chemins de fer et les usines sont à l'origine de cette structure économique au Canada. Il reste à déterminer à quelle échelle et dans quelle direction elle s'établira. La décision de créer un marché canadien est implicite au moment de la Confédération et explicite dans la POLITIQUE NATIONALE qui lui fait suite. Protégé des États-Unis par des tarifs, le centre métropolitain du pays (*voir* STRATÉGIE INDUSTRIELLE) se stabilise dans les basses terres de la région du Saint-Laurent et des Grands Lacs, où se trouvent la plupart des marchés et qui donnent accès aux arrière-pays de l'Est et de l'Ouest. Le reste du pays consomme les produits du centre et lui fournit certaines matières premières. Cette structure se développe grâce à une politique publique ou privée, p. ex., en modifiant les tarifs du fret. Toutefois, étant donné le mode de peuplement canadien au moment de la Confédération et le caractère de l'économie industrielle, c'est la décision de créer un marché canadien qui en détermine les aspects fondamentaux. Les diverses parties du Canada parviennent à une intégration économique fonctionnelle considérable. La plupart des industries secondaires et des institutions financières associées sont concentrées à Montréal ou à l'extrémité ouest du lac Ontario, les industries primaires restent dispersées sur le territoire, et le cœur et la périphérie sont liés par des réseaux commerciaux et financiers en plein essor. D'un point de vue économique, une telle intégration favorise une spécialisation régionale très nette, comme en fait foi, p. ex., l'économie du blé des Prairies. D'un point de vue émotif, elle jette les bases de perceptions régionales du Canada étonnamment différentes. Ceux qui se trouvent au centre tendent à se montrer ouverts à l'égard du pays dont dépend leur économie et sur lequel leurs institutions exercent une grande influence, bien que les Canadiens français, qui travaillent dans les manufactures mais n'en sont pas propriétaires, manifestent peu d'empressement à bâtir un pays transcontinental et soient culturellement plutôt méfiants à ce chapitre. Toutefois, pour la plupart des anglophones du centre, un Canada britannique d'une mer à l'autre, qui renforcerait leurs traditions à mesure qu'il étendrait leurs marchés, constitue un projet réel et légitime. Ceux de la périphérie, en revanche, se méfient du centre, un sentiment alimenté par la conviction que les conditions locales sont sous l'emprise de puissances extérieures et que, étant forcés de vendre bon marché et d'acheter au prix fort, ils subventionnent le Canada central et absorbent le coût de la Confédération. Ce qui forme une politique nationale dans le Canada central peut facilement être interprété par les Maritimes comme l'impérialisme du Haut-Canada, et dans l'Ouest comme une manipulation des rues James et Bay. Du point de vue des Prairies ou des Maritimes, c'est au Canada central que se trouvent la haute finance et les privilèges particuliers.

Si le mode de peuplement du Canada et les tensions entre le cœur et la périphérie inhérentes à une économie nationale suffisent à expliquer le régionalisme canadien, des facteurs comme la distance, la géographie physique variée d'un vaste territoire et, dans plusieurs parties du Canada, la présence importante et croissante des autochtones, y jouent aussi un rôle. Le régionalisme canadien ne s'exprime pas toujours de la même manière, cependant. Depuis la Confédération, les sentiments régionaux s'associent à des populations locales, à des parties importantes de provinces (p. ex., l'île du Cap-Breton), à des provinces et à des territoires vaguement définis comme les Maritimes, le Canada central et l'Ouest. Parmi ceux-là, ce sont les provinces qui incarnent à présent la structure fragmentée du pays. Les populations autrefois à la source de la définition et de la défense des conceptions traditionnelles sont dépossédées de ce rôle par les moyens de transport et de communication modernes, tandis que l'État assume une importance symbolique et pratique croissante. Dans ce contexte, la province canadienne, dont les pouvoirs sont définis par la Constitution, tend à remplacer les populations locales qui ne représentent plus la vie canadienne, de même que les régions plus vastes mais amorphes et sans caractère politique précis. C'est ce régionalisme simplifié et, partant, politiquement plus puissant, qui met en cause de façon croissante le concept et le sens du Canada.

La consolidation du sentiment régional dans les provinces apparaît au moment où les gouvernements assument un rôle plus considérable dans la vie canadienne et lorsque l'évolution de l'économie canadienne modifie le sens de certains des éléments de l'ACTE DE L'AMÉRIQUE DU NORD BRITANNIQUE (aujourd'hui la LOI CONSTITUTIONNELLE DE 1867). Les gouvernements provinciaux jouent un rôle plus marqué dans l'économie, et les provinces, un rôle plus marqué dans la perception du Canada. Beaucoup d'activités organisées antérieurement à diverses échelles régionales le sont maintenant à l'échelle provinciale. Parallèlement, le pouvoir fédéral s'accroît à mesure qu'Ottawa étend ses services et sa présence économique. Le résultat de cette croissance des gouvernements fédéral et provinciaux est un débat de plus en plus polarisé entre des conceptions nationales et plus régionales du Canada, un débat où s'affrontent aussi deux ordres de gouvernement. La consolidation politique du régionalisme dans les gouvernements provinciaux est perceptible d'un bout à l'autre du pays, mais est probablement plus manifeste au Québec. La culture d'un peuple francophone et catholique est défendue dans le passé par la communauté locale, par une variété de sociétés nationalistes et avant tout par l'Église catholique romaine. Pour certains, la meilleure défense de la culture est la vie rurale et une forte natalité et, de ce point de vue, le gouvernement provincial ne peut guère faire plus qu'encourager la colonisation. Au cours des dernières années, le gouvernement assume la défense de la culture. Plusieurs Québécois francophones axent leurs efforts sur le développement du pouvoir politique du gouvernement du Québec. La protection de la langue française, un élément central de la diversité régionale du Canada, est devenue une question essentiellement politique qui dépend de conceptions divergentes des responsabilités fédérale et provinciale. L'économie reste néanmoins la principale source de friction entre le gouvernement fédéral et les provinces. L'emplacement des réserves de pétrole et de gaz et l'influence économique croissante du bassin du Pacifique remettent en question les idées que partagent les Canadiens depuis presque 100 ans au sujet du pouvoir économique. Le cœur et les périphéries semblent s'être démembrés et, dans un pays comme le Canada, il suffit d'évoquer la possibilité d'un pareil changement pour réveiller les fantômes de 100 ans de tension territoriale. Pour certaines provinces, il semble que leur tour soit venu, pourvu qu'on laisse le processus naturel de cette dynamique suivre son cours. Cependant, si le pouvoir politique fédéral demeure au centre et si la loi constitutionnelle accorde une grande marge de manœuvre à l'autorité fédérale au chapitre de la politique des ressources, les avantages économiques des régions périphériques risquent d'être compromis par les instincts protecteurs du centre, ce qui explique la combativité des provinces de l'Ouest et de Terre-Neuve en matière de gestion des ressources. Tant que le gouvernement fédéral est élu par le centre du Canada, comme il semble destiné à l'être, un conflit au sujet de l'espace économique se traduit immédiatement par un conflit entre différents ordres de gouvernement.

Le régionalisme canadien est aujourd'hui vigoureusement défendu par les politiciens provinciaux et s'affirme avec véhémence dans le débat fédéral-provincial, mais cette rhétorique vient occulter la texture régionale beaucoup plus subtile de la vie canadienne. Celle-ci s'exprime dans les paysages distincts de la ferme, du village et de la ville d'un bout à l'autre du Canada; dans différents accents et différents souvenirs de différents passés; dans des modes de vie associés à des économies basées sur des ressources différentes dans des environnements différents; dans les relations des villes avec différents arrière-pays et avec différentes situations dans le système urbain. Et elle s'exprime avec beaucoup de sensibilité dans la peinture et la littérature canadiennes. (*Voir aussi* FÉDÉRALISME.)

R. Cole Harris

Régionalisme dans la littérature Le géographe R. Cole Harris décrit la partie habitée du Canada comme étant «un archipel d'îles intérieures étalées sur plus de 4000 milles d'est en ouest [...]. Différentes îles ont été colonisées à différents moments par des peuples aux origines différentes, dans le cadre de technologies et d'économies différentes.» Dans toute l'histoire du Canada, ce concept a constitué une puissante interprétation qui diffère de l'idée d'une nation homogène s'étendant d'un océan à l'autre. Selon Northrop FRYE, ce concept est essentiel: «Ce qui touche l'imagination de l'écrivain [...] c'est un environnement plutôt qu'une nation [...]. Le régionalisme et la maturité littéraire semblent aller de pair.»

En 1943, cependant, E.K. BROWN suggère, dans *On Canadian Poetry*, que le RÉGIONALISME menace le développement de la littérature canadienne «parce qu'il met l'accent sur le superficiel et les particularités au moins au détriment, sinon à l'exclusion, de ce qui est fondamental et universel». La principale réalisation de la littérature canadienne d'avant la Seconde Guerre mondiale est d'avoir trouvé le vocabulaire, et un certain sens des formes appropriées, pour articuler un nouveau lieu de manière authentique. Étant donné la force du style impérial et sa tradition littéraire, c'est là un accomplissement remarquable, mais, en soi, il ne peut être que «superficiel». Ces premiers écrivains, dont l'engagement consiste à nommer les particularités d'un nouveau monde, mettent inévitablement l'accent sur une région.

Notre premier humoriste, T.C. HALIBURTON, est régional lorsqu'il consigne les dialectes et les coutumes de la Nouvelle-Écosse d'avant la Confédération. Charles G.D. ROBERTS dépeint les paysages du Nouveau-Brunswick, en particulier dans *Songs of the Common Day* (1893). D.C. SCOTT évoque plusieurs décors nordiques dans ses récits sur la vie des Amérindiens. Le roman populaire, qui domine la fiction canadienne jusqu'en 1920, engage un aspect plus sentimental du régionalisme, empreint de particularités pittoresques sur le maniérisme et les costumes, de façon à atténuer le côté didactique et mélodramatique des œuvres. Les romans historiques de Gilbert Parker sont insolites en ce sens qu'ils suggèrent un lien entre le lieu et le personnage. C'est en puisant dans la couleur locale de Glengarry et de l'Ouest canadien que Ralph Connor (C.W. GORDON) avive ses sermons transformés en fiction, qui connaissent un grand succès.

La littérature régionale au sens strict se rattache aux conventions du réalisme parce qu'elle tente de distinguer avec précision les caractéristiques d'une région clairement définissable, soit une région rurale ou encore étroitement liée à la terre. Comme le montrent les œuvres de Thomas Hardy et de William Faulkner, ce type de littérature régionale, dans sa forme la plus accomplie, n'est pas synonyme de détails superficiels ou de style prosaïque, mais plutôt d'une exploration profonde de l'influence qu'exercent des régions particulières dans le destin d'individus précis.

Certaines œuvres sont précurseurs du régionalisme littéraire, comme la suite de nouvelles de D.C. Scott dans *In the Village of Viger* (1896), le portrait finement ciselé de Brantford par Sara Jeannette Duncan dans *The Imperialist* (1904) et les tableaux humoristiques de Stephen LEACOCK dans *Un été à Mariposa: croquis en clin d'œil* (1960). Cette tradition s'établit solidement au Canada dans les années 20, spécialement avec une série d'essais de Frederick Philip GROVE, *Over Prairie Trails* (1922), ainsi que ses romans *Settlers of the Marsh* (1925) et *Fruits of the Earth* (1933).

D'autres écrivains de l'Ouest, plus enclins à la pratique romanesque, comme Martha Ostenso, Robert Stead et Frederick Niven, contribuent à l'identification du régionalisme littéraire aux Prairies au cours de cette période. Dans la LITTÉRATURE DE LANGUE FRANÇAISE, l'intérêt pour le thème du terroir, associé à l'École littéraire de Montréal à la fin du XIXᵉ s., conserve toute sa vigueur jusque dans les années 30. Une comparaison entre MARIA CHAPDELAINE(1916), de Louis HÉMON, et TRENTE ARPENTS (1938), de Ringuet (Philippe PANNETON), montre une évolution du sentimentalisme au réalisme semblable à celle qui s'est opérée dans la LITTÉRATURE DE LANGUE ANGLAISE.

Jusqu'en 1940, cependant, même la prose souvent lourde de Grove et la nostalgie implicite du terroir justifient la perception de Brown, selon laquelle il existe une faiblesse inhérente au régionalisme. AU SERVICE DU SEIGNEUR? (1981), de Sinclair ROSS, démontre par contre que, même en s'attachant fortement aux structures sociales et aux paysages régionaux, la littérature canadienne peut également se révéler audacieuse dans son utilisation habile de la forme et de la langue.

Il est certain qu'une grande partie de la fiction canadienne importante des 15 années suivantes est résolument régionale: KLEE WYCK (1941; trad. 1973), d'Emily CARR, QUI A VU LE VENT (1974), de W.O. MITCHELL, *Each Man's Son* (1951), de Hugh MACLENNAN, *The Mountain and the Valley* (1952), d'Ernest BUCKLER, *Hetty Dorval* (1947) et *Swamp Angel* (1954), d'Ethel WILSON, et *The Channel Shore* (1954), de Charles BRUCE.

Plus récemment, *Manawaka*, de Margaret LAURENCE, *Jubilee*, d'Alice MUNRO, et au théâtre SouWestO, de James REANEY, sont devenus des lieux populaires de littérature canadienne. À l'exception de *The Canadian West in Fiction* (1949; éd. rév. 1970), d'Edward McCourt, aucun regard critique soutenu n'est jeté sur le régionalisme en littérature avant le début des années 70, alors qu'une proliféra-tion d'études et d'anthologies commencent à changer l'orientation des études canadiennes.

La décentralisation simultanée du pouvoir politique dans les années 70 se reflète dans divers éléments qui viennent stimuler la croissance et la prise de conscience des littératures régionales: la mise en place de conseils des arts ou de ministères des Affaires culturelles dans les provinces, la création de cours et de centres universitaires pour les études régionales, l'organisation de plusieurs conférences axées sur les régions ainsi que l'apparition de douzaines de PÉRIODIQUES LITTÉRAIRES ayant des préoccupations régionales prononcées.

Un régionalisme fantastique, burlesque ou même antirégional émerge comme un prolongement significatif de la fiction régionale, en particulier dans les œuvres d'auteurs comme Sheila WATSON, Robert KROETSCH et Jack HODGINS. Entre-temps, de nombreuses PETITES MAISONS D'ÉDITION régionales, de Breakwater à St. John's (Terre-Neuve) à Oolichan à Lantzville (Colombie-Britannique), sont créés pour promouvoir le développement de la poésie régionale, dans laquelle le lien entre la région et le réalisme se maintient avec force. Chez Al PURDY, la fusion de fragments, de récits et de styles de régions particulières exerce une grande influence. Des poètes régionaux du Canada, aussi divers qu'Alden NOWLAN, Don Gutteridge, Andrew Suknaski, Glen Sorestad et Peter Trower, trouvent leur inspiration dans la façon désinvolte de Purdy de combiner des processus historiques et des événements de portée purement locale.

Dans les années 80, écrivains et critiques développent une différente approche de la région, qui est conceptuellement plus large (englobant des idées de culture, de richesse et de classe) et théoriquement plus concentrée (incorporant les sciences de la perception, la cognition, l'anthropologie et la rhétorique). Les éditeurs régionaux se développent avec ferveur, publiant de la poésie à l'histoire locale, de la fiction aux essais, raffermissant ainsi leurs intérêts régionaux. L'identification au lieu et à la terre demeure importante, mais la multitude de régions historiques, économiques, ethniques et linguistiques qui composent l'archipel imaginé par Harris sont en train de changer ou de briser les frontières des régions traditionnelles (l'Atlantique, le Québec, l'Ontario, les Prairies, la Colombie-Britannique, le Nord), qui ont influencé de façon trop simpliste la compréhension du régionalisme littéraire canadien.

Laurie Ricou

Régions de végétation Les régions de végétation sont des régions géographiques caractérisées par des peuplements végétaux distincts. La composition des groupements, déterminée surtout par le climat (p. ex., température, précipitations, ensoleillement), peut être influencée par des facteurs tels que la nature, la composition et l'érosion du sol, la configuration du réseau hydrographique et les activités humaines. Chaque région de végétation abrite une communauté faunique distincte, qui peut modifier sa composition. Les principales régions de végétation du Canada sont décrites ci-dessous.

Toundra arctique

La toundra arctique est, en grandeur, la deuxième région de végétation du pays. Elle couvre un plus grand nombre de latitudes que toute autre région de végétation, mais on la connaît peu parce qu'elle est éloignée et peu peuplée. L'Arctique est dépourvu d'arbres en raison de ses basses températures estivales (moins de 11 °C en moyenne durant le mois le plus chaud) et sa brève saison de croissance (de 1,5 à 3,5 mois). La zone de transition de la FORÊT BORÉALE à la TOUNDRA, appelée forêt de transition subarctique, est constituée de rubans ou d'îlots d'épinettes noires et d'épinettes blanches rabougries, répartis dans une mer de végétation typique de la toundra. Seuls quelques bouleaux et peupliers faux-trembles vivent dans ces régions nordiques.

Les principaux facteurs environnementaux qui limitent la croissance et la répartition des plantes sont: un sol froid qui, l'été, a une couche de croissance de 20 à 60 cm d'épaisseur et qui repose sur le PERGÉLISOL; l'épaisseur variable de la couche de neige hivernale; la faible quantité d'éléments nutritifs du sol, notamment l'azote et le phosphore; et la grande aridité (sur les crêtes) ou humidité (dans les basses terres) des sols l'été. L'Arctique est généralement divisé en bas Arctique, qui inclut la partie continentale, et en extrême Arctique, qui comprend au Nord le district du Keewatin et l'ARCHIPEL ARCTIQUE.

Bas Arctique Le bas Arctique se caractérise par une couverture végétale presque continue et une abondance d'arbustes ligneux nains ou prostrés. Parmi les principaux peuplements végétaux, on y trouve une haute toundra arbustive (2 à 3 m) composée d'aulnes, de bouleaux nains et de saules, au bord des lacs et des cours d'eau ainsi que sur les pentes escarpées; une basse toundra arbustive (30 à 60 cm) composée de saules, de bouleaux glanduleux, d'éricacées naines, de nombreuses espèces de carex et de petites plantes herbacées ainsi que des LICHENS et des mousses en abondance, sur les pentes moyennement drainées; les touffes de carex, les éricacées naines, les mousses et les lichens, sur les sols mal drainés des petites collines; et plusieurs espèces de carex, quelques espèces de graminées et d'herbacées ainsi que d'abondantes mousses sur les terrains plats mal drainés, où l'on trouve parfois des lacs peu profonds et des polygones concaves.

C'est dans ces derniers milieux qu'un grand nombre d'oiseaux aquatiques passent l'été. Les buttes formées de touffes de carex et les basses toundras arbustives constituent les quartiers d'été du caribou de la toundra et l'habitat permanent du lemming, du lagopède, du renard et du loup.

Extrême Arctique Dans l'extrême Arctique, la végétation est plus clairsemée et la faune, moins diversifiée en raison des étés plus froids (de 2 à 5 ºC durant le mois le plus chaud), de la saison de croissance plus courte (de 1,5 à 2,5 mois) et des faibles précipitations (de 100 à 200 mm). Dans les basses terres, on trouve des zones restreintes de toundras à carex et à mousses, diminuant en abondance au-dessus du 74e parallèle Nord.

Environ 50 p. 100 de la couverture végétale est constituée d'îlots épars d'arbustes nains prostrés (de 1 à 3 cm de hauteur), de saules et de benoîtes de l'Est, de petites plantes en coussinet (draves, saxifrages, montia, pavot) et de lichens en mousses en abondance; ou de zones peuplées de lichens, de mousses, de groupes épars de graminées et de joncacées ainsi que des plantes en coussinet. Ces territoires polaires semi-arides abritent de petits troupeaux disséminés de bœuf musqué et de caribou de Peary ainsi que, dans les lacs des basses terres, des oiseaux aquatiques.

À haute altitude (plus de 100 m), dans les îles du Sud et du Centre, et à plus basse altitude, dans les îles plus au Nord, l'abondance des roches de pavages désertiques, de roches gélives et de petits îlots de sol limono-argileux ou turbations périglaciaires donne une terre véritablement aride (déserts polaires). À ces endroits, les plantes à fleurs et les mousses ne poussent que là où les grands bancs de neige fondants constituent une source d'eau. Ailleurs, on trouve de minuscules plantes à fleurs dispersées et pratiquement pas de lichens ni de mousses.

L.C. Bliss

Forêt boréale ou taïga

La forêt boréale ou taïga encercle l'hémisphère Nord, entre la toundra dépourvue d'arbres et les zones plus méridionales de forêts de feuillus des latitudes moyennes. En Amérique du Nord, la taïga s'étend de l'intérieur de l'Alaska et des versants est des montagnes Rocheuses jusqu'à Terre-Neuve, ce qui en fait la plus grande région de végétation du Canada. Une zone distincte de végétation boréale se

trouve aussi sur l'île du Cap Breton, sur la côte Est de la Nouvelle-Écosse et autour de la baie de Fundy.

Cette région de végétation est dominée par des espèces variées, résistantes aux étés courts et frais ainsi qu'aux hivers longs et rigoureux.

Sous-zones du Sud Le tiers sud du territoire est dominé par de grandes forêts (15 à 25 m) semi-fermées (40 à 60 p. 100 de couverture) et formant une canopée, composées de peuplements purs et mélangés d'arbres décidus et de conifères. Le peuplier faux-tremble, le peuplier baumier et l'épinette blanche sont communs dans les hautes terres du côté ouest; l'épinette blanche, l'épinette noire, le sapin baumier, le peuplier faux-tremble et le bouleau à papier sont communs à l'est du Manitoba. Dans les régions adjacentes aux forêts tempérées de l'Est, on trouve également le pin rouge, le pin blanc, l'érable à sucre, l'érable rouge et le bouleau jaune. Le pin gris est commun sur les sols bien drainés à texture grossière.

Dans la région du centre de la taïga, les conifères sont plus abondants que dans le tiers sud en raison du climat plus froid. Les hautes terres sont dominées par l'épinette noire et l'épinette blanche, le pin gris et le sapin baumier. Les sites plus chauds et plus secs sont colonisés par le peuplier faux-tremble et le bouleau à papier.

La végétation qui pousse sous le couvert forestier dans le Sud et le Centre de la taïga est généralement composée d'un mélange de plantes herbacées et d'arbustes décidus. Dans les endroits frais et les peuplements forestiers matures, il pousse un tapis d'hypne, et les autres espèces des étages inférieurs sont moins abondantes. Par contre, dans les sites secs où les pins poussent librement (couverture de moins de 30 p. 100), le raisin d'ours, les bleuets et les lichens dominent le tapis végétal. Le climat et la végétation permettent le développement de luvisols sur des sites à texture fine ou moyenne; les podzols et les brunisols sont communs sur des substrats à texture grossière.

Zone subarctique Le tiers ou la moitié nord de la taïga, ou zone subarctique, connaît un été plus court et un climat plus froid que les régions méridionales. Dans ces conditions, on trouve des peuplements à croissance libre de conifères rabougris (5 à 7 m de hauteur). Les arbres les plus communs sont l'épinette noire et le sapin baumier, mais l'épinette blanche et le bouleau à papier croissent dans les endroits chauds et secs. Entre les arbres nains, on retrouve généralement des arbustes tels que le bouleau nain et le lédon du Groenland (thé du Labrador) ou des tapis de lichens et de mousses. Les brunisols et les podzols sont communément associés aux hautes terres. Cette partie de la taïga fait la transition avec la toundra. L'orignal, l'ours noir, le lièvre d'Amérique et, au Nord, le caribou, sont les espèces d'animaux typiques de la taïga.

Terres humides Dans toute la taïga, on trouve des régions peu ou mal drainées (probablement au moins 25 p. 100 de la superficie totale), soit des terres humides, pleines de dépôts organiques (tourbières). Ces ÉCOSYSTÈMES sont appelés tourbières minérotrophes ou oligotrophes (ombrotrophes) selon qu'ils sont respectivement moins pauvres ou très pauvres en éléments nutritifs. Des espèces telles que l'épinette noire, le mélèze laricin, le genévrier de Virginie (dans l'Est et le Sud seulement), les saules, le lédon du Groenland, l'andromède glauque, la ronce petit-mûrier (chicouté), les carex, les sphaignes et les mousses sont des espèces typiques des peuplements végétaux des terres humides.

Le pergélisol est souvent associé aux tourbières, particulièrement dans la moitié septentrionale de la taïga. On y trouve également de grands marais ou terres humides sans TOURBE, entre autres dans le grand delta des rivières de la Paix et Athabasca dans le PARC NATIONAL WOOD BUFFALO. Les carex, les prêles et les éléocharides sont des plantes communes dans ces régions.

Incendies On trouve des vestiges d'incendies presque partout dans la taïga, et plusieurs plantes ont des mécanismes de survie face à ces événements catastrophiques. P. ex., plusieurs espèces de plantes boréales peuvent se reproduire après une perturbation en bourgeonnant à partir de tiges des étages inférieurs (réitération), entre autres de tiges d'arbres (peuplier faux-tremble), d'arbustes (amélanchiers, saules, arctostaphyle raisin d'ours, rosiers) et de certaines plantes herbacées. Les graines de certaines espèces sont facilement dispersées par le vent (bouleau, épilobe), tandis que d'autres ont des cônes sérotineux (c.-à-d. qui restent fermés) qui protègent les graines et s'ouvrent seulement après avoir été chauffés (pin gris, épinette noire).

Des processus naturels permettent le remplacement, dans les brûlis, de peuplements végétaux tels que le peuplier faux-tremble et le pin gris par des espèces plus tolérantes à l'ombre telles que l'épinette blanche, l'épinette noire et le sapin baumier lorsque l'intervalle entre les incendies est long (p. ex., plus de 150 ans). Cette succession secondaire peut mener à une végétation climax.

W.L. Strong

Côte du Pacifique La région côtière du Pacifique, qui s'étend à peu près de la 48e à la 55e de latitude N., peut être divisée en quatre zones de croissance distinctes reflétant la grande variation de température, de longueur de saison de croissance et de précipitations moyennes (650 à 3000 mm par année). D'importantes précipitations, causées par les montagnes de l'île de Vancouver et des îles de la Reine-Charlotte, peuvent entraîner d'autres variations climatiques sur les versants est des montagnes et dans les régions associées des côtes continentales.

La végétation des côtes des archipels et des côtes du continent exposées à l'océan est principalement constituée de forêts de conifères composées de Douglas taxifolié, de pruche occidentale, de faux-cyprès de Nootka, d'épinette de Sitka, de pin tordu latifolié (pin lodgepole), de genévrier rouge et, occasionnellement, d'if occidental. Les principaux arbres décidus que l'on y rencontre sont l'aulne rouge et le saule de Scouler. On ne retrouve pas de Douglas taxifolié dans les îles de la Reine-Charlotte.

La région du détroit de Georgie sur la côte est de l'île de Vancouver et la côte continentale adjacente ont un climat méditerranéen plus sec. À cet endroit, la végétation côtière doit survivre à un climat chaud et sec qui peut durer jusqu'à huit semaines. La végétation se caractérise par une flore printanière colorée et plusieurs espèces de plantes herbacées annuelles. L'arbousier Madrono, le cornouiller de Nuttall et le chêne de Garry atteignent leurs limites septentrionales dans cette région.

L'arbousier Madrono est le seul arbre indigène à feuilles larges et persistantes au Canada. Le cornouiller de Nuttall est l'emblème floral provincial (*voir* EMBLÈMES FLORAUX DES PROVINCES) de la Colombie-Britannique. Parmi les autres espèces forestières, on retrouve le Douglas taxifolié, la pruche occidentale, le sapin grandissime, l'érable grandifolié, le thuya géant et le cerisier amer.

Dans les forêts côtières exposées à l'océan, les arbustes prédominants des étages inférieurs sont la gaulthérie Shallon (salal), la ronce élégante et plusieurs espèces du genre *Vaccinium* (p. ex., les airelles et les gaylussaccias). Ces arbustes, notamment la gaulthérie Shallon, forment souvent des buissons impénétrables dans des promontoires exposés. Dans les régions côtières intérieures plus arides, les plantes communes des étages inférieurs sont la ronce occidentale, le sureau rouge du Pacifique, la rose de Nootka (*Rosa nutkana*), l'holodisque discolore, la symphorine blanche, *Polystichum munitum* et le blechnum commun.

Sur les plages, on retrouve des peuplements végétaux spécialisés. La plupart des plages sont formées de cailloux ou de galets et comportent une zone importante de bois dérivé contenant de grandes billes d'arbres forestiers. Les plages de sable fin se rencontrent plus communément dans la partie Sud de la côte pacifique canadienne. Les plantes communes de la zone de bois dérivé sont l'élyme des sables, la gesse maritime (pois de mer), *Vicia gigantea,* le gaillet gratteron, la calamagrostide du Canada, la deschampsie cespiteuse, la fraise de la côte du Pacifique (*Fragaria chiloensis*) et le plantain maritime (*Plantago maritima*).

La côte du Pacifique est fortement découpée par plusieurs bras de mer semblables à des fjords au fond desquels on trouve une végétation de marais salé. Parmi les plantes communes de ces marais, on compte diverses espèces: Distichlis stricta, troscarts, pontédérie cordée, *Trifolium worskjoldii,* stellaire déprimée et carex, tel le *C. lyngbyei* et le *C. obnupta.* Les graminées que l'on rencontre dans ces peuplements sont *Agrostis exarata,* la fétuque rouge, la deschampsie cespiteuse et une espèce d'orge (*Hordeum brachyantherum*). Parmi les plantes à fleurs occasionnelles, mais remarquables, il y a, l'*Aster subspicatus,* la renoncule occidentale, la *Grindelia integrifolia* et l'*Apargidium boreale.* Le jonc épars forme des îlots herbacés remarquables dans ces terres marécageuses.

Roy L. Taylor

Cordillère

La végétation de la cordillère canadienne est très diversifiée. Elle varie de la toundra alpine à la forêt pluviale côtière, en passant par les prairies et les savanes boisées. En fait, cinq des huit principales zones forestières du Canada se trouvent dans la cordillère.

Les régions montagneuses possèdent généralement une végétation complexe en raison des effets climatiques de l'altitude et des montagnes, qui constituent une barrière au flux d'air. La cordillère canadienne ne fait pas exception à la règle. Des bandes parallèles de chaînes de montagnes perpendiculaires au flux du système atmosphérique provenant de l'Est provoquent des variations dans la végétation selon que celle-ci est sous le vent ou au vent. Les gradients climatiques relatifs à l'altitude et à la latitude contribuent également à la variété végétale.

La végétation de la cordillère se divise en 14 zones. Chaque zone a une végétation, un sol et un macroclimat caractéristiques. Ces zones, aussi appelées ZONES BIOGÉOCLIMATIQUES, prennent généralement la forme de bandes altitudinales dans les montagnes couvrant une étroite distance horizontale, mais pouvant couvrir de grandes superficies dans les plateaux intramontagneux ou intérieurs. Ces 14 zones peuvent être groupées en 7 régions.

Région alpine Elle contient uniquement la zone de toundra alpine. On y trouve des peuplements végétaux semblables à ceux de la toundra, à des altitudes au-dessus de la limite forestière dans les régions montagneuses. C'est une zone importante de la cordillère canadienne qui s'étend dans le Yukon, le district du Mackenzie, la Colombie-Britannique et l'Alberta. La saison de croissance est courte, et il peut geler en toute saison. La végétation consiste principalement en graminées, carex, saules nains, mousses, lichens et autres petites plantes basses ligneuses et herbacées. À basse altitude, dans les endroits humides, on trouve parfois des prés luxuriants de plantes herbacées.

Région de la forêt subalpine de la côte du Pacifique Elle contient uniquement la zone de la pruche subalpine, qui se situe à une altitude intermédiaire dans la chaîne côtière, les Cascades et les montagnes de l'île de Vancouver, en Colombie-Britannique. Il neige beaucoup dans cette région, et le sol ne gèle pas en raison de l'épaisse couverture de neige. La pruche subalpine, le sapin gracieux et le faux-cyprès de Nootka y sont les espèces d'arbres caractéristiques. Parmi les espèces communes des étages inférieurs, on retrouve les bleuets, le *Cladothamnus pyroliflorus,* le cassiope de Mertens, le streptope rose, la dryoptéride disjointe et le *Rhutididiopsis robusta.* À haute altitude, on trouve généralement un parc forestier de conifères et des prés ou des landes (éricacées).

Région de la forêt subalpine de la cordillère intérieure C'est la région subalpine éloignée de la côte. La terre y gèle généralement avant que la neige ne commence à tomber. On distingue deux zones: la première, la zone de l'épinette d'Engelmann et du sapin subalpin, se retrouve en Colombie-Britannique et en Alberta. Les espèces d'arbres typiques comptent entre autres l'épinette d'Engelmann, le sapin subalpin, le pin tordu latifolié, le pin albicaule et le mélèze subalpin. Les plantes communes des étages inférieurs sont le rhododendron à fleurs blanches, la menziézie ferrugineuse, le gaylussaccia à fruits bacciformes, l'aulne de Sitka, la dryoptéride disjointe, l'arnique des montagnes et des hépatiques à feuilles.

La seconde zone, celle de l'épinette, du saule et du bouleau, se trouve dans le nord de la Colombie-Britannique et de l'Alberta (chaîne Cariboo), le Yukon et le district du Mackenzie. L'épinette blanche est commune dans toute cette zone, et le sapin subalpin se retrouve en Colombie-Britannique et dans le sud du Yukon. Le pin tordu latifolié croît dans les sites perturbés ou arides, et l'épinette noire est commune aux basses altitudes. Les saules et les bouleaux nains sont les arbustes communs. Les plantes herbacées communes sont la fétuque des monts Altaï, le pédiculaire du Labrador et le lupin arctique. L'*Hylocomium splendens* abonde également. La végétation dominée par les arbustes est très commune aux hautes altitudes et dans les vallées larges, qui subissent l'influence du drainage d'air froid.

Région de la forêt boréale montagnarde Elle se divise en trois zones qui ont toutes un climat fortement continental (c.-à-d. étés chauds et hivers rigoureux) et sont situées à des altitudes montagnardes (c.-à-d. sous la région subalpine), communément sur les plateaux intramontagnards. La première est la zone de la forêt boréale d'épinette blanche et d'épinette noire. Elle est l'équivalent de la forêt boréale de conifères de la plus grande partie du reste du Canada, mais dans la cordillère, c'est la zone située dans les vallées de l'Alberta, du nord de la Colombie-Britannique, du Yukon et des Territoires du Nord-Ouest, où elle trouve généralement des sols mieux drainés. Le pergélisol n'est pas commun en Colombie-Britannique et dans la cordillère albertaine, mais il l'est plus dans le Nord de ces provinces.

Les forêts sont principalement formées de peuplements mixtes d'épinette blanche et d'épinette noire, de pin tordu latifolié, de peuplier baumier, de bouleau à papier et de peuplier faux-tremble. Parmi les plantes communes des étages inférieurs, on retrouve l'aulne à feuilles minces et l'aulne crispé, la viorne trilobée, les rosiers sauvages, la shépherdie du Canada, l'épilobe à feuilles étroites, la calamagrostide du Canada, l'airelle vigne-d'Ida, la linnée boréale et les hypnes.

La zone subboréale d'épinette se trouve en Colombie-Britannique, sur le plateau central, entre la côte, les montagnes Rocheuses et la chaîne Cariboo. Les étés y sont légèrement plus frais que dans la zone boréale d'épinette blanche et d'épinette noire en raison de la plus grande couverture nuageuse, les jours y sont plus courts et les hivers sont moins rigoureux, avec plus de neige. Les forêts sont dominées par l'épinette blanche hybride (Engelmann et blanche), le sapin subalpin, le pin tordu latifolié, le Douglas taxifolié, l'épinette noire et le peuplier occidental. On y retrouve quelques forêts de peupliers faux-trembles et de bouleaux à papier, particulièrement là où il y a beaucoup d'incendies.

Les arbustes que l'on y rencontre communément sont la gaylussacia à fruits bacciformes, l'aulne de Sitka, *Spiraea betulifolia, Paxistima myrsinites,* le chèvrefeuille à involucres, la ronce occidentale et l'aralie épineuse. Les espèces de liliacées telles que les sceaux-de-Salomon, les streptopes, la dispore (de l'Orégon) et la clintonie uniflore sont communes dans les étages inférieurs, de même que la dryoptéride disjointe, la tiarelle cordifoliée, la pétasite palmée et l'hypne.

La troisième zone est la zone subboréale de pin et d'épinette. Elle est située dans le plateau Chilcotin du centre de la Colombie-Britannique. Le climat de ce haut plateau est semblable à celui de la zone boréale d'épinette blanche et d'épinette noire, avec des hivers rigoureux et des étés chauds et secs. Les forêts de pins dominent le paysage en raison des incendies fréquents. L'épinette blanche hybride est aussi commune, et on y trouve beaucoup de peupliers faux-trembles et d'épinettes noires. Parmi les plantes communes des étages inférieurs, on retrouve la shéperdie du Canada, le genévrier, l'airelle gazonnante, la calamagrostide rougissante, l'arctostaphyle raisin d'ours, la camarine, l'hypne de Schreber et plusieurs espèces de lichens.

Région forestière tempérée montagnarde de la cordillère Elle comprend trois zones. La première est la zone intérieure de thuya et de pruche. Elle est située dans des vallées chaudes et humides du sud-est de la Colombie-Britannique et du côté sous le vent de la chaîne côtière dans le nord-ouest de la Colombie-Britannique. C'est la zone la plus humide et la plus productive de l'intérieur de la province.

Le thuya géant et la pruche occidentale sont les espèces d'arbres dominantes, mais plusieurs autres espèces se trouvent aussi dans cette zone dont le Douglas taxifolié, le pin tordu latifolié, le pin argenté, l'épinette blanche hybride, le sapin subalpin, le mélèze occidental, le bouleau à papier et le peuplier faux-tremble. Dans les régions où les précipitations sont abondantes, on trouve des forêts de pruches occidentales et de thuyas géants aussi magnifiques que dans les forêts pluviales côtières. Ces forêts sont dites «forêts anciennes», car elles ont près de 1000 ans.

Les plantes des étages inférieurs varient considérablement à l'intérieur de cette zone, mais on trouve dans le Sud du chèvrefeuille de l'Utah, de la *Paxistima myrsinites* et du mahonia à feuilles de houx et dans le Nord, du gaylussaccia à fruits bacciformes et du sorbier de Sitka. L'aralie épineuse, la dryoptéride disjointe, la clintonie uniflore, le streptope rose, le symplocarpe fétide et l'hypne sont des plantes communes dans toute la région.

La deuxième zone est la zone intérieure de Douglas taxifolié. Elle est située à basse altitude, sur les versants est des montagnes Rocheuses en Alberta, à une altitude intermédiaire dans les montagnes du sud de la Colombie-Britannique et domine la végétation des plateaux méridionaux intramontagneux de la Colombie-Britannique. C'est une zone chaude continentale dominée par le Douglas taxifolié, accompagné de plusieurs autres espèces d'arbres comme le pin tordu latifolié, le pin ponderosa, l'épinette blanche hybride, le mélèze occidental, le bouleau à papier, le peuplier occidental et le peuplier faux-tremble. Le thuya géant abonde dans les régions humides de cette zone.

La calamagrostide rougissante est la plante dominante qui caractérise les étages inférieurs. Les autres plantes communes sont le genévrier saxicole et le genévrier commun, la *Spiraea betulifolia,* les amélanchiers, l'agropyre à épis, le raisin d'ours et la linnée boréale. Les prairies où dominent l'agropyre à épis, la fétuque et parfois la *Stipa comata* sont communes dans certaines parties de cette zone. On trouve également plusieurs parcs formés de forêts et de prairies.

La zone montagnarde d'épinette se situe à des altitudes entre la zone intérieure de Douglas taxifolié et celle d'épinette d'Engelmann et de sapin subalpin, dans la plus grande partie de son aire de répartition dans le sud de la Colombie-Britannique et sur les versants est des montagnes Rocheuses, mais on la trouve aussi au-dessus de la zone subboréale de pin et d'épinette dans le centre de la Colombie-Britannique. De plusieurs façons, le climat est semblable à celui des milieux arides et humides de la zone sub-boréale d'épinette: les étés sont chauds et les hivers sont froids, mais peu rigoureux.

Le pin tordu latifolié domine le couvert forestier en raison des incendies fréquents. L'épinette d'Engelmann et l'épinette blanche hybride sont habituellement dans les étages inférieurs et dominent les peuplements qui n'ont pas été touchés par le feu depuis un certain temps. Les plantes comme la *Paxistima myrsinites*, le *Vaccinium scoparium*, la calamagrostide rougissante, la linnée boréale, la gaulthérie couchée et l'hypne de Schreber se retrouvent généralement sous les arbres.

Région de savane et de steppe froide de la Cordillère Elle comprend les zones où le climat est aride et où les sols ont un déficit considérable en eau. Cette région se divise en deux zones, toutes deux situées en Colombie-Britannique. La première est la zone de schizachyrium. C'est une zone de prairies où règnent l'armoise tridentée et l'agropyre à épis. Parmi les autres plantes communes de cette zone, on retrouve aussi la bigelovie puante, l'armoise rustique, la *Koeleria macrantha* et les raquettes (cactus). Entre les touffes de graminées, la présence d'une croûte de lichens et de mousses à la surface du sol, ce qui est rare en raison du broutage par le bétail, indique une prairie en excellente condition.

Il s'agit de la zone la plus chaude et la plus aride de la cordillère et elle se situe principalement au fond des vallées profondes de l'intérieur méridional, dans une région sous le vent abritée de la pluie par la chaîne Côtière. Cette zone est l'extension septentrionale des prairies Columbia Basin des États-Unis.

La zone de pin ponderosa est située aux altitudes entre la zone de schizachyrium et la zone intérieure de Douglas taxifolié, dans ces régions arides de la Colombie-Britannique. Les forêts sont dominées par le pin ponderosa, et les plantes les plus communes des étages inférieurs sont l'agropyre à épis et les fétuques. Les forêts sont à la fois ouvertes, de type savane boisée, et fermées. Les prairies d'agropyre à épis sont souvent mélangées avec de petits îlots de forêt de pins ponderosas. Les autres espèces typiques de cette zone sont la *Balsamorhiza sagittata*, les achillées et les antennaires. Le Douglas taxifolié se retrouve dans les lieux plus humides ainsi que dans les endroits où on prévient les incendies. Les forêts sur les sites plus humides sont aussi parfois dominées par le peuplier faux-tremble, le peuplier, le bouleau à papier ou le bouleau occidental.

Région forestière mésothermique de la côte du Pacifique Elle comprend deux zones caractérisées par un climat côtier doux. La première et la plus sèche des deux est la zone côtière de Douglas taxifolié. Elle se trouve principalement dans la région côtière du Pacifique, sur l'île de Vancouver, et n'occupe pas une place importante dans la cordillère de la côte continentale de l'Ouest.

Les forêts de Douglas taxifoliés y dominent, bien que d'autres espèces d'arbres y soient aussi communes, notamment l'arbousier Madrono, le cornouiller de Nuttall, l'érable à grandes feuilles, le sapin grandissime et le thuya géant. Au printemps, la végétation des prairies de chêne de Garry est colorée de fleurs abondantes. Les étages inférieurs de forêts de conifères comptent plusieurs espèces dont l'*Oemleria cerasiformis*, l'holodisque discolore, la symphorine occidentale, le mahonia à feuilles de houx, des chèvrefeuilles et de la gaulthérie Shallon (ou salal).

La zone côtière de pruche occidentale est aussi communément appelée forêt pluviale tempérée. Le climat y est humide et chaud, et les forêts de cette zone sont les plus productives et les plus majestueuses au Canada. Cette zone se répartit tout le long de la côte de la Colombie-Britannique et dans les vallées de la chaîne côtière. Les forêts pluviales sont caractérisées par la pruche occidentale, le thuya géant, le sapin gracieux, l'épinette de Sitka et le

Douglas taxifolié. Parmi les autres espèces communes d'arbres, on retrouve le faux-cyprès de Nootka, le sapin grandissime, l'aulne rouge, le peuplier occidental et le pin tordu latifolié. Les plantes des étages inférieurs sont variées et comptent, entre autres, le *Vaccinium alaskaenses*, le *Vaccinium parvifolium*, la ronce élégante, la gaulthérie Shallon, l'aralie épineuse, le blechnum commun, la fougère lancéolée et le symplocarpe fétide.

D. Meidinger

Prairie

La prairie naturelle se rencontre dans les climats semi-arides à subhumides. Les plantes qui y poussent sont vivaces, pour la plupart des graminées, et sont associées à des carex, des plantes herbacées dicotylédones (autres que les graminées) et quelques arbustes nains. Avant l'arrivée des colons européens, des prairies ininterrompues occupaient presque tout le sud du Manitoba, de la Saskatchewan et de l'Alberta, de Winnipeg à Calgary et de la frontière des États-Unis jusqu'à Saskatoon et à Edmonton, et s'étendaient aussi dans les vallées de l'intérieur sud de la Colombie-Britannique.

Les prairies occupaient également la ceinture entre ce territoire et la zone de transition entre lui et la forêt boréale vers le nord, où des incendies récurrents interféraient avec le développement des tremblaies qui, suite à la colonisation, étaient dispersées dans les prairies. Après la colonisation, on trouve des arbres et des arbustes dans les milieux sablonneux (p. ex., Great Sand Hills, en Saskatchewan, et Carberry Sand Hills, au Manitoba) qu'on retrouve parmi les prairies ouvertes.

La nature de la végétation des prairies dépend du climat et du sol. Les précipitations augmentent vers l'est depuis les montagnes Rocheuses, et la température diminue vers le nord. Ces deux facteurs sont modifiés par l'altitude dans les avant-monts d'Alberta, dans les versants et vallées de la Colombie-Britannique et dans les milieux élevés des prairies canadiennes méridionales.

Zones

Les prairies canadiennes sont classées en quatre zones relatives aux différences climatiques, qui modifient aussi la nature des sols.

À l'est des montagnes, le type le plus commun est la prairie mixte, ainsi nommée en raison du mélange de graminées basses et moyennes qui y croissent. On rencontre ce type de prairie dans les régions les plus arides (sud-ouest de la Saskatchewan et sud-est de l'Alberta), où le sol arable est brun et les plantes dominantes (la *Stipa comata*, l'agropyre de l'Ouest et le Boutelou gracieux) sont relativement résistantes à la sécheresse. La prairie mixte s'étend également dans toute la zone adjacente de sol brun foncé (à l'Est, au Nord et à l'Ouest), où il y a moins d'espèces résistantes à la sécheresse (la *Stipa spartea* var. *curtisea* et l'agropyre velu).

La praire de fétuques occupe les sols noirs en Alberta et dans l'ouest de la Saskatchewan entre la prairie mixte et la forêt boréale et cède la place vers l'est à la prairie d'herbes longues ou haute prairie (aussi appelée prairie normale) dans le sud du Manitoba. La plante principale de la prairie de fétuques est la fétuque scabre. Dans la prairie d'herbes hautes, le schizachyrium à balai et la *Stipa spartea* var. *spartea* sont les espèces les plus importantes.

En Colombie-Britannique, la prairie est semblable à la prairie de Palouse dans les États de Washington et de l'Idaho. L'agropyre à épis est dominant dans le fond des vallées semi-arides (prairies basses), avec des changements floristiques par un type intermédiaire (prairie moyenne) vers un type où la fétuque scabre abonde (prairie haute).

La prairie mixte et la prairie à herbes hautes s'étendent vers le sud jusqu'au Texas avec des changements importants de composition d'espèces. La prairie de fétuques et la prairie de la Colombie-Bri-

tannique (prairie de Palouse) s'étendent vers le sud dans les États adjacents des États-Unis.

Composition d'espèces Dans la zone de sol noir, la forêt pénètre la prairie là où le climat est plus humide et frais qu'en moyenne (versants nord, bordure des marécages et endroits surélevés), de façon telle que la prairie et la forêt s'interpénètrent pour former la région de tremblaie dans la prairie de fétuques et la prairie à herbes hautes. En Colombie-Britannique, la limite entre la prairie ouverte et la forêt est une savane boisée (prairie où se trouvent quelques arbres dispersés) où le Douglas taxifolié domine.

Les caractéristiques d'une prairie varient localement avec la texture du sol. Dans les dunes de sable, différentes graminées spécialisées abondent (p. ex., la *Calamovilfa longifolia*, le sporobole à fleurs cachées et la *Stipa hymenoides*). Sur les bancs (battures) salés, la *Distichlis spicata*, la *Distichlis stricta* et l'orge agréable dominent. L'environnement humide des marécages abrite lui aussi une variété d'espèces de graminées (p. ex., la *Beckmannia syzigachne*, spangle top et pâturins), de carex, de scirpes et de typhas (quenouilles). Habituellement deux ou trois espèces forment 70 p. 100 ou plus de la végétation; le nombre d'espèces associées varie grandement, et la diversité augmente avec l'humidité de l'habitat. Bien que la quantité de biomasse végétale produite annuellement dans une prairie naturelle soit semblable à celle produite dans une prairie cultivée, la moitié ou plus est constituée de parties souterraines.

La croissance des plantes y est très modérée, et les feuilles se développent d'avril à octobre, mais chacune demeure dans le couvert végétal pendant seulement une partie de la saison de croissance. En conséquence, le maximum d'herbage produit au milieu de l'été représente seulement le tiers ou moins de la production d'herbage annuelle. La proportion d'herbage consommée par les animaux (oiseaux, souris, taupes, invertébrés) est très faible. Des estimations indiquent que, dans des prairies modérément broutées, le bétail consomme moins de 10 p. 100 de la production d'herbage. La plus grande partie de l'herbage forme à la surface du sol une couche protectrice de litière qui, avec les parties souterraines des plantes (tiges et racines), passe par le réseau alimentaire de décomposition grâce aux activités des micro-organismes (principalement des mycètes, ou champignons, et des bactéries) et des invertébrés (particulièrement des NÉMATODES).

Disparition des prairies À la fin du XIXe s., la principale utilisation agricole que l'on faisait des prairies consistait en des pâturages pour le bétail. La superficie cultivée a rapidement augmenté entre 1900 et 1930, et, aujourd'hui, environ 55 p. 100 de la région à l'est des montagnes est cultivée ou en jachère, ce qui représente 65 p. 100 des terres cultivées au Canada. La grande fertilité des sols des prairies est réduite par le labourage. Des estimations indiquent qu'entre un tiers et la moitié de la matière organique des sols des prairies cultivées a été perdue (*voir* SOLS, CONSERVATION DES). Dans une prairie naturelle, une proportion beaucoup plus faible d'éléments nutritifs du sol est sous une forme facilement accessible aux plantes pour leur croissance ou est perdue par volatilisation dans l'atmosphère ou par lessivage dans le sous-sol. Les prairies non cultivées sont pratiquement impropres à la culture en raison des pentes abruptes, du sable, des roches, de la salinité, de l'aridité ou du manque de drainage. La majorité de ces terres sont en pâturages collectifs ou sont des terres publiques louées par des exploitants de ranch. La plus grande partie de la végétation a été modifiée par un broutage excessif, ce qui a causé une augmentation relative de certaines espèces (le boutelou gracieux, le carex nain et l'armoise rustique) et une diminution relative d'autres espèces (*Stipa comata* et agropyres). Le PARC NATIONAL DES PRAIRIES en Saskatchewan a été établi pour assurer la survie de certaines prairies indigènes.

Robert T. Coupland

Forêts tempérées de l'Est

Cette région est la plus septentrionale des grandes forêts tempérées du sud-est de l'Amérique du Nord et est dominée par des arbres décidus à feuilles larges. Sous les climats méridionaux favorables, les feuilles décidues sont plus efficaces, mais elles consomment de l'énergie parce qu'elles doivent être renouvelées annuellement. Une saison de croissance plus courte et un climat plus rigoureux favorisent leur remplacement par des arbres à feuillage persistant (aiguilles) moins efficaces, mais qui nécessitent moins d'énergie. La zone doit ainsi être divisée en forêts décidues du Sud et en forêts décidues et à feuillage persistant plus au nord.

Forêts décidues du Sud Le vert caractéristique de l'été est plus évident dans l'extrême Sud de l'Ontario, où 80 différentes espèces d'arbres poussent à l'état naturel (elles sont actuellement grandement délogées par l'agriculture). Dans cette région, on observe plusieurs patrons de dominance en raison des variations locales d'humidité du sol, du type de sol et du microclimat. Dans les milieux plus secs des forêts décidues du Sud, le chêne noir, le chêne rouge et le chêne blanc prédominent, et le caryer ovale, l'ostryer de Virginie, le hêtre à grandes feuilles, l'érable rouge et le pin blanc leur sont très fréquemment associés.

Dans les milieux humides, l'érable à sucre et le hêtre à grandes feuilles dominent, en association avec l'orme rouge, l'érable noir, le cerisier tardif, le frêne blanc et le tilleul d'Amérique. Dans les basses terres humides et les terres basses, le frêne blanc, l'érable rouge et l'érable argenté sont les principales essences forestières et côtoient le noyer noir, le frêne blanc et le frêne d'Austin (variété ou sous-espèce du frêne rouge), le caryer cordiforme, le peuplier deltoïde, le chêne palustre ou des marais, l'érable négondo et le saule noir.

Au Canada, plusieurs espèces méridionales poussent exclusivement dans cette région (p. ex., le cornouiller fleuri, le chêne châtaignier, le chêne ellipsoïdal ou des marais du Nord, le caryer jaune, le caryer glabre, le caryer lacinié, le châtaignier d'Amérique, le mûrier rouge, le sassafras officinal, le tulipier d'Amérique, le chicot févier, le micocoulier occidental, le magnolier acuminé, le platane occidental, le nyssa sylvestre et le févier épineux). Le pin blanc et le genévrier rouge sont des arbres à feuilles persistantes associés dans les milieux secs. La pruche est la seule autre espèce importante de conifères dans les forêts humides. S'ils ne sont pas perturbés, les arbres de ces forêts atteignent une grande taille (40 m) et un âge avancé (500 ans).

Forêts décidues et à feuilles persistantes Ces forêts sont souvent appelées forêts mélangées, mais on trouve aussi des peuplements purs d'arbres à feuilles persistantes ou d'arbres décidus. Ainsi, dans le large triangle formé par Michipicoten et North Bay, en Ontario, et Sainte-Agathe au Québec ainsi que dans des endroits isolés à l'ouest de Thunder Bay, au Lac-Saint-Jean et dans la péninsule de Gaspé, on trouve dans les sites les plus secs des forêts de pins gris, de pins blancs ou de pins rouges en association avec le peuplier à grandes dents, le chêne rouge, le hêtre à grandes feuilles, le bouleau à papier, le peuplier faux-tremble et la pruche du Canada.

Les forêts humides sont composées d'érables à sucre qui dominent presque entièrement ou se partagent le territoire avec le hêtre à grandes feuilles (sud), le tilleul d'Amérique, l'ostryer de Virginie, le bouleau jaune et la pruche du Canada. Ces forêts climax (au stade terminal) sont remarquablement semblables à celles des milieux humides méridionaux. Les milieux humides abritent des peuplements purs ou mélangés de frêne blanc, d'érable argenté (vers le sud), d'érable rouge (vers le nord), de thuya occidental ou de saule noir. Parmi les espèces associées, on compte le frêne d'Austin, le frêne noir et le mélèze laricin.

Vers le nord, les essences à feuilles persistantes sont plus dominantes. Des peuplements de pins, de thuyas occidentaux, de mélèzes laricins et occasionnellement d'épinettes noires deviennent des éléments proéminents du paysage forestier. Les forêts de succession sont aussi fréquentes. La présence de grands peuplements souvent composés d'une seule espèce (peuplier faux-tremble, bouleau à papier, pin gris, pin rouge ou pin blanc) s'explique par les incendies fréquents. Les arbres ne vivent généralement pas longtemps et sont vulnérables au vent, à la maladie et aux mycètes (champignons). À l'exception des forêts de pins blancs, de pins rouges et d'érables, les forêts atteignent rarement une grande taille ou un âge avancé.

Étages inférieurs L'été, les forêts décidues sont trop ombragées pour permettre la croissance d'une couverture végétale importante au sol. Au printemps cependant, les plantes à fleurs ayant un cycle reproducteur court sont abondantes. Ces FLEURS SAUVAGES offrent un heureux contraste à la monotonie de la neige et à la sombre majesté des forêts matures, mais les couleurs éclatantes de l'automne sont encore plus spectaculaires avant la tombée des feuilles.

Paul F. Maycock

Région côtière de l'Atlantique

La végétation de cette région reflète aussi l'activité humaine. D'allure austère, elle présente, l'été et l'automne, des contrastes marqués de forêts sombres de conifères et de nombreuses fleurs sauvages aux couleurs éclatantes qui bordent les routes. La végétation est une mosaïque d'habitats modifiés et d'habitats faits par l'humain qui sont un produit de l'histoire glaciaire récente et de la colonisation. Cette région est située dans la forêt boréale où dominent les conifères (épinette, pin, mélèze et sapin). Elle est déglacée depuis peu et a un climat humide et des basses terres où se forment des milieux humides.

Forêts L'île de Terre-Neuve est située aux limites Est de la région de la forêt boréale. Les conifères y règnent, en particulier l'épinette blanche, l'épinette noire et le sapin baumier. Dans les provinces maritimes, l'épinette rouge est l'espèce dominante. À Terre-Neuve, les espèces décidues sont mélangées aux bouleaux et aux peupliers, et dans les vallées intérieures des Maritimes, aux érables, aux hêtres et aux ormes. La diversité des espèces forestières a été réduite par le déboisement et les incendies et, à moins qu'ils ne soient préservés, les endroits déboisés et les brûlis sont recolonisés par des peuplements d'épinettes blanches et de sapins baumiers. De tels peuplements presque purs font face aux problèmes typiques des monocultures tels que les attaques par les insectes, et plus particulièrement, la tordeuse des bourgeons de l'épinette dans le cas présent.

Milieux humides et landes Les vents, les températures fraîches et les précipitations abondantes sont caractéristiques du climat maritime. Le long des côtes, les forêts sont généralement composées d'arbres prostrés, et on trouve de grandes superficies de tourbières et de landes, notamment en Nouvelle-Écosse et à Terre-Neuve. Les tourbières sont des endroits où le drainage est mauvais et la productivité, faible. Les sphaignes, les carex, les éricacées arbustives, l'épinette noire rabougrie et le mélèze y dominent.

Les landes sont situées sur les côtes, au sommet des collines et dans d'autres régions où les forêts ont de la difficulté à s'établir. La végétation y est courte et arbustive, habituellement dominée par les camarines, les airelles, les bouleaux nains, les genévriers et autres arbustes nains ou rabougris.

Cette région comporte aussi des marais d'eau salée et d'eau douce, particulièrement dans la région de la baie de FUNDY.

Régions intérieures La forêt croît mieux dans les vallées intérieures et dans plusieurs parties du Nouveau-Brunswick parce que les sols y sont plus fertiles et qu'il y a plus d'endroits protégés. Cependant, la flore forestière y est moins riche que plus au Sud. La croissance des bleuets, dont on fait une récolte importante dans ces régions, est avantagée par les brûlages dirigés qui réduisent la compétition avec les autres espèces et émondent les plants de bleuets, assurant ainsi la croissance des jeunes.

Peter J. Scott

Flore marine côtière

La flore marine côtière comprend des spermatophytes (plantes à graines) et des thallophytes (plantes non différenciées en tiges, racines et feuilles, qui sont non vasculaires, et produisant des spores, p. ex., ALGUES et lichens) qui vivent dans la mer ou en bordure de celle-ci. La côte canadienne, qui est fortement découpée, offre de nombreux habitats aux plantes marines, depuis les estuaires abrités et les lagunes jusqu'aux plages rocheuses exposées à l'océan.

La composition de la flore varie selon l'habitat. Certaines espèces d'algues et de lichens vivent à portée des embruns des vagues; d'autres algues vivent à des profondeurs où la lumière pénètre suffisamment pour permettre la photosynthèse (environ 75 m sur la côte atlantique et légèrement moins dans les eaux plus turbides du Pacifique). Dans la zone intertidale, les plantes se distribuent selon leur résistance aux températures extrêmes, à la dessiccation, à un fort ensoleillement et au choc des vagues ainsi que selon leur capacité de faire compétition à d'autres espèces pour l'espace.

Dans le nord et l'est du Canada, la résistance des plantes à la couverture de glace et à l'abrasion causée par celle-ci est un facteur déterminant de leur distribution. Paradoxalement, les eaux côtières peu profondes et protégées atteignent parfois des températures estivales de 28 °C ou plus et abritent parfois des espèces d'eau plus chaude des milieux méridionaux qui peuvent tolérer les hivers froids.

Plantes à fleurs Au Canada, plusieurs espèces de plantes à fleurs croissent sur les dunes et les plages et sont adaptées aux habitats secs (p. ex., le caquiller édentulé); d'autres vivent dans les marais salants et tolèrent les inondations périodiques par les marées (p. ex., les spartines); alors que d'autres encore sont vraiment marines et habituellement submergées (p. ex., la zostère marine et *Phyllospadix sp.*).

Plantes à spores Les plantes marines qui produisent des spores sont les plus nombreuses. Les plus remarquables et les plus diversifiées sont les algues benthiques (attachées au substrat). Certaines sont de simples cellules microscopiques ou de petites plantes, alors que d'autres font partie des plus grands organismes connus. La plupart sont regroupées en trois principales classes de couleur: rouge, brune et verte. Un quatrième groupe, celui des cyanobactéries (ou ALGUES BLEU-VERT) est répandu et souvent abondant. Il est cependant constitué principalement de formes microscopiques et est habituellement peu documenté en raison des difficultés taxinomiques que ces formes entraînent.

Algues La flore la plus riche en matière d'algues marines au Canada se trouve sur la côte du Pacifique, où l'on recense environ 625 espèces (58 p. 100 de rouges, 23 p. 100 de brunes, 18 p. 100 de vertes et 1 p. 100 d'autres) en Colombie-Britannique et sur les rivages adjacents des États-Unis. Cette profusion est principalement due à la température constante de l'océan et aux remontées d'eau profonde chargée de nutriments. La diversité y est parfois spectaculaire: on trouve 17 genres de varech parmi lesquels certaines espèces peuvent atteindre plus de 30 m de longueur.

Dans l'Atlantique canadien, avec les courants arctiques froids et les conditions rigoureuses de l'hiver, on trouve environ 340 espèces d'algues (37 p. 100 de rouges, 35 p. 100 de brunes, 26 p. 100 de vertes, 2 p. 100 d'autres). Elles sont notablement différentes et moins diversifiées que dans le Pacifique. Puisqu'il y a un moins grand nombre d'espèces, certaines se trouvent en grand nombre et en grande densité, et sur les rivages exposés de l'Atlantique, on peut habituellement voir des étendues de quelques espèces d'algues dominantes. La productivité (conversion de carbone inorganique en tissu végétal) chez certains de ces peuplements denses d'ALGUES MARINES dépasse celle de plusieurs autres écosystèmes marins et terrestres. Environ 128 espèces sont communes aux rives de l'Atlantique et du Pacifique.

L'Arctique canadien, avec ses températures basses et son faible ensoleillement, a seulement 170 espèces d'algues (32 p. 100 de rouges, 38 p. 100 de brunes, 30 p. 100 de vertes). Les algues arctiques semblent particulièrement aptes à effectuer la photosynthèse avec de faibles quantités de lumière et à de basses températures, mais il a été émis comme hypothèse que l'hétérotrophie (absorption et métabolisation de substances organiques dissoutes dans l'eau de mer) serait leur moyen de subsistance. L'incidence des espèces annuelles diminue aux hautes latitudes, et la flore intertidale est clairsemée ou absente.

C.J. Bird

Régions forestières Les experts en foresterie (*voir* FORÊT) ont dressé la carte des grandes étendues boisées du Canada et les ont divisées en huit régions. Une région forestière constitue une ceinture ou une zone géographique importante caractérisée par une grande uniformité tant du point de vue de la physiographie que de la composition des essences dominantes.

Région forestière boréale Environ 80 p. 100 du territoire boisé du Canada est situé dans l'immense région de la forêt boréale, qui s'étend en arc vers le sud à partir du delta du fleuve Mackenzie et de la frontière de l'Alaska au nord-est de la Colombie-Britannique, traverse le nord de l'Alberta et de la Saskatchewan, couvre le Manitoba, l'Ontario et le Québec, pour se terminer dans le nord de Terre-Neuve et sur les rives de la mer du Labrador. Le nord de la région boréale consiste en une forêt claire dont les arbres croissent éloignés les uns des autres et se font plus petits à mesure que la forêt s'étend vers la TOUNDRA, où seuls subsistent des arbres nains.

Le sud de la région boréale présente une forêt dense et fermée, qui, à son extrémité sud-ouest dans les provinces des Prairies, fait place à une zone de transition dominée par le PEUPLIER. Connue sous le nom de «aspen grove» (forêt de peupliers), cette partie de la forêt s'éclaircit jusqu'à presque devenir une prairie ouverte, sans arbres. L'ÉPINETTE blanche et l'épinette noire sont les principales essences de cette forêt où dominent les CONIFÈRES, mais d'autres essences (dont le SAPIN baumier, le PIN de Banks et le mélèze laricin) y sont aussi largement répandues. Il existe également dans la région un mélange de feuillus, parmi lesquels le BOULEAU blanc, le peuplier baumier et surtout le peuplier faux-tremble (*voir* TREMBLE).

Région forestière des Grands Lacs et du Saint-Laurent Bien qu'elle couvre moins du dixième de la superficie de la forêt boréale, la région forestière des Grands Lacs et du Saint-Laurent est la deuxième en importance au Canada. Elle s'étend du sud-est du Manitoba jusqu'à la péninsule de Gaspé, s'interrompant cependant sur une distance de 322 km là où la région boréale rejoint la rive nord du lac Supérieur. Elle est bordée au sud par la région forestière feuillue et constitue une forêt de transition entre la région des conifères et celle des feuillus. On y retrouve comme essences caractéristiques: le Pin blanc, le Pin rouge, la PRUCHE du Canada et le Bouleau jaune. L'ÉRABLE à sucre et l'Érable rouge, le HÊTRE, le CHÊNE rouge, le Tilleul d'Amérique et l'ORME d'Amérique y croissent ainsi que de nombreuses essences des forêts boréales.

Région forestière acadienne Étroitement liée à la région forestière des Grands Lacs et du Saint-Laurent, cette région est confinée à la Nouvelle-Écosse, à l'Île-du-Prince-Édouard et à une partie importante du Nouveau-Brunswick. Les principales essences

qui y croissent sont: l'Épinette rouge, le Sapin baumier, le Bouleau jaune et l'Érable à sucre. L'Épinette noire, le Bouleau à papier et le Bouleau gris, le Chêne rouge, l'Orme d'Amérique et le FRÊNE noir, le Hêtre, l'Érable rouge, le Peuplier faux-tremble et le Peuplier baumier y sont largement distribués.

Région forestière des feuillus La plus petite du Canada, cette région forestière longe la rive sud-est du lac Huron et la rive nord du lac Érié en Ontario. En dépit de sa superficie réduite, cette région abrite le plus large éventail d'essences indigènes. En plus des feuillus, communs dans la région forestière des Grands Lacs et du Saint-Laurent, on y trouve le Magnolia acuminé, le Tulipier d'Amérique, le Nyssa sylvestre, le Frêne bleu, le Sassafras, le Noyer et d'autres essences se trouvant à la limite nord de leur aire de distribution. Les conifères n'y croissent qu'en peuplements dispersés de pins blancs, mélèzes laricins, de genévriers rouges (*voir* THUYA) et de pruches du Canada. Les autres régions forestières sont presque toutes situées en Colombie-Britannique.

Région forestière côtière Cette région couvre le bas versant du côté de la mer de la chaîne côtière de la Colombie-Britannique et s'étend aux îles de la côte. Les essences caractéristiques en sont la Pruche occidentale, le DOUGLAS TAXIFOLIÉ, western, le Thuya géant et l'Épinette de Sitka, toutes renommées pour la valeur marchande du bois d'œuvre qu'on en tire. En comparaison, les feuillus de la région (p. ex., le Peuplier occidental, l'AULNE rouge et l'Érable à grandes feuilles) ont une aire de distribution limitée et une importance économique secondaire.

Région forestière subalpine Composée de forêts de conifères, cette région est située sur les hauts versants des montagnes de la Colombie-Britannique et de l'ouest de l'Alberta. Les arbres les plus caractéristiques en sont l'Épinette d'Engelmann, le Sapin subalpin et le Pin de Murray (Pin tordu latifolié). Les essences secondaires comprennent le MÉLÈZE occidental, le Pin à blanche écorce et le Pin souple, on trouve également le CYPRÈS jaune et la Pruche subalpine dans les aires de distribution plus à l'ouest. La région subalpine contribue à la splendeur du paysage de la cordillère canadienne et, dans les hauts espaces des sources des montagnes, elle offre une protection unique aux bassins versants en réglant le débit des cours d'eau. Dans les zones à plus basse altitude, on exploite les arbres pour le bois d'œuvre.

Région forestière montagnarde Cette région englobe le plateau central de la Colombie-Britannique et plusieurs vallées enclavées avoisinant la frontière de l'Alberta, territoires où prévaut un climat sec. L'arbre caractéristique de cette région en est le Douglas bleu, une variété plus petite du Douglas taxifolié de la région côtière. Le Pin de Murray et le Peuplier faux-tremble y sont aussi présents et l'Épinette blanche croît dans les vallées fraîches et ombragées. Dans la partie sud de la région, là où la forêt est moins dense, le Pin ponderosa est commun. L'Épinette d'Engelmann et le Sapin subalpin de la région subalpine, de même que le Bouleau occidental, sont des essences importantes à l'extrémité nord de cette région.

Région forestière du Columbia Cette région s'étend dans le sud-est de la Colombie-Britannique, entre les Rocheuses et le plateau central, et s'introduit dans la région subalpine le long des lacs et des vallées fluviales. La forêt de cette région intérieure humide ressemble beaucoup à celle de la région côtière, bien qu'on y trouve un moins grand nombre d'essences. Les arbres les plus caractéristiques en sont le Thuya géant et la Pruche de l'Ouest. Le Douglas bleu y est largement répandu. Le Pin argenté, le Mélèze occidental, le Sapin grandissime et l'IF occidental croissent dans la partie sud. L'Épinette d'Engelmann croît dans le haut de la vallée du Fraser et même, parfois, à plus haute altitude.

C.R. Stanton et R.J. Bourchier

Régions froides du Canada Durant la longue obscurité hivernale, l'air au-dessus des vastes surfaces couvertes de neige et de glace du Canada peut stagner durant des semaines et diffuser la chaleur vers l'espace.

Une inversion atmosphérique (phénomène par lequel la température augmente avec l'altitude au lieu de diminuer) couvre toute la région arctique durant la majeure partie de l'hiver. Si la haute pression arctique augmente, l'air froid se déplace naturellement vers les régions de pression moindre et vers le sud en passant par le milieu du continent. Un système de basse pression arrivant de l'ouest entraînera souvent l'air arctique froid à l'arrière d'une tempête en formation, causant de grands vents, des tempêtes de neige et faisant rapidement chuter la température. Ces fronts froids décrivent une courbe au dessus des Prairies et sont la principale cause du climat hivernal (*voir* TEMPS) dans le centre et l'est du Canada. Seules l'île de Vancouver et la côte sud-ouest de la Colombie-Britannique ont des températures hivernales moyennes supérieures à 0 °C.

La température la plus basse La localité de SNAG, au Yukon, a le douteux honneur d'avoir enregistré la plus basse température au Canada, soit -62,8 °C, le 3 février 1947. Durant plus d'une semaine avant ce jour, de l'air froid venant du Nord-Est de la Sibérie a stagné au-dessus du Yukon. Le ciel était clair, les vents, très faibles. La visibilité était illimitée et une couche de neige de 38 cm recouvrait le sol. L'air expiré gelait en émettant un crissement et laissait des traînées de vapeur qui s'élevaient de 100 à 500 cm dans les airs et qui persistaient trois à quatre minutes avant de disparaître. La peau exposée gelait en moins de trois minutes.

La température annuelle moyenne la plus basse La localité d'Eureka, sur L'ÎLE D'ELLESMERE, dans les Territoires du Nord-Ouest, est la station météorologique exposée aux froids les plus intenses du Canada. La température annuelle moyenne y est de -19,9 °C, mais en février, habituellement le mois le plus froid, la température moyenne y est -38,4 °C. En février 1979, on y enregistre la température mensuelle moyenne la plus basse jamais relevée au Canada et en Amérique du Nord: -47,9 °C. Pendant 18 jours, le thermomètre reste au-dessous de -45 °C. Le 15 février, la station bat son record absolu puisque la température descend à -55,3 °C.

Mythes et légendes Selon une vieille légende sur les basses températures, l'intersection la plus froide au Canada est celle de l'avenue Portage et de la rue Main, au centre-ville de WINNIPEG. En réalité, on n'en sait rien, car la température n'est officiellement mesurée à aucune intersection de rues du Canada. La température au centre de Winnipeg est habituellement de 3 à 4 °C plus élevée que celle enregistrée à l'aéroport, en raison de l'effet d'îlot thermique urbain. La température la plus basse enregistrée à l'aéroport est de -45 °C le 18 février 1996, mais les aéroports d'Edmonton, de Regina et de Saskatoon ont tous enregistré des températures plus basses.

Un autre mythe concernant les grands froids canadiens veut que la localité de White River, en Ontario, soit l'endroit le plus froid au Canada. C'est inexact, puisque ce n'est même pas l'endroit le plus froid de l'Ontario, sans parler de l'ensemble du Canada. Le record canadien appartient à Iroquois Falls, dans l'est du pays, où l'on relève une température de -58,3 °C le 23 janvier 1935. Comparativement à cela, la plus basse température relevée à White River le 23 janvier 1935, soit -51,7 °C, la huitième plus basse en Ontario, semble presque douce.

La réputation de White River comme localité la plus froide au Canada vient probablement du fait que, pendant de nombreuses années, les stations météorologiques la qualifient quotidiennement, par le biais des journaux et des stations de radio, de localité la plus froide au pays. Mais les relevés des températures extrêmes, envoyés une fois par mois à Environnement Canada par 2500 observateurs météorologiques volontaires, ne peuvent être diffusés chaque jour.

La forme superlative «le plus froid» abonde au Canada Ainsi, de toutes les villes du monde de plus de 500 000 habitants, Winnipeg est la plus froide au milieu de l'hiver. Après Ulaanbaatar, en Mongolie, Ottawa est la capitale nationale la plus froide. Le Canada est le pays le plus froid au monde: la moyenne annuelle de toutes les températures relevées quotidiennement est de -5,6 °C. (*Voir aussi* CLIMAT; CLIMAT, RIGUEUR DU; STATIONS MÉTÉOROLOGIQUES DE L'EXTRÊME-ARCTIQUE et CLIMAT, EFFET URBAIN SUR LE.)

Les endroits les plus froids du Canada

Alberta, -61,1 °C, 11 janv. 1911,
Fort Vermilion

Colombie-Britannique, -58,9 °C, 31 janv. 1947,
Smith River

Île-du-Prince-Édouard, -37,2 °C, 26 janv. 1884,
Kilmahumaig

Manitoba, -52,8 °C, 9 janv. 1899,
Norway House

Nouveau-Brunswick, -47,2 °C, 1er févr. 1955,
Sisson Dam

Nouvelle-Écosse, -41,1 °C, 31 janv.1920,
Upper Stewiacke

Ontario, -58,3 °C, 23 janv. 1935,
Iroquois Falls

Québec, -54,4 °C, 5 févr. 1923,
Doucet

Saskatchewan, -56,7 °C, 1er févr. 1893,
Prince Albert

Terre-Neuve et Labrador, -51,1 °C, 17 févr. 1973,
Esker 2

Territoires du Nord-Ouest, -61,7 °C, 31 déc. 1910,
Fort Good Hope

Yukon, -62,8 °C, 3 févr. 1947,
Snag

David Phillips

Régions géologiques Le Canada compte six régions géologiques. Cinq d'entre elles sont du phanérozoïque et datent donc de moins de 570 millions d'années. Elles forment un arc plus ou moins concentrique qui entoure et recouvre partiellement la sixième région, le BOUCLIER canadien du précambrien, donc vieux de plus de 570 millions d'années. Les régions du phanérozoïque, dont les âges se chevauchent, sont l'orogène innuitienne, l'orogène des Appalaches, la plate-forme de l'Intérieur, la Cordillère canadienne et les plates-formes continentales.

Chaque région possède une architecture distincte et se compose de compartiments aux caractéristiques bien définies et de séquences de roches (ensembles tectoniques) qui ont conservé les traces de son évolution (*voir* TECTONIQUE DES PLAQUES). Les moments les plus importants de l'ÉVOLUTION GÉOLOGIQUE sont probablement les orogenèses, pendant lesquelles la déformation due à la compression, le métamorphisme, les intrusions granitiques, ainsi que toutes sortes d'autres processus ont contribué à la formation des CHAÎNES DE MONTAGNES.

Le bouclier canadien

Le bouclier canadien est une mosaïque de provinces géologiques où celles d'âge archéen (plus de 2,5 milliards d'années) sont entourées d'une matrice de roches datant du protérozoïque (2,5 milliards d'années à 0,57 milliard d'années). Vers la fin de l'orogène kénorienne (il y a 2,5 milliards d'années), les provinces archéennes (du Supérieur, des Esclaves, de Kaminak et de Nutak) sont des cratons (portions continentales, stables et de basse altitude de la croûte terrestre). Elles se composent maintenant de roches granitiques et métamorphiques rubanées de zones irrégulières de turbidites et de «roches vertes» (roches métamorphiques volcaniques basiques) de 18 km d'épaisseur. Les provinces du protérozoïque (de l'Ours, de Churchill, du Labrador

et du Sud) portent les marques de l'orogène d'Hudson (il y a 1,9 milliard à 1,8 milliard d'années). Le bouclier a enfin été complété au sud-est par l'addition de la province de Grenville, il y a environ un milliard d'années.

La province du Supérieur La province du Supérieur est la plus grande des provinces de l'archéen et se compose, au sud, de zones orientées vers l'est qui alternent avec les gneiss et les roches vertes. Il y a environ 3,8 milliards d'années, les gneiss surgissent dans des prolongements de la province du Supérieur jusqu'au Minnesota, et dans celle de Nutak jusqu'au Groenland. Les cratons des provinces des Esclaves et de Kaminak ressemblent en tous points à ceux de la province du Supérieur: âge des roches, nature et synchronisme de la formation des structures. Cependant, dans la province des Esclaves prédominent les turbidites (ROCHES SÉDIMENTAIRES formées dans l'eau) faiblement métamorphisés.

La province de Churchill La province de Churchill est la plus étendue des provinces du protérozoïque inférieur et comprend la zone «Reindeer-Circum-Ungava», sinueuse, très déformée, métamorphisée et intrusive, ainsi que les fragments et les marges remaniées des cratons archéens du domaine «Churchill Nord-Ouest». La marge Sud de la zone «Circum-Ungava» comprend des couches de 6 km à 10 km datant du protérozoïque inférieur qui recouvrent le socle archéen de la province du Supérieur.

Cette succession rocheuse, témoignant de la rupture de certaines parties de la province du Supérieur, est constituée de roches détritiques et volcaniques autochtones issues d'un fossé d'effondrement, recouvertes de roches détritiques carbonatées caractéristiques d'une plate-forme continentale, puis d'une formation ferrugineuse (*voir* RESSOURCES MINÉRALES). Des sédiments de plate-forme continentale, on passe vers l'extérieur, au basalte océanique avec quelques laves ultramafiques (riches en fer et en magnésium). La convergence et l'orogenèse sont visibles par les plissements et les failles de chevauchement qu'elles ont laissés le long de la marge Sud de la zone «Circum-Ungava». La marge nord en est une réplique grossière.

La zone de «Reindeer» est une région formée de roches métamorphiques très déformées comprenant les arcs volcaniques de Flin Flon et de Lynn Lake, séparées par un bassin de turbidites. La marge Nord-Ouest comprend des débris métamorphisés de sédiments de plate-forme continentale simultanément plissés avec le soubassement archéen. La plus grande partie du Nord-Ouest est le prolongement de la province des Esclaves, elle-même plus ou moins touchée par les orogenèses kénorienne et hudsonienne. Elle renferme les vestiges d'une mince couche de roches datant du protérozoïque inférieur, constituée de 1,5 km de roches clastiques riches en quartz déposées dans des bassins restreints, recouvertes d'une accumulation plus étendue de séquences de plates-formes, de 3 km d'épaisseur, composées de grès quartzeux, de carbonate et de roches détritiques et volcaniques autochtones. Une grande partie du domaine se caractérise par d'immenses blocs provenant du soubassement archéen et bousculés le long des grandes failles. Dans la zone de plissement de Foxe, le soubassement archéen et les sédiments protérozoïques sous-jacents forment des plissements serrés. Ailleurs, ils sont plus ouverts.

La province du Sud Cette province comprend un prisme de roches du protérozoïque inférieur, s'épaississant en direction sud-est (7 km à 11 km d'épaisseur), comprenant des sédiments détritiques quartzeux de plate-forme accompagnés de roches volcaniques. Cette séquence s'est accumulée le long de la marge Sud de la province du Supérieur. Sa partie inférieure renferme un conglomérat uranifère. Sa partie supérieure (au nord-est) se compose de sédiments déposés pendant une ancienne ÉPOQUE GLACIAIRE. Sa partie sud-est a été métamorphisée et déformée par des plis et par des failles de cheva-

chement, puis poussée vers le nord pour former la zone de plissement pénokéenne. L'intensité du métamorphisme et de la déformation s'est accentuée au sud à cause de la convergence, au nord, d'un craton archéen de 3,5 milliards d'années et du craton du Supérieur (il y a 2,2 milliards d'années à 1,7 milliard d'années). Le bassin de Sudbury et ses intrusions riches en nickel résultent peut-être de l'impact d'une météorite, il y a environ 1,85 milliard d'années (*voir* MÉTÉORE, MÉTÉORITE, CRATÈRE MÉTÉORIQUE).

La province de l'Ours La province de l'Ours, orientée vers le nord, comprend l'orogène de Wopmay chevauché (au nord) de roches protérozoïques plus récentes. À l'ouest de la province des Esclaves, l'orogène comprend quatre zones sillonnées de failles de décrochements orientées vers le nord-est. La première zone comprend une mince couche de grès et de roches carbonatées de plate-forme recouverte de la portion externe d'un prisme de roches détritiques, provenant de l'ouest. Ce prisme recouvre lui-même une séquence de charriage, poussée vers l'est et plissée, de grès et de roches carbonatées de plate-forme (5 km d'épaisseur). Une séquence de roches détritiques et volcaniques caractéristique d'un fossé d'effondrement (10 km d'épaisseur), recouverte de roches détritiques à grain fin déposées au large d'une plate-forme continentale, puis par le début d'un prisme de roches détritiques, a été déformée, métamorphisée et pénétrée de granites datant de 1,89 milliard d'années.

Enfin, dans la zone de Great Bear des roches d'arcs volcaniques (8 km d'épaisseur) datant de 1,87 milliard d'années reposent sur un soubassement de 1,92 milliard d'années et sont recouvertes par d'autres roches d'arcs volcaniques plus jeunes et plus étendues. L'orogenèse s'est amorcée il y a 2,1 milliards d'années avec la rupture de la province des Esclaves le long de rifts orientés vers le nord et l'est-nord-est, ce qui a entraîné une accumulation de dépôts en marge du plateau continental, à la limite ouest du craton des Esclaves. Cette accumulation a été déformée, métamorphisée, puis pénétrée par des granites, il y a 1,9 milliard d'années, à la suite d'une collision avec un microcontinent venu de l'ouest. Par la suite, une subduction glissant vers l'est a provoqué l'apparition d'arcs volcaniques qui se sont étendus au continent.

Une deuxième collision plus à l'ouest a provoqué l'apparition de failles de décrochement nord-est et sud-est à travers tout l'orogène. La province des Esclaves, plutôt rigide, en heurtant la province de Churchill, a fait craquer sa croûte et probablement fait surgir les roches volcaniques alcalines datant de 1,8 milliard d'années dans le bassin de Thelon.

Les données sur le protérozoïque moyen et supérieur sont fragmentaires, mais révèlent néanmoins la stabilité du bouclier dans la période qui commence il y a 1,8 milliard d'années et finit il y a 0,57 milliard d'années. Au protérozoïque moyen, une importante séquence continentale et marine de carbonates et de grès vieux de 1,5 milliard d'années (conservée dans des bassins séparés et partiellement délimités par des failles, comme le bassin de l'Athabasca) s'est déposée sur presque tout le bouclier, recouvrant ainsi des roches volcaniques alcalines vieilles de 1,8 milliard d'années.

Simultanément, du Labrador en direction sud-ouest vers la province de Grenville, se produit l'intrusion d'énormes masses d'anorthosites (composées presque entièrement de FELDSPATH plagioclase) et de roches granitiques. En même temps, ainsi qu'un peu plus tard, l'extension de la majeure partie du bouclier a entraîné la formation de rifts, l'intrusion de dykes et provoqué du volcanisme. Il y a environ 1,3 milliard d'années, la formation de rifts accompagnée de volcanisme basaltique et d'intrusion de roches alcalines s'est amorcée au Labrador, parallèlement au front de la province de Grenville. D'énormes quantités de basalte ont surgi dans la région du lac Supérieur, accompagnées d'intrusion de roches alcalines pendant la formation d'un important rift continental qui s'est étendu, au nord-est, du centre du Kansas au lac Supérieur et, au sud-est, jusque dans le Michigan (il y a 1 milliard d'années à 1,3 milliard d'années). L'affaissement de la croûte terrestre sous le poids des roches volcaniques a formé un bassin où se sont déposés des sédiments clastiques jusqu'à la fin du précambrien.

Simultanément, des masses de dykes basiques vieux de 1,2 milliard d'années ont pénétré en direction nord-ouest et nord-est dans la plus grande partie du bouclier. Des basaltes ont surgi dans des rifts parallèles orientés nord-ouest, remplis de sédiments, dans l'île de Baffin et ont formé des plateaux de lave dans le nord de la province de l'Ours.

La province de Grenville La convergence de la province de Grenville et des provinces voisines au nord-ouest a complété l'édification du bouclier canadien (il y a 0,9 milliard d'années à 1,2 milliard d'années). Près du front de Grenville, cela a entraîné l'épaississement de la croûte et la formation, plus loin au nord-ouest, de structures orientées vers le nord-est. Par suite des soulèvements et de l'érosion, de vastes étendues de roches métamorphiques ont été exposées.

La plate-forme de l'Intérieur et les plates-formes connexes

À la fin du précambrien (il y a 0,57 milliard d'années), le bouclier canadien était un craton stable et peu élevé qui constituait les fondations du continent nord-américain. Au début du paléozoïque, il s'est légèrement affaissé et a été peu à peu submergé par les eaux chaudes de mers peu profondes, ce qui a entraîné le dépôt d'une série de séquences de plates-formes interrompues (de 1 km à 3 km d'épaisseur) qu'on retrouve aujourd'hui dans les plates-formes de l'Intérieur, de l'Arctique, de l'Hudson et du Saint-Laurent. Ces plates-formes se composent de grès quartzeux recouvert de roches carbonatées et de schistes interstratifiés.

Au paléozoïque moyen, des soulèvements et des affaissements différentiels dans tout le bouclier ont formé un réseau d'arches et de bassins intermédiaires, rompant la séquence de dépôts. L'irrégularité du relief et l'apparition de récifs de carbonate ont formé des bassins fermés dans la plate-forme centrale de l'Intérieur, dans la plate-forme d'Hudson et dans le bassin du Michigan, et ont provoqué l'accumulation d'évaporites (sel et potasse).

Les séquences de la plate-forme de l'Intérieur, qui contenaient des roches provenant des périodes allant du cambrien au jurassique, forment le fond d'un bassin d'avant-pays qui a migré vers l'est et couvert la majeure partie de la plate-forme, précédant les déformations et les soulèvements de la Cordillère. Le grès, le conglomérat, le shale et le charbon se sont accumulés dans deux importants prismes clastiques datant respectivement de la fin du jurassique au début du crétacé et de la fin du crétacé au paléocène. Le prisme plus ancien témoigne des impulsions légères migrant vers le nord.

Les deux grands prismes sont séparés par des shales marins déposés au crétacé moyen dans une mer peu profonde qui couvrait la plate-forme de l'Intérieur. Un prisme de roches clastiques s'est accumulé dans le bassin du Mackenzie, à la suite d'impulsions allant du début du crétacé à l'éocène. Des roches détritiques du crétacé inférieur, comprenant de la houille, se sont déposées dans le bassin de la rivière Moose, sur la plate-forme d'Hudson.

L'orogène des Appalaches

L'orogène des Appalaches comprend la dernière distension précambrienne du bouclier canadien, la première ouverture vers l'est de l'océan Iapetus au paléozoïque, sa fermeture et les déformations subséquentes à l'ordovicien moyen, ainsi que les plissements et les failles du paléozoïque moyen et supé-

rieur. L'orogène est constitué de plusieurs zones dont seule la plus profonde, la zone de Humber, a été directement déposée sur le noyau du continent nord-américain. Là, le socle de la province de Grenville est recouvert de roches clastiques et volcaniques du rift du protérozoïque supérieur, elles-mêmes couvertes d'importants dépôts de carbonates et de grès datant du cambrien-ordovicien. Les roches clastiques accumulées par la suite provenaient du sud-ouest, annonçant l'arrivée, au début du paléozoïque, d'une séquence de roches dérivées de la pente et, plus tard, d'écailles de la croûte océanique ordovicienne poussées vers le nord-ouest à partir de la zone de Dunnage et qui, maintenant, recouvrent ces roches clastiques.

La zone de Dunnage est composée des complexes rocheux qui tapissaient le fond de l'océan Iapetus: fragments de séquences appartenant au manteau supérieur et à la croûte océanique recouverts de roches issues d'arcs volcaniques de l'ordovicien inférieur, associés à des roches clastiques et à des amas de blocs autochtones bousculés et composés de roches volcaniques et clastiques entourées de schiste ordovicien. Dans la zone de Gander, la marge Est de l'océan est constituée de roches clastiques d'avant l'ordovicien moyen, mêlées de gneiss dans la région de Terre-Neuve, et recouvertes de roches d'arcs volcaniques au Nouveau-Brunswick. Des sédiments marins et continentaux, de l'ordovicien-silurien supérieur, et des roches volcaniques chevauchent les limites des zones indiquant que les zones de Dunnage et de Gander se sont ajoutées au continent pendant l'orogenèse taconienne de l'ordovicien moyen.

La zone d'Avalon est un fragment allochtone composé en partie de sédiments glaciaires et de roches volcaniques du protérozoïque, recouverts de sédiments cambriens contenant des FOSSILES différents de ceux de la zone de Humber et de la plate-forme du Saint-Laurent, et coiffés de roches clastiques de l'ordovicien contenant des formations ferrugineuses. La zone d'Avalon s'est ajoutée à celle de Gander pendant l'orogène acadien au paléozoïque moyen, provoquant des plissements et des failles très inclinés et une importante intrusion de granites dans tout l'orogène ainsi que des ruptures le long des failles abruptes des plates-formes environnantes.

La zone de Meguma est également un fragment allochtone. Elle se compose de turbidites plissées datant du cambrien-ordovicien provenant d'une source inconnue au Sud-Est, et de granites datant du dévonien et différents de ceux de l'orogène acadien. La zone de Meguma s'est ajoutée à celle d'Avalon le long de failles escarpées à rejet horizontal avant que ces deux zones ne soient partiellement recouvertes au carbonifère de roches clastiques charbonneuses d'origine continentale. Cette grande zone renferme des indices de l'assemblage final du supercontinent, la Pangée. Le développement de rifts au trias (il y a 245 à 208 millions d'années), l'accumulation de roches clastiques et de basaltes et l'intrusion de roches alcalines au crétacé sont associés à la rupture de la Pangée et à l'ouverture de l'océan Atlantique au mésozoïque.

L'orogène innuitien

L'orogène innuitien est né à la suite de la formation de rifts au tout début du paléozoïque dans le nord de ce qui constituait le continent nord-américain et de l'accumulation, au paléozoïque, de sédiments de plate-forme et de pente continentales dans une profonde dépression délimitée au nord par des fragments continentaux allochtones. Un prisme chevauchant de roches clastiques, plus jeune, a été déformé au paléozoïque moyen et, finalement, l'orogène a été partiellement recouvert d'un bassin de roches clastiques datant surtout du mésozoïque, qui a été lui-même déformé à la fin du mésozoïque et au début de l'ère tertiaire.

La plate-forme de l'Arctique fusionne au nord avec une séquence d'une épaisseur de 5 km compo-

sée de carbonate, de schiste et d'évaporite du cambrien et du dévonien inférieur. Elle est contiguë à la dépression de Hazen qui contient des roches clastiques de rifts du cambrien inférieur recouverts de schiste formé en eau profonde et de 3 km de turbidites. La dépression de Hazen est bornée au nord par la zone de plissements du Nord qui renferme des fragments continentaux (en grande partie des roches volcaniques et des granites). Des turbidites venues du nord révèlent que la zone de plissements du Nord a été soulevée à la suite de la collision, à l'ordovicien moyen (le long d'une région marquée de roches ultramafiques océaniques), de fragments du protérozoïque et de l'ordovicien moyen.

La collision a mis fin au volcanisme d'arc insulaire dans cette zone et a été suivie, au silurien et au dévonien, par des épisodes de plissements et de soulèvements et par des intrusions granitiques au dévonien. Les soulèvements de l'est et du nord-est de l'orogène ont fourni des roches détritiques à un prisme progressant vers le sud-est au dévonien moyen et supérieur, qui a été plissé par compression pendant l'orogène d'Ellesmere (il y a environ 345 millions d'années) et qui a migré de la zone de plissements du Nord à la plate-forme du Sud.

Par la suite, des distensions et des affaissements ont entraîné l'accumulation de sédiments de 12 km d'épaisseur dans le bassin de Sverdrup, sédiments composés essentiellement de roches clastiques de rift, de laves basaltiques et d'intrusions du mésozoïque, ainsi que d'évaporites du paléozoïque supérieur, injectées en certains endroits dans les sédiments sous-jacents. Le dernier soulèvement du crétacé dans l'est du bassin de Sverdrup a déversé un prisme de roches clastiques sur tout le bassin jusqu'à la marge du continent. Cet épisode a été suivi de l'orogène eurékien (il y a environ 65 millions d'années) qui a provoqué des plissements de grande amplitude et des failles de chevauchement dirigées vers le sud et l'est. En même temps, plus de 3 km de roches clastiques se sont accumulées dans des bassins locaux, sur le continent et dans d'étroits fossés tectoniques marins. Ce sont les failles survenues à la fin du cénozoïque qui ont mis en place la topographie actuelle.

La Cordillère canadienne

Dans la Cordillère canadienne, les rifts et le plateau continental se sont formés dans la zone de l'Est entre le protérozoïque et le mésozoïque moyen. Ailleurs, des fragments allochtones se sont ajoutés successivement à la portion Ouest du continent au mésozoïque moyen et supérieur. Chacune de ces adjonctions a été suivie d'une orogenèse et d'accumulations de prismes clastiques. Les intrusions granitiques et le métamorphisme qui leur était associé étaient limités aux zones chevauchant les limites des fragments ainsi ajoutés. Depuis le mésozoïque supérieur, le bassin de l'océan Pacifique a glissé sous la Cordillère le long de failles transformantes orientées vers le nord-ouest.

Une très longue phase de sédimentation sur la marge continentale allant du protérozoïque au jurassique (il y a 2,5 milliards à 144 millions d'années) a laissé des traces dans la zone de l'Est dans au moins trois séquences de rift et de plate-forme continentale totalisant 25 km d'épaisseur. Les deux séquences du protérozoïque moyen révèlent la formation de rifts continentaux et de ruptures survenues il y a 1,5 milliard d'années et de deux séquences de dépôts de roche clastique et de roche carbonatée de plate-forme. Ces séquences, dont la première a été déformée il y a 1,35 milliard d'années, ont été accompagnées par la formation de fossés tectoniques orientés vers l'est, reliés entre eux, et qui ont débordé sur le continent.

La troisième séquence comprend un rift de roches clastiques, en partie d'origine glaciaire, du protérozoïque supérieur, recouvert de dépôts continus de plate-forme continentale datant du cambrien au jurassique, et comprenant des dépôts plus minces dans la plate-forme de l'Intérieur, qui aboutissent à l'ouest du plateau à des schistes et à des turbidites. Le nord du Yukon a été soumis à des plissements, à des intrusions granitiques et à des soulèvements au dévonien-mississippien. Cette région et d'autres régions soulevées du nord de la Cordillère ont déversé des roches clastiques au Sud-Est sur toute la marge continentale.

Une phase d'accrétion, allant de la fin du jurassique supérieur au crétacé, a résulté de la dérive vers l'ouest du continent nord-américain et de sa collision avec des plaques du Pacifique qui se déplaçaient vers le nord. Différents blocs allochtones se sont amalgamés pour donner deux vastes fragments (les zones intermontagneuse et insulaire) qui, à la suite de la collision, se sont soudés successivement au continent. Ces blocs allochtones renferment des fossiles et d'autres indices de déplacement sur 30° de latitude ou plus.

La zone intermontagneuse est constituée de deux arcs volcaniques importants du trias supérieur et du jurassique moyen, édifiés chacun sur un soubassement datant du paléozoïque supérieur. Ils sont séparés par une formation océanique qui contient des complexes de subduction composés de prismes d'accrétion superposés et d'un amas de blocs de basalte, de roches ultramafiques, de chert et de schistes bleus. L'arc oriental est délimité à l'est par une portion de la croûte océanique du paléozoïque supérieur, comprimée sur un petit terrain paléozoïque déformé avant le mississippien.

La zone cristalline d'Oménica englobe la région où le fragment composite intermontagneux a heurté la zone de l'Est et l'a chevauchée en partie. Cette collision, survenue au jurassique moyen, a engendré l'orogenèse de Columbia. Les roches de la partie externe de la bordure continentale et le fragment intermontagneux adjacent ont été comprimés, métamorphisés et déplacés pour former de larges nappes superposées glissant surtout vers l'est, mais aussi vers l'ouest à partir d'un noyau métamorphique central. Des roches clastiques provenant du soulèvement ainsi provoqué se sont mises en place principalement à l'est dans une avant-fosse et à l'ouest dans une arrière-fosse. Les déplacements vers l'est sur le bouclier ont, en fait, provoqué la subduction de la croûte continentale vers l'ouest. Celle-ci, partiellement fondue, a donné naissance aux granites du crétacé moyen dans l'est des zones intermontagneuses.

La zone de plissements insulaire comprend deux terrains importants amalgamés au jurassique supérieur. L'un se compose essentiellement de roches volcaniques et de sédiments du paléozoïque, et l'autre, de séquences de basaltes, de carbonates et d'arcs volcaniques, datant du trias au jurassique moyen, recouvrant un soubassement du paléozoïque supérieur. Les bordures externes de la zone contiennent les vestiges de subductions survenues au mésozoïque supérieur et au cénozoïque, laissant supposer qu'il y a eu, sous la zone insulaire, de longues périodes de subduction vers l'est.

Au crétacé supérieur, un fragment insulaire est entré en collision avec la zone intermontagneuse qui faisait partie de l'Amérique du Nord et s'y est ajouté. Ceci a engendré le complexe plutonique côtier, soulevé au cénozoïque et composé d'importants plutons granitiques et de roches métamorphiques à grains moyens qui chevauchent les limites entre ces deux zones.

À la même époque, des arcs volcaniques et les intrusions de masses granitiques qui y étaient associées se sont formés dans la zone intermontagneuse, pendant que, dans la zone de l'Est, de nouvelles failles et de nouveaux soulèvements durant l'orogenèse laramienne complétaient la formation des Rocheuses. Des roches clastiques se sont accumulées dans une avant-fosse se prolongeant jusque dans l'ouest de la plate-forme de l'Intérieur. Au cénozoïque supérieur, d'importantes distensions de la

croûte ont entraîné des épanchements de basalte qui ont recouvert presque toute la zone intermontagneuse et l'extrusion de rifts et d'arcs volcaniques dans sa partie Ouest.

Les plateaux continentaux

Les plateaux continentaux sont les plus récentes additions à la masse continentale du Canada. Ceux de l'Arctique et de l'Atlantique se sont développés en marge des continents. Celui du Pacifique s'est formé le long d'une marge continentale glissant sur, ou le long de la croûte océanique. Les plateaux forment des terrasses sous-marines, ont de 500 km à 700 km de large et jusqu'à 300 m de profondeur. À l'exception du plateau du Pacifique, ils reposent sur des prismes relativement peu déformés de roches sédimentaires datant du mésozoïque et du cénozoïque (de 3 km à 13 km d'épaisseur) et se composent de matériaux érodés provenant du continent et recouvrant de vieilles roches.

Le plateau de l'Arctique s'est développé à mesure que s'ouvrait le bassin de l'océan Arctique probablement à la suite de la rotation de l'Alaska dans le sens inverse des aiguilles d'une montre, il y a 120 millions d'années. Plus tard, 4 km de sédiments de plateaux ont été recouverts de 9 km de roches clastiques provenant du delta du Mackenzie (crétacé supérieur et cénozoïque) qui s'est progressivement étendu vers le nord. Les plateaux de l'Atlantique se sont formés à mesure que s'ouvrait le bassin de l'océan Atlantique et que le continent nord-américain se séparait de l'Afrique, il y a 165 millions d'années, de l'Europe, il y a 90 millions d'années à 100 millions d'années, et du Groenland, il y a 60 à 70 millions d'années.

Les plateaux continentaux se composent de deux ou trois séquences tectoniques: la première, accumulée dans des fossés tectoniques contient des roches clastiques, des évaporites et des roches volcaniques reposant sur des roches du précambrien et du paléozoïque; la deuxième, par-dessus, plus importante est composée de roches clastiques et de carbonates déposés pendant une phase de dérive après la séparation des continents; la troisième, coiffant les deux autres, est composée de dépôts glaciaires du pléistocène. La croûte continentale a 35 km d'épaisseur sous le plateau intérieur, puis s'amincit à 15 km sous le plateau extérieur.

L'étroit plateau du Pacifique borde une marge active secouée de nombreux TREMBLEMENTS DE TERRE. À l'ouest de l'île de Vancouver, les plaques de Juan de Fuca et d'Explorer glissent sous le continent le long d'une zone de subduction inclinée vers le nord-est. Il en résulte deux séquences récentes: un arc volcanique actif à 300 km au nord-est du pied du plateau du Pacifique, où émerge la zone de subduction; et des prismes d'accrétion de roches clastiques et volcaniques océaniques, datant du mésozoïque supérieur et du cénozoïque, qui se sont détachés de la plaque descendante et superposés dans des prismes inclinés vers l'est sous l'étroit plateau. Toutefois, au nord-ouest de l'île de Vancouver, la croûte océanique de la plaque du Pacifique glisse horizontalement vers le nord-ouest le long d'une faille transformante.

J.O. Wheeler

Régions naturelles Le Canada est l'un des plus grands pays au monde. Son territoire inclut des parties de trois grands OCÉANS, d'immenses espaces arctiques, de vastes étendues de FORÊTS variées, de plaines, de MONTAGNES et de milieux humides ainsi que des LACS d'eau douce de toutes les superficies et une grande diversité faunique. La diversité naturelle de ses paysages terrestres et marins semble infinie. Avec une telle variété, le Canada est beaucoup trop complexe pour être décrit comme une seule région naturelle ou un seul ÉCOSYSTÈME.

Classification et description de la nature L'établissement des régions naturelles facilite la description des innombrables éléments des différents paysages existant au Canada et ailleurs. Les régions

naturelles permettent de décrire les secteurs de la surface terrestre qui partagent des caractéristiques semblables.

Semblable ne veut cependant pas dire que tout est identique. Le fait d'établir une région naturelle signifie qu'un ou plusieurs éléments caractéristiques prédominent à l'intérieur du territoire délimité. P. ex., on peut définir la Colombie-Britannique comme une région naturelle montagneuse et boisée. De façon générale, la province possède un relief montagneux, mais on y trouve aussi d'étroites plaines alluviales et de vastes plateaux intérieurs. Dans le même ordre d'idée, de nombreux secteurs de son territoire sont boisés, mais certains endroits comme les secteurs alpins de haute altitude sont dépourvus d'arbres.

Le terme «région naturelle» peut s'appliquer aux milieux terrestres tels que la région du BOUCLIER canadien, la région de la FORÊT BORÉALE et la région à climat arctique; et aux milieux marins tels que les régions du LAC ONTARIO et de la MER DE BEAUFORT (*voir* EAU). La superficie des régions peut varier. Le terme peut désigner des régions relativement restreintes, comme celles du delta du Mackenzie et du LAC DES BOIS, ou très vastes, comme la région circumpolaire et celle de la forêt tempérée.

En termes simples, les régions naturelles représentent les unités de base de la nature. La nature a créé à la surface du globe divers phénomènes biologiques et physiques qu'elle organise en unités ou systèmes caractéristiques.

Terminologie Le terme «région naturelle» est un terme générique qui qualifie de nombreuses choses. Il peut être synonyme d'écozone, d'habitat, d'écosystèmes, d'écorégion, de province géologique, de milieu naturel, de type forestier et de biome. Ces termes évoquent simplement des aspects ou des thèmes particuliers.

L'adjectif «naturel» ne signifie pas que l'être humain doit être absent. L'humain fait partie intégrante de la nature, et ce, depuis des millions d'années. Une région naturelle peut représenter, même si ce n'est pas fréquent, un certain type d'activité (p. ex., une région agricole, une région rurale) ou une culture (p. ex., une région INUITE).

Historique Simples citoyens, naturalistes et scientifiques ont tous contribué par le passé à la description des régions naturelles. Ils ne partageaient pas toujours les mêmes points de vue ni les mêmes intérêts immédiats. Certains ont simplement tenté de décrire ce qu'ils apercevaient à l'intérieur des paysages terrestres ou marins, certains se sont plutôt intéressés aux RESSOURCES importantes et d'autres, biologistes, géologues ou autres spécialistes, ont décrit ce que leur profession les avait formés à étudier. Comme dans la plupart des autres domaines, l'être humain comprend souvent mieux la nature en essayant d'isoler ses éléments. On a commencé nombre des premiers travaux de recherche sur les régions naturelles en se concentrant sur certains caractères biologiques et physiques.

Les régions de végétation, les régions forestières, les régions fauniques, les habitats et les régions de terres humides constituent des exemples de classification et de description de caractères biologiques. Les régions climatiques, les régions de substrat rocheux, les régions de PERGÉLISOL, les ZONES DE GÉOGRAPHIE PHYSIQUE, les régions topographiques et les régions pédologiques (*voir* SOL) représentent des caractéristiques physiques. Chacune de ces régions peut encore être étudiée de façon encore plus détaillée. On pourrait s'intéresser aux régions climatiques (*voir* CLIMAT) en se concentrant sur les domaines scientifiques ou des activités d'utilisation des terres précises. On pourrait avoir à préciser davantage la définition de la région en la considérant, p. ex., d'un point de vue agricole (régions agroclimatiques, régions arides), du point de vue des dangers naturels (région cyclonique) ou d'un point de vue écologie (régions écoclimatiques).

Ce découpage par régions vise à relever des caractéristiques communes à divers secteurs du pays. P. ex., l'établissement d'une région forestière d'une nature très générale montre les secteurs boisés et peu boisés du Canada. On peut ensuite subdiviser la région boisée en régions forestières plus précises, telles que la forêt boréale, la forêt subalpine sèche, la forêt mixte, la forêt subalpine et les prairies-parcs à trembles. Ces subdivisions pourraient de nouveau être subdivisées en unités plus petites.

Des éléments à l'ensemble L'étude des éléments isolés de la nature a initialement aidé beaucoup de gens à comprendre les différents aspects de la diversité biologique et physique du Canada. Cette approche morcelée a toutefois conduit à une compréhension incomplète et souvent trompeuse des ressources, des écosystèmes dont elles font partie et de leurs liens avec les activités humaines. Pour comprendre et solutionner plusieurs des problèmes environnementaux actuels (PLUIES ACIDES, biodiversité, capacité de tolérance et développement durable), on doit situer les régions naturelles dans un contexte écologique plus large. Un grand nombre des études antérieures des régions ou des zones naturelles portant sur un thème particulier ont fourni des notions utiles à une perspective écologique.

Au sens large, les régions naturelles comme l'Arctique, la zone boréale et les PRAIRIES constituent des écosystèmes. Chacune des régions ou zones naturelles est formée de l'interaction de divers facteurs biologiques et physiques et non d'un seul. Chacune possède des caractéristiques géologiques (*voir* GÉOLOGIE), climatiques, topographiques, pédologiques, végétatives, fauniques, aquatiques et humaines distinctes. Les expressions telles que «prairie herbeuse vallonnée» et «grandes plaines» décrivent non seulement les particularités contemporaines d'une région, mais elles évoquent aussi son histoire.

Durabilité des régions naturelles Il est de plus en plus difficile de planifier l'aménagement des régions naturelles. C'est pourquoi il est essentiel de les situer dans un contexte écologique élargi. Dans la plupart des régions du Canada, la concurrence vis-à-vis de l'utilisation des ressources est très intense. Des contraintes locales et extérieures entrent en jeu et divers groupes de pression luttent pour la conservation ou la mise en valeur des ressources. La durabilité de la région de la forêt boréale de l'Est illustre bien cette situation. Il faut équilibrer et soupeser de nombreux facteurs tels que la coupe du bois et le renouvellement de la forêt; les effets du changement climatique et de la pollution atmosphérique à longue distance; la protection des aires naturelles et de la biodiversité; le maintien des activités de loisir et de chasse; la protection des habitats de la faune marine (*voir* POISSON) et terrestre; la prévention de la pollution de l'eau; l'expansion des activités hydroélectriques et minières ainsi que les objectifs environnementaux à court et à long terme.

Écozones du Canada

On entend généralement par «écosystèmes» les milieux où les organismes vivants et leur environnement physique coexistent et forment un système. Parmi les organismes vivants, on compte les PLANTES, les ANIMAUX, dont les humains et de nombreuses autres formes d'êtres vivants, comme les insectes, et les bactéries. L'environnement physique comprend divers éléments tels que les roches, les sols, le climat et l'eau. La description des régions naturelles définissant des écosystèmes doit tenir compte non seulement de l'ensemble des éléments constituants mais aussi de leurs interactions.

Le Canada est constitué de 20 grandes régions naturelles (15 régions terrestres et 5 régions marines) ou «écozones» qui couvrent chacune de vastes étendues du pays. Chacune offre des possibilités et des contraintes particulières par rapport à l'exploitation forestière, à l'agriculture, aux loisirs, à la conserva-

tion, à l'urbanisation et ainsi de suite. Les écosystèmes du Canada sont riches et productifs comparativement aux autres écosystèmes mondiaux.

Les lignes de démarcation entre les écozones sont généralement des zones de transition où les caractéristiques d'un type de zone se fondent graduellement dans celles d'un autre. P. ex., la transition entre les écozones boréales forestières et les écozones arctiques s'effectue sur des dizaines de kilomètres.

Les écozones constituent des écosystèmes étendus qui fournissent une description globale du pays. On peut cependant les subdiviser en systèmes plus petits ayant une importance croissante aux échelons local et provincial.

A. Écozones septentrionales

L'Arctique est l'une des écozones qu'on connaît le moins parce que relativement peu de Canadiens y habitent et que l'accès y est fréquemment difficile. On considère généralement cette région comme une terre stérile et une contrée d'espaces sauvages recouverts de glace et d'igloos. Cette conception relève plus de la fiction que de la réalité. L'Arctique canadien couvre environ 25 p. 100 de la région arctique circumpolaire et possède de nombreux éléments remarquables. On y trouve la deuxième chaîne de montagnes en importance au Canada, des paysages très semblables aux BADLANDS du Sud-Ouest, le plus grand ensemble d'îles au pays, un grand nombre de CARIBOUS, d'OISEAUX AQUATIQUES et d'êtres marins. Il recèle de plus une grande richesse historique et culturelle. Le Grand Nord se divise en cinq écozones. À la fin de la dernière glaciation en Amérique du Nord, certaines parties du Canada étaient déjà exemptes de glaces il y a 10 000 ans, mais une vaste partie de l'Arctique en a été libérée il y a seulement 7000 ans. Les écosystèmes arctiques figurent donc parmi les écosystèmes les plus jeunes du pays. Trois des écozones arctiques sont des écozones terrestres et couvrent 26 p. 100 de la masse continentale du Canada; deux sont des écozones marines.

1. Écozone du Haut-Arctique

Cette écozone couvre la majeure partie des ÎLES arctiques ou du district de Franklin dans les Territoires du Nord-Ouest. Elle inclut également une petite partie du nord-est du district du Keewatin, sur le continent, et l'extrémité la plus au nord du Québec. Cette région représente presque 15 p. 100 des terres émergées du Canada, soit près de 1,5 million de kilomètres carrés.

Parmi les régions circumpolaires, elle constitue le plus grand archipel arctique. Ses centaines d'îles – étendues comme l'ÎLE DE BAFFIN ou de petite taille comme l'île Garnet – lui prêtent un caractère particulier. Les sols calcaires et le substrat rocheux associés au climat froid et sec confèrent à certains secteurs des conditions rigoureuses et désertiques (*voir* DÉSERT). Ce climat limite considérablement la croissance des plantes et, conséquemment, les habitats propices à la faune. Malheureusement, la plupart des localités (RESOLUTE BAY, Cambridge Bay et Arctic Bay) sont situées dans ces zones arides. En dehors de celles-ci se trouvent des oasis de terres humides et d'autres milieux productifs.

Relief et sols La majeure partie de cette écozone est constituée du plus important ensemble d'îles de toute la région circumpolaire arctique. Les îles et le continent sont principalement formés de plaines et de collines onduleuses. Un grand nombre de plaines sont des basses terres côtières mal fondues dans l'océan. Le continent, aujourd'hui libéré du poids du glacier, continue de se relever (d'environ 30 cm par siècle), ce qui explique que la côte soit parsemée de grands secteurs de lignes de rivage marquant les limites d'anciennes plages. Toutefois, sur l'ÎLE DEVON et sur les péninsules Brodeur et Borden, la terre et la mer sont séparées par des falaises abruptes de 200 à 300 m de hauteur. Les plaines et les col-

lines se perchent plusieurs centaines de mètres au-dessus de l'océan. Le plateau Brodeur, qui s'étend sans interruption apparente sur plus de 300 km, contraste avec le plateau Borden qui, comme les badlands du Sud, est morcelé de mesas et de canyons colorés.

Les affleurements rocheux ne prédominent pas. On les trouve surtout le long de la côte et dans les secteurs voisins de l'Écozone de la cordillère arctique. Une vaste partie de cette zone est couverte de dépôts morainiques laissés par les glaciers. Les sols ainsi formés sont gelés en permanence, sauf pour de minces couches de surface qui dégèlent pendant la brève période de l'été. La surface du sol est souvent «marquée» de formes linéaires ou circulaires diverses qui témoignent de l'érosion causée par les cycles répétés de gel et de dégel. Les lacs et les étangs sont peu nombreux et ne couvrent que 1 p. 100 du territoire.

Climat Le climat est très froid et, étrangement, très sec. Les précipitations moyennes annuelles, de 100 à 250 mm, sont les plus faibles au Canada. Dans certains secteurs, sous l'influence de montagnes environnantes comme la région du Labrador, les précipitations annuelles peuvent atteindre 500 mm. La saison moyenne de croissance varie entre moins de 125 et 250 degrés-jours au-dessus de 5 °C. Les étés sont courts et frais. La température moyenne journalière s'élève au-dessus de zéro seulement en juillet et en août. Les températures moyennes journalières en hiver sont inférieures à -30 °C. Le sol est gelé en permanence et il ne dégèle qu'à de faibles profondeurs en été. Au-delà des sols minéraux typiques, le terrain renferme des lentilles de glace massives de plusieurs dizaines de mètres d'épaisseur.

Végétation La végétation est généralement basse et rabougrie en raison du climat rigoureux. L'abondance de la végétation et la couverture végétale diffèrent considérablement à l'intérieur de la région. Dans les endroits où prédominent les sols calcaires, la couverture végétale et le nombre d'espèces sont habituellement limités. Dans les secteurs où le sol provient de schistes argileux ou de grès, ils sont plus riches. Les basses terres et les terres humides mal drainées offrent normalement les milieux les plus diversifiés et les plus riches pour les plantes.

On ne dénombre qu'environ 150 espèces de plantes dans l'Arctique. Les LICHENS et les herbacées constituent la végétation dominante des hautes terres, tandis que la végétation des basses terres est surtout constituée de carex et de mousses. On y rencontre aussi communément la SAXIFRAGE à feuilles opposées, la DRYADE, le Pavot d'Islande, les lichens crustacés, la Linaigrette de Scheuchzer, le Saule arctique, le Silène acaule, des carex, la Pédiculaire arctique, le Cassiope de Mertens et le Saule.

Faune L'écozone du Haut-Arctique abrite moins de 10 p. 100 de toutes les espèces de mammifères du Canada. Parmi les MAMMIFÈRES, on rencontre le Caribou de Peary, le BŒUF MUSQUÉ, le LOUP, le RENARD arctique, l'OURS POLAIRE, le LIÈVRE arctique et le LEMMING à collerette. Les OISEAUX présents comprennent le PLONGEON à gorge rousse, la Bernache cravant, le Canard kakawi, le Faucon gerfaut, le LAGOPÈDE, le LABBE, le Harfang des neiges (*voir* HIBOU), l'Oie des neiges et le Bruant des neiges (*voir* PASSERINS ET BRUANTS). Les terres humides et les petits lacs de l'Arctique constituent des lieux de reproduction et de nidification de première importance pour les oiseaux aquatiques pendant l'été. Ces oiseaux font habituellement de longues migrations vers le Sud où ils passent l'hiver. Les espèces typiques du milieu marin environnant sont le MORSE (dans l'Est), les PHOQUES (phoque barbu, phoque du Groenland et phoque commun), le BÉLUGA et le NARVAL. On ne rencontre aucune espèce de reptiles ni d'amphibiens. Les insectes, en particulier les moustiques, sont abondants et ils font passer des moments inoubliables aux explorateurs et aux randonneurs.

Activités humaines Les résidants pratiquent la CHASSE, la pêche et le piégeage. Plusieurs mines sont prospères, notamment la mine Polaris sur la Petite île Cornwallis et la mine Nanisivik sur l'île de Baffin. L'Arctique recèle environ 60 p. 100 des ressources de pétrole du Canada et 50 p. 100 des ressources de gaz. Ces ressources sont exploitées en divers endroits. Des parcs nationaux comme celui d'Aulavik sur l'île Banks et celui d'AUYUITTUQ sur l'île de Baffin témoignent de la beauté des lieux. Les paysages, les rivières sauvages, la faune arctique et la culture autochtone y rendent le tourisme populaire. Les peuplements existants comprennent Cambridge Bay, Cape Dorset, PANGNIRTUNG et IQALUIT. La population sur ce territoire de 1 459 000 km² se chiffre à environ 16 000 habitants (rencens. 1991), ce qui représente une densité de 1,1 personne par 100 km². Le peuplement le plus important est celui d'Iqaluit avec une population d'environ 3500 personnes.

2. Écozone de la cordillère arctique

On pourrait, sous maints rapports, qualifier cette zone de «Rocheuses arctiques». Elle couvre en effet environ 2,5 p. 100 des terres et est principalement constituée de glaciers, de calottes glaciaires et de montagnes. L'Écozone de la cordillère arctique abrite la seule région montagneuse d'importance au Canada en dehors de la chaîne montagneuse des Rocheuses dans l'Ouest. Cette écozone constitue en quelque sorte l'épine dorsale de l'est de l'Arctique et elle occupe la majeure partie de l'ÎLE D'ELLESMERE et de l'ÎLE AXEL HEIBERG, les bordures orientales des îles Devon, BYLOT et de Baffin ainsi qu'une partie du nord du LABRADOR.

Cette écozone présente un profil étagé: en basse altitude se trouvent les côtes de la baie de Baffin et du détroit de Davis; plus haut, des paysages où prédominent les fjords; et, en haute altitude (1200 à 1800 m), des sommets de glace et de roche. Même si elle couvre seulement 3 p. 100 du territoire, elle fait partie d'un écosystème étendu qui couvre une partie importante du GROENLAND et d'une superficie comparable à l'Ontario.

Relief et sols Pendant l'époque glaciaire, une bonne partie du Canada devait ressembler à cette écozone qui est ensevelie sous un épais manteau de GLACE et de neige pendant toute l'année.

Les montagnes dominent le relief. Le terrain est très accidenté, ce qui est typique des régions de fjords. Le sommet des montagnes, dont l'altitude peut atteindre 2000 m, est généralement couvert de CALOTTE GLACIAIRE au nord et de GLACIERS au sud. Cette association de glaces et de montagnes forme l'un des paysages les plus fascinants du Canada. Sur l'île de Baffin, de nombreux glaciers semblent accrochés aux sommets des montagnes. Ces rivières de glace s'étendent lentement, comme des racines d'arbres, des sommets jusqu'aux vallées. La base des montagnes baigne parfois dans l'océan. Les calottes glaciaires ont un aspect majestueux qui leur est propre. Elles semblent avoir la forme de monticules plats ou arrondis. La calotte glaciaire Barnes se trouve au centre de l'île de Baffin, mais la majorité des calottes renommées (Devon, Ellesmere et Grise Fjord) sont situées au nord du DÉTROIT DE LANCASTER.

Aux basses altitudes, le substrat rocheux et les débris de roche gélive recouvrent la base des montagnes. Les sols se forment principalement au fond des quelques vallées étroites qui fournissent les seuls habitats propices aux plantes et aux animaux. Les vallées longues, étroites et en U sont des caractéristiques typiques des côtes à fjord.

Climat Cette zone est très peu habitée. Le climat y est très froid et aride. Les quelques stations climatiques sont généralement situées à de basses altitudes. Les précipitations moyennes annuelles atteignent seulement 200 à 300 mm. La saison de croissance annuelle varie entre 0 et 125 degrés-jours.

Comme dans nombre des écozones arctiques, la période pendant laquelle la température moyenne s'élève au-dessus du point de congélation est brève (cela se produit surtout en juillet et en août), mais la période de clarté est très longue. Dans le Nord, la température moyenne annuelle est inférieure à -19,7 ℃.

Végétation La majeure partie du territoire est recouverte de roches et de glaces qui empêchent la croissance des végétaux. Le sommet des montagnes est dépourvu de végétation à cause de la neige et de la glace. Une certaine végétation recouvre le bas des versants des montagnes et celle-ci augmente considérablement dans les étroites vallées sculptées par les fjords. On rencontre surtout des lichens, des carex, des herbacées et des arbustes de faible hauteur, plus précisément des lichens crustacés, la Saxifrage à feuilles opposées, la dryade à feuilles entières, la linaigrette de scheuchzer, le saule, le silène acaule et la cassiopée tétragone.

Faune Vu la couverture végétale restreinte, cette écozone abrite peu d'animaux. Les ours polaires abondent dans les zones côtières. Parmi les oiseaux, on relève le Fulmar boréal, le Grand PLUVIER, le Sizerin blanchâtre et le Bruant des neiges. Les oiseaux marins les plus communs sont les GUILLEMOTS de Brünnich, les guillemots noirs et les goélands arctiques (voir GOÉLANDS ET MOUETTES). Des morses, des phoques et baleines (Narval, Béluga et Épaulard) habitent les eaux côtières.

Activités humaines Dans ce territoire de 252 000 km², les activités humaines suivent un mode de vie traditionnel. La chasse, la pêche et le piégeage soutiennent une économie de subsistance. Les communautés côtières comme Pond Inlet, Clyde River et Broughton Island figurent parmi les principales agglomérations. Leur population collective totalise un peu plus de mille d'habitants et elles constituent l'un des endroits les moins peuplés de la planète. L'industrie du tourisme est en voie de développement.

3. Écozone du Bas-Arctique

L'écozone du Bas-Arctique se limite principalement au continent. Elle s'étend des deux côtés de la BAIE D'HUDSON. Plus des trois quarts de son territoire sont situés du côté ouest de la baie, dans les parties septentrionales des districts du Keewatin et du Mackenzie, dans les Territoires du Nord-Ouest. Le prolongement oriental englobe des parties du Nord du Québec, à peu près au nord de Fort Chimo. Cette écozone représente plus de 8 p. 100 du territoire du Canada.

Relief et sols Le territoire est principalement formé de plaines onduleuses et de collines. On y trouve divers types de plaines, dont des plaines côtières et des plaines à drumlins (régions où prédominent des monticules allongés dont l'orientation suit le parcours des anciens glaciers). Le long de la Haute rivière Back, certains drumlins sont presque plats, tandis que d'autres, à l'ouest du passage Chantrey, figurent parmi les plus spectaculaires du Canada. En plus des dépôts morainiques, on trouve de grands secteurs de dépôts marins. Le substrat rocheux peut affleurer un peu partout à l'intérieur de la zone.

Les sols sont gelés et ils dégèlent seulement en surface ou à des profondeurs moyennes pendant l'été. Les ventres de bœuf et les sols réticulés témoignent de l'action du gel. Le sous-sol gelé empêche un drainage rapide et les sols engorgés et humides sont communs. Les petits lacs sont nombreux et ils sont précieux pour les oiseaux aquatiques et les poissons. Les rivières qui coulent vers l'est comme les rivières Thelon et Back ont joué un rôle historique déterminant et on les utilise aujourd'hui pour le canotage et les loisirs en milieu sauvage.

Climat Les hivers sont longs et froids. Les étés sont courts et frais et ils durent environ trois à quatre mois. Les précipitations annuelles varient entre 200 et 400 mm du nord au sud. La saison moyenne de

croissance annuelle atteint de 250 à 750 degrés-jours.

Végétation Dans cette zone, nombre des caractéristiques les plus typiques de l'Arctique commencent à réagir aux températures plus chaudes et aux saisons de croissance prolongées. Les arbustes, les plantes herbacées et les espèces des milieux humides prédominent. La taille des arbustes varie de quelques centimètres, à la limite forestière près du pôle, à environ un mètre, dans le Sud. Les arbustes typiques de cette zone sont le BOULEAU glanduleux, le Saule, le Thé du Labrador et les éricacées. Ils sont mêlés à diverses herbacées et à des lichens. Les mousses et les carex sont les principales espèces des milieux humides.

Faune Les mammifères de cette zone comprennent le Bœuf musqué, le loup, le renard arctique, l'ours polaire, le grizzli, le lièvre arctique, l'ÉCUREUIL arctique et le lemming. La région constitue surtout le plus important site d'estivage et de mise bas du caribou de la toundra. Près de un million de bêtes s'y rendent, dont des troupeaux des territoires en provenance de Qaminirjuaq, Beverly, Bathurst, Bluenose et Porcupine ainsi que des troupeaux du nord du Québec et du Labrador en provenance de la rivière George et de la rivière aux Feuilles. On y rencontre aussi des ORIGNAUX, mais ils ont tendance à se tenir le long des limites méridionales de l'écozone.

La région est également un important lieu de reproduction et de nidification pour diverses espèces de canards. Elle offre des habitats aux huards, au cygne siffleur, à l'oie des neiges, au faucon gerfaut, au lagopède des saules et au lagopède des rochers, au labbe, au harfang des neiges et au bruant des neiges. La côte arctique est habitée par le morse et plusieurs espèces de phoques (phoque gris, phoque du Groenland, phoque barbu, phoque commun et phoque annelé). Les baleines (béluga, narval, cachalot et baleine à bec) sont également des espèces marines typiques de cette zone.

Activités humaines La chasse et la pêche sont les principales activités pratiquées sur terre. Le territoire de 800 000 km² est reconnu pour sa richesse minérale. On y exploite le pétrole, et on poursuit toujours l'exploration en vue de la découverte de nouvelles sources. On y dénombre environ 15 peuplements importants, dont BAKER LAKE, Rankin Inlet et Tuktoyaktuk. La population totale de ces communautés se chiffre à environ 10 000 habitants.

4. Écozone de l'archipel arctique

Les écozones correspondent principalement à des régions terrestres ou marines. Les eaux océaniques de l'écozone marine de l'archipel arctique sont assez particulières. Elles s'étalent autour d'un immense enchevêtrement d'îles et ne deviennent jamais un océan ouvert formé de grandes étendues d'eau. La baie d'Hudson fait exception. La plupart des hautes terres entourées par ces eaux font partie de l'écozone du Haut-Arctique.

Les eaux marines de l'écozone de l'archipel arctique englobent un grand nombre de chenaux, de baies, de détroits, de golfes, de bras de mer et de fjords. Les noms de ces endroits (baie Norwegian, golfe Amundsen et chenal McClintock) évoquent la riche histoire de l'exploration. Les eaux méridionales de cette zone sont libres de glaces pendant deux à trois mois l'été, mais au nord du DÉTROIT DE PARRY, la GLACE MARINE se fragmente souvent en d'énormes morceaux qui ne peuvent toutefois se déplacer que localement. Lorsque la glace se fracture en été, les figures formées par les passages dans les glaces et par les énormes morceaux flottants sont impressionnantes. Les glaces marines détachées se font parfois pousser par de forts vents de surface et elles forment des amoncellements spectaculaires le long de la côte. Pendant l'hiver, les glaces marines forment une banquise côtière presque continue. Certaines polynies (des clairières formées par des remontées d'eaux profondes) restent ouvertes pendant tout l'hiver. À l'instar des oasis au milieu du désert, ces clairières constituent des zones de productivité biologique intense. Dans l'est de l'écozone, le relief côtier est élevé tandis que dans le sud et dans l'ouest il est plutôt émoussé.

Climat Le climat se caractérise par des hivers longs et froids et des étés courts et frais. Les longues périodes de clarté embellissent la brève période estivale. Les températures moyennes journalières en juillet se maintiennent toutefois à 10 °C seulement. Les températures moyennes hivernales sont variables, mais elles oscillent autour de -30 °C.

Faune Cette écozone marine est intensément fréquentée par les oiseaux migrateurs et les mammifères marins quand les eaux sont libres de glaces en été. Elle constitue un secteur d'alimentation important pour les oiseaux marins qui nichent dans les falaises côtières et pour les oiseaux aquatiques des marais côtiers. La faune marine compte plusieurs espèces de baleines, dont des bandes de baleines blanches (bélugas), de narvals, d'épaulards, de cachalots et de baleines boréales. On retrouve également le morse et divers phoques (le phoque annelé, le phoque du Groenland et le phoque commun). Comme de nombreuses espèces de mammifères marins, les phoques utilisent les eaux arctiques comme aires de reproduction et d'élevage des petits.

Activités humaines Le mode de vie traditionnel et la culture des AUTOCHTONES gravitent autour de la chasse aux mammifères marins et de la pêche. L'OMBLE chevalier est l'une des principales espèces pêchées. Le béluga, la baleine boréale, le morse et les phoques soutiennent une chasse de subsistance. Les eaux marines permettent le transport des produits de consommation vers les peuplements du Nord, en plus de l'expédition par bateau du minerai, du pétrole et d'autres produits vers les marchés du Sud.

5. Écozone du bassin arctique

Cette écozone marine est le prolongement de l'immense calotte du pôle Nord. Elle fait officiellement partie de l'océan Arctique et est recouverte de glace en permanence. Dans l'Arctique, la glace de mer tourne dans le sens anti-horaire autour du pôle (ce qui forme un courant de surface gigantesque). La profondeur de l'eau dépasse généralement les 2000 m. L'apport d'eau douce des terres environnantes est restreint, mais le FLEUVE MACKENZIE fait exception. La faible productivité biologique de cette écozone s'explique par la présence d'une couverture de glace permanente.

Climat Le climat est très sec et froid. Les précipitations annuelles atteignent 100 à 200 mm. La température journalière moyenne en janvier fluctue entre -30 °C et -35 °C. En été, elle se situe autour de 5 °C.

Faune La faune est en général peu abondante et peu diversifiée. La couverture permanente de glace crée des conditions désertiques peu attrayantes pour les mammifères marins. Quelques espèces se tiennent à la limite de la couverture de glace, notamment l'ours polaire, le béluga, le narval, le phoque barbu et le phoque du Groenland.

B. Écozones situées à proximité du Nord

Quatre écozones possèdent à la fois les caractéristiques des écozones arctiques et des écozones boréales. Elles constituent des zones de transition où les écosystèmes forestiers et les écosystèmes arctiques se fondent graduellement les uns dans les autres. Cette série d'écozones couvre de vastes étendues dans le sud des territoires et dans le nord de l'Ontario et du Québec.

6. Écozone de la taïga de la cordillère

Cette écozone est la plus petite des quatre écozones. Elle couvre le nord des ROCHEUSES et une partie du Yukon ainsi que le sud-ouest du district du Mackenzie dans les Territoires du Nord-Ouest. Plu-

sieurs des types de reliefs présents sont remarquables et font penser aux monts tabulaires et aux cuestas (formations montagneuses allongées) typiques des régions désertiques du Nouveau-Mexique et de l'Arizona. Lors de sa dernière ÉPOQUE GLACIAIRE, cette zone n'a pas beaucoup été touchée par l'érosion glaciaire. Elle est reconnue comme «station refuge» de nombreuses plantes.

Relief et sols La région est montagneuse. Elle est constituée de secteurs accidentés comme les montagnes White, dans le Nord du Yukon. On trouve d'autres formes montagneuses comme des buttes (formes cylindriques) et des mesas (montagnes tabulaires aux parois escarpées). Les vallées qui séparent les crêtes montagneuses et les chaînes de montagnes sont parfois très larges. Le sol est gelé presque toute l'année. En été, il dégèle à des profondeurs moyennes. Le pergélisol est «discontinu» c.-à-d. que sa distribution est irrégulière.

La PLAINE OLD CROW constitue une exception dans ce paysage très accidenté. Cette vaste plaine située au nord de la rivière Porcupine est surtout formée de terres humides. Elle est célèbre pour ses lacs naturels rectangulaires et carrés qui parsèment son vaste territoire plat. L'orientation des lacs suit généralement les directions des vents dominants.

Climat Le climat est très sec. Contrairement à ce qu'on imagine généralement, il tombe peu de neige dans le Nord. Les précipitations moyennes annuelles totalisent à peine 300 mm. Les hivers sont longs et froids avec de très courtes périodes de clarté, tandis que les étés sont chauds ou frais avec de très longues périodes de clarté. La saison moyenne de croissance est d'environ 70 degrés-jours, mais les gels peuvent survenir en toute saison.

Végétation Au Canada, il est rare de voir des chaînes de montagnes qui ne sont pas recouvertes d'arbres. Les plantes à enracinement profond comme les ARBRES ne peuvent pas pousser facilement dans cette région, car la surface du sol est souvent gelée en permanence. Le sol est généralement couvert de lichens, de MOUSSE, d'arbustes de faible hauteur, d'herbacées et de carex. Les arbres, quand il y en a, sont de petite stature et ils se limitent aux endroits les plus chauds et aux latitudes méridionales.

Faune Les mammifères qui habitent cette région sont le mouflon de Dall, le caribou des bois, le caribou de la toundra, l'orignal, la CHÈVRE DE MONTAGNE, l'ours noir, le Grizzly, le loup, la MARTRE, le LYNX, le spermophile arctique, le PIKA d'Amérique, la MARMOTTE des Rocheuses et le lemming brun. Cette région abrite également la population de CARCAJOUS la plus nombreuse au Canada.

Des millions d'oiseaux viennent dans le Nord pour nicher dans des endroits comme la plaine Old Crow. Ces endroits reculés leur procurent des lieux de nidification sûrs où la nourriture, en l'occurrence les INSECTES, abonde. Les oiseaux aquatiques présents comprennent le fuligule à dos blanc, l'oie des neiges et le canard malard. La plupart des espèces migrent vers le Sud quand le temps froid arrive. Seulement quelques espèces comme le lagopède affrontent l'hiver.

Activités humaines La taïga représente un environnement assez fragile. Les véhicules détruisent facilement la végétation, et elle peut prendre des décennies à se régénérer. Le pergélisol impose des conditions particulières de construction. Il faut concevoir l'installation des pipelines ou la construction des routes de manière particulière pour assurer au fil des ans la protection des habitats et des voies migratoires de la faune.

Une vaste partie de cette écozone demeure sauvage. Les principales activités qu'on y pratique sont la chasse, la pêche, le piégeage, le tourisme et les loisirs de plein air. On y fait un peu d'extraction minière. Le plus important peuplement est OLD CROW. Cette région de 251 000 km² compte moins de 400 habitants.

7. Écozone de la taïga des Plaines

La taïga des Plaines occupe principalement le sud-ouest des Territoires du Nord-Ouest, mais elle s'étend jusque dans le nord-est de la Colombie-Britannique et jusqu'à la limite nord de l'Alberta. Cette écozone surtout constituée de terres humides couvre environ 6 p. 100 du territoire du Canada.

Relief et sols La majeure partie de cette écozone est une plaine sans relief ou légèrement onduleuse. Le pergélisol est distribué de façon discontinue. En été, le sol dégèle à des profondeurs moyennes. Le drainage des eaux de surface est restreint par l'absence de déclivité et par le pergélisol. De nombreux sols restent ainsi humides et engorgés. Les sols organiques et les terres humides se forment dans les dépressions basses.

Climat Le climat est semi-aride et froid. Les précipitations annuelles atteignent environ 400 mm dans le Sud et environ 200 mm dans le Nord. La saison moyenne de croissance est de 1000 degrés-jours dans le Sud et d'environ 750 degrés-jours dans le Nord. Les hivers sont longs et froids.

Végétation Les endroits mal drainés sont recouverts de mousses, de carex, de bouleaux glanduleux, de THÉ DU LABRADOR, de saules et de RAISINS D'OURS. Les hautes terres sont généralement mieux drainées et elles permettent la croissance de forêts mixtes d'ÉPINETTES noires et blanches, de MÉLÈZES, de bouleaux blancs, de TREMBLES, de PEUPLIERS baumiers et de PINS de Murray.

Faune Les mammifères de la taïga des Plaines sont l'orignal, le caribou des bois, le BISON, le loup, l'OURS NOIR, la martre, le lynx du Canada et le spermophile arctique. Les oiseaux incluent le huard à gorge rousse, la PIE-GRIÈCHE boréale, la gélinotte à queue fine (*voir* GÉLINOTTES, LAGOPÈDES ET TÉTRAS), le BRUANT fauve et le sizerin flammé.

Activités humaines Les principales activités pratiquées dans cette zone sont la chasse et le piégeage. On y fait également de l'exploitation minière, pétrolière et gazière. FORT NELSON, Hay River et Fort Smith figurent parmi les localités de la région. Cette écozone couvre 570 000 km² et environ 22 000 personnes y vivent.

8. Écozone de la taïga du Bouclier

Le terme «taïga» provient d'un mot russe qui désigne généralement une forêt ouverte aux arbres chétifs. On l'appelle parfois aussi la forêt naine du Nord. Comme son nom l'indique, ce paysage, qui représente 14 p. 100 du Canada, est associé à la formation rocheuse du Bouclier canadien. Il se caractérise par des affleurements rocheux, des forêts rachitiques et un grand nombre de lacs. Il s'étend des deux côtés de la baie d'Hudson. La partie orientale couvre le centre du Québec et du Labrador. La partie ouest occupe des sections du nord du Manitoba et de la Saskatchewan ainsi que le sud du district du Keewatin dans les Territoires du Nord-Ouest.

Relief et sols La majeure partie de cette écozone est formée de plaines et de collines onduleuses. Au cours de la dernière glaciation continentale, les glaciers ont érodé le Bouclier canadien, laissant des affleurements de roche nue et de minces couches de débris glaciaires. La profondeur du pergélisol varie: il est très épais en certains endroits, et très mince en d'autres. Il empêche le drainage des sols, ce qui explique les dépressions généralement engorgées.

Les énormes fractures du substrat rocheux et les dépressions laissées par les glaciers sont des endroits propices à la formation de lacs naturels. On trouve ainsi de nombreux étangs et lacs. Ces nappes d'eau procurent des habitats à plusieurs espèces d'oiseaux aquatiques et de poissons.

Climat Le climat est continental subarctique, et les précipitations moyennes annuelles sont faibles (de 175 à 200 mm). Les températures varient de très fraîches à froides. La saison moyenne de croissance est de 500 degrés-jours dans le Nord et de 1000 degrés-jours dans le Sud. Les étés sont courts avec de longues périodes de clarté. Les hivers sont à l'opposé.

Végétation La lisière nord de cette écozone correspond à la LIMITE FORESTIÈRE, c.-à-d. la limite jusqu'où les arbres peuvent pousser. Les peuplements forestiers sont ouverts et mélangés avec des zones de végétation de toundra arctique. Les principaux arbres rencontrés sont l'épinette noire rabougrie, l'AULNE, le saule et le mélèze. Au Québec, ces essences se mêlent à l'épinette blanche et au SAPIN baumier.

Faune Les mammifères typiques de la taïga sont le caribou des bois, le caribou de la toundra, l'orignal, le loup, le lièvre d'Amérique, le renard arctique, l'ours noir, le grizzli et le lynx du Canada. Les oiseaux comprennent le huard à gorge rousse, la pie-grièche boréale, le bruant hudsonien et la GRIVE à joues grises.

Activités humaines Les forêts de cette écozone présentent peu d'intérêt sur le plan commercial. Elles donnent lieu à quelques activités touristiques et récréatives. YELLOWKNIFE, LABRADOR CITY et CHURCHILL (*voir* CHURCHILL, CHUTES) sont des localités de cette région. Environ 34 000 personnes habitent cette zone de 1 302 000 km².

9. Écozone des plaines hudsoniennes

Cette région est parfois qualifiée de «terres humides du Nord canadien». Même si elle représente près de 4 p. 100 du territoire du pays, cette écozone est l'une des régions les moins connues et les moins visitées du Canada. Elle abrite les plus grandes étendues de terres humides du pays et, selon certaines sources, de la planète. Située au sud de la baie d'Hudson, cette plaine côtière est formée de terrains communément appelés muskegs ou marais. La majeure partie de la zone se trouve en Ontario, mais elle s'étend jusqu'au Manitoba et au Québec.

Relief et sols Cette écozone est de façon générale une plaine côtière très plate. Les matériaux constituants du sol proviennent de deux sources principales: d'anciens dépôts de fonds de lacs (dépôts lacustres) et de fonds marins. Dans les deux cas, ce sont des matériaux à texture fine comme le limon et l'argile. Plusieurs régions côtières de l'océan Arctique et de la baie d'Hudson libérées du poids des glaciers à la fin de la dernière glaciation, il y a 7000 à 10 000 ans, continuent encore à se relever. La configuration des lignes de rivage des basses terres de la baie d'Hudson en témoignent de façon spectaculaire. On peut en effet voir, parallèlement à la plage et à la côte actuelles, une série de faibles crêtes marquant l'emplacement d'anciens rivages. Ces crêtes de plages sont très espacées et elles s'étendent sur des kilomètres à l'intérieur du continent. Les sols sont généralement humides et formés de matière organique. Le Canada est réputé pour ses terres humides et les habitats que celles-ci procurent aux oiseaux aquatiques.

Climat Cette écozone est profondément influencée par l'air froid et humide en provenance de l'Arctique et de la baie d'Hudson. Les précipitations annuelles atteignent entre 400 et 700 mm. La saison moyenne de croissance varie entre 500 et 1000 degrés-jours.

Végétation L'accumulation de débris organiques et le mauvais drainage rendent les sols très acides et humides. La végétation de cette zone ressemble à celle de la taïga, sauf que les terres humides prédominent. Celles-ci sont surtout occupées par diverses espèces de carex et de mousses. Dans les endroits plus secs comme les crêtes de plages, les lichens, les herbacées et les arbustes de faible hauteur sont plus abondants. Plus à l'intérieur ou dans les endroits abrités, on trouve des forêts clairsemées d'épinettes noires et de mélèzes.

Faune Cette écozone représente un habitat précieux pour les oiseaux aquatiques, particulièrement

la bernache du Canada. Des millions d'oiseaux y nichent et y élèvent leurs petits. Le long de ses limites nord, on peut apercevoir des ours polaires, des morses, des phoques annelés, des phoques communs ainsi que des bélugas et des baleines boréales. Les mammifères terrestres plus typiques de l'intérieur comprennent le caribou des bois, l'orignal, l'ours noir, la martre, le renard arctique et le pékan.

Activités humaines À l'époque des toutes premières explorations de l'Amérique du Nord par les Européens, plusieurs forts ont été construits sur la côte de la baie d'Hudson. Ils servaient de points d'entrée aux explorateurs et aux trappeurs qui s'aventuraient au cœur des forêts boréales et des prairies au sud et à l'est.

Cette région couvre environ 370 000 km² et compte une population d'environ 10 000 personnes, soit 0,04 p. 100 de la population du Canada. Elle est dépourvue des ressources forestières et minérales qui soutiennent habituellement les grandes localités du Nord. Les terres humides et les zones côtières permettent la pratique d'activités comme la chasse, le piégeage et le tourisme. CHURCHILL et Moosonee font partie des localités de cette région.

C. Écozone boréale

L'écozone boréale est une vaste bande de régions forestières qui occupe la partie méridionale du centre du Canada. On trouve le même type de forêts nordiques en Europe et en Russie. La forêt boréale constitue le type de forêt le plus étendu au Canada. Elle contribue de façon substantielle à l'industrie forestière du pays. Elle est aussi précieuse parce qu'elle fournit de nombreux habitats fauniques, des lieux propices aux loisirs et de l'énergie hydroélectrique. La zone boréale se divise en trois écozones distinctes: la Cordillère, les Plaines et le Bouclier.

10. Écozone de la Cordillère boréale

L'écozone de la Cordillère boréale est située au centre nord des montagnes Rocheuses. Elle couvre des sections du Nord de la Colombie-Britannique et du Sud du Yukon et représente environ 4 p. 100 de la superficie du Canada. Contrairement aux autres écozones boréales qui couvrent différentes parties des basses-terres intérieures du pays, cette zone est située entièrement dans les hautes-terres montagneuses. Elle est généralement boisée, mais elle inclut quelques secteurs alpins.

Relief et sols Le paysage est très montagneux. On y trouve des montagnes célèbres comme les monts Mackenzie et la chaîne Selwynn. Cette zone renferme quelques-uns des plus hauts sommets du Canada. Les chaînes de montagnes sont parfois entrecoupées de larges vallées et de plaines aussi appelées «plateaux». Comme dans la plupart des endroits montagneux, la surface du sol est recouverte de matières diverses. En haute altitude, les affleurements rocheux prédominent, tandis que sur le haut des flancs de montagnes, on trouve principalement des colluvions (débris et fragments rocheux détachés de la paroi). Dans les vallées, les anciens glaciers ont laissé sous leur passage de nombreux dépôts morainiques. Les sols ont une configuration semblable: ils sont à peu près inexistants sur les crêtes montagneuses et se transforment en sols forestiers (brunisols) dans les vallées.

Climat Dans les régions montagneuses, le climat est très variable. Les sommets connaissent les conditions les plus rigoureuses, alors que les terres basses des vallées jouissent des conditions les plus clémentes. Les hivers sont cependant longs et froids en général, tandis que les étés sont courts et frais. Les précipitations et les températures moyennes sont habituellement plus élevées dans la zone boréale que dans la taïga. Les précipitations de l'écozone de la Cordillère boréale sont beaucoup plus abondantes dans les montagnes à l'ouest, qui reçoivent annuellement 500 mm de pluie aux basses altitudes comparativement à 1000 mm au-dessus de la limite fores-

tière. Les régions de l'Ouest se trouvent à l'ombre de la pluie et elles reçoivent seulement environ 400 mm de pluie par année. La saison de croissance moyenne atteint 750 à 1500 degrés-jours.

Végétation Les types et les communautés de végétaux existants sont fonction des types de sols et du climat. Ils se répartissent donc naturellement en couches. Aux basses altitudes où le sol et le climat sont moins difficiles, les CONIFÈRES comme l'épinette blanche prédominent et, selon les conditions des lieux, ils se mêlent à l'épinette noire, au Pin de Murray et au peuplier faux-tremble. À mesure qu'on s'élève en altitude, le sapin subalpin remplace l'épinette blanche. Ces essences sont bien adaptées aux hivers longs et froids. La présence de krummholz, ou forêts aux arbres rabougris, témoigne de conditions de croissance extrêmement difficiles. Le sapin subalpin, l'épinette d'Engelmann et d'autres essences poussent sous des formes naines et tordues. Au-delà de la limite forestière, les communautés de toundra alpine prévalent le long des nombreuses crêtes montagneuses. La toundra est constituée de prés de carex et d'herbacées ainsi que d'arbustes de hauteur limitée et de terrains rocheux colonisés par les lichens. À haute altitude, la roche nue, la neige et la glace règnent.

Faune Dans les écozones boréales, comme ailleurs, plus de 50 espèces d'insectes se nourrissent des conifères, dont la tordeuse des bourgeons de l'épinette. Les forêts et les régions environnantes abritent des milliards de MOUCHES NOIRES, de MOUSTIQUES et de TIQUES des bois qui rendent souvent la vie difficile aux animaux sauvages et aux humains.

Dans la forêt boréale, la vie animale abonde et la plupart des espèces pullulent pendant les mois d'été. Le milieu boréal renferme une grande variété de mammifères, et la Cordillère abrite plusieurs espèces typiques des régions montagneuses. le caribou des bois (dans le nord), l'orignal, l'ours noir, le grizzli, la martre, le lynx du Canada et le spermophile arctique sont quelques-unes des espèces boréales les plus répandues. le mouflon de Dall, la chèvre des montagnes (dans le sud), la marmotte des Rocheuses et le pika d'Amérique sont plutôt associés aux conditions alpines. Les oiseaux présents comprennent le lagopède des saules, le lagopède des rochers et le lagopède à queue blanche, le geai du Canada et le tétras du Canada. Peu d'oiseaux hivernent dans cette zone.

Activités humaines On exploite les ressources forestières, minières et hydroélectriques à l'intérieur de cette écozone. Beaucoup d'industries et de services de soutien sont axés sur les loisirs et le tourisme. WHITEHORSE, DAWSON et Haines Junction sont quelques-unes des localités se trouvant à l'intérieur de cette zone de 444 000 km². Environ 31 000 personnes y résident toute l'année, et ce nombre augmente considérablement pendant la saison touristique, en été.

11. Écozone des plaines boréales

Les plaines boréales, qui correspondent à 7 p. 100 du territoire du Canada, s'étendent en une large bande depuis PEACE RIVER, en Colombie-Britannique, jusqu'au sud-est du Manitoba. C'est la deuxième écozone boréale en superficie. À l'ouest se trouve la cordillère boréale, délimitée par des terrains montagneux, et à l'est se trouve le Bouclier boréal rocheux et accidenté. Cette écozone se distingue de celle des Prairies, au sud, et de l'écozone arctique, au nord, par ses types de végétation et de sols.

Relief et sols Le relief de la région varie des terrains plats aux terrains vallonneux. La plupart de ces plaines portent des traces du passage de la dernière glaciation. La région est en effet recouverte d'un mélange de dépôts glaciaires comprenant des moraines striées, des matériaux provenant du fond d'anciens lacs (glaciolacustres) et des dépôts fluviatiles (de ruisseaux et de rivières). Le paysage est parsemé de dépressions occupées par des lacs et des terres humides formant une partie du bassin-versant de la rivière de la Paix et de la rivière Athabaska. Les sols sont en général peu altérés par le climat et ils font partie du groupe des sols appelés les brunisols et les luvisols. Ils sont profonds et passablement propices à la croissance des arbres.

Climat Cette région est l'une des écozones boréales les plus sèches parce qu'elle se trouve sous l'influence de conditions climatiques continentales. Dans la Cordillère boréale, à l'ouest, les précipitations sont plus abondantes. À l'intérieur des Plaines boréales, les précipitations annuelles sont d'environ 400 mm dans le Nord et de 500 mm dans le Sud. La saison moyenne de croissance varie entre 1000 et 1250 degrés-jours.

Végétation Les principales essences de conifères des hautes terres sont l'épinette blanche, l'épinette noire et le pin gris. Dans les basses terres plus humides, le mélèze laricin est plus répandu. On trouve aussi une grande variété d'essences à grandes feuilles comme le bouleau blanc, le peuplier faux-tremble et le peuplier baumier. Près de la moitié de cette écozone est recouverte de terres forestières productives. Même si les insectes et les maladies affectent les peuplements forestiers, le feu constitue le principal facteur qui conditionne l'âge et la distribution des types forestiers. Le long de la limite sud de la zone, une zone de transition sépare la forêt et la prairie, parfois appelée «prairie-parc» ou «tremblaie canadienne». Le paysage est parsemé de terres humides dans lesquelles poussent notamment diverses mousses, des saules arbustifs, des mélèzes laricins et d'autres essences.

Faune Les mammifères des plaines boréales comprennent l'orignal, le caribou des bois, le CERF mulet, le cerf de Virginie (dans le Sud), le WAPITI, l'ours noir, la martre, le castor, le loup commun, le PÉKAN, le lynx du Canada, le COYOTE et le TAMIA. Le bison est surtout confiné aux réserves naturelles. Les oiseaux présents incluent la nyctale de tengmalm et le grand-duc d'Amérique, le GEAI gris, le huard à collier, diverses espèces de canards, le pinson à queue blanche, le gros-bec errant, le gros-bec à poitrine rose (*voir* GROS-BECS, DURBECS ET CARDINAUX), la mouette de Franklin, ainsi que le vacher à tête brune. les lacs et les ruisseaux sont fréquentés par le doré jaune, le grand brochet, la lotte et quelques espèces de truites.

Activités humaines Environ 707 000 personnes habitent cette zone de 680 000 km². La forêt boréale qui couvre une partie du territoire alimente l'INDUSTRIE DES PÂTES ET PAPIERS. La chasse et le piégeage demeurent des activités importantes. La superficie des terres agricoles s'accroît de plus en plus, mais elle ne représente encore que 10 p. 100 des Plaines. L'endroit le plus au nord où l'on s'adonne à une agriculture à grande échelle au Canada est la région de la rivière de la Paix. Les travaux d'exploration pétrolière et gazière et les ouvrages hydro-électriques demeurent toujours des industries d'importance. GRANDE PRAIRIE, DAWSON CREEK et HINTON figurent parmi les principales localités de la région.

12. Écozone du Bouclier boréal

Le bouclier boréal constitue la plus étendue de toutes les écozones (20 p. 100 du Canada). Empruntant la forme d'un large fer à cheval, il s'étend du nord de la Saskatchewan jusqu'à Terre-Neuve, à l'est. Il passe au nord du LAC WINNIPEG, des GRANDS LACS et du FLEUVE SAINT-LAURENT. Cette écozone est pour la majorité des Canadiens «l'arrière-pays du Bouclier». Les collines rocheuses, les forêts de conifères et la multitude de lacs sont des éléments familiers de ce paysage bien connu.

Relief et sols Cette écozone a de nombreuses caractéristiques topographiques en commun avec l'Écozone de la taïga du bouclier au nord: un terrain accidenté, maints affleurements rocheux et des dépôts morainiques et fluviatiles de profondeurs variables. Les creux associés aux dépressions et aux fractures naturelles du substrat rocheux du Bouclier canadien sont transformés en innombrables lacs, étangs, terres humides, rivières et ruisseaux. Des parties appréciables des bassins hydrographiques des fleuves Churchill et Nelson et de la rivière Abitibi se trouvent dans cette zone.

Les sols, lorsqu'ils sont présents, sont d'une épaisseur variable et ont une texture généralement grossière. Ils font partie d'un groupe de sols (brunisols) modérément altérés et courants dans les forêts des hautes latitudes. Du point de vue teneur en éléments nutritifs, ces sols sont de qualité moyenne. La présence de roches affleurantes et de sols peu profonds limite la superficie des terres forestières productives.

Climat Les hivers sont longs et froids, et les étés sont courts et chauds. Le climat est généralement continental, mais il est influencé par les masses d'air froid de la baie d'Hudson. Le taux de précipitations annuel est assez élevé: 400 mm dans l'Ouest et 1000 mm dans l'Est. La saison de croissance annuelle moyenne varie de 1000 degrés-jours dans le Nord à plus de 1500 degrés-jours dans le Sud.

Végétation Les forêts sont composées d'essences résistantes telles que l'épinette noire, l'épinette blanche, le pin gris et le sapin baumier. Les sols à texture grossière, les zones rocheuses et les étés chauds contribuent tous ensemble à l'assèchement des forêts, ce qui les rend vulnérables aux feux. Les forêts de cette zone ont souvent, du haut des airs, l'aspect d'un damier de secteurs récemment dévastés par le feu entremêlés de secteurs de peuplements en cours de maturation. Les feux détruisent une ressource précieuse, mais ils ont aussi un effet bénéfique. Ils débarrassent la forêt des insectes, de la maladie et des débris au sol. Ils stimulent en plus la croissance d'autres essences, et ils diversifient les habitats. Bien que les conifères prédominent, le bouleau jaune, l'érable à sucre et le frêne noir commencent à apparaître dans le sud-est de l'écozone, où la zone se mêle aux forêts mixtes des Plaines. Dans les secteurs d'affleurements rocheux, on relève un éventail coloré de lichens et d'arbustes de faible hauteur. La végétation des terres humides est composée de carex, de mousses, d'herbes ou d'arbres selon le type de terres humides.

Faune Les mammifères du bouclier boréal comprennent l'orignal, le loup, le caribou des bois, le cerf de Virginie, l'ours noir, le PORC-ÉPIC, la CHAUVE-SOURIS, le RATON LAVEUR, la martre, le Pékan, la MOUFETTE, le lynx du Canada, le LYNX ROUX et le tamia rayé. Les étangs de la région pullulent de TORTUES, de SERPENTS, de nectures tachetés, de GRENOUILLES, de SALAMANDRES et de CRAPAUDS. Les terres humides et les ruisseaux abritent des CASTORS, des rats musqués et des visons.

Chaque printemps, l'abondance d'eau attire des milliers de canards (canard noir, petit garrot, morillon à collier), de huards, de bernaches et d'autres oiseaux. Certaines espèces passent l'été dans la région. D'autres utilisent les habitats aquatiques comme aires de repos pendant leur migration vers des lieux de nidification plus au nord. On rencontre également la nyctale de Tengmalm, le bruant à gorge blanche, le grand HÉRON, le MARTIN-PÊCHEUR et parfois l'URUBU à tête rouge. Parmi les espèces de poissons présentes, notons le touladi, le corégone, la lotte et le grand brochet.

Activités humaines Cette région est reconnue pour ses ressources forestières, minières et hydro-électriques en plus des possibilités de loisirs qu'elle offre, soit tous des secteurs vitaux de l'économie canadienne. En présence d'une concurrence intense pour l'utilisation des ressources, il devient essentiel d'assurer un aménagement et une planification adéquats du territoire. Cette écozone est extrêmement étendue (1 826 000 km²); sa population se chiffre à environ 2 832 000 personnes. Les industries forestières du Québec et de l'Ontario reposent en majeure partie sur les ressources du Bouclier boréal. SUDBURY, CHICOUTIMI et ST. JOHN'S constituent quelques-unes des villes de cette région.

D. Écozones de l'Ouest

Trois écozones font partie de ce regroupement: l'écozone maritime du Pacifique, l'écozone de la Cordillère montagnarde et l'écozone marine du Pacifique. Les deux premières sont des écozones terrestres et la dernière, une écozone marine. Elles englobent quelques-unes des forêts et des zones de pêche les plus productives au Canada. Le territoire des trois écozones correspond à peu près à celui de la province de la Colombie-Britannique.

13. Écozone maritime du Pacifique

Cette écozone est généralement associée aux montagnes côtières de la Colombie-Britannique ou aux terres adjacentes à la côte du Pacifique. Malgré son étendue assez restreinte (environ 2 p. 100 du Canada), elle est reconnue pour ses forêts majestueuses, ses paysages montagneux spectaculaires et son littoral découpé de fjords impressionnants.

Relief et sols Les chaînes montagneuses côtières représentent sa caractéristique la plus saisissante. Elles font partie des montagnes de la ceinture de feu du Pacifique, une formation en demi-cercle entourant l'océan Pacifique et reconnue pour ses éruptions volcaniques et ses tremblements de terre. Les montagnes côtières s'élèvent abruptement depuis les fjords et le rivage du Pacifique. Ses pentes abruptes sont boisées et ses sommets sont couverts de glaciers. Le MONT WADDINGTON est, à 4000 m, l'un des plus hauts sommets du Canada. Les principales matières qui recouvrent le sol sont généralement étagées: roche nue et champs de glace au sommet, débris colluviaux sur les flancs des montagnes, et dépôts morainiques et fluviatiles au bas des pentes et dans les vallées. Les sols qui recouvrent les versants sont des sols forestiers productifs (comme les podzols). Une grande vallée et plaine d'inondation débouche sur la côte: la vallée du FLEUVE FRASER.

Climat Cette écozone bénéficie des températures les plus chaudes et les plus humides du Canada. La proximité de courants océaniques chauds contribue énormément à tempérer le climat tout au long de l'année. L'ensemble de la région reçoit jusqu'à 3000 mm de précipitations par année. Par contraste, certaines régions à l'abri de la pluie et dans les îles du bas du golfe peuvent ne recevoir que 600 mm de pluie par année. Les températures mensuelles varient peu comparativement au reste du Canada. Les moyennes en juillet se situent entre 12 et 18 °C et en janvier, entre 4 et 6 °C. La saison de croissance moyenne atteint jusqu'à 2000 degrés-jours dans les vallées du sud et 1500 à 1700 degrés-jours dans les régions montagneuses, qui sont prédominantes.

Végétation Les températures chaudes qui prévalent pendant presque toute l'année et les fortes pluies soutiennent la croissance de quelques-unes des forêts les plus spectaculaires du Canada. Ces forêts côtières abritent certains des arbres les plus âgés, les plus grands et les plus productifs du pays. Les conifères atteignent des tailles de 80 à 95 m. La forêt côtière de l'Ouest est principalement composée de THUYAS géants, de PRUCHES occidentales et subalpines, de Douglas taxifoliés, d'épinettes de Sitka, de CYPRÈS jaunes et d'aulnes. Le Douglas taxifolié se limite surtout à la partie la plus méridionale de l'écozone alors que le sapin gracieux est plus fréquent dans le Nord. À haute altitude, les forêts côtières sont remplacées par des forêts de pruches subalpines et, finalement, par des communautés alpines sans arbres. Dans les îles du sud du golfe, près de Victoria et de Nanaïmo, poussent les rares chênes de Garry et arbousiers Madrono.

Faune Les mammifères de cette zone comprennent le cerf à queue noire, l'ours noir, le grizzli, le COUGUAR, le pékan, le raton laveur et le pika d'Amérique. Les oiseaux uniques à cette zone sont l'HUÎTRIER de Bachman, le COLIN de Californie, le colin des montagnes, le MACAREUX huppé et la MÉSANGE à dos marron. Les autres espèces présentes sont la chouette naine, le geai de steller, l'aigle à tête blanche, l'aigle royal et la CORNEILLE du Nord-Ouest. Le SAUMON fraie dans les cours d'eau partout à l'intérieur de l'écozone.

Activités humaines La majeure partie du territoire, d'une superficie de 195 000 km², est recouverte d'une forêt très productive qui alimente les scieries et les usines de pâtes et papiers. Une petite partie de cette écozone (les BASSES TERRES DU FLEUVE FRASER et la pointe sud de l'ÎLE DE VANCOUVER) jouit de sols agricoles riches, mais la plupart des terres ont été sacrifiées à l'expansion tentaculaire et à l'urbanisation. Les cours d'eau côtiers sont réputés pour la pêche sportive et commerciale. Ils servent aussi de principal port d'attache aux flottes de pêche côtières. La plus grande ville de la région est VANCOUVER. VICTORIA, POWELL RIVER, PRINCE RUPERT et Ocean Falls figurent parmi les autres villes de cette région. La zone compte plus de 2 504 000 habitants.

14. Écozone de la Cordillère montagnarde

Cette région du sud de la Colombie-Britannique et du sud-ouest de l'Alberta couvre environ 5 p. 100 du Canada. Elle est très montagneuse et présente des visages diversifiés et étagés: sommets enneigés, prés alpins et vallées fluviales spectaculaires densément couvertes d'arbres. Ces milieux contrastés dessinent des paysages saisissants et offrent des conditions propices à diverses utilisations des terres.

Relief et sols La chaîne de montagnes des Rocheuses est formée de plus petites chaînes telles que les chaînes Selkirk, Purcell et Columbia-Monashee. On a inclus une bonne partie des paysages montagneux les plus spectaculaires de la région dans les parcs nationaux tels que Banff, Jasper et Wells Gray. Les crêtes montagneuses ont une orientation nord-ouest qu'adoptent souvent aussi les vallées parallèles infiniment longues. On appelle communément ces vallées «vallées en auge des Rocheuses» à cause de leur forme en U. Le lac Kootenay et les lacs Arrow, qui font de 100 à 200 km de longueur, se sont formés dans ces vallées. Dans le nord-ouest de cette écozone, le relief montagneux s'atténue, et les vallées s'élargissent. La glaciation a eu des effets marqués dans ce secteur: les basses terres ont été érodées et remodelées. Elles sont couvertes d'un manteau morainique. À haute altitude, on trouve des matières colluviales, puis de la roche nue et des champs de glace. Les nombreux lacs et rivières à l'intérieur de cette écozone sont importants pour la pêche, les loisirs et la production d'énergie hydroélectrique. De grandes parties des bassins hydrographiques des fleuves Fraser et Columbia font partie de cette écozone.

Climat La Cordillère montagnarde connaît des hivers moyennement longs et froids, et les étés sont courts et chauds. Les précipitations moyennes annuelles atteignent 800 mm dans le Nord et de 2000 mm dans le Sud. Cependant, dans certains secteurs très localisés comme la VALLÉE DE L'OKANAGAN, les précipitations peuvent être très inférieures à 500 mm dans les endroits où le climat est chaud et aride. La saison de croissance annuelle moyenne atteint jusqu'à 2000 degrés-jours dans le Sud et environ 1000 à 1250 degrés-jours dans le Nord.

Végétation La végétation varie selon l'altitude et le climat. Juste au-dessous des sommets glacés, la végétation est alpine: herbacées, lichens, mousses et plantes de faible hauteur règnent. Les forêts constituent cependant le type de végétation dominant partout à l'intérieur de l'écozone. Entre 1200 et 2300 m

d'altitude pousse la ceinture forestière où l'épinette bleue et le sapin subalpin sont communs. Le pin de Murray croît à une altitude inférieure et dans les secteurs décimés par les feux de forêt. Les autres essences d'arbres présentes incluent l'épinette blanche, le Douglas taxifolié de l'intérieur et la pruche occidentale. Dans certains secteurs déterminés, les types de végétation existants témoignent de conditions climatiques sèches et extrêmement chaudes. Le pin ponderosa, qui pénètre dans les prairies et les déserts à proximité de ces secteurs, est un indicateur de ces conditions locales. Les fonds des vallées des rivières THOMPSON, Okanagan et Kootenay et du cours supérieur du fleuve Fraser présentent de telles conditions. Dans les secteurs coïncidant avec des centres de loisirs populaires et d'importantes autoroutes, on aperçoit fréquemment des plantes de prairie sèche et de désert, comme l'ARMOISE et le CACTUS.

Faune Les régions alpines abritent plusieurs espèces fauniques adaptées à la montagne. La chèvre de montagne, avec ses sabots semblables à des ventouses, est très acrobatique et peut grimper sur les plus hauts sommets. Le mouflon de Dall est aussi un excellent grimpeur. Le couguar, qui se nourrit de ces espèces, est presque aussi habile. Le pika d'Amérique est unique aux régions subalpines. La faune est très diversifiée dans les régions boisées. Les mammifères les plus communs sont l'orignal, le wapiti, le cerf mulet, le mouflon d'Amérique, le castor, le couguar, le grizzli, l'ours noir, le loup, le carcajou, le lynx du Canada, le lynx roux, le coyote et le BLAIREAU. Les oiseaux typiques de la région comprennent le tétras sombre, le geai de Steller et la PIE bavarde.

Activités humaines Des installations hydroélectriques importantes ont été aménagées sur les grands cours d'eau. L'exploitation forestière représente une industrie de première importance dans toute l'écozone. Le secteur compte en outre sept parcs nationaux, plusieurs parcs provinciaux et des réserves naturelles telles que le parc Willmore. Dans certains secteurs le long du fleuve Fraser et de la rivière Okanagan, on fait l'élevage de bovins et on exploite des vergers et des vignobles. Environ 751 000 personnes vivent dans cette écozone d'une superficie de près de 473 000 km². Les villes les plus connues sont KELOWNA, KAMLOOPS et PRINCE GEORGE.

15. Écozone marine du Pacifique

Le détroit de Béring limite l'échange d'eau entre les océans Arctique et Pacifique. Cette circulation réduite a contribué à l'apparition de conditions particulières dans les eaux du Pacifique, qui sont plus chaudes et plus salées que celle de l'océan Arctique. La présence saisonnière de glaces à la limite nord du détroit de Béring et de la mer d'Okhotsk modifie également les propriétés de la tranche d'eau et influence le biote.

Faune Les mammifères marins uniques à cette écozone à l'intérieur du Canada sont la loutre de mer, l'otarie de Steller, l'otarie de Californie, l'otarie à fourrure du Nord, le marsouin de Dall, le dauphin à flancs blancs du Pacifique (voir DAUPHIN ET MARSOUIN), la grande baleine à bec, la baleine à bec de Stejneger, la baleine noire, le globicéphale du Pacifique et la baleine grise. Cinq espèces de saumons anadromes, le HARENG du Pacifique, le flétan et d'autres espèces de poissons de fond alimentent l'industrie de la pêche commerciale. À l'intérieur du Canada, cette écozone procure des habitats à environ 3800 espèces d'INVERTÉBRÉS marins, dont 300 espèces indigènes représentant environ 25 p. 100 des invertébrés du monde.

Les oiseaux nicheurs particuliers à cette zone comprennent l'OCÉANITE à queue fourchue, le CORMORAN de Brandt et le cormoran pélagique, le guillemot du Pacifique, l'alque marbrée et l'alque à cou blanc (deux espèces menacées), l'alque de Cassin, l'alque à bec cornu, le macareux huppé et le

macareux cornu. Parmi la population mondiale, 74 p. 100 d'alques à cou blanc et 80 p. 100 d'alques de Cassin nichent en Colombie-Britannique.

Activités humaines La foresterie, la pêche, l'agriculture, les transports et l'urbanisation à l'intérieur de l'écozone marine du Pacifique alimentent l'économie de la Colombie-Britannique depuis un siècle. Ces activités ont transformé beaucoup de régions côtières. L'urbanisation et l'industrialisation ont causé des problèmes de pollution et d'envasement près des côtes et à de nombreux kilomètres à l'intérieur des terres, ce qui a affecté la vie marine. Les changements apportés aux cours d'eau et aux régions côtières, conjugués à l'expansion de l'industrie de la pêche, ont été d'autres facteurs qui ont affecté les écosystèmes marins. Certaines espèces de poissons comme le meunier de Salish (voir CATOSTOMIDÉS) figurent sur la liste des espèces menacées. L'abondance des espèces prisées telles que le saumon et le hareng a connu d'énormes variations. Le piégeage intensif de la loutre de mer l'avait déjà complètement fait disparaître des côtes de la Colombie-Britannique en 1929. On a réintroduit l'espèce avec succès, mais elle est encore menacée.

E. Écozone des Prairies

Cette écozone constitue le prolongement septentrional des grandes plaines d'Amérique du Nord, une région de basses terres intérieures qui occupe le cœur du continent, depuis les provinces des Prairies dans le Nord jusqu'au golfe du Mexique dans le Sud. Les steppes russes constituent la seule autre zone étendue de prairies tempérée du Nord qui possède des caractéristiques comparables.

16. Écozone des Prairies

Elle occupe un territoire qui s'étend du centre sud de l'Alberta jusqu'au sud-est du Manitoba. Une infime partie de cette écozone demeure intacte. Les humains ont modifié plus des 90 p. 100 du paysage à des fins agricoles. Elle représente actuellement le plus grand territoire agricole du Canada. Cette région compte parmi les plus petites écozones du pays (environ 8 p. 100 du Canada), mais son histoire, sa culture et ses activités agricoles lui confèrent énormément plus d'importance. Derrière son image de région agricole et rurale sans relief faisant ressortir quelques-uns de ces traits fondamentaux, elle cache une grande diversité environnementale, économique et sociale.

Relief et sols Le terme «prairies» est presque devenu synonyme du relief qui prédomine dans ce paysage: le terrain plat et les plaines onduleuses. Beaucoup de régions au relief plat constituaient jadis le fond de grands lacs glaciaires comme le lac Agassiz. Les lacs Winnipeg, Manitoba et Winnipegosis sont des vestiges de ces anciens lacs. Les «ondulations» du paysage sont plus étroitement associées aux moraines glaciaires. Certains secteurs peuvent présenter un relief très bosselé et rempli de cuvettes qui procure des dépressions propices à l'établissement de terres humides, d'étangs et de petits lacs. On qualifie généralement les sols de cette région de «sols de prairie», «brunizems» ou «sols tchernozémiques». Ces sols représentatifs des taux de précipitations généraux comprennent les tchernozems bruns des régions sèches du Sud et les tchernozems noirs plus humides et plus productifs du Nord. Sous la surface se dissimulent des couches horizontales étendues de roches sédimentaires. Les poches et les fissures à l'intérieur de ces roches représentent des réservoirs naturels de pétrole et de gaz.

Climat Les étés sont chauds et relativement courts, et les hivers sont froids et longs. Les Prairies reçoivent moins d'humidité que l'écozone des Plaines boréales au nord et elles sont périodiquement touchées par des sécheresses. À l'ouest, les Rocheuses retiennent les vents chargés d'humidité en provenance du Pacifique et elles contribuent à l'aridité de ce régime climatique. Les précipitations moyennes annuelles sont supérieures à 500 mm dans le Nord et inférieures à 300 mm dans le Sud. La température moyenne hivernale pendant les mois les plus froids varie entre -9,4 °C à Lethbridge et -18,3 °C à Winnipeg. Par contraste, la température moyenne pendant le mois le plus chaud à Winnipeg est de 19,7 °C. La saison moyenne de croissance atteint 1000 à 1250 degrés-jours dans le Nord et 1900 degrés-jours dans le Sud.

Végétation Les GRAMINÉES indigènes sont bien adaptées à la sécheresse et leur distribution est en fonction de l'humidité présente. La prairie basse du Sud se transforme graduellement, au fur et à mesure que le taux d'humidité augmente en allant vers le Nord, en prairie mixte, puis en haute prairie. Les herbes ont généralement de très longues racines qui pénètrent profondément dans le sol, où elles peuvent trouver de l'humidité. L'utilisation des terres à des fins agricoles n'a laissé qu'environ 18 p. 100 des basses prairies, 24 p. 100 des prairies mixtes et 1 p. 100 des hautes prairies. La quasi-totalité de ces grandes étendues d'herbes indigènes ont été remplacées par des cultures. L'établissement du PARC NATIONAL DES PRAIRIES, dans le sud de la Saskatchewan, visait à conserver une petite partie des prairies d'origine. La limite nord de cette écozone est parsemée de bocages de peupliers faux-trembles et de peupliers baumiers. Ces prairies-parcs marquent le début d'une transition de la prairie et la forêt. Les feuillus et les conifères sont peu nombreux sauf dans les endroits abrités comme le long des cours d'eau ou sur les terrains surélevés.

Faune Avant l'établissement des colonies agricoles à la fin du XIXᵉ s., des millions de bisons habitaient l'écozone des Prairies. Ils sont désormais confinés dans des parcs nationaux plus au nord. De nos jours, les mammifères de cette écozone englobent le cerf mulet, le cerf de Virginie, le coyote, l'antilope Pronghorn (centre sud), le blaireau d'Amérique, le LAPIN de Townsend, le spermophile de Richardson, le GAUFRE gris et le chien de prairie. Les espèces d'oiseaux particuliers à la région comprennent la buse rouilleuse, la grande poule-des-prairies (menacée), la gélinotte à queue fine, l'AVOCETTE, la chevêche des terriers, le grand héron, la pie bavarde et l'ORIOLE de Baltimore. Cette écozone est aussi une aire de repos, de nidification et de reproduction très importante pour les oiseaux aquatiques qui empruntent la voie migratoire centrale d'Amérique du Nord. On croit que plus de la moitié des canards nord-américains naissent dans les marais de cette écozone. L'agriculture à grande échelle a entraîné la disparition d'un grand nombre des habitats traditionnels de ces animaux ainsi que d'espèces, entre autres l'ours brun des plaines, le renard véloce et la grande poule-des-prairies. D'autres espèce d'oiseaux et leurs habitats sont menacés, notamment la chevêche des terriers, la grue blanche d'Amérique et le pluvier siffleur.

Activités humaines Les Prairies figurent parmi les plus grands territoires agricoles au monde. Leurs sols riches et leur relief favorable encouragent tout un éventail d'activités agricoles, depuis l'élevage du bétail jusqu'à la culture des céréales. La majorité des terres sont occupées par des plantes de grande culture (céréales, fèves oléagineuses et légumineuses à graines) et des cultures fourragères. Certaines cultures comme celle du canola ont connu des hausses marquées et la superficie ensemencée dépasse actuellement celle consacrée au BLÉ. Les Prairies fournissent également de grands pâturages libres pour le bétail et des ressources minérales importantes, plus particulièrement des combustibles fossiles. Cette région procure près du tiers des emplois dans ce domaine au Canada. Environ 3 851 000 personnes habitent cette écozone de quelque 453 000 km². Dans cette zone généralement qualifiée de rurale, on constate avec étonnement que 81 p. 100 de la population est considérée comme urbaine. CAL-GARY, SASKATOON, REGINA et WINNIPEG font partie des grands centres urbanisés de la région.

F. Écozones du Saint-Laurent et des Grands Lacs

Les écozones des Prairies et des plaines à forêts mixtes ont été beaucoup modifiées par les activités humaines. Dans l'écozone des plaines à forêts mixtes, on a assisté à une transformation très poussée des milieux naturels en milieux urbains ou agricoles, d'autant plus que la population utilise maintenant les ressources locales et importe des matières premières de beaucoup d'autres écozones.

17. Écozone des plaines à forêts mixtes

L'écozone des plaines à forêts mixtes est la plus méridionale en même temps que l'une des plus petites écozones (2 p. 100 du territoire) du Canada. Elle constitue le cœur industriel et économique du pays. La diversité et l'ampleur de son activité économique lui ont valu le titre de «triangle d'or». Elle bénéficie d'une saison de croissance chaude et de sols productifs. C'est la région la plus intensément exploitée et la plus peuplée du Canada.

Relief et sols La majeure partie de cette écozone est une plaine presque plate ou légèrement onduleuse. Au cours de l'époque glaciaire, il y a environ 9000 ans, une grande partie de ce territoire baignait au fond de l'ancienne mer de Champlain. Les épais dépôts d'argile qui recouvrent le sud-est de l'Ontario et le sud-ouest du Québec révèlent où se trouvait cette ancienne mer. Les secteurs plus vallonneux de la plaine de cette écozone sont liés à la présence de dépôts morainiques. La nature onduleuse du paysage est souvent due à des formations de drumlins, une série de monticules en forme de cigares orientés dans le sens du déplacement des nappes glaciaires. Les sols sont généralement des sols forestiers (brunisols et luvisols), mais on a depuis longtemps transformé une bonne partie du paysage à des fins agricoles et urbaines. Cette écozone abrite trois des Grands Lacs (les lacs Huron, Érié et Ontario) ainsi que la BAIE GEORGIENNE. Les lacs représentent des voies de transport importantes en même temps que des régions propices aux loisirs.

Climat Cette région connaît un climat continental marqué par des étés chauds et des hivers frais. La météo est très variable parce que la région est située dans une des principales trajectoires de tempêtes d'Amérique du Nord. Les précipitations annuelles varient entre 720 et 1000 mm. La saison de croissance annuelle atteint 1750 degrés-jours dans le Nord et 2500 degrés-jours dans le Sud.

Végétation Cette zone a déjà été densément boisée, mais il n'y reste aujourd'hui qu'une très infime portion de la forêt d'origine. Moins de 10 p. 100 de la zone est maintenant boisée et une vaste part de cette forêt est disséminée en îlots isolés. Les plaines à forêts mixtes abritent des essences telles que le pin blanc, le pin rouge, la pruche de l'Est, le bouleau jaune, l'érable à sucre, le chêne rouge et le tilleul d'Amérique. Les arbres à feuilles caduques sont plus répandus dans le Sud. Ce qui reste de la région de la forêt feuillue carolinienne abrite des essences uniques. Contrairement aux conifères, les feuillus perdent leurs feuilles l'automne, en produisant un magnifique spectacle de couleurs familier à la plupart des Canadiens. Le climat chaud et les sols abondants favorisent la croissance de plus d'essences d'arbres que dans toute autre écozone du Canada.

Les plus beaux arbres de la région sont les feuillus: le NOYER, le CHÊNE, l'ÉRABLE et le caryer. La maladie hollandaise de l'orme, introduite au Canada en 1944, a détruit un grand nombre d'ORMES qui bordaient jadis les rues urbaines partout en Ontario. Les arbres les plus rares du Canada, comme le sassafras officinal, le tulipier d'Amérique, le platane occidental et le magnolier acuminé, sont des arbres indigènes dans la partie la plus au sud de cette région.

Faune Les grands mammifères comme le cerf de Virginie et l'ours noir, qui étaient autrefois abondants dans cette région, ont presque disparu. Les petits mammifères comme l'écureuil noir, l'écureuil gris, le raton laveur, la mouffette, le CAMPAGNOL et la marmotte d'Amérique y sont encore passablement répandus. Les espèces d'oiseaux courantes dans les espaces verts urbains comprennent le geai bleu, l'engoulevent bois-pourri, l'oriole de baltimore et le pic à tête rouge. On rencontre aussi d'autres espèces comme le CARDINAL rouge, le TROGLODYTE de Caroline et le héron vert. Les Grands Lacs abritent de nombreuses espèces de poissons. le touladi, le corégone et l'esturgeon constituaient autrefois les principales espèces de fond, mais la pêche commerciale est actuellement concentrée sur l'éperlan arc-en-ciel, le baret et la carpe. Diverses espèces exotiques et extrêmement indésirables sont également apparues dans les Grands Lacs, entre autres la lamproie et la moule zébrée.

Activités humaines Environ 14 016 000 personnes, soit 51 p. 100 de la population du Canada, habitent cette zone. Les sols riches y ont été intensément utilisés pour l'agriculture. La plupart des régions forestières ont été déboisées pour l'aménagement d'exploitations agricoles, de vergers, d'autoroutes et de villes. Les villes de TORONTO, HAMILTON et MONTRÉAL sont situées à l'intérieur de cette écozone de 107 000 km².

18. Écozone maritime de l'Atlantique

L'écozone maritime de l'Atlantique (2 p. 100 du Canada) s'étend vers l'est à partir de l'embouchure du Saint-Laurent et englobe le Nouveau-Brunswick, la Nouvelle-Écosse et l'Île-du-Prince-Édouard. Le golfe du Saint-Laurent, la baie de Fundy et l'océan Atlantique ont énormément influencé le caractère et l'économie de cette région.

Relief et sols La région est surtout constituée de hautes terres et de collines, un relief qui prédomine au Nouveau-Brunswick et en Nouvelle-Écosse. Les collines sont les vestiges d'une ancienne chaîne de montagnes appelée les Appalaches. Le littoral est formé d'un ensemble d'îles et de péninsules. Certaines parties de l'Île-du-Prince-Édouard et de vallées continentales sont des plaines côtières. Les collines présentent souvent des formations de roche nue et elles sont généralement couvertes de dépôts morainiques glaciaires. Plus près de la côte, les sols sont plus profonds et ils sont habituellement formés de dépôts marins. Les sols forestiers (podzols et luvisols) sont courants.

Climat L'océan Atlantique tempère le climat, qui est frais et humide. Les hivers sont doux et les étés sont frais. Les précipitations moyennes varient entre 1000 mm à l'intérieur et 1425 mm le long de la côte. La saison de croissance moyenne atteint de 1500 à 1750 degrés-jours. À la fin du printemps et au début de l'été, le mélange du courant froid du Labrador et du courant chaud du Gulf Stream produit de grandes quantités de brouillard marin qui enveloppe les régions côtières.

Végétation Plus de 70 p. 100 du territoire terrestre est boisé. Une bonne partie de la végétation a les caractéristiques de la forêt acadienne. La lisière du rivage se distingue par ses grandes étendues d'épinettes et de sapins baumiers rabougris. Les embruns salins tendent à limiter la croissance des arbres et à les déformer. Les forêts mixtes couvrent les sols relativement peu profonds des hautes terres d'épinettes rouges, de pruches de l'Est, de pins blancs, de sapins baumiers, de bouleaux jaunes, de hêtres à grandes feuilles et d'érables à sucre. Bien que ce soit rare, les vallées des basses terres telles que les BASSES TERRES D'ANNAPOLIS peuvent se trouver très à l'abri des influences côtières directes. Certains endroits bénéficient alors de conditions plus chaudes propices aux vergers.

Faune Les mammifères communs de cette zone sont le cerf de Virginie, l'orignal, l'ours noir, le raton laveur, la mouffette rayée, le lynx du Canada, le polatouche, le coyote et le tamia rayé. les oiseaux des hautes terres englobent l'engoulevent bois-pourri, le geai bleu, le MERLE-BLEU de l'Est et le cardinal à poitrine rose. le huard, la bernache du Canada et les canards d'eau douce, comme la sarcelle à ailes bleues et le morillon à collier, figurent parmi les quelque 20 espèces fréquentant les lacs et les étangs qui parsèment le paysage.

Activités humaines La foresterie est la principale activité des hautes terres, tandis que l'agriculture se pratique surtout dans les vallées et les basses terres côtières. La beauté, la richesse historique et la diversité des paysages côtiers prêtent à cette écozone un caractère unique recherché par les touristes et les amateurs de loisirs. La pêche commerciale est aussi très importante. La majorité de la population et la totalité des activités agricoles sont confinées aux quelques plaines côtières. Près de 2 510 000 personnes habitent cette écozone. HALIFAX, MONCTON et CHARLOTTETOWN sont quelques-unes des villes de cette région.

19. Écozone marine de l'Atlantique

Cette écozone englobe le GOLFE DU SAINT-LAURENT, les GRANDS BANCS DE TERRE-NEUVE, la BAIE DE FUNDY et les eaux au large de la Nouvelle-Écosse. À certains endroits, le plateau continental s'étend sur plus de 400 km et incorpore les Grands Bancs. Les eaux sont relativement peu profondes. Des secteurs étendus ont moins de 200 m de profondeur. La baie de Fundy connaît des marées pouvant atteindre 16 m, tandis qu'elles atteignent en moyenne 1 à 2 m ailleurs à l'intérieur de l'écozone. Les plus faibles marées balaient la partie sud-ouest du golfe du Saint-Laurent où leur amplitude moyenne est inférieure à un mètre.

Les eaux sont généralement tempérées en raison de la présence du courant côtier qui se dirige vers le nord ainsi qu'à cause du Gulf Stream, plus au large. Des secteurs localisés dans la région de la baie de Fundy (sauf en amont) et le long de la côte continentale de la Nouvelle-Écosse sont essentiellement libres de glaces toute l'année. Les glaces saisonnières peuvent toutefois être abondantes dans le golfe du Saint-Laurent et dans le DÉTROIT DE CABOT. Vers la fin de l'hiver et au début du printemps, des ICEBERGS dérivent au large de Terre-Neuve jusqu'aux Grands Bancs.

Faune Le courant du Labrador et le Gulf Stream convergent au-dessus des Grands Bancs pour créer l'une des régions marines les plus productives au monde. On y trouve des populations abondantes de plies, de limandes, de capelans, de turbots, de MAQUEREAU, de harengs, de merlus argentés et de flétans. Cette région abrite en outre des colonies de nidification de plusieurs espèces d'oiseaux marins, dont le grand cormoran, le cormoran à aigrettes, le macareux moine, le guillemot de troïl, le guillemot de Brünnick, le guillemot à miroir et le PETIT PINGOUIN. Les mammifères marins les plus communs sont le phoque du Groenland, le phoque à capuchon, le phoque gris, la baleine à bec commune, le rorqual bleu, le béluga, le globicéphale noir de l'Atlantique, le petit rorqual, le rorqual à bosse, le marsouin commun et le dauphin.

Activités humaines Cette écozone soutient depuis longtemps les plus importantes pêches du Canada et elle constitue le pilier économique des provinces atlantiques. L'effondrement récent des stocks de poissons de fond, plus particulièrement de la MORUE, a entraîné des coupes radicales dans l'industrie de la pêche et dans celle de la transformation du poisson. Terre-Neuve, en particulier, a souffert de graves pertes d'emplois et, conséquemment, d'importantes difficultés économiques.

20. Écozone marine de l'Atlantique nord-ouest

Cette écozone jouit de températures plus élevées que les deux écozones marines arctiques (Archipel arctique et Bassin arctique). À l'instar de l'écozone marine du Pacifique, elle constitue une zone de transition entre les eaux polaires et les eaux plus tempérées du Sud. On y relève une différence de température de plus de 20 ºC entre les eaux polaires et les eaux sous l'influence du Gulf Stream à proximité de la PLATE-FORME NÉO-ÉCOSSAISE.

Les glaces commencent à se former au large du Labrador septentrional vers novembre et décembre. Elles s'étendent graduellement vers le sud et atteignent les Grands Bancs vers février ou mars. Le danger de collision avec les nombreux icebergs a amené les navigateurs à surnommer ces eaux le «corridor des icebergs». La fonte des glaces commence en mai et la côte du Labrador est libre de glaces vers la mi-juillet. Les icebergs sont nombreux. Une vaste partie de la côte continentale se caractérise par ses fjords érodés par les glaciers. On dénombre plus de 400 000 îles côtières. Les eaux marines baignent sous l'influence du courant froid du Labrador qui se dirige vers le sud et qui se mélange au Gulf Stream, un courant plus chaud, dans le secteur des Grands Bancs.

Faune Le plateau continental est habité par une grande diversité de mammifères marins. On compte 22 espèces de baleines sur la côte canadienne de l'Atlantique et 6 espèces de phoques. Les grandes concentrations de rorquals à bosse, de rorquals bleus et de petits rorquals sont fréquentes dans cette écozone. L'épaulard, le marsouin et le dauphin sont moins répandus. On rencontre des cachalots au large. Les colonies d'oiseaux marins présentes comprennent l'océanite, le cormoran et le guillemot de Brünnick. Les espèces de poissons les plus communes sont le flétan, la morue, le sébaste et la plie, près de la côte. (*Voir aussi* ANIMAUX EN VOIE DE DISPARITION; PLANTES EN VOIE DE DISPARITION.)

Ed Wiken

Régions physiographiques (*Voir* ZONES DE GÉOGRAPHIE PHYSIQUE)

Régis, Louis-Marie, prêtre, philosophe thomiste (Hébertville, Qc, 8 déc. 1903—Montréal, 2 févr. 1988). Un des philosophes catholiques les plus productifs du Canada, Régis est aussi l'un des rares dont l'œuvre est connue dans les deux langues. Il fait ses études surtout dans des collèges dominicains à Saint-Hyacinthe au Québec, dans le Hainaut en Belgique, et à Ottawa. Il fait également de brèves études à Oxford, à Cologne et à Paris. Il enseigne à Montréal et à Ottawa. Parmi ses quelque 60 livres et articles, les plus connus sont *Saint Thomas et l'épistémologie* (1946) et *Epistemology* (1959). Ce dernier ouvrage, largement adopté dans les collèges et universités catholiques, élabore la théorie du savoir scientifique et met l'accent sur l'importance que revêt ce savoir.

Leslie Armour

Règlement extrajudiciaire de différends Depuis l'émission de télévision populaire *People's Court* jusqu'à l'établissement d'un «tribunal privé» dans la région métropolitaine de Toronto, il existe une tendance au règlement de certains genres de conflits à l'extérieur du cadre juridictionnel normal et formel. Ce sont toutes, essentiellement, des variantes d'un modèle élémentaire d'arbitrage qui permet aux parties de soumettre leurs revendications contradictoires à un tribunal non gouvernemental indépendant, tout en convenant contractuellement du caractère obligatoire de la décision qui sera rendue. De nombreux juges, dont certains à la retraite et d'autres qui ont quitté la magistrature, exercent des charges au sein de ces divers organismes. Les modèles varient les uns des autres, mais comportent plusieurs points communs. Bien que le mouvement prônant le règlement extrajudiciaire de différends soit relativement récent au Canada, il est maintenant bien établi aux États-Unis. De fait, de nombreux groupements sont venus se greffer sur ce mouvement, qui donne régulièrement lieu à des congrès ou à des colloques et à un nombre considérable de publications.

Il existe six modes fondamentaux de règlement extrajudiciaire de différends: la négociation, la conciliation, la médiation, l'arbitrage, les mécanismes extrajudiciaires mixtes (comme «le louage de juge», la médiation-arbitrage, le «mini-procès» et le système de justice de quartier ou communautaire) et la déjudiciarisation.

Gerald L. Gall

Reichmann, famille Promoteurs immobiliers. Les trois frères, Albert, Paul et Ralph naissent en Autriche, où leurs parents se sont installés en 1928, puis, après avoir successivement déménagé en France, en Espagne et au Maroc, ils arrivent au Canada en 1956. Ils commencent leur carrière commerciale à Montréal, où ils achètent Olympia Floor and Wall Tile. Dans les années 50, ils se lancent dans l'immobilier et transforment en 1969 leur entreprise entièrement familiale en une société incorporée sous le nom de Olympia & York. En 1962, ils se lancent dans le développement de tours de bureaux. Leur société immobilière commence ses activités aux États-Unis en 1976 et devient, de l'avis général, la société immobilière privée la plus importante du monde grâce au contrôle direct ou indirect de holdings dans environ 30 villes nord-américaines. En 1980, ils achètent English Property Corp., l'un des promoteurs britanniques les plus importants, et achètent aussi 50,1 p. 100 des parts de Brinco Ltd. En 1981, ils paient 502 millions de dollars pour acquérir Abitibi-Price Inc., le plus important producteur de papier journal du monde, avant d'acquérir en 1985 la majorité des parts de RESSOURCES GULF CANADA LIMITÉE lors de la deuxième plus importante prise de contrôle de toute l'histoire au Canada. Olympia & York possède aussi des placements dans Trust Royal et plusieurs autres grandes sociétés canadiennes. Une prise de contrôle mouvementée, très médiatisée, avec un conglomérat britannique, Allied Lyons PLC, pour le contrôle de Hiram Walker-Gooderham & Worts, fait des frères les actionnaires les plus importants d'Allied Lyons. En 1987, les Reichmann dévoilent des projets de développement de grande envergure à Miami et un projet de 6,5 milliards de dollars au Canary Wharf à Londres en Angleterre. Les importants coûts du projet de Canary Wharf dépassent largement les possibilités financières d'Olympia & York durant la récession de 1990-1992, et, malgré la vente de certains de ses actifs, le projet Canary Wharf déclare faillite en 1992, et les frères Reichmann perdent le contrôle de la société qu'ils avaient créée. La faillite d'Olympia & York est d'une telle ampleur qu'elle cause la consternation dans le milieu des affaires du monde entier.

Jorge Niosi

Reid, Daphne Kate, actrice (Londres, Angl., 4 nov. 1930—Stratford, Ont., 27 mars 1993). Reid arrive au Canada à l'âge de 10 mois. Elle étudie au Havergal College, à Toronto, puis poursuit des études de théâtre au Conservatoire royal de musique. Elle fait sa première apparition sur scène au Hart House Theatre, et ses débuts professionnels avec les Straw Hat Players, à Muskoka. Reid ne tarde pas à devenir une vedette dans plusieurs théâtres d'été ontariens, aux Bermudes, à la radio et à la télévision anglaise de la Société Radio-Canada, ainsi qu'au Chest Theatre de Toronto, où elle joue entre autres dans *Three Sisters* (v.f. *Les trois sœurs*), de Tchekhov, et *The Rainmaker* (1956; *Le faiseur de pluie*). Après avoir joué dans la pièce *The Stepmother,* au West End de Londres (1958), elle débute au FESTIVAL DE STRATFORD, en 1959, où elle interprète les rôles de Celia dans *As You Like It* (v.f. *Comme il vous plaira*) et d'Emilia dans *Othello* (v.f. *Othello*). Par la suite, elle y incarnera des femmes fringantes, notamment la nourrice de Juliette (1960), Lady Macbeth, Kate (*The Taming of the Shrew*, 1962; v.f. *La mégère apprivoisée*), Mᵐᵉ Ranevskaya (*The Cherry Orchard*, 1965; v.f. *La cerisaie*), Fonsia (*The Gin Game*, 1980) et Mistress Overdone (*Measure for Measure*, 1992; v.f. *Mesure pour mesure*).

Reid étudie à New York sous la direction de Uta Hagen. Elle partagera avec cette dernière le rôle de Martha dans *Who's Afraid of Virginia Wolf?* (1962; v.f. *Qui a peur de Virginia Wolf?*), qu'elle interprétera en matinée. Dès lors, elle passera son temps entre les États-Unis et le Canada. Son interprétation de la reine Victoria, à la télévision, dans *Disraeli* (1963), lui vaut une mise en nomination pour un Emmy. Ses prestations dans *Dylan* (1964), où elle donne la réplique à Alec Guinness, et dans *Slapstick Tragedy* (1966), que Tennessee Williams écrit spécialement pour elle, lui valent aussi une mise en nomination pour deux Tony. C'est en pensant à elle qu'Arthur Miller écrit *The Price* (1968; v.f. *Le Prix*) tout comme Edward Albee, *A Delicate Balance* (v.f. *Délicate balance?*). Elle jouera d'ailleurs dans la version cinématographique, en 1973.

En 1980, Reid remporte un Joseph Jefferson Award pour sa prestation dans *Bosoms and Neglect*, et au cours de l'année 1984-1985, elle partage la vedette avec Dustin Hoffman dans une reprise remarquable de *Death of a Salesman* (v.f. *La mort d'un commis voyageur*), au théâtre et à la télévision. En plus de ses apparitions à Broadway, Reid interprète des rôles à Stratford, (Connecticut; 1969, 1974), au SHAW FESTIVAL (*The Circle*, 1967; *Mrs Warren's Profession*, 1976; v.f. *La profession de Mme Warren*) et dans de nombreux théâtres régionaux au Canada et aux États-Unis.

L'aisance avec laquelle Reid interprète une grande variété de rôles est impressionnante. Elle joue aussi bien la mère impudente et quelque peu vulgaire dans *Cat On a Hot Tin Roof* (1974; v.f. *La chatte sur un toit brûlant*) que la tyrannique reine Clytemnestra dans *The Oresteia of Aeschyllis* (v.f. *L'Orestie d'Eschyle*; CENTRE NATIONAL DES ARTS, 1983). Quand elle ne joue pas au théâtre, elle apparaît à la télévision et au cinéma. Au Canada, les spectateurs ont pu la voir au réseau anglais de la Société Radio-Canada dans *The Paper People*, *The Whiteoaks of Jalna* (v.f. *Les Whiteoaks de Jalna*) et *Nellie McClung*. Les réseaux américains lui offrent des rôles dans des séries (*Gavilan, Morningstar-Eveningstar* et *Dallas*; v.f. *Dallas*), ou dans des émissions spéciales (*The Execution of Raymond Graham*). Elle participe à plus de 12 longs métrages, dont *This Property is Condemned, The Andromeda Strain* (v.f. *Le mystère Andromède*), *Atlantic City* (v.f. *Atlantic City*) et *Bye, Bye Blues*. Elle succombe inopinément à un cancer du cerveau à l'âge de 62 ans, et le public se souvient d'elle avec affection pour son énergie, sa chaleur et sa vulnérabilité.

Elle reçoit de nombreuses distinctions au Canada. En 1974, elle est nommée Membre de l'Ordre du Canada. Elle reçoit des prix ACTRA et des Dora Mavor Moore Awards en 1980 et en 1981, le Earle Grey Award en 1988, ainsi que des diplômes honorifiques de l'U. York (1970) et de l'U. de Toronto (1989).

David Gardner

Reid, Escott Meredith, diplomate (Campbellford, Ont., 21 janv. 1905). Diplômé de l'U. de Toronto et d'Oxford, Reid concentre ses efforts sur la politique étrangère et la neutralité du Canada après avoir été nommé secrétaire national de l'Institut canadien des affaires internationales en 1932. En 1938, il entre au ministère des Affaires extérieures. Il travaille à Washington (1939-1941, 1944-1945); à Ottawa, où il participe à la formation de la politique du transport aérien; à San Francisco et à Londres, où il participe à la création des Nations Unies.

Adjoint en chef de Lester PEARSON de 1946 à 1949, Reid contribue à la conception d'une alliance collective de défense des démocraties occidentales, qui se concrétise par la formation de l'OTAN. Sa carrière le mène ensuite à New Delhi et à Bonn, à la Banque internationale pour la reconstruction et le développement, et au Collège universitaire de Glendon de l'U. York, en tant que premier directeur. Les écrits importants de Reid sur la politique et la diplo-

matie comprennent *Time of Fear and Hope* (1977), *Envoy to Nehru* (1981) et *Hungary and Suez, 1956: A View from New Delhi* (1987). Ses mémoires, *Radical Mandarin*, sont publiés en 1989. Reid est nommé Compagnon de l'Ordre du Canada en 1971 et reçoit la Médaille Pearson pour la paix en 1993.

J.L. Granatstein

Reid, George Agnew, peintre (Wingham, Canada-Ouest, 25 juill. 1860—Toronto, 23 août 1947). Reid apporte la précision académique parisienne à une peinture de genre chargée d'émotion et représentant les paysans de sa région, l'Ontario. Formé à la Central Ontario School of Art de Toronto (1879), à la Pennsylvania Academy (1883), aux académies Julian et Colarossi, à Paris, puis au Prado, à Madrid (1888-1889), il délaisse le portrait pour se tourner vers la peinture de genre, comme dans *The Foreclosure of the Mortgage* (1893), et se rend célèbre grâce à ces peintures narratives à succès. En 1889, il est élu à l'Académie royale des arts du Canada. Il occupe de 1912 à 1918 le poste de directeur de la Central Ontario School of Art and Design, qui deviendra le Collège des beaux-arts de l'Ontario. Il réalise aussi des murales et des commandes privées et publiques, notamment pour l'hôtel de ville de Toronto.

Anne McDougall

Reid, Marion Loretta, professeure, politicienne, lieutenante-gouverneure de l'Île-du-Prince-Édouard (North Rustico, Î.-P.-É., 4 janv. 1929). Elle enseigne à l'école primaire pendant 21 ans et occupe le poste de directrice pendant les quatre dernières années. Au cours de cette période, elle élève également huit enfants. En 1979, elle est élue à la législature de l'Île-du-Prince-Édouard en tant que membre du Parti progressiste-conservateur. Nommée vice-présidente de la législature, elle en devient la présidente après sa réélection en 1982. Elle est réélue en 1986, mais le parti et le chef du parti sont défaits par les Libéraux de Joe GHIZ. Reid devient alors chef de l'opposition jusqu'à sa défaite lors de l'écrasante victoire des Libéraux de Joe Ghiz en 1989. Elle est nommée lieutenante-gouverneure de l'Île-du-Prince-Édouard en 1990.

Reid, Richard Gavin, cultivateur, politicien et premier ministre de l'Alberta en 1934 et 1935 (Aberdeenshire, Écosse, 17 janv. 1879—Edmonton, 17 oct. 1980). Reid adhère à la British Royal Army Medical Corps lors de la GUERRE DES BOERS, de 1900 à 1902. En 1903, il s'installe au Canada dans le but d'y faire fortune. Après s'être brièvement adonné à l'exploitation forestière, en Ontario, et à l'agriculture, près de Winnipeg, Reid obtient une ferme au sud de Mannville, en Alberta. Élu député des FERMIERS UNIS DE L'ALBERTA (FUA) aux élections provinciales de 1921, Reid obtient plusieurs portefeuilles au cours des 13 années subséquentes. Lorsque le premier ministre John E. BROWNLEE démissionne, en 1934, Reid lui succède et est assermenté premier ministre, président du Conseil exécutif et Secrétaire provincial le 10 juillet 1934. Bien qu'il présente des lois novatrices relativement au règlement des dettes, Reid et son gouvernement sont dans une position politique intenable, confrontés d'une part à la préférence que manifeste l'exécutif des FUA à l'endroit de la Co-operative Commonwealth Federation et, d'autre part, au profond attrait qu'exercent sur les agriculteurs les propositions du Crédit social de William ABERHART. Le parti des Fermiers unis de l'Alberta subit un balayage en règle aux élections de 1935. Par la suite, Reid occupe brièvement les fonctions de commissionnaire. Il travaille à la Commission de mobilisation du gouvernement canadien au cours de la Seconde Guerre mondiale et occupe les fonctions de bibliothécaire pendant de nombreuses années pour la Canadian Utilities à Edmonton.

Carl Betke

Reid, sir Robert Gillespie, constructeur de pont et de chemin de fer, financier (Coupar Angus, Écosse, 1842—Montréal, 3 juin 1908). Il travaille brièvement

ment en Australie comme entrepreneur, puis arrive au Canada en 1871. Il obtient la notoriété à titre de constructeur de pont, grâce à l'érection du pont de Lachine, qui traverse le fleuve Saint-Laurent à Montréal; du pont de Sault Sainte-Marie; et du pont international qui enjambe la rivière Niagara, construit avec Casimir GZOWSKI de 1870 à 1873. Reid participe au développement du chemin de fer du Canadien Pacifique, en construisant les tronçons difficiles de la ligne qui longe la rive nord du lac Supérieur. En 1890, il obtient un contrat du gouvernement de Terre-Neuve pour construire des chemins de fer. Au bout de six ans, la ligne traverse complètement l'île. Plus tard, il développe le télégraphe, la navigation à vapeur et l'exploitation des ressources naturelles. Reid et ses fils contrôlent les réseaux de transport et de communication de l'île par le biais de Reid-Newfoundland Co. jusqu'à ce que le gouvernement en prenne le contrôle en 1923.

David Evans

Reid, William Ronald, dit Bill, sculpteur (Vancouver, 12 janv. 1920—*id.* 13 mars 1998). Reid, artiste HAIDA de renommée internationale, est souvent cité comme celui qui a renouvelé et fait renaître les arts autochtones de la côte du Nord-Ouest à la scène de l'art contemporain. Né d'une mère haida et d'un père américano-écossais, Reid ne prend conscience de son héritage autochtone qu'à l'adolescence. Plus tard, alors qu'il est communicateur à la Société Radio-Canada, il étudie la joaillerie et la gravure au Ryerson Institute, à Toronto (1948), et entreprend, en 1951, des recherches sur l'art des Haidas. Poussant plus loin ces recherches, il étudie à la Central School of Art and Design, à Londres, en Angleterre (1968).

De retour à Vancouver, il s'implique dans la création d'une sculpture monumentale, intitulée *Haida Village*, pour l'U. de la Colombie-Britannique. Reid finit par devenir une autorité reconnue sur la vie et l'art des Haidas. Très doué dans de nombreuses techniques, Reid sculpte l'argent, l'or, le bois ainsi que l'argilite, et coule le bronze. Il publie plusieurs éditions de sérigraphies, et collabore à de nombreux livres, dont *The Raven Steals the Light* (1984). Parmi ses œuvres majeures figurent *Raven and the First Humans* (1980), une sculpture en cèdre de 4,5 t conservée au UBC's Museum of Anthropology; *The Chief of the Undersea World* (1984), un bronze représentant un épaulard réalisé pour le Vancouver Aquarium; un canot commandé pour Expo 86 (1986); et *Spirit of Haida Gwaii* (1991), une commande pour l'ambassade canadienne à Washington, D.C.

Il a reçu un doctorat honorifique de l'U. de la Colombie-Britannique en 1976, le prix Molson en 1977, puis le prix hommage remis dans le cadre des Prix nationaux d'excellence décernés aux autochtones, qui sont commandités par la Fondation canadienne des arts autochtones, en 1994. Reid est un grand défenseur des droits des autochtones au Canada. Il joue d'ailleurs un rôle particulièrement actif dans la bataille visant à préserver l'histoire nationale et culturelle de South Moresby, dans les îles de la Reine-Charlotte.

Carol Sheehan

Reindeer, lac D'une superficie de 6650 km², d'une altitude de 337 m, d'une longueur maximale de 233 km, il est situé sur la frontière entre le nord-est de la Saskatchewan et le nord-ouest du Manitoba; c'est le deuxième plus grand lac de la Saskatchewan et le neuvième au Canada. Il présente un rivage très échancré et contient de nombreux îlots. La localité de Kinoosao se trouve sur sa rive Est, Brochet, au Manitoba, est à son extrémité nord et Southend, en Saskatchewan, à son extrémité sud. Ses eaux s'écoulent principalement vers le sud par la rivière Reindeer et par une digue, se déversant ensuite dans la RIVIÈRE CHURCHILL puis vers l'est dans la baie d'Hudson. La pêche est une industrie importante de la région et les eaux claires et profondes du lac attirent les pêcheurs à la ligne. Apparemment, le nom du lac serait une traduction du nom algonquin.

David Evans

Reine-Charlotte, îles de la Baptisées ainsi en l'honneur de la femme du roi George III, elles se trouvent au nord de la côte de la Colombie-Britannique. Long de 250 km, cet archipel en forme de cimeterre comprend environ 150 îles. Les îles Graham et Moresby constituent à elles seules la majeure partie de la superficie qui est de 9033 km². Séparées des îles situées près du continent par 45 à 130 km d'eau libre (HECATE STR), les îles de l'archipel de la Reine-Charlotte sont parmi les plus isolées du Canada. L'absence d'un plateau continental au large des remparts escarpés de la rive ouest de l'île Moresby caractérise l'archipel.

Des découvertes archéologiques indiquent que les îles de la Reine-Charlotte sont fréquentées par l'homme depuis au moins 6000 à 8000 ans. En 1774, Juan PÉREZ est le premier Européen à découvrir les îles. En 1778, James COOK les visite et, en 1787, le capitaine George Dixon les baptise. À l'époque, la population de la nation HAIDA, qui habite l'archipel, est environ de 6000 à 8000 habitants. En 1915, les maladies transmises par les Européens ont fait chuter leur nombre à 588, le déclin le plus spectaculaire qu'une tribu de la province ait connu. La population actuelle de l'archipel de la Reine-Charlotte est d'environ 5700 personnes.

Jusqu'à tout récemment, la plupart des insulaires étaient bûcherons, pêcheurs ou mineurs dans les villes de Masset, Port Clements, Skidegate, Queen Charlotte, Sandspit et Tasu. De nos jours, les géologues, les biologistes et les amateurs de plein air s'y rendent pour étudier, mais aussi pour admirer le paysage de montagnes escarpées (pouvant s'élever jusqu'à 1200 m) le long de la dorsale occidentale des îles, les fjords spectaculaires, les colonies d'oiseaux marins et d'otaries, les forêts d'épinettes géantes de Sitka et de cèdres, et les vestiges de TOTEMS des Haidas.

Dernièrement, des géologues ont démontré que la formation de l'archipel de la Reine-Charlotte est issue du déplacement d'immenses plaques sous l'océan Pacifique, du Pacifique Sud à leur emplacement actuel. Des biologistes ont aussi démontré que, contrairement à presque tout le Canada, une grande partie de l'archipel n'a pas connu de glaciation. Voilà pourquoi, en plus d'être isolé, l'archipel est devenu, d'un point de vue biologique, une région unique au Canada. Un grand nombre de plantes ne se trouvent que dans ces îles ou dans des endroits éloignés, comme le Japon ou l'Irlande.

Tous les mammifères terrestres indigènes et trois sortes d'oiseaux sont des sous-espèces uniques, dont l'OURS NOIR qui est le plus grand d'Amérique du Nord. Les îles de la Reine-Charlotte sont devenues l'habitat d'environ un demi-million de couples d'oiseaux marins nicheurs grâce à l'absence de certains prédateurs.

Ninstints, l'ancien village haida situé sur l'île Skungwai, a été désigné SITE DU PATRIMOINE MONDIAL DES NATIONS UNIES. En tant que trésors mondiaux, ses totems spectaculaires sont maintenant protégés des éléments naturels. Toutes ces splendeurs naturelles attirent des touristes en grand nombre: les plages immenses et les tourbières du parc national Naikoon sont fréquentées par les randonneurs; le sud de l'île Moresby, avec ses totems exceptionnels, sa vie marine, ses sources thermales, ses forêts et ses montagnes, est l'endroit sans pareil au Canada pour l'exploration en bateau.

Bristol Foster

Reine-Élisabeth, îles de la Situées dans les Territoires du Nord-Ouest, elles forment un groupe d'îles de l'ARCHIPEL ARCTIQUE canadien situées au nord d'une immense fosse bathymétrique constituée, d'est en ouest, des détroits de LANCASTER, de Barrow, du vicomte de Melville et de M'Clure. Les îles forment un triangle à l'extrémité nord du Canada; l'ÎLE D'ELLESMERE se trouve au sommet, et les îles DEVON, CORNWALLIS, BATHURST, MELVILLE et PRINCE-PATRICK forment la base. Les îles sont aussi regroupées sous le nom des îles Parry (Prince-Patrick, Melville, MACKENZIE KING, Borden, Bathurst et Lougheed) et des îles Sverdrup (ELLEF RINGNES, AMUND RINGNES, AXEL HEIBERG, CORNWALL et Meighen). La superficie totale de l'archipel est d'environ 425 000 km², ce qui équivaut plus ou moins à celle d'une des provinces des Prairies. Environ un cinquième de la superficie est recouverte de GLACE soudée à la terre, dont la masse la plus importante se trouve sur l'île d'Ellesmere et quelques autres masses sur les îles Devon et Axel Heiberg. Les calottes glaciaires et les glaciers couvrent une plus grande surface que partout ailleurs dans le Nord en raison des étés plus frais et plus courts ainsi que des nombreuses hautes terres.

Les îles sont constituées de roches formées du cambrien au dévonien supérieur et qui ont été déformées au silurien et au cambrien inférieur (*voir* ÉVOLUTION GÉOLOGIQUE). En raison d'une forte érosion et de nombreux plissements, les îles se caractérisent par des montagnes ondulées. Dans les îles situées à l'est (Ellesmere, Axel Heiberg et Devon), les vestiges des plis s'élèvent à plus de 2000 m; le sommet le plus élevé de l'est de l'Amérique du Nord se trouve dans le Nord de l'île d'Ellesmere. Partout ailleurs, les terres sont plus basses étant donné qu'elles sont surtout formées de sédiments stratifiés horizontalement, ou pénéplaines. Sur l'île Devon, des falaises spectaculaires surplombent le détroit de Lancaster. L'île Melville est constituée en grande partie d'une plate-forme d'érosion de roches plissées, bien que la crête Raglan, dans le Nord-Ouest, s'élève à près de 915 m. En général, l'altitude des îles le long de la limite nord-ouest ne dépasse pas 150 m.

L'occupation des îles de la Reine-Élizabeth par les Inuits est plutôt récente. On attribue leur découverte à l'Européen William BAFFIN (1616). Cependant, il faut attendre jusqu'en 1818 pour qu'elles soient redécouvertes lorsque John Ross confirme leur existence. En 1819, Parry se rend en bateau à l'île Melville et baptise les îles Devon, Cornwallis, Bathurst et Byam Martin. L'exploration des Îles au début du siècle termine en fait la découverte géographique de l'Amérique du Nord. De 1898 à 1902, une expédition norvégienne conduite par Otto SVERDRUP explore la côte N. de l'île Devon, la côte S. et O. de l'île Ellesmere, les îles Axel Heiberg, King Christian et Ringnes. En 1916-1917, Vilhjalmur STEFANSSON découvre les îles Brock, Borden et Meighen. Les îles sont toujours aussi isolées et inhabitées, sauf pour des stations de recherche et de météorologie. On sait qu'il y a du pétrole et du gaz dans la région, surtout dans le bassin Sverdrup. En 1953, les îles sont ainsi nommées en l'honneur de la Reine Élisabeth II.

James Marsh

Reisman, Sol Simon, fonctionnaire (Montréal, 19 juin 1919). Reisman étudie à l'U. McGill et à la London School of Economics. Il travaille au ministère du Travail en 1946 et, peu de temps après, au ministère des Finances, qui est alors le centre nerveux du gouvernement fédéral. Il se spécialise en politique commerciale à titre de membre de la délégation canadienne aux premiers pourparlers du GATT et d'assistant directeur de recherche à la COMMISSION ROYALE D'ENQUÊTE SUR LES PERSPECTIVES ÉCONOMIQUES DU CANADA (Commission Gordon).

Il est promu au nouveau poste de sous-ministre de l'Industrie en 1965. Il est par la suite nommé secrétaire du Conseil du Trésor de 1968 à 1970 et sous-ministre des Finances de 1970 à 1974. Il est le principal négociateur du pacte de l'automobile du Canada de 1965 (*voir* ACCORD CANADO-AMÉRICAIN SUR LES PRODUITS DE L'INDUSTRIE AUTOMOBILE), un rôle qui convient parfaitement à sa forte personnalité et à ses idées ingénieuses.

Après un certain temps comme lobbyiste à Ottawa, il est choisi par le gouvernement Mulroney pour diriger l'équipe de négociateurs canadiens dans les négociations de LIBRE-ÉCHANGE avec les États-Unis en 1985. Après 16 mois de négociations souvent difficiles, le premier ministre Mulroney et le président Reagan signent finalement une entente en 1988. Reisman revient aux affaires privées après l'aboutissement des négociations de l'Accord de libre-échange canado-américain. Il est reçu Officier de l'Ordre du Canada en 1978.

Robert Bothwell

Reitman, Ivan, producteur et réalisateur (Komárno, Tchécoslovaquie, 27 oct. 1946). Sa famille s'enfuit de son pays natal en 1950 pour immigrer par la suite à Toronto. Inscrit à l'U. McMaster (où il se spécialise en musique), il s'intéresse au théâtre et au cinéma. Après un cours d'été à l'Office national du film, il réalise deux courts métrages et vend l'un d'eux au réseau anglais de la Société Radio-Canada et à la 20th Century Fox. En 1969, il produit un long métrage de pornographie légère en 16 mm, *Columbus of Sex,* et fait son entrée dans le cinéma commercial, où il réussit.

Deux films d'horreur de série B teintés d'humour, *Cannibal Girls* (1973; v.f. *Des filles cannibales*) et *Shivers* (1975, réalisé par David CRONENBERG; v.f. *Frissons*), connaissent un grand succès sur le marché international et préparent le terrain pour *National Lampoon's Animal House* (1978) et *Meatballs* (1979; v.f. *Arrête de ramer, t'es sur le sable*), deux réussites fracassantes qui rapportent des centaines de millions et font connaître des comédiens comme John Belushi et Bill Murray à un public passionné d'adolescents.

Reitman vit maintenant à Los Angeles où il a acquis une réputation de producteur dont les films sont de véritables mines d'or avec *Stripes* (1981; v.f. *Les bleus*) et surtout avec *Ghostbusters* (1984; v.f. *S.O.S. Fantômes*). *Ghostbuster* génère des recettes de 310 millions de dollars, devenant la comédie la plus lucrative jamais produite. Le succès plutôt modeste de sa comédie romantique *Legal Eagles* (1986; v.f. *Les ailes de la justice*), produite au coût de 40 millions, n'entache en rien sa renommée. Il se reprend avec *Twins* (1988; v.f. *Jumeaux*), film qui réunit un duo comique fort contrasté, Arnold Schwarzenegger et Danny DeVito. En 1989, il produit une suite de *Ghostbusters* (1989; v.f. *S.O.S. Fantôme 2*) puis, en 1990, la comédie *Kindergarten Cop* (v.f. *Un flic à la maternelle*), qui fait un véritable malheur. *Stop! Or My Mom Will Shoot* (1992; v.f. *Arrête ou ma mère va tirer*) obtient lui aussi la faveur du public, et *Dave* (1993; v.f. *Dave*) se révèle le hit surprise de l'été 1993.

Sa deuxième comédie mettant en vedette Schwarzenegger et DeVito, *Junior* (1994; v.f. *Junior*), est bien reçue par la critique, mais n'attire pas les foules. Cependant, en 1996, il connaît un autre grand succès en salle avec *Space Jam*. Cette œuvre démontre à nouveau son talent dans la production de films à gros budget et son aptitude à lancer de nouvelles modes. Il y présente Michael Jordan, grande vedette du basket-ball, dans un film semi-animé où se multiplient les apparitions de Bugs Bunny, de Daffy Duck et d'autres personnages de dessins animés de la Warner Brothers.

Les films qu'il réalise lui-même ne se démarquent pas beaucoup de l'ensemble de son œuvre et il fait surtout sa marque comme producteur. Ses grands succès dans ce domaine ont beaucoup influencé la production hollywoodienne des années 80 et 90, et on le considère à la fois avec crainte et admiration. Il est l'un des producteurs les plus «solvables» d'Hollywood. Sa liste impressionnante de films à succès lui permet d'assurer la commercialisation de ses productions cinématographiques.

William Beard

Relations Canada–Tiers Monde La décolonisation des empires européens à la suite de la Seconde Guerre mondiale mène à la création de nombreux «nouveaux États» et révèle le faible niveau de développement social et économique permis par le système colonial. Désormais, les problèmes du «Tiers Monde» et du «sous-développement» figurent en bonne place à l'ordre du jour mondial. Or, dans ce contexte d'après-guerre, le Canada fait montre d'une préoccupation sincère à l'égard des exigences et des besoins du Tiers Monde, image qui touche la corde sensible à la fois des Canadiens et de nombreuses personnes des régions sous-développées. La manifestation la plus concrète de cette préoccupation est l'octroi par le gouvernement canadien de crédits importants destinés à l'aide internationale, une démarche marquée par le lancement du PLAN DE COLOMBO (1950) ainsi que d'autres programmes d'aide visant des régions précises, et par la création du Bureau de l'aide extérieure (1960) qui devient, en 1968, l'AGENCE CANADIENNE DE DÉVELOPPEMENT INTERNATIONAL (ACDI). À titre d'exemple, en 1985-1986, l'ACDI dépense 2,2 milliards de dollars en aide destinée à plus de 50 pays. Par ailleurs, cet «internationalisme libéral», embrassé avec enthousiasme par Lester B. PEARSON, et le soutien au «dialogue Nord-Sud» prôné par Pierre Elliott TRUDEAU sont également dignes de mention. Après son mandat de premier ministre, Pearson préside une enquête internationale faisant autorité sur les causes de la pauvreté dans le monde.

Toutefois, il faut replacer ces initiatives dans leur contexte. De nombreux intellectuels et activistes du Tiers Monde récusent la position subalterne et dépendante dont leurs pays ont hérité au sein du système économique international (connue sous le nom de «néocolonialisme») et prônent une transformation structurelle radicale de la situation, tant à l'échelle locale qu'internationale. Les décideurs canadiens, au contraire, continuent à défendre les mérites globaux de l'économie mondiale existante. Ils visent surtout les réformes en marge du système économique international qui permettraient d'améliorer quelque peu la situation des pauvres dans le monde et de devancer les revendications de nature plus révolutionnaire. S'il est moins porté aux extrêmes que son homologue des États-Unis, le gouvernement canadien a tendance à considérer les stratégies radicales de développement proposées par certains pays du Tiers Monde comme des menaces inacceptables ou comme des manifestations d'un «danger communiste» international, interprétation qui correspond à la vision américaine du Tiers Monde lors de la guerre froide.

Entre la rhétorique et la réalité, il existe également un fossé dans la démarche canadienne. En 1984, le gouvernement canadien promet d'atteindre l'année suivante un niveau d'aide équivalant à 0,5 p. 100 du produit intérieur brut, pourcentage qui s'élèverait progressivement jusqu'à 0,6 p. 100 de 1991 à 1995 et jusqu'à 0,7 p. 100 en l'an 2000. Or, les taux de l'AIDE EXTÉRIEURE enregistrés sont régulièrement en deçà des niveaux proposés par les Nations Unies. Qui plus est, les programmes d'aide extérieure sont souvent plus axés sur les intérêts des fournisseurs et des entrepreneurs canadiens que sur les besoins des pays bénéficiaires. Parallèlement, on constate un détournement des priorités de l'aide au détriment des pays les plus pauvres et au profit des pays du Tiers Monde plus grands et plus riches, qui constituent des partenaires potentiels plus intéressants pour les échanges économiques.

Cette approche marque aussi la participation du Canada aux forums internationaux tels que l'Accord général sur les tarifs douaniers et le commerce (GATT), la Conférence des Nations Unies sur le Commerce et le Développement (CNUCED), les conférences sur le DROIT DE LA MER et les différentes négociations visant le redressement des iniquités dans le domaine du COMMERCE INTERNATIONAL et de l'investissement, émergeant autour du thème du «nouvel ordre économique international». Dans ce cadre, le Canada prend souvent une attitude nettement plus intransigeante et plus défensive que les autres «puissances moyennes» occidentales, comme les pays scandinaves.

On peut attribuer cette tendance en partie aux difficultés économiques du Canada au cours des dernières années, mais l'intégration très profonde du monde des affaires canadien à l'élaboration de politiques en ce domaine est également un facteur important. Bien avant la Seconde Guerre mondiale, les relations entre le Canada et les régions moins développées étaient structurées par le rôle expansionniste des banques et des entreprises minières et de services publics basées au Canada. À l'aube du XXᵉ s., c'était déjà le cas des liens que le Canada tissait avec les Caraïbes et l'Amérique latine.

Ces intérêts d'ordre commercial sont toujours parmi les principaux facteurs déterminant les rapports du Canada avec les pays en développement. Toutefois, le gouvernement et le monde des affaires ne détiennent pas le monopole des liens entre le Canada et le Tiers Monde. Il existe un réseau important de groupes et d'organismes parrainés par les églises, d'organisations non gouvernementales d'aide (de type OXFAM) et des groupes de soutien au pays en développement, qui sont plus ouvertement politiques. La majorité des groupes soutiennent une vision critique du fonctionnement actuel de l'économie mondiale et des causes du sous-développement, une vision qui est sensible aux revendications ayant trait à l'équité internationale et à la légitimité de l'action révolutionnaire dans certains contextes (l'Afrique du Sud, p. ex.). Ces groupes, qui critiquent souvent les pratiques des entreprises et du gouvernement canadien dans les pays en développement, n'ont en général pas réussi à influencer fortement les politiques canadiennes, mais ont permis d'entretenir un débat vigoureux sur la nature des liens entre le Canada et le monde en développement.

John S. Saul

Relations canado-américaines La nation canadienne est, à maints égards, un sous-produit de la GUERRE D'INDÉPENDANCE AMÉRICAINE. Lorsque la victoire des 13 colonies entraîne l'exode des LOYALISTES américains vers l'AMÉRIQUE DU NORD BRITANNIQUE (ANB), bon nombre de ceux-ci apportent avec eux une profonde méfiance envers les États-Unis et la démocratie qu'on y pratique. Dans l'esprit de nombreux révolutionnaires américains, la révolution est inachevée tant que l'Angleterre conserve des avant-postes sur le continent. Les conflits paraissent donc inévitables et les guerres napoléoniennes touchent l'Amérique du Nord en 1812. La GUERRE DE 1812 sera menée défensivement par les Britanniques et sans conviction par les Américains.

Les deux partis accueillent favorablement le traité de GHENT, qui règle certains litiges entre l'ANB et les États-Unis. L'ACCORD RUSH-BAGOT de 1817 limite la présence de vaisseaux armés sur les Grands Lacs. La CONVENTION DE 1818 prévoit le prolongement de la frontière depuis le lac des Bois jusqu'aux Rocheuses. Dans l'Est, les commissaires nommés par le traité de Ghent règlent les disputes frontalières, sauf dans le nord du Maine.

Au cours des années 1820 et 1830, les habitants du Haut et du Bas-Canada opposés à leurs gouvernements considèrent la démocratie américaine avec un intérêt croissant. William Lyon MACKENZIE et Louis-Joseph PAPINEAU cherchent l'appui des Américains pendant les RÉBELLIONS DE 1837. Après sa défaite, Mackenzie s'enfuit aux États-Unis, où il fomente, l'année suivante, des incidents de frontière (*voir* CHASSEURS, LOGES DES). Un déploiement de la force militaire britannique et le refus américain d'appuyer les rebelles mettent fin aux menaces contre l'ANB. En 1842, le TRAITÉ ASHBURTON-WEBSTER trace la frontière nord-

est, mais les problèmes à l'ouest des Rocheuses ne seront réglés par le TRAITÉ DE L'OREGON, en 1846, qu'après des menaces de guerre.

En 1854, le traité de RÉCIPROCITÉ entre l'ANB et les États-Unis apaise quelque peu les craintes, mais celles-ci resurgissent soudainement avec la GUERRE DE SÉCESSION, qui fait rage de 1861 à 1865. La sympathie de la Grande-Bretagne envers les sudistes suscite la rancœur des nordistes. L'ANB et les États-Unis réussissent à éviter les affrontements militaires, mais la fin de la guerre entraîne de nouvelles tensions, parce qu'on croit que le Nord se vengera de la Grande-Bretagne et parce que les FENIANS se préparent à envahir l'ANB. En 1866, les raids de ces derniers échouent, ce qui pousse l'ANB à établir la CONFÉDÉRATION, l'année suivante.

La Confédération, le retrait des troupes britanniques et les conflits en Europe forcent la Grande-Bretagne et le Canada à s'entendre avec les Américains sur les questions demeurées en litige et à signer le traité de WASHINGTON, en 1871. Bien que le premier ministre, sir John A. MACDONALD, membre de l'équipe de négociateurs britanniques, s'élève contre les termes du traité, celui-ci est utile au Canada parce que les États-Unis y reconnaissent la nouvelle nation qui s'affirme au nord de leur pays. Par la suite, le Canada s'inquiète de moins en moins de la menace militaire américaine. On redoute l'ingérence américaine quand le Canada établit sa souveraineté sur le Nord-Ouest, mais à la fin des années 1890, les deux pays constatent que très peu de conflits ont marqué les 30 dernières années.

En 1898-1899, une haute commission mixte, reflétant cet esprit d'entente ainsi que le désir d'un rapprochement anglo-américain, cherche à régler les différends laissés en suspens. Mais la commission ne règle que certaines questions mineures et l'AFFAIRE DES FRONTIÈRES DE L'ALASKA reste en suspens. En 1903, on crée un autre tribunal pour régler ce point, ce qui soulève la colère des Canadiens, davantage contre la Grande-Bretagne que contre les États-Unis, et convainc le Canada qu'il lui faut à l'avenir compter sur ses propres ressources plutôt que sur la Grande-Bretagne.

Le Canada entreprend donc d'établir directement des liens institutionnels avec les États-Unis, dont le plus connu, la COMMISSION MIXTE INTERNATIONALE, est mis sur pied en 1909. En 1911, le premier ministre Wilfrid LAURIER va plus loin que la plupart des Canadiens ne le voudraient lorsqu'il propose un accord de réciprocité avec les États-Unis. De vieilles rancunes refont surface durant la campagne électorale de 1911, les conservateurs sont élus et la réciprocité est mise à l'écart. Néanmoins, le nouveau premier ministre, Robert BORDEN, s'empresse de rassurer les Américains sur son désir de maintenir de bonnes relations. Cette action, à la veille de la participation du Canada à la PREMIÈRE GUERRE MONDIALE en 1914 alors que les États-Unis demeurent neutres, allège probablement les tensions. Lorsque les Américains entrent finalement en guerre, en 1917, les deux pays reconnaissent plus que jamais leurs héritages et intérêts communs.

Sitôt la guerre terminée, les politiciens canadiens se font médiateurs entre les États-Unis et la Grande-Bretagne, comme à la Conférence impériale, en 1921, où le premier ministre Arthur MEIGHEN dissuade la Grande-Bretagne de renouveler l'alliance anglo-japonaise parce qu'elle pourrait entraîner un conflit entre l'Empire britannique et les États-Unis. Une fois le gouvernement libéral du premier ministre Mackenzie KING au pouvoir, on tend davantage à souligner le caractère nord-américain du Canada et, par suite, sa similitude avec les États-Unis.

Au cours des années 20 et 30, les rapports entre Canadiens et Américains se multiplient. Le Canada modifie ses plans de défense, les possibilités de conflits entre les deux pays étant désormais nulles. La méfiance envers l'influence américaine s'estompe et l'on renforce les liens culturels et économiques. En 1926, les deux pays établissent des légations et, dorénavant, ne font plus affaire entre eux par l'intermédiaire des bureaux britanniques. La culture populaire américaine pénètre par la radio, le cinéma et l'automobile. Le gouvernement canadien tente de contrôler la RADIODIFFUSION ET LA TÉLÉDIFFUSION de même que le CINÉMA, mais échoue. D'autres organisations, dont l'ÉGLISE CATHOLIQUE ROMAINE au Québec, essaient par des pressions morales et politiques, d'empêcher les Canadiens de copier les aspects les plus frivoles de la culture américaine.

Par le truchement des nouveaux médias, les Canadiens se familiarisent avec le président américain Franklin Roosevelt qui, en 1938, à l'approche d'une autre guerre européenne, promet publiquement d'appuyer le Canada si celui-ci est menacé. Roosevelt collabore étroitement après l'éclatement de la SECONDE GUERRE MONDIALE, en septembre 1939. Même si les États-Unis demeurent neutres, Roosevelt et King concluent deux accords importants qui concrétisent l'engagement des Américains. L'accord d'Ogdensburg (1940) crée la COMMISSION PERMANENTE MIXTE DE DÉFENSE CANADA–ÉTATS-UNIS, et l'accord de Hyde Park (1941) unifie l'économie des deux pays pour les besoins du temps de guerre (voir PRÊT-BAIL). Les deux accords reçoivent l'approbation générale.

L'admiration des Canadiens pour les États-Unis augmente après l'entrée en guerre de ce pays en décembre 1941. Des sondages d'opinion révèlent que beaucoup de Canadiens aimeraient se joindre aux États-Unis. Ce nouvel engouement effraie King mais, après la guerre, le Canada conserve et même élargit ses relations avec les États-Unis en d'autres domaines que la défense. La GUERRE FROIDE contre l'URSS convainc la plupart des Canadiens que les États-Unis sont la forteresse capable de défendre les valeurs communes et la sécurité. En août 1958, le Canada et les États-Unis signent un plan conjoint de défense aérienne (NORAD) et, l'année suivante, le Programme canado-américain pour le partage de la production de défense.

Certains déplorent ces liens qui se multiplient. Vincent MASSEY et Walter GORDON, qui dirigent des commissions royales d'enquête sur la culture et la politique économique, critiquent l'influence américaine au Canada. Au Parlement, lors des DÉBATS SUR LE PIPELINE et sur la CRISE DU CANAL DE SUEZ en 1956, certains parlementaires manifestent leur crainte de l'influence américaine sur le gouvernement canadien et sur ses positions.

Le premier ministre John DIEFENBAKER engage le Canada dans NORAD et dans le plan de défense partagée, et il se lie bientôt d'amitié avec le président Dwight Eisenhower. Néanmoins, il déplore la distance de plus en plus grande entre le Canada et la Grande-Bretagne ainsi que l'ampleur de l'influence culturelle américaine et dénonce aussi d'autres influences. Ce sentiment se traduit par une méfiance envers les États-Unis comme tels, lorsque John Kennedy en devient le président en 1961. Les deux chefs d'État ne s'apprécient guère et les différends politiques se manifestent rapidement. Diefenbaker refuse la présence d'armes nucléaires au Canada (voir BOMARC, AFFAIRE DES MISSILES) et hésite à appuyer Kennedy pendant la CRISE DES MISSILES CUBAINS, en 1962. Les Américains accusent publiquement Diefenbaker de ne pas respecter ses engagements. Aux élections canadiennes de 1963, Diefenbaker accuse les Américains d'ingérence flagrante et les rend responsables de sa défaite.

Les deux pays s'attendent à de meilleures relations quand les libéraux prennent le pouvoir. Elles se détériorent cependant de façon importante dès 1965, en raison de la difficulté qu'éprouvent le premier ministre Lester PEARSON et les Canadiens à accorder aux États-Unis l'appui qu'ils demandent dans la guerre du Vietnam. En 1967, le gouvernement canadien désapprouve ouvertement la politique américaine dans le sud-est de l'Asie. En général, les Canadiens deviennent réticents devant l'influence des Américains et leur politique extérieure. Un mouvement nationaliste demande une forte diminution de l'influence américaine. Les premières initiatives nationalistes importantes concernent les affaires culturelles, mais celles qui offensent davantage les Américains sont d'ordre économique, comme le PROGRAMME ÉNERGÉTIQUE NATIONAL.

Les relations sont tendues au cours de la première administration Reagan. Il est évident que le gouvernement de Pierre TRUDEAU et l'administration Reagan ne perçoivent pas les événements internationaux d'un même point de vue. Le Canada, néanmoins, permet les essais des missiles Cruise en sol canadien, et ce, en dépit d'une forte opposition au pays. En 1984, l'élection du gouvernement conservateur de Brian MULRONEY annonce une réconciliation avec les États-Unis, laquelle entraînera un affaiblissement des lois à caractère nationaliste et, entre autres, de l'Agence d'examen de l'investissement étranger. L'opinion publique canadienne ne s'oppose pas à ces initiatives et des sondages d'opinion menés en 1985 et en 1986 révèlent même un fort appui au LIBRE-ÉCHANGE, appui qui fléchit cependant en 1987.

Au terme de négociations prolongées, les deux gouvernements concluent un accord commercial de principe, le 3 octobre 1987. Cet accord devient le principal enjeu des élections canadiennes de 1988, que les conservateurs de Mulroney remportent haut la main. L'accord commercial est rapidement mis en vigueur et les relations économiques canado-américaines changent fondamentalement. En 1994, l'accord est élargi de façon à inclure le Mexique et est renommé l'Accord de libre-échange nord-américain (ALENA). (Voir LIBRE-ÉCHANGE.)

L'accord commercial ne met pas fin aux disputes, en partie parce que les ententes promises en matière de subsides et de perception des droits compensatoires ne se concrétisent pas. De plus, sur les questions soulevant une véritable controverse au sein du Congrès américain, comme la querelle au sujet du bois d'œuvre (bois mou), la différence de taille entre les deux partenaires signifie que le Canada doit céder. Le commerce entre les deux pays connaît cependant un essor remarquable, les États-Unis recevant 80 p. 100 des exportations canadiennes en 1995 et 70 p. 100 des importations canadiennes venant des États-Unis. Ces chiffres mènent plusieurs observateurs à conclure que le Canada a lié son sort à l'évolution nord-américaine et d'aucuns prédisent même à terme une intégration politique.

Chez les Canadiens, il s'agit là, évidemment, de craintes traditionnelles qui sont, en soi, l'expression du nationalisme canadien et du sentiment de spécificité canadienne. Il se peut que le passé ne soit pas garant de l'avenir, mais il est difficile d'imaginer autrement ces deux nations fières et souveraines qui vivent en paix et qui conservent de saines relations économiques. (Voir aussi CANADA ET LES ÉTATS-UNIS, LE.)
John English

Relations des Jésuites Ce sont des documents annuels volumineux que la Mission canadienne de la Société de Jésus envoie à son siège social à Paris entre 1632 et 1672. Réunis par des missionnaires sur le terrain et révisés par leur supérieur à Québec, ces documents sont imprimés en France par Sébastien Cramoisy. Conformément à la décision du Cardinal de Richelieu de mobiliser les Jésuites en faveur de la colonisation française de l'Amérique du Nord, ces documents retracent méthodiquement avec force détails pittoresques l'histoire de la colonie depuis ses débuts et mettent en vedette les efforts d'évangélisation des Indiens par les prêtres qui, par la même occasion, cherchent à s'attirer des appuis dans la métropole.

Les journaux et les lettres de Paul LE JEUNE, Jérôme LALEMANT, Jean de BRÉBEUF et Paul Ragueneau, entre autres, racontent avec émotion la guerre tribale en Huronie et nous présentent la vie quotidienne des colons en ACADIE. À ces récits s'ajoutent des «relations» de la participation jésuite aux affaires coloniales dans l'ensemble du Nouveau Monde. Source ethnographique et documentaire sans égale, les *Relations des Jésuites* sont dévorées par de nombreux lecteurs du XVIIIe s., tout comme les œuvres de Cartier et Champlain: c'est une littérature de voyage passionnant. Reuben Gold Thwaites édite 73 volumes sous le titre *The Jesuit Relations and Allied Documents, Travels and Explorations of the Jesuit Missionaries in New France 1610-1791* (1896-1901), présentant des versions parallèles annotées de ses traductions et des textes originaux en français, italien et latin.
Michèle Lacombe

Relations économiques canado-américaines Pour le Canada, les relations économiques avec les États-Unis sont d'une importance capitale. Les États-Unis constituent en effet son principal partenaire commercial. Le Canada exporte 30 p. 100 de son produit intérieur brut et presque 70 p. 100 de toutes ses exportations sont destinées aux États-Unis. En revanche, le Canada obtient aux États-Unis une bonne partie de son capital d'investissement et de ses TECHNOLOGIES sous forme d'INVESTISSEMENT ÉTRANGER, renforçant ainsi le contrôle américain sur l'ÉCONOMIE canadienne. Parallèlement, pour les États-Unis (voir COMMERCE INTERNATIONAL), le Canada est à la fois une importante source de ressources naturelles et leur plus grand débouché extérieur. En effet, le Canada reçoit environ 10 p. 100 des exportations américaines (soit plus de 60 p. 100 de ses importations), quoique les États-Unis bénéficient d'un avantage dans le commerce de produits manufacturés entre les deux pays.

Bien que les Canadiens profitent de l'accès aux marchés, aux technologies et aux investissements américains, il faut toutefois reconnaître que les ententes commerciales qui en résultent ainsi que l'écart très marqué entre les populations des deux pays entraînent de graves problèmes pour le Canada, notamment une dépendance et une vulnérabilité importantes à l'égard des politiques américaines. Récemment, fortes de l'appui de l'administration fédérale, les entreprises américaines sont parvenues à ouvrir davantage le marché canadien à leurs biens et services (p. ex., services bancaires et de traitement des données), à s'opposer aux politiques gouvernementales visant à renforcer l'industrie canadienne (p. ex., incitatifs et subventions accordés aux entreprises, mesures permettant des retombées industrielles suite à l'exploitation des ressources du Canada) et à affaiblir la réglementation canadienne en matière d'investissement étranger (p. ex., examen minutieux des investissements étrangers; rôle des sociétés d'État; modifications des règlements relatifs à l'impôt et au régime foncier favorables aux sociétés pétrolières et gazières canadiennes; et freins imposés aux banques étrangères).

Pendant une cinquantaine d'années, la question du LIBRE-ÉCHANGE domine pour l'essentiel les relations économiques naissantes entre le Canada et les États-Unis. Historiquement, pour ses opposants, la libéralisation des échanges finirait par impliquer la perte de la SOUVERAINETÉ politique, conduire à une forte intégration économique et industrielle et réduire encore la capacité des pouvoirs publics au Canada d'adopter des politiques économiques indépendantes. En outre, ils maintiennent que, même si l'administration américaine accepte le libre-échange, le Congrès va bloquer, à coup de mesures non tarifaires, les gains que de tels arrangements pourront entraîner pour les Canadiens. En revanche, pour ses partisans, seuls le libre-échange et l'accès aux marchés américains qu'il garantit vont permettre aux fabricants canadiens de devenir plus efficaces et de réaliser des ventes en volume assez important pour financer les activités de recherche et de développement (*voir* RECHERCHE ET DÉVELOPPEMENT INDUSTRIELS; STRATÉGIE INDUSTRIELLE). Ce débat reprend lors des négociations (1986-1987) en vue du libre-échange entreprises assidûment par le gouvernement de Brian Mulroney.

En 1866, les États-Unis abrogent le Traité de réciprocité de 1854 en représailles contre l'aide britannique aux États confédérés. Les négociations aboutissant au TRAITÉ DE WASHINGTON (1871) ne permettent certes pas de restaurer la RÉCIPROCITÉ ni d'indemniser les dommages consécutifs aux raids des FENIANS, mais elles amènent à tout le moins les États-Unis à reconnaître le Canada comme une nation du continent nord-américain. Lors des élections fédérales de 1891, le Parti libéral propose un programme axé sur la libéralisation complète des échanges et n'est défait que de justesse. Face aux propositions libre-échangistes formulées par le Canada, le gouvernement américain, pour sa part, se tourne vers le protectionnisme avec des politiques axées sur des tarifs douaniers élevés.

Malgré leurs soupçons politiques réciproques, les deux pays forgent, de 1875 à 1900, des liens ouvrant la voie à une étroite intégration économique. Les Américains investissent de fortes sommes au Canada, créant des succursales et rachetant de nombreuses entreprises appartenant à des intérêts canadiens (p. ex., reprise en 1898 d'Imperial Oil, la plus grande société pétrolière canadienne, par le géant Standard Oil). Parallèlement à la multiplication des échanges commerciaux, les relations d'affaires et financières se développent rapidement, ainsi que les réseaux de transport et les relations syndicales, entre autres. Les tarifs douaniers élevés préconisés dans le cadre de la POLITIQUE NATIONALE attirent d'énormes capitaux américains et des investissements massifs. En 1914, bien que 72 p. 100 des investissements étrangers au Canada proviennent du Royaume-Uni, les États-Unis fournissent deux fois plus de capitaux destinés à l'investissement direct dans les secteurs minier et manufacturier que le Royaume-Uni. Par ailleurs, les syndicats canadiens, en pleine expansion durant cette période, s'inspirent des organisations syndicales américaines.

En 1911, le président William Howard Taft met fin à des décennies de protectionnisme américain en signant avec le premier ministre, sir Wilfrid LAURIER, un accord de libre-échange restreint concernant les tarifs appliqués à une importante liste de produits manufacturiers. Une loi habilitante est adoptée par le Congrès américain, mais une loi analogue reste bloquée par le Parti conservateur canadien, alors dans l'opposition. La question du libre-échange se trouve donc au cœur des élections générales organisées la même année, et la défaite de Laurier s'explique en partie par la peur de voir le libre-échange constituer un premier pas vers l'annexion politique.

Aux États-Unis aussi bien qu'au Canada, le processus d'INDUSTRIALISATION amorcé au milieu du XIXᵉ s. s'accélère au XXᵉ s. Pour répondre aux besoins des marchés britannique et canadien privilégiés (automobiles, appareils électriques, produits chimiques, machines et traitement des métaux), les Américains investissent au Canada des centaines de millions de dollars permettant la création d'un nombre accru de filiales ou de succursales et la prise de contrôle des sociétés canadiennes prometteuses. Toutefois, à l'heure de la CRISE DES ANNÉES 30, les Canadiens prennent brusquement conscience des risques associés à une dépendance excessive à l'égard de l'économie américaine. En 1930, le Congrès américain adopte le tarif Hawley-Smoot qui hausse les droits relatifs aux importations américaines à un niveau jamais atteint dans l'histoire. À son tour, le Canada met en place un régime de tarifs douaniers draconiens et le premier ministre R.B. BENNETT s'engage à percer les marchés internationaux et à réduire la dépendance du Canada à l'égard

de l'économie américaine. En 1932, son gouvernement organise à Ottawa la Conférence économique impériale afin de réviser le régime des tarifs en vigueur au sein du Commonwealth et de l'Empire britannique.

Les relations commerciales canado-américaines connaissent un nouvel essor suite à la ratification des Accords commerciaux bipartites aux États-Unis en 1934. Les deux pays amorcent des négociations visant à réduire les tarifs douaniers et à accroître les échanges commerciaux. En 1935, Mackenzie KING, alors premier ministre, conclut l'Accord commercial entamé par le gouvernement de Bennett, suivi en 1938 d'un deuxième accord, plus ambitieux, prévoyant une réduction sensible des tarifs. Canadiens et Américains collaborent énormément pendant la Seconde Guerre mondiale. En 1940, à la suite d'une réunion entre le premier ministre King et le président Roosevelt près d'Ogdensburg dans l'État de New York, on crée la COMMISSION PERMANENTE MIXTE DE DÉFENSE CANADA–ÉTATS-UNIS (CPMD), chargée, entre autres, du renforcement des relations économiques entre les deux pays. À l'entrée en guerre des États-Unis, la CPMD met sur pied au Canada de nombreux projets financés par les États-Unis, en particulier la ROUTE DE L'ALASKA et Canol, qui stimulent la production pétrolière à Norman Wells (Territoires du Nord-Ouest).

Avant l'entrée en guerre officielle des États-Unis, le Canada élargit sensiblement sa capacité industrielle, notamment grâce à l'acquisition d'énormes quantités de machines et d'équipements américains. Au début de 1941, manquant sérieusement de réserves en devises américaines, le Canada se tourne vers les États-Unis. Négocié entre King et Roosevelt, l'Accord de Hyde Park prévoit deux mesures d'envergure: augmentation substantielle des importations américaines en provenance du Canada et autorisation à la Grande Bretagne d'utiliser des fonds de prêt-bail américain en vue de payer les composants militaires importés par le Canada pour fabriquer le matériel militaire britannique. Ces deux mesures permettent au Canada d'augmenter ses avoirs en devises américaines et de s'acquitter de ses importations auprès des États-Unis.

Après la guerre, la demande de biens de consommation, l'afflux massif d'immigrants et la reconversion civile nécessaire de l'industrie de l'armement font monter en flèche les importations canadiennes de biens de consommation et d'équipements industriels en provenance des États-Unis. Les exportations, en revanche, plongent durant la même période et, vers 1947, le Canada importe deux fois plus qu'il n'exporte aux États-Unis. La Grande-Bretagne et l'Europe étant dévastées par la guerre et privées de devises, le Canada ne peut, comme dans le passé, se servir de son excédent commercial avec le reste du monde pour compenser le déficit de sa balance commerciale avec les États-Unis. Toutefois, ayant réglé l'essentiel de ces problèmes vers 1950, le Canada connaît un boom en matière d'investissement.

Fin des années 40 et début des années 50, en pleine guerre froide, les sociétés américaines lancent un ambitieux programme d'exploitation des ressources naturelles du Canada, notamment le pétrole, le gaz, l'uranium, les métaux non ferreux comme le cuivre et le minerai de fer. Ce programme d'investissements ainsi que les investissements analogues dans les grandes industries permettent aux deux pays d'intégrer leur économie de manière encore plus étroite. En somme, une partie importante de l'industrie minière, pétrolière, gazière et manufacturière canadienne tombe sous contrôle américain.

Pour éviter de revenir à des négociations bilatérales avec les États-Unis et d'avoir à faire des concessions dans un domaine en échange de concessions américaines dans l'autre, les dirigeants canadiens privilégient des arrangements multilatéraux, persuadés que, forts d'alliances avec d'autres pays,

ces derniers offrent un meilleur contrepoids à l'hégémonie américaine et permettent de contrer le risque d'une confrontation directe avec les États-Unis. C'est le cas de l'Accord général sur les tarifs douaniers et le commerce (GATT) pour les relations économiques internationales et de l'Organisation du Traité de l'Atlantique Nord (OTAN) pour les alliances militaires.

Le processus d'intégration économique à l'échelle du continent ne s'arrête pas pour autant, le Canada étant source de matières premières et les États-Unis fournisseurs de technologies et de capacité industrielle. Pendant de nombreuses années, le Comité ministériel mixte des questions économiques et commerciales, formé des principaux ministres responsables de ces questions dans les deux gouvernements, se rencontre annuellement pour discuter de points tels que le programme américain permettant d'écouler les céréales excédentaires dans les pays en voie de développement, un programme qui réduit la vente de céréales canadiennes et l'application extraterritoriale aux filiales américaines implantées au Canada des lois américaines, qui non seulement interdisent les exportations vers la Chine et plus tard Cuba, mais portent aussi atteinte à la souveraineté canadienne.

En 1957, le nouveau gouvernement conservateur de John DIEFENBAKER promet de réduire la dépendance économique du Canada envers les États-Unis. Dans son rapport déposé en 1957, la COMMISSION ROYALE D'ENQUÊTE SUR LES PERSPECTIVES ÉCONOMIQUES DU CANADA souligne que les Canadiens perdent la maîtrise de leur destin. Parallèlement, d'autres experts s'alarment du caractère déformé du développement économique du Canada, réduit à n'être qu'une source de matières premières pour la méga-industrie américaine.

Malgré que le Canada et les États-Unis signent en 1965 le Pacte de l'automobile offrant aux fabricants de véhicules et de pièces d'automobiles une zone de libre-échange conditionnelle, de nombreux Canadiens expriment déjà la volonté de voir réduire la mainmise ou l'influence étrangère sur l'économie. Ce désir déclenche des disputes à propos de la politique fiscale et bancaire et même des querelles diplomatiques concernant la place des magazines américains au Canada. Pour freiner le flux de fonds à l'étranger, l'administration américaine impose en 1963 une taxe qui, en raison de la dépendance accrue du Canada envers les États-Unis, provoque aussitôt une crise sur les marchés financiers canadiens. Le Canada obtient une exemption à deux conditions: ses emprunts des États-Unis ne doivent pas dépasser les niveaux habituels, sous peine de révision, et ces emprunts ne doivent pas servir à alimenter ses réserves en devises étrangères. Bref, ces conditions contraignantes ont pour effet de réduire la marge de manœuvre du Canada en matière d'autonomie économique.

En 1968, le gouvernement américain impose des directives obligatoires aux entreprises multinationales américaines: les filiales américaines doivent désormais accroître les profits rapatriés du Canada, investir plus aux États-Unis qu'ailleurs et augmenter les exportations à partir des usines implantées aux États-Unis plutôt que de leurs filiales au Canada ou ailleurs. En 1971, soucieux de conforter la position américaine en matière de balance des paiements, le président Nixon adopte une série de mesures, notamment une surtaxe de 10 p. 100 sur toutes les importations américaines sujettes aux tarifs douaniers. Même si le Canada réussit à obtenir des exemptions, ces incidents soulignent la vulnérabilité du Canada à l'égard des politiques américaines. Ces incidents obligent le Canada à prendre des initiatives en faveur d'une TROISIÈME OPTION visant à renforcer ses relations commerciales avec le reste du monde et à réduire sa dépendance à l'égard du marché américain.

Politique énergétique

La POLITIQUE ÉNERGÉTIQUE devient une pomme de discorde entre le Canada et les États-Unis dans les années 70. En effet, vers la fin des années 60 et au début des années 70, le Canada, impatient d'accroître ses ventes de pétrole et de gaz aux États-Unis, se heurte au contingentement des importations pétrolières américaines. Le Canada tente également sans succès de convaincre son voisin de construire un oléoduc depuis l'Alaska jusqu'aux États-Unis en passant par le Nord canadien (*voir* PIPELINE DE LA VALLÉE DU MACKENZIE). Vers le milieu des années 70, suite à la crise de l'OPEP (1973-1974) qui pose le problème de la suffisance des réserves pétrolières et gazières du Canada pour satisfaire ses besoins futurs, cet engouement se dissipe.

Durant cette période, les États-Unis réagissent avec colère à l'augmentation du prix du pétrole canadien à l'exportation compte tenu du cours mondial. L'énergie devient à nouveau une source de conflit entre les deux pays lorsqu'en 1980, le Canada met en œuvre son Programme énergétique national (PEN). Parmi ses objectifs clés, le PEN doit favoriser, d'une part, à l'horizon de 1990, le contrôle canadien de l'industrie pétrolière à raison de 50 p. 100. Or, en 1980 l'industrie pétrolière et gazière au Canada représente 30 p. 100 de tous les bénéfices industriels non financiers du Canada, et environ 70 p. 100 de ceux-ci reviennent à des entreprises étrangères, surtout américaines. Pour atteindre cet objectif et malgré la protestation vigoureuse des États-Unis, le gouvernement du Canada incite les citoyens à reprendre les filiales canadiennes des sociétés pétrolières, modifie le régime fiscal de sorte que le financement des explorations pétrolières risquées favorise les sociétés canadiennes et modifie le régime foncier, fixant ainsi à 50 p. 100 la participation canadienne dans le secteur pétrolier et gazier en pleine expansion.

D'autre part, le PEN doit augmenter la part du Canada dans les services techniques ou autres sans oublier l'équipement manufacturier servant à l'industrie pétrolière et gazière. Jusqu'ici, les multinationales américaines comptent sur les mêmes services techniques et fournisseurs que leur siège social. En conséquence, l'industrie canadienne ne peut tirer pleinement profit des possibilités inhérentes à l'exploitation pétrolière et gazière. Devant les objections formulées par les États-Unis, des assouplissements sont apportés à certaines mesures.

La question plus générale de la mainmise étrangère influence les relations canado-américaines au cours des années 70 et au début des années 80. Devant l'ampleur des investissements américains dans l'économie canadienne et en réponse aux pressions exercées par un grand nombre de Canadiens en faveur d'une réglementation, l'AGENCE D'EXAMEN DE L'INVESTISSEMENT ÉTRANGER (AEIE) est créée en 1974 et se met à examiner méticuleusement les projets d'investissement étrangers, provoquant au début des années 80 de vives critiques aux États-Unis. Saisi en 1983, le GATT conclut que, même si ses décisions sont généralement acceptables, l'AEIE devrait se montrer moins tenace dans ses efforts visant à persuader les investisseurs étrangers d'utiliser des biens et services canadiens.

Resserrement des relations économiques

Bien que la question du LIBRE-ÉCHANGE entre le Canada et les États-Unis soit un thème récurrent dans l'histoire du Canada depuis la Confédération, elle reste pourtant sans suite depuis 1948 lorsque le Gouvernement du Canada, d'abord intéressé, renonce à signer un accord bilatéral avec les États-Unis. Mais en 1983, le gouvernement de Pierre Trudeau amorce des négociations en vue d'un accord de libre-échange sectoriel avec les États-Unis. Arrivé au pouvoir l'année suivante et afin de nouer des relations économiques étroites avec les États-Unis, le gouver-

nement de Brian Mulroney demande en 1985 la négociation d'un accord global de libre-échange.

En octobre 1987, les deux pays annoncent la signature d'un accord dont la ratification par le Congrès américain ou l'adoption par le Parlement du Canada et, le cas échéant, par les gouvernements provinciaux, tarde à venir. Cet accord prévoit, d'abord, l'élimination progressive, sur 10 ans, de tous les tarifs douaniers entre les deux pays à partir du 1er janvier 1989 et la mise en place d'un groupe binational de règlement des différends chargé d'étudier, relativement aux points de droit, l'application des droits compensateurs ou autres mesures de rétorsion que les administrations nationales respectives pourraient adopter contre l'autre pays. P. ex., si une mesure de rétorsion est jugée non conforme aux lois commerciales américaines, le groupe binational pourrait demander son abrogation. Certes, en matière de recours, le gouvernement américain pourrait toujours et unilatéralement adopter des mesures législatives fort draconiennes, mais il devrait aviser le Canada auparavant et le mentionner nommément dans les modifications apportées à ses lois commerciales. L'accord prévoit ensuite la création d'une Commission canado-américaine du commerce dirigée par les ministres responsables des deux pays et chargée de la mise en œuvre et de la gestion de l'accord.

Parallèlement, le Canada s'engage à éliminer largement ses restrictions à la prise de contrôle par les Américains de sociétés canadiennes, à l'exception des sociétés aux actifs évalués à 150 millions de dollars ou plus, et à s'abstenir d'exiger à l'avenir que les filiales américaines ouvrent leur capital aux Canadiens ou qu'elles veillent à la promotion des exportations ou recourent aux fournisseurs canadiens. Bref, le Canada s'engage à mettre les filiales américaines et les sociétés canadiennes sur un pied d'égalité. En matière d'énergie, p. ex., le Canada s'engage à partager ses ressources pétrolifères et gazéifères avec les États-Unis plutôt que de se servir de ses atouts énergétiques, notamment l'électricité, pour favoriser les industries ou les consommateurs canadiens par des prix réduits.

Enfin, en ce qui concerne le secteur tertiaire, y compris les services financiers, l'accord offre aux banques et à d'autres institutions financières américaines implantées au Canada, les mêmes droits que ceux dont jouissent les institutions canadiennes. D'autres dispositions de l'accord éliminent les tarifs douaniers dans le domaine agricole et fixent à 50 p. 100 le contenu nord-américain exigé pour assurer en franchise de douane la libre circulation entre les deux pays des véhicules automobiles fabriqués en Amérique du Nord.

Liens qui unissent et questions qui divisent

Bien que le Canada et les États-Unis partagent beaucoup de valeurs fondamentales, il y a toutefois entre les deux pays de très grandes différences sur les plans économique, culturel, social et politique. P. ex., les États-Unis se font le champion de la libéralisation des marchés et de la libre circulation des capitaux, alors que le Canada se soucie en premier lieu de préserver ses capacités en tant que pays souverain. Dans ce contexte, les Canadiens sont plus disposés à se servir du gouvernement et des SOCIÉTÉS DE LA COURONNE pour développer l'économie et l'industrie conformément à leurs besoins. Comme l'ancien premier ministre Trudeau le souligne justement, il est en effet fort difficile pour une souris de vivre près d'un éléphant.

Il est donc crucial pour les Canadiens de faire comprendre aux Américains qu'ils ont des intérêts et des aspirations légitimes différents des leurs. À l'avenir, les relations économiques entre le Canada et les États-Unis seront mesurées à l'aune d'une foule de questions. Les besoins en eau des États-Unis pourraient conduire ce pays à exercer des pressions sur le Canada afin qu'il en fournisse. De même

seront régulièrement sources de conflit la volonté des États-Unis de faire adopter un code international permettant la libre circulation des investissements et des services et la volonté du Canada de rester maître de son destin moyennant un contrôle accru de son économie. La déréglementation ainsi que les mutations technologiques aux États-Unis auront de graves répercussions sur les compagnies aériennes canadiennes et les secteurs de télécommunications et de radiodiffusion. Mais il demeurera entre les deux pays des champs d'intérêts communs de sorte que les liens qui les unissent resteront sans doute aussi forts que les questions qui les divisent.

David Crane

Relations entre les autochtones et les Blancs Sous le régime britannique, les relations se poursuivent pendant quelques décennies suivant le même modèle que celui établi sous le régime français (*voir* AUTOCHTONES ET FRANÇAIS, RELATIONS ENTRE). Dans la région à l'est des Grands Lacs, les interactions commerciales et militaires dominent les échanges entre les autochtones et les immigrants. Peu à peu, au XIXe s., ces liens se transformeront en une association différente dont les répercussions seront pénibles pour les autochtones.

Ère de l'alliance

Dans l'est du Canada, de la Guerre d'Indépendance américaine aux années 1820, les considérations d'ordre stratégique sont primordiales, et il est essentiel de garder les nations autochtones comme des alliées. Durant toute cette période, les Britanniques tentent de maintenir des alliances avec les nations des terres intérieures dans le but de faire le poids face aux Anglo-Américains, plus nombreux. De leur côté, les autochtones considèrent pour la plupart que s'allier aux Britanniques leur est plus profitable que de rester neutres ou d'appuyer les Américains. Cet état de choses est clairement illustré dans la brève carrière de PONTIAC, le chef OUTAOUAIS qui forme un front commun des PREMIÈRES NATIONS des terres intérieures du Sud, ce qui entraîne la perte désastreuse de territoires après la GUERRE DE SEPT ANS. Les forces de Pontiac tentent de freiner l'expansion des colonies agricoles anglo-américaines de la côte. Cette stratégie demeure une constante dans la démarche des groupes autochtones jusqu'à l'époque des chefs shawnee, TECUMSEH et son frère Le Prophète, qui ont appuyé les Britanniques aux premières heures de la GUERRE DE 1812. Ce qui motive Tecumseh tout autant que Pontiac, c'est la volonté de défendre les territoires autochtones contre l'expansion américaine. Pour y arriver, ils ont choisi de s'allier aux Britanniques, ce qui leur vaudra, hélas, la défaite.

Une conséquence durable de cette ère de l'alliance est la PROCLAMATION ROYALE DE 1763. Émise par le gouvernement impérial soucieux de décréter son autorité sur sa nouvelle colonie, le Québec, et d'en délimiter les frontières, la Proclamation vise aussi à réprimer les troubles intérieurs, dont Pontiac n'est que l'exemple le plus connu. La Proclamation royale établit la paix dans les terres intérieures en y interdisant la colonisation et en y réglementant le commerce, mais elle crée aussi un régime permanent touchant le territoire autochtone. La Proclamation reconnaît les terres intérieures en tant que «territoires de chasse» autochtones et spécifie que de telles terres ne peuvent être cédées à nul autre qu'à la Couronne. C'est sur cette condition que s'appuient les TRAITÉS sur les cessions de territoires que le gouvernement de l'Ontario sera le premier à utiliser à la fin du XVIIIe s. et au XIXe s. et qui sera de nouveau appliqué dans les Prairies après la Confédération, puis au cours du XXe s., dans le nord du pays.

Partenariat commercial Un autre échange extrêmement fécond, le partenariat commercial, hérité du régime français, se poursuivra dans l'Ouest et dans le Nord après 1760. Dans les territoires cédés à la COMPAGNIE DE LA BAIE D'HUDSON (CBH) en

1670, un nouveau genre de relations influentes se développe à partir des années 1770, quand la CBH commence à étendre son réseau de postes vers l'intérieur des terres. Jusqu'en 1821, année où la COMPAGNIE DU NORD-OUEST, dont le siège est à Montréal, et la CBH fusionnent sous le nom de cette dernière, le commerce dans l'Ouest s'avère avantageux pour les groupes autochtones tels que les CRIS, les ASSINIBOINES et les Saulteaux, bien que l'abus d'alcool, la violence et les ÉPIDÉMIES leur causent aussi de lourdes pertes.

Le commerce dans l'Ouest a une conséquence sociale d'une importance vitale, soit l'émergence d'une population de MÉTIS, issus d'unions entre marchands européens et femmes autochtones. Au début, ces relations sont bénéfiques tant pour les nouveaux-arrivés que pour les autochtones. On se retrouve alors en présence de deux sous-groupes: les *countryborn,* nom par lequel les Britanniques désignent les descendants des traiteurs anglais et écossais et des femmes autochtones; et les Métis, descendants des mariages entre francophones et femmes autochtones. Cette communauté métisse est concentrée dans la région de ce qui est aujourd'hui Winnipeg, où ils vivent en harmonie avec les Indiens et les Européens. Quand, après 1821, la CBH intensifie ses activités commerciales dans le district d'Athabasca au Nord-Ouest, les Métis se lancent dans le commerce d'approvisionnement des postes éloignés en PEMMICAN, un produit alimentaire à base de viande de bison. Si cette période qui s'étend jusqu'aux années 1850 est l'âge d'or des Métis, elle marque aussi le début de la disparition des troupeaux de bisons sur lesquels reposait alors l'économie des Prairies.

Plus à l'ouest, sur le Pacifique, la CBH deviendra également le partenaire dominant de la traite des fourrures. À partir des années 1770, avec l'arrivée des Espagnols et les voyages de plus en plus nombreux de navigateurs britanniques, le Pacifique devient le centre d'un vigoureux commerce de fourrures, particulièrement de peaux de loutres de mer. Sur la côte du Pacifique comme dans les régions de l'Est, certains groupes autochtones, comme les NUU-CHAH-NULTH de l'île de Vancouver, se font les intermédiaires dans les échanges commerciaux entre autochtones, Européens et Américains. Même après que le commerce maritime a cédé le pas au commerce terrestre au début du XIXe s., le modèle habituel de partenariat commercial qui caractérise les débuts de la traite des fourrures dans les régions plus à l'est se répétera en Colombie-Britannique. Les Inuits, groupe linguistique distinct habitant au nord de la limite de la végétation arborescente dans les régions arctiques du Canada, sont la dernière communauté autochtone à entrer en contact avec les nouveaux arrivés européens. Ces échanges dataient de la pêche commerciale à la baleine (*voir* BALEINE, CHASSE À LA) au XIXe s., qui a connu un déclin au XXe s. Dès les années 50, la majorité des Inuits sont sous la gestion des services administratifs du gouvernement fédéral.

Nouveaux impératifs euro-canadiens Au lendemain des échanges commerciaux et militaires s'amorce une nouvelle époque de colonisation, autour des exploitations minières. Dès les années 1770 arrive, dans les Maritimes, un nombre croissant d'Européens qui n'ont d'autre but, une fois dans le Nouveau Monde, que de s'adonner à l'exploitation agricole et minière. Cela va modifier du tout au tout la nature des relations avec les populations autochtones. Alors que la traite des fourrures, l'alliance militaire et même l'évangélisation ne requéraient qu'un minimum de coopération de la part des autochtones, l'agriculture et l'exploitation minière font d'eux des concurrents. Les Européens perçoivent maintenant les premières nations, particulièrement la majorité d'entre elles qui vivent de chasse et de cueillette sur les vastes terres arables qu'ils occupent, comme des obstacles à leurs visées économiques. Ce changement amène les colonisateurs à adopter des politiques visant à chasser les premières nations en les dépossédant des terres qu'eux-mêmes convoitent. Ces nouveaux impératifs euro-canadiens se traduisent, dans la pratique, par des traités de cession de territoires et par des politiques d'assimilation et de soumission.

La conclusion de traités, fondée sur la Proclamation royale et mise en pratique dans le Haut-Canada dans la première moitié du XIXe s., connaît son apogée dans l'ouest du pays. Entre 1871 et 1877, le Canada négocie sept ententes, les «traités numérotés», qui couvrent une région s'étendant à l'ouest depuis le lac des Bois jusqu'aux montagnes Rocheuses et, vers le nord, de la frontière internationale jusqu'à la ligne médiane des provinces des Prairies. Si certains groupes autochtones refusent de négocier des traités, ces ententes constituent pour la majorité d'entre eux, surtout les nations des Prairies, une solution moins répugnante que la guerre ou la famine. Ce qui motive la plupart des groupes de l'Ouest à conclure des traités est la réalisation que les troupeaux de bisons dont ils dépendent s'amenuisent rapidement et que le nombre d'étrangers au visage pâle qui entendent cultiver leurs territoires augmente sans cesse. Les dirigeants de ces groupes voient les traités comme un moyen d'établir avec les nouveaux arrivés un lien officiel reconnu par la Couronne et dont ils pourraient tirer une assistance en cette ère de transition. Les objectifs des autochtones expliquent pourquoi ce sont eux, et non les représentants du gouvernement, qui exigent que les traités numérotés prévoient des instruments aratoires et la scolarisation.

Traités imparfaits Les traités numérotés des années 1870, qui serviront de modèle à d'autres traités dans le Nord au début du XXe s., sont entachés de vices profonds. Le problème le plus grave de ces ententes réside dans les interprétations différentes qu'en font les autochtones et le gouvernement. Les groupes autochtones mettent l'accent sur la relation que ces traités établissent et les considèrent comme des pactes vivants et évolutifs, que l'on pourra amender ou développer au besoin. Surtout après le déclin du commerce du bison, le gouvernement, pour sa part, les considère purement du point de vue légaliste, comme des contrats ne stipulant que le minimum auquel il est tenu.

Cette démarche légaliste d'Ottawa n'est malheureusement qu'un aspect d'un changement d'attitude plus radical. Ce virage en faveur de politiques intrusives et coercitives s'explique par différents facteurs. D'abord, les conditions économiques et démographiques de la fin du XIXe s. contribuent à réduire la crainte d'Ottawa à l'endroit des autochtones. L'effondrement du marché du bison, les pertes de vie catastrophiques causées par les épidémies dans l'ouest et le nord du pays, et l'augmentation substantielle de la population non autochtone grâce à l'immigration sont autant de facteurs qui affaiblissent les communautés autochtones (*voir* AUTOCHTONES, MIGRATION URBAINE DES). L'échec de la résistance des Métis menée par Louis RIEL en Saskatchewan, en 1885, donne à Ottawa un prétexte pour s'attaquer en cour aux Indiens des Plaines, même si ceux-ci n'ont pas participé à la rébellion de Riel. Ce qui a pour conséquence de priver les Cris des Plaines de leur leadership politique et d'intimider les autres communautés. Enfin, la croissance du RACISME fondé sur la science est en grande partie responsable des attitudes négatives envers les non-Caucasiens déjà bien enracinées au Canada dès la fin du XIXe s.

Ces facteurs donnent lieu, dans les années 1880, à l'instauration d'une série de programmes fédéraux axés sur «la politique de la Bible et de la charrue». Ces mesures visent à confiner les autochtones dans leurs territoires, à les affaiblir politiquement et à les convertir culturellement, de façon à ce qu'ils se conforment aux façons de vivre euro-canadiennes. P. ex., après la disparition du bison des Prairies des l'Ouest, les mauvaises politiques agricoles découragent les apprentis agriculteurs des réserves qui tentaient de s'adapter à une économie d'agriculture pendant les années 1890. La stagnation économique qui s'ensuit dans ces réserves de l'Ouest servira plus tard de justification au gouvernement lorsqu'il retirera aux bandes leurs terres des réserves pour permettre aux immigrants de s'y installer. Pendant tout le XXe s., les politiques économiques du gouvernement fédéral concernant les autochtones sont demeurées inefficaces (*voir* AUTOCHTONES, POLITIQUE DU GOUVERNEMENT CONCERNANT LES).

Politiques culturelles et scolarisation Aggravant les torts économiques, des programmes sociaux malavisés, comme celui de la scolarisation, voient le jour. De 1883 jusqu'aux années 50, le gouvernement fédéral préconise d'éduquer dans des pensionnats les enfants indiens inscrits, surtout parce qu'il croit que les établissements en milieu surveillé sont plus efficaces sur les plans de la pédagogie et de l'assimilation. Les 80 pensionnats créés par la suite causent un très grave préjudice aux enfants: l'enseignement scolaire et le programme d'adaptation au milieu sont inappropriés, on y dénigre leur culture et on leur inflige souvent de mauvais traitements. Les pensionnats sont éliminés progressivement dans les années 60, mais leurs effets néfastes ont persisté pendant plusieurs décennies (*voir* AUTOCHTONES, ÉDUCATION DES; AUTOCHTONES, PROGRAMMES GOUVERNEMENTAUX CONCERNANT LES).

La décision d'éduquer les enfants autochtones dans des pensionnats découle directement de politiques culturelles à la fois racistes et assimilatrices. Des missions établies par des congrégations chrétiennes dans un grand nombre de communautés autochtones visent à convertir aussi bien qu'à instruire et, dans certains cas, à fournir des soins médicaux. Les missionnaires pressent même Ottawa de s'opposer à des coutumes autochtones comme le POTLATCH sur la côte du Nord-Ouest et les cérémonies de la Danse de la soif et de la DANSE DU SOLEIL des Indiens des Plaines en modifiant la *Loi sur les Indiens* (1876) de façon à interdire ces pratiques. On retrouve jusqu'en 1951 de telles tentatives de manipulation culturelle dans la *Loi sur les Indiens*.

Ottawa tente également d'influencer le comportement politique des Indiens inscrits en leur imposant des institutions officielles, et obtient encore moins de succès qu'avec ses politiques économiques et sociales. En rétrospective, ces efforts ont échoué, comme le montre l'opposition persistante de plusieurs bandes aux impératifs fédéraux. Si les tentatives d'imposer des institutions politiques euro-canadiennes ont souvent échoué à court terme, elles ont toutefois favorisé l'épanouissement d'organisations politiques autochtones au cours de la seconde moitié du XXe s. (*voir* AUTOCHTONES, ORGANISATIONS ET ACTIVISME POLITIQUES DES).

Reconnaissance accrue de la situation des autochtones À partir des années 60, l'émergence d'organisations politiques autochtones efficaces ainsi que leurs REVENDICATIONS TERRITORIALES et les pourparlers constitutionnels ramènent les nations et les questions autochtones au centre de la vie publique du Canada. La publication par Ottawa du livre blanc en 1969 fournit à la jeune Fraternité des Indiens du Canada (maintenant appelée l'ASSEMBLÉE DES PREMIÈRES NATIONS) un enjeu capable de rallier ses troupes. En 1971, les INUITS aussi forment une organisation nationale, l'INUIT TAPIRISAT DU CANADA. Au cours des années 70, les revendications territoriales, l'autonomie gouvernementale des premières nations et la tentative de refonte de la constitution sont autant de questions qui placent les dirigeants politiques autochtones à l'avant-plan de la vie publique. Les pourparlers constitutionnels qui se déroulent sous les gouvernements Trudeau et Mulroney permettent de mesurer combien la situation des autochtones a pris de l'importance durant ces années. Même si les premiers ministres jugent opportun et plausible d'ignorer les questions autochtones à l'occasion des négociations de la onzième heure ayant produit l'entente constitutionnelle de 1982, ils reconnaissent cependant qu'il est essentiel que les principales organisations politiques autochtones prennent part aux négociations qui aboutiront à l'ACCORD DE CHARLOTTE-TOWN en 1992.

La participation politique n'est pour les peuples autochtones qu'une façon de conserver leur place dans leurs relations avec le reste des Canadiens à la fin du XXᵉ s. Une autre façon est la création du territoire du NUNAVUT à majorité inuite dans l'est de l'Arctique en 1999. Il y a aussi la croissance rapide de la population autochtone et le succès qu'elle remporte sur le plan artistique (*voir* ART AUTOCHTONE). Dès les années 90, les populations autochtones sont de nouveau numériquement fortes, bien qu'elles continuent de souffrir de leur faiblesse économique et de problèmes sociaux (*voir* AUTOCHTONES, CONDITIONS ÉCONOMIQUES DES; AUTOCHTONES, CONDITIONS SOCIALES DES). Le grand nombre d'artistes, de chanteurs et de dramaturges autochtones qui occupent une place importante dans la vie culturelle du Canada, est un autre exemple de leur succès. (*Voir aussi* NORD et les autres articles sous la rubrique AUTOCHTONES.)

James R. Miller

Relations extérieures L'histoire des relations extérieures du Canada est en grande partie celle de l'évolution d'une colonie britannique, dont les relations extérieures sont normalement dirigées par la mère patrie, devenue une nation indépendante au sein du COMMONWEALTH.

Ère postérieure à la Confédération

Jusqu'à cette époque, les colonies formant la CONFÉDÉRATION administrent leurs affaires extérieures de manière pratiquement autonome. Pourtant, l'ACTE DE L'AMÉRIQUE DU NORD BRITANNIQUE qui consacre cette union ne fait aucune mention de relations extérieures, laissant donc croire que ce domaine reste pour ainsi dire la chasse gardée de la Grande-Bretagne. À ce titre, seuls le GOUVERNEUR GÉNÉRAL, le ministre de la Grande-Bretagne à Washington et le ministre des Affaires étrangères à Londres sont habilités à agir au nom du Canada auprès des États-Unis. Certes, le gouverneur général organise des consultations avec les ministres canadiens et transmet leurs points de vue à Londres, mais seul le gouvernement britannique jouit du pouvoir de décision.

Le gouvernement du Canada a pu modifier graduellement cet état de choses. Le TRAITÉ DE WASHINGTON (1871), qui règle les problèmes délicats en souffrance depuis la GUERRE DE SÉCESSION entre la Grande-Bretagne et les États-Unis, constitue à cet égard un événement marquant. Bien que le premier ministre sir John A. MACDONALD soit nommé plénipotentiaire de la Grande-Bretagne, non pas représentant de son pays, il n'en reste pas moins que sa nomination parmi les cinq négociateurs signifie que l'influence grandissante du Canada est reconnue et que ses préoccupations face aux enjeux sont prises au sérieux.

Macdonald ne cache pas ses profondes divergences à ses collaborateurs, notamment sur la question des pêches de l'Atlantique. Mécontent, il signe quand même le traité qui, en restaurant des relations amicales entre l'Empire britannique et les États-Unis, se révèle très avantageux pour le Canada.

En 1874, le gouvernement libéral d'Alexander MACKENZIE convainc la Grande-Bretagne d'autoriser George BROWN (ainsi que le ministre britannique à Washington) d'engager les négociations d'un traité de RÉCIPROCITÉ semblable à celui de 1854 que les États-Unis ont révoqué en 1866. Comme Macdonald et ses collègues en 1871, Brown échoue lui aussi dans cette mission. Revenu au pouvoir en septembre 1878, Macdonald adopte la POLITIQUE

NATIONALE. Le Canada entend toujours favoriser la réciprocité tarifaire avec les États-Unis, mais les administrations successives américaines ne donnent aucune suite à cette tentative. Dans le contexte des relations avec les États-Unis, la politique commerciale reste pour le Canada le problème le plus tenace, suivi de près par celui de la pêche.

Hormis sir Alexander Galt, nommé Haut-Commissaire du Canada à Londres en 1880 avec le consentement peu enthousiaste de la Grande-Bretagne, et, en 1882, un Commissaire général à Paris, qui représente également le Québec jusqu'en 1912, sans statut diplomatique, le Canada ne compte plus de représentants à l'étranger jusqu'à la Première Guerre mondiale.

Relations avec l'Empire britannique

Vers la fin du règne de la reine Victoria, la vague d'anti-impérialisme britannique (symbolisé par le retrait des garnisons du Canada central en 1870-1871) se renverse. En effet, l'IMPÉRIALISME sert de relais au NATIONALISME grandissant et à l'ambition du Canada de jouer un rôle plus important dans le monde. Pour preuve, lorsque le général britannique C.G. Gordon se trouve isolé à Khartoum en 1884, les Canadiens réclament vigoureusement l'expédition d'un contingent au Soudan. Macdonald s'y oppose délibérément. En revanche, quand la Grande-Bretagne tente de réunir, à ses frais, un corps expéditionnaire canadien pour aider une mission de sauvetage à franchir les cataractes du Nil (*voir* EXPÉDITION SUR LE NIL), personne n'y trouve à redire.

À ses débuts, en 1899, la GUERRE DES BOERS soulève des questions plus délicates pour sir Wilfrid LAURIER et le Parti libéral maintenant au pouvoir. Assise du pouvoir politique de Laurier, le Québec est pourtant loin de partager l'enthousiasme des autres provinces à l'égard de l'Empire britannique. Parallèlement, la mobilisation d'un contingent militaire divise le Cabinet profondément. À terme, poussé par la majorité, Laurier autorise le départ d'un bataillon formé de volontaires. D'autres contingents suivront.

Réciprocité, litiges frontaliers et controverse navale

Les relations entre le Canada et les États-Unis portent essentiellement sur le commerce. Après avoir privilégié, en 1888, la politique de «réciprocité sans restriction», thème des élections perdues de 1891 et dernière campagne de Macdonald, les libéraux l'abandonnent. Macdonald meurt en 1891, et les libéraux remportent les élections de 1896. À la longue, la réciprocité se révèle une source d'irritation constante pour le gouvernement de Laurier. En attendant, il doit affronter l'AFFAIRE DES FRONTIÈRES DE L'ALASKA, le dernier conflit d'importance entre les deux pays en ce qui a trait aux frontières communes. À l'époque de la RUÉE VERS L'OR DU KLONDIKE, ce problème revêt une importance considérable.

La gestion du litige par le président Theodore Roosevelt, tout comme la conduite du délégué britannique lord Alverstone, qui vote pour les Américains quand le tribunal chargé d'en décider se réunit en 1903, soulève d'amères rancœurs au Canada. Comme dans le Traité de Washington, la décision du tribunal conforte les intérêts supérieurs du Canada en éliminant un autre irritant entre l'Empire britannique et les États-Unis.

Une série de CONFÉRENCES COLONIALES ET IMPÉRIALES, dont la première se tient à Londres en 1887, présente la possibilité de mieux définir les relations entre le Canada et l'Empire. En effet, de 1895 à 1902, le gouvernement conservateur de lord Salisbury compte dans ses rangs l'énergique secrétaire aux Colonies Joseph Chamberlain, qui envisage un empire mieux structuré et plus centralisé que l'arrangement informel actuel.

Il trouve cependant chez Laurier un défenseur résolu du statu quo. Déclarant régulièrement que le Canada, très satisfait de la situation actuelle, n'a aucune revendication à formuler, Laurier fait bien comprendre son intention de préserver l'autonomie de son pays. De même, résolu devant la menace que représente l'armée navale allemande en forte croissance au début du siècle, ce qui déclenche au Canada et en Grande-Bretagne des appels d'assistance navale du Canada, Laurier fait adopter dans un geste ultime, en 1910, la LOI DU SERVICE NAVAL et dote ainsi le Canada d'une marine autonome, au lieu d'envoyer des effectifs à la Marine royale.

Les élections générales de 1911 portent, dans une mesure d'ailleurs inhabituelle, sur les questions de politique extérieure. Au Québec, où Laurier connaît déjà des difficultés suite à la *Loi du service naval,* toute politique navale reste impopulaire, un problème que Robert Laird BORDEN, le chef du Parti conservateur, s'efforce de minimiser durant la campagne pour ne pas exposer à son tour les divisions dans ses rangs.

Ailleurs, la réciprocité avec les États-Unis constitue la question dominante. Dans les régions agricoles de l'Ouest, on souhaite une plus grande libéralisation des échanges, trouvant un écho aux États-Unis. En 1911, le Canada conclut avec les États-Unis un accord de réciprocité qui libéralise le commerce d'une gamme étendue de produits agricoles et d'un nombre limité de biens manufacturés. Cependant, cet accord provoque une violente opposition nationaliste. Pour les fabricants, il constitue une menace pour l'industrie canadienne, pour d'autres, il ouvrirait la porte à l'intégration politique avec les États-Unis. Par conséquent, Laurier perd les élections, et Borden devient premier ministre.

À la suite des élections, la province de l'Ontario d'influence britannique devient, à la place du Québec, le siège du pouvoir politique au Canada. Cette évolution se confirme dans la politique extérieure de Borden qui se révèle tout aussi nationaliste que Laurier, même si son nationalisme s'exprime différemment. En effet, alors que Laurier préfère se tenir à l'écart des affaires de l'Empire et ne revendique aucune influence au sein du système impérial, Borden, lui, se montre prêt à y participer et tente toutefois de jouer un rôle en matière d'élaboration de stratégie. Ainsi, lors d'une visite en Angleterre en 1912, il fait savoir aux hommes d'État britanniques que les Canadiens souhaiteraient maintenant avoir «une voix» dans l'élaboration de la politique impériale. C'est dans cet esprit «donnant, donnant» qu'il propose plus tard dans l'année, à titre de contribution canadienne, trois vaisseaux de guerre à la Marine royale. Le gouvernement libéral de la Grande-Bretagne répugne à s'engager, et le Sénat canadien, contrôlé encore par les libéraux, rejette la loi navale de Borden.

La Première Guerre mondiale et ses répercussions

Le déclenchement de la PREMIÈRE GUERRE MONDIALE change la face du monde et celle du Canada. En effet, le Canada appuie sans réserve la décision du gouvernement de Borden qui consiste à soutenir pleinement la Grande-Bretagne et d'y envoyer un CORPS EXPÉDITIONNAIRE CANADIEN. Plus que jamais, l'argument en faveur d'une «voix» canadienne dans l'élaboration de la politique impériale est irrésistible, mais lord Asquith, le premier ministre britannique, y reste insensible.

En 1916, Asquith est renversé et David Lloyd George devient premier ministre. Sachant que les dominions ne pourraient plus faire de sacrifices sans être représentés aux conseils de la Grande-Bretagne, il met sur pied successivement un Cabinet impérial de guerre et convoque une Conférence impériale de guerre. Réunis d'abord en mars 1917, ils traitent de la conduite de la guerre et des affaires de l'Empire en général.

En avril 1917, la conférence adopte la résolution IX, l'œuvre de Borden pour l'essentiel, qui reconnaît officiellement l'idée que toute modification des arrangements constitutionnels après la guerre «devra pleinement reconnaître les dominions comme des nations à part entière au sein du Commonwealth impérial» et donner aux dominions ainsi qu'à l'Inde «une voix appropriée en politique étrangère». Désormais, le mot COMMONWEALTH servira de plus en plus à désigner les territoires autonomes, puis indépendants, de l'Empire britannique.

En 1918 se tient une deuxième série de séances du Cabinet impérial de guerre et de la Conférence impériale de guerre auxquelles participe activement Borden. En 1919, le Cabinet impérial de guerre devient la délégation de l'Empire britannique à la Conférence de paix de Paris. Sur l'insistance de Borden en grande partie, les dominions se voient accorder une double représentation: d'une part, à titre de nations à part entière au même titre que d'autres petits pays alliés et d'autre part, comme territoires constitutifs de l'Empire britannique.

Fort de sa double représentation, le Canada signe le TRAITÉ DE VERSAILLES et devient membre fondateur de la SOCIÉTÉ DES NATIONS, dont le pacte fait partie du traité. En somme, le Canada revêt un nouveau statut international, que lui confèrent le sacrifice de ses militaires sur le champ de bataille et l'opiniâtreté de ses hommes d'État à la table de discussions de la conférence.

En 1909 est votée une loi créant un petit ministère des Affaires extérieures (*voir* AFFAIRES ÉTRANGÈRES ET DU COMMERCE INTERNATIONAL, MINISTÈRE DES) chargé principalement de la gestion des affaires extérieures du pays. En 1912, la loi est amendée pour permettre au premier ministre d'exercer également les fonctions de secrétaire d'État aux Affaires extérieures, une disposition restée en vigueur jusqu'en 1946.

Pendant de nombreuses années, Loring C. CHRISTIE s'impose comme le fonctionnaire le plus influent. Nommé conseiller juridique par Borden en 1913, homme de confiance de Borden au sein du Cabinet impérial de guerre et à la Conférence de paix, Christie compte pour beaucoup dans les triomphes nationaux remportés durant cette période. À la retraite de Borden en juillet 1920, Arthur MEIGHEN, son successeur, retient Christie à ses côtés à titre de conseiller personnel.

Meighen représente le Canada à la conférence impériale de 1921 animée par le souhait général de voir l'Empire poursuivre une politique étrangère commune élaborée par consultation. Bientôt, des difficultés surgissent à propos du renouvellement de l'Alliance anglo-japonaise que l'Australie juge importante pour sa sécurité. Sous l'influence de Christie, Meighen soutient que cette alliance constitue un obstacle sérieux aux relations amicales entre le Canada et les États-Unis, alors que de telles relations sont d'une importance vitale pour l'Empire en général et le Canada en particulier.

La rupture désastreuse est évitée de justesse grâce à l'habileté diplomatique de Lloyd George. Lors de la conférence de Washington de 1922 (à laquelle assistent Borden et Christie), l'alliance est délaissée au profit d'un traité par lequel les quatre puissances signataires (Grande-Bretagne, États-Unis, Japon et France) s'engagent à respecter les droits et les possessions réciproques dans le Pacifique. C'est la dernière fois qu'une délégation issue de l'Empire britannique fait bloc dans le cadre d'une négociation internationale.

Aux élections générales de décembre 1921, Meighen est défait par Mackenzie KING et le Parti libéral. Contrairement aux élections de 1911, largement dominées par des questions de politique extérieure, la campagne de 1921 accorde peu de place à ces questions. On dirait même un revirement politique total. Comme les libéraux s'emparent des 65 sièges du Québec à la Chambre des communes, il est inévi-

table que King adapte sa politique en conséquence. Or, en 1921, le Québec s'affirme profondément isolationniste, la guerre et la CONSCRIPTION y ayant laissé des cicatrices profondes. Il en résulte l'abandon de la diplomatie commune à tous les pays du Commonwealth et la formulation d'une politique étrangère canadienne autonome.

À la Conférence de paix de Paris, le Canada fait reconnaître son double statut de pays membre de l'Empire britannique et de nation à part entière. Désormais, King privilégie constamment la nation, non l'appartenance à l'Empire britannique. En 1923, Christie est symboliquement évincé du ministère des Affaires extérieures et son successeur, O.D. SKELTON, conseiller secret du premier ministre, devient sous-secrétaire en 1925, poste qu'il occupe jusqu'à sa mort en 1941.

Skelton n'est pas l'architecte des politiques de King, elles avaient été élaborées bien avant son entrée en fonction. Les deux hommes ne partagent pas non plus les mêmes idées. King admire les institutions et les traditions britanniques et croit, contrairement à Skelton, que le Canada se tiendrait aux côtés de la Grande-Bretagne en cas d'une autre guerre mondiale. Néanmoins, tous les deux s'accordent entièrement pour rejeter une politique étrangère commune pour les pays du Commonwealth et pour avancer l'idée que le Canada et la Grande-Bretagne devraient, en temps de paix, conduire une politique extérieure autonome.

À la conférence impériale de 1923, King laisse clairement entendre qu'il n'a pas l'intention de poursuivre la politique de Borden. Dans ses notes adressées à King, Skelton ignore la dimension nationaliste des débats au sein du Parti conservateur de 1911 à 1921 et évite même de mentionner la résolution IX adoptée à la Conférence impériale de guerre, deux événements qu'il qualifie de complot centralisateur de la Grande-Bretagne.

Avec la demande britannique maladroite d'un corps expéditionnaire canadien, l'AFFAIRE TCHANAK de 1922 conforte davantage King dans ses convictions politiques. Il en donne un exemple frappant, en mars 1923, lorsqu'il insiste, et obtient avec bonheur gain de cause à la conférence impériale la même année, que le TRAITÉ DU FLÉTAN soit signé seulement par le Canada et les États-Unis, sans la participation traditionnelle de l'ambassadeur britannique.

Sous King, le Canada réussit à mettre en place une mission diplomatique autonome à Washington. Il s'agit en fait de la concrétisation d'un arrangement conclu depuis l'époque de Borden. En 1927, Vincent MASSEY devient le premier à être nommé ministre canadien chargé des États-Unis. En France (1928) et au Japon (1929) s'ouvrent des délégations et, au début de 1939, une mission diplomatique est établie en Belgique et aux Pays-Bas sous la responsabilité d'un seul ministre, ce qui donne une idée de l'ampleur de la représentation du Canada à l'étranger avant la Seconde Guerre mondiale.

Le Canada amorce ses relations avec la Société des Nations (SDN) à Paris (en 1919) en vue d'affaiblir l'article 10 du pacte qui oblige les États membres à s'entraider pour défendre leur intégrité territoriale et leur indépendance. Les gouvernements canadiens successifs continuent à lutter contre cet article (particulièrement impopulaire au Québec) jusqu'en 1923, date à laquelle une résolution reconnaissant à chaque pays membre le droit de définir ses obligations militaires en vertu de l'article 10 échoue par une voix. En 1927, le Canada est élu membre non permanent du Conseil de la SDN avec l'assentiment peu enthousiaste de King, qui craint des engagements et des complications inutiles.

Statut de Westminster
La conférence impériale de 1926 se solde par le renforcement formel de l'autonomie des dominions. Plus précisément, confrontée à la demande insistante

de l'Afrique du Sud pour une nouvelle définition des relations avec les dominions, la Grande-Bretagne commande le RAPPORT BALFOUR qui, en 1931, conduit à l'adoption du STATUT DE WESTMINSTER, c.-à-d. l'indépendance législative complète pour les dominions qui le désirent. Pour le Canada, cette indépendance n'implique pas le droit d'amender sa Constitution, dont l'essentiel apparaît dans l'Acte de l'Amérique du Nord britannique de 1867.

Cette réserve, à laquelle met fin seulement la LOI CONSTITUTIONNELLE DE 1982, découle des pressions exercées par les provinces de l'Ontario et du Québec. D'ailleurs, le mot «indépendance» ne figure même pas dans le Statut de Westminster, un véritable anathème pour King lors des discussions de 1926. Il ne reste pas moins que le Statut de Westminster, adopté le 11 décembre 1931, consacre l'indépendance du Canada.

Dans le climat de LA CRISE DES ANNÉES 30, cet événement marquant coïncide, grâce aux élections du 28 juillet 1930, avec l'arrivée de R. B. BENNETT, et du Parti conservateur au pouvoir. Poussé par l'état déplorable de l'économie, mais avant tout par la volonté d'appliquer des mesures de rétorsion au tarif américain Hawley-Smoot, Bennett hausse les droits tarifaires à l'égard des États-Unis, de même que les importations en provenance de la Grande-Bretagne. À la conférence impériale de 1930, Bennett, dans un geste d'éclat, invite les délégués à une conférence économique extraordinaire à Ottawa et propose non pas une réduction générale des tarifs en vigueur au sein du Commonwealth, mais une augmentation de 10 p. 100 des tarifs imposé aux pays en dehors du Commonwealth.

Pour les politiciens britanniques, une telle proposition a peu de signification, mais les délégués viendront quand même assister à la conférence économique impériale à Ottawa en 1932 (*voir* OTTAWA, ACCORDS D') en espérant quelques mesures propres à désamorcer la crise économique. Or, impérialiste sur le plan théorique, Bennett adopte, au plan économique, une position nationaliste de premier plan. Malgré tout, l'entente anglo-canadienne sur le commerce conclue à la conférence reflète les concessions de part et d'autre. Toutefois, sa portée se révèle beaucoup moins importante que les optimistes l'auraient souhaité, en raison du manque de coopération des négociateurs britanniques et canadiens.

À l'approche des élections générales de 1935, la scène internationale s'annonce lourde de menace. En 1933, Hitler arrive au pouvoir en Allemagne, le Japon se permet des attaques contre la Chine, et l'Italie se prépare à attaquer l'Éthiopie. Devant la crainte d'une guerre anglo-italienne provoquée par les tentatives de la SDN de freiner les ambitions de l'Italie, la Grande-Bretagne tout comme la France et le Canada renoncent avec empressement à toute action concertée pour sauver l'Éthiopie.

Revenu au pouvoir après les élections du 14 octobre 1935, le premier ministre King et les libéraux adoptent une politique de conciliation qui met fin à la guerre commerciale avec le Japon. Mieux, cette politique débouche sur une entente commerciale avec les États-Unis, objectif que Bennett poursuit tardivement sans succès. Devant la menace grandissante d'une guerre en Europe, cette politique prudente est jugée pusillanime par les critiques de King. Pourtant, elle trouve toute sa justification dans le fait que le Canada entre dans la Seconde Guerre mondiale comme un pays uni.

Après la SECONDE GUERRE MONDIALE, King se montre toujours prudent, inquiet de l'influence croissante des Américains dans les affaires canadiennes, hostile à la centralisation impériale et réticent à l'intervention croissante du Canada dans les affaires du monde. Néanmoins, vers 1945, le Canada est considéré déjà comme une grande puissance aux plans économique et militaire. Le ministère des Affaires étrangères est en pleine expansion, et son corps diplomatique regroupe des internationalistes qui, contrairement à de nombreux Canadiens des années 20 et 30, ne rejettent pas les engagements étrangers. Bientôt, l'idée se fait jour dans la presse anglophone et francophone tout comme au sein de la population que le Canada, en raison de ses sacrifices pendant la guerre, doit être intégré dans le processus de décision au niveau international et que, faute d'une représentation dans les conseils internationaux, les grandes puissances l'ignoreraient complètement. Les Canadiens s'affirment enfin prêts à jouer un rôle actif dans le monde.

Pour preuve, dès 1946, le bureau du secrétaire d'État aux Affaires étrangères quitte définitivement la tutelle de celui du premier ministre. C'est Louis SAINT-LAURENT qui amorce ce tournant décisif. C'est aussi la fin d'une époque, car en novembre 1948, King prend sa retraite et se retire de la vie politique.

Le recrutement d'un groupe de fonctionnaires compétents dès 1927, notamment L. B. PEARSON, Norman ROBERTSON et Hume WRONG, représente le meilleur apport d'O.D. Skelton au ministère des Affaires étrangères. Le professionnalisme de ces hommes et de leurs collègues constitue, pour un pays cherchant sa voie dans la diplomatie, un atout précieux. En 1941, Robertson succède à Skelton comme sous-ministre d'État. En 1946, Pearson le remplace et entre au Cabinet en tant que secrétaire d'État aux Affaires étrangères à l'époque où Saint-Laurent s'apprête à devenir premier ministre.

Le Canada et les Nations Unies

Le Canada s'est fortement intéressé aux NATIONS UNIES (ONU), organisme qui a succédé à la Société des Nations, dès la conférence de San Francisco de 1945 qui a présidé à sa création. Lorsque la GUERRE FROIDE opposant l'Union soviétique aux pays occidentaux met en doute l'efficacité des Nations Unies, le Canada non seulement accepte, mais défend même l'idée d'une force d'attaque collective occidentale axée sur l'union régionale. De plus, il signe, en 1949, le Traité de l'Atlantique Nord, met des effectifs militaires canadiens à la disposition de l'OTAN (Organisation du Traité de l'Atlantique Nord) et, à la même époque, détache plutôt à contrecœur un groupe-brigade pour servir sous le commandement de l'ONU pendant la GUERRE DE CORÉE. Ce sont là autant d'engagements qui entraînent la démultiplication des FORCES ARMÉES canadiennes.

En termes politiques, l'adhésion à l'OTAN constitue un moment décisif. Historiquement, le Canada s'est toujours montré réticent à s'engager seul aux côtés de la Grande-Bretagne ou des États-Unis. Désormais, il lui est plus facile d'accepter des engagements définis dans le cadre d'une organisation dont ces deux pays sont membres. En somme, ce moment décisif est la conclusion logique d'une triple évidence qui s'impose au Canada: la Seconde Guerre mondiale a beaucoup diminué le rayonnement de la Grande-Bretagne dans le monde; les affrontements entre les deux superpuissances, les États-Unis et l'Union soviétique, les flambeaux du capitalisme et du communisme, dominent maintenant la scène internationale (voir PUISSANCE MOYENNE); les relations entre le Canada et les États-Unis, son voisin, jettent de l'ombrage sur ses autres problèmes en matière de politique extérieure.

Le Commonwealth et le maintien de la paix

À mesure que la Grande-Bretagne renonce à ses obligations impériales, le Commonwealth revêt un caractère de plus en plus multiracial, une évolution fort encouragée par le gouvernement canadien, mais gravement compromise en 1956 par la CRISE DU CANAL DE SUEZ, lorsque, à la suite de la nationalisation de ce dernier, la Grande-Bretagne et la France lancent une offensive militaire contre l'Égypte. Cette agression est vivement condamnée par l'ONU,

les États-Unis et les pays non blancs du Commonwealth. Le Canada, quant à lui, s'abstient de voter sur une résolution demandant un cessez-le-feu et le retrait des forces britanniques et françaises, mais propose une force internationale de MAINTIEN DE LA PAIX chargée de surveiller la cessation des hostilités. L'unité du Commonwealth est préservée, et L.B. Pearson voit ses initiatives récompensées avec le prix Nobel de la paix. Le rayonnement diplomatique du Canada est alors à son apogée.

Or, le 10 juin 1957, une victoire électorale inattendue porte au pouvoir John DIEFENBAKER et le Parti conservateur. Pendant son mandat achevé en 1963, la politique étrangère du Canada tourne en grande partie autour des relations militaires avec les États-Unis. Acceptant dès le départ une proposition déjà soumise à ses prédécesseurs, Diefenbaker associe le Canada à la Défense aérienne du continent nord-américain (NORAD).

En outre, il n'a pas de bonnes relations personnelles avec le président John F. Kennedy (1961-1963), et le déploiement des armes nucléaires au Canada (BOMARC, AFFAIRE DES MISSILES) sème le trouble. Au début de 1963, alors chef de l'opposition et revenant sur sa position, Pearson préconise le déploiement des missiles pour satisfaire aux obligations du Canada vis-à-vis des États-Unis. L'indécision de Diefenbaker conduit à des démissions au sein de son conseil des ministres et finalement à la défaite de son gouvernement.

Sous Pearson, alors chef d'un gouvernement minoritaire, les RELATIONS CANADO-AMÉRICAINES prennent un caractère moins acerbe qu'à l'époque de Diefenbaker. Pourtant, de nombreux Canadiens remettent en question la moralité et le bon sens des Américains à mesure qu'ils s'embourbent inlassablement dans la guerre du Viêt-nam. Ce tableau s'embellit toutefois avec le pacte de l'automobile de 1965 (voir ACCORD CANADO-AMÉRICAIN SUR LES PRODUITS DE L'INDUSTRIE AUTOMOBILE) qui, en libéralisant le commerce des voitures et des pièces d'automobiles entre les deux pays, favorise la fabrication au Canada d'un grand nombre de voitures pour le marché américain.

Les grandes lignes politiques canadiennes changent peu sous Pearson, dont il était lui-même l'architecte sous le gouvernement précédent, partageant de surcroît la conviction inébranlable de la génération des Canadiens envoyés au front lors de la Seconde Guerre mondiale: les nations occidentales assureront leur sécurité en restant unies et fortes.

En 1968, à la suite de la retraite de Pearson, Pierre TRUDEAU arrive au pouvoir, et le climat se modifie. Contrairement à Pearson, Trudeau n'est pas issu de l'élite d'Ottawa et, de plus, n'a joué aucun rôle pendant la guerre. Le CABINET DU PREMIER MINISTRE devient plus important, et le pouvoir du ministère des Affaires étrangères glisse. En 1969, les forces armées comme le service extérieur sont considérablement réduits.

Bien que cette réduction des forces armées s'inscrive dans la logique de la reconstruction de la France et de l'Allemagne après la guerre, cette décision contribue quand même au déclin de l'influence canadienne sur le front diplomatique. En 1970, le gouvernement fait paraître une série de brochures intitulées *Politique étrangère pour les Canadiens* dont les buts consistent à «favoriser la croissance économique, à défendre la souveraineté et l'indépendance nationales, à œuvrer pour la paix et la sécurité, à promouvoir la justice sociale, à améliorer la qualité de vie [et] à assurer un environnement naturel harmonieux». Aux yeux des diplomates traditionnels, ces déclarations trop ambitieuses peuvent difficilement servir de cadre à une politique étrangère pragmatique, et certains y voient même, eu égard aux mesures arrêtées en 1969, les signes avant-coureurs d'un nouvel isolationnisme. «M. Trudeau rencontre M. King», se plaît à dire un commentateur.

Relations économiques canado-américaines

Les relations économiques avec les États-Unis restent, à l'époque de Trudeau, une source de problèmes des plus épineux. Cette époque se caractérise par une vague d'antiaméricanisme populaire née du rejet de l'influence américaine (pourtant l'INVESTISSEMENT ÉTRANGER était jadis vivement souhaité) et de l'aversion accrue pour la guerre du Viêtnam qui ne prend fin qu'en 1973. À ceux-là s'ajoutent les problèmes énergétiques qui, à la suite de la crise pétrolière provoquée par l'Organisation des pays exportateurs de pétrole (OPEP) en 1973-74, demeurent une source de friction violente en raison notamment de la domination américaine du marché pétrolier canadien.

En automne 1980, le gouvernement de Trudeau annonce sa Politique nationale de l'énergie (PNE), dont un des objectifs est de favoriser le contrôle canadien de 50 p. 100 des sociétés pétrolières et gazières à l'horizon de 1990. Or, l'annonce de ce programme, qui coïncide avec l'arrivée de Ronald Reagan au pouvoir aux États-Unis, considéré comme la bête noire des sociétés pétrolières américaines, est manifestement pour la nouvelle administration formée de républicains conservateurs un signe d'hostilité, tout comme l'AGENCE D'EXAMEN DE L'INVESTISSEMENT ÉTRANGER qui, dès 1974, commence à surveiller méticuleusement les capitaux étrangers investis au Canada.

En somme, avant la Seconde Guerre mondiale, le Canada compte deux grands partenaires commerciaux: la Grande-Bretagne et les États-Unis. Si les exportations vers le premier dépassent les importations, la situation avec le deuxième est complètement inverse. Après la guerre, le Canada ne retrouve plus sa place privilégiée sur le marché britannique. Au cours des dernières années, le Japon est devenu le deuxième partenaire commercial important du Canada. Les États-Unis dominent le marché canadien comme jamais auparavant. La politique commerciale du Canada s'oriente de plus en plus vers la libéralisation accrue des échanges suite à la ratification de l'Accord général sur le commerce et les tarifs (GATT), qui a fait l'objet de nombreuses modifications depuis sa signature en 1947.

Le libre-échange

L'un des engagements clés de Brian MULRONEY et du Parti conservateur, arrivés au pouvoir en septembre 1984 après une victoire écrasante aux élections, consiste à «remettre à neuf» les relations entre le Canada et les États-Unis que de nombreuses disputes au cours du dernier mandat de Trudeau ont détériorées. À cette fin, Mulroney se rapproche du président Reagan, et l'amitié entre les deux chefs d'État se manifeste pleinement lors de la visite de Reagan à la ville de Québec (le soi-disant «Sommet de Shamrock») en mars 1985. Il en résulte l'abandon de la Politique nationale de l'énergie et l'affaiblissement de l'Agence d'examen des investissements étrangers, baptisée désormais Investissement Canada.

Soucieux de conclure un accord de LIBRE-ÉCHANGE global, Mulroney et Reagan mettent sur pied des équipes chargées des négociations entre les deux pays, sans toutefois parvenir au résultat désiré au terme de 16 mois. Au dernier moment, à quelques minutes près de l'échéance imposée par le Congrès américain, une «entente de principe» (le 3 octobre 1987) est conclue grâce à l'intervention des négociateurs émanant des bureaux du premier ministre canadien et du président américain. Les négociations se sont toutefois poursuivies, et le document final a fait l'objet de quelques modifications avant d'être publié le 11 décembre 1987.

L'accord complexe, qui prévoit, entre autres, l'élimination progressive de toutes les barrières tarifaires entre les deux pays pendant dix ans, est accueilli sans excès d'enthousiasme au Canada. Les entreprises en général l'appuient; les organisations syndicales s'y opposent; les provinces de l'Ouest, malgré la résistance du Manitoba, y sont largement favorables; le gouvernement de Québec l'approuve et les provinces Atlantiques semblent incertaines; et l'Ontario y est ouvertement hostile.

La question du libre-échange se trouve au cœur des élections fédérales de 1988. Bien que, selon les sondages, la majorité des Canadiens ne soit pas d'accord, cette opposition reste quand même divisée, ce qui permet à Mulroney de remporter une victoire écrasante et de faire adopter à la Chambre des communes, avant la fin de l'année, la loi pour la mise en œuvre de l'accord. En 1993, juste avant la démission de Mulroney, l'Accord de libre-échange entre le Canada et les États-Unis (ALÉ) devient, avec l'adhésion du Mexique, l'Accord de libre-échange nord-américain (ALENA).

Le gouvernement de Mulroney croit résolument à la justesse des initiatives multilatérales formulées par les institutions telles que le Groupe des sept pays les plus industrialisés (G7) et l'Organisation des États américains, dont le Canada n'est devenu membre qu'en 1990 après s'y être tenu à l'écart pendant de nombreuses décennies. Dans le sillage de la guerre froide, Mulroney plaide avec insistance en faveur d'un rôle actif, voire musclé, pour les Nations Unies, appuie des efforts militaires visant à chasser l'Iraq du Koweït (1990-91) et à maintenir la paix dans le monde, dont certains conflits, comme au Cambodge, en Somalie et en Yougoslavie, dépassent de loin le cadre traditionnel de ces missions où il s'agit de surveiller un cessez-le-feu conclu par toutes les parties belligérantes. Enfin, aux côtés de Joe CLARK, ancien premier ministre du Canada et son ministre des Affaires étrangères de longue date, Mulroney défend sans réserve les droits de la personne sur le plan international et milite dès la première heure contre le régime d'apartheid en Afrique du Sud.

Le rôle de l'économie La diplomatie canadienne se dessine, dans une mesure assez remarquable, en fonction des impératifs économiques. Pour preuve, deux ministres, l'un responsable des Relations extérieures et l'autre du Commerce international, assument la direction du ministère des Affaires étrangères et du Commerce international (l'adjectif «extérieur» est abandonné en 1993). À cela s'ajoute un document de politique étrangère publié en 1995 qui, révisé en profondeur, privilégie l'emploi, la prospérité et la croissance économique. Dans la poursuite de ces objectifs, le premier ministre Jean CHRÉTIEN (depuis 1993) conduit non des missions de paix comme Trudeau à l'époque des relations très tendues entre l'Union soviétique et les États-Unis (1983-84), mais d'importantes délégations commerciales, appelées «Équipe Canada», dans des pays d'Asie et d'Amérique latine. En 1995, les investissements étrangers directs représentent 150 milliards de dollars, et le commerce international s'élève à 37 p. 100 du PIB.

Or, en temps de vaches maigres, les compressions budgétaires tentaculaires n'ont d'égal que les ressources disponibles qui, elles, s'amenuisent. En 1995, le ministre des Finances réduit de 20,5 p. 100 sur trois ans l'aide publique et ce qui, selon les prévisions, fait dégringoler l'aide aux pays les plus pauvres à 0,29 p. 100 du PIB à l'horizon de 1997-1998, bien en deçà de l'objectif gouvernemental de 0,7 p. 100. En 1999, on prévoit que le ministère des Affaires étrangères aura subi des compressions à chaque année depuis 10 ans, équivalant à 300 millions de dollars. Parallèlement, les contributions aux organisations internationales comme les Nations Unies monteront en flèche, privant encore le ministère des Affaires étrangères des fonds nécessaires pour les dépenses discrétionnaires.

C.P. Stacey

Relations fédérales-provinciales Les relations entre le gouvernement fédéral et les gouvernements provinciaux du Canada ont engendré graduellement un tissu de réseaux d'influence complexes et variés. Ces relations fédérales-provinciales, qui sont une caractéristique fondamentale du fédéralisme canadien, sont devenues un mécanisme central de gouvernement et d'élaboration des politiques. Elles sont la conséquence d'une grande interdépendance entre les deux paliers de gouvernement. Les activités du gouvernement central et des gouvernements provinciaux s'entremêlent dans un système de partage et de chevauchement des compétences, des pouvoirs et du financement dans beaucoup ou même dans la plupart des domaines d'intérêt public.

De nombreux domaines modernes d'administration publique chevauchent les limites floues des compétences définies par la Constitution. Souvent, les objectifs nationaux ne peuvent être atteints qu'avec la collaboration des provinces. De même, les objectifs provinciaux nécessitent souvent une aide fédérale. À mesure que s'est élargi le rôle des gouvernements dans la vie sociale et économique et dans d'autres domaines, il est devenu plus nécessaire de collaborer et de coordonner les efforts, et plus coûteux de ne pas le faire. Grâce aux relations fédérales-provinciales (et aux mécanismes connexes des FINANCES INTERGOUVERNEMENTALES, des programmes à coûts partagés et ainsi de suite), le gouvernement fédéral intervient beaucoup dans des domaines qui relèvent largement de la compétence provinciale, et les provinces cherchent de plus en plus à influencer les politiques fédérales dans des domaines comme le commerce extérieur et les transports. Les relations fédérales-provinciales ont donc surtout évolué par suite de l'évolution des rôles des gouvernements au sein du fédéralisme canadien.

Elles sont également entretenues par des facteurs plus politiques. La faiblesse des mécanismes de représentation régionale dans le gouvernement fédéral, ajoutée au fait que les appuis apportés aux grands partis nationaux se sont concentrés dans certaines régions pendant la majeure partie de l'histoire récente, a renforcé la capacité des provinces à être les principaux porte-parole des intérêts régionaux. La difficulté de modifier la distribution constitutionnelle des pouvoirs a rendu d'autant plus importants les mécanismes officieux de conciliation.

Les relations fédérales-provinciales ont des formes multiples. Elles vont des innombrables communications quotidiennes officieuses entre fonctionnaires aux réunions officielles et planifiées entre ministres et premiers ministres. Les réunions multilatérales de représentants des 11 gouvernements sont celles qui attirent le plus d'attention, mais il existe aussi beaucoup de relations bilatérales ou ne faisant intervenir que quelques gouvernements. Quoique les relations entre gouvernements soient souvent influencées par l'évolution du contexte politique en général, et bien que des gouvernements prennent fréquemment des décisions unilatérales sans longues consultations avec les autres, le terme de «relations fédérales-provinciales» désigne le plus souvent les rapports entre fonctionnaires et ministres que l'on résume par le terme descriptif de «fédéralisme exécutif».

Les interrelations fédérales-provinciales n'ont jamais été entièrement répertoriées, et leur intensité et leur objet ont varié avec le temps. Selon une estimation faite pour 1977, 158 organismes intergouvernementaux distincts ont tenu un total de 335 réunions pendant l'année. La fréquence semble avoir quelque peu diminué pendant le mandat du gouvernement libéral de 1980 à 1984, avec une moyenne de 132 réunions par année. Pendant la première année au pouvoir du gouvernement progressiste-conservateur élu en 1984, le nombre des réunions fédérales-provinciales atteint 438: 123 au niveau des premiers ministres et 353 au niveau des ministres. Ces dernières années, les questions constitutionnelles et celles qui ont trait au développement économique, notamment le commerce international, sont devenues les principaux sujets des discussions intergouvernementales. Dans l'après-guerre, de telles relations ont joué un rôle capital dans la mise en place de l'État providence au Canada. En matière de programmes, une recension faite pour 1982-1983 énumère 316 activités communes, allant des grands programmes nationaux comme la PÉRÉQUATION et l'assurance-maladie (*voir* SÉCURITÉ SOCIALE) à une série d'ententes mineures. Les ententes mixtes sont des éléments essentiels des FINANCES INTERGOUVERNEMENTALES et de la fiscalité (*voir* IMPOSITION). Les activités de développement régional sont menées dans le cadre d'ententes intergouvernementales, les ententes de développement économique et régional (EDER).

Le ton et le style des relations fédérales-provinciales varient considérablement avec le temps. Pendant l'après-guerre, le terme de «fédéralisme coopératif» désignait un système selon lequel le fédéral assumait la direction des finances et des politiques. Dans les années 60 et dans les années 70, alors que les provinces se renforcent et s'affirment davantage, les relations prennent un tour plus égal, et les relations fédérales-provinciales sont généralement considérées comme un mécanisme grâce auquel les provinces revendiquent avec succès une plus large part des ressources financières, plus de latitude pour prendre des initiatives d'intérêt public et plus d'influence sur les politiques fédérales dans leurs domaines de compétence. La montée d'un nationalisme québécois plus affirmatif, puis les tensions interrégionales autour de questions d'énergie dans les années 60 et dans les années 70, ainsi que les profondes divergences constitutionnelles, ont amené bien des gens à considérer les rencontres intergouvernementales comme des occasions d'envenimer les désaccords plutôt que comme des moyens d'entretenir l'harmonie et la collaboration.

De 1980 à 1984, le gouvernement libéral, préoccupé par ce qu'il considérait comme une évolution vers un renforcement des pouvoirs des provinces, a cherché à réduire au minimum la place des relations fédérales-provinciales dans la prise commune de décisions, agissant de façon unilatérale dans de nombreux domaines et cherchant à communiquer directement avec la population et les organisations des provinces, sans l'intermédiaire des gouvernements provinciaux. Au contraire, le gouvernement conservateur a fait de la «réconciliation nationale» un objectif primordial et a cherché à rétablir des relations plus harmonieuses en procédant à des consultations sur toutes sortes de sujets.

Mécanismes

Le mécanisme fédéral-provincial le plus important est la CONFÉRENCE DES PREMIERS MINISTRES, présidée par le premier ministre du Canada. Ces conférences sont devenues de grands événements, abondamment couverts par les médias nationaux et souvent télévisés du début à la fin. Néanmoins, les négociations acharnées se déroulent en majeure partie au cours de séances à huis clos et lors de rencontres en coulisse entre ministres et fonctionnaires. À un plus bas échelon se tiennent de nombreuses conférences de ministres, qui rendent compte aux premiers ministres. Certaines se réunissent régulièrement, d'autres, comme le comité ministériel sur les négociations de libre-échange avec les États-Unis, se rencontrent selon les besoins du moment. Il est devenu courant que de telles réunions se tiennent ailleurs qu'à Ottawa et soient présidées par des ministres provinciaux. Parallèlement, il existe de nombreux comités de fonctionnaires, dont le plus important est le Comité permanent des questions fiscales et économiques, formé en 1955. La mesure dans laquelle de telles réunions réussissent à harmoniser les politiques et à coordonner la manière d'aborder les nouveaux problèmes est très variable. Beaucoup de rencontres fédérales-provinciales bénéficient de services d'organisation et de secrétariat grâce à un organisme intergouvernemental, le Secrétariat des conférences intergouvernementales canadiennes. À mesure que les relations fédérales-provinciales ont grandi en importance, tous les gouvernements ont organisé des bureaux rattachés au premier ministre pour superviser les affaires intergouvernementales.

Relations interprovinciales

Outre les relations fédérales-provinciales, les relations interprovinciales sont également importantes. Des rencontres annuelles des premiers ministres provinciaux se tiennent depuis 1960, non seulement pour tenter d'harmoniser les politiques provinciales, mais aussi pour élaborer des politiques provinciales communes sur des questions de portée fédérale-provinciale. Dans bien des domaines, la collaboration est restreinte en raison des orientations politiques et des intérêts régionaux. Il existe aussi deux regroupements régionaux de provinces, le Conseil économique des provinces des Prairies et le Conseil des Premiers ministres des Maritimes, qui tiennent des réunions régulières pour régler les questions interprovinciales et formuler des positions communes. Le conseil des Maritimes dispose d'un secrétariat et dirige un certain nombre de programmes communs dans la région. Ces provinces ont également créé plusieurs organismes ministériels interprovinciaux.

Malgré leur importance, les relations fédérales-provinciales se sont développées de façon spontanée et ponctuelle. La Constitution n'en fait aucune mention. Toutefois, l'ACCORD DU LAC MEECH de 1987 en fait une obligation constitutionnelle en prévoyant faire inscrire dans la Constitution que les premiers ministres devront tenir une réunion annuelle sur la Constitution et l'économie. L'accord donne aussi aux relations intergouvernementales une plus grande influence sur l'orientation des grandes institutions nationales en prévoyant, dans le cadre des relations fédérales-provinciales, la sélection commune des juges et des sénateurs et la discussion en commun des nouveaux programmes fédéraux de dépenses dans les domaines de compétence fédérale.

Critique

L'importance et l'utilité des relations fédérales-provinciales sont évaluées de façons très diverses. De façon quasi unanime, les observateurs admettent qu'un haut degré de coordination entre les deux paliers de gouvernement est essentiel à la formulation de politiques efficaces et que beaucoup de programmes indispensables n'auraient pas pu être mis sur pied sans cette collaboration. Toutefois, les critiques sont nombreuses. Un premier argument est que les conférences fédérales-provinciales ont été trop souvent des tribunes où les gouvernements avivent les conflits en se disputant les ressources et l'appui de la population. En deuxième lieu, on affirme qu'une trop grande insistance sur le consensus entre les gouvernements entraîne des délais excessifs et un nivellement des politiques par le bas.

Ceux qui souhaitent un gouvernement fédéral plus fort soutiennent que la forte médiatisation des conférences fédérales-provinciales donne une trop grande importance aux provinces dans la formulation des politiques nationales, ce qui entraîne un effritement du pouvoir fédéral. D'autres affirment que le caractère secret et occulte de beaucoup d'activités fédérales-provinciales entrave la participation du public et réduit la capacité de consulter efficacement les groupes de pression qui représentent des intérêts «non territoriaux». Dans la mesure où les ententes intergouvernementales sont conclues sur la scène fédérale-provinciale, puis présentées comme un fait accompli aux 11 corps législatifs, on estime que le processus compromet les principes du gouvernement responsable et de la souveraineté parlementaire. Le haut degré d'interaction en matière de finances et de

politiques, selon les critiques, affaiblit aussi l'obligation de rendre compte des gouvernements.

De tels détracteurs ont tendance à préconiser que l'accent soit placé moins sur la coopération intergouvernementale à grande échelle et davantage sur le fait d'encourager les provinces à agir de façon indépendante dans leurs domaines de compétence. Selon ce modèle de «fédéralisme compétitif», la capacité d'intervention des gouvernements et l'efficacité de leurs politiques sont favorisées davantage par une concurrence énergique que par une recherche d'accords intergouvernementaux considérés comme une fin en soi. Par contre, les partisans d'un modèle plus axé sur la collaboration ou le partenariat insistent sur les coûts de la concurrence et sur la rareté des domaines où les gouvernements peuvent efficacement réaliser seuls leurs objectifs. Ils jugent essentielle la collaboration entre deux ordres de gouvernement puissants et égaux.

De part et d'autre, on ne nie pas l'importance des relations fédérales-provinciales. La question débattue consiste à savoir si elles devraient constituer en quelque sorte un troisième ordre de gouvernement doté de pouvoirs décisionnels véritables ou si elles devraient plutôt être considérées comme des moyens de consultation et de débat. Chacun des deux camps a tendance à préconiser une manière différente de réformer le processus; les partisans d'un modèle plus compétitif réclament un «démêlage» des compétences et une clarification des pouvoirs de chaque palier, et ils préconisent des réformes du gouvernement central qui le rendront plus attentif aux régions et donc plus capable de court-circuiter les provinces. Les partisans du fédéralisme coopératif souhaitent un réseau de structures intergouvernementales plus officielles, conçues pour rendre la collaboration plus efficace.

Richard Simeon

Relations France-Québec Les relations étroites qui s'établirent entre le Québec et la France au début des années 60 ont eu leur origine dans des besoins concrets. Le gouvernement québécois devait trouver, en dehors de ses frontières, les ressources humaines qui lui manquaient pour développer rapidement des secteurs en pleine évolution, comme l'éducation, la culture ou la recherche scientifique: à cause de la communauté de langue, il était naturel qu'il se tournât vers la France. Les milieux universitaires et artistiques tenaient pour leur part, après la longue ère duplessiste, à s'ouvrir résolument au monde. Il semblait aussi aux Québécois qu'ils auraient avantage à promouvoir, eux-mêmes, leurs intérêts économiques auprès des étrangers, plutôt que d'en laisser passivement le soin à des organismes fédéraux.

Contrairement donc aux allégations qui s'en suivirent parfois, la volonté du Québec d'avoir des rapports directs avec la France, sans nécessairement obtenir au préalable la permission d'Ottawa, n'est pas née d'un plan crypto-séparatiste ni d'un encouragement français à «détruire le Canada».

La situation constitutionnelle canadienne favorisa les projets du Québec. Le gouvernement central d'une fédération peut conclure des accords internationaux portant sur des domaines appartenant, en droit interne, à la compétence des États-membres et, presque partout, les États-membres doivent les mettre en œuvre. Au Canada cependant, conformément à des décisions de justice, le gouvernement fédéral, s'il a le pouvoir de conclure des accords internationaux, ne détient pas celui de contraindre les provinces à les appliquer lorsque ceux-ci touchent des sujets de leur juridiction, p.ex l'éducation ou la culture. Cette particularité amena le ministre de l'Éducation du Québec, Paul GÉRIN-LAJOIE, à énoncer, en 1965, une position qui indisposa fort Ottawa, celle du «prolongement externe des compétences internes», selon laquelle les provinces canadiennes, puisqu'elles sont seules responsables de l'application des ententes portant sur les domaines de leur ressort, ont le droit de les négocier et de les conclure elles-

mêmes avec d'autres pays. Seule restriction: elles doivent, ce faisant, respecter la politique étrangère du gouvernement central.

Outre cette caractéristique constitutionnelle et, bien sûr, la volonté du gouvernement québécois, le facteur le plus déterminant dans la participation de la France à l'émergence internationale du Québec fut l'appui ferme et constant du Général de Gaulle, confirmé par tous ses successeurs, quoique de façon moins spectaculaire.

Cet appui explique l'accueil chaleureux réservé par la France au premier ministre Jean LESAGE lors de sa visite officielle à Paris, en octobre 1961, et le soutien immédiat de ce pays au projet de création d'une Maison du Québec (selon l'appellation du temps); il explique aussi le fait que, dès 1964, cet établissement (dorénavant Délégation générale du Québec) bénéficia d'un authentique statut diplomatique. Au début, le gouvernement canadien accepta sans trop de réticence le traitement spécial de la France en faveur du Québec, mais les choses commencèrent à se gâter, en 1965, quand Ottawa constata que, sans impliquer le ministère fédéral des Affaires extérieures dans les pourparlers, le Québec et la France s'apprêtaient à conclure des ententes dans les domaines de l'éducation et de la culture. Le gouvernement fédéral répliqua en pressant la France de signer avec le Canada un accord-cadre sur les mêmes matières, dans le but de «couvrir», au moins théoriquement, les ententes franco-québécoises.

Avec la défaite de Lesage, en 1966, et l'élection des unionistes de Daniel JOHNSON, les fédéraux espérèrent un moment que la poussée internationale du Québec ralentirait, et même qu'elle ne serait bientôt plus qu'un souvenir. Il n'en fut rien. En avril 1967, Johnson se rendit en visite officielle à Paris, fut reçu avec des égards comparables à ceux dont de Gaulle avait honoré Lesage et invita le président français à EXPO 1967. La suite est connue: voulant marquer son appui aux revendications nationales des Québécois par un geste d'éclat, de Gaulle, prenant la parole au balcon de l'hôtel de ville de Montréal, lança à la foule le fameux «Vive le Québec libre», quatre mots qui firent le tour du monde. Du coup, l'état des relations entre Ottawa et Paris changea radicalement. De Gaulle et la France furent désormais considérés comme des obstacles à l'unité canadienne.

Tant qu'il demeura président de la France, de Gaulle encouragea l'extension et l'approfondissement des rapports entre son pays et le Québec. On déborda bientôt l'éducation et la culture, pour entrer dans des secteurs où Ottawa affirmait détenir aussi une compétence: échanges de jeunes (Office franco-québécois pour la jeunesse), recherche scientifique, télécommunications (projet de satellite conjoint, ancêtre de l'actuel TV-5), mise en valeur du territoire, administration publique, coédition, fabrications sous licence, etc. Pratiquement toutes les innovations provoquèrent des réactions négatives, voir hostiles, de la part d'Ottawa, mais rares furent celles qui avortèrent pour cette raison.

L'aide de la France permit aussi au Québec de créer des liens avec plusieurs pays francophones d'Afrique. Ainsi, en février 1968, à Libreville (Gabon), le gouvernement québécois participa comme membre à part entière à une rencontre de ministres de l'éducation de langue française. Il fut présent, quelques mois plus tard, au deuxième volet de cette conférence à Paris, puis aux rencontres ministérielles annuelles. De là, le Québec fut invité à des réunions internationales francophones portant sur d'autres thèmes que l'éducation, p. ex., la fonction publique. Indisposé par la tournure des événements et par le statut «inapproprié» que conférait au Québec l'action de la France, le gouvernement du Canada insista pour se faire lui aussi inviter à toutes ces réunions, y requérant la présence du Nouveau-Brunswick, du Manitoba et même de l'Ontario. À la longue, Québec et Ottawa s'entendirent sur un modus vivendi qui atténua quelque peu, sans les faire disparaître, les préventions fédérales.

Nouvel épisode délicat en 1969-1970. Le Québec sera-t-il membre, et de quelle façon, d'une institution francophone originale en gestation depuis quelque temps: l'Agence de coopération culturelle et technique (ACCT)? Ottawa s'y opposa fortement, avançant que seuls des pays souverains pouvaient aspirer à ce statut. Là encore, l'appui de la France au Québec permit l'élaboration, à Niamey (Niger), d'une solution qui déplaisait toutefois au palier fédéral: le Canada ferait partie de l'ACCT, le Québec aussi à titre de gouvernement participant. Pour banaliser la présence québécoise, Ottawa songea dès lors à faire admettre d'autres provinces dans l'Agence (ce qui se produisit pour le Nouveau-Brunswick, en 1977).

Le même genre de problème se présenta à la fin de la décennie 70. Longtemps proposée, notamment par le président du Sénégal, Léopold Senghor, une autre organisation semblait devoir bientôt être instituée: le Sommet des pays francophones. Le Premier ministre Trudeau, persuadé de pouvoir en exclure le Québec, appuyait le projet. En revanche, la France, dont la participation était indispensable, fit savoir qu'elle n'y souscrirait que lorsque le Québec serait satisfait du statut qu'on lui offrirait. L'affaire ne se régla qu'après la démission de Trudeau et à la suite de discussions ardues qui s'étendirent sur des années. Le Sommet vit finalement le jour à Paris, en février 1986, sous le gouvernement Bourassa, et se réunit de nouveau, à Québec même, dès septembre de l'année suivante (voir aussi FRANCOPHONIE).

Au cours des années, le rapprochement Québec-France donna lieu à des échanges et à des contacts dont, il faut bien le dire, personne, en 1965, n'aurait pu soupçonner l'ampleur et la variété à venir. Ceux-ci touchèrent tous les domaines, sauf la défense nationale. Longtemps, toutefois, on déplora, de part et d'autre, la minceur des résultats économiques, par ailleurs lents à se manifester, de cette coopération; depuis quelques années, cette lacune est en voie d'être comblée, encore que, pour des raisons évidentes, rien ne puisse jamais être comparé au volume des rapports économiques et financiers du Québec avec, p.ex. son voisin, les USA (voir QUÉBEC, RELATIONS INTERNATIONALES DU). Sur le plan immédiatement politique, les gouvernements français et québécois s'entendirent, en novembre 1977, lors d'une visite officielle de René LÉVESQUE à Paris, sur une pratique nouvelle maintenue depuis: des rencontres périodiques au niveau des premiers ministres.

L'appui et la complicité de la France permirent au Québec une percée internationale qui contribua, par l'ouverture internationale qu'elle entraîna, à sa modernisation. Pendant plus d'une trentaine d'années, le Québec a été le seul État fédéré du monde à jouir d'une personnalité internationale, limitée mais néanmoins réelle. Il a conclu des accords avec des pays souverains et, encore aujourd'hui, applique sa propre politique étrangère dans des domaines relevant de sa compétence. Un résultat qui n'aurait jamais été possible sans l'aide de la France. Ce soutien continue de se concrétiser par de nombreux programmes d'échanges culturels et universitaires, par des alliances économiques et commerciales, et à travers le rôle joué par la France dans le renforcement de la francophonie et de l'identité québécoise.

Claude Morin

Relations francophones-anglophones «Deux nations en guerre au sein d'un même État», telle était l'opinion de lord DURHAM au sujet des relations existant entre les deux communautés culturelles et linguistiques du BAS-CANADA au cours des années 1830. Certains observateurs du débat qui se poursuit quant au rôle du Québec au sein de la Confédération pourraient être tentés de croire que le jugement porté par lord Durham peut constituer un principe général pour l'ensemble de l'histoire canadienne. En réalité, la qualité des relations entre francophones et

anglophones au cours des 200 dernières années a fluctué au gré des facteurs socio-économiques, politiques et idéologiques, ainsi qu'en fonction de la détermination des Canadiens français à survivre et à atteindre l'égalité.

Toute recherche d'une explication globale des relations francophones-anglophones doit tenir compte du fait que la communauté francophone constitue une minorité culturelle: les francophones ne constituent que 24 p. 100 de la population canadienne. Au Québec, toutefois, les francophones ont pu se maintenir à un niveau stable: ils constituent 80 p. 100 de la population, et ce, en dépit de l'émigration d'un grand nombre des leurs et de l'arrivée continuelle d'immigrants non francophones.

Maintenant que le taux de natalité des francophones est inférieur au seuil de renouvellement des générations, les nationalistes québécois estiment que leur situation majoritaire est menacée par une minorité anglophone constituant 35 p. 100 de la population de l'agglomération montréalaise. De plus, lorsque les élites intellectuelles et politiques des deux communautés ont formulé, puis tenté d'atteindre des objectifs sociaux et politiques divergents plutôt que concertés, cela a rendu les relations entre francophones et anglophones considérablement tendues.

Relations avec les dirigeants coloniaux britanniques De 1763 à 1800, les relations entre les dirigeants coloniaux britanniques et le Canada français, traditionnellement dirigé par le clergé et les seigneurs, sont tendues mais cordiales. Les deux groupes adhèrent aux mêmes valeurs et aux mêmes institutions de l'Ancien Régime. L'ACTE DE QUÉBEC de 1774 et l'ACTE CONSTITUTIONNEL DE 1791 sont des tentatives délibérées de renforcer les structures sociales et politiques coloniales en place. Toutefois, le contrat social commence à s'effriter après 1800, lorsque l'économie et la structure sociale du Québec connaissent des transformations fondamentales. En 1820, Montréal a cessé d'être le centre de la TRAITE DES FOURRURES et l'économie du blé dans le Bas-Canada traverse une crise.

La classe des seigneurs, ayant perdu ses sources traditionnelles de richesse que lui donnait son pouvoir sur l'armée, la bureaucratie et le commerce, décline très rapidement après 1800 et l'Église n'est pas encore prête à prendre la direction de la société québécoise (voir RÉGIME SEIGNEURIAL). C'est dans ce contexte d'instabilité qu'apparaît une nouvelle classe moyenne professionnelle chez les francophones. Cette nouvelle classe ambitieuse mise sur les idéologies du NATIONALISME et du libéralisme politique pour prendre le pouvoir à l'Assemblée du Bas-Canada, ce qui est chose faite en 1810, puis commence à tenter de s'approprier la charge de gouverneur et le pouvoir total sur les conseils législatif et exécutif.

Lorsque, avec l'appui des marchands anglo-écossais, les gouverneurs successifs refusent tout partage sérieux du pouvoir, la classe moyenne francophone, sous l'étiquette du Parti patriote, préconise alors des réformes politiques qui lui conféreraient l'entière maîtrise des conseils nommés. Lorsque les dirigeants coloniaux britanniques rejettent ces propositions de réforme, le Parti patriote tente de prendre le pouvoir par les armes (1837-1838), se proposant ensuite de créer une république canadienne-française indépendante ayant comme président Louis-Joseph PAPINEAU.

La révolte échoue parce qu'elle manque d'appuis dans la population et de chefs énergiques et courageux, alors que les troupes britanniques bien armées contre-attaquent de façon rapide et brutale (voir RÉBELLIONS DE 1837). Le Parti patriote en sort totalement désorganisé, et l'option séparatiste est discréditée pour plusieurs générations.

Dans la période qui suit les rébellions, le RAPPORT DURHAM et l'ACTE D'UNION (proclamé en février 1841), qui unit le Bas et le Haut-Canada

pour former la PROVINCE DU CANADA et assujettit fermement la société canadienne-française au pouvoir d'une Assemblée et de conseils exécutifs dominés par les anglophones, la classe moyenne professionnelle francophone se divise en deux groupes.

Le premier, dirigé par L.-H. LAFONTAINE et E. PARENT, poursuit une stratégie visant à assurer aux institutions culturelles, sociales et religieuses du Canada français le plus d'autonomie possible, espérant ainsi mettre en échec les intentions assimilatrices de lord Durham et des dirigeants coloniaux britanniques. Pour atteindre ce but, en collaboration avec les réformistes du Haut-Canada, il lutte en faveur du GOUVERNEMENT RESPONSABLE, qu'il réussit à obtenir.

Le deuxième groupe, qui comprend les restes du Parti patriote et une jeune génération de nationalistes, forme l'INSTITUT CANADIEN et le PARTI ROUGE. Il rejette l'Acte d'Union et fait campagne pour en réclamer l'abrogation. Ses membres sont de fervents partisans du nationalisme politique et luttent pour la création d'un État national canadien-français, politiquement autonome, laïque et démocratique.

Après avoir obtenu le gouvernement responsable en 1848, le parti réformiste de LaFontaine et Parent devient le PARTI BLEU, qui, sous la direction de Joseph-Édouard Cauchon et de George-Étienne CARTIER, s'intègre au PARTI CONSERVATEUR.

Celui-ci, appuyé à fond par une Église catholique revigorée, cherche encore à accroître l'autonomie des institutions culturelles, sociales et religieuses du Canada français. Le parti collabore aussi avec la bourgeoisie anglo-écossaise, représentée par le Parti libéral-conservateur de J.A. MACDONALD, afin de favoriser le développement économique grâce à la construction de chemins de fer et à l'accroissement du commerce avec les États-Unis et la Grande-Bretagne.

En 1865, il est clair que l'Assemblée a abouti à une impasse politique du fait qu'une majorité croissante de personnes du Haut-Canada, dirigés par George BROWN et sa faction CLEAR GRITS, veut s'affranchir du joug d'une Union dominée par les Montréalais anglophones et les Bleus de Cartier. La situation se résout lorsque tous les membres de l'Assemblée, à l'exception des partisans du mouvement rouge, s'entendent pour travailler à l'établissement d'un régime fédéral soit pour le Bas et le Haut-Canada, soit pour l'ensemble des colonies britanniques d'Amérique du Nord.

Création de la province de Québec À la suite de longs débats, parfois enflammés, à l'Assemblée des Canadas en 1865, les résolutions de Québec, qui prévoient la création d'un gouvernement central et de plusieurs provinces, dont le Québec, sont adoptées. Les Rouges s'opposent à la nouvelle Constitution parce qu'ils estiment qu'elle est trop centralisatrice et ne garantit pas la survie de la communauté francophone. Une faible majorité de francophones, convaincue par le Parti conservateur et une Église catholique très suspicieuse que la nouvelle Constitution offre vraiment certaines garanties, est disposée à prendre les nouveaux risques qui s'ensuivent, surtout parce que l'arrangement assure à la nouvelle province de Québec une autonomie politique et culturelle accrue.

Aux élections fédérales et provinciales de 1867, le Parti conservateur remporte 45 des 65 sièges, ce qui manifeste clairement l'appui général apporté à la nouvelle entente constitutionnelle. Les chefs laïques et religieux du Canada français commencent à participer modestement au développement commercial et industriel du Québec. La modernisation du secteur agricole et l'industrialisation de la province pendant le dernier quart du siècle aident la communauté francophone à poursuivre, et à réaliser certaines de ses aspirations culturelles, sociales et politiques.

Pendant les 30 premières années de CONFÉDÉRATION, la majorité canadienne-française du Québec adopte graduellement une nouvelle attitude à l'égard du régime fédéral canadien, et ce, pour deux raisons. D'abord, le renouveau et l'essor économique, culturel et religieux de la société canadienne-française du Québec lui inspirent une confiance accrue.

En second lieu, les minorités francophones hors Québec vivent une situation de plus en plus pénible, marquée par divers épisodes: l'abolition des écoles séparées non officielles fréquentées par les Acadiens du Nouveau-Brunswick (1871); la RÉBELLION DE LA RIVIÈRE ROUGE (1869-1870) et la RÉBELLION DU NORD-OUEST (1885), considérées dans le centre du Canada, tant par les francophones que par les anglophones, comme une lutte entre les francophones catholiques et les anglophones protestants afin de déterminer l'avenir de l'Ouest canadien; l'abolition, décidée en 1890 par le gouvernement libéral du Manitoba, du financement des écoles catholiques, tel que reconnu par la LOI SUR LE MANITOBA de 1870 (*voir* ÉCOLES DU MANITOBA, QUESTION DES); la limitation des écoles séparées dans la loi de 1905, qui crée les provinces de l'Alberta et de la Saskatchewan; et finalement, le Règlement 17 de l'Ontario, qui compromet le réseau non officiel d'écoles bilingues séparées en interdisant l'usage du français comme langue d'enseignement jusqu'à la fin des années 20 (*voir* ÉCOLES DE L'ONTARIO, QUESTION DES).

Par suite de ces crises, la majorité canadienne-française du Québec s'identifie de plus en plus aux minorités francophones assiégées sans merci par une société anglo-canadienne agressive et militante, déterminée à créer un État national canado-britannique fort et homogène.

En fait, beaucoup de Canadiens français sont d'avis que leur société est forcée de choisir entre les droits des provinces et ceux des minorités, choix absolument inacceptable parce que l'autonomie provinciale est considérée comme le fondement même de la survie de la nation canadienne-française au Canada. Pour résoudre ce dilemme, plusieurs Canadiens français éminents, dirigés par le juge T.J.J. LORANGER et le journaliste et politicien Henri BOURASSA, commencent à ajouter une théorie du «pacte des nationalités» à la théorie du «pacte des provinces», affirmant que le concept des deux nations ou des deux peuples fondateurs constitue l'essence même de la Confédération.

En conséquence, les chefs francophones réagissent aux crises relatives aux droits des minorités en pressant le gouvernement fédéral de faire respecter la Constitution de 1867. Seule une reconnaissance totale du caractère bilingue et biculturel du pays pourrait prévenir des atteintes renouvelées aux minorités francophones et les divisions qui s'ensuivent. Le premier ministre Wilfrid LAURIER tente d'appliquer la théorie des «deux nations» dans son entente de 1897 avec le premier ministre GREENWAY, du Manitoba. L'entente, qui accorde aux catholiques des régions rurales du Manitoba certaines mesures de redressement, est annulée en 1916 par le gouvernement libéral de T.C. Norris.

Les Canadiens français et les Canadiens anglais s'entendent encore moins en matière de politique étrangère, particulièrement quant au rôle du Canada dans l'Empire britannique. De 1900 à 1920, les nationalistes canadiens-français et les adeptes d'un nationalisme canadien à caractère britannique s'affrontent à maintes reprises. Les premiers, dirigés par Henri Bourassa, protestent vigoureusement contre la participation accrue du Canada aux entreprises économiques ou politiques impériales, et davantage encore aux opérations militaires.

Bourassa s'oppose vivement à la participation des troupes canadiennes à la GUERRE DES BOERS, affirmant que toute forme d'IMPÉRIALISME est immorale et que l'opération créera un précédent qui justifiera la participation à d'autres guerres impériales britanniques dans l'avenir. Laurier tente de maintenir la bonne entente entre les modérés des

deux communautés en évitant de prendre des engagements et en créant en 1910 une marine canadienne qui pourrait prêter main-forte à la Marine royale en temps de guerre, mais cette stratégie ne fait que provoquer la colère des nationalistes des deux camps et contribue à la défaite de Laurier aux élections de 1911.

L'affrontement inévitable entre les deux camps atteint son paroxysme avec la crise de la CONSCRIPTION en 1917 et est symbolisé par la formation du GOUVERNEMENT D'UNION de Borden la même année. La question de la conscription divise les partis politiques en fonction de l'appartenance ethnique, la grande majorité des députés fédéraux anglophones appuyant la conscription et le gouvernement d'union alors que tous les députés fédéraux francophones sont réélus en tant que Libéraux opposés à la conscription.

Les conséquences de cette crise sur les relations francophones-anglophones sont désastreuses, particulièrement pour les élites intellectuelles et politiques des deux communautés. Pour le Parti conservateur fédéral, c'est un désastre à long terme. Tandis que les nationalistes canadiens-français se replient sur eux-mêmes et délaissent l'objectif louable de Bourassa visant à faire du Canada un pays bilingue et biculturel.

L'abbé Lionel GROULX et ses collègues nationalistes de L'ACTION FRANÇAISE concentrent leurs efforts sur la protection de la société canadienne-française du Québec contre les assauts de l'industrialisation et de l'urbanisation rapides. Ils commencent à réfléchir sérieusement à l'infériorité économique croissante des Canadiens français en tant qu'individus et en tant que collectivité.

Les classes moyennes professionnelles et commerciales du Canada français font face à une concurrence accrue de la part de conglomérats canadiens-anglais et américains. Parfois, en désespoir de cause, Groulx et ses collègues rêvent d'une nation canadienne-française indépendante, traditionaliste et rurale. Leur découragement s'explique en grande partie par le fait que la majorité des Canadiens français appuient la politique du gouvernement libéral qui vise l'expansion économique du Québec grâce à l'exploitation de ses abondantes ressources naturelles, notamment ses forêts et son potentiel hydro-électrique.

La CRISE DES ANNÉES 30 rend évidents pour la population les graves désavantages économiques des Canadiens français sur le plan individuel et collectif. Les Canadiens français de la classe moyenne réagissent en réclamant des réformes socio-économiques et politiques comme l'organisation de coopératives, un soutien de l'État aux entrepreneurs francophones, la nationalisation des compagnies anglophones d'hydroélectricité, la réglementation des grandes sociétés et des campagnes d'encouragement à l'achat de produits canadiens-français. Selon eux, ces mesures renforceront la société canadienne-française traditionnelle, tout en donnant à la classe moyenne plus d'influence sur le développement économique du Québec.

Nationalisme conservateur de l'Union nationale

L'UNION NATIONALE, sous Maurice DUPLESSIS, regroupe des Conservateurs de longue date, des Libéraux déçus et des nationalistes traditionalistes. Elle profite du réveil nationaliste provoqué par la crise économique pour défaire le PARTI LIBÉRAL en 1936. En dépit des craintes des Canadiens anglais, Duplessis, fondamentalement partisan du nationalisme constitutionnel, refuse de procéder aux réformes économiques nationalistes que réclament les nationalistes appartenant ou non au parti.

Aux élections provinciales de 1939, il décide de faire de la conscription le thème de sa campagne et il est défait par suite de l'intervention directe du Parti libéral de Mackenzie KING et de son lieutenant québécois Ernest LAPOINTE. Lapointe et ses collègues francophones menacent de démissionner et de laisser

le Parti conservateur, partisan de la conscription, prendre le pouvoir au niveau fédéral si les Canadiens français refusent de se débarrasser de Duplessis, qu'ils trouvent gênant. En retour de la promesse de ne pas imposer la conscription pour le service outre-mer, les Canadiens français acceptent de mauvais gré que le Canada participe à la Seconde Guerre mondiale.

L'occupation de la France en 1940 amène le Canada anglais à réclamer la conscription avec encore plus d'insistance. Le premier ministre King espère affaiblir le mouvement conscriptionniste, et particulièrement son chef, le Conservateur Arthur MEIGHEN, en tenant un plébiscite pour demander à tous les Canadiens de délier le gouvernement fédéral de sa promesse de ne pas imposer la conscription pour le service outre-mer. De nouveau hantés par la menace de la conscription, divers mouvements nationalistes canadiens-français se regroupent pour former la Ligue pour la défense du Canada, qui mène une campagne énergique et victorieuse pour le Non au plébiscite d'avril 1942. Une fois de plus, le Canada voit les deux communautés se diviser.

King tient compte du résultat en déclarant qu'il y aura «la conscription si nécessaire, mais pas nécessairement la conscription». Son gouvernement parvient à en retarder la mise en vigueur jusqu'à la fin 1944, lorsqu'une minorité tapageuse au sein de son Cabinet et la contestation des officiers militaires forcent King à consentir à la conscription de 16 000 hommes déjà mobilisés pour le service militaire au Canada. Les nationalistes canadiens-français fulminent, mais la décision est venue trop tard pour aider leur mouvement, le BLOC POPULAIRE CANADIEN, lors des élections provinciales de 1944. Aux élections fédérales de 1945, les Canadiens français contribuent à réélire le gouvernement libéral.

Les relations francophones-anglophones résistent aux épreuves de la dépression et de la guerre. Les deux communautés continuent de suivre les règles établies en 1867, en étant cependant toujours en désaccord sur l'interprétation de ces dernières, notamment dans le domaine de la politique sociale. De 1945 à 1975, cette situation se modifie radicalement en raison de plusieurs facteurs.

Le facteur politique le plus important est la décision d'Ottawa après la guerre, décision appuyée par une nouvelle génération de nationalistes canadiens-anglais, d'entreprendre la mise en place d'un ÉTAT PROVIDENCE centralisé. Les politiciens et les bureaucrates d'Ottawa, à prédominance anglophone, soutiennent que le gouvernement fédéral doit avoir les pleins pouvoirs sur toutes les formes d'imposition directe (*voir* IMPOSITION) pour assurer un développement économique stable et couvrir les frais de programmes comme l'ASSURANCE-CHÔMAGE, les ALLOCATIONS FAMILIALES, les PENSIONS DE VIEILLESSE et les régimes d'assurance-hospitalisation et d'assurance-maladie.

Bien qu'elles rejettent les arguments d'Ottawa, les provinces tardent à faire des contre-propositions. Au Québec, par contre, le mouvement nationaliste canadien-français exerce des pressions assez fortes sur le gouvernement Duplessis pour l'amener à rejeter les plans de location de domaines fiscaux d'Ottawa et les mesures plus audacieuses qu'ils comportent, comme les subventions fédérales aux universités.

Pour les nationalistes canadiens-français de la jeune génération, qu'on appellera les «néo-nationalistes», cette stratégie défensive est insuffisante. Dirigés par André LAURENDEAU, Gérard FILION et Jean-Marc LÉGER, et appuyés par une nouvelle classe moyenne francophone qui a étudié les sciences et les sciences sociales, ils préconisent la création d'un État québécois laïque et interventionniste à direction francophone, qui entreprendrait la mise en valeur des ressources naturelles par et pour les Canadiens français.

Seul un État nationaliste actif pourrait aider à créer le climat nécessaire à l'essor d'une bourgeoisie industrielle et financière francophone puissante. Pour qu'un nombre suffisant de Canadiens français soit prêt à assumer la direction d'une société laïque moderne, l'État procéderait à une modernisation en profondeur de tous les niveaux d'éducation, et, pour que l'appareil de l'État providence soit dirigé par des francophones pour ce qui se rapporte au Québec, les néo-nationalistes proposent que tous les programmes sociaux soient pris en charge par le gouvernement du Québec. Cet exercice des prérogatives constitutionnelles du Québec, tant anciennes que nouvelles, nécessiterait un accroissement considérable du pouvoir d'imposition de la province.

Les changements socio-économiques amenés au Canada par l'industrialisation et l'urbanisation croissantes ainsi que l'arrivée au pays de milliers d'immigrants ne parlant ni français ni anglais provoquent dans la société canadienne-française de nouvelles tensions, dont un aspect essentiel est la conscience du fait que l'avenir économique et social des francophones réside dans les milieux urbains et industriels. La volonté de survie et le désir d'égalité de la communauté francophone entrent en conflit avec les aspirations nationales des Canadiens anglais de l'après-guerre, et la situation est mûre pour un affrontement au sujet des ressources et des emplois disponibles. De plus, en raison de la sécularisation rapide de la société canadienne-française, le catholicisme n'est plus un facteur qui distingue le Canada français du reste de l'Amérique du Nord.

Or, comme les francophones hors Québec s'assimilent rapidement et que les immigrants au Québec s'intègrent presque tous à la communauté anglophone (qui constitue près de 35 p. 100 de la population de la région métropolitaine de Montréal), il est inévitable que la langue devienne une question fondamentale dans le Québec contemporain.

Révolution tranquille La défaite de l'Union nationale par le Parti libéral de Jean LESAGE en 1960 marque le début de la RÉVOLUTION TRANQUILLE, et la lutte s'engage sur deux fronts. D'un côté, la nouvelle classe moyenne mène une lutte politique et socio-économique pour avoir plus d'emprise sur les ressources économiques du Québec. De l'autre côté, une âpre et déchirante bataille est livrée pour tenter de redéfinir la place de la société francophone au Canada.

Depuis le début des années 60, les gouvernements québécois successifs tentent de modifier les relations socio-économiques entre la majorité francophone de la province et ses minorités anglophones. Pendant la première phase de la Révolution tranquille, le gouvernement Lesage modernise et élargit les secteurs public et parapublic pour fournir des emplois aux francophones très instruits de la génération du BABY-BOOM.

P. ex., les compagnies privées d'hydroélectricité sont nationalisées, ce qui fait d'HYDRO-QUÉBEC (fondée en 1944) l'une des plus grandes SOCIÉTÉS DE LA COURONNE du Canada. Les francophones peuvent y travailler totalement en français et y faire preuve de leurs compétences techniques, scientifiques et administratives. Cette situation se retrouve également dans les domaines de l'éducation, de l'aide sociale et des services de santé, ainsi que dans tous les ministères et à tous les paliers de la bureaucratie gouvernementale.

Les efforts du Canada français pour redéfinir sa place au sein du Canada ont engendré des débats publics animés au cours des 20 dernières années. Dans leur rapport provisoire de 1965 sur le BILINGUISME ET LE BICULTURALISME, les commissaires affirment que le Canada vit actuellement sa crise politique la plus grave depuis la Confédération. À partir de 1963, plusieurs bombes explosent dans des boîtes à lettres de Montréal, et deux partis séparatistes réussissent à recruter des membres chez les étudiants d'université francophones. Au milieu des

années 60, toutes sortes de propositions sont déjà formulées en vue de restructurer, de renouveler et même de démembrer le régime fédéral canadien.

S'inspirant des recommandations du rapport de la commission Tremblay (1956), beaucoup de néo-nationalistes québécois réclament qu'une constitution renouvelée consacre un «statut spécial» au Québec, tandis que d'autres revendiquent une forme de statut «d'État associé». En fait, les partis politiques en sont venus en 1966 à se livrer à une surenchère pour tenter de suivre le rythme de la vague nationaliste qui balaie le Québec.

Daniel JOHNSON, chef de l'Union nationale, lance à Ottawa un ultimatum intitulé *Égalité ou indépendance*. Un statut spécial ou un statut d'État associé supposerait une très grande décentralisation du régime fédéral, que beaucoup de Canadiens jugent déjà beaucoup trop décentralisé. Pourtant, parmi les néo-nationalistes, un bon nombre préconise l'indépendance politique totale du Québec.

Au milieu des années 60, les néo-nationalistes font face à l'opposition de tous les partis nationaux et d'un certain nombre de francophones en vue comme Jean MARCHAND, Pierre Elliott TRUDEAU et Gérard PELLETIER. Ces derniers ont été recrutés par le Parti libéral fédéral du premier ministre PEARSON pour accroître la participation francophone au gouvernement national et aider Ottawa à éteindre les conflits politiques, potentiellement dangereux, avec le mouvement néo-nationaliste québécois, dont la tendance est de plus en plus séparatiste.

Les troupes fédérales, dirigées par le premier ministre Trudeau, proposent une stratégie en deux volets: mettre en valeur la pleine participation des francophones à toutes les institutions nationales au moyen d'une politique de bilinguisme officiel, et inscrire des garanties pour toutes les minorités dans une constitution renouvelée au moyen d'une charte des droits qui en ferait partie. Le premier objectif est atteint en 1969 grâce à l'adoption de la LOI SUR LES LANGUES OFFICIELLES, mais ce n'est qu'en 1982 que le second objectif est atteint (*voir* CONSTITUTION, RAPATRIEMENT DE LA).

Le Québec constitue le principal obstacle au renouvellement de la Constitution. Le nouveau chef libéral Robert BOURASSA, qui devient premier ministre du Québec en 1970, tente d'obtenir un élargissement des pouvoirs provinciaux en matière de politique sociale en contrepartie du consentement de son gouvernement à ce que la Constitution soit rapatriée et à ce qu'une charte des droits y soit ajoutée. Lorsque Bourassa échoue dans sa tentative, les pressions des néo-nationalistes le forcent à rejeter la Charte de Victoria de 1971.

Parti québécois Le PARTI QUÉBÉCOIS (PQ), voué à la réalisation de l'indépendance politique du Québec, est élu en 1976. Le gouvernement péquiste prend rapidement des mesures pour donner suite à ses promesses électorales, particulièrement dans le domaine très controversé de la législation en matière linguistique. Vers la fin des années 50, lorsqu'il était devenu clair que le secteur public ne pourrait pas prendre une expansion illimitée, les cercles nationalistes avaient commencé à exercer des pressions en faveur de lois linguistiques qui feraient du français la principale langue de travail tant dans le secteur privé que dans le secteur public.

En 1974, le gouvernement libéral de Robert Bourassa applique la LOI 22, qui fait du français la langue officielle du Québec et restreint l'accès aux écoles anglophones. Cette loi est jugée trop radicale par les communautés anglophone et allophone du Québec, mais une majorité croissante de Québécois francophones jugent qu'elle ne va pas assez loin, que trop de dispositions de la loi 22 sont maladroites et que la loi ne fait pas grand-chose pour que le français devienne vraiment la langue de travail de toute la population québécoise.

L'Assemblée donne suite aux fortes pressions de tous les milieux nationalistes, tant à l'intérieur qu'à

l'extérieur du parti, en adoptant la LOI 101, la *Charte de la langue française*, qui fait du français l'unique langue officielle du Québec, dresse un calendrier en vue de faire du français la principale langue de travail et prévoit que tous les immigrants provenant d'autres régions du Canada ou d'autres pays du monde devront inscrire leurs enfants aux écoles francophones du Québec.

Ces faits nouveaux rendent les relations francophones-anglophones beaucoup plus tendues, non seulement au Québec, mais partout au Canada. Le Parti libéral fédéral, réélu en 1980, mène une dure campagne pour s'assurer de la défaite du PQ au référendum, parrainé par ce dernier et qui demande aux Québécois d'accorder au gouvernement péquiste le mandat de négocier la SOUVERAINETÉ-ASSOCIATION.

C'est la victoire des troupes fédéralistes dans la campagne du RÉFÉRENDUM QUÉBÉCOIS qui incite le gouvernement Trudeau à procéder au rapatriement de la Constitution et à y inscrire une formule d'amendement et la *Charte canadienne des droits et libertés*. L'entente constitutionnelle est approuvée par Ottawa et toutes les provinces, sauf le Québec.

Le grand malheur est que le Québec, au cours de ses manœuvres politiques, s'est entendu avec plusieurs autres provinces pour abandonner son traditionnel droit de veto sur les changements constitutionnels, qui était essentiel à la survie de la nationalité canadienne-française. Une démarche de renouvellement de la Constitution, entreprise en grande partie pour répondre aux nouveaux besoins du Québec, aboutit à une entente qui, moyennant certaines circonstances, pourrait entraîner de nouvelles tensions et même une hostilité ouverte entre les deux communautés linguistiques du Canada.

Accord du lac Meech et ses suites Le gouvernement péquiste est réélu en 1981, mais il est affaibli par des querelles internes et battu de façon décisive par le Parti libéral de Robert Bourassa en 1985. Bourassa s'engage à ce que son gouvernement signe l'entente constitutionnelle de 1982 si certaines demandes sont acceptées par Ottawa et les provinces. Ces cinq demandes minimales sont les suivantes: la reconnaissance constitutionnelle du Québec comme «société distincte» ayant le droit de protéger et de promouvoir son caractère distinct; le droit de se désengager de tous les programmes nationaux dans les domaines de compétence provinciale et de recevoir une compensation financière en conséquence; une formule de modification donnant au Québec le droit de veto sur toute réforme constitutionnelle importante; la garantie de pouvoirs accrus sur l'immigration; et une certaine influence sur la nomination des juges de la Cour suprême.

Le 30 avril 1987, le gouvernement de Brian MULRONEY annonce l'ACCORD DU LAC MEECH. L'accord, qui satisfait 4 des 5 demandes du Québec, est jugé acceptable par le NPD et le Parti libéral, mais est violemment dénoncé par l'ancien Premier ministre Trudeau et plusieurs organisations régionales et nationales. Pour eux, l'Accord réduit les prérogatives du gouvernement central, sape le patriotisme canadien et ouvre la voie à un mouvement irréversible vers l'autonomie accrue des provinces et un «statut spécial» pour le Québec.

Pour entrer en vigueur, l'accord doit être ratifié au plus tard en juin 1990 par les 10 provinces ainsi que la Chambre des communes et le Sénat. Toutefois, l'Accord échoue, trois provinces (le Manitoba, le Nouveau-Brunswick et Terre-Neuve) ne l'ayant pas ratifié. (*Voir* ACCORD DE CHARLOTTETOWN; HISTOIRE CONSTITUTIONNELLE; LOI C-120; RÉFÉRENDUM (1995); NATIONALISME CANADIEN-FRANÇAIS ET NATIONALISME QUÉBÉCOIS; QUÉBEC DEPUIS LA CONFÉDÉRATION, LE.)

M. D. Behiels

Relations industrielles C'est durant la Seconde Guerre mondiale que l'on commence à parler couramment de relations industrielles. Il y a à cela deux raisons: d'abord la croissance marquée des industries de guerre et, peut-être davantage, l'adoption du CP 1003 (CP: décision du Conseil privé) par le Cabinet fédéral le 17 février 1944. Ce décret introduit le modèle canadien des relations du travail avec ses deux dispositions principales: l'accréditation syndicale par un organisme officiel créé à cette fin et l'obligation pour l'employeur de négocier avec les représentants de ses employés les conditions de travail et de rémunération librement acceptées, qu'on appelle la convention collective. La situation de guerre permet d'établir un tel système par une simple décision du Cabinet, et de l'imposer à presque toutes les industries canadiennes, parce que toute industrie liée de près ou de loin à la guerre tombe sous la juridiction du fédéral. À la fin de la guerre (plus une année supplémentaire de transition) toutes les provinces canadiennes adoptent des lois semblables visant les industries de juridiction provinciale, en pratique presque toutes les industries d'une certaine importance.

Dans leur sens le plus étendu, les relations industrielles s'appliquent à tous les aspects, individuels et collectifs, des rapports entre les employeurs et leurs employés. Les aspects individuels s'étendent à la planification et à la dotation du personnel, comme la sélection et le placement des employés, leur intégration dans l'entreprise, leur formation et leur perfectionnement, l'évaluation de leur travail, leur salaire, leur productivité, leurs réprimandes et leurs sanctions. Là où les employés se sont regroupés en syndicat, les relations du groupe avec l'employeur comprennent tout ce qui regarde l'organisation syndicale, la procédure d'accréditation, le processus de NÉGOCIATION COLLECTIVE, les grèves et la résolution des conflits, la solution des griefs et leur arbitrage. Le contrat d'embauche, les normes fondamentales du travail, les questions de santé et de sécurité, et tout ce qui concerne les lois contre la discrimination et les droits de la personne, avec leurs aspects individuels et collectifs, font partie des relations industrielles (*voir* EMPLOI, DROIT DE L').

Les lois, parce qu'elles régissent les relations employeurs-employés, et la science économique, parce que le problème fondamental implique toujours la répartition de la production, sont au cœur des relations industrielles. La sociologie, la psychologie, la science politique, l'administration des affaires, le comportement organisationnel, la philosophie et la cybernétique apportent chacune leur point de vue à une meilleure compréhension et à un meilleur fonctionnement des relations individuelles et collectives. Depuis longtemps, il existe une importante controverse à savoir si les relations industrielles constituent une discipline en soi (avec sa théorie et sa propre méthodologie) ou si elles sont un champ d'étude que l'on aborde avec l'aide de différentes disciplines. Cette controverse, qui ne sera probablement jamais résolue, explique à la fois les multiples approches de l'étude des relations industrielles ainsi que les différences dans les structures universitaires qui en assurent l'enseignement.

Dans certaines institutions, il existe un département de relations industrielles, qui a ses propres professeurs et ses propres étudiants: c'est une unité à part bien identifiée et reconnue comme telle. En d'autres endroits, on a constitué un Centre de relations industrielles, qui se présente comme un forum où des professeurs de droit, d'économique, de sociologie et d'autres disciplines se réunissent pour discuter de sujets d'intérêt commun concernant les rapports entre employeurs et employés. Les différents cours de relations industrielles peuvent être regroupés dans la même faculté ou le même département, comme la Faculté d'administration des affaires, le Département d'économique ou de sociologie. Ils peuvent aussi être répartis selon le sujet de chaque cours: les salaires et autres aspects monétaires dans le Département d'économie, le mouvement ouvrier et les questions syndicales dans le Département de sociologie, la négociation et la convention collective dans la Faculté de Droit ou l'administration des affaires. L'arrangement peut varier selon le niveau gradué (formule faculté) ou sous-gradué (formule multiple). La plupart des unités, quel que soit leur statut, offrent des cours ou des séminaires pour les représentants patronaux et syndicaux. Ces dernières activités peuvent être de la responsabilité exclusive du centre ou du département, ou relever du Service d'éducation des adultes, souvent appelé Extension de l'enseignement.

Les premiers cours universitaires de relations industrielles au Canada se donnent à l'U. Queen (Kingston, Ontario), en 1937, dans une section dite de relations industrielles. Ils se poursuivent jusqu'en 1961, quand la section cède la place au Centre de relations industrielles. Vingt ans plus tard, en 1983, l'U. Queen ouvre l'École de relations industrielles, avec un programme d'études à plein temps menant à la maîtrise en relations industrielles (formule d'École graduée). L'École compte environ 10 inscriptions par année. Quelques années plus tôt, en 1965, l'U. de Toronto établissait son propre Centre de relations industrielles. À la fin des années 70, elle fonde son propre programme d'études graduées, menant à la maîtrise en relations industrielles, puis, au début des années 80, au doctorat en relations industrielles. À l'U. de la Colombie-Britannique, on ouvre en 1960 l'Institut de relations industrielles, qui ferme ses portes dans les années 70. A l'U. McGill, le professeur H.D. Woods établit dès 1948 le Centre de relations industrielles au sein du Département d'économique et de science politique. Au début des années 60, il est transféré à la Faculté de gestion (*Management*), et il ferme vers 1990.

Dans les universités canadiennes de langue française, l'enseignement des relations industrielles commence tôt (1944) dans les départements créés à cet effet. L'U. Laval, à Québec, ouvre son Département de relations industrielles en 1944. L'U. de Montréal ouvre le sien quelques mois plus tard. Depuis leurs débuts, ce sont les départements qui assurent tout l'enseignement et décernent les diplômes appropriés. Pour situer ces départements dans une perspective nord-américaine, la première section de relations industrielles d'une université nord-américaine est établie à Princeton, au New Jersey, en 1922. La fameuse École de Relations industrielles et du Travail de l'État de New York, établie à l'U. Cornell, où ont étudié un grand nombre de spécialistes du Canada, ouvre en 1945. Depuis 1970, les universités francophones du Canada ont des programmes menant à la maîtrise et au doctorat dans ce domaine. Les nombreux campus de l'U. du Québec offrent différents programmes de relations industrielles, propres à la localisation de chacun.

Les universités qui ont des départements assurant l'enseignement en relations industrielles, particulièrement Laval et Montréal, ont toujours offert des cours à la fois en ressources humaines et en relations collectives. Il existe environ une cinquantaine de cours sous-gradués, dont une quinzaine obligatoires, répartis en cinq ou six domaines d'étude: théorie et méthodologie, administration des affaires et du personnel, syndicalisme et négociation collective, droit du travail, économie du travail et main-d'œuvre. Au niveau gradué les cours sont rattachés aux mêmes domaines. Dans les autres universités, les cours dits de relations industrielles, comme relations du travail, négociation collective, droit du travail et procédure arbitrale insistent généralement sur les aspects institutionnels des problèmes de relations collectives. Les matières qui s'enseignent dans d'autres départements sont plutôt les suivantes: économie du travail et analyse des marchés économiques, sociologie du travail et psychologie industrielle, histoire du travail et des institutions ouvrières. L'administration des ressources humaines se trouve d'habitude dans les secteurs de la gestion et de l'administration, avec l'administration du personnel, le comportement organisationnel, la gestion des ressources humaines et les relations humaines.

Malgré la multiplicité des titres et la difficulté d'organiser et de classifier les cours en relations industrielles, tout autant que de les compter, on peut estimer, à la fin des années 90, qu'une centaine d'universités canadiennes offrent un millier de cours universitaires en relations industrielles et en GESTION DES RESSOURCES HUMAINES. La majorité sont de niveau sous-gradué et offerts par les départements ou facultés d'administration, d'économique ou de sociologie. Ils sont suivis par environ 50 000 étudiants. Au niveau collégial, les cours portent sur les mêmes sujets et sont offerts surtout aux étudiants en commerce ou en administration. Ils comportent habituellement moins de théorie et plus d'application, en vue de préparer des techniciens de rang élevé plutôt que des professionnels.

Les diplômés en relations industrielles se dirigent principalement vers les bureaux de personnel et de ressources humaines des grandes et moyennes entreprises, comme consultants et recherchistes dans les grands syndicats et les associations ouvrières, ainsi que dans les gouvernements et les agences de relations industrielles ou de ressources humaines. Quelques-uns offrent leurs services comme conseillers à leur propre compte. Il y a 30 ou 40 ans, la profession était essentiellement masculine. À la veille de l'an 2000, les femmes et les jeunes filles y sont majoritaires.

Tous les gradués en ressources humaines font concurrence à d'autres professionnels qui travaillent dans le même secteur, comme les avocats, les administrateurs et les psychologues industriels, sans oublier les autodidactes qui se sont formés eux-mêmes dans la pratique. Au Québec, il existe une corporation ou ordre professionnel pour les spécialistes du domaine. Pour avoir le droit de s'identifier comme Conseiller en relations industrielles (CRI) il faut être membre en règle de la corporation.

Les universités Laval et Queen sont les deux principales sources de publications dans le domaine. Depuis 1945, la revue *Relations industrielles / Industrial Relations,* publiée par l'U. Laval, paraît sans interruption. Bilingue depuis 1964—fondation de l'Association canadienne de relations industrielles—elle est reconnue de calibre international. L'U. Queen publie chaque année diverses études dont la principale est la *Revue de la scène courante en relations industrielles au Canada*. En 1978, l'U. de Montréal commence une série de monographies sur différents aspects, surtout légaux, des relations industrielles.

Quelques universités publient le compte rendu de leur congrès annuel, comme le fait, depuis 1974, l'Association canadienne des relations industrielles, une organisation volontaire fondée en 1963 pour promouvoir la recherche en relations industrielles au Canada. La revue de Laval en est la publication officielle. *La Gazette du travail,* fondée en 1901, a la plus longue durée de toutes. Elle a cessé de paraître en 1980, victime des compressions du gouvernement fédéral. Aucune publication canadienne sur le travail n'a eu une aussi longue durée sans interruption. (*Voir aussi* SYNDICATS OUVRIERS.)

Gérard Hébert

Relations interculturelles Sous un certain angle, la société canadienne peut être représentée comme un réseau complexe de relations entre des groupes ethniques qui occupent inégalement des positions sociales, politiques et économiques. Dans cette complexité, on identifie trois grands axes de différenciation ethnique: les relations entre autochtones et non-autochtones, entre anglophones et francophones et entre peuples colonisateurs (ou «fondateurs») et autres immigrants ainsi que leurs descendants. Ces distinctions s'appliquent non seulement au vécu personnel, mais aussi aux questions d'ordre public: droits et revendications territoriales des autochtones, droits linguistiques, POLITIQUE D'IMMIGRATION, PRÉJUGÉS ET DISCRIMINATION, MUL-

TICULTURALISME.

Bien que ces questions soient étroitement liées, elles relèvent de domaines différents, en grande partie parce qu'elles intéressent des groupes différents. Ainsi, la controverse linguistique entre anglophones et francophones est différente de celle qui oppose d'autres groupes ethnolinguistiques (Ukrainiens, Italiens et Grecs p. ex.) aux communautés francophone ou anglophone, du fait que les langues officielles du Canada sont l'anglais et le français.

Pour comprendre les relations entre les groupes ethniques, il faut tenir compte de l'accès aux ressources de la société et à l'influence exercée sur ces ressources, ainsi que des règles et des pratiques qui favorisent ou qui désavantagent certains groupes. L'inégalité entre les groupes résulte parfois de plusieurs facteurs. Concernant les circonstances de leur arrivée au Canada, il peut s'agir d'une immigration individuelle ou familiale, ou encore de ressortissants d'une colonie établie par un État européen. Les autres facteurs sont leur importance, leur visibilité, leur organisation interne sociale, politique et économique, le soutien direct ou indirect reçu d'autres groupes au pays et, enfin, le pouvoir et le statut du pays d'origine sur le plan international.

Les groupes qui ont acquis une influence décisionnelle sur certaines ressources comme le travail, les capitaux ou l'autorité institutionnelle, veulent protéger et améliorer leurs acquis. Ils tenteront probablement de refuser l'accès au pouvoir aux autres groupes et des barrières institutionnelles et bureaucratiques seront mises en place pour prévenir ou désamorcer les tentatives de ces groupes d'apporter des changements. Les groupes relativement désavantagés peuvent en effet faire pression pour changer la situation économique ou politique, mais leur succès dépend des facteurs mêmes qui ont causé l'inégalité. Pour ces raisons l'amélioration de la situation des minorités désavantagées est souvent très lente (*voir* ÉLITES).

Les autochtones et la société canadienne La relation entre les autochtones et le reste de la société canadienne est d'abord caractérisée par la «marginalité» et la dépendance. La colonisation et le développement historique des sociétés française et anglaise entraînent le déplacement des populations autochtones. Les terres constituent le principal intérêt des lois sur les indiens et des traités qui se sont succédés. Tous les pouvoirs sur les terres indiennes sont d'abord concédés à la Commission des terres indiennes, en 1850, ensuite, par l'ACTE DE L'AMÉRIQUE DU NORD BRITANNIQUE, au gouvernement fédéral. En vertu des TRAITÉS INDIENS, de 1850 à 1921, de vastes étendues de terre du centre et de l'Ouest du Canada sont cédées en échange de certaines terres de réserve, d'argent et de promesses d'assistance sociale.

Un des objectifs de l'ACTE SUR LES INDIENS de 1876 et de ses modifications subséquentes est le contrôle et l'administration de la population autochtone. À cette fin, l'Acte donne le statut d'Indien à ceux inscrits en 1874, à leur proche descendance dans l'axe paternel, à leurs femmes et à leurs enfants. L'Acte met aussi en place une bureaucratie pour l'administration des affaires autochtones qui est presque entièrement dotée de personnel non autochtone. Depuis peu, cette situation commence à changer. Des autochtones sont recrutés au sein de la bureaucratie gouvernementale, l'administration des affaires autochtones a été décentralisée, et des changements vers une autonomie gouvernementale sont entrepris, malgré une résistance importante, même de la part des gouvernements provinciaux.

La population de descendance autochtone se compose aussi d'Indiens non inscrits, de Métis et d'Inuits. Ils ne jouissent pas de la relation privilégiée que les Indiens inscrits entretiennent avec le gouvernement fédéral. Toutefois, tous sont touchés par l'idéologie de la société dominante quant à l'infériorité et à la supériorité et ont tendance à être relégués

aux niveaux inférieurs du système de hiérarchie. La création d'associations autochtones, notamment les associations nationales panindiennes dont l'objectif premier est la défense des intérêts autochtones sur les terres, est de nature à restaurer l'égalité objective et subjective pour les peuples autochtones.

Cependant, pour mener à bien leurs tentatives, les autochtones devront surmonter l'héritage de la marginalité et de la dépendance en matière d'organisation politique, économique et sociale. Ils devront également franchir les nombreux fossés qui divisent la population autochtone elle-même. Cette division vient des origines culturelles et linguistiques différentes, de la répartition des Indiens inscrits en quelque 592 bandes et de la division entre Indiens inscrits et non inscrits.

Relations francophones-anglophones Après la Conquête, les Britanniques ont progressivement bâti une société parallèle à celle déjà établie par les Français. Les institutions des deux sous-sociétés sont vitales pour leurs membres respectifs, car elles offrent des possibilités économiques et politiques et parce qu'elles incarnent leur langue, leurs valeurs culturelles et leurs traditions. Par conséquent, les deux groupes ont lutté à armes inégales pour le pouvoir sur les institutions politiques, économiques et culturelles.

La concurrence entre les sociétés francophone et anglophone s'est toujours manifestée dans les luttes pour le pouvoir au sein des institutions politiques: l'*Acte de Québec de 1774*, l'*Acte constitutionnel de 1791*, l'*Acte d'union de 1841*, l'*Acte de l'Amérique du Nord britannique* et ses modifications, le rapatriement de la Constitution de 1982, l'ACCORD DU LAC MEECH de 1987 ont tous eu à traiter du PARTAGE DES POUVOIRS et de la reconnaissance symbolique de la langue et de la culture des deux groupes. Les problèmes de la répartition du travail, du contrôle des leviers économiques, de la culture, ainsi que de la taille de leur population respective se sont reflétés dans les conflits en matière de politique d'immigration, de relations internationales, d'industrie et de commerce, d'éducation, d'allocations familiales, de langue d'enseignement, de langue de travail et de communication de masse.

Les enjeux évoluent évidemment en fonction de l'époque et des circonstances, mais les questions fondamentales de pouvoir politique, de démographie, de l'accès aux capitaux pour l'expansion ainsi que celle du caractère culturel de la société et de ses institutions existeront tant et aussi longtemps que les deux groupes cohabiteront. La lutte est cependant inégale, surtout en raison des écarts démographiques et de richesse, mais aussi en raison de la Conquête et de sa portée, de l'influence britannique sur le façonnement de la société et des institutions canadiennes et, enfin, du caractère anglophone de la société nord-américaine.

Les immigrants et la société canadienne Le déclin de la représentation britannique a entraîné un déclin parallèle de son pouvoir économique et politique et un changement dans le statut du Canada comme «société blanche». Les autres immigrants européens ne sont pas sur le même pied que les groupes fondateurs. John PORTER, dans *The Vertical Mosaic*, affirme que la caractéristique fondamentale de cette société était «d'exclure les groupes minoritaires des principaux lieux décisionnels du secteur des affaires» (*voir* ÉLITE DU MONDE DES AFFAIRES).

En politique, depuis 1867, la composition du Cabinet du gouvernement fédéral reflète bien la bataille pour l'équilibre entre les intérêts des francophones et ceux des anglophones. La décision de certains groupes, comme les Finlandais, les Ukrainiens, et d'autres immigrants d'Europe centrale et de l'Est de se lancer dans des activités politiques radicales traduit leur décision de défier ce qui est appelé «la notion de la société canadienne d'une part et celle de

l'existence de groupes ethniques minoritaires comme réalité extérieure à la société d'autre part».

Les conflits entre groupes immigrants et les peuples fondateurs résultent d'un accès inégal à l'emploi et à l'éducation, ainsi que d'une sécurité et d'un statut social inégaux. Plusieurs groupes sont victimes d'exploitation systématique, de discrimination et d'exclusion sociale, mais leur situation s'est grandement améliorée à la suite de leurs propres efforts collectifs et individuels, et grâce à la législation et à la prospérité économique.

Pour la première génération d'immigrants, les structures des réseaux locaux et des organisations sert surtout à des fins d'adaptation, c.-à-d. pour faire progresser des intérêts communs et fournir un soutien social. Ces structures tendent à s'affaiblir au fil des générations si le groupe réussit dans une certaine mesure à progresser économiquement et à s'intégrer.

Sur le plan individuel, cela se manifeste par la perte de la culture et de la langue et par une diminution de la participation dans les associations et réseaux opérant au sein du groupe. Cependant, cela ne signifie pas une perte complète d'identité et de culture, car les valeurs que la deuxième génération et les générations suivantes maintiennent au cours de leur vie au Canada sont une sélection et une transformation de celles transmises par le pays d'origine.

Minorités visibles Le caractère visible de certains groupes ajoute une dimension à la question de leur intégration complète à la société canadienne. Des études historiques des politiques d'immigration ont bien exposé la question du racisme au Canada. En fait, les Canadiens adoptent l'attitude de l'autruche devant ce problème, alors que des études révèlent que les préjugés et la discrimination (*voir* PRÉJUGÉS ET DISCRIMINATION) sont une réalité au Canada (*voir* ANTISÉMITISME; NOIRS; CANADIENS D'ORIGINE JAPONAISE; CHINOIS; JUIFS). Dans la mesure où il existe de telles attitudes et des comportements négatifs, il est encore plus difficile pour une minorité visible que pour les autres minorités d'éviter d'en être l'objet.

Les relations entre les groupes ethniques et les cultures francophone et anglophone soulèvent la question de savoir comment certaines manifestations d'appartenance ethnique, collective et individuelle, le cas échéant, doivent être reconnues et incorporées dans la société canadienne et comment les institutions sociales doivent être modifiées pour reconnaître les diverses traditions culturelles et leur faire une place.

Les programmes et les politiques des différents paliers de gouvernement en matière de multiculturalisme sont un pas dans cette direction. Toutefois, leur but n'a pas été de réorganiser les institutions pour refléter la composition de la population. Ce qu'une telle réorganisation pourrait entraîner doit encore être défini dans ses grandes lignes et même la question qu'elle soit entreprise ou non reste hautement contestée.

Raymond Breton

Relations internationales du Québec Parmi les États non souverains que sont la Catalogne, les Landers allemands, l'Écosse et la Belgique francophone, il est difficile d'en trouver un qui ait développé ses relations internationales autant que le Québec. La province entretient deux relations privilégiées; l'une est composée de liens étroits avec la France, l'autre, est celle, pragmatique et commerciale, qu'elle a avec les États-Unis.

Le contexte constitutionnel et politique

Les relations internationales sont rarement l'apanage des gouvernements provinciaux ou des États fédérés. Au Canada, la constitution n'est pas claire en ce qui concerne l'action internationale des provinces dans les domaines de leur compétence. L'*Acte de* l'AMÉRIQUE DU NORD BRITANNIQUE (AANB) de 1867 ne spécifie pas clairement les compétences en matière de politique étrangère. La *Loi constitutionnelle de 1982,* que le gouvernement du Québec a refusé d'entériner, ne règle pas non plus cette question. En 1937, avant que la Cour suprême ne devienne la dernière instance légale, le Comité judiciaire du Conseil privé de Londres décide que les provinces peuvent intervenir sur le plan international dans les domaines de leur compétence. Depuis 1937, ni les gouvernements provinciaux ni le gouvernement fédéral n'ont demandé à la Cour suprême de déterminer qui a compétence en matière de politique étrangère en vertu de la Constitution. Aussi, afin d'éviter des querelles légales, très peu de lois québécoises encadrent-elles ces actions internationales. Avant 1988, seulement trois lois concernant la politique internationale ont été édictées: la *Loi concernant les agents ou délégués généraux de la province,* la *Loi concernant l'Office franco-québécois pour la jeunesse* et la *Loi assurant l'application de l'entente sur l'entraide judiciaire.*

Il faut savoir par ailleurs que le gouvernement fédéral a toujours été hostile, particulièrement sous Pierre Elliott TRUDEAU, à l'action du Québec sur le plan international. Cette position du ministère des Affaires extérieures à Ottawa s'explique par trois raisons. La première est historique. Les actions internationales du Québec entraveraient, selon les dirigeants du service extérieur canadien, les efforts fédéraux, entrepris surtout à partir de 1945. Le service extérieur n'avait aucune envie de partager les pouvoirs qu'il avait si récemment arrachés au Colonial Office. La deuxième raison est d'ordre culturel: au cours des années 60, des Canadiens français parvenaient au sommet du Ministère des Affaires extérieures, sans réussir toutefois à convaincre le Québec qu'ils représentaient adéquatement leur province. Le troisième motif est bureaucratique: le ministère des Affaires extérieures ne voulait pas être contesté alors qu'il cherchait à affirmer son pouvoir face aux autres ministères du gouvernement fédéral.

Les débuts

À l'exception de quelques interventions menées à la fin du XIXe s. et restées sans suite, le Québec n'est devenu actif sur la scène internationale que dans la foulée de la RÉVOLUTION TRANQUILLE. La formulation d'une première politique internationale tient en deux discours que le ministre de l'Éducation, Paul GÉRIN-LAJOIE, prononce d'abord devant le corps consulaire à Montréal, le 12 avril 1965, puis devant les universitaires français, belges et suisses, le 22 avril 1965. Pour la première fois, un ministre québécois affirme, devant des représentants étrangers, la volonté du Québec de développer ses activités internationales sans le consentement ou la supervision du gouvernement fédéral. La doctrine juridique concernant les activités internationales du Québec tient en une expression qui résume ces discours: «le prolongement international des compétences internes du Québec». Cette position, appelée doctrine Gérin-Lajoie, est formulée quatre ans après l'ouverture de la première délégation du Québec à Paris, en 1961.

En 1966, après la victoire de l'UNION NATIONALE, Daniel JOHNSON père, bien qu'ayant qualifié la politique internationale, lorsqu'il était dans l'opposition, de «dépenses fastueuses» découlant de la «politique de grandeur» de Lesage, poursuit dans cette voie. C'est aussi sous Johnson que la loi de 1967 donne naissance au ministère des Affaires intergouvernementales (MAI) qui remplace le ministère des Relations fédérales-provinciales. Le nouveau ministère se voit confier la responsabilité de concevoir une politique dans le domaine et de coordonner les activités extérieures du gouvernement, des ministères et organismes, aussi bien dans le domaine des relations fédérales-provinciales que dans le domaine international. On transfère alors la responsabilité des délégations du ministère de l'industrie et du Commerce vers le nouveau ministère. C'est seulement en 1974, que les activités internationales des ministères de l'Éducation et des Affaires culturelles sont à leur tour rapatriées au sein de ce ministère.

Il faut attendre 1988 pour qu'un ministère du gouvernement du Québec reçoive pour seul et unique mission de s'occuper des questions de politiques internationales. Cette année-là, le ministre Paul Gobeil dépose le projet de loi créant le ministère des Affaires internationales, qui doit parachever la construction de l'édifice institutionnel, en soulignant que personne n'a jamais contesté le principe du prolongement international des compétences internes émis par Gérin-Lajoie. Gobeil ajoute que le rôle international du Québec a été légitimé par diverses actions dont il donne trois exemples liés à la francophonie. D'abord, la représentation du Québec au sein de l'Agence de coopération culturelle et technique; ensuite la reconnaissance publique par le premier ministre du Canada, Brian MULRONEY, le 8 novembre 1984, de la légitimité des relations entre le Québec et la France; enfin, la conclusion d'un accord Ottawa-Québec permettant au premier ministre du Québec d'assister à la Conférence des chefs d'État de la francophonie. Cette construction est complétée par l'énoncé de politique intitulé «Le Québec et l'interdépendance, Le Monde pour horizon, Éléments d'une politique d'affaires internationales», rendu public le 19 septembre 1991. Cela ne devait guère durer. En diminuant le nombre de ministères lors de son passage à la tête de l'État québécois, Daniel JOHNSON Jr. fusionne ce nouveau ministère avec celui de l'Immigration et des communautés culturelles. Puis, en 1996, Lucien Bouchard aura deux ministres: le ministre d'État de l'Économie et des Finances se gardant le Commerce international et le ministre des Relations internationales étant responsable de la Francophonie.

La France et le général De Gaulle

Cette politique internationale rayonne parce que la France fournit à la politique extérieure du Québec un élément essentiel de son développement en agissant comme interlocuteur étatique national engagé dans une relation de nature officielle. À ce point de vue, De Gaulle fut d'ailleurs plus qu'un interlocuteur, il devança à maintes reprises les demandes du Québec. C'est grâce à l'intervention de la France qu'est créé le statut de «gouvernement participant» destiné à permettre au Québec d'agir comme État lors de la création de l'Agence de coopération culturelle et technique (ACCT) suite aux Conférences de Niamey I (1969) et II (1970). Pour la première fois, le gouvernement du Québec devient membre à part entière d'un organisme multilatéral. C'est ce qui va permettre ultérieurement la participation du Québec aux Sommets de la francophonie.

Longtemps après le départ de De Gaulle, la France continue d'apporter son soutien au Québec. Les présidents français successifs réitèrent l'appui de leur pays. La position de «non ingérence, mais non indifférence», adoptée depuis par les dirigeants français, traduit cette fidélité.

Libre-échange et commerce extérieur

En termes de choix stratégiques, les États-Unis demeurent le premier partenaire du Québec en tant que marché pour les exportations québécoises et la principale source d'investissements étrangers sur le territoire du Québec. C'est une des raisons pour lesquelles le gouvernement québécois a fait preuve de leadership lors de la signature des Accords de libre-échange, d'abord avec les États-Unis et ensuite avec le Mexique. Comme l'ensemble du Canada, le Québec devait aussi se prémunir contre le protectionnisme américain et éviter que le marché nord-américain ne se ferme à ses produits et services. Le gouvernement québécois estimait alors qu'au moins 285 000 emplois directs et indirects dépendaient des exportations de marchandises.

Par comparaison, la relation avec la France est peu importante économiquement pour le Québec qui exporte plus en Grande-Bretagne et en Allemagne. En effet, selon les chiffres de l'Institut de la statistique du Québec, en 1998, le Québec importait pour plus de 27 milliards de dollars des États-Unis alors qu'il exportait pour près de 48 milliards chez ses voisins du sud; le deuxième pays d'où il importe le plus est le Japon, précisément pour deux milliards et demi, tandis que, la même année, il vendait pour moins de un demi-milliard sur le marché nippon; la France est le 3e pays d'où le Québec importe le plus alors que pour les exportations celle-ci vient au 4e rang derrière le Royaume-Uni et l'Allemagne. En 1998, le Québec achetait en fait pour 2,238 millions à la France mais n'y vendait que 897 millions. Le Québec a toujours accordé une grande importance à ses relations internationales avec la France, en revanche, sur le plan commercial, c'est le lien avec les États-Unis qui compte. Le Mexique, 3e membre de l'Accord de libre-échange nord-américain (Alena), n'occupe que le 19e rang pour les exportations et le 7e pour les importations.

Les années 90

Le symbole le plus visible de l'importance pour le Québec de son rayonnement international est la création d'un réseau de DÉLÉGATIONS DU QUÉBEC autour du monde. Ce réseau connaît une certaine expansion jusqu'au moment où des coupures budgétaires entraînent la fermeture de plusieurs délégations, en 1996. Le gouvernement de Lucien Bouchard annonce alors que le Québec n'aura désormais plus que six bureaux à l'étranger, ses délégations générales de Paris, Bruxelles, Londres, New York, Tokyo, et Mexico. Cette politique étonne, surtout de la part d'un premier ministre qui fut ambassadeur et ministre fédéral et qui déclarait en 1991: «Mon expérience d'ambassadeur rejoint sans doute votre expérience de praticiens: pour faire affaire - en tout cas de bonnes affaires - sur le plan international, il faut entretenir des relations avec les gouvernements. Cela est évident quant il s'agit des pays où l'État est le canal obligé des transactions d'affaires (...) pays d'Afrique, d'Amérique latine, d'Europe de l'Est, Chine, URSS». Dans les années 90, c'est donc moins l'hostilité du gouvernement fédéral que la politique internationale du gouvernement Bouchard qui a provoqué le recul du Québec sur la scène internationale. (*Voir* FRANCOPHONIE; FRANCE ET LE QUÉBEC, RELATIONS ENTRE LA.)

Luc Bernier

Relations provinciales-municipales Au Canada, les municipalités s'apparentent aux gouvernements provinciaux à bien des égards. Elles sont dirigées par des représentants élus, ont le pouvoir de lever des impôts et de légiférer (arrêtés, règlements et ordonnances), fournissent une vaste gamme d'installations et de services publics et adoptent des politiques d'intérêt public (p. ex., l'aménagement du territoire).

Par contre, les municipalités diffèrent des gouvernements provinciaux à bien des égards, notamment sur le plan constitutionnel. Les provinces tirent leurs pouvoirs de la Constitution. Leur permanence et l'autonomie de leurs compétences sont donc garanties. Les municipalités, elles, tirent leurs pouvoirs des lois provinciales, susceptibles de modifications par un vote majoritaire de l'Assemblée législative. Ces pouvoirs sont habituellement énoncés dans une loi sur les municipalités, laquelle s'applique à toutes les municipalités de la province en question.

Les municipalités ne peuvent habituellement exercer que les pouvoirs qui leur sont délégués par le gouvernement provincial. La province conserve le droit de modifier les limites municipales, d'abolir des municipalités particulières (comme l'ont fait le Nouveau-Brunswick et l'Ontario), de redistribuer les ressources financières aux municipalités et de leur retirer des pouvoirs pour leur en attribuer d'autres.

Les pouvoirs accordés par la province sont tantôt obligatoires tantôt facultatifs.

L'autonomie des municipalités est grandement limitée. P. ex., de nombreux arrêtés municipaux exigent une approbation provinciale pour entrer en vigueur; les emprunts municipaux pour des projets d'immobilisations sont étroitement réglementés par le ministère provincial des Affaires municipales ou une commission municipale dont les membres sont nommés par la province; de nombreuses décisions locales en matière d'urbanisme peuvent faire l'objet d'appels à des instances provinciales et beaucoup de pouvoirs locaux s'appliquent seulement à des compétences partagées par la province et la municipalité (p. ex., l'environnement). L'autonomie limitée des administrations municipales soulève des questions quant à l'obligation de rendre des comptes, obligation qui incombe aux ADMINISTRATIONS LOCALES en régime démocratique. Les élus municipaux doivent rendre des comptes à la fois à leur électorat et aux instances provinciales, mais à des degrés qui diffèrent d'une province à l'autre, voire d'une municipalité à l'autre.

Les relations entre les municipalités et leur gouvernement provincial ne sont pas toujours de tout repos. Le manque d'autonomie déplaît à bien des élus municipaux, tandis que nombre de ministres et de bureaucrates à l'échelon provincial ne perçoivent les municipalités que comme d'autres groupes d'intérêt qui cherchent à inciter la province à prendre telle ou telle décision de principe. Le statut particulier des municipalités à titre d'administrations élues par suffrage universel est bien compris des ministres et des responsables des Affaires municipales, mais leurs collègues des autres ministères ou du Cabinet ont leurs propres intérêts en matière de décisions budgétaires et juridictionnelles, ce qui les porte à accorder peu d'importance aux affaires municipales.

Les municipalités se sont regroupées en associations bénévoles dans une tentative de faire valoir leurs intérêts dans l'élaboration des politiques provinciales. Des provinces ont une association du genre; d'autres en ont deux, l'une regroupant habituellement les municipalités urbaines et l'autre regroupant les municipalités rurales. Le souci principal de ces associations est d'obtenir de meilleurs arrangements financiers pour les municipalités. À l'échelle locale, les recettes proviennent surtout de l'impôt foncier et des subventions provinciales. Ces subventions sont en moyenne conditionnelles à 80 p. 100. Les conditions fixées obligent parfois les municipalités à faire des choix qui répondent aux objectifs provinciaux aux dépens des objectifs locaux. En général, l'impôt foncier est considéré comme étant le plus régressif des principaux domaines fiscaux au pays. De plus, la croissance de l'impôt foncier ne suit pas celle de l'économie ou de l'inflation, comme c'est le cas pour la taxe de vente ou pour l'impôt sur le revenu.

Dans certaines provinces, on a connu une réduction massive des fonctions et des fardeaux financiers du gouvernement aux dépens des municipalités au cours des années 90. En Nouvelle-Écosse et en Ontario, cette réduction a été suivie d'une restructuration. Des changements aussi arbitraires sont l'indice du triomphe de l'efficience aux dépens de la participation du public et de l'accès direct aux élus municipaux.

Allan O'Brien

Relations publiques Ce sont des initiatives de communications qui ont pour but d'influencer favorablement l'attitude des gens à l'endroit d'une compagnie, d'un organisme public ou d'une personnalité afin de promouvoir l'acceptation de valeurs relatives aux produits, aux politiques ou aux concepts d'un groupe ou d'une personne. Au Canada, les relations publiques sont pratique courante dans le monde des affaires modernes et chez les gouvernements.

Activités et techniques de relations publiques Toute stratégie de communication visant à influencer un organisme et ses produits, une personne ou un concept, implique les relations publiques. La PUBLICITÉ est une composante des relations publiques, mais publicité et relations publiques sont habituellement considérées comme des entités distinctes.

Déterminer le public visé par le message et élaborer une stratégie pour s'assurer de la crédibilité du message, telles sont les premières étapes de toute campagne de relations publiques. La stratégie doit aussi établir les objectifs relatifs aux différents publics et définir les moyens de rejoindre ces groupes. Les activités peuvent inclure les relations avec la communauté, pour soutenir les organismes de charité ou positionner les entreprises; les relations avec le consommateur, et les stratégies pour améliorer la position de la compagnie sur le marché; les relations avec les pouvoirs publics, qui peuvent impliquer le LOBBYING auprès de leurs fonctionnaires et les mesures à prendre pour s'attirer l'appui de la population; et les relations avec les médias, pour sensibiliser davantage la population par la publicité.

Crédibilité des relations publiques La crédibilité des relations publiques a quelquefois été entachée par l'abus délibéré de certaines personnes des relations publiques dans le but de dissimuler les faits ou de leurrer l'opinion publique. Cependant, utilisées à bon escient, les relations publiques favorisent la communication de l'information factuelle par la divulgation de toutes les sources et une discussion ouverte portant sur tous les aspects des questions controversées.

Histoire des relations publiques au Canada L'origine des relations publiques contemporaines remonte aux activités de publicité, aux écrits d'affaires et aux attachés de presse de la fin du XIXe s. La campagne transatlantique du gouvernement libéral de sir Wilfrid Laurier, dont l'objectif était d'attirer des immigrants dans l'Ouest, est l'un des tout premiers exemples de relations publiques au Canada. En fait, elle précède l'émergence reconnue des relations publiques bien que ses tactiques soient encore employées aujourd'hui. Plus de deux millions d'immigrants entrent au Canada entre 1896 et 1911, séduits par la grande campagne de publicité et la concession des terres. Au cours de cette campagne orchestrée par Clifford Sifton, ministre de l'Intérieur, des conférenciers s'adressent aux auditoires des foires automnales américaines. Ils sont appuyés par des milliers de brochures et de dépliants publicitaires dans plus de 7000 journaux américains. Six cents rédacteurs américains (l'une des premières versions du «circuit médiatique») et des députés britanniques se rendent au Canada aux frais de la Couronne. Des agents ratissent la Grande-Bretagne, l'Allemagne et d'autres pays européens pour vanter les mérites des «champs dorés» de l'Ouest, et pour inciter à venir s'établir au Canada tant les travailleurs urbains que les paysans en sabots, que Sifton présente comme les «bons colons» dont le Nord-Ouest canadien a besoin. Même si à l'époque les relations publiques ne sont pas connues au sens commercial du terme, la campagne de Sifton, qui est probablement l'une des plus importantes et des plus réussies de l'histoire du Canada, est un modèle de communication, car elle cible des groupes spécifiques.

Depuis la Seconde Guerre Mondiale, la croissance des relations publiques reflète celle de l'économie canadienne. Ce secteur entrevoit pour l'avenir son expansion la plus importante du fait que la population incrédule porte de plus en plus attention aux agissements des sociétés privées et des institutions publiques.

En 1948, La Société Canadienne des Relations Publiques est fondée à Montréal et la Public Relations Association of Ontario, à Toronto. Les deux sociétés s'unissent en 1953 pour former la Société Canadienne des Relations Publiques (SCRP), laquelle reçoit sa charte fédérale le 17 avril 1957. Au milieu des années 60, la croissance des relations publiques dites paraprofessionnelles au Canada évolue à un point tel que la SCRP décide d'instaurer un programme d'accréditation volontaire en 1969. Les candidats qui réussissent les examens obtiennent le titre d'agréé en relations publiques (ARP). Le titre conféré indique qu'un praticien a travaillé pendant au moins cinq ans à temps plein dans le domaine des relations publiques, qu'il a réussi l'examen à trois volets et qu'il s'engage à respecter le Code d'éthique professionnelle. À la fin des années 80, la SCRP au Canada compte plus de 1500 membres dont 500 agréés.

D'autres associations canadiennes desservent les relationnistes du Canada parmi lesquelles on compte l'Association internationale des professionnels de la communication (AIPC), l'Association des Relations Publiques des Organismes de la Santé (ARPOS), l'Association des agents et des agentes de communication en éducation (AACE) et l'Association des affaires publiques du Canada (AAPC).

Carrières en relations publiques Les habiletés en communication et plus particulièrement en communication écrite sont un atout dans le domaine des relations publiques. La formation en relations publiques est plutôt récente au Canada, mais de nombreuses institutions ont instauré des programmes, notamment l'U. Laval, l'U. McGill, l'U. de Calgary, l'U. Mount Saint Vincent, le Mount Royal College à Calgary, le Grant MacEwan College à Edmonton, l'Algonquin College à Ottawa, le Durham College à Oshawa, le Humber College, le Seneca College et le Centennial College à Toronto.

Jusqu'à récemment, il n'existait aucun critère officiel d'inscription. Aussi, de nombreux spécialistes en relations publiques ont-ils débuté leur carrière dans d'autres champs d'activité, tout spécialement le journalisme, les finances, la technologie, l'enseignement ou la médecine. Les relations publiques requièrent la compréhension des médias écrits et électroniques, des arts graphiques et des techniques publicitaires.

Selon les sondages réalisés en 1986 et 1987, et publiés dans le bulletin de l'industrie canadienne *PR Strategies*, les relationnistes canadiens se considèrent comme des professionnels et plus de 60 p. 100 d'entre eux prônent la licence obligatoire.

Leur rémunération se compare à la moyenne salariale dans le domaine de la communication: mieux payés que les journalistes, ils touchent quelquefois moins que leurs collègues en publicité. Les relationnistes exercent leur profession dans les organismes sans but lucratif, les associations professionnelles, les ministères, les compagnies ou dans les cabinets de relations publiques.

David G. Norman

Relève, La Magazine mensuel fondé en 1934, à Montréal, par Paul Beaulieu, Robert CHARBONNEAU, Jean Le Moyne et Claude Hurtubise. Le magazine fait paraître 103 numéros avant de disparaître en 1948: les 48 premiers sous le nom de *La Relève* et les autres sous celui de *La Nouvelle Relève*. Parmi les collaborateurs québécois les plus importants, figurent Le Moyne, Robert Élie, Roger Duhamel et Saint-Denys GARNEAU et plus tard Guy Frégault, Berthelot Brunet, entre autres. Parmi les Européens les plus importants, citons Daniel Rops, Jacques Maritain, Emmanuel Mounier et Georges Bernanos. L'objectif de départ est de former un groupe «indépendant, nationaliste et catholique» qui se chargera de remédier à la pauvreté de la production québécoise en matière d'art, de littérature et de philosophie. Les principaux thèmes sont la crise économique des années 30, perçue comme une crise de civilisation; la révolution, c.-à-d. la transformation de la société en concordance avec un système de croyances «personnalistes» et collectif inspiré de Mounier (*voir* CITÉ LIBRE); le CATHOLICISME, la meilleure façon d'établir un nouveau consensus social calqué sur le Moyen Âge chrétien; l'art et la littérature en tant que méthodes d'épanouissement spirituel; enfin, le mariage et la famille, des valeurs faisant cruellement défaut dans un monde chaotique. Le magazine traite ces sujets avec une grande ouverture d'esprit, ce qui le distingue des autres publications nationalistes et traditionalistes. Toutefois, puisqu'il est édité par de jeunes bourgeois montréalais qui n'ont pas de soucis financiers, il est aussi très idéaliste. Les articles posent fréquemment des questions d'ordre général sur la civilisation contemporaine, mais se désintéressent des vrais problèmes auxquels la société québécoise d'alors est confrontée. Il a peu d'influence sociale, économique ou politique, mais il apporte une généreuse contribution au monde des idées. (*Voir aussi* PÉRIODIQUES LITTÉRAIRES DE LANGUE FRANÇAISE.)

Jacques Pelletier

Relief fluvial Il résulte du mouvement de l'EAU sur la surface terrestre. Du point de vue géologique, l'écoulement de l'eau est le processus externe le plus important dans le façonnement de la surface terrestre. Les reliefs fluviaux (*voir* RIVIÈRE ET FLEUVE) sont soit formés par accumulation, comme dans le cas des plaines d'inondation, des terrasses fluviales, des cônes alluviaux et des DELTAS, soit formés par érosion, comme dans le cas des vallées, des canyons et des BADLANDS sculptés qui constituent les paysages les plus impressionnants du Canada. Le processus fluvial revêt une importance particulière dans les régions semi-arides, subhumides, humides et très humides, mais aussi dans les régions arides où les rares pluies torrentielles peuvent provoquer des changements géomorphologiques.

À l'ère classique de la GÉOMORPHOLOGIE, caractérisée par une approche intuitive de la recherche et qui prend fin vers 1950, les reliefs fluviaux sont étudiés dans le contexte du cycle d'érosion, notion définie par W.M. Davis. Cette notion est un moyen simpliste, mais efficace sur le plan pédagogique, d'observer l'évolution du paysage en CLIMAT humide et tempéré, où l'écoulement des rivières commande la formation du relief (p. ex., dans le sud du Canada). Selon la théorie de Davis, après le soulèvement initial d'une zone terrestre, le paysage passe successivement par les stades de jeunesse, de maturité et de vieillesse. La jeunesse se caractérise par des vallées en V et des versants aux gradients irréguliers; la maturité, par des vallées à longs versants, des fleuves à méandres et des plaines d'inondation en formation; la vieillesse, par des cours d'eau calmes, de vastes plaines d'inondation, des LACS en croissant et de basses collines, les monadnocks. Le paysage est façonné essentiellement par une combinaison des processus fluviaux et des processus de formation des versants, qui conduiront finalement à la formation d'une surface plane d'érosion (pénéplaine) dont l'altitude est proche de celle du niveau de la mer. La pénéplanation pourra être suivie d'un soulèvement, qui marque le début d'un nouveau cycle d'érosion. Un soulèvement avant la fin du cycle conduit à une réjuvénation et à un encaissement des cours d'eau ainsi qu'à une formation de terrasses. La morphologie des vallées révèle habituellement l'influence de la GÉOLOGIE du substrat rocheux. D'autres modèles importants de la géomorphologie fluviale ont été proposés par Walther Penck (Allemagne) et L.C. King (Afrique du Sud). Le modèle de King fait ressortir l'importance de la formation des pédiments et de la pédiplanation en climat semi-aride. On explore aujourd'hui de nouvelles avenues dans l'interprétation des reliefs fluviaux.

Les cours d'eau ont joué un rôle majeur dans le façonnement du paysage au Canada. Il est toutefois difficile d'interpréter leur action, car la plupart des régions qu'ils ont modelées portent maintenant l'empreinte de la GLACIATION du quaternaire. Un grand nombre des magnifiques vallées qui ravinent aujourd'hui la cordillère résultent d'une réjuvénation et d'un encaissement des cours d'eau durant le soulèvement survenu au tertiaire (il y a de 66,4 millions d'années à 1,6 million d'années), comme les vallées du Fraser, du Thompson et de l'Okanagan dans la zone du plateau Fraser-Nechako, en Colombie-Britannique. Certaines vallées fluviales de la région de la Cordillère ont été en partie remblayées par des dépôts glaciaires et fluvioglaciaires au cours des ÉPOQUES GLACIAIRES (il y a de 1,6 million d'années à 10 000 ans), mais des processus postglaciaires subséquents y ont laissé une série de terrasses fluviales, comme la rivière Bow, en Alberta. La formation de terrasses dans des vallées remblayées est un phénomène qu'on rencontre aussi dans le centre et l'est du Canada.

Le relief plat des PRAIRIES est né du dépôt lent et continu de débris rocheux provenant de l'érosion de la Cordillère par des cours d'eau s'écoulant vers l'est (ainsi que des dépôts glaciaires). Les cours d'eau actuels qui traversent les Prairies (p. ex., la rivière Saskatchewan) sont peu encaissés. Les vallées sont jeunes et celles qui ont précocement atteint le stade de la maturité ont une profondeur maximale de plusieurs centaines de mètres. Dans certaines régions arides de l'Alberta, l'entaille faite par les cours d'eau dans les sédiments du crétacé (il y a de 144 millions d'années à 66,4 millions d'années) a formé un relief de badlands, comme à Drumheller.

Une bonne partie du BOUCLIER canadien a été biseautée par des processus d'érosion et d'aplanissement bien avant l'avènement du quaternaire. Les réseaux hydrographiques préglaciaires ont été dérangés pendant la période glaciaire et les vallées, enfouies sous les dépôts glaciaires, ont laissé une multitude de lacs. De nos jours, certaines de ces vallées sont de nouveau entaillées par des cours d'eau. Dans le centre du Canada, avant l'apparition des glaces, les basses-terres qu'occupent les Grands Lacs étaient drainées par des réseaux hydrographiques normaux. Les Grands Lacs sont le produit des glaciations. La rivière Niagara, qui relie le lac Érié au lac Ontario, franchit un ESCARPEMENT de roches siluriennes (datant de 438 millions d'années à 408 millions d'années), engendrant les chutes Niagara et la gorge en aval. Plus en aval, les eaux passent du lac Ontario au fleuve Saint-Laurent. C'est là que se déploie le paysage pittoresque des MILLE-ÎLES, taillé par les eaux dans la roche précambrienne (une surface d'érosion de plus de 600 millions d'années).

En raison de l'étendue du littoral et du nombre de lacs et de cours d'eau, on trouve au Canada quantité de reliefs deltaïques, comme les deltas de la rivière Rouge (lac Winnipeg) et des fleuves Mackenzie et Fraser.

La géomorphologie quantitative moderne examine les reliefs fluviaux dans un contexte de systèmes ouverts. L'unité de base, le BASSIN HYDROGRAPHIQUE, est considérée comme un système ouvert ayant des entrées (les précipitations, l'énergie solaire), des débits et des sorties (les écoulements fluviaux, les sédiments) d'énergie et de matière. La morphologie des reliefs dans le bassin évolue en réaction aux diverses entrées et sorties ou pour s'y adapter. Une telle approche conceptuelle implique aussi l'idée de l'équilibre des systèmes. Si les entrées et les sorties demeurent sensiblement constantes, les reliefs devraient prendre une forme où les crêtes (de roches et de structures plus résistantes) s'érodent au même rythme que les vallées des cours d'eau. L'analyse des réseaux hydrographiques, présentée pour la première fois en 1945 par l'Américain R.E. Horton, fait partie de la géomorphologie quantitative fluviale. On peut classer les réseaux en fonction de leur forme (p. ex., dendritique, rectangulaire) et de leur composition, ce qui nécessite l'étude des rapports mathématiques entre les cours d'eau (catégories, longueurs, nombres, profils et versants). L'étude des réseaux, y compris des reliefs, met l'accent sur l'hydrologie fluviale, la géométrie hydraulique de l'évolution des cours d'eau, le tracé (rectiligne, méandres et chenaux anastomosés), les régimes, la mécanique fluviale et la turbulence des fluides, les processus d'érosion, de transport et de formation (creusement et remblayage), l'évolution du lit et la vitesse de dénudation du bassin (production de sédiments). Dans le domaine de la géomorphologie appliquée, des critères d'ordre quantitatif permettent de comparer l'esthétique des rives et d'évaluer l'environnement en relation avec des projets de mise en valeur des cours d'eau. L'interprétation de la grande variété de reliefs fluviaux joue un rôle déterminant dans le choix des tracés des grandes routes, des pipelines et des chemins de fer et dans la prévision de la stabilité des rives et des embâcles. Enfin, la géomorphologie des cours d'eau a des répercussions sur l'exploration des dépôts placériens, la gestion des eaux, la lutte contre les inondations et la gestion des bassins hydrographiques en général. (*Voir aussi* ZONES DE GÉOGRAPHIE PHYSIQUE.)

Alan V. Jopling

Relief karstique C'est une forme de paysage provoquée par l'eau qui s'infiltre dans la terre ou l'eau qui se déverse aux sources. Le mot karst vient d'une région côtière de la Yougoslavie où ces formes (dolines, cavernes, ponts naturels, pertes de rivières, etc.) sont nombreuses. Les modelés karstiques sont une importante variante de reliefs formés par l'eau mouvante. Plutôt que de couler en surface comme dans un système fluvial normal (*voir* RELIEF FLUVIAL), l'eau s'y écoule en passant par un réseau souterrain de grottes de dissolution. La formation des reliefs karstiques est restreinte aux régions constituées de roches relativement solubles, surtout le calcaire, les dolomies (roches carbonatées), le gypse et l'anhydrite (sulfates). Environ 8 p. 100 de la surface du globe est constituée de karsts. Au Canada, il existe 1,2 million de kilomètres carrés de formations karstiques. On les rencontre communément dans toutes les régions géologiques, sauf dans le Bouclier canadien.

La formation de karsts est fonction de deux importants processus de dissolution. Le gypse, l'anhydrite et des substances très solubles – tel le sel naturel – se dissolvent au contact de l'eau. p. ex., le gypse se dissout à des concentrations atteignant jusqu'à 2500 mg par litre d'eau (à 25 °C). La solution devient alors saturée et peut entraîner la précipitation de croûtes gypseuses (p. ex., aux sources minérales). La calcite (le minéral qui compose le calcaire) et la dolomie sont dissoutes par l'acide carbonique produit par la dissolution du gaz carbonique de l'atmosphère (CO_2) dans l'eau. Ainsi, les taux de dissolution du calcaire sont fonction des volumes d'eau et du CO_2 disponibles dans le milieu. Dans les sols où le CO_2 est dissous par les eaux de ruissellement, le CO_2 peut s'accumuler en fortes concentrations. Les taux de dissolution du calcaire se situent de moins de 5 m^3/km^2 par année dans les déserts et les régions froides à plus de 100 m^3/km^2 dans les forêts pluviales.

Les reliefs karstiques les plus communs sont les petites cuvettes de dissolution, les cannelures et les rigoles appelées lapiaz. Les formes individuelles ont rarement plus de 10 m de longueur et de profondeur, mais, souvent, elles sont densément regroupées, ravinant de plus grandes surfaces appelées lapiaz. Les lapiaz, ou pavages de dissolution, sont surtout très répandus dans l'île d'Anticosti, au Québec, dans la péninsule Bruce et dans l'île Manitoulin, en Ontario. De plus petites surfaces se trouvent à l'intérieur des limites d'Hamilton, de Montréal, d'Ottawa, etc. À Winnipeg, une superficie d'environ 3500 km^2 de pavage de dissolution est préservée sous les argiles du tardiglaciaire et forme un important réservoir d'eau industriel.

La doline constitue l'élément caractéristique du relief karstique. C'est une dépression en forme de cuvette, d'entonnoir ou de cylindre qui dirige l'eau vers le sous-sol. Le fond de la doline peut être occupé par un étang permanent ou temporaire. La longueur ou le diamètre des dolines varie de 10 à 1000 m. La plupart des dolines sont provoquées par une dissolution concentrée dans l'entonnoir ou par l'effondrement du plafond d'une caverne sous-jacente. Dans le Sud de la Saskatchewan, des cavités de dissolution dans les couches de sel se sont propagées à travers une épaisseur de 1000 m de roches insolubles sus-jacentes et ont formé des dolines peu profondes à la surface. Souvent, les dolines se forment suivant une ligne ou en groupes. Certains karsts (p. ex., dans le centre du Kentucky) parsemés de plus de 500 dolines/km² ressemblent à des terrains bombardés par des obus. Dans le Sud du Canada, il existe des milliers de dolines, depuis les terrains gypseux de l'ouest de Terre-Neuve aux terrains calcaires de l'île de Vancouver. Il en existe de grands et impressionnants exemples dans le PARC NATIONAL WOOD BUFFALO, dans les monts Franklin et à l'ouest du Grand lac de l'Ours où les calcaires et les dolomies se sont effondrés dans des cavités se trouvant dans le gypse. Chaque année, il se produit des effondrements qui, en quelques secondes, font apparaître un trou. Dans certaines régions de Terre-Neuve et de la Nouvelle-Écosse, ces terrains gypseux constituent un risque pour l'aménagement d'habitations.

Parmi les reliefs karstiques de plus grande taille, on note les vallées sèches et les canyons, creusés par d'anciennes rivières qui coulent maintenant sous la terre, et les poljés qui sont d'importantes dolines à fond plat recouvert d'alluvions. Le lac Medicine, dans le parc national Jasper, est un poljé de 6 km sur 1 à 2 km. La rivière Maligne s'y jette et l'inonde jusqu'à une profondeur de 25 m durant la saison de dégel estival. En hiver, le lac se réduit à de petits étangs occupant les dolines à la base du poljé. L'eau d'infiltration se déverse à 16 km au nord-ouest par une soixantaine de sources, dans le lit du canyon Maligne. Ces sources karstiques, dont le débit global peut dépasser 65 m³ d'eau par seconde, sont les plus importantes connues au Canada.

La formation de karsts est plutôt rare au Canada si on la compare à celle de pays qui n'ont pas connu de GLACIATIONS répétées. Les glaciers ont érodé ou comblé une grande partie des karsts. Le karst de Nahanni, le plus bel exemple du Canada, est situé quelque part dans les monts Mackenzie, dans les Territoires du Nord-Ouest. Il a échappé à la glaciation au cours des quelques dernières centaines de milliers d'années. Des formes importantes de paysage karstique se sont développées sans interruption ou sans être détruites: des centaines de dolines d'une profondeur allant jusqu'à 150 m, des cannelures de dissolution géantes qui s'entrecroisent pour former un labyrinthe naturel, plusieurs poljés et des canyons secs. Certaines parties du karst sont à un stade avancé, avec des kopjés de roches résiduelles et des ponts naturels rarement observés dans les latitudes nordiques.

Le karst alpin, constitué de champs de lapiaz géants (karren) et de dolines en puits situés au-delà de la limite forestière et se déversant dans des cavernes profondes, est bien développé dans certaines parties des Rocheuses et de l'île de Vancouver. Le champ de glace Columbia, le plus grand des Rocheuses, est drainé en grande partie par des dolines persistant dans le calcaire sous-jacent. Les eaux s'écoulent dans de vastes cavernes à travers une montagne, puis émergent plus loin sous la forme de sources spectaculaires dans la vallée de la rivière Castleguard.

D.C. Ford

Relief périglaciaire Il résulte de l'action du gel intense, souvent combiné à la présence du PERGÉLISOL. Il n'existe que dans les régions froides, mais essentiellement non glaciaires. L'appellation provient de Walery von Lozinski qui, en 1909, la propose pour décrire l'action climatique du gel dans les Carpates d'Europe centrale. Par la suite, la notion de «zone périglaciaire» s'impose pour désigner les conditions climatiques et géomorphologiques des régions en périphérie des inlandsis et des GLACIERS du Pleis-tocène. En théorie, cette zone était une TOUNDRA qui s'étendait au sud jusqu'à la LIMITE FORESTIÈRE. Aujourd'hui, l'emploi du mot désigne un large éventail de conditions froides, indépendantes de la proximité des glaciers dans le temps et dans l'espace. Les milieux périglaciaires se trouvent en hautes latitudes et dans la toundra, mais aussi dans des régions au sud de la limite forestière et dans des régions de haute altitude (régions alpines) de latitudes tempérées.

Environ 50 p. 100 de la surface du territoire canadien est soumise à des conditions périglaciaires (effets du gel intense, présence du pergélisol ou les deux). Toutes les variantes existent entre les milieux fortement soumis à l'effet du gel et où la topographie entière, ou quasi entière, résulte de ces conditions et les milieux dont les processus d'action gel-dégel sont assujettis à d'autres processus. Des complications surviennent en raison des divers degrés de sensibilité des différentes formations rocheuses à l'effet du gel et du fait qu'il n'existe aucune corrélation parfaite entre les régions soumises à l'effet du gel intense et les régions pergélisolées. De grandes régions nordiques du Canada ne sont sorties que récemment de la GLACIATION du Wisconsinien supérieur et les processus périglaciaires viennent actuellement modifier leurs reliefs glaciaires.

Dans les régions marquées par de plus longues périodes de conditions non glaciaires, comme l'intérieur nord du Yukon, l'ÎLE BANKS dans le nord-ouest et les autres îles du Haut-Arctique, les reliefs sont plus susceptibles d'être en équilibre avec les conditions périglaciaires. Les processus propres aux milieux périglaciaires comprennent la formation du pergélisol, celle de fissures de contraction thermique, le dégel du pergélisol (formation de thermokarst) et la formation de coins de glace et de glace d'injection. D'autres processus, pas forcément uniques aux régions périglaciaires, sont importants en raison de leur grande ampleur et de leur fréquence dans les milieux non glaciaires. Ces processus sont la ségrégation de glace, l'effet du gel saisonnier et diverses formes d'instabilité et de rapides mouvements de masse. Pratiquement tous les processus de gélivation sont reliés à la congélation de l'eau.

Les reliefs périglaciaires les plus caractéristiques sont liés au pergélisol. Les polygones de toundra, plus fréquents et formés par les fissures de contraction thermique, se forment à la surface du sol en réseaux polygonaux larges de 20 à 30 m. Souvent, l'eau s'infiltre dans les fissures et forme des coins de glace épais de plusieurs mètres et de un à deux mètres de largeur près de la surface. Dans les milieux plus arides, le sol minéral remplit les fissures, produisant ainsi des coins de sable. Les collines à noyau de glace (PINGOS) sont une forme de relief périglaciaire moins fréquente. Les pingos se forment quand l'eau atteint l'horizon de gel sous l'effet d'un gradient de pression de type hydraulique ou hydrostatique. Ces formations ne sont pas caractéristiques de tous les reliefs périglaciaires, mais elles résultent de conditions géomorphologiques et hydrologiques particulières qui restreignent grandement leur répartition. D'autres formes de reliefs d'accumulation, tels les palses et les plateaux tourbeux, sont généralement liées à la ségrégation de glace plutôt qu'à l'injection. Les glissements de terrain dans la glace de sol, les lacs thermokarstiques et les dépressions irrégulières (thermokarst), formées par le dégel et l'érosion du pergélisol riche en glace, constituent un autre groupe de reliefs périglaciaires.

De nombreux processus périglaciaires résultent de la gélifraction et de la cryométéorisation des affleurements rocheux. La gélifraction, ou fissuration par le gel, résulte de la congélation et de l'expansion de l'eau s'infiltrant dans les joints et les plans de litage. Les processus de cryométéorisation sont encore mal compris. Les débris de roche grossiers et angulaires (champs de pierres), normalement attribués à la gélifraction ou à la cryométéorisation, sont fréquents et se produisent sur de grandes surfaces au-delà de la limite forestière et dans l'archipel Arctique. De plus, des blocs de roche de fond soulevés par le gel et de larges pentes d'éboulis (grèzes) se forment communément. Des volumes rocheux gélivés (tors) se dressent parfois au-dessus des surfaces couvertes de fragments, indiquant une roche de fond plus résistante. Ce processus survient plus souvent dans des ROCHES SÉDIMENTAIRES, surtout dans les îles de l'Arctique (p. ex., l'ÎLE SOMERSET). Cependant, dans le centre du Yukon non englacé (plateau du Klondike), les tors se forment sur des roches métamorphiques très anciennes et extrêmement résistantes. Les surfaces d'érosion planes (terrasses de cryoplanation) sont quelquefois liées aux tors, mais elles peuvent aussi se former indépendamment.

Les agents de transport comprennent la reptation des sols, ce mouvement de roue à cliquet qui se produit dans le sol durant un cycle gel-dégel et qui fait que le sol prend normalement de l'expansion à la surface et retombe en position plus verticale, et la solifluxion, le mouvement lent, en pente descendante, des matériaux saturés d'eau. La solifluxion qui se produit sur le pergélisol ou au-dessus du gélisol se nomme gélifluxion. Les lobes, les nappes et les terrasses de solifluxion sont surtout abondants au-delà de la limite forestière et en dessous des neiges persistantes.

Le faible relief des régions périglaciaires se traduit par diverses formations géométriques du sol. Ces formations sont souvent associées à la cryoturbation ou au déplacement latéral et vertical du sol provoqué par le gel-dégel saisonnier ou diurne. Les sols polygonaux non triés (ou réseaux), de 1 à 2 m de diamètre et jusqu'à 0,5 m de haut, sont les plus communs. Dans la vallée du Mackenzie, partout où se trouvent des sédiments à grain fin mal drainés, les sols polygonaux couvrent de grandes surfaces. Dans le district de Keewatin, des formes géométriques de morphologie semblable provoquées par les différences de densité dans les sédiments saturés se nomment «marmites bouillonnantes». Une grande variété de formes de sols structurés triés et non triés dans d'autres parties du nord du Canada sont décrites, mais aucune explication unique ne s'applique à l'ensemble de ces formes. (*Voir aussi* ZONES DE GÉOGRAPHIE PHYSIQUE.)

Hugh M. French

Religion Terme dérivé du latin *religio*, «respect de ce qui est sacré», la religion peut être définie comme la relation entre l'être humain et sa source de valeur transcendante. Dans la pratique, elle peut comporter diverses formes de communication avec une puissance supérieure, comme des prières, des rites marquant les étapes importantes de la vie, la méditation ou l'appartenance totale à des organisations spirituelles. Les religions, malgré de nombreuses différences de détail, présentent habituellement la plupart des caractéristiques suivantes: le sens du religieux ou du sacré (qui se manifeste souvent sous la forme de divinités ou d'un Dieu personnel), un système de croyances, une communauté de croyants ou de participants, des rites (qui peuvent comprendre des formules types d'invocation, des sacrements ou des cérémonies initiatiques) et un code moral.

Traditions religieuses

Christianisme Au Canada, la principale religion est le CHRISTIANISME, auquel 90 p. 100 des habitants disent appartenir. Avant la colonisation européenne, les peuples autochtones pratiquaient un grand nombre de religions (*voir* AUTOCHTONES, RELIGION DES). De nombreux autochtones ou groupes d'autochtones se sont convertis au christianisme à la suite de l'œuvre missionnaire commencée en Nouvelle-France, mais les récentes années ont été marquées dans de nombreuses régions par un réveil des religions autochtones.

Autres religions Durant le XIXe s., et surtout au XXe s. grâce à l'apport de l'immigration, de nombreuses autres traditions s'implantent au Canada. Au début des années 80, le JUDAÏSME, le BOUDDHISME, le SIKHISME, l'HINDOUISME, l'ISLAM, les religions chinoises et la foi baha'ie (*voir* BAHA'ISME) y sont avantageusement représentés. L'œuvre missionnaire laisse après elle la traduction de la Bible en un grand nombre de langues et de dialectes, mais elle est aussi marquée par des politiques européennes coloniales et paternalistes qui ébranlent l'estime de soi et compromettent l'autosuffisance des communautés autochtones. Le pluralisme religieux est maintenant courant au Canada, surtout dans des villes comme Toronto et Vancouver. On peut classer les diverses traditions selon que leur sens du sacré s'attache à des événements historiques (le judaïsme, le christianisme, l'islam, le sikhisme et la foi baha'ie) ou aux cycles de la nature et aux étapes de la vie (l'hindouisme, le taoïsme et, jusqu'à un certain point, le bouddhisme). Ces différences négligent toutefois le fait que l'on trouve des phénomènes semblables dans les diverses traditions.

Les chrétiens ont généralement été au nombre des initiateurs des études savantes sur la religion, de sorte que les discussions sur le sujet ont tendance à tourner surtout autour des pratiques chrétiennes, des définitions chrétiennes des termes descriptifs utilisés dans les études religieuses ainsi que des conceptions chrétiennes de ce qui constitue la religion. En Amérique du Nord, cette tendance a été plus fortement influencée par le christianisme de tradition protestante. La Réforme protestante du XVIe s. se caractérise par une réaction déclenchée contre la religion sacerdotale par des érudits comme Martin Luther (*voir* LUTHÉRIENS) et Jean Calvin (*voir* CALVINISME), qui étudient la Bible dans l'original hébreu et grec plutôt que dans sa traduction latine. S'inspirant de saint Paul, Luther insiste davantage sur ce que Dieu fait pour l'humanité par le Christ que sur la façon dont l'être humain prouve son appartenance à Dieu, de sorte que c'est la foi (la croyance en l'intervention de Dieu) plutôt que les rites (les pratiques routinières) qui devient la pierre de touche de ce que les protestants considèrent comme la vraie religion. Les prédicateurs, et non les prêtres, sont les chefs de file du protestantisme, fondant le message chrétien sur la tradition prophétique de la Bible hébraïque et résumant celle-ci dans des formules de confession de foi. En conséquence, pour la plupart des Nord-Américains, la religion prend le sens d'un système de croyances. Comme les chrétiens sont théistes (ils croient en un Dieu personnel), leur croyance fondamentale est celle d'un Dieu créateur, rédempteur et juge du monde.

Chez les catholiques, l'Église exerce une influence dominante et constitue l'assise du nationalisme au Québec jusqu'à la Révolution tranquille des années 60. Le ressentiment envers les Anglais a pour cibles les prélats irlandais de l'Ontario et les dirigeants d'entreprise protestants de Montréal. Dans l'Ouest surtout, le protestantisme «de gauche» est représenté par les colonies de MENNONITES et d'HUTTÉRITES. Parmi les immigrants de l'Europe de l'Est se trouvent des chrétiens russes et ukrainiens appartenant à l'ÉGLISE ORTHODOXE. La religion judaïque a pour dirigeants des rabbins des traditions orthodoxe, conservatrice et réformée.

Au cours des derniers siècles, notamment sous l'impulsion du mouvement prophétique qui insiste sur la foi personnelle et la justice sociale, les chrétiens et les juifs, influencés en cela par la PHILOSOPHIE d'Emmanuel Kant, font valoir la vie morale comme étant la clé de la vraie religion. La WOMEN'S CHRISTIAN TEMPERANCE UNION, les défenseurs des droits des femmes comme Nellie MCCLUNG et les fondateurs de la Fédération du commonwealth coopératif (aujourd'hui le Nouveau Parti démocratique) illustrent tous ce courant. En conséquence, un exposé complet de la religion dans notre culture comporte nécessairement des codes moraux en plus de la pratique d'un culte et d'une confession de foi, et considère ces éléments comme également indispensables à toute religion organisée.

Relations entre passé et avenir L'écart entre les compromis culturels des diverses organisations religieuses et la «vraie religion» (considérée comme étant la foi véritable, la rectitude morale ou le rituel épuré) signifie que, dans le cas du christianisme et d'autres mouvements religieux importants comme le bouddhisme, il faut distinguer entre les formes culturelles liées à une tradition religieuse et la «quintessence» de cette religion. Cela tient habituellement au fait de son orientation vers un autre monde ou au contraste entre la vie idéale décrite dans ses Écritures et la pratique historique des diverses assemblées de fidèles. Compte tenu de ces deux aspects, on peut alors considérer la religion comme le lieu actuel de jonction entre le passé et l'avenir, c.-à-d. entre la foi traditionnelle et l'espérance ultime dans la vie des personnes et des communautés. Le christianisme, notamment, comporte toute une série de pratiques et d'organisations tout en attendant une vie où la volonté de Dieu sera pleinement réalisée, que plusieurs disent être le ciel. Le bouddhisme joint les habitudes ordinaires des moines et des laïcs relativement à la vie dans ce monde (samsâra) à l'attente de la béatitude finale (nirvâna).

Une raison pour laquelle on considère la religion traditionnelle comme entrant en contradiction avec la culture profane est que la perspective profane ne laisse aucune place à une espérance finale reposant sur des attentes qui ne s'appuient pas sur une situation historique. Lorsqu'une religion est coupée de ses racines sacrées, il semble qu'elle perde sa raison d'être.

Méthodes fonctionnelles Les perspectives chrétiennes ont eu tendance à dominer les discussions sur la religion, mais l'influence des SCIENCES SOCIALES, dans le cadre des études théoriques sur le sujet, a amené l'examen des données selon une optique plus fonctionnelle. À mesure que les anthropologues nous font mieux connaître les traditions dites primitives, notamment celles des autochtones de l'Amérique du Nord, les spécialistes des sciences religieuses doivent reconsidérer l'importance des sujets et le choix des catégories. Ainsi, lorsqu'une culture prend forme sans s'appuyer sur des Écritures codifiées (comme la Bible) ni sur une confession de foi officielle, le sens des divers rites est généralement exprimé par des mythes qui sont transmis oralement de génération en génération. Les spécialistes ont eu tendance à se concentrer sur les mythes cosmogoniques (mythes de la création), estimant qu'ils étaient les seuls à avoir une importance religieuse. Les mythes les plus importants peuvent toutefois demeurer hors de portée des chercheurs: les CHAMANS (hommes ou femmes), des voyants et des guérisseurs qui accomplissent les rites des tribus, gardent souvent secrètes leurs traditions les plus sacrées, qui font le lien entre les habitudes des ancêtres du groupe et les épreuves subies par la tribu. L'analyse de telles traditions fait appel à la distinction entre le religieux et le profane puisque, dans ces traditions, le sacré est également profane («de ce monde-ci»). On appelle sacré tout ce qui possède une valeur fondamentale dans une société donnée, le point de référence qui lui permet d'établir l'ordre dans le chaos. Un système symbolique de valeurs est souvent rattaché à des lieux et à des événements précis grâce aux mythes et aux cérémonies, de sorte que chaque groupe peut avoir, p. ex., des montagnes, des rivières, des plantes ou des arbres sacrés.

La méthode fonctionnelle peut aussi servir à l'analyse des traditions religieuses qui s'appuient sur des Écritures. Ainsi, l'importance du mont Sion ou de Jérusalem dans le judaïsme, de Rome dans le CATHOLICISME et du Jourdain pour les sectes du réveil protestant, est le reflet de l'importance des époques et des lieux sacrés dans la culture judéo-chrétienne, tout comme l'étroite relation de Noël et de Pâques avec les fêtes de l'hiver et du printemps. Une conséquence du recours à la méthodologie des sciences sociales dans l'étude des religions est que la profession de foi d'une population donnée risque désormais d'être beaucoup moins acceptée sur parole qu'à l'époque où les dirigeants de chaque religion en contrôlaient l'étude. Ainsi, la structure hiérarchique de l'Église catholique et des plus importantes Églises protestantes, qui désigne Dieu comme le Père céleste, peut être considérée par certains comme un ensemble de mythes et de rituels servant à renforcer la suprématie masculine plutôt que comme une réponse à la révélation divine.

En même temps, la méthode fonctionnelle nous apprend à regarder au-delà des cadres des religions officiellement organisées afin d'obtenir un tableau complet du fait religieux. Au Canada moderne, une analyse complète de nos valeurs fondamentales devrait étudier le rituel de la *Soirée du hockey* et de la présentation de la coupe Grey aussi bien que celui de la Bible hébraïque. Parmi nos lieux sacrés, inscrits dans l'imagination populaire canadienne, on pourrait mentionner le Nord, qui constitue l'horizon de notre identité, et le fleuve Saint-Laurent, qui est le cadre des débuts de la colonisation européenne. À cet égard, il est intéressant de remarquer que le système parlementaire canadien, contrairement au système de la présidence et du Congrès américain, n'a pas donné naissance jusqu'ici à une religion civile nationaliste semblable à celle que le sociologue Robert Bellah a identifiée aux États-Unis.

Des credo, des codes et des cultes quasi religieux prennent forme dans des mouvements contemporains tels que le MARXISME et le féminisme (*voir* MOUVEMENT DES FEMMES) à mesure que ceux-ci acquièrent des traditions structurées et critiquent les compromis consentis par la culture actuelle au nom de quelque espoir ultime. Seul le postulat selon lequel la religion comporte nécessairement une croyance en Dieu ou au surnaturel empêche d'inclure de tels mouvements dans la catégorie des religions. Au sein du mouvement écologiste, des femmes ont élaboré des rites saisonniers célébrant la Terre mère et suscité un nouvel intérêt pour le Wicca (la connaissance des rythmes de guérison, des plantes médicinales, etc.). De nombreux adeptes de la spiritualité du Nouvel Âge sont syncrétistes et minimisent l'importance des divisions entre les religions traditionnelles (*voir* SPIRITISME).

L'introduction de diverses traditions asiatiques en Amérique du Nord, à la faveur de l'IMMIGRATION amène indirectement le développement de NOUVEAUX MOUVEMENTS RELIGIEUX. Certains d'entre eux sont anciens en réalité, mais leur arrivée est récente, et ils sont attrayants pour les occidentaux désenchantés par la laïcisation du judaïsme et du christianisme (ainsi, la secte Hare Krishna s'inspire de la tradition hindouiste). D'autres groupes fusionnent des thèmes chrétiens et asiatiques (ainsi, l'Église de l'Unification allie des idées chrétiennes et coréennes). D'autres mouvements (p. ex., la scientologie) ont été fondés par des gens qui se sont gagné des adeptes en faisant appel à des philosophies traditionnelles pour répondre à des aspirations profanes. Actuellement, nous connaissons ces mouvements surtout au moyen de l'analyse fonctionnelle des spécialistes des sciences sociales ou par les apologies des convertis. Tandis que la pratique religieuse traditionnelle et organisée peut sembler être en déclin, on remarque en Amérique du Nord une séduction croissante exercée par les rites occultes et ésotériques, ce qui amène certains spécialistes à conclure que l'existence de comportements religieux est un trait commun de toutes les sociétés humaines, même lorsqu'elles rejettent les religions officielles.

La religion, en tant que mode de comportement humain, manifeste souvent une prise de conscience des faiblesses humaines. Une grande partie de l'imagerie religieuse a pour origine le fait que les craintes des hommes concernant la mort et la décadence sociale ont été projetées sur des symboles de puissance absolue. Au nom de la religion, on déclenche des guerres, persécute des minorités et perpétue des inégalités sociales comme l'apartheid. En même temps, la religion, en tant qu'expression des valeurs spirituelles les plus profondes de l'univers, est l'initiatrice de grands mouvements réformateurs au cours de l'histoire. Des chefs spirituels et moraux comme Jésus, Gautama le Bouddha, Confucius, Socrate, Muhammad et le mahatma Gandhi ont inspiré directement ou indirectement l'abolition de l'esclavage et du système des castes ainsi que la lutte contre l'ignorance et la maladie. Selon le psychologue Gordon Allport, une façon d'expliquer ce paradoxe est de distinguer les motivations extrinsèques et les motivations intrinsèques de la religion: les unes entraînent l'utilisation des institutions religieuses à d'autres fins d'ordre social ou économique; les autres amènent à observer des préceptes comme l'amour envers l'étranger et la défense de la veuve et de l'orphelin. Généralement parlant, la caste sacerdotale considère la religion de façon positive alors que les traditions prophétiques la considèrent avec méfiance.

Magie, science et religion Enfin, il est utile de faire une distinction entre la magie, la science et la religion. La magie utilise des formules censées provoquer les changements voulus par des manipulateurs. La science a recours à des formules ou à des lois pour expliquer des phénomènes physiques généraux. La religion exprime une sagesse ancestrale et une spiritualité qui permet à la personne d'assumer sa propre destinée. De telles distinctions sont moins fréquentes dans les sociétés dites primitives. En raison de la complexité croissante d'un monde industriel qui tend vers une spécialisation accrue, on commence à reconnaître l'importance de telles distinctions. À l'heure actuelle, de nombreux critiques en viennent à admettre qu'il n'y a pas nécessairement conflit entre science et religion, et que l'on peut observer des pratiques magiques dans toutes les formes de culture, y compris la religion.

Peter Slater

Études religieuses

Canada anglais La religion, qui a occupé une place importante dans les débuts de plusieurs universités et de collèges canadiens, continue de faire sentir sa présence, particulièrement dans les séminaires. Ceux-ci ont été fondés pour enseigner aux ministres du culte et au personnel permanent des Églises les doctrines particulières de leur confession. Le christianisme y est perçu comme la seule véritable religion et la façon dont leur confession formule la doctrine chrétienne est considérée comme faisant autorité. Les séminaires et leurs résidences adjacentes sont souvent rattachés à des universités, et les diplômes qu'ils décernent ont habituellement la même valeur que des diplômes universitaires. Le personnel du séminaire donne quelques cours généraux de religion, portant p. ex., sur la littérature biblique ou l'histoire de l'Église, dans les facultés des arts et des sciences, et tout le reste de l'enseignement est confessionnel. De nombreux enseignants d'université suspectent ceux des séminaires de cléricalisme, d'anti-intellectualisme et de prosélytisme. Quel que soit le bien-fondé de leurs soupçons, les séminaires et les facultés de théologie s'intéressent bien davantage à la tradition judéo-chrétienne qu'à la religion en général.

Dans les années 60, on fait une distinction entre les études religieuses confessionnelles et universitaires. Ce présupposé philosophique préside à la fondation de nouveaux départements non confessionnels d'études religieuses à l'U. McMaster, à l'U. Sir George Williams (U. Concordia) et à l'U. de la Colombie-Britannique au sein des facultés des arts et des sciences. Les études religieuses, considérées comme une discipline de l'esprit, y sont abordées de façon théorique.

En 1965, on crée la Société canadienne pour l'étude de la religion (SCER), qui s'ajoute à trois sociétés déjà existantes: la Société canadienne des études bibliques, la Société canadienne de l'histoire de l'Église et la Société théologique du Canada. La SCER, de caractère universitaire, est la première société axée sur la religion à joindre les rangs des SOCIÉTÉS SAVANTES et à adopter le bilinguisme. En 1970, les quatre sociétés forment la Corporation canadienne des sciences religieuses (CCSR), qui commence, en 1971, à publier *SR: Sciences religieuses*, une revue qui succède au *Canadian Journal of Theology*. La CCSR publie aussi plusieurs séries de livres.

La plupart des universités et de nombreux collèges offrent des programmes d'études religieuses consacrés aux grandes religions du monde et à des langues sacrées comme l'hébreu et le sanskrit. Dans plusieurs provinces, les perspectives d'emploi des diplômés se sont élargies; les diplômés deviennent professeurs d'université ou de collège ou encore donnent des cours sur les sciences sociales et les religions mondiales au niveau secondaire. Même si la plupart des programmes mettent encore l'accent sur les études bibliques et la pensée chrétienne, on fait de sérieux efforts pour faire connaître toutes les religions universelles, ce qui est particulièrement important compte tenu de la nature pluraliste de la société canadienne d'aujourd'hui.

Wilfred Cantwell Smith (né en 1916) se distingue dans le domaine des études savantes sur la religion au Canada. Ministre du culte presbytérien et spécialiste de l'islam, il organise, en 1951, l'Institut des études islamiques de l'U. McGill afin de promouvoir le dialogue interreligieux en milieu universitaire. En 1964, il devient directeur du Centre for the Study of World Religions de l'U. Harvard. De retour au Canada en 1973, il met sur pied un département d'études religieuses à l'U. Dalhousie. Smith insiste sur la tradition historique et l'expérience de foi personnelle de chaque religion. Parmi ses œuvres, universellement connues, on trouve *The Meaning and End of Religion* (1963), *Belief and History* (1977), *Towards a World Theology* (1981) et *On Understanding Islam* (1984). La prétention traditionnelle de la théologie chrétienne à détenir le monopole de la grâce divine et du salut est moralement fausse à ses yeux et doit faire place à une conception admettant que Dieu agit également dans les autres traditions religieuses.

Canada français Au Canada français, l'étude savante de la religion s'est longtemps confondue avec l'étude de la théologie dans les séminaires chargés de la formation du clergé. Toutefois, divers phénomènes et événements survenus au Québec au cours de la RÉVOLUTION TRANQUILLE (1960-1966) favorisent l'éclatement de ce monopole et l'introduction d'une nouvelle tradition d'études religieuses. Connue en Europe depuis un siècle, surtout sous le nom allemand de Religionswissenschaft, cette nouvelle manière d'étudier le phénomène religieux est appelée au Québec de divers noms: sciences humaines des religions, sciences des religions, sciences religieuses et religiologie. Le Guide des sciences religieuses au Canada (1972) recense 13 établissements universitaires où l'on enseigne la théologie ou les sciences religieuses au Canada français (l'U. de Moncton, l'U. Laurentienne, l'U. d'Ottawa, l'U. Laval, l'U. de Montréal, et quelques départements du réseau de l'U. du Québec, entre autres). Neuf de ces établissements enseignent exclusivement ou principalement la théologie.

Les spécialistes du Canada français participent aux activités de la CCSR et ils sont aussi fondé au sein de l'Association canadienne française pour l'avancement des sciences, l'équivalent francophone des sociétés savantes, la section des sciences de la religion, qui tient une conférence annuelle en mai.

Les théologiens francophones adhèrent à la Société canadienne de théologie, dont la plupart des membres sont québécois. En 1944, les exégètes fran-cophones créent l'Association catholique des études bibliques au Canada, qui organise une conférence annuelle. Cet organisme réalise en 1953 une traduction du Nouveau Testament, dont une réédition à laquelle on a ajouté des commentaires est publiée en 1982 par la maison Bellarmin de Montréal.

Parmi les revues canadiennes d'expression française consacrées à l'étude scientifique de la religion, on retrouve la revue *Sciences religieuses* et les *Cahiers du Centre de recherche en sciences de la religion*, de l'U. Laval. Quant aux théologiens francophones, ils publient dans des revues comme *Science et Esprit*, *Laval théologique et philosophique*, *Église et théologie*, *Sciences pastorales*, *Théologiques*, de l'U. de Montréal, et la collection Perspectives de théologie pratique (Fides). Les Cahiers éthicologiques font état des recherches en éthique menées par le Département de sciences religieuses de l'U. du Québec à Rimouski.

L'importance de la tradition chrétienne dans l'évolution de la société québécoise et l'ouverture croissante de cette tradition au pluralisme religieux sont des signes annonciateurs de progrès de la théologie et des sciences religieuses. (*Voir aussi* ÉCOLES BIBLIQUES; ÉCOLES DU DIMANCHE.)

Harold Coward et Rolland Chagnon

Religion de Handsome Lake Elle est pratiquée par des communautés d'IROQUOIS au Canada et aux États-Unis. Ses adeptes se nomment «le peuple de la longue maison» parce que les cérémonies se déroulent dans un bâtiment appelé LONGUE MAISON. Leurs croyances et pratiques amalgament d'anciennes traditions amérindiennes et les nouvelles notions introduites par le prophète SÉNÉCA, Handsome Lake, entre 1799 et 1815. Au Canada, cette religion est pratiquée dans les réserves de Kahnawake (près de Montréal), de Grand River (près de Brantford), d'Oneida (en bordure de la rivière Thames) et de Saint-Regis (près de Cornwall).

Lors du Green Corn Festival, à la fin d'août ou au début de septembre, et de la Cérémonie du cœur de l'hiver, en janvier ou février, les fidèles récitent des versions abrégées du Gaiwiio, la bonne parole ou le code de Handsome Lake. Tous les deux ans, à l'automne, des orateurs désignés récitent le Gaiwiio en entier au cours d'une réunion solennelle des Six Nations. Chaque récitant tient, en guise de titres de compétence, une poignée de chapelets WAMPUM, insignes reçus de ses prédécesseurs qui lui ont enseigné le Gaiwiio. On y accomplit aussi d'autres rites, comme la danse de la Grande Plume, la consommation de jus de framboise, les commentaires sur le Gaiwiio et les confessions publiques de manquements à la morale. Les fidèles de cette religion sont libres de participer à d'autres rites religieux amérindiens et de fréquenter des églises chrétiennes. Les enseignements de Handsome Lake ont beaucoup aidé à reconstruire la société iroquoise à la suite de l'effondrement total de l'ordre social et de la culture de ce peuple vers la fin du XVIIIᵉ s. (*Voir aussi* AUTOCHTONES, RELIGION DES.)

Derek G. Smith

Religion des Trembleurs, La Son origine remonte aux tensions religieuses chez les Amérindiens de l'Ouest américain au milieu du XVIIIᵉ s., époque qui a également vu apparaître le culte smohalla, la danse des esprits et de nombreux prophètes. En 1881, un Amérindien skokomish, John Slocum, revient à la vie pendant qu'on se prépare à l'enterrer; il affirme être allé au ciel et avoir une nouvelle doctrine morale et spirituelle à l'intention des Amérindiens. Il prêche l'imminence du règne millénaire du Christ. En 1882, Slocum retombe malade, mais Mary, sa femme, reçoit le don de guérison et le guérit. Ce don s'accompagne de tremblements et de secouements, d'où vient le nom de la nouvelle religion. La doctrine, les croyances et les rites de celle-ci amalgament des éléments de protestantisme, de catholicisme et de traditions autochtones. On affirme que les tremblements apportent l'illumination ainsi que des pouvoirs de guérison, de divination et de double vue. Les principales cérémonies sont l'office du dimanche, les célébrations de guérison, la confession publique et le baptême. Les adeptes n'ont pas tous le pouvoir de trembler et de guérir. La religion des Trembleurs s'est répandue dans des tribus du nord-ouest de la Californie, de l'Oregon, de l'État de Washington et du sud de la Colombie-Britannique. Dans le passé, elle a été indifférente et même hostile aux Églises chrétiennes établies ainsi qu'aux religions autochtones traditionnelles, surtout dans le cadre de ses rites de guérison (*voir* CHAMAN). Ces dernières années, toutefois, les Trembleurs ont accepté les religions chrétiennes et autochtones, et beaucoup d'adeptes de la danse des esprits sont également membres des communautés de Trembleurs. Les Shakers américains (La Société Unie des Croyants) n'ont aucun lien direct avec ceux dont il est question ici. Il a toujours été très difficile de savoir exactement combien il y a de Trembleurs. Cette religion est en déclin depuis les années 60. (*Voir aussi* AUTOCHTONES, RELIGION DES.)

Derek G. Smith

Remaniement Il désigne à la fois l'attribution des sièges à la CHAMBRE DES COMMUNES aux différentes provinces ainsi que la méthode de délimitation des circonscriptions électorales à l'intérieur de chaque province (*voir* SYSTÈMES ÉLECTORAUX; ÉLECTIONS). Chaque révision de l'attribution tente de bâtir un système qui réconcilie de manière raisonnable un certain nombre d'intérêts et de principes très différents.

L'attribution de 282 sièges à la Chambre des communes pour les élections de 1979, de 1980 et de 1984, fondée sur le recensement de 1971, met fin à une pratique qui remonte à la Seconde Guerre mondiale et qui consiste à limiter la taille de la Chambre au lieu de la laisser suivre la croissance de la population. La nouvelle méthode est prescrite par la *Loi sur la représentation* (1974), qui modifie l'article applicable (51) de la *Loi constitutionnelle* en remplaçant les anciennes règles par une formule extrêmement complexe qui tient compte de la taille de la population des provinces (grande, moyenne et petite) dans l'attribution des sièges. Or, dès que le calcul du nombre de sièges fondé sur le recensement de 1981 est fait, on réalise que la taille des Communes augmente trop rapidement. Par la *Loi sur la représentation* (1985), qui modifie de nouveau la *Loi constitutionnelle*, on adopte donc un ensemble de règles plus simple qui mène à une Chambre des communes de 295 sièges pour les élections de 1988 et de 1993.

Au moment du changement, la Chambre compte 282 députés. Deux sièges sont alors réservés pour les Territoires du Nord-Ouest et un pour le Yukon. La population totale des 10 provinces est ensuite divisée par 279 pour arriver à un quotient qui, divisé par la population totale de chaque province, établie au moyen du recensement décennal précédent, permet de fixer l'attribution de base provinciale. Si la division produit un reste qui dépasse 0,5, le nombre de sièges est arrondi au chiffre entier supérieur.

La première attribution calculée est ensuite révisée selon ce qu'on appelle la «clause sénatoriale» et une clause des droits acquis adoptée pour la première fois au moment du changement de 1985. La «clause sénatoriale», en vigueur depuis 1915, fait en sorte qu'aucune province ne peut avoir à la Chambre des communes un nombre de sièges moindre qu'elle n'en possède au Sénat (selon le recensement de 1991, la Nouvelle-Écosse, le Nouveau-Brunswick et l'Île-du-Prince-Édouard ont droit à moins de sièges aux Communes qu'au Sénat, alors que Terre-Neuve a droit au même nombre). La nouvelle clause des droits acquis prévoit que, lors des futurs remaniements de circonscriptions électorales, aucune province ne pourra obtenir moins de sièges qu'elle n'en avait au moment de l'entrée en vigueur de la loi de 1985 (d'après le recensement de 1991, cette règle protège sept provinces, y compris celles qui sont

visées par la «clause sénatoriale»). L'application de la règle en fonction du recensement de 1991 fera que le nombre de sièges à la Chambre des communes pour toute élection postérieure à 1996 (et avant un nouveau remaniement après 2001) sera fixé à 301.

La méthode de délimitation des circonscriptions électorales individuelles dans chaque province, unique et tenant compte de divers facteurs, est régie depuis 1964 par la *Loi sur la révision des circonscriptions électorales* (abrogée et adoptée de nouveau en 1995 avec d'importants changements). La loi originale prévoyait l'établissement des limites des circonscriptions électorales par les commissions indépendantes de chaque province. Aujourd'hui, chaque commission est présidée par un juge, nommé par le juge en chef de la province, et comprend deux autres membres nommés par le président de la Chambre des communes parmi les personnes qui ont offert leurs services ou «parmi les personnalités de la province qui lui semblent compétentes». En vertu des nouveaux arrangements, les députés de la Chambre des communes ont la possibilité de donner leur avis sur les noms proposés, mais ils ne sont plus en mesure de s'opposer aux rapports des commissions ni de proposer des modifications. Bien sûr, les députés peuvent comparaître à titre de particuliers aux audiences d'une commission, mais les rapports sont définitifs et ne sont nullement renvoyés à la Chambre.

Selon la version 1995 de la loi, de nouvelles commissions de délimitation des circonscriptions électorales peuvent être établies après un recensement intérimaire quinquennal ainsi qu'après chaque recensement décennal (une telle pratique venant d'une règle constitutionnelle depuis la Confédération). Cependant, la nouvelle loi prévoit aussi que, si un recensement quinquennal ou décennal montre que la population relative des circonscriptions d'une province a peu changé, aucune commission ne sera nommée; il en sera de même si un recensement décennal indique qu'aucun changement n'aura lieu dans le nombre de sièges déjà attribués à une province. Par conséquent, la population demeure le principe fondamental qui détermine les limites des circonscriptions électorales. Chaque commission divise la population totale de la province par le nombre de sièges attribués pour en arriver à un quotient électoral pour la province. Puis, les commissions suivent le principe selon lequel «le partage de la province en circonscriptions électorales se fait de telle manière que la population totale de chacune des circonscriptions correspond, dans la mesure du possible, au quotient électoral provincial».

Bien qu'une commission ait le pouvoir de s'éloigner de l'application très stricte de cette règle, aucune ne pourrait recommander l'établissement d'une circonscription électorale dont la population s'écarterait de plus de 25 p. 100 du quotient électoral provincial (sauf dans des circonstances très particulières, p. ex., une région rurale ou géographiquement isolée, ou dans le Grand Nord, où l'écart peut aller en deçà de 25 p. 100 du quotient électoral provincial). La nouvelle loi continue d'ordonner aux commissions de tenir compte de la «communauté d'intérêts» dans l'établissement des limites des circonscriptions électorales, mais elle inclut maintenant dans la définition «l'économie, les limites actuelles ou traditionnelles des circonscriptions électorales, les caractéristiques urbaines ou rurales d'un territoire, les limites des municipalités et des réserves indiennes, les limites naturelles et l'accès à des moyens de communication et de transport».

Avant 1964, l'établissement des limites des circonscriptions électorales est d'abord entrepris par le gouvernement lui-même qui, outre le projet de loi que les députés doivent accepter ou rejeter, ne fait aucun renvoi à la Chambre des communes. Après 1903, la tâche est confiée à un comité parlementaire, habituellement constitué par une majorité de députés, ce qui permet ainsi au gouvernement d'arriver à ses fins. Ces arrangements donnent souvent lieu à un

découpage arbitraire flagrant des circonscriptions électorales, de façon à donner le maximum d'avantages à un parti. En dépit des sempiternelles discussions sur la manière la plus acceptable de découper les circonscriptions (élément essentiel d'une démocratie efficace), les règles aujourd'hui mises en application par le gouvernement canadien représentent une nette amélioration par rapport à celles d'autrefois.

Terence H. Qualter

Renard Petit MAMMIFÈRE carnivore de la famille du CHIEN. Quatre espèces vivent au Canada: le renard roux (*Vulpes vulpes*), le renard véloce (*V. velox*), le renard gris (*Urocyon cinereoargenteus*) et le renard arctique (*Alopex lagopus*). Le renard roux et le renard arctique ont une distribution circumpolaire; le renard gris est une espèce du Nouveau Monde et le renard véloce se rencontre surtout aux États-Unis.

Renard roux C'est le plus grand des renards du Canada (2,5 à 6,5 kg). Il est généralement roux avec une croix plus foncée sur le dos. Certains individus sont noirs et parfois ils ont le bout des poils argenté. Le renard roux a les pieds et le bout des oreilles noirs, et le bout de la queue blanc. Cet habitué des milieux agricoles et boisés se rencontre depuis la frontière des États-Unis jusque dans la TOUNDRA de toutes les provinces, mais il est absent de la côte de la Colombie-Britannique.

Il se nourrit de rongeurs, d'INSECTES, de GRENOUILLES, de baies, de fruits, d'œufs et parfois de volaille. Il s'accouple en janvier ou en février, et 52 à 54 jours plus tard, généralement 4 ou 5 petits (entre un et 10) naissent dans un terrier. Les deux parents nourrissent les petits, qui deviennent indépendants à l'âge d'environ six mois et se reproduisent au cours de leur deuxième année.

Renard arctique Il est plus petit que le renard roux. Il a des oreilles arrondies et son pelage d'hiver est dense et blanc, tandis que son pelage d'été est brunâtre foncé. En général, on le trouve uniquement dans la toundra et sur les côtes du Nord. Son régime alimentaire est semblable à celui du renard roux, et il mange aussi les animaux tués par d'autres espèces. L'accouplement a lieu en février et les 5 ou 6 (maximum de 14) petits naissent de 50 à 57 jours plus tard. On élevait le renard arctique et le renard roux pour leur fourrure, mais la demande a diminué avec l'arrivée des fourrures artificielles.

Renard gris Le renard gris a une taille et un régime alimentaire semblables au renard roux, mais il est plus mince, a des oreilles légèrement arrondies, une ligne noire sur le dos et des flancs gris tachetés. Il est blanchâtre en dessous et son cou, le derrière de ses oreilles et ses pattes sont jaune chamois. On le rencontre dans l'extrême sud du Manitoba, de l'Ontario et du Québec.

Il affectionne les milieux boisés ou accidentés et vit dans des bûches creuses ou sous des surplombs. Il n'est pas strictement nocturne. Il grimpe souvent aux arbres et aime prendre des bains de soleil. L'accouplement a lieu en février ou en mars, et la portée, qui contient en moyenne 4 petits (de 1 à 7), naît environ 63 jours plus tard. Les petits deviennent indépendants à l'automne et se reproduisent la saison suivante.

Renard véloce Le plus petit des renards canadiens se rencontrait depuis le sud de l'Alberta jusque dans le sud-ouest du Manitoba, mais vers 1970 on le considérait éteint au Canada. Des individus d'une population en captivité, obtenue à partir d'animaux amenés du Colorado en 1972, ont été relâchés depuis 1980 dans les prairies à herbes courtes du sud-est de l'Alberta, près de Manyberries et de Medicine Hat ainsi que dans le sud-ouest de la Saskatchewan. Quelques-uns ont réussi à se reproduire en nature. Le renard véloce a des habitudes semblables au renard roux. (*Voir aussi* FOURRURE, ÉLEVAGE D'ANIMAUX À.)

C.S. Churcher

Renaud, Jacques, romancier et poète (Montréal, 10 nov. 1943). Associé à la revue radicale PARTI PRIS dans les années 60, il travaille comme journaliste et recherchiste pour la télévision à Radio-Canada. Membre actif du Réseau de résistance, un groupe d'indépendantistes clandestins qui précède le FRONT DE LIBÉRATION DU QUÉBEC, Renaud est surtout connu comme auteur du court roman *Le Cassé* (1964), récit violent rempli de patois et d'anglicismes «joual», que l'on considère comme le meilleur ouvrage de fiction publié par la maison d'édition de *Parti pris*. Dans la seconde édition du *Cassé* (1977), plusieurs nouvelles sont ajoutées, ainsi que *Le Journal du Cassé* qui traite des conséquences et des controverses occasionnées par la publication de ce récit. En 1970, Renaud publie *En d'autres paysages,* roman qui tente de marier réalité et fiction et qui laisse paraître son intérêt pour l'ésotérisme et l'orientalisme qui deviendront évidents dans *Le fond pur de l'errance irradie* (1975), *Le cycle du scorpion* (1979), *La Colombe et la brisure éternité* et *Clandestine(s) ou La tradition du couchant* (1980), ce dernier récit mêlant l'occultisme à la violence politique.

B.-Z. Shek

Renaud, Jeanne, danseuse, chorégraphe, directrice artistique et administratrice (Montréal, 27 août 1928). Elle joue un rôle prépondérant dans le domaine de la danse contemporaine au Québec et entretient des liens étroits avec les AUTOMATISTES. Ses sœurs, Louise et Thérèse, ainsi que ses pairs, Françoise SULLIVAN et Françoise Riopelle, sont signataires du REFUS GLOBAL. Sullivan, Riopelle et Renaud sont considérées comme les fondatrices de la danse moderne québécoise.

Renaud apprend la danse auprès d'Elizabeth Leese et de Gérald Crevier à Montréal, puis auprès de Merce Cunningham, de Hayna Holm et de Mary Anthony à New York. En 1948, elle donne un récital à Montréal avec Sullivan, œuvre dont la reconstitution a été commandée par le Musée d'art contemporain de Montréal en 1988. En 1952, dans le climat d'ostracisme engendré par le *Refus Global*, Renaud décide de rejoindre quelques-uns des automatistes expatriés à Paris. Elle présente des numéros de danse à l'American Club et recrute, comme collaborateurs, le peintre Jean-Paul RIOPELLE et les compositeurs Pierre MERCURE et Gabriel CHARPENTIER.

Renaud reprend sa collaboration avec Françoise Riopelle en 1959 à l'École de Danse Moderne de Montréal, où elle danse, compose des chorégraphies et enseigne. En 1965, elle décide de voler de ses propres ailes en présentant Expression 65, un spectacle de danse composé de plusieurs petits numéros présentés dans un théâtre de poche de la Place Ville-Marie. Le spectacle remporte un vif succès, ce qui l'incite à fonder avec Peter Boneham, en 1966, LE GROUPE DE LA PLACE ROYALE, la première troupe de danse moderne au Québec. Renaud dirige les activités de la troupe jusqu'en 1972 et tient les rôles de danseuse, chorégraphe, directrice artistique et administratrice. Elle enseigne aussi à l'école qui y est rattachée, donnant des cours aux membres de la troupe et aux élèves qui y sont inscrits. C'est dans ce contexte que Jean-Pierre PERREAULT a pu développer ses talents d'interprète et de chorégraphe.

Après avoir quitté la troupe, Renaud occupe divers postes de gestion au CONSEIL DES ARTS DU CANADA et au ministère des Affaires culturelles du Québec. Elle devient ensuite directrice du Conservatoire d'art dramatique du Québec, à Québec et à Montréal, puis assume la codirection artistique des GRANDS BALLETS CANADIENS (1985-1987) avec Linda Stearns. Elle enseigne pendant deux ans au département de danse de l'U. du Québec à Montréal avant de prendre sa retraite en 1989.

Renaud, qui a su se consacrer à toutes les formes d'expérimentation artistique, signe la chorégraphie de plus de 40 pièces, dont la plupart sont présentées par Le Groupe de la Place Royale. Ses chorégraphies

rejettent les structures narratives. Renaud préfère l'expression multidisciplinaire abstraite, mariant à la fois les arts visuels et les arts de la scène.

En 1989, Renaud reçoit le prestigieux prix du Québec Denise Pelletier. En 1995, elle remporte le prix du Gouverneur général dans le domaine des arts de la scène.

Iro Valaskakis Tembeck

Renfrew, ville de l'Ont.; pop. 8125 (rec. 1996), 8134 (rec. 1991), 8314 (rec. 1986); superf. 12,25 km²; const. en 1895; située en bordure de la rivière Bonnechere, à 100 km à l'ouest d'Ottawa. Les premiers colons sont des squatters forestiers; viennent ensuite des colons écossais, parmi lesquels le plus important est John Lorne McDougall, premier commerçant de la localité et plus tard membre du Parlement, dont le moulin (1855) est aujourd'hui un musée. Vers 1848, l'endroit est nommé Renfrew en mémoire de la maison ancestrale des Stuart, en Écosse.

En 1850, sir Francis Hincks cède un terrain près d'un cours d'eau à tous ceux qui veulent construire un moulin; il en résulte une croissance rapide de la région. Au début, la communauté s'emploie surtout dans le sciage, la beurrerie et l'industrie textile. Aujourd'hui, les secteurs d'activités sont multiples: transformation du magnésium et de l'aluminium, industrie du vêtement, télécommunications et fabrication de matériel de bureau, câbles à haute fréquence, bandes magnétiques et équipement aérospatial. Les célèbres Millionaires de Renfrew, financés par le riche entrepreneur et industriel Ambrose J. O'Brien, ont dominé le hockey pendant plusieurs années au début du XXᵉ s.

K.L. Morrison

Renfrew, George Richard, commerçant de fourrures et homme d'affaires (Québec, 9 févr. 1830—Shipley, Angleterre, 4 sept. 1897). Après la mort de son père en 1834 à Québec au cours d'une épidémie de choléra, Renfrew est élevé à Montréal par un oncle et une tante. Il fait son apprentissage dans l'entreprise de son oncle, John Henderson Furriers, dont il héritera finalement. L'entreprise, qui possède des établissements à Québec, Montréal et Toronto, change de nom pour celui de G.R. Renfrew Furriers. La qualité de ses fourrures lui vaut une grande réputation au Canada et en Europe. Renfrew devient administrateur de nombreuses institutions québécoises, y compris la Banque de Québec. À sa mort, ses fils et un cousin, John Holt, héritent de l'entreprise qui s'appelle désormais Holt Renfrew & Co.

H.R. Stocker

Renne d'Amérique (*Voir* CARIBOU)

Reno, Ginette, née Raynault, interprète et comédienne (Montréal, 28 avril 1946). Débutant dans le métier à l'âge de 15 ans, Ginette Reno atteint la célébrité avec *Tu vivras toujours dans mon cœur* (1964). Découverte de l'année, elle chante à la Place des Arts avec Gilbert Bécaud et fonde sa propre compagnie de disque (Grand Prix, 1967). Sans conteste l'artiste la plus populaire au Québec au cours de cette décennie, elle enregistre trois albums en anglais à Londres et connaît de bons succès au Canada, remportant le JUNO de la meilleure chanteuse en 1969, 1971 et 1972. Animatrice d'une série à la BBC, la chanteuse remporte un premier prix à Tokyo pour *I Can't Let You Walk Out Of My Life* (1972). Sa carrière en français atteint des sommets avec les chansons *La dernière valse, Le sable et la mer, Aimez-le si fort* et *Des croissants de soleil*. Après trois semaines d'engagement au Royal York de Toronto et au Centre National des Arts, en 1975, elle offre une interprétation mémorable de *Un peu plus loin* devant 250 000 personnes à Montréal. Elle donne, chaque année, de longues séries de spectacles dans les plus grandes salles et chante à la télévision au Canada, en Angleterre et aux États-Unis. *Je ne suis qu'une chanson* (1980) devient un succès exceptionnel, dépassant tous les records de vente. Après des apparitions remarquées à la télévision en France, elle triomphe à l'Olympia de Paris en 1983 et présente un spectacle

avec Michel Legrand au Festival de Jazz de Montréal, en 1986. Ginette Reno aborde avec succès le cinéma au début des années 1990, se révélant une comédienne convaincante.

Après 40 ans de carrière, sa popularité ne montre aucun signe d'essoufflement au début de l'an 2000. Ginette Reno a reçu de nombreux hommages au cours de sa carrière. Mentionnons le titre de Miss Radio-Télévision (1968), neuf prix Félix, dont le Félix hommage en 1995, des prix MétroStar par vote populaire, Femme de l'année au Québec (1981) et Officier de l'Ordre du Canada (1982).

Renouveau charismatique Ce mouvement chrétien, dont les origines remontent aux années 50, dépasse les barrières confessionnelles. Il est œcuménique, recouvre diverses tendances théologiques, se fait actuellement sentir dans des segments importants des Églises et est souvent qualifié de néo-pentecôtiste. Le christianisme charismatique se caractérise par l'immanence spirituelle (présence divine qui se manifeste dans la vie des croyants par des dons spirituels ou charismes) et par la démocratie spirituelle (accès universel des croyants à ces dons). Parmi les charismes (dons) on trouve, p. ex., le parler en langues (glossolalie ou discours extatique), la guérison et la prophétie, qui sont décrits dans les Actes des apôtres et dans les chapitres 12 à 14 de la Première Épître aux Corinthiens.

Différences par rapport aux mouvements traditionnels La principale ressemblance avec les MOUVEMENTS PENTECÔTISTES traditionnels est l'importance de l'expérience vécue d'une relation avec Dieu et l'insistance sur la puissance de l'Esprit Saint. Comme les pentecôtistes traditionnels, les membres du renouveau charismatique affirment que les dons divins ne se sont pas éteints avec l'Église primitive, mais qu'ils sont encore présents et peuvent être obtenus en tant que «deuxième bénédiction» par tous ceux qui les désirent. Les deux mouvements déplorent l'affaiblissement de la vitalité spirituelle de l'Église et attendent des manifestations extraordinaires de la présence et de l'action de Dieu. Enfin, les deux donnent une grande importance aux Actes des apôtres et au précepte régissant les pouvoirs normatifs d'une Église chrétienne.

La différence la plus importante par rapport aux pentecôtistes traditionnels est peut-être le fait que la plupart des charismatiques choisissent de demeurer dans les Églises établies. Leur mouvement dépasse les barrières confessionnelles au lieu de former un groupe sectaire ou une confession distincte, bien qu'il arrive à l'occasion que certaines Églises à tendance charismatique rompent avec leur confession. En plus de leur attitude différente par rapport aux Églises, les charismatiques ne souscrivent pas à l'anti-intellectualisme, au fondamentalisme et à la théologie dispensationnaliste des pentecôtistes et ils ne considèrent pas que la primauté de l'expérience spirituelle extatique s'oppose nécessairement à la conscience sociale.

Influences La dispersion du mouvement parmi les confessions établies rend impossible la compilation de statistiques valables. Il existe des organisations charismatiques, comme la Communauté internationale des hommes d'affaires du plein Évangile, mais pas d'association dotée de pouvoirs contraignants et à laquelle on doive appartenir officiellement. Le renouveau influence toutefois les Églises LUTHÉRIENNES, MENNONITES, BAPTISTES et anglicanes (*voir* ANGLICANISME) ainsi que les ÉGLISES PRESBYTÉRIENNES ET RÉFORMÉES, les ÉGLISES UNIES DU CANADA, les ÉGLISES ORTHODOXES et les ÉGLISES CATHOLIQUES ROMAINES dans tout le pays. Bien que les dons spirituels soient accessibles à tous, leur but n'est pas de promouvoir la croissance ou l'expression religieuse d'une seule personne, mais plutôt de favoriser l'harmonie interne et l'expression extérieure de toute l'Église.

Ronald Neufeldt et Paula Holmes

Renseignement et espionnage Ce sont des domaines controversés d'activités gouvernementales, généralement menées secrètement, et qui suscitent souvent dans le public une grande fascination et, parfois, le malentendu. Dans ce domaine, on perçoit souvent le Canada comme un pays inoffensif ou qui y consacrerait peu de ressources. Des services du renseignement s'y sont pourtant développés et son histoire relativement spectaculaire, bien que récente, fait mentir cette image.

Le renseignement, qui consiste à rechercher des informations susceptibles d'améliorer la sécurité d'un État à l'échelle nationale et internationale, comprend deux champs d'activités: les renseignements extérieurs, dont le but est de permettre à l'État de mener efficacement des activités diplomatiques, militaires et économiques sur la scène internationale, et les renseignements nationaux, qui consistent à déceler les menaces envers l'ordre intérieur sur son territoire et à contrer les activités des services du renseignement étrangers.

L'espionnage est un volet particulier du renseignement et est exécuté par des organisations secrètes dont la tâche consiste à obtenir de l'information par des voies cachées. L'espionnage ne représente donc habituellement qu'une petite partie de l'ensemble des activités du renseignement, ce qui est particulièrement le cas du Canada. En raison de sa position géopolitique, de sa participation à des alliances et de sa puissance relative, le Canada n'a jamais eu besoin de mettre sur pied un service secret d'espionnage sur le modèle du MI6 britannique, de la CIA américaine ou du KGB soviétique. S'il n'y a pas de services secrets au pays, on y trouve cependant des services du renseignement dont les origines remontent au milieu du XIXe s.

La première mission de renseignement réalisée au Canada est un mélange typique d'espionnage étranger et d'espionnage national. Au début des années 1860, le gouvernement canadien, alarmé par la menace des FENIANS, met sur pied un service du renseignement pour surveiller les activités de ce mouvement d'Irlandais exilés qui entendent lancer une invasion depuis leurs bases aux États-Unis. Lors des raids (infructueux) des Fenians, en 1866 et en 1870, les agents secrets canadiens peuvent avertir le gouvernement des plans de ces derniers longtemps d'avance. C'est ainsi que le gouvernement apprécie pour la première fois l'utilité d'un renseignement organisé pour les besoins de la sécurité nationale.

Au milieu du XIXe s., le gouvernement fait une deuxième expérience timide dans le domaine lorsqu'il décide de doter la nouvelle milice canadienne d'unités de guides spécialisés en reconnaissance et en renseignement. De telles unités sont actives lors de la rébellion de Riel dans l'Ouest canadien ainsi que dans un contingent de volontaires durant la GUERRE DES BOERS, à la fin du siècle. Mais leurs compétences dans le renseignement sont rarement mises à l'épreuve et ces guides sont généralement employés dans l'infanterie à cheval.

En dépit de ces initiatives, le Canada ne dispose d'aucun système du renseignement véritable lorsque la Première Guerre mondiale éclate, en 1914. La guerre met en branle la formation de spécialistes dans certains domaines du renseignement, particulièrement dans celui du renseignement militaire tactique au sein des forces canadiennes combattant sur le front occidental ainsi que dans le domaine du contre-espionnage national. Les activités dans ce dernier domaine sont motivées avant tout par la crainte que les Allemands ne mènent une campagne de sabotage intensif contre le pays et, surtout, contre sa principale réalisation sur le plan économique, les chemins de fer nationaux. L'attaché militaire de l'ambassade de l'Allemagne à Washington, le capitaine Franz von Papen (plus tard ministre et ambassadeur sous le régime d'Hitler), consacre en effet toutes ses énergies à planifier des actes de sabotage au Canada, mais sans le moindre succès. Le complot se termine en queue de poisson en 1916, à la suite de l'échec d'une attaque à la bombe sur un pont du chemin de fer canadien près de la frontière du Maine.

Le gouvernement canadien réagit en pressant la POLICE DU DOMINION, la Royale gendarmerie à cheval du Nord-Ouest, le renseignement militaire et même des agences de détectives privés telles que la Pinkerton à agir contre les saboteurs potentiels. Après 1917, à la suite du succès de la révolution bolchevique en Russie, l'attention se tourne vers la menace des mouvements politiques radicaux au Canada.

Vers la fin de la guerre, en septembre 1918, le jeune service canadien du renseignement survit aux inévitables pressions en faveur de la démobilisation et du retour aux pratiques de temps de paix. Au sein de l'armée, un service du renseignement squelettique se tient au courant des événements mondiaux grâce à son accès au flot régulier de renseignements en provenance de Londres. De son côté, la GENDARMERIE ROYALE DU CANADA (GRC), nouvellement créée, s'emploie notamment à surveiller le radicalisme politique local. Le lien établi entre les activités de la Première Guerre mondiale et celles de la période d'après-guerre en vue d'assurer une continuité fournit un cadre à la croissance future du réseau canadien du renseignement. Mais il faudra attendre la Seconde Guerre mondiale et toutes ses exigences imposées aux militaires et à la société avant que des services du renseignement mieux organisés voient le jour.

En 1939, au moment où éclate la Seconde Guerre mondiale, les ressources en services du renseignement dont dispose le Canada sont peu différentes de celles qui existaient au pays en 1914. C'est la défaite totalement inattendue de la France, en 1940, qui, plus que tout autre facteur, déclenche le changement. À l'été de 1940, le Canada se retrouve dans la position du principal allié survivant de l'Angleterre. La mobilisation militaire et industrielle crée un problème de sécurité intérieure potentiellement énorme, compte tenu de la nécessité d'assurer un front intérieur sûr pour contrer les activités appréhendées d'une «cinquième colonne» étrangère. On craint en effet que le gouvernement de Vichy ou l'Allemagne n'entreprennent des manœuvres d'espionnage au Canada et que la «guerre secrète» s'étende de ce côté-ci de l'Atlantique. Pour ces raisons, on accorde plus d'attention au travail du renseignement national. De plus, l'inquiétante perspective d'une défaite britannique provoque des démarches en vue de créer, au Canada, un service du renseignement extérieur indépendant.

En 1941, une fois que la Grande Alliance de l'Angleterre, de l'Union soviétique et des États-Unis est conclue et une fois que le Canada est confirmé dans son rôle de plus jeune allié en temps de guerre, le gouvernement canadien décide d'exploiter de nouvelles formes de renseignement, soit le renseignement sur les transmissions, ce qui lui offre l'occasion de mettre sur pied un service du renseignement indépendant pouvant offrir une contribution utile au grand réseau du renseignement créé chez les alliés.

Au cours de la décisive BATAILLE DE L'ATLANTIQUE, un service de repérage de sous-marins, à Ottawa, fournit des renseignements sur les transmissions navales à des convois dans le secteur occidental de l'Atlantique, les avertissant de la présence menaçante de sous-marins allemands (*voir* SOUS-MARINS ALLEMANDS, OPÉRATIONS DES). En 1941, on met sur pied un petit service ultrasecret d'analyse cryptographique, nommé «Examination Unit», qui remporte un succès considérable dans l'interception et le décodage de messages d'agents allemands et des messages diplomatiques radiodiffusés du gouvernement de Vichy et du Japon.

Le Canada est aussi entraîné dans la résistance secrète, en fournissant du personnel et des ressources aux organisations britanniques créées par Winston Churchill pour «enflammer l'Europe», le Special Operations Executive (SOE). Des volontaires canadiens se distinguent dans le SOE, particulièrement au cours des missions d'aide à la résistance dans la France occupée. Près d'Oshawa, en Ontario, on installe un camp spécial, nommé CAMP X, où les recrues du SOE reçoivent une formation de base. Le Camp X loge aussi un centre de communications ultrasecret, baptisé «Hydra», pour la transmission transatlantique d'informations de nature délicate.

Certains Canadiens contribuent individuellement au renseignement, en dehors de la sphère des services du renseignement du pays. Le plus célèbre d'entre eux est sans doute sir William STEPHENSONZ (surnommé «Intrépide»), choisi par Churchill pour diriger le service secret britannique à New York durant la guerre.

Sur le front intérieur, la GRC et le renseignement militaire fusionnent leurs ressources pour assurer la sécurité du pays durant la guerre et concentrent leur attention sur l'espionnage et la subversion des agents de l'Axe. La GRC réussit à infiltrer les nouveaux groupes pronazis qui surgissent au Canada et parviennent aussi à capturer au moins trois agents allemands envoyés au Canada (deux sont arrivés par sous-marin dans les Maritimes).

À la fin de la guerre, les autorités fédérales, convaincues de l'utilité d'un service canadien du renseignement, sont déterminées à en poursuivre les activités en temps de paix. Le Canada cherche à continuer à participer aux relations spéciales qui se sont établies entre les États-Unis et la Grande-Bretagne en matière de renseignement. Ce souhait se réalise par son adhésion aux dispositions (encore non divulguées) du pacte de 1947 entre le Royaume-Uni et les États-Unis, qui répartit entre la Grande-Bretagne, les pays du Commonwealth et les États-Unis les tâches et les échanges en matière de renseignements sur les transmissions. L'Examination Unit continue, après 1945, de fournir des informations à ce fonds commun de renseignements, et il porte alors le nouveau nom de Centre de la sécurité des télécommunications. Il est situé près d'Ottawa, et ses activités se déroulent sous l'égide du ministère de la Défense nationale.

Les dirigeants du renseignement militaire projettent aussi de poursuivre leur travail dans les années de l'après-guerre et de créer un service du renseignement extérieur actif en temps de paix. Leur projet est toutefois bouleversé par l'affaire GOUZENKO, qui est peut-être le cas d'espionnage le plus alarmant à survenir en territoire canadien. Le 5 septembre 1945, un chiffreur de l'ambassade soviétique à Ottawa fait défection (non sans difficulté) et demande l'asile politique aux autorités canadiennes. Il révèle à la GRC qu'il existe quelques réseaux d'espions soviétiques au Canada qui ont pénétré des postes ultraconfidentiels, notamment au service de chiffrement du ministère des Affaires extérieures, au bureau du haut-commissaire britannique et aux installations de recherche atomique à Chalk River. Ayant consacré peu d'attention aux activités soviétiques au Canada pendant la guerre, la GRC est prise au dépourvu par ces révélations. Le gouvernement s'empresse de colmater les brèches de sa sécurité intérieure en augmentant le rôle de la GRC dans le contre-espionnage et en créant un puissant Conseil de sécurité chargé de surveiller les normes de sécurité et de loyauté dans la fonction publique.

L'affaire Gouzenko et l'entrée du Canada dans l'alliance du Royaume-Uni et des États-Unis en matière de renseignement sur les transmissions sont les deux événements clés de l'après-guerre et fournissent le cadre d'une bonne part des démarches qui s'ensuivront. Depuis 1945, l'essentiel des activités canadiennes relatives au renseignement extérieur a trait à l'adhésion du Canada aux réseaux d'alliances de l'OTAN et de NORAD. Les renseignements sur les transmissions donnés par le Canada, y compris l'information provenant de la chaîne de radars de l'Arctique, continuent de jouer un rôle important dans le cadre de ces alliances de défense, qui permettent au Canada d'avoir accès à un fonds important de renseignements stratégiques.

L'affaire Gouzenko a mis le gouvernement et le public en garde contre les réalités de l'espionnage international et a accéléré l'expansion du service de contre-espionnage au sein de la GRC. Depuis 1945, le Canada demeure la cible des espions de diverses puissances étrangères, principalement à cause de sa proximité avec les États-Unis et de son rôle en tant que partenaire d'une alliance occidentale. Selon le rapport final de la Commission McDonald (*voir* COMMISSION D'ENQUÊTE SUR CERTAINES ACTIVITÉS DE LA GENDARMERIE ROYALE DU CANADA), publié en 1981, 20 personnes ont été accusées d'espionnage en vertu de la *Loi sur les secrets officiels* et 42 diplomates ont été expulsés du pays pour activités d'espionnage depuis 1945.

La GRC est demeurée l'autorité principale en matière de renseignement national jusqu'à la création, en juillet 1984, du SERVICE CANADIEN DU RENSEIGNEMENT DE SÉCURITÉ (SCRS), organisme civil et distinct, chargé de remplir le même mandat que celui qu'avait le Service de sécurité de la GRC, dissous principalement à cause des nombreuses critiques sur son rendement. Lorsque, en 1987, le SCRS a été à son tour réprimandé pour les mêmes raisons, on a procédé à une série de réformes qui l'ont obligé à se départir de l'héritage que lui avait transmis la GRC, en bonne partie par les agents et les procédures issus du Service de sécurité.

Un problème, dont le SCRS a sans doute hérité du Service de sécurité de la GRC, est le cauchemar de la «taupe», agent double ou agent de pénétration, qui a accès de l'intérieur aux secrets du service du renseignement. Aucun Kim Philby ne figure au dossier, mais au moins un agent du Service de sécurité de la GRC, James Morrison, ayant pour nom de code «Long Knife», a été reconnu coupable d'espionnage pour le compte de l'Union soviétique. Leslie James Bennett, un agent de contre-espionnage de longue date, a été forcé de démissionner parce qu'on le soupçonnait d'être un agent soviétique, ce qui n'a jamais été prouvé. Plus récemment, le cas de E. Herbert NORMAN, le diplomate de carrière qui s'est suicidé, en avril 1957, tandis qu'il faisait l'objet d'une enquête de la GRC, a ravivé la controverse. Cependant, le service du renseignement national fait face à des problèmes dans de nouveaux domaines: le TERRORISME, le commerce mondial de la drogue, l'immigration illégale de même que l'espionnage économique et technologique, qui finiront peut-être par jeter dans l'oubli les traditionnels problèmes de contre-espionnage comme celui de la taupe.

Les services canadiens du renseignement, malgré leur taille restreinte, sont devenus au cours des ans une partie intégrante du gouvernement. En cette ère de l'informatique, de féroce compétition et de violence à l'échelle internationale, ces services continueront sans doute à évoluer et à jouer un rôle dans le maintien de la sécurité nationale.

Wesley K. Wark

Renvoi injustifié (*Voir* DROIT DU TRAVAIL)

Renvoi sur l'article 94 de la loi sur les véhicules à moteur de la Colombie-Britannique En vertu du paragraphe 94 (2) de cette loi, toute personne qui conduit un véhicule sans permis valide ou alors que son permis est suspendu commet une infraction et se voit condamnée à une peine minimale d'emprisonnement. Il s'agit d'une infraction de responsabilité absolue. La personne est coupable, qu'elle ait été ou non au courant de l'interdiction ou de la suspension. La Cour suprême, le 17 décembre 1985, statue qu'une «loi qui permet de déclarer coupable une personne qui n'a véritablement rien fait de mal», porte atteinte aux principes de justice fondamentale et, si cette loi prévoit une peine d'emprisonnement, elle va à l'encontre de la liberté garantie à l'article 7 de la CHARTE CANADIENNE DES DROITS ET LIBERTÉS qui prévoit que chacun a droit à la vie, à la liberté et à la sécurité de sa personne. La Cour

ajoute que l'article 7 ne se limite pas aux seules garanties offertes par la procédure. Il vise également le DROIT SUBSTANTIEL. On viole l'article 7 de la Charte si une infraction de responsabilité absolue peut entraîner la perte de la vie, de la liberté ou de la sécurité de la personne visée.

Gérald-A. Beaudouin

Répartition des revenus Elle désigne la part du revenu total d'une société destinée à chaque cinquième de la population ou, plus généralement, la répartition des revenus entre les ménages canadiens. On choisit habituellement le revenu annuel comme indicateur de la capacité des ménages de subvenir à leurs besoins, étant donné que l'on possède à cet effet les données statistiques nécessaires. Néanmoins, le bien-être économique dépend aussi d'autres facteurs importants.

Facteurs déterminant la répartition des revenus Au Canada, comme dans toutes les sociétés capitalistes, les revenus des particuliers proviennent du salaire qu'ils tirent de leur travail, des INTÉRÊTS perçus sur le capital investi, des bénéfices (ou dividendes) à titre d'entrepreneurs et des loyers qu'ils touchent s'ils sont propriétaires de biens immeubles. Les gains découlant des facteurs de production déterminent ce que l'on appelle la répartition des revenus «primaires», dont les traitements et les salaires constituent à eux seuls environ 85 p. 100 (*voir aussi* FORMATION DE CAPITAL).

Le jeu de l'offre et de la demande de chaque marché détermine le revenu des particuliers et, en fin de compte, la répartition du revenu primaire. p. ex., le salaire d'un joueur de hockey est tributaire de l'offre et de la demande de services dans ce domaine. Or, étant donné les nombreuses variables qui régissent l'offre et la demande des facteurs de production, il s'ensuit que tout le monde ne bénéficie pas du même niveau de revenu et, par conséquent, de la même part de revenu primaire.

Voici les variables qui influencent la répartition des revenus primaires: compétences, instruction, formation et expérience professionnelles, heures de travail, écarts de salaire compensatoire, restrictions institutionnelles, discrimination, écarts de fortune (y compris le patrimoine reçu en héritage), possibilités, âge, santé et intervention gouvernementale, notamment dans les domaines de l'IMPOSITION, des PAIEMENTS DE TRANSFERT et de la prestation de biens et de services sociaux.

Répartition des revenus au Canada Tous les ans, Statistique Canada mène une enquête auprès d'environ 35 000 ménages regroupant familles et célibataires. Selon sa classification, une «cellule familiale économique» est un groupe de personnes partageant le même toit et apparentées par le sang, le mariage ou l'adoption. Une «personne seule» est un particulier vivant seul ou en cohabitation avec d'autres personnes auxquelles il n'est pas apparenté.

Le revenu total recouvre ce qui suit: traitements et salaires, revenu net d'un travail autonome, revenu de placement (intérêt, dividendes, revenu locatif), pension de retraite, revenus divers (p. ex., bourses, pension alimentaire) et paiements de transfert du gouvernement (prestations d'aide sociale, sécurité de la vieillesse, allocations familiales, assurance-emploi, etc.). Autrement dit, le revenu total, comme concept, correspond au revenu primaire avant impôts et après déduction des paiements de transfert.

Après avoir recueilli les données relatives aux revenus, Statistique Canada répartit les ménages selon le revenu, du plus faible au plus élevé, puis les divise en cinq groupes appelés «quintiles» dont chacun représente 20 p. 100 de toutes les familles. Le premier quintile (le plus bas) comprend les familles les plus pauvres et le dernier (le plus élevé), les ménages les mieux nantis. Le revenu des familles de chaque quintile est ensuite calculé en proportion du revenu que reçoivent toutes les familles.

En 1985, les familles composant le premier quintile comptent pour 6,3 p. 100 du revenu total, soit

moins de 17 928 $ de revenu annuel, contrairement à 39,4 p. 100 pour les familles appartenant au dernier quintile, dont le revenu est supérieur à 53 398 $ (*voir* ÉLITES).

D'autres données recueillies par Statistique Canada révèlent que les familles du premier quintile, principalement les assistés sociaux, les familles monoparentales et les personnes âgées (bénéficiaires d'une pension de sécurité de la vieillesse et du supplément de revenu garanti), dépendent des paiements de transfert du gouvernement pour 60 p. 100 de leur revenu. En revanche, les traitements et salaires constituent près de 80 p. 100 du revenu des familles classées dans le dernier quintile, souvent à deux revenus.

Selon Statistique Canada, la répartition des revenus au cours des 30 dernières années est très stable, c.-à-d. que la proportion du revenu qui revient à chacun des quintiles a très peu varié. Cette stabilité a pourtant de quoi étonner car, pendant la même période, le Canada connaît une forte croissance économique et le revenu moyen par famille, après correction pour l'INFLATION, triple presque. Qui plus est, l'ÉTAT PROVIDENCE, qui fait alors son apparition, permet la redistribution d'importantes sommes d'argent sous forme de paiements de transfert.

En général, on attribue cette stabilité à deux facteurs. D'une part, les écarts de revenu primaire se creusent de plus en plus en raison de l'évolution du mode de vie. Mentionnons notamment les jeunes et les personnes âgées qui, plus souvent qu'il y a quelques décennies, tendent à vivre d'une manière autonome, sans oublier la multiplication des familles monoparentales par suite de la montée en flèche du taux de divorce. Comme ces groupes se caractérisent par de faibles revenus, les inégalités de revenu primaire augmentent. D'autre part, les paiements de transfert du gouvernement, dont une partie est destinée aux personnes pauvres, viennent réduire ces disparités.

L'intervention de l'État ne se limite pas aux paiements de transfert. Il perçoit en effet un impôt sur le revenu et fournit des biens et des services sociaux. C'est chose difficile de déterminer l'incidence nette de l'imposition et des dépenses de l'État sur la répartition des revenus, mais un certain nombre d'hypothèses sont formulées au sujet des contribuables qui supportent le fardeau fiscal et des bénéficiaires des dépenses publiques.

Certains observateurs prétendent que, à la lumière des données recueillies en 1969, la répartition des revenus entre riches et pauvres tend à favoriser légèrement ce dernier groupe. Les familles aisées, qui représentent environ 25 p. 100 des ménages, totalisent une contribution nette de 6,2 p. 100 du revenu total. Toutefois, l'effet de la répartition des revenus par l'État est certainement plus limité que ce qu'on peut attendre, puisque seul un nombre restreint de programmes gouvernementaux s'adresse aux plus pauvres. En fait, la plupart de ces programmes consistent en paiements de transfert au sein de la classe moyenne elle-même.

Il convient donc de procéder à certains ajustements pour déterminer la «véritable» répartition des revenus au Canada. Tout d'abord, Statistique Canada devrait revoir sa notion de revenu. Dans sa forme actuelle, celle-ci sous-estime les revenus découlant des paiements de transfert, notamment les prestations d'aide sociale, et exclut les gains en nature (p. ex., logement à prix modique), les gains en capital et les transferts entre particuliers. Elle ne tient pas compte non plus de la production à domicile et des revenus tirés de l'ÉCONOMIE SOUTERRAINE.

Ensuite, il faudrait calculer le revenu à l'échelle d'une vie, vu que celui-ci varie avec l'âge. Enfin, la taille de la famille devrait aussi entrer en ligne de compte. En attendant de pouvoir réaliser ces ajustements difficiles, on ne connaîtra pas la «véritable» répartition des revenus au Canada.

Pauvreté C'est un phénomène social complexe qui ne résulte pas uniquement de l'insuffisance de revenus, même s'il s'agit là d'un facteur important. Sont considérés pauvres au Canada les personnes dont le niveau de vie est en deçà d'un certain seuil, appelé couramment «seuil de pauvreté», et dont la participation active à la vie de la société se trouve compromise par de graves difficultés. Ainsi définie, la pauvreté est un phénomène relatif mesurable selon les niveaux de revenu.

À partir d'une enquête sur les dépenses des familles réalisée en 1978, Statistique Canada établit les seuils de pauvreté, plus précisément les «seuils de faible revenu», les plus souvent utilisés au Canada. D'après cette enquête, les familles canadiennes consacrent en moyenne 38,5 p. 100 de leur revenu aux besoins essentiels (alimentation, vêtement et logement). À ce chiffre, Statistique Canada ajoute 20 p. 100 puis conclut qu'une famille à faible revenu est celle qui doit consacrer plus de 58,5 p. 100 de son revenu total à ses besoins essentiels. Enfin, on détermine les seuils de faible revenu, indexés annuellement à l'INDICE DES PRIX À LA CONSOMMATION. En 1985, p. ex., les seuils de faible revenu pour les familles canadiennes vivant dans de grands centres urbains s'établissent à 10 233 $ pour les personnes seules et à 20 812 $ pour les familles de quatre personnes.

En 1985, 13,1 p. 100 des familles et 36,6 p. 100 des personnes seules (représentant 15,9 p. 100 de la population canadienne ou 3,9 millions de personnes) sont classées pauvres. La pauvreté est plus répandue dans les provinces de l'Atlantique et au Québec (*voir* ÉCONOMIE RÉGIONALE), chez les jeunes, les personnes âgées et au sein des familles (en général, les familles monoparentales) dont le chef est une femme.

Avant de déterminer si la répartition des revenus au Canada est quelque peu ou très inégale en 1985, il faut faire intervenir le principe du «partage égal». En adoptant ce principe, garant d'une répartition égale, il est possible de mesurer et de visualiser l'inégalité selon la courbe de Lorenz où l'axe vertical représente la part cumulative du revenu total et l'axe horizontal, celle de la population. À supposer que chaque famille touche un même revenu, 20 p. 100 des familles bénéficieront de 20 p. 100 du revenu total, 40 p. 100 d'entres elles gagneront 40 p. 100 de ce revenu et ainsi de suite. Sous ce rapport, la répartition des revenus suivra la ligne droite représentant l'égalité complète. La courbe située au-dessous de la ligne droite retrace la répartition des revenus au Canada en 1985. Plus la courbe s'éloigne de la ligne droite, plus la répartition des revenus devient inégale.

Bien que le gouvernement tente, à l'aide de nombreux programmes de sécurité du revenu, de suppléer quelque peu aux écarts de revenu, la société canadienne affiche, quant à elle, une certaine ambivalence vis-à-vis du principe du «partage égal» qui correspond sans doute, du moins en partie, au sens moral qu'elle défend.

De nombreuses politiques gouvernementales en faveur de la formation des jeunes, p. ex., reposent sur le principe de l'égalité des chances. Même si ce principe se concrétisait d'une manière absolue pour les enfants, il reste que, à l'âge adulte, certains écarts de revenu persisteraient en raison de la fortune familiale et d'autres avantages, et du fait des différences d'attitude à l'égard de l'éducation, du travail et de l'épargne.

Revenu annuel garanti Depuis le début des années 60, le revenu annuel (ou minimum) garanti, appelé «impôt négatif» dans le cadre du régime fiscal, sert régulièrement en Amérique du Nord de solution universelle à la pauvreté et aux écarts entre les revenus.

Ce revenu comporte deux volets. Premièrement, on détermine un minimum annuel, pouvant être analogue au seuil de pauvreté, qui est établi en fonction des besoins de chaque famille selon sa taille. En théorie, ce revenu est dispensé à présent sous forme de prestations d'aide sociale. Deuxièmement, alors que les prestations d'aide sociale sont imposées actuellement un dollar pour chaque dollar gagné en plus du minimum garanti, ce dernier serait réduit à un taux d'imposition plus faible, p. ex., à raison de 50 cents pour tout dollar gagné en sus.

Beaucoup s'accordent à dire que l'État pourrait diminuer de beaucoup les écarts entre revenus s'il avait la volonté politique d'imposer les riches plus lourdement au profit des pauvres (*voir* COMMISSION ROYALE D'ENQUÊTE SUR LA FISCALITÉ). Or, étant donné qu'une telle mesure impliquerait une hausse d'impôt substantielle pour les familles disposant d'un revenu annuel supérieur à 40 000 $, il est fort peu probable que ces familles de classe moyenne acceptent une telle augmentation.

Pierre Fréchette

Repentigny, ville du Qc; pop. 56 126 (2000), 53 824 (rec. 1996), 49 630 (rec. 1991); superf. 24,42 km²; const. en 1957; située à 24 km au nord-est de MONTRÉAL, à l'endroit où les rivières l'Assomption et des Prairies se jettent dans le fleuve Saint-Laurent. Reliée à l'île de Montréal par le pont Le Gardeur, cette ville de banlieue est située sur une quasi-péninsule formée par la rivière l'Assomption et le fleuve Saint-Laurent, et donnant sur une chaîne d'îles le long du littoral.

Historique Le peuplement de Repentigny remonte à 1647 lorsque Pierre Legardeur de Repentigny obtient une seigneurie. La région est alors établie en tant que municipalité de paroisse Notre-Dame-de-l'Assomption-de-Repentigny en 1855 et, en 1956, son nom est raccourci.

Tout au long de son histoire, la croissance de Repentigny est plutôt lente. En 1681, elle compte 106 habitants et seulement 650 en 1925. De 1920 à 1960, elle est connue sous le nom de Repentigny-les-bains en raison de ses belles plages, de ses résidences secondaires et de ses activités de villégiature. Au cours des 30 dernières années, elle devient l'une des banlieues de la région métropolitaine de Montréal dont la croissance est la plus rapide. Les trois quarts des habitations sont des maisons unifamiliales et le revenu familial annuel moyen est de 60 000 $.

Situation actuelle Porte d'entrée de la région de Lanaudière, faisant partie de la MRC de l'Assomption, elle est la municipalité la plus importante de cette région administrative. Bien que principalement résidentielle, cette ville essentiellement francophone (98 p. 100) possède aussi quelques industries.

Tout près, se trouve le parc régional de l'île Lebel, paradis calme et paisible de 34 ha. Le parc Saint-Laurent, situé dans la ville, possède une rampe de mise à l'eau pour les bateaux et accueille chaque année de nombreux événements sportifs et culturels. La Purification, église catholique du patrimoine vieille de 200 ans, constitue un point d'intérêt touristique. La Fromagerie champêtre est une entreprise familiale produisant du cheddar.

Pierre-Louis Lapointe et Alain Boudreau

Repentigny, Marie-Jeanne-Madeleine Legardeur de, dite de Sainte Agathe On se souvient d'elle (1698-1739), en raison de la «lampe qui ne s'éteint jamais», une lampe qui est allumée aux pieds de la statue de Notre-Dame du Grand Pouvoir, au couvent des Ursulines, à Québec. Selon la version officielle, Madeleine entre au couvent après la mort de son fiancé qui était militaire, mais la légende rapporte qu'elle a eu un amant indien qui aurait été tué par une sentinelle quand elle a tenté de l'aider à s'évader de prison. Après son entrée au couvent, Madeleine a du mal à maintenir sa vocation, mais elle y parvient en priant la Vierge Marie. En témoignage de gratitude, la succession veille à ce qu'une lampe demeure perpétuellement allumée aux pieds de la statue.

Nancy Schmitz

Reppen, John Richard, artiste et peintre (Toronto, 17 juill. 1933—*id.*, 2 juin 1964). Tout en étudiant, de soir, le design au Collège des beaux-arts de l'Ontario, Reppen dessine des bandes dessinées à la pige pour le *Toronto Star* (1952-1964) et occupe le poste de directeur artistique à la compagnie d'assurance La Prudentielle, à Toronto (1952-1962). À compter de 1959, il se consacre à la peinture, expose régulièrement, individuellement ou en groupe, et réalise plusieurs commandes de murales. L'imagerie de Reppen s'inspire grandement de ses voyages au Mexique (en 1961 et en 1963) et dans le Nord de la France (en 1962). Dans ses meilleures œuvres, on sent pleinement la surface et la texture. Leur construction sur un support de gesso, associé à des éléments collés et à des surfaces incisées, leur donne presque le caractère d'un relief.

Joyce Zemans

Représentation diplomatique et consulaire Lorsqu'un État souverain établit une représentation dans la capitale d'un autre État souverain, le représentant principal est d'habitude un ambassadeur, tandis que l'établissement s'appelle une ambassade. Le terme «ambassadrice» est utilisé pour désigner un ambassadeur féminin. En général, le terme «ambassadrice» peut aussi être employé pour désigner l'épouse d'un ambassadeur. Le Canada n'adopte cependant pas cette pratique.

Il arrive que le représentant principal soit un chargé d'affaires par intérim en attendant l'arrivée d'un ambassadeur (ou une fois qu'il est arrivé si celui-ci est absent de l'État en question). Si le chargé occupe le poste de façon permanente, il s'appelle chargé d'affaires en pied.

Par le passé, le représentant principal aurait pu être un ministre, s'il s'agissait d'une légation plutôt que d'une ambassade. Après la Seconde Guerre mondiale, l'acceptation générale de l'égalité juridique des États souverains fait que la pratique habituelle d'accréditer des ministres et d'établir des légations cède la place à l'accréditation d'ambassadeurs et à l'établissement d'ambassades.

Entre les pays souverains du COMMONWEALTH, le représentant principal est le haut-commissaire et l'établissement s'appelle le haut-commissariat (autrefois le bureau du haut-commissaire). Tandis qu'un ambassadeur est accrédité auprès du chef d'État (c.-à-d. le monarque ou le président), le haut-commissaire est accrédité auprès du gouvernement. En règle générale, les ambassadeurs et les hauts-commissaires sont considérés comme des égaux dans leur statut et leurs fonctions. Les ambassades et les hauts-commissariats sont tous deux des missions diplomatiques.

Les ambassadeurs et les hauts-commissaires portent le titre d'«Excellence» dans les États étrangers et leurs homologues étrangers au Canada ont droit au même titre. Les citoyens canadiens utilisent le titre de «Monsieur» ou de «Madame» quand ils s'adressent à un ambassadeur ou à un haut-commissaire du Canada.

Représentation diplomatique

Convention Le statut des diplomates est régi par la Convention de Vienne sur les relations diplomatiques (1961), à laquelle le Canada est partie prenante. La nomination du diplomate se fait par l'État accréditant, mais doit être approuvée par l'État accréditaire. Le diplomate doit demeurer agréé (*persona grata*) par le gouvernement accréditaire toute la durée de son mandat. S'il devient indésirable (*persona non grata*), l'État accréditaire peut alors exiger son départ.

Ambassadeur et entourage diplomatique L'ambassadeur est chargé de représenter l'État accréditant dans les rapports de ce dernier avec le gouvernement accréditaire, y compris dans les négociations s'il y a lieu. Il est responsable de protéger les biens et la personne des ressortissants contre la discrimination dans le pays accréditaire. Il voit à promouvoir et à clarifier les intérêts et les politiques de son gouvernement. Il donne des opinions éclairées à son propre gouvernement sur les politiques et les intérêts du gouvernement accréditaire, et il fait rapport sur les événements importants et pertinents survenus dans le pays étranger.

La désignation de «diplomate» peut aussi s'appliquer aux représentants auprès d'organisations internationales (l'ONU et l'OTAN, p. ex.), aux personnes chargées d'une activité internationale particulière (EXPO 86, p. ex.), de négociations ponctuelles (comme les négociations commerciales entre le Canada et les États-Unis en 1987), d'une fonction permanente (telle que le désarmement ou les négociations commerciales multilatérales du GATT) ou d'un projet plus général à caractère international et supposant parfois des déplacements (ambassadeur itinérant, p. ex.). Dans bien des pays, la désignation de diplomate, une fois accordée, se porte à vie. C'est d'ailleurs le cas aux États-Unis.

État à l'intérieur d'un État Le personnel, la résidence et les bureaux du diplomate constituent l'ambassade. Dans la pratique, les bureaux s'appellent la chancellerie. La même désignation s'applique au bureau du haut-commissaire. La coutume et le DROIT INTERNATIONAL veulent que les locaux d'une mission diplomatique soient soustraits à la juridiction de l'État accréditaire. De même, le diplomate et tout le personnel établi à l'étranger bénéficient de l'immunité de juridiction de l'État accréditaire, à moins que, dans des cas particuliers, l'État accréditant ne renonce à leur immunité. Le but de l'immunité est de protéger la mission diplomatique contre tout harcèlement injustifié. On s'attend néanmoins à ce que le diplomate et tout le personnel établi à l'étranger se conforment aux lois de l'État accréditaire.

Premiers représentants du Canada à l'étranger

L'envoi de représentants du Canada à l'étranger à diverses fins, notamment pour l'immigration et la promotion du commerce, remonte à 1867, l'année de la Confédération. En 1869, sir John ROSE, un ancien ministre des Finances, est nommé agent principal de liaison auprès du gouvernement britannique. Plus tard, il est nommé délégué aux Finances.

En 1880, sir Alexander GALT est le premier à être nommé haut-commissaire à Londres. On peut alors soutenir qu'il est le premier diplomate canadien. À vrai dire, ni lui ni l'agent général nommé à Paris en 1882 ne jouissent d'un statut diplomatique. En outre, même si la création du ministère des AFFAIRES EXTÉRIEURES (maintenant le ministère des Affaires étrangères et du Commerce international) remonte à 1909, les bureaux de Paris et de Londres ne relèveront de ce ministère qu'en 1913 et en 1921 respectivement.

Il faut attendre après la Conférence impériale de 1926, qui reconnaît l'égalité des dominions avec le Royaume-Uni, pour que le Canada accrédite des représentants diplomatiques à l'étranger. Il demeure que les représentants du Canada à Londres et à Paris et, à compter de 1925, l'agent de consultation du Canada auprès de la SOCIÉTÉ DES NATIONS à Genève, s'acquittaient essentiellement de tâches de diplomates.

Plein statut diplomatique Pendant et juste après la Première Guerre mondiale, on soulève à maintes reprises la question de la nomination d'un représentant du Canada aux États-Unis. En 1926, Vincent MASSEY est le premier à être nommé ministre du Canada à Washington, où il ouvre en 1927 la première légation canadienne, dotée d'un personnel de quatre fonctionnaires. Cette première nomination d'une personne jouissant d'un plein statut diplomatique pour représenter le Canada à l'étranger est suivie en 1928 par la nomination d'un autre ministre, Phillipe ROY, commissaire général à Paris depuis 1911. En 1929, Herbert Marler est nommé ministre au Japon. Comme les nominations à Washington et à Tokyo sont perçues comme des «premières», elles

donnent lieu à d'autres nominations du Canada qui font date à l'étranger.

En 1928, le premier haut-commissaire britannique arrive à Ottawa comme représentant du gouvernement du Royaume-Uni. Le GOUVERNEUR GÉNÉRAL avait joué un tel rôle jusque-là. La même année, soit en 1928, les hauts-commissaires représentant les pays du Commonwealth à Londres (l'honorable P. C. LARKIN est le représentant du Canada) se voient reconnaître un statut équivalent à celui des ambassadeurs. À la même époque, l'agent de consultation du Canada auprès de la Société des Nations est lui aussi réputé pour avoir un statut équivalent à celui d'ambassadeur.

Élévation au statut d'ambassade Toutefois, le premier ambassadeur comme tel du Canada est nommé en novembre 1943, lorsque le Canada et les États-Unis élèvent leurs légations au statut d'ambassades. L'honorable Leighton McCarthy, le ministre du Canada, devient alors le premier ambassadeur du Canada aux États-Unis, tandis que l'honorable Ray Atherton, le ministre des États-Unis au Canada, devient le premier ambassadeur étranger en poste à Ottawa.

En décembre 1943, on annonce que les ministres du Canada en URSS, en Chine et au Brésil sont élevés au rang d'ambassadeurs. Par la suite, d'autres légations sont élevées au statut d'ambassades et la pratique d'échanger des ambassadeurs plutôt que des ministres s'instaure graduellement. C'est en 1962, dans l'ancienne Tchécoslovaquie, que la dernière légation du Canada est élevée au statut d'ambassade.

La Seconde Guerre mondiale suscite un accroissement rapide de la représentation du Canada à l'étranger. À la fin de la guerre, le Canada compte des représentants diplomatiques accrédités auprès de 20 États et des soi-disant «gouvernements en exil» européens à Londres. Cet accroissement rapide se poursuit durant l'après-guerre.

Missions diplomatiques En 1924, un édifice acheté et inauguré à Trafalgar Square pour regrouper tous les fonctionnaires canadiens à Londres est désigné MAISON DU CANADA. Il conserve toujours un cachet bien canadien à Londres.

Les bureaux et les résidences du premier représentant nommé ministre aux États-Unis occupent l'un des magnifiques manoirs longeant l'avenue Massachusetts, communément appelée Embassy Row. À compter de 1947, seuls les bureaux s'y trouvent. En 1989, les bureaux sont emménagés dans un nouvel édifice du Canada donnant sur Pennsylvania Avenue, en un emplacement unique à mi-chemin entre la Maison-Blanche et le Capitole.

À Tokyo, la chancellerie et la magnifique résidence adjacente sont construites en un lieu propice, en face de l'un des palais royaux. Les édifices du Canada à Tokyo ont survécu aux bombes incendiaires de la Seconde Guerre mondiale, en partie grâce aux efforts des concierges japonais. La Maison du Canada, à Londres, a aussi eu la chance d'échapper aux dégâts causés par les raids aériens.

Représentation consulaire

La représentation dans des villes autres que les capitales se fait par l'établissement de postes consulaires (consulats généraux ou consulats). Les tâches portent alors sur la promotion et la protection des intérêts canadiens dans la ville d'accueil, surtout auprès du secteur privé (commerce et tourisme, p. ex.) et de l'administration locale (comme l'aide aux Canadiens à l'étranger). L'importance des postes varie, pouvant aller d'un établissement imposant dirigé par un consul général à un simple consul honoraire ou à un agent commercial travaillant chez lui.

Le premier consulat général du Canada est établi à New York en 1943. Toutefois, le pays avait déjà envoyé, au fil des ans, des représentants à l'étranger, surtout pour promouvoir le commerce et l'immigration. Le Service des délégués commerciaux était déjà

bien établi au début de la Seconde Guerre mondiale. En réalité, le premier délégué commercial avait été affecté en 1894 à Sydney, en Australie.

Les affaires consulaires sont confiées aux postes consulaires britanniques, faute de représentants canadiens qualifiés et dûment autorisés, jusque bien après la Seconde Guerre mondiale. Peu à peu, le Canada établit toutefois des missions diplomatiques et des postes consulaires pour s'occuper de la majorité des responsabilités canadiennes à l'étranger. En date de 1994, le Canada comptait à l'étranger 63 ambassades, 20 hauts-commissariats, 18 consulats généraux dirigés par des fonctionnaires de carrière, 3 consulats dirigés par des fonctionnaires de carrière, ainsi que 57 consulats dirigés par des fonctionnaires honoraires, et d'autres à venir.

Nominations Dans le Service extérieur du Canada, les chefs de missions diplomatiques et de postes consulaires sont interchangeables, sous réserve générale de leur rang au sein de leur propre Service extérieur (qui est distinct de leur rang diplomatique ou consulaire) et du classement des missions diplomatiques et des postes consulaires déterminés selon le niveau de responsabilités et d'activités.

Les nominations sont proposées au Cabinet par le premier ministre du Canada, puis confirmées par décret. Les commissions consulaires sont attribuées aux personnes nommées sur autorisation du gouverneur général au nom de la reine.

Nominations politiques Au début, les hauts-commissaires du Canada au Royaume-Uni étaient des nominations dites politiques, comme l'étaient d'ailleurs les premières personnes à être nommées ministres et ambassadeurs du Canada. La pratique de nommer des agents de carrière comme chefs de missions diplomatiques remonte aux nominations de W. A Riddell en 1925 et de Hume WRONG en 1937 à la direction du bureau consultatif auprès de la Société des Nations à Genève. Au moment de l'accroissement de la représentation à l'étranger, qui survient au début de la Seconde Guerre mondiale, plus d'agents de carrière sont nommés chefs de missions diplomatiques, à titre de ministres dans les légations de l'époque.

Le premier fonctionnaire de carrière du ministère des Affaires étrangères à être nommé ambassadeur est Jean Désy, ministre du Canada au Brésil, qui se voit promu au rang d'ambassadeur lorsque la légation devient ambassade. Pendant la même période, Dana WILGRESS, sous-ministre de l'Industrie et du Commerce et ancien délégué commercial principal, se voit promu au rang d'ambassadeur auprès de l'ancienne URSS, où il avait été depuis 1942 le premier ministre représentant le Canada. Le premier ambassadeur de carrière à Washington est Lester PEARSON, qui est élevé à ce rang en 1945, après avoir été le deuxième responsable.

Au moment de l'accroissement rapide de la représentation diplomatique et consulaire du Canada à l'étranger pendant et après la Seconde Guerre mondiale, la pratique est plutôt de nommer des agents de carrière comme ambassadeurs, hauts-commissaires, consuls généraux et consuls. Les personnes nommées viennent des rangs du ministère des Affaires étrangères, du Service des délégués commerciaux et, à l'occasion, d'autres ministères. Pendant les années subséquentes, des agents de carrière nommés proviennent aussi du Service d'immigration et de l'Agence canadienne de développement international.

Jusqu'en 1994, il y a encore un nombre fluctuant, quoique relativement limité, de nominations dites politiques telles que celles de l'honorable Royce Firth à titre de haut-commissaire au Royaume-Uni en 1994 et de l'honorable Benoît Bouchard à titre d'ambassadeur en France en 1993.

Jim S. Nutt et Michael K. Warren

Représentation proportionnelle C'est une revendication des citoyens du Canada-Ouest visant à remplacer la représentation égale des deux Canadas à l'Assemblée législative de la PROVINCE DU CANADA après 1850. À cette époque, le Canada-Ouest voit sa population grandissante devancer celle du Canada-Est (Québec), à majorité francophone. Fortement soutenue par George BROWN à partir de 1853, la revendication en faveur de la représentation proportionnelle finit par empoisonner les relations entre les deux sections de la province du Canada et par paralyser, dès 1864, l'activité gouvernementale. La solution ultime sera celle d'un gouvernement fédéral au sein d'une CONFÉDÉRATION.

J.M.S. Careless

Reptile Groupe (habituellement considéré comme une classe) d'animaux VERTÉBRÉS descendant des AMPHIBIENS et ancêtres des oiseaux et des mammifères.

Description Les reptiles sont surtout tétrapodes (quatre pattes), mais chez les serpents et certaines espèces de lézards, les pattes ont disparu. Leur peau est couverte d'écailles épidermiques qui constituent une protection contre les blessures et la dessiccation. Les tortues ont des écailles dermiques (dans les couches inférieures de la peau) bien développées qui sont fusionnées entre elles et aux côtes, sur le dos, pour former la carapace. Les crocodiliens, le sphénodon et quelques espèces de lézards possèdent aussi des écailles dermiques. Les écailles épidermiques sont modifiées en cornes chez les lézards cornus et en sonnette chez les serpents à sonnette.

Les reptiles actuels sont généralement assez petits et actifs. La plus grande espèce, la tortue luth peut atteindre un poids de 680 kg. Les reptiles ont des poumons et jamais de branchies. Certaines espèces de tortues complètent leur réserve d'oxygène grâce à une respiration pharyngienne qui leur permet de rester sous l'eau pendant de longues périodes. Les reptiles ont un cœur à trois chambres, mais les crocodiliens ont un cœur à quatre chambres. Les reptiles sont presque entièrement dépourvus de glandes cutanées, mais plusieurs espèces sécrètent une substance nauséabonde qui constitue une protection ou une substance plus agréablement parfumée qui est sexuellement attractive. Un groupe de lézards et plusieurs groupes de serpents sont pourvus de glandes venimeuses labiales sur la mâchoire supérieure.

Reproduction Si les reptiliens ont si bien réussi à coloniser le milieu terrestre, c'est grâce à leurs œufs amniotiques, pourvus d'une coquille protectrice et de membranes embryonnaires. Puisque leur coquille est perméable, les œufs doivent donc être dans un environnement assez humide, mais il sont beaucoup plus résistants à la dessiccation que les œufs d'amphibiens. Les œufs sont généralement enfouis dans un sol non compacté ou dans le sable, ou ils sont pondus dans la végétation en décomposition. Les tuatariens, les crocodiliens et les tortues pondent des œufs. Plusieurs espèces de lézards et de serpents le font également, mais chez plusieurs lignées évolutives, les femelles gardent leurs embryons, et les jeunes naissent entièrement développés.

Température corporelle Les reptiles, tout comme les amphibiens, sont poïkilothermes, c.-à-d. que leur métabolisme est assez bas et qu'ils dépendent grandement de la chaleur externe pour atteindre leur température idéale de fonctionnement. Pour ce faire, la majorité va au soleil et à l'ombre alternativement. Bien que les reptiles soient plus abondants dans les tropiques, les tortues, les serpents et les lézards sont assez nombreux dans les climats tempérés. En hibernant pendant les mois froids, ils évitent d'utiliser l'énergie alimentaire seulement pour maintenir leur température corporelle et peuvent en utiliser proportionnellement plus pour leur croissance et leur reproduction.

Répartition et habitat Quoique les reptiles ne soient pas aussi diversifiés qu'au mésozoïque (il y a 250 millions d'années à 65 millions d'années), les squamates, qui constituent actuellement le groupe dominant, sont très abondants. Il y a 3307 espèces de lézards, 135 d'amphisbéniens et 2267 de serpents.

Les tortues (222 espèces), les crocodiliens (22) et les sphénodons (1) sont moins diversifiés. Les lézards, les serpents et les tortues se répartissent partout dans le monde dans des régions tropicales et tempérées. Les crocodiliens sont principalement tropicaux, quoiqu'on les rencontre en bordure de la zone tempérée.

Le Canada abrite 42 espèces indigènes: 12 espèces de tortues, cinq de lézards et 25 de serpents. La plupart vivent dans le sud-ouest de l'Ontario et dans les vallées herbeuses du sud de la Colombie-Britannique. On ne trouve aucune espèce de reptiles dans la toundra, mais quelques espèces habitent la forêt boréale. Toutes ces espèces sont des immigrantes postglaciaires. Le serpent-jarretière rayé, l'espèce la plus septentrionale, se rencontre jusqu'à Fort Smith, dans les Territoires du Nord-Ouest, et sur la côte méridionale de la baie James.

Relations avec les humains Au Canada, les reptiles n'ont pas d'impact économique, sauf comme prédateurs (p. ex., les serpents qui se nourrissent de rongeurs). On capture les tortues et on les vend comme nourriture, principalement dans l'Est, d'où elles sont principalement expédiées aux États-Unis. On capture les serpents-jarretières, particulièrement au Manitoba, pour les vendre aux universités à des fins de dissection. Les morsures de serpents à sonnettes sont rarement fatales, et les trois espèces que l'on rencontre au Canada ne représentent pas de danger pour les humains ou le bétail.

F.R. Cook

Requin Poisson marin à squelette cartilagineux appartenant à la sous-classe des élasmobranches, à la classe des chondrichthyens et à l'ordre des squaliformes. Les ancêtres des requins modernes vivaient il y a au moins 150 millions d'années. On compte environ 350 espèces de requins appartenant à 90 genres dans le monde, et on les trouve depuis l'Arctique jusqu'à l'Antarctique, incluant les parties profondes de l'océan. C'est dans les régions tropicales et tempérées chaudes qu'ils sont le plus abondants et diversifiés. Quelques espèces pénètrent les eaux douces tropicales. On connaît environ 37 espèces de requins dans les eaux côtières et pélagiques canadiennes, entre autres le renard marin, le requin blanc, la maraîche, le mako, le pèlerin, le requin bleu, les requins-marteaux et les aiguillats. On trouve quelques espèces au large des deux côtes durant toute l'année, particulièrement en eau profonde. Les espèces prédatrices de grande taille se rencontrent principalement au cours de l'été et de l'automne.

Description La taille et le poids des requins varient entre 15 cm et quelques grammes (*Squaliolus laticaudas*) et plus de 18 m et plusieurs tonnes (requin-baleine, *Rhincodon typus*, le plus gros poisson du monde). Ils ont une forme généralement allongée et cylindrique et sont pourvus d'une ou de deux nageoires dorsales, de grandes nageoires pectorales, de nageoires pelviennes de taille moyenne ou petite et, habituellement, d'une nageoire anale ainsi que d'une queue qui leur est caractéristique dont le lobe supérieur est très long. La bouche en forme de croissant est normalement en position ventrale. Les mâchoires sont munies de multiples rangées de dents qui sont constamment remplacées depuis l'intérieur de la bouche. La peau est couverte de denticules pointues.

Reproduction Sur les nageoires pelviennes, les mâles ont des organes copulateurs, les ptérygopodes, qui permettent une fertilisation interne. La majorité des espèces met au monde des petits totalement formés et libres de l'œuf (ovovivipares), mais quelques-unes pondent leurs œufs dans des capsules cornées (ovipares). La période de gestation de l'aiguillat commun (*Squalus acanthias*), qui dure de 20 à 22 mois, est l'une des plus longues parmi les vertébrés.

Régime alimentaire Les requins de la famille des lamnidés (p. ex., le mako et le requin blanc) ont des mécanismes de régulation thermique qui permettent

de maintenir une température corporelle chaude et augmente ainsi l'efficacité de la natation et de la prédation. Grâce à leur gros foie, ils peuvent emmagasiner des réserves de nourriture, ce qui leur permet de survivre pendant les périodes prolongées de jeûne. Les petites espèces se nourrissent de crustacés planctoniques et d'autres invertébrés, tandis que les grandes espèces prédatrices se nourrissent de poissons marins, de céphalopodes, de mammifères marins et d'autres vertébrés. Les plus grands requins (p. ex., le pèlerin et le requin-baleine) mangent du plancton.

Importance de la pêche Dans plusieurs pays, on pêche les requins à l'aide de palangres, de filets maillants et de seines coulissantes. On utilise leur chair comme nourriture pour les humains et les poissons et on utilise aussi leur cuir. La viande est vendue fraîche, congelée, salée ou séchée. L'aiguillat commun est énormément utilisé dans le domaine de la recherche biomédicale. La plupart des espèces de requins sont inoffensives, mais environ 10 p. 100 sont dangereuses pour les humains et un autre 10 p. 100 peuvent l'être. On exagère beaucoup le danger que représentent les attaques de requins.

W.B. Scott

Réseau d'alerte avancé (*voir* LIGNE DE RADARS AVANCÉS)

Réseau des rivières du patrimoine canadien Les rivières font partie de nos vies et de notre patrimoine. Elles permettent une communion de la nature et de l'humanité.

Créé le 18 janvier 1984, le Réseau des rivières du patrimoine canadien (RRPC) est un programme coopératif mis sur pied et géré par les gouvernements fédéral, provinciaux et territoriaux. Ce programme vise à accorder une reconnaissance nationale aux rivières exceptionnelles du Canada et à assurer la gestion et la conservation à long terme de leurs valeurs naturelles, culturelles et récréatives.

Le RRPC repose sur le principe fondamental qu'il revient au gouvernement (généralement les gouvernements provinciaux dans le Sud, les gouvernements territoriaux et fédéral dans le Nord, et le gouvernement fédéral dans les PARCS NATIONAUX et sur les autres terres fédérales) de mettre en candidature et de gérer les rivières du patrimoine canadien.

Rivières du patrimoine Le RRPC regroupe actuellement 28 rivières d'une longueur totale de plus de 6000 km. Parmi celles-ci, 17 sont des rivières désignées (c.-à-d. que la Commission des rivières du patrimoine canadien a accepté un plan de gestion de ces rivières). Ces rivières passent des rivières sauvages des terres arides aux rivières circulant dans des secteurs densément peuplés du sud du Canada. On trouve au moins une rivière du patrimoine canadien dans chaque province et chaque territoire.

Administration Le RRPC est administré par la Commission des rivières du patrimoine canadien, qui est constituée de 14 membres. Deux membres sont nommés par le gouvernement fédéral (l'un vient du ministère des Affaires indiennes et du Nord canadien et l'autre de Parcs Canada) et chacun des gouvernements provinciaux et territoriaux nomme un membre. La participation au RRPC est volontaire et les gouvernements de la Colombie-Britannique et de l'Alberta n'ont décidé que récemment d'adhérer au réseau (1994). La Commission se réunit au moins une fois par année pour évaluer les nouvelles candidatures de rivières, établir les priorités de financement et celles du programme, discuter des nouvelles politiques et directives et les entériner.

Processus de mise en candidature La coopération intergouvernementale et la participation du public représentent les pierres angulaires du RRPC. La mise en candidature d'une rivière auprès du RRPC doit provenir du gouvernement duquel elle relève. Le rôle des simples citoyens et des groupes d'intervention consiste à exercer des pressions en faveur des rivières que le public estime les plus dignes de faire partie du Réseau.

Chaque participant au RRPC réalise des études à l'échelle de sa province ou de son territoire pour établir une liste de rivières du patrimoine canadien éventuelles. Une consultation publique se déroule au cours de cette étape afin d'aider les fonctionnaires gouvernementaux à choisir les rivières candidates préférées.

Une fois que l'on a choisi une rivière particulière en fonction de ses valeurs naturelles, culturelles et récréatives, on effectue d'autres études et consultations publiques afin de déterminer le niveau d'appui public à la mise en candidature de la rivière auprès du RRPC, le nombre et la complexité des utilisations opposées de la rivière, ainsi que la possibilité d'une gestion efficace de la rivière et de son bassin-versant conformément aux principes directeurs du RRPC.

Si on décide de proposer la candidature d'une rivière au RRPC, le gouvernement proposant cette candidature prépare et soumet un document de mise en candidature à la Commission. Le document de mise en candidature décrit de quelle façon les valeurs naturelles, culturelles ou récréatives de la rivière, ou un agencement de celles-ci, en font une rivière aux valeurs exceptionnelles. Il fournit en outre des renseignements sur les mesures qu'il faudra mettre en place pour assurer le maintien de ces valeurs.

Processus de désignation Après que la Commission a accepté une candidature, le gouvernement qui soumet la candidature dispose de trois ans pour préparer un plan de gestion. L'élaboration du plan de gestion repose sur la concertation et la consultation publique. Une fois qu'un plan de gestion a été soumis à la Commission, celle-ci étudie la candidature de la rivière au titre de rivière du patrimoine canadien.

Les plans de gestion représentent le cœur du RRPC. Ils décrivent les mesures qu'on prendra pour assurer la protection des ressources exceptionnelles ayant suscité la mise en candidature de la rivière. Ils définissent également la manière dont on présentera ces ressources, de même que les utilisations récréatives convenables pour la rivière, les principes d'intégrité écologique pertinents et la surveillance nécessaire.

Vision Le RRPC a pour objectif d'établir un réseau de rivières du patrimoine canadien qui témoigne de la diversité des riches milieux riverains du Canada et qui célèbre l'importance des rivières dans la société et l'histoire du Canada. Le Réseau veut assurer pour l'avenir la conservation, au Canada, de rivières aux eaux pures et libres, comme elles l'ont été depuis la fonte des grandes nappes glaciaires du pléistocène.

Maxwell W. Finkelstein

Réserve faunique C'est une zone terrestre ou aquatique que l'on préserve à divers degrés du développement et de l'utilisation récréative afin de protéger la faune et son habitat. Il y a des réserves fauniques pratiquement partout dans le monde, sous tous les climats. Au Canada, elles sont d'ordre fédéral, provincial et privé et elles visent à protéger de l'extinction des espèces rares ou à offrir un refuge aux espèces animales offrant un intérêt cynégétique ou touristique. La plus grande partie du sud du Canada est trop densément peuplée pour qu'il soit possible d'y établir de nouvelles réserves fauniques d'envergure, mais les gouvernements subissent des pressions pour que soient protégées de grandes surfaces du Nord canadien avant que certaines espèces ou certains habitats ne disparaissent. L'infrastructure à des fins éducatives qu'offre ces lieux est en partie responsable de la conscientisation de la population en matière de protection (*voir* CONSERVATION). P. ex., le Centre d'interprétation faunique des Prairies, près de Swift Current en Saskatchewan, offre à la fois une excellente infrastructure éducationnelle et l'occasion d'observer la flore et la faune indigènes des PRAIRIES.

Au Canada, le mouvement de protection de l'environnement naît vers la fin du XIXᵉ s., au moment où l'extinction ou la quasi-disparition, alors imminente, de la tourte, du canard du Labrador, du grand pingouin, du dindon sauvage, du wapiti et du bison dans l'Est ainsi que la diminution radicale des grands mammifères dans l'Ouest (bison, antilope, wapiti) et le Nord (bœuf musqué) incitent la population à réclamer la création de réserves fauniques. Les premières d'entre elles sont les parcs nationaux de l'Ouest, alors encore vierges, que l'on aménage essentiellement pour le tourisme. Pour sauvegarder le bison, le gouvernement crée le PARC NATIONAL WOOD BUFFALO, en 1922, à la frontière de l'Alberta et des Territoires du Nord-Ouest, où il introduira des populations de bisons provenant du Montana.

En Saskatchewan et en Alberta, la création de trois refuges nationaux, en 1914 et 1915, vise à mettre un frein à la dégradation de l'habitat occasionnée par l'agriculture qui met en péril l'antilope. L'efficacité de ces refuges s'avère telle qu'ils sont abolis en 1947, l'antilope étant désormais hors de danger. Les populations de bœufs musqués se rétablissent également, d'abord grâce à des lois régissant leur chasse, puis à la création du refuge faunique Thelon dans les Territoires du Nord-Ouest en 1927. En septembre 1986, le Canada crée sa première réserve nationale de faune à Polar Bear Pass, sur l'Île Bathurst, dans les Territoires du Nord-Ouest, site utilisé auparavant dans le cadre du Programme biologique international (PBI).

Aujourd'hui, les réserves fauniques protègent une grande variété de plantes et d'animaux. p. ex., Canards Illimités (Canada), un organisme privé voué à la protection de la sauvagine, protège et aménage plus de 1,5 millions d'hectares d'habitat pour la sauvagine (*voir* OISEAUX AQUATIQUES), en partie grâce à la collaboration de propriétaires terriens canadiens qui prêtent gratuitement leurs terres. Le parc provincial de Long Point, en Ontario, sert de halte à de nombreuses espèces de sauvagines et abrite au moins cinq espèces de reptiles et d'amphibiens rares ou menacées d'extinction.

Le PARC NATIONAL DE LA POINTE-PELÉE, en Ontario, est renommé mondialement pour la quantité d'oiseaux chanteurs qui y font halte durant leur migration. Les oiseaux de proie, rares dans une bonne partie de l'Amérique du Nord, sont relativement communs dans les réserves de l'ouest et du nord du Canada. En Colombie-Britannique, de nombreuses réserves des ÎLES DE LA REINE-CHARLOTTE sont des refuges pour le faucon pèlerin, et d'autres, dans l'Est, protègent les oiseaux marins (comme le cormoran, la mouette, le fou de bassan et le petit pingouin) (*voir* OISEAUX, SANCTUAIRES ET RÉSERVES D').

La réserve aquatique, un nouveau type de réserves fauniques pour laquelle le Canada, grâce à ses nombreux lacs et à ses milliers de kilomètres de côtes, possède un grand potentiel, protège la faune et les habitats aquatiques. Le parc marin national Fathom Five, à Tobermory en Ontario, en est le meilleur exemple canadien. Ces réserves fauniques, plus encore que leurs homologues terrestres, sont sujettes à la surutilisation récréationnelle. Les moteurs hors-bord, la plongée en scaphandre autonome et même la baignade occasionnent des perturbations considérables aux écosystèmes aquatiques, dont les habitats de canards nicheurs. En septembre 1986, le Service des parcs d'Environnement Canada a mis en œuvre sa politique sur les parcs marins.

L'exploitation des réserves fauniques par les humains met souvent celles-ci en danger. Dans un secteur apprécié par les amateurs de plein air, campeurs et promeneurs risquent de piétiner et d'abîmer la végétation ou de provoquer parfois des INCENDIES DE FORÊTS. Certaines pressions peuvent être exercées pour permettre l'exploitation forestière, l'utilisation des terrains de parcours, l'exploration et le forage pétrolier ou l'exploitation minière. Les routes qui traversent une réserve faunique font en sorte que des animaux sont tués par des véhicules. La POLLUTION provenant des insecticides arrosés sur les forêts ou d'industries éloignées (p. ex., les pluies acides) peut affecter tant la faune que la flore.

La controverse sur les droits des nations autochtones à utiliser les ressources fauniques et territoriales aura une incidence sur l'avenir des réserves fauniques (*voir* REVENDICATIONS TERRITORIALES). Ces problèmes montrent que la création d'une réserve faunique n'est que le début et que sa gestion doit s'assurer que les conditions demeurent favorables à sa protection.

A.I. Dagg et D.S. Slocombe

Réserve indienne Les premières réserves indiennes au Canada sont créées, semble-t-il, en Nouvelle-France sur des terres seigneuriales, par des ordres missionnaires catholiques et par des particuliers (*voir* SILLERY). Plus tard, des réserves sont mises de côté par traité et diverses formes de concessions de la Couronne dans les colonies britanniques des Maritimes, du Bas-Canada et du Haut-Canada. Après la Confédération, les réserves sont instituées soit en vertu de traités numérotés, soit par des ententes spéciales avec des bandes individuelles. La manière exacte dont les réserves ont été créées demeure mal comprise de nos jours.

Où trouve-t-on des réserves? En 1996, on comptait au Canada 2407 réserves, renfermant une superficie totale d'environ 2,7 millions d'hectares. Les réserves sont des terres mises de côté à l'usage exclusif des INDIENS inscrits, et seuls ces derniers peuvent «posséder» des terres dans une réserve. Le terme BANDE décrit une collectivité d'Indiens résidant dans une ou des réserves, mais certaines bandes ne possèdent pas de réserve. On dénombrait en 1996 environ 610 000 Indiens inscrits et 623 bandes. En juin 1985, le Parlement a adopté le Projet de loi C-31 qui, entre autres changements à la *Loi sur les Indiens*, permettait à quelque 101 000 personnes de demander à être inscrites au Registre des Indiens avant la fin de 1995. Dans les Territoires du Nord-Ouest et au Yukon, où peu ou pas de réserves ont été créées, les bandes ont été réunies en communautés connues sous le nom d'établissements, dans des terres en général détenues par la Couronne à leur profit, mais qui ne possèdent pas le statut de réserve. On trouve des réserves dans la plupart des régions du sud du Canada, mais environ 64 p. 100 de la population indienne vit dans des réserves situées dans des régions considérées comme «rurales» ou «éloignées» (*voir* AUTOCHTONES, DÉMOGRAPHIE DES). La majorité des bandes au Canada comptent moins de 1000 membres.

La LOI SUR LES INDIENS stipule que seuls les Indiens inscrits peuvent résider en permanence dans une réserve. Des règlements administratifs adoptés par certains conseils de bande permettent à d'autres personnes de résider dans les réserves jusqu'à ce qu'on leur demande de partir. Bien des bandes ont loué ou autrement aliéné des parties des terres de leurs réserves à des non-Indiens pour diverses raisons, dont l'exploitation des ressources naturelles, des droits de passage pour le transport ou la transmission d'énergie électrique, l'exploitation de fermes, l'élevage ou l'utilisation des terres à des fins récréatives.

Bien que de nombreux Indiens croient que les réserves leur appartiennent en droit, la *Loi sur les Indiens* stipule que le titre des réserves est confié à la Couronne. Ce rapport légal avec le gouvernement fédéral préoccupe les Indiens, qui croient que le statut des terres en question sera menacé tant et aussi longtemps que le titre de propriété échappera à leur contrôle. La *Loi sur les Indiens* interdit la «cession» et la vente de terres d'une réserve par un Indien ou une bande à quiconque sauf à la Couronne.

Les Indiens qui occupent à titre individuel des lots dans une réserve ne peuvent obtenir un acte de propriété ou un titre ordinaire, mais peuvent se procurer des certificats leur conférant un certain degré de protection contre des réclamations d'autrui. Ce titre individuel ou «billet d'occupation» peut être transféré entre membres d'une même bande seulement. Les terres de la réserve qui ne sont attribuées à personne sont considérées comme propriété commune de la bande.

Les conditions sociales dans la plupart des réserves reflètent la négligence historique et politique dont a fait preuve le Canada envers les populations de descendance indienne (*voir* AUTOCHTONES, CONDITIONS SOCIALES DES). L'éloignement et l'isolement de la plupart des réserves contribuent au fort taux de chômage chez les Indiens. Le chômage touche environ 25 p. 100 de la population en âge de travailler, et atteint des taux beaucoup plus élevés dans les réserves éloignées où les économies traditionnelles se sont effritées. Sur le nombre d'Indiens qui détiennent un emploi, 75 p. 100 travaillent dans une réserve (*voir* AUTOCHTONES, CONDITIONS ÉCONOMIQUES DES).

Foyer physique et spirituel En dépit de ces conditions sociales et économiques ou autres qui sont la source de nombreux problèmes dans les réserves, celles-ci demeurent le foyer physique et spirituel de bien des Indiens, particulièrement ceux des régions du Sud. Les réserves ont souvent été qualifiées de ghettos ruraux ou d'enclaves où les Indiens peuvent échapper aux contraintes de la société moderne. Les gens qui perçoivent les réserves de cette manière estiment que sans elles, les Indiens seraient forcés de s'assimiler à la société canadienne et que, grâce à l'assimilation, nombre des problèmes actuels de ces populations disparaîtraient. Cette façon de voir ne tient pas compte du statut juridique et politique des réserves au Canada, ni du fait que la majorité des autochtones ne veulent pas être assimilés. Elle ne tient pas compte non plus de la situation dans les Territoires du Nord-Ouest, au Yukon et au Nouveau-Québec, où les Indiens inscrits qui ne vivent pas dans des réserves conservent encore leur identité, leur langue et leur culture propres.

Les récentes politiques sociales fédérales et provinciales en matière de santé, de développement économique et d'éducation ont permis la mise en place de nouveaux services dans les réserves. Grâce à ces services accrus, de nouveaux emplois et des occasions de développement économique ont stimulé l'intérêt parmi les résidents des réserves pour la formation et les possibilités d'études postsecondaires (*voir* AUTOCHTONES, ÉDUCATION DES). La CONVENTION DE LA BAIE JAMES ET DU NORD QUÉBÉCOIS a permis aux Cris de la Baie James, au Nouveau-Québec, de mettre sur pied une infrastructure sociale et civile pour les neuf réserves cries et le gouvernement régional cri. La création et l'évolution d'infrastructures de ce genre dans les réserves indiennes permettra à bien des résidents des réserves d'avoir accès à des niveaux économiques et sociaux auparavant considérés comme inaccessibles.

Revendications territoriales Le règlement des REVENDICATIONS TERRITORIALES dans bon nombre de provinces et dans les territoires, ainsi que les négociations des droits fonciers issus de traités en Saskatchewan et en Alberta contribuent à augmenter la taille globale de bien des réserves et territoires indiens (*voir* TRAITÉS INDIENS).

Pour de nombreux Indiens, les réserves représentent la dernière preuve tangible qu'ils étaient les premiers peuples du Canada. Elles entretiennent un sentiment d'indianité et permettent l'existence des croyances spirituelles, des valeurs et un dialecte communs (*voir* AUTOCHTONES, LANGUES DES; AUTOCHTONES, RELIGION DES). En dépit de la très grande pauvreté, des mauvaises conditions de santé, du logement inadéquat et du manque de services sociaux et de santé dans bien des réserves, le mode de vie, les valeurs traditionnelles et les liens de parenté que ces communautés entretiennent contribuent à façonner l'identité des Indiens et à assurer leur équilibre. Pour bon nombre d'entre eux, la réserve est un foyer physique et spirituel, malgré les privations qu'on y trouve encore.

Harvey McCue

Réserves du clergé Terres représentant le septième du territoire du Haut et du Bas-Canada, elles sont établies par l'ACTE CONSTITUTIONNEL de 1791 et réservées pour le maintien d'un «clergé protestant», expression devant viser uniquement l'Église anglicane. Bien qu'elles ne produisent aucun revenu pendant de nombreuses années étant donné que les colons peuvent obtenir d'autres terres gratuitement, les réserves suscitent la controverse, surtout au Haut-Canada. Lorsque la concession de terres gratuites prend fin dans les années 1820, l'évêque John STRACHAN est d'avis que l'Église anglicane devrait vendre ses terres au lieu de les louer comme elle le fait depuis 1819. En 1827, après avoir empêché une cession à la CANADA COMPANY, il convainc la Grande-Bretagne d'autoriser la vente d'un quart des réserves, jusqu'à concurrence de 100 000 acres (40 468 ha) par année.

Un mouvement réformiste de plus en plus puissant, qui regroupe notamment de nombreuses confessions rivales, s'oppose aux projets de Strachan. En 1824, l'Assemblée législative confirme les revendications de l'Église écossaise à une part des réserves. Plus tard, le débat au sujet du «coétablissement» de l'Église écossaise devient un affront à l'idée même d'établissement (*voir* ANGLICANISME). En 1828, un comité spécial de l'Assemblée législative et le CANADA COMMITTEE de la Chambre des communes britannique critiquent l'établissement de l'Église et recommandent qu'elle répartisse les profits venant des réserves parmi les confessions protestantes. En 1840, l'Assemblée accepte un projet de loi qui répartit la moitié des profits entre l'Église anglicane et l'Église écossaise, laissant le reste aux autres confessions. Au début des années 1850, la sécularisation des réserves est pourtant largement exigée. À la fin de 1854, la coalition MacNab-Morin, formée de conservateurs du Haut-Canada et de réformistes du Bas-Canada, adopte un projet de loi visant à céder les produits de la vente des réserves aux fonds des municipalités des deux régions, et à verser des appointements aux titulaires cléricaux jusqu'à leur décès et à leur permettre de céder leur concession à vie à leur Église respective, laquelle pourrait commuer le total en des rentes de 6 p. 100.

La commutation est mal vue, mais la plupart désirent régler la controverse qui tourmente la vie religieuse et politique depuis trois décennies. Les réserves du clergé seront sécularisées non parce qu'elles sont un obstacle à la colonisation, mais parce que la politique d'établissement de l'Église qu'elles représentent est inacceptable aux yeux du Haut-Canada, qui est hétérogène sur le plan religieux.

Curtis Fahey

Réservoir C'est une étendue d'eau, qu'il s'agisse d'un étang ou d'un LAC, créée par l'aménagement d'un barrage ou d'une rivière au déversoir d'un lac, ou d'un réservoir artificiel pour emmagasiner l'EAU. L'eau du réservoir est utilisée aussi bien pour la consommation directe telle que l'irrigation, l'utilisation industrielle ou municipale que pour la consommation indirecte, comme la production d'énergie, les loisirs, la lutte contre les INONDATIONS et l'amélioration de l'habitat sauvage. Les réservoirs peuvent servir à améliorer la capacité de stockage d'un lac ou pour créer rivières, ruisseaux ou torrents. Dans cet article, on ne traite pas des réservoirs souterrains pour l'eau, le gaz ou le pétrole.

En général, les réservoirs sont classés d'après trois caractéristiques physiques de base: profondeur maximale, zone inondée et volume d'eau à plein remplissage. Les grands réservoirs peuvent avoir plusieurs niveaux cibles, chacun garantissant une quantité d'eau utilisable à une période précise de l'année. p. ex., en plus du niveau maximal d'exploitation, un réservoir peut avoir un niveau correspondant au volume souhaitable au début de chaque période de crue; un niveau de retenue qui est le niveau maximum autorisé pendant les crues; un niveau minimal (la réserve morte) qui est le niveau sous lequel on ne peut prélever d'eau pour la consommation directe. D'autres niveaux sont établis pour combler différents besoins, comme les loisirs d'été, l'irrigation et la production d'énergie tout au long de l'année.

Avant l'aménagement d'un réservoir, des études détaillées du site sont conduites afin de vérifier la capacité du réservoir à combler les besoins des utilisateurs potentiels et d'évaluer l'ensemble des avantages qu'offrira le projet. En général, les études se font sur une base mensuelle, en évaluant, à partir de données historiques enregistrées ou estimées sur l'écoulement de l'eau durant une période de 50 à 60 ans, le comportement qu'aurait eu le réservoir en conditions de SÉCHERESSE et de crue des années passées. Les résultats servent à décider si le réservoir répondrait aux besoins de ses utilisateurs potentiels dans des conditions de sécheresse similaires à celles qui se sont produites antérieurement. Ainsi, un réservoir devant desservir une agglomération sera conçu pour éviter de manquer d'eau, car la population n'accepte pas une telle situation. Si le manque d'eau n'est qu'un inconvénient mineur et ne cause pas de difficultés économiques sérieuses, on conçoit alors des réservoirs qui peuvent manquer d'eau, mais dans des limites acceptables, en cas de sécheresse marquée. Cela permet une utilisation plus efficace des ressources d'eau disponibles. On utilise souvent deux réservoirs ou plus pour optimiser le potentiel d'alimentation d'un BASSIN HYDROGRAPHIQUE. On peut évaluer l'amélioration du potentiel qu'offriront un ou plusieurs réservoirs supplémentaires à un système existant au moyen d'études hydrologiques détaillées similaires sur les deux réservoirs.

L'eau s'évapore de la surface des réservoirs lorsqu'ils ne sont pas recouverts de GLACE. Ces pertes, évaporation nette, peuvent se calculer en soustrayant les précipitations estimées ou enregistrées de l'évaporation estimée. Le volume des pertes dues à l'évaporation nette est alors calculé en multipliant l'évaporation nette par la superficie du réservoir. Si les études hydrologiques indiquent que l'augmentation de la capacité de stockage n'augmentera pas de façon significative le rendement du réservoir, soit parce que l'eau s'évaporerait avant d'être utilisée, soit parce que toute l'eau disponible a été exploitée, le projet est à sa capacité de stockage maximum et augmenter la réserve n'amènerait que du gaspillage.

Les réservoirs comportent des évacuateurs de crues pour rejeter le surplus d'eau en cas de trop-plein. On détermine la capacité de ces évacuateurs en fonction des risques de pertes économiques et du danger pour la population en cas de défaillance du barrage. Lorsqu'il y a danger en aval, soit en pertes humaines, soit en dégâts majeurs aux habitations, on conçoit ces déversoirs pour traiter le plus important débit prévisible. L'exploitation des réservoirs s'organise ensuite afin de coordonner la consommation, les utilisations à des fins récréatives et la production d'énergie, avec un débit d'évacuation suffisant pour maintenir les niveaux préétablis de débit minimum; on fixe donc les niveaux mensuels du réservoir, de l'évacuation et des détournements.

L'environnement du réservoir subit aussi des changements. Le lac nouvellement créé fournit un espace de loisirs supplémentaire, mais la rivière est détruite et les berges servant d'abris à la faune disparaissent. En général, en aval du réservoir, la rivière présente des débits de pointe plus faibles et des débits minimums plus élevés en raison de l'effet modérateur du réservoir en période de crue et de l'évacuation d'eau en période de sécheresse. Comme l'eau évacuée du réservoir est plus froide, le poisson doit s'adapter à son nouvel environnement ou migrer. Toutefois, le volume et la diversité des stocks de poisson augmentent souvent dans le réservoir lui-même, entraînant un gain net pour la pêche. La qualité de l'eau de l'ensemble du réservoir et en aval a tendance à s'améliorer, car le réservoir agit comme décanteur en régularisant les fluctuations saisonnières. La turbidité de l'eau en aval s'améliore aussi puisque les sédiments de la rivière sont emprisonnés dans le réservoir. Ce phénomène peut avoir un effet néfaste sur le chenal de sortie, à l'aval du réservoir, en raison de l'érosion du lit du cours d'eau. De la même façon, à l'extrémité amont du réservoir, la capacité du canal d'amenée est réduite par la sédimentation.

Le LAC DIEFENBAKER constitue un bon exemple de réservoir à usage multiple. Après un siècle de propositions et de plans, le projet a été approuvé en 1958. Le 25 mai 1959, une cérémonie inaugurale marquait le début de la construction du barrage principal, le BARRAGE GARDINER, sur la rivière Saskatchewan-Sud. Ce barrage et la centrale de Coteau Creek, conçus pour exploiter l'énergie hydroélectrique du site, ont été terminés en 1967. Un deuxième barrage a ensuite été construit sur la rivière Qu'Appelle pour retenir l'eau qui s'échappait en aval par ce cours d'eau. Au printemps de 1968, le lac Diefenbaker est rempli à sa capacité d'exploitation et la production d'énergie commence. En 1970, le réservoir est rempli à sa pleine capacité pour la première fois.

Au niveau maximal, le barrage contrôle un réservoir qui emmagasine un total de 9,4 milliards de m^3, dont seulement 4 milliards de m^3 de réserve utile. Les 5,4 milliards de m^3 restants constituent une réserve morte qui ne peut être utilisée ni pour la production d'énergie, ni pour déverser de l'eau en aval. La profondeur maximale de l'eau au barrage est de 58 m, et le réservoir créé par le barrage Gardiner a 225 km de long et un rivage de 760 km. L'évacuateur de crues, de 161 m de large, peut évacuer 400 000 m^3 d'eau à pleine capacité. Au cours d'une année moyenne, plus de 200 000 acres-pied d'eau sont perdus par l'évaporation de surface, le lac couvrant une superficie de 43 000 hectares.

En 1986, quelque 16 000 hectares étaient irrigués avec l'eau du lac Diefenbaker, et on estime pouvoir irriguer 115 000 hectares en 2030. La centrale de Coteau Creek produit en moyenne 775 millions de kWh par an, et les centrales hydroélectriques en aval du bassin profitent de la régulation du débit du lac Diefenbaker. p. ex., la centrale des Squaw Rapids Plant sur la rivière Saskatchewan, près de Nipawin, en Saskatchewan, peut maintenant produire 40 p. 100 de son énergie en hiver, soit le double de la quantité initialement prévue, en raison de l'amélioration du débit provenant du lac Diefenbaker. L'eau du lac permet aussi d'approvisionner trois mines de potasse, huit communautés et d'aménager une série de projets pour les loisirs ou la faune, en utilisant l'eau détournée du lac.

Le lac lui-même a permis de créer une zone de villégiature à vocation aquatique très fréquentée, dans une région absolument sèche de la Saskatchewan. De plus, chaque année, le lac permet de déverser de l'eau dans le réseau de la rivière Qu'Appelle afin d'augmenter les réserves municipales de Moose Jaw et de Regina et d'accroître la qualité et la quantité d'eau dans tout le réseau.

R.B. Goodwin

Resolute Bay, hameau des T.N.-O.; pop. 198 (rec. 1996), 171 (rec. 1991), 184 (rec. 1986); superf. 175 km^2; const. en 1987; situé sur la côte sud de l'ÎLE CORNWALLIS, dans l'ARCHIPEL ARCTIQUE. Il porte le nom d'un bateau qui y a passé l'hiver en 1850. Son développement ne commence toutefois qu'en 1947, année de la construction par le Canada et les États-Unis d'une STATION MÉTÉOROLOGIQUE DE L'EXTRÊME-ARCTIQUE. En 1953 et 1955, des familles INUITES y sont déplacées afin qu'elles puissent profiter du gibier abondant dans l'île. Parmi celles-ci, il y a les Idlout, dont le campe-

ment est illustré sur les billets de deux dollars canadiens émis dans les années 1970.

Annelies Pool

Responsabilité civile délictuelle Le droit de la responsabilité civile délictuelle englobe une grande partie du droit privé dont l'objet est d'indemniser ceux qui ont subi un préjudice par suite de la faute d'autrui. En *common law*, cette branche du droit a trait aux *torts* (mot dérivé du latin *tortum*, qui signifie «tordu, de travers»). Par opposition au droit criminel, qui fait intervenir l'État, le droit de la responsabilité civile délictuelle met en scène des parties privées qui introduisent en justice entre elles des actions en recouvrement de dommages-intérêts. Contrairement au droit des contrats, où deux parties s'entendent sur leurs droits et obligations respectifs, en matière de responsabilité civile délictuelle, c'est la société, par l'intermédiaire de ses systèmes judiciaire et législatif, qui impose des obligations à chaque membre de la société pour qu'il agisse en tenant compte des droits d'autrui.

Le droit de la responsabilité civile délictuelle est principalement un droit jurisprudentiel. Au cours des siècles, les tribunaux ont défini les droits et obligations d'une personne par rapport à ses concitoyens. Ces droits et obligations sont constamment en évolution et en mutation pour répondre aux nouvelles préoccupations technologiques et sociales. Toutefois, une certaine partie du droit de la responsabilité civile délictuelle est d'origine législative et peut varier d'une province à une autre.

Objet

L'objet du droit de la responsabilité civile délictuelle n'est pas de punir l'auteur du délit civil, mais de fournir des dommages-intérêts à la victime en indemnisation de ses pertes. p. ex., les dédommagements monétaires sont utilisés autant que possible pour rétablir la vie de l'accidenté dans l'état où elle était avant l'accident. Les délits civils intentionnels sont les plus graves, car ils impliquent des actes accomplis avec l'intention délibérée de porter préjudice à autrui ou de porter atteinte à leurs droits. Les coups et blessures sont l'utilisation intentionnelle de la force à l'endroit d'une autre personne. Cette infraction peut revêtir la forme d'un acte de violence dont l'intention est de blesser, mais également il peut s'agir d'un acte tout à fait innocent qui, bien que l'objet est de conférer un avantage à la personne, porte atteinte à son droit à la sécurité et à la dignité. P. ex., chaque traitement médical réalisé sans le consentement du patient constitue un acte de violence, même s'il vise la bonne santé du patient. Le droit respecte le droit absolu de toutes les personnes aptes à décider du traitement médical qu'elles doivent accepter ou refuser.

Les voies de fait sont le fait de faire naître chez une personne une appréhension pour sa sécurité. La séquestration est le fait d'empêcher sans justification une personne d'aller où bon lui semble. Une action est également recevable si l'acte attaqué a causé un préjudice émotionnel. Le harcèlement sexuel ou le harcèlement en milieu de travail peut donner lieu à une cause d'action fondée en responsabilité civile délictuelle. Pour ces délits civils, le tribunal peut accorder, mais cela est très, non seulement des dommages-intérêts compensatoires, mais aussi des dommages-intérêts additionnels ou punitifs dont l'objet est de punir la partie fautive.

Lorsqu'une personne est blessée par suite d'un acte criminel, le contrevenant peut être poursuivi au criminel tout aussi bien qu'en dommages-intérêts au civil. Les victimes d'agression sexuelle recourent de plus en plus à l'action civile pour acte de violence afin de se faire dédommager. On a constaté que les personnes qui peuvent intenter des actions en responsabilité civile délictuelle contre la personne qui les aurait agressées sexuellement, que ce soit pendant leur enfance ou pendant leur majorité, avaient trouvé qu'une telle action avait une valeur thérapeu-

tique, qu'elles ne peuvent obtenir par suite uniquement d'une poursuite criminelle. Cependant, puisque les criminels ne possèdent pas souvent de biens pour payer les jugements en responsabilité civile délictuelle, le recouvrement des dommages-intérêts peut être obtenu auprès des fonds d'indemnisation des victimes d'actes criminels établis par voie législative dans huit provinces et territoires et dont les coûts sont partagés avec le gouvernement fédéral.

La personne qui commet un délit civil intentionnel peut plaider qu'elle avait une défense valide, p. ex., le consentement de la victime, la légitime défense, la défense de ses biens, la nécessité ou l'autorité de la loi. P. ex., le moyen de défense de consentement protégera les athlètes contre les poursuites pour contacts physiques se produisant au cours d'une activité sportive, tant que ces contacts font ordinairement partie de l'activité comme elle se pratique généralement. Par ailleurs, de nombreuses lois, telles que le *Code criminel*, permettent à la police notamment de détenir et d'emprisonner des personnes, ou de saisir leurs biens. L'action est rejetée si l'un de ses moyens de défense est accueilli par le tribunal.

Des délits civils intentionnels peuvent également être commis contre les biens. Pénétrer dans la maison ou sur le bien-fonds d'un tiers sans sa permission constitue une intrusion, porter atteinte aux biens d'un tiers constitue une appropriation illicite et refuser de remettre quelque chose qui appartient à un tiers est une rétention illicite.

Délit civil de négligence

Les gens subissent généralement un préjudice en raison d'un manque de diligence plutôt que du fait des actes délibérés d'autrui. Il s'agit du délit de négligence, le plus important des délits civils modernes. La célèbre cause anglaise Donoghue c. Stevenson, dans laquelle un fabricant de boisson gazeuse avait négligemment laissé entrer un escargot dans une de ses bouteilles où il s'est décomposé et a rendu la demanderesse malade, a établi le principe voulant que chacun ait l'obligation juridique de faire preuve d'une diligence raisonnable afin qu'autrui ne subisse pas un préjudice en raison de son comportement négligent.

Chacun doit respecter le critère de la «personne raisonnable», notion importante en ce qui concerne le délit de négligence. Fondée sur des lignes directrices objectives et inspirée des précédents, la norme permet aux tribunaux d'adapter aux circonstances changeantes ce qui peut être considéré comme «raisonnable». Par ailleurs, la personne qui, par sa propre faute, se cause elle-même un préjudice ou y contribue, sera tenue au moins en partie responsable de ses dommages en vertu du moyen de défense de négligence contributive ou concourante. La notion de la négligence s'est élargie considérablement au cours du 20e s. et couvre une grande variété d'accidents. P. ex., les vendeurs de boissons alcoolisées peuvent être tenus responsables s'ils ne s'assurent pas que leurs clients en état d'ébriété prennent des mesures raisonnables pour rentrer chez eux. Les propriétaires de voitures peuvent être tenus responsables s'ils ne s'assurent pas que les occupants de leur voiture bouclent leur ceinture de sécurité ou s'ils permettent à des personnes incompétentes de conduire leur voiture.

L'auteur d'un délit civil qui est jugé responsable doit indemniser la victime de toutes ses pertes. L'indemnisation porte non seulement sur les frais médicaux, la perte de revenu et les frais entraînés par les soins futurs, mais également sur une réparation pour douleurs et souffrances et pour perte d'agrément. Si un délit civil cause la mort, la succession et les personnes à charge ont le droit de réclamer une indemnisation à l'auteur du délit. Les personnes à charge ont le droit d'être indemnisées pour la perte du soutien qu'elles auraient obtenu de la personne qui a été tuée. Certaines provinces comme l'Alberta permettent le recouvrement pour la douleur et le chagrin éprouvés par les survivants. Les successions ne peuvent recouvrer que les pertes pécuniaires causées par le décès; les frais funéraires p. ex..

Le risque est tellement inhérent à certaines activités que l'indemnisation des personnes qui subissent un préjudice est généralement accordée sans qu'il soit nécessaire d'établir la faute de la partie défenderesse. C'est le cas des délits civils de responsabilité stricte. Selon la cause anglaise Rylands c. Fletcher, quiconque apporte sur son terrain une chose qui ne s'y trouve pas naturellement est strictement responsable si cette chose s'en échappe et porte préjudice à un tiers. Ainsi est-on strictement responsable des préjudices causées par des animaux sauvages que l'on garde, ou même d'animaux familiers si on sait qu'ils sont dangereux, ou par les incendies que l'on cause.

Il existe d'autres délits moins familiers. Celui qui porte atteinte de façon déraisonnable à l'usage et à la jouissance d'un bien-fonds sera tenu pour responsable d'une nuisance privée. En matière de responsabilité civile de l'occupant, tout propriétaire d'un bâtiment a l'obligation de faire preuve de diligence à l'égard de ses visiteurs pour éviter qu'ils ne se blessent sur leur propriété. Les fabricants sont responsables au titre de la responsabilité du fait des produits envers ceux qui sont blessés par des produits défectueux. Cette responsabilité des fabricants s'étend non seulement à la fabrication du produit, mais à sa conception même. Le droit impose également aux fabricants l'obligation d'aviser les consommateurs des risques liés à l'utilisation de leurs produits. Au cours des dernières années, cette règle de droit a fait que des fabricants ont été ainsi tenus responsables de n'avoir pas informé les femmes des risques des pilules contraceptives et du risque que des implants mammaires pouvaient se rompre, causant des problèmes graves aux patientes qui les utilisaient.

En vertu des règles de la responsabilité du fait d'autrui, les employeurs sont responsables des délits civils commis par leurs employés dans le cadre de leur emploi. Au titre des délits civils économiques, on sera tenu responsable si on empêche illégalement autrui de gagner sa vie ou de réaliser des profits escomptés. Constituent des délits civils le fait d'encourager quelqu'un à rompre un contrat qu'il a conclu avec un tiers et le fait d'intimider une personne par des menaces d'actes illégaux de façon à l'obliger à faire quelque chose qui lui causerait un désavantage économique.

Évidemment, de nombreuses atteintes résultent purement d'un accident. Ainsi, malgré son innocence, une victime n'aura pas droit à une indemnisation si elle ne peut prouver que la personne qui a causé l'accident a agi d'une manière répréhensible. Les critiques du droit de la négligence ont sévèrement condamné cette règle, jugeant qu'il est injuste que les personnes qui ne peuvent prouver que leurs blessures résultent de la négligence d'un tiers soient abandonnées à elles-mêmes et doivent supporter leurs pertes. De nombreux accidents se produisent soit en milieu de travail, soit sur la route. En raison de la fréquence des accidents du travail et de l'incapacité du droit de la responsabilité civile d'indemniser suffisamment les accidentés, chaque province a une loi sur les INDEMNISATIONS DES ACCIDENTS DU TRAVAIL permettant aux travailleurs d'être indemnisés sans devoir établir la faute.

Plusieurs provinces canadiennes ont adopté des lois semblables en ce qui concerne les accidents de la route et ont remplacé le droit de la responsabilité civile par des régimes d'indemnisation «sans faute». Un vif débat porte sur la question de savoir dans quelle mesure ces régimes devraient être élargis aux dépends des principes du droit traditionnel de la responsabilité civile délictuelle.

Nouveaux délits civils

De nouveaux délits civils sont apparus récemment. L'atteinte à la vie privée a gagné en importance, bien qu'elle ne soit pas encore établie comme une cause d'action. Les délits civils plus anciens, tels que la négligence, sont de plus en plus appliqués aux groupes professionnels, comme les médecins et les avocats, pour les forcer à respecter les normes élevées de compétence lorsqu'ils ont affaire avec le public. Par ailleurs, le droit de la négligence a permis aux tiers victimes de choc nerveux après avoir été témoins d'accidents terribles touchant leurs parents, d'intenter une action en dommages-intérêts en raison de leur expérience traumatisante. Les sauveteurs qui sont blessés en tentant d'aider les victimes dans des situations dangereuses peuvent poursuivre en négligence la personne qui a créé la situation d'urgence. Le droit de la négligence a même commencé à atténuer sa réticence traditionnelle à exiger que l'on vienne en aide à autrui ou qu'on empêche qu'un préjudice lui soit causé.

La liste des exceptions à la règle selon laquelle nul n'est tenu d'aider les personnes qui sont en danger s'allonge de plus en plus. On est tenu responsable non seulement de ses propres actes de négligence, mais aussi de ses conseils trompeurs qui causent un préjudice à autrui. Ce développement intéressant a trait à l'extension du domaine du droit de la responsabilité civile à la négligence se produisant dans le cadre des relations commerciales ou contractuelles.

Même les fonctionnaires et les organismes gouvernementaux sont tenus responsables en responsabilité civile pour les dommages qu'ils causent au public dans l'exercice de leurs fonctions. Les partisans du droit de la responsabilité civile se sont réjouis de ces développements, faisant valoir que le recours civil a constitué et peut continuer de constituer pour les citoyens un moyen précieux de lutter contre les éléments plus puissants de notre société.

Lewis N. Klar

Ressources Ensemble des potentialités offertes par l'environnement naturel dont dispose l'être humain et qui lui permettent de produire des biens et services. Cette définition démontre que, bien que les ressources se trouvent à l'état naturel dans l'environnement physique, elles sont véritablement mises en valeur par les humains. Les valeurs et les capacités humaines déterminent quelles parties de l'environnement la société exploite et les bénéfices qu'elle en tire. Les ressources et les systèmes environnementaux sont interdépendants et en évolution continuelle. En général, l'utilisation qu'on en fait accélère les changements. En raison de cette interdépendance, les impacts sur d'autres ressources que celles qui sont utilisées sont courants. En fait, l'exploitation de certaines ressources peut interdire l'exploitation de certaines autres ressources. Les choix faits par les humains, ainsi que les processus naturels, amènent les ressources à changer dans le temps (*voir* BIOGÉOGRAPHIE). Ces changements, rapides ou lents, peuvent diminuer ou augmenter le potentiel des ressources.

On peut classer les ressources naturelles selon des critères variés, comme l'information et la possibilité d'exploitation, les caractéristiques temporelles et spatiales, ainsi que la propriété.

Renseignements et possibilités d'exploitation

D'après les renseignements dont on dispose et les possibilités d'exploitation, on distingue trois catégories de ressources naturelles: les ressources potentielles, conditionnelles et actuelles. Une ressource potentielle est celle dont on soupçonne l'existence, mais sur laquelle il manque encore des renseignements; une ressource conditionnelle est une ressource qui existe, mais dont les possibilités d'exploitation dépendent de certaines conditions; une ressource actuelle est une ressource remplissant toutes les conditions et qui est exploitée et procure des bénéfices. Une ressource passe du statut de «potentielle» à «actuelle» à mesure que les renseignements dont on dispose sur elle augmentent et que les conditions nécessaires à son exploitation sont remplies. Cette transformation peut prendre beaucoup de temps, et tant qu'elle n'est pas terminée, la société n'en tire

guère profit. p. ex., une première information fournie par un levé géologique et géophysique (*voir* ARPENTAGE) peut indiquer qu'une région particulière possède un potentiel minier. De l'information complémentaire peut laisser croire à l'existence d'un gisement, puis une exploration intensive et approfondie peut confirmer l'existence du gisement. Une ressource potentielle se transforme alors en une ressource conditionnelle. Des renseignements supplémentaires sont nécessaires pour déterminer l'importance et la qualité du gisement; puis d'autres conditions spécifiques doivent être remplies avant de lancer la production.

La première condition est de disposer de la TECHNOLOGIE appropriée pour extraire le minerai et en faire un produit commercialisable. Ensuite, il faut déterminer si la production est économiquement viable, c.-à-d. si les bénéfices économiques sont plus importants que les coûts, pour couvrir les risques financiers. À cette étape, on évalue les coûts de transport, de production et de traitement, selon les prévisions des prix du marché. Il faut aussi tenir compte des conditions politiques et légales commandées par des facteurs hors marché, et de l'importance relative que leur accordent les différents gouvernements.

Parmi les préoccupations récentes, on trouve la dégradation environnementale, les risques pour la santé et les recettes pour les gouvernements. Si ces conditions sont remplies, la production peut commencer, créant ainsi une ressource actuelle. Le processus est réversible. La ressource repasse du statut «actuelle» à «conditionnelle» si les conditions préliminaires à la production changent suffisamment pour rendre l'exploitation impossible.

Caractéristiques temporelles

Les ressources qui se régénèrent sur de courtes périodes (mois, années, décennies) ou qui ont une caractéristique de récurrence sont classées comme renouvelables. On classe l'EAU, les végétaux et les animaux dans les ressources renouvelables; les potentialités de régénération se mesurent en mois dans le cas de l'eau, en années dans le cas des animaux et en décennies dans le cas de la FORÊT. Ces différences de temps nécessaire à la régénération posent divers problèmes d'exploitation.

De plus, le potentiel de régénération de certaines ressources renouvelables peut être partiellement ou complètement annulé par des modifications de l'habitat (comme l'effet de la POLLUTION DE L'EAU sur le poisson), par l'exploitation jusqu'à l'extinction (comme la surexploitation de certains gibiers) ou par la destruction de l'habitat à cause de certaines techniques d'exploitation (comme l'érosion causée par le déboisement).

La plupart des ressources d'ÉNERGIE renouvelables dépendent de processus atmosphériques récurrents, mais elles sont soumises à des cycles et à des changements périodiques, de sorte que le potentiel de régénération n'est pas toujours disponible. Le rayonnement solaire, p. ex., est renouvelable, dans le sens que, sauf sous de hautes latitudes, le soleil se lève et brille chaque jour, mais on ne bénéficie du rayonnement solaire que par intermittence, pas la nuit, mais le jour, et seulement par ciel clair et non couvert. De la même façon, le vent souffle seulement par intermittence. En fait, bien que ces deux ressources soient régulières et donc intéressantes comme sources d'énergie potentielles, elles posent des problèmes d'exploitation (*voir* ÉNERGIE SOLAIRE; ÉNERGIE ÉOLIENNE).

Le grand avantage des ressources renouvelables est qu'on peut en profiter continuellement si on les exploite adéquatement, ce qui demande une connaissance approfondie des cycles de vie, la maîtrise de l'exploitation et la protection de l'habitat. p. ex., après avoir découvert une population de poissons dans l'océan, on doit obtenir des détails sur son importance, son cycle de vie et ses aires de déplacement, même si la collecte des renseignements est difficile et demande beaucoup de temps. On a besoin de ces renseignements, car les poissons sont mobiles et appartiennent à tout le monde. Les quotas sont donc nécessaires pour garantir la reproduction de la population. L'établissement de certains quotas demande des renseignements détaillés sur la dynamique de la population, sur les caractéristiques de ses mouvements et de son habitat. Une exploitation irréfléchie peut faire passer une ressource du statut «renouvelable» au statut «non renouvelable» ou peut nécessiter des efforts intensifs de réhabilitation.

Les ressources non renouvelables sont celles qui ne peuvent se régénérer pendant un cycle de vie humaine. Les minéraux en sont le parfait exemple, mais il y en a d'autres aussi; la terre, p. ex., n'est pas exploitée à des fins commerciales comme les minéraux, mais, en fait, les terres cultivables du Canada ne peuvent pas augmenter, à moins d'assécher les marais. Le SOL est aussi non renouvelable, puisqu'il se forme lentement et que certaines utilisations l'épuisent (p. ex., quand on le détruit pour construire des bâtiments ou aménager des routes). S'il est bien géré, le sol peut favoriser la production en biomasse pour de longues périodes.

Caractéristiques spatiales Les deux aspects spatiaux des ressources qui influencent leur usage sont la mobilité et la concentration. L'air, l'eau et la faune sont des ressources mobiles. Comme ces ressources ont des aires de déplacement importantes et qu'elles sont soumises à de nombreux facteurs, la maîtrise de leur usage et de leur gestion est complexe. Elles peuvent traverser des limites de juridiction (p. ex., une frontière nationale ou provinciale) ou se déplacer dans une région sans juridiction spécifique (comme les OCÉANS). Les ressources concentrées comme les minéraux et les RIVIÈRES occupent des espaces relativement restreints en comparaison des espaces occupés par les ressources dispersées comme les forêts et les terres agricoles. Le degré de concentration détermine souvent qu'une ressource est conditionnelle ou actuelle, car les coûts d'exploitation augmentent suivant la dispersion.

Propriété Certaines ressources sont la propriété de personnes ou de sociétés (p. ex., les terres agricoles); d'autres appartiennent aux États et leurs droits d'exploitation sont accordés par le biais de permis (comme pour les forêts, l'eau et les minéraux). D'autres, qui habituellement sont désignées comme bien commun, n'appartiennent à personne (comme le poisson et les éléments atmosphériques). Les ressources de bien commun intéressent les exploitants et chacun essaie d'en tirer le maximum de profits, avec pour conséquence une possibilité de dégradation rapide et même d'épuisement de ces ressources. Cette catégorie de ressources soulève des problèmes particuliers de gestion. L'accès aux ressources communes par voie de propriété privée peut aussi être objet de controverses.

Ressources: profil des provinces Selon *l'Inventaire des terres du Canada*, le total des terres à potentiel agricole élevé est de 20,5 millions ha, dont 33,4 p. 100 en Saskatchewan, 22,5 p. 100 en Alberta, 21,3 p. 100 en Ontario, 13,1 p. 100 au Manitoba et 2,3 p. 100 au Québec.

Pour les terres à usage récréatif, les pourcentages sont de 29,3 p. 100 au Québec, 23,6 p. 100 en Ontario, 20,2 p. 100 en Colombie-Britannique, 10 p. 100 à Terre-Neuve, 2,7 p. 100 en Saskatchewan, 3 p. 100 au Manitoba et 2,7 p. 100 en Alberta. Pour l'autorisation de coupe de bois (276 millions de m³ au total pour le Canada), la Colombie-Britannique en a 36 p. 100, l'Ontario, 23,8 p. 100, le Québec, 14,8 p. 100 et l'Alberta, 10,2 p. 100.

Colombie-Britannique Elle possède des ressources riches et diversifiées. On note particulièrement les forêts de conifères de la côte et du centre, les gisements dispersés de métaux communs et les ressources de gaz naturel et de charbon de l'Est et du Nord-Est. La rivière de la Paix et le fleuve Columbia sont exploités pour l'HYDROÉLECTRICITÉ et il

reste encore un potentiel important, particulièrement dans le Nord (p. ex., dans les rivières LIARD et STIKINE). D'autres cours d'eau importants (le FRASER, la rivière SKEENA) et beaucoup de plus petits sont des frayères à SAUMON, espèce qui, avec le hareng, le poisson de fond et les crustacés, alimente une importante industrie de la pêche.

Avec ses terres au profil montagneux et sa côte très étendue, la Colombie-Britannique fournit un habitat adéquat pour une faune diversifiée, des possibilités considérables pour diverses activités de plein air. On ne trouve de terres agricoles de grande qualité que dans la partie sud-ouest de la province et dans de petites vallées situées à l'intérieur.

Yukon et Territoires du Nord-Ouest Ils couvrent près de 40 p. 100 du Canada et constituent la majeure partie du Nord canadien. Ils connaissent un climat hivernal rigoureux et de courts étés qui limitent la croissance des végétaux. Les parties orientales comportent la TOUNDRA; certaines montagnes sont couvertes de glace en permanence. Au sud de la limite forestière, surtout au Yukon et dans le bassin du Mackenzie, s'étendent de grandes régions de forêts peu productives. Malgré les limites posées par ces conditions environnementales, ces territoires abritent des populations importantes d'animaux terrestres et marins.

Ces animaux constituent une importante source de nourriture et de FOURRURE pour les autochtones. Beaucoup de zones spécifiques à caractéristique environnementale unique offrent des possibilités intéressantes pour les loisirs et la science. La majorité des ressources de base, particulièrement les minéraux, sont classées comme potentielles ou, au mieux, comme conditionnelles. Les ressources de métal commun sont exploitées dans des zones de l'Ouest, et les conditions géologiques laissent deviner l'existence d'un potentiel considérable. Une grande partie de l'attention se porte cependant sur l'exploration pour découvrir du PÉTROLE dans le delta du Mackenzie, la mer de Beaufort et les îles arctiques du Nord-Ouest.

Alberta La province est divisée en deux grandes régions géologiques, le bassin sédimentaire de l'Ouest et les montagnes Rocheuses. On trouve dans le sol du premier de grandes réserves de combustibles fossiles, comme le charbon, le pétrole et le gaz, alors que de grandes régions de terres agricoles de qualité supérieure couvrent la moitié sud de la province. L'aridité limite la productivité agricole dans le Sud-Est. Les Rocheuses possèdent des réserves importantes de charbon. Les sources des rivières nombreuses et les paysages spectaculaires des montagnes et des lacs offrent des possibilités très intéressantes pour les activités de plein air. Les zones boisées qui traversent le centre de l'Alberta fournissent une ressource forestière modeste.

Les réserves de pétrole ordinaire de l'Alberta (du pétrole de faible viscosité qui monte naturellement à la surface) ont été largement exploitées et la production est en déclin. Il existe aussi des gisements très importants de pétrole lourd (trop visqueux pour monter à la surface sans avoir recours à des techniques) et de BITUME dans les sables bitumineux. Ces importantes ressources conditionnelles de pétrole sont exploitées dans une certaine mesure, mais leur exploitation à grande échelle dépend des facteurs économiques et technologiques. Globalement, ces ressources font de l'Alberta le réservoir de combustibles du Canada.

Saskatchewan Cette province tire ses ressources fondamentales d'une des zones les plus vastes de terres agricoles d'excellente qualité au Canada, d'un habitat productif et extensif pour la faune (surtout pour les OISEAUX AQUATIQUES), de gisements importants de potasse et d'uranium, et de réserves importantes de pétrole et de charbon. La Saskatchewan arrive au premier rang des provinces pour la production de blé au Canada et elle est aussi une productrice importante d'autres CÉRÉALES.

Les zones de forêts boréale et mixte constituent une ressource de moindre importance. Après 1962, la Saskatchewan se classe, à l'échelle mondiale, au deuxième rang des producteurs et au premier rang des exportateurs de potasse. Les zones riches en uranium dans le Nord placent la province au deuxième rang des producteurs du Canada, tandis que le charbon de lignite dans le Sud-Est est largement exploité à ciel ouvert pour la production d'énergie thermique. La Saskatchewan partage, avec l'Alberta, une partie des champs de pétrole ordinaire et de pétrole lourd de Lloydminster.

Manitoba Cette province possède des ressources mixtes, qui comprennent une diversité de minéraux métalliques, un potentiel d'énergie hydroélectrique et une région importante de terres agricoles de bonne qualité. On y extrait surtout du nickel, mais aussi du cuivre, du plomb, du zinc et des métaux précieux en quantités importantes. On exploite déjà le potentiel hydroélectrique de certaines rivières qui se déversent au nord (p. ex., la RIVIÈRE NELSON); d'autres ont un grand potentiel à développer (p. ex., la RIVIÈRE CHURCHILL). La production de pétrole est actuellement réduite au Manitoba, mais une zone prometteuse d'hydrocarbure a été repérée le long de la frontière Sud. Les populations de poissons des lacs Winnipeg et Manitoba, des aires considérables d'habitat pour la faune et des ressources forestières locales importantes s'ajoutent à la diversité des ressources fondamentales de la province.

Ontario Cette province constitue le marché le plus important au Canada pour les biens et services provenant des richesses naturelles. Toutefois, à part l'absence importante de combustibles fossiles, les ressources renouvelables et non renouvelables de la province sont importantes. La province arrive au troisième rang, après la Saskatchewan et l'Alberta, pour l'importance des zones classées terres agricoles; toutefois, le sud de l'Ontario à lui seul possède plus de 50 p. 100 des terres agricoles de classe 1 du Canada qui, jouissant d'un climat favorable, fournissent des ressources essentielles pour des cultures variées et productives, et pour l'élevage. Dans le centre et le nord de l'Ontario, la couverture forestière contribue au moins à 25 p. 100 du potentiel de coupe national et alimente une industrie forestière de grande envergure. La majorité des zones forestières les plus accessibles et de nombreux lacs et cours d'eau offrent des possibilités importantes pour les activités de plein air.

Les ressources d'eau exceptionnelles des GRANDS LACS et du FLEUVE SAINT-LAURENT offrent des voies de transport importantes, des sources d'hydroélectricité et des endroits récréatifs. L'Ontario n'a que peu de combustibles fossiles et ne possède que peu de minéraux industriels (sauf le SEL); toutefois, le nord de l'Ontario est un réservoir d'autres minéraux. La province vient en tête au Canada dans la production de nickel, d'uranium, de zinc, d'or et d'argent; elle est la deuxième, après la Colombie-Britannique, dans la production de cuivre.

Québec Il possède les ressources hydroélectriques, exploitées et potentielles, les plus importantes du Canada. Beaucoup de cours d'eau qui descendent du BOUCLIER canadien vers les BASSES-TERRES DU SAINT-LAURENT et la BAIE JAMES ont été aménagés pour fournir une importante source d'énergie renouvelable qui compense le manque de combustibles fossiles.

Le Saint-Laurent constitue une voie de transport importante. Avec ses grandes étendues d'eau douce, ses lacs et ses rivières, le Québec offre d'importantes possibilités pour les activités de plein air et pour l'habitat faunique. Les terres agricoles de bonne qualité sont limitées, mais le Québec se classe au troisième rang, après la Colombie-Britannique et l'Ontario, pour la productivité de ses immenses forêts. Parmi ses richesses minérales, on trouve l'amiante, dont la production n'est surpassée que par celle de l'ex-URSS, le fer, l'or et certains métaux communs.

Les provinces de l'Atlantique Les provinces de l'Atlantique réunies couvrent une superficie inférieure à celle de chacune des six autres provinces, même en incluant la province de Terre-Neuve qui est relativement étendue. Une grande partie de cette région est constituée d'îles et de péninsules qui ont à leur portée le POISSON et les RESSOURCES EN CRUSTACÉS du golfe du Saint-Laurent et du plateau continental du secteur occidental de l'Atlantique, là où l'industrie de la pêche est la plus importante au Canada (*voir* EAUX LITTORALES; PÊCHE; INDUSTRIE MARINE). Parmi les autres ressources renouvelables importantes on trouve aussi des forêts (surtout au Nouveau-Brunswick et à Terre-Neuve), des zones de terre productive relativement petites (l'Île-du-Prince-Édouard et la vallée de l'Annapolis en Nouvelle-Écosse) et des ressources hydroélectriques au Labrador et dans la baie de Fundy (*voir* ÉNERGIE MARÉMOTRICE). La côte, très étendue, offre nombre de possibilités pour les activités de plein air en saison. On peut diviser la richesse minérale en deux secteurs: terrestre et maritime. Dans le secteur terrestre, on trouve une importante richesse de métaux communs dans le Nord du Nouveau-Brunswick, du fer à Terre-Neuve, de l'AMIANTE et du sel en Nouvelle-Écosse. Les seules ressources de combustibles fossiles exploitées à terre sont des filons de charbon dans la région du Cap-Breton, en Nouvelle-Écosse. Dans le secteur maritime, le plateau continental possède un important potentiel d'exploitation du pétrole (surtout au large de Terre-Neuve) et du gaz (au large de la Nouvelle-Écosse).

Développements et défis

Le développement économique du Canada repose sur une grande dotation en richesses naturelles diverses et importantes, la disponibilité de capitaux étrangers et l'accès aux marchés d'exportation (*voir* INVESTISSEMENT ÉTRANGER). En comparaison avec d'autres pays, l'ampleur et la diversité des ressources potentielles constituent un avantage majeur pour le pays. Il existe d'importantes populations d'espèces sauvages et de poissons d'eau douce et de mer. Le Canada est le deuxième, après l'ex-URSS, pour le volume de bois de conifères et la superficie de ses terres agricoles. Ses réserves d'eau sont aussi plus importantes que dans la majorité des pays. En raison de la vaste étendue des terres et de la diversité des conditions géologiques, il reste encore à découvrir de nombreux gisements de divers minéraux au Canada. De plus, nombre de zones à caractéristiques environnementales particulières offrent des possibilités pour différentes activités récréatives, scientifiques et éducatives. Toutes ces ressources, sauf les minéraux, sont renouvelables.

Le Canada devra relever certains défis s'il veut continuer à profiter de ses ressources de base. On utilise de façon importante les ressources de meilleure qualité et facilement accessibles. P. ex., les meilleures terres agricoles ont été cultivées pendant plusieurs décennies; le meilleur bois a été coupé; les champs de pétrole d'accès facile ont dépassé le point maximum de leur productivité. On doit, par conséquent, veiller à maintenir la productivité de la terre, reboiser et trouver d'autres gisements de pétrole (*voir* CONSERVATION DES SOLS). Dans le cas des ressources renouvelables, il faudra faire des progrès significatifs dans la connaissance des principes qui gouvernent la croissance des végétaux pour qu'une politique de GESTION DES RESSOURCES à la fois de régénération et intensive remplace l'exploitation extensive. Dans les cas des ressources non renouvelables, on doit maintenir des programmes d'exploration active et développer de nouvelles technologies. Ces technologies sont nécessaires pour améliorer l'efficacité de l'utilisation et de l'exploitation des ressources, et pour travailler dans les zones qui sont relativement inaccessibles, avec des environnements hostiles, mais souvent fragiles (*voir* NORD).

Un autre défi réside dans une concurrence croissante entre diverses utilisations des ressources, à cause de l'accroissement de la population et des différentes possibilités d'utilisation, surtout à proximité des centres urbains. Une étendue boisée peut constituer un potentiel d'exploitation forestière ou d'exploitation minière, ou convenir à l'aménagement d'un parc ou d'une RÉSERVE FAUNIQUE. Une zone de terre agricole de classe 1, située près d'un centre urbain, pourrait être utilisée pour l'agriculture, pour l'aménagement d'un aéroport ou pour la construction domiciliaire. Les conflits découlant de l'utilisation choisie des ressources augmentent, et si on veut en tirer un maximum de profits, on doit trouver des manières de résoudre ces conflits rapidement et raisonnablement. On doit surtout évaluer complètement les risques pour la santé humaine et la qualité de l'environnement, et établir des critères pour que les coûts soient acceptables et réalistes.

Enfin, si les ressources doivent continuer à alimenter substantiellement le développement de l'économie canadienne, elles doivent pouvoir être concurrentielles sur les marchés mondiaux. L'accès à ces marchés dépend du prix, de la qualité et de la fiabilité de l'approvisionnement. Certains aspects du marché de l'exportation, tels qu'un système de transport, doivent donc être particulièrement efficaces. Mais ce qui est peut-être le plus important, c'est le besoin d'un équilibre entre la compétitivité et le maintien d'un niveau élevé de revenus, de services sociaux et de qualité environnementale.

J.D. Chapman

Ressources Gulf Canada limitée La compagnie est fondée en 1906 sous le nom de The British American Oil Company limited (BA). En 1969, Gulf Oil Corp. des États-Unis achète BA qui devient Gulf Oil Canada limited. On adopte le nom de Gulf Canada limitée en 1978, et, en juillet 1987, la société devient Ressources Gulf Canada limitée. En mai 1985, les frères Reichmann, par l'entremise d'Olympia and York Developments Ltd. (O&Y) de Toronto, achètent les 60 p. 100 de parts de Gulf que détenait Chevron Corp. de San Francisco. C'est la deuxième plus importante prise de contrôle de l'histoire du Canada. En 1985, Gulf achète une participation majoritaire dans Abitibi-Price Inc., dont elle détient, à l'été 1987, 83 p. 100 des parts. En octobre 1986, elle achète Hiram Walker Resources Inc. Elle en possède 49 p. 100 des parts au milieu de 1987.

Actuellement, Gulf possède divers intérêts dans les produits forestiers, la distribution de gaz naturel, la distillation de spiritueux et les pipelines. Elle consolide ses intérêts dans Consumers Gas Co, ainsi que dans Interprovincial Pipe Line et dans Hiram Walker-Gooderham & Worts. Cette dernière passe alors sous le contrôle de GW Utilities, elle-même contrôlée par la famille Reichmann. O&Y; détient 75 p. 100 de Gulf. Toutefois, en 1992, O&Y plaçait ces holdings sous la garde de la Banque Toronto-Dominion (TD) en garantie pour un prêt de 2,5 milliards de dollars américains. Les problèmes d'O&Y ont conduit la Banque TD et d'autres créanciers d'O&Y à prendre le contrôle de Gulf par l'entremise d'une nouvelle entité, A&G Resources. Les banques ont réussi à vendre une partie de ses actions pour faciliter la reconstitution du capital de la société, mais elles restent les actionnaires les plus importants, détenant 52 p. 100 des actions. En 1995, Gulf a des revenus de 718 millions de dollars, un actif de 2,9 milliards de dollars et un personnel de 700 employés.

Deborah C. Sawyer

Ressources humaines, gestion des Le monde du travail évolue constamment, aujourd'hui peut-être plus que jamais. Ainsi, la relation entre employeur et employé, comme individu ou membre d'une collectivité, est-elle en perpétuel changement. Même les mots pour désigner cette réalité et le champ d'étude correspondant se transforment. Il y a 50 ans, l'expression la plus fréquemment utilisée était RELATIONS INDUSTRIELLES. L'expression évoquait de grands groupes de travailleurs manuels, regroupés dans de vastes syndicats et occupés à de durs travaux dans des mines ou de grandes manufactures. L'effort physique demandé était considérable. Il était généralement réglementé par des conventions collectives détaillées, obtenues à la suite de difficiles négociations sinon de sérieux conflits de travail.

Aujourd'hui, les lieux de travail ressemblent davantage à des bureaux où l'on offre au public toutes sortes de services, entre autres des services monétaires, des services de santé, et d'éducation. Les employés qui y sont engagés, qu'ils soient professionnels ou techniciens, utilisent l'ordinateur ou un autre instrument propre à leur profession. On parle maintenant de gestion des ressources humaines plutôt que de relations industrielles. Quant à l'objet concret de leur travail, les deux expressions sont synonymes: elles désignent la même réalité, soit le travail de chaque individu ou de la collectivité, et les relations entre l'employeur et les employés en cause.

La gestion des ressources humaines présente plusieurs aspects ou facettes. Elle inclut toutes les relations qui peuvent exister entre chaque employeur et ses divers représentants d'une part, et chaque employé d'autre part, comme individu ou membre d'un syndicat, selon les circonstances et le problème en question. En ce sens, la gestion des ressources humaines inclut la planification et la dotation, la sélection et le placement, la promotion et les mesures disciplinaires. Une fois placés, les nouveaux employés doivent être intégrés à l'entreprise. En temps opportun, il faudra voir à leur perfectionnement. Il faut garder bien à jour tous les renseignements de base: l'adresse et le numéro de téléphone personnels, les numéros d'identification (assurance sociale, etc.), le nombre de personnes à charge (pour les programmes de bien-être social et les déductions fiscales), les mesures disciplinaires et les évaluations pertinentes, les griefs et leur règlement, les accidents de travail et les principales conditions de santé.

Plusieurs lois ont un impact sur la gestion des ressources humaines: toutes celles qui imposent des normes de travail, comme un salaire minimum, des heures maximales, des congés, des vacances annuelles, un âge minimal, l'exigence d'une cause juste et raisonnable pour une sanction, et les procédures qui s'ensuivent. Tous ces éléments sont la responsabilité de l'employeur. En cas de conflit insoluble, une décision finale doit découler d'une procédure judiciaire ou arbitrale. Toute entreprise doit donc posséder un service de relations humaines ainsi que le personnel requis pour assurer l'application d'une décision finale et assurer la solution des problèmes s'il en survient.

Si la totalité ou une partie des employés se réunissent en association ou en syndicat (tout particulièrement s'ils se font accréditer et fonctionnent sous la *Loi des relations ouvrières*), une partie importante de ces responsabilités passe dans l'application de cet important système et sous la gouverne des règles méticuleuses établies dans la convention collective. Le service des ressources humaines devient alors l'agent et le représentant de l'employeur dans tous ses rapports avec ses employés, pour négocier et décider de toute question qui s'y rapporte, y compris le choix des tactiques à adopter et le règlement des griefs qui peuvent survenir au cours de son application. Le service des ressources humaines est aussi responsable de tous les rapports avec les ouvriers non syndiqués. Pour eux, le service se référera à toutes les décisions légales adoptées antérieurement, surtout en matière de renvoi sans cause juste et suffisante. Les sentences arbitrales servent de jurisprudence en la matière, là où la loi générale prévoit une formule du genre à cet effet.

Tous les différents aspects de la gestion des ressources humaines montrent l'importance de la formation des représentants de ressources humaines en administration des affaires et en droit du travail. Toutes les écoles de commerce et les départements d'administration des affaires ont donc des cours, sinon une section complète, sur la gestion des ressources humaines. Tant de disciplines contribuent à la compréhension du phénomène global des ressources humaines que le sujet s'enseigne dans de nombreux départements. La multiplicité des juridictions ne va pas sans soulever de nombreux problèmes. Le problème suivant ne sera probablement jamais résolu: devrait-on enseigner les relations humaines et les relations industrielles dans une section ou un département spécifique, selon les disciplines appropriées? Devrait-on plutôt les enseigner dans des cours particuliers de certaines facultés-mères ou départements-sources, comme c'est le cas, entre autres, pour le droit, les sciences économiques, la sociologie, la psychologie?

Gérard Hébert

Ressources minérales Le sous-sol du Canada contient plus de 60 substances minérales utilitaires connues: métaux, minéraux non métalliques, matériaux de construction et combustibles minéraux (*voir* MINÉRAL).

Répartition régionale des ressources minérales

Le Canada, dont la superficie est de près de 10 millions de km², se divise en six grandes RÉGIONS GÉOLOGIQUES ayant chacune ses caractéristiques propres.

Bouclier canadien C'est une vaste région de roches précambriennes, qui domine le territoire et compose la couche sous-jacente d'environ la moitié de la superficie totale du pays. Cette immense étendue de ROCHES IGNÉES et de ROCHES SÉDIMENTAIRES précambriennes, de dépôts superficiels glaciaires, de forêts et de muskegs, constitue la principale source de métaux précieux et de métaux communs du Canada, dont il contient de grandes réserves: OR, MINERAI DE FER et URANIUM notamment. Grâce à son immensité et à sa géologie favorable, le Bouclier offre encore d'énormes possibilités de découvertes de gisements minéraux.

Plateforme de l'Intérieur Elle s'étend du Bouclier canadien à la région montagneuse de la Cordillère de l'ouest du Canada et de la frontière des États-Unis à l'océan Arctique. Elle comprend la plateforme de l'Arctique, la plateforme d'Hudson et la plateforme du Saint-Laurent. Dans le sous-sol des terres agricoles méridionales des Plaines Intérieures de l'Ouest se trouvent d'abondantes réserves de PÉTROLE, de CHARBON, de POTASSE et de SEL, contenues dans d'épaisses séries de roches sédimentaires légèrement inclinées qui forment un prisme dont l'épaisseur va en augmentant vers l'ouest en direction des montagnes Rocheuses. Cette région semble propice à d'autres découvertes de combustibles fossiles. Des travaux d'exploration pétrolière ont été effectués dans la plupart des secteurs des Plaines, y compris dans l'archipel Arctique, mais plusieurs régions et formations spécifiques demeurent largement inexplorées. Dans la partie centrale se trouvent les sables bitumineux de l'Athabasca, qui renferment des réserves de pétrole lourd plus importantes que les ressources pétrolières de tout autre pays du monde.

Cordillère canadienne À l'ouest des Plaines Intérieures s'étend la Cordillère canadienne, une région montagneuse comprenant aussi des plateaux et des vallées, qui repose sur une base constituée de roches ignées ou sédimentaires variées. Cette région comprend la plus grande partie de la Colombie-Britannique, le Yukon et la partie ouest des Territoires du Nord-Ouest, et contient des ressources minérales variées et importantes. L'ouest et le centre de cette région produisent surtout une grande variété de métaux, tandis que la région orientale de la cordillère exploite principalement le charbon et un certain

nombre de minéraux industriels. On trouve du pétrole et du gaz naturel tout près de la bordure est.

Région des Appalaches Dans l'est du Canada, les Appalaches, au sud-est du Bouclier, forment une large bande de montagnes, de collines et de plaines couvrant entièrement le Nouveau-Brunswick, la Nouvelle-Écosse et l'Île-du-Prince-Édouard ainsi que l'ouest de Terre-Neuve et la partie du Québec située au sud du fleuve Saint-Laurent à l'est d'une ligne allant du lac Champlain (aux États-Unis) à la ville de Québec. Cette région renferme une grande variété de minéraux, surtout de l'AMIANTE (Cantons de l'Est, Québec) et du charbon (Nouvelle-Écosse). Près de Bathurst, au Nouveau-Brunswick, on trouve d'importants gisements de ZINC et de PLOMB. Des minéraux industriels comme le sel, la potasse et le GYPSE se trouvent au Nouveau-Brunswick et en Nouvelle-Écosse.

Région innuitienne Cette région s'étend surtout dans l'archipel de l'Arctique et repose sur un sous-sol de roches sédimentaires plissées et légèrement inclinées contenant, notamment dans le bassin de Sverdrup, des réserves pétrolières qui n'ont été que peu exploitées. Le CALCAIRE le plus ancien de la zone de Cornwallis contient du zinc et du plomb. Cette zone comprend le riche gisement d'Arvik, dans l'île Little Cornwallis, où est exploitée, depuis 1982, la mine la plus au nord du Canada, appelée Polaris. D'autres minéraux comme le charbon, le sel et le gypse ont été décelés, mais leur exploitation n'est pas rentable actuellement dans une région aussi éloignée.

Plateaux continentaux Situés au large des côtes du Canada, ils sont de plus en plus importants. Ils sont constitués de roches sédimentaires et de roches volcaniques par endroits, disposées en pente vers la mer. Les trois plateaux sont celui du Pacifique, celui de l'Atlantique et celui de l'Arctique. Le plateau de l'Arctique s'étend jusqu'à la limite de l'archipel Arctique et sous la mer de Beaufort. Le plateau de l'Atlantique couvre une région située à l'est de la Nouvelle-Écosse, de Terre-Neuve et du Labrador ainsi qu'entre l'île de Baffin et le Groenland. La marge continentale du Canada, vaste région submergée qui constitue le prolongement géologique de la masse continentale canadienne, est la deuxième du monde en étendue, après celle de la Russie.

Au large de la côte de l'Atlantique en particulier, là où le plateau s'étend sur plus de 320 km, l'exploration a révélé la présence de pétrole et de gaz naturel. Une certaine exploitation est en cours dans le champ pétrolifère de Cohasset-Panuke, à l'ouest de l'île de Sable (Nouvelle-Écosse). L'exploitation d'un champ pétrolifère beaucoup plus considérable, celui d'Hibernia sur les GRANDS BANCS DE TERRE-NEUVE, environ 350 kilomètres à l'est de Terre-Neuve, a commencé en septembre 1997.

Histoire de l'exploitation des ressources minérales

Au cours de leur histoire, et surtout depuis la CONFÉDÉRATION (1867), les Canadiens ont découvert et exploité une grande variété de minéraux (métaux, minéraux industriels et ressources productrices d'ÉNERGIE), faisant ainsi du Canada l'un des principaux pays producteurs de minéraux au monde.

Du XVIIe siècle au milieu du XVIIIe siècle L'EXPLOITATION DES CARRIÈRES et l'EXPLOITATION MINIÈRE comptent parmi les plus anciennes industries du pays. En 1672, Nicolas DENYS, propriétaire d'une concession minière accordée par Louis XIV sur l'île du Cap-Breton, y découvre du charbon. L'amiral Walker, de la marine britannique, extrait du charbon de cette île en 1711. On commence à exploiter le charbon selon les techniques traditionnelles en 1720, puis on en exporte à Boston en 1724. Au Nouveau-Brunswick, c'est en 1782 qu'on ouvre la première mine, près du Grand Lac. En 1784, le gouvernement entreprend l'exploitation houillère systématique sur la rive nord-ouest du havre de Sydney (Nouvelle-Écosse). En 1789, Alexander MACKENZIE, de la COMPAGNIE DU NORD-OUEST,

découvre du charbon près de la rivière Great Bear (Territoires du Nord-Ouest). David THOMPSON, de la même compagnie, découvre des affleurements de charbon près de la rivière Saskatchewan en 1800. Dans l'île de Vancouver, on découvre du charbon à Suquash en 1835, grâce à des renseignements obtenus des autochtones, puis on en découvre à Nanaimo en 1850.

Au Québec, on fond du minerai de fer dans la région du Saint-Maurice à partir de 1737. Le premier fourneau à fer de l'Ontario est construit à Furnace Falls (comté de Leeds) en 1800. On érige un haut fourneau à fer dans le canton de Marmora, comté de Hastings (Ontario) en 1820, puis un autre à Normandale (Ontario) en 1822.

En 1770, les pères jésuites font des essais d'utilisation du CUIVRE trouvé à l'état natif à Port Mamainse, sur la côte nord du lac Supérieur. La première exploitation connue de gypse au pays est entreprise en 1779 par des colons de la Nouvelle-Écosse. La première exploitation de gypse de l'Ontario ouvre, en 1822, près de Paris. La première exploitation de métal commun du Canada, la mine de cuivre de Bruce Mines (Ontario), sur la rive nord du lac Huron, remonte à 1848.

Fin du XVIIIe siècle Dans les années 1850, les découvertes d'or en Colombie-Britannique et de pétrole en Ontario ainsi que l'augmentation de la production de charbon à l'île du Cap-Breton sont des points tournants de l'exploitation minérale au Canada, marquant la transition entre une période d'activités surtout locales et des opérations qui auront des répercussions beaucoup plus vastes.

À la fin des années 1850, on commence à produire de l'or à partir d'un petit gisement dans les îles de la Reine-Charlotte (Colombie-Britannique). Peu après, on commence à extraire de l'or des placers aurifères du district de Cariboo (Centre de la Colombie-Britannique). Au total, on y produira 110 tonnes d'or. En Nouvelle-Écosse, l'exploitation aurifère commence vers 1860, et l'exploitation de plusieurs très petits gisements donne, au fil des années, une production totale de quelque 45 tonnes d'or. L'entrée de la Colombie-Britannique dans la confédération en 1871 est en grande partie attribuable à la croissance rapide de la colonie de la côte ouest, suscitée par la RUÉE VERS L'OR DE CARIBOO et les autres RUÉES VERS L'OR.

En 1857, la découverte de pétrole à Oil Springs (Ontario) est la première d'envergure commerciale en Amérique du Nord et précède les premières découvertes faites en Pennsylvanie.

Pendant les années 1870, le Canada devient un important fournisseur de phosphate grâce à l'exploitation des gisements d'apatite naturelle [Ca5(F, Cl, OH)(PO4).], dans l'est de l'Ontario et les collines adjacentes de la Gatineau, au Québec.

Le potentiel des ressources minérales du Canada se précise davantage avec la découverte de gisements d'amiante dans les Cantons de l'Est, au Québec (1877), les premières découvertes de NICKEL-cuivre à Sudbury (Ontario) dans les années 1880 et les premiers signes de minéralisation de nickel-cuivre découverts en 1883 lors d'une coupe rocheuse effectuée pendant la construction de la ligne de chemin de fer du CANADIEN PACIFIQUE vers l'Ouest. Le charbon de l'île du Cap-Breton, l'ouverture en 1893 de la mine de fer de Wabana (Terre-Neuve), le CHEMIN DE FER INTERCOLONIAL, l'expansion industrielle de l'Ontario et du Québec favorisée par l'exploitation minérale ainsi que le début de la SIDÉRURGIE au Canada sont tous des facteurs importants de la croissance économique subséquente du pays.

Entre la confédération et les années 1890, l'exploration accrue dans le sud de la Colombie-Britannique mène à un nombre considérable de découvertes de gisements d'or, d'ARGENT et de métaux communs, y compris le gisement cupro-aurifère de Rossland (1887) et le célèbre gisement plombo-zincifère de Sullivan (encore exploité à la fin des années 1990), découvert en 1893 à Kimberley (Colombie-Britannique). Une commission sénatoriale présente en 1887 un rapport faisant état des sables bitumineux de l'Athabasca (nord de l'Alberta), prospectés quelques années plus tôt par des membres de la COMMISSION GÉOLOGIQUE DU CANADA, mais l'exploitation ne commencera que dans les années 1960.

En 1896, dans le district du Klondike (qui fera plus tard partie du territoire du Yukon), on trouve des placers aurifères, et cette découverte déclenche l'une des ruées vers l'or les plus spectaculaires du monde (*voir* RUÉE VERS L'OR DU KLONDIKE). De 1898 à 1905 inclusivement, environ 167 tonnes d'or, évaluées à l'époque à plus de 110 millions de dollars (3 milliards au prix actuel de l'or), sont extraits des sables et des graviers des ruisseaux près de DAWSON, qui est pendant une courte période la ville la plus peuplée à l'ouest de Winnipeg et au nord de Seattle. L'exploitation des placers aurifères du Yukon se poursuivra jusqu'à nos jours, produisant environ 430 tonnes d'or en un peu plus d'un s. (de 1886 à la fin de 1995).

À la fin du XIXe s., d'importants gisements de charbon et de sables bitumineux sont connus dans la région des Territoires du Nord-Ouest qui deviendra l'Alberta. Le potentiel des ressources minérales de l'Ontario suscite également beaucoup d'optimisme, d'autant plus que les méthodes d'extraction du cuivre et du zinc à la mine de Sudbury sont grandement améliorées. Au Québec, c'est l'amiante qui constitue alors la plus importante ressource minérale, suivi du cuivre. Dans la région de l'Atlantique, le charbon de la Nouvelle-Écosse est la plus importante ressource minière. À Terre-Neuve, la production de cuivre des mines de la région de Tilt Cove est importante pour l'époque, mais ordinaire dans le contexte de la production mondiale d'aujourd'hui.

Début du XXe siècle Les politiques économiques qui s'appliquent au transport ferroviaire, à l'immigration et aux tarifs douaniers ne nuisent pas au secteur minéral, mais sont étroitement liées aux programmes de construction de chemins de fer des années 1870 et 1880 (*voir* HISTOIRE DU CHEMIN DE FER). Après 1896 commence une nouvelle période d'expansion, surtout dans les PRAIRIES OCCIDENTALES. Il s'ensuit un essor de la production de biens d'équipement, qui fait augmenter les besoins en minéraux du secteur manufacturier. Durant la Première Guerre mondiale, le secteur industriel du Canada double presque sa capacité et se diversifie, amenant ainsi la sidérurgie, qui était auparavant une industrie qui se consacrait aux besoins de la construction des chemins de fer, à se transformer en une industrie capable de fournir une large gamme de produits nécessaires à une économie industrielle.

Pendant les années 20, les secteurs minier et métallurgique se diversifient de plus en plus: extraction et fonte du cuivre et de l'or à Rouyn-Noranda (Québec), ainsi que du cuivre et du zinc à Flin Flon, à la frontière du Manitoba et de la Saskatchewan; mine de cuivre Britannia, au nord de Vancouver; expansion des activités minières et métallurgiques à Sudbury; ouverture d'une fonderie de zinc et de plomb à Trail (Colombie-Britannique). De nombreux progrès sont aussi réalisés dans d'autres secteurs, comme le forage du premier puits de pétrole à Fort Norman (Territoires du Nord-Ouest) et la découverte d'un important gisement de gaz naturel dans la vallée de la Turner, près de Calgary (1914).

Le secteur des minéraux se développe plus lentement en Saskatchewan. La première extraction de cuivre de la région qui chevauche la frontière du Manitoba et de la Saskatchewan est celle de la mine Mandy (Manitoba) en 1917. La contribution des provinces des Prairies à la production des métaux au Canada est plutôt minime jusqu'à l'ouverture de la fonderie de Flin Flon (1930). La même année, au Grand lac de l'Ours (Territoires du Nord-Ouest), Gil-bert LABINE découvre des minerais d'uranium, d'argent et de RADIUM, qu'on exploite au début pour en extraire l'argent et le radium, le sous-produit d'uranium qui ne sert qu'à donner une couleur jaune ou orangée aux vernis pour verre et céramique. Au début des années 40, avec l'arrivée de l'ère nucléaire, l'uranium s'avère le métal le plus précieux de ces minerais.

Milieu du XXe siècle Durant la Seconde Guerre mondiale, le Canada devient un important fournisseur de métaux et d'autres ressources ayant une importance stratégique pour l'effort de guerre des Alliés. La production augmente fortement dans le secteur des aciéries et celui des métaux non ferreux ainsi que dans les industries de fabrication d'appareils électriques, d'outils et de produits chimiques. De 1939 à la période de production maximale de matériel de guerre, la production d'acier double, et l'extraction d'ALUMINIUM à partir de la bauxite et de l'alumine importées quintuple. Durant les années de guerre, la production de métaux communs comme le nickel, le cuivre, le plomb et le zinc augmente de 50 p. cent ou plus.

Après 1945, le pays s'adapte rapidement au retour de la paix en manifestant un regain d'intérêt pour le développement de nouvelles ressources minérales, car, durant la guerre, les activités d'exploration étant au ralenti, beaucoup de gisements s'épuisaient sans être remplacés par d'autres. Les nouvelles découvertes de pétrole, de gaz naturel, de minerai de fer, de potasse, de cuivre, de zinc et d'uranium ouvrent la période de plus forte expansion de l'industrie minérale au Canada et favorisent l'essor des industries d'équipement.

La période d'après-guerre est riche en grandes découvertes de minéraux: gisements de nickel au Manitoba, de zinc et plomb, de cuivre et de MOLYBDÈNE en Colombie-Britannique, et de métaux communs et d'amiante au Québec, en Ontario, au Manitoba, à Terre-Neuve, au Yukon et en Colombie-Britannique. La découverte du célèbre champ pétrolifère de LEDUC en Alberta (1947) amène une expansion sans précédent de l'industrie pétrolière au Canada. Les réserves d'uranium découvertes en Saskatchewan et en Ontario à la fin des années 40 et au début des années 50 sont les plus importantes du monde.

Le minerai de fer prend aussi de l'importance grâce à la découverte d'immenses gisements autour de la frontière du Québec et du Labrador, puis lorsqu'on découvre et met en valeur un important gisement de minerai de TITANE sur la Côte-Nord du Québec. Dans la région de Bathurst (Nouveau-Brunswick), on ouvre d'importantes mines de métaux communs, et l'industrie de la fonte se développe. En Saskatchewan, on découvre les plus importants gisements de potasse du monde, tandis que la première mine de TANTALE de l'Amérique du Nord entre en exploitation au Manitoba. À la fin de l'année 1963, on découvre le gîte de Kidd Creek, l'un des plus importants gisements de zinc-cuivre-argent du monde, près de Timmins (Ontario). L'exploitation commence en 1965: 30 ans plus tard, on réévalue encore à la hausse les ressources de ces réserves.

L'essor des villes minières contribue à élargir les zones de peuplement du pays et à stimuler l'économie dans les VILLES DE RESSOURCES PRIMAIRES partout au pays. Bon nombre de ces villes sont bien connues: Labrador City et Wabush, à Terre-Neuve; Bathurst, au Nouveau-Brunswick; Black Lake, Chibougamau, Fermont, Matagami, Murdochville, Rouyn-Noranda, Sept-Îles et Val-d'Or, au Québec; Balmerton-Red Lake, Cobalt, Elliot Lake, Kirkland Lake, Manitouwadge, Sudbury, Temagami, Timmins et Wawa, en Ontario; Flin Flon, Leaf Rapids, Lynn Lake, Snow Lake et Thompson, au Manitoba; Esterhazy, Rocanville et d'autres endroits où on exploite la potasse en Saskatchewan; Blairmore et Grande Cache, en Alberta; Ashcroft, Cassiar, Kimberley, Logan Lake, Peachland, Sparwood, Ste-wart et Trail, en Colombie-Britannique; Yellowknife, Pine Pont et Rankin Inlet, dans les Territoires du Nord-Ouest; Dawson, Faro et Whitehorse, au Yukon. Certaines de ces villes de ressources primaires sont abandonnées depuis que les réserves de minerai sont épuisées.

Fin du XXe siècle Les réserves canadiennes de minerais des principaux métaux communs atteignent un sommet au début des années 80, mais commencent à décliner par la suite en raison de la baisse du prix de ces métaux et de la rareté des nouvelles découvertes importantes au pays. La flambée du prix de l'or, fixé par le gouvernement américain à 35 dollars américains l'once troy depuis 1934 jusqu'au début des années 70, entraîne une augmentation de l'exploration et de la production de l'or au Canada.

Les prix beaucoup plus élevés depuis la fin des années 70 font quadrupler les réserves aurifères des mines canadiennes, et la production d'or atteint des sommets sans précédent. On découvre de nouveaux corps minéralisés et on ouvre de nouvelles mines d'or. En Ontario, trois mines sont exploitées dans un important gisement découvert à Hemlo en 1981. La production tirée de cette découverte, l'une des plus importantes jamais faites au Canada, est dépassée seulement par celle du gisement d'or de l'ensemble Hollinger-McIntyre (2000 t d'or) dans la région aurifère de Porcupine, près de Timmins (Ontario), et peut-être par celle du «Golden Mile» de Kirkland Lake (Ontario), qui donne 800 tonnes d'or extraites de plusieurs mines distinctes.

D'autres nouvelles mines d'or importantes entrent en exploitation du début des années 80 jusqu'en 1996 à Terre-Neuve, dans le nord-ouest du Québec, dans le nord-est de l'Ontario, dans le nord de la Saskatchewan et en Colombie-Britannique (y compris la mine Eskay Creek, extrêmement riche en or et en argent). Parmi les nombreuses anciennes mines remises en exploitation, on compte la mine Paymaster de Timmins (Ontario), les mines Britannia et San Antonio, au Manitoba, et la mine de Nickel Plate, en Colombie-Britannique, qui étaient toutes fermées parce qu'elles avaient cessé d'être rentables à cause de la fixation des prix de l'or et de l'augmentation des coûts de production en raison de l'inflation. Néanmoins, de 1858 à 1995, la production cumulative d'or au Canada atteint 8340 tonnes, soit environ 7 p. 100 de tout l'or produit dans le monde à travers l'histoire.

Au cours des années 80, en Saskatchewan, on découvre quelques-uns des plus riches gisements d'uranium du monde. Le gisement de nickel-cuivre-cobalt de la baie Voisey, découvert au Labrador en 1994, est l'un des plus riches en nickel du pays. Son exploitation devrait commencer avant la fin du siècle et portera la production canadienne totale de nickel à des niveaux sans précédent.

Plusieurs gîtes diamantifères intéressants sont découverts à partir de 1991 dans les Territoires du Nord-Ouest: il s'agit des premiers gisements rentables jamais découverts au Canada. L'ouverture de la première mine canadienne de diamant s'est effectuée en octobre 1998, à la mine Étaki (Territoires du Nord-Ouest), et d'autres mines devraient suivre au cours des prochaines années.

Minéraux et développement économique

Les minéraux sont essentiels à tout pays industrialisé et au niveau de vie de sa population. Ils jouent un rôle important dans le développement social et économique du Canada, en raison surtout de ce que leur exportation rapporte à l'économie canadienne. En effet, seulement 15 p. 100 des métaux produits au Canada sont utilisés dans le pays, et le reste est exporté.

La mise en valeur des ressources minérales dépend de moyens de transport ferroviaire, routier, maritime et aérien efficaces et économiques qui permettent d'acheminer la production vers les marchés intérieurs et étrangers. Les minéraux et produits bruts (à l'exception du pétrole) constituent plus de la moitié des marchandises payantes transportées par chemin de fer au Canada, et la moitié des cargaisons expédiées aux marchés internationaux à partir des ports de mer canadiens sont des minéraux. En outre, le matériel d'exploitation minière constitue une part importante des marchandises acheminées par l'industrie du transport.

Depuis l'extraction minière jusqu'à la mise en marché, l'industrie minérale crée un grand nombre d'emplois directs et indirects au Canada et soutient une large gamme d'industries manufacturières et de services. De plus, ses exportations contribuent grandement à améliorer la BALANCE DES PAIEMENTS du Canada. En plus des importants nouveaux investissements qu'elle suscite, l'exploitation minière est à l'origine de la construction d'une grande partie du réseau ferroviaire canadien, de plusieurs nouveaux ports et de nombreuses villes pionnières.

Les mines ont aidé les Canadiens à atteindre l'un des niveaux de vie les plus élevés du monde. Les industries minérales dépendent non seulement de la découverte régulière de nouveaux gisements, mais aussi de la prospérité des partenaires commerciaux du Canada dans l'économie internationale. Un grave ralentissement de la croissance de l'économie mondiale et un déplacement géographique de la croissance économique et de la consommation minérale nuisent à la production canadienne.

État actuel de l'industrie minière

En 1995, la valeur de la production minière canadienne dépasse 43 milliards de dollars, dont 24 milliards proviennent du pétrole et du gaz naturel. La même année, la production canadienne de charbon atteint le niveau sans précédent de 74,7 millions de tonnes. La production de potasse établit aussi un nouveau record (8,848 millions de tonnes) en 1995; or, les réserves connues de potasse contenue dans des gisements de même qualité que ceux qui sont exploités aujourd'hui pourraient en produire 40 milliards de tonnes. La croissance de la production dépend donc surtout de la demande des marchés.

Le Canada produit d'importantes quantités de gypse servant à fabriquer des panneaux muraux, du plâtre à stuc et du ciment Portland. Une grande partie de la production canadienne est extraite des mines de la Nouvelle-Écosse et exportée vers la côte est des Etats-Unis. Il existe, dans plusieurs régions du pays, d'autres gisements inexploités à forte teneur en gypse. Ainsi, la production pourra être encore augmentée lorsque les marchés en auront besoin.

Les réserves de fer connues au Canada se chiffrent à 46 milliards de tonnes, et il semble que le traitement du minerai se poursuivra encore pendant quelques siècles. La production de sel a atteint de nouveaux sommets au cours des dernières années, et il est probable qu'elle augmentera encore davantage. Le Canada semble aussi en voie de devenir l'un des plus importants producteurs de diamants du monde d'ici une dizaine d'années.

À la fin des années 80 et au début des années 90, les découvertes de gisements de métaux communs et la hausse de leurs prix mettent fin au déclin des réserves en minerai de la plupart de ces métaux. Il est même probable que ces réserves augmentent. Il y aura des hauts et des bas, mais il semble probable que le Canada demeure l'un des plus importants producteurs de métaux du monde pendant au moins les premières décennies du prochain siècle, et probablement bien plus longtemps encore. Il est vrai qu'il est de plus en plus coûteux de trouver de nouveaux corps de minerai métallique au Canada, mais les découvertes constantes de gisements de qualité dans la plupart des provinces et territoires prouvent qu'il existe encore des endroits intéressants à explorer et que le potentiel minéral est loin d'être épuisé.

En 1994, le Canada occupait le rang suivant parmi les producteurs mondiaux de certains minéraux importants: premier pour la potasse (36,1 p. 100 de la production mondiale), l'uranium (28,2 p. 100) et le zinc (15,1 p. 100); second pour le soufre (extrait du gaz naturel) (27,8 p. 100), l'amiante (19,1 p. 100), le nickel (22 p. 100) et le cadmium (11,9 p. 100); troisième pour le titane (14,1 p. 100), le gypse (9,0 p. 100), le cuivre (6,6 p. 100) et les métaux du groupe du platine (5,7 p. 100); quatrième pour le cobalt (9,2 p. 100) et le molybdène (8,9 p. 100); cinquième pour l'or (6,6 p. 100) et le plomb (6,5 p. 100).

Donald Cranstone et J.P. Drolet

Ressources naturelles (*Voir* RESSOURCES)

Ressources naturelles Canada Créé en 1993, cet organisme succède au ministère de l'Énergie, des Mines et des Ressources. Certaines divisions du ministère ont une longue histoire. Le ministère des Mines est constitué en 1907 et réorganisé en 1936 pour devenir le ministère des Mines et des Ressources. Le ministère des Mines et des Relevés techniques est mis sur pied en 1949. Le Ministère assume la nouvelle et importante responsabilité du développement énergétique en 1966, puis celle de l'exploitation forestière en 1993.

Le Ministère vise surtout à promouvoir la découverte, le développement durable et l'utilisation responsable des ressources minérales et énergétiques du Canada grâce à des politiques nationales fondées sur la recherche, la collecte de données et des analyses socio-économiques. Le Ministère comprend le Service canadien des forêts, Géomatique Canada et la Commission géologique du Canada. La Commission de contrôle de l'énergie atomique et l'Office national de l'énergie rendent des comptes au Parlement par l'entremise du Ministre.

Ressources naturelles, partage des compétences législatives concernant les L'exploitation des ressources naturelles a joué un rôle dominant dans l'économie canadienne et continue d'être l'une des préoccupations majeures au pays. Si, au cours des années 80, ces préoccupations ont eu trait particulièrement à la POLITIQUE ÉNERGÉTIQUE, la gestion des ressources hydrauliques tout comme celle des forêts, de la pêche et de l'environnement deviennent les questions de l'heure pour les années 90. Ces autres secteurs présentent des choix politiques difficiles au moment où les Canadiens font face aux problèmes de la conservation, de la protection de l'environnement, du chômage et du maintien des marchés dans un contexte de concurrence mondiale.

Propriété des ressources Le droit d'exploiter (ou de choisir de ne pas exploiter) des ressources est, au premier chef, un droit de propriété. Selon la common law du Canada, la règle fondamentale est que la propriété de la terre comporte le droit d'en exploiter les ressources renouvelables telles que les récoltes, les arbres, le poisson et la faune, ainsi que le droit d'extraire les ressources non renouvelables telles que le charbon, les minerais et le pétrole. À l'origine, les gouvernements canadiens accordent cette propriété aux individus lorsque les terres de la Couronne sont concédées aux colons, aux promoteurs et aux exploitants, mais de nouvelles politiques voient le jour au tournant du siècle: les gouvernements n'accordent plus que des droits de propriété limités aux exploitants des ressources. Les baux miniers et des droits de coupe limités commencent à remplacer les concessions absolues de ressources minières et forestières.

Dans le cas des terres agricoles, les homesteaders ne reçoivent pas le droit aux minerais tels que le charbon, le pétrole et le gaz naturel se trouvant sur leur terre. Le gouvernement conserve la propriété des minerais et n'accorde que des droits limités de mise en valeur (au moyen de baux) aux entreprises exploratrices des minéraux tels que le pétrole et le gaz naturel. Aujourd'hui, dans l'Ouest canadien, les gouvernements provinciaux sont de loin les plus gros titulaires des droits relatifs aux ressources naturelles non mises en valeur. Par ailleurs, ils sont également les locateurs des entreprises pétrolières, minières et forestières qui jouissent du droit d'exploitation et de mise en valeur. Dans le Nord canadien et dans les régions au large des provinces, le gouvernement fédéral est titulaire de ce droit.

Selon la LOI CONSTITUTIONNELLE DE 1867, les premières provinces membres de la Confédération conservent le droit de propriété des terres et des ressources de la Couronne sur leur territoire. Lorsque la Colombie-Britannique et l'Île-du-Prince-Édouard adhèrent à la Confédération en 1871 et en 1873 respectivement, elles conservent également la propriété des ressources naturelles. Mais, lorsque les provinces des Prairies sont créées (le Manitoba en 1870, et l'Alberta et la Saskatchewan en 1905), une politique nouvelle et controversée voit le jour. Dans ces provinces, la propriété des ressources naturelles est conservée par le gouvernement fédéral en vue de fournir des fonds pour la colonisation et la construction du chemin de fer. Il faut attendre jusqu'en 1930, après une lutte politique parfois acrimonieuse, pour que le gouvernement fédéral transfère les droits relatifs aux ressources naturelles aux provinces des Prairies. À cette époque, la plupart des terres agricoles ont été concédées à des particuliers, mais puisque le gouvernement fédéral s'est réservé les droits miniers en aliénant les terres dans les Prairies et n'accorde que des droits de tenure limités, les gouvernements provinciaux héritent d'un riche trésor de ressources dans le cadre du transfert de 1930. C'est en conséquence de ces droits que l'Alberta accorde des baux de pétrole et de gaz naturel en contrepartie de redevances, que le Manitoba peut mettre en valeur ses vastes ressources hydroélectriques pour la vente aux États-Unis et que la Saskatchewan contrôle des réserves d'uranium et de potasse d'importance mondiale.

La propriété des ressources par le gouvernement fédéral Les ressources minières et pétrolifères du Nord canadien et des régions au large de la côte Est et de la côte Ouest demeurent sous la propriété et le contrôle du gouvernement fédéral et offrent un énorme potentiel de mise en valeur. Le gouvernement fédéral a également adopté des lois permettant l'attribution de droits d'exploration et de licences de production, en vertu desquels les concessionnaires doivent remplir certains engagements relatifs aux dépenses et au versement de redevances s'il y a production commerciale. La *Loi sur le pétrole et le gaz du Canada* (1980-81-82) établit un régime fédéral pour les ressources pétrolifères dont l'objet est d'augmenter la participation canadienne dans les compagnies de pétrole et d'assurer que les Canadiens profitent des emplois et de la fourniture des biens et services. Par suite du changement de gouvernement en 1985, cette loi est remplacée par la *Loi fédérale sur les hydrocarbures*, qui met moins d'accent sur les questions de «canadianisation», mais précise davantage les modalités et les conditions d'exploration et de mise en valeur.

Restrictions légales applicables à la propriété des ressources La propriété n'est pas le seul facteur déterminant en ce qui concerne les droits relatifs aux ressources. Tout comme le propriétaire d'une entreprise est assujetti aux lois fédérales, provinciales et municipales qui déterminent comment l'entreprise doit être exploitée, les entreprises, à qui les gouvernements fédéral et provinciaux accordent le droit d'exploiter des ressources, sont assujetties à des exigences législatives (p. ex., les lois protégeant l'environnement, les lois portant sur la sécurité des employés ou les lois fiscales). Évidemment, les droits de propriété relatifs aux ressources qu'acquiert un propriétaire peuvent souvent entrer en conflit avec ces exigences législatives. Dans une cause de la Colombie-Britannique, le tribunal a statué que les restrictions applicables aux activités dans un parc provincial étaient si strictes qu'elles équivalaient à une expropriation des droits miniers qui avaient été accordés avant la création du parc. Pour cette raison, le titulaire des droits miniers avait droit à une indemnisation.

L'exemple classique canadien de conflit entre les droits de propriété relatifs aux ressources et les restrictions législatives est survenu au cours des années 70, lorsque les provinces de l'Ouest font valoir que la loi fédérale (la *Loi sur l'administration de l'énergie*) est une atteinte inconstitutionnelle aux droits provinciaux relatifs à la propriété des ressources. En particulier, pour ces provinces, les menaces fédérales d'établir unilatéralement le prix du pétrole et du gaz naturel à la tête du puits, et les nouvelles taxes fédérales prélevées sur ces ressources, constituent une atteinte directe aux droits qu'elles revendiquent de vendre leurs ressources aux conditions qu'elles jugent convenables et de recevoir des redevances à des taux qu'elles fixent. Ces conflits sont temporairement aplanis grâce à une entente entre les gouvernements fédéral et provinciaux au cours des débats constitutionnels de 1981.

Une nouvelle disposition de la LOI CONSTITUTIONNELLE DE 1982, dont l'objet est de clarifier la question de savoir dans quelle mesure les provinces peuvent gérer leurs ressources, leur donne le pouvoir exclusif d'adopter des lois portant sur la mise en valeur, la conservation et la gestion des ressources non renouvelables et des ressources forestières, et d'en réglementer le taux de production primaire. Le Parlement a une compétence prépondérante en matière de réglementation du commerce interprovincial et d'exportation des ressources naturelles, et les deux paliers de gouvernement possèdent des pleins pouvoirs de taxation à cet égard.

Il existe d'autres sources de conflits à propos de la propriété et du contrôle des ressources naturelles au Canada. Le conflit entre les États-Unis et le Canada à propos d'une prétendue discrimination à l'endroit des investisseurs étrangers dans le cadre du Programme énergétique national du Canada (1980) est résolu par la *Loi fédérale sur les hydrocarbures*. Les prétentions de l'industrie forestière américaine voulant que l'industrie forestière canadienne fasse preuve de concurrence déloyale dans les marchés américains, en raison de prétendues subventions accordées à l'industrie canadienne par les gouvernements fédéral et provinciaux, ont été récemment réglées, mais le risque demeure qu'elles refassent surface (*voir* BOIS D'ŒUVRE, LITIGE SUR LE). L'accord de LIBRE-ÉCHANGE (1988) intervenu entre le Canada et les États-Unis couvre expressément les ressources énergétiques et, de façon générale, pourrait se solder par un commerce bilatéral beaucoup plus efficace dans les ressources naturelles. Il pourra également tout aussi bien augmenter les conflits entre les gouvernements fédéral et provinciaux concernant l'énergie. Les conflits frontaliers entre le Canada et les États-Unis touchent la pêche et la mise en valeur des ressources pétrolières au-delà de la côte Est et de la côte Ouest ainsi que dans le secteur de la projection en direction de la haute mer de la frontière entre l'Alaska et le Yukon.

Sur le plan interne, les autochtones revendiquent, à l'égard des ressources naturelles, des droits fonciers issus de traités, d'une part, et d'autre part, font valoir des REVENDICATIONS TERRITORIALES en vertu du titre aborigène relatif aux secteurs non visés par les traités. S'appuyant sur les conclusions de l'affaire *Calder* (1970), selon lesquelles les autochtones jouissent de droits fonciers au titre de leur droit aborigène (bien que ces droits fonciers puissent avoir été éteints dans certains cas), le gouvernement fédéral a mis en œuvre une politique de négociation avec les premières nations du Nord canadien en vue de régler les revendications territoriales par voie d'ententes globales. Les négociations relatives au Nunavut, à l'Arctique de l'Ouest et à certaines parties des Territoires du Nord-Ouest ont été menées avec succès et ont donné lieu à ce qu'on appelle des traités modernes. Selon l'article 35 de la *Loi constitutionnelle de 1982*, ces traités modernes bénéficient d'un statut constitutionnel. Traduisant les valeurs traditionnelles des premières nations, ils portent surtout sur les droits fonciers et les questions relatives aux ressources naturelles.

Dans le Sud canadien, où les droits fonciers des autochtones ont été, pour l'essentiel, abandonnés dans le cadre de traités historiques et traditionnels, les négociations portent sur des questions d'interprétation et de mise en œuvre. En Colombie-Britannique, où très peu de traités ont été conclus, les premières nations et les gouvernements du Canada et de la Colombie-Britannique sont maintenant engagés dans un processus de conclusion de traité, assistés à cet égard par la Commission des traités de la Colombie-Britannique, établie sur l'entente des trois parties.

Dans le Nord canadien, les revendications d'autonomie gouvernementale sur le plan régional sont accompagnées de revendications de droits de propriété à l'égard des ressources naturelles du Nord. Dans les régions au large des côtes, un litige de longue date opposant le gouvernement fédéral et les provinces côtières au sujet de la propriété et de la compétence s'est réglé en faveur du gouvernement fédéral dans une décision de la Cour suprême du Canada concernant les revendications opposées du fédéral et de Terre-Neuve relativement aux ressources pétrolifères de Hiberna (*voir* HIBERNIA, AFFAIRE).

Les questions ayant trait au droit de contrôler les ressources réapparaissent accessoirement sur des questions telles que la réglementation de la pêche, la protection de l'environnement, la réglementation des ondes hertziennes et la gestion des bassins hydrographiques. Un rapport récent souligne la nécessité de conclure un accord entre les divers paliers de gouvernement concernant le bassin versant du fleuve Mackenzie avant qu'on ne permette la construction de barrages hydroélectriques en Alberta et en Colombie-Britannique.

Le Canada est un grand pays, qui regorge de ressources naturelles. Son étendue et son système politique fédéral (*voir* FÉDÉRALISME) expliquent pourquoi les ressources naturelles jouent un rôle si important dans l'économie canadienne et pourquoi les politiques gouvernementales sont si importantes et si portées à déclencher des conflits. Dans ces circonstances, la gestion commune et rationnelle des ressources naturelles constitue un défi national constant.

Andrew R. Thompson

Ressources, utilisation des Aux temps préhistoriques, les premiers occupants du pays utilisent la végétation et les animaux pour se nourrir, se vêtir et se loger. Ils confectionnent des outils et des objets décoratifs à partir de MINÉRAL et, après l'arrivée des Européens, se servent des fourrures à des fins commerciales. La première ressource systématiquement exploitée par les Européens est la PÊCHE. Dès le XVIe s., les BASQUES de France et d'Espagne chassent la BALEINE dans le golfe du Saint-Laurent. Au début du XVIe s., des Français pêchent la MORUE sur LES GRANDS BANCS DE TERRE-NEUVE. À l'origine, l'exploitation des ressources, tout comme l'exploration, est subordonnée aux tentatives de découvrir le PASSAGE DU NORD-OUEST vers l'Orient. Lors de son voyage dans le golfe du Saint-Laurent en 1534, Jacques CARTIER fait la TRAITE DES FOURRURES avec les Micmacs. À la fin du XVIe s., les pêcheurs français qui naviguent chaque année vers les grands bancs font aussi le commerce des fourrures. La traite des fourrures contribue à stimuler la colonisation. En effet, on concède des monopoles de durée limitée sur le Saint-Laurent en retour de l'engagement d'y installer des colons. De l'arrivée de Samuel de CHAMPLAIN jusqu'à l'époque de Jean TALON, la colonie de la Nouvelle-France dépend presque uniquement de la traite des fourrures. La fondation d'un poste de traite au village amérindien de Stadacona (devenu QUÉBEC) sert de base pour le commerce, qui s'étend après un certain temps vers l'intérieur des terres. Ce village, ainsi que Tadoussac, Trois-Rivières et, un peu plus tard, Montréal deviennent les points de ralliement des Amérindiens fournisseurs de fourrures.

La première tentative organisée en vue de transformer les matières premières prend naissance avec l'arrivée en 1665 de l'intendant Jean Talon, qui crée diverses «manufactures» de transformation de produits agricoles pour satisfaire les besoins des colons et faire démarrer une industrie d'exportation lucrative. On introduit un grand nombre d'animaux de ferme en Nouvelle-France. La laine des moutons et le cuir des bestiaux servent à la fabrication de vêtements et de chaussures. Talon encourage la culture du chanvre, de l'orge et du houblon ainsi que la production de goudron. Le bois et le goudron sont utilisés pour la construction de navires (*voir* CONSTRUCTION NAVALE ET RÉPARATION DE NAVIRES) dans un chantier situé sur les rives de la rivière Saint-Charles. Le chanvre sert à la fabrication de cordages. Avec l'orge et le houblon, on fait de la bière dans la «brasserie du Roy», près du chantier naval. Les surplus de produits agricoles, de poissons, de bois et de bière sont exportés aux Antilles sur des vaisseaux construits dans la colonie. Talon reconnaît aussi le CUIVRE, le PLOMB, le fer et le CHARBON comme sources possibles de prospérité. La PROSPECTION génère une activité considérable, mais sans aboutir à la découverte de minéraux exploitables avec la technologie minière rudimentaire de l'époque (*voir* EXPLOITATION MINIÈRE).

Après le départ de Talon, l'exploitation de la plupart des ressources diminue. Même le commerce des fourrures se complique, la traite ne se faisant plus qu'aux villages indiens. Les départs des COUREURS DE BOIS réduisent la main-d'œuvre agricole, et l'agriculture ralentit. La transformation des minéraux est interrompue en 1704, lorsque Louis XIV ordonne aux colonies de ne pas faire concurrence aux industries de la métropole. Cette ordonnance limite l'activité économique de la Nouvelle-France à l'expédition de matières premières en France et constitue un premier exemple du problème de la «transformation avancée», un problème encore central dans l'exploitation des ressources du Canada au XXe s. Ainsi, au début du XVIIIe s., les fourrures redeviennent la principale ressource économique de la Nouvelle-France. Après la conquête britannique (1760), ce commerce prospère jusqu'au milieu du XIXe s., puis décline rapidement.

L'exploitation des RESSOURCES MINÉRALES du Canada débute avant l'arrivée des Européens. Les Inuits et les Indiens utilisent des outils de cuivre et en font le commerce (*voir* INUITS DU CUIVRE; PRÉHISTOIRE). En 1604, une expédition dirigée par Champlain découvre du cuivre extrait par des autochtones à Cap d'Or, en Nouvelle-Écosse. Le MINERAI DE FER est un des premiers minéraux extraits au Canada. Vers 1670, on découvre des dépôts dans des régions marécageuses près de Trois-Rivières. Avant 1750, la première fonderie du Canada, LES FORGES SAINT-MAURICE à Trois-Rivières, produit des poêles, des marmites, des bouilloires, des balles de fusil et des canons en fonte de première qualité pour les colons et l'armée. Samuel HEARNE explore le nord à la recherche de cuivre. Il revient déçu, même s'il est le premier homme blanc à atteindre l'océan Arctique par voie de terre. En 1770, des Jésuites font quelques expériences avec du cuivre indigène découvert à Point Mamainse sur la rive nord du lac Supérieur. L'extraction du cuivre au Canada ne débute cependant qu'avec la découverte qui mène à l'établissement de la mine Bruce dans le district d'Algoma en Ontario.

Bien que des récits rapportent la découverte de filons d'ARGENT dès les voyages de Cartier, le premier rapport précis en ce sens est celui de Pierre, Chevalier de TROYES, commandant militaire français qui prétend avoir trouvé un filon de minerai argentifère sur la rive sud du lac Témiscamingue en 1686. Le premier gisement exploité commercialement est découvert en 1868 à l'ÎLOT SILVER, petite île rocailleuse du lac Supérieur, à environ 30 km à l'est de Thunder Bay. La première découverte d'OR au Canada, dans les sables du Fraser (1857) mène à la RUÉE VERS L'OR DE CARIBOO en 1862 (*voir* RUÉE VERS L'OR). On en découvre par la suite en Nouvelle-Écosse et en Ontario. La RUÉE VERS L'OR DU KLONDIKE commence en 1897. Les ruées vers l'or ont des effets déterminants sur le développement de la Colombie-Britannique ainsi que sur l'ouverture du Yukon et des Territoires du Nord-Ouest à la colonisation.

L'exploration de l'Ouest canadien est en grande partie tributaire de la recherche de peaux de castor. Par la suite, le chemin de fer rend les richesses minérales de l'Ouest accessibles à l'exploitation. Il amène également des colons qui se consacrent à l'exploitation du riche potentiel agricole de la terre (*voir* AGRICULTURE, HISTOIRE DE L'). Les explorateurs ouvrent les vastes contrées de l'Ouest et du Nord. Plus tard, les scientifiques et les topographes (particulièrement ceux de la COMMISSION GÉOLOGIQUE DU CANADA) vont recueillir des détails utiles sur le terrain et ses ressources. Les anciens postes de traite de la Compagnie de la baie d'Hudson et de la Compagnie du Nord-Ouest deviennent rapidement de petites villes.

Maurice Cutler

Restigouche (Lustiguj) Réserve indienne du Qc; pop. 1296 (rec. 1996), 1134 (rec. 1991); superf. 39,09 km². Elle est située en GASPÉSIE, à l'embouchure de la RIVIÈRE RISTIGOUCHE. Un pont relie la réserve à CAMPBELLTON au Nouveau-Brunswick. Avant l'arrivée des Européens, la Gaspésie et le nord-est du Nouveau-Brunswick actuel étaient occupés par les MICMACS, Amérindiens chasseurs et pêcheurs de la famille des Algonquins. Le nom tire son origine de Lustiguj, mot micmac signifiant probablement «bonne rivière». Dans les années 1750, les Acadiens (*voir* ACADIE) commencent à s'installer dans la région, et le 8 juillet 1760, Restigouche est témoin de la dernière bataille de la GUERRE DE SEPT ANS entre Français et Britanniques (*voir aussi* BATAILLE DE LA RESTIGOUCHE). Les Français perdent trois navires durant la bataille en raison de la supériorité des tactiques militaires des Britanniques. Après l'arrivée des Blancs, le territoire des Micmacs diminue peu à peu jusqu'à atteindre la dimension qu'a aujourd'hui la réserve. En 1745, on érige une mission dédiée à sainte Anne et desservie par les capucins. L'un d'eux, le père Pacifique, rédige notamment un évangile et un dictionnaire en micmac. Parcs Canada y a aménagé un centre d'interprétation de la bataille de la Restigouche.

Antonio Lechasseur

Restigouche, rivière D'une longueur de 200 km, elle prend sa source dans les hautes terres du nord-ouest du Nouveau-Brunswick, où elle porte la désignation de petite rivière principale Restigouche. Alimentée par ses affluents, les rivières Kedgwick, Patapédia et Matapédia coulant vers le sud depuis la Gaspésie et l'Upsalquitch orientée vers le nord et partant du centre du Nouveau-Brunswick, elle suit un cours nord-est. Elle traverse les villes de RESTIGOUCHE et de CAMPBELLTON, où elle s'élargit pour former un large estuaire. À Dalhousie, elle se jette dans la baie des Chaleurs s'ouvrant sur le GOLFE DU SAINT-LAURENT. À partir de son confluent avec la Patapédia jusqu'à la baie des Chaleurs, elle délimite la frontière entre le Nouveau-Brunswick et le Québec. Avec ses tributaires, la rivière Restigouche draine une vaste région du nord du Nouveau-Brunswick et de la Gaspésie, une contrée riche en bois offrant des paysages majestueux. Le nom vient du mot micmac *lustagooch*, qui signifie probablement «bonne rivière». La Restigouche est célèbre pour ses frayères de SAUMON DE L'ATLANTIQUE.

James Marsh

Restitution juridique C'est une réponse juridique conçue pour retirer à quelqu'un un gain ou un enrichissement jugé inopportun. La plupart des réclamations en justice visent à obtenir une indemnisation, c.-à-d. que la partie demanderesse cherche à se faire dédommager de la perte qu'elle a subie. Dans une demande de restitution, la partie demanderesse obtient non pas ce qu'elle a perdu, mais ce que la partie défenderesse aurait gagné. La restitution est une branche du droit qui croît rapidement; elle intéresse des domaines aussi variés que le DROIT COMMERCIAL, le droit de la responsabilité civile délictuelle (voir DÉLIT CIVIL), les litiges relatifs aux biens matrimoniaux, les poursuites contre l'État et la propriété intellectuelle.

Sources du droit à la restitution Le droit à la restitution naît de deux façons: dans le premier cas, la partie défenderesse acquiert un gain en commettant un acte fautif, p. ex., tirer profit de la violation d'un droit d'auteur. La commission de certains actes fautifs permet à la partie demanderesse de chercher à retirer à la partie défenderesse le gain que cette dernière a réalisé, au lieu d'obtenir le dédommagement de la perte qu'elle a subie. Un domaine du droit en expansion est celui qui consiste à déterminer quels actes fautifs permettent à la partie demanderesse de choisir de retirer à la partie défenderesse les profits qu'elle a réalisés. P. ex., il y a actuellement un débat sur la question de savoir si la rupture d'un CONTRAT fait naître un droit à la restitution en faveur de la partie demanderesse ou si elle ne lui donne que le droit au dédommagement de la perte qu'elle a subie.

La deuxième source du droit à la restitution ne dépend pas de la commission d'un acte fautif par la partie défenderesse. Elle exige plutôt que la partie demanderesse démontre 1) que la partie défenderesse a reçu un enrichissement 2) qui provenait de la partie demanderesse et 3) qu'aucun motif juridique ne permet à la partie défenderesse de conserver cet enrichissement. Dès lors que la preuve de ces trois éléments est établie, il y a «enrichissement sans cause» ouvrant droit à restitution. L'exemple le plus simple est le versement d'une somme d'argent par erreur. Le paiement est recouvrable. La première forme de restitution (fondée sur un acte fautif) est souvent appelée erronément «enrichissement sans cause», même si les prétentions à cet égard n'exigent pas qu'on établisse l'existence des trois éléments constitutifs de l'enrichissement sans cause. Dans les deux formes de prétention, la partie défenderesse peut opposer un moyen de défense qui anéantira la prétention de la partie demanderesse.

Obtention de la restitution Le droit à la restitution étant établi, il y a deux façons de le mettre en œuvre. Le tribunal peut déclarer que la partie défenderesse doit à la partie demanderesse une somme équivalente au profit que la partie défenderesse a réalisé. Subsidiairement, si la partie défenderesse est toujours en possession du profit, il peut être grevé d'un intérêt propriétal en faveur de la partie demanderesse. Cela se fait par la déclaration de l'existence d'une FIDUCIE par interprétation, aux termes de laquelle la partie défenderesse devient fiduciaire du bien au profit de la partie demanderesse. Ce recours peut être plus efficace si la partie défenderesse risque de faire FAILLITE ou si la valeur du bien s'est accrue.

Les tribunaux peuvent également ordonner la restitution en faveur de la victime à la suite d'une condamnation au criminel. Cette forme de sanction est souvent indiquée si le crime a trait à un détournement de biens. En matière criminelle, la restitution a un sens beaucoup plus large: une ordonnance de dédommagement de la perte subie par la victime est souvent appelée une «ordonnance de restitution», même si elle n'oblige pas le criminel à remettre le gain qu'il a réalisé. Au criminel, la restitution volontaire par le défendeur sera souvent considérée comme un facteur atténuant lors de la détermination de la peine.

Lionel Smith

Revelstoke, ville de la C.-B.; pop. 8047 (rec. 1996), 7729 (rec. 1991), 8279 (rec. 1986); superf. 34,09 km²; const. en 1899 et reconstituée en 1981, année où les limites de la ville ont été étendues de façon à englober le district de Big Eddy, South Revelstoke et Arrow Heights. Elle est située sur les bords du FLEUVE COLUMBIA entre les chaînes Selkirk et Monashee, à 415 km à l'ouest de Calgary (Alberta), sur la route transcanadienne, à l'entrée ouest du COL ROGERS et des parcs nationaux du Mont-Revelstoke et des Glaciers.

La région est d'abord colonisée au milieu du XIXᵉ s. et est appelée «Big Eddy» et «Second Crossing» dès les années 1870. Le premier emplacement de la ville, tracé en 1880, porte le nom d'un arpenteur appelé Farwell. En 1886, la nouvelle station du Canadien Pacifique, située un peu à l'ouest, prend le nom de lord Revelstoke, dont la banque britannique a investi dans le Canadien Pacifique. Les mines et le chemin de fer ont stimulé la croissance de la ville.

En 1899, Revelstoke devient le centre divisionnaire du Canadien Pacifique pour les Rocheuses, et sert pendant de nombreuses années d'accès occidental à l'ancienne route Big Bend, qui longe le fleuve Columbia à travers la chaîne Selkirk. Aujourd'hui, le Canadien Pacifique demeure un employeur important, tout comme les industries minière, forestière et touristique. Le barrage Revelstoke, le barrage en béton le plus élevé au Canada, est situé 5 km au nord.

John R. Stewart

Revendications territoriales Le gouvernement fédéral établit un processus de règlement des revendications territoriales afin de permettre aux INDIENS, aux INUITS et aux MÉTIS d'obtenir la pleine reconnaissance des droits que leur confèrent les traités ou leur statut de premiers habitants du pays qui constitue aujourd'hui le Canada (*voir* TRAITÉS INDIENS; DROITS ANCESTRAUX). Ce processus repose essentiellement sur la négociation entre des groupes autochtones et le gouvernement fédéral et, dans certains cas, avec les gouvernements provinciaux et territoriaux ou d'autres tierces parties. Il s'appuie formellement sur des concepts juridiques tels que le titre foncier, les droits ancestraux et les traités et il vise à mieux assortir deux sociétés différentes, sur les plans économique et social.

Fondement historique, 1763-1969

La PROCLAMATION ROYALE DE 1763 réserve à l'usage des Indiens une partie indéfinie du territoire qui constitue le Canada actuel et interdit aux non-autochtones d'acheter ou d'occuper ces terres sans autorisation. Le gouvernement britannique, imité par les gouvernements successifs du Canada après 1867, signe des traités avec divers groupes d'Indiens pour légitimer la colonisation de leurs terres par les Européens.

L'occupation graduelle du Canada par les immigrants, avec ou sans traité, se poursuit pendant près de 400 ans et réduit les autochtones au rang de petite minorité dans une nation industrielle. Dans certains cas, des bandes qui concluent des traités perdent l'autorité sur leurs terres de réserve et, dans d'autres, les terres de réserve promises en vertu des traités ne sont pas réclamées ou ne leur sont pas accordées (*voir* RÉSERVE INDIENNE). Les autochtones, dont beaucoup sont nomades, se trouvent souvent isolés dans des réserves offrant peu ou pas d'accès à la faune, sans argent, sans métier ni ressources naturelles pouvant leur permettre de subsister. Quant aux Indiens, aux Inuits et aux Métis qui ne signent pas de traité ni ne prennent possession de terres de réserve et qui se retrouvent entourés ou envahis par l'agriculture, l'industrie, les villes et les institutions «étrangères», le fait de subir le chambardement de presque tous les aspects de leur vie et de leur territoire ancestral constitue un choc tout aussi grand que pour les autochtones signataires de traités.

Évolution du processus des revendications

Bien que les autochtones combattent depuis le début pour préserver leur identité, le «mouvement» en faveur des droits ancestraux et des revendications autochtones qui, pour quelques bandes, s'amorce au XIXᵉ s., ne prend de l'importance que dans les années 60. Un bon nombre de facteurs contribuent à l'expression des aspirations autochtones: les droits des minorités, quels qu'ils soient, ainsi que le souci de l'environnement deviennent des causes mondiales. La recherche de minéraux et de nouvelles sources de pétrole, de gaz et d'hydroélectricité entraîne les autochtones du NORD dans le grand courant de la vie canadienne. Par ailleurs, en même temps qu'il présente une menace pour leurs langues et leurs cultures, le système d'éducation qu'on leur impose prépare les jeunes autochtones à intégrer et à contester le système politique et juridique de l'«homme blanc» (voir AUTOCHTONES, ORGANISATIONS ET ACTIVISME POLITIQUES DES).

Le Canada est influencé par le traitement que d'autres pays accordent à la question des revendications autochtones et des droits ancestraux. En 1946, le gouvernement des États-Unis crée l'Indian Claims Commission et, en 1971, adopte une loi sur le règlement des revendications des autochtones de l'Alaska. En 1976, l'Australie adopte une loi sur les droits fonciers des aborigènes et, en 1980, le Danemark accorde l'autonomie gouvernementale au Groenland. Des propositions en vue d'établir au Canada un organisme semblable à l'Indian Claims Commission donnent lieu à l'élaboration de deux projets de loi, en 1963 et 1965, qui ne donnent pas satisfaction aux Indiens et ne sont donc jamais promulgués. En 1969, le gouvernement fédéral nomme Lloyd Barber commissaire aux revendications indiennes, avec pour mandat de déterminer et de recommander des moyens de régler les revendications autochtones. Au début des années 70, le gouvernement met sur pied un système de financement de la recherche à l'intention des associations politiques et culturelles autochtones, afin de leur permettre d'étayer et d'organiser leurs revendications territoriales.

En 1972, les Indiens de Old Crow (Territoire du Yukon) présentent au Parlement une pétition concernant l'exploration du pétrole et du gaz sur leurs territoires de chasse. En 1973, dans l'AFFAIRE CALDER, les juges de la Cour suprême du Canada sont divisés à trois contre trois à propos de la reconnaissance des titres ancestraux des Nisga'a de la Colombie-Britannique. La même année, la Fraternité des Indiens du Yukon présente une revendication officielle au gouvernement fédéral.

En 1973, le juge Morrow des Territoires du Nord-Ouest reconnaît les titres ancestraux des Dénés de la vallée du Mackenzie (voir NATION DÉNÉE), et le juge Malouf, ceux des CRIS et des Inuits du Québec. Ces décisions sont par la suite renversées par la Cour d'appel mais donnent néanmoins beaucoup de poids à la cause des autochtones.

Le processus de négociation Le 8 août 1973, le gouvernement fédéral, désireux d'ouvrir la voie au développement industriel du Nord et d'améliorer la situation des peuples autochtones du Canada, annonce une nouvelle politique pour le règlement des revendications autochtones. Cette politique confirme la responsabilité du gouvernement de satisfaire aux obligations légales qui découlent des traités et de négocier des ententes avec les groupes autochtones dans les régions du pays où leurs droits fondés sur l'occupation et l'utilisation traditionnelles des terres ne sont pas précisés par des traités ou remplacés par des lois. Cette politique insiste aussi sur la nécessité pour les gouvernements provinciaux et territoriaux de participer au processus.

Pour mener à bien la nouvelle politique, le Bureau des revendications autochtones (BRA) est créé en 1974 au sein du MINISTÈRE DES AFFAIRES INDIENNES ET DU NORD CANADIEN. Sous la direction d'un sous-ministre adjoint, des négocia-

teurs, des avocats et des chercheurs tentent de régler deux types principaux de revendications: les revendications particulières et les revendications globales. Les premières ont trait aux problèmes découlant de l'administration des traités indiens, de la LOI SUR LES INDIENS, des fonds des Indiens et de la gestion des terres indiennes. La méthode de règlement privilégiée est la négociation, mais on peut aussi arriver à un règlement par recours administratif ou poursuite judiciaire. Les revendications particulières sont généralement soumises par des groupes autochtones vivant plutôt dans les provinces que dans les territoires, et la plupart des règlements prennent la forme de dédommagement monétaire et de concession de terres (parfois des terres seulement). Les revendications globales sont fondées sur l'occupation et l'utilisation traditionnelles des terres par les Indiens, les Métis ou les Inuits qui n'ont pas signé de traité et qui n'ont pas été déplacés de leurs terres par la guerre ou autrement. Ces revendications, que l'on règle par la négociation, concernent les deux territoires ainsi que les régions septentrionales de certaines provinces. Les superficies et le nombre d'autochtones visés sont habituellement plus importants que dans le cas des revendications particulières. Les règlements de ces revendications comprennent diverses dispositions: sommes d'argent, terres, certaines formes de gouvernement local, droits sur la faune, droits protégeant la langue et la culture autochtones et cogestion des terres et des ressources.

Le gouvernement fédéral finance les associations autochtones en leur accordant des contributions qui leur permettent de faire des recherches et de présenter leurs revendications. Lorsque celles-ci sont soumises, les avocats du ministère de la Justice et les responsables du MAINC déterminent la recevabilité de chacune. Une fois qu'elles sont acceptées, on fournit aux associations des fonds supplémentaires, sous forme de prêts remboursables à même le produit du règlement éventuel, pour continuer la recherche et la négociation.

Évolution du processus, conflit et entente Depuis plus de vingt ans que durent les négociations des revendications territoriales des autochtones au Canada, le processus s'adapte aux changements nationaux et internationaux survenus dans les communications, l'économie, les systèmes de valeurs et la politique. La mise en œuvre des ententes sur les revendications sert de base à des améliorations et à des révisions et donne lieu à quelques confrontations, la plus importante étant la crise d'Oka, au Québec, à l'été 1990. Provoqué au départ par un différend de longue date concernant la propriété d'une terre et envenimé par des tensions ethniques et des tensions au sein même de la communauté mohawk, le conflit dégénère en barrages routiers, échanges de coups de feu entre les Mohawks et la police, mort d'un agent de la police provinciale, affrontements entre guerriers mohawks et militaires canadiens, violence et destruction par des civils des deux parties. L'affaire attire l'attention mondiale.

Le 31 mai 1991, le Comité permanent des affaires autochtones de la Chambre des communes soumet un rapport sur les événements comprenant des recommandations qui sont par la suite incorporées à la politique fédérale sur les revendications. Toutefois, les principaux problèmes touchant les Mohawks de Kanesatake et de Kahnawake font l'objet de discussions particulières.

En novembre 1994, après des années de tensions, les premières nations de Penticton, de Upper Similkameen et de Lower Similkameen, en Colombie-Britannique, dressent un barrage sur la route menant au centre de ski Apex afin de mettre fin à l'activité commerciale sur les terres revendiquées en tant que territoire ancestral. Ce geste déclenche une série de négociations infructueuses, de poursuites en justice et de demandes d'injonction chez les premières nations, le gouvernement provincial et l'entreprise propriétaire du centre de ski. La Cour suprême de la Colombie-

Britannique accorde une injonction assurant l'accès du public au centre mais l'ensemble des questions relatives à l'accès et à la propriété des terres n'est toujours pas réglé.

Au cours de l'été 1995, une dispute éclate entre un éleveur de la région du lac Gustafsen, en Colombie-Britannique, et un petit groupe d'autochtones et de sympathisants au sujet de l'utilisation et de l'occupation d'une terre d'élevage pour la tenue de la cérémonie de la DANSE DU SOLEIL. Quand les dissidents menacent de recourir aux armes, le gouvernement provincial fait appel à la GRC. Après un affrontement de plusieurs jours, au cours duquel des coups de feu sont échangés mais sans qu'il n'y ait de morts, les dissidents se rendent. Les premières nations de la région ne reconnaissent ni n'appuient les protestataires et l'affaire est jugée conformément au Code criminel de la province.

Pendant des années, les CHIPEWYANS de Kettle Point et de Stony Point, en Ontario, cherchent à récupérer des terres prises pour installer la base militaire du Camp Ipperwash. En 1995, une manifestation des membres de ces premières nations au sujet d'un lieu de sépulture provoque l'intervention de la police au cours de laquelle un manifestant est mortellement atteint d'une balle. Le 16 janvier 1996, le ministre des Affaires indiennes et du Nord canadien nomme un négociateur fédéral et déclare que son gouvernement entend régler toutes les questions et offrir des indemnisations pour l'occupation injustifiée des terres de Stony Point.

Au cours de ces années de confrontation, les peuples autochtones et le gouvernement étudient, dans le cadre de commissions, d'enquêtes et de réunions, tous les aspects de la situation des peuples autochtones au Canada et révisent certaines ententes ou en élargissent la portée.

En 1980, pour garantir une plus grande neutralité et l'accès aux ministres, le gouvernement fédéral nomme le premier négociateur en chef qui ne soit pas membre de la fonction publique. En 1986, on abolit le Bureau des revendications autochtones pour le remplacer par plusieurs unités spécialisées du MAINC, dont l'une est chargée de surveiller la mise en œuvre des ententes. En 1987, en 1991 et en 1996, le gouvernement fédéral publie des documents d'orientation, et les gouvernements provinciaux et territoriaux créent leurs propres structures administratives pour le traitement des revendications et des affaires autochtones. En 1982, on modifie la Constitution canadienne pour confirmer les droits ancestraux, y compris ceux qui ont été déterminés dans les règlements sur les revendications. On trouve des formules pour régler l'impasse de «l'extinction» des droits ancestraux par rapport au besoin du gouvernement d'en arriver à des ententes définitives.

En Colombie-Britannique, où les revendications globales sont nombreuses, on met sur pied une commission d'étude des traités qui élabore un processus pour la préparation et la négociation des revendications. Le gouvernement fédéral donne suite à la reconnaissance du droit inhérent à l'autonomie gouvernementale des autochtones, aussi bien à l'intérieur qu'à l'extérieur du processus de négociation des revendications.

Progrès des revendications globales

Les revendications dans le Nord canadien C'est en grande partie en réaction à la menace du développement hydroélectrique qu'est négociée et conclue la CONVENTION DE LA BAIE JAMES ET DU NORD QUÉBÉCOIS de 1975. Les Cris et les Inuits la signent après seulement deux ans de négociation, soit en beaucoup moins de temps que tout autre processus ultérieur. Les Naskapis du Nord-Est québécois se joignent aux négociations au cours des dernières étapes et signent un accord semblable en 1978.

Dans les Territoires du Nord-Ouest, les Inuvialuits du delta du Mackenzie se retirent de leur alliance avec les autres Inuits du Territoire et signent une entente définitive en 1984. Les Inuits du centre et de l'est des Territoires du Nord-Ouest concluent leur Accord sur le NUNAVUT en 1993 et un accord politique prévoyant un nouveau Territoire du Nunavut est négocié parallèlement à la revendication territoriale. Les négociateurs des Dénés et des Métis des Territoires du Nord-Ouest concluent une entente de principe mais, en 1990, les Dénés et les Métis votent contre la ratification de l'entente en assemblée générale. Leur alliance se divise en cinq groupes, dont chacun poursuit son propre règlement avec le gouvernement. En 1992, les Gwich'in du delta du Haut-Mackenzie signent une entente (globale) définitive, imités, en 1994, par les Dénés et les Métis du Sahtu, dans la région du Grand lac de l'Ours, qui concluent eux aussi une entente définitive. Les Dogribs de la région du Grand lac des Esclaves négocient actuellement un règlement qui reconnaîtra certains aspects du Traité n° 8.

Dans le territoire du Yukon, le Conseil des Indiens du Yukon représentant 14 premières nations met fin à 20 ans de négociations par la conclusion d'un accord-cadre en 1993. Plus tard, la même année, les Gwitch'in Vuntut, les Nacho Nyak Dun, les premières nations de Champagne et d'Aisihik et le Conseil des Tlingits de Teslin concluent chacun une entente définitive et une entente sur l'autonomie gouvernementale. Six autres premières nations du Yukon négocient actuellement des ententes finales et des ententes sur l'autonomie gouvernementale.

Revendications en Colombie-Britannique Les négociations menées dans le cadre du processus de la Commission d'étude des traités de la Colombie-Britannique aboutissent, en 1996, à une entente de principe avec le Conseil tribal des Nisga'a. Plusieurs autres groupes autochtones de la province attendent que leurs revendications soient négociées.

Revendications dans l'Est du Canada La revendication des Algonquins de Golden Lake, en Ontario, est en cours de négociation. De même, les Attikameks et les Montagnais du Québec et du Labrador, et les Inuits du Québec (Société Makivik) négocient actuellement leur revendication touchant la zone au large des côtes du Québec et du Labrador. L'Association des Inuits du Labrador et les Innus du centre du Labrador et du nord du Québec signent chacun un accord-cadre devant guider les négociations imminentes avec le gouvernement.

Autres revendications connexes Les revendications des îles et des eaux de la baie James et de la baie d'Hudson par les Cris du Québec sont acceptées par le gouvernement et sont en attente de négociation. Le gouvernement étudie actuellement la revendication des Algonquins du Québec, et celle des Algonquins de Golden Lake, en Ontario, est en cours de négociation. Deux groupes des Territoires du Nord-Ouest et les Métis cherchent à obtenir un règlement fondé sur les droits ancestraux et les droits issus de traités, plutôt que par le processus des revendications globales: le groupe de South Slave visé par le Traité n° 8 discute avec le gouvernement une proposition tripartite comprenant des droits issus de traités, des programmes sociaux et économiques ainsi que des accords de coexistence avec les instances voisines. Le groupe de Deh-Cho propose la formation d'un nouveau territoire dans le gouvernement duquel les Dénés auraient un rôle assuré et dont ils géreraient les terres et les ressources, ce qui comprend la négociation des droits issus du Traité n° 11. Le gouvernement fédéral nomme un négociateur pour discuter des revendications et des griefs de longue date de la bande des Cris du lac Lubicon, en Alberta. Un protocole est en cours de rédaction.

Progrès des revendications particulières En mars 1996, le gouvernement reçoit 746 revendications particulières, y compris celles portant sur la reconnaissance des droits issus de traités (la plupart dans les provinces des Prairies). Sur ce nombre, 151 sont réglées par voie de négociation, 40 par procès et 95 sont en cours de négociation. Deux-cent-quatre-vingt-seize sont en cours d'examen, 76 sont rejetées, et les dossiers de 98 revendications sont fermés.

Importance historique du règlement des revendications territoriales Par sa portée, son ampleur et le potentiel qu'il recèle, le règlement des revendications par le Canada est unique dans l'histoire du monde et, bien que le processus soit loin d'être terminé, il est porteur d'effets positifs importants pour le Canada et, peut-être, pour ailleurs. Les revendications particulières et globales touchent presque tout le Canada et, dans le cas des revendications globales, la propriété des terres (y compris celle de certaines ressources souterraines), les indemnisations, les droits et les programmes particuliers, les dispositions prévoyant la cogestion et l'autonomie gouvernementale sont autant d'éléments grâce auxquels les bénéficiaires sont susceptibles de devenir une force de premier ordre dans l'économie, la société et la politique du pays.

Keith Crowe

Revenu Canada En 1927, la *Loi concernant le ministère du Revenu national* donne un nouveau nom au ministère des Douanes et de l'Accise, qui devient le ministère du Revenu national. Ce ministère est chargé d'imposer et de percevoir les droits, les taxes et les impôts, de surveiller les personnes et les biens qui traversent la frontière canadienne et de protéger les entreprises canadiennes contre la concurrence étrangère.

La même loi crée un second ministère chargé de percevoir l'impôt sur le revenu, fonction antérieurement exercée par un commissaire du ministère des Finances. Les deux ministères relèvent du même ministre, mais chacun a sa propre organisation ministérielle dirigée par son propre sous-ministre.

Depuis quelques décennies, le rôle de Revenu Canada dans la société canadienne s'est encore élargi. En plus d'administrer le régime fiscal du Canada, le ministère participe maintenant à la production des recettes, à la redistribution des revenus et à l'administration d'ententes commerciales internationales comme l'accord de LIBRE-ÉCHANGE.

Dans l'exercice de ces fonctions, le ministère administre plus de 60 lois du Parlement, travaille pour le compte des gouvernements fédéral, provinciaux et territoriaux et traite avec pratiquement tous les particuliers et toutes les entreprises du Canada.

En novembre 1992, dans un contexte de compression des coûts, le gouvernement fédéral décide de fusionner en une seule administration du revenu la direction des douanes et de l'accise et la direction de l'impôt; l'opération est terminée en mai 1994.

Colette E. Derworiz

Revenu national C'est, au sens strict, une évaluation monétaire des revenus reçus ou à recevoir pendant une période donnée par les résidants d'un pays en qualité de propriétaires des facteurs de production. Le revenu national comprend les salaires et les traitements, les loyers, les intérêts et les profits, non seulement sous forme de paiements au comptant, mais aussi comme revenus tirés des cotisations de l'employeur aux caisses de retraite, les revenus des travailleurs indépendants et les bénéfices non répartis des sociétés.

Dans une économie de marché comme celle du Canada, l'évaluation du revenu national comprend, à quelques exceptions près, les seules activités économiques liées à la vente de biens et de services sur les marchés. Les quelques exceptions représentent, sous la forme de valeurs imputées, l'ajout, dans les estimations, du revenu de location des logements occupés par leur propriétaire, et du revenu que les familles d'agriculteurs tirent de la part autoconsommée de la production de leur ferme. En même temps, les évaluations officielles et presque toutes celles qui sont établies par le secteur privé ne comptabilisent pas la valeur de tous les services rendus à la maison par la personne au foyer non rémunérée (*voir* TRAVAIL DOMESTIQUE). Cette omission importante

est grave si l'on se sert du revenu national pour mesurer le bien-être de la population d'un pays.

Telle quelle, l'évaluation du revenu national équivaut exactement à ce que la production nette de biens et de services rapporterait sur le marché si on n'ajoutait rien d'autre aux prix des biens et des services. Il s'agit donc d'une mesure de la valeur nette des produits évalués au coût des facteurs (de production). Toutefois, les prix auxquels les biens sont échangés sur les marchés incluent les taxes indirectes telles que les taxes de vente et les droits de douane. Dans le système de comptabilité nationale, ces taxes et les provisions pour dépréciation et désuétude s'ajoutent au revenu national net au coût des facteurs pour obtenir l'évaluation du «produit national brut au prix du marché».

Au Canada, l'estimation officielle du revenu national est faite par Statistique Canada. En recueillant un large éventail de données économiques et d'autres statistiques, Statistique Canada obtient incidemment des renseignements utiles pour l'évaluation du revenu national et d'autres données connexes propres à la comptabilité nationale. Au besoin, l'organisme effectue des études dans le but précis de recueillir des données pour l'estimation du revenu national. De plus, il peut obtenir de l'information qui a été fournie à d'autres organismes publics, p. ex., des tableaux préparés à partir des déclarations de revenu des sociétés et des particuliers.

Les composantes du revenu national présentées dans les comptes officiels dépendent en partie des données disponibles. La rémunération des travailleurs salariés, composante la plus importante, en fait partie, car cette donnée peut être obtenue à partir de sources telles que le recensement des entreprises manufacturières, les rapports remplis par les établissements financiers et les déclarations de revenus. De la même façon, on obtient, à partir des mêmes sources, les estimations suivantes: revenus de la propriété, amortissement ou valeur locative des équipements engagés dans la production, ressources naturelles et entrepreneuriat, qui sont présentées sous forme d'intérêts, de revenus de location et de bénéfices de sociétés. L'intérêt net et les dividendes payés aux résidants étrangers ne sont pas inclus. Les revenus des travailleurs indépendants non constitués en société doivent être évalués d'une autre manière. Les revenus des agriculteurs sont évalués en soustrayant les dépenses de production des recettes tirées de la vente des produits de la ferme. Le revenu agricole qui en résulte est une combinaison d'un revenu du travail, celui de l'agriculteur et de sa famille non rémunérée, et d'un revenu de propriété. Les revenus des autres entreprises non constituées en société, p. ex., celles qui ont des activités professionnelles ou qui appartiennent au secteur des services ou du commerce, sont calculés de la même façon ou encore, dans certains cas, à partir des compilations d'impôts sur le revenu.

Les taxes indirectes et les déductions pour amortissement (dépréciation) ajoutées au revenu national, afin d'établir le PIB, proviennent respectivement des dossiers du gouvernement et de dossiers d'entreprises et autres. Une certaine imputation de dépréciation est nécessaire dans certains cas, tels ceux qui impliquent des bâtiments, propriétés du gouvernement, et des maisons habitées par leurs propriétaires.

La comptabilité nationale comprend quatre grandes catégories de dépenses: achats de consommation; achats de nouveaux biens d'équipement par les entreprises, les gouvernements et les particuliers; achats du gouvernement; et exportations nettes de biens et de services. L'estimation de ces dépenses reflète les prix réellement payés pour les biens et les services. Les dépenses en biens d'équipement comprennent à la fois les dépenses en capital qui correspondent à l'amortissement du capital de production préexistant, et celles qui couvrent l'augmentation nette du capital propre. La somme de ces dépenses donne la dépense nationale brute (DNB).

Le produit intérieur brut (en opposition au PNB) est la mesure monétaire de la valeur de tous les biens et services produits au Canada, sans égard au fait qu'une partie du revenu ainsi généré peut revenir à des résidants d'autres pays. Le produit national brut (PNB) mesure les biens et les services dont disposent les résidants du Canada. Le PIB surpasse le PNB dans la mesure où les intérêts et les dividendes payés à l'étranger sont supérieurs à ceux reçus de l'étranger.

L'ONU encourage ses membres à uniformiser leurs modes de calcul du revenu national, mais il faut interpréter avec soin les comparaisons faites entre les divers revenus nationaux par habitant, et ce, pour trois raisons. D'abord, le taux de change utilisé pour convertir de telles estimations en une monnaie commune, afin qu'on puisse établir des comparaisons, ne traduit les prix comparatifs en chacune des monnaies que pour les biens échangés à l'échelle internationale (les prix comparatifs des biens qui échappent au commerce international peuvent ne pas être reflétés du tout dans les taux de change). Ensuite, l'ampleur de la production non commerciale et, par conséquent, la part de production que ne prennent pas en compte les estimations du revenu national varient beaucoup selon les pays (les pays en voie de développement ont d'habitude des secteurs de production hors marché relativement importants). Enfin, les habitudes de consommation sont très différentes d'un pays à l'autre et les comparaisons de revenu monétaire peuvent ne pas refléter l'effet de ces variations sur le bien-être d'une population.

Les comparaisons sont aussi faites en fonction d'une échelle de temps dans un seul pays. Le revenu national et les estimations afférentes sont habituellement calculés d'abord dans les prix de la période de référence (le plus souvent un an). Dans les comparaisons d'une année à l'autre, les agrégats, habituellement les estimations de dépenses nationales, sont diminués des indices de prix pour annuler les effets des variations des prix sur les changements de la production globale. On dit alors qu'on les mesure en prix constants, c.-à-d. les prix d'une année en particulier.

M.C. Urquhart

Révolution américaine Aussi connue que la Guerre d'Indépendance américaine (1775-1783), elle est la lutte que mènent les 13 colonies pour obtenir leur indépendance de la Grande-Bretagne. Des querelles au sujet des taxes, de l'administration et des dispositions territoriales de la PROCLAMATION ROYALE DE 1763 et de l'ACTE DE QUÉBEC, fermentant depuis le TRAITÉ DE PARIS (1763), éclatent en guerre ouverte à Lexington, au Massachusetts, le 18 avril 1775. D'éminents colons américains signent la Déclaration d'indépendance le 4 juillet 1776.

Une campagne de propagande efficace menée par les Américains permet d'obtenir un certain soutien au Canada, particulièrement à Montréal, où existe un mouvement proaméricain. Le clergé canadien-français, les seigneurs et les citoyens influents adoptent une politique de soutien aux Britanniques, mais la plupart des gens du peuple restent neutres et hésitent à prendre parti. Mgr Briand émet une lettre pastorale dénonçant les rebelles et incitant le peuple à apporter un soutien plus actif aux Britanniques, mais le gouverneur, sir Guy CARLETON (lord Dorchester), a peu de succès en mettant sur pied une milice.

En septembre 1775, le général Richard Montgomery dirige les forces américaines vers le nord, s'empare de Ticonderoga, de CROWN POINT et du FORT CHAMBLY. Quand le fort Saint-Jean capitule en octobre, Carleton abandonne Montréal et les Américains en prennent possession le 13 ou le 14 novembre. Pendant ce temps, le général Benedict ARNOLD réussit, malgré les épreuves et les désertions, à conduire quelque 700 hommes à Québec en empruntant les rivières Kennebec et Chaudière.

Montgomery le rejoint au début de décembre avec 300 hommes et, pendant une tempête de neige, le 31 décembre 1775, il lance une attaque acharnée. Arnold et ses hommes réussissent à pénétrer dans la basse-ville, mais doivent se rendre à la suite d'une contre-attaque. Les autres Américains maintiennent désespérément leur siège pendant tout l'hiver, mais sont facilement mis en déroute quand le dégel du printemps permet aux renforts britanniques d'arriver. Ils abandonnent Montréal le 9 mai.

L'échec de l'invasion américaine laisse des souvenirs amers chez les Canadiens et conduit plusieurs sympathisants vers l'exil. Cependant, peu ont appuyé concrètement les Américains: le clergé et les seigneurs sont restés très loyaux et, après quelques tergiversations, les marchands ont fait de même. La plupart des HABITANTS sont demeurés résolument neutres, défiant ainsi l'évêque Briand et Carleton. Le général John BURGOYNE, empruntant le lac Champlain, dirige une contre-offensive britannique vers le sud mais, s'étant trop avancé, il doit se rendre à Saratoga le 17 octobre 1777, donnant ainsi aux Américains leur première grande victoire.

Comme dans les conflits précédents, la Nouvelle-Écosse demeure un champ de bataille incertain pendant la Révolution. L'Assemblée provinciale vote des adresses de loyauté, mais des réunions illégales de citadins accordent leur soutien à la Nouvelle-Angleterre. Presque tous les avant-postes d'importance à l'extérieur de Halifax sont victimes de la GUERRE DE COURSE américaine. En 1775, les rebelles s'emparent de l'île Partridge dans le havre d'Halifax et attaquent sans succès le fort Cumberland (FORT BEAUSÉJOUR) en 1776. Dès 1779, cependant, les Britanniques chassent les corsaires américains de la baie de Fundy.

Après une lutte prolongée, les forces britanniques se rendent en octobre 1781, et le TRAITÉ DE PARIS, en 1783, reconnaît officiellement les États-Unis d'Amérique. En raison de l'échec de l'invasion américaine et de l'arrivée de quelque 40 000 réfugiés LOYALISTES en Nouvelle-Écosse et au Québec, les autres colonies britanniques connaissent un développement très différent de celui de leurs voisins du Sud.

D.N. Sprague

Révolution tranquille C'est une période de changements rapides vécue par le Québec de 1960 à 1966. L'expression «Révolution tranquille», aussi colorée que paradoxale, est utilisée pour la première fois par un auteur anonyme dans le *Globe and Mail*. La province est, en 1960, une société urbaine hautement industrialisée et tournée vers l'extérieur, et le parti de l'UNION NATIONALE, au pouvoir depuis 1944, apparaît de plus en plus anachronique. Il conserve, en effet, obstinément son idéologie conservatrice et défend sans relâche des valeurs traditionnelles dépassées. Aux élections du 22 juin 1960, les libéraux mettent fin à l'emprise de l'Union nationale (UN), s'appropriant 51 sièges et recueillant 51,5 p. 100 du vote populaire, alors que l'UN remporte 43 sièges et récolte 46,6 p. 100 des suffrages. Sous la direction de Jean LESAGE, le Parti libéral du Québec élabore un programme résolument réformiste. Le thème central de la campagne électorale est illustré par le slogan libéral «C'est le temps que ça change».

En deux ans, le gouvernement Lesage réussit à mener à bien et à amorcer un grand nombre de réformes. Tout est scruté, tout fait l'objet de discussions. Une nouvelle ère de débats commence. Le gouvernement s'attaque au favoritisme politique et modifie la carte électorale de façon à ce que les régions urbaines soient mieux représentées. Afin de diminuer l'importance des caisses électorales occultes, il limite les dépenses électorales. Il abaisse aussi l'âge du droit de vote de 21 ans à 18 ans. Lesage tente de renflouer le trésor public en présentant un budget provincial stimulant et en augmentant les emprunts. De l'exercice 1960-1961 à celui de 1966-1967, le budget passe de 745 millions de dollars à 2,1

milliards de dollars. La croissance spectaculaire de la fonction publique et le rôle considérablement accru de l'État dans la vie économique, sociale et culturelle de la province déclenchent des forces dont l'action aura des répercussions considérables.

Les pressions exercées par la génération issue du BABY-BOOM, qui a alors atteint l'adolescence, provoquent une situation dramatique et menacent un système scolaire public par ailleurs déficient. Le gouvernement adopte de nouvelles lois en matière d'éducation et met sur pied une commission d'enquête sur l'éducation présidée par Mgr Alphonse-Marie Parent. Dans son rapport, la commission s'attaque à l'ensemble du système. En recommandant la création d'un ministère de l'Éducation, elle remet en question le rôle de l'Église catholique, qui domine le réseau des écoles publiques francophones. L'Église s'oppose aux recommandations du rapport, mais sans succès. Le rapport Parent contribue grandement à la création d'un système scolaire unifié, démocratique, moderne et accessible à tous.

La volonté de modernisation est également évidente dans le domaine social. Après son accession au pouvoir, le gouvernement décide de participer au programme fédéral-provincial d'assurance-hospitalisation. En 1964, il introduit trois ensembles de réformes législatives: une révision complète du *Code du travail*; la Loi 16, qui modifie le statut légal de la femme mariée, auparavant le même que celui d'un mineur; et la création d'un régime de retraite.

Dans le domaine de l'économie, la plus impressionnante réalisation du gouvernement est la nationalisation des compagnies d'électricité privées, idée mise de l'avant en 1962 par René LÉVESQUE, alors ministre des Richesses naturelles. Le gouvernement décide de faire de cette question un enjeu électoral, et le 14 novembre 1962, les libéraux l'emportent à nouveau, avec 56,6 p. 100 du vote et 63 sièges. L'unification des tarifs dans l'ensemble de la province, la coordination des investissements dans ce secteur clé, l'intégration du système, le soutien à l'industrialisation, la garantie pour l'économie du Québec de profits résultant d'une politique d'achat de l'électricité au Québec et la francisation de ce secteur figurent parmi les nombreux objectifs que l'on poursuit. Non seulement la nouvelle société d'État, HYDRO-QUÉBEC, réalise-t-elle la plupart de ces objectifs, mais elle devient également un symbole de réussite et une source de fierté pour les Québécois. La création, en 1965, de la CAISSE DE DÉPÔT ET PLACEMENT DU QUÉBEC constitue une autre réussite remarquable. Cette caisse est chargée d'administrer l'actif du RÉGIME DES RENTES DU QUÉBEC, qui ne tarde pas à atteindre plusieurs milliards de dollars.

La philosophie exprimée par le slogan «Maîtres chez nous», dont s'inspire le gouvernement dans ses réformes, influe sur les RELATIONS FÉDÉRALES-PROVINCIALES. Le gouvernement Lesage exige une révision de la politique fédérale et remporte une victoire éclatante à la suite d'une orageuse conférence des premiers ministres en 1964. Lesage contraint le gouvernement fédéral d'accepter que le Québec se retire de plusieurs programmes de coûts partagés et de le dédommager sur le plan fiscal. Le fait que la province soit la seule à obtenir le droit de se retirer soulève la question de son statut particulier. En 1964, afin peut-être de calmer les inquiétudes du Canada anglais et de faire preuve de bonne volonté, Lesage donne son accord à la proposition de rapatrier et d'amender la Constitution selon des méthodes connues sous le nom de formule Fulton-Favreau. Cependant, en raison des violentes réactions de différents groupes nationalistes de la province, Lesage doit retirer son appui et se dissocier des autres gouvernements qui ont accepté la formule.

Le gouvernement du Québec cherche aussi à faire valoir ses droits sur le plan international. En 1961, il met sur pied des maisons du Québec à Paris, à Londres et à New York. Toutefois, lorsque le Québec exprime son intention de signer des accords culturels et éducatifs avec la France, Ottawa intervient, affirmant qu'il ne peut y avoir qu'un seul interlocuteur avec les pays étrangers.

Ces disputes fédérales-provinciales suscitent une réflexion quant à la place du Québec et des Canadiens français dans la Confédération. En 1965, notamment, la COMMISSION ROYALE D'ENQUÊTE SUR LE BILINGUISME ET LE BICULTURALISME affirme que le Canada, sans en être parfaitement conscient, traverse la plus grande crise de son histoire et que le Québec est à l'origine de cette crise. Le NATIONALISME CANADIEN-FRANÇAIS, de plus en plus lié aux Québécois, s'en trouve exacerbé. Le nombre de groupes séparatistes augmente. Quelques-uns adoptent une attitude beaucoup plus extrême, et le FRONT DE LIBÉRATION DU QUÉBEC se tourne vers le TERRORISME.

D'autres francophones, de leur côté, s'inquiètent de cette poussée nationaliste. Parmi ceux-ci, on retrouve Jean MARCHAND, Gérard PELLETIER et Pierre Elliott TRUDEAU, qui joignent les rangs du Parti libéral fédéral et sont élus à la Chambre des communes en 1965.

Lorsque les libéraux du Québec reviennent devant l'électorat, en 1966, ils pensent être réélus, mais l'Union nationale, qui a renouvelé son image, s'attire la faveur des conservateurs et des nationalistes insatisfaits et celle des CRÉDITISTES fédéraux. Le Parti créditiste conserve une base solide dans les régions rurales qui n'ont presque pas été touchées par la Révolution tranquille. Le 5 juin, l'Union nationale remporte 56 sièges contre 50 pour les Libéraux. Ceux-ci obtiennent cependant 47 p. 100 du vote populaire, tandis que les unionistes, dirigés par Daniel JOHNSON, n'en reçoivent que 41 p. 100.

Depuis plus de 30 ans, la Révolution tranquille demeure le principal point de référence des gouvernements québécois depuis la perte du pouvoir par les libéraux en 1966, ce qui illustre bien l'importance de cet épisode de l'histoire du Québec.

René Durocher

Revue canadienne d'économique et de science politique/Canadian Journal of Economics and Political Science Elle était la revue universitaire de l'Association canadienne de science politique dont les membres représentaient au début tous les secteurs des sciences humaines. Elle est publiée par la University of Toronto Press de 1935 à 1967. À ce moment, après avoir fondé une revue distincte pour la sociologie et l'anthropologie, elle est remplacée par la *Revue canadienne d'économique/Canadian Journal of Economics* et la *Revue canadienne de science politique/Canadian Journal of Political Science*. Cette dernière est actuellement publiée par l'U. Wilfrid Laurier. La revue publie des articles et des comptes rendus de livres portant sur l'économie, les sciences politiques, la géographie, la sociologie et l'anthropologie, bien qu'il y en ait peu sur les trois derniers sujets. La revue publie aussi une bibliographie sur l'économie politique, qui sert de guide essentiel dans le domaine jusqu'à l'élaboration, au milieu des années 50, des services bibliographiques de la Bibliothèque nationale. Ses articles et comptes rendus de livres, dont beaucoup traitent de sujets canadiens, sont accessibles au lecteur non spécialiste.

Ian M. Drummond

Revue d'histoire de l'Amérique française, La Elle est fondée en 1947 par Lionel GROULX, prof. d'histoire à l'U. de Montréal. La RHAF se consacre d'abord à l'histoire de la colonisation française en Amérique, non seulement au Canada français, mais également aux États-Unis, dans les Caraïbes et en Amérique du Sud. Son évolution ne peut être dissociée de celle de l'historiographie francophone au Québec. Elle est fondée en même temps que les départements d'histoire des deux seules universités francophones de l'époque, l'U. de Montréal et l'U. Laval. Elle devient rapidement le véhicule privilégié

de communication entre spécialistes francophones de l'histoire du Canada et du QUÉBEC. C'est maintenant le plus important périodique d'histoire du Québec (bien qu'on y accepte aussi certains articles sur d'autres sujets). Cette revue trimestrielle est publiée par l'Institut d'histoire de l'Amérique française, qui choisit les membres de son comité de rédaction.

Jean-Claude Robert

Revues littéraires de langue anglaise Après quelques balbutiements, dont la publication du *Nova Scotia Magazine* (1789-1792) à Halifax et du *Magasin (sic) de Québec/Quebec Magazine* (1792-1794), la publication de périodiques littéraires dans les colonies britanniques d'Amérique du Nord se développe au cours des années 1820 et 1830. La présence d'une classe moyenne de plus en plus nombreuse et davantage instruite favorise cet essor. Les premiers périodiques contiennent surtout des extraits de livres, de journaux et de revues britanniques et américaines. Cependant, certains éditeurs patriotiques encouragent une littérature nationale, ce qui suscite une augmentation du nombre de collaborateurs locaux et de textes originaux.

Les articles sont soit anonymes, soit signés des initiales de l'auteur ou d'un pseudonyme, p. ex. «Canadensis». Cette tradition de l'anonymat persiste jusqu'à la fin du XIXᵉ s. Certains périodiques, comme *Christian Recorder* (Kingston et York, 1819-1820, le premier périodique du Haut-Canada), *Literary Miscellany* (Montréal, 1822-1823), *Canadian Magazine & Literary Repository* (Montréal, 1823-1825), le *Acadian Recorder, or Literary Mirror* (Halifax, 1823-1825) sont éclectiques: le lecteur peut y lire des récits historiques, des articles d'actualité, des récits de voyages, des contes et de la poésie. Le terme magazine est utilisé dans son sens premier «magasin».

D'autres périodiques comme le *Canadian Garland* (Hamilton, 1832-1833), le *Colonial Pearl* (Halifax, 1837-1840), l'*Amaranth* (Saint-Jean, 1841-1843) et le *Mayflower* (Halifax, 1851-1852) offrent une littérature de bon ton. Le *Literary Garland*, publié à Montréal de 1838 à 1851 par John Lovell et dirigé par John Gibson, est celui qui a le plus de succès. Susanna MOODIE en est la principale collaboratrice avec John RICHARDSON, Charles SANGSTER, Catharine Parr TRAILL et Anna Jameson. Le *Victoria Magazine* (1847-1848), lancé par M. et Mᵐᵉ Moodie à Belleville, a une carrière plus courte: il cesse de paraître au bout d'un an.

Au milieu du siècle, les améliorations apportées à l'imprimerie et une hausse du taux d'alphabétisation ouvrent des auditoires marchés aux publications spécialisées, en particulier à celles consacrées à la religion. En 1852, le Royal Canadian Institute fonde le *Canadian Journal: A Repertory of Industry, Science and Art*. D'abord dirigée par le géologue et explorateur Henry Y. HIND, cette revue devient très utile aux professeurs de toutes les nouvelles universités de l'Est canadien et de l'Ouest canadien. Elle est supplantée par le *Proceedings*, publié par l'institut en 1878.

Confrontés à la concurrence des hebdomadaires, à la facilité avec laquelle les lecteurs ont accès aux périodiques britanniques et américains et aux problèmes de distribution auprès d'une population dispersée, les éditeurs tentent de gagner un auditoire national en publiant l'*Anglo-American Magazine* (Toronto, 1852-1855), dirigé par R.J. McGeorge, le *British American Magazine* (Toronto, 1863-1864), publié par G. Mercer Adam et dirigé par Hind, le *New Dominion Monthly* (Montréal, 1867-1869), dirigé par John Dougall et le *Stewart's Literary Quarterly* (Saint-Jean, 1868-1872), dirigé par George Stewart fils.

Le *Canadian Monthly and National Review* est lancé en 1872, encouragé par le nouveau nationalisme manifesté de toutes parts après la Confédération. Publié par Adam avec, au début, le concours financier et rédactionnel de Goldwin SMITH, il fusionne,

en 1878, avec le *Belford's Monthly* (1876-1878) pour devenir le *Rose-Belford's Canadian Monthly and National Review*. Pendant ses dix années de parution, la plupart des personnalités dominantes de l'époque y collaborent par leurs articles, essais, textes de fiction et poésie. Le ton intellectuel et la morale rigoureuse qui le caractérisent en font une tribune non partisane que les écrivains utilisent pour traiter de sujets controversés et donnent l'élan à la création d'une littérature canadienne. Smith poursuit son œuvre avec sa chronique sur l'actualité dans *The Bystander* (1880-1883; 1889-1890) et *The Week* (1883-1896), dont le premier rédacteur en chef est Charles G.D. ROBERTS.

À la fin du siècle, les hebdomadaires et magazines de masse, notamment SATURDAY NIGHT (depuis 1887), *Dominion Illustrated* (1888-1895), *Canadian Magazine* (1893-1939) et MACLEAN'S (depuis 1896) commencent à prospérer avec l'intérêt de plus en plus marqué des annonceurs qui croient en leur avenir. Plusieurs publications trimestrielles universitaires sont lancées (*voir* PÉRIODIQUES LITTÉRAIRES DE LANGUE ANGLAISE). THE UNIVERSITY MAGAZINE (1907-1920) succède à *McGill University Magazine* (1901-1906). D'autres revues régionales font leur apparition à cette époque: le *New Brunswick Magazine* (Saint-Jean, 1898-1905), *Great West Magazine* (Winnipeg, 1891-1908), *Prince Edward Island Magazine* (Charlottetown, 1899-1905), *Acadiensis* (Saint-Jean, 1901-1908) et *Westminster Hall* (Vancouver, 1911-1927). Ces revues sont des outils inestimables qui permettent de connaître la vie sociale et politique de même que les idées et les goûts littéraires de l'époque.

Marilyn G. Flitton

Périodes moderne et contemporaine

Avant la Première Guerre mondiale, les écrivains canadiens s'inspirent d'auteurs britanniques et américains, mais, après 1918, les périodiques publiés au Canada posent les jalons de l'activité littéraire canadienne. *Saturday Night* a toujours fait état de l'évolution de la littérature canadienne et, aujourd'hui, le CANADIAN FORUM (depuis 1920) pourrait souligner avec fierté les réalisations du THÉÂTRE canadien et du GROUPE DES SEPT. Le *Dalhousie Review* (depuis 1921) publie d'importants essais sur l'émergence du nationalisme canadien.

La CANADIAN AUTHORS ASSOCIATION (CAA), fondée en 1921, publie son premier organe officiel, *Canadian Bookman*, auquel succède *Author's Bulletin* (1923-1933) et *Canadian Author*. En 1940, ces deux périodiques fusionnent pour former *Canadian Author & Bookman*. Le *Canadian Poetry Magazine* (depuis 1936), lui aussi sous l'égide de la CAA, est intégré au *Canadian Author & Bookman* en 1968.

Le principal précurseur des périodiques littéraires des dernières années reste sans contredit le supplément du *McGill Daily*, fondé par Frank SCOTT et A.J.M. SMITH, qui devient le *McGill Fortnightly Review* (1925-1927). Scott quitte ce dernier pour le *Canadian Mercury* (1928-1929) qui attaque les positions traditionnels du CAA. Copié sur les modèles britanniques, ce périodique montréalais révolutionne la poésie canadienne en s'inspirant de T.S. Eliot et Ezra Pound. Excepté le UNIVERSITY OF TORONTO QUARTERLY (depuis 1931), qui jette les bases de la critique canadienne, les années qui suivent la Crise des années 30 est une époque stérile pour l'édition littéraire. *Maclean's* et *Saturday Night* publient des nouvelles et les journaux publient des poèmes classiques. Les premières revues littéraires de la Colombie-Britannique sont le *B.C. Argonaut* et le *Vancouver Poetry Society's Full Tide* (1936-1966). Cependant, pendant la Seconde Guerre mondiale, la littérature canadienne prend un sérieux essor. C'est ainsi qu'à Montréal, Patrick Anderson lance le magazine de gauche *Preview* (1942-1945), qui publie les écrits de P.K. PAGE, de Scott et de A.M. KLEIN. En dépit des divergences d'opinion entre ce magazine et celui de John SUTHERLAND, *First Statement* (1945-1956), les deux fusionnent pour former NORTHERN REVIEW (1945-1956). Critiqué pour sa poésie de droite traditionnelle et classique, ce périodique publie néanmoins les œuvres d'Irving LAYTON, Miriam WADDINGTON, Louis DUDEK et Raymond SOUSTER. À partir de North Vancouver, et plus tard de Victoria, Alan Crawley dirige *Contemporary Verse* (1941-1952) dont s'inspirera le *CV II* (depuis 1975) de Winnipeg. Raymond Souster publie, à Halifax, son magazine polycopié *Direction* (1943-1946) et, par la suite, *Toronto magazines Enterprise* (1948), CONTACT (1952-1954), qui devient *Contact Press*, et *Combustion* (1957-1960). Trop coûteuse, *Here and Now* (1947-1949), une revue de Toronto, arrête de paraître après quatre numéros. D'autres magazines prometteurs n'ont publié qu'un ou deux numéros avant de disparaître.

Les années 50 sont marquées par l'épanouissement littéraire, attribuable en partie à la facilité de reproduction qu'offre la polycopie. *Quarry* (fondé en 1952 à l'U. Queen), *CIV/N* (1954-1956) et TAMARACK REVIEW (1956-1982), dirigé par Robert Weaver, publient des textes recherchés. Marshall MCLUHAN et Edward Carpenter publient *Explorations* (1953-1959), la première revue littéraire postmoderne canadienne. À Montréal, Louis Dudek lance *Delta* (1957-1966), que *Yes* (1956-1970) achète en 1966. En 1945, A.G. BAILEY lance THE FIDDLEHEAD, revue de poésie de l'U. du Nouveau-Brunswick. Sous la direction de Fred Cogswell, de 1952 à 1956, il élargit ses horizons et publie aussi de la prose et des textes savants, prenant ainsi une importance nationale. À Vancouver, George WOODCOCK lance CANADIAN LITERATURE (depuis 1953) qui publie souvent de la poésie en plus de critiques littéraires. *Raven* (1955-1962), un journal étudiant de l'U. de la Colombie-Britannique, devient une publication importante et lance la carrière de nombreux grands poètes, en particulier ceux associés à *Tish*. Raven annonce la qualité des publications à venir.

Au cours des années 60, des périodiques littéraires apparaissent partout au Canada. Parmi les rares publications polycopiées, figurent *Moment* (1961), dirigée par AL PURDY et Milton ACORN, et *The Sheet*, publiée à moins de 100 exemplaires par la délégation Tsigane de Toronto. La photolithographie (offset) permet d'améliorer la qualité de la production à moindre frais. De plus, le CONSEIL DES ARTS DU CANADA, des bourses provinciales pour les artistes et des subventions municipales encouragent les manifestations littéraires d'un nouvel élan nationaliste. Le périodique *Alphabet* (1960-1971) de James REANEY s'inspire des théories mythopoeique de Northrop FRYE. Frank Davey fonde *Tish* (1961-1965) à l'U. de la Colombie-Britannique et met l'accent sur le processus de création de la poésie plutôt que sur le produit final. Dans les 45 numéros polycopiés, figurent souvent des œuvres de George BOWERING, Fred WAH, Daphne MARLATT et David McFadden. *Tish* a stimulé, tant chez ses admirateurs que chez ses détracteurs, la création de nombreux périodiques et de nombreuses petites maisons d'édition. Le *Bowering's Beaver Cosmos Folio* (1968-1971) publie souvent des livres de colportage consacrés à un poète, et *Imago* (1964-1973) se limite au longs poèmes. *Open Letter* (depuis 1965), dirigé par Davey, publie des critiques d'œuvres expérimentales. Les titres des périodiques indiquent la variété des publications des années 60: *Cataract* (1961-1962) de Seymour Mayne, *Up the Tube With One i (Open)* (1961-1963) de Patrick LANE, *Mountain* (1962) de David McFadden, *radical blew-ointment* (1963-1972) de Bill BISSET, *Edge* (1963-1969), *Evidence* (1960-1967) et *Parallel* (1966-1967) d'Henry Beissel, enfin *Blackfish* (1971-1973) d'Alan Safarik. Un autre périodique important de cette époque est *grOnk* (depuis 1965) de B.P.

NICHOL. Publié de façon irrégulière et en tirage limité, il remet en question toute les conventions de la publication littéraire. *Culture* (1931-1971), l'une des rares publications érudites bilingues, commence à paraître régulièrement en 1965. *Le chien d'or/The Golden Dog* (1971-1975) est un autre périodique biculturel. *Ellipse* (depuis 1971) publie des traductions de poètes québécois et canadiens-anglais à raison de deux par numéro.

Des magazines comme *Northern Journey* de Fraser Sutherland, *Porcépic* de David GODFREY et *White Pelican* (étroitement lié à Sheila WATSON, qui fait partie de son conseil d'administration) ont tous contribué à faire connaître les hommes et les femmes de lettres du Canada anglais. Au Québec, un certain nombre de PÉRIODIQUES LITTÉRAIRES DE LANGUE FRANÇAISE importants ont joué le même rôle pour les écrivains et les lecteurs francophones.

L'un des principaux événements des années 60 reste l'apparition de publications trimestrielles universitaires. Des cours de création littéraire sont mis en place, et, vers 1965, de nombreuses universités ont leur propre revue littéraire, notamment la *University of Windsor Review* (fondée en 1965), la *West Coast Review* (Simon Fraser, 1966), la *Wascana Review* (U. de la Saskatchewan, 1966), la *Malahat Review* (U. de Victoria, 1967), MOSAIC (U. du Manitoba, 1967), l'*Antigonish Review* (U. St Francis Xavier, 1970), la CAPILANO REVIEW (U. de North Vancouver, 1970) et *Exile* (U. York, 1972). Ces publications ont donné lieu à leur tour à la création, sur tous les campus canadiens, de périodiques, vite abandonnés, dirigés par des étudiants ou des professeurs.

C'est également au cours des années 60 que naissent les journaux alternatifs. Certains deviendront des PETITES MAISONS D'ÉDITION, notamment le *Georgia Straight* de Vancouver, devenu North Star Books, et la publication marxiste *Alive* de Guelph. Bon nombre de périodiques des années 60 connaissent la même évolution dans les années 70. Citons, entre autres, *Talon*, *blewointment*, *3¢ Pulp*, *Alive*, *Porcépic*, *Fiddlehead*, *Square Deal*, *Blackfish*, *Quarry*, *NeWest Review*, *Delta* et *Pottersfield Portfolio*.

À contre-courant de la poussée nationaliste, *Prism International* (depuis 1956), *Contemporary Literature in Translation* (1967-1978) et *Exile* se distinguent par leur caractère internationaliste, alors que *Descant* (depuis 1970), *Jewish Dialog* (depuis 1970) et *Waves* (depuis 1972) témoignent d'un esprit cosmopolite. Cependant, la *Malahat Review* devient plus «canadienne» avec l'arrivée, en 1982, d'une nouvelle équipe de rédaction. La nouvelle littérature canadienne est également publiée dans des numéros spéciaux de périodiques américains, australiens et néozélandais.

Dans les années 70, les magazines littéraires se comptent par douzaines. CANADIAN FICTION MAGAZINE (depuis 1971), dirigé par Geoffrey Hancock, est la première revue canadienne de nouvelles. En effet, elle publie de courts récits de fiction novateurs, dénotant un intérêt particulier pour le réalisme magique, la metafiction ou le néosurréalisme, de même que des textes sur les théories du récit. Le *Journal of Canadian Fiction* (depuis 1972) publie des récits, des bibliographies et des critiques. *Essays on Canadian Writing* (depuis 1974), BOOKS IN CANADA (depuis 1972), *Canadian Poetry* (depuis 1977) et *Brick* (depuis 1977) contribuent tous à instaurer une critique de la littérature canadienne. *Poetry Canada Review* (depuis 1978) est le premier tabloïd de poésie au Canada.

Les périodiques féminins traduisent les multiples préoccupations soulevées par le mouvement féministe aussi bien chez les gens du peuple que chez les intellectuels; *Fireweed* (depuis 1977), *Branching Out* (1971-1981), *Room of One's Own* (depuis 1975), *Canadian Woman Studies* (depuis 1978), *Atlantis* (depuis 1975) sont autant d'exemples de magazines

féministes. Il en est de même pour *Makara*, *The Other Woman*, *Kinesis* et *Broadside* qui répondent à des besoins particuliers.

Tiger Lily, un magazine dirigé par des femmes de couleur, est publié à partir de 1986. Un ouvrage collectif féministe centré sur la théorie de la littérature féministe, *Tessera*, «emprunte» du matériel aux autres magazines pour publier leurs œuvres. Des magazines régionaux comme *BC's Raincoat Chronicles* (depuis 1972), *Arts Manitoba* (depuis 1978), qui deviendra *Border Crossings*, et *Cape Breton's Magazine* abordent également les questions littéraires régionales.

Au cours des années 80, certains périodiques ambitieux tel *Ethos* (depuis 1983) tentent de percer sur le marché international. D'autres, qui n'ont pas existé longtemps, parmi lesquels *Canadian Literary Review* (1982) et *Gamut* (depuis 1979), essaient d'atteindre un équilibre entre la tradition canadienne et l'écriture internationale. L'un des périodiques universitaires les plus populaires est *Rubicon* (depuis 1983) publié à l'U. McGill. Les magazines les plus récents ont des styles des plus variés. Cela va du journal conservateur *The Idler* (depuis 1984) au tabloïd *What* (depuis 1985), distribué gratuitement. L'usage de plus en plus répandu de l'informatique permet la création de magazines électroniques. *Swift Current* (depuis 1984), fondé par Frank Davey, en est un exemple. Ses numéros son accessibles par modem pour les abonnés. De plus, des colloques organisés pas la Canadian Periodical Publishers Association (aujourd'hui la Canadian Magazines Publishers' Association) et par d'autres organisations provinciales d'écrivains améliorent la production, la distribution et la promotion des périodiques littéraires canadiens. En se consacrant aux jeunes écrivains, les magazines littéraires assurent la survie de la littérature.

Geoffrey Hancock

Rhodes, Edgar Nelson, avocat, politicien et premier ministre de la Nouvelle-Écosse (Amherst, N.-É., 5 janv. 1877—Ottawa, 15 mars 1942). Politicien éminent, il commence sa carrière comme avocat à Amherst, en 1902. Il est élu député conservateur au fédéral, dans la circonscription de Cumberland, de 1908 à 1921. Il est nommé président de la Chambre en 1917 et membre du Conseil privé, en 1921. Il passe ensuite à la politique provinciale en tant que membre du Parti libéral-conservateur, dans le comté de Hants, puis il occupe les fonctions de premier ministre et de secrétaire provincial de 1925 à 1930. Son mandat est de courte durée, mais on se souviendra de lui pour les lois marquantes qu'il fera adopter. Rhodes démissionne pour devenir ministre fédéral des Pêcheries dans l'administration fédérale de R.B. BENNETT, et député de Richmond-Ouest, au Cap-Breton. On lui confie le portefeuille des Finances de 1932 à 1935, et il est ensuite nommé sénateur.

Lois Kernaghan

Rhodes, Lawrence, danseur, maître de ballet, professeur, chorégraphe et administrateur (Mount Hope, Virginie-Occidentale, 24 nov. 1939). Il est reconnu comme l'un des meilleurs danseurs américains de sa génération. Après s'être bâti une renommée internationale, il s'oriente vers l'enseignement de la danse et devient un professeur respecté. En tant que directeur artistique des GRANDS BALLETS CANADIENS de Montréal, il contribue à en renouveler la réputation nationale et internationale.

Inspiré par l'exemple de Fred Astaire, Rhodes commence à étudier la danse à claquettes à 9 ans. À l'âge de 14 ans, il suit les cours de ballet de Violette Armand à Détroit, puis étudie à l'école (surtout américaine à l'époque) du Ballet Russe de Monte Carlo, à New York, auquel il se joint en 1958. Il danse avec le Joffrey Ballet de 1960 à 1964, dont il devient danseur principal sous la tutelle de Robert Joffrey, fondateur et âme de la compagnie. Rhodes entre au Harkness Ballet en 1964, est nommé directeur artistique en 1968 et continue de danser avec la compagnie jusqu'à sa dissolution en 1970. Il danse à Amsterdam avec le Dutch National Ballet en 1970 et 1971, puis le Pennsylvania Ballet de 1971 à 1976, simultanément avec le Feld Ballet, de 1973 à 1975. Il est aussi très demandé comme artiste invité dans le monde entier. En 1978, Rhodes commence à enseigner au département de danse de la Tisch School of the Arts de l'U. de New York; il en devient le président en 1981 tout en demeurant professeur principal de ballet. Rhodes devient directeur artistique des Grands Ballets Canadiens en 1989.

En tant qu'artiste, il est reconnu pour sa présence fascinante, sa parfaite maîtrise de la technique et son style varié, et est une source d'inspiration pour des chorégraphes tels que Brian MACDONALD, Alvin Ailey, John Butler, Lar Lubovitch et Rudi van Dantzig qui créent des rôles pour lui. Son répertoire s'étend de la danse classique traditionnelle, avec les œuvres du célèbre George Balanchine, à de nombreux rôles contemporains dus à des chorégraphes comme José Limon et Maurice Béjart. En tant que directeur des Grands Ballets, Rhodes donne une nouvelle orientation artistique à la compagnie, privilégiant les œuvres néoclassique du XXe s. ainsi que les créations de divers chorégraphes canadiens et étrangers. Il inscrit au répertoire des GBCM des œuvres de chorégraphes aussi renommés que William Forsythe, Jirì Kylian, Nacho Duato et Édouard LOCK. Il accorde une très grande importance à la formation permettant ainsi aux Grands Ballets d'atteindre un degré élevé de rendement, comme le souligne la critique étrangère et canadienne.

En octobre 1999, Lawrence Rhodes quitte la direction artistique des GBCM, après dix ans de travail intense au sein de la compagnie québécoise. Depuis son départ, Lawrence Rhodes agit comme professeur invité d'un nombre important de grandes compagnies de ballet à travers le monde, notamment le Nederlands Dans Theater, le Lyon Opéra Ballet, le Ballett Frankfurt et la Compañia Nacional de Danza de Madrid.

Michael Crabb

Rhododendron Du grec signifiant «arbre rose», c'est un genre comprenant de nombreuses espèces (700 espèces) de la famille des éricacées que l'on trouve dans l'hémisphère Nord; quatre espèces sont indigènes au Canada. Le genre comprend à la fois les rhododendrons, habituellement à feuilles persistantes, et les azalées, à feuilles caduques. Les rhododendrons sont de tailles diverses, allant de l'arbuste rampant à l'arbre de taille moyenne. Leurs fleurs (blanches, roses, rouges, mauves, pourpres, jaunes ou orange) sont en forme de soucoupe ou de cloche. Les feuilles des rhododendrons sont de types variés; toutes sont simples, coriaces et fréquemment recouvertes de poils fins (tomenteuses) ou d'écailles. Chez les espèces aux feuilles larges, il arrive souvent que celles-ci s'enroulent très serrées en période de gel, aidant ainsi à prévenir la perte d'eau. L'azalée de l'Inde (à fleurs simples et à fleurs doubles), dérivée du *R. simsii*, est vendue comme plante à potée pendant la période des fêtes. Il existe aussi de nombreux hybrides d'extérieur dans toute une gamme de couleurs. Certains hybrides et espèces occupent une place importante parmi les PLANTES ORNEMENTALES qui embellissent les jardins canadiens, surtout dans les climats plus tempérés des régions côtières. La plupart des rhododendrons se multiplient par bouturage.

Roy L. Taylor

Rhubarbe Du genre *Rheum*, c'est le nom commun d'une cinquantaine d'espèces de plantes herbacées vivaces des climats frais, de la famille du SARRASIN, et originaires de l'Asie centrale. La rhubarbe commune (*R. rhabarbarum* ou *R. Rhaponticum*) est probablement la première à être cultivée, d'abord pour les propriétés purgatives de la poudre tirée de sa racine. La rhubarbe devient une plante comestible en Europe au milieu du XVIIIe s. et pousse maintenant au Canada. De nombreux croisements ont été effec

tués pour en arriver aux cultivars que l'on connaît aujourd'hui. Les feuilles de rhubarbe sont toxiques. Seul le long pétiole peut être consommé. Il peut être récolté pour l'utilisation immédiate ou pour la transformation (conserves, produits congelés, garniture de tartes). Les plantes dormantes peuvent être sorties du sol au début de l'hiver afin de subir un forçage dans un abri chauffé et sombre où se développent les pétioles délicats. On en fait la culture commerciale en Ontario.

Arthur Loughton

Ricci, Nino, romancier (Leamington, Ont., 23 août 1959). Il étudie à l'U. York et à l'U. Concordia. Il a écrit les deux premiers romans d'un projet de trilogie. Le premier, *Lives of the Saints* (1990), qui a reçu le prix du Gouverneur général, met en scène le personnage de Vittorio Innocente, un enfant de sept ans qui vit avec sa mère et son grand-père dans un village italien, en 1960. La narration oscille entre une voix intérieure, mature, et une autre, jeune et pleine d'innocence, qui décrivent toutes deux largement le village et ses coutumes. Dans *In a Glass House* (1993), l'histoire se poursuit dans une communauté rurale du sud de l'Ontario, au Canada, où Vittorio et son père ont immigré. Couvrant une période de 20 ans, le roman raconte l'enfance de Vittorio, son éducation, ses études universitaires et ses deux années de travail comme professeur au Nigéria, et analyse l'expérience des immigrants italiens et le choc psychologique de leur transplantation culturelle.

Colin Boyd

Richard, Maurice, dit Rocket, joueur de hockey (Montréal, 4 août 1921—*id.* 27 mai 2000).). Le 27 mai 2000, l'une des grandes légendes du hockey s'est éteinte à Montréal à l'âge de 78 ans. Maurice «Rocket» Richard, le héros des Québécois, a laissé un héritage de grandeur, de fierté et de simplicité. Ses exploits ont longuement marqué l'histoire de la Ligue nationale. Et même s'ils ont presque tous été dépassés depuis plusieurs années, ils restent gravés à tout jamais dans la mémoire de ceux qui ont suivi sa carrière. Plus de 100 000 personnes, même des jeunes qui ne l'avaient pas connu, sont venus lui rendre un dernier hommage, s'inclinant devant sa dépouille exposée en chapelle ardente sur la patinoire du Centre Molson. On lui a réservé des funérailles nationales. Sa renommée dépassait les frontières du Québec et même du Canada. Un peu partout, on le considérait comme Monsieur Hockey, sachant qu'il avait donné à la Ligue nationale un éclat particulier à une époque difficile. Maurice Richard avait du mal à comprendre pourquoi ses admirateurs l'avaient hissé au rang de héros national. Il faut remonter à mars 1955 pour mieux comprendre le symbole qu'il est devenu.

Le 13 mars 1955, à Boston, une altercation entre Hal Laycoe et Maurice Richard tourne au vinaigre. Laycoe frappe d'abord Richard avec son bâton de hockey. La riposte ne se fait pas attendre. Retenu par le juge de lignes, Cliff Thompson, Rocket cherche à s'en défaire et atteint ce dernier au visage. Le président de la LNH, Clarence Campbell, suspend Richard pour les derniers matches de la saison et les séries éliminatoires. Le public ne lui pardonne pas sa sévérité. Trois jours plus tard, au Forum de Montréal, Campbell est attaqué lors d'un match contre Détroit et une bombe lacrymogène éclate près de lui. On évacue le Forum mais le tumulte se poursuit sur la rue Sainte-Catherine. Il faut plus de six heures aux policiers pour étouffer l'émeute. L'incident Laycoe-Richard-Thompson a été raconté de bien des façons. Sans le savoir, Maurice Richard et Clarence Campbell ont attisé les premiers éléments nationalistes québécois. C'est le début du symbole Maurice Richard.

Richard entreprend sa carrière avec les Canadiens de Montréal en 1942-1943. Après 16 matches, il subit une fracture à une cheville et ne revient au jeu que la saison suivante. En 1943-1944, il participe à 46 matches et obtient 32 buts en saison et 12 en

séries éliminatoires. En 1944-1945, il réussit ce que l'on considère alors comme impossible: il devient le premier joueur de l'histoire du hockey professionnel à inscrire 50 buts en 50 matches, un des exploits qui ont le plus marqué l'histoire de la LNH. Au cours de la saison 1957-1958, il devient le premier joueur de la LNH à totaliser 500 buts. Il domine cinq fois la LNH au chapitre des buts et il obtient le TROPHÉE HART en 1947. Il participe à 8 conquêtes de la COUPE STANLEY par les Canadiens. Il détient toujours le record de 18 buts gagnants en séries éliminatoires. Il est nommé au sein des équipes d'étoiles lors de 14 saisons de suite, dont huit fois sur la formation de rêve. Il marque 3 buts en un seul match à sept reprises, et deux fois quatre buts. En décembre 1944, les Canadiens battent Toronto 5-1 et Maurice Richard a les 5 buts. Il prend sa retraite, en 1960, à la suite d'une blessure à un tendon d'Achille. Il partage ou détient alors 19 recors de la LNH. Un an plus tard, il est admis au Temple de la renommée. Sa fiche est de 544 buts et 421 aides en saisons et de 82 buts et 44 aides en séries éliminatoires. En juillet 1972, il devient le premier entraîneur des Nordiques de Québec, alors dans l'Association mondiale. L'expérience sera de courte durée: il quitte ce poste après deux matches seulement. Il est membre de l'Ordre du Canada et a été la première personnalité sportive nommée membre du Conseil privé de la Reine.

Yvon Dore

Richard, René, artiste peintre (Chaux-de-Fonds, Suisse, 1er déc. 1895—Baie Saint-Paul, 31 mars 1982). Sa famille émigre au Canada et s'établit en Alberta, à Cold Lake. Il se fait d'abord trappeur pour amasser l'argent nécessaire à la réalisation de son grand rêve: devenir artiste peintre. En janvier 1927, il s'embarque pour Paris, où il étudie à la Grande Chaumière, et devient le protégé du peintre Clarence GAGNON. Il poursuit ensuite son apprentissage à l'académie Colarossi. Il revient au Canada en 1930. En 1938, il est garde-chasse en Gaspésie. Sur la recommandation de son ami Clarence Gagnon, il séjourne à plusieurs reprises à Baie Saint-Paul où il s'installe définitivement en 1942 après avoir épousé Blanche Cimon. Le Musée du Québec organise deux importantes rétrospectives de son œuvre (en 1967, puis en 1978). Après son décès en 1982, l'U. Laval puis, en 1986, la ville de Montréal lui rendent hommage en offrant deux expositions de son œuvre. En 1978, Hugues de Jouvancourt publie, aux Éditions de la Frégate, le premier ouvrage important sur Richard: *René Richard*. En 1982, la Fondation René Richard est créée pour venir en aide à de jeunes artistes prometteurs. Jean-Guy Queneville publie, en 1985, *Le voyage d'un solitaire* qui retrace la vie de Richard dans le Grand Nord. Les Éditions de la Fondation ont aussi publié un ouvrage sur l'artiste: *René Richard, 1895-1982*. Les Éditions Art Global éditent, en 1990, l'autobiographie *René Richard, ma vie passée*. Le centre d'exposition de Baie Saint-Paul a organisé, du 9 octobre 1993 au 30 janvier 1994, une importante rétrospective.

Michel Champagne

Richards, Charles Dow, avocat, politicien et premier ministre du Nouveau-Brunswick de 1931 à 1933 (Southampton, comté de York, N.-B., 12 juin 1879—Fredericton, 15 sept. 1956). D'abord enseignant, Richards est admis au barreau à l'âge de 33 ans. Avant de devenir premier ministre provincial et procureur général, en 1931, il est nommé leader parlementaire à l'Assemblée législative puis ministre des Terres et des Mines au gouvernement de J.B.M. BAXTER. Durant ses deux années à la tête du gouvernement, au cœur de la Crise des années 30, il institue les procédures d'appel d'offres public sur les terres de la Couronne et sur les droits de pêche. Il est nommé à la Cour suprême en 1933 et en est le juge en chef de 1948 à 1955. On se souviendra de lui pour ses qualités en tant que politicien, mais davantage en tant qu'avocat érudit et distingué, et juge émérite.

Arthur T. Doyle

Richards, David Adams, romancier, auteur de nouvelles (Newcastle, N.-B., 17 oct. 1950). Auteur de huit romans, d'un recueil de nouvelles et de deux ouvrages de poésie, Richards explore la vie de personnages de la classe ouvrière dans la vallée de la rivière Miramichi, dans le nord du Nouveau-Brunswick. Il y découvre un microcosme moral et métaphysique de la condition humaine. Élevé à Newcastle, il fréquente l'U. Saint Thomas à Fredericton. Ses premières publications sont des recueils de poèmes, *One Step Inside* (1972) et *Small Heroics* (1972). Son premier roman, *The Coming of Winter* (1974), dont le décor est une petite ville sans nom en bordure de la Miramichi, est une description naturaliste d'une semaine dans la vie d'un protagoniste de 21 ans à la veille de se marier. *Blood Ties* (1976) dépeint les luttes de la famille MacDurmont durant une période de deux ans, vers la fin des années 60. Dans ce roman, comme dans le reste de son œuvre, Richards soutient que l'amour familial ou les sentiments intenses qui cimentent les gens vivant en petit groupe peut transcender les circonstances les plus destructrices. *Lives of Short Duration* (1981) met en scène plusieurs générations et les aventures fantasques de la famille Terri; le roman se promène dans le temps et dans la mémoire, et repart souvent et rapidement dans de nouvelles directions.

Road to the Stilt House (1985), son roman le plus court et le plus centré, d'un style austère, est à la fois une vision de l'agonie humaine et une tendre évocation de l'aptitude de l'homme pour l'amour et le sacrifice de soi. Dans sa trilogie subséquente, *Nights Below Station Street* (1988, Prix du gouverneur général), *Evening Snow Will Bring Such Peace* (1990) et *For Those Who Hunt the Wounded Down* (1993), il met en scène des personnages qui, aux yeux du monde, sont des ratés et des parias, mais qui découvrent en eux des réserves de compassion et d'altruisme. *Hope in the Desperate Hour* (1996), son roman le plus récent, a pour cadre les réalités disparates d'une communauté universitaire et d'une petite ville, et poursuit l'exploration de chassés-croisés de personnages au sort malheureux.

Colin Boyd

Richardson, Hugh, avocat, juge et juge en chef des Territoires du Nord-Ouest (Londres, Angl., 31 juill. 1826—Ottawa, 15 juill. 1913). Admis au Barreau du Haut-Canada en 1847, Richardson pratique à Woodstock jusqu'en 1872. Il est aussi procureur de la Couronne dans le comté d'Oxford de 1856 à 1862. De 1872 à 1876, il est premier commis du ministère de la Justice à Ottawa, puis est nommé magistrat rémunéré dans les Territoires du Nord-Ouest, membre du Conseil exécutif des Territoires de 1876 à 1887 et conseiller juridique du lieutenant gouverneur. À titre de magistrat rémunéré, il préside le procès de Louis RIEL et des autres personnes arrêtées en rapport avec la RÉBELLION DU NORD-OUEST de 1885, responsabilité extrêmement importante pour laquelle, selon certaines autorités, il n'est pas assez qualifié. Ce procès, qu'il mène de façon généralement équitable mais sans imagination et, à certains égards, en étant mal renseigné, demeure un des aspects controversés de cet événement litigieux. De 1887 à 1903, il occupe le poste de juge en chef de la Cour suprême des Territoires du Nord-Ouest, puis, de 1897 à 1898, celui d'administrateur gouvernemental.

D.H. Brown

Richardson, James, négociant en céréales (Aughnacloy, comté de Tyrone, Irlande, 1819—probablement à Kingston, 1892). Richardson immigre au Canada en 1823 et est élevé par une tante à Kingston. Le fait pour ce tailleur, déjà prospère en 1844, d'accepter de se faire payer en nature le conduit au commerce de marchandises. En 1857, il est négociant en céréales avec, en outre, des intérêts dans le charbon, le MICA, le FELDSPATH, les phosphates et d'autres minéraux. En 1867, son entreprise construit son premier bateau et, en 1882, son premier silo à grains.

Richardson s'implique rapidement dans le commerce du blé de l'Ouest canadien et, en 1883, il reçoit du Manitoba le premier blé des Prairies vendu en Europe. En 1912, il fonde l'importante entreprise de blé James Richardson and Sons Ltd. Après sa mort, l'entreprise est réorganisée et diversifiée par ses fils George et Henry et reste la propriété de ses descendants (*voir* J.A. RICHARDSON PÈRE et J.A. RICHARDSON FILS). Alors que l'entreprise devient rapidement une institution importante des Prairies, dont le centre se trouve Winnipeg, elle conserve son siège social à Kingston, en Ontario, jusqu'en 1923, quand son bureau de direction est transféré à Winnipeg. L'entreprise de Richardson, la plus importante entreprise de céréales du Commonwealth, joue un rôle majeur dans le développement de la région des Prairies.

Donald Swainson

Richardson, James Armstrong, marchand et financier (Kingston, Ont., 21 août 1885—Winnipeg, 27 juin 1939). Après ses études à l'U. Queen, Richardson se joint, en 1906, à l'entreprise familiale, James Richardson and Sons Ltd., exportateur de céréales. Il devient vice-président en 1912 et président en 1919. En 1926, il crée Western Canada Airways à Winnipeg. Richardson est administrateur de nombreuses sociétés, dont le Canadien Pacifique, la Banque Canadienne de Commerce, International Nickel, la Compagnie d'Assurance-Vie Great-West, Trust National et Canadian Vickers. Il est aussi président et membre de la Bourse des céréales de Winnipeg et de plusieurs chambres de commerce canadiennes et américaines.

Jorge Niosi

Richardson, James Armstrong fils, négociant en céréales et politicien (Winnipeg, 28 mars 1922), fils de James A. RICHARDSON. Après ses études à l'U. Queen et son service dans l'Aviation royale du Canada comme pilote de bombardier de type Liberator, patrouillant l'Atlantique Nord, Richardson entre dans l'entreprise familiale, James Richardson and Sons Ltd. en 1945 et en est président du conseil et cadre exécutif de 1966 à 1968. Il est élu député libéral dans Winnipeg-Sud en juin 1968 et nommé ministre sans portefeuille en juillet. Ministre des Approvisionnements et Services de 1969 à 1972, il est réélu aux élections générales de 1972 et nommé ministre de la Défense nationale. Il démissionne du Cabinet en 1976, à la suite de la politique linguistique du gouvernement, et siège comme indépendant en 1978-1979, année où il retourne dans l'entreprise familiale dont il devient l'administrateur.

Jorge Niosi

Richardson, John, militaire et écrivain (Queenston, Haut-Canada, 4 oct. 1796—New York, 12 mai 1852). L'action de son ouvrage le plus connu, *Wacousta; Or, The Prophecy* (1832), se déroule à l'époque de la révolte de PONTIAC et relate une histoire complexe de trahison, de camouflage et de tuerie. Reginald Morton, le renégat écossais devenu le chef indien Wacousta, représente la perception qu'a l'auteur de la terreur et de la sauvagerie qui se dissimulent dans la nature canadienne. Le personnage du traître, incarné par le colonel De Haldimar, illustre comment la répression, l'hypocrisie et la cruauté peuvent exister au sein d'une garnison civilisée. Pendant sa jeunesse, Richardson participe à la GUERRE DE 1812 aux côtés de TECUMSEH. Ses tentatives pour réussir sa carrière de militaire, puis d'écrivain et de journaliste au Canada restent vaines. Exception faite de son ouvrage d'histoire incomplet, *The War of 1812* (1842), ses écrits n'ont qu'une faible valeur littéraire. Vers 1849, il quitte le Canada et tente de faire une carrière littéraire à New York où il meurt dans une grande pauvreté. *Wacousta* est toujours disponible en librairie. Adapté pour la scène à l'époque de sa parution, James REANEY en a fait une nouvelle adaptation pour le théâtre.

Dennis Duffy

Richardson, sir John, explorateur de l'Arctique, naturaliste (Dumfries, Écosse, 5 nov. 1787 — «Lancrigg», Angl., 5 juin 1865). Après s'être qualifié comme membre du Royal College of Surgeons en 1807, Richardson s'enrôle dans la Marine royale. En 1815, il se retire en demi-solde, étudie la minéralogie avec Robert Jameson, un professeur d'histoire naturelle à l'U. d'Édimbourg, et obtient son doctorat en médecine en 1816.

Il fait partie des deux expéditions sur terre de Franklin (1819-1822 et 1825-1827) en tant que chirurgien et naturaliste, et commande une caravane de secours à la recherche de sir John FRANKLIN (1848-1849). Le livre de Richardson sur ses propres expéditions de recherche dans l'Arctique, publié en 1851, contient un résumé de ses travaux précédents sur la géographie physique du Nord-Ouest canadien d'alors, de même qu'une carte géologique. Sa réputation en tant que naturaliste accompli repose en grande partie sur sa contribution au Flora Boreali-Americana et au Fauna Boreali-Americana en quatre volumes. Richardson donne ce qui est probablement le premier cours de géologie en Amérique du Nord britannique aux officiers de Franklin au Grand lac de l'Ours au cours de l'hiver 1825-1826. (*Voir aussi* FRANKLIN, LA RECHERCHE DE.)

W.O. Kupsch

Richelieu, rivière Elle mesure près de 130 km de long, prend sa source dans le lac Champlain, aux États-Unis, et coule vers le nord, drainant le sud du Québec; elle se jette dans le fleuve Saint-Laurent, près du lac Saint-Pierre. On parle habituellement de la rivière en la séparant en deux parties, le Haut-Richelieu et le Bas-Richelieu. Dans sa partie méridionale, le Haut-Richelieu, la rivière passe par les villes de SAINT-JEAN-SUR-RICHELIEU, IBERVILLE, Chambly, Belœil et Mont-Saint-Hilaire. Une série de rapides jalonne son cours de Saint-Jean à CHAMBLY. À partir de là, le Bas-Richelieu poursuit son parcours en traversant les localités sans doute plus pittoresques de Saint-Charles-sur-Richelieu, Saint-Denis et Saint-Ours. Enfin, le Bas-Richelieu s'étend jusqu'à l'embouchure de la rivière, là où elle rejoint le Saint-Laurent, à la hauteur de SOREL.

La rivière Richelieu occupe une place marquante dans l'histoire du Québec. À l'origine, la région est peuplée par des Iroquois, des Hurons et des Algonquins. Peu après son arrivée en 1608, Samuel de CHAMPLAIN remonte ses eaux. Au cours du régime français, la rivière, nommée d'après le cardinal de Richelieu, revêt une grande importance militaire. Les Français bâtissent de nombreux ouvrages fortifiés le long de ses rives, dont le fort Lennox de l'Île-aux-Noix, le fort Saint-Jean, le fort Sainte-Thérèse, le fort Saint-Louis (fort Chambly) et le fort de Richelieu à Sorel. Grâce aux terres fertiles de la vallée et aux ouvrages qui la défendent, les paysans canadiens-français s'y établissent. Après la conquête britannique en 1759-1760 et la Guerre d'Indépendance américaine, des militaires britanniques et des colons LOYALISTES viennent s'ajouter à la population locale. En envahissant les colonies de l'Amérique du Nord britannique, les troupes américaines dirigées par Benedict ARNOLD capturent les forts anglais le long du trajet. Durant les RÉBELLIONS DE 1837, plusieurs escarmouches se produisent le long de ses rives, dont les batailles de Saint-Denis et de SAINT-CHARLES.

Au XIXᵉ s., le Richelieu acquiert une grande importance économique. En 1843, on termine l'aménagement du canal de Chambly, ce qui permet de contourner les rapides et d'acheminer plus directement par eau, entre les États-Unis et Montréal, des produits tels que des billots, de la pâte à papier, du foin et du charbon. Tout cela entraîne l'essor des centres régionaux de Sorel et de Saint-Jean, qui sont constitués en municipalités dans les années 1850. Toutefois, la construction de lignes de chemin de fer reliant les États-Unis à Montréal durant la même période finit par éliminer le transport sur la rivière, de sorte que, à la fin du XIXe s. et au XXe s., la région change de vocation économique, le commerce cédant la place à l'industrie. Néanmoins, la vallée du Richelieu conserve des assises agricoles importantes, puisqu'on y cultive des produits parmi les meilleurs de la province, tandis que l'industrie y occupe une grande place. La division régionale relevant d'Environnement Canada, Parcs Québec, s'occupe exclusivement de la vallée du Richelieu et procède à des fouilles archéologiques au FORT CHAMBLY et à Fort Lennox, et supervise les activités le long du canal de Chambly.

Kathleen Lord

Richler, Mordecai, écrivain (Montréal, 27 janv. 1931). Il est à la fois l'un des romanciers canadiens les plus en vue, un journaliste prolifique et controversé et, à l'occasion, un scénariste. Il fait ses études au collège Sir George Williams de Montréal. Après avoir séjourné pendant deux ans à Paris et en Espagne (1951-1952), il s'installe en Angleterre en 1954 et retourne à Montréal en 1972. Il se taille une solide réputation de romancier avec la publication de L'APPRENTISSAGE DE DUDDY KRAVITZ (1959). Remarquable portrait d'un entrepreneur juif de Montréal, ce roman se caractérise par la très forte ambivalence de l'auteur, le contraste entre le comique et le pathétique, la richesse des scènes dramatiques, ainsi que par le rythme du récit et la description détaillée du héros en tant qu'individu, Montréalais et Juif. Ses premiers romans, *The Acrobats* (1954), *Son of a Smaller Hero* (1955; trad. *Mon père ce héros...*, 1975) et *A Choice of Enemies* (1957), restent essentiellement des œuvres de jeunesse traçant le portrait de jeunes protagonistes exaltés et absorbés par la recherche des vraies valeurs dans un monde corrompu.

Son immense talent d'humoriste apparaît dans *The Incomparable Atuk* (1963), un ouvrage burlesque sur le nationalisme canadien, et dans *Cocksure* (1968; trad. *Un cas de taille*, 1997), récit humoristique et satirique sur la difficulté d'adhérer aux valeurs traditionnelles dans un monde devenu fou. *St. Urbain's Horseman* (1971; trad. *Le cavalier de Saint-Urbain*, 1976) et *Joshua Then and Now* (1980) sont des romans ambitieux qui englobent et débordent les cadres, les personnages et les préoccupations des romans précédents. *St. Urbain's Horseman* traite des expériences personnelles, professionnelles et ethniques d'un homme de 37 ans à des sentiments intenses et contradictoires dont Richler dira: «il est plus près de moi que n'importe qui d'autre». *Joshua Then and Now* utilise les retours en arrière pour examiner comment l'homme est prisonnier du passé, les revirements ironiques causés par le passage du temps et les tristes conséquences du changement. Ces thèmes sont aussi poursuivis dans *Solomon Gursky was here* (1989) et dans *Barney's Version* (1997, gagnant du prix Giller). *Jacob Two-Two Meets the Hooded Fang* (1975; trad. *Jacob deux-deux et le vampire masqué*, 1977) et *Jacob Two-Two and the Dinosaur* (1987), deux romans pour enfants plein de verve et d'humour, racontent les difficultés d'un jeune enfant dans le monde des adultes.

Richler a écrit plus de 300 articles de journaux dans un grand nombre de publications au Canada, aux États-Unis et en Grande-Bretagne. Il a publié plusieurs recueils: *Hunting Tigers Under Glass* (1968), *The Street* (1969), *Shovelling Trouble* (1972), *Notes on an Endangered Species* (1974) et *Home Sweet Home: My Canadian Album* (1984). Ses quelques expériences dans l'écriture de scénarios, abordée avec moins de ferveur que le journalisme, ont donné: *Life at the Top* (1965), *The Apprenticeship of Duddy Kravitz* (1974; v.f. *L'apprentissage de Duddy Kravitz*), *Fun with Dick and Jane* (1977; v.f. *Touche pas à mon gazon*) et *Joshua Then and Now* (1985). Il remporte de nombreuses distinctions, dont deux prix du Gouverneur général (1968, 1971), le

Screenwriters Guild of America Award (1974) et le Ruth Schwartz Children's Book Award (1976).

Victor Ramraj

Richmond, ville de la C.-B.; pop. 148 867 (rec. 1996), 126 624 (rec. 1991), 108 492 (rec. 1986); superf. 124,2 km²; const. en 1990; située immédiatement au sud de VANCOUVER et à l'ouest de NEW WESTMINTER. Richmond réunit l'île Sea, la plus grande partie de l'île Lulu et 12 îles plus petites situées dans le delta du FLEUVE FRASER. La ville offre divers services multilingues étant donné la diversité culturelle de sa nouvelle population.

Historique Les premiers habitants de la région, les SALISH de la côte, viennent surtout y faire des voyages de pêche. En 1861, le colonel Richard C. MOODY, qui effectue des levés du sud de la Colombie-Britannique et choisit des emplacements pour y établir de nouvelles villes le long du fleuve Fraser, nomme respectivement les îles Sea et Lulu, la dernière en l'honneur d'une actrice américaine du nom de Lulu Street. Hugh McRoberts, le premier à s'établir dans l'île Sea en 1862, achète un terrain de 648 ha et nomme sa ferme Richmond View d'après son lieu d'origine en Australie, d'où peut-être aussi le nom actuel de la municipalité.

Au début, la migration de fermiers vers l'île est lente, mais constante. En 1879, la région compte déjà 30 familles. À cette époque, le port de Steveston se développe pour tirer profit de la pêche au saumon à l'embouchure du fleuve Fraser. À un certain moment, l'île compte quelque 18 conserveries.

Le premier pont reliant Richmond à la terre ferme date de 1889. Un lien ferroviaire s'y ajoute en 1902. L'aéroport international de Vancouver est construit à l'île Sea en 1931. Il est aujourd'hui le deuxième aéroport le plus achalandé du Canada.

Les CANADIENS D'ORIGINE JAPONAISE ont joué un rôle important dans l'essor de l'île, en particulier dans l'industrie de la pêche et de la conserverie. De nos jours, la présence japonaise reste importante à Richmond, et Steveston est l'un des plus grands centres de la culture japonaise au pays.

Situation actuelle À ses débuts, Richmond était considérée comme le «grenier» de Vancouver en raison de son agriculture et de sa pêche. Aujourd'hui, Steveston est encore dotée d'usines de transformation du poisson, et les riches fermes alluviales de Richmond sont encore en pleine activité, bien que la ville soit devenue plus résidentielle. La plupart des habitants travaillent dans le secteur de la vente au détail, mais le secteur manufacturier léger et l'industrie des technologies de pointe et des communications gagnent du terrain. La présence de l'aéroport et la proximité de la frontière américaine expliquent le poids important du tourisme dans l'économie.

Richmond connaît le plus haut pourcentage de nouveaux arrivants en Colombie-Britannique. Depuis 1981, le nombre d'immigrants y augmente de manière remarquable. La ville se classe aussi deuxième de la province pour ses communautés originaires de Hong Kong et des Philippines. Au cours des dernières années, plusieurs grands centres commerciaux ont été construits pour répondre aux besoins de la grande communauté asiatique.

L'attrait principal de Richmond, la chapelle Minoru, se trouve en plein cœur de la ville dans le parc du même nom. Cette chapelle, construite en 1890, est restaurée en 1968 comme lieu historique. Au nord du parc se trouve le théâtre Gateway, qui présente des pièces, des comédies musicales et des conférences. Le Richmond Library and Cultural Centre, inauguré en 1992, abrite une galerie d'art, des archives, une musée et une bibliothèque. Le 1er juillet de chaque année a lieu le Festival du saumon de Steveston.

Alan F.J. Artibise

Richmond et Lennox, Charles Lennox, 4e duc de, militaire, administrateur et gouverneur en chef de l'Amérique du Nord britannique de 1818 à 1819 (Angl., 9 sept. 1764—près de Richmond, Haut-

Canada, 28 août 1819). Après une carrière ordinaire dans l'Armée britannique, il siège comme député à la Chambre des communes en Grande-Bretagne de 1790 à 1806, jusqu'à ce qu'il hérite du duché de Richmond. Après avoir occupé le poste de vice-roi de l'Irlande de 1807 à 1813, il est nommé gouverneur en chef de l'Amérique du Nord britannique en 1818. L'année suivant son arrivée au Canada, il entreprend une tournée pour étudier les moyens de communication et de défense de la région. Mordu par son renard apprivoisé, il contracte la rage et en meurt subitement.

David Evans

Richmond Hill, ville de l'Ont.; pop. 101 725 (rec. 1996), 80 142 (rec. 1991), 46 766 (rec. 1986); superf. 99,42 km²; const. en tant que village en 1872, puis en tant que ville en 1957; située à environ 15 km au nord de TORONTO. Richmond Hill fait partie de la région du Grand Toronto. On croit souvent que son nom vient du duc de Richmond, qui s'arrêta pour se reposer à l'endroit alors nommé Mount Pleasant (et auparavant, Miles Hill), mais il viendrait plutôt de Richmond Hill, dans le Surrey, en Angleterre, et aurait été choisi par un enseignant en 1836.

L'expansion de Richmond Hill est étroitement liée à celle de la rue Yonge, que le premier lieutenant gouverneur du Haut-Canada, John Graves SIMCOE, avait tracée avant tout comme route militaire. De 1798 à 1802, les premiers colons – des LOYALISTES, des Allemands de Pennsylvanie et des Britanniques – s'installent dans la région pour y exploiter des fermes. Au début du XXe s., on construit plusieurs serres importantes à Richmond Hill, faisant d'elle la «capitale de la rose» du Canada.

De nos jours, l'impression et l'édition, les technologies de l'information et l'usinage de pièces d'automobiles constituent les principales industries de Richmond Hill. L'observatoire David Dunlap s'y trouve aussi. Entre 1986 et 1991, la municipalité affiche, avec 71,3 p. 100, le plus haut taux de croissance au Canada. Parmi les citoyens illustres de Richmond Hill, on compte Elvis STOJKO et les Good Brothers, un groupe de musiciens country bien connu.

Deborah Welch et Michael Payne

Ricker, William Edwin, biologiste des pêches et de la vie aquatique (Waterdown, Ont., 11 août 1908). Ricker est le scientifique canadien le plus éminent dans le domaine des sciences halieutiques. Chercheur à l'OFFICE DES RECHERCHES SUR LES PÊCHERIES (ORP) et à la station biologique du Pacifique à Nanaimo, en Colombie-Britannique, il est reconnu mondialement pour sa contribution remarquable à l'étude de la dynamique des populations de poissons et de nombreux autres aspects de la recherche biologique essentiels à la gestion des pêches. Après ses études à l'U. de Toronto, il travaille pour l'Office des recherches sur les pêcheries. Il enseigne la zoologie à l'U. de l'Indiana de 1939 à 1950, avant de retourner à l'ORP.

Au cours de sa carrière, Ricker a publié plus de 200 articles scientifiques. Il est surtout renommé pour son ouvrage *Computation and Interpretation of Biological Statistics of Fish Populations* (1975) et pour son étude *Stock and Recruitment* (1954), où il expose des points de vue nouveaux sur la relation entre la taille des stocks de poissons parentaux et le nombre de leurs descendants. Ces deux publications ont été largement utilisées pour la gestion des pêches nationale et internationale d'importance pour le Canada et ont valu à leur auteur d'être honoré par la Société nord-américaine de la faune.

Ricker s'est aussi fait connaître comme limnologue par ses théories sur la circulation des lacs, mais également en entomologie où il est considéré comme une autorité mondiale pour le plécoptère, ou la PERLE. Parlant couramment le russe, qu'il a appris en autodidacte, il a traduit des ouvrages russes et publié un dictionnaire russe-anglais à l'intention des étudiants en sciences halieutiques et en biologie aquatique (1973). Il a ainsi contribué à faire connaître les sciences halieutiques russes à l'Occident.

Ricker fait partie de la Société royale du Canada depuis 1956 et a été nommé membre de l'Ordre du Canada en 1986. Il a reçu de nombreux prix et médailles, ainsi que deux diplômes honorifiques.

K.S. Ketchen

Ricketts, Thomas, militaire et pharmacien (Middle Arm, White Bay, T.-N., 15 avril 1901—St. John's, 10 févr. 1967). Ricketts s'enrôle en septembre 1916, puis quitte le pays pour l'Europe au début de 1917. Il est blessé vers la fin de la même année et reçoit la CROIX DE VICTORIA pour avoir bravé les tirs de mitrailleuses et aidé à déjouer les manœuvres de la batterie allemande près de Ledegem en Belgique, le 14 octobre 1918. Il est le plus jeune de l'Armée britannique à recevoir cette récompense et en est le seul récipiendaire parmi les hommes du Newfoundland Regiment. Après son retour à Terre-Neuve en février 1919, il devient pharmacien. Il a droit à des funérailles nationales le 13 février 1967.

Ralph Dale

Riddell, Walter Alexander, érudit et fonctionnaire (Stratford, Ont., 5 août 1881—Algonquin Park, Ont., 27 juill. 1963). Il est sous-ministre du Travail en Ontario avant d'entrer à l'Organisation internationale du travail à Genève en 1920. En 1925, il devient conseiller canadien à la Société des Nations. Fervent partisan de la sécurité collective, il propose de son propre chef, en 1935, des sanctions économiques (pétrole) contre l'Italie, qui avait envahi l'Éthiopie. Répudié par le gouvernement du premier ministre KING après cet incident, il est affecté à Washington et en Nouvelle-Zélande. Il devient professeur de relations internationales à l'U. de Toronto et publie un mémoire, *World Security by Conference*, et des livres sur les relations internationales.

Robert Bothwell

Rideau Hall Situé à Ottawa, c'est la résidence du GOUVERNEUR GÉNÉRAL. La maison originale en pierre est construite en 1838 par Thomas MacKay, un des entrepreneurs du canal Rideau, sur son domaine de 100 acres donnant sur la rivière des Outaouais et la rivière Rideau. MacKay conçoit la maison lui-même, dans le style *Regency*. En 1864, le domaine MacKay est loué pour servir de résidence temporaire au gouverneur général et la villa est agrandie de trois ou quatre fois, entre 1865 et 1868, durant le séjour de lord Monck. Elle est finalement achetée par le gouvernement en 1868 pour la somme de 82 000 $, et on lui ajoute un jardin d'hiver et un portail de fer.

Rideau, canal D'une longueur de 200 km, il relie la rivière des Outaouais, à Ottawa, et le lac Ontario, à Kingston. C'est de la fin de la guerre de 1812 que date la proposition de construire cet élément important d'une deuxième voie de communication à des fins militaires entre Montréal et Kingston. La construction commence en 1826, d'après les plans du lieutenant-colonel John BY et sous sa direction. Près de 50 barrages sont nécessaires pour maîtriser le niveau d'eau des rapides sur les rivières Rideau et Cataraqui. Les 47 écluses en service élèvent les navires de 83 m entre la rivière Outaouais et le canal de portage à Newboro, à partir duquel les navires descendent de 54 m jusqu'au lac Ontario à Kingston.

Le canal est construit en pleine forêt. Tous les travaux sont effectués à la pioche dans des conditions très pénibles pour les travailleurs d'origine irlandaise dont un grand nombre meurent de la malaria. Terminé en 1832, après cinq ans de chantier qui emploient jusqu'à 2000 hommes engagés par le Royal Engineers et des entrepreneurs recrutés, le canal se classe parmi les tout premiers projets d'envergure en génie civil d'Amérique du Nord. By installe son poste central à la jonction des rivières Outaouais et Rideau. Il crée ainsi une petite localité, tout d'abord nommée Bytown en son honneur, puis Ottawa en 1855.

Malgré le transport de passagers et de marchandises sur de petits bateaux à vapeur pendant un siècle, le canal Rideau n'a jamais été économiquement viable. Il sert maintenant uniquement à des fins récréatives. Ses murs de pierre, ses bassins et ses ponts lui confèrent un aspect de beauté et de tranquillité tout au long de sa traversée de la ville d'Ottawa, et l'hiver venu, il offre l'une des patinoires les plus célèbres du monde. On a célébré son 150ᵉ anniversaire à l'été 1982.

R.F. Legget

Rideau, lacs Ils possèdent une superficie de 65 km², une altitude de 123 m et une profondeur moyenne de 12,3 m. Ce nom est habituellement employé pour désigner trois lacs: le Big Rideau, l'Upper Rideau et le Lower Rideau. Ils sont situés près de la ligne de partage des eaux du réseau du CANAL RIDEAU reliant Kingston et Ottawa, dans l'est de l'Ontario. Ils se déversent naturellement vers le nord-est par la rivière Rideau, qui traverse la ville de SMITHS FALLS.

Sis dans l'axe de Frontenac du BOUCLIER canadien, ces lacs parsemés d'îles sont entourés par des rives rocheuses. Ils ont une vocation presque essentiellement récréative, on y pratique la navigation de plaisance et on vit dans des chalets; on y pêche habituellement des achigans à grande ou à petite bouche, des grands brochets, des truites de lac et des perchaudes. À l'origine, les Amérindiens empruntaient en canot le parcours de ces lacs. La canalisation de cette voie pour les plus gros bateaux part d'une intention stratégique. Le colonel BY fait construire le canal de 1826 à 1832, surtout pour permettre le transport de Montréal à Kingston des troupes et des approvisionnements le long d'une route à l'abri des menaces d'attaques américaines. Ces lacs tirent leur nom d'une chute à l'embouchure de la rivière Rideau, nommée ainsi par les premiers explorateurs français à cause de sa ressemblance avec un rideau.

Frederick M. Helleiner

Rideout, Patricia Irene, contralto (Saint-Jean, 16 mars 1931). Chanteuse d'opéra, soliste de concert et de récital, Rideout chante partout au Canada. Elle interprète bien des rôles du répertoire classique, dont Suzuki dans *Madama Butterfly*, Bianca dans *The Rape of Lucretia* de Britten et Mercédès dans *Carmen*, en plus de participer aux premières de plusieurs opéras de compositeurs canadiens. Bon nombre de ces interprétations de musique nouvelle ont été enregistrées.

Rideout est grandement acclamée pour ses exécutions d'importantes œuvres chorales avec la plupart des principaux orchestres et des grandes sociétés chorales du Canada. Excellente interprète de la musique contemporaine, elle initie les auditoires nord-américains et européens à bon nombre de nouvelles œuvres canadiennes, dont *Madrigals III*, que Bruce MATHER écrit spécialement pour elle. Elle enseigne le chant à l'U. Queen et à l'U. de Toronto au cours des années 80. Elle s'emploie aussi activement comme juge et juré de concours.

Barclay McMilan

Rideout, Thomas, enseignant, politicien et premier ministre de Terre-Neuve (Fleur de Lys, T.-N., 25 juin 1948). Élu député libéral à l'Assemblée législative de Terre-Neuve en 1975, il rompt avec le Parti en 1980 et appuie le premier ministre conservateur Brian PECKFORD dans ses efforts visant à obtenir, pour la province, le contrôle des ressources minérales au large de ses côtes. Il entre au Cabinet à titre de ministre de la Culture, des Loisirs et de la Jeunesse en octobre 1984 et, en avril 1985, est nommé ministre des Pêches. Quand Peckford démissionne, en mars 1989, le Parti le choisit comme chef et il devient premier ministre. Il déclenche immédiatement des élections et, après seulement un mois au pouvoir, son gouvernement est défait par le Parti libéral dirigé par Clyde WELLS. En octobre 1991, il démissionne comme chef de l'Opposition et accepte un poste au sein de la Commission fédérale de l'im-

migration et du statut de réfugié à Terre-Neuve. Len Simms lui succède comme chef du Parti conservateur.

Ridout, Godfrey, compositeur, professeur, écrivain et chef d'orchestre (Toronto, 6 mai 1918—*id.*, 24 nov. 1984). Élève d'Ettore Mazzoleni, de Weldon Kilburn et de J. Healey WILLAN, Ridout commence à enseigner au Toronto Conservatory of Music en 1940. Professeur à la faculté de musique de l'U. de Toronto de 1948 jusqu'à sa retraite en 1982, il guide certains des musiciens les plus connus du Canada. Il est directeur musical de la Eaton Operatic Society à Toronto (1949-1958) et il est longtemps associé à la Gilbert & Sullivan Society de Toronto. Il crée des compositions mélodieuses et de qualité professionnelle: musique de chambre, symphonies, et trames musicales d'émissions radiophoniques et de films. Comme en témoignent ses œuvres pour voix et pour orchestre, il s'intéresse à Healey Willan, aux compositeurs édouardiens anglais et à la musique d'église. De 1973 à 1984, il écrit les notes-programme pour l'ORCHESTRE SYMPHONIQUE DE TORONTO qui continue d'utiliser ses textes même après sa mort.

Mabel H. Laine

Riel, Jean-Louis (l'Île-à-la-Crosse, Sask., 1817—Saint-Boniface, 1864), dit «Louis Riel père». Leader, patriote. Fils de Jean-Baptiste Riel, trappeur, et d'une métisse, Marguerite Boucher. Il effectue ses études à Berthier (Bas-Canada), puis apprend le cardage de la laine. De retour dans l'Ouest en 1838, il entre au service de la Compagnie de la Baie d'Hudson (CBH) à Saint-Boniface et trois ans plus tard, repart au Québec pour effectuer son noviciat chez les Pères oblats. Toutefois, convaincu qu'il n'a pas la vocation, il revient dans son village pour se faire meunier et épouse Julie Lagimodière, fille de Jean-Baptiste Lagimodière et de Marie-Anne Gaboury, les premiers pionniers blancs de l'Ouest, dont il aura onze enfants.

Membre respecté de sa communauté, il s'oppose à plusieurs reprises au monopole de la CBH qui vise à supprimer la liberté du commerce des fourrures avec les Américains. En 1848, avec l'aide d'un groupe de métis, il délivre un prêtre missionnaire accusé de trafic illicite. Le 17 mai 1849, il joue un rôle déterminant lors du procès de Guillaume Sayer, Métis jugé pour le même «délit»: à la tête de plusieurs centaines d'hommes armés, il se rend au Fort Garry, perturbe les débats et rétablit la liberté de commerce. Brillant orateur, homme courageux, pieux et animé d'un fort sentiment de la justice, il eut une profonde influence sur son fils Louis (1844-1885), futur chef des Métis, et après sa mort, fut pour lui une constante source d'inspiration.

Ismène Toussaint

Riel, Louis, chef métis, fondateur du Manitoba, personnage central de la RÉBELLION DU NORD-OUEST (colonie de la rivière Rouge, Man., 22 oct. 1844—Regina, 16 nov. 1885). Riel fait ses études à Saint-Boniface, puis se prépare pour la prêtrise au Collège de Montréal. En 1865, il étudie le droit auprès de Rodolphe Laflamme et, à ce qu'on croit, travaille brièvement à Chicago, en Illinois, et à St. Paul, au Minnesota, avant de revenir à Saint-Boniface en 1868.

En 1869, prévoyant le transfert des terres du Nord-Ouest, y compris la région de la colonie de la rivière Rouge, de la Compagnie de la baie d'Hudson à la nation canadienne, le gouvernement fédéral nomme William MCDOUGALL lieutenant gouverneur du nouveau territoire et dépêche des équipes d'arpenteurs à la rivière Rouge. Les Métis, craignant les répercussions du transfert, méfiants envers les immigrants anglo-protestants agressifs venus de l'Ontario et subissant toujours les contrecoups économiques de l'invasion de sauterelles de 1867-1868, mettent sur pied un «comité national» dont Riel est le secrétaire. L'éducation de Riel et les antécédents de son père en font un chef tout désigné. Le Comité interrompt l'arpentage et empêche McDougall d'entrer dans la colonie de la rivière Rouge. Le 2 novembre, le fort Garry, quartier général de la Compagnie de la baie d'Hudson, est capturé, les responsables de la Compagnie n'offrant d'ailleurs aucune résistance. Le Comité invite alors la population de la colonie, anglophones et francophones, à envoyer des délégués au fort Garry. Tandis qu'ils discutent d'une liste de droits dressée par Riel, un groupe de Canadiens, mené par John Christian SCHULTZ et John Stoughton DENNIS, organise une résistance armée. Entre-temps, le gouvernement fédéral reporte le transfert, qui était prévu pour le 1er décembre, et Dennis et McDougall retournent au Canada. Schultz et ses hommes capitulent devant Riel, qui les emprisonne au fort Garry, émet une «Déclaration des habitants de la Terre de Rupert et du Nord-Ouest» et, le 23 décembre, devient chef du gouvernement provisoire de la colonie de la rivière Rouge. Le gouvernement canadien envoie à la colonie des commissaires extraordinaires «de bonne volonté»: l'abbé J.B. Thibault, le colonel Charles de Salaberry et Donald A. SMITH, représentant principal de la Compagnie de la baie d'Hudson au Canada. Smith persuade Riel de convoquer une réunion générale, au cours de laquelle on décide de tenir un congrès réunissant 40 représentants de la colonie, autant de francophones que d'anglophones. La première assemblée a lieu le 26 janvier. Les délégués débattent d'une nouvelle liste des droits et manifestent leur appui envers le gouvernement provisoire de Riel. Les prisonniers canadiens capturés en décembre sont relâchés (certains s'étaient déjà échappés), et l'on décide d'envoyer trois délégués à Ottawa pour négocier l'entrée de la colonie de la rivière Rouge dans la CONFÉDÉRATION.

Pendant ce temps, une force composée de Canadiens qui se sont échappés, rassemblée par Schultz et l'arpenteur Thomas SCOTT et dirigée par Charles Boulton, un officier de la milice canadienne, se regroupe à Portage la Prairie, espérant gagner des appuis dans les paroisses écossaises de la colonie de la rivière Rouge. L'arrivée de ce groupe d'hommes armés alerte les Métis, qui s'empressent de les emprisonner à nouveau au fort Garry. Les Métis constituent une cour martiale devant laquelle ils traduisent Boulton. Celui-ci est condamné à mort, mais Smith intervient, et la sentence est remise. Par contre, une cour martiale présidée par l'associé de Riel, Ambroise Lépine, condamne le turbulent Scott. Cette fois-ci, les appels de Smith sont rejetés, et Scott est fusillé le 4 mars 1870.

Mgr A.A. TACHÉ, l'évêque de Saint-Boniface, rappelé du concile œcuménique de Rome de 1870, arrive dans la région de la colonie de la rivière Rouge quatre jours après la mort de Scott. Il rapporte une copie de la proclamation fédérale d'amnistie qui, croit-il, pardonne toutes les actions commises jusque-là. Taché convainc le conseil réuni par Riel de libérer tous les prisonniers et d'envoyer des délégués à Ottawa. Malgré l'opposition des sections orangistes de l'Ontario, dont Thomas Scott avait fait partie, les délégués obtiennent un accord, contenu dans la LOI SUR LE MANITOBA, adoptée le 12 mai 1870, selon laquelle le transfert est prévu pour le 15 juillet. De plus, le gouvernement fédéral consent à céder 1 400 000 acres (566 580 ha) aux Métis et à assurer des services bilingues dans la nouvelle province. Outre des garanties verbales, il n'est toutefois pas fait mention de l'amnistie.

Pour rassurer l'Ontario et soutenir l'administration du nouveau lieutenant gouverneur, A.G. ARCHIBALD, le gouvernement fédéral envoie, à l'été de 1870, une expédition militaire à la colonie de la rivière Rouge, sous le commandement du colonel Garnet WOLSELEY. Bien que l'EXPÉDITION DE LA RIVIÈRE ROUGE soit censée être une mission de paix, Riel a des raisons de craindre son arrivée et s'enfuit aux États-Unis. Il reviendra discrètement chez lui à Saint-Vital et, devant la menace d'une invasion des FENIANS des États-Unis à l'automne

de 1871, il offre à Archibald une troupe de cavalerie métisse.

Par contre, en Ontario, Riel est dénoncé par tous comme le «meurtrier» de Thomas Scott, et sa tête est mise à prix pour 5 000 $. Au Québec, il est considéré comme un héros, un défenseur de la foi catholique et de la culture française au Manitoba. Soucieux d'éviter une confrontation politique avec les deux principales provinces canadiennes, sir John A. MACDONALD tente de convaincre Riel de poursuivre son exil volontaire aux États-Unis, allant même jusqu'à lui accorder des fonds. Cependant, encouragé par ses amis, Riel entre en politique fédérale. Il remporte une élection partielle en 1873, puis est élu aux élections générales de 1874. Riel se rend donc à Ottawa, où il signe le registre, mais il est expulsé de la Chambre sur une motion déposée par le chef orangiste ontarien Mackenzie BOWELL. Bien que réélu, Riel n'essaie pas d'occuper son siège. Entre-temps, Ambroise Lépine est arrêté, jugé et condamné à mort pour le «meurtre» de Thomas Scott. Sa sentence sera par la suite commuée en une peine d'emprisonnement de deux ans et la suppression de ses droits politiques. En février 1875, le gouvernement fédéral adopte finalement une résolution accordant l'amnistie à Riel et à Lépine, pourvu qu'ils s'exilent pendant cinq ans des dominions de Sa Majesté.

Peu après, Riel subit une dépression nerveuse et est admis à l'hôpital de Longue-Pointe (Montréal) sous le nom de «Louis R. David»; il est ensuite transféré à l'asile psychiatrique de Beauport, près de Québec, sous le nom de «Louis La Rochelle». Depuis toujours enclin à l'introspection et très religieux, Riel devient obsédé par l'idée que sa mission est de nature religieuse: il doit établir un nouveau catholicisme nord-américain, ayant l'évêque de Montréal, Mgr BOURGET, pour pape du Nouveau Monde. Il reçoit son congé en janvier 1878, passe quelque temps à Keeseville, dans l'État de New York, puis s'établit dans la région du haut Missouri, dans le territoire du Montana, où il fait du commerce, se joint au Parti républicain, devient citoyen américain et épouse Marguerite Monet, dite Bellehumeur, qui est métisse. En 1883, il devient instituteur à la mission de St. Peter sur la rivière Sun. En juin 1884, une délégation de Métis canadiens demandent son secours afin de revendiquer des droits juridiques pour les Métis de la vallée de la Saskatchewan.

Au début de juillet, Riel et sa famille arrivent à BATOCHE, principal foyer de peuplement métis en Saskatchewan. Il mène une campagne pacifique, prenant la parole partout dans le district et préparant une pétition qu'il transmet à Ottawa en décembre. Le gouvernement fédéral accepte de recevoir la pétition de Riel et promet de nommer une commission pour enquêter et faire rapport sur les problèmes de l'Ouest.

Au début de 1885, cependant, Riel se heurte à une certaine opposition en Saskatchewan en raison de ses convictions religieuses peu orthodoxes, des rancœurs entourant l'exécution de Thomas Scott et de ses revendications personnelles répétées auprès du gouvernement fédéral (qu'il estime à 35 000 $), qui laissent croire que son activité politique est davantage motivée par son propre intérêt. De plus en plus exaspéré, en 1885, il envisage l'action directe. Mais la situation en 1885 est bien différente de celle qui existait en 1870, lorsqu'il avait fallu plusieurs mois à Wolseley pour conduire ses troupes au fort Garry. En 1885, la Police à cheval du Nord-Ouest est en place, et le chemin de fer de l'Ouest est presque achevé. Néanmoins, se croyant investi d'une mission divine et se voyant comme le prophète du Nouveau Monde, Riel s'empare le 19 mars de l'église paroissiale de Batoche, arme ses hommes, forme un gouvernement provisoire et réclame la capitulation du fort Carlton. La bataille qui s'ensuit durera à peine deux mois avant que Riel ne se rende (voir la RÉBELLION DU NORD-OUEST).

Le 6 juillet 1885, Riel est officiellement accusé de trahison, et son procès débute à Regina le 20 juillet. Son avocat lui propose de plaider l'aliénation mentale, mais Riel refuse. Devant les déclarations accablantes de son cousin Charles Nolin, qui s'était opposé à lui en 1870 et qui l'avait déserté en 1885, Riel est reconnu coupable, mais le jury recommande la clémence. Il est interjeté appel du verdict devant la Cour du Banc de la Reine du Manitoba et du Comité judiciaire du Conseil privé. Les deux appels sont rejetés, mais le mouvement de pression populaire, en particulier au Québec, fait retarder l'exécution pour permettre une évaluation de l'état mental de Riel. Les trois médecins qui l'examinent déclarent que Riel est prompt à l'excitation, mais un seul juge qu'il est aliéné. La version officielle du rapport, qui a subi des suppressions suspectes, ne révèle aucune divergence d'opinions, et le Cabinet fédéral se prononce en faveur de la pendaison. Riel est exécuté à Regina le 16 novembre 1885. Sa dépouille est envoyée à Saint-Boniface, où elle est enterrée dans le cimetière adjacent à la cathédrale.

Sur les plans politique et philosophique, l'exécution de Riel aura pendant longtemps des répercussions dans l'histoire du Canada. Dans l'Ouest, elle a pour effet immédiat de produire un profond abattement parmi les Métis. Au Canada central, elle fouette les ardeurs du NATIONALISME CANADIEN-FRANÇAIS, et Honoré MERCIER prend le pouvoir au Québec en 1886. À plus long terme, l'électorat québécois retire son appui traditionnel au Parti conservateur au profit du Parti libéral, dirigé par Wilfrid LAURIER. Plus d'un siècle après les événements, Riel et le sort qu'il a connu excitent toujours les passions politiques, en particulier au Québec et au Manitoba. L'exécution de Riel continue encore aujourd'hui à susciter la controverse, et certains réclament sa réhabilitation. (Voir aussi ROUGE, RÉBELLION DE LA RIVIÈRE.)

George F.G. Stanley

Louis Riel, écrivain

À l'image de sa vie de chef politique (voir l'article ci-dessus), l'œuvre de Louis Riel souffre d'un ostracisme criant qui le relègue injustement au rang des «grands exilés de la littérature du Nouveau Monde», pour reprendre l'expression de l'écrivain Jean Morisset, l'un de ses plus ardents défenseurs (*Louis Riel, écrivain des Amériques*, revue *Nuit Blanche*, printemps 1985). En effet, si les trois répertoires littéraires parus entre 1984 et 1996 dans l'Ouest lui rendent honorablement justice, il n'en est pas de même dans l'Est où, excepté le *Dictionnaire des auteurs de langue française en Amérique du Nord* (1989), aucune anthologie ne le mentionne, la critique ignore – ou feint d'ignorer – ses écrits, un important dictionnaire salit ses poèmes, une certaine presse, aveugle et dénuée de toute sensibilité, roule son émouvant *Journal* dans la boue.

Pourtant, tout au long de sa courte vie, ce politicien, qui fait désormais figure de «grand libérateur de son peuple» (Robin Philpot: *Hommage aux Patriotes*, Bulletin de la Société Saint-Jean-Baptiste de Montréal, 1999), cet homme de Lettres, que l'on considère aujourd'hui comme le plus important auteur manitobain du XIXe s. et le «premier poète "québécois" de portée internationale» (Jean Morisset), s'est essayé à tous les genres, nous léguant une œuvre considérable, inégale et en grande partie inachevée, certes, mais dont plus d'un extrait mériterait d'être cité en exemple dans les écoles et étudié à l'Université (*Les écrits complets de Louis Riel*, 5 vol., Presses de l'U. de l'Alberta, 1985; dir.: George Stanley).

C'est précisément lors de ses années de collège (1864-65) que cet être hypersensible découvre sa vocation de poète. Influencées par les grands classiques français, ses odes, fables, épîtres, etc., révèlent non seulement un versificateur doué d'une remarquable «dextérité dans l'art de rythmer et dans la variété des formes métriques» (G.H. Needler:

Louis Riel, The Rebellion of 1885, 1957), mais un caractère épris de justice, soucieux, à travers les thèmes et les personnages qu'il met en scène, de faire triompher le bien, le droit et la morale. Un de ses camarades de classe en publiera quelques-unes dans le journal *L'Opinion publique* (1870) et, un siècle plus tard, ses historiens-biographes Gilles Martel, Thomas Flanagan et Glen Campbell les colligeront sous le titre *Poésies de Jeunesse* (1977).

Inspirée de Lamartine, son poète préféré, sa seconde manière – à laquelle il imprimera un souffle plus puissant à l'âge adulte – nous plonge dans l'intimité d'une âme de héros tourmenté, inadapté, dont la plume s'abreuve, selon ses propres termes, aux «larmes sombres et noires» du Romantisme: la fuite du temps, la fatalité du destin, l'amour enfui, l'exil, le joug écrasant de l'ennemi, le mal de vivre, la nostalgie du pays natal, la solitude, la mort, etc.

Dès son entrée officielle en politique (1869), Riel utilise le vers pour défendre les intérêts de son peuple et exhaler le trop-plein de son amertume, de ses désillusions et de sa colère. Dans la grande tradition de la poésie orale métisse, inaugurée en 1816 par Pierre Falcon (1793-1876), il célèbre les exploits de ses frères contre les forces britanniques. Sa chanson, *La Métisse* (1870), deviendra un hymne national.

Au fur et à mesure que les événements s'enveniment, le ton de Riel se fait narquois, moqueur, puis véhément, virulent. Ses «écrits d'asile» – il fut interné de 1876 à 1878 pour dépression nerveuse et pour échapper à la vindicte des fanatiques orangistes – libèrent, sous forme de lettres, de diatribes, de discours, de vers entrecoupés de prose – ou inversement – de forts sentiments patriotiques et nationalistes (*Poésies religieuses et politiques,* 1886; rééditées en 1979). Ses sarcasmes visent en priorité son ennemi mortel, le ministre John A. Macdonald, ainsi que tous les représentants de cette Angleterre arrogante, oppressive, traître à ses promesses de terres pour les Métis et d'amnistie pour lui-même. En dépit de leur caractère parfois hâtif et agité, reflet d'une âme blessée, on ne décèle, dans ces textes, aucune trace d'incohérence ou de folie.

Dans la même veine, son essai, *L'Amnistie. Mémoire sur les causes des troubles du Nord-Ouest* (1874), dénonce, sur le ton de la polémique, les exactions des dirigeants canadiens et le dépouillement dont son peuple à été victime. Le leader récidive dans un plaidoyer, *Les Métis du Nord-Ouest* (1885), qui réaffirme les droits des Autochtones et fustige d'une plume mordante l'attitude tyrannique et hypocrite du gouvernement.

À partir de 1875, année de la «crise mystique» au cours de laquelle lui est révélée sa mission de «prophète du Nouveau Monde», ses écrits atteignent une ferveur religieuse rarement égalée, qui éclate en hymnes, prières, litanies, prophéties, méditations, apologies des membres du clergé, etc. Elle s'épanche jusque dans le *Journal de Batoche* (1885), sorte de testament ou de rosaire poétique, foisonnant d'images, de symboles, de visions, d'allusions bibliques, de rêves... qui, pareil à un chapelet, dévide toute la gamme des sentiments de l'homme qui dialoguait avec les anges. Mais jamais Riel n'apparaît aussi bouleversant d'humanité que dans le *Journal de Regina* (1885), écrit en prison, où l'on voit un homme-enfant désespéré lutter jour après jour contre la peur de la mort et implorer le Ciel à son secours. L'écrivain manitobain Rossel Vien (1929-1992) le fera connaître au public en 1962 (*Journal de Prison*).

Le 16 novembre 1885, la corde brisait net l'écriture du roman auquel Riel tenait tant, *Massinahican* (1880-1881) – mot d'origine crie signifiant «Le Livre» –, sorte de bible «métissée» de culture judéochrétienne et de mythologie indienne qu'il destinait aux Autochtones. Écrite «sous inspiration divine», elle réunissait la somme de ses croyances, de ses pensées religieuses, politiques, philosophiques, et proposait une nouvelle cosmogonie qui n'eût pas manqué de lui attirer les foudres de l'Église; seuls quelques fragments sont parvenus jusqu'à nous. Un vulgaire morceau de chanvre privait son pays et l'humanité tout entière d'un être dont le seul crime – parce qu'il se sentait mal au monde – avait été de rêver d'en faire un Paradis pour ses chers Métis et de changer le nom des montagnes, des océans, du soleil, de la lune et des étoiles – sans doute son unique vraie patrie.

Ismène Toussaint

Rigler, Frank Harold, biologiste (Londres, Angl., 9 juin 1928—Montréal, 26 juin 1982). Diplômé de l'U. de Toronto, Rigler retourne en 1957 au département de zoologie de l'institution après avoir fait des études postdoctorales en Angleterre. Autorité mondiale en biologie aquatique, il est responsable d'une importante contribution canadienne au Programme biologique international: l'étude portant sur le lac Char, dans le Grand Nord. En 1976, il devient directeur et professeur au département de biologie de McGill. Selon lui, la vraie science trouve son assise sur une solide philosophie, précepte qu'il enseigne à toute une génération d'étudiants. Fort inquiet de la dégradation de l'environnement, son plaidoyer en faveur d'une écologie plus applicable institue une longue tradition de recherches canadiennes sur les eaux douces du Canada, laquelle met l'accent sur une théorie pratique basée sur l'observation plutôt que sur des principes. Son dernier ouvrage sur la lutte contre l'eutrophisation en est un exemple. En 1984, la Société canadienne de limnologie fonde les F.H. Rigler Memorial Lectures pour lui rendre hommage.

Robert Peters

Riley, Gordon Arthur, océanographe (Webb City, Mo., 11 juin 1911—Halifax, 7 oct. 1985). Pionnier de l'océanographie biologique quantitative, Riley prend la direction de l'Institute of Oceanography de l'U. Dalhousie (plus tard le département d'océanographie) en 1965 et devient membre de la Société royale du Canada. D'abord embryologue, il entreprend des travaux aux cycles supérieurs à Yale, en 1934, puis, encouragé par l'écologiste G.E. Hutchinson, il passe à la limnologie. Ses travaux sur la mer, à Yale et au Woods Hole Oceanographic Institution, commencent en 1937. Il recourt à des méthodes expérimentales et à des statistiques pour déterminer les causes de processus biologiques dans la mer. Dans les années 40, il commence à utiliser des équations différentielles, introduisant ainsi la modélisation quantitative en océanographie biologique. Plus tard, il travaille sur l'océanographie, le transport et le mixage régionaux ainsi que sur les particules dans l'eau de mer, manifestant le même esprit novateur qui avait caractérisé ses travaux antérieurs. À l'U. Dalhousie, il fonde une école d'océanographie dont les diplômés travaillent partout en Amérique du Nord.

Eric L. Mills

Rimmer, David, cinéaste et photographe (Vancouver, 20 janv. 1942). On se réfère généralement à ses films expérimentaux (surtout ceux de la période 1968-1975) pour illustrer une tradition particulière à la côte ouest et distincte de l'école de Toronto. Cependant, s'il existe des différences significatives entre les films expérimentaux de la côte ouest américaine et ceux de New York, on ne peut pas vraiment faire ces distinctions au Canada. De nombreux films de Rimmer (*Surfacing on the Thames*, 1970, *Seashore*, 1971, et *Watching for the Queen*, 1973) ne sont ni moins austères, ni plus raffinés, ni plus contemplatifs que ceux des Torontois Michael SNOW et Joyce WIELAND, et la plupart font appel à une technologie plutôt rudimentaire. Les films expérimentaux de Rimmer se veulent des études très rigoureuses de la façon dont le cinéma crée les illusions du mouvement, de la profondeur, de la continuité et de la présence d'un public dans une situation donnée. En 1979, Rimmer lance son film *Al Neil*, un documentaire sur l'art traité de façon tout à fait novatrice, et depuis il continue dans cette voie. Toutefois, depuis 1980, il a tourné plusieurs bons films expérimentaux: *Narrows Inlet* (1980), une étude subtile de la mer et du paysage dans les environs de Vancouver, *Bricolage* (1984), *As Seen on TV (sic)* (1986) et *Along the Road to Altamira* (1986).

R. Bruce Elder

Rimouski, ville du Qc; pop. 31 773 (rec. 1996), 30 873 (rec. 1991); superf. 75,90 km²; const. en 1869. Elle est située sur la rive sud du SAINT-LAURENT, à 300 km au nord-est de Québec. C'est la région la plus peuplée du Bas-Saint-Laurent. Cette ville ravissante est construite sur trois niveaux sur la forme d'un amphithéâtre. Une seigneurie y est concédée en 1688, mais elle n'est pas réellement habitée avant 1696. Au XVIIIe s., l'agriculture et la pêche saisonnière sont les seules occupations, mais la région connaît une certaine croissance lorsque des marchands de Québec, notamment William Price, s'intéressent à l'exploitation des ressources forestières et y construisent plusieurs scieries. La paroisse Saint-Germain est érigée en 1829. En 1857, on y construit un palais de justice, puis, en 1867, Rimouski devient le siège d'un évêché. Avec l'arrivée du chemin de fer, la ville devient le centre de mise en valeur de la Gaspésie (*voir* GASPÉ) et de la Matapédia. Son économie repose sur l'industrie forestière et les services, dont le commerce, l'enseignement, l'administration publique et religieuse. Un terrible incendie détruit le tiers de la ville en 1950. Par la suite, la ville connaît une croissance plus rapide. Elle devient la capitale régionale lorsque plusieurs ministères fédéraux et provinciaux y installent leurs bureaux pour desservir le Bas-Saint-Laurent et la Gaspésie. De nos jours, l'économie repose essentiellement sur des activités de services: l'enseignement au niveau primaire, secondaire et universitaire, la santé et les services sociaux. La ville est aussi un important centre de recherches océanographiques.

Antonio Lechasseur

Rindisbacher, Peter, peintre (Eggiwil, Haut-Emmenthal, Suisse, 12 avril 1806—St. Louis, Missouri, 13 août 1834). Rindisbacher, qui aurait été petit tambour dans l'armée suisse, immigre avec sa famille dans la COLONIE DE LA RIVIÈRE ROUGE en 1821. Il peint des panoramas des forts de la Compagnie de la Baie d'Hudson qui longent la route partant de York Factory jusqu'à la colonie, léguant ainsi la seule attestation visuelle de leur existence, ainsi que la première documentation illustrée du pays à l'ouest des Grands Lacs. Il passe cinq ans dans la colonie et contribue à la subsistance de la famille en vendant à des administrateurs de la Compagnie de la Baie d'Hudson des peintures qui représentent la prairie et la vie des Indiens. Quelques-unes d'entre elles, décrites comme étant «peintes sur place par un gentleman» en 1823 et en 1824, sont lithographiées et paraissent à Londres, en Angleterre, en 1824 et en 1825. En 1826, une série d'épreuves poussent la famille à émigrer aux États-Unis. Rindisbacher meurt à 28 ans, au moment où il commençait à avoir du succès comme portraitiste.

James Marsh

Ringuette C'est un sport s'adressant principalement aux personnes de sexe féminin qui se joue sur une surface glacée à l'aide d'un bâton sans lame et d'un anneau en caoutchouc creux. Jouée par six coéquipières présentes en même temps sur la glace, la ringuette est un sport d'adresse axé sur le jeu d'équipe et ne comportant pas de contacts corporels intentionnels. Le Canada compte actuellement plus de 50 000 joueuses qui s'adonnent à ce sport à des fins récréatives ou de compétition. Le jeu oblige une joueuse à passer l'anneau à une coéquipière située dans une autre zone délimitée par les lignes bleues (hockey). Chaque joueuse doit demeurer dans une zone spécifique. P. ex., ceux qui jouent à l'avant peuvent se déplacer de leur but à la ligne de jeu libre en zone adverse, et ceux qui jouent au centre peuvent aller partout sauf dans l'enceinte du gardien de but. La ligne de jeu libre est tracée parallèlement à la ligne bleue de manière à toucher la partie la plus près de la ligne bleue de chacun des deux cercles de mise en jeu. Le jeu, dont le but est de compter plus de points que l'équipe adverse, commence par une passe effectuée à une coéquipière. Il est possible de jouer à la ringuette dans des ligues locales ou de participer à des compétitions dans le cadre des championnats canadiens. Les premiers championnats de ringuette se sont déroulés à Winnipeg en 1979. La ringuette est aussi une des disciplines des Jeux d'hiver du Canada. Elle a été créée en 1963 par Sam Jacks à North Bay, en Ontario. Aujourd'hui, ce sport est pratiqué au Canada, en Finlande, en Suède, en France, en Allemagne et aux États-Unis. La Fédération internationale de ringuette a été formée récemment, et le premier championnat mondial s'est tenu à Gloucester (Ontario) en 1990. C'est une équipe de Calgary qui a gagné ce premier championnat, confirmant ainsi la position de chef de file du Canada dans ce sport.

Wes Clark

Ringwood, Gwendolyn, née Pharis; dramaturge (Aronte, Washington, 13 août 1910—près de Williams Lake, C.-B., 24 mai 1984). Elle a été l'auteure dramatique par excellence de l'Ouest canadien. Sa tragédie *Still Stands the House* qui a pour cadre les Prairies (jouée pour la première fois en juin 1938 et publiée en 1939) est l'une des pièces canadiennes les plus fréquemment citées dans les anthologies et les plus jouées. Pionnière du théâtre communautaire de l'Ouest, elle commence sa carrière comme secrétaire du directeur du département postscolaire de théâtre de l'U. d'Aberta. En 1935, alors qu'elle est registraire de la nouvelle Banff School of Fine Arts (*voir* BANFF CENTRE), elle écrit et produit sa première dramatique, *The Dragons of Kent*. Par la suite, elle perfectionne ses compétences de dramaturge au département de théâtre de l'U. de la Caroline du Nord, où elle écrit de nombreuses pièces folkloriques, dont la plus célèbre, *Dark Harvest*. En 1941, elle reçoit le prix du Gouverneur général pour sa contribution exceptionnelle au théâtre canadien. Elle publie, en 1982, le premier recueil de pièces de théâtre d'un auteur dramatique canadien. Le Gwen Pharis Ringwood Civic Theatre (1971) à Williams Lake, en Colombie-Britannique, porte son nom en son honneur.

Rota Herzberg Lister

Riopelle, Jean-Paul, peintre, sculpteur et graveur (Montréal, 7 oct. 1923). Il s'est formé auprès de deux maîtres complètement différents: Henri Bisson, peintre académique pour qui même l'impressionnisme était un peu outré, et Paul-Émile BORDUAS qui se voulait à la pointe de l'avant-garde et surréaliste. Ce dernier finira par l'emporter et Riopelle se joindra au groupe des AUTOMATISTES, exposera à Montréal avec eux, en 1946 et en 1947, et signera le manifeste du REFUS GLOBAL, en 1948. Mais déjà le cœur de Riopelle est à Paris, où il finit par s'installer. C'est là qu'il trouve sa voie, ce qu'il appelle le hasard contrôlé. Il s'associe brièvement avec les surréalistes à Paris. Il est le seul Canadien à exposer avec eux en 1947. Mais il a finalement plus d'affinités avec le groupe dit d'abstraction lyrique. Les années 50 sont celles de sa consécration à Paris (le critique Georges Duthuit s'intéresse à son travail) et en Amérique (Biennale de Sao Paulo en 1951 et 1955; Younger European Painters au Guggenheim en 1953; Exposition internationale de Pittsburgh en 1958 et 1961). C'est aussi la période de ses «grandes mosaïques», tableaux peints à la spatule, faits d'éléments multicolores juxtaposés pouvant rappeler des champs vus d'avion. Avec les années 60, Riopelle diversifie ses moyens d'expression, touchant autant l'encre sur papier, l'aquarelle, la lithographie, le collage ou l'huile. Sa peinture prend aussi plus de risques, comme s'il cherchait à se défaire de ses réussites passées pour explorer de nouvelles avenues. Les tableaux deviennent plus chaotiques et plus matiéristes, Riopelle demandant à la matière de le délivrer de la forme, de sa forme. Le grand tableau *Point de rencontre*, 1963, qu'il destinait à l'aéroport

de Toronto et qui est maintenant à l'Opéra Bastille de Paris, est le chef-d'œuvre de cette période. À partir de 1969, Riopelle réalise plusieurs sculptures dont la fontaine du Stade olympique à Montréal, intitulée *La joute* en l'honneur des héros sportifs de son enfance, les joueurs de hockey. En peinture, il se lance dans la série des *Hiboux*, et au même moment se passionne pour les jeux de ficelle inuits. Un voyage dans le Grand Nord lui révèle des paysages noirs et blancs insoupçonnés. Il en résulte la série des *Icebergs*. Pour les années 80, on parle souvent d'un «retour à la figuration» chez Riopelle, mais on pourrait dire qu'il ne s'en est jamais vraiment éloigné. Il poursuit sa série sur les *Oies blanches*, grandes migratrices comme lui. En même temps, il abandonne les méthodes traditionnelles de peinture pour leur préférer la bombe aérosol et procède souvent par impressions négatives, c.-à-d. qu'il projette sa couleur sur un objet qu'il retire ensuite de manière à n'en conserver la forme qu'en négatif sur la toile. L'*Hommage à Rosa Luxemburg*, 1992, installé maintenant dans le Casino de Hull, marque le point culminant de cette période et est considéré comme le testament artistique de Riopelle. C'est aussi un hommage à l'amour, à la peintre américaine Joan Mitchell qui fut sa compagne pendant 25 ans. Riopelle vit maintenant au Canada; il a des ateliers à L'Estérel et à l'Île aux oies, dans le Saint-Laurent, en amont de Québec.

François-Marc Gagnon

Ritchie, Albert Edgar, diplomate (Andover, N.-B., 20 déc. 1916). Boursier de la Fondation Cecil Rhodes et ayant travaillé pour le gouvernement britannique et les Nations Unies dans les années 40, Ritchie est membre du ministère des Affaires extérieures (1944-1946, 1948-1980). Spécialisé en économie, son jugement et son intégrité sont irréprochables. Il est sous-secrétaire adjoint (1959-1964), puis sous-secrétaire suppléant (1964-1966), avant d'occuper les deux principaux postes de direction dans ce ministère: ambassadeur à Washington (1966-1969) et sous-secrétaire (1970-1974). Compagnon de l'Ordre du Canada, il est ambassadeur en Irlande de 1976 à 1982, puis prend ensuite sa retraite de la vie publique.

Anne Hillmer

Ritchie, Charles Stewart Almon, diplomate et auteur (Halifax, 23 sept. 1906—Ottawa, 8 juin 1995). Ritchie entre en fonction au ministère des Affaires extérieures en 1934, devenant ensuite sous-secrétaire adjoint puis sous-secrétaire suppléant (1950-1954). Insatisfait de son poste à Ottawa, il devient ambassadeur en Allemagne (1954-1958), puis occupe les plus hauts postes du service diplomatique du Canada: ambassadeur aux Nations Unies (1958-1962), aux États-Unis (1962-1966), à l'OTAN et à la Communauté économique européenne (1966-1967), et haut-commissaire au Royaume-Uni (1967-1971).

Ritchie grandit avec l'idée de devenir auteur et il tient des journaux personnels dès son tout jeune âge. Quatre volumes ont été publiés depuis sa retraite: *The Siren Years* (1974; prix du gouverneur général), *An Appetite for Life* (1977), *Diplomatic Passport* (1981) et *Storm Signals* (1983). Ses journaux personnels, comme lui, sont posés, élégants et cyniques à propos de la nature humaine, mais généreux pour les personnes. *My Grandfather's House* (1987) présente ses souvenirs d'enfance et de jeunesse.

Norman Hillmer

Ritchie, Eliza, éducatrice et féministe (Halifax, 20 mai 1856—*id.*, 5 sept. 1933). Diplômée de Dalhousie en 1887, elle obtient, deux ans plus tard, un doctorat de Cornell. Elle est probablement la première Canadienne à recevoir un tel diplôme. Après d'autres études à Leipzig, en Allemagne, et à Oxford, elle enseigne au Wellesley College, au Massachusetts. En 1901, elle revient au Canada pour enseigner la philosophie à Dalhousie. Militante pour le suffrage des femmes, elle rejoint les sœurs Mary et Ella à la direction de la Victoria School of Fine Art, des Infirmières de l'Ordre de Victoria et du Conseil des femmes

local. Aux côtés d'Agnes DENNIS et d'Edith ARCHIBALD, elle dirige le mouvement féministe à Halifax jusqu'à la fin de la Première Guerre mondiale. Elle fait preuve de tact auprès des femmes, est remarquée pour la clarté de son style écrit et démontre son intérêt pour une région des Maritimes. Autre première canadienne, elle est nommée au conseil d'administration de Dalhousie en 1919. Parmi ses publications, on compte *The Problem of Personality* (1889) et *Songs of the Maritimes* (1931).

Ernest R. Forbes

Ritchie, Octavia Grace, England de son nom marital, médecin et éducatrice (Montréal, 16 janv. 1868—*id.*, 1er févr. 1948). Elle a beau être une étudiante brillante, elle se voit d'abord refuser l'entrée à l'U. McGill. Cependant, le directeur, sir J.W. DAWSON, revient sur cette décision quand Donald A. SMITH accorde 50 000 $ à l'institution pour l'instruction des femmes. En 1888, elle est la première étudiante à prononcer le discours d'adieu à l'U. McGill. Pleine d'audace, elle demande en vain son admission à la faculté de médecine. Elle entre donc au Kingston Women's Medical College, puis continue à l'U. Bishop où elle devient la première femme à recevoir un diplôme de médecine au Québec (1891). Elle poursuit alors ses études à l'étranger et est engagée comme gynécologue adjointe au Western Hospital de Montréal, et comme directrice des travaux en anatomie à l'U. Bishop. Elle continue d'exercer la médecine et de militer au sein de groupes locaux, nationaux et internationaux pour des causes humanitaires et les droits des femmes.

Margaret Gillett

Ritchie, Roland A., avocat et juge (Halifax, N.-É., 19 juin 1910—Ottawa, Ont., 5 juin 1988), frère du diplomate Charles RITCHIE. Admis au barreau de la Nouvelle-Écosse en 1934, Ritchie sert outre-mer pendant la Seconde Guerre mondiale après quoi il retourne à Halifax et se bâtit une solide réputation en tant que conseiller maritime de premier plan et chargé de cours à temps partiel à la Dalhousie Law School. En 1959, le premier ministre John Diefenbaker le nomme à la Cour suprême du Canada où il occupe le poste de juge puîné et brièvement celui de juge en chef intérimaire en 1982. Il est d'ailleurs le premier Néo-Écossais à occuper ce poste.

Ritchie est surtout connu pour une série de jugements curieux et parfois contradictoires qu'il a émis en rapport avec les possibilités d'application de certaines dispositions de la DÉCLARATION CANADIENNE DES DROITS à l'égard de la LOI SUR LES INDIENS, notamment dans les affaires DRYBONES et LAVELL. Le 31 octobre 1984, il se retire de la cour. Il est fait Compagnon de l'Ordre du Canada en 1985.

William Kaplan

Ritter, Erika, dramaturge, essayiste et communicatrice (Regina, Sask., 26 avril 1948). Elle fait ses études à l'U. McGill (B.A., 1968) et au Graduate Centre for the Study of Drama de l'U. de Toronto (M.A., 1970). Plusieurs de ses pièces explorent avec humour les rapports tumultueux qu'entretiennent des jeunes femmes avec leurs relations et leur carrière. Dans la première, *The Visitor from Charleston* (1974), l'héroïne est une fanatique de cinéma qui fait la connaissance d'un jeune vendeur sérieux. Ritter excelle dans l'art d'inventer des dialogues intelligents et piquants pour des personnages énergiques et complexes engagés dans une bataille d'esprit et de volonté. *The Splits* (1978) met en scène une auteure de comédies de situation qui ne sait plus très bien où elle en est tant dans ses relations avec les hommes que par rapport à son travail. Sa comédie à grand succès *Automatic Pilot* (1980) est centrée sur la vie affective d'une humoriste névrosée dont le comique atteint des sommets quand elle livre ses angoisses et raconte ses malheurs.

Ses autres pièces comprennent *Winter 1671* (1979), un drame historique et une tragique histoire d'amour en Nouvelle-France; *The Passing Scene*

(1982), qui décrit la liaison entre un écrivain et une journaliste; *The Girl I Left Behind Me* (1976) et *Moving Pictures* (1976). Elle a aussi publié deux recueils d'essais humoristiques et de nouvelles, *Urban Scrawl* (1984) et *Ritter in Residence* (1987). Pigiste à la radio anglaise de Radio-Canada, elle a animé Dayshift (1985-1987), émission d'information et de musique, et Aircraft (1988-1990).

Colin Boyd

Rivard, Lucien, trafiquant de drogue reconnu coupable (Montréal?, 1915?). Personnage sans grande importance du monde interlope, Rivard est arrêté à Montréal en 1965 à la suite d'une inculpation de trafic de stupéfiants faite par les autorités américaines. Alors qu'il se bat contre l'extradition, il s'évade de prison après avoir obtenu un tuyau d'arrosage «pour arroser la patinoire» au cours d'une soirée printanière dont la température était au-dessus du point de congélation. Rivard aurait utilisé le tuyau d'arrosage pour escalader le mur. Il demeure quatre mois en cavale. Pendant ce temps, des accusations de corruption en relation avec cette évasion provoquent un scandale impliquant le gouvernement libéral fédéral. Une commission royale examine l'«affaire Rivard» et blâme le ministre de la Justice Guy FAVREAU, qui démissionne. Rivard est extradé vers les États-Unis, où, une fois reconnu coupable de trafic de stupéfiants, il est condamné à 20 ans de prison. Il y reste neuf ans, puis est déporté au Canada.

Bill Cameron

Rivard, Michel, auteur, compositeur, interprète et comédien (Montréal, 27 sept. 1951). Fils de comédien, il est plongé très jeune dans l'univers culturel et fonde en 1972, avec quelques amis, le groupe BEAU DOMMAGE, un des plus remarquables de la décennie. Amorçant une carrière en solo en 1978, il alterne entre la chanson, le cinéma et la scène pendant quelques années avant de devenir, au milieu des années 80, l'un des artistes les plus marquants de sa génération. Son album *Un trou dans les nuages* (1987) fait époque et lui vaut plusieurs Félix et le prix international du disque Paul-Gilson pour la qualité de ses textes. Le chanteur revient à une chanson plus dépouillée dans les années 90, émaillée de la tendresse et de l'humour qui le caractérisent. Michel Rivard a participé au retour triomphal de Beau Dommage en 1984 et en 1995 sur quelques scènes du Québec et de la France. *La complainte du phoque en Alaska, Le retour de Don Quichotte, Un trou dans les nuages, Je voudrais voir la mer, Lune d'automne* et *Maudit bonheur* comptent au nombre de ses chansons les plus connues.

Robert Thérien

Riverview, ville du N.-B.; pop. 16 653 (rec. 1996), 16 270 (rec. 1991), 15 638 (rec. 1986); superf. 34,26 km²; const. en 1973; située sur les bords de la rivière Petitcodiac, face à MONCTON. Formée par la fusion des villages de Bridgedale, Gunningsville et Riverview Heights à la ville de Coverdale, elle est née de la croissance, après la Seconde Guerre mondiale, de Moncton, à laquelle elle est reliée par un pont depuis les années 1870.

Riverview est la plus grande municipalité du comté d'Albert, une région connue pour ses ressources en gypse et en schiste bitumineux, et en tant que site du PARC NATIONAL FUNDY. Même si elle est dotée d'un parc industriel, Riverview est en grande partie résidentielle. La plupart de ses habitants travaillent à Moncton.

Dean Jobb

Rivière de la Paix D'une longueur de 1923 km, elle est l'un des principaux tributaires du réseau du FLEUVE MACKENZIE. Autrefois, elle était formée par la rencontre de la rivière Finlay, en provenance du nord, et de la rivière Parsnip, en provenance du sud. De nos jours, ces deux rivières sont endiguées près d'Hudson Point, et leurs eaux accumulées forment le LAC WILLISTON. La rivière de la Paix part du bras est du lac, franchit les Rocheuses, puis reçoit les eaux des rivières Halfway et Beatton en prove-

nance du nord et de la rivière Pine au sud. Immédiatement à l'est de la frontière entre l'Alberta et la Colombie-Britannique, la rivière Pouce Coupé vient s'y ajouter. Enfin, elle creuse un profond sillon d'une largeur atteignant jusqu'à 11 km et traverse la prairie du Nord de l'Alberta. Cette section emprunte un cours très ancien. On a découvert des traces de dinosaures le long des rives.

La rivière Smoky s'y jette vis-à-vis de la ville de PEACE RIVER; à partir de là, elle bifurque abruptement vers le nord, serpentant jusqu'aux alentours de Fort Vermilion, puis elle oblique vers l'est et, après avoir reçu les eaux de la rivière Wabasca, passe par le PARC NATIONAL WOOD BUFFALO et débouche enfin dans la rivière des Esclaves, qui charrie ses eaux jusqu'au fleuve Mackenzie. En 1793, Alexander MACKENZIE hiverne dans la zone en aval. D'autres négociants, dont Peter POND, l'ont peut-être précédé; des négociants l'ont certainement suivi, et la rivière est un axe de transport prioritaire jusqu'en 1826. À diverses époques, à partir de 1805-1806, on construit cinq forts différents aux alentours de la ville moderne de FORT ST JOHN, et Simon FRASER fait ériger en 1805 un poste stratégique à Hudson's Hope, où commence le parcours navigable. Cette vallée au sol fertile est la région agricole d'envergure commerciale la plus septentrionale en Amérique du Nord. La grande centrale hydroélectrique Gordon M. Shrum près de Hudson's Hope, construite de 1968 à 1980 et d'une capacité de 2416 MW, est la troisième en importance au Canada; la centrale voisine de Peace Canyon fournit l'énergie supplémentaire.

James Marsh

Rivière-du-Loup, ville du Qc; pop. 14 721 (rec. 1996), 14 017 (rec. 1991); superf. 83,39 km²; const. en 1874 sous le nom de Fraserville. Elle est située à 200 km à l'est de Québec, au bord du SAINT-LAURENT. Sise à l'embouchure de la rivière du même nom, elle occupe un territoire ayant déjà appartenu aux anciennes seigneuries de la rivière du Loup, de Verbois et du Parc, concédées en 1673 à Charles Aubert de La Chesnaye, le négociant le plus riche de la Nouvelle-France.

Son développement doit beaucoup à son emplacement géographique qui en fait la porte d'entrée de la vallée et du portage du Témiscouata. En 1783, l'administration britannique y construit une route militaire afin de faciliter les communications avec les autres colonies anglaises. Rivière-du-Loup devient un centre ferroviaire important dans les quarante dernières années du XIXᵉ s. La ville accueille le terminus de la GRAND TRUNK RAILWAY OF CANADA (1860) et sert de point de départ au CHEMIN DE FER INTERCOLONIAL (1870) et du chemin de fer Temiscouata (1887-1888).

Les industries forestière, de la pulpe et du bois d'œuvre ainsi que le tourisme sont les principaux facteurs de son développement économique, surtout après la fermeture des ateliers de réparation des compagnies ferroviaires. La ville bénéficie d'un lien fluvial saisonnier avec la rive nord.

Elle est devenue une ville de services, axée sur le commerce, l'enseignement et l'administration publique. Plusieurs centaines de personnes travaillent à son usine de papier.

Antonio Lechasseur

Riz sauvage (*Zizania aquatica*) De la famille des GRAMINÉES ou poacées, il pousse dans les marais ou le long des cours d'eau, du Manitoba à l'océan Atlantique, dans le sud du Canada, et dans la plus grande partie de l'est des États-Unis. Les botanistes en ont identifié plusieurs variétés et les classent en trois ou quatre espèces.

Plante annuelle dont les tiges mesurent trois mètres de hauteur, le riz sauvage porte de longs grains minces en grappes étalées et lâches. Une fois mûrs, les grains se détachent facilement. Pour les récolter, il suffit de pencher les tiges chargées dans une barque et de les secouer. Ils constituaient, et le

sont encore, une source alimentaire importante pour les peuples autochtones, qui semaient et récoltaient cette plante, surtout dans la région des Grands Lacs.

Le riz sauvage est une des rares plantes sauvages alimentaires à être récoltées et commercialisées. Elle se vend partout au Canada. On en exporte aussi en grande quantité. Les grains à saveur de noisette, un accompagnement idéal pour le gibier, sont délicieux lorsqu'ils sont cuits en cocotte et dans d'autres plats. Aujourd'hui, le riz sauvage prend de plus en plus d'importance en tant que culture commerciale. Les deux principales régions de croissance au Canada sont le Manitoba et l'Ontario. (*Voir aussi* PLANTES, UTILISATION PAR LES AUTOCHTONES DES.)

Nancy J. Turner

R.J.R.-MacDonald (tabac; 1995), affaire Dans cette affaire, la Cour suprême du Canada arrive à la conclusion, à la majorité (7 à 2), que sur le plan du partage des pouvoirs, la *Loi réglementant les produits du tabac* repose sur la compétence du Parlement en matière de droit criminel, soit le paragraphe 91(27) de la *Loi constitutionnelle de 1867*. La compétence du Parlement en matière de droit criminel est pleine et entière. Il est de jurisprudence constante que cette matière a été définie de façon généreuse. L'objet de la Loi est de remédier aux effets nocifs de l'usage du tabac sur la santé. Il s'agit d'un objectif valable qui n'est pas spécieux et qui n'empiète pas sur les compétences provinciales. Les juges Sopinka et Major, toutefois, sont dissidents sur ce point. Cependant, sur le plan de la *Charte canadienne des droits et libertés*, la juge McLachlin, au nom de la majorité (5 à 4), croit que toute interdiction absolue de la publicité du tabac viole la liberté d'expression et ne peut se justifier sous l'article 1 de la Charte; une minorité de juges, sous la plume du juge La Forest, est d'avis que cette interdiction se justifie.

Roback, Léa, militante syndicale, féministe et pacifiste (Montréal, 1903—*id.*, 28 août 2000). D'origine polonaise, Léa Roback n'a eu de cesse d'affirmer haut et fort ses convictions sociales. Organisatrice syndicale pour l'Union internationale des ouvriers du vêtement, elle dirige, en 1937, une grève de quelque 5000 midinettes à Montréal, qui obtiennent la reconnaissance de leur syndicat et une amélioration sensible de leurs conditions de travail et de salaire.

On la retrouve ces mêmes années aux côtés de Thérèse Casgrain dans la lutte pour le droit de vote aux femmes. Communiste convaincue, elle rompt avec le Parti communiste en 1958, quand sont connues les horreurs commises en URSS sous Staline. Mais son engagement social ne connaît pas de répit.

Elle est de toutes les manifestations en faveur de la paix; elle défend avec acharnement la cause de la protection de l'environnement; elle se bat avec les groupes de femmes pour la légalisation de l'avortement: elle se range du côté de la défense des droits des femmes autochtones.

En 1993, la Fondation Léa-Roback est créée pour recueillir des fonds permettant d'offrir des bourses d'études à des femmes engagées socialement. En 1998, une dizaine d'organismes féministes ouvrent la Maison Parent-Roback, un immeuble possédé et géré par ces organismes qui y ont leur siège social. La réalisatrice Sophie Bissonnette a réalisé, en 1989, un film sur sa vie: *Des lumières dans la grande noirceur, A Vision in the Darkness.*

Son acharnement à défendre les plus humbles et sa fidélité à leur endroit sont reconnus par les gouvernements et la société civile. En mai 2000, le gouvernement du Québec lui décerne l'Ordre du Québec. En avril 2000, le YWCA l'honore à l'occasion de son gala Femme de Mérite, en même temps qu'une camarade de lutte de longue date, Madeleine Parent. À l'occasion de la Journée internationale des personnes aînées, le 1er octobre 1999, Léa Roback est du nombre des Québécoises et Québécois dont l'action est soulignée par le Conseil des aînés.

Michel Rioux

Robarts, John Parmenter, politicien et premier ministre de l'Ontario de 1961 à 1971 (Banff, Alb., 11 janv. 1917—Toronto, 18 oct. 1982). En 1931, il déménage à London, en Ontario, et obtient son diplôme de l'U. de Western Ontario en 1939. Il sert dans la marine pendant la Seconde Guerre mondiale, au cours de laquelle il est cité à l'ordre du jour, puis termine ses études de droit à Osgoode Hall. À son retour à London, il est élu conseiller municipal en 1950 et député conservateur à l'Assemblée législative en 1951. Il entre au Cabinet en 1958 et est nommé ministre de l'Éducation en 1959. Le 8 novembre 1961, il est assermenté premier ministre. Champion des libertés individuelles, il défend aussi les droits de la province contre les initiatives centralisatrices du gouvernement fédéral ainsi que le Canada contre les menaces sécessionnistes du Québec, ce qui le place au cœur des débats sur la Constitution canadienne. En 1967, il préside la conférence sur la Confédération de demain. Il prend sa retraite en 1971 et se joint aux conseils d'administration de plusieurs grandes sociétés, sert comme chancelier de l'U. de Western Ontario et, plus tard, de l'U. York, est président d'une commission royale sur la communauté urbaine de Toronto (1975-1976) et coprésident, avec J.L. PEPIN, de la COMMISSION DE L'UNITÉ CANADIENNE (1977-1979). En 1981, il subit plusieurs accidents cérébrovasculaires lors d'un voyage aux États-Unis. Après un long programme de rééducation, il se suicide le 18 octobre 1982.

Allan McDougall

Robb, Frank Morse, inventeur, concepteur, homme d'affaires (Belleville, Ont., 28 janv. 1902). Après avoir terminé ses études à l'U. McGill, Morse Robb entreprend, en 1926, la création d'un orgue d'église requérant peu d'espace et d'entretien. L'année suivante, il fait la démonstration d'un orgue à ondes à Belleville, instrument électronique innovateur présentant une série de 12 tiges rotatives, une pour chacune des notes de la gamme chromatique, sur lesquelles sont montés des disques résonateurs découpés selon la forme oscillographique. En 1928, il en obtient les brevets et, plus tard, apporte des améliorations, notamment des essais avec un clavier à effleurement.

Au moins 16 «orgues à onde Robb» sont construits, parmi ceux-ci un orgue à 2 claviers avec pédalier de 32 notes en 1934. Des démonstrations sont faites dans les grands magasins et à l'occasion d'un concert à Toronto, en 1936, les musiciens et la critique ne tarissent pas d'éloges. Les tentatives pour financer une production commerciale échouent cependant, et l'inventeur découragé abandonne le projet en 1938. Il rejoint l'entreprise d'emballage mécanique de son frère à Montréal. Il invente des mécanismes pour l'emballage des armes à feu et devient plus tard le vice-président de l'entreprise. Il connaît du succès également en tant que concepteur d'articles en argent sterling. (*Voir aussi* MUSIQUE ÉLECTROACOUSTIQUE.)

Helmut Kallmann

Robbin, Catherine, mezzo-soprano (Toronto, 28 sept. 1950). Robbin étudie d'abord à Toronto avec Dorothy Allan Park, puis à Vancouver, à Londres, à Paris et à New York. Elle fait ses débuts comme chanteuse professionnelle dans le *Messie* de Haendel avec le St. Catherines Symphony Orchestra et, après avoir gagné quelques prix dans des concours européens, elle fait ses débuts à New York dans un récital avec le pianiste Roger Vignoles en 1981. On la compare à la grande mezzo-soprano anglaise Janet Baker pour la richesse du timbre, l'étendue et l'égalité de son registre, qualités grâce auxquelles elle est très demandée partout en Amérique du Nord et en Europe. Elle interprète plusieurs rôles dans des œuvres de Haendel, de même que dans *Xerxès*, *Floridante* et *Julius Caesar*. Elle est acclamée aussi pour ses enregistrements, qui comprennent des chansons de Berlioz et *Missa Solemnis* de Beethoven, avec John Eliot Gardiner, ainsi qu'une bonne quantité de lieder de Schumann et de cycles de Mahler.

Robbins, John Everett, enseignant et diplomate (Hampton, Ont., 9 oct. 1903—Regina, 7 mars 1995). Robbins enseigne en Saskatchewan pendant trois ans avant d'entrer à l'U. du Manitoba. Par la suite, il obtient un doctorat de l'U. d'Ottawa. De 1930 à 1952, il occupe un poste de fonctionnaire à la section éducation du Bureau fédéral de la statistique à Ottawa puis il en devient directeur en 1936. En 1952, il est nommé rédacteur en chef de la nouvelle *Encyclopedia Canadiana* (1957), ouvrage en 10 volumes dont il supervise la publication. En 1960, il devient recteur de l'U. Brandon et, en 1969, il est le premier ambassadeur du Canada auprès du Vatican. Il contribue aussi à la fondation et à la direction de nombre d'associations d'envergure nationale dans les domaines de l'éducation et de la culture: la Canadian Association for Adult Education, la Canadian Library Association, le Conseil de recherche en sciences humaines du Canada et la Fondation des écrivains canadiens.

D.M.L. Farr

Robert McLaughlin Gallery Un groupe d'artistes et de citoyens d'Oshawa, en Ontario, fonde cette galerie (anciennement l'Art Gallery of Oshawa) en février 1967. Peu de temps après, C. Ewart McLaughlin, époux d'Alexandra Luke et peintre du GROUPE DES ONZE, fournit les fonds nécessaires à la construction d'un édifice pour abriter la galerie d'art. Jeremy Watney en devient le premier directeur en 1969.

En 1985, la galerie manque déjà d'espace. Un nouveau bâtiment, conçu par Arthur ERICKSON, ouvre ses portes en 1987. Les nouvelles salles offrent des aires d'exposition de plus de 1000 m², qui mettent en valeur une imposante collection d'œuvres canadiennes, internationales et autochtones, don d'Isabel McLaughlin, artiste, mécène et petite-fille de Robert McLaughlin (à qui la galerie doit son nom).

Dans son programme d'exposition et de collection, la Robert McLaughlin Gallery accorde une attention particulière aux œuvres du Groupe des Onze, créé à Oshawa-Whitby en 1953. La galerie réserve aussi une large place à l'art canadien contemporain, à l'initiative de Joan Murray, nommée directrice de la galerie en 1974.

Robert, Guy, écrivain d'art, professeur, critique, éditeur, poète et expert-conseil (Sainte-Agathe-des-Monts, Qc, 7 nov. 1933). Il étudie à l'U. de Montréal et obtient un doctorat en esthétique à l'U. de Paris. Il est parmi les premiers à enseigner la littérature et l'art du Québec et, au début des années 60, il participe avec fougue à la RÉVOLUTION TRANQUILLE. Il donne des cours et conférences dans plusieurs institutions au Québec, en Ontario, en France, au Venezuela. Éditeur de poésie (Éditions Déom et du Songe) et surtout de livres d'art et de «livres d'artistes» (Iconia) contenant des estampes originales, il dirige plusieurs collections et s'engage dans plusieurs périodiques culturels. Il fonde le MUSÉE D'ART CONTEMPORAIN DE MONTRÉAL (1964), où il organise une rétrospective de Rouault, puis il dirige l'Exposition internationale de sculpture moderne à l'EXPO 67. Auteur d'une cinquantaine d'ouvrages et d'un millier d'articles, de préfaces, d'émissions de radio et de films d'art, sa réputation d'expert-conseil en art s'établit: *Alfred Pellan* (1963), *École de Montréal* (1964), *Jean Paul Lemieux* (1968-1975), *Jean-Paul Riopelle* (1970-1981), *Paul-Émile Borduas* (1972 et 1977), *L'art au Québec depuis 1940* (1973), *Jordi Bonet* (1975), *Marc-Aurèle Fortin* (1976 et 1982), *La peinture au Québec depuis ses origines* (1978), *Dallaire* (1980), *Art actuel au Québec* (1983). Parmi ses autres publications, citons des recueils de poèmes comme *Québec se meurt* (1969) et *Textures* (1976), des études comme *Poésie québécoise actuelle* (1970) et *Aspects de la littérature québécoise* (1970), des essais d'esthétique comme *Connaissance nouvelle de l'art* (1963), *Le su et le tu* (1969), *Art et non finito* (1984). Grand prix littéraire de Montréal en 1976, il participe à de nombreux comités, colloques et jurys. Il est membre de la Commission Applebaum-Hébert sur la politique culturelle fédérale (1979-1982) de la Commission canadienne des biens culturels. Expert chevronné, esprit doué d'un sens aigu de l'esthétique contemporaine, il sert d'exemple par l'accomplissement d'un œuvre colossal et primordial dans l'histoire de l'art au Québec.

Michel Champagne

Roberts, Bartholomew, pirate (Pembrokeshire, pays de Galles, v. 1682—10 févr. 1722). Appelé «le pirate puritain», parce qu'il interdit toute conduite immorale à bord de ses navires, il aurait capturé plus de 400 vaisseaux. Il apparaît au large de la côte de la Nouvelle-Écosse en juin 1720, met le cap sur Trepassey, à Terre-Neuve, où lors d'un raid mené à l'aube avec un seul navire, il capture 22 bateaux. Après avoir pillé la ville, il fait voile vers le nord en longeant la côte, s'attaque aux navires et aux colonies de peuplement, et recrute des hommes d'équipage. Après avoir quitté les eaux canadiennes, il se dirige vers la côte africaine, où il est tué dans un combat contre un navire britannique au large du Cap Lopez. La plupart de ses membres d'équipage qui y survivent sont exécutés ou condamnés à l'esclavage. Sa mort marque la fin de «l'âge d'or» de la PIRATERIE.

Edwards Butts

Roberts, sir Charles George Douglas, poète et auteur de récits sur les animaux (Douglas, N.-B., 10 janv. 1860—Toronto, 26 nov. 1943). Son recueil, *Orion and Other Poems* (1880), inspire Bliss CARMAN (son cousin), Archibald LAMPMAN ainsi que D.C. SCOTT, et en fait un membre éminent de ceux que l'on appelle les «poètes de la Confédération». À sa mort, il est considéré comme l'homme de lettres le plus important au Canada. Fils d'un membre du clergé, il grandit au Nouveau-Brunswick, près de Tantramar Marsh et à Fredericton. Après avoir fréquenté l'U. du Nouveau-Brunswick (1876-1879), il enseigne à l'école primaire à Chatham et à Fredericton (1879-1883), est rédacteur en chef du *The Week* (1883-1884) et professeur au King's College de Windsor, en Nouvelle-Écosse (1885-1895).

C'est pendant cette période qu'il écrit ses meilleurs poèmes, publiés dans *In Divers Tones* (1886) et dans *Songs of the Common Day* (1893). Il est élu Membre de la Société Royale en 1890. Des difficultés financières le contraignent à se tourner vers la fiction. En 1897, il va vivre à New York, laissant son épouse et sa famille au Canada. Il écrit un certain nombre de romans, y compris des romans historiques, mais ce sont ses récits sur les animaux qui lui valent le plus de succès. Ces derniers sont inspirés de ses expériences de jeunesse dans les régions sauvages des Maritimes, et il en publie plus d'une douzaine, dont *Earth's Enigmas* (1896) et *Eyes of the Wilderness* (1933). En 1907, il se rend en Europe où il continue d'écrire, mais il doit interrompre ses activités pour servir dans la Première Guerre mondiale. À son retour au Canada, en 1925, il se consacre de nouveau à la poésie et publie *The Vagrant of Time* (1927) et *The Iceberg and Other Poems* (1934). Roberts est un personnage populaire à cette époque. Il donne des conférences partout au Canada et est fait chevalier en 1935.

Roberts, tout comme Ernest Thompson SETON, a créé avec les récits sur les animaux un mode d'expression purement canadien. Dans ses premiers poèmes descriptifs et méditatifs (*Tantramar Revisited*, *The Potato Harvest*, *The Sower*), Roberts recrée avec beaucoup de sensibilité les scènes passées dans les Maritimes. Bien qu'il n'ait pas répondu aux attentes suscitées par la poésie de ses débuts, il a posé les bases de la poésie canadienne.

W.J. Keith

Roberts, William Goodridge, peintre (Barbade, Antilles, 24 sept. 1904—Montréal, 28 janv. 1974), neveu de sir C.G.D. ROBERTS. Roberts reçoit sa formation de l'École des beaux-arts de Montréal de 1923 à 1925 et de l'Art Students League de New York de 1926 à 1928, avant de s'engager pour le reste de sa vie dans le modernisme. Après avoir été le premier artiste résidant à l'U. Queen, de 1933 à 1936, il déménage à Montréal, où il devient membre en 1939 de l'Eastern Group de John LYMAN et membre fondateur de la SOCIÉTÉ D'ART CONTEMPORAIN. Il enseigne à la School of Art and Design de 1930 à 1949, hormis les années 1943-1945 pendant lesquelles il sert dans l'armée à titre de peintre de guerre.

Au début des années 50, Roberts est déjà célèbre au pays grâce à sa participation à de nombreuses expositions canadiennes et internationales et, en 1952, il est l'un des quatre artistes qui représentent le Canada à sa première participation officielle à la Biennale de Venise. En 1959, il devient le premier artiste résidant de l'U. du Nouveau-Brunswick. En 1969, la Galerie nationale du Canada présente une rétrospective de ses œuvres, ce qui est alors inhabituel pour un artiste toujours vivant. Roberts est le premier peintre canadien à aborder le paysage, la figure et la nature morte en leur accordant la même importance. La puissance de sa peinture réside dans l'ambiguïté qui existe entre ce qui est réel et ce qui est peint et qui résulte de l'identification du peintre à ses sujets.

Sandra Paikowski

Robertson, Jaime Robbie, chanteur et compositeur (Toronto, 5 juill. 1944). Fils d'un père juif et d'une mère de descendance mohawk, Robertson grandit sur la réserve des Six-Nations, au nord du lac Érié, en Ontario.

En 1960, à l'âge de 15 ans, Robertson s'associe à Ronnie HAWKINS and the Hawks après s'être brièvement produit avec Robbie and the Robots, Thumper and the Trombones et Little Caesar and the Consoles. En moins de sept ans, The Hawks devient le groupe d'accompagnement de Bob Dylan et enregistre son tout premier album sous le nom de THE BAND. Principal compositeur à l'époque, Robertson est l'auteur de nombre des chansons à succès lancées par The Band et dont les textes racontent l'expérience américaine : *The Weight, The Night They Drove Old Dixie Down* et *Acadian Driftwood*.

Après le lancement de l'album *Islands* par The Band en 1977, Robertson commence une carrière solo en composant la musique du film *Raging Bull* (1980; v.f. *Comme un taureau sauvage*) et celle de deux projets de Martin Scorsese: *The King of Comedy* (1983; v.f. *La valse des Pantins*) et *The Color of Money* (1986; v.f. *La couleur de l'argent*). Daniel LANOIS produit l'album solo «post-The Band» intitulé *Robbie Robertson* (1987) sur lequel on retrouve Peter Gabriel et U2 ainsi que deux des chansons à succès de l'album: *Showdown at Big Sky* et *Somewhere Down the Crazy River*. *Storyville* (1991), le nom d'un quartier légendaire de boîtes de nuit de la Nouvelle-Orléans, met en vedette des chanteurs tels que Neil YOUNG, The Meters, Bruce Hornsby et Aaron Neville. La musique de l'album *The Native Americans* (1994) est la trame sonore du documentaire télévisé américain de six heures relatant l'histoire des autochtones aux États-Unis. L'album est le fruit de la collaboration entre Robertson et une gamme d'artistes autochtones (connus sous le nom de *The Red Road Ensemble*, comprenant Rita Coolidge, Jim Wilson (ancien membre du groupe vancouverois *Blue Northern*) et le duo montagnais québécois Kashtin.

Robertson poursuit son travail sur différentes trames sonores au milieu des années 90, compilant la musique du film *Casino*, une autre réalisation de Scorsese, et produisant la chanson *Change the World*, tirée de la trame sonore du film *Phenomenon* (v.f. *Phénomène*) et primée aux Grammy Awards. Il explore à nouveau ses racines autochtones en mars 1998 avec *Contact From The Underworld of Red Boy*. Contrairement aux thèmes historiques abordés dans son album précédent, il actualise dans ce nouvel album la musique autochtone en y introduisant par mixage des rythmes de musique de danse composés électroniquement. Le documentaire de PBS *Robbie Robertson: Making A Noise* donne une vue en coulisses de l'enregistrement de ses albums.

Jeff Bateman

Robertson, James, ministre du culte presbytérien (Dull, Écosse, 24 avril 1839—Toronto, 4 janv. 1902). Robertson arrive à Woodstock (Canada-Ouest) en 1855; il est enseignant, puis étudie à l'U. de Toronto, s'enrôle dans le corps de milice universitaire et combat à la bataille de RIDGEWAY (1866). Après des études de théologie au Princeton Seminary, il devient ministre du culte en milieu rural en 1869. En 1874, il déménage à Winnipeg et, en 1881, il est nommé surintendant des missions presbytériennes du Nord-Ouest. Sous la direction de Robertson, l' «évêque presbytérien», le nombre de paroisses passe de 4 à 141, et l'Église compte également 226 missions desservant 1130 endroits.

John S. Moir

Robertson, James Wilson, producteur laitier et enseignant (Dunlop, Écosse, 2 nov. 1857—Ottawa, 20 mars 1930). Robertson exploite une ferme de 1875 à 1886 avant de devenir professeur en élevage laitier au Collège d'agronomie de l'Ontario. En tant que commissaire à l'industrie laitière pour le gouvernement du Dominion de 1890 à 1904, il participe au développement de l'industrie fromagère, surtout dans les régions de l'Est qui ne peuvent pas produire de blé aussi bon marché que celui des nouvelles fermes des Prairies. En 1905, il devient le premier directeur du Collège Macdonald de l'U. McGill et, de 1909 à 1913, il est président de l'influente Commission royale sur la formation industrielle et l'enseignement technique. Par la suite, sa carrière est obscure. Bien que nommé compagnon de l'ordre de Saint-Michel et de Saint-Georges pour sa contribution à l'industrie fromagère en 1905, il perd son poste de directeur du Collège Macdonald en 1910. À l'exception de travaux exécutés en 1919 pour approvisionner l'Europe en nourriture au lendemain de la guerre, il n'a occupé aucun poste universitaire ou gouvernemental après 1913.

Donald J.C. Phillipson

Robertson, John Ross, directeur de journal et philanthrope (Toronto, 28 déc. 1841—id., 31 mai 1918). Fils d'un commerçant d'origine écossaise, Robertson fait ses études au Upper Canada College de Toronto, où il publie un journal étudiant. Il fonde un journal du soir, le *Telegram*, qui devient le porte-parole de la population ouvrière, conservatrice et orangiste de Toronto. Connu sous le nom de «la vieille dame de Melinda Street», ce journal est le principal rival du *Toronto Star*, journal aux tendances libérales. Robertson est un conservateur non conformiste que son grand intérêt pour l'histoire locale conduit à colliger et à publier les nombreux volumes de *Landmarks of Toronto and Canada*. Il lègue sa remarquable collection personnelle de Canadiana à la bibliothèque municipale de Toronto. Le Hospital for Sick Children de Toronto bénéficie aussi de son immense générosité. Ses héritiers continuent de publier le *Telegram* jusqu'à ce qu'ils le vendent dans les années 30. Sa publication cesse en 1971.

Robertson, Lloyd, présentateur de nouvelles à la télévision et à la radio (Stratford, Ont., janv. 1934). Robertson, l'un des présentateurs de nouvelles télévisées les plus renommés et respectés du Canada, commence sa carrière de communicateur en 1952 à la station de radio CJCS de Stratford, sa ville natale. Il se retrouve un an plus tard à la station CJOY à Guelph, avant de devenir annonceur attitré de la SRC en 1954. De 1970 à 1976, Robertson présente le téléjournal national de la SRC et entre au service des nouvelles de CTV en octobre 1976, où il est coprésentateur du bulletin de nouvelles nationales avec Harvey Kirk. En 1983, il est nommé présentateur en chef et rédacteur en chef des nouvelles.

Robertson reçoit plusieurs prix, dont la médaille d'or de l'ACR pour l'excellence en communication (1995-1996), deux prix Gémeaux du meilleur présentateur-intervieweur (1992 et 1994) et le prix du «Présentateur de l'année» de la Central Canadian Broadcasters Association (1992).

Robert Wiznura

Robertson, Norman Alexander, fonctionnaire et diplomate (Vancouver, 4 mars 1904—Ottawa, 16 juill. 1968). Il fait des études à l'U. de la Colombie-Britannique, à Oxford et à la Brookings Institution puis entre en fonction au ministère des Affaires extérieures en 1929. Son travail sur les politiques de commerce extérieur attire l'attention du premier ministre KING et de O.D. SKELTON pendant la crise économique, et il devient sous-secrétaire en 1941. Durant la Seconde Guerre mondiale, avec l'aide de Lester PEARSON et de Hume WRONG, Robertson mène avec grand succès la diplomatie canadienne vers de nouvelles voies. Après le conflit, il occupe le poste de haut-commissaire à Londres pendant deux mandats (1946-1949 et 1952-1957), au cours desquels il traite des problèmes financiers ainsi que la CRISE DU CANAL DE SUEZ. Il est ensuite ambassadeur à Washington pendant un an (1957-1958), puis à nouveau sous-secrétaire (1958-1964). Ses fermes convictions antinucléaires raffermissent alors celles de Howard Green, son ministre, et provoquent en partie la chute du gouvernement de DIEFENBAKER en 1963. Durant la dernière année de sa vie, il est professeur à l'U. Carleton.

J.L. Granatstein

Robertson, Robert Gordon, fonctionnaire (Davidson, Sask., 19 mai 1917). Gordon Robertson étudie à l'U. de la Saskatchewan, à Oxford et à l'U. de Toronto avant de se joindre au ministère des Affaires étrangères, en 1941. Il travaille au bureau du premier ministre et, ensuite, comme membre du Secrétariat du Cabinet, avant de devenir sous-ministre des Affaires du Nord et des Ressources naturelles (1953-1963). Promu greffier du Conseil privé et du Secrétariat du Cabinet (1963-1975), Robertson est admiré pour sa lucidité et son efficacité. Il compte parmi les fonctionnaires les plus influents de son époque.

Il est secrétaire du Cabinet pour les relations fédérales-provinciales, de 1975 à 1979, et participe au processus de révision constitutionnelle. Après avoir pris sa retraite, il devient président du nouvel Institut de recherche en politiques publiques à Ottawa où, de 1984 à 1990, il est boursier en résidence. L'institut publie son ouvrage *Northern Provinces: A Mistaken Ideal* (1986). En 1990, Robertson assume la présidence du Réseau sur la constitution. Il a été nommé Compagnon de l'Ordre du Canada en 1976.

Robert Bothwell

Robertson, Sarah Margaret Armour, peintre (Montréal, 16 juin 1891—id., 6 déc. 1948). Robertson fait partie d'un groupe de femmes peintres qui étudient avec William BRYMNER, Maurice CULLEN et Randolph Hewton. Elle devient membre du groupe Beaver Hall Hill, puis du Canadian Group of Painters. Elle peint des paysages (les Laurentides et le Bas-Saint-Laurent) et prend part à des excursions estivales pour faire des croquis avec Prudence HEWARD et A.Y. JACKSON. Sa nature enjouée la distingue des tendances du GROUPE DES SEPT. Elle choisit souvent de représenter les flèches du couvent ou les vieilles tours Martello de Montréal. Au milieu des années 20, son style s'affirme au travers d'une composition strictement maîtrisée, probablement influencée par Lawren HARRIS, mais, dès les années 30, elle découvre l'assurance et la spontanéité dans des œuvres telles que *Coronation* (1937) et *Village Isle of Orleans* (1939).

Anne McDougall

Roberval, ville du Qc; pop. 11 640 (rec. 1996), 11 628 (rec. 1991); superf. 147,24 km²; const. en 1976. Située sur la rive sud-ouest du lac SAINT-JEAN, elle est le chef-lieu de Lac-Saint-Jean-Ouest (1892) et le siège du district judiciaire de Roberval (1912). Elle porte le nom du lieutenant-général de France au Canada au XVIe s. Roberval est fondée en 1855 et connaît une croissance rapide après 1888, lorsque la compagnie de chemin de fer Québec – Lac-Saint-Jean (annexée aux Chemins de fer nationaux du Canada en 1917) décide d'en faire son terminus pour la région du Lac-Saint-Jean.

Centre de navigation sur le lac et lieu de villégiature de renommée internationale jusqu'au début du XXe s., Roberval possède aussi quelques scieries. Les Ursulines y installent leur maison provinciale en 1882, à laquelle s'ajoute un hôpital en 1918. Depuis, Roberval est le centre de services du sud-ouest de la région du Lac-Saint-Jean. La ville est l'hôte de la prestigieuse Traversée internationale du lac Saint-Jean depuis 1955.

Marc St-Hilaire

Roberval, Jean-François de La Rocque, sieur de, lieutenant-général français du Canada (France, v. 1500—Paris, 1560). Courtisan d'origine noble, le roi le nomme lieutenant-général du Canada en 1541, malgré sa conversion au protestantisme. Cette même année, il se voit confier le commandement de la nouvelle expédition de l'explorateur Jacques CARTIER au Canada. Ce dernier y a déjà fait deux expéditions et s'apprête à repartir au mois de mai.

Roberval, retardé en raison de manque de fonds et d'équipements, fait voile seulement en avril 1542, au moment où Cartier décide d'abandonner son établissement à Charlesbourg-Royal (Cap-Rouge, Québec). Les deux expéditions se croisent dans le port de St. John's (Terre-Neuve). Avec quelque 200 hommes, Roberval reprend possession de l'établissement de Cartier. L'hiver suivant est désastreux: le climat, la maladie et les querelles intestines minent le moral des colons. Au terme d'une exploration de quelques semaines dans la direction d'HOCHELAGA (Montréal), au cours de l'été 1543, les survivants abandonnent la colonie et retournent en France. L'échec de l'expédition met fin à tout projet immédiat de colonisation du Canada et entraîne la ruine financière de Roberval. Il est tué à Paris, avec d'autres protestants, dans une bagarre de rue au début des Guerres de Religion en France.

John G. Reid

Robichaud, Louis Joseph, avocat, politicien, premier ministre du Nouveau-Brunswick de 1960 à 1970 et sénateur (Saint-Antoine, N.-B., 21 oct. 1925). Il étudie à l'U. du Sacré-Cœur et à l'U. Laval, puis pratique le droit et est élu député du comté de Kent à l'Assemblée législative en 1952. Élu chef du Parti libéral du Nouveau-Brunswick en 1958, il mène celui-ci à la victoire contre Hugh J. FLEMMING, en 1960, exerce les fonctions de procureur général de 1960 à 1965 et de ministre de la Jeunesse en 1968. Premier Acadien élu premier ministre du Nouveau-Brunswick (1960), il implante de profondes réformes sociales contenues dans son programme «Chance égale», à tendance centralisatrice.

Son gouvernement libéral modernise les lois concernant les boissons alcooliques, abolit la taxe sur les primes d'hospitalisation, adopte la *Loi sur les langues officielles du Nouveau-Brunswick*, met sur pied l'université de Moncton, accroît la présence des Acadiens au sein de l'administration et encourage le développement des industries minière et forestière. En 1970, les libéraux sont défaits par Richard HATFIELD et Robichaud démissionne de son poste de chef du Parti et comme député en 1971 pour devenir président de la section canadienne de la COMMISSION MIXTE INTERNATIONALE.

En 1973, il est nommé au Sénat, où il continue d'appuyer le bilinguisme et l'unité nationale. Il est nommé compagnon de l'Ordre du Canada en 1971.

Della M.M. Stanley

Robidoux, Réjean, professeur et essayiste (Sorel, Qc, 1928). Il effectue ses études entre le Québec et l'Europe et obtient successivement une licence en philo-

sophie (1950), en théologie (1954), en Lettres (1957), un diplôme d'Études supérieures (1958) et un doctorat de la Sorbonne (1962). L'essai qu'il tire de sa thèse, *Roger Martin du Gard et la religion* (1964), lui vaut le prix du Gouverneur général.

Il dirige le département de lettres françaises de l'U. d'Ottawa (Ont.: 1978-1985), après y avoir été professeur (1964-1967; 1974-1978), ainsi qu'à l'U. de Toronto (1967-1974). Élu membre de la Société royale du Canada en 1980, il obtient la Bourse Killam en 1985 et collabore à de nombreux périodiques: *Incidences, Revue de l'Université d'Ottawa, The Canadian Modern Language Review, University of Toronto Quarterly, Voix et Images, Le Droit* et *Lettres Québécoises*, dont il est l'adjoint de direction.

Érudits et rigoureux, ses nombreux essais et bibliographies constituent un apport considérable à la connaissance de l'histoire de la littérature québécoise et font de ce professeur discret et trop modeste l'un des plus prestigieux critiques des années 1960-1980: *Le Roman canadien français* (en collaboration, 1965; plusieurs rééditions); *Le roman canadien-français du vingtième s.* (en coll. avec André Renaud, 1966); *La poésie canadienne-française* (en coll., 1969); *Le Traité du Narcisse (théorie du symbole) d'André Gide* (1978); *Crémazie et Nelligan* (1981); *Solitude rompue* (1986); *La création de Gérard Bessette* (1987); *Fonder une littérature nationale: notes d'histoire littéraire* (1994).

Ismène Toussaint

Robinson, Clifford William, avocat, homme d'affaires et premier ministre du Nouveau-Brunswick de 1907 à 1908 (Moncton, N.-B., 1er sept. 1866—Montréal, 27 juill. 1944). En 1897, Robinson est élu maire de Moncton et député à l'Assemblée législative. Il sert comme orateur de la Chambre et comme secrétaire provincial, puis devient premier ministre en 1907. Un an plus tard, son gouvernement est défait. Il est ministre sans portefeuille et ministre des Terres et des Mines dans le gouvernement libéral provincial de 1917 à 1924, année où il est nommé sénateur.

Arthur T. Doyle

Robinson, sir John Beverley, avocat, politicien et juge (Berthier, Bas-Canada, 26 juill. 1791—Toronto, 31 janv. 1863). Inscrit à l'école de John STRACHAN, il se lie un ami fidèle de ce ministre anglican tory. Nommé procureur général intérimaire en 1813, il devient solliciteur général après la guerre de 1812 et va terminer ses études de droit en Angleterre. À son retour, il est de nouveau assigné au poste de procureur général. En 1820, Robinson est élu à l'assemblée et demeure porte-parole du gouvernement jusqu'en 1828. En tant que membre du FAMILY COMPACT, il défend avec acharnement les causes de l'union impériale, de l'Église anglicane et de la hiérarchie sociale dominée par une élite choisie. Il s'attire la colère des réformistes et des opposants, tel Robert GOURLAY, qu'il poursuit en justice, et il joue de toute son influence pour déposséder les colons américains de leurs droits politiques et de leurs droits de propriété, en les qualifiant d' «étrangers». Robinson favorise toutefois le développement économique du Canada et mène une remarquable carrière juridique. Il est nommé juge en chef en 1829, puis orateur au Conseil législatif et président du Conseil exécutif. Après les procès des rebelles du Haut-Canada, il ordonne l'exécution de Samuel LOUNT et de Peter MATTHEWS. Il critique le rapport de lord DURHAM et appuie l'union de toute l'Amérique du Nord britannique. Après 1841, il a peu d'influence politique en tant que juge et membre tory du *Family Compact*. Il est fait chevalier, puis devient baronnet (1854). Des problèmes de santé mettent fin à son exceptionnelle carrière de juriste et l'obligent à quitter le banc en 1863.

David Mills

Robinson, Larry, joueur de hockey (Winchester, Ont., 2 juin 1951). En 1971, il est choisi par les CANADIENS DE MONTRÉAL au premier tour du repêchage de la Ligue nationale de hockey (LNH) puis,

après avoir évolué un an et demi dans la Ligue américaine, il est rappelé par les Canadiens qu'il aide à remporter la COUPE STANLEY en 1973. Ce grand rouquin devient la figure de proue des défenseurs des Canadiens qui décrocheront, en partie grâce à lui, quatre autres coupes de 1976 à 1979, et une cinquième en 1985-1986. À la fin de la saison 1988-1989, Robinson devient joueur autonome et passe aux Kings de Los Angeles, avec lesquels il jouera pendant trois saisons avant de prendre sa retraite en 1992. Au cours de sa carrière de vingt ans, Robinson a toujours participé aux séries éliminatoires. Gordie HOWE est le seul autre joueur qui a participé à vingt séries éliminatoires. Ses 228 matches en séries éliminatoires dans la LNH constituent un record. Sa fiche est de 208 buts et 750 assistances pour un total de 958 points en carrière ainsi que de ses 28 buts, 116 assistances pour un total de 144 points en séries éliminatoires. Il remporte le TROPHÉE JAMES NORRIS (1977, 1980), le TROPHÉE CONN SMYTHE (1978) et, par trois fois, est élu au sein de l'équipe d'étoiles de la LNH.

Derek Drager

Robinson, Peter, marchand, promoteur et surintendant de l'immigration (N.-B., 1785—Toronto, 8 juill. 1838). Il s'emploie jusqu'en 1822 à développer la rue Yonge dans la région de Newmarket et de Holland Landing. Lié à son frère, John Beverley ROBINSON, au sein du FAMILY COMPACT, il siège à l'Assemblée du Haut-Canada (1817-1824) et, en tant que commissaire des Terres de la Couronne, aux conseils législatif et exécutif (1827-1836). On se souvient surtout de lui en tant que fondateur de PETERBOROUGH (Ontario), qui a hérité de son nom. Il supervise deux peuplements d'immigrants IRLANDAIS du Sud aidés par l'Office des colonies, l'un établi à Shipman's Mills (aujourd'hui ALMONTE, Ontario) en 1823, l'autre à Scott's Mills (Peterborough) en 1825. En tant que commissaire des Terres de la Couronne, il emploie des agents des terres partout dans la province. De 1829 à 1833, ceux-ci, sous l'autorité locale de sir John COLBORNE, aident les immigrants à s'installer dans les cantons de la région de Peterborough, dans la baie Nottawasaga et dans les cantons Adelaide et Warwick, à l'ouest de London (Ontario).

Wendy Cameron

Robinson, Svend J., avocat et politicien (Minneapolis, Minn., 4 mars 1952). Il fait ses études à l'U. de la Colombie-Britannique et à la London School of Economics. Il est élu pour la première fois à la Chambre des communes en 1979 et est, depuis, réélu régulièrement dans sa circonscription. Fervent NÉODÉMOCRATE et ardent défenseur des droits des homosexuels, il appuie des causes aussi controversées que l'euthanasie et la conservation des forêts anciennes. Malgré l'effondrement du Nouveau Parti démocratique fédéral, il demeure un personnage politique populaire et influent en Colombie-Britannique et partout au Canada.

Virginia Gillese

Robitaille, Louis, danseur (Montréal, 21 déc. 1957). C'est à un spectacle de danse d'école secondaire, auquel il participe en 1973, que Robitaille doit sa carrière. Le talent de l'adolescent n'a pas manqué d'attirer l'attention du professeur d'éducation physique Peter George, aussi danseur de la troupe LES BALLETS JAZZ DE MONTRÉAL. Par l'entremise de George, il obtient une bourse lui permettant de participer au programme de formation d'été de la troupe.

En 1974, à l'âge de 16 ans, Robitaille se joint à la Compagnie de danse Eddy Toussaint (par la suite appelée Ballet de Montréal), où il pratique la danse et étudie sous la tutelle de divers professeurs, y compris les grands maîtres de ballet Olga Merinova et William Griffith.

Sa beauté blonde et les proportions parfaites de son corps, ainsi que le côté presque sauvage qui l'anime quand il danse, le distinguent d'entre tous.

Son incarnation du personnage légendaire d'Alexis le Trotteur en fait un symbole de la danse québécoise. En 1978, le danseur de peu d'expérience est recruté par LES GRANDS BALLETS CANADIENS, qui, dans le cadre du programme établi pour célébrer le 20e anniversaire de la troupe, lui confient le rôle-titre d'*Icare* de Thomas Hoving.

En 1986, il épouse sa partenaire Anik Bissonnette et, ensemble, ils connaissent beaucoup de succès. Ils avaient participé à leur premier concours dans le cadre du Festival international de Helsinki (1984), où ils interprétaient *Un simple moment* de Toussaint, et avaient remporté une médaille d'or. Leur réputation de chouchous de la danse au Québec, dans les années 80, ne les empêche pas d'explorer de nouveaux horizons. Ils se rendent en Europe, aux États-Unis et en Australie et reçoivent des invitations spéciales pour participer au Festival Spoletto en Italie ainsi qu'au Ballet de Toulouse en France.

Robitaille se joint aux Grands Ballets Canadiens en 1989 et interprète *L'Après-midi d'un faune* au cours de sa première saison. De 1990 à 1996, année de son départ, il ajoute à son répertoire 35 rôles puisés dans les œuvres de chorégraphes comme Limon, Balanchine, Tudor, Fokine, Dolin, Duato, Kylian et Forsythe.

En 1994, Robitaille assure la direction artistique du Jeune Ballet du Québec et fonde une petite troupe de ballet de chambre, Bande à Part. Il fonde aussi, avec Bissonnette, Danse-Théâtre de Montréal en 1995. Puis, en 1998, il est nommé directeur artistique de la troupe Les Ballets Jazz de Montréal.

Robitaille reçoit en 1994 le prix Jacqueline-Lemieux. Il devient officier de l'Ordre du Canada en 1995, et on lui présente l'Ordre du Québec en 1996.

Linde Howe-Beck

Robitaille, Luc, joueur de hockey (Montréal, 17 févr. 1966). Il entame sa carrière avec les Olympiques de Hull de la Ligue de Hockey Junior Majeur du Québec. À sa 3e et dernière saison (1985-86), il amasse 191 points, le plus haut total du circuit et il aide l'équipe nationale à s'assurer la médaille d'argent aux championnats mondiaux juniors. En 1986, il est nommé joueur par excellence sur la scène canadienne du hockey junior majeur.

Ses débuts dans la Ligue nationale de hockey (1986-87) sont impressionnants: 45 buts et 39 aides avec Los Angeles dont il a été le 9e choix au repêchage de 1984. Ses 84 buts constituent alors un record pour une recrue. Il reçoit le TROPHÉE CALDER remis à la meilleure recrue. Il atteint un sommet en 1992-1993 avec 63 buts, sa 3e saison de plus de 50 buts. Et ses 125 points améliorent alors le record de la LNH pour un ailier gauche. Après une saison à Pittsburgh et deux à New York, il revient avec les Kings de Los Angeles en 1997.

Luc Robitaille fait aujourd'hui partie de l'élite de la LNH et du club sélect des plus de 500 buts et 1000 points au cours d'une carrière.

Yvon Doré

Roblin, Dufferin, homme d'affaires, politicien et premier ministre du Manitoba de 1958 à 1967 (Winnipeg, 17 juin 1917). Après avoir étudié à l'U. du Manitoba et à l'U. de Chicago, «Duff» Roblin sert dans l'Aviation royale du Canada pendant la Seconde Guerre mondiale. Il est élu pour la première fois à l'Assemblée législative du Manitoba en 1949 comme député conservateur indépendant de Winnipeg-Sud. Petit-fils de sir Rodmond P. ROBLIN, le très partisan premier ministre de la province de 1900 à 1915, il conteste le gouvernement de Douglas CAMPBELL, extirpe les conservateurs du gouvernement de coalition en 1951, est élu chef du Parti en 1954 et renverse le gouvernement Campbell en 1958.

Son gouvernement, l'un des plus entreprenants dans l'histoire du Manitoba, améliore le réseau routier, crée des parcs provinciaux, construit le canal régulateur de crue du Grand Winnipeg (appelé à l'époque par dérision le «fossé de Duff»), modernise les hôpitaux et les agences de service social, centra-

lise les écoles et agrandit les installations postsecondaires, rétablit l'usage du français en éducation, lance un programme de services communs pour les écoles privées, encourage le réaménagement urbain, coordonne les municipalités du Grand Winnipeg en les dotant d'une structure métropolitaine, lance des projets d'exploitation hydroélectrique et minière dans le Nord et met sur pied plusieurs agences d'aide au développement économique du secteur privé.

Fort de ces réalisations, son gouvernement est réélu en 1959, 1962 et 1966. En novembre 1967, il démissionne de son poste de premier ministre pour se porter candidat à la direction du Parti progressiste-conservateur fédéral, mais il est battu par Robert STANFIELD. Aux élections fédérales de 1968, il est défait dans Winnipeg-Sud-Centre, victime de la «Trudeaumanie». Au terme d'un mandat de membre de la direction d'Investissements Canadien Pacifique Limitée, il fonde une société de courtage à Winnipeg.

En 1978, il est nommé au Sénat, où il siège dans des comités chargés d'étudier la réforme de la Constitution et celle du Sénat et propose que les sénateurs soient élus. En septembre 1984, il est nommé leader du gouvernement MULRONEY au Sénat, poste qu'il occupe jusqu'à sa démission volontaire, le 30 juin 1986. Roblin est important en tant que représentant du conservatisme classique, dans la tradition de John A. MACDONALD, partisan de la participation active du gouvernement dans la réforme sociale. En 1970, il est nommé compagnon de l'Ordre du Canada en reconnaissance des services rendus à la nation.

Thomas Peterson

Roblin, sir Rodmond Palen, homme d'affaires et premier ministre du Manitoba de 1900 à 1915 (Sophiasburg, Canada-Ouest, 15 févr. 1853—Hot Springs, Arkansas, 16 févr. 1937). D'origine hollandaise loyaliste, Roblin étudie à l'Albert College, à Belleville, en Ontario. Quand il arrive à Winnipeg à la fin de mai 1877, il participe à diverses activités commerciales à Carman et à Winnipeg et se lance dans la politique locale. À sa deuxième tentative, il est élu député indépendant à l'Assemblée législative en 1888. L'enjeu capital, à l'époque, est la «clause d'exclusivité» de la charte du Canadien Pacifique, qui accorde à la société ferroviaire le quasi-monopole du transport dans l'Ouest. Ardent défenseur des droits des provinces, il appuie entièrement la lutte que mène le gouvernement GREENWAY afin de renverser ce monopole, mais s'oppose au plan de Greenway visant à faire venir le chemin de fer Northern Pacific au Manitoba sans contrôler les tarifs. Il critique également l'incapacité de son gouvernement de réaliser le projet d'un chemin de fer jusqu'à la baie d'Hudson. À la suite de la mort subite du chef conservateur John NORQUAY, en juillet 1889, l'opposition remarquée et efficace de Roblin à la politique ferroviaire de Greenway fait de lui le candidat populaire à la direction du Parti conservateur. Au cours de la session mouvementée de 1890, il dénonce la volte-face de Greenway, qui revient sur les récentes promesses faites à la minorité catholique de ne pas bouleverser les lois de la province sur la langue et les écoles. Greenway surmonte cependant la tempête et demeure au pouvoir jusqu'à la fin de la décennie.

Après 10 années de participation intermittente à la scène politique, Roblin succède à Hugh John MACDONALD à titre de premier ministre en 1900. Il assume lui-même le portefeuille des chemins de fer et conclut avec le Chemin de fer Canadien du Nord une entente surprenante selon laquelle la société ferroviaire construit une nouvelle voie jusqu'à la tête des Grands Lacs et concède le contrôle des prix au gouvernement provincial, ce que Roblin a toujours considéré comme sa plus importante réalisation. Son gouvernement rachète la Bell Telephone Company, crée un système téléphonique gouvernemental efficace et établit la première commission de services publics au pays. À la demande des cultivateurs, il

tente d'instituer un système d'élévateurs à grains de propriété publique, mais il échoue lamentablement. Néanmoins, son gouvernement adopte une loi sur les accidents du travail et instaure un impôt sur les sociétés.

La «machine Roblin», comme on l'appelle, joue un rôle important lors des élections fédérales de 1911, qui portent sur la RÉCIPROCITÉ et se soldent par la défaite du gouvernement libéral de LAURIER. Sous le gouvernement conservateur de Robert BORDEN au pouvoir à Ottawa, les frontières du Manitoba sont enfin reculées, et le premier ministre devient *sir Rodmond*, une tournure d'événements non fortuite.

Bien qu'il ne soit pas directement impliqué dans le scandale entourant la construction du nouvel édifice de l'Assemblée législative, qui entraîne la défaite de son gouvernement en 1915, Roblin en subit l'opprobre, démissionne et retourne dans le milieu des affaires.

J.E. Rea

Robotique Le terme «robot» est utilisé pour la première fois par l'écrivain tchèque Karel Capek en 1920 dans sa pièce *R.U.R* (*Les Robots universels de Rossum*). Dans cette pièce, les automates que Rossum et son fils créent pour servir le monde échappent à leur contrôle; les conséquences sont désastreuses. Les robots industriels modernes sont des inventions beaucoup plus utiles, obéissant sans relâche à des ensembles d'instructions programmées. En 1957, un brevet est accordé à l'inventeur anglais Cyril Walter Kenward pour le premier robot industriel. En Amérique du Nord, Joseph Engelberger, associé pendant de nombreuses années à Unimation Inc., est couramment considéré comme le père de la robotique. Au Canada, l'un des premiers robots industriels mis en service complet est installé dans une fabrique de confiserie à Kitchener, en Ontario, aux alentours de 1961 à 1964. À la fin de 1985, le nombre total de robots industriels installés au Canada est passé à plus de 1000. Près de 63 p. 100 d'entre eux sont en fonction dans de grandes entreprises du secteur de l'automobile et, chaque année depuis 1976, c'est en Ontario qu'on retrouve plus de 90 p. 100 des installations de robots au Canada. Malgré cette progression importante, on rapporte que le nombre de robots par travailleur de l'industrie manufacturière au Canada est moins important que dans d'autres pays industrialisés et qu'il diminue relativement.

On emploie couramment la définition suivante pour le robot: manipulateur multifonctionnel, reprogrammable, conçu pour déplacer des matériaux, des pièces, des outils ou des dispositifs spécialisés grâce à des mouvements programmés variables pour l'accomplissement de tâches variées. La recherche canadienne en robotique dans les universités ainsi que dans les laboratoires du gouvernement et de l'industrie est hautement respectée, même si on considère souvent que les groupes de chercheurs et leur personnel sont plutôt très dispersés et peu nombreux. En 1981, le Canada attire l'attention mondiale quand le télémanipulateur de la navette spatiale, appelé BRAS SPATIAL CANADIEN, se déploie à partir de la soute de la navette spatiale Columbia. Le Canada travaille actuellement à la mise au point de modèles nouveaux et plus perfectionnés pour le système d'entretien mobile (SEM), dont la construction constitue la contribution canadienne à la station spatiale américaine.

La recherche et le développement en robotique croissent dans beaucoup d'universités canadiennes, au Conseil national de recherches et dans les sociétés industrielles. Les domaines de recherche comprennent la vision artificielle et d'autres sortes de capteurs, la communication entre l'homme et la machine, la manipulation, la locomotion, les actionneurs et les applications industrielles. Ce dernier domaine comprend les véhicules sous-marins actionnés à distance et la «télérobotique», terme approprié pour les manipulateurs ou robots actionnés à distance. L'Institut canadien des recherches avancées (ICRA) fournit des fonds particuliers pour soutenir la recherche et le développement dans les universités canadiennes, à l'intérieur de disciplines sélectionnées. Dans nombre de cas, les robots sont intégrés à un système plus important et sont souvent et étroitement liés au vaste domaine de l'automatisation industrielle. Les contraintes d'utilisation et d'environnement entraîneront probablement la mise au point de systèmes d'automatisation qui paraîtront complètement différents des robots industriels typiques d'aujourd'hui (p. ex., un certain nombre de pays étudient la possibilité d'utiliser des robots dans les mines). À l'avenir, grâce aux techniques de commande, de captation et de communication à distance, l'opérateur sera en mesure de diriger toutes les opérations essentielles à partir d'une cabine ou d'une salle de contrôle dans un environnement plus confortable et plus sécuritaire.

Le soutien financier gouvernemental pour la recherche et le développement en robotique dans les universités canadiennes se fait par l'entremise du Conseil de recherches en sciences naturelles et en génie (CRSNG) pour les universités et, pour les sociétés industrielles, par l'entremise du Programme d'aide à la recherche industrielle (PARI) du Conseil national de recherches du Canada ou par celle du Programme de développement industriel et régional (PDIR) administré par le ministère de l'Expansion industrielle régionale (MEIR).

J. Scrimgeour

Robson, John, journaliste, politicien et premier ministre de la Colombie-Britannique de 1889 à 1892 (Perth, Haut-Canada, 14 ou 15 mars 1824—Londres, Angl., 29 juin 1892). Il arrive en Colombie-Britannique en 1859 et y fonde le *British Columbian* de New Westminster en 1861. En 1869, il déménage à Victoria et devient rédacteur en chef du *Daily British Colonist*. Il restera à ce poste jusqu'en 1875, année où il devient responsable de la paie des arpenteurs du Canadien Pacifique. Éloquent défenseur du GOUVERNEMENT RESPONSABLE et représentatif de la CONFÉDÉRATION, il s'allie à son rival Amor DE COSMOS dans la «Confederation League» en 1868. Il est membre du conseil municipal de New Westminster, (1863-1867), du Conseil législatif de la Colombie-Britannique et de l'Assemblée législative (1871-1873, 1882-1892). En 1883, il devient secrétaire provincial et ministre des Finances et de l'Agriculture dans le gouvernement de William Smithe et, après la mort de A.E.B. DAVIE en 1889, il devient premier ministre. Son gouvernement se signale par des subventions aux chemins de fer, sa tentative de freiner l'exploitation excessive des ressources naturelles, le remaniement des circonscriptions électorales et des mesures en faveur de l'immigration. Il meurt au cours de son mandat d'un empoisonnement du sang causé par une blessure à un doigt.

Patricia E. Roy

Robson Mont D'une altitude de 3954 m, point culminant des ROCHEUSES canadiennes, il est situé à 72 km au nord-ouest de Jasper, à 10 km au sud-ouest de la ligne continentale de partage des eaux. Son nom fait l'objet de beaucoup de spéculations, mais il est probable qu'on l'ait ainsi nommé d'après Colin Robertson, un agent de la Compagnie de la baie d'Hudson affecté au poste de St. Marys, dans la région de la rivière de la Paix. Son flanc nord, aux pentes abruptes et fortement érodées par les glaciers, domine le lac Berg. Un escarpement élevé du côté sud présente un dénivelé de 2969 m par rapport au lac Kinney. Certains ont revendiqué plus tôt l'honneur de l'avoir gravi les premiers, mais la première ascension complète par le guide Conrad Kain, ainsi que par W.W. FOSTER et A.H. MACCARTHY, date de juillet 1913. Subséquemment, Foster et MacCarthy ont gravi le MONT LOGAN. À présent, les alpinistes l'escaladent en empruntant plusieurs voies très difficiles.

Glen Boles

Roche ignée L'un des trois grands types de roches, les deux autres étant la ROCHE SÉDIMENTAIRE et la ROCHE MÉTAMORPHIQUE. Les roches ignées résultent de la solidification du magma, roche fondue sous l'action de la chaleur et de la pression dans les couches profondes de l'écorce terrestre ou dans la couche supérieure du manteau. Ces magmas chauds sont moins denses que leurs roches mères et tendent à remonter à la surface. Chemin faisant, ils refroidissent et peuvent se cristalliser, soit partiellement, soit complètement.

Formés tôt, des cristaux denses peuvent se détacher du magma, ce qui entraîne une modification de la composition de la matière fondue résiduelle. C'est surtout à ce processus de différenciation, de même qu'aux variations de composition héritées de la matière d'origine lors de la fusion partielle, que les roches ignées doivent leur diversité. Le granite à grains grossiers témoigne de la cristallisation du magma à un rythme lent de refroidissement dans les profondeurs, tandis que les basaltes à grains plus fins sont l'indice d'un refroidissement rapide lors de l'extrusion à la surface de la Terre. La roche vitreuse est issue d'un refroidissement si rapide que la nucléation et la croissance cristallines y sont impossibles.

Aujourd'hui, les fonds marins sont en bonne partie composés de basaltes, alors que les granites composent l'essentiel de la croûte continentale. L'activité magmatique se manifeste tout au long de l'ÉVOLUTION GÉOLOGIQUE de la Terre, et les roches ignées se rencontrent partout dans l'échelle stratigraphique du Canada (*voir* RÉGIONS GÉOLOGIQUES). Cependant, la baisse de la température interne de la Terre, plus élevée au début de son évolution, a sans doute entraîné une diminution de la production de magma.

On trouve des granites et des basaltes en grande quantité parmi les roches anciennes des régions du BOUCLIER précambrien du Canada ainsi que dans les régions montagneuses entourant les Appalaches et la cordillère de l'Ouest, de formation plus récente. La Colombie-Britannique offre les meilleurs et plus récents exemples du volcanisme au Canada: la ceinture du mont Garibaldi dans le Sud, plusieurs zones du parc provincial Wells Gray dans le centre de la province, de même que les monts Edziza et Level dans le Nord. Les dernières activités volcaniques remontent à 1340 ans (mont Edziza) et à 220 ans (Aiyansh, près de Terrace, en Colombie-Britannique). Certaines de ces zones volcaniques pourraient produire de l'ÉNERGIE GÉOTHERMIQUE.

C.M. Scarfe

Roche métamorphique L'une des trois principales catégories de roches qui forment l'écorce terrestre, les deux autres étant les roches SÉDIMENTAIRES et IGNÉES. La roche métamorphique se caractérise par une transformation à l'état solide causée par la pression, la température et la déformation. Le contenu MINÉRAL, les textures ou les structures d'origine, provenant d'un matériau originel sédimentaire ou igné sont modifiés, et la roche transformée possède les caractéristiques de pression, de température et de contrainte propres au processus métamorphique.

Les principaux facteurs de métamorphismes sont la température (T) et la pression (P). La recristallisation (transformation), fréquente à proximité des intrusions éruptives (remontées de magma sous la surface de la Terre) et provoquée par l'élévation de température, s'appelle «thermométamorphisme». Lorsque la pression ou les forces mécaniques comme le cisaillement et le broyage le long d'une faille en sont la cause, il en résulte de la roche cataclastique (cassée en petites particules) ou mylonitisée (broyée). Ces roches se caractérisent par une forte diminution de la taille de leur grain. Lorsque la température et la pression agissent ensemble, les roches forment une toute nouvelle suite de minéraux et de textures (l'arrangement relatif des grains et des cristaux dans la roche). Ces processus surviennent à grande échelle dans les ceintures de montagnes qui

se forment au lieu de rencontre de PLAQUES TECTONIQUES. Les roches métamorphiques qui en résultent se nomment parfois «dynamothermales» ou «métamorphiques régionales», en raison de leur présence sur des épaisseurs et des surfaces importantes.

Faciès des roches métamorphiques Dans la nature, les conditions métamorphiques sont très diversifiées. La température peut varier entre moins de 100ºC et plus de 1000ºC, et la pression, entre quelques centaines de bars et plus de 150 000 bars. À l'intérieur de ces larges gammes de P-T, les roches recristallisent, formant de nouvelles associations minérales aux caractéristiques correspondant à la P-T auxquelles elles ont été soumises. Cet ensemble de roches aux origines diverses, à la composition chimique distincte et contenant des minéraux formés à l'intérieur d'un intervalle restreint de P-T, définissent le faciès de métamorphisme. Ces conditions de P-T varient graduellement, mais il est possible de reconnaître un nombre limité de faciès en se basant sur la présence ou l'absence de certains minéraux ou groupes de minéraux indicateurs. La frontière entre différents faciès de métamorphisme se trouve aux endroits où un certain groupe de minéraux a formé une nouvelle association caractéristique du nouveau faciès. Ces frontières entre faciès s'appellent isogrades de métamorphisme ou lignes joignant des points de même faciès. Les roches qui ne contiennent pas les éléments chimiques nécessaires à la formation de minéraux indicateurs ne peuvent servir à reconnaître un faciès ou une frontière entre faciès.

Dans toute la gamme de degrés de métamorphisme, chaque type de roche d'origine sédimentaire ou ignée, selon sa propre composition chimique, produit des associations minérales caractéristiques qui permettent aux géologues de déduire les conditions de métamorphisme P-T. Ces minéraux «diagnostiques» diffèrent des minéraux de roches non métamorphiques. Ils résultent de réactions chimiques qui surviennent lorsque le changement de conditions déstabilise les minéraux d'origine, formés à basse température et à basse pression.

Types de faciès métamorphiques La roche basaltique (une roche ignée) qui se métamorphose à basse température recristallise dans le faciès à zéolites à des températures inférieures à 225ºC pour passer au faciès à prehnite et à pumpellyite avec une légère augmentation de pression et de température. Quand la température est supérieure à 275ºC, la roche basaltique cristallise dans le faciès des schistes verts, nommé ainsi d'après la couleur de ses minéraux symptomatiques (le chlorite, l'actinolite et l'épidote). Au-dessus de 450ºC environ, l'amphibole domine la minéralogie des roches du faciès des amphibolites. À une température dépassant 750ºC, l'apparition d'orthopyroxène indique l'origine du faciès des granulites, nommé ainsi en raison de la texture granuleuse et grossière des roches.

Les roches basaltiques qui se métamorphosent à haute pression et à température relativement basse recristallisent (à basse température) dans le faciès des schistes bleus, nommé ainsi pour la spectaculaire glaucophane (amphibole bleue) qui se forme, et dans le faciès des éclogites (à température plus élevée). Les schistes bleus ne se retrouvent que dans les roches datant de 120 millions d'années. Ainsi, au Canada, elles se limitent à la Cordillère. Les éclogites aussi se restreignent généralement aux roches relativement jeunes. À ce jour, la seule exception se trouve dans le Bouclier canadien, dans le Nord de la Saskatchewan: les éclogites qu'on y a découverts récemment datent de l'archéen (plus de 2,5 milliards d'années). On reconnaît depuis que dans les zones de subduction, à des profondeurs extrêmes (où la pression dépasse les 150 000 bars), un nouveau faciès de roches métamorphiques à «pression ultra haute» se forme. Les minéraux indicateurs de ce faciès sont des polymorphes de haute pression de minéraux communs. Lorsque la pression excède environ 17 kilobars, il se forme de la coésite plutôt que du quartz.

Fait intéressant à noter, quand la pression excède 30 kilobars, il se forme des diamants microscopiques plutôt que du graphite.

Les pélites ou mudstones, des roches riches en minéraux argileux et en feldspath, forment des minéraux métamorphiques importants et qui permettent aux géologues de déduire avec précision les conditions de P-T. Dans le faciès des schistes verts, la chlorite est l'un des premiers minéraux à se former. Elle est suivie de la biotite ou de la chloritoïde, puis du grenat. À basse température, le faciès des amphibolites se caractérise par l'andalousite, la cordiérite, puis la sillimanite. À une pression plus élevée, l'andalousite et la cordiérite font place à la staurolite et à la kyanite. Les pélites métamorphosées à la limite supérieure du faciès des amphibolites contiennent du feldspath potassique et de la sillimanite. De plus, elles contiennent des ségrégations de quartz et de feldspath, ce qui prouve qu'il y a eu cristallisation du granit en dissolution au moment de la fonte partielle de la pélite. À une température plus élevée, l'orthopyroxène apparaît dans le faciès des granulites. La série de spinelle, de quartz et saphirine et de quartz indique des températures plus hautes encore. Ces conditions surviennent rarement dans la croûte terrestre, mais on trouve plusieurs exemples d'associations de températures ultra élevées dans les zones granulitiques du Bouclier canadien précambrien.

Les calcaires et les dolomites impurs recristallisent en de très beaux marbres parsemés de divers silicates. Ces minéraux indiquent les conditions de P-T de formation et la composition des fluides métamorphiques (en grande partie des mélanges d'eau, de gaz carbonique et de méthane). Dans une séquence typique où la température va en augmentant apparaît d'abord le talc, suivi de la trémolite, de la diopside, de la forstérite et de la wollastonite. D'importants dépôts à valeur économique se trouvent dans les skarns (du suédois, signifiant déchets stériles, marbre à texture grenue et grenatite) se formant autour des intrusions ignées où des fluides chauds pénètrent dans la roche calcaire encaissante.

Sous différents régimes tectoniques, il se produit des séquences distinctes de faciès métamorphiques sur un intervalle de température métamorphique. On reconnaît communément trois de ces séquences. À la frontière des plaques tectoniques convergentes, les roches de surface sont emportées rapidement à de grandes profondeurs, mais conservent leur température basse, menant ainsi à la formation d'une séquence de faciès de haute pression: faciès à zéolites, faciès des schistes à glaucophane et faciès des éclogites. À l'intérieur de la croûte continentale, près des zones de convergences de plaques tectoniques, la croûte s'épaissit et se réchauffe, ce qui mène à une séquence de faciès de pression moyenne: faciès des schistes verts, faciès des amphibolites (avec kyanite) et fusion partielle. À des profondeurs moins grandes dans l'écorce, dans des zones souvent associées aux intrusions éruptives et où le flux thermique est particulièrement intense, les conditions entraînent la formation d'une séquence de faciès de basse pression et de haute température qui se caractérise par la séquence faciès des schistes verts, faciès des amphibolites (avec andalousite et cordiérite) et fusion partielle.

Le développement de thermomètres et de baromètres spécialisés (sensibles, respectivement, à la température et à la pression d'équilibre) permet de calculer le métamorphisme avec plus de précision que l'observation des associations minérales. Un grand nombre de ces températures et pressions d'équilibre s'obtiennent directement au moyen d'expériences en laboratoire qui reproduisent les conditions de P-T des processus métamorphiques naturels. D'autres équilibres sont calculés grâce à une meilleure connaissance des propriétés thermodynamiques des minéraux. Avec ces calculs quantitatifs, combinés à des analyses pétrographiques ou de texture, les géologues sont en mesure de déterminer la séquence des conditions de P-T subies par une roche métamorphique sur une longue période. Lorsque la pression maximale est atteinte, avant la température maximale, les processus d'épaississement de la croûte provoquent le métamorphisme. Les roches métamorphiques ayant atteint leur température maximale avant leur pression maximale se trouvent dans des milieux au flux thermique élevé, une grande partie de cette chaleur provenant souvent d'intrusions ignées.

Nomenclature des roches métamorphiques Les roches métamorphiques portent des noms qui reflètent leur contenu minéral et leur degré de métamorphisme, ou faciès, mais aussi leur structure. Les roches qui se forment par thermométamorphisme ou métamorphisme de contact s'appellent cornéennes (de l'allemand *horn*, corne), par allusion à leur grain fin à cassure d'aspect corné. Ce type de roche se trouve en plusieurs endroits au Canada (près du corps minéralisé d'Amulet-Dufault dans la région de Noranda, au Québec) et dans le métamorphisme de contact des chaînes côtières de la Colombie-Britannique. Les gneiss (vieux mot allemand signifiant étincelle) sont des roches à grain grossier et à lits distincts constitués de minéraux de proportions diverses. Plusieurs gneiss se caractérisent par une foliation, soit des alignements de feuillets ou de couches de minéraux plats ou tabulaires (mica) ou de minéraux de forme allongée (hornblende).

Le schiste (du grec *skhistos*, qu'on peut fendre) est susceptible de se débiter en feuillets ou lames minces. Ce sont le mica et la chlorite qui lui donnent son aspect feuilleté. La phyllite (du grec *phullas*, lit de feuilles), une roche feuilletée à grain très fin, montre clairement l'alignement des plaques de minéraux, mais ses grains individuels se discernent difficilement à l'œil nu. L'ardoise provient ordinairement de la pélite (shale ou boue consolidée) et se caractérise par un plan de clivage bien défini recoupant les couches de sédimentation originale. Les noms de textures cités plus haut s'appliquent à toutes les roches métamorphiques, peu importe leur composition ou leur nature originelle. Puisque n'importe quel type de roche peut se métamorphoser, divers adjectifs peuvent être accolés à leurs noms. La migmatite (du grec *migma*, mélange) est une roche métamorphique qui semble constituer un mélange, puisqu'une partie de son matériau s'est fusionnée. Les gneiss migmatiques soumis à plusieurs épisodes de fort métamorphisme à haute température et pression sont fréquents dans le Bouclier canadien.

Les roches polymétamorphiques ont subi plusieurs épisodes de métamorphisme. Leur structure indique généralement leur évolution complexe. Des minéraux de périodes plus récentes se forment pardessus les minéraux plus vieux, et la foliation provenant d'une période métamorphique plus ancienne peut se trouver à l'intérieur de porphyroblastes d'origine plus récente. Le porphyroblaste, un grain minéral formé à l'état solide dans une roche métamorphique, entoure et emprisonne des grains de minéraux formés précédemment. (*Voir aussi* RÉGIONS GÉOLOGIQUES.)

H.J. Greenwood et R.G. Berman

Roche sédimentaire L'un des trois principaux types de roches formant l'écorce terrestre (avec la ROCHE IGNÉE et la ROCHE MÉTAMORPHIQUE), constitué de sédiments meubles qui se sont transformés (consolidés) au cours de l'ÉVOLUTION GÉOLOGIQUE.

La roche sédimentaire ne forme que 5 p. 100 environ de l'écorce terrestre, mais elle couvre de 70 à 75 p. 100 de la surface exposée. On y trouve bon nombre de MINÉRAUX qui ont une valeur économique, ainsi que du CHARBON et du PÉTROLE. Telles qu'elles apparaissent en surface, les roches les plus importantes par unité de volume sont le shale, 50 p. 100, le grès, 30 p. 100 et le CALCAIRE, 20 p. 100. On estime comme suit les proportions de roche sédimentaires en surface et sous la surface de la terre: 79 p. 100 de shale, 13 p. 100 de grès et 8 p. 100 de calcaire. Les roches sédimentaires, selon leur composition minérale et chimique et selon l'origine du sédiment, se divisent en quatre groupes.

Roches terrigènes Les roches terrigènes résultent de l'érosion d'anciennes roches, de débris transportés au lieu de dépôt et de la consolidation lente qui s'est produite au cours de l'évolution géologique. L'érosion produit des éléments de tailles variées. Les roches terrigènes se classent selon la taille de leur grain. Les shales se composent en grande partie d'argiles dont le grain est de diamètre inférieur à 0,004 mm. Les argiles en forme de plaquettes donnent des shales qui se brisent facilement en feuilles minces. Les shales abondent dans les affleurements rocheux du crétacé de l'Alberta, le long des CONTREFORTS des Rocheuses, en particulier dans les formations Blackstone et Wapiabi. Les siltstones contiennent surtout des grains de quartz et d'argile, et leurs éléments mesurent de 0,004 à 0,062 mm. Les grès (aux particules de 0,004 à 2 mm) sont surtout constitués de quartz et de FELDSPATH, provenant de plus anciennes roches ignées et métamorphiques (ou de grès pré-existants).

On distingue trois types de grès: le grès quartzeux (dont 90 p. 100 est de la taille du sable, composée de quartz et de chert), le grès arkosique (plus de 25 p. 100 de grains de feldspath), et la grauwacke (forte proportion de gangue argileuse et souvent plus de fragments de roches que dans le grès quartzeux et le grès arkosique). Le réservoir du plus grand champ de pétrole du Canada, à Pembina, en Alberta, est justement formé de grès. Les conglomérats sont formés de particules de dimension supérieure à 2 mm, depuis des petits galets jusqu'à des blocs d'un diamètre de plusieurs mètres. Ces galets et blocs sont cimentés entre eux par du sable, du silt et de la boue. La fraction grossière se compose de façon variable, de galets de roches plus anciennes tels le granit, le calcaire, le grès et le basalte. Les gisements d'URANIUM de la région d'Elliot Lake, en Ontario, sont contenus dans des couches conglomératiques.

Les particules, qui se déposent sous forme de sédiment meuble, se consolident parfois. Les eaux de percolation entraînent des composés de calcaire et de silice en solution qui se déposent dans les interstices et cimentent les particules individuelles. Les particules peuvent être également unies entre elles par des matériaux provenants d'éléments plus gros et déposés en même temps ou par des matériaux qui se forment dans les interstices au cours de l'enfouissement des sédiments.

Roche carbonatée La roche carbonatée se compose en grande partie d'éléments solides provenant d'organismes marins qui vivaient à proximité de la zone de dépôt. Ses principaux minéraux sont la calcite, l'aragonite et la dolomite. L'aragonite précipite très facilement dans l'eau chaude; ainsi, dans les mers tropicales peu profondes, la production de carbonate est à son plus fort. Habituellement, les particules s'accumulent là où elles se forment. Parfois, elles sont charriées par les courants vers le littoral ou en eau plus profonde. La roche carbonatée est composée de trois principaux types de matériaux: des gros grains individuels, de la boue de calcite microcristalline (ou micrite) et de la sparite (ciment de cristaux de calcite). Les grains individuels se composent parfois d'ALGUES et de morceaux de squelettes ou de squelettes entiers d'animaux INVERTÉBRÉS.

D'autres grains, appelés pellets, d'origine fécale, sont de petites masses ovoïdes formées de boue carbonatée excrétée par des organismes qui ingèrent de la vase en se nourrissant. Les oolites sont de petites concrétions sphériques formées de couches concentriques précipitant autour d'un noyau, le plus souvent un fragment de squelette. Le noyau, roulé dans le fond de l'océan dans des eaux agitées, s'enrobe de couches de précipités minéraux. Les fragments de squelettes, les pellets et les oolites se lient parfois et forment des agrégats appelés calcaires à pellets agglomérés. Les ALGUES BLEU-VERT s'attachent à la surface des grains, les enrobant d'une couche collante qui piège le fin sédiment carbonaté. Les fins sédiments de la micrite proviennent surtout des algues calcaires qui contiennent de minuscules aiguilles d'aragonite; celles-ci, relâchées lorsque l'algue meurt, s'accumulent sous forme de vase carbonatée. La sparite est un ciment de précipité inorganique qui remplit les pores entre les éléments déjà accumulés. Elle provient de matériaux squelettiques ou micritiques transportés en solution dans les sédiments et reprécipités sous la forme d'un ciment calcaire.

Les roches carbonatées portent des noms différents selon leur composition, leur granulométrie et la nature du ciment (micrite ou sparite). Ainsi, la pelmicrite se compose de pellets avec matrice de micrite, et l'oosparite, d'oolites avec ciment de calcite spathique. Durant la période d'enfouissement et de consolidation, les roches carbonatées subissent des changements minéralogiques (diagenèse). L'aragonite, p.ex., se transforme souvent en calcite. Les grains de calcite se cimentent du fait de la dissolution de certains grains et de la reprécipitation du carbonate en ciment et forment alors des roches calcaires. Les paysages du PARC NATIONAL BANFF, comme les falaises de calcaire des formations Palliser et Rundle, en sont de magnifiques exemples. La conversion de la calcite en dolomite est une autre importante modification qui s'effectue à mesure que les eaux de porosité enrichies de magnésium s'infiltrent au travers des sédiments. La dolomitisation se produit parfois molécule par molécule, ce qui conserve la texture granulométrique originale. Par contre, la calcite peut se dissoudre et la dolomite précipiter quelque temps après, détruisant ainsi la texture originale. La dure coiffe de l'ESCARPEMENT DU NIAGARA est constituée de dolomies avec nodules de chert.

En plus des roches de particules décrites précédemment, il existe de gigantesques formations récifales de calcaires et de dolomies formées par des organismes tels les CORAUX. La zone située immédiatement devant le récif se compose le plus souvent d'une pente d'éboulis à particules grossières constitué de blocs détachés du récif. L'espace poral dans le récif ou dans la pente d'éboulis peut demeurer ouvert ou se remplir de particules plus fines, de micrite ou de sparite. Les roches réservoirs des champs de pétrole de Leduc et Redwater, en Alberta, offrent un exemple notable de ce genre de formation.

Roches chimiques Les roches chimiques contiennent un matériau formé par précipitation de substances chimiques (évaporation, précipitation). Les évaporites, plus importantes roches chimiques par rapport au volume, se forment dans les régions chaudes et arides et résultent de l'intense évaporation de l'eau de mer. Les plus importants minéraux, le GYPSE (qui se transforme en anhydrite lorsqu'il est enfoui) et l'halite (sel gemme), forment des séquences de roches superposées, communément associées aux calcaires et aux dolomies. Les évaporites du Sud de la Saskatchewan constituent la base de l'industrie minière de la POTASSE.

Certaines roches stratifiées sont constituées de SILICE microcristalline ou cryptocristalline, appelée chert. Plusieurs cherts, comme ceux qui s'accumulent dans les profondeurs du plancher océaniques, se composent des parties dures d'organismes microscopiques qui sécrètent de la silice (radiolaires et diatomées). Certains cherts très anciens précèdent les plus anciens organismes siliceux et sont probablement le résultat de précipités chimiques. Un exemple de ce chert se trouve dans la formation de Gunflint, au lac Supérieur.

Le charbon, qui résulte de l'accumulation de résidus végétaux et de leur transformation en TOURBE, puis ensuite en charbon, peut être considéré comme une roche chimique. On note une augmentation graduelle de la teneur en carbone et de la valeur calorifique dans la série tourbe, lignite, lignite noir, char-

bon bitumineux et enfin anthracite. L'anthracite est plus foncé, contient la plus forte proportion de carbone et les plus petites quantités d'humidité, de matières volatiles et d'oxygène. Le charbon a une importante valeur économique en Colombie-Britannique, en Alberta et dans les Maritimes.

Roches pyroclastiques Les roches pyroclastiques, issues d'éruptions volcaniques, prennent la forme de bombes et de blocs (de dimension supérieure à 64 mm, de lapillis (roches, 2-64 mm) et de cendre (moins de 2 mm). La plus grande partie des débris est transportée par l'air plutôt que par l'eau. Les roches pyroclastiques se nomment agglomérés ou brèches volcaniques (bombes et blocs), lapilli tufacé ou tuf (composé surtout de cendre). Les tufs soudés proviennent d'une nuée ardente en avalanche et contiennent des fragments qui étaient encore chauds au moment de leur déposition; la matière déposée, appelée ignimbrite, peut recouvrir plusieurs centaines de kilomètres carrés.

Les projections volcaniques, selon leur composition, se classent en fragments rocheux, cristallins ou vitreux, le verre provenant de petites mottes de magma (roche fondue) qui se sont refroidies trop vite pour se transformer en minéraux spécifiques. Les séquences de roches pyroclastiques peuvent atteindre une épaisseur de plusieurs milliers de mètres. On en trouve plusieurs exemples dans le plateau intérieur de la Colombie-Britannique et dans l'île de Vancouver. On évalue à plus de 320 km³ la quantité de matière pyroclastique produite par des VOLCANS au cours des 400 dernières années seulement.

R.G. Walker

Rocher, Guy, sociologue (Berthierville, Qc, 1924). Il a, tout au long de sa carrière, été un homme de la modernité québécoise. Après des études classiques au collège de l'Assomption (1935-1943), il s'engage dans la Jeunesse étudiante catholique, puis, après une maîtrise à la faculté des sciences sociales de l'U. Laval, il obtient finalement, en 1958, un Ph.D. en sociologie de l'U. Harvard.

Professeur à l'U. Laval, dès 1952, il dirige le département de sociologie de l'U. de Montréal de 1960 à 1965 et occupe le poste de vice-doyen de la faculté des sciences sociales de 1962 à 1967. Homme de réflexion, mais également homme d'action, il est nommé par le gouvernement du Québec, en 1961, membre de la Commission royale d'enquête sur l'enseignement, chargée de planifier la réforme du système d'enseignement du Québec. Celle-ci allait conduire à la création du ministère de l'Éducation du Québec.

Poursuivant, au début des années 70, des recherches en sociologie de l'éducation, Guy Rocher accepte d'ouvrir deux parenthèses dans sa vie académique pour œuvrer au gouvernement du Québec à titre de secrétaire général associé au Conseil exécutif puis de sous-ministre au développement culturel (1977-1979) et au développement social (1981-1982). À ce titre, il participa à l'élaboration de la politique linguistique (Livre blanc et Charte de la langue française), de la politique culturelle (Livre blanc sur le développement culturel) et de la politique de la recherche scientifique du Québec (Livre vert).

Depuis près de 25 ans, Guy Rocher est attaché au Centre de recherche en droit public de l'U. de Montréal. Il y poursuit toujours des recherches de sociologie du droit et de sociologie de l'éthique et s'intéresse également aux autres modes de régulation sociale. Parmi ses publications les plus marquantes, on compte, en plus de très nombreux articles et chapitres de livres, une importante *Introduction à la sociologie générale* (1969, 1992), traduite dans six langues. Un ouvrage synthèse sur *Talcott Parsons et la sociologie américaine* (1972), plusieurs essais sur la modernisation du Québec regroupés dans *Le Québec en mutation* (1973) et un ouvrage colligeant ses *Études de sociologie du droit et de l'éthique* (1996).

Acteur de la Révolution tranquille et homme d'engagement, Guy Rocher est également considéré comme un des pionniers de la sociologie québécoise. Il s'est vu décerner un doctorat honorifique en droit par l'U. Laval en 1996 et un autre en sociologie par l'U. de Moncton en 1997. Il a reçu, entre autres, le prix Léon-Gérin du gouvernement du Québec en 1995, le prix Molson du Conseil des arts du Canada en 1997, le prix Esdras-Minville de la Société Saint-Jean-Baptiste de Montréal en 1998 et le prix William Dawson de la Société royale du Canada pour une œuvre interdisciplinaire en 1999.

Pierre Noreau

Roches vertes Il s'agit d'un terme général désignant les roches métamorphiques massives vert foncé provenant de l'altération des ROCHES IGNÉES de couleur foncée. Le basalte, très commun, est une composante importante des zones de roches vertes du BOUCLIER canadien, lesquelles renferment les principales mines d'or et de métaux communs. L'expression désigne aussi les matériaux décoratifs de couleur verte utilisés en sculpture et les pierres précieuses telles que le jade néphritique, la serpentine, la fuschite (mica chromifère) et la chlorastrolite, une PIERRE PRÉCIEUSE rappelant l'écaille de tortue et constituée d'aiguilles de pumpellyite.

Ann P. Sabina

Rocheuses La plus importante chaîne de montagnes en Amérique du Nord. Les Rocheuses sont réputées pour leur vue superbe sur de vastes vallées subalpines et leurs parois déchiquetées de roc nu. La section canadienne s'étend sur 1200 km, de la frontière américaine à la jonction de la Colombie-Britannique et de l'Alberta jusqu'au bassin de la RIVIÈRE LIARD. Elle est flanquée du côté ouest d'une tranchée nette et à l'est par des contreforts vallonnés. Toutefois, les Rocheuses canadiennes illustrées dans les chansons, les films, les peintures et les cartes postales composent la chaîne principale, près des axes routiers et ferroviaires qui les franchissent en passant par deux cols. Ceux-ci et d'autres passes montagneuses délimitent au sud la frontière de la Colombie-Britannique et de l'Alberta, et définissent la grande LIGNE CONTINENTALE DE PARTAGE DES EAUX, là où les terres se drainant vers le Pacifique s'adossent à celles qui se drainent vers l'Atlantique et l'Arctique.

Historique L'occupation humaine connue dans les Rocheuses canadiennes remonte à moins de 4000 ans. Durant longtemps, les Kootenays et les Shuswaps vont chasser dans les Prairies en traversant les cols du sud. Les explorateurs européens s'en approchent en passant par le nord; Alexander MACKENZIE est le premier à franchir les Rocheuses en 1793, empruntant la vallée de la RIVIÈRE DE LA PAIX. Sur ce même trajet, Simon FRASER fonde le premier poste de traite des Rocheuses à Hudson's Hope, en 1805. En 1882, le Canadien Pacifique (CP) décide de faire passer le chemin de fer qui reliera les Prairies et la côte de la Colombie-Britannique par le COL KICKING HORSE.

Les stations de montagne, ressemblant à des châteaux et érigées le long du chemin de fer à BANFF (1888) et au LAC LOUISE, sont devenues des centres de loisir quatre saisons pour les six millions et plus de visiteurs attirés, chaque année, par les nombreuses attractions alpines du PARC NATIONAL BANFF.

La mise en valeur de la région du COL YELLOWHEAD, au sud-ouest d'Edmonton, suit un cours parallèle, avec l'ajout d'un chemin de fer (1911, 1915), du PARC NATIONAL JASPER (créé en 1907; 1,5 million de visiteurs par année), de la ville de JASPER (1913) et d'un hôtel de villégiature. Les quatre parcs nationaux adjacents (Banff, Jasper, Kootenay et Yoho) représentent le plus grand territoire de prairie-parc alpin au monde.

Dans l'ensemble de cette région, les Rocheuses étirent en direction nord-ouest leurs crêtes de roches sédimentaires empilées, le résultat d'importantes failles chevauchantes remontant à l'ère tertiaire (il y a entre 65 et 1,65 million d'années) et érodées par les glaciers, dont il reste des vestiges. Les montagnes magnifiques s'élèvent couramment au-dessus de 3050 m, en forme de château, d'aiguille, de pic en dents de scie ou de pic aux strates plongeantes. Le points culminant est le mont ROBSON.

Importance économique Au sud, dans le secteur du COL CROWSNEST, près de la frontière, la construction d'un chemin de fer du CP, en 1898, donne le coup d'envoi de l'exploitation de mines souterraines de charbon et d'autres minerais. À partir des années 60, des mines à ciel ouvertes près de Sparwood et d'ELKFORD, en Colombie-Britannique, font grimper la production régionale de charbon. Sur les contreforts des Rocheuses, dans la partie sud de l'Alberta, on pratique l'élevage du bétail depuis les années 1870 (*voir* RANCH, HISTOIRE DU). Au cours des dernières décennies, les forages pour trouver du gaz naturel se multiplient dans la région des contreforts.

Au nord de la rivière Kakwa, les Rocheuses s'inscrivent entièrement en Colombie-Britannique. Elles se prolongent à des altitudes plus modestes (maximum de 2542 m), les sommets arrondis étant souvent couverts de forêts et ne portant guère de traces de glaciation. L'industrie forestière s'implante après la construction d'une route en 1952 et d'un chemin de fer au nord-est, à partir de PRINCE GEORGE, en 1958. L'exploitation des mines de charbon à ciel ouvert à Quintette et dans les monts Bullmoose, sur les contreforts de la Colombie-Britannique, débute en 1983. Au nord de la rivière de la Paix, les chaînons Muskwa, qui sont plus élevés, sont traversés par la ROUTE DE L'ALASKA, mais cette zone demeure peu développée.

Peter Grant

Rocheuses, sillon des C'est une vaste vallée qui s'étend sur 1400 km vers le nord-ouest et traverse la Colombie-Britannique, du Montana jusqu'à la plaine de la Liard, immédiatement au sud du Yukon. Ce sillon mesure de 3 à 20 km de large à sa base, et son altitude se situe entre 600 et 1000 m. La tranchée est délimitée principalement par les parois verticales des principales chaînes, soit les ROCHEUSES à l'est et la chaîne COLUMBIA ainsi que les monts Omineca et CASSIAR à l'ouest. La moitié nord est très droite et orientée plus vers le nord que la moitié sud, plus ou moins sinueuse. Avant l'aménagement de barrages hydroélectriques dans l'Est de la Colombie-Britannique et dans le Nord-Ouest du Montana, sept grands cours d'eau coulaient dans différentes parties du sillon. Désormais, tous ces cours d'eau, sauf le Fraser et la Kechika, se jettent dans des réservoirs (LAC WILLISTON, p.ex.) qui recouvrent de grandes superficies du lit de la vallée. Sur une bonne partie de sa longueur, le sillon est bordé de failles, car il s'agit d'une zone ancienne où la croûte terrestre était faible, peut-être d'une ancienne frange continentale. Sa forme actuelle résulte des failles, de l'érosion et des dépôts laissés par les rivières et les glaciers au cours du cénozoïque.

La partie sud, un corridor de transport et de communication important, représente aussi une région touristique et récréative très courue. Les mines, l'industrie forestière et l'agriculture emploient beaucoup de travailleurs. Nombre de villes et de villages parsèment la région, les principales villes étant CRANBROOK, KIMBERLEY et GOLDEN. Des fouilles archéologiques ont révélé la présence d'Amérindiens à cet endroit, il y a plusieurs milliers d'années. Les premiers trappeurs et explorateurs de la Compagnie du Nord-Ouest arrivent dans la région à la fin du XVIIIᵉ s. et ils sont suivis par des colons de souche européenne. La découverte d'un gisement aurifère dans la vallée du Kootenay en 1864, l'achèvement de la ligne principale du Canadien Pacifique, en 1885, et l'inauguration de la mine Sullivan à Kimberley, en 1910, ont contribué à l'essor démographique dans la partie sud. Cette croissance a été accentuée par une récente diversification de l'économie et l'amélioration du réseau routier. La partie nord demeure en grande partie sous-développée et peu peuplée.

John J. Clague

Rock, Allan Michael, conseiller privé, conseil de la reine, avocat, professeur de droit et politicien (Ottawa, 30 août 1947). Il est titulaire d'un baccalauréat ès arts et d'un baccalauréat en droit. Avant d'être élu député libéral de la circonscription ontarienne de Etobicoke Centre (1993-), il a été avocat plaidant à Toronto, tout en étant pendant 10 ans membre du conseil général du Barreau, puis directeur du Barreau du Haut-Canada (1992). Il a également enseigné le litige et la procédure comme maître de conférence dans le cadre du cours d'admission du Barreau de l'Ontario. Le 4 novembre 1993, il est nommé ministre de la Justice et procureur général du Canada. Au cours de sa première année, il dépose des amendements à la *Loi sur les jeunes contrevenants* qui durcissent la position nationale sur la détermination de la peine et soumet un projet de loi portant réforme, la première d'importance, du *Code criminel* depuis 1985. Après avoir annoncé des propositions de contrôle des armes à feu comprenant, notamment, l'enregistrement obligatoire des armes à feu et l'interdiction de vendre certaines armes militaires et paramilitaires, il réaffirme son intention de s'attaquer au projet controversé d'amendement de la *Loi canadienne sur les droits de la personne* visant à interdire, dans les domaines sous juridiction fédérale, la discrimination fondée sur l'orientation sexuelle.

R. L. Gabrielle Nishiguchi

Rockland, ville de l'Ont.; pop. 8070 (rec. 1996), 6771 (rec. 1991), 4894 (rec. 1986); superf. 8,49 km²; située en bordure de la RIVIÈRE DES OUTAOUAIS, à 35 km à l'est d'Ottawa. En 1868, William C. Edwards construit, sur la rive Sud de la rivière des Outaouais, une scierie autour de laquelle grandit la localité. Au plus fort de son exploitation, la scierie emploie plus de 1000 personnes et Rockland est prospère, comptant de vastes docks et une carrière en pleine exploitation. Cependant, dans les années 20, la scierie connaît des difficultés financières; elle ferme en 1926. Ce n'est qu'après la Seconde Guerre mondiale que la localité se revitalise sous l'effet de l'essor de l'économie régionale. Au cours des dernières années, Rockland s'est agrandie en raison de sa situation à proximité d'Ottawa-Hull, mais elle demeure avant tout un centre résidentiel.

Deborah Welch et Michael Payne

Rocks, parc provincial The À Hopewell Cape, sur la côte sud du Nouveau-Brunswick, émergent de l'océan d'impressionnantes formations rocheuses appelées «The Rocks». Le parc provincial The Rocks (120 ha, inauguré en 1958) est situé à mi-chemin entre Moncton et le PARC NATIONAL FUNDY. La région environnante comprend des forêts, des fermes, des propriétés ancestrales, des marais endigués et d'anciennes mines de gypse à ciel ouvert.

Histoire naturelle Se dressant le long de la baie de Shepody à l'embouchure de la rivière Petitcodiac, ces piliers couronnés d'arbres ont l'allure de pots de fleurs géants. Les visiteurs peuvent les admirer du haut de la falaise ou descendre sur le fond marin, à marée basse, les explorer de près.

Le flux et reflux des marées de la baie de Fundy (les plus puissantes du monde) exposent, à marée basse, un riche estran. Les vasières de la baie constituent une halte migratoire pour des milliers d'oiseaux de rivage, notamment des bécasseaux. D'août à septembre, d'innombrables oiseaux se nourrissent de petits crustacés, avant de poursuivre leur migration vers le sud. Les forêts du parc, caractérisées par l'épinette, la pruche, le bouleau blanc et le sapin, font partie de la RÉGION NATURELLE maritime de l'Atlantique.

Origines Selon une légende du peuple MICMAC, les rochers de Hopewell seraient des humains qui vivaient autrefois dans la baie de Fundy, tenus en esclavage par d'énormes baleines. Un jour, en tentant de s'enfuir, ils se précipitèrent vers la plage, mais les baleines furieuses les rattrapèrent, les figeant à tout jamais sur la rive.

Les géologues ont une autre version des faits. Il y a 300 millions d'années, des torrents tumultueux ont dévalé les pentes des montagnes calédoniennes, emportant sable et gravier. Ces sédiments, déposés en couches, se sont transformés au fil du temps en grès et en conglomérat. Plus tard, la région a été soulevée et plissée par le jeu des forces internes de la Terre et soumise ensuite aux glaciations. Les strates rocheuses inclinées et traversées par des fractures verticales sont à l'origine de la forme rectangulaire des «pots de fleurs».

Les eaux de fonte des glaciers ont ensuite érodé les rochers, formant petit à petit de hautes colonnes. Et quand la dernière couche de glace s'est retirée il y a 10 000 ans, les falaises et les rochers ont été exposés aux puissantes marées. Sur le littoral, les falaises sans cesse érodées deviendront, elles aussi, un jour des «pots de fleurs» et les plus anciens piliers finiront par s'écrouler sous la force des marées.

C. A. MacLaggan

Rockwood, municipalité rurale du Man.; pop. 7504 (rec. 1996), 6990 (rec. 1991), 6923 (rec. 1986); superf. 1156,84 km²; située au nord de Winnipeg. Elle englobe les localités de Stony Mountain, Grosse Isle, Argyle, Balmoral, Gunton et Komarno. Stonewall et Teulon forment des entités constituées distinctes. Lors des inondations de la RIVIÈRE ROUGE, Stony Mountain a servi de refuge aux premiers explorateurs de la région et, plus tard, aux colons.

Historique Les premiers colons arrivent dans les années 1860. Dans les années 1870, la colonie compte des Ontariens, des Américains, des colons de la rivière Rouge et des immigrants britanniques. Des Scandinaves s'établissent à Norris Lake et à Teulon; des UKRAINIENS, à Komarno. L'agriculture mixte est alors la principale activité, mais on y trouve aussi plusieurs briqueteries et carrières. Le CALCAIRE broyé, extrait des carrières de Stonewall, est la source d'une importante industrie.

Situation actuelle Aujourd'hui, l'agriculture prédomine encore. Il y a une usine de fabrication de fusées, près de Stony Mountain, et une station fédérale de pisciculture, établie près de Balmoral. Une prison fédérale existe à Stony Mountain, depuis 1874.

D.M. Lyon

Rocky Mountain House, ville de l'Alb.; pop. 5805 (rec. 1996), 5461 (rec. 1991), 5182 (rec. 1986); superf. 10,82 km²; const. en 1939; située en bordure de la rivière Saskatchewan Nord, à 80 km à l'ouest de Red Deer, près de l'emplacement du poste de traite de la Compagnie du Nord-Ouest portant le même nom. Rocky Mountain House est établie en 1799 afin de développer le commerce avec les Kootenays; elle est aussi la base à partir de laquelle David THOMPSON traverse les Rocheuses en 1807. À partir de 1821, la Compagnie de la Baie d'Hudson y exploite, de façon intermittente, un poste de traite qu'elle ferme en 1875 car il n'est pas rentable. Trente ans plus tard, des colons, venant principalement du centre du Canada, du Midwest des États-Unis et du Royaume-Uni, arrivent dans la région. Des gisements houillers découverts à Nordegg, à 85 km à l'ouest, entraînent en 1912 et 1914 la construction de deux chemins de fer passant par Rocky Mountain House. Le pétrole, l'exploitation forestière, l'agriculture mixte, le tourisme et la chasse au gros gibier subviennent aux besoins d'une population en pleine croissance.

Douglas Babcock

Rocky Mountain House, lieu historique national Situé près de ROCKY MOUNTAIN HOUSE, en Alberta, un LIEU HISTORIQUE qui commémore la construction d'une série de postes de TRAITE DES FOURRURES par la Compagnie du Nord-Ouest et la Compagnie de la Baie d'Hudson (CBH), de 1799 à 1864, près du confluent des rivières Saskatchewan et Clearwater. Ces postes sont construits pour faire la liaison entre les routes d'approvisionnement de l'Est et le commerce des fourrures de la côte du Pacifique. Ils visent également à renforcer les relations commerciales avec les KOOTENAYS de l'Est de la Colombie-Britannique. Les postes se trouvent dans le territoire de la Confédération des PIEDS-NOIRS, qui s'opposent au commerce avec les Kootenays; en conséquence, ces établissements ne réalisent pas l'objectif visé. Le poste de Rocky Mountain House devient plutôt le centre d'échanges commerciaux sporadiques avec les Pieds-Noirs. La CBH tente de le fermer, mais il fonctionne jusqu'en 1875 en raison des pressions des Pieds-Noirs. Du dernier établissement, il ne reste à peu près que deux cheminées restaurées. Le site est aménagé par Parcs Canada, qui y dirige un petit centre d'interprétation.

C.J. Taylor

Roddick, sir Thomas George, chirurgien, administrateur médical et politicien (Harbour Grace, T.-N., 31 juill. 1846—Montréal, 20 févr. 1923). Diplômé en médecine de l'U. McGill, Roddick introduit, en 1877, à Montréal la méthode antiseptique de Joseph Lister qui réduit considérablement le nombre d'infections postopératoires. Il est le premier chirurgien en chef de l'Hôpital Royal Victoria de Montréal, professeur de chirurgie et doyen de la Faculté de médecine de McGill. Sa plus grande réalisation est la création, en 1912, du Conseil médical du Canada, qui offre un système d'examens communs dans toutes les provinces à tous ceux qui veulent obtenir un permis pour pratiquer la médecine. C'est l'aboutissement de 18 années d'efforts sans relâche et de patience, dont 8 ans comme député provincial (1896-1904). En reconnaissance des services rendus, il est fait chevalier en 1914.

Edward Bensley

Rodéo Ce mot signifie «rassembler le bétail (en général, des bovins ou des chevaux) pour le compter, l'inspecter et le marquer». Comme sport, il fait référence au spectacle donné par des cow-boys qui prennent part à différentes épreuves: la monte du cheval sauvage, la monte du taureau, le terrassement de taureau et la prise au lasso du veau et du taureau (d'autres types d'épreuves ont dernièrement été ajoutées, comme la course de barils, la course de chariots et la traite de vaches sauvages). Ces épreuves sont disputées lors de compétitions annuelles, comme le STAMPEDE DE CALGARY.

Historique Le terme rodéo provient du verbe espagnol *rodear* «encercler» ou du verbe latin *rotare* «tourner». De nos jours, le rodéo, qui est en général associé au style de vie de l'«Ouest», attire les spectateurs d'un océan à l'autre. Le premier rodéo canadien officiel, «The Last and Best Great West Frontier Days Celebration», est organisé le 2 septembre 1912 à Calgary. En Amérique du Nord, le rodéo tire ses origines des méthodes de travail ainsi que de spectacles traditionnels. Au XVIᵉ s., les *vaqueros*, ou bouviers mexicains, utilisaient la *reata* (corde), revêtaient des *chaperajos* (jambières) et, sur leur fougueuse monture originaire d'Afrique du Nord, gardaient les robustes bovins espagnols.

Les journaux de voyage d'un militaire irlandais, le capitaine Mayne Reid, daté de 1847, constituent probablement les premiers documents qui décrivent la prise au lasso et la mise en liberté des bœufs dans les rues de Santa Fe (Nouveau-Mexique) par des *vaqueros*. Des fêtes antiques, implantées dans des communautés situées tout au long de la route du transport du bétail, comme Cheyenne (Wyoming), Pecos City (Texas) et dans les ranchs qui, avant 1900, occupent le territoire actuel de l'Alberta, ont donné naissance au rodéo dans sa forme la plus pure.

Dans l'Ouest canadien, le dressage de chevaux sauvages était considéré comme un sport au ranch de la Military Colonization Company, et les compétitions de prise au lasso étaient une pratique courante à la Fort Macleod Agricultural Fair dans les années 1880. John Ware est reconnu pour être un de ceux qui a fait les premières démonstrations de combats de

terrassement de taureau, au corral Walrond, en 1892. Le premier rodéo canadien a lieu à Raymond (Alberta) en 1903. Toutefois, ce n'est que lorsque le «Wild West Show», spectacle américain d'envergure, est présenté au Canada au début du XXᵉ s. que les spectateurs paient pour voir des cow-boys exécuter des tours d'adresse.

La présentation au Canada de spectacles sur le thème du Far West est l'initiative d'un ancien marqueur de bétail, l'Américain Guy Weadick. C'est à Calgary qu'il décide d'organiser une fête annuelle célébrant l'époque des chercheurs d'or, «la réunion des pionniers», et comportant des compétitions au cours desquelles les cow-boys s'affrontent dans des championnats du monde. Grâce aux politiciens et des hommes d'affaires locaux, il parvient à amasser plus de 100 000 dollars pour la tenue du premier Stampede en 1912. Ce spectacle-rodéo, d'une durée de six jours, a attiré plus de 40 000 spectateurs par jour ainsi que des cow-boys légendaires de l'époque, dont certains bandits de Pancho Villa, attirés par les 20 000 dollars de prix et des titres mondiaux. La Première Guerre mondiale met un frein aux compétitions de rodéo, mais le Victory Stampede de Calgary (1919) les relance de façon permanente. En 1923, le rodéo de Calgary, combiné à une exposition, devient un événement annuel à portée internationale.

La popularité du sport stimule le développement d'organisations de rodéo dans les années 30; la Rodeo Association of America (RAA) est la première à être créée (elle rassemble principalement des promoteurs). En 1936, lors de la présentation d'un rodéo de la RAA au Boston Garden, les cow-boys canadiens et américains décident d'un boycott pour en finir avec la main mise des gérants sur les fonds en circulation lors de ce genre d'épreuves. Cette première grève permet aux cow-boys professionnels d'obtenir un pourcentage plus important des recettes et hâte la formation de la Professional Rodeo Cowboys' Association aux États-Unis et de la Canadian Rodeo Cowboys' Association, en 1944.

En dépit de tentatives régulières pour faire du rodéo un sport d'équipe, l'accent continue d'être mis sur les qualités fondamentales requises d'un cow-boy, à savoir la force et l'adresse pour lutter contre un animal, et ce dans un contexte de course contre la montre.

Monte du taureau La monte du taureau, soit la capacité d'un cavalier à rester en équilibre sur le dos d'un taureau Brahma d'une tonne qui ne peut supporter d'être monté, est officiellement admise dans les compétitions de rodéo en 1921. La monte des chevaux sauvages rappelle une époque où le gagne-pain de certains cow-boys consistait à en faire le dressage.

Monte à cru La monte à cru fait d'abord son apparition comme attraction. Les jeunes cow-boys gagnent beaucoup d'argent en montant des chevaux particulièrement obstinés et indomptés. Dans les années 50, la monte à cru est admise dans le rodéo, au même titre que les autres épreuves équestres.

Prise au lasso La prise au lasso d'un veau est encore pratiquée dans les ranchs; dans le milieu artificiel d'un arène de rodéo, elle atteint presque la perfection. Elle se déroule ainsi: après l'ouverture d'une barrière, alors qu'un veau est lâché, un cavalier s'élance à sa poursuite, puis le cavalier descend du cheval, renverse le veau, le plaque au sol et lui attache trois pattes. Le concurrent le plus rapide gagne.

Terrassement du bouvillon L'autre épreuve chronométrée, le terrassement du bouvillon (connu à l'origine sous le nom de *bulldogging*), provient des Wild West Shows américains et est au programme des premiers rodéos. Dans ce type d'épreuve, le cow-boy y fait la démonstration de sa force: il doit, en sautant d'un cheval, faire tomber un bœuf en pleine course en s'agrippant à ses cornes et en le renversant au sol. Dans les premiers rodéos, le cow-boy devait

terminer l'épreuve en emprisonnant la lèvre inférieure du bœuf entre ses dents.

Champions du monde Auparavant, les titres mondiaux étaient généralement accordés aux gagnants des compétitions de fin d'année, comme le Pendleton Roundup en Oregon, les Cheyenne Frontier Days au Wyoming ou le Stampede de Calgary en Alberta. Aujourd'hui, ils sont décernés en fonction des prix en argent accumulés par un cow-boy à la fin de la saison, lors des finales nationales de rodéo à Oklahoma City ou des finales canadiennes de rodéo à Edmonton.

Parmi les Canadiens qui ont remporté un championnat du monde en rodéo, on compte Pete Knight (Crossfield, Alberta), quatre fois champion de monte de chevaux sauvages avec selle entre 1932 et 1936; Nate Waldrum (Strathmore, Alberta), champion de monte à cru en 1933; Carl Olson (Calgary, Alberta), champion de monte de chevaux sauvages avec selle en 1947; Marty Wood (Bowness, Alberta), champion de monte de chevaux sauvages avec selle en 1958, 1964 et 1966; Winston Bruce (Calgary, Alberta), champion de monte de chevaux sauvages avec selle en 1961; Kenny McLean (Okanagan Falls, Colombie-Britannique), champion de monte de chevaux sauvages avec selle en 1962; Mel Hyland (Surrey, Colombie-Britannique), champion de monte de chevaux sauvages avec selle en 1972; Jim Gladstone (Cardston, Alberta), champion de prise au lasso d'un veau en 1977; Cody Snyder (Redcliff, Alberta), premier Canadien à remporter le championnat mondial de monte de taureau sauvage en 1983; Mark Roy, premier champion du Canada en terrassement de bouvillon en 1992; Blaine Pederson (Amisk, Alberta), champion de terrassement de bœuf en 1994; et Darryll Mills (Pink Mountain, Colombie-Britannique), champion de monte de taureau sauvage en 1994.

Ted Barris

Rodewalt, Vance Ronald, dessinateur humoristique (Edmonton, 7 oct. 1946). Il grandit dans un ranch près de Lake Isle, en Alberta, et étudie à Edmonton. Le talent artistique de Rodewalt se développe naturellement. À l'âge de 10 ans, il obtient une bourse d'études de la Banff School of Fine Arts, mais il ne fréquentera jamais cette école. Ses premiers dessins représentent des chevaux et la vie dans un ranch. Ils sont publiés dans *Western Horseman* sous le titre *Wranglin' Dudes*. «Je venais de la campagne, a-t-il dit un jour, et mes parents n'avaient pas les moyens de m'envoyer à l'école des beaux-arts. Alors, chaque fois que j'allais en ville, j'allais dans les kiosques à journaux et je parcourais toutes les bandes dessinées et toutes les revues pour en étudier les dessins. Cela m'a donné une bonne idée de ce qu'on dessinait. Hank Ketchum (*Dennis The Menace*), Walt Kelly (*Pogo*) et Bob Montana (*Archie*) m'ont influencé. Lorsque j'ai eu l'âge de comprendre la satire, la revue *Mad* est devenue mon maître.»

Encouragé par le caricaturiste Yardley Jones, qui travaille alors pour l'*Edmonton Journal*, Rodewalt obtient son premier emploi dans une revue de l'industrie pétrolière, *The Roughneck*. En 1969, il devient caricaturiste politique pour *The Albertan*, où il travaille jusqu'à la disparition de cette publication en 1980. Après un bref séjour au *Calgary Sun*, il se joint au *Calgary Herald* en 1982, où il travaille encore aujourd'hui. Ses premiers dessins humoristiques portent sur un couple d'oiseaux qui devient si populaire que Rodewalt en fait une bande dessinée souscrite, publiée de 1974 à 1979, sous le titre *The Byrds*. Les œuvres de Rodewalt ont fait la page couverture de divers magazines, et il a été collaborateur indépendant pour *Marvel Comics* et pour le magazine *Cracked*.

Alan Hustak

Rodriguez (1993), affaire Sue Rodriguez, qui souffrait de sclérose latérale amyotrophique (maladie de Lou Gehrig), désirait que, le jour où elle ne serait plus en mesure de profiter de la vie, un médecin qualifié soit autorisé à installer les moyens technologiques appropriés afin qu'elle puisse mettre fin à ses jours, au moment choisi par elle. Elle s'adressa aux tribunaux et souleva l'invalidité de l'alinéa 241*b*) du *Code criminel* qui prohibe le suicide assisté. La Cour suprême du Canada, par une majorité de 5 à 4, affirma que cet alinéa est constitutionnel et ne viole pas la *Charte canadienne des droits et libertés*.

La majorité des juges reconnut que le droit à la sécurité de Sue Rodriguez était brimé par l'alinéa 241*b*) parce qu'il la privait de son autonomie personnelle en lui refusant l'aide dont elle avait besoin pour en finir avec une maladie source d'atroces douleurs. Cette privation, toutefois, dit la majorité, est conforme aux principes de justice fondamentale; l'aide au suicide est intrinsèquement blâmable sur les plans moral et juridique et pourrait conduire à des abus. Il n'y a pas de consensus à propos de la décriminalisation du suicide assisté, pas plus au Canada que dans les autres démocraties occidentales. La plupart invoquent aussi le respect de la vie humaine.

Une minorité de juges concluent que l'interdiction du suicide assisté est arbitraire. En effet, la personne physiquement capable peut se suicider (ce n'est pas un acte criminel), tandis que la personne physiquement incapable commet un crime lorsqu'elle demande de l'aide pour accomplir le même acte. Cette distinction est, à leur avis, contraire aux principes de justice fondamentale.

Rogers, Albert Bowman, arpenteur de chemin de fer et ingénieur (Orleans, Mass., 28 mai 1829— Waterville, Mass., 4 mai 1889). Découvreur et explorateur du col KICKING HORSE et découvreur du col ROGERS dans les monts Selkirk, en Colombie-Britannique, il arpente l'itinéraire que suivra la ligne du CANADIEN PACIFIQUE (CP) appelée à être construite pour traverser ces cols dans les années 1880. Diplômé de Yale, il fait du travail de repérage pour le Chicago, Milwaukee and St. Paul Railroad. En 1881, il est engagé pour faire les relevés en montagne pour le CP. Il travaille ensuite comme ingénieur arpenteur pour le Chemin de fer le Grand Nord du Canada. En 1887, il est blessé gravement et meurt, plus tard, d'un cancer.

T.D. Regehr

Rogers, col D'une altitude de 1323 m, il est situé dans les monts Selkirk, en Colombie-Britannique. Il a été nommé ainsi en l'honneur d'A.B. ROGERS, embauché par la compagnie de chemins de fer CANADIEN PACIFIQUE (CP) pour trouver un passage dans cette chaîne de montagnes. Le 28 mai 1881, Rogers découvre ce col en venant de l'Ouest par la fourche sud de la rivière Illecillewaet. Le 24 juillet de l'année suivante, Rogers se rend à nouveau au col, cette fois du côté est, afin de démontrer à ses employeurs que la chaîne Selkirk peut être franchie par le col.

Au cours de l'été de 1885, on construit à grands frais le chemin de fer qui traverse le col. On érige plus de 6,4 km de paravalanches (31) pour protéger les trains, les voies ferrées et les travailleurs contre les AVALANCHES (la région reçoit jusqu'à 15 m de neige pendant l'hiver). Peu après, le CP construit le Glacier House, un hôtel de renommée internationale situé du côté ouest du col. Après que des avalanches ont causé d'importants dégâts matériels et des pertes de vies, on perce un tunnel de huit kilomètres, le tunnel Connaught, au-dessous du col (1916).

La ROUTE TRANSCANADIENNE, praticable en tout temps, franchit le col en 1962. À cause des avalanches fréquentes dans le col, un important programme de sécurité a été mis en œuvre. Afin d'adoucir la pente pour les trains qui se dirigent vers l'ouest, le CP entreprend la construction du tunnel du mont MacDonald. Celui-ci, d'une longueur de 14,7 km, est terminé en décembre 1988. Il s'agit du plus long tunnel ferroviaire en Amérique du Nord.

Glen Boles

Rogers Communications Inc. Dirigée par la famille d'Edward S. ROGERS, c'est une des sociétés de portefeuille de CÂBLODISTRIBUTION les plus importantes au monde, qui a des intérêts secondaires dans la radiodiffusion et les services de divertissement. Cette société exploite plusieurs réseaux de câblodistribution au Canada et aux États-Unis, desservant plus de 1,9 million d'abonnés seulement au Canada. Elle offre dans les deux pays une variété de services comprenant une programmation spéciale, la télévision interactive et la TÉLÉVISION PAYANTE. Au Canada, ses activités principales sont concentrées à Vancouver, à Victoria, à Calgary, à Toronto et dans le Sud de l'Ontario.

Cette société possède également CFTR-AM et CHFI-FM à Toronto, des stations à Sarnia et à Leamington en Ontario, et CFMT-TV aussi à Toronto. En 1986, Rogers prend la direction de Cantel Inc., l'unique société nationale de téléphonie cellulaire au Canada. Rogers possède le Canadian Home Shopping Network et partage la direction de YTV, un réseau spécialisé dans la programmation d'émissions pour enfants. Elle est aussi partenaire du Canadien Pacifique et du géant américain de téléphonie AT&T, dans Unitel Communications.

En 1994, Rogers réalise un rachat de société des plus importants et des plus complexes au Canada, en se portant acquéreur de Maclean Hunter, au coût de 3,1 milliards de dollars. En 1999, affichant des revenus de 3,1 milliards et un bénéfice d'exploitation de 894 millions $ CAN, Rogers devient le radiodiffuseur le plus important au Canada – un géant des médias qui emploie 10 000 personnes.

Peter S. Anderson

Rogers, Edward Samuel, inventeur et pionnier de la radiodiffusion (Toronto, 21 juin 1900—*id*., 6 mai 1939). Fils d'un riche homme d'affaires, Rogers est fasciné par la radio dès son enfance. À 13 ans, il gagne le prix du meilleur poste récepteur construit par un amateur en Ontario et, en 1921, il est le seul gagnant canadien d'un concours américain de radiodiffusion transatlantique de faible puissance.

Sa lampe de radio à courant alternatif, perfectionnée en 1925, révolutionne l'industrie mondiale des postes de radio à usage domestique. Auparavant, ces postes récepteurs devaient fonctionner sur courant continu à partir de batteries rechargeables remplies d'acide, car le bruit produit par les 25 ou 60 cycles du courant alternatif du secteur était souvent plus fort que les signaux radio. La lampe d'amplification de Rogers élimine ce problème, rendant, pour la première fois, fonctionnels les postes récepteurs à usage domestique branchés sur le réseau. Avec son père, il fonde la compagnie de fabrication Rogers Majestic et lance plusieurs compagnies de radiodiffusion, dont la station 9RB (plus tard, CFRB, Toronto) qui tire son nom de celui du système «Rogers Batteryless» (sans piles). Son fils Edward Samuel (Toronto, 27 mai 1933) dirige ROGERS TELECOMMUNICATIONS LIMITED.

Donald J.C. Phillipson

Rogers, Norman McLeod, érudit et politicien (Amherst, N.-É., 25 juill. 1894—Newtonville, Ont., 10 juin 1940). Il étudie à l'U. Acadia et à Oxford, mais interrompt ses études pour servir durant la Première Guerre mondiale. Il est professeur d'histoire à l'U. Acadia, de 1922 à 1927, et secrétaire privé du premier ministre KING, de 1927 à 1929. Bien qu'il soit professeur de sciences politiques à l'U. Queen de 1929 à 1935, Rogers reste en contact avec King, pour qui il écrit *Mackenzie King* (1935), une biographie à paraître à l'occasion de la campagne électorale de ce dernier. Élu député fédéral de Kingston (Ontario), en 1935, il devient ministre du Travail et le libéral progressiste le plus influent du Cabinet. Nommé ministre de la Défense nationale en 1939, il meurt l'année suivante dans un écrasement d'avion.

Robert Bothwell

Rogers, Robert, auteur et officier de l'armée (Methuen, Mass., 8 nov. 1731—Londres, 18 mai 1795). Ce pionnier, aux nombreux talents, commande efficacement les Rangers coloniaux lors de la guerre du roi George (1741-1748; *voir* GUERRE DE LA SUCCESSION D'AUTRICHE) et de la GUERRE DE SEPT ANS, mais il a le don de s'attirer des ennuis à cause de sa prodigalité et de son penchant pour l'alcool et le jeu. En 1768, il est traduit en cour martiale à Montréal pour trahison et dépenses excessives, mais il est acquitté. Au cours de la GUERRE D'INDÉPENDANCE AMÉRICAINE, il lève et commande les Queen's Rangers LOYALISTES (plus tard les King's Rangers). Ses réalisations les plus importantes sont d'ordre littéraire. Pendant qu'il est à Londres, il publie, en 1765, ses journaux de guerre et *A Concise Account of North America*. Il publie aussi à Londres, en 1766, *Ponteach, or, The Savages of America*, un compte rendu critique de l'exploitation des Amérindiens par les colonisateurs britanniques.

Rota Herzberg Lister

Rogers, Stan, interprète et auteur de chansons (Hamilton, Ont., 29 nov. 1949—mort dans l'incendie d'un appareil d'Air Canada, aéroport de Cincinnati, Ohio, 2 juin 1983). Mort à l'âge de 33 ans, Rogers était déjà reconnu comme l'un des plus talentueux interprètes et auteurs de chansons du Canada. Sa musique, de style folk, comporte une touche nettement canadienne. Au cours de sa brève carrière, il enregistre six albums – *Fogarty's Cove, Turnaround, Between the Breaks, Northwest Passage, From Fresh Water* et *For the Family* – dont les deux derniers sont lancés après sa mort. Doué d'une belle voix sonore, il écrit des chansons aux mélodies fort jolies et aux paroles d'une riche poésie. Plusieurs d'entre elles ont trait à l'histoire du Canada et témoignent d'une profonde empathie avec la vie des gens ordinaires, des pêcheurs de la Nouvelle-Écosse aux marins des Grands Lacs. Plusieurs de ses chansons, comme *Barrett's Privateers, Make and Break Harbour, The Mary Ellen Carter, Northwest Passage,* semblent destinées à demeurer des classiques.

Curtis Fahey

Roi-Guillaume, île du D'une superficie de 13 111 km² et située dans l'ARCHIPEL ARCTIQUE, l'île du Roi-Guillaume est une plaine onduleuse criblée de lacs. Son sommet atteint 137 m. Sa végétation caractéristique d'une région polaire et semi-aride sert de pâturage d'été au caribou du continent. Elle est découverte en 1830 par sir John ROSS et nommée en l'honneur du roi Guillaume IV d'Angleterre. Des vestiges de l'expédition malheureuse de Franklin y ont été découverts. (*Voir aussi* FRANKLIN, À LA RECHERCHE DE.)

S.C. Zoltai

Roitelet C'est un minuscule oiseau chanteur. Il est un insectivore très actif, de couleur gris olive et portant une couronne de couleur éclatante. Son bec est mince et effilé, et sa queue est courte et large. Le roitelet était autrefois considéré comme un membre de la famille des muscicapidés, mais on le classe maintenant dans sa propre famille, celle des régulidés. (*Voir* PARULINE).

Répartition Au Canada, les régulidés sont représentés par deux espèces, le roitelet à couronne dorée (*Regulus satrapa*) et le roitelet à couronne rubis (*R. calendula*). (*Voir* GOBEMOUCHERON GRIS-BLEU).

Ces deux espèces passent l'été dans les milieux forestiers, depuis Aklavik, dans les Territoires du Nord-Ouest, jusqu'à Terre-Neuve au sud-est, ainsi qu'aux États-Unis, dans certaines régions du Mexique et dans les hautes terres du Guatemala. Ce sont des oiseaux migrateurs, mais les deux espèces hivernent dans le sud du Canada, où elles fréquentent les forêts de conifères et les forêts mixtes de feuillus. Le roitelet à couronne rubis n'hiverne cependant que dans le sud-ouest de la Colombie-Britannique.

Nidification Les roitelets nichent de la mi-mai à la mi-juillet. Le nid, fait de mousses et de lichens, est généralement suspendu (ou en partie suspendu) et sa construction peut nécessiter jusqu'à un mois de travail. La couvée compte de 5 à 11 œufs. Les nids des roitelets sont parfois parasités par le vacher à tête brune (*Molothrus ater*). Le roitelet à couronne rubis a un chant puissant, gazouillant et mélodieux. Le chant du roitelet à couronne dorée est assez semblable, mais plus aigu.

J.C. Barlow

Rolph, John, avocat, médecin, politicien et professeur (Thornbury, Angl., 4 mars 1793—Mitchell, Ont., 19 oct. 1870). Il étudie en Angleterre et, à partir de 1821, pratique le droit et la médecine au Haut-Canada, dirigeant des écoles de médecine à St. Thomas en 1824-1825 et à York (Toronto), à partir de 1832. Il partage la direction du Reform movement avec M.S. BIDWELL et les BALDWIN, dès 1828. Partisan de la onzième heure des fatales RÉBELLIONS DE 1837 de William Lyon MACKENZIE, cet homme secret s'enfuit à Rochester, dans l'État de New York. Il revient en 1843 pour rouvrir son école de médecine, qui devient bientôt florissante. Membre inefficace du ministère Hincks-Morin de 1851 à 1854, il déçoit profondément ses partisans ultra-réformistes (*voir* CLEAR GRIT). Il se concentre par la suite sur l'exploitation de son école. En défendant avec éloquence les droits des colons américains et en s'opposant aux privilèges de l'Église anglicane, Rolph contribue grandement à la popularité croissante du mouvement pour la réforme constitutionnelle, et fait plus que quiconque, avant les années 1860, pour offrir une formation médicale de premier ordre dans la province.

David R. Keane

Rolston, Shauna, violoncelliste (Edmonton, 31 janv. 1967). Fille de musiciens professionnels, Rolston commence ses leçons de violoncelle à l'âge de trois ans et se produit en public dès l'âge de six ans. Après avoir suivi le programme pour enfants surdoués du Banff Centre, elle obtient un diplôme en histoire de l'art à Yale. Elle étudie également le violoncelle à la Yale School of Music auprès d'Aldo Parisot, dont elle devient l'assistante. Depuis son premier récital à New York en 1983, elle s'est produite partout dans le monde lors de récitals, de concerts de musique de chambre et comme soliste de concertos. Elle a également réalisé de nombreux enregistrements. En 1994, elle est nommée professeur de violoncelle à l'U. de Toronto.

Robin Elliott

Romaine, rivière Longue de 451 km, cette rivière située au Québec, a un bassin de 13 028 km² qui s'élève jusqu'à 760 m d'altitude dans le Plateau lacustre du Québec-Labrador, à 45 km au sud-ouest du FLEUVE CHURCHILL. La limite nord de son bassin constitue une partie de la frontière entre le Québec et le Labrador, au nord du 52e parallèle. À sa source, elle traverse le lac Brûlé, long de 34 km. Les Montagnais la parcouraient fréquemment au cours de leur migration annuelle vers la côte du Labrador, car il n'y a que 15 km de lacs et de portages à franchir pour rejoindre le bassin du Churchill. Le nom de «Romaine» est une déformation française du montagnais *Uramen*, qui signifie «ocre rouge». Dans ses derniers 35 km, la rivière s'écoule dans un vaste delta postglaciaire, sur les côtes duquel se trouve Havre-Saint-Pierre (3450 hab., rec. 1997), principale ville à l'est de Sept-Îles et centre administratif de la MRC de la Minganie (5866 hab., rec. 1997). Ce port de mer représentait la fin de la route 138 jusqu'en 1996 et il est le terminus de la voie ferrée (40 km) qui relie à la côte la mine d'ilménite de la compagnie Fer et Titane du Québec du lac Allard. On y trouve aussi les installations de Parcs Canada pour visiter la Réserve du parc national de l'Archipel-de-Mingan. À 75 km de son embouchure, la rivière coule dans une gorge profonde de 150 m, appelée «Les Murailles», dont les 6 km de rapides ont une dénivellation de 75 m. Hydro-Québec voit dans la rivière un important potentiel hydroélectrique.

Jean-Marie Dubois et Pierre Mailhot

Roman de langue anglaise Dans sa première phase, de l'époque des tout premiers écrits de fiction à la Première Guerre mondiale, le roman acquiert un ton vraiment canadien. Toutefois, avant la Confédération, le genre se développe beaucoup plus qu'il ne se réalise. Des romans sont écrits et publiés, mais très peu ont une valeur littéraire et peuvent être considérés comme spécifiquement canadiens quant au sujet ou au point de vue. Il n'y a là rien d'étonnant: le pays lui-même prend forme et, avec lui, toute une société, une culture à dépeindre, à analyser et à interpréter. L'incertitude de l'époque coloniale se révèle dans le peu d'originalité et la piètre qualité des écrits de fiction. Quelques romans contribuent malgré tout à l'établissement d'une tradition, et un petit nombre gagne une certaine notoriété.

Premiers romans canadiens Il est généralement admis, peut-être erronément, que l'ouvrage de Frances BROOKE, *History of Emily Montague* (1769; trad. *Voyage dans le Canada, ou Histoire de Miss Montaigu*, 1809) est le premier roman canadien. L'auteur n'a pas vécu longtemps dans la colonie de Québec et son ouvrage est un roman à l'eau de rose d'un genre courant en Angleterre. Brooke analyse toutefois avec sérieux les relations entre Français et Anglais, les futures relations de la colonie avec la Grande-Bretagne et la menace que représentent les colonies américaines, des sujets qui prédomineront dans les romans canadiens ultérieurs. Son goût marqué pour les paysages préfigure l'utilisation de la nature canadienne comme cadre exotique de fiction, tant chez les romanciers britanniques (dont Frederick Marryat et R.M. Ballantyne) que chez les Canadiens.

Publication importante La publication de brefs récits (parfois en série, vaguement reliés par un thème) et de romans numérotés dans les journaux et revues se révèle d'importance pour la qualité de la fiction canadienne (*voir* NOUVELLES DE LANGUE ANGLAISE et REVUES LITTÉRAIRES DE LANGUE ANGLAISE). D'ailleurs, certaines des premières œuvres de Susanna MOODIE et de Rosanna LEPROHON ont été lancées sous ces formes. De nombreux auteurs continuent d'imiter les modèles britanniques, mis à part deux écrivains: Thomas MCCULLOCH et Thomas Chandler HALIBURTON.

Les *Letters of Mephibosheth Stepsure* (dans *Acadian Recorder*, 1821-1823) de McCulloch, description satirique amusante de ses voisins de Pictou (Nouvelle-Écosse), peuvent encore ravir les lecteurs contemporains (*voir* LITTÉRATURE HUMORISTIQUE DE LANGUE ANGLAISE).

L'œuvre de McCulloch influence sans doute Haliburton, premier romancier canadien à acquérir une renommée internationale. Sa série «Clockmaker» (1835-1836) est réunie en livre, sous le titre de *The Clockmaker; ou The Sayings and Doings of Samuel Slick, of Slickville* (1836), et connaît un succès instantané en Amérique du Nord comme en Grande-Bretagne. Sam Slick demeure une des meilleures créations comiques, et Haliburton s'en sert pour analyser sérieusement sa Nouvelle-Écosse ainsi que la vulgarité et le matérialisme croissant des États-Unis. *The Old Judge* (1849; trad. *Le vieux juge, ou Esquisse de la vie dans une colonie*, 1949) est son meilleur roman. Haliburton dispute même la vedette à Charles Dickens pendant quelque temps. Il est l'un des premiers romanciers de la période précédant la Confédération et demeure un auteur important dans la tradition littéraire canadienne.

Deux autres romanciers de cette époque retiennent toujours l'attention des lecteurs. Dans *The Manor House of De Villerai* (1859-1860) et *Antoinette de Mirecourt* (1864; trad. *Antoinette de Mirecourt ou Mariage secret et chagrin caché*, 1865), Rosanna Leprohon n'évite ni le sentimentalisme, ni le mélodrame. Cependant, sa description de la société québécoise d'après la Conquête témoigne d'une habileté et d'une sensibilité qui ne sont pas encore appréciées à leur juste valeur. Dans *Wacousta* (1832) et sa suite, *The Canadian Brothers* (1840), John RICHARDSON s'essaie sans succès au roman de mœurs en exploitant l'histoire canadienne, mais fait preuve d'une imagination débridée. Ces deux romans, gâchés par le sentimentalisme et le mélodrame, dénotent l'influence envahissante de sir Walter Scott sur les écrivains de romans historiques et, dans une moindre mesure, celle de l'écrivain américain James Fenimore Cooper. Malgré tout, l'habileté de Richardson à dépeindre la violence et ses efforts pour définir le personnage canadien en devenir lui assurent au moins une petite place dans l'histoire du roman canadien.

Esprit nationaliste et optimiste Le nationalisme et l'optimisme d'après la CONFÉDÉRATION se reflètent dans la diversité et la qualité croissantes des romans canadiens. Plusieurs écrivains acquièrent une réputation internationale, sinon un mérite littéraire durable. Parmi eux, on trouve May Agnes Fleming, Basil King et Margaret Marshall Saunders. Saunders aurait vendu plus d'un million d'exemplaires, publiés en 14 langues, de *Beautiful Joe* (1894), qui raconte sur un ton sentimental l'histoire d'un chien. James de Mille est aussi populaire grâce à son roman étrange et troublant, toujours fascinant: *A Strange Manuscript Found in a Copper Cylinder* (1888). Les romanciers populaires du même genre écrivent rarement de bons livres. Néanmoins, les écrivains canadiens sont de plus en plus convaincus de pouvoir intéresser un lectorat étranger.

Romans historiques Les romans historiques sont aussi à la mode et souvent adroitement écrits. Charles G.D. ROBERTS et Gilbert PARKER en écrivent plusieurs mais, comme d'autres romanciers, se révèlent rarement capables d'approfondir la période historique qu'ils décrivent. Avec *The Golden Dog* (1877; trad. *Le chien d'or: légende canadienne*, 1884), William KIRBY surmonte cette difficulté dans sa tentative de recréer et d'analyser en profondeur la société de la NOUVELLE-FRANCE avant son déclin. On peut lui reprocher d'avoir idéalisé cette société en introduisant le mythe d'une harmonie nationale entre Français et Anglais, mais le savoir et la compassion dont il fait preuve dans son roman suffisent à le distinguer, et ce, malgré des longueurs et de fréquentes maladresses.

La période qui suit la Confédération se caractérise aussi par un intérêt particulier pour la description des régions canadiennes. Ainsi, L.M. MONTGOMERY situe à l'Île-du-Prince-Édouard l'action de *Anne of Green Gables* et sa suite (1908; trad. *Anne, la maison aux pignons verts*, 1986). *Duncan Polite* (1905) de Marian Keith (Mary Esther MacGregor) se déroule dans les communautés écossaises du Sud de l'Ontario. *The Way of the Sea* (1903) et *Doctor Luke of the Labrador* (1904) de Norman Duncan et *The Harbour Master* (1913) de Theodore Goodridge se passent à Terre-Neuve et au Labrador.

L'ouverture de l'Ouest et du Nord canadiens à la colonisation fait souvent l'objet d'histoires romanesques. Si le traitement est souvent superficiel et banal, comme chez Gilbert Parker, Agnes Laut et Robert SERVICE, il gagne en qualité dans *The Sky Pilot* (1899) et *The Foreigner* (1909) de Ralph Connor (C.W. GORDON) et dans *Sowing Seeds in Danny* (1908) de Nellie MCCLUNG. Bien que leur portrait de l'Ouest ne soit pas exempt de sentimentalisme et d'un didactisme agaçant, ces auteurs ouvrent la voie à une expression réaliste du sentiment d'appartenance, comme l'atteste *Woodsmen of the West* (1908) de Martin Allerdale Grainger, un bon roman qui se déroule en Colombie-Britannique.

Didactisme et ton moralisateur Nombre de romans sont empreints de didactisme et adoptent un ton moralisateur. Deux auteurs s'emploient à conjuguer divertissement et contenu intellectuel: Agnes Maule MACHAR (justice sociale, christianisme) et Lily Dougall (thèmes religieux); mais, pour cette raison même, elles ne remportent qu'un succès littéraire limité. Les principaux romans de la période qui suit la Confédération surmontent toutefois cette difficulté et réussissent à être moralement sérieux sans pour autant sermonner le lecteur. À divers degrés et de différentes manières, ces livres intègrent aussi des sujets historiques, régionaux, sociaux, intellectuels et internationaux.

The Curé of St. Philippe (1899), le seul roman de Francis William Grey, est à la fois une œuvre subtilement humoristique et une habile analyse de l'éducation, de la religion, de la politique et des relations entre Français et Anglais dans une petite ville du Québec d'alors. Robert Barr rédige aussi plusieurs ouvrages, dont une importante série de romans policiers, *The Triumphs of Eugène Valmont* (1906). Son grand succès canadien, *The Measure of the Rule* (1907), se veut une critique satirique de la formation des enseignants et des grandes théories de l'éducation, en même temps qu'une observation des travers de la société torontoise au tournant du siècle.

Début du XXe siècle Au début du XXe s., le roman canadien a déjà fait d'immenses progrès, comme le démontrent les meilleures œuvres des principaux romanciers de l'époque, Sara Jeannette Duncan et Stephen LEACOCK. Les romans de Duncan, écrits après sa brillante carrière de journaliste, sont le fruit d'une intelligence avisée et sensible et d'une grande curiosité. *A Daughter of Today* (1894) est, mis à part sa conclusion maladroite, une étude passionnante de la «femme nouvelle» et du tempérament artistique. La comédie *An American Girl in London* (1891), un de ses romans «internationaux», traite des différences entre les coutumes sociales américaines et les traditions britanniques. *Cousin Cinderella* (1908), une comédie moins enlevée, reprend le même sujet, en mettant, cette fois, en scène des Canadiens qui s'interrogent sur leur place dans cette relation. *The Imperialist* (1904) se passe dans le Sud de l'Ontario, mais les thèmes internationaux, toujours prédominants, y sont présentés du point de vue de leur répercussion sur une ville canadienne et sur sa société, que Duncan décrit et analyse avec esprit et talent. En 1890, Duncan s'installe en Inde où il restera pendant près de 30 ans. Le ton de ses romans change donc: il devient de plus en plus sombre, comme *The Simple Adventures of a Memsahib* (1893), *His Honour, and a Lady* (1896) et *Set in Authority* (1906), dans lesquels l'auteur critique la colonie britannique établie en Inde tout en affichant sa sympathie pour la population locale et ses aspirations. Duncan écrit jusque dans les années 20, mais, après 1910, la qualité de ses œuvres est inégale.

Leacock entreprend sa carrière littéraire en parodiant, avec exubérance et un brin de violence surréaliste, les divers styles, formes et aberrations du roman traditionnel. *Literary Lapses* (1910; trad. *Ne perdez pas le fil: histoires humoristiques*, 1981), *Nonsense Novels* (1911) et plus tard *Frenzied Fiction* (1918) lui valent une réputation internationale bien méritée de grand humoriste de langue anglaise. S'il poursuit dans la même veine, souvent avec succès, ses romans ultérieurs ne conservent pas la qualité des premiers ouvrages. Ses principales œuvres sont *Sunshine Sketches of a Little Town* (1912) et *Arcadian Adventures with the Idle Rich* (1914). Le premier décrit avec humour les petites manies et sottises des résidents d'une petite ville de l'Ontario, avec, en filigrane, une satire et une critique des prétentions sociales, du matérialisme, de l'urbanisation et de la politique. Le second livre est ouvertement satirique, comme le titre le laisse entendre, mais beaucoup moins réjouissant. Les riches désœuvrés et leur coterie ne possèdent aucune qualité qui puisse racheter leurs défauts, et Leacock n'offre aucun réconfort à ses lecteurs, à la veille d'une guerre mondiale qui aura des conséquences profondes pour le Canada.

David Jackel

Première Guerre mondiale à 1959 Grâce au rôle qu'il a joué pendant la Première Guerre mondiale, le Canada reprend confiance en lui-même, ce qui se traduit par une recrudescence du NATIONALISME et par un intérêt renouvelé pour la littérature nationale. Entre 1920 et 1940, 700 romans sont publiés par des Canadiens. Alors que les genres populaires (suspenses, romans d'aventure et d'amour) foisonnent, des auteurs comme Dreiser, Joyce et Woolf développent une vraie littérature romanesque. L'avènement du réalisme, annoncé dans le roman des Prairies, est le premier progrès important réalisé au Canada après la guerre. Les écrivains relatent désormais plus fidèlement la vie des fermiers, sont moins enclins à romancer ou à idéaliser le paysage ou la vie des gens. Dans sa trilogie albertaine *The Prairie Life* (1915), *The Prairie Mother* (1920) et *The Prairie Child* (1922), le prolifique Arthur Stringer fait le lien entre l'ancien et le nouveau style du roman des Prairies, tant par son style que par la chronologie des événements. Robert Stead, dans *Neighbours* (1922) et *The Smoking Flax* (1924), montre la voie vers le réalisme, même si l'intrigue et quelques incidents mélodramatiques s'inscrivent dans le courant romantique.

Le réalisme s'affirme véritablement dans le roman des Prairies avec *Grain* (1926) de Stead et la parution, en 1925, des premiers ouvrages de Martha Ostenso et de Frederick Philip GROVE. Dans *Wild Geese*, Ostenso décrit d'une manière vivante la vie rude d'un groupe de fermiers, mais le personnage central, Caleb Gare, est un vilain dans la plus pure tradition romantique, que son le désir de posséder une terre mènera à sa perte, réduisant sa famille à l'esclavage. Le premier roman de Grove, *Settlers of the Marsh*, est suivi de trois autres romans des Prairies: *Our Daily Bread* (1928), *The Yoke of Life* (1930) et *Fruits of the Earth* (1933). S'ils gagnent souvent leur bataille contre la nature, ses héros patriarcaux en viennent inévitablement à se rendre compte que leur succès est éphémère.

Réalisme et tradition romantique populaire La forte conscience régionale de ces romanciers transparaît aussi dans plusieurs romans canadiens. Leurs auteurs s'attachent à décrire l'influence de l'environnement sur le caractère et les relations humaines (*voir* RÉGIONALISME DANS LA LITTÉRATURE). Parallèlement au courant réaliste, on perpétue la tradition romantique populaire du roman des Prairies en brossant un portrait plus optimiste de la vie de pionnier, comme dans *The Viking Heart* (1923) de Laura Goodman Salverson, qui porte sur les pionniers islandais. Frederick Niven, après avoir écrit plusieurs romans à succès sur son Écosse natale, dépeint l'évolution historique des Prairies dans une divertissante trilogie fidèle aux événements: *The Flying Years* (1935), *Mine Inheritance* (1940) et *The Transplanted* (1944). La tradition romantique se poursuit dans *Who Has Seen the Wind* (1947) (*voir* QUI A VU LE VENT; trad. 1974) de W.O. MITCHELL, l'histoire d'un enfant qui grandit dans les Prairies. Le vent y symbolise les tentatives de l'enfant pour comprendre le monde spirituel.

Les romans historiques sur la Nouvelle-Écosse de Thomas RADDALL comptent parmi les plus populaires. *His Majesty's Yankees* (1942) et *The Nymph and the Lamp* (1950) sont vivants, passionnants et historiquement exacts. Le succès le plus remarquable de cette période est sans contredit la série Jalna (1927-1960) de Mazo DE LA ROCHE. L'histoire, qui se déroule dans l'Ontario rural, s'étire sur 16 romans sentimentaux caractérisés par un dialogue enlevé, des épisodes dramatiques et des personnages mémorables. *Jalna* passionne encore les lecteurs du monde entier.

Entre-temps, en Ontario, d'autres auteurs écrivent des romans réalistes à la manière de leurs contemporains des Prairies. Raymond KNISTER, auteur de quelques-unes des meilleures nouvelles avant-gardistes des années 20 et de certains des tout premiers poèmes modernes canadiens, écrit *White Narcissus* (1929), peut-être le premier roman réaliste de l'Ontario rural. Knister utilise des éléments du paysage comme symboles des émotions de son personnage, pour lequel le chemin de la ville à la ferme devient un voyage à la découverte de soi.

Le réalisme urbain s'ancre fermement avec les romans de Morley CALLAGHAN. Ses premiers romans, *Strange Fugitive* (1928), *It's Never Over* (1930) et *A Broken Journey* (1932), contiennent une certaine part de déterminisme: les personnages semblent être souvent les victimes de forces inéluctables. Le style de Callaghan apparaît simple et retenu. De plus, il change très peu lorsqu'il adopte un point de vue plus chrétien dans ses trois romans suivants: *Such Is My Beloved* (1934; trad. *Telle est ma bien-aimée*, 1974), portrait d'un prêtre qui tente de sauver deux prostituées; *They Shall Inherit the Earth* (1935), un conflit entre père et fils avec comme toile de fond la Crise des années 30; et *More Joy in Heaven* (1937), histoire d'un braqueur de banques repenti et incompris par la société. Dans ces romans, le personnage saint s'oppose à la société, comme dans *The Loved and the Lost* (1951), où le style de Callaghan s'adoucit. et le mythe et le symbole sont employés de manière efficace.

Protestation sociale L'optimisme qui règne immédiatement après la Première Guerre mondiale disparaît avec la Crise des années 30. On publie peu de romans et on en lit peu. Quelques romanciers tentent de décrire la désillusion qui prévaut alors. La meilleure description romanesque de la protestation sociale de l'époque reste celle de la journaliste de la côte ouest, Irene Baird, dans *Waste Heritage* (1939; trad. *Héritage gaspillé*, 1946), roman documentaire sur Vancouver et Victoria en 1938. Le désespoir ressenti à l'époque dans les zones urbaines de l'Est du Canada est le thème central des premiers romans et nouvelles de Callaghan. Dans *Cabbagetown* (1950), Hugh GARNER raconte ce que signifie grandir dans un taudis de Toronto pendant la Crise des années 30. Le premier roman de Sinclair ROSS, *As For Me and My House* (1941) (*voir* AU SERVICE DU SEIGNEUR; trad. 1981), et certaines de ses premières nouvelles figurent parmi les œuvres qui dépeignent le mieux les Prairies au temps de la Crise des années 30.

Dans *As For Me and My House*, l'atmosphère de l'époque et du lieu, comme son influence sur l'âme humaine, est traitée avec une subtilité et une imagination nouvelles. Dans ce roman sur la vie d'un pasteur et de sa femme coincés dans une petite ville puritaine des Prairies, Ross exploite le lieu et ses effets sur la psyché afin d'exprimer des préoccupations modernes comme l'aliénation, le manque de communication, le problème de l'imagination et la recherche d'un sens dans un univers incompréhensible; le monde extérieur reflète l'état intérieur. Au cours de la décennie suivante, Ernest BUCKLER écrit *The Mountain and the Valley* (1952), dont l'action se déroule dans la vallée d'Annapolis en Nouvelle-Écosse. Son symbolisme complexe et son langage sensuel et riche créent un univers champêtre qui met en évidence ses thèmes de prédilection: l'isolement et le problème de l'imagination.

Hugh MACLENNAN, le romancier canadien le plus connu des années 40 et 50, commence à écrire au moment où une vague de nationalisme déferle sur le Canada après la Crise des années 30. En 1941, il entreprend la chronique de la psyché canadienne avec la publication de *Barometer Rising* (trad. *Le temps tournera au beau*, 1966). Ce roman, dont l'action se passe en 1917 et qui a pour pivot l'EXPLOSION DE HALIFAX, étudie l'évolution du nationalisme canadien. Le second roman de MacLennan, *Two Solitudes* (1945) (*voir* DEUX SOLITUDES; trad. 1963), traite des relations entre les anglophones et les francophones du Canada, de la Première Guerre mondiale au début de la Seconde, sur deux générations. À la suite du succès mitigé de *When The Precipice* (1948), moins franchement canadien, MacLennan reprend son rôle de porte-parole de l'esprit national. L'histoire de *Each Man's Son* (1951), située dans une ville minière de Nouvelle-Écosse, raconte le puritanisme calviniste qui semble s'insinuer dans la vie des Canadiens. *The Watch that Ends the Night* (1959; trad. *Le matin d'une longue nuit*, 1967), roman le plus salué par la critique, est plus exubérant. L'éternel triangle amoureux évolue en milieu canadien et met en présence un homme introverti, une femme forte au tempérament artistique et un homme d'action plus grand que nature. Dans cette œuvre, comme dans ses premiers romans, MacLennan excelle dans la description et la narration, mais pêche par excès dans ses interminables explications et ses dialogues guindés.

La Seconde Guerre mondiale devient aussi le sujet de plusieurs romans. Parmi les meilleurs ouvrages, signalons *Storm Below* (1949) de Hugh Garner, le récit de six jours passés à bord d'une corvette canadienne; *Turvey* (1949) d'Earle BIRNEY, un regard humoristique sur la vie dans l'armée; *Execution* (1958) de Colin McDougall, les faits et gestes terriblement réalistes des combattants canadiens sur le front italien; et *The Pillar* (1952) de David Walker, fondé sur son expérience de prisonnier de guerre. Walker, qui émigre au Canada après la guerre, publie plusieurs romans à succès dont la plupart se déroulent dans son Écosse natale, comme le très humoristique *Geordie* (1950). *Where the High Wind Blow* (1960), le premier dont l'action se passe au Canada, est une histoire d'amour et d'aventure, bien écrite, qui traite de l'ouverture des régions nordiques et dont le héros entreprenant se sent chez lui tant dans les contrées sauvages du Nord que dans les villes du Sud.

Expérience de l'immigration La vie des immigrants continue d'être un thème important. À Walker, Grove, Salverson et Niven se joint le Juif autrichien Henry KREISEL, auteur de *The Rich Man* (1948), où un immigrant de Toronto qui se prétend riche rend visite à sa famille à Vienne, et du plus complexe *Betrayal* (1964). *Under the Ribs of Death* (1957) de John Marlyn décrit la lutte menée par le fils d'un immigrant hongrois pour réussir financièrement. Brian MOORE, qui passe 14 ans au Canada avant de s'installer aux États-Unis, publie *The Lonely Passion of Judith Hearne* (1955), roman émouvant et intense sur la vie d'une célibataire de Belfast, et *The Luck of Ginger Coffey* (1960), roman profond et divertissant à propos d'un immigrant irlandais vivant à Montréal. Malcolm LOWRY, le plus célèbre de nos résidents de passage, termine *Under the Volcano* (1947; trad. *Au-dessous du volcan*, 1963) et écrit *October Ferry to Gabriola* (1970) au Canada. *Under the Volcano* est un roman brillant et complexe, qui recourt aux techniques cinématographiques, au symbolisme cabalistique et théosophique, aux mythes et à des métaphores inusitées pour raconter les 12 dernières heures de la vie d'un alcoolique.

Un certain nombre d'auteurs décrivent le vécu des immigrants juifs. Dans *Son of a Smaller Hero* (1955; trad. *Mon père, ce héros...*, 1975) et *The Apprenticeship of Duddy Kravitz* (1959) (*voir* APPRENTISSAGE DE DUDDY KRAVITZ, L; trad. 1976), Mordecai RICHLER brosse le portrait de la troisième génération d'une famille d'immigrants juifs à Montréal. Kravitz est un héros picaresque dont l'histoire est une satire sociale, écrite d'une plume exubérante et pleine de dialogues très humoristiques. *The Sacrifice* (1956) d'Adele WISEMAN est l'histoire tragique d'un immigrant juif ukrainien qui tente de s'adapter à un nouveau monde tout en respectant ses propres traditions. Sa tragédie est atténuée par l'espoir que son petit-fils aura un bel avenir. Alors que le réalisme et le régionalisme ne cessent de se raffiner, plusieurs bons romanciers d'avant-garde s'éloignent du roman traditionnel pour produire des récits symboliques, lyriques et éclatés. *Tay John* (1939) de Howard O'HAGAN s'inspire de la légende amérindienne d'un petit garçon aux cheveux d'or qui sort de la tombe où repose une femme enceinte, et que l'on voit finalement disparaître sous terre. Le roman débute avec la légende et mêle le mythe à la réalité en suivant une structure épisodique. Dans les années 40, F.P. Grove délaisse le réalisme pour des procédés

plus innovateurs. *The Master of the Mill* (1944) est un roman futuriste traitant de la complexité de la société industrielle et des problèmes de l'automatisation. L'approche narrative sophistiquée intègre des retours en arrière du personnage principal, le manuscrit d'un autre personnage et les souvenirs d'autres encore. Dans *Consider Her Ways* (1947), Grove crée son monde de fourmis à partir d'un fait scientifique et s'en sert pour satiriser les humains.

Publié pour la première fois en Angleterre, le roman lyrique d'Elizabeth SMART, *By Grand Central Station I Sat Down and Wept* (1945), passe presque inaperçu au Canada jusqu'à la parution d'une édition nord-américaine en 1975. Ce remarquable roman explore la dualité des expériences, en particulier la douleur et le plaisir de l'amour, dans des structures paradoxales. L'intrigue est extrêmement simple et le lieu emprunte à l'imagerie populaire pour devenir l'accessoire des émotions. *The Double Hook* (1959) de Sheila WATSON explore le même thème. Watson décrit ses personnages comme des «figures fixées à un endroit dont elles ne peuvent se séparer». Ce roman est la découverte mystique et allégorique des liens entre le bien et le mal et l'exploration de la rédemption d'une communauté en l'amour. Le poète A.M. KLEIN a aussi recours au roman pour raconter le retour des Juifs à la Terre promise. Dans *The Second Scroll* (1951; trad. *Le second rouleau*, 1990), il met en parallèle l'exil des Juifs et leur retour en Israël après la Seconde Guerre mondiale. Comme la *Torah*, *Le second rouleau* comporte des gloses, qui prennent la forme d'un poème, d'une pièce de théâtre, d'une prière et d'un extrait de lettre. Le thème religieux central du roman est la perte et la découverte de Dieu et un débat sur l'existence du mal.

Les 4 romans et les 2 nouvelles d'Ethel Wilson, publiés en moins de 10 ans, comptent parmi les ouvrages romanesques canadiens les mieux construits et les plus subtilement écrits. Par son fort sentiment d'appartenance, Wilson se classe au nombre des écrivains réalistes. Son style est marqué par la clarté, la mesure, une apparente simplicité, des images discrètes et l'observation perspicace des gens. Sa vision complexe du monde embrasse sa conscience de l'ironie de la vie et de l'interaction entre le hasard et la Providence. L'épigraphe de John Donne, «Nul n'est une île», inscrite au début de son premier roman, *Hetty Dorval* (1947), traduit parfaitement sa vision de la vie. *Swamp Angel* (1954), sans doute son meilleur roman, présente, en Maggie Lloyd, un personnage convaincant qui brise un mariage impossible pour refaire sa vie.

Parmi les romanciers éminents, dont la carrière débute dans les années 50 et se poursuit dans les années 80, figure Robertson DAVIES, qui se fait d'abord connaître comme dramaturge et journaliste. La satire au centre de ses essais Samuel Marchbanks se retrouve aussi dans sa trilogie *Salteron, Tempest-Tost* (1951), *Leaven of Malice* (1954; trad. *Un heureux canular*, 1991) et *A Mixture of Frailties* (1958), où il s'en prend au snobisme, au matérialisme et à l'hypocrisie.

Héros Au cours des 40 années de littérature romanesque qui suivent la Première Guerre mondiale, le héros emprunte divers aspects. Puisque l'action se déplace du monde extérieur vers le monde intérieur, le héros fort, sûr de lui, parfois patriarcal ou même épique des romans du début de la période (p. ex., Abe Spalding dans *Fruits of the Earth* de Grove) cède bientôt la place à un héros plus introverti, moins confiant (p. ex., Philip Bentley, le ministre hésitant et tourmenté par un sentiment de culpabilité de As *For Me and My House* de Ross; David Canaan, l'artiste frustré de *The Moutain and the Valley* de Buckler; et George Stewart, l'intellectuel du *Matin d'une longue nuit* de MacLennan). Parfois, un antihéros manipulant impitoyablement les autres fait son apparition, comme le Duddy Kravitz de Richler. Un autre changement dans le concept du héros s'incarne dans le

personnage de Maggie Lloyd de Wilson. Indépendante et courageuse mais sensible et tendre, Maggie préfigure les personnages féminins forts que créeront les écrivaines des années 60 et 70.

Certaines tendances et certains procédés littéraires, qui émergent dans les années 40 et 50, ne se concrétisent que dans les années 60 et 70, et quelques-uns des romans les plus connus et les plus estimés sont publiés. Les romanciers canadiens, dont la carrière débute dans les années 60 et 70, s'inspirent de Ross, Grove et Wilson pour trouver des façons de représenter le lieu et l'époque dans lesquels ils vivent. Les écrivains postmodernes, quant à eux, sont dans la lignée des Watson, Smart et Lowry.
Lorraine McMullen

Période comprise entre 1959 et les années 80 La période qui suit 1959 marque l'épanouissement du roman canadien, car, durant ces années, à mesure qu'ils explorent les possibilités formelles du genre, les auteurs sont enfin reconnus au Canada comme à l'étranger. Des romans canadiens sont sélectionnés par les clubs comme le «livre du mois» aux États-Unis; de grands magazines américains et britanniques publient de la fiction canadienne; les tirages sont souvent multipliés par 10; et les traductions des romans de Leonard COHEN, de Margaret ATWOOD, de Robertson Davies et de plusieurs autres abondent. Au Canada, on publie aussi des romans populaires à succès commercial. L'intensification de cette activité résulte en grande partie de la longue campagne, visant à créer une communauté littéraire canadienne, qui trouve sa source dans le nationalisme économique et culturel de cette période. Le soutien qu'apporte le gouvernement aux arts (*voir* CONSEIL DES ARTS DU CANADA) joue un grand rôle, tant sur le plan financier que psychologique, dans la création d'un climat culturel favorable à l'épanouissement de la littérature canadienne. De plus, on assiste à la prolifération de petites maisons d'édition (*voir* ÉDITION, PETITES MAISONS D'), souvent fondées pour défendre les romans expérimentaux ou non commerciaux qui ne seraient peut-être pas publiés autrement.

Transformation de la fiction La forme romanesque étant en général étroitement liée au contexte social de l'époque et du lieu de sa production, les changements qui se produisent au Canada entre 1960 et 1985 influent sur l'évolution du roman. Les années 60 correspondent à une ère d'abondance relative qui, semble-t-il, exempte les jeunes de toute inquiétude quant à la satisfaction de leurs besoins immédiats et leur permet de se concentrer sur les questions sociales d'une plus grande portée. Ce sont des années d'affrontement politique et de remise en question des normes établies. Dans les décennies suivantes, la disparition des valeurs conservatrices de la classe moyenne, aux prises avec une récession économique, n'est que l'effet prévisible de l'influence de la contre-culture contestataire et iconoclaste des années 60.

Valeurs bourgeoises Dans les années 70 et 80, des écrivains, comme Atwood, Timothy FINDLEY et Rudy WIEBE, se perçoivent comme la conscience ou même la voix des opprimés. En 1981, les écrivains canadiens participent activement au colloque d'Amnistie internationale, «Writer and Human Rights», à Toronto. Mais les opprimés, auxquels les auteurs donnent une voix, ne sont pas forcément victimes d'une tyrannie politique extérieure; souvent, ils souffrent plus de l'oppression locale, de ce qu'on peut appeler les valeurs bourgeoises. Pour plusieurs romanciers canadiens, comme John METCALF (*General Ludd*, 1980) et Michael Charters, les métaphores évoquant la folie servent à attaquer les étiquettes sociales et psychologiques qu'on utilise pour dévaloriser les inadaptés qui transgressent les normes de comportement, souvent inconscientes, de la classe moyenne.

Bien entendu, ces sujets ne sont pas uniquement traités par les écrivains canadiens. Les romans du

Canada partagent avec ceux des autres pays occidentaux un intérêt pour les thèmes centraux de la tradition romanesque, l'analyse sociale et la recherche psychologique ainsi qu'un nouveau regard sur le rôle et la condition des femmes. Des romanciers comme Clark BLAISE (*Lunar Attractions*, 1979), Keith Maillard, Alice MUNRO (*Lives of Girls and Women*, 1971) et Alden Nowlan (*Various Persons named Kevin O'Brien*, 1973) continuent d'écrire des «Bildungsroman» (romans sur le passage à l'âge adulte). Le roman canadien semble s'éloigner de plus en plus des conventions du réalisme. La perspective réflexive (parler du processus créateur dans l'œuvre même) prend une place importante et résulte soit du désir croissant des écrivains, dont plusieurs sont des universitaires, de traiter ouvertement des aspects techniques de leur art, soit d'un engagement plus profond dans le structuralisme en linguistique, en anthropologie et dans les théories de la communication, y compris celles de Harold INNIS et de Marshall MCLUHAN.

Tout en suivant les courants littéraires internationaux, le roman canadien s'inscrit dans la continuité, par ses racines régionales et sa propension à ne pas réduire les groupes minoritaires à une «couleur locale». Ces facettes reflètent de façon évidente la diversité géographique et ethnique du pays. Des écrivains, dont la réputation n'est plus à faire, continuent de publier: *Voices in Time* (Hugh MacLennan, 1980) et *A Time for Judas* (Morley Callaghan, 1983). Toutefois, le phénomène le plus remarquable de ces années, par son ampleur, est l'émergence d'un nombre appréciable de nouvelles voix de qualité.

Littérature régionale Au Canada, la littérature régionale n'a jamais revêtu un caractère provincial, même si la couleur locale se retrouve naturellement dans la trame romanesque. Après 1959, beaucoup d'écrivains canadiens, dont Margaret LAURENCE, David Knight, Audrey Thomas et David GODFREY, situent l'action de leurs romans en Afrique et en Europe. Ils le font soit par analogie, ce qui les rend capables de commenter implicitement leur propre culture, soit pour avoir de nouvelles perspectives, ce qui leur permet de mieux comprendre le Canada. Les écrivains qui situent l'action de leurs romans dans un lieu géographique spécifiquement canadien perpétuent la tradition établie par les écrivains des Prairies, selon laquelle le paysage est à la fois réel et symbolique, local et universel. En général, l'action du roman canadien a pour cadre deux lieux opposés: la ville et la campagne. Les romans urbains de Juan Butler (*Cabbagetown Diary*, 1970), de John Buell (*The Pyx*, 1959) et de Hugh Garner, parmi d'autres, sont souvent des récits réalistes traitant de la violence et de l'aliénation qui rongent les villes modernes, mais aussi des représentations symboliques de la «Cité irréelle» infernale de *The Waste Land* de T.S. Eliot. À l'opposé, on trouve des descriptions idylliques ou nostalgiques de petites villes et de leur environnement rural. Le plus souvent, ces petites communautés deviennent des microcosmes figurant une société restreinte et restreignante, comme le Jubilee d'Alice Munro, le Deptford de Robertson DAVIES, le Salem de Matt COHEN, le Manawaka de Margaret Laurence et la vallée de la Miramichi de David Adams Richard. On continue d'avoir une attitude ambivalente vis-à-vis de la terre, souvent, la ferme familiale, considérée à la fois comme l'enracinement essentiel de l'homme et son principal fardeau. Souvent, la terre a une dimension plus temporelle que spatiale: c'est à cet endroit que les personnages sont à la recherche de leur passé collectif ou individuel ou qu'ils rejettent son autorité envahissante. Les vastes étendues sauvages du Canada deviennent aussi le sujet ainsi que le lieu du roman, tant sur le plan métaphorique que sur le plan écologique.

Immigrant De la même manière, une interprétation à deux volets (symbolique et documentaire) tend à moduler le portrait des groupes minoritaires. Pendant cette période, on manifeste un plus grand intérêt pour la littérature amérindienne et inuite, en particulier dans les mémoires et la collection de mythes et de contes populaires. Les romanciers canadiens de race blanche issus de la classe moyenne, comme W.O. Mitchell, Rudy Wiebe, Wayland Drew et James HOUSTON, montrent un respect accru pour la culture autochtone et le désir d'en retirer un enseignement.

De nombreux groupes d'immigrants retiennent l'attention des romanciers canadiens: les Juifs (Adele Wiseman, Jack Ludwig, Mordecai Richler), les Japonais (Joy KOGAWA), les mennonites (Rudy Wiebe), les Amérindiens de l'Ouest (Austin CLARKE, Harold Sonny Ladoo) et ainsi de suite. Ces romans commentent souvent les problèmes sociaux vécus par les immigrants au Canada, tout en suggérant l'idée que les nouveaux arrivants symbolisent ce qui est étranger et séparé en chacun de nous.

Féminisme Ces deux interprétations se retrouvent dans l'œuvre gay de Jane RULE (*The Young in One Another's Arms*, 1977) et de Scott Symons. *Beautiful Losers* (1966) (*voir* PERDANTS MAGNIFIQUES, LES; trad. 1973) de Leonard Cohen est peut-être l'archétype de la contestation des mœurs sexuelles (et des formes littéraires) des années 60, qu'une remise en question des rôles en général accompagne. Bien que des hommes comme Ian McLachlan et David Helwig écrivent aussi sur le sujet, l'idéologie du féminisme est surtout du domaine des écrivaines. Les ouvrages canadiens écrits par des femmes sur les femmes procèdent de la radicalisation généralisée de l'époque et du désir de rétablir l'équilibre, comme c'est le cas de la littérature féministe ailleurs dans le monde. Au Canada anglais, on partage peu l'intérêt des Québécois pour cette démarche plus abstraite qu'est la définition d'un nouveau discours féministe. En lieu et place, une certaine prise de conscience des questions féministes fait l'objet de textes qui visent à documenter de façon objective la condition des femmes ou à attaquer de façon virulente les causes de la répression. Tout en demeurant engagés, les romans féministes de Constance BERESFORD-HOWE (*The Book of Eve*, 1973; trad. *Le livre d'Eve*, 1975), Marian ENGEL (*Bear*, 1976; trad. *L'ours*, 1984), Carol SHIELDS (*Small Ceremonies*, 1976), Aritha Van HERK (*Judith*, 1978) et Doris ANDERSON (*Two Women*, 1975), entre autres, ont recours à plusieurs styles et tons qui vont de l'attention et l'inquiétude à la colère et au cri.

Étant donné la perspective didactique qui soustend beaucoup de ces romans, il n'est pas surprenant d'y trouver certaines constantes, tant formelles que thématiques. Pour rééquilibrer la représentation des caractères dans une forme littéraire traditionnellement masculine, les romancières féministes ont tendance soit à idéaliser les personnages féminins, soit à présenter les femmes comme les victimes d'une domination masculine. Il s'ensuit que les personnages masculins sont souvent caricaturaux ou jouent un rôle de faire-valoir, semblable à celui qu'on réserve ordinairement aux femmes dans les romans dont les héros sont des hommes. Ces ouvrages traitent principalement des rapports de pouvoir entre les femmes et les structures dominantes (sur tous les plans). On y manifeste une conscience aiguë de la dualité entre l'attachement et l'asservissement, c.-à-d entre le besoin des femmes d'entrer en relation avec les autres et leur besoin, aussi fort, de liberté et d'indépendance, sujet qui a donné aux romans féministes une dimension politique au sens large du terme.

Pouvoir et oppression La question du pouvoir et de l'oppression ne se limite pas à ce contexte. À l'exemple des écrivains québécois des années 60, les romanciers canadiens-anglais deviennent plus politisés. Certains s'attardent à des événements (la CRISE D'OCTOBRE de 1970) ou à des situations spécifiques (fédéralisme contre séparatisme). D'autres, comme David Lewis Stein et Margaret Atwood, examinent la tension qui existe entre les structures sociales ou politiques et la psyché de l'individu. Encore une fois, toutes sortes de styles de tons sont empruntés par les auteurs – de l'ironie de Richard Wright à la satire amère de Leo Simpson, en passant par le sérieux de Peter Such – pour décrire *l'homo canadensis* affrontant les forces d'une société vouée aux affaires et à la consommation, à l'industrie et à la technologie. Ian McLachlan et Timothy Findley introduisent dans cette recherche l'étude du rôle de l'art dans la société actuelle et les implications idéologiques de son intégration ou de son aliénation.

Postmodernisme De nombreux romans canadiens, ceux de Robert Harlow, Graeme GIBSON, Helen Weinzweig, Robert KROETSCH et Ray Smith, font partie du mouvement littéraire général appelé *postmodernisme*, car ils révèlent une conscience accrue des processus de création. La préoccupation immanente des auteurs à propos de la façon dont leur travail sera reçu et interprété les empêche de sombrer dans l'introversion et l'affectation. Cette représentation formelle de soi devient un moyen d'examiner les raisons qui nous poussent à lire, ainsi que la manière dont nous lisons, et est une façon de se concentrer sur la matière même de la littérature: le langage et le récit.

Le passage de la poésie au roman qu'effectuent certains auteurs, dont Cohen, Atwood, Gwendolyn Macewen et Michael ONDAATJE, a sans doute nourri cet intérêt pour la forme. Il est peut-être aussi attribuable à l'enseignement universitaire, de nombreux romanciers étant soit professeurs (Graham Petrie, Anthony Brennan, Tom Marshall, Robert Kroetsch, etc.), soit écrivains en résidence. Non seulement cette institutionnalisation contribue à l'expérimentation et la valorisation croissante de la forme mais encore elle donne lieu à de nombreux romans académiques, qui vont des remarques satiriques lancées à la communauté intellectuelle aux romans à clef plutôt ennuyeux.

Il semble que le roman de réflexion postmoderne s'organise autour de deux nouvelles traditions formelles: la chronique écrite et le conte oral. D'une part, il existe une sorte d'obsession pour l'histoire écrite conçue comme quelque chose de déterminé et de déterminant. Munro, Ondaatje, Kroetsch, Findley, notamment, utilisent fréquemment l'image photographique pour caractériser ce pôle thématique. D'autre part, les auteurs recourent aux métaphores de la musique, du cinéma et de l'enregistrement pour exprimer le pôle opposé, le processus de la narration. Souvent, on évoque des traditions orales: africaines (David Godfrey, dans *The New Ancestors*, 1970), amérindiennes (Rudy Wiebe, dans *The Temptations of Big Bear*, 1973; trad. *Les tentations de Gros Ours*, 1983) et irlandaises (Jack HODGINS, dans *The Resurrection of Joseph Bourne*, 1979). Ces deux pôles reflètent peut-être l'héritage de Marshall McLuhan, pour qui la culture orale est collective, simultanée, auditive et orientée vers le présent, tandis que la culture écrite est individuelle, signée, linéaire, visuelle et soumise au passé. Pourtant, ces romans qui insistent sur la tradition orale n'existent que sous la forme d'œuvres écrites, individuelles et signées. C'est cette conscience de l'opposition entre l'oral et l'écrit qui caractérise l'écriture postmoderne canadienne et suscite un regain d'intérêt pour le mythe et la fantaisie.

Roman populaire Parallèlement à ces romans expérimentaux autoréférentiels, on publie aussi des romans populaires généralement plus accessibles. Si des éditeurs comme MCCLELLAND AND STEWART ne s'engagent à publier que des romans «sérieux», le marché, jusque là dominé par les Américains, est plus diversifié. Au moment où les Canadiens se rendent compte que de bons romans drôles et de beaux livres pour enfants sont produits chez eux, ils entendent aussi parler du roman populaire local.

La LITTÉRATURE POPULAIRE DE LANGUE ANGLAISE est généralement considérée comme un divertissement léger, donc comme une littérature qui confirme, plutôt qu'elle ne met en question, les croyances du lecteur en exploitant habituellement des structures verbales et narratives toutes faites. Souvent, les romans populaires donnent des informations sur un aspect de la société contemporaine, comme le trafic de drogues dans les romans de William Deverell, en suivant (ou en espérant susciter) des scénarios de téléséries ou de films. Il arrive fréquemment que ce format soit combiné aux conventions du roman à suspense. Les romanciers canadiens produisent aussi d'autres formes de littérature populaire, du roman policier au mélodrame de pornographie douce en passant par le roman historique. Des formes de fiction populaire sont aussi intégrées à des romans postmodernes à caractère plus sérieux, ce qui peut être considéré comme une démocratisation culturelle par le rapprochement du grand et du petit art ou seulement comme la source d'une satire parodique. Certains ouvrages sont des romans «gothiques» (*Lady Oracle* d'Atwood, 1976; trad. 1979) ou des romans-westerns (*The Studhorse Man* de Kroetsch, 1969), tandis que d'autres s'inspirent de bandes dessinées ou de films hollywoodiens (*Beautiful Losers*).

Depuis 1959, le Canada peut non seulement profiter de la renommée des écrivains à succès des décennies précédentes, mais aussi continuer sans problème d'agrandir son répertoire littéraire. Dans les années 60, Margaret Laurence, Robertson Davies et Mordecai Richler se font une solide réputation; dans les années 70, c'est le tour d'Alice Munro, Rudy Wiebe, Robert Kroetsch, Jack Hodgins, Timothy Findley et Margaret Atwood. Une liste aussi courte témoigne amplement de la diversité, de la richesse et de la qualité du nouveau roman canadien.

Dans les années 90, le Canada a vu grandir la réputation de ses écrivains déjà établis et a été témoin de l'émergence de nombreuses voix nouvelles. *The Robber Bride* (1993; trad. *La voleuse d'hommes*, 1994) a valu à Margaret ATWOOD le prix du Commonwealth pour la région canadienne et antillaise; *The English Patient* (trad. *L'Homme flambé*, 1993) de Michael ONDAATJE a obtenu le prix de fiction du Gouverneur général en 1992 et le prestigieux prix Booker, le premier remis à un Canadien; Carol SHIELDS a reçu le prix du Gouverneur général et le prix Pulitzer pour *The Stone Diaries* (1993; trad. *La mémoire des pierres*, 1995). Le Canada possède nombre de nouveaux auteurs, reflet de la diversité ethnique du pays, qui donnent voix aux différentes cultures et tentent de conserver et comprendre leur identité canadienne. *In Another Place, Not Here* de Dionne Brand, *A Fine Balance* de Rohinton MISTRY, *The White Line* (1990) de Daniel David Moses et *The Innocence of Age* (1992; trad. *L'innocence de l'âge*, 1993) de Neil Devindra BISSOONDATH ne sont que quelques exemples de ce mouvement prolifique. À l'aube du nouveau millénaire, la littérature canadienne revêt de multiples facettes et représente mieux cette mosaïque qu'est le Canada.

Linda Hutcheon

Roman de langue française jusqu'en 1985 Même si le roman québécois naît aux dernières heures troubles qui précèdent les RÉBELLIONS DE 1837, il n'en porte à l'origine aucune trace; il tient du fait divers qu'il romance à peine (François-Réal Angers, *Les révélations du crime ou Cambray et ses complices*, juill. 1837) ou se réclame de Victor Hugo tout en empruntant à la petite histoire et au patrimoine des contes et légendes (Philippe AUBERT DE GASPÉ fils, *L'influence d'un livre*, sept. 1837). Avec *Les fiancés de 1812* (1844) de Joseph DOUTRE, il se veut résolument canadien et tourne au roman d'aventures; la première partie d'*Une de perdue, deux de trouvées* (1849-1851) de Georges Boucher de Boucherville consacre cette orientation et ouvre la voie au roman-feuilleton, qu'Henri-Émile Chevalier

exploite à son tour (*La jolie fille du faubourg Québec*, 1854). On continue de lire les feuilletonistes français (Alexandre Dumas, Eugène Sue, Frédéric Soulié), mais le roman d'aventures fait place au roman de la terre. *La Terre paternelle* (1846) de Patrice Lacombe a les dimensions d'une nouvelle; son message est clair: il ne faut pas aliéner le bien paternel ni le quitter pour la ville. Pierre-Joseph Olivier CHAUVEAU (*Charles Guérin*) subit d'abord l'influence de Balzac (1846), puis adhère (1852-1853) à l'idéologie du défrichement (agriculturisme). Antoine GÉRIN-LAJOIE illustre cette idéologie dans *Jean Rivard, le défricheur* (1862) et *Jean Rivard, économiste* (1864): en quelques années, son héros a quitté le collège pour s'établir sur un lot de colonisation et bâtir une paroisse nouvelle; il deviendra un modèle que l'on prêchera aux Québécois jusqu'au milieu du XXe s. Le roman historique fait valoir la grandeur morale des vaincus de 1760 (Philippe AUBERT DE GASPÉ père, *Les Anciens Canadiens*, 1863); après avoir héroïquement succombé sous le nombre, ils ont conservé leur âme française, leur langue et leurs traditions. Dans *Jacques et Marie* (1865-1866), Napoléon BOURASSA rend hommage au courage du peuple acadien déporté en 1755; deux fiancés se perdent, puis se retrouvent après de longues pérégrinations.

Les romans les plus valables de la fin du XIXe s. (1866-1895) sont des romans historiques. Plus que par Walter Scott et Fenimore Cooper, que les Québécois ont beaucoup lus, leurs auteurs ont été influencés par François-Xavier GARNEAU, dont l'Histoire du Canada a commencé de paraître en 1845, et orientés par Henri-Raymond CASGRAIN, critique littéraire puritain et conservateur. Ils s'appellent Joseph Marmette (*François de Bienville*, 1870; *L'Intendant Bigot*, 1871; *Le Chevalier de Mornac*, 1873) et Laure Conan (pseudonyme de Félicité ANGERS). Le premier est bien informé par ses sources historiques, mais il construit gauchement ses romans, tandis que la seconde, première romancière, sait créer un personnage plus complexe que ceux de ses devanciers (*À l'œuvre et à l'épreuve*, 1891; *L'Oublié*, 1900); elle doit sans doute sa réussite à l'expérience acquise avec *Angéline de Montbrun* (1881-1882), que l'on considère comme le premier roman psychologique du Québec. Jules-Paul TARDIVEL, lui, devance l'histoire: l'action de son roman à thèse nationaliste (*Pour la patrie*, 1895) se situe en 1945, au moment où les Canadiens français vont enfin obtenir, après de dures luttes politiques, leur État français et catholique.

Au tournant du siècle, le roman de la terre reprend vie, d'abord assez fadement avec Ernest Choquette (*Claude Paysan*, 1899; *La terre*, 1916), puis de façon plus sûre avec Damase Potvin (*Restons chez nous*, 1908; *L'appel de la terre*, 1918; *La baie*, 1925). Il devait revenir à un Français, Louis HÉMON, de l'illustrer. Quand son MARIA CHAPDELAINE paraît dans un journal français en 1914, puis en livre au Québec en 1916, les lecteurs s'émeuvent, et en 1921, chez Grasset, le roman commence sa longue carrière internationale; c'est aujourd'hui l'œuvre québécoise la plus connue. On lui reproche encore sa vue partielle du Québec: un pays de défricheurs où rien n'a changé ni ne doit changer. Il reste que le réalisme impressionniste de Maria Chapdelaine a obligé les romanciers québécois à moderniser leur écriture et à observer de plus près leurs concitoyens. Vers la même époque, discrètement, comme un mauvais coup, *La Scouine* (1918) d'Albert LABERGE est tirée à 60 exemplaires, en édition privée; le cultivateur québécois y est peint en noir, à la Zola, sans aucune élévation, en 33 tableaux d'une concision remarquable; l'on découvrira ce roman en 1958. Vingt ans auparavant, le roman de la terre aura porté son meilleur fruit: *Trente arpents* (1938) de Ringuet (pseud. de Philippe PANNETON); la terre, en laquelle on avait vu le salut au XIXe s., ne nourrit plus son maître: c'est la crise économique, l'industrialisation

est venue et la ville attire les ruraux. Il n'y aura plus de roman de la terre au Québec, sauf l'excellent *Survenant* (1945) de Germaine GUÈVREMONT, sorte de résurgence poétique du genre.

Le roman historique, parallèlement au roman de la terre, a filé son chemin au XXe s. Robert Laroque de Roquebrune publie *Les habits rouges* (1923), récit des premiers événements révolutionnaires de 1837, et *D'un océan à l'autre* (1924), histoire de l'expansion du Canada vers l'Ouest au temps de Louis RIEL (1869-1885). Alain Grandbois produit une œuvre unique en son genre. *Né à Québec...* (1933), récit en prose poétique de la vie de l'explorateur Louis JOLLIET; s'y manifestent les meilleurs dons du futur poète. Dans un style plus appliqué, Léo-Paul DESROSIERS fait revivre les luttes que se livrent, au début du XIXe s., les compagnies faisant le commerce des fourrures dans le N.-O. canadien. *Les engagés du Grand Portage* est le plus beau fleuron du roman historique québécois. On a vanté la technique mise en œuvre par Desrosiers, entre autres son usage du présent comme temps du récit, mais émis certaines réserves sur la psychologie des personnages: l'opposition serait trop nettement antithétique entre Nicolas Montour, l'aventurier sans scrupules, et Louison Turenne, l'engagé d'une honnêteté sans faille. Avec ce roman de Desrosiers s'arrête la lignée du roman historique québécois; ne paraîtront, par la suite, que des œuvres éparses et secondaires.

Le roman historique a été le lieu privilégié du nationalisme littéraire. Presque toujours, les auteurs ont fait ressortir la valeur morale des personnages canadiens-français et acadiens et mis en lumière les ruses et fourberies des personnages anglo-saxons; il est arrivé, bien sûr, que quelques-uns de ceux-ci aient vécu, soient bons tout entiers, mais rarement, sinon jamais, l'ont-ils emporté dans le roman sur les protagonistes canadiens: comme Archibald Cameron of Locheill dans *Les Anciens Canadiens*, ils souffrent d'être marqués des fautes de leur race. Le roman de la terre a véhiculé le même parti pris, mais de façon moins nette. Aussi ne faut-il pas se surprendre que le roman nationaliste à la Tardivel ait survécu au XXe s. On le trouve plus raffiné dans *L'appel de la race* (1922), de Lionel GROULX, et plus poétique dans *Menaud, maître-draveur* (1937), de Félix-Antoine SAVARD. *L'appel de la race* a pour toile de fond les luttes que les Franco-Ontariens ont dû livrer pour leur droit aux écoles françaises; les représentants de la race qui *se croit* supérieure s'opposent à ceux de la race qui *est* supérieure, non seulement sur la place publique, mais au sein même d'une famille dont le père a eu le malheur d'épouser une anglophone. *Menaud, maître-draveur* tient de l'épopée dans sa première version; les images fourmillent et le style est claudélien. Au pays de *Maria Chapdelaine*, des étrangers sont venus, qui menacent de s'emparer des richesses nationales; un vieux draveur entreprend de défendre les siens, mais le combat est illusoire, car l'étranger reste invisible, sorte de puissance gangreneuse qui mine sourdement toute une race. Menaud devient fou, et sa folie est comme un avertissement: la mort s'en vient; ce ne sera, cependant, que celle d'un certain nationalisme.

Le roman psychologique se développe peu à peu, dans la mesure où les personnages romanesques commencent à échapper à la stéréotypie habituelle. D'*Angéline de Montbrun* à *Un homme et son péché* (1933) de Claude-Henri GRIGNON, le progrès est évident. Lecteur de Balzac, Grignon réussit à dessiner en lignes simples le portrait d'un paysan avare; grâce à la radio, puis à la télévision, Séraphin Poudrier devient cependant un type, et certes le plus connu au Québec de tous les personnages romanesques. Lecteur de Maurice Barrès et de Paul Bourget, Rex Desmarchais pousse plus loin l'analyse du personnage (*L'initiatrice*, 1932; *Le feu intérieur*, 1933), mais ses romans restent faibles et il faudra attendre les écrivains influencés par Mauriac – ceux des années 40 – pour lire de bons romans psychologiques. Desmarchais aura quand même eu le mérite de certaines audaces qui aideront ses successeurs à moins se censurer; ils pourront se dégager des limites d'une morale étroite, qui a beaucoup nui au développement du roman québécois, et réclamer que leurs œuvres soient jugées en fonction de critères esthétiques. Le roman de critique sociale a eu de même beaucoup de mal à naître, le roman de bonnes mœurs ayant presque seul la faveur de l'institution religioso-littéraire et le roman conformiste, celle du pouvoir ecclésiastico-politique. C'est ainsi qu'un évêque condamne, en 1934, *Les demi-civilisés* de Jean-Charles HARVEY, un roman peu structuré, plus ou moins bien écrit, qui avait l'heur de prôner une opportune critique du pharisianisme. Le livre s'est vendu. Dans ce domaine encore, les grandes œuvres n'apparaîtront que dix ans plus tard.

En 1938, le roman québécois existe depuis un siècle. Expression d'un peuple qui a gardé une mentalité rurale malgré une urbanisation se développant depuis une vingtaine d'années, il vient de produire ses trois meilleures œuvres dans des genres que ses lecteurs et auteurs ont collectivement entretenus: le roman de la terre (*Trente arpents,* 1938), le roman historique (*Les engagés du Grand Portage,* 1938) et le roman nationaliste (*Menaud, maître-draveur,* 1937). La guerre va favoriser l'arrivée à la ville et l'ouverture au monde extérieur; l'individu échappera davantage à la surveillance des pouvoirs et les auteurs, plus libres, prendront leurs distances par rapport aux idéologies traditionnelles, nationalistes surtout. Le roman changera d'orientation: il connaîtra la ville et l'individu.

René Dionne

1940-1960

Entre 1940 et 1960 il s'est publié au Québec environ 300 ouvrages narratifs: romans, récits, recueils de nouvelles ou de contes. C'est autant, en 20 ans, que dans tout le siècle précédent, et statistiquement assez pour permettre l'émergence d'un nombre séant d'œuvres durables. Pour la littérature romanesque, c'est l'étape d'une importante diversification des thèmes, d'un perfectionnement notable du savoir-faire technique et d'un approfondissement évident de la psychologie.

La longue tradition qui avait jusque-là privilégié les sujets paysans se clôt en beauté avec la publication par Germaine Guèvremont du *Survenant* (1945) suivi de *Marie Didace* (1947). Le petit monde quotidien des habitants du Chenal du Moine, au début du siècle, est ici représenté sans intention moralisatrice dans un réalisme serein et vrai. Mais cette réussite appartient plutôt à la décennie précédente rejoignant en esprit *Trente arpents* (1938), alors que Ringuet lui-même, au-delà des nouvelles de *L'héritage* (1946), se tourne du côté des gens de la ville, avec *Fausse monnaie* (1947) et surtout *Le poids du jour* (1949).

En vérité, les années de guerre succédant à la CRISE DES ANNÉES 30, dans un contexte d'industrialisation accrue, ont modifié les réalités démographiques et sociales du pays en faveur de l'univers urbain où le roman miroir promène désormais son reflet. Roger LEMELIN ouvre la voie, dans une veine pittoresque et satirique, avec *Au pied de la pente douce* (1944). Il y présente en un tableau plaisant un faubourg populaire de la ville de Québec foisonnant de silhouettes vives et d'incidents colorés. L'auteur continuera sur sa lancée, dans *Les Plouffe* (1948), avant de s'adonner à d'inégales *Fantaisies sur les péchés capitaux* (1949) et de tourner court avec les aventures extravagantes de *Pierre le magnifique* (1952).

Un grand roman de mœurs urbaines, aussitôt consacré par une renommée internationale, et ayant pour auteur Gabrielle ROY, s'intitule *Bonheur d'occasion* (1945). Tous les niveaux de signification s'y équilibrent dans un jeu de correspondances efficaces où l'histoire émouvante de Florentine et de sa famille misérable est mise en étroit rapport avec la présence concrète du quartier Saint-Henri à Montréal et l'évocation tragique, en arrière-plan, du monde en guerre dans les premiers mois de 1940. Si Gabrielle Roy excelle dans la représentation fonctionnelle d'un espace physique et social, c'est le devenir psychologique de l'individu humain qui l'intéresse avant tout et qu'elle saisit avec une extraordinaire sympathie. La suite de son œuvre le montrera tant et plus, soit dans ces récits nourris de substance autobiographique que sont *La petite poule d'eau* (1950) et *Rue Deschambault* (1955), soit dans son pathétique *Alexandre Chenevert* (1954), où un petit caissier montréalais, rongé par l'angoisse métaphysique et la maladie, parvient tout de même à une certaine forme de sérénité et de bonheur.

C'est d'ailleurs dans cette période que le roman d'analyse intérieure marque son vrai départ. Dans *Ils posséderont la terre* (1941), Robert CHARBONNEAU met en parallèle le destin de deux adolescents en s'efforçant de laisser à ses créatures leur autonomie propre, selon le principe qu'il veut aussi promouvoir dans l'essai *Connaissance du personnage* (1944), l'un des seuls écrits théoriques de l'époque sur l'art romanesque. Ce premier roman, notable par l'austérité et la rigueur de sa méthode et de son style, souffre néanmoins d'une excessive sécheresse qu'aggrave *Fontile* (1945), sa suite immédiate, et que ne corrige pas adéquatement *Les désirs et les jours* (1948), dernier volet de la trilogie.

Il est normal que le romancier psychologique fasse grand cas des moyens formels à son usage pour explorer ses personnages et en exprimer les subtiles nuances. Ainsi, André Giroux, dans *Au-delà des visages* (1948), retourne ingénieusement un même fait divers sous une variété de points de vue qui permettront d'élucider chez le protagoniste les multiples facettes de l'être spirituel le plus secret. Ainsi l'écrivain au souffle court semble chercher une plausible compensation dans l'efficacité des procédés de narration, mais comme l'attestent *Le gouffre a toujours soif* (1953), second roman, puis *Malgré tout la joie* (1959), recueil de brèves nouvelles, c'est d'arriver à toucher le tréfonds de l'humaine condition qui importe.

C'est un peu ce même rapport de force entre forme et profondeur que l'on retrouve chez plusieurs auteurs de mérite, peu abondants par nature, qui se sont illustrés de façon trop passagère dans les années 50. Chez le Robert Élie de *La fin des songes* (1950) et d'*Il suffit d'un jour* (1957), la hantise du sens de la vie, l'irrémédiable solitude et l'incommunicabilité des êtres sont le ressort du drame humain; chez le Jean Filiatrault de *Terres stériles* (1953), de *Chaînes* (1955) et du *Refuge impossible* (1957), la convoitise amoureuse n'est toujours qu'un masque de la haine, dans la trouble relation familiale (filiale, maternelle, conjugale, fraternelle...) des créatures assujetties aux pires complexes. En revanche, il semble que, dans *Les témoins* (1954) et *Les inutiles* (1956) d'Eugène Cloutier, la fantaisie plus ou moins gratuite, peut-être simplement critique, prenne un peu le pas sur l'expression angoissée des grands problèmes de l'homme, de son inadaptation sociale comme de son absurdité foncière.

D'autres romanciers moralistes et au registre délibérément plus abstrait avaient déjà exploité le filon satirique dans des récits souvent très près de l'essai. Les personnages qu'il campe dans la trilogie des *Mondes chimériques* (1940), *Anatole Laplante, curieux homme* (1944) et *Journal d'Anatole Laplante* (1947) sont pour François HERTEL des doubles de lui-même, libres, cyniques, désabusés et bavards, qui scrutent avec autant de désinvolture que de lucidité les aspects les plus plats comme les plus exaltants de la vie. Quant à Pierre Baillargeon, c'est encore lui-même, seul, armé de son style net et vif, qu'il projette dans le discours acéré des *Médisances de Claude Perrin* (1945) et de *Commerce* (1947) ou dans le protagoniste plus incarné mais tout aussi incisif de *La neige et le feu* (1948). Et c'est aussi en tablant sur des observations censément autobiographiques que Jean Simard a esquissé d'abord les croquis ironiques de *Félix, livre d'enfant pour adultes* (1947) puis d'*Hôtel de la reine* (1949), avant d'intérioriser davantage et d'assombrir sa satire dans Mon fils pourtant heureux (1956). Toutefois, dans *Les sentiers de la nuit* (1959), l'auteur semble plus objectif, alors que, en fait, sous le couvert fort bien exécuté d'une caricature du puritanisme anglo-saxon, il s'attaque symboliquement aussi au JANSÉNISME canadien-français, à même le déploiement des thèmes les plus graves – Dieu, religion, souffrance et mort.

Mais le plus important des romanciers intérieurs est sans conteste André LANGEVIN. C'est lui, d'ailleurs, qui a le plus authentiquement assumé ici le courant universel d'idées qu'ont illustré en France Sartre et Camus. Il l'a fait dans une trilogie de romans sur le thème de la solitude ontologique de l'homme. L'unique relation efficace entre les êtres engendre le désespoir: elle consiste dans le mal que l'on fait ou que l'on subit, même en luttant contre lui. Privés de toute transcendance, à l'échelle exclusive de l'univers contingent, les personnages réfléchis sont aux prises avec la souffrance absurde, et le hasard de la vie les met en demeure de choisir entre les extrêmes de l'alternative de Sisyphe: tenter de s'en sortir par le suicide, comme le Jean Cherteffe d'*Évadé de la nuit* (1951), ou bien, usant des moyens du bord, si dérisoires ou décevants qu'ils puissent être, combattre la fatalité, comme Alain Dubois dans *Poussière sur la ville* (1953) ou Pierre Dupas dans *Le temps des hommes* (1956). Si le premier des trois ouvrages souffre d'une doctrine métaphysique trop absolue, insuffisamment amalgamée à la substance concrète de sang, de chair et d'os du personnage, les deux autres, par contre, tirant chacun parti dans son mode propre des ressources intenses de l'espace et de la durée, atteignent un haut niveau de réussite esthétique.

Mais pendant qu'André Langevin, dans cette phase initiale de sa carrière de romancier, paraît s'être littéralement vidé, s'enfermant dans le silence pour plus de 15 ans, on constate avec bonheur et au même moment un phénomène tout à fait contraire de progressive fécondité chez le protéiforme Yves THÉRIAULT. L'œuvre romanesque n'est vraiment chez lui que la partie émergée de l'iceberg qui comprend aussi, entre autres choses, quelques centaines de textes pour la radio ou la télévision et des quantités de récits populaires et de romans pour adolescents. Après des *Contes pour un homme seul* (1944) fort originaux, il aura fallu attendre plusieurs années pour voir paraître un premier roman, *La fille laide* (1950). Ensuite le rythme de sa production s'est régularisé puis accéléré, tout au long des années 50, pour ne plus s'arrêter. Tout n'est certes pas égal dans une telle abondance. Dans la période qui nous intéresse ici, sans doute faut-il juger plus faibles *Les vendeurs du temple* (1952) et *Ashini* (1960), mais *Le dompteur d'ours* (1951) et, plus encore, *Aaron* (1954, 1957) et *Agaguk* (1958) sont des œuvres très fortes. Yves Thériault est tout l'opposé d'un artiste gratuit. D'une œuvre à l'autre, il se retrouve bon gré mal gré toujours engagé au service des causes les plus diverses. En soi, la représentation franche et hardie des instincts déchaînés de l'homme a déjà la puissance du choc: elle impose l'authenticité d'un primitivisme vigoureux. L'acte d'amour sexuel et l'acte de mort violente surtout ont ici une valeur sans pareille dans l'accomplissement qu'ils opèrent de l'individualité inaliénable des personnages, et leur importance est encore renforcée par le rôle qu'ils tiennent dans le processus d'émancipation des opprimés: petites gens de toutes sortes, Indiens, Esquimaux, Juifs, en lutte contre les puissances dominatrices – morales, religieuses, sociales ou ethniques – qui les empêchent de devenir pleinement des hommes.

Afin d'étoffer davantage le présent exposé, il faudrait sans doute, à côté de tel ou tel auteur plus marquant – Gabrielle Roy, Yves Thériault, André Langevin, Roger Lemelin ou autre – mentionner encore en énumération partielle, certains noms et titres qui apportent aussi leur appoint à l'histoire littéraire: Jean-Jules Richard et *Neuf jours de haine* (1948); Clément Lockquell et *Les Élus que vous êtes* (1949); Françoise LORANGER et *Mathieu* (1949); Bertrand Vac et *Louise Genest* (1950); Louis Dantin et *Les Enfances de Fanny* (1951); Roger Viau et *Au milieu, la montagne* (1951); Jean Vaillancourt et *Les Canadiens errants* (1954); René Ouvrard et *La Veuve* (1954); Maurice Gagnon et *L'Échéance* (1956); Claire France et *Les Enfants qui s'aiment* (1956).

Il importe toutefois plus encore de faire état de quelques auteurs de romans qui se manifestent dans la période, mais qui ne donneront toute leur mesure qu'après 1960. Anne HÉBERT est de ce nombre avec *Les chambres de bois* (1958), roman onirique, peut-être trop près du poème, et surtout *Le torrent* (1950), conte très dense où se reflète toute l'aventure spirituelle de la collectivité canadienne-française. Pour sa part, Claire Martin se fait la main sur un recueil de nouvelles mordantes et raffinées, *Avec ou sans amour* (1958), avant d'aborder le roman avec *Doux-amer* (1960), cependant que Marie-Claire BLAIS, qui cherche décidément sa voie (et sa voix) donne *La belle bête* (1959) et *Tête blanche* (1960), deux récits où la révolte adolescente se joue dans une atmosphère et une écriture de rêve.

Gérard BESSETTE, enfin, publie *La Bagarre* (1958), roman de mœurs à incidences sociales, puis *Le libraire* (1960), qui survient au moment opportun pour contribuer activement à ce qu'on peut bien appeler l'exorcisme idéologique du Québec, à cette heure de conscience éveillée où d'aucuns voudront bientôt croire que se situe le commencement de tout.

Réjean Robidoux

1960-1985

Durant les années 60 et 70, le roman québécois connaît des transformations qui coïncident avec des changements sociaux importants. Sans refléter directement la réalité, le roman entre en dialogue avec les discours qui l'entourent et participe, à sa manière, à la vie sociale. L'arrivée d'une nouvelle génération d'écrivains durant la Révolution tranquille contribue à faire de ce changement un événement. L'heure est aux remises en question et à la révolte. Le roman québécois se transforme de fond en comble.

Ainsi plusieurs écrivains préconisent l'usage du langage populaire (le JOUAL) pour rendre compte d'une réalité sociale, ouvrière, longtemps refoulée. Ce sont d'abord les auteurs rattachés à la revue PARTI PRIS, comme Jacques RENAUD, *Le cassé* (1964), André MAJOR, *Le cabochon* (1965), *La chair de poule* (1965) et Claude JASMIN, *Pleure pas, Germaine* (1965) qui contribuent à opérer cette transformation, en faisant de la langue populaire le reflet et le symbole de la conscience malheureuse, de la colonisation et de la dégradation sociale. Au-delà de la dimension politique que présuppose l'usage du joual, ce nouveau discours détermine rapidement l'assise d'une nouvelle écriture littéraire chez Jacques GODBOUT, *Salut Galarneau!* (1967) et Victor-Lévy BEAULIEU, *Race de monde* (1969), *La nuitte de Malcolmm Hudd* (1969). Chez tous ces écrivains, le mélange des niveaux de langage signale l'existence d'une identité linguistique et constitue le nouveau code de la réalité québécoise.

Sur le plan de la fiction, on voit apparaître aussi à cette époque des personnages extrémistes qui incarnent ou expriment la révolte, le radicalisme et l'intransigeance, comme les révolutionnaires de Hubert AQUIN, *Prochain épisode* (1965), *Trou de mémoire* (1968) et de Claude Jasmin, *Éthel et le terroriste* (1964). La Bérénice de Réjean DUCHARME, *L'avalée des avalés* (1966), représente bien cette négativité en acte qui veut faire table rase de toutes les valeurs sociales et culturelles. Elle constitue l'expression la plus avancée de cette force de négation

du réel qui habite à des degrés divers les personnages de plusieurs romans de cette décennie. Chez Marie-Claire Blais, *Une saison dans la vie d'Emmanuel* (1965), *L'insoumise* (1966), *Les manuscrits de Pauline Archange* (1968), *David Sterne* (1967), comme chez Réjean Ducharme, ce sont des enfants et des adolescents qui incarnent ce refus. Les valeurs de l'enfance et de l'art sont présentées alors comme des refuges contre l'univers dégradé des adultes.

Dans un grand nombre de cas, la subversion ou la rupture s'exprime sous forme de parodie. Le roman réinterprète l'histoire, pastiche les anciens discours, les valeurs tombées en désuétude pour en montrer l'envers et en rire. Dans *La guerre, yes sir!* (1968), Roch CARRIER propose une version carnavalesque des événements de la CONSCRIPTION en montrant des paysans en train de renverser joyeusement les valeurs civilisatrices de l'armée et de la religion. Dans *Le ciel de Québec* (1969), Jacques FERRON écrit une épopée dégradée et dérisoire de l'histoire nationale et du messianisme canadien-français, tout en réglant ses comptes avec la génération précédente (Saint-Denys Garneau, Jean LeMoyne). L'ironie constitue aussi une dimension importante des romans de Marie-Claire Blais (1965, 1968) qui parodie une certaine littérature édifiante, et de Réjean Ducharme qui pastiche et renverse tous les discours qui lui tombent sous la main dans *La fille de Christophe Colomb* (1969) et *L'hiver de force* (1973).

Le récit ne fait pas que miner et contester l'histoire, il en propose aussi une nouvelle version. Ce renversement et cette réinterprétation historique coïncident avec l'avènement du langage populaire dans le discours du récit noté plus haut, dans la mesure où il introduit la tradition vernaculaire dans la série littéraire (*voir* LITTÉRATURE ORALE). Ainsi le roman du terroir et l'histoire nationale sont réinterprétés en fonction d'un nouveau système de valeurs, d'une nouvelle conscience, celle de l'être dominé. C'est ce qu'on peut voir, entre autres, chez Antonine MAILLET et Victor-Lévy Beaulieu. C'est la voix populaire qui parle lorsque Antonine Maillet retrace l'épopée des Acadiens, leurs tribulations historiques et leur jubilation langagière à travers une série de romans qui trouvent leur couronnement dans *Les cordes de bois* (1977), *Pélagie-la-charrette* (prix Goncourt 1979) et *Cent ans dans les bois* (1981, réédité en France sous le titre de *Pélagie-la-gribouille*). Victor-Lévy Beaulieu, lui, raconte «La vraie saga des Beauchemin», histoire grandiose et dérisoire d'une famille ouvrière transplantée de Gaspésie dans la ville dortoir de Montréal-Nord (Moréal-Mort). Jusqu'à maintenant plus d'une douzaine de titres ont été publiés dans cette série: *Race de monde* (1969), *Jos Connaissant* (1970), *Les grands-pères* (1971), *Don Quichottte de la démanche* (1974), *Satan Belhumeur* (1981), *Steven le Hérault* (1985).

Parallèlement à ces grandes séries, plusieurs romans s'engagent dans la transformation ou la contestation des codes romanesques. Déjà chez Gérard Bessette, *L'incubation* (1965), *Le cycle* (1971), et André Langevin, *L'élan d'Amérique* (1972), on voit apparaître de nouvelles façons de raconter une histoire à la manière du nouveau roman français. Chez Hubert Aquin (1965, 1968) et Victor-Lévy Beaulieu (1974), les ambiguïtés du discours créent une certaine incertitude dans l'histoire. Les événements ne se déroulent plus selon l'ordre logique habituel. Cependant, chez ces derniers, les équivoques de l'histoire sont motivées par l'aliénation sociale et politique qu'ils visent à représenter, alors que chez d'autres, chez Jean-Marie Poupart, *Angoisse play* (1968), *Chère Touffe, c'est plein plein de fautes dans ta lettre d'amour* (1973), *C'est pas donné à tout le monde d'avoir une belle mort* (1974) et Jacques BENOÎT, *Patience et Firlipon* (1970), cette remise en question de la structure traditionnelle du récit est plus ludique. Le narrateur réfléchit tout haut sur le déroulement de sa narration. Plus que le

thème du héros écrivain, l'acte d'écrire devient alors une fonction déterminante de la narration.

Même un roman comme *Le libraire* (1960) de Gérard Bessette contient des énoncés qui ébranlent déjà le caractère réaliste de la narration; c'est d'ailleurs le narrateur lui-même qui nous invite à la double lecture lorsqu'il attribue à la chambre où il est en train de rédiger son journal, une dimension analogue à celle de la feuille de papier sur laquelle il écrit (81/2 x 11). Chez Bessette dans cet exemple particulier, et surtout chez Hubert Aquin et Victor-Lévy Beaulieu, la référence historique devient souvent une métaphore de l'instance d'écriture. À la limite, comme le dit Jean Ricardou, l'écriture de l'aventure se double d'une aventure de l'écriture. Dans *Prochain épisode* et *Don Quichotte de la démanche,* on assiste à une sorte de court-circuit entre les niveaux du récit, c.-à-d. à une interférence entre l'instance qui raconte et l'univers raconté. La forme de l'autobiographie, qui est dominante dans le roman québécois contemporain, favorise cet échange entre l'histoire narrée et les circonstances de la narration. On peut dire que ce jeu de transfert, s'il détruit l'ancien effet de réel, en crée un nouveau, soit celui de l'écrivain écrivant une histoire dans une histoire dont il n'est pas le maître et où il se trouve lui-même pris.

Plus radicalement encore, certains écrivains, comme Nicole BROSSARD avec *Un livre* (1970), *Sold out* (1973), *French kiss* (1974), préconisent de «raser les intrigues», d'abolir toute logique narrative. La narration traditionnelle est remplacée ici par une série de textes fragmentés, souvent autobiographiques, qui s'enchaînent selon un ordre symbolique qui rappelle davantage, par son expression et sa mise en page, le discours de la poésie. Cette nouvelle «textualité», qui mêle théorie et fiction, trouve un écho favorable surtout chez les femmes de lettres féministes qui en feront à la fois une image de marque et le lieu d'un combat contre la parole patriarcale. Depuis la parution de *L'Euguélionne* (1976) de Louky Bersianik, ce nouveau discours des femmes n'a cessé de s'affirmer et de prendre de l'ampleur. En libérant le roman de ses structures conventionnelles, cette intervention féministe a inauguré un nouveau courant, une nouvelle manière d'exprimer le féminin, comme on le voit, entre autres, dans *La mère des herbes* (1980) de Jovette Marchessault, *Lueur* (1979) de Madeleine Gagnon et *La vie en prose* (1980) de Yolande VILLEMAIRE. Chez plus d'une s'exprime le souhait de voir l'émergence d'un nouveau langage en accord avec l'altérité et la différence des femmes. Dans *Nous parlerons comme on écrit* (1982), France Théoret traduit bien cette volonté de «dénaturaliser» le langage et la culture par l'exercice de l'écriture. Cette entreprise relève d'une éthique littéraire exigeante qui redonne son sens à un précepte de la modernité qui veut transformer notre rapport au langage pour transformer à terme le réel.

Parmi les écrivains aînés et plus traditionnels, il faut parler de Gabrielle Roy, Anne Hébert et Yves Thériault qui poursuivent durant ces années leur œuvre commencée aux alentours de la Seconde Guerre mondiale. Avec *La route d'Altamont* (1966) et *Ces enfants de ma vie* (1977), Gabrielle Roy nous donne des récits intimistes qui évoquent la vie de l'auteur au Manitoba, alors qu'Anne Hébert poursuit son exploration de l'univers tourmenté et excessif de la passion coupable dans trois romans à dimension historique, *Kamouraska* (1970), *Les enfants du sabbat* (1975), *Les fous de Bassan* (1982), et un récit fantastique, *Héloïse* (1980). Yves Thériault, quant à lui, donne une suite à sa série de récits inuits et amérindiens, avec *Ashini* (1960), *Tayaout, fils d'Agaguk* (1969), *Agoak, l'héritage d'Agaguk* (1975) et *La quête de l'ours* (1980).

Durant les années 70, des écrivains comme André Major et Claude Jasmin abandonnent le récit de la révolte pour celui de l'introspection. Le premier élabore une trilogie, *L'épouvantail* (1974), *L'épidémie* (1975) et *Les rescapés* (1976), où il met en scène des personnages qui s'observent dans le petit monde de Saint-Emmanuel. Les principaux faits du récit sont presque toujours racontés dans la distance d'un regard rétrospectif. L'écart entre le présent et le passé semble condamner l'individu à une remémoration sans fin. Le décalage ainsi créé entre le vécu du héros et sa prise de conscience, qui coïncide avec l'acte narratif, confine le sujet à la rêverie solitaire, l'exclut de toute action directe, et l'empêche d'avoir une prise immédiate sur le réel. Il est agi au lieu d'agir, il est représenté en train de réfléchir, de rêver sur ce qu'il a fait, au lieu d'être montré en acte. On remarque le même genre de personnage, figé sur son passé dans *Kamouraska*, d'Anne Hébert, *L'élan d'Amérique* d'André Langevin et *Un rêve québécois* (1972) de Victor-Lévy Beaulieu. Le récit juxtapose une série d'événements rétrospectifs, représentant le flux discontinu de la mémoire d'un sujet aliéné et arrêté dans son évolution. La révolte a cédé le pas à la stupéfaction du sujet obnubilé par un traumatisme, un événement incontournable. Cette stupeur n'est d'ailleurs pas étrangère à la dépression morale qui a frappé les écrivains à la suite du coup de force de l'état fédéral en octobre 1970 (*voir* MESURES DE GUERRE, LOI DES).

Chez Jasmin, «le cycle de la violence» est aussi remplacé par ce que l'auteur appelle lui-même «le cycle des souvenirs» où il évoque son enfance et son adolescence heureuses et insouciantes dans son milieu familial: *La petite patrie* (1972), *Pointe-Calumet Boogie-Woogie* (1973), *Sainte-Adèle-la-vaisselle* (1974) et *La sablière* (1979).

Enfin, à l'aube des années 80, on voit se profiler des tendances qui témoignent d'un certain retour à la tradition romanesque. Mentionnons, pour terminer, la réapparition du roman historique avec la série des «Fils de la liberté» de Louis CARON, *Le canard de bois* (1981), *La corne de brume* (1982), et de la chronique sociale avec les «Chroniques du Plateau Mont-Royal» de Michel TREMBLAY: *La grosse femme d'à côté est enceinte* (1978), *Thérèse et Pierrette à l'école des Saints-Anges* (1980), *La duchesse et le roturier* (1982), *Des nouvelles d'Édouard* (1985). La popularité du *Matou* d'Yves BEAUCHEMIN en 1981 et de *Maryse* (1983) de Francine Noël a incité plusieurs éditeurs à favoriser la formule du livre à succès (best-seller) qui constitue un aspect important de la production littéraire récente.

Jacques Michon

Roman, Stephen Boleslav, dirigeant de mine (Velky Ruskov, Slovaquie, 17 avril 1921—Markham, Ont., 23 mars 1988). Roman immigre au Canada en 1937, travaille comme ouvrier agricole avant d'entrer dans l'armée canadienne en 1942. Démobilisé en 1943, il s'intéresse au marché boursier, met sur pied plusieurs entreprises dans le domaine des ressources naturelles et acquiert, en 1953, des intérêts dans un projet de prospection d'uranium qui donnera naissance à la Denison Mines Ltd. En tant que vice-président et, plus tard, président du conseil de Denison, Roman agrandit et diversifie son entreprise et est périodiquement impliqué dans les controverses sur la politique nucléaire et l'INVESTISSEMENT ÉTRANGER.

Défenseur acharné de l'entreprise privée, Roman intente une action contre le premier ministre TRUDEAU et le ministre de l'Énergie, J.J. Greene, parce qu'Ottawa essaie de bloquer la vente d'actions de la Denison à une société américaine. Roman est défait deux fois comme candidat fédéral du Parti conservateur. Avec Eugen Loebl, il écrit *The Responsible Society* (1977). Il est fait officier de l'Ordre du Canada en 1987.

J. Lindsey

Romanoff, Ivan, chef d'orchestre et violoniste (Toronto, 8 mars 1915—*id.*, 14 mars 1997). En 1953, après avoir été violoniste classique pendant 20 ans, il forme le Ivan Romanoff Orchestra and Chorus à Toronto pour sa série d'émissions de musique ukrainienne à la radio anglaise de Radio-Canada, grâce à laquelle il se fait connaître. Il poursuit ses séries d'émissions radiophoniques («Songs of My People», «Continental Holiday», etc.) jusqu'en 1976.

Mark Miller

Romanow, Roy John, politicien et premier ministre de la Saskatchewan (né à Saskatoon, 1939). Il remporte beaucoup de succès comme politicien en Saskatchewan, malgré son extrême discrétion quant à sa carrière. Il est même réticent à révéler son âge et son lieu de naissance. Après avoir obtenu un baccalauréat ès arts et un baccalauréat en droit à l'U. de la Saskatchewan, il est élu député néo-démocrate de Saskatoon-Riversdale, en 1967, puis tente, sans succès, d'être élu à la tête du Parti, en 1970.

Romanow devient secrétaire provincial (1971-1972) et, en 1971, procureur général dans le gouvernement d'Allan BLAKENEY. En 1979, il assume en outre le portefeuille des Affaires intergouvernementales et joue un rôle important dans les négociations fédérales-provinciales précédant le rapatriement de la Constitution. Ses relations étroites avec Jean Chrétien et le procureur général de l'Ontario, Roy McMurtry, facilitent l'élaboration de l'entente finale. Défait aux élections provinciales de 1982, il est néanmoins réélu en 1986. Il succède à Blakeney comme chef du Nouveau Parti démocratique en novembre 1987 et, en 1991, mène son parti à une victoire écrasante sur le gouvernement conservateur, en remportant 55 des 66 sièges à l'Assemblée législative.

Aux prises avec la diminution des revenus et l'augmentation de la dette publique, son gouvernement coupe les crédits ministériels, réduit les emplois dans la fonction publique et fixe un plafond aux augmentations de salaires dans le secteur public. Il joue à nouveau un rôle important dans les négociations menant à l'ACCORD DE CHARLOTTETOWN.

Il réussit à échapper au ressentiment populaire provoqué par l'accord, grâce, en grande partie, à sa réputation et au fait qu'il parvienne à maîtriser le déficit. Après avoir présenté le premier budget équilibré de la province en 12 ans, son gouvernement est réélu en 1995 avec une forte majorité et 42 des 58 sièges, obtenant 48 p. 100 des suffrages exprimés. Il est réélu en septembre 1999.

J. L. Granatstein

Romans noirs (Voir LITTÉRATURE POPULAIRE DE LANGUE ANGLAISE)

Ronald, William, né Smith, peintre (Stratford, Ont., 13 août 1926—Toronto, Ont., 9 févr. 1998). Par son expressionnisme abstrait, Ronald marque une époque dans l'art canadien. En 1953, il joue un rôle fondamental dans la formation du GROUPE DES ONZE, premier groupe de PEINTURE abstraite en Ontario. Son talent réside dans la spontanéité, le dynamisme et l'énergie de son œuvre ainsi que dans sa facilité naturelle à manier le pinceau. Après des études au Collège des beaux-arts de l'Ontario, avec Jock MACDONALD, Ronald se rend à New York en 1952, où il étudie brièvement à la Hans Hofmann's School.

Au milieu des années 50, après avoir fait le va-et-vient entre Toronto et New York, il déménage à New York. La peinture fragmentaire et explosive de Willem de Kooning l'influence, mais, par contraste, il utilise une technique sauvage afin de composer de grands motifs centraux avec, en arrière-plan, une ligne d'horizon. En 1957, il présente sa première exposition à la Samuel Kootz Gallery, une collaboration qui durera jusqu'en 1963.

Au milieu des années 60, il revient au Canada. En 1967, la commande d'une murale pour le CENTRE NATIONAL DES ARTS, à Ottawa, influence le style de Ronald. Son œuvre évolue alors vers le Hard Edge, précurseur de l'art canadien des années 70. Il conserve son intérêt pour le mouvement automatiste, utilise une symbologie, souvent composée de motifs centraux. Il mène aussi une carrière de communicateur. Il anime une émission de variétés sur les arts, *The Umbrella* (1966-1967), présentée à la télévision, et une émission radiophonique *As it Happens* (1969-1972), diffusée sur les ondes du réseau anglais de Radio-Canada. Parmi ses réalisations des années 80 figure une série de portraits abstraits de premiers ministres.

Joan Murray

Roncarelli c. Duplessis En 1946, Maurice DUPLESSIS, alors premier ministre et procureur général du Québec, ordonne au président de la Commission des liqueurs du Québec de révoquer le permis d'alcool du restaurateur montréalais Frank Roncarelli, entraînant la ruine de l'entreprise de ce dernier. Roncarelli est innocent de toute inconduite, mais les autorités le considèrent comme un fauteur de troubles parce qu'il a (légitimement) fourni caution à de nombreux TÉMOINS DE JÉHOVAH accusés (sans fondement, comme la Cour suprême le jugera plus tard) de prétendues infractions: ceux-ci distribuaient des brochures religieuses attaquant le catholicisme romain (*voir* SAUMUR C. LA VILLE DE QUÉBEC). En 1959, la Cour suprême ayant jugé que le premier ministre a commis un délit civil, lui ordonne de verser personnellement des dommages-intérêts.

Stephen A. Scott

Rondeau, parc provincial Créé en 1894, ce parc possède une superficie de 33 km². Zone de loisirs et de protection de l'environnement, il est situé sur l'une des trois péninsules qui s'avancent vers le sud dans le lac ÉRIÉ, à 120 km à l'est de Windsor et à 115 km au sud-ouest de London.

Histoire naturelle La péninsule est de formation géologique récente: les courants du lac glaciaire Érié convergent et déposent des sédiments qui s'accumulent pour former une série de bancs de sable. Les processus littoraux agissant, la taille et la forme du cordon littoral en V sont en perpétuel changement. Des colonies d'herbes, de chênes et de pins blancs et, enfin, des espèces végétales résistant à l'ombre (comme l'érable à sucre et le hêtre à grandes feuilles) s'y sont successivement établies. De plus, des plantes comme la tulipe et le sassafras, qu'on trouve d'habitude beaucoup plus au sud, et quelque 125 espèces herbacées rares en Ontario (à savoir des espèces normalement associées aux prairies de hautes herbes) y poussent. Dix-huit espèces d'orchidées fleurissent au parc Rondeau.

Plus de 30 espèces de mammifères y ont été observées et les reptiles et amphibiens (tortue, crapaud, couleuvre fauve) y sont aussi nombreux. Le parc est reconnu pour ses oiseaux: 323 espèces ont été identifiées; 124 espèces y ont nidifié et 80 p. cent de toutes les espèces de l'Ontario, y compris la paruline orangée, une PARULINE très rare, y ont été vues.

Histoire des hommes Les NEUTRES pêchent, chassent et cueillent les plantes de la région. Les Anglais, conscients du potentiel forestier et portuaire de cette terre, l'achètent, en 1795, et la déclarent terrain militaire, la réservant ainsi à l'usage du gouvernement. Par la suite, elle sert à des fins navales, à l'exploitation forestière, à la chasse au gibier d'eau et aux animaux à fourrure et à la pêche. Au début du XIXe s., on construit des hôtels et le tourisme s'accroît. En 1894, la zone devient le deuxième parc provincial de l'Ontario.

Installations et services Des terrains de camping ont été aménagés, tous à proximité d'une plage, et cinq sentiers de marche pour l'exploration des lieux. On trouve également des installations de jour, une rampe de lancement pour embarcations et une jetée.

John S. Marsh

Ronfard, Jean-Pierre, comédien, auteur, metteur en scène, directeur de théâtre (Thivencelles, France, 1929). Dramaturge éclectique, metteur en scène habile dans les grandes formes du répertoire comme les petites formes avant-gardistes, comédien doué, pédagogue exceptionnel, infatigable créateur, cofondateur du Nouveau Théâtre expérimental, Jean-Pierre Ronfard «est sûrement un de ceux qui ont exercé le plus d'influence sur le théâtre québécois contemporain», déclare Jean-Louis ROUX, en 1987.

Agrégé de grammaire et de linguistique, marié à la romancière Marie Cardinal, sa carrière dans le milieu théâtral se déroule d'abord à Lille et à Paris, puis en Afrique du Nord et ailleurs en Europe. En 1960, il est invité à prendre la direction de la section française de la toute neuve École nationale de théâtre du Canada, à Montréal. Il accepte le poste qu'il occupe pendant quatre ans. Sa riche carrière se poursuivra au Québec.

Metteur en scène, il participe à la création de pièces incontournables de la dramaturgie québécoise contemporaine, notamment *Les oranges sont vertes* de Claude GAUVREAU, *Ha! ha!...* de Réjean DUCHARME. Auteur, il écrit notamment *Vie et mort du roi boiteux* (créé par le Nouveau théâtre expérimental en 1981-1982), grande fresque québéco-shakespearienne qui a joué un rôle déterminant dans la rupture de la scène québécoise avec son triomphalisme à saveur nationaliste des années précédentes. Pédagogue et savant du théâtre, il est d'abord et avant tout heureux dans son laboratoire de jeu, le Nouveau Théâtre expérimental, issu du Théâtre expérimental de Montréal qu'il a fondé en 1975 avec Robert GRAVEL et Pol Pelletier. Toutes les audaces sont permises au NTE, qui est installé dans une ancienne caserne de pompiers que ses nouveaux propriétaires nomment Espace libre. Dans *Zoo*, les spectateurs déambulent parmi les cages où sont enfermés de vrais animaux; dans *Lumières, s'il vous plaît*, les lampes de poches manipulées de la salle remplacent les projecteurs. Il a reçu le prix du Gouverneur général en 1997. Il est le père de la metteur en scène Alice Ronfard.

Stéphane Baillargeon

Rongeurs Parmi les ordres de MAMMIFÈRES de la planète, les rongeurs forment le plus grand et le plus répandu avec ses 29 familles, ses 418 genres et ses 1793 espèces. Au Canada, 68 des 163 espèces de mammifères terrestres présents sont des rongeurs, répartis dans 8 familles. Le poids des rongeurs varie de 10 g, chez la SOURIS des moissons et la souris à abajoues des plaines, à 35 kg, chez le CASTOR.

Traits caractéristiques Les mammifères de cet ordre se distinguent par les incisives qu'ils portent à chaque mâchoire et qui sont spécialement adaptées pour ronger. Ces dents croissent continuellement grâce à leur pulpe vivante. Leur face antérieure, recouverte d'émail, est plus dure que la face postérieure, qui s'use plus rapidement, ce qui donne aux dents leur bord tranchant. Puisque les rongeurs n'ont pas de canines, ils ont un grand vide entre les incisives et les dents jugales, au nombre de deux à cinq.

Lorsqu'ils utilisent leurs dents jugales, les incisives ne se touchent pas, et vice versa. La mâchoire peut ainsi broyer de la nourriture par un mouvement de va-et-vient aussi bien longitudinal que latéral. Les lèvres velues se referment dans l'espace derrière les incisives et permettent à certaines espèces de ronger ou de creuser sans se remplir la bouche de débris.

Régime alimentaire Les rongeurs sont principalement herbivores et se nourrissent de parties d'ARBRES, de GRAMINÉES et d'autres PLANTES herbacées. Beaucoup d'espèces (comme l'ÉCUREUIL roux) sont omnivores et mangent également des substances animales telles que des œufs, des oisillons, de jeunes LIÈVRES d'Amérique et des INSECTES.

Adaptations Les capacités d'adaptation évolutives leur permettent d'occuper divers habitats. Les Rongeurs aquatiques comme les castors ont des pieds palmés qui facilitent la natation; les espèces saltatoires telles que les souris sauteuses ont des pattes postérieures et une queue longues, qui permettent un déplacement bipède rapide dans des milieux ouverts; les espèces fouisseuses, comme les GAUFRES, ont des pattes antérieures adaptées pour creuser des tunnels dans le sol; les rongeurs arboricoles comme les écureuils ont des griffes recourbées, utiles pour l'escalade; et les espèces planeuses telles que les polatouches (écureuils volants) ont un repli de peau entre les pattes de chaque côté grâce auquel elles planent rapidement entre les arbres.

Comportement Les mœurs des rongeurs sont aussi très variées. Quelques espèces sont nocturnes (p. ex., le RAT-KANGOUROU), certaines sont diurnes (la plupart des espèces d'écureuils), tandis que d'autres sont actives jour et nuit (tels les LEMMINGS et les CAMPAGNOLS). Certaines espèces forment de grandes colonies (p. ex., le CHIEN DE PRAIRIE) et d'autres sont solitaires (dont l'écureuil roux). Quelques-unes sont monogames (p. ex., le castor) et certaines sont polygames (comme le spermophile de Richardson).

Pour affronter les hivers canadiens, plusieurs espèces hibernent, p. ex., les TAMIAS, les spermophiles, les MARMOTTES et les souris sauteuses; d'autres comme les castors et les campagnols restent actives toute l'année. Les comportements reproducteurs dépendent beaucoup de la taille des animaux. En général, les petites espèces atteignent rapidement la maturité, se reproduisent plusieurs fois par année, donnent naissance à des portées importantes et vivent moins d'un an. Les espèces de grande taille ont les caractéristiques inverses et, généralement, une longévité de plus d'un an.

Les humains tirent des avantages directs des rongeurs à fourrure (en particulier les castors, qui réduisent l'érosion fluviale avec leurs barrages) ainsi que des RATS et des souris domestiques, qu'ils utilisent pour la recherche en biologie. Les humains profitent également mais de manière indirecte des espèces qui servent de proies aux mammifères qu'ils chassent et piègent. Les rongeurs sont toutefois en compétition avec les humains pour l'utilisation des ressources naturelles. Certaines espèces, entre autres le campagnol des champs, endommagent et tuent parfois les arbustes et les arbres par l'annélation (destruction d'un anneau de l'écorce). D'autres, spécialement le rat surmulot et la souris commune, des espèces introduites, peuvent manger les récoltes sur pied ou entreposées. Les rongeurs sont aussi parfois porteurs de MALADIES transmissibles aux humains comme le hantavirus, la peste bubonique, la tularémie et la fièvre fluviale du Japon.

R. Boonstra

Ronning, Chester Alvin, diplomate (Fancheng [Xiangfan], Chine, 13 déc. 1894—Camrose, Alb., 31 déc. 1984). Il grandit en Chine ainsi que dans le Nord de l'Alberta. Il devient membre du Royal Flying Corps (1918), mais après avoir terminé ses études à l'U. de l'Alberta et l'U. du Minnesota, il retourne en Chine à titre d'enseignant (1922-1927) jusqu'à ce qu'il soit nommé directeur du Camrose Lutheran College. Tandis qu'il assure la direction de cet établissement (1927-1942), il est député provincial (1932) du gouvernement des FERMIERS UNIS DE L'ALBERTA et joue un rôle actif au sein de la FÉDÉRATION DU COMMONWEALTH COOPÉRATIF. Après avoir dirigé une unité de renseignement de l'Aviation royale du Canada (1942-1945), Ronning entre au ministère des Affaires extérieures, servant en Chine (1945-1951), à Ottawa (1951-1954), comme ambassadeur en Norvège (1954-1957), haut-commissaire en Inde (1957-1964), et aussi membre de la conférence sur la Corée à Genève (1954) et sur le Laos (1961-1962). Il est chargé de missions spéciales à Hanoï (1965 et 1966), servant de médiateur durant la guerre du Viêt-nam. Ronning est un défenseur infatigable de la reconnaissance de la République populaire de Chine et de son admission au sein des NATIONS UNIES. Sa connaissance de la Chine et son amitié avec des dirigeants asiatiques tels que Zhou Enlai ont fait de lui un médiateur irremplaçable.

Brian L. Evans

Rooke, Leon, nouvelliste, romancier et dramaturge.(Roanoke Rapids, N.C, 11 sept. 1934). Il étudie à l'U. de la Caroline du Nord, à Chapel Hill (1955-1958, 1961-1962), et est recruté par l'Infanterie des Forces armées des États-Unis pour servir en Alaska de 1958 à 1960. Rooke est écrivain en résidence de deux collèges américains et enseigne la création littéraire à l'U. de Victoria, où s'il installe en 1969. Conteur énergique et prolifique, son œuvre se distingue par son langage pittoresque, un style expérimental et toute une gamme de personnages excentriques qui ont une façon bien à eux de s'exprimer. Il écrit de nombreuses pièces de théâtre conçues pour la radio et la scène, parmi lesquelles *Krokodile* (1973) et *Sword/Play* (1974). Il produit huit recueils de nouvelles, notamment *Sing Me No Love Songs I'll Say You No Prayers: Selected Stories* (1984). Avec la collaboration de John Metcalf, il dirige la publication de *The New Press Anthology I* (1984) et de *The New Press Anthology II* (1985). Toutefois, ce sont ses romans qui sont les plus appréciés de la critique. *Fat Woman* (1980) est mis en nomination pour le Prix du Gouverneur général. En 1983, *Shakespeare's Dog* remporte le Prix du Gouverneur général. Rooke reçoit le Prix littéraire Canada-Australie en 1981.

Donna Coates

Roper, Edward, peintre, illustrateur et naturaliste amateur (Kent, Angl., 1854—1891). Il fait plusieurs séjours en Amérique du Nord et passe plusieurs mois en Colombie-Britannique (1887) et au Yukon (vers 1890), où il réalise de minutieux croquis de la faune et de la flore, à l'aquarelle et à la mine de plomb, et où il ramasse des spécimens. Il expose ses peintures sur l'Ouest canadien en Angleterre et publie un compte-rendu de ses voyages dans *By Track and Trail through Canada* (1891). Ses séries de lithographies de Muskoka sont peut-être les premières représentations de cette région comme lieu de villégiature. Il est élu membre de la Royal Geographical Society.

James Marsh

Rose Nom commun donné aux membres du genre *Rosa* de la famille des rosiers (rosacées). Cette grande famille compte plus de 100 genres et de 2000 à 3000 espèces incluant des plantes aussi variées que les fraisiers, les amandiers et les poiriers. Le genre *Rosa* comprend plus de 100 espèces d'arbustes dressés, grimpants ou rampants en plus des cultivars. Environ 14 espèces sont indigènes du Canada et plusieurs espèces introduites se sont établies. Plusieurs espèces se communément sur le églantiers. On trouve le rosier aciculaire (*R. acicularis*), le plus grand et le plus répandu des rosiers sauvages du Canada, depuis le Québec jusqu'en Colombie-Britannique et vers le sud jusqu'en Virginie et au Nouveau-Mexique. Cet arbuste de 1 à 1,5 m de hauteur forme d'épais buissons qui émergent de tiges souterraines. Il croît surtout dans des milieux ouverts et ensoleillés. Ses tiges ont des épines minces et, en juin, portent habituellement une seule fleur rose pâle ou rose foncé légèrement parfumée de 5 cm de diamètre. Les fruits comestibles, appelés baies d'églantiers, avec lesquels on fait d'excellentes confitures et gelées sont recherchés des oiseaux. Depuis 1930, le rosier aciculaire est l'EMBLÈME FLORAL PROVINCIAL de l'Alberta où il abonde. Il pousse facilement sur des sols sablonneux. On cultive les rosiers comme PLANTES ORNEMENTALES depuis des temps anciens. La plupart des espèces de rosiers ornementaux sont des hybrides d'espèces du Vieux Continent.

Céline Arseneault

Rose cultivée La culture des roses remonte à des temps fort lointains, mais on sait peu de chose sur leur origine. Le rosier hybride de thé, le plus populaire des rosiers des jardins modernes, a été diffusé dans le monde entier en 1867. Aujourd'hui, les roses sont classées sous les appellations suivantes: l'hybride de thé (grosses fleurs), la floribunda (grand nombre de petites fleurs), la grandiflora (fleurs de bonnes dimensions groupées en petit nombre), la miniature, l'arbustière, la grimpante et la sarmenteuse. Toutefois, ces classifications font l'objet de modifications en raison de l'introduction récente de différents types de floraison. Au Canada, le croisement des roses s'est concentré principalement sur la création de roses rustiques aux fleurs plus résistantes pour les régions froides (p. ex., les Prairies). Cependant, sauf dans le sud-ouest côtier de la Colombie-Britannique, la plupart des roses doivent être protégées durant l'hiver. Les premiers sélectionneurs de roses ont été les pépiniéristes des Prairies.

Au cours des dernières années, les stations de recherche d'Agriculture Canada à Ottawa et à Morden, au Manitoba, ont introduit un bon nombre d'excellentes roses de jardin, certaines ressemblant beaucoup aux populaires hybrides de thé et floribundas. Les roses poussent dans la plupart des sols bien drainés, mais elles préfèrent un terreau fertile dans un milieu ouvert offrant au moins six heures d'ensoleillement. Elles fleurissent du début de l'été à la fin de l'automne et la floraison varie selon le climat. Au début de leur croissance, les roses ont besoin d'un fertilisant faible en azote et équilibré au début de la croissance, et doivent être arrosées fréquemment. Certaines espèces arbustives forment de grands fruits colorés (cynorhodons) et leurs feuilles tournent parfois au rouge en automne. Les insectes nuisibles communs, fréquents chez la plupart des roses, peuvent être contrôlés chimiquement. La maladie de la tache noire et le mildiou sont difficiles à enrayer. La sélection de variétés résistantes aide à prévenir ces problèmes.

On ne possède pas de statistiques sur la place des roses dans les industries canadiennes de la culture en pépinière et en serre. Toutefois, en 1985, presque 81 millions de roses ont été produites pour la vente de fleurs coupées au Canada. On en a importé un nombre additionnel et indéterminé des États-Unis et de l'Europe.

Rose, Fred, né Fred Rosenberg, organisateur syndical et politicien (Lublin, Pologne, 7 déc. 1907—Varsovie, Pologne, 16 mars 1983). Rose arrive à Montréal avec ses parents. Dans les années 30, il est membre de la Ligue des jeunesses communistes et organise des syndicats de travailleurs sans emploi et de travailleurs non qualifiés. Il est arrêté en 1929 et, arrêté de nouveau en 1931 lors d'une réunion de travailleurs sans emploi, il est déclaré coupable de sédition et condamné à un an de prison. En 1943, il est élu député travailliste-progressiste fédéral de Montréal-Cartier à une élection partielle. Il est réélu en 1945, devenant le seul député fédéral de l'histoire du Canada à être élu sous l'étiquette communiste. En 1946, il est arrêté lors des premiers procès pour espionnage de la guerre froide et condamné à six ans d'emprisonnement pour avoir communiqué des secrets officiels à une puissance étrangère.
Merrily Weisbord

Rose, sir John, politicien, banquier et diplomate (Turriff, Écosse, 2 août 1820—Langwell Forest, Écosse, 24 août 1888). Il immigre au Canada en 1836 et devient un avocat réputé auprès de sociétés montréalaises. Élu à l'Assemblée législative de la PROVINCE DU CANADA en 1857, il est nommé solliciteur général du Canada-Est sous le gouvernement Macdonald-Cartier. Commissaire en chef des travaux publics de 1859 à 1861, il démissionne et siège comme simple député et porte-parole de la minorité protestante du Canada-Est, de 1861 à 1867. Considéré comme l'ami le plus proche de John A. MACDONALD, il est ministre des Finances de 1867 à 1869 et, à ce titre, est responsable de l'application des premières lois bancaires du Dominion. Il s'établit à Londres en 1869, en tant que spécialiste des services de banque d'affaires et il représente, à titre quasi officiel, le gouvernement canadien en Angleterre. Il engage des négociations préliminaires avec les États-Unis qui donneront lieu à la ratification du TRAITÉ DE WASHINGTON, en 1871, et il participe à la

mise sur pied du premier syndicat financier du Canadien Pacifique en 1880. Bien connu de la société anglaise et conseiller financier du Prince de Galles, il est fait baronnet en 1872.
D.M.L. Farr

Rose, Peter Douglas, architecte (Montréal, 1er août 1943). Après avoir obtenu un baccalauréat ès arts (1966) et une maîtrise en architecture (1970) de Yale, où il est l'élève de Vincent Scully et de Charles Moore, Rose rentre à Montréal et entreprend la conception d'une série de résidences secondaires, qu'on peut qualifier de postmodernes, dans les Cantons de l'Est et les Laurentides, au Québec.

En 1977, il réalise, avec James Righter et Peter Lanken, le Pavillon Soixante-Dix, un pavillon de ski situé à Saint-Sauveur, au Québec. Cette œuvre est la seule réalisation canadienne mentionnée dans *The Language of Post-Modern Architecture* de Charles Jencks (1977) et elle reçoit, en 1978, le prix d'excellence en design architectural de la revue *Progressive Architecture*. Ces travaux expriment la dualité du nouvel idiome postmoderne: moderne dans l'utilisation de formes géométriques et de surfaces planes, traditionnel par la reviviscence de motifs historiques et l'intégration contextuelle.

Rose accorde toujours beaucoup d'importance aux enjeux urbains. Dans le but de sensibiliser Montréal à l'architecture, il fonde les Conférences Alcan sur l'architecture (1974-1992), qui donnent lieu à la venue, à Montréal, de distingués architectes étrangers, historiens de l'architecture et planificateurs. Il réalise, en collaboration avec Peter Lanken, les plans intérieurs et le design du nouveau siège social mondial d'ALCAN ALUMINIUM LIMITÉE, un projet exemplaire qui préserve une importante rangée de bâtiments historiques dans le centre-ville de Montréal. Il conçoit aussi des plans d'aménagement proposés pour plusieurs développements urbains, y compris le Vieux Port de Montréal.

La principale réalisation de Rose à ce jour est le CENTRE CANADIEN D'ARCHITECTURE (CCA), un musée d'architecture et un centre d'études situé à Montréal et abritant les collections de sa fondatrice et directrice, Phyllis LAMBERT. Terminé en 1989, le CCA vaut à Rose le National Honor Award de l'American Institute of Architects ainsi que la médaille du Gouverneur général pour l'architecture (1992).

En 1991, il est nommé professeur adjoint d'architecture à la Graduate School of Design d'Harvard. Tout en continuant à réaliser des projets au Canada, tels que la restauration et l'agrandissement de la bibliothèque publique de WESTMOUNT, Rose accepte de plus en plus de commandes aux États-Unis, dont celle de la Brookside School de la Cranbrook Educational Community à Bloomfield Hills, au Michigan, et celle de la Buckingham, Browne & Nichols School à Cambridge, au Massachusetts.
Susan Wagg

Rosemère, ville du Qc; pop. 13 606 (G.O.Q. 2000), 12 025 (rec. 1996), 11 198 (rec. 1991); superf. 10,2 km²; const. en 1958; située sur la rive Nord de la rivière des Mille-Îles, en face de Laval. Il existe deux théories sur l'origine du nom de la ville. La première veut qu'on lui ait donné le nom de «rose» à cause de l'abondance des buissons de rosiers sauvages dans les environs. Quant au suffixe «mère», dérivé d'un ancien terme anglo-saxon signifiant «marais salé», il aurait été ajouté au mot «rose» par la suite. La deuxième prétend que la ville tirerait son nom de celui de la ville de Sainte-Rose, située tout près, sur la rive opposée.

En 1880, Rosemère est principalement une communauté rurale. On découvre plus tard la beauté de la région des Laurentides et Rosemère devient une destination de villégiature. Idéale pour la famille, Rosemère est reconnue pour la beauté de son territoire, la richesse et l'harmonie de sa communauté. Cela s'exprime aux plans tant environnemental, artistique, culturel, social que sportif. Facilement accessible par

les autoroutes 13, 15 et 640, Rosemère joue, au plan commercial, un rôle majeur dans la région. L'économie est très stable et exclusivement commerciale. L'une des patinoires intérieures de Rosemère est un centre d'entraînement estival pour plusieurs joueurs de la Ligue nationale de hockey.
Adriana Bryenton et Alain Roy

Rosenberg, Stuart, rabbin et auteur (New York, 5 juill. 1922). Rosenberg obtient une maîtrise (1948) et un doctorat (1953) de l'U. Columbia. Il étudie également au Jewish Theological Seminary, où il devient rabbin (1945), maître en droit hébraïque (1949) et docteur en théologie (1971). Rosenberg arrive au Canada en 1956 et occupe deux chaires: Beth Tzedec (1956-1973) et Beth Torah (depuis 1982). Il est nommé membre titulaire honoraire à vie du Jewish Theological Seminary (1976). De plus, il est professeur invité à la Toronto School of Theology (1975-1978) et à la San Diego State University (1981). Il est l'auteur de 18 livres, notamment *The Jewish Community of Canada* (2 vol., 1971), *Bridge to Brotherhood: Judaism's Dialogue with Christianity* (1961), *The Search for Jewish Identity in America* (1965), *Christians and Jews: The Eternal Bond* (1984) et *The Christian Problem: A Jewish View* (1986).
Sharon Drache

Rosenblatt, Joseph, poète, artiste et rédacteur (Toronto, Ont., 26 déc. 1933). Élevé et éduqué à Toronto, où il fréquente la Central Technical School, Rosenblatt abandonne l'école en dixième année et occupe divers emplois de col-bleu. Depuis la publication de ses premiers ouvrages, *Voyage of the Mood* (1963) et *The LSD Leacock* (1966), il a réalisé une œuvre originale et pleine d'humour qui se compose de plus de 15 recueils de poésie et de dessins. Ses poèmes glorifient les rapports de l'homme à la nature et au monde animal et font ressortir l'unité fondamentale de toute forme organique. La transposition des valeurs et des attributs humains au règne animal lui procure un vocabulaire nouveau, qui se veut souvent un mélange de mysticisme et de science moderne, ainsi que des images inédites.

Tout au long de sa carrière, il met au point et réalise des expériences sur le langage. *Bumblebee Dithyramb* (1972) comporte plusieurs poèmes chantés qui imitent, par la structure poétique, l'énergie vibrante de la nature. *Dream Craters* (1974) et *Virgins and Vampires* (1975) présentent des formes plus conventionnelles de poèmes courts. Son recueil de poésie, *Top Soil* (1976), lui vaut le PRIX DU GOUVERNEUR GÉNÉRAL. *The Sleeping Lady* (1979) est une suite de sonnets et *Brides of the Stream* (1983), qui comporte de courts poèmes lyriques et des passages de proses, suggère d'observer, et non de disséquer, la nature vivante. Il raconte son enfance dans ses mémoires en prose, *Escape From the Glue Factory: A Memoir of a Paranormal Toronto Childhood in the Late Forties* (1985) et signe un roman, *The Kissing Goldfish of Siam* (1989), qui raconte l'initiation de son jeune héros à la vie, à l'amour et à la sexualité.

Rosenblatt publie plusieurs recueils de dessins parmi lesquels figure *Doctor Anaconda's Solar Fun Club* (1978) et a été rédacteur en chef de *Jewish Dialog* (de 1972 à 1983), un magazine littéraire éclectique. Le meilleur de son œuvre de poésie et de dessins est réuni dans deux recueils: *The Joe Rosenblatt Reader* (1995) et *The Voluptuous Gardener: The Collected Art and Writing of Joe Rosenblatt, 1973-1996* (1996).
Colin Boyd

Rosenfeld, Fanny, «Bobbie», athlète, journaliste sportive (Russie, 28 déc. 1905—Toronto, 14 nov. 1969). La plus remarquable athlète féminine canadienne de la première moitié du siècle, Rosenfeld fait son entrée sur la scène internationale de l'athlétisme lors de l'admission des femmes aux Jeux olympiques, en 1928. Elle détient des records canadiens en course à pied, au saut en longueur sans élan et au lancer du disque. Aux Jeux olympiques d'Amsterdam en 1928, elle décroche la médaille d'argent au 100 mètres course et est la première relayeuse de l'équipe féminine canadienne de relais 4 x 100 mètres qui remporte l'épreuve en un temps record de 48,2 secondes. Rosenfeld est aussi codétentrice du record mondial de 11 secondes au 100 mètres. Elle est admise au Temple de la renommée des sports du Canada en 1949 et choisie athlète féminine par excellence de la première moitié du siècle au Canada, en 1950. On a dévoilé une plaque commémorative en son honneur le 13 juin 1987 à Barrie, en Ontario, où elle a résidé.

Ted Barris

Rosnes, Irene Louise, «Renee», pianiste de jazz (Regina, 24 mars 1962). Elle étudie à Vancouver et à Toronto en vue de faire carrière en musique classique, mais elle opte pour le jazz vers 1982 et déménage à New York en 1985. À la fin des années 80, elle fait des tournées avec de célèbres musiciens américains, tels que Joe Henderson et Wayne Shorter, et fait partie de l'ensemble new-yorkais OTB. Dans les années 90, elle continue de travailler avec de grandes figures du jazz, dont J.J. Johnson, mais elle se produit aussi avec les groupes coopératifs Free Trade (quintette formé de compatriotes canadiens expatriés à New York) et Native Colors, et s'exécute de plus en plus dans ses propres formations.

Rosnes, qui aborde le style hard-bop avec grâce et une remarquable assurance technique, a déjà réalisé cinq disques compacts sous son propre nom et a été accompagnatrice dans plusieurs autres enregistrements. Ses disques *For the Moment* et *Ancestors* remportent des prix Juno en 1992 et en 1997 respectivement, tout comme *Free Trade*, enregistré en 1995 par le quintette Free Trade. En 1997, *Ancestors* lui vaut le prix Juno du meilleur album de jazz mainstream.

Mark Miller

Ross, Alexander, marchand de fourrures et auteur (Morayshire, Écosse, 9 mai 1783—rivière Rouge, Man. 23 oct. 1856). Il immigre au Canada à l'âge adulte et est instituteur pendant quelques années. En 1810, la Pacific Fur Co. l'emploie comme commis, et il travaille à Fort Astoria, à Fort Okanagan, à Fort George et à Fort Nez Percés pour la COMPAGNIE DU NORD-OUEST (CNO) et pour la COMPAGNIE DE LA BAIE D'HUDSON (CBH). En 1825, il se retire dans la colonie de la rivière Rouge où il devient shérif d'Assiniboia, commandant du Corps de volontaires, capitaine de la police, magistrat, commissaire et auditeur de la cour. Il écrit plusieurs ouvrages classiques sur la traite des fourrures, dont: *Adventures on the Columbia River* (1849), *The Fur Hunters of the Far West* (1855) et *The Red River Settlement* (1856). Il épouse une princesse indienne d'Okanagan et plusieurs de leurs enfants jouent un rôle important dans l'histoire du Manitoba. Dans son dernier livre, il présente la colonie de la rivière Rouge comme un îlot de civilisation au milieu d'un pays sauvage et barbare, mais il désespère de son avenir et de celui de ses habitants métis.

Frits Pannekoek

Ross, fusil Durant la GUERRE DES BOERS, le gouvernement canadien demande aux autorités anglaises d'équiper les forces canadiennes de fusils de modèle britannique Lee-Enfield, mais essuie un refus. Je Canada est obligé de fabriquer ses propres fusils. Sir Charles Ross, aristocrate et inventeur anglais, offre alors de construire une usine au Canada. Sir Charles a conçu un modèle de fusil à cinq chargeurs pour des essais de la milice canadienne en août 1901, le Mark 1 Ross, il en entreprend la production en 1903. En mars de la même année, le gouvernement canadien lui en commande 12 000 unités à livrer avant la fin de 1903.

Sir Sam HUGHES, futur ministre de la milice et membre du comité de la milice en 1901, est en faveur du fusil Ross. Les Mark 1 Ross ne sont finalement livrés qu'en 1905 et la Police montée royale du Nord-Ouest en reçoit 1000 unités. Ce modèle souffre cependant de plusieurs défectuosités et il est rappelé par le fabricant en 1906. On apporte des changements au prototype jusqu'en 1910, année où sortent les divers modèles du Mark 2. La Grande-Bretagne presse alors le Canada d'adopter le fusil Lee-Enfield pour ses forces armées, de manière à assurer l'uniformité dans tout l'empire en matière d'armement. Cependant, le gouvernement canadien refuse d'abandonner la production du fusil Ross, ce qui crée des tensions au sujet de la défense de l'empire. Les Forces armées canadiennes prennent livraison des fusils Mark 2 en 1911, et on commence à produire le modèle Mark 3, dont seulement quelques exemplaires sont fabriqués avant 1914. Durant les premières années de la Première Guerre mondiale, le fusil Ross acquiert une mauvaise réputation. La tactique des «charges à partir des tranchées» est la règle pendant ce conflit. On trouve le fusil Ross mal adapté à cette façon de faire à cause de son poids, qui est d'environ 4,5 kg (9 lb 14 oz), et de sa longueur totale, d'environ 1,5 m (60 po) avec la baïonnette au canon. On critique également le fait qu'il se bloque constamment, sans compter les retours de gaz qui se produisent à l'occasion. On finit par corriger la cause du blocage, mais trop tard pour que le fusil demeure en service. Au cours de l'été 1916, il est retiré et, à la mi-septembre, les troupes canadiennes sont rééquipées, cette fois avec des fusils Lee-Enfield de fabrication britannique. Le gouvernement canadien exproprie la Ross Rifle Co. en mars 1917, après avoir payé à Ross la somme de deux millions de dollars. En tout, quelque 420 000 fusils Ross ont été fabriqués, dont 342 040 ont été achetés par le gouvernement anglais. Durant la Seconde Guerre mondiale, on distribue des fusils Mark 3 Ross à la Marine royale canadienne, à la Garde territoriale des anciens combattants, aux unités de patrouille côtière, aux dépôts d'entraînement, à la British Home Guard et aux Soviétiques.

Glenn B. Foulds

Ross, James, financier (Cromarty, Écosse, 1848—Montréal, 20 mars 1913). Ingénieur de profession, Ross est associé à la construction de nombreux chemins de fer et est directeur de la construction de la section montagneuse de la ligne principale du Canadien Pacifique. Il devient ensuite le dirigeant d'un petit, mais très profitable, consortium d'entrepreneurs de chemins de fer regroupant Herbert Holt, William Mackenzie et Donald Mann. Ensemble, ils construisent de nombreuses lignes d'embranchement dans les Prairies, en Ontario et au Québec, ainsi que la ligne du CP surnommée la «ligne courte» (shortline) qui traverse l'État du Maine. Quand la dégradation des conditions sociales provoque un ralentissement dans la construction de chemins de fer canadiens, Ross et son associé entreprennent la restructuration, l'électrification et l'expansion des réseaux de tramways à Toronto et Montréal, puis dans d'autres villes au Canada, aux États-Unis, en Grande-Bretagne, au Mexique, en Amérique du Sud et aux Caraïbes. En 1901, il se charge d'une réorganisation importante et controversée de la Dominion Coal Co. et de la Dominion Iron and Steel Co., toutes deux situées dans le Nord de l'île du Cap-Breton. Les procès entre les actionnaires et les administrateurs des deux sociétés, qui s'en suivront, deviendront un des conflits juridiques les plus longs et les plus controversés du Canada dans le domaine commercial. Mécène de plusieurs institutions artistiques, Ross donne également des sommes importantes à différents hôpitaux. Il devient un navigateur passionné, et son yacht, le *Glencairn*, gagne plusieurs courses.

T.D. Regehr

Ross, sir George William, politicien et premier ministre de l'Ontario de 1899 à 1905 (près de Nairn, Ont., 18 sept. 1841—Toronto, 7 mars 1914). Il travaille pendant quelques années comme enseignant, inspecteur d'écoles et journaliste, puis il est élu député libéral de la circonscription de Middlesex-Ouest à la Chambre des communes. Défait aux élections fédérales de 1883, il entre dans le Cabinet provincial de sir Oliver MOWAT en tant que ministre de l'Éducation. Il rationalise et améliore le système d'écoles publiques, en dépit d'âpres controverses concernant la langue et la religion dans les écoles catholiques séparées ainsi que le financement de l'université provinciale de Toronto et des collèges confessionnels. En 1899, il succède à Arthur Sturgis HARDY comme premier ministre, mais son gouvernement est défait en 1905. Chef de l'opposition pendant deux ans, il est ensuite nommé au Sénat où il est le leader des libéraux de 1910 jusqu'à sa mort. Orateur notoire, il publie des livres et des brochures, dont une œuvre autobiographique: *Getting Into Parliament and After* (1913).

Wendy Cameron

Ross, James Sinclair, écrivain (Shellbrook, Sask., 22 janv. 1908—Vancouver, C.-B., 29 févr. 1996). Ross figure parmi les écrivains canadiens les plus respectés, surtout pour son roman AU SERVICE DU SEIGNEUR, salué à l'unanimité par le public. Peu après la naissance de Ross, ses parents se séparent et «Jimmy» est élevé par sa mère. Il quitte l'école à 16 ans pour devenir commis à la Banque Royale du Canada, à Abbey, en Saskatchewan. Il fera d'ailleurs carrière dans l'industrie bancaire. Il écrit pendant ses heures de loisirs et, en 1934, son premier livre, *No Other Way*, est publié à Londres. Comme dans la plupart de ses ouvrages de fiction, l'action se déroule dans les Prairies canadiennes. Il écrit ensuite de nombreuses nouvelles pour de petites revues canadiennes. Les plus connues, *The Painted Door, A Field of Wheat* et *The Lamp at Noon*, sont publiées dans de nombreuses anthologies. Son recueil, *The Lamp at Noon and Other Stories* (1968), regroupe plusieurs de ses nouvelles.

De nombreux lecteurs apprécient les textes de Ross pour leur structure habile et la précision de leurs images. Il y aborde un thème qui semble le préoccuper: celui de l'isolement intellectuel. Il est très peu connu du public canadien et international avant la publication de son premier roman *As For Me and My House* (trad. *Au service du Seigneur*, 1981), à New York, en 1941. Son roman est immédiatement salué comme un chef d'œuvre. Ross y décrit avec perspicacité l'existence stérile des habitants d'Horizon, une petite localité de la Saskatchewan. Souvent perçu comme un portrait sombre de gens plutôt malheureux, cet ouvrage est néanmoins émaillé de passages étonnants remplis d'humour et extrêmement satiriques. La plus grande force du roman réside dans le thème du triomphe sur les effets débilitants de la vie provinciale et de la Crise des années 30, et c'est ce qui le différencie de *Main Street*, l'œuvre de Sinclair Lewis avec laquelle on le compare souvent. Sa profondeur psychologique lui assure une place au sein de la littérature canadienne moderne.

Les deux romans qu'il écrit par la suite, *The Well* (1958) et *Whir of Gold* (1970), obtiennent peu de succès auprès de la critique. Son court roman, *Sawbones Memorial* (1974), est toutefois un tour de force qui s'appuie davantage sur des techniques théâtrales que sur des techniques narratives. Il s'agit d'une série de dialogues et de monologues intérieurs qui relatent l'histoire du village et la vie de ses habitants de façon émouvante. Après avoir quitté la Banque Royale en 1968, Ross vit en Grèce, puis en Espagne. Il décide de rentrer au Canada en 1980 pour des raisons de santé.

Ken Mitchell

Ross, sir James Clark, officier de marine et explorateur polaire (Londres, 15 avril 1800—Aylesbury, Angl., 13 avril 1862). Il vit sa première expérience dans l'Arctique à 18 ans, alors qu'il prend part, avec son oncle sir John ROSS, à la recherche du PASSAGE DU NORD-OUEST de la baie de Baffin au détroit de Béring. Plus tard, en tant qu'officier, il accompagne William Edward PARRY (1819, 1821 et

1824) et il est commandant adjoint de l'expédition de Parry à destination du PÔLE NORD en 1827. Ces voyages en font l'officier le plus expérimenté en milieu arctique, une autorité en matière de magnétisme et un naturaliste et taxidermiste compétent.

En 1829, bien qu'il ne reçoive qu'un demi-traitement, il accepte d'accompagner son oncle dans une nouvelle expédition en 1829 vers le passage du Nord-Ouest, financée par des fonds privés. Durant l'hiver de 1829-1830, il mène plusieurs expéditions en traîneaux à chiens qui lui permettent de prouver que BOOTHIA est une péninsule. Il traverse le détroit qui porte désormais son nom jusqu'à Victory Point et atteint l'ÎLE DU ROI-GUILLAUME. Le 1er juin 1831, sur la côte Ouest de la péninsule de Boothia, il découvre le PÔLE MAGNÉTIQUE, y plante le drapeau britannique et érige un cairn.

Plus tard, il s'emploie à réaliser un levé magnétique des îles Britanniques et, en 1839, il commande une expédition dans l'Antarctique qui durera trois ans afin d'étudier le magnétisme et d'ajouter à la connaissance géographique de la région.

En 1848, il commande la première expédition partie à la recherche de sir John FRANKLIN. Il découvre le détroit de Peel et en fait le levé magnétique, mais ne trouve aucune trace de l'explorateur. Il est nommé contre-amiral en 1856.

James Marsh

Ross, sir John, officier de marine et explorateur (Balsarroch, Écosse, 24 juin 1777—Londres, 30 août 1856). Entré dans la marine à l'âge de 9 ans, blessé pendant les guerres napoléoniennes, il navigue depuis 30 ans lorsque l'amirauté lui ordonne, en 1817, de commander une expédition d'exploration de la baie de Baffin. De 1829 à 1833, il commande une deuxième expédition dans le détroit de Lancaster et la région de l'île Somerset. Pendant quatre hivers, son navire, le *Victory*, est prisonnier des glaces au large de la péninsule de Boothia (en 1831, son neveu et commandant adjoint, James Clark ROSS, repère le pôle Nord magnétique sur la côte Ouest de la péninsule). Libéré des glaces en 1833, le navire rentre en Angleterre. Ross y est fait chevalier. En 1850, il commande le *Felix* dans une recherche infructueuse de l'expédition perdue de sir John FRANKLIN. (*Voir aussi* FRANKLIN, LA RECHERCHE DE.)

Kenneth S. Coates

Ross, John Jones, médecin, politicien et premier ministre du Québec de 1884 à 1887 (Sainte-Anne-de-la-Pérade, Bas-Canada, 16 août 1833—4 mai 1901). Personnage plutôt terne et dénué de charisme, Ross occupe le poste de premier ministre du 23 janvier 1884 au 25 janvier 1887. Son gouvernement conservateur refuse de prendre position dans l'affaire Louis RIEL, de sorte qu'il est vaincu, à la fin de 1886, par le nouveau PARTI NATIONAL d'Honoré MERCIER. Afin de maintenir le Parti conservateur au pouvoir, Ross se désiste en faveur de L.O. TAILLON, mais celui-ci est vite défait en Chambre et doit démissionner, laissant Mercier lui succéder. Le premier ministre John A. MACDONALD récompense Ross en le nommant au Sénat.

Daniel Latouche

Ross, Malcolm, humaniste et enseignant (Fredericton, N.-B., 2 janv. 1911). À l'U. du Manitoba, à l'U. Trinity Western, à l'U. Queen et à l'U. Dalhousie, son enthousiasme et son discernement lui assurent une réputation de professeur remarquable. À titre de directeur de la publication de la série *New Canadian Library*, Ross sait faire profiter les lecteurs canadiens du même enthousiasme et du même discernement. Au début, ses œuvres et ses articles portent sur le XVIIe s. (*Milton's Royalism*, 1943, 1970). Ross aborde ensuite des sujets universels (*Poetry and Dogma*, 1954, 1969), puis rédige des critiques d'ouvrages canadiens et d'anthologies (*Our Sense of Identity*, 1954; *The Arts in Canada*, 1958 et *The Impossible Sum of Our Traditions*, 1986). Administrateur et décideur au Conseil des arts du Canada, à la Société royale du Canada et à l'Association cana-

dienne des humanités, il joue un rôle extrêmement bénéfique pour la culture canadienne.

Elizabeth Waterston

Ross, Paula, née Pauline Cecilia Isobel Teresa Campbell, chorégraphe et danseuse (Vancouver, C.-B., 29 avril 1941). De descendance écossaise et amérindienne, Paula Ross commence à étudier le BALLET à l'âge de cinq ans, à Vancouver, avec Mara McBirney. À 12 ans, elle danse pour le Panto-Pacific Ballet de McBirney et, à 15 ans, elle quitte la maison pour se joindre à la troupe de danseuses «chorus line» de Moro Landis au Casino Bellevue, à Montréal. Pendant quatre ans, elle fait la tournée des clubs et des salles de spectacle du Canada et des États-Unis comme danseuse et comédienne, travaillant avec des interprètes tels que Sophie Tucker, Danny Kaye et Donald O'Connor. Elle revient à Vancouver à l'âge de 19 ans. Ross se joint à l'éphémère Pacific Dance Theatre (*voir* BALLETS DE LA COLOMBIE-BRITANNIQUE) au début des années 60, pour devenir par la suite première danseuse. En 1965, elle lance sa propre compagnie de danse moderne, la PAULA ROSS DANCE COMPANY.

Pendant de nombreuses années, la compagnie fonctionne en tirant le diable par la queue et présente un répertoire créé par Ross en collaboration avec ses danseurs. En raison de contraintes financières, la troupe se produit très peu hors de la Colombie-Britannique. Cependant, les rares tournées qu'elle fait, notamment au Canada en 1978 et à San Francisco en 1980, connaissent un accueil chaleureux. Bien que Ross reçoive des commandes pour de nouvelles œuvres dans le cadre des célébrations du centenaire à Vancouver (en 1986) et de l'EXPO 86, les problèmes financiers la forcent à fermer son atelier et à suspendre les activités de la compagnie en 1987. Elle déménage alors avec sa famille dans l'île de Vancouver, où elle continue d'enseigner.

Ross explore de nombreux styles à la recherche d'un langage chorégraphique qui lui permettrait de mieux réaliser ce qu'elle appelle la «poésie visuelle», sa «métaphore tribale universelle». En 1977, elle reçoit le Prix Chalmers pour la chorégraphie. Son style est souvent porteur d'un puissant message social ou environnemental. Parmi ses œuvres les plus réussies, citons *Coming Together* (1975), qui traite des effets de la prison sur les hommes autochtones; *Strathcona Park* (1980), qui célèbre un parc provincial dans l'île de Vancouver; et *Shades of Red* (1982), sur les aspects de la féminité. Le film de David RIMMER, *Shades of Red* (1982) est construit autour de ces trois ballets dont la chorégraphie a été refaite pour les besoins de la caméra. Ross remonte *Coming Together* en 1993 pour la DANNY GROSSMAN DANCE COMPANY de Toronto en vue d'une tournée nationale.

Ross continue de créer et, en 1991, reçoit une bourse du CONSEIL DES ARTS DU CANADA qui lui permet de faire ses premiers voyages à l'étranger et de se rendre au Japon et en France.

Max Wyman

Rossiter, Roger James, biochimiste, neurologiste (Glenelg, Australie, 24 juill. 1913—Helsinki, Finlande, 21 févr. 1976). Rossiter a été l'un des premiers à étudier la composition chimique du système nerveux et a joué un rôle important dans le développement de la biochimie au Canada. Éduqué en Australie et à Oxford, il suit une formation scientifique dans le domaine de la médecine sous la direction de sir Rudolph Peters. Pendant la Seconde Guerre mondiale, Rossiter effectue, pour le compte de l'armée, des recherches sur la malaria et les blessures par brûlures et étudie la malnutrition chez les prisonniers de guerre rapatriés. Il émigre à London, en Ontario, en 1947, comme chef du département de biochimie de l'U. de Western et devient plus tard doyen des cycles supérieurs et vice-recteur. Il fonde un groupe de recherche actif qui acquiert rapidement une réputation internationale pour ses études portant sur la biochimie du cerveau. Au fil des ans, son travail a per-

mis d'élucider la nature des lipides dans l'enveloppe de myéline des nerfs et les mécanismes de formation ou de dégradation de ces éléments structuraux clés par rapport au développement ou aux maladies dégénératives du système nerveux.

W.C. McMurray

Rossland, ville de la C.-B.; pop. 3802 (rec. 1996), 3559 (rc 1991), 3472 (rec. 1986); superf. 49,03 km²; const. en 1897; située à 7 km au sud-ouest de TRAIL, au pied du mont Red. En 1887, Joe Bourgeois et Joe Moris découvrent des mines de cuivre et d'or sur le mont Red. La ville s'appelle d'abord Thompson en l'honneur de Ross Thompson, l'un des premiers colons. L'administration des Postes change toutefois son nom pour Rossland en 1894. En 1897, la ville compte 8000 habitants, et un chemin de fer la relie à Trail, où se trouve une importante fonderie. L'exploitation minière connaît une croissance soutenue jusqu'en 1916, puis sporadique jusqu'en 1930. Dans les années 60, une mine de MOLYBDÈNE est ouverte sur le mont Red; son exploitation se poursuit de façon périodique.

La ville sert principalement de centre de services pour l'exploitation minière et de lieu de résidence pour les employés de la Cominco à Trail. L'aménagement d'un centre de ski au mont Red constitue l'un des moyens les plus prometteurs pour développer l'économie locale.

William A. Sloan

Ross-Thomson House Située à Shelburne (Nouvelle-Écosse). À la fin de la Guerre d'Indépendance américaine, des milliers de LOYALISTES arrivent à Shelburne. Plusieurs ne tardent pas à repartir, mais d'autres, comme George et Robert Ross, se lancent en affaires dans la nouvelle ville. Les frères Ross ouvrent un commerce lucratif de bois d'œuvre et de poisson. Ils échangent ces produits contre du sel, du tabac et d'autres articles qu'ils peuvent écouler en Nouvelle-Écosse. Le bâtiment sert de résidence et de magasin jusqu'aux années 1880. Seul édifice commercial d'origine à Shelburne, il a été restauré dans l'esprit des années 1820. Ce LIEU HISTORIQUE provincial est ouvert au public de début juin à la mi-octobre.

Deborah Welch et Michael Payne

Rothstein, Aser, physiologiste (Vancouver, 29 avril 1918). Il a apporté une contribution énorme dans les domaines de la physiologie cellulaire et de la toxicologie. Diplômé de l'U. de la Colombie-Britannique, il obtient un doctorat à l'U. de Rochester, dans l'État de New York, en 1943. Il effectue des expériences novatrices qui font pour la première fois appel à l'utilisation de radio-isotopes dans les sciences biologiques. Les recherches de Rothstein ont principalement porté sur le transport de substances à travers les membranes biologiques. Ses contributions comprennent la découverte de la protéine responsable du transport des anions dans les cellules sanguines rouges. Il a été président de la Society for General Physiologists et de la Cell Physiology Commission auprès de l'UNESCO. Il a été directeur du Research Institute of the Hospital for Sick Children (Toronto) de 1972 à 1986.

Sergio Grinstein

Roubaud, Pierre-Joseph-Antoine, prêtre et missionnaire jésuite, espion et faussaire (Avignon, France, 28 mai 1724—Paris, France, 1789 ou après). Envoyé en Nouvelle-France en 1756, dans la mission des Abénaquis de Saint-François-de-Sales [Odanak], il accompagne les guerriers au cours des campagnes de la GUERRE DE SEPT ANS. Au printemps 1760, il ne réussit pas à rallier les Abénaquis et, craignant d'être blâmé en conséquence, il offre des renseignements aux Britanniques en retour de leur protection. Le général James MURRAY l'accueille favorablement et, impressionné par son érudition, l'envoie à Londres à titre d'informateur pour le Canada. Il se fait protestant, se marie et préconise qu'on prive les Canadiens de leurs prêtres pour les forcer à se convertir. Tombé en défaveur par suite d'un changement de gouvernement en 1765, Roubaud tâte divers métiers et est souvent emprisonné pour dettes. La plupart des dirigeants le méprisent, mais ils le chargent d'espionner les ambassades et, plus spécifiquement, les Canadiens qui se rendent à Londres pour plaider leurs droits. Il trahit son confident, Pierre Du Calvet, et, pour faire de l'argent, publie même de fausses lettres qu'il attribue à MONTCALM, qui y aurait prédit la perte du Canada et la rébellion des 13 colonies américaines. Il soutient qu'il a droit à une part des biens des Jésuites et soutient Jeffery AMHERST qui réclame ces biens comme récompense pour sa participation à la Conquête. Malade et désabusé, Roubaud se retire en 1768 au Séminaire de Saint-Sulpice, à Paris.

Auguste Vachon

Rouge, colonie de la rivière Établie le long des rivières Rouge et Assiniboine dans le Manitoba et le Dakota du Nord actuels, elle est fondée en 1812 par le comte de SELKIRK. Depuis 1801, Selkirk cherche le soutien britannique pour les colons dans la région occupée par la COMPAGNIE DE LA BAIE D'HUDSON, mais son projet n'aboutit qu'au moment où, avec sa famille, il obtient le contrôle de la compagnie en 1810. En 1811, la compagnie lui accorde 300 000 km² dans le bassin de Winnipeg, qu'il baptise ASSINIBOIA.

Sous Miles MACDONELL, que Selkirk choisit comme gouverneur, un groupe de reconnaissance est envoyé d'Écosse à la baie d'Hudson en juillet 1811 et arrive finalement à la rivière Rouge, le 29 août 1812. Un deuxième groupe le rejoint en octobre. Macdonell établit sa base près de l'embranchement des rivières Rouge et Assiniboine (maintenant le centre-ville de WINNIPEG) avec un centre secondaire à 130 km au sud, à Pembina (Dakota du Nord).

Les colons ont de la difficulté à devenir autosuffisants, et, seule, l'aide des commerçants résidants de la COMPAGNIE DU NORD-OUEST (CNO) et des affranchis locaux leur permet de survivre. De nature belliqueuse et craignant qu'avec l'arrivée de nouveaux colons les vivres ne viennent à manquer dans la région, Macdonell tente de monopoliser les réserves de vivres de la région par le biais de la proclamation sur le Pemmican, du 8 janvier 1814, qui interdit l'exportation de provisions de la région. Cette menace sur le système de transport transcontinental de la CNO, qui emporte des provisions (surtout du PEMMICAN) de la région pour approvisionner ses voyageurs en canot, amène les NOR'WESTERS et leurs alliés MÉTIS à se rebiffer.

Au début de 1815, les Nor'Westers incitent de nombreux colons à retourner au Canada en leur promettant trompeusement de meilleures terres. Macdonell est arrêté, les autres habitants se retirent et la colonie est brûlée. Plus tard cette année-là, la colonie est occupée à nouveau sous Colin Robertson, et Robert SEMPLE remplace Macdonell comme gouverneur. Des plaintes continuelles concernant la CNO entraînent l'INCIDENT DE SEVEN OAKS, en 1816, à la suite duquel les Nor'Westers évacuent encore une fois la colonie. Entre-temps, Selkirk a recruté de nouveaux colons parmi les DE MEURONS, des soldats mercenaires démobilisés, et il est en route avec son groupe pour la rivière Rouge quand il entend parler de ce qui s'est passé à Seven Oaks.

Le 13 août, il prend possession du FORT WILLIAM de la CNO, qui se trouve sur son chemin et, le 10 janvier 1817, il envoie une armée pour reprendre le fort Douglas. Quand Selkirk arrive enfin en juillet, il distribue les terres et ramène la confiance des colons en leur promettant écoles et ecclésiastiques. Des prêtres catholiques romains arrivent en 1818, mais ce n'est qu'en 1820 qu'un missionnaire protestant arrive. De plus, John West est anglican plutôt que presbytérien de langue gaélique, source de griefs pour les colons écossais pendant des années.

Dévastation et croissance

Après 1817, l'environnement devient la menace principale pour la jeune colonie. Des sauterelles dévastent les récoltes, en 1818 et en 1819, et la plus grande inondation connue de la rivière Rouge détruit presque la colonie en 1826. Après la mort de Selkirk, en 1820, ses exécuteurs testamentaires gèrent la colonie et cherchent à réduire les dépenses en mettant fin aux subsides des colons et en refusant de recruter de nouveaux immigrants européens. La croissance de la population provient largement de l'installation d'anciens commerçants en fourrures et de leur famille autochtone dans la colonie, encouragée, après 1821, par la réduction draconienne du nombre d'employés de la Compagnie de la Baie d'Hudson nouvellement fusionnée. Le 4 mai 1836, Selkirk et sa famille transfèrent l'Assiniboia à la compagnie, ce qui met fin aux confusions administratives.

La population croît lentement mais sûrement, composée essentiellement de Métis (catholiques francophones) et de «sangs-mêlés» ou de «nés au pays» (protestants anglophones), les premiers légèrement plus nombreux que les derniers. Malgré des conflits continuels à propos de la langue et de la religion ainsi que des heurts de classes, une société multiraciale prometteuse se développe. La base de ses problèmes est économique, à cause de l'isolement de la colonie. La Compagnie de la Baie d'Hudson essaie de contrôler le commerce, mais les limites d'une telle tentative ressortent clairement du procès fait par la compagnie en 1849 à Pierre-Guillaume Sayer pour traite de fourrures illégale (*voir* PROCÈS SAYER): en fait, tout ceci aboutit au libre-échange pour les Métis.

L'incapacité de la colonie à fournir des emplois convenables à une population de plus en plus éduquée est également un problème grave qui conduit la plus jeune génération à devenir extrêmement rétive. Quand à la veille de la CONFÉDÉRATION (et sans consultation auprès des habitants de la colonie et sans aucune garantie de leurs droits) des dispositions sont prises pour transférer la colonie et la TERRE DE RUPERT au Canada, tout est en place pour la RÉBELLION DE LA RIVIÈRE ROUGE. La colonie est admise à contrecœur au Canada en tant que province du Manitoba, ses frontières étant limitées aux superficies actuelles de la colonie au nord du 49e parallèle.

J.M. Bumsted

Rouge, rébellion de la rivière (ou résistance de la rivière Rouge) Il s'agit d'un mouvement qui milite, de 1869 à 1870, pour l'autodétermination nationale des MÉTIS de la COLONIE DE LA RIVIÈRE ROUGE dans ce qu'on appelle maintenant le Manitoba. La colonie se forme après 1836, quand la COMPAGNIE DE LA BAIE D'HUDSON prend en main sa gestion. Les colons sont essentiellement des Métis issus de parents européens et amérindiens. Un peu plus de la moitié sont francophones (MÉTIS); les autres sont anglophones (dits «nés au pays»). Les habitants sont continuellement en conflit avec la compagnie, particulièrement en ce qui concerne les privilèges commerciaux. Dans les années 1850, la Grande-Bretagne, le Canada et les États-Unis contestent la suprématie de la compagnie. Dès les années 1860, celle-ci consent à abandonner son monopole sur le Nord-Ouest, y compris la colonie. Des dispositions sont négociées pour transférer la souveraineté au Canada. Pendant la longue période de négociations, des colons américains et canadiens s'installent, et leurs prétentions sur les terres amènent les Métis à craindre pour leur droits de propriété et la protection de leur culture. Ni le gouvernement britannique ni le gouvernement canadien ne font d'efforts sérieux pour apaiser ces craintes, négociant le transfert de la TERRE DE RUPERT au Canada comme si le territoire était inoccupé.

Les inquiétudes des Métis sont exacerbées quand le gouvernement canadien se lance dans de nouveaux arpentages qui ne tiennent pas compte de leurs droits d'occupation. De plus, l'annexionniste canadien William MCDOUGALL est nommé premier lieutenant-gouverneur du territoire. À la fin de 1869, Louis RIEL devient le porte-parole des Métis. Il reconnaît que son peuple doit collaborer avec les Métis anglophones, plus réticents, afin de répondre à leurs plaintes. Alors que les fonctionnaires locaux de la Compagnie de la Baie d'Hudson entretiennent une neutralité calculée, l'agitation des Métis, à la fin de 1869, oblige le gouvernement canadien à refuser de reprendre le contrôle du territoire, comme c'était prévu, le 1er décembre 1869. Cela encourage les insurgés de Riel, qui ont déjà interdit à McDougall de pénétrer dans la colonie. Ils s'emparent donc du Upper Fort Garry et luttent contre les partisans du Canada. Des représentants des colons sont convoqués à une convention élue et, en décembre, ils proclament un gouvernement provisoire, dirigé par Riel. En janvier 1870, Riel est appuyé par la plupart des gens «nés au pays» (Métis anglophones) lors d'une deuxième convention, qui accepte de former un gouvernement provisoire représentatif pour négocier, avec le Canada, les conditions d'entrée du territoire dans la CONFÉDÉRATION.

Des conflits armés persistent au cours de l'hiver, mais Riel semble avoir la situation bien en main jusqu'au moment où il commet l'erreur fatale de faire comparaître en cour martiale un prisonnier, l'orangiste ontarien Thomas SCOTT, qu'il fait exécuter. Bien que les autorités canadiennes soient encore prêtes à traiter avec Riel, elles invoquent plus tard le cas de Scott pour refuser d'accorder aux Métis une amnistie inconditionnelle.

L'assemblée législative du gouvernement provisoire met sur pied l'administration du territoire de l'ASSINIBOIA en mars 1870 et promulgue un code de lois en avril. Bien que le gouvernement canadien reconnaisse les «droits» des colons de la rivière Rouge lors des négociations tenues à Ottawa au printemps, la victoire est mitigée. Une nouvelle province, le Manitoba, est créée par l'ACTE DU MANITOBA. Cependant, son territoire est strictement limité aux vieilles frontières de la colonie, alors que la vaste région du Nord-Ouest reste solidement entre les mains du Canada. Même à l'intérieur du Manitoba, les terres publiques restent sous contrôle fédéral. Les droits de propriété foncière des Métis sont garantis et 607 000 ha sont réservés pour leurs enfants, mais ces dispositions sont mal administrées par les gouvernements fédéraux suivants. La nation MÉTIS ne prospère plus après 1870 au Manitoba. Il n'y a pas d'amnistie pour Louis Riel et ses compagnons, qui doivent fuir avant l'arrivée des troupes britanniques et canadiennes en août 1870. Bien que l'insurrection ait officiellement atteint son principal objectif, soit une province distincte avec des droits territoriaux et culturels garantis, la victoire est trompeuse. Les MÉTIS se trouvent bientôt tellement désavantagés au Manitoba qu'ils déménagent plus à l'ouest, où ils tentent encore d'affirmer leur identité sous Riel dans la RÉBELLION DU NORD-OUEST de 1885.

J.M. Bumsted

Rouge, rivière Longue de 877 km, elle prend sa source dans la rivière Sheyenne. Elle passe par le lac Traverse, à la frontière entre le Minnesota et le Dakota du Sud, sous le nom de rivière Bois de Sioux. Elle se joint à la rivière Otter Tail puis coule tout droit au nord après Fargo et Grand Forks, franchissant la frontière canadienne entre Pembina (Dakota du Nord) et Emerson (Manitoba). Elle reçoit les eaux de son principal affluent, la RIVIÈRE ASSINIBOINE, aux «fourches» à WINNIPEG, puis se jette dans le lac Winnipeg par un dédale de chenaux. En fait, la rivière coulait vers le sud à la suite du recul des derniers glaciers; de nos jours, elle coule vers le nord à travers une riche plaine uniforme de terre végétale fertile laissée par le lac glaciaire AGASSIZ. Bien qu'en période de sécheresse (en 1934, p. ex.), la rivière Rouge puisse s'assécher presque complètement, il lui arrive, en cas de dégel printanier tardif, après des chutes de neige abondantes, de sortir de son lit peu profond et d'inonder la plaine, ce qui entraîne des effets catastrophiques. La menace d'inondation est aggravée du fait qu'elle coule du sud au nord, de sorte que le dégel survient d'abord en amont, avant la partie en aval.

C'est LA VÉRENDRYE qui découvre la rivière Rouge au cours d'une expédition en 1734; les Français érigent cette année-là un poste dans le delta, le fort Maurepas, et le fort Rouge vis-à-vis des fourches en 1738. Les coureurs de bois en retraite et leurs rejetons métis s'établissent le long de ses rives, mais l'agriculture systématique ne débute qu'avec l'arrivée des colons menés par SELKIRK en 1812. La rivière se situe au cœur de la COLONIE DE LA RIVIÈRE ROUGE; les fermes s'étendent en bandes étroites le long des rives pour faciliter l'irrigation et le transport. Vers 1831, la région produit suffisamment de blé pour approvisionner en partie les postes de la Compagnie de la Baie d'Hudson. Les MENNONITES, dans les années 1870, sont les premiers à mettre en valeur les prairies à l'écart de la rivière. Les principaux établissements riverains sont alors LOWER FORT GARRY, UPPER FORT GARRY, Selkirk et, après 1865, la ville champignon de Winnipeg. Le cours nord-sud favorise le commerce avec les États-Unis, mais cet atout perd de son intérêt avec l'avènement du chemin de fer du Canada. Dès 1844, on commence à faire des travaux d'endiguement, mais on entreprend les principaux ouvrages après l'inondation dévastatrice de 1950, qui jette 100 000 personnes hors de leur foyer et envahit 15 000 bâtiments de ferme et commerces. Le large canal de dérivation de la rivière Rouge, d'une longueur de 47 km, détourne les eaux des crues au-delà de Winnipeg. Le nom de la rivière est une traduction de la rivière Rouge française (v. 1740), qui est à son tour une traduction du terme cri *Miscousipi* signifiant «rivière aux eaux rouges». Cette teinte rouge provient des épaisses couches d'argile tapissant son lit.

James Marsh

Rouges (*Voir* PARTI ROUGE)

Rough Riders d'Ottawa Il s'agit d'une équipe de FOOTBALL. Il en existe à Ottawa depuis les années 1870. Parmi ces équipes, on compte le Canadian Rugby Union, championne en 1898, en 1900 et en 1902, ainsi que les sénateurs d'Ottawa (issus de la fusion des Rough Riders et des Ottawa St. Brigid's), gagnants de la COUPE GREY en 1925 et en 1926. Les Rough Riders accèdent de nouveau à la finale du Dominion en 1939, en 1940, en 1948 et en 1951, défaisant le Balmy Beach de Toronto et la Saskatchewan en 1940 et 1951 respectivement. L'entraîneur, Frank Clair, et le quart-arrière, Russ JACKSON, probablement le meilleur Canadien de tous les temps à occuper cette position, ont permis à Ottawa d'accéder à la finale de la Coupe Grey en 1960, 1966, 1968 et 1969, perdant seulement contre la Saskatchewan en 1966. En 1973, l'entraîneur Jack Gotta conduit les Riders à une autre victoire de la Coupe Grey. Son successeur, George Brancato, permet aussi à l'équipe de gagner la Coupe en 1976, mais l'équipe perd contre Edmonton en 1981.

Le stade actuel, situé au parc Lansdowne, a été inauguré en 1967 (il offre maintenant 34 838 sièges) quoique l'équipe occupe ce parc depuis le début des années 1900. Pendant les années 80, entraîneurs et directeurs-généraux se succèdent qui n'arrivent pas à former une équipe gagnante. En 1989, Jo-Anne Polak, la première femme à occuper le poste de directeur-général dans un sport professionnel, est

engagée. Au milieu de la saison 1991, de sérieuses difficultés financières provoquées par de piètres résultats sur le terrain entraînent le démembrement de cette organisation qui est propriété de la communauté. La Ligue canadienne de football (LCF) prend alors les activités de l'équipe en main. Finalement, les Rough Riders sont dissous après la saison 1996 sans que l'on sache vraiment à qui appartient cette équipe, partagée entre Horn Chen et l'homme d'affaires de Détroit Bernie Glieberman.

Derek Drager

Roughing It in The Bush: or, Forest Life in Canada (Londres, 1852; Toronto, 1871) C'est l'ouvrage le plus connu de Susanna MOODIE. On l'a qualifié tour à tour de roman, de roman d'amour, de journal personnel et d'ouvrage historique. Le sujet est plus précis que la forme. L'auteur raconte sa vie d'immigrante venue s'installer avec son mari près de Peterborough, dans l'Ouest canadien. À la différence du récit que sa sœur, Catharine Parr TRAILL, fait de sa vie de pionnière, celui de Moodie met en garde les aspirants immigrants. Elle les informe que le Canada n'est pas ce paradis terrestre, dont on fait tant la promotion en Angleterre, et que la vie des pionniers y est extrêmement dure. Moodie adopte un ton plus sombre que sa sœur, mais ses descriptions des lieux et des personnages sont plus originales. Elles allient le documentaire à la fiction et présentent des personnalités plus complexes. Le personnage de Moodie inspire à Margaret Atwood un excellent recueil de poèmes, THE JOURNALS OF SUSANNA MOODIE (1970).

Neil Besner

Roughriders de la Saskatchewan Il s'agit d'une équipe de FOOTBALL. Fondée en 1910 sous le nom de Regina Rugby Club, elle adopte le surnom de Roughrider en 1924 et devient en 1948 l'équipe des Roughriders de la Saskatchewan. Elle domine la division de l'Ouest jusqu'en 1936, remportant 16 championnats. Bien que les Roughriders perdent leurs sept premiers matchs de la COUPE GREY (1923, 1928-1932, 1934), ils contribuent à accroître la popularité du football de l'Ouest en introduisant la passe avant au cours d'un match de la Coupe Grey en 1929 et en marquant le premier touché d'une équipe de l'Ouest à un match de la Coupe Grey en 1930.

À part une défaite face à Ottawa pendant les éliminatoires la Coupe Grey de 1951, ce n'est pas avant les années 1960 que les Roughriders participent de nouveau à la finale nationale. En 1956, une tragédie frappe l'équipe lorsque quatre de ses joueurs sont tués dans un écrasement d'avion en revenant d'un match des étoiles à Vancouver. En 1962, on entreprend un remaniement de l'équipe et, au cours des quinze années qui suivent, l'équipe participe aux séries éliminatoires chaque année.

Dirigée par le quart-arrière Ron LANCASTER et l'irréductible demi arrière George Reed, l'équipe participe à cinq Coupes Grey (1966, 1967, 1969, 1972 et 1976) mais ne remporte qu'une seule victoire, contre Ottawa, en 1966. L'appui marqué de ses partisans permet à l'équipe, propriété de la communauté, de survivre à 11 années consécutives de non-participation aux séries éliminatoires (1977-1987).

En 1989, l'équipe connaît une remontée, battant Hamilton dans un des matchs les plus excitants de l'histoire de la Coupe Grey. Les matchs locaux sont joués au Regina's Taylor Field, nommé en l'honneur de l'ancien quart-arrière N.J. «Piffles» Taylor, en 1946.

Derek Drager

Rouleau, Alfred, (Sherbrooke, Qc, 19 août 1915—Montréal, Qc, 19 oct. 1985). D'abord agent pour la Laurentienne Mutuelle d'assurance, Rouleau est envoyé au bureau de Montréal. En 1948, le Mouvement Desjardins en fait son premier directeur général de l'Assurance-vie Desjardins, qu'il transforme rapidement en l'une des entreprises d'assurance-vie les

plus dynamiques et les plus importantes du Québec. Il veille à implanter des bureaux dans des collectivités francophones minoritaires hors Québec, dont l'avenir le préoccupe. Sous son impulsion en tant que président, de 1972 à 1981, le Mouvement Desjardins devient l'un des piliers de l'économie québécoise. Très engagé au sein des CAISSES POPULAIRES, Rouleau s'intéresse activement au MOUVEMENT COOPÉRATIF québécois, canadien et international. Il joue un rôle de premier plan dans l'élaboration de lois mieux adaptées aux besoins modernes des institutions coopératives. Il occupe des fonctions aussi prestigieuses que stratégiques, notamment en qualité de directeur de la Caisse de dépôt et de placement et de la Banque du Canada. Le Conseil de la coopération du Québec le décore de l'ordre du Mérite coopératif (1976). L'U. de Sherbrooke, l'U. Laval et l'U. de Montréal lui décernent des doctorats honorifiques.

Marthe Legault

Rouleau, Joseph, basse et professeur (Matane, Qc, 28 févr. 1929). Grâce à son sens très développé du théâtre et à l'exceptionnelle souplesse de sa voix, il acquiert une réputation internationale. Il fait ses études à Montréal, puis à Milan, en Italie. Après avoir chanté avec l'Opéra national du Québec et le Minute Opera, il se produit avec l'Opera Guild de Montréal (1956), puis à Covent Garden à Londres. Son association avec cette salle d'opéra dure 20 ans. En 1960, il chante avec Joan Sutherland dans *La Sonnambula* de Bellini, ce qui le conduit à se produire aux côtés de la soprano à l'Opéra de Paris et à entreprendre avec elle une tournée en Australie. Il connaît beaucoup de succès à New York dans *Marie-Magdeleine* de Massenet (dans le rôle de Judas), puis en 1984, il fait ses débuts au Metropolitan Opera. Il chante en Amérique du Sud, en Afrique du Sud et en Israël et fait trois tournées en URSS.

Au Canada, Rouleau tient le rôle de Mgr Taché lors de la première de l'opéra *Louis Riel* de Harry SOMERS avec la COMPAGNIE D'OPÉRA CANADIENNE (1967). Il se produit souvent aussi avec les grands orchestres. En 1980, il commence à enseigner à l'U. du Québec à Montréal (UQAM). En 1977, on le nomme président du Mouvement d'action pour l'art lyrique du Québec, dont les pressions entraînent la création de l'OPÉRA DE MONTRÉAL. Il est aussi le président national des JEUNESSES MUSICALES DU CANADA depuis 1989. En 1967, on lui remet le PRIX DE MUSIQUE CALIXA-LAVALLÉE et, en 1990, le prix Denise-Pelletier. En 1977, il est nommé officier de l'Ordre du Canada, en 1992, il est intronisé au Panthéon canadien de l'opéra et, en 1999, il est nommé Officier de l'Ordre national du Québec.

Hélène Plouffe

Roumains En 1878, l'indépendance de la Roumanie face à l'Empire ottoman est reconnue. Bien des Roumains vivent dans des provinces (Transylvanie et Bucovine) qui font alors partie de l'empire austro-hongrois. C'est de ces provinces, surtout de Bucovine, que de nombreux Roumains émigrent au Canada. Ces Roumains sont motivés par la volonté d'échapper à la domination d'un gouvernement étranger, par le désir de posséder des terres et par la conjoncture économique. La plupart des premiers immigrants sont des paysans, et à partir de 1895, ils arrivent par milliers. En 1914, on compte 8 301 Roumains au Canada, et en 1921, leur nombre passe à 13 470. Ces chiffres sont approximatifs, puisque bien des immigrants viennent de régions qui ne feront partie de la Roumanie qu'en 1918, et que plusieurs viennent de Hongrie, d'Autriche et de Russie.

Les premières colonies sont fondées à Regina, à Limerick, à Dysart, à Kayville, à Flintoft et à Canora (Saskatchewan), à Inglis (Manitoba) et à Boian (Alberta). Le français étant traditionnellement la langue seconde en Roumanie, de nombreux Roumains sont attirés par le Québec et s'établissent à Montréal. Entre 1921 et 1929, de nouveaux immigrants viennent en grand nombre rejoindre parents et amis, portant, en 1931, le nombre de Canadiens roumains à 29 000. Après la Seconde Guerre mondiale, le Canada accueille un nombre important de Roumains, membres, pour la plupart, de professions libérales, et qui se fixent à Montréal, à Toronto, à Hamilton, à London et à Windsor. C'est à Toronto que l'on trouve aujourd'hui la plus grande communauté roumaine au Canada. Le recensement de 1996 dénombre 107 500 personnes d'origine roumaine (réponses uniques et multiples).

La plupart des Roumains appartiennent à l'ÉGLISE ORTHODOXE roumaine (la première église de cette congrégation en Amérique du Nord est l'église de St. Nicholas, bâtie à Regina en 1901). De nombreuses paroisses sont affiliées à une branche de l'American Romanian Orthodox Youth. À un moment ou à un autre de leur existence, la plupart des communautés éprouvent le besoin de s'affilier à des associations culturelles telles que la fédération américaine The Union and League of Romanian Societies in America. Deux journaux de langue roumaine sont publiés au Canada, *Ecouri Romanesti* (Échos de Roumanie) et *Curantul Romanesc* (La voix des Roumains). Les manifestations sociales et religieuses rappelant la mère patrie sont surtout le fait des églises rurales. La conscience d'une identité ethnique s'est nettement effritée chez les descendants des premiers immigrants sous l'impulsion d'un haut niveau d'instruction et à cause de la dispersion des immigrants au lendemain de la Seconde Guerre mondiale. À l'heure actuelle, moins de 30 p. 100 des Canadiens d'origine roumaine parlent roumain.

G. James Patterson

Round Table Movement Fondée en 1909 à Londres, le Round Table Movement vise à étudier les problèmes de l'Empire britannique dont il promeut l'unité. Des filiales sont bientôt créées au Canada, en Afrique, en Australie et en Nouvelle-Zélande. Pendant les 10 années suivantes, le mouvement joue un rôle important dans les affaires de l'Empire. Il cherche surtout à faire participer les dominions aux décisions relatives à la défense et à la politique étrangère afin de les inciter à affirmer davantage leur caractère national, ainsi qu'à renforcer l'Empire britannique et à le maintenir l'unité. Ses tentatives pour faire de l'Empire une fédération échouent, entre autres raisons, parce que des membres canadiens influents, comme Arthur Glazebrook, Joseph FLAVELLE, John Willison, George WRONG et Vincent MASSEY ne sont pas favorables à une union de l'Empire. Le mouvement contribue toutefois à répandre l'idée d'un COMMONWEALTH de nations «britanniques» libres.

John Kendle

Rounthwaite, Dick & Hadley Architects & Engineers C'est une agence d'architectes fondée par F.H. Marani, en 1919, à Toronto. À ses débuts, l'agence conçoit un vaste éventail de résidences privées en Ontario et au Québec, des établissements d'enseignement privés, dont le St Andrew's College à Aurora et la Lower School du Ridley College à St Catharines, en Ontario, ainsi que le Prince of Wales College à Charlottetown. En association avec R.S. Morris, qui se joint à Marani en 1930, la nouvelle agence (Marani & Morris) réalise le North American Life Building du Medical Arts Building de la rue St. George, à Toronto, et le nouveau siège social de la Banque du Canada, à Ottawa. Après la guerre, à laquelle les deux associés participent, l'agence admet dans ses rangs M.F. Allan et, plus tard, R.A. Dick.

Après 1945, Marani Morris & Allan conçoit de nombreux bâtiments pour des sociétés d'assurances bien connues, notamment la Manufacturers Life, la Crown Life et la Confederation Life à Toronto; la Metropolitan Life à Ottawa; et la Great-West Life à Winnipeg. L'agence réalise aussi des banques, dont la Banque du Canada à Ottawa et la Banque Royale du Canada à Toronto, et des édifices publics, dont le Metropolitan Toronto Court House, ainsi que la composante militaire de l'ambassade du Canada à Washington, D.C. En 1958, Morris reçoit la médaille d'or de l'IRAC (Institut royal d'architecture du Canada), qui vaut à l'agence une reconnaissance internationale. Il est le deuxième Canadien à recevoir cet honneur.

En 1964, l'agence fusionne avec C.F.T. Rounthwaite, le co-lauréat de la Massey Foundation Gold Medal pour la conception du Stratford Festival Theatre en 1958 (*voir* FESTIVAL DE STRATFORD), pour former l'agence Marani Rounthwaite & Dick. En 1972, les architectes sont chargés de réaliser l'agrandissement du siège social de la Banque du Canada à Ottawa en association temporaire avec Arthur ERICKSON. Après le décès de Marani et en raison de l'association de G.R. Hadley, l'agence change de nom et adopte celui de Rounthwaite, Dick & Hadley. Les projets récents comprennent le nouveau siège social de la Metropolitan Life, le Metropolitan Centre, le centre de soutien de la Banque du Canada (tous trois à Ottawa) et l'édifice de la Mutual Life à Waterloo.

Rousseau, Albert, peintre, graveur d'art et animateur (St-Étienne-de-Lauzon, Qc, 17 oct. 1890—18 mars 1982). Artiste prolifique, sa réputation s'accroît durant les années 70, à l'instar de celle de son ami René RICHARD. Il étudie à l'École des beaux-arts et voit rapidement ses ambitions artistiques réfrénées par la crise économique des années 30. Il donne priorité aux besoins de sa famille et travaille dans une auberge jusqu'en 1965, tout en s'arrangeant pour peindre régulièrement avec des amis comme Marc-Aurèle FORTIN et en exposant ses œuvres à Québec et à Montréal. En 1956, il construit un atelier où ses collègues viennent travailler. Il enseigne dans de nombreux établissements d'enseignement du Québec, de 1964 à 1967, et ses fréquents voyages le long du littoral de l'Atlantique, au Canada ainsi qu'aux États-Unis, l'incitent à peindre. En 1964, il organise une première exposition rurale près de son atelier, ce qui donne naissance, en 1971, au festival annuel du Moulin des arts de St-Étienne. Rousseau sauve celui-ci de la démolition et le transforme en atelier d'art, attirant quelque 200 artistes et des milliers d'admirateurs, chaque saison.

Guy Robert

Rousseau, Jacques, botaniste, ethnobiologiste et ethnohistorien (Saint-Lambert, Qc, 5 oct. 1905—Lac Ouareau, Qc, 4 août 1970). Explorateur de la péninsule Québec-Labrador et des régions périphériques du Québec, féru de sciences naturelles et humaines, d'une grande érudition, Rousseau signe plus de 550 publications. Il participe à la fondation de l'Association canadienne-française pour l'avancement des sciences, dont il est le premier secrétaire (1930-1946). Docteur en sciences de l'U. de Montréal, il devient directeur de l'Institut de botanique de cette institution (1944-1956). Ses compétences multidisciplinaires lui valent le poste de premier directeur du Musée national de l'homme à Ottawa (1956-1959). Ses écrits (observations, journal, revues, articles) et notamment ses nombreux articles sur les Amérindiens – concept depuis lors adopté dans les écrits ethnologiques – font preuve d'un esprit d'observation hors du commun et d'une grande originalité. Ils révèlent l'étendue de ses connaissances scientifiques et constituent des chefs-d'œuvre d'interdisciplinarité, bien que ses talents d'innovateur n'aient pas été pleinement reconnus de son vivant. On lui doit une édition du voyage de 1749 de Pehr KALM, complétée par Guy Béthune et Pierre Morisset et publiée en 1977.

Marc-Adélard Tremblay

Roussil, Robert, sculpteur (Montréal, 1925). Il étudie les beaux-arts à l'Association artistique de Montréal et, dans les années 50, ce fondateur de la première Place des arts de Montréal (un atelier de jeunes artistes sis en face du Théâtre du Gésu), à la suite de démêlés avec une administration municipale rétrograde, déménage avec fracas à Tourettes-sur-Loup, en France. En 1952, il suggère la création d'un symposium international de sculpture à Vienne. Au début des années 60, il participe à de tels symposiums, notamment en Yougoslavie et à Montréal. Les sculptures de Roussil, gigantesques ou miniatures, expriment un thème fondamental et constant, à savoir la vie qui se régénère grâce à la joie, à la sensualité, à l'érotisme et à l'amour; ses principaux thèmes sont ceux de l'homme et de l'oiseau. Il utilise les qualités structurelles intrinsèques des matériaux (fer, fonte, or, cuivre, pierre, argile, bois) afin de produire des œuvres qui vont de la représentation allusive à l'abstraction (*Couple réuni*, calcaire, non datée). En 1983, Robert Roussil gagne un procès intenté contre la Ville de Montréal qui a détruit quatre de ses sculptures. On reconnaît ses réalisations à leurs formes élancées et à leur masse compacte, à la présence d'angles incurvés, de surfaces coniques, de trous et d'anneaux.

Dans les années 80 et 90, utilisant ces mêmes formes, Roussil se met à développer l'aspect monumental de ses sculptures en créant ce qu'on nomme des «lieux» dans des parcs publics et des jardins de France. Il commence aussi à intégrer ses œuvres monumentales à l'intérieur et à l'extérieur d'édifices publics au Canada et en Europe, principalement en France. Robert Roussil vit à Tourettes-sur-Loup, près de Vence, en France, depuis la fin des années 50.

Louise Beaudry

Route à relais du Nord-Ouest La Ligne d'étapes du Nord-Ouest, une route aérienne qui s'étend d'Edmonton vers le Nord-Ouest canadien jusqu'à Fairbanks en Alaska, est un projet canadien d'avant la Seconde Guerre mondiale. Celui-ci est réalisé, conjointement par le Canada et les États-Unis, entre 1940 et 1944. Cette ligne, d'un coût approximatif de 75 millions de dollars, est utilisée durant le jour à partir de 1941 et se révèle d'une très grande valeur pour la défense du Nord-Ouest et le transport aérien vers l'Alaska et l'Union Soviétique. Les principaux terrains d'atterrissage canadiens comprennent Grande Prairie, Fort St. John, Fort Nelson, Watson Lake et Whitehorse. En 1943, environ 450 avions empruntent cette route, chaque mois.

Kenneth S. Coates

Route transcanadienne L'opinion publique commence, dès 1910, à réclamer une route nationale. La construction de celle-ci ne s'achève cependant qu'un demi-siècle plus tard. La route transcanadienne, d'une longueur de 7 821 km, est officiellement inaugurée au COL ROGERS, le 30 juillet 1962. Les Canadiens peuvent désormais franchir par la route la distance entre St. John's (Terre-Neuve) et Victoria (Colombie-Britannique), en empruntant des traversiers sur les deux côtes, mais plus de 3 000 km ne sont pas encore asphaltés. Les travaux démarrent au cours de l'été 1950 grâce à la subvention fédérale de 150 millions de dollars (la moitié du coût estimé) prévue par la *Loi sur la route transcanadienne* (1949). Les plans de partage des coûts, révisés deux fois, élèvent la contribution fédérale à 825 millions de dollars. Les normes exigent que la chaussée ait une largeur de 6,7 à 7,3 m, que de larges accotements soient prévus, ainsi que des hauteurs libres et des distances de visibilité suffisantes, de faibles pentes et courbures, le moins de passages à niveaux possible et une capacité maximale de résistance à une charge de 9,1 t par essieu. Les provinces supervisent la construction. La route doit être achevée en décembre 1956, mais les travaux se révèlent plus difficiles et plus coûteux que prévu. P. ex., la route reliant Golden et Revelstoke, en Colombie-Britannique, passe par le col Rogers, qui reçoit 15,2 m de neige par année et présente de terribles risques d'avalanche. On doit donc construire des paravalanches, des buttes de terre et autres dispositifs de prévention d'avalanches. Au Québec, le tunnel sous le fleuve Saint-Laurent à la hauteur des îles de Boucherville, qui fait partie de la voie d'entrée à Montréal, est un projet complexe de 75 millions de dollars environ pour à peine plus d'un kilomètre de route. Terminée en 1970, la route a coûté plus d'un milliard de dollars. C'est la plus longue route nationale au monde.

C.W. Gilchrist

Routes et autoroutes Le Canada, plus que la plupart des pays, doit pouvoir compter sur des transports et des communications efficaces pour assurer sa vie sociale, économique et politique.

Historique Les plus anciennes routes du Canada sont les rivières et les lacs que les autochtones empruntent en canot l'été ou dont ils suivent le cours gelé l'hiver. Le réseau de voies navigables est si pratique que les explorateurs, les colons et les militaires suivent l'exemple des Amérindiens. La construction de routes reste marginale jusqu'au début du XIXe s., et la première route nivelée est l'œuvre de Samuel de Champlain en 1606 : un tronçon de 16 km reliant PORT-ROYAL au cap Digby, en Nouvelle-Écosse, et servant à des fins militaires. Montréal et Québec sont reliés par une voiture à la manière en parcourir les 267 km en quatre jours. Aux débuts de la NOUVELLE-FRANCE, les ponts et chaussées sont sous la responsabilité d'un commissaire-voyer nommé par la Couronne, système conservé par les Britanniques jusqu'en 1832. Les routes sont divisées en trois catégories : les routes principales (de 7,2 m de largeur), les voies de raccordement menant aux fermes (de 5,4 m de largeur) et les routes secondaires construites sur ordre des seigneurs (*voir* RÉGIME SEIGNEURIAL).

Les premières routes de l'Amérique du Nord britannique naissent des besoins militaires, p. ex., Yonge Street (1796), qui s'étend sur 60 km entre York et le lac Simcoe, bâtie par les Queen's Rangers sous les ordres du colonel John Graves SIMCOE, et Dundas Street menant de York à London, prudemment éloignée du lac Érié. L'importance des routes pour l'État se concrétise rapidement. Dès 1801, l'Assemblée législative du Nouveau-Brunswick accorde régulièrement des subventions pour la construction de routes.

Une loi de 1793 du premier Parlement du Haut-Canada place toutes les routes sous la supervision de contremaîtres, appelés maîtres cantonniers, et oblige les colons à travailler annuellement de 3 à 12 jours à la voirie. Une provision pour les routes est votée en 1804, la magnifique somme de 1000 livres, qui est doublée 12 ans plus tard. Ces premières routes complètent plus qu'elles ne remplacent le transport par eau. Pour la plupart à peine plus que des sentiers, quelques-unes sont recouvertes de planches ou faites de billots alignés côte à côte. Elles permettent néanmoins un accès inestimable à l'arrière-pays en réduisant les coûts et en ouvrant de nouvelles régions à la colonisation.

Voyager à cette époque sur les routes du Canada est difficile et souvent dangereux. Les voies sont si mauvaises que les gens préfèrent voyager à pied ou à cheval plutôt que d'utiliser des véhicules. Les chariots des colons sont artisanaux et rudimentaires et leurs roues sont taillées dans de larges troncs de chêne. Les chariots de Conestoga (dont certains mesurent neuf mètres de longueur et sont tirés par six chevaux) et les chariots américains à quatre roues apparaissent plus tard. Les notables des nouvelles

villes et des villages du Bas-Canada possèdent alors des calèches (voitures ouvertes), et les gens aisés du Haut-Canada et des Maritimes conduisent des boghéis. L'ère de la diligence commence au début du XIXe s. et se poursuit pendant plus de 50 ans. Elle donne naissance, en 1805, aux routes à péage et aux trusts routiers. Quelques-unes de ces entreprises possèdent des tronçons importants, d'autres minuscules, et les campagnes deviennent, pendant plus d'un siècle, un labyrinthe de routes à péage.

Sur certaines routes, on demande un penny même à un voyageur à pied. Quelques gouvernements provinciaux ont récemment fait revivre cette coutume pour aider au financement de projets coûteux, comme l'autoroute des Laurentides au nord de Montréal. À certains points de transit internationaux, un péage est également réclamé. Au plus fort de l'ère de la diligence, il y a des services réguliers de poste et de transport de passagers entre toutes les grandes villes et jusqu'aux États-Unis. Cependant, voyager est encore une aventure dans des véhicules cahotants et inconfortables, qu'il s'agisse de carrioles ouvertes ou de bringuebalantes carrioles à suspension en cuir. On installe des lisses l'hiver et parfois un poêle à bois pour le chauffage. L'ère de la diligence se termine avec l'arrivée des CHEMINS DE FER, et l'on n'utilise plus les routes que pour les déplacements locaux à mesure que le réseau ferroviaire s'étend. Les dépenses d'entretien sont réduites et les routes se détériorent. Les chemins de fer requièrent de gros investissements et la construction de routes est abandonnée.

La première route de Colombie-Britannique, menant de Victoria à Esquimalt, est toutefois construite en 1854 par des marins de la Royal Navy. On découvre de l'or quatre ans plus tard à Hope et des hordes de prospecteurs traversent les vallées du fleuve Fraser et de la rivière Thompson pour se rendre dans la région de Cariboo. La nécessité d'une route pour desservir les nouvelles villes-champignons s'impose. Des détachements du génie royal et des constructeurs privés se mettent à l'ouvrage, en recrutant comme main-d'œuvre des prospecteurs malchanceux, et terminent la ROUTE CARIBOO en trois ans, au coût de deux millions de dollars. C'est l'une des merveilles de son époque. Dynamitée à flanc de montagne, cette route traverse les gorges sur des ponts suspendus et surplombe les précipices sur des chevalets en charpente.

Le développement des routes se fait plus lentement dans les Prairies. Le besoin n'en est pas pressant à l'origine. Les premiers pionniers utilisent les pistes amérindiennes sur lesquelles roulent aussi les CHARRETTES DE LA RIVIÈRE ROUGE et les chariots couverts des colons, les «schooners des Prairies». Le passage des rivières se fait à gué ou sur des bacs. Les Prairies se développent surtout grâce au chemin de fer. Les routes servent au transport local.

Le réseau routier des Territoires du Nord-Ouest, qui comprennent alors l'Alberta et la Saskatchewan, est administré de Regina à partir du début des années 1880 jusqu'à la création de ces provinces en 1905. L'exploitation croissante des ressources naturelles aiguillonne la construction de routes au Manitoba d'abord, puis dans les nouvelles provinces.

Le développement routier du Nord s'accélère fortement avec la construction de la ROUTE DE L'ALASKA pendant la Seconde Guerre mondiale. Tout comme les premières routes, elle est bâtie en fonction d'objectifs militaires, mais elle constitue en même temps un lien économique entre le Yukon et la région de la rivière de la Paix. La route du Mackenzie, longue de 614 km, est d'abord un chemin d'hiver en 1938, puis est prolongée jusqu'à la rivière Hay sur la rive du Grand lac des Esclaves après la Seconde Guerre mondiale, et jusqu'à Yellowknife en 1961. Le Programme d'établissement des voies d'accès

aux ressources, programme à coûts partagés mis sur pied par le gouvernement Diefenbaker en 1958, est destiné à l'exploitation des ressources du Nord. La circulation augmente annuellement à mesure que des fournitures, de la machinerie et de l'équipement miniers sont expédiés au Nord et que le minerai, le poisson et les fourrures prennent la direction du Sud (*voir* TRANSPORTS DANS LE NORD). Toutes les provinces participent au programme. Pour certaines, particulièrement les provinces de l'Atlantique, les fonds sont engagés dans le développement touristique, p. ex., l'amélioration et le pavage de la Piste Cabot du Cap-Breton. En huit ans, 145 millions de dollars sont investis dans 6400 km de nouvelles «routes de l'avenir» dont le gouvernement du Canada assume 50 p. 100 des coûts.

L'automobile Le réseau routier moderne naît de l'invention du moteur à combustion interne, environ 20 ans après la Confédération. John Moodie, de Hamilton, rapporte des États-Unis en 1898 une «voiture sans chevaux» Winton d'un cylindre. Six ans plus tard, l'INDUSTRIE DE L'AUTOMOBILE canadienne voit le jour avec l'établissement d'une usine d'assemblage Ford à Windsor, en Ontario. Il y a, en 1907, 2131 automobiles enregistrées au Canada, et plus de 50 000 à la veille de la Première Guerre mondiale. Des efforts sont faits pour améliorer les routes et les rues mal adaptées. L'Ontario termine, en 1915, une route de béton entre Toronto et Hamilton, amorcée cinq ans plus tôt. Première de la province, elle est aussi l'une des plus longues routes interurbaines de béton au monde. Le premier ministère provincial de la Voirie au Canada est créé au Québec en 1914. Deux ans plus tard, l'Ontario, dont l'instructeur des travaux routiers est rattaché au ministère de l'Agriculture depuis 1896, crée un ministère de la Voirie distinct.

Le prix des voitures baisse pendant les années 20 de sorte que le nombre de véhicules motorisés enregistrés passe de 408 790 à près de 1,62 million à la fin de la décennie. Des associations nationales et provinciales pour la construction de routes carrossables mènent une croisade pour l'amélioration du réseau routier, et les investissements de tous les gouvernements en ce domaine triplent. Le chiffre annuel atteint les 94 millions de dollars en 1930. Les méthodes et techniques de construction de routes s'améliorent aussi. Les racleuses et niveleuses tirées par des chevaux sont remplacées par des pelles mécaniques et des rouleaux compresseurs à vapeur. La construction de routes cesse cependant, et leur entretien est réduit dans la plupart des provinces pendant la Crise des années 30 et, durant la Seconde Guerre mondiale, hommes et équipements sont mobilisés par l'effort de guerre. Les quelques bonnes routes pavées qui existent sont presque complètement détruites par la lourde circulation militaire, surtout dans les régions industrielles. Le «dernier crampon» du chemin de fer du Canadien Pacifique est enfoncé en 1885, mais 61 ans s'écoulent avant qu'un véhicule motorisé ne traverse le Canada. En 1946, le brigadier R.A. Macfarlane et Kenneth MacGillivray font le voyage en neuf jours de Louisbourg, Cap-Breton, à Victoria, Colombie-Britannique. C'est quatre ans avant le début des travaux de la ROUTE TRANSCANADIENNE.

Développement après 1945 Le développement accéléré des routes au Canada et partout dans le monde a un impact sur pratiquement tous les aspects de la vie économique et sociale. Avec une efficacité accrue et une technologie en constante évolution, les constructeurs bâtissent les grandes routes et les rues nécessaires à la circulation automobile. Les dépenses grimpent et passent de 103,5 millions de dollars en 1946 à 1,5 milliard de dollars en 1966, puis à 4,5 milliards de dollars en 1986. Le nombre de véhicules à moteur passe de 1,6 million à 7 millions entre 1946 et 1966. En 1985, on en compte 14,7 millions. Il y a

28 982 km de routes rurales pavées et à peu près 10 000 km de routes et rues urbaines pavées en 1946. En 1966, le total passe à 148 987 km, dont près des deux tiers sont des routes rurales. En 1985, ce total monte à 841 411 km, routes pavées et non pavées confondues. Cette évolution laisse une profonde empreinte sur le paysage canadien en écharpant la nature et transformant l'environnement urbain avec des voies rapides, des échangeurs, l'étalement des banlieues et le développement urbain en cordon le long des grandes routes. La vie rurale en est également changée. Des camions livrent maintenant les marchandises. Le bétail, les fruits, les légumes et les autres produits de la ferme sont rapidement acheminés vers les marchés (*voir* INDUSTRIE DU CAMIONNAGE).

Ingénierie Les premières lois sur la circulation sont très simples et portent essentiellement sur le marquage de la chaussée l'hiver avec des branches de conifères plantées dans la neige. Plus tard, on utilise des grelots attachés aux harnais comme avertisseurs lorsque la visibilité est faible. Le Canada offre dès les débuts deux apports notables au transport routier nord-américain. La numérotation des routes est adoptée en 1920, au Manitoba, et remplace les bandes de couleur jusqu'alors peintes sur les poteaux de téléphone.

Un ingénieur ontarien imagine, en 1930, d'utiliser des lignes pointillées blanches pour marquer le centre de la route. En trois ans, celles-ci deviennent la norme sur tout le continent. Dans les années 40 et dans les années 50, les grandes villes s'arrachent les services des ingénieurs de la circulation rompus à la planification et à l'électronique pour résoudre les problèmes d'embouteillage. L'Association des routes et transports du Canada crée en 1956 la Commission canadienne de la signalisation routière et publie, trois ans plus tard, le premier manuel de signalisation routière normalisée. Elle crée également un programme de bourses d'études pour remédier à la pénurie d'ingénieurs capables d'utiliser les nouvelles techniques comme la photogrammétrie et la programmation d'ordinateurs. L'U. de l'Alberta est la première au Canada à offrir un programme d'études supérieures en ingénierie routière en 1956.

Champs de compétence Selon la LOI CONSTITUTIONNELLE DE 1867, les provinces héritent de la responsabilité presque complète de la construction des routes. Le gouvernement fédéral reste à l'écart jusqu'en 1919, moment où il s'engage en vertu de la *Loi des grandes routes du Canada* à dépenser 20 millions de dollars en 5 ans pour l'amélioration et la construction de routes. En 1985-1986, la quote-part fédérale est de 235,6 millions de dollars, soit moins de 5 p. 100 du montant total de 5,3 milliards affecté aux routes. En 1985-1986, les provinces paient 5,2 milliards de dollars, dont une partie provient des municipalités. Les revenus provenant des usagers – taxes provinciales sur le carburant, taxe d'accise fédérale sur l'essence, droits de permis et d'immatriculation, revenus de stationnement et de contraventions – ne suffisent pas à couvrir les dépenses. De grosses sommes sont puisées dans les revenus consolidés. On justifie cette mesure par l'avantage que représente, pour l'économie tout entière, un réseau routier efficace. En 1922, l'Alberta est la première province à imposer une taxe sur l'essence de deux cents le gallon.

En plus de son large apport financier antérieur à la route transcanadienne et au Programme d'établissement des voies d'accès aux ressources, le gouvernement fédéral est responsable des routes du Yukon et des Territoire du Nord-Ouest et des parcs nationaux. Il accorde également des fonds par l'entremise du ministère de l'Expansion économique régionale et dans le cadre de divers projets.

Les réseaux routiers des villes et des villages sont sous la responsabilité des municipalités, parfois aidées par des subventions des provinces. Durant l'âge d'or du développement des autoroutes, les coûts élevés amènent fréquemment gouvernements provinciaux et administrations municipales à s'unir. Chaque année, de nombreux kilomètres s'ajoutent au réseau routier. Les coûts grandissants de l'équipement, du matériel et de la main-d'œuvre nécessaires pour remplacer, réparer ou entretenir les vieilles routes exigent des budgets plus élevés.

Les Canadiens chérissent leur mobilité et ne se contentent plus de remiser leur automobile l'hiver, comme le faisaient leurs grands-pères. Ils exigent des routes bien entretenues en toutes saisons. Le coût du déneigement ajoute donc des millions de dollars au budget d'entretien. Les Canadiens sont parmi les personnes qui se déplacent le plus au monde. Les odomètres de leurs 14 millions de véhicules – 11 millions d'automobiles, 3 millions de camions (en location ou dans des flottes) et 53 000 autobus – totalisent, en 1986, plus de 160 milliards de km en déplacements routiers.

C.W. Gilchrist

Routhier, sir Adolphe-Basile, avocat, magistrat, homme de lettres, orateur, professeur et administrateur (Saint-Placide, Bas-Canada, 8 mai 1839—Saint-Irénée-les-Bains, Qc, 27 juin 1920). Il étudie le droit à l'U. Laval et est admis au Barreau en 1861. Il devient juge à la Cour supérieure (d'abord dans le district judiciaire du Saguenay, puis à Québec) et, en 1904, il est nommé juge en chef de la Cour supérieure. Auteur des paroles françaises de l'hymne national du Canada, *Ô Canada*, il écrit aussi un grand nombre d'œuvres littéraires où l'art, le droit, la religion, le nationalisme et les voyages figurent en bonne place. Il est président de la Société Saint-Jean-Baptiste ainsi que membre fondateur et président de la Société royale du Canada.

Hélène Plouffe

Roux, Jean-Louis, directeur de théâtre, dramaturge et comédien (Montréal, Qc, 18 mai 1923). Fils de médecin, Jean-Louis Roux termine son B.A. au Collège Sainte-Marie et s'inscrit ensuite en médecine à l'U. de Montréal, où il étudie de 1943 à 1946. Il fait ses débuts comme comédien en 1942, année où Ludmilla Pitoëff l'invite à créer une production, *L'Échange*, avec les Compagnons de Saint-Laurent. En 1946, il joue aux côtés de Jean GASCON dans *Phèdre* et *Le Pain dur*, quand Pitoëff revient de New York avec sa compagnie pour travailler à Montréal.

L'année suivante, Jean-Louis Roux reçoit une bourse et abandonne la médecine pour étudier le théâtre à Paris pendant trois ans. En 1950, il revient au Canada et fonde, avec Éloi de GRANDMONT, Théâtre d'Essai, qui deviendra en juillet 1951 le THÉÂTRE DU NOUVEAU MONDE (TNM). En 1949, ils produisent *Un fils à tuer*, écrite par Éloi, et en 1951, *Rose Latulippe*, écrite par Jean-Louis Roux. Après la production d'*Un fils à tuer* à Montréal, Jean-Louis Roux retourne à Paris, où il travaille comme comédien professionnel de 1949 à 1950.

Le 9 octobre 1951, il joue dans la première production du TNM, *L'Avare*, avec Éloi de Grandmont, Jean Gascon, Georges Groulx, Guy Hoffmann, Ginette Letondal, Denise Pelletier et quelques autres, qui travailleront en étroite collaboration avec lui pendant de nombreuses années. Il met en scène une quarantaine de productions du TNM, où il occupe le poste de secrétaire général (1953-1963) et directeur artistique (1966-1981).

En 1967, Jean-Louis Roux écrit et produit la pièce *Bois-Brûlés*, traduit plusieurs pièces montées par le TNM et rédige les scénarios pour le réseau de radio et de télévision de Radio-Canada. Il joue dans plusieurs émissions de télévision à succès, dont *Septième nord* et *Les Plouffe*, et interprète quelques rôles au cinéma, notamment dans Cordélia, de Jean BEAUDIN, *L'Empereur du Pérou*, de Fernando Arrabal, et *Hôtel New Hampshire*, de Tony Richardson.

Jean-Louis Roux est président de la Société des auteurs, secrétaire administratif, puis président du Centre canadien du théâtre et est membre du comité exécutif de l'Institut international du théâtre. En 1969, il reçoit le prix Victor-Morin et, en 1977, le PRIX MOLSON. Il est directeur général de l'École nationale de théâtre du Canada de 1981 à 1987. En 1987, il est nommé compagnon de l'Ordre du Canada et, en 1994, au SÉNAT canadien.

Roux quitte le Sénat le 8 août 1996 pour occuper le poste de Lieutenant-Gouverneur du Québec. Il annonce cependant sa démission en offrant des excuses publiques le 5 décembre, suite aux controverses soulevées par la révélation qu'il avait dessiné, en blague, une croix gammée sur son sarrau d'étudiant de médecine, durant la SECONDE GUERRE MONDIALE. Il quitte officiellement ses fonctions le 12 janvier 1997 et est désigné président du CONSEIL DES ARTS DU CANADA le 31 mai 1998.

André G. Bourassa

Rouyn-Noranda, ville du Qc; pop. 28 819 (rec. 1996), 28 958 (rec. 1991); superf. 210,79 km². Elle est le plus grand centre de l'Abitibi-Témiscamingue et aussi sa capitale administrative. Elle résulte de la fusion des deux municipalités de Noranda et de Rouyn, réalisée en 1986. Toutes deux avaient été établies après la découverte du gisement d'OR et de CUIVRE de la mine Horne au milieu des années 20.

Noranda est fondée par la compagnie torontoise Noranda Mines Ltd. (*voir* NORANDA INC.) en 1926. Les frontières de la ville sont celles des propriétés minières de la compagnie sur la rive ouest du lac Osisko. À cette époque, on considérait Noranda comme le modèle des villes minières du Nord.

Pendant de nombreuses années, Noranda est sous le contrôle et l'administration directe de cette compagnie formée en 1922 afin d'exploiter l'un des gisements d'or et de cuivre les plus riches jamais découverts au Canada. Le nom «Noranda» est un mot-valise formé de «Nord» et de «Canada». La mine, en exploitation de 1927 à 1976, est à l'origine de l'immense empire minier qu'est aujourd'hui, Noranda inc. La fonderie Horne, toujours en production, est l'une des plus importantes du Québec.

Rouyn est située au sud de Noranda sur le bord du lac Osisko. Elle devient une ville en 1927 et obtient le statut de cité en 1948. Ce nom lui est donné en l'honneur de Jean-Baptiste de Rouyn, capitaine du régiment Royal-Roussillon de Montcalm en Nouvelle-France. Au départ, Rouyn est un grand village minier où se côtoient prospecteurs, mineurs, aventuriers et marchands attirés par la grande ruée minière de l'Abitibi que déclenche la découverte de la mine Horne. Rouyn devient une ville beaucoup plus populeuse que Noranda. C'est là grande ville commerciale de l'Abitibi et un centre minier cosmopolite, à l'égal de Timmins ou de Sudbury dans le Nord Ontario voisin.

Benoit-Beaudry Gourd

Rowan, William, ornithologue (Basle, Suisse, 29 juill. 1891—Edmonton, 30 juin 1957). Après des études en biologie à l'University College de Londres, en Angleterre, il devient conférencier en zoologie à l'U. du Manitoba, en 1919, et travaille en ornithologie pour le Manitoba et l'Ontario. Il participe à la fondation de la Natural History Society of Manitoba. Il déménage à Edmonton en 1920 où il fonde le département de zoologie de l'U. de l'Alberta qu'il dirige jusqu'à sa retraite, en 1956.

On le connaît principalement pour ses recherches scientifiques, bien qu'il participe aussi à des groupes sportifs et naturalistes. Malgré l'opposition du président de l'U. de l'Alberta, Henry Marshall TORY, Rowan mène des expériences sur l'influence de la photopériode sur les hormones des oiseaux qui détermine le moment de la MIGRATION. Ces résultats sont encore de nos jours reconnus comme une étape importante de l'histoire ornithologique, et Rowan reçoit, pour ces travaux, la médaille Flavelle de la Société royale du Canada.

Les études de Rowan sur la répartition des espèces sont très détaillées. Par la suite, il se tourne vers la fluctuation cyclique des populations d'oiseaux et de mammifères. En reconnaissance de sa contribution à l'ornithologie, une sous-espèce de GRUE du Canada porte son nom (*Grus canadensis rowani*). Plusieurs expositions au Canada et en Angleterre présentent ses prouesses artistiques. Un de ses dessins représentant une grue a même été choisi pour illustrer un timbre. Son assistant, Robert Lister, démontre le génie excentrique de Rowan dans un livre basé sur son journal intime, *The Birds and Birders of Beaverhills Lake* (1979).

Martin K. McNicholl

Rowand, John, commerçant de fourrures (Montréal, 1787?—Fort Pitt, Terre de Rupert, 30 mai 1854). En 1803, peu après son entrée à la COMPAGNIE DU NORD-OUEST (CNO) comme apprenti commis, Rowand est affecté à Fort Augustus (plus tard déménagé et rebaptisé FORT EDMONTON). Il y passe le restant de sa vie, d'abord comme partenaire de la CNO jusqu'en 1820, puis comme chef de poste de la Compagnie de la baie d'Hudson (CBH) après 1821 et, après 1823, comme agent principal de la CBH chargé du district de la Saskatchewan. Il occupe cette dernière position jusqu'à sa mort, près de 30 ans plus tard. De petite taille et boiteux, Rowand est, selon George SIMPSON, gouverneur de la CBH, «un des hommes les plus dynamiques et actifs de la compagnie... et extraordinairement chaleureux et amical». Surnommé «Chemise de fer» ou «Grosse Montagne» par les autochtones, il est un des Blancs les plus influents des plaines de la Saskatchewan à son époque, grâce à sa bravoure et son sens de l'équité et des affaires.

Frits Pannekoek

Rowe, John Stanley, botaniste et écologiste (Hardisty, Alb., 11 juin 1918). Rowe étudie à l'U. de l'Alberta, à l'U. du Nebraska et à l'U. du Manitoba avant d'exercer les métiers de travailleur forestier et d'instituteur en Colombie-Britannique, puis celui d'agent de recherche dans les Prairies pour le ministère fédéral des Forêts, de 1948 à 1967. En 1967, il est enfin nommé professeur d'écologie végétale à l'U. de la Saskatchewan. Dans son travail sur l'écologie de la forêt boréale, de la toundra et des tourbières, il insiste sur des approches conceptuelles, globales et à long terme en matière de ressources, qui transparaissent dans ses nombreux articles scientifiques ou ses textes de vulgarisation.

Son manuel *Forest Regions of Canada* (1959, rééd. 1972; trad. *Les régions forestières du Canada*, 1972) est un ouvrage de référence important pour tous ceux qui travaillent dans le domaine de la foresterie, de la biologie ou de la gestion des terres. Pour sa participation active au Programme biologique international et au Conseil consultatif canadien des forêts, il reçoit, en 1972, le prix décerné pour une réalisation exceptionnelle dans le domaine de la foresterie au Canada. Malgré la retraite, il sait demeurer actif. Il ne cesse de promouvoir la conservation des forêts et la gestion des écosystèmes dans des articles ou des comptes rendus qui paraissent dans les périodiques sur l'environnement les plus populaires.

Martin K. McNicholl

Rowell, Newton Wesley, avocat, politicien et homme d'Église (Arva, Ont., 1er nov. 1867—Toronto, 22 nov. 1941). Après avoir fait un stage dans un cabinet d'avocats à London, en Ontario, Rowell est admis au barreau en 1891. Il devient rapidement un membre influent de la profession judiciaire à Toronto, du Parti libéral et de l'Église méthodiste. Au moment où il est chef de l'opposition libérale et député de North Oxford à l'Assemblée législative d'Ontario (1911-

1917), son parti s'engage à fond sur la question de la PROHIBITION et présente un programme centré sur les problèmes urbains, mais il ne récolte que quelques gains aux dépens du Parti conservateur de WHITNEY.

Durant la Première Guerre mondiale, Rowell se porte très tôt à la défense de la CONSCRIPTION et joint les rangs du GOUVERNEMENT D'UNION à titre de président du Conseil privé de 1917 à 1920. Il est président du Comité de guerre du Cabinet et, à la fin de la guerre, il est le premier à occuper le poste de ministre fédéral de la Santé. Durant la période d'après-guerre, Rowell n'a pas sa place au sein du Parti libéral, en raison de ses prises de position sur la conscription, de sa promotion d'un programme d'assurance sociale et d'un rôle positif dans le domaine des relations extérieures, qui font de lui un anathème au Québec et aux yeux de certains Canadiens anglais qui ont la «politique du nivellement par le bas» en aversion.

À titre de délégué canadien, Rowell prend une place importante à la première assemblée de la SOCIÉTÉ DES NATIONS et contribue par la suite à la fondation et aux travaux de la LIGUE DE LA SOCIÉTÉ DES NATIONS et de l'INSTITUT CANADIEN DES AFFAIRES INTERNATIO-NALES. Il est président de la Toronto General Trust Corporation, de 1925 à 1934, et chef de file laïque dans la création de l'ÉGLISE UNIE DU CANA-DA. Rowell comparaît devant le COMITÉ JUDI-CIAIRE DU CONSEIL PRIVÉ dans plusieurs causes constitutionnelles importantes, dont les AFFAIRES DES FEMMES NON RECONNUES CIVILEMENT où il représente les appelantes. En 1936, il est nommé juge en chef de l'Ontario et, en 1937, président de la COMMISSION ROYALE D'ENQUÊTE SUR LES RELATIONS FÉDÉ-RALES-PROVINCIALES (Rowell-Sirois). En 1938, des problèmes de santé l'obligent cependant à démissionner de ces deux fonctions.

Margaret E. Prang

Rowley, Graham Westbrook, CM, MBE, MA (Cantabrigider), explorateur, archéologue et fonctionnaire (Manchester, Angl., 31 oct. 1912). En 1936, alors qu'il est jeune archéologue, il se joint à l'expédition britannique et canadienne de l'Arctique de l'Est. Pendant l'hiver de 1937, il voyage en traîneau à chiens de Repulse Bay à Igloolik, puis, en compagnie d'Inuits, il complète la carte de la côte de l'île de Baffin. En 1939, sa découverte archéologique d'un site uniquement Dorset confirme que la CUL-TURE DORSET est nettement distincte de la CUL-TURE DE THULÉ. L'île Rowley dans le bassin Foxe et la rivière Rowley sur l'île de Baffin portent son nom.

Il sert dans les Forces armées canadiennes durant toute la Seconde Guerre mondiale. Il rentre au Canada pour commander le groupe précurseur de l'exercice Musk Ox et construit un terrain d'aviation sur la glace du lac Baker. Lieutenant-colonel à la retraite, il est nommé secrétaire et coordonnateur du comité consultatif sur le développement du Nord et, plus tard, conseiller scientifique du ministère des Affaires indiennes et du Nord canadien. Après quoi, il devient professeur distingué de l'Institute of Canadian Studies de l'U. Carleton. Par son érudition et sa passion pour l'Arctique, il s'attire le respect et l'affection de plusieurs générations d'étudiants, de spécialistes de l'Arctique et d'Inuits. Le récit de ses voyages d'exploration et de fouilles dans le Nord canadien est publié sous le titre de *Cold Comfort* (1996) et il est le coauteur de *The Circumpolar North* (1978).

John Bennett

Rowley, Robert Kent, (Montréal, 25 oct. 1917—Toronto, 5 févr. 1978). Il devient chef syndical à 17 ans et, après deux années passées en prison (1940-1942) pour s'être opposé à la conscription militaire, il est nommé directeur canadien des Ouvriers unis

des textiles d'Amérique (OUTA; affiliés à la Fédération américaine du travail). En 1946, il est condamné à six mois de prison pour avoir fomenté une grève jugée illégale à Valleyfield, au Québec. En 1952, Rowley et sa future épouse, Madeleine PARENT, sont congédiés par les OUTA en raison de leurs liens présumés et en fait inexistants avec le communisme. Offensés par l'intervention américaine dans les sections canadiennes des syndicats internationaux, ils se lancent dans l'organisation de syndicats entièrement canadiens et s'acharnent plus particulièrement à recruter les travailleurs non syndiqués des petits établissements. Rowley joue un rôle important dans la création de la CONFÉDÉRATION DES SYNDI-CATS CANADIENS (CSC) en 1968 et en devient le secrétaire-trésorier. Même si la CSC reste modeste, sa critique à l'endroit du syndicalisme américain contribue à déclencher une avalanche de mouvements dissidents dans les années 70 et 80.

Alvin Finkel

Rowsell, Harry Cecil, vétérinaire, (Toronto, 29 mai 1921). Ancien combattant de la Marine royale canadienne (1941-1945), il devient vétérinaire à l'U. de Toronto en 1949 et mène pendant plusieurs années des recherches sur les maladies cardio-vasculaires et la thrombose au sein d'une équipe conjointe Université McMaster-Ontario Veterinary College. Il est le premier président du département de pathologie vétérinaire au Western College of Veterinary Medicine (U. de la Saskatchewan, 1965-1968) et le premier secrétaire général du Conseil canadien de protection des animaux (1968-1992).

Premier récipiendaire du Prix Humanitaire décerné par l'Association canadienne des médecins vétérinaires en 1987, Rowsell jouit d'une excellente réputation nationale et internationale pour ses travaux sur les soins aux animaux domestiques et sauvages et aux oiseaux, mais surtout aux animaux de laboratoire. Ses efforts ont permis d'améliorer sensiblement le traitement des animaux de laboratoire tant au Canada qu'à l'étranger. (*Voir aussi* MÉDECINE VÉTÉRINAIRE.)

R.G. Thomson

Roxboro, ville du Qc; pop. 5715 (rec. 1999), 5950 (rec. 1996), 5879 (rec. 1991); superf. 2,07 km²; const. en 1914. Située le long du littoral nord-ouest de l'île de Montréal, elle fait partie de la Communauté urbaine de Montréal et se trouve près de deux parcs régionaux: Bois-de-Liesse et Cap Saint-Jacques.

En 1741, on fonde la paroisse de Sainte-Geneviève. En 1855, elle devient officiellement la municipalité de la paroisse de Sainte-Geneviève. Cette municipalité occupe en fait le territoire original de la ville de Roxboro. Le territoire de la municipalité de la paroisse de Sainte-Geneviève connaît plusieurs modifications. En 1914, la ville de Roxboro se détache et est constituée en municipalité individuelle.

Après la constitution de la municipalité, John P. Mullarkey, un entrepreneur de New York, et la Canadian Northern Québec Railroad Company commencent à creuser un tunnel sous le mont Royal. La publicité vante la situation agréable des terrains offerts pour la construction résidentielle, mais le développement ne se fera pas avant la Seconde Guerre mondiale.

Roxboro est une banlieue résidentielle de Montréal. On a complètement modernisé la gare du CN, point central desservant Roxboro et les municipalités avoisinantes. L'activité économique y est réduite, car le territoire est à 95 p. 100 résidentiel et à 5 p. 100 commercial. Les résidants profitent des magnifiques berges ornées d'arbres matures qui bordent la rivière des Prairies. Une petite île sur le territoire constitue, au printemps et à l'automne, une halte migratoire pour les oiseaux.

Sophie Valois

Roy, Camille, abbé, professeur et critique littéraire (Berthier-en-Bas, Qc, 22 oct. 1870—Québec, 24 juin 1943). Bien qu'elle soit aujourd'hui dépassée, l'œuvre de Roy est représentative de sa génération. Après des études à l'U. Laval et à la Sorbonne, Roy enseigne la philosophie, puis la rhétorique au petit séminaire de Québec de 1894 à 1918 et ensuite la littérature française à l'U. Laval, de 1896 à 1927. Préoccupé par la survie du français au Canada, il participe à la fondation de la Société du parler français (1902), ouvre la voie à l'enseignement de la littérature canadienne-française à l'U. Laval (1902) et publie le premier *Manuel d'histoire de la littérature canadienne-française* (21 éditions, 1907-1962). Ses articles critiques, parus dans les revues de 1902 à 1933, puis rassemblés en 10 volumes, soutiennent les romans du terroir et expriment un idéal classique, quoique ouvert au romantisme. Tour à tour enseignant au Petit Séminaire de Québec de 1918 à 1923, fondateur de l'École normale supérieure (1920), recteur de l'U. Laval (1924-1927, 1929, 1932-1938) et doyen de la Faculté des lettres (1939-1943), il prêche, dans ses écrits et ses conférences, en faveur de l'élaboration d'un système d'éducation national axé sur l'action sociale. Reçu membre de la Société royale du Canada en 1904, il obtient le prix David en 1924 (pour *À l'ombre des érables*) et une médaille d'or de l'Académie française en 1925.

Lucie Robert

Roy, Fabien, politicien (Saint-Prosper, Qc, 17 avril 1928). Roy se fait élire pour le Ralliement créditiste à l'Assemblée nationale du Québec, en 1970, dans la circonscription de Beauce. Il est réélu en 1973 sous la bannière du Parti créditiste, puis en 1976, sous celle du Parti national populaire, qu'il a fondé l'année précédente en compagnie de l'ancien ministre libéral, Jérôme Choquette. C'est en grande partie grâce à lui que son parti adopte des idées plus nationalistes et progressistes. En avril 1979, il est nommé chef intérimaire du Crédit social sur la scène fédérale. Élu député de ce parti dans la circonscription de Beauce, en 1979, il est toutefois battu en 1980. Par la suite, il œuvre dans plusieurs organismes de développement économique de la Beauce.

Daniel Latouche

Roy, Gabrielle, auteure (Saint-Boniface, Man., 22 mars 1909—Québec, Qc, 13 juill. 1983). Petite fille de pionniers québécois, benjamine d'une famille de onze enfants. Selon des témoins encore vivants, elle se met très tôt à écrire sous l'influence de son père, un agent de colonisation, de sa mère et de sa sœur Marie-Anna qui lui transmettent leur don de conteurs. En dépit d'une enfance marquée par une santé fragile, les difficultés pécuniaires de sa famille et l'injuste loi Thornton de 1916 qui abolit l'enseignement du français dans les écoles, elle fait de brillantes études à l'Académie Saint-Joseph et au *Winnipeg Normal Institute,* puis embrasse la carrière d'institutrice. De 1929 à 1937, ses expériences d'enseignement dans les villages manitobains, à la Poule d'Eau et à Saint-Boniface l'ouvrent aux immenses paysages de l'Ouest et à la mosaïque des ethnies qui nourriront généreusement son œuvre.

Mais partagée entre la littérature et le théâtre – qu'elle pratique au sein du Cercle Molière – elle décide de partir suivre des cours d'art dramatique en France et en Angleterre. Après deux ans d'essais infructueux, elle choisit alors la voie de l'écriture et installée à Montréal, entame sous la direction de son conseiller littéraire, Henri Girard, une carrière de journaliste pigiste dans *La Revue Moderne* et *Le Bulletin des agriculteurs.* La découverte du quartier Saint-Henri, rongé par la misère, va donner naissance au premier grand roman urbain canadien, *Bonheur d'occasion* (1945), qui, tout en rompant avec les valeurs de la patrie, de la religion et du retour à la terre, dénonce la condition des ouvriers et des exclus au début de la Seconde Guerre mondiale. L'ouvrage

connaît un immense succès: choisi par la *Literary Guild of America* de New York comme *Book of the Month,* il est couronné par le Prix Fémina en 1947 et sera traduit dans une douzaine de langues. La *Universal Pictures* en rachète les droits pour une somme colossale mais le film ne sera finalement tourné qu'en 1983, au Québec, par Claude Fournier (prod: Marie-Josée Raymond).

Devenue la femme du D' Marcel Carbotte, elle part alors pour un séjour de trois ans en France où elle écrit *La Petite Poule d'Eau* (1950), inspiré par son bref passage dans la région du même nom. À son retour, elle s'établit à Québec et, en 1957, achète un chalet à Petite-Rivière-Saint-François, dans le Comté de Charlevoix, où, en dépit de dépressions régulières, elle va écrire l'essentiel de son œuvre, tout en voyageant à travers le Canada, les États-Unis et l'Europe. Elle meurt d'une crise cardiaque à l'Hôtel-Dieu de Québec. Membre de la Société royale du Canada depuis 1947, elle a reçu les plus hautes distinctions littéraires, dont le prix du Gouverneur Général (1947, 1957, 1978), le prix Duvernay (1956), le prix David (1971) et a été faite Compagnon de l'Ordre du Canada (1967).

Personnalité solitaire, tourmentée, souffrant de multiples contradictions et de la nostalgie des pays de l'Ouest, fragile et attachante à la fois, Gabrielle Roy est un des plus grands écrivains contemporains de la condition humaine. Elle a évoqué le malaise existentiel de l'homme moderne (*Alexandre Chenevert,* 1954), la quête inépuisable de l'artiste (*La montagne secrète,* 1961), le déchirement des autochtones entre deux mondes (*La rivière sans repos,* 1970), l'harmonie de l'âme mystique avec la nature (*Cet été qui chantait,* 1972), la difficile adaptation des pionniers dans l'Ouest (*Un jardin au bout du monde,* 1975), le voyage d'une mère à l'âme vagabonde (*De quoi t'ennuies-tu, Éveline ?,* 1982). Ses souvenirs d'enfance et de jeunesse, transposés dans *Rue Deschambault* (1955), *La route d'Altamont* (1966) et *Ces enfants de ma vie* (1977), trouvent leur plein épanouissement dans une autobiographie qui sera publiée à titre posthume: *La détresse et l'enchantement,* 1984) suivie de *Le temps qui m'a manqué* (1997). Outre des contes pour enfants (*Ma vache Bossie,* 1976; *Courte-Queue,* 1979), Gabrielle Roy laisse également un recueil de reportages, *Fragiles lumières de la terre* (1978), un premier volume de correspondance, *Ma chère petite sœur – Lettres à Bernadette 1943-1970* (1988), et de nombreux inédits.

Bâtie sur des oppositions qui tendent à ne jamais se résorber, marquée au coin d'une constante interrogation, cette œuvre offre la vision d'une humanité affligée par des problèmes d'instabilité, d'incommunication, des rapports complexes et ambigus avec son environnement mais rachetée par ses aspirations à un monde idéal, fraternel et uni. En apparence simple, son style séduit par la complexité savante et raffinée d'un art associant les puissants raccourcis de la langue nord-américaine au plus pur classicisme français.

Outre de nombreuses études universitaires, la vie et l'œuvre de Gabrielle Roy ont inspiré plusieurs biographies et essais: François Ricard: *Gabrielle Roy* (Fidès, 1975); *Gabrielle Roy, une vie* (Boréal, 1996); Monique Genuist: *La création romanesque chez Gabrielle Roy* (Le Cercle du Livre de France, 1966); Marc Gagné: *Visages de Gabrielle Roy* (Beauchemin, 1973); Annette Saint-Pierre: *Gabrielle Roy: Sous le signe du rêve* (Du Blé, 1975); M.G. Hesse: *Gabrielle Roy par elle-même* (Stanké, 1985); Ismène Toussaint: *Les Chemins secrets de Gabrielle Roy – Témoins d'occasions* (Stanké, 1999).

Ismène Toussaint

Roy, Jean-Louis, journaliste et diplomate (Beauce, 1ᵉʳ févr. 1941). Après ses études en histoire à l'U. et à l'U. McGill, il est directeur du Centre d'études cana-

diennes françaises de l'U. McGill, de 1971 à 1981, tout en assumant aussi la tâche de chercheur pour le consortium de recherche Canada-États-Unis, mis sur pied par les universités Harvard, McGill, Laval et de Montréal. De 1976 à 1978, il est président de la Ligue des droits de la personne du Québec, puis, de 1978 à 1980, commissaire de la Commission des droits et libertés de la personne pour le gouvernement du Québec.

En février 1981, Jean-Louis Roy devient directeur du DEVOIR, quotidien auquel il s'efforce de donner un nouveau souffle. Durant son mandat de cinq ans, il doit faire face à une conjoncture économique particulièrement difficile. Parmi ses efforts de relance, il tente de doter le Devoir d'une section économique qui fasse concurrence aux journaux anglais, *Le Devoir économique,* un supplément quotidien de 8 à 12 pages.

Lorsqu'il quitte le quotidien montréalais, Roy est nommé Délégué du Québec à Paris, fonction qu'il exerce de février 1986 à janvier 1990, en fait jusqu'à son élection au poste de Secrétaire général de l'Agence de la Francophonie, appelée alors Agence de la coopération culturelle et technique. Il restera à ce poste jusqu'en avril 1998. Son engagement au service de la FRANCOPHONIE est, aujourd'hui encore, au cœur de ses réflexions et passions.

Depuis 1998, Jean-Louis Roy agit à titre de président de Partenariat international. Homme de plume, il est l'auteur d'une vingtaine de livres, de poésie comme de politique, dont *La Francophonie, le Projet communautaire* (1993) et *Une Nouvelle Afrique* (1999). Jean-Louis Roy a été reçu Officier de la Légion d'honneur en France. Sa connaissance de l'Afrique francophone, ainsi que son profond intérêt pour cette région ont été soulignés et honorés par de nombreux pays africains tels le Bénin, le Burkina Faso, le Gabon, le Senégal ou la République Centrafricaine.

Jean Chartier

Roy, Jean-René, astrophysicien, professeur (Saint-Hyacinthe, Qc, 19 nov. 1943). Il s'est hissé au rang des astrophysiciens les plus réputés du monde.

En 1969, Roy obtient un baccalauréat en physique à l'U. de Montréal. Suivront une maîtrise et un doctorat de l'Université Western Ontario. Sa carrière commence en 1973 à l'Observatoire Sacramento Peak, au Nouveau-Mexique. Il séjourne ensuite aux quatre coins de la planète, en Australie, au Chili en Allemagne et à Hawaï. Au Québec, il a été professeur à l'U. Laval de 1977 à 2000 et a formé toute une génération de chercheurs, participant, entre autres à la mise sur pied de l'Observatoire du mont MÉGANTIC, en 1978. Durant cette période, il s'est notamment fait connaître par ses travaux sur la formation et l'évolution des amas d'étoiles jeunes. Il a également et étroitement participé à la création du plus récent observatoire international, le télescope Gemini nord, sur le Mauna Kea, à Hawaï, dont il est devenu le directeur scientifique à l'automne 2000. Vulgarisateur scientifique chevronné, auteur de multiples articles et conférences, il a fait paraître, en 1982, *L'astronomie et son histoire,* et plus récemment *Les héritiers de Prométhée* (1998), un essai critique sur le rôle de la science dans le développement de la civilisation et de la culture.

René Vézina

Roy, Marie-Anna, auteure et historienne (Saint-Léon, Man., 1893—Saint-Vital, Man, 1998). Fille d'un commerçant, futur agent de colonisation, et d'une femme au foyer, Adèle (dite Marie-Anna) naît cinquième d'une famille de onze enfants. Après ses études à l'Académie Saint-Joseph de Saint-Boniface et au *Winnipeg Normal Institute,* elle se lance dans l'enseignement, mais, personnalité très affirmée, en avance sur son temps, aigrie par les difficultés relationnelles et pécuniaires de sa famille, elle rompt très tôt avec son milieu. Trente-cinq ans durant, elle mène alors l'existence errante et nomade d'une institutrice pionnière à travers les plaines du Manitoba, de la Saskatchewan et de l'Alberta. Souvent logée dans des conditions précaires, elle se heurte à des enfants rebelles, des parents d'élèves grossiers, des prêtres et des commissaires d'école intolérants et change une vingtaine de fois d'établissement, ne trouvant le réconfort que dans l'étude, la contemplation de la nature et l'observation de la vie des pionniers.

En 1934, elle obtient, à la force du poignet, un B.A. de l'U. de l'Alberta, mais atteinte de graves brûlures lors de l'incendie de son logement, doit abandonner son travail. De ce fait, elle acquiert, l'année suivante, une concession à Tangent (Alb.) et à 50 ans passés, se met en devoir de défricher et de cultiver la terre. Parallèlement, encouragée par le succès de sa sœur Gabrielle, elle entame une œuvre littéraire et historique de longue haleine, qui tourne principalement autour de deux thèmes: la vie des colons francophones dans les années 1885 et 1930-40, et la vie de sa propre famille. À travers son premier ouvrage, *Le pain de chez nous* (1954), qui raconte, à peine transposée, l'histoire des membres du clan Roy, elle tente de rétablir l'exacte vérité face aux «élucubrations romanesques» de sa benjamine. Il sera suivi, en 1958, de *Valcourt ou La dernière étape*, une chronique semi-autobiographique sur le parcours d'une institutrice devenue cultivatrice dans le nord de l'Alberta.

De 1959 à 1962, elle séjourne en France – où elle reçoit un accueil chaleureux dans les milieux littéraires – puis, de retour au Canada, se fixe à Montréal et fait successivement paraître *La Montagne Pembina au temps des colons* (1969), *Les visages du Vieux Saint-Boniface* (1970) et *Les Capucins de Toutes-Aides* (1977). En 1979, la publication de son témoignage, *Le miroir du passé,* qui décrit Gabrielle sous un jour peu favorable, provoque un certain scandale sans la combler, toutefois, du moindre honneur.

À partir des années 80, ses souvenirs de jeunesse vont constituer la matière essentielle de son œuvre: *Cher visage* (1988), *À l'ombre des chemins de l'enfance* (1990). Retirée au Foyer Valade, à Saint-Vital (Man.), souffrant de cécité et de troubles moteurs, elle continue néanmoins d'écrire jusqu'à l'âge de 102 ans. Paul Genuist, de l'U. de Saskatoon (Sask.), a consacré un ouvrage à ce destin exceptionnel: *Marie-Anna Roy, une voix solitaire* (Éditions des Plaines, 1992).

Érudite, passionnée de littérature et latiniste distinguée, cette femme hors du commun – qui rêvait de bâtir un «Temple à la Francophonie» – laisse, en hommage à l'Ouest et à la langue française, une œuvre considérable dont la valeur documentaire commence seulement à être perçue aujourd'hui: romans, monographies, récits de voyage, carnets intimes, chroniques, correspondances, et un nombre incalculable d'inédits (*Les deux sources d'inspiration: l'imagination et le cœur*; *À vol d'oiseau à travers le temps et l'espace*; *Les entraves*; *Otium cum dignitate*; *Voyages en Europe*; *Grains de sable et pépites d'or*; *Journal intime d'une âme solitaire: Reflets des ans dans le miroir du passé*; *Indulgence et pardon*; *Surgeons*). Parmi eux, des confidences qui nous forcent à nous interroger sur la genèse de certains textes de Gabrielle, puisée, selon l'auteur, à même ses propres écrits.

Quoique douée d'imagination, d'un sens certain de la psychologie et de la description, Marie-Anna condamne, en littérature, toute fiction, toute fantaisie et confond réalité et vraisemblance. Cependant, son style, mâtiné de classicisme et de romantisme, possède un grand charme et ne pèche par aucun défaut.

Esprit supérieur, égaré dans un monde qui ne la comprenait pas, insoumis et condamné à vivre dans l'ombre de sa sœur, cet écrivain «maudit» a profondément souffert de l'isolement dans lequel l'avait rejeté son entourage, en particulier certains universitaires de Saint-Boniface.

Ismène Toussaint

Roy, Michel, journaliste et diplomate (Ottawa, 1929). Il est sans doute l'un des journalistes francophones les plus connus et respectés au Québec, comme au Canada. Sa famille s'établit à Montréal au début des années 1930. Après des études classiques au Collège Stanislas et au Collège Jean-de-Brébeuf à Montréal, il obtient une licence en philosophie de l'UNIVERSITÉ DE MONTRÉAL.

Toujours étudiant, il entre, en 1949, au quotidien montréalais *Le Canada*, un journal du matin d'obédience libérale disparu en 1953. Après un passage de cinq ans à la PRESSE CANADIENNE, il entre, en 1958, au journal LE DEVOIR où il fera carrière pendant près de 25 ans. En 1962, il devient directeur de l'information, puis rédacteur en chef, en 1975, et enfin directeur suppléant en 1979. Sitôt quitté la direction du *Devoir*, en 1982, il est nommé éditorialiste en chef du quotidien la PRESSE. Dès l'année suivante, il devient éditeur adjoint et rédacteur en chef de ce journal, fonctions qu'il exerce jusqu'à son départ en 1988. De 1988 à 1991, il travaille comme journaliste indépendant dans les quotidiens le SOLEIL et *Le Droit*, ainsi qu'au magazine L'ACTUALITÉ et dans des émissions de la SOCIÉTÉ RADIO-CANADA.

Michel Roy s'éloigne du journalisme en 1991, devenant conseiller pour les questions constitutionnelles au CONSEIL PRIVÉ, à l'époque des négociations sur l'ACCORD DU LAC MEECH. Puis, en 1992, il passe au Cabinet du premier ministre Brian MULRONEY à titre de conseiller politique et constitutionnel. En juin 1993, il est nommé ambassadeur du Canada en Tunisie et auprès de la Libye. En tant qu'ambassadeur, il est chargé de missions en Jordanie et en Algérie en 1995 et 1996.

Il rentre au Canada en 1996 et est nommé professeur invité à l'UNIVERSITÉ LAVAL où il enseigne le journalisme depuis lors. En novembre 1997, Michel Roy accède à la présidence du Conseil de presse du Québec. Sa longue carrière de journaliste, de diplomate et de professeur est jalonnée de prix et honneurs, dont le Prix des communications du Québec (1983), l'Ordre du Canada (1987) et le prix de journalisme Olivar-Asselin (1990).

Robert Maltais

Roy, Patrick, joueur de hockey (Québec, Qc, 5 oct. 1965). Roy est le gardien de but de Granby, de la Ligue Junior Majeur du Québec, avant d'être repêché par les CANADIENS DE MONTRÉAL en 1984. En 1985-1986, il ne joue pas régulièrement dans la première partie de la saison, mais il devient le gardien de but numéro 1 et se distingue lors des séries éliminatoires. Les Canadiens ne sont pas favoris à la veille des séries. Mais Roy réalise de nombreux arrêts spectaculaires menant l'équipe à la conquête de la COUPE STANLEY. Sa moyenne de buts accordés (1,92 par match) au cours des séries éliminatoires lui vaut le TROPHÉE CONN SMYTHE attribué au joueur le plus utile. À 21 ans, il devient le plus jeune joueur de l'histoire à remporter ce trophée.

Roy, avec son style papillon, se hisse rapidement parmi les meilleurs gardiens au monde. Entre 1989 et 1992, il remporte 3 fois le trophée Vézina. Durant les séries éliminatoires de 1993, il offre à nouveau une performance remarquable. Le jeu de Roy et plusieurs performances exceptionnelles de l'équipe permettent aux Canadiens de remporter un autre championnat. Il ajoute un autre trophée Conn Smythe à sa fiche. En 1995-1996, les Canadiens connaissent un mauvais début de saison et Roy laisse exploser sa colère embarrassant publiquement son entraîneur et le président de l'équipe peu après d'une défaite de 11 à 1 contre les Red Wings de Détroit. Dès lors, il est suspendu par les Canadiens et son contrat est cédé, quelques jours plus tard, à l'Avalanche du Colorado. Au printemps de 1996, il aide l'Avalanche à obtenir sa première conquête de la Coupe Stanley. Patrick Roy passera à l'histoire comme l'un des grands gardiens de but de la LNH. A la fin de la saison 1999-2000, Il est au 2e rang de l'histoire avec 444 victoires, à 3 seulement de Terry Sawchuck.

Yvon Dore

Roy, Paul-Émile, auteur (Saint-Cyprien, Qc, 1928), il grandit à Edmunston (N.-B.) et effectue des études classiques et théologiques au Séminaire de Ville Saint-Laurent (Qc), chez les Pères de Sainte-Croix. Il abandonne le noviciat pour professer le latin au Collège de la même commune (1955-56) et après l'obtention de sa maîtrise ès Arts à l'Institut catholique de Paris, puis de son Doctorat à l'Université de Montréal (*L'Évolution religieuse du Québec d'après le roman*, 1981), enseigne le français au Cégep de Saint-Laurent, où il fera l'essentiel de sa carrière.

Proche de la pensée du grand écrivain Pierre Vadeboncœur (1920-) – avec lequel il entretient depuis 15 ans une abondante correspondance – Paul-Émile Roy poursuit une œuvre profondément engagée, mais à l'écart des modes et des systèmes terroristes d'interprétation des textes littéraires. Humaniste dans la tradition des hommes de la Renaissance, poète (*Rêveries dans les Laurentides*, 1998), philosophe – quoiqu'il s'en défende – (*Les intellectuels dans la cité*, 1963; *Une révolution avortée: l'enseignement au Québec depuis 1960*, 1991; *Réforme ou maquillage ?*, 1994), essayiste (*Claudel, poète mystique de la Bible*, 1958; *L'engagement chrétien*, 1961; *Libres dans la foi*, 1968; *Études littéraires: Germaine Guévremont, Réjean Ducharme, Gabrielle Roy*, 1989; *La magie de la lecture*, 1996; *Propos sur la culture*, 1997; *Lectures québécoises et Indépendance*, 1999), biographe (*Pierre Vadeboncœur, un homme attentif*, 1995), diariste (plus d'une centaine de carnets de réflexions sur le Québec contemporain, dont on espère un jour la publication), épistolier, chroniqueur infatigable (*L'Action universitaire, L'Action nationale, L'Action indépendantiste, Lectures, Le Devoir, La Revue de l'Université d'Ottawa*, etc.), il tente depuis 40 ans de comprendre l'évolution du Québec à travers son histoire, sa littérature – et réciproquement –, une démarche qui fait de lui un «marginal» dans le monde des Lettres, mais rend sa voix d'autant plus précieuse et indispensable.

Ismène Toussaint

Roy, Philippe, médecin et diplomate (Saint-François, Qc, 1er févr. 1868—Ottawa, 10 déc. 1948). Roy fait ses études à l'U. Laval. Il pratique la médecine à Québec et, après 1897, dans la région d'Edmonton, où il fait la promotion des intérêts des CANADIENS FRANÇAIS DANS L'OUEST. Il est sénateur de 1906 à 1911 et devient ensuite un pionnier des services extérieurs canadiens: envoyé à Paris, il est commissaire général, de 1911 à 1928, et premier envoyé extraordinaire et ministre plénipotentiaire, de 1928 à 1938. En tant que commissaire général, avec un salaire princier de 8000 $ assorti d'un compte de dépenses de 5000 $, Roy fait la promotion des intérêts commerciaux canadiens. En tant que ministre, il possède tous les privilège diplomatiques. Il est le deuxième Canadien à avoir un tel statut (après Vincent MASSEY à Washington).

Norman Hillmer

Royal Alexandra Theatre Conçu par John LYLE, en 1906, le Royal Alexandra Theatre est l'un des rares théâtres professionnels canadiens des années 1900 toujours en activité. Un groupe d'hommes d'affaires, dirigé par Cawthra Mulock, investit 750 000 $ dans sa construction et, en 1907, le théâtre ouvre ses portes à Toronto. L'entrepreneur torontois «Honest Ed» MIRVISH l'achète en 1963 et dépense 500 000 $ pour lui rendre sa splendeur édouardienne.

Le «Royal Alex», qui compte 1497 sièges, est connu pour son avant-scène, son excellente acoustique, ainsi que l'impression d'intimité qu'il crée entre les acteurs et les spectateurs. Bien que des œuvres canadiennes (le ballet *Red Ear of Corn* de John WEINZWEIG; les revues *My Fur Lady*, *Spring Thaw*, *Billy Bishop Goes to War* de John GRAY; *Maggie and Pierre* de Linda Griffith) y aient été montées, le théâtre présente essentiellement des pièces dramatiques, des comédies musicales, des opéras et des spectacles de danse interprétés par des troupes en tournée, surtout des troupes britanniques et américaines.

En 1986, David Mirvish devient directeur de production et se lance dans des coproductions avec d'importants organismes nationaux canadiens, parmi lesquels la Compagnie d'opéra canadienne, le Festival de Stratford et le Shaw Festival. Il travaille aussi avec des théâtres régionaux, notamment le Manitoba Theatre Centre et le Citadel Theatre. En 1989, *Dry Lips Oughta Move to Kapuskasing* de Tomson Highway devient une grande production commerciale, ce qui n'était jamais arrivé à une pièce autochtone canadienne. Malgré cet immense succès, les Mirvish préfèrent s'associer à des metteurs en scène de Londres et de New York et présenter de grandes comédies musicales, tout en assurant une distribution presque entièrement canadienne. *Les Misérables* d'Alain Boublil et de Claude-Michel Schönberg sont montés pour la première fois en 1989, restent à l'affiche pendant plusieurs années et font une tournée nationale. Désireux d'accueillir des productions encore plus grandes, les Mirvish ouvrent, en 1993, le Princess of Wales Theatre (juste à côté du Royal Alexandra Theatre), d'une valeur de 25 millions de dollars. Ils y présentent, au coût de 12 millions de dollars, une mise en scène de *Miss Saigon*. En 1996, le Royal Alex offre de nouveau des abonnements.

Anton Wagner

Royal Canadian Institute C'est aujourd'hui la plus ancienne société scientifique au Canada. Elle a été fondée en 1849 par un petit groupe d'ingénieurs civils, d'architectes et d'arpenteurs, dirigé par sir Sandford FLEMING. Selon sa charte royale, qui date du 5 novembre 1851, le Canadian Institute, comme on l'appelle à l'époque, a pour mission «d'encourager et de faire avancer les sciences physiques, les arts et l'industrie». L'institut doit commencer «l'établissement d'un musée […] afin de promouvoir les sciences et les intérêts de la société». Dans le cadre de leurs réunions hebdomadaires, les membres de l'institut font des exposés sur une grande variété de sujets. Le journal de l'institut, d'abord nommé *Canadian Journal*, de 1852 à 1878, puis *Proceedings*, de 1879 à 1890, et enfin *Transactions*, de 1890 à 1969, publie des articles, des résumés et des critiques. Ce sont les premières publications scientifiques canadiennes diffusées au niveau international.

Depuis sa création, l'institut a mis en œuvre et encouragé un vaste éventail de projets scientifiques. En 1879, p. ex., il fait la promotion des concepts de l'heure normale et du temps méridien universel tels que conçus par Sandford Fleming. Ces concepts sont adoptés, en 1884, lors de la Washington International Time Conference. En 1885, l'institut ouvre le premier musée d'histoire naturelle et d'archéologie en Ontario. Ses grandes collections, surtout dans les domaines de l'architecture provinciale, de l'ornithologie et de la minéralogie, sont transférées en 1924 au nouveau MUSÉE ROYAL DE L'ONTARIO. L'institut a également participé à la création, en 1893, du PARC PROVINCIAL ALGONQUIN, un projet qu'il a longtemps et activement soutenu. En 1914, il crée le Bureau of Science and Industrial Research, précurseur du CONSEIL NATIONAL DE RECHERCHES DU CANADA. Au fur et à mesure que les connaissances se spécialisent, l'institut crée des départements qui deviennent souvent par la suite des organisations indépendantes. Ainsi, en 1888, le secteur de la photographie devient le Toronto Camera Club, qui fonctionne encore très bien aujourd'hui.

En 1914, l'institut obtient la permission d'ajouter le mot «Royal» à son nom. À peu près au même moment, il élargit son mandat afin d'inclure un volet sur l'éducation du public en sciences et en technologie, par le biais d'une série de conférences qui se tiennent en automne et en hiver. Encore aujourd'hui, certains des plus grands scientifiques canadiens présentent bénévolement des conférences gratuites. Durant les années 80, ces conférences sont diffusées sous le titre de *Speaking of Science*. En 1982, l'institut offre sa première médaille annuelle, la médaille Sandford Fleming, à David SUZUKI, afin de souligner la contribution remarquable de ce dernier dans le domaine de la vulgarisation scientifique. En 1989, reconnaissant l'importance d'initier les jeunes à la science, l'institut fonde la Fondation Sciences Jeunesse, dirigée en grande partie par des étudiants des écoles secondaires qui organisent des séries d'excursions et d'exposés animés.

C.E. Heidenreich

Royal Conservatory of Music *Toronto Conservatory of Music* jusqu'en 1947, il s'agit de la plus grande et la plus ancienne institution du genre au Canada. Autonome sur le plan financier et œuvrant dans toutes les provinces et tous les territoires du pays, ainsi que dans certains centres étrangers, le conservatoire permet à ses élèves de s'enrichir personnellement tout en apprenant la musique.

Fondé par Edward Fisher en 1886, le conservatoire ouvre ses portes, l'année suivante, à 200 élèves et à 50 professeurs. En 1892, il comprend déjà une section académique destinée aux jeunes élèves et aux amateurs, ainsi qu'une section collégiale qui dispense une formation professionnelle aux enseignants et aux musiciens exécutants. À l'époque, les conservatoires préparent les étudiants aux examens régis par les universités. Associé à ses débuts l'U. de Trinity College, le conservatoire s'affilie à l'U. de Toronto en 1896.

Sous la direction énergique d'Augustus VOGT (doyen, 1913-1926), le conservatoire établit un réseau national de centres d'examens. Dès 1921, l'U. de Toronto assume la direction du conservatoire et, après avoir absorbé toutes les institutions rivales (à l'exception du Hambourg Conservatory), le Royal Conservatory of Music jouit d'une position prééminente vers la fin des années 20. Ernest MACMILLAN (doyen, 1926-1942) accroît encore le prestige de l'institution en organisant des spectacles annuels avec la chorale du conservatoire et révise le programme d'études en relevant le niveau d'exigence en matière de dictée musicale et de théorie. En 1944, la maison d'édition musicale Frederick Harris est donnée au conservatoire, les bénéfices devant servir aux besoins de l'institution.

Une nouvelle étape de formation professionnelle commence avec l'ouverture d'une nouvelle école supérieure (1946), dont le département d'opéra aboutira à la création de la COMPAGNIE D'OPÉRA CANADIENNE. Après la guerre, sir Ernest MacMillan, Ettore Mazzoleni, Arnold WALTER, Nicholas Goldschmidt et Ezra Schabas contribuent à former une nouvelle génération d'exécutants, de compositeurs et d'enseignants, parmi lesquels Glenn GOULD, Jon VICKERS, Teresa STRATAS, Mario BERNARDI et Lois MARSHALL.

L'ère moderne du conservatoire débute en 1991 lorsqu'une loi de l'Assemblée législative de l'Ontario le déclare indépendant de l'U. de Toronto.

Sous la direction du président Peter C. Simon, le conservatoire acquiert la stabilité financière et réorganise ses activités en unités interdépendantes incluant les RCM Examinations, les RCM Community and Professional Schools, le Centre for Music and Learning et les RCM Affiliate Teacher Services.

Entre 1886 et 1996, le conservatoire a offert ses services à plus de 3 millions de Canadiens et 97 000 candidats ont subi ses examens.

J. Paul Green

Royal Flying Corps Créé le 13 avril 1912, afin de combler le besoin fréquemment ressenti dans les pays européens avant la PREMIÈRE GUERRE MONDIALE de contribuer au développement de l'AVIATION. Il est composé d'une escadre militaire, d'une escadre navale, connue par la suite sous le nom de ROYAL NAVAL AIR SERVICE (RNAS), et d'une école d'aviation. Les vols de reconnaissance, les bombardements, les vols d'observation pour le compte de l'artillerie, la coopération avec l'infanterie dans les attaques de positions ennemies, le largage de matériel et les vols d'observation pour la Marine royale font partie de ses missions. Au début de la Première Guerre mondiale, le Canada ne possède pas d'armée de l'air, et, jusqu'à ce que le Royal Flying Corps ouvre des camps d'instruction sur le territoire canadien en janvier 1917, la seule façon pour un Canadien de devenir pilote de guerre consiste à s'enrôler dans les forces régulières et à tenter d'obtenir une mutation au service aérien ou encore de se rendre à ses frais en Angleterre et d'essayer de s'enrôler sur place. Il est impossible de connaître avec précision le nombre de Canadiens qui ont joint les rangs du Royal Flying Corps, mais l'on estime à plus de 20 000 le nombre de ceux qui, pendant la Première Guerre mondiale, ont servi au sein de l'aviation britannique. Plusieurs d'entre eux deviennent pilotes, en particulier les as canadiens suivants: les lieutenants-colonels W.A. BISHOP, R. COLLISHAW, W.G. BARKER, le major D.R. MACLAREN et d'autres encore. Le 1er avril 1918, le Royal Flying Corps fusionne avec le RNAS pour former les Forces aériennes royales.

Glenn B. Foulds

Royal Naval Air Service Le 23 juin 1914, l'escadre navale du ROYAL FLYING CORPS (RFC) britannique devient le Royal Naval Air Service (RNAS). Au cours de la Première Guerre mondiale, son rôle s'étend bien au-delà de celui de troupe auxiliaire qu'on lui destinait, puisqu'en diverses occasions il doit s'occuper de la défense aérienne de la Grande-Bretagne et assumer le soutien d'opérations terrestres en Flandre, à Gallipoli (Gelibolu en Turquie), dans certaines parties du Moyen-Orient et en Afrique orientale. Il innove en matière de bombardement stratégique, mais n'a qu'une utilité secondaire dans les opérations navales jusqu'en 1918. Cette année-là, il joue un rôle crucial dans la guerre contre les SOUS-MARINS ALLEMANDS. Fusionné avec le RFC, le 1er avril 1918, ils deviennent ensemble la Royal Air Force (Forces aériennes royales). Parmi les 936 Canadiens qui servent au sein de la RNAS, on retrouve les célèbres R.H. «Red» Mulock, qui devient par la suite un pionnier de l'aviation civile canadienne, Lloyd S. Breadner, Robert LECKIE et W.A. CURTIS.

W.A.B. Douglas

Royal Newfoundland Constabulary C'est le seul corps policier important au Canada dont les membres ne sont pas équipés d'une arme à feu pour leurs missions de patrouille. Le retrait des troupes britanniques de Terre-Neuve, en 1870, oblige les autorités insulaires à remplacer le système de constables locaux par un corps policier plus efficace. En 1871, Thomas Foley, nommé inspecteur de police, reçoit le mandat d'organiser une force centralisée en prenant comme modèle la Royal Irish Constabulary. Il en résulte la Newfoundland Constabulary (enrichie de la mention Royal en 1979), dont les effectifs se déploient partout à Terre-Neuve et le long de la côte du Labrador. En 1935, au Labrador et dans certaines parties de Terre-Neuve, ce corps policier cède la place aux Newfoundland Rangers, puis en 1950, son champ d'action est restreint à la ville de St. John's, lorsque la Gendarmerie royale du Canada prend en charge les responsabilités policières provinciales. On étend cependant sa juridiction à l'agglomération de St. John's en 1982-1983, puis à Labrador City (1984) et à Corner Brook (1986). En 1986, son effectif est de 400 membres.

S.W. Horrall

Royal Tyrrell Museum of Palaeontology Situé dans les BADLANDS, le long de la rivière Red Deer, près de DRUMHELLER, en Alberta, c'est le seul musée canadien qui soit uniquement consacré à l'étude et à l'exposition d'objets de la préhistoire. Il tire son nom de l'arpenteur et explorateur Joseph Burr TYRRELL qui, en 1884, découvre les restes d'un DINOSAURE près du site actuel du musée. La construction du complexe, financée par le gouvernement provincial, a coûté 30 millions de dollars. Le musée a ouvert ses portes le 25 septembre 1985 et, le 28 juin 1990, la reine Élisabeth II lui a attribué le titre de musée «royal».

Expositions Les objets exposés dans un espace de 4400 m² célèbrent 3,5 milliards de vie sur la Terre. Plus de 800 fossiles y sont présentés en permanence. Certains des plus grands animaux terrestres y sont représentés. La galerie principale compte plus de 30 spécimens de dinosaures, dont des squelettes reconstruits de gros carnivores comme le tyrannosaure et l'albertosaure ou encore des herbivores comme le tricératops ou le camarasaure. Dans un groupe d'ornithorynques, on trouve des bébés, un nid d'œufs, un jeune ornithorynque et des ornithorynques adultes. Des reproductions grandeur nature de quatre types de dinosaures qui ont vécu en Alberta il y a 65 millions d'années sont exposées dans des galeries à l'intérieur ainsi qu'à l'extérieur du musée.

Des vidéos, des ordinateurs et d'autres outils audiovisuels fournissent des informations sur les collections de fossiles, sur la dérive des continents, sur l'extinction des dinosaures et sur d'autres sujets connexes. Une grande fenêtre permet aux visiteurs d'observer le personnel en train de préparer les fossiles dans le laboratoire bien aménagé du musée.

Parmi les autres éléments intéressants à noter, il faut mentionner un jardin préhistorique entièrement clos, des expériences interactives et des excursions guidées dans les terres argileuses avoisinantes. La participation aux excavations et à la préparation des fossiles fait partie des activités offertes aux visiteurs dans le cadre du vaste programme d'activités publiques. Le musée reçoit en moyenne 450 000 visiteurs par année.

Recherche Le musée Royal Tyrrell dirige un programme intensif de collection et de recherche en paléontologie. Chaque année, de nouveaux spécimens sont découverts tout près, dans le DINOSAUR PROVINCIAL PARK, où une station expérimentale satellite a été installée. La station, qui couvre 500 m², a ouvert ses portes en mai 1987. Elle présente des dinosaures et des fossiles trouvés dans le parc. Par ailleurs, le musée a participé à des expéditions en Afrique du Sud, dans l'Arctique canadien et dans le désert de Gobi. Il effectue des recherches primaires en paléontologie des vertébrés et des invertébrés, en paléobotanique et en sédimentologie. Le groupe de chercheurs du musée travaille en collaboration avec l'U. de Calgary et l'U. de l'Alberta. La collection du musée comprend actuellement plus de 200 000 spécimens.

Monty Reid

Royal William En 1833, le *Royal William* devient le premier bateau à vapeur canadien à effectuer la traversée de l'Atlantique. Construit par messieurs Black et Campbell, il est mis à la mer le 27 avril 1831 par lord et lady Aylmer, à Québec. Ses turbines à vapeur sont fabriquées et assemblées à Montréal. En 1831, il effectue plusieurs voyages entre Québec et les colonies atlantiques. En 1832, il est mis en quarantaine en raison d'une épidémie de choléra, ce qui

fait perdre 16 000 livres à ses propriétaires. Il quitte Pictou, le 18 août 1833, avec sept passagers à bord et un chargement de charbon et arrive à Gravesend, en Angleterre, après une traversée de 25 jours. Le *Royal William* est finalement vendu à la Marine espagnole.

James Marsh

Royal Winnipeg Ballet (RWB) C'est la deuxième compagnie de ballet créée en Amérique du Nord et la plus ancienne compagnie de danse toujours active au Canada. À l'origine, le RWB consiste en un club de danse conçu, en 1938, par deux professeurs de danse anglais, Gweneth LLOYD et Betty FARRALLY, qui ont immigré au Canada à l'invitation d'amis. En juin 1939, le club se produit pour la première fois en public en participant au spectacle organisé en l'honneur de la visite du roi George VI et de la reine Élisabeth dans la ville. Le couple royal n'assiste pas à la prestation de la troupe, mais cette dernière interprète deux courts ballets sur des thèmes propres à la prairie, *Grain* et *Kilowatt Magic*, dont Lloyd a fait la chorégraphie.

En 1941, le club prend le nom de Winnipeg Ballet et devient semi-professionnel. Il se produit à l'occasion à l'extérieur de la ville, jusqu'à ce qu'il devienne professionnel, en 1949. En 1953, le Winnipeg Ballet est la première compagnie de tout le Commonwealth à se voir accorder une charte royale (la compagnie London's Sadler's Wells ne deviendra le Royal Ballet qu'en 1956), mais il frôle pourtant la disparition en 1954, en raison d'un incendie désastreux qui détruit entièrement ses costumes, ses partitions musicales originales, ses partitions chorégraphiques et ses décors. Après ce drame, de nombreuses personnes se succèdent à la direction de la compagnie jusqu'à ce qu'Arnold SPOHR la prenne en mains, en 1958. Spohr, ancien danseur principal et chorégraphe de la compagnie, conduira la troupe vers le succès international durant les années 60 et 70. Il forme, pour les tournées, un corps de ballet réduit à quelque 25 danseurs qui présente un répertoire très diversifié et l'exécute avec une fraîcheur qualifiée de «fraîcheur des prairies».

C'est surtout aux œuvres de son premier chorégraphe attitré, Brian MACDONALD, que la compagnie doit ses premiers succès importants aux États-Unis et en Europe, à la fin des années 60. Toutefois, Spohr recherche sans cesse de nouveaux talents chorégraphiques et, aux côtés des créations de Macdonald et de Norbert VESAK, il fait figurer des œuvres de chorégraphes de réputation internationale, dont John Neumeier (qui dote la compagnie de sa première chorégraphie classique de longue durée avec sa version extrêmement originale de *Casse-Noisette*), Oscar Araiz, Vicente Nebrada, et les chorégraphes néerlandais Hans van Manen, Jiri Kylian et Rudi van Dantzig.

Dans les années 80, Spohr présente davantage d'œuvres classiques longues, notamment *Roméo et Juliette* de van Dantzig, *Giselle* de Peter Wright et *Le Lac des cygnes* de Galina Yordanova, afin de mettre en valeur les talents exceptionnels de la première danseuse étoile de la compagnie de réputation internationale, Evelyn HART, qui remporte la médaille d'or de danse en solo à la Varna International Ballet Competition (1980). En 1982, Spohr reçoit l'une des plus grandes marques d'approbation du monde de la danse en Amérique du Nord, le prix du *Dancemagazine*, pour «son courage, sa détermination, ses talents d'organisateur et son goût artistique exceptionnel».

En 1986, Spohr annonce qu'il prendra sa retraite en juin 1988 et, à la fin de 1987, le danseur principal Henny Jurriöns, ancien adjoint du directeur van Dantzig au Dutch National Ballet, est nommé pour lui succéder comme directeur artistique du RWB. Jurriöns met en place un programme qui vise à moderniser la compagnie et à améliorer son image et son répertoire, mais il meurt dans un accident de voiture, en avril 1989, avant d'avoir pu réaliser ses pro-

jets. Deux mois plus tard, la compagnie subit une nouvelle perte lorsque le danseur principal David Peregrine, partenaire de Hart à Varna, périt dans un accident d'avion en Alaska.

En 1990, l'Australien John Meehan, ancien membre de l'American Ballet Theatre, devient le directeur artistique et enrichit le répertoire d'œuvres de chorégraphes de renommée internationale tels qu'Antony Tudor, sir Frederick Ashton, Jiri Kylian et Jerome Robbins. Meehan quitte la compagnie en 1993 et William Whitener, ancien membre du Joffrey Ballet et des Ballets Jazz de Montréal, lui succède. Whitener est libéré en 1995 et remplacé par l'ancien danseur principal André Lewis. La compagnie passe environ 20 semaines par an en tournée au Canada et à l'étranger. Au début de 1988, elle fait une tournée de sept semaines en Orient, puis, en 1990, une tournée de même durée en Europe de l'Est et en Union soviétique. Le RWB est membre de l'Association canadienne des organisations professionnelles de la danse.

Max Wyman

Roy-Audy, Jean-Baptiste, peintre (Québec, 15 nov. 1778—Trois-Rivières, vers 1848). Fondamentalement autodidacte, il commence sa carrière comme peintre d'enseignes, de véhicules et d'armoiries en 1809, après avoir travaillé comme menuisier, ébéniste et carrossier. Il est plus particulièrement reconnu comme portraitiste et travaille surtout dans la région de Québec, quoiqu'on trouve de ses œuvres aussi loin qu'à Montréal. Le Musée du Québec et le Musée des beaux-arts de Montréal possèdent des collections de ses créations.

Michel Cauchon

Rozema, Patricia, cinéaste (Kingston, Ont., 20 août 1958). Bien qu'elle n'ait alors écrit et réalisé qu'un seul court métrage, Rozema obtient la reconnaissance internationale dès son premier long métrage *I've Heard the Mermaids Singing* (1987; v.f. *Le chant des sirènes*). Acclamé par la critique, et l'un des plus grands succès commerciaux du cinéma canadien, *Mermaids* est classé parmi les 10 meilleurs films de l'histoire du cinéma canadien par un jury international formé de 100 critiques et cinéastes.

Née dans le Sud de l'Ontario d'une famille d'immigrants hollandais, Rozema obtient un baccalauréat ès arts avec spécialisation en philosophie et en anglais au Calvin College (1981). Elle travaille brièvement dans le milieu du théâtre et de la télévision à Chicago, à New York et à Toronto avant de suivre un cours du soir de cinq semaines de production de film. Elle commence sa carrière dans le cinéma en réalisant *Passion: A Letter in 16 mm* (1985), un court métrage mettant en vedette Linda Griffith. Tout en écrivant son premier long métrage, elle fait son apprentissage comme assistante du réalisateur David CRONENBERG lors du tournage de *The Fly* (1986; v.f. *La mouche*).

En 1987, *I've Heard the Mermaids Singing*, coproduit avec Alex Raffe mais écrit, réalisé et monté par Rozema, est présenté dans le cadre de la Quinzaine des réalisateurs du Festival de Cannes et remporte le prestigieux Prix de la Jeunesse. Distribué dans le monde entier, le film consacre Rozema nouvel espoir du cinéma canadien.

Dans son deuxième long métrage, *White Room* (1990; v.f. *Le secret de la chambre claire*), plus sombre et plus ambitieux par sa portée que *Mermaids*, Rozema aborde des thèmes similaires, notamment celui de l'artiste confronté aux attentes du public et à la critique. La cinéaste y développe davantage son style visuel baroque.

En 1991, Rozema réalise *Desperanto*, un film de 20 minutes faisant partie de *Montréal Vu Par...*, formé de six courts métrages de réalisateurs canadiens renommés. Son traitement spirituel des sous-titres qui prennent vie est qualifié de «pure poésie».

When Night is Falling (1995; v.f. *Quand tombe la nuit*) raconte l'histoire d'un triangle amoureux (deux femmes et un homme) mise en scène dans les milieux radicalement différents, sur les plans social et visuel, d'un collège privé calviniste et d'un cirque moderne. Superbement baroque sur le plan visuel, sensuel et évocateur dans sa description d'une femme refoulée qui accepte ses désirs érotiques, le film est inscrit en compétition officielle au Festival du film de Berlin. Il remporte le prix du public dans les festivals du monde entier ainsi que le premier prix des festivals de gais et lesbiennes de Londres, Los Angeles, Chicago et Washington.

When Night is Falling est suivi du téléfilm *The Hunger* (1996), et de *Inspired by Bach* (1997), qui est produit par la célèbre société canadienne Rhombus Media et met en vedette le violoncelliste Yo-Yo Ma. Rozema continue à faire des films pour la télévision et le cinéma. En février 1996, elle donne naissance à une fille, Jacoba Lesley Rozema.

Kay Armatage

Rubenstein, Louis, patineur artistique (Montréal, 23 sept. 1861—*id.*, 3 janv. 1931). Rubenstein, un des plus grands athlètes complets du Canada, est champion canadien de patinage artistique de 1883 à 1889. En 1890, à Saint-Pétersbourg, en Russie, il remporte le championnat mondial de patinage, qui n'est pas encore une épreuve officielle, témoignant d'une maîtrise exceptionnelle de la discipline, tant en figures imposées qu'en style libre. Président de l'International Skating Union of America de 1907 à 1909, Rubenstein participe aussi activement à la gestion de plusieurs autres disciplines sportives. Quilleur et cycliste accompli, il est président de la Canadian Wheelmen's Association pendant 18 ans et président de l'Association des gymnastes amateurs de Montréal de 1913 à 1915. Rubenstein est l'un des associés de l'entreprise familiale de placage d'argent et conseiller municipal à Montréal de 1914 à 1931.

Barbara Schrodt

Rubes, Jan, basse, comédien et metteur en scène (Volyn, Tchécoslovaquie, 6 juin 1920). Il obtient un diplôme du conservatoire de musique de Prague en 1945 et devient la plus jeune basse de la Prague Opera House. Il interprète plusieurs premiers rôles à l'opéra de Pilsen, puis est choisi en 1948 pour représenter la Tchécoslovaquie au festival international de musique de Genève, où il remporte le premier prix.

Désireux d'augmenter ses possibilités musicales, Rubes immigre au Canada le 31 décembre 1948. Il joue un rôle de premier plan dans le développement de l'opéra au Canada et travaille longtemps avec la COMPAGNIE D'OPÉRA CANADIENNE, pour laquelle il interprète plusieurs rôles dont celui de Méphisto dans *Faust*, de Boris dans *Boris Godunov* et de Schigolch dans *Lulu*. Il est aussi directeur des tournées et de la programmation.

En 1958, Rubes interprète Leporello aux côtés de Joan Sutherland dans *Don Giovanni*, au Vancouver Festival. Il traduit et chante à plusieurs reprises l'intermezzo comique Il *Maestro di Cappella* de Domenico Cimarosa. En 1975, il monte *The Fool* de Harry SOMERS et *Adriane Auf Naxos* de Richard Strauss, sur la troisième scène du Festival de Stratford.

Pendant dix ans, il est la voix de l'émission radiophonique *Songs of My People* et, de 1975 à 1983, il scénarise et anime l'émission *Guest What?*, présentée par TVOntario. Devenu comédien au cours des dernières années, Rubes est chaleureusement acclamé pour ses prestations dans les productions télévisées *The Day My Grandad Died* (1977), *Charlie Grant's War* (1984) et *The Two Men* (1990) qui lui vaut le Prix Gémeau du meilleur second rôle. Il joue dans la série télévisée *Max Glick* et reçoit, en 1991, le Earle Grey Award pour l'ensemble de son œuvre à la télévision canadienne.

Parmi ses films, citons *Witness* (1985; v.f. *Témoin sous surveillance*), *One Magic Christmas* (1985; v.f.

Un Noël prodigieux), *Dead of Winter* (1987), *The Outside Chance of Maximillan Glick* (1988; v.f. *La fugue de Maximilien Glick*), *Class Action* (1990; v.f. *Confrontation à la barre*) et *Deceived* (1991; v.f. *Trompée*). Il traduit *The Lost Fairy Tale*, dont il interprète le rôle principal au Young People's Theatre de Toronto (1978). Rubes se voit confier des rôles importants dans un grand nombre de comédies musicales dont *L'Homme de la Mancha*, *The Sound of Music* (v.f. *La Mélodie du bonheur*) et *South Pacific*. En 1995, il joue dans *Twelve Dreams* de James Lapine au Newhouse Theatre du Lincoln Center, à New York.

James Defelice

Ruée vers l'or du fleuve Fraser En 1858, au moins 30 000 chercheurs d'or envahissent les rives du FLEUVE FRASER, de HOPE jusqu'au nord de Lillooet, au cours de la première véritable RUÉE VERS L'OR que connaît la Colombie-Britannique. La ruée du Fraser, bien que de courte durée, a des répercussions considérables sur les AUTOCHTONES de la région. Elle entraîne aussi rapidement la création de la colonie de la Colombie-Britannique sur le territoire britannique non souverain connu sous le nom de NEW CALEDONIA, afin de composer avec l'arrivée massive de mineurs étrangers.

Contrairement à la RUÉE VERS L'OR DE CARIBOO (1860-1863) qui attire de nombreux Canadiens, la ruée vers l'or du Fraser est un prolongement de la vie minière californienne (*voir* EXPLOITATION MINIÈRE). Yale, un ancien poste de la Compagnie de la baie d'Hudson, est rapidement transformé en un centre culturel typique du San Francisco des années 1850.

La ruée En 1858, tandis que l'exploitation des placers en Californie épuise les réserves d'OR natif, les mineurs habitués aux jours de gloire de la ruée de Californie sont marginalisés par l'exploitation hydraulique, qui nécessite des capitaux considérables. Un groupe imposant de chômeurs saute sur l'occasion pour se joindre à la ruée vers le «nouvel Eldorado».

Les découvertes les plus riches de poudre d'or fin ont lieu entre Hope et Yale, dans les BASSES-TERRES DU FRASER. La région est sous le contrôle des Américains, qui y ont provoqué des conflits entre les Blancs et les autochtones avant l'affirmation de la souveraineté britannique depuis la colonie voisine de l'île de Vancouver. Toutes les terres autochtones du Sud de la Colombie-Britannique sont alors envahies par de larges contingents de mineurs, ce qui déclenche les guerres indiennes de Washington et d'Oregon et, par extension, la guerre du fleuve Fraser de 1858.

Se dirigeant vers le nord par diverses routes terrestres et maritimes, cette ruée casse les reins d'une résistance autochtone massive, surtout celle des TRIBUS CÔTIÈRES DES SALISH, des SALISH DU CONTINENT et des tribus CHILCOTINS du Sud. En amont de Yale, des chutes et des canyons abrupts empêchent les bateaux à vapeur de remonter plus loin le fleuve Fraser. Les mineurs, tels que les CHINOIS, les Chiliens, les Hawaïens et d'autres groupes ethniques, exclus des cultures dominantes du bas du Fraser établissent leurs quartiers au-delà de Yale.

Daniel P. Marshall

Ruée vers l'or du Klondike Elle est provoquée par la découverte, le 17 août 1896, d'or alluvionnaire dans le ruisseau Rabbit (appelé plus tard Bonanza), un affluent de la rivière Klondike, par George Washington Carmack et ses beaux-frères indiens Skookum Jim et Tagish Charley. Cette découverte accidentelle est en fait due aux conseils d'un prospecteur canadien, Robert Henderson, dont on reconnaît aujourd'hui la participation à la découverte. La ruée vers l'or qui s'ensuit reste limitée, la première année, à l'intérieur du Yukon. Les mineurs déjà sur place prennent possession de chaque ruisseau (surnommé

«pup») le long des rivières Klondike et Indian, y compris le fabuleusement riche Eldorado.

Il faut attendre la mi-juillet 1897 pour que le monde extérieur apprenne l'événement, lorsque des pionniers ayant fait fortune rejoignent la côte ouest en bateau à vapeur. La description, dans le *Post-Intelligencer* de Seattle, d'«une tonne d'or» provoque une véritable ruée. L'effet sur une économie régionale stagnante est immédiat. Des fonds en sommeil sont libérés pour financer quelque 100 000 prospecteurs d'or amateurs qui prennent le chemin du nord au cours de l'automne et de l'hiver. Les plus riches effectuent tout le voyage par voie d'eau. Les moins fortunés sont contraints de faire la route par le COL WHITE et le COL DE CHILKOOT, avant de descendre le cours du Yukon dans des embarcations de fortune. Les téméraires, enfin, choisissent l'itinéraire «canadien d'un bout à l'autre» par la Colombie-Britannique ou à partir d'Edmonton. Certains finissent par passer deux années sur la route.

Très vite, une grande partie de l'Alaska et du Nord-Ouest canadien est parsemée d'hommes et de bêtes de somme. Aucune communauté canadienne entre Winnipeg et Victoria n'échappe à un phénomène dont les effets seront durables. Le Nord canadien apparaît soudain comme autre chose qu'une grande étendue gelée. La fièvre du Klondike sert de catalyseur à une série de découvertes de nouveaux minerais. Soixante bateaux à vapeur circulent sur le Yukon. La nouvelle ville de DAWSON, à l'embouchure du Klondike, dont la population sans cesse renouvelée tourne autour de 30 000 personnes, devient la plus grande communauté au nord de Seattle et à l'ouest de Winnipeg. Dans cette cité moderne, on trouve électricité, téléphones et cinémas. La prostitution y est tolérée et tavernes, salles de danse et tripots y sont largement ouverts, sauf le dimanche.

La Police à cheval du Nord-Ouest est responsable du maintien de l'ordre à Dawson, tandis que la TROUPE DE CAMPAGNE DU YUKON, une unité militaire, réaffirme par sa présence la souveraineté canadienne dans un environnement où la population est majoritairement américaine. La guerre hispano-américaine, ainsi que la découverte d'un nouveau filon à Nome, en Alaska, marque la fin de la ruée au cours de l'été de 1898. On estime qu'à cette date, les chercheurs d'or ont dépensé quelque 50 millions de dollars pour se rendre au Klondike, une somme à peu près égale au montant d'or retiré des gisements durant les cinq années qui ont suivi la découverte de Carmack. (*Voir aussi* RUÉES VERS L'OR.)

Pierre Berton

Ruées vers l'or On a découvert des gisements de minerai d'OR partout dans le monde, et leur exploitation a toujours nécessité des compétences spécialisées et un équipement coûteux et complexe. C'est le gravier aurifère découvert par les peuples autochtones (de la côte nord-ouest, du plateau et de la région subarctique), exploitable par des amateurs, qui est à l'origine de l'enthousiasme et de la publicité, d'où les «ruées» vers l'or.

Phénomène de la ruée vers l'or Dans la région Ouest de la cordillère, de la Californie à l'Alaska, on découvre du gravier aurifère en grandes quantités et des ruées vers l'or se produisent au milieu et à la fin du XIXe s. Celles-ci n'auraient pu avoir lieu avant l'ère du télégraphe, des journaux de masse et des bateaux à vapeur et, après 1900, il ne reste aucun terrain aurifère important à découvrir. Au cours de la même période, il y a des ruées secondaires dans les autres pays que borde le Pacifique. Des ruées mineures se produisent aussi ailleurs en Amérique du Nord britannique (Nouvelle-Écosse, Sud-Est de l'Ontario et Sud-Ouest du Québec), mais aucune prospection minière significative n'est organisée dans ces régions.

Les ruées suivent toujours le même processus: du gravier aurifère est découvert, en quantité significative de manière fortuite ou par des coureurs des bois et des prospecteurs; on se passe le mot, d'abord localement, ce qui attire d'autres prospecteurs accompagnés de leurs fournisseurs; ensuite, selon la qualité des terrains aurifères, la nouvelle est transmise plus loin par des prospecteurs venus de l'extérieur et par l'entremise de la presse commerciale, entraînant un influx encore plus grand de chercheurs d'or et d'aventuriers. Le mouvement parti de la Californie, où se produit une importante ruée vers l'or dans les années 1848-1849, se dirige vers le nord et jusque dans les territoires d'Oregon, de Washington et de la Colombie-Britannique, au cours de la décennie qui suit.

Premières ruées En Colombie-Britannique, l'enthousiasme soulevé par le gravier aurifère que les HAIDAS ont découvert dans les ÎLES DE LA REINE-CHARLOTTE (1851) entraîne une prospection intensive partout dans les autres îles côtières et dans la partie inférieure du continent. La découverte d'or dans les régions du bas et du moyen FRASER, du fleuve THOMPSON et de la rivière Bridge provoque une ruée brève, mais forte, aux environs de Yale, en 1858 (*voir* RUÉE VERS L'OR DU FLEUVE FRASER). Ce mouvement, qui a des répercussions sur les peuples SALISH et CHILCOTIN de la région côtière, est suivi par de petites ruées dans les régions de Boundary (Rock Creek), Similkameen (Wildhorse Creek) et du fleuve Thompson (Big Bend). De 1860 à 1866, on enregistre une poussée importante vers le nord en territoires Chilcotin et PORTEURS (*voir* RUÉE VERS L'OR DE CARIBOO).

Pendant ce temps, d'autres prospecteurs fouillent le territoire de la région d'EDMONTON, le long des rivières BOW, RED DEER, SASKATCHEWAN-NORD et McLeod, où ont lieu des ruées de courte durée assez localisées. Excités par les découvertes de la région de Cariboo, les prospecteurs commencent à prendre sérieusement d'assaut la partie Nord de la cordillère. En direction de l'est, ils recherchent des gisements alluvionnaires en suivant les rivières Finlay et Parsnip, puis en descendant la RIVIÈRE DE LA PAIX jusqu'à la région de FORT ST. JOHN; vers l'ouest, ils remontent les rivières SKEENA et Omineca, déclenchant la ruée d'Omineca en 1868.

Ils pénètrent alors sur un territoire difficile, situé au nord d'Omineca, en direction des monts CASSIAR, par les rivières LIARD et STIKINE. Au lac Dease, une découverte majeure provoque une ruée au cœur du district de Cassiar, en 1872. Les deux dernières ruées impliquent un grand nombre de TSIMSHIANS, de TLINGITS, de porteurs, de SEKANIS, de KASKAS et de TAHLTANS.

Ruée vers l'or du Klondike En s'approchant de ce qu'ils croient être la principale et unique source des autres gisements aurifères, le «filon mère», les chercheurs d'or et leurs fournisseurs pénètrent au centre du bassin Alaska-Yukon en remontant le FLEUVE YUKON. En 1896, la publicité internationale qui entoure la découverte de grosses pépites d'or dans l'anse Bonanza, sur la rivière Klondike (totalement en territoire canadien), déclenche la ruée la plus célèbre de toutes, la RUÉE VERS L'OR DU KLONDIKE (1897-1898). Suivent des ruées plus petites à Nome, en Alaska, et à Atlin, dans la partie Nord-Ouest de la Colombie-Britannique. Ces ruées vers le nord perturbent de façon dramatique la vie de nombre de peuples autochtones et font presque disparaître les HANS, qui habitaient la région de DAWSON.

Société de la ruée vers l'or La majorité des prospecteurs et des mineurs, ainsi qu'un grand nombre des artistes, marchands, emballeurs et spéculateurs, qui participent à chacune des ruées vers l'or sont des Blancs originaires de la côte du Pacifique, en particulier de la Californie. On compte aussi beaucoup d'autochtones et de CHINOIS qui travaillent occasionnellement comme guides, au transport, à l'extrac-

tion, à la prospection et à l'approvisionnement. Mais des hommes (et quelques femmes) qui viennent des régions plus peuplées de l'Amérique du Nord et d'autres parties du monde y prennent part également, surtout après 1858, lorsque des gisements plus profonds (entraînant des opérations plus permanentes) sont découverts.

Exploitation du minerai d'or La technologie propre à l'exploitation du minerai d'or se développe d'abord dans les régions aurifères de la Californie. Pour tout gisement aurifère, la découverte et la première phase de la ruée vers l'or impliquent la PROSPECTION, le lavage du gravier et l'écluisage. Les personnes disposant d'un petit capital peuvent exploiter les barres et le gravier de surface qui ne cèdent habituellement que de l'or fin. Une fois que les dépôts les plus accessibles sont épuisés, et si l'on ne découvre pas de gravier de sous-surface, on abandonne le plus souvent la région, mais des femmes et des hommes blancs, autochtones et chinois continuent à trouver du gravier aurifère dans les barres et sur les plages entourant les fleuves Fraser, Thompson et Bridge, dans les ruisseaux au sud de l'intérieur, dans la région de Cariboo, le long de la Skeena et dans les gisements des fleuves Omineca, Cassiar et Atlin jusqu'au milieu des années 30.

Extraction plus sophistiquée Les pépites d'or, qui ont plus de valeur que l'or fin, se trouvent dans les gisements plus profonds. S'il y a des «filons souterrains payants» à exploiter, une deuxième phase de développement a lieu. Les mineurs dégagent de petits trous et des fosses au pic et à la pelle, forent des cheminées dans les plages et les coteaux et traitent le gravier et la boue grâce à un système complexe d'écluses. Cela implique plus de travail, une technologie plus complexe et plus coûteuse (dont une bonne part est manufacturée) et des approvisionnements en eau et en bois de plus en plus importants. Il faut donc former des partenariats, de petites entreprises et fonder des centres plus permanents destinés au logement, à l'approvisionnement et à l'administration.

Cette phase est toutefois de courte durée. Dans certains cas, quand les dépôts alluvionnaires sont exceptionnellement riches, comme c'est le cas dans le Klondike et, dans une moindre mesure, dans les gisements de Cariboo, on entreprend finalement des opérations hydrauliques ou de dragage qui nécessitent de gros investissements. Cela exige non seulement une technologie sophistiquée et beaucoup de capitaux, mais aussi des systèmes d'approvisionnement et de contrôle des eaux séparés et extrêmement organisés, pour lesquels il est nécessaire de mettre sur pied de grandes entreprises.

Héritage Les ruées vers l'or n'accroissent pas l'approvisionnement mondial en or de façon significative et ne font pas davantage la fortune des mineurs. Sauf dans les cas où les gisements sont exceptionnellement riches et qu'ils possèdent des filons de quartz que l'on peut exploiter, la majorité des ruées n'apporte aucune contribution permanente à l'EXPLOITATION MINIÈRE. Les ruées vers l'or contribuent plutôt à ouvrir de grands territoires à l'exploitation permanente des RESSOURCES et au peuplement par les Blancs. La popularité des gisements du Klondike est exploitée intensivement par les fonctionnaires de l'immigration du Canada et par ceux qui possèdent des intérêts commerciaux dans l'Ouest, dans le but de vanter le potentiel de l'Ouest canadien comme lieu d'établissement. Pour la population autochtone de la Colombie-Britannique et du Yukon, cette ruée vers l'or est synonyme d'affrontements entre Blancs et Amérindiens, particulièrement dans le CANYON DU FLEUVE FRASER et dans le pays Chilcotin. Associée au développement rapide des industries basées sur les ressources naturelles et au peuplement qui s'ensuit, elle entraîne l'imposition

subite d'un système d'autorité qui est en lui-même essentiellement étranger et destructeur.

Les ruées vers l'or ont un impact même sur ceux qui ne sont pas directement concernés: elles procurent un thème populaire à bien des écrits des XIXᵉ et XXᵉ siècles, particulièrement aux États-Unis. Le thème de la ruée vers l'or se retrouve partout, depuis les romans à quatre sous jusqu'aux œuvres classiques d'un Jack London ou dans la poésie d'un Robert SERVICE ainsi que dans les premiers films telle *La ruée vers l'or* de Charlie Chaplin. La littérature plus récente ayant la ruée vers l'or pour thème se situe davantage dans la ligne des récits historiques (*voir* Pierre BERTON) et des souvenirs personnels qui ont moins recours à des perspectives dramatiques. BARKERVILLE, Dawson, WHITEHORSE et Edmonton célèbrent toutes annuellement l'époque de la ruée vers l'or.

Dianne Newell

Rugby Jeu amateur qui oppose 2 équipes de 15 joueurs et qui consiste à porter, botter et passer (les passes avant ne sont pas autorisées) un ballon ovale. Les joueurs marquent des points lorsqu'ils réussissent à poser le ballon derrière la ligne de but adverse (un essai) ou s'ils le font passer entre les poteaux de but (un but). Les jeux où l'on court avec un ballon se pratiquaient déjà avant le Moyen Âge, et la thèse selon laquelle William Webb Ellis aurait inventé la forme moderne du rugby à la Rugby School d'Angleterre, d'où le nom football rugby, a été largement réfutée. En 1863, on distingue le football rugby du football association (SOCCER) et, en 1871, l'organisme qui régit ce sport, la Rugby Football Union, est créé en Angleterre. Ce sont probablement des colons britanniques et des membres de la garnison et de la marine royale qui ont introduit le rugby au Canada, à partir de 1823. Ils en favorisent le développement dans plusieurs parties du pays, en particulier à Halifax, à Toronto et à Montréal, et plus tard au XIXᵉ s., à Vancouver. Cette ville deviendra, grâce à son climat et sa tradition britannique marquée, le bastion du rugby. En 1864, au Trinity College de Toronto, F. Barlow Cumberland et Fred A. Bethune sont les premiers à établir les règles du football rugby au Canada. En 1865, à Montréal, des officiers du régiment anglais jouent contre des civils, venant surtout de l'U. McGill: ce sera le premier match canadien de rugby. Par la suite, les clubs de football rugby se multiplient au Canada et organisent des compétitions. Les clubs de Montréal (1868), de Halifax (1870), de Winnipeg (1879) et de Vancouver (1889) en sont de bons exemples. En 1874, Harvard et McGill s'affrontent lors du premier match international de rugby en Amérique de Nord. Dès lors, les variétés nord-américaines de rugby vont évoluer. En 1882, la création de l'Union canadienne de football rugby marque la séparation entre le football anglais et le football américain. Le code anglais du rugby au Canada relève des associations provinciales de rugby qui, pendant de nombreuses années, suivent les directives administratives de la Rugby Football Union de l'Angleterre avant de rallier l'Union canadienne de rugby en 1929. Dix ans plus tard, celle-ci interrompt ses activités en raison de la Seconde Guerre mondiale. Reformée en 1965, elle prend le nom de Fédération canadienne de rugby (FCR) en 1967.

Si le rugby s'est développé sous l'impulsion des immigrants britanniques et du personnel militaire, les équipes canadiennes qui jouent à l'étranger, tout comme les équipes étrangères qui viennent au Canada, contribuent au succès du jeu en faisant ressortir sa dimension internationale. En 1902, une équipe canadienne se rend pour la première fois dans les îles Britanniques, et depuis, des équipes sont allées au Japon, en Angleterre, au pays de Galles, en Irlande, en Argentine et en Australie. Parmi les équipes nationales d'outre-mer venues au Canada, on compte celles du Japon, de l'Angleterre, de l'Australie, de la Nouvelle-Zélande, des îles Fiji, du pays de Galles, de l'Italie, ainsi que les British Lions. Des équipes provinciales et des équipes scolaires affrontent des formations d'outre-mer depuis 1908. Cette année-là, en Californie, les représentants de la Colombie-Britannique perdent deux matchs contre les All-Blacks de la Nouvelle-Zélande. La plupart des voyages dans cette catégorie ont eu lieu après la mise sur pied du Rugby Tours Committee en 1960. La Colombie-Britannique demeure la place forte du rugby au Canada, bien qu'aujourd'hui on pratique ce sport dans les 10 provinces. En 1958, la province pacifique remporte la première coupe Carling, symbole du championnat national. Quoique le championnat ait été suspendu entre 1959 et 1966, l'équipe de la Colombie-Britannique a conservé le titre jusqu'en 1971; l'Ontario le lui a alors ravi.

Le rugby continue à progresser jusque dans les années 70 et les années 80. En 1976, on inaugure un championnat interprovincial junior, puis, en 1982, on met sur pied une équipe junior nationale. L'équipe remporte sa première partie aux dépens du Japon. Des matchs supplémentaires sont disputés contre des écoles galloises (1983, 1986) et les Colts d'Angleterre (1985). L'équipe canadienne défait une puissante équipe galloise au tournoi de Vancouver, en 1986. La participation accrue des femmes au rugby favorise le développement du sport. Plus de 30 équipes féminines évoluent sur le territoire canadien et, depuis 1983, un championnat canadien féminin se déroule annuellement dans l'Ouest. À la fin de 1987, la première équipe féminine canadienne participe à un tournoi international qui l'oppose aux États-Unis.

Ces progrès, de même que les effets bénéfiques du programme d'entraînement de la FCR (associé au Programme national de certification des entraîneurs), contribuent au succès du rugby au Canada. Les efforts consentis pour promouvoir ce sport donnent des résultats puisque l'équipe nationale senior participe à la Coupe mondiale de rugby en Australie et en Nouvelle-Zélande en 1987. L'amélioration des équipes canadiennes ne fait plus aucun doute lorsque le Canada accède, à la surprise générale, aux quarts de finale de la Coupe du monde en 1991.

Dave Brown

Ruh, Philip, né Roux, prêtre (OMI) et architecte (Bickenholtz, Alsace-Lorraine, 6 août 1883—Saint-Boniface, Man., 24 oct. 1962). Ruh entre chez les Oblats en Europe et est ordonné prêtre en Hollande en 1910. Il se porte volontaire comme missionnaire chez les Ukrainiens catholiques du Canada et demeure deux ans (1911-1913) en Ukraine pour y étudier la langue et la culture. Il arrive à Edmonton en mai 1913 après être passé par New York, et est affecté au service de toutes les colonies ukrainiennes situées au nord de la rivière Saskatchewan Nord.

En Alberta, malgré les limites de sa formation pédagogique en architecture, Ruh conçoit cinq églises et un monastère, dont il dirige la construction, ainsi que des jardins pour la famille Faryna à Radway. En 1924, il déménage à Mountain Road, au Manitoba. C'est à cette époque qu'il change l'orthographe de son nom afin d'être en accord avec sa culture d'adoption. Au cours des années 20, il conçoit plusieurs églises, dont l'église St. Mary de Mountain Road, la plus grande église en bois de l'Ouest canadien (détruite par le feu en 1966); l'église Blessed Mary Virgin, à Portage la Prairie (construite en 1929 et démolie en 1983); l'église Holy Ascension à Winnipegosis (1929); et l'église St. Basil the Great, à Regina (1928).

En 1930, le père Ruh est affecté à Cook's Creek, au Manitoba, où il reste jusqu'à la fin de sa double carrière de prêtre et d'architecte. C'est en 1930 qu'il commence la conception et la direction de la construction de l'église Immaculate Conception, un monument qui n'est achevé qu'en 1952. En 1941, au milieu de la longue période de construction, il reçoit le titre de monseigneur. La construction de la grotte et du calvaire adjacents à l'église commence en 1954 et est encore inachevée au moment de sa mort en 1962.

Le père Ruh met ses talents et son énergie dans plusieurs autres projets d'église durant la longue période de construction à Cook's Creek. Au cours des 30 dernières années de sa vie, il conçoit plusieurs belles églises dans des villes et des villages de l'Ontario et de l'Ouest canadien. L'église de St. Josophat à Edmonton (v. 1942) est un exemple vivant de son œuvre. Il a aussi conçu le design d'églises pour les villes de Dauphin (Manitoba), Saskatoon (Saskatchewan) et Grimsby (Ontario).

Le père Ruh est l'un des grands bâtisseurs d'églises du Canada. En adaptant les plans qu'il a apportés dans son pays d'adoption, il réalise une fusion souvent stimulante des styles conventionnels et de l'architecture vernaculaire. Au moins 40 des bâtiments qu'il a conçus dans l'Ouest canadien nous restent en héritage.

William P. Thompson

Rule, Jane Vance, écrivaine (Plainfield, N.J., 28 mars 1931). Après des études au Mills College, en Californie, et au University College, à Londres, Rule déménage à Vancouver en 1956. Elle est directrice adjointe de l'International House à l'U. de la Colombie-Britannique (1958-1959) et donne des cours d'anglais et de création littéraire à l'U. de la Colombie-Britannique (1959-1976). En 1976, elle s'installe à Galiano Island (Colombie-Britannique), où elle habite toujours.

Rule possède un sens aigu de l'observation des relations sociales et amoureuses, qu'elles soient homosexuelles ou hétérosexuelles, et elle en rend compte avec franchise et originalité dans ses écrits. Parmi ses romans figurent *Desert of the Heart* (1964; trad. *Déserts du cœur*, 1993), *This Is Not for You* (1970), *The Young in One Another's Arms* (1977), *Contract with the World* (1980), *Memory Board* (1987; trad. *L'aide-mémoire*, 1998) et *After the Fire* (1989).

Rule publie aussi des nouvelles (*Themes for Diverse Instruments*, 1975; *Outlander*, 1981; *Inland Passage and Other Stories*, 1985), des essais (*A Hot-Eyed Moderate*, 1984) et une étude sur les écrivaines lesbiennes (*Lesbian Images*, 1975). Au début des années 90, elle renonce aux romans et aux nouvelles pour participer à des activités littéraires locales et nationales et défendre les droits des homosexuels. Mentionnons entre autres *Little Sister's Book* et l'action intentée par Art Emporium contre les douanes canadiennes.

Jean Wilson

Rumex Plante herbacée, du genre *Rumex*, le Rumex appartient à la famille des Polygonacées (SARRASIN), dont la plupart des variétés sont vivaces. On appelle «patience» certaines espèces, d'autres «oseille». On en trouve environ 150 espèces dans le monde entier; la moitié des 22 espèces du Canada sont indigènes. Dans l'hémisphère Nord, plusieurs espèces de rumex sont des PLANTES NUISIBLES communes. Les fleurs verdâtres au sommet de la plante tournent au brun rougeâtre lorsqu'elles sont à maturité. Les graines sont lisses, brunes et trigones (à trois côtés). Le rumex crépu (*R. crispus*; ou patience crépue), une des cinq plantes les plus répandues dans le monde, est une plante nuisible indésirable que l'on trouve dans les terrains remaniés de toutes les provinces. Ses feuilles étroites et longues possèdent des contours ondulés et crispés. Le rumex à feuilles obtuses (*R. obtusifolius*) se trouve dans des lieux un peu humides et partiellement ombragés, dans l'Est du Canada et en Colombie-Britannique.

Dans les prés, le rumex de Finlande (*R. pseudonatronatus*) est plus commun que le rumex crépu. Le rumex petite-oseille (*R. acetosella*) se trouve sur les terres appauvries, dans toutes les provinces. Cette plante élancée atteint une hauteur de 15 à 30 cm. Ses feuilles à saveur âcre et acide possèdent chacune deux lobes sur une longue tige. La grande oseille thyrsiflore (*R. thyrsiflorus*) est abondante dans le Bas-Saint-Laurent. On peut manger les feuilles de certaines espèces d'oseille comme celles des épinards. Les autochtones appréciaient leurs feuilles et leur racine pivotante pour leurs vertus médicinales. (*Voir aussi* PLANTES, UTILISATION PAR LES AUTOCHTONES DES.)

Paul B. Cavers

Rumilly, Robert, historien nationaliste (Martinique, 1897—Montréal, 8 mars 1983). Dans une étonnante série de 42 volumes, Rumilly raconte l'histoire du Québec de 1867 à nos jours. Malgré son manque de formation professionnelle (sa documentation ne fait jamais l'objet de notes en bas de page), il est le premier écrivain du Canada français à esquisser les grands pans de l'histoire de sa province et mérite à ce titre la reconnaissance des auteurs qui ont suivi ses traces et se sont largement appuyés sur son œuvre.

Dans ses écrits, il fait appel au concept de «race» pour expliquer les relations entre francophones et anglophones et il étudie les conséquences de l'industrialisation sur son peuple. Rumilly pense que le Québec est destiné à être le centre du catholicisme et de la civilisation française en Amérique du Nord. Foncièrement conservateur, voire de droite, il est pendant les années 50 un éloquent porte-parole du courant nationaliste traditionnel, qui trouve son expression politique dans le régime de l'Union nationale dirigée par Maurice Duplessis.

Joseph Levitt

Rundle, Robert Terrill, missionnaire méthodiste et pasteur itinérant (Mylor, Angl., 11 juin 1811—Garstang, Angl., 4 fev. 1896). Envoyé comme missionnaire méthodiste sur le territoire de la future Saskatchewan, il arrive à Fort Edmonton le 18 octobre 1840, son quartier général jusqu'en 1848. Il passe plusieurs hivers à Fort Petit lac des Esclaves et à Fort Assiniboine et quelques printemps et étés à ROCKY MOUNTAIN HOUSE et à Gull Lake. Il se rend jusqu'au pays des Pieds-Noirs, au sud, en 1841 et en 1847.

En 1844, il franchit les premières chaînes des Rocheuses, où il aperçoit le mont qui porte aujourd'hui son nom. Il maîtrise la langue crie, ayant appris l'ÉCRITURE SYLLABIQUE CRIE élaborée par James Evans. Dans son journal, il fait état des modifications apportées au syllabaire au cours des premières années. Il n'a aucun succès dans ses tentatives de fonder des missions permanentes. Seule la mission de Pigeon Lake est fondée par son disciple, Benjamin Sinclair, en 1848. À son retour en Angleterre, il sert dans diverses circonscriptions ecclésiastiques jusqu'à sa retraite. (*Voir aussi* MISSIONS ET MISSIONNAIRES.)

Frits Pannekoek

Rupert, rivière La rivière Rupert, d'une longueur de 763 km, prend sa source dans le lac Témiscamie. Son cours sinueux traverse une série de lacs et une plaine côtière pour aller se déverser dans la partie Sud-Est de la BAIE JAMES. Depuis des siècles, les Cris habitent les berges de la rivière. Le navigateur anglais Henry HUDSON passe l'hiver 1610-1611 à son embouchure.

En 1668, le navire NONSUCH fait son voyage historique jusqu'à l'endroit où est née la Compagnie de la baie d'Hudson et où a débuté la traite des fourrures dans la baie du même nom. La Compagnie établit son premier comptoir à l'embouchure de la rivière. Durant de nombreuses années, le cours d'eau sera la principale voie de communication utilisée par les commerçants de fourrures et les Amérindiens pour se rendre à la côte à l'intérieur des terres. L'établissement autochtone de Fort Rupert (ou Waskaganish, ce qui signifie «petite maison») est encore situé près de l'emplacement du premier comptoir. Le prince Rupert fut le premier gouverneur de la Compagnie de la Baie d'Hudson.

Daniel Francis

Rupert, Terre de Le 2 mai 1670, Charles II d'Angleterre accorde à la COMPAGNIE DE LA BAIE D'HUDSON (CBH) une grande partie de l'Amérique du Nord, qui est nommée Terre de Rupert en l'honneur du prince Rupert, cousin du roi et premier gouverneur de la compagnie. Le territoire concédé correspond au bassin hydrographique de la BAIE D'HUDSON, qui comprend, selon la géographie moderne, le Nord du Québec, la partie de l'Ontario située au nord du bassin du Saint-Laurent, tout le Manitoba, la majeure partie de la Saskatchewan, le Sud de l'Alberta et une partie des Territoires du Nord-Ouest. La compagnie devait avoir le monopole et l'autorité absolue sur le territoire.

La CBH commence par établir des postes de TRAITE DES FOURRURES autour de la baie James et de la baie d'Hudson. En 1774, Samuel HEARNE établit le premier poste intérieur de l'Ouest à Cumberland House, en Saskatchewan. En 1870, le territoire compte déjà 97 postes. Les commerçants de fourrures de la CBH servent souvent des pionniers en tant que voyageurs, explorateurs et cartographes de la Terre de Rupert.

Dans les années 1850, le mouvement pour l'annexion de la Terre de Rupert au Canada prend de l'ampleur et l'ACTE DE L'AMÉRIQUE DU NORD BRITANNIQUE comporte des dispositions prévoyant son entrée dans le Canada. Le 19 novembre 1869, la compagnie signe et scelle l'acte de transfert qui concède à la Couronne les terres incluses dans sa charte. Les gouvernements de la Grande-Bretagne et du Canada fixent la date du transfert au 1ᵉʳ décembre 1869.

Par suite de la RÉBELLION DE LA RIVIÈRE ROUGE, le transfert ne devient effectif que le 15 juillet 1870. En échange de la Terre de Rupert, la CBH reçoit 300 000 livres, certaines terres entourant ses postes et, plus tard, environ 2,8 millions d'hectares de terres arables dans la région actuelle des Prairies.

Shirlee Anne Smith

Russell, Andy, écrivain et défenseur de l'environnement (Lethbridge, Alb., 8 déc. 1915). Russell abandonne l'école secondaire et vit du piégeage durant la Crise des années 30 avant de travailler pour Bert Riggall, guide de chasse au mouflon d'Amérique. Sa connaissance approfondie du milieu naturel le conduit à l'écriture, et il vend son premier grand article à la revue *Outdoor Life* en 1945. Ses ouvrages, dont *Grizzly Country* (1967), *Horns in the High Country* (1973), *Adventures with Wild Animals* (1977), *The Canadian Cowboy* (1994) et son autobiographie *Memoirs of a Mountain Man* (1984), lui valent plusieurs prix.

En 1987, Russell publie *The Life of a River*, récits et anecdotes sur l'Ouest aux accents écologiques dans leur opposition à la construction d'un barrage sur la rivière Oldman. Dans le cadre d'une série de conférences internationales, il produit *Grizzly Country* et deux autres longs métrages qui contribuent de façon importante à la compréhension de ces animaux solitaires. Il reçoit le Crandall Award for Conservation en 1977.

John Patrick Gillese

Russell, Benjamin, juriste et auteur (Dartmouth, N.-É., 10 janv. 1849—Halifax, 21 sept. 1935). Juriste accompli et polyvalent, Russell se distingue rapidement après avoir été admis au barreau de la Nouvelle-Écosse en 1872. Il pratique le droit avec beaucoup de succès à Halifax, tient le registre des débats de l'Assemblée législative de 1869 à 1883, puis occupe le rôle de rapporteur officiel et de conseiller juridique à titre privé au Conseil législatif de 1884 à

1896. Il est également rapporteur officiel de la Cour suprême de Nouvelle-Écosse de 1875 à 1895.

À partir de 1883, Russell est chargé de cours de droit à l'U. Dalhousie, puis écrit ou édite de nombreux ouvrages juridiques importants, dont son *Autobiography* (1932). Après avoir été nommé au conseil du roi, en 1890, il devient juge puîné de la Cour suprême de Nouvelle-Écosse en 1904, où il siégera jusqu'à sa mort.

D.H. Brown

Russell, Frederick William, homme d'affaires, lieutenant-gouverneur de Terre-Neuve (St. John's, T.-N., 10 sept. 1923). Il est pilote de chasse pour l'Aviation royale du Canada (ARC) durant la Seconde Guerre mondiale et, au moment où il se retire, il est lieutenant-colonel. Il se dirige ensuite vers le secteur de l'automobile, à St. John's, et élargit ses activités dans ceux de l'assurance et des pêches. Russel s'intéresse aux relations de travail dans la province, siège à plusieurs conseils provinciaux et devient aussi membre du conseil de l'Agence de promotion économique du Canada atlantique. Il est aide de camp honoraire auprès de deux lieutenants-gouverneurs de Terre-Neuve, ainsi que des gouverneurs généraux MASSEY et VANIER. Russel contribue à la formation de l'escadron des Cadets de l'air du Canada à St. John's. Homme d'affaires bien connu et influent dans sa communauté, à St. John's, Russel devient, en 1991, le 77ᵉ lieutenant-gouverneur de Terre-Neuve, le neuvième depuis la Confédération.

Russell, John Hamilton Gordon, architecte (Toronto, 5 nov. 1862—Winnipeg, 7 fev. 1946), membre éminent de la profession au Manitoba de 1894 à la Première Guerre mondiale. Apprenti dans le cabinet d'architectes H.B. Gordon and Helliwell à l'âge de 16 ans, Russell travaille, à partir de 1886, pour d'autres cabinets dans plusieurs villes de l'Ouest des États-Unis. Ses bâtiments importants comprennent, entre autres, des entrepôts pour J.H. Ashdown et plusieurs églises dont Augustine (1903), Westminster (1909) et Knox (1913), où il explore les possibilités du plan en amphithéâtre sous des dehors néogothiques. Il manifeste son leadership au sein de la profession en participant à la fondation de la Manitoba Association of Architects et en devenant le premier président de l'Institut royal d'architecture du Canada. C'est pourquoi l'un de ses collègues l'appelle «notre doyen» dans l'éloge qu'il fait de lui.

William P. Thompson

Russell, Loris Shano, paléontologue (Brooklyn, N.Y., 21 avril 1904—Toronto, 6 juill. 1998). Élevé en Alberta, il est directeur du Musée royal de paléontologie de l'Ontario de 1946 à 1950. Il entre aux Musées nationaux du Canada en 1950 où il est chef de la Division de la zoologie de 1950 à 1956, directeur du Musée national d'histoire naturelle de 1956 à 1963 et directeur par intérim du Musée de l'homme de 1958 à 1963. Il est ensuite nommé chef biologiste au Musée royal de l'Ontario et professeur de géologie à l'U. de Toronto. Pendant la Seconde Guerre mondiale, il sert dans le Corps royal canadien des transmissions, au Canada et en Europe, et, par la suite, dans la milice du Canada. Il se retire avec le grade de major.

Les découvertes de Russell sur les dinosaures et les premiers mammifères sont particulièrement importantes. Il a été le premier à avancer l'hypothèse selon laquelle les dinosaures auraient eu le sang chaud. Il a aussi apporté les premières contributions fondamentales à l'histoire de l'éclairage et de la culture matérielle du XIXᵉ s. en Amérique du Nord et a publié plus de 100 cahiers scientifiques, de nombreux articles de large audience et plusieurs livres, dont *A Heritage of Light* (1968) et *Handy Things to Have Around the House* (1979). Il se retire en 1971, mais continue ses travaux sur le terrain dans l'Ouest canadien et ses recherches sur l'évolution des mam-

mifères. (*Voir aussi* RECHERCHE DE DINOSAURES DANS L'OUEST CANADIEN.)

William E. Swinton

Russell, Robert Boyd, syndicaliste, politicien travailliste (Glasgow, Écosse, 1888—Winnipeg, 9 sept. 1964). Figure dominante de la GRÈVE GÉNÉRALE DE WINNIPEG en 1919, Russell est par la suite accusé de conspiration séditieuse. Déclaré coupable, il est condamné à deux ans de prison. Il s'agit de la peine la plus sévère pour un tel délit.

Russell est membre du comité de grève à titre de représentant de l'Association internationale des machinistes. Toutefois, comme il est le porte-parole principal du ONE BIG UNION (OBU) à Winnipeg, sa présence porte les autorités provinciales à voir dans la grève une tentative de révolution. Le Parti socialiste et l'OBU essaient en vain de le faire réélire au Parlement en 1921. Ironiquement, les votes accordés au candidat du Parti communiste, Jacob Penner, contribuent à assurer la défaite du «bolchevique» le plus connu au Canada. La carrière longue et mouvementée de Russell au sein du mouvement ouvrier s'échelonne sur plus de 50 ans.

En 1956, les derniers tenants du OBU se joignent au Congrès du Travail du Canada (CTC), qui vient d'être fondé. Russell conserve son poste de secrétaire général du conseil du district de Winnipeg jusqu'à ce que sa mauvaise santé le force à prendre sa retraite en 1962. Le CTC, le premier ministre du Manitoba, Duff ROBLIN, et bien d'autres finissent par lui rendre hommage. Sa carrière rappelle aujourd'hui encore la complexité sociale et politique de l'immigration des représentants de la classe ouvrière écossaise au Canada.

Allen Seager

Russes Ils composent le plus grand groupe ethnique des pays slaves et la nationalité dominante au sein de la Fédération de Russie, qui a succédé à l'Empire russe et à l'URSS. En 1994, ils composaient environ 81,5 p. 100 de la population, soit quelque 148,5 millions de personnes. En outre, 25,3 millions de Russes vivent à l'extérieur de la Fédération de Russie. Au Canada, en 1996, on recensait 272 335 Canadiens d'origine russe (réponses unique et multiple). À l'exception des DOUKHOBORS, relativement unifiés et concentrés, dont le nombre s'élève à près de 30 000, les membres de ce groupe ethnique, vieillissant et s'assimilant rapidement, ont tendance à se disperser sur le territoire canadien. Toutefois, leur contribution aux domaines des arts, des sciences et des professions au Canada est plus importante que ne l'indique leur nombre.

Migration et peuplement Les premiers Russes du Canada sont des chasseurs à la recherche de fourrures, basés sur le territoire qui est aujourd'hui l'Alaska. Ils exercent leur activité dans les îles de la Reine-Charlotte et le long de la côte vers le sud, dans les années 1790. Plusieurs officiers russes en service détaché, membres de la marine britannique, sont basés à Halifax de 1793 à 1795.

Bien que certaines autorités russes aient recommandé l'occupation des terres côtières jusqu'en Californie espagnole, les conventions de 1824 et 1825 conclues entre les États-Unis et la Grande-Bretagne mettent fin à ces aspirations en restreignant l'Amérique russe à la frontière Canada-Alaska actuelle.

Les limitations officielles canadiennes et russes font habituellement obstacle à l'émigration hors de Russie. Par voie de conséquence, les premiers immigrants d'origine russe arrivent au Canada principalement en groupes, par suite d'arrangements particuliers. De 1874 à 1880, près de 8000 colons MENNONITES allemands provenant du Sud de la Russie s'installent en Saskatchewan. En 1899, 7500 Doukhobors s'installent au Canada, grâce à l'aide du célèbre écrivain Léon Tolstoï, en Russie, du professeur James Mavor et de Clifford SIFTON, alors ministre de l'Intérieur, au Canada. À partir des années 1890, plusieurs milliers de JUIFS russes émigrent, fuyant la vie de ghetto et les pogroms de l'Ouest de la Russie. De petites communautés russes s'établissent à Montréal, à Toronto, à Windsor, à Timmins, à Winnipeg, à Vancouver et à Victoria.

Les premiers immigrants sont en majorité des paysans qui trouvent du travail dans diverses industries. Après la Seconde Guerre mondiale, une grande partie du million de Russes, composée surtout d'ouvriers agricoles et de travailleurs d'usines fuyant les répercussions de la révolution russe, cherchent à entrer au Canada, où l'on favorise l'immigration des hommes disposés à travailler comme ouvriers agricoles, bûcherons et mineurs. Les intellectuels, qui parviennent à entrer au Canada et à exercer leur profession, accomplissent un travail exceptionnel dans de nombreux domaines: Leonid I. Strakhovsky (1898-1963) ouvre la voie aux études slaves à l'U. de Toronto; Boris P. Babkin (1877-1950) poursuit sa carrière en gastroentérologie à l'U. Dalhousie et à l'U. McGill; Nicolas, Vladimir, Alexis et George IGNATIEFF, les quatre fils du comte Paul Ignatieff, dernier ministre de l'Éducation du tsar Nicolas II, apportent une importante contribution à l'ingénierie et aux affaires publiques; Paraskeva Clark (née Plistik) deviendra une peintre renommée. Certains Russes rejoignent le BATAILLON MACKENZIE-PAPINEAU du Canada qui combat du côté des républicains au cours de la guerre civile espagnole.

La Crise des années 30 et la Seconde Guerre mondiale interrompent pratiquement toute immigration, puis, de 1948 à 1953, un nombre considérable de Russes arrivent au Canada. Certains d'entre eux avaient à l'origine quitté la Russie pour s'établir en Europe, mais la majorité est constituée des millions de personnes déplacées qui se sont retrouvées en Allemagne après la guerre, soit parce qu'elles s'opposaient à Staline, soit parce qu'on les avait condamnées aux travaux forcés. Ces deux groupes se composent de personnes généralement jeunes, instruites, plutôt urbaines et conscientes de leur patrimoine russe.

Après 1953, l'immigration russe décline fortement (au début des années 70, le nombre annuel moyen d'immigrants provenant de l'ensemble de l'URSS n'est que de 230), bien que le gouvernement soviétique commence, à cette époque, à autoriser l'émigration de certains juifs. À la fin des années 80, le Canada a admis près de 1500 immigrants juifs soviétiques. Depuis la dissolution de l'URSS, en décembre 1991, les juifs russes ont continué à composer une grande partie de la vague migratoire en provenance de la Fédération de Russie. La Colombie-Britannique compte la plus grande population d'origine russe, principalement en raison de la colonie doukhobore. Viennent ensuite l'Ontario, l'Alberta et la Saskatchewan.

Vie sociale et culturelle Si les Canadiens d'origine russe sont de diverses confessions (par ordre d'importance: l'Église unie du Canada, l'Église orthodoxe russe et l'Église catholique romaine), l'ÉGLISE ORTHODOXE demeure le centre traditionnel des immigrants se réclamant d'origine ou d'ascendance russe les plus actifs.

Le Canada compte quelque 40 paroisses orthodoxes russes. La moitié d'entre elles sont membres de l'Église orthodoxe russe hors frontières et les autres, de l'Église orthodoxe d'Amérique à laquelle adhèrent de nombreuses églises non russes qui se conforment également au rite byzantin. L'église Saint-Pierre et Saint-Paul (membre de l'Église orthodoxe d'Amérique), l'une des plus anciennes paroisses canadiennes russes, a été fondée à Montréal en 1907.

Une large gamme d'organisations politiques prend forme au sein de la communauté russe. Au cours des années 30, certains Russo-Canadiens adhèrent aux Russians Farmer-Worker Clubs. Fermés par

ordre du gouvernement en 1939, ces clubs réapparaissent, en 1942, après l'entrée de l'URSS dans la grande alliance contre les nazis, sous le nom de Federation of Russian Canadians (FRK).

La FRK fonde une quinzaine de filiales dans différentes villes canadiennes et publie le journal *Vestnik (Herald)*, longtemps le seul journal russe au Canada. En 1944, la FRK compte environ 4000 membres. En 1949, après les procès pour espionnage d'Igor GOUZENKO, le nombre de ses membres descend à 2709 et, à la fin des années 80, à moins de 800. La publication du journal cesse en 1994.

Fondée en 1950, la Russian Canadian Cultural Aid Society est l'association russe la plus active de Toronto. D'orientation anticommuniste, elle publie la revue *Russkoe slovo v Kanade (Russian Word in Canada)* et anime un centre d'activités sociales et culturelles. Un petit cercle littéraire (1949), un cercle d'art dramatique ainsi que la «Sovremennik» Publishing Association (1960), qui publie la revue littéraire *Sovremennik (Contemporary)*, sont également dynamiques. Toutefois, nombre de ces activités similaires dans d'autres villes, surtout à Vancouver, sont en déclin ou disparaissent dans les années 80, puisque la génération plus âgée diminue en nombre et en influence; les nouvelles générations d'immigrants sont moins intéressées par la politique d'émigrés et les activités culturelles sont absorbées par la société canadienne.

Éducation Bien que les immigrants russes s'empressent d'inscrire leur progéniture dans les écoles canadiennes, certains immigrants âgés favorisent la fondation d'écoles dirigées par des groupes paroissiaux (les deux plus importantes se trouvent à Montréal et à Toronto) ou des cercles qui offrent des leçons de langue et de culture russes après les classes.

Minorités nationales L'immigration russe est inférieure à celle de certains peuples minoritaires de l'URSS. Les UKRAINIENS soviétiques, qui émigrent à titre de personnes déplacées, après 1945, se joignent aux anciens immigrants d'origine autrichienne ou polonaise pour constituer la troisième collectivité ethnique en importance au Canada. Les BIÉLORUSSES du Canada et leurs descendants, provenant principalement de l'Est de la Pologne d'avant la Seconde Guerre mondiale, ainsi que des juifs russes sont les gardiens de la culture russe.

Richard A. Pierce

Rutabaga (*Brassica napus*, variété *napobrassica*) Légume herbacé bisannuel appartenant à la famille des crucifères, cultivé pour sa racine dans toutes les provinces. Le rutabaga a plusieurs autres appellations: chou de Siam, chou-navet et navet de Suède. Le rutabaga provient du nord de l'Europe et a été introduit en Amérique du Nord autour de 1805. Apparenté au navet, le rutabaga en diffère par sa racine ronde et allongée, par sa chair épaisse et jaunâtre et par son feuillage large, doux et près du sol. Les cultivars (variétés commerciales) comprennent le «Laurentien» et l'un de ses dérivés, le «York», qui résiste à la pourriture des racines.

Hugues Leblanc

Rutherford, Alexander Cameron, avocat, politicien et premier ministre de l'Alberta de 1905 à 1910 (près d'Osgoode, comté de Carleton, Canada-Ouest, 2 fev. 1857—Edmonton, 11 juin 1941). Il fait ses études dans les écoles publiques de l'Ontario, au Woodstock College et à l'U. McGill (B.A., B.C.L. 1881), fait un stage à Ottawa et est admis au barreau de l'Ontario en 1885. Il pratique le droit à Kemptville (près d'Ottawa) jusqu'en 1895, puis déménage à South Edmonton, dans le district d'Alberta.

En 1905, il devient le premier à occuper le poste de premier ministre, trésorier et ministre de l'Éducation de la nouvelle province de l'Alberta. Son gouvernement préconise l'enseignement public, un

réseau de téléphone public et le développement des chemins de fer.

Bien qu'il soit chef d'une forte majorité libérale à l'Assemblée législative, il est forcé de démissionner en 1910 à la suite d'allégations d'incompétence et de conflit d'intérêts dans la décision de son gouvernement de garantir les obligations de l'Alberta and Great Waterways Railway.

Même s'il est disculpé des accusations de conflit d'intérêts, il est déçu et se sent de plus en plus proche du Parti conservateur. Après sa défaite aux élections provinciales de 1913, il retourne à la pratique du droit à Edmonton et est chancelier de l'U. de l'Alberta de 1927 à 1941. Sa belle collection de publications canadiennes appartient maintenant à la bibliothèque Rutherford de l'U. de l'Alberta.

Douglas Babcock

Rutherford, Ernest, baron Rutherford de Nelson, physicien (Nelson, Nouvelle-Zélande, 30 août 1871—Cambridge, Angl., 19 oct. 1937). Bien qu'il ne soit pas citoyen canadien, Rutherford fait quelques-unes de ses découvertes les plus fondamentales à l'U. McGill et est considéré comme le plus grand chercheur du siècle en physique expérimentale. Il obtient un diplôme au Canterbury College de Christchurch en 1894, après avoir remporté l'Exhibition Scholarship de la même année, et va travailler à Cambridge au Cavendish Laboratory sous la direction de J.J. Thomson.

Quand il vient à McGill, en 1898, à titre de titulaire de la chaire Macdonald de physique, Rutherford a déjà commencé à étudier la radioactivité à Cambridge, et son travail à l'édifice Macdonald, alors l'un des laboratoires les mieux équipés du monde, est subventionné par William MACDONALD lui-même. La principale contribution de Rutherford est l'élaboration, en 1902, de la théorie de la désintégration de l'atome qui transforme complètement la compréhension de la radioactivité. Les résultats de ses travaux à McGill sont synthétisés dans *Radio-Activity* (1904, éd. rév. 1905). À McGill, Rutherford a pour assistant le futur lauréat de prix Nobel Frederick Soddy, coauteur d'articles révolutionnaires sur la radioactivité.

En 1904, Rutherford reçoit la médaille Rumford de la Royal Society of London, attribuée à l'auteur de la plus importante découverte réalisée au cours des deux années précédentes. Il se plaint cependant de son isolement des grands centres scientifiques d'Europe et, en 1907, il accepte un poste à Manchester. Un an plus tard, il remporte le prix Nobel de chimie pour ses travaux à McGill.

En 1911, Rutherford fait une autre découverte fondamentale: celle du noyau de l'atome. En 1919, il succède à Thomson comme chef du Cavendish Laboratory et y attire des étudiants du monde entier, dont de nombreux jeunes Canadiens. Il est fait chevalier en 1914 et reçoit le titre de baron en 1931. Rutherford reste en contact avec ses anciens étudiants et ses anciens collègues du Canada. Les laboratoires de physique de McGill sont baptisés en son honneur.

Yves Gingras

Rutherford House C'est une élégante maison de style édouardien, construite en 1909 par Alexander Cameron RUTHERFORD, le premier premier ministre de l'Alberta et chancelier de l'U. DE L'ALBERTA (1927-1941). Nommée Achnacarry lors de sa construction, la maison est située à EDMONTON, en Alberta, en bordure du campus de l'U. de l'Alberta.

Né en Ontario, Rutherford s'installe en 1895 à Strathcona, qui est alors une ville distincte, située de l'autre côté de la rivière, en face d'Edmonton. Il devient rapidement l'un des avocats les plus en vue de la ville ainsi qu'un important homme d'affaires. En 1902, il est élu à l'Assemblée législative des Territoires du Nord-Ouest et, lorsque l'ALBERTA devient une province en 1905, il est premier ministre, trésorier de la province et ministre de l'Éducation. Son gouvernement libéral est réélu en 1909, mais il démissionne en 1910 à la suite d'un scandale.

Rutherford House a été déclaré LIEU HISTORIQUE provincial en 1979 et est ouvert au public toute l'année.

Deborah Welch et Michael Payne

Rutherford, John Gunion, vétérinaire et administrateur (Mountain Cross, Écosse, 25 déc. 1857—Ottawa, 24 juill. 1923). Diplômé de l'Ontario Veterinary College (OVC) en 1879, il exerce la médecine vétérinaire à Woodstock, en Ontario, aux États-Unis et au Mexique avant de s'installer, en 1884, à Portage La Prairie, au Manitoba. Vétérinaire inspecteur de la province en 1887, il devient membre de l'Assemblée législative de 1892 à 1896 et député, de 1897 à 1900. Il est nommé Inspecteur en chef du Canada (renommé Directeur vétérinaire général du Canada) en 1902, puis Commissaire au bétail du Dominion, en 1906.

La plus grande contribution de sa carrière a consisté à revaloriser la profession vétérinaire et les associations professionnelles. Il est président de l'American Veterinary Medical Association, de 1908 à 1909, et joue un rôle primordial dans la revalorisation des programmes à l'OVC et dans l'affiliation de ce dernier à l'U. de Toronto, sous la tutelle du gouvernement de l'Ontario.

R.G. Thomson

Ryan, Claude, journaliste et politicien (Montréal, 26 janv. 1925). Il dirige LE DEVOIR de 1964 à 1978 et influence fortement les débats publics pendant la RÉVOLUTION TRANQUILLE à Québec. De 1945 à 1962, Ryan est secrétaire national de l'Action catholique et, en 1962-1963, il siège au comité d'étude sur l'éducation aux adultes du ministère de l'Éducation. Admiré pour ses analyses prudentes et ses prises de position sans ambiguïté, il contribue à faire du *Devoir* un des journaux les plus respectés et les plus influents au Canada.

En 1978, c'est lui qui est choisi pour remplacer Robert BOURASSA à la tête du Parti libéral du Québec. Il entre à l'Assemblée nationale l'année suivante comme député d'Argenteuil. Lors du référendum sur la SOUVERAINETÉ-ASSOCIATION du Québec, il fait une campagne active pour le «Non» contre le premier ministre de la province René LÉVESQUE, mais sa participation est éclipsée par celle du premier ministre du Canada, Pierre Elliott TRUDEAU. Son parti est défait lors des élections de 1981. Malgré les réformes démocratiques et le renouveau intellectuel qu'il a suscités au Parti libéral, son leadership est sérieusement remis en question et il démissionne à l'automne 1982.

Il reste toutefois membre de l'Assemblée nationale, et, au lendemain de la victoire des libéraux en 1985, Bourassa le nomme ministre de l'Éducation. En 1989, il devient ministre de l'Éducation et ministre des Études supérieures et de la Science, responsable à ce titre de l'application de la Charte de la langue française. En 1990, il obtient le poste de ministre des Affaires municipales et de la Sécurité publique, tout en gardant la responsabilité de la Charte. Ryan ne se présente pas aux élections de 1994 et s'est depuis retiré de la politique.

Daniel Latouche

Ryan, Norman, «Red», bandit (Toronto, juill. 1895—Sarnia, Ont., 25 mai 1936). Surnommé le «Jesse James du Canada», Ryan commet de nombreux vols en Ontario, au Québec et aux États-Unis, déserte l'Armée canadienne au cours de la Première Guerre mondiale et s'évade de façon spectaculaire du pénitencier de Kingston. En 1923, il est arrêté par la police américaine, déporté au Canada et condamné à la prison à vie. Il devient prisonnier modèle, impressionnant les autorités par son comportement exemplaire.

L'histoire de Ryan intéresse les journalistes, qui écrivent les aventures hautes en couleur de sa carrière de criminel et font de sympathiques récits de son apparente réhabilitation. Soutenu par des personnes comme le premier ministre R.B. BENNETT et la députée fédérale Agnes MACPHAIL, il est mis en liberté conditionnelle en juillet 1935. Pendant 10 mois, il se présente publiquement comme l'honnête porte-parole de la réforme des prisons, tandis que, secrètement, il rétablit ses contacts avec le monde interlope. Il est tué au cours d'un échange de coups de feu avec la police après une tentative de vol.

Edward Butts

Ryan, Thomas F., homme d'affaires, promoteur sportif (1872—1961). Il ouvre la première salle de QUILLES à 10 quilles au Canada et attire de nombreux hommes d'affaires et professionnels importants dans son établissement de Toronto. Certains de ses distingués clients se plaignant que la lourde boule leur cause des douleurs au bras, Ryan leur présente une boule plus petite pour un jeu de «petites quilles», et son père lui taille cinq quilles assorties.

Ryan invente un nouveau système pour compter les points et introduit ce jeu en 1908 ou 1909. Il apporte la touche finale en ajoutant une bande de caoutchouc, toujours en usage, autour du ventre de la quille. Ryan néglige de faire breveter son invention, car il ne voit aucun profit à en tirer, sauf dans sa propre salle de quilles.

James Marsh

Ryerson, Adolphus Egerton, ministre méthodiste et éducateur (canton de Charlotteville, comté de Norfolk, Haut-Canada, 24 mars 1803—Toronto, 18 fév. 1882). Personnage marquant de la scène pédagogique et politique de l'Ontario du XIXᵉ s., issu d'une famille anglicane et loyaliste bien en vue, il se convertit néanmoins à l'Église méthodiste épiscopale et est ordonné ministre en 1827. Il contribue à la fondation et à la publication du *Christian Guardian* (1829), fonde l'Upper Canada Academy (1836) et devient le premier directeur du Victoria College (1841).

Il attire l'attention pour la première fois, en 1826, lorsqu'il mène campagne contre les prétentions et les prérogatives de l'Église d'Angleterre, qui se prétend l'Église officielle de la colonie et la bénéficiaire exclusive des RÉSERVES DU CLERGÉ. Ryerson émerge alors comme porte-parole principal de la cause méthodiste et personnage important de la Réforme. Il se sert de la presse pour promouvoir le méthodisme et demeure un conseiller politique influent pour le reste de sa vie. Il est président de l'Église méthodiste du Canada de 1874 à 1878.

Durant les Rébellions de 1837, alors qu'il se trouve en Angleterre, Ryerson use de son influence pour s'opposer à la philosophie radicale et aux méthodes violentes de William Lyon MACKENZIE. Au cours des années 1840, il continue de jouer un rôle actif en politique et, au grand dam de ses alliés réformistes et d'un grand nombre de méthodistes, appuie le gouverneur Charles METCALFE contre Robert BALDWIN et LAFONTAINE en 1844. Il donne alors l'impression de s'allier aux conservateurs qu'il a combattus pendant près de 20 ans.

En 1844, il est nommé surintendant de l'enseignement du Canada-Ouest, poste qu'il occupe jusqu'à sa retraite en 1876. Il croit que l'enseignement doit être universel et obligatoire ainsi que religieux et moral si l'on veut que l'individu s'améliore et que la société progresse. Sa campagne, qui mène à l'adoption de la *School Act* de 1871, dote l'Ontario d'un excellent système d'enseignement primaire et secondaire fondé sur ses principes. Il fait aussi la promotion des universités confessionnelles qu'il considère comme le pinacle du processus éducatif. Au cours de sa longue carrière, il écrit un grand nombre d'opuscules et de textes ainsi que plusieurs ouvrages d'histoire sur la province et une importante autobiographie.

Ryerson fonde sa longue et active carrière publique sur une perspective politique constante, bien que souvent méconnue. Il allie une loyauté indéfectible envers les institutions britanniques canadiennes et une méfiance toute conservatrice à l'égard du radicalisme à un optimisme libéral pour ce qui concerne l'humanité, tout en faisant preuve d'un engagement religieux profond et constant. Il est convaincu que, grâce à la religion et à l'éducation, l'homme parvient à s'améliorer lui-même et à façonner l'évolution naturelle et progressive de la société.

Au début de sa carrière, alors que la politique dans le Haut-Canada est centrée sur la polémique entre les conservateurs et les réformistes, on l'accuse de n'adhérer de façon claire à aucun des deux partis. Toutefois, il s'intègre naturellement à l'alliance libérale-conservatrice modérée qui prédomine après le milieu des années 1850. Il contribue en fait à créer sa structure idéologique par l'entremise du système d'enseignement qu'il favorise. Arrogant et volontaire, il ne recule jamais devant la controverse, alliant des aptitudes administratives marquées, une énergie incroyable, un esprit non partisan et un sens aigu de ce qui convient le mieux à sa province.

Neil Semple

Ryerson Polytechnic University Elle a été fondée en Ontario, le 16 septembre 1948, sous le nom de Ryerson Institute of Technology. L'institut est sis au St. James Square, lieu historique de fondation de l'École normale de Toronto (1852) par Egerton RYERSON, surintendant en chef de l'éducation pour le Haut-Canada.

En 1941, le centre de formation des enseignants déménage pour faire place au centre d'entraînement de l'Aviation royale du Canada. De 1945 à 1948, les édifices accueillent l'Institut de formation et de réorientation, qui offre une formation professionnelle aux anciens combattants. Le Ryerson Institute of Technology commence alors à offrir des programmes de deux ans axés sur les techniques professionnelles, mais dès le début des années 50, il met sur pied des programmes d'études supérieures de trois ans comportant un important volet théorique.

La *Ryerson Act* de 1964 crée la Ryerson Polytechnic Institute, une institution autonome dotée de son propre conseil des gouverneurs. La loi est modifiée en 1971 pour conférer à Ryerson les pouvoirs d'attribuer des grades universitaires en plus de ses diplômes. En 1992, le Bureau canadien d'accréditation des programmes d'ingénierie accorde à Ryerson l'accréditation professionnelle pour six de ses programmes. L'année suivante, l'institut est élevé au rang d'université.

Membre du Conseil des universités de l'Ontario depuis 1971, Ryerson offre maintenant 40 programmes dont la majorité mène à l'un des huit baccalauréats suivants: arts appliqués, gestion des entreprises, technologie, génie, sciences de la santé, sciences (soins infirmiers), sciences appliquées et travail social.

En 1997-1998, l'université compte environ 13 000 étudiants à temps plein et 2 000 à temps partiel.

B. Beaton

Ryerson Press, The Elle est fondée en 1829, à Toronto, par l'Église méthodiste. D'abord appelée la Methodist Book Room, cette maison d'édition publie à l'époque des livres religieux et autres jusqu'à l'arrivée de William Briggs en 1879. Celui-ci élabore une politique cohérente d'utilisation des profits des ventes de livres d'agences étrangères pour publier des écrivains canadiens comme Charles G.D. ROBERTS, Wilfred Campbell et Catharine Parr TRAILL.

En 1919, la maison d'édition adopte le nom de Ryerson Press, en hommage à son illustre premier éditeur, Egerton RYERSON. Lorne PIERCE assume ce rôle à partir de 1920. Il publie une série de manuels scolaires rentables et encourage des écrivains prometteurs comme F.P. GROVE, Earle BIR-NEY et Louis DUDEK.

En 1970, la vente de la maison d'édition par l'É-glise unie du Canada à la compagnie américaine McGraw-Hill jette la consternation parmi ceux qui croyaient en l'importance de garder les maisons d'édition aux mains de Canadiens pour préserver l'indépendance de l'industrie de l'ÉDITION.

James Marsh

Ryerson, Stanley Bréhaut, historien et chef du PARTI COMMUNISTE DU CANADA (Toronto, 12 mars 1911—1998). Après des études au Upper Canada College et à l'U. de Toronto, il étudie à la Sorbonne, à Paris (1931-1934), où il entre en contact avec les milieux communistes européens. Il est membre du Comité central du Parti communiste du Canada (1935-1969) et secrétaire provincial pour le Québec (1936-1940). Il revient à Toronto, en 1943, où il est nommé chef de l'éducation du Parti travailliste-pro-gressiste, nouvellement formé, et directeur de la revue du parti, le *National Affairs Monthly.*

Pendant la période difficile de la guerre froide (1949-1954), Ryerson est secrétaire organisationnel du parti. En 1959, il assume la direction de l'édition torontoise de la *World Marxist Review* et la présiden-ce du Marxist Studies Centre (Toronto); il dirige le *Marxist Quarterly* de 1961 à 1969.

L' «histoire du peuple» de Ryerson, qui comprend *The Founding of Canada: Beginnings to 1815* (1960) et *Unequal Union: Confederation and the Roots of Conflict in the Canadas, 1815-1873* (1968), compte encore de nombreux lecteurs. À partir de la fin des années 30, Ryerson contribue au débat national entre le Canada et le Québec, ce qui donne à ses recherches une nouvelle orientation.

L'invasion de la Tchécoslovaquie par les chars d'assaut du Pacte de Varsovie en 1968 amène Ryer-son à quitter le parti; il démissionne en 1971. Il se joint au département d'histoire de l'Université du Québec à Montréal (UQAM) en 1970 et est, tout au long de la décennie, une personne-ressource impor-tante pour une nouvelle génération de spécialistes québécois et canadiens du marxisme.

Gregory S. Kealey

Ryga, George, dramaturge et romancier (Deep Creek, Alb., 27 juill. 1932—Summerland, C.-B., 18 nov. 1987). George Ryga grandit dans une communauté agricole ukrainienne du Nord de l'Alberta. Bien qu'ayant peu fréquenté l'école, il réussit tout de même à se tailler une excellente réputation d'écri-vain canadien. La pièce *The Ecstasy of Rita Joe and Other Plays* (1970) le hisse au sommet de la gloire. Cette pièce traite du désespoir des Indiens aux prises avec une société qui, d'un côté, les incite à la révol-te et, de l'autre, les étouffe par sa bureaucratie indif-férente.

Les autres pièces et les trois romans de Ryga, soit *Hungry Hills* (1963), *Ballad of a Stonepicker* (1966) et *In the Shadow of the Vulture* (1985), sont aussi une réflexion sur des problèmes tels que le manque de confiance en soi, l'aliénation et l'insatisfaction per-sonnelle. Les écrits de Ryga, bien que caractérisés par une critique virulente de la société, ne manquent pas d'humour. Parmi ses autres œuvres figurent *Cap-*

tives of the Faceless Drummer (1972), *Night Desk* (1976), *Seven Hours to Sundown* (1977), *Beyond the Crimson Morning* (1979) et *Two Plays: Paracelsus and Prometheus* (1982).

David Evans

Ryland, Herman Witsius, officier public (Warwick ou Northampton, Angl. 1759(?)—Beauport, Bas-Canada, 20 juill. 1838). Ryland arrive au Bas-Cana-da en 1793. Il y exerce les fonctions de secrétaire civil, sous lord DORCHESTER et occupe le poste de secrétaire auprès des successeurs de Dorchester, jus-qu'en 1813. En 1796, il est nommé au poste impor-tant de greffier du conseil exécutif.

Anticatholique et antidémocrate, il s'oppose au pouvoir croissant de l'Assemblée et au PARTI CANADIEN nationaliste. Aux yeux des nationa-listes, les fonctions qu'il exerce et son influence poli-tique sont le symbole de la domination impériale bri-tannique.

Il est envoyé en mission en Angleterre en 1810, par sir James CRAIG, pour y défendre des politiques répressives, mais cette initiative se solde par un échec. Nommé au conseil législatif cette même année, il en fait le théâtre de ses activités politiques. Contrairement à plusieurs de ses collègues, Ryland est d'une honnêteté scrupuleuse dans l'accomplisse-ment de ses fonctions et il ne laisse derrière lui qu'un modeste héritage. Son conservatisme politique et ses intérêts personnels sont à l'origine de son opposition tenace au nationalisme canadien.

H. Lambert

Saanich, municipalité de district de la C.-B.; pop. 101 388 (rec. 1996), 95 583 (rec. 1991), 82 940 (rec. 1986); superf. 103 km²; constituée en 1906. Elle est située au nord-ouest de VICTORIA et fait aujourd'hui partie intégrante de la grande région de Victoria. Le nom Saanich signifie «terre fertile» en Salish. Cette région de l'ÎLE DE VANCOUVER est d'abord habitée par les Songhees, tribu appartenant à la famille des Salish de la côte. Ces derniers ont des établissements dans les baies de Cordova et de Cadboro lorsque la Compagnie de la baie d'Hudson (CBH) construit le FORT VICTORIA à proximité en 1843. En plus de la traite, la CBH tente de promouvoir l'agriculture par le biais de sa filiale, la Puget Sound Agricultural Company. Dans les années 1880, il existe plusieurs petites communautés dans la région de Saanich et quelques fermes productives. En 1906, comme la population autour de Victoria continue de s'accroître grâce à la construction de plusieurs lignes ferroviaires interurbaines, Saanich demande à être constituée en municipalité de district.

La partie sud de la municipalité est surtout urbaine alors que la partie nord, qui est demeurée agricole, s'est séparée pour devenir Central Saanich en 1950. Saanich poursuit son expansion en tant que localité résidentielle et commerciale voisine de Victoria. En 1966, elle se joint au district régional de la capitale, établi pour fournir des services à Victoria et aux banlieues avoisinantes et pour coordonner ces services.

Deborah Welch et Michael Payne

Saanich, Central, municipalité de district de la C.-B.; pop. 14 611 (rec. 1996), 13 684 (rec. 1991), 11 475 (rec. 1986); superf. 42,59 km²; const. en 1950. Central Saanich est l'une des trois municipalités de district situées sur la PÉNINSULE SAANICH, à une dizaine de kilomètres au nord de VICTORIA. La collectivité de Saanichton fait partie de cette municipalité de district. Le mot *saanich* signifie «terre fertile» en salish, et cette région de l'ÎLE DE VANCOUVER est connue pour la qualité de ses terres agricoles. La plus ancienne foire agricole de la côte Ouest se tient à Saanichton au mois de septembre depuis 1871. La collectivité est également connue pour ses horticulteurs qui expédient plus de 13 millions de jonquilles chaque année sur les marchés canadiens. Depuis les années 60, certains quartiers de la municipalité de district sont devenus en grande partie résidentiels en raison de l'expansion de l'agglomération de Victoria.

Deborah Welch et Michael Payne

Saanich, péninsule de Située en Colombie-Britannique, elle fait partie des basses terres de Nanaimo, le long de la côte est de l'ÎLE DE VANCOUVER. La péninsule s'étend de SIDNEY, au nord, à VICTORIA, au sud, sur une longueur de 20 km et une largeur moyenne de 4 km, et 90 p. 100 de son pourtour donne sur la mer. Les sites les plus remarquables sont le mont Newton et l'anse Saanich. L'altitude dans la région varie du niveau de la mer à son point culminant de 305 m (le mont Newton). Cependant, le relief de la péninsule est plutôt émoussé, ce qui est rare pour le littoral accidenté de la Colombie-Britannique.

Les terres de la péninsule sont arables, et le climat y est le plus doux du Canada. Ces conditions, nécessaires à l'agriculture, favorisent aussi le développement résidentiel, et les résidants de SAANICH sont confrontés au problème quasi inévitable de l'empiétement urbain et suburbain à cause de la croissance du Grand Victoria. L'agriculture connaît un déclin, et des terres autrefois destinées à l'exploitation forestière, au pâturage et aux cultures servent maintenant à des fins résidentielles et commerciales.

En plus de Sidney et de Victoria, la péninsule est divisée en trois municipalités: Saanich, Central Saanich et North Saanich.

Les premiers habitants de Saanich furent les Amérindiens de la tribu des Salish de la côte. On estime à plus de 2000 le nombre d'autochtones dans la région en 1850, la plupart vivant à «Sanitch», dans la baie de Cordova. Le nom «Saanich», d'origine amérindienne, signifie «sol fertile». En 1852, sir James DOUGLAS achète une grande partie des Amérindiens. En 1858, on arpente les terres de la péninsule pour la diviser en lotissements de 40 ha. Le district électoral de Saanich voit le jour en 1859. L'arrivée du chemin de fer accélère la croissance de la région.

Au cours des dernières décennies, l'activité agricole dans la péninsule a diminué graduellement, surtout à cause de l'augmentation du prix des terres et des taxes, des restrictions de quarantaine et de la concurrence des producteurs du continent et de la Californie. Néanmoins, les profits annuels de nombreuses exploitations agricoles à temps partiel et à temps plein sont suffisants pour justifier leur existence. L'activité industrielle est limitée et concentrée. Les plus importantes industries sont le transport et le tourisme. Trois gares maritimes relient la péninsule à la Colombie-Britannique continentale et à l'État de Washington.

Alan F.J. Artibise

Sable, cap de Pointe de terre la plus au sud de l'île du cap de Sable, située au large de l'extrémité sud-ouest de la Nouvelle-Écosse. Le cap est constitué de dunes mobiles de sable (d'où il tire son nom) pouvant atteindre 9 m de hauteur et est presque réuni à l'île par une plage sablonneuse que le chenal Hawk coupe transversalement. Le passage Hawk, du côté est du chenal, s'assèche à marée basse. Le phare du cap de Sable, une tour octogonale blanche se dressant sur le cap, abrite une balise de répondeur radar en plus d'un feu de balisage et d'une corne de brume, des aides précieuses pour les navigateurs de ces eaux côtières souvent envahies par la brume.

P.C. Smith

Sable et gravier Matériaux minéraux granuleux et non consolidés, produits par la désagrégation naturelle des roches causée par l'altération atmosphérique. Les termes sable, gravier, argile et limon sont associés à la taille du grain plutôt qu'à sa composition. Le sable est un matériau passant dans un tamis n° 4 (4,76 mm), mais non dans un tamis n° 200 (0,074 mm). Le gravier est un matériau granuleux qui ne traverse pas un tamis n° 4 et qui atteint jusqu'à 9 cm. Le matériau plus fin, qui traverse un tamis n° 200, est appelé argile ou limon.

Le sable et le gravier sont des matériaux de remblai, de base et de finition utilisés dans la construction des routes. On emploie les granulats grossiers et fins dans la production d'asphalte et de béton et les granulats fins pour les blocs de mortier et de béton. On les utilise aussi comme matériau de remblai dans les mines, mélangés avec du ciment et des résidus miniers. Le sable entre aussi dans la fabrication du verre, de la poterie et des briques, et sert à la filtration des eaux. Les sols «sablonneux» favorisent certains types d'agriculture.

Des dépôts sont dispersés partout au Canada et les grands producteurs ont ouvert des usines à proximité des grands centres de consommation. En plus des grandes exploitations de granulat, en général associées à certaines étapes de l'INDUSTRIE DE LA CONSTRUCTION, nombre de petits producteurs fournissent les marchés locaux. L'exploitation se fait avec des pelles mécaniques, des chargeuses et des camions ou encore avec des systèmes de convoyeurs; le granulat est lavé, concassé et tamisé. En 1994, la production canadienne était évaluée à 870,1 millions de dollars. (*Voir aussi* CIMENTERIES.)

G.O. Vagt et D.H. Stonehouse

Sable, île de Située en Nouvelle-Écosse, à 177 km au sud-est du détroit de Canso. Elle est la seule partie émergente du plateau continental extérieur de l'est de l'Amérique du Nord. Le nom de l'île vient de la composition sablonneuse du sol. Sur la première carte de la Nouvelle-France (vers 1550), elle fut appelée Isola della rena par Jacopo Gastaldi.

Description L'île possède la forme d'un croissant allongé. Elle mesure 35 km de long et 1,6 km à son point le plus large, rétrécissant aux deux extrémités (la flèche de l'ouest et celle de l'est) pour former des barres peu profondes qui s'avancent dans la mer. L'île repose sur le large Banc de l'île de Sable de la PLATE-FORME NÉO-ÉCOSSAISE et est constituée de deux crêtes de sable parallèles, séparées par une dépression linéaire discontinue. La crête située au nord est la plus considérable avec ses 26 m d'altitude. Celle au sud, plus étroite, s'élève à 12 m.

Durant les derniers millénaires de la période postglaciaire, l'île de Sable s'est érigée en île barrière tandis que le niveau de la mer a monté lentement sur le plateau continental. Gonflées par les tempêtes, des vagues du sud ont poussé le sable du fond marin sur la rive sud de l'île. Les courants associés au Gulf Stream engendrent une dérive littorale vers le nordest, entraînant les sédiments et prolongeant peu à peu l'île dans cette direction. Sur la rive nord, le courant de Belle Isle pousse le sable plus lentement vers le sud-ouest.

Les vents ont formé les crêtes dunaires derrière les plages du nord et du sud, mais des rafales linéaires les érodent pendant les violentes tempêtes hivernales soufflant du nord-ouest. En comparant des cartes de l'île levées au cours des 200 dernières années, on observe que les crêtes du nord et du sud étaient séparées par une brèche dans les années 1760 et qu'après la fermeture de celle-ci, au début du XIXᵉ s., la dépression centrale a été occupée par un lac qui a rapetissé lentement avec l'amoncellement du sable et la prolifération des plantes. Le lac Wallace, d'une longueur de 5,5 km et de faible profondeur, est ce qu'il en reste de nos jours dans la partie ouest de l'île. Les dunes sont stabilisées grâce à une couverture de plantes ammophiles ou de petits arbustes, sauf dans les parties exposées aux vents d'est et d'ouest.

La faune se compose d'insectes terrestres, d'organismes aquatiques dans les eaux douces du lac Wallace, d'oiseaux et de phoques. Les espèces aviaires sont principalement des oiseaux de mer et de grève communs, tels les goélands et les bécasseaux, mais le moineau d'Ipswich est une espèce endémique. On trouve également des milliers de phoques gris et de phoques communs, les premiers habitant l'île en permanence et les derniers y passant seulement l'été. De nombreux chevaux errent encore dans l'île (*voir* CHEVAUX DE L'ÎLE DE SABLE).

Historique L'île de Sable n'a jamais été habitée en permanence, mais elle a été occupée temporairement par des marins naufragés, ainsi que des disettes qui y furent transportés, des pirates et des naufrageurs. Le premier naufrage attesté est celui d'un navire appartenant à sir Humphrey GILBERT en 1583. En 1598, le marquis de La Roche débarque sur l'île 40 colons recrutés parmi les prisonniers. Seulement 12 d'entre eux survivent jusqu'à leur sauvetage en 1603. En 1873, on y construit des phares avec gardien qui seront automatisés dans les années 1960. Le personnel de la station météorologique et de navigation maritime du gouvernement canadien en sont les seuls habitants, mais le personnel d'entretien, des écologistes et des géologues y séjournent régulièrement.

Au milieu des années 70, on a entrepris des forages d'exploration pétrolière et gazière, mais l'on concentre depuis lors ces travaux au large. On y a découvert d'importantes réserves de pétrole et de gaz naturel, et la production du gaz naturel destiné à la Nouvelle-Écosse et à l'exportation vers les États-Unis débuta au tournant du siècle.

I.A. Brookes

Sablonnière, Marcel, de la, s.j. (Montréal, 21 mai 1918—20 nov.1999). Il entre chez les jésuites en 1937 à l'âge de 19 ans. À la fin de ses études de théologie, il devient directeur du Centre de loisirs de l'Immaculée-Conception à Montréal. Le «Père Sablon», comme on l'appelle affectueusement, n'a qu'une idée en tête: éloigner les jeunes de l'oisiveté et les faire bénéficier des bienfaits du sport et des loisirs. Il consacre toute sa vie à cet objectif. Grâce à son leadership, le Centre connaît rapidement une immense popularité. Plusieurs des meilleurs athlètes québécois et olympiques sont passés par ses gymnases. Tout au long de sa carrière, il sera le cœur de nombreuses autres réalisations, entre autres, la mise sur pied d'une auberge de jeunesse, Le P'tit Bonheur, dans les Laurentides au nord de Montréal, qui accueille, chaque année, des milliers de jeunes venus profiter des bienfaits du plein air dans un décor enchanteur. Il participe aussi à de nombreux projets, tous axés sur le plein air, que ce soit le Salon Camping et Sports ou le Salon international des sports d'hiver de Montréal.

De nombreuses organisations nationales et internationales font appel à sa compétence et à son charisme. En 1961, il devient membre de l'Association olympique canadienne dont il sera le vice-président de 1969 à 1985. En 1980, il est le chef de mission de la délégation canadienne aux Jeux olympiques d'hiver de Lake Placid. Il a aussi fait partie de plusieurs conseils d'administration, notamment de l'Association internationale de la récréation, de la Fédération internationale de la télévision et du cinéma sportif et du premier exécutif de la Confédération des sports du Québec. Son œuvre et ses longues heures de travail à son bureau et sur le terrain lui ont valu de nombreux honneurs. Il est, entre autres, Compagnon de l'Ordre du Canada, docteur honoris causa de l'U. de Montréal et de l'U. du Québec à Trois-Rivières, membre de l'Académie des Grands Montréalais et membre du Temple de la renommée des sports du Québec. Mais sa joie la plus profonde a été de voir des milliers de jeunes connaître un bon départ dans la vie grâce au sport et aux activités de plein air.

Yvon Dore

Sabot de la vierge Nom vernaculaire donné à certaines plantes de la famille des ORCHIDÉES qui, à cause de leurs pétales modifiés (labelles) repliés vers l'intérieur, ont l'apparence d'un sabot. Les insectes doivent passer par cette structure pour se procurer du nectar, effectuant ainsi la pollinisation de la plante. Seul le genre *Cypripedium* est assez rustique pour survivre au climat canadien. Il compte 50 espèces réparties dans les régions tempérées septentrionales de l'Amérique et de l'Eurasie. Des 13 espèces nord-américaines, 8 sont indigènes du Canada. Le cypripède acaule (*C. acaule*) a deux feuilles à sa base et produit une seule fleur. Son labelle de 5 cm est fendu sur la longueur.

Cette fleur printanière pousse dans les endroits humides, préférablement dans les sols acides, de Terre-Neuve au Manitoba. Le sabot de la vierge devient l'emblème floral provincial de l'Île-du-Prince-Édouard (*voir* EMBLÈMES FLORAUX DES PROVINCES) en 1947. Le cypripède royal (*C. reginae*) a d'abord été choisi, mais, en raison de sa rareté, on le remplace par le cypripède acaule en 1965. Les sabots de la vierge sont difficiles à cultiver, et on ne devrait pas les déloger de leur habitat indigène. Les Amérindiens utilisent les propriétés sédatives des infusions de fleurs de cypripèdes et des racines du cypripède soulier (*C. calceolus*). (*Voir aussi* PLANTES, UTILISATIONS PAR LES AUTOCHTONES DES.)

Céline Arseneault

Sackville, ville du N.-B.; pop. 5393 (rec. 1996), 5494 (rec. 1991); superf. 74,42 km²; const. en 1903; située à 50 km au sud-est de Moncton, en bordure de la rivière Tantramar, à la frontière de la Nouvelle-Écosse. Connue en tant que siège de l'UNIVERSITÉ MOUNT ALLISON (fondée en 1839), Sackville surplombe les vastes marais de Tantramar, qui ont inspiré la poésie de son plus célèbre citoyen, sir Charles G.D. ROBERTS. L'endroit est d'abord colonisé dans les années 1670 par les Acadiens (*voir* ACADIE), qui y construisent des digues afin de protéger leurs riches terres agricoles de la mer. Après la déportation de 1755, ces terres passent aux mains d'immigrants venant de la Nouvelle-Angleterre et du Yorkshire, en Angleterre.

Dès le milieu du XIX° s., Sackville est un port prospère dont les constructeurs de navires fournissent les voiliers nécessaires à l'expédition des produits agricoles et du petit bois d'œuvre vers les marchés de Grande-Bretagne et des Antilles. Le passage dans la ville d'une ligne de l'INTERCOLONIAL RAILWAY, construite en 1870, consolide sa position de centre commercial.

Dès le XX° s., la fin de l'ère de la voile dans les Maritimes entraîne la fermeture du port et le déclin de son commerce. Une importante fonderie spécialisée dans la fabrication de poêles, fondée au milieu du XIX° s., est toujours en activité. Cette entreprise, ainsi que l'université, embauchent la majorité de la main-d'œuvre locale. Dominée par les édifices en grès rouge de l'université, Sackville se distingue par ses belles vieilles maisons et ses rues ombragées.

Dean Jobb

Safdie, Moshe, architecte (Haïfa, Israël, 14 juill. 1938). Formé à l'U. McGill, Safdie a l'occasion, rarement donnée à un étudiant, de construire le projet qu'il a conçu pour sa thèse, en l'occurrence Habitat 67 pour l'EXPO 67 de Montréal. La réalisation de ce bâtiment est menée à bien par son agence de Montréal, fondée en 1964. Il conçoit d'autres constructions à Jérusalem, à Mexico, à Singapour, à Téhéran, à Porto Rico et dans divers lieux aux États-Unis. Ses plus importants projets récents au Canada comprennent le nouveau Musée des beaux-arts du Canada, à Ottawa, le Musée national de la civilisation, à Québec, et un nouveau pavillon pour le Musée des beaux-arts de Montréal.

Safdie écrit beaucoup à propos de ses réalisations, enseigne à McGill et en Israël, et, de 1978 à 1984, il dirige le programme d'urbanisme à Harvard, où il occupe ensuite un poste de professeur. Il s'intéresse à la préfabrication d'unités d'habitation multiples, préoccupation visible autant dans Habitat 67 que dans des versions ultérieures plus simples et plus économiques. L'agencement de ces unités répétées forme des regroupements irréguliers, sans forme précise, qui rappellent les villes médiévales européennes construites en montagne et les villes densément peuplées d'Afrique du Nord et du Moyen-Orient. Les façades des grands édifices publics sont vitrées pour rendre l'intérieur visible et invitant à ceux qui sont à l'extérieur.

Il démontre, dans quelques bâtiments récents, un intérêt croissant pour les questions historiques, formelles et contextuelles, à l'image de l'important agrandissement de l'hôtel de ville d'Ottawa, qui respecte l'édifice antérieur très apprécié (Rother, Bland and Trudeau, 1958), et de la construction du Library Square de Vancouver (inauguré en mai 1995).

Michael McMordie

Saguenay, fjord du Fjord le plus méridional du monde, il a été creusé presque à la limite de la calotte glaciaire continentale. Il a aussi la caractéristique, très rare, d'être un fjord intracontinental. Partout ailleurs, les fjords débouchent sur des fronts océaniques; c'est le cas en Terre de Baffin et en Colombie-Britannique, de même qu'en Scandinavie et au Chili. Le fjord du Saguenay se trouve à l'intérieur du continent et cette localisation en fait une voie de pénétration dans le plateau laurentien permettant d'atteindre la baie d'Hudson (*voir* HUDSON, BAIE D') par l'intérieur des terres. Bien avant l'arrivée des Blancs, les AUTOCHTONES connaissaient cette voie de passage. TADOUSSAC deviendra le premier POSTE DE TRAITE au Canada, dès 1599, parce que les autochtones avaient déjà l'habitude de se rendre en ce lieu de rencontre pour faire du troc avec d'autres tribus.

Dans la région du Saguenay-Lac-Saint-Jean, trois unités géomorphologiques s'étagent sur le bord du plateau laurentien. Le lac Saint-Jean (*voir* SAINT-JEAN, LAC) occupe une cuvette dont le fond est à 98 m d'altitude. Le môle de Kénogami est un verrou fracturé d'une soixantaine de kilomètres de longueur. Les eaux du lac s'y fraient un chemin difficile vers CHICOUTIMI, située 90 m plus bas. Enfin, le fjord conduit à l'estuaire du Saint-Laurent (*voir* SAINT-LAURENT, FLEUVE). Cet ensemble est délimité par un réseau de failles et des escarpements bien visibles dans le paysage. Le fjord est situé presque au centre d'un fossé d'effondrement, large de 50 km sur le rebord du BOUCLIER CANADIEN, ce qui laisse supposer qu'il a une origine tectonique (*voir* TECTONIQUE DES PLAQUES), car il se trouve dans une zone de roches fracturées, donc moins résistantes à l'érosion. Son tracé actuel est en effet attribuable à l'érosion glaciaire.

Lors de la dernière GLACIATION, le glacier continental s'écoulait depuis le nord-ouest dans cette région ainsi que l'attestent les stries glaciaires. Après avoir arasé le plateau au nord et surcreusé la cuvette du lac Saint-Jean, le glacier s'est engouffré dans le fossé d'effondrement en direction du sud-est. Le pouvoir d'érosion de la glace dans cette dépression bordée de failles a été accentué par la déclivité de 90 m entre le niveau du lac et l'amorce du fjord un peu en aval de Chicoutimi. Sur 90 km, jusqu'à Tadoussac, la glace a creusé une succession d'ombilics et rongé les versants pour donner à cette vallée la forme caractéristique d'un fjord.

Les rives sont presque partout des falaises abruptes, hautes de 300 m, avec un sommet de 460 m au cap Trinité. Si l'on tient compte de la partie immergée, les chiffres sont encore plus impressionnants. À l'amont, la profondeur totale du fjord est de 450 m, elle atteint 700 m au cap Trinité et reste à 580 m en aval, avant d'amorcer une remontée brusque aux abords de Tadoussac. Indice d'une vallée glaciaire, les parois sont lisses, usées par le passage d'une langue de glace. De même les vallées suspendues de part et d'autre des versants sont aussi une preuve qu'il s'agit bien d'une auge glaciaire, subséquemment envahie par la mer. La largeur du fjord va en diminuant vers Tadoussac; de 3,5 km près de Chicoutimi, elle n'est plus que de 1,3 km à Tadoussac, autre caractéristique propre aux fjords. La caractéristique principale vient de la profondeur du plancher marin. En moyenne, il se situe à 240 m, mais se relève à seulement 22 m aux abords de Tadoussac; c'est ce qu'on appelle le «seuil» à l'embouchure du fjord.

Cette disposition est contraire au profil normal des cours d'eau, fleuves ou rivières. Elle s'explique uniquement par le creusement d'une langue glaciaire qui termine sa course par le contact avec les eaux marines au sortir de la vallée. La glace s'amincit au contact de l'eau de mer, elle est soulevée et commence à flotter, perdant ainsi tout pouvoir d'érosion. C'est pourquoi il demeure toujours un seuil de roche en place à l'embouchure des fjords - c'est le cas du Saguenay - et ce seuil joue même un rôle dans la biologie marine du fjord car il emprisonne, en amont, des eaux froides qui conviennent à la faune marine en profondeur. L'entrée de l'estuaire du Saint-Laurent était déjà libre de glace il y a 13 000 ans. C'est par le couloir du fjord que les eaux de l'Atlantique vont envahir les Basses terres du lac Saint-Jean et créer la mer de Laflamme, tributaire de la mer de Champlain (*voir* CHAMPLAIN, MER) qui aura des effets identiques dans cette région: dépôts de strates argileuses propres à l'agriculture.

En amont de Chicoutimi, le fjord devient une rivière qui est le seul émissaire des eaux du lac Saint-Jean et de son immense BASSIN HYDROGRAPHIQUE de 79 000 km². La rivière Saguenay a un débit de 1200 m³/s avec des pointes de 1600 m³/s en période de crues. Cependant, elle n'aura jamais reçu autant d'eau que pendant la crue millénaire du 11 juillet 1996 au cours de laquelle il est tombé environ 180 mm de pluie en 36 h dans la région, une masse stagnante d'air humide venant en contact avec un courant froid dérivant du nord.

L'importance du débit de la rivière et surtout les nombreuses ruptures de pente du môle de Kénogami ont tôt fait d'attirer dans la région des usines énergivores telles les usines de pâtes et papiers et surtout les usines d'ALUMINIUM, les plus grandes du monde à Alma, Jonquière et Laterrière. Dans la course à l'HYDROÉLECTRICITÉ, le Saguenay a suivi de près le Saint-Maurice (voir SAINT-MAURICE, RIVIÈRE). En 1925, le barrage de l'Isle-Maligne est érigé et le niveau du lac Saint-Jean est haussé de 5,3 m pour transformer le lac en un réservoir destiné à stabiliser le débit de la rivière. Dès lors, l'industrie métallurgique devient le moteur économique de la région. Pour les besoins des armées en guerre, on construit en hâte le grand barrage de Shipshaw qui apporte 896 Mw d'un coup. Les centrales du Saguenay vont hausser leur puissance installée à 2300 Mw dans cette région, dont le centre est la conurbation de JONQUIÈRE et Chicoutimi, forte de 166 000 habitants.

Le fjord du Saguenay est une richesse naturelle qui doit être préservée. De nombreuses espèces marines fréquentent ses eaux dont le BÉLUGA, le rorqual et la BALEINE BLEUE qui viennent s'alimenter à son embouchure. Un parc marin et un parc de conservation des terres riveraines ont été érigés pour préserver ce milieu sensible. Depuis plus d'un siècle, il y a constamment des croisières sur le Saguenay pour permettre aux touristes venus de partout admirer le fjord le plus accessible en Amérique du Nord. (Voir SAGUENAY, PARC DE CONSERVATION DU; SAGUENAY, RIVIÈRE.)

Maurice Saint-Yves

Saguenay, parc de conservation du L'un des 17 PARCS PROVINCIAUX du Québec, est créé en 1983 et possède une superficie de 288 km². Il englobe une bande de terre située sur les deux rives de la RIVIÈRE SAGUENAY, depuis la baie des Ha! Ha!, près de Chicoutimi, jusqu'au confluent du fleuve Saint-Laurent, à TADOUSSAC. Le parc marin du Saguenay-Saint-Laurent protège les eaux du fjord du Saguenay et de l'estuaire du Saint-Laurent.

Le plateau laurentien s'étend vers le sud, et le massif Valin, découpé par la vallée de la rivière Sainte-Marguerite, vers le nord. On trouve d'impressionnantes dunes et plages de sable dans la région de Tadoussac.

Le climat et la végétation varient suivant l'altitude. Dans les régions plus basses, l'érable et le bouleau jaune dominent, tandis que sur le plateau, ce sont le bouleau blanc et le sapin. La faune marine comprend 248 espèces d'INVERTÉBRÉS et 54 espèces de VERTÉBRÉS (dont le saumon).

Installations et services Dès le XIXᵉ s., les forêts de pins sont exploitées, des établissements sont fondés, l'agriculture prend forme et le tourisme s'accroît. Aujourd'hui, le parc se partage en trois zones: préservation, ambiance et services. Le parc et les villages voisins sont dotés de terrains de camping et d'hôtels. On y trouve les installations nécessaires pour la randonnée, le pique-nique, les excursions en bateau, l'observation des baleines et, en hiver, le ski.

John S. Marsh

Saguenay, rivière Elle coule sur une distance de 698 km depuis la source de la rivière Péribonca. Elle sort du lac Saint-Jean (voir SAINT-JEAN, LAC) avant de traverser les HAUTES-TERRES LAURENTIENNES du Québec. Elle possède un BASSIN HYDROGRAPHIQUE de 88 000 km² et un débit

moyen de 1750 m³/s. Elle s'écoule du lac en deux chenaux qui se rejoignent une dizaine de kilomètres plus loin, près d'ALMA. Le magnifique paysage de la rivière, en particulier le formidable cap Trinité (348 m), sur lequel on a dressé une énorme statue de la Vierge Marie en 1881, et le cap Éternité (352 m), à l'embouchure de la rivière du même nom, attirent les touristes depuis les années 1850.

Historique Jadis, le Saguenay était le corridor d'un réseau de commerce qui s'étendait au-delà de la LIGNE DE CRÊTE jusqu'au lac MISTASSINI et, plus loin, jusqu'à la BAIE JAMES. TADOUSSAC, au confluent du Saint-Laurent, était un point de rencontre des Algonquins du BOUCLIER et des Iroquois de la vallée du Saint-Laurent. Jacques CARTIER visite l'embouchure de la rivière en 1535 et rassemble avec enthousiasme des récits qui évoquent un riche «royaume du Saguenay» dans le bassin de la rivière.

Le «royaume» n'était qu'une légende, et ce n'est qu'en 1647 que le missionnaire jésuite Jacques Dequen est le premier à remonter la rivière jusqu'à l'emplacement actuel de CHICOUTIMI. Le père ALBANEL atteint le lac Saint-Jean en 1671-1672. En 1600, Pierre Chauvin fonde à Tadoussac le premier poste de traite du Canada. La rivière demeure un axe important pour la traite des fourrures et, plus tard, pour le commerce du bois jusqu'au cours du XIXᵉ s. La première colonie agricole voit le jour à LA BAIE en 1838. La construction d'une scierie à Chicoutimi en 1842 marque le début de l'industrialisation. Les usines de pâtes et papiers de Chicoutimi ouvrent leurs portes en 1898.

Le débit important du Saguenay et de ses affluents font de la vallée un des centres industriels du Québec. On y construit la première centrale hydroélectrique en 1925 à Isle-Maligne (402 000 kW). On érige l'immense barrage de Shipshaw (896 000 kW) au cours de la Seconde Guerre mondiale pour alimenter la gigantesque fonderie d'ALUMINIUM d'Arvida (maintenant JONQUIÈRE).

Les centrales électriques de Chute-à-Caron (224 000 MW) sur le Saguenay et de la Chute-à-la-Savane (210 000 MW), de Chute-des-Passes (750 000 MW) et de la Chute-du-Diable (205 000 MW) sur la rivière Péribonca fournissent également de l'électricité aux usines de pâtes et papiers de Chicoutimi, de Jonquière et de La Baie.

Un certain nombre d'affluents du Saguenay ont débordé en juillet 1996, causant de terribles inondations et d'importants dégâts dans trois municipalités situées le long du Saguenay (Chicoutimi, Jonquière et La Baie). Le PARC DE CONSERVATION DU SAGUENAY est voué à la préservation des terres, des deux côtés de la rivière, de la région de Chicoutimi à Tadoussac, tandis que le PARC MARIN DU SAGUENAY-SAINT LAURENT voit à la protection des eaux du fjord. (Voir SAGUENAY, FJORD.)

James Marsh

Saguenay-Saint-Laurent, parc marin du Au confluent du fjord du Saguenay et de l'estuaire du FLEUVE SAINT-LAURENT, se trouve le Parc marin du Saguenay-Saint-Laurent (fondé vers 1997; superf. 1138 km²). En 1990, les gouvernements canadien et québécois s'entendent pour la création du parc marin et pour une cogestion de la part des deux ordres gouvernementaux. Le parc comprend la presque totalité du lit du fjord du Saguenay aussi bien que la moitié nord de l'estuaire du Saint-Laurent. Le PARC DE CONSERVATION DU SAGUENAY suit un parcours parallèle de chaque côté du parc dans le fjord.

Histoire naturelle Le fjord est unique sur le plan géographique parce qu'il est celui qui est situé le plus au sud au Canada et que la majorité des autres se jettent directement dans les océans. Là où les eaux de la RIVIÈRE SAGUENAY se déversent dans le Saint-Laurent, il existe une abondance de vie, comprenant plus de 300 espèces marines et d'eau douce. Les conditions océanographiques que l'on retrouve

entre Les Escoumins et TADOUSSAC favorisent la concentration de krills et de plancton. C'est pourquoi les phoques, les BALEINES (le petit rorqual, le BÉLUGA, le rorqual commun et le rorqual bleu) et les oiseaux marins s'arrêtent dans la région pour se nourrir. Ils peuvent ainsi être observés pendant l'été.

Évolution humaine De plus, à la convergence de ces deux cours d'eau, les autochtones se rencontrent depuis au moins 5500 ans pour exploiter les ressources marines. Plus tard, les baleiniers BASQUES chassent aussi haut que le Saguenay les baleines remontant le Saint-Laurent. Avec le commerce de la fourrure, arrivent les chasseurs européens qui exploitent la population de marsouins. Le Saint-Laurent était et continue d'être une partie intégrante de l'histoire et du développement du Canada. Après 1840, les navires commerciaux commencent à sillonner le Saguenay.

Installations et services Il existe deux centres d'interprétation et d'observation qui surplombent l'estuaire (Cap-de-Bon-Désir) et le confluent (Pointe-Noire) et où on peut observer les mammifères et les oiseaux marins. Le centre d'interprétation du fjord du Saguenay de Rivière-Éternité fait partie du PARC PROVINCIAL. Ceux qui veulent explorer le parc peuvent le faire par paquebot de croisière, par bateau de plaisance, par plongée sous-marine, par kayak de mer et par randonnée pédestre dans plusieurs sentiers, dont l'un qui part de l'embouchure du Saguenay et qui va jusqu'à la baie Éternité.

St. Albert, ville de l'Alb.; pop. 46 888 (rec. 1996), 42 146 (rec. 1991); superf. 33,97 km²; const. en 1977; située le long de la frontière nord-ouest d'EDMONTON.

Histoire St. Albert est fondée en 1861 par le père Albert LACOMBE en tant que mission des Oblats; l'évêque A. Taché la nomme d'après son saint patronal. Elle est la plus ancienne localité non fortifiée de l'Alberta. La chapelle en bois rond est construite sur les hauteurs, au nord de la rivière Sturgeon. En 1870, une autre église, plus grande, est construite et sert de cathédrale. Au cours de la même année, la mission sert de refuge à environ 700 MÉTIS et autochtones au cours d'une grave épidémie de variole. La mission deviendra par la suite la maison mère des Oblats et la résidence de l'évêque.

Situation actuelle St. Albert est aujourd'hui une ville qui dessert la vaste région agricole située au nord d'Edmonton. Sa population s'est accrue considérablement au cours des dernières années, car la ville est devenue une ville-dortoir pour la capitale voisine. Ses 2 parcs industriels attirent des industries légères. Elle a résisté à l'envahissement politique de sa voisine en plein essor.

La place St. Albert, conçue par Douglas CARDINAL, abrite les principales installations culturelles de la ville (théâtre Arden, studio d'art et bibliothèque publique) ainsi que l'hôtel de ville. Construite le long de la rive sud de la rivière Sturgeon, elle est au centre du parc Red Willow, qui descend le long des rives de la rivière, reliant la plupart des installations culturelles et récréatives de la ville.

St. Albert garde la mémoire de son passé missionnaire. Les bâtiments de la mission existent encore, et l'église en bois rond originale a été rénovée pour ouvrir en 1983 comme lieu historique sous le nom de Chapelle du père Lacombe. Le contenu de la chapelle se trouve depuis 1979 au Musée Héritage, aussi situé place St. Albert. La résidence de l'évêque a également été restaurée, et les tombes du père Lacombe et de l'évêque Vital GRANDIN reposent dans la crypte de la nouvelle église.

Eric J. Holmgren

Saint-André-Carillon, municipalité du Qc; pop. 2921 (1999), 1471 (rec. 1996), 1374 (rec. 1991); superf. 98,45 km²; const. en 1682. Cette petite ville (fusion de Saint-André-Est, Saint-André-d'Argenteuil et Carillon le 29 décembre 1999) s'étend principalement sur la rive est de la rivière du Nord, à plusieurs kilomètres de sa jonction avec la RIVIÈRE DES

OUTAOUAIS. Avant la conquête de 1760, les activités économiques de la Seigneurie d'Argenteuil étaient alors basées principalement sur le commerce de la fourrure et l'agriculture marchande. Suite à l'arrivée de nombreux Écossais, Loyalistes et Américains vers 1800, la région a connu un déploiement de son économie par l'exploitation de la ressource forestière: érection d'un moulin à papier (le premier au Canada – 1805), production du bois d'œuvre et du bois de construction des navires, développement des produits de pâtes et papiers sur la rivière du Nord et finalement, transport des billots de bois par «cages» sur la rivière des Outaouais. L'une des plus puissantes centrales hydroélectriques du Québec est érigée en 1960 sur les rapides du Long Sault. C'est ici qu'est né sir John ABBOTT, le premier Canadien d'origine à devenir premier ministre du Canada. La ville invite la population à découvrir la richesse de son héritage bâti, culturel et historique depuis la fondation de la Seigneurie d'Argenteuil en parcourant son circuit patrimonial, bientôt pourvu d'une piste cyclable.

Saint-André-Est (*Voir* SAINT-ANDRÉ–CARILON)

St. Andrews (Man.), municipalité rurale du Man.; pop. 10 144 (rec. 1996), 9461 (rec. 1991); superf. 705,69 km²; const. en 1880. St. Andrews s'étend d'une limite se trouvant à 8 km au nord de WINNIPEG jusqu'à Winnipeg Beach et Netley Marsh, à l'extrémité sud du lac Winnipeg. Elle comprend Lockport, Petersfield, Clandeboye et plusieurs centres de villégiature situés sur la rive ouest du lac Winnipeg. Selkirk, Winnipeg Beach et Dunnottar sont des municipalités distinctes.

Les Saulteux s'établissent dans la région de Netley Crescent en 1795, suivis de colons de Red River et d'employés de la Compagnie de la baie d'Hudson (CBH) au début du XIXᵉ s. Des pasteurs anglicans et presbytériens y fondent quelques-unes des premières églises et écoles de l'Ouest du Canada. LOWER FORT GARRY, dans les années 1830, est un centre de ravitaillement et de commerce de détail de la CBH, de même qu'une garnison militaire et un complexe industriel.

Vers le début du XXᵉ s., des colons allemands, ukrainiens et polonais s'installent dans la municipalité rurale. Winnipeg Beach devient un lieu de villégiature en 1903 et les écluses de St. Andrews sont ouvertes en 1910, afin d'aider les embarcations à traverser les rapides de la RIVIÈRE ROUGE. La municipalité rurale est l'un des centres d'activités de préservation et de conservation menées par les gouvernements fédéral et provincial. L'aéroport de St. Andrews, situé au nord de Winnipeg, un satellite de l'aéroport international de Winnipeg, est l'un des plus achalandés au Canada.

D.M. Lyon

Saint-Augustin-de-Desmaures, municipalité de paroisse du Qc; pop. 14 771 (rec. 1996), 12 680 (rec. 1991); superf. 105 km². Fondée en 1845, elle est située à environ 20 km à l'ouest de QUÉBEC sur la rive nord du fleuve Saint-Laurent. À l'est, ses voisines sont les villes de SAINTE-FOY et de Cap-Rouge.

La région est colonisée pour la première fois en 1658, plus de 30 ans avant la création de la paroisse de Saint-Augustin-de-Desmaures. Le nom Saint-Augustin aurait été donné en l'honneur d'Augustin de Saffray de MÉZY, gouverneur de la Nouvelle-France de 1663 à 1665. Le nom Desmaures se rapporte à la seigneurie concédée à Jean Juchereau de Maure et à son frère.

Cette banlieue résidentielle de Québec possède un important parc industriel et de haute technologie. Son secteur agricole comprend la production laitière et l'élevage du bœuf ainsi que des produits de culture maraîchère, surtout les fraises et les framboises. On y produit également du sirop d'érable.

Saint-Augustin-de-Desmaures est renommée pour la vue panoramique qu'elle offre des falaises de la rive sud, de l'autre côté du fleuve.

Pierre-Louis Lapointe et Maryse Séguin

Saint-Boniface, au Manitoba, une ancienne ville et un centre historique francophone, forme maintenant un quartier qui relève de l'administration municipale de la ville de WINNIPEG (const. en 1972). Ce quartier est situé sur les rives des rivières Rouge et Seine, dans l'est de Winnipeg. Avec Saint-Vital et Saint-Norbert, il forme l'agglomération de Riel, l'une des cinq zones de la grande agglomération de Winnipeg. Les trois quartiers de l'agglomération de Riel offrent des services municipaux bilingues. Un conseiller représente Saint-Boniface au conseil municipal de Winnipeg. En 1991, la population y était de 43 771 habitants.

Historique Des commerçants de fourrures et des mercenaires européens recrutés par lord SELKIRK pour protéger la nouvelle COLONIE DE LA RIVIÈRE-ROUGE sont parmi les premiers habitants de la région. Lorsqu'une mission catholique est fondée en 1818, Saint-Boniface commence à jouer un rôle dans l'histoire religieuse, politique et culturelle du Canada. Elle est notamment la paroisse mère de bon nombre d'établissements francophones dans l'Ouest canadien, le lieu de naissance de Louis RIEL et de ses compatriotes métis qui ont lutté pour obtenir des conditions favorables au moment de l'entrée du Manitoba dans la Confédération, et le centre de résistance aux mesures législatives controversées de 1890 visant à modifier le système scolaire du Manitoba et à abolir le français comme langue officielle de la province.

Les premières institutions éducatives, culturelles et de service à la communauté sont établies par des congrégations religieuses, dont celle des Sœurs de la Charité (Sœurs grises) qui arrivent en 1844. Le Collège universitaire de Saint-Boniface, l'un des collèges fondateurs de l'UNIVERSITÉ DU MANITOBA, et l'Hôpital général de Saint-Boniface sont au nombre de ces institutions.

L'économie s'oriente d'abord vers l'agriculture. Les parcs à bestiaux de la compagnie Union Stockyards, établis de 1912 à 1913, deviennent le plus important marché de bétail du Canada et un centre de transformation et de la mise en conserve de viande. Au début du XXᵉ s., plusieurs industries légères et lourdes s'y installent. Saint-Boniface est constituée en municipalité en 1883, et son statut change pour celui de ville en 1908. Étant l'une des plus importantes collectivités francophones à l'extérieur du Québec, elle a souvent été au centre des luttes pour sauvegarder la langue et l'identité françaises au Manitoba.

Économie Saint-Boniface est une communauté résidentielle industrielle tournée également vers le commerce de détail. Malgré les conditions économiques difficiles et un déclin de l'industrie des conserves de viande, elle garde une grande variété d'industries légères et lourdes, sa vocation de vente au détail, et elle offre de nombreux services. La cour de triage Symington de la compagnie du Canadien National est l'une des plus modernes en Amérique du Nord.

Paysage urbain Les anciennes églises dominent le paysage du Vieux-Saint-Boniface. La basilique a été reconstruite à la suite d'un violent incendie survenu en 1968. La maison provinciale des Sœurs grises, construite en 1846-1847, est maintenant un musée. Les vieux secteurs de Saint-Boniface ont fait l'objet de programmes de revitalisation. Les organismes culturels comprennent des postes de radio et de télévision de langue française; un hebdomadaire, *La Liberté*; un centre d'arts, le Centre culturel franco-manitobain; un événement annuel se déroulant l'hiver, le Festival du Voyageur; et des troupes d'art d'interprétation, tels Le Cercle Molière et l'Ensemble folklorique de la Rivière Rouge.

D.M. Lyon

St. Catharines, ville de l'Ont.; pop. 130 926 (rec. 1996), 129 300 (rec. 1991); const. en 1876; ancien chef-lieu du comté de Lincoln. Principale ville de la région du Niagara, elle se trouve au sud de Toronto, de l'autre côté du lac Ontario, (111 km par l'AUTOROUTE QUEEN ELIZABETH), à 19 km de la frontière internationale avec les États-Unis le long de la rivière Niagara.

La ville compte plusieurs noyaux, qui se sont développés à partir d'un centre de service rural situé là où une importante route de colonisation et ancienne piste autochtone en direction de l'intérieur, depuis le passage Queenston-Lewiston enjambant la rivière Niagara (maintenant la route 81), croise le ruisseau Twelve Mile. Cette zone, c.-à-d. le centre-ville actuel et la communauté d'origine du canal Welland en 1829, s'est étendue dans le canton rural de Grantham pour englober Port Dalhousie (port situé sur le lac Ontario qui dessert la première, la deuxième puis la troisième version du CANAL WELLAND), ainsi que Merritton, une ville industrielle de l'intérieur où le canal traverse l'ESCARPEMENT DU NIAGARA.

La ville s'étend au nord jusqu'au lac Ontario; au sud, jusqu'au-delà de la crête de l'escarpement du Niagara à la limite de St. Catharines et de la ville de THOROLD; à l'est, le long du canal Welland et elle englobe les zones industrielles qui se trouvent au-delà; et à l'ouest, jusqu'au ruisseau Fifteen Mile et elle englobe une partie de la zone de production fruitière du Niagara dans la structure urbaine de la ville.

La ville doit son nom à Catharine Hamilton, épouse de Robert Hamilton, commerçant influent de Queenston et propriétaire de terrains et de moulins sur le ruisseau Twelve Mile. La communauté d'origine connue jusqu'alors sous les noms de «The Twelve» ou «Shipman's Corner» a donc changé de nom après la mort de Catharine Hamilton en 1796.

Peuplement Au début des années 1780, les LOYALISTES sont les premiers à s'installer dans la région. Près de 60 p. 100 des terres du canton de Grantham sont attribuées aux membres démobilisés des Butler's Rangers, le reste est distribué soit à des colons réfugiés qui ont quitté les États-Unis après l'indépendance américaine, soit à des émigrants britanniques.

L'arpentage des terres, entrepris durant cette période, aboutit à un schéma complexe de routes et de lots, qui détermine le plan de la ville et la configuration des bâtiments et qui est dominé par le plan de développement de base du canton de Grantham, plan courant de type longitudinal, mais dont les rues est-ouest sont orientées parallèlement aux berges du lac Ontario. Comme les pistes autochtones d'origine ont subsisté pour devenir les principales artères de la ville, le centre-ville combine un plan radial de rues englobé dans un plan de base quadrillé.

Au contraire, Port Dalhousie offre un plan de base quadrillé orienté du nord-est au sud-ouest le long de la pointe de terre qui sépare le lac Ontario de l'embouchure du ruisseau Twelve Mile. Quant à Merritton, elle a un tracé de type quadrillage rectangulaire à orientation nord-sud.

Croissance À St. Catharines, le cœur de la communauté, le canal Welland (1829) et les biefs du canal, à Merritton, attirent des usines, des chantiers navals, une usine à métaux et une manufacture d'outillage. Les sources d'eau minérale aux propriétés médicinales amènent la construction d'hôtels, et la ville devient un centre de villégiature estivale très fréquenté. L'arrivée des chemins de fer Great Western et Welland Railways (1853) suivis du St. Catharines and Niagara Central Railway (1887), puis la production d'énergie hydroélectrique à partir des écluses, des biefs, des chutes DeCew, et plus tard de la rivière Niagara, favorisent l'implantation d'entreprises de fabrication comme des usines de production automobile et d'accessoires d'automobiles, de papier, de métal, d'outillage, des établissements vinicoles et des conserveries, ainsi que des entreprises textiles et de vêtements.

Parmi les chefs d'entreprise de premier plan, mentionnons William Hamilton MERRITT, promoteur du canal Welland; le docteur Chase, exploitant des sources d'eau minérale; William B. Burgoyne, fondateur du *Standard* de St. Catharines; Louis Schickluna, constructeur de bateaux; le docteur Theophilus Mack, fondateur de l'Hôpital général et de la marine ainsi que de la première école de SOINS INFIRMIERS du Canada (1874); et Lachlan McKinnon, fondateur de l'entreprise qui est devenue la GENERAL MOTORS DU CANADA LTÉE.

Une rangée continue de bâtiments industriels et de lotissements résidentiels s'élève le long de la vallée du canal entre St. Catharines et Merritton, là où le canal est traversé par le Great Western Railway (1853), secteur desservi dans la péninsule par le Welland Railway (1859). Les industries papetières et chimiques se développent, et Port Dalhousie, agglomération desservie par le Welland Railway, s'enrichit de minoteries, de manufactures de bottes en caoutchouc et de chaussures, ainsi que de chantiers navals.

St. Catharines, communauté industrielle urbaine prospère de la fin du XIXᵉ s., connaît une énorme expansion pendant les 2 grandes guerres mondiales. Cette croissance s'accompagne d'une multiplication des établissements commerciaux dans la rue principale qui serpente entre des rangées d'immeubles de 2 ou 3 étages datant du XIXᵉ s.

Paysage urbain Les entreprises manufacturières s'implantent d'abord le long du canal et de ses biefs, puis près des gares de chemin de fer et des voies ferroviaires au cœur et à la périphérie du secteur central. En raison de l'encaissement et de la déclivité prononcée de la vallée du canal, les quartiers résidentiels de la ville se sont, par la force des choses, étendus vers le nord et le nord-est, et par la suite vers l'ouest et le sud après la construction des ponts Burgoyne et Glenridge (1914).

Même si le centre-ville attire plusieurs grands ensembles de bureaux, en commençant par le Corbloc en 1975 et, plus récemment, l'immeuble du ministère des Transports de l'Ontario en 1997, son potentiel de vente au détail est dépassé par le Pen Centre (1957), le Fairview Mall (1961) et beaucoup d'autres places et centres commerciaux de quartier, ainsi que par des mails linéaires le long des principales artères et des magasins spécialisés à grande surface.

On y trouve des parcs et des espaces récréatifs comme des promenades le long de l'escarpement (p. ex., le SENTIER BRUCE), des plages lacustres, des vallées fluviales, les rives du lac Ontario, et les vieux canaux (piste Merritt). Une piste cyclable et piétonnière (1966) est aménagée le long du canal moderne. Le projet de réseau de promenades automobiles, assorti d'un ensemble de sentiers équestres, de pistes cyclables et de randonnée le long du canal entre le lac Ontario et le lac Érié est approuvé en 1996.

Population La ville regroupe plus de 30 p. 100 de la population de la municipalité régionale du Niagara. Sa population se compose essentiellement de personnes d'origine britannique, mais compte aussi des descendants d'Allemands, d'Italiens, de Français, de Hollandais, d'Ukrainiens et de Polonais. Des groupes moins importants sont venus des Balkans et de Hongrie, et il y a aussi des Juifs, des Tchèques et des Slovaques, des Chinois, des Arméniens et des autochtones. Parmi les autres immigrants récents, on compte des gens de l'Amérique du Sud, des îles du Pacifique, de la Grèce, de la Finlande et de la Russie. La plus grande part de l'immigration date d'avant 1961. Un festival folklorique d'une journée, créé en 1967 pour souligner la croissance ethnique de la ville et sa diversité culturelle, s'est transformé pour devenir un événement qui dure plus de deux semaines: gastronomie, chansons, danses, orchestres et défilés sont au programme.

Il existe quelque 40 religions dans la région. Parmi les principaux bâtiments religieux, la ville compte 1 cathédrale catholique romaine, 1 mosquée et 2 synagogues.

Économie et main-d'œuvre Les activités de service ont considérablement augmenté, provoquant un grand changement dans la structure économique de la ville: de ville principalement axée sur l'industrie primaire avec quelques activités de services, St. Catharines est devenue une ville de type tertiaire (éducation, services de santé, administration municipale et police) conservant quelques activités de fabrication. En 1995, quelque 10 000 personnes travaillent dans le secteur de la fabrication, ce qui représente un important déclin par rapport à 1981. Toutefois, la fabrication, avec quelques grandes compagnies (General Motors et Thompson Products) et beaucoup de petites entreprises, demeure fondamentale pour l'économie de St. Catharines.

Transports St. Catharines, centre de transport régional, se trouve sur les principales routes qui traversent le sud-ouest de l'Ontario. Elle est desservie par les principaux services de marchandises et de voyageurs de Via Rail et du Canadien National (CN), par l'autoroute Queen Elizabeth et la 406 ainsi que par un terminal d'autobus interurbains et intraurbains. Le Niagara District Airport offre le service général aérien, y compris le service cargo, les services de vol privé pour les compagnies et les services de limousine pour les aéroports de Toronto (Pearson International), Buffalo et New York. La section du canal Welland de la VOIE MARITIME DU SAINT-LAURENT a convoyé 41,1 millions de tonnes de marchandises en 1996. Des installations d'accostage sont aussi offertes.

Administration Comptant parmi les 12 agglomérations de la municipalité régionale du Niagara, St. Catharines est administrée par un maire élu au suffrage universel et 12 conseillers, soit 2 par quartier. Les parcs et les bibliothèques, le service d'incendie, le musée historique, les services communautaires et récréatifs, la commission de transport, la planification municipale, les services de génie pour la voirie locale, les égouts et l'approvisionnement en eau relèvent de la responsabilité de la ville. Une association du centre-ville et la Chambre de commerce s'occupent de faire la promotion de la ville. Des conseils scolaires publics et séparés sont élus au suffrage universel.

Vie culturelle Les Carousel Players et les Garden City Productions font du théâtre de participation tandis que l'Orchestre symphonique du Niagara se produit à différentes reprises. Le Centre des arts Rodman Hall possède une vaste collection d'œuvres locales et internationales, tandis que la Guilde des artisans de St. Catharines constitue un foyer pour les artistes locaux. Le Niagara Grape and Wine Festival célèbre les vendanges de la vallée du Niagara. On y trouve un quotidien, *The Standard,* des stations de radio et la télévision par câble. On pratique une grande variété de sports intérieurs et extérieurs. Les régates Royal Canadian Henley, qui ont lieu à Port Dalhousie depuis 1903, constituent un événement marquant.

Parmi les maisons d'enseignement, mentionnons l'UNIVERSITÉ BROCK, qui regroupe 1 centre des arts; 2 amphithéâtres pour la présentation de spectacles de ballet, de concerts, de films, de conférences et de pièces de théâtre; un centre sportif avec piscine olympique et un centre d'aviron intérieur; ainsi que le Concordia Lutheran Theological Seminary qui lui est associé. Enfin, on trouve également à St. Catharines un campus du Niagara College of Applied Arts and Technology.

John N. Jackson

Saint-Charles-Borromée, municipalité du Qc; pop. 10 258 (rec. 2000), 10 013 (rec. 1996), 9658 (rec. 1991); superf. 22,58 km²; const. en 1845; située sur la rive ouest de la rivière L'Assomption près de la ville de JOLIETTE. Saint-Charles-Borromée se trouve à environ 70 km au nord de Montréal. Elle tire son nom de saint Charles Borromée, le missionnaire fondateur des oblats de la Vierge Marie, aujourd'hui les OBLATS DE MARIE IMMACULÉE.

Saint-Charles-Borromée, qui a déjà été un village agricole, est aujourd'hui une banlieue presque entièrement résidentielle de Montréal et de Joliette. Il n'y a pas de zone industrielle à Saint-Charles-Borromée. L'activité économique est donc essentiellement commerciale, et l'hôpital est le principal employeur. Saint-Charles-Borromée fait partie de la MRC de Joliette et est la deuxième plus importante municipalité de cette agglomération.

La maison Antoine-Lacombe, monument historique en pierre taillée construit en 1849, abrite une exposition permanente, et d'autres activités culturelles y ont lieu tout au long de l'année. De nombreux festivals et activités, comme le Festival Mémoire et Racines, se déroulent dans le parc Saint-Jean-Bosco.

Adriana Bryenton

Saint-Charles, Joseph, peintre (Montréal, 9 juin 1868—Montréal, 26 oct. 1956). Après des études en peinture chez l'abbé Chabert, à Montréal, il s'inscrit à l'École des beaux-arts de Paris, en 1885. Il est aussi l'élève de Benjamin Constant, de Jules Lefebvre et de Jean-Paul Laurens, puis fréquente quelque temps l'École des beaux-arts de Rome. De retour au Canada, il se consacre à l'enseignement et à son art. Il exécute, vers 1890, trois grands tableaux pour la chapelle du Sacré-Cœur de l'église Notre-Dame de Montréal.

En 1906, il peint *La Présentation de la Vierge au Temple* pour la chapelle du Grand Séminaire de Montréal. Il entreprend sa carrière comme professeur de dessin à l'École des arts et manufactures, la poursuit à l'U. de Montréal. En 1942, Saint-Charles est devenu le portraitiste le plus célèbre de son époque. Dans son atelier défilent d'éminents politiciens, sénateurs, ministres, juges, gouverneurs, banquiers, hommes d'affaires et, sans contredit, les plus belles femmes de la société québécoise d'alors. En 1982-1983, la Galerie d'Art de l'Université du Québec à Montréal présentait une première grande rétrospective. Par la suite, une importante exposition, dédiée à Joseph Saint-Charles et ses collègues de l'École des beaux-arts de Montréal, est organisée au Musée du Québec, en février-mars 1983.

Michel Champagne

Saint-Charles-sur-Richelieu, municipalité du Qc; pop. 1710 (rec. 1996), 1627 (rec. 1991); superf. 63,67 km²; const. en 1924; située sur les bords de la rivière RICHELIEU, 25 km au nord-ouest de SAINT-HYACINTHE. Ce village est construit sur des terres appartenant à la seigneurie de Saint-Charles (concédées en 1698). Au début du XIXᵉ s., il est prospère grâce au commerce lié au transport fluvial. Il joue un rôle important dans les RÉBELLIONS DE 1837: l'Assemblée des Six Comtés s'y tient le 23 octobre et les patriotes y sont écrasés le 25 novembre (*voir* BATAILLE DE SAINT-CHARLES).

Comme beaucoup d'autres villages de la région du Bas-Richelieu, Saint-Charles connaît un déclin dans la deuxième moitié du XIXᵉ s. À la fin du siècle, l'une des activités du village est le transport de l'avoine jusqu'à New York pour nourrir les chevaux de tramway. Au XXᵉ s., le village reste à l'écart des principaux réseaux ferroviaires et routiers, de sorte que l'industrie laitière domine l'économie régionale.

Sylvie Taschereau et Robert Lagassé

Saint-Constant, ville du Qc; pop. 21 933 (rec. 1996), 18 423 (rec. 1991); superf. 57,32 km²; const. en 1973. Elle est située à quelque 30 km au sud de MONTRÉAL, sur la rive sud du fleuve Saint-Laurent.

La colonisation de Saint-Constant remonte au milieu du XVIIIᵉ s., bien que la paroisse de Saint-Constant-de-la-Prairie-de-la-Magdeleine n'ait été officiellement créée qu'en 1841. Son nom lui vient de Constant Le Marchand de Lignery (1663-1731), officier français célèbre qui arrive au Canada en 1687. Son fils Jacques est responsable de la mission de Saint-Constant durant de nombreuses années. La petite paroisse devient économiquement indépendante lorsque le chemin de fer y fait son entrée dans les années 1850. Grâce aux lignes ferroviaires qui relient New York et Montréal, Saint-Constant et la paroisse voisine de Delson deviennent bientôt des centres ferroviaires importants. Saint-Constant est constituée en tant que municipalité de paroisse en 1855.

La ville accueille aujourd'hui l'un des plus célèbres musées ferroviaires de l'Amérique du Nord, le Musée ferroviaire canadien, une collection prestigieuse de 130 locomotives, wagons et tramways. Même si la ville s'efforce de devenir une collectivité résidentielle, 78 p. 100 de son territoire est utilisé pour l'agriculture. En raison d'une croissance démographique de 186 p. 100 depuis 1976, Saint-Constant est la municipalité à la croissance la plus rapide de la municipalité régionale de comté de Roussillon.

Pierre-Louis Lapointe

Sainte-Adèle, ville du Qc; pop. 9436 (rec. 1999), 5837 (rec. 1996), 4916 (rec. 1991); superf. 122 km²; const. en 1965; située dans la région des Laurentides, à environ 60 km au nord de Montréal.

Vers le milieu des années 1840, à mesure que les conditions des seigneuries se dégradent, des paysans s'établissent dans la région appelée alors les Cantons-du-Nord et plus tard, Les Pays-d'en-Haut. L'arrivée du chemin de fer, à la fin du siècle, encourage la colonisation et la naissance de l'industrie touristique dans la région. Sainte-Adèle, comme plusieurs municipalités des environs, se met à croître et devient un centre de villégiature bien connu. Sa population double durant les fins de semaine et les vacances. Sainte-Adèle a vu naître Claude-Henri GRIGNON, auteur du roman *Un homme et son péché* qui a fait la célébrité de ce beau village. Avec son Pavillon des Arts, ses deux théâtres d'été, ses huit salles de cinéma, ses galeries d'art, son Trainorama, Sainte-Adèle offre une qualité de vie exceptionnelle. Ses quarante-huit lacs et rivières, ses cinq terrains de golf, son parc linéaire, ses centres de ski et ses pistes en forêt s'harmonisent avec ses bonnes tables, ses hôtels et ses auberges. Sainte-Adèle est située entre Montréal et Tremblant.

Sainte-Agathe-des-Monts, ville du Qc; pop. 5669 (rec. 1996), 5452 (rec. 1991); superf. 15,58 km²; const. en 1915; située dans la vallée de la rivière Nord, sur les rives du magnifique lac des Sables. Celle qu'on appelle la «métropole des Laurentides», constitue la plus ancienne station touristique de la région. De 1849 à 1861, 27 familles colonisent la région, suivies de 35 autres de 1861 à 1865.

Au XIXᵉ s., Sainte-Agathe ne compte que quelques scieries, mais la construction du Montreal and Occidental Railway en 1892 (remplacé par le Canadien Pacifique en 1900) favorise le tourisme et le développement des hôtels, qui sont devenus le pilier de l'économie régionale. Aujourd'hui, les secteurs du commerce, des services et de l'hôtellerie fournissent la plupart des emplois. La population de Sainte-Agathe-des-Monts triple pendant la saison de villégiature.

Claudine Pierre-Deschênes

Sainte-Anne-de-Beaupré, ville du Qc; pop. 3023 (rec. 1996), 3146 (rec. 1991); superf. 64,17 km²; const. en 1855; située sur la rive nord du FLEUVE SAINT-LAURENT, à 35 km à l'est de QUÉBEC. Sainte-Anne-de-Beaupré est reconnue mondialement pour son sanctuaire, lieu de PÈLERINAGE qui attire plus d'un million de visiteurs chaque année. En 1658, Étienne Lessard, un des premiers colons, concède certaines terres en vue de la construction de la première chapelle de bois dédiée à Sainte-Anne, particulièrement vénérée en NOUVELLE-FRANCE.

Construite trop près du fleuve, la chapelle est endommagée par les marées et reconstruite en 1661 au pied de la pente. On la remplace par une église de pierre en 1676. Agrandie à plusieurs reprises, l'égli-

se accueille des milliers de pèlerins pendant près de deux siècles. Elle est démolie en 1872 et remplacée par la première basilique, qui est détruite par un incendie en 1922.

L'actuelle basilique de style roman date de 1926. Elle compte parmi ses trésors des vases sacrés du XVIIIᵉ s. gravés par divers artistes, dont François Ranvoyzé et Laurent Amyot, et une importante collection d'ex-voto (*voir* PEINTURE VOTIVE). La chapelle nord, construite en 1878, contient plusieurs œuvres récupérées lors de la démolition de l'ancienne église, en particulier le clocher, qui a été reconstruit en 1788.

Les autels ont été conçus par Charles Vézina (1702-1728), le crucifix et les chandeliers de bois ont été sculptés par François-Noël LEVASSEUR en 1779. La chaire, construite en 1807, montre les talents de François BAILLAIRGÉ. L'Historial, le musée du sanctuaire, expose des toiles d'inspiration religieuse du XVIIᵉ et du XVIIIᵉ s., dont deux sont attribuées au FRÈRE LUC.

Claudine Pierre-Deschênes

Sainte-Anne-des-Monts, ville du Qc; pop. 7183 (rec. 2000 – Tourelle, la ville voisine est fusionnée à Sainte-Anne-des-Monts), 5617 (rec. 1996), 5652 (rec. 1991); const. en 1968; superf. 106,06 km²; située dans la région de la Gaspésie. Sainte-Anne-des-Monts se trouve dans une anse, entre la mer et les montagnes, et s'étale sur 16 km le long du fleuve Saint-Laurent.

En mars 1846, c'est la formation du premier conseil municipal. En 1863, c'est l'érection canonique de la paroisse de Sainte-Anne-des-Monts. Les premiers habitants la nomment ainsi en l'honneur de leur lieu principal d'origine, Sainte-Anne-de-la-Pocatière, au Québec.

La ville est maintenant un des principaux centres de services en Gaspésie, avec une grande concentration d'entreprises et de services gouvernementaux. Les principaux leviers économiques sont le tourisme, la forêt, la mer et les services scolaires, hospitaliers et gouvernementaux.

La rivière Ste-Anne qui coule au centre de la ville, est excellente pour la pêche au saumon et à la truite. La plage Cartier est le lieu de rassemblement pour les fêtes populaires. On peut faire des excursions en haute mer, pratiquer des sports nautiques à proximité de la ville. Dans l'arrière pays, on peut également y faire la chasse. Sainte-Anne-des-Monts est aussi la porte d'entrée du Parc de la Gaspésie, des réserves fauniques du territoire de la chaîne des monts Chic-Chocs et de la rivière Ste-Anne. Les principales attractions touristiques: la Maison Sasseville (1834), le Château Lamontagne (1873) de style Régence, l'église considérée comme l'une des plus belles de la péninsule gaspésienne, le Parc de la Gaspésie, le Centre Explorama, et les merveilleux couchers de soleil sur la mer.

Francis Pelletier

Sainte-Anne-des-Plaines, ville du Qc; pop. 12 908 (rec. 1996), 10 787 (rec. 1991); superf. 92,23 km²; const. en 1787; située à 50 km environ au nord-est de MONTRÉAL, sur la rive nord du fleuve Saint-Laurent. Les terres agricoles entourant la ville comptent parmi les plus riches du Québec et 90 p. 100 d'entre elles sont réservées à l'agriculture. Celle-ci se concentre surtout sur les élevages laitier, bovin et ovin, l'aviculture, la culture à grande échelle du maïs, de l'avoine et de l'orge, et la culture maraîchère. Depuis la fin des années 50, la culture des fraises est également importante. La ville fait partie de la municipalité régionale de comté de Thérèse-De-Blainville et c'est là qu'est situé le pénitencier fédéral Archambault.

L'ambiance rurale sereine qui règne à Sainte-Anne-des-Plaines complète le riche patrimoine architectural du cœur de la ville. L'hôtel de ville, situé dans l'ancien couvent, date de 1882, le presbytère, de 1887, et la maison, la grange-écurie des prêtres Chaumont (lieu historique provincial), de

1884. L'église, inaugurée en 1902, est un chef-d'œuvre d'architecture de type Renaissance allemande.

Pierre-Louis Lapointe et Josiane Roussil

Sainte-Anne, mont Devenu PARC PROVINCIAL en 1966, le mont Sainte-Anne, d'une superficie de plus de 77 km², est la propriété d'intérêts privés depuis 1994. Situé dans les HAUTES-TERRES LAURENTIENNES, le parc au sommet aplati (815 m) domine la rive gauche du fleuve Saint-Laurent, à 40 km à l'est de Québec.

Installations et services Le mont Sainte-Anne, connu pour sa station de SKI, a accueilli sept fois la Coupe du Monde depuis 1969. La région est équipée de magnifiques installations et les amateurs de ski alpin et de planche à neige bénéficient de 60 km de descente répartis sur 51 pistes, dont 15 km sont éclairés pour le ski de nuit. On y trouve 215 km de pistes de ski de fond, de même que des installations pour le patinage sur glace, la randonnée en traîneau à chiens, la raquette et le parapente. À longueur d'année, les visiteurs peuvent se rendre en télécabine au sommet du mont pour y admirer la superbe vue sur le fleuve et ses îles, de même que la rive Sud.

En été, le mont Sainte-Anne offre diverses possibilités de loisirs avec deux terrains de golf 18 trous au pied de la montagne et 200 km de sentiers qui s'entrecroisent de haut en bas, pour la bicyclette de montagne ou la randonnée pédestre. Le visiteur doit souvent se loger à l'extérieur du parc, bien que celui-ci soit doté d'un terrain de camping de 166 emplacements.

Sainte-Claire, lac D'une superficie de 1114 km², situé à une altitude de 175 m, d'une profondeur de 6 m, le plus petit des GRANDS LACS est situé à une altitude de 175 m. Il est limité à l'est par l'Ontario et à l'ouest par l'État du Michigan. Le lac forme un cercle presque parfait d'une longueur de 42 km et d'une largeur maximale de 38 km. Les missionnaires sulpiciens Dollier de Casson et Bréhant de Galinée traversent le lac en 1670. En 1679, LA SALLE, encalminé sur ses eaux le jour de l'anniversaire de sainte Claire, baptise le lac (et la rivière) en l'honneur de celle-ci.

Le lac Sainte-Claire est relié au lac HURON, un des Grands Lacs, par la rivière SAINTE-CLAIRE et se déverse dans le lac ÉRIÉ par la RIVIÈRE DÉTROIT. Son affluent canadien le plus important est la rivière Thames. Les terres agricoles qui entourent le lac sont parmi les plus fertiles en Amérique du Nord. Les villes de WINDSOR (Ontario) et de Detroit (Michigan) sont situées sur la rive sud-ouest du lac.

Comme ils font partie de la VOIE MARITIME DU SAINT-LAURENT, le lac et la rivière Sainte-Claire sont un axe important pour les navires de transport commercial. À cause des nombreuses industries et de la forte densité de population de la région, les agents polluants ont détérioré sensiblement la qualité de l'eau du lac. Les pêcheries commerciales, jadis prospères, sont aujourd'hui fermées à cause de la présence de substances toxiques dans les tissus des poissons. Cependant, le lac demeure un lieu de récréation très populaire et compte la plus importante concentration de bateaux et de ports de toute la région des Grands Lacs.

Marie Sanderson

Sainte-Claire, rivière D'une longueur de 64 km, elle coule vers le sud et relie le LAC HURON, au nord, au LAC SAINTE-CLAIRE, au sud, et forme la frontière entre le Canada et les États-Unis. La largeur de la rivière est d'environ 0,8 km dans la partie nord, et sa profondeur varie entre 8 et 18 m. Dans la partie sud, elle forme un delta appelé les bas-fonds de Sainte-Claire, qui comporte de nombreux canaux et îles. Les premiers à avoir exploré la rivière sont des Français, qui lui ont donné son nom.

SARNIA est le centre le plus important de la région, et l'activité industrielle y repose sur de vastes raffineries de pétrole et usines pétrochimiques. Ces industries ont déclaré 11 déversements de produits chimiques en 1985, et la Dow Chemical of Canada Inc. a été condamnée à une amende de 16 000 $ après la découverte d'une zone de concentration de produits toxiques sur le fond de la rivière. Cette zone est maintenant sous la surveillance du ministère de l'Environnement de l'Ontario. De nombreux chalets sont construits sur les berges.

Marie Sanderson

Sainte-Croix, rivière Elle prend sa source dans les lacs Chiputneticook et coule vers le sud-est sur 121 km jusque dans la baie de Passamaquoddy, traçant une partie de la frontière entre le Nouveau-Brunswick et le Maine. Les Français découvrent la rivière en 1604, et DE MONTS construit le premier établissement en Acadie dans l'île Sainte-Croix, près de l'embouchure.

L'emplacement a été choisi en raison de sa position centrale, de son bon mouillage et de la facilité d'en assurer la défense. Cependant, l'hiver se révèle implacable. Il n'y a pas d'eau douce ni de bois de chauffage dans l'île. Sur les 80 colons, 36 meurent du SCORBUT. L'été suivant, les survivants démontent les maisons et les transportent à PORT-ROYAL, un endroit plus sain de l'autre côté de la baie de Fundy (*voir* FUNDY, BAIE DE ET GOLFE DU MAINE). La rivière devait servir de frontière entre les territoires anglais et américain, mais son emplacement a fait l'objet de disputes jusqu'à ce qu'on trouve les ruines du campement de De Monts et qu'on puisse confirmer qu'il s'agissait de cette rivière (1797).

James Marsh

St. Elias, mont D'une altitude de 5489 m, soit le deuxième plus élevé du Canada, il marque la frontière entre l'Alaska et le Yukon. Le mont St. Elias est situé dans la chaîne St. Elias, à 43 km au sud-ouest du mont LOGAN. D'abord aperçu en 1747 par un membre de l'expédition russe de Vitus BERING, son nom vient du cap St. Elias situé tout près, baptisé par l'expédition Bering. En mai 1778, le capitaine James COOK estime son altitude à 5517 m, un chiffre incroyablement près de la valeur reconnue de nos jours. La vaste troupe italienne menée par le duc d'Abruzzes est la première à atteindre le sommet en juillet 1897.

Glen Boles

Sainte-Foy, ville du Qc; pop.73 150 (1999), 72 330 (rec. 1996), 71 133 (rec. 1991); superf. 83,69 km²; const. en 1855; située dans l'agglomération de Québec, sur la rive nord du Saint-Laurent.

L'origine de ce toponyme est incertaine. Il pourrait s'expliquer par diverses circonstances survenues entre 1626 et 1669. Il serait attribuable à un adolescent huron baptisé en France en 1626 ou en 1627 du nom de Louys de Saincte-Foy, ou encore, à Pierre de Puiseaux, seigneur de Sainte-Foy vers 1637. Une chose est sûre, depuis 1678, le nom de Sainte-Foy est utilisé couramment et les documents militaires de la guerre de 1759-1760 mentionnent exclusivement ce nom.

La bataille de Sainte-Foy a lieu le 28 avril 1760. C'est la dernière victoire des forces franco-canadiennes contre les Anglais. Depuis 1995, on commémore officiellement cette bataille en avril de chaque année.

Situation actuelle L'U. Laval et l'U. du Québec desservent cette population active. On trouve dans cette ville deux lieux historiques, la Maison Hamel-Bruneau, qui sert de centre culturel, et la Maison Routhier.

Cette municipalité profite d'une position stratégique privilégiée. Les deux rives du fleuve Saint-Laurent sont reliées par deux ponts, le pont de Québec et le pont Pierre-Laporte, de sorte que Sainte-Foy est la porte d'entrée de la région de Québec. On y a également accès par l'aéroport international Jean-Lesage, la gare, le terminus d'autocars et par l'autoroute 40 en provenance de Montréal par la rive nord.

Grâce à son économie diversifiée, Sainte-Foy est un des principaux pôles de développement écono-

mique. Son expansion se manifeste dans les secteurs commercial et industriel. L'industrie de pointe se développe rapidement à la suite de l'essor de l'U. Laval et de l'aménagement du Parc technologique du Québec métropolitain.

Sainte-Julie, ville du Qc; pop. 27 000 (2000), 24 030 (rec. 1996), 20 632 (rec. 1991); superf. 47,78 km²; const. en 1971; située sur la rive sud du fleuve Saint-Laurent, à 20 km environ à l'est de MONTRÉAL.

Sainte-Julie est une ville essentiellement résidentielle, qui s'enorgueillit d'être une ville choisie pour sa tranquillité. Elle a su protéger son environnement naturel en dotant chaque quartier de parcs et en reliant ces derniers par un réseau de 42 km de pistes cyclables et de sentiers de randonnée pédestre, dont l'un longe les flancs du mont Saint-Bruno. Seul 4 % du territoire urbanisé est réservé à l'industrie, principalement des entreprises manufacturières de pointe travaillant en association avec des centres de recherche en aéronautique, en énergie, en agroalimentaire et en ingénierie des matériaux industriels. Cette collectivité, dont la moyenne d'âge se situe autour de 30 ans, peut profiter des nombreux services mis à sa disposition: transport en commun, activités tant sociales, culturelles que sportives, axées essentiellement sur la famille et de nombreux commerces de proximité.

Pierre-Louis Lapointe et Denyse Journault

Sainte-Marie, ville du Qc; pop. 11 576 (rec. 2000), 10 966 (rec. 1996), 10 513 (rec. 1991); superf. 105,31 km²; const. en 1855; située en bordure de la RIVIÈRE CHAUDIÈRE. La ville, qui se trouve sur des basses terres propices à l'agriculture, est érigée sur une partie de la seigneurie concédée à Thomas-Jacques Taschereau en 1736. L'endroit est peuplé par des colons en provenance de la côte de Beaupré et de l'ÎLE D'ORLÉANS. Sainte-Marie, qui a célébré son 250e anniversaire en 1994, est l'une des plus vieilles colonies de la région beauceronne.

Au cours du XIXe s., Sainte-Marie conserve sa vocation agricole. Toutefois, la construction d'un chemin de fer de la compagnie Québec Central stimule le développement et la colonisation de son arrière-pays, transformant progressivement la ville en un centre régional de services. De 1880 à 1940, l'industrie du bois joue un rôle important au sein de l'économie. La ville possède aujourd'hui des industries prospères dans le domaine de l'alimentation et du travail des métaux.

Claudine Pierre-Deschênes

Sainte-Marie, Buffy, interprète et auteure de chansons de folklore (réserve de Piapot, Sask., 20 févr. 1941). Orpheline de père et de mère cris, Sainte-Marie est élevée aux États-Unis par une famille ayant des origines micmaques et devient, au début des années 60, une figure importante de la musique folklorique à New York. Elle acquiert une réputation internationale en tant que commentatrice sociale et chanteuse au style original et s'installe à Hawaii, d'où elle revient souvent au Canada pour chanter dans des festivals, des concerts et des émissions.

Ses chansons les plus populaires comprennent, entre autres, *Until It's Time for You to Go, He's an Indian Cowboy in the Rodeo, Bury My Heart at Wounded Knee, Cripple Creek* et la chanson engagée *The Universal Soldier*, un hymne du mouvement pour la paix des années 60. Ses œuvres sont enregistrées, notamment, par Elvis Presley, Barbra Streisand, Donovan, Roberta Flack, Neil Diamond et Janis Joplin. Elle remporte un Oscar en 1983 comme coauteure de *Up Where We Belong*, la chanson-thème du film *An Officer and a Gentleman*.

Bon nombre de ses chansons ont trait à l'expérience des peuples autochtones en Amérique du Nord. En octobre 1987, elle participe à un concert de charité pour aider la tribu autochtone de Lubicon (Alberta) dans ses revendications territoriales. Elle appuie activement l'éducation et l'art autochtones. Elle est l'une des premières artistes de spectacle «grand public» à adopter l'ordinateur comme

médium artistique. Elle enregistre *Coincidence and Likely Stories* (1991) chez elle en se servant de son Macintosh et expose ses «peintures numériques» dans des galeries. Son album *Up Where We Belong* (1996) comprend des réenregistrements de ses chansons les plus connues.

Jeff Bateman

Sainte-Marie, cap Il forme la limite méridionale de la baie Sainte-Marie dans un secteur de la côte nord-ouest de la Nouvelle-Écosse appelé la «côte française». La pêche constitue la principale activité dans la région; le cap était jadis le site de compétitions de l'International Tuna Cup. Au-dessus du cap se trouve la plage de Mavillette, une longue étendue de sable aménagée en parc provincial. Le marais derrière les dunes est parfait pour l'observation des oiseaux.

P.C. Smith

Sainte-Marie-des-Hurons Les premières missions catholiques chez les HURONS sont celles des récollets, arrivés en 1615. Le travail reprend en 1634 avec l'arrivée des jésuites: le groupe, dirigé par Jean de BRÉBEUF, compte trois prêtres et cinq domestiques. Jérôme LALEMANT arrive en 1638 et devient le nouveau supérieur. En 1639, 13 prêtres travaillent déjà auprès des Hurons et des PÉTUNS.

Lalemant projette de construire au centre de la HURONIE, à un endroit d'où on peut facilement aller à Québec en canot, un centre missionnaire fortifié, dont l'agriculture assurera l'autosuffisance. Ce centre servira de lieu de retraite aux prêtres et deviendra le cœur de la communauté chrétienne huronne.

Les travaux de construction débutent en 1639 à 5 km au sud-est de l'actuelle ville de MIDLAND (Ontario). Le centre, dédié à la Vierge Marie, est appelé Sainte-Marie ou Notre-Dame-de-la-Conception. Au plus fort de son activité, en 1648, il loge 19 prêtres, quatre frères laïcs, 23 donnés, quatre garçons, sept domestiques et huit militaires.

Vers la fin des années 1640, en plus de leurs missions chez les Hurons (Saint-Joseph), les jésuites de Sainte-Marie ont également des missions chez les Pétuns (Les Apôtres), les Nipissings (Saint-Esprit), les OJIBWÉS et les OUTAOUAIS (Saint-Pierre) et des bandes algonquines près de la baie Georgienne (Saint-Charles).

Les Iroquois entreprennent une série d'attaques dévastatrices contre les Hurons en 1648 et contre les Pétuns en 1649 (*voir* GUERRES IROQUOISES). Cinq pères jésuites rattachés à la mission perdent la vie: Antoine Daniel (4 juill. 1648), Brébeuf (16 mars 1649), Gabriel Lalemant (17 mars 1649), Charles Garnier (7 déc. 1649) et Noël Chabanel (8 déc. 1649), tous canonisés par le pape Pie XI le 29 juin 1930.

Les occupants quittent la mission le 15 mai 1649 et brûlent Sainte-Marie pour éviter qu'elle ne tombe aux mains des Iroquois et ne soit profanée. Un nouveau centre Sainte-Marie est construit et occupé pendant un an à l'île Christian, sur le lac Huron. À la suite de nouvelles défaites des Hurons et des Pétuns et d'une dure famine pendant l'hiver, la mission est transférée à Québec le 10 juin 1650.

Un père jésuite, Félix Martin, effectue des fouilles archéologiques à Sainte-Marie dès 1855. Des travaux archéologiques scientifiques sont entrepris en juin 1941, sous la direction de K. E. Kidd, pour le compte du Musée royal de l'Ontario et de l'Ordre des jésuites. Les travaux cessent en 1943 à cause de restrictions budgétaires, mais ils ont permis de déterrer la majeure partie de la section centrale de la mission et de compiler une documentation minutieuse. Les fouilles archéologiques sont achevées de 1947 à 1951 par Wilfrid Jury, conservateur du Museum of Indian Archeology à l'U. Western Ontario. Le travail de reconstruction commence en 1964, sous la direction de Jury, pour le compte du gouvernement de l'Ontario.

Ce travail est fortement critiqué par les spécialistes parce que les études archéologiques de Jury, qui auraient pu justifier la façon de reconstruire les lieux, n'ont pas été publiées et que les travaux de Kidd n'ont pas été pris en considération. Toutefois, la qualité de l'exécution et l'intéressant programme d'interprétation font de Sainte-Marie une excellente installation éducative et touristique.

Le musée qui s'y rattache décrit d'abord l'ambiance de la France au XVIIᵉ s., puis recrée le développement historique de Québec, la mission à Sainte-Marie et la vie chez les Hurons. Une bonne bibliothèque de recherche et un laboratoire d'archéologie rehaussent la valeur de l'endroit. Bien qu'il ne fasse pas partie du complexe, le Sanctuaire des martyrs, construit à proximité en 1926 et dirigé par les jésuites, attire les PÈLERINS et fait revivre la spiritualité qui a inspiré la fondation de Sainte-Marie. (*Voir aussi* COMMUNAUTÉS RELIGIEUSES CHRÉTIENNES; SAINTS.)

C.E. Heidenreich

Saint-Émile, ville du Qc; pop. 9889 (rec. 1996), 6916 (rec. 1991); const. en 1993; superf. 8,77 km²; située à 25 km du parc des Laurentides. La rivière Saint-Charles passe à l'ouest de la ville. Saint-Émile, dont le nom vient de la paroisse religieuse du même nom, se trouve à l'est de Loretteville. Reconstituée en Corporation du Village de Saint-Émile en 1929, Saint-Émile est constituée en ville depuis 1993.

Ce qui était autrefois un petit village s'est transformé en une banlieue de la ville de Québec, située à 15 km au sud. Le territoire de Saint-Émile est à 90 p. 100 résidentiel et l'industrie de la chaussure, qui compte cinq fabricants dans la région, fournit la majorité des emplois. La base militaire de Valcartier se trouve à 15 km de la ville.

Sainte-Thérèse, ville du Qc; pop. 23 477 (rec. 1996), 24 158 (rec. 1991); superf. 10,09 km²; const. en 1916; située à 20 km au nord de MONTRÉAL, le long de la rivière aux Chiens.

En 1714, Gaspard Piot de Langloiserie et son épouse, Marie-Thérèse du Gué, reçoivent la seigneurie des Mille-Îles. La colonisation de l'endroit débute en 1735, surtout grâce aux efforts de la veuve Marie-Thérèse du Gué, et elle se poursuit avec ses descendants. En 1789, le territoire est placé sous le patronage de Sainte-Thérèse et devient la paroisse de Sainte-Thérèse-de-Blainville, en l'honneur de la petite-fille du premier seigneur. En 1849, on prend une partie du territoire pour former le village de Sainte-Thérèse.

Sainte-Thérèse est une ville ayant atteint son plein potentiel et dont le territoire est presque entièrement exploité. Cette banlieue de Montréal est située au carrefour des grands axes de circulation et à 16 km au sud de l'aéroport de Mirabel. Sa proximité des grands centres économiques fait de cette ville un lieu intéressant pour l'établissement d'industries manufacturières.

Centre artistique et culturel, Sainte-Thérèse accueille le Festival du cinéma international ainsi que le Festival des arts de la scène. Elle s'enorgueillit aussi d'abriter la galerie d'art Praxis et le Musée Joseph-Filion (1990), consacré à l'histoire régionale. L'église Sainte-Thérèse d'Avila, caractérisée par sa haute flèche, a été déclarée monument historique en 1987. Le premier orgue fabriqué par Joseph CASAVANT y a été installé en 1837.

Adriana Bryenton

Saint-Eustache, ville du Qc; pop. 39 848 (rec. 1996), 37 278 (rec. 1991); superf. 70,03 km²; const. en 1835; située au confluent de la rivière du Chêne et de la rivière des Mille-Îles, à 30 km à l'ouest de MONTRÉAL. Le village est fondé lorsque le propriétaire de la seigneurie de la rivière du Chêne cède suffisamment de terres, en 1770, pour y construire une église. Saint-Eustache est maintenant une importante ville résidentielle de banlieue. Le moulin, au centre de la ville, et l'église paroissiale (construits en 1762

et en 1780 respectivement) représentent le principal héritage de l'histoire locale et régionale.

Le village est le théâtre d'une terrible bataille pendant les RÉBELLIONS DE 1837, lorsque Chénier et les PATRIOTES se barricadent dans l'église, le presbytère et le couvent. Près de 100 Patriotes sont tués, et les troupes britanniques mettent le feu au village. Saint-Eustache, un important centre régional dont la moitié du territoire est constituée de terres agricoles, voit sa population doubler chaque décennie entre 1951 et 1981.

Gilles Boileau

Saint-Félicien, ville du Qc; pop. 9599 (rec. 1996), 9340 (rec. 1991); superf. 168,56 km²; const. en 1996 (fusion avec la municipalité voisine de Saint-Méthode); située à l'embouchure de la rivière Ashuapmushuan sur la rive ouest du lac SAINT-JEAN. Fondée en 1865, la colonie de Saint-Félicien devient bientôt une paroisse agricole prospère. L'agriculture et le bois de sciage dominent son économie jusqu'à la Seconde Guerre mondiale. Le chemin de fer Canadien du Nord (devenu le Canadien-National) atteint Saint-Félicien en 1917.

La ville tire profit de l'essor minier de Chibougamau et de Chapais dans les années 1950, car presque tout le cuivre extrait à ces endroits (280 km au nord-ouest du lac Saint-Jean) transite par Saint-Félicien. Le transport se fait d'abord par la route (ouverte en 1949), puis par chemin de fer (1959). En 1960, des citoyens de la localité fondent le Zoo de Saint-Félicien, qui est une des attractions majeures de la région du Saguenay–Lac-Saint-Jean grâce à une conception zoologique innovatrice (sentiers naturels). La compagnie Donohue y établit une usine de pâtes et papiers en 1978.

Marc St-Hilaire

Saint-François, rivière Longue de 240 km, la rivière draine un bassin de 10 630 km². Elle est située dans les Cantons de l'Est en amont et dans les Bois-Francs en aval, dans le sud du Québec. Elle est nommée en 1635 en l'honneur de François de Lauson, fils aîné du 4ᵉ gouverneur de la Nouvelle-France. Les ABÉNAQUIS l'appellent *Alsigôntekw,* soit «rivière aux herbes traînantes» ou «rivière aux coquillages».

Depuis le lac Saint-François, à 48 km au nord-ouest du LAC MÉGANTIC, elle se dirige au sud-ouest par le lac Aylmer vers LENNOXVILLE et SHERBROOKE, où elle bifurque vers le nord-ouest et vient se jeter dans le lac Saint-Pierre, à 19 km au nord-est de SOREL.

À partir du lac Saint-François, la rivière traverse le Haut-plateau appalachien dans une région forestière ou agroforestière, est rejointe par la rivière Magog à Sherbrooke et atteint les BASSES-TERRES DU SAINT-LAURENT à vocation agricole au nord de DRUMMONDVILLE. Les villes de Richmond et de Sherbrooke sont fréquemment touchées par ses inondations printanières. Dès 1670, la rivière est parcourue par les Abénaquis et les Français à partir de la mission de Port-Saint-François sur le Saint-Laurent vers la côte atlantique, mais était auparavant le domaine des Mohawks. La majeure partie du bassin de cette rivière n'est ouverte à la colonisation américaine puis britannique qu'à la toute fin du XVIIIᵉ s., et Sherbrooke (pop. 76 786, rec. 1997) et Drummondville (pop. 44 882, rec. 1997) en sont les principales villes.

Jean-Marie Dubois et Pierre Mailhot

Saint-Georges, ville du Qc; pop. 20 057 (rec. 1996), 19 583 (rec. 1991); superf. 24,94 km²; const. en 1907. Elle comprend la paroisse de Saint-Georges-Est et Aubert-Gallion. Métropole de la Beauce, elle est située à 102 km au sud-est de Québec, au confluent des rivières CHAUDIÈRE et Famine. Ses premiers habitants, les ABÉNAKIS, la nomment Sartigan (rivière à l'ombre). C'est aussi le nom que porte le barrage bâti en amont en 1967 afin de prévenir les débordements de la Chaudière au printemps. Conçu pour retenir la glace, ce barrage est le premier du genre au Canada.

Durant le régime français, les premiers colons viennent s'établir sur les seigneuries cédées à Thérèse Aubert de Lalonde Gayon (Aubert-Gallion) et à Gabriel Aubin de L'Isle (Aubin-de-l'Isle). Au cours de l'invasion américaine de 1775, des troupes britanniques régulières occupent la Beauce, et de nombreuses familles anglaises s'installent à Sartigan. En 1807, un Allemand, George Pozer, achète la seigneurie et s'y installe avec 189 compatriotes et donne son prénom à la région. En 1830, l'ouverture de la route Kennebec, reliant la Beauce à la Nouvelle-Angleterre, favorise le peuplement.

Claudine Pierre-Deschênes

Saint-Hubert, ville du Qc; pop. 77 042 (rec. 1996), 74 093 (rec. 1991); superf. 63,05 km²; const. en 1971; située à 13 km de MONTRÉAL, sur la rive sud du fleuve Saint-Laurent. Elle résulte de la fusion des villes de Saint-Hubert et de Laflèche. Son nom évoque l'église missionnaire catholique de Saint-Hubert, fondée en tant que paroisse en 1862 et baptisée ainsi en l'honneur d'un évêque belge du VIIIᵉ s.

Saint-Hubert est d'abord établie en tant que municipalité en 1860, puis en tant que ville en 1958. Elle est la plus importante des municipalités régionales de la Montérégie et fait partie de la municipalité régionale de comté de Champlain. Cette ville est beaucoup plus qu'une banlieue résidentielle de Montréal. Elle accueille quatre grands parcs industriels, un important aéroport régional (une ramification de la Base de Saint-Hubert des Forces aériennes), une base des Forces armées canadiennes, l'AGENCE SPATIALE CANADIENNE, Pratt & Whitney Canada, un institut technologique et un collège spécialisé en aéronautique et en instruction de vol. Laflèche, établie en tant que ville en 1959, succédait à Mackayville, établie en 1947.

Pierre-Louis Lapointe

St. Hubert, mission Située à environ 16 km au sud-ouest de Whitewood, en Saskatchewan, elle a été fondée par un groupe de nobles français et belges titrés qui semblaient vouloir fuir les changements sociaux qui nuisaient à leur style de vie en Europe et transplanter les traditions d'étiquette de la noblesse française.

Au milieu des années 1880, le représentant d'un riche Français achète des terres dans la région et commence l'exploitation agricole. Sa demeure est appelée la Rolanderie. Ce nom est celui du domaine de son employeur en France et devient le nom courant de la région environnante jusque vers 1890, date de construction de l'église et de fondation de la paroisse de St. Hubert.

Les «comtes français», comme on les appelle dans la région, arrivent peu avant le tournant du siècle. Ils lancent une série d'entreprises commerciales et agricoles ambitieuses, mais peu judicieuses et finalement non rentables (p. ex., grands élevages de moutons, culture de la betterave à sucre, fromagerie). À la fermeture de chaque entreprise, son directeur ferme son château et repart. La Rolanderie est fermée en 1893 ou 1894.

Après le départ des «comtes français», on raconte des anecdotes sur leur style de vie extravagant, leurs chasses et leur vie sociale animée. Ils laissent aussi une paroisse bien dotée, et St. Hubert garde son cachet unique de localité francophone et catholique.

Garth Pugh

Saint-Hyacinthe, ville du Qc; pop. 38 981 (rec. 1996), 39 292 (rec. 1991); superf. 36,63 km²; const. en 1857; située dans la plaine du fleuve Saint-Laurent, sur les rives de la rivière Yamaska à environ 60 km à l'est de Montréal. Dès sa fondation, Saint-Hyacinthe est un centre de commerce et de services au sein d'une région agricole prospère. Elle est réputée pour ses imposants établissements religieux et d'enseignement.

Historique L'histoire de Saint-Hyacinthe débute avec la concession, en 1748, d'une seigneurie que Hyacinthe Delorme acquiert en 1753. L'emplacement actuel, plus en amont que le village d'origine, devient, en 1795, le pôle d'attraction de la seigneurie en raison du potentiel d'énergie hydraulique offert par une brusque dénivellation du cours supérieur de la rivière. Un village se développe rapidement et sert de marché et de centre des communications, répondant aux besoins de la région immédiate et des autres paroisses qui, plus tard, s'établissent plus en amont. Un collège pour garçons est fondé en 1811, un couvent pour jeunes filles, en 1816, et un hôpital, en 1840.

En 1848, un chemin de fer relie la localité à LONGUEUIL, en face de Montréal. L'année suivante, la ligne ferroviaire atteint Richmond, puis SHERBROOKE et Portland à l'est, et LÉVIS au nord, en face de QUÉBEC. Cependant, la croissance industrielle est plus lente que prévue. C'est seulement dans la période de 1870 à 1900 que les activités de fabrication y prennent une place prépondérante, quand Saint-Hyacinthe devient un centre de production de textiles de premier plan au Québec.

En 1831, le village compte environ 1100 hab. En 1851, la population atteint 3113 hab., dont 4 p. 100 sont d'origine britannique. Avec une population de 9210 hab. en 1900, Saint-Hyacinthe figure parmi les six petites villes les plus peuplées du Québec. Son essor ralenti au XXᵉ s.

Économie Saint-Hyacinthe est encore le centre d'une région agricole prospère et est bien située par rapport aux réseaux ferroviaires et routiers. Bien que Montréal soit suffisamment éloignée pour lui éviter de devenir une banlieue, la métropole exerce sur elle une concurrence économique considérable. Cependant, ses industries diversifiées procurent maintenant à Saint-Hyacinthe une certaine stabilité.

Paysage urbain Saint-Hyacinthe offre un paysage relativement plat, tout comme le territoire qui l'entoure. Dans la courbe intérieure d'un méandre de la rivière Yamaska se trouve la basse-ville, sur l'emplacement des premiers édifices. Les édifices publics (églises, établissements d'enseignement et ainsi de suite) sont remarquables, tout comme les parcs, les espaces verts et quelques élégantes demeures construites au tournant du siècle.

Des jardiniers, axés sur le marché régional, vendent encore leurs produits au marché de la «basse-ville». L'École de médecine vétérinaire, affiliée à l'U. de Montréal, et l'Institut de recherche agronomique et zootechnique sont tous deux situés dans le secteur sud-ouest de la cité.

Jean-Paul Bernard

Saint-Jacques, village du N.-B.; pop. 2767 (rec. 1996), 2505 (rec. 1991), 2310 (rec. 1986); superf. 19 km²; const. en 1966; situé à 7 km au nord-ouest d'EDMUNDSTON. Les premiers colons, des Irlandais, s'installent dans la région en 1834; la localité porte alors le nom de Silverstream. On ouvre le premier bureau de poste de la région en 1885. Plus tard, la population se compose en majorité de colons français, et le village adopte, en 1903, le nom de l'église de la paroisse, consacrée en 1877.

En 1993, le Jardin botanique du Nouveau-Brunswick s'implante dans la localité. Il comprend un arboretum et neuf jardins distincts remplis d'annuelles et de vivaces. Saint-Jacques est la porte d'entrée au Nouveau-Brunswick pour les visiteurs en provenance du Québec.

Deborah Welch et Michael Payne

Saint-Jean, ville la plus importante du Nouveau-Brunswick, elle est située à l'embouchure du FLEUVE SAINT-JEAN dans la baie de FUNDY.

Colonisation Les premiers habitants connus de Saint-Jean sont les MICMACS et, plus tard, les MALÉCITES. Samuel de CHAMPLAIN arrive au port de Saint-Jean le 24 juin 1604, jour de la fête de saint Jean le Baptiste, et donne son nom au fleuve. Aucun colon ne s'y établit de façon permanente avant 1630, lorsque Charles de LA TOUR construit un fort (le fort La Tour) sur le site actuel de Saint-Jean.

En 1701, le nouveau gouverneur français de l'ACADIE, Jacques-François de Brouillan, détruit le fort et regroupe ses forces à PORT-ROYAL, de l'autre côté de la baie. Ce n'est pas avant les années 1730 que les Acadiens des autres parties de la baie de FUNDY commencent à se réinstaller le long du fleuve.

Dès 1749, la souveraineté sur le territoire entourant Saint-Jean fait l'objet d'un conflit entre l'Angleterre et la France. Dans la lutte qui suit, les déportations des Acadiens sont entreprises dès le milieu des années 1750 et se poursuivent jusqu'au début des années 1760. En 1758, les Anglais rebâtissent l'ancien fort français, qu'ils nomment fort Frederick, mais les Américains le détruisent en 1775. En 1778, les Anglais construisent le fort Howe sur une colline surplombant Portland Point.

Le peuplement anglais permanent débute dans les années 1760, avec l'arrivée des Bostoniens James Simonds et James White, chacun construisant des habitations au pied de la colline du fort Howe. Ces marchands préloyalistes du XVIIIᵉ s. commercent avec les Autochtones et la garnison, et créent des liens avec les Britanniques de Halifax.

En 1783, cette communauté portuaire connaît une importante croissance lorsque les LOYALISTES s'établissent sur la rive est du port à Parr Town, sur la rive ouest à Carleton et sur la rive nord à Portland. En 1785, Carleton et Parr Town sont constituées sous le nom de Saint-Jean, première localité constituée dans ce qui est aujourd'hui le Canada. Le NOUVEAU-BRUNSWICK devient une province autonome en 1784; Saint-Jean en est la capitale pendant quelque temps avant que FREDERICTON, en amont sur le fleuve, ne la remplace.

Développement L'économie de la ville se développe grâce au commerce du bois (*voir* BOIS, HISTOIRE DU COMMERCE DU), au commerce en général et à la construction navale (*voir* CONSTRUCTION NAVALE ET RÉPARATION DE NAVIRES). L'importance du port croissant rapidement, les parcs à bois de Saint-Jean fournissent du bois équarri et, plus tard, du bois de sciage à la Grande-Bretagne et aux Antilles. Dès 1770, ses chantiers navals construisent des navires qui transportent les produits forestiers; ces navires deviennent aussi des produits d'exportation. Bon nombre des constructeurs de navires et des navires de la ville, tel le MARCO POLO, deviennent célèbres. Autre fait important, les débardeurs créent le plus gros syndicat ouvrier de la ville, lequel s'affilie à l'Association internationale des débardeurs dès 1911.

À partir des années 1820 jusqu'aux années 1840, des milliers d'immigrants, écossais et surtout irlandais, changent la trame ethnique et religieuse de la ville. Dès 1849, des tensions entre protestants et catholiques se terminent par des émeutes et entraînent des pertes de vies. Au cours des années 1850, une épidémie de CHOLÉRA touchant surtout les secteurs catholiques les plus pauvres incite l'évêque de la localité, Thomas Louis Connolly, à se joindre à Honoria Conway afin de fonder la première congrégation au Canada de religieuses autochtones anglophones, les Sisters of Charity of the Immaculate Conception, en 1854.

Dès le milieu du XIXᵉ s., l'économie, basée sur «le bois, le vent et la voile», est menacée de l'extérieur par la nouvelle technologie de la vapeur et du fer. De plus, la ville connaît une série de déboires économiques. De 1860 à 1880, Saint-Jean est sérieusement touchée par la fin du protectionnisme britannique sur le bois des colonies, la diminution de la demande pour les navires en bois et la baisse générale du commerce. À cette situation s'ajoute une crise économique mondiale qui sévit depuis le début de 1874. En 1877, un incendie désastreux réduit en cendres le quartier des affaires et une grande partie des quais et de la zone résidentielle.

À ces malheurs s'ajoutent les conséquences négatives de la CONFÉDÉRATION puisque l'arrivée de

l'INTERCOLONIAL RAILWAY, en 1876, fait entrer les manufacturiers de Saint-Jean en concurrence avec ceux du Canada central, ce qui les désavantagera à long terme.

Population Le profil démographique de la ville reflète ces perturbations politiques et économiques. Même si Saint-Jean demeure, en 1871, la plus importante agglomération de la région de l'Atlantique, la population cesse de croître dès les années 1860. Durant les années 1870 et 1880, les journaux locaux qualifient d'exode le mouvement d'émigration vers les «Boston States». La ville reste à l'écart de l'arrivée massive d'immigrants à la fin du XIXᵉ s.: ceux-ci ne lui jettent qu'un coup d'œil en débarquant des navires transatlantiques et avant de monter à bord des trains du Canadien Pacifique (CP) à destination de l'intérieur du continent. Toutefois, certains des nouveaux arrivants, surtout des juifs d'Europe de l'Est et des Libanais de l'Empire ottoman, choisissent de demeurer à Saint-Jean, enrichissant ainsi le profil culturel de la ville.

Ce n'est qu'en 1901 qu'un redressement s'ébauche, causé partiellement par l'arrivée d'habitants des communautés du fleuve Saint-Jean et par la reprise de l'économie mondiale après 1895. Dès lors, le blé des Prairies remplace le bois du Nouveau-Brunswick comme principal produit d'exportation dans le port.

Pendant les années 1880, les leaders municipaux et du monde des affaires font pression sur Ottawa afin d'assurer une place à Saint-Jean parmi les villes naissantes du Canada. À cette fin, ils font des investissements importants dans la modernisation des installations portuaires et convainquent le CP d'établir une gare terminus dans le port en 1889. La même année, Saint-Jean absorbe la ville voisine de Portland. Ainsi, les leaders de Saint-Jean commencent à jouer un rôle à l'intérieur du Canada en comptant sur le transport par eau, auquel s'est joint le chemin de fer.

Les élévateurs à grains, érigés depuis peu à Saint-Jean, deviennent le «grenier d'hiver» du blé canadien. L'activité commerciale engendrée par la déclaration de la Première Guerre mondiale contribue à cette nouvelle prospérité. Après la guerre, l'économie connaît cependant un important recul qui se poursuit jusqu'à la CRISE DES ANNÉES 30.

Gouvernement Après la Seconde Guerre mondiale, Saint-Jean, avec certains de ses quartiers parmi les plus anciens et les plus vétustes de l'Amérique du Nord, entreprend des travaux de rénovation urbaine. Les efforts de modernisation du paysage urbain s'accompagnent de changements dans l'administration. Sauf pour la période allant de 1912 jusqu'au milieu des années 30, pendant laquelle Saint-Jean est administrée par une commission, la structure municipale de la ville se compose d'un maire et d'un conseil.

Malgré sa taille modeste, la zone urbaine de Saint-Jean connaît bon nombre des changements entrepris dans les municipalités canadiennes de plus grande envergure. Son service de police, l'un des plus vieux du Canada, se syndique en 1918-1919, époque où la syndicalisation des policiers est sujet de débats partout en Amérique du Nord. Lors de la Crise, le service de police joue un rôle indispensable dans l'administration des mesures d'assistance, tout en relevant les défis posés par la circulation automobile et par l'introduction de systèmes de signalisation routière mécanisés. Après la Seconde Guerre mondiale, on assiste à une progression dans la professionnalisation des employés municipaux et notamment des policiers. Leurs négociations contractuelles avec la ville deviennent plus intenses, tandis que la population soumet ses policiers à une surveillance accrue.

En 1963, la ville change de formule. L'exercice du pouvoir et la responsabilité politique continuent d'être de la compétence du maire et du conseil, mais la responsabilité administrative est du ressort d'un directeur nommé par le conseil. En 1967, Saint-Jean annexe la ville de Lancaster, la paroisse de Lancaster et une partie de la paroisse de Simonds. Cette restructuration municipale contribue à favoriser la rénovation urbaine entreprise dans les années 60. Dans les années 70, les communications avec les régions voisines s'améliorent grandement grâce à la construction d'un réseau de voies d'entrée et de sortie comprenant le nouveau Harbour Bridge.

Économie Depuis la Seconde Guerre mondiale, le profil économique de Saint-Jean maintient l'accent sur ses industries traditionnelles au moyen de la diversification du fret dans le port, de la revitalisation de la construction navale grâce au Projet des frégates canadiennes et de l'agrandissement des usines de pâtes et papiers. Depuis les dernières années, bon nombre d'entreprises de télécommunications s'installent à Saint-Jean en raison des efforts déployés par les administrations provinciale et municipale en faveur du développement de centres d'appels. L'industrie touristique est en plein essor depuis peu, grâce à la construction d'installations pour les Jeux d'été du Canada de 1985 au centre-ville, de même que sur le campus de l'UNIVERSITÉ DU NOUVEAU-BRUNSWICK, à Saint-Jean, qui connaît une croissance rapide.

Paysage urbain Le paysage de la ville est en grande partie dominé par le port et le fleuve. Les fameuses Chutes réversibles se trouvent à environ 1 km du centre-ville. À marée haute, les eaux de l'océan envahissent le fleuve par une gorge étroite, qui les refoule ensuite à marée basse.

Pendant les années 80, le centre-ville est l'objet d'importants travaux de rénovation autour de la Place du marché; une section du port est conservée et améliorée afin d'aménager des mails intérieurs et extérieurs, un centre de commerce et de congrès, et un nouvel hôtel. Un chemin piétonnier relie toutes ces nouvelles installations à l'historique City Market de Saint-Jean. Une importante partie des zones résidentielles rénovées de la haute-ville s'intègre maintenant à un quartier de préservation du patrimoine appelé Trinity Royal. Ce quartier et d'autres secteurs du centre-ville abritent de nombreux édifices victoriens qui ont retrouvé leur élégance d'antan et qui, depuis peu, font de Saint-Jean une destination de plus en plus populaire des paquebots de croisière.

En 1993, l'ouverture du Harbour Station amène à Saint-Jean les Flames, de la Ligue américaine de hockey, et permet la tenue de diverses activités de divertissement. La rénovation tant attendue de l'Imperial Theatre est terminée en 1994. Le parc de la nature Irving, situé à l'ouest de la ville, est le paradis des amants de la nature. Le théâtre et le parc témoignent tous deux de l'évolution des goûts des citoyens de Saint-Jean en matière de loisirs. Jusque dans les années 60, en effet, la ville était dotée de clubs de boxe et d'événements soulignant la culture de sa classe ouvrière. Saint-Jean accueille donc son troisième centenaire en célébrant son passé et en assurant son avenir en conservant et en restaurant son héritage architectural, en assurant le développement de ses industries de l'information et l'expansion de ses installations récréatives et de ses aménagements culturels.

Elizabeth W. McGahan

Saint-Jean-Chrysostome, ville du Qc; pop. 16 161 (rec. 1996), 12 717 (rec. 1991); superf. 82,90 km²; const. en 1965. Saint-Jean-Chrysostome est située sur la rive sud du Saint-Laurent, à environ 20 km au sud de QUÉBEC, dans la région Chaudière-Appalaches. Cette région se caractérise par des plateaux et des plaines agricoles fertiles et par la majestueuse chaîne de montagnes des Appalaches.

Histoire En 1651, quelques Français et Hurons s'installent sur la rive sud du Saint-Laurent. Comme le terrain est rocheux, les colons s'établissent plus loin vers l'intérieur, où la terre est fertile et plus facile à défricher. Au cours des années suivantes, les colons décident de créer leur propre paroisse. En 1828, ils fondent la paroisse de Saint-Jean-Chryso-

stome, en choisissant un nom dont les initiales sont les mêmes que celles du seigneur de Lauzon, sir John Caldwell. Vers 1830, 1200 personnes vivent à Saint-Jean-Chrysostome. En 1855, la paroisse devient la municipalité de Saint-Jean-Chrysostome et, en 1965, Saint-Jean-Chrysostome devient une ville.

Situation actuelle L'économie de Saint-Jean-Chrysostome repose encore aujourd'hui sur l'agriculture. La population a augmenté très rapidement au cours des dernières années. Ce boom a surtout été favorisé par l'ajout de nouvelles infrastructures et par leur développement.

Adriana Bryenton

Saint-Jean, fleuve D'une longueur de 673 km, il prend sa source dans le nord du Maine et coule vers le nord-est à travers les forêts du comté de Madawaska jusqu'à EDMUNDSTON, où il reçoit les eaux de la rivière Madawaska avant de bifurquer vers le sud-est. Le fleuve Saint-Jean forme la plus grande partie de la frontière entre le Maine et le Nouveau-Brunswick. Son BASSIN HYDROGRAPHIQUE couvre une superficie de 55 400 km² dont 20 000 aux États-Unis, et son débit moyen est de 1100 m³/s. Après la jonction avec son principal affluent, la rivière Tobique, il se dirige vers l'est au sud de WOODSTOCK.

Le fleuve Saint-Jean fut d'abord appelé Oo-lahs-took, «belle rivière», par les MALÉCITES qui habitaient ses berges. Son cours est généralement tranquille, sauf pour les chutes de GRAND-SAULT (25 m) et de Beechwood (18 m), dont le potentiel hydroélectrique est exploité. Le fleuve coule vers l'est après FREDERICTON et OROMOCTO en s'élargissant progressivement et en bifurquant vers le sud dans une magnifique vallée. Dans son cours inférieur, de nombreuses îles allongées et basses se sont formées par les dépôts de limons et ont été façonnées par les courants.

Près de la ville de SAINT-JEAN, le fleuve se déverse dans le lac Long Reach, un lac étroit, et reçoit les eaux de la rivière Kennebecasis en provenance du nord-est. À Saint-Jean, les puissantes marées de la baie de Fundy (*voir* FUNDY, BAIE DE ET GOLFE DU MAINE) renversent le cours du fleuve, qui remonte dans une gorge étroite appelée les Chutes réversibles. DE MONTS et CHAMPLAIN débarquent dans le havre de Saint-Jean et baptisent le fleuve le 24 juin 1604, jour de la Saint-Jean.

LA TOUR construit un fort à l'embouchure du fleuve en 1630, mais la colonisation de la vallée commence réellement avec l'arrivée des LOYALISTES en 1783. Au début du XIXᵉ s., le fleuve sert au transport du bois de Madawaska jusqu'à Saint-Jean en passant par Grand-Sault. C'est ce qui a fait de Saint-Jean l'un des ports les plus prospères de l'Amérique du Nord britannique.

James Marsh

Saint-Jean, Idola, militante féministe et pionnière de la lutte pour le suffrage féminin (1880-1945). En 1930, elle fait fi des vieux tabous à l'endroit des femmes et se présente comme candidate dans le comté de Saint-Denis (Dorion) à l'occasion d'une élection fédérale. Un geste d'éclat, il faut le dire, alors que les femmes n'ont même pas encore le droit de vote au Québec. Elle n'obtient rien de moins que 3 000 votes.

Militante féministe engagée, Idola Saint-Jean crée l'*Alliance canadienne pour le vote des femmes du Québec* en 1927, suite à la scission du *Comité provincial pour le suffrage féminin*. Si elle milite activement pour le suffrage féminin, elle s'occupe aussi de jeunes délinquants et enseigne à l'U. McGill. C'est avec une conviction profonde qu'elle défend les droits des femmes et développe le concept de subordination des sexes. Par le biais d'allocutions radiophoniques, de recommandations, de mémoires, de lettres, de conférences et de manifestations, elle véhicule ses idées de justice sociale. Idola Saint-Jean affirme haut et fort que «le mouvement féministe est

un courant mondial que personne, qu'aucune force ne pourra arrêter».

Stéphanie Lanthier

Saint-Jean, lac Étendue d'eau de 1003 km², d'une élévation de 98 m et d'une profondeur de 63 m, située au centre sud du Québec, à 170 km au nord du fleuve Saint-Laurent, dans lequel il se déverse par son effluent, la RIVIÈRE SAGUENAY. Le lac, qui occupe le cœur d'une cuvette glaciaire peu profonde, est alimenté par des dizaines de petits cours d'eau, les plus importants étant les rivières (d'ouest en est) Ashuapmushuan, Mistassini et Péribonka au nord et des Aulnaies, Métabetchouane et Ouiatchouane au sud. Parmi les villes qui bordent son pourtour, citons ALMA, DOLBEAU, MISTASSINI, ROBERVAL et SAINT-FÉLICIEN. Les INNUS (MONTAGNAIS-NASKAPIS) le nomment Piékouagami («lac plat»), mais le lac tire son nom du saint patron de Jean Dequen, premier européen et missionnaire jésuite à y débarquer en 1647.

C'est à TADOUSSAC au cours du XVIᵉ s. que les Kakouchakis, population locale de Montagnais-Naskapi, commencent à pratiquer le commerce des fourrures avec les Européens. Proclamée possession royale en 1674, la région du lac Saint-Jean devient un territoire réservé pour la chasse et l'agriculture. Un premier poste de traite est construit à Métabetchouane en 1676.

La TRAITE DES FOURRURES domine l'économie de la région jusqu'au XIXᵉ s., alors que débute la colonisation du Saguenay (1838), suivie par celle du lac Saint-Jean (1849). Des colons venus du Québec, des États-Unis et même d'Europe participent à cette colonisation qui s'intensifie jusqu'au début du XXᵉ s. L'économie repose principalement sur l'agriculture et la foresterie jusqu'à la Seconde Guerre mondiale. Aujourd'hui, des coopératives de fermes laitières et l'élevage constituent des secteurs d'activité importants.

Le développement industriel, qui prend naissance à la fin du XIXᵉ s. avec la construction de scieries puis d'usines de pâte à papier (ouverture de la première usine à Val-Jalbert en 1902), d'usines de papier (après 1925) et d'alumineries (1943), est grandement favorisé par la construction de centrales hydroélectriques à Alma (1925) et sur la rivière Péribonka (1954-1960). La région jouit d'une industrie touristique estivale florissante. Depuis l'arrivée de la voie ferrée à ROBERVAL en 1888, la pêche sportive de la ouananiche et du BROCHETON attire chaque année des milliers d'amateurs de pêche ainsi que des vacanciers qui viennent profiter des plages.

La Traversée internationale du Lac Saint-Jean entre Péribonka et Roberval est une importante épreuve de natation annuelle organisée depuis 1955. On trouve à Péribonka le musée Louis-Hémon, qui rappelle le passage au lac Saint-Jean de l'auteur de MARIA CHAPDELAINE.

Marc St-Hilaire

Saint-Jean-sur-Richelieu, ville du Qc; pop. 37 776 (1999), 36 435 (rec. 1996), 37 607 (rec. 1991); superf. 47,42 km²; const. en 1848; située sur la rive ouest du Haut-Richelieu (*voir* RIVIÈRE RICHELIEU), à quelque 40 km au sud-est de MONTRÉAL. De l'autre côté de la rivière se trouve la ville voisine d'Iberville.

Saint-Jean fait partie d'une série de forts construits le long du Richelieu sous le régime français. Après la GUERRE D'INDÉPENDANCE AMÉRICAINE, de nombreux LOYALISTES se joignent aux familles locales. Au cours du XIXᵉ s., la population de Saint-Jean est de plus en plus canadienne-française et catholique. Politiquement, elle est un bastion libéral. L'un de ses citoyens, Félix-Gabriel MARCHAND, devient premier ministre du Québec en 1897.

Des chemins de fer et des canaux y sont construits très tôt dans la région, afin de répondre aux besoins du commerce florissant entre le Canada et les États-

Unis et de contourner les rapides situés en aval de Saint-Jean. En 1836, la première ligne de chemin de fer du Canada, la CHAMPLAIN AND SAINT LAWRENCE RAILROAD, relie Saint-Jean à LA PRAIRIE. Devenue capitale de la poterie au XIXᵉ s., Saint-Jean assiste à l'ouverture du canal de Chambly en 1843.

Au XXᵉ s., de généreuses mesures incitatives et les chemins de fer du Canadien Pacifique et du Canadien National attirent plusieurs industries d'envergure (notamment des multinationales américaines). Aujourd'hui, l'imprimerie et l'édition, le bois et les meubles, les produits métalliques, électriques et électroniques ainsi que l'industrie chimique composent en majeure partie le profil industriel de la ville. Saint-Jean-sur-Richelieu est issue d'une longue tradition militaire qui remonte à la construction du premier fort Saint-Jean et qui se traduit aujourd'hui par la présence de la Base des forces canadiennes Montréal, Garnison Saint-Jean. Le Campus du Fort Saint-Jean, institution à vocation mixte, occupe également les locaux de l'ancien Collège militaire royal de Saint-Jean.

Au fil des ans, Saint-Jean-sur-Richelieu est devenue la capitale du Haut-Richelieu et s'est également imposée comme capitale des montgolfières puisqu'on y présente en août de chaque année le plus important rassemblement de montgolfières au Canada. Le «Vieux-Saint-Jean» connaît aussi un renouveau culturel qui permet aux visiteurs de profiter de nombreux restaurants, salles de cinéma et fêtes populaires en plus d'admirer les bâtiments qui ont échappé au grand feu de 1876 ou qui ont été édifiés par la suite.

Kathleen Lord et Charlyne Côté

Saint-Jérôme, ville du Qc; pop. 23 916 (rec. 1996), 23 384 (rec. 1986), 25 123 (rec. 1981); superf. 15,79 km²; const. en 1881. Elle est située sur la rivière du Nord, à 40 km au nord-ouest de MONTRÉAL. Depuis la création de la première paroisse en 1834 jusqu'à ce qu'il obtienne le statut de ville en 1881, le village de Saint-Jérôme tire la majeure partie de ses revenus des ressources forestières et de l'agriculture. Depuis 1882, la compagnie Rolland y exploite l'une des plus anciennes usines de papier au Canada.

Métropole régionale située sur la rivière du Nord, immédiatement à la sortie des Laurentides, Saint-Jérôme domine l'ensemble des Basses-Laurentides. L'évêché, le palais de justice et le CEGEP lui confèrent une fonction administrative en plus de ses fonctions industrielles et commerciales.

Le curé de la paroisse de 1868 à 1891 est le légendaire Antoine LABELLE, l'énergique apôtre de la colonisation, dont les efforts mènent à la création de plusieurs dizaines de paroisses dans les Laurentides et à la mise en valeur d'un territoire immense entre Saint-Jérôme et Mont-Laurier.

Gilles Boileau

St. John's Capitale de Terre-Neuve, ville la plus importante de la province et probablement la plus ancienne du Canada, St. John's est située sur la côte orientale de la PRESQU'ÎLE AVALON dans le sud-est de l'île. On pénètre dans sa rade fermée, que protègent de hautes collines sur lesquelles la ville est bâtie, en empruntant un long chenal étroit. On ignore l'origine de son nom, mais St. John's apparaît sur une carte portugaise de Rienel (1516-1520) sous le nom «Rio de San Johem», et plus tard, en 1527, le marin anglais John Rut fait allusion au «Haven of St. John's» dans une lettre. Selon la tradition populaire, la ville doit son nom à la fête de Saint-Jean-Baptiste et à la découverte de Terre-Neuve, le 24 juin 1497, par l'Italien Giovanni Caboto (Jean CABOT) pour le compte de l'Angleterre.

Peuplement et croissance Dès le début du XVIᵉ s., les pêcheurs européens fréquentent le port. En 1583, quand sir Humphrey GILBERT arrive à St. John's pour prendre officiellement possession de Terre-Neuve au nom de l'Angleterre, les secteurs centre et

est de la rive nord du port sont déjà peuplés. En 1832, St. John's devient le siège du gouvernement lorsque l'Angleterre dote Terre-Neuve d'un corps législatif colonial. En 1888, elle élit son premier conseil municipal.

Occupant une position géographique stratégique au centre des pêcheries migratoires anglaises sur les GRANDS BANCS DE TERRE-NEUVE, St. John's est d'abord le rendez-vous des pêcheurs européens et, après 1700, le foyer naturel pour la défense et l'administration impériales dans l'île. À mesure que la pêche à la MORUE se développe au XVIIIᵉ s., St. John's se transforme de port de pêche en un centre de commerce prospère au service de la population croissante de Terre-Neuve.

Bien que détruite par des incendies en 1816, 1817, 1819, 1846 et 1892, la ville est chaque fois reconstruite de manière désordonnée, les règlements d'urbanisme n'étant vraiment appliqués que dans le quartier des affaires près du port.

Après 1870, de petites manufactures s'établissent dans la ville. Une cale sèche est installée dans le port en 1882 et, en 1897, la ville devient le siège du chemin de fer transinsulaire construit par l'entrepreneur canadien de chemin de fer, sir Robert Reid. Après 1900, l'amélioration du service côtier par bateau vers les ports extérieurs accroît encore la prééminence de la ville.

Après la Première Guerre mondiale, la faible demande de poissons de Terre-Neuve sur les marchés mondiaux cause une récession à St. John's, aggravée par la CRISE DES ANNÉES 30. La prospérité revient pendant la Seconde Guerre mondiale avec l'arrivée, en janvier 1941, des forces armées américaines qui érigent le fort Pepperell et d'autres installations militaires dans la capitale. Après 1946, l'essor dans la construction continue grâce à l'aménagement de nouvelles banlieues et à l'apport généreux de fonds du gouvernement fédéral après l'entrée de Terre-Neuve dans la Confédération (1949). Après coup, St. John's dépend davantage de l'emploi dans le secteur public. À la même époque, la ville cesse de jouer son rôle traditionnel de centre d'exportation du poisson de Terre-Neuve, les grandes entreprises marchandes de la ville choisissant de se retirer du commerce du poisson salé pour se concentrer sur le florissant commerce de gros pour la consommation.

De centre import-export, St. John's se transforme alors en centre import-services, l'essentiel des revenus du port provenant de la réparation et du ravitaillement des flottes de pêche locales et étrangères jusque dans les années 80. St. John's a d'excellentes liaisons routières et aériennes avec le reste de la province et le Canada continental. Des découvertes de pétrole sur les GRANDS BANCS DE TERRE-NEUVE, à proximité de la ville, constituent maintenant la clé d'un développement économique et physique important.

Paysage urbain Jusqu'en 1964, année où le gouvernement fédéral construit un quai de 915 m sur le côté nord du port, le quartier portuaire des affaires se caractérise par les nombreux quais bordant ces entrepôts des négociants du côté sud de la rue Water. Les rues de la ville sont tracées d'est en ouest, parallèlement au port. Avant la Confédération, elles sont étroites et tortueuses, reflétant le mode de possession foncière de la ville. Dans la principale zone résidentielle-commerciale, presque tous les terrains appartiennent à des Britanniques absentéistes. Après les incendies de 1846 et de 1892, le gouvernement n'a dès lors pas les moyens financiers d'acquérir les terrains qui lui permettraient de tracer des rues droites, larges et en damier.

Après la création de la St. John's Housing Corporation en 1944, de nouvelles banlieues voient le jour dans les vallées ouest, nord et nord-est de la ville. L'industrie se regroupe dans la zone voisine du port. Depuis les années 60, de nouveaux parcs industriels suburbains sont créés pour recevoir l'industrie existante et faire place aux entreprises qu'attirera l'ex-

ploitation pétrolière en mer. En 1992, la ville s'étend, augmentant ainsi sa superficie de plus de 460 p. 100. Une grande partie du territoire est constituée des 3 grands bassins de drainage du réseau régional d'approvisionnement en eau qui, de ce fait, passe aux mains de la ville. La ville a aussi annexé 2 municipalités voisines.

Aux XVIᵉ et XVIIᵉ siècles, l'ARCHITECTURE de St. John's se résume à des cabanes de pêcheurs ou des cabanes en rondins. Avant l'incendie de 1846, le comble georgien ou toit cottage prédomine parmi les constructions de 2 étages et demi. Ce style fait graduellement place au néogothique et, surtout, au Second Empire qui prévaut après l'incendie de 1892. Les édifices remarquables du XIXᵉ s. comprennent le COLONIAL BUILDING (néo-classique), la basilique catholique romaine (roman) et la cathédrale anglicane (néogothique), cette dernière construite d'après les plans et devis de l'architecte anglais Gilbert Scott.

Depuis le milieu des années 60, le profil de la ville se transforme graduellement avec la construction d'hôtels et d'immeubles bancaires et administratifs, comme l'hôtel Radisson Plaza de 278 chambres, ouvert en 1987.

Population Jusqu'aux GUERRES NAPOLÉONIENNES, la croissance de St. John's est lente. À cette époque, une importante immigration irlandaise, catholique romaine, fait augmenter la population qui passe de 3742 habitants en 1796, à 10 018 en 1815. Après 1832, la croissance naturelle et la migration des habitants des ports côtiers vers la capitale contribuent à la croissance démographique constante et à la constitution d'une communauté compacte et homogène de descendance irlandaise et britannique. Même si les catholiques romains ne forment plus la majorité après 1911, leur influence dans la vie sociale, culturelle et politique continue de s'affirmer.

L'accroissement constant de la population fait naître de graves problèmes de santé publique, de logement et d'emploi, qui ne sont que partiellement réglés par une émigration vers le nord-est des États-Unis et le Canada. De 1946 à 1971, la population de la ville double en raison du grand nombre de nouveaux venus, désireux de profiter des nouvelles offres d'emploi dans la fonction publique et le secteur des services. Entre 1971 et 1991, St. John's connaît un déclin. De nombreux habitants déménagent en effet à MOUNT PEARL et dans les nouvelles banlieues hors des limites de la ville. Toutefois, suite à l'annexion des 2 municipalités de Wedgewood Park et de Goulds en 1992, la population de la ville augmente de plus de 9 p. 100. La population de St. John's est toujours composée en majorité d'Anglo-Saxons et d'Irlandais.

Économie Après 1949, l'entrée de biens manufacturés canadiens à bon marché à Terre-Neuve provoque la ruine des industries locales et réduit ainsi le volume de l'activité commerciale dans le port. En 1965, la construction d'une route d'un bout à l'autre de l'île permet aux distributeurs du continent d'éviter St. John's et d'utiliser CORNER BROOK et CHANNEL-PORT AUX BASQUES pour expédier leurs marchandises dans les agglomérations de l'île. À partir de 1949, la croissance de la fonction publique fédérale, provinciale et municipale est l'assise de la création de l'emploi à St. John's et de la stabilité de son économie, laquelle comporte un secteur d'affaires, de services et de commerce de détail assez important. Au milieu des années 90, le gouvernement provincial est le principal employeur de la ville, suivi par la Memorial University. L'expansion de l'université a aussi beaucoup contribué à la diversification de la ville sur le plan ethnique et culturel.

Administration et politique La ville, administrée par le gouvernement colonial jusqu'en 1888, jouit alors d'une autonomie limitée qui s'exerce sur le service des eaux, la voirie, les égouts, les parcs et les règlements de construction. Elle est administrée par différents conseils ou commissions formés de membres nommés par le gouvernement et de représentants élus jusqu'en 1916, lorsque s'installe un conseil municipal entièrement élu.

En 1921, le corps législatif vote une loi globale, conçue par les commissaires qui ont administré la ville de 1914 à 1916. Cette loi de 1921 et ses modifications ultérieures sont le fondement de l'administration présente de St. John's. En 1969, le nombre de conseillers élus passe de 6 à 8 et, en 1981, un système partiel de quartiers est adopté. Depuis la fusion de 1992, St. John's a 5 conseillers élus au suffrage universel, 5 conseillers élus selon le système des quartiers, et un maire. Il n'existe pas d'administration régionale pour la zone métropolitaine de St. John's.

Vie culturelle La plupart des institutions sociales, éducatives et religieuses de Terre-Neuve sont établies à St. John's. La Benevolent Irish Society date de 1806 et le couvent des sœurs de la Présentation remonte à 1833. Les écoles secondaires confessionnelles dispensent l'enseignement aux résidants de l'extérieur de St. John's jusqu'à ce que la province mette sur pied un programme de construction d'écoles secondaires en milieu rural dans les années 50. St. John's est aussi le siège de la MEMORIAL UNIVERSITY, du Cabot College of Applied Arts and Technology et du Marine Institute.

S'y trouvent aussi le Newfoundland Museum, l'Arts and Culture Centre et le Resource Centre for the Arts. Le parc national historique SIGNAL HILL, dans lequel la tour Cabot est érigée, a été créé en 1897 afin de commémorer le 400e anniversaire de la découverte de Terre-Neuve et le jubilé de diamant de la reine Victoria. Dans cette tour inaugurée en 1900, Guglielmo Marconi reçoit, l'année suivante, le premier message transatlantique sans fil. En 1919, St. John's est le point de départ du premier vol par avion sans escale au-dessus de l'Atlantique, qui se termine par l'atterrissage de sir John Alcock et Arthur Brown en Irlande.

St. John's possède un quotidien, l'*Evening Telegram,* 2 stations de télévision et plusieurs stations de radio. L'InfoNET de St. John's, le service freenet de la ville conçu dès 1993, entre en fonction 2 ans plus tard. L'InfoNET offre l'accès aux gouvernements provincial et fédéral, à de nombreux groupes de la communauté, au réseau de bibliothèques municipales et à la bibliothèque de la Memorial University. La ville a son site Web depuis 1997.

La ville a une longue tradition sportive. L'événement annuel, les RÉGATES DE ST. JOHN'S (maintenant les Royal St. John's Regatta), qui ont lieu le premier mercredi du mois d'août, remontent aux environs de 1818 et c'est l'événement sportif organisé sans interruption le plus ancien d'Amérique du Nord. St. John's est le site des Jeux d'été du Canada de 1977, ce qui permet à la ville de se doter d'équipements sportifs améliorés. Une équipe-école de ligue mineure des MAPLE LEAFS DE TORONTO, les St. John's Maple Leafs, joue à St. John's.

Depuis 1978, le 24 juin est jour férié à St. John's, en souvenir de la découverte de Terre-Neuve en 1497. En 1988, la ville souligne les 100 ans de l'administration municipale par une grande soirée.

Melvin Baker

St John, Scott, violoniste, violoncelliste (London, Ont., 4 déc. 1969). Il commence l'apprentissage du violon à l'âge de trois ans, et poursuit ses études musicales à Paris, au Cleveland Institute of Music et au Curtis Institute à Philadelphie. Pendant ses années d'études, il gagne de nombreux prix et concours, y compris un concours national en 1988 qui lui permet d'utiliser un violon Stradivarius de la Banque d'instruments de musique du Conseil des arts du Canada. Il fait ses débuts au Carnegie Recital Hall en 1989 et joue en Europe, en Chine et partout au Canada. Sa sœur Lara (London, Ont., 15 avril 1971) est également violoniste.

Robin Elliott

St. John the Baptist, basilique Visible de toute la ville et, facteur très important au XIXe s., édifice le plus frappant lorsqu'on pénètre dans le port, la basilique St. John the Baptist a été érigée pour affirmer l'existence et la puissance de la population catholique irlandaise de Terre-Neuve. Construite entre 1841 et 1855, il s'agit d'un défi démesuré par rapport à la taille et aux besoins de la population. Elle est aussi bâtie sur une hauteur surplombant la partie animée de la ville et n'est pas orientée selon un axe adéquat d'un point de vue liturgique. Ses 3 caractéristiques: taille, emplacement et orientation, critiquées au temps de sa construction, assurent sa visibilité dans le paysage.

La basilique est l'œuvre de l'évêque Michael Anthony Fleming, qui achète le terrain en 1838 après une longue bataille avec les autorités. Il réussit ensuite à convaincre la population locale de s'atteler à des corvées exceptionnelles, au cours desquelles on transporte, pendant des semaines, des pierres et du bois de construction jusqu'au site. Le concepteur était probablement l'architecte allemand M. Schmidt, dont les plans ont été respectés malgré les changements apportés à la disposition. Se distinguant par ses 2 tours de façade, le plan de la basilique est cruciforme et constitue, au moment de sa construction, la plus grande église d'Amérique du Nord. Elle est de style roman lombard, ce qui est inhabituel. Il ne semble pas y avoir d'autre exemple aussi ancien de ce style pour une église, bien qu'il soit devenu courant en Irlande une vingtaine d'années plus tard.

La basilique abrite d'importantes œuvres du sculpteur irlandais John Hogan, dont *The Dead Christ* (trad. Le Christ mort) et des monuments commémoratifs dédiés aux évêques Scallan et Fleming. Il y a sur la façade 3 statues d'un contemporain de Hogan, John Edward Carew. À l'est de la basilique se trouvent les couvents et les écoles de la Mercy et de la Présentation; à l'ouest se trouvent l'évêché, la Bishop's Library et le St. Bonaventure's College. L'ensemble de ces édifices crée autour de la basilique un quartier religieux remarquablement vaste et bien conservé.

Shane O'dea

Saint-Joseph, île Elle se trouve à l'entrée est de la rivière St. Marys, dans le chenal North qui relie les lacs HURON et SUPÉRIEUR, à environ 30 km au sud-est de Sault Sainte-Marie (Ontario). Les premiers habitants y viennent pour quelque temps, peu après la destruction de l'Huronie en 1649. Ce sont des Hurons qui s'y réfugient en compagnie de missionnaires jésuites, qui lui donnent son nom.

En 1796, l'armée britannique construit le fort Saint-Joseph sur la pointe sud-ouest de l'île. À l'époque, ce fort est le poste militaire le plus à l'ouest du Canada. Il devient le lieu de rendez-vous pour les marchands et les Amérindiens. Même s'il fut détruit au cours de la GUERRE DE 1812, on peut encore aujourd'hui visiter ses vestiges qui font maintenant partie d'un site historique national. Les premiers agriculteurs s'y installent à la fin du XIXe s.

De nos jours, l'île est un centre touristique et agricole. Un pont enjambe le chenal Saint-Joseph, une voie navigable importante, et relie l'île au continent.

Daniel Francis

Saint-Lambert, ville du Qc; pop. 20 971 (rec. 1996), 20 976 (rec. 1991); const. en 1921; superf 7,92 km²; située sur la rive sud du fleuve Saint-Laurent dans la région de la Montérégie. Longueuil lui est limitrophe au nord. Les ponts Jacques-Cartier, Champlain et Victoria la relient à Montréal.

Histoire En 1636, la Compagnie des Cent-Associés cède une concession à François de Lauzon. Ce vaste territoire, qui s'étend sur le bord du fleuve Saint-Laurent, englobe les régions de La Prairie de Magdelaine et de La Prairie de Saint-Lambert.

Son nom lui vient vraisemblablement de Lambert Closse, greffier de la cour et major de la garnison de Ville-Marie. Saint-Lambert est aussi appelée Mouille-Pied. En effet, en raison des sols marécageux, les chasseurs de la région reviennent souvent avec les pieds mouillés. En 1647, François de Lauzon cède aux Jésuites la portion du territoire nommé Mouille-Pied. En 1688, après que 14 colons de la région aient réussi à repousser une attaque des Iroquois en érigeant une palissade autour de leurs maisons, l'endroit devient connu sous le nom Fort Saint-Lambert.

En 1857, cette communauté principalement agricole devient la municipalité de Saint-Lambert. Elle est constituée en tant que village en 1892 et en tant que ville en 1921. Elle fusionne avec Préville en 1969 pour former l'actuelle ville de Saint-Lambert.

Situation actuelle La ville de Saint-Lambert est à 5,8 p. 100 industrielle, 2,3 p. 100 commerciale et 73,3 p. 100 résidentielle. Seulement 5 p. 100 de son territoire est inutilisé. On retrouve 15 usines et 275 commerces à Saint-Lambert. Cependant, la majorité des résidants travaillent dans l'île de Montréal.

Les résidants de Saint-Lambert demeurent étroitement liés au fleuve Saint-Laurent. Cette ville est en effet la porte de la voie maritime du Saint-Laurent et l'écluse de Saint-Lambert attire de nombreux touristes.

Diverses expositions sont présentées au Musée Marsil, l'une des nombreuses maisons historiques de Saint-Lambert.

Saint-Laurent, basses terres du Quand on parle des basses terres du Saint-Laurent, qui occupent une superficie de 46 000 km² (dont 5 000 km² aux États-Unis), on entend la plaine qui borde le FLEUVE SAINT-LAURENT entre la ville de Québec, à l'est, et Brockville (Ontario), à l'ouest. À l'ouest, cette plaine comprend la vallée de l'Outaouais jusqu'à Renfrew (Ontario). D'une longueur de 450 km d'ouest en est, cette plaine a une largeur de 1000 km dans sa partie ouest, qui se ramène à 35 km à Québec, et a un bras qui s'étend à 130 km au sud, dans la vallée du lac CHAMPLAIN.

L'altitude va de 15 m au-dessus du niveau de la mer le long du Saint-Laurent, au nord-est de Montréal, à 150 m à la périphérie des Laurentides, au nord; des Adirondacks, au sud; des contreforts des Appalaches, au sud-est; et du BOUCLIER précambrien de l'Ontario, à l'ouest.

Les affluents du Saint-Laurent qui drainent les basses terres sont, au sud, les rivières Châteauguay, RICHELIEU, Yamaska, Saint-François, Nicolet, Bécancour et CHAUDIÈRE et, au nord, les rivières L'Assomption, Maskinongé, SAINT-MAURICE, Batiscan et Sainte-Anne. Les affluents de la RIVIÈRE DES OUTAOUAIS qui traversent les basses terres sont les rivières South Nation, Rideau, Mississippi, Madawaska et Bonnechere.

À grande échelle, le relief est le résultat de 100 millions d'années de météorisation et d'érosion par les rivières des strates paléozoïques horizontales à légèrement inclinées qui constituent les basses terres. Ces roches, des plus anciennes (les plus profondes) aux plus récentes (les moins profondes), sont le grès, la dolomie, le calcaire et le shale, vieilles de 520 à 480 millions d'années. Ces sédiments se trouvent dans un bassin entouré de roches cristallines plus anciennes et plus résistantes. Sous les roches sédimentaires, se trouve une ancienne surface d'érosion à relief modéré, constituée de roches précambriennes plus anciennes (1000 millions d'années).

Les basses terres sont dominées par les collines montérégiennes, série de monts isolés dans une ceinture d'une vingtaine de kilomètres de large s'étendant vers l'est, de Montréal jusqu'aux Appalaches. Ce sont, de l'ouest à l'est, les monts Royal (231 m), Saint-Bruno (213 m), Saint-Hilaire (404 m), Saint-Grégoire (229 m), Rougemont (366 m), Yamaska (411 m), Shefford (518 m) et Brome (548 m). Tous sont des vestiges érosifs de roches ignées intrusives d'âge crétacé inférieur (de 144 à 97,5 millions d'années). Il ne subsiste aucune preuve directe pouvant témoigner de la formation de volcans au-dessus des intrusions.

Des dykes et des filons-couches ignés émanent des collines montérégiennes; certains supportent ainsi des terrasses autour des montagnes et forment des parties des rapides de Lachine, dans le Saint-Laurent. Des collines de roches cristallines précambriennes se dégagent des roches sédimentaires des basses terres, de 30 à 50 km à l'ouest de Montréal, aux collines d'Oka (260 m), au mont Rigaud (213 m) et à une colline près de Saint-André-Est (137 m). De 800 à 1200 m de roc ont été érodés des basses terres depuis 100 millions d'années. La bordure nord est un escarpement de ligne de faille érodé en bien des endroits.

Les basses terres font partie d'un fossé d'effondrement qui remonte à la période crétacée et constituent une région à forte probabilité de TREMBLEMENTS DE TERRE susceptibles de causer de graves dommages. Dans les temps historiques, 10 tremblements de terre importants environ se sont produits tous les cent ans.

Les détails du relief des basses terres d'aujourd'hui résultent de la dernière glaciation continentale, d'une submersion marine ultérieure, d'une émersion et finalement de l'érosion et de la sédimentation fluviale. La preuve d'une période de glaciation antérieure a été effacée par les glaciations subséquentes, mais les dépôts exposés dans les vallées près du lac Saint-Pierre indiquent qu'un premier intervalle de météorisation et de déposition de graviers fluviaux a été suivi d'au moins deux périodes glaciaires séparées par l'intervalle non glaciaire de Saint-Pierre, pendant lequel de la tourbe et des sédiments lacustres se sont accumulés. Cet intervalle se situe approximativement entre 70 000 et 34 000 ans.

La dernière avance glaciaire importante a recouvert la région il y a plus de 18 000 ans. Cette nappe glaciaire a fini par se retirer après quelques nouvelles avancées mineures, découvrant par intermittence les parties sud et sud-ouest des basses terres, qui ont alors été inondées par des lacs proglaciaires. Les glaces résiduelles obstruant la vallée du Saint-Laurent près de Québec se sont désintégrées il y a 13 000 ans, et la mer a inondé la région, formant une nappe d'eau appelée la mer de Champlain.

Il y a 13 000 à 10 000 ans, les basses terres du Saint-Laurent se sont élevées rapidement (jusqu'à 20 m par siècle), conséquence de la disparition de la masse glaciaire. La relique la plus élevée des lignes du rivage de la mer de Champlain se trouve désormais à 230 m au-dessus du niveau de la mer, du côté nord des basses terres et à 75 m plus bas du côté sud.

La mer s'est retirée il y a 9500 ans et, pendant une brève période, un lac dont la surface était à 40 m (altitude actuelle) a occupé la partie centrale du bassin. Il s'est vidé quand le Saint-Laurent a creusé son chenal plus profondément en aval de Québec. Le cours actuel du fleuve a été tracé il y a quelque 6500 ans.

Le sous-sol de presque toutes les basses terres du Saint-Laurent est constitué d'argile déposée dans la mer de Champlain. L'épaisseur de la couche d'argile atteint 60 m le long de la rive nord, près de l'ancienne marge du glacier, puis diminue progressivement jusqu'à pratiquement disparaître. Lorsqu'elle est soumise à une infiltration d'eau excessive provoquée par des pluies abondantes ou la fonte des neiges, l'argile devient instable et s'affaisse. Elle provoque alors des glissements de terrains qui, par le passé, ont fait des victimes et causé des dommages à des propriétés.

Le sous-sol des parties ouest et sud des basses terres se compose de sédiments glaciaires (till) plutôt que d'argile marine. L'action des vagues a séparé le silt et l'argile du till, laissant sur place du sable et du gravier, c'est pourquoi les dépôts de plage sont communs sur les collines de cette région. De nombreuses plages de sable et de gravier bordent les basses

terres, les flèches et les barres y indiquent les anciens niveaux du plan d'eau. Les fossiles abondent dans les dépôts de la mer de Champlain, où l'on trouve notamment des foraminifères, des mollusques ainsi que des vertébrés comme les phoques et les baleines. Ces fossiles indiquent que ces eaux étaient semblables à celles des côtes du Labrador et du golfe du Saint-Laurent.

Dans la partie centrale des basses terres, la plus basse en altitude, les zones sablonneuses au nord et à l'est de Montréal sont des vestiges d'anciens deltas du Saint-Laurent et de la rivière des Outaouais. De basses terrasses couvertes par les sables de rivière se rencontrent dans la partie est des basses terres. À certains endroits, le sable s'est formé en dunes; certaines prennent la forme de crêtes allongées pouvant atteindre 18 m de hauteur, et on les appelle «crêtes de coq». La végétation permet de stabiliser le sable éolien. Aux abords du Saint-Laurent et de la rivière des Outaouais, entre Ottawa et le lac Saint-Pierre, des lits de rivière abandonnés forment des fossés larges de 2 km et dont les berges peuvent atteindre 10 m de hauteur.

Dans la plaine, à l'est de Montréal, à peu près parallèles au fleuve Saint-Laurent, se trouvent des bourrelets de sable blocailleux de 1,5 à 4,5 m de hauteur sur 30 m de largeur. Il semble qu'il s'agisse de matériaux transportés et poussés par les glaces flottantes et qui se sont amoncelés au cours des stades initiaux de la formation du fleuve. Ces crêtes fournissent d'excellents emplacements pour les bâtiments et les routes. De nombreuses communautés rurales se sont établies dessus.

La majorité des basses terres du Saint-Laurent sont constituées de terres agricoles fertiles. L'argile de ces terres est utilisée pour fabriquer des briques et des tuiles, le sable et le gravier sont utilisés pour construire les routes et comme matériaux de construction. On extrait le roc des basses terres pour la pierre à bâtir, la silice, le ciment, la chaux, la pierre concassée, l'agrégat de béton et enfin pour la fabrication de briques et de tuiles.

Au moment de leur découverte par Jacques CARTIER en 1535, les basses terres étaient habitées par les Iroquois. Les terres agricoles ont été divisées en étroites bandes parallèles ayant toutes une façade sur le fleuve, ce qui est caractéristique du RÉGIME SEIGNEURIAL. La première industrie est implantée près de Trois-Rivières, où l'on exploite le fer des marais, en 1737. Aujourd'hui, la population du Québec est principalement concentrée sur les basses terres du Saint-Laurent. (*Voir aussi* ESCARPEMENT.)

J.A. Elson

Saint-Laurent, fleuve Gigantesque et estuaire, il forme, avec les GRANDS LACS, un réseau hydrographique qui s'étend sur 3790 km à l'intérieur de l'Amérique du Nord. Prenant sa source dans le lac Ontario, le fleuve, d'une longueur d'environ 1197 kilomètres, coule en direction du nord-est jusqu'à Montréal et à Québec pour aller se jeter dans le GOLFE DU SAINT-LAURENT, passant ainsi d'environ 44° de latitude N. près de Kingston à 50° de latitude N. près de Sept-Îles.

Le BASSIN HYDROGRAPHIQUE du fleuve occupe environ un million de km², dont 505 000 km² se trouvent sur le territoire des États-Unis, et son débit moyen de près de 10 100 m³/s est le plus important du Canada. Son plus grand affluent, la RIVIÈRE DES OUTAOUAIS, draine environ 140 000 km². Quant au SAGUENAY, à la MANICOUAGAN, au SAINT-MAURICE et au RICHELIEU, ils les drainent respectivement une superficie approximative de 88 000 km², de 45 000 km², de 43 300 km² et de 22 000 km². Sur le plan géologique, le Saint-Laurent est un fleuve jeune, dont le lit correspond à une brèche profonde dans l'écorce terrestre mise à découvert il y a quelque 10 000 ans lorsque les glaciers se sont retirés.

Route des explorateurs et axe principal de la NOUVELLE-FRANCE, le fleuve joue un rôle primordial dans les débuts de l'histoire du Canada. Il demeure le principal foyer de peuplement de la province de Québec. Il est toujours la plus importante voie navigable commerciale du Canada ainsi qu'une source d'énergie électrique et de beauté naturelle.

Le Saint-Laurent constitue une bonne partie du tracé sud-ouest du BOUCLIER canadien, qui empiète sur le fleuve, à QUÉBEC. À Cap-Tourmente, à 40 km en aval de Québec, les LAURENTIDES s'élèvent à 579 m au-dessus du niveau du fleuve, dont elles suivent le cours jusqu'après Les Éboulements (770 m), où elles commencent à s'éloigner vers l'intérieur des terres en direction du Saguenay. Dans l'ensemble, c'est la rive sud qui est la plus basse, bien que les Appalaches s'avancent vers le fleuve à Matane et, continuant vers l'est, forment le haut plateau de GASPÉ.

Cours La limite occidentale du fleuve se situe à Everett Point, au lac Ontario. On a donné le nom de rapides internationaux au tronçon qui va de KINGSTON à MONTRÉAL, car de brusques dénivellations dans le lit du fleuve y créent une série de rapides (cette partie a été inondée dans les années 60 pour former un nouveau lac, le lac Saint-Laurent). À sa naissance, le fleuve est une sorte de prolongement du lac Ontario, encombré de nombreuses îles, dont l'île Wolfe et les MILLE-ÎLES près de Gananoque, en Ontario. À partir de Brockville, il coule en direction du nord-est et continue ainsi en passant par Prescott, Morrisburg et enfin Cornwall, où il s'élargit pour former le lac Saint-François.

Le canal de Beauharnois permet désormais aux navires de franchir en toute sécurité les anciens rapides de Lachine et des Cèdres jusqu'à un autre élargissement du fleuve, le lac Saint-Louis, au sud-ouest de Montréal. L'Outaouais rejoint le cours principal du fleuve par des chenaux jusqu'au lac Saint-Louis, puis part en direction du nord-est en traversant le lac des Deux-Montagnes, la rivière des Mille-Îles et la rivière des Prairies.

Les terres situées au confluent entre les différents chenaux forment l'archipel sur lequel la ville de Montréal est bâtie. Depuis le XIXe s., le dragage et les canaux ont permis le développement du port de Montréal.

De Montréal à TROIS-RIVIÈRES, le fleuve est généralement calme et les marées ne l'atteignent pas. Un certain nombre d'îles longues et étroites continuent à diviser le courant principal, et un groupe important, semblable à celui du lac Saint-Pierre, se distingue à l'embouchure de la rivière Richelieu, à Sorel. Le fleuve s'élargit pour former le lac Saint-Pierre, d'une largeur de 15 km environ, et se rétrécit de nouveau à Trois-Rivières, à l'embouchure de la rivière Saint-Maurice. De là à Québec, le courant d'eau douce s'inverse avec les marées.

Le fleuve se resserre à Québec, où un promontoire domine tout le cours supérieur. La valeur militaire du site s'est révélée bien avant la colonisation européenne.

En aval de Québec, le fleuve se divise pour encercler l'île d'ORLÉANS et s'élargit régulièrement pour atteindre 15 km, au cap Tourmente, et près de 25 km, à l'île aux COUDRES. L'eau devient saumâtre et les marées sont fortes. Près de l'embouchure de la rivière Saguenay, le lit du fleuve passe brusquement d'une altitude de 25 m au-dessus du niveau de la mer à 350 m de profondeur, formant une vallée submergée dans l'estuaire maritime. Le courant d'eau douce se mêle à l'eau froide et salée de l'Arctique. Au confluent du fleuve et du Saguenay, la ville de TADOUSSAC est implantée sur une terrasse de sable et d'argile, mais la rude Côte-Nord, d'âge précambrien, est peu peuplée.

La côte sud de l'estuaire, qui s'incurve largement en direction de Gaspé, est plus ouverte sur l'arrière-pays, et de grandes routes, dont la TRANSCANADIENNE, conduisent vers l'intérieur des terres à partir de Rivière-du-Loup, Trois-Pistoles, Rimouski et Matane.

À Pointe-des-Monts, à environ 70 km à l'est de Baie-Comeau et de l'embouchure de la rivière Manicouagan, la côte Nord décrit un virage abrupt et s'inscrit dans l'axe nord-nord-est sur une centaine de kilomètres jusqu'à SEPT-ÎLES, près de l'embouchure de la RIVIÈRE MOISIE. Le fleuve devient deux fois plus large (plus de 100 km) et forme une profonde et large vallée sous-marine, dans laquelle s'engouffrent, en suivant la côte Nord, de puissants courants en provenance du golfe avant de repartir vers l'est dans le sens contraire des aiguilles d'une montre. L'eau salée de l'estuaire empêche la formation de la glace, et le port de Sept-Îles, malgré sa situation septentrionale, est ouvert toute l'année.

Selon la PROCLAMATION ROYALE DE 1763, une ligne partant de la rivière Saint-Jean, sur la côte Nord, en passant par la pointe ouest de l'île d'ANTICOSTI, jusqu'au cap des Rosiers, près de Gaspé, marque la fin du fleuve et le commencement du golfe.

Vie fluviale En suivant le cours du fleuve, la végétation passe de la forêt caducifoliée à la forêt boréale en passant par la forêt mixte et la forêt de conifères à la taïga. On trouve des graminées hydrophytes dans le cours d'eau douce, des algues et d'autres plantes halophytes dans le moyen estuaire et l'estuaire marin. On y trouve également de l'éperlan, de l'esturgeon et du hareng. Les bélugas peuplent le cours inférieur, dans lequel jadis les morses abondaient. D'immenses volées d'oiseaux migrateurs font halte sur les bancs de sable et les récifs du fleuve pendant leurs migrations, notamment la plupart des grandes oies blanches que compte la planète, qui viennent s'alimenter dans les marais côtiers du cap Tourmente.

Des bandes d'Amérindiens sédentaires, sans doute des Iroquois et des Iroquoiens, vivaient aux emplacements actuels de Québec (STADACONA) et de Montréal (HOCHELAGA) lors des premières explorations de Jacques CARTIER dans la région, en 1535. Elles avaient disparu inexplicablement à l'époque où CHAMPLAIN fondait Québec, en 1608. Il est possible qu'elles aient été chassées par les Montagnais, les Etchemins et les Algonquins nomades, avec lesquels les Français ont conclu une alliance commerciale lucrative.

Jacques Cartier découvre le Saint-Laurent en 1535, grâce à l'aide de guides indiens qui lui font contourner l'île d'Anticosti, qu'il croyait être une péninsule. Il établit deux camps temporaires près de Stadacona, en 1535 et en 1541, mais les Français ne s'installent pour de bon qu'en 1608.

Le Saint-Laurent est la seule porte riveraine sur le cœur du continent. Les explorateurs et les commerçants français l'utilisent pour établir un empire colonial qui s'étend au-delà du lac Supérieur. En 1760, le territoire riverain entre Québec et Montréal est divisé en bandes longues et étroites, caractéristiques du RÉGIME SEIGNEURIAL, et la seigneurie de Beaupré marque la limite est de la colonie.

Le réseau fluvial est propice au transport du bois flotté, et au XIXᵉ s., le fleuve devient la principale artère du COMMERCE DU BOIS. Montréal et Québec deviennent deux importants centres commerciaux quand la farine et le blé du HAUT-CANADA leur parviennent par la voie du fleuve. Sous l'égide de la COMPAGNIE DU NORD-OUEST, la traite des fourrures repousse les limites de l'«empire du Saint-Laurent» jusqu'au bassin du fleuve Mackenzie.

Donald CREIGHTON, entre autres, soutient que c'est l'axe est-ouest du Saint-Laurent, venant contrebalancer la polarisation nord-sud de la géographie du continent dans son ensemble, qui a rendu possible la naissance de la nation canadienne. Aujourd'hui, avec l'aménagement de la VOIE MARITIME DU SAINT-LAURENT, le fleuve relie une grande partie du Canada et des États-Unis au reste du monde. Il

demeure toujours, ainsi que Cartier le disait, la «grande rivière du Canada». (*Voir aussi* SAINT-LAURENT, BASSES TERRES DU.)

James Marsh

Saint-Laurent, golfe du Grande mer intérieure (250 000 km²), à peu près triangulaire, qui reçoit en moyenne 10 100 m³/s d'eau douce du FLEUVE SAINT-LAURENT à sa pointe nord-ouest et qui communique avec l'Atlantique par le détroit de Belle Isle au nord-est et le DÉTROIT DE CABOT au sud-est. Le profond chenal Laurentien s'étend de l'estuaire du Saint-Laurent, à partir de TADOUSSAC au Québec, jusqu'à la limite du plateau continental, en passant par le détroit de Cabot.

Au sud se trouvent les ÎLES DE LA MADELEINE et l'ÎLE-DU-PRINCE-ÉDOUARD, séparées par les petits fonds des Îles de la Madeleine. Au nord du chenal s'étend l'ÎLE D'ANTICOSTI. La RIVIÈRE SAGUENAY et d'autres rivières de la Côte Nord constituent des affluents d'eau douce qui s'ajoutent à celles, de moindre importance, du Nouveau-Brunswick et de Terre-Neuve.

La plus grande partie de l'écoulement est entraînée dans le courant de Gaspé qui circule le long de la rive sud de l'estuaire, passe les petits fonds des Îles de la Madeleine pour contourner l'extrémité nord de l'ÎLE DU CAP-BRETON et former le courant de la Nouvelle-Écosse. Les effets physiques et biologiques de ce courant d'eau douce sont détectés jusque dans le golfe du Maine. L'eau des bancs de Terre-Neuve entre dans le golfe par le côté est du détroit de Cabot, se déplace vers le nord-est le long de la côte ouest de Terre-Neuve et, aidée par le courant généré par le vent d'ouest le long de la rive nord, complète une rotation dans le sens contraire des aiguilles d'une montre.

L'eau de l'Atlantique qui entre en profondeur par le détroit de Cabot compense le courant sortant des eaux en surface. Le refroidissement hivernal et les apports du plateau continental du Labrador par le détroit de Belle Isle entraînent la formation d'une épaisse couche de glace dans le golfe pendant au moins trois mois chaque hiver. Cette glace occasionne des dangers pour la navigation. Au plan économique, le golfe, y compris le fleuve Saint-Laurent et la VOIE MARITIME DU SAINT-LAURENT, forme une voie de transport vers le cœur de l'Amérique du Nord industrielle, évacue ses déchets et fournit encore environ le quart, tant en poids qu'en valeur, des prises de poissons canadiens.

Avant l'arrivée des Européens, le golfe était fréquenté par des tribus autochtones nomades, comme celle des MICMACS, qui venaient y faire des pêches saisonnières. La Côte-Nord était habitée par les INUITS, dont la résistance acharnée a longtemps empêché l'établissement d'un port sûr. Jacques CARTIER explore le golfe en 1534, mais il y a tout lieu de croire qu'il avait été devancé dans la région par les pêcheurs BASQUES.

P.C. Smith et R.J. Conover

Saint-Laurent, Louis Stephen, avocat, politicien, premier ministre fédéral (Compton, Qc, 1ᵉʳ févr. 1882—Québec, 25 juill. 1973). Issu d'une famille pauvre, Saint-Laurent est parfaitement bilingue et deviendra un brillant avocat. En 1914, il enseigne le droit à l'U. Laval. Au cours des années 20 et 30, il exerce avec succès la profession d'avocat-conseil auprès des entreprises. Il est aussi le bâtonnier du Barreau du Québec et préside l'Association du Barreau canadien (1930-1932). De 1937 à 1940, il est conseiller à la COMMISSION ROYALE D'ENQUÊTE SUR LES RELATIONS FÉDÉRALES-PROVINCIALES.

En décembre 1941, le premier ministre fédéral Mackenzie KING lui propose de devenir son ministre de la Justice. Même s'il n'a pas d'expérience sur la scène politique, il pense qu'il est de son devoir d'accepter. En février 1942, il est élu à la Chambre des communes pour représenter la circonscription de Québec-Est. Seul parmi les ministres

libéraux du Québec, il ne s'est pas engagé à s'opposer à la CONSCRIPTION, et il offre son appui à King en 1944 lorsqu'il l'impose pour le service militaire à l'étranger.

Pour lui témoigner sa reconnaissance, King, qui admire l'esprit logique de Saint-Laurent, le nomme secrétaire d'État aux Affaires extérieures en 1946. Saint-Laurent représente le Canada à l'ONU et dans les diverses conférences internationales. Convaincu que le Canada doit résister à l'expansion du communisme, il encourage l'adhésion du pays à l'OTAN.

Désigné par King comme son successeur, ce choix est ratifié au congrès des libéraux, et Saint-Laurent devient premier ministre le 15 novembre 1948. Il dirige un Cabinet qui fait preuve d'une exceptionnelle efficacité, avec Lester PEARSON aux Affaires extérieures, C.D. HOWE comme responsable des échanges commerciaux, Douglas Abbott aux Finances et Brooke CLAXTON à la Défense nationale. Le programme de pensions de vieillesse est élargi, l'assurance hospitalisation est votée, la politique de péréquation des paiements entre les provinces est adoptée et Terre-Neuve rejoint officiellement le Canada. À l'étranger, le Canada envoie des troupes en garnison en Europe pour l'OTAN et délègue des forces pour appuyer l'ONU en Corée.

La personnalité de Saint-Laurent, avec ses allures de grand-père, et les bons résultats obtenus par son gouvernement, valent aux libéraux d'être réélus en 1949 et en 1953 avec une majorité écrasante. Mais le voyage autour du monde effectué en 1954 semble avoir fatigué Saint-Laurent. En effet, les observateurs remarquent qu'il semble ne plus être en contact avec son entourage. Au cours de sa dernière année en fonction, les libéraux subissent les revers de l'opinion publique, en partie à cause du DÉBAT SUR LE PIPELINE de 1956.

En juin 1957, le gouvernement de Saint-Laurent est renversé par le Parti conservateur de John DIEFENBAKER. En janvier 1958, il se retire de la scène politique pour retourner à son cabinet d'avocats à Québec. Saint-Laurent était très admiré pour son sens de l'initiative, son patriotisme et sa vivacité d'esprit. Tous ceux qui ont travaillé avec lui le tenaient en haute estime.

Robert Bothwell

St. Lawrence and Atlantic Railroad Premier chemin de fer international au monde, le St. Lawrence and Atlantic Railroad est terminé et inauguré le 18 juillet 1853. Sa raison d'être est d'assurer l'accès à un port atlantique toute-saison à Montréal, Sherbrooke et d'autres villes du Québec. Le plan original prévoit une ligne jusqu'à Boston, mais les promoteurs de Portland, dans le Maine, réussissant à convaincre les Canadiens de préférer leur ville.

Commencés en 1846, les travaux de construction du chemin de fer à voie large sont ralentis par des problèmes financiers. La section reliant LONGUEUIL (Québec) à la rivière Richelieu est achevée en novembre 1847, et les sections canadienne et américaine rejoignent Island Pond, au Vermont, en 1853. Un traversier relie Montréal à la tête de ligne à Longueuil. Les travaux terminés, la section canadienne est vendue, et la section américaine, louée au GRAND TRUNK RAILWAY. (*Voir aussi* HISTOIRE DU CHEMIN DE FER.)

James Marsh

St Lawrence Hall Bâti en 1850, il est conçu comme un immeuble mixte, contenant magasins et marché agricole au rez-de-chaussée et de nombreuses salles de réunion et de réception aux étages supérieurs. Il est longtemps le centre de la vie culturelle et politique de Toronto, abritant bals, réceptions, concerts et conférences. John A. MACDONALD, George BROWN et la soprano de réputation mondiale Jenny Lind s'y présentent.

Conçue par William Thomas, de Toronto, l'architecture reflète l'influence du style Renaissance, avec son portique surélevé reposant sur une entrée en arcade, mais réinterprété d'une façon distinctement victorienne. Son ornementation richement sculptée, sa silhouette pittoresque et l'incorporation éclectique d'un toit à la Mansart sont typiques des goûts architecturaux contemporains.

Durant les années 1870, davantage de théâtres et de salles de concert et de bal modernes sont construits et le St. Lawrence Hall connaît un déclin. Il est entièrement restauré en 1967.

Janet Wright

St. Lawrence String Quartet La création de cet ensemble par Geoff Nuttall et Barry Shiffman (violonistes), Lesley Robertson (violiste), et Marina Hoover (violoncelliste) remonte à septembre 1989. Encore enfant, Nuttall émigre de son Texas natal au Canada, où sont nés les autres musiciens. Le quatuor reçoit sa formation à Banff et à Toronto, et connaît une ascension rapide vers la célébrité: second prix dans des concours à Melbourne et à St. John's en 1991; premier prix à la Fourth Banff International String Quartet Competition et aux auditions internationales des Jeunes Concertistes en 1992. Ce dernier prix contribue à l'accueil enthousiaste réservé au groupe lors de son premier concert le 17 septembre 1992, à New York.

Le quatuor a fait des tournées à la grandeur de l'Amérique du Nord. Les membres ont été en stage à l'U. de Hartford (sous la direction du Emerson Quartet), à la Julliard School (à titre d'assistants à l'enseignement auprès du Julliard Quartet), à l'U. de Toronto et à Yale. C'est dans son répertoire moderne, qui contient plusieurs pièces écrites pour lui, que l'on apprécie le plus l'exécution énergique et hautement expressive du quatuor.

Robin Elliott

Saint-Léonard, ville du Qc; pop. 71 327 (rec. 1996), 73 120 (rec. 1991); superf. 12,93 km²; const. en 1915. Elle est située dans la partie nord-est de l'île de Montréal et bordée par Montréal-Nord au nord, par Anjou à l'est et par MONTRÉAL au sud et à l'ouest.

C'est en 1706 que le nom Saint-Léonard est attesté pour la première fois: dans Côte-Saint-Léonard, un chemin de concession seigneuriale le long duquel les premiers colons construisent leurs fermes. Plus tard, en 1885, on donne ce nom à une nouvelle paroisse, créée par la fusion des paroisses de Sault-aux-Récollets et de Longue-Pointe. Avant le début des années 1960, Saint-Léonard-de-Port-Maurice (1886) n'était qu'un gros village. En 1915, avant que le territoire d'Anjou ne se sépare pour devenir une municipalité indépendante, la population totale est de 674 hab. En 1942, elle est de 555 et en 1960, elle n'est que de 5000. En 1962, la ville raccourcit son nom en Saint-Léonard.

Saint-Léonard joue un rôle important au sein de la Communauté urbaine de Montréal. Elle se distingue surtout par le caractère multiethnique de sa population. Le nombre de ses résidants d'origine italienne est à peu près le même que ceux d'origine française. Elle est plus qu'une banlieue résidentielle de Montréal. Son parc industriel, situé dans le nord-est de la ville, accueille plus de 300 entreprises. Les cavernes qu'abritent la ville sont les seules à être situées au milieu d'une zone résidentielle. L'une de ces deux cavernes, un site protégé situé dans le parc Pie XII, est ouverte aux visiteurs durant l'été.

Pierre-Louis Lapointe

Saint-Léonard (N.-B.), ville du N.-B.; pop. 1122 (rec. 1996), 977 (rec. 1991), 1512 (rec. 1986); superf. 366,04 km²; const. en 1920; nommée en l'honneur d'un des premiers colons, Leonard Coombes. À la fin du XVIIIᵉ s., des Acadiens colonisent cette région située le long du fleuve Saint-Jean, à mi-chemin entre Grand-Sault et Edmundston. Toutefois, ce n'est que vers le milieu du XIXᵉ s. que des colons s'y établissent en grand nombre.

L'exploitation forestière est venue s'ajouter à l'agriculture, mais, au cours des dernières années, l'agriculture a disparu et les scieries ont fermé leurs portes. De nos jours, bon nombre des habitants de la ville travaillent à l'usine de pâte à papier d'Edmundston et à l'usine de transformation des aliments de Grand-Sault. Les Tisserands du Madawaska ltée y fabriquent leurs célèbres produits textiles dans leurs propres locaux et par l'intermédiaire d'artisans travaillant à domicile. La ville est un point de passage frontalier juste en face de Van Buren, dans le Maine, sur l'autre rive; on y trouve aussi un aéroport régional.

Burton Glendenning

Saint-Luc, ville du Qc; pop 18 371 (rec. 1996), 15 008 (rec. 1991); const. en 1799; superf. 51,2 km². Saint-Luc est située dans la région de la Montérégie, à l'extrémité nord-ouest de la MRC du Haut-Richelieu. La rivière Richelieu passe à l'est de la ville et la rivière L'Acadie à l'ouest. Saint-Luc se trouve non loin des six monts formant les Montérégiennes et à 32 km de Montréal. L'accès aux grands centres urbains et aux États-Unis est facilité par la présence des autoroutes 35, 10, et 30 à proximité.

L'histoire de la ville de Saint-Luc est essentiellement liée à l'évolution du hameau Sainte-Thérèse et au rôle important que joua le chemin Saint-Jean, ancienne route militaire et l'actuelle route 104 (boulevard Saint-Luc), reliant Laprairie à Saint-Jean-sur-Richelieu. Un premier hameau s'est d'abord développé autour du fort Sainte-Thérèse, situé sur la terre ferme près de l'extrémité nord de l'île du même nom. Ce fort fut érigé en 1665 par les Français dans le but de contrer les attaques des Iroquois. Un second noyau d'habitants se forma ensuite le long du chemin Saint-Jean, pour demander la création d'une paroisse, qui prit, en 1799, la désignation officielle de paroisse Saint-Luc. En 1835, la paroisse Saint-Luc prit l'appellation de municipalité, puis, obtint son statut de ville en 1963 alors qu'elle comptait 3218 habitants.

Située à proximité de Montréal, Saint-Luc se veut une banlieue résidentielle importante de la métropole. Les principales compagnies industrielles installées à Saint-Luc sont Tremca inc. et Richelieu Métal inc. Saint-Luc se trouve aussi près de la base militaire de Saint-Jean-sur-Richelieu. La ville de Saint-Luc ne cesse de croître, attirant sans cesse de nouveaux résidants séduits par la qualité de l'environnement, le dynamisme de la vie communautaire et la proximité des centres urbains.

Saint-Marcoux, Micheline Coulombe, née Coulombe, compositrice et professeure (Notre-Dame-de-la-Dorée, Qc, 9 août 1938—Montréal, 2 févr. 1985). Parmi ses professeurs figurent Claude CHAMPAGNE, Clermont PÉPIN et Pierre Schaeffer. Cofondatrice du Groupe international de musique électroacoustique de Paris (1969) et du groupe de percussion de Montréal Polycousmie (1971), elle joue un rôle important dans la musique contemporaine.

Regards (1978), synthèse de ses recherches, est révélateur de son désir de redécouvrir le son à l'état pur. En effet, l'instrumentation en direct se conjugue à des séquences enregistrées sans amplification. La dimension spatiale est d'une très grande importance dans cette œuvre ainsi que dans *Moments* (1977), spécimen de théâtre musical authentique.

Hélène Plouffe

St. Margaret's, baie D'une superficie de 70 km², cette baie est un petit bras de mer de l'océan Atlantique sur la côte sud-est de la Nouvelle-Écosse, à 40 km à l'ouest de HALIFAX. C'est un endroit de villégiature estivale très prisé, connu pour ses eaux de surface relativement chaudes, ses plages de sable et ses conditions de navigation idéales pour les petites embarcations. L'industrie touristique y occupe également une place importante. P. ex., le petit village de pêche de Peggy's Cove, situé du côté est de la baie, a la réputation d'être l'endroit le plus photographié de la province.

Le nom de la baie vient d'un nom donné à la région par CHAMPLAIN: le Port Sainte-Marguerite. Les contrebandiers comptent parmi les premiers visiteurs de la baie, où ils viennent vendre de la marchandise de contrebande, notamment de l'huile et du poisson. Cependant, la principale industrie était et demeure la pêche.

À la fin des années 60 et au début des années 70, des spécialistes des sciences de la mer de L'INSTITUT OCÉANOGRAPHIQUE DE BEDFORD de Dartmouth (Nouvelle-Écosse) y installent un laboratoire de terrain pour étudier les processus physiques et biologiques sous-jacents à la productivité des EAUX LITTORALES. L'une de leurs conclusions est que la circulation des courants dans le sens antihoraire favorise le renouvellement des eaux de la baie tous les 10 à 30 jours et que le vent, qui mélange les couches de surface, joue un rôle dans l'efficacité de la production primaire.

P.C. Smith

Saint-Martin, Albert Frédéric, éducateur, activiste social, socialiste militant (Montréal, 1ᵉʳ oct. 1865—id., 9 févr. 1947). Éminent socialiste québécois, adversaire de la conscription et anticlérical, il dirige le Parti socialiste d'abord, puis la section canadienne-française du Parti socialiste démocratique du Canada. Il se fait aussi défenseur du syndicalisme et des droits de la personne et occupe, de 1904 à 1906, le poste de secrétaire-archiviste pour le Parti ouvrier.

Sténographe-traducteur-greffier au Palais de justice de Montréal à partir de 1898, il se présente en vain comme candidat ouvrier aux élections provinciales de 1905 et comme candidat socialiste aux élections fédérales de 1908. Saint-Martin porte un dévouement sans bornes aux causes socialistes et ouvrières: il établit des ligues d'enseignement, des clubs de travailleurs, des bibliothèques, une coopérative agricole et un magasin d'alimentation, des coopératives d'imprimerie et de logement, des comités pour les chômeurs, l'Université ouvrière (fondée en 1925, l'État la fermera en 1933) et le mouvement Spartacus.

Saint-Martin enseigne l'économie politique au Collège des travailleurs de Montréal (1920-1922). Il donne aussi des exposés sur les droits des femmes, le socialisme et l'espéranto. Il se révèle un puissant écrivain politique et orateur, comme en témoignent ses deux ouvrages controversés, *T'as Menti* (1920) et *Sandwiches à la «shouashe»* (1933). Il obtiendra le droit d'organiser des défilés le 1ᵉʳ mai, fête des travailleurs.

F.J.K. Griezic

St. Mary, église Conçue par Douglas CARDINAL, à RED DEER en Alberta, et terminée en 1968, c'est le premier bâtiment de Cardinal à avoir attiré l'attention. C'est avec cette église que ce dernier jette les bases de son travail ultérieur. Construite sur un terrain dénudé situé en banlieue, l'église crée une impression de calme maîtrise grâce à ses dimensions, à ses formes fluides et aux faîtes de ses murs incurvés librement.

L'intérieur du bâtiment explique sa forme peu familière. En effet, le mur d'entrée tourne en spirale vers l'intérieur, au-delà d'un baptistère circulaire, pour couvrir le large sanctuaire situé sous la voûte en béton qui descend en ondulations. Deux cylindres de béton descendent de la voûte pour diffuser la lumière naturelle sur l'autel et le tabernacle. L'église est un bâtiment surprenant, aux formes inattendues mais évocatrices de traditions anciennes et vivaces, à la fois incongrues et appropriées.

Michael McMordie

St. Marys, ville de l'Ont.; pop. 5952 (rec. 1996), 5496 (rec. 1991); superf. 12,14 km²; const. en 1865; située au confluent de la rivière Thames et du ruisseau Trout, à environ 40 km au nord-est de London et à 20 km au sud-ouest de Stratford. L'origine du nom est incertaine, quoiqu'on pense maintenant que John McDonald, le premier ingénieur topographe de la région, l'aurait choisi en l'honneur de sa femme Mary.

Les premiers colons sont vite attirés par la localité nouvellement arpentée: son emplacement sur les

ST. PAUL

berges de la rivière Thames et du ruisseau Trout assure l'eau nécessaire au fonctionnement de diverses usines. Le sol contient aussi des dépôts calcaires près de la surface que des carrières peuvent extraire comme matériau de construction. Les fabriques et les carrières sont les premières industries importantes. St. Marys est constituée en tant que village en 1855. En 1858, 2 lignes du GRAND TRUNK PACIFIC RAILWAY y établissent leur jonction, stimulant ainsi l'économie locale. On construit alors 2 ponts ferroviaires enjambant les vallées. Ces ponts constituent toujours des attraits de la ville.

Les usines sont fermées depuis longtemps, mais de pittoresques sentiers pédestres le long des berges permettent de voir de près les anciens emplacements. St. Marys est encore un centre de services pour cette région agricole prospère, mais son économie s'est diversifiée et compte la fabrication de pièces d'automobiles, la transformation des aliments pour les humains et les animaux, la fabrication de produits pour les soins vétérinaires et la production de ciment. Par allusion à ses imposants bâtiments faits de pierre calcaire locale, la ville est souvent appelée «Stonetown». L'ancienne carrière de roche calcaire est maintenant une piscine en plein air très fréquentée. St. Marys a été choisie comme nouveau domicile du Temple de la renommée et du Musée du baseball canadien en 1993. La construction des installations a débuté en septembre 1997.

Deborah Welch et Michael Payne

St. Mary's, baie Située sur la côte sud de la PRESQU'ÎLE AVALON de Terre-Neuve, entre la BAIE DE PLAISANCE et la baie Trepassey, elle s'étend sur 65 km de Colinet Harbour à son embouchure, et sur 32 km, entre St. Shotts et Point Lance. Au fond de la baie, on trouve de nombreux havres et bras de mer, ainsi que de profondes échancrures dans la côte est. L'île Great Colinet, d'une longueur de 8 km, est située au centre de la baie.

Même si le climat est plus doux au fond de la baie, les 2 plus importants peuplements, Branch et St. Vincent, sont situés dans l'embouchure, à proximité des champs de pêches de l'Atlantique. La baie était une zone de pêche presque exclusivement française jusqu'à la signature du TRAITÉ D'UTRECHT en 1713, après quoi les côtes furent colonisées par des Anglais et des Irlandais. Grâce aux riches forêts du nord, les opérations forestières et la traite des fourrures sont venues s'ajouter à la pêche. Aujourd'hui, la principale activité économique de la maigre population de la baie est toujours la pêche.

Robert D. Pitt

St. Mary's, cap D'une altitude de 105 m, il est situé dans la PRESQU'ÎLE AVALON, à Terre-Neuve. Cet escarpement spectaculaire sépare la BAIE ST. MARY'S de la BAIE DE PLAISANCE. On trouve à proximité des champs de pêche abondants. Le cap, doté d'un phare depuis 1860, et l'île rocheuse adjacente servent de sanctuaire provincial d'oiseaux marins depuis 1964. Ce dernier est le refuge d'un grand peuplement d'oiseaux, dont l'une des plus importantes colonies de fous de Bassan en Amérique du Nord.

Robert D. Pitt

St. Marys, rivière (Nouvelle-Écosse) Elle est l'une des plus importantes de la Nouvelle-Écosse et se jette dans l'océan Atlantique à 190 km à l'est de HALIFAX. La rivière est reconnue pour la PÊCHE SPORTIVE, notamment pour le SAUMON DE L'ATLANTIQUE et l'omble, souvent appelé «truite de mer». La montaison des saumons, au printemps et au début de l'été, y est remarquable.

Les premiers traiteurs de pelleteries français baptisent la rivière et établissent un poste de traite à Fort Sainte Marie en 1655, à l'emplacement actuel de la ville de Sherbrooke. En plus de soutenir l'industrie de la pêche, la rivière est utilisée pour le transport de bois à pâte vers Sherbrooke.

P.C. Smith

St. Marys, rivière (Ontario) Elle relie le LAC SUPÉRIEUR au LAC HURON et forme une partie de la frontière canado-américaine. D'une longueur de 100 km, la rivière connaît une dénivellation de 7 m dans les rapides, lesquels ont donné leur nom aux villes canadienne et américaine de SAULT-SAINTE-MARIE.

Les autochtones connaissaient l'importance stratégique de la rivière avant même qu'Étienne BRULÉ ne la parcoure en 1622. Les chutes apparaissent sur la carte de Champlain de 1632 et la mission jésuite de Sainte-Marie du Saut s'installe aux abords de la rivière en 1641. La COMPAGNIE DU NORD-OUEST installe un poste de traite en 1783 et construit le premier canal pour contourner les rapides en 1798.

Aujourd'hui, il y a 4 écluses du côté américain, exploitées par le US Corps of Engineers, et une écluse, plus petite, du côté canadien. Un plus grand nombre de navires emprunte la rivière et les écluses que tout autre canal au monde, en dépit du fait qu'elles sont gelées jusqu'à cinq mois par année.

James Marsh

St-Maurice, rivière (dite Le Saint-Maurice), elle coule sur 563 km. Le Saint-Maurice prend sa source à la limite des bassins versants de la baie d'Hudson et de l'Atlantique, en amont du RÉSERVOIR GOUIN, à 200 km à l'ouest du LAC SAINT-JEAN, au Québec. Il draine un bassin de 16 700 km². Après le confluent de la rivière Manouane, il alimente le réservoir Blanc, puis reçoit les rivières Vermillon, la Trenche, la Croche, Matawin et Mékinac. Il construit un delta, composé de trois îles, dans le fleuve Saint-Laurent, à TROIS-RIVIÈRES—CAP-DE-LA-MADELEINE.

Le haut Saint-Maurice s'écoule dans une vallée retouchée par l'érosion glaciaire. Son tracé anguleux est commandé par des failles dans les roches précambriennes. En aval de LA TUQUE, le moyen Saint-Maurice est encaissé dans des argiles marines et des sables fluviatiles. Il est bordé de terrasses et traverse des constructions morainiques.

Le bas Saint-Maurice commence à la sortie des Laurentides, aux Grandes Piles. C'est une rivière, au débit de 900 m³/s, encaissée dans des dépôts glaciaires, marins et deltaïques affectés par de vastes glissements de terrain. Elle est aménagée par des barrages à l'emplacement d'anciens rapides à Grand-Mère, à Shawinigan et à la Gabelle.

Elle servit de voie de pénétration du IIe au XVIIe s., comme en témoignent plusieurs sites paléo-indiens. En 1535, Jacques CARTIER la nomme «rivière de Fouez». Les trois chenaux deltaïques de son embouchure sont à l'origine du nom de la ville de Trois-Rivières, fondée en 1634 par Laviolette pour favoriser la traite des fourrures. Le «fleuve du Saint-Maurice» aurait été nommé d'après le prénom de Maurice Poulin de Francheville, postérieurement à 1668.

Le minerai de fer des marais de la Basse Mauricie est exploité dès 1737 au site historique des Vieilles-Forges et dans diverses fonderies locales jusqu'en 1908 (*voir* FORGES SAINT-MAURICE, LES).

Le haut Saint-Maurice est exploré en 1828. Le flottage du bois et l'énergie hydroélectrique favorisent l'implantation d'usines de pâtes à papier et de chimie à Grand-Mère et SHAWINIGAN, fondées en 1890 et 1900. En haute Mauricie, les Amérindiens attikameks habitent les villages de Manouane, de Weymontachingue et d'Obedjwan. Le parc naturel de la Mauricie est devenu un lieu touristique réputé.

Serge Occhietti

Saint-Nicéphore, ville du Qc; pop. 10 055 (rec. 1999), 9251 (rec. 1996), 8093 (rec. 1991); superf. 96,61 km²; const. en 1944; située à 9 km au sud-est de DRUMMONDVILLE. La rivière Saint-François s'étend le long de la limite est et presque tout le long de la limite nord de Saint-Nicéphore.

La ville doit son origine au développement, au début du XIXe s., de deux collectivités où l'on trouvait des scieries, soit Wheatland et Watkins Mill. En 1873, la scierie Tourville s'installe dans la région et commence à acheter des terres à bois dont elle expédie les arbres à sa scierie de Pierreville, située en aval de la rivière Saint-François. Dès la fin du XIXe s., la compagnie possède 20 p. 100 de l'actuel territoire de Saint-Nicéphore.

Au milieu du XIXe s., trois importants gisements de fer sont découverts dans la région, lesquels permettent de diversifier l'économie. D'abord constituée sous le nom de Village de Wickham-Est en 1917, puis de canton de Wickham, Saint-Nicéphore reçoit son nom actuel lorsqu'elle devient une municipalité en 1944. On lui donne le nom en hommage à Nicéphore Lessard, un prêtre catholique qui y a construit la première église en 1917.

L'activité économique se concentre le long du boul. Saint-Joseph (tronçon de la route 143), de la route 139 et des quartiers résidentiels ont été construits dans le périmètre de la ville. Toutefois, la majorité des terres sont soit rurales, soit agricoles. Les secteurs de la construction résidentielle et les zones commerciales et industrielles constituent les principales activités économiques.

Adriana Bryenton et Gail Kudelik

Saint-Nicolas, ville du Qc; pop. 15 594 (rec. 1996), 14 431 (rec. 1991); superf. 94,12 km²; const. en 1994 avec la fusion des municipalités de Bernières et de Saint-Nicolas. Elle est située à 17 km au sud-ouest de QUÉBEC, sur la rive sud du fleuve Saint-Laurent, et à l'ouest de la rivière CHAUDIÈRE. C'est une banlieue résidentielle prospère de Québec, reliée à la ville de SAINTE-FOY, sur la rive opposée du Saint-Laurent, par le pont Pierre-Laporte, un pont suspendu, et le vieux pont de Québec, un pont cantilever.

L'ancienne paroisse de Saint-Nicolas, colonisée à partir de 1675 et fondée en 1694, tire son nom d'une ancienne paroisse de Normandie, Saint-Nicolas-de-la-Ferté. Saint-Nicolas, dont la population est de 700 hab. à la fin du XVIIIe s., est fondée en tant que municipalité de paroisse en 1855 et devient une ville en 1962.

Alors que dans sa partie sud la ville est plus industrielle, la partie nord, située le long du Saint-Laurent et de la route 132 (route Marie-Victorin), est plus agricole et riche en sites historiques et en patrimoine architectural. Des maisons de ferme tricentenaires forment le paysage. Un cidre local est fabriqué par la Cidrerie et vergers Saint-Nicolas, et il existe une importante culture maraîchère. Entre les villes de Saint-Nicolas et de CHARNY s'étend le parc des Chutes-de-la-Chaudière, où se balance au-dessus des chutes une passerelle piétonne d'une longueur de 113 m. De là-haut, on peut admirer les splendeurs des cataractes et des formations rocheuses déformées.

Pierre-Louis Lapointe

St. Paul, ville de l'Alb.; pop. 4861 (rec. 1996), 4881 (rec. 1991); superf. 6,2 km²; const. en 1937. Chef-lieu du comté de St. Paul, la ville est située sur la rive nord du lac Therrien supérieur, à 202 km au nord-est d'Edmonton. En 1895, on fait appel au père oblat Albert LACOMBE pour la création de 2 réserves cantonales situées à proximité de la réserve indienne de Saddle Lake, afin de permettre l'établissement des Métis (*voir* ÉTABLISSEMENTS MÉTIS). L'agriculture et le piégeage n'assurent qu'une maigre subsistance à St-Paul-des-Métis qui ne se développe qu'après l'ouverture de la réserve à l'établissement général en 1909.

Les Québécois de langue française, les Ukrainiens et les autres personnes qui s'installent à cet endroit s'y rendent sans avoir recours au chemin de fer, jusqu'à ce que des bénévoles terminent, en 1920, la construction de la ligne du Canadien National, partant de la municipalité voisine de Spedden. La variation considérable de sol fait de l'agriculture mixte (notamment l'élevage de bovins de boucherie et la culture des céréales) une activité répandue. La ville comprend aussi plusieurs usines de transformation des produits agricoles.

Les organismes culturels autochtones, français et ukrainiens reflètent les traditions de St. Paul. Parmi les établissements pédagogiques spéciaux, on compte l'Alberta Vocational Centre, le Lakeland College et le Blue Quills Indian College, situé à proximité.

Carl Betke

Saint-Pierre, Annette, auteure, éditrice (Saint-Germain, Qc, 1925). Elle effectue ses études dans les établissements religieux de Saint-Hyacinthe et obtient un brevet d'enseignement en 1950. En 1969, alors étudiante en Lettres à l'U. d'Ottawa (Ont.), elle rencontre l'écrivain Gabrielle Roy qui la confirme dans sa vocation littéraire et à qui elle consacre sa maîtrise, *Gabrielle Roy sous le signe du rêve* (éd. des Plaines, 1975), une sensible et rigoureuse étude des symboles de son œuvre. Après l'obtention de son doctorat pour une thèse intitulée *Le rideau se lève au Manitoba* (des Plaines, 1980), essai fourmillant de détails érudits, d'anecdotes et d'études sur le théâtre de l'Ouest, elle devient professeure au Collège universitaire de Saint-Boniface (Man.), où elle inaugure le premier cours de littérature canadienne-française (1970).

Pionnière de l'histoire de la littérature de l'Ouest, elle fonde successivement, dans la même ville, les Éditions du Blé (en partenariat, 1974), le Centre d'études franco-canadiennes de l'Ouest (CEFCO, 1978), destiné à réunir des chercheurs de tous horizons, les Éditions des Plaines (1979), puis le *Bulletin du CEFCO* (devenu, en 1989, *Les Cahiers franco-canadiens de l'Ouest*). Parallèlement, elle poursuit sa propre œuvre littéraire: articles, conférences, romans (*La fille bègue*, 1982; *Sans bon sang*, 1987; *Coups de vent*, 1990; *Faut placer l'père*, 1997), recueils de chroniques (*Le Manitoba au cœur de l'Amérique*, 1992; *De fil en aiguille au Manitoba*, 1995), essais, anthologies (*Répertoire de la littérature de l'Ouest canadien*, 1984), etc., qui l'imposent comme l'un des écrivains les plus marquants de l'Ouest du XXe s. Membre de l'Ordre des Francophones de l'Amérique du Nord (1985), elle a reçu la médaille d'honneur du Conseil de la vie française en Amérique (1987), ainsi qu'un doctorat *honoris causa* de l'Université du Manitoba (1992).

Figure de proue de l'élite culturelle franco-manitobaine, cette grande dame œuvre depuis toujours, avec un rare désintéressement, à la promotion des Lettres de l'Ouest qu'elle a contribué à faire rayonner au Québec, en France et aux États-Unis. «Metteure en scène» de drames humains et sociaux, elle excelle à peindre, dans ses romans, des atmosphères lourdes de malaise et de sourde révolte, révélant des aspects insoupçonnés de l'Ouest. À l'image de son héroïne, *La fille bègue,* elle symbolise le combat de la minorité franco-manitobaine pour la survie de sa langue et de sa dignité.

Ismène Toussaint

Saint-Pierre et Miquelon Îles françaises situées dans le golfe du SAINT-LAURENT, à 20 km au sud-ouest de la péninsule Burin (Terre-Neuve). L'île de Miquelon (215 km²) était jadis séparée en deux. Au milieu du XVIIIe s., un isthme s'est formé à Langlade, dans le Sud, à cause du sable qui s'accumule entre les épaves des navires échoués sur les récifs et les barres de sable séparant les îles.

Les eaux dangereuses entre Langlade et Saint-Pierre sont appelées, jusqu'à 1900, Gueule d'Enfer. Depuis 1816 seulement, on recense plus de 674 naufrages. Sur les 6200 habitants, près de 5600 personnes vivent sur l'île de Saint-Pierre, la plus petite des deux îles, où se trouve la capitale du même nom.

Ces îles ont probablement été découvertes (vers 1520) par le navigateur portugais FAGUNDES, et elles sont officiellement revendiquées par Jacques CARTIER au nom de la France 14 ans plus tard. Les premiers habitants de l'île (1604) sont 30 pêcheurs BASQUES et Normands, mais elles ne sont pas habi-

tées en 1713, lorsque l'Angleterre en prend possession après la signature du TRAITÉ D'UTRECHT.

Les îles sont ensuite rétrocédées à la France après la signature du TRAITÉ DE PARIS en 1763, et la France peuple les îles avec 350 Acadiens qui avaient été déportés vers la France. L'Angleterre attaque les îles et en prend possession durant la GUERRE D'INDÉPENDANCE AMÉRICAINE, et de nouveau en 1793. Les îles redeviennent, pour une dernière fois, un département français par le traité de Ghent en 1814. Elles sont de nouveau peuplées de réfugiés français, auxquels viennent s'ajouter quelque 700 Terre-Neuviens.

Le sol de ces îles rocheuses est stérile, sauf pour quelques broussailles d'if commun et de genévrier, qui poussent sur un mince sol d'origine volcanique ou composé de terre provenant des ballasts de bateaux. Cependant, ces îles donnent à la France un accès au champ de pêche le plus riche en Amérique du Nord. Déjà en 1866, plus de 4000 pêcheurs français venaient chaque année de Saint-Malo pour pêcher avec une flotte de 200 goélettes. La flotte est dévastée en 1904, lorsque la France perd ses droits d'accès à la CÔTE FRANÇAISE. Durant la Prohibition, Saint-Pierre sert de base de stockage aux producteurs d'alcool canadiens et de centre d'échanges illégaux vers les États-Unis.

Aujourd'hui, la France est déterminée à maintenir sa présence sur l'île et y dépense près de 25 millions de dollars par année. L'aide payée par habitant sur l'île est la plus élevée au monde. La pêche occupe toujours une place importante. Les chalutiers ramassent 20 000 t de morue par année dans le golfe seulement.

Un litige sérieux s'est installé entre la France et le Canada lorsque ce dernier a étendu sa zone de pêche exclusive à 15 km (1964), puis à 322 km (1977). Les revendications de la France totalisent 14 500 miles nautiques carrés tandis que le Canada souhaiterait restreindre la zone de pêche française à 1070 miles nautiques carrés.

En 1992, la Cour internationale d'arbitrage octroie à la France la juridiction économique exclusive sur une zone d'une largeur de 38,6 km autour des îles ainsi qu'un corridor d'une largeur de 16,9 km vers les eaux internationales, pour une zone totale de 2537 miles nautiques carrés. Cependant, les deux pays doivent maintenant négocier une nouvelle entente sur la gestion des stocks de poisson.

James Marsh

St. Roch Goélette à voiles, faite en bois et dotée d'un moteur auxiliaire. Le *St. Roch* est mis à la mer à North Vancouver, en avril 1928, pour les opérations de la GENDARMERIE ROYALE DU CANADA dans l'Arctique. Sous le commandement du sergent Henry A. LARSEN, il quitte Vancouver le 23 juin 1940 pour traverser le PASSAGE DU NORD-OUEST.

Empruntant une voie dangereuse par le sud à travers les îles Arctiques, il reste emprisonné par les glaces pendant 2 hivers et ne rejoint Halifax que le 11 octobre 1942. Il est le deuxième navire, après le *Gjoa* de Roald AMUNDSEN, à traverser le Passage du Nord-Ouest, et le premier à effectuer le voyage d'ouest en est.

Le *St. Roch* retourne à Vancouver par une voie plus au nord, en passant par le DÉTROIT DE LANCASTER et le détroit de Barrows, en seulement 86 jours, soit du 22 juillet au 16 octobre 1944. Ce voyage lui vaut d'être le premier navire à avoir franchi le passage dans les 2 sens. Grâce à ses exploits, le Canada renforce sa SOUVERAINETÉ DANS L'ARCTIQUE.

En 1950, il effectue un voyage vers le sud et devient ainsi le premier bateau à faire le tour de l'Amérique du Nord. La ville de Vancouver l'achète en 1954 et l'expose en permanence au musée Mariti-

me. Le gouvernement fédéral déclare le *St. Roch* LIEU HISTORIQUE national en 1962.

Roger Sarty

Saint-Romuald, ville du Qc; pop. 10 604 (rec. 1996), 9830 (rec. 1991); superf. 18,34 km²; const. en 1965; située sur la rive sud du fleuve Saint-Laurent en face de Sillery, à 19 km au sud de QUÉBEC. C'est à cet endroit que les rivières Etchemin et CHAUDIÈRE, deux importants affluents du fleuve Saint-Laurent, et la rivière à la Scie, plus petite, se déversent dans le fleuve Saint-Laurent, donnant ainsi à Saint-Romuald un caractère pittoresque. Le pont de Québec, pont cantilever le plus long au monde, surplombe la ville.

Saint-Romuald est colonisée pour la première fois en 1651 comme établissement de pêche par un commerçant de Québec, Eustache Lambert. Cependant, c'est l'agriculture qui est le moteur de l'économie de Saint-Romuald jusqu'au milieu du XIXe s., époque où elle devient une ville d'industrie du bois de sciage. Elle est constituée en tant que municipalité de paroisse en 1853 sous le nom de Saint-Romuald-d'Etchemin. Elle est baptisée ainsi en l'honneur de saint Romuald (952–1027) et du peuple autochtone de la région, les Etchemins. Elle devient ville en 1963 et cité deux ans plus tard, lorsqu'elle fusionne avec la municipalité de Saint-Télesphore. En 1982, elle raccourcit son nom pour devenir Saint-Romuald.

L'héritage architectural de Saint-Romuald est témoin de l'évolution de la ville. On y retrouve l'ancien bureau de poste (1929), qui accueille une exposition sur l'histoire de la poste et un musée du timbre, l'église (1855), qui contient les œuvres de Lauréat Vallières, un sculpteur local renommé, et l'abbaye cistercienne. Le parc industriel de la cité constitue le moteur de son économie.

Pierre-Louis Lapointe

Saints Les premiers Nord-Américains canonisés par l'Église catholique (29 juin 1930) sont les cinq jésuites (Jean de BRÉBEUF, Noël Chabanel, Antoine Daniel, Charles Garnier et Gabriel Lalemant) tués par les Iroquois pendant les guerres de tribus se déroulant en Huronie dans les années 1640. À ceux-ci, s'ajoutent Isaac JOGUES, également missionnaire jésuite, ainsi que René Goupil et Jean de La Lande, qui travaillaient pour les jésuites et perdirent la vie en mission chez les Mohawks.

Tous ont été déclarés martyrs bien qu'ils n'aient pas été mis à mort pour leur foi. Leur fête à tous est célébrée le 18 octobre. La première personne née au Canada qui soit devenue candidate à la canonisation est Marie-Marguerite d'YOUVILLE, fondatrice des SŒURS GRISES (1701-1771; béatifiée le 3 mai 1959).

Pendant le règne de Jean-Paul II, qui simplifie quelque peu la procédure de canonisation, huit autres Canadiens sont canonisés ou béatifiés: Marguerite BOURGEOYS, fondatrice de la Congrégation de Notre-Dame (1620-1700; canonisée le 31 oct. 1982); le frère ANDRÉ, né Alfred Bessette, de la Congrégation de Sainte-Croix (1845-1937; béatifié le 23 mai 1982), qui est à l'origine de la construction de l'Oratoire Saint-Joseph, à Montréal; Mgr François de Montmorency LAVAL, évêque de Québec et premier évêque canadien, (1623-1708; béatifié le 22 juin 1980); mère MARIE DE L'INCARNATION, née Marie Guyart, première supérieure des ursulines au Canada, (1599-1672; béatifiée le 22 juin 1980); mère MARIE-ROSE, née Eulalie Durocher, fondatrice des Sœurs des Saints-Noms de Jésus et de Marie (1811-1849; béatifiée le 23 mai 1982); Kateri TEKAKWITHA, première candidate indienne à la canonisation (1656-1680; béatifiée le 22 juin 1980); mère Marie-Léonie, née Alodie-Virginie Paradis (1840-1912), fondatrice des Petites Sœurs de la Sainte-Famille et première personne béatifiée au Canada même (pendant la visite du pape en sept. 1984); et Mgr Louis-Zéphirin Moreau, évêque de Saint-Hyacinthe, au Québec, (1824-1901; béatifié le 10 mai 1987).

La procédure de canonisation

La procédure de canonisation est souvent très longue. Elle ne commence qu'après la mort du candidat et lorsque la pression populaire réclame qu'il soit déclaré saint. Ce genre de pression s'exerce actuellement, p. ex., en faveur de Georges-Philéas VANIER (1888-1967), ancien gouverneur général du Canada. L'étape suivante de la procédure est amorcée par l'évêque du lieu, qui entame officiellement l'étude de la cause et charge quelqu'un de recueillir soigneusement des témoignages complets concernant la vie et la sainteté du candidat.

L'objectif est de prouver que la personne a fait preuve de vertus héroïques au cours de sa vie ou a subi le martyre. Un dossier favorable et un dossier défavorable sont préparés, présentés et jugés. Si le résultat est favorable, «la cause est présentée à Rome», c.-à-d. que la preuve est évaluée par la Sacrée Congrégation pour les Causes des Saints, qui peut alors conférer au candidat le titre de «vénérable».

Pour qu'on puisse procéder à l'étape suivante, celle de la béatification, il faut que soit faite devant la Sacrée Congrégation la preuve d'au moins un miracle posthume attribuable à l'intercession du candidat ou la preuve qu'il est généralement réputé pour faire des miracles. En fait, deux miracles sont exigés, mais la Sacrée Congrégation peut donner dispense de l'un des deux.

La cérémonie de béatification déclare que le candidat est au ciel, lui confère le titre de «bienheureux» et permet qu'il soit vénéré publiquement dans le ou les pays où il a vécu. La canonisation et le titre de «saint» sont conférés après vérification de deux autres miracles (là encore, la dispense de l'un des deux peut être accordée). Un saint canonisé peut être vénéré publiquement dans le monde entier.

Vers le milieu des années 80, 10 autres causes sont en cours à Rome. L'un des candidats, Mgr Vital Justin GRANDIN (1829-1902), évêque de Saint-Albert, est déclaré vénérable. Un autre candidat de la région d'Edmonton est le frère Anthony Kowalczyk (1866-1947), de l'ordre des Oblats de Marie Immaculée (O.M.I.). Mgr Ovide Charlebois (1862-1933), de The Pas (Man.), vicaire apostolique du Keewatin. Les causes montréalaises sont celles de mère Émilie Gamelin (1800-1851), fondatrice des Sœurs de la Providence, Jeanne MANCE (1606-1673), qui a joué un grand rôle dans la fondation de Ville-Marie, et mère Marie-Anne, née Marie-Esther Sureau, dite Blondin (1809-1890) des Sœurs de Sainte-Anne.

Saint-Hyacinthe, au Québec, soumet la cause d'Élisabeth Bergeron (1851-1936) des Sœurs de Saint-Joseph; Trois-Rivières, celle du père Frédéric Janssoone, O.M.I. (1836-1916). Le père Alfred Pampalon, CSsR (1867-1896), est de Sainte-Anne-de-Beaupré, au Québec. Une cause vient de Québec: c'est celle de mère Marie-Catherine de Saint-Augustin, née Catherine de Longpré (1633-1668) des Augustines de la Miséricorde de Jésus.

Le catholicisme n'a pas l'exclusivité des déclarations officielles de sainteté. Les Églises orthodoxes ont aussi canonisé des saints, mais aucun n'est Canadien. Toutefois, l'Église orthodoxe d'Amérique a canonisé quelques orthodoxes russes de l'Alaska, notamment Herman d'Alaska (1760-1837) et un autochtone, Pierre l'Aléoute (décédé en 1816).

John Rasmussen

St. Stephen, ville du N.-B.; pop. 4961 (rec. 1996), 4931 (rec. 1991); superf. 12,35 km²; située en bordure de la RIVIÈRE SAINTE-CROIX, dans le sud-ouest du Nouveau-Brunswick. L'endroit est occupé pour la première fois pendant la GUERRE D'INDÉPENDANCE AMÉRICAINE par un petit groupe de colons entreprenants à la recherche de bois en vue de l'exploitation d'une scierie. En 1784, ils sont rejoints par des membres de la Port Matoon Association, dont la majorité sont des soldats américains démobilisés.

Dotée d'excellentes installations favorisant le commerce du bois, St. Stephen devient rapidement un centre d'expédition et de construction navale prospère dans la baie de FUNDY pendant presque tout le XIXe s. Le développement industriel qui survient lors de la seconde moitié de ce siècle permet l'implantation d'une filature de coton dans la localité voisine de Milltown, d'une savonnerie et d'une manufacture de haches, et de la compagnie Ganong Bros Ltd., encore aujourd'hui une manufacture de bonbons d'envergure internationale. La ville de St. Stephen-Milltown, qui porte le nom de St. Stephen depuis 1975, naît de la fusion de St. Stephen avec la ville voisine de Milltown.

Roger P. Nason

St. Thomas, cité de l'Ont.; chef-lieu du comté d'Elgin; pop. 32 275 (rec. 1996), 30 332 (rec. 1991); superf. 32,22 km²; const. en 1881; située dans le sud-ouest de l'Ontario, à 29 km au sud de London. En 1803, Thomas TALBOT commence à établir des colons sur une grande superficie de terre qu'il possède au nord du lac Érié. Baptisée en son honneur, St. Thomas, fondée vers 1810, sera la capitale de cette colonie de l'arrière-pays forestier sur laquelle son excentrique fondateur régnera pendant 50 ans.

La ville est à l'origine un centre agricole qui, au tournant du siècle, devient un centre ferroviaire important; en 1911, 7 lignes ferroviaires différentes la traversent. En 1885, St. Thomas fait parler d'elle dans le monde entier lorsque Jumbo, un célèbre éléphant de cirque, meurt après y avoir chargé un train de la Grand Trunk Railway. De nos jours, l'économie de l'endroit repose sur une industrie légère diversifiée.

En 1824, Charles Duncombe et John Rolph fondent à St. Thomas la première école de médecine de ce qui est maintenant la province de l'Ontario. Surnommée la «cité-jardin», l'agglomération possède des parcs publics reconnus pour leurs agencements floraux éclatants.

Daniel Francis

Saint-Vallier, Jean-Baptiste de La Croix de Chevrières, de, deuxième évêque de Québec et fondateur de l'Hôpital général de Québec (Grenoble, France, 14 nov. 1653—Québec, 26 déc. 1727).

Saint-Vallier impressionne le clergé par son zèle et son immense activité. Cependant, son arrivée, le 31 juillet 1688, marque le début de seize années de crise, car l'évêque est un autocrate qui cherche à enrayer l'ivrognerie, les vêtements provocants, le blasphème, la danse, l'immoralité et la cupidité. En même temps, il encourage les pratiques de dévotion en famille et à l'église, ainsi que le paiement de la dîme, et il soutient les missions en Acadie, en Louisiane et en Illinois.

En peu de temps, toutefois, Saint-Vallier se brouille avec le gouverneur FRONTENAC (au sujet de la représentation du *Tartuffe*), l'armée, le chapitre de la cathédrale, les récollets, les jésuites et presque tout le diocèse. En revanche, ses adversaires dénoncent ses écrits, *Catéchisme du diocèse de Québec* (1702) et *Rituel du diocèse de Québec* (1703), qu'ils qualifient d'hérétiques, et ne font pas grand-chose pour obtenir sa libération lorsqu'il est capturé et emprisonné en Angleterre. Cinq années d'une dure captivité (de juillet 1704 à 1709), la maladie et ses pratiques ascétiques ruinent sa santé.

Saint-Vallier revient à Québec en août 1713, abandonne son palais épiscopal pour vivre à l'Hôpital général et distribue sa fortune aux pauvres, vendant même ses souliers et son lit. Malgré ses défauts, Saint-Vallier est un homme pieux, qui a certainement contribué à renforcer la jeune Église catholique du Canada.

Cornelius J. Jaenen

Saison dans la vie d'Emmanuel, Une (1965), de Marie-Claire BLAIS. Il s'agit d'un aperçu lyrique et sombre du Québec, un acte de révolte caractérisé par un humour noir. Utilisant de multiples points de vue et émaillant la réalité de cauchemars, Blais raconte les événements qui entourent la naissance, en plein hiver, d'Emmanuel, le seizième enfant d'une famille de paysans. Le point de vue de son indomptable grand-mère Antoinette encadre le roman, lui-même dominé par les écrits autobiographiques du frère d'Emmanuel, Jean Le Maigre, moine adolescent doué, atteint de tuberculose.

La vie et la mort des frères et sœurs d'Emmanuel, ainsi que des thèmes comme celui de l'inceste et de la vie corrompue du monastère, symbolisent l'étroitesse d'esprit et l'ignorance, mais sont également une réponse au froid et à la faim. Acclamé par le critique américain Edmund Wilson dans la préface de la traduction de Derek Coltman, *A Season in the Life of Emmanuel* (1966), le roman gagne de nombreux prix au Canada et à l'étranger, parmi lesquels le prix Médicis, en France en 1966, et est traduit en une douzaine de langues.

Michèle Lacombe

Salaberry, Charles-Michel d'Irumberry de, militaire (Beauport, Qc, 19 nov. 1778—Chambly, Bas-Canada, 27 févr. 1829). Protégé du duc de Kent, il gagne les rangs de l'armée britannique en 1794, combattant en Irlande, aux Antilles et aux Pays-Bas durant les guerres napoléoniennes. Revenu au Bas-Canada en 1810, il devient aide de camp du major général de Rottenburg.

Promu dans la milice en 1812, il lève et commande une troupe de VOLTIGEURS canadiens pendant la GUERRE DE 1812, repoussant une force d'invasion américaine. En 1813, à la BATAILLE DE CHÂTEAUGUAY, il vainc encore une fois des troupes américaines, supérieures en nombre, parties à la conquête de Montréal. Salaberry se retire de l'armée avec demi-solde en 1815, et il est reçu Compagnon de l'Ordre du Bain deux ans plus tard. En 1818, il est nommé au Conseil législatif du Bas-Canada.

David Evans

Salaberry-de-Valleyfield (autrefois Valleyfield), ville du Qc; pop. 26 600 (rec. 1996), pop. 27 598 (1991c); superf. 22,99 km²; const. en 1874; située sur la rive sud du FLEUVE SAINT-LAURENT, à l'extrémité nord-est du lac Saint-François. La ville est située sur le domaine seigneurial jadis octroyé à Charles de BEAUHARNOIS, gouverneur de la Nouvelle-France de 1726 à 1747. La construction du canal de Beauharnois (1842-1854) y attire de nombreux immigrants. On y établit une scierie et une papeterie dans les années 1850. Une filature de coton (la future Montreal Cotton Co.), fondée en 1875, domine l'activité et la croissance de cette petite ville industrielle jusqu'à la Seconde Guerre mondiale.

Salaberry-de-Valleyfield puise sa main-d'œuvre au sein de la population locale et son histoire est marquée par des conflits ouvriers souvent violents. À l'origine (1874), on lui donne le nom de Salaberry en l'honneur de Charles d'Irumberry de SALABERRY. L'usage populaire, principalement chez la minorité anglophone de l'élite économique, lui adjoint le nom de Valleyfield (en mémoire, dit-on, d'une papeterie écossaise). Desservie par le chemin de fer depuis 1885, Salaberry-de-Valleyfield devient un siège épiscopal en 1892.

En tant que centre commercial et industriel important, ses activités sont aujourd'hui diversifiées: navigation maritime, production d'énergie hydro-électrique, fabrication de caoutchouc, affinage du zinc, produits chimiques, textiles et denrées alimentaires. Chaque été, elle est l'hôte de l'une des plus importantes régates de hors-bord d'Amérique du Nord.

Sylvie Taschereau

Salaire minimum Salaire horaire le plus faible qu'un employeur doit légalement verser à un employé. Il y a deux sortes de lois sur le salaire minimum, reflétant le partage des pouvoirs entre les gouvernements fédéral et provinciaux. Le salaire minimum fédéral couvre les employés des industries nommément désignées par le gouvernement fédéral, alors que le salaire minimum provincial couvre la plupart des autres employés, les ouvriers agricoles étant une exception notable. En 1987, le salaire minimum fédéral est de

4 $ l'heure, soit un salaire inférieur à celui de la majorité des provinces. En 1997, le salaire minimum est de 5 $ l'heure en Alberta, de 6,85 $ en Ontario et de 5 $ à Terre-Neuve. La politique actuelle du gouvernement fédéral est d'appliquer le salaire minimum d'une province donnée aux travailleurs de cette province qui relèvent de la compétence fédérale. Au Canada, les lois sur le salaire minimum datent des années 20, mais depuis des années, les économistes ne s'entendent pas quant à leur efficacité, affirmant qu'elles peuvent situer les salaires des travailleurs peu qualifiés au-dessus des niveaux commandés par les lois du marché et causer ainsi du chômage.

D.A. Smith

Salaire réel Estimation du salaire en argent ou salaire nominal ajusté pour tenir compte du pouvoir d'achat effectif d'un individu en termes de biens et services qu'il permet de se procurer. Pour établir une estimation du salaire réel, il faut diviser le revenu monétaire (horaire, hebdomadaire ou annuel) par l'INDICE DES PRIX À LA CONSOMMATION.

De 1870 à 1950, le salaire réel horaire des travailleurs salariés a augmenté de plus de 346 p. 100, soit un taux moyen annuel de 1,9 p. 100. Cette évolution ne s'est pas produite à un rythme constant: les variations entre les différentes époques sont attribuables à des facteurs cycliques qui influent sur la demande de main-d'œuvre des entreprises et sur le niveau des prix auxquels font face les consommateurs. À long terme toutefois, l'élément déterminant et fondamental du taux de croissance du salaire réel est la productivité des travailleurs, elle-même déterminée par les compétences de la population active, la FORMATION DE CAPITAL (c.-à-d. l'investissement) des entreprises et les changements technologiques. Au Canada, la rémunération hebdomadaire et le salaire nominal ont augmenté de 370,3 p. 100 de 1961 à 1981. Cette hausse est en grande partie le reflet d'un taux d'INFLATION élevé, en particulier à la fin des années 60 et pendant les années 70. De 1986 à 1993, cependant, le salaire réel n'a presque pas augmenté (moins de 1 p. 100), en partie à cause du ralentissement de la croissance de la productivité et en raison d'une conjoncture économique plutôt léthargique.

Les estimations du salaire réel national peuvent être parfois trompeuses comme moyen de mesurer le bien-être économique individuel. Il faut prendre en considération la tendance à la réduction de la semaine de travail. En 1870, une semaine de travail normale dans le secteur de production de biens comptait 64 heures. Elle n'en comptait que 40,8 heures en 1967, et, vers le milieu de 1992, elle était de 36,6 heures en moyenne. Cette diminution de la durée de la semaine de travail signifie que le changement survenu dans le salaire horaire réel tend à surestimer la croissance du revenu hebdomadaire réel. Les estimations en question ne tiennent pas non plus compte du CHÔMAGE. Même si le salaire réel a augmenté pendant la grande crise du début des années 30, les taux de chômage élevés veulent dire que le revenu réel prévu (le salaire réel pondéré par la probabilité d'emploi) a sans doute considérablement diminué. Enfin, dans le contexte canadien, l'accent mis sur le salaire réel national masque aussi les différences qui existent entre les niveaux et tendances du salaire réel qui prévalent dans chacune des régions.

M.B. Percy

Salamandre Nom commun donné à la plupart des membres du groupe des AMPHIBIENS à queue (ordre des urodèles). On en connaît environ 358 espèces dans le monde, dont 21 sont indigènes au Canada. On les trouve principalement dans les régions tempérées de l'hémisphère Nord, mais elles vivent également plus au sud, entre autres au nord de l'Amérique du Sud, en Afrique du Nord, en Iran et dans le nord de la Birmanie. Au Canada, on les rencontre depuis les Maritimes jusqu'en Colombie-Britannique et, vers le nord, jusque dans le centre du Labrador et en Colombie-Britannique septentrionale. On n'en a jamais observé sur l'île de Terre-Neuve.

Taille et longévité Elles mesurent, selon les espèces, entre 3,9 cm et 180 cm de longueur. Une des plus grosses salamandres du Canada est le necture tacheté (*Necturus maculosus*), un animal aquatique qui atteint 43 cm de longueur, et la plus petite espèce est la salamandre à quatre doigts (*Hemidactylium scutatum*), qui mesure entre 5 cm et 9 cm. Une salamandre géante de Chine a vécu en captivité pendant 52 ans, et certaines espèces de tritons ont atteint l'âge de 30 ans. Cependant, certaines des plus petites espèces vivent pendant une ou quelques années.

Description La majorité des salamandres ressemblent aux LÉZARDS et sont parfois incorrectement appelées lézards. Cependant, les salamandres n'ont pas d'écailles ni de griffes et ont une peau humide et glanduleuse, tandis que les vrais lézards (classe des reptiles) sont pourvus de griffes et ont une peau sèche, écailleuse et cornée.

Toutes les salamandres adultes du Canada ont quatre pattes, et trois espèces du sud-est des États-Unis ont seulement des pattes antérieures. Les salamandres diffèrent des cécilies tropicaux, amphibiens de l'ordre des gymnophiones qui n'ont pas de pattes. Les salamandres ont une queue et leurs deux mâchoires sont pourvues de dents. Elles diffèrent ainsi du troisième groupe d'amphibiens, les GRENOUILLES, qui n'ont pas de queue et dont la mâchoire inférieure est dépourvue de dents.

Les salamandres peuvent percevoir les vibrations, mais sont incapables d'entendre. Elles sont généralement aphones, mais certaines émettent des petits cris aigus. Elles ont deux narines reliées à la bouche, des yeux généralement pourvus de paupières mobiles, une bouche munie de dents fines, une langue qui peut généralement être poussée vers l'avant, un squelette principalement osseux, un cœur à trois chambres avec deux oreillettes et un ventricule, et une température corporelle qui dépend du milieu. Elles respirent avec des branchies, des poumons, un revêtement de la bouche et la peau, parfois simultanément, parfois séparément.

Reproduction Elles ont une fertilisation externe ou interne (interne chez toutes les espèces canadiennes). Lors de la fertilisation interne, le mâle dépose des capsules gélatineuses de sperme, et la femelle les ramasse dans les lèvres de son cloaque (chambre par laquelle passent les œufs). Les œufs sont fertilisés pendant la ponte.

Toutes les espèces canadiennes pondent des œufs, mais le nombre et la période d'incubation varient selon l'espèce. Certaines pondent leurs œufs en eau douce, formant ainsi une masse gélatineuse attachée à la végétation (salamandres fouisseuses), d'autres les placent sous des roches dans des endroits humides le long des ruisseaux (salamandre sombre), et d'autres encore utilisent des billes de bois humides et pourries (salamandre rayée et salamandre à dos rayé).

Certaines espèces de salamandres fouisseuses pondent leurs œufs au début du printemps dans des étangs, des fossés et des lacs, tandis que les salamandres des ruisseaux et des forêts ne pondent parfois qu'en été. Les petits qui éclosent dans l'eau respirent par des branchies, qu'ils peuvent conserver pendant plusieurs années avant de se transformer en adultes. Les jeunes qui naissent en milieu terrestre ressemblent aux adultes.

Habitat Les espèces de salamandres que l'on trouve le long des ruisseaux et des cours d'eau sont appelées salamandres des ruisseaux, celles qui vivent près des sources et des petits ruisseaux alimentés par des sources sont appelées salamandres des sources, et celles des milieux boisés, salamandres des bois. Les salamandres fouisseuses sont ainsi appelées parce qu'elles s'enfouissent sous les billes de bois ou dans la terre. Le necture tacheté passe toute sa vie dans l'eau. Les larves et habituellement les adultes d'une sous-espèce du triton vert (*Notophtalmus viridescens viridescens*) vivent dans l'eau, mais dans la plus grande partie de leur aire de répartition, les jeunes quittent l'eau après que leurs pattes ont poussé et passent une année ou plus sur la terre ferme. À ce stade, on les appelle elfes.

Comportement Puisque les salamandres sont incapables de survivre à des températures égales ou inférieures au point de congélation et doivent s'enfouir dans la terre ou la litière, dans les endroits où la gelée ne pénètre pas, les espèces terrestres hibernent durant la saison froide. La majorité des espèces aquatiques sont probablement actives toute l'année.

La plupart des espèces non aquatiques sont actives la nuit, habituellement lorsque le temps est humide ou pluvieux, car l'air sec et le soleil les déshydratent rapidement. Pendant la saison de reproduction printanière, les salamandres fouisseuses se déplacent parfois la nuit et passent sur les autoroutes pour se rendre vers les fossés et les étangs, où on peut les observer avec une lampe de poche. Si on retourne doucement des morceaux de bois et des roches dans les ruisseaux, le long de leurs rives ou près d'une source, on y trouve souvent des salamandres des sources et des salamandres des ruisseaux. Si on retire délicatement la mousse des billes pourries et des souches dans les forêts humides pendant le jour, on y découvre les salamandres des bois.

Régime alimentaire Toutes les espèces de salamandres sont carnivores. Les plus grosses consomment des vers de terre ainsi que les adultes et les larves de diverses espèces d'insectes. Les plus petites mangent de petits insectes, des larves d'insectes et une variété de petits invertébrés. Les larves de salamandres mangent des têtards, des petites larves de salamandres et des invertébrés aquatiques.

Importance biologique Les salamandres sont probablement bénéfiques aux industries forestière et agricole puisqu'elles se nourrissent d'INSECTES NUISIBLES. Les poissons, les grenouilles, les serpents, les tortues, les oiseaux et les mammifères sont leurs prédateurs naturels. Lorsqu'elles se font capturer, plusieurs espèces de salamandres sont capables de sectionner leur queue, qui continue de se convulser et permet ainsi à la salamandre de s'échapper tandis que son prédateur est occupé avec la queue. Les salamandres sont capables de régénérer leur queue, mais la partie régénérée est habituellement plus courte que celle d'origine. La majorité des espèces possèdent des glandes cutanées légèrement venimeuses qui peuvent causer de l'irritation à certains animaux. Les tritons, plus particulièrement les espèces de l'Ouest, produisent de très fortes sécrétions.

Un certain nombre de salamandres sont récoltées chaque année par des établissements scientifiques à des fins de recherche et par des individus qui les mettent dans les terrariums. Les nectures tachetés sont utilisés dans les cours de biologie des universités et des collèges, et leur capture est réglementée au Manitoba. En ce moment, il n'existe aucune loi d'ensemble au Canada qui protège les salamandres, mais comme elles consomment des insectes nuisibles, il serait justifié de les protéger.

S.W. Gorham

Salbaing, Geneviève, née Nehlil, danseuse, chorégraphe et administratrice (Paris, France, 2 févr. 1924). Cofondatrice des BALLETS JAZZ DE MONTRÉAL, dont elle est la directrice artistique pendant plusieurs années, Salbaing implante au Canada un style de danse qui allie le BALLET classique aux formes plus libres du ballet jazz afin de produire des spectacles dynamiques et accessibles au public.

Elle naît à Paris, mais est élevée à Casablanca (Maroc), où elle reçoit sa formation de danseuse classique. Par la suite, elle va étudier à Paris avec de célèbres professeurs russes expatriés comme Egorova et Kchessinska. Elle obtient aussi un baccalauréat littéraire français et étudie un an à la Sorbonne avant de s'installer aux États-Unis avec son mari. Salbaing danse au sein du Washington Concert Ballet durant trois ans et déménage à Montréal en 1946, où elle rencontre le danseur canadien-français Fernand NAULT avec lequel elle se produit sur scène.

À la fin des années 40, le ballet en est à ses débuts au Québec, car il est encore mal vu par l'Église catholique. Cependant, l'avènement de la télévision offre de nouvelles possibilités à la danse et à la chorégraphie. C'est à Radio-Canada que Salbaing rencontre une autre immigrée, Ludmilla CHIRIAEFF, qui lui demande de danser pour sa compagnie. Une blessure l'oblige à se réorienter vers le théâtre et, ayant de jeunes enfants à élever, elle travaille comme bénévole dans le domaine des arts du spectacle, bien qu'elle accepte à l'occasion des projets de chorégraphies.

En 1972, elle fonde Les Ballets Jazz avec Eva VON GENCSY et Eddie Toussaint. Quand ces derniers quittent la compagnie pour poursuivre d'autres intérêts, elle en devient l'unique directrice artistique. Sous sa direction, Les Ballets Jazz, bien que souvent aux prises avec des difficultés financières, donnent près de 1 500 spectacles dans 54 pays sur les cinq continents. Salbaing ouvre aussi des écoles affiliées aux Ballets Jazz à Québec, Laval, Saint-Jean et Toronto, et cherche à créer à Montréal un centre professionnel où pourraient se réunir les personnes intéressées par la musique jazz pour créer des chorégraphies et pour danser.

Dans les années 80, Les Ballets Jazz perdent du terrain face à la danse-théâtre et à la «Nouvelle danse» européenne qui prend de plus en plus de place à Montréal. Cependant Salbaing persévère et intègre à son répertoire chorégraphique des œuvres de l'Argentin Mauricio Wainrot, de l'Américain David Parsons et du célèbre Canadien Brian MACDONALD. Elle abandonne la direction artistique des Ballets Jazz en 1992, mais continue à s'intéresser de près aux activités de la compagnie. En 1987, elle est nommée Membre de l'Ordre du Canada. Geneviève Salbaing a aussi fait partie de nombreux jurys de concours à travers le monde, dont celui de la danse contemporaine au Concours international de danse de Paris. Reconnaissant son indéniable apport au domaine des arts de la scène canadienne, le Gouverneur général lui décerne, en 1993, la médaille commémorative du 125ᵉ anniversaire de la Confédération canadienne.

Michael Crabb

Salisbury, Richard Frank, anthropologue (Chelsea, Angl., 8 déc. 1926—Montréal, Qc, 17 juin 1989). Il étudie à Cambridge, à Harvard et à l'U. de l'Australie, et est élu membre de la Société royale du Canada en 1974 pour son apport à l'anthropologie canadienne. Il fonde le département d'anthropologie de l'U. McGill, dont il est le premier directeur (1966-1970) et où il enseigne jusqu'à sa mort. Il est cofondateur et directeur du Centre d'études sur les régions en développement de McGill. Il est membre du conseil d'administration de la Fondation canadienne des droits de la personne et membre de la Commission sur l'enseignement supérieur du Québec en 1977. Il devient secrétaire honoraire de l'Academy of Humanities and Social Sciences de la Société royale du Canada.

Auteur de nombreux articles et ouvrages dans le domaine de l'anthropologie économique, il est surtout connu pour ses ouvrages *From Stone to Steel* (1962) et *A Homeland for the Cree* (1986). Avec l'aide de chercheurs de McGill dirigés par Salisbury, le gouvernement du Québec et les Cris du Québec passent de la confrontation au dialogue dans le cadre des pourparlers de la CONVENTION DE LA BAIE JAMES ET DU NORD QUÉBÉCOIS (1975).

René R. Gadacz

Salish de la côte (*Voir* NUXALKS (BELLA COOLAS); SALISH DE LA CÔTE NORD DU DÉTROIT DE GEORGIA; SALISH DE LA CÔTE CENTRALE.)

Salish de la côte centrale Ils partagent une même culture, mais parlent quatre formes distinctes des langues salishennes de la côte. Ils occupent des territoires contigus dans la vallée du bas Fraser et adjacents à celle-ci, le sud-est de l'île de Vancouver et, entre les deux, les îles de San Juan et du golfe. Trois de ces groupes sont connus sous un nom indigène: les Halkomelems, les plus nombreux, et les Squamish, qui portent le nom de leur langue respective; les Nooksacks, tous regroupés maintenant dans l'État de Washington, portent comme nom une forme anglicisée du nom indigène par lequel les autres Salish de la côte les désignent. Le quatrième groupe, réparti à la fois en Colombie-Britannique et dans l'État de Washington, n'a pas de nom particulier et on le connaît sous l'appellation de Salish des détroits.

Le territoire des Salish de la côte centrale, au climat doux et relativement sec, recelait des ressources abondantes et variées. Les formidables montaisons annuelles de saumons dans le fleuve Fraser et la rivière Squamish, de mai à novembre, présentaient un intérêt de premier plan. Les quatre groupes pêchaient dans les eaux du fleuve Fraser et, chez les Halkomelems qui occupaient le territoire le plus favorable, la pêche se faisait à l'aide d'épuisettes et de grands chaluts traînés entre deux canots (*voir* CANOT D'ÉCORCE). Les Salish des détroits perfectionnèrent le filin de haut fond, piège unique arrimé entre deux canots qu'ils utilisaient aux emplacements qu'ils possédaient dans la mer sur le passage du saumon en route vers le Fraser. La majeure partie des prises se faisait en été quand les quantités excédentaires pouvaient être mises à sécher sur des supports en plein air.

Organisation sociale De grandes maisons en appentis étaient regroupées en villages, d'où partaient les expéditions de cueillettes saisonnières. La vie gravitait autour des groupes de chaque maison constitués de familles étendues et d'un noyau de gens appartenant à une même lignée paternelle ou maternelle. Le mariage consanguin étant interdit, les épouses venaient habituellement de différents villages et des réseaux de parenté unissaient les gens provenant d'un peu partout sur le territoire des Salish de la côte centrale. Certaines lignées ou groupes de parenté possédaient des sites particuliers, riches en ressources, et des privilèges rituels, et les membres qui en faisaient partie travaillaient en collaboration sous la direction de chefs estimés. Leur structure sociale comprenait des classes supérieures et inférieures et des esclaves. Le statut de chaque classe n'était pas nettement défini, puisqu'il ne relevait pas de la descendance ou de titres, mais les individus s'efforçaient de maintenir leur position sociale par leur labeur, les mariages sélectifs et une conduite convenable.

À l'été et à l'automne avaient lieu les potlatchs. Les gens des villages voisins étaient alors invités à festoyer et à reconnaître la position sociale de leurs hôtes (*voir* POTLATCH).

Vie religieuse La vie religieuse était fondée sur l'existence d'esprits bienfaiteurs qui conféraient les pouvoirs personnels de chasser, de soigner et d'exercer d'autres activités humaines. Ces pouvoirs individuels étaient célébrés en hiver par le rituel de ce qu'ils appelaient les danses des esprits. Certains de ces pouvoirs spirituels prenaient la forme de rituels de purification héréditaire, exécutés avec masques, effigies ou hochets décorés (*voir* AUTOCHTONES, RELIGION DES). L'art sculptural trouvait aussi à s'exprimer sur les tombes, les mâts totémiques et les outils (*voir* AUTOCHTONE DE LA CÔTE DU NORD-OUEST, ART).

Le premier commerce maritime de la fourrure, concentré sur la côte extérieure, ne toucha pas directement les Salish de la côte centrale, dont le territoire fut exploré par les navigateurs espagnols et britanniques au début des années 1790. En 1827, la COMPAGNIE DE LA BAIE D'HUDSON construisit FORT LANGLEY, au centre du territoire des Hal-

komelems. Vers la fin du XIXᵉ s., quand les colons furent attirés vers le sud de l'île de Vancouver et la vallée du Fraser, le territoire des Salish de la côte centrale devint la région la plus densément peuplée de la Colombie-Britannique.

Population Sur la côte centrale, on dénombre maintenant plus de 17 000 Salish qui appartiennent à 51 bandes en Colombie-Britannique, et au-delà de 2000 membres de la tribu vivent dans l'État de Washington. Malgré d'importants changements culturels, de petits villages dispersés demeurent unis par les rituels particuliers et la vie religieuse qu'ils perpétuent et qui leur permettent de conserver un solide sens de leur identité autochtone. (*Voir aussi* AUTOCHTONES: LA CÔTE DU NORD-OUEST; AUTOCHTONES.)

Michael Kew

Salish de la côte nord du détroit de Georgia Au moment de leur rencontre avec des Européens dans les années 1790, les habitants de la côte de la Colombie-Britannique dans la région nord du DÉTROIT DE GEORGIA sont les Pentlatchs, les Comox et les Sechelts. Ces noms désignent aussi la langue de chacune de ces bandes. Ces langues appartiennent à la branche des Salish de la côte et à la famille linguistique salish. Au début des années 1800, les Pentlatchs, qui habitent le long de la côte est de l'île de Vancouver aux environs de la baie Kye, au nord, jusqu'à la région de Parksville, au sud, sont durement frappés par la maladie et les attaques des groupes indiens habitant la côte ouest de l'île. Les Pentlatchs sont graduellement absorbés par leurs voisins du Nord, les Comox. Le dernier autochtone parlant la langue pentlatch meurt en 1940.

Au début des années 1880, les Comox de l'île de Vancouver sont également victimes des hostilités entre bandes. Dans leur expansion vers le sud, leurs voisins du Nord, les Lekwiltoks, chassent les Comox insulaires de leur territoire, qui s'étend depuis les alentours de la rivière Salmon à la baie Kye (*voir* KWAKIUTLS).

Descendants Les quelques descendants des Comox insulaires vivent dans la réserve indienne de Comox. En 1996, leur bande compte 258 personnes, dont 114 habitent la réserve. À la suite de mariages entre membres des deux bandes, les habitants de Comox adoptent les rituels et la langue des Lekwiltoks, le kwakwala. Le dialecte des Comox de l'île est presque totalement éteint. Ils ont cependant conservé certaines de leurs traditions qui sont pour eux une source de fierté culturelle.

Les Salish de la côte qui parlent le comox et qui habitent le long de la côte est du détroit de Georgia connaissent un meilleur sort. Appelés parfois les Comox du continent, ils sont formés des Homalcos, des Klahooses et des Sliammons, et vivent dans la région allant du bras de mer Bute, au nord, jusqu'à Stillwater, au sud. Jadis, les Homalcos et les Klahooses occupaient respectivement les eaux protégées des bras de mer Bute et Toba ainsi que les îles adjacentes. À la fin des années 1800, lors de la création des RÉSERVES INDIENNES, leurs principaux villages sont situés à Church House, près de l'embouchure du bras de mer Bute (le village des Homalcos est aujourd'hui abandonné), et à Squirrel Cove, dans l'île de Cortes, où vivent quelque 270 Klahooses.

Le principal village des Homalcos est maintenant une réserve de 366 habitants établie dans la ville de Campbell River, dans l'île de Vancouver. De nombreux Homalcos, Klahooses et Sliammons vivent dans la réserve située à l'embouchure du ruisseau Sliammon (au nord de la rivière Powell), autrefois un village traditionnel sliammon et aujourd'hui un village moderne d'environ 812 habitants. Les Sechelts, qui occupaient anciennement le bras de mer Jervis, les deux côtés de la péninsule de Sechelt et les îles adjacentes, sont au nombre de 961 (1996), dont 524 vivent dans des réserves à proximité du village de Sechelt. La bande des Sechelts est la première au Canada à recevoir l'autorisation de gérer son propre territoire en vertu des dispositions de la LOI SUR LES INDIENS.

Ressources naturelles Tout comme les autres Indiens de la côte du Nord-Ouest, les Salish de la côte nord du détroit de Georgia jouissent alors d'abondantes ressources naturelles, dont cinq espèces de SAUMONS DU PACIFIQUE, le sébaste, le phoque, les fruits de mer, le cerf, la chèvre de montagne, l'ours et les oiseaux migrateurs. Des plantes fournissent le complément nécessaire au poisson et à la viande. Un inventaire de leurs maisons traditionnelles (*voir* HABITATION) montrerait que le thuya géant est le matériel végétal au plus grand nombre d'usages. Ils utilisent son bois robuste et facile à fendre pour fabriquer des planches de construction, des PIROGUES, des boîtes, des bâtons pour la cuisson, des supports pour le séchage et des bols. L'intérieur de l'écorce du thuya géant, une fois pilonné jusqu'à ce qu'il soit tendre, sert à fabriquer nattes, cordes, vêtements et costumes de cérémonie. Quelques femmes pratiquent encore l'art de fabriquer des paniers au moyen de racines de thuya.

Tous les Salish de la côte nord du détroit de Georgia s'emploient à la pêche commerciale et à des programmes de mise en valeur du saumon. La coupe du bois et la récolte de fruits de mer fournissent aussi des emplois. La bande des Comox exploite avec succès une galerie d'art qui se consacre à l'art autochtone de la région. (*Voir aussi* AUTOCHTONES: LA CÔTE DU NORD-OUEST; AUTOCHTONES.)

Dorothy Kennedy et Randy Bouchard

Salish du continent Les Lillooets, les Shuswaps (maintenant appelés Secwepmc), les Thompsons (maintenant appelés Ntlakapamux) et les Okanagans sont les quatre PREMIÈRES NATIONS du continent de la Colombie-Britannique (le territoire okanagan s'étend toutefois jusque dans l'État de Washington) dont les langues appartiennent au groupe salish de l'intérieur de la famille linguistique salish.

Sur les plans linguistique, culturel et géographique, les Lillooets se répartissent en deux grands groupes: les Lillooets du fleuve Fraser, établis surtout près de la ville de Lillooet sur le fleuve Fraser, et les Lillooets du mont Currie, établis surtout dans le voisinage de la communauté du mont Currie dans la vallée de Pemberton ainsi que plus au sud jusqu'à Skookumchuck. Le terme «Lillooet» prête à confusion, puisqu'il ne s'applique en fait qu'à ceux du mont Currie qui s'appellent les *LEEL'-wa-OOL'* («les véritables, premiers Lillooets»).

Les Lillooets du fleuve Fraser se nomment eux-mêmes *STLA'-tlei-mu-wh*. Ces deux groupes parlent des dialectes légèrement différents de la même langue, le lillooet. Un troisième groupe est considéré à part: les Lillooets des lacs, qui habitent près des lacs Seton et Anderson, situés à mi-chemin entre les territoires des deux autres.

Les Lillooets appartiennent au groupe culturel du Plateau, mais la communauté du mont Currie a été fortement influencée par les cultures de la côte du Nord-Ouest. En 1996, on dénombre 2547 Lillooets vivant dans des RÉSERVES INDIENNES, depuis Skookumchuck et le mont Currie jusqu'aux lacs Anderson et Seton, et depuis Lillooet, la rivière Bridge et Fountain jusqu'à Pavilion (qui fut un village shuswap jusqu'au début du XXe s.); et 2194 autres Lillooets vivant hors des réserves.

Juste au nord de Lillooet, sur le fleuve Fraser, se trouve le plus vaste territoire de pêche indien de la fin du XXe s. Chaque été, des centaines d'Indiens s'y rassemblent pour pêcher le saumon au carrelet dans ces eaux agitées. Les poissons, découpés en filets, sont suspendus à des supports abrités pour sécher dans le vent chaud. Des Indiens de toute la Colombie-Britannique et de l'État de Washington viennent à Lillooet pour y faire le troc de ce mets délicieux.

Le mot «Shuswap» est une adaptation anglaise du nom que se donnent ces gens et dont la transcription actuelle est «Secwepmc». Les Shuswaps forment le groupe salish du continent le plus septentrional de la zone culturelle du Plateau. Autrefois, leur vaste territoire s'étendait des montagnes Rocheuses à l'est jusqu'au fleuve Fraser à l'Ouest, et du lac Williams au Nord jusqu'à Armstrong au Sud. Les villages shuswaps sont établis à proximité des nombreux lacs sur leur territoire et dans les vallées des rivières Thompson Nord et Sud et de leurs affluents, ainsi que le long du fleuve Fraser.

Aujourd'hui, environ la moitié des 7945 Shuswaps vivent dans les réserves dispersées dans ce vaste territoire. Les Thompsons, nommés d'après la rivière qui traverse leur territoire, se donnent eux-mêmes le nom autochtone *in-thla-CAP'-mu-wh* (parfois épelé «Ntlakapamux»).

Ils sont répartis en deux grands groupes: ceux du bas Thompson, établis le long de la gorge du fleuve Fraser depuis le sud de Lytton jusqu'au sud de Spuzzum; et ceux du haut Thompson, formant quatre sous-groupes répartis sur un territoire s'étendant le long du Fraser depuis Lytton jusqu'à environ 20 km au sud de Lillooet et incluant le bassin hydrographique de la rivière Thompson, à partir de son embouchure jusqu'à Ashcroft, et le bassin de la rivière Nicola, ce qui comprend une vaste superficie dans les environs de Merritt.

À l'origine, la région des rivières Merritt et Nicola est occupée par les Athapascans NICOLA-SIMILKAMEEN, mais les Thompsons et les Okanagans en prennent possession vers la fin du XIXe s. Aujourd'hui, on dénombre 5682 Thompsons dont près de la moitié vivent dans des réserves dispersées dans tout ce territoire, mais dont la plupart sont concentrées surtout à Lytton et à Merritt.

Les Salish du continent qui habitent la VALLÉE DE L'OKANAGAN et le long de la rivière Similkameen sont les Okanagans, même s'ils font partie d'un groupe plus important que certains linguistes et anthropologues appellent aujourd'hui «Okanagan-Colville». Leur territoire s'étend sur une superficie de 72 500 km² dans le centre-sud de la Colombie-Britannique (70 p. 100) et le nord-est de l'État de Washington (30 p. 100).

Le mot autochtone *n-seel-ick-CHEEN* désigne tous les peuples qui parlent l'okanagan-colville. En Colombie-Britannique, les anglophones appellent cette langue «okanagan» et, dans l'État de Washington, on la connaît surtout sous le nom de «Colville». L'okanagan-colville compte sept aires dialectales, dont trois se trouvent en Colombie-Britannique (ou s'y trouvait, dans le cas du dialecte des Lillooets des lacs).

«Okanagan du Nord» désigne le dialecte que parlent les autochtones dans les environs du lac Okanagan et le long du bassin hydrographique de la rivière Okanagan. «Okanagan similkameen» est le nom du dialecte utilisé par les autochtones qui vivent le long de la rivière Similkameen (territoire jadis occupé par les Athapascans nicola-similkameen).

Le dialecte des autochtones des lacs était parlé autrefois par les autochtones vivant le long des lacs Arrow supérieur et Arrow inférieur et qui, en 1870 environ, ont émigré dans l'État de Washington, au sud, où on leur a alloué des terres dans la réserve Colville. En 1996, 2178 des 3575 Okanagans recensés vivaient dans des réserves situées à proximité de Vernon, de Westbank, de Penticton, de Keremeos et d'Oliver.

Culture des Salish du continent Les Lillooets, les Shuswaps, les Thomsons et les Okanagans vivent de la pêche, de la chasse et de la cueillette. Leur quête de nourriture est régie par un cycle annuel qui détermine les divers lieux où se rendent les bandes pour y faire provision des ressources disponibles à différentes périodes de l'année.

Au cours des mois d'hiver, les Salish du continent habitent des villages formés de groupements de maisons semi-souterraines ou creusées, où ils se nourrissent des provisions qu'ils ont préparées et conservées à d'autres moments de l'année. Ils construisent leurs maisons dans des trous plus ou moins circulaires d'environ 2 m de profondeur et d'environ 8 m de diamètre. Les perches faîtières des toits coniques de chaque habitation sont isolées au moyen d'une épaisse couche d'herbe et de terre afin de protéger les occupants contre le froid. Les Salish de l'intérieur utilisent parfois des huttes coniques recouvertes de nattes de scirpe comme habitations d'hiver, mais celles-ci ne servent généralement que durant les mois plus chauds.

Le village, l'unité politique de base de cette société, est dirigé collectivement. Chaque village compte quelques chefs ou dirigeants réputés pour leur habileté dans les domaines de la pêche, de la chasse, de la guerre et de l'art oratoire. Tous les adultes mâles ont cependant les mêmes droits et responsabilités et participent à la prise des décisions. Les hommes et les femmes ont des rôles bien définis: les hommes chassent, pêchent et fabriquent des outils faits d'os, de bois ou de pierre; les femmes préparent les repas, tissent des paniers et des nattes, tannent les peaux d'animaux dont elles confectionnent des vêtements et s'occupent des jeunes enfants.

Comme rite d'initiation à l'âge adulte, chaque enfant doit subir l'épreuve de la «quête de la vision» en s'entraînant, seul dans les montagnes, à recevoir le pouvoir d'un esprit gardien. Ce pouvoir conféré par un esprit guide et protège les initiés pendant toute leur vie et les munit de dons particuliers ou d'une force, ou vision, surnaturelle. Certains esprits gardiens sont plus puissants que d'autres et transmettent, p. ex., le pouvoir de guérir les maladies. Chaque année, par des chants et des danses au cours de cérémonies hivernales, on renouvelle la relation avec les esprits gardiens.

Contacts avec les Blancs Le premier contact des Salish du continent avec des Européens a lieu en 1793, lorsqu'Alexander MACKENZIE atteint le Pacifique en traversant les Rocheuses et rencontre des groupes de Shuswaps près des extrémités septentrionales de leur territoire. Puis, en 1808, Simon FRASER rencontre des Shuswaps, les Lillooets et des Thompsons quand il descend le fleuve qui porte son nom. La première rencontre des autochtones de langue okanagan en Colombie-Britannique a lieu en 1811 dans la région des lacs Arrow, lorsque David THOMPSON, explorateur de la Compagnie du Nord-Ouest, cherche de nouveaux stocks de fourrures.

Après la Confédération, on réduit sensiblement la superficie de quelques grandes réserves établies en Colombie-Britannique durant la période coloniale. Dans les années 1870, on commence à arpenter les terres des Salish de l'intérieur, on établit des réserves et c'est le début des REVENDICATIONS TERRITORIALES (qui se poursuivent encore aujourd'hui). De la lutte pour la reconnaissance des DROITS ANCESTRAUX émergent plusieurs leaders éminents chez les Salish de l'intérieur tels que les chefs Michelle (Thompson), Chillihitza (Okanagan), David (Shuswap) et, plus récemment, George Manuel, également un Shuswap. (*Voir aussi* les articles généraux sous la rubrique AUTOCHTONES.)

Dorothy Kennedy et Randy Bouchard

Salles de concert et d'opéra Au moment de la colonisation du Canada, au XVIIe et au XVIIIe siècles, on accorde la priorité aux bâtiments destinés à la défense, à l'hébergement et au culte religieux. Une fois ces constructions essentielles achevées et l'ordre social établi, les habitants songent alors au divertissement. Au Québec et dans les Maritimes, les premiers concerts et les premières représentations théâtrales ont lieu dans ce que les journaux du XVIIIe s. appellent des salles de concert ou des théâtres. En fait, les spectacles sont généralement présentés dans la salle de réunion d'un hôtel ou d'une auberge, à l'étage supérieur d'une taverne ou dans la salle locale de rassemblement des ouvriers spécialisés. Au cours des deux dernières décennies du XVIIIe s. et particulièrement durant la première moitié du XIXᵉ s., on présente régulièrement des concerts et des pièces de théâtre à Québec (Thespian Theatre, Marchant's Coffee House, Frank's Tavern), à Montréal (THÉÂTRE ROYAL, Dillon's Hotel, Salle de spectacle), à Halifax (British Tavern, Theatre Royal), à Saint-Jean (Mallard's Long Room), à St. John's, à Terre-Neuve, (Globe Tavern) et, à la fin du XIXᵉ s., à Toronto (St. Lawrence Hall).

La plupart des constructions du XVIIIᵉ et du XIXᵉ siècles n'ont pas survécu aux incendies et à la démolition. Cependant, des voyageurs et des habitants ont laissé de brèves descriptions de ces premiers édifices. P. ex., William Dyott, un lieutenant de l'armée britannique en poste à Halifax, décrit dans son journal la première salle construite dans les Maritimes pour le théâtre, l'opéra et les variétés: «Février 1789: les officiers en garnison se sont pourvus d'un nouveau théâtre.... Pour ce qui est de sa grandeur, il s'agit d'une chose complète en soi comme je n'en ai jamais vu. Des loges, un premier et un second balcon.» Dès le milieu du XIXᵉ s., les artistes en tournée disposent d'installations adéquates dans plusieurs villes du centre du Canada. «Notre séjour à Hamilton a été marqué par un succès professionnel remarquable. Nous avons joué au Mechanics' Hall. C'est une bonne salle pour le chant, elle est bien située et passablement bon marché (15 $ la soirée).... Nous avons également joué au Templar's Hall, une petite salle charmante qui mérite d'être essayée pour tout genre de spectacles.» (Horton Rhys, *A Theatrical Trip for a Wager*, 1861).

Avec l'avènement des compagnies théâtrales et musicales ambulantes, entre 1870 et 1900, on construit une série d'opéras dans tout le Canada. Ces établissements constituent l'un des premiers facteurs de développement culturel au Canada. Avec l'achèvement du chemin de fer d'est en ouest, les artistes peuvent voyager de façon économique et efficace. En 1900, Montréal, Ottawa, Kingston, Winnipeg, Vancouver et plusieurs autres villes de moindre importance possèdent déjà leurs salles de spectacle. Même Dawson City et Barkerville ont un opéra, monuments à l'extravagance de la ruée vers l'or. Le nom d'opéra est quelque peu trompeur, en ce sens que les pièces de théâtre, les spectacles de variétés et les démonstrations de tours d'adresse constituent les attractions les plus courantes.

Certains des premiers opéras peuvent accueillir entre 1000 et 2000 personnes. Le MASSEY HALL de Toronto, ouvert en 1894, contient 4000 sièges. Il est le meilleur exemple d'une salle de concert conçue à l'origine pour des représentations d'envergure avec chœur et grand orchestre. Cependant, durant la première moitié du XXᵉ s., seules quelques villes possèdent des salles de concert et d'opéra pour ces usages particuliers. La plupart des vieux opéras, s'ils ne sont pas détruits, deviennent des salles de cinéma. Les concerts et les représentations d'opéra ont lieu dans les auditoriums d'écoles secondaires, les centres sportifs ou d'autres endroits de fortune.

Au cours de la deuxième moitié du XXᵉ s., on recommence à construire des salles de concert et d'opéra, ainsi que de vastes complexes artistiques aux fonctions multiples, ou on les rénove. La PLACE DES ARTS (Montréal), le Centre des arts de la Confédération (Charlottetown), le CENTRE NATIONAL DES ARTS (Ottawa), le Grand Théâtre de Québec (Québec), le Saskatchewan Centre of the Arts (Regina), la Hamilton Place (Hamilton), l'Orpheum Theatre (Vancouver), le Roy Thomson Hall (Toronto) et les deux auditoriums Jubilee (Calgary et Edmonton) en sont quelques exemples. Le Jack Singer Hall, une salle de 1800 sièges qui fait partie du Calgary Centre for Performing Arts, ouvre ses portes en septembre 1985. Ces établissements sont les foyers des orchestres locaux, qui présentent des séries de concerts à la population locale. De plus, ces salles présentent des artistes en tournée venus d'Amérique du Nord ou d'outre-mer, et offrent un programme artistique d'une grande diversité à chaque saison.

Frederick Hall

Salmon Arm, municipalité de district de la C.-B.; pop. 14 664 (rec. 1996), 12 115 (rec. 1991), 11 199 (rec. 1986); superf. 152,47 km²; située à la tête du bras sud-ouest du lac Shuswap, également appelé Salmon Arm, à 525 km à l'est de Vancouver et à 110 km à l'est de Kamloops. Réputée surtout pour ses fruits, ses exploitations laitières et son environnement propice à la villégiature, la région connaît un peuplement assez tardif; ce sont les Indiens Shuswaps qui l'habitaient à l'origine.

Une RUÉE VERS L'OR dans les années 1860 attire brièvement des prospecteurs dans la région, mais ce n'est pas avant 1871 que l'exploration peut vraiment commencer, au moment où un tracé est arpenté pour le Canadien Pacifique. La colonisation débute vers la fin des années 1880 avec la venue du chemin de fer; on y pratique l'agriculture mixte et fruitière, et l'exploitation forestière. La ville connaît une explosion démographique de 1905 à 1912, année de sa constitution.

De nos jours, la majorité des emplois proviennent de l'exploitation forestière, du tourisme, de la culture fruitière et de l'élevage laitier, ainsi que des organismes gouvernementaux provinciaux et fédéraux. Outre un campus satellite de l'Okanagan College, la municipalité compte un musée, une société historique, et une troupe de théâtre qui donne des représentations hiver comme été.

John R. Stewart

Salmonelle La *Salmonella* est un genre de bactérie de la famille des *Enterobacteriaceae* qui se trouve généralement dans le tractus intestinal des humains et des autres animaux. Elle doit son nom à D.E. Salmon, bactériologiste américain qui l'a décrite en 1885. Depuis un siècle, la salmonelle est reconnue comme une cause importante d'intoxications alimentaires et de maladies à transmission aqueuse. On a établi trois groupes de salmonelles selon le type d'hôtes qu'elles préfèrent. Celles principalement adaptées à l'humain incluent les organismes typhoïdes et paratyphoïdes à longue période d'incubation (10 à 21 jours) qui causent de fortes fièvres, envahissent le flot sanguin et exigent une longue convalescence; la proportion de porteurs (victimes asymptomatiques qui excrètent l'organisme) de ce groupe de salmonelles est plus élevée que celle des autres groupes. Il est maintenant admis que tous les sérotypes appartiennent à une seule espèce, *S. enterica* et que les types comme la *S. typhirium* n'entrent pas dans la taxonomie. Les salmonelles principalement adaptées aux animaux incluent la *S. choleraesuis* (porcs), la *S. dublin* (bovins) et la *S. pullorum* et la *S. gallinarum* (volaille).

Seules les deux premières jouent un rôle dans les maladies humaines. Les salmonelles qui ne se sont pas adaptées à un hôte en particulier incluent plus de 2000 sérotypes pouvant causer la salmonellose (forme de gastro-entérite) chez l'homme. La *S. typhimurium* est le sérotype causant la plupart des salmonelloses au Canada et ailleurs. Diarrhée, crampes abdominales, fièvre, nausées et vomissements apparaissent dans les 8 à 48 heures suivant l'ingestion de moins de 10 organismes. Le malade se remet généralement après quelques jours, mais les enfants et les personnes âgées peuvent être gravement affectés et parfois même en mourir. Bien que les salmonelles se transmettent généralement par la nourriture, elles peuvent aussi être transmises par contact avec une personne ou un animal infectés ou par ingestion d'eau contaminée.

Données canadiennes Selon les estimations, les 627 200 cas de salmonellose d'origine alimentaire coûtent probablement aux Canadiens jusqu'à un milliard de dollars par année en soins médicaux, absentéisme au travail et perte de revenus pour les compagnies ou les restaurants ayant fourni la nourriture contaminée. Au Canada comme ailleurs, la salmonelle est la cause la plus répandue et la plus coûteuse d'intoxication alimentaire. L'augmentation du commerce extérieur et les voyages plus fréquents ont favorisé l'introduction au pays de nouveaux sérotypes. De plus, la demande croissante pour les produits d'origine animale hautement élaborés et leur distribution entre les provinces ont contribué à répandre la salmonellose dans tout le Canada (environ 50 p. 100 des carcasses de volaille contiennent l'organisme). Au Canada, on peut trouver des salmonelles dans le dindon, le poulet, le lait non pasteurisé, le bœuf, le porc, le salami, les produits qui contiennent des œufs endommagés, le fromage cheddar, les germes de soya, la laitue, le chocolat, le poivre et la tarte à la crème.

Contrôle Non seulement est-il difficile d'éliminer les salmonelles de l'environnement, mais dès qu'elles viennent en contact avec la nourriture, elles se multiplient rapidement à la température de la pièce. La prévention consiste donc à diminuer la source de la bactérie (en nourrissant les animaux avec des aliments exempts de salmonelle), à établir des meilleures conditions d'hygiène dans les abattoirs et les usines de transformation, à réduire les risques d'intercontamination dans les restaurants ou au foyer et à prévenir la croissance bactérienne en gardant la nourriture au froid (4 ºC ou moins) ou au chaud (60 ºC ou plus). Le gouvernement et l'industrie de l'alimentation travaillent actuellement à la mise en œuvre d'une méthode de points de contrôle critiques et d'analyse des risques (de la ferme au consommateur) afin de réduire les organismes pathogènes dans la chaîne alimentaire. Le traitement du produit final par irradiation des aliments ou par une cuisson appropriée est toutefois la seule façon d'éliminer les agents pathogènes.

Ewen Todd

Salter, Robert Bruce, chirurgien orthopédiste et professeur (Stratford, Ont., 15 déc. 1924). Salter est l'un des chirurgiens orthopédistes les plus respectés et les plus renommés au monde. Il donne des conférences dans 35 pays. Il est également reconnu pour ses méthodes innovatrices de traitement orthopédique, dont l'opération Salter pratiquée dans les déformations de la hanche rencontrées chez les enfants et les jeunes adultes.

En 1955, Salter est nommé au Hospital for Sick Children de Toronto et à l'U. de Toronto. En 1957, il devient chirurgien orthopédiste en chef et, en 1966, chirurgien en chef. En 1976, il est nommé à la tête du Département d'orthopédie à l'U. de Toronto. À la fin des années 70, il est à l'origine du concept de traitement par mobilisation passive continuelle des articulations pour stimuler la régénération du cartilage.

Salter a écrit au-delà de 130 articles scientifiques et un manuel sur l'appareil locomoteur. Entre autres distinctions, il est reçu membre de la Société royale du Canada, il reçoit le Nicolas Andry Award et le Gairdner Foundation International Award for Medical Science. Il est aussi Officier de l'Ordre du Canada.

J. Knelman

Saltspring, île (Colombie-Britannique) D'une superficie de 187 km², est la plus grande des ÎLES GULF, un groupe d'îles situées dans le détroit de Georgie, au large de l'extrémité sud-est de l'ÎLE DE VANCOUVER, en Colombie-Britannique. Avant l'arrivée des Européens, plusieurs groupes d'autochtones vivaient sur ces îles de ce qu'ils y ramassaient. Les premiers habitants permanents sont des immigrants NOIRS des États-Unis, qui s'installent en 1857 et forment une des premières communautés agricoles de la région. L'île est réputée pour ses moutons, ses fruits et ses produits laitiers.

Situation actuelle L'île compte une population permanente de plus de 900 habitants, nombre largement dépassé lorsque les vacanciers viennent profiter de ses magnifiques eaux côtières. Ganges, située à l'extrémité de la baie de Ganges Harbour, sur la côte est, est la plus grande communauté des îles

Gulf. La plus haute montagne de l'archipel, Bruce Peak, s'élève sur la côte ouest à plus de 700 m. L'île doit son nom aux bassins saumâtres qu'elle comporte.

Daniel Francis

Salut Galarneau! (1967), de Jacques GODBOUT. Ce journal est rédigé à la première personne de François Galarneau, rebelle de la classe ouvrière et propriétaire d'une roulotte à hot-dogs à l'Île-Perrot, dans la banlieue de Montréal. François Galarneau y raconte par bribes l'histoire de sa vie «manquée» qu'il entrecoupe de ses observations «naïves» sur la société dans laquelle il vit. Le journal est au départ un passe-temps que lui suggère sa maîtresse, mais il se colore rapidement d'un humour dans lequel transparaissent la perspicacité et l'ironie de Jacques Godbout.

Délaissé et se sentant de plus en plus détaché de son entourage, le «Roi du hot-dog» se cache derrière un mur de briques qu'il dresse lui-même. Toutefois, il ne peut s'empêcher de garder une échelle, ne serait-ce que pour renouveler sa provision de cahiers de notes. Métaphore chaleureuse et pleine d'esprit du Québec et du rôle de l'artiste dans la société québécoise, *Salut Galarneau!* remporte le prix du Gouverneur général et est traduit par Alan Brown sous le titre *Hail Galarneau!* (1970).

Michèle Lacombe

Salutin, Rick, dramaturge et journaliste (Toronto, 30 août 1942). Après avoir étudié à l'U. Brandeis, à l'U. Columbia et à la New School for Social Research à New York, Salutin revient à Toronto en 1970 pour travailler comme syndicaliste. Il trouve une voie d'expression efficace dans son écriture, qui exprime des points de vue farouchement nationalistes et socialistes.

Après sa première pièce, *Fanshen* 1971), il commence à collaborer avec le Theatre Passe Muraille de Toronto dans des techniques de création collective, se désignant lui-même comme «l'écrivain sur, et non pas de» 1837: *The Farmers' Revolt* (1973) est une éclatante adaptation populaire de l'histoire du Canada, qui remporte le Prix Chalmers de la meilleure pièce de théâtre.

Salutin poursuit son analyse politique de l'histoire canadienne dans d'autres pièces collectives, comme *I.W.A.* (1976), avec la Mummers Troupe de Terre-Neuve, et dans sa propre pièce *Les Canadiens* (1977), qui traite du nationalisme et du hockey au Québec, et pour laquelle il obtient un deuxième prix Chalmers.

Salutin est aussi l'auteur de deux collections d'essais, *Marginal Notes* (1984) et *Living In a Dark Age* (1991), et de deux romans, *A Man of Little Faith* et *The Age of Improv* (1994), ce dernier étant un roman d'anticipation politique sur le Canada. En tant que dramaturge, journaliste (gagnant du National Newspaper Award pour sa chronique dans le *Globe and Mail* en 1993), rédacteur et scénariste pour des drames documentaires pour la télévision, Salutin reste un interprète important de l'évolution politique et sociale du Canada.

Jerry Wasserman

Samson Nom de la première locomotive à charbon d'Amérique du Nord à rouler sur des rails entièrement en fer. Construite à New Shildon, en Angleterre, elle est envoyée à Pictou, en Nouvelle-Écosse, pour transporter le charbon des mines Albion par voie ferrée, sur une distance de 9,6 km, jusqu'au Dunbar Point dans le port de Pictou.

La voie ferrée est construite avec des rails en fonte de fer, probablement les premiers fabriqués en Amérique du Nord, et est ouverte officiellement le 19 septembre 1839. La *Samson*, l'une des trois locomotives de l'époque, a servi pendant près de 30 ans. Elle est présentée à l'Exposition universelle de Chicago en 1893, avant d'être finalement renvoyée en Nouvelle-Écosse où elle est exposée à New Glasgow.

James Marsh

Sandham, J. Henry, peintre (Montréal, 1842—Angl., 1910). Il était le fils de John Sandham, peintre décorateur, qui enseigna à son fils les rudiments de la peinture. J. H. Sandham travailla aux ateliers NOTMAN, avec Otto R. JACOBI, Vogt, John A. et William Fraser et d'autres éminents artistes montréalais dès le début des années 1860. On demandait à ces artistes de peindre des arrière-plans pour des photographies de groupe de raquetteurs. Sandham s'inspira du procédé dans son célèbre tableau *Hunters Returning with their Spoils* qui est au MUSÉE DES BEAUX-ARTS DU CANADA. Sandham se rendit ensuite (1880) en Angleterre pour parfaire sa formation. À son retour en Amérique, il s'installa à Boston où il se fit une grande réputation d'illustrateur de scènes historiques. Au Canada, il fit surtout carrière à ST-JOHN (NOUVEAU BRUNSWICK) où il enseigna, notamment, à la Owens Art Institution, en 1886. Il retourna en Angleterre en 1901 où il mourut, dans un oubli relatif, en 1910. Il avait épousé la fille de John A. Fraser. Sandham a pratiqué tous les genres et tous les média. On connaît de lui plusieurs paysages, des portraits (notamment celui de Sir John A. MACDONALD, 1890) et des scènes historiques. Il a fait des eaux-fortes, des aquarelles et des tableaux à l'huile. Le MUSÉE DES BEAUX-ARTS DE MONTRÉAL possède également certaines de ses œuvres.

François-Marc Gagnon.

Sangster, Charles, rédacteur et poète (Kingston, Haut-Canada, 16 juill. 1822—*id.* 9 déc. 1893). Sangster trouve son premier emploi au *Ordnance*, à Kingston. Il travaille en même temps pour le journal local *British Whig*. En 1849, il devient rédacteur à temps plein au *Amherstburg Courier*, mais retourne peu après au *Whig* comme secrétaire de rédaction.

C'est à cette époque que paraissent ses premiers poèmes dans le *Literary Garland*. Suivent ensuite les deux seuls recueils qu'il publiera: *The St. Lawrence and the Saguenay and Other Poems* (1856) et *Hesperus and Other Poems and Lyrics* (1860).

Après sa nomination aux Postes à Ottawa (1868), Sangster est surmené, en mauvaise santé et sa production littéraire est rare. Il publie 16 poèmes durant les années 1870, la plupart reflétant sa détresse et sa mélancolie. Après sa retraite en 1886, et jusqu'à sa mort, il travaille sur les éditions revues de ses deux recueils et en prépare deux autres, *Norland Echoes and Other Strains* et *Lyrics and The Angel Guest*.

Dans sa poésie, Sangster apparaît comme un grand amoureux et un observateur perspicace de la nature. Il exprime une vive passion dans certains poèmes et une profonde mélancolie dans d'autres. Peu importe son état d'âme, il se montre toujours extrêmement sérieux et profondément religieux.

Marlene Alt

Sangsue Elle appartient à l'embranchement des ANNÉLIDES segmentés et à la classe des hirudinés constitués de 34 segments, munis de plusieurs anneaux externes et dépourvus de soies (setae). À chaque extrémité de son corps, la sangsue porte des ventouses qu'elle utilise pour faire des mouvements en boucle. Plusieurs espèces aquatiques peuvent aussi nager.

Régime alimentaire Leur tube digestif est pourvu d'une grande surface où les sangsues emmagasinent les quantités considérables de sang nécessaire à leur régime alimentaire équilibré. L'intestin est simple, et le sang y est facilement digéré et absorbé. Certaines espèces sont détritivores; d'autres se nourrissent d'animaux à corps mou et à sang rouge (p. ex., les escargots et les vers). La majorité des espèces sont des parasites externes des VERTÉBRÉS, et certaines peuvent envahir la vessie ou des parties du corps situées près de l'extérieur, comme les narines.

Répartition et habitat On connaît environ 300 espèces de sangsues dans le monde. La plupart vivent en eau douce, d'autres sont marines ou terrestres, plus particulièrement dans les régions tropicales. Le Canada abrite 45 espèces si on inclut celles vivant à la frontière des États-Unis.

Importance biologique Comme autrefois, on utilise encore les sangsues pour faire des saignées, entre autres pour drainer le sang dans les doigts regreffés jusqu'à ce que la circulation naturelle soit entièrement rétablie.

R.O. Brinkhurst

Santé Canada (Santé nationale et du Bien-être social, ministère de la) Le ministère de la Santé est constitué en 1919, puis fusionne avec le ministère du Rétablissement civil des militaires pour former en 1928 le ministère des Pensions et de la santé nationale. Le ministère de la Santé nationale et du Bien-être social succède à celui-ci, en 1944, puis devient en juin 1993 le ministère de la Santé ou Santé Canada. Ce ministère s'occupe en général des questions relatives à la promotion et à la protection de la santé des Canadiens. Ses attributions précises consistent notamment à faire des enquêtes et des recherches sur la santé et le bien-être de la population, à inspecter les immigrants et les marins à leur fournir des soins médicaux, à surveiller les établissements de santé publique, à recueillir et à diffuser de l'information sur la santé publique, à améliorer les techniques sanitaires et industrielles, à réglementer les aliments, les médicaments, la sécurité environnementale et l'emploi sécuritaire des pesticides et à dispenser une gamme de services aux PREMIÈRES NATIONS et aux INUITS. Le ministère coordonne les compétences du gouvernement fédéral dans tous les secteurs des soins de santé au Canada et applique les normes nationales de services médicaux établies par la *Loi canadienne sur la santé*.

Norman Hillmer

Santé mentale Au début du mouvement pour la réforme de la santé mentale, celle-ci est souvent définie comme l'absence de symptômes de maladie mentale. Depuis cette époque, on essaye de relier la santé mentale à un concept de bien-être psychologique et à certaines capacités de la personne, soit la capacité de percevoir la réalité «objectivement», de s'adapter à de nouvelles situations et de comprendre le point de vue d'autrui. Toutefois, il n'existe pas de frontière bien définie entre la personne saine mentalement et celle qui ne l'est pas. Qui plus est, la définition de la santé mentale est relative et dépend du contexte culturel. Ainsi, les caractéristiques de la personne considérée saine mentalement dans un milieu donné peuvent être bien différentes de celles utilisées dans un autre milieu.

L'Organisation mondiale de la santé définit la santé comme «un état complet de bien-être physique, mental et social et non la simple absence de maladie ou d'infirmité»; la «santé» parfaite est donc un idéal inaccessible. Ce point de vue se reflète également dans le concept de santé mentale puisque personne ne peut présenter, en tout temps, toutes les caractéristiques de la santé mentale. Freud, de son côté, définit la santé comme la capacité «de travailler et d'aimer». La plupart des spécialistes de la santé mentale adhèrent à cette définition. Simple et précise, elle n'est pas soumise à des considérations juridiques ou morales qui entrent souvent en ligne de compte lorsque l'on tente de décrire la santé mentale.

Hippocrate est un des premiers auteurs à s'élever contre la croyance selon laquelle la maladie mentale est attribuable à des causes surnaturelles, croyance qui prévalait depuis des temps immémoriaux. Il affirme que la maladie mentale a des causes physiologiques et naturelles. Fin observateur, il décrit avec beaucoup de détails cliniques un grand nombre d'états mentaux connus maintenant sous les noms de phobie, manie, dépression et paranoïa. Au Moyen Âge, cependant, ces tentatives d'expliquer la maladie mentale par des mécanismes rationnels sont remplacées par les théories de la démonologie et de la sorcellerie. Parmi ceux qui se refusent à associer les désordres mentaux à la possession diabolique, on trouve Johann Weyer (1515-1588), considéré comme le père de la PSYCHIATRIE, et Paracelse (1493-1541).

Un des premiers à réclamer une approche plus humaine envers les malades mentaux est Philippe Pinel (1745-1826), directeur de deux établissements parisiens pour le traitement des maladies mentales. En Angleterre, la Society of Friends (Quakers) donne son appui au réformateur William Tuke (1732-1819), qui établit un refuge à la campagne pour les malades mentaux; bien que traités avec bienveillance, ceux-ci doivent s'adonner à des travaux manuels. Au XIXe et au XXe s., les travaux de Sigmund Freud révolutionnent le concept de la santé mentale et le domaine de la psychologie.

Santé mentale au Canada En 1714, l'HÔTEL-DIEU de Québec comprend une section destinée aux femmes souffrant de maladie mentale; plus tard, une douzaine d'hommes s'y ajoutent. Or, en Nouvelle-France et en Amérique du Nord britannique, le traitement de la maladie mentale est essentiellement une responsabilité familiale, et les patients ne pouvant pas recevoir de soins à domicile sont placés dans des prisons ou des asiles de pauvres, où ils vivent dans des conditions déplorables: surpeuplement, insalubrité, nourriture et chauffage inadéquats, absence d'intervention ou de traitement. Le malade mental, souvent enfermé dans une cage ou dans une pièce verrouillée, est considéré comme inapte moralement et traité véritablement comme un pêcheur. Des asiles d'aliénés ouvrent leurs portes à Saint-Jean (Nouveau-Brunswick) en 1835 et à Toronto en 1841. D'abord situé dans une prison abandonnée, l'asile de Toronto est d'abord déménagé dans une aile des édifices du Parlement, puis finalement au 999, rue Queen.

Au Canada et aux États-Unis, une nouvelle conception des soins prodigués aux malades mentaux verra le jour à l'initiative de Dorothea L. Dix (1802-1887), Richard M. BUCKE, Charles K. CLARKE, Clifford W. Beers (1876-1943), et Clarence M. HINCKS (1885-1964). Dix, une institutrice du Massachusetts, écrit sur le sujet, donne des conférences et informe le public et les législateurs des conditions déplorables sévissant dans les asiles. Elle réussit à convaincre plusieurs gouvernements de construire ou d'améliorer leurs établissements pour malades mentaux. Grâce à ses efforts, un hôpital psychiatrique est construit à St. John's en 1885. Elle exerce également des pressions sur le gouvernement de la Nouvelle-Écosse et supervise la construction d'un hôpital pour malades mentaux dans cette province.

Le Dr Richard Bucke est nommé directeur du Asylum for the Insane d'Hamilton en 1876 et, un an plus tard, de l'asile de London (Ontario). Il croit que la maladie mentale est «une défaillance du processus biologique par lequel l'humanité s'adapte au changement». Dans ses efforts pour mettre fin au traitement cruel des malades mentaux, Bucke abandonne la pratique qui consiste à calmer le malade en lui donnant de l'alcool. Il fait cesser la contention, ouvre une infirmerie pour soigner les maladies physiques et organise des activités culturelles et sportives régulières auxquelles les patients sont encouragés à participer.

Le Dr Charles Clarke est directeur adjoint de l'asile d'Hamilton au début des années 1880. Plus tard, il est nommé directeur de l'asile de Kingston (Ontario). Il transforme l'asile qui, en 1887, est un hôpital et non plus une prison et il forme des infirmières et des préposés aux soins des malades mentaux. Il cesse d'utiliser les camisoles de force ou autres techniques de contention. En 1893, il recommande de laisser tomber le terme «asile» et de construire des hôpitaux spéciaux pour les malades mentaux.

Ingénieur du Connecticut et père du mouvement pour la santé mentale en Amérique du Nord, Clifford Beers a souffert d'un désordre mental à l'âge de 18 ans alors qu'il fréquentait l'U. Yale. Il dût être hospitalisé au Hartford Retreat, fondé 71 ans plus tôt par

le Dr Eli Todd. Interné dans d'autres institutions psychiatriques, il connaît les mauvais traitements infligés aux patients. À sa sortie, il écrit *A Mind That Found Itself,* dans lequel il décrit ses expériences. En 1908, année de publication du livre, Beers fonde le National Committee for Mental Hygiene.

Le Dr Clarence Hincks est né à St. Mary's (Ontario). Fils unique d'une institutrice et d'un pasteur méthodiste, son intérêt pour la santé mentale vient de sa propre expérience de la dépression. En 1918, avec l'aide de Beers, il organise le Canadian National Committee for Mental Hygiene qui deviendra plus tard l'Association canadienne pour la santé mentale. Les deux organismes contribuent à promouvoir la santé mentale aux États-Unis et au Canada. Après la Première Guerre mondiale, il visite des asiles dans tout le Canada et est choqué par ce qu'il découvre. En 1920, avec Beers, il met sur pied l'International Committee for Mental Hygiene (devenu en 1948 la Fédération mondiale pour la santé mentale, dont le siège social est à London) et participe à l'organisation du premier International Congress on Mental Hygiene, qui se tient à Washington en 1930. Hincks est l'un des premiers médecins à reconnaître l'importance de la prévention et du traitement du malade avant qu'il ne soit frappé d'incapacité. Ses travaux mènent à la création de cliniques psychopédagogiques pour le dépistage et la prévention des maladies mentales chez les enfants. Les universitaires commencent à s'intéresser au développement de l'enfant, probablement à cause de l'accent psychanalytique mis sur le développement de l'enfant à cette époque et à la conviction de Hincks que la maladie mentale commence dans les premières années de la vie. En 1925, Hincks persuade des bienfaiteurs de financer la St. George's School for Child Study de l'U. de Toronto et le McGill University Nursery School and Child Laboratory de Montréal. Samuel Laycock (1882-1971), psychologue, subit l'influence du charismatique Hincks lorsque ce dernier se rend dans l'Ouest. En 1927, Laycock est professeur de psychologie scolaire à l'U. de la Saskatchewan, puis en 1929, responsable de l'éducation au Mental Hygiene Committee.

La Seconde Guerre mondiale change profondément les façons de concevoir la maladie mentale. L'examen médical des recrues révèle que des milliers d'adultes, apparemment sains, souffrent de problèmes mentaux. Cette découverte modifie l'attitude du public envers la maladie mentale et stimule la recherche sur les mesures préventives et les méthodes de traitement. Il s'ensuit également une meilleure compréhension des besoins émotionnels des enfants et du rôle du stress dans l'apparition du désordre mental. Il est reconnu aujourd'hui que les symptômes de plusieurs maladies mentales sont une réponse au stress quotidien ou inhabituel et qu'ils sont sans doute passagers.

Traitement de la maladie mentale La maladie mentale est une source de préoccupation majeure au Canada. Les soins psychiatriques (comme beaucoup d'autres soins) sont couverts par l'assurance-maladie, mais tous les problèmes de santé mentale ne relèvent pas nécessairement de la psychiatrie. De plus, on assiste à une augmentation de la demande de soins pour l'ensemble des problèmes de comportement et d'adaptation. La maladie mentale peut être traitée par le médecin de famille, le psychiatre, le psychologue, le travailleur social et l'infirmière psychiatrique; toutefois, tous ces professionnels ne peuvent répondre à tous les besoins en santé mentale. Des problèmes spécifiques tels que l'ALCOOLISME ou le TABAGISME ont entraîné la mise sur pied de groupes d'entraide bien organisés comme Alcooliques Anonymes, fondé en 1935. Il existe d'autres groupes qui ont pour mandat de promouvoir des habitudes de vie saines ou de meilleures habitudes alimentaires et qui offrent à la fois des programmes structurés et du soutien.

Depuis 20 ans, on assiste à une augmentation du nombre de recherches portant sur les méthodes d'intervention psychothérapeutique, comportementale et biochimique de la maladie mentale. P. ex., des études menées à Montréal portent sur l'efficacité et les coûts du traitement à domicile comparativement aux traitements psychiatriques en milieu hospitalier. Les résultats de ces recherches permettent de mieux comprendre l'utilité de telles interventions et ouvrent la voie à de nouvelles approches.

John T. Goodman

Santé, politique sur la Le programme national d'assurance-santé du Canada, aussi appelé assurance-maladie, garantit à chaque résidant du Canada des soins médicaux et hospitaliers qui sont payés à même les recettes fiscales générales ou par l'intermédiaire de primes d'assurance-santé obligatoires. L'assurance-maladie a évolué en deux étapes. La première a été l'adoption, en 1957, de la *Loi sur l'assurance-hospitalisation et les services diagnostiques.* Cette loi conférait au gouvernement canadien le pouvoir de conclure avec les provinces une entente visant l'établissement d'un régime global et universel pour couvrir les soins hospitaliers actifs et les services diagnostiques en laboratoire et en radiologie. Neuf ans plus tard, la *Loi sur les soins médicaux* de 1966 élargit l'assurance-santé pour englober les services des médecins.

Alors que les principes de base de l'assurance-maladie sont déterminés par voie législative fédérale, la Constitution confie aux provinces la responsabilité de la santé. En conséquence, le régime comporte des différences d'une province à l'autre. Cependant, pour être admissibles au partage des frais, les provinces doivent, dans leur politique de la santé, satisfaire à des critères d'accessibilité, d'universalité, d'intégralité, de portabilité et d'administration.

Jusqu'en 1977, le gouvernement fédéral contribue à peu près à parts égales avec les provinces au financement des soins hospitaliers actifs aigus et des services de médecins. Or, dans les faits, la part du gouvernement fédéral aux coûts de santé se trouve sous contrôle provincial, situation à laquelle il remédie en modifiant l'arrangement par l'adoption de la *Loi de 1977 sur les accords fiscaux entre le gouvernement fédéral et les provinces et sur les contributions fédérales en matière d'enseignement postsecondaire et de santé.* Au lieu d'un partage à parts égales, la loi indique que le gouvernement fédéral transfère aux provinces une somme forfaitaire fondée sur une moyenne mobile de trois ans du produit national brut et sur un paiement en espèces par habitant.

Le nouvel arrangement accorde une souplesse accrue aux provinces, car leur utilisation des fonds fédéraux n'est pas limitée aux services hospitaliers et médicaux assurés. L'argent fédéral peut dorénavant servir à des programmes qui ne sont pas couverts par l'assurance-maladie, tels que les soins de santé élargis en foyer de soins ou les régimes de médicaments. Toutefois, les coûts hospitaliers grimpent à un taux qui dépasse largement le taux d'inflation générale, ce qui laisse les provinces aux prises avec une part plus lourde du fardeau des coûts de la santé. La situation s'aggrave à partir de 1982, lorsque le gouvernement fédéral réduit davantage ses PAIEMENTS DE TRANSFERT.

Historique de la politique en matière de santé

Avant la Confédération de 1867, les soins de santé sont très peu organisés. Les collectivités locales peuvent mettre sur pied leurs propres conseils de santé, ce que certaines font en réaction aux ÉPIDÉMIES telles que la flambée de choléra en 1832. La loi qui autorise officiellement la création de tels conseils est adoptée par le Parlement du Haut-Canada en 1834, mais il faudra attendre 50 ans pour que la *Loi sur la* SANTÉ PUBLIQUE oblige les administrations locales à établir des conseils de santé et à imposer des règlements sanitaires. Aux réunions de l'ASSOCIATION MÉDICALE CANA-DIENNE, un organisme créé l'année de la Confédération, les médecins réclament des mesures de santé publique, de l'eau potable et la déclaration obligatoire des maladies contagieuses.

Ce n'est qu'en 1882 que l'Ontario adopte une loi établissant un conseil de santé provincial. Trois ans plus tard, une épidémie de variole fait rage au Québec, et l'Ontario envoie des médecins de santé publique à bord des trains qui entrent en Ontario pour inspecter les passagers. Les médecins ont le pouvoir d'arrêter quiconque refuse d'être vacciné.

Soins dentaires Jusqu'à la fin du XIXᵉ s., les dentistes sont rares au Canada. La carie dentaire est à ce point courante parmi les enfants qu'un dentiste de Toronto estime à 50 p. 100 le nombre d'enfants d'âge préscolaire qui ont les dents gâtées au tournant du siècle. Aujourd'hui, les régimes d'assurance-santé provinciaux garantissent certains soins dentaires, bien que la protection varie d'une province à l'autre et se limite généralement aux soins dentaires fournis dans les hôpitaux.

Certaines provinces, dont la Nouvelle-Écosse et Terre-Neuve, assurent les soins dentaires des enfants, tandis que l'Alberta offre une protection aux personnes âgées de plus de 65 ans. L'Île-du-Prince-Édouard lance des unités mobiles de DENTISTERIE pour enfants dotées de dentistes salariés. Une étude menée en 1976 estime que 18 p. 100 de la population du Canada (allant d'un minimum de 3 p. 100 pour les provinces Maritimes à un maximum de 43 p. 100 en Colombie-Britannique) bénéficie d'une protection privée pour les soins dentaires.

Santé mentale La LOI CONSTITUTIONNELLE DE 1867 confie aux provinces la responsabilité des asiles pour malades mentaux (*voir* SANTÉ MENTALE). À l'époque, presque partout au monde, les aliénés sont gardés à la maison ou traités avec brutalité. À Toronto, une nouvelle prison plus moderne est construite en 1800, et l'ancienne prison devient un asile. Le Comité national canadien de l'hygiène mentale est créé en 1918, en grande partie grâce aux efforts du Dʳ Clarence M. HINCKS, qui, avec l'aide de Canadiens éminents, amassent des fonds pour la réalisation d'une enquête sur les conditions qui prévalent dans les asiles au Canada.

De façon générale, les asiles sont des établissements honteux, sales et surpeuplés. Le comité porte ces conditions à l'attention du public, et les provinces se mettent bientôt à hausser les dépenses affectées aux établissements pour malades mentaux. Dans les années 50, la découverte de médicaments qui permettent de contrôler le comportement des patients psychiatriques mène à une nouvelle tendance en matière de soins. De nombreux patients psychiatriques sortent des hôpitaux pour retourner dans la collectivité. Avant l'assurance-maladie, le seul traitement offert aux personnes moins aisées est fourni dans les hôpitaux psychiatriques provinciaux. Bien que les soins psychiatriques dispensés dans les hôpitaux généraux se soient grandement améliorés, les écarts dans le continuum des soins fournis aux malades mentaux ne font que commencer à être comblés.

Assurance-santé Le concept de l'assurance-santé émerge en Allemagne vers la fin des années 1880 et se répand en Europe, mais les programmes de SÉCURITÉ SOCIALE sont loin d'être une priorité au Canada naissant. Au déclenchement de la Première Guerre mondiale, la Saskatchewan a déjà créé un régime en vertu duquel les municipalités peuvent prélever des taxes pour construire des hôpitaux, recruter des médecins et payer pour les soins hospitaliers.

En 1919, le Parti libéral du Canada fait de l'assurance-santé un enjeu de sa campagne électorale, mais rien n'aboutit. Durant la Crise des années 30, on réclame de plus en plus fort que les gouvernements contribuent au paiement des coûts de santé. Les gens n'ont pas les moyens d'acquitter les factures des

médecins, les indigents envahissent les hôpitaux et les municipalités, en particulier dans les Prairies, font faillite.

Avant l'instauration d'un régime national d'assurance-hospitalisation, la Colombie-Britannique et la Saskatchewan ont en vigueur des régimes publics d'assurance-hospitalisation universels. En Alberta et à Terre-Neuve, les régimes offrent une protection partielle. En 1956, 50 p. 100 des Canadiens sont maintenant assurés par des régimes volontaires privés ou à but non lucratif à paiements anticipés, mais le public fait de plus en plus pression pour la mise en œuvre d'un programme à l'échelle nationale visant à protéger les gens contre les coûts catastrophiques des soins de santé. Le gouvernement fédéral décide alors d'offrir de partager, sous forme de subventions, les coûts d'un régime pancanadien, pourvu que la majorité des provinces y adhèrent et qu'une majorité de citoyens soient protégés. Au milieu de 1957, huit provinces ont indiqué qu'elles participeraient au programme proposé. En 1961, toutes les provinces ont maintenant en place des régimes d'assurance-hospitalisation et 99 p. 100 de la population est protégée. Notamment, les soins hospitaliers en salle commune sont garantis.

L'assurance des services médicaux naît en Saskatchewan en 1962, après des difficultés considérables. En effet, la profession médicale de la Saskatchewan s'oppose farouchement aux intentions du gouvernement provincial de T.C. DOUGLAS, qui veut payer les honoraires des médecins uniquement à même le régime public. Le 1ᵉʳ juillet, 90 p. 100 des médecins ferment leur cabinet en guise de protestation (*voir* GRÈVE DES MÉDECINS DE LA SASKATCHEWAN). Les médecins arrachent ainsi le droit de facturer leurs patients s'ils le désirent et de facturer plus que les montants remboursés aux patients en vertu du régime provincial.

Un an avant la lutte en Saskatchewan, le premier ministre du Canada John Diefenbaker avait nommé le juge Emmett HALL à la présidence d'une commission royale sur les services de santé. Dans un rapport en deux volumes (1964-1965), Hall recommandait l'instauration de l'assurance-maladie pour l'ensemble du Canada. En 1980, on lui demandera de se pencher à nouveau sur le régime. Il déclarera alors que, en dépit des problèmes, le régime compte parmi les meilleurs services de santé dans le monde.

À la suite du rapport de 1964, le premier ministre du Canada Lester Pearson promet d'instaurer au pays un régime fédéral d'assurance-maladie au plus tard en 1967, et les mesures législatives nécessaires sont adoptées vers la fin de 1966. Les provinces ne sont pas toutes pressées de se joindre au régime. Une majorité de Canadiens sont déjà assurés en vertu de divers régimes privés et à but non lucratif, dont le Physicians Services Incorporated, un important régime exploité par les médecins de l'Ontario. Malgré les obstacles, dès 1972, les provinces et les territoires y ont tous adhéré.

Contrairement à la croyance populaire selon laquelle les médecins s'opposent à l'assurance-maladie, le régime reçoit l'appui de l'Association médicale canadienne. En fait, l'Association avait elle-même proposé un régime d'assurance national dans les années 40. Toutefois, chaque province a sa propre version du régime, laquelle doit observer les limites établies par les lois fédérales. Certaines provinces, dont la Colombie-Britannique et l'Ontario, couvrent en partie les services de chiropractie, d'optométrie et de physiothérapie, mais pas la Nouvelle-Écosse ni Terre-Neuve. La Saskatchewan et le Manitoba financent leur régime sur les recettes générales, tandis que l'Alberta et l'Ontario imposent des primes d'assurance aux gens qui en ont les moyens. Certaines provinces assurent aussi les coûts des médicaments sur ordonnance pour les personnes âgées et les bénéficiaires d'aide sociale.

Mouvement de grève Quoi qu'il en soit, la mise en œuvre de l'assurance-maladie par les provinces

mène à de vives tensions entre les gouvernements provinciaux et les associations médicales provinciales. Les médecins craignent, et continueront de craindre, que l'assurance-maladie devienne une médecine d'État, où les gouvernements sont les seuls payeurs et les médecins, de véritables fonctionnaires. En 1986, l'Ontario Medical Association s'oppose à une mesure législative (le projet de loi 94) qui interdit la surfacturation en organisant une grève qui commence le 12 juin et qui durera 25 jours. Les médecins ne sont pas tous en faveur de cette grève, qui ne reçoit pas l'appui de la population, et ceux-ci perdent leur bataille. L'association met fin à la grève le 6 juillet.

La surfacturation étant éliminée, l'Ontario récupère plus de 106 millions de dollars en fonds fédéraux, une somme qui égale les montants facturés directement aux patients par les médecins au cours des deux années précédentes. La grève en Ontario est la seule perturbation majeure des services médicaux que connaît le Canada depuis la grève en Saskatchewan 24 ans plus tôt, bien que les spécialistes québécois aient retiré leurs services durant une courte période au moment où Québec a mis son plan en œuvre en 1970.

Le régime du Québec est unique en ce que les patients n'ont pas le droit d'être remboursés s'ils voient un médecin qui les facture directement, de sorte que la quasi-totalité des médecins québécois facturent leurs services au régime et que la surfacturation n'y existe pas. En août 1986, l'Alberta conclut une entente avec son association médicale afin de mettre fin à la surfacturation dans la province, comme l'ont fait les médecins du Nouveau-Brunswick, sans qu'il y ait grèves.

Crainte d'une médecine d'État Parmi les médecins canadiens, la crainte d'une médecine d'État s'accroît dans le sillage du rapport de la commission Hall en 1980. Le rapport avertit que la surfacturation des patients (en 1984, les Canadiens ont versé 70 millions de dollars aux médecins qui surfacturent) constitue un obstacle à l'accessibilité aux soins médicaux qui va à l'encontre du principe et de l'esprit de l'assurance-maladie. Il avertit aussi que les frais facturés par les médecins ou les hôpitaux mèneront à un système à deux vitesses, où les normes en matière de soins ne seront pas les mêmes pour ceux et celles qui peuvent payer que pour les autres.

Les conflits deviennent inévitables entre les différents protagonistes, soit le gouvernement fédéral, les provinces et l'Association médicale canadienne, cette dernière représentant la majorité des 55 000 médecins du Canada. Le gouvernement fédéral prétend assumer plus de 50 p. 100 (12,2 milliards de dollars) des coûts de l'assurance-maladie au moyen de subventions globales versées aux provinces et cherche à abolir la surfacturation des patients pour les services assurés.

En 1983, le gouvernement fédéral dévoile des dispositions visant à atténuer les barrières à l'accès et à éliminer la surfacturation. Il exige que 100 p. 100 des résidants aient droit à des services de santé assurés, comparativement à 95 p. 100 en vertu des mesures législatives précédentes. La *Loi canadienne sur la santé* prévoit une réduction de la contribution fédérale versée aux provinces qui permettent la surfacturation des patients. Cette réduction équivaut au montant intégral payé par les patients. Les ministres de la Santé provinciaux et territoriaux s'allient pour nier que la surfacturation menace l'assurance-maladie, prétendant que les recettes supplémentaires sont nécessaires pour suppléer aux fonds affectés à la santé, étant donné les coûts à la hausse et la part à la baisse du gouvernement fédéral. Chaque province consacre quelque 33 p. 100 de son budget à la santé.

L'Association médicale canadienne prétend que l'assurance-maladie est sous-financée et que la situation a mené à des hôpitaux surpeuplés, à la vétusté de l'équipement et à des listes d'attente de patients nécessitant des interventions chirurgicales non urgentes. L'Association a estimé au milieu de 1983 que quelque 150 000 patients étaient inscrits sur des listes d'attente, et leur nombre n'a cessé d'augmenter. En 1986-1987 toutefois, on a commencé à fournir dans la collectivité ou au domicile des patients des soins médicaux qui étaient auparavant obtenus à l'hôpital. Ainsi, le Nouveau-Brunswick a fait œuvre de pionnier en mettant à l'essai un programme hospitalier extra-muros. Des traitements qui nécessitaient autrefois l'hospitalisation sont dispensés dans des unités de chirurgie de jour ou à des centres de consultation externe, ce qui réduit la nécessité d'ajouter des lits d'hôpital.

Le régime d'assurance-maladie du Canada se compare favorablement aux régimes de santé en vigueur ailleurs dans le monde. Les frais d'administration consacrés à l'assurance-santé représentent entre 5 et 10 p. 100 des dépenses au Canada, comparativement à plus de 10 p. 100 aux États-Unis.

Marilyn Dunlop

Santé publique Elle a pour objet la SANTÉ MENTALE et physique des individus. L'état de santé lamentable dans les villes surpeuplées à l'époque de la révolution industrielle éveille l'intérêt pour la santé publique. Au XIXᵉ et au début du XXᵉ s., le rôle des services de santé publique consiste à appliquer des mesures de quarantaine et à organiser des campagnes destinées à promouvoir l'hygiène publique et la vaccination, afin d'enrayer la propagation des MALADIES infectieuses les plus graves. De nos jours, la santé publique touche plusieurs domaines: éducation, conseils en matière d'habitudes de vie, lutte contre certaines maladies infectieuses, protection du bien-être des enfants, et, par l'intermédiaire de l'assurance-maladie et des subventions aux HÔPITAUX, la prestation des soins médicaux.

Pendant le XIXᵉ et au début du XXᵉ s., le Canada suit l'exemple de la Grande-Bretagne dans le domaine des réformes relatives à la santé publique. Les réformateurs alertent l'opinion publique et font valoir l'idée que la solution au taux de mortalité élevé (surtout chez les enfants) réside dans une amélioration des conditions du milieu ambiant. Vers la fin du XIXᵉ s., des campagnes destinées à promouvoir l'hygiène et la propreté dans les maisons et les rues sont organisées dans les principales villes de l'est du Canada. L'eau et le lait font aussi l'objet de mesures sanitaires. Au début du XXᵉ s., le lait pasteurisé est introduit à Toronto et à Montréal, dans une tentative pour réduire la propagation de la tuberculose bovine, une cause importante d'infirmité chez les enfants. Les enfants en âge d'aller à l'école (et jusqu'à un certain point, ceux d'âge préscolaire) sont immunisés contre des maladies graves, telles la variole et la diphtérie, ou sont examinés afin de dépister des maladies chroniques telles que la tuberculose et les infections oculaires. Bien que des lits soient disponibles dans les hôpitaux, la plupart des cas sont traités à la maison.

Selon la LOI CONSTITUTIONNELLE DE 1867, les pouvoirs en matière de santé sont répartis grossièrement entre le gouvernement fédéral et les provinces. Le Dominion du Canada est responsable des mesures de quarantaine, et les provinces ont juridiction sur les hôpitaux. L'autorité exercée par les municipalités varie d'une province à l'autre et même d'une ville à l'autre. Les trois niveaux de gouvernement prennent certaines mesures destinées à améliorer la santé de la population, mais la nature de ces initiatives est souvent fonction des intérêts personnels des hauts fonctionnaires responsables. En 1880 p. ex., le gouvernement fédéral prend en main la léproserie du Nouveau-Brunswick en grande partie à cause d'une campagne menée par le sous-ministre fédéral de l'Agriculture. Les pouvoirs accordés en 1867 en vertu de la loi constitutionnelle sont renégociés en 1896, mais, bien que la plupart des fonctions non mentionnées auparavant soient placées sous la juridiction des provinces, les services médicaux

seront encore régis au petit bonheur pendant quelques années.

L'ÉPIDÉMIE de grippe espagnole qui suit la Première Guerre mondiale en 1918-1919 cause la mort de 50 000 Canadiens (*voir* GRIPPE) et entraîne une première tentative de réforme administrative. Conscients de la nécessité de reconstituer leur population, surtout dans l'éventualité d'une reprise des hostilités, les gouvernements s'inquiètent aussi du problème des MALADIES TRANSMISES SEXUELLEMENT (MTS), qui entraînent la stérilité et sont responsables de la naissance d'enfants déficients et aussi du problème d'arriération mentale, qui empêche ceux qui en sont atteints de servir leur pays. Comme bien d'autres pays à cette époque, le Canada crée un premier ministère de la Santé en 1919. Ce nouveau ministère assume toutes les anciennes fonctions du fédéral en matière de santé, en particulier celles qui touchent les services de quarantaine et les normes relatives aux aliments et drogues, ainsi que la coopération avec les provinces et les organismes bénévoles lors des campagnes contre les MTS, la tuberculose et l'arriération mentale, et les campagnes destinées à améliorer la santé et le bien-être des enfants. Le ministère met sur pied, dans toutes les régions du pays, un réseau de cliniques destinées au traitement des MTS et entreprend un programme de sensibilisation du public concernant les soins à donner aux enfants. La tuberculose et l'arriération mentale relèvent surtout des provinces et des organismes bénévoles. En 1928, le ministère de la Santé devient le ministère des Pensions et de la Santé nationale. Il fournit, notamment, les soins de santé aux anciens combattants.

La CRISE DES ANNÉES 30 place le système de santé du Canada dans une situation critique. Les demandes qui affluent à tous les ordres de gouvernement dépassent les ressources disponibles. De plus, les organismes bénévoles et le corps médical qui, traditionnellement, dispensaient certains services gratuitement, sont eux aussi complètement débordés. Les gouvernements canadiens sont en présence d'une population appauvrie, qui a besoin de plus de soins de santé, mais ne peut en assumer les coûts. Lorsque le gouvernement fédéral décide de réduire les fonds alloués aux soins de santé, provinces, municipalités et organismes bénévoles doivent en assumer le fardeau et relancer le secteur. Certaines régions du pays y réussissent mieux que d'autres. Le Québec peut compter sur les services de ses communautés religieuses, l'Ontario négocie un système de soins avec ses médecins, et la Saskatchewan met sur pied un programme destiné à l'établissement de cliniques médicales. En 1939, le gouvernement fédéral est cependant forcé de s'engager davantage dans le domaine de la santé.

La Seconde Guerre mondiale entraîne une reprise du débat sur la santé. En 1941, le premier ministre Mackenzie King organise une conférence fédérale-provinciale afin de discuter des recommandations de la Commission royale Rowell-Sirois sur la santé publique, ainsi qu'un projet d'assurance-maladie. La proposition d'un régime d'assurance-maladie à l'échelle nationale s'effondre lors de la Conférence fédérale-provinciale de 1945-1946, en raison de l'opposition des provinces et du corps médical, mais aussi du fait que la prospérité du temps de la guerre a fait oublier la Crise et la pauvreté.

Le gouvernement fédéral décide plutôt d'instituer un régime de prestations à la santé par l'intermédiaire de l'assistance sociale (*voir* SANTÉ, POLITIQUE SUR LA; ÉTAT PROVIDENCE). Le ministère fédéral de la Santé, qui a de nouveau changé d'appellation en 1944 pour devenir le ministère de la Santé nationale et du Bien-être social, s'intéresse alors au niveau de vie au lieu de s'intéresser à la santé. Les provinces doivent assumer la responsabilité des initiatives dans le domaine des soins médicaux, en échange de quoi le gouvernement fédéral distribue une série de subventions à la santé.

En 1968, le Canada s'engage dans un programme à frais partagés, qui permet à tous les Canadiens de participer à un système d'assurance-maladie national, ce qui signifie que les soins médicaux seront fournis par des médecins exerçant en pratique privée et que les coûts seront assumés par le gouvernement plutôt que par des établissements publics de santé. Cela veut également dire que le règne de la santé publique, comme il s'entend à l'époque, est bien terminé. L'objectif principal est dès lors la protection de la santé des individus. Des campagnes de sensibilisation et d'immunisation ont toujours cours, mais un grand nombre de batailles sont gagnées dans les domaines de l'hygiène et de la salubrité.

Si on fait abstraction des préoccupations soulevées par le sida, la plupart des maladies infectieuses graves ont été vaincues au Canada. De nouveaux défis surgissent dans les domaines de la génétique et des maladies dégénératives, mais ces deux domaines offrent peu de possibilités à des réformes radicales. Les traitements médicaux et la recherche médicale représentent le meilleur espoir de vaincre ces maladies, et les efforts du gouvernement et des organismes bénévoles s'orientent dans cette direction. Cependant, il est toujours nécessaire de s'assurer que la recherche et les traitements coûteux sont rentables.

Les coûts de santé, qui montent en flèche dans les années 70 et 80, font couler beaucoup d'encre, et ont ainsi orienté la santé publique vers la santé communautaire. Maintenant reconnue comme matière d'enseignement dans les écoles de médecine et de sciences infirmières, la santé communautaire a pour objectif de combiner sciences médicales, sociales et comportementales afin d'offrir à la population les meilleurs soins médicaux tout en ayant une évaluation des besoins réels de la société. Ces mesures sont appuyées par des campagnes visant à réduire les causes sociales de la mauvaise santé, comme l'ALCOOLISME, l'abus des drogues, le TABAGISME et le manque d'exercice (*voir* CONDITION PHYSIQUE; DROGUES, USAGE NON MÉDICAL DES).

En orientant son action vers la santé communautaire, le Canada suit une tendance mondiale visant à une utilisation moins onéreuse et plus productive des fruits de la science médicale. (*Voir aussi* SANTÉ PUBLIQUE AU QUÉBEC)

Janice Dickin McGinnis

Santé publique au Québec L'expression santé publique désigne dans un premier sens la santé de la population par opposition à la santé individuelle. C'est également ainsi que l'on nomme l'ensemble des moyens que prend une société pour prévenir la maladie et promouvoir la santé. Dans cette seconde acception, l'expression réfère aux institutions dont une société se dote pour accomplir cette mission qui a cependant été désignée différemment selon les époques. C'est ainsi qu'on est passé de l'hygiène publique au XIXᵉ et dans la première moitié du XXᵉ s., à la santé publique dans les années 50 et 60, puis à la santé communautaire dans les années 70 et 80, pour revenir enfin à la santé publique, depuis le début des années 90.

Les concepts et les pratiques de support à la santé publique ont varié dans le temps. D'une conception environnementale de l'origine des maladies infectieuses, qui prévalait au XIXᵉ s., accordant un rôle majeur à l'assainissement du milieu, à la propreté, on est passé, au tournant du XXᵉ s., à la théorie microbienne qui va favoriser le dépistage des cas. L'intérêt va se déplacer de l'environnement physique vers le bien-être de l'individu. Ce changement de conception va avoir une influence décisive sur les pratiques. C'est l'ère de la médecine préventive avec la vaccination, le dépistage et l'éducation sanitaire. La vaccination permet aux individus d'éviter la maladie et à la population, l'épidémie. Le dépistage permet le traitement précoce, l'identification des contacts et l'enquête épidémiologique pour retracer les causes et enrayer la propagation. L'hygiène du milieu devient plus spécifique en visant à protéger de la contamination l'eau de boisson et les aliments. L'éducation sanitaire a pour objectif de changer les conceptions que la population en général se fait de l'origine des maladies infectieuses et des moyens pour les combattre. On pensait à l'époque qu'il suffisait d'informer pour amener les gens à modifier leurs comportements.

Les pratiques s'organisent principalement autour de la lutte contre les maladies vénériennes, la tuberculose et les maladies du nourrisson et de l'enfance.

Alors qu'au XIXᵉ s., ce sont les municipalités qui ont la responsabilité de mettre en place les moyens de lutte contre ces maladies, à partir de la fin de ce siècle, avec la création du Conseil d'hygiène, le gouvernement du Québec se dote d'un organisme central pour orienter cette lutte et exercer une surveillance sur les municipalités. Cet organisme deviendra le Service provincial d'hygiène en 1922, puis le ministère de la Santé en 1936. À partir de 1926, devant l'évidence que les municipalités rurales et semi-rurales n'ont ni les moyens ni la volonté de mettre en place des services d'hygiène publique efficaces, on remplace graduellement ces derniers par les unités sanitaires de comté, un réseau de services de prévention moderne et efficace sous l'autorité directe du ministère. Ce réseau s'étendra progressivement à tout le territoire du Québec, à l'exception de la ville de Québec, de Montréal elle-même, et de ses municipalités voisines situées sur l'île du même nom. Ces unités sanitaires atteindront le nombre de 73 en 1960.

Conçu essentiellement pour la lutte contre les maladies infectieuses, le système d'hygiène publique aura beaucoup de mal à s'adapter au virage épidémiologique amorcé dans les années 40 au cours desquelles les maladies cardiovasculaires, les cancers et les accidents se substituent aux maladies infectieuses comme cause principale de mortalité et de morbidité.

Au Canada, durant les années 60, on prend de plus en plus de distance vis-à-vis de l'hygiène publique traditionnelle. Les thèmes comme la prévention des maladies cardiovasculaires et des cancers, la médecine globale, qui englobe la prévention et les interventions de nature curative dans une même pratique, la remise en question du système traditionnel de santé publique sont constamment évoqués. Pour bien montrer cette distanciation par rapport à la santé publique traditionnelle, l'expression «santé communautaire» se substitue à celle de «santé publique». Le concept de santé communautaire inclut, en effet, celui de médecine globale et de participation de la population locale à la gestion des centres de soins et à l'élaboration des activités de prévention et de promotion de la santé. Au Québec, avec la réforme radicale de l'organisation des services de santé et des services sociaux entreprise au début des années 70, les unités sanitaires et les services de santé municipaux existants disparaissent pour être remplacés par de nouvelles structures de santé publique; ce sont essentiellement les départements de santé communautaires (DSC) à l'échelon sous-régional et les centres locaux de services communautaires (CLSC). Les DSC ont le mandat de réaliser des études sur les besoins sanitaires de la population du territoire desservi, de faire des enquêtes sur les épidémies et prendre les actions appropriées, d'élaborer et de mettre en œuvre des programmes de prévention en collaboration avec les CLSC. Dans les faits, les départements s'intéressent de moins en moins aux maladies infectieuses et se concentrent sur des activités liées à la prévention des maladies chroniques et à la promotion de la santé.

Au nombre de 32, ils sont localisés dans autant d'hôpitaux, avec mission d'établir des liens avec les services curatifs, ce qui constitue une nouveauté par rapport à ce qui existait depuis le début du siècle, alors que les services préventifs et les services curatifs étaient séparés et avaient peu de relations les uns avec les autres.

Une des grandes lacunes dans les structures du système de santé du Québec consistait en l'absence d'établissements publics de soins de première ligne face aux cabinets et aux polycliniques privés. La création des CLSC vise à combler ce vide. Ce sont des établissements qui ont une triple mission: fournir des soins curatifs et préventifs, des services sociaux individuels et des services dits d'action communautaire. À l'origine, ils devaient être la porte d'entrée du système de santé. On en prévoyait alors 200 pour l'ensemble du territoire. Ce nombre a été réduit par la suite. À la fin du siècle, on en compte 146. Les services qu'ils fournissent comprennent: la médecine générale, la médecine du travail, les immunisations, les soins pré et postnatals, le planning familial, l'éducation sanitaire, les services sociaux généraux comme l'assistance économico-sociale, l'assistance psychosociale et les pratiques d'action préventive. S'ajoutent les programmes plus spécifiques qui font surtout appel à l'approche globale et communautaire et à la pluridisciplinarité, comme le maintien à domicile des personnes âgées, l'aide aux handicapés physiques et mentaux, la garde des enfants, l'aide aux jeunes enfants et aux adolescents sur le plan santé et réadaptation sociale. Tous ne fournissent pas chacun de ces services. L'implantation de ces programmes varie selon qu'ils se situent dans un milieu rural, urbain, résidentiel ou défavorisé et selon le nombre et le type de professionnels dont ils disposent. En général, les services sont organisés sous forme de programmes avec participation pluridisciplinaire. On cherche à aller au devant de certaines catégories de population. Le personnel professionnel est varié. Il se compose d'infirmières, de travailleurs sociaux individuels et d'autres appelés organisateurs communautaires, de médecins et autres professionnels. Depuis les années 90, plusieurs CLSC ont fusionné avec des centres hospitaliers de soins de longue durée et ont ainsi une double mission.

Ces établissements, qui ont remplacé les anciennes unités sanitaires de comté, ont constitué avec les DSC les éléments les plus originaux de la réforme des années 70.

Depuis le début des années 80, l'apparition de nouvelles maladies infectieuses, comme le sida, et le retour de certaines autres qu'on croyait maîtrisées, comme la tuberculose, ainsi que la prise de conscience des menaces que la pollution industrielle fait peser sur l'environnement et la santé, ont fait réaliser aux autorités publiques l'importance de la mission de protection de la santé publique traditionnellement à la charge des services de santé publique. C'est dans ce contexte qu'on procède, dans plusieurs pays et au Québec, à une évaluation des services de santé publique pour savoir dans quelle mesure ils sont équipés pour s'acquitter adéquatement de cette mission.

Au Québec, on se rend compte que pour assumer complètement le rôle de protection de la santé publique face aux nouvelles menaces, il faut renforcer la cohésion du réseau, revenir à une structure plus hiérarchique et avoir une réglementation plus stricte permettant d'intervenir rapidement au plus haut niveau et de mobiliser le réseau en cas de nécessité. C'est ce qui est fait par l'adoption d'une loi-cadre sur la santé et les services sociaux en 1991. La réforme de 1972 avait eu, entre autres conséquences, de provoquer un relâchement des liens entre les différents éléments du réseau de santé publique.

Pour bien marquer le virage que l'on prend et aussi pour donner suite à des pressions exercées par certaines associations professionnelles, on raie complètement l'expression santé communautaire des textes pour la remplacer par santé publique. La loi de 1991 prévoit la nomination par le ministre d'un directeur de la santé publique dans chacune des régies régionales avec un lien de subordination du niveau régional au niveau central pour la fonction de protection de la santé publique. Comparativement à d'autres provinces canadiennes et à d'autres pays comme les

États-Unis et certains États de l'Europe de l'ouest, les services de santé publique du Québec bénéficient d'un personnel nombreux et très qualifié.

Dans la tourmente de ces changements, les DSC ont disparu mais les CLSC ont été maintenus et gardent leur place dans le réseau de santé.

Georges Desrosiers

Sapin Arbre à feuilles persistantes de la classe des CONIFÈRES, du genre *Abies* et de la famille des pins (pinacées). Il existe une cinquantaine d'espèces et toutes se trouvent dans l'hémisphère Nord; le Canada compte quatre espèces indigènes. Le sapin baumier (*A. balsamea*) se rencontre de l'Alberta aux provinces atlantiques. Dans l'ouest, le sapin subalpin (*A. lasiocarpa*) pousse en hautes altitudes, de l'Alaska jusqu'au Mexique. Le sapin gracieux (*A. amabilis*) et le sapin grandissime (*A. grandis*) croissent le long de la côte de la Colombie-Britannique, et des États de Washington et de l'Oregon. Trois espèces introduites (le sapin argenté ou sapin blanc, le sapin shasta et le pinsapo ou sapin d'Espagne) sont cultivées comme PLANTES ORNEMENTALES.

Le sapin est un arbre majestueux, au tronc unique et droit, et son houppier (ou «couronne») est étroit et de forme pyramidale. Ses branches se développent par verticilles, ses feuilles sont aciculaires et aplaties et ses cônes dressés ne poussent habituellement que sur les hautes branches. La pollinisation a lieu au printemps; les graines parviennent à maturité à l'automne. Les bractées (feuilles modifiées) et les écailles (structures portant les ovules) se détachent de l'axe du cône avec les graines ailées. Son bois relativement léger, tendre et peu résistant est utilisé pour la pâte à papier et le bois de charpente.

John N. Owens

Sapir, Edward, anthropologue, linguiste et essayiste (Lauenburg, All., 26 janv. 1884—New Haven, Conn., 4 févr. 1939). Brillant anthropologue, Sapir est l'un des premiers à étudier la langue et la culture ainsi que la psychologie de la culture. Il est le premier chef de la section d'anthropologie de la COMMISSION GÉOLOGIQUE DU CANADA, qui est à l'époque le seul organisme professionnel de recherche dans le domaine de l'anthropologie au Canada (1910-1925).

Quand Sapir étudie à Columbia, sous la direction de Franz BOAS, l'anthropologie et la linguistique en sont encore à leurs débuts. Il contribuera largement, avec beaucoup de compétence et une intuition inégalée, au développement de ces deux sciences. Sapir allie une extraordinaire finesse d'analyse à une conscience de l'unité, essentielle à tous les aspects de la communication et de la culture. Il est aussi conscient de la nature fondamentale de l'homme dans laquelle tout langage et toute culture trouvent leur origine.

Pour Sapir, l'anthropologie ne décrit pas l'exotique, mais redécouvre plutôt dans un nouvel idiome la normalité et l'humanité. Dans son ouvrage, *Language* (1921; trad. *Le langage*, 1953), il présente au grand public et aux spécialistes l'étendue, la nature et les apports culturels du langage et de l'écriture. Ce livre fait encore autorité. Appelé à des fonctions universitaires à l'étranger, il quitte le Canada en 1925, mais la maladie met rapidement un terme à sa carrière et son œuvre majeure, qui devait s'intituler *The Psychology of Culture,* ne voit jamais le jour.

Sapir publie plus de 400 articles, études et poèmes, et jouit de son vivant d'une reconnaissance internationale. Il est un professeur passionnant et ses écrits ont inculqué à des générations d'universitaires l'importance de concevoir la condition humaine comme un phénomène historique global. À l'occasion du centième anniversaire de sa naissance, des textes inédits ont été publiés, dont une biographie. Aujourd'hui, Sapir est l'anthropologue que nous connaissons le plus.

R.J. Preston

Sapp, Allen, artiste peintre (réserve indienne de Red Pheasant, Sask., 2 janv. 1929). Dès l'enfance, ses activités favorites sont le dessin et le croquis. En 1960, il quitte la réserve des CRIS des Plaines et s'installe à North Battleford (Saskatchewan) afin de poursuivre une carrière d'artiste. En 1966, le docteur A.B. Gonor prend des dispositions pour qu'il devienne l'élève de Wynona Mulcaster, à Saskatoon.

Sapp est considéré à l'unanimité comme l'un des principaux peintres autochtones du Canada en raison du profond sentiment de mélancolie qui se dégage de ses premières œuvres, dans lesquelles les Cris des Plaines vaquent à leurs activités quotidiennes au cours des années 30 et 40. À ses yeux, son peuple est pauvre, mais néanmoins conscient de sa valeur. En 1987, son œuvre fait partie d'une exposition d'art autochtone au Museum of Civilization à Los Angeles et, en 1994, la Mackenzie Art Gallery à Regina lui consacre l'exposition *Kiskayetum: Allen Sapp, a Retrospective.*

John Anson Warner

Sardine Nom donné à divers petits poissons mis en conserve dans l'huile. Les vraies sardines, que l'on trouve en France, en Espagne et au Portugal, sont habituellement des jeunes sardines européennes (*Sardina pilchardus*), aussi appelées pilchards. Les sardines du Canada sont, en fait, de jeunes HARENGS.

Sarlos, Andrew, financier et «éminence grise» de Bay Street (Budapest, Hongrie, 24 nov. 1931). Emprisonné en raison de ses idées libérales alors qu'il étudie l'économie à l'U. de Budapest, Sarlos fait partie du cercle de Petöfi qui sera l'avant-garde de la révolution anti-soviétique hongroise de 1956. Il s'échappe vers l'Autriche et arrive finalement au Canada. Après avoir été reçu comptable agréé et être devenu citoyen canadien, il occupe pendant 17 ans des postes administratifs chez Bechtel Canada et Acres Ltée pour, plus tard, diriger leur groupe de banque d'affaires. Il se met à son propre compte en 1974 et devient petit à petit l'un des conseillers en placement les plus recherchés du milieu financier de Toronto, gérant un fonds de fiducie privé composé d'actifs de plus de 500 millions de dollars.

Étant l'un des quelques financiers canadiens dotés d'une impressionnante crédibilité intellectuelle et internationale, Sarlos participe à l'édition de la brochure périodique *Money Letter* et a siégé au conseil des gouverneurs de l'U. de Waterloo, ainsi qu'au conseil d'administration du Central Hospital de Toronto, de la Toronto General and Western Foundation et de l'Institut canadien des affaires internationales. Il est aussi administrateur de plusieurs sociétés, dont la Toronto Zoological Society, International Polaris et The Horsham Corp. En 1993, Sarlos publie son autobiographie, *Fireworks: The Investment of a Lifetime,* et est fait Officier de l'Ordre du Canada en 1992.

Peter C. Newman

Sarnia, ville de l'Ont.; pop. 72 738 (rec. 1996), 74 167 (rec. 1991), 72 656 (rec. 1986); superf. 163,73 km²; const. en 1914; située au confluent de la rivière St. Clair et du lac Huron, à 100 km à l'ouest de London. Un tunnel ferroviaire passant sous la rivière St. Clair, un traversier et un pont situé près de Point Edward relient Sarnia à Port Huron, au Michigan. La ville est un centre pétrochimique et le point d'arrivée de l'oléoduc de l'Alberta. Elle est administrée par un directeur municipal (fonctionnaire doté de pouvoirs administratifs) ainsi qu'un maire et des conseillers dont le mandat est de trois ans.

Histoire Selon le récit du père HENNEPIN, l'expédition de La Salle a fait halte dans les environs en 1679. Ce n'est toutefois que 120 ans plus tard que les premiers colons français arrivent. À la suite d'une entente conclue en 1827 entre les Ojibwés de la région et la Couronne britannique, des colons anglophones forment une petite communauté au lieu-dit The Rapids, qu'on nommera Port Sarnia en 1836, d'après le canton de Sarnia. Sir John Colborne aurait attribué ce nom au canton parce que ce dernier était le nom latin de Guernesey, où il avait été gouverneur

avant d'occuper ce poste au Canada. La ville adopte définitivement le nom de Sarnia lorsqu'elle est constituée en municipalité en 1857. En 1858, le chemin de fer de la GREAT WESTERN RAILWAY relie London à Sarnia, et la compagnie exploite un service de traversiers sur la rivière St. Clair. Le chemin de fer de la GRAND TRUNK RAILWAY atteint Point Edward en 1859. L'ouverture du tunnel de la St. Clair a lieu en 1891. Cet événement entraîne l'arrêt des activités des traversiers pour quelques années et le déclin de Point Edward comme centre ferroviaire.

Des opérations de raffinage de pétrole débutent à Sarnia en 1858 avec l'exploitation du premier puits de pétrole du continent à Oil Springs, à 36 km au sud-est de la ville. En 1898, la COMPAGNIE PÉTROLIÈRE IMPÉRIALE LTÉE quitte Petrolia, située à 26 km au sud-est, pour s'établir à Sarnia et y construire une raffinerie. Au cours de la Seconde Guerre mondiale, SOCIÉTÉ POLYMER, aujourd'hui Polysar, y construit une usine de caoutchouc synthétique. Dans la foulée, de nombreuses usines pétrochimiques viennent s'y établir, dont la plus récente, Petrosar, a ouvert ses portes en 1978. Avant l'arrivée de Polysar, Sarnia comptait 18 000 habitants, nombre qui va tripler au cours de la décennie suivante. En 1951, la ville annexe une partie du canton de Sarnia ainsi que toute la réserve amérindienne de St. Clair. En 1991, Sarnia fusionne avec la ville de Clearwater, ce qui augmente sa population du tiers.

Économie L'INDUSTRIE PÉTROCHIMIQUE dépend du pétrole et du gaz de l'Alberta, des gisements de sel des environs, des abondantes réserves d'eau douce et des installations portuaires des Grands Lacs. La ville produit de l'essence, des combustibles, des composants pour le plastique et le textile, du caoutchouc, des produits chimiques et des isolants. Pendant les années 70, au moment où l'industrie de la construction atteint son apogée, la population active excède les 7000 personnes. Au milieu des années 80, en partie à cause de l'effondrement des prix du pétrole qui affecte l'Ouest en entier, elle n'est plus que 2200 personnes. Sarnia est située dans un secteur agricole qui contribue à son attrait touristique.

Paysage urbain Les rives de la baie de Sarnia, un bras de la rivière St. Clair consacré jadis à l'exploitation des forêts et des puits salants, ont été modifiées en 1927 par des travaux de dragage et de remblayage aux fins de la construction de silos à grains. Les plus gros navires qui circulent sur les Grands Lacs peuvent y accoster. La plupart des édifices publics de la ville sont récents, dont la bibliothèque publique qui renferme plus de 300 œuvres d'artistes canadiens. Sarnia est la ville natale d'Alexander MACKENZIE, premier libéral à occuper le poste de premier ministre du Canada.

Jean Elford

Sarracénie Nom commun de certaines plantes carnivores vivaces adaptées aux habitats humides des marécages et des tourbières pauvres en nutriments. Elle porte des rosettes de feuilles (groupe de feuilles étalées et rapprochées en cercle) qui se modifient en organes tubulaires en forme de trompette qui retient l'eau et agit comme piège à INSECTES. La PLANTE porte une grande fleur pendante solitaire.

Distribution La sarracénie tropicale (népenthe) d'Asie et du nord de l'Australie, du genre *Nepenthes*, appartient à la famille des *Nepenthaceae*. L'attrape-mouches (ou «dionée») d'Australie (*Cephalotus follicularis*) du sud-ouest de l'Australie est la seule espèce de la famille des céphalotacées. Les espèces de l'Amérique du Nord et du Sud, au nombre de 17 seulement, appartiennent à la famille des sarracéniacées. Une grande partie des espèces de sarracénies d'Amérique du Nord se retrouvent dans l'est des États-Unis. Au Canada, on en trouve une seule espèce, la sarracénie pourpre (*Sarracenia purpurea*) qui vit dans les habitats tourbeux. Son aire de distribution va de Terre-Neuve jusqu'au nord-est de la

Colombie-Britannique et couvre des parties des Territoires du Nord-Ouest.

Sarracénie pourpre Cette plante indigène possède des feuilles de couleur verte, veinées de rouge brillant tirant sur le pourpre, formant une trompette et une fleur solitaire pendante de couleur pourpre. Les insectes attirés au bord des feuilles de couleur brillante dérapent sur sa surface cireuse et tombent dans le piège rempli d'eau de pluie renfermée dans la feuille. Des poils dirigés vers le bas empêchent les insectes de ressortir de la trompette.

Les insectes se noient dans le liquide et se décomposent sous l'action des enzymes et des micro-organismes qui vivent dans le liquide. La plante assimile les nutriments libérés par la digestion des cadavres des insectes et des micro-organismes. Bizarrement, certains insectes comme un MOUSTIQUE inoffensif du genre *Wyeomyla* et une MOUCHE du genre *Sarcophaga*, vivent une partie de leur vie dans les liquides digestifs de la trompette.

La sarracénie pourpre est l'EMBLÈME FLORAL de Terre-Neuve depuis 1954. Le nom *Sarracenia* est dédié au chirurgien, médecin et naturaliste français, Michel SARRAZIN. (*Voir aussi* PLANTES CARNIVORES.)

Erich Haber

Sarrasin (genre *Fagopyrum*) Plante annuelle à tige droite et à feuilles larges de la famille des polygonacées. Les espèces cultivées, le sarrasin commun (*F. esculentum*) et le sarrasin de Tartarie (*F. tataricum*), font l'objet de grandes cultures. Le sarrasin sauvage (*Polygonum convolvulus*) est une mauvaise herbe de parenté lointaine. Originaire d'Asie, le sarrasin a été introduit en Europe et en Amérique du Nord.

Il est fait d'une tige unique et rigide (lisse, rainurée et creuse), de plusieurs branches et d'un système de racines pivotantes peu profondes. Les feuilles, de couleur vert foncé, sont en forme de cœur. Des grappes de fleurs (habituellement blanches, parfois roses) poussent au bout des branches de la plante ou à l'aisselle des feuilles. La semence, un akène (fruit sec à une seule graine), est de forme triangulaire; sa couleur varie entre le brun, le gris et le noir.

On cultive le sarrasin surtout pour la consommation humaine (farine pour mélange à crêpes, pain et plats ethniques, céréales pour le déjeuner), mais aussi comme nourriture pour le bétail et la volaille, comme engrais vert ou encore comme plante de couverture. On en tire même du miel. Au Canada, il est surtout cultivé au Manitoba (53 p. 100) et au Québec (47 p. 100). Sa valeur économique est moins importante qu'auparavant. En 1986, sur les 38 000 t cultivées, 20 p. 100 de celles-ci ont été exportées et le reste a été consommé au Canada.

B.B. Chubey

Sarrazin, Michel, chirurgien, physicien et naturaliste (Nuits-sous-Beaune, France, 5 sept. 1659—Québec, 8 sept. 1734). Il arrive en NOUVELLE-FRANCE en 1685 et, l'année suivante, est nommé chirurgien-major dans les troupes coloniales régulières. Par la suite, il étudie la médecine en France pendant trois ans et retourne à Québec en 1697 à titre de médecin du roi.

Vivement intéressé par l'histoire naturelle à cette époque—il a été initié à la BOTANIQUE par le scientifique Joseph Pitton de Tournefort—il passe les 30 années suivantes à collecter des spécimens de plantes et de minéraux, à disséquer des animaux et à écrire sur les animaux et la nature du Canada pour Tournefort et d'autres membres de l'Académie royale des sciences de Paris.

Il devient membre correspondant de l'Académie en 1699. Il est le premier à collecter et à cataloguer les spécimens de plantes de façon systématique, et son HERBIER, qui n'a pas survécu jusqu'à nos jours, comptait peut-être jusqu'à 800 spécimens. Des copies de la plupart de ces spécimens se trouvent cependant dans diverses collections à Paris. (*Voir aussi* FLORE, PUBLICATIONS SUR LA).

Bernard Boivin

Sarsis (Tsúútínà) Bande athapascane ou DÉNÉE dont la réserve touche les limites sud-ouest de Calgary. On croit que leur nom de «Sarsi» vient d'un mot de la langue des Pieds-Noirs signifiant hardiesse et vigueur. Les Sarsis s'appellent eux-mêmes *Tsúútínà* dont la traduction littérale est «beaucoup de gens» ou «tous ceux (de la bande)». En 1877, après la signature du Traité n° 7, les Sarsis s'installent dans leur réserve actuelle de 280 km² (*voir* RÉSERVE INDIENNE).

Selon la légende, les Sarsis se sont séparés d'une bande du Nord, probablement les CASTORS, et se sont installés dans les plaines, où ils ont maintenu des contacts étroits avec les PIEDS-NOIRS, les CRIS et les STONEYS. Leur assimilation à la culture des Plaines les distingue des autres groupes dénés du Nord, mais ils ont conservé leur langue athapascane.

Lors de son expédition (1857-1860), le capitaine PALLISER estime la population des Sarsis à 1400 personnes. Les épidémies de variole (1837), de scarlatine (1864) et autres maladies, ainsi que les guerres, réduisent leur nombre à 400 ou 450 au moment où ils s'installent dans la réserve. En 1924, ils ne sont plus que 160. En 1996, le recensement compte 1225 Sarsis.

Lors de sa visite de la réserve en 1921, Diamond JENNESS constate qu'ils forment cinq bandes: Big Plumes, Crow Childs, Crow Chiefs, Old Sarcees et Many Horses. Avant d'être confinée dans la réserve, chaque BANDE, dirigée par son chef, campe dans des TIPIS et chasse à l'orée de la forêt durant l'hiver. En été, toutes les bandes se réunissent dans la prairie pour chasser le bison, cueillir des baies et s'adonner à des cérémonies, des danses et des festivals (*voir* BISON, CHASSE AU; DANSE DU SOLEIL).

Les Sarsis croient en un pouvoir surnaturel qui s'acquiert lors d'un rêve ou d'une vision et qu'ils enchâssent dans un objet de médecine (ballot en peau de castor, calumet du guérisseur) ou dans la décoration d'un tipi (*voir* BOURSES SACRÉES). Les hommes recherchent le pouvoir surnaturel pour la bravoure et les femmes pour la chasteté, deux qualités très valorisées. Les mariages sont habituellement arrangés par la famille et les cadeaux échangés dénotent le statut de la famille.

Parmi les chefs les plus connus se trouvent Bull Head, qui signe à contrecœur le Traité n° 7, et David Crowchild, un chef contemporain très en vue. Un chef élu et des conseillers gouvernent la bande. Depuis quelques années, les Sarsis prennent une part active dans des industries modernes, dans l'élevage et l'immobilier, mais ils s'efforcent de faire revivre la culture et le mode de vie traditionnels à l'aide du Programme de culture sarsie qui met en valeur l'histoire, le folklore et la langue.

La réserve compte deux écoles administrées par la bande et fréquentées par la majorité des enfants, tandis que d'autres étudient dans les écoles publiques ou séparées à Calgary. Si beaucoup d'entre eux fréquentent les églises catholique et protestante de la réserve, les Sarsis observent néanmoins les fêtes et les rituels traditionnels: au printemps, les cérémonies du ballot en peau de castor et du calumet du guérisseur; en été, la fête du déplacement de pierres, sans oublier le pow-wow de Noël. Leur célébration annuelle des Jours de festivités indiennes attire des gens de tout le continent et la participation des Sarsis est devenue une partie intégrante du STAMPEDE DE CALGARY. (*Voir aussi* AUTOCHTONES: LES PLAINES; AUTOCHTONES.)

Eung-Do Cook

Saskatchewan Seule province dont les tracés des frontières sont entièrement artificiels, la Saskatchewan est bornée au 49e parallèle par les États-Unis, au 60e parallèle par les Territoires du Nord-Ouest et par l'Alberta au 110e méridien ouest; sa frontière avec le Manitoba s'échelonne entre les longitudes 101° 30' et 102° ouest. C'est à partir de terres appartenant aux Territoires du Nord-Ouest que sont créées la Saskat-

chewan et l'Alberta. Toutes deux ont la particularité de ne pas avoir de littoral. Son nom prend un caractère officiel en 1882 lorsqu'il désigne un district des Territoires du Nord-Ouest. Il signifie dans la langue des Cris «rivière au cours rapide». Il est orthographié de diverses façons dans les anciens registres.

Lors de la formation des provinces des Prairies, la plus grande partie du vieux district de Saskatchewan est incorporée à la nouvelle province. Contrairement aux trois provinces suivantes à l'Est, le territoire de la Saskatchewan est resté inchangé depuis sa création: environ 1 225 km de long sur 630 km de large à sa frontière sud et 445 km de large à sa frontière nord. Sa superficie totale est de 652 330 km², dont 12,5 p. 100 sont des nappes d'eau douce.

Sol et ressources

Le BOUCLIER précambrien qui traverse la province en diagonale en direction sud-est, du nord du 57e parallèle au 54e parallèle environ, en couvre approximativement le tiers nord. Ce bouclier est caractérisé par un relief rocheux accidenté et de nombreux lacs. Il comprend aussi une zone sablonneuse au sud du lac Athabasca. Au sud du Bouclier, également en diagonale de l'ouest à l'est, s'étend la région communément appelée «ceinture céréalière», plane ou légèrement ondulée et au sol fertile, qui a fait de la Saskatchewan un des plus grands producteurs de blé du monde.

À la frontière ouest et dans la région sud-ouest se trouve une autre région de plaines plus, plus élevées, dont les côtes et les ondulations sont plus marquées que dans la ceinture céréalière. À cette extrémité, la Saskatchewan partage avec l'Alberta les COLLINES DE CYPRÈS, point le plus élevé du Canada entre les Rocheuses et le Labrador. Le paysage de la province présente un relief ondulé, contrairement à l'image stéréotypée de plat pays que l'on se fait habituellement des Prairies.

Géologie Il y a des millions d'années, de vastes régions de la Saskatchewan constituaient le fond d'une mer. Le paysage géologique de la province est relativement jeune; il date du quaternaire, qui remonte à environ un million d'années. Les plus anciennes formations, les précambriennes, ont précédé la mer; certains signes attestent que d'impressionnantes chaînes de montagnes se sont érodées à travers le temps pour devenir les plaines que l'on connaît maintenant. L'érosion, le magma ascendant, le flux et le reflux de la mer et de ses affluents ont contribué, au fil de l'évolution géologique, à former la ceinture céréalière, les champs de pétrole et de gaz naturel et les gisements de sel, d'argile, de charbon, de potasse et d'autres minéraux de valeur.

Au cours du quaternaire, la GLACIATION est la période qui a le plus d'influence sur le système géologique de la province. Elle polit et marque les roches de surface dans de vastes régions et laisse de riches sédiments à d'autres endroits. Les glaciers, se déplaçant en direction sud-ouest, laissent derrière eux des lacs qui ont couvert pendant un certain temps la plus grande partie de la province et ornent le paysage de drumlins, d'eskers et de moraines toujours visibles. (Les édifices du campus de l'U. de la Saskatchewan sont faits en grande partie de pierres multicolores déposées par les glaciers.) Les glaciers ont couvert toutes les régions de la Saskatchewan à un moment ou à un autre, sauf deux petites enclaves de terrain élevé, à l'extrême sud, où la faune et la flore diffèrent sensiblement de celles du reste de la province. Les derniers glaciers ont fondu il y a approximativement 16 000 à 18 000 ans au Sud et plus récemment au Nord, il y a environ 8 000 ans.

Végétation Le tiers nord de la province, à cause du climat et de la présence de sols peu développés, est généralement impropre à l'agriculture. Le sol y est couvert de marais et de tourbières, d'affleurements rocheux colonisés par des lichens et de forêts caractéristiques du Bouclier. L'altitude de la plaine céréalière décline de façon marquée de l'ouest à l'est

et du sud au nord. Les altitudes varient souvent de 600 et 900 m au-dessus du niveau de la mer à l'ouest et au sud, mais ne sont que de 150 à 300 m à l'est et au nord. Le vaste réseau fluvial se déverse donc vers la baie d'Hudson. En gros, les terres de la moitié sud de la province sont propres à l'exploitation agricole. Dans la moitié nord, le climat empêche l'utilisation des rares terres qui seraient cultivables par ailleurs. L'agriculture pratiquée dans le sud est tributaire de divers sols, surtout bruns ou noirs, dont la texture varie des sables limoneux à l'argile.

La végétation naturelle est divisée du nord au sud en six zones assez distinctes, qui traversent la province en diagonale vers le sud-est. Dans le nord, s'étend une bande de toundra forestière subarctique suivie d'une large région de forêt boréale composée de conifères; vient ensuite une bande de forêt mixte. Le nord de la ceinture agricole est une prairie à trembles, le centre, une prairie à graminées moyennes et le sud, une prairie à graminées courtes. Chacune de ces six zones correspond généralement à des sols particuliers. L'érosion du sol est un problème constant dans la province. Ce phénomène est attribué à la fois au vaste réseau fluvial et aux vents dont a tant parlé la littérature des Prairies.

Eau Un coup d'œil sur les cartes de la Saskatchewan indique que la province a de l'EAU en abondance, autant en surface que dans des nappes phréatiques situées à diverses profondeurs. L'abondance est réelle à bien des égards. Quatre importants bassins hydrographiques drainent la province, soit ceux du Mackenzie et de la rivière Churchill au nord, celui des rivières Saskatchewan et celui des rivières Qu'Appelle et Assiniboine au sud. On estime que les plus grandes nappes phréatiques pourraient fournir environ 10 p. 100 du débit annuel de la RIVIÈRE SASKATCHEWAN Sud, mais, pour parvenir aux nappes phréatiques, il faut utiliser une technologie coûteuse, les puits individuels ne produisant généralement pas beaucoup et l'eau de surface la plus accessible se trouvant surtout au nord, où l'agriculture est très peu développée.

Les besoins en eau sont grands, autant pour l'agriculture que pour le développement industriel (particulièrement pour la production de la potasse), et la province dépend fortement du débit des rivières et des précipitations, deux phénomènes non maîtrisables. Les rivières de la zone agricole sont alimentées par la fonte des neiges des Rocheuses, région où les chutes de neige sont sujettes à de grandes variations. Les précipitations dans la province sont également aléatoires. De plus, la forte évaporation vient encore en diminuer l'apport. Un trait caractéristique du paysage agricole en Saskatchewan est l'étang-réservoir, grande excavation destinée à recueillir le surplus d'eau des champs au printemps.

Les précipitations annuelles varient énormément, tant pour l'ensemble de la province elle-même que d'une zone à l'autre. Les années 30 ont connu une célèbre sécheresse généralisée qui s'est fait sentir davantage au sud que dans la prairie à trembles du nord. La moyenne annuelle de précipitations va de quelques centimètres à environ 50 cm, augmentant du sud-ouest au nord-est. L'irrigation des terres dépasse à peine le stade expérimental, bien que le relief du terrain puisse s'y prêter à maints endroits. On attendait beaucoup du très long lac Diefenbaker, créé par le barrage Gardiner sur la rivière Saskatchewan Sud, mais les progrès de l'irrigation ont été minimes.

Climat Le climat de la Saskatchewan varie d'un extrême à l'autre au cours d'une année. La province compte trois principales zones climatiques, correspondant à peu près aux grandes zones de végétation: les régions enneigées et froides du nord, où les étés sont brefs, les régions plus tempérées de la ceinture céréalière et les steppes semi-arides du sud-ouest. Des températures de -50 °C en janvier et au-dessus de 40 °C en juillet ont été enregistrées. On a vu également la température monter bien au-dessus du point de congélation en janvier et descendre bien au-dessous de zéro en juillet. Le nombre de jours sans gel peut varier de 60 à plus de 100 par année.

Dans les régions fertiles, les dernières gelées printanières arrivent habituellement au début juin, et il gèle de nouveau au début septembre. La production agricole de la Saskatchewan doit composer avec une saison de croissance très courte, les céréales étant très sensibles à la gelée, depuis la germination jusqu'à la moisson. Cependant, le nombre des journées sans gel est un indicateur inexact de la durée de la saison de croissance, puisque la latitude nordique apporte des journées d'été très longues, le soleil se levant très tôt pour se coucher très tard, soit avant 5 h le matin et après 21 h 30 le soir, dans la ceinture céréalière. Par contre, pour la même raison, les journées d'hiver sont courtes; le 21 décembre, le soleil se lève après 9 h et se couche à 17 h. L'hiver donne lieu à de fréquents blizzards. En été, des orages, et parfois des tornades, surviennent dans la moitié sud.

Le climat de la province, dit-on, favorise une vie communautaire et coopérative intense, les longs hivers obligeant les gens à trouver un dérivatif en organisant des activités sociales. Au nombre des «produits de l'hiver» exportés par la province se trouvent un grand nombre de hockeyeurs de talent.

Ressources Le sol et l'eau constituent les ressources fondamentales de toute région fortement agricole, mais, depuis quelques décennies, on a fait d'importantes découvertes qui ont permis de tirer du sol des ressources non agricoles, dont les plus remarquables sont les minéraux. Au milieu des années 90, la Saskatchewan se classe troisième au Canada pour la production minérale même si les ressources en métaux, abondantes ailleurs au Canada, sont plutôt négligeables dans la province. Les gisements de POTASSE et d'URANIUM sont d'une richesse immense, mais leur utilisation dépend de facteurs qui dépassent la compétence provinciale. La Saskatchewan possède aussi des combustibles fossiles, dont une partie peut être raffinée et consommée dans la province ainsi que les plus importantes ressources de potasse du Canada. Elle se situe au deuxième rang pour ses ressources en uranium et en pétrole. On y trouve d'importants gisements de combustibles, notamment de gaz naturel ainsi que des dépôts argileux.

Les ressources forestières sont réduites par la nature du sol et du climat. Pourtant, près des trois quarts du territoire sont boisés et près de la moitié des peuplements forestiers exploités. La province se situe neuvième au pays pour ses ressources forestières, qui comprennent plus de conifères que de feuillus. Durant les années de sécheresse, les incendies occasionnent d'importantes pertes, non seulement en bois de pâte et en bois d'œuvre, mais aussi en habitats fauniques qui soutiennent de diverses façons la pêche sportive, la pêche commerciale, le piégeage et la chasse, activités qui sont essentielles pour les peuples autochtones du Nord.

La plupart des mammifères de la Saskatchewan sont les mêmes qu'ailleurs au Canada, mais deux des plus gros qui habitent l'Ouest se font rarement voir: le COUGUAR est encore observé à l'occasion et le GRIZZLI a presque complètement disparu. Située sur la voie migratoire des oiseaux chanteurs et de la sauvagine, la province compte aussi à profusion des insectes qui sont tantôt nuisibles, tantôt utiles à l'agriculture. C'est surtout la faune qui attire chasseurs et pêcheurs, et la province se classe quatrième pour la valeur de ses pelleteries. La pêche commerciale en eau douce, malgré son apport précieux à cer-tains endroits, compte parmi les plus réduites au Canada.

Conservation Depuis des décennies, on estime en Saskatchewan que le principe de la CONSERVA-TION s'applique autant aux personnes qu'aux ressources naturelles, le gouvernement provincial ayant été le premier à instaurer un régime public d'assurance-maladie, une législation du travail progressiste et la protection des droits civils. L'activité humaine a donné lieu à des mesures accrues de conservation d'éléments essentiels tels que l'eau. La province est la principale bénéficiaire d'une importante loi fédérale, la *Loi sur le rétablissement agricole des Prairies* (*voir* ADMINISTRATION DU RÉTABLISSE-MENT AGRICOLE DES PRAIRIES). Depuis 1935, cette loi, parfois modifiée, facilite l'aménagement des terres agricoles grâce à la construction de barrages et d'étangs-réservoirs. La nécessité de la conservation de l'eau dans les Prairies est pratiquement incontestable, et les politiques provinciales en ce sens renforcent la politique fédérale.

La conservation de la plupart des autres ressources naturelles est plus controversée. P. ex., les chasseurs de sauvagine seront peut-être prêts à accepter des limites de prises afin que la chasse puisse se poursuivre. Cependant, pour certains agriculteurs, les grandes populations d'oiseaux peuvent occasionner la destruction d'importantes quantités de céréales chaque automne. L'usage des pesticides et herbicides nécessaires à la culture des céréales est officiellement encouragé, mais on retrouve parfois ces substances chimiques en quantité inquiétante dans la nourriture humaine et animale.

On a montré qu'une des habitudes de conservation les plus traditionnelles des Prairies, qui consiste à laisser les terres arables en jachère afin de réduire les mauvaises herbes et de conserver l'humidité, engendre à bien des égards plus de pertes qu'une culture ininterrompue. Malgré les inévitables tensions générées par la technologie moderne, la Saskatchewan a instauré des programmes d'envergure pour préserver son environnement: tours de guet et patrouilles aériennes dans le Nord, réglementation des prises d'animaux sauvages sur tout le territoire, réserves fauniques, stations piscicoles et refuges d'oiseaux font maintenant partie de la vie en Saskatchewan.

Population

On trouve dans la province des vestiges de peuples autochtones qui l'ont habitée au moins 10 000 ans av. J.-C. À l'affût des troupeaux migrateurs de bisons, ils ont laissé derrière eux des pointes de flèches et des cendres. Les premiers explorateurs européens, à la recherche des routes des fourrures, viennent vers la fin du XVIIᵉ s. Au XIXᵉ s., des voyageurs se joignent à eux dans un but plus scientifique et accumulent des connaissances sur la région. À la plupart des endroits, la colonisation est précédée par la venue, en 1873, de la Police montée du Nord-Ouest. Par la suite, les «homesteaders» arrivent en grand nombre, attirés par la quasi-gratuité des terres.

Le recensement de 1881 dénombre 19 114 habitants; en 1911, la population se chiffre à 492 432, et elle est de 921 785 en 1931. Après cette date, la population de la Saskatchewan connaît une stagnation et même un déclin considérable; la Seconde Guerre mondiale, qui attire les gens dans les Forces armées et les usines d'autres provinces, est l'une des causes de cette chute. Après 1961 la population oscille entre 920 000 et 955 000; le recensement de 1981 dénombre 968 313 habitants, un nouveau sommet; en 1986, la population atteint 1 009 613 habitants. En 1991, toutefois, on n'en compte plus que 988 928. En 1996, on estime la population à 1 016 000 habitants.

Les premiers immigrants s'établissent évidemment dans les régions agricoles et, encore aujourd'hui, la population est surtout concentrée dans la moitié sud de la province. Villes et villages ont tou-

Mandat	Premier ministre	Parti
1905-16	PT. Walter SCOTT	Libéral
1916-22	William M. MARTIN	Libéral
1922-26	Charles A. Dunning	Libéral
1926-29	James G. GARDINER	Libéral
1929-34	James ANDERSON	Conservateur
1934-35	James G. GARDINER	Libéral
1935-44	William J. PATTERSON	Libéral
1944-61	Thomas C. DOUGLAS	CCF
1961-64	Woodrow S. LLOYD	NPD
1964-71	W. Ross THATCHER	Libéral
1971-82	Allan E. BLAKENEY	NPD
1982-91	D. Grant DEVINE	Conservateur
1991-	Roy ROMANOW	NPD

PREMIERS MINISTRES DE LA SASKATCHEWAN

CCF = Co-operative Commonwealth Federation
NPD = Nouveau Parti démocratique

jours fourni aux agriculteurs l'équipement agricole nécessaire et les services connexes, mais le développement de la production dans d'autres secteurs a causé une diminution progressive de la population rurale au profit des zones urbaines.

Centres urbains Il n'y a pas de métropole en Saskatchewan, mais la population urbaine, autrefois négligeable, constitue 63 p. 100 de la population en 1981, alors que la population rurale autrefois dominante est passée à moins de 40 p. 100. Malgré tout, deux villes seulement sont de taille moyenne: SASKATOON (210 023 hab. dans la RMR en 1991) et REGINA (191 692 dans la RMR), suivies loin derrière par PRINCE ALBERT (33 686), MOOSE JAW (33 593), YORKTON (15 315), North Battleford (14 876) et SWIFT CURRENT (14 815).

Les villes sont reliées par un réseau de routes est-ouest et nord-sud. Elles constituent pour les régions rurales qui les entourent des centres de commerce et de transport. Regina et Saskatoon sont respectivement les «capitales» économiques du Sud et du Nord, où les marchands de gros fournissent aux détaillants des environs tous les produits nécessaires aux consommateurs de la fin du XX° siècle.

Prince Albert, la ville la plus septentrionale, est particulièrement importante en tant que «porte du Nord», donnant accès aux régions forestières et aux zones de loisir. Malgré sa forte population urbaine, la Saskatchewan, avec ses grands espaces découverts et ses SILOS ÉLÉVATEURS qui donnent un caractère particulier à ses villes et villages, continue d'offrir l'image d'une province à prédominance agricole.

Population active La population active de la Saskatchewan a naturellement évolué en fonction de l'économie provinciale. Les travailleurs des villes remplacent progressivement les agriculteurs et leurs engagés. Les premières organisations syndicales voient le jour vers le tournant du XX° s. à Moose Jaw et à Regina, particulièrement parmi les ouvriers qualifiés des imprimeries et des chemins de fer, mais le genre de développement économique ne favorise pas la mise sur pied de syndicats très influents comme dans les régions très industrialisées.

Les plus importants syndicats ne sont pas composés de métallurgistes ni d'ouvriers de l'automobile, mais d'enseignants et de fonctionnaires. On trouve cependant des syndicats dans les secteurs de la vente au détail et en gros, de même que chez les travailleurs du pétrole et de la potasse. Les gouvernements provinciaux formés par les partis CCF et NPD ont été réputés pour leur bienveillance particulière envers les syndicats.

La CRISE DES ANNÉES 30 et la sécheresse de cette époque ont fait plus de ravages en Saskatchewan qu'ailleurs, mais les technologies développées au cours des dernières décennies ont créé de meilleures possibilités d'emplois rémunérateurs. Depuis 1977, à l'inverse de la situation des années 30, le taux de chômage de la province est l'un des plus bas du Canada; quelle qu'en soit la raison, la migration des travailleurs vers d'autres provinces explique en partie cette situation. En 1995, le taux de chômage se situe à 6,9 p. 100 comparativement au taux national de 9,5 p. 100. La Saskatchewan est deuxième au pays pour la proportion de femmes mariées qui font partie de la population active (64,4 p. 100); en Alberta, on en compte 67,9 p. 100. Au niveau national, le taux est de 61,4 p. 100 en 1995.

Langue et groupes ethniques En Saskatchewan, 94,2 p. 100 des personnes interrogées sur la langue officielle qu'elles parlent, se déclarent de langue anglaise seulement; 5,2 p. 100 parlent le français et l'anglais. Les mêmes personnes présentent toutefois une grande variété quant à la langue maternelle et à la principale langue parlée à la maison. Au début des années 90, plus de 12,5 p. 100 n'ont ni l'anglais ni le français comme langue maternelle.

La situation est très différente de celle des débuts. Lorsque la grande vague de colonisation a commencé, les francophones étaient légèrement plus nom-

breux que les habitants d'origine britannique, mais les deux groupes réunis totalisaient moins de 11 p. 100 de la population, dont le reste était presque entièrement composé d'autochtones. Les vagues d'immigration subséquentes ont amené peu de francophones (émigrer du Québec vers l'Ouest est considéré comme une forme d'exil par des membres influents du clergé). Ce sont surtout des Britanniques et d'autres Européens, dont les descendants après une ou deux générations ont adopté l'anglais, qui se sont installés. En 1991, les gens d'origine française constituaient à peine 3 p. 100 de la population, derrière les Britanniques (16,5 p. 100), les Allemands et les Autrichiens (12,7 p. 100), les autochtones (6,8 p. 100), les Ukrainiens (5,7 p. 100), les Canadiens (3 p. 100) et les Scandinaves (2,4 p. 100). Un nombre assez important d'Asiatiques sont arrivés en Saskatchewan dans les années 70 et 80.

La proportion respective des anglophones et des francophones a eu d'importantes conséquences sur la politique provinciale d'enseignement des langues. La prédominance de l'anglais en fait la langue d'enseignement incontestée, et les gens qui souhaitent l'enseignement d'autres langues ou un programme d'éducation en d'autres langues font toujours face à de très grands obstacles.

L'usage du français, pendant un certain temps, est limité à l'enseignement primaire. En 1931, il est même défendu de l'enseigner. Les autres langues ne connaissent pas un meilleur sort. Au cours des années 60, toutefois, la province commence à avoir une attitude plus souple à l'égard de l'enseignement du français, et certaines écoles publiques commencent à offrir le programme régulier en français.

Religion La religion en Saskatchewan est depuis toujours liée à la langue et au groupe ethnique. Les arrivants se sont naturellement regroupés dans des localités où ils espéraient pouvoir pratiquer leur religion et, si possible, faire instruire leurs enfants dans leur langue. La plus importante confession protestante de la Saskatchewan actuelle est l'Église unie (22,8 p. 100 de la population en 1991), qui est toutefois précédée par l'Église catholique romaine (30,4 p. 100).

Les luthériens (8,4 p. 100) et les anglicans (7,2 p. 100) sont beaucoup moins nombreux; viennent ensuite les mennonites, les catholiques ukrainiens, les baptistes, les orthodoxes grecs et les presbytériens, qui représentent moins de 3 p. 100 chacun. L'arrivée de la télévision a permis à de nombreuses confessions fondamentalistes de se faire connaître à la population, et celles-ci semblent connaître la plus forte croissance depuis les années 80.

Les groupes religieux ont toujours joué un rôle social dans l'histoire de la Saskatchewan en se prononçant sur des questions aussi diverses que la prohibition, l'immigration, l'éducation et la langue d'enseignement. Le contexte religieux explique la division du système public d'éducation en un réseau protestant et un réseau catholique. Au cours des années 20, le KU KLUX KLAN provoque un affrontement particulièrement féroce en lançant un mouvement (visant principalement les catholiques) qui s'attaque aux symboles religieux dans les écoles. Le Parti conservateur passe alors pour avoir l'appui du Ku Klux Klan, et certains électeurs catholiques sont donc considérés par la suite comme favorables aux partis adverses. En 1982, pourtant, le Parti conservateur est dirigé par un catholique et remporte une éclatante victoire.

Économie

Depuis le début de la colonisation, l'économie de la Saskatchewan dépend fortement de facteurs sur lesquels la province n'a pas de prise. Les premiers habitants, nomades et chasseurs, tiraient leur subsistance des espèces animales indigènes. Les premiers colons, lorsque les conditions météorologiques étaient favorables, produisaient beaucoup plus de céréales, surtout du blé, qu'ils n'en pouvaient

consommer. Depuis l'entrée de la province dans la vie moderne, les surplus de produits de base, souvent non transformés, sont exportés sur les marchés partout dans le monde.

Souvent, la province a peu de pouvoir sur le transport et le financement de ses propres produits. Cette situation n'a pas changé depuis que le gaz naturel, le pétrole et la potasse se sont ajoutés au blé. Par contre, une grande partie des biens de consommation, des aliments en conserves aux automobiles et à l'équipement agricole, viennent de l'extérieur. Parmi la population, certains ont le sentiment persistant que l'économie est victime de pressions extérieures parfois considérables.

Ce sentiment explique en partie le succès remarquable du MOUVEMENT COOPÉRATIF en Saskatchewan, qui permet aux gens de se regrouper pour répondre à de nombreux besoins économiques. La province compte près de 20 p. 100 des associations coopératives du Canada, et les membres des coopératives forment plus de la moitié de la population. Il y a des coopératives dans presque tous les secteurs de la vente au détail et de la distribution ainsi que dans plusieurs industries de service. En 1991, 52 p. 100 de la population sont membres des 1313 associations dont l'actif total dépasse 58 milliards de dollars.

Agriculture Plus de la moitié de la production de la Saskatchewan vient d'autres secteurs que l'agriculture, mais celle-ci demeure la principale industrie. Les premiers colons créent une économie presque exclusivement agricole. L'année de la fondation de la province, on sème près de 460 000 ha de blé et on en récolte 26 millions de boisseaux. Malgré les revers occasionnés par la Crise des années 30, la sécheresse qui réduit la production agricole et la Seconde Guerre mondiale qui entraîne la quasi-disparition de certains marchés d'outre-mer, le nombre d'hectares de blé augmente régulièrement au cours de l'histoire. Aujourd'hui, plus de huit millions d'hectares sont en culture.

La Saskatchewan est de loin le plus important producteur de blé du Canada et l'un des plus importants du monde: en 1995, la récolte se chiffre à 12 850 t (plus du double de l'ensemble des autres provinces). Elle est aussi le premier producteur de canola (2 650 t en 1995) et de seigle (140 t) et est toujours l'un des grands producteurs d'avoine (1 050 t), d'orge (4 325 t), de lin (650 t) ainsi que de cultures fourragères, produits dont la quantité est difficile à mesurer parce qu'ils n'atteignent pas tous le marché.

L'industrie du bétail ne peut se comparer à la production céréalière, mais elle est toujours un élément important dans une économie agricole. Le nombre de fermes qui déclarent des ventes importantes de bovins et de porcs est environ le cinquième du nombre de fermes qui déclarent des ventes importantes de blé.

Comme toutes les économies agricoles modernes, celle de la Saskatchewan voit les fermes qui subsistent diminuer en nombre mais augmenter en superficie. La proportion de petites et de moyennes exploitations agricoles est la plus basse au Canada. Cependant, environ 30 000 fermes ont un chiffre d'affaires de 25 000 $ ou plus par année. Bien que leur nombre diminue, ces exploitations agricoles demeurent l'un des plus importants marchés pour les machines et véhicules agricoles, et le revenu agricole global demeure le plus important au Canada. En 1995, les recettes monétaires sont évaluées à plus de 5,2 milliards de dollars.

Industrie La Saskatchewan ne constitue pas un centre manufacturier dans le sens traditionnel; elle se classe normalement huitième ou neuvième pour la valeur des expéditions manufacturières, dont la valeur en 1992 se chiffrait à 3,53 milliards de dollars. En 1991, la province compte 700 établissements manufacturiers, dont la plupart emploient moins de 100 travailleurs. La majeure partie de la production manufacturière est exportée dans les autres provinces canadiennes.

L'économie industrielle de la province est toujours désavantagée par la petitesse du marché intérieur. La production de la Saskatchewan est énorme dans les secteurs où la province s'est spécialisée. Le marché interne de la province, à bien des égards, est servi de façon plus économique par les importations. Bon nombre de tentatives ont été faites pour établir d'importantes industries (Regina a obtenu une usine d'assemblage de voitures en 1928), mais la province n'avait ni la situation géographique ni le genre de ressources qu'il fallait pour bénéficier du gigantesque essor industriel qui a marqué la Seconde Guerre mondiale. Depuis les années 80, la production dans les domaines autres que l'agriculture est plus variée et plus importante que jamais, mais la Saskatchewan est encore loin de rivaliser avec le centre du Canada sur le plan industriel.

Mines Le développement minier, depuis les années 50, est presque aussi spectaculaire, quoique moins visible, que l'essor de l'agriculture une cinquantaine d'années plus tôt. En 1950, la production minérale atteignait à peine 34 millions de dollars; près de 80 p. 100 de cette valeur provenait des métaux, le cuivre et le zinc principalement, et 15 p. 100, des combustibles, le charbon surtout, le sulfate de sodium constituant la majeure partie du reste. Alors qu'en 1950 les trois grands secteurs du pétrole, de la potasse et de l'uranium étaient négligeables, dans les années 80, l'industrie minérale n'était devancée que par l'agriculture parmi les secteurs de production de la province.

Le pétrole brut constituait 3,3 p. 100 de la production minérale en 1950, mais cette proportion a atteint 45 p. 100 en 1993. En 1994, la province a exporté 5 millions de m³ de pétrole brut au Canada et 12,2 millions de m³ aux États-Unis.

La potasse, inexploitée en 1950, représentait en 1992 environ 25 p. 100 de la production minérale de la province, soit 800 millions de dollars; 95 p. 100 de la potasse produite dans la province est exportée, surtout aux États-Unis, qui importent environ le tiers de la production totale. L'uranium n'était pas exploité non plus en 1950. Dans les années 80, une importante mine avait déjà cessé d'être exploitable économiquement; cependant, il reste ailleurs des gisements d'une richesse remarquable. En 1993, l'uranium constituait 12 p. 100 de la production minérale totale, soit une valeur de 375 millions de dollars (10 millions de kilogrammes de métal).

Un facteur pertinent réduit l'impact de cette croissance: en ce qui a trait au capital investi et à la production brute, aucune des trois grandes exploitations minières des Prairies n'emploie beaucoup de main-d'œuvre.

Foresterie Sans être l'un des secteurs les plus importants de la Saskatchewan, l'industrie forestière constitue un apport précieux dans les régions où elle fonctionne. À ses débuts, le développement rapide des Prairies nécessitait beaucoup de matériaux de construction, non seulement pour les bâtiments de ferme, mais aussi pour les voies de chemins de fer et les lignes télégraphiques. Plus la colonisation s'approchait de la forêt boréale, plus il était facile de trouver du bois sur place. Le bois de pulpe, pour lequel on utilise de plus petits arbres que pour le bois d'œuvre, était déjà exploité pour l'exportation dans les années 20, mais la première usine de pâte n'a été construite que dans les années 60, non sans une aide gouvernementale considérable.

La ressource est transformée en bois d'œuvre, en panneaux de particules et en contreplaqué, en poteaux, en piquets de clôtures et en pâte, mais la valeur totale ne représente qu'une petite partie de l'économie provinciale. En 1990, les exportations de bois de charpente de la Saskatchewan, se chiffrant à 42 millions de dollars, représentaient à peine 3 p. 100 des exportations céréalières et 7 p. 100 des exportations de potasse. On ne compte dans l'in-dustrie forestière que 155 établissements et moins de 500 employés. L'industrie, cependant, est suffisamment active pour amener les dirigeants amérindiens à déplorer fréquemment ses effets préjudiciables sur les habitats fauniques.

Pêche L'apport économique de la pêche est beaucoup moindre que celui des forêts. La pêche, dont la production annuelle varie de trois à quatre millions de dollars, occupe à peu près le même rang que le piégeage et l'élevage des animaux à fourrure. On pêche principalement le doré, le grand corégone, la truite de lac et le brochet. Les trois quarts de la pêche commerciale se pratiquent dans le Nord, tandis que, dans la ceinture céréalière, il n'est pas rare de voir des étangs-réservoirs à truite arc-en-ciel, car plusieurs centaines de fermiers s'adonnent chaque année à l'élevage du poisson pour leur propre usage dans leurs lacs artificiels, pour lesquels ils détiennent un permis. L'industrie touristique tire un profit appréciable, mais impossible à chiffrer, des abondantes populations de poissons et de gibier. De 5 à 10 p. 100 des permis de pêche sportive et de chasse sont délivrés chaque année aux touristes, venus surtout des États américains voisins.

Finance Les activités minières et agricoles requièrent toutes deux d'importants capitaux, et il a toujours fallu ajouter à ceux qui pouvaient être trouvés dans la province d'importantes entrées de fonds obtenues des grands centres financiers. La Saskatchewan ne dispose d'aucun siège social de banques ou de sociétés de fiducie importantes, et le gouvernement provincial obtient couramment des emprunts des marchés monétaires américains. La dette nette de la province s'élevait encore à 14 milliards de dollars en mars 1995 (diminution; 18 milliards en 1993), et le passif total était du même ordre.

En 1985, la province ne compte qu'environ 380 succursales de banques à charte. On en trouve généralement une dans chaque village desservant une zone agricole. L'opinion traditionnelle des gens de la province veut que les banques exploitent leur clientèle autant qu'elles la servent. Cette mentalité, ajoutée à la confiance des gens dans les entreprises coopératives, a amené la création d'un vaste réseau de coopératives de crédit qui sont, en pratique, des banques appartenant à leur clientèle locale. En 1992, ces coopératives de crédit autorisées étaient au nombre de 280, comptaient 566 867 membres (près de la moitié de la population) et avaient un actif de 4,25 milliards de dollars.

Le gouvernement provincial a innové en se dotant de ses propres institutions financières lorsqu'il a adopté en 1944 la *Saskatchewan Government Insurance Act*. Le Saskatchewan Government Insurance Office (SGI), créé en 1945, offre une gamme d'assurances de biens et de risques divers et s'occupe particulièrement de l'assurance automobile, domaine dans lequel la Saskatchewan a fait œuvre de pionnier en mettant en place en 1944 l'*Automobile Insurance Act*, la première loi du genre en Amérique du Nord. Aujourd'hui, le SGI compte deux entités, le fonds de garantie automobile et SGI Canada, qui sont respectivement une caisse d'économie et une marque de commerce déposée utilisée pour la mise en marché des assurances générales du SGI.

Transport La Saskatchewan est défavorisée dans le domaine du transport en raison des grandes distances qui la séparent des marchés où elle expédie ses produits. C'est le transport aérien qui lui occasionne en général le moins de difficultés, car la province est desservie par un réseau de grandes et petites lignes dont aucune n'a à transporter les marchandises les plus volumineuses. Certaines localités du nord de la province ne sont accessibles que par la voie des airs, et le temps imprévisible constitue le plus grave problème.

Quant au transport terrestre, les distances à parcourir sont longues, il n'y a pas de voies navigables et les grandes quantités de blé et de potasse qu'il faut transporter font des routes et des chemins de fer des voies de communication d'une importance primordiale. La potasse peut être acheminée directement des mines aux voies ferrées, mais les céréales doivent être transportées par camion de chaque ferme au silo élévateur d'où elles sont expédiées par train. Les voies ferrées principales (plus de 3700 km) forment plus de 11 p. 100 du réseau ferroviaire canadien.

Le réseau des routes provinciales de la Saskatchewan est le plus important du pays par habitant; si l'on ajoute les voies de compétence municipale, y compris beaucoup de chemins ruraux dont les fermes ont absolument besoin, cela fait un réseau routier de plus de 200 000 km, le plus long en valeur absolue au Canada. Les chemins de fer sont de compétence fédérale, mais les routes et les autoroutes sont provinciales. Les transports sont un poste important de chaque budget provincial, se classant tout de suite après la santé et l'éducation: en 1995, le total des dépenses provinciales et municipales pour les routes a dépassé 230 millions de dollars.

La Saskatchewan est quelquefois aux prises avec un problème particulier qui relève du transport ferroviaire: les arrêts de travail qui touchent d'autres maillons du réseau de manutention et de transport des céréales. Ce problème, déjà assez irritant en soi, a le malheur d'échapper totalement à l'influence de la province. Les fermiers de la Saskatchewan savent qu'ils n'ont aucun accès à la mer et que l'un des risques de leur métier consiste à voir parfois leurs céréales immobilisées dans des ports lointains en raison de conflits de travail.

Énergie La Saskatchewan est riche en ressources énergétiques réelles et potentielles et, à l'exception de l'électricité, elle en fait l'exportation. La Saskatchewan Power Corporation, établie en 1949, remplace une commission provinciale fondée 20 ans auparavant. La province produit beaucoup d'électricité par des moyens conventionnels, sans recourir aux techniques nucléaires, et n'en fait ni l'importation ni l'exportation en grande quantité.

Dans la province, la société d'État détient le monopole de la production d'électricité et de la distribution du gaz naturel. Les fermes, les maisons familiales et les mines sont desservies à des tarifs qui se comparent avantageusement avec ceux d'ailleurs. La puissance génératrice installée de la province était de 3 079 MW en 1994, soit environ 2,7 p. 100 de l'énergie électrique du Canada. En 1993, près de 27 p. 100 de l'électricité était produite par des centrales hydroélectriques et acheminée à partir du nord par de longues lignes de pylônes de transmission bien visibles dans le paysage. Les centrales thermiques sont généralement alimentées au charbon. Elles produisent près de 70 p. 100 de l'électricité de la province. Le pétrole est très peu utilisé pour la production d'électricité, mais beaucoup de maisons sont encore chauffées au mazout, surtout en milieu rural. Dans les villes, les maisons sont souvent chauffées au gaz naturel. Elles sont alors branchées au réseau de la Saskatchewan Energy Corporation (1989).

Gouvernement et politique

Le gouvernement de la Saskatchewan ressemble à celui des autres provinces. L'organe exécutif comprend le lieutenant-gouverneur et un conseil exécutif appelé Cabinet. Celui-ci, au nom de la Couronne, exerce les pouvoirs gouvernementaux effectifs avec l'aide de services publics comprenant des ministères et des sociétés d'État. L'assemblée est unicamérale, et ses parlementaires représentent 66 circonscriptions uninominales. Le Cabinet doit avoir l'appui de la majorité à l'assemblée législative pour se maintenir au pouvoir.

Le chef de la majorité est premier ministre, et chacun de ses collègues du Cabinet est le ministre responsable d'un portefeuille. Le leader de l'opposition reçoit le même traitement que les ministres. Le système judiciaire obéit à la hiérarchie habituelle: Cour d'appel, Cour du banc de la reine, puis Cours provinciales (anciennement Cours des magistrats). Les juges sont nommés par le gouvernement fédéral, sauf ceux des Cours provinciales.

Une forte tradition parlementaire prévaut en Saskatchewan. Parmi les provinces de l'Ouest, elle est la seule à n'avoir jamais appuyé une coalition gouvernementale pendant une longue période et à ne jamais avoir eu d'assemblée dont l'opposition est pratiquement absente. Lors de l'unique gouvernement de coalition que la province ait connu, appelé «gouvernement coopératif» (1929-1934), le parti le plus nombreux a formé l'opposition. De 1905, lorsque l'Assemblée comptait 25 parlementaires dont trois représentaient des circonscriptions urbaines, jusqu'à nos jours, où il y a encore une minorité de circonscriptions urbaines, l'opposition, même si elle a parfois été faible numériquement parlant, a toujours été vigoureuse.

Une autre grande tradition de la Saskatchewan est un certain chevauchement des secteurs public et privé. Tous les partis qui ont successivement formé le gouvernement ont encouragé les gens à former des coopératives qui font concurrence au secteur privé et n'ont pas hésité à devenir eux-mêmes entrepreneurs en créant notamment un réseau téléphonique, une société d'énergie électrique et, plus récemment, une société d'énergie. (*Voir aussi* PREMIERS MINISTRES DE LA SASKATCHEWAN: TABLE.)

Administrations locales La Saskatchewan a mis sur pied son propre système municipal dans lequel les cantons et les comtés ne constituent pas des entités décisionnaires, quoiqu'une zone délimitée puisse être appelée canton. On trouve des municipalités urbaines et des municipalités rurales qui englobent de grandes villes, de petites villes et des villages. Les municipalités rurales ont été créées à l'origine en raison d'une politique provinciale plutôt que de la demande locale. Les régions du Nord qui ne sont pas administrées par des villes et des hameaux obtiennent des services municipaux dans le cadre d'initiatives provinciales.

Les administrations municipales offrent les services habituels: entretien des rues, police, aqueduc, élimination des eaux usées et hôpitaux dans les zones urbaines; routes, aide relative aux problèmes de drainage et destruction des mauvaises herbes dans les zones rurales. Elles perçoivent également des impôts, souvent de mauvais gré, pour le compte d'autres entités locales ayant le pouvoir de dépenser, dont les plus importantes sont les districts scolaires. La Saskatchewan Urban Municipalities Association et la Saskatchewan Association of Rural Municipalities sont des forces politiques respectées.

Représentation fédérale La Saskatchewan n'a jamais eu une nombreuse députation au Parlement fédéral, mais, parmi ceux qui l'y ont représentée, plusieurs se sont signalés par leurs prises de position énergiques. Au moins un membre de la députation de la Saskatchewan fait généralement partie du Cabinet fédéral. Deux premiers ministres du Canada, King et Diefenbaker, ont représenté des circonscriptions de la Saskatchewan pendant de longues périodes. Le ministre fédéral James GARDINER a détenu un seul portefeuille (Agriculture) de façon ininterrompue pendant la plus longue période jamais vue au Canada.

En 1905, la province comptait quatre sénateurs; leur nombre a été porté à six en 1915 et n'a jamais varié depuis. La députation de la Saskatchewan aux Communes n'a jamais dépassé 8,6 p. 100 du nombre total de parlementaires (de 1925 à 1935, période pendant laquelle elle comptait 21 députés) et elle est maintenant fixée à 14, à moins d'un amendement constitutionnel, alors que la Chambre voit le nombre de ses parlementaires augmenter après chaque recensement décennal. À une occasion (en 1952) où les règles régissant la répartition des sièges entre les provinces aurait ramené de 20 à 15 le nombre de députés de la Saskatchewan, un changement est apporté pour que ce nombre ne soit ramené qu'à 17. L'influence des représentants de la province

au Parlement est depuis toujours liée à leur qualité plutôt qu'à leur nombre.

Finances publiques Les dépenses gouvernementales, comme partout ailleurs, ont augmenté rapidement après la Seconde Guerre mondiale. En 1981, pour la première fois, elles ont dépassé deux milliards de dollars. Les principales sources d'imposition en 1995 sont l'impôt sur le revenu des particuliers (20 p. 100 des recettes budgétaires du fonds consolidé), la taxe de vente (15 p. 100), la taxe sur l'essence (1 p. 100) et l'impôt sur le revenu des corporations (4 p. 100).

L'apport du Saskatchewan Heritage Fund se chiffre à 25 p. 100, et les sommes reçues d'autres gouvernements, de provenance presque exclusivement fédérale, constituent 30 p. 100 des recettes. Le Heritage Fund, institué dans les années 70, tire ses recettes des ressources non renouvelables. En 1995, 81 p. 100 de ces recettes provenaient du pétrole et 8 p. 100, de la potasse et de l'uranium. Les recettes provinciales de toute provenance se sont chiffrées à 5,1 milliards de dollars pour la même année. Les principaux postes de dépenses ont été la santé publique (30 p. 100 du total), l'éducation (18 p. 100), les services sociaux (10 p. 100) et le service de la dette (16 p. 100).

Santé Des programmes de santé publique existent déjà en 1905 lorsque la Saskatchewan est érigée en province, mais les soins de santé sont considérablement élargis par la suite, de façon très innovatrice. Le régime de services hospitaliers, mis en place en 1947, établit l'assurance-hospitalisation universelle dans toute la province. Depuis cette date, tous les gens admissibles reçoivent une carte assurant en cas de besoin des services hospitaliers à financement public. Ce régime hospitalier contribue à préparer un régime d'assurance-maladie, au même titre que l'établissement d'une faculté de médecine et d'un centre hospitalier universitaire à l'U. de la Saskatchewan.

La *Loi sur l'assurance-maladie* est adoptée en 1961 et entre en vigueur en 1962 à la suite de tensions considérables entre le corps médical et le gouvernement: de nombreux médecins refusent de fournir des services pendant un mois. À l'assurance-hospitalisation et à l'assurance-maladie s'ajoutent, après 1962, un régime dentaire (1974) et un régime de médicaments sur ordonnance (1975). Durant les années 80, le régime dentaire n'est plus universel, mais il se limite aux enfants d'âge scolaire. Quant au régime de médicaments sur ordonnance, il n'est pas entièrement gratuit, certains frais sont imposés pour chaque ordonnance.

Politique

La Saskatchewan est traditionnellement très politisée, et cela se reflète dans les résultats électoraux: au cours des sept élections générales tenues jusqu'en 1986, le parti vainqueur obtient plus de 50 p. 100 des voix deux fois seulement. Les libéraux forment le premier gouvernement en 1905 et gagnent confortablement les six premières élections, mais ils font toujours face à une opposition qui bénéficie d'appuis considérables.

Pendant la longue période de pouvoir libéral, beaucoup de gens obtiennent des emplois dans les services publics par favoritisme, selon les habitudes du temps, et l'opposition exploite ce thème lors des élections de 1929. Toutefois, la question électorale fondamentale qui engendre beaucoup de ressentiment cette année-là est l'utilisation des écoles à des fins religieuses, et le gouvernement est défait par une coalition non structurée de conservateurs, de progressistes et d'indépendants. Le gouvernement coopératif, victime de la grande Crise et de la sécheresse, ne fait pas élire un seul candidat en 1934.

Une décennie de pouvoir libéral lui succède, puis le premier gouvernement socialiste de l'Amérique du Nord est élu en 1944 et demeure au pouvoir pendant 20 ans: il s'agit du parti de la CO-OPERATIVE COMMONWEALTH FEDERATION (CCF), qui

deviendra plus tard le CCF-NPD et enfin le NOUVEAU PARTI DÉMOCRATIQUE (NPD). Les libéraux reprennent ensuite le pouvoir de 1964 à 1971. Ils font place au NPD de 1971 à 1982, année où les conservateurs (*voir* PARTI CONSERVATEUR), pratiquement absents de la scène politique entre 1934 et les années 70, prennent le pouvoir, qu'ils ont obtenu sans aide pour la première fois, et sont réélus en 1986. Le NPD reprend le pouvoir en 1991 sous la direction de Roy Romanow, qui devient premier ministre. Les succès qu'il obtient dans sa lutte contre le déficit lui valent d'être reporté au pouvoir en 1995.

L'instabilité de l'électorat de la Saskatchewan dénote moins sa capacité de voter tantôt à gauche, tantôt à droite que le fait qu'il y a rarement des différences radicales entre les programmes présentés par les partis. La CCF était nettement le parti le plus à gauche, tandis que les conservateurs et les libéraux étaient de droite, mais les libéraux ont poursuivi après 1964 les programmes de santé et de bien-être institués par la CCF, qui avait elle-même respecté les engagements pris par les libéraux. De la même façon, les relations de la province avec Ottawa sont généralement bonnes, quel que soit le parti au pouvoir aux deux paliers de gouvernement, étant fondées non sur la politique partisane, mais sur ce que le gouvernement provincial considère comme étant les besoins réels de la province.

Éducation

Du temps où elle était un territoire, la province a mis en place un début de système scolaire public, et l'idée d'une université était déjà dans l'air. Au début de la colonisation, l'accroissement rapide de la population rend partout urgente l'organisation des écoles et leur dotation en personnel enseignant, et les grandes préoccupations de la Saskatchewan pendant les premières années sont le perfectionnement des enseignants dont la formation est insuffisante et le remplacement des installations de fortune. Les premiers enseignants viennent des provinces situées plus à l'Est, mais la nouvelle province fonde des écoles normales, auxquelles s'ajoute en 1927 un institut pédagogique à l'UNIVERSITÉ DE LA SASKATCHEWAN. Celui-ci, au fil des ans, absorbe les écoles normales.

Un trait frappant du système scolaire de la Saskatchewan est sa division en deux systèmes publics, l'un catholique et l'autre protestant. Chacun est dirigé par un conseil de l'éducation élu et est financé grâce aux impôts perçus par les autorités municipales. Les deux systèmes offrent des programmes allant de la maternelle à la 12e année. En 1994, on compte 194 500 élèves dans les écoles publiques et environ 3000 dans les écoles privées. Les francophones de la province peuvent gérer et diriger leurs propres écoles par l'entremise de conseils scolaires francophones lorsque le nombre le justifie. Dans toute la province, on trouve aussi des écoles financées par le fédéral et gérées par les bandes dans les réserves autochtones.

L'U. de la Saskatchewan, fondée en 1909, ne compte alors qu'une faculté des arts pour 70 étudiants et cinq professeurs. Vers le milieu des années 90, elle compte 13 facultés et 1000 professeurs enseignant à plus de 14 500 étudiants à temps plein. En 1974, le campus de l'U. de la Saskatchewan à Regina devient L'UNIVERSITÉ DE REGINA, qui compte plus de 7800 étudiants à temps plein en 1994-1995.

Étant donné son importante population amérindienne et métisse, la province a élaboré des programmes scolaires adaptés à ces cultures et un système unique qui permet aux autochtones de dispenser leur propre enseignement. Le Saskatchewan Indian Federated College, affilié à l'U. de Regina, est la seule université autochtone pleinement reconnue au Canada. Elle offre toute une gamme de programmes. Le Gabriel Dumont Institute, division de la Métis Nations of Saskatchewan qui s'occupe de l'éducation, encourage le renouveau et l'essor de la culture autochtone. Il dirige des programmes comme le Saskatchewan Urban Native Teacher Education Program, qui aide les étudiants amérindiens et métis à devenir des enseignants et des modèles sociaux dans leurs communautés.

Le Saskatchewan Institute of Applied Science and Technology (SIAST) est le principal collège chargé de dispenser les programmes de formation professionnelle et technique, la formation de base des adultes et quelques cours universitaires sanctionnés dans la province. Le SIAST compte en 1994 plus de 45 000 étudiants dans ses campus de Regina, de Saskatoon, de Prince Albert et de Moose Jaw.

Les gens des régions rurales et du nord de la province bénéficient d'un réseau de neuf collèges régionaux, dont les bureaux se trouvent dans les régions, qui offrent une large gamme de cours pour adultes et de cours postsecondaires, des services d'orientation professionnelle et d'autres services aux étudiants. Ces collèges régionaux comptent en 1994 plus de 36 000 étudiants inscrits.

La politique en matière d'éducation relève du premier chef du ministère de l'Éducation, qui est chargé d'élaborer la législation et les politiques concernant tous les niveaux du système et fournit l'aide financière nécessaire à la plupart des programmes d'éducation publique en Saskatchewan.

Vie culturelle

Les autochtones ont souvent exprimé leurs talents par la fabrication d'objets ayant trait à la chasse, et la confection de vêtements en cuir décorés et de mocassins se pratique toujours. À Roche Percée, dans le sud-est, on a découvert des pétroglyphes sur des affleurements rocheux. Les Européens ont importé leur artisanat, dont l'importance dans le développement de la province se manifeste par l'intérêt que l'on y porte encore aujourd'hui. En effet, dès sa fondation en 1948, le Saskatchewan Arts Board, qui est le premier organisme gouvernemental du genre sur le continent, traite cet artisanat comme une forme d'art. Il parraine chaque année une exposition provinciale d'artisanat qui constitue l'un des faits saillants de l'année culturelle dans la province. Ce conseil est un organisme indépendant qui encourage et subventionne des artistes de nombreuses disciplines.

Avant même la fondation du Saskatchewan Arts Board, une certaine activité artistique existe déjà dans la province. Des artistes tels qu'Ernest LINDNER, Augustus Kenderdine et James Henderson ont une grande influence; les orchestres symphoniques de Regina et de Saskatoon sont déjà bien établis, et ces deux grandes villes peuvent se vanter de posséder des mini-théâtres.

Muni d'un budget de démarrage de 4000 $, le conseil entreprend des projets qui reflètent la diversité de ses intérêts et de ses ambitions: début de la collection permanente des arts visuels de la Saskatchewan, distribution de listes de livres recommandés et fondation d'un programme de bourses de formation artistique. Dans les années 50, le conseil commence à organiser des ateliers d'art et d'artisanat, de création littéraire et de théâtre qui deviendront la Saskatchewan School of the Arts, de réputation internationale.

Le conseil continue d'encourager et de financer une grande variété de projets artistiques. En 1994-1995, son budget autrefois si modeste atteint 4,1 millions de dollars, dont 3,8 millions viennent de la province. En outre, les arts et la culture sont financés par le Saskatchewan Council of Cultural Organizations, fondé en 1979 pour distribuer les recettes provinciales des loteries.

Arts Le GLOBE THEATRE (1966) de Regina est le premier théâtre professionnel de la province. Vient ensuite le 25ᵉ Street Theatre (1972) de Saskatoon, qui valorise les œuvres autochtones et attire chaque été plus de 50 000 personnes à son International Fringe Festival. Le plus récent théâtre professionnel

de la Saskatchewan, Persephone (1974), met en scène des œuvres canadiennes et internationales. Shakespeare on the Saskatchewan constitue une attraction touristique estivale populaire sur les rives de la Saskatchewan Sud.

La MacKenzie Art Gallery, située dans l'édifice T. C. Douglas nouvellement construit, faisait auparavant partie de l'U. de Regina. La Mendel Art Gallery à Saskatoon, la Little Gallery à Prince Albert et l'Estevan National Exhibition Centre sont d'autres galeries d'art importantes. Ces grandes galeries, ainsi que des dizaines de galeries commerciales dans toute la province, exposent des œuvres de céramistes qui utilisent les riches dépôts d'argile de la province.

Plusieurs écrivains de la Saskatchewan ont mérité des distinctions nationales et internationales. Ainsi, Guy VANDERHAEGE, Patrick Land et Robert Calder sont récipiendaires de la médaille du Gouverneur général en littérature. La Saskatchewan Writers Guild compte plus de 700 écrivains professionnels et amateurs.

Communications Le haut degré d'appartenance des médias à des intérêts extérieurs à la province est frappant, mais, puisque la presse parlée ou écrite doit tenir compte des besoins des collectivités, ce fait n'a pas de répercussions évidentes. Des quotidiens sont publiés dans les grandes villes; les centres de moindre importance possèdent leurs hebdomadaires. Plusieurs magazines littéraires ou politiques dynamiques tentent de survivre tant bien que mal, et des périodiques traitent des intérêts particuliers des associations amérindiennes et métisses.

La radio a autant d'importance dans le Nord que le télégraphe en avait autrefois dans toutes les Prairies. Les descendants des colons européens, arrivés il presque partout, même dans les régions éloignées. Des stations du réseau national de Radio-Canada sont établies à Regina et à La Ronge, l'un des derniers villages du Nord accessibles par la route. La télévision diffuse dans toutes les régions habitées au moyen de tours hertziennes et de stations satellites. Depuis la fin des années 70, grâce à la câblodistribution, le contenu télévisé est plus varié, et les stations américaines sont accessibles à la plupart des abonnés.

Lieux historiques Au cours des années 70 et 80, prenant davantage conscience de leurs aspirations communes, les peuples autochtones de la Saskatchewan manifestent un regain d'intérêt pour leur histoire. Les descendants des colons européens, arrivés il n'y a pas si longtemps, s'intéressent également à leur passé. On trouve un peu partout des lieux historiques nationaux et provinciaux, dont celui qui est le plus au nord rappelle les premières missions. Les autres font revivre les postes de traite des fourrures, le premier journal, des postes de la Police montée, des établissement de colons, d'anciennes pistes, la fondation d'une organisation de producteurs de grains et le quai d'un bateau à vapeur.

Les fêtes du 75ᵉ anniversaire de la province en 1980 donnent lieu à la publication de centaines d'histoires locales, la plupart d'entre elles avec l'aide du Saskatchewan Archives Board, fondé conjointement en 1945 par l'université et le gouvernement. Les informations accessibles sur la Saskatchewan depuis sa colonisation par les Européens sont plus détaillées qu'à bien d'autres endroits grâce aux fonds d'archives des lieux historiques, des demandes de homesteads et du bureau des titres de biens-fonds.

Histoire

Les premiers habitants de la future province ne laissent pratiquement pas de traces écrites. Les Amérindiens sont groupés à peu près comme suit, du nord au sud: trois tribus de langues athapascanes, les CHIPEWYANS, les Amisk (ou CASTORS) plus à l'ouest et les ESCLAVES plus au nord; deux tribus de langue algonquine, les CRIS et les PIEDS-NOIRS à l'ouest et au sud de ceux-ci; deux tribus de langue sioux, les ASSINIBOINES et, à l'ouest de ceux-ci,

les Gros-Ventres. Chacun de ces trois principaux groupes linguistiques occupe environ le tiers du territoire. Les tribus du nord chassent surtout le caribou et l'orignal, et celles du tiers sud (où se trouve maintenant la ceinture céréalière) chassent le bison. Dans toute la province, de nombreux toponymes sont originaires de toutes ces tribus.

Encore aujourd'hui, certains Amérindiens du Nord ont peu de contacts avec les Blancs. D'autres, surtout s'ils habitent près des cours d'eau, sont en contact avec les Blancs dès 1690, année où Henry KELSEY, employé de la Compagnie de la Baie d'Hudson, remonte la rivière Saskatchewan vers l'ouest jusqu'à l'endroit appelé aujourd'hui Prince Albert, puis descend vers le sud à travers les plaines. L'exploration continue pendant les XVIIIᵉ et XIXᵉ siècles et, vers 1870, en plus des grands cours d'eau bien connus, la prairie est sillonnée de pistes bien battues dont quelques-unes sont encore visibles du haut des airs.

Exploration Les premiers explorateurs européens parcourent les Prairies dans le simple but de s'enrichir: les chapeaux de fourrure sont à la mode à la fin du XVIIᵉ s., et les peaux de castor font les meilleurs chapeaux. Avant même la venue de ces commerçants de fourrure, les plaines sont bien connues des diverses tribus amérindiennes qui suivent les migrations des troupeaux de caribous et de bisons, et les territoires occupés par les principaux groupes autochtones ne sont jamais délimités clairement. Paradoxalement, les Amérindiens ne sont pas considérés comme des explorateurs. La raison en est peut-être que leurs motifs diffèrent de ceux des Européens, mais le fait qu'ils ne se servent pas de cartes et ne laissent pas de traces écrites y contribue aussi.

Après avoir découvert les avantages qu'ils peuvent tirer des plaines, les Européens ne perdent pas de temps. Kelsey explore la Saskatchewan en 1690, 20 ans après la fondation de la COMPAGNIE DE LA BAIE D'HUDSON (CBH). LA VÉRENDRYE explore ensuite une partie du sud de la Saskatchewan à la fin des années 1730, et plusieurs Anglais viennent après lui. Le plus connu est sans doute Peter POND, mais ce n'est qu'en 1796 que David THOMPSON, le premier, se rend jusqu'au nord que la rivière Churchill et jusqu'au lac Athabasca. Le tiers sud de la province est peu connu jusqu'à ce que Peter FIDLER parcoure la rivière Saskatchewan Sud en 1800. Les premiers intérêts de ces explorateurs sont généralement l'exploitation des fourrures qui, malheureusement va souvent de pair avec l'exploitation des peuples autochtones.

Certaines tribus amérindiennes, dont les Cris-des-Plaines qui ont peu d'occasions de faire du piégeage, ne s'intéressent pas à la traite des fourrures. Celles qui s'y adonnent régulièrement deviennent de plus en plus dépendantes de l'un ou l'autre des postes ou des forts qui parsèment les régions riches en fourrure à la fin du XVIIIᵉ s. Souvent, elles dépendent également de l'alcool, dont les Blancs qui pratiquent la traite des fourrures font un commerce éhonté pour mieux se faire concurrence entre eux.

Les explorateurs ne sont pas tous poussés par l'appât du gain. Un siècle après les commerçants, des hommes qui s'intéressent au sol et à l'environnement visitent la région. Les plus connus sont sir John FRANKLIN et le Dʳ John RICHARDSON, entre 1819 et 1827, et John PALLISER en 1857-1858. À la même époque que l'EXPÉDITION PALLISER, qui est britannique, Henry HIND et un collègue sont envoyés par la province du Canada pour évaluer les possibilités agricoles. La domination des commerçants de fourrures dans les Prairies est menacée vers le milieu du XIXᵉ s.

Colonisation Au XIXᵉ s., une série d'événements contribue à réserver surtout aux Blancs la colonisation des Prairies. Tout d'abord, la CBH, peu de temps après la confédération, cède au Canada la Terre de Rupert (1870). À partir de 1871, une série de traités conclus avec les Amérindiens leur attribuent des réserves de manière à indiquer que le reste des terres est pour d'autres. On négocie ces traités avec l'aide de la Police à cheval du Nord-Ouest, institution européenne adaptée aux Prairies. La rébellion des Métis dirigés par Louis RIEL concerne surtout l'attribution des terres. Leur défaite, en 1885, indique entre autres qu'ils sont écartés du système. Pendant la même période, le gouvernement adopte en 1872 l'Acte concernant les terres de la Puissance, adopté en faveur des homesteaders, et une loi pour stimuler l'immigration. En 1882-1883, la première ligne de chemin de fer traverse le sud de la région jusqu'à Regina et à Moose Jaw. Toutes les conditions nécessaires à l'immigration et à la colonisation sont donc en place bien avant 1900.

Les statistiques montrent de façon frappante l'influence de tous ces facteurs. La population en 1885 est de 32 097 habitants, dont la moitié est composée de Britanniques et 44 p. 100, d'Amérindiens; en 1911, trois recensements plus tard, la population est de 492 432 habitants, dont encore la moitié sont des Britanniques, mais les Amérindiens ne représentent plus que 2,4 p. 100. Les Britanniques ont renforcé leur emprise sur les institutions politiques habituelles: les principes du gouvernement responsable, selon lesquels le Cabinet est responsable devant la majorité de l'assemblée législative, sont établis en 1897.

Le statut de province, projet caressé depuis 1900, devient réalité en 1905 en même temps que les structures pertinentes de gouvernement parlementaire. Une question importante est celle de l'étendue et des limites de la province: beaucoup de politiciens importants des Prairies souhaitent une seule grande province de l'Ouest, mais les autorités fédérales soutiennent constamment que les Prairies sont trop vastes pour constituer une seule entité constitutionnelle. Une telle province, si sa frontière est fixée assez loin au Nord, pourrait être la plus vaste du Canada et constituer une menace économique pour le centre du pays. De toute façon, le gouvernement fédéral se réserve en 1905 les pouvoirs relatifs aux terres de la Couronne de la Saskatchewan.

L'attribution des terres, qui comprennent peu après 1905 plus de 6 millions d'hectares pour la construction du chemin de fer et 1,6 million pour le soutien des écoles, favorise une colonisation qui s'étend graduellement vers le nord-ouest. Au début des années 30, la plupart des terres arables sont occupées. La façon dont le peuplement se déroule contribue grandement à définir la société de la Saskatchewan: les diverses origines des immigrants établis en Saskatchewan sont encore visibles dans les années 80. Ainsi, les Anglais qui voulaient fonder une colonie en faveur de la tempérance, les DOUKHOBORS qui ont fui la persécution avec l'aide de Léon Tolstoï et la Société des amis (voir QUAKERS) forment encore des entités bien identifiables. Le temps, la mobilité sociale et les mariages mixtes ont atténué les cloisons entre les groupes d'origine, mais de nombreux secteurs de la province sont encore visiblement français ou allemands, ukrainiens ou scandinaves, huttérites ou mennonites.

Développement L'immigration massive en Saskatchewan s'est arrêtée, du moins temporairement, dans les années 30, mais la mobilité de la population continue d'être très grande. Avec à peine un million d'habitants, la province ne peut accueillir qu'un nombre limité d'artisans, d'artistes et de professionnels. La Saskatchewan moderne voit donc régulièrement partir beaucoup de gens dynamiques qui sont nés dans la province et y ont fait leurs études. Pendant les deux guerres mondiales, des milliers d'entre eux partent en peu de temps pour s'enrôler dans l'armée ou travailler dans les usines de guerre, et beaucoup ne reviendront jamais. Pendant ce temps, l'arrivée de gens qualifiés dans la province ne cesse pas. Les universités, en pleine croissance, et les industries attirent des professionnels et des administrateurs.

L'évolution d'esprit de la population amène aussi le relâchement de l'emprise de l'establishment anglophone protestant sur les institutions politiques. Au début, les gens d'origine non britannique cherchent rarement à se faire élire au Parlement ou à l'Assemblée législative, et moins souvent encore sont-ils élus, mais au début des années 70, on retrouve à tous les niveaux de la politique et de l'administration, souvent à des postes élevés, des gens dont le nom manifeste clairement l'ascendance européenne mais non britannique. Auparavant, la religion ou le pays d'origine déterminaient souvent l'opinion des gens sur des questions aussi variées que la langue d'enseignement, le droit de vote des femmes ou la prohibition. De semblables divisions existent encore au sujet, p. ex., de l'avortement, mais dans les années 90, des gens de toute ascendance se rangent dans les deux camps pour la plupart des controverses.

Sur le plan économique, l'événement le plus important de l'histoire de la Saskatchewan moderne est le transfert à la province, en 1930, de la compétence sur les terres de la Couronne. Sans ce pouvoir, la province serait quand même devenue une grande productrice agricole et aurait contribué de façon tout aussi remarquable à l'effort de guerre de 1939 à 1945, mais le transfert de compétence a donné à la province non seulement l'accès à d'importantes sources d'imposition, mais aussi une nouvelle source de pouvoir qui lui a donné une influence considérable sur les affaires nationales depuis les années 70, malgré sa faible population.

Depuis la colonisation des Prairies, le blé a toujours été un élément très important du commerce international du Canada, mais la Saskatchewan moderne peut également compter maintenant sur la potasse et diverses formes lucratives d'énergie. Depuis la sécheresse et la grande Crise des années 30, l'économie de la province a su se diversifier de façon impressionnante dans le domaine agricole et en d'autres domaines, grâce à une suite de gouvernements provinciaux progressistes et dynamiques appuyés par un électorat possédant les mêmes qualités.

Norman Ward

Saskatchewan Indian Federated College (SIFC) Seul COLLÈGE UNIVERSITAIRE du Canada à être dirigé par des membres des PREMIÈRES NATIONS. Fédéré en 1976 avec l'U. de Regina, il devient membre à part entière de l'Association des universités et collèges du Canada en 1994. Environ 70 professeurs à temps plein enseignent sur trois campus dans la province en respectant la culture des Premières Nations.

Le SIFC-Regina offre plusieurs programmes: études autochtones, langues, littérature et linguistique autochtones, anglais, éducation autochtone, arts autochtones et études sur la santé des autochtones. Les cours se donnent actuellement à plusieurs endroits dans la ville de Regina, mais le SIFC espère débuter bientôt la construction de son propre édifice. Ce dernier doit être construit à côté de l'U. de Regina, sur un terrain de la réserve indienne. DOUGLAS CARDINAL est l'architecte chargé du projet.

Le SIFC-Saskatoon héberge la *School of Indian Social Work*, qui est accréditée par l'Association canadienne des écoles de service social, et on y offre un programme de MBA (projet conjoint de l'école d'administration et de commerce du SIFC et de l'U. de la Saskatchewan). Les étudiants peuvent aussi y suivre des cours en arts et en sciences.

Le SIFC-Prince-Albert offre des programmes de premier et de deuxième cycles coordonnés et offerts par le service d'extension scolaire et d'opérations dans le Nord, lequel dessert des localités situées à l'extérieur de la province de même que dans les réserves indiennes de la Saskatchewan. En 1995, l'École nationale de dentothérapie de Prince-Albert passe sous la direction du SIFC, en partenariat avec le collège de dentisterie de l'U. de la Saskatchewan.

Au cours de ses 20 premières années d'existence, les inscriptions au SIFC sont passées de 7 à près de 1500. Durant cette période, plus d'une dizaine d'ententes internationales ont été conclues avec des institutions autochtones du Canada, de l'Amérique centrale, de l'Amérique du Sud, de l'Asie et de la Russie.

Keith Howell

Saskatchewan Research Council Après une tentative infructueuse en 1930 pour former un conseil de recherche, le gouvernement de la Saskatchewan fonde le Saskatchewan Research Council en 1947. Le conseil sert surtout d'organisme distributeur de subventions et de bourses aux chercheurs universitaires jusqu'en 1954. Son mandat s'étend ensuite pour inclure la recherche indépendante en sciences naturelles et en sciences administratives en vue d'une amélioration de l'économie provinciale. Il ouvre ses propres laboratoires en 1958 et les agrandit en 1963.

Il développe une expertise spéciale dans un bon nombre de domaines, dont les stéréoducs, la formation du minerai d'uranium, la gestion de la qualité de l'eau et de l'EAU SOUTERRAINE, les sciences de l'atmosphère, la conception des bâtiments et de produits, de même que divers aspects de l'agriculture (*voir* AGRICULTURE ET ALIMENTATION). Les membres du conseil d'administration, nommés par le lieutenant-gouverneur en conseil, proviennent du gouvernement, de l'industrie et des universités.

Les bureaux du conseil sont situés à l'Innovation Place, à Saskatoon, à l'exception du Petroleum Division Laboratory, à Regina, qui se spécialise dans l'exploitation des ressources provenant du pétrole lourd de la province. Un effectif de plus de 270 employés, répartis en trois groupes, sont placés sous la direction d'un vice-président de groupe. Soixante-dix pour cent du financement du conseil provient de l'industrie privée et de contrats provinciaux et fédéraux; la majeure partie du reste provient de subventions provinciales. En plus de mener et de financer des recherches, le conseil fournit gratuitement des conseils techniques aux petites entreprises, informe le public sur des questions relatives à la POLITIQUE SCIENTIFIQUE et conseille le gouvernement.

Martin K. McNicholl et Rick Tofani

Saskatchewan, rivière D'une longueur de 1939 km, elle se forme à la confluence des rivières Saskatchewan Nord (1287 km) et Saskatchewan Sud (1392 km), à environ 50 km à l'est de PRINCE ALBERT en Saskatchewan. Ce réseau hydrographique totalise une longueur supérieure à celle du fleuve Saint-Laurent et irrigue presque toute la partie occidentale des Prairies.

La Saskatchewan Nord prend naissance dans le CHAMP DE GLACE COLUMBIA, sis au pied du mont Columbia, et coule vers l'est jusqu'au LIEU HISTORIQUE NATIONAL ROCKY MOUNTAIN HOUSE. Elle se charge alors des eaux de la rivière Clearwater, traverse EDMONTON en Alberta, où la plus grande partie de sa vallée fait partie d'un parc, puis passe par North Battleford et Prince Albert. La rivière découpe une vallée vaste et profonde dans la prairie, transportant avec elle une bonne quantité de limon, comme c'est le cas pour tous les cours d'eau qui y circulent.

La Saskatchewan Sud prend naissance dans le sud de l'Alberta, à la jonction des rivières BOW et OLDMAN. Elle coule vers l'est à sa sortie de MEDECINE HAT en Alberta, puis vers le nord-est, franchit les frontières de la Saskatchewan, traverse SASKATOON, et poursuit un cours plus ou moins parallèle à celui de la Saskatchewan Nord en direction de son point de confluence situé à quelque 130 km en aval.

Des barrages érigés sur la Saskatchewan Sud, à une centaine de kilomètres au sud de Saskatoon, forment le LAC DIEFENBAKER, immense réservoir qui fournit eau et électricité à tout le sud-ouest de la province. À partir de son point de rencontre avec la Saskatchewan Nord, la rivière poursuit sa course sur près de 600 km en direction est, traverse les lacs

Tobin et Cumberland en Saskatchewan, pénètre au Manitoba où elle bifurque vers le sud-est après THE PAS pour se déverser ensuite dans le lac des Cèdres (*voir* CÈDRES, RÉSERVOIR DU LAC DES). Les eaux de la rivière Saskatchewan atteignent le lac WINNIPEG à Grand Rapids puis gagnent la baie d'Hudson par le FLEUVE NELSON.

Henry KELSEY (1690) et la famille LA VÉREN-DRYE (vers 1741) sont les premiers Européens à repérer cette rivière que les Indiens appelaient Kisis-katchewani Sipi ou «rivière au débit rapide». Le nom que l'on utilise aujourd'hui est adopté en 1882 lorsqu'une partie de la province actuelle devient un district des Territoires du Nord-Ouest.

La région située entre Grand Rapids et CUMBERLAND HOUSE (village fondé en 1774 par Samuel HEARNE), est fortement contestée par la Compagnie de la Baie d'Hudson et la Compagnie du Nord-Ouest. Aucun rapide entre Cumberland House et Edmonton n'est imprévisible ou infranchissable, bien que le déplacement de bancs de gravier ait constitué une menace. Il s'agit d'un parcours très prisé par les commerçants de la Compagnie de la Baie d'Hudson et qui a vite fait d'Edmonton un centre de commerce. La portion méridionale de la rivière entraîne les commerçants en direction sud-ouest vers le Wyoming et rejoint les Rocheuses par Bow Pass.

À l'époque où il est question de la souveraineté du Nord-Ouest, le gouvernement de la Saskatchewan construit un axe routier ouest-est, ce qui permet de relier la région à l'activité commerciale anglophone de la baie d'Hudson et de rejoindre, par les Grands Lacs, les investisseurs canadiens installés à Montréal.

James Marsh

Saskatchewan Wheat Pool En activité depuis 1924, elle est la plus grande compagnie de manutention du grain et la plus grande coopérative appartenant à des agriculteurs au Canada. Son but est de vendre le BLÉ directement aux importateurs de façon méthodique et stable, plutôt que par l'entremise de la bourse des grains et des marchés à terme (*voir* MANUTENTION ET COMMERCIALISATION DU GRAIN). Les revenus sont mis en commun et répartis annuellement entre les membres une fois les dépenses payées. (Cette fonction est reprise par la COMMISSION CANADIENNE DU BLÉ lors de sa fondation en 1935.)

Au début, la compagnie confie aux entreprises établies de stockage de grain la manutention du grain livré par ses membres. En 1926, elle achète la Saskatchewan Co-operative Elevator Co., qui possède 451 silos et 4 terminaux céréaliers. En 1928-1929, la compagnie possède déjà 970 silos et manutentionne 158 millions de boisseaux (57,5 millions hl) de blé par année. Elle est l'une des premières victimes de la CRISE DES ANNÉES 30 et s'endette considérablement, mais elle s'en tire et devient la plus grande organisation du genre au Canada après la Seconde Guerre mondiale.

En 1974, la compagnie exploite 1000 silos ruraux ainsi que des terminaux d'exportation à Thunder Bay et un terminal à Vancouver, mais, depuis, le nombre de silos a été progressivement réduit (environ 600 en 1984 et un objectif de 425 en 1987). Elle se diversifie pour toucher à presque tous les domaines de l'activité agricole, notamment les engrais, la transformation des oléagineux, la margarine, l'huile de table et le bétail. Elle publie aussi le journal *Western Producer* (tirage: 132 625 exemplaires) et édite des livres depuis 1954 sous la raison sociale de Western Producer Prairie Books.

Les interventions de la compagnie dans les affaires publiques sont tout aussi importantes. Ses représentants élus font des pressions à tous les ordres de gouvernement pour promouvoir des politiques favorisant l'agriculture et participent aux discussions internationales sur les politiques agricoles. Le chiffre d'affaires de la compagnie (1,7 milliard de dollars) la place au 50ᵉ rang parmi les corporations cana-

diennes en 1986. La compagnie compte 3 513 employés et les 70 000 agriculteurs qui en sont membres en ont l'entière propriété.

James Marsh

Saskatoon Première ville en importance de la SASKATCHEWAN, Saskatoon est située au cœur d'une région boisée au relief ondulé. Traversée par la RIVIÈRE SASKATCHEWAN Sud qui coule vers le nord, elle se trouve à 235 km au nord-ouest de REGINA à vol d'oiseau. Elle est un centre de service régional pour les prairies du nord, le centre et le nord de la province. Elle est réputée pour son réseau de parcs et sentiers longeant la rivière, ses larges rues bordées d'arbres et le magnifique campus de l'UNIVERSITÉ DE LA SASKATCHEWAN.

Peuplement On trouve sur les deux sites de Gowen des vestiges révélant la présence, il y a quelque 6000 ans, de tribus de chasseurs. Les vestiges stratifiés des sites amérindiens de Tipperary Creek (maintenant devenu Wanuskewin) révèlent que les lieux étaient occupés par des tribus autochtones en hiver. Cette région a d'abord été principalement habitée par des CRIS et MÉTIS, auxquels sont venus s'ajouter des Dakotas (Sioux) réfugiés des États-Unis qui se sont installés à Moose Woods, une réserve située au sud de Saskatoon, en 1881.

En 1882, une équipe d'arpenteurs, dirigée par le commissaire John Lake, arrive pour inspecter les terres concédées à la Temperance Colonization Society de Toronto. Comme lieu d'implantation de la colonie, on choisit un site qui se trouve sur la rive est. Le nom de la ville «Saskatoon» provient peut-être du mot cri *Mis-Sask-quah-toomina* qui désigne l'amélanchier, très répandu dans la région. Les premiers colons arrivent en 1883, mais de maigres récoltes et la RÉBELLION DU NORD-OUEST ne favorisent pas la croissance immédiate de la colonie.

Croissance En 1890, la ligne de chemin de fer Regina–Prince-Albert qui traverse Saskatoon provoque l'essor d'un nouveau centre commercial du côté ouest de la rive, en terrain plus plat. La nouvelle localité prend le nom de Saskatoon, tandis que la colonie originale devient Nutana. Un troisième peuplement, Riverdale (aujourd'hui Riversdale), prend naissance au sud de la gare de marchandises. Les trois sont constitués en municipalité (1901-1905) et, en 1906, après leur fusion, forment la ville de Saskatoon.

Au cours des sept années suivantes, Saskatoon devient un carrefour ferroviaire important dans l'Ouest canadien, notamment avec la ville ferroviaire de Sutherland qui se développe à sa périphérie est. Elle connaît un essor rapide et affirme sa vocation comme centre de distribution. L'université de la province s'y installe en 1909. Cet essor entraîne une surenchère du prix des terres et l'adoption de programmes de lotissement urbain trop ambitieux. En 1913, la récession économique provoque un effondrement de l'activité. Saskatoon reprend vie en 1919, mais sa croissance est de nouveau arrêtée pendant la CRISE DES ANNÉES 30.

C'est seulement après la Seconde Guerre mondiale que le développement de la ville reprend avec intensité. Au cours des années 50, une économie agricole prospère et la migration des populations rurales vers la ville font de Saskatoon une des villes dont la croissance est la plus rapide au Canada. Elle continue à connaître une forte expansion entre 1955 et 1961. Avec l'ouverture de mines de POTASSE (1958) à proximité et de mines d'URANIUM dans le nord de la province, sa croissance se poursuit pendant les années 60 et 70.

Dans les années 80, le marché de l'uranium décline, mais est compensé par l'émergence de nouvelles industries de haute technologie. De nouvelles usines sont construites. La demande croissante de potasse et d'uranium, l'implantation d'activités minières pour l'or et le diamant et une industrie de la biotechnologie agricole dynamique font que Saskatoon continue de prospérer au cours des années 90.

Paysage urbain Située sur des dépôts glaciaires, au milieu des méandres d'une rivière importante, Saskatoon présente une topographie plaisante et diversifiée. À proximité, deux méandres abandonnés (Moon et Pike), se prêtent à des activités récréatives. La rivière est enjambée par sept ponts routiers et ferroviaires, dont le Traffic Bridge (1907) et le 42ⁿᵈ-Street Bridge (1983), lequel constitue une partie du boulevard de ceinture de la ville. Dominant la rive ouest surbaissée se dressent l'hôtel Bessborough (de style château), l'église Knox United, les cathédrales St. John's (anglicane) et St. Paul's (catholique). Sur la rive est, plus élevée, on aperçoit de belles résidences et les bâtiments de l'université.

Les trois localités qui ont constitué la ville à l'origine sont encore identifiables. Nutana, seul lieu d'implantation d'une colonie, se démarque par sa rue d'anciennes résidences, ses vieilles écoles et le plus ancien quartier des affaires (avenue Broadway). Dans le cœur du centre-ville, on trouve des édifices anciens ou construits à l'époque de l'essor de la ville, comme le Land Titles Building, le Canada Building, la gare du Canadien Pacifique et l'église unie de la 3ᵉ Avenue. Le Rumely Tractor Building domine le quartier des entrepôts. Dans Riversdale et la partie ouest, on remarque les deux cathédrales ukrainiennes, tandis que le quartier Caswell Hill s'enorgueillit de grandes maisons.

Parmi les nouvelles constructions dignes de mention, on trouve le Saskatoon Centennial Auditorium (1968), l'édifice en pierre du gouvernement provincial (1979), la Saskatchewan Place (1988) et le City Hospital (1993).

Bien que des plans d'urbanisme ambitieux aient été proposés en 1911 et en 1913, il faudra attendre 1929 pour qu'un plan de zonage soit établi. Les terrains acquis par la ville suite à leur abandon par leurs propriétaires au cours des deux périodes de crise vécues par Saskatoon, forment le noyau de la réserve foncière que la ville constitue en 1957 en achetant progressivement les propriétés disponibles sur le marché. Le retrait des anciennes cours de triage et de leurs passerelles piétonnières caractéristiques (1964-1965) permet l'aménagement d'un centre commercial au centre-ville.

Au milieu des années 70, les citoyens obtiennent que soit créée la Meewasin Valley Authority (1979), dont la mission est de préserver les berges de la rivière. Le secteur nord-est fait actuellement l'objet d'une poussée de construction résidentielle et le marché exerce des pressions pour que la municipalité régionale de Corman Park augmente la superficie vouée à cette fin.

Population Les premiers colons arrivent de l'est du Canada, du Royaume-Uni et des États-Unis. Plus tard, des immigrants originaires des principaux pays d'Europe, notamment de l'Ukraine et de l'Empire austro-hongrois, viennent se joindre à la colonie. Les groupes religieux persécutés (mennonites, huttérites et doukhobors), qui ont trouvé refuge en Saskatchewan, ont une grande influence sur l'identité culturelle de la ville de Saskatoon. De 1946 à 1960, la ville connaît une immigration continue, notamment avec les épouses de guerre.

Une migration importante des populations rurales vers la ville et un agrandissement du territoire de la municipalité, notamment avec l'annexion de la ville de Sutherland (1956), contribuent eux aussi à l'accroissement démographique. Au cours des décennies suivantes, on assiste à l'arrivée d'importants contingents d'immigrants venus de l'Inde, du Pakistan et de la Chine, puis des Philippines, du Viêt-nam et de l'Amérique latine. Le mouvement migratoire de la campagne vers la ville continue et la population autochtone connaît une croissance rapide.

Économie et main-d'œuvre En raison de sa dépendance de l'agriculture, Saskatoon a connu bien des périodes de croissance et de ralentissement. Son tout premier essor a lieu en 1903, avec l'arrivée des COLONS DE BARR. Il est suivi par le boom immobilier de 1911-1912. D'autres cycles suivent. Toutefois, la diversification continue, qui a commencé avec l'expansion de l'industrie minière dans les années 70, a atténué cette tendance.

Parmi les tendances récentes, on note une augmentation marquée des industries de technologie de pointe et de la fabrication pour servir les secteurs de l'agriculture et de l'exploitation des ressources. Saskatoon demeure un centre de distribution et de commerce de détail, ainsi qu'un centre de services de santé et d'éducation, de services commerciaux et miniers, de transformation alimentaire et de recherche. Les capacités de recherches de l'université et la présence de l'Innovation Place Research Park ont une influence importante sur l'économie de Saskatoon, particulièrement dans les domaines de la technologie de l'information et de la biotechnologie agricole, qui prend de l'expansion. Les membres des Premières Nations jouent un rôle sans cesse plus important dans l'économie.

Transports Saskatoon est située sur la route transcontinentale de Yellowhead. Cinq ponts routiers enjambent la rivière Saskatchewan Sud et une route de ceinture presque terminée traverse la ville. L'inauguration en 1884 d'un service de traversier marque les débuts du transport en commun. Ses activités se poursuivront jusqu'en 1907, soit jusqu'à la construction du premier pont. En 1913, des tramways commencent à circuler, puis sont remplacés graduellement par des trolleybus et enfin par des autobus. Bien qu'elle ne soit plus un centre ferroviaire comme au début des années 1900, Saskatoon est encore desservie par la ligne principale transcontinentale du Canadien National (CN) et une ligne secondaire du Canadien Pacifique (CP) pour le transport de marchandises. Via Rail maintient un service minimal de transport voyageur transcontinental.

En 1919, Keng Wah Aviation entraîne de jeunes pilotes de la Chine nationaliste à Saskatoon. Pendant la Seconde Guerre mondiale, la ville accueille l'une des écoles du Programme d'entraînement aérien du Commonwealth. L'aéroport actuel, John G. Diefenbaker, dessert le Canada et les États-Unis. Le service d'autobus provincial est assuré par la Saskatchewan Transportation Company et le service de transport à longue distance par Greyhound Lines of Canada Ltd. La situation centrale de Saskatoon permet à plus de 90 compagnies locales de transport de marchandises d'y exercer leurs activités.

Communications Saskatoon possède sept stations de radio et trois stations de télévision, dont les studios de la Société Radio-Canada. SaskTel, compagnie de téléphone de la province, est encore le premier fournisseur de services de télécommunications, même si des compagnies extérieures s'infiltrent dans ce marché. La ville compte quatre journaux: un quotidien, le *Star-Phoenix*; deux journaux communautaires, le *Saskatoon Sun* et le *Saskatoon Free Press*; et un hebdomadaire agricole, le *Western Producer*. La revue *Saskatchewan Business*, la revue littéraire *Grain* et la publication annuelle *Saskatoon History Review* y sont aussi publiées. Parmi les éditeurs, on trouve Thistledown Press, pour les publications littéraires; la maison Purich Publishing, spécialisée dans le domaine du droit, de l'agriculture et des questions autochtones; et l'U. de Saskatoon. SaskTel fournit l'accès à INTERNET au public, ainsi qu'à d'autres fournisseurs de services Internet. Un service Freenet local, exploité par des bénévoles, est offert.

Administration et politique La charte de 1906 spécifie que la ville doit être dirigée par une commission dont les principaux responsables sont le maire et un ou plusieurs commissaires mandatés par le gouvernement. Au début, ce mode d'administration est critiqué, mais la direction énergique du commissaire, C.J. Yorath (1913-1921), lui assure des assises solides. Lors des premières élections aux postes de conseillers, les hommes peuvent voter dans quelque quartier où ils possèdent une propriété. En 1920, le système des quartiers est aboli, en même temps que

les femmes obtiennent le droit de vote. En 1973, les élections par quartier sont réintroduites par le gouvernement provincial, abolies de nouveau en 1988, puis réintroduites en 1991 sur l'insistance des citoyens.

Actuellement, le conseil municipal se compose d'un maire et de dix conseillers, soit un pour chaque quartier et dont le mandat est de trois ans. Deux comités permanents et plusieurs comités consultatifs siègent à l'hôtel de ville. Il existe d'autres bureaux et comités où l'on trouve aussi des citoyens. Les rapports entre les administrations municipale et provinciale sont définis par l'*Urban Municipality Act* (1984) et, dans une moindre mesure, par la *Planning and Development Act* (1983). La Meewasin Valley Authority s'occupe de l'aménagement des berges de la rivière.

Vie culturelle L'U. de la Saskatchewan et ses collèges confessionnels affiliés, le Saskatchewan Institute of Applied Sciences and Technology (SIAST)-Kelsey Institute, le SASKATCHEWAN INDIAN FEDERATED COLLEGE (campus de Saskatoon) et la bibliothèque publique de Saskatoon sont les principaux établissements d'éducation de la ville.

Un climat culturel propice a favorisé l'éclosion d'une colonie d'écrivains dynamique. Les romanciers Farley MOWAT, Max BRAITHWAITE et Edward McCourt se réclament de Saskatoon. Parmi les auteurs contemporains de l'endroit, mentionnons les poètes lauréates Elizabeth Brewster et Anne Szumigalski ainsi que le récipiendaire du prix du Gouverneur général, le romancier Guy VANDERHAEGHE.

Les arts de la scène ne sont pas en reste non plus, la ville comptant deux troupes de théâtre professionnelles, Persephone et 25th Street. Plusieurs festivals d'été y sont organisés, dont le Northern Saskatchewan Children's Festival, le Fringe et le Shakespeare on the Saskatchewan. Il existe aussi un groupe de théâtre francophone et une importante communauté d'amateurs d'art dramatique.

La ville possède en outre son propre orchestre symphonique et elle compte des compagnies d'opéra, des chorales, des groupes de musique folklorique, des orchestres et une compagnie de jazz qui se produit au festival de jazz annuel de la Saskatchewan. La chanteuse de folk Joni MITCHELL et le pianiste de jazz John Ballantyne ont grandi à Saskatoon. Lyell Gustin, professeur canadien de musique bien connu, y a élu domicile. Les associations ethniques sont chapeautées par la Saskatchewan Intercultural Association et présentent leurs spectacles lors du Folkfest. Saskatoon est réputée pour son ensemble de ballet folklorique ukrainien. Le Centennial Auditorium est le principal lieu de présentation des arts de la scène, et le Broadway Theatre compte parmi les quelques salles à présenter encore du cinéma de répertoire au Canada.

Les principales galeries d'art de la ville sont la Mendel Art Gallery, sur les berges de la rivière; la Kenderdine Gallery de l'université; la collection d'art primitif canadien du Nutana Collegiate; l'A.K.A. Gallery, galerie d'avant-garde; la Photographers' Gallery; et la Saskatchewan Craft Gallery. La faculté des arts de l'université a une forte influence sur le plan artistique, surtout par le biais des EMMA LAKE ARTISTS' WORKSHOPS. Ernest LINDER, William PEREHUDOFF et Dorothy KNOWLES sont des artistes de renommée internationale, tout comme Eli BORNSTEIN, directeur de la revue *The Structurist*.

Le Western Development Museum, réputé pour sa rue des pionniers et sa superbe collection de machines agricoles et de voitures anciennes, le Diefenbaker Canada Centre, l'Ukrainian Museum of Canada et le Meewasin Valley Centre sont les principaux musées de la ville. L'université possède plusieurs musées dont le plus spectaculaire, le musée de géologie et de biologie, renferme des répliques de dinosaures. Parmi les lieux historiques, on trouve la

résidence Marr (1884), utilisée comme hôpital de campagne pendant la RÉBELLION DU NORD-OUEST; la maison Trounce (1883), la plus ancienne de Saskatoon; le cimetière des pionniers (Nutana); la Stone School House (1887); la Rugby Chapel (1911); et la tombe de John G. DIEFENBAKER, au bord de la rivière.

Le charmant Forestry Farm Park and Zoo se trouve à l'endroit où était située l'une des deux pépinières du Service fédéral de sylviculture (1913). Le Wanuskewin Heritage Park, un site du patrimoine d'importance internationale, est un lieu d'interprétation de la culture et de l'histoire des autochtones des plaines. L'exposition annuelle, la Saskatoon Prairieland Exhibition, a célébré son 110e anniversaire en 1996.

Le football et le hockey junior comptent parmi les plus connus des nombreux sports d'équipe. Parmi les célébrités du sport originaires de Saskatoon, citons Ethel CATHERWOOD, médaillée du saut en hauteur aux Jeux olympiques de 1928; Gordie HOWE, joueur de hockey; et Diane Jones Konihowski, athlète du pentathlon. Saskatoon a été l'hôte de nombreux événements sportifs nationaux et a accueilli le Championnat mondial de hockey junior en 1990. La ville compte de nombreuses installations sportives et de loisirs dont le Gordie Howe Park, le Harry Bailey Aquatic Centre (1976), le Saskatoon Field House (1978-1979), la marina (1987) et la Saskatchewan Place (1988).

Les sentiers et les parcs, sur les berges de la rivière, constituent une attraction supplémentaire, particulièrement le barrage-déversoir de Saskatoon avec sa colonie estivale de pélicans. À l'extérieur de la ville, la Beaver Creek Conservation Area et les Cranberry Flats sont des centres d'initiation à la nature, tandis que les parcs provinciaux voisins de Pike Lake et de Blackstrap qui possède une montagne artificielle offrent des possibilités d'activités récréatives aquatiques et de camping.
A. Margaret Sarjeant et William A.S. Sarjeant

Sasquatch Ce mot salish, qui signifie «homme sauvage» ou «homme poilu», désigne une créature mystérieuse qui ressemblerait à un grand singe et qui habiterait dans les régions les plus éloignées de la côte nord-ouest du Pacifique. Dans le nord de la Californie, cette créature géante est appelée «Big Foot». Les preuves de l'existence du sasquatch en Colombie-Britannique et en Alberta reposent sur des légendes et des mythes autochtones, sur des extraits pris dans les journaux tenus par les premiers voyageurs et sur le récit de témoins oculaires contemporains.
John Robert Colombo

Satellite artificiel Le lancement de Spoutnik 1, en 1957, marque le début de l'ère spatiale. En 1962, Alouette 1 permet au Canada d'y entrer à son tour. L'intérêt précoce du Canada pour la technologie de l'espace n'est pas fortuit. Avec sa population disséminée sur un immense territoire, le Canada ne peut compter sur les techniques terrestres traditionnelles (lignes téléphoniques, systèmes à micro-ondes) pour mettre en place des systèmes de COMMUNICATION viables. Comme la distance n'affecte pas les satellites de communication, ils peuvent, à partir d'un point donné, desservir une très grande région. Télésat Canada est créé en 1969 dans le but de construire et d'exploiter des COMMUNICATIONS PAR SATELLITE commercialement rentables. Depuis lors, 11 satellites artificiels de la série Anik ont été lancés.

Satellites de télédétection Le Canada abonde en ressources naturelles, pour la plupart situées dans des régions isolées. L'identification, l'exploitation et la gestion de ces ressources (minérales, pétrolières, forestières et agricoles) sont grandement facilitées par les satellites, notamment ceux de la série américaine Landsat, que le Canada utilise depuis 1972, et RADARSAT, approuvé par le gouvernement canadien en juin 1987 au coût de 620 millions de dollars. Le programme RADARSAT, dirigé par le Canada, a pour objet de concevoir, de construire et de mettre en service le premier satellite canadien d'observation de la Terre. Ce satellite transmettra régulièrement à la communauté scientifique canadienne et internationale des images synthétiques radar qui pourront servir notamment à l'observation de l'état des glaces et des conditions océaniques, à la gestion des ressources et à l'étude de l'environnement. RADARSAT I a été lancé à la fin de 1995 et sera en fonction pendant cinq ans. RADARSAT II a déjà été approuvé afin de poursuivre la collecte des données synthétiques radar dans le cadre du programme.

Les satellites météorologiques transmettent un grand nombre de données dont dépendent plusieurs secteurs d'activité, y compris l'exploration des ressources. En raison de ses dimensions et de sa situation géographique, le Canada est un pays où se développent des systèmes climatiques qui influent sur une grande partie de la planète, d'où l'importance de participer à la mise en place de systèmes d'information météorologique.

Depuis 1963, le Canada reçoit et analyse les données transmises par les satellites météorologiques américains. Actuellement, les satellites de la série NOAA, sur orbite polaire, et la série GOES de satellites géostationnaires fournissent une image détaillée du climat canadien. À l'Est, le GOES est en orbite au-dessus de l'équateur, stationnaire à 75° de longitude O., alors qu'à l'Ouest, le GOES est à 135° de longitude O. Si nécessaire, ces satellites peuvent transmettre des informations précises ayant trait à un endroit particulier du continent ou de l'océan, et cela, à quelques minutes d'intervalle. Par ailleurs, les satellites en orbite au-dessus du pôle nous renseignent sur les régions septentrionales du Canada à une fréquence moindre, environ toutes les 100 minutes, la période de leur orbite.

Depuis 1987, les données micro-ondes passives en provenance des satellites américains du DMSP (Defense Meteorological Satellite Program) sont transmises en temps réel et fournissent aux utilisateurs canadiens de l'information sur la glace des océans, la couverture de neige et les conditions météorologiques au large des côtes canadiennes.

Orbites Selon sa définition la plus simple, un satellite est un corps qui gravite autour d'un autre. Ainsi, la Lune est un satellite de la Terre, et la Terre, un satellite du Soleil. Les objets introduits dans l'espace par les humains et qui continuent à tourner autour de la Terre ou d'une autre PLANÈTE sont désignés sous le nom de satellites artificiels. La trajectoire décrite périodiquement par le satellite est appelée orbite. Les orbites peuvent être relativement basses, à une altitude de 200 à 300 milles nautiques et une période de révolution de 90 à 100 minutes (premiers vols habités de la navette spatiale américaine ou du Shuttle). Les forces permettant à un satellite de se maintenir dans l'espace peuvent être comparées à celles qui font tourner un objet au bout d'une corde: la vitesse de mouvement imprimée à l'objet produit une force qui tend à le propulser loin de la source de poussée initiale. Tout comme la gravité, la corde a tendance à tirer l'objet vers le point d'attache. Les deux forces s'équilibrent, permettant à l'objet de conserver une trajectoire donnée (orbite).

Le temps nécessaire pour parcourir l'orbite augmente avec la hauteur de celle-ci. À une certaine altitude, le satellite met exactement 24 heures pour accomplir une révolution. Si le mouvement du satellite s'effectue dans le sens de rotation de la Terre et s'il demeure au-dessus de l'équateur (si son plan orbital est le même que celui de la Terre), il semblera immobile au-dessus d'un point sur l'équateur et sera alors appelé satellite géosynchrone ou géostationnaire. La plupart des satellites de communication sont stationnaires. Ce type de satellites évite à l'utilisateur de modifier la direction de son antenne.

Surveillance des pôles Les satellites géostationnaires ont un inconvénient: ils ne couvrent pas complètement les régions polaires. On peut remédier à

cette lacune en utilisant des satellites à orbite inclinée par rapport à l'équateur. L'orbite polaire a une inclinaison égale à 90°. En plus de desservir adéquatement les zones polaires, ces satellites, en mouvement par rapport à la surface de la Terre, se déplacent au cours de leurs orbites successives en balayant régulièrement l'ensemble de la surface terrestre. Ces satellites mobiles s'avèrent donc très utiles pour la TÉLÉDÉTECTION, mais ils nécessitent l'installation au sol de systèmes d'antennes sophistiqués capables de les localiser et de les suivre.

Durée Un satellite peut demeurer en service pendant une durée variant de quelques mois à sept ou huit ans, voire davantage. Cette durée ne dépend que rarement de la qualité de l'équipement spécialisé qui se trouve à bord. En général, la quantité de carburant ou, dans certains cas, l'usure des piles solaires ou la perte de capacité des accumulateurs sont les facteurs limitant la durée d'utilisation. On se sert du carburant lorsqu'on veut corriger l'orbite du satellite ou changer sa position par rapport à la Terre, au Soleil, etc. Même les satellites dits géostationnaires peuvent s'éloigner de leur position initiale sous l'influence du Soleil, de la Lune, des planètes, des bombardements de particules, etc. On corrige la trajectoire en mettant en marche de petits réacteurs.

L'avenir La conquête de l'espace en est encore à ses premiers balbutiements, même si elle connaît de grands succès grâce aux technologies de pointe. Des concepts nouveaux et ambitieux, dont certains relèvent encore de la science-fiction, retiennent l'attention de la communauté scientifique, de l'industrie et des spécialistes des sciences sociales.

En 1998, la NASA fera le lancement de la première série de satellites à orbite polaire et à basse inclinaison qui feront partie du système d'observation de la Terre. Ils transmettront des données globales et à long terme sur la géologie de la Terre, sa surface extérieure, sa biosphère, son atmosphère et ses océans. Désormais, l'être humain bénéficiera des moyens nécessaires pour observer les changements naturels ou d'origine humaine qui se produisent sur toute la surface du globe.

J.R. Marchand

Satellite, communication par Dès 1945, Arthur C. Clarke envisage la construction d'un SATELLITE artificiel de la Terre pouvant être utilisé dans le domaine des communications hyperfréquences afin de relier entre elles toutes les régions du globe. Le satellite serait mis en place dans l'espace à une altitude de quelque 35 790 km, de telle sorte que sa vitesse de révolution autour de la Terre soit la même que celle de la rotation de notre planète. Géosynchrone, ce satellite apparaîtrait toujours au même endroit dans le ciel. Il serait donc en orbite géostationnaire.

Caractéristiques

Le satellite classique est équipé de réémetteurs (répétiteurs) dotés chacun d'un canal de communication de grande puissance. Chaque répétiteur possède un récepteur réglé sur un canal de fréquence permettant de relayer les signaux de la Terre au satellite, un variateur de fréquence pour ramener à une basse fréquence les signaux captés, un filtre accordé à la fréquence du répétiteur et un amplificateur de puissance pour relayer les signaux jusqu'à la Terre.

La capacité de transmission d'un satellite est fonction du nombre de canaux réémetteurs et du volume de signaux qui peuvent être émis sur chaque canal. Quoique ces facteurs varient d'un satellite à l'autre, la majorité des satellites en service en 1995 possèdent chacun 24 répétiteurs. Chaque répétiteur peut relayer les signaux de la télévision en couleurs (ou six signaux de télévision comprimés sous forme numérique) ou retransmettre au moins 1200 signaux téléphoniques dans une direction. Chaque nouvelle génération de satellites possède une capacité de transmission supérieure à la précédente.

Il existe deux types de stations émettrices et réceptrices de la Terre (stations terrestres). D'une part, les stations sophistiquées, très coûteuses, qui transmettent et reçoivent tous les types de signaux, et d'autre part, les stations de coût moins élevé (antennes paraboliques) conçues pour recevoir les signaux de télévision. La taille et le coût des stations terrestres sont fonction de la puissance du satellite et des fréquences utilisées. Plus le signal émis par le satellite est puissant, plus la station réceptrice sera petite et peu coûteuse. Les satellites de diffusion directe sont conçus tout spécialement dans le but de réduire le coût et la taille des stations réceptrices.

Avantages et contraintes Comparé aux autres techniques de transmission, telles que la câblodistribution et les lignes terrestres hyperfréquences, le satellite possède plusieurs avantages dans certains domaines des communications. Les coûts de transmission ne sont pas affectés par la situation ou la distance, à condition que l'émetteur et le récepteur soient dans la portée optique du satellite (environ le tiers de la surface de la Terre). Les satellites permettent d'établir des lignes de communication avec des régions isolées qui ne pourraient être rejointes autrement.

De tous les procédés de transmission à très longue distance, le satellite est le moins onéreux quand il s'agit d'acheminer un petit volume de communications. Le signal transmis par un satellite sera capté simultanément par plusieurs récepteurs. Il est sans conteste le procédé le plus efficace pour la retransmission des images de télévision et la communication point à multipoint. Le satellite est de plus un instrument de communication très souple, puisque la position de l'émetteur ou du récepteur peut être modifiée rapidement à la demande de l'utilisateur.

En ce qui concerne la transmission de la voix, les satellites exigent un plus long délai que les systèmes de transmission terrestre. Il faut en effet près de 0,3 seconde pour que le signal parvienne au satellite et revienne à la Terre. L'écho de la voix est entendu 0,6 seconde après son émission. Il est toutefois possible d'éliminer l'écho d'un interlocuteur en utilisant un suppresseur d'écho.

Historique

Les premières expériences en matière de satellites de télécommunications sont financées par le gouvernement des États-Unis. Le premier satellite de télécommunications est lancé par la National Aeronautics and Space Administration (NASA) le 18 décembre 1958, dans le cadre du projet SCORE (Signal Communication by Orbiting Relay Equipment). Celui-ci fonctionne pendant 13 jours. *Echo 1*, lancé le 12 août 1960, est un satellite réflecteur dont la fonction se limite à réfléchir les signaux émis par des stations terrestres.

Lancé le 10 juillet 1962, *Telstar* est le premier satellite actif doté d'un émetteur et d'un récepteur hyperfréquences. Le premier satellite géosynchrone, *Syncom 1*, est lancé le 14 février 1963. Tombé en panne au bout de quelques jours, il est remplacé, le 26 juillet, par une version améliorée, le *Syncom 2*. Au cours de cette période, l'URSS entreprend elle aussi un programme de mise au point de satellites, bientôt suivie par le Canada.

En 1962, le Congrès américain adopte une loi sur les satellites de télécommunications, créant ainsi la Comsat Corporation, société qui se voit confier le monopole des satellites américains de télécommunications internationales. Intelsat, une organisation internationale fondée en août 1964, réunit 11 pays occidentaux qui ont décidé de conjuguer leurs efforts pour établir un système mondial de satellites de télécommunications. Dès le début des années 80, plus de 100 pays ont déjà adhéré à Intelsat. L'organisation possède des stations terrestres dans quelque 150 pays et a lancé avec succès 24 satellites. (Un certain nombre de ces satellites ne sont plus en service, car la durée moyenne de fonctionnement d'un satellite de télécommunications à cette époque était de 8 à 10 ans. De nos jours, un satellite classique fonctionne de 12 à 15 ans.)

Du côté soviétique, les satellites de télécommunications relèvent d'une organisation appelée Interspoutnik. En 1980, les Soviétiques ont déjà lancé 14 satellites géosynchrones (Stationar) et au moins 75 Molniya, satellites placés en orbite elliptique afin de desservir le Grand Nord, où les satellites géosynchrones se trouvent au-dessous de l'horizon.

Initiatives canadiennes Le premier satellite canadien est mis en orbite par la NASA le 29 septembre 1962. Le Canada devient ainsi le troisième pays à faire son entrée dans l'espace. *Alouette 1* est mis au point et construit par le Defence Research and Telecommunications Establishment (qui fait maintenant partie de l'Agence spatiale canadienne), et il est utilisé pour des recherches scientifiques dans l'ionosphère.

De 1963 à 1969, le Canada participe à un programme expérimental conjoint avec les États-Unis appelé ISIS (satellite international d'étude de l'ionosphère). L'un des principaux objectifs de ce programme est d'effectuer un transfert de technologie. Les scientifiques et les techniciens du gouvernement communiquent à leurs confrères de l'industrie privée les connaissances acquises au cours de la première phase de leurs recherches sur les communications spatiales. RCA Victor, DE HAVILLAND AVIATION et Spar Aérospatiale ltée sont les principales sociétés participant à ce programme (*voir* TECHNOLOGIE SPATIALE).

À partir de 1967, le Canada passe de l'expérimentation à l'application et met l'accent sur les TÉLÉCOMMUNICATIONS intérieures et la cueillette de données sur les ressources naturelles du pays. En 1969, Ottawa crée Télésat Canada afin d'exploiter un système commercial national de télécommunications par satellite. *Anik A-1* est lancé en novembre 1972, il est suivi par *Anik A-2* en avril 1973. Le Canada fait alors figure de pionnier dans l'utilisation du satellite aux fins de COMMUNICATIONS intérieures. Un troisième satellite, *Anik A-3*, est mis en orbite en mai 1975. Spar Aérospatiale et Northern Telecom, deux entreprises canadiennes, participent au projet comme sous-traitants. Chaque satellite est muni de 12 canaux réémetteurs sur la bande de fréquence 6/4 GHz. Plus de 100 stations terrestres sont établies à l'échelle du Canada.

Parallèlement à ce système commercial, on procède à l'élaboration d'un satellite technologique de télécommunications, renommé Hermes, un système expérimental de satellites de télécommunications. On veut élargir le champ d'application de la bande de haute fréquence radio 14/12 GHz, jusque-là réservée à l'usage exclusif des services de télécommunications spatiales. Les fréquences plus élevées nécessitent cependant l'utilisation de nouvelles techniques, de nouveaux composants ainsi que des satellites plus puissants, afin de compenser l'affaiblissement des signaux causé notamment par la pluie.

La mise au point de nouvelles composantes et le poids supplémentaire engendrés par des dispositifs plus puissants supposent que d'importantes dépenses devront être faites pour un satellite qui n'a pas encore été mis à l'épreuve. Puisque l'entreprise privée ne veut pas courir ce risque, le gouvernement fédéral décide de se charger du projet.

Le programme Hermes (1970-1979) est une entreprise conjointe Canada–États-Unis. La conception, la construction et la mise en service de l'engin spatial sont effectuées par le ministère des Communications. De son côté, la NASA se charge du lancement et d'autres aspects techniques dans lesquels elle est spécialisée, et elle met aussi au point un tube émetteur à grande puissance. L'utilisation du satellite est répartie également entre les deux pays. L'Organisation européenne de recherche spatiale adhère au programme en 1972.

Hermes, le satellite de télécommunications le plus puissant à l'époque, est lancé le 17 janvier 1976. Il est le premier à fonctionner sur la bande de fréquences 14/12 GHz. Grâce à cette bande et à la plus grande puissance de ses répétiteurs, le satellite rend possible l'utilisation d'antennes paraboliques (soucoupe) de 0,6 m de diamètre conçues spécialement pour la diffusion directe de signaux de télévision dans les foyers. Le programme Hermes comprend aussi des expériences dans les domaines de la télésanté, de la télééducation, de la télévision communautaire, de la prestation de services gouvernementaux et des applications scientifiques.

En plus d'être utilisé dans le cadre d'expériences menées au Canada et aux États-Unis, Hermes sert aussi à faire des démonstrations de diffusion en direct au Pérou, en Australie et en Papouasie-Nouvelle-Guinée. Dans ces deux derniers pays, les démonstrations ne sont possibles qu'à la suite d'un changement de position orbitale du satellite au-dessus du Pacifique. De nouvelles composantes mises au point dans les laboratoires du gouvernement, tels que les amplificateurs à transistors à effet de champ, sont repris par l'entreprise privée qui en assure la fabrication et la distribution aux propriétaires de satellites commerciaux. Spar Aérospatiale, RCA et SED Systems sont quelques-unes des entreprises canadiennes importantes qui ont participé au programme Hermes.

En décembre 1978, la NASA lance *Anik B* pour Télésat Canada. Le satellite fournit 12 canaux de fréquences destinés aux émissions radio publicitaires sur la bande de fréquences 6/4 GHz, et quatre canaux expérimentaux sur la bande 14/12 GHz. Les canaux expérimentaux sont loués au ministère des Communications qui poursuit les essais pratiques entrepris dans le cadre du programme Hermes. *Anik C-3* est mis en orbite au mois de novembre 1982 par la navette spatiale américaine *Columbia*. Ce satellite est pourvu de 16 canaux fonctionnant sur la bande 14/12 GHz et constitue une étape importante dans le domaine de la radiodiffusion directe par satellite et de la réception à l'aide d'antennes paraboliques. Un deuxième satellite de la même série, *Anik C-2*, est lancé en juin 1983. Un troisième, *Anik C-3*, s'ajoute à la série en avril 1985.

Ces nouveaux satellites seront relayés dans tout le Canada par quatre stations régionales qui transmettront des signaux de télévision assez puissants pour que les antennes paraboliques de 1,2 m à 1,8 m puissent les capter. On procède alors à l'élaboration d'une nouvelle génération de satellites. *Anik D-1* est lancé le 26 août 1982 en remplacement d'*Anik A* et d'*Anik B* qui commencent à prendre de l'âge. *Anik D-2* est mis en orbite au mois de novembre 1984 par la navette spatiale américaine *Discovery*. Les satellites *Anik E* font partie de la prochaine série de satellites commerciaux de télécommunications. *Anik E2* est lancé en avril 1991, et *Anik E1* vient s'ajouter en septembre 1991. Les satellites *Anik E* sont des modèles à deux bandes de grande puissance munis de 24 canaux sur la bande 6/4 GHz et de 16 canaux sur la bande 14/12 GHz. Les satellites *Anik E* sont déployés afin de remplacer les satellites *Anik C* et *Anik D*.

Une fois le programme Hermes complété, le gouvernement canadien met l'accent sur le système de télémanipulation (BRAS SPATIAL CANADIEN), ce dernier étant intégré au programme de la navette spatiale américaine. Cet appareil ressemblant à un bras est conçu spécialement pour déployer et récupérer des objets dans l'espace, et il est transporté dans la soute de la navette spatiale américaine. Le gouvernement canadien finance les travaux entrepris par une équipe spécialisée en recherches industrielles dirigée par Spar Aérospatiale ltée en vue de l'élaboration du système spatial de télémanipulation. En retour, la NASA accepte de fournir les systèmes de production pour la flotte de navettes du Canada. Des essais du bras spatial canadien sont réussis pour la première

fois en 1981 sur la navette spatiale américaine *Columbia*.

Les satellites sont de plus en plus utilisés dans le domaine des communications mobiles. Leur utilisation est rendue toutefois difficile en raison du problème que pose l'installation d'antennes de satellites hyperfréquences sur des véhicules en mouvement. Le premier service mobile commercial par satellite dessert les vaisseaux en mer. Le Système maritime de communications par satellite (MARISAT) est établi en 1976, et l'Organisation internationale de télécommunications maritimes par satellites (INMARSAT) est constituée en 1979.

Le Canada et plusieurs autres pays, dont les États-Unis, la France et la Russie, participent au programme COSPAS-SARSAT, un système de recherche et de sauvetage, qui recourt à la technologie des satellites, institué en vue de repérer les avions et les navires en détresse.

Le MSAT, un nouveau satellite de télécommunications du service mobile, doit être lancé à la fin de 1995. Ce satellite, le jumeau de celui lancé par les États-Unis en avril 1995, est le plus avancé sur le plan technique et le plus puissant jamais construit pour les services mobiles commerciaux de communications. Construit par Hugues et Spar Aérospatiale pour TMI Communications, l'une des caractéristiques les plus importantes du satellite est qu'il rend les communications mobiles accessibles aux régions, notamment les localités rurales éloignées dans lesquelles ce genre de service n'était pas offert auparavant. Ses applications sont diverses: poste radiotéléphonique mobile et service mobile de transmission des données, services aéronautiques et maritimes, services de sécurité et de détresse, détermination des positions et radiomessagerie unidirectionnelle à zone étendue.

En 1992, après avoir accompli son objectif visant à encourager l'introduction, l'élaboration et l'utilisation de satellites dans le secteur canadien des télécommunications commerciales, le gouvernement canadien vend ses intérêts majoritaires dans Télésat à Alouette Telecommunications Inc., un consortium de sociétés privées spécialisées dans le domaine des télécommunications. Selon la loi, le mandat de Télésat demeure le même: offrir des services fixes par satellites commerciaux à toutes les régions du Canada, notamment aux régions du Nord et aux régions éloignées, et fournir des services par satellites entre le Canada et les États-Unis sur une base transfrontalière. Ces services comprennent la transmission et la réception de messages audio et de données ainsi que la diffusion. Ils touchent aussi d'autres domaines reliés aux télécommunications.

Au début des années 90, le lancement réussi des plus récents satellites de Télésat, *Anik E1* et *Anik E2*, a marqué le début d'une nouvelle ère pour les satellites de télécommunications canadiens. Grâce à ces satellites de grande puissance, il faudra peu de temps aux Canadiens pour accéder aux milliers de canaux de télévision par le biais de services de radiodiffusion directe à domicile par satellite. De plus, l'utilisation de nouvelles technologies de satellites (p. ex., les diverses techniques de compression numérique) permettra aux consommateurs canadiens d'accéder à une variété de nouveaux services commerciaux, d'information et de divertissements.

Dans l'avenir, les satellites de télécommunications permettront de continuer à réduire les distances et à éliminer les barrières géographiques. Ils joueront aussi un rôle de premier plan alors que les industries et l'économie nationales s'ouvrent aux marchés mondiaux.

William H. Melody

Saturday Night Il fait ses débuts en 1887 sous le nom de *Toronto Saturday Night* et sous la direction du rédacteur en chef E.E. Sheppard. C'est d'abord un journal hebdomadaire qui se vend, comme son nom l'indique, tous les samedis à 18 h. Il fait preuve de snobisme en cherchant à recruter ses lecteurs principalement parmi les gens de la haute bourgeoisie de Toronto. Cependant, le désir d'accroître son tirage et ses encarts de PUBLICITÉ le pousse à réorienter son contenu vers l'analyse critique et dogmatique de la vie tout en présentant un contenu fortement canadien.

Pendant les années 20, surtout avec Hector Charlesworth comme rédacteur de la revue, le message véhiculé en est un d'optimisme et de conservatisme, fidèle reflet de l'état d'esprit canadien.

La revue connaît vraiment une réussite déterminante sous la houlette de B.K. Sandwell comme rédacteur en chef, de 1932 jusqu'en 1951. Celui-ci s'intéresse vivement à toutes sortes de questions, et plus particulièrement aux libertés civiles. Il fait *Saturday Night* une force en lui trouvant de bons collaborateurs qui couvrent la politique et les arts, en dressant des profils de chefs de file canadiens des domaines gouvernemental et artistique, et en publiant de superbes portraits photographiques. *Saturday Night* devient ainsi, vers la fin des années 30, la troisième revue en importance en Amérique du Nord.

À la suite du départ de Sandwell, *Saturday Night* connaît un long passage à vide. Après 1958, Arnold Edinborough devient rédacteur en chef pour une dizaine d'années. Ce n'est qu'en 1968, lorsque Robert FULFORD en assume la rédaction, que *Saturday Night* commence à se dénicher un créneau porteur. Sous la direction de FULFORD, cette revue accorde beaucoup d'importance aux arts (en particulier, aux critiques de films que Fulford publie sous le pseudonyme de Marshall Delaney), et publie de longs et quelquefois exceptionnels reportages politiques qui sont souvent signés par Christina McCall. Au cours des années, *Saturday Night* présente des nouvelles et de la poésie. C'est grâce à elle que des auteurs tels que Dennis LEE et Margaret ATWOOD se font connaître partout au Canada.

Pendant les années 70, la revue connaît de graves problèmes financiers, qui sont finalement résolus en 1979 lorsque la famille Webster, menée par Norman Webster (futur rédacteur en chef du journal *The Globe and Mail*), l'achète et lui apporte son tout premier soutien financier solide depuis le début des années 50. En 1987, le financier Conrad BLACK acquiert *Saturday Night*. Fulford donne sa démission et John FRASER, du journal *The Globe and Mail*, le remplace. Kenneth Whyte succède à Fraser en 1994. Dans le meilleur des cas, l'existence d'une revue d'orientation générale est périlleuse au Canada. Malgré tout, en 1987, *Saturday Night* célèbre son centenaire et devient ainsi la revue la plus âgée dans l'histoire du pays. En raison de son tirage, 400 000 exemplaires en 1994, *Saturday Night* demeure l'une des tribunes d'opinions les plus lues au pays.

J.L. Granatstein

Saul, John Ralston, romancier, essayiste (Ottawa, Ont., 19 juin 1947). Saul fait ses études à l'U. McGill et au King's College de l'U. de London, où il obtient un doctorat en sciences économiques et en sciences politiques. Ses romans mettent en scène des personnages confrontés aux structures du pouvoir politique, militaire et économique. Son premier roman, *The Birds of Prey* (1977; trad. *Mort d'un général*, 1977), suspense politique qui se déroule en France, est suivi de trois autres, notamment *Baraka* (1983; traduit en français sous le même titre en 1984), dans lequel une grande entreprise pétrolière tente d'échanger des armes contre des droits pétroliers au Viêt-nam, et *The Paradise Eater* (1988; trad. *Paradis Blues*, 1988), dont l'action se passe à Bangkok. Plus récemment, Saul a écrit des textes critiques sur la civilisation occidentale.

Dans *Voltaire's Bastards: The Dictatorship of Reason in the West* (1992; trad. *Les bâtards de Voltaire: la dictature de la raison en Occident,* 1993), Saul prétend qu'en Occident, la raison s'est transformée depuis le siècle des Lumières pour n'être plus qu'une image déformée d'elle-même et un outil au

service de l'élite dirigeante. Selon lui, le jargon des technocrates favorise la conformité et corrompt tout esprit curieux, critique et humaniste. *The Doubters Companion: A Dictionary of Aggressive Common Sense* (1994), un dictionnaire argumentatif, contient 300 entrées sur des sujets portant sur l'histoire, la biographie, la philosophie et la critique sociale. Son ouvrage le plus récent, *The Unconscious Civilization* (1995), est un recueil de conférences ayant un lien direct avec ses deux livres précédents.

Colin Boyd

Saule Genre d'arbres et d'arbustes (*Salix*) de la famille du saule (salicacées). Il en existe environ 300 espèces dans le monde, mais on les trouve surtout dans l'hémisphère Nord. Au Canada, on en connaît 54 espèces indigènes, dont sept ou huit atteignent la taille d'un arbre, ainsi que de nombreux hybrides et sous-espèces. L'identification présente parfois des difficultés, car les plantes sont dioïques (c.-à-d. que la fleur mâle et la fleur femelle, disposées en chatons, se trouvent sur deux pieds différents) et les chatons apparaissent souvent avant les feuilles. Ses feuilles sont simples, alternes et généralement longues et lancéolées; les fleurs sont sans pétale. L'aire de distribution couvre tout le pays. Certaines des plus petites plantes ligneuses, notamment le saule herbacé (*S. herbacea*), se retrouvent jusque dans le Grand Nord. Les espèces introduites comprennent le grand et populaire saule pleureur (*S. babylonica*). Les saules sont souvent utilisés comme arbres ornementaux, ou comme brise-vent, et parfois pour limiter l'érosion des berges. Les jeunes branches flexibles et résistantes sont utilisées en vannerie (osier). Comme les Grecs anciens, les autochtones utilisaient l'écorce intérieure, amère, qui contient de l'acide salicylique, comme analgésique ou pour faire baisser la fièvre. Bien que le bois soit mou, il est utilisé par les artisans dans la vannerie et la fabrication de meubles rustiques.

Roger Vick

Sault Sainte-Marie, ville de l'Ont.; chef-lieu du district d'Algoma; pop. 80 084 (rec. 1996), 81 476 (rec. 1991), 80 905 (rec. 1986); superf. 221,52 km²; const. en tant que ville en 1887, puis en tant que cité en 1912; située tout près des rapides de la RIVIÈRE ST. MARYS, entre les lacs SUPÉRIEUR et HURON, en face de l'établissement américain du même nom. Les tribus algonquines, les premières à occuper l'endroit, l'appellent Bawating (lieu des rapides). Sa situation géographique leur permet de dominer les routes supérieures des Grands Lacs et d'y trouver en abondance le poisson blanc et l'érable à sucre. Sault Sainte-Marie est communément appelée «le Sault» ou «Soo».

Peuplement et croissance Étienne BRÛLÉ est probablement le premier Européen à visiter la région en 1622. Une carte de Champlain, datée de 1632, désigne l'endroit comme étant Sault-de-Gaston. Toutefois, en 1668, une mission jésuite s'y établit et change le nom pour celui de Sainte-Marie-du-Sault. La COMPAGNIE DU NORD-OUEST y ouvre un poste de traite en 1783. Elle mise sur la pêche comme principale source de nourriture pour les commerçants de fourrures et creuse le premier canal en aval des rapides en 1798. La maison de Charles Ermatinger, construite de 1814 à 1823, la plus ancienne maison en pierre du Canada à l'ouest de Toronto, témoigne encore de cette époque.

Le premier canal est détruit pendant la GUERRE DE 1812. Aujourd'hui, les cargos de céréales et de minerai de fer empruntant la mer et les lacs évitent les rapides en passant par un canal canadien ouvert en 1895 et par quatre écluses américaines qui gèrent en permanence plus de trafic que tout autre réseau comparable dans le monde.

Économie Sault Ste-Marie doit son essor industriel à Francis CLERGUE, un homme d'affaires américain. Clergue construit une centrale hydroélectrique et une usine de pâte à papier, et met sur pied les ACIERS ALGOMA INC. (1900) et l'Algoma

Central Railway (1899-1914), lequel se prolonge jusqu'aux gisements de minerai de fer situés à proximité. Plus tard, lorsque Clergue fait faillite, le gouvernement de l'Ontario se voit forcé d'intervenir et de sauver quelques-unes des entreprises.

Les Aciers Algoma inc., la seule usine sidérurgique appartenant à ses employés au Canada, demeure le pilier de l'économie locale. Elle emploie jusqu'à 9000 travailleurs durant les périodes de pointe. Les forêts de la région d'Algoma approvisionnent aussi les usines de pâtes et papiers et les usines de transformation du bois de la ville.

L'Ontario Air Service, établi à Sault Sainte-Marie, possède la plus importante flotte d'avions-citernes au monde. Profitant de sa position géographique centrale pour les transports routiers est-ouest, la ville compte une quarantaine d'entreprises de services aux camionneurs. Elle est aussi devenue un important centre régional de services gouvernementaux, de soins de santé et d'éducation.

Vie culturelle Le Sault College of Applied Arts and Technology et l'ALGOMA UNIVERSITY COLLEGE dispensent de la formation postsecondaire. Parmi les activités touristiques et récréatives hivernales, on trouve le carnaval Bon Soo, les parties de hockey junior des Soo Greyhounds et le ski alpin au centre de ski Searchmount. En été, les activités comprennent des randonnées en bateau aux écluses et des randonnées organisées par l'Algoma Central Railway dans la région sauvage du canyon Agawa. Des parcs ainsi que deux ports de plaisance aux services complets attendent les visiteurs qui souhaitent explorer le Sault en bateau. L'un de ces ports porte le nom de Roberta BONDAR, première femme astronaute, qui est originaire de Sault Sainte-Marie.

David D. Kemp

Saumon De la famille des salmonidés [du latin *salire* «sauter»], les saumons ont des nageoires à rayons mous, une nageoire dorsale courte, une nageoire adipeuse et des dents sur les mâchoires. Cette famille comprend les saumons; les TRUITES et les OMBLES, de la sous-famille des salmoninés; les OMBRES, de la sous-famille des thymallinés; et les CORÉGONES, de la sous-famille des corégoninés. Les salmonidés sont indigènes des eaux tempérées nordiques et subarctiques. Cependant, parce qu'ils représentent un attrait énorme pour les pêcheurs sportifs, ils ont été introduits sur tous les continents, sauf en Antarctique.

La sous-famille des salmoninés comprend cinq genres: deux genres eurasiens, *Brachymystax* et *Hucho,* et trois genres présents dans les deux hémisphères, entre autres au Canada: *Salmo* qui inclut le SAUMON DE L'ATLANTIQUE, et certaines espèces de truites; *Oncorhynchus,* qui comprend les SAUMONS DU PACIFIQUE et certaines espèces de truites et *Salvelinus,* le groupe des ombles.

Les salmoninés se distinguent des autres salmonidés par leurs dents bien développées sur les grandes mâchoires et par leurs petites écailles. La sous-famille des thymallinés compte un genre (*Thymallus*) et celle des corégoninés en compte trois (*Stenodus, Prosopium* et *Coregonus*) que l'on trouve tous au Canada. Les ombres et les corégones ont de petites dents et de plus grosses écailles que les autres membres de la famille.

Tous les salmonidés fraient en eau douce, habituellement dans des cours d'eau. Plusieurs espèces sont anadromes, p. ex., les saumons du Pacifique, c.-à-d. qu'elles passent leur vie d'adultes en mer et retournent dans leur cours d'eau natal pour frayer. Contrairement aux autres salmonidés, les saumons du Pacifique meurent après le frai.

Les œufs de salmonidés, de grande taille comparativement à ceux de la plupart des autres espèces de poissons, ont une couleur qui varie entre le rose jaunâtre et le rouge orangé. Les femelles ont la tête fuselée, mais chez les mâles de plusieurs espèces, la mâchoire inférieure acquiert une forme de crochet prononcé, avant le frai. Les salmonidés sont reconnus pour leur aptitude à retrouver leur cours d'eau natal où ils fraient, et pour leur combativité et leurs sauts lorsqu'ils sont pêchés à la ligne.

Parmi les groupes d'animaux sauvages du Canada, les salmonidés sont ceux qui ont la plus grande valeur économique si on considère les revenus de pêches sportive et commerciale qu'ils génèrent. En 1985, les ventes de saumons du Pacifique se sont élevées à 512 millions de dollars. L'aquiculture commerciale de saumons du Pacifique est en croissance, et ils font l'objet d'une très importante industrie de pêche sportive. Les stocks de saumon chinook et de certains stocks de saumon coho du sud-est de l'île de Vancouver ont énormément diminué. Ailleurs en Colombie-Britannique cependant, certains stocks semblent être stables.

Les espèces du genre *Salmo* font l'objet d'une importante pêche sportive et d'une industrie aquicole (*voir* AQUICULTURE) de petite taille, mais en croissance. Les espèces du genre *Salvelinus* sont recherchées par les pêcheurs sportifs et font l'objet d'une petite industrie de pêche commerciale et d'une pêche de subsistance, particulièrement chez les autochtones du nord du Canada. On fait la pêche sportive d'ombres principalement dans le Nord. Les corégones sont pêchés commercialement dans le centre du Canada et font l'objet d'une pêche de subsistance d'une importance considérable pour les autochtones du Nord.

E.D. Lane

Saumon de l'Atlantique (*Salmo salar*) Il est probablement le représentant le plus connu de la famille des salmonidés. On le rencontre des deux côtés de l'océan Atlantique. Au Canada, on le trouve dans quelque 300 rivières, depuis la baie d'Ungava vers la côte du Labrador et le Québec jusque dans les Maritimes, notamment dans les rivières RESTIGOUCHE et MIRAMICHI (Nouveau-Brunswick), les rivières HUMBER et GANDER (Terre-Neuve), les rivières Matane et Bonaventure (Québec) et les rivières Eagle et Forteau (Labrador). Jusqu'à la fin des années 1800, il est abondant dans le lac Ontario, mais son nombre diminue parce que les barrages construits pour fournir de l'énergie hydraulique aux moulins à scie l'empêchent d'accéder à ses sites de frai. On trouve encore des populations d'eau douce dans les lacs de l'est du Canada.

Description Le saumon de l'Atlantique a un profil hydrodynamique, des nageoires à rayons mous et une nageoire adipeuse. Certains individus peuvent atteindre un poids de plus de 27 kg, mais les poissons de plus de 13,5 kg sont rares. Les saumons pêchés commercialement pèsent en moyenne 4,5 kg.

Reproduction Le saumon de l'Atlantique est réputé pour les sauts qu'il effectue afin de remonter les chutes en route vers ses frayères. Un pourcentage très élevé de saumons retournent à leur cours d'eau natal pour frayer. Le frai a lieu à l'automne et les gros œufs passent l'hiver en rivière, enfouis dans le gravier. Les jeunes, qu'on nomme tacons, passent d'un à trois ans en rivière avant de se transformer en saumoneaux pour entreprendre leur descente vers la mer. Les saumons qui retournent à leur rivière après un an passé en mer sont appelés madeleineaux et ils pèsent environ 2,2 kg. Ceux qui reviennent après deux ans en mer, les dibermarins, peuvent peser entre 4,5 et 6,7 kg. Les saumons de l'Atlantique ne meurent pas tous après le frai et certains se reproduisent plus d'une fois. En 1995, on entreprend un programme de surveillance électronique des jeunes saumons afin de mieux comprendre pourquoi cette espèce disparaît mystérieusement depuis quelques années. Certains scientifiques croient que le refroidissement des eaux de l'Atlantique Nord peut en être la cause. (*Voir aussi* TRUITE.)

W.B. Scott

Saumon du Pacifique On compte sept espèces de saumons du Pacifique. Elles appartiennent au genre *Oncorhynchus* et à la famille des salmonidés. Deux

espèces sont indigènes du Japon (*O. masou* et *O. rhodurus*) et cinq sont indigènes du Canada: le saumon rose (*O. gorbuscha*), le saumon kéta (*O. keta*), le saumon rouge (*O. nerka*), le saumon coho (*O. kisutch*) et le saumon quinnat (*O. tshawytscha*). Le nom du genre fait référence au museau en forme de crochet caractéristique de la plupart des mâles pendant le frai. La répartition originale des SAUMONS du Pacifique inclut le Pacifique Nord, le détroit de Béring, le sud-ouest de la mer de Beaufort et les eaux douces environnantes. On les trouve dans environ 1300 à 1500 rivières et cours d'eau de la Colombie-Britannique, notamment dans la RIVIÈRE SKEENA et la RIVIÈRE NASS dans le Nord. Dans le sud de la province, le FLEUVE FRASER abrite 75 p. 100 de la population totale de saumons pendant leur vie en rivière. On les a introduit avec succès en Nouvelle-Zélande, dans certaines régions de l'Eurasie, dans les Grands Lacs et en Amérique du Sud.

Les saumons du Pacifique se distinguent des autres salmonidés par le grand nombre de rayons de leur nageoire anale (de 13 à 19). À l'automne, toutes les espèces canadiennes migrent dans les cours d'eau pour le frai. Les œufs sont enfouis sous le gravier, et les jeunes émergent au printemps et restent en eau douce pendant une période qui peut varier de une semaine à trois ans. La majorité s'en va alors en mer où elle reste entre un et cinq ans, mais certaines espèces ont des populations d'eau douce (p. ex., le saumon kokani, un saumon rouge d'eau douce). En mer, les saumons atteignent les poids moyens suivants: saumon rose, de 1 à 3 kg; saumon kéta, de 5 à 7 kg; saumon coho, de 3,5 à 7 kg; saumon rouge, de 2 à 4 kg et le saumon quinnat, de 6 à 18 kg (le plus grand quinnat jamais enregistré pesait 56,8 kg). Ils retournent frayer dans leur cours d'eau natal et y meurent. Lorsqu'ils sont en mer, les adultes ont les flancs et le ventre argentés, et le dos bleu-noir ou bleu-vert foncé avec, chez certaines espèces, des taches noires. Pendant le frai, ils deviennent très colorés: le saumon quinnat devient brun doré, le saumon rose exhibe une coloration tachetée de brun et de vert, le saumon coho et le saumon kéta deviennent pourpres et le saumon rouge arbore un rouge éclatant avec la tête verte.

Toutes les espèces canadiennes se rencontrent jusqu'en Alaska sur la côte Ouest, et le saumon kéta ainsi que le saumon rose se distribuent aussi loin vers le nord que dans le fleuve Mackenzie. Le saumon rose est introduit dans le lac Supérieur et se répand dans les Grands Lacs. Au Canada, on ne réussit pas à introduire le saumon kéta à l'extérieur de son aire de distribution originale. Le saumon coho est ensemencé avec succès dans le lac Michigan en 1966 et se répartit dans tous les Grands Lacs où il fait l'objet d'une importante pêche sportive. Le saumon kokanee est largement introduit partout au Canada, et on en trouve des populations depuis la Colombie-Britannique (indigènes et introduites) jusqu'en Ontario.

On fait plus de tentatives pour implanter le saumon quinnat en dehors de son aire de répartition que pour toute autre espèce, mais le succès de ces introductions est incertain. En Colombie-Britannique, le saumon coho et le saumon quinnat sont les prises dominantes de la pêche sportive côtière et ils font également l'objet d'une pêche commerciale avec des lignes et hameçons et, de façon moins importante, avec des filets maillants et des seines. Le saumon rouge, le saumon rose et le saumon kéta sont principalement capturés aux filets par des pêcheurs commerciaux. Environ 41,8 millions de saumons représentant 107,6 millions de kg sont récoltés en 1985 en Colombie-Britannique. Jusqu'à 1985, avec la signature du Traité sur le saumon du Pacifique entre les États-Unis et le Canada, c'est la Commission internationale des pêcheries de saumon du Pacifique qui réglementait la pêche de saumon du Pacifique. La

Pacific Salmon Commission, dont le centre des opérations se trouve à Vancouver, est le nouvel organisme qui gère les pêches.

E.D. Lane

Saumur c. La Ville de Québec Par une majorité de 5 contre 4, la Cour suprême (1953) confirme que la province du Québec a le pouvoir, que contestait le TÉMOIN DE JÉHOVAH Laurier Saumur, d'autoriser les municipalités à interdire la distribution de toute publication dans les rues, sans avoir obtenu au préalable la permission de la police.

Cependant, un juge de la majorité décide que, en adoptant une loi garantissant «le libre exercice du culte et de toute profession religieuse», l'Assemblée législative du Québec a empêché l'application de cette réglementation municipale aux publications religieuses. C'est donc de justesse que la Cour interdit à la Ville de Québec de gêner la distribution des brochures des Témoins de Jéhovah, caractérisées par des attaques virulentes contre le catholicisme romain. John DIEFENBAKER appuie la pétition des Témoins exigeant l'adoption d'une déclaration des droits, qui devient en 1960 la *Déclaration canadienne des droits*.

Stephen A. Scott

Saunders, Albert Charles, avocat, politicien, juge et premier ministre de l'Île-du-Prince-Édouard (Summerside, Î.-P.-É., 12 oct. 1874—*id.*, 18 oct. 1943). Après avoir été élu maire de Summerside à quatre reprises, il devient chef du Parti libéral en 1923 et remporte les élections de 1927 grâce à son appui au maintien de la prohibition de l'alcool. En 1931, il devient juge de la Cour suprême de la province.

Leonard Cusack

Saunders, sir Charles Edward, fonctionnaire et phytogénéticien (London, Ont., 2 févr. 1867—Toronto, 25 juill. 1937), troisième fils de William SAUNDERS. Il est à l'origine de l'énorme production commerciale de blé de première qualité au Canada en sélectionnant et testant le BLÉ MARQUIS avant de l'introduire dans l'Ouest canadien. Tout comme ses quatre frères, il aide son père dans ses travaux couvrant des domaines aussi variés que l'hybridation des plantes, l'entomologie et la musique.

Charles est le moins robuste de la famille, mais il est peut-être le plus doué. Après des études à l'U. de Toronto et à l'U. John Hopkins, il est professeur de chimie à la Central U. au Kentucky de 1892 à 1893. De 1894 à 1903, il se consacre à l'étude de la musique et enseigne les techniques vocales. En 1903, son père, reconnaissant sa méticulosité et sa persévérance, le nomme expérimentateur au Service des fermes expérimentales. (Le titre de ce poste change de nom et devient spécialiste en céréales en 1905, puis spécialiste des céréales pour le Dominion en 1910.)

Saunders applique aussitôt des méthodes scientifiques à sa nouvelle tâche et passe ses étés à sélectionner les épis de blé un à parmi le matériel dont la sélection se faisait auparavant en lot. À partir d'un croisement entre le Hard Red Calcutta et le Red Fife, effectué en 1892 par son frère A.P. Saunders, il obtient une nouvelle variété de blé, le Markham.

Le blé Markham ne produit cependant pas de lignée uniforme même si bon nombre de plants présentent des caractéristiques appréciables. Saunders sélectionne donc soigneusement les épis parmi les jeunes plants avec tige rigide et insiste sur l'importance de faire pousser les nouveaux plants séparément sans les mélanger avec d'autres variétés. La sélection est rigoureuse et seules les meilleures lignées sont retenues. Il détermine quelles lignées ont une forte dose de gluten en mâchant des échantillons de grains et innove en faisant cuire des petits pains afin d'en mesurer le volume. Il donne à la meilleure lignée le nom de Marquis. En 1907, les graines excédentaires sont envoyées à Indian Head, en Saskatchewan, pour des expériences plus élaborées.

D'après les rapports annuels de Saunders, le blé Marquis s'est adapté de manière phénoménale aux conditions de la Saskatchewan: il a une semaine d'avance sur le blé Red Fife, obtient des rendements élevés et fait un excellent pain. Le blé Marquis demeure encore aujourd'hui la variété de référence pour la panification. En 1909, il y a suffisamment de graines pour les besoins de 407 agriculteurs et, l'année suivante, 2112 agriculteurs reçoivent des échantillons. De la sorte, les fermiers de la Saskatchewan et de l'Alberta peuvent cultiver leur blé Marquis en toute confiance, ce qui n'était pas le cas jusque là avec la variété Red Fife, qui était bien souvent tardive et était de ce fait endommagée par le gel.

En 1920, 90 p. 100 du blé cultivé dans l'Ouest canadien est de la variété Marquis. On le cultive aussi aux États-Unis sur une grande superficie. Le blé Marquis est une variété hâtive et permet ainsi d'éviter les dommages causés par le gel. Il donne un aussi bon rendement, sinon meilleur, par rapport aux autres variétés hâtives. On en produit une farine «ferme», très en demande chez les minotiers et les boulangers du monde entier. C'est la variété Marquis qui fait la renommée du Canada comme producteur d'un blé dur et roux de printemps, lequel rapporte annuellement des millions de dollars en revenus d'exportation aux agriculteurs et au pays. Saunders applique aussi ses méthodes de sélection de lignée unique à la culture de l'orge, de l'avoine, des pois, des fèves et du lin, ce qui lui permet d'introduire de nouvelles et d'excellentes variétés pour chaque type de culture.

En 1922, après 19 ans de travail comme phytogénéticien, Saunders est épuisé physiquement et démissionne de son poste. Il se rend à Paris où il étudie la littérature française à la Sorbonne pendant trois ans. Il retourne à Ottawa, puis s'installe à Toronto en 1928. Il est fait Chevalier en 1934. Il donne alors des conférences sur le blé Marquis et sur la langue française. La musique reste sa principale source de réconfort jusqu'à sa mort.

T.H. Anstey

Saunders, Margaret Marshall, écrivaine (Milton, N.-É., 13 avril 1861—Toronto, 15 févr. 1947). À l'âge de 6 ans, elle déménage à Halifax avec sa famille. À 15 ans, elle va au pensionnat à Édimbourg, puis étudie le français à Orléans. À son retour, elle enseigne pour une courte période.

Le premier roman de Saunders, une intrigue amoureuse, *My Spanish Sailor*, est publié en 1889. Elle écrit *Beautiful Joe* (1894), l'histoire d'un chien abusé, qu'elle présente à un concours de la American Humane Association. Son livre remporte le premier prix et devient un best-seller. Il est traduit en 14 langues et on le considère comme le premier livre canadien dont le tirage a dépassé le million d'exemplaires.

Saunders voyage beaucoup aux États-Unis, situant dans les endroits qu'elle visite ses histoires pour enfants dont les héros sont des animaux domestiques et des oiseaux. Parmi ses romans, citons *Esther de Warren* (1927), son œuvre favorite, qui est basée sur ses expériences en Écosse. En 1914, elle s'établit à Toronto. Au cours des années 20, en compagnie de sa sœur, elle fait des tournées de conférences au Canada et aux États-Unis et donne des conférences agrémentées d'illustrations.

Femme pleine de charme et d'humour, ses préoccupations pour les questions humanitaires (particulièrement en ce qui concerne les enfants) et les traitements infligés aux animaux ne cesseront de grandir. Touchants et didactiques, les récits animaliers de Saunders sont à la fois divertissants et rédigés avec élégance.

Lorraine McMullen

Saunders, William, pharmacien, naturaliste et agronome (Crediton, Angl., 16 juin 1836—London, Ont., 13 sept. 1914). Saunders fonde le Service des fermes expérimentales (aujourd'hui la Direction générale de la recherche) au ministère fédéral de l'AGRICULTURE. En 1848, il quitte l'Angleterre avec sa famil-

le pour s'installer au Canada, où il apprend le métier de pharmacien. Il ouvre sa propre boutique en 1855. Son intérêt pour les insectes qui nuisent aux plantes médicinales l'amène à fonder la Société entomologique du Canada en 1863.

Passionné de jardinage et d'arboriculture fruitière, Saunders introduit de nombreuses nouvelles variétés de fruits. En 1874, il est nommé membre de l'American Association for the Advancement of Science. Il est président de l'Ordre des pharmaciens de l'Ontario de 1879 à 1882 de même que de la Société d'hypothèques Huron et Érié. En 1881, il devient membre de la Société royale du Canada et, en 1882, il est président de la Fruit Growers' Association of Ontario.

En 1886, le Parlement adopte une loi pour la création de fermes et de stations expérimentales fédérales, dont Saunders sera le directeur. Cette loi s'appuie en partie sur le rapport que Saunders produit après son enquête menée en 1885 sur les stations américaines. Il accomplit sa nouvelle tâche avec énergie, choisissant lui-même les sites pour les cinq premières fermes de même que le personnel, et continue de s'intéresser à la sélection des céréales, à l'horticulture et à la foresterie. Il met sur pied le programme d'amélioration du blé qui amène son fils sir Charles Edward SAUNDERS à créer une nouvelle variété, le BLÉ MARQUIS, qui a enclenché le développement agricole de l'Ouest canadien. Il reçoit des diplômes honorifiques de l'U. Queen et de l'U. de Toronto. Ses nombreux ouvrages techniques se trouvent dans les bibliothèques du ministère de l'Agriculture.

T.H. Anstey

Sauvage, Claude, auteur et professeur (Mascara, Algérie, 1938). Il arrive au Québec en 1967. Il s'y adapte très rapidement et entreprend d'y faire carrière. Il poursuit à l'U. de Montréal des études en lettres, en langues et en pédagogie qu'il avait entreprises à Alger et à Aix-en-Provence.

Pendant 32 ans, il enseigne la littérature et le théâtre au Cégep de Saint-Laurent, près de Montréal. Il est très actif dans le milieu de l'enseignement, ce qui lui vaut de devenir président de l'Association des professionnels de l'enseignement du français au collégial (APEFC) depuis 1995. Il s'intéresse aux arts, et collabore comme critique d'art à la revue *Magazin'Art* depuis 1987.

Claude Sauvage a publié deux ouvrages sur la langue et la littérature: *Le français au fil du temps et des mots* (1990), *Renaissance: humanisme et réforme* (1995). Il a aussi publié plusieurs ouvrages de critique d'art dont *Gabriel Bonmati: splendeur et sérénité* (1987), *Aurelio Sandonato: Arte Architettura: une ville utopique* (1988), *Nasser Ovissi: Noblesse équine* (1991), *Claude Théberge: entre humanisme et humanité* (1993), *Nicole Foreman: Le dire avec des fleurs* (1993), *Jean-Paul Ladouceur: La Romance du Vin, de Nelligan* (1996).

Claude Sauvage est un intellectuel passionné d'art et de culture. Il apporte à la vie de l'esprit une contribution remarquable.

Paul-Émile Roy

Sauvé, Jeanne-Mathilde, née Benoît, journaliste, politicienne et gouverneur général du Canada (Prud'homme, Sask., 26 avril 1922—Montréal, 26 janv. 1993). Après des études au Collège Notre-Dame-du-Rosaire à Ottawa, puis à l'U. d'Ottawa et à l'U. de Paris, Sauvé est présidente nationale du mouvement Jeunesse étudiante catholique (1942-1947). Elle épouse Maurice SAUVÉ en 1948 et commence une brillante carrière de journaliste indépendante dans la presse, à la radio et à la télévision. Sa participation aux discussions d'ordre politique et social, son rôle dans l'amélioration du statut des femmes et son engagement dans divers domaines ont contribué au développement des idées et à l'évolution de la société canadienne.

Élue députée de Montréal en 1972, Sauvé est réélue en 1974, en 1979 et en 1980. Elle est la pre-

mière Canadienne française à devenir membre du Cabinet: ministre d'État chargée des Sciences et de la Technologie, ministre de l'Environnement et ministre des Communications. C'est en grande partie grâce aux initiatives qu'elle prend durant son mandat que le Canada fait partie aujourd'hui des pays les plus avancés en matière de nouvelles technologies. Elle sait se faire respecter dans son rôle de première femme Présidente de la Chambre des communes (14 avril 1980) grâce à ses compétences et à son autorité. En moins de trois ans, elle réforme complètement l'administration de la Chambre.

Sauvé est aussi la première femme à être nommée Gouverneure générale du Canada (14 mai 1984). Elle procède à la mise en place d'un système de gestion adapté aux besoins modernes. Grâce à son prestige et à sa façon de gouverner, elle inspire le respect par son attitude, ses opinions et ses déclarations sur la plupart des questions d'actualité nationales et étrangères. À la tête de l'État, elle représente un point de ralliement pour ses compatriotes, digne représentante du Canada à l'étranger et symbole de l'unité canadienne.

Jean-Noël Tremblay

Sauvé, Joseph-Mignault-Paul, premier ministre du Québec (Saint-Benoît, Qc, 24 mars 1907—Saint-Eustache, Qc, 2 janv. 1960). Malgré sa brièveté, le règne de Paul Sauvé, qui ne dure que de septembre 1959 à sa mort, inaugure au Québec une période de grands bouleversements politiques et sociaux. Membre de la Force de réserve à partir de 1931, Sauvé combat outre-mer durant la Seconde Guerre mondiale, à titre de commandant en second des Fusiliers du Mont-Royal lors du débarquement de Normandie. Promu au rang de brigadier, en 1947, il parvient aussi à poursuivre une carrière politique active. Élu député conservateur à l'Assemblée législative du Québec pour la circonscription de Deux-Montagnes à une élection partielle, en 1930, il est battu en 1935. Toutefois, il joue un rôle important dans la création de l'UNION NATIONALE, sous la bannière de laquelle il est réélu systématiquement de 1936 à 1956. Après sa nomination comme successeur de Maurice DUPLESSIS, il indique rapidement que les choses vont changer en prononçant un simple mot, devenu célèbre partout au Québec, «désormais». Le règne de 100 jours de Sauvé marque le début de la RÉVOLUTION TRANQUILLE, parce qu'il provoque une renaissance et permet de régler plusieurs questions en suspens, notamment celles de l'assurance-maladie et des subventions aux universités.

Daniel Latouche

Sauvé, Maurice, économiste, politicien et homme d'affaires (Montréal, 20 sept. 1923—*id.*, 13 avril 1992). Maurice Sauvé reçoit son Ph.D de l'U. de Paris en 1952 et revient travailler à Montréal pour la Confédération des travailleurs catholiques du Canada. D'allégeance libérale, il est étroitement associé à la mise en place de la base économique de la RÉVOLUTION TRANQUILLE au Québec. Il est élu à la Chambre des communes en 1962 et devient ministre des Forêts et du Développement rural de 1964 à 1968. Délaissant la politique au profit des affaires, il entre à la Consolidated-Bathurst Inc. où il occupe divers postes d'administrateur. En 1985, on le nomme chancelier de l'U. d'Ottawa. Il est marié à la gouverneure générale Jeanne SAUVÉ.

Harriet Gorham

Savage, John, médecin, politicien et premier ministre de la Nouvelle-Écosse (Newport, Pays de Galles, R.-U., 28 mai 1932). Il reçoit, en 1956, son diplôme de médecin spécialisé en médecine familiale à l'U. Queen's de Belfast. Il passe quatre ans dans le British Medical Corps, puis pratique la médecine au Pays de Galles jusqu'en 1966, date où la situation économique du Royaume-Uni l'amène à émigrer au Canada. Il s'établit à Dartmouth, en Nouvelle-Écosse et devient associé d'un centre médical, où il se spécialise en médecine familiale. Tout en exerçant sa profession, Savage est membre de la

Faculté de médecine de l'U. Dalhousie pendant 16 ans et chargé de cours à l'U. St. Francis Xavier, à l'U. Mount Allison et au University College of Cape Breton.

Savage est candidat libéral aux élections fédérales de 1972 et 1979, mais il est défait. Par contre, il est élu au conseil scolaire de Dartmouth en 1978 et en devient président en 1984. Étant un soi-disant militant social, il travaille énergiquement à la promotion de questions sociales et devient populaire comme membre du conseil. En 1985, il tire profit de cette popularité en remportant les élections à la mairie de Dartmouth. Il concentre ses efforts sur les questions de politique sociale et est réélu en 1988 et en 1991. Lorsque Vince McLean démissionne en tant que chef libéral de la Nouvelle-Écosse, Savage se porte candidat pour lui succéder. Le 20 juin 1992, lors du premier congrès à la direction tenu par scrutin téléphonique au Canada, il est élu chef du Parti libéral. Il dirige ensuite l'opposition sans siéger à l'Assemblée législative. Les libéraux de Savage défont nettement le gouvernement conservateur de Donald Cameron aux élections générales du 25 mai 1993.

Savard, Félix-Antoine, écrivain, universitaire, prélat (Québec, 31 août 1896—*id.*, 24 août 1982). Poète et romancier, il a marqué la littérature nationale par la qualité éminente de son style et par la création d'un héros de stature proprement mythique.

Il passe son enfance et sa jeunesse au Saguenay, puis découvre le pays de Charlevoix qu'il aime par-dessus tout et qu'il se plaît à dénommer «le comté métaphysique de la province de Québec». Devenu prêtre en 1922, il amorce une carrière dans l'enseignement des belles-lettres. Il exerce ensuite son ministère religieux comme vicaire dans plusieurs paroisses et comme curé-fondateur de Saint-Philippe de Clermont, en même temps qu'il participe à la colonisation de l'Abitibi des années 30. Durant ces années de travail pastoral, il approfondit sa culture humaniste grâce à un commerce assidu avec les auteurs grecs, latins et français, tant du Moyen Âge ou du siècle classique que les modernes, Mistral, Claudel et Valéry.

En 1937, paraît MENAUD MAÎTRE-DRAVEUR qui lui assure d'emblée une place de premier rang parmi les auteurs de son époque. Véritable poème épique, ce roman foisonne de symboles, images et métaphores, et campe, dans le paysage grandiose de Charlevoix et le cycle des saisons, un personnage vibrant qui se passionne pour son message et dont le destin tragique est interprété comme un grave et impérieux avertissement pour les générations à venir.

À partir des années 40, la carrière de Savard est associée étroitement à l'U. Laval. À la faculté des lettres, dont il est sept ans le doyen, il enseigne la littérature et collabore à d'importantes fondations et recherches sur le FOLKLORE. Il est élu à la Société royale du Canada en 1945 et à l'Académie canadienne-française en 1954.

Vieil homme sage à la parole oraculaire, parfois chaudement controversée, il a passé la plus grande partie de son active retraite dans sa patrie d'élection, Saint-Joseph-de-la-Rive (Charlevoix).

Sa vie entière a été vouée à l'écriture. Il a publié trois recueils de poèmes et prose: *L'Abatis* (1943), *Le Barachois* (1959), *Le Bouscueil* (1972); deux pièces de théâtre: *La Folle* (1960), *La Dalle-des-morts* (1965); quelques récits tenant du conte ou de la parabole: *La Minuit* (1948), *Martin et le pauvre* (1959). Il est aussi l'auteur d'œuvres intimes du genre carnet, journal, mémoires où tout en se faisant toujours le promoteur et le défenseur de la fidélité aux traditions sacrées du peuple, il se révèle un merveilleux artiste du langage, ciseleur de formes, à l'affût des trouvailles d'imagination et du plaisir des mots.

Mais c'est surtout sur *Menaud maître-draveur* que se fonde sa gloire. Cette œuvre, qui s'est maintenue en gestation pendant une trentaine d'années, a

été reprise, refaite, et a connu 5 versions dont 3 fort distinctes; elle reste un modèle de labeur patient et une réussite exemplaire.

Réjean Robidoux

Savard, Serge, joueur de hockey (Montréal, Qc, 22 janv. 1946). Défenseur costaud, il se joint aux CANADIENS DE MONTRÉAL en 1967, époque où l'équipe comprend plusieurs joueurs vedettes à la défensive. Jumelé à Guy Lapointe, Savard est le pivot de la défensive des Canadiens pendant les 14 saisons suivantes, couronnées par 8 coupes Stanley dont 4 d'affilée (1976 à 1979). En 1969, Savard reçoit le TROPHÉE CONN SMYTHE qui le consacre joueur le plus utile à son équipe dans les séries éliminatoires. Discret mais toujours au bon endroit, il galvanise l'attaque des Canadiens par des passes précises et donne à la défensive une part de plus en plus grande lors de toute attaque. En 1981, il quitte les Canadiens pour Winnipeg, où il termine sa carrière de hockeyeur en 1983.

Durant ses 16 années dans la LNH, Savard enregistre 106 buts et cumule 333 aides. Il revient chez les Canadiens à titre de directeur général et l'équipe conquiert 2 fois encore la Coupe Stanley. Il est démis de ses fonctions en 1995. Membre du Temple de la renommée du hockey, il a reçu l'Ordre du Canada en 1994.

Yvon Dore

Savijarvi, Lisa, skieuse alpine (Bracebridge, Ont., 29 déc. 1963). Elle chausse ses premiers skis alors qu'elle n'a que 14 mois, commence la compétition à 8 ans et évolue au niveau national dès l'âge de 14 ans. Dans un sport dominé par les spécialistes, elle excelle dans toutes les disciplines alpines, comme le démontre son palmarès au championnat canadien de 1985: championne au slalom géant, deuxième au supergéant, troisième en descente et au slalom. Elle est donc la reine incontestée du championnat de ski alpin toutes catégories. Possédant une carrure et une puissance peu utiles pour les épreuves de slalom lors des compétitions internationales, elle se concentre sur les trois autres types d'épreuves et se classe 10 fois parmi les 10 meilleures skieuses lors de la Coupe du monde en 1986. Elle remporte notamment le supergéant à Furano, se classe deuxième en descente à Badgastein et quatrième au slalom géant à Banff. En mars 1987, une grave chute survenue lors d'une séance d'entraînement pour la Coupe du monde à Vail (Colorado) lui vaut un genou droit déchiqueté et une vertèbre tassée. Elle effectue un bref retour sur le circuit de la Coupe du monde en 1988, mais ses blessures la forcent à abandonner la compétition.

Murray C. Shaw

Savile, Douglas Barton Osborne, botaniste, écologiste, mycologue (Dublin, Irl., 19 juill. 1909). Après ses études à l'U. McGill (1933-1934), Savile commence sa carrière au ministère de l'Agriculture du gouvernement fédéral (1936) pendant qu'il fait son doctorat à l'U. du Michigan (1939).

Son approche interdisciplinaire se voit par ses nombreuses publications dont les sujets sont très diversifiés: taxonomie, écologie, parasitologie chez les champignons, mammifères, oiseaux et plantes vasculaires, dont sa spécialisation sur le VOL DES OISEAUX. Bien que ses recherches mycologiques et botaniques couvrent presque toutes les provinces et territoires canadiens, ses études les plus célèbres se déroulent dans l'Arctique, entrecoupées par un interlude de trois ans sur les côtes de la Colombie-Britannique, qui mènent à la publication d'une monographie, *Arctic Adaptations in Plants* (1972). Une monographie publiée en 1962 sur le prélèvement et le soin des plantes reste populaire chez les botanistes.

Savile passe par divers postes au gouvernement pour finalement occuper celui de mycologue en chef (1957) et devenir associé de recherche honoraire au Biosystematics Research Institute à sa «retraite» en 1975. L'Association Botanique du Canada lui décerne la médaille Lawson.

Martin K. McNicholl

Sawchuk, Terrence Gordon, gardien de but au hockey (Winnipeg, 28 déc. 1929—New York, 31 mai 1970). Sawchuck joue dans les ligues juniors à Winnipeg et à Galt, en Ontario, avant de devenir professionnel à 17 ans, à Omaha. En 1951, il est repêché par les Red Wings de Détroit et remporte le TROPHÉE CALDER (meilleure recrue). Acrobatique et fonceur, il est doté de réflexes exceptionnels et offre des prestations spectaculaires pendant ses 5 premières saisons, lesquelles lui valent 3 fois le TROPHÉE VÉZINA (le moins de buts accordés) et récoltant 56 blanchissages et une moyenne de moins de 2 buts par match.

Toutefois, des problèmes physiques et psychologiques minent sa santé et sa carrière. Il souffre d'épuisement nerveux, d'arthrite et de mononucléose et subit des blessures graves au dos, d'innombrables coupures et du collapsus d'un poumon dans un accident de voiture. Échangé à plusieurs reprises, il regagnera brièvement sa gloire d'antan au sein des MAPLE LEAFS DE TORONTO, partageant le Trophée Vézina (1965) et permettant à son équipe de remporter la Coupe Stanley en 1967 grâce à des arrêts spectaculaires. Il obtient 103 blanchissages, un record qui ne sera probablement jamais battu. Il meurt des suites de blessures subies lors d'une altercation avec un coéquipier, Ron Stewart. Sawchuck est intronisé au Temple de la renommée en 1971.

James Marsh

Saxifrage Nom commun de plusieurs plantes herbacées de la famille des saxifragacées, principalement du genre *saxifraga* (du latin saxifragus, «qui brise les rochers», faisant allusion aux racines qui se fixent dans les fissures des rochers). On en trouve 33 espèces au Canada et 370 espèces dans le monde. Certaines espèces indigènes, comme la saxifrage jaune des montagnes (*S. aizoïdes*) et la saxifrage à feuilles opposées (*S. oppositifolia*), sont circumpolaires et poussent en Islande, au Spitzberg, dans le nord de l'Europe et en Sibérie. Au Canada, on retrouve la plupart des saxifrages dans les régions alpines de l'Ouest, du Yukon à la Colombie-Britannique, jusqu'en Alberta.

Les fleurs sont généralement petites, blanches ou jaunes et groupées en cymes à l'extrémité de pédoncules velus. Les plantes poussent en touffes et s'étendent souvent pour former des taches de couleur contrastantes. La saxifrage à feuilles opposées pousse au ras du sol et forme un tapis recouvert de fleurs en coupe mauve rosé. Elle compte parmi les plantes qui poussent dans les régions les plus au nord (p. ex., sur l'île d'Ellesmere). Parmi les autres genres bien connus au Canada, notons les suivants: *Ribes* (gadelliers et groseilliers), *Philadelphus* (seringat), *Mitella* (mitelle) et *Tiarella* (tiarelle). D'autres plantes, comme la bergenia, aux fleurs d'un rose profond, sont des espèces introduites au Canada.

Patrick Seymour

Sayer, procès Pierre-Guillaume Sayer et 3 autres MÉTIS de la COLONIE DE LA RIVIÈRE ROUGE comparaissent le 17 mai 1849 devant la Cour générale des sessions trimestrielles d'Assiniboia dans le cadre du procès Sayer. Ils sont accusés d'avoir enfreint la charte de la COMPAGNIE DE LA BAIE D'HUDSON (CBH) en faisant le commerce illégal des fourrures. Dirigés par un comité ou un conseil dont fait partie Louis Riel père, 300 Métis armés se réunissent près du tribunal. Un marchand important, James Sinclair, ancien trafiquant indépendant et prétendu chef des Sang-Mêlés, représente Sayer à titre d'avocat. Un jury formé de 7 anglophones et de 5 francophones entend la preuve, qui établit la culpabilité de Sayer, mais révèle que la CBH encourage les marchands itinérants dans les régions frontalières. À la suite de la plaidoirie du juge municipal Adam Thom, le jury délibère et déclare Sayer coupable, mais il recommande la clémence. Le commandant John Ballenden, de la CBH, est satisfait du verdict. Il demande qu'aucune peine ne soit imposée et retire les accusations contre les 3 autres inculpés. Lorsque

Sayer et ses compagnons sont relâchés par le tribunal, ils sont accueillis joyeusement par des salves et par le cri: «Le commerce est libre!». À son grand dépit, la CBH voit sa victoire juridique se transformer en revers commercial. Par la suite, elle est forcée d'opposer aux trafiquants indépendants une concurrence efficace plutôt que les articles de sa charte.

John E. Foster

Scandale de la Beauharnois Mis au jour entre juin 1931 et avril 1932. Au cours de cette période, des comités de la Chambre des communes et du Sénat enquêtent sur les présumées contributions généreuses versées au Parti libéral par la Beauharnois Light, Heat and Power Co., en retour d'une autorisation de détourner les eaux du fleuve Saint-Laurent, à 30 km à l'ouest de Montréal, pour produire de l'électricité. Dans son témoignage, le président de l'entreprise, R.O. Sweezey, affirme que les sénateurs libéraux W.L. McDougald et Andrew Haydon ont personnellement reçu de l'argent de la Beauharnois et que celle-ci a d'ailleurs fourni 700 000 $ aux caisses électorales des partis libéraux du Québec et du Canada.

Bien qu'on ne puisse démontrer aucun lien entre les contributions et la politique en matière d'électricité du gouvernement Mackenzie King, McDougald est forcé de démissionner du Sénat et Haydon est destitué ignominieusement de son poste de trésorier de la campagne électorale. Mackenzie King, alors chef de l'opposition, nie tout connaissance de l'affaire, mais déclare au Parlement que le scandale a plongé les libéraux dans une «vallée d'humiliation».

Le scandale de la Beauharnois ne nuit pas longtemps au Parti libéral, puisqu'il remporte les élections de 1935, fort d'une écrasante majorité. La peur que n'éclate un autre scandale aussi percutant pousse la création, en 1932, de la Fédération libérale nationale du Canada, qui a officiellement éloigné le leadership parlementaire des collectes de fonds.

John Herd Thompson

Scandale du Pacifique Éclate à la suite des élections générales d'août 1872, au cours desquelles le premier ministre John A. MACDONALD, George-Étienne CARTIER et Hector LANGEVIN sollicitent pour leurs campagnes électorales respectives quelque 360 000 $ auprès de promoteurs, dont sir Hugh ALLAN. Macdonald et ses collègues conservateurs ont besoin d'argent pour faire campagne au Québec et en Ontario où ils risquent de perdre des sièges. Malgré qu'il ait corrompu des électeurs, Macdonald fait piètre figure et sa majorité de 1867 est réduite de beaucoup.

Après les élections, Allan se voit accorder le contrat de construction du chemin de fer du Pacifique, à la condition qu'il se débarrasse du contrôle américain exercé sur son conseil d'administration. Cela se révèle difficile puisque Allan, à l'insu de Macdonald, s'était servi d'argent américain pour soudoyer le gouvernement. L'affaire tourne donc au chantage. Les libéraux dévoilent le scandale le 2 avril 1873. En juillet, les journaux libéraux publient une avalanche de lettres et de télégrammes accusateurs. Le gouvernement est stupéfait. Il réussit à survivre à une commission royale instituée le 14 août, mais non pas à la séance d'ouverture de la Chambre des communes du 23 octobre. Devant la menace de l'opposition de l'électorat de la nouvelle province de l'Île-du-Prince-Édouard et devant le désarroi de ses partisans, le gouvernement de Macdonald est forcé de démissionner. L'entreprise d'Allan ne démarrera jamais et une nouvelle entente se fait attendre jusqu'en 1880.

P.B. Waite

Scarborough, cité de l'Ont.; pop. 558 960 (rec. 1996), 524 598 (rec. 1991); superf. 187,7 km²; située en bordure du LAC ONTARIO. Elle forme le secteur est de la nouvelle cité de TORONTO. En 1793, Elizabeth SIMCOE, l'épouse du lieutenant-gouverneur John Graves Simcoe, nomme Scarbo-

rough d'après la ville d'Angleterre du même nom. La région accueille peu après ses premiers colons, des agriculteurs, et elle demeure essentiellement agricole pendant une bonne partie du XXᵉ s.

En 1900, le canton de Scarborough ne compte que 3711 habitants. Après la Seconde Guerre mondiale, Scarborough commence cependant à s'accroître rapidement, en même temps que toutes les municipalités adjacentes à Toronto. En 1953, on constitue le Grand Toronto afin de répondre plus efficacement aux problèmes d'infrastructures découlant de cet accroissement.

Parmi les attraits importants de Scarborough, on compte la pittoresque rivière Rouge et les spectaculaires falaises de Scarborough, qui atteignent 64 m au-dessus du lac Ontario et longent la côte sur 15 km. Scarborough est aussi le domicile du Metro Toronto Zoo, connu dans le monde entier. Taber Hill Ossuaries, un lieu de sépulture iroquois découvert lors de travaux de creusage pour l'aménagement d'un lotissement résidentiel, constitue l'un des plus importants sites archéologiques de l'Ontario.

Depuis 1964, il y a à Scarborough un campus rattaché à l'UNIVERSITÉ DE TORONTO. Le premier collège communautaire de l'Ontario (Centennial College) y ouvre ses portes en 1966.

Deborah Welch et Michael Payne

Scarlett, Earle Parkhill, médecin (High Bluff, Man., 27 juin 1896—Calgary, 14 juin 1982). Scarlett obtient son baccalauréat ès arts de l'U. du Manitoba en 1916 puis sert dans le Corps des mitrailleurs canadiens pendant la Première Guerre mondiale. Il est gazé en 1917 et sérieusement blessé, en 1918. Après avoir étudié la médecine à l'U. de Toronto et l'avoir pratiquée aux États-Unis, il entre à la Calgary Associate Clinic en 1930 et joue un rôle prépondérant à Calgary jusqu'à sa retraite en 1958. De sa plume alerte, il rédige plus de 450 articles dont une série est éditée par C.G. Roland et publiée sous le titre de *In Sickness and in Health* (1972). Cet homme d'une grande culture est chancelier de l'U. de l'Alberta de 1952 à 1958. Il reçoit des doctorats honorifiques des universités de Toronto, de l'Alberta et de Calgary. Il est l'un des Canadiens les plus respectés de son époque.

Walter H. Johns

Sceau-de-Salomon Plante herbacée (genre *Polygonatum*) de la famille du lis (liliacées). On en trouve environ 50 espèces dans l'hémisphère Nord, dont 2 au Canada, le sceau-de-Salomon biflore (*P. biflorum*) et le sceau-de-Salomon pubescent (*P. pubescens*), dans les forêts humides et les fourrés, du sud-est de la Saskatchewan jusqu'aux Maritimes. La tige, qui peut atteindre un mètre de hauteur, est garnie de fleurs pendantes blanc verdâtre et de feuilles alternes. La couleur des baies va du bleu au bleu-noir. Les Indiens se servaient des 2 espèces indigènes pour se nourrir, pour fabriquer des cosmétiques et à des fins médicinales (p. ex., traitement des ecchymoses et maux de tête). Les espèces indigènes et les espèces introduites poussent bien dans les jardins (elles se multiplient facilement par division). Les fleurs et le port des espèces introduites sont semblables à ceux des espèces indigènes, exception faite du *P. hookeri*, plante de 2 centimètres de hauteur qui pousse bien dans les jardins alpins et dont les tiges portent, à l'aisselle des feuilles, de petites fleurs lilas. Le nom commun réfère aux marques des rhizomes (tiges souterraines) qui ressemblent aux sceaux que portent les documents juridiques. On confond parfois le polygonatum et la smilacine (faux sceau-de-Salomon), également de la famille des liliacées.

Patrick Seymour

Schaefer, Carl Fellman, artiste et professeur (Hanover, Ont., 30 avril 1903—Toronto, Ont., 21 mai 1995). Interprète ardent mais sensible de scènes champêtres du sud de l'Ontario, Schaefer est représentatif des artistes régionalistes du Canada qui choisissent, durant les années 30, de se concentrer sur des thèmes agraires et sociaux plutôt que sur la nature

sauvage. Ses meilleures œuvres sont inspirées de l'environnement agricole de sa région natale, le comté de Grey. Il étudie au Collège des beaux-arts de l'Ontario (1921-1924), où il est notamment l'élève d'Arthur LISMER et de J.E.H. MACDONALD. Son premier contact avec le Nord de l'Ontario se produit en 1926 au cours d'une excursion en canot sur les rivières Pickerel et French, mais la crise économique le contraint à se réinstaller avec sa famille à Hanover, où il se remet à peindre à l'aquarelle.

Sa première «période de Hanover» (1932-1942), est marquée par une transition entre un traitement décoratif et géométrique du paysage et de la nature morte vers un réalisme dépouillé, parfois allégorique. Son expérience au sein de l'Aviation royale du Canada à titre de peintre de guerre officiel (1943-1946) assombrit sa palette mais, dans les années 1950, il recommence à peindre avec un esprit ouvert et lyrique dans la campagne des environs de Hanover et dans le voisinage des comtés de Wellington et de Waterloo. Schaefer commence à enseigner en 1930 et enseigne au Collège des beaux-arts de l'Ontario de 1948 à 1970. Trois expositions itinérantes majeures des œuvres de Schaefer sont montées de son vivant: par le Musée McCord, à Montréal, en 1967; par le Robert McLauchlin Art Gallery, à Oshawa (Ontario), en 1976; et par l'Edmonton Art Gallery, en 1980. Ses peintures, qui font partie de l'exposition Paysages du Canada, circulent dans les galeries européennes de 1983 à 1985. Il a reçu de nombreux prix et distinctions.

Robert Stacey

Schafer, Raymond Murray, compositeur, écrivain et pédagogue (Sarnia, Ont., 18 juill. 1933). Ses compositions musicales, ses théories pédagogiques novatrices et ses opinions franches lui valent une réputation internationale. En 1956, sa carrière le mène dès ses débuts de Toronto en Autriche et en Angleterre puis, en 1961, le ramène au Canada, où il devient artiste en résidence à l'U. Memorial, à Terre-Neuve (1963-1964), et à l'U. Simon Fraser, en Colombie-Britannique (1965-1975). Depuis 1975, il vit en milieu rural, actuellement près de Peterborough, en Ontario. Il reçoit, entre autres, le Prix international Arthur-Honegger en 1980, le premier prix triennal Glenn Gould en 1987 et le Prix Molson en 1993, ce dernier en reconnaissance de sa remarquable contribution à la vie culturelle et intellectuelle du Canada au cours de sa vie.

À la fin des années 60, Schafer attire d'abord l'attention grâce à ses expériences radicales dans le domaine de l'enseignement de la musique dans les écoles, qui aboutissent à une série de livrets éducatifs pleins d'imagination et à des compositions destinées à des orchestres et des chorales de jeunes. En 1969, son vif intérêt pour l'écologie du paysage sonore le conduit à former le PROJET WORLD SOUNDSCAPE (entièrement fonctionnel dès 1971), organisme voué à l'étude critique des aspects sociaux et esthétiques de l'environnement sonore. En 1997, son important ouvrage *The Tuning of the World* est déjà traduit en 8 langues et ses théories pédagogiques sont appliquées dans des parties du monde aussi différentes que le Japon, la Scandinavie et l'Amérique du Sud.

Ses compositions musicales révèlent une gamme d'intérêts, depuis les thèmes de l'aliénation et de l'oppression politique à la fascination qu'exercent sur lui le mysticisme oriental et les sons de l'environnement. Il continue de travailler à la composition de *Patria*, son cycle progressif de drames musicaux qui sont profondément enracinés dans le paysage rural canadien et célèbrent la culture et la région locales. Ses œuvres récentes reflètent un fort sentiment de l'identité canadienne, la réaction d'un individu au paysage canadien et sa quête du mythe sans lequel, comme il l'écrit en 1983, la nation meurt. Ses écrits sur Ezra Pound et sa musique ont été décrits comme des exploits d'érudition musicale et littéraire. Ses œuvres purement instrumentales comprennent son cycle de 7 quatuors à cordes et ses symphonies orchestrées avec sensualité, dont *Manitou* (1996), inspirée par l'hiver manitobain et écrite pour l'Orchestre philharmonique de Tokyo.

Alan M. Gillmor

Schefferville, ville du Qc; pop. 578 (rec. 1996), 303 (rec. 1991); superf. 27,79 km²; const. en 1955; située entre les lacs Knob et Pearce, au cœur de la péninsule Québec-Labrador et à 576 km au nord de SEPT-ÎLES. Entre 1866 et 1870, le père Louis Babel, en mission auprès des MONTAGNAIS-NASKAPIS, trace une carte de la région de l'Ungava montrant les régions riches en minerais.

En 1895, A.P. LOW, un géologue montréalais, procède à des travaux détaillés de levés et de cartographie, et décèle la présence d'importants gisements de minerai de fer dans la région du lac Knob. En 1938, les résultats des recherches de J.A. Retty, un géologue de Laval, suscitent l'intérêt des financiers et, en 1942, la Holliger North Shore Exploration Company obtient des concessions minières. En 1950, le CHEMIN DE FER QUEBEC NORTH SHORE AND LABRADOR, une filiale de la COMPAGNIE MINIÈRE IOC, commence la construction d'une ligne de chemin de fer jusqu'au lac Knob. Le premier convoi de minerai arrive à Sept-Îles en 1954. Schefferville est construite en 1953 par la Compagnie minière IOC, et le premier ministre Maurice DUPLESSIS donne à cette ville le nom de Mgr Lionel Scheffer (1903-1966), premier évêque du LABRADOR.

L'économie de la région dépend essentiellement du MINERAI DE FER. Les réserves initiales étaient évaluées à 420 millions de tonnes; la compagnie en extrayait environ 8 millions de tonnes par année. En 1979, la production de fer à Schefferville se chiffrait à plus de 282 millions de dollars. En 1983, la Compagnie minière IOC cesse toute activité, entraînant la quasi-fermeture de la ville. Entre 1981 et 1986, la population diminue de 83,9 p. 100. Les pourvoyeurs de chasse et pêche continuent d'utiliser Schefferville comme base d'exploitation.

Claudine Pierre-Deschênes

Schneider, William George, scientifique et administrateur scientifique (Wolseley, Sask., 1ᵉʳ juin 1915). Il reçoit un B. Sc. et une M.S. de l'U. de la Saskatchewan (1937, 1939) et un doctorat de McGill (1941). De 1943 à 1946, il travaille au Woods Hole Oceanographic Institute, aux États-Unis, et ensuite au CONSEIL NATIONAL DE RECHERCHES de 1946 à 1980. Il y est successivement directeur de la division de chimie pure (1963-1965), vice-président scientifique (1965-1967) et président (1967-1980).

Il est conseiller chimiste à partir de 1980. Il a publié abondamment sur les forces moléculaires, les phénomènes critiques, l'ultracoustique, la résonance magnétique nucléaire et les semi-conducteurs organiques.

Il a aussi reçu de nombreux honneurs et de nombreux prix. Il est, entre autres, membre de la Royal Society (Londres), de la Société royale du Canada (SRC) et de l'Institut de chimie du Canada. La SRC lui remet la Médaille Henry Marshall Tory en 1969. Il est président de l'Union internationale de chimie pure et appliquée de 1983 à 1985. Il est nommé officier de l'Ordre du Canada en 1976.

Leo Yaffe

Schreiber (1998), affaire Une ordonnance demandant la saisie de documents bancaires, faite par le ministère de la Justice du Canada et envoyée aux autorités suisses, ne fait pas entrer en jeu l'application de la *Charte canadienne des droits et libertés* et ne porte pas atteinte à l'article 8 de la Charte, déclare la Cour suprême du Canada à la majorité dans l'arrêt de l'affaire Schreiber.

La majorité est d'avis que la Charte ne s'applique pas à un gouvernement étranger. Dans l'espèce, les gestes des autorités suisses ne sont pas assujettis à la Charte. Le Canada n'a pas procédé à la saisie ou à la perquisition.

La minorité conclut que l'article 8 de la Charte s'applique et que la saisie des documents bancaires sans autorisation judiciaire préalable porte atteinte au droit de Schreiber au respect de sa vie privée. «L'article 8 n'aurait que très peu de valeur en tant que garantie du droit à la vie privée s'il ne s'appliquait que pour écarter, après le fait, des renseignements obtenus de manière abusive».

Schreyer, Edward Richard, politicien, premier ministre du Manitoba, gouverneur général du Canada de 1979 à 1984 et diplomate (Beauséjour, Man., 21 déc. 1935). Après des études au United College et à l'U. du Manitoba, il devient, à 22 ans, le plus jeune député de l'Assemblée législative du Manitoba, fonction qu'il exerce de 1958 à 1965 avant d'entrer à la Chambre des communes où il restera de 1965 à 1969. Retournant à la politique provinciale au Manitoba, il est promu au poste de chef du NOUVEAU PARTI DÉMOCRATIQUE en 1969 et, quelques mois plus tard, il devient premier ministre. Le gouvernement est à l'image du chef: modéré, honnête, légèrement progressiste. En faveur du bilinguisme et d'un gouvernement central fort, il s'entend bien avec le premier ministre Pierre TRUDEAU. Ce dernier le nomme gouverneur général pour le tirer d'une période de malheureuse en tant que chef de l'Opposition à l'Assemblée du Manitoba en 1977-1978. En sa qualité de chef de l'État, Schreyer est déterminé à exprimer ses idées et à démocratiser la fonction. Avec sa populaire épouse Lily, il rend RIDEAU HALL plus accessible à tous les Canadiens et voyage beaucoup, mais il découvre que les paroles d'un gouverneur général sont facilement mal interprétées et est obligé d'adapter ses discours à cette réalité. Son comportement distant et réfléchi en public limite son désir d'être ouvert et amical, le transformant en cible idéale pour les médias.

Il est à l'origine de controverses politiques d'une part, par son hésitation à permettre au premier ministre Joe CLARK de déclencher des élections en 1979, et d'autre part, en faisant savoir qu'il aurait pu dissoudre le Parlement si Trudeau avait essayé d'imposer unilatéralement ses propositions constitutionnelles en 1981-1982. Schreyer est un homme qui démontre une curiosité très développée pour une foule de sujets, allant de la topographie aux peuples autochtones. Avant de prendre son poste de haut-commissaire du Canada en Australie en 1984, il annonce que, jusqu'à l'âge de 65 ans, il consacrera sa retraite à la recherche scientifique pour trouver des solutions aux problèmes auxquels les agriculteurs et les sylviculteurs doivent faire face. En février 1988, il revient au Canada à titre de simple citoyen.

Norman Hillmer

Schull, Joseph, historien (Watertown, Dakota du Sud, 6 févr. 1906—Montréal, 19 mai 1980). Il grandit à Moose Jaw (Saskatchewan) et commence à vivre de sa plume après la Seconde Guerre mondiale. Bien que ses premières publications soient des recueils de poèmes, il se distingue surtout comme auteur dramatique pour la radio et comme journaliste. Ses travaux sur l'histoire officielle de la Marine royale du Canada pendant la guerre (*The Far Distant Ships*, 1950; réimpr. en 1987; trad. *Lointains navires*, 1983) l'amènent à écrire sur commande beaucoup d'œuvres historiques, notamment *100 Years of Banking in Canada: A History of the Toronto-Dominion Bank* (1958) et *Edward Blake* (1975-1976), une impressionnante biographie en 2 volumes du chef libéral du XIXᵉ s. commandée par l'ancien cabinet d'avocats de Blake. *Laurier: The First Canadian* (1965) est une biographie politique de premier ordre. Schull est aussi l'auteur de *Rebellion: The Rising in French Canada 1837* (1971; trad. *Rébellion*, 1997), un récit concis et facile à lire, ainsi que d'autres œuvres pour enfants.

D. Fetherling

Schultz, sir John Christian, homme d'affaires, médecin et politicien (Amherstburg, Haut-Canada, 1ᵉʳ janv. 1840—Monterrey, Mexique, 13 avril 1896).

Schultz s'établit dans la COLONIE DE LA RIVIÈRE ROUGE en 1861. Il pratique la médecine, mais s'occupe de plus en plus de commerce des fourrures, de commerce de détail et d'immobilier. De 1865 à 1868, il est propriétaire du *Nor'Wester*. Dans ses articles, il s'en prend à la tyrannie de la COMPAGNIE DE LA BAIE D'HUDSON. Il devient le chef du Parti canadien, aux membres peu nombreux mais tapageurs, qui réclame l'annexion au Canada et éveille les craintes chez les Métis. Emprisonné le 7 décembre 1869 par le gouvernement provisoire de Louis RIEL, Schultz s'évade le 23 janvier 1870 et se rend par la suite en Ontario où, en compagnie d'autres membres du mouvement CANADA FIRST, il soulève l'indignation des protestants en racontant l'exécution de l'orangiste Thomas SCOTT, passant sous silence la mort de Hugh Sutherland et de Norbert Parisien dont lui et ses complices sont responsables. Habile et âpre au gain, Schultz s'enrichit en affaires. Il est député fédéral (1871-1882), sénateur (1882-1888) et lieutenant-gouverneur du Manitoba (1888-1895). Personnage hautement controversé, il joue un rôle clé dans les événements de 1869-1870 et laisse de sinistres souvenirs.

Lovell Clark

Schultz, Victor, violoniste (Winnipeg, 3 juin 1959). Il commence à étudier la musique à 7 ans et fait son premier enregistrement à l'âge de 16 ans, accompagné au piano par sa sœur Erica (née à Winnipeg, en 1955). Il est l'élève de Francis Chaplin, au Manitoba, et d'Ivan Galamian et de Dorothy Delay, aux États-Unis. Pendant ses années d'études, il gagne de nombreux prix au Canada et aux États-Unis. Musicien possédant beaucoup d'imagination et d'audace, Schultz joue non seulement le répertoire traditionnel du violon, mais également plusieurs œuvres de musique contemporaine, y compris des pièces composées à son intention. Il joue également avec le groupe de musique klezmer Finjan.

Robin Elliott

Science La science, étude rationnelle de la nature, commence à occuper une place importante en Europe à la même époque que l'EXPLORATION par les Européens de ce qui est aujourd'hui le Canada. Dès le début, elle fait partie intégrante de ces explorations. Depuis l'époque de John CABOT, la navigation scientifique et la GÉOGRAPHIE sont considérées essentielles pour atteindre et explorer la colonie. Au XIXᵉ s., et plus particulièrement au XXᵉ s., la science, liée de plus en plus à la TECHNOLOGIE, joue un rôle de premier plan dans la vie et la culture canadiennes en constituant le fondement de la richesse et du bien-être du pays.

Au Canada, les applications pratiques de la science ont toujours tenu le haut du pavé. Depuis la découverte du pays, des observateurs scientifiques notent et répertorient ses RESSOURCES naturelles. Les missionnaires jésuites, premier groupe organisé ayant à la fois une formation scientifique et un intérêt pour la nature, expédient en Europe des rapports sur les nouveaux territoires (*voir* RELATIONS DES JÉSUITES). À partir du milieu du XVIIᵉ s., ils enseignent la science générale au Québec et forment des navigateurs.

Pendant le siècle suivant, l'intérêt des jésuites pour la science est partagé par les autorités civiles et militaires. Les physiciens J.F. GAULTIER et Michel SARRAZIN, tout comme le marquis de la Galissonière et l'ingénieur Michel Chartier de Lotbinière, font des incursions en BOTANIQUE et en GÉOLOGIE, mais leurs contributions restent mineures. Après 1759, seule l'éducation inspirée par les jésuites perdure. Des visiteurs étrangers tels Pehr KALM, André Michaux, le capitaine John PALLISER et J.J. Bigsby, étudient la géologie, la botanique et la ZOOLOGIE du Canada jusqu'au milieu du XIXᵉ s. Le développement d'une science authentiquement canadienne ne voit le jour qu'au début du XIXᵉ s. avec la création des collèges, des organismes gouvernementaux et des expéditions financées localement.

Certains militaires britanniques comme Adam Henry Bayfield, le lieutenant Frederick Baddeley, le capitaine Richard Bonnycastle, le lieutenant Edward Ashe et le capitaine John Lefroy, grâce à leur goût pour la science, contribuent à son avancée. Pendant la seconde moitié du siècle, lorsque la présence militaire britannique diminue au pays, des professionnels et des amateurs canadiens, nés et éduqués au pays, succèdent aux militaires et donnent à la science canadienne son identité propre. La science canadienne moderne prend forme pendant le dernier quart du siècle. Elle se développe plus lentement qu'aux États-Unis et, bien que les sciences des 2 pays soient semblables à plusieurs égards, elles restent essentiellement distinctes. L'une des plus grandes différences, qui conserve aujourd'hui tout son effet, reste l'implication du gouvernement dans la science canadienne.

Participation du gouvernement Le Canada étant peu peuplé et possédant peu d'universités et d'industries, le gouvernement appuie la science depuis longtemps. En 1842, la PROVINCE DU CANADA inaugure cette tradition en créant la COMMISSION GÉOLOGIQUE DU CANADA, dirigée par le Montréalais William (plus tard sir William) LOGAN. Modelée sur les commissions géologiques de la Grande-Bretagne et des États-Unis, elle est conçue comme une entreprise temporaire visant la découverte de MINÉRAUX à valeur commerciale. Cependant, grâce à l'immense étendue du Canada et à l'habileté de Logan, de ses collègues et de ses successeurs, la commission existe encore. Elle constitue la deuxième commission géologique nationale au monde au chapitre de l'ancienneté et l'une de celles qui se distinguent le plus.

Si les explorations de la commission se limitent officiellement au Haut-Canada et au Bas-Canada, l'adjoint de Logan, Alexander Murray, plus tard géologue provincial de Terre-Neuve, et ses correspondants dans les Maritimes, notamment Charles Hartt et G.F. Matthew, de Saint-Jean, ainsi que James Robb et Loring BAILEY, de Fredericton, jettent, avant la Confédération, les bases d'une étude systématique de la géologie du Canada. Après 1867, la Commission est chargée de l'exploration de presque tous les territoires composant désormais le pays. Plusieurs directeurs visionnaires, comme A.R.C. SELWYN.

George M. DAWSON, Albert P. LOW et Reginald Brock entretiennent la croissance de la Commission, qui devient un important organisme aux intérêts divers. Les collections de la Commission, tout d'abord exposées dans la maison de Logan, augmentent pour constituer le Musée national (aujourd'hui MUSÉE CANADIEN DE LA NATURE), vers la fin du XIXe s. Les aspects économiques de la géologie entraînent la création de divers organismes tels que le ministère fédéral des Mines (1907). Certaines provinces passent plus tôt à l'action. Ainsi, la Nouvelle-Écosse nomme un commissaire aux Mines avant la Confédération, et l'Ontario institue un bureau des Mines en 1891. Au tournant du siècle, la plupart des provinces conservent des bureaux gouvernementaux consacrés à l'EXPLOITATION MINIÈRE.

L'une des seules initiatives du gouvernement de l'Empire britannique en matière scientifique est la création du Toronto Magnetic Observatory (1840), qui constitue l'un des maillons d'une chaîne d'institutions consacrées à l'étude du géomagnétisme dans le monde. Lorsque le support britannique est retiré, en 1853, le gouvernement provincial prend la relève. Le petit OBSERVATOIRE astronomique du Québec est conçu en 1850 et construit en 1854 afin de fournir aux navigateurs l'HEURE exacte. Dans les années 1870, les petits observatoires de Saint-Jean, de Montréal et de Kingston sont fusionnés à celui de Toronto par le ministère fédéral de la Marine et des Pêcheries pour former le Service météorologique du Canada, devenu le Service de l'environnement atmo-

sphérique (*voir* CLIMATOLOGIE). Dans les années 1880, le ministère de l'Intérieur pratique l'ASTRONOMIE dans le cadre des relevés effectués en vue de la construction d'un chemin de fer transcontinental. La nécessité d'un observatoire permanent, où seraient effectués des travaux de géographie et le calcul de l'heure, mène à l'ouverture de l'Observatoire fédéral d'Ottawa (1905). En plus de constituer un important centre d'astronomie, cet observatoire est le berceau de l'astrophysique canadienne, grâce à J.S. PLASKETT et à ses collaborateurs. En 1918, les efforts de Plaskett mènent à la fondation de l'Observatoire fédéral d'astrophysique, qui détient pour quelque temps le plus grand télescope au monde. Il demeure l'un des centres d'astrophysique les plus importants au monde.

Le plus souvent, les programmes scientifiques du gouvernement fédéral découlent de considérations pratiques et économiques. L'AGRICULTURE, capitale dans le contexte économique du XIXe s., est encouragée, en 1886, par la fondation, à Ottawa, de la Ferme expérimentale centrale, mise sous la direction de William SAUNDERS (*voir* AGRICULTURE, STATIONS DE RECHERCHE EN). Son personnel, qui comprend notamment le céréaliste, l'entomologiste et le chimiste du dominion, est à l'origine de nouvelles variétés de CULTURES et de nouveaux moyens de lutte contre les animaux nuisibles. La ferme expérimentale inaugure peu après des succursales aux 4 coins du pays. Depuis le début du siècle, le personnel de recherche du ministère de l'Agriculture perpétue les traditions établies par des pionniers de la recherche comme John MACOUN, William et Charles SAUNDERS, C.J.S. BETHUNE et Frank Shutt.

Au milieu du XIXe s., les études de Pierre FORTIN sur la pêche dans le golfe du Saint-Laurent marquent le début de la participation du gouvernement à la recherche zoologique. La station de biologie marine de St. Andrew's (Nouveau-Brunswick), dirigée par E.E. PRINCE, fonctionne déjà en 1899. De nombreuses autres stations marines sont ensuite fondées (*voir* OCÉANOGRAPHIE). L'Office de biologie du Canada, constitué en 1912, s'intéresse de près à ces recherches. En 1937, il devient l'Office des recherches sur les pêcheries. La COMMISSION DE LA CONSERVATION, instituée en 1909 et dissoute en 1921, examine plus globalement le patrimoine naturel canadien. De nos jours, les organismes gouvernementaux s'intéressant aux sciences naturelles, regroupés pour la plupart au sein des ministères de l'Environnement et de l'Agriculture, absorbent la plus grande partie du budget scientifique fédéral.

L'initiative la plus importante que le gouvernement fédéral ait prise dans le domaine de la science est la création, en 1916, du Conseil consultatif honoraire des recherches scientifiques et industrielles, semblable au conseil consultatif britannique sur la science en temps de guerre. Il devient bientôt le CONSEIL NATIONAL DE RECHERCHES DU CANADA (CNRC). En 1932, ayant acquis ses propres laboratoires de recherche industrielle, le CNRC, dirigé par des hommes comme H.M. TORY, C.J. MACKENZIE et E.W.R. STEACIE, se développe rapidement et devient l'un des organismes de recherche gouvernementaux les plus diversifiés et les plus féconds du monde. Avant la Seconde Guerre mondiale, il se consacre surtout à la RECHERCHE ET AU DÉVELOPPEMENT INDUSTRIELS, mais après la guerre, son effectif ayant été multiplié par 10, le CNRC se lance dans de nombreux nouveaux domaines comme la technologie RADAR, L'ÉNERGIE NUCLÉAIRE, l'aéronautique et la radioastronomie (*voir* DÉFENSE, RECHERCHES POUR LA DÉFENSE). Les recherches en sciences pures y occupent toujours une place majeure et complètent les recherches appliquées sur les TRANSPORTS, les milieux nordiques, l'ÉNERGIE, les techniques du bâtiment, la science des matériaux et la CHIMIE.

Outre ses travaux expérimentaux, le CNRC reste l'un des principaux organismes d'aide à la recherche universitaire par ses subventions et ses bourses d'étude et de recherche. Totalisant modestement 13 000 $ en 1918, ses subventions représentent près de 70 millions de dollars par année au début des années 70. Depuis quelques années, les subventions pour la recherche et l'éducation en sciences sont accordées par le CONSEIL DE RECHERCHES EN SCIENCES NATURELLES ET EN GÉNIE du Canada et par le CONSEIL DE RECHERCHES MÉDICALES.

Depuis 1945, d'autres organismes gouvernementaux, comme le Conseil de recherches pour la défense et les ministères de la Défense nationale, des Communications et des Transports, jouent un rôle de plus en plus important dans la science canadienne. L'un des établissements du CNRC en temps de guerre, le centre de recherches nucléaires de CHALK RIVER (Ontario), devient ÉNERGIE ATOMIQUE DU CANADA LIMITÉE (1952), société de la Couronne qui, en collaboration avec HYDRO ONTARIO, l'un des chefs de file en technologie électrique depuis le début du siècle, met au point le réacteur CANDU. Ce réacteur fonctionne à l'aide d'eau lourde et d'uranium canadiens. Une autre société de la Couronne, la Société Polymer ltée, joue un rôle de premier plan dans l'INDUSTRIE PÉTROCHIMIQUE. Les provinces contribuent également à la science. Depuis la fondation de l'ALBERTA RESEARCH COUNCIL (1919) et de la FONDATION DE RECHERCHES DE L'ONTARIO (1928), presque toutes créent des organismes semblables au CNRC, quoiqu'avec des moyens plus modestes (*voir* RECHERCHE, ORGANISMES PROVINCIAUX DE).

Éducation À ses débuts, l'ÉDUCATION canadienne est entre les mains de l'Église ou des particuliers et, si tous les programmes font une place aux MATHÉMATIQUES élémentaires, les cours de sciences restent rares. À partir de 1840, les écoles subventionnées par les provinces n'inculquent que peu de notions scientifiques à leurs élèves. Vers la fin du XIXe s., on pense que seule l'histoire naturelle doit être enseignée aux enfants, considérés inaptes à saisir toute la complexité des sciences physiques. Également répandue en Grande-Bretagne et aux États-Unis, cette opinion a presque survécu jusqu'à nos jours. Les études en biologie, complétées par des études de l'environnement, demeurent au cœur de la science élémentaire. Les écoles secondaires de l'Ontario (*voir* ENSEIGNEMENT SECONDAIRE) ouvrent la marche en offrant des cours de sciences préparant aux examens d'admission à l'université.

Les collèges classiques du Québec, dirigés par le clergé, suivent la pratique française de l'époque en n'enseignant les sciences qu'à un nombre restreint d'étudiants et seulement pendant leurs dernières années d'études. À partir du milieu du XIXe s., la formation scientifique de l'étudiant francophone équivaut à celle d'un étudiant anglophone d'un programme collégial de trois ou quatre ans. Cependant, les cours du Québec n'ont pas évolué et l'écart entre l'enseignement des sciences aux francophones et celui aux anglophones n'a cessé de croître. L'insatisfaction ressentie dans les universités subventionnées par l'État et le conservatisme des collèges dirigés par le clergé suscitent un grand débat à la fin des années 20 et au début des années 30, mené, du côté scientifique, par le frère MARIE-VICTORIN, biologiste à l'U. de Montréal, et par le chimiste Adrien Pouliot, de l'U. Laval. Les progrès sont lents; la science n'est pleinement admise au secondaire au Québec que dans les années 60.

Dans les universités canadiennes, l'enseignement des sciences est un mélange d'éléments empruntés pour la plupart aux Écossais et aux Américains. À partir de leur fondation jusqu'au début du XXe s., la plupart des petits collèges d'arts libéraux offrent des cours de sciences dans le cadre de leur formation générale. Pendant la majeure partie du siècle, on invoque 2 raisons pour justifier l'enseignement des sciences: la science familiarise l'étudiant avec le raisonnement logique et elle lui dévoile les merveilles de la Création. On songe peu à la formation de scientifiques, et les Canadiens qui le deviennent étudient pour la plupart à l'étranger (habituellement en Allemagne ou aux États-Unis) ou encore entreprennent une formation autodidacte avec l'aide de professeurs compréhensifs. Cependant, l'état de la science est tel que les travaux pratiques en géologie, en botanique ou en zoologie exigent beaucoup moins de formation qu'un siècle plus tard. Habituellement, 2 professeurs, l'un d'histoire naturelle et de géologie, l'autre de PHYSIQUE, de chimie et peut-être d'astronomie, embrassent toute la science. Les travaux en laboratoire ne voient le jour qu'au début du siècle.

Au XIXe s., les quelques universités qui offrent des cours de sciences approfondis sont celles dotées d'une faculté de GÉNIE ou de médecine. L'U. McGill, l'U. de Toronto et, dans une certaine mesure, l'U. Dalhousie, l'U. du Nouveau-Brunswick et l'U. Queen's forment des scientifiques et engagent les plus réputés. Vers la fin de ce siècle, l'U. McGill, sous la direction du paléontologue sir William Dawson, et l'U. de Toronto, sous la direction du physicien James LOUDON, abandonnent la tradition de la formation générale pour mettre l'accent sur une éducation à vocation plus professionnelle.

Cette modernisation comporte la création de diplômes spécialisés (Baccalauréat ès sciences, B.Sc.) et de laboratoires de recherche en chimie, en physique, en biologie et en génie, l'augmentation du personnel et l'adoption du doctorat (Ph.D.). Le doctorat ès sciences, inventé plus tôt par les Allemands, exige de la part de l'étudiant des recherches innovatrices plutôt que la préparation d'examens. Les établissements américains adoptent les programmes de doctorat dès 1876, mais Toronto ne décerne son premier qu'en 1900, à J.C. MCLENNAN. L'U. McGill suit bientôt, rapidement imitée par d'autres universités comme l'U. Queen's, qui offre des cours de génie depuis les années 1890. Dans la plupart des cas, le coût élevé de cette modernisation est financé par les gouvernements provinciaux, impatients de récolter les bénéfices économiques de la formation scientifique. L'U. McGill, qui bénéficie de la générosité de Peter Redpath et de sir William C. MACDONALD, est en mesure de mettre en place d'excellents laboratoires et, dès lors, d'attirer une nouvelle génération de scientifiques. Parmi eux, Ernest RUTHERFORD, Frederick Soddy et Otto Hann deviendront de véritables vedettes internationales après leurs études au Canada.

Malgré le manque de financement, de manuels, de laboratoires et d'étudiants chercheurs et le manque de compréhension de la part des comités collégiaux et des législatures provinciales, plusieurs professeurs se distinguent par leurs recherches. Parmi eux, on trouve, à l'U. du Nouveau-Brunswick, James Robb, spécialiste en histoire naturelle, L.W. Bailey, biologiste et géologue et W.B. JACK, astronome; à l'U. McGill, William Dawson et Frank ADAMS, géologues, ainsi que J.F. Whiteaves, biologiste; à l'U. Queen's, Nathan Dupuis, mathématicien et George LAWSON, botaniste (qui s'installe plus tard à l'U. Dalhousie); et, à l'U. de Toronto, le chimiste Henry Croft. Pour la plupart autodidactes, ces scientifiques sont suivis d'une génération mieux formée, laquelle élabore les fondements du système actuel d'enseignement des sciences.

Dans les collèges et les universités du pays, la science connaît une lente évolution, passant de la formation générale à un système orienté vers la recherche. H.M. Tory, mathématicien et physicien à l'U. McGill et plus tard président du CNRC, exerce une forte influence dans l'Ouest. Il est non seulement un grand bâtisseur d'institutions de l'entre-deux-guerres, mais aussi un homme convaincu de l'importance de la science dans les universités. Les établissements de l'Ouest attirent ainsi du personnel de premier ordre tel le physicien Gordon Shrum (collaborateur de sir John McLennan, à Toronto), à l'U. de la Colombie-Britannique, le chimiste John SPINKS et l'astrophysicien Gerhard HERZBERG, à l'U. de la Saskatchewan ainsi que le physicien R.W. BOYLE, à l'U. de l'Alberta.

La fin de la Seconde Guerre mondiale apporte une forte augmentation du nombre d'étudiants en raison de la disponibilité de nombreux jeunes scientifiques ayant participé à l'effort de guerre et d'une hausse des subventions gouvernementales. La science universitaire entre dans une nouvelle ère, où l'on voit l'agrandissement des facultés, la création de nouvelles spécialités et la construction de nouvelles installations. À partir des années 60, on porte une grande attention à l'importance de la science dans la société. Les plus anciennes institutions deviennent des centres d'excellence: l'U. Western en Ontario se distingue par ses recherches biomédicales, la spectroscopie et l'astronomie; l'U. McMaster par le nucléaire et le génie; l'U. du Manitoba par les sciences de l'agriculture et la biologie. Parallèlement, dans les années 60 et 70, l'augmentation en flèche du nombre d'étudiants et un intérêt accru pour les études supérieures suscitent la fondation de nouvelles universités se distinguent dès le départ par leur spécialisation scientifique (p. ex., l'U. York en biologie et en recherche spatiale, l'U. de Waterloo en INFORMATIQUE et en génie, et l'U. de Victoria en physique).

Au Canada français, l'indifférence relative manifestée à l'égard de la science en tant que profession retarde le passage à une science moderne axée sur les travaux en laboratoire. En 1910, Laval fonde une école de FORESTERIE et, 10 ans plus tard, l'École supérieure de chimie. À la même époque, l'U. de Montréal devient indépendante de Laval et inaugure sa faculté des sciences. L'École polytechnique de Montréal, fondée avec peu de moyens en 1873 par U.E. Archambault, s'associe à la nouvelle université en tant que faculté de génie. Ce n'est que dans les années 60 que se produit un réel développement en ce qui a trait aux installations, aux facultés et au nombre d'étudiants. Toutefois, même à la fin des années 60, l'U. McGill décerne près de 2 fois plus de doctorats et de baccalauréats en sciences que l'U. Laval et l'U. de Montréal réunies.

Organisations scientifiques La multiplication des associations, des institutions et des publications scientifiques se fait de façon unique à cause de la nature du gouvernement, de l'éducation, de l'hétérogénéité de la population et de sa répartition ainsi que des structures économiques du pays. Les associations professionnelles mettent du temps à apparaître, car les organismes qui les précèdent s'adressent surtout aux amateurs et à ceux pour qui la science représente un divertissement culturel ou un passe-temps. La première de ces associations, la SOCIÉTÉ LITTÉRAIRE ET HISTORIQUE DE QUÉBEC (1824) se compose d'amateurs et de quelques militaires de la garnison de Québec ayant un penchant pour la géologie et l'exploration. La Natural History Society of Montreal (1827), dominée jusqu'au milieu du siècle par des amateurs, voit son niveau de professionnalisme s'élever grâce à William Dawson et à ses collègues scientifiques de l'U. McGill. Elkanah BILLINGS, paléontologiste à la Commission géologique, fonde, en 1856, la première revue scientifique canadienne, *Canadian Naturalist and Geologist*, devenue l'organe officiel de la Commission. Jusqu'à la fin du siècle, la revue reste le principal débouché pour les travaux de géologie, de botanique et de zoologie. Si l'abbé Léon Provancher publie la revue *Naturaliste canadien* dès 1868, aucune association scientifique francophone ne voit le jour avant le XXe s.

Dans les Maritimes, Charles Hartt et G.F. Matthew, géologues à Saint-Jean, fondent la Natural History Society of New Brunswick (1863) et publient des travaux. Un groupe de l'U. Dalhousie dirige le Nova Scotian Institute of Science (fondé en 1862) et publie aussi des travaux. En Ontario, des ingénieurs et des scientifiques universitaires créent, en 1849, le Canadian Institute pour ensuite lancer, en 1852, le *Canadian Journal*, principal périodique scientifique torontois jusqu'à la fin du siècle. De plus petites associations, les unes se consacrant à l'histoire naturelle, les autres à des domaines scientifiques et culturels plus généraux, voient le jour à Fredericton, à Kingston, à Ottawa, à Belleville, à Hamilton, à London et à Winnipeg.

À l'époque de la Confédération, le Toronto Astronomical Club (1868), devenu la SOCIÉTÉ ROYALE D'ASTRONOMIE DU CANADA, et l'Entomological Society of Ontario sont les premières associations qui se consacrent à une seule science. Aucune d'entre elles ne regroupe des professionnels, encore trop peu nombreux, et bon nombre disparaissent progressivement au début du XXe s. Le marquis de LORNE joue un rôle décisif dans la fondation, en 1882, de la SOCIÉTÉ ROYALE DU CANADA (SRC), première association de scientifiques réputés.

Ne regroupant que peu de spécialistes de chaque domaine, la SRC ne peut s'imposer comme principale institution représentant les scientifiques professionnels. De fait, elle ne se trouve jamais de rôle bien précis et sa revue, *Délibérations et mémoires*, d'importance secondaire au XIXe s., n'a que peu de valeur pour la communauté scientifique du XXe s. Le XXe s. voit l'essor des associations professionnelles dotées de pouvoirs disciplinaires et la fin de la plupart de celles s'adressant aux amateurs ou visant divers domaines. La discipline la plus importante, la chimie, est représentée à partir du milieu du XIXe s. par une succession d'associations. En 1920, on crée le Canadian Institute of Chemistry, qui devient, en 1945, l'Institut de Chimie du Canada (ICC), qui lancera quatre ans plus tard la revue *Chemistry in Canada*.

Avec plus de 10 000 membres et des sections spécialisées et régionales, l'ICC représente le domaine scientifique le plus intimement lié à l'économie canadienne. D'autres disciplines importantes voient leurs intérêts représentés par une association: l'Association géologique du Canada (1947), l'Association canadienne des physiciens (1946), qui publie depuis 1949 la revue *La physique au Canada* ainsi que plusieurs autres groupes plus modestes, s'intéressant aux sciences de la vie, qui constituent, en 1957, la Fédération canadienne des sociétés de biologie. Surtout depuis la fin des années 50, plusieurs nouvelles spécialités suscitent la création d'associations et de revues. La première revue canadienne à caractère véritablement international, le *Canadian Journal of Research*, lancée en 1929 par le CNRC, est successivement divisée en plusieurs revues spécialisées dirigées par le CNRC devant la croissance du nombre de communications portant sur de nouvelles disciplines.

Au XXe s., le style et les objectifs des associations scientifiques du Canada français diffèrent. À la fin du XIXe s., on tente en vain de créer des associations scientifiques francophones, mais, vers 1920-1930, plusieurs groupes de professionnels voient enfin le jour, notamment l'Association canadienne française pour l'avancement des sciences (ACFAS), à laquelle s'unissent des associations locales et spécialisées. L'ACFAS, comme ses équivalents britannique, français et américain, regroupe avec succès des scientifiques de toutes les disciplines tout en déployant de grands efforts pour populariser la science au Québec. Ces 2 objectifs ne sont poursuivis sérieusement par aucune association anglophone. De ce fait, la revue de vulgarisation de l'Association, *Québec Science*, n'a pas d'équivalent en anglais. *Science Forum*, aujourd'hui disparue, s'intéressait surtout à des questions de POLITIQUE SCIENTIFIQUE. La nécessité d'un organe commun dans les milieux gouvernementaux mène à la formation, en 1970, par des associations canadiennes de science et de génie, de l'Association des scientifiques, ingénieurs et technologistes du Canada qui, à titre d' «association d'associations» plutôt que de regroupement d'individus, se contente en pratique de faire des sollicitations.

Avant les années 60, l'intérêt populaire pour la science n'est satisfait que par l'exposition de collections scientifiques dans les musées fédéraux ou provinciaux. Comme aux États-Unis, l'exploration spatiale vient alors stimuler l'intérêt du public pour la science. La plupart des grandes villes possèdent des planétariums ou des musées scientifiques comme le Musée national des sciences et de la technologie d'Ottawa, le CENTRE DES SCIENCES DE L'ONTARIO, à Toronto, et le Musée manitobain de l'homme et de la nature, à Winnipeg, qui reçoivent chaque année des millions de visiteurs (voir SCIENCE, MUSÉES DE LA). Les médias canadiens font preuve d'une plus grande réserve dans le domaine de la vulgarisation scientifique (voir SCIENCE ET SOCIÉTÉ). Dans tout le pays, des associations et des clubs d'amateurs se consacrent à la géologie et à l'histoire naturelle. L'astronomie, sans doute la science la plus populaire auprès des amateurs, est quant à elle représentée par la SOCIÉTÉ ROYALE D'ASTRONOMIE DU CANADA, qui regroupe 3000 membres.

La plus étonnante caractéristique de la science canadienne du XXᵉ s. est la spécialisation. Tout au long du siècle, les contributions canadiennes dans des domaines autres que les sciences de la terre se sont faites rares, mais une maturité scientifique s'illustre avec l'apparition de nouveaux champs de recherche suivis d'un flot continu de découvertes. Parmi les chercheurs internationaux de premier plan, le nombre de chercheurs canadiens est restreint et la communauté scientifique ne compte que quelques milliers de personnes. Dès lors, l'excellence n'est possible que dans quelques domaines.

Les sciences de la terre continuent de s'imposer, non seulement sur le plan pratique, mais également dans des travaux théoriques comme ceux de J.T. WILSON sur la TECTONIQUE DES PLAQUES. La demande en minerai et en énergie valorise la recherche appliquée. La chimie, outre la recherche fondamentale dont elle fait l'objet dans les universités et au CNRC, conserve aussi une orientation fortement pratique en raison de l'économie du pays, essentiellement fondée sur l'exploitation des ressources naturelles. Les centres de recherche forestière de l'U. Laval et de l'U. de Toronto, et l'Institut canadien de recherches sur les pâtes et papiers à l'U. McGill, sont reconnus dans le monde entier. En MÉTALLURGIE, les recherches menées par International Nickel (INCO ltée), Falconbridge, Dominion Foundries and Steel Ltd (DOFASCO) et STELCO sont essentielles au maintien de prix compétitifs sur le marché des métaux. L'INDUSTRIE PHARMACEUTIQUE de Montréal et la recherche biomédicale et GÉNÉTIQUE à Toronto, à Montréal, à London et à Saskatoon placent le pays au premier rang de la recherche sur les sciences de la vie.

La RECHERCHE ET LE DÉVELOPPEMENT AGRICOLES ont une longue et illustre histoire qui remonte à la production de BLÉ MARQUIS par Saunders. Les recherches sur de nouvelles céréales telles le TRITICALE, sur de nouveaux usages pour des plantes communes comme le CANOLA, sur la lutte contre les animaux nuisibles, et les nombreux travaux sur la phytogénétique et l'ÉLEVAGE DES ANIMAUX dans les laboratoires gouvernementaux, les conseils de recherches et les universités, en particulier celles de la Saskatchewan, de Guelph et du Manitoba, constituent une véritable banque d'experts et de produits utilisés dans le monde entier.

En raison des groupes restreints de chercheurs et des ressources financières limitées, les travaux dans les domaines scientifiques contemporains prestigieux (comme l'astrophysique, la radioastronomie, la recherche sur les particules nucléaires, la physique des solides, recombinant la recherche sur l'ADN et

les travaux théoriques en général) sont menés à une bien plus petite échelle au Canada qu'aux États-Unis, en ex-URSS ou en Grande-Bretagne. Les spécialistes canadiens de ces disciplines s'associent à des collègues d'autres pays anglophones et francophones pour utiliser leurs installations, inexistantes au Canada. Ainsi, les scientifiques canadiens ne se limiteront pas aux recherches à vocation économique; un petit nombre d'entre eux pourront faire l'expérience du dynamisme de la recherche de pointe.

Les concepts et les méthodes scientifiques sont partout les mêmes, mais les rapports avec la société, les politiques et les structures de la science diffèrent dans chaque pays. Dans un pays aussi vaste que le Canada, ces aspects de la science comportent également un élément régional. La science canadienne ressemble beaucoup à la science américaine, mais possède ses caractéristiques propres: le rôle crucial des laboratoires et de l'aide financière du CNRC, le financement et l'élaboration des politiques scientifiques entre les provinces et le gouvernement fédéral, et la spécialisation des efforts scientifiques dans les domaines liés de près à l'économie. Le Canada ne bénéficie pas de grandes équipes de chercheurs, de ressources financières énormes et d'importantes installations comme aux États-Unis. L'industrie ne se consacre à aucun travail de recherche d'importance et le faible développement du secteur militaire ne nécessite pas de grandes entreprises technologiques. Néanmoins, les scientifiques canadiens ont contribué de façon importante à la science et, au XXᵉ s., ils font partie intégrale de la communauté scientifique internationale.

Richard A. Jarrell

Science chrétienne La science chrétienne est une religion qui s'appuie sur les principes «du christianisme primitif et de son aspect perdu de guérison» et qui est pratiquée par l'Église du Christ, scientiste. Mary Baker Eddy, dont les enseignements sont exposés dans *Science et Santé avec la clef des Écritures* (1875) fonde l'Église à Boston en 1879. L'Église insiste surtout sur la régénération morale et spirituelle, mais sa croyance la plus caractéristique veut que maladies et blessures puissent être guéries par des moyens purement spirituels. Toutes les Églises de la Science chrétienne sont des sections autonomes de l'Église mère et acceptent les principes du *Manuel d'Église*. Elles n'ont pas de clergé; les services sont célébrés par 2 lecteurs élus par les membres. L'Église publie le *Christian Science Monitor*, journal réputé pour sa qualité. Au Canada, on célèbre les premiers offices à Toronto en 1888. Le Canada compte 79 Églises et sociétés affiliées ainsi que 11 organisations dans des universités ou des collèges.

Science et société Le rôle primordial de la SCIENCE dans notre quotidien échappe à la plupart des Canadiens. En effet, les actes posés par les politiciens, les chefs syndicaux et les gens d'affaires influencent beaucoup moins notre vie que les expériences menées dans les laboratoires du monde entier, dont les effets se mesurent à long terme. Pensons à l'incidence de quelques-unes des découvertes d'une seule génération: vaccin contre la polio, transplantation du rein et du cœur, transistor, avion à réaction, voyage dans l'espace, arme nucléaire, GÉNIE GÉNÉTIQUE, clonage, antibiotiques, tranquillisants, four à micro-ondes, ordinateur, LASER, plastique (voir PLASTIQUES, INDUSTRIE DE LA TRANSFORMATION DES MATIÈRES), TÉLÉVISION, contraceptifs, bébé-éprouvette et disparition de la variole.

La société nord-américaine exprime un paradoxe: malgré un taux plus élevé d'ALPHABÉTISME, une plus grande accessibilité à l'ÉDUCATION supérieure et une plus grande diffusion de l'information (médias imprimés et électroniques), on note une ignorance remarquable de la science et de la TECHNOLOGIE. Seule une poignée de JOURNAUX et de MAGAZINES emploient des journalistes scientifiques ou médicaux, tandis que la télévision ne laisse

se pratiquement aucune place à la science aux heures de grande écoute. Les tabloïds qui publient des récits de monstres, d'OVNI et de remèdes miracles contre le cancer, empreints de sensationnalisme, ont un plus fort tirage que les magazines scientifiques. En fait, on ne trouve aucun magazine scientifique d'intérêt général au Canada, sauf au Québec, où est publiée la revue de vulgarisation *Québec Science*. Cette ignorance de la science et de la technologie se reflète chez les députés du Parlement, dont plus de 80 p. 100 ont une formation en droit ou proviennent du monde des affaires, 2 professions où l'ignorance de la science est notoire. Pourtant, ils prennent quotidiennement des décisions qui nécessitent une grande expertise scientifique et technique. Notre société accepte à bras ouverts les résultats des découvertes scientifiques, mais ne sait à peu près rien de leurs sources. Pour comprendre cette situation, il faut remonter au début de l'évolution humaine.

Évolution humaine Nos ancêtres de la préhistoire n'étaient pas pourvus des avantages des autres mammifères de l'époque (vitesse, force, taille, cuirasse, défenses, mimétisme ou griffes). Leur mode de survie, génétiquement déterminé, se fondait principalement sur un cerveau complexe qui, capable de mémoire, d'imagination et de pensée abstraite, a libéré les premiers humains des lourdes contraintes de l'instinct et leur a donné le libre arbitre. Néanmoins, une réaction instantanée, sans pensée consciente, est restée vitale dans les situations où le raisonnement et l'analyse n'étaient pas assez rapides. Ces 2 facettes de notre évolution marquent la dualité de la personnalité humaine: son côté rationnel et analytique est souvent en conflit avec son côté émotif, irrationnel, impulsif. Le pouvoir du cerveau humain atteint une nouvelle limite dans l'histoire de la vie sur notre planète. Avec la parole, *l'Homo sapiens* transmet ses connaissances de génération en génération. La parole compense non seulement l'absence d'autres avantages physiques, mais elle permet également l'apparition de la CULTURE, dont l'évolution s'est avérée des milliers de fois plus rapide que l'évolution biologique.

En tentant d'ordonner des phénomènes apparemment chaotiques, les premiers humains se sont d'abord attardés à ceux qui se produisent régulièrement: le jour, la nuit, les saisons, les MARÉES, la succession végétale, la MIGRATION des animaux. Ces régularités et d'autres phénomènes plus inhabituels ont nourri les mythes; on attribuait leur existence à des forces divines. Cette conception nécessairement globale du monde était donc susceptible d'être remise en question par tout phénomène inexplicable.

Notre cerveau complexe a réussi de manière spectaculaire à garantir la survie du genre humain, compte tenu du nombre d'individus et de l'espace qu'ils occupent. Cependant, si l'homme en tant qu'espèce a dépassé les contraintes de la lutte quotidienne pour la survie, il se comporte encore comme si cette lutte demeurait sa principale préoccupation. Il se sent obligé de se reproduire, d'accumuler des biens matériels et d'affronter des rivaux, comme il le faisait il y a des dizaines de milliers d'années. Dans le monde occidental, l'expression ultime du cerveau humain, la technologie moderne, est devenue si puissante et si rapide qu'elle a maintenant dépassé notre capacité de la maîtriser.

Évolution de la science Au XVIIᵉ s., Francis Bacon affirme que la connaissance (*sientia*) confère le pouvoir. Par la science, croit-il, nous arriverons à comprendre les desseins de Dieu et, armés de ce savoir, nous pourrons obéir aux ordres bibliques nous enjoignant de dominer et de soumettre la nature. Considérant que la science est au service de Dieu, il ne prévoit pas le conflit entre science et Église. Les premiers scientifiques s'aperçoivent que la nature reflète un ensemble global, qu'elle obéit à des principes et à des lois observables et qu'elle fonctionne avec une prodigieuse régularité, donc, qu'elle est l'œuvre de Dieu. Par conséquent, sa compréhension ne peut que mettre en évidence la grandeur de Dieu. La méthode scientifique admet l'impossibilité d'arriver à une explication globale et complète du cosmos. La science se concentre plutôt sur une partie restreinte de la nature, en l'isolant le plus possible des autres éléments.

L'efficacité de cette méthode s'avère évidente lorsque des astronomes comme Copernic, Kepler et Galilée remettent en question le dogme du cosmos. Leurs travaux mènent à la théorie héliocentrique du mouvement planétaire, laquelle se heurte à la notion selon laquelle la terre est le centre de l'univers. Au XIXe s., le géologue Charles Lyell s'oppose à l'Église en évaluant l'âge de la terre et suggère que la planète a des dizaines de millions, sinon des milliards d'années. Au Canada, au XIXe s., l'histoire naturelle descriptive représente une activité idéale pour les communautés anglophones profondément religieuses. À l'époque, le pays est jeune et n'a pas de tradition expérimentale en science, mais reste conscient de son statut colonial. Or, l'Amérique du Nord et ses ressources encore vierges restent à conquérir, et la science est d'autant plus estimée qu'elle peut directement contribuer à l'exploitation des ressources. Ainsi, en localisant les gisements de minerai, la géologie est utile à l'industrie minière, et la description de la flore et de la faune permet de dresser l'inventaire des organismes vivants susceptibles d'être utiles à l'homme. La «science» qui attire alors les Canadiens est donc essentiellement descriptive et fondée sur la conviction que répertorier l'œuvre de Dieu est source de connaissances insoupçonnées.

Charles Darwin ébranle alors la vision chrétienne de l'homme en proposant que les humains, comme toute autre forme de vie, ont évolué à partir d'espèces ancestrales. Dans chaque cas (théorie héliocentrique, âge géologique, évolution, etc.), la lutte entre le dogme de l'Église et la théorie scientifique confirme la validité des connaissances scientifiques, tout en réduisant l'influence de l'Église. Ainsi, la science se libère non seulement de ses liens dogmatiques, mais également des considérations morales.

Au Canada, l'un des principaux opposants des théories de Darwin est sir J.W. DAWSON, éminent géologue et recteur de l'U. McGill. Ce dernier condamne énergiquement l'hypothèse darwinienne selon laquelle l'évolution découle d'une longue suite de modifications génétiques. Dawson soutient que les fossiles trouvés ne corroborent pas cette thèse et qu'ils reflètent plutôt des changements soudains. L'histoire a voulu que le darwinisme sorte vainqueur du combat. Pourtant, de nos jours, les preuves présentées par Dawson sont reconnues et servent de fondement à une théorie moderne selon laquelle l'évolution se produit bel et bien soudainement, par sauts, et non pas petit à petit, sur une longue période.

La méthode scientifique est nécessairement réductionniste si l'on considère que son efficacité vient du fait qu'elle se concentre sur une petite partie de la nature. Le succès de cette méthode supposait qu'un tout pouvait être induit par la somme de ses parties. Ainsi, des chercheurs en PHYSIQUE croyaient, comme Newton, qu'en élucidant la complexité de la nature l'on arriverait à découvrir la particule fondamentale et élémentaire de toute matière et que, dès lors, tout le cosmos serait compréhensible. Cependant, au début du XXe s., la physique subit un profond bouleversement philosophique lorsqu'Albert Einstein introduit le concept, aux allures fantaisistes, de la relativité, décrivant un univers où masse et énergie sont interchangeables et où la perception dépend de notre point de vue. Werner Karl Heisenberg obscurcit davantage les visions newtoniennes en soulignant que, en étudiant la nature, l'intervention du chercheur modifie le phénomène observé, c.-à-d. que l'on modifie même les particules subatomiques en tentant de les mesurer.

La nouvelle théorie atomique de Niels Bohr ébranle le principe selon lequel les électrons sont en orbite autour du noyau comme les planètes autour du soleil et suggère l'existence de nuages d'électrons, dont la densité exprimerait la probabilité de présence d'un électron. Le comportement des particules subatomiques n'est donc ni absolu, ni fixe. En outre, plus la matière devient complexe, plus on découvre de nouvelles propriétés, qui n'auraient pu être prévues à partir des propriétés des parties constituantes. Ainsi, bien que l'on connaisse très bien les propriétés atomiques de l'oxygène et de l'hydrogène, une très faible partie de cette information peut servir à prévoir quelles sont les propriétés de ces atomes lorsqu'ils sont réunis en molécule d'eau.

De toute évidence, le réductionnisme ne peut aider à recueillir des connaissances satisfaisantes sur la structure ou les propriétés de la matière, et encore moins à permettre la maîtrise des phénomènes naturels. Malheureusement, ces réflexions philosophiques ne se sont pas étendues à d'autres sciences que la physique. La BIOLOGIE, cellulaire ou écologique, se fonde toujours sur le principe voulant qu'on peut comprendre un tout en étudiant ses parties. Les limites du réductionnisme scientifique deviennent évidentes lorsque la théorie est mise en pratique. La notion insoutenable qui veut que l'on puisse gérer des populations de SAUMONS ou les FORÊTS comme on élève des vaches ou cultive des tomates est un exemple de croyance dans le réductionnisme de la science. Pourtant, les résultats des tentatives en ce sens réfutent cette notion.

Science moderne La caractéristique la plus importante de la science moderne est son lien étroit avec les secteurs industriels et militaires. De fait, les crises mondiales sont responsables pour la plus grande part de la croissance et de l'appui reçu. Ce principe se vérifie particulièrement au Canada où, comme il a déjà été souligné, la science s'est principalement intéressée à répertorier les immenses ressources naturelles du pays. Si la plus grande partie de la technologie est importée, on compte quelques exceptions, comme la création du BLÉ MARQUIS, au début du siècle. Comme l'a souligné Omond SOLANDT, la RECHERCHE ET LE DÉVELOPPEMENT INDUSTRIELS modernes, les innovations et le développement sont intimement liés aux besoins des Alliés lors de la Seconde Guerre mondiale. La croissance des industries de HAUTE TECHNOLOGIE dans les domaines de l'énergie nucléaire, des télécommunications, de l'informatique et de l'aérospatiale a pu se produire grâce à l'appui de l'industrie militaire par l'entremise du Conseil de recherches pour la défense.

D'abord passe-temps des aristocrates ou pure curiosité des universitaires, la science contribue aujourd'hui à l'évolution de la technologie et de l'INDUSTRIE, où la production abondante de matériel militaire et des biens de consommation génère des milliards de dollars. En cette fin de siècle, on comprend mieux l'essor spectaculaire de ce secteur en sachant que 90 p. 100 des scientifiques que la terre a portés vivent et publient encore aujourd'hui. Avant le XXe s., le délai entre une découverte et sa mise en pratique se mesurait habituellement en décennies. Aujourd'hui, ce délai est presque nul. La rapidité avec laquelle certaines innovations (les hormones femelles chimiquement modifiées, comme les œstrogènes, les lasers et les transistors) ont été adaptées pour usage courant, correspond à la vitesse d'application des nouvelles découvertes. Dans certains cas, on développe des systèmes d'exploitation de phénomènes qui n'ont pas encore été découverts. C'est le cas des TROUS NOIRS, qui font l'objet de nombreuses études en physique théorique. Même si l'on n'a pas encore prouvé leur existence, on propose déjà de les utiliser comme source d'énergie. À cause des liens complexes entre l'industrie, l'emploi et l'économie, on constate souvent que suivant la découverte d'un danger potentiel (agent cancérigène, risque professionnel), le fardeau de la preuve est porté par la victime de la science. Des mesures correctives ne sont généralement apportées qu'après accumulation de preuves suffisantes. La difficulté du Canada à stimuler l'adoption de mesures contre les PLUIES ACIDES d'origine américaine démontre que l'action politique n'est pas une solution facile, même si le problème est clairement identifié.

L'effet de la télévision, des pilules anticonceptionnelles ou des ordinateurs dans la société dépasse largement le niveau technologique. De nos jours, la science et la technologie posent des problèmes sans précédent, lesquels modifient les concepts mêmes de société et d'humanité. En MÉDECINE, p.ex., de graves problèmes de santé comme la malnutrition, les infections et la septicémie ont été enrayés avec succès en Amérique du Nord. La recherche médicale se tourne donc maintenant vers des problèmes ne mettant pas en cause la vie des patients (troubles psychiatriques, herpès, chirurgie plastique, etc.) et vers les effets secondaires de traitements médicaux efficaces (comme le détachement de la rétine chez les diabétiques, les malformations congénitales, les maladies qui touchent les personnes âgées). Les transplantations cardiaques sont déjà monnaie courante avant même que l'on définisse précisément la MORT. De même, les techniques perfectionnées de maintien de la vie posent un dilemme entre la qualité de la vie, les priorités de la médecine et l'euthanasie. L'extraction des ovules humains, leur fécondation *in vitro* et l'implantation d'un embryon dans un utérus récepteur permettent maintenant de contourner tous les obstacles biologiques à la maternité, posant dès lors des questions légales et morales jusqu'à maintenant insoupçonnées.

Notre capacité d'échapper à l'attraction terrestre a mis l'espace à notre portée. À qui appartient cette nouvelle frontière? Est-il possible de revendiquer la propriété de corps célestes, comme des astéroïdes ou la Lune, de la même façon que les explorateurs ont revendiqué de nouveaux continents, en y mettant pied et en y plantant un drapeau? L'espace est-il une zone dont on doit se disputer la propriété, où tout pays pourra déverser ses déchets industriels ou installer de nouvelles armes?

Les études d'astrophysique, comme le débat sur l'aspect fermé ou ouvert de l'univers, débordent également de considérations philosophiques pour l'humanité. Dans un univers fermé, la masse est suffisante pour faire cesser l'expansion de l'univers sur 30 milliards d'années, après un big bang, et pour entraîner son effondrement 30 milliards d'années plus tard. Ainsi, notre univers ne serait actuellement que le résultat de la dernière d'une série d'explosions et de contractions remontant à l'infini. Dans un univers ouvert, le big bang ne peut avoir été qu'un phénomène unique, de telle sorte que l'expansion de l'univers n'aura pas de fin. La recherche d'indices prouvant l'existence d'autres formes de vie intelligente est tout aussi valable du point de vue philosophique. Le programme SETI (Search for Extra-Terrestrial Intelligence) est né de spéculations d'ordre statistique qui proposent qu'étant donné le nombre de planètes dont la situation est comparable à celle de la Terre au début de son histoire, la présence de formes de vie évoluées est fort probable. Cependant, prouver cette hypothèse aurait d'énormes répercussions sur ceux qui croient que les êtres humains ont été créés à l'image de Dieu et réfuterait la notion d'unicité dans l'univers.

Devant les perspectives limitées que nous offre la science, nous devrions avoir appris à être extrêmement prudents dans l'application de nouvelles connaissances permettant de maîtriser la nature. Depuis les années 50, cette mise en garde est devenue particulièrement nécessaire dans le domaine de la GÉNÉTIQUE. On a identifié l'ADN comme étant le matériel chimique de l'hérédité, le modèle qui dicte les propriétés héréditaires de tout organisme. Sa structure a été découverte, et les mécanismes par lesquels il emmagasine et transmet l'information ont été déterminés. Les spécialistes en biologie moléculaire ont mis au point des outils permettant d'isoler des séquences précises de la chaîne d'ADN, de lire l'information qu'elles contiennent et d'en créer des répliques exactes pouvant être implantées dans presque tout organisme vivant. Le génie génétique, science permettant de manipuler la matière qui détermine les caractéristiques humaines est devenue réalité, avec ses avantages et ses inconvénients.

La création d'une technologie qui pourrait surpasser l'intelligence de ses créateurs représente peut-être le plus grand défi de l'humanité. Les informaticiens considèrent maintenant possible la mise au point d'ordinateurs pourvus d'une INTELLIGENCE ARTIFICIELLE. Avec l'avènement des machines pensantes, l'homme atteindrait un nouveau stade d'évolution; après le stade biologique et culturel, celui de l'intelligence artificielle. Tout comme l'intelligence humaine a accéléré l'évolution culturelle, l'intelligence artificielle accélérerait le traitement de l'information grâce à son énorme capacité d'emmagasinage et à sa vitesse. Les neurones humains transmettent des signaux à une vitesse d'environ 100 m/s; les instructions informatiques le font à la vitesse de la lumière. Le travail humain est interrompu par la fatigue, le sommeil, la maladie, la perte de mémoire, les désordres affectifs et la faim, tandis que les ordinateurs peuvent fonctionner sans arrêt 24 heures par jour. Chaque nouvelle génération humaine doit se soumettre à une longue période d'apprentissage et de formation; les ordinateurs pourront transmettre à la vitesse de la lumière toutes leurs connaissances à des appareils plus perfectionnés. Les conséquences de l'intelligence artificielle à long terme sont imprévisibles, car cette technologie évolue rapidement et dépassera bientôt l'entendement.

Rien n'illustre mieux que les armes nucléaires le terrible dilemme auquel se confronte la créativité humaine. La production de grandes quantités d'énergie par la fission des atomes confirme les prédictions de la physique fondamentale. La maîtrise de cette énergie démontre de façon marquante que la recherche fondamentale peut contribuer au développement de la société. Cependant, les efforts des Alliés pour maîtriser l'atome ont été favorisés par la crainte de voir les physiciens allemands se servir de leurs connaissances pour créer une bombe. Le Canada a joué un rôle important dans la mise au point de la première bombe atomique en tant que partenaire à part entière de la Grande-Bretagne et des États-Unis. De nombreux scientifiques britanniques ont travaillé avec des Canadiens à Chalk River, en Ontario, et ont participé après la guerre à l'audacieuse entreprise que représentait la mise au point du réacteur CANDU. L'explosion de la première bombe atomique à Alamogordo, au Nouveau-Mexique, le 16 juillet 1945, a inauguré une nouvelle ère de destruction rendue possible par la créativité des scientifiques et des ingénieurs. Aujourd'hui, l'arsenal nucléaire comprend des armes fonctionnant selon le principe qui permet au soleil de se consumer (FUSION NUCLÉAIRE). L'arsenal nucléaire est assez puissant pour détruire toute vie humaine sur la planète. La course aux armements a été rationalisée par des ingénieurs militaires, qui ont imaginé un concept de destruction mutuelle assurée. En fait, même si peu d'armes nucléaires fonctionnent comme prévu et atteignent leur cible, aucun des belligérants ne pourrait crier victoire. Une décharge électromagnétique provoquerait le chaos en mettant hors service la plupart des systèmes électriques pendant que les débris des explosions obscurciraient l'atmosphère, de telle sorte que la température à la surface de la planète baisserait considérablement, créant ainsi un «hiver nucléaire».

Il est de plus en plus évident que pendant que la moitié scientifique et analytique du cerveau crée des armes terrifiantes, des impulsions plus primitives, comme l'autodéfense, la territorialité et l'émotivité nous porte à les utiliser. Un chef de gouvernement, intelligent et raisonnable en temps normal, est en fait un être complexe dont les tendances, les craintes et l'ignorance déterminent la façon d'utiliser l'armement. La technologie moderne, réalisation suprême du cerveau humain, a atteint une telle importance et une telle rapidité qu'elle échappe à notre contrôle. Ainsi, les ogives à tête nucléaire peuvent atteindre des cibles n'importe où sur la planète en 10 à 15 min.

Même avec un dispositif de défense parfaitement efficace, qui détecte et identifie les missiles ennemis quelques secondes seulement après leur lancement, les problèmes posés par le temps de réponse, les complexes réactions émotives de l'homme devant cette situation et la nécessité d'assimiler l'information pour décider des mesures à prendre à plusieurs niveaux excluent la possibilité d'une décision rationnelle. Comme l'a admis en avril 1984 le président américain Ronald Reagan, des armes comme les machines spatiales de la «guerre des étoiles», qu'il a lui-même proposées, agissent trop rapidement pour être maîtrisées par l'homme et devront être contrôlées par des ordinateurs. Au fur et à mesure que la vitesse et la complexité de la technologie s'accroissent, non seulement nous en perdons le contrôle, mais la probabilité d'un accident attribuable à l'erreur humaine ou informatique augmente nettement. Les armes nucléaires illustrent le dilemme de la technologie moderne: une fois inventées et utilisées, il n'est plus possible de revenir en arrière; la situation est irréversible et de profondes conséquences apparaissent habituellement beaucoup plus tard.

Science et moralité Comment considérer la science et ses applications de façon à améliorer la qualité de vie tout en minimisant ses effets néfastes sur l'environnement et les populations? Régler un problème particulier, comme les pluies acides, les armes nucléaires ou les BPC (biphényles polychlorés), n'aurait aucun effet sur sa cause première. Un changement fondamental d'optique s'impose. Cependant, les conséquences néfastes et destructrices de la science nous suivront tant que nous nous considérerons comme une entité séparée de la nature, supérieure à tous les autres êtres vivants, que nous chercherons à exploiter toutes les «ressources» et que nous nous croirons capables de comprendre et de contrôler la nature dans son ensemble par la science et la technologie. Les recherches scientifiques permettent de découvrir comment agir avec la nature et d'en maîtriser une partie. Cependant, le fait de considérer la nature comme un puzzle rend impossible l'évaluation des effets de cette manipulation sur son ensemble. La science n'est qu'une connaissance parmi d'autres (la musique, l'art, la littérature, etc.). Son rôle n'est pas de découvrir une vérité absolue. Au contraire, elle ne cesse de contredire ou de modifier ses propres théories. L'hypothèse selon laquelle la maîtrise de la nature par l'homme n'est pas soumise à des forces naturelles imprévisibles ou impossibles à maîtriser, ou encore à l'erreur humaine, nous voue à l'échec.

Toutes les conceptions et toutes les prévisions technologiques sont fondées sur l'hypothèse voulant que l'être humain réagit de façon rationnelle. Pourtant, quiconque a déjà participé à un débat sur l'AVORTEMENT, l'énergie nucléaire, l'idéologie politique ou la religion, se rend compte que la raison ne joue qu'un rôle secondaire dans le choix de nos actions. Comme HAL, l'ordinateur du film *2001, Odyssée de l'espace* l'a compris, la technologie n'est indéréglable qu'à moins d'éliminer tout ce qui peut la dérégler, c.-à-d. l'être humain. L'homme peut être malade, perturbé, intoxiqué, fatigué: bref, il peut être distrait et personne ne peut prévoir si un comportement irrationnel peut survenir. À moins que la technologie ne soit conçue en conséquence, elle sera toujours exposée au dérèglement. On ne sait pas encore très bien comment y arriver mais cela demeura impossible tant que le défi ne sera pas examiné d'un point de vue nouveau.

Le moyen de modifier profondément notre perception de la science et la technologie doit découler de la compréhension des fondements de l'entreprise scientifique, de sa méthodologie de base et de ses limites ainsi que du contexte social dans lequel elle opère. Ce changement ne se produira pas tant que la science sera exclue de la réalité sociale de la plupart d'entre nous. Tant que la société continuera à fragmenter son activité en sphères spécialisées, ayant chacune ses connaissances et son jargon, la situation ne changera pas. La science ne doit pas demeurer entre les mains des experts et des intérêts financiers, car leur point de vue est profondément restreint. Tout comme les chefs militaires doivent, dans une démocratie, se soumettre à l'autorité du gouvernement élu par le peuple, les scientifiques devraient être soumis aux représentants politiques qui, de leur côté, devront être en mesure de comprendre les conseils scientifiques et techniques des experts. Le processus visant à faire de la science une priorité politique commence au bas de la pyramide, encouragé par un électorat intéressé et bien informé faisant pression sur leurs représentants politiques.

Enseignement des sciences Le système d'éducation au Canada fait peu de cas de la nécessité de former de futurs citoyens non spécialistes aussi bien que des étudiants en science et en technologie. Dans une première enquête nationale sur l'enseignement des sciences, le CONSEIL DES SCIENCES DU CANADA a relevé de graves lacunes aux niveaux élémentaire et secondaire. L'enquête souligne des problèmes quant au personnel enseignant et au matériel didactique. Au Canada, plus de la moitié des enseignants de l'élémentaire n'ont reçu aucun cours de MATHÉMATIQUES de niveau universitaire, et les trois quarts n'ont suivi aucun cours de sciences.

Le tiers des enseignants de la 7e à la 9e année n'ont pas fait de mathématiques ni de sciences depuis le secondaire. Bien que 95 p. 100 des professeurs de fin secondaire aient suivi des cours de sciences à l'université, plus du tiers d'entre eux ont suivi leur dernier cours il y a plus de 10 ans. En science, l'observation expérimentale joue un rôle crucial; pourtant, dans les écoles primaires, moins de 20 p. 100 des enseignants ont accès à un laboratoire de sciences. Par conséquent, l'enseignement des sciences est sporadique et varie souvent d'une école à une autre. Cette situation offre un contraste étonnant avec le système scolaire japonais, où les sciences sont enseignées dès le primaire. Dans les écoles secondaires canadiennes, les cours de sciences sont conçus pour le faible pourcentage de diplômés qui s'inscriront en sciences dans les universités et les écoles techniques. On accorde beaucoup d'importance aux mathématiques comme préalable aux cours de sciences. De ce fait, les étudiants qui éprouvent des difficultés en mathématiques concluent souvent qu'ils ne sont pas faits pour les sciences. En définitive, le fait de ne pas avoir la bosse des mathématiques laisse penser que la science n'a aucun effet sur la vie quotidienne.

Les conséquences de ces lacunes, ajoutées à d'autres comme des manuels et un équipement de laboratoire inadéquats, sont nombreuses: les sciences sont rarement enseignées de façon satisfaisante (ou ne sont pas enseignées du tout) dans les écoles primaires du pays; les cours de sciences n'offrent aucun défi aux étudiants particulièrement doués et aux passionnés; les liens entre la science, la technologie et la société sont très peu enseignés, et les étudiants canadiens sont peu informés des progrès scientifiques et technologiques réalisés dans leur pays; de plus, dès leur jeune âge, les filles sont détournées des sciences et n'entrevoient pas de carrières en science et en technologie. Cette situation a encouragé le Conseil des sciences à appuyer le concept de «la science pour tous» tel qu'énoncé par la US National Science Teachers Association: «Chaque enfant doit étudier les sciences tous les jours de l'année».

Afin d'accéder à une société ouverte aux sciences, le Conseil des sciences signale les dangers de la situation actuelle et exhorte l'adoption de 47 recommandations qui auraient pour effet d'entraîner des changements fondamentaux dans l'enseignement des sciences, sans pour autant bouleverser le système d'enseignement actuel. Le manque de connaissances scientifiques se reflète dans les priorités mises en avant par les dirigeants de la presse électronique et écrite ainsi que chez les politiciens. Pour qu'une société envisage sérieusement le rôle de la science et de la technologie, il faut que ses membres s'y intéressent. Les gouvernements provinciaux et fédéral, bien qu'ils acceptent ces recommandations, n'endossent que les moins coûteuses.

L'enseignement des sciences ne devrait pas se limiter à la définition de termes, à la compréhension des principes et des toutes dernières théories. La plus grande leçon qu'on puisse tirer de la science est son scepticisme, la nécessité d'une présentation rigoureuse et le sens de l'analyse. De nos jours, les Canadiens assimilent une énorme quantité d'information. Si l'on considère la télévision, les journaux, les livres et les magazines achetés et les années de scolarité, nous avons accès à une quantité d'information jamais vue, bien que la plus grande partie finisse par être classée comme erronée, superficielle ou sans importance. Le scepticisme scientifique exige plus que de répéter une anecdote ou se référer à ce qu'on a vu à la télévision ou à ce qu'on a lu quelque part. La science n'accepte pas comme vérité absolue une affirmation simplement fondée sur une émission de télévision ou une publication. L'objectif fondamental de l'enseignement des sciences doit être d'inculquer cette rigueur et ce scepticisme à notre SOCIÉTÉ D'INFORMATION. (Voir aussi ASTRONOMIE; BIOCHIMIE; BIOÉTHIQUE; BIOLOGIE MOLÉCULAIRE; DÉONTOLOGIE MÉDICALE; ÉLECTRONIQUE; IMMUNOLOGIE; INVENTEURS ET INVENTIONS; PHILOSOPHIE; POLITIQUE SCIENTIFIQUE; POLLUTION; RECHERCHE ET DÉVELOPPEMENT SCIENTIFIQUES; ROBOTIQUE.)

David T. Suzuki

Science-fiction Branche de la littérature qui porte sur des variantes plausibles de la réalité. Les auteurs de la plupart des ouvrages du genre explorent des conceptions de l'avenir qui sont des extrapolations rationnelles à partir de nos connaissances du présent, ou traitent des répercussions sociales ou collectives de technologies découlant logiquement des données scientifiques actuelles.

La science-fiction est née en Grande-Bretagne. Selon la plupart des critiques, le roman *Frankenstein* de Mary Shelley, paru en 1818, est le premier ouvrage du genre et l'auteur H.G. Wells (1866-1946), son pionnier le plus influent. C'est aux États-Unis que débute sa diffusion à une échelle commerciale, avec la création du premier magazine de science-fiction, *Amazing Stories*, en 1926. Si les écrivains canadiens n'ont abordé ce domaine que récemment et en petit nombre, leur contribution n'en est pas moins importante.

La science-fiction canadienne se caractérise par deux pôles distincts, mais contrairement à beaucoup de secteurs au Canada, cette distinction ne repose pas essentiellement sur un clivage linguistique. En effet, la différence se situe entre les auteurs dont les œuvres s'adressent exclusivement, ou en premier lieu, aux lecteurs canadiens, et ceux qui écrivent exclusivement pour le marché américain.

Le fossé entre les 2 courants se franchit parfois aisément et parfois non. Les écrivains orientés principalement vers le marché américain n'éprouvent aucune difficulté à vendre leurs livres au Canada à l'occasion, mais ceux dont les écrits paraissent principalement dans des publications canadiennes n'ont que rarement, voire jamais, la possibilité d'être publiés à l'étranger. Ce schème unidirectionnel s'explique entre autres par les normes assez différentes en vigueur sur les 2 marchés (au Canada, il n'existe aucun débouché pour les romans futuristes qui satisfasse aux normes minimales de paiement professionnelles appliquées par les Science Fiction and Fantasy Writers of America) ou encore par un «courant» national inexprimable et difficile à exporter.

Cette dernière explication se défend mal, étant donné que les écrits d'auteurs canadiens publiés dans des revues américaines de science-fiction portent souvent le sceau traditionnel de la littérature proprement canadienne. Le principal thème proprement national, qui ressort dans SURVIVAL (1972; trad. *Essai sur la littérature canadienne,* 1987), publié par Margaret Atwood, est la relation entre la société et son contexte. L'âme canadienne est marquée de façon indélébile par la vie dans un immense territoire peu peuplé, inhospitalier, où on ne peut se contenter de rester passif pour survivre. Plusieurs romans de science-fiction canadiens, comme *Courtship Rite* de Donald Kingsbury (1982), *Dreams of an Unseen Planet* de Teresa Plowright (1986), *Station Gehenna* d'Andrew Weiner (1987) et *Far-Seer* de Robert J. Sawyer (1992), tournent autour de ce thème.

Comme autre thème récurrent dans la science-fiction canadienne, citons l'intelligence artificielle, depuis le roman *The Adolescence of P-1* de Thomas J. Ryan (1977). Ce sujet a été développé par la suite par William GIBSON dans *Neuromancer* (1984; où figure pour la première fois le terme «cyberespace»), A. K. Dewdney dans *Planiverse* (1984), Robert J. Sawyer dans *Golden Fleece* et *Factoring Humanity* (1990 et 1998 respectivement) et Chris Atack dans *Project Maldon* (1997).

Le critique John Robert COLOMBO mentionne un troisième thème récurrent, le «scénario de la catastrophe nationale», des récits dans lesquels le Canada est détruit à la suite d'un cataclysme naturel ou de troubles politiques. Mentionnons à ce chapitre *Epicenter* de Basil Jackson (1971) et les romans de Richard Rohmer, bien que ces ouvrages passent ordinairement pour des «thrillers» ou de la littérature générale, au lieu d'être classés parmi les œuvres de science-fiction.

Il est rare que l'action se déroule entièrement ou en partie dans un pays ressemblant au Canada actuel ou envisageable dans un avenir rapproché, bien que les romans fantastiques, particulièrement ceux de Charles de Lint et Tanya Huff, se situent souvent dans un contexte canadien. Parmi les meilleurs exemples de chevauchement entre la science-fiction et le roman policier, citons *Barking Dogs* (1988) et sa suite *Blue Limbo* (1997) de Terence M. Green, ainsi que The *Terminal Experiment* de Robert J. Sawyer (1995). On trouve également des sites canadiens facilement repérables dans certaines des nouvelles de fiction d'Andrew Weiner, de même que dans les romans et nouvelles de Spider Robinson, qui eux, dépeignent fréquemment la Nouvelle-Écosse, où il a vécu, et la Colombie-Britannique, où il habite actuellement.

La grande majorité des auteurs canadiens de science-fiction viennent de l'étranger. Parmi ceux qui ont publié régulièrement, durant une assez longue période, des livres de science-fiction pour adultes, seuls Phyllis GOTLIEB (Toronto, 1926-), Terence M. Green (Toronto, 1947-) et Robert J. Sawyer (Ottawa, 1960-) sont nés au Canada. Tous les autres y ont immigré. Donald Kingsbury et Robert Charles Wilson sont originaires de Californie; William Gibson, de Caroline du Sud; Spider Robinson et Judith Merril, aujourd'hui décédée, de New York; J. Brian Clarke, Michael Coney, Dave Duncan (spécialiste de la littérature fantastique) et Andrew Weiner, d'Angleterre; Charles de Lint (essentiellement un auteur de romans fantastiques, qui écrit à l'occasion de la science-fiction), des Pays-Bas; Élisabeth VONARBURG, de France; et Nalo Hopkinson, de Jamaïque.

Plusieurs auteurs de science-fiction nés au Canada se sont établis aux États-Unis, notamment Gordon R. Dickson, Horace L. Gold, Garfield et Judith Reeves-Stevens, Joel Rosenberg et A.E. van Vogt (qui a reçu, en 1996, le grand prix décerné aux maîtres de science-fiction par la Science Fiction and Fantasy Writers of America). De ce nombre, seuls Garfield Reeves-Stevens et A.E. van Vogt ont publié des ouvrages importants pendant qu'ils se trouvaient au Canada. Van Vogt a écrit *Black Destroyer*, ses récits *Weapon Shops* et *Slan* quand il résidait au Manitoba et en Ontario, tandis que Reeves-Stevens a écrit *Children of the Shroud* et *Night Eyes* alors qu'il était en Ontario. Une autre écrivaine de renom, la lauréate du prix du Gouverneur général, Heather Spears, auteure des romans de science-fiction publiés au Canada *Moonfall* et *The Children of Atwar,* s'est expatriée au Danemark.

La liste des écrivains canadiens-français dignes de mention comprend Joël Champetier, Denis Coté, Yves Meynard, Esther Rochon, Daniel Sernine et Élisabeth Vonarburg. Seuls les livres de Vonarburg ont été abondamment traduits en anglais, dont les romans à saveur féministe *Le Silence de la Cité* (1978; trad. *The Silent City*, 1988) et *Les chroniques du pays des Mères* (1992; trad. *The Maerlande Chronicles*, 1992). Toutefois, un roman de littérature fantastique de Meynard, *The Book of Knights*, rédigé en anglais, a été publié en 1998 par la grande maison d'édition américaine spécialisée en science-fiction Tor Books.

Au Canada, les membres de l'élite littéraire ne font pas autant de distinction que les Américains entre les divers genres. Par conséquent, il arrive souvent qu'un auteur généraliste canadien s'essaie à la science-fiction et, dans de nombreux cas, y excelle. Plusieurs auteurs à succès l'ont fait, notamment Margaret ATWOOD, dont le récit féministe *The Handmaid's Tale* (1985; trad. *La servante écarlate,* 1987) a été mis en nomination pour le prix Nebula décerné par les Science Fiction and Fantasy Writers of America, Hugh MACLENNAN (avec son récit des suites du cataclysme nucléaire *Voices in Time,* 1980), Brian MOORE (*Catholics,* 1972) et Charles Templeton (*World of One,* 1988).

Au Canada, plusieurs magazines de faible diffusion consacrés à la science-fiction ont été publiés au fil des années, les plus populaires étant la revue de langue anglaise *On Spec: The Canadian Magazine of Speculative Writing* (fondée en 1989, à laquelle on a ajouté la mention «More Than Just Science Fiction!» en 1997) ainsi que les périodiques en langue française *Solaris* (créé en 1974) et *Imagine...* (fondé en 1979).

Par ailleurs, il existe plusieurs anthologies importantes de science-fiction canadiennes. La première, intitulée *Other Canadas* (1979), est une réimpression d'une rétrospective historique publiée par John Robert Colombo. Il convient aussi de mentionner *Visions from the Edge: Atlantic Canadian Science Fiction* (1981), ouvrage publié sous la direction de Lesley Choyce et John Bell; *Ark of Ice: Canadian Futurefiction* (1992), une publication dirigée par Choyce; ainsi que *Arrowdreams* (1998), une anthologie de récits alternatifs recueillis par Mark Shainblum et John Dupuis. Cependant, le plus grand succès revient à la série anthologique *Tesseracts,* qui présente essentiellement des textes inédits: *Tesseracts* (1985), Judith Merril (dir.); *Tesseracts 2* (1987), Phyllis Gotlieb et Douglas Barbour (dir.); *Tesseracts 3* (1990), Candas Jane Dorsey et Gerry Truscott (dir.); *Tesseracts 4* (1992), Lorna Toolis et Michael Skeet (dir.); *Tesseracts 5* (1996), Yves Meynard et Robert Runt (dir.); *Tesseracts 6* (1997), Robert J. Sawyer et Carolyn Clink (dir.); et *Tesseracts 7* (1998), Paula Johanson et Jean-Louis Trudel (dir.). L'anthologie complémentaire *Tesseracts Q* (1996), une publication dirigée par Élisabeth Vonarburg et Jane Brierley, se compose exclusivement d'écrits de science-fiction d'auteurs canadiens-français traduits en anglais, bien qu'on en trouve quelques-uns dans tous les volumes de la série. La réimpression de *Northern Stars: The Canadian Science Fiction Anthology* (1994), est due à l'Américain David G. Hartwell, de New York, et à Glenn Grant, de Montréal.

Les maisons d'édition canadiennes ont publié plusieurs recueils de nouvelles d'un même auteur, en commençant par *North by 2000* de H.A. Hargreaves (1976). Mentionnons également *Melancholy Elephants* de Spider Robinson (1984), *The Woman Who is the Midnight Wind* de Terence M. Green (1987), *Machine Sex and Other Stories* de Candas Jane Dorsey (1988), *Distant Signals and Other Stories* de Andrew Weiner (1989), *Blue Apes* de Phyllis Gotlieb (1995) et *Death Drives a Semi*, une série de récits fantastiques, d'histoires d'horreur et de nouvelles de science-fiction de l'auteur prolifique Edo van Belkom (1998).

Au Canada, le principal éditeur de science-fiction en anglais est la petite maison Tesseract Books, établie à Edmonton. Une bonne partie des ouvrages de science-fiction en français sont publiés par la maison d'édition généraliste Québec/Amérique. Il arrive qu'un éditeur anglo-canadien généraliste fasse une incursion dans la science-fiction. Parmi les tentatives les plus remarquables, mentionnons la parution du roman *Melancholy Elephants* de Robinson chez Penguin Canada et la publication, en 1992, par McClelland & Stewart, du deuxième roman de Terence M. Green, *Children of the Rainbow*, qui raconte un voyage dans le temps.

Les principaux ouvrages de référence sur le sujet sont *Canadian Science Fiction and Fantasy* de David Ketterer (publié aux États-Unis en 1992 par Indiana University Press, un fait digne de mention), *Out of this World: Canadian Science Fiction & Fantasy Literature,* un recueil d'essais publié sous la direction d'Andréa Paradis pour le compte de la Bibliothèque nationale du Canada (1995), et *Northern Dreamers*, compte rendu d'une série d'entrevues réalisées par Edo van Belkom avec divers auteurs de science-fiction (1998). Citons également le numéro spécial de mars 1993 «Speculative Fiction» du magazine *Books in Canada*. Pendant de nombreuses années, l'U. Concordia, au Québec, a publié le journal universitaire *Science-Fiction Studies* qui, toutefois, ne mettait pas particulièrement l'accent sur les écrits d'origine canadienne.

Certains ont tenté de classifier la production des auteurs canadiens de science-fiction. Ketterer est allé jusqu'à affirmer que les écrivains canadiens négligent la science-fiction «pure» (à saveur technologique, rigoureuse scientifiquement), à part Chris Atack, J. Brian Clarke (dont les récits paraissent régulièrement dans la revue *Analog,* principal magazine américain de science-fiction pure et qui a combiné 6 de ses nouvelles pour former le roman *The Expediter* en 1990), Julie E. Czerneda, Phyllis Gotlieb, Donald Kingsbury et Robert J. Sawyer. Enfin, les auteurs canadiens de science-fiction écrivent dans presque tous les styles. Les récits *Mysterium* (1994) et *Darwinia* (1998), de Robert Charles Wilson, ont un caractère alternatif. Phyllis Gotlieb évoque de lointains empires galactiques. Spider Robinson rédige des ouvrages de science-fiction à la fois scientifiques et humoristiques. James Alan Gardner y mêle lui aussi de l'humour. On qualifie souvent les œuvres de Terence M. Green de «science-fiction littéraire». On compare Scott Mackay à l'auteur romantique américain de science-fiction Theodore Sturgeon. Enfin, William Gibson est à l'origine du concept de cyberpunk, apparu dans son roman précurseur *Neuromancer,* qui date de 1984.

Avant les années 80, la science-fiction canadienne est très limitée. Entre les années 60 et la fin des années 70, Phyllis Gotlieb est le seul auteur canadien-anglais à pratiquer ce genre. Elle persiste et signe: son plus récent roman, *Flesh and Gold,* est paru en 1998.

Si on remonte plus loin, le plus ancien ouvrage canadien de littérature spéculative est une satire utopique intitulée *A Strange Manuscript Found in a Copper Cylinder* (1888) de James De Mille. Il convient aussi de mentionner les chapitres 11 à 13 du livre de Charles H. Sternberg, datant de 1917, *Hunting Dinosaurs in the Badlands of the Red Deer River, Alberta Canada*. Bien qu'il ne s'agisse pas d'un ouvrage de fiction, les 3 chapitres en question relatent un voyage dans le temps ayant pour cadre le Canada et constituent réellement un récit du genre. Sternberg (1850-1943), un Américain, a cherché, pendant plusieurs années, des fossiles pour le compte du gouvernement canadien. Le premier humoriste canadien, Stephen LEACOCK, a également écrit de la science-fiction dans une veine satirique, soit *The Iron Man and the Tin Woman with Other Such Futurities* (1929) et *Afternoons in Utopia* (1932). Un autre ouvrage satirique digne de mention est *Consider Her Ways* (1947) de Frederick Philip GROVE.

Depuis 1980, les principaux honneurs littéraires canadiens dans ce genre sont les prix canadiens de science-fiction et de littérature fantastique (les prix Aurora), soumis au vote de lecteurs d'un bout à l'autre du pays. Six prix professionnels sont attribués chaque année dans les catégories long récit, court récit et «autres» (normalement un magazine ou une anthologie), à la fois en anglais et en français. Les longs récits en anglais récemment couronnés sont *Virtual Light* de William Gibson (1995), *The Terminal Experiment* de Robert J. Sawyer (1995) et *Starplex* du même auteur (1997). Les ouvrages en français auxquels on a décerné ce prix sont *La Mémoire du lac* de Joël Champetier (1995), *Les Voyageurs malgré eux* d'Élisabeth Vonarburg (1996) et *La Rose du désert* d'Yves Meynard (1997).

Les ouvrages canadiens suivants ont obtenu des prix Hugo (prix internationaux de science-fiction décernés par les lecteurs): *By Any Other Name* (roman court, 1977) de Spider Robinson, *Stardance* (roman court, 1978) de Spider et Jeanne Robinson, *Melancholy Elephants* (nouvelle, 1983) de Spider Robinson et *Neuromancer* (roman, 1985) de William Gibson. De plus, on a récompensé par des prix Nebula («prix académiques» de science-fiction attribués par les Science Fiction and Fantasy Writers of America) aux œuvres canadiennes suivantes: les romans *Neuromancer* de Gibson et *The Terminal Experiment* de Robert J. Sawyer, ainsi que le roman court *Stardance* du couple Robinson.

La principale bibliothèque canadienne de consultation en science-fiction est la Merril Collection of Science Fiction, Speculation and Fantasy (appelée jusqu'en 1990 la Spaced Out Library), fondée en 1969 par la directrice de publications de science-fiction d'origine américaine Judith Merril, qui a travaillé longtemps pour le Toronto Public Library System (le réseau de bibliothèques publiques de Toronto). En 1997 est apparu à Toronto le canal spécialisé de câblodistribution *Space: The Imagination Station,* qui se consacre à la science-fiction. Les interludes entre les émissions *Space News* et *Space Opinion* contribuent dans une large mesure à faire connaître les auteurs canadiens de science-fiction et leurs écrits.

Aux deux pôles de la littérature canadienne de science-fiction, les auteurs qui se font publier par des petites maisons d'édition canadiennes sont représentés pour la plupart par l'organisme SF Canada (fondé en 1989) établi à Edmonton. Quant à ceux dont les œuvres connaissent une diffusion internationale, ils sont représentés dans le cadre du chapitre canadien (fondé en 1992) des Science Fiction and Fantasy Writers of America (association fondée en 1965). Peu d'écrivains sont à la fois membres de ces 2 groupes. En 1994, on a créé un groupe de revendication bilingue, baptisé au départ Canadian Science Fiction and Fantasy Foundation, rebaptisé en 1997 National Science Fiction and Fantasy Society, dans le but de promouvoir la science-fiction canadienne auprès du grand public.

Robert J. Sawyer

Science politique Est définie comme l'étude systématique des mécanismes gouvernementaux par l'application de méthodes scientifiques aux événements politiques. Cette définition restreinte est remise en question par ceux qui considèrent que le pouvoir et son organisation dans les relations humaines sont l'objet de la science politique et que le pouvoir est un phénomène qui met en rapport d'autres associations que celle qui prévaut entre l'homme et l'État. Vers le milieu du XXe s., une interprétation singulière du pouvoir – selon laquelle il permet de maîtriser les mécanismes de prises de décisions publiques – devient populaire, même s'il est important de distinguer les décisions politiques des autres sortes de décisions, entre autres celles des sociétés commerciales.

Un autre aspect fondamental de l'analyse politique est l'étude de la répartition des ressources entre différents groupes d'individus et de l'obtention et de la conservation des appuis pour des projets. La politique existe parce que la population n'est pas toujours d'accord sur ce que devrait faire la collectivité ni sur la manière dont on devrait le faire. La science politique analyse des règles acceptées pour résoudre un conflit et la façon dont on les adopte, même s'il y a désaccord sur les décisions prises. Elle s'intéresse aussi aux infractions, à ces règles et aux changements révolutionnaires dans l'organisation politique.

La science politique permet le développement systématique de notre connaissance et de notre compréhension de la politique. Avant le XXe s., ce que nous appelons maintenant «science politique» s'apparentait plutôt à la philosophie, à l'histoire politique ou à l'étude du droit constitutionnel, les 2 derniers comprenant la description des institutions politiques. Ces 3 secteurs représentent des aspects de la science politique moderne, mais ils ont évolué en une discipline distincte et spécialisée.

La philosophie politique s'intéresse surtout à l'étude des idées politiques, comme la place et l'ordre des valeurs, la signification des mots «droit», «justice» et «liberté», souvent dans un contexte historique. Elle prend naissance chez les Grecs (philosophie signifiant «amour de la sagesse», et politique faisant référence à l'activité de la cité). Socrate, Platon et Aristote s'intéressent surtout à la nature de la justice.

Platon fait appel à la philosophie pour savoir ce qu'il convient de faire ou ce qui doit être fait en politique. Aristote, après avoir comparé et différencié les diverses formes de gouvernement, se demande aussi comment fonctionne la politique. L'approche de Platon a engendré une tradition de philosophie ou de théorie politique, et les philosophes de la politique s'intéressent encore aux valeurs politiques. Celle d'Aristote a créé une tradition d'étude scientifique ou empirique de la politique, qui se concentre avant tout sur les faits et sur les conclusions tirées d'observations sur le fonctionnement réel des institutions politiques.

Si la philosophie prend naissance chez les Grecs, les notions médiévales et plus modernes du droit proviennent des Romains et d'une ancienne tradition hébraïque d'alliance. En 1159, dans *Policratus,* Jean de Salisbury compare la physiologie du corps à celle de l'État. Dans sa *Somme théologique,* le théologien et philosophe du XIIIe s. Thomas d'Aquin décrit l'homme comme naturellement politique et l'État comme une institution naturelle. Il soutient que l'univers est naturellement ordonné et qu'en matière de droit et de politique, comme en tout d'ailleurs, le monde chemine de l'imperfection à la perfection.

Machiavel (début du XVIe s.) est parfois considéré comme le premier théoricien politique moderne. D'après lui, «notre façon de vivre est tellement différente de la manière dont nous devrions vivre que celui qui abandonne ce qui se fait pour ce qui devrait se faire provoque sa propre déchéance plutôt que son salut». Hobbes, Locke, Rousseau, Montesquieu, Burke, Mill et Hegel, entre autres, ont rédigé des essais de philosophie politique. Marx, d'abord un disciple de Hegel, décrie les philosophes parce qu'ils interprètent le monde sans chercher à le changer et proposent ce qu'il considère une approche scientifique du monde. On dit souvent qu'à la fin du XIXᵉ s. l'idéologie a remplacé la philosophie politique.

La science politique contemporaine doit son développement à l'enthousiasme pour les SCIENCES SOCIALES, lequel a marqué le XIXᵉ et le début du XXᵉ s., et a été favorisées par le rapide développement des sciences naturelles. Le changement majeur qui a fait une science de la politique est l'analyse. Au lieu de s'en tenir à la description des règles formelles et des méthodes des institutions politiques, comme l'élaboration d'un projet de loi jusqu'à son adoption par le Parlement, la science politique moderne analyse plutôt les mécanismes utilisés et le comportement humain.

Science politique au Canada Au Canada, la science politique est aussi une discipline universitaire. Des départements de sciences politiques, ou d'études politiques, existent dans quelque 45 universités et dans les collèges communautaires. Les politologues font des recherches intensives sur les divers aspects de la politique canadienne et publient leurs résultats dans des livres, des revues spécialisées, des rapports de recherche et d'autres formes de publications savantes. L'enseignement de la science politique dans les universités canadiennes remonte à la fin du XIXᵉ s. À l'origine, il reste étroitement lié au droit constitutionnel et à l'économie. Ce dernier lien est assez particulier au Canada et reflète peut-être le statut du Canada comme nation en développement et fort intéressée par les questions économiques. À l'U. de Toronto, chef de file canadien en la matière jusqu'au milieu du XXᵉ s., les politologues travaillent en collaboration avec les économistes dans les départements d'économie politique. La première association de politologues devient permanente en 1929-1930, c'est l'Association canadienne de sciences politiques, qui regroupe aussi des économistes. Son organe officiel, une autre coentreprise, la REVUE CANADIENNE D'ÉCONOMIQUE ET DE SCIENCE POLITIQUE, existe jusqu'en 1967, moment où les 2 groupes se séparent et créent chacune leur association et leur journal.

Même si les U. Queen's, McGill, Dalhousie et, plus tard, celles de la Saskatchewan et de la Colombie-Britannique l'enseignent aussi, les départements de science politique restent peu importants jusqu'au lendemain de la Seconde Guerre mondiale, les professeurs étant mal payés et cette science nouvelle (de même que les autres sciences sociales en général) ayant peu de prestige. En 1950, on compte seulement 30 politologues dans toutes les universités canadiennes. Toutefois, au cours des années 40, on assiste à l'éclosion des sciences politiques canadiennes avec la publication de livres majeurs, dont ceux de R. McGregor DAWSON, J.A. Corry, Alexander Brady et H.McD. Clokie qui démontrent que les études canadiennes sur les institutions politiques du pays sont dorénavant possibles, indépendamment de l'économie et du droit constitutionnel.

Dans les années 60, les universités canadiennes connaissent une forte expansion. De nouvelles universités sont créées, et les plus anciennes agrandissent leurs facultés et diversifient leurs programmes. Gagnant en prestige au même titre que les autres sciences sociales, la science politique participe à cette croissance.

Au début des années 70, on trouve environ 30 fois plus de politologues enseignant dans les universités canadiennes que dans les années 50. Selon un sondage de l'Association canadienne de sciences politiques, on compte, en 1979, 687 politologues détenant des postes d'enseignants permanents dans 45 universités. Au Québec, on trouve 16 p. 100 d'entre eux, et 14 p. 100 enseignent dans des départements francophones ou bilingues. Ces chiffres ne tiennent pas compte des politologues fonctionnaires, politiciens, journalistes, lobbyistes, experts-conseils, chercheurs ou conseillers auprès de divers organismes,

ou encore professeurs dans des écoles secondaires ou des collèges communautaires.

Du côté anglophone, on subit, au cours des années 60, l'influence des sciences politiques américaines. Étant donné que les petits départements et les rares facultés d'études supérieures des années 50 ne produisent pas suffisamment de diplômés pour occuper tous les nouveaux postes, les universités canadiennes se tournent vers les départements de science politique américains, mieux développés, et y recrutent plusieurs politologues.

Vers 1970, près de 50 p. 100 du corps professoral canadien dans ce domaine d'études est composé d'étrangers. L'influence des écoles américaines, des concepts, des modèles, des auteurs et des revues américains reste très forte pendant cette période cruciale du développement de la science politique au pays.

Au même moment, la prétendue «révolution behavioriste», une approche (née aux États-Unis) visant à rendre la science politique le plus scientifique possible, gagne de l'importance. Il s'agit d'exclure les jugements de valeur. Les faits politiques auxquels on peut donner des valeurs numériques et qui peuvent être systématiquement analysés reçoivent le nom de «données solides». Ainsi, lors d'un vote, on prépare des échantillons représentatifs de l'électorat, on les soumet à des enquêtes et on analyse les résultats par le truchement de techniques statistiques sophistiquées. Cependant, tous les aspects de la politique ne se quantifient pas aussi facilement, et il n'existe pas de fondement réel, en politique, comparable à celui des sciences exactes.

Les politologues font eux-mêmes partie de leur champ d'étude et sont concernés par leurs observations. Pendant les années 60, on voit naître une controverse au sein de cette discipline quant aux limites du behaviorisme. Certains politologues soutiennent que seule l'étude scientifique de la politique est légitime. D'autres préfèrent la façon traditionnelle d'envisager la politique, soutenant que les faits politiques ne peuvent être dissociés des valeurs politiques. Ce conflit s'est maintenant considérablement atténué. Le behaviorisme est généralement reconnu comme une part légitime mais non exclusive de l'étude de la politique. Les sciences politiques canadiennes sont variées et pluralistes.

Au cours des années 60 et 70, les politologues canadiens-français sont influencés par différents facteurs. Au Québec, les sciences sociales sont relativement sous-développées et soumises à l'influence religieuse jusqu'aux années 60. La première faculté de science politique au Québec est créée à l'U. Laval en 1954, suivie par plusieurs autres dans les années 60. Les sciences politiques américaines n'influencent pas les politologues québécois aussi fortement que les Canadiens anglais. Les postes créés dans les facultés de science politique sont d'abord occupés par des Québécois ayant reçu une formation supérieure en France. Les influences européennes sont donc plus marquées au Québec qu'au Canada anglais. Le marxisme en est une, et on met plutôt l'accent sur les idées et sur l'idéologie politique.

Il faut se rappeler que le développement des sciences politiques québécoises coïncide avec la RÉVOLUTION TRANQUILLE. Avec la montée du nationalisme québécois et le débat sur l'avenir constitutionnel du Québec à l'intérieur (ou à l'extérieur) du Canada, les sciences politiques y occupent une place plus importante qu'au Canada anglais. Les politologues québécois participent massivement aux débats publics, étant plus présents politiquement que leurs confrères canadiens-anglais.

Autonomie et collaboration déterminent les relations entre politologues anglophones et francophones. L'Association canadienne de sciences politiques compte environ 1200 membres en 1988. Une association francophone distincte est fondée au début des années 60 (d'abord sous le nom de Société canadienne de sciences politiques. Depuis 1978, elle porte

le nom de Société québécoise de science politique). Des rédacteurs et analystes des 2 communautés linguistiques collaborent à la *Revue canadienne de science politique*, publication bilingue. La Société québécoise de science politique publie aussi la revue *Politique*. Elle tient ses propres assemblées annuelles, même si plusieurs politologues francophones sont aussi membres de l'Association canadienne de sciences politiques et participent aux assemblées de cette dernière.

Champ d'étude Il existe de nombreux champs d'étude en science politique. La théorie politique traite de l'étude explicite des valeurs (appelée encore parfois philosophie politique) ou de la méthodologie des enquêtes politiques. Elle s'intéresse davantage aux questions techniques, comme l'élaboration d'hypothèses, la logique déductive ou inductive, l'utilisation de tests statistiques. En ce sens, ce champ d'étude est beaucoup plus spécialisé que la philosophie politique, qui déborde parfois sur des débats concernant la démocratie, le libéralisme, le conservatisme, le socialisme ou le fédéralisme. Les débats publics évoquent parfois les concepts élaborés par les philosophes de la politique, comme dans le débat sur l'indépendance du Québec ou la nouvelle constitution canadienne, mais rarement sous une forme que ces derniers reconnaîtraient.

Un autre champ d'étude est la politique comparée qui met en parallèle les diverses formes, institutions, valeurs et mécanismes politiques des différents pays. Ce vaste domaine englobe une quantité considérable d'informations détaillées sur plusieurs pays. La politique comparée donne aussi naissance à des branches plus spécialisées: entre autres, les études régionales, qui se concentrent sur des groupes particuliers de peuples et de régions géographiques comme l'Amérique latine, l'Afrique ou l'URSS. Le développement politique s'intéresse aux pays en voie de développement. Dans les départements des universités canadiennes, l'étude de la politique canadienne constitue évidemment un champ d'étude, comme c'est le cas de la politique québécoise dans les universités du Québec, où l'on analyse aussi la politique provinciale et municipale. Les relations internationales s'attardent aux interactions entre les États, la diplomatie, la politique étrangère et la politique de défense, la guerre et l'organisation internationale. L'ADMINISTRATION PUBLIQUE et particulièrement l'étude de la bureaucratie représentent un autre champ d'étude. La politique publique vise les mécanismes d'élaboration des politiques.

Un important champ d'étude proprement canadien est L'ÉCONOMIE POLITIQUE, à la fois un sous-domaine d'étude et une approche politique. Elle tente systématiquement de faire le lien entre les facteurs économiques, sociaux et politiques. Elle reflète en partie l'ancienne interdépendance entre histoire économique et étude de la politique, mais voit aussi les répercussions du marxisme et d'une récente tendance à la recherche interdisciplinaire, selon laquelle la politique est intimement liée à l'économie, à la sociologie et à l'histoire.

La nouvelle orientation la plus importante de la science politique canadienne dans les années 90 est l'adoption de plus en plus fréquente d'approches féministes dans l'étude de la politique. La science politique doit aujourd'hui, à la lumière des points de vue féministes, reconsidérer toutes ses catégories fondamentales d'analyse qui sont demeurées incontestées pendant des décennies. Parallèlement à l'accent que mettent les féministes sur les relations entre les hommes et les femmes, on accorde aussi plus d'attention à des facteurs comme la race, l'appartenance ethnique et la diversité culturelle. On s'intéresse aussi de plus en plus à l'étude des relations entre les peuples autochtones et le système politique canadien, et de la lutte que mènent les autochtones pour parvenir à des formes efficaces d'autonomie gouvernementale.

Lors des rencontres annuelles de l'Association canadienne de sciences politiques et de la Société québécoise de science politique, on présente des travaux savants couvrant tous ces champs d'étude, ce que fait aussi la *Revue canadienne de science politique* et *Politique*. Des revues plus spécialisées s'y attardent aussi, comme *Administration publique du Canada* (publiée par l'Institut d'administration publique), *Analyse de politiques, International Journal, Studies in Political Economy, Revue canadienne des études africaines, Recherches sociographiques* et *La politique étrangère du Canada*. En outre, politologues canadiens et québécois collaborent à des revues étrangères. Les sciences politiques canadiennes sont d'ailleurs reconnues dans le monde entier dans plusieurs domaines, notamment en théorie politique.

Reg Whitaker

Sciences économiques Elles traitent de 3 questions reliées entre elles: l'allocation des RESSOURCES utilisées pour la satisfaction des besoins humains, la RÉPARTITION DES REVENUS entre individus et groupes, et la détermination du niveau du revenu national et de l'emploi. Les économistes étudient ces questions soit sous l'angle microéconomique en analysant les comportements des agents individuels de l'économie nationale que sont les entreprises, les travailleurs et les consommateurs, soit sous l'angle macroéconomique en privilégiant les agrégats économiques que sont notamment l'investissement et la consommation, le niveau général des taux d'INTÉRÊT et des prix ainsi que l'emploi global et le CHÔMAGE.

Recherche économique La recherche économique consiste tout d'abord dans la formulation de théories destinées à expliquer des faits observables (comme les variations dans les exportations canadiennes de pâtes et papiers ou l'achat d'ordinateurs par le Canada) et dans la vérification de ces théories par la confrontation de leurs implications et de leurs prédictions avec les faits constatés. Ces théories et leurs vérifications peuvent adopter un langage formel et mathématique ou un langage non formel et non mathématique. La formulation et la vérification de ces 2 types de théories ont tiré grand profit de la croissance d'une masse fiable de statistiques nationales à partir de la création, en 1918, du Bureau de la statistique du Dominion.

Depuis 50 ans, la recherche économique tend à reposer sur des modèles mathématiques et des tests statistiques de plus en plus sophistiqués, au grand désespoir de certains économistes qui affirment que leur science est ainsi portée à négliger ou à déformer les comportements humains et la complexité des institutions qui se prêtent mal à ce genre d'analyse.

Modèles mathématiques Les modèles mathématiques privilégient souvent le concept d'équilibre, qui suppose que les producteurs et les consommateurs poussent au maximum leurs revenus et leur utilité, compte tenu de leur richesse de départ et des prix du marché, et aboutissent logiquement par leurs transactions à un prix d'équilibre qui garantit les volumes produits et les achats de tous les agents concernés. Ces modèles permettent de comparer des équilibres successifs résultant du changement d'un paramètre particulier. P. ex., un modèle mathématique de production dans l'industrie des plastiques permet de mesurer qu'a une hausse substantielle du prix du pétrole sur le niveau d'équilibre de la production, de l'emploi et de la consommation de pétrole de cette industrie, dans l'hypothèse où celle-ci cherche à minimiser ses coûts de production.

Les critiques de ce type d'analyse «statique» de l'équilibre lui reprochent de négliger la dynamique des ajustements qu'entraînent les changements d'un paramètre sur des variables telles que la découverte de ressources, les changements démographiques, l'innovation technologique, les initiatives et les investissements des dirigeants d'entreprise confrontés à l'incertitude future des marchés. Ces critiques

lui reprochent aussi de ne pas prendre suffisamment en compte l'expansion à long terme de l'économie nationale ni les CYCLES ÉCONOMIQUES qui font fluctuer les variables macroéconomiques entre des pointes et des creux successifs.

Critiques des modèles mathématiques Parmi ces critiques se trouvent les économistes postkeynésiens (*voir* ÉCONOMIE KEYNÉSIENNE), qui soulignent l'analyse dynamique et le poids donné au facteur d'incertitude dans l'œuvre de John Maynard Keynes, un économiste anglais dont l'ouvrage *Théorie générale de l'emploi, de l'intérêt et de la monnaie* (dont la version originale est parue en 1936) est à l'origine de la science macroéconomique moderne. D'autres critiques des modèles mathématiques de l'équilibre soulignent le rôle des facteurs politiques et institutionnels dans les affaires économiques en insistant souvent sur l'inégalité et la dépendance qui caractérisent, selon eux, les relations entre les personnes, les groupes et les nations dans les sociétés industrielles avancées.

De nombreuses écoles de pensée font partie de ce courant critique, citons p. ex., le MARXISME, l'institutionnalisme, l'ÉCONOMIE POLITIQUE et l'ÉCONOMIE RADICALE. Pendant de nombreuses années, les programmes de sciences économiques des universités canadiennes étaient liés à la SCIENCE POLITIQUE au sein de départements d'économie politique ou de sciences économiques et politique. Au grand dam de nombreux économistes de l'école institutionnelle, la plupart de ces départements conjoints se sont maintenant subdivisés en départements séparés.

Économétrie L'économétrie est cette branche de la science économique qui s'occupe de vérifier statistiquement les théories économiques. Depuis trente ans, elle est une partie essentielle de l'analyse économique qui s'en sert pour évaluer des politiques économiques et des modèles théoriques alternatifs. Ces dernières années, elle fait l'objet de critiques qui lui reprochent principalement d'avoir pris la mauvaise habitude de présenter comme définitifs les résultats statistiques de données non soumises à vérification, alors qu'il s'agit, tout au plus, de résultats hypothétiques. C'est pourquoi apparaît une préoccupation sur l'état d'avancement des sciences économiques comme discipline vraiment rigoureuse sur le plan scientifique, étant donné que le caractère souvent inadéquat des tests statistiques ne permet pas de trancher entre théories concurrentes.

Les sciences économiques et les économistes du Canada sont en interaction constante avec les sciences économiques et les économistes d'Europe (notamment du Royaume-Uni), des États-Unis et d'ailleurs, de sorte qu'il n'est pas davantage possible de définir les sciences économiques «canadiennes» qu'il ne le serait de définir la chimie canadienne. Néanmoins, la pratique des sciences économiques au Canada subit très fortement l'influence des particularités démographiques et géographiques de ce pays immense et faiblement peuplé, qui est voisin d'un pays disposant d'une économie 10 fois plus vaste que la sienne.

Économistes professionnels Les économistes professionnels se spécialisent généralement dans un ou plusieurs champs de leur discipline. Au Canada, ils choisissent volontiers l'économie du COMMERCE INTERNATIONAL et de l'investissement, l'économie des ressources ou celle des transports. Les économistes canadiens effectuent cependant des recherches importantes dans tous les champs de leur discipline, à savoir l'HISTOIRE ÉCONOMIQUE, la croissance économique des pays du tiers monde, l'économie mathématique, l'organisation industrielle, l'économie du travail, la monnaie et l'ACTIVITÉ BANCAIRE, les finances publiques, l'ÉCONOMIE RÉGIONALE et urbaine ainsi que l'économétrie.

Jusque dans les années 20, les écrits relatifs à l'économie canadienne viennent de la plume de dirigeants politiques, d'hommes d'affaires et de citoyens

d'autres professions qui s'intéressent à certaines questions de politique publique, p. ex., les meilleures façons d'installer des colons sur les terres, les avantages relatifs du libre-échange et du protectionnisme, du contrôle de l'État sur la monnaie et les banques. Parmi les nombreux pionniers de la science économique au Canada, 3 noms ressortent: Adam SHORTT et W.A. MACKINTOSH, tous deux de l'U. Queen, et Harold INNIS de l'U. de Toronto.

Shortt, chargé de cours en économie politique à l'U. Queen, dirige plusieurs ouvrages composés de documents sur la monnaie, sur la finance et sur les problèmes constitutionnels du Canada. Il dirige l'étude remarquable en 23 volumes *Canada and Its Provinces* (1913-1917), qui contient une riche collection de données sur le développement et la politique économiques du Canada. W.A. Mackintosh dirige des ouvrages sur le peuplement de l'Ouest canadien et des statistiques historiques, mais il est surtout connu comme auteur de *The Economic Background of Dominion-Provincial Relations* (1939), qui est une histoire économique classique du Canada depuis la Confédération, rédigée comme étude préparatoire aux travaux de la Commission Rowell-Sirois.

En 1930, Innis publie *The Fur Trade in Canada: An Introduction to Canadian Economic* History, une étude magistrale sur l'importance de la traite des fourrures de castor aux XVIIe et XVIIIe s. et son déclin dû à l'essor de l'occupation des terres. Des 2 ouvrages suivants, *The Cod Fisheries* (1940) et *Empire and Communications* (1950) ainsi que ses nombreux essais en font l'historien le plus influent de l'économie canadienne. En effet, il met en lumière le rôle joué par les exportations de matières premières, telles que fourrures, poissons, bois d'œuvre et blé, dans le développement économique, politique et social du Canada, et crée ainsi ce qu'on appelle depuis lors la THÉORIE DES PRINCIPALES RESSOURCES.

Commerce international et investissements Le commerce international et les investissements sont depuis longtemps des domaines de recherche importants des économistes canadiens. Ils font l'objet de l'ouvrage classique *Canada's Balance of International Indebtedness*, 1900-1913 de Jacob Viner, un économiste montréalais, qui a enseigné à l'U. de Chicago et à l'U. Princeton. Harry G. JOHNSON, le plus grand économiste canadien en ce domaine, publie *The Canadian Quandary* (1977) et une série d'articles sur la théorie pure du commerce international, sur la BALANCE DES PAIEMENTS et sur la politique économique du Canada en ce qui concerne le commerce international et les investissements.

Johnson, qui publie plus de 500 articles scientifiques et 19 livres entre 1947 et 1977, apporte également une contribution importante à la macroéconomie, particulièrement dans le domaine de l'économie monétaire intérieure et internationale. En se prononçant ouvertement pour le libre-échange et la libre circulation des investissements internationaux, Johnson s'est attiré les critiques des économistes nationalistes canadiens, parmi lesquels Abraham Rotstein et Mel Watkins de l'U. de Toronto, qui affirment que la dépendance économique du Canada à l'égard des États-Unis signifie aussi sa dépendance politique et culturelle et entraînera en fin de compte une baisse de son niveau de vie.

Recherche économique au Canada français Au XXe s., la recherche en sciences économiques des Canadiens français se concentre à l'École des hautes études commerciales (HEC), fondée à Montréal en 1970, à l'U. de Montréal qui crée une École des sciences sociales en 1921, et à l'U. Laval, dont la Faculté des sciences sociales voit le jour en 1938. L'École des HEC lance sa revue *L'Actualité économique* en 1925, soit dix ans avant la parution du premier numéro du *Canadian Journal of Economics and Political Science* en 1935 et quarante ans avant celle du *Canadian Journal of Economics–Revue canadienne de science économique* en 1968.

Parmi les principaux économistes canadiens-français de 1900 à 1945, citons le fonctionnaire Errol Bouchette et Édouard Montpetit des HEC, qui tous deux insistent dans leurs écrits sur l'importance, pour le Canada français, du développement des connaissances en sciences économiques et de la participation au monde des affaires; Henri Laureys des HEC, dont les textes portent sur les exportations canadiennes; et E. Minville, dont les écrits concernent les aspects sociaux du développement économique au Québec.

Parmi les publications importantes postérieures à 1945, mentionnons l'article «History of Industrial Development» (1953) de Maurice LAMONTAGNE et Albert Faucher, qui expliquent le retard de l'industrialisation du Québec en termes géographiques et technologiques plutôt que par des différences culturelles. Faucher reprend en détail cette analyse dans son livre *Le Québec en Amérique au XIXᵉ siècle* (1973). Mentionnons encore l'étude classique d'André Raynaud, *Croissance et structure économique de la province du Québec* (1961) et les nombreuses publications de Roger Dehem sur la théorie économique.

On assiste depuis trente ans à une véritable explosion de la recherche économique au Canada sous l'effet de l'essor rapide des programmes de maîtrise et de doctorat et de la demande apparemment insatiable en provenance des secteurs public et privé.

Les titres de la Harold. A. Innis Memorial Lecture, qui est une conférence publique prononcée sur invitation par un économiste de renom devant l'Association canadienne d'économique et qui a lieu chaque printemps, donnent un aperçu de la grande variété de sujets abordés par les économistes canadiens. Son texte paraît dans le numéro de novembre de la *Revue canadienne de science économique* et contient habituellement une excellente bibliographie des publications canadiennes et étrangères sur le sujet traité.

Voici quelques-uns des sujets de ces conférences depuis 1985: les relations entre les déficits du secteur public, les mouvements internationaux des capitaux et la croissance économique à moyen terme (Doug Purvis); l'importance croissante de la pensée économique keynésienne dans les années 80 (Peter Howitt); l'impact exercé sur le revenu national par 3 sortes de barrières au commerce international: droits de douane, quotas et limitations volontaires des exportations (Peter Neary); la politique macroéconomique de lutte contre l'inflation et la performance médiocre de l'économie canadienne des années 80 (Pierre Fortin); comparaison des croissances économiques de 100 pays dans le monde (James Brander); comment surmonter les erreurs des données économiques pour porter de bons jugements économiques (John Cragg); l'importance actuelle de la théorie de Harold Innis sur le changement interne dans la technologie des communications (Len Dudley).

Chômage et inflation La raison de l'essor des sciences économiques comme champ de recherche depuis trente ans se trouve probablement dans le rôle de plus en plus important qu'elle joue dans l'élaboration des politiques publiques dans des domaines tels que la fiscalité (*voir* IMPOSITION), la sécurité du revenu, la croissance économique, le développement des ressources et les relations financières fédérale-provinciales. Les questions du chômage et de l'inflation illustrent bien les interactions entre les sciences économiques et les politiques publiques.

Dans les années 70, l'économie canadienne souffre de la STAGFLATION, qui combine hausse du chômage et inflation avec un recul soutenu du taux de croissance de la production en termes réels et de la productivité. Ces 2 problèmes suscitent au Canada une quantité remarquable de travaux théoriques et appliqués. L'aspect le plus déconcertant de la hausse du chômage et de l'inflation est leur syn-

chronisme. Les économistes avaient l'habitude de voir dans le chômage et l'inflation 2 maux alternatifs à éviter. Ils ont donc de la difficulté à expliquer l'aggravation simultanée de ces 2 problèmes dans les années 70 et à suggérer au gouvernement une politique capable de faire face à ce nouveau phénomène économique.

Jusqu'au milieu des années 70, les économistes expriment la relation entre chômage et inflation par la «courbe de Phillips» qui décrit une corrélation négative, en ce sens que la hausse d'une des 2 variables va de pair avec la baisse de l'autre et réciproquement. Au Canada, effectivement, les périodes de chômage élevé, comme dans les années 30 et pendant la récession de 1958 à 1962, ont un taux d'inflation faible, alors que cette inflation augmente dans les années de prospérité, qui ont peu de chômage, comme entre 1947 et 1951 et à la fin des années 60.

Les économistes canadiens consacrent alors une bonne partie de leur travail statistique à estimer les coefficients de la courbe de Phillips en vue de comprendre quel taux d'inflation permettrait de réduire de 1 p. 100 le taux de chômage. Une revue de leurs travaux sur cette courbe se trouve dans l'étude de S.F. Kaliski, *La relation d'arbitrage entre l'inflation et le chômage: examen des tendances au Canada* (1972); parmi les estimations en question dans les années 60, la plus connue est celle de R.G. Bodkin et coll. dans *Price Stability and High Employment: The Options for Canadian Economic Policy* (1966).

Dans les années 70, l'alternance simple que supposait la courbe de Phillips entre chômage et inflation ne tient plus. La situation généralement difficile qui prévaut dans les économies occidentales depuis 1973 exerce un effet marquant sur les politiques économiques en encourageant les gouvernements à s'aventurer dans des politiques innovatrices susceptibles de ramener leurs économies à des taux de croissance et d'emploi voisins de ceux des années 50 et 60.

L'économie canadienne connaît, après 1973, une chute marquée du son produit national brut en termes réels. Les hausses des prix internationaux du pétrole en 1972-1973 et en 1979-1980 sont en bonne partie responsables de cette situation, tout comme les taux d'intérêt nominaux et réels élevés au Canada après 1977. Le taux annuel de chômage est supérieur à 7 p. 100 depuis 1976, avec une moyenne de 11,3 p. 100 de 1982 à 1985. Les investissements en capital du secteur privé chutent de 20 p. 100 environ entre 1981 et 1983. Six ans plus tard, en 1987, ils sont toujours inférieurs de 10 p. 100 à leur niveau de 1981.

Les économistes sont loin d'être d'accord dans leurs interprétations de ces nouvelles tendances. Les keynésiens expliquent l'inflation des années 70 par des événements institutionnels et démographiques particuliers, et en tout premier lieu les fortes hausses des prix du pétrole et d'autres marchandises en 1973-1974 et en 1979-1980. Ils soulignent les dangers d'une lutte contre cette inflation à l'aide d'une POLITIQUE MONÉTAIRE restrictive et d'une POLITIQUE BUDGÉTAIRE qui déclencheraient des hausses inacceptables du taux de chômage.

La montée du chômage résulte, selon eux, d'une forte augmentation de la POPULATION ACTIVE liée à l'entrée des générations du BABY-BOOM sur le MARCHÉ DU TRAVAIL et à un record historique dans l'accroissement de la participation des FEMMES DANS LA POPULATION ACTIVE. C'est pourquoi certains keynésiens réclament du gouvernement fédéral des années 80 qu'il revienne à sa politique de CONTRÔLE DES SALAIRES ET DES PRIX des années 1975 à 1978, à laquelle ils attribuent le ralentissement de l'inflation déclenchée par le choc pétrolier de 1973-1974. La thèse keynésienne est exposée dans le livre de Clarence Barber et J. McCallum, *Unemployment and Inflation: The Canadian Experience* (1980).

L'explication que donne l'école monétariste du taux de chômage et de l'inflation est bien différente,

ainsi qu'en témoigne le livre de Thomas J. Courchene, *Money, Inflation, and the Bank of Canada* (1976). Pour les monétaristes, l'inflation résulte de l'expansion excessive de la MONNAIE LÉGALE dont est responsable la BANQUE DU CANADA, qui devrait dès lors être chargée de lutter contre cette inflation en réduisant le taux de croissance de l'offre de monnaie. En 1975, Gerald BOUEY, gouverneur de la Banque du Canada, annonce que celle-ci va adopter une politique dictée par les principes monétaristes de manière à réduire progressivement la croissance de l'offre de monnaie jusqu'à l'élimination de l'inflation.

C'est là chose plus facile à dire qu'à faire. Effectivement, pendant la décennie suivante, les taux d'inflation et de croissance de la circulation monétaire connaissent d'importantes fluctuations. Dans la seconde moitié des années 80, par contre, le nouveau gouverneur de la BANQUE DU CANADA, John CROW, applique des restrictions décisives qui font reculer le taux d'INFLATION jusqu'à un niveau moyen d'environ 1,6 p. 100 entre 1991 et 1996, l'un des plus faibles parmi les pays développés. David Laidler et Bill Robson analysent l'économie politique de cette période dans leur livre *The Great Canadian Disinflation: The Economics and Politics of Monetary Policy in Canada, 1988-93*. Les critiques de cette politique de la Banque, tels que l'économiste québécois Pierre Fortin, pensent que son coût en pertes de production et en perte d'emplois est trop lourd. Quoi qu'il en soit, la plupart des économistes tombent d'accord au milieu des années 90 pour dire qu'après avoir payé le coût d'une politique ramenant l'inflation à un taux jugé bas et stable, il ne serait pas sage de mener des politiques qui relanceraient le processus inflationniste.

Un des avantages du faible taux d'inflation sont les taux d'INTÉRÊT plus faibles. En effet, entre 1979 et 1990, le taux annuel moyen des bons du Trésor à 90 jours reste supérieur à 8 p. 100 avec une moyenne de 11,4 p. 100. Au début du mois de mars 1997, ce même taux se situe autour de 3 p. 100, bien au-dessous du 5,2 p. 100 du taux américain correspondant. Les taux peu élevés du début de l'année 1997 engendrent des prévisions optimistes pour la croissance et l'emploi en 1997 et 1998 avec l'espoir que le Canada réussira à réduire un taux de chômage qui reste alors encore supérieur à 9,5 p. 100.

Croissance économique Le taux de croissance du produit national brut en termes réels était au Canada de 5,1 p. 100 entre 1950 et 1973, de 3,4 p. 100 entre 1973 et 1986 et de 2 p. 100 entre 1986 et 1996. Cette baisse, qu'on retrouve dans la plupart des pays développés, ravive l'intérêt pour les facteurs qui sont à la source de la croissance économique et des changements de la productivité à long terme. Dans les années 60 et 70, la théorie veut que l'on attribue cette croissance à des facteurs «exogènes», c.-à-d. non économiques tels que les changements de la technologie. Dans les années 90 émerge une école de pensée qui met l'accent sur des facteurs «endogènes» de la croissance et du changement tels que les décisions des entreprises d'investir et de prendre des risques et l'appui du public en faveur de l'éducation et de la recherche.

Un exposé facilement accessible de cette «nouvelle théorie de la croissance» se trouve dans un document rédigé pour le ministère de l'Industrie, *Endogenous Innovation and Growth: Implications for Canada*, par Pierre Fortin et Elhanan Helpman, 2 membres du Programme de la croissance et des politiques économiques de l'Institut canadien pour la recherche avancée. Un troisième membre de ce Programme, Peter Howitt, recommande fortement aux économistes d'abandonner le monde bien ordonné des modèles mathématiques de croissance équilibrée basés sur le paradigme de la maximisation pour chercher plutôt à modéliser les comportements des entreprises sur la base des règles et des procédures que celles-ci appliquent effectivement. Il exprime cette vision dans la communication qu'il adresse comme président au congrès de 1994 de l'Association canadienne d'économique sous le titre «S'ajuster au changement technologique». Peter Drucker décrit la relation étroite existant entre la croissance endogène et une économie fondée sur la connaissance, dans laquelle l'éducation, la recherche et l'innovation jouent un rôle central dans le processus de croissance, et dans laquelle des équipes d'individus, partageant et coordonnant des connaissances spécialisées, sont l'âme de la firme moderne. L'ouvrage *The Implications of Knowledge-Based Growth for Micro-Economic Policies*, publié en 1996 sous la direction de Peter Howitt, contient plusieurs excellentes contributions sur ce thème.

Fiscalité et dépenses de l'État Il y a un domaine sur lequel les monétaristes et les keynésiens sont en général sur la même longueur d'ondes, c'est celui de l'importance de politiques fiscales appropriées, capables d'améliorer les performances de l'économie. L'approche économique privilégiant l'offre (l'«économie de l'offre»), rendue populaire notamment par le livre de George Gilder *Wealth and Poverty* (1981), insiste beaucoup sur le fait qu'une fiscalité lourde décourage la motivation du secteur privé alors qu'une baisse des impôts et des taxes stimule l'effort et la production.

Il en va de même pour les politiques de l'État qui garantissent la sécurité du revenu, p. ex., les allocations de chômage et de bien-être social, dont l'excès de générosité peut produire l'effet pervers de décourager la volonté de travailler. C'est le cas courant des chèques de bien-être qui sont réduits d'un montant égal aux revenus gagnés: un impôt de 100 p. 100 qui frappe l'effort productif n'incite pas du tout les familles vivant d'allocations du bien-être social à travailler, même à temps partiel (*voir* ÉTAT PROVIDENCE).

Dans le Canada des années 80, aussi bien le gouvernement fédéral que ceux des provinces cherchent à se servir de la réforme fiscale pour mieux encourager les emplois productifs. En 1976, une étude du Conseil économique du Canada, *People and Jobs*, prône une meilleure coordination entre les politiques fiscales et les politiques de transfert avec comme objectif un niveau élevé d'emploi. En 1984, le gouvernement du Québec publie un livre blanc sur l'impôt des personnes et le système des transferts dans le but d'accroître la motivation au travail tout en protégeant les personnes inaptes au travail. Alors que les simulations produites par ce livre blanc montrent que la réduction du poids fiscal entraîne des hausses impressionnantes dans l'emploi, les investissements et la production, ses recommandations sont restées lettre morte.

En juin 1987, le ministre des finances Michael WILSON dépose un livre blanc sur la réforme fiscale en vue de simplifier le système fiscal et de le rendre plus équitable en abolissant beaucoup d'exemptions et de déductions autorisées jusque-là sur les revenus des personnes et des entreprises, tout en réduisant en même temps les taux d'imposition de manière à stimuler l'activité économique; l'assiette fiscale globale devait cependant rester la même, ce qui signifie que les réformes proposées auraient un effet zéro sur le revenu national.

De telles réformes posent un problème politique. En effet, même si l'abolition de certaines exemptions semble équitable en théorie, les entreprises pour lesquelles sa mise en application provoquerait des pertes réelles en capital se retrouveraient lésées. De toutes les modifications fiscales proposées par M. Wilson, la plus controversée remplace la taxe sur les produits manufacturés (TPM) par une taxe fédérale sur la valeur ajoutée, la taxe sur les produits et services (TPS), qui entre en vigueur en 1991. Le ministre invoque la théorie économique à l'appui de ce changement en affirmant que la TPM reposait sur une base trop étroite qui entraînait de nombreuses distorsions économiques que ferait disparaître la

TPS. Beaucoup de Canadiens, qui voient cependant la TPS apparaître visiblement sur leurs coupons de caisse des magasins de détail, concentrent sur elle leur frustration devant l'amputation fiscale croissante de leur revenu au profit d'un État qui, leur semble-t-il, ne prêche pas l'exemple en leur imposant des restrictions.

Il y a longtemps que les économistes étudient l'incidence de la fiscalité pour savoir quels sont ceux qu'elle touche réellement et si les familles à revenus élevés paient une tranche plus grande de leur revenu en impôt. Les travaux récents de W.I. Gillespie, A. Vermaeten et F. Vermaeten montrent que la charge fiscale globale est passée de 27 p. 100 du revenu en 1951 à 34 p. 100 en 1969 et à 37 p. cent en 1988. Cette année-là, les familles qui ont un revenu qui se situe entre 10 000 et 16 000 $ en rétrocèdent environ 30 p. 100 en impôt, contre 38 p. 100 pour les familles dont le revenu est de 38 000 à 47 000 $ et 43 p. 100 pour celles qui gagnent plus de 175 000 $. Le degré de progressivité du système fiscal ne change guère entre 1951 et 1988, malgré une légère baisse du taux pour les 10 p. 100 de familles les plus pauvres et les 2 p. 100 les plus riches. Ce type d'analyse économique positive débouche naturellement sur un débat de nature normative: le système fiscal doit-il être plus (ou moins) progressif? Faut-il réduire dans leur ensemble les taux d'imposition et de dépenses? Ces questions se trouvent au centre des campagnes électorales fédérales et provinciales des années 90.

Le Canada est un pays fédéral, et l'étude économique du fédéralisme est depuis longtemps une spécialité des économistes canadiens. Le résultat très serré du RÉFÉRENDUM DU QUÉBEC (1995) montre l'urgence de trouver le moyen de répartir les pouvoirs de dépense et de taxation entre les différents ordres de gouvernement. Dans son étude de 1994, *Social Canada in the Millenium: Reform Imperatives and restructuring Principles*, Tom Courchene explore un certain nombre de changements qui, s'ils étaient apportés à la fédération canadienne, pourraient, selon lui, réduire à la fois les frictions politiques et les distorsions économiques. La politique de notre fédération en fera, dans les prochaines années, un sujet brûlant pour les économistes et autres spécialistes.

La croissance des dépenses gouvernementales au Canada est un problème économique et politique central depuis 1985. Les gouvernements fédéral et provinciaux accumulent des déficits budgétaires tels que le rapport entre la dette et le PIB au début des années 90 au Canada est l'un des plus élevés parmi les pays riches. Au moins une province, la Saskatchewan, frôle alors la banqueroute. C'est pourquoi, la politique fiscale du Canada des années 90 a comme priorité l'élimination du déficit budgétaire et la réduction du ratio dette/PIB. Plusieurs provinces, avec à leur tête l'Alberta et la Saskatchewan, appliquent de sévères coupures budgétaires, qui débouchent au milieu de cette décennie sur des surplus chez plusieurs d'entre elles. En 1995, l'Ontario se lance dans un programme ambitieux de coupures dans les dépenses et dans les impôts dans le but de stimuler la croissance et d'éliminer son déficit. Le gouvernement fédéral de Jean CHRÉTIEN effectue quant à lui des coupures dans ses dépenses et dans ses transferts aux provinces, et réussit ainsi, en 1997, à ramener son déficit annuel à moins de 2 p. 100 du PIB. Les adversaires des coupures dans les dépenses estiment que le Canada abandonne ses citoyens les plus démunis et compromet l'avenir de nos systèmes de santé et d'éducation, qui sont 2 de nos fleurons. Les partisans des coupures affirment au contraire que les gouvernements n'ont pas d'autre choix que de réduire le coût de la dette avant d'en perdre le contrôle. Voilà de quoi alimenter dans les prochaines années les recherches des économistes et autres spécialistes.

Commerce international Le débat des années 80 sur le LIBRE-ÉCHANGE avec les États-Unis est un bon exemple de la manière dont les politiques

publiques mélangent les questions économiques et politiques. La faible croissance et le fort chômage de cette décennie semblent renforcer la thèse favorable à la libéralisation du commerce avec les États-Unis, mais augmente aussi la crainte de voir ainsi s'aggraver les pertes d'emploi et de revenu pendant la période de transition vers un libre-échange accru. Les partisans de ce dernier, et parmi eux la Commission Macdonald dont le rapport paraît en 1985, y voient un premier pas nécessaire pour que notre économie retrouve des taux d'accroissement supérieurs de production, de productivité et de revenus réels (*voir* COMMISSION ROYALE D'ENQUÊTE SUR L'UNION ÉCONOMIQUE ET LES PERSPECTIVES DE DÉVELOPPEMENT DU CANADA). Les opposants au libre-échange affirment qu'avec un taux de chômage dépassant les 10 p. 100 au début des années 80, le Canada ne peut guère se permettre le surplus de chômage qu'ils anticipent comme conséquence de l'accord de libre-échange (ou ALE) avec les États-Unis.

Dix ans après la signature de l'ALE en 1987, des frictions subsistent entre les 2 pays, et les mécanismes de résolution paraissent souvent lourds et lents. Ces problèmes font l'objet du livre de T.M. Boddez et M. J. Trebilcock *Unfinished Business: Reforming Trade Remedy Laws in North America*, paru en 1993. Pourtant, la plupart des économistes du Canada diraient que cet accord est un succès, comme le fait Richard Lipsey en 1995 dans un article intitulé «The Case for the FTA and NAFTA». En dollars courants et pour la période de 1991 à 1996, les EXPORTATIONS vers les États-Unis augmentent de 104 p. 100 et ceux vers d'autres pays, de 45 p. 100. Au cours de cette même période de 5 ans, la consommation des personnes et les investissements réels augmentent très lentement au Canada, ce qui signifie que les exportations empêchent la récession du début des années 90 de s'aggraver sérieusement. Avec l'inclusion du Mexique dans l'Accord de libre-échange nord-américain (ALENA), les entreprises canadiennes cherchent à étendre leurs marchés vers l'Amérique du Sud, l'Asie et l'Europe en plus des États-Unis et du Mexique.

Tendances futures Le futur contexte économique de pays industriels avancés tels que le Canada verra presque certainement s'accroître le degré de compétition et l'importance des échanges technologiques à l'échelle internationale. Étant un pays relativement petit en termes économiques, le Canada a besoin de concevoir des politiques économiques qui lui permettent de retirer le maximum d'avantages de la concurrence internationale et des percées technologiques, tout en conservant les institutions sociales, politiques, culturelles et régionales qu'il juge vitales pour son identité. Les opportunités tout comme les dangers que recèle l'économie mondiale représentent un vrai défi pour l'élaboration des politiques du Canada.

Le complexité de l'économie mondiale actuelle fait de la science économique une discipline à la fois excitante et difficile. Les turbulences de ces trente dernières années suscitent de nombreuses recherches économiques de qualité tout en enseignant aussi aux économistes la vertu d'humilité. Comme le dit Harold Innis, tout économiste qui expose un problème ainsi que la solution à ce problème avec une parfaite clarté est certain de se tromper.

Paul Davenport

Sciences, centre des Établissement consacré à la vulgarisation scientifique et faisant appel à la participation du visiteur. P. ex., une exposition de PHYSIQUE élémentaire invite le visiteur à appuyer sur des poignées pour observer l'effet de levier, à tourner sur des manèges pour faire l'expérience des variations du moment d'inertie, à pomper de l'air ou de l'eau pour démontrer les principes de la dynamique des fluides et à tourner des manivelles pour générer de l'électricité. Alors que le musée scientifique, qui présente ses pièces de façon statique, existe depuis de nombreuses années, le centre des sciences est un concept nouveau, créé dans le but de rendre la science plus accessible au grand public. Le mouvement en faveur de la vulgarisation de la science est alimenté dans de nombreuses sociétés occidentales par l'appréhension d'une menace économique qui serait le fait de pays nouvellement industrialisés tels que le Japon. Le succès que remporte ce pays dans la production de biens manufacturés de qualité à bas prix est attribué en partie à une meilleure formation scientifique et technologique.

Les phénomènes physiques sont en général difficiles à exposer. Le Deutsches Museum de Munich, à vocation industrielle, est le premier à présenter, en 1906, des expositions invitant la participation du visiteur. Plus tard, d'autres musées d'histoire de la science (comme ceux de Londres, de Chicago, de Philadelphie et de Boston) incorporent quelques expositions pratiques à leurs artefacts historiques. Ce n'est qu'après 1960 que sont fondés, à Amsterdam par la société Philips, à San Francisco par Frank Oppenheimer et à Toronto par le gouvernement ontarien, des musées consacrés principalement à l'expérimentation de la science moderne plutôt qu'à l'exposition d'objets historiques.

Le CENTRE DES SCIENCES DE L'ONTARIO (CSO), conçu par l'architecte torontois Raymond MORIYAMA, est le plus ancien au Canada: il ouvre ses portes à Toronto en 1969. Le gouvernement ontarien veut d'abord en faire un musée de l'histoire de la technologie, mais lorsqu'il découvre qu'il est presque impossible d'obtenir des objets historiques de haute qualité, le Cabinet ordonne au centre d'abandonner ses objectifs traditionnels et de monter des stands de démonstration. Le centre possède 400 stands, soit plus que n'importe quelle autre institution. Le centre accueille les groupes organisés (168 541 élèves et professeurs en 1986) et le grand public (787 835 personnes en 1986). En 1982, en collaboration avec la Chine, le CSO organise une exposition sur la science chinoise qui attire de nombreux visiteurs et génère plus de 3 millions de dollars en droits d'entrée. C'est alors la plus grande exposition temporaire de nature culturelle jamais tenue au Canada, et son itinéraire la mène aux États-Unis. En retour, le 20 septembre 1983, le CSO ouvre une exposition à Beijing. Des copies des pièces de l'exposition du CSO sont vendues aux Chinois par l'industrie ontarienne pour une somme de 400 000 dollars. Le 8 octobre 1983, le centre lance une tournée au Japon. Les Japonais achètent des objets faits au Canada pour une somme de 780 000 dollars. Des délégués venant du Royaume-Uni, des États-Unis et de la France visitent aussi le Canada pour se renseigner sur les centres des sciences en activité et acheter des modules prêts à être exposés.

Aujourd'hui, le Canada peut se targuer d'être le pays qui possède le plus grand nombre de centres des sciences, à des étapes d'aménagement différentes, à l'exception peut-être des États-Unis. Ces aménagements sont le résultat d'initiatives locales. À Vancouver, un centre des sciences de classe mondiale, bien doté en installations, le Science World, ouvre en 1989 dans l'Expo Centre, le dôme géodésique conçu par Bruno Freschi. En Alberta, la participation du gouvernement provincial (5 millions de dollars), de la ville d'Edmonton (5 millions de dollars), de donateurs privés et d'entreprises permet la construction de l'Edmonton Space Sciences Centre. Le bâtiment qui l'abrite est l'œuvre saisissante de Douglas J. CARDINAL.

L'entreprise Zeiss Jena fournit le projecteur pour les étoiles du planétarium du Margaret Ziedler Star Theatre et IMAX conçoit le projecteur de film pour écran hémisphérique du Devonian Theatre. Le centre possède aussi 2 grandes salles consacrées aux expositions favorisant une large participation du visiteur. Edmonton abrite en outre un plus petit centre, l'Alberta Energy Natural Science Centre, spécialisé en informatique. À Regina, des bénévoles font l'acquisi-

sition d'une centrale électrique abandonnée, dans Wascana Park au cœur de la ville, dans le but d'en faire un centre des sciences. À Sudbury, Inco, Falconbridge Mines, le gouvernement ontarien et de nombreux citoyens s'unissent pour rénover une mine désaffectée et y installent, au coût de 15 millions de dollars, un hall d'exposition qui abrite le Science North. Ce centre, aussi conçu par Raymond Moriyama, ouvre en mai 1984. À London, en Ontario, le London Regional Children's Museum est établi dans une école du centre-ville. Le musée offre des expériences et des programmes invitant la participation des visiteurs. Les élèves peuvent ainsi faire des «fouilles» et reconstituer, à l'aide de moulages, des squelettes de dinosaures, se déguiser et jouer des scènes du passé, ou effectuer leurs propres expériences scientifiques. À Niagara Falls, Ontario Hydro et la Commission des parcs du Niagara entrevoient la possibilité de transformer en musée et en centre d'information la centrale électrique située au-dessus des chutes, mais les coûts prohibitifs du projet provoquent son abandon en 1983. Le bâtiment est le plus bel exemple d'architecture originale de la région. Le 13 novembre 1983, le premier ministre René Lévesque annonce l'intention du Québec de construire un centre des sciences sur l'île Sainte-Hélène à Montréal, sur le site de l'Exposition universelle de 1967. La construction d'autres centres est prévue à Calgary, à Winnipeg et dans les provinces de l'Atlantique.

J. Tuzo Wilson

Sciences sociales Ce terme désigne, en général, la recherche et l'enseignement spécialisés effectués dans le cadre de disciplines vouées à l'étude de l'être humain, de sa culture et de ses relations économiques, politiques, et sociales avec son milieu. Les universitaires partagent habituellement le savoir en 4 grands domaines: les sciences physiques, les sciences biologiques (ou sciences naturelles), les sciences sociales, et les lettres et les sciences humaines. Toutefois, certains ne reconnaissent que 2 catégories, soit les sciences naturelles et les sciences sociales. Ces dernières englobent plusieurs disciplines dans différentes universités, sans qu'il y ait de démarcation nette entre elles.

Habituellement, les sciences sociales comprennent l'ANTHROPOLOGIE, les SCIENCES ÉCONOMIQUES, la SCIENCE POLITIQUE, la PSYCHOLOGIE, la SOCIOLOGIE et parfois la CRIMINOLOGIE, l'ÉDUCATION, la GÉOGRAPHIE, le DROIT, la PSYCHIATRIE, la PHILOSOPHIE, la RELIGION et l'histoire.

Histoire des sciences sociales

Les débuts des sciences sociales modernes remontent au siècle des Lumières, le XVIIIᵉ s. L'avènement de la société capitaliste et les phénomènes connexes suscitent une étude de la société. En France, les travaux de physiocrates font de la science économique une science empirique. La philosophie morale progresse beaucoup aussi, en jetant les bases des disciplines modernes de la sociologie, de la psychologie et de l'anthropologie. Au cours du XIXᵉ s., les sciences sociales se diversifient, mais certains penseurs (Comte, Marx) tentent, au contraire, d'en faire la synthèse.

Cinq éléments majeurs caractérisent les progrès du XXᵉ s. en sciences sociales: premièrement, un essor initial, encore modeste, des théories et l'élaboration de normes rigoureuses d'expérimentation; deuxièmement, la reconnaissance de l'interdépendance des forces sociales, politiques et économiques; troisièmement, l'émergence de plusieurs branches de la psychologie utiles à l'analyse du comportement social; quatrièmement, l'amélioration des méthodes de quantification; et cinquièmement, l'intégration des sciences sociales dans la société.

Au cours des années 50, l'expression «sciences du comportement» devient courante et fait habituellement référence à l'anthropologie, à la sociologie et à

la psychologie. Dans leur volonté de souligner la méthode propre à la démarche scientifique, les chercheurs dans le domaine des sciences du comportement se concentrent sur les aspects des sciences sociales qu'ils peuvent explorer, noter et interpréter. Les spécialistes des sciences sociales, cependant, se préoccupent généralement autant de la méthode que des résultats. L'économiste anglais John Maynard Keynes, en parlant d'économie, décrit toutes les sciences sociales comme suit: «il s'agit d'une méthode et non d'une doctrine, un outil de l'esprit, une technique de pensée qui aide celui qui la possède à tirer les bonnes conclusions.» Toutefois, contrairement à la majorité des recherches en sciences naturelles, seule une infime partie des travaux de recherche en sciences sociales s'effectuent en laboratoire, dans un milieu contrôlé.

Les sciences sociales au Canada

L'évolution de l'enseignement supérieur au Canada de 1663 à 1960 et le développement tardif des sciences sociales par rapport aux sciences humaines et aux sciences naturelles sont bien connus, mais chaque discipline des sciences sociales a sa propre histoire ainsi que ses propres périodes de gestation, de naissance et de maturité comme profession spécifique. Certaines, comme l'histoire, la science économique, la science politique et la psychologie en viennent à s'implanter, tandis que d'autres, comme la géographie, l'anthropologie et la sociologie, en sont encore à leurs débuts. Ce n'est que dans les années 50 que ces dernières venues seront solidement établies.

Le développement des sciences La nécessité de résoudre ou de comprendre les nombreux problèmes associés à la taille et à la complexité croissantes du Canada et de ses institutions stimule le développement des sciences sociales. À l'extérieur du Québec, une bonne part de ce développement est mis en valeur, au cours des 40 premières années du siècle, par des porte-parole qui déclarent que les universités devraient dispenser une formation aux gens du secteur public en plein essor ainsi qu'aux établissements du secteur privé. Par contre, au Québec, les premiers programmes de sciences sociales sont parrainés par l'Église catholique dans les années 30, dans le but de façonner la société en pleine évolution selon les doctrines sociales exposées dans les encycliques. On y met l'accent sur le service social dans l'intérêt de l'ensemble de la collectivité canadienne-française.

Les sciences sociales ont contribué à paver la voie à la formation des coopératives, des caisses populaires, des syndicats ouvriers et autres institutions du genre. Depuis, elles se sont sécularisées au Québec, mais elles continuent d'être axées sur la participation au façonnement de la société québécoise. Les différences notées dans les thèmes étudiés par les spécialistes en sciences sociales du Québec et des autres provinces sont particulièrement visibles dans le domaine de la SOCIOLOGIE. Selon une étude publiée en 1988 par Brooks et Gagnon, ces différences touchent aussi d'autres disciplines des sciences sociales.

De 1945 au début des années 60, les acquis faits en sciences sociales partout au Canada se raffermissent. Beaucoup de départements nouveaux sont créés dans les universités, tandis que les anciens connaissent une expansion continue. Malheureusement, pour la plupart des sciences sociales, les programmes d'études supérieures en sont encore à l'état embryonnaire, ce qui fait que le Canada ne peut, dans les années 60, répondre à la hausse soudaine de la demande de spécialistes en sciences sociales. De nombreux aspirants à la profession doivent quitter le pays pour obtenir leur diplôme ailleurs, surtout aux États-Unis.

Le raz-de-marée d'étudiants qui s'abat sur les universités dans les années 60 et au début des années 70 a un effet énorme sur les sciences sociales, sans compter la demande croissante de professeurs spécialisés dans ces disciplines, aux niveaux collégial et secondaire. Dans nombre d'universités, la vigueur des sciences sociales se solde par leur fusion en départements et même, dans certains cas, par la création de facultés des sciences sociales. L'importance grandissante de ces disciplines se reflète aussi dans l'application directe et indirecte de leurs perspectives et de leurs méthodes dans plusieurs secteurs de la société. Bien qu'un grand nombre de spécialistes en sciences sociales enseignent dans les universités, des milliers d'autres travaillent dans les secteurs privé et public, où ils appliquent, dans le cadre de leur emploi, leurs connaissances et leurs méthodes. En outre, les théories et les découvertes en la matière sont utilisées par beaucoup d'individus ne détenant pas de diplôme dans le domaine, comme ceux qui travaillent dans l'administration, le commerce, l'éducation, la santé, les loisirs et le travail social.

Les spécialistes en sciences sociales se consacrent surtout à la recherche, même s'il est vrai que leur travail n'a pas le même effet ni le même prestige que la recherche en sciences naturelles et ne bénéficie pas du même soutien financier que celle-ci. De plus, les découvertes dans ce domaine n'atteignent pas un vaste public et elles sont souvent difficiles à comprendre parce qu'elles sont exposées en langage spécialisé. En outre, ceux qui parviennent à comprendre peuvent être déçus et frustrés par les analyses contradictoires et entachées de préjugés ainsi que par les grandes marges d'erreur, qui reflètent souvent non pas les faiblesses de la discipline, mais les difficultés et les incertitudes de la vie humaine elle-même.

La recherche en sciences sociales

Certaines recherches en sciences sociales sont effectuées pour le compte de sociétés, de conseils scolaires, d'organismes gouvernementaux et autres. Dans ces cas, c'est le client qui soumet le problème. Dans d'autres cas, elles sont réalisées par les spécialistes eux-mêmes dans les universités, les fondations privées ou par l'intermédiaire d'un organisme subventionné par le gouvernement comme le CONSEIL DE RECHERCHES EN SCIENCES HUMAINES DU CANADA. Comme les fonds publics qui leur sont accordés sont insuffisants, les chercheurs indépendants collaborent à des recherches interdisciplinaires dans le but de satisfaire les besoins de clients particuliers, organismes gouvernementaux ou autres. Il s'agit aussi d'une première en matière de soutien du secteur privé, ce qui a donné lieu surtout à des travaux appliqués et ciblés.

Si la pertinence des sciences naturelles pour le monde des affaires et de l'industrie est évidente depuis longtemps, il n'en est pas de même pour les sciences sociales. À part les SCIENCES ÉCONOMIQUES, dont les questions intéressent directement le commerce et l'industrie, les sciences sociales, semble-t-il, ont peu à voir avec ces 2 secteurs. Toutefois, la situation est en train de changer, comme en témoigne la participation accrue du secteur privé au financement de travaux de recherche susceptibles de s'appliquer à toute une gamme de problèmes. En 1990, le jour du 50e anniversaire de sa fondation, la Fédération canadienne des sciences sociales a organisé une conférence dont les actes ont été publiés dans un ouvrage intitulé *Les disciplines ou les problèmes, moteur de la recherche en sciences sociales*, sous la direction de Steen T. Esbensen et de Michel Allard. Bon nombre des tendances mentionnées précédemment y sont abordées et y font l'objet de débats.

Les contributions des sciences sociales à la pratique

Les contributions des sciences sociales aux politiques gouvernementales sont canalisées par un certain nombre d'intermédiaires, comme le Conseil économique du Canada et l'Institut de recherches politiques. Des spécialistes de nombreuses branches des sciences sociales jouent un rôle de premier plan dans divers groupes de travail, comités d'étude et commissions royales d'enquête. P. ex., la COMMISSION ROYALE D'ENQUÊTE SUR LE BILINGUISME ET LE BICULTURALISME a fait appel à des démographes, à des économistes, à des historiens, à des linguistes, à des politologues et à des sociologues, tant anglophones que francophones.

L'essor spectaculaire des sciences sociales au Canada se reflète dans le nombre d'associations et de revues nationales et régionales qui ont vu le jour depuis 1950, alors qu'il n'existait auparavant pas plus de 10 associations et 7 revues. En 1995, on dénombre plus de 45 associations et au moins 40 revues qui visent comme clientèle, en tout ou en partie, le milieu des sciences sociales.

Individuellement, les disciplines des sciences sociales ont acquis une étonnante capacité d'organisation. Par contre, leur aptitude à créer et à maintenir une organisation collective solide, capable de transcender les frontières disciplinaires, est moins impressionnante. La première tentative visant leur regroupement sous la même bannière se fait en 1940 avec la création du Conseil canadien de recherche en sciences sociales (plus tard rebaptisé FÉDÉRATION CANADIENNE DES SCIENCES SOCIALES). Cette association bénévole est mise sur pied par une petit groupe d'éminents chercheurs voulant promouvoir la recherche, la formation de spécialistes, la publication d'études et la tenue de conférences. Toutes ces activités sont alors presque entièrement financées par des sources américaines comme les fondations Carnegie, Ford et Rockefeller. Sans soutien gouvernemental, le conseil ne parvient à fonctionner que sur une petite échelle.

Grâce à la création du CONSEIL DES ARTS DU CANADA en 1957, un tel soutien est offert aux sciences sociales et humaines, mais dans une mesure moindre que pour les sciences naturelles. En 1978, le Conseil de recherches en sciences humaines du Canada, organisme gouvernemental, prend la relève du Conseil des arts dans ses fonctions liées aux sciences sociales. Son rôle consiste à promouvoir l'intérêt du milieu des sciences sociales envers le public et l'État.

Frank G. Vallee

Scierie Les scieries sont une caractéristique familière des paysages de l'Est canadien au XIXe s. Les premières scieries sont des constructions simples et bon marché, mues par la force de l'eau, généralement équipées d'une seule lame à va-et-vient et d'un chariot à rochet manuel pour alimenter la lame en billots. Elles servent à couper des billots de la région pour les habitants des alentours. Le sciage est lent: une journée de travail peut produire quelque 500 planches. Construites à côté ou avec un moulin à farine et à proximité d'une forge, les scieries sont souvent l'élément central d'un village en expansion, bien que le travail y soit saisonnier et souvent à mi-temps.

Les scieries plus grosses, qui coupent des billots pour l'exportation, sont moins nombreuses et ont une importance beaucoup plus grande. Dotées de scies alternatives à lames multiples et de machines accessoires, elles produisent plus rapidement du bois d'œuvre de meilleure qualité. Après 1840, les nouvelles techniques leur permettent d'accroître leur taille et leur efficacité. Des scies circulaires sont utilisées pour le délignage et l'équarrissage. La scie à ruban tournant en continu remplace presque partout la scie à lame à va-et-vient après 1890. Des rouleaux et des chaînes à billes alimentent la scierie. La puissance à la vapeur, de plus en plus courante après le milieu du siècle, rend possible une coupe plus rapide et plus soutenue en plus de permettre d'installer la scierie n'importe où. L'éclairage électrique réduit les dangers d'incendie posés par le travail de nuit. En 1830, une grosse scierie peut produire 7500 m par jour; en 1850, 18 000 m par jour n'est plus exceptionnel; en 1900, cela pourrait être 180 000 m. Ces augmentations de production exigent des investissements massifs, ce qui mène à la concentration géographique de l'industrie et à la domination d'un nombre relativement restreint d'entreprises.

Graeme Wynn

Scobie, Stephen, poète, critique, professeur et éditeur (Carnoustie, Écosse, 31 déc. 1943). Parmi ses 20 recueils de poésie, *The Birken Tree* (1973), *The Rooms We Are* (1974), *A Grand Memory for Forgetting* (1981), *Expecting Rain* (1984), *Remains* (1990) et *Slowly into Autumn* (1995) sont particulièrement caractéristiques de son œuvre. Dans ces recueils, il utilise les vers libres pour faire de fréquentes allusions historiques et littéraires, parfois nostalgiques, à des personnes et à des lieux.

Scobie reçoit le prix du Gouverneur général pour *McAlmon's Chinese Opera* (1980), une série de monologues dramatiques qui empruntent la voix de Robert McAlmon. En 1987, il publie un deuxième monologue dramatique, *The Ballad of Isabel Gunn*, empruntant cette fois la voix d'un personnage historique. Dans *Dunino*, il fait appel à l'*intertextualité* pour replonger dans son enfance écossaise. Le lecteur y trouvera de fréquents rappels intertextuels à l'œuvre de Rilke, *Duino Elegies*. Scobie y oppose aussi le livre de George BOWERING, *Kerrisdale Elegies*, qui consiste en une réécriture du texte de Rilke. Il collabore avec Douglas BARBOUR à la présentation de poésie vocale en duo, *re:sounding*, et écrit avec lui des traductions homolingues dans *The Pirates of Pen's Chance* (1981). Il est aussi cofondateur de *Longspoon Press* (1980-1987) avec Douglas Barbour et Shirley Neuman.

Il publie 4 monographies: *Leonard Cohen* (1978), *What History Teaches* (1984, sur B.P. Nichol), *Sheila Watson* (1984) et *Alias Bob Dylan* (1991). Bon nombre de ses essais sont regroupés dans *Signature Event Context* (1989). Ses écrits traduisent son intérêt pour Gertrude Stein, le cubisme, et récemment, la déconstruction. Il est Membre de la Société royale du Canada depuis 1995.

Shirley Neuman

Scorbut Maladie provoquée par une carence alimentaire en vitamine C (acide ascorbique). La maladie apparaît avec une fréquence régulière au cours de la préhistoire et de l'histoire de l'humanité chez les populations dont l'alimentation est déficiente en aliments frais, surtout les légumes et les viandes. La carence en vitamine C accompagne les guerres et les famines, mais on l'associe plus fréquemment aux EXPLORATIONS européennes de l'époque suivant la Renaissance, surtout les voyages en mer.

C'est un scientifique hongrois, Albert Szent-Györgyi, qui a isolé la vitamine C à l'état pur pour la première fois, en 1928, et en 1933, un groupe suisse la synthétise. La vitamine C est importante pour maintenir l'intégrité du mésenchyme, en particulier le tissu conjonctif (qui lie et supporte les structures du corps), le tissu ostéoïde (la partie organique de l'os) et la dentine (la portion des dents semblable à l'os). L'absence de cette vitamine provoque la dégradation de la fonction de liaison de ces tissus, produisant une série de signes et de symptômes caractéristiques: faiblesse, léthargie, irritabilité, anémie, gencives spongieuses violacées qui saignent facilement, déchaussement des dents, vieilles cicatrices qui se rouvrent (incluant des fractures) et hémorragies au niveau des muqueuses et de la peau. Dans les cas graves, le taux de mortalité est élevé.

Le scorbut a constitué un problème sérieux pendant toute la période d'exploration et de colonisation du Canada. En 1535, les voyages de Jacques CARTIER au Nouveau Monde l'amènent à l'emplacement de la ville actuelle de Québec (STADACONA), où il passe l'hiver avec ses hommes d'équipage. Rapidement, des signes de scorbut se manifestent au sein du groupe. En février 1536, seulement 10 des 110 hommes de l'expédition sont encore en bonne santé. En outre, Cartier observe, à la fin de 1535, que de nombreux membres de la population autochtone locale succombent à la maladie. Bon nombre d'hommes de Cartier sont sauvés grâce à une décoction autochtone d'aiguilles et d'écorce d'un conifère appelé *anneda* (probablement du thuya occidental) broyées et bouillies dans l'eau. En 1542, un groupe de 200 Français conduit par ROBERVAL passe l'hiver près du premier campement de Cartier. Au cours de cet hiver, environ 50 personnes meurent de la maladie, et il semble qu'aucun membre du groupe n'utilise le remède qui a sauvé les hommes de Cartier. Les effets catastrophiques du scorbut se manifestent périodiquement pendant les hivers longs et froids et en raison de la pénurie de vivres au cours des explorations et de la colonisation subséquente du Nouveau Monde.

Au XVIIIe s., la marine britannique subit plus de pertes dues au scorbut que résultant de combats. Alors qu'il sert dans la Marine royale, un chirurgien du nom de James Lind réalise une expérience contrôlée à grande échelle sur les effets de l'alimentation sur des matelots atteints du scorbut en et publie les résultats en 1753 dans son livre, resté célèbre, *A Treatise of the Scurvy*. Lind recommande d'utiliser des agrumes pour traiter et prévenir le scorbut pendant les voyages en mer. Ce n'est pas avant 1795 que la Marine royale tiendra compte de ses conseils.

Le scorbut est un problème important au cours de presque toutes les expéditions polaires du XIXe s. La maladie est tenue partiellement responsable de la fin tragique de la troisième expédition arctique de John FRANKLIN en 1847. Il y a pourtant, au cours de ces expéditions, des aliments que l'on sait antiscorbutiques, mais leur efficacité diminue au fil des mois à cause de l'oxydation de la vitamine C, laissant les explorateurs sans protection. Durant la Première Guerre mondiale, de nombreuses armées souffrent de poussées épidémiques graves de la maladie. Pendant la Seconde Guerre mondiale, le problème du scorbut est suivi de près, mais loin d'être éliminé. Au Canada, entre les années 1945 et 1965, des poussées épidémiques de scorbut se manifestent chez les enfants allaités au biberon avec du lait évaporé (à cette époque, il ne contenait pas de vitamine C).

De nos jours, le scorbut est rare et est associé à une malnutrition ou à une diète basée sur un seul aliment faible en vitamine C.

Owen Beattie

Scorpénidés Famille de poissons marins de fond à grosse tête, avec une grande bouche et de grands yeux, à corps trapu et à grandes nageoires pectorales. En se fondant sur de nombreux critères, on divise cette famille en plusieurs sous-groupes. Plus de 380 espèces sont réparties dans les eaux tempérées et tropicales du monde. La plus grande variété de formes se rencontre dans la région indo-australienne où vivent plusieurs espèces venimeuses, aux formes bizarres ou à l'apparence colorée. Le poisson-papillon, entre autres, est une espèce très venimeuse qui peut infliger des blessures douloureuses.

Description Tout comme les poissons de la famille des CHABOTS, les scorpénidés sont caractérisés par la présence d'une épine osseuse sur la joue. Leur tête et leurs nageoires portent plusieurs épines et leur corps est souvent pourvu de cirres et de replis cutanés qui semblent avoir une fonction de camouflage. Les formes naines ont une taille d'environ 15 cm et certaines espèces d'Alaska peuvent atteindre presque 100 cm de longueur.

Reproduction Plusieurs espèces ont une fertilisation interne et mettent au monde des jeunes complètement formés et libres de l'œuf, mais il existe quelques espèces ovipares. Les petits naissent entre l'hiver et la fin du printemps, selon l'espèce. Les jeunes dérivent avec le PLANCTON dont ils se nourrissent. Après plusieurs semaines, ils s'arrêtent et commencent à vivre au fond. Le mécanisme qui déclenche ce comportement est inconnu. Chez plusieurs espèces, les jeunes ont une couleur différente de celle des adultes. De récentes études montrent que les scorpénidés sont parmi les poissons marins qui

vivent le plus longtemps. En effet, il est fréquent que des individus vivent plus de 80 à 90 ans.

Répartition et habitat Au Canada, cette famille est représentée par 36 espèces sur la côte du Pacifique et par 6 espèces du côté de l'Atlantique et de l'Est de l'Arctique. Plusieurs espèces comestibles sont d'importance commerciale, p. ex. le sébaste à longue mâchoire, le sébaste du Pacifique et le sébaste atlantique qui appartiennent tous au genre sebastes. On rencontre les scorpénidés depuis la zone infralittorale jusqu'à des profondeurs de plus de 500 m. Certaines espèces vivent en petits groupes près de la côte entre les rochers et les algues. D'autres, dont les espèces présentent une importance commerciale, vivent en grands bancs en milieu pélagique à des profondeurs moyennes. Les populations pélagiques effectuent des déplacements diurnes et saisonniers. On les pêche généralement au chalut, et plusieurs pays les exploitent des 2 côtés du Canada.

Norman J. Wilimovsky

Scorpion Insecte carnivore de l'embranchement des arthropodes, de la classe des ARACHNIDES et de l'ordre des scorpionidés. Connu sous forme de fossiles vieux de 400 millions d'années, il est parmi les plus anciens animaux terrestres. Son appendice antérieur transformé en pinces lui permet d'attraper et de tenir ses proies. La partie antérieure de son abdomen est divisée en 7 segments et la postérieure, en 5 dont le dernier se termine par un aiguillon. Sur la face ventrale, il a 2 appendices en forme de peigne que l'on croit être des organes sensoriels. Bien qu'il ait jusqu'à 12 yeux, il peut seulement distinguer l'obscurité et la lumière. Les plus grandes espèces peuvent atteindre 15 cm de longueur. Il en existe environ 1000 espèces dans le monde, réparties dans toutes les régions tropicales et les régions désertiques chaudes. Au Canada, on trouve seulement une espèce de scorpion (dans le Sud de la Saskatchewan, de l'Alberta et de la Colombie-Britannique). Elle mesure environ 5 cm et vit 2 ans. Quoique plusieurs espèces aient des dards venimeux pour se défendre ou pour tuer leurs proies, la majorité ne représente aucun danger pour les humains. Leur piqûre a un effet comparable à celle des abeilles. Les scorpions sont nocturnes et vivent sous les billes de bois, l'écorce et les roches. Les jeunes naissent habituellement entièrement formés, et, peu après leur naissance, ils se rendent en rampant sur le dos de leur mère où ils trouvent protection.

Robin Leech

Scott, Barbara Ann, patineuse artistique (Ottawa, 9 mai 1928). Scott compte parmi les athlètes dont les Canadiens se souviennent le plus. Elle doit sa notoriété à la médaille d'or qu'elle a remportée lors des épreuves de patinage en style libre aux Jeux olympiques de 1948, à Saint-Moritz. À peine âgée de neuf ans, elle s'entraîne déjà 7 heures par jour. Un an plus tard, elle devient la plus jeune athlète canadienne à remporter une médaille d'or aux figures imposées. Elle est championne canadienne de catégorie senior de 1944 à 1948, championne nord-américaine de 1945 à 1948 et championne européenne et mondiale en 1947 et en 1948. La médaille d'or qu'elle obtient aux Olympiques lui confère une très grande célébrité. À Ottawa, elle est adulée du public et reçoit une multitude de cadeaux. Elle est prisée par les médias. En 1945, en 1947 et en 1948, Scott reçoit le TROPHÉE LOU-MARSH décerné à l'athlète canadienne de l'année. De 1949 à 1954, elle évolue au sein d'une troupe professionnelle de spectacles sur glace. À sa retraite, elle se consacre à l'élevage de chevaux d'exposition et, vers l'âge de 45 ans, elle se classe parmi les meilleurs cavaliers des États-Unis. Elle devient Officier de l'Ordre du Canada en 1991.

Barbara Schrodt

Scott, Duncan Campbell, poète, nouvelliste et fonctionnaire (Ottawa, 2 août 1862—*id.* 19 déc. 1947). Scott souhaite devenir médecin mais les ressources financières de sa famille étant précaires, il entre au ministère fédéral des Affaires indiennes en 1879. Il

en devient le surintendant adjoint en 1913, poste qu'il occupe jusqu'à sa retraite en 1932. Il est souvent classé parmi les «poètes de la Confédération». Bien que contemporain d'Archibald LAMPMAN, de Bliss CARMAN et de C.G.D. ROBERTS, il n'a des rapports personnels qu'avec Lampman qui, dans les années 1880, l'encourage à écrire de la poésie. Dès la fin des années 1880, il collabore régulièrement au *Scribner's Magazine*. En 1893, il publie son premier recueil de poèmes, *The Magic House and Other Poems*, suivi, en 1896, de *In the Village of Viger*, un recueil renfermant d'adroites descriptions de la vie des Canadiens français. Deux autres recueils, *The Witching of Elspie* (1923) et *The Circle of Affection* (1947), contiennent d'excellentes nouvelles mettant en scène des Indiens et des commerçants de fourrures dans des contrées sauvages. Comme il n'écrit que pendant ses heures de loisirs, Scott trouve plus pratique d'écrire de la poésie que des œuvres romanesques. Sept recueils de poèmes s'ensuivent: *The Magic House: Labor and the Angel* (1898), *New World Lyrics and Ballads* (1905), *Via Borealis* (1906), *Lundy's Lane and Other Poems* (1916), *Beauty and Life* (1921), *The Poems of Duncan Campbell Scott* (1926) et *The Green Cloister* (1935). *The Circle of Affection* (1947), un recueil en prose, regroupe aussi quelques poèmes inédits.

Bien que Scott se plaigne d'être négligé par la critique, sa réputation d'homme de lettres n'a jamais été remise en question. Il est présent dans presque toutes les anthologies importantes de poésie canadienne publiées depuis 1900. Ses poèmes «indiens», inspirés de ses expériences sur le terrain, sont largement reconnus et appréciés. On y dénote un certain conflit entre la vision de Scott en tant qu'administrateur engagé à poursuivre une politique d'assimilation et sa sensibilité de poète attristé par le déclin d'une culture ancienne. Ses poèmes sont à la fois imagés, intenses, mais rigoureux, et ont une forme et une versification souples. Son œuvre a réussi à surmonter la transition de la poésie traditionnelle à la poésie moderne au Canada.

Il attache à la musique une plus grande importance encore qu'à la poésie et est un pianiste accompli. Parmi ses amis, mentionnons Murray ADASKIN, les peintres Homer WATSON et Edmund MORRIS, et plus tard Lawren HARRIS et Clarence GAGNON. Scott est l'un des instigateurs de la mise sur pied du Ottawa Little Theatre et du Festival national d'art dramatique. *Pierre*, une pièce de théâtre en un acte, est d'abord jouée au Ottawa Little Theatre en 1923, puis publiée dans *Canadian Plays* du Hart House Theatre(1926).

Les témoignages de l'engagement de Scott en tant qu'écrivain abondent. Il écrit (avec la collaboration d'Archibald Lampman et de Wilfred CAMPBELL), des essais informels pour le *Toronto Globe* en 1892 et en 1893, lesquels sont plus tard regroupés dans un recueil intitulé *At the Mermaid Inn* (1979). Il écrit un roman qui ne sera publié qu'en 1979 sous le titre de *The Untitled Novel*. Pour la série *Makers of Canada*, qu'il dirige avec Pelham Edgar, il écrit la biographie de John Graves SIMCOE (1905). Enfin, il publie un livre sur Walter J. Phillips en 1947. Ce qui impressionne peut-être le plus chez Scott, c'est l'intérêt qu'il a manifesté toute sa vie pour la réputation littéraire de son grand ami Lampman. Il traduit cette loyauté en éditant les poèmes de Lampman (1900-1947).

R.L. McDougall

Scott, Edward Walter, surnommé «Ted», homme d'Église anglican (Edmonton, 30 avril 1919). Scott fait ses études à l'U. de la Colombie-Britannique et à l'Anglican Theological College de Vancouver. Évêque de Kootenay (1966-1971), puis archevêque et primat de l'Église anglicane du Canada (1971-1986; *voir* ANGLICANISME), Scott encourage l'œcuménisme et l'expression sociale de la foi chrétienne. Il participe activement au mouvement d'union des Églises anglicane et unie, qui échoue en 1975, et appuie énergiquement l'ordination des femmes

(1976), ainsi que les intérêts des peuples autochtones. Il est modérateur du comité central du Conseil œcuménique des Églises (1975-1983).

En 1986, Scott est membre d'un comité qui cherche des moyens de mettre fin à l'apartheid en Afrique du Sud. Il est aussi président de la section canadienne de l'International Defence and Air Fund for Southern Africa (1987-1991) et coprésident du Nelson Mandela Fund (1990-1992). L'engagement de Scott en faveur de l'œcuménisme et de la justice sociale lui vaut une grande influence. Il est nommé Compagnon de l'Ordre du Canada en 1978.

Margaret Prang

Scott, Francis Reginald, poète, professeur de droit constitutionnel et membre fondateur du mouvement socialiste au Canada (Québec, 1ᵉʳ août 1899—Montréal, 30 janv. 1985). Homme de lettres et d'engagement social, il influence profondément l'évolution culturelle et politique du Canada moderne. Il est le sixième des 7 enfants d'Amy et de Canon Frederick George Scott, prêtre anglican, poète mineur et farouche partisan de la tradition civilisatrice de l'Empire britannique. Ce dernier inculque à son fils la détermination de servir l'humanité, l'amour de l'équilibre régénérateur des paysages laurentiens et le respect absolu de l'ordre social. La présence discrète de sa mère se manifeste dans plusieurs de ses poèmes. Il vit, à Québec, une enfance et une adolescence paisibles, son éducation religieuse à peine perturbée par la Première Guerre mondiale, même si celle-ci emporte l'un de ses frères aînés et provoque le départ de son père pour l'Europe comme pasteur au service des soldats canadiens. Les émeutes déclenchées par la CONSCRIPTION lui offrent une première expérience du désordre social au Québec. Le carnage et les bouleversements sociaux suscités par la guerre ne l'affectent pas avant le milieu des années 20, époque où il commence à s'intéresser à la poésie moderne. Après des études au Québec High School et au collège Bishop (1919), il fréquente le Magdalen College d'Oxford en qualité de boursier de la fondation Rhodes. Membre du Mouvement chrétien des étudiants, il entreprend alors d'étudier la théorie socialiste par la lecture des ouvrages de R.H. Tawney.

À son retour, en 1923, il connaît peu son pays. Montréal lui semble particulièrement laide et dénuée de la beauté ancienne de l'Europe. Il s'y installe néanmoins pour enseigner au Lower Canada College et écrire de la poésie. En 1924, il s'inscrit à la faculté de droit de l'U. McGill, où H.A. Smith éveille son intérêt pour le droit constitutionnel. En 1924-1925, il collabore au *McGill Daily Literary Supplement* et fait la connaissance du poète et critique A.J.M. SMITH avec lequel il se liera d'une amitié à vie. Ensemble, ils fondent le *McGill Fortnightly Review* en 1925. Sous l'influence de Smith, il donne à ses poèmes un style plus contemporain l'amenant à tracer des portraits poétiques du paysage austère des Laurentides, qui l'inspire autant que la vieille Europe. Sa préférence de plus en plus marquée pour de tels paysages reflète son évolution intellectuelle, qui lui fait délaisser un monde égoïste pour s'intéresser à la société. En 1927-1928, il pratique le droit tout en enseignant la discipline à l'U. McGill et épouse Marian Dale SCOTT, peintre montréalaise. Il continue de participer à «The Group», un cercle de discussion composé de diplômés d'Oxford qui s'interrogent sur des questions sociales. Vers la fin des années 20, comme le montrent ses articles publiés dans *The Canadian Mercury* qu'il a contribué à fonder, il critique ses compatriotes qui s'inclinent devant les valeurs culturelles de l'Empire.

La crise des années 30 le pousse à étudier les facteurs économiques à l'origine du désarroi social qui l'entoure. Inspiré par J.S. WOODSWORTH, il fonde avec l'historien Frank UNDERHILL, en 1931-1932, la LEAGUE FOR SOCIAL RECONSTRUCTION (LSR), un groupe d'étude socialiste qui élabore des politiques socio-économiques pour combattre la misère et sera le berceau de la CO-OPERATIVE COMMONWEALTH FEDERATION (CCF). Il contribue aussi à la rédaction du célèbre Manifeste de Regina de la CCF et de *Social Planning for Canada* (1935). Au fil des ans, il devient un pilier de la CCF, tant au niveau national qu'au Québec. L'objectif de ces 2 associations, qui était de bâtir une société plus égalitaire, influence les poèmes satiriques et les essais constitutionnels et socialistes qu'il publie pendant la crise, souvent dans le *Canadian Forum*, auquel il collabore. À la fin des années 30, ses préoccupations majeures, qui sont la guerre civile d'Espagne et la campagne qu'il mène en faveur de la neutralité canadienne dans le conflit mondial imminent,.lui attirent de vives critiques.

La Seconde Guerre mondiale, qui semble démontrer que les hommes ne peuvent résoudre leurs différends de manière pacifique, l'affecte profondément. Dans ses poèmes de l'époque, il oscille entre une anxiété profonde et une foi renouvelée en l'humanité et finit par croire en l'avènement de «l'homme social». Par le biais de revues comme *Preview* et *Northern Review* et au sein de l'organisme philanthropique Fondation canadienne et d'associations d'artistes, il incite les artistes à conserver un esprit critique à l'égard de la société et à abandonner leurs perspectives régionales et artistiques limitées pour viser la création d'une culture nationale démocratique. En tant que président national de la CCF (1942-1950), son intérêt renouvelé pour le socialisme l'oppose à la direction de l'U. McGill, qui refuse alors de le nommer doyen de la faculté de droit.

En 1950-1951, il est l'un des cofondateurs de Recherches sociales, un groupe d'étude s'intéressant aux relations entre le Canada anglais et le Canada français. Il traduit aussi des poètes canadiens-français comme Anne HÉBERT et Saint-Denys GARNEAU. En 1952, il se rend en Birmanie en tant qu'assistant technique de l'ONU afin d'aider à la création d'un État socialiste. Au milieu des années 50, il remporte 2 causes célèbres devant la Cour suprême, la LOI DU CADENAS et RONCARELLI C. DUPLESSIS, qui l'oppose à l'autocratique premier ministre du Québec, Maurice DUPLESSIS. Dans les années 50, sa poésie est particulièrement critique à l'égard de la société canadienne et de l'homme en général.

En 1962, après avoir activement participé à la transformation de la CCF en NOUVEAU PARTI DÉMOCRATIQUE, il cesse de faire de la politique partisane. Nommé doyen de la faculté de droit de l'U. McGill (1961-1964), il s'intéresse de plus en plus à la survie de la Confédération. Il participe à la COMMISSION ROYALE D'ENQUÊTE SUR LE BILINGUISME ET LE BICULTURALISME et devient un ardent défenseur de l'ordre public, appuyant le recours à la *Loi des mesures de guerre* en 1970. Plus tard, il écrira plusieurs rétrospectives, soit *Poems of French Canada* (1977, prix de traduction du Conseil des arts), *Essays on the Constitution* (1977, prix du Gouverneur général, catégorie essais) et *Collected Poems* (1981, prix du Gouverneur général, catégorie poésie). Il a contribué à faire du Canada un modèle international de coopération. Sa vision sociale consiste à tirer le meilleur de la personne et de la collectivité, même si sa loyauté envers l'ensemble de la société risque de limiter les libertés individuelles. Ses engagements politiques et sa poésie illustrent une tension constante entre les besoins de la personne et ceux d'une société idéalement homogène.

Keith Richardson

Scott, Marian Mildred Dale, peintre (Montréal, 26 juin 1906—*id.*, 28 nov. 1993). Pendant 50 ans, Scott expérimente de nouvelles formes d'art, cherchant la symétrie, souvent en répétant des formes abstraites de petites dimensions. Après ses études à l'École des beaux-arts de Montréal et à la Slade School of Art, à Londres, elle peint des paysages et plus tard des plantes, des bourgeons et des gousses rangés géométriquement. Une série de visages humains, inspirés de Modigliani, présente des formes fortement linéaires disposées de façon équivoque sur un fond d'un noir intense. Durant les années de la crise économique, Scott représente les citadins de Montréal luttant contre des machines, la bureaucratie et les temps durs, comme on peut le voir dans ses tableaux *Tenants* et *Escalator*. Elle enseigne (1935-1938) avec Fritz BRANDTNER au Children's Art Centre, mis sur pied par Norman Bethune, et devient membre de la Société d'art contemporain en 1939. En 1941, elle présente une exposition individuelle à la Grace Horne Gallery de Boston puis, entre 1948 et 1977, donne 9 expositions individuelles à l'U. Queen; à la Dominion Gallery, à Montréal; à la Laing Gallery, à Toronto; à l'Atelier Renée le Sieur, à Québec; et au Département d'éducation artistique de l'U. McGill. En 1983, elle participe à l'exposition Visions and Victories: 10 Canadian Woman Artists, 1914-1945 qui a lieu à London, en Ontario. Elle est mariée à F.R. SCOTT, poète et avocat.

Anne McDougall

Scott, parc provincial du cap Créé en 1973 et s'étendant sur 50 km² à l'extrémité nord-ouest de l'ÎLE DE VANCOUVER, en Colombie-Britannique, ce parc provincial comprend 64 km de littoral et 23 km de plages sablonneuses parsemées de promontoires rocheux. On gagne en altitude à mesure qu'on pénètre vers l'intérieur des terres jusqu'au mont St. Patrick (415 m) où se trouve le lac Eric, une étendue d'eau de 44 ha. Le climat est rigoureux: pluies abondantes et orages y sont fréquents et les précipitations annuelles oscillent entre 375 et 500 cm. Les forêts sont constituées de cèdre, de pin, de pruche et de sapin et leurs denses sous-bois regorgent de gaultheries, de ronces élégantes, de gaylussacia à fruits bacciformes et de fougères. Les animaux qui y vivent sont le chevreuil, l'orignal, l'ours, la loutre, le couguar et le loup. Le long des côtes, on trouve des phoques, des otaries, des mouettes, de même que des bernaches, à Hansen Lagoon. Ce sont les Indiens de la côte qui ont été les premiers à occuper et à exploiter le territoire.

L'endroit (le cap Scott) a été nommé en 1786 en l'honneur de David Scott, un marchand de Bombay qui avait financé une expédition commerciale le long de la côte, dirigée par les capitaines Guise et Lowrie. En 1897 et 1910, des colons danois tentent de s'y installer, mais sans succès, ne laissant derrière eux que des noms de lieux et des bâtiments. Le parc n'est accessible que par des sentiers que l'on peut atteindre par la route et un chemin forestier depuis Port Hardy, situé à quelque 60 km à l'est. Aussi, les seuls aménagements qu'on y trouve sont des sentiers rudimentaires, souvent boueux, qui mènent jusqu'au cap Scott, soit à une distance de 27 km.

John S. Marsh

Scott, Peter Dale, poète, politicologue (Montréal, Qc, 11 janv. 1929). Enfant unique de Marian et F.R. SCOTT, il étudie à l'U. McGill, à l'Institut d'Études Politiques à Paris et à l'University College d'Oxford, avant de recevoir un doctorat en sciences politiques de McGill en 1955. De 1957 à 1961, il est diplomate canadien en poste à l'Assemblée générale des Nations Unies et en Pologne. Il enseigne ensuite à l'U. de Californie, à Berkeley, où il est aujourd'hui professeur émérite d'anglais. À Berkeley, il se joint au mouvement contre la guerre du Vietnam. Il écrit ou cosigne plusieurs livres qui critiquent la politique étrangère américaine, notamment *The Politics of Escalation in Vietnam* (1966) et *The Iran-Contra Connection* (1987).

Scott a publié 7 recueils de poèmes, dont *Coming to Jakarta* (1988), un poème-livre sur l'appui des Américains aux rebelles anticommunistes en Indonésie et la guerre civile meurtrière de 1965 qui s'ensuivit. Remplie d'allusions, *Jakarta* est une œuvre riche et complexe, intégrant le monde de la violence politique et l'évolution de la pensée du poète. *Listening to the Candle* (1992) est un autre poème-livre qui raconte la vie de l'auteur. *Murmur of the Stars* (1994), son ouvrage le plus récent, est un recueil de poèmes plus courts.

Colin Boyd

Scott, Robert Austin, peintre (Melfort, Sask., 16 mai 1941). Scott étudie les beaux-arts à l'Alberta College of Art de Calgary (1969) et à l'U. de l'Alberta (1976). Il fait partie d'un groupe de peintres abstraits des Prairies dont le travail consiste à expérimenter les qualités formelles de la peinture. Influencé par l'expressionnisme abstrait de New York et par le tachisme, Scott crée une façon de dessiner avec les doigts sur la couche supérieure de la peinture, de manière à exposer la couche de couleur sous-jacente. L'incision peut être contrôlée de façon à produire un dessin ou encore pratiquée de manière aléatoire. Le rythme qui en résulte crée une tension visuelle, une qualité comparable au style automatique de Jackson Pollock. Scott explore aussi les textures visuelles en peignant au gel acrylique et en utilisant une technique de pulvérisation. En 1993, une exposition de ses œuvres récentes, organisée par l'Edmonton Art Gallery, circule dans tout le pays.

Kathleen Laverty

Scott, Thomas, aventurier (Clandeboye, Irl., v. 1842—Colonie de la rivière Rouge, Man., 4 mars 1870). Individu violent et caractériel, protestant et orangiste, il immigre au Canada en 1863 et aboutit à la COLONIE DE LA RIVIÈRE ROUGE en 1869. Capturé et emprisonné plusieurs fois par les Métis, il est traduit en conseil de guerre et exécuté, avec l'approbation de Louis RIEL, non pour le meurtre d'un Métis (ce que l'on apprit plus tard) mais pour agression armée contre le gouvernement provisoire, agression physique contre un gardien et insubordination. Riel lui offrit 2 fois la possibilité de s'expatrier aux États-Unis, mais Scott jura de continuer à s'en prendre violemment aux Métis. Ce nervi devient un martyr anglophone protestant et son exécution un symbole de l'hostilité des Métis envers l'Ontario.

Scott, Thomas Seaton, architecte (Birkenhead, Angl., 16 juill. 1826—Ottawa, 15 juin 1895). Scott immigre à Montréal au milieu des années 1850 et se gagne une réputation par ses bâtiments de style gothique, dont des églises en Ontario et au Québec, et par sa conception, en 1874, de la Tour Mackenzie de l'édifice Ouest des ÉDIFICES DU PARLEMENT. De 1871 à 1881, il est le premier à occuper le poste d'architecte en chef du ministère fédéral des Travaux publics. Il dirige le programme de construction d'édifices après la Confédération, qui donne au Canada quelques-uns des plus beaux exemples d'édifices publics de style Second Empire.

Janet Wright

Scott, Thomas Walter, politicien, journaliste, imprimeur et premier ministre de la Saskatchewan (canton de London, Ont., 27 oct. 1867—Guelph, Ont., 23 mars 1938). En tant que premier premier ministre de la Saskatchewan, il joue un rôle clé dans le développement de la province à ses débuts. En 1885, il est apprenti imprimeur à PORTAGE LA PRAIRIE, puis, l'année suivante, il déménage à REGINA, où il devient, dès 1896, un journaliste influent et le propriétaire du *Leader* de Regina et du *Moose Jaw Times.* Élu député libéral d'Assiniboia-Ouest en 1900 et en 1904, il participe aux débats sur l'autonomie. Il est choisi chef du Parti libéral de la Saskatchewan en 1905, et on lui demande de former le premier gouvernement de la province. Sous sa direction, le Parti remporte les élections de 1905, de 1908 et de 1912. Des problèmes de santé le forcent à démissionner en octobre 1916, et il se retire de la vie publique.

D.H. Bocking

Scouine, La d'Albert LABERGE (1918). Cette série de tableaux discrets, qui s'emboîtent les uns dans les autres pour former un roman, est le premier exemple de naturalisme canadien-français. Tout en démythi-fiant le portrait romantique de la vie des paysans au XIXᵉ s., portrait approuvé et encouragé par l'Église, le roman allie les descriptions détaillées, le langage et l'humour de la région à une attitude pessimiste envers la nature humaine. Paulima, la fille d'Urgèle et de Mâço Deschamps, est surnommée «La Scouine» à cause de l'odeur très désagréable qu'elle dégage. Son sobriquet d'ailleurs reflète son caractère de vieille fille avare et bavarde. Des scènes traditionnelles, comme les récoltes, la fête foraine automnale et la visite du pasteur, sont présentées à l'aide d'images chrétiennes, rapidement ébranlées par la bassesse répugnante des paysans. Des extraits publiés en 1903 sont censurés et la seule édition possible par la suite une édition privée (1918) de 60 exemplaires. L'anthologie de l'œuvre de Laberge, rédigée par Gérard Bessette, est suivie d'une édition en fac-similé (1968), qui est retirée de la circulation sur l'insistance du fils de Laberge. Finalement publié en 1972, *La Scouine,* jusque-là classique réduit à la clandestinité, est traduit en anglais par C. Dion sous le titre *Bitter Bread* (1977).

Michèle Lacombe

Scouts Canada Robert Baden-Powell, alors lieutenant-général dans l'armée britannique, fonde le mouvement scout en Angleterre en 1907, après avoir organisé avec beaucoup de succès un camp de garçons. L'auteur et naturaliste canadien Ernest Thompson SETON est cofondateur des Boy Scouts of America en 1910, et le manuel scout officiel s'inspire de son travail. Le scoutisme apparaît au Canada au début de 1908, et, en 1912, le roi George V accorde à l'Association des scouts une charte royale valable pour l'ensemble du Commonwealth. Le conseil général canadien de l'Association des scouts, constitué le 12 juin 1914, demeure une section de l'Association jusqu'au 30 octobre 1946, date à laquelle il devient un membre indépendant de la Conférence mondiale des scouts. Le nom change pour les Boy Scouts du Canada et Scouts Canada en 1976. Tout gouverneur général, depuis Earl Grey en 1910, est Chef-scout du Canada.

Le mouvement a pour mission de contribuer à l'épanouissement des jeunes afin qu'ils atteignent leur plein potentiel physique, intellectuel, social et spirituel en tant que personne, citoyen responsable et membre de leur collectivité. Cinq programmes sont offerts: les castors (garçons âgés de 5 à 7 ans), les louveteaux (garçons de 8 à 10 ans), les scouts (garçons âgés de 11 à 14 ans), les pionniers (garçons et filles âgés de 14 à 17 ans) et les routiers (jeunes adultes de 17 à 26 ans). Les commanditaires sont des Églises, des clubs philanthropiques, des associations professionnelles et de gens d'affaires, les Forces armées canadiennes, etc. En 1994, Scouts Canada comptait plus de 260 000 membres.

Sculpture La première sculpture en NOUVELLE-FRANCE, une sculpture sur bois, est le travail d'artisans venus de France. En 1671, l'intendant Jean TALON demande au gouvernement français de lui envoyer des sculpteurs afin qu'ils exécutent le travail décoratif du vaisseau de marine marchande qu'il a commandé, *Le Canadien.* Les communautés religieuses et des citoyens d'importance locale importaient les sculptures d'Europe, mais un tabernacle commandé pour l'Hôtel-Dieu de Québec en 1704 mit 12 années pour arriver au pays. En 1675, les autorités du SÉMINAIRE DE QUÉBEC ramènent de France 2 sculpteurs, Samuel Genner et Michel Fauchois, qui travailleront à l'ornementation des différentes chapelles du séminaire pendant leur séjour au pays, qui sera d'une durée de trois ou quatre ans. C'est à partir de ce moment-là qu'un flot ininterrompu de sculpteurs arrivent en Nouvelle-France. Les plus connus d'entre eux sont Denis Mallet de Alençon, Charles Chabouli de Saint-Rémi de Troyes et Jan Jacques Bloem (mieux connu sous le nom de Jean Jacquiès dit Leblond) de Bruxelles. Ces premiers sculpteurs répondent aux besoins de la colonie, et instaurent un système d'apprentissage qui leur permet de former les premiers sculpteurs locaux.

D'autres sculpteurs arrivent au XVIIIᵉ s.: Gilles Bolvin de Saint-Nicholas d'Avesnes en Flandres, François Guernon dit Belleville de Paris et Philippe Liébert de Nemours. Des sculpteurs locaux commencent également à émerger. En 1651, les frères Jean et Pierre LEVASSEUR s'installent en Nouvelle-France à titre de charpentiers et leurs petits-fils, Noël et Pierre-Noël, deviendront sculpteurs. Ils constituent la première de plusieurs générations de sculpteurs locaux de renom en Nouvelle-France qui établissent également des liens amicaux avec les nouveaux arrivants de leur domaine, entre autres Chabouli et Jacquiès dit Leblond. Il ne reste cependant pas grand chose de la sculpture, religieuse ou profane, de ce siècle.

Le plus vieil ensemble sculptural au Canada est un superbe baldaquin (dais ornemental) qui se trouve dans le chœur de l'église de Neuville près de Québec. Bâti de 1690 à 1700 pour la chapelle du palais épiscopal de Mᵍʳ de St-Vallier, ce baldaquin est une réplique réduite de celui de la chapelle du Val-de-Grâce, à Paris, ce qui démontre l'importance des modèles européens pour la colonie (*voir* ARCHITECTURE; ART; PEINTURE).

En 1712, Jacquiès dit Leblond, un protégé de Noël Levasseur, fabrique le retable situé derrière l'autel de la chapelle du couvent des Récollets à Montréal. Ce retable se trouve aujourd'hui dans le chœur de l'église de Saint-Grégoire-de-Nicolet, en face de Trois-Rivières. Le maître-autel de la chapelle des Ursulines à Québec, conçu par Noël Levasseur de 1732 à 1737, rappelle un arc de triomphe. Bien que principalement constitué de reliefs, il donne l'illusion d'une troisième dimension grâce à la hauteur que lui confère le jeu des surfaces blanches richement décorées, des colonnes noires, des panneaux anecdotiques dorés et des statues tout autour. En termes de complexité, de monumentalité et de style baroque latent, il rappelle les prototypes français.

Les sculpteurs du Régime français ne se limitent pas aux œuvres à caractère religieux. En 1727 environ, un des frères Levasseur (probablement Noël) reçoit une commande pour la sculpture des armoiries royales destinées à être installées au-dessus de l'entrée des édifices du gouvernement de la colonie. L'une de ces sculptures est conservée au Musée du Québec et il s'agit de l'exemple le plus ancien de sculpture profane au Canada. En 1700, Denis Mallet sculpte un lion en figure de proue pour le navire du sieur Brouve. En 1704, un capitaine de Québec, nommé Louis Prat, commande à un sculpteur anonyme une figure de proue représentant Saint-Michel Archange en armure pour son navire, *le Joybert,* que l'on peut voir sur une PEINTURE VOTIVE conservée à Sainte-Anne-de-Beaupré. En 1715, le même Louis Prat engage Noël Levasseur pour la décoration de son nouveau navire, *le Raudot.*

L'établissement d'un chantier maritime royal dans la colonie favorise ce genre de sculpture. Noël, Pierre et Jean-Baptiste Levasseur décrochent des contrats intéressants pour décorer des vaisseaux de la marine française. La figure de proue de la frégate *Castor* représente un castor et un bouclier aux armoiries de la France. L'écusson arrière du vaisseau ravitailleur *Caribou* reçoit un bas relief à l'effigie de cet animal canadien. Les différentes tribus amérindiennes sont également honorées: L'*Algonquin* est mis à l'eau en 1750, l'*Abénaquise* en 1754, l'*Iroquoise* et l'*Outaouaise* en 1759. Malheureusement, aucun de ces navires ne surmontera l'épreuve du temps, et seules les archives relateront leur existence. Un des responsables du chantier maritime royal se plaignait souvent de la piètre qualité des sculpteurs locaux. C'est probablement lui qui, en 1743, envoie Pierre-Noël Levasseur II à l'atelier de sculpture de l'arsenal français à Rochefort, mais l'apprenti choisira de ne pas revenir au pays.

Si les sculpteurs sur bois de la Nouvelle-France reconnaissent les modes et tendances ayant cours en France au XVIIᵉ s., les quelques pièces conservées de cette époque nous permettent de croire que le style de la sculpture coloniale est quelque peu différent. Les formes riches et arrondies du baroque français sont généralement remplacées par une robustesse qui rend la sculpture canadienne unique en son genre. Cette caractéristique de la sculpture canadienne-française va perdurer pendant une bonne partie du XIXᵉ s., et elle est aussi probablement liée aux qualités et aux limitations du bois, matériau utilisé en Nouvelle-France. À la différence des sculpteurs français, les sculpteurs de la Nouvelle-France ne travaillent pratiquement jamais la pierre.

En raison du changement de gouvernement en 1760, l'économie durement éprouvée par la guerre et la destruction ainsi que le départ des officiers français sonne le début d'une période difficile pour les sculpteurs de la colonie. La guerre d'indépendance américaine entraîne la construction de vaisseaux de guerre à Saint-Jean-sur-Richelieu de 1775 à 1777, et certains de ces navires, incluant la goélette *Maria* et la frégate *Royal George*, recevront des figures de proue.

La situation économique s'améliore au Canada dans le dernier quart du siècle et la croissance constante de la population force les autorités ecclésiastiques à créer de nouvelles paroisses. La vague de construction d'églises qui résulte de cette situation est une véritable mine d'or pour les sculpteurs, et une nouvelle dynastie s'élève: la famille BAILLAIRGÉ. François Baillairgé étudie en France de 1778 à 1781, puis il visite Londres. À son retour, il apporte à la colonie une fusion de 2 grandes traditions artistiques et de nombreuses nouvelles tendances. Pour l'église Notre-Dame-de-Québec, il sculpte un immense baldaquin appuyé aux murs du chœur et un grand autel. À partir de 1816, et ce, pendant plus de 10 ans, il travaille à ce qui deviendra son œuvre la plus raffinée, dans la petite église de Saint-Joachim, près de Sainte-Anne-de-Beaupré: la mise en œuvre puis la décoration de 4 colonnes monumentales inspirées par le théoricien Jérôme Demers. Baillairgé remplit également des commandes de sculpture profane, dont plus du tiers de toutes les figures de proue faites à Québec. Il devient sculpteur du roi pour les chantiers maritimes de Saint-Jean-sur-Richelieu et de Kingston. Les plans qu'il a conçus pour la construction de 2 vaisseaux militaires seront conservés: le *Royal Edward* et le *Earl of Moira*. Il sculpte également quelques enseignes pour des commerçants de Québec, ainsi que la Masse de l'Assemblée législative du Bas-Canada.

C'est au cours de ces années que Philippe Liébert parvient au sommet de sa carrière. Il se taille une réputation en 1790 en sculptant le grand autel de la chapelle des Sœurs grises à Montréal. Peu après, d'autres paroisses de la région (Sault-au-Recollet, Sainte-Rose, Vaudreuil) lui commandent des œuvres similaires. Au début du XIXᵉ s., Louis QUÉVILLON devient le sculpteur le plus important de la région de Montréal, et son inspiration lui vient de Liébert. Dans presque toutes les églises construites entre 1800 et 1825, on peut trouver des œuvres de Quévillon et de ses associés, notamment Joseph Pépin, René St-James, Paul Rollin et de nombreux apprentis. Afin de répondre à la demande constante, Quévillon tente d'uniformiser ses œuvres, et tous ses autels suivront systématiquement le modèle de Liébert. L'œuvre du groupe Quévillon la mieux conservée se trouve dans la petite église de Saint-Mathias, près de Chambly.

Les œuvres profanes continuent d'être importantes au début du XIXᵉ s. L'Angleterre a besoin de navires pour sa marine marchande qui a subi d'énormes pertes durant les guerres napoléoniennes. Les chantiers maritimes britanniques d'Amérique du Nord comprennent maintenant Québec, Yarmouth, Lunenburg et Halifax en Nouvelle-Écosse, différents

chantiers de la vallée Saint-Jean et de la rivière Miramichi au Nouveau-Brunswick, Bath (près de Kingston) et Niagara-on-the-Lake dans le Haut-Canada. Parmi les 2112 navires construits à Québec entre 1762 et 1897, 1651 sont garnis de figures de proue.

Au cours du XIXᵉ s., 10 000 figures de proue sont probablement sculptées au Canada, et presque tous les sculpteurs du pays y travaillent, notamment Louis-Xavier Leprohon, Louis-Thomas Berlinguet, André Giroux et Jean-Baptiste Côté. Des Écossais comme John Rogerson travaillent à partir du Nouveau-Brunswick. Bon nombre de sculpteurs sur bois de navires travaillent dans l'anonymat. Les figures de proue sont modelées sur des personnages historiques, des notables locaux, des Amérindiens et des membres de la famille du propriétaire du bateau. On découvre aussi des représentations plus générales, comme des femmes, des animaux (surtout d'origine canadienne: ours, caribou, castor) ou de simples motifs. La poupe des navires est également décorée, surtout de manteaux d'armoiries ou de boucliers à décorations d'armoiries, souvent accompagnés d'autres accessoires ornementaux. C'est toutefois la fin d'une époque, celle de la construction traditionnelle de navire. Au milieu du XIXᵉ s., les machines à vapeur auront complètement remplacé les voiles et les plaques métalliques remplacent graduellement les vieilles coques de bois. De nouvelles solutions décoratives rendent désuet le jadis lucratif marché de décoration de navires (*voir* VOILIERS; ARTS POPULAIRES).

Les sculpteurs prennent également part aux travaux de menuiserie. Des parties de MEUBLES, comme des dos de chaise, sont souvent sculptées et les marchands, de tabac surtout, les tenanciers de taverne et les vendeurs d'instruments de navigation font parfois appel à des sculpteurs pour la création d'enseignes pour leur commerce.

La deuxième moitié du XIXᵉ s. voit l'apparition du phénomène qui va faire s'effondrer le marché de la sculpture sur bois traditionnelle: la statuaire de plâtre. En 1824, l'Italien Donati fait une réplique en plâtre des sculptures de François Baillairgé sur les voûtes à caissons de la cathédrale de Québec. Trente ans plus tôt, Liébert utilisait déjà des moules pour les éléments décoratifs de ses autels. Quévillon les utilise également, probablement des moules ayant appartenu à Liébert. À son retour d'un voyage en Italie en 1846, Mᵍʳ Bourget fait découvrir Hector Vacca au marché montréalais. Carlo Catteli arrive à la même époque et fera des statues de plâtre pour les églises de Montréal. Vers 1855, 2 sculpteurs français, G.H. Sohier et Alexis Michelot, fondent une «Académie des beaux-arts» qui, bien qu'elle dure moins d'un an, annonce le début, au Canada, de la sculpture académique, exécutée en plâtre.

Les sculpteurs sur bois sont lents à réagir: ils ne se rendent pas compte de l'ampleur du changement qui est en train de se produire ou de l'influence des nouvelles techniques. Plus la Révolution industrielle s'installe au Canada, et plus le métier de sculpteurs sur bois tombe en désuétude. Jean-Baptiste Côté, un des sculpteurs sur bois les plus importants de cette époque résume la situation en une phrase: «Mon temps est passé». Quelques sculpteurs parviennent tout de même à survivre en ramassant le plus de commandes possible.

Louis JOBIN, un sculpteur formé à l'atelier de François-Xavier Berlinguet, doit se rendre à New York pour terminer ses études. Puis, il travaille à Montréal pendant cinq ans et déménage à Québec à la fin de 1875. Il sculpte les statues néogothiques de l'église de Saint-Henri de Lévis, puis travaille aux chars allégoriques du défilé de la Saint-Jean-Baptiste en 1880. Le char de l'agriculture est conservé au Musée du Québec. Il est l'un des premiers sculpteurs sur glace des débuts du Carnaval de Québec. À la fin du siècle, Jobin quitte Québec et s'établit à Sainte-Anne-de-Beaupré, dernier bastion de la sculpture sur bois d'œuvres religieuses, où il essaie d'imiter sur du

bois ce que toute une nouvelle génération de sculpteurs crée avec d'autres matériaux, comme le bronze. Sa mort, en 1928, signifie également la mort de la sculpture sur bois traditionnelle. Certains aspects de celle-ci ont survécu au Québec, principalement dans la ville de Saint-Jean-Port-Joli où, à une échelle plus réduite, l'on crée des œuvres souvent inspirées par un profond sentiment de nostalgie pour un passé perdu et qui intéressent particulièrement les touristes. Ces sculptures ont toutefois très peu en commun avec les œuvres monumentales en bois qui embellissaient, à une certaine époque, les églises et les navires du Nouveau Monde.

Jean Bélisle

Sculpture 1880-1950

Il fut de mode chez les critiques qui se penchaient sur la sculpture des années 1880 à 1950 de déplorer le déclin de la sculpture sur bois et l'essor du plâtre et du bronze, comme si le bois possédait des vertus d'authenticité qui manquaient aux 2 autres matériaux. Pourtant, c'est souvent en raison des limites même du bois que les sculpteurs de cette période préférèrent le bronze. Il s'agit d'un matériau qui résiste mieux aux rigueurs de notre climat et, pour sa part, le bois impose des contraintes à l'imagination des artistes qui sont moins fortes quand ils utilisent la glaise, le plâtre ou le bronze. Comme la sculpture de la pierre, la sculpture sur bois procède par soustraction, alors qu'avec les autres matériaux, elle procède par addition, s'adonnant au modelage plutôt qu'à la taille.

Pour faire une sculpture de bronze, le sculpteur commence par faire un modèle en terre glaise, à partir duquel on fabrique un moule dans lequel le bronze est coulé. C'est une technique qui permet une grande flexibilité et des possibilités d'expression pour ainsi dire infinies. Comme nous ne possédions pas au Canada avant les années 60 de fonderies capables de couler de grosses pièces, en particulier les monuments publics, nos sculpteurs faisaient couler leurs pièces aux États-Unis ou en Europe.

On peut classer la sculpture de cette période en 3 grandes catégories, ayant leur correspondants en Europe à l'époque: le réalisme, l'Art nouveau et l'Art déco. La sculpture canadienne ne se développa pas en vase clos. Elle n'en a pas moins une certaine originalité.

Réalisme L'un des meilleurs représentants du réalisme au Québec est sans conteste Louis-Philippe HÉBERT. Il apprit les rudiments de son art alors qu'il travaillait auprès de Napoléon BOURASSA, artiste aux multiples talents qui se fit valoir autant comme architecte que comme peintre et sculpteur, dans les années 1870, au moment de la décoration de la chapelle Notre-Dame-de-Lourdes, à Montréal. L'idéologie dominante au Québec était alors «l'idéologie de conservation», pour reprendre l'expression de Marcel Rioux, c.-à-d. qu'on définissait l'identité québécoise par son passé français, catholique et rural. Hébert partageait ce point de vue. Il voulut mettre en sculpture l'histoire de ses compatriotes.

Certes, Hébert fut influencé par la tradition académique française, mais il réussit à l'accommoder à son robuste talent. Son œuvre comporte plusieurs figures d'Indiens, y compris le fameux *Pêcheur à la nigogue* et *La Famille indienne* qui ornent la façade du Parlement à Québec. Il est l'auteur du monument à *Maisonneuve* sur la place d'Armes à Montréal, et d'une *Madeleine de Verchères* qui se dresse fièrement aux abords du village du même nom au Québec. Les travaux qu'il consacra aux gouvernants anglais (la Reine Victoria, à Ottawa) ou à des personnages contemporains sont moins inspirés. Il avait besoin des sujets historiques pour stimuler son imagination. Et c'est dans cette catégorie que se trouvent ses meilleures œuvres (*voir* ART DES LIEUX PUBLICS). Hamilton Plantagenet MacCarthy s'est fait aussi connaître comme sculpteur de monument. Son monument à *Champlain* (1915), sur la pointe

Nepean à Ottawa, a été récemment l'objet d'une controverse à cause de la figure d'Indien qu'il comporte à sa base et que les autochtones ont contestée. MacCarthy est aussi l'auteur du monument au *Sieur de Monts* (1904), qui est à ANNAPOLIS ROYAL. On pourrait également citer Robert Tait Mckenzie, célèbre autant dans les annales du sport que de la sculpture; George Hill (son monument à Sir Georges-Étienne CARTIER, au pied du Mont Royal, est célèbre); Orson Shorey Wheeler, qui a surtout sculpté des bustes, etc.

On pourrait situer aussi dans cette même veine réaliste, mais sans être aussi académique que celle de Hébert, la sculpture du grand peintre Marc-Aurèle de Foy SUZOR-COTÉ. Ses *Indiennes de Caughnawaga*, emmitouflées dans leurs grands manteaux semblent sculptées par le vent. La fin du XIXᵉ s. fut une période de grande expansion et d'établissement dans l'Ouest canadien. Il n'est donc pas surprenant que plusieurs sculpteurs canadiens voulurent consacrer leur talent à la représentation des divers groupes amérindiens rencontrés dans ces régions. Emanuel Otto HAHN, sculpteur d'origine germanique qui émigra tout jeune au Canada et qui épousa la sculpteure Elizabeth Wynn Wood, est célèbre pour ses sujets indiens. Alexander Phimister PROCTOR, bien que surtout connu comme animalier, a aussi traité des Indiens. Ils se donnaient tous pour but de fixer les traits d'une «race vouée à la disparition» devant la marche inexorable du «progrès». Leur style visait à l'objectivité et se voulait «réaliste».

La Première Guerre mondiale fut l'occasion d'un développement sans précédent de la sculpture publique. Partout, on voulut avoir des monuments pour commémorer la participation canadienne à la guerre. C'est Walter Seymour ALLWARD qui obtint la commande du monument aux morts de Vimy, en France. Alfred Howell fit des monuments à Saint-Jean, au Nouveau-Brunswick, et à Guelph, en Ontario; Frances Norma LORING en fit un à Galt, en Ontario, et R. Tait MCKENZIE s'illustra aussi dans ce genre, autant aux États-Unis, en Angleterre et en Écosse qu'au Canada. On en profita pour célébrer le courage des troupes canadiennes et exprimer de la fierté au récit de leurs exploits. Même le front intérieur ne fut pas oublié, comme dans *Girls with a Rail* de Frances N. Loring, sculpture qui fait partie d'une série conservée au Musée de la Guerre à Ottawa.

Art nouveau Les sculpteurs canadiens n'échappèrent pas à l'influence de l'Art nouveau. Les travaux d'Alfred LALIBERTÉ illustrent bien le défi qu'il y avait d'appliquer à la sculpture une forme d'art conçu à l'origine pour l'ornementation des surfaces. Se libérant de l'influence académique des maîtres français, Gabriel-Jules Thomas et Antoine Injalbert, Laliberté voulut explorer les possibilités de la ligne fluide propre à l'Art nouveau. Cessant de considérer celle-là comme un simple motif décoratif, il en fit un élément de structure de ses sculptures, qui s'animent dès lors d'un rythme de vague. Son imagination romantique est à l'œuvre dans son monument à *Dollard des Ormeaux* (1920), au parc Lafontaine, à Montréal. Ses nus féminins reflètent une sensibilité fin de siècle. Ils sont à la fois sensuels et inspirés, la femme étant tantôt la muse, tantôt la séductrice. En réalité, Laliberté s'est illustré dans tous les genres, aussi bien le monument historique (*Louis Hébert* à Québec ou *Tombe de sir Wilfrid Laurier* à Ottawa) que les bijoux dans le plus pur style Art nouveau, l'autoportrait et les scènes de genre. Le Musée du Québec possède la série de ses 214 bronzes illustrant les légendes, les coutumes et les métiers du Québec d'hier.

On pourrait retrouver une certaine influence de l'Art nouveau dans les œuvres d'autres sculpteurs, comme dans le *Sun Worshiper* (1918), de Florence WYLE ou dans *The Storm* (1921), de Walter Allward. Dans les 2 cas, la ligne fluide l'emporte sur les considérations de volume.

Art déco À partir des années 30, l'influence dominante devient celle de l'Art déco. *Passing Rain* d'Elizabeth Wynn Wood est célèbre et illustre parfaitement la tendance. Il s'agit d'une curieuse transposition d'un paysage du GROUPE DES SEPT en bas-relief. Sylvia Daoust à Montréal qui a fait beaucoup d'œuvres religieuses, a aussi été marquée de cette tendance. Même le puissant *Chemin de Croix* sculpté en 1959 par Louis-Joseph Parent pour l'Oratoire Saint-Joseph, à Montréal, en relève également.

On supprime les détails de surface, on donne plus d'importance aux masses et on remplace la ligne sinueuse de l'Art nouveau par les lignes droites, obliques ou courbes. Les portes de bronze de la Banque du Canada à Ottawa, création de Phyllis Jacobine Jones (1938), ainsi que les œuvres d'Orson S. Wheeler et certaines œuvres plus tardives de Florence Wyle sont de bons exemples de ce style influencé de loin par le cubisme.

Alors qu'en Europe les avant-gardes se succèdent, il faut attendre les œuvres de Louis ARCHAMBAULT et Anne Kahane au début des années 50 pour voir apparaître des traces de l'influence de Julio Gonzalez, Pablo Picasso ou Jacques Lipchitz chez nos sculpteurs.

François-Marc Gagnon

Sculpture 1950-1980

Certaines des œuvres canadiennes les plus innovatrices de 1950 à 1980 appartiennent au domaine de la sculpture. Au cours de cette période, une grande variété de matériaux nouveaux s'offrent aux sculpteurs qui y vont de nouveaux types de construction, d'œuvres multimédias, d'installations et d'inventions *in situ*, de même que d'objets autoréférenciels plus traditionnels.

Le nouvel essor de la sculpture au Canada dans cette période fait partie d'une entrée en majorité universelle de la sculpture, découlant en partie de l'amélioration des communications et des transports. Depuis 1950, les artistes ont une bien meilleure expérience des œuvres d'art que leurs prédécesseurs, grâce à la photographie couleur, à la facilité de voyager et à la fréquence des expositions itinérantes. Le CONSEIL DES ARTS DU CANADA et les agences provinciales connexes soutiennent les artistes, facilitent leurs déplacements, encouragent la croissance ainsi que les programmes des galeries d'art et des musées partout au pays. Il n'y a pas une explication unique à l'effervescence de la sculpture au Canada dans la deuxième moitié du XXᵉ s. Un nouveau climat d'expérimentation dans les écoles d'art et les universités représente à la fois la cause et l'effet. Expositions spéciales, professeurs et critiques, symposiums et achats majeurs stimulent les sculpteurs selon les différentes régions. Pour certains, réagir contre les influences est aussi important que d'y répondre. Peu importent les raisons, la prolifération de sculpteurs sérieux de 1950 à 1980 est un phénomène nouveau (*voir* ASSOCIATIONS D'ARTISTES).

Au Canada comme en Europe, le développement de la sculpture prend du retard sur celui de la peinture. Depuis des siècles, la sculpture est synonyme d'objets figuratifs sculptés ou modelés dans le bois, la pierre ou le bronze, habituellement debout sur un piédestal ou encore incorporés dans un ensemble architectural. Graduellement, comme dans d'autres formes d'art, la sculpture remet également en question les notions traditionnelles de forme, de contenu et de technique et prend part au mouvement esthétique révolutionnaire connu sous le nom de «modernisme».

Au départ, même les sculpteurs canadiens les plus audacieux (qui se sont en grande partie retirés du courant d'art innovateur) se joignent prudemment à la révolution. Bien qu'ils soient sans doute des adeptes du modernisme, des sculpteurs québécois comme Louis Archambault et Charles DAUDELIN utilisent, dans les années 40, des techniques plutôt traditionnelles pour créer des images non traditionnelles. Ces pionniers sont rejoints par les autres dans les années 50, mais une grande partie de la sculpture moderne la plus réussie conserve une forte préférence pour le figuratif. John Ivor Smith, Anne KAHANE, George Wallace et William McElcheran utilisent tous le figuratif comme point de départ, pour ensuite le simplifier et le styliser, adoucissant ou élaborant les surfaces. Kahane travaille de nombreux matériaux, alors que les autres préfèrent le bronze.

À la fin des années 50 et au début des années 60, les techniques plutôt traditionnelles dominent toujours, même parmi ceux qui s'étaient éloignés de la référence littérale du figuratif. L'utilisation de masses douces, sculptées ou coulées, révèle une connaissance du sculpteur britannique Henry Moore, comme dans les marbres soigneusement polis de Hans Schleeh. Même chez ceux que d'autres approches intéressent, il y a un certain conservatisme rappelant la sculpture britannique et européenne de l'époque. Les œuvres de Robert ROUSSIL ressemblent à un amalgame de Moore et d'expressionnisme aigu. David Partridge développe un type de relief idiosyncrasique en plantant des clous de grosseurs variées dans le bois. Ulysse COMTOIS, connu pour ses peintures éclatantes animées d'effets optiques, réalise également de très élégantes sculptures à pièces géométriques mobiles.

Les pièces coulées abstraites aux textures agressives d'Armand VAILLANCOURT retiennent l'attention. Un mouvement singulièrement autonome, le «structuralisme», s'épanouit après les années 50, surtout dans les Prairies, sous l'influence d'Eli BORNSTEIN. Les structuralistes comme Gino Lorcini et Ron Kostyniuk explorent les permutations géométriques dans des reliefs peu profonds et sculptés avec élégance.

Puisqu'il n'existe aucun modèle local en ce qui a trait à la nouvelle sculpture, les Canadiens se tournent tout naturellement vers l'Europe, et plus particulièrement vers l'Angleterre, pour y chercher l'inspiration. Nombre d'entre eux ont étudié en Angleterre ou auprès d'artistes britanniques dans des écoles d'art canadiennes, mais le fait le plus important est que Henry Moore commence à être reconnu à l'échelle internationale dans les années 50. Son amalgame de formes naturelles et de formes inventées semble une bonne façon de transposer la grande tradition de la sculpture au XXᵉ s. Une autre «nouvelle tradition» datant de la fin des années 20 commence toutefois à être tout aussi puissante: la sculpture abstraite, apparentée au dessin, faite de fer, d'acier et d'objets trouvés. Cette révision radicale de l'essence de la sculpture, amorcée par Pablo Picasso et Julio Gonzalez en France, se poursuit à New York, comme ce fut le cas pour d'autres notions aussi radicales au sujet de la peinture. À la fin des années 50 et au début des années 60, il devient évident que le centre de l'art innovateur s'est déplacé de l'Europe vers l'Amérique du Nord et que les Canadiens commencent à trouver de grandes stimulations sur leur propre continent.

L'art de la fin des années 60 est caractérisé par une nouvelle ouverture, une volonté d'accepter les nouvelles idées, les nouveaux matériaux et les nouvelles techniques. Ces possibilités accrues se reflètent clairement dans l'art canadien. Une nouvelle génération de sculpteurs canadiens atteignent la maturité dans les années 60, et leurs idées sont beaucoup plus audacieuses que celles de leurs prédécesseurs. Certains d'entre eux, notamment Les Levine et Michael SNOW, sont des peintres aussi bien que des artistes multimédias, mais ce sont leurs œuvres tridimensionnelles qui établissent leur réputation. Les modules de plastique formés sous vide que Levine présente à toute une génération de Canadiens constituent la forme la plus moderne de sculpture environnementale du moment, et les divers «prototypes» de femme marchant créées par Snow en acier inoxydable sont accueillis avec beaucoup d'enthousiasme. D'autres artistes, Gord Smith p.ex., sont exclusivement des sculpteurs. Smith, Yves TRUDEAU, Gerald Gladstone et Vaillancourt expérimentent toutes les possibilités de la construction en acier soudé.

La sculpture moderniste attire peu à peu des adeptes dans tout le pays. Si la génération précédente de Canadiens suivait l'exemple de Henry Moore, de nombreux sculpteurs des années 60 et 70 s'intéressent aux œuvres en acier du sculpteur américain David Smith, et de son collègue plus jeune, le Britannique Anthony Caro. À Saskatoon, Otto ROGERS travaille avec autant de facilité la peinture abstraite de paysages que la sculpture de vigoureuses pièces d'acier linéaire. À Regina, John Nugent, un des premiers admirateurs de David Smith, est devenu un ambitieux sculpteur d'acier. À Calgary, Katie Von Der Ohe expose des piles complexes de formes emboîtées. À Toronto, Ted Bieler reçoit de nombreuses commandes publiques et Sorel ETROG connaît la célébrité grâce à ses bronzes «noduleux» typiques qui doivent beaucoup aux œuvres tardives du cubiste français Jacques Lipchitz. Au Québec, Françoise SULLIVAN, danseuse moderne, chorégraphe et artiste visuelle, abandonne toutes ses autres activités pour se consacrer à des constructions d'acier peint. Robert MURRAY est sans doute le sculpteur canadien le plus important de sa génération. Son travail sérieux de construction sur métal est reconnu dans le monde entier. Il travaille avec les fabricants à la production de structures de grandes dimensions, à plans courbes, richement colorées de finis industriels.

L'aspect le plus passionnant de la sculpture canadienne des années 70 et 80 est sa diversité. Les approches varient de la fabrication «orthodoxe» d'objets au dépassement des limites de la discipline. Les fabricants d'objets vont de Kosso ELOUL, dont les constructions modulaires de solides rectangulaires se trouvent dans de nombreux lieux publics, à Roland POULIN et Peter Kolisnyk, dont les œuvres sont les plus simples indicateurs possibles de notions sculpturales menacées de disparaître dans le pur concept.

La «nouvelle tradition» de sculpture construite à partir de matériaux variés devient particulièrement forte dans les Prairies, bien qu'elle compte des praticiens de talents ailleurs au pays, comme les Ontariens André FAUTEUX et Louis Stokes. Dans l'Ouest, Douglas BENTHAM, Alan Reynolds et Peter HIDE ont tous développé de façons efficaces très personnelles de travailler le métal soudé. Chacun est différent, mais ensemble, ils semblent moins intéressés par la sculpture comme «dessin dans l'espace» et plus préoccupés de trouver de nouvelles façons de transformer la masse et le volume du monolithe traditionnel en constructions abstraites. Les œuvres de Michael Bigger, Tommie Gallie, Haydn Davies, Patrick Thibert et Henry Saxe attestent de l'étendue de la tradition au Canada, des billes de bois empilées de Gallie aux évocations de «tables» de Thibert. Saxe travaille à la fois les constructions d'acier orthodoxes et les œuvres multisectionnelles complexes. David RABINOWITCH pousse la recherche plus loin avec des questions sur les possibilités expressives du poids et de la masse de l'acier, alors que Royden RABINOWITCH explore l'horizontalité et la planéité. À Toronto, John McEwen interroge la nouvelle tradition de la sculpture d'acier avec des images naturalistes et du découpage au chalumeau de dalles de métal massives. Au Québec, Claude Mongrain, Roland Poulin et Jean-Serge Champagne mettent au point des variations sur les notions de construction en incorporant des combinaisons inattendues de matériaux.

Dans les années 70 et 80, de nombreux sculpteurs sont fascinés par les nouvelles technologies et les médias: Michael Hayden utilise des tubes fluorescents dans des œuvres statiques et cinétiques. Walter Redinger et Ed Zelenak utilisent la fibre de verre, Don Proch, la fibre de verre moulée, souvent couverte de dessins, et présentée avec des éléments issus d'autres médias. Les images cauchemardesques de Mark Prent proviennent d'objets fabriqués et recyclés combinées ensemble grâce à des prouesses techniques. Les machines délicates et improbables de Richard Prince sont des constructions cinétiques intimes.

Pour d'autres sculpteurs, le simple objet discret semble trop restrictif. Ils créent donc des structures qui répondent aux particularités de certains sites ou aménagements, et cela à une échelle qui exige souvent que l'observateur pénètre dans l'œuvre ou s'y déplace. Comme pour l'architecture, ces sculptures dépendent de la participation physique autant que visuelle mais, contrairement à l'architecture, elles n'ont pas de fonction spécifique. George TRAKAS et Melvin CHARNEY créent des parodies saisissantes, souvent poétiques, de structures élaborées par l'Homme. Robert Bowers et Mark Gomes utilisent aussi des objets quotidiens, souvent banals, comme points de départ pour des œuvres qui restent davantage centrées sur elles-mêmes. Roland Brener développe cette notion, employant des marchandises usinées de façon systématique. Cornières de métal et échafaudages industriels sont utilisés avec le même succès.

Même s'ils explorent de nouvelles idées provocatrices, ces sculpteurs demeurent des constructeurs d'objets, même si ceux-ci ne sont pas conventionnels. D'autres artistes sont plus intéressés par le procédé que par le résultat, et leurs «sculptures» sont souvent simplement le sous-produit d'un événement ou le symbole d'une idée. La documentation au sujet d'un événement peut devenir une partie de la structure finale, comme dans les œuvres de Colette WHITEN. Les constructions environnementales de Mowry Baden existent plus pour les sensations physiques qu'elles provoquent chez les «observateurs» qui s'y déplacent que pour leur apparence. La grandeur et la forme des objets de Robin Peck sont dictées par les proportions du lieu où ils se trouvent. Pour d'autres artistes, les moments éphémères ou les phénomènes prévalent sur l'objet. L'œuvre de ces artistes peut inclure des projections de films, des sons, des structures temporaires ou périssables, de même que le passage du temps lui-même. Bien que leurs œuvres contiennent souvent beaucoup d'équipement tridimensionnel, c'est d'ailleurs la raison pour laquelle on les a appelées «sculpture», elles semblent peu concernées par les notions sculpturales. Elles appartiennent à une autre catégorie, plus près de la littérature ou du théâtre, près des *happenings* des années 60.

Pendant les années 80, un regain d'intérêt pour l'art des lieux publics, mis en évidence par des programmes allouant un certain pourcentage du coût de construction des édifices à des projets d'art dans certaines nouvelles constructions, amène des sculpteurs à reconsidérer leur attitude vis-à-vis l'objet autonome. Ils commencent à penser en termes de collaboration avec les architectes pour la création d'œuvres d'art à l'échelle publique qui pourraient représenter une véritable intégration des disciplines. La compétition de Montréal pour la conception de fontaines visant à mettre en valeur la rive reconquise du fleuve, la composante artistique du nouveau stade couvert de Toronto ainsi que de nombreux autres projets du même genre partout au pays sont de bons exemples de cette nouvelle façon de penser (*voir* ART DES LIEUX PUBLICS).

La sculpture relativement traditionnelle a toujours des adeptes. Peu répandue en raison des contraintes imposées par le matériau, les meilleures œuvres en céramique d'artistes comme Victor Cikansky et Joe FAFARD rappellent la tradition de la sculpture figurative du portrait. Dans la génération plus jeune, les nus et les torses obsédants d'Evan Penny sont dignes de mention. Les bronzes abstraits de Ric Gomez sont des objets précieux très élégants.

Dans les années 80, pratiquement n'importe quoi peut être qualifié de sculpture. Il n'y a pas d'approche «officielle», pas de méthode unique ou de médium qui garantisse le succès ou le sérieux de l'artiste. L'antithèse de la traditionnelle académie est atteinte, de même que ses standards d'excellence préconçus et les niveaux d'accomplissement mesurables. La sculpture canadienne est devenue une histoire d'individus qui parlent un langage sculptural international, probablement avec un accent canadien. Il devient difficile d'en isoler le caractère typiquement canadien. (V*oir aussi* ART AUTOCHTONE; ART INUIT; AUTOCHTONE DE LA CÔTE DU NORD-OUEST, ART.)

Karen Wilkin

Sculpture contemporaine

À partir de 1980, la réputation de certains sculpteurs canadiens est parvenue à maturité, ce qui implique l'émergence d'un canon *de facto* de l'art contemporain. Des artistes comme Michael Snow, Roland Poulin et Liz Magor, qui sont actifs depuis des décennies, gagnent enfin une reconnaissance véritablement internationale.

Comme bien d'autres sculptures internationales, la sculpture canadienne se trouve à un point de transition excitant, car l'utilisation de matériaux traditionnels se fait de plus en plus rare. Les critiques se demandent si notre compréhension moderniste de la sculpture ne serait pas devenue désuète, puisque le néon et les installations *in situ* supplantent de plus en plus l'objet traditionnel replié sur lui-même. Le postmodernisme et le néo-modernisme se disputent l'hégémonie des arts visuels, à la fois dans le domaine de la théorie et des arts appliqués. Non seulement les œuvres elles-mêmes font-elles l'objet d'intenses débats quant à l'aspect fort relatif de leur mérite artistique et de l'exactitude des catégorisations, mais le vocabulaire même de la critique est fort instable.

Bien sûr, des formes de sculpture plus traditionnelles existent toujours, mais elles sont invariablement accompagnées d'un certain malaise. Joe Fafard de la Saskatchewan, bien connu pour ses portraits ressemblants, réalisés dans de petits formats en argile et en bronze et possédant un charme folklorique certain, a récemment produit de grands portraits en bronze et une importante série de vaches en bronze qui exploitent le raccourci à l'extrême. Les poupées à tête de pommes séchées des portraits de Fafard renvoient, dans le contexte d'un grand art des plus vifs, à une longue tradition artisanale typiquement canadienne-française qui les a précédées. Une forte influence de Cézanne et de Van Gogh module les tendances de Fafard vers la caricature empreinte de détails réalistes.

À Toronto, Evan Penny renouvelle la sculpture traditionnelle du nu et redécouvre, par la même occasion, la fascination inépuisable pour le corps humain. L'anatomie pendouillante de ses femmes presque grandeur nature semble au premier abord emprunter à l'esthétique réaliste du XIXe s. Toutefois, la couleur chair peu convaincante de la peinture qui les «embaume» et la minutie exagérée de leur modelage nous révèlent que Penny n'a pas l'intention d'être réaliste dans son réalisme. Les plus récents personnages masculins de Penny confrontent l'héritage grec du nu classique, en opposant l'homme ordinaire un peu ratatiné à son «ombre» grecque idéalisée.

La grande popularité de l'installation dans les galeries d'art et les musées (*voir* ART CONTEMPORAIN) soulève la question de sa relation aux médiums artistiques traditionnels. L'installation se situe quelque part entre la sculpture, l'architecture et le design d'intérieur. Les artistes, selon leurs intérêts, font pencher l'installation de façon plus ou moins marquée vers l'une ou l'autre de ces catégories. Les installations multimédias de Liz Magor mettent à l'épreuve les limites de l'art en général, et celles de la sculpture en particulier, en explorant les conditions physiques de la création artistique. Les succédanés industriels de Magor, qui fabrique des «briques» en papier mâché, en sont un exemple. À Toronto, un collectif nommé «General Idea» fabrique des assemblages déviés du Pop Art de boucliers héraldiques pour décorer un «pavillon» fictif. Ces boucliers affichent des symboles de dollar aux couleurs agressives, des caniches léonins humoristiques et, en guise d'hommage chagriné au logo *love* de Robert Indiana, le mot AIDS (sida). À Montréal, Guy Bourassa, Gilles Mihalcean et Jocelyne Alloucherie font des explorations fort avancées des formes possibles d'installations.

Au milieu des années 90, la sculpture est avant tout expérimentale, allant dans toutes les directions et créant tant de précédents que peu de tendances dominantes peuvent être décelées. Bien qu'un canon partiel de la sculpture contemporaine soit en train de se consolider dans l'esprit des critiques, les quinze dernières années de la sculpture se sont révélées simplement aussi controversées et fortifiantes que n'importe quelle autre période, et le large public se retrouve aussi souvent perplexe et frustré que satisfait par la sculpture contemporaine. Les pièces les plus célèbres semblent s'attirer presque autant de critiques que d'éloges, un phénomène qui se retrouve également en peinture contemporaine et en architecture.

Des sculpteurs comme Jana STERBAK et Spring Hurlbut utilisent des moyens surprenants pour explorer les questions féministes, soit des notions de sexualité ou de construction sociale du corps. Au printemps de 1991, l'œuvre *Vanitas: Flesh Dress for an Albino Anorectic*, de Sterbak, soulève une controverse nationale lorsqu'elle est exposée au MUSÉE DES BEAUX-ARTS DU CANADA. Cette «robe de chair» consiste en une gaine de 60 livres de bifteck de flanc malodorant, en décomposition, et concerne directement les questions de la mort et du genre sexuel. À Vancouver, les montages muraux de Kati Campbell, délicats, empreints de vulnérabilité, concernent la relation mère-enfant. Ian Carr-Harris expose l'autobiographie de la réformatrice féministe Nellie MCCLUNG de manière ostensible et proéminente, un volume si isolé de son contexte qu'on est amené à le vénérer comme s'il était «Le Livre» même.

Des décennies de théories modernistes et postmodernistes enseignées dans les universités et les écoles d'art ont rendu inévitable une bonne part des commentaires de la sculpture contemporaine au sujet du médium même de la sculpture. Puisque la sculpture abstraite évite la narration, cette autoréflexion tend à se centrer sur les questions purement formelles du matériau et de la forme. Dans ces conditions, même la sculpture abstraite la plus avant-gardiste garde un lien direct avec la critique d'art formaliste, qu'elle le veuille ou non.

Les sculpteurs d'aujourd'hui sont tout à fait à l'aise de combiner des objets trouvés de style Dada au métal industriel et à des matériaux aussi divers que la fibre de verre, le fil de fer et le vêtement. Avec la prolifération de différents médias et matériaux, les sculpteurs font autant référence au monde imaginaire qu'au monde réel. Dans l'Ouest, Catherine Burgess crée des images harmonieuses et énigmatiques avec ses dessus de tables où émergent de curieuses formes géométriques isolées qui semblent s'arrêter pour penser au sommet d'un paysage d'acier. Dans ses travaux plus récents, Burgess remplace les dessus de tables par des feuilles d'acier fixées au mur qui servent de toile de fond à des arrangements d'objets simples placés directement sur le plancher. Robert Bowers, de Toronto, transforme des bancs et d'autres objets fonctionnels en œuvres d'art par de légères manipulations formelles. Le sculpteur John McKinnon rend encore moins évidente la distinction entre objets utilitaires et sculpture avec sa nouvelle collection de meubles, dont le design est si sophistiqué que

chaque pièce ne peut relever que du grand art. Jerry Pethick crée des maisons fragiles, théâtrales, sous la forme de cabanes de bois rond et de verre qui demandent, par souci de préservation, que l'on ne les déplace pas dans un bois.

Le minimalisme continue à jouer un rôle actif dans l'histoire de la sculpture canadienne, bien que des œuvres purement minimalistes apparaissent moins fréquemment aujourd'hui, en raison d'un intérêt postmoderne pour les références historiques et le design ornemental. Roland Poulin faisait partie des sculpteurs minimalistes les plus reconnus, mais depuis 1985, ses œuvres se sont éloignées de la froide abstraction, au profit de références anthropomorphologiques plus agressives. En passant de compositions horizontales en ciment à des pièces de bois verticales de plus en plus fragmentées, les objets évocateurs et complexes de Poulin deviennent plus vivants, et donc plus inquiétants, menaçant de s'affaler sur le plancher à tout moment. André Fauteux, de l'Ontario, délaisse un minimalisme plus orthodoxe pour produire des pièces d'acier et de cuivre inventives et asymétriques qui font directement référence aux styles architecturaux et aux affinités qui existent entre la sculpture et l'architecture.

L'intérêt des Canadiens pour l'art des lieux publics prend une signification toute particulière en sculpture, car cette forme d'art est plus apparente à l'extérieur des édifices à bureaux, dans les places publiques et dans les parcs. Toronto a récemment vécu certains succès et certaines ratées très remarqués avec son art des lieux publics. *The Audience* (1988-1989), la sculpture de bronze tumultueuse et ironique de Michael Snow pour le SkyDome de Toronto, taquine les amateurs de base-ball de la ville avec ses caricatures. *Flight Stop* (1979), du même artiste et située dans le Eaton Centre de Toronto, représente l'envol «figé» d'une harde d'oies blanches sous un toit à voûte en berceau: ce fut un succès incontesté. À Hull, au Québec, la poésie linéaire massive de *Boat Sight* (1985), de John McEwen, domine le parc Taché et d'autres exemples de son travail sont exposés à différents endroits, dont son installation à l'UNIVERSITÉ DE LETHBRIDGE.

Edmonton demeure le port d'attache de quelques-uns des plus importants sculpteurs abstraits au Canada dont le travail est orienté vers les questions de volume et de masse. Deux d'entre eux se sont particulièrement illustrés ces derniers temps: Ken MACKLIN et Clay Ellis. Cette Renaissance des Prairies est due en partie à l'influence du maître d'Edmonton, Peter Hide, créateur de compositions en acier, élégantes, exotiques et bien équilibrées. Alan Reynolds, également d'Edmonton, en est à mi-chemin dans sa carrière. Il crée des pièces en acier vigoureuses et imposantes qui rappellent les lignes audacieuses et les associations multiples de David Smith. Les œuvres abstraites en acier sont populaires à Saskatoon aussi, où Douglas BENTHAM crée des sculptures agiles qui découpent l'espace en fragments presque palpables.

Des artistes émigrés comme Mia Westerlund Roosen et Jackie Winsor, qui vivent toutes les deux présentement aux États-Unis, sont aussi des étoiles montantes sur le plan de la renommée internationale.

Il serait sans doute prématuré de tenter d'identifier des caractéristiques spécifiquement canadiennes dans les plus importants travaux de sculpture au Canada, mis à part la citoyenneté des artistes. Rien ne porte à croire que les sculpteurs cherchent consciemment à créer «La Grande Sculpture Canadienne». La plupart des artistes semblent aussi désintéressés les uns que les autres à créer une esthétique nationale répondant à quoi que ce soit qui ressemble à un programme.

L'héritage postmoderne des communications de masse semble avoir amené la quasi-disparition des frontières nationales pour de nombreux artistes, bien que certaines écoles çà et là, surtout dans les Prairies,

continuent de prospérer. Ce qui est frappant, c'est le succès avec lequel nombre de nos sculpteurs s'inscrivent dans les tendances internationales de la sculpture, et la facilité avec laquelle ils ont commencé à se tailler une renommée mondiale. David Smith et Bruce Nauman, 2 Américains, et Anthony Caro, un Anglais, ont exercé une influence profonde sur au moins 2 générations de sculpteurs canadiens, ce qui permet de supposer que les Canadiens n'ont aucun scrupule à aller chercher de l'inspiration à l'étranger. L'influence de Robert Smithson est assimilée maintenant au Canada. Les critiques du postmodernisme trouvent cette oscillation entre les développements régionaux et les tendances internationales très caractéristiques de l'art des vingt dernières années.

La nature et la culture, sous leurs aspects les plus purs et les plus crus, sont représentées de façon disproportionnée dans la sculpture contemporaine d'avant-garde. Les critiques anticipent une production accrue d'œuvres plus sensibilisées à l'environnement, que ce soit la géosculpture ou de l'art faisant directement référence aux questions environnementales. L'art primitif, très biomorphique de Judith Schwarz pointe dans cette direction. Des œuvres in situ conçues pour des sites extérieurs par John McEwen et Dominique Rolland transforment la sculpture en un cadre élaboré pour la nature. Au même moment, des sculpteurs commencent à explorer les possibilités d'applications technologiques de leurs œuvres, comme on peut le voir dans le travail de Robin Collyer à Toronto. Le monde informatique est finalement devenu complètement tridimensionnel, il peut donc offrir une nouvelle niche à certains sculpteurs du futur. Peu importe la relation directe avec les technologies avancées, la signification du rôle de la sculpture s'étendra à mesure que les objets concrets se raréfieront dans notre ère de l'information.

Erin O'brien

Seaborn, James Blair, fonctionnaire (Toronto, Ont., 18 mars 1924). Seaborn entre en fonction au ministère des Affaires extérieures en 1948. En 1964 et 1965, alors membre de la Commission internationale pour la surveillance et le contrôle du Viêt-nam, il visite Hanoï 5 fois dans le cadre des efforts d'Ottawa pour établir la communication entre les États-Unis et le Viêt-nam du Nord. La «mission Seaborn», entreprise avec la participation active des États-Unis, est l'un des aspects les plus controversés de la diplomatie canadienne durant la guerre du Viêt-nam.

Seaborn devient ensuite sous-ministre adjoint au ministère de la Consommation et des Corporations de 1970 à 1974, puis sous-ministre de l'Environnement (1975-1982). Il est nommé président canadien de la COMMISSION MIXTE INTERNATIONALE de 1982 à 1985, quand il devient coordonateur des renseignements et de la sécurité au Bureau du Conseil privé. Depuis 1990, il est président de la Commission d'évaluation environnementale sur les déchets de combustible nucléaire.

Norman Hillmer

Seagram Il s'agit d'un producteur de spiritueux distillés et de vins, dont le siège social se trouve à Montréal. En 1928, l'entreprise est constituée en société de portefeuille, sous le nom de Distillers Corporation-Seagrams Ltd., pour acquérir le capital-actions de Distillers Corp. Ltd. et de Joseph E. Seagram & Sons Ltd. Le nom actuel date de 1975. Elle gagne une certaine notoriété à l'époque de la PROHIBITION et jouit d'une certaine célébrité grâce à la personnalité colorée de son propriétaire, Samuel Bronfman (*voir* FAMILLE BRONFMAN).

La société poursuit son expansion dans le commerce de l'alcool ainsi que dans d'autres secteurs, mais, en 1980, elle vend ses propriétés dans le pétrole, le gaz et les domaines connexes à Sun Co. Inc., aux États-Unis. En 1995, elle vend ses parts (24 p. 100) de E.I. DuPont de Nemours and Co., la plus importante société de produits chimiques en Amérique du Nord. Actuellement, elle concentre ses activités sur la fabrication et la commercialisation de spiritueux distillés et de vins par l'entremise de ses filiales et de ses sociétés affiliées dans 41 pays et territoires répartis sur 6 continents. Seagram possède également les jus Tropicana et Dole, et elle est l'un des plus grands producteurs de jus d'orange au monde. Actionnaire à 15 p. 100 dans le géant médiatique américain Time-Warner, Seagram est maintenant une société importante dans le domaine du spectacle avec l'achat, en 1995, de 80 p. 100 de MCA. En janvier 1996, son chiffre d'affaires annuel s'élève à 9,7 milliards de dollars et ses actifs, à 21,3 milliards de dollars. Elle emploie plus de 15 500 personnes. La famille Bronfman possède 36 p. 100 de son capital. (*Voir aussi* DISTILLERIE).

Deborah C. Sawyer

Seagram, Joseph Emm, distillateur, turfiste et politicien (Fisher Mills, près de Cambridge, Ont., 15 avril 1841—Waterloo, Ont., 18 août 1919). Fondateur de la plus grande entreprise de production et de distribution d'alcools et de vins au monde, député conservateur de Waterloo-Nord de 1896 à 1908 et propriétaire d'une écurie de chevaux de course, qui, fait sans précédent, ont gagné 15 King's Plate ou QUEEN'S PLATE. Seagram est l'un des gentlemen entrepreneurs les plus importants du Canada. Il entrevoit le potentiel du marché des produits de marque de haute qualité. En 1883, il devient l'unique propriétaire d'une distillerie de Waterloo et crée Seagram's '83, qui devient l'un des plus populaires whiskies du Canada. Seagram's VO, dont la première production remonte à 1907, est maintenant le whisky canadien le plus vendu au monde. L'engagement de Seagram envers l'excellence de ses produits permet à la FAMILLE BRONFMAN, qui acquiert la majorité des parts en 1928, de transformer la société en un empire corporatif. Remarqué pour sa ressemblance physique avec le roi Édouard VII, Seagram est un passionné de courses. Créées en 1888, les écuries Seagram gagnent 8 Queen's Plates consécutives entre 1891 et 1898. Seagram est président de l'Ontario Jockey Club de 1906 à 1917 et fondateur de la Canadian Racing Association en 1908.

Don Spencer

Sears Canada Inc. Entreprise canadienne de vente au détail constituée en 1952, dont le siège social se trouve à Toronto. En 1953, en exercice sous le nom de Simpsons-Sears Ltd., elle acquiert l'agence de vente par correspondance et le bureau de commande de SIMPSONS LTD. et de ses filiales. Aujourd'hui, elle exploite plus de 1400 points de vente par catalogue, 3 centres de service à la clientèle et 110 magasins de détail. En 1994, le chiffre d'affaires de Sears s'élève à 4 milliards de dollars et la société emploie environ 40 000 personnes à temps plein et à temps partiel. Sears, Roebuck and Co., de Chicago, en est le principal actionnaire, avec 61 p. 100 des actions de la société.

Sécession du Québec (1998), renvoi sur la Saisie de la question de savoir si le Québec pouvait unilatéralement déclarer son indépendance, la Cour suprême a déclaré à l'unanimité dans ce renvoi qu'une déclaration unilatérale d'indépendance est inconstitutionnelle tant du point de vue du droit constitutionnel canadien qu'au point de vue du droit international. Un amendement constitutionnel rendrait la sécession possible. La Cour ajouta cependant que le Québec peut tenir un référendum sur la sécession et, avec une question claire et une majorité claire qui serait en faveur de la sécession, le reste du Canada, en pareil cas, aurait l'obligation constitutionnelle de négocier les termes de l'accession du Québec à l'indépendance, dans le respect des grands principes de base, soit la primauté du droit, le fédéralisme, la protection des minorités et la démocratie.

Sechelt, district de la C.-B.; pop. 7343 (rec. 1996), 6123 (rec. 1991); superf. 39,28 km²; const. en 1986; situé dans la région côtière de la Colombie-Britannique appelée «Sunshine Coast», au nord de Vancouver, dans le DÉTROIT DE GEORGIA. Sechelt n'est accessible que par voie d'eau et par voie aérienne. La localité doit son nom aux Sechelts qui ont habité dans la région. Les établissements allochtones y sont rares jusqu'au début des années 1900, époque où Herbert Whitaker entreprend de développer le tourisme et l'exploitation forestière dans la région. La Pacific Navigation Company commence aussi à organiser des excursions à Sechelt. En 1926, la Union Steamship Company achète les propriétés de Withaker et invente le terme *Sunshine Coast* (côte ensoleillée) pour promouvoir les lieux de villégiature et les excursions au bord de la mer.

Le tourisme demeure le principal secteur économique de la région; la beauté et le site de Sechelt attirent aussi de nombreux retraités. Parmi les autres industries locales, on compte les pâtes et papiers, les produits forestiers, le marbre et l'AQUACULTURE. En 1993, 7 entreprises de salmoniculture et six d'ostréiculture sont en activité dans l'inlet Sechelt. Avec les autres entreprises d'aquaculture avoisinantes, elles produisent environ 15 p. 100 des poissons d'élevage de la Colombie-Britannique. En 1987, le gouvernement fédéral adopte la *Loi sur l'autonomie gouvernementale de la bande indienne sechelte,* créant ainsi une juridiction distincte pour environ 725 membres de cette bande vivant à Sechelt et Pender Harbour.

Deborah Welch et Michael Payne

Sechelt, presqu'île de D'une superficie d'environ 350 km², elle fait partie d'une région prisée des propriétaires de chalet et d'un centre de navigation connu sous le nom de «Sunshine Coast». Elle compte 20 785 habitants (rec. 1991). Séparée de la ville voisine de VANCOUVER (Colombie-Britannique) par la baie Howe et la CHAÎNE CÔTIÈRE, la presqu'île est reliée à Vancouver par des traversiers via la baie Horseshoe et à la POWELL RIVER, via la baie Saltery.

Le nom de la presqu'île, qui signifie «endroit à l'abri de la mer», identifie un groupe autochtone SALISH de la côte nord du détroit de Georgia, dont les terres ancestrales comprennent les baies Jervis et Sechelt, les voies navigables reliées et les îles dans le détroit de Georgia situées à proximité. En 1987, la bande Sechelt devient le premier groupe autochtone autonome du Canada. Il possède des pouvoirs semblables à ceux d'une municipalité.

La colonisation de la presqu'île par des Européens débute en 1870. L'exploitation forestière commence près des côtes à la fin du XIXᵉ s. et progresse vers les montagnes du centre de la presqu'île après la Seconde Guerre mondiale. La coupe à blanc est arrêtée en 1911 à la suite de graves inondations qui endommagent des écloseries à saumon. On a découvert la souche d'un cyprès jaune abattu sur le mont Caren Range, qui serait âgé de 1820 ans, ce qui en fait le plus vieil arbre au Canada.

Peter Grant

Sécheresse État d'aridité provoqué par des précipitations plus faibles que la normale pendant une période prolongée. Elle commence par une diminution du taux d'humidité au sol, puis des réserves de surface et de la nappe phréatique. En période de sécheresse, la croissance des plantes ralentit, et il faut restreindre la consommation, à des fins domestiques, municipales, agricoles et industrielles, des réserves de surface et de la nappe phréatique. Une sécheresse perturbe momentanément l'écosystème et favorise la propagation de certains insectes nuisibles et de maladies chez les végétaux et les animaux.

Les plantes xérophiles (qui peuvent vivre dans des lieux secs) ont tendance à remplacer la végétation normale tandis que les animaux sauvages et domestiques détruisent ce qui reste de végétation, mettant en danger la croissance ultérieure des plantes. La sécheresse crée aussi des conditions favorables aux incendies de forêt. Il n'y a pas de définition universelle du mot sécheresse qui se définit selon la façon dont les humains la perçoivent. Par conséquent, les critères de définition sont multiples, tels les précipitations, le débit des cours d'eau, le niveau des lacs, le niveau de la nappe phréatique, le degré d'humidité du sol, le rendement agricole et les rigueurs économiques.

Des sécheresses frappent le monde entier depuis des millions d'années. On découvre l'existence de sécheresses préhistoriques en étudiant les anneaux de croissance des arbres, les sédiments des lacs et océans et les carottes de glace des glaciers. Des écrits anciens les relatent aussi. Récemment, de grandes sécheresses se sont abattues sur les prairies de l'Amérique du Nord dans les années 30, le Sahel (région semi-désertique entre l'Éthiopie et le Sénégal) dans les années 70 et les années 80, la Grande-Bretagne en 1975-1976, la Californie en 1976-1977 et le Sud-Est des États-Unis en 1986.

Sécheresse météorologique On en mesure l'intensité en comparant la quantité des précipitations reçues par rapport à la quantité normale de précipitations. Pour évaluer une telle sécheresse, il faut tenir compte de facteurs comme la quantité totale de précipitations reçues pendant une période donnée (semaine, mois, année), le temps écoulé entre les PLUIES substantielles et l'époque à laquelle elles sont tombées.

Sécheresse agricole Causée par la sécheresse météorologique, elle s'aggrave avec les pertes dues à l'évapotranspiration. La jachère diminue la gravité d'une sécheresse agricole en maintenant dans le sol l'humidité emmagasinée l'année précédente. Dans les régions où l'eau d'irrigation reste accessible et les réserves d'eau abondent, une sécheresse météorologique ne provoque pas nécessairement une sécheresse agricole.

Sécheresse hydrologique Elle correspond à une diminution des réserves d'eau dans les cours d'eau, les réservoirs de surface et la nappe phréatique. La sécheresse hydrologique est causée par un manque de précipitations accompagné d'une évaporation massive. Cependant, des facteurs non météorologiques, comme la demande en eau, la disponibilité de réservoirs de surface et le forage de puits artésiens, en aggravent l'effet.

Météo et sécheresse

La circulation atmosphérique provoque habituellement l'alternance des systèmes de haute et de basse pression sur une région donnée. Les systèmes de basse pression apportent en général de la pluie et déclenche la formation d'orages de convection qui causent des pluies torrentielles. Parfois, une situation appelée blocage se produit quand une zone de haute pression devient stationnaire sur une région, repoussant au nord ou au sud les zones de basse pression porteuses de pluie. De tels blocages peuvent empêcher pendant des semaines, des mois et même des années une chute de pluie normale.

Des sécheresses régionales ou subcontinentales peuvent se produire n'importe où sur terre, quoique le mécanisme de blocage décrit plus haut se produise généralement dans les zones tempérées où se situe la plus grande partie du Canada. Les causes ne sont pas encore connues, il est donc impossible de prévoir à long terme les périodes de sécheresse. Les recherches incluent, p. ex., la modélisation informatique (*voir* INFORMATIQUE ET SOCIÉTÉ) de l'atmosphère, des études des cycles de sécheresse, l'identification de facteurs physiques permettant de faire des prédictions à partir de l'activité solaire ou des anomalies de températures de surface des océans et des comparaisons avec les cycles climatiques antérieurs.

Sécheresses au Canada

Les écrits sur les sécheresses antérieures (articles de quotidiens, journaux des premiers colons et explorateurs) font état d'importantes sécheresses au XIXᵉ s. dans les Prairies. Plus récemment, une grande sécheresse a sévi dans les années 30. Depuis, plusieurs régions du Canada ont subi de courtes sécheresses, surtout les Prairies (années 40, début des années 60, fin des années 70) et l'Ontario (1963).

Au Canada, les effets des sécheresses sont ressentis plus fortement là où les activités agricoles laissent peu de marge de manœuvre au chapitre des réserves d'eau. Le capitaine et explorateur John PALLISER a repéré une de ces régions au cours de ses voyages (1857-1860). Cette terre aride, appelée plus tard le Triangle de Palliser, est de forme irrégulière grossièrement délimitée par des lignes joignant Cartwright (Manitoba), Lloydminster (Saskatchewan), Calgary et Cardston (Alberta). La moyenne des précipitations annuelles y est de 380 mm, alors qu'elle est de 800 mm à Toronto et de 1400 mm à Vancouver et à Halifax.

La sécheresse des années 30 a marqué son étendue et sa sévérité, mais surtout à cause des politiques et des programmes gouvernementaux et des méthodes de culture qui en ont résulté. La sécheresse commence en 1929 et se poursuit avec des périodes de répit jusqu'au milieu de l'été 1937. Plus du quart des terres arables (7,3 millions d'hectares) est touché. Les effets de la sécheresse sont ensuite aggravés par une forte érosion éolienne de la terre arable. De nombreuses fermes sont abandonnées, et les fermiers émigrent (voir AGRICULTURE, HISTOIRE DE L'; CRISE DES ANNÉES 30).

La sécheresse des années 30 amène les gouvernements fédéral et provinciaux à créer des organismes chargés de mettre sur pied et d'administrer des programmes d'aide aux victimes de la sécheresse. Le plus connu est l'ADMINISTRATION DU RÉTABLISSEMENT AGRICOLE DES PRAIRIES, agence créée par une loi adoptée en 1935. Cette agence tente d'aider les fermiers à contrecarrer les effets de la sécheresse en leur fournissant une aide financière et technique pour construire des réservoirs (tranchées et petits barrages). Des terres difficilement cultivables et à faibles rendements sont reprises par l'agence, qui y sème de l'herbe et met des prés communautaires à la disposition des cultivateurs. Les fermiers reçoivent l'aide nécessaire pour se reloger dans des endroits plus favorables où ils peuvent pratiquer l'IRRIGATION.

Le réseau de fermes expérimentales du Dominion est élargi pour intensifier les recherches et prodiguer aux cultivateurs des conseils sur les récoltes et les méthodes de culture les plus adaptées aux périodes de sécheresse. La pépinière fédérale d'Indian Head fournit gratuitement des arbres aux cultivateurs pour en faire des coupe-vent qui empêchent l'érosion éolienne et favorisent l'accumulation de neige. On invente de nouvelles machines de labour pour remuer le sol le moins possible et le rendre ainsi moins sensible à l'érosion éolienne.

Les programmes d'aide mis en place pendant les années 30 sont modifiés et élargis grâce à l'expérience acquise au cours de sécheresses subséquentes. Les organismes des gouvernements de l'Alberta, de la Saskatchewan et du Manitoba ont créé (seuls ou en collaboration avec le gouvernement fédéral) des programmes de construction de stations de pompage à distance pour remplir de petits réservoirs, donner à boire au bétail et réaliser des projets d'irrigation ou de forages de puits.

Futures sécheresses

Selon les données recueillies et les conclusions qui en sont tirées, les sécheresses sont un phénomène périodique. À moins d'un changement radical du CLIMAT, les sécheresses continueront de se produire, essentiellement à la même fréquence. La difficulté de prévoir la date, l'étendue et l'intensité ne devrait pas empêcher de planifier des mesures d'urgence. Dans de nombreuses régions du Canada, la consommation d'eau municipale, agricole et industrielle atteint rapidement la limite des réserves disponibles. Il demeure donc toujours possible qu'une forte sécheresse perturbe sérieusement l'économie. Des

études et une planification bien organisées en atténueraient considérablement les effets.

Pour cela, il faut tout d'abord rassembler des informations. Environnement Canada recueille des données sur les précipitations, le débit des cours d'eau et les niveaux d'eau dans 2700 stations climatologiques et 2500 stations hydrométriques réparties dans tout le pays. Elles complètent celles enregistrées par les organismes provinciaux. Grâce à toutes ces données, il est alors possible d'effectuer des analyses statistiques pour déterminer les conditions moyennes à long terme, le début possible d'une sécheresse et la gravité d'une sécheresse en cours. Des mécanismes pour en atténuer les rigueurs peuvent alors être mis en place.

H. Hill

Seconde Guerre mondiale Le souvenir des pertes de vie et la lourde dette causée par la Première Guerre mondiale ainsi que les menaces à l'unité nationale occasionnées par la CONSCRIPTION ne donnent aux Canadiens, y compris aux politiciens de tous les partis, aucune envie de revivre une autre expérience semblable. Au début, le premier ministre Mackenzie KING appuie chaudement la politique d'apaisement du premier ministre britannique, Neville Chamberlain, à l'endroit du chef allemand Adolf Hitler. Lorsque Chamberlain retarde la guerre en sacrifiant la Tchécoslovaquie lors de la crise de Munich en septembre 1938, King le remercie publiquement, et il est certain que l'ensemble de la population canadienne l'appuie. Pourtant, l'émotion suscitée par cette crise a probablement disposé l'opinion à admettre qu'il faut une guerre pour arrêter le progrès du nazisme. Ce n'est que graduellement que la tournure des événements, et notamment les agressions nazies, fait évoluer les esprits au point où le Canada est prêt à envisager de participer à une autre grande guerre. King lui-même est convaincu que, si la Grande-Bretagne s'engage dans une telle guerre, le Canada ne pourra pas s'abstenir d'y participer.

Déclaration de guerre et mobilisation

Lorsque l'attaque allemande contre la Pologne, le 1er septembre 1939, pousse enfin la Grande-Bretagne et la France à déclarer la guerre à l'Allemagne, King convoque le Parlement pour prendre la «décision», comme il l'avait promis. La déclaration de guerre est reportée d'une semaine. Pendant ce temps, le Canada est officiellement neutre. Le gouvernement annonce que l'adoption de l'adresse en réponse au discours du trône, lequel indique la décision du gouvernement d'appuyer la Grande-Bretagne et la France, constituera l'approbation d'une déclaration de guerre.

Le 9 septembre, l'adresse est adoptée sans vote nominal, et la guerre est déclarée le lendemain. En mars, les 2 grands partis avaient accepté un programme rejetant la conscription en vue du service outre-mer, ce qui avait préparé le terrain à une telle entente au Parlement. King envisage certainement un effort restreint et n'est pas emballé par l'idée d'un corps expéditionnaire, mais la pression est suffisante pour pousser le Cabinet à envoyer une division d'armée en Europe. Au début de l'été 1940, les Canadiens sont effrayés par la défaite des Alliés en France et en Belgique et par la chute de la France. L'idée d'une guerre limitée assortie de sanctions économiques est alors abandonnée, après quoi la seule entrave réelle est la promesse de ne pas imposer le service obligatoire outre-mer. L'effectif des Forces armées est rapidement augmenté, la conscription est mise en vigueur en juin 1940 pour la défense du pays (voir LOI SUR LA MOBILISATION DES RESSOURCES NATIONALES) et les dépenses augmentent énormément.

L'armée continue de grossir, si bien qu'elle compte 5 divisions outre-mer, dont 2 blindées, à la fin 1942. En avril, la PREMIÈRE ARMÉE CANADIENNE avait été formée en Angleterre et confiée au lieutenant-général A.G.L. MCNAUGHTON.

Contrairement à la Première Guerre mondiale, l'armée tarde à participer à des opérations à grande échelle. Avant l'été 1943, les troupes d'Angleterre n'ont participé qu'à l'échec du RAID DE DIEPPE, le 19 août 1942, tandis que 2 bataillons envoyés du Canada ont participé à l'impossible défense de HONG KONG contre les Japonais, en décembre 1941. L'opinion publique canadienne accepte mal cette inaction, et des désaccords surgissent entre le gouvernement et McNaughton, qui veut ménager l'armée en vue d'une campagne finale et décisive.

Le gouvernement s'entend avec la Grande-Bretagne pour que la 1re Division de l'infanterie canadienne participe à l'attaque contre la Sicile en juillet 1943, puis il insiste pour renforcer ses troupes méditerranéennes en y ajoutant la 5e Division pour former un corps de 2 divisions. Il s'ensuit un grave conflit avec McNaughton, au moment où le British War Office, qui le juge inapte au commandement de campagne, le dénigre auprès du gouvernement canadien. À la fin 1943, il est remplacé par le lieutenant-général H.D.G. CRERAR.

La 1re Division, intégrée à la 8e Armée britannique, est au cœur de la campagne de Sicile, puis elle gagne la péninsule italienne et participe à la marche vers le Nord en décembre 1943. Les batailles sont particulièrement féroces à Ortona et dans les environs (voir BATAILLE D'ORTONA). Au printemps 1944, les Canadiens, commandés par le lieutenant-général E.L.M. BURNS, contribuent grandement à percer la ligne Hitler, qui bloque la vallée de la Liri. À la fin août, le corps défonce la ligne Gothique au voisinage de l'Adriatique, traverse les positions allemandes qui protègent Rimini et prend la ville en septembre. Pendant ces batailles, le Canada subit ses plus lourdes pertes de la campagne d'Italie.

Pendant la dernière phase de l'intervention canadienne en Italie, le 1er Corps d'armée canadien, maintenant commandé par le lieutenant-général Charles FOULKES, traverse la plaine de Lombardie en combattant, malgré la boue et les rivières au cours rapide. Le corps termine sa marche à la rivière Senio dans les premiers jours de 1945. Le gouvernement canadien, qui était si pressé d'envoyer ses troupes combattre en Italie, n'avait pas tardé à demander qu'elles soient ramenées auprès du gros des troupes canadiennes dans le nord-ouest de l'Europe. La stratégie des Alliés permet enfin de le faire au début de 1945, et le 1er Corps passe sous le commandement de la 1re Armée canadienne à la mi-mars, à la grande satisfaction des militaires de la campagne d'Italie. En tout, 92 757 militaires de tous les grades ont servi en Italie, et 5764 y ont perdu la vie.

Campagne de Normandie Dans la dernière grande campagne du nord-ouest de l'Europe, qui commence par le DÉBARQUEMENT DE NORMANDIE (dont le nom de code est «Operation Overlord») le 6 juin 1944, la 1re Armée canadienne dirigée par Crerar joue un rôle important, au prix de lourdes pertes. Puisque le 1er Corps est en Italie, il faut le remplacer par des troupes britanniques et alliées. Toutefois, le cœur de l'armée est le 2e Corps canadien dirigé par le lieutenant-général G.G. SIMONDS, qui avait commandé la 1re Division en Sicile. Ce corps se composait normalement des 2e et 3e Divisions de l'infanterie canadienne et de la 4e Division blindée canadienne. Pendant toutes les opérations, ces troupes font partie du 21e Groupe d'armée britannique, commandé par le général sir Bernard Law Montgomery (qui deviendra lord et maréchal).

Seules la 3e Division et la 2e Brigade blindée canadienne participent au débarquement. Elles combattent sous la direction de la 2e Armée britannique. Ces formations débarquent le jour J et soutiennent de durs combats le jour même et pendant ceux qui suivent. Le 11 juillet, le corps de Simonds s'empare d'une section de la ligne près de Caen, mais l'armée de Crerar, placée à l'extrême gauche de la ligne alliée (où elle demeure pendant le reste de la campagne), n'est pas appelée à combattre avant le 23 juillet. Le 31, le front est élargi pour inclure le secteur de Caen.

En août, les formations canadiennes jouent un rôle de premier plan dans l'ouverture d'un passage à partir de la tête de pont normande et surmontent une résistance acharnée pour atteindre Falaise et fermer la brèche au sud de cette ville, par laquelle l'ennemi bat en retraite pour éviter d'être pris en souricière entre les Britanniques et les Canadiens venant du nord et les Américains qui arrivent du sud. Falaise est prise le 16 août, et les Alliés se rejoignent le 19, fermant la brèche. Alors s'engage la poursuite jusqu'à la frontière allemande. La 1re Armée canadienne, ayant le 1er Corps britannique sous son commandement, force l'évacuation des forteresses côtières, prenant successivement Le Havre, Boulogne et Calais. Au début de septembre, les Britanniques prennent Anvers, mais l'ennemi tient toujours les rives de l'Escaut en aval de ce port dont les Alliés ont grand besoin. Pendant le mois d'octobre et le début de novembre, les Canadiens combattent donc avec acharnement pour dégager le fleuve.

La première grande opération canadienne de 1945, la BATAILLE DU RHIN, vise à libérer la région entre la Meuse et le Rhin. Elle commence le 8 février et ne se termine que le 10 mars, lorsque les Allemands, repoussés par l'attaque simultanée des Canadiens et de la 9e Armée américaine, se retirent au-delà du Rhin. Les dernières opérations du côté ouest commencent le 23 mars par la traversée du Rhin dans le secteur britannique. Ensuite, la 1re Armée canadienne, toujours sur le flanc gauche, libère l'est et le nord des Pays-Bas et traverse le nord de la plaine allemande (voir PAYS-BAS, LIBÉRATION DES). Le 5 mai, date où les Allemands capitulent devant le front du maréchal Montgomery, le 2e Corps canadien a capturé Oldenburg, et le 1er Corps tient la ligne Grebbe tandis que, avec l'accord des Allemands, on envoie de la nourriture à la population affamée de l'ouest des Pays-Bas. Au total, la campagne se solde par 11 336 pertes de vie pour l'armée canadienne, dans laquelle environ 237 000 hommes et femmes ont servi dans le nord-ouest de l'Europe.

Participation à la campagne aérienne L'effort de guerre de l'Aviation royale du Canada (ARC) tient en grande partie au fait qu'elle dirige le PROGRAMME D'ENTRAÎNEMENT AÉRIEN DU COMMONWEALTH. Un grand nombre de Canadiens servent dans la Royal Air Force (RAF) britannique, ce qui retarde l'expansion d'une aviation proprement canadienne outre-mer. Néanmoins, lorsque l'Allemagne capitule, l'ARC compte 48 escadrons outre-mer, dont les officiers et les hommes sont presque tous des Canadiens. Une étape marquante est la formation, le 1er janvier 1943, du 6e Groupe de l'ARC au sein du Bomber Command de la RAF. Ce groupe finit par compter 14 escadrons et est commandé successivement par les vice-maréchaux de l'air G.E. Brookes et C.M. MCEWEN. La mission du Bomber Command consiste à bombarder l'Allemagne la nuit, entreprise extrêmement dangereuse qui exige un courage inflexible; près de 10 000 Canadiens y perdent la vie.

Les aviateurs canadiens opèrent dans tous les théâtres de guerre à partir de bases situées au Royaume-Uni, en Afrique du Nord, en Italie, dans le nord-ouest de l'Europe et dans l'Asie du Sud-Est. En Amérique du Nord, des escadrons travaillent à des opérations anti-sous-marines au large de la côte atlantique et collaborent avec les forces aériennes américaines contre les Japonais dans les îles Aléoutiennes. Sept escadrons de l'ARC servent à un moment ou l'autre dans l'aviation côtière de la RAF au-dessus de l'Atlantique, et les appareils de l'ARC détruisent ou contribuent à détruire 20 sous-marins ennemis. Pendant la campagne du nord-ouest de l'Europe en 1944-1945, l'ARC déploie 17 escadrons, dont 15 dans le 83e Groupe de la 2e Force aérienne tactique de la RAF. Pendant la guerre, 232 632

hommes et 17 030 femmes servent dans l'ARC, et on compte 17 101 pertes de vie.

Guerre maritime La Marine royale du Canada est minime en 1939, mais elle connaît une expansion remarquable pendant la guerre: 99 688 hommes et environ 6500 femmes s'y enrôlent pendant la guerre et forment les équipages de 471 navires de guerre de divers types. Sa fonction principale est de former des convois afin de protéger les navires qui transportent les troupes et le ravitaillement outre-Atlantique. Elle effectue une part de plus en plus grande de ce travail, menant des batailles acharnées qui durent parfois plusieurs jours contre des bandes de sous-marins U-boot. Une forte expansion de la marine engendre des problèmes de croissance. En 1943, il faut prendre des mesures pour améliorer l'équipement technique des navires d'escorte et parfois aussi l'entraînement de leurs équipages. Pendant la guerre, la marine coule ou aide à couler 33 sous-marins ennemis.

Après la Conférence sur les convois atlantiques, tenue à Washington en mars 1943, on constitue le commandement canadien du secteur du nord-ouest de l'Atlantique, chargé de protéger la région située au nord de New York et à l'ouest du 47e méridien. Un officier canadien, le contre-amiral L.W. MURRAY, est responsable des convois dans cette région. En plus de leur rôle principal en tant que participants à la BATAILLE DE L'ATLANTIQUE, les unités navales canadiennes contribuent à bon nombre de campagnes. Ainsi, elles appuient les débarquements alliés de novembre 1942 en Afrique du Nord, et la Marine royale fournit environ 110 navires et 10 000 hommes lors des opérations de juin 1944 en Normandie.

Pendant la guerre, la marine perd 24 navires de guerre, allant du destroyer de classe «Tribal» *Athabaskan*, coulé dans la Manche en avril 1944, au yacht armé *Raccoon*, torpillé dans le Saint-Laurent en septembre 1942 (voir SOUS-MARINS ALLEMANDS, OPÉRATIONS DES). Elle enregistre aussi 2024 pertes de vie.

Contribution industrielle La contribution industrielle du Canada à la victoire est considérable, malgré un lent début. Après les défaites européennes des Alliés en 1940, les commandes d'équipement de la Grande-Bretagne, qui étaient minimes, deviennent énormes. La création du MINISTÈRE DES MUNITIONS ET DES APPROVISIONNEMENTS, prévue en 1939, devient effective en avril 1940, et C.D. HOWE en est le ministre. En août 1940, la loi modifiée confère au ministre des pouvoirs presque dictatoriaux, et l'effort industriel augmente énormément sous son régime. Diverses SOCIÉTÉS DE LA COURONNE sont constituées, de nouvelles usines sont construites et d'anciennes sont adaptées à la production de guerre.

Alors que le Canada n'a guère produit autre chose que des obus pendant la Première Guerre mondiale (il n'a fabriqué aucune arme, sauf le FUSIL ROSS), il produit cette fois une grande variété de fusils et d'armes légères. Il construit un grand nombre de navires, particulièrement des navires d'escorte et des cargos, et produit des aéronefs en quantité, notamment des bombardiers Lancaster, mais la plus remarquable réussite du programme est la production de 815 729 véhicules militaires. Des chars d'assaut sont fabriqués, surtout avec des éléments importés des États-Unis, et plus de la moitié du matériel produit est envoyé en Grande-Bretagne. Il est impossible pour la Grande-Bretagne de tout payer. Le Canada, pour contribuer à la victoire et pour que ses usines continuent de fonctionner, en finance une grande partie. Au début de 1942, un don d'un milliard de dollars est destiné à cette fin. L'année suivante, un programme d'AIDE MUTUELLE est lancé afin d'aider les Alliés en général, mais, en pratique, c'est surtout la Grande-Bretagne qui en bénéficie encore. Pendant la guerre, l'aide du Canada à la Grande-Bretagne se chiffre à quelque 3 milliards de dollars.

Le Canada participe peu au développement de l'énergie atomique, entreprise destructrice dont on est informé lorsque des bombes atomiques sont lancées contre le Japon en août 1945. Le Canada possède une source d'uranium près du Grand lac de l'Ours. C'est pourquoi les Alliés mettent Mackenzie King dans le secret en 1942, et le gouvernement du Canada fait l'acquisition de la mine pendant l'été. Une équipe scientifique qui travaillait au projet en Angleterre est transférée au Canada.

La tension monte entre la Grande-Bretagne et les États-Unis, mais les 2 pays concluent, à la conférence de Québec en septembre 1943, une entente qui accorde notamment au Canada de légers pouvoirs de décision. Un comité d'orientation canadien décide, en 1944, de construire un réacteur atomique à Chalk River, en Ontario. Le premier réacteur de l'endroit n'est opérationnel qu'après la capitulation du Japon. Le Canada ne participe pas à la production des bombes lancées contre le Japon, à moins qu'elles ne contiennent un peu d'uranium canadien, ce qui semble impossible à déterminer.

Le Canada ne joue aucun rôle réel dans la haute direction de la guerre. Un tel rôle serait extrêmement difficile à obtenir, et King ne fait jamais d'efforts sérieux pour le revendiquer. Il calcule peut-être que, s'il le faisait, cela nuirait à ses relations personnelles avec le premier ministre britannique Winston Churchill et avec le président américain Franklin D. Roosevelt, qu'il juge politiquement très importantes pour lui.

La stratégie des Alliés occidentaux est élaborée par le comité conjoint des chefs d'état-major, formé uniquement d'Anglais et d'Américains. Le comité prend ses décisions les plus importantes au cours de conférences périodiques qu'il tient avec les chefs d'État, et 2 d'entre elles ont lieu à Québec, mais, même à ces conférences, la participation de King se limite à l'accueil. Curieusement, bien que l'utilisation des forces canadiennes soit décidée par le comité conjoint des chefs, le Canada n'est officiellement informé de l'existence du comité qu'à la fin de 1941. Même la souveraineté du Canada est à peine reconnue officiellement. Alors que les directives des commandants alliés pour la guerre contre le Japon sont émises au nom des États-Unis, de la Grande-Bretagne, de l'Australie et de la Nouvelle-Zélande, la directive adressée au général Dwight D. Eisenhower, commandant suprême dans le nord-ouest de l'Europe à qui sont subordonnées des forces canadiennes considérables, ne fait aucune mention du Canada.

Relations avec les Alliés Les relations du Canada avec les États-Unis se font nettement plus étroites pendant la guerre. Une fois revenu au pouvoir en 1935, King cultive ses relations avec Roosevelt. Il a peu de contacts avec lui pendant les premiers mois de la guerre, mais les craintes suscitées par les premières victoires allemandes amènent un rapprochement immédiat. Le 18 août 1940, King et Roosevelt se rencontrent à Ogdensburg (État de New York, États-Unis) et annoncent qu'ils se sont entendus (sans conclure un traité officiel) pour former une COMMISSION PERMANENTE MIXTE DE DÉFENSE, qui se réunit fréquemment, par la suite, pour discuter des problèmes mutuels de défense. En 1941, la balance des paiements entre le Canada et les États-Unis atteint un point critique, surtout parce qu'il est difficile de financer l'importation de produits des États-Unis aux fins de la production industrielle pour la Grande-Bretagne. Le problème est résolu le 20 avril par la déclaration de Hyde Park. Néanmoins, King s'inquiète parfois parce qu'il perçoit un danger d'absorption du Canada par les États-Unis. En réaction aux activités américaines dans le Nord canadien (p. ex., la construction de la ROUTE DE L'ALASKA en 1942), il nomme, en 1943, un commissaire spécial des projets de défense dans le Nord-Ouest afin de renforcer le pouvoir du Canada dans la région.

Conscription Les pires problèmes politiques qui se posent au Canada pendant la guerre ont trait à la question de la conscription, et les libéraux de son propre parti causent plus de difficultés à King que l'opposition. Les élections du 26 mars 1940, tenues avant que la guerre ne prenne une tournure critique, indiquent que le pays est satisfait d'un effort de guerre limité et donnent à King une majorité confortable. Le manque d'enthousiasme du Canada français pour la guerre et spécialement son rejet de la conscription sont aussi évidents que pendant la Première Guerre mondiale. Environ 4 p. 100 seulement de la population du Québec s'enrôle volontairement, contre environ 10 p. 100 dans le reste du pays. L'agitation menée au Canada anglais en faveur de la conscription outre-mer amène King à tenir, en 1942, un plébiscite dans lequel le gouvernement demande à être délié de sa promesse, ce qui lui est massivement accordé par toutes les provinces, sauf le Québec. Toutefois, cet enthousiasme en faveur de la conscription au Canada anglais ne signifie rien de concret. Quand Arthur MEIGHEN redevient chef conservateur et réclame la conscription outre-mer, il n'arrive pas à se faire élire, même dans une circonscription de Toronto. Toutefois, l'ambiance se modifie lorsque les pertes s'alourdissent.

Après la campagne de Normandie en 1944, l'infanterie manque de renforts, et le ministre de la Défense nationale, le colonel J.L. RALSTON, déclare au Cabinet que l'heure de la conscription outremer est arrivée. King, qui semble avoir acquis la certitude que des ministres conspirent pour le renverser et le remplacer par Ralston, destitue ce dernier et le remplace par McNaughton. Celui-ci ne réussit pas à convaincre beaucoup de conscrits pour le service au pays de se porter volontaires pour servir outre-mer, et King, menacé de démission par les ministres favorables à la conscription, ce qui ferait tomber son gouvernement, accepte d'envoyer outre-mer un fort contingent de conscrits. Le Québec accepte la situation à contrecœur, préférant le régime de King à tout gouvernement conservateur, et le pouvoir du premier ministre reste solide jusqu'à la fin de la guerre.

Conclusion de la paix Le Canada ne participe guère à la conclusion de la paix. Les grandes puissances, qui ont monopolisé la direction de la guerre, continuent de tout faire seules. La soi-disant conférence de paix, tenue à Paris à l'été 1946, ne donne aux Alliés de moindre importance, comme le Canada, que la possibilité de commenter les arrangements déjà conclus. Le Canada ne signe des traités qu'avec l'Italie, la Hongrie, la Roumanie et la Finlande. Aucun traité n'est signé avec l'Allemagne par suite de la division du pays, dont l'Est passe sous la domination de l'URSS. En 1951, comme d'autres puissances occidentales, le Canada met fin à l'état de guerre avec l'Allemagne par proclamation royale. La même année, un traité de paix avec le Japon, rédigé par les États-Unis, est signé par la plupart des États alliés, dont le Canada, mais pas par les pays communistes.

Coût et importance Financièrement, le coût de l'effort de guerre canadien est astronomique. Pour l'année financière 1939-1940, le Canada dépense la modeste somme de 118 millions de dollars. L'année suivante, les dépenses passent à près de 752 millions de dollars. Le sommet est atteint en 1943-1944 avec environ 4,6 milliards de dollars. Le total pour les onze années financières allant de 1939-1940 à 1949-1950 se chiffre à près de 22 milliards de dollars. D'autres coûts attribuables à la guerre continuent de s'accumuler. Pendant la guerre, un peu plus d'un million de Canadiens et de Canadiennes servent à plein temps dans les 3 armées. Moins de sang est versé que pendant la Première Guerre mondiale, mais le bilan de 42 042 pertes de vie est quand même tragique.

La Seconde Guerre mondiale est une période importante de l'histoire du Canada, mais probablement un peu moins importante que la Première Guer-

re mondiale. L'unité nationale entre francophones et anglophones est ébranlée, mais, heureusement, moins gravement que pendant la Première Guerre mondiale. L'économie est renforcée, et la capacité de fabrication est beaucoup plus diversifiée qu'avant. La fierté et la confiance nationales se sont accrues, et le statut de pays indépendant, encore fragile en 1919, ne fait plus de doute après 1945. Le Canada est une puissance à part entière, quoique d'importance modeste. Par contre, la douloureuse réalité est que ce statut ne permet pas nécessairement d'avoir une influence. Une MOYENNE PUISSANCE doit avoir des ambitions limitées. L'autorité réelle continue d'appartenir aux pays riches, qui ont de puissantes armées et une forte population.

C.P. Stacey

Secord, Laura, née Ingersoll, héroïne de la GUERRE DE 1812 (Great Barrington, Mass. 13 sept. 1775—Chippawa [Niagara Falls], Ont., 17 oct. 1868). Pendant la Guerre de 1812, Laura parcourt à pied les 30 km qui séparent Queenston de Beaver Dams pour avertir l'officier britannique, James FitzGibbon, que les Américains s'apprêtent à attaquer son avant-poste. Elle a entendu des officiers américains discuter de leur stratégie lors d'un repas chez elle. Deux jours plus tard, le 24 juin 1813, les Américains tombent dans une embuscade montée par des Amérindiens à Beaver Dams et se rendent à FitzGibbon. Des années plus tard, des historiens remettent en question l'histoire de Laura, mais ils en trouvent la confirmation dans 3 témoignages de FitzGibbon. Des monuments sont érigés à la mémoire de Laura Secord à Lundy's Lane, à Niagara Falls et sur les hauteurs de Queenston.

Ruth McKenzie

Secrétariat d'État, ministère du Constitué en 1867 en tant qu'organe officiel de communication entre le Dominion du Canada et le gouvernement impérial, le Secrétariat d'État devient par la suite le ministère fédéral le plus diversifié. Il est tour à tour chargé des affaires indiennes, des terres domaniales, de la Gendarmerie royale du Canada, de la fonction publique, des services d'imprimerie et de la papeterie du gouvernement. Il conserve cependant toujours la responsabilité des cérémonies et des occasions officielles. Lorsque le gouvernement commence à s'occuper de nouvelles questions échappant aux domaines de compétence déjà établis, la responsabilité en est souvent confiée au Secrétariat d'État jusqu'à ce qu'on crée un nouveau ministère ou que la question ait cessé d'être importante.

En 1993, la réorganisation des ministères élimine le Secrétariat d'État, mais la fonction qu'il exerçait demeure nécessaire. Les secrétaires d'État sont des ministres sans portefeuille responsables de certains domaines d'activité des ministères, notamment la formation et la jeunesse, le multiculturalisme, la situation de la femme, les anciens combattants, la science, la recherche et le développement.

Sécurité ferroviaire Au Canada, des milliers d'accidents de chemin de fer se produisent chaque année. Il s'agit le plus souvent d'accidents mineurs, qui causent peu de dommages et occasionnent seulement de légers retards aux trains. Toutefois, certains provoquent des blessures et des dommages matériels importants, et ils entraînent des pertes de vie. En 1985, on rapporte 3264 «accidents», dont le tiers, peut-être, sont classés comme «accidents ferroviaires» et le reste simplement comme «accidents de travail». Les accidents ferroviaires ont fait 126 morts et 475 blessés. La majorité des morts étaient des automobilistes impliqués dans des accidents à des passages à niveau; 7 étaient à l'emploi des compagnies de chemin de fer; aucun n'était un passager du train. Mis à part quelques années particulières qui ne suivent pas la tendance, depuis 1960 le nombre d'accidents, de morts et de blessés est en baisse, malgré une forte hausse du trafic de marchandises.

L'un des accidents ferroviaires les plus mémorables des dernières années est le déraillement de

Mississauga en 1979 (*voir* DÉSASTRES). Personne n'a été blessé, mais le train dont les wagons-citernes transportaient du chlore a déversé du chlore et forcé l'évacuation de 250 000 résidants du secteur. Cet accident et une série d'accidents similaires ont amené le public à se préoccuper de la sécurité ferroviaire, surtout de la question du transport des MATIÈRES DANGEREUSES en zones urbaines. La commission d'enquête qui s'ensuivit, présidée par le juge Samuel Grange, a fait un certain nombre de recommandations d'ordre général sur la conception et l'inspection de l'équipement et sur les procédés d'exploitation des trains, surtout des trains transportant des marchandises dangereuses telles que des gaz nocifs ou explosifs. Plusieurs de ces recommandations ont été imposées par la suite aux compagnies de chemin de fer par la Commission des transports.

L'autre accident très important a lieu à Hinton, en Alberta, en février 1986. C'est une collision frontale entre un train de marchandises et un train de passagers. Vingt-trois personnes sont tuées et 71 sont hospitalisées, et il y a des dégâts matériels d'une valeur de 30 millions de dollars. Cet accident et un certain nombre d'incidents beaucoup moins sérieux entraînent de nouveau la tenue d'une commission d'enquête, présidée cette fois par le juge René Paul Foisy. Le juge Foisy découvre que l'accident est arrivé parce que le train de marchandises n'a pas répondu à un signal d'arrêt. Toutefois, il s'inquiète de manière plus générale du manque d'importance accordée à la sécurité par beaucoup de groupes liés au secteur ferroviaire, y compris le gouvernement. Plusieurs recommandations de l'enquête, surtout celles concernant le repos des équipes de bord et leurs horaires de travail, sont adoptées par la suite par la Commission canadienne des transports.

À la suite de cet accident, on se lance dans l'étude de certains types de contrôle automatique de la marche des trains pour pouvoir éviter de tels accidents à l'avenir. De tels dispositifs de sécurité peuvent prévenir les déraillements, les collisions et d'autres types d'accident, mais près de 20 p. 100 des accidents ferroviaires et la plupart des accidents mortels se produisent à des passages à niveau, un endroit où le comportement des conducteurs de véhicules est un facteur important. La solution idéale mais très coûteuse pour éviter ce type d'accident serait d'éliminer les passages à niveau en construisant des viaducs et des tunnels. Il existe un programme fédéral-provincial permanent pour l'installation de signaux et de barrières aux traverses très empruntées.

Charles Schwier

Sécurité, normes de Ces normes, ainsi que la documentation et les codes de sécurité qui s'y rattachent, décrivent les caractéristiques des produits, des biens et des services et la façon de les utiliser. Elles sont conçues pour protéger les gens contre les risques inhérents à la technologie. Une norme de sécurité peut indiquer comment tester la résistance aux coups d'un casque de hockey ou comment fabriquer une cafetière électrique qui ne présente aucun danger d'électrocution. Des milliers de normes sont maintenant utilisées au Canada.

Les normes sont publiées par le secteur privé et les organismes gouvernementaux spécialisés en la matière. Elles sont regroupées dans le Système de normes nationales dont la coordination est assurée par le Conseil canadien des normes (CCN). On crée une norme lorsqu'on reconnaît qu'un produit peut présenter un danger pour le public. Les normes sont élaborées bénévolement par des experts à partir d'études réalisées sur le terrain et en laboratoire et destinées aux organismes responsables de leur publication. Les normes qui sont créées, publiées et révisées de cette façon sont appelées normes consensuelles. Elles seront acceptées seulement si une forte majorité d'experts les approuve.

Chacun est libre d'utiliser les normes, sauf si elles sont exécutoires de par la loi. Les normes exécutoires sont souvent des normes de sécurité consensuelles particulières qui ne mentionnent aucune exigence technique précise. Les normes de sécurité qui touchent un domaine particulier peuvent être regroupées dans des volumes appelés codes et sont habituellement rédigées sous une forme qui permet aux différents gouvernements de les adopter aux fins d'usage légal.

Parmi les codes reconnus au Canada, on trouve le Code national de prévention des incendies, le Code national du bâtiment, le Code canadien de l'électricité, le Code des chaudières, appareils et tuyauteries sous pression, le Code canadien du soudage et le Code de sécurité des salles d'opération. Le Code canadien du travail contient aussi des mesures législatives en matière de sécurité.

Le Code national de prévention des incendies établit les exigences sur l'entretien sécuritaire des bâtiments après leur occupation. Il s'inspire dans un large mesure de normes américaines et, dans une moindre mesure, de normes canadiennes. On y retrouve des normes de sécurité en matière de prévention des incendies et de lutte contre les incendies ainsi que des normes sur la sécurité des personnes dans les bâtiments.

Le Code national du bâtiment est essentiellement un ensemble de règlements de base qui régissent la sécurité des bâtiments en matière de santé publique, de protection contre les incendies et de résistance structurale (*voir* CODES ET RÈGLEMENTS DE LA CONSTRUCTION). Complémentaire au Code national de prévention des incendies, il contient des normes de sécurité incendie qui doivent être respectées lors de la construction de nouveaux bâtiments ou la remise à neuf de vieux bâtiments. Il détermine aussi la vocation, le type d'occupation et la conception des bâtiments.

Au Canada, les gouvernements provinciaux et ceux des territoires ont juridiction sur la sécurité-incendie et la sécurité dans la construction, et tous ont adopté intégralement ou en partie les 2 codes nationaux.

Lorsqu'elle devenue un service public, l'électricité présentait de grands risques de provoquer des électrocutions. Au fil des ans, on a établi une série de normes canadiennes de sécurité sur l'électricité, qui constitue aujourd'hui le Code canadien de l'électricité, code reconnu par plusieurs pays.

Publié par l'Association canadienne de normalisation (Canadian Standards Association, CSA), le Code canadien de l'électricité est utilisé par les ingénieurs et les inspecteurs responsables des installations électriques dans tous les bâtiments et dans tous les travaux de génie civil. Toutes les provinces exigent que les appareils électriques vendus sur leur territoire soient conformes aux spécifications du code et portent le sceau de l'organisme d'homologation.

Les toutes premières normes de sécurité portaient sur le contrôle des chaudières et d'autres appareils sous pression. Il arrivait souvent que les premiers appareils sous pression utilisés dans les machines à vapeur qui propulsaient les bateaux au début du XIXe s. explosaient.

Aujourd'hui, le Code des chaudières, appareils et tuyauteries sous pression, publié par l'Association canadienne de normalisation, assure l'utilisation sécuritaire de ces appareils. Élaboré en grande partie à partir du American Boiler Code (publié pour la première fois en 1914), le Code donne des détails sur la conception, la fabrication, les essais et les inspections régulières des appareils sous pression.

Les normes médicales sont assez récentes. Les progrès en médecine ont incité les médecins et les ingénieurs à s'unir pour rédiger des normes, notamment concernant les implants chirurgicaux métalliques. Avec des représentants de l'industrie et du corps médical, l'ACN (CSA) a publié un code de prévention des explosions ou des décharges électriques dans les salles d'opération (Code for Prevention of Explosions or Electric Shock in Hospital Operating Rooms). Ce code, qui énumère les mesures de sécurité dans les salles d'opération (surtout les mesures contre les risques d'explosions causées par les anesthésiants) est très utilisé partout au Canada.

Certaines normes médicales ont une portée internationale. Ainsi, les bouteilles de gaz comprimé en acier dont se servent les hôpitaux doivent pouvoir être facilement raccordées aux appareils médicaux tout en étant sécuritaires; les raccords filetés des bouteilles de gaz comprimé font d'ailleurs l'objet d'études constantes partout à travers le monde. Le gouvernement fédéral, par l'entremise de la Direction générale de la protection de la santé du ministère de la Santé, légifère activement dans le domaine des normes médicales et réglemente certains appareils médicaux (comme des stimulateurs cardiaques et des dispositifs de contraception). Un produit ne peut être vendu sans l'approbation du gouvernement fédéral.

Les normes de sécurité ont souvent une portée internationale. C'est le cas des normes qui régissent les transports. Plusieurs normes utilisées au Canada proviennent d'autres pays ou d'organismes internationaux comme l'Organisation internationale de normalisation et la Commission électrotechnique internationale au sein desquelles le Conseil canadien des normes est très actif.

La plupart des normes de sécurité maritime internationales sont rédigées par l'Organisation intergouvernementale consultative de la navigation maritime des Nations Unies. Des experts en recherche maritime et en prévention des incendies représentent d'ailleurs le Canada au sein de cet organisme. Le gouvernement fédéral se sert aussi de ses travaux pour légiférer en matière de transport international.

L'Organisation de l'aviation civile internationale, dont le siège social est à Montréal, remplit des fonctions analogues dans le secteur de l'aviation. Le gouvernement fédéral administre le transport national, mais délègue certains secteurs aux provinces et aux territoires. La *Loi sur la sécurité des véhicules automobiles*, la *Loi sur la sécurité des pneus de véhicules automobiles*, la *Loi sur les transports nationaux*, la *Loi sur les chemins de fer*, la *Loi sur la marine marchande du Canada* et la *Loi sur l'aéronautique* régissent la plupart des questions de transport sur le plan fédéral. Les lois sont exhaustives et précises et on y trouve de tout: des exigences relatives aux pare-brise et aux rétroviseurs des automobiles aux limites de vitesse imposées aux aéronefs.

R.L. Hennessy

Sécurité sociale Elle désigne l'ensemble de mesures destinées à maintenir, à protéger et à améliorer les conditions de vie essentielles. L'expression «Sécurité sociale» recouvre plus spécifiquement les programmes financés et administrés par l'État en guise de compensation pour les pertes de revenus attribuables à divers facteurs: grossesse, maladie, accident, invalidité, décès ou absence du soutien de famille, chômage, vieillesse ou retraite, etc.

Depuis la Seconde Guerre mondiale, la notion de sécurité sociale au Canada a été élargie en vue de protéger les revenus des personnes et des familles contre les coûts des soins médicaux et hospitaliers, d'aider les familles nombreuses et de participer aux coûts du logement, bien que le Canada, contrairement à beaucoup de pays d'Europe de l'Ouest, n'offre qu'une aide limitée pour éviter que la part du revenu destinée au logement ne soit disproportionnée par rapport au revenu total. Les gouvernements ont également instauré des lois sur le SALAIRE MINIMUM et viennent en aide aux travailleurs qui doivent se perfectionner ou qui sont affectés à un autre poste. Dans les années 70, les gouvernements fédéral et provinciaux ont tenté d'implanter des programmes de «revenu annuel garanti», mais leurs craintes relatives aux coûts de ces programmes ont bloqué tout progrès nouveau en matière de sécurité sociale.

Histoire de la sécurité sociale au Canada

L'histoire de la sécurité sociale au Canada est une histoire qui se déroule presque exclusivement au XXe s., et plus précisément durant la deuxième moitié du XXe s., sous l'impulsion de la Seconde Guerre mondiale. Pour bien comprendre la situation, il faut cependant se reporter aux contributions des premiers colons européens du XVIIe s., à la Confédération de 1867 et à l'ACTE DE L'AMÉRIQUE DU NORD BRITANNIQUE, aux conséquences de la Première Guerre mondiale, à la Crise des années 30 (époque où les Américains mettaient en œuvre leurs propres programmes de sécurité sociale, et où les Canadiens nommaient une Commission royale d'enquête pour étudier les relations entre les 2 ordres de gouvernement) et enfin aux répercussions de la Seconde Guerre mondiale, ce cataclysme qui a poussé les gouvernements à mettre au point un système de sécurité sociale qui réponde aux besoins d'une société industrielle évoluée. Ce système sera mis au point sans plan bien déterminé, entre 1945 et 1971.

Une nouvelle loi plus libérale, la LOI SUR L'ASSURANCE-CHÔMAGE, adoptée en 1971, est le point culminant des programmes de sécurité sociale au Canada. Par la suite, les gouvernements deviennent plus restrictifs, face à la hausse croissante des dettes et des déficits, ainsi que devant une nouvelle menace (la stagflation) qui pointe à l'horizon. Une nouvelle ligne de pensée en matière de sécurité sociale apparaît: les concepts d'universalité sont rejetés au profit d'interventions sélectives et bien ciblées. Certaines notions séculaires et discréditées du XIXe s. sont dépoussiérées et présentées comme des idées nouvelles. Tout comme les lois des pauvres («poor laws») adoptées au XIXe s. ont été l'objet de critiques pour avoir favorisé le paupérisme, la loi sur l'assurance-chômage fait l'objet de critiques à la fin du XXe s. pour avoir fait grimper le nombre de chômeurs. Les «soupes populaires» des années 30 réapparaissent dans les années 80 sous le vocable de «banques alimentaires», et une pratique courante au XIXe s., qui limitait l'aide aux pauvres «méritants» est reprise en 1989, avec le crédit d'impôt sur les revenus, conçu pour venir en aide aux familles à faible revenu, mais qui restreint l'aide à ceux qui ont un parent sur le marché du travail. Ces idées, et d'autres, tout aussi discréditées, en matière de programmes de sécurité sociale, font partie de nos traditions et doivent être examinées à la lumière de certains faits saillants.

L'époque coloniale Les premiers colons de la NOUVELLE-FRANCE introduisent une pratique française du XVIIe s. qui consiste à confier le soin des vieillards, des malades et des orphelins à l'Église catholique et à ses institutions. Pour leur part, les Britanniques qui se sont établis à Halifax au milieu du XVIIIe s. introduisent la législation anglaise sur l'assistance publique (*poor law*) instaurée en 1598 par le Parlement britannique. Cette loi confie la responsabilité des pauvres à la plus petite unité administrative anglaise, la paroisse, qui puise ses fonds à même les taxes foncières locales. Cette législation britannique introduit l'idée que les autorités publiques sont responsables des démunis et remplace une très ancienne tradition voulant qu'ils obtiennent l'autorisation de mendier et qu'ils dépendent de la charité publique.

La législation anglaise sur l'assistance publique est également introduite dans les colonies américaines, et les LOYALISTES l'introduisent à leur tour au Nouveau-Brunswick actuel. En 1763, la Nouvelle-Écosse adopte une loi conçue sur ce modèle, imitée par le Nouveau-Brunswick en 1786. Les fonds recueillis localement sont parfois complétés par des subventions provinciales, lorsque survient une situation d'urgence, un grave incendie, p. ex., ou une épidémie de fièvre typhoïde.

Ailleurs en Amérique du Nord britannique, ce modèle de législation sur l'assistance publique n'est pas repris aussi fidèlement. À l'Île-du-Prince-Édouard, p. ex., qui ne compte qu'une ou deux villes d'une certaine importance, les fonds destinés aux situations d'urgence ne proviennent que de ces villes; à Terre-Neuve (où le ministère des Colonies de Londres n'encourage nullement l'établissement d'institutions municipales), les organismes de bienfaisance, les amis et la famille sont les principales sources d'aide. En 1792, lorsque le droit civil anglais est presque intégralement introduit dans la nouvelle province du HAUT-CANADA, on ne réussit pas à faire adopter une loi sur l'assistance publique, ce qui a pour effet d'encourager les œuvres de charité. Au BAS-CANADA, de tradition française, on compte sur les dons pour financer les œuvres de bienfaisance de l'Église catholique. Les protestants anglais du Bas-Canada mettent sur pied leurs propres institutions charitables pour prêter secours aux pauvres de langue anglaise.

À l'époque coloniale, la majorité de la population vit dans de petites communautés rurales et elle est plus autosuffisante qu'elle ne l'est aujourd'hui, non seulement par nécessité, mais parce que le contexte s'y prête mieux. Les Canadiens vivent alors surtout des produits de la ferme et font du troc pour les autres biens de première nécessité. Dans les situations d'urgence, on s'entraide entre voisins. Toutefois, la charité est le seul recours de ceux qui n'ont ni amis ni famille et, dans bien des cas, y recourir est un symbole d'échec personnel. Au Canada français, le simple fait de demander de l'aide aux églises est rebutant. D'ailleurs, l'aide consentie par les organismes de charité est souvent infime, de nature paternaliste, et fréquemment administrée d'une manière rude et humiliante. L'exemple classique de cette situation est l'hospice municipal, une institution de l'assistance publique que l'on trouve dans les villes de grande et de moyenne importance, où l'on abrite des indigents de tout âge, des malades, des personnes séniles, des déficients mentaux, des chômeurs, des enfants et des nourrissons. Sa réputation est si horrible que seules les pires victimes de la faim vont y chercher secours. Au Nouveau-Brunswick, dans certaines des plus petites localités, où l'on n'a pas les moyens d'établir une institution de ce genre, on laisse le soin des pauvres aux familles, pratique extrêmement humiliante qui s'est perpétuée jusqu'à la fin du XIXe s.

De la Confédération à la Seconde Guerre mondiale En vertu de l'Acte de l'Amérique du Nord britannique (maintenant la *Loi constitutionnelle de 1867*), le rôle plutôt mince que jouent les gouvernements en matière d'aide sociale relève des provinces et inclut le droit exclusif de légiférer sur «l'établissement, l'entretien et la gestion des hôpitaux, des asiles, des œuvres de bienfaisance et des organismes de charité»; c'est là une description sommaire des institutions en place. En fait, on considère alors implicitement que la santé et le bien-être social sont des questions d'intérêt purement local et que les provinces doivent déléguer une bonne partie de ces responsabilités aux municipalités ou aux organismes de charité. Toutefois, les gouvernements provinciaux se chargent de plus en plus de toute une série de programmes de santé et d'assistance sociale, en particulier dans les provinces de l'Ouest, où les organismes municipaux sont rudimentaires, voire inexistants.

Après 1867, l'industrialisation attire la population vers la ville. Partis pour améliorer leur situation économique, beaucoup finissent par se rendre compte qu'ils ont délaissé la sécurité relative de la ferme familiale pour l'insécurité du travail en usine. On dépend maintenant d'un salaire régulier, et toute interruption de ce revenu menace sérieusement les conditions de vie. Au cours des années qui suivent la Confédération, la perception de la population quant

au rôle du gouvernement sur le plan de la sécurité économique est encore teintée des valeurs d'indépendance et d'individualisme des pionniers. Des débats publics enflammés ont cours sur le bien-fondé de l'instruction publique, des services de santé publics et des interventions du gouvernement sur les conditions de travail. Les secours apportés aux pauvres sont toujours aussi stigmatisés, et la PAUVRETÉ, que l'opinion publique associe à l'échec personnel, est souvent attribuée à l'alcoolisme.

Pour ne pas dépendre de la charité publique, les travailleurs du XIXe s. s'organisent en fraternités. Les membres versent régulièrement une petite cotisation dans un fonds spécial dont ils peuvent se prévaloir, si la maladie ou un accident les empêche de travailler. Les syndicats, qui commencent à se former à cette époque, luttent pour améliorer les conditions de vie et se protéger contre les pertes salariales, mais cette protection est limitée et n'est accessible qu'à une minorité de travailleurs. Avec l'industrialisation croissante de la fin du XIXe s., le nombre d'accidents du travail augmente. Les syndicats et autres regroupements portent le problème sur la place publique. Le débat se traduit, en 1914, par l'instauration du premier programme moderne de sécurité sociale, la Loi sur les accidents du travail de l'Ontario. Les accidentés du travail ont dorénavant le droit de réclamer un revenu régulier, et l'exemple de l'Ontario est bientôt imité par d'autres provinces.

Notons toutefois qu'un travailleur victime de la négligence de son employeur renonce à son droit de le poursuivre, en vertu de cette indemnité. Comme ce genre de poursuites devient plus courant et que les travailleurs ou les personnes laissées dans le deuil ont plus fréquemment gain de cause, les propriétaires d'entreprises n'ont pas grand-chose à perdre, et encore moins qu'avant, grâce à cette loi. C'est ce qui explique la rapide apparition au Canada des premières mesures de sécurité sociale. Il faudra attendre 1940 avant qu'une autre mesure de sécurité sociale ne soit adoptée, soit la *Loi sur l'assurance-chômage*.

L'assurance sociale, fondée sur la reconnaissance que l'insécurité financière n'est pas une tare, mais plutôt quelque chose de normal dans une société urbaine industrialisée, est une idée émise pour la première fois en Allemagne, vers 1880. La Grande-Bretagne adopte un premier programme d'ASSURANCE-CHÔMAGE en 1911. Ces mesures font prendre conscience aux travailleurs qu'ils sont en droit d'obtenir de l'aide et, dès lors, le principe est rapidement accepté partout dans le monde industriel.

Première Guerre mondiale et sécurité sociale La Première Guerre mondiale accélère les processus d'urbanisation et d'industrialisation et intensifie les revendications visant à obtenir des PENSIONS DE VIEILLESSE et des allocations pour les veuves des civils, les femmes et les enfants abandonnés ainsi que des allocations familiales. En 1916, le Manitoba est la première province à adopter une *Loi sur les pensions* qui prévoit un revenu modeste, mais garanti, aux veuves, aux femmes divorcées ou abandonnées avec des enfants, qui toutes sont considérées comme des pauvres «méritantes». En cinq ans, toutes les provinces à l'ouest du Québec adoptent une loi similaire. Cette aide appelée «assistance publique», basée sur l'examen des ressources, est une version moderne des anciennes lois sur l'assistance sociale en Angleterre.

En 1919, le Parti libéral fédéral s'engage à adopter une loi sur l'assurance-maladie, sur les pensions de vieillesse contributives et sur l'assurance-chômage. Aucune de ces promesses n'est tenue en raison de l'Acte de l'Amérique du Nord britannique qui, semble-t-il, serait le principal obstacle. Mais les milieux d'affaires, qui finançaient les deux principaux partis politiques, sont un obstacle important, sinon le plus important.

Pour répondre aux attentes de la population qui réclame des lois sur l'aide sociale et pour contourner l'Acte de l'Amérique du Nord britannique, le gou-

vernement fédéral crée les subventions conditionnelles qui lui permettent d'instaurer des programmes et de partager les frais de diverses catégories d'assistance publique avec les provinces, lesquelles seraient également responsables de l'administration de ces services (*voir* FINANCES INTERGOUVERNEMENTALES). C'est dans le cadre de cet arrangement que le premier régime de pension de vieillesse est instauré en 1927, et on ajoute à ce régime une pension pour les aveugles en 1937. Ce sont là 2 exemples d'aide restrictives aux pauvres «méritants». Pour être admissibles à ces programmes, les bénéficiaires doivent se plier à des vérifications strictes et souvent humiliantes, qui témoignent une fois de plus de l'influence persistante des anciennes lois des pauvres sur cette forme rudimentaire d'assistance sociale.

La Crise des années 30 (1929-1939) La CRISE DES ANNÉES 30 frappe durement la société canadienne. Des milliers de Canadiens jusque-là indépendants viennent grossir les rangs des assistés sociaux. Le gouvernement fédéral est confronté à un problème de taille qui consiste à venir en aide aux chômeurs, alors que cette question relevait auparavant des localités. Les programmes des années 30 visant à soulager la pauvreté et l'indigence s'inspirent essentiellement des méthodes du XIXe s., qui consistent en une aide municipale, appuyée par des organismes de bienfaisance. Plutôt que de donner de l'argent, on distribue des vivres, du combustible et des vêtements. On entasse les chômeurs célibataires dans des camps comparables à des camps militaires, qui rappellent les hospices du XIXe s. (*voir* CHÔMEURS, CAMPS DE SECOURS POUR LES).

En Alberta, les Indiens et les Métis non inscrits peuvent bénéficier d'une assistance sociale seulement s'ils vivent dans des colonies agricoles métisses. En 1939, une majorité de Canadiens se rendent compte que la faute incombe au système et non aux personnes ou aux familles.

Seconde Guerre mondiale et programmes de sécurité sociale La Seconde Guerre mondiale règle le problème du chômage au Canada et le gouvernement fédéral, jusque-là paralysé devant la catastrophe économique et sociale de la Crise des années 30, est en mesure d'organiser et de financer l'effort de guerre. Cette initiative marque un changement majeur de la part du gouvernement, qui s'impose davantage, ce que les Canadiens apprécient. Ils veulent en effet que le gouvernement passe à l'action et le Parti social démocratique, le parti politique qui se montre le plus favorable à l'idée que le gouvernement intervienne davantage, acquiert de plus en plus de popularité en Colombie-Britannique, en Saskatchewan et en Ontario.

Loi sur l'assurance-chômage de 1940 En 1935, la tentative visant à introduire une loi sur l'assurance-chômage est voué à l'échec, car cette loi est constitutionnellement *ultra vires*. En 1940, le gouvernement fédéral effectue les amendements nécessaires à l'Acte de l'Amérique du Nord britannique et adopte la *Loi sur l'assurance-chômage*, qui constitue un changement de cap total sur le plan de la sécurité sociale canadienne.

Il s'agit du premier programme de sécurité sociale à l'échelle nationale (les programmes d'indemnisation des accidents de travail étaient des initiatives provinciales et ne couvraient que les accidents de travail, la maladie et les décès). Lorsque les Canadiens sont en chômage, ils peuvent dorénavant réclamer des prestations d'assurance-chômage plutôt que de se présenter, main tendue, au bureau d'assistance sociale de la municipalité.

La mobilisation de la main-d'œuvre, qui est un élément clé de l'effort de guerre, est à l'origine de la mise en place de ce programme en 1940. C'est d'ailleurs en se fondant sur cet effort de guerre que Léonard Marsh publie son *Report on Social Security for Canada* (rapport Marsh) en 1943. Cet ouvrage, qui décrit en partie le programme de reconstruction d'après-guerre du gouvernement fédéral, se veut en même temps un exercice de mobilisation du moral dans un contexte de plein emploi, où l'on veut faire comprendre aux politiciens que la population ne tolérerait pas, après la guerre, un retour à la situation des années 30.

Ce rapport propose un programme de sécurité sociale global, fondé sur le plein emploi. Il met l'accent sur le recours à une assurance sociale contributive pour protéger le travailleur contre tout risque de pertes salariales, en plus d'un régime universel d'assurance-santé publique. Bien qu'il suscite beaucoup d'intérêt au pays, il s'avère trop radical et le gouvernement fédéral le relègue aux oubliettes. L'une des propositions du rapport de Marsh sert toutefois de plateforme électorale au Parti libéral, aux élections fédérales de 1945. Cette année-là, les libéraux adoptent en effet une loi sur les allocations familiales qui leur permet de conserver le pouvoir pendant cinq ans (*voir* ALLOCATION FAMILIALE). En laissant tomber le rapport Marsh, le gouvernement abandonne également l'idée d'un régime pleinement intégré de sécurité du revenu qui aurait permis d'améliorer le niveau de vie, grâce à la formation professionnelle et à l'engagement du gouvernement à assurer le plein emploi.

En 1945, le gouvernement fédéral présente son propre programme de sécurité sociale (les propositions du livre vert) aux provinces. Les références au rapport de Marsh brillent par leur absence. Ce programme propose une assurance médicale et une assurance-hospitalisation à frais partagés, la prise en charge par le fédéral d'une pension pour les personnes âgées de 70 ans et plus, un régime de pension à frais partagés pour les personnes de 65 à 69 ans, et enfin, la prise en charge par le fédéral des chômeurs qui ne sont pas admissibles aux prestations d'assurance-chômage. On l'abandonnera toutefois en cours de route, en raison de disputes sur la question du partage des revenus entre les 2 paliers de gouvernement.

Une partie des propositions du livre vert refait surface en 1951 avec l'institution d'un régime universel de pension de vieillesse pour les personnes de 70 ans et plus, qui remplace la loi de 1927 et le régime de retraite évalué en fonction des ressources, honnis de tous. Toutefois, une entente sur le partage des coûts des pensions de vieillesse pour les Canadiens de 65 à 69 ans, évaluée en fonction des besoins, garde bien vivants les préjugés du XIXᵉ s. vis-à-vis de l'assistance publique, et ce n'est que vers 1965 que l'on commence à s'en défaire progressivement. À cette époque, les gouvernements ne font que boucher les trous dans le système de sécurité sociale canadien pour répondre aux attentes des groupes de pression politique les plus puissants. Toute planification globale et coordonnée est abandonnée et le système de sécurité sociale se développe au petit bonheur et au gré du vent politique du moment.

Assurance-hospitalisation et assurance médicale L'accès aux soins de santé, qui a toujours été un problème pour les pauvres, devient une difficulté généralisée au Canada, durant la Crise des années 30. La question de l'assurance-santé provoque beaucoup d'agitation à cette époque, et le Parti libéral fédéral promet qu'il interviendra en 1919.

En 1945, un programme d'assurance-hospitalisation couvrant l'ensemble des citoyens de la province de la Saskatchewan remporte un franc succès. Les autres Canadiens veulent dès lors obtenir la même protection. En 1957, le gouvernement fédéral accepte de partager les coûts des programmes d'assurance-hospitalisation provinciaux et, en 1961, les 10 provinces bénéficient de ce même programme. Les services de charité dans les hôpitaux disparaissent du jour au lendemain, mais les honoraires des médecins sont toujours hors de portée de nombreux citoyens. Le gouvernement de la Saskatchewan, un fois de plus pionnier à ce chapitre, adopte, en 1962, un régime d'assurance-maladie universel subventionné par les deniers publics et administré par l'État. C'était une première en Amérique du Nord.

En 1966, le gouvernement fédéral adopte la *Loi sur l'assurance-maladie*, en vertu de laquelle il contribuera aux programmes d'assurance-maladie des provinces, dans la mesure où ces programmes, uniformisés à l'échelle nationale, répondront aux objectifs qu'il s'est fixé. Ainsi veut-il garantir aux provinces une couverture universelle des services de médecine générale et spécialisée, quel que soit l'âge, la situation ou la capacité de débourser des citoyens. En 1971, l'ensemble des provinces canadiennes adhèrent à ce programme, conformément aux dispositions de cette loi (*voir* SANTÉ, POLITIQUE SUR LA SANTÉ).

Améliorations apportées au régime de pensions Plus tôt, en 1965, le gouvernement fédéral instaure le RÉGIME DE PENSIONS DU CANADA, qui offre des prestations d'aide sociale aux retraités, aux personnes handicapées et aux conjoints survivants. Ce programme, visant à améliorer le régime de pensions de vieillesse, reconnaît que la majorité des travailleurs ne sont pas protégés par les plans de pension de leurs employeurs. Appliqué à l'échelle nationale, à l'exclusion du Québec, qui adopte un régime équivalent, le RÉGIME DES RENTES DU QUÉBEC, ce programme permet aux travailleurs de conserver leurs droits d'adhésion au régime, même s'ils changent d'emploi ou déménagent dans une autre province. Ce régime d'assurance obligatoire couvre la presque totalité des travailleurs. C'est également le premier programme de sécurité sociale canadien à indexer les avantages sociaux au coût de la vie (*voir* PENSION DE VIEILLESSE).

Redécouverte de la pauvreté Une enquête du Sénat effectuée en 1969 révèle qu'un Canadien sur quatre vit en deçà du seuil de pauvreté et que près de deux millions de Canadiens sont des travailleurs à faible revenu, des gens dont le revenu d'emploi est insuffisant pour qu'ils puissent arriver à s'en sortir. Des provinces commencent à accorder un supplément de revenu aux familles à faible revenu, après vérification du revenu et des biens. C'est le cas de la Saskatchewan en 1974, du Québec en 1979 et du Manitoba en 1980. Le fédéral propose, en 1975, de partager les coûts du supplément de revenu, mais les provinces rejettent cette proposition parce qu'elle leur semble trop onéreuse. En réalité, très peu d'efforts sont consentis pour aider les travailleurs à faible revenu, et les enfants qui grandissent dans la pauvreté continuent d'être un sujet de préoccupation.

Sécurité sociale dans les années 80 Les années 80 sont des années décisives pour le système de sécurité sociale du Canada. Cette décennie commence avec un taux d'inflation à 2 chiffres, suivi de la plus grave récession économique (1981-1983) depuis les années 30. Il s'ensuit un taux de chômage très élevé, une réduction de la croissance économique, une baisse marquée des revenus fiscaux avec, comme corollaire, une forte croissance des déficits gouvernementaux. Devant cette situation, les gouvernements fédéral et provinciaux passent les programmes sociaux au peigne fin et mettent de l'avant des politiques de restriction budgétaire. D'aucuns considèrent les programmes universels, telles les allocations familiales et les pensions de vieillesse, exagérés dans le présent contexte économique, tandis que d'autres préconisent même des compressions dans les programmes d'assurance-chômage, alors que le taux de chômage est de plus de 11 p. 100 au pays. Des propositions visant à revoir les programmes canadiens de sécurité sociale pointent à l'horizon.

Vers un système d'assurance santé à 2 niveaux? De l'avis de nombreux observateurs, le régime d'assurance-maladie donnant libre accès à une multitude de services médicaux est de plus en plus remis en question à partir du début des années 80. Les médecins exigent des honoraires supplémentaires, et des frais d'utilisation des services hospitaliers sont imposés dans certaines provinces. Ces pratiques ont pour but de pallier l'austérité grandissante des budgets affectés à la santé, tant au fédéral qu'au provincial.

En 1984, avec l'appui de tous les partis politiques, le gouvernement fédéral intervient pour endiguer le courant qui menace l'accès universel en adoptant la *Loi canadienne sur la santé*. Cette loi, qui réaffirme le principe d'accès universel, demande aux provinces d'éliminer les frais d'utilisation des hôpitaux et les honoraires supplémentaires des médecins en trois ans. Il s'agit là d'une condition préalable au partage fédéral des coûts des soins de santé avec les provinces. Dans le cas contraire, les provinces sont pénalisées par un montant égal au montant facturé aux patients. En 1987, la *Loi canadienne sur la santé* atteint son but en grande partie. Même si les tenants des honoraires supplémentaires et du ticket modérateur affirment que l'on n'a plus la maîtrise des coûts relatifs aux soins médicaux et que des revenus additionnels sont nécessaires, un examen des dépenses publiques sur les soins de santé par une commission royale d'enquête fédérale formée en 1984 révèle une relative stabilité des dépenses publiques dans ce secteur, depuis la mise en vigueur du régime d'assurance-maladie.

De plus, les économistes spécialistes de la santé considèrent qu'une meilleure allocation des ressources existantes est possible et identifient les possibilités d'épargne. Cette initiative visant à introduire un système de soins de santé à 2 niveaux au Canada, l'un déboursé par les patients, l'autre par le secteur public se traduira, si l'on en juge par les expériences au Royaume-Uni et aux États-Unis, par un service de première classe dans le secteur privé pour ceux qui ont des ressources suffisantes, et un service du secteur public se détériorant à un rythme constant pour la majorité. Or, la population canadienne repousse ce système. Le régime canadien d'assurance-maladie demeure, et de loin, le programme social le plus populaire du pays.

Pensions et inflation L'inflation, qui atteint les 2 chiffres pour la première fois au milieu des années 70, et dont la hausse se poursuit jusqu'au début des années 80, a de graves conséquences sur la population à revenus fixes. La politique relative aux pensions de vieillesse devient par la suite un enjeu majeur. Diverses questions sont débattues à l'échelle nationale: l'accroissement de la pauvreté chez les personnes âgées et plus particulièrement chez les femmes âgées et célibataires; l'inquiétude que soulève le coût du régime de pensions dans une population canadienne vieillissante; la nécessité de mettre sur pied un régime de retraite qui reconnaisse les nouveaux rôles des femmes et, question peut-être la plus litigieuse, le fait que la majorité des régimes de retraite privés (plus de 14 000), couvrant quelque 4,1 millions de travailleurs, ne sont pas indexés au coût de la vie, contrairement aux régimes de retraite publics.

Les syndicats ouvriers, les organisations d'aide sociale, les groupes de défense des droits des femmes, les gouvernements du Québec et de la Saskatchewan, de même qu'un rapport d'un comité sénatorial proposent d'améliorer le régime de retraite public et d'adopter des normes de rendement plus élevés pour les régimes de pension privés, incluant l'indexation intégrale au coût de la vie.

Les milieux d'affaires, le secteur économique des pensions et les provinces de l'Ontario et de la Colombie-Britannique favorisent l'approche du marché privé en matière de régime de retraite et s'opposent à toute expansion du régime de retraite publique. Les représentants des régimes de retraite du secteur privé sont également contre la quantité de règlements exigés des programmes de retraite privés et rejettent catégoriquement les propositions d'indexation au coût de la vie.

Lorsque le taux d'inflation baisse en 1983, les pressions exercées en vue d'une réforme du régime de retraite diminuent et aucun changement important n'intervient. Le gouvernement fédéral tente de réduire son déficit en 1984 en désindexant partiellement les prestations de pension de vieillesse, mais recule devant le lobby efficace des organismes de défense des droits des retraités. Pour régler le problème des retraités vivant dans la pauvreté, le gouvernement fédéral augmente alors le supplément de revenu garanti de 50 dollars par mois. En 1985, il adopte une stratégie similaire en désindexant partiellement les allocations familiales et le crédit d'impôt pour enfants, et il augmente le crédit d'impôt pour enfant en fonction du revenu (voir ALLOCATIONS FAMILIALES).

Tentative infructueuse de réforme de l'assurance-chômage L'assurance-chômage fait l'objet d'une commission fédérale d'enquête dans les années 80. Des taux de chômage particulièrement élevés amplifient les coûts de ce programme, et les représentants des milieux d'affaires soutiennent que l'existence même de l'assurance-chômage contribue à faire grimper le taux de chômage. Le rapport de la commission penche également en ce sens et recommande une série de mesures visant à réduire les prestations qui, argue-t-on, encouragent les chômeurs à demeurer prestataires plus longtemps que nécessaire. La majorité des membres de la commission recommandent également que les quelque 3 milliards de dollars ainsi récupérés à même les prestations soient transférés aux programmes de reconversion des travailleurs, de relocalisation ainsi qu'aux programmes de subventions salariales.

Une minorité de membres publient un rapport d'avis contraire. Ils font valoir que le taux de chômage est le reflet d'une pénurie d'emplois et de la lenteur de la croissance économique et qu'il n'a rien à voir avec la motivation personnelle. Ils insistent pour que le gouvernement rende l'assurance-chômage plus facilement accessible et d'augmenter les prestations. Le rapport de cette commission est rendu public en novembre 1986, mais les propositions de la majorité des membres sont tellement controversées que le rapport est par la suite relégué aux oubliettes.

Vers un régime de revenu annuel garanti? Un programme visant à revoir l'ensemble du système de sécurité sociale canadien fait surface en 1984, à l'issue du rapport de la COMMISSION ROYALE D'ENQUÊTE SUR L'UNION ÉCONOMIQUE ET LES PERSPECTIVES DE DÉVELOPPEMENT DU CANADA. Ce rapport fait valoir qu'avant la fin du XXᵉ s., le Canada sera forcé d'entreprendre des changements économiques majeurs qui pourraient bouleverser de nombreux travailleurs canadiens et que le système de sécurité sociale devra être redéfini de façon à mieux refléter la réalité.

La Commission recommande un régime de revenu annuel garanti appelé le Régime universel de sécurité du revenu, lequel serait financé et administré par le gouvernement fédéral. Il prévoit la somme optionnelle de 3875 $ annuellement pour tous les adultes et pour le premier enfant d'une famille monoparentale, et 765 $ pour les autres enfants (9150 $ par année pour subvenir aux besoins d'une famille de 4 personnes, sans autre revenu). Ce programme serait financé en éliminant certains programmes de sécurité sociale déjà existants, et certains allégements fiscaux seraient éliminés. Étant donné qu'en 1984, un revenu de 9150 $ pour une famille de 4 membres vivant dans un important centre urbain se situe à 55 p. 100 sous le seuil de la pauvreté, les provinces seraient tenues de compléter le manque à gagner des familles et des personnes sans autres moyens de subsistance que leur prestation du gouvernement fédéral. La commission propose d'imposer ces revenus au taux de 20 p. 100. Ces propositions qui, aux dires de la Commission, sont «radicales et non superficielles», sont toutefois considérées comme trop radicales par les politiciens, et le rapport se retrouve finalement sur les tablettes. Une variante des idées formulées dans ce rapport

pourra éventuellement être intégrée aux programmes canadiens de sécurité sociale à venir, étant donné que le nombre d'emplois permanents et à temps plein tend à diminuer.

Sécurité sociale canadienne en décroissance Le flot de programmes de sécurité sociale atteint son point culminant en 1971, année de révision de la *Loi sur l'assurance-chômage*, afin de lui donner une portée plus large et d'augmenter les prestations. Depuis, le système de sécurité sociale prend du recul. Un ralentissement de l'économie, une hausse des taux d'inflation, une réduction des revenus gouvernementaux et des dépenses plus élevées que prévu destinées à l'aide sociale et aux prestations d'assurance-chômage, ainsi qu'un nombre sans cesse croissant de Canadiens à la retraite, donnent lieu à une campagne orchestrée par les milieux d'affaires et les grandes compagnies pour une réduction draconienne des dépenses publiques.

Le gouvernement conservateur, au pouvoir à Ottawa en 1984, est à l'origine de ces compressions. Son objectif général étant d'améliorer la situation économique canadienne, il identifie 4 faiblesses du système de sécurité sociale au Canada: le niveau des dépenses est trop élevé, les programmes ne s'adressent pas toujours à ceux qui en ont le plus besoin, l'assistance publique est devenue un substitut au revenu gagné et les programmes de revenu garanti incitent moins au retour au travail et à l'autonomie.

C'est dans ce contexte que le gouvernement décide de mettre un terme à l'universalité des allocations familiales et des pensions de vieillesse payées par le gouvernement. En 1989, il adopte une disposition de récupération, forçant les familles à revenus élevés à rendre la totalité des prestations de ces 2 programmes universels. La même règle s'applique aux personnes âgées à revenus élevés. En 1992, les allocations familiales et le crédit d'impôt pour enfants sont remplacés par un nouveau programme de prestation fiscale qui prévoit un revenu mensuel non imposable pour chaque enfant, calculé d'après le revenu familial net déclaré dans les déclarations de revenus de l'année précédente. Des prestations maximales sont accordées aux familles à revenus faibles et modérés, tandis qu'elles sont progressivement réduites pour les familles dont le revenu familial atteint un plafond fixé à 25 921 dollars (le revenu moyen par famille est de 38 565 dollars en 1992).

Lorsque les libéraux reprennent le pouvoir en 1993, ils poursuivent ce désengagement de l'État vis-à-vis de l'universalité des prestations et annoncent, en 1996, que le programme de pensions de vieillesse sera remplacé en l'an 2001 par des prestations de la Sécurité de la vieillesse fondées sur le revenu. Cette brèche faite au principe de l'universalité des programmes de sécurité sociale semble être la formule la plus populaire au Canada, celle qui demeure intouchable sur le plan politique. Pourtant, il y a 10 ans, la population tenait les mêmes propos au sujet des allocations familiales et de la sécurité de la vieillesse.

Révision des programmes sociaux canadiens

En 1994, le nouveau gouvernement libéral au pouvoir à Ottawa rend public un document de travail en vue d'une restructuration du système canadien de sécurité sociale. Les premières cibles de cette réforme sont le régime d'assurance-chômage et le soutien du fédéral aux programmes provinciaux de la santé, de l'aide sociale et de l'enseignement supérieur. Les pensions de vieillesse ne sont pas abordées.

L'accès des Canadiens au marché du travail est au centre de cette réforme. Un constat se dégage de ce document de travail: les chômeurs canadiens manquent de formation ou de motivation. On jette le blâme sur les programmes de soutien tels que l'assurance-chômage et l'aide sociale qui seraient à l'origine du manque de motivation des travailleurs. Ces programmes doivent adopter parmi les types d'aide

offerte un caractère plus «actif». On ne porte que peu d'attention à la création d'emploi.

Dans ce document de travail, le gouvernement perçoit les mêmes faiblesses que celles qu'avaient soulevées ses prédécesseurs du Parti conservateur, 10 ans auparavant.

Régime d'assurance-chômage à 2 niveaux Dans un changement de cap digne de l'univers de George Orwell, le gouvernement décide de remplacer l'expression «assurance-chômage» par «assurance-emploi». Ce nouveau système mis en place le 1ᵉʳ juillet 1996 fait une distinction entre les prestataires «normaux» et les prestataires «habituels». Ces derniers sont sujets à des réductions de prestations et, éventuellement, à des vérifications du revenu. Par ailleurs, l'admissibilité aux prestations peut être assujettie à la volonté du prestataire de prendre part à des projets de travaux communautaires ou à des programmes de formation. Il ne s'agit plus d'une assurance sociale, mais bien d'une forme d' «assistance-travail».

Réforme de l'aide sociale Le régime d'assistance publique du Canada (RAPC) à frais partagés, mis sur pied en 1966, a pour but d'améliorer les programmes ordinaires d'aide sociale des provinces communément appelés l'«assistance sociale». Le RAPC présente pour la première fois des normes d'assistance sociale à l'échelle nationale: pour que le fédéral fournisse 50 p. 100 des coûts de l'assistance sociale, les provinces doivent répondre aux besoins financiers, quels que soient les motifs et le lieu de résidence. Cette politique met fin à la confusion entourant les catégories de programmes basées sur les pratiques de la loi de l'assistance sociale voulant que les pauvres «méritants» aient des programmes d'aide distincts de ceux des pauvres «non méritants» tels que les programmes pour les aveugles, les handicapés, les personnes âgées et les mères célibataires avec des enfants. Ces programmes sont remplacés par un seul programme d'aide sociale provinciale, qui inclut également la catégorie des «non méritants», soit ceux qui sont en mesure d'intégrer le marché du travail. Une mesure inusitée, la procédure d'appel, est également instituée en vertu du RAPC.

Deux programmes de transfert fédéraux depuis longtemps en vigueur sont abolis le 1ᵉʳ avril 1996, soit le financement des programmes établis, en vertu duquel le fédéral transférait de l'argent dans des programmes provinciaux de santé et de l'enseignement supérieur, ainsi que le régime d'assistance publique du Canada, par lequel Ottawa partageait les coûts de l'assistance sociale provinciale et de multiples services sociaux connexes dans une proportion de 50 p. 100 (en 1991, le gouvernement conservateur avait réduit sa contribution en Ontario, en Alberta et en Colombie-Britannique pour un contrôle plus rigoureux des dépenses). Pour suppléer à ces programmes, un mécanisme de financement global est mis en place, le transfert canadien en matière de santé et de programmes sociaux (TCSPS), en espèces et en points d'impôt, mais le budget alloué à cet effet subit une importante baisse de 7 milliards de dollars échelonnée sur deux ans, soit de 1996 à 1998. Par ailleurs, le TCSPS stipule que les standards nationaux pour la santé seront maintenus, mais dans les faits, tous les standards du RAPC sont abolis, sauf un.

Il reviendra aux provinces de répartir ce qui reste des paiements de transfert du fédéral. Certaines, comme l'Ontario et l'Alberta, ont déjà décidé de sabrer dans les paiements d'aide sociale aux familles et aux personnes les plus démunies, tandis que la Colombie-Britannique, dans un geste de défi à l'endroit du gouvernement fédéral qui n'a maintenu qu'un seul standard du RAPC, exige, depuis le 1ᵉʳ décembre 1995, que les bénéficiaires soient résidents depuis au moins trois mois avant d'être admissibles à toute forme d'aide sociale. Sabrer dans les prestations d'aide sociale est politiquement facile, sinon avantageux, parce que notre perception de la PAU-

VRETÉ faire encore siens les préjugés qui avaient cours au XIXᵉ s. Toutefois, lorsque les compressions dans les TCSPS commenceront à frapper les provinces, les protestations politiques seront difficiles à maîtriser. L'enseignement supérieur et les services de santé touchent un segment de la population qui fait beaucoup plus de bruit. Les défenseurs de l'aide sociale craignent que la santé et l'enseignement supérieur ne récoltent l'argent destiné à l'aide sociale, afin d'apaiser la colère des défenseurs de ces services. Certains voient dans ces transferts fédéraux et les quelques conditions s'y rattachant une tentative de la part d'Ottawa de calmer les nationalistes québécois qui se rebiffent à la moindre interférence du fédéral dans un domaine de juridiction provinciale.

Dépenses relatives aux programmes sociaux trop élevées? Si l'on compare les dépenses relatives aux programmes sociaux du Canada à celles d'autres sociétés industrialisées, le Canada occupe une position médiane. Pour les 3 catégories suivantes: a) une famille à faible revenu, dont la mère est le seul soutien de 2 enfants; b) une famille à salaire unique et irrégulier; et c) une famille dont le soutien est depuis longtemps sans travail, les fonds publics sont moins généreux au Canada que dans 8 autres pays de l'Organisation de coopération et de développement économiques (OCDE).

Sécurité sociale au Canada: une nouvelle orientation L'évolution de la sécurité sociale au Canada depuis le milieu des années 70, et plus particulièrement dans les années 80 et 90, est axée vers ce que R.M. Titmuss désigne comme le «modèle de politique sociale de la servante», c.-à-d. que l'on considère les programmes sociaux comme le prolongement de l'économie. La flexibilité du marché du travail est la clé de la prospérité dans un contexte d'économie mondiale, dit-on aux Canadiens. Tout programme social qui fait entrave à la flexibilité tels les prestations d'assurance-chômage trop généreuses ou des paiements d'aide sociale «passifs» doivent être revus.

D'après le «modèle de la servante», les prestations doivent être payées selon «le mérite, la performance au travail et la productivité» plutôt qu'en fonction des besoins. C'est dans cette perspective que la nouvelle «assurance-emploi» entre en vigueur en 1996. Elle pénalise toutefois les travailleurs saisonniers, même dans les régions où les possibilités d'emplois sont inexistantes. Le concept d'assistance-travail, une idée véhiculée en Amérique et qui fait maintenant son chemin au Canada, est également derrière cette initiative qui exige des bénéficiaires de l'aide sociale de travailler ou d'obtenir une quelconque formation pour être admissibles aux prestations. Bien que l'on reconnaisse l'importance de la formation, ces programmes d'assistance-travail sont critiqués aux États-Unis, car ils ne répondent pas aux normes établies et offrent peu d'espoir de mener à des emplois correctement rémunérés. L'idée sous-jacente à l'obligation de travailler pour être admissible aux prestations d'aide sociale est que les pauvres sont paresseux et qu'ils se servent du filet protecteur de l'aide sociale comme d'un hamac. On se rappelle que durant la Seconde Guerre mondiale, la liste des rationnaires avait fondu comme neige au soleil devant la multitude de possibilités d'emploi que l'effort de guerre avait entraînées dans son sillage. Cette expérience aurait pourtant dû mettre fin à un tel sectarisme.

Un modèle de sécurité sociale tout à fait différent et plus répandu dans les pays d'Europe de l'Ouest est axé vers l'intégration et la redistribution et offre des services universels multiples. Ce modèle lutte contre l'exclusion sociale, vise l'égalitarisme et cherche à sortir les familles et les personnes seules de la pauvreté.

Les cas d'exclusion sociale abondent au Canada: les sans abri; les enfants qui grandissent dans la pauvreté, les habitués des banques alimentaires et l'armée des sans emploi en sont autant d'exemples. Le

système de soins de santé public, universel et payé d'avance, constitue toutefois un bel exemple d'inclusion et de promotion de la vie communautaire au Canada.

Dennis Guest

Sedgewick, Robert, avocat et juriste (Aberdeen, Écosse, 10 mai 1848—Chester, N.-É., 4 août 1906). Sedgewick est le principal responsable de la fondation de l'école de droit de l'U. Dalhousie en 1883, la première école à enseigner la common law dans l'Empire britannique. Il est nommé juge municipal de la ville de Halifax en 1883 et donne aussi des cours en jurisprudence d'équité à Dalhousie. En 1886, il est nommé sous-ministre de la Justice du Canada. En 1890, il élabore l'Acte concernant les lettres de change, la première loi codifiée au Canada. En collaboration avec le juge BURBIDGE, il rédige par la suite le CODE CRIMINEL canadien, la première législation du genre dans l'Empire britannique. Avec sir John THOMPSON, il planifie la stratégie qui a permis au projet de devenir une loi en 1892. En 1893, il est nommé au banc de la Cour suprême du Canada.

D.H. Brown

Seeman, Mary Violette, psychiatre clinicienne et psychopharmacologue (Lódz, Pologne, 24 mars 1935), mariée à Philip SEEMAN. Après des études à Montréal (B.A. de l'U. McGill), elle poursuit des études de second cycle à la Sorbonne. Elle obtient son diplôme de médecine et de médecine clinique à l'U. McGill en 1960. Elle suit une formation en psychiatrie au Adolf Meyer Psychiatric Hospital (New York) et à l'U. Columbia. Ses recherches en psychopharmacologie débutent à New York en 1965 et se poursuivent au Fulbourn Hospital de Cambridge, où elle travaille comme associée et chercheuse, puis au Toronto Western Hospital (1968), où elle est psychiatre, et finalement, au département de psychiatrie de l'U. de Toronto, où elle occupe un poste de professeure agrégée puis de professeure titulaire (1980).

Seeman dirige la clinique de soins actifs de l'Institut psychiatrique Clarke à Toronto et est coordonnatrice des recherches sur la schizophrénie (1981). Ses recherches cliniques sur cette maladie ont permis de mieux comprendre les composantes physiologiques, biochimiques, cellulaires et psycho-hormonales de la maladie. Ses nombreuses publications dans les journaux et ouvrages érudits témoignent de sa vaste connaissance des racines moléculaires de la schizophrénie et de son expérience dans le traitement de cette psychopathologie. Elle dirige le comité d'éthique de l'Institut psychiatrique Clarke et de l'Association des Psychiatres de l'Ontario. En 1984, elle est élue présidente de la filiale ontarienne de l'American Psychiatric Association.

Dans *Living and Working with Schizophrenia* (trad. Yves Lamontagne et Alain Lesage, *Vivre et travailler avec la schizophrénie. Informations et ressources pour les patients, leurs familles, amis, employeurs et professeurs*; 1983), livre écrit pour les non-spécialistes en 1982, Seeman et ses collègues y résument l'état présent des données scientifiques et cliniques associées à la schizophrénie et à son traitement. Cet ouvrage de vulgarisation vient en aide à beaucoup de gens.

Rose Sheinin

Seeman, Philip, spécialiste de la neuropharmacologie moléculaire et enseignant (Winnipeg, 8 fév. 1934), marié à Mary Violette SEEMAN. Après des études à l'U. McGill et à l'U. Rockefeller, Seeman étudie la structure et la fonction de la membrane plasmique à la surface des cellules animales. Il porte un intérêt particulier aux composés actifs sur le plan neurologique, à leur interaction avec les récepteurs à la périphérie des cellules nerveuses et à leur effet sur le comportement et l'humeur des humains.

Les découvertes scientifiques majeures de Seeman concernent le neurotransmetteur de la neurohormone L-dopamine, dont un fonctionnement anormal s'observe dans plusieurs formes de la maladie de Parkinson. Les études de Seeman et de ses collabo-

rateurs sur l'interaction de la L-dopamine, ses analogues et ses antagonistes avec les membranes des cellules nerveuses, fournissent une base rationnelle à la compréhension et au traitement de la maladie de Parkinson et à d'autres maladies qui dérivent des troubles de fonctionnement de la neurohormone.

Seeman est à la tête du Département de pharmacologie de l'U. de Toronto de 1977 à 1987. Il a publié, entre autres, l'ouvrage *Principles of Medical Pharmacology* (1976). Il reçoit le prix Galien 1994 pour sa recherche sur l'activité des récepteurs de la dopamine.

Rose Sheinin

Seguin, Fernand, biochimiste et vulgarisateur scientifique (Montréal, Qc, 9 juin 1922—*id.*,19 juin 1988). Sa thèse de maîtrise, une méthode de détermination de la présence d'amidopyrine dans le sang, lui vaut le prix Casgrain-Charbonneau. Vers la fin des années 40, il mène des recherches en biochimie à Chicago et à Paris, et, de 1945 à 1950, il enseigne à l'U. de Montréal. En 1950, il fonde le département de recherches biochimiques à l'hôpital Saint-Jean-de-Dieu, où il se spécialise dans l'étude des causes biologiques de la schizophrénie.

En 1954, il abandonne sa carrière de chercheur et de professeur et commence une longue série d'émissions à la radio et à la télévision qui font naître la curiosité scientifique populaire au Québec et sont à l'origine de nombreuses carrières scientifiques. Suivent les émissions pour adultes: *Le Roman de la science* (1956-1960), *Aux frontières de la science* (1960-1961) et *L'Homme devant la science*. Avec *Le Sel de la semaine* (1965-1970), il devient en quelque sorte un critique de la science.

De 1975 à 1977, il anime *Science Réalité*, une émission télévisée hebdomadaire. En 1977, il devient le premier Canadien à recevoir le prix Kalinga, de l'UNESCO, la plus prestigieuse récompense remise en vulgarisation scientifique, et rejoint ainsi les rangs de Bertrand Russell (1957), Julian Huxley (1953) et Margaret Mead (1970).

Marthe Legault

Séguin, Maurice, historien (Horse Creek, Sask., 7 déc. 1918—Lorraine, Qc, 28 août 1984). Théoricien du néonationalisme et maître à penser de l'École d'interprétation historique de l'UNIVERSITÉ DE MONTRÉAL, Maurice Séguin débute un enseignement à l'Institut d'histoire de l'U. de Montréal en 1948, c.-à-d. moins d'un an après la soutenance de sa thèse doctorale *La «nation canadienne» et l'agriculture (1760-185)*. Pendant plus d'une décennie, il y est le seul responsable de l'enseignement de l'histoire du Canada sous régime britannique, alors que le premier directeur de l'Institut, Guy Frégault, se réserve le champ historique de la Nouvelle-France. En 1959, au départ de ce dernier, Séguin hérite de la chaire Lionel-Groulx dont il demeure l'unique titulaire jusqu'au terme de sa carrière universitaire, couronnée par le titre de professeur émérite.

Grâce à la formalisation de son «système de normes», Maurice Séguin contribua de façon significative au renouvellement de l'historiographie en se démarquant radicalement de la tradition historiographique représentée par Lionel Groulx dont l'enseignement était voué à la glorification de «Notre maître le passé». Le théoricien du néonationalisme opta résolument pour des valeurs nationales conformes aux besoins et aux réalités de la société québécoise de l'après-guerre, qui annonçaient les grands enjeux de la Révolution tranquille.

Son «système de normes» repose sur un modèle «organiciste» de la nation. Voyant le nationalisme comme un phénomène «constant», lié à la nature même de la vie organisée en société, Maurice Séguin en déduit que toute collectivité nationale se doit de rechercher, d'affirmer et de défendre « la maîtrise de sa vie politique, économique et culturelle», qui doit prendre la forme d'un État national indépendant sans lequel la collectivité nationale risque de subir une oppression permanente. Dans cette perspective néonationaliste, il considère que la Conquête de 1760 a mis en «concurrence vitale», sur un même territoire géographique, 2 collectivités nationales distinctes dont l'une, britannique et conquérante, était destinée à assurer sa domination et l'autre, canadienne-française et conquise, condamnée à survivre.

Pierre Tousignant

Séguin, Richard, auteur, compositeur et interprète. (Pointe-aux-Trembles, maintenant quartier de Montréal, 27 mars 1952). Après avoir formé pendant dix ans un duo avec sa jumelle Marie-Claire, Richard Séguin remporte, avec Serge Fiori, 2 Félix, dont celui de l'album de l'année 1979 pour *Deux cents nuits à l'heure* (200 000 exemplaires vendus). Pendant cinq ans, il se produit dans les festivals et boîtes à chansons du Canada francophone et d'Europe avec un répertoire de chansons intimistes. Sa carrière prend un nouveau tournant avec le succès de *Double vie*, remportant 2 Félix en 1986. Se tournant résolument vers une musique qui marie le rock à ses racines Folk, Richard Séguin se rallie un large public avec *Journée d'Amérique* (album rock 1988) et *Aux portes du matin* (album rock et chanson de l'année 1992). Proclamé Artiste pour la paix en 1990, il défend la justice sociale, l'égalité des races et le respect de l'environnement dans ses chansons qui en font l'interprète masculin de l'année (Félix) en 1992 et 1993. Il se produit en Europe, au Sénégal et dans plusieurs parties du Canada, chantant souvent avec des artistes autochtones. En plus de celles déjà mentionnées, *Chanson pour durer toujours, Ici comme ailleurs, Et tu marches, L'ange vagabond, Sous les cheminées, Pleure à ma place, Avec toi* et *Rester debout* comptent au nombre de ses chansons les plus remarquables.

Richard Thérien

Seiche MOLLUSQUE de l'ordre des décapodes (10 appendices) dans la classe des céphalopodes. Il existe environ 100 espèces de seiches dans les genres genre *Sepia* (seiches au sens strict) et *Spirula*. La seiche possède une coquille interne poreuse et cartilagineuse, connue sous le nom d'os de seiche, que l'on donne aux oiseaux d'élevage comme source de calcium. Les pores de cette coquille sont remplies de gaz (azote) qui permettent de régler la flottabilité de l'animal. Même les coquilles d'animaux morts flottent. De forme ovale et pouvant atteindre 60 cm de longueur, la seiche ressemble à un CALMAR aplati. Elle a, à la surface du corps, des milliers de cellules pigmentées appelées chromatophores, dont la teinte peut changer sous contrôle nerveux, permettant à l'animal de se camoufler ou de s'orner de motifs extraordinaires comme les zébrures mouvantes du mâle sexuellement actif.

Pour échapper aux prédateurs, la seiche adopte une coloration foncée, éjecte un leurre gélatineux brun foncé dont la forme peut être confondue avec celle de leur corps, reprend instantanément une teinte pâle et fuit en nageant. L'encre sépia qu'on en tire est utilisée comme matériel artistique. Les plus proches parents canadiens de la seiche sont 4 petites espèces du genre *Rossia* qui ont la coquille réduite. Elles se trouvent dans les 3 océans du Canada. Dans l'Atlantique, on rencontre également 2 autres espèces, *Semirossia tenera* et *Stoloteuthis leucoptera*. Ces 3 genres (*Rossia, Semirossia* et *Stoloteuthis*) font partie de la famille des sépiolidés et de l'ordre des sépioidés.

R.K. O'dor

Seigle Nom commun donné aux espèces du genre *Secale*, membres de la famille des graminées (*Gramineae*), et aux CÉRÉALES produites par ces espèces. Le seigle occupe le deuxième rang derrière le BLÉ parmi les grains qui entrent dans la fabrication du pain. Ce sont d'ailleurs les seules céréales que l'on peut utiliser pour faire du pain à pâte levée. Il existe des espèces annuelles de seigle et des espèces vivaces, mais seule la *S. cereale* est importante au plan économique. Elle se classe septième parmi les principales cultures vivrières et fourragères

du monde. Le seigle d'hiver, semé au début de l'automne, est beaucoup plus répandu que le seigle d'été.

Le seigle vient probablement d'Asie mineure et s'est répandu dans toute l'Europe en tant que contaminant du blé, auquel il ressemble. Il a été amené en Amérique du Nord par les immigrants européens. Il a également été importé à la fin du XIXe s. et au XXe s. par les organismes gouvernementaux à l'occasion de programmes visant à créer des cultivars adaptés aux conditions climatiques du Canada.

Le grain de seigle est porté par un épi terminal de 10 à 15 cm de long. Les épillets disposés en alternance produisent 2 grains. Les grains sont généralement bleu verdâtre, mais peuvent se présenter sous une couleur allant du bronze clair au brun foncé, selon le cultivar. En Amérique du Nord, le seigle sert principalement à nourrir les animaux. Dans les prairies semi-arides, une bonne partie de la culture est gardée en pâturage ou récoltée en vue de constituer des réserves de fourrage pour le bétail. Les produits de boulangerie à base de seigle entier comptent parmi les meilleures sources de fibres alimentaires pour les humains.

La maladie fongique appelée «ergot» (*Claviceps purpurea*) constitue la maladie la plus grave du seigle et des précautions doivent être prises lorsqu'on utilise du seigle ergoté dans le fourrage pour le bétail. La production de seigle canadien (environ 2 p. 100 de la production mondiale) atteint en moyenne 500 000 t annuellement (1985-1994). De ces 500 000 t, 50 p. 100 sont exportées (surtout au Japon et aux États-Unis); 30 p. 100 sont destinées au marché intérieur de la moulée animale; 10 p. 100 servent à l'industrie du maltage et de la BRASSERIE; 5 p. 100 entrent dans les aliments (pain et céréales pour petit déjeuner) et 5 p. 100 sont employées comme graines de semailles.

Le seigle est la plus résistante des cultures céréalières. Il constitue une culture importante dans les régions sujettes au stress provoqué par la basse température et la sécheresse, comme dans les zones semi-arides des prairies canadiennes où la culture du seigle sert à stabiliser l'érosion du sol sur les sols minéraux légers.

D.S. McBean et J.G. McLeod

Sékanis Ces «gens des rochers ou des montagnes», ont leurs premiers contacts avec les Blancs au moment de la visite de Samuel BLACK en 1824. Ils forment plusieurs bandes ou groupes familiaux de 30 à 40 personnes et vivent de la chasse et de la traite le long des rivières Finlay et Parsnip, tributaires de la RIVIÈRE DE LA PAIX. Leur premier noyau d'appartenance étant la bande plutôt que la tribu, l'identification de certaines bandes aux Sékanis est arbitraire. Comme les Castors et les Sarsis, ils parlent une langue de souche athapascane et semblent ne s'être éloignés des CASTORS que vers la fin du XVIIIe s.

Subsistance Leur moyen traditionnel de subsistance est la chasse à l'orignal, au caribou, au mouflon de montagne, à l'ours et, avant qu'ils ne soient évincés des Prairies, au bison et au wapiti. Ils pêchent aussi le corégone et n'ont accès au saumon que lorsqu'ils gagnent l'Ouest après l'arrivée des Blancs. Leurs outils, leurs abris et leurs façons d'apprêter la nourriture sont semblables, sous plusieurs aspects, à ceux des autres Athapascans de la zone subarctique occidentale. Cependant, ils n'utilisent pas le chien comme animal de trait ou de bât. Ils n'adoptent le toboggan qu'au XXe s. et leurs pirogues sont des copies de celles d'autres groupes, mais, à l'origine, ils fabriquaient des canots d'écorce d'épinette.

Alliances commerciales Les Sékanis commercent avec les ESCLAVES et les Castors, à l'est, ainsi qu'avec les TAHLTANS et les PORTEURS, à l'ouest. Ils vendent des fourrures et des articles de cuir tanné de grande qualité. Il semble que plusieurs bandes passent l'hiver dans leurs lieux de traite, souvent sur le territoire d'autres peuplades, où ils ont

accès au saumon, au bison ou au caribou. Au début du XIXe s., cependant, ils sont chassés par les Castors des contreforts orientaux des montagnes Rocheuses. Ils font aussi la guerre contre leurs voisins au sud, dans le territoire où ils tentent de s'introduire.

En 1826-1827, des postes de traite sont établis sur leur territoire ou à proximité, le premier étant celui du lac de l'Ours, mais les Sékanis continuent de se procurer des marchandises européennes par l'intermédiaire des Porteurs et des TSIMSHIANS. À la suite de mariages avec des membres de ces 2 groupes, les Sékanis adoptent plusieurs éléments de la société matrilinéaire de la côte Ouest, tels que les emblèmes de clans et le potlatch, mais leurs tentatives d'embrasser le système de clan tripartite échouent.

Au plus fort de la ruée vers l'or d'Omineca, en 1871, ils établissent des villages d'hiver permanents au lac de l'Ours, dans le bassin hydrographique du Pacifique. De nombreux Sékanis suivent les chercheurs de fortune dans l'autre importante ruée vers l'or de la région de Cassiar, au nord, et s'installent à Fort Ware au tournant du siècle, tandis que d'autres choisissent Fort Grahame et Fort McLeod. Dans les années 60, l'inondation de Fort Grahame causée par le barrage Bennett entraîne d'autres déplacements vers Ingenika et le Mackenzie. En 1996, le nombre de Sékanis s'élevait à 1044. (*Voir* AUTOCHTONES: LA RÉGION SUBARCTIQUE et les articles généraux sous la rubrique AUTOCHTONES.)

Sel Le chlorure de sodium (NaCl), ou sel blanc, est très répandu dans la nature. À l'état solide, le sel se cristallise en cubes incolores. On le désigne alors du nom de sel gemme. Les géologues le nomment aussi halite. Il forme des cristaux transparents ou translucides, dont la structure a été la première à être décelée par rayons X. En 1866, lorsque Samuel Platt effectue des travaux de forage pétrolier près de Goderich, en Ontario, il ne trouve pas de pétrole, mais une épaisse couche de sel blanc et propre: il s'agit de la formation de Salina, dans le bassin du Michigan, qu'on trouve dans le sous-sol d'une grande partie du sud-ouest de l'Ontario. Dans l'ouest du Canada, les couches de sel forment une large ceinture qui s'étend du sud-ouest du Manitoba au nord de l'Alberta. Le sous-sol des provinces de l'Atlantique est constitué d'un bassin sédimentaire contenant d'épaisses poches de sel.

Gisements souterrains de sel gemme On exploite les gisements souterrains de sel gemme par la méthode traditionnelle par chambres et par piliers (*voir* EXPLOITATION MINIÈRE) ou par tranches. Par la suite, on procède au broyage et au raffinage du sel, sous terre ou à la surface. On peut aussi extraire le sel par dissolution. Cette méthode consiste à injecter de l'eau dans le gisement, puis à pomper à la surface la solution saturée. On verse ensuite la saumure dans des évaporateurs sous vide à effet triple ou quadruple, où le sel se recristallise. Au Canada, le sel gemme est extrait en Nouvelle-Écosse, au Nouveau-Brunswick, au Québec et en Ontario, ainsi qu'en Saskatchewan où il est un sous-produit de l'exploitation de la POTASSE. La méthode d'extraction par dissolution est utilisée en Nouvelle-Écosse, en Ontario, en Saskatchewan et en Alberta.

Élément essentiel de l'alimentation humaine et animale, le sel facilite la digestion, mais une trop grande consommation est souvent considérée comme une cause d'hypertension et de maladies cardiaques. La production de sel est l'une des plus anciennes industries chimiques. À une époque lointaine, en raison de son utilité, le sel servait de monnaie. L'industrie alimentaire en fait usage comme assaisonnement et comme agent de conservation de la viande et du poisson. Dans un pays nordique comme le Canada, le sel sert à faire fondre la glace et la neige sur les routes; toutefois, en raison des préoccupations environnementales et des effets corrosifs du sel sur les infrastructures telles que les ponts et les parcs de stationnement, on a tenté de nombreuses expériences avec des substituts de sel. Parfois, le sel de déglaçage a aussi des effets nocifs sur la croissance des plantes et des cultures à proximité des routes et fait augmenter le niveau de salinité des cours d'eau et des eaux souterraines. Toutefois, c'est encore le moyen le plus efficace et le plus économique pour faire fondre la glace.

Utilisation du sel dans l'industrie chimique L'INDUSTRIE CHIMIQUE utilise le NaCl pour fabriquer du chlore, de la soude caustique, du bicarbonate de soude et du chlorate de sodium, produits qui servent à la fabrication du papier, du savon, du carton et des produits pétrochimiques (*voir* INDUSTRIE PÉTROCHIMIQUE). Le Canada est le plus grand utilisateur de sel du monde, surtout parce qu'il sert à améliorer les conditions routières en hiver, et vient au quatrième rang pour la production, après les États-Unis, la Chine et l'Allemagne. En 1995, sa production de 10 957 000 tonnes est évaluée à 270 millions de dollars. Les ressources du pays pourraient facilement répondre à toute la demande, mais les coûts de transport d'un produit aussi volumineux sur de longues distances rendent parfois le commerce avec les États-Unis (pays avec lequel se fait 99 p. 100 des échanges dans le domaine du sel) plus avantageux pour certaines régions. Toutefois, nos exportations dépassent toujours nos importations.

Patrick Morel-À-L'huissier et Helen R. Webster

Selke, Frank J., administrateur sportif et entraîneur (Kitchener, Ont., 7 mai 1893—Rigaud, Qc, 3 juillet 1985). À l'âge de treize ans, Selke est déjà directeur général des Iroquois de Kitchener, un club de calibre bantam de sa ville natale. En 1918, débute sa longue association avec CONN SMYTHE à Toronto, où il contribue à édifier la dynastie des Maple Leafs. Il quitte Toronto pour Montréal en 1946 et il mène les Canadiens à 6 conquêtes de la Coupe Stanley avant de prendre sa retraite en 1964, après avoir occupé le poste de directeur général de l'équipe pendant dix-huit ans. Selke est admis au Temple de la renommée du hockey en 1960. La Ligue nationale de hockey a rendu hommage à ce grand artisan du hockey défensif en donnant son nom à un trophée. Le trophée Frank J. Selke est attribué annuellement au meilleur avant défensif de la ligue désigné par l'Association des journalistes du hockey professionnel.

Gerald Redmond

Selkirk, ville du Man.; pop. 9881 (rec. 1996), 9815 (rec. 1991); superf. 24,71 km², const. en 1982; située sur la rive ouest de la RIVIÈRE ROUGE, à 29 km au nord de Winnipeg. Des Indiens y cultivent la terre au milieu des années 1800. La spéculation foncière et la construction débutent avec frénésie en 1875 lorsqu'il est proposé que la voie ferrée du CP traverse la rivière Rouge à cet endroit. C'est Winnipeg qui est finalement désignée, mais Selkirk se transforme en port et en centre de construction navale, de transformation du bois, d'exportation de poisson et de services agricoles.

La Manitoba Rolling Mills (Canada) Ltd, qui fabrique des produits d'acier, s'implante en 1913. Elle devient le plus important employeur de la ville. L'acier, l'industrie légère, les services et l'administration gouvernementale sont aujourd'hui les piliers de l'économie de Selkirk. La ville possède un parc industriel, un chantier naval, un centre régional de santé mentale, ainsi que l'une des deux compagnies canadiennes fabriquant de la silice de haute qualité utilisée dans la production du verre. Elle a sa propre station radiophonique et une école secondaire régionale.

Selkirk, dont le nom rappelle lord SELKIRK, est située près du parc historique national de Lower Fort Garry et des écluses St. Andrews sur la rivière Rouge. Elle abrite un musée maritime et célèbre ses origines écossaises en juillet de chaque année, lors du Manitoba Highland Gathering.

D.M. Lyon

Selkirk, chaîne Située dans le Sud-Est de la Colombie-Britannique, entre le FLEUVE COLUMBIA à l'ouest et la vallée du LAC KOOTENAY. Près du COL ROGERS, dans le PARC NATIONAL DES GLACIERS, et au nord du SILLON DES ROCHEUSES, on peut admirer de nombreux sommets impressionnants au relief spectaculaire, notamment le mont Sir Sandford, culminant à 3533 m.

Importance économique La colonisation de la partie sud de la chaîne, la partie la plus accessible, commence dans les années 1880, alors que l'exploration minière attire des prospecteurs du Nord-Ouest américain. Une mine dans la région du lac McNaughton produit du minerai de cuivre et de zinc. Des vagues successives de colons qui s'installent dans les vallées Kootenay et Slocan proviennent de différents groupes religieux comme les DOUKHOBORS. TRAIL est le centre industriel de la région de Kootenay. NELSON et CASTLEGAR sont des centres industriels axés sur les produits de la forêt.

Peter Grant

Selkirk Communications ltd Jusqu'à ce qu'elle soit vendue en 1988, elle était l'un des propriétaires de réseaux de radiodiffusion les plus importants du Canada. L'entreprise comptait alors 14 stations de radiodiffusion (Vancouver, Calgary, Edmonton, Blairmore, Lethbridge, Grande-Prairie, Elkford et Vernon), des stations de télévision (CFAC-TV à Calgary-Lethbridge, CHCH-TV à Hamilton et était copropriétaire de CHEK-TV, CHAN-TV et de CHBC-TV en Colombie-Britannique), elle détenait la moitié des parts dans les réseaux de CÂBLODISTRIBUTION de Winnipeg et Ottawa et 7,5 p. 100 des actifs de la société Les Communications par satellite canadien Inc (CANCOM).

Selkirk avait également des actions dans la radio au Royaume-Uni, dans la télévision par câble aux États-Unis, dans les industries de la radiodiffusion de la publicité au Canada et aux États-Unis ainsi que dans les services de diffusion radiophonique au Canada. Selkirk était également propriétaire de la société R-Tek, qui fabriquait et distribuait des disques dans 7 pays, et de Westwood One Canada, qui distribuait des émissions radiophoniques à des stations affiliées, au Canada et aux États-Unis.

En 1986, le total des actifs de Selkirk était de 227 millions de dollars, et ses revenus s'élevaient à 172 millions de dollars. Au cours de transactions controversées, SOUTHAM INC. obtient, au début de 1988, 47,3 p. 100 des actions de Selkirk sans droit de vote et 20 p. 100 des actions avec droit de vote. Quelques mois plus tard, Southam vend ses parts à Maclean Hunter, un rival qui, à son tour, vend, en décembre 1988, les parts qu'elle détient dans la transmission d'émissions dans l'Ouest à la société Western International Communications Ltd (WIC). Maclean Hunter engloutit ce qui restait de Selkirk, et la société est dissoute.

Peter S. Anderson

Selkirk, Thomas Douglas, 5ᵉ comte de, colonisateur (St. Mary's Isle, Écosse, 20 juin 1771—Pau, France, 8 avril 1820). Le plus jeune fils d'une famille nombreuse, il devient inopinément le second prétendant au titre et, à la mort de son père (1799), il cherche à se faire un nom dans le monde. Il trouve sa voie dans le parrainage de Highlanders déplacés qui veulent s'établir en Amérique du Nord britannique. En 1803, il établit 800 Highlanders sur des terres qu'il achète à l'Île-du-Prince-Édouard et, en 1804, il établit une colonie à Baldoon (Haut-Canada). Il est poussé à agir autant par ses sentiments humanitaires que par son ambition personnelle et le désir d'améliorer les terres. En 1806, il fait partie des 16 pairs écossais élus à la Chambre des lords et, en 1807, il est nommé vice-roi de Kirkcudbright.

Étant donné le peu de succès qu'il remporte dans sa vie publique et politique, Selkirk se rabat sur la colonisation. Sa famille et lui-même ayant investi dans la COMPAGNIE DE LA BAIE D'HUDSON (CBH), il reçoit, en 1811, une importante concession de terre de l'ASSINIBOIA, dans ce qui est aujourd'hui le Manitoba. Un groupe de reconnaissance, envoyé sous la direction de Miles MACDONELL en 1811, y établit la RED RIVER COLONY en 1812. Des conflits avec la COMPAGNIE DU NORD-OUEST (CNO) et avec les Métis du lieu entraînent la dispersion de la colonie en 1815. Selkirk vient au Canada pour superviser en personne les opérations.

En route vers la rivière Rouge avec un groupe de soldats suisses en 1816, il apprend que le gouverneur Robert SEMPLE et plusieurs colons ont été tués à SEVEN OAKS. En réaction, il occupe l'entrepôt de la CNO à Fort William. Il est alors mêlé à un litige complexe qui l'oppose à la CNO et aux Canadiens qui condamnent la fondation de la colonie. Il visite la rivière Rouge en 1817 avant de retourner au Canada pour combattre ses adversaires devant les tribunaux. Incapable de convaincre les autorités canadiennes ou le gouvernement britannique que les conflits qui ont lieu dans l'Ouest résultent d'une conspiration contre lui et la CBH, il considère que cet échec nuit à son honneur. Atteint de tuberculose, il s'embarque pour l'Angleterre en 1818. Sa maladie l'empêche de se défendre et il meurt en France, en route vers un climat plus clément.

Bien que ses entreprises se soient soldées par de coûteux échecs, il laisse le souvenir d'un défenseur sincère et éloquent du droit des minorités culturelles et d'un homme qui fut l'un des premiers à s'opposer aux efforts déployés par le gouvernement britannique pour limiter l'émigration dans le but d'améliorer le niveau de vie des populations.

J.M. Bumsted

Selwyn, Alfred Richard Cecil, géologue (Kilmington, Angl., 28 juill. 1824—Vancouver, 19 oct. 1902). L'intérêt naturel de Selwyn pour la GÉOLOGIE s'accroît au moment de ses études en Suisse. En 1845, il est assistant géologue à la Geological Survey of Great Britain; en 1852, il est directeur de la Geological Survey of Victoria, en Australie, et, en 1869, il succède à sir W.E. LOGAN au poste de directeur de la COMMISSION GÉOLOGIQUE DU CANADA (CGC). La nomination de Selwyn à ce poste d'administrateur coïncide avec l'expansion territoriale du Canada vers le Pacifique, ce qui nécessite une restructuration complexe de la CGC en tant qu'institution scientifique et bureaucratique. Selwyn entreprend lui-même des travaux sur le terrain. Il effectue des levés dans le sud de la Colombie-Britannique en 1871 et examine le district de la rivière de la Paix en tant que route septentrionale possible pour le Canadien Pacifique en 1875. Il étudie aussi les champs aurifères de l'Est canadien. Étranger remplaçant un homme de l'envergure de Logan à un moment crucial de l'histoire canadienne, Selwyn a une tâche difficile, mais il supervise habilement l'énorme croissance de la CGC et résout certains de ses problèmes théoriques. Il prend sa retraite en janvier 1895.

Suzanne Zeller

Selwyn, monts Chevauchent la frontière entre le Yukon et les Territoires du Nord-Ouest et sont orientés vers le Nord-Ouest. Ils sont formés de chaînes de sommets pris par les glaces, de crêtes, de plateaux et de vallées en U, et sont composés de roches sédimentaires faillées, plissées et intrusives. Ces monts doivent leur nom à A.R.C. SELWYN, directeur de la Commission géologique du Canada de 1869 à 1895. La hauteur des sommets varie de 2130 m à 2740 m. La montagne la plus haute est Keele Peak (2972 m). D'importants champs de glace recouvrent Keele Peak et les chaînons Itsi et Ragged. Ce n'est qu'après la Seconde Guerre mondiale que sont dessinées les premières cartes des monts Selwyn et que sont organisées les premières explorations de la région.

Lionel E. Jackson fils

Selye, Hans, endocrinologue, pionnier mondialement célèbre et vulgarisateur des recherches sur le «stress biologique» chez les individus et les groupes (Vienne, Autriche, 26 janv. 1907—Montréal, 16 oct. 1982). Après des études à Prague, à Paris et à Rome, Selye est engagé à McGill en 1932. Il devient, en 1945, le premier directeur de l'Institut de médecine et de chirurgie expérimentales à l'U. de Montréal et en dirige les activités jusqu'à sa retraite en 1976. En 1977, il fonde l'International Institute of Stress, dont les bureaux se trouvent dans sa propre maison.

L'élaboration de sa théorie sur le syndrome général d'adaptation, qui repose sur beaucoup d'expériences faites sur des rats, provoque beaucoup de controverses. En résumé, sa théorie propose que tous les stimuli sont des agents stressants qui produisent une réponse générale de «stress» chez la personne affectée. Par la suite, Selye affirme qu'il a été gêné par une connaissance insuffisante de l'anglais et qu'il aurait dû appeler son syndrome le «syndrome de tension». Pour Selye, «le stress joue un certain rôle dans l'évolution de chaque maladie» et constitue «la réponse non spécifique du corps à tout stimulus qu'il reçoit». Ce processus, qu'il nomme le syndrome général d'adaptation, est divisé en 3 phases: la phase d'alarme, la phase de résistance et la phase d'épuisement. L'incapacité à bien faire face aux agents stressants se manifeste par des «maladies d'adaptation» telles que l'hypertension artérielle, l'ulcère gastrique ou duodénal et divers troubles mentaux. Par la suite, Selye parle de 2 types importants de stress: «le stress agréable ou qui fait du bien» (eustress) et «le stress déclencheur de maladie ou déplaisant» (détresse). Auparavant, il flirte également avec l'idée qu'une nation entière pourrait souffrir du syndrome général d'adaptation, dans le cas d'une frustration et d'une insécurité généralisées, qui augmenterait l'incidence de toutes les maladies liées au stress.

Auteur prolifique et conférencier, Selye s'efforce de rendre ses idées accessibles au grand public par des écrits tels que *The Stress of Life* (1956; éd. rév. 1976), *Du rêve à la découverte* (1972), *Stress sans détresse* (1974) et son autobiographie *Le stress de ma vie* (1977; 2e éd. 1979). Il reçoit beaucoup d'honneurs dont une vingtaine de diplômes honoraires et est fait Compagnon de l'Ordre du Canada. En se concentrant trop sur l'aspect biologique, il ignore ou sous-estime l'influence exercée par la psychologie et la culture de la personne sur la physiologie du corps. Son modèle théorique est maintenant remplacé par les modèles «cognitifs» du stress et de la réponse du sujet face à l'agent stressant mis de l'avant par le psychologue Richard Lazarus (U. de Californie, Berkeley) et d'autres.

D. Paul Lumsden

Semaines sociales du Canada Colloques annuels organisés à partir de 1920 par le père Joseph-Papin ARCHAMBAULT, s.j., et les animateurs de l'École sociale populaire. Ces rencontres visent à former une élite qui propagera l'esprit chrétien et la DOCTRINE SOCIALE de l'Église dans les mœurs, les institutions et les lois du Québec. Les intellectuels cléricaux qui participent à ces discussions étudient, à la lumière des encycliques (en particulier, de *Rerum Novarum*, la base de l'Action sociale), des questions sociales comme la famille, l'éducation, le syndicalisme, la vie rurale, l'urbanisation, etc. Liée à celle de l'Église catholique au Québec, l'influence des Semaines sociales est nettement plus grande avant la Seconde Guerre mondiale qu'après, même si ces colloques se poursuivent jusqu'en 1962.

Fernande Roy

Semi-conducteurs et transistors Composants essentiels de tout ordinateur, les semi-conducteurs, souvent appelés circuits intégrés, puces ou micropuces, sont utilisés dans un large éventail d'appareils, notamment le matériel de télécommunications, les appareils électroniques grand public, les appareils électroménagers et même les automobiles. En effet, au cours de la dernière décennie, non seulement les puces ont envahi un nombre croissant de produits, mais elles ont enrichi sans cesse les fonctionnalités de produits existant, en plus de favoriser la création de nouveaux produits. Grâce à ces applications novatrices, l'industrie mondiale des semi-conducteurs a réalisé des ventes évaluées à près de 200 milliards de

dollars en 1995, tandis que l'industrie de la micro-électronique canadienne, quant à elle, a représenté près de 1 milliard de dollars en chiffre de ventes pendant cette même année.

Applications Le rythme vertigineux des percées technologiques survenues dans le domaine des semi-conducteurs (tous les deux ans environ, la capacité des puces est doublée, et leur prix, réduit de moitié: c'est la loi de Moore) a favorisé l'essor des puces aussi bien dans les systèmes électroniques complexes que dans de nombreux produits grand public (comme les ordinateurs personnels, les calculatrices, les jeux vidéo, les voitures, les machines à coudre, les magnétoscopes à cassettes et les fours à micro-ondes).

Grâce aux puces, les produits électroniques grand public sont maintenant dotés de capacités toutes nouvelles. C'est le cas du lecteur de disques audionumériques (cédéroms), qui peut jouer en mode aléatoire une sélection de pièces provenant de plusieurs disques sans en répéter aucune, ou encore d'un appareil radio pouvant balayer le spectre de fréquences jusqu'à ce qu'une station soit synthonisée. Les puces ont également permis d'équiper les voitures de pièces, telles que des systèmes de freinage capables, par chaussée glissante, de pomper les freins pour éviter les dérapages.

Parallèlement, les puces ont largement favorisé la création de nouveaux produits grand public. Citons, p. ex., les cartes à puces intelligentes dont les microprocesseurs et la mémoire intégrés permettent d'assurer la sécurité de certains lieux et d'en contrôler l'accès, ou encore permettent aux titulaires de régler le paiement d'achats sur place et de faire des appels d'un téléphone public sans avoir d'abord à faire la chasse à la petite monnaie. Cependant, les fabricants d'ordinateurs restent les plus grands utilisateurs de puces. À eux seuls, les ordinateurs personnels représentent environ la moitié des puces vendues dans le monde entier.

Structure Le transistor, développé par les Laboratoires Bell de la société AT&T, en 1948, est le composant de base d'un circuit intégré. Un transistor est un interrupteur électronique qui contrôle les signaux électriques circulant sur la puce. Un circuit intégré est une tranche de silicium sur laquelle de multiples transistors sont disposés sous forme des configurations complexes qui, d'ailleurs, sont devenus toujours plus concentrés et plus complexes depuis la construction des premiers circuits intégrés par les sociétés américaines Texas Instruments et Fairchild Semiconductor en 1959.

Les fabricants de puces réussissent toujours à comprimer un nombre croissant de transistors dans les puces aussi minuscules que la surface d'un ongle. On en distingue couramment 2 types: les puces LSI (intégration à grande échelle), dont la densité d'intégration est telle qu'elles comprennent 10 000 transistors et plus, et les puces VLSI (intégration à très grande échelle) dont la miniaturisation permet de regrouper des centaines de mille et des millions de transistors. Au début des années 80, les puces qui comptaient 250 000 transistors représentaient la fine pointe de la technologie des semi-conducteurs. Pourtant, le microprocesseur Pentium Pro d'Intel lancé en 1995, et qu'on retrouve dans près de 90 p. 100 des ordinateurs personnels fabriqués aujourd'hui, intègre 5,5 millions de transistors.

Les technologies axées sur les puces VLSI sont plus rapides, plus fiables, plus compactes, se transportent mieux et sont moins onéreuses et énergivores que celles de la dernière génération. On estime qu'il coûtera deux ou trois fois plus cher de fabriquer un produit intégrant dix puces standard qu'un produit utilisant une puce VLSI. Dans la même veine, le prix des ordinateurs et d'autres articles électroniques tend à baisser de façon appréciable lorsque les fabricants privilégient des puces sur mesure, c.-à-d. des puces conçues précisément pour incorporer les composants électroniques nécessaires dans moins de circuits inté-

grés possibles. C'est pourquoi le marché des puces sur mesure ou semi-personnalisées conçues en fonction de buts particuliers gagne constamment en importance.

Les puces standard ou polyvalentes ont dominé le marché au cours des années 70 et 80. Quant aux puces personnalisées, appelées également circuits intégrés à application spécifique (ASIC), elles n'ont commencé à s'imposer que durant les années 80. C'est une sous-catégorie de ces dernières, les puces semi-personnalisées, qui a le mieux percé, atteignant des ventes de près de 7,94 milliards de dollars en 1994. Pour fabriquer cette sorte de puce, on combine un certain nombre de «cellules» de façon innovatrice pour accomplir des tâches particulières, ou alors on utilise des puces partiellement préfabriquées en vue de ces fonctions spéciales. Moins chères et moins compliquées à concevoir et à produire que les puces entièrement personnalisées, leurs ventes se sont élevées à 3,72 milliards de dollars en 1994. De nouvelles technologies (comme la conception assistée par ordinateur, les chaînes de montage automatisées et les unités à faisceaux ioniques et à tranches inscriptibles) vont probablement réduire de manière substantielle le coût de fabrication des puces spécialisées.

Production La production des puces suit 2 phases: la conception et la fabrication. La première phase est la plus coûteuse et la plus longue. En effet, la conception d'une puce VLSI peut prendre plusieurs années et coûter des millions de dollars. La fabrication, quant à elle, consiste à établir les configurations complexes des transistors et de leurs connexions, souvent sur plusieurs couches de silicium. Compte tenu des propriétés élevées de réaction, la fabrication des puces exige un appareillage hautement sophistiqué et des locaux soigneusement contrôlés, appelés salles stérilisées.

On commence par produire des tranches d'environ 15 à 20 cm de diamètre avant de les découper pour en faire des puces. Malgré toutes les précautions, certaines présentent des défectuosités et sont donc rejetées. On appelle rendement le nombre moyen de bonnes puces par tranche. D'ordinaire, le rendement s'accroît au fil de l'évolution de la technologie associée à la fabrication de ce type de semi-conducteurs.

L'industrie canadienne Le Canada n'a que 3 fabricants de puces, aussi appelés «unités de production de tranches»: NORTHERN TELECOM LTÉE (Nepean, Ontario) MITEL CORPORATION (Bromont, Québec) et Gennum Corp (Burlington, Ontario). Bien qu'on ait prévu la construction de 140 usines de puces dans le monde entier entre 1995 et 2000, il n'y a aucun projet ferme d'en construire une autre au Canada, et ce, depuis les années 70. Toutefois, cela n'empêche pas de nombreuses sociétés canadiennes de concevoir des puces et de les faire fabriquer ailleurs, notamment en Extrême-Orient. C'est le cas d'ATI Technologies Inc, une société située à Markham, en Ontario, dont les circuits intégrés permettent de rehausser les qualités graphiques intégrées aux ordinateurs personnels, et également de Northern Telecom qui confie ailleurs la fabrication d'un grand nombre de ses puces, car ses besoins dépassent la capacité de production de ses installations à Nepean. (*Voir aussi* INFORMATIQUE, INDUSTRIE DE L'; ÉLECTRONIQUE, INDUSTRIE DE L'.)

Grant Buckler

Séminaire de Québec Maison d'enseignement composée du Grand et du Petit Séminaire. Le Grand Séminaire est fondé le 26 mars 1663 par Mgr François de LAVAL afin de former des prêtres et d'assurer le ministère paroissial et l'évangélisation dans tout le diocèse. En 1665, il est affilié au Séminaire des Missions étrangères de Paris. Le Petit Séminaire ouvre ses portes en octobre 1668; il reçoit des élèves amérindiens et français qui y sont placés pour étudier au Collège des Jésuites. En 1692, le Séminaire de Québec est forcé d'abandonner la direction du ministère paroissial et continue seulement d'assurer la formation des prêtres, sous l'entière autorité de l'évêque. La CONQUÊTE (1760) fait perdre au Séminaire le contrôle du presbytère de Québec et la direction des missions dans l'Illinois. En 1768, il cesse également d'être affilié au Séminaire des Missions étrangères de Québec. Trois ans auparavant, le Petit Séminaire devenait un collège qui dispensait le programme du cours classique à la façon des jésuites et acceptait des élèves qui ne se destinaient pas au sacerdoce. En 1852, on demande au Séminaire de Québec de fonder l'UNIVERSITÉ LAVAL et de lui fournir ses premiers dirigeants; il devient le siège de la faculté des arts, à laquelle tous les séminaires et collèges de la province doivent s'affilier. En 1964, le cours classique est divisé en un cours secondaire et en un cours collégial (les trois dernières années). Lorsque le gouvernement du Québec prend la direction de tout le système d'éducation, le Séminaire de Québec reste un établissement privé; on lui reconnaît un statut public en 1969. Ses élèves du collégial suivent le programme public d'études générales qui les prépare à toutes les facultés universitaires. Depuis 1971, les filles sont également acceptées au cours collégial.

Architecture Les bâtiments du séminaire sont construits conformément aux principes architecturaux du XVIIᵉ s.: des ailes ou des pavillons entourent des cours intérieures où l'on entre par un portail couvert. Quoique la construction des bâtiments du quadrilatère principal s'échelonne du XVIIᵉ au début du XXᵉ s., l'ensemble présente des traits typiques de l'architecture des bâtiments publics du régime français: maçonnerie de moellons enduite de stuc ou de crépi, fenêtres à battants à petits carreaux de vitre, toits à forte pente garnis de lucarnes et cheminées massives intégrées à des murs coupe-feu surélevés. L'aile de l'intendance, construite de 1678 à 1681 et restaurée en 1866 après un incendie (sa cuisine voûtée est demeurée intacte), et la chapelle de Mᵍʳ Briand, dont le retable a été délicatement sculpté en 1785-1786 par le menuisier Pierre Émond, en sont des éléments remarquables.

Nive Voisine et Christina Cameron

Semlin, Charles Augustus, enseignant, prospecteur, éleveur et premier ministre de la Colombie-Britannique (Barrie, Haut-Canada, oct. 1836—Ashcroft, C.-B., 3 nov. 1927). Après avoir enseigné à Barrie, il déménage en Colombie-Britannique en 1862, où il achète le Dominion Ranch en 1869. Élu député conservateur de Yale à l'Assemblée législative en 1871, il est défait en 1875. Réélu en 1882, il devient chef de l'Opposition en 1894 et premier ministre en août 1898, mais son gouvernement perd le pouvoir en 1900. Défait aux élections suivantes, Semlin recouvre son siège lors d'une élection complémentaire en 1903. Lorsque MCBRIDE déclenche des élections peu après, Semlin se retire dans son ranch dans le district de Cariboo, où il s'emploie dans l'élevage et se montre actif dans les associations d'éleveurs de bestiaux.

Sydney W. Jackman

Semple, Robert, gouverneur en chef de la Terre de Rupert (Boston, Mass., 26 fév. 1777—colonie de la rivière Rouge, 19 juin 1816). Fils d'un important commerçant de Londres et ancien Loyaliste, Semple est appelé à beaucoup voyager pour l'entreprise de son père et devient un auteur prolifique. Les récits de ses voyages comprennent notamment: *Walks and Sketches at the Cape of Good Hope* (1803), *Observations on a Journey through Spain and Italy to Naples, and thence to Smyrna and Constantinople* (1807) et *Sketch of the Present State of Carcas* (1812).

Ses activités commerciales attirent l'attention de lord SELKIRK qui, en avril 1815, le nomme «gouverneur des territoires de la compagnie dans la baie d'Hudson». Il part aussitôt vers la COLONIE DE LA RIVIÈRE ROUGE et, le printemps suivant, est mêlé à la lutte que se livrent la Compagnie de la baie

d'Hudson et la Compagnie du Nord Ouest. Le 19 juin 1816, il défie imprudemment une troupe de Métis alliés des Nor'Westers dirigés par Cuthbert GRANT. Semple et 20 de ses hommes sont rapidement encerclés et tués. (*Voir aussi* SEVEN OAKS, INCIDENT DE.)

J.E. Rea

Sénat Chambre haute du PARLEMENT, dont les membres sont nommés par le GOUVERNEUR GÉNÉRAL sur la recommandation du PREMIER MINISTRE FÉDÉRAL. Il se compose de 104 sénateurs, dont 24 viennent des Maritimes (la Nouvelle-Écosse et le Nouveau-Brunswick en ont 10 chacun, l'Île-du-Prince-Édouard, 4), 24 du Québec, 24 de l'Ontario, 24 des provinces de l'Ouest (6 chacune), 6 de Terre-Neuve, un du Yukon et un des Territoires du Nord-Ouest. Une disposition prévoit aussi 4 ou 8 sénateurs supplémentaires, répartis également entre les Maritimes, le Québec, l'Ontario et les provinces de l'Ouest. Jusqu'en 1965, les sénateurs étaient nommés à vie. Aujourd'hui, ils prennent leur retraite à 75 ans.

Sénateurs

Pour devenir sénateur, il faut être sujet de la Reine, avoir au moins 30 ans, posséder des biens immobiliers d'une valeur de 4000 dollars francs d'hypothèques et avoir une valeur nette personnelle d'au moins 4000 dollars, résider dans la province ou le territoire représenté et, au Québec (divisé en 24 divisions sénatoriales), résider ou posséder des biens immobiliers dans la division représentée. Un sénateur perd son siège s'il devient citoyen étranger, fait faillite, devient insolvable ou défaillant public, s'il est reconnu coupable d'un acte délictueux grave ou criminel, s'il ne répond plus au critère de résidence ou de propriété ou s'il s'absente du Parlement durant 2 sessions consécutives. Les sénateurs reçoivent une indemnité de session de 57 400 $ (1987) et une allocation pour frais non imposable de 9200 $ (les 2 montants étant partiellement indexés au coût de la vie) et ont droit à des services postaux gratuits, au transport ferroviaire gratuit en voiture coach et à un certain nombre de déplacements en avion gratuits.

Création

Le Sénat a été créé en vertu de la LOI CONSTITUTIONNELLE DE 1867, en premier lieu pour la protection des intérêts régionaux, mais aussi pour assurer ce que George-Étienne CARTIER appelait le pouvoir de résistance pour s'opposer à l'élément démocratique. La CHAMBRE DES COMMUNES était élue sur la base de la représentation selon la population. En 1867, l'Ontario est la province la plus peuplée et connaît la croissance la plus forte, mais l'importance du Québec et des Maritimes sur le plan de l'économie nationale ne dépend pas de la taille de leur population, de sorte que leurs intérêts ne sont en rien les mêmes que ceux de l'Ontario. N'osant pas laisser les questions relatives aux tarifs, à l'imposition et aux chemins de fer entre les seules mains d'une Chambre des communes dominée par l'Ontario, le Québec et les Maritimes insistent pour obtenir une représentation régionale égale à la Chambre haute, condition préalable à la CONFÉDÉRATION. Le Sénat n'est pas créé pour représenter les assemblées législatives ou les gouvernements provinciaux ni pour protéger les provinces de l'ingérence fédérale dans leurs pouvoirs. Les tribunaux protègent les pouvoirs provinciaux et la protection des intérêts provinciaux dans les domaines de compétence fédérale revient principalement aux ministres de chaque province au CABINET fédéral. Le premier Cabinet compte 5 sénateurs, sur un total de 13 ministres. De 1911 à 1979, leur nombre ne dépassera que rarement 2, se limitant souvent à 1. En 1979, les conservateurs ont si peu de députés québécois et francophones aux Communes qu'ils doivent accroître leur représentation québécoise et canadienne-française au Cabinet par la nomination de 3 sénateurs. De 1980 à 1984, les

libéraux, n'ayant pas suffisamment de députés dans l'Ouest, procèdent de la même manière.

Le Sénat devait aussi porter «une réflexion pondérée» sur les mesures législatives (bien que les Communes aient adopté un nombre infime de projets de loi que le Sénat pouvait considérer comme radicaux) et protéger les minorités mais, bien qu'il ait été responsable de l'établissement du BILINGUISME officiel dans les Territoires du Nord-Ouest originaux, il n'a pas rempli ce rôle très efficacement, notamment parce que la Chambre des communes s'est très bien acquittée de la tâche.

Pouvoirs du Sénat

Le Sénat possède presque tous les pouvoirs de la Chambre des communes. P. ex., les projets de loi sont lus 3 fois aux Communes comme au Sénat. Celui-ci ne peut retarder les modifications constitutionnelles pendant plus de 180 jours. Toutefois, aucun projet de loi ne peut devenir loi sans son consentement et il peut opposer son veto à tout projet de loi aussi souvent qu'il lui plaît. Le Sénat n'est pas autorisé à déposer des projets de loi de finances (taxes et impôts ou dépenses). Aucune des 2 Chambres ne peut augmenter les montants prescrits dans les projets de loi de finances. Le Sénat n'a pas opposé son veto à un projet de loi depuis 1939. Il en a coulé un, en 1961, en insistant sur un amendement que les Communes ont refusé d'accepter. Il n'a pas donné suite au projet de loi visant le retrait du gouverneur de la BANQUE DU CANADA, car ce dernier a démissionné. De nos jours, le Sénat apporte très rarement des amendements de principe. Les amendements qu'il apporte ont presque toujours trait au libellé et visent à clarifier, à simplifier ou à resserrer la mesure législative proposée. En 1987, le Sénat a temporairement bloqué le projet de loi C-22 sur les brevets pharmaceutiques, mais il a fini par consentir à des amendements. En 1990, dominé par les libéraux, il a réussi à contrecarrer les projets du gouvernement conservateur en bloquant le projet de loi sur l'impopulaire TPS, ce qui a mené Brian Mulroney à se prévaloir de son pouvoir d'ajouter 8 sénateurs pour forcer l'adoption du projet de loi.

La plupart des travaux du Sénat sont faits en comités (*voir* COMITÉS PARLEMENTAIRES) qui étudient les projets de loi une disposition après l'autre et entendent souvent des quantités de témoins, parfois durant plusieurs mois. Les comités sont généralement non partisans et peuvent puiser à même la vaste expérience et les grandes connaissances de leurs membres qui sont d'anciens ministres fédéraux et provinciaux, d'anciens députés fédéraux et provinciaux, des avocats et des gens d'affaires chevronnés, des agriculteurs, des femmes et des représentants de groupes ethniques, et parfois même des représentants syndicaux. Les comités du Sénat ont examiné en profondeur le CHÔMAGE, l'utilisation des terres, la POLITIQUE SCIENTIFIQUE, la PAUVRETÉ, le vieillissement, les médias de masse (*voir* COMMUNICATIONS) et les AFFAIRES INDIENNES.

Les enquêtes du Sénat ont produit des rapports utiles qui ont souvent mené à des changements importants dans la politique publique ou dans les mesures législatives. Le Sénat est généralement moins partisan dans son fonctionnement que la Chambre des communes mais, dans certains domaines, la réforme fiscale p. ex., la forte représentation d'avocats et de gens d'affaires, dont bon nombre occupent des fonctions au sein d'entreprises privées, colore ses réactions. Le veto absolu conféré au Sénat par la loi ne devait à l'origine que servir de veto dilatoire car, jusqu'à la fin des années 1860, les gouvernements ont souvent été de courte durée et il semblait qu'aucun ne réussirait à obtenir une majorité suffisante au Sénat pour bloquer un gouvernement du parti de l'opposition qui lui succéderait. Toutefois, la plupart des gouvernements du Canada, depuis, sont en place plus longtemps et, comme les nominations sont presque invariablement partisanes, le Sénat compte souvent une importante majorité de sénateurs de l'opposition. Depuis 20 ans, les libéraux dominent largement.

Réforme du Sénat

Une objection couramment formulée contre le Sénat consiste à dire que les personnes nommées par FAVORITISME n'ont aucunement droit à un poste d'autorité dans une démocratie. Le gouvernement libéral a proposé, en 1978, des mesures visant à rendre le Sénat plus représentatif des intérêts régionaux, mesures qui ont suscité peu de soutien. Une Chambre haute dont les membres sont nommés, investie d'un droit de veto juridique absolu en matière législative, en était venue à être considérée comme une anomalie, jusqu'à ce que l'idée refasse surface durant les débats constitutionnels de la fin des années 80. La réforme du Sénat a occupé une large place dans les débats sur l'ACCORD DU LAC MEECH et sur l'ACCORD DE CHARLOTTETOWN. Des provinces ont alors proposé que les nominations au Sénat soient confiées aux provinces. Les sénateurs pourraient agir comme des représentants provinciaux, défendant les intérêts régionaux, mais les critiques rétorquent alors qu'un tel système serait contraire aux principes du FÉDÉRALISME et de la démocratie par représentation. Au cours des longues négociations sur l'Accord de Charlottetown, la proposition d'un Sénat «des trois e» (élu, efficace et égal), dont Don Getty, le premier ministre de l'Alberta, est le plus ardent défenseur, devient un objet de débat fondamental. Après l'échec de l'Accord du lac Meech, l'Alberta tiendra d'ailleurs une élection provinciale pour combler un siège au Sénat. Même si la Constitution ne l'y oblige pas, le premier ministre du Canada Brian Mulroney nomme la personne élue, Stan Waters, au Sénat en 1990.

En vertu des arrangements constitutionnels actuels, à savoir la loi constitutionnelle de 1982, il faudrait, pour faire du Sénat un corps élu, que soit obtenu le consentement de 7 assemblées législatives provinciales représentant au moins la moitié de la population des 10 provinces, de même que pour tout changement dans les pouvoirs du Sénat ou dans le nombre de sénateurs de n'importe quelle province.

Sénateurs d'Ottawa La première équipe de hockey professionnel à jouer sous le nom de Sénateurs domine le hockey au début du XXe s. Les Sénateurs remportent la Coupe Stanley en 1903, 1904, 1905, 1906, 1909 et 1911. Ils sont membres fondateurs de la LIGUE NATIONALE DE HOCKEY en 1917. Les Sénateurs gagnent à nouveau la Coupe Stanley en 1920, 1921, 1923 et 1927 grâce à des joueurs clés tels que Frank «King» CLANCY, Cy Denneny, Eddie Gerard, Frank Nighbor et Art Ross (en l'honneur duquel le trophée Art Ross a été baptisé).

Il s'agit d'une des premières équipes à souffrir du phénomène de «petit marché» qui frappe maintenant les équipes de sport professionnel du Canada. En effet, à la fin des années 20, alors que la LNH prend de l'expansion avec l'intégration de grandes villes américaines, les Sénateurs commencent à éprouver des difficultés financières. En 1930, pour redresser l'équipe, on va même jusqu'à vendre le joueur le plus apprécié, Clancy, aux Meaple Leafs de Toronto en échange de 2 joueurs et de 35 000 $. Au printemps 1931, l'équipe suspend ses activités et loue ses joueurs aux autres équipes de la ligue. Après un an d'inactivité, les Sénateurs font un retour, mais à l'automne 1934, l'équipe est installée à St Louis, où elle devient les Eagles. Toutefois, les difficultés financières se poursuivent et l'équipe disparaît définitivement à la fin de la saison 1934-1935.

Les actuels Sénateurs d'Ottawa obtiennent leur concession de la LNH en décembre 1991 et commencent à jouer en 1992. Au cours des premières saisons, l'équipe n'est pas très performante, mais en 1996, elle déménage dans un nouveau stade, le Pal-

ladium, qui peut accueillir quelque 18 500 spectateurs.

Senécal, Louis-Adélard, homme d'affaires et politicien (Varennes, Bas-Canada, 10 juill. 1829—Montréal, 11 oct. 1887). Ce personnage public coloré et controversé est considéré par certains de ses contemporains comme le symbole de l'émergence de l'économie du Canada français et par d'autres comme l'incarnation de la malhonnêteté, les 2 mains plongées dans les coffres de l'État. Débutant dans le commerce régional des céréales dans la vallée du Richelieu, il profite des possibilités offertes par le traité de réciprocité signé avec les États-Unis en 1854 pour s'établir dans le transport et dans l'industrie du sciage, et pour faire de la spéculation immobilière. En 1867, on estime son volume d'affaires annuel à 3 millions de dollars. Il siège comme libéral à l'Assemblée législative du Québec de 1867 à 1871 et est député fédéral de 1867 à 1872. Toutefois, des difficultés financières l'occupent beaucoup durant ces années-là. Au début des années 1870, il se tourne vers la construction de chemins de fer. Avec les libéraux dans l'opposition au Québec, il change d'allégeance en faveur des bleus provinciaux en 1874; son appui contribue au retour des bleus au pouvoir en 1879 et lui vaut entre 1880 et 1882 le poste de surintendant du Chemin de fer de Québec, Montréal, Ottawa et occidental, propriété du gouvernement. En 1884, en raison des doutes que la presse canadienne fait circuler sur son éthique commerciale, Senécal ne réussit pas à obtenir le soutien financier français et britannique qu'il recherche pour ses trois projets de plusieurs millions de dollars, dont un câble transatlantique. Il se consacre alors à la Richelieu and Ontario Navigation Co., dont il avait remplacé le président sir Hugh ALLAN en 1882. Il est nommé au Sénat le 25 janvier 1887.

John Keyes

Sénécas Nation autochtone établie à l'extrémité ouest du territoire de la Confédération IROQUOISE dont elle est membre, les Sénécas jouent un rôle prépondérant dans la dispersion des HURONS, des PÉTUNS et des NEUTRES au milieu du XVIIe s. Une grande partie du sud de l'Ontario devient alors leur territoire de chasse, jusqu'à ce que l'expansion des OJIBWÉS dans cette région ne vienne confiner leur zone d'influence au sud des Grands Lacs. Périodiquement en guerre contre les colons de la Nouvelle-France, ils perdent leurs villages lorsque le gouverneur DENONVILLE les incendie en 1687. Deux ans plus tard, ils prennent leur revanche en détruisant Lachine, près de Montréal (*voir* LACHINE, MASSACRE DE). Après la construction du fort français à Niagara dans les années 1720, les Sénécas de l'Ouest s'allient souvent aux Français dans leurs conflits avec les Anglais et, en 1763, ils se joignent à PONTIAC et à ses partisans contre les Anglais qui ont pris possession des postes français dans la région des Grands Lacs.

Pendant la GUERRE D'INDÉPENDANCE AMÉRICAINE, les Sénécas appuient la Couronne britannique, mais après la guerre, seul un petit nombre d'entre eux choisissent de suivre Joseph BRANT dans la réserve des Six-Nations au Canada. Aujourd'hui, il y a plus de 700 Sénécas au pays. La plupart ont négocié la paix avec les Américains et vivent encore dans les réserves que les États-Unis leur ont consenties à l'époque. En 1799, le chef sénéca Handsome Lake (*voir* HANDSOME LAKE, RELIGION DE) a eu une vision dont l'influence marque encore la pratique de la religion traditionnelle des Iroquois tant au Canada qu'aux États-Unis. (*Voir* AUTOCHTONES: LES FORÊTS DE L'EST et les articles généraux sous la rubrique AUTOCHTONES.)

Thomas S. Abler

Séneçon Nom commun des plantes du genre *Senecio*, de la famille des composées (astéracées). Le genre *Senecio* est un des plus vastes du monde puisqu'il compte entre 1000 et 2000 espèces réparties partout

au monde. Il est très diversifié: il comprend des petits arbres, des arbustes, des plantes herbacées vivaces ou annuelles et des plantes succulentes (plantes aux tissus charnus pour garder l'humidité). Environ 30 espèces indigènes du Canada poussent dans des habitats allant des étangs aux prairies, des bois humides aux sommets des montagnes, et dans l'Arctique. Le nombre exact d'espèces est difficile à déterminer à cause de l'hybridation et des variations complexes de morphologie que l'on retrouve chez certains séneçons. Les fleurs en capitules sont généralement jaunes et ont habituellement des florules en disques (tubuleuses) ou en rayons (ligulées), bien que les premières soient absentes dans le séneçon commun (*S. vulgaris*), espèce introduite au Canada et que l'on retrouve partout. Les feuilles modifiées (bractées) au-dessous des capitules sont typiquement organisées en un rang circulaire simple. Le fruit, un achaine, porte une couronne de soies blanches.

Le séneçon doré (*S. aureus*), qui se trouve à l'est du Manitoba, était utilisé par les autochtones pour guérir les blessures et pour limiter les naissances. Le *S. cineraria*, armoise de Steller ou cinéraire, est cultivé couramment comme plante ornementale; le *S. cruentus* est une plante verte très appréciée dans les serres.

Senneterre, ville du Qc; pop. 3488 (rec. 1996), 3563 (rec. 1991); superf. 114,45 km². Elle est située à 130 km à l'est de Rouyn-Noranda, près des rives de la rivière Bell dans la région de l'Abitibi-Témiscamingue. Elle a été fondée aux environs de 1914, au moment de l'arrivée du chemin de fer Transcontinental. À cette époque, le village se nomme Nottaway, d'après la rivière qui coule le long du chemin de fer, l'une des plus larges de l'Abitibi.

Senneterre devient une municipalité de canton en 1919 et une ville en 1959. Située dans la partie est de l'Abitibi-Témiscamingue, elle doit sa croissance à ses scieries et à la gare du Canadien National. Son nom lui vient de Henri de Senneterre, duc de la Ferté, commandant dans l'armée de Montcalm.

Benoit-Beaudry Gourd

Sentier transcanadien, Le La construction d'un sentier récréatif national parcourant le pays d'un littoral à l'autre a commencé en juillet 1992, dans le cadre des festivités du 125e anniversaire du Canada. Une fois terminé, le Sentier transcanadien traversera chaque province et chaque territoire, reliant des milliers de communautés sur sa route de 15 000 km. Il suivra des sentiers existants et nouvellement construits, des lignes ferroviaires abandonnées, et traversera des rivières ainsi que des terres publiques ou privées.

L'intention première est d'en faire un sentier à «utilisation partagée» destiné à des activités comme la randonnée pédestre, le cyclisme, l'équitation, la MOTONEIGE et le SKI DE FOND. Ce sentier est le fruit d'un vieux rêve qui a été mis en œuvre par l'Association canadienne du sentier national. Une bonne partie du sentier est subventionnée par les citoyens qui achètent un tronçon du sentier au coût de 36 $ le mètre par l'intermédiaire de la Fondation du Sentier transcanadien, un organisme charitable sans but lucratif, qui n'émet aucune carte de membre. Le projet de ce sentier a été présenté officiellement à la population canadienne le 1er juin 1994. Le sentier a été inauguré en 2000.

Bart Deeg

Sentiers du patrimoine Il s'agit d'itinéraires conçus afin de permettre au grand public de découvrir des vestiges de lieux historiques ou naturels. Les premiers sentiers de ce type remontent à une soixantaine d'années et ne s'intéressaient qu'à l'histoire naturelle, d'où leur nom de sentiers de la nature. Il s'agissait à l'origine de sentiers déjà existants, balisés et répertoriés dans des livrets. Les premiers sentiers de la nature au Canada sont probablement ceux des sommets Hoodoos et Bow, dans le PARC NATIONAL BANFF, créés en 1959.

Aujourd'hui, on trouve dans tout le Canada des centaines de sentiers aménagés et entretenus par les parcs nationaux et provinciaux, le Service canadien de la faune, les ministères du tourisme, les offices de protection de la nature, les musées, les universités, les écoles, les JARDINS BOTANIQUES et des organismes privés.

On compte souvent le nombre de personnes qui visitent les sentiers pour en mesurer l'affluence. Toutefois, ces évaluations ne sont rarement systématiques, sauf dans la réserve du marais Wye, où des micro-ordinateurs ont été installés afin d'encourager les visiteurs à évaluer les différents aspects de leur visite. On s'attend à ce que le nombre de sentiers augmente et qu'ils soient de plus en plus diversifiés et sophistiqués au fur et à mesure que leur taux de fréquentation augmentera. Voici une brève liste de sentiers à visiter au Canada:

Alberta: dans le PARC PROVINCIAL DINOSAUR, le Dead Lodge Canyon Nature Trail; dans le PARC NATIONAL ELK ISLAND, le sentier Lakeview; dans le PARC NATIONAL DES LACS-WATERTON, le sentier Bertha Falls; dans le PARC NATIONAL WOOD BUFFALO, les sentiers Lane Lake et Salt River.

Colombie-Britannique: dans le PARC NATIONAL DES GLACIERS, les sentiers Abandoned Rails, Loop, Trestle; dans le PARC NATIONAL DU MONT-REVELSTOKE, les sentiers Inspiration Woods, Giant Cedars et Mountain Meadows.

Manitoba: dans le PARC NATIONAL DU MONT-RIDING, les sentiers Arrowhead, Burls and Bittersweet, Brûlé, Ma-u-gun, Oninimik, Loon's Island et Grey Owl.

Nouveau-Brunswick: divers sentiers dans le parc provincial Anchorage et le PARC NATIONAL FUNDY, à Grand-Sault, à Hartland, dans le parc provincial Les Jardins de la République, dans le parc provincial de Mactaquac et dans le parc provincial de North Lake.

Terre-Neuve: dans le PARC NATIONAL GROS MORNE, les sentiers Berry Head Pond, Green Gardens, Berry Hill, Lobster Cove Head, Southeast Brook Falls et Stanleyville.

Territoires du Nord-Ouest: dans le PARC NATIONAL NAHANNI, l'itinéraire de canotage de la rivière Nahanni Sud.

Nouvelle-Écosse: dans le PARC NATIONAL KEJIMKUJIK, les sentiers Mersey Meadow et Mill Falls; au lac Echo, le sentier Echo Look Out; la piste Cabot; la piste Évangeline.

Ontario: le parc historique national de la Villa-Bellevue; le parc historique national de Fort-Wellington; dans le PARC NATIONAL DES ÎLES-DE-LA-BAIE-GEORGIENNE, les sentiers Beausoleil Island, Bobbies et Flowerpot Island; dans le PARC NATIONAL PUKASKWA, le Coastal Hiking Trail; Queenston Heights; le long du canal Rideau, la visite à pied guidée de l'écluse Merrickvale et l'Écotour; le parc historique national Woodside.

Île-du-Prince-Édouard: dans le parc national de l'Île-du-Prince-Édouard, les sentiers Balsam Hollow, Bubbling Springs et Reeds and Rushes.

Québec: dans le PARC NATIONAL FORILLON, le sentier Grande-Grève; le canal Lachine; dans le PARC NATIONAL DE LA MAURICIE, le sentier des Cascades et le sentier des Falaises; la VOIE MARITIME DU SAINT-LAURENT.

Saskatchewan: à Meadow Lake; au Prairie Wildlife Interpretation Centre, le sentier Swift Current; dans le PARC NATIONAL DE PRINCE ALBERT, les sentiers Boundary Bog et Mud Creek.

Yukon: le sentier Chilkoot Pass; divers sentiers dans le PARC NATIONAL KLUANE.

David Spalding

Sentiers et espaces verts Le territoire canadien s'est développé le long des multiples cours d'eau utilisés par les peuples autochtones, les premiers explorateurs, les marchands de fourrures et les pionniers. À mesure que le Canada s'est développé, l'automobile

et les routes ont été de plus en plus présentes dans le paysage. Les sentiers sont presque tombés dans l'oubli, à l'exception des territoires protégés et des parcs.

Aujourd'hui, un nombre croissant de Canadiens participent aux activités récréatives qu'offrent les sentiers, favorisant ainsi la création de nouveaux sentiers aménagés pour la randonnée pédestre ou le cyclisme, d'un bout à l'autre du pays.

Les sentiers prennent différentes formes, allant du simple sentier laissé à l'état sauvage, comme la Great Divide Trail, en Alberta, jusqu'aux très populaires sentiers «urbains» pavés ou pistes cyclables.

Beaucoup d'anciens sentiers ont été améliorés grâce au travail des membres d'organismes bénévoles, tels que la Bruce Trail Association, en Ontario. L'intérêt croissant pour la création de nouveaux sentiers a amené différents groupes d'amateurs de MOTONEIGE, de randonnée pédestre, de ski de fond et de vélo de montagne à s'y intéresser plus activement. De plus, de nombreuses communautés achètent les droits de passage le long des lignes ferroviaires abandonnées. «Du fer au vert» (Réseau canadien des corridors verts) est en effet devenu un mouvement très populaire à la grandeur du Canada, dans la foulée du succès obtenu par la Rails Trail Foundation de Washington (DC), un programme a été mis sur pied il y a plus de 25 ans afin d'aménager des sentiers sur les rails des chemins de fer abandonnés.

De nos jours, les sentiers sont devenus des attractions touristiques populaires et procurent des avantages économiques aux localités et régions qui promeuvent leur développement et leur entretien. Les sentiers contribuent également à l'amélioration des terrains urbains et des abords des rivières détériorés, par le biais de divers groupes, de clubs d'entretien et de personnes dévouées qui s'engagent à les développer.

Les sentiers ne comprennent parfois qu'une seule piste, comme la Gold Rush Trail, ou sont constitués d'un réseau de pistes reliant une grande variété de caractéristiques naturelles ou façonnées par l'homme. Certains sentiers permettent de faire de longues excursions, comme le réseau de sentiers long de 200 km dans la région de 100 Mile House et Williams Lake, en Colombie-Britannique. Ils peuvent aussi former un réseau présentant de multiples facettes, comme celui du comté de Haliburton en Ontario. De nombreuses communautés à la grandeur du Canada, de Halifax à Victoria, construisent des pistes cyclables pour les «migrants journaliers».

Bart Deeg

Séparatisme (*Voir* NATIONALISME CANADIEN-FRANÇAIS ET NATIONALISME QUÉBÉCOIS; SOUVERAINETÉ-ASSOCIATION; PARTENARIAT.)

Sept-Îles, ville du Qc; pop. 25 224 (rec. 1996), 24 848 (rec. 1991); superf. 544 km²; const. en 1951; métropole de la région de la Côte-Nord et plaque tournante de son industrie minière; située sur le fleuve SAINT-LAURENT, à 230 km au nord-est de Baie-Comeau. Sept-Îles est un des plus grands ports de mer du Canada. Les pêcheurs BASQUES connaissent déjà l'endroit, qui est fréquenté par les MONTAGNAIS, lorsque Jacques CARTIER lui donne son nom en 1535, en raison des 7 îles qui protègent l'accès à la baie.

La mission de l'Ange-Gardien, fondée par le père Jean de Quen en 1651, est la première colonie européenne permanente. En 1676, Louis JOLLIET établit un poste de traite et de pêche qui devient la propriété de la COMPAGNIE DE LA BAIE D'HUDSON au XIXᵉ s.

Au début du XXᵉ s., Sept-Îles compte seulement 200 hab., Acadiens de naissance pour la plupart (*voir* ACADIE), qui vivent de la pêche, et auxquels s'ajoutent les 600 Montagnais de la réserve. En 1908, le développement de l'industrie de la pâte à papier à Clarke-City attire de nouveaux travailleurs. L'exploitation des ressources minières de l'arrière-

pays dans les années 1950 provoque une expansion rapide de la ville et entraîne le développement d'activités liées aux gisements de minéraux et de MINERAI DE FER au Nouveau Québec et au Labrador. Le port de la ville est amélioré en 1954, et encore en 1970, afin de pouvoir accueillir les énormes cargaisons de minerai de fer transportées par le CHEMIN DE FER QUEBEC NORTH SHORE AND LABRADOR depuis SCHEFFERVILLE. On trouve, à Sept-Îles, une usine de transformation du minerai, mais la mine, qui appartient à la Compagnie minière IOC, est inexploitée depuis 1983.

Depuis 1992, un consortium de 6 compagnies, soit Aluminium Austria Metal Quebec, Kobe Aluminium Canada, V.A.W. Aluminium Canada, Marubini Quebec Inc., Hoogovens Aluminium Quebec et la Société générale de financement du Québec, y a construit l'aluminerie Alouette. Le coût total de l'usine est estimé à 1,1 milliard de dollars; elle a une capacité maximale de 215 000 t par année, et procure 600 emplois permanents. Le Vieux-Poste, reconstitué à la suite de fouilles archéologiques, abrite le musée de Sept-Îles.

Claudine Pierre-Deschênes

Sept Nations Les «nations» autochtones alliées vivant dans les «réductions», ou réserves (*voir* RÉSERVE INDIENNE), de la zone de la Nouvelle-France colonisée par les Français (plus tard le Québec) étaient appelées les Sept ou Neuf feux, selon la période et les circonstances. Les Sept Nations se trouvaient à Lorette, à Wolinak, à Odanak, à Kahnawake, à Kanesetake, à Akwesasne et à La Présentation. Parfois les ABÉNAQUIS de Wolinak et de Odanak étaient comptés comme une nation et parfois les ALGONQUINS et les IROQUOIS de Kanesetake étaient comptés comme 2 nations distinctes. Les ONONDAGAS de La Présentation (Oswegatchie) furent les derniers à obtenir une réserve en 1749.

Chaque «nation» était indépendante, ou selon la métaphore autochtone, avait son propre feu. Le feu principal se trouvait à Kahnawake. Leur alliance était fondée sur les liens de parenté, selon lesquels les HURONS de Lorette, qui détenaient l'honneur le plus élevé, étaient connus comme les oncles et tous les autres groupes étaient des frères. Le gouverneur (Onontio) et le Roi de France (Onontio-Goa) étaient les pères qui avaient le droit d'arbitrer les différends entre les nations alliées. Les Français entretenaient aussi des alliances dans l'arrière-pays, particulièrement avec la Confédération des Trois feux, ces nations étant considérées comme des neveux par les Sept feux. Les négociations avec les nations plus au Nord étaient menées par les Algonquins de Kanesetake, tandis que les négociations avec la Confédération iroquoise à New York étaient menées par les MOHAWKS de Kahnawake. Le gouverneur français et les officiers de haut rang visitaient toujours les 7 villages et participaient à la danse de guerre avant d'entreprendre une campagne conjointe.

Les Sept Nations du Canada ont participé comme alliées des Français à la guerre de Succession d'Autriche (1744-1748) et aux premières campagnes de la GUERRE DE SEPT ANS. En 1760, après la chute de Québec l'année précédente et avec l'approche de 3 armées britanniques, les Sept Nations ou Sept feux entreprennent des négociations visant à établir leur neutralité. Ils obtiennent les garanties qu'ils demandaient en signant le traité d'Oswegatchie en août 1760, lequel est confirmé au conseil de leur feu principal à Kahnawake en septembre de la même année.

L'entente entre les Sept Nations se poursuit sous le régime britannique. En 1767, elles expliquent qu'elles partageaient leurs territoires de chasse depuis environ 1722, époque à laquelle les cinq nations originales avaient conclu cette entente en présence du gouverneur français. En 1829, la pression de la colonisation est tellement forte qu'elles reviennent à leur ancienne coutume de chasser dans des territoires distincts. Au cours des années 1830, les nations traitent individuellement avec les représentants du gouvernement, et non à titre de fédération, mais en reprenant le vocabulaire des liens de parenté qui avait été transmis au gouverneur et au monarque britanniques.

Cornelius J. Jaenen

Sépulture tumulaires de la rivière à la Pluie Site archéologique situé sur la rive canadienne de la rivière à la Pluie. Les peuples Laurel et Blackduck érigent ces monticules entre le début de l'ère chrétienne et le début de la période historique. La plupart de ces monticules sont des structures basses et larges, sauf celui des Rapides du Long Sault, qui a un diamètre de 34 m et une hauteur de 7 m. À l'intérieur des monticules et des puits creusés au-dessous se trouvent des amas d'ossements humains et, à l'occasion, de riches pièces de mobilier funéraire. Des pots d'argile remplis de nourriture à l'intention des esprits qui vont partir sont placés dans le tombeau. Des coquillages, des os et des perles de cuivre sont éparpillés autour des sépultures, puis on épand de l'ocre rouge sur le tout. Au cours des temps historiques, même si de nombreux articles de facture européenne remplacent les artefacts autochtones, le rituel funéraire continue de respecter la tradition ancienne. (*Voir aussi* PRÉHISTOIRE.)

W.A. Kenyon

Serbes Slaves du Sud, ils auraient émigré vers les Balkans au cours des VIe et VIIe siècles, établissant plusieurs États slaves indépendants au Sud. Constitués en un empire dans les années 1340, ces États prolifèrent jusqu'à la conquête des Balkans par les Turcs au cours du XIVe s. De 1804, époque où les Serbes entament leur lutte pour l'indépendance nationale, jusqu'en 1918, la principauté (devenue plus tard le royaume) de Serbie devient peu à peu un État constitutionnel démocratique.

En 1918, la Serbie, le Monténégro ainsi que d'autres territoires slaves du Sud s'unissent pour former le royaume des Serbes, des Croates et des Slovènes, devenu la Yougoslavie en 1929. Plus tard, la Serbie devient l'une des 6 républiques qui forment la Yougoslavie avant que 4 de celles-ci ne proclament leur indépendance en 1991, événement qui provoque une guerre civile qui se solde par une intervention musclée de l'OTAN, en 1999.

Les premiers immigrants arrivent aux États-Unis et au Canada au milieu du XIXe s. Avant les années 1900, les immigrés serbes sont classés, à tort, lors des recensements, comme Autrichiens, Hongrois ou Turcs. Cet état de chose est attribuable à la complexité du système de classement de l'époque et au fait que les Serbes ont vécu sous plusieurs régimes étrangers. En 1901, le terme «serbe» apparaît dans les recensements. Dans les années qui suivent, le groupe disparaît de nouveau pour réapparaître dans les statistiques officielles sous le nom de Serbo-Croates ou Yougoslaves. Aujourd'hui, plus de 40 000 Canadiens (sur le quart de million de Canadiens ayant des ancêtres yougoslaves) se disent d'ascendance serbe (réponses uniques et multiples).

Migration et peuplement Dans les années 1850, les premiers Serbes à émigrer au Canada (sans doute venus de Boka Kotorska sur la côte Sud de l'Adriatique) s'installent en Colombie-Britannique, sur les rives du fleuve Fraser, et à Vancouver. La plupart sont de jeunes célibataires travaillant dans les industries des mines et des forêts. Une deuxième vague d'immigrants arrivent dans les années 1870. En 1900, les Serbes commencent à se déplacer vers d'autres provinces, en particulier la Saskatchewan, où est concentré un large groupe originaire des plaines de la Voïvodine. La communauté serbe de Regina date de la même époque. Entre 1907 et 1908, de nombreux Serbes quittent les États-Unis pour le Canada et trouvent du travail dans les mines de charbon des environs de Lethbridge (Alberta), dans la construction des routes ou dans les compagnies de chemins de fer. Avant la Première Guerre mondiale, des communautés serbes s'implantent à Toronto, à

Hamilton et à Niagara Falls, en Ontario. La troisième vague d'immigrants arrive entre les 2 guerres, surtout entre 1924 et 1929, et entre 1934 et 1939. La plupart d'entre eux s'installent dans les centres industriels de l'Ontario. La quatrième vague d'immigrants (1947-1953) compte plusieurs Serbes hautement scolarisés. Du cinquième groupe arrivé après 1955, dont les membres possèdent presque tous une formation universitaire, un grand nombre est parrainé par des parents ou des amis.

Vie sociale et culturelle Des associations serbes et des organismes bénévoles sont créés pour aider les nouveaux immigrants à affronter la dure réalité économique et à s'adapter à la société canadienne. De nos jours, les organisations serbes du Canada comprennent la Serbian Brother's Help, la Serbian National Defence (qui comprend 2 groupes, dont l'un date de 1916) et la Serbian National Heritage Academy, dont les activités consistent à inviter au Canada d'éminents écrivains et historiens serbes de Yougoslavie ou d'ailleurs à donner des conférences publiques. Les organismes culturels comprennent, entre autres, les sociétés culturelles et sociales Njegos, Karadjordje et Tesla Memorial Society; plusieurs groupes folkloriques pour la jeunesse tels les groupes de danse Oplenac et Hajduk Veljko, de Toronto. Les Serbes doués pour la création littéraire se joignent à d'autres Canadiens yougoslaves de Toronto pour former 2 clubs de lecture.

Plusieurs revues et journaux sont créés et publiés par les Canadiens d'origine serbe et les Serbes qui font partie d'autres organisations canadiennes yougoslaves. Ces publications ont également pour but de rejoindre les Serbes vivant aux États-Unis. Le premier journal serbe au Canada (1916), le *Kanadski Glasnik*, est publié à Welland (Ontario), suivi du *Serbian Herald* et de plusieurs autres. En outre, de nombreuses publications éditées par l'Église, les congrégations, les femmes, la jeunesse, les étudiants, les regroupements de professionnels ou de gens d'affaires jouent un rôle important dans les communautés serbes du Canada. À ce jour, de nombreux documents anciens ont été cédés aux fonds d'archives fédéral et provinciaux et mis à la disposition du public.

C'est en 1946 qu'on célèbre au Canada le premier jour commémoratif serbe et, depuis, des festivals annuels, où se produisent chanteurs et danseurs, sont parrainés par des organismes serbes ou yougoslaves. Plusieurs émissions radiophoniques desservent la population serbe des grands centres urbains. Dans le monde du sport, les Serbes sont reconnus pour former d'excellentes équipes de soccer.

Environ 70 p. 100 des Serbes de la deuxième génération et des générations suivantes ont conservé leur langue maternelle. Ce chiffre varie selon la profession ou d'autres facteurs familiaux. Presque tous appartiennent à l'Église orthodoxe serbe. On dénombre une quinzaine d'églises et de centres culturels construits par les Serbes au Canada. C'est à Regina qu'est bâtie la première Église orthodoxe serbe, Svete Trojice, en 1916. Celles de Toronto, de Hamilton, de Windsor, de Niagara Falls, de Kitchener et de Sudbury, en Ontario, sont renommées pour leur architecture byzantine. Ce n'est que le 14 octobre 1984 que les Serbes du Canada ont leur propre évêque. Ce jour-là, l'évêque Georgije arrive de Belgrade pour être intronisé premier chef du diocèse (éparchie) canadien, tout juste créé, et, à ce titre, devenir responsable de la direction et de l'administration des congrégations serbes, réparties dans 13 villes. L'Église orthodoxe serbe est une Église autocéphale de l'Église Orthodoxe œcuménique (l'ensemble des Églises d'Orient).

Vladislav A. Tomoviç

Série du siècle Canada-URSS (1972) Les équipes soviétiques dominent entièrement la scène internationale du hockey depuis 10 ans, mais c'est la première fois que des joueurs soviétiques affrontent les meilleurs joueurs professionnels canadiens. Le tour-

noi débute dans une grande effervescence au Canada et en Union soviétique. La victoire des Soviétiques dès la première partie, le 2 septembre, à Montréal, par un score de 7 à 3, prend les joueurs canadiens par surprise et bouleverse la population. Les Soviétiques, rapides et talentueux, ignorent avec arrogance l'assurance des Canadiens. Ces derniers se reprennent deux jours plus tard à Toronto pour l'emporter 4 à 1. Cependant, la troisième rencontre qui se tient à Winnipeg le 6 septembre est un match nul et Équipe Canada perd 5 à 3 à Vancouver, le 7 septembre, sous la huée des partisans locaux. Puis, à Moscou, le 22 septembre, les Soviétiques raflent une autre victoire, par un score de 5 à 4, mais les Canadiens se reprennent et finissent par égaliser la série grâce à leur victoire du 24 septembre (3 à 2) et à celle du 26 septembre (4 à 3).

Le dernier match, le 28 septembre, est suivi intensément par un nombre record de téléspectateurs. Le match commence par 2 buts rapides des Soviétiques, l'expulsion d'un joueur canadien et un long arrêt du jeu tandis que les Canadiens s'enragent contre la décision des arbitres. Les Soviétiques mènent 5 à 3 à la fin de la deuxième période, mais Phil ESPOSITO et Yvan Cournoyer égalisent le pointage. Puis, avec seulement 34 secondes à faire dans la partie, Paul Henderson compte le but le plus mémorable de l'histoire du hockey et assure la victoire du Canada. L'équipe joue un autre match, contre la Tchécoslovaquie, qui se termine par un compte nul (3 à 3), avant de revenir au pays, où les joueurs sont accueillis par des effusions de fierté et de soulagement.

De prime abord, ce tournoi s'est avéré un événement sportif passionnant, mais en perspective on se rend compte que la victoire a été essentiellement acquise par des athlètes déterminés, et ce, contre vents et marées. Toutefois, la série marque profondément les Canadiens. Le mythe de la supériorité du Canada au hockey, qui leur est si cher, a été anéanti.

James Marsh

Serpent REPTILE long et mince du sous-ordre des serpents (ou ophidiens) et de l'ordre des squamates (qui inclut aussi les LÉZARDS). Les serpents n'ont pas de pattes, mais les formes primitives ont une ceinture pelvienne et des saillies osseuses qui sont des vestiges des pattes postérieures (p. ex. le boa caoutchouc que l'on trouve au Canada). Comme chez les autres reptiles, le corps des serpents est couvert de grandes écailles qui leur permettent de réduire les pertes d'eau dans les milieux secs et constitue un mécanisme de protection. Cet épiderme mue quelques fois par année, habituellement en un seul morceau.

Répartition et habitat On compte environ 2390 espèces de serpents dans le monde, et la plupart vivent dans les régions tropicales. Une espèce vit dans le Nord du cercle polaire arctique (au 68e parallèle Nord), en Scandinavie, et une autre atteint le 50e parallèle Sud, en Amérique du Sud.

Au Canada, on compte 25 espèces indigènes appartenant à 3 familles: les boïdés (1), les vipéridés (3) et les Colubridés (21). La majorité des serpents vivent dans le sud du Canada, mais la COULEUVRE rayée atteint presque le 60e parallèle Nord près de Fort Smith, dans les Territoires du Nord-Ouest.

Bien que certaines espèces tropicales atteignent de grandes tailles (p. ex. le python réticulé et l'anaconda, le plus grand serpent connu, qui peut atteindre 10 m de longueur), les espèces canadiennes mesurent entre 40 cm (couleuvre à ventre rouge) et plus de 180 cm (couleuvre obscure, de couleur noire, et une sous-espèce de la couleuvre à nez mince, *Pituophis melanoleucus sayi*). Les serpents ont des modes de vie variés: on trouve des espèces fouisseuses, arboricoles, dulçaquicoles ou marines. La plupart des espèces canadiennes sont terrestres, mais certaines sont semi-aquatiques ou aquatiques et vivent principalement en eau douce.

Locomotion Bien qu'ils n'aient pas de pattes, les serpents peuvent se déplacer de différentes façons. La méthode la plus communément utilisée est l'ondulation latérale, où le corps fait une série de courbes horizontales, l'arrière de chaque courbe s'appuyant contre des irrégularités du sol. Cette technique est aussi utilisée pendant la nage. Les serpents à corps massif peuvent également effectuer des déplacements rectilignes (en ligne droite) en alternant un mouvement avant et un ancrage de la peau qui est assez lâche, ce qui entraîne ensuite le corps situé à l'intérieur.

Dans des endroits confinés, certaines espèces utilisent des mouvements d'accordéon ou télescopiques: le serpent ancre son extrémité postérieure par quelques courbes horizontales, étend et ancre son extrémité antérieure et tire la partie arrière vers l'avant. La forme la plus spécialisée de locomotion, le roulement ou zigzag latéral, n'est utilisée que sur des substrats mous et chauds tels que le sable dans le désert, et aucune espèce canadienne ne la pratique de façon régulière.

Régime alimentaire Toutes les espèces de serpents sont carnivores et la plupart ont des adaptations qui leur permettent d'avaler de grosses proies entières. Les boïdés et les vipéridés se nourrissent principalement d'animaux à sang chaud. Les colubridés canadiens ne sont pas venimeux, mais certaines espèces peuvent infliger des blessures douloureuses. Les plus grands colubridés se nourrissent de petits mammifères, les espèces de taille moyenne capturent des amphibiens et des poissons, et les plus petites espèces mangent des insectes, des invertébrés et des petits amphibiens.

Les nombreuses articulations entre les os du crâne et les ligaments élastiques reliant les 2 os des mâchoires inférieures permettent le mouvement indépendant des différentes parties du crâne et de la mâchoire inférieure. Les dents recourbées vers l'arrière retiennent la proie tandis que le serpent avance les 4 «demi-cercles» de ses mâchoires sur la proie en l'avalant. La peau élastique et une ouverture trachéale dans la bouche sont également des adaptations qui facilitent l'ingestion souvent assez lente de grosses proies entières.

Prédation La plupart des espèces détectent leurs proies visuellement et chimiquement. Le principal organe chimiosensible des serpents est l'organe de Jacobson situé dans la voûte du palais. Des molécules lui sont envoyées par la langue fourchue que l'animal darde continuellement lorsqu'il étudie une proie potentielle.

Les crotalidés (famille que certains auteurs considèrent comme une sous-famille des vipéridés, qu'ils appellent alors crotalinés; *voir* SERPENT À SONNETTE) se nourrissent principalement d'animaux à sang chaud et peuvent localiser une proie avec précision, même dans le noir, grâce à des fossettes thermosensorielles situées sous les yeux. Plusieurs espèces de boas et de pythons possèdent des organes thermosensoriels sur les lèvres. Bien que les serpents puissent détecter les vibrations provenant du sol, leur acuité auditive est faible et ne joue probablement pas un rôle important dans la prédation.

Plusieurs espèces attrapent simplement leur proie et l'avalent entière et encore vivante, généralement tête première, mais certaines proies représentent un risque de blessure élevé. Une méthode plus élaborée consiste à tuer la proie avant de l'avaler. Les constricteurs s'enroulent autour de la proie, ce qui empêche cette dernière de respirer, mais l'écrasent rarement. Quoique les boas et les pythons soient les constricteurs les plus connus, plusieurs autres espèces de serpents pratiquent cette technique au Canada, dont une sous-espèce de la couleuvre à nez mince (*Pituophis melanoleucus sayi*) et la couleuvre obscure. La technique la plus efficace et la moins risquée consiste à injecter du venin à la proie (envenimation).

Les serpents venimeux possèdent une glande à venin au-dessus de la mâchoire supérieure qui est reliée par un conduit à un crochet tubulaire situé en avant de la bouche. L'injection du venin tue la proie, et la digestion commence pendant que le serpent attend la mort de sa victime. Chez les vipéridés et les crotalidés (ou sous-famille des crotalinés), les crochets sont si longs qu'ils sont repliés le long de la voûte du palais lorsqu'ils ne servent pas. Les 3 espèces de serpents à sonnette indigènes du Canada sont des crotalidés.

D'autres espèces de serpents très venimeux possèdent des crochets plus courts et fixes. Les plus primitifs ont, à l'arrière des mâchoires, des dents rainurées et injectent le venin à la proie en mastiquant. La seule espèce canadienne à crochets postérieurs est la couleuvre nocturne, un animal discret dont la limite nord, on l'a découvert récemment, est en Colombie-Britannique.

Température corporelle Comme les autres reptiles, les serpents sont poïkilothermes (leur température dépend principalement des conditions extérieures) et peuvent, jusqu'à un certain point, réguler leur température corporelle en se déplaçant alternativement au soleil et à l'ombre. Les serpents nordiques sont généralement plus tolérants au froid que les espèces tropicales, mais les conditions extrêmes des régions tempérées nordiques font qu'ils doivent régulièrement affronter des conditions climatiques trop froides pour pouvoir survivre ou être actifs toute l'année. Les serpents du Canada doivent donc hiberner sous la limite de profondeur de pénétration du gel.

Dans les régions où les hivers sont très froids, les endroits où les serpents peuvent s'enfouir assez profondément pour éviter la congélation peuvent être rares, et les sites adéquats sont utilisés par plusieurs serpents. Dans l'Ouest canadien, le crotale de l'Ouest et la couleuvre rayée démontrent assez bien le phénomène d'hibernation collective: les couleuvres rayées forment parfois des groupes de milliers d'individus. Parce que les sites d'hivernage sont parfois concentrés dans certains endroits, l'hibernation collective est parfois accompagnée de migrations de plusieurs kilomètres entre les sites d'hivernage et l'habitat d'été.

Reproduction Au Canada, la majorité des espèces de serpents s'accouplent au printemps peu après la fin de l'hibernation. Les crotales de l'Ouest se reproduisent cependant à la fin de l'été ou à l'automne. La femelle conserve le sperme pendant l'hiver, et la fertilisation a lieu au printemps suivant. Chez les serpents, la fertilisation est toujours interne, et le mâle utilise un organe copulateur pour transférer le sperme dans la femelle. Chaque mâle possède 2 de ces organes (hémipénis) à la base de la queue. Parmi les serpents, on compte des espèces ovipares et ovovivipares. Les premières sont plus nombreuses dans le monde, mais la proportion d'ovovivipares est plus grande dans les milieux froids (p. ex., 14 des 25 espèces au Canada).

L'ovoviviparité est probablement une adaptation utile dans les régions où les étés sont courts, parce que la femelle peut mieux réguler la température de développement des petits que si elle pondait simplement ses œufs dans le sol. Les femelles mettent parfois bas à la fin de l'été et peuvent être incapables de se nourrir suffisamment avant l'hibernation pour pouvoir se reproduire à nouveau l'été suivant. Par voie de conséquence, les femelles des espèces ovovivipares des hautes altitudes ou latitudes peuvent ne produire qu'une couvée à un intervalle de 2 ou plusieurs années (p. ex., le crotale de l'Ouest).

Au Canada, comme ailleurs, les portées ou couvées comptent généralement de 3 à 16 petits, bien que certaines espèces produisent occasionnellement des couvées de 50 jeunes ou plus.

Patrick T. Gregory

Serpent à sonnette Nom commun donné à 31 espèces de SERPENTS venimeux, de la famille des vipéridés (certains auteurs considèrent qu'ils appartiennent à la famille des crotalidés) et des genres *Crotalus* et *Sistrurus*, que l'on trouve depuis le Canada méridional jusqu'en Amérique du Sud.

Description Ils se caractérisent par une tête large et triangulaire pourvue de crochets mobiles, d'un corps puissant et d'une «sonnette» faite d'écailles modifiées qui recouvraient le bout de la queue et qui n'ont pas mué. On croit que le son sourd produit par les vibrations rapides de la queue sert d'avertissement aux intrus. De chaque côté de la face, les serpents à sonnette sont pourvus d'une cavité sensible à la chaleur.

Répartition et habitat Trois espèces sont indigènes du Canada: le crotale de l'Ouest, qui habite les prairies sèches de la Saskatchewan, de l'Alberta et de la Colombie-Britannique; le crotale des bois, probablement disparu du Canada; et le Massasauga, que l'on ne trouve que dans le Sud de l'Ontario. Les serpents à sonnette hivernent souvent en groupe dans des affleurements rocheux.

Reproduction L'accouplement a lieu à la fin de l'été, et la fertilisation se produit le printemps suivant. Entre 5 et 10 petits naissent au début de l'automne. Les femelles ne se reproduisent qu'à tous les deux ou trois ans. Le régime alimentaire des serpents à sonnette est principalement constitué de rongeurs et d'autres petits mammifères et oiseaux.

Venin Le venin qu'ils utilisent pour tuer leur proie est un mélange de neurotoxines et d'hémotoxines (qui affectent les tissus nerveux et sanguins respectivement) injecté par les crochets. Les serpents à sonnette s'attaquent rarement aux humains, à moins qu'ils n'aient été provoqués ou que l'on ait accidentellement marché sur eux. Leur morsure peut causer une enflure douloureuse, une paralysie musculaire et la destruction des tissus et peut entraîner la mort. En Amérique du Nord, moins de 2 p. 100 des morsures de serpents sont fatales si des soins médicaux sont administrés, et au Canada, l'incidence des morsures est faible.

J. Malcolm MacArtney

Service canadien de la faune En 1917, la *Loi sur la Convention concernant les oiseaux migrateurs* donne au gouvernement fédéral la responsabilité de protéger et de gérer les populations d'oiseaux migrateurs au Canada. En 1947, la petite unité du ministère de l'Intérieur chargée de cette responsabilité devient le Service canadien de la faune (SCF), qui fait aujourd'hui partie d'Environnement Canada. En consultation avec les agences provinciales de la faune, cet organisme recommande des révisions annuelles à apporter à la réglementation de la chasse aux oiseaux migrateurs et participe à son application.

Plus de 40 réserves nationales de faune ont été établies en vertu de la *Loi sur la faune du Canada* dans le but de protéger les habitats fauniques et plus de 80 aires de nidification d'oiseaux migrateurs ont été transformées en sanctuaires. Le SCF effectue des sondages auprès des chasseurs de sauvagine et étudie les dégâts causés aux cultures ainsi que les populations et les conditions d'habitat de la sauvagine dans l'Ouest canadien. À Ottawa, le bureau central du SCF tient des données sur le baguage des oiseaux du continent et contrôle les activités des responsables du baguage.

Le SCF exécute aussi diverses autres activités. Entre autres, dans le Nord, il étudie des populations de caribous et d'ours blanc et mène des recherches sur l'incidence du transport à grande distance des polluants atmosphériques (PLUIES ACIDES) sur la faune. Le long des côtes, il étudie le nombre et la distribution des oiseaux marins et de rivage. Une attention particulière est accordée aux espèces dont le nombre a grandement diminué ou qui sont menacées d'extinction, comme la GRUE BLANCHE D'AMÉRIQUE. Au Canada, le SCF est chargé de l'administration de la Convention sur le commerce international des espèces de faune et de flore sauvages menacées d'extinction.

En 1987-1988, le SCF avait un budget de 23,4 millions de dollars et comptait 306 employés.

Service canadien du renseignement de sécurité (SCRS) Constituée en 1984 par une loi du Parlement, cette agence relève du ministère du Solliciteur général. Elle a eu comme premier directeur Thomas D'Arcy Finn (1984-1987), avocat et fonctionnaire de carrière. Le mandat du SCRS est de mener, au Canada, des enquêtes de sécurité lorsqu'il y a des soupçons de subversion, de TERRORISME, ainsi que d'espionnage et de sabotage étrangers. Pendant ses premières années d'existence, sa priorité est de faire enquête sur les groupes terroristes en raison d'un certain nombre de crimes violents à couleur politique, comme l'attentat à la bombe contre un avion d'Air India pendant un vol en provenance de Montréal et la prise par les armes de l'ambassade de la Turquie à Ottawa. Le CSRS mène aussi des enquêtes sur les antécédents des employés des services publics qui, en raison de leurs fonctions, doivent obtenir une autorisation de sécurité de haut niveau parce qu'ils ont accès à des renseignements d'importance critique pour la sécurité nationale.

Le SCRS a succédé au service de sécurité de la GENDARMERIE ROYALE DU CANADA (GRC). Beaucoup d'agents de ce corps de police fédéral ont été mutés directement à l'agence civile lors de sa création. Bien que les membres du SCRS ne soient pas des agents de police, le service peut obtenir des mandats judiciaires pour faire des perquisitions, de la surveillance électronique ou de l'écoute téléphonique. Le SCRS ne mène pas d'opérations régulières de renseignement à l'étranger, mais ses membres échangent des renseignements avec des services de sécurité de pays occidentaux alliés et collaborent étroitement avec eux selon les modalités d'ententes diverses. La création du service a fait suite à une réforme de la GRC lorsqu'on a découvert que des agents de la gendarmerie utilisaient des méthodes d'enquête illégales, comme l'ouverture du courrier et l'entrée par effraction.

Une commission royale fédérale, la Commission McDonald, a recommandé la création d'une nouvelle agence civile. Pour éviter que cette agence ne commette des abus semblables, le Parlement a établi 2 mécanismes de surveillance. Les 5 membres du Comité de surveillance des activités de renseignement de sécurité et l'inspecteur général du SCRS peuvent examiner tous les aspects des opérations de l'agence et signaler toute irrégularité directement au solliciteur général, qui est un ministre fédéral. Le SCRS présente également un rapport annuel au Parlement. Cela n'a pas empêché le directeur T.O. Finn de démissionner à la fin de 1987 en raison d'allégations d'activités répréhensibles. Le SCRS a été accusé d'atteinte aux libertés civiles et d'espionnage à l'endroit du mouvement syndical, et le gouvernement a annoncé une réorganisation plus profonde.

Le SCRS a son quartier général à Ottawa et des bureaux régionaux dans les grandes villes canadiennes. Il détache aussi des agents de liaison dans les capitales des pays alliés. Le nombre exact des membres du service est tenu secret pour des motifs de sécurité, mais le montant de son budget semble indiquer que le SCRS emploie environ 2000 personnes. L'agence recrute ses membres dans les autres services publics et dans la population en général. L'avocat Ron Atkey a été le premier président et Richard Grosse, le premier inspecteur général. Les nouveaux membres reçoivent un long entraînement spécialisé de nature secrète au camp Borden, en Ontario.

Jeffrey Sallot

Service féminin de l'Armée canadienne (CWAC), Créé le 13 août 1941, il vise à combler les besoins de main-d'œuvre de l'armée et à fournir des groupes paramilitaires officiels de femmes volontaires en uniforme. À part les infirmières, les femmes n'étaient pas admises dans les FORCES ARMÉES canadiennes. Le CWAC est dissocié de la milice

canadienne qu'il vient compléter jusqu'au 1er mars 1942, date à laquelle il est intégré aux forces de défense. Par la suite, les officiers du CWAC pourront occuper des postes de commandement et porter des titres et écussons militaires. Au départ, l'armée a besoin de femmes en uniforme pour les tâches de secrétariat, mais ne leur offre aucun poste de combattante, bien que la diversité et le nombre d'emplois possibles augmentent au point d'inclure des métiers techniques. Néanmoins, en 1945 tout comme en 1941, les membres du CWAC remplissent surtout les fonctions de commis ou de secrétaire en uniforme.

En 1941, le salaire de base des femmes soldats vaut les deux tiers de celui des soldats de grade équivalent. Les salaires versés aux militaires exerçant un métier sont passablement inférieurs à ceux des soldats, et les femmes soldats n'ont pas droit à des allocations pour les personnes à leur charge. Ces inégalités suscitent des plaintes à la fois des femmes militaires et civiles. En juillet 1943, le gouvernement relève leur solde de base pour qu'elle atteigne les quatre cinquièmes de celle des hommes de grade équivalent, égalise les salaires pour les métiers et accorde des allocations pour les parents et les frères et sœurs à charge, mais non pour les époux ou les enfants à charge. Même s'il subsiste des inégalités, les Forces armées se retrouvent à l'avant-garde comparativement à la plupart des entreprises privées pour ce qui est de réduire l'écart entre les salaires et avantages sociaux accordés aux femmes et aux hommes.

Une enquête réalisée en 1943 auprès de la population canadienne révèle qu'à peine 7 p. 100 des citoyens considèrent que l'engagement dans les Forces armées représente la meilleure façon pour les femmes de contribuer à l'effort de guerre. Cette attitude s'accompagne d'une réticence généralisée face à la suppression des barrières sexistes dans la main-d'œuvre et la hiérarchie. Bravant cette opposition, 21 624 femmes servent dans le Service féminin de l'Armée canadienne avant son démantèlement en 1946. Près de 3000 d'entre elles sont stationnées au Royaume-Uni; à partir de mai 1944, des groupes choisis sont envoyés dans les zones opérationnelles en Europe afin de servir de personnel de soutien aux troupes d'assaut canadiennes. Lors de la capitulation de l'Allemagne en mai 1945, les membres du CWAC représentent 2,8 p. 100 des effectifs totaux de l'armée canadienne.

La colonelle Margaret Eaton dirige le CWAC d'avril 1944 à octobre 1945, avec le titre de directrice générale. Par la suite, ce poste est rabaissé progressivement en vue du démantèlement prochain. Les militaires de même que les femmes en général souhaitent que le corps féminin s'intègre à la FORCE DE RÉSERVE après la guerre, mais le Cabinet refuse son accord. C'est seulement en 1951, durant la GUERRE DE CORÉE, que le gouvernement décidera d'enrôler à nouveau les femmes dans les forces régulières.

Ruth Roach Pierson

Service naval, Loi du Institue la marine canadienne le 4 mai 1910. Cette loi propose une marine plutôt modeste, sous le contrôle du gouvernement canadien. On y trouve une disposition d'urgence prévoyant son transfert à l'AMIRAUTÉ britannique. Le premier ministre Wilfrid LAURIER subit cependant de fortes pressions du gouvernement britannique et des impérialistes canadiens pour que le Canada contribue directement à la marine royale en raison de la menace grandissante de la marine allemande.

La loi fait l'objet d'une violente opposition chez les Canadiens français nationalistes, dirigés par Henri BOURASSA, qui ne veut pas d'un engagement plus grand du Canada dans les affaires impériales. Le compromis de Laurier ne réussit à calmer aucun des 2 camps. Il diminue son soutien au Québec et contribue en fin de compte à sa défaite aux élections de 1911. La marine survit, même si elle ne participe à la Première Guerre mondiale qu'avec 2 cuirassés, le

RAINBOW et le *Niobe*. (*Voir aussi* FORCES ARMÉES.)

Roger Sarty

Service, Robert William, poète et romancier (Preston, Angl., 16 janv. 1874—Lancieux, France, 11 sept. 1958). Après avoir fait ses études en Écosse, il trouve un emploi dans une banque. En 1894, il immigre au Canada où il roule sa bosse un peu partout, de la Californie à la Colombie-Britannique, avant d'être embauché par la Banque Canadienne de Commerce. Il est affecté dans diverses localités en Colombie-Britannique, puis à Whitehorse et à Dawson City. En 1907, il publie son premier recueil de poèmes, *Songs of a Sourdough* (trad. *Chants d'un sourdaud*, 1979), qui remporte un succès immédiat. Viennent ensuite *Ballads of a Cheechako* (1909) et *Rhymes of a Rolling Stone* (1912). Des poèmes tels que *The Shooting of Dan McGrew* assurent la renommée de Service et lui valent des surnoms comme «le Kipling canadien» et «le poète du Yukon». Il est ambulancier pendant la Première Guerre mondiale et, à la fin de la guerre, il parcourt l'Europe, mais vit surtout en France. Parmi ses écrits plus récents figurent *Ballads of a Bohemian* (1921), *Rhymes of a Roughneck* (1950), ainsi que des œuvres autobiographiques, *Ploughman of the Moon* (1945) et *Harper of Heaven* (1948).

David Evans

Services de garde Il s'agit de services autorisés de garde extérieure des jeunes enfants, à temps partiel ou à temps complet. Les 2 types de services les plus populaires sont dispensés soit dans une garderie, soit en milieu familial. Dans le dernier cas, le service destiné aux enfants âgés de quelques semaines à 12 ans est dispensé dans une maison privée détenant un permis et sous la supervision d'une agence de service social ou d'un agent du gouvernement. Pour les enfants plus âgés, il existe des programmes de garde après les heures d'école. Il y a des garderies privées à but lucratif ou non lucratif et des garderies gérées par les services d'aide municipaux.

Jusqu'en 1990, en vertu du Régime d'assistance publique du Canada, le gouvernement fédéral défraie aux provinces et aux municipalités 50 p. 100 des coûts admissibles pour les services de garderie destinés aux familles à faible revenu et à celles qui ont besoin de ces prestations.

En 1990, le gouvernement fédéral fixe la contribution maximale du Régime d'assistance publique du Canada aux 3 provinces les plus riches (Ontario, Alberta et Colombie-Britannique) et en limite l'indexation annuelle à 5 p. 100. Les défenseurs des services de garderie soutiennent que la hausse des coûts des services sociaux en Ontario et en Colombie-Britannique dépasse de beaucoup le plafond de 5 p. 100 et laisse dès lors ces 2 provinces avec moins d'argent pour leurs garderies.

À partir d'avril 1996, les contributions que le fédéral versait précédemment aux provinces en vertu du Régime d'assistance publique du Canada rentrent désormais dans son système des paiements de transferts pour la santé et les services sociaux. Le mois précédent, donnant suite à une promesse électorale, le gouvernement libéral a négocié avec les provinces la mise en place d'un service de garderie à frais partagés. En cas d'échec, les services de garderies seraient inclus dans le Transfert canadien en matière de santé et de programmes sociaux (TCSPS).

Émettre les permis, établir les normes et mettre sur pied le système de garderie incombe aux provinces, car les garderies relèvent de leur juridiction. Dans l'ensemble du Canada, les services de garderie offrent certaines similarités, particulièrement en ce qui concerne les normes régissant la santé et la sécurité ainsi que le ratio enfants/éducatrices et la formation de celles-ci; il existe cependant des différences notables inspirées de philosophies et de perspectives variant d'une province à l'autre. La Saskatchewan, p. ex., octroie des permis uniquement aux coopératives dirigées par les parents, tandis qu'en Alberta 62 p. 100 des garderies sont des commerces. L'Ontario et l'Alberta sont les seules provinces où l'on retrouve des garderies créées et gérées par des municipalités, peu nombreuses il est vrai. Certaines provinces versent une allocation partielle à quiconque utilise le service de garderie, sans tenir compte du revenu familial, alors que d'autres restreignent cette allocation aux familles défavorisées ou à faible revenu.

Historique Bien que certaines garderies datent de la Seconde Guerre mondiale ou même d'avant, la majorité d'entre elles sont créées à partir de 1972, en raison du nombre croissant de femmes qui travaillent à l'extérieur tout en ayant des enfants d'âge préscolaire. En 1971, il n'y a que 14 400 places disponibles dans les garderies canadiennes, mais leur nombre atteint environ 394 300 en mars 1991, c.-à-d. vingt-sept fois plus. La disponibilité de ce service varie suivant l'âge de l'enfant. En 1994, il y a suffisamment de places pour accueillir environ 44 p. 100 des enfants âgés de 3 à 6 ans dont les parents travaillent au moins 20 heures par semaine ou qui sont inscrits à l'école. Cependant, pour les enfants de moins de 18 mois dont les parents appartiennent à la même catégorie, les places disponibles ne comblent que 15 p. 100 des besoins. Les coûts élevés des services expliquent partiellement cette carence.

Coûts des services de garde Les coûts des services de garde dépendent directement des problèmes courants auxquels ces établissements doivent faire face. Les membres du personnel, généralement souspayés, sont confrontés au dilemme suivant: leur salaire représente 70 à 80 p. 100 des coûts de la garderie; par conséquent, une hausse salariale rendrait le service inaccessible aux travailleurs à moyen ou à faible revenu. Dans les faits, un rapport financé par le gouvernement fédéral en 1993 montre que dans une proportion de 7 sur 10, les éducatrices spécialisées dans les soins aux enfants d'âge préscolaire détiennent un diplôme d'études postsecondaires ou universitaires. Elles demeurent néanmoins au bas de l'échelle des salaires avec en moyenne 18 000 dollars par année. Si l'on considère les besoins canadiens en matière de services de garde, les points à considérer concernent la qualité des soins, leur accessibilité et leurs coûts. (*Voir aussi* FEMMES DANS LA POPULATION ACTIVE; POLITIQUE FAMILIALE AU QUÉBEC.)

Howard Clifford

Services de police Au Canada, la police est une force paramilitaire chargée d'assurer le maintien de l'ordre social. La GENDARMERIE ROYALE DU CANADA (GRC), issue de la Police montée du Nord-Ouest du XIXᵉ s., est régie par des lois fédérales et offre ses services à contrat dans 8 provinces. Seuls le Québec et l'Ontario ont leur propre corps policier et n'ont pas recours aux services de la GRC dans les régions rurales ou municipales, tandis qu'à Terre-Neuve, la Royal Newfoundland Constabulary s'occupe du maintien de l'ordre à St. John's, à Cornerbrook et à Labrador City. Les autres corps de police sont assujettis à des lois provinciales détaillées.

La plupart des corps policiers, y compris celui de la GRC, qui assure le maintien de l'ordre dans les villes et les banlieues de l'Ouest, tombent maintenant sous la juridiction des municipalités. En 1994-1995, on comptait 578 services de police municipaux au Canada, y compris 201 forces policières à contrat de la GRC et 13 de la police provinciale de l'Ontario. Toutes les forces de police du Canada sont des organismes publics qui relèvent de l'une ou de toutes les autorités municipales, provinciales ou fédérales, incluant les commissions ou conseils de police nommés par l'État pour surveiller les activités de police et pour faire enquête, selon les règles de l'art, advenant des plaintes publiques liées à la mauvaise conduite de policiers.

Exigences scolaires Les normes de scolarité pour la sélection de recrues varient, mais en général le diplôme d'études secondaires est préférable, sinon obligatoire. La vaste majorité des recrues sont des hommes de race blanche, mais les exigences en matière d'équité d'emploi contribuent à augmenter le nombre de femmes admises et pourraient aussi accroître la représentation des minorités visibles. En outre, partout au Canada, des corps de police autochtones sont en fonction dans leurs propres territoires respectifs.

Formation Il n'existe pas de formation standardisée pour les policiers du Canada, bien que les programmes soient similaires dans les importantes écoles de police des Maritimes, du Québec, de l'Ontario et de la Colombie-Britannique. Dans certaines provinces, en Ontario p. ex., les recrues sont sélectionnées par les services de police et reçoivent une formation de base rémunérée, tandis que dans les provinces atlantiques, les aspirants prennent part, à leurs frais, à un programme de formation sans gage d'emploi par la suite.

La période de formation de base varie de 12 semaines, dans le cas de certaines recrues municipales, à 22 semaines, pour les cadets de la GRC inscrits à l'école de Regina. Il est également courant de soumettre les nouveaux policiers à une période de formation en cours d'emploi ou d'encadrement pouvant durer entre six mois et un an. Ainsi, l'Académie de police de l'Atlantique offre un programme de 40 semaines, dont une première phase de 17 semaines est consacrée à la théorie, suivie de 15 semaines de formation en cours d'emploi et, enfin, de 8 autres semaines de cours théoriques. Le programme met l'accent sur la conduite automobile, les techniques policières, le maniement des armes à feu et certains aspects du droit. Depuis peu, on tente aussi d'intégrer l'acquisition d'aptitudes dans les relations interpersonnelles axées sur la prévention en milieu communautaire. Au Québec, les recrues doivent suivre un programme collégial, tandis que dans les autres provinces, aucune formation postsecondaire de base n'est requise.

La police canadienne compte peu d'universitaires, mais aujourd'hui certains cadres dirigeants de corps policiers préfèrent que les recrues possèdent une formation postsecondaire. Pratiquement tous les cadres grimpent les échelons administratifs sans préparation officielle à la gestion ou seulement très peu. Le Collège canadien de police à Ottawa, dirigé par la GRC, offre des cours spécialisés, comme la gestion policière, à certains agents triés sur le volet dans tout le Canada.

Les fonctions policières De façon générale, les documents spécialisés entendent par fonctions policières la prévention et la détection des crimes, l'appréhension des contrevenants, le maintien de la paix et la protection de la vie et de la propriété. Bref, cela signifie faire régner l'ordre et veiller au respect de la loi. Officiellement, la police s'occupe de la mise en application du *Code criminel*, des lois provinciales et des nombreux règlements municipaux. Même si elle a traditionnellement axé son intervention sur la répression du crime, aujourd'hui l'accent est mis davantage sur la prévention et les services. L'application de la loi reste d'ailleurs la fonction qui connaît la plus large diffusion et la plus grande popularité. On s'attend à ce que la police réprime les comportements asociaux et, en particulier, toute violation de la loi, mais pour assurer le maintien de la paix, elle doit aussi empêcher les actes répréhensibles qui ne sont pas nécessairement illégaux, assurer une surveillance et contenir les foules. En outre, une bonne part du travail des policiers est lié à la mise en application des règlements municipaux et du code de la route.

Le travail policier La mise en application des règlements municipaux et du code de la route ainsi que le maintien de l'ordre, exercé dans les activités de patrouille, constituent le gros du travail policier, dont seulement 20 p. 100 à 30 p. 100 est directement lié à la répression du crime. Les policiers consacrent le plus clair de leur temps aux patrouilles, à la surveillance des routes, au travail administratif et à des services publics de nature générale sans lien avec le crime. Il reste que la patrouille motorisée représente la principale activité policière. Elle peut requérir la présence de 2 agents, comme c'est le cas dans la police métropolitaine de Toronto, ou d'un seul patrouilleur, comme cela se voit dans de nombreuses régions rurales et urbaines. Depuis quelques années, on a de plus en plus recours aux patrouilles à pied dans les quartiers urbains densément peuplés.

Bien que la plupart des infractions soient traitées par des agents en uniforme, le travail de détective et les ENQUÊTES CRIMINELLES, des fonctions d'importance habituellement associées aux crimes graves, sont exécutés par un personnel spécialisé. Si les enquêtes sur les crimes graves revêtent un certain prestige au sein de la police, d'autres activités, comme l'intervention en situation de crise familiale, sont considérées comme désagréables et dangereuses. En décidant d'intervenir ou non et de porter des accusations au nom du public, la police participe à la définition des normes morales et sociales, comme c'est le cas quand elle décide de fermer les yeux sur certaines infractions aux lois relatives à la PORNOGRAPHIE.

La réglementation des services de police Les pouvoirs discrétionnaires dont jouit la police au Canada sont considérables et doivent officiellement être libres de tout lien politique. Contrairement à la plupart des services de police municipaux, qui entretiennent des rapports avec des comités ou des commissions de police dont les membres sont nommés, ce qui leur permet de conserver une certaine distance entre eux et les représentants politiques élus, la GRC et les services de police provinciaux sont particulièrement vulnérables aux orientations politiques (*voir* COMMISSION D'ENQUÊTE SUR CERTAINES ACTIVITÉS DE LA GENDARMERIE ROYALE DU CANADA). P. ex., les forces policières ont souvent été utilisées, dans le passé, pour réprimer les grèves et elles continuent d'assumer la responsabilité de maintenir l'ordre et de surveiller de près les lignes de piquetage. C'est probablement leur intervention lors de la GRÈVE GÉNÉRALE DE WINNIPEG en 1919 qui a sauvé la GRC du démantèlement qui était alors envisagé.

La collecte de renseignements et la sécurité nationale, fonctions qui incombaient jadis à la GRC, ont été retirées des services de police publics pour être cédées à un organisme fédéral (*voir* SERVICE CANADIEN DU RENSEIGNEMENT DE SÉCURITÉ; RENSEIGNEMENT ET ESPIONNAGE). Au Canada, les policiers contre lesquels le public porte plainte peuvent faire l'objet d'enquêtes qui sont menées selon une méthode prescrite par la loi, à l'interne ou à l'externe, et qui comportent un examen (l'Unité d'enquêtes spéciales en Ontario procède notamment à ce genre d'investigations).

La police communautaire Depuis les années 50, les services de police canadiens fusionnent et se centralisent. La tendance continue d'être aux grands services de police régionaux, mais en même temps, on essaie d'insérer les services dans le cadre du modèle en vogue de la police communautaire. La plupart des corps policiers ont recours à ce modèle de réforme qui préconise le concept du service ainsi que les contacts avec la population locale et la responsabilisation sociale. Beaucoup de villes ont maintenant des «minibureaux» de police ou bureaux de «quartier». Certaines, comme Halifax et Edmonton, ont entrepris, en consultation et en collaboration avec la population des petits quartiers, une restructuration générale des services de police prévoyant l'affectation d'un plus grand nombre d'agents à une vaste gamme de tâches. Cette restructuration devrait améliorer l'image des services de police aux yeux du public et accroître la participation des bénévoles ainsi que la satisfaction professionnelle du policier sur le terrain ou de l'agent généraliste.

La population policière Les plus grands corps policiers du Canada sont la GRC, la Police de la communauté urbaine de Toronto, la Police provinciale de l'Ontario, la police provinciale du Québec (Sûreté du Québec) et la Police de la communauté urbaine de Montréal. Ensemble, ils représentent environ 60 p. 100 de tous les agents de police du pays. Au cours des années 70, les corps policiers canadiens grandissent plus vite que la population totale, ce qui reflète les effets de l'urbanisation, la jeunesse de la population et les services complexes et variés qu'ils doivent fournir, de la mise en application du droit pénal, des règlements municipaux et du code de la route aux interventions d'urgence dans les situations critiques non liées à des activités criminelles. À la fin des années 80 et durant les années 90, le nombre de services de police publics se stabilise puis diminue. La réduction des fonds publics et du personnel et la mise en place du modèle de la police communautaire favorisent l'établissement de priorités dans les interventions policières (systèmes de réaction différentielle de la police). Il en résulte également la participation de citoyens bénévoles qui permet d'accélérer le délai de réaction de la police aux appels de demande de services ou d'avoir recours au téléphone ou à d'autres modes d'intervention dans les cas de violations comme les introductions par effraction.

Les effectifs policiers En 1962, il y a 1,7 policier par 1000 hab., dont 1,5 policier assermenté. En 1977, ces proportions sont de l'ordre de 2,8 et 2,3 respectivement. La police provinciale du Québec, ou SÛRETÉ DU QUÉBEC, connaît la plus grande croissance, passant de 1562 policiers en 1962 à 4248 en 1985, soit une hausse de 172 p. 100, comparativement à 109 p. 100 pour la GRC et à 113 p. 100 pour la POLICE PROVINCIALE DE L'ONTARIO. C'est au Yukon, dans les Territoires du Nord-Ouest et au Québec que le rapport policiers-habitants est le plus élevé, soit 5,5 pour 1000, 5,3 pour 1000, et 3 pour 1000 respectivement. En 1962, le Canada compte 27 744 agents de police et en 1985, 53 464, ce qui représente une augmentation de 97 p. 100.

En 1994, alors que ce nombre atteint 55 865, on assiste à un léger recul pour une deuxième année d'affilée, le déclin étant un peu plus prononcé chez les commissaires et les sous-officiers que chez les agents de police. Le personnel civil ou non assermenté accuse aussi une baisse de 1992 à 1994. Malgré la décroissance générale des corps policiers, le nombre de femmes au sein des services de police continue d'augmenter à un rythme constant depuis 1970. À cette époque, les 186 policières en poste représentent 0,5 p. 100 des effectifs, tandis qu'en 1994, ce taux grimpe à 9 p. 100, pour un total de 5056 policières.

La rémunération des policiers Les agents de police travaillent en vertu d'un contrat ou d'une convention collective prévoyant salaires, avantages sociaux et conditions de travail négociés par les associations de policiers, dont certaines sont des syndicats. Seuls les policiers de la Nouvelle-Écosse, du Nouveau-Brunswick, du Manitoba, de la Saskatchewan et de la Colombie-Britannique ont le droit de grève. Historiquement, ce sont ceux de la Nouvelle-Écosse qui s'en sont prévalus le plus souvent. Seule la GRC n'a pas recours à la NÉGOCIATION COLLECTIVE. La rémunération de ses employés est calculée selon une formule qui tient compte des salaires des policiers des grands centres urbains et de la représentation des employés par l'intermédiaire de représentants divisionnaires financés par la GRC. Les services de police qui servent de référence sont ceux de Calgary, d'Edmonton, de Montréal, de Toronto, de Winnipeg et de Vancouver ainsi que la Police provinciale de l'Ontario et la Sûreté du Québec. En septembre 1995, les policiers de Vancouver figurent en tête de liste au chapitre de la rémunération (salaire et avantages sociaux). Les agents comptant 11 années de service touchent en moyenne 65 192 dollars, dont 55 586 dollars en espèces.

Le coût des services de police Le gros du coût des services de police est lié au personnel. Selon le recensement de 1991, le salaire moyen d'un policier au Canada est estimé à 47 444 dollars, variant d'une province à l'autre. Ce sont les policiers de l'Alberta et de l'Ontario qui gagnent les salaires moyens les plus élevés, soit 48 308 dollars et 48 004 dollars respectivement, alors que ceux du Nouveau-Brunswick et de Terre-Neuve touchent les plus faibles rémunérations, à savoir 43 827 dollars et 43 955 dollars respectivement. Le coût des services de police s'est stabilisé récemment après avoir connu des augmentations considérables dans les dernières années. En 1971, ces services coûtent 28 dollars à chaque Canadien. En 1994-1995, le coût total s'élève à 5,78 milliards de dollars, soit 198 dollars par Canadien, un léger recul par rapport aux 200 dollars enregistrés l'année précédente.

Dennis Forcese

Services publics Ceux-ci sont considérés comme des organismes si «étroitement liés à l'intérêt public» qu'il faut absolument les soumettre à une réglementation gouvernementale quant à l'entrée sur le marché, à la sortie du marché, aux tarifs à la clientèle, au taux de rendement accordé aux propriétaires et à la nécessité de bien desservir toute la clientèle du secteur d'exploitation (*voir* PROCESSUS RÉGLEMENTAIRE). Les entreprises responsables de la production et de la distribution de l'électricité, de la distribution du gaz naturel et de l'eau, des télécommunications (en particulier le service téléphonique), et des gazoducs (gaz, huile, biens et services) sont des entreprises de services publics. Certains considèrent que la câblodistribution fait aussi partie des services publics. À une autre époque, les chemins de fer, les silos à céréales, les traversiers et les ponts privés étaient aussi considérés comme des services publics.

Ce genre de services peut être la propriété d'investisseurs privés ou appartenir à des gouvernements par l'intermédiaire de SOCIÉTÉS DE LA COURONNE. Dans la plupart des provinces, ce sont des sociétés de la Couronne provinciales qui fournissent l'électricité à la population, tandis que le gaz destiné aux entreprises, aux particuliers et aux gazoducs relève, en grande partie, du secteur privé. Dans les 3 provinces des Prairies, les services téléphoniques relèvent des sociétés de la Couronne. Cependant, dans le reste du Canada, ce sont des entreprises privées qui en assument la responsabilité (bien qu'elles soient soumises aux règlements édictés par le gouvernement).

Les motifs de l'intervention gouvernementale L'argument qui revient le plus souvent pour justifier la réglementation des services publics est lié aux économies d'échelle importantes réalisées par ces entreprises. Le principe de faire baisser le coût unitaire des produits et services lorsque la demande est forte. Puisqu'une grande entreprise peut facilement fournir des services à une population plus importante et à un coût moindre, des monopoles naturels s'ensuivent. Bien qu'un monopole soit, somme toute, plus efficace, le manque de concurrence peut parfois engendrer un certain abus envers les consommateurs (autant entreprises que particuliers), et ce, sur 2 plans. Premièrement, les prix établis peuvent être bien supérieurs au coût de production, ce qui entraîne des profits excessifs pour les actionnaires de ces services.

Deuxièmement, le service peut occasionner le recours à des pratiques discriminatoires en ce qui concerne la fixation des prix, comme exiger des tarifs différents de 2 groupes différents, alors que le coût pour les desservir est le même. Afin de prévenir ces problèmes, les organismes de réglementation gouvernementaux tentent d'exercer un contrôle lorsqu'une entreprise détient le monopole d'un marché donné, veillant ainsi à l'application de tarifs «justes et raisonnables». Ils doivent s'assurer que ces tarifs ne sont pas «discriminatoires ou inéquitables» envers certaines catégories de clients.

On prétend par ailleurs que, puisque les services publics fournissent des services essentiels aux industries et à la population, tous ceux qui sont prêts à payer le prix devraient y avoir accès. La réglementation serait donc nécessaire pour maintenir les services essentiels.

En outre, les services publics exigent énormément de capitaux, puisque la valeur de leurs biens dépasse plusieurs fois leurs revenus annuels. De plus, les dépenses marginales nécessaires pour desservir une plus grande population (jusqu'à un certain seuil limite) sont minimes une fois le réseau en place. Les 3 entreprises publiques de production d'électricité les plus importantes au Canada (qui font aussi partie des 5 plus importantes sociétés non financières du pays en termes d'actif) gèrent un actif qui représente de 5 à 6 fois leurs revenus annuels. Le coefficient des compagnies de téléphone est beaucoup plus bas (3 fois le revenu), tandis que celui des distributeurs de gaz naturel et des sociétés de gazoducs n'est que le double du revenu.

Dans la majorité des cas, les services publics n'offrent pas de produits qui peuvent être stockés, mais plutôt des services qui doivent être accessibles en tout temps. P. ex., on doit pouvoir allumer les lumières à tout moment, sous peine de diminuer de beaucoup la valeur du service. Les consommateurs ne peuvent donc pas entreposer le produit pour l'utiliser plus tard. Par ailleurs, il n'existe pas souvent d'autres fournisseurs de services. Bien que les acheteurs industriels de grande envergure soient en mesure de trouver d'autres sources d'approvisionnement, les particuliers, eux, n'ont habituellement aucun recours lorsque les prix sont trop élevés ou que le service laisse à désirer.

Les raisons invoquées pour réglementer les services publics évoluent avec le temps, tout comme le statut des différents services. P. ex., le transport ferroviaire, avant la croissance du transport par camion et par avion à l'aube de la Seconde Guerre mondiale, était considéré comme un service public. L'évolution technologique rapide a remis sérieusement en question le caractère monopolistique d'un autre service public: les services de télécommunications interurbaines. Bien que la concurrence sur le marché canadien se limite aux services non vocaux, les organismes réglementaires fédéraux des États-Unis ont permis la concurrence dans l'ensemble des services interurbains. Même le service d'appels locaux, longtemps considéré comme un monopole naturel, est menacé par les sans fil et par la transmission directe par satellite qui arrive à contourner le central téléphonique.

Les autres mécanismes d'intervention L'intervention gouvernementale se présente sous 2 formes. Premièrement, les gouvernements peuvent nationaliser les moyens de production par la création de sociétés de la Couronne. En tant que propriétaires, les gouvernements peuvent fixer les tarifs et déterminer les conditions de service, bien qu'étatisation ne soit pas nécessairement synonyme de contrôle des prix. Deuxièmement, les gouvernements peuvent décider de laisser les services publics sous propriété privée, tout en instaurant un organisme de réglementation (commission ou office) qui veillera au bon fonctionnement des services. La régie publique relève plus de considérations pratiques qu'idéologiques. Normalement, on l'adopte après une longue expérience du secteur privé. Entre autres, le fait que les sociétés de la Couronne provinciales ne payent aucun impôt fédéral sur le revenu a été un facteur déterminant pour la nationalisation de l'électricité en Colombie-Britannique et au Québec dans les années 60.

Signalons que les entreprises publiques ne sont pas soustraites à la réglementation gouvernementale. À quelques exceptions près (Saskatchewan Telephone, HYDRO-QUÉBEC), la réglementation gouvernementale est imposée aux services tant publics que privés.

La réglementation des services publics Les gouvernements réglementent les services publics par l'entremise d'organismes spécialisés (p. ex., le CONSEIL DE LA RADIODIFFUSION ET DES TÉLÉCOMMUNICATIONS CANADIENNES, l'Office national de l'énergie et les diverses commissions provinciales de services publics) qui obtiennent leurs mandats directement du gouvernement au moyen de lois prévoyant un grand nombre des règles qui les régissent. Puisque leur fonction première est de prendre des décisions impartiales sur des points comme les tarifs, le rendement permis pour les propriétaires et l'entrée sur les marchés pertinents, la plupart des organismes de réglementation fonctionnent de façon quasi judiciaire (*voir* TRIBUNAUX ADMINISTRATIFS).

Les décisions prises par ces organismes peuvent faire l'objet d'un appel auprès du Cabinet. Les organismes canadiens ont moins d'autonomie que leurs homologues américains. De plus, leur rôle en ce qui concerne l'élaboration des politiques est beaucoup plus restreint.

Premièrement, un organisme décide qui a le droit de prendre part à tel ou tel marché, comme dans le cas du prolongement d'un gazoduc dans un nouveau territoire. Prenons l'exemple de celui qui doit être construit entre Montréal et Halifax. C'est l'Office national de l'énergie (ONE) qui a présélectionné Gazoduc Trans Québec & Maritimes Inc. parmi plusieurs autres candidats. Deuxièmement, l'organisme doit juger à qui le service sur demande sera offert, puisqu'il est sous-entendu qu'on ne peut retirer ce service une fois établi, du moins pas sans l'accord de l'organisme de réglementation. Toutefois, le travail de ces organismes consiste surtout à déterminer les tarifs des services publics. Pour établir des tarifs «raisonnables et équitables», l'organisme doit tenir compte de l'ensemble des revenus de l'entreprise et du tarif à payer par les différentes catégories de clients. Grâce à la tenue d'audiences publiques, l'organisme tente d'établir quels sont les frais engagés par le service public pour fournir le niveau de service approprié. Plus particulièrement, il s'agit de déterminer quel niveau de dépenses en capital est acceptable et quel devrait être le taux de rendement de l'entreprise sur sa «base tarifaire» (normalement la valeur après amortissement des installations et de l'équipement qui servent à fournir le service). Dans ce sens, l'organisme doit réglementer les profits monopolistiques, tout en s'assurant que le taux de rendement est suffisant pour attirer et conserver des capitaux dans l'entreprise. Une fois que l'organisme a établi une prévision des recettes de l'entreprise, il doit s'assurer que toutes les catégories de clients sont traitées de façon juste et équitable. Dans le cas de la téléphonie, c'est l'éternelle question qui revient toujours: combien les entreprises (par rapport aux particuliers) doivent-elles payer mensuellement pour le service téléphonique local.

Problèmes relatifs aux services publics et à leur réglementation La réglementation des services publics par des organismes bénéficiant d'une indépendance presque totale est un processus long et sujet à de nombreuses critiques. Premièrement, parce que les services publics semblent pouvoir transmettre des coûts plus élevés à leur clientèle, ils n'ont pas à être aussi efficaces que des entreprises qui doivent faire face à des concurrents. Deuxièmement, certaines catégories de clients paient moins cher que le coût réel les services qu'elles reçoivent, alors que d'autres paient la différence. P. ex., lorsqu'on compare les tarifs interurbains aux tarifs locaux, on constate que ce financement du local par l'interurbain semble faire partie de la réglementation téléphonique canadienne.

Troisièmement, on dit souvent que l'intérêt de la population n'est pas bien représenté auprès des organismes de réglementation et que ceux-ci n'en tiennent pas compte dans leurs décisions. Quatrièmement, les changements technologiques offrent l'occasion de remplacer la réglementation des services publics par la discipline d'un marché concurrentiel ou encore de faire une plus grande utilisation de la concurrence pour que les services offerts par les entreprises soient aussi efficaces que possible tout en s'adaptant aux changements des conditions économiques. Toutefois, les organismes de réglementation hésitent toujours à encourager une plus grande utilisation de la concurrence.

Cinquièmement, on accuse les organismes de réglementation de passer trop de temps à établir le taux de rendement permis au lieu de s'attarder au coût de production, afin de savoir s'il n'est pas trop élevé (il est difficile de juger si le service a choisi d'innover en utilisant la technologie la plus appropriée). Sixièmement, en établissant les tarifs que les services publics sont en droit de facturer, les organismes de réglementation se fondent sur le coût moyen historique du «capital enchâssé» (p. ex., les barrages électriques construits il y a 30 ans), au lieu d'évaluer la valeur actuelle des coûts marginaux. (*Voir aussi* ÉLECTRICITÉ, SERVICES PUBLICS D'.)

J.T. Bernard

Services, secteur des L'ÉCONOMIE canadienne a 2 principales composantes, le secteur de production des biens et le secteur des services. Le premier secteur comprend l'agriculture, l'industrie forestière, l'industrie minière, la pêche, la construction et la fabrication (*voir aussi* SCIENCES ÉCONOMIQUES). Le secteur des services englobe des activités non commerciales, comme la santé et le bien-être, l'ÉDUCATION, la religion et les œuvres de bienfaisance; les services à caractère commercial, comme les restaurants, les loisirs, le divertissement, les soins personnels; le commerce de gros et de détail; le TRANSPORT, les COMMUNICATIONS et les services publics; ainsi que les services financiers et juridiques, y compris les ASSURANCES, l'IMMOBILIER, l'ACTIVITÉ BANCAIRE et les placements.

Avec l'augmentation de la population du Canada, la croissance de son économie et l'amélioration de la productivité du secteur de production de biens, la part de la population active employée dans le secteur des services ne cesse de croître.

En 1911, près de 66 p. 100 de la population active travaillait dans le secteur de la production de biens et 33 p. 100, dans celui des services. En 1987, ces ratios sont inversés. Comme la population rurale diminue, le nombre de personnes travaillant dans le secteur des services augmente. Au moment de la création de la Confédération, en 1867, 50 p. 100 de la population active travaillait dans le secteur de l'agriculture, mais en 1987 ce pourcentage n'est plus que de 4 p. 100.

De 1867 à la Seconde Guerre mondiale, le secteur des services connaît une croissance stable, mais lente. Après la Seconde Guerre mondiale cependant, comme le Canada exporte davantage de matières premières et de produits fabriqués, de plus en plus de services deviennent abordables. On assiste alors à une explosion de l'emploi dans ce secteur, surtout dans les domaines de l'éducation, de la santé et du bien-être.

En plus de l'expansion du secteur des services personnels, on observe une forte croissance dans le domaine des services fournis au secteur de production de biens. Cette croissance découle d'une production accrue dans ce dernier secteur et des nouveaux services qui se créent grâce à la nouvelle technologie. La hausse de la production dans le secteur des biens fait augmenter le nombre d'emplois dans les services liés au transport des marchandises, à l'entreposage, à la COMPTABILITÉ, aux communications et à d'autres activités connexes. Certaines industries de services assument maintenant des fonctions auparavant assurées au sein même des entreprises, comme le traitement des données et d'autres services informatisés, la consultation professionnelle, le dessin industriel et la maintenance.

À partir de 1957, année où ont été installés les premiers ordinateurs industriels au Canada, la nouvelle technologie a largement contribué à élargir les activités du secteur des services en favorisant la création de nouvelles fonctions, comme la fourniture aux abonnés d'informations continues sur les données financières et boursières, les bulletins météorologiques et l'actualité. En accroissant l'efficacité de fonctions existantes, comme le guichet automatique bancaire, elle a aussi permis d'améliorer grandement la productivité des opérations internationales grâce aux ordinateurs et aux satellites de communication. Dans le domaine médical, les nouvelles technologies ont contribué à la création de nouveaux services de dépistage, de prévention et de traitement des maladies en plus d'améliorer ceux déjà en place.

Bien des organismes du secteur des services appartiennent à l'État ou sont régis par lui, même si l'on note dans les années 70 et 80 une certaine tendance vers la libéralisation de la concurrence et une déréglementation accrue. Cette tendance émane en partie des pressions exercées par la concurrence américaine, les États-Unis appliquant depuis le début des années 80 une politique de déréglementation. Au cours des années 70 et au début des années 80, l'industrie canadienne fait face à une concurrence plus vive de la part de nombreux pays. Au début, les effets de celle-ci sur le secteur des services ne sont pas très marqués. Mais avec l'intensification de la concurrence dans les années 80, l'industrie des services commence à ressentir la pression de la concurrence étrangère, non seulement d'une manière directe dans des domaines comme le traitement des données, les banques et le tourisme, mais aussi d'une manière indirecte dans les secteurs des communications et des services publics, p. ex. l'Accord de LIBRE-ÉCHANGE nord-américain (ALENA) entre les États-Unis, le Canada et le Mexique, qui a remplacé l'accord commercial bilatéral entre les États-Unis et le Canada (signé par le premier ministre Mulroney et le président Reagan en janvier 1988), aura une incidence sur l'industrie canadienne des services, étant donné la levée progressive des barrières commerciales entre ces 2 pays.

Dans les années 60 et 70, nombreux sont ceux qui prédisaient que les ordinateurs et autres progrès technologiques remplaceraient les travailleurs et élimineraient des emplois, mais de nouveaux produits et services ont aussi créé des emplois qui n'existaient pas auparavant. Depuis l'avènement des ordinateurs, les emplois dans les domaines du secrétariat, de l'administration, de la vente et des services ont connu une croissance rapide. On pense que ces emplois vont continuer à augmenter rapidement d'ici la fin du XXe s.

Roy A. Phillips

Services sociaux et assistance sociale Au Canada, les programmes de SÉCURITÉ SOCIALE, les services sociaux et l'assistance sociale ne sont pas les mêmes. Les programmes de sécurité sociale, qui relèvent de tous les paliers de gouvernement, fournissent une aide économique directe de divers types aux personnes ou aux familles. Les ALLOCATIONS FAMILIALES, les PENSIONS DE VIEILLESSE et les programmes provinciaux et municipaux d'aide sociale entrent dans cette catégorie.

Les programmes de services sociaux et d'assistance sociale, par contre, existent pour répondre aux besoins personnels, sociaux et émotionnels. Ils comprennent les services de soins offerts dans les résidences gérées par l'État ou par le secteur privé, les soins à domicile ainsi qu'un large éventail de services communautaires comme les SERVICES DE GARDE, la livraison des repas à domicile et le counseling. Aujourd'hui, ces services sont souvent appelés services sociaux «personnels». Ils apparaissent et se répandent essentiellement au cours de la seconde moitié du XXe s.

Autrefois, on s'attendait à ce que la famille s'occupe de ses membres, avec l'aide d'organisations paroissiales, de sociétés caritatives et d'associations formées dans les milieux de travail quand la famille ne disposait pas des ressources suffisantes. Avec la révolution technologique, un changement s'opère: le travail industriel prend le pas sur le travail agricole. Par suite de l'expansion du secteur manufacturier, les grandes villes attirent plus de travailleurs et se trouvent aux prises avec des problèmes de surpeuplement et de nouveaux besoins sociaux. L'État réagit d'abord en finançant le développement des organisations caritatives et paroissiales pour ensuite s'engager lui-même dans l'administration des services sociaux.

Il existe encore beaucoup de services institutionnels destinés aux personnes dans le besoin, mais on a aussi mis en place une grande variété de services d'une autre nature. Depuis la fin de la Seconde Guerre mondiale jusqu'aux années 80, la croissance exponentielle des services fournis par l'État a remis la responsabilité du financement et de la prestation directe des services principalement aux 3 paliers de gouvernement. Dans quelques provinces, on trouve aussi diverses organisations privées de service social, financées en partie par le gouvernement et en partie par les campagnes de Centraide, de même qu'un certain nombre d'autres services qui ne sont pas sous l'autorité du gouvernement ni d'organismes privés reconnus. Bien que les services de l'État demeurent d'importants fournisseurs de soins, beaucoup préfèrent recourir à des sources d'aide plus personnelles comme la famille et les associations paroissiales, qu'ils trouvent idéales malgré certaines difficultés de fonctionnement.

Buts et éventail des services Les services de bien-être social sont d'abord axés sur les besoins de populations précises, c.-à-d. les enfants et les familles, les jeunes, les vieillards, les handicapés physiques et mentaux. Cependant, peu importe la population desservie, ces programmes poursuivent des objectifs différents. Certains offrent des soins en tout temps, tous les jours; d'autres soutiennent la famille (particulièrement les mères, qui sont la plupart du temps responsables des besoins sociaux et affectifs de la famille); d'autres protègent les personnes en danger, comme les enfants négligés ou maltraités. Pour les enfants qui doivent être retirés temporairement ou définitivement de leur famille, on dispose de foyers d'accueil, de foyers de groupe et de services résidentiels. Le système général de bien-être de l'enfance inclut les services d'ADOPTION. Il existe des services de counseling pour les enfants présentant des problèmes psychologiques, et des centres de SANTÉ MENTALE existent pour les soins en institution. Un certain nombre de services de garde sont créés dans chaque région administrative, surtout à l'intention des enfants d'âge préscolaire. Il y a très peu de places pour les enfants d'âge scolaire et ceux qui ont des besoins particuliers; en fait, les places en garderie de tous genres ne suffisent pas à répondre à la demande.

Il existe un certain nombre de programmes plus limités et, dans certains cas, plus récents, destinés à soutenir la famille, parmi lesquels l'aide ménagère à domicile; des programmes de formation des parents; des programmes de relève, qui permettent aux mères de se libérer occasionnellement des exigences quotidiennes du soin des jeunes enfants. Des programmes de planification familiale fournissent de l'information et de l'aide psychologique aux familles. On trouve aussi un petit nombre d'autres services destinés aux femmes, créés sur l'initiative de groupes féminins locaux en l'absence de services d'État. Mentionnons les centres locaux de femmes offrant de l'information, des conseils, de l'aide psychologique et des références; les centres d'aide aux victimes de viol; et un certain nombre de refuges ou de centres d'hébergement pour les femmes battues et leurs enfants.

Afin de répondre aux besoins des personnes âgées, on a ouvert des résidences, dont de grands centres pour les soins prolongés et un réseau de petits centres d'accueil communautaires, aujourd'hui en expansion. Dans certaines régions, les services communautaires pour les vieillards comprennent des haltes-accueil, des services ménagers et des repas à domicile.

Un réseau de services pour les handicapés physiques et mentaux (*voir* INCAPACITÉ) regroupe de grands établissements de soins et des résidences communautaires plus modestes, comme les foyers d'accueil et les foyers de groupe. À certains endroits, il existe des ateliers protégés qui offrent aux handicapés une formation facilitant leur intégration dans la communauté. Dans plusieurs régions du pays, on fonde des associations locales pour les déficients mentaux, qui se consacrent à la défense des droits de ces derniers et fournissent aussi certains services dans leurs communautés locales. On met en place des services pour les malades mentaux en dehors du système général de santé (*voir* PSYCHIATRIE). Dans certaines régions, il y a des programmes communautaires de réadaptation destinés à aider les malades mentaux à se réinsérer dans la société après un séjour en institution; dans d'autres, on fournit des installations d'urgence et des haltes-accueil pour recevoir les personnes récemment sorties de l'hôpital.

Responsabilité En vertu de la CONSTITUTION canadienne, la responsabilité des services sociaux revient aux gouvernements provinciaux et territoriaux. Les services fonctionnent principalement suivant la législation provinciale et territoriale. Chaque province et territoire établit son propre éventail de services. Quelques provinces confient une partie de leur responsabilité administrative aux gouvernements locaux ou municipaux et, parfois, ces derniers contribuent aussi au financement de certains services.

Le gouvernement fédéral participe également aux programmes des services sociaux, par des ententes de partage des coûts avec les provinces et les territoires. À l'origine, en vertu du Régime d'assistance publique du Canada (RAPC), le coût de plusieurs services était divisé en 2 parts égales entre les provinces et le gouvernement fédéral. En 1990 cependant, ce dernier impose des limites aux dépenses des trois provinces les plus riches, l'Ontario, la Colombie-Britannique et l'Alberta, les forçant en fait à augmenter leur part du financement social jusqu'à 70 p. 100. De nombreux critiques prétendent que si la tendance actuelle persiste, le financement du RAPC sera éliminé au début du XXIᵉ s. Les compressions budgétaires draconiennes effectuées par tous les paliers de gouvernement, de même que l'opinion générale selon laquelle les services privés seraient plus efficaces, remettent sérieusement en question l'utilité des programmes sociaux publics (*voir* ÉTAT PROVIDENCE).

Pour remplacer la formule de partage instaurée sous le RAPC, des ententes de financement en bloc apparaissent suivant lesquelles le gouvernement fédéral accorde des points d'impôt aux gouvernements provinciaux, se retirant ainsi des programmes sociaux. Le gouvernement fédéral veille néanmoins à ce que toutes les provinces et territoires fournissent de l'aide à ceux qui sont «dans le besoin», que chaque région administrative ait une procédure en place pour en appeler des décisions des fonctionnaires et qu'aucun territoire ni province n'impose de condition d'admissibilité fondée sur la résidence. Toutefois, même si le gouvernement fédéral délègue la responsabilité des services sociaux, certaines provinces voient d'un mauvais œil toute participation du fédéral, aussi minime soit-elle.

Les organisations privées ou paroissiales administrent un faible pourcentage des services sociaux. Plusieurs d'entre elles reçoivent une aide financière des organismes publics et le reste de leurs revenus est formé de dons privés qui proviennent, entre autres, des campagnes annuelles de Centraide. Dans certaines régions administratives, les organismes privés sont en fait repris par l'État; dans d'autres, ils sont maintenus (essentiellement des organisations semi-publiques), bien qu'ils fonctionnent avant tout grâce au soutien gouvernemental et souvent en vertu de mandats votés par les gouvernements provinciaux.

Différences régionales Depuis les années 60, la plupart des régions administratives du Canada procèdent à un examen de leurs services sociaux. P. ex., l'Alberta met en œuvre un programme de service social préventif en 1966; le Québec lance une enquête sur la santé et les services sociaux en 1966; le Nouveau-Brunswick forme un groupe de travail sur le développement social en 1970; la Colombie-Britannique entreprend une révision des services sociaux en 1972; et l'Ontario constitue un groupe de travail sur les services sociaux en 1979. Dans la plupart des provinces, ces initiatives conduisent à un renforcement de l'emprise du gouvernement provincial sur les services sociaux. Le Québec est la seule province à avoir regroupé les services de santé et de bien-être social; toutes les autres continuent de confier ces 2 types de services à des ministères différents. En général, la réorganisation ne touche pas l'administration locale.

Durant cette période, quelques provinces, dont le Québec et la Colombie-Britannique, ont largement pris en main la gestion des organismes privés, alors que d'autres, l'Ontario notamment, continuent d'en appuyer quelques-uns. Presque toutes les régions administratives établissent une certaine forme de décentralisation de la gestion pratique des services tout en maintenant l'autorité du gouvernement central sur les politiques et le financement. Le Québec, p. ex., met sur pied des organismes régionaux, des centres communautaires et des organisations de quartier appelées «centres locaux de services communautaires» (CLSC).

L'Alberta et le Québec installent des bureaux régionaux et, dans certains cas, des bureaux locaux pour la prestation des services provinciaux. Les services régionalisés de Terre-Neuve reflètent sa géographie et le nombre de ses communautés isolées. Le PROGRAMME DE RÉINSTALLATION DE TERRE-NEUVE, qui date du début des années 60, a toutefois perturbé la vie familiale et communautaire en forçant la fermeture de petites industries afin d'essayer de centraliser l'activité économique. Cette mesure conduit à un déplacement de la population vers les grands centres et à une concentration des services sociaux.

La prestation des services sociaux aux autochtones se complique d'un débat sur la compétence (*voir* AUTOCHTONES, SANTÉ DES). Le gouvernement fédéral a une responsabilité globale envers les autochtones et leurs terres suivant la Loi constitutionnelle de 1867 en général et suivant la Loi sur les Indiens en particulier. Certains services, comme les SERVICES D'AIDE À L'ENFANCE, sont confiés aux gouvernements provinciaux, mais ils n'acceptent pas tous cette responsabilité de bon gré. Dans d'autres secteurs des services sociaux, le partage des responsabilités n'est pas clair. Les organisations autochtones, les conseils de bande, p. ex., assument parfois la responsabilité de l'administration courante des services d'aide à l'enfance. Les peuples autochtones revendiquent de plus en plus la gestion directe du développement et de la prestation de leurs services sociaux. Il semble assez certain qu'ils auront acquis ce droit d'ici le début du nouveau millénaire.

Changements récents Les services de bien-être social sont particulièrement affectés par les réductions budgétaires générales de l'État dans ce secteur, tant à l'échelle fédérale qu'à l'échelle provinciale. Ces réductions exacerbent le problème de l'effritement du pouvoir d'achat dont souffrent les assistés sociaux depuis le milieu des années 70 et qui s'amplifie avec la récession économique du début des années 80 et de la fin des années 90.

En plus de mettre un terme à toute expansion des services sociaux et même de réduire l'enveloppe budgétaire qui leur est consacrée, les gouvernements instaurent un certain nombre de mesures. La première est la «désinstitutionnalisation», qui consiste à donner leur congé à des personnes en institution et à limiter le nombre de nouvelles admissions. Cette décision entraîne la fermeture de quelques grands établissements dans tout le pays, dont des centres de soins pour les handicapés, les malades mentaux, les vieillards et les enfants.

La seconde mesure, qui découle d'ailleurs de la première, met l'accent sur les soins prodigués aux personnes dans leur propre communauté et souvent dans leur propre famille. Elle privilégie à la fois l'intégration des personnes «désinstitutionnalisées» au sein de la société et la prestation de certains services dans la communauté même, de sorte que celles-ci n'aient pas à être placées en institution. Il semble que cette stratégie compte beaucoup sur les femmes pour s'occuper des enfants, des personnes handicapées et des personnes âgées à leur domicile. De sérieux problèmes résultent actuellement d'un manque d'installations et de services communautaires adéquats pour répondre à la «désinstitutionnalisation» d'un grand nombre de personnes dans l'ensemble du pays.

Une troisième mesure consiste à transférer la responsabilité de l'administration des services sociaux au secteur privé. On a davantage recours à cette mesure dans certaines parties du pays que dans d'autres, p. ex., en Alberta. Les services sociaux, qui évoluent depuis les années 60, sont souvent décrits comme étant un filet de sécurité sociale.

La confusion et la polémique règnent au sujet de la façon dont on devrait fournir les services sociaux: alors que certains favorisent un service public universel, d'autres préconisent un service privé conjugué à un apport de l'État. Environ 11 p. 100 (3,1 millions) de la population du pays a recours à des services d'aide sociale en 1994, ce qui montre à quel point les besoins sont criants. Il apparaît toutefois qu'il ne s'agit plus de raviver l'éternel débat sur la responsabilité fédérale ou provinciale dans ce domaine, mais plutôt de savoir si les Canadiens qui ont besoin d'aide seront mieux servis par des institutions publiques ou privées et si le gouvernement fédéral a plus qu'un rôle symbolique à jouer dans la prestation des services sociaux.

Jim Albert et Bill Kirwin

Seton, Ernest Thompson, (né Ernest Thompson), auteur, naturaliste et artiste (Shields, Angl., 14 août 1860—Seton Village, Santa Fe, N.Mex., 23 oct.1946). On se souvient de Seton pour le rôle qu'il a joué dans la création d'un genre littéraire purement canadien: le récit d'animaux réaliste. Il passe son enfance en Ontario, obtient un diplôme du Collège des beaux-arts de l'Ontario en 1879, puis fait des études à la Royal Academy, en Angleterre. Il étudie les arts à Paris et est très vite recherché pour ses talents d'illustrateur. Sa toile la plus célèbre, *The Sleeping Wolf*, remporte le premier prix au concours annuel de l'Exposition de Paris. Il s'installe aux États-Unis en 1896, où il publie son premier recueil de récits d'animaux, *Wild Animals I Have Known* (1898). Ce dernier contient son récit le plus célèbre, *Lobo, the King of Currumpaw*, et, depuis, a été traduit en de nombreuses langues. Suivent plus d'une douzaine de recueils semblables qui lui valent une réputation internationale.

En 1906, Seton publie *Two Little Savages; Being the Adventures of Two Boys Who Lived as Indians and What They Learned*. Inspirée de ses souvenirs d'enfance, quand il «jouait aux Indiens», en Ontario, cette œuvre est aujourd'hui considérée comme un classique de la littérature pour enfants. Il écrit ensuite de nombreux ouvrages sur la menuiserie d'art, dont l'un sert de base pour le *Boy Scouts of America Official Manual* (1910). En 1910, Seton se joint à lord Baden-Powell (un Britannique) et à Daniel Beard (un Américain) pour mettre en place les «Boy Scouts d'Amérique». Étant donné le grand charisme de Seton, l'association a de la difficulté à se débarrasser de lui. Seton accuse l'association de militarisme et, en retour, est accusé de pacifisme. Il est finalement expulsé en 1915 sous prétexte qu'il n'est pas citoyen américain.

Entre-temps, Seton a augmenté ses activités scientifiques. En 1908, il publie un ouvrage en 2 volumes intitulé *The Life Histories of Northern Animals: An Account of the Mammals of Manitoba*. Après un séjour dans le Grand Nord, il publie aussi *The Arctic Prairies: A Canoe Journey of 2000 Miles in Search of the Caribou* (1911). Entre 1925 et 1927, 4 ouvrages paraissent dans le cadre d'une série intitulée *Lives of Game Animals*, pour lesquels il remporte les John Burroughs et Elliott Gold Medals.

Seton passe les 16 dernières années de sa vie près de Santa Fe, au Nouveau-Mexique, et obtient sa citoyenneté américaine en 1931. Avec sa deuxième épouse, Julia Buttree, il crée Seton Village, un centre d'études à l'intention des naturalistes, qui existe toujours. Jusqu'à sa mort, son conflit avec les Boy Scouts d'Amérique le remplit d'une telle amertume qu'on le convainc de ne pas en parler dans son autobiographie *Trail of an Artist-Naturalist* (1940).

Magdalene Redekop

Seul, lac D'une superficie de 1658 km², situé à une altitude de 357 m et profond de 55 m, il est sis dans le nord-ouest de l'Ontario, à 50 km au nord de Dryden. Les eaux du lac s'écoulent vers l'ouest par les rivières English et WINNIPEG, en direction du LAC WINNIPEG. La carte de Peter POND, dessinée en 1784, mentionne le lac Seul sous son nom anglais, «Lake Alone», traduction littérale de son nom français. Les Cris habitent la région jusqu'au milieu du XVIIIᵉ s., puis sont progressivement chassés par les Ojibwés, dont les descendants vivent aujourd'hui dans la réserve du lac Seul, située à côté des villes de Hudson et de Sioux Lookout. Même si le lac n'est pas sur la route principale de la traite des fourrures, la Compagnie de la baie d'Hudson (CBH) et la Compagnie du Nord-Ouest (CNO) sont présentes dans la région, et la CNO y est toujours représentée au poste du lac Seul. Une petite pêcherie commerciale tire ses ressources du lac, mais l'industrie de la forêt est la principale activité économique de la région. L'environnement intact, avec sa faune et ses poissons abondants, fait de cette région l'une des plus prisées pour les activités de plein air dans le nord-ouest de l'Ontario. Le volume du lac est augmenté par le détournement des eaux du bassin hydrographique de la rivière ALBANY, permettant aux centrales hydroélectriques de Ear Falls, endroit où la rivière English quitte le lac, et de Manitou Falls, 30 km en aval, de produire quelque 90 600 KW d'électricité.

David D. Kemp

Seven Oaks, incident de Avant la fusion de la Compagnie du Nord-Ouest (CNO) et de la COMPAGNIE DE LA BAIE D'HUDSON (CBH) en 1821, la longue rivalité entre les 2 commerçants de fourrures atteint son point culminant le 19 juin 1816, lors du violent incident de Seven Oaks, à quelques kilomètres du fort Douglas, poste de la CBH situé dans la colonie de la rivière Rouge. Le «massacre» de Seven Oaks provoque des représailles qui aboutissent à la fusion des 2 compagnies.

La colonie est fondée par Thomas Douglas, cinquième comte de SELKIRK, au confluent stratégique des rivières Rouge et Assiniboine. Les *Nor'Westers* la considèrent comme une base d'opérations à partir de laquelle la CBH s'apprête à pénétrer dans le pays de l'Athabasca. La colonie constitue aussi une menace pour les brigades annuelles de la compagnie montréalaise, étant installée sur sa principale voie de communication.

Au printemps de 1816, les officiers et les troupes de la CBH s'emparent du fort Gibraltar, poste des *Nor'Westers* situé à la fourche. Ils le détruisent, privant de leur protection les flottilles de canots de la CNO. Cela se produit juste au moment où les convois de pemmican descendent l'Assiniboine à la rencontre des *Nor'Westers* qui reviennent du conseil annuel de Fort William. Le fort Douglas permet donc à la CBH de dominer la rivière Rouge et de bloquer le passage tant aux *Nor'Westers* qu'aux canots de provisions de leurs alliés métis.

Le 1ᵉʳ juin 1816, Brandon House, un poste de la CBH situé en bordure de la Haute-Assiniboine, tombe sous l'assaut des Métis commandés par Cuthbert GRANT. Ce dernier organise ensuite une escorte pour protéger les convois de pemmican. Lui et ses hommes quittent l'Assiniboine près de Portage la Prairie et font une incursion dans la plaine, vers le nord-est, afin de rencontrer les *Nor'Westers* sur la rivière Rouge. Mais, en fait, ils se retrouvent face au gouverneur local de la CBH, Robert SEMPLE, qui s'est aventuré imprudemment hors du fort Douglas en compagnie d'une vingtaine d'hommes. Dans un affrontement non prémédité, les Métis encerclent rapidement les hommes de Semple, qui est tué avec 20 des siens. Quant aux Métis, ils ne perdent qu'un homme.

En guise de représailles, Selkirk s'empare de l'importante base des *Nor'Westers* à Fort William et reprend le fort Douglas. Des poursuites judiciaires sont intentées de part et d'autre. Il faut attendre la mort de Selkirk, en 1820, pour que les rivalités prennent fin. Quant aux Métis, ils en viennent à considérer la rivière Rouge comme un endroit où s'établir et ils constituent un élément important de la colonie pendant des dizaines d'années.

J.E. Rea

Severn, rivière D'une longueur de 982 km, elle prend sa source dans la contrée boisée du BOUCLIER, dans le nord-ouest de l'Ontario. Elle coule vers le nord-est et traverse le lac Severn avant de se jeter dans la BAIE D'HUDSON. Le territoire, habité en partie par la bande des CRIS des bois, est découvert pour les Européens par Thomas JAMES en 1631, alors qu'il tente de trouver la baie pour le PASSAGE DU NORD-OUEST. Un peu plus tard dans le courant du XVIIᵉ s., la Compagnie de la baie d'Hudson ouvre un poste de traite à l'embouchure de la rivière Severn. Les traiteurs de fourrures empruntent la rivière pour se déplacer entre la baie et le lac Winnipeg. Elle doit son nom à la rivière Severn dans les îles Britanniques.

Daniel Francis

Sévigny, Joseph-Pierre-Albert, entrepreneur et politicien (Québec, Qc, 17 sept. 1917). Fils d'un pédiatre et juge de grande renommée, Pierre Sévigny devient rapidement un partisan de John DIEFENBAKER. Candidat conservateur dans un Québec dominé au fédéral par les libéraux, il est défait à plusieurs reprises avant d'être finalement élu en Chambre en 1958. Orateur talentueux et nationaliste canadien convaincu, Sévigny est nommé Orateur suppléant de la Chambre des Communes en mai 1958 et ministre adjoint à la Défense nationale en août 1959.

Mécontent des politiques de Diefenbaker, particulièrement en ce qui a trait à la défense, il donne sa démission en février 1963 et il est défait aux élections générales de 1963. Il est encore sous les projecteurs durant l'AFFAIRE MUNSINGER. Après avoir abandonné la vie politique, il devient professeur de finances à l'U. Concordia, à Montréal.

Patricia Williams

Sévilla, Jean-Paul, pianiste (Oran, Algérie, 26 mars 1934). Diplômé du Conservatoire de Paris, Sévilla est lauréat du Concours international de Genève en 1959. Il joue pour la première fois au Canada en 1961 en tant qu'invité des JEUNESSES MUSICALES DU CANADA et sa carrière de professeur démarre en 1970. Aujourd'hui professeur émérite à l'U. d'Ottawa, où il a eu, entre autres élèves, Angela HEWITT et Andrew Tunis, il vit à Paris et revient au Canada pour donner des concerts et des cours de maître ainsi que pour servir de juge lors de concours.

Sa carrière de pianiste de concert et de professeur le conduit sur les 4 continents. Il joue comme soliste, avec des ensembles de récital et avec des orchestres, et interprète un répertoire pratiquement universel, se spécialisant particulièrement dans la musique pour piano de Fauré et de Ravel. Parmi les œuvres contemporaines qu'il exécute en première, *Complémentarité*, que lui dédie Jean PAPINEAU-COUTURE, est mise en vedette dans un enregistrement produit par CBC / Radio-Canada. Font aussi partie de sa discographie les sonates de Schubert, les *Études Symphoniques* de Schumann, des œuvres de Vincent D'Indy et d'Albert Roussel, l'*Opus 103 Préludes* de Fauré, 2 disques compacts consacrés à la musique inspirée par les enfants (Debussy, Grovlez, etc.), ainsi qu'un autre mettant en vedette la première mondiale de *Variations en ut mineur* de Gabriel Pierné. Il lance également, en 1997, un enregistrement des 6 dernières *Nocturnes* de Fauré.

Douglas Voice

Sewell, Jonathan, juge et politicien (baptisé à Cambridge, Massachusetts, 29 juin 1766—Québec, 11 nov. 1839). Juge en chef du Bas-Canada de 1808 à 1838, il est aussi un chef politique influent pour ceux qui s'opposent au Parti patriote de Louis-Joseph PAPINEAU. La GUERRE D'INDÉPENDANCE AMÉRICAINE détermine les opinions politiques de ce fils de Loyaliste. Il est député à l'Assemblée du Bas-Canada (1796-1808), président du Conseil exécutif (1808-1830) et orateur du Conseil législatif (1809-1839). Il préconise un pouvoir impérial et exécutif fort, l'*anglicisation* par l'école des enfants canadiens, l'élimination du code civil français, le remplacement du système seigneurial par la tenure franche et l'affaiblissement du pouvoir de l'Église catholique. Il appuie les objectifs politiques de la clique des fonctionnaires britanniques, mais il est plus conciliant et d'esprit plus subtil que ses collègues. Intellectuel aux nombreux talents, il est le premier président de la Société littéraire et historique de Québec et l'auteur d'écrits sur l'histoire, la littérature et le droit. En 1832, l'U. Harvard lui décerne un doctorat honorifique en droit.

James H. Lambert

Sexton, Frederic Henry, professeur et ingénieur des mines (New Boston, N.H., 9 juin 1879—Wolfville, N.-É., 12 janv. 1955). Sexton est d'abord assistant en métallurgie au Massachusetts Institute of Technology (1901-1902), puis chercheur en chimie et métallurgie à General Electric Co. Il enseigne le génie minier et la métallurgie à Dalhousie à partir de 1904. Quand la TECHNICAL UNIVERSITY OF NOVA SCOTIA est fondée en 1907, il en devient le premier directeur jusqu'à sa retraite en 1947. Il est fait Compagnon de l'Ordre de l'Empire britannique en 1944 et est l'auteur de nombreux articles et monographies sur l'enseignement technique et industriel ainsi que sur l'exploitation minière.

Phyllis Rose

Seymour, Berta Lynn, née Springbett, danseuse et chorégraphe (Wainright, Alb., 8 mars 1939). Considérée comme l'une des plus grandes ballerines dramatiques du siècle, Seymour étudie à la Rosemary Deveson School et avec Nicolai Svetlanoff, à Vancouver, puis entre à la Sadler's Wells School, en Angleterre (1954). En 1959, elle est danseuse principale au Royal Ballet. Célèbre pour l'aisance et l'impétuosité de ses mouvements, son extraordinaire sens de la musique et son intensité dramatique, elle se fait surtout connaître dans les œuvres créées pour elle par sir Frederick Ashton (*The Two Pigeons, A Month in the Country, Five Waltzes in the Manner of Isadora Duncan*) et par sir Kenneth MacMillan (*The Burrow, The Invitation, Romeo and Juliet, Anastasia, Mayerling*). Ballerine du Deutsche Opera Ballet (Berlin, 1966-1969) et directrice du Bavarian State Opera Ballet (Münich, 1978-1979), Seymour est aussi une chorégraphe talentueuse. Au Canada, elle danse avec le Royal Ballet, le Western Dance Theatre et

le BALLET NATIONAL DU CANADA. Son autobiographie, *Lynn*, paraît en 1984.

Penelope Doob

Shadbolt, Jack Leonard, artiste, professeur, auteur et poète (Shoeburyness, Angl., 4 fev. 1909). D'abord connu comme peintre et dessinateur, il écrit aussi 3 livres et de nombreux articles et exerce en enseignant une profonde influence sur l'art et sur les artistes de Colombie-Britannique et de tout le Canada. Il vit en Colombie-Britannique depuis 1912.

Il fait ses études à l'Art Students' League, à New York (1948), à Londres (1937) et à Paris (1938). Après avoir enseigné l'art aux enfants en Colombie-Britannique entre 1929 et 1937, il entre à la Vancouver School of Art. Il sert pendant la Seconde Guerre mondiale (1942-1945), notamment à titre de peintre de guerre (1944-1945), puis réintègre l'école, où il est responsable de la peinture et du dessin jusqu'en 1966. Il exerce une influence dans tout le Canada et aux États-Unis comme professeur et comme conseiller, dirigeant des ateliers (il est le premier artiste à le faire aux EMMA LAKE ARTISTS' WORKSHOPS, en 1955) et fait partie du jury de nombreuses expositions partout en Amérique du Nord. On a monté quelque 70 expositions individuelles de ses œuvres. Parmi ses nombreuses expositions internationales majeures, on compte la XXVIIIᵉ Biennale de Venise et 4 rétrospectives majeures à la VANCOUVER ART GALLERY, au BC Museum of Anthropology, au MUSÉE DES BEAUX-ARTS DU CANADA et au Glenbow Museum.

Artiste fort prolifique, il réalise de grandes séries (ou suites) inspirées de son expérience personnelle de la nature et de l'art autochtone en Colombie-Britannique, de ses nombreux voyages en Europe et de sa connaissance de la calligraphie et de l'art optique, sous forme de hachures dans la peinture et de lignes incisives, de papillons et de mâts totémiques, d'insectes et de mariées en tenue de cérémonie, de poésie et d'architecture. Il transforme tout, guidé à la fois par ses émotions et par son esprit. Outre de nombreuses peintures murales (à l'aéroport international d'Edmonton, au CENTRE NATIONAL DES ARTS et dans l'ancien édifice de la Société Radio-Canada), il crée des décors pour le théâtre et pour le ballet, ainsi que des costumes et des affiches pour le théâtre. Ses livres s'intitulent *In Search of Form* (1968), *Mind's I* (1973) et *Act of Art* (1981). Il produit toujours beaucoup, comme ce relief tridimensionnel en contreplaqué créé pour l'édifice MacMillan Bloedel, à Vancouver en 1987. Il expose régulièrement ses œuvres aux Bau-Xi Galleries de Toronto et de Vancouver, où il monte deux expositions individuelles par année.

George Swinton

Shand House Située à WINDSOR (Nouvelle-Écosse), c'est une maison victorienne construite par Clifford et Henrie Shand en 1890 comme résidence familiale. Clifford Shand est un coureur cycliste reconnu et le fils d'un fabricant de meubles de Windsor. L'intérieur de la maison reflète cette association avec la menuiserie de luxe. Les murs sont pour la plupart lambrissés de panneaux de cerisier et de chêne, et certaines pièces de mobilier proviennent des fabricants locaux. La maison, qui fait aujourd'hui partie du réseau du Musée de la Nouvelle-Écosse, évoque la vie des Néo-Écossais aisés de la fin de l'ère victorienne. La maison est ouverte au public du début juin à la mi-octobre.

Deborah Welch et Michael Payne

Shannon, Kathleen, réalisatrice, productrice et monteuse (Vancouver, C.-B., 11 nov. 1935—Kelowna, 14 janv. 1998). Elle commence sa carrière en 1952 au montage de la musique chez Crawley, à Ottawa. En 1956, toujours au montage, elle entre à l'OFFICE NATIONAL DU FILM (ONF). En 1963, quelque 115 films plus tard, elle accède au montage image, profession qu'elle poursuit jusqu'en 1970 alors qu'elle participe au célèbre programme Challenge for Change qui veut refléter les modifications

sociales et économiques que vit la société canadienne. Elle y réalise *I Don't Think It's Meant for Us* (1971), puis sa grande série de 11 films, «Working Mothers» (1974-1975), sur une réalité des femmes: leur travail. Challenge for Change est abandonné mais, en 1974, l'ONF crée le studio D où elle devient productrice déléguée. Après un dernier film en tant que réalisatrice, elle sera l'âme dirigeante de ce studio essentiellement féminin dont la fonction est d'examiner le rôle des femmes dans la société actuelle. Elle revient à la réalisation en 1983 avec un documentaire, *Dream of a Free Country: a Message from Nicaraguan Women*. Profitant de discussions qui se tiennent lors d'une conférence œcuménique où se rencontrent des chrétiennes, des musulmanes, des juives, des autochtones et des féministes, elle réalise une série de 7 films d'une heure, «Faithful Women» (1990) tout en continuant de produire les films d'autrui. Le militantisme de Shannon a fait avancer la cause des femmes cinéastes au Canada et a favorisé la production d'œuvres dénonçant le sexisme, le racisme et la violence. Elle a reçu un doctorat honorifique de l'U. Queen en 1984 et l'Ordre du Canada, en 1986. L'ONF a créé un prix qui porte son nom. Il est attribué au moment du festival de Yorkton afin d'encourager la production documentaire indépendante.

Pierre Véronneau

Sharp, Francis Peabody, arboriculteur fruitier et horticulteur (Northampton, N.-B., 1823—Upper Woodstock, N.-B., 1903). Quand il emménage à Upper Woodstook en 1844, il établit le premier de nombreux vergers familiaux qui formeront la principale industrie fruitière du Nouveau-Brunswick. Ses pommes et ses prunes sont largement exportées dans le reste du Canada et aux États-Unis. Pour son premier verger, il importe des fruits et des souches de pépinières d'Angleterre et des États-Unis. Premier horticulteur du Canada, il est aussi l'un des 2 premiers en Amérique du Nord à hybrider scientifiquement des variétés de pommes et de poires. Il crée sa première nouvelle variété de pomme, la «Nouveau-Brunswick», en 1853. Plusieurs autres suivront, dont la plus remarquable, l' «Early Scarlet», connue plus tard sous le nom de «Crimson Beauty», a été produite vers 1880.

Martin K. McNicholl

Sharp, Mitchell William, fonctionnaire et politicien (Winnipeg, 11 mai 1911). Il entre en fonction au ministère des Finances en 1942 et attire l'attention de C.D. HOWE, qui le fait muter au ministère de l'Industrie et du Commerce en 1951. Sous-ministre adjoint et ensuite sous-ministre, Sharp travaille en étroite collaboration avec Howe, fournissant des analyses économiques et écrivant des discours. Il est clair que le nouveau gouvernement conservateur ne veut pas de lui. Il se tourne alors vers le secteur privé (1958-1963).

Élu député fédéral d'Eglinton (1963-1974), Sharp devient ministre de l'Industrie et du Commerce puis ministre des Finances du gouvernement PEARSON. Il est reconnu comme le chef de l'anti-nationalisme dans le Cabinet et le réformateur des rapports financiers entre le fédéral et les provinces. Après sa défaite à la course à la direction du Parti libéral, il devient ministre des Affaires extérieures du premier ministre TRUDEAU (1968-1974), puis président du Conseil privé. Il quitte la politique en 1978 et est commissaire de l'Administration du pipe-line du Nord pendant dix ans.

Les mémoires de Sharp, *Which Reminds Me*, sont publiées en 1994. Il est nommé Officier de l'Ordre du Canada en 1983.

Robert Bothwell

Shaughnessy, Thomas George, premier baron Shaughnessy, dirigeant de chemin de fer (Milwaukee, Wis., 6 oct. 1853—Montréal, 10 déc. 1923). En 1869, Shaughnessy entre au Milwaukee Road comme commis. En 1880, quand il en devient directeur, W.C. VAN HORNE engage Shaughnessy à titre de magasinier et, en 1882, il le persuade de devenir agent général des achats pour le CANADIEN PACIFIQUE (CP), à Montréal. Shaughnessy aide à sauver le CP de la faillite, en 1884-1885, en apaisant les créanciers. En 1891, il devient vice-président et, en 1899, président. Sous la gouverne de Shaughnessy, le CP devient une grande entreprise de transport rentable. De 1899 à 1913, au Canada, son réseau de voies ferrées passe de 11 200 km à 18 000 km et 70 p. 100 de la ligne principale des Prairies est à double voie. Shaughnessy lance le service de navigation à vapeur atlantique et amène le CP au statut d'important armateur international. Sous sa direction, la Consolidated Mining and Smelting (maintenant Cominco) devient un important producteur de zinc et de plomb. En 1918, il se retire de la direction, mais il restera président du conseil jusqu'à sa mort.

John A. Eagle

Shaw Festival En 1962, Brian Doherty, avocat, auteur dramatique et metteur en scène, fonde le Shaw Festival, à Niagara-on-the-Lake (Ontario). Il s'agit du seul festival au monde consacré à la mise en scène de pièces de George Bernard Shaw. Après la première saison, qui comporte 8 représentations d'amateurs mises en scènes par Maynard Burgess, le festival devient professionnel. Andrew ALLAN, réalisateur à la radio, en est le directeur artistique, avec Sean Mulcahy de 1963 à 1965. En 1966, Barry Morse fait du Shaw Festival un événement majeur et, de 1967 à 1977, Paxton Whitehead en consolide la réputation internationale. Il en élargit le répertoire et introduit des spectacles de musique et de mime.

Installé pendant 11 ans dans les bâtiments historiques du palais de justice de Niagara-on-the-Lake, le festival attire de nombreux touristes. Il obtient un statut permanent lorsque Sa Majesté la Reine Élisabeth II inaugure, le 28 juin 1973, un élégant théâtre de 860 places conçu par l'architecte Ron THOM. Après le départ de Whitehead, en 1977, le festival traverse une période de transition qui prend fin en 1980 avec l'arrivée de Christopher Newton au poste de directeur artistique.

Newton poursuit la politique éclectique adoptée par Whitehead. Il met au répertoire des genres très différents, en y incluant, entre autres, *St. Joan* (v.f. *Sainte Jeanne*). Ses saisons comprennent des revues et des comédies musicales édouardiennes présentées dans un troisième théâtre, le Royal George, de même que des pièces en un acte peu connues de Shaw, jouées au festival. En 1982-1983, le Shaw Festival connaît un grand succès artistique avec *Cyrano de Bergerac*, mise en scène par Derek Golby, avec Heath Lamberts dans le rôle-titre (un acteur canadien devenu célèbre grâce au festival). De 1984 à 1987, Newton tente de prolonger la durée du festival. Il lance une saison d'hiver à Toronto et ajoute au répertoire des coproductions de pièces contemporaines. L'expérience n'est pas rentable et le «projet Toronto» prend fin en 1988.

Le Shaw Festival a permis à de nombreux professionnels du théâtre de se faire connaître. Le scénographe Maurice Strike, p. ex., domine la période Whitehead avec ses élégants décors victoriens. Depuis 1980, Cameron Porteous fait preuve d'une grande imagination dans la création de ses décors audacieux. Les photographies caractéristiques et amusantes de Michael Cooper, qui paraissent sur les brochures, contribuent à promouvoir le festival. La plus importante réalisation de Newton est cependant d'avoir intégré au cœur même du festival un programme de formation et de perfectionnement des acteurs et des metteurs en scène.

L'influence de Newton continue de se faire sentir au Shaw Festival, bien que Neil Munro ait été nommé metteur en scène résidant en 1994. Les nombreuses archives du festival sont conservées à l'U. de Guelph. (*Voir aussi* THÉÂTRE DE LANGUE ANGLAISE.)

David Gardner

Shaw, Walter Russell, cultivateur, politicien et premier ministre de l'Île-du-Prince-Édouard (West River, Î.-P.-É., 20 déc. 1887— Charlottetown, 29 mai 1981). Élu chef conservateur en 1957, il conduit son parti à la victoire en 1959. Son gouvernement accroît et modernise la fonction publique et, en 1963, réforme le système électoral de la province. Bien qu'il ait sonné l'alarme au sujet de la «crise des fermiers» quand il était à l'Opposition, le nombre d'exploitations agricoles familiales et de travailleurs actifs dans ce secteur ne cesse de baisser au cours de son mandat. Son gouvernement se concentre sur les problèmes relatifs au développement de l'Île, mais ne parvient pas à y établir une industrie de la transformation axée sur les ressources. Défait par les libéraux d'Alex CAMPBELL en 1966, il demeure chef de l'Opposition jusqu'en 1970. Éloquent, plein d'esprit et de belle prestance, il demeure un personnage public respecté après s'être retiré de la politique.

David A. Milne

Shawinigan, ville du Qc; pop. 18 943 (rec. 1996), 19 931 (rec. 1991); superf. 26,99 km²; const. en 1901; berceau de l'industrie électrochimique et de l'électrométallurgie du Québec; elle est située à 30 km au nord-ouest de TROIS-RIVIÈRES, sur les bords de la rivière SAINT-MAURICE. Son nom vient du mot algonquin *ashawenikan*, qui signifie «portage sur la crête», servant à éviter les imposantes chutes de l'endroit.

Historique Après 1825, le gouvernement du Bas-Canada fait arpenter le territoire de la Mauricie. Les premières concessions sont attribuées en 1831. En 1852, une glissoire est aménagée à Shawinigan pour faciliter le flottage et la conduite du bois en aval jusqu'à Trois-Rivières. De 1843 à 1883, la population dispersée s'étend un peu au nord de la ville jusqu'à la scierie des Grès. Shawinigan doit sa naissance à une volonté de mise en valeur du potentiel hydroélectrique des chutes. En 1899, suite au prolongement de la ligne ferroviaire du Great Northern Railway, la Shawinigan Water and Power (SWP) construit ses barrages et trace le plan d'aménagement de la ville qui connaît une croissance rapide. Plusieurs industries, attirées par la disponibilité de l'électricité bon marché, s'y implantent: en 1900, la Belgo Canadian Pulp (Abitibi-Consolidated), en 1901, la Pittsburg Reduction (Alcan) et, en 1903, la Shawinigan Carbide (Shawinigan Chemicals).

Économie En 1903, la SWP commence à alimenter Montréal en électricité, ce qui stimule la croissance même de Shawinigan. L'intense développement industriel du début du XXᵉ s., centré sur le papier, l'aluminium et les produits chimiques, continue avec l'arrivée de Prest-O-Lite en 1907, de Wabasso en 1909 et de la CIL (Dupont) en 1931. La crise économique des années 30 provoque un ralentissement majeur, mais la reprise s'amorce en 1940.

Aujourd'hui En 1963, Hydro-Québec prend possession des installations de SWP dans la région. Vers la même époque, la ville connaît un déclin industriel marqué. Plusieurs des premières usines ont cessé leurs activités pour être remplacées par des entités moins considérables, mais plus modernes: Bandag Canada ltée (1966), la nouvelle usine Saint-Maurice d'Alcan (câblerie), le laboratoire de l'Institut de recherche d'Hydro-Québec, Placeteco (composantes en plastique) et plusieurs PME. Mais le secteur industriel n'est plus aussi dominant et la main-d'œuvre s'est déplacée vers le secteur tertiaire: services administratifs et gouvernementaux, commerces, hôtellerie, tourisme.

«La Cité de l'Énergie», un parc thématique, est justement consacré à l'histoire de la production de l'énergie hydroélectrique, aux industries chimiques, métallurgiques et des productions forestières qui sont à l'origine de la ville, qu'on a déjà qualifiée de «Niagara de l'Est». Une tour d'observation d'une hauteur de 115 m offre une vue impressionnante sur les chutes elles-mêmes (dénivellation 46 m), le Parc des chutes de Shawinigan, de même qu'une bonne partie de la vallée. Le Centre des Arts de Shawinigan (1967) comprend une grande salle de spectacle et 2 galeries d'exposition qui présentent régulièrement des œuvres d'artistes locaux ou d'envergure nationale. Le premier ministre du Canada, l'Honorable Jean Chrétien, est d'ailleurs un grand propagandiste de sa région d'origine.

Claudine Pierre-Deschenes et Louise Lafrenière

Shawinigan, lac D'une superficie de 3,16 km², d'une longueur de 6,3 km et d'une profondeur de 80 m, il est situé sur le plateau des Laurentides, à 70 km au nord du débouché du fleuve Saint-Laurent dans le lac Saint-Pierre, au Québec. Ce lac de surcreusement glaciaire est prolongé vers l'est par le Petit Lac Shawinigan, les lacs Barnard et en Croix. La rivière Shawinigan, issue de ce dernier, rejoint le SAINT-MAURICE à Baie-de-Shawinigan. En Algonkin, *Ashawenikan* signifie «portage anguleux».

Serge Occhietti

Shawnandithit, ou Nance April ou Nancy, la dernière des BÉOTHUKS (v. 1801—St. John's, Terre-Neuve, 6 juin 1829). Membre d'une des petites familles indiennes en déclin, elle est la nièce de DEMASDUWIT. En mars 1823, elle, sa mère et sa sœur, toutes trois mourantes de faim, sont capturées par des marchands de fourrures anglais à la baie Badger et emmenées à St. John's. Les autorités décident de les rendre, chargées de présents, à leur peuple, mais les 3 femmes ne parviennent pas à le rejoindre. Les 2 autres femmes meurent de tuberculose et Shawnandithit est hébergée par le planteur John Peyton dans l'île Exploits-Burnt. En 1828, elle est envoyée à la Beothuk Institution, à St. John's. Elle transmet à W.E. CORMACK, président de l'institution, de précieux renseignements sur la langue et les coutumes de son malheureux peuple. Son habileté dans le dessin s'avère particulièrement utile. Elle meurt, elle aussi, de tuberculose et est inhumée dans le cimetière militaire et naval.

G.M. Story

Sheaffe, sir Roger Hale, officier de l'armée (Boston, Mass., 15 juill. 1763—Édimbourg, Écosse, 17 juill. 1851). Commissionné par l'armée britannique en 1778, Sheaffe est affecté au Canada (1787-1797, 1802-1811 et 1812-1813). Le 13 octobre 1812, il mène les forces régulières et la milice vers la victoire durant la bataille de Queenston Heights, après la mort de sir Isaac BROCK. En avril 1813, à titre de président et d'administrateur du Haut-Canada, il défend, mais sans succès, la ville de York contre une attaque américaine.

Carl A. Christie

Shebib, Donald, cinéaste (Toronto, 17 janv. 1938). Son film *Goin' Down the Road* (1970; v.f. *Going Down the Road*), peut-être le plus important du Canada anglais, prouve que les Canadiens sont capables de produire des long-métrages sur le Canada anglais susceptibles d'attirer des spectateurs. Il étudie le cinéma en Californie et revient au Canada en 1963 afin de réaliser plusieurs documentaires pour le réseau anglais de la Société Radio-Canada. *Goin' Down the Road* s'inspire de ces documentaires et raconte les tribulations de 2 personnes des Maritimes à Toronto.

Between Friends (1973; v.f. *Entre amis*) confirme sa réputation de grand cinéaste, mais remporte peu de succès en salle. Par la suite, ses films sont plus commerciaux: *Second Wind* (1976), *Fish Hawk* (1979), *Heartaches* (1981; v.f. *Cœurs à l'envers*), *Running Brave* (1983) et *The Climb* (1986). Il continue à travailler pour la télévision entre ses productions cinématographiques, surtout pour des séries produites par Alliance communications. Shebib a de plus en plus de difficulté à financer ses films et n'arrive pas à produire d'autres films avant *Change of Heart*, en 1993.

Piers Handling

Shediac, ville du N.-B.; pop. 4664 (rec. 1996), 4343 (rec. 1991); superf. 10,82 km²; const. en 1903; située dans le détroit de Northumberland, à 20 km à l'est de MONCTON. Son nom provient d'un mot micmac signifiant «qui remonte loin», en référence à son emplacement sur la baie de Shediac, à l'embouchure de la rivière Scoudouc. Même si elle est d'abord colonisée par des Acadiens (*voir* ACADIE) au milieu des années 1700, ce sont des immigrants anglais qui s'y installent après 1785. La prospérité qu'elle connaît au cours du XIXe s. repose surtout sur l'exportation du bois équarri et du bois de sciage vers l'Angleterre, ainsi que sur la construction navale.

Grâce à la construction d'un lien ferroviaire avec Saint-Jean en 1860, la ville devient un centre ferroviaire pour le transport des marchandises et des passagers à destination et en provenance de l'Î.-P.-É. jusqu'à la Première Guerre mondiale. Le tourisme est maintenant l'industrie principale de cet endroit réputé de villégiature estivale, dont les plages sont parmi les plus belles de la province. En juillet, le festival du homard, qui a lieu annuellement depuis 1948, attire des milliers de personnes dans cette «capitale mondiale du homard».

Dean Jobb

Shell Canada Ltée Société de ressources énergétiques intégrée dont le siège social se trouve à Calgary. Active au Canada depuis 1911 (const. en société au Canada en 1925), elle possède des activités dans le gaz naturel et le pétrole, en pétrochimie et produits pétroliers raffinés, ainsi que dans la recherche de carburants de substitution. Elle est la plus grande productrice de gaz naturel et de soufre au Canada. L'entreprise traite également les sables bitumineux et a construit (ouvert en 1984) la première raffinerie du monde conçue pour traiter uniquement du pétrole brut synthétique.

En janvier 1986, Shell Canada ltée fusionne avec une filiale à 100 p. 100, Ressources Shell Canada ltée. En 1995, elle déclare des ventes de 5 milliards de dollars, des actifs de 6,1 milliards de dollars en plus d'employer 4400 personnes. Shell (Pays-Bas et Grande-Bretagne) en est l'actionnaire majoritaire et les parts détenues à l'étranger représentent 78 p. 100.

Deborah C. Sawyer

Shepherd, Francis John, anatomiste, chirurgien, dermatologue, administrateur médical, amateur et critique d'art (Como, Qc, 25 nov. 1851—Montréal, 18 janv. 1929). Shepherd révolutionne l'enseignement de l'anatomie à McGill. À son époque, il est courant d'affirmer que les diplômés en médecine de McGill connaissent bien l'anatomie. Sa force en matière de diagnostic, son jugement en matière de chirurgie, son habileté technique et sa connaissance de l'anatomie font de lui l'un des chirurgiens les plus fiables et l'un de ceux qui connaissent le plus de succès au cours de cette période. Il est également un pionnier en dermatologie. À titre d'administrateur médical, il occupe le poste de doyen de la faculté de médecine à McGill. En qualité d'amateur et critique d'art, il suscite suffisamment de respect pour être nommé président de l'Art Association of Montreal et président du conseil d'administration de la Galerie nationale à Ottawa.

Edward H. Bensley

Shepherdie argentée (*Voir* BAIES SAUVAGES)

Sherbrooke, ville du Qc, située à 160 km à l'est de Montréal, est la principale ville des CANTONS DE L'EST. Sise au cœur d'une région de lacs et de montagnes, à proximité du parc provincial du Mont-Orford, elle est pendant de nombreuses années un carrefour commercial, industriel et ferroviaire. Depuis les années 60, elle est aussi un centre de services. Siège d'un archidiocèse catholique et du district judiciaire de Saint-François, elle est en outre le centre administratif de la région 05 du Québec.

Peuplement et croissance Établie sur des terres appartenant aux ABÉNAQUIS, à l'emplacement d'un portage au pied des chutes de la rivière Magog, Sherbrooke est d'abord connue sous le nom de Ktinékétolékouac, ou Grandes Fourches. Des Américains du Vermont forment la première colonie permanente en 1802 lorsqu'ils y construisent plusieurs scieries. Le village emprunte le nom du gouverneur

général John Coape SHERBROOKE en 1818. Sa croissance est amorcée par l'industrialisation, qui se produit par phases à partir des années 1840. L'industrie textile s'y installe avec la construction de la première filature de coton du Canada en 1844 et celle d'une grande filature de laine en 1867.

Au XIXe s., la ville doit son essor aussi bien à des hommes d'affaires anglophones, qui fondent une banque régionale et encouragent l'implantation du chemin de fer et de nouvelles industries, qu'à sa population francophone, qui forme la majeure partie de la main-d'œuvre industrielle.

Les progrès de l'agriculture et de l'exploitation minière dans la région lui confèrent un rôle plus important dans le commerce de gros et les services. Depuis les années 50, Sherbrooke a peine à attirer de nouvelles industries, et le secteur des textiles et du vêtement connaît des difficultés. La fondation de l'UNIVERSITÉ DE SHERBROOKE en 1954 ainsi que la décentralisation de l'administration de la province contribuent à rendre à la ville son dynamisme d'antan.

Paysage urbain Bâtie au confluent des rivières Magog et SAINT-FRANÇOIS, Sherbrooke a l'aspect d'une cuvette dont les côtés seraient tapissés de quartiers résidentiels. Après 1950, l'urbanisation suit un axe est-ouest en raison de l'influence de l'université et des centres commerciaux de la périphérie. Le centre de la ville, zone commerciale traditionnelle, connaît un regain de vie dans les années 70. Plusieurs quartiers résidentiels situés près du centre abritent un grand nombre de bâtiments de bois d'architecture victorienne et américaine du XIXe s. De nombreux espaces verts, un lac situé en pleine ville ainsi qu'une montagne skiable offrent aux habitants une variété de loisirs de plein air.

Population et économie Comme l'activité industrielle est plutôt fluctuante, la population augmente lentement au XIXe s. Sherbrooke compte 3000 hab. en 1852, 10 000 en 1891 et plus de 50 000 en 1951. À partir de 1971, la population, qui est de 80 700 habitants, décroît au profit des villes de banlieue comme FLEURIMONT, Ascot et Rock Forest. Le pourcentage de francophones, qui était de 50 p. 100 en 1871, atteint 83 p. 100 en 1991. La ville compte quelque 2300 anglophones.

L'industrie sherbrookoise repose encore essentiellement sur le textile et la machinerie, ainsi que sur le secteur de l'alimentation. Cependant, depuis les années 60, la majeure partie de la population active travaille dans les secteurs tertiaires du commerce, de l'enseignement, des services de santé et de l'administration régionale.

Administration et transport Constituée en tant que ville en 1852, Sherbrooke est administrée par un maire et des conseillers représentant 4 quartiers. De 1890 à 1952, un représentant de chacun des 2 groupes linguistiques occupe en alternance le poste de maire. De nos jours, la politique municipale fait rarement l'objet de débats passionnés, et la ville met davantage l'accent sur une bonne gestion et sur la création de nouvelles industries. Depuis 1908, Sherbrooke possède son propre réseau de distribution d'électricité, alimenté par plusieurs barrages hydroélectriques.

Pendant près d'un siècle, Sherbrooke demeure un grand carrefour de réseaux ferroviaires qui la relient à Montréal, Québec, Halifax, Portland (Maine) et Boston (Massachusetts). Les premiers trains de voyageurs sont mis en service par la ST. LAWRENCE AND ATLANTIC RAILROAD, en 1852. Ils cessent leurs activités en 1981, mais offriront à nouveau des services entre 1984 et 1994. La ville se trouve à la croisée de l'autoroute Transquébécoise, qui s'étend vers le nord jusqu'à TROIS-RIVIÈRES et vers le sud jusqu'aux États-Unis, et de l'autoroute des Cantons-de-l'Est, qui la relie à Montréal. Des tramways la desservent à partir de 1897, jusqu'à leur remplacement par des autobus en 1931.

Vie culturelle Située au centre d'une région qui attire de nombreux artistes, Sherbrooke possède une vie culturelle intense grâce au centre culturel de l'université, à l'orchestre symphonique et à plusieurs troupes de théâtre. On y trouve également le Musée des beaux-arts (1982) et le Musée du séminaire de Sherbrooke (1879), ainsi que le nouveau Centre d'interprétation historique (1992). La ville compte 3 stations de télévision et 5 stations de radio (dont une de langue anglaise), 2 quotidiens, *La Tribune* (français) et *The Record* (anglais), ainsi qu'un hebdomadaire, *La Nouvelle* (français).

Jean-Pierre Kesteman

Sherbrooke, sir John Coape, militaire, administrateur et gouverneur en chef de l'Amérique du Nord britannique (Angl., 1764—Calverton, Angl., 14 févr. 1830). Officier de l'Armée britannique, il est en garnison en Nouvelle-Écosse en 1784-1785. Il entre ensuite en service actif aux Pays-Bas (1794), aux Indes (1799) et dans la Méditerranée (1805-1809). Il se distingue alors qu'il est sous le commandement de Wellington au cours de la guerre d'Espagne (1809-1810). Aux prises avec une maladie récurrente qui avait commencé aux Indes, il retourne en Angleterre. En 1811, il est nommé lieutenant-gouverneur de Nouvelle-Écosse et défend vigoureusement la colonie pendant la GUERRE DE 1812. Malgré une santé déficiente, il dirige les campagnes militaires, en particulier une expédition en amont de la rivière Penobscot dans le Maine qui fait oublier en partie la défaite de sir George PREVOST à Plattsburgh en 1814. Succédant à Prevost au poste de gouverneur en chef en 1816, Sherbrooke exécute son court mandat avec compétence. En 1818, toutefois, sa maladie, exacerbée par une attaque de paralysie, l'oblige à se retirer en Angleterre.

David Evans

Sherbrooke Village (Nouvelle-Écosse) Ce village est assez extraordinaire en ce sens qu'il ne s'agit pas d'une collection de bâtiments historiques transportés sur un emplacement aménagé, mais plutôt d'une partie plus ancienne du village actuel de Sherbrooke. La plupart des bâtiments remontent aux années 1860 et 1870, au moment où le village connaît une soudaine prospérité par suite de la découverte d'or dans la région. Plusieurs mines y sont exploitées, dans certains cas jusqu'au XXe s. Outre un magasin général, une école, une forge et un hôtel, le village comprend une scierie mue par énergie hydraulique, qui a aussi favorisé l'essor de Sherbrooke. Le village regroupe en tout 25 bâtiments d'époque, restaurés sur leurs emplacements d'origine. Il est ouvert au public du début juin à la mi-octobre.

Deborah Welch et Michael Payne

Shérif Dans chaque comté et dans chaque district ou circonscription judiciaire au Canada, les shérifs, nommés par le lieutenant-gouverneur en conseil, exercent diverses fonctions: ils signifient les actes de procédure (p. ex., les assignations de témoin), apportent aide et assistance aux juges des cours suprêmes et des cours de comté, maintiennent l'ordre dans les tribunaux (fonction exercée par les constables), exécutent les jugements, p. ex., en saisissant les biens des débiteurs judiciaires (fonction exercée par les HUISSIERS), convoquent et supervisent les JURYS et s'occupent de la garde des prisonniers non criminels.

K.G. McShane

Sheshahts Bande NOOTKA de 782 personnes vivant dans la baie de Barkley et le bras de mer Alberni, dans l'île de Vancouver, en Colombie-Britannique. Ils formaient autrefois une peuplade indépendante dont le territoire ne comprenait que les îles extérieures de l'archipel Broken, dans la baie de Barkley. Au cours de l'ère historique, les Sheshahts sont devenus une bande puissante en envahissant et en assimilant d'autres groupes dont ils ont occupé les territoires. Dès le milieu du XIXe s., leur territoire englobait toutes les îles Broken, la majeure partie de la côte nord de la baie de Barkley, le bras de mer

Alberni et la rivière Somass inférieure. Aujourd'hui, la plupart des Sheshahts vivent dans la réserve de Tsahaheh près de Port Alberni (*voir* PREMIÈRES NATIONS).

John Dewhirst

Shields, Carol, romancière, poète et dramaturge (Oak Park, Ill., 2 juin 1935). Elle étudie au Hanover College et à l'U. d'Ottawa. Son premier roman, *Small Ceremonies* (1976), est primé. La narratrice, Judith Gill, (qui, à l'instar de Shields pour sa thèse de maîtrise, se fait biographe de Susanna MOODIE), découvre comment la fiction et la biographie sont davantage complémentaires que distinctes. Les recoupements entre la fiction, les biographies et les autobiographies intriguent Shields tout au long de sa carrière.

Elle enseigne à l'U. du Manitoba depuis qu'elle s'est installée à Winnipeg en 1980. Son œuvre comporte, entre autres, une critique intitulée *Susanna Moodie: Voice and Vision* (1975), plusieurs recueils de poésie, dont *Others* (1972), *Intersect* (1974) et *Coming to Canada* (1992), ainsi que plusieurs pièces de théâtre parmi lesquelles *Departures and Arrivals* (1990) et *Thirteen Hands* (1993). Elle écrit *Fashion Power Guilt* et *The Charity of Families* (1995) en collaboration avec sa fille Catherine.

Shields est surtout connue pour ses ouvrages de fiction. Elle rédige des recueils de nouvelles, notamment *Various Miracles* (1985) et *The Orange Fish* (1989), ainsi que des romans parmi lesquels *The Box Garden* (1977), *Happenstance* (1980) et *Swann: A Mystery* (1987). LA MÉMOIRE DES PIERRES (1995) est considéré comme son meilleur roman et remporte plusieurs prix, dont le prix du Gouverneur général, le National Critics' Circle Prize et le Prix Pulitzer. Shields s'y interroge sur la signification, le succès et les échecs des fréquentes tentatives de Daisy Goodwill pour raconter l'histoire de sa vie.

Neil Besner

Shipman, Ernest G., dit «Ten Percent Ernie», producteur de films et organisateur de spectacles (Hull, Qc, ou Ottawa, 16 déc. 1871—New York, 7 août 1931). Il est le producteur le plus connu à l'époque où l'industrie cinématographique prend son essor (1914-1922). Il produit 7 longs métrages, tous des adaptations de récits canadiens, filmés en décors naturels. Formé à Ryerson, il fonde le Canadian Entertainment Bureau à Toronto et fait plus tard sa marque comme organisateur de spectacles pour des troupes de théâtre de répertoire à New York. Après son arrivée en Californie en 1912, il est de plus en plus actif au cinéma en tant que publicitaire, agent et organisateur. En 1918, il signe un contrat concernant les droits cinématographiques pour les récits de James Oliver Curwood. Cela l'amène à créer une compagnie de production à Calgary afin de tourner *Back to God's Country* (1919), qui remporte un grand succès. Shipman fonde ensuite des compagnies de production à Winnipeg, à Ottawa, à Sault Sainte Marie et à Saint-Jean. Cinq de ses films connaissent un succès modeste, mais le dernier, *Blue Water* (1923), n'est jamais sorti. Il quitte le Canada en 1931 et meurt dans l'oubli.

Peter Morris

Shoctor, Joseph Harvey, avocat, promoteur immobilier et producteur de théâtre (Edmonton, 18 août 1922). Passionné inconditionnel de théâtre, Shoctor étudie au Studio Theatre de l'U. de l'Alberta, puis tente sa chance comme acteur à Hollywood (où il ne se révèle pas à la hauteur pour interpréter des rôles principaux) et fait ses débuts comme producteur à Broadway. En 1965, avec 3 partenaires, il relève le défi de créer un théâtre professionnel à Edmonton. Le groupe rénove un vieil édifice de l'Armée du salut qui devient le CITADEL THEATRE. En tant que fondateur et producteur exécutif, Shoctor joue un rôle important dans la croissance et le développement du Citadel Theatre. Son ambition déclarée est de faire du Citadel «le centre du théâtre canadien».

Ses efforts pour financer un nouveau complexe qui abriterait le Citadel lui valent le surnom de «Mr. Citadel» et la réputation d'être le solliciteur de fonds le plus convaincant de l'histoire du théâtre canadien. On raconte qu'il aurait retourné à des entreprises des dons qu'il jugeait «insuffisants».

Shoctor est aussi surnommé (pas toujours affectueusement) «Broadway Joe» pour son désir de rattacher le Citadel aux grands centres internationaux de théâtres.

Parmi les nombreuses fonctions sociales ou publiques qu'il a assumées, Shoctor a été le premier président de l'Edmonton Downtown Development Corporation et a rempli un mandat comme vice-président de l'École nationale de théâtre du Canada. Entre autres hommages publics, Shoctor reçoit un doctorat honorifique en droit de l'U. de l'Alberta (1981) et est nommé Membre de l'Ordre du Canada (1986). En 1989, la communauté théâtrale d'Edmonton récompense sa contribution aux arts de la scène en lui décernant un Sterling Award.

Don Perkins

Shoppers Drug Mart Fondée à Toronto en 1962 par le pharmacien Murray Koffler, qui avait déjà fondé un magasin en 1952, le Koffler Associated Drugstore. L'établissement créé en 1962 devient le modèle à partir duquel se développe le concept de Shoppers Drug Mart Limited. Au moment de l'émission publique d'actions en 1968, il existe 53 pharmacies de détail, générant un chiffre d'affaires annuel de 27,8 millions de dollars. Une expansion importante s'ensuit au cours des années 70 et 80, puis la société est divisée en 3 entités: Shoppers Drug Mart/Pharmaprix (450 magasins en exploitation au Canada), Howie's (10 magasins en Ontario et au Manitoba) et Super X Drugs (80 magasins en Ontario). En 1989, ces 3 entités fusionnent en une seule entité qui possède maintenant 689 magasins.

Elle emploie 16 000 personnes et le total de ses ventes au détail dépasse 3,2 milliards de dollars. Le concept de Shoppers Drug Mart donne aux pharmaciens la possibilité d'exploiter leur propre commerce, tout en bénéficiant de la gestion efficace et des économies d'échelle inhérentes à l'appartenance à la chaîne de Shoppers Drug Mart. Chaque magasin est exploité par un pharmacien diplômé propriétaire, appelé associé, qui paie d'une redevance annuelle l'accès à une gamme de services généraux exclusifs, conçus pour augmenter les ventes et la profitabilité de son magasin. Shoppers Drug Mart Limited est une filiale en toute propriété d'Imasco Limited, société canadienne possédant des intérêts dans de nombreux secteurs de fabrication et de commerce de détail, ainsi que des actions dans diverses sociétés.

Shore, Edward, dit Eddie, joueur de hockey (Fort Qu'Appelle, Sask., 25 nov. 1902—Springfield, Mass., 16 mars 1985). Pendant sa jeunesse, il fréquente le Manitoba Agricultural College, joue dans les rangs seniors avec l'équipe de Melville, avant de passer chez les professionnels au sein des Caps de Regina, puis des Eskimos d'Edmonton de la Western Hockey League. Cette ligue fait faillite et le contrat de Shore est vendu aux Bruins de Boston en 1926. Surnommé «Iceman», c'est un joueur brillant, agressif et réservé et un défenseur au style offensif et très robuste dont la carrière est marquée par la controverse. En décembre 1934, une de ses mises en échec sournoises et très dures tue presque Ace Bailey. Son jeu violent lui vaut aussi de nombreuses blessures importantes. Il est le plus grand défenseur de son époque. Il remporte le TROPHÉE HART (joueur le plus utile) à 4 occasions. Des anecdotes relatant son comportement excentrique, sinon bizarre, à titre de propriétaire des Indians de Cleveland de la Ligue américaine de hockey, club qu'il acquiert en 1939, font maintenant partie du folklore du hockey. P. ex., il tient des séances d'entraînement pour les gardiens de but en leur mettant autour du cou une ceinture attachée à la barre transversale du filet. Toutefois, sa compréhension des bases fondamentales du hockey

lui a toujours valu le respect du milieu. Il est l'un des premiers joueurs admis au Temple de la renommée du hockey.

James Marsh

Short, Martin, comédien, acteur (Hamilton, Ont., 26 mars 1950). Short obtient un baccalauréat en service social de l'U. McMaster en 1972 et déménage à Toronto, où il fait ses débuts de comédien dans la production torontoise de *Godspell*. Il est travailleur social, comédien et humoriste à temps partiel, avant de faire partie de la troupe de comédiens de Second City en 1977. Il se joint à SCTV en 1982, où il remporte un Emmy en 1983 pour la rédaction de sketchs comiques, puis il passe à l'émission *Saturday Night Live* en 1984. Son personnage d' «épais», Ed Grimley, devient un personnage fétiche du public nord-américain.

En 1986, Short commence sa carrière d'acteur au cinéma et figure dans plus d'une douzaine de films, notamment dans *Three Amigos* (v. f. *Les trois Amigos*), *Innerspace* (v.f. *Inter Espace*), *Cross My Heart*, *Captain Ron* (v.f. *Capitaine Ron*) et *Father of the Bride* (v.f. *Le père de la mariée*). Il fait ses débuts à Broadway en 1992 dans *The Goodbye Girl*, de Neil Simon, un rôle pour lequel il est mis en nomination pour un Tony. Il figure dans la télésérie de courte durée *The Martin Short Show* en 1994 et, plus tard la même année, devient membre de l'Ordre du Canada.

Shortt, Adam, économiste et historien (Kilworth, Canada-Ouest, 24 nov. 1859—Ottawa, 14 janv. 1931). Après des études à l'U. Queen (B.A., 1883; M.A., 1885), à Glasgow et à Édimbourg, Shortt se joint au corps enseignant de l'U. Queen en 1886, où il est professeur de science politique de 1891 à 1908. Son enseignement est d'une exceptionnelle influence et ses études sur l'histoire économique du Canada sont novatrices. Ses articles sur l'activité bancaire ainsi que le livre intitulé *Documents Relating to Canadian Currency, Exchange and Finance During the French Regime* (1925; trad. *Documents relatifs à la monnaie, au change et aux finances du Canada sous le régime français*, 1925), dont il dirige la publication, sont toujours d'actualité. Il dirige, avec A.G. Doughty, la publication de *Documents Relating to the Constitutional History of Canada 1759-1791* (1907, rév. en 1918; trad. *Documents relatifs à l'histoire constitutionnelle du Canada, 1759-1791*, 1911, rév. en 1921) et la publication de CANADA AND ITS ROVINCES, composée de 23 volumes (1913-1917). De 1908 à 1917, il siège à la première Commission de la Fonction publique du Canada, à Ottawa. De 1918 à sa mort, il est président du Bureau des publications historiques, aux Archives nationales.

Stanley Gordon

Shortt, Terence Michael, ornithologue et artiste (Winnipeg, 1ᵉʳ mars 1911—Toronto, 28 déc. 1986). Il se joint au MUSÉE ROYAL DE L'ONTARIO à Toronto, en 1930. Sa carrière s'y étend sur 46 ans durant lesquels il joue un rôle important dans l'avancement de l'ornithologie en recherche sur le terrain et comme artiste d'une pénétration exceptionnelle. À partir de 1948, lorsqu'il devient chef de la section biologie du Musée, Shortt conduit de nombreuses expéditions dans des endroits tels que les îles Galapagos, l'Inde et l'Afrique de l'Est, collectionnant du matériel pour les dioramas de niveau international qu'il crée pour le Musée. Ses représentations d'oiseaux et des attitudes intimes de près de 2000 espèces d'oiseaux, calquées sur la nature, démontrent son pouvoir d'observation exceptionnel et son aptitude mystérieuse à dessiner l'essence des oiseaux.

J.L. Cranmer-Byng

Shoyama, Thomas Kunito, économiste et fonctionnaire (Kamloops, C.-B., 24 sept. 1916). Après s'être fait refuser un emploi dans sa Colombie-Britannique natale parce qu'il est d'ascendance JAPONAISE, Shoyama devient un personnage de marque parmi les jeunes fonctionnaires qui mettent en place les rouages de nouveaux programmes sociaux en Saskatchewan sous T.C. DOUGLAS. Il est nommé conseiller économique du premier ministre et il quitte ce poste en 1964 pour occuper les fonctions d'économiste principal au sein du Conseil économique du Canada. Il occupe plusieurs postes supérieurs au gouvernement fédéral, notamment ceux de sousministre de l'Énergie, des Mines et des Ressources, de sous-ministre des Finances, de conseiller spécial du Conseil privé sur les questions constitutionnelles et de président d'Énergie atomique du Canada ltée. Il est professeur invité à l'U. de Victoria depuis 1980 et il est membre de la COMMISSION ROYALE D'ENQUÊTE SUR LES PERSPECTIVES ÉCONOMIQUES DU CANADA. Shoyama devient officier de l'Ordre du Canada en 1978.

Bill Cameron

Shrum, Gordon Merritt, physicien (Smithville, Ont., 14 janv. 1896—Vancouver, 20 juin 1985). Après avoir servi au cours de la Première Guerre mondiale, Shrum obtient un doctorat sous la direction de J.C. MCLENNAN à l'U. de Toronto, où il découvre, en 1925, la raie verte dans le spectre de l'aurore polaire. Il se joint à l'U. de la Colombie-Britannique la même année et devient ultérieurement doyen des cycles supérieurs. La personnalité de Shrum et son affiliation à des organismes tels que le CONSEIL NATIONAL DE RECHERCHES et le Conseil de recherches pour la défense confèrent à son influence une portée nationale. Il est l'apôtre de la recherche en Colombie-Britannique (un promoteur des premières heures du BC Research Council, créé en 1944) et de la compétence des scientifiques comme fonctionnaires. Après avoir pris sa retraite de l'U. de la Colombie-Britannique à l'âge de 65 ans, il devient président de BC Hydro, poste qu'il occupera durant 12 ans, et chancelier de l'U. Simon Fraser. À l'âge de 80 ans, il accepte la présidence du projet de mise en valeur du Robson Square à Vancouver. Une centrale électrique sur la rivière de la Paix porte son nom. L'ouvrage *Gordon Shrum: An Autobiography* (1986) a été préparé avec Peter Stursberg et publié sous la direction de Clive Cocking.

Donald J.C. Phillipson

Shuster, Joe, bédéiste (Toronto, 10 juill. 1914—Los Angeles, Calif., 30 juin 1992). En 1933, il crée le personnage de bande dessinée Superman en collaboration avec Jerry Siegel. Dans la version originale, l'inoffensif *alter ego* de Superman, Clark Kent, travaille au *Daily Star*, qui est modelé sur le *Toronto Star*. Le nom du journal de la bande dessinée devient par la suite *The Daily Planet*.

Shuster, cousin germain du comédien Frank Shuster (*voir* WAYNE AND SHUSTER), s'installe à Cleveland, en Ohio, avec sa famille à l'âge de neuf ans. Il étudie les arts au John Huntington Polytechnical Institute et à la Cleveland School of Art, où il rencontre Siegel, qui deviendra son collaborateur. Le duo commence à publier des revues de science-fiction et, en 1936, fait ses premières armes dans le domaine de l'album de bandes dessinées en illustrant des récits d'aventures dénués de tout intérêt. Les illustrations de Shuster sont rudimentaires, mais bien conçues.

En 1938, le tandem vend Superman à *Action Comics* pour 130 $, mais néglige de se réserver les droits d'auteurs pour le personnage. Shuster et Siegel reçoivent un salaire d'employé pour illustrer les séries jusqu'en 1947, année où l'homme d'acier devient le héros le plus célèbre de l'histoire de la bande dessinée. Ils entament alors une procédure judiciaire afin d'obtenir un pourcentage plus équitable et sont complètement congédiés. Shuster cesse complètement de dessiner. Vers le milieu des années 70, il est devenu aveugle et vit dans un appartement de Queens, à New York. Quand le premier film *Superman*, mettant en vedette Christopher Reeves, rapporte 82,5 millions de dollars, Siegel intente un procès et *DC Comics* restitue leurs crédits aux auteurs et accepte

de leur verser un montant annuel de 20 000 $ chacun jusqu'à la fin de leur vie (*Voir aussi* CARICATURE ET BANDE DESSINÉE).

Alan Hustak

Sialidé Petit INSECTE (de 13 à 18 mm) foncé au corps mou, de l'ordre des mégaloptères, qu'on trouve dans les habitats d'eau douce bordés d'AULNES. Les sialidés se distinguent par 2 paires d'ailes membraneuses fortement veinées, des pièces buccales broyeuses, de grands yeux et de longues antennes multi-articulées. L'adulte ne vit pas longtemps et ne se nourrit apparemment pas. Les sialidés sont surtout actifs au milieu du jour.

Reproduction et développement L'adulte dépose de 200 à 500 œufs brun foncé en rangées, formant de grandes masses sur les branches ou autres supports près de l'eau. La larve éclôt après 10 à 14 jours et se dirige vers l'eau ou s'y laisse tomber. Aquatique, elle affectionne les fonds vaseux. Munie de pièces buccales broyeuses, elle est prédatrice. Les stades larvaires durent de 2 à 3 ans. La larve complètement développée s'empupe dans une coque qu'on trouve dans le sol, la mousse, sous les roches ou dans d'autres endroits protégés situés près de l'eau. Le stade pupal dure environ un mois. L'adulte, qui est un piètre voilier, apparaît au début de l'été.

Relation avec les humains Des 10 espèces connues au Canada, la *Sialis velata* est la plus largement distribuée (du Québec à la Colombie-Britannique). La larve et l'adulte servent de nourriture à plusieurs espèces de poissons d'eau douce et servent aussi d'appât aux pêcheurs.

J.E.H. Martin

Sibbeston, Nicholas George, avocat et député (Fort Simpson, T.N.-O., 21 nov. 1943). Premier avocat autochtone du Nord (baccalauréat en droit, 1975) et deuxième Métis de l'histoire canadienne à la tête d'un gouvernement constitutionnel (après John Norquay du Manitoba), Sibbeston est un défenseur déterminé et parfois virulent des droits des autochtones dès ses débuts en politique territoriale en 1970. À titre de président du Western Constitutional Forum, le groupe de négociation mis sur pied pour créer une nouvelle division des Territoires du Nord-Ouest actuels, il insiste pour que ses frontières dans l'est soient délimitées de façon à garantir au moins l'équité entre la population autochtone et les Blancs qui, pour la plupart, vivent dans l'ouest.

En 1984, il est nommé membre du conseil territorial. À titre de chef du gouvernement des Territoires du Nord-Ouest (1986-1987), il intente une poursuite au gouvernement fédéral, alléguant que l'ACCORD DU LAC MEECH viole les droits des citoyens et il la perd. En 1988, en tant que ministre du Développement économique et du Tourisme, il continue à s'opposer à l'accord. Sibbeston abandonne la vie politique en 1991 et se consacre à la réorganisation territoriale.

Stanley Gordon

Sicotte, Louis-Victor, avocat, politicien et juge (Boucherville, Bas-Canada, 6 nov. 1812—Saint-Hyacinthe, Qc, 5 sept. 1889). Il est un fervent patriote et considéré comme un cofondateur de la SOCIÉTÉ SAINT-JEAN-BAPTISTE de Montréal. Non convaincu de la sagesse des RÉBELLIONS DE 1837, il s'oppose aux incursions frontalières des Patriotes parce qu'il craint qu'elles n'entraînent des représailles. Député de Saint-Hyacinthe à l'Assemblée en 1851, il s'identifie aux réformistes dissidents qui se situent quelque part entre les partisans de LAFONTAINE et le PARTI ROUGE. En 1854, c'est Sicotte qui est nommé orateur de l'Assemblée plutôt que le candidat du gouvernement, George-Étienne CARTIER. Commissaire des terres de la Couronne de 1857 au 10 janvier 1859, il démissionne pour devenir chef de l'opposition du Canada-Est. En mai 1862, il forme un nouveau gouvernement avec John Sandfield MACDONALD, mais, ayant à diriger le pays dans une période de graves difficultés économiques et politiques, le gouvernement est défait le 8

mai 1863. Sicotte refuse un poste dans le Cabinet du nouveau gouvernement Sandfield Macdonald-Dorion et, le 5 septembre 1863, est nommé juge puîné de la Cour supérieure pour Saint-Hyacinthe, poste qu'il occupe jusqu'au 7 novembre 1887.

Andrée Désilets

Sida, (syndrome d'immunodéficience acquise) est une maladie mortelle causée par une infection virale qui s'attaque au système immunitaire et provoque ainsi une diminution des défenses de l'organisme contre diverses maladies infectieuses et certains cancers. On appelle ce rétrovirus virus de l'immunodéficience humaine ou VIH (autrefois connu sous les appellations virus humain à affinité lymphocytaire T de type III, virus associé à la lymphadénopathie ou virus apparenté au sida). Ce virus n'infecte que les humains et les chimpanzés, ce qui limite considérablement son étude. Il s'attaque aux lymphocytes T (qu'il peut détruire) et aux macrophages. La destruction de ces cellules est responsable de la perte d'immunité qui caractérise le sida.

Maladies connexes Cette infection peut, entre autres, produire des troubles passagers qui se manifestent dans les mois suivant la contamination. Ils se caractérisent par l'apparition d'éruptions cutanées, de fièvre, de malaises, de douleurs articulaires et de la lymphadénopathie (gonflement des ganglions lymphatiques). Plus tard se développe une seconde phase de la maladie connue sous le nom de complexe associé au sida (ou ARC pour *AIDS related complex*) qui se présente chez plus de 25 p. 100 des personnes infectées et qui témoigne d'une atteinte du système immunitaire. Cette phase se caractérise par des malaises, de la fièvre, une transpiration nocturne, un amaigrissement, de la diarrhée et parfois par des infections fongiques du pharynx (muguet).

L'atteinte sévère du système immunitaire se manifeste plus tardivement, parfois jusqu'à 10 ans après la contamination. Dans les 10 années suivant l'infection, 50 p. 100 des personnes atteintes développent des symptômes témoignant d'une atteinte du système immunitaire et 20 p. 100 développent le sida (atteinte importante du système immunitaire). On parle de sida déclaré lorsqu'apparaissent des infections opportunistes particulièrement virulentes résultant de l'effondrement du système immunitaire. La pneumonie à *Pneumocystis carinii* touche plus de 50 p. 100 des personnes atteintes du sida. Un cancer, le sarcome de Kaposi, apparaît dans environ 20 p. 100 des cas et, parmi les autres affections, on compte les infections au *Toxoplasma gondii*, au *Cryptosporidium*, au *Mycobacterium avium-intracellulare* et certains lymphomes rares. L'infection par le rétrovirus peut également atteindre le cerveau. Il s'agit d'une infection à progression lente, touchant probablement des cellules du type des macrophages et d'autres cellules du même type propres au cerveau. Cette infection est peu caractéristique mais peut comporter une encéphalite subaiguë, de la démence et divers troubles neurologiques. En mai 1996, le *Journal of Science* rapporte que des scientifiques ont identifié une protéine jouant un rôle crucial dans l'infection des cellules humaines par le VIH.

Transmission Le virus se transmet par inoculation directe dans l'organisme, par transfusion de sang ou de produits sanguins ou par transplantation de tissus; par contact sexuel avec une personne contaminée ou par insémination artificielle; ou encore par la grossesse, de la mère infectée à l'enfant. On ne rapporte pas d'autres modes de transmission, p. ex., par inhalation de particules en suspension aérée, par piqûres de moustiques ou contacts non sexuels. L'infection est répandue dans le monde entier, mais on rapporte de plus grandes concentrations de cas aux États-Unis, en Haïti et en Afrique centrale. Les données épidémiologiques (*voir* ÉPIDÉMIOLOGIE) dans les pays industrialisés diffèrent de celles des pays en développement. En Amérique du Nord, en Europe et en Australie, le groupe le plus infecté est celui des hommes et la majorité d'entre eux ont eu des relations homosexuelles. En Afrique, les hommes et les femmes sont infectés en proportions égales. Le schéma de transmission en Afrique et en Haïti demeure encore inexpliqué, mais semblerait indiquer que la contagion se fait surtout par relation hétérosexuelle avec une personne infectée.

On ne connaît pas le nombre de personnes atteintes dans le monde entier. Dans certaines villes d'Afrique centrale, 15 p. 100 des adultes et plus de 65 p. 100 des prostituées sont infectés. Plus de 1,5 million d'Américains pourraient être infectés. Dans certaines villes américaines, plus de 60 p. 100 des hommes gais, 80 p. 100 des utilisateurs de drogues injectables et 75 p. 100 des hémophiles qui ont reçu régulièrement des transfusions ou des produits sanguins ont ainsi été infectés. Les relations sexuelles anales avec une personne infectée semblent être le mode de transmission sexuelle le plus à risque.

Selon le programme de Mise à jour de surveillance du sida au Canada, 262 cas avaient été signalés vers la fin de 1984. À la fin de 1994, on signalait 10 689 cas de sida et parmi ceux-ci, 113 étaient des cas pédiatriques (enfants âgés de moins de 15 ans). Parmi les 10 576 cas adultes, la plupart avaient contracté le virus par des relations homosexuelles ou bisexuelles (77 p. 100 des cas signalés), suivaient les personnes infectées par relation hétérosexuelle (9 p. 100 au total), par des contacts soit avec des personnes venant de régions où l'infection est très répandue, telles qu'Haïti ou l'Afrique centrale (5 p. 100), soit avec d'autres personnes à risque élevé (4 p. 100). Les utilisateurs de drogues injectables (3 p. 100) et les personnes qui ont à la fois eu des relations homosexuelles ou bisexuelles et utilisé des drogues injectables (4 p. 100) représentent un autre groupe à risque. Dans environ 4 p. 100 des cas, l'infection a été contractée par le sang ou par des produits sanguins. On compte 2 cas d'infection due à l'exposition professionnelle. Parmi tous les cas de sida signalés (adultes et pédiatriques), on compte 7471 décès, ce qui correspond à 70 p. 100.

À la fin de 1994, plus d'hommes (10 000) que de femmes (576) avaient le sida, et le risque de contracter le sida variait selon le sexe. La plupart des hommes atteints du sida (80,5 p. 100) l'avaient contracté par des relations sexuelles avec un autre homme, tandis que la plupart des femmes (59,4 p. 100) l'avaient contracté par des relations hétérosexuelles. Seulement 5,4 p. 100 des hommes atteints du sida ont été infectés par contact hétérosexuel. De plus, les hommes sont moins susceptibles de contracter le sida par l'utilisation de drogues injectables (utilisation de drogues seulement: 2,5 p. 100; utilisation de drogues combinée à des relations homosexuelles: 3,9 p. 100) alors que ces facteurs sont à l'origine de l'infection chez 12,7 p. cent des femmes.

La plupart des cas de sida signalés sont des adultes âgés de 30 à 39 ans (44 p. 100) et de 40 à 49 ans (27 p. 100), suivis des jeunes adultes âgés de 20 à 29 ans (18 p. 100). Moins de 1 p. 100 des cas signalés sont des adolescents âgés de 15 à 19 ans et 11 p. 100 sont des personnes âgées de 50 ans et plus. La majorité des cas proviennent de l'Ontario (41 p. 100), ensuite viennent le Québec (30 p. 100), la Colombie-Britannique (18 p. 100) et l'Alberta (6 p. 100), les autres provinces ayant signalé 1 p. 100 ou moins de 1 p. 100 de cas.

Parmi les sujets infectés, 70 à 90 p. 100 présentent des anticorps sériques spécifiques, et c'est par la mise en évidence de ces anticorps qu'on peut identifier les dons de sang contaminés et déterminer si un sujet a été contaminé. On peut faire une culture du virus à partir du sang, de tissus ou des sécrétions corporelles et identifier sa présence chez la plupart des personnes qui ont des anticorps, qu'elles soient malades ou non. Ainsi, toute personne susceptible d'avoir été infectée est considérée potentiellement contagieuse, qu'elle ait ou non des anticorps ou des symptômes de maladie. Cette catégorie comprend les personnes ayant eu des relations homosexuelles depuis 1978, les utilisateurs de drogues injectables et les personnes provenant d'une région où cette infection est considérée comme endémique (p. ex., l'Afrique centrale). Les personnes potentiellement infectées doivent s'assurer que leurs produits organiques ne contaminent pas une autre personne, c.-à-d. qu'elles ne fassent pas don de leur sang ou de leur sperme à des fins d'insémination artificielle, qu'au cours des relations sexuelles, elles utilisent un condom et évitent l'échange de salive et qu'elles évitent de partager des aiguilles ou des seringues si elles consomment des drogues.

Réaction à l'infection On ignore toujours ce qui détermine la manière dont le corps d'une personne réagit après avoir été infecté. Il est impossible de prévoir si la personne infectée développera la maladie ou de quelle maladie elle sera atteinte. De plus, dès qu'une personne est infectée, il n'existe aucun moyen de la guérir, d'arrêter la progression de l'infection pour limiter les dommages susceptibles de survenir, ou de réparer les dommages faits au système immunitaire. La thérapie vise le traitement des infections opportunistes ou des tumeurs qui résultent de l'immunodéficience. De nombreuses recherches sont effectuées dans le but d'élaborer un vaccin pouvant protéger les gens contre l'infection et un médicament qui pourrait arrêter l'infection après qu'elle se soit déclarée.

Le sida est coûteux. Actuellement, le seul moyen de contrôle est la prévention de l'infection. Des efforts soutenus sont déployés afin d'éduquer le public sur les moyens de prévenir l'infection. On met aussi sur pied des groupes de soutien communautaires, des maisons d'hébergement et des programmes dans les hôpitaux afin de rendre les soins accessibles aux personnes séropositives ou atteintes de sida. On effectue maintenant des test de dépistage pour tous les dons de sang afin de prévenir la transmission du virus par le sang ou les produits sanguins. En juillet 1996, plus de 15 000 personnes ont assisté à la 11e conférence sur le sida qui avait lieu à Vancouver. Les chercheurs y ont fait état de gains significatifs dans l'évolution du traitement du sida. En juin 1997, le US Centre for Disease Control signale une diminution de 19 p. 100 des décès causés par le sida, soit la première depuis le déclenchement de l'épidémie. (*Voir aussi* MALADIES TRANSMISES SEXUELLEMENT.)

Norbert Gilmore

Sidbec-Dosco (Ispat) Inc. Filiale en toute propriété du groupe Ispat International, elle a sa principale aciérie à CONTRECŒUR et son siège social à MONTRÉAL, au Québec. Sidbec-Dosco est le quatrième producteur d'acier au Canada. Elle produit principalement des tôles laminées à chaud et à froid, des bandes, des barres, des profilés, des tubes, du fil et du fil laminé.

Sidbec-Dosco est fondée en 1968 par le gouvernement du Québec. Elle reçoit son MINERAI DE FER de la Côte-Nord, au Québec, et du Brésil. En 1996, le total des expéditions de l'entreprise s'élève à 1,5 million de tonnes et le chiffre d'affaires est de 846 millions de dollars. Elle emploie plus de 2000 personnes.

Installations principales et produits Sidbec-Dosco transforme les boulettes de minerai de fer et la ferraille d'acier en acier brut liquide, par l'entremise d'une série d'unités de fabrication de fer et d'acier. Les 2 installations Midrex de Sidbec réduisent les boulettes en fer de réduction directe. Il s'agit de la seule usine de fer de ce type au Canada, lequel est fondu avec la ferraille et la fonte brute dans 2 fours électriques à arc, qui transforment cette masse métallique en acier liquide. Deux machines à moulage continu solidifient l'acier liquide et le transforment en barres d'acier et en billettes. Un laminoir à bandes à chaud Steckel de 1,5 m transforme les barres moulées en bandes laminées à chaud. Deux laminoirs à froid réversibles de 1,3 m transforment alors les bandes laminées à chaud en bandes plus minces laminées à froid. Les billettes moulées sont transformées dans le laminoir à barres.

Les filiales de Sidbec-Dosco et ses partenaires fabriquent une vaste gamme de produits d'acier: Sidbec-Feruni (Ispat) Inc. et Deitcher et Frère (1992) Inc. traitent les ferrailles; Walker Wire (Ispat) Inc. et Acufil, société en commandite, fabriquent des produits tréfilés; Sorevco, société en commandite, galvanise la tôle; et Tubes Delta, société en commandite, produit des tuyaux soudés par résistance électrique. (*Voir aussi* SIDÉRURGIE.)

John C. Mckay

Sidérurgie L'acier – production annuelle supérieure à 700 milliards de tonnes – est le matériau le plus important du monde. Sans acier, notre monde n'existerait pas tel qu'il est: des pétroliers aux punaises, des camions aux boîtes en fer blanc, des pylônes aux grille-pain. On en produit énormément, mais heureusement on le recycle facilement. Une grande partie de l'acier d'aujourd'hui est fabriquée avec de la ferraille. De nombreuses aciéries canadiennes fabriquent de l'acier entièrement avec de la ferraille.

Fabrication La fabrication de fer requiert des matières premières: minerai de fer, charbon et pierre (pierre à chaux, dolomie) (*voir* CALCAIRE). La fabrication d'acier demande du fer, de la ferraille d'acier et du fondant (chaux, pierre à chaux calcinée). On fond le minerai de fer pour produire un métal brut appelé «métal en fusion» quand il est liquide ou «fonte brute» quand il est solide. Le métal en fusion est affiné pour enlever les impuretés et développer la composition désirée. L'acier liquide est coulé en blooms, en brames ou en billettes, puis ces produits semi-finis sont façonnés dans les formes désirées par laminage ou par forgeage.

Secteurs La sidérurgie se segmente en 4 secteurs: les sidérurgies intégrées, les aciéries intégrées, l'industrie de transformation d'acier et les fonderies et les fabricants. Les sidérurgies intégrées (basées sur le minerai) sont typiquement de grandes entreprises qui produisent annuellement plus d'un million de tonnes, exploitent des mines de fer et de charbon (souvent en coentreprises) et des aciéries. Parmi les sidérurgies intégrées, citons ACIERS ALGOMA INC. de Sault Sainte-Marie en Ontario, DOFASCO INC. et STELCO INC. de Hamilton en Ontario et SIDBEC-DOSCO (ISPAT) INC. de Contrecœur au Québec.

Les aciéries intégrées (à base de ferraille) dépendent de la ferraille comme source de fer. Elles peuvent fabriquer la même gamme de produits semi-finis (brames, blooms et billettes) et des produits en acier finis comme les sidérurgies intégrées plus grandes (feuillards laminés à chaud, feuillards laminés à froid, tôles, tiges, barres, profilés). Parmi les aciéries intégrées, citons Co-Steel Lasco de Whitby en Ontario, SYDNEY STEEL CORPORATION de Sydney en Nouvelle-Écosse et Stelco-McMaster de Contrecœur au Québec.

Les transformateurs d'acier achètent aux aciéries intégrées des produits d'acier semi-finis et laminés à chaud ou à froid et les transforment pour les revendre aux fabricants qui désirent des quantités d'acier trop petites pour être fournies économiquement par les aciéries intégrées. Les entreprises de recyclage de la ferraille font partie de ce secteur. Parmi les transformateurs, citons les entreprises DNN Galvanizing Corporation de Windsor en Ontario pour la galvanisation par immersion à chaud et Union Drawn Steel de Hamilton en Ontario pour l'étirage de barres.

Les fonderies, souvent petites, fabriquent diverses classes de fonte ou d'acier ou les deux. Le métal fondu est coulé à la louche ou versé dans des moules en sable ou en métal. Les pièces coulées peuvent avoir des formes compliquées et sont souvent conçues à l'unité. Les fabricants prennent les divers produits des aciéries et par certaines opérations – coupes à dimension, façonnage, usinage, filetage, poinçonnage, assemblage, revêtement protecteur, etc. – en font une multitude de produits industriels et commerciaux. Parmi les fonderies et les fabricants, citons les entreprises Baycoat Ltd. de Stoney Creek en Ontario pour le revêtement organique et BOMBARDIER INC. de Valcourt au Québec pour l'estampage et le soudage.

Emplacement des usines Les aciéries intégrées sont construites là où l'on peut regrouper économiquement les grandes quantités de matières premières nécessaires. Les plus grandes aciéries canadiennes sont construites le long des GRANDS LACS et de la VOIE MARITIME DU SAINT-LAURENT, en des endroits où on peut transporter le plus économiquement possible le minerai de fer du Nord de l'Ontario, du Québec, du Labrador, du Minnesota, du Wisconsin et du Michigan et le charbon de la Pennsylvanie, de la Virginie occidentale et du Kentucky. Ces endroits sont aussi ceux où la demande d'acier est la plus grande en raison de la forte concentration de fabricants ou de constructeurs. De nombreuses aciéries intégrées sont cependant construites partout au Canada où l'on trouve de la ferraille en abondance et des débouchés sur place pour les produits en acier finis.

Minerai de fer Après l'oxygène, le silicium et l'aluminium, le FER (Fe) est le quatrième élément dont regorge la croûte terrestre. On le trouve dans les minerais de fer, les plus importants étant la magnétite, l'hématite, la goethite, la sidérite, l'ilménite et la pyrite. Bien qu'abondantes, la pyrite et la pyrrhotine servent rarement de minerais de fer en raison de leur teneur élevée en soufre. Les principaux minerais de fer canadiens sont l'hématite et la magnétite suivies de la sidérite et de l'ilménite. En plus d'oxydes de fer, les minerais de fer contiennent une gangue, c.-à-d. des minéraux indésirables lors de l'élaboration du fer (p. ex., le quartz). On utilise le terme «minerai de fer» chaque fois que la roche contient suffisamment de minéraux de fer pour rendre son exploitation rentable.

On extrait le minerai de fer des roches en enlevant la gangue par concentration. Pour cela, on broie finement le minerai pour libérer les minéraux de fer de la gangue, puis on sépare les particules riches en fer des particules de la gangue (p. ex., par séparation magnétique). La matière riche en fer (le concentré) est agglomérée en plus gros amas avant la fusion en l'assemblant en boulettes (boulettage) ou en chauffant le concentré jusqu'à ce que ses particules se collent ensemble (frittage).

Le Canada est le sixième producteur mondial et le quatrième exportateur mondial de minerai de fer. En 1995, les principaux producteurs sont la COMPAGNIE MINIÈRE IOC et Wabush Mines à Terre-Neuve, la Compagnie minière de Québec Cartier au Québec et Algoma Steel Inc.-Algoma Ore Division en Ontario. Ces producteurs expédient, en 1995, 36,6 millions de tonnes de fer évaluées à plus d'un milliard de dollars. La région Québec-Labrador est la plus grande productrice du Canada. L'Ontario et la Colombie-Britannique produisent le reste (*voir* RESSOURCES MINÉRALES).

Fabrication du fer Le coke est le résidu solide partiellement graphité qui subsiste après le retrait des composants volatils du charbon bitumineux par chauffage dans les fours à coke. Le minerai, le coke et la pierre sont introduits à intervalles réguliers dans le gueulard du haut fourneau. Les gaz chauds montent et chauffent ces matières (ils les brûlent), qui descendent lentement dans le puits du four. Le monoxyde de carbone des gaz réagit avec les oxydes de fer dans le minerai pour former du fer métallique et du dioxyde de carbone. Le fer formé fond et, en filtrant à travers la colonne de coke, dissout le carbone. Lorsqu'il atteint le creuset, il est saturé de carbone et contient aussi du silicium, du phosphore, du manganèse et du soufre. La pierre et le minerai forment un laitier liquide qui fond à bas point de fusion, s'écoule librement et absorbe la majeure partie du soufre qui entre dans le four (le coke est la principale source de soufre). Le laitier liquide, composé des minéraux de la gangue et des composants d'oxyde de

la pierre, flotte sur le fer liquide et est séparé du métal fondant durant le vidage du haut fourneau. Le coke ne fond pas, il brûle au contact de l'air préchauffé sous pression (soufflage) qui s'infiltre par des tuyères situées juste au-dessus du creuset.

Réduction directe On transforme le minerai de fer en fer métallique sans fusion, par divers procédés de réduction à l'état solide. Comme il n'y a pas séparation du fer de la gangue dans l'installation de réduction, il faut utiliser des minerais à teneur élevée ou des concentrés (avec plus de 90 p. 100 de Fe). Bon nombre de ces procédés à l'état solide utilisent du gaz naturel comme carburant et comme réducteur (monoxyde de carbone et hydrogène). Sidbec-Dosco de Contrecœur au Québec utilise un tel procédé, appelé Midrex Process.

Le minerai ou les boulettes, ou les 2, à l'état solide, appelés fer réduit direct (FRI), sont fondus dans des fours à arc électrique et transformés en acier de la même façon que la ferraille. La gangue du FRI est enlevée pendant la fabrication de l'acier. Les minéraux de la gangue contenue dans le FRI se combinent avec la chaux ajoutée pour former un laitier fluide. Le FRI est supérieur à la ferraille en pureté et en uniformité de composition, mais ces avantages élèvent le prix.

Fabrication de l'acier L'acier est un alliage de fer pur et de carbone. Sa teneur en carbone varie d'environ 0,002 p. 100 (p. ex., métal pour tôle d'emboutissage) à 1,5 p. 100 (p. ex., acier à outils). Les alliages d'acier contiennent d'autres éléments (p. ex., manganèse, NICKEL, CHROME, vanadium, MOLYBDÈNE) qui leur donnent une plus grande résistance et des propriétés particulières (p. ex., l'acier inoxydable est un alliage de chrome et de nickel). En plus du carbone, le métal en fusion et la fonte brute contiennent des éléments – silicium, phosphore et SOUFRE – qu'il faut retirer durant la fabrication de l'acier, car ils rendent l'acier cassant.

Durant la fabrication de l'acier, le métal en fusion ainsi que la ferraille sont introduits dans un récipient à garnissage réfractaire (convertisseur). On injecte alors dans le bain de métal en fusion de l'oxygène et de la chaux dont le mélange produit un laitier qui dissout le soufre et les autres impuretés indésirables sans corroder le garnissage du convertisseur. L'oxygène injecté oxyde le carbone dissous dans le métal en fusion pour former du monoxyde de carbone et produire de la chaleur. Lorsque la teneur en carbone du bain de fusion chute au niveau désiré, on ajoute les éléments d'alliage et l'on verse l'acier liquide dans une poche de coulée préchauffée.

Les producteurs d'acier avec de la ferraille utilisent des fours à arc. La ferraille est chargée dans le four et 3 électrodes en graphite descendent de la voûte du four. Des arcs se forment (alimentation à haute tension) lorsque les électrodes s'approchent de la ferraille. Grâce à sa résistance électrique plus élevée et à la chaleur intense rayonnée par les arcs, la ferraille atteint rapidement les températures de fusion.

Affinage de la poche de coulée L'acier liquide destiné à des usages plus exigeants subit un affinage additionnel dans des unités de traitement de la poche de coulée. Les impuretés restantes telles que le soufre, l'hydrogène, l'azote et les inclusions non métalliques, sont enlevées. Les méthodes utilisées sont l'agitation à l'argon, la désulfuration à la poudre et le dégazage sous vide.

Coulée continue Il y a quelques années, la majeure partie de l'acier était coulée en lingots. Les lingots sont de grands blocs rectangulaires d'acier, dont la plupart sont ensuite façonnés en produit semi-finis – blooms, brames, billettes ou formes spéciales – par laminage primaire ou forgeage. Aujourd'hui, la coulée continue (CC) est la principale façon de solidifier l'acier liquide en formes de produits semi-finis. La CC élimine les opérations primaires. Dans une machine CC, l'acier liquide est versé dans un moule en cuivre oscillant refroidi à l'eau, et la brame, le bloom ou la billette sort continuellement du bas. Ces

dernières années, le moulage de brame mince a du succès, car il élimine plusieurs étapes de production. Quelques sidérurgistes canadiens ont des machines de coulée de brames minces, d'autres pensent en installer avant le nouveau millénaire.

Laminage à chaud et à froid Des laminoirs réduisent la plupart des brames, des blooms et des billettes en produits laminés à chaud et à froid tels que plaques, tôles en rubans, rails, profilés, barres et fils ronds. Quelques aciers (p. ex., la tôle fine et la tôle en rubans) sont finis par laminage à froid à la température ambiante pour obtenir des tolérances dimensionnelles minimales, un fini de surface de haute qualité et un degré de dureté exact.

Traitement thermique Il comprend le recuit, la normalisation, la trempe et le revenu. Ces traitements changent les propriétés de l'acier en modifiant sa microstructure (l'acier est de forme cristalline).

Revêtements de protection L'acier se corrode dans de nombreux environnements. Pour en ralentir l'oxydation (la rouillure), on revêt les produits en acier le plus souvent de ZINC, d'étain, d'ALUMINIUM, d'émail vitrifié et de revêtements organiques (p. ex., la peinture).

Historique Au Canada, les FORGES SAINT-MAURICE, près de Trois-Rivières au Québec, produisent du fer à partir de fer terreux et de bogheads locaux pour les besoins des colons et des militaires (*voir* FORGE, OUVRAGE DE). La première usine sidérurgique du Haut-Canada, la Marmora Ironworks près de Peterborough en Ontario, commence sa production en 1822. Elle consiste en 2 hauts fourneaux (à courant d'air forcé) alimentés en charbon, en 1 forge à 2 ensembles de marteaux hydrauliques et à creusets spéciaux pour produire des barres de fer. Les usines sidérurgiques de Marmora et de Saint-Maurice sont déjà fermées à la fin du XIXe s. Elles ne peuvent plus compétitionner avec celles, plus modernes, de l'Ontario et de la Nouvelle-Écosse, qui utilisent des hauts fourneaux chauffés au coke.

Le Canada fabrique ses premiers produits en acier dans les années 1880. Au début du XXe s., des aciéries opèrent déjà à HAMILTON et à SAULT SAINTE-MARIE en Ontario et à SYDNEY en Nouvelle-Écosse. La production de fer et d'acier augmente lentement jusqu'à la Seconde Guerre mondiale, puis rapidement lorsque l'essor économique d'après-guerre engendre une énorme demande d'acier.

Le procédé Bessemer, inventé en Angleterre en 1856, est le premier procédé de fabrication d'acier à grande échelle. Il est suivi, quelques années plus tard, par l'invention du procédé Martin qui, d'environ 1900 jusqu'au début des années 60, produit le plus d'acier. En 1910, le procédé Bessemer n'est déjà plus utilisé en Amérique du Nord.

Le procédé basique de soufflage d'oxygène au-dessus du bain (BOP) – d'abord connu comme le procédé L.D. (Linz-Donawitz) – provient d'Autriche. Dofosco Inc. introduit le BOP en Amérique du Nord en 1954 et, depuis lors, le procédé Martin décline régulièrement jusqu'à disparaître.

Les Canadiens apportent une contribution notable au progrès de la sidérurgie. Au début des années 60, Air Liquide Canada ltée conçoit un injecteur qui permet d'introduire de l'oxygène pur à travers le fond des récipients BOP. Cette méthode (Q-BOP) est développée à l'échelle industrielle en Allemagne en 1968. La première machine de coulée continue d'acier en Amérique du Nord est mise au point en 1954 par Atlas Steel à WELLAND en Ontario.

En 1959, Stelco Inc. introduit le procédé à bas volume de laitier qui diminue la consommation de coke d'environ 40 p. 100, économisant dans le monde plus de 200 millions de tonnes de charbon par an. Stelco met au point le procédé de refroidissement par barres Stelmor et le Coilbox (boîte à self), un important dispositif d'économie d'énergie utilisé dans les aciéries de feuillards laminés à chaud. Cette entreprise met aussi au point le cycle de recuit court, une autre façon d'économiser l'énergie, universellement adoptée dans la sidérurgie. Stelco met aussi au point la tige torsadée Ardor. Lasco met au point la technique de laminage de refendage, pour faire 2 barres avec une seule billette. Ipsco est la première entreprise à installer une tuberie à soudage spiral.

Projet Bessemer Inc., qui est un consortium de sidérurgistes canadiens et du CONSEIL NATIONAL DE RECHERCHES DU CANADA, a entrepris des recherches en coulée de feuillards à Boucherville, au Québec. Le but ultime de la fabrication d'acier: une seule étape de l'acier liquide au feuillard fini.

John C. McKay

Sidney, ville de la C.-B.; pop. 10 701 (rec. 1996), 10 082 (rec. 1991); superf. 5,02 km²; const. en 1967; située du côté est de la péninsule de SAANICH, sur l'île de Vancouver, à 30 km au nord de VICTORIA, devant le détroit de Haro. Elle est le centre des affaires de la partie nord de la péninsule de Saanich et le point d'entrée sur l'île de Vancouver, grâce à ses 2 liaisons officielles: le traversier Anacortes, en provenance des États-Unis, et l'aéroport international, situé à 1,6 km à l'ouest de la ville. À 8 km au nord se trouve le terminus Swartz B du réseau de BC Ferry, qui relie l'île à la terre ferme. Les Salish sont les premiers habitants de la région; la colonisation permanente ne commence qu'à la fin des années 1880, grâce au développement de l'agriculture.

L'île de Sidney à proximité prend, en 1859, le nom de F.W. Sidney, de la Royal Navy. En 1895, on inaugure le chemin de fer Victoria-Sidney et, au début du XXᵉ s., une usine de matériaux de toiture, une conserverie et une scierie font partie des industries locales. Durant les années 20, les premières industries établies à Sidney sont détruites par un incendie majeur et par la concurrence des industries situées sur la terre ferme. Depuis, la ville est un centre de services et la construction navale, la pêche et le tourisme ont remplacé les industries d'antan. La région est reconnue pour la navigation de plaisance, et la ville possède une piste de course.

Alan F.J. Artibise

Siffleux (*Voir* MARMOTTE)

Sifton, Arthur Lewis, juge, politicien et premier ministre de l'Alberta (St. Johns, Canada-Ouest, 26 oct. 1858—Ottawa, 21 janv. 1921). Ferme, stoïque et astucieux en politique, il est l'un des personnages les plus remarquables de la vie politique de l'ouest à ses débuts. Il pratique le droit à Brandon, au Manitoba, de 1883 à 1885 (avec son frère Clifford), à Prince Albert, dans les Territoires du Nord-Ouest (1885-1888), et à Calgary, après 1889. En 1899, il est élu député de Banff à l'Assemblée territoriale et, à partir de 1901, est membre du Conseil exécutif de HAULTAIN. Il est l'un des premiers à défendre avec ferveur le statut de province. En 1903, LAURIER le nomme juge en chef des Territoires, et il devient, en 1907, le premier juge en chef de l'Alberta. Excellent juge de première instance, il parle peu et prononce des jugements concis, solides et rapides. En 1910, il démissionne et devient premier ministre libéral de l'Alberta, succédant à A.C. RUTHERFORD. Il maintient l'unité au sein d'un parti divisé et s'avère un premier ministre efficace, un chef puissant et un administrateur compétent. Il préconise le transfert à la province des ressources naturelles, que J.E. BROWNLEE obtiendra finalement en 1930. En 1916, il accorde le droit de vote aux femmes, et 2 d'entre elles sont nommées juges. Pendant la crise de la CONSCRIPTION de 1917, le premier ministre BORDEN invite les dirigeants libéraux, dont Sifton, à se joindre à un gouvernement d'union. Celui-ci accepte et, le 12 octobre, il démissionne comme premier ministre et est nommé ministre des Douanes. Aux élections générales du 17 décembre 1917, Sifton est élu député fédéral de Medicine Hat. Discret à la Chambre des communes, il est d'un apport précieux au sein du Cabinet et à titre de délégué à la Conférence de paix de Paris. En 1919, il devient ministre des Travaux publics et secrétaire d'État et,

en 1920, est nommé membre du Conseil privé de Londres.

W.F. Bowker

Sifton, sir Clifford, avocat, politicien et homme d'affaires (près d'Arva, Canada-Ouest, 10 mars 1861— New York, 17 avril 1929), frère d'A.L. SIFTON. Un des politiciens les plus remarquables de son époque, il est surtout connu pour sa vigoureuse promotion de l'immigration visant à coloniser les PRAIRIES OCCIDENTALES.

Sifton déménage au Manitoba en 1875, est diplômé du Victoria College de Cobourg, en Ontario, en 1880, et admis au Barreau du Manitoba en 1882. Élu député libéral provincial de la circonscription de Brandon-Nord en 1888, il devient procureur général dans le gouvernement de Thomas GREENWAY le 14 mai 1891. Il se fait connaître comme le brillant défenseur du «système scolaire national» (établi en 1890). À la suite du compromis Laurier-Greenway sur la QUESTION DES ÉCOLES DU MANITOBA en 1896, Sifton devient ministre fédéral de l'Intérieur et surintendant général des Affaires indiennes dans le gouvernement de LAURIER le l7 novembre.

Il se distingue par son énergie, sa maîtrise de l'organisation politique, son esprit d'analyse pénétrant, sa conception dynamique du rôle du gouvernement pour stimuler le développement et sa profonde compréhension des problèmes matériels et économiques du Canada. Il est le principal négociateur de la CONVENTION DU NID-DE-CORBEAU avec le Canadien Pacifique et responsable de l'administration du Yukon pendant la ruée vers l'or. Il soulève une controverse en tentant de remplacer l'exploitation individuelle des placers par une exploitation mécanisée à grande échelle des gisements aurifères. En 1903, il est l'agent chargé de présenter la cause du Canada à la Commission judiciaire d'arbitrage sur la frontière de l'Alaska.

Sa promotion de l'immigration est un immense succès. À la faveur d'une forte reprise économique qui rend l'exploitation agricole de l'Ouest plus intéressante, il met sur pied une vigoureuse organisation visant à recruter des colons aux États-Unis, en Angleterre et – ce qui est plus controversé – dans le centre Est de l'Europe. Devant les attaques des nativistes, il défend le «robuste paysan en manteau de peau de mouton» qui transforme les régions les plus difficiles de l'Ouest en des fermes productives.

Le 27 février 1905, Sifton démissionne à la suite d'une dispute avec Laurier sur la politique scolaire en Alberta et en Saskatchewan. Son manque de largeur d'esprit l'empêche d'accepter les compromis nécessaires à la protection des droits des minorités au Canada. En 1911, il rompt avec le Parti libéral sur la question de la RÉCIPROCITÉ avec les États-Unis et appuie les conservateurs, bien qu'il ne tente plus de se faire élire député. Comme président de la COMMISSION DE LA CONSERVATION de 1909 à 1918, il encourage une vaste gamme de mesures de conservation. Il est fait chevalier le 1ᵉʳ janvier 1915. En 1917, il contribue à la formation du Gouvernement d'union mais, par la suite, il se range du côté des progressistes (*voir* PARTI PROGRESSISTE), puis des libéraux sous Mackenzie KING. Très réservé à propos de ses affaires et de sa vie privée, il laisse une succession évaluée à près de 10 millions de dollars. Sa plus importante acquisition est celle du *Manitoba Free Press*, dont le rédacteur en chef, J.W. DAFOE, devient son confident le plus intime et, plus tard, son biographe. Homme aux réalisations remarquables en dépit de la surdité dont il souffre pendant la majeure partie de sa vie, Sifton considère la colonisation de l'Ouest comme un témoignage suffisant de sa carrière.

David J. Hall

Signal Hill Surplombe le havre de ST. JOHN'S à Terre-Neuve. Il a été le centre de la défense de la ville pendant nombre d'années. Un canon de signal y a été installé à la fin du XVIᵉ s., et des fortifications en pierre y ont été construites à la fin du XVIIIᵉ s. pen-

dant les GUERRES NAPOLÉONIENNES. À cette époque, un système de drapeaux hissés sur la colline signalait aux navires les dangers du temps et de la navigation. Construite de 1897 à 1900, la tour de Cabot marque le 400ᵉ anniversaire du voyage de découverte de Jean CABOT en 1497. L'inventeur italien Guglielmo Marconi choisit l'endroit pour tenter une expérience visant à prouver la possibilité de transmettre des signaux électriques sans fil. Le 12 décembre 1901, il reçut la première radiotransmission au monde émise en code Morse à partir de la péninsule de Cornouailles en Angleterre. Signal Hill a été désigné parc historique national en 1958 et un centre d'interprétation y a été aménagé. (*Voir aussi* LIEU HISTORIQUE.)

C.J. Taylor

Sigogne, Jean-Mandé, missionnaire catholique (Beaulieu-les-Loches, France, 6 avril 1763 — Sainte-Marie [aujourd'hui Church Point], N.-É., 9 nov. 1844). Forcé de fuir la France révolutionnaire en 1792 à cause des persécutions, il passe par l'Angleterre et arrive en 1799 dans le sud-ouest de la Nouvelle-Écosse en tant que missionnaire chez les ACADIENS, où il a 2 missions fort éloignées l'une de l'autre. De tempérament autoritaire et partisan d'une morale rigoriste, Sigogne est le seul à avoir de l'instruction et à parler anglais couramment, et tous ces facteurs lui permettent d'avoir la main haute sur les affaires temporelles et spirituelles. Sa réalisation la plus importante est d'avoir assuré la survie des traditions catholiques et françaises chez les Acadiens des comtés de Digby et de Yarmouth, où il a exercé son ministère pendant 45 ans.

Bernard Pothier

Sikhisme Les enseignements de Nânak (vers 1469-1538), un guru du Panjâb (Inde), sont à l'origine du sikhisme, l'une des grandes religions du monde, dont les 15 millions de fidèles s'appellent Sikhs (disciples). Comme les JUIFS, les Sikhs forment à la fois une religion et un groupe ethnique distinct. En principe, le sikhisme est universaliste et accueille les convertis sans égard à leurs antécédents, mais il s'est identifié surtout au peuple, à l'histoire et à la culture du Panjâb.

Le guru Nânak voyage beaucoup et intègre à sa théologie beaucoup d'idées de la tradition des sant (saints) hindous (*voir* HINDOUISME), de la bhakti (dévotion) hindouiste et, indirectement, du soufisme musulman (*voir* ISLAM). Il professe le monothéisme et rejette les notions de castes hindoues, d'adoration des idoles et de mortification. Il nie également que le salut puisse être obtenu par un ascétisme où l'homme se dissocie des affaires du monde. Le guru Nânak affirme que tous peuvent accéder au salut en pratiquant l'amour de Dieu et en vivant chaque jour de façon morale, responsable et désintéressée. Selon le courant principal de tradition sikhe, les idées de Nânak ont été élaborées par les 9 gurus (maîtres) qui lui ont succédé.

On croit que le guru Angad (vers 1504-1552) a fait mettre par écrit en panjabi les enseignements de Nânak et a renforcé la pratique distinctive du Gurû ka langar, par laquelle les Sikhs rejettent le système des castes en mangeant ensemble. D'après la tradition, le guru Amar Dâs (vers 1479-1574) organise davantage le groupe des fidèles et lutte contre le purdah (isolement des femmes) et le satî (immolation des veuves par le feu). Le guru Râm Dâs (vers 1534-1581) fonde la ville d'Amritsar (Panjâb, Inde), qui est maintenant le centre de la foi sikhe, et le guru Arjun (vers 1563-1606) réunit les Écritures sikhes en un seul volume, qu'on appellera plus tard l'Âdi-Granth, principal texte sacré du sikhisme.

L'oppression des Moghols musulmans et la situation instable du Panjâb rendent les Sikhs plus conscients de leur appartenance ethnique et font naître chez eux un esprit militaire. Nommé guru après le martyre de Tegh Bahâdur, son père (vers 1620-1675), le dixième et dernier guru, Govind Singh (1666-1708), est à la fois un chef spirituel et militaire. On croit qu'il a porté la théologie sikhe à son achèvement en 1699, en fondant la fraternité du Khâlsâ (les Purs), croyants qui deviennent Amritdharis (porteurs du nectar) en recevant l'Amrita Pâhul (initiation). Les hommes ainsi initiés portent le nom de Singh (lion) et les femmes, celui de Kaur (princesse). Les hommes sont tenus de rester fidèles aux 5 kakkars (les 5 K): les cheveux et la barbe jamais coupés (kesh) et retenus par un peigne (kanga) symbolisant la propreté, un bracelet de métal (kara), une culotte militaire (kachha) et une dague (kirpan). Même si certains Sikhs, les Sahijdharis (dont le fardeau est léger), n'ont pas adopté ces conventions, ceux qui les suivent, les Keshadharis (aux cheveux longs), forment l'immense majorité des Sikhs du Canada.

Ainsi, il s'est formé une gamme d'observances religieuses chez les Sikhs. Les Amritdharis sont tenus d'observer des pratiques de dévotion plus exigeantes et un code de morale (rehat maryada) plus restrictif que ceux des Keshadharis qui n'ont pas reçu l'Amrita Pâhul, tandis que les Sahijdharis, comme leur nom l'indique, ont des obligations religieuses moins lourdes. Tous sont néanmoins considérés comme des Sikhs parce qu'ils adhèrent aux enseignements fondamentaux des gurus.

Le courant principal de la tradition sikhe veut que le guru Govind Singh, sachant sa mort imminente, ait transmis pour toujours l'autorité spirituelle en matière de foi à l'Âdi-Granth, qu'il a renommé Gurû Granth Sâhib. Après sa mort, les Sikhs ont continué d'avoir une histoire agitée. À mesure que l'empire moghol s'affaiblit, les conflits militaires et politiques au Panjâb s'intensifient. Ils se calment quelque peu après l'arrivée au pouvoir du Sikh Ranjît Singh (1780-1839), qui devient maître d'une grande partie du Panjâb et du Cachemire. Les conversions au sikhisme sont très nombreuses pendant cette période ainsi qu'après la conquête du Panjâb par les Britanniques en 1846. Les Sikhs deviennent bientôt un élément important de l'armée britannique en Inde, ce qui amène quelques-uns d'entre eux à émigrer dans tous les coins de l'Empire britannique.

Sikhisme au Canada

Le sikhisme est l'une des religions non chrétiennes qui comptent le plus de fidèles au Canada, et les Sikhs forment le plus important groupe ethnique de l'Asie du Sud (*voir* ASIATIQUES DU SUD). Les données du recensement indiquent qu'il y avait 145 000 Sikhs au Canada en 1991 (comparativement à 67 710 une décennie plus tôt), mais il est admis que ce chiffre est trop bas. À la fin de 1993, l'ensemble de la population canadienne originaire d'Asie du Sud, d'après des estimations fondées surtout sur les données d'immigration, se chiffrerait à 530 000 environ. De ce nombre, environ 35 p. 100, soit 180 000, seraient des Sikhs.

Les premiers Sikhs arrivent au Canada en 1902. Ils font partie d'un contingent militaire de Hong Kong qui vient assister au couronnement d'Édouard VII. Certains d'entre eux reviennent au Canada et s'établissent en Colombie-Britannique. Plus de 5000 Asiatiques du Sud, dont plus de 90 p. 100 sont des Sikhs, s'y établissent avant que leur IMMIGRATION soit interdite en 1908. Par la suite, beaucoup de ces Asiatiques ne tardent pas à émigrer et il n'en reste que 2000 environ, presque tous des Sikhs. Malgré la forte discrimination raciale (*voir* KOMAGATA MARU), les Sikhs mettent rapidement en place leurs institutions religieuses en Colombie-Britannique. La Vancouver Khalsa Diwan Society est fondée en 1907 et dirige la construction du premier gurdwara (temple sikh) permanent l'année suivante. En 1920, des gurdwaras sont également en place à New Westminster, à Victoria, à Nanaimo, à Golden, à Abbotsford, à Fraser Mills et à Paldi. Chacun est dirigé par un conseil d'administration élu et indépendant.

Dès le début, les gurdwaras sont les établissements communautaires centraux des Sikhs du Canada et leur permettent d'apporter une aide considérable à ceux des leurs qui sont dans le besoin. C'est également par les temples qu'est organisée la lutte épique menée pour faire lever l'interdiction d'immigration. En 1920, les Sikhs de Vancouver, à eux seuls, ont déjà versé 300 000 dollars pour des œuvres de bienfaisance en Inde et pour la défense des Sikhs du Canada. Les temples animent également une forte activité révolutionnaire anti-britannique.

Les institutions religieuses des Sikhs canadiens
Les institutions religieuses des Sikhs canadiens franchissent une nouvelle étape de développement dans les années 20, lorsque les femmes et les enfants des résidents sikhs autorisés obtiennent le droit d'entrer au pays. Conformément aux enseignements des gurus, les hommes, les femmes et les enfants participent à toutes les observances, au temple comme à la maison. La religion sikhe entretient une forte identité collective entre les 2 guerres mondiales, de sorte que très peu de Sikhs renient leur foi ou épousent des personnes d'une autre religion. De 1920 à 1960, la principale évolution religieuse consiste en une tendance des hommes de la deuxième génération à devenir des Sahajdharis en se coupant les cheveux et la barbe pour se conformer à la mode vestimentaire canadienne. L'initiation au Khâlsâ par l'Amrita Pâhul devient très rare.

Redéfinition du sikhisme canadien
Le sikhisme canadien commence à changer dans les années 50 avec la reprise de l'immigration. Beaucoup d'immigrants arrivés après la guerre sont plus urbains, plus instruits et plus occidentalisés que leurs prédécesseurs et pratiquent une religion moins traditionnelle. L'assise du pouvoir démocratique sur les temples manifestent bientôt cette division. Les immigrants Sahajdharis prennent le contrôle des anciens temples, tandis que les Keshadharis organisent des temples à Vancouver et à Victoria de tendance plus «orthodoxe».

Dans les années 60 et dans les années 70, des dizaines de milliers de Sikhs qualifiés, dont certains sont particulièrement instruits, s'établissent partout au Canada, particulièrement dans le corridor urbain entre Toronto et Windsor. À mesure que leur nombre s'accroît, les Sikhs, en se propageant vers l'Est, établissent des gurdwaras temporaires dans toutes les grandes villes jusqu'à Montréal. Dans bien des cas, ils y établissent ensuite des gurdwaras permanents et des centres sikhs. De nos jours, la plupart des villes ont plusieurs gurdwaras, reflétant chacun un courant religieux, social ou politique différent. L'Ontario, à elle seule, en compte 25. Ils continuent d'être des établissements communautaires centraux, qui dispensent désormais aux Sikhs toute la gamme des offices publics. Les plus importants sont les offices de prière dominicale, suivis du langar, un repas gratuit servi à tous les membres du sangat (assemblée). Les services sont ouverts à quiconque respecte les conventions à suivre pour entrer dans un temple: être déchaussé, avoir la tête couverte et s'abstenir de fumer et de boire. Des offices sont également célébrés dans les temples pour célébrer les divers gurus et pour des fêtes annuelles traditionnelles telles que le jour du Baisakhi. Les mariages et les funérailles se célèbrent également dans les temples.

Les observances personnelles et les dévotions sont probablement les aspects les plus importants de la religion sikhe au Canada. Les Sikhs amritdharis ont pour pratique quotidienne de se lever tôt pour prendre un bain et réciter des prières. De nombreuses familles sikhes ont à la maison un exemplaire du Gurû Granth Sâhib et en choisissent un passage au hasard le matin pour recevoir l'inspiration de Dieu. On récite un hymne au lever du soleil, ainsi qu'un hymne et une prière au coucher. Tous les Sikhs doivent éviter le tabac, l'alcool, l'adultère, le vol et les jeux de hasard. Ils ne doivent pas faire de distinctions

de caste, adorer des idoles ou reconnaître comme guru des maîtres religieux vivants.

Le sikhisme insiste sur la vie familiale, la bienfaisance, le service et la défense de la foi. Les Sikhs ont d'importantes œuvres de bienfaisance, notamment pour le soutien des gurdwaras locaux et, de plus en plus, pour les arts et les causes sociales de l'ensemble du Canada. Selon l'interprétation traditionnelle, le service était pratiqué surtout en faveur de la religion et de la communauté, mais sa définition s'élargit lentement aux questions sociales canadiennes.

Toutes les affaires des gurdwaras locaux, de l'administration aux préparatifs culinaires du langar hebdomadaire, sont prises en charge par des bénévoles, sauf qu'un gyanji (prêtre) permanent peut y participer.

Les Sikhs font beaucoup d'efforts pour enseigner leur culture et leur religion à leurs enfants. Bon nombre de temples organisent des classes pour enseigner aux enfants les préceptes de la religion et de la langue écrite. La plupart des Sikhs de la deuxième génération parlent le panjâbi dès leur enfance, mais ils doivent systématiquement apprendre le gurmukhi, système d'écriture distinctif des Sikhs, pour pouvoir lire le Gurû Granth Sâhib.

Plusieurs tentatives ont été faites pour mettre sur pied une organisation religieuse sikhe unifiée au Canada, mais elles n'ont pas abouti jusqu'à maintenant. Des conférences nationales et régionales ont été tenues dans plusieurs villes pour discuter des questions sikhes et les diverses organisations régionales des temples maintiennent généralement entre elles des relations informelles. Toutefois, l'association du temple local demeure l'assise principale de l'organisation du sikhisme canadien. Les Sikhs canadiens gardent des liens religieux étroits avec l'Inde. Théologiens, maîtres, chanteurs et musiciens visitent constamment le Canada et des écrits religieux indiens sont largement diffusés. Les Sikhs canadiens qui vont en Inde font souvent des PÈLERINAGES aux célèbres sanctuaires sikhs, en particulier le Darbâr Sâhib, couramment appelé le Temple d'or, à Amritsar.

Relations avec le sikhisme de l'Inde
Les Sikhs canadiens s'intéressent également de très près aux événements qui touchent les Sikhs et le sikhisme en Inde, où une question dominante depuis les années 70 est la montée d'un mouvement nationaliste au Panjâb réclamant plus de droits pour les Sikhs et la création d'un État sikh indépendant, le Khalistân. De nombreux Sikhs canadiens ont appuyé financièrement le mouvement, surtout après l'attaque de l'armée indienne contre le groupe sikh extrémiste et indépendantiste dirigé par Jarnial Singh Bhindranwali, qui s'était installé sur le terrain du Temple d'or. Bhindranwali et plus de 1000 autres Sikhs périssent en 1984 lors de cette attaque, qui endommage gravement le sanctuaire sikh le plus vénéré. Au Canada, cet événement a pour conséquence immédiate des manifestations, pendant lesquelles les Sikhs protestent vivement contre le gouvernement indien, et une forte dégradation des relations entre Sikhs et Hindouistes au Canada.

Les relations entre Hindouistes et Sikhs canadiens deviennent encore plus tendues lorsque la première ministre de l'Inde, Indira Gândhi, est assassinée le 31 octobre 1984 par 2 de ses gardes de sécurité sikhs. En Inde, on rapporte que plus de 2500 Sikhs sont tués au cours des émeutes et du pillage qui s'ensuivent. Le fait que personne ne fut jamais mis en accusation pour ces atrocités avive encore davantage le ressentiment des Sikhs contre le gouvernement indien et alimente les tendances séparatistes. Le 23 juin 1985, un avion explose au cours du vol 182 d'Air India. Beaucoup croient qu'il s'agit d'un attentat commis par des Sikhs canadiens en guise de représailles contre le gouvernement de l'Inde. Fait curieux, pourtant, la plupart des 329 victimes sont des Canadiens originaires d'Asie du Sud et la majorité sont des Sikhs. Ces événements qui se produisent en Inde ont également de très fortes incidences sur la pratique religieuse de l'ensemble des Sikhs canadiens. Le renforcement de leur sentiment d'appartenance fait augmenter de façon remarquable le nombre d'Amritdharis et de Keshadharis, même chez les Canadiens des deuxième et troisième générations. Cela suscite aussi dans tout le pays un soutien considérable, bien que mitigé, à des groupes séparatistes comme la World Sikh Organization of Canada et l'International Sikh Youth Federation.

Grâce à sa solide organisation communautaire et à une vive conscience de son identité collective, le sikhisme s'est largement répandu au Canada alors que beaucoup de sectes et de religions n'ont pas résisté aux forces d'assimilation. Grâce à l'immigration continue et à la montée d'une deuxième génération importante, le nombre de Sikhs au Canada atteindra 200 000 en l'an 2000. (*Voir aussi* PRÉJUGÉS ET DISCRIMINATION.)

Norman Buchignani

Silice Le minéral quartz est formé de silice (SiO_2) et c'est le MINÉRAL le plus répandu dans l'écorce terrestre. Il se retrouve également dans des parties du squelette de certains animaux (c.-à-d. certains protozoaires) et certaines plantes. Le quartz forme des cristaux hexagonaux. Il fond à 1723 °C, possède un bas coefficient d'expansion thermique et est très résistant à l'altération. Le quartz pur est incolore, mais le quartz coloré tels l'améthyste, le quartz rose, le quartz fumé, la citrine et le jaspe sont le résultat d'impuretés. On trouve la silice sous forme de grains non consolidés tel le sable de plage, ou consolidés tel le grès, ou encore comme quartzite, veines de quartz ou quartz pegmatitique. Dans ces 3 derniers produits, la silice peut être sous une forme très pure et utilisée pour fabriquer des produits de valeur ajoutée élevée.

La silice est utilisée pour fabriquer les contenants de verre (bouteilles et verre de table) et le verre plat pour fenêtres et automobiles. Le silicium (Si) grade métallurgique est utilisé dans l'industrie de l'aluminium; le grade chimique est utilisé pour produire les silicones; et la plus haute qualité sert de précurseur pour fabriquer les chips de silicium. D'autres usages de la silice incluent le ferro-silicium pour la préparation de l'acier, le carbure de silicium (utilisé comme abrasif et réfractaire), le quartz de culture comme oscillateur, silicate de soude pour l'industrie des pâtes et papiers et l'industrie des réfractaires, et la silice fondue utilisée comme agent de remplissage dans les composantes électroniques et pour plusieurs autres usages. Le sable de silice est utilisé comme fondant (pour diminuer le point de fusion) en métallurgie des métaux de base, pour faire des moules dans les fonderies de métaux, comme sable de fracturation (sable-frac) injecté sous pression dans les formations d'hydrocarbures qui sert à augmenter la porosité et ainsi à augmenter la récupération du gaz naturel et de l'huile, comme abrasif dans le sablage au jet, et comme agent de remplissage dans les tuiles, tuyaux d'amiante, béton et briques.

Les dépôts de silice sont répandus dans tout le Canada. Cependant, afin d'être rentables économiquement, les dépôts doivent être composés d'au moins 95 à 99 p. 100 de silice, être faciles à miner à ciel ouvert et être situés près du marché lorsque la silice est utilisée dans des applications de basse technologie et de basse valeur, mais de hauts tonnages, tels les contenants de verre et le verre plat. La silice au Canada est produite au Nouveau-Brunswick, en Nouvelle-Écosse, au Québec, en Ontario, en Alberta et en Colombie-Britannique. Les expéditions de silice en 1997 se chiffrent à 1,7 million de tonnes, d'une valeur de 40,2 millions de dollars.

Michel Brau Boucher

Sillery Première RÉSERVE INDIENNE canadienne, est établie en 1637 près de Québec. La réserve est financée par un noble français du nom de Noël Brûlart de Sillery, qui répond à l'appel du père Paul Le Jeune dans les RELATIONS DES JÉSUITES de rassembler les Amérindiens vagabonds dans un endroit convenable afin de les convertir. La réserve est accordée sous forme de seigneurie aux Amérindiens chrétiens, sous la supervision des jésuites. Vers 1680, l'alcoolisme, les ÉPIDÉMIES et les difficultés d'adaptation à la vie sédentaire ont dépeuplé l'établissement. Les jésuites ont longtemps entretenu la très connue maison de Sillery, qui est aujourd'hui un musée.

Dale Miquelon

Silo élévateur Permet de stocker, de nettoyer et de peser les céréales, et de les transborder des cellules de stockage aux wagons et aux camions à céréales ou des silos portuaires aux bateaux. Son nom provient du dispositif mécanique qu'il contient, l'élévateur ou «convoyeur», une courroie sans fin portant une série de godets qui recueillent les céréales dans une fosse à la base (dans laquelle elles ont été versées) et les amènent au sommet de la goulotte qui conduit aux cellules d'entreposage ou de nettoyage.

Les silos élévateurs en béton et en bois sont des silhouettes familières dans l'Ouest canadien, les derniers étant peut-être le symbole architectural le plus distinctif des Prairies. Les silos élévateurs suivent le déplacement du CANADIEN PACIFIQUE (CP) vers la côte Ouest dans les années 1880. Après 1900, une deuxième vague de construction escorte le CANADIAN NORTHERN RAILWAY. Dans les années 30, il y en a déjà près de 6000, bien que leur nombre ait diminué à mesure que les exploitations agricoles et les transports deviennent plus efficaces.

Comme les silos élévateurs sont essentiels au transport et à la commercialisation des céréales, leur histoire est entremêlée d'économie et de politique, spécialement lors du développement du MOUVEMENT COOPÉRATIF et des syndicats du blé. Les silos primaires rectangulaires, à toit en pente, apparaissent en 1881: le premier est alors construit par la Ogilvie Milling Co. à Gretna, au Manitoba. Un silo circulaire en bois avait été construit à Niverville, au Manitoba, en 1879. Plusieurs sont aussi construits dans les Prairies aux voies de services des chemins de fer, qui sont faciles d'accès pour les fermiers. À partir de ces silos, les céréales sont transportées par rail aux silos terminus beaucoup plus grands des villes portuaires, où elles sont chargées sur des bateaux et expédiées vers l'Est et outre-mer. Le CP termine la construction du premier silo terminus canadien en 1884 à Port Arthur (Thunder Bay), et d'autres suivent rapidement. Un troisième type de silo élévateur, le silo de transfert, est construit dans des centres intérieurs tels que Calgary, Edmonton, Saskatoon et Moose Jaw pour amasser les céréales et les distribuer dans les marchés régionaux.

Les silos primaires et les premiers silos terminus étaient construits en bois et souvent couverts de tôle. La construction des murs et des compartiments de stockage était en «claire-voie»: on superposait du bois d'œuvre de 2 po sur 6 po ou de 2 po sur 4 po l'un au-dessus de l'autre sur le plat et on les assemblait à l'aide de chevilles, avec les extrémités se chevauchant alternativement aux angles. Un silo type pouvait mesurer en plan de 9 à 10,5 m de côté et s'élever de 23 m ou plus au-dessus des fondations massives en béton jusqu'à la ligne de faîte. Un tel silo contenait de 35 000 à 40 000 boisseaux de céréales.

Bien que le bois soit demeuré le matériau de construction le plus économique pour les silos primaires, à partir des années 1900, les silos cylindriques en béton à coffrage glissant deviennent la norme pour les plus grands silos terminus et de transfert. Le premier est construit à Minneapolis (Minnesota), en 1901, en utilisant des techniques européennes de construction à armature de béton. Les exemples canadiens suivent et le béton armé est utilisé à Port Arthur vers 1903. Le silo n° 2 du port de Montréal (terminé en 1912 et démoli en 1978) est une des premières constructions entièrement en béton et était à l'époque «probablement le plus grand et le plus haut bâtiment en béton», selon ses concepteurs, la John S. Metcalf Co. Fondée en 1887 à Chicago (Illinois) par John S. Metcalf de Sherbrooke (Québec), cette entreprise a construit d'énormes complexes de silos partout aux États-Unis et au Canada, ainsi qu'en Europe, en Afrique du Sud, en Argentine et en Australie depuis ses bureaux de Montréal, de Vancouver, de Chicago et de Londres, en Angleterre.

Un autre important bureau d'ingénieurs en construction de silos élévateurs, fondé par C.D. HOWE, est le constructeur du North Vancouver Terminal (1966 à 1981) du SASKATCHEWAN WHEAT POOL. Ces constructions ne sont pas seulement des prouesses d'ingénierie mais aussi une source d'inspiration pour les architectes de l'avant-garde européenne. Des photographies des silos de Calgary et de Montréal sont données par Walter Gropius à Le Corbusier qui les publie dans son livre *Vers une architecture* (1923).

Les innovations récentes comprennent les silos en béton «Buffalo» en pente et «Buffalo 2000» rhomboïdal conçus pour l'Alberta Wheat Pool par K.U. Driedger d'A.B.L. Engineering Ltd. Le premier silo primaire de ce type est construit à Magrath, en Alberta, en 1980 et, en 1987, 6 de ces silos étaient déjà terminés. Bien qu'ils coûtent plus cher que les silos en bois, les nouveaux modèles sont ignifuges, plus rentables et plus durables. Cette technologie a été vendue au Brésil.

Une autre innovation est le silo élévateur mobile. En 1994, encore à l'étape de la mise au point par les syndicats de blé des Prairies et, indépendamment, par les United Grains Growers, il reçoit et traite les céréales à la ferme, économisant au fermier les frais et les inconvénients du transport.

Michael McMordie

Silver Dart Premier engin motorisé plus lourd que l'air à avoir volé au Canada. Il est conçu et construit par l'Aerial Experiment Association (octobre 1907 à mars 1909), groupe fondé par Alexander Graham BELL, qui est passionné depuis l'enfance par l'idée de voler. Après plusieurs vols réussis à Hammondsport (État de New York), au début de 1909, le *Silver Dart* est démonté, emballé et transporté dans la baie de Baddeck, en Nouvelle-Écosse, résidence de Bell au Canada. L' «aérodrome», terme choisi par Bell, avait une envergure de 14,9 m et un poids total de 390 kg, pilote compris.

J.A.D. MCCURDY en est le principal concepteur et pilote. Glenn H. Curtiss met au point le moteur à refroidissement par eau, ce qui est un progrès par rapport aux expériences précédentes de l'association. Le 23 février 1909, tiré sur la glace de la baie de Baddeck par un attelage de chevaux, l'engin aux ailes argentées s'élève au deuxième essai, après une distance d'envol de 30 m, et vole à une altitude variant de 3 à 9 m à une vitesse approximative de 65 km/h sur 800 m. Plus d'une centaine de voisins de Bell sont témoins du premier vol d'un sujet britannique dans tout l'Empire. Le *Silver Dart* effectue plus de 200 vols avant de subir des dommages irréparables lors d'un atterrissage sur le sol sablonneux de la base de Petawawa, en Ontario, au cours d'une présentation aux autorités militaires en août 1909. L'engin volant est retrouvé plus tard et remis en état. Il est maintenant exposé au Musée national des sciences et de la technologie à Ottawa. Une réplique grandeur nature du *Silver Dart* se trouve au Musée national de l'aviation d'Ottawa.

Norman Hillmer

Silverheels, Jay, nom professionnel de Harry (Harold Jay) Smith, légalement changé plus tard pour Jay Smith Silverheels, acteur (Réserve des Six-Nations, Ont., 26 mai 1919—Woodland Hills, Calif., 5 mars 1980). Jeune athlète remarquable, il devient un joueur de crosse et un boxeur d'élite. Au cours d'une tournée à Hollywood avec une équipe de crosse en 1938, il est repéré par le comique Joe E. Brown qui l'aide à adhérer à la Actor's Guild. Il débute comme figurant et finit par remplir des rôles principaux dans plus de 30 films, dont *Broken Arrow* (1950), *Saskat-chewan* (1954), *The Man Who Loved Cat Dancing* (1973) et, bien sûr, les films de *The Lone Ranger* (1956, 1958), fondés sur la série télévisée (1949-1957) où il immortalise le personnage de Tonto. Il aide plusieurs acteurs en herbe autant personnellement que par l'intermédiaire de l'Indian Actors Workshop qu'il fonde à Hollywood en 1963. Il pratique activement des sports pendant toute sa vie, surtout la course attelée.

Roy Wright

Silverman, Robert, pianiste, professeur (Montréal, Qc, 25 mai 1938). Selon son propre témoignage, Silverman a été lent à s'engager vraiment dans une carrière musicale, s'étant d'abord intéressé au génie, bien qu'il ait fait ses débuts avec l'ORCHESTRE SYMPHONIQUE DE MONTRÉAL à l'âge de 14 ans. Il est titulaire d'un B. A. (Sir George Williams, 1960), d'une M. Mus. (Eastman School of Music, Rochester, 1965), d'un Artist Diploma (Eastman, 1968), et d'un D. M. A. (Eastman, 1970).

Il fait ses débuts professionnels à MONTRÉAL en 1961 et, de 1961 à 1963, il étudie à l'Académie de musique de Vienne, puis à l'U. McGill à nouveau à Eastman. En 1978, les 2 premiers récitals qu'il donne à New York (à une semaine d'intervalle), à l'âge de 39 ans, sont encensés par la critique et constituent un point tournant dans sa carrière. Il se produit comme soliste avec des orchestres canadiens, de même qu'avec d'importants ensembles aux États-Unis, au Royaume-Uni, en Australie et en Europe. Il donne 2 de ses concerts les plus mémorables avec l'Orchestre symphonique de Chicago, exécutant le *Concerto* de Tchaikowsky (1982), et avec l'Orchestre symphonique de Saint-Pétersbourg (Leningrad), exécutant le *4ᵉ concerto* de Beethoven (1983). Il donne des récitals en Orient, de même qu'en Amérique du Nord et dans les grands centres d'Europe, participe à divers festivals et se produit avec un certain nombre d'orchestres de chambre renommés (p. ex., les quatuors Curtis, Lafayette, ORFORD et Purcell). Le répertoire de Silverman est très vaste, bien qu'il s'intéresse particulièrement aux œuvres majeures des XIXᵉ et XXᵉ s., y compris des œuvres de compositeurs canadiens. Il a d'ailleurs été le premier à interpréter un bon nombre de celles-ci. Sa discographie impressionnante reflète cette diversité; son enregistrement (1975) de pièces de Liszt lui a permis d'obtenir le Grand Prix du disque en 1977 (Société Liszt, Budapest) et celui du *Concerto pour piano et orchestre* de Michael Baker, enregistré avec l'ORCHESTRE SYMPHONIQUE DE VANCOUVER, lui a mérité un PRIX JUNO en 1991.

Silverman est pianiste résident au Nazareth College à Rochester (New York) de 1967 à 1969; il enseigne à l'U. de Californie (1969-1970) et à l'U. du Wisconsin à Milwaukee (1970-1973), avant d'enseigner à l'U. de la Colombie-Britannique en 1973, où il devient directeur de l'école de musique de 1991 à 1996. Il s'efforce d'enseigner à ses étudiants le lien entre l'aisance technique et «l'acquisition d'une vision musicale de l'ensemble de l'œuvre» et une «conscience de la ligne, l'importance de chaque voix». Les exécutions de Silverman, qui se distinguent par la virtuosité et la force, témoignent de sa sensibilité profonde et de sa grande musicalité, la clarté de sa tonalité et une attention au phrasé et à la nuance qui résulte de son exceptionnel souci du détail et de son sens remarquable de l'aspect stylistique et du contexte culturel.

Bryan N.S. Gooch

Simard, René, interprète et animateur (Chicoutimi, Qc, 28 févr.1961). Issu d'une famille nombreuse, il est pris en charge, alors qu'il n'a que dix ans, par l'impresario Guy Cloutier. Son premier disque, *L'oiseau,* connaît un succès phénoménal qui l'amène sur la scène de la PLACE DES ARTS et en tournée au Québec. Il tourne un long-métrage en 1973 et représente le Canada l'année suivante au Japon où il vend plus d'un million de disques. Après quelques

spectacles en France, Simard est l'invité de plusieurs prestigieuses émissions de variétés américaines (Mike Douglas Show, Merv Griffin Show) et partage la scène avec Bob Hope et Bing Crosby, au Forum de Montréal en 1976. L'année suivante, le jeune chanteur effectue une tournée panaméricaine avec le pianiste Liberace. À son retour, il anime «The René Simard Show» (CBC, 1977-1979), programme hebdomadaire de variétés diffusé de Vancouver. Dans les années 80, il se produit fréquemment avec sa sœur Nathalie et se maintient au palmarès, tout en continuant d'animer des émissions de variétés. René Simard se tourne ensuite vers la comédie musicale, tenant le rôle principal dans *Jeanne-la-Pucelle* (1996) au Québec et dans *The Phantom of The Opera,* à Toronto en 1999.

Robert Thérien

Simcoe, ville de l'Ont.; siège de la municipalité régionale de Haldimand-Norfolk; pop. 15 380 (rec. 1996), 15 539 (rec. 1991); superf. 40,51 km²; const. en 1878; située aux abords de la rivière Lynn, à 10 km au nord du lac Érié, la ville doit son nom à John Graves SIMCOE, premier lieutenant-gouverneur du Haut-Canada (1791-1796). Il visite les lieux en 1795 et accorde des droits d'exploitation d'une minoterie à Aaron Culver, un colon loyaliste, dont le moulin devient le centre d'un petit hameau. Ce dernier est pillé par les militaires américains durant la GUERRE DE 1812, mais un nouveau village est construit entre 1819 et 1823. La ville est le centre de services et de commerce de détail de la région. L'industrie du tabac jaune est une des plus importantes de la région, de même que la culture des fruits et des légumes.

Daniel Francis

Simcoe D'une surface de 743 km² et d'une altitude de 219 m, il est situé dans le sud de l'Ontario, entre la baie Georgienne et le lac Ontario, à 65 km au nord de Toronto. Au nord, le passage Atherley divise le lac à la hauteur du lac Couchiching à ORILLIA, et les 2 lacs s'écoulent ensuite en direction nord-ouest par la rivière Severn vers la baie Georgienne. Au sud, le lac donne sur un marais fertile, qui est devenu une région de culture maraîchère extensive. La ville de BARRIE est située à l'extrémité ouest du lac, dans la baie de Kempenfelt. Pendant longtemps, les autochtones utilisent le lac pour la pêche et la chasse le long des berges. Puis, il est visité en 1615 par Samuel de CHAMPLAIN, qui recrute des alliés hurons pour combattre les Iroquois. Pendant le régime français, le lac Simcoe est sur la route de portage pour la traite des fourrures entre la baie Georgienne et le lac Ontario. D'abord appelé lac aux Claies par les Français, il est rebaptisé par le lieutenant-gouverneur John Graves SIMCOE en l'honneur de son père.

Durant la seconde moitié du XIXᵉ s., les bûcherons contournent le lac vers le nord et la zone attire de nombreux vacanciers en provenance des villes en pleine croissance du Sud de l'Ontario. Le lac fait partie de la voie navigable Trent-Severn et est un centre de navigation de plaisance. Depuis toujours, la pêche à la truite, au grand corégone et au maskinongé y est appréciée, mais aujourd'hui cette activité l'est encore plus, en particulier l'hiver.

Daniel Francis

Simcoe, Elizabeth Posthuma, née Gwillim, auteure d'un journal et artiste (Whitchurch, Herefordshire, Angl., nov. 1766 [elle a inventé cette date et probablement le lieu de sa naissance: elle a été baptisée le 22 sept. 1762 à l'église de Aldwickle, dans le Northamptonshire]—Wolford Lodge, Devon, Angl., 17 janv. 1850). Orpheline, elle est élevée par la sœur de sa mère et reçoit une formation en langues, en dessin et en musique. En 1782, elle épouse John Graves SIMCOE et s'installe dans le Haut-Canada, où son mari est nommé premier lieutenant-gouverneur. Elle laisse un journal relatant son séjour à Newark (aujourd'hui Niagara-on-the-Lake) et à York (aujourd'hui Toronto). Ses croquis au trait et à l'aquarelle offrent un intérêt topographique et historique.

James Marsh

Simcoe, John Graves, officier de l'armée et lieutenant-gouverneur du Haut-Canada (Cotterstock, Angl., 25 févr. 1752—Exeter, Angl., 26 oct. 1806). Commandant des Queen's Rangers pendant la GUERRE D'INDÉPENDANCE AMÉRICAINE, il devient, en 1791, le premier lieutenant-gouverneur du HAUT-CANADA, où il arrive en 1792. Il se met à accorder des terres à des colons américains, confiant en leur loyauté et conscient qu'ils représentent le principal espoir de croissance économique rapide. Il considère la péninsule du sud-ouest comme le futur centre de la province et aussi du commerce intérieur du continent. Il fonde York (TORONTO), avec l'intention d'en faire temporairement une capitale et jette les bases d'un système routier. Désireux de faire de la colonie un exemple de la supériorité des institutions britanniques, il nomme des lieutenants de comté, instaure une cour du banc du roi et déclare l'esclavage illégal. Il réussit aussi à faire échec aux tentatives visant à mettre sur pied des assemblées municipales électives, sur le modèle de celles de la Nouvelle-Angleterre. Il propose plutôt des conseils municipaux, préconise la fondation d'une université avec écoles préparatoires et cherche à assurer l'autonomie financière de l'Église d'Angleterre. Peu critiqué dans la province, il ne parvient quand même pas à persuader le gouvernement impérial de financer ses projets ou de le soustraire à l'autorité militaire de Guy CARLETON, lord Dorchester, de Québec. En 1796, il quitte la colonie, malade et préoccupé par la question de la défense. Il devient ensuite gouverneur de Saint-Domingue (République dominicaine), puis commandant du Western District en Angleterre. Nommé commandant en chef de l'Inde en 1806, il meurt avant d'entrer en fonction.

S.R. Mealing

Siminovitch, Louis, biologiste moléculaire (Montréal, 15 mai 1920). Diplômé du premier et du deuxième cycle en chimie à l'U. McGill, il poursuit sa formation à l'Institut Pasteur où il partage la découverte de la lysogénie bactériophage. De retour à l'U. de Toronto, Siminovitch participe à la création du Département de biophysique médicale, fonde le Département de biologie cellulaire médicale (aujourd'hui le Département de génétique médicale) et en est le premier directeur. Il fonde le Département de génétique à l'Hospital for Sick Children et en est le généticien en chef de 1970 à 1985 et, de 1983 à 1989, est directeur de recherches au Mount Sinai Research Institute.

Biologiste en chef du Canada à titre officieux, il fait partie, aux niveaux national et provincial, de divers organismes. Il est rédacteur des revues scientifiques *Virology et Molecular and Cellular Biology,* et est membre fondateur de *Science Forum,* une revue scientifique canadienne qui n'existe plus. Il exerce une influence très importante sur la carrière de nombreux biologistes moléculaires canadiens. Il concentre ses recherches sur la génétique des cellules somatiques en tant que pionnier en ce domaine et sur la BIOLOGIE MOLÉCULAIRE des cellules des mammifères.

Ses recherches donnent lieu à quelque 170 publications dans des livres et des revues scientifiques de tout premier plan. Parmi ses nombreux prix, il a reçu la Médaille du Centenaire, le Gairdner Foundation International Award, la médaille d'or Flavelle et le statut de Membre de la Royal Society (Londres). Officier de l'Ordre du Canada depuis 1980, Siminovitch est promu compagnon de l'Ordre en 1989.

James D. Friesen

Simonds, Guy Granville, officier (Bury St. Edmunds, Angl., 23 avril 1903 —Toronto, 15 mai 1974). Très apprécié par le maréchal Montgomery pour son esprit offensif et sa nature impitoyable, Simonds commande la 1ʳᵉ Division d'infanterie et la 5ᵉ Division blindée canadiennes en Italie, puis il prend en charge le 2ᵉ Corps d'armée canadien sur le théâtre d'opérations du Nord-ouest de l'Europe, en 1944. On lui attribue le mérite d'avoir mis au point des tactiques de transport de troupes blindées durant le DÉBARQUEMENT DE NORMANDIE. De plus, le général CRERAR étant malade, il commande la 1re Armée canadienne au cours de la bataille de l'Escaut (oct.-nov. 1944). Instructeur en chef à l'Imperial Defence College de Grande-Bretagne, de 1946 à 1949 (honneur insigne pour un Canadien), Simonds devient par la suite commandant du Collège national de la défense du Canada (1949-1951) et chef de l'état-major général (1951-1955). Il prône la conscription en temps de paix et des liens plus étroits avec l'Angleterre, critiquant le gouvernement qui cherche plutôt un rapprochement avec les États-Unis dans le domaine militaire.

Stephen Harris

Simoneau, Léopold, ténor, professeur et administrateur (Saint-Flavien, près de Québec, 3 mai 1918). Réputé comme étant l'un des ténors les plus élégants de la musique de Mozart et renommé pour son clair et précis, il est également acclamé pour ses interprétations d'autres pièces du répertoire pour ténor lyrique. En 1941, il étudie avec Salvator Issaurel et fait aussi ses débuts avec les Variétés lyriques. En 1943, il interprète son premier rôle dans un opéra de Mozart, celui de Basilio dans *Les Noces de Figaro*.

Jusqu'en 1970, il chante à diverses occasions avec son épouse, Pierrette ALARIE. Il enregistre tous les principaux rôles de ténor des opéras de Mozart, dont *Cosi fan tutte* avec Herbert von Karajan. Alors qu'il est attaché au bureau du ministre des Affaires culturelles du Québec, il prépare le rapport qui mène à la création de l'Opéra du Québec en 1971. La même année, il est nommé officier de l'Ordre du Canada, dont il devient compagnon en 1996. En 1990, il est nommé officier de l'Ordre des arts et des lettres de la France. Simoneau et son épouse s'emploient activement comme professeurs, notamment au BANFF CENTRE et au Canada Opera Piccola, qu'ils fondent en 1982. Ils remportent conjointement plusieurs prix, et, en 1994, chacun d'eux reçoit un doctorat honorifique de l'U. McGill. Simoneau est récipiendaire du prix du Gouverneur général pour les arts de la scène, en 1992. Son essai, *L'Art du bel canto* est publié à Montréal en 1995.

Hélène Plouffe

Simoneau, Yves, réalisateur (Québec, 28 oct. 1956). Il a à peine 20 ans quand il plonge tête première dans les études et la pratique cinématographiques. Après un court métrage, *Dernier voyage* (1981) qui attire l'attention sur ses capacités de mener à bien un suspense, il réalise, à Québec et avec peu de moyens un autre suspense, *Les Yeux rouges ou les vérités accidentelles* (1982). Le documentaire qu'il consacre à la bande dessinée, *Pourquoi l'étrange monsieur Zolock s'intéressait-il tant à la bande dessinée?* (1983), montre tout le côté ludique qu'il confère au cinéma. Il séjourne alors un an à New York pour écrire des scénarios et approfondir le film noir américain. Cela débouche sur un film d'action à teneur psychologique, *Pouvoir intime* (1986), qui démontre son métier de cinéaste. On lui demande de réaliser l'adaptation du roman d'Anne HÉBERT, *Les Fous de Bassan* (1986) dans lequel il fait davantage preuve de métier que d'originalité. Après un projet qui n'aboutit pas, il tourne un autre suspense, à saveur comique cette fois, *Dans le ventre du dragon* (1989), qui remporte un succès commercial. Pour poursuivre sa carrière à un rythme plus normal, il se rend à Toronto et réalise son premier film en anglais, *Perfectly Normal* (1990). La qualité de ce film lui ouvre les portes des États-Unis où, dorénavant, il poursuit sa carrière en alternance avec le Canada. Pratiquant naturellement un cinéma de genre, il est à l'aise dans la réalisation des drames, comédies ou thrillers qu'exige le cinéma américain. Il travaille autant pour les salles que pour la télévision, souvent avec des acteurs connus. Parmi ses films, mentionnons *Memphis* (1991), *Mother's Boy* (1993), *Amelia's Earhart the Final Flight* (1994), *Free Money* (Canada, 1998),

ainsi que les séries *Dead Man's Walk* (1997), *36 Hours to Die* (Canada/É.-U. 1999) et *Nuremberg* (Canada 2000). Simoneau est à l'image de beaucoup de cinéastes de sa génération, qui aspirent au cinéma de genre, mais il est un des rares à avoir choisi de s'expatrier pour pouvoir exercer son métier dans des conditions réellement commerciales.

Pierre Véronneau

Simons, Beverley, née Rosen, dramaturge (Flin Flon, Man., 31 mars 1938). Simons grandit à Edmonton et poursuit ses études à la Banff School of Fine Arts, à l'U. McGill et à l'U. de la Colombie-Britannique où elle obtient un B. A. en anglais et en théâtre en 1959. Ses œuvres dramatiques, très abstraites et hautement symboliques, mettent en scène ses préoccupations existentielles et sa vision de la vie selon laquelle cette dernière est une longue préparation rituelle à la mort. Dans *Crabdance* (1969), un petit groupe de personnages exécute des rituels et des jeux de mots qui révèlent une existence dénuée de sens ainsi que l'impossibilité de communiquer. La fragilité du sens de l'identité est aussi le thème de *The Green Lawn Rest Home* (1973), où 3 résidants âgés d'une maison de repos voient leurs sens, leurs passions et leur mémoire anéantis dans une série de rituels sociaux, qui ne peuvent apaiser leur peur de la mort dont ils ne font jamais mention.

Parmi ses autres pièces figurent *Preparing* (1969), le monologue d'une femme, *Triangle* (1975) et *The Crusader* (1975) qui utilise les rituels stylisés du théâtre japonais. L'influence du théâtre oriental, qu'elle étudie en Extrême-Orient en 1968 et en 1986, est aussi évident dans *Leela Means to Play* (1976), une pièce qui bouscule le sens conventionnel du temps et de l'espace. *My Torah, My Tree* (1956) et *The Elephant and the Jewish Question* (1968) traitent de ses origines juives.

Coli Boyd

Simpkins, James Nathaniel, bédéiste (Winnipeg, 26 nov. 1910). Simpkins est le créateur de *Jasper The Bear*, bande dessinée qui paraît régulièrement dans le magazine *Maclean's* pendant 24 ans dont le héros est la mascotte de la communauté du parc national albertain du même nom. Il étudie à la Winnipeg School of Art et débute comme dessinateur publicitaire pour le *Beaver Magazine* de la Compagnie de la baie d'Hudson. Pendant la Seconde Guerre mondiale, il s'engage dans le corps du service de santé militaire comme illustrateur et, en 1945, s'installe à Ottawa pour y travailler comme dessinateur de film fixe à l'OFFICE NATIONAL DU FILM. Au début, Jasper, son sympathique personnage, est un ours polaire conçu pour une bande dessinée à l'étude. Le directeur de *Maclean's*, Jerry Anglin, fait toutefois remarquer à Simpkins que l'humour désabusé du personnage conviendrait davantage à un gentil ours noir.

Jasper paraît pour la première fois dans le magazine le 1er décembre 1948, fait la page couverture à 5 reprises, et, en 1967, est distribué comme bande dessinée. Le personnage est aussi le sujet de 5 livres. Sa popularité est telle au Canada anglais que Peter C. NEWMAN remarque la fidélité avec laquelle Jasper reflète le caractère de la nation et déclare: «il se peut qu'un jour nous remplacions notre emblème animalier, le castor, par l'ours». *Jasper* paraît jusqu'à la retraite de Simpkins en 1972. Ce dernier réalise aussi des bandes dessinées mensuelles pour *The Medical Post*, rassemblées et publiée sous le titre *When's The Last Time You Cleaned Your Navel?* En 1994, il reçoit le premier Lifetime Achievement Award remis par la Toronto Cartoonists Society.

Alan Hustak

Simpson, sir George, gouverneur de la COMPAGNIE DE LA BAIE D'HUDSON (Lochbroom, Écosse, vers 1787—Lachine, Canada-Est, 7 sept. 1860). Sa connaissance de la TRAITE DES FOURRURES et de ceux qui la pratiquent est, jusqu'alors, sans égale. Administrateur compétent et travailleur infatigable, il est impérieux quand cela sert ses objectifs et loyal envers ceux dont les intérêts correspondent aux

siens. En 1820, la Compagnie de la baie d'Hudson (CBH) l'envoie de Londres en Amérique du Nord pour remplacer le gouverneur de la compagnie, William Williams, dans le cas où il serait arrêté par la Compagnie du Nord-Ouest (CNO). Il passe son premier hiver au lac Athabasca, en compétition difficile avec les employés de la CNO. Lorsque les 2 compagnies fusionnent en 1821, Simpson est nommé gouverneur de l'important Département du Nord et, 5 ans plus tard, gouverneur des territoires de traite de la compagnie en Amérique du Nord britannique, poste qu'il occupe jusqu'à sa mort. Une grande part de sa correspondance et de ses rapports volumineux ont survécu dans les archives de la CBH.

À partir de 1833, il installe son bureau principal à Lachine, en banlieue de Montréal, où il courtise les politiciens, reçoit somptueusement et investit son argent dans des banques et des projets de transport. Il siège au conseil d'administration de la Compagnie du chemin de fer de la rive Nord, à celui de la Compagnie du chemin de fer de Champlain et à celui de la Banque de l'Amérique septentrionale britannique à Montréal. Il publie *Narrative of a Journey Round the World, During the Years 1841 and 1842*, les récits de ses voyages écrits par un collaborateur anonyme, et est fait chevalier en 1841 pour sa contribution aux découvertes arctiques. En 1830, il épouse sa cousine, Frances Ramsey Simpson, qui lui donne 2 fils et 3 filles. Lui-même né hors mariage, il est père d'au moins 5 enfants illégitimes.

Shirlee Anne Smith

Simpson, James, typographe, journaliste, syndicaliste (Lindal-in-Furness, Angl., 14 déc.—Toronto, 24 sept. 1938). Au cours des années 1890, Simpson passe rapidement du poste d'apprenti typographe à celui de journaliste au *Toronto Star*. Au début du siècle, il se fait connaître par le rôle de chef qu'il joue dans son propre syndicat de typographes, puis il est vice-président du Conseil des métiers et du travail à Toronto et dans son district et, par la suite, directeur du Labor Temple. Il détient la vice-présidence du CONGRÈS DES MÉTIERS ET DU TRAVAIL DU CANADA à 3 reprises (1904-1909, 1916-1917, 1924-1936). Il participe aussi aux travaux d'une commission royale d'enquête sur l'enseignement technique en 1910 et est délégué à l'Organisation internationale du travail dans les années 20 et 30. Socialiste engagé, il est candidat des premières organisations socialistes et participe à la presse socialiste comme écrivain et rédacteur en chef. Il est conseiller (1905-1910), puis contrôleur (1914 et 1930-1934) à la commission scolaire de Toronto et premier travailliste à devenir maire de Toronto (1935). Pendant plus de 30 ans, Simpson est l'un des radicaux socialistes les mieux connus du Canada.

Craig Heron

Simpson, Robert, commerçant, fondateur de la Robert Simpson Co. (Morayshire, Écosse, 16 sept. 1834—Toronto, 14 déc. 1897). Après son apprentissage, il émigre au Canada en 1854 et trouve un emploi comme commis dans un magasin de Newmarket en Ontario. L'année suivante, il ouvre sa propre mercerie. En 1872, à la recherche de plus grandes possibilités, il ouvre un petit magasin à Toronto. En 1894, il avait déjà fait construire un nouveau magasin de 6 étages qui sera pendant longtemps le concurrent de la Compagnie T. EATON ltée, située de l'autre côté de la rue Queen. Après la destruction complète du nouvel immeuble par un incendie en mars 1895, Simpson déménage dans des installations temporaires et, au début de 1896, il s'installe dans un autre immeuble qu'il dote de toutes les nouvelles mesures de prévention d'incendie. Le magasin compte près de 500 employés et 35 rayons. La mort soudaine de Simpson à l'âge de 63 ans provoque la vente du magasin pour la somme de 135 000 $ à un consortium de 3 hommes d'affaires de Toronto, A.E. Ames, J.W. FLAVELLE et H.H. Fudger.

Joy L. Santink

Simpsons Ltd., dont le siège social se trouvait à Toronto, fut le successeur moderne de la quincaillerie ouverte en 1872 par Robert SIMPSON à Toronto. À l'origine peu disposé à l'idée de diriger un grand magasin à rayons, Simpson ajoute finalement un rayon de chaussures, un département de spécialités gastronomiques et un service de vente par correspondance. Simpsons publie régulièrement des catalogues à partir de 1894. La même année, on construit un nouveau grand magasin dont l'architecture imposante en fait le magasin «le plus copié» sur le continent. Un incendie le détruit en 1895 et, peu après, le magasin ouvre dans un nouveau bâtiment de même style.

En 1897, Simpson meurt et le magasin est acheté par un groupe de financiers. Au cours des décennies suivantes, Simpsons prend de l'expansion et devient une entreprise pancanadienne. En 1953, le service de vente par correspondance est acheté par Simpsons-Sears Ltd (devenue SEARS CANADA INC.). En 1978, Simpsons est achetée par la Compagnie de la baie d'Hudson avant d'être finalement complètement intégrée à La Baie en 1991.

Sinclair, Gordon Allan, journaliste, auteur, chroniqueur à la radio, panéliste à la télévision (Toronto, 3 juin 1900—id., 17 mai 1984). Homme fort controversé, Sinclair commence sa longue carrière de journaliste au *Toronto Star* en 1922, après seulement quelques années d'études et nombre d'emplois sans lendemain. Lorsque survient la Crise des années 30, le pays a grand besoin d'évasion. Sinclair, alors correspondant du Star à l'étranger, offre à ses lecteurs des récits exotiques qui traitent tantôt de la Chine, déchirée par la guerre, tantôt de l'Afrique et de ses mystères. Il lance sa carrière à la radio le 6 juin 1944 avec un reportage sur le Débarquement diffusé à l'antenne de CFRB, à Toronto. Par la suite, il continue de faire des reportages et des chroniques et produit ses propres émissions, dont *Let's Be Personal* et *Showbiz*. Il est l'un des premiers panélistes de Front Page Challenge, toujours à l'antenne de la Société Radio-Canada. Il doit sa renommée internationale à une nouvelle, *The Americans*, qu'il lit à l'antenne de CFRB en 1973. Cette nouvelle est reprise avec une trame musicale et devient si populaire qu'elle lui attire l'adulation des Américains et, notamment, d'hommes comme Richard Nixon, John Wayne et Ronald Reagan. Il est l'auteur de plusieurs livres, dont *Footloose in India, Cannibal Quest, Khyber Caravan* et *Will the Real Gordon Sinclair Please Stand Up?*

Bob Hesketh

Sinclair, Lister Shedden, écrivain, acteur, critique, producteur et mathématicien (Bombay, Inde, 9 janv. 1921). Fils d'un ingénieur écossais, Sinclair fait des études à l'U. St. Paul, à Londres, à l'U. de la Colombie-Britannique et à l'U. de Toronto, où il enseigne les mathématiques avant de commencer, en 1944, sa longue collaboration avec la Société Radio-Canada (SRC). Humaniste et éclectique, il s'intéresse à la fois à l'ornithologie, à l'astronomie, à la musique, à la linguistique et à l'anthropologie. Il a remporté des prix pour ses nombreuses pièces, parmi lesquelles on compte *The Blood Is Strong: A Drama of Early Scottish Settlement in Cape Breton* (1956) et *Socrates* (1957). Il a aussi écrit plusieurs pièces pour la radio de la SRC, dont certaines ont été publiées en 1948 dans *A Play on Words and Other Radio Plays*. Il joue différents rôles au sein de la SRC, où il est acteur, invité d'émissions d'affaires publiques, critique, commentateur, vice-président directeur et vice-président, politiques et développement des programmes. Il participe à d'importantes séries télévisées, telles que *Man at the Centre* et *The Nature of Things*. Sinclair est peut-être mieux connu comme le présentateur à la voix suave de l'excellente série *Ideas* et de son équivalent estival, *A is for Aardvark*. Il a reçu au long de sa remarquable carrière dans le domaine des médias électroniques de nombreuses distinctions, y compris le prestigieux prix international George Fos-

ter Peabody. Récipiendaire de doctorats honorifiques de 4 universités, il devient, en 1985, Officier de l'Ordre du Canada.

Donna Coates

Singh, affaire, Dans cette affaire des individus venant de l'extérieur du Canada tentèrent sans succès de réclamer, des autorités canadiennes et de la Cour fédérale, le statut de RÉFUGIÉ sous l'empire de la *Loi sur l'immigration de 1976*. Le 4 avril 1985, 3 juges de la Cour suprême du Canada concluent qu'un réfugié a le droit de ne pas être «déporté du Canada vers un autre pays où sa vie ou sa liberté seraient menacées», avant d'avoir été entendu. Nier un tel droit constituerait une «menace à la sécurité de la personne» au sens de l'article 7 de la CHARTE CANADIENNE DES DROITS ET LIBERTÉS. Cet article s'applique à toute personne qui se trouve au Canada. La procédure pour déterminer le statut de réfugié établie dans la *Loi sur l'immigration de 1976* ne répond pas aux exigences des principes de justice fondamentale de l'article 7. Cet individu a droit d'être entendu. La loi constitue un déni de justice qui ne peut se justifier selon l'article 1 de la Charte.

Trois autres juges de la Cour concluent que la procédure de détermination du statut de réfugié va à l'encontre de l'alinéa 2ᵉ) de la *Déclaration canadienne des droits de 1960*. Dans l'instance, les individus qui réclamaient le statut de réfugié avaient le droit à une audition entière devant les fonctionnaires ou organismes habilités à se prononcer sur leur cas.

Gérald-A. Beaudoin

Sioui (1990), affaire Dans cette affaire, 4 autochtones (Régent, Conrad, Georges et Hughes Sioui) sont accusés d'avoir coupé des arbres, d'avoir campé et allumé des feux à des endroits non désignés dans le Parc-de-la-Jacques-Cartier, au Québec, contrairement aux articles 9 et 37 du Règlement.

On met en preuve, devant la Cour, un document signé par le général Murray en 1760, qui garantit aux Hurons le libre exercice de leurs coutumes et de leur religion.

L'affaire aboutit, par la suite, à la Cour suprême du Canada, qui reconnaît à l'unanimité que ce document de 1760 constitue un traité au sens de l'article 88 de la *Loi sur les Indiens*, que ce traité est toujours en vigueur et que sa portée s'étend au Parc-de-la-Jacques-Cartier. Le juge Lamer déclare que l'occupation du territoire par la Couronne peut s'accommoder de l'exercice des rites et des coutumes des Hurons.

Le juge Lamer est d'avis que le document est un traité suite à une analyse des éléments suivants: 1) l'exercice continu d'un droit dans le passé et aujourd'hui; 2) les raisons pour lesquelles la Couronne s'engage; 3) la situation qui prévaut au moment où le document a été signé; 4) la preuve de relations de respect et d'estime entre les négociations; 5) la conduite ultérieure des parties.

Sioux (Voir DAKOTA)

Sirois, Charles, entrepreneur et financier (Chicoutimi, Qc, 22 mai 1954). Après un baccalauréat et une maîtrise en finances des U. de Sherbrooke et Laval (Qc), il prend la tête, en 1978, d'une entreprise familiale de radiomessagerie grâce à un prêt de son oncle. National Pagette se démarque rapidement au Canada et fusionne avec Bell Cellulaire pour former, en 1987, BCE Mobile.

Sirois se taille une place de choix parmi les géants des communications du monde, grâce à Télésystème, sa compagnie à capital fermé fondée en 1984, et à des dizaines de compagnies reliées dont la valeur grimpe à des milliards de dollars. Son groupe a notamment des intérêts dans Microcell (le cellulaire Fido), Microtec (domotique), Look TV (télédiffuseur numérique par satellite) et Telsoft (capital-risque pour les logiciels et Internet). Les filiales Télésystème Mobile International et TIW gèrent des réseaux de télécommunications sans fil dans plus d'une dizaine de pays.

Il prend le contrôle de la gestion de Téléglobe, en 1992, malgré sa participation très minoritaire au capital. Il fusionne ce réseau mondial de satellites et de câbles sous-marins à Excell Communications, grand fournisseur de services interurbains aux États-Unis, qui s'implante progressivement au Canada et en Angleterre. Il vend Téléglobe à BCE, le 15 février 2000, pour faciliter le financement de sa croissance accélérée. Il cède aussi, deux mois plus tard, la division internationale de Motion International (producteur et distributeur de films et d'émissions de télévision) au réseau TVA et la division canadienne, à ses principaux gestionnaires qui en font Zone 3.

Une de ses recettes depuis 20 ans consiste à multiplier les partenariats avec BCE, la Caisse de dépôt et placement du Québec, Vidéotron, Rogers et Hutchison Whampoa, détenue par Li Ka-shing. Ce magnat de la finance de Hong Kong l'aide, en avril 2000, à décrocher en Grande-Bretagne une licence très convoitée qui agrandit le réseau de communications sans fil en Europe de Télésystème et Dolphin.

Sirois préside le conseil d'administration de plusieurs compagnies de la constellation de Télésystème et siège au conseil de quelques autres, dont la Banque CIBC et le Groupe CGI. En 1995 et 1999, il a publié 2 ouvrages sur l'autoroute de l'information (*Le médium et les muses*) et la nouvelle économie (*Passage obligé: passeport pour l'ère nouvelle*). Durant la campagne électorale de 1998 au Québec, il dirige un comité de sélection des candidats à la députation issus du monde des affaires, pour le Parti libéral du Québec.

Laurier Cloutier

Site funéraire de Gray, Situé au nord de Swift Current (Saskatchewan), il est situé sur un coteau de sable à l'ouest d'un ancien canal glaciaire. Les excavations qui ont eu lieu entre 1970 et 1974 montrent que cet endroit était utilisé traditionnellement comme site funéraire par un petit groupe de chasseurs qui parcourent la région entre 3500 et 1000 av. J.-C. Ils se déplacent à l'aide de chiens attelés et suivent les déplacements saisonniers des troupeaux de bisons. Ils se nourrissent aussi de petites baies, d'autres mammifères tels que les cerfs et les antilocapres, ainsi que d'animaux plus petits comme les oiseaux et même leurs propres chiens.

On croit qu'ils conservent les ossements de leurs morts pendant leurs déplacements saisonniers et qu'ils retournent périodiquement au site Gray pour y tenir des cérémonies funéraires. On retrouve là des os enterrés en groupes composites, y compris ceux d'un certain nombre d'enfants et au moins un crâne d'adulte. Les artefacts associés et le caractère des vestiges funéraires révèlent l'ancienneté du rituel et le cérémonial employé par les autochtones des Plaines de la période historique. (*Voir aussi* ARCHÉOLOGIE et PRÉHISTOIRE).

James F.V. Millar

Sites du patrimoine mondial des Nations-Unies En 1972, l'UNESCO adopte une convention en vue de protéger le patrimoine culturel et naturel mondial. Ce programme vise à reconnaître et à préserver les endroits dans le monde entier qui ont une valeur universelle exceptionnelle de par leur intérêt sur les plans naturel ou culturel. L'octroi d'un tel statut exige la collaboration des pays participants. Plus de 120 États ont ratifié la convention, acceptant ainsi de protéger les propriétés désignées à l'intérieur de leurs frontières et de cotiser au Fonds du patrimoine mondial, qui contribue à la protection des lieux menacés. Les sites du patrimoine mondial sont choisis par un comité en fonction de critères établis.

En décembre 1996, on compte 506 sites du patrimoine mondial, dont les îles Galapagos, les pyramides égyptiennes, le Grand Canyon et le Taj Mahal. Actuellement, 11 endroits au Canada en font partie. La liste comprend le PARC NATIONAL NAHANNI (Territoires du Nord-Ouest), le PARC NATIONAL KLUANE (Yukon), l'ÎLE ANTHONY (Colombie-Britannique), le PARC PROVINCIAL DINOSAUR

(Alberta), le lieu historique provincial du Précipice-à-Bisons-Head-Smashed-In (Alberta; *voir* HEAD-SMASHED-IN BUFFALO JUMP), le PARC NATIONAL WOOD BUFFALO (Alberta et Territoires du Nord-Ouest), les parcs des montagnes Rocheuses canadiennes (soit les parcs nationaux BANFF, JASPER, YOHO et KOOTENAY ainsi que les SCHISTES DE BURGESS), l'arrondissement historique de Québec (*voir* ARCHÉOLOGIE AU QUÉBEC), le site archéologique de L'ANSE AUX MEADOWS (Terre-Neuve), le PARC NATIONAL DU GROS-MORNE (Terre-Neuve) et le Vieux-Lunenburg (Nouvelle-Écosse; *voir* LUNENBURG).

C.J. Taylor

Sittelle (famille des sittidés) Petit oiseau robuste qui s'alimente sur le tronc et les branches des arbres en se déplaçant souvent la tête vers le bas, d'une façon caractéristique. Elle a la queue courte, le bec long et pointu, et les doigts ainsi que les griffes robustes. On l'identifie facilement à son cri fort et caractéristique. Elle se joint parfois aux mésanges, aux roitelets et à d'autres espèces d'oiseaux pour s'alimenter.

Répartition Des 24 espèces de sittelles du genre *Sitta*, 3 vivent au Canada: la sittelle à poitrine rousse (*S. canadensis*), qui niche d'un océan à l'autre, la sittelle à poitrine blanche (*S. carolinensis*), qui est répartie inégalement dans le Sud du pays, et la sittelle pygmée (*S. pygmaea*), qui se rencontre presque uniquement au sud de la partie intérieure de la Colombie-Britannique.

Régime alimentaire Les sittelles mangent des invertébrés et des graines. Elles emmagasinent souvent des graines dans des interstices de l'écorce des arbres. Elles ont aussi l'habitude d'insérer les graines dures dans ces interstices et de les frapper à l'aide de leur bec jusqu'à ce que la coquille éclate et qu'elles puissent consommer ce qu'il y a à l'intérieur. Ce comportement leur a d'ailleurs valu le nom de *nuthatch* en anglais.

Nidification Les sittelles creusent un trou dans un arbre pour y aménager leur nid. Elles sélectionnent parfois une cavité naturelle et elles peuvent ajouter alors de la boue ou de la résine afin de réduire les dimensions de l'entrée. Elles pondent de 4 à 10 œufs. Les jeunes restent au nid relativement longtemps, soit de 22 à 24 jours. Les sittelles ne migrent habituellement pas, mais, certaines années, on observe des déplacements impliquant plusieurs individus.

James N.M. Smith

Sitting Bull, Ta-tanka I-yotank, chef sioux (quelque part dans le pays du bison, v. 1834—Standing Rock, Dakota du Nord, 5 déc. 1890). Après la bataille de Little Bighorn, dans le Montana, le 25 juin 1876, au cours de laquelle les Sioux (DAKOTAS) défont les forces du lieutenant-colonel Custer, Sitting Bull demeure pendant dix ans le guerrier autochtone le plus connu et le plus craint sur le continent. Pendant 4 de ces années, lui et 5000 Sioux sont des invités indésirables au Canada, dans la région du mont Wood, dans le Sud de la Saskatchewan.

Les autorités américaines et canadiennes sont mécontentes de cette situation. Le gouvernement canadien, craignant que sa présence déclenche une guerre intertribale ou raciale, rejette la demande de Sitting Bull de créer une réserve. Chargé de surveiller le groupe, le major James Morrow WALSH, de la Police à cheval du Nord-Ouest, en vient à sympathiser avec Sitting Bull et à l'admirer. Le gouvernement reste cependant ferme dans son refus de leur accorder une réserve et de la nourriture. Les Sioux affamés retournent graduellement aux États-Unis qui leur promettent des rations. Un des derniers à plier sous la menace de famine, le vieux chef, est finalement installé dans la réserve de Standing Rock, dans le Dakota du Nord.

Grant MacEwan

Six-Nations (*Voir* IROQUOIS)

Skeena, rivière D'une longueur de 580 km, elle prend sa source dans le Nord de la Colombie-Britannique, à l'intérieur des terres. Elle coule direction sud-ouest, drainant des terres d'une superficie de 54 000 km² sur son passage avant de se jeter dans le Pacifique, au niveau de Chatham Sound, au sud de PRINCE RUPERT. La rivière Skeena est le deuxième cours d'eau en importance (après le FLEUVE FRASER) parmi ceux situés entièrement à l'intérieur de la Colombie-Britannique. Les principaux affluents de la Skeena sont les rivières Bulkley et Babine. La rivière est d'abord appelée K-shian («eau des nuages») par les Tsimshians («peuple à l'embouchure de la rivière K-shian») et les Gitksans («peuple qui vit aux abords de la rivière K-shian»), et elle a toujours joué un rôle important dans la vie des autochtones.

L'influence non autochtone est récente. Comme la partie inférieure de la rivière est contrôlée par les autochtones, les premiers colons à naviguer sur la Skeena arrivent de l'est, lorsque la Compagnie de la baie d'Hudson établit des postes sur les lacs Babine et Bear (1822, 1826). En 1859, un groupe remonte la Skeena jusqu'à la rivière Bulkley en reconnaissance, en vue d'établir un chemin de fer transcontinental. En 1871, des chercheurs d'or remontent la Skeena vers les champs aurifères d'Omineca. De bonnes découvertes se font dans la Skeena même. Avec l'établissement de Port Essington près de l'embouchure, et de Hazelton, au point de départ de la navigation au confluent de la Bulkley, le trafic des marchandises se développe rapidement sur la Skeena.

À partir de 1880, la Compagnie de la baie d'Hudson utilise la voie de la Skeena pour fournir ses postes à l'intérieur des terres. La pêche au saumon devient une activité importante, ce qu'elle est encore de nos jours. Dans les années 1890, il y avait déjà 7 conserveries dans l'estuaire de la Skeena. Par la suite, on s'intéresse au potentiel agricole de la région au sud d'Hazelton et le gouvernement encourage la colonisation de cette région.

La rivière Skeena est la seule alternative à la route et au chemin de fer vers le Pacifique en dehors du Fraser. En 1914, on termine le GRAND TRUNK PACIFIC RAILWAY (aujourd'hui le Canadien National) entre Hazelton et la côte, à Prince Rupert. Après la Seconde Guerre mondiale, l'autoroute Yellowhead rejoint la vallée. La ville de TERRACE est aujourd'hui un centre régional pour l'industrie du bois de sciage.

Rosemary J. Fox

Skelton, Oscar Douglas, professeur d'université et fonctionnaire (Orangeville, Ont., 13 juill. 1878—Ottawa, 28 janv. 1941). Après de brillantes études classiques à l'U. Queen, Skelton obtient un doctorat en économie politique de l'U. de Chicago en 1908. Il retourne à Queen, où il est le professeur titulaire de la chaire John A. Macdonald de sciences politiques et d'économie (1909-1925), et doyen de la faculté des arts (1919-1925). Skelton est un professeur dévoué et populaire qui publie énormément sur l'économie et l'histoire de même que sur l'actualité. Libéral démocrate et nationaliste ne faisant aucun compromis, il croit que le Canada doit contrôler ses propres affaires. Il travaille pour le PARTI LIBÉRAL à partir des élections de 1911 et est proche de sir Wilfrid LAURIER durant les dernières années de la vie de ce dernier. Mackenzie KING l'engage à titre de consultant sur la politique extérieure, après avoir remporté l'élection de 1921, et le nomme sous-secrétaire d'État aux Affaires extérieures en 1925. Skelton occupe ce poste jusqu'à sa mort, servant le gouvernement de King et celui du premier ministre conservateur R.B. BENNETT. Bien que modeste et un administrateur plutôt faible, il est le fonctionnaire par excellence de son temps, touchant à tous les secteurs de la bureaucratie: conseiller clé pour les politiques intérieure et extérieure, fondateur du ministère des AFFAIRES EXTÉRIEURES, et architecte de la fonction publique canadienne.

Ses plus importantes publications sont *Socialism: A Critical Analysis* (1911), *Life and Times of Sir Alexander Tilloch Galt* (1920), *Life and Letters of Sir Wilfrid Laurier* (2 vol., 1921) et *Our Generation, Its Gains and Losses* (1938).

Norman Hillmer

Skelton, Robin, poète, critique, éditeur, artiste et enseignant (Easington, East Yorkshire, Angl., 12 oct. 1925—Victoria, C.-B., 22 août 1997). Élevé en Angleterre, il sert dans les Forces aériennes royales (RAF), étudie à l'U. Leeds (B.A., 1950; M.A., 1951) et, de 1951 à 1963, enseigne à l'U. de Manchester. En 1963, il immigre au Canada pour enseigner à l'U. Victoria, où il contribue à mettre sur pied le Département de création littéraire. Il y fonde et dirige aussi *The Malahat Review*.

Auteur, critique, anthologiste et traducteur très prolifique, il écrit et publie plus de 100 ouvrages. Son recueil de poèmes, *Patmos and Other Poems* (1955), est le premier d'une série de plus de 40 recueils parmi lesquels figurent *Selected Poems 1947-1967* (1968), *Collected Longer Poems 1947-1977* (1985), *Wrestling the Angel: Collected Shorter Poems 1947-1977* (1994) et *Popping Fuchsias: Poems, 1987-1992* (1992).

Sa poésie utilise divers styles et tons. Il écrit des poèmes dépouillés, des ballades traditionnelles, des poèmes en gallois, en vieil irlandais et en japonais, ce qui atteste de son talent. Dans une trilogie d'essais sur la poésie, *The Practice of Poetry* (1971), *The Poet's Calling* (1975) et *Poetic Truth* (1978), il tente de définir la nature et le rôle du poète dans la société d'aujourd'hui, en démontrant que l'émotion, l'intellect et l'imagination sont indissociables de la technique poétique. Bien qu'il soit difficile d'en faire la synthèse, la poésie de Skelton traite souvent de la mémoire et du temps, et du rapport entre l'esprit et la chair. Poète méditatif, il cherche dans sa poésie un équilibre entre la raison et les sentiments, la certitude et le doute.

Ses préoccupations métaphysiques ressortent également dans ses écrits sur la sorcellerie et l'occultisme dont *Spellcraft: A Manual of Verbal Magic* (1978), *Talismanic Magic* (1985) et *The Magical Practice of Talismans* (1991). Il a par ailleurs traduit l'œuvre de nombreux poètes et dirigé la publication de nombreuses anthologies et éditions critiques. Il fait autorité en ce qui concerne la renaissance littéraire irlandaise et rédige 3 livres sur la vie et l'œuvre du poète et dramaturge J.M. Synge. Parmi ses nombreux ouvrages figurent aussi 2 biographies, *The Memoirs of a Literary Blockhead* (1988) et *Portrait of My Father* (1989), 6 romans, 2 pièces de théâtre et une histoire sociale du district de Cariboo, en Colombie-Britannique, *They Call It The Cariboo* (1980).

Colin Boyd

Ski Les premiers skieurs au Canada sont probablement les Vikings (*voir* EXPÉDITIONS VIKINGS) qui, vers l'an 1000, fondent des colonies sur la côte Est. Bien qu'aucune preuve formelle n'existe, il serait étonnant qu'ils n'aient pas apporté avec eux leur tradition, vieille de 4000 ans, de se déplacer en hiver sur de longs bâtons de bois (*skath*).

La naissance du ski moderne en Amérique du Nord, quelque 1000 ans plus tard, est d'ailleurs attribuée à leurs descendants directs. Vers le milieu des années 1800, des mineurs et des prospecteurs scandinaves, qui participent aux ruées vers l'or, se déplacent à l'aide de «raquettes» de bois ou de «patins à neige» mesurant jusqu'à 4 m de longueur. Ils prennent part aussi à des compétitions professionnelles de descente. De 1856 à 1869, le Norvégien John «Snowshoe» Thomson est le seul à assurer, pendant l'hiver, le transport du courrier entre l'Est et la Californie. Il est réputé dans tout l'Ouest américain pour ses trajets aller-retour de 300 km qu'il accomplit en cinq jours avec un sac de courrier pesant près de 50 kg. Il a sans doute inspiré un grand nombre de constructeurs de chemin de fer et de prospecteurs scandinaves vivant au Canada, à affiner les techniques de ski développées dans leur pays.

Tandis que les gens de l'Ouest skient discrètement dans la nature, la première excursion en ski dont on fait mention au Canada est celle d'un Montréalais d'origine norvégienne: A. Birch qui parcourt, en 1879, la distance de Montréal à Québec sur des «raquettes brevetées en Norvège» d'une longueur de 3 m, et avec un seul bâton. En 1883, le *Daily Star* de Montréal publie un article intitulé «New Winter Sport in Norway» qui décrit en détail l'utilisation de «patins à neige» mesurant 2,5 m et d'un bâton de 1,5 m. En 1887, Frederick Hamilton, aide de camp du gouverneur général, est la risée de tous lorsqu'il se sert de skis à Ottawa.

Par ailleurs, à Montréal, les skis sont adoptés par les membres intrépides des clubs de raquettes, déjà populaires à cette époque. À mesure que le ski remplace la raquette comme activité sportive dans l'est du Canada, d'importants clubs de skis voient le jour à Montréal (1904), à Québec et à Toronto (1908) ainsi qu'à Ottawa (1910).

À l'origine, la popularité du sport repose en grande partie sur les compétitions de SAUT À SKIS, auxquelles participent les célèbres immigrants scandinaves Olaus Jeldness (Rossland, Colombie-Britannique), Andy Ohlgren (Lakehead) et Sigurd Lockeberg (Ottawa). Les foules qu'attirent ces rencontres permettent à plusieurs nouveaux clubs de ski de financer de nombreuses activités sociales. Dans l'ouest du Canada, la suprématie du saut à skis dure jusqu'au milieu des années 30 et des records du monde sont établis sur le tremplin géant de Revelstoke par Nels Nelson en 1925 (68,3 m) et Bob Lymbourne en 1933 (87,5 m).

Dans l'Est, le ski nordique (ski de fond et saut à skis) est supplanté par le ski alpin (descente, slalom géant et slalom) au cours des années 20. Les pentes naturelles avoisinant la plupart des grandes villes sont fréquentées par les skieurs qui, le matin, compactent la neige en gravissant la pente de côté et qui, le reste de la journée, pratiquent les techniques de Telemark et Christiania mises au point en Norvège.

Le premier instructeur professionnel au Canada, Émile Cochand, quitte la Suisse en 1911 et s'installe dans les Laurentides (*voir* HAUTES TERRES LAURENTIENNES). En 1917, Cochand établit le premier centre de ski canadien (Chalet Cochand) à Sainte-Marguerite (Québec). Au cours des années 20 et au début des années 30, les Laurentides, les collines de la Gatineau et la région de Collingwood (Ontario) attirent de nombreux skieurs les fins de semaines. L'équipement typique à cette époque consiste en skis de bois munis d'une plaque de métal réglable pour le bout du pied, de courroies de cuir qui enserrent le talon et d'une paire de bâtons de bambou à large panier à l'extrémité. Accompagné de bottes de cuir flexible, cet équipement permet aussi le ski de randonnée sur les nombreuses pistes ouvertes par «Jackrabbit» JOHANNSEN dans toutes les Laurentides.

En 1932, de nombreux événements allaient transformer la pratique du ski: les Redbirds de McGill accueillent une équipe de Oxford et de Cambridge au premier slalom canadien d'importance à Sainte-Marguerite. La victoire de l'équipe britannique entraîne l'adoption des carres de métal (inventées en Autriche par Rudolf Lettner vers 1930) et de la technique de virage Arlberg développée dans les écoles de ski autrichiennes par Hannes Schneider au cours des années 20. À quelques kilomètres de là, à Shawbridge (Québec), Alex Foster rafistole une vieille Dodge quatre cylindres et l'utilise pour alimenter le premier câble de remontée au monde. Au coût de 25 cents la demi-journée, le «Foster's Folly» permet aux skieurs canadiens de pratiquer les nouvelles techniques de descente sans perdre temps et énergie à remonter les pentes. En l'espace de quelques années, on trouve des câbles de remontée et des pentes pour le ski alpin dans toute l'Amérique du Nord.

Avec la popularité croissante du ski alpin dans le monde entier, les JEUX OLYMPIQUES de Lake Placid (1932) marquent la fin des compétitions internationales de ski réservées exclusivement aux épreuves de ski nordique. Le glas des vieilles techniques de ski de randonnée sonne avec l'avènement des fixations à câble en 1935. Les nouvelles fixations «Kandahar», qui retiennent le talon, permettent aux skieurs de réaliser de meilleures performances en descente, mais rendent difficiles le ski de randonnée et la montée des pentes. Heureusement, plusieurs pionniers du ski construisent des installations qui répondent aux besoins de la nouvelle génération. Parmi ces pionniers, citons Mike Dehouck au mont Sainte-Anne, Joe Ryan au mont Tremblant, John Clifford à Camp Fortune, Cliff White à Banff et Rudolph Verne sur la côte Ouest. Les centres de ski, qui attirent maintenant les foules, offrent désormais une variété de téléphériques et de pistes damées ainsi que des écoles de ski. Ces écoles sont dirigées par des instructeurs professionnels, surtout des Suisses et des Autrichiens, mais on y trouve aussi quelques instructeurs canadiens de renom comme Harvey Clifford, Louis Cochand et Ernie McCulloch.

Le Canada a des débuts plutôt modestes en compétition internationale. En 1933, en Europe, l'équipe de McGill met en pratique ce qu'elle a appris des Britanniques et remporte le championnat du monde intercollégial en relais. Au cours de ce voyage, George Jost est le premier Canadien à obtenir un titre individuel à l'étranger: la descente Roberts de Kandahar. Au cours des 15 années suivantes, les skieurs canadiens se feront peu remarquer sur la scène internationale.

La Seconde Guerre mondiale a des répercussions importantes sur le ski au Canada: le ski fait partie de l'entraînement de nombreux militaires et, conséquemment, de nombreux équipements de qualité sont produits. Ces skis seront mis en vente par la suite à prix réduit dans les magasins de surplus de l'armée. Les gros skis lourds, les sacs à dos kaki à armatures de métal et les parkas de toile confèrent au ski une allure utilitaire jusque dans les années 50 tout en permettant aux jeunes familles d'après-guerre de s'adonner à ce sport sans qu'il en coûte une fortune. La popularité accrue du ski coïncide cependant avec l'apparition, en 1955, des pantalons extensibles, des chaussures à boucles, des bases de polyéthylène et des skis de métal à couleurs vives. Il est alors à la mode de passer la fin de semaine dans une station de ski.

La fascination pour le ski s'accentue en 1958 lorsque Lucile WHEELER remporte, contre toute attente, les championnats du monde en descente et en slalom géant. Ces victoires suscitent l'engouement du public et incitent le Canada à envoyer une équipe de skieurs en Europe l'année suivante. Depuis lors, les skieuses canadiennes ont acquis une renommée internationale jamais démentie, comme en témoignent les championnes du monde ou médaillées d'or olympiques Anne HEGGTVEIT (1960), Nancy GREENE (1967, 1968), Betsy CLIFFORD (1970) et Kathy KREINER (1976). Au cours des années 80, fidèles à la tradition, Laurie GRAHAM, Lisa SAVI-JARVI et Karen Percy (2 médailles de bronze aux Olympiques d'hiver de Calgary en 1988) se démarquent sur la scène internationale. Kerrin LEE-GARTNER remporte la prestigieuse médaille d'or en descente aux Olympiques d'Alberville (1992).

Pour leur part, les hommes mettent plus de temps à se tailler une place sur la scène internationale. En 1972, aux Olympiques de Sapporo (Japon), «Jungle Jim» Hunter remporte le bronze au combiné. C'est une performance individuelle remarquable pour une équipe nationale composée de jeunes skieurs. Au début des années 70, on décide de mettre l'accent sur la descente qui est l'épreuve internationale la plus prestigieuse. Le succès de cette stratégie devient évident en 1975 et 1976. Au cours de sa dernière année de compétition, Jim Hunter se classe parmi les 10 meilleurs lors de 4 compétitions de la Coupe du monde, mais il est éclipsé par la nouvelle équipe composée de Dave Irwin, Dave Murray, Steve POD-BORSKI et Ken READ. Cette équipe se fait remarquer avec la victoire de Read en début de saison à Val d'Isère, suivie, quelques semaines plus tard, par la victoire de Irwin à Schladming.

Renommés pour leur intrépidité sur les pentes les plus difficiles et les plus glacées, les 4 skieurs surnommés «Crazy Canucks» ont un succès foudroyant auprès de la presse internationale. Pendant leur carrière, qui se poursuit jusque dans les années 80, ces 4 skieurs continuent d'électriser les foules en remportant 14 victoires à la Coupe du monde et se classant dans les 10 premiers plus d'une dizaine de fois. Au milieu des années 80, un nouveau groupe de skieurs fait son apparition sur la scène internationale. Ils sont entraînés par Glenn Wurtele et par l'ancien entraîneur de l'équipe autrichienne Heinz Stohl. Le groupe comprend Rob BOYD, Brian Stemmle et Felix Belczyk. Boyd remporte la victoire à Val di Gardena (Italie) en 1987 et à Whistler (Colombie-Britannique) en 1989. Au début de l'année 1988, Belczyk est le premier Canadien à remporter une compétition de la Coupe du monde alpin au Super-G à Leukerbad en Suisse.

En 1986, plus de 2 millions de Canadiens possèdent un équipement de ski alpin. Environ 900 000 pratiquent le ski au moins 1 fois par semaine, ce qui représente environ 70 p. 100 de l'activité des quelque 650 centres de ski où travaillent environ 6000 instructeurs certifiés et 6000 patrouilleurs. L'équipement consiste généralement en des skis en fibre de verre solidement fixés à des chaussures synthétiques rigides par des fixations de sécurité. Dans la dernière décennie, les skis sont devenus plus courts, ce qui facilite les manœuvres. L'utilisation en compétition de skis plus courts a donné naissance au SKI ACRO-BATIQUE qui comprend 3 disciplines: les sauts, l'acroski (ballet) et les bosses. Les athlètes canadiens ont dominé les compétitions internationales de ski acrobatique depuis le tout début.

La popularité du ski alpin n'a pas été acquise aux dépens des autres disciplines nordiques. Bien que le saut à skis ne rassemble pas un grand nombre de participants, il capte l'intérêt du public au début des années 80 grâce aux victoires internationales de Horst BULAU et Steve Collins. La dernière décennie a vu le SKI DE FOND prendre un essor important. Plus de 3,5 millions de Canadiens possèdent un équipement de ski de fond et, de ce nombre, environ 2 millions skient au moins 1 fois par semaine. Malgré le perfectionnement de l'équipement et des techniques au cours des 50 dernières années, il est intéressant de constater le retour aux skis de randonnée à usages variés, aux bottes de cuir souple et aux fixations laissant le talon libre. Cet équipement, associé aux techniques de virage Telemark du début du siècle, permet aux skieurs de relever le défi de la descente tout en profitant de l'exercice que procure le ski de fond. Le skieur combine ainsi excitation et sérénité.

Murray Shaw

Ski acrobatique C'est la plus récente des disciplines du SKI. Il comporte 3 épreuves différentes: les bosses, l'acroski, et les sauts. Cela le distingue des autres types de ski de compétition et en font aux yeux des spectateurs l'un des sports d'hiver les plus populaires et les plus spectaculaires.

L'origine des épreuves de sauts en ski acrobatique remonte à 1907, alors que le premier saut périlleux sur skis est exécuté. Toutefois, ce n'est que dans les années 50 que le flamboyant médaillé olympique d'argent en ski alpin, Stein Erickson, popularise les sauts périlleux avant et arrière au cours de spectacles de ski professionnel au Vermont et au Colorado. En 1965, le gymnaste autrichien Herman Goellner surpasse les sauts périlleux simples d'Erickson en exécutant les premiers flips double, triple et des vrilles complètes. À différents lieux au Vermont, on assiste également à des exploits de Goellner et de Tom Leroy, qui exécutent un enchaînement de sauts arrières à la grande surprise des foules importantes venues admirer les spectacles de ski.

En 1929, l'épreuve de ballet (maintenant appelé l'acroski) est créée lorsque Fritz Reuel imagine un type de ski similaire au patinage artistique et met au point le Reuel Christie ainsi que d'autres manœuvres de vrille. La School of Exotic Skiing (1956-1962) de Doug Pfeiffer développe les techniques mises de l'avant par Reuel, et enseigne de nouvelles figures telles que le mambo, le Charleston, les vrilles, les rotations sur les spatules et les croisés. C'est probablement la première fois qu'un enseignement est offert au public sur les pistes.

Au Canada, le ski acrobatique organisé prend forme lorsqu'un groupe dirigé par John Johnston crée l'Association canadienne des skieurs acrobatiques en 1974. Peu après, l'Association canadienne de ski reconnaît le ski acrobatique comme discipline faisant partie de sa compétence et engage Johnston pour diriger et organiser des programmes de ski acrobatique de compétition pour les skieurs amateurs de tout le pays. Une des étapes les plus importantes dans l'évolution de ce sport est franchie lorsque le Comité international olympique (CIO) reconnaît le ski acrobatique comme sport de démonstration aux Jeux olympiques d'hiver de 1988 et de 1992. Les Canadiens, qui ont dominé le circuit international de ski acrobatique de compétition toute la dernière décennie, causent peu de surprises: John Eaves et Marie-Claude Asselin sont 5 fois champions du monde, et Greg Athans, Stephanie Sloan, Lauralee Bowie, Jean Corriveau, Craig Clow, Peter Judge, Bill Keenan, Yves Laroche, Anna Fraser, Meredith Gardner et Jean-Marc Rozon sont les gagnants du championnat du grand prix de la Coupe du monde. En 1986, à Tignes (France), lors des premiers championnats du monde de l'histoire de la Fédération internationale de ski, 2 skieurs canadiens deviennent champions: Lloyd Langlois et Alain Laroche. En avril 1987, en raison de leurs résultats sur la scène internationale, ces derniers sont élus au Temple de la renommée des sports amateurs du Canada. Aux Jeux olympiques d'hiver de 1988 et de 1992, les Canadiens dominent les épreuves de sauts. En 1988, Jean-Marc Rozon remporte la médaille d'or et Lloyd Langlois, celle de bronze. En 1992, Philippe Laroche remporte l'or et Nicolas Fontaine, l'argent.

Malgré la prestation des athlètes sur la scène internationale, le Canada ne gagne pas de médailles aux Jeux de Nagano en 1998, Brassard n'ayant obtenu qu'une quatrième place aux bosses.

Susan Verdier et Steve Newman

Ski de fond Depuis ses origines en Scandinavie il y a plus de 5000 ans et jusqu'au début des années 1900, le SKI est avant tout un moyen de circuler l'hiver. Bien sûr, quelques sportifs plus téméraires mettent leur habileté à l'épreuve dans le SAUT À SKIS ou les descentes rapides, mais la plupart des pionniers de ce sport se contentent de parcourir les environs en ski de fond en suivant des tracés sur terrain relativement plat. En 1905, p. ex., le Montreal Ski Club, s'inspirant de l'ancienne tradition de la raquette, organise des randonnées à skis, à caractère social, dans les HAUTES TERRES LAURENTIENNES.

Au début des années 1900, la plupart des skieurs utilisent un seul bâton de ski et des skis en bois non laminé mesurant de 2,5 à 4 m de longueur sur 80 mm de largeur. Les skis sont si lourds (plusieurs kg chacun) et leurs fixations tellement gênantes que les skieurs les enlèvent et les portent pour remonter les pentes. En 1915, le Norvégien Thorleaf Haug invente les fixations en acier vissées et élimine ainsi le besoin de pratiquer des fentes dans le milieu du ski pour retenir les courroies. Les skis, beaucoup plus robustes, peuvent maintenant être plus courts (moins de 2,5 m), moins larges (moins de 60 mm) et plus légers (moins de 1 kg chacun). Combinés à 2 bâtons de bambou, ces skis serviront pour toutes les formes de la pratique de ce sport pendant les 20 années suivantes.

Afin de skier de façon efficace sur différents types de neiges, la préparation de la semelle du ski devient une tâche fastidieuse, qui s'accompagne toutefois d'une odeur très agréable. P. ex., on chauffe soigneusement la résine de pin afin de la faire pénétrer dans la semelle, puis on recouvre de différentes «pâtes» complexes et souvent secrètes. Dans l'Ouest, où on doit gravir des pentes abruptes, on obtient une meilleure adhérence en fixant une peau de phoque à rebrousse-poil sous les skis.

En 1927, le Canadien Pacifique inaugure des voyages en train dans la région des Laurentides et de nombreux skieurs peuvent ainsi tirer avantage d'un important réseau de pistes tracées par «Jackrabbit» JOHANNSEN. Ils peuvent aussi profiter des stations construites par les promoteurs de l'époque, notamment Louis Cochand et les frères Wheeler. Vers 1935, de telles installations se retrouvent dans toute l'Amérique du Nord. C'est avec enthousiasme que les skieurs utilisent les remonte-pentes, depuis le câble de remontée, inventé à Shawbridge (Québec) en 1932, jusqu'au télésiège, inauguré au mont Tremblant (Québec) en 1938. Par ailleurs, les skis doivent être adaptés aux pentes abruptes; très rapidement on voit apparaître les carres de métal pour la stabilité sur la glace (vers 1930) et les fixations à câble qui permettent de maintenir le talon sur le ski, assurant ainsi une meilleure maîtrise. En une décennie, le ski de fond devient un sport qui nécessite un équipement spécial et qui se pratique seulement par un petit noyau de fervents.

Dans les années 70, les coûts prohibitifs du ski alpin, l'encombrement des pentes et l'intérêt grandissant pour la CONDITION PHYSIQUE incitent un grand nombre de personnes à se tourner vers le ski de fond. P. ex., le nombre de participants au MARATHON CANADIEN DE SKI passe de 400 à 4000 pendant cette décennie, et les chiffres augmentent aussi pour d'autres randonnées et courses dans tout le pays. Bien que les championnats nationaux de ski de fond aient lieu dès 1921, c'est seulement depuis quelques années que ce sport de plus en plus populaire produit des athlètes de classe internationale, dont Sharon et Shirley Firth et Pierre HARVEY.

Au cours des années 70 et 80, les innovations techniques ont modifié le sport. Les moyens plus simples de farter ou les skis anti-recul ont grandement diminué la complexité de la préparation de la semelle du ski. Grâce aux matériaux synthétiques, on peut maintenant fabriquer des skis et des bâtons extrêmement légers et robustes. De nouveaux systèmes de fixations permettent une meilleure maîtrise à haute vitesse. Comme les nouveaux skis ont une glisse beaucoup plus rapide, le pas de patineur et la double poussée ont pris une importance considérable dans les compétitions internationales. Au milieu des années 80, d'ailleurs, on crée une catégorie distincte pour le style «classique» afin de préserver la technique traditionnelle et la séparer du style «libre» de patinage plus rapide. La technique du pas de patineur est aussi populaire chez les skieurs amateurs, car elle est d'apprentissage facile et ne requiert aucun fartage.

En dépit des coûts de plus en plus élevés et des raffinements techniques du ski de fond de compétition, le sport demeure très populaire avec près de 4 millions d'adeptes au Canada. Plus de la moitié d'entre eux chaussent leurs skis au moins une fois par semaine pour redécouvrir les joies impérissables de ce sport.

Murray Shaw

Ski nautique Sport qui consiste à skier sur l'eau en se faisant remorquer par un bateau. Empruntant à la fois au SKI sur neige et à l'aquaplane, le ski nautique apparaît aux États-Unis en 1922, grâce à Ralph Samuelson. Ce sport de compétition, qui est aussi une activité familiale, connaît un essor rapide. La compétition comporte 3 épreuves: le slalom, les figures et les sauts. Au Canada, on a établi des catégories d'âges. Introduit au Canada dans les années 30, le ski nautique fait sensation. En 1948, dans le cadre de l'EXPOSITION NATIONALE CANA-

DIENNE, les skieurs du Cypress Gardens donnent un spectacle qui contribuera à le faire connaître davantage. L'Association canadienne de ski nautique est créée en 1949 et les premiers championnats canadiens ont lieu la même année. Le Canada est l'hôte de 3 championnats du monde (1953, 1967 et 1979). En 1958, une équipe canadienne complète (6 skieurs) participe aux championnats du monde à Cypress Gardens, en Floride. En 1991, le Canada remporte ses premiers championnats mondiaux par équipe. Parmi les champions canadiens, on retrouve Charlie Blackwell (slalom, 1953), Carol Ann Duthie (combiné, junior filles, 1953), George ATHANS, fils (combiné, 1971, 1972 et 1973), Joel McClintock (combiné, 1979), Pat Messner (slalom, 1979), Judy McClintock (figures, 1985) et Jaret Llewellyn (figures, junior hommes, 1986, 1987).

Depuis 1971, le Canada a gagné 5 titres mondiaux chez les hommes et l'équipe canadienne se classe parmi les 4 meilleures au monde. En 1987, l'équipe junior remporte la médaille d'or lors de la coupe du monde junior à Sherbrooke, au Québec. Le ski nautique a toujours fait partie des Jeux d'été du Canada, ce n'est toutefois qu'en 1981 qu'il devient discipline olympique.

Skis, saut à Le premier saut à skis mesuré officiellement (30,5 m) est exécuté en 1860 par Sondre Nordheim, en Norvège, mais cette discipline se pratiquait déjà depuis des décennies de façon non officielle. Au cours des années 1880, des mineurs et des bûcherons scandinaves introduisent ce sport dans l'ouest canadien, où il prend son essor. En 1891, des Canadiens d'origine scandinave forment un club de ski à Revelstoke, en Colombie-Britannique, afin de promouvoir les compétitions de saut à skis. Cette organisation est dissoute quelques années plus tard, non sans avoir donné lieu à d'excellentes compétitions avec le club rival de Rossland, aussi en Colombie-Britannique. En 1898, le carnaval d'hiver de Rossland attire des milliers de spectateurs venus voir leur héros local, Olaus Jeldness, remporter le premier championnat de saut à skis disputé au Canada. Au cours des 25 années suivantes, le saut à skis constitue l'un des sports d'hiver les plus appréciés des spectateurs. Des foules immenses se déplacent pour voir les skieurs dévaler les flancs des Rocheuses, s'élancer depuis un tremplin de bois dans les Prairies, descendre le mont Royal, au cœur de Montréal, ou les «falaises» du parc Rockcliffe à Ottawa. En 1919, Ted Devlin met sur pied le Cliffside Ski Club à Ottawa pour concurrencer l'Ottawa Ski Club de Sigurd Lockeberg. Pendant plusieurs années de rivalité intense mais amicale, la popularité du saut à skis est à son maximum. Près de 10 000 spectateurs se massent autour de la piste de saut de Fairy Lake (près de Hull, au Québec), aménagée par Gunnar Sjelderup, pour assister à une épreuve internationale présidée par le gouverneur général. Des sauts périlleux exécutés au bout d'un tremplin et même un saut périlleux en tandem réalisé par 2 étudiants du Darmouth College (New Hampshire) ajoutent à l'épreuve un élément spectaculaire, annonciateur du ski acrobatique actuel.

Bien que la nouvelle Association canadienne de ski amateur tienne ses premiers championnats nationaux à Montréal en 1921 (remportés par E. Sundberg), l'ouest du Canada a tôt fait de redevenir le foyer du saut à skis canadien. Ressuscité en 1914, le Revelstoke Ski Jumping acquiert une renommée mondiale grâce aux efforts de son fondateur, Sigurd Halverson, et à un jeune athlète, Nels Nelson. En 1925, ce dernier établit un record du monde chez les amateurs avec un saut de 68,3 m, un exploit qu'il avait failli réussir à maintes reprises dans les années précédentes. Par la suite, il deviendra l'entraîneur de plusieurs célèbres sauteurs originaires du Canada, y compris Bob Lymbourne, qui enregistre un record du monde avec un saut de 87,5 m en 1933.

De 1933 jusqu'aux années 70, la saut à skis est relégué dans l'ombre alors que le SKI alpin gagne en popularité. Toutefois, on continue d'offrir des programmes locaux de premier plan dans tout le pays et, en 1979, Horst BULAU d'Ottawa remporte le championnat du monde junior, suivi en 1980 de Steve Collins de Thunder Bay, ce qui a pour effet de remettre le sport à l'avant-plan. Depuis lors, les 2 sauteurs ont remporté de nombreuses coupes du monde et ont contribué à raviver l'intérêt des Canadiens pour le saut à skis.

Murray Shaw

Skvorecky, Josef, romancier, rédacteur et professeur (Nachod, Tchéc., 27 sept. 1924). Très jeune, il s'intéresse au monde de la littérature et du jazz, ce qui l'aide à survivre à l'occupation de son pays par les nazis, puis par les communistes, malgré les représailles et la censure. Ses 2 premiers romans, *The End of the Nylon Age* (1956) et *The Cowards* (1958, trad. 1970), sont très vite interdits et il perd son poste de rédacteur en chef au *World Literature* à la suite d'une épuration menée contre les intellectuels en 1958. Après l'invasion soviétique, en 1968, il part pour Toronto avec son épouse Zdena Salivarova (comédienne et romancière), où ils fondent, en 1971, *Sixty Eight Publishers* afin de publier les œuvres d'exilés tchèques. Skvorecky est écrivain résident à l'U. de Toronto pendant un an, puis, en 1971, devient membre du département d'anglais où il enseigne toujours. La même année, il publie son premier ouvrage au Canada, *All the Bright Young Men and Women*, qu'il appelle «son histoire personnelle du cinéma tchèque». La parution de la traduction de son roman de 1963, *The Bass Saxophone*, vient renforcer sa réputation qui ne cessera de croître, comme en témoigne le Prix du Gouverneur général qu'il obtient pour *The Engineer of Human Souls* (1977, trad. 1984). Parmi ses autres romans traduits en anglais figurent *The Mournful Demeanour of Lieutenant Boruvka* (1966, trad. 1974; éd. canadienne 1987), *Miss Silver's Past* (1968, trad. 1975), *The Swell Season* (1975, trad. 1982) et *Dvorak in Love* (1983, trad. 1986), une interprétation fictive de la carrière de Dvorak en Amérique durant les années 1890. Les œuvres de Skvorecky reflètent son sens de l'humour face à la vie, son érudition en matière de musique, de cinéma et de fiction, ainsi que sa compassion pour les exilés, les amants et les artistes issus de sociétés en évolution continuelle. Il jouit d'une renommée considérable dans le monde littéraire. En 1980, il reçoit une bourse de la Fondation Guggenheim et le prix international Neustadt pour la littérature. Il est mis en nomination pour le Prix Nobel en 1982.

Hallvard Dahlie

Slave Lake, ville de l'Alb.; pop. 6553 (rec. 1996), 5607 (rec. 1991); superf. 18 km². Slave Lake se trouve à environ 1,6 km de la rive Sud du PETIT LAC DES ESCLAVES. C'est un important centre de transport sur la ligne de partage des eaux qui relie les systèmes de drainage de l'Arctique et de la baie d'Hudson. Au tournant du siècle, Slave Lake est un point central pour les chalands qui font la navette entre Edmonton et la région de Peace River. Le télégraphe arrive en 1909, le chemin de fer, en 1913.

En 1906, la colonie de Sawridge devient importante. En 1922, la ville change de nom pour Slave Lake. Après les terribles inondations de 1935-1936, elle est déplacée de 2 kilomètres pour occuper son emplacement actuel. Slave Lake connaît une vague de prospérité durant la Seconde Guerre mondiale grâce à la construction de la ROUTE DE L'ALASKA, et, plus tard, durant les années 50 à 80, grâce à l'exploitation des ressources forestières et pétrolières.

Frits Pannekoek

Slemon, Charles Roy, maréchal de l'air (Winnipeg, 7 nov. 1904—Colorado Springs, Colo., 12 févr. 1992). Slemon est l'un des premiers officiers pilotes réservistes formés par l'Aviation royale du Canada (ARC) après sa création en 1924. Il passe la plupart de la décennie suivante comme pilote de brousse en uniforme, effectuant de la photographie aérienne dans le Nord. Il devient officier supérieur d'état-major et

ensuite chef du commandement aérien de l'ouest, de 1938 à 1941. En 1942, il est affecté outre-mer. Il est officier supérieur d'état-major de l'aviation du 6ᵉ Groupe de bombardement (canadien), de 1942 à 1944, et commandant en chef adjoint des forces outre-mer de l'ARC, en 1945. Bon administrateur, il est chef d'état-major des forces aériennes de 1953 à 1957 et devient ensuite le premier commandant en chef adjoint de NORAD. Il prend sa retraite et s'établit à Colorado Springs, au Colorado, en 1964.

Norman Hillmer

Slocum, Joshua, capitaine au long cours et écrivain (canton de Wilmot, N.-É., 20 févr. 1844—mort en mer quelque temps après le 14 nov. 1909). En grande partie autodidacte, Slocum commence sa carrière en haute mer à l'âge de 16 ans et acquiert de l'expérience dans les marines marchandes américaine, européenne et extrême-orientale. Marin itinérant, aventurier et, parfois, constructeur de navires, il change couramment de bateau, de port et de cargaison. Sa famille l'accompagne régulièrement. Dans *Voyage of the Liberdade* (1890) et *Voyage of the Destroyer* (1894), il raconte les débuts de sa carrière. En 1893, ayant traversé des temps difficiles en Nouvelle-Angleterre, Slocum reconstruit le *Spray*, un sloop de pêche aux huîtres abandonné, dans l'intention de faire le tour du monde en solitaire, l'un des quelques grands défis de navigation qu'il reste alors à surmonter. Le *Spray* a 36 pi 9 po de long, 14 pi 2 po de large et 4 pi 2 po de haut. Il a un volume cubique d'un peu moins de 13 tonneaux de jauge brute et glisse sur l'eau comme un cygne. Slocum quitte Boston, au Massachusetts, le 24 avril 1895 et, au terme d'un voyage de plus de 46 000 milles, atteint Newport, au Rhode Island, le 27 juin 1898. *Sailing Alone Around the World* (1900) est un récit éloquent de son voyage et demeure un classique du genre. Aux États-Unis, la Slocum Society perpétue son souvenir, mais, au Canada, ses exploits ont reçu peu d'attention, à l'exception d'une plaque érigée dans le quartier de son enfance à Westport, à l'île Brier, en Nouvelle-Écosse.

Lois Kernaghan

Slovaques Le premier immigrant slovaque connu à s'établir au Canada s'appelle Joseph Bellon; il débarque à Toronto en 1878 et y ouvre une tréflerie. On n'a pas de chiffres exacts sur le nombre de Canadiens qui sont d'origine slovaque. Selon le recensement de 1981 (le premier à poser la question de l'origine ethnique), 40 000 Canadiens environ se déclarent d'origine slovaque. Au recensement de 1996, leur nombre passe à 45 000 (20 000 réponses uniques et 25 000 réponses multiples). On peut supposer dès lors qu'il y a environ 100 000 Canadiens d'origine slovaque. Peuple profondément religieux, les Slovaques sont fiers de leur origine et, par conséquent, étaient toujours prompts à corriger ceux qui, avant la partition de la Tchécoslovaquie, en 1993, les confondaient avec les TCHÈQUES et les Tchécoslovaques.

Migration et peuplement

Il y a 4 grandes vagues d'immigration slovaque, attribuables surtout aux conditions économiques et politiques de leur pays natal. La plupart des immigrants de la première heure sont des travailleurs manuels venus des États-Unis.

Première vague Les immigrants de la première vague (1885-1914) s'établissent dans des fermes à l'Ouest. Plus tard, d'autres groupes travaillent dans les mines de l'Alberta et de la Colombie-Britannique ou pour le Canadien Pacifique.

Deuxième vague La deuxième vague, estimée à 30 000 immigrants, se produit entre les 2 guerres. Il s'agit pour la plupart de jeunes travailleurs qualifiés, qui émigraient dans l'intention de gagner suffisamment d'argent pour pouvoir s'acheter une terre en Slovaquie. D'autres, par contre, font venir leurs familles et s'établissent dans des villages agricoles de l'Ouest ou dans des villes minières de l'Ontario et

du Québec. La déclaration d'indépendance de la Slovaquie, en 1939, provoque des dissensions au sein de la collectivité, et ceux qui l'appuient se voient dénoncés par les diplomates tchécoslovaques en poste au Canada.

Troisième vague La troisième vague, de 20 000 immigrants environ, débute après la Seconde Guerre mondiale et se compose de réfugiés et de gens soucieux d'échapper à l'invasion communiste de 1948. Bon nombre étaient des hauts fonctionnaires, et leur arrivée donne un nouvel élan aux organisations slovaques. La plupart de ces immigrants s'établissent dans les principaux centres urbains.

Quatrième vague La quatrième vague d'immigration est provoquée par l'invasion de la Tchécoslovaquie à la suite du Pacte de Varsovie, en 1968. Ces réfugiés, dont le nombre s'élève à 13 000 environ, sont parmi les plus instruits à quitter leur pays. Établis dans les centres urbains, ils contribuent à l'essor des organisations slovaques et se font une place dans la vie économique, sociale et culturelle du Canada.

Vie sociale et culturelle Aujourd'hui, la stratification sociale parmi les Canadiens d'origine slovaque est fonction de leur date d'arrivée au Canada, de leur rang en Slovaquie, du degré de réussite au Canada et de leur volonté de participer activement aux associations slovaques. Les premiers immigrants mettent sur pied des organismes d'entraide pour pallier les conditions économiques difficiles et l'absence de mesures sociales officielles. Actuellement, ces sociétés remplissent des fonctions sociales importantes, tout comme d'autres institutions créées durant et depuis la Seconde Guerre mondiale. La Canadian Slovak League est la plus importante organisation slovaque. Elle publie *Kanadsky Slovák* (Le Canadien slovaque) et contribue à assurer la survie des traditions slovaques. Les ouvrages littéraires sont diffusés par le biais d'un réseau de publications slovaques dans le monde occidental et la Slovaquie. Les publications canadiennes slovaques et les journaux, en particulier, jouent effectivement un rôle important en offrant de l'aide aux immigrants, mais elles se font également l'écho des divisions politiques et économiques au sein de la communauté.

Le clergé, catholique autant que protestant, joue un rôle prépondérant à titre de chef de la vie spirituelle et communautaire, et les fidèles slovaques de toutes confessions aident les nouveaux arrivants à surmonter les obstacles linguistiques et culturels. La vie paroissiale, particulièrement active durant les 3 premières vagues, et les organismes slovaques contribuent à promouvoir la langue slovaque et à accroître la cohésion familiale. L'importance de la vie paroissiale trouve son apogée lors de la consécration par le pape Jean-Paul II de la cathédrale slovaque de la Transfiguration, à Unionville (Ontario), le 15 septembre 1984, à l'occasion de sa visite au Canada.

Maintien de l'identité ethnique La situation politique en Slovaquie est au cœur même de la survivance d'un sentiment d'identité et de la cohésion des Slovaques au Canada. Depuis l'indépendance de la Slovaquie, en 1993, la plupart des Slovaques ont les yeux tournés vers leur pays d'origine. Par le truchement de nombreux organismes et journaux, ils se tiennent au courant de ce qui s'y passe.

Stanislav J. Kirschbaum

Slovènes Ils forment un peuple slave dont le territoire principal a été reconnu en 1991 comme la république indépendante de Slovénie. Toutefois, des groupes importants de minorités d'origine slovène vivent en Autriche, en Italie et en Hongrie. On ne peut déterminer le nombre exact de Slovènes vivant au Canada, car il n'y a aucune statistique sur leur immigration et on n'a obtenu aucune donnée satisfaisante lors des recensements. Selon les estimations, environ 40 000 Slovènes des première, deuxième et troisième générations vivraient au Canada. Le recensement de 1996 dénombre un total de 25 875 citoyens d'origine slovène au Canada (15 605 réponses simples et 10 270 réponses multiples).

Migration et peuplement Avant 1920, quelques Slovènes seulement s'installent au Canada et, en fait, ils arrivent des États-Unis. Parmi eux se trouve le missionnaire Frederic BARAGA (1797-1868), qui devient, en 1857, le premier évêque de Sault Sainte-Marie. La première vague d'immigration au Canada est organisée par des agences de voyage qui recherchent activement des jeunes hommes pour travailler dans les fermes au Manitoba et en Saskatchewan ainsi que dans les chemins de fer en Colombie-Britannique. Dès qu'ils ont terminé leur contrat, ils déménagent dans les villes où on commence à voir des concentrations de Slovènes. Avant la Seconde Guerre mondiale, on estime que 4600 Slovènes vivent au Canada. La communauté la plus dynamique se trouve à Kirkland Lake, en Ontario, où la première société slovène indépendante de secours mutuel est fondée en 1933, sous le nom de Bled Mutual Benefit Society, d'après le nom de l'un des lacs alpins pittoresques de Slovénie.

La répartition géographique des Slovènes se modifie radicalement pendant et après la Seconde Guerre mondiale, en partie à cause du déménagement des Slovènes des villes minières du nord de l'Ontario vers les fermes des régions de Beamsville et de St. Catharines. De plus, de 1947 à 1951, un grand nombre de réfugiés politiques arrivent et, après un an de travail obligatoire, commencent surtout à s'installer dans les régions urbaines, principalement à Toronto et à Hamilton. La troisième vague d'immigrants slovènes au Canada se produit de 1951 à 1960. Il s'agit surtout de membres des familles d'immigrants arrivés avant et après la guerre ainsi que de jeunes hommes et femmes qui ne peuvent trouver d'emploi dans leur pays. De 1960 à 1970, beaucoup plus de Slovènes viennent au Canada pour des raisons économiques. La majorité d'entre eux s'installent en Ontario. Actuellement, plus de la moitié des Canadiens d'origine slovène sont installés en Ontario, surtout dans les villes suivantes: Toronto, Mississauga, Hamilton, St. Catharines, Kitchener, London, Windsor, Ottawa, Thunder Bay et Oshawa. On trouve aussi des communautés slovènes dynamiques à Montréal, à Vancouver, à Victoria, à Port Alberni, à Kelowna, à Prince George, à Calgary, à Edmonton, à Lethbridge et à Winnipeg.

Vie culturelle et sociale Une structure économique et sociale commence à se développer avec la croissance des communautés slovènes. En 1945, la Bled Mutual Benefit Society compte 13 succursales au Canada. Dans les années 50, 2 coopératives de crédit slovènes ouvrent leurs portes à Toronto. Des artisans habiles fondent leurs propres entreprises, surtout dans le domaine de la construction résidentielle. Par ailleurs, les Slovènes exerçant des professions libérales établissent leurs cabinets privés en fonction des différents besoins de leur peuple. Des associations culturelles voient le jour au sein des principales communautés slovènes. On construit des camps d'été et des foyers pour les Slovènes. Alors que dans les petites villes, un seul club dessert la communauté slovène locale, à Toronto, on fonde différentes associations culturelles et politiques. Les lazaristes, arrivés en 1949, commencent à publier une revue mensuelle religieuse, *Bozja beseda* (*La parole de Dieu*), qui dessert encore un groupe de Canadiens d'origine slovène, surtout catholiques romains. En 1954, la première église slovène est construite à Toronto, suivie par celles d'Etobicoke, de Hamilton, de Montréal et de Winnipeg. Les paroisses deviennent le centre des activités religieuses, culturelles et éducatives.

La fierté de la culture slovène se retrouve dans les chants des chorales, les danses folkloriques, les polkas, le théâtre ainsi que dans la littérature et les beaux-arts. Dans la pratique des sports, les Slovènes s'intéressent surtout au soccer, au volleyball, au boulingrin et à la chasse. Ils soutiennent différents pro-

jets charitables au Canada et ailleurs, notamment des foyers pour personnes âgées d'origine slovène à Toronto et à Hamilton. Le respect de l'éducation fait partie de la culture slovène. Cela se reflète par l'accomplissement de descendants d'immigrants slovènes qu'on retrouve à des postes d'ingénieurs ou de dirigeants au sein d'entreprises canadiennes renommées ou qui sont médecins dans les hôpitaux canadiens et professeurs universitaires.

Créé en 1990 à Toronto, le All-Slovenian Cultural Committee représente la majorité des organismes slovènes dans le Sud de l'Ontario et coordonne différentes activités slovènes au niveau national. Fondé en 1989, le Canadian Slovenian Congress est membre du World Slovenian Congress et a pour but de promouvoir les intérêts et les aspirations des Slovènes au Canada et dans le monde. Le Slovenian Canadian Council représente quelques organismes culturels et politiques créés par des immigrants, réfugiés politiques, dont la Slovenian National Federation qui publie un bulletin mensuel d'information, *Slovenska drzava* (*L'État slovène*). L'établissement de relations diplomatiques normales entre le Canada et la république de Slovénie marque un nouveau début pour la communauté slovène au Canada.

Cvetka Kocjancic

Smallwood, Charles, médecin, professeur de météorologie et fondateur de l'Observatoire de McGill (Birmingham, Angl. 1812—Montréal, 22 déc. 1873). Arrivé à Montréal en 1833, il pratique un peu plus tard la médecine à St-Martin. Il y tient un journal des conditions météorologiques et construit un observatoire pour l'astronomie et la météorologie. L'astronomie a une application pratique: l'observatoire est connecté, grâce au télégraphe de Montréal, aux villes américaines importantes de manière à leur transmettre l'heure calculée à partir des étoiles. Smallwood est certainement un des premiers à examiner et photographier des cristaux de neige à l'aide d'un microscope.

Quinze de ses articles scientifiques et onze études météorologiques paraissent dans le *Canadian Naturalist* entre 1857 et 1872. En 1856, l'U. McGill lui décerne un doctorat en droit honorifique et le nomme professeur de météorologie (sans salaire). L'œuvre de ce pionnier scientifique victorien annonce la physique des NUAGES moderne.

J.S. Marshall

Smallwood, Joseph Roberts, journaliste, politicien et premier ministre de Terre-Neuve de 1949 à 1972 (Gambo, T.-N., 24 déc. 1900—St. John's, 17 déc. 1991). Jeune homme brillant, il devient journaliste et couvre les vols transatlantiques de 1919. À New York, il travaille de 1920 à 1925 pour un quotidien de gauche, fait campagne pour le Parti progressiste et, par la suite, se définit comme « socialiste ».

De retour à Terre-Neuve, il devient organisateur syndical, présentateur radiophonique et candidat défait aux élections de 1932. Pendant la Seconde Guerre mondiale, il gère une porcherie à la base aérienne de GANDER. En politique, la chance lui sourit quand le nouveau gouvernement travailliste d'Angleterre annonce que les Terre-Neuviens, alors dirigés par une COMMISSION DE GOUVERNEMENT dont les membres sont nommés, pourront élire des représentants à une convention. Celle-ci conseillera le gouvernement sur le choix à présenter aux électeurs dans un référendum sur leur avenir politique. Smallwood, partisan de la CONFÉDÉRATION avec le Canada, est élu à la convention en 1946.

Au cours des trois années suivantes, il démontre toute sa volonté, son courage, son ardeur et sa maîtrise de la propagande populiste, qui font de lui l'un des politiciens les plus remarquables de son époque. En dépit de l'opposition des grands commerçants de St. John's, qui l'accusent de trahir Terre-Neuve en soutenant qu'elle ne doit pas demeurer indépendante, il domine les débats de la convention où, dans son plus beau discours, il énonce la dure vérité aux Ter-

re-Neuviens: « Nous ne sommes pas une nation. Nous sommes une municipalité de taille moyenne [...] laissée loin derrière dans la marche du temps. »

Le 22 juillet 1948, il gagne le second de 2 référendums âprement disputés et aux résultats serrés, en faisant miroiter les allocations familiales (octroyées au sein de la Fédération canadienne), un revenu garanti fort apprécié par bon nombre de Terre-Neuviens. Il est nommé premier ministre du gouvernement intérimaire le 1er avril 1949, est élu chef du Parti libéral, gagne les premières élections provinciales en mai 1949 et demeure incontesté pendant 20 ans.

Ses premières années au pouvoir alternent entre la farce et la tragédie. Une tentative d'industrialisation forcée se termine par la banqueroute de la plupart de ses usines de fabrication et par l'emprisonnement pour malversation de son conseiller économique, le mystérieux Latvian Alfred A. Valdmanis. La tragédie a lieu en mars 1959 dans la petite ville de Badger, où les bûcherons en grève affrontent la police. Dans la mêlée, un membre de la force constabulaire de Terre-Neuve meurt après avoir été matraqué. Smallwood, qui s'était opposé à la grève et avait révoqué l'accréditation du syndicat quelques jours plus tôt, en fait un martyr.

Smallwood n'est plus socialiste, sauf dans sa rhétorique, et fraie désormais avec des magnats de l'industrie tels que John C. Doyle et John Shaheen. Il se consacre à de grandes entreprises industrielles comme le projet hydroélectrique des CHUTES CHURCHILL et encourage les Terre-Neuviens à quitter les petits ports isolés au profit de nouvelles communautés de « réinstallation ». Il reste au pouvoir durant toutes les années 60 parce qu'il bénéficie, de même que les Terre-Neuviens, de la prodigalité des nouveaux plans de dépenses fédérales.

Le progrès cause sa perte à mesure que la nouvelle génération, éduquée et relativement aisée, atteint la majorité. Au congrès à la direction du Parti libéral en 1969, il surmonte la première tentative visant à le destituer, en l'emportant sur le candidat rebelle, le ministre John CROSBIE. Cependant, aux élections d'octobre 1971, les conservateurs, dirigés par Frank MOORES, remportent 21 sièges, Smallwood 20 et le New Labrador Party un. Au bout de trois mois de tensions et d'intrigues, il démissionne le 18 janvier 1972.

Fidèle à lui-même, il refuse de jeter l'éponge. En 1974, il tente en effet de reprendre la direction du Parti libéral et de former un nouveau parti, le Liberal Reform Party. Ce n'est qu'après l'échec de ses 2 tentatives qu'il se résigne à se retirer de la politique. Il démissionne comme député en 1977 pour entrer dans son nouveau rôle de vétéran de la politique et retourner à l'écriture, commençant la rédaction de l'*Encyclopedia of Newfoundland and Labrador* en 5 volumes (vol. 1, 1981; vol. 2, 1984). Les 3 derniers volumes ont été publiés après son décès par la Joseph R. Smallwood Heritage Foundation Inc. (vol. 3, 1991; vol. 4, 1993; vol. 5, 1994). Il est fait Compagnon de l'Ordre du Canada en 1986.

Richard J. Gwyn

Smallwood, réservoir D'une superficie de 6527 km², ce réservoir est la dixième plus grande masse d'eau douce au Canada. Il est situé à une altitude de 472 m, sur le lointain plateau du Labrador, près de la frontière du Québec. Le réservoir est créé dans les années 60 pour la production d'hydroélectricité par l'endiguement du FLEUVE CHURCHILL, à la hauteur des CHUTES CHURCHILL, et l'endiguement d'autres rivières. Le niveau d'eau varie de 8,7 m, ce qui constitue une réserve d'eau utilisable de 28 milliards de mètres cubes. Les lacs Michikamau et Lobstick étaient les plus grands de la centaine de lacs qui forment aujourd'hui le réservoir, baptisé ainsi en l'honneur de Joseph R. SMALLWOOD, le premier à devenir premier ministre de Terre-Neuve. Habitée à l'origine par les Naskapis, la région est visitée pour la première fois par 2 Européens en 1839, John McLean et Erland Erlandson. La région est d'abord cartographiée par un missionnaire oblat, le Père Babel, et plus tard, en détail, par Albert LOW de la Commission géologique du Canada (1895).

Ian MacCallum

Smart, Elizabeth, romancière et poète (Ottawa, 27 déc. 1913—Londres, Angl., 4 mars 1986). Smart fait ses études à Hartfield House, une école privée de Cobourg en Ontario. À l'âge de 19 ans, elle se rend à Londres pour étudier le piano. Elle revient au Canada et fait un bref séjour au *Ottawa Journal*, où elle rédige le carnet mondain. Au cours des années 30, Smart voyage beaucoup et par l'entremise de Lawrence Durrell, elle rencontre le poète britannique George Barker, avec qui elle aura 4 enfants. Elle travaille à l'ambassade de Grande-Bretagne à Washington pendant la Seconde Guerre mondiale et s'installe en Angleterre en 1943. Pendant les vingt années qui suivent, elle subvient à ses besoins et à ceux de sa famille en rédigeant des textes publicitaires et en travaillant pour *Queen* (comme rédactrice littéraire) et *House and Garden*.

La première œuvre de Smart, *By Grand Central Station I Sat Down and Wept* (1945; trad. *À la hauteur de Grand Central Station je me suis assise et j'ai pleuré*, 1993), devient immédiatement un livre-culte. Publié à nouveau en 1966, en 1975, en 1977 et au Canada en 1982, ce livre est salué à l'unanimité par la critique comme un chef-d'œuvre de prose poétique et un hommage à l'amour, d'un style et d'une sensibilité exceptionnels. En 1977, après 32 ans de silence, paraissent 2 nouvelles œuvres: *A Bonus*, un recueil de poèmes mordants et pleins d'humour, et *The Assumption of Rogues and Rascals*, un poème en prose qui se veut à la fois une suite et une critique de ses premières œuvres. Smart retourne au Canada en 1982 à titre d'écrivaine résidente à l'U. de l'Alberta, à Edmonton, pendant un an. En 1984, elle publie un recueil de poésie et de prose jusqu'alors inédit, *In the Mean Time*. En 1986 paraît *Necessary Secrets*, un recueil de ses premiers journaux intimes, qui contribue à raffermir et à accroître sa réputation littéraire. Après un bref séjour à Toronto, Smart retourne en Angleterre en 1984 pour vivre dans sa petite maison de The Dell dans le Suffolk.

Alice Van Wart

Smith, sir Albert James, avocat, politicien et premier ministre du Nouveau-Brunswick (Shediac, N.-B., 12 mars 1822—Dorchester, N.-B., 30 juin 1883). Smith dirige la campagne contre la Confédération au Nouveau-Brunswick et réussit presque à faire échec au projet en 1865. Il se lance en politique en 1852 en tant que radical, fait partie du gouvernement de réforme qui prend le pouvoir en 1854 et est nommé procureur général en 1861, quand S.L. TILLEY devient premier ministre provincial. En 1862, Tilley et lui divergent d'opinions sur les politiques du gouvernement en matière de transport ferroviaire et se disputent au sujet de la CONFÉDÉRATION, que Smith perçoit comme un plan détourné des hypocrites politiciens canadiens. Aux élections de 1865, les opposants à la Confédération infligent une cuisante défaite à ses partisans. Premier ministre de 1865 à 1866, Smith ne parvient pas à étouffer les partisans de l'union et est finalement destitué par une décision arbitraire du lieutenant-gouverneur. Après la Confédération, il déménage à Ottawa et devient ministre des Pêcheries dans le gouvernement d'Alexander MACKENZIE. En 1877, il se révèle l'âme dirigeante des travaux de la commission des pêcheries qui se réunit à Halifax. La commission accorde 5,5 millions de dollars au Canada, dont c'est la première victoire diplomatique sur les États-Unis. En reconnaissance de ses efforts, Smith devient le premier Néo-Brunswickois de naissance à être fait chevalier, une tournure ironique qui n'échappe pas à ceux qui avaient appuyé la Confédération.

Carl M. Wallace

Smith, Andrew, vétérinaire et pédagogue (Dalrymple, Écosse, 12 juill.—Toronto, 15 août 1910). Diplômé du Edinburgh Veterinary College en 1861, il immigre au Canada la même année. En 1862, il commence à enseigner la médecine vétérinaire, ce qui mène à la création de l'Upper Canada Veterinary School (qui devient plus tard l'Ontario Veterinary College), le plus ancien établissement de ce genre en Amérique du Nord. Plus de 3000 vétérinaires sont formés durant son mandat comme doyen du collège. Pionnier de la MÉDECINE VÉTÉRINAIRE et de l'enseignement en Amérique du Nord, c'est un grand promoteur de sa profession. Il est le premier président de l'Ontario Veterinary Association, après avoir été un élément moteur de sa création (1874) et de sa constitution en personne morale (1879). Il est le fondateur de ce que l'on connaît aujourd'hui sous le nom d'EXPOSITION NATIONALE CANADIENNE.

R.G. Thomson

Smith, Arnold Cantwell, diplomate (Toronto, Ont., 18 janv. 1915;—*id.*, 7 févr. 1994). Boursier de la Fondation Cecil Rhodes, il entre en fonction au ministère des Affaires extérieures en 1943. Il est affecté en Russie (1943-1945) et est secrétaire de la Commission royale Kellock-Taschereau (*voir* GOUZENKO). Il est ensuite affecté à Bruxelles, à New York, au Cambodge et à Londres, mais ses plus importantes affectations sont celles d'ambassadeur au Caire, de 1958 à 1961, et à Moscou, de 1961 à 1963.

De 1965 à 1975, Smith est un premier secrétaire général du COMMONWEALTH enthousiaste, créatif et grandement dévoué, une période qu'il évoque dans *Stitches in Time* (1981). Il est également l'auteur de *The We-They Frontier: From International Relations to World Politics* (1983) et, avec Arthur Lall, de *Multilateral Negotiation and Mediation: Instruments and Methods* (1985). En 1975, la reine le nomme membre de l'Ordre des Compagnons d'Honneur, limité à 65 personnes honorées en même temps. Il est nommé professeur titulaire de la chaire d'affaires internationales Lester B. Pearson, à l'U. Carleton d'Ottawa, poste qu'il occupera de 1976 à 1981. Il devient officier de l'Ordre du Canada en 1984.

Norman Hillmer

Smith, Arthur James Marshall, poète, critique et anthologiste (Montréal, 8 nov. 1902—East Lansing, Mich., 21 nov. 1980). A.J.M. Smith fait ses études à l'U. McGill et à l'U. d'Édimbourg. En 1925, étudiant diplômé à Montréal, il fonde et dirige, avec F.R. SCOTT, la *McGill Fortnightly Review*, la première revue canadienne à publier de la poésie moderniste et des critiques. Cela marque le début d'une période d'activités importantes au milieu du provincialisme pondéré qui caractérise alors la littérature canadienne. En 1936, il codirige la publication de New Provinces. En 1943, paraît son premier recueil personnel, *News of the Phoenix* (Prix du Gouverneur général), ainsi que *A Book of Canadian Poetry*, dans lequel il distingue une poésie nationale. Il continue de diriger la publication de nombreuses anthologies et d'écrire ses propres poèmes. En 1973, il publie aussi un recueil d'essais critiques, *Towards a View of Canadian Letters*. Au début de sa carrière, Smith s'installe à Lansing, au Michigan, pour enseigner à la Michigan State University. Il passe cependant la plupart de ses étés près de Magog, au Québec. En 1966, la Société royale du Canada lui décerne la Médaille Lorne Pierce. Smith prend sa retraite en 1972 et l'université crée le A.J.M. Smith Award, attribué chaque année à un poète canadien pour une œuvre remarquable.

Marlène Alt

Smith, Donald Alexander, 1ᵉʳ baron Strathcona et Mount Royal, commerçant de fourrures, financier des chemins de fer et diplomate (Forres, Écosse, 6 août 1820—Londres, Angl., 21 janv. 1914). Fils d'un homme de métier, Smith entre à la COMPAGNIE DE LA BAIE D'HUDSON (CBH) en 1838 comme apprenti commis et gravit les échelons jusqu'à en devenir commissaire en chef en 1871. Il appartient déjà au conseil d'administration de la compagnie en 1883 et, grâce à des investissements prudents, il en est aussi le principal actionnaire. En 1889, il est nommé gouverneur, ou président-directeur général, de la compagnie. Il se fait connaître d'abord en 1869, lorsqu'il est envoyé à Fort Garry pour aider à fixer les conditions de l'union entre le gouvernement provisoire de Louis RIEL et le Canada. La mission est couronnée de succès et Smith entame une carrière politique comme représentant de la circonscription de Winnipeg-St. John à l'Assemblée législative du Manitoba, de 1870 à 1874, et de la circonscription de Selkirk à la Chambre des communes, de 1871 à 1878. En 1874, lorsque le double mandat est aboli, il choisit de siéger au Parlement fédéral. Conservateur, il vote contre le gouvernement Macdonald lors du SCANDALE DU PACIFIQUE, ce qui refroidit par la suite ses relations avec Macdonald. Après une absence de neuf ans, il revient au Parlement comme député de Montréal-Ouest de 1887 à 1896. En 1873-1874, il s'associe à son cousin George STEPHEN, à J.J. HILL et à d'autres pour acheter les titres dépréciés de la St. Paul, Minneapolis and Manitoba Railway, une ligne de chemin de fer traversant le Minnesota jusqu'à la frontière canadienne. Il est un supporter enthousiaste du CANADIEN PACIFIQUE (CP), au progrès duquel il s'avère essentiel en tant que bailleur de fonds. Aussi est-il invité à enfoncer le dernier crampon lorsque l'on termine la construction du chemin de fer en 1885. Il est un des principaux actionnaires et, en 1887, le président de la BANQUE DE MONTRÉAL, laquelle est étroitement associée au CP. En avril 1896, sir Mackenzie BOWELL le nomme haut-commissaire du Canada au Royaume-Uni, un poste qu'il occupe jusqu'à sa mort, tout en demeurant gouverneur de la CBH. Il devient un personnage très en vue dans les affaires publiques britanniques et se fait le porte-parole des colonies autonomes à Londres. Durant la GUERRE DES BOERS, il lève et équipe à ses frais le Strathcona's Horse, un régiment de plus de 500 fusiliers montés, qui devient plus tard le Lord Strathcona's Horse (Royal Canadians). Chancelier de l'U. McGill, il fonde le Royal Victoria College pour femmes en 1896 et est élevé au rang de pair en 1897.

D.M.L. Farr

Smith, George Isaac, avocat, politicien et premier ministre de la Nouvelle-Écosse (Stewiacke, N.-É., 6 avril 1909—Truro, N.-É., 19 déc. 1982). Il fait carrière d'abord à titre d'avocat et sert dans l'armée pendant la Seconde Guerre mondiale. Il s'engage ensuite dans la politique et aide à recruter R.L. STANFIELD comme chef du Parti progressiste-conservateur de la Nouvelle-Écosse en 1948. Il est élu à l'Assemblée législative en 1949 et exerce diverses fonctions stratégiques au sein du Cabinet jusqu'en 1967, année où il remplace Stanfield à la tête du gouvernement. Il appuie la péréquation régionale et les conférences fédérales-provinciales, et on loue son esprit de décision dans la nationalisation de la Sydney Steel en 1968. Après la défaite de son gouvernement en 1970, il démissionne comme chef du Parti en 1971. Il demeure député provincial jusqu'en 1974 et est nommé sénateur en 1975.

Lois Kernaghan

Smith, Goldwin, surnommé *Annexation* (annexion) par ses adversaires, historien et journaliste (Reading, Angl., 13 août 1823—Toronto, 7 juin 1910). Historien et journaliste reconnu au moment de son installation définitive au Canada en 1871, Smith se fait connaître auprès des Canadiens surtout en tant que champion de l'annexion aux États-Unis comme préalable à l'unification morale de la race anglo-saxonne. Il étudie à Eton et à Oxford, où sa position libérale face au mouvement conservateur des tractariens mène à sa nomination au sein de 2 commissions royales sur l'université. Il se lie d'amitié avec Richard Cobden et John Bright de l'école de Manchester, qui soutiennent que l'abolition des tarifs douaniers et l'introduction du libre-échange entre les nations entraîneraient leur interdépendance et rendraient la guerre impossible. Smith défend ces vues inspirées d'Adam Smith dans des articles que publient le *Morning Chronicle*, le *Daily News* et le *Saturday Review*. En 1858, il est nommé professeur titulaire de la chaire royale d'histoire moderne à Oxford. Dans ses *Lectures on Modern History* (1861), il prêche l'évangile de la «main invisible»: l'homme, en tant qu'être économique qui doit tirer sa subsistance de la nature, vit dans un monde non déchu et naturellement harmonieux, qui doit demeurer exempt de réglementation.

En 1866, Smith démissionne pour prendre soin de son père malade. Après la mort de celui-ci, il déménage aux États-Unis pour enseigner à Cornell. Il s'installe à Toronto en 1871 pour se rapprocher de sa famille. En 1875, il épouse la veuve d'Henry Boulton et emménage dans The Grange où, se déclarant spectateur, il écrit abondamment sur les affaires canadiennes et internationales. Au début, il appuie le mouvement CANADA FIRST, mais l'échec de ce mouvement le convainc que le Canada n'est pas une nation viable, opinion qu'il exprime dans *Canada and the Canadian Question* (1891). Comme journaliste, il écrit dans les publications suivantes: *Liberal, Nation, Canadian Monthly and National Review, Week*, qu'il fonde en 1883 avec Charles G.D. ROBERTS à titre de directeur littéraire, *The Bystander* et *Weekly Sun*. Il s'oppose à la participation du Canada à la GUERRE DES BOERS et au mouvement en faveur de la fédération impériale. Ses ouvrages *Reminiscences* et *Correspondence* ont été publiés après sa mort.

Tom Middlebro'

Smith, Gordon Appelbe, peintre, graveur d'art et professeur (East Brighton, Angl., 18 juin 1919). En 1933, Smith immigre à Winnipeg, où il est l'élève de L.L. FITZGERALD. Blessé au cours de la Seconde Guerre mondiale, il déménage à Vancouver en 1944 pour y rejoindre sa femme et terminer ses études à la Vancouver School of Art, où il enseigne de 1946 à 1956. Il enseigne ensuite les beaux-arts à la Faculty to Education (faculté d'éducation) de l'U. de la Colombie-Britannique (1956-1982). Après avoir pris sa retraite de l'U. de la Colombie-Britannique, il demeure un professeur important et indispensable, particulièrement pour les jeunes enfants. Il soutient le programme *Artists for Kids*, qu'il met sur pied avec la North Vancouver School Board.

En 1955, Smith attire l'attention nationale pour la première fois avec son tableau, *Structure with Red Sun*, primée à la First Biennal of Canadian Painting. Cette œuvre consiste en une abstraction lyrique d'inspiration romantique qui contrebalance l'influence dominante de la côte Ouest par sa gestuelle non-figurative. Depuis le milieu des années 80, cette qualité gestuelle est de plus en plus présente dans ses tableaux. Il est nommé Membre de l'Ordre du Canada en 1996. En 1997, le MUSÉE DES BEAUX-ARTS DE VANCOUVER organise une rétrospective de son œuvre des 55 dernières années, qui s'accompagne d'un livre important.

Peter Malkin

Smith, Joseph Leopold, surnommé «Leo», compositeur, violoncelliste, écrivain et professeur (Birmingham, Angl., 26 nov. 1881—Toronto, 18 avril 1952). À une période cruciale dans l'évolution de la musique au Canada, Smith influence plusieurs futurs chefs de file en interprétation, en composition, en écriture et en enseignement. Enfant prodige en Angleterre, il est plus tard violoncelliste dans les orchestres Hallé et celui de Covent Garden avant de venir au Canada en 1910. Il se joint au Toronto Symphony, dont il est le violoncelliste principal en 1917 et 1918 et de 1932 à 1940. Il enseigne au Toronto Conservatory of Music à partir de 1911 et à l'U. de Toronto de 1938 à 1950. Il écrit 3 manuels très utilisés: *Musical Rudiments* (1920), *Music of the 17th and 18th Centuries* (1931) et *Elementary Part-Writing* (1939). Ses compositions, des œuvres impressionnistes et sensibles, comprennent, notamment, de la musique folklorique du Québec, des chansons des

autochtones de la côte Ouest et des mises en musique d'œuvres de poètes canadiens.

Barclay McMillan

Smith, Lois Irene, danseuse classique, professeure et chorégraphe (Vancouver, C.-B., 8 oct. 1929). Smith a 10 ans quand elle commence sa formation en danse à la British-Columbia School of Ballet. Elle étudie ensuite de façon intensive avec Rosemary Deveson et Mara McBirney et fait ses débuts sur scène avec le Theatre Under the Stars de Vancouver. Elle danse pendant quatre ans dans des productions musicales avec la Los Angeles Civic Light Opera Company.

En 1950, elle épouse le danseur David ADAMS et, en 1951, Celia Franca les invite à se joindre, à titre de danseurs principaux, au BALLET NATIONAL DU CANADA qui vient d'être fondé. La critique et le public remarquent tout de suite sa silhouette magnifique et sa présence sur scène et, en l'espace de quelques années, elle est reconnue comme la première danseuse étoile du Canada. Au cours de ses 18 ans de carrière avec le Ballet national, elle interprète de nombreux rôles tant dans les œuvres psychodramatiques d'Antony Tudor et Walter Gore que dans les grands ballets classiques où elle est le plus acclamée. Elle danse notamment avec David Adams, Earl Kraul et Eric BRUHN.

En 1969, elle quitte le Ballet national en raison d'une blessure et fonde la Lois Smith Dance School à Toronto. Par la suite, son école est rattachée au programme en arts de la scène du George Brown College. Pendant le temps où elle travaille au College, elle réalise de nombreuses chorégraphies et participe à la fondation de la Dance Company of Ontario. Elle prend sa retraite en 1988 et s'installe sur la Sunshine Coast, en Colombie-Britannique.

Smith a reçu de nombreux prix et décorations pour sa contribution à la danse canadienne et a été nommée Officier de l'Ordre du Canada en 1980.

Grant State

Smith, Mary Ellen, née Spear, politicienne (Tavistock, Angl., 11 oct. 1863—Vancouver, 3 mai 1933). Première femme députée à l'Assemblée législative de la Colombie-Britannique et aussi première femme ministre dans le Cabinet de l'Empire britannique. En tant que députée indépendant, elle remporte, en janvier 1918, une élection partielle déclenchée après la mort de son mari Ralph Smith, ministre des Finances du gouvernement libéral de la Colombie-Britannique. Réélue comme libérale en 1920 et 1924, elle est ministre sans portefeuille de mars à novembre 1921. Elle règne en faveur des premières lois de la Colombie-Britannique sur les pensions alimentaires et le salaire minimum pour les femmes.

Diane Crossley

Smith, Michael, biochimiste et professeur (Blackpool, Angl., 26 avril 1932). Après avoir obtenu son doctorat à l'U. de Manchester, Smith arrive au Canada en 1956 dans le but d'approfondir sa formation en CHIMIE sous la direction de H.G. KHORANA à Vancouver, où ce dernier s'emploie à mettre au point la chimie permettant la synthèse des acides nucléiques. Smith poursuit son travail avec Khorana quand tous les 2 déménagent à l'U. du Wisconsin jusqu'en 1961, puis retourne aux laboratoires du Conseil de recherche sur les pêcheries à l'U. de la Colombie-Britannique.

En 1966, il se joint au département de biochimie de cette université où il continue d'enseigner la biochimie et dirige le laboratoire de biotechnologie. Il est fondateur et directeur du Réseau des centres d'excellence en ingénierie des protéines. En collaboration avec les étudiants et les chercheurs postdoctoraux de son laboratoire, Smith contribue de façon importante à divers domaines de recherche tels que le contrôle hormonal du développement du saumon, la synthèse enzymatique des polynucléotides et l'ingénierie des altérations structurales spécifiques des protéines.

Il est mieux connu pour avoir développé des systèmes permettant la détermination des séquences

d'ADN par des méthodes de mutagenèse dirigée développées dans son laboratoire. Cette percée lui vaut le PRIX NOBEL de chimie en 1993, prix qu'il partage avec l'Américain Kary Mullis. Smith utilise le prix pour faire avancer la cause de la recherche scientifique au Canada et consacre le montant reçu à des projets précis tels que l'avancement des femmes dans des carrières scientifiques et la recherche dans le domaine de la schizophrénie.

William Bridger

Smith, Titus, naturaliste, arpenteur, voyageur et agriculteur (Granby, Mass., 4 sept. 1768—Dutch Village, près d'Halifax, 4 janv. 1850). À son intérêt inné pour les sciences naturelles, Smith ajoute une connaissance approfondie de la botanique et une passion pour la conservation de la vie des plantes et des animaux. Sa renommée auprès de ses contemporains lui vient de son expédition en solitaire dans toute la Nouvelle-Écosse à la suite de laquelle il fait un rapport au gouverneur Wentworth sur les ressources de la province. Plus tard, il acclimate des semences et vend des variétés améliorées qu'il introduit en Amérique du Nord britannique. Smith témoigne lors de l'enquête de lord DURHAM, en 1839, sur les conditions en Nouvelle-Écosse et occupe le poste de secrétaire de la Commission centrale de l'agriculture de 1841 à 1850. Ses articles parus dans la presse et ses conférences données au Mechanics' Institute le rendent populaire de sorte qu'on sollicite son avis sur divers sujets. Smith prône une utilisation consciencieuse des ressources et une approche sensée des problèmes de gestion agricole et forestière.

Terrence M. Punch

Smith, William, quatrième juge en chef de la province de Québec (New York, 18 juin 1728—Québec, 6 déc. 1793). Diplômé de Yale en 1745, Smith succède à son père comme juge à New York en 1767 où il deviendra juge en chef en 1780. Il demeure fidèle à la Couronne britannique au cours de la Guerre d'Indépendance américaine. Il est l'ami du gouverneur Guy CARLETON et est nommé juge en chef de Québec en 1786. On le connaît à l'heure actuelle à cause de son interprétation de l'ACTE DE QUÉBEC de 1774 et de son opinion qui voulait que la loi anglaise ou la loi française soit appliquée selon que les plaideurs étaient d'expression française ou anglaise. On considère maintenant que cette position était alors motivée par des considérations politiques. Smith est également connu comme historien de l'État de New York.

John E.C. Brierley

Smithers, ville de la C.-B.; pop. 5624 (rec. 1996), 5029 (rec. 1991); superf. 13,63 km²; située aux abords de la rivière Bulkley, dans le centre de la province, sur la route 16, à 334 km à l'ouest de Prince George et à 371 km à l'est de Prince Rupert. La ville doit son nom à sir Alfred Waldron Smithers, un des directeurs de la Grand Trunk Pacific Railway (aujourd'hui le Canadien National) à l'époque où l'on y établit une limite divisionnaire, en 1913. Les premiers habitants sont les autochtones babines, dont la subsistance dépend largement des montaisons du saumon. La population est clairsemée jusqu'à l'arrivée du chemin de fer.

En 1921, Smithers devient le premier village constitué de la Colombie-Britannique et obtient le statut de ville en 1967. Sa croissance est due à la fertilité de la forêt. Les services gouvernementaux et le chemin de fer sont les autres secteurs d'activité importants.

John Stewart

Smiths Falls, ville de l'Ont.; pop. 9200 (rec. 1996), 8997 (rec. 1991); superf. 240,08 km²; const. en 1882; située aux abords de la rivière Rideau, à 60 km au sud-ouest d'Ottawa. Le site est concédé au major Thomas Smyth, un LOYALISTE, dont il porte le nom. La colonisation active commence seulement avec l'arrivée d'Abel Russel Ward (1826) et connaît un essor considérable en raison de la construction du CANAL RIDEAU. La ville est une station d'écluse importante de la voie navigable. Les chutes fournissent l'énergie nécessaire aux premières usines, comme les fabriques de machinerie agricole. Les principales industries sont aujourd'hui la machinerie et les instruments électriques, la nourriture et les boissons ainsi que l'imprimerie.

Smiths Falls est une localité de limite divisionnaire du Canadien Pacifique et le centre touristique des LACS RIDEAU. Elle abrite le Centre régional Rideau pour enfants déficients mentaux. Elle est une des premières municipalités de l'Ontario à adopter un plan officiel d'aménagement urbain.

K.L. Morrison

Smith-Shortt, Elizabeth, née Smith, médecin et féministe (Winona, Canada-Ouest, 18 janv. 1859—Ottawa, 14 janv. 1949). Smith fait partie de la prospère famille LOYALISTE qui a fondé la confiturerie E.D. Smith. Après avoir enseigné pendant une courte période, elle réussit presque seule à convaincre l'U. Queen d'introduire l'enseignement mixte en médecine. Après son départ forcé avec d'autres étudiantes de l'école de médecine à cause d'étudiants jaloux, le Canadian Women's Medical College ouvre à l'automne 1883. L'année suivante, 3 femmes sont diplômées, et Dr Elizabeth Smith s'installe comme médecin généraliste à Hamilton, en Ontario. En 1886, elle épouse Adam Shortt, professeur de l'U. Queen, et retourne à Kingston comme chargée de cours et, plus tard, comme professeur en médecine légale au Women's Medical College. Par la suite, elle se lance avec ardeur dans la défense des droits de la femme. Lorsque son mari devient le premier commissaire du service civil du Canada à Ottawa, elle se bat sans succès pour de nombreuses causes féminines, ce qui lui vaut d'être élue vice-présidente du Conseil national des femmes du Canada.

A.A. Travill

Smucker, Barbara, née Claasen, auteure de littérature jeunesse (Newton, Kans., 1er sept. 1915). Mennonite du Nouvel Ordre, Smucker obtient son diplôme en journalisme à l'U. du Kansas (1936) et s'installe au Canada en 1969. Elle travaille comme reporter, professeure et bibliothécaire. En 1988, elle obtient le Vicky Metcalf Award pour l'ensemble de son œuvre littéraire exceptionnelle. Elle se concentre sur la condition difficile des groupes minoritaires tout au long de l'histoire. Dans *Underground to Canada* (1977; trad. *Les chemins secrets de la liberté*, 1982), qui lui vaut le Prix de littérature de jeunesse du Conseil des Arts du Canada, elle raconte la fuite d'esclaves noirs et aborde les thèmes de la tolérance et de la nécessité d'adopter des valeurs humaines. Elle défend les mêmes principes dans *Days of Terror* (1979; trad. *Jours de terreur*, 1981) et dans son livre d'images *Selina and the Bear Claw Quilt* (1995), dans lequel les mennonites pacifistes fuient la Révolution russe et la Guerre de Sécession.

Les décalages temporels fantaisistes de Smucker font côtoyer des conflits du passé et du présent. Dans *White Mist* (1985), 2 adolescents prennent connaissance de la dégradation de l'environnement et des torts infligés aux autochtones. Dans *Garth and the Mermaid* (1992), un petit garçon est confronté à des problèmes familiaux qu'il a déjà vécus au XIVe s. *Incredible Jumbo* (1991) est plus conventionnel et allie le récit véritable du gigantesque éléphant de Barnum à l'histoire fictive d'un petit garçon qui cherche à faire carrière dans un cirque et à retrouver sa mère. Smucker décrit aussi des éléments inhabituels de la vie moderne dans *Jacob's Little Giant* (1987), l'histoire d'un petit mennonite qui élève une bernache du Canada, et dans *Amish Adventure* (1983; trad. *Un monde hors du temps*, 1985), qui traite des conflits internes et externes auxquels se heurtent les Amish.

Raymond E. Jones

Smythe, Constantine Falkland Cary, «Conn», entrepreneur dans le domaine du sport (Toronto, 1er févr. 1895—*id.* 8 nov. 1980). On lui accorde la Croix militaire au cours de la Première Guerre mondiale et il est gravement blessé par des éclats d'obus au cours de la Seconde Guerre mondiale. Sa réputation de connaisseur du hockey découle de son succès à titre d'entraîneur des Varsity Grads de l'U. de Toronto, qu'il mène à la conquête de la Coupe Allan en 1927, et de la réussite de la formation originale des Rangers de New York qu'il met sur pied en 1926. En 1927, avec des associés, il amasse la somme de 160 000 $ et achète les St. Pats de Toronto qui deviennent les MAPLE LEAFS DE TORONTO. Le Maple Leaf Gardens est érigé en grande partie grâce à ses efforts (1931). Il vend sa participation majoritaire dans l'exploitation du Gardens et des Maple Leafs à son fils Stafford et à d'autres collaborateurs en 1961. Son autobiographie, *Conn Smythe: If you can't beat 'em in the alley*, écrite avec la collaboration de Scott Young, a été publiée en 1981.

James Marsh

Snag Snag était une localité du Yukon, située à l'embouchure du ruisseau Snag, à 465 km au nord-ouest de Whitehorse. Le nom de ce ruisseau lui a été donné en 1898 par les membres de la US Geological Survey, probablement parce qu'il était recouvert d'arbres morts (*snag* veut dire chicot en anglais). En 1942, le ministère fédéral des Transports construit à Snag une piste d'atterrissage d'urgence et une station météorologique qui demeureront en service jusqu'en 1966. Le 3 février 1947, la station enregistre une température de -62,8 °C, la plus basse jamais relevée au Canada. Ce petit village autochtone était accessible par la route à partir de Snag Junction, au kilomètre 1895 de la ROUTE DE L'ALASKA.

H. Guest

SNC-Lavalin La plus grande firme d'ingénierie-construction au Canada découle de la fusion, en 1991, de SNC et de Lavalin, portant ainsi la nouvelle firme au rang de leader mondial.

Son histoire débute lorsque Arthur Surveyer ouvre un petit cabinet d'ingénieur-conseil, en 1911, auquel il associe Emile Nenniger et Georges Chênevert, en 1937, pour finalement prendre le nom de SNC inc. en 1947.

À partir de 1962, Lavalin connaît la plus grande partie de son expansion quand Bernard Lamarre (né à Chicoutimi, Qc, 1931) s'associe avec la compagnie qu'avait fondée son beau-père en 1936. Il en devient le président-directeur général en 1972. Manic 5, le plus grand barrage à voûtes multiples au monde, construit sur la RIVIÈRE MANICOUAGAN, dans le nord du Québec, est un exemple des nombreuses réalisations de Lavalin au début des années 60. Sa participation au PROJET DE LA BAIE JAMES est le fer de lance qui lui permet d'obtenir les fonds et l'expertise nécessaires pour pénétrer les pays du Tiers Monde, la Chine et l'Union soviétique où elle effectue d'importants travaux pendant une quinzaine d'années. La tour inclinée et le toit rétractable du Stade olympique de Montréal portent également la marque de Lavalin.

En 1963, la Société obtient son premier contrat sur la scène internationale avec la construction de la centrale Idukki, dans l'État de Kerala en Inde. Dans les années 70 et 80, la gamme de ses services ne cesse de s'élargir pour y inclure la gestion de projet et la réalisation de projets clés en main, abordant ainsi l'aspect du financement. Ses activités s'étendent partout au Canada et dans une centaine de pays, et touchent presque tous les secteurs, p. ex.: production et transport d'électricité (La Grande 3, Qc, Canada), systèmes de transports en commun (le métro d'Ankara, Turquie), construction d'infrastructures (aéroport international d'Eldoret, Kenya), installations minières et métallurgiques (l'aluminerie Alusaf Hillside, Afrique du Sud), mise en valeur de gisements de pétrole et de gaz (la plate-forme pétrolière Hibernia, T.-N., Canada); usines chimiques et pharmaceutiques, exploitation forestière, pâtes et papiers, agroalimentaire, communications et aérospatiale (Satellite Radarsat, Canada) et environnement (l'usine d'alkyl-benzène linéaire de Bécancour, Canada).

La Société, dont le siège social se situe à Montréal, a des bureaux à travers tout le Canada et dans une trentaine de pays. Elle compte plus de 7000 employés et enregistre un revenu annuel dépassant largement le milliard de dollars. SNC-Lavalin occupe une place importante parmi les plus gros entrepreneurs en ingénierie et en construction du monde en plus d'être une des entités les plus puissantes du Canada.

Stanley Gordon

Snow, Clarence Eugene, surnommé «Hank», interprète, auteur de chansons et guitariste (Liverpool, N.-É., 9 mai 1914). Snow est l'un des pères de la MUSIQUE COUNTRY ET WESTERN canadienne. Sa manière de chanter, qui se caractérise par la netteté de sa prononciation, a influencé un très grand nombre d'artistes au Canada et aux États-Unis. Il s'engage comme marin et a tôt fait de divertir l'équipage avec ses chansons. Chanteur professionnel dès 1929, il a déjà son émission à la radio en 1935 à Halifax. En 1936, il signe un contrat avec RCA Victor et enregistre ses premiers succès. À la fin des années 40, il tente de percer le marché américain, mais sans grand succès. En 1950, RCA lance «I'm Movin' On», la chanson qui consacre sa carrière aux États-Unis; il devient alors une grande étoile de la musique country dans les années 50. Il s'installe à Nashville et devient citoyen américain, mais il continue de chanter régulièrement au Canada. Il est élu au temple de la renommée de la musique country (1976), au temple de la renommée Juno (1979), au temple d'honneur de la Canadian Country Music Association en 1985 et au temple de la renommée de la musique country canadienne en 1989. En 1985, la chanson «I'm Movin' On» remporte le BMI Millionaire Award pour avoir été jouée à la radio un million de fois, un record de tous les temps en musique country.

En 1986, il effectue une tournée de sept jours à Terre-Neuve et en Nouvelle-Écosse. Buchanan, le premier ministre de la Nouvelle-Écosse, proclame la semaine du 20 au 27 juillet 1986 «la semaine Hank Snow». En 1994, il publie *The Hank Snow Story*, biographie écrite en collaboration avec Jack Ownbey et Bob Burris (publiée par University of Illinois Press en association avec le temple de la renommée de la musique country canadienne). Bear Family Records (Allemagne) a entrepris la publication d'une série de coffrets de disques compacts des chansons de Hank Snow enregistrées pour RCA Victor et repiquées par RCA Victor Thesaurus.

En 1994, Snow reçoit un diplôme honorifique de l'U. St. Mary. En 1995, Liverpool (Nouvelle-Écosse) célèbre le 81e anniversaire de naissance de Snow dans le cadre d'une levée de fonds pour la construction d'un centre de musique country dans la ville.

Richard Green

Snow, Michael James Aleck, peintre, sculpteur, photographe, cinéaste et musicien (Toronto, 10 déc. 1929). Après des études au ONTARIO COLLEGE OF ART AND DESIGN (1948-1952) et un séjour en Europe (1953-1954), il travaille pour une petite société cinématographique de Toronto jusqu'en 1956. C'est durant cette période qu'il produit son premier film indépendant. En 1956, Snow présente sa première exposition individuelle à la Avrom Isaacs's Greenwich Gallery, à Toronto. Comme il fait des séjours prolongés à New York (1962-1964), il s'y installe en 1964, puis revient à Toronto en 1972.

Entre 1961 et 1967, ses œuvres, réalisées dans toutes les techniques, sont basées sur la silhouette d'une jeune femme. Cette importante série d'œuvres, intitulée *The Walking Woman Works*, se parfait en une sculpture en 11 pièces réalisée pour le Pavillon de l'Ontario, à l'EXPO 67. En 1970, Snow représente le Canada à la Biennale de Venise et ses œuvres font l'objet d'une rétrospective au MUSÉE DES BEAUX-ARTS DE L'ONTARIO. En 1979, une exposition de l'ensemble de ses créations est présentée à Lucerne, à Bonn et à Munich. Durant la même année, il reçoit la commande d'une sculpture, *Flight Stop*, pour le EATON CENTER de Toronto. Pour Expo 86, on lui commande une œuvre holographique majeure. *The Spectral Image* est une composition d'installations formées de 48 images holographiques. En 1994, une grande rétrospective de ses œuvres a lieu au Musée des beaux-arts de l'Ontario et à la Power Plant.

À partir du milieu des années 60, le cinéma occupe une place importante dans son œuvre grâce à des réalisations telles que *Wavelength* (1967), *La région centrale* (1971), *Rameau's Nephew by Diderot (Thanx to Dennis Young) by Wilma Schoen* (1974) et *Presents* (1981).

Snow reçoit les éloges de la critique aux États-Unis et en Europe pour son cinéma expérimental. Dans son œuvre, il s'occupe continuellement de définir et de redéfinir les relations qui existent entre les techniques artistiques elles-mêmes, les actes et les interprétations qui découlent de la perception et l'ensemble complexe que forment le son, la langue et le sens. C'est aussi un pianiste et un trompettiste accompli. Il est musicien professionnel, fait partie de l'Artists' Jazz Band de Toronto et est un fondateur du Canadian Creative Music Collective.

David Burnett

Snowbirds Cette équipe succède aux équipes de voltige aérienne des Forces armées canadiennes des années 50 et 60, les Golden Hawks et les Centennaires. L'équipe est formée, en 1971, par le colonel O.B. Philp, commandant de la base des Forces canadiennes de Moose Jaw. Sous le nom ultérieur de 431e Escadron de démonstration aérienne, les Snowbirds constituent la seule formation de 9 avions de démonstration de voltige aérienne à l'extérieur de l'Europe. L'équipe fait des démonstrations chaque année devant plus de 5 millions de personnes lors de 65 fêtes aériennes aux États-Unis et au Canada. La moitié de l'escadron de 21 pilotes et de l'équipe technique est changée tous les ans, ce qui permet à l'équipe de se renouveler complètement tous les deux ans. Évoluant à bord d'avions Tutor CL-41, de couleur rouge, blanche et bleue, de conception canadienne et construit par Canadair, cet escadron est devenu la fierté des Forces aériennes canadiennes.

Robert M. Mummery

Soccer (Association Football) Sport qui oppose 2 équipes de 11 joueurs. Il se joue avec un ballon rond, généralement sur un terrain gazonné appelé *pitch* en Grande-Bretagne. Seuls les 2 gardiens de but peuvent intentionnellement toucher le ballon avec leurs mains. Les joueurs se servent de leurs pieds pour se passer le ballon. Un but est marqué lorsque le ballon est projeté, du pied ou de la tête, dans le but adverse. Le nom traditionnel du jeu, «Association Football», a été raccourci et est devenu «football» alors que le terme «soccer» dérive de la deuxième syllabe du mot «association». Au Canada et aux États-Unis, on appelle habituellement ce sport «soccer» afin de le distinguer des autres formes de FOOTBALL.

Au Canada, au début du XIXe s., les règlements du soccer varient beaucoup. Le premier match joué selon les règles actuelles aurait été disputé à Toronto en octobre 1876 et opposait 2 équipes locales. À partir de 1876, le sport prend de l'expansion et se répand dans tout le pays. La Dominion Football Association, fondée à Montréal en 1878, organise un tournoi plus ou moins structuré auquel participent surtout des équipes collégiales du sud de l'Ontario. La Western Football Association of Ontario voit le jour en janvier 1880 à Berlin (Kitchener) et, en avril, elle compte 19 équipes. Grâce à sa création, le premier match de soccer international en Amérique du Nord a lieu en novembre 1885, à Newark (dans l'État du New Jersey). Le Canada l'emporte sur les États-Unis, un à zéro. L'année suivante, le Canada perd 3 à 2. Parmi les joueurs de l'équipe canadienne ayant disputé ces 2 matches, se trouve David Forsyth, enseignant à la

Berlin High School. Forsyth joue un rôle important dans la formation de la WFA, participe aux premiers matches internationaux et organise une tournée en Grande-Bretagne en 1888. Lors de cette tournée, l'équipe canadienne, opposée à quelques-unes des meilleures équipes de l'époque, obtient 9 victoires, 5 matches nuls et 9 défaites. Lors d'une tournée similaire en 1891, l'équipe, composée de Canadiens et d'Américains, obtient des résultats désastreux.

En 1904, le Canada participe pour la première fois aux Olympiques. Il est représenté par le Galt Football Club qui remporte l'or à St. Louis (Missouri). Opposé à 2 équipes américaines lors d'une compétition écourtée en raison de problèmes de transport, le Canada remporte le premier match (7-0) et le deuxième (4-0). Au moment de la formation, en 1912, de la Dominion of Canada Football Association (qui a donné naissance à l'Association canadienne de soccer qui régit le sport aujourd'hui), on compte des ligues et des associations dans tout le pays. En 1914, le Canada devient membre de la Fédération internationale de football association (FIFA), organisme qui régit le soccer international.

En 1913, le premier championnat canadien voit le jour avec la Coupe Connaught (présentée par le duc de CONNAUGHT). Les Norwood Wanderers de Winnipeg sont la première équipe à remporter la coupe. En 1926, la Coupe Connaught est remplacée par un nouveau trophée offert par la Football Association of England, encore disputé de nos jours. L'équipe des New Westminster Royals est celle qui se distingue le plus aux championnats canadiens: elle participe à 10 finales et remporte 8 fois la victoire. Dans les années 20 et 30, une équipe canadienne fait une tournée en Australie (1924) et en Nouvelle-Zélande (1927) pendant que de nombreuses équipes de Grande-Bretagne font des tournées au Canada. Dave TURNER fait partie de l'équipe canadienne en tournée en Nouvelle-Zélande. Un autre joueur à se distinguer est Joe Kennaway, qui a joué pour le Canada et pour l'Écosse, et qui est considéré comme un des meilleurs gardiens de but au monde à cette époque.

Après la Seconde Guerre mondiale, l'arrivée d'immigrants en provenance des 4 coins du monde change la face du soccer canadien. Avant la guerre, le soccer subit surtout l'influence britannique mais il acquiert rapidement un style international, particulièrement dans les années 50 et 60. Avec l'assimilation des immigrants à la vie canadienne, on met l'accent sur la formation de joueurs canadiens. C'est ainsi que le Canada se taille une place de plus en plus grande dans le monde du soccer. Le Canada participe régulièrement à la Coupe du monde (championnats du monde professionnels), aux Olympiques, aux Jeux panaméricains, aux tournois féminins et à des compétitions chez les jeunes.

La première participation du Canada à la Coupe du monde remonte à 1957, mais ce n'est qu'en 1978 qu'il franchira les rondes préliminaires. Le Canada atteint la ronde finale de la Coupe du monde pour la première fois en 1986. L'équipe est entraînée par Tony Waiters et, malgré des défaites contre des équipes de renommée internationale (France, Hongrie et URSS), l'équipe canadienne se distingue par la qualité de son jeu.

L'équipe canadienne se rend en finales aux Olympiques de Montréal (1976) et perd par un fil contre l'URSS et la Corée du Nord. En finale, l'Allemagne de l'Est l'emporte sur la Pologne 3-1 devant une foule record de 71 619 personnes réunies au Stade olympique de Montréal. Aux Olympiques de Los Angeles (1984), l'équipe canadienne se rend en quart de finale et s'incline devant le Brésil dans un match où, après les 90 minutes de jeu réglementaire et les 30 minutes de prolongation, le score est 1-1. Le Canada perdra sa place en demi-finale lors des tirs au but qui s'ensuivront. L'équipe canadienne senior ne se qualifie pas pour les Olympiques de 1988 et 1992 ni pour la Coupe du monde de 1990.

Dans les 10 dernières années, l'équipe canadienne junior se qualifie 3 fois pour les finales mondiales: au Japon (1979), en URSS (1985) et au Chili (1987). La participation à de nombreuses compétitions internationales permet à un grand nombre de Canadiens de se distinguer, notamment le joueur arrière Bruce Wilson, capitaine de l'équipe canadienne aux Olympiques de 1984 et aux finales de la Coupe du monde de 1986. Wilson représente le Canada à un nombre record de matches (57) avant de prendre sa retraite. À ses côtés, dans plusieurs de ces matches, on trouve Boby Lenarduzzi qui a une carrière remarquable avec les Whitecaps de Vancouver de la North American Soccer League (NASL). Aux finales de la Coupe du monde de 1986, le demi-centre Randy Samuel joue tellement bien qu'il se voit offrir un contrat lucratif avec une équipe hollandaise réputée. De son côté, Randy Ragan s'établit comme un des meilleurs joueurs de demi au monde. Citons aussi Sam Lenarduzzi (frère aîné de Bob), Buzz Parsons, Jimmy Douglas et Robert Larusci, qui ont joué pour les célèbres Cosmos de New York et se sont taillés une place sur la scène canadienne et internationale quelques années plus tôt.

La plupart des joueurs ayant représenté le Canada ces dernières années ont joué à un moment ou un autre dans la NASL. La NASL, dissoute au début de l'année 1985, comprenait à une certaine époque 5 équipes canadiennes: les Boomers de Calgary, les Drillers d'Edmonton, le Manic de Montréal, le Blizzard de Toronto et les Whitecaps de Vancouver. Le Blizzard est la quatrième concession de la NASL à Toronto après les Falcons, les Metros et les Metros-Croatia. Ces derniers ont remporté le championnat de la NASL en 1976, exploit répété par les Whitecaps de Vancouver en 1979. Le Blizzard sera défait en finale en 1983 et 1984. Avant la formation de la NASL en 1968, peu de Canadiens sont joueurs professionnels.

L'Association canadienne de soccer remplace la NASL avec sa propre ligue, la Ligue canadienne de soccer (LCS), qui fera ses débuts en 1987 avec des équipes à Vancouver, Edmonton, Calgary, Winnipeg, Hamilton, Toronto, Ottawa et North York. Avec le peu de spectateurs dans certaines villes et la domination de la concession de Vancouver, certaines des équipes quittent la ligue et sont remplacées par d'autres. Lorsqu'en 1993, les concessions de Toronto et de Vancouver joignent les rangs de la nouvelle Ligue nord-américaine de soccer professionnel, la qualité des matches de la LCS se détériore à mesure que les meilleurs joueurs canadiens se joignent aux équipes de la nouvelle ligue.

Contrairement au football canadien et américain, le soccer est répandu dans tous les pays du monde et plus de 150 pays sont membres de la FIFA. Malgré son avenir encore incertain comme sport professionnel au Canada, le soccer continue de gagner en popularité à titre de sport récréatif pour hommes et pour femmes. Après le hockey, le soccer est le sport qui attire le plus grand nombre de participants.

Colin Jose

Social-démocratie Dans le passé, des adhérents de la gauche radicale et de la gauche modérée ont qualifié leur doctrine de «social-démocratie». Au cours des dernières années, toutefois, les modérés ont été pratiquement les seuls à se dire sociaux-démocrates. Au sein de la gauche radicale, les critiques emploient même ce terme de façon méprisante. Pour beaucoup d'adeptes, «social-démocratie» et «socialisme démocratique» sont équivalents.

Au début du XXe s., les travailleurs de nombreux pays industrialisés ont acquis le droit de voter et de former des syndicats et des partis. Beaucoup de socialistes croient alors que la classe ouvrière, le groupe le plus considérable dans la société moderne, est de mieux en mieux armée pour pousser l'ÉTAT à abolir la PAUVRETÉ, l'inégalité et l'exploitation d'une classe par l'autre. Le capitalisme pourrait ainsi être transformé par voie législative. Le socialiste allemand Eduard Bernstein (1850-1932) répand l'idée selon laquelle la lutte des classes n'est pas inévitable et qu'une transition pacifique et non révolutionnaire vers le socialisme est possible et souhaitable.

La Révolution russe de 1917 et la fondation de l'Internationale (Komintern), en 1919, entraînent une rupture irrévocable entre l'aile révolutionnaire, qui forme dès lors des partis communistes, et les partisans du changement graduel, qui forment des partis sociaux-démocrates.

Après cette date, la social-démocratie peut se définir par opposition non seulement au capitalisme, mais aussi au communisme. Les sociaux-démocrates défendent résolument les droits de la personne et les méthodes constitutionnelles et rejettent catégoriquement l'idée marxiste de la dictature du prolétariat. Ils soutiennent aussi que la démocratie politique (égalité du droit de vote) doit être élargie afin d'inclure la social-démocratie et économique (égalité du droit à l'éducation, aux soins médicaux, aux régimes de retraite, à l'emploi et à des conditions de travail sécuritaires). Puisqu'ils croient à l'efficacité de l'éducation et de la persuasion ainsi qu'à la capacité éventuelle de l'État de redistribuer la richesse avec bienveillance, les sociaux-démocrates encouragent la mise en place d'un État militant et interventionniste qui établit pour les défavorisés de vastes mesures d'aide appelées SÉCURITÉ SOCIALE.

Au Canada, l'un des premiers promoteurs du réformisme est le Social Democratic Party of Canada, créé en 1911 à la suite de l'insatisfaction engendrée par le Parti socialiste du Canada, plus doctrinaire et révolutionnaire, fondé en 1904. Plus tard, la LEAGUE FOR SOCIAL RECONSTRUCTION (1932-1942), qui s'inspire fortement de la Fabian Society britannique, devient pour le socialisme démocratique l'organe intellectuel le plus en vue au Canada. Dans la revue *The Canadian Forum* et le livre *Social Planning for Canada*, des gens comme F.R. SCOTT, Frank UNDERHILL, Eugene FORSEY, Leonard MARSH et Harry Cassidy expriment leurs idées sur la social-démocratie.

La CO-OPERATIVE COMMONWEALTH FEDERATION (CCF) et son successeur, le NOUVEAU PARTI DÉMOCRATIQUE (NPD), sont les partis politiques qui offrent la vision sociale-démocrate la plus cohérente. Conséquemment, le NPD adhère à l'Internationale Socialiste, une confédération des partis sociaux-démocrates. Plusieurs manifestes du CCF et du NPD donnent une illustration détaillée de la doctrine sociale-démocrate: le manifeste de Regina (1933), la déclaration de Winnipeg (1956), la déclaration du Nouveau Parti (1961) et le nouveau manifeste de Regina (1983). Parmi les grandes figures qui pratiquent une politique sociale-démocrate, citons J.S. WOODSWORTH, T.C. DOUGLAS, M.J. COLDWELL, Stanley KNOWLES, David LEWIS, Ed BROADBENT, Allan BLAKENEY, Roy ROMANOW, Mike HARCOURT, Glen CLARK, Bob RAE, Audrey MCLAUGHLIN et Alexa MCDONOUGH. Le PARTI QUÉBÉCOIS, en plus d'être nationaliste et séparatiste, professe également une idéologie sociale-démocrate. Il a demandé et obtenu le statut d'observateur à l'Internationale Socialiste.

La pensée sociale-démocrate canadienne inspire des mesures législatives comme l'INDEMNISATION DES ACCIDENTS DU TRAVAIL, le SALAIRE MINIMUM, la PENSION DE VIEILLESSE, l'ASSURANCE-CHÔMAGE, les ALLOCATIONS FAMILIALES, le logement subventionné (Société canadienne d'hypothèques et de logement) et l'assurance-maladie (*voir* SANTÉ, POLITIQUE SUR LA). L'ÉTAT PROVIDENCE résulte en grande partie du travail en commun des sociaux-démocrates et des libéraux de tendance réformiste. Il est certain que la naissance du CCF en 1932 et sa montée rapide au début des années 40 ont incité le PARTI LIBÉRAL à faire un virage à gauche pour ne pas être délogé comme son homologue britannique.

Il apparaît toutefois que les gouvernements provinciaux formés par le CCF et le NPD en Colombie-Britannique, en Saskatchewan et au Manitoba constituent les principaux véhicules de l'influence sociale-démocrate. Le plus remarquable est celui de Douglas en Saskatchewan, premier gouvernement socialiste en Amérique du Nord, qui instaure le premier régime d'assurance-maladie. Le parti n'a jamais pris le pouvoir au niveau du fédéral, mais il exerce une grande influence sur les politiques des GOUVERNEMENTS MINORITAIRES. Sur la scène internationale, la social-démocratie accomplit ses progrès les plus significatifs pendant la période d'après-guerre (fin des années 40 et années 50), car elle se présente comme un moyen terme entre les factions opposées du capitalisme et du communisme.

Toutefois, lorsque les socialistes prennent le pouvoir, les problèmes pratiques de gouvernement amènent beaucoup de gens à contester d'importants postulats socialistes sur les méthodes employées. Contrairement aux communistes, les sociaux-démocrates ne croient pas que la nationalisation universelle des moyens de production soit le remède miracle à tous les maux du capitalisme. Ils proposent plutôt un élargissement sélectif de la RÉGIE PUBLIQUE (p. ex., les coopératives, les SOCIÉTÉS DE LA COURONNE et les entreprises d'État) dans une économie mixte.

Par le passé, les sociaux-démocrates ont préconisé la création d'entreprises publiques comme la Société Radio-Canada et Air Canada et d'institutions d'État comme la Banque du Canada. Avec l'émergence de l'ÉCONOMIE KEYNÉSIENNE, les sociaux-démocrates ont commencé à affirmer que la POLITIQUE BUDGÉTAIRE et la POLITIQUE MONÉTAIRE, notamment les taux d'IMPOSITION, les dépenses publiques et la régulation de la masse monétaire, pouvaient régulariser l'économie de marché d'une manière profitable pour la société. P. ex., on croyait pouvoir réaliser le plein emploi, une meilleure égalité et une croissance économique en faisant appel à la fois à la planification gouvernementale, à des mesures législatives, aux entreprises publiques et aux lois du marché.

Les sociaux-démocrates ont préconisé la réduction des inégalités non seulement entre les CLASSES SOCIALES, mais aussi entre les régions (*voir* RÉGIONALISME). Ils ont donc appuyé les mesures gouvernementales visant à redistribuer les richesses des provinces mieux nanties aux provinces moins favorisées et ont encouragé la canadianisation de l'économie au moyen de mesures d'étatisation (p. ex., PETRO-CANADA) et de réglementation (p. ex., l'AGENCE D'EXAMEN DE L'INVESTISSEMENT ÉTRANGER) destinées à diminuer la dépendance du Canada à l'endroit d'autres pays.

Depuis quelques années, la doctrine sociale-démocrate est de plus en plus critiquée, tant par la gauche que par la droite. La gauche radicale et révolutionnaire soutient que les réformes sociales-démocrates sont trop éclectiques et ne produisent rien de plus que des changements de façade en donnant au capitalisme une apparence plus humaine et plus acceptable et en retardant les changements structurels nécessaires. Elle affirme aussi que l'adoption du modèle keynésien par les sociaux-démocrates est aujourd'hui un antidote encore moins efficace contre le capitalisme. Ces critiques estiment que les sociaux-démocrates ont nationalisé trop peu d'industries, et surtout celles qui n'étaient pas rentables. Ils doutent que la social-démocratie puisse conduire au socialisme un jour. Ils citent des analyses statistiques détaillées de la société canadienne, qui indiquent que l'État providence n'a pas modifié l'inégalité des classes dans la mesure espérée et que la pauvreté a une emprise plus solide que ne le croyaient les réformateurs sociaux optimistes.

L'État providence est également attaqué par les néo-conservateurs: ceux-ci critiquent les fortes augmentations des dépenses gouvernementales et des effectifs de la fonction publique, et ils contestent l'opportunité d'une augmentation du pouvoir de l'État et le coût croissant de ce pouvoir. Ils signalent que la croissance économique, fondement de la théorie économique keynésienne et de la pensée sociale-démocrate traditionnelle, est en période de ralentissement. La STAGFLATION fait naître la hantise d'une diminution des fonds utilisables pour financer les programmes sociaux, et l'universalité de certains de ces programmes (p. ex., régimes de retraite et assurance-maladie) est remise en question.

Plusieurs autres problèmes se présentent également. La théorie sociale-démocrate a tendance depuis longtemps à favoriser la planification par le gouvernement central. Or, dans un pays comme le Canada, qui se préoccupe fortement des droits des provinces, surtout au Québec, de telles politiques centralisatrices entravent la propagation de l'idéologie sociale-démocrate. De fait, d'importantes divergences séparent les forces sociales-démocrates du Canada français et celles du Canada anglais, représentées respectivement par le PQ et le NPD.

Ces dernières années, beaucoup de partis sociaux-démocrates européens semblent subir des reculs électoraux. Au Canada, même s'il recueille des appuis variables dans les sondages d'opinion publique, le NPD n'a jamais pris le pouvoir sur la scène fédérale. Il a cependant formé, en 1997, les gouvernements de la Colombie-Britannique, de la Saskatchewan et du Yukon.

Des critiques soutiennent que la doctrine sociale-démocrate doit être reformulée. Les sociaux-démocrates semblent moins certains des moyens les plus efficaces de poursuivre leurs objectifs qu'ils ne l'étaient dans les années 50. Pour survivre, toute idéologie doit évoluer de manière à fournir des réponses efficaces aux problèmes actuels. À l'aube du XXIe s., les sociaux-démocrates devront faire face à une multitude de problèmes: les changements technologiques en milieu de travail; la modification de la composition de la population active; la mondialisation et la concurrence accrues; le fléchissement de la croissance économique de pays industrialisés comme le Canada; la manière de rechercher une meilleure démocratie industrielle malgré les taux élevés de chômage et d'endettement; la puissance grandissante des multinationales; l'opinion publique de plus en plus négative au sujet du rôle du gouvernement; la triste situation du Tiers-Monde; les inquiétudes croissantes à l'égard de notre environnement et les dangers de guerre persistants.

Alan Whitehorn

Socialisme La doctrine politique socialiste critique l'existence des inégalités sociales, économiques et politiques dans la société. Afin de réduire les inégalités entre les classes, les socialistes réclament une redistribution du pouvoir en faveur de la classe ouvrière et au détriment des riches propriétaires. Ils encouragent les travailleurs à agir collectivement pour surmonter leur situation défavorable et préconisent une organisation économique directe (p. ex., la formation de syndicats, les protestations ouvrières et les grèves) et l'action politique (p. ex., la formation de partis socialistes et/ou travaillistes) afin de réorienter l'État, de sorte qu'il protège les travailleurs ordinaires au lieu de défendre le pouvoir d'un petit nombre.

Les premiers à employer le terme «socialisme» sont des socialistes utopistes du début du XIXe s. comme Robert Owen, Charles Fourier et Saint-Simon. D'autres utilisent ce terme par la suite, notamment des communistes révolutionnaires comme Karl Marx et Friedrich Engels et des socialistes partisans du changement graduel comme le révisionniste Eduard Bernstein et les socialistes fabiens britanniques. Historiquement, le terme sert donc à décrire à la fois la gauche révolutionnaire et la gauche qui croit au changement graduel, ce qui crée beaucoup de confusion quant à son sens exact. La Révolution russe de 1917 clarifie partiellement la question, car les 2 traditions socialistes adoptent des appellations distinctes: les révolutionnaires se désignent sous le nom de «communistes» alors que l'aile non révolutionnaire adopte l'étiquette de «socialiste» ou «social-démocrate» (voir DÉMOCRATIE SOCIALE).

Révolutionnaires ou non, les socialistes s'entendent sur la nécessité de limiter les excès de la propriété privée et veulent accroître la propriété publique. Ils jugent également que la planification de l'État est nécessaire pour régulariser les fluctuations désordonnées du marché capitaliste. Les socialistes conviennent aussi que la démocratie sociale et économique est un droit important pour rendre la société plus égalitaire. Les désaccords entre les socialistes révolutionnaires et les non révolutionnaires portent sur le degré de propriété publique et de planification étatique nécessaires (historiquement, les communistes en préconisent un degré étendu, alors que les social-démocrates prônent une économie mixte) et sur les méthodes choisies pour obtenir le pouvoir politique (les communistes recourent à l'action révolutionnaire, les social-démocrates préfèrent les changements législatifs pacifiques). Somme toute, les divergences relatives aux moyens s'avèrent très importantes. Les socialistes pacifiques ou démocrates en viennent à se définir par opposition à la fois au capitalisme et au communisme.

Au fil des années, bon nombre de partis canadiens d'orientations diverses revendiquent l'étiquette socialiste, notamment le Parti socialiste du Canada (1904), le Social Democratic Party of Canada (1911), le PARTI COMMUNISTE DU CANADA (1921), la CO-OPERATIVE COMMONWEALTH FEDERATION (CCF; 1932) et le NOUVEAU PARTI DÉMOCRATE (NPD; 1961). Au Canada, la tradition qui prédomine est celle du socialisme pacifique visant le changement graduel. Le document socialiste canadien le plus célèbre est probablement le MANIFESTE DE REGINA (1933), rédigé par le CCF pendant la crise capitaliste mondiale des années 30. Parmi les politiciens marquants du CCF et du NPD, citons J.S. WOODSWORTH, T.C. DOUGLAS, M.J. COLDWELL, David LEWIS, Ed BROADBENT et Alexa MCDONOUGH.

Le gouvernement de Tommy Douglas en Saskatchewan est le premier gouvernement socialiste en Amérique du Nord et le pionnier de l'assurance-maladie au Canada. Ces dernières années, la Colombie-Britannique, la Saskatchewan, le Manitoba, l'Ontario et le Yukon se sont dotés de gouvernements néo-démocrates. En cette fin de siècle, beaucoup de gens appartenant ou non au mouvement socialiste affirment qu'il est nécessaire de reformuler la doctrine socialiste. Ce besoin est affirmé dans les 2 camps, révolutionnaire et non révolutionnaire. Les questions débattues sont notamment le rôle de l'État, la propriété publique, la mondialisation du capital, l'endettement intérieur et international, l'organisation nationale ou internationale des syndicats, les changements technologiques et l'avenir du travail. Il est évident que les débats sur la nature du socialisme se poursuivent et que l'idéologie continuera d'évoluer en conséquence.

Walter D. Young

Société biblique canadienne Fondée en 1904, la Société biblique canadienne (SBC) a pour but de publier et de diffuser les Saintes Écritures. La British and Foreign Bible Society (BFBS) est fondée en 1804 à Londres (Angleterre) et sa première publication diffusée à l'étranger, l'*Évangile* de Jean en mohawk, arrive au Canada en 1805. Des colons de la Nouvelle-Écosse reçoivent des bibles de la BFBS et collectent des fonds dès 1808 pour l'œuvre de la société. Celle-ci établit des filiales dans les Maritimes, puis progresse vers l'ouest. Après quelque temps, la création d'une société biblique nationale va

de soi, et les filiales canadiennes de la BFBS se réunissent à Toronto les 14 et 15 septembre 1904 pour former la Société biblique canadienne.

En 1946, un certain nombre de sociétés bibliques nationales forment une fraternité mondiale, l'Alliance biblique universelle, dont la SBC est membre fondateur. La société se limite strictement aux Écritures et laisse aux Églises le soin de les interpréter. Cette organisation œcuménique collabore avec toutes les confessions chrétiennes. En 1986, elle distribue plus de 12 millions d'exemplaires de la Bible, des évangiles, de l'Ancien et du Nouveau Testament et de textes extraits des Écritures en 104 langues au Canada. Les Écritures sont maintenant publiées en 1848 langues, et les diverses sociétés en distribuent 500 millions d'exemplaires par année dans le monde.

Société Canadian Tire ltée Cette Société, dont le siège social est à Toronto, est un grossiste et un marchand de produits pour l'automobile. Fondée par les frères John W. et Alfred J. Billes en septembre 1922, la société débute sous le nom d'Hamilton Garage and Rubber Company. Les frères tirent parti du commerce florissant de l'automobile et envoient par la poste la liste de prix de leurs produits à tous les propriétaires de voiture de l'Ontario. L'entreprise devient la Canadian Tire Corp. Ltd. en 1927 et est l'une des premières entreprises à adopter le concept des franchises selon lequel le franchisé est propriétaire de son magasin, mais achète sa marchandise de la société mère.

En 1940, on dénombre déjà 105 magasins. Dans les années 50, les magasins sont parmi les premiers à adopter la formule du service complet d'entretien routinier général et de réparation des automobiles et les coupons-primes. Aujourd'hui, Canadian Tire est présente dans toutes les provinces, avec 423 magasins dans tout le Canada et 202 stations-services exploités par le biais d'une filiale. En 1981, elle achète la majorité de l'inventaire et des biens de White Stores Inc., au Texas, pour tenter de percer le marché américain. Au moment où elle vend la chaîne en 1986, la société a perdu plus de 300 millions de dollars. En 1994, ses ventes atteignent 3,6 milliards de dollars, ses actifs, 2,7 milliards. Elle compte 27 000 employés. J.W. Billes meurt en 1956, léguant ses parts à 23 organismes de bienfaisance. En 1986-1987, la propriété de la société fait l'objet d'une contestation au moment où les enfants de A.J. Billes tentent sans succès de la vendre. Ils possèdent toujours 60 p. 100 de la société, tandis que les franchisés en détiennent 17 p. 100.

Société canadienne de la sclérose en plaques Cet organisme bénévole à but non lucratif est fondé en 1948 pour subventionner la recherche médicale sur la sclérose en plaques (SP), maladie affectant le système nerveux central la plus répandue chez les jeunes adultes canadiens. Le mandat de la Société englobe aujourd'hui la prestation de services aux personnes atteintes de sclérose en plaques et à leur famille ainsi que l'information visant la population et les professionnels de la santé à propos de cette maladie encore incurable. En 1966, l'organisme canadien aide à la création de la Fédération internationale des associations de la sclérose en plaques. La Société, dont le siège social se situe à Toronto, comprend 7 bureaux régionaux et environ 100 sections, pour un total de 25 000 membres. Par l'entremise de son financement et des pressions qu'elle exerce sur le gouvernement pour qu'il augmente son appui financier, elle joue un rôle déterminant dans le développement de la recherche sur la sclérose en plaques au Canada.

Deanna Groetzinger

Société canadienne des postes La Société est constituée le 16 octobre 1981 par la *Loi sur la Société canadienne des postes* et remplace l'ancien ministère des Postes du gouvernement fédéral. Elle est une SOCIÉTÉ DE LA COURONNE non assujettie à l'impôt sur le revenu. La Société peut prendre des règlements prescrivant des tarifs de port équitables et

raisonnables afin de se procurer des revenus suffisants pour couvrir les dépenses. Malgré de fortes augmentations des tarifs postaux, le Ministère était accusé de donner un mauvais service, et les causes généralement invoquées étaient l'équipement dépassé et les conflits de travail. Le Ministère était déficitaire depuis nombre d'années. En se constituant en société d'État, Postes Canada peut se moderniser, faire une concurrence efficace aux services de livraison privés et, le cas échéant, produire des bénéfices.

La Société canadienne des postes est la plus grande organisation civile du gouvernement. Elle administre environ 18 000 points de vente de détail dans tout le Canada et compte 53 000 employés à temps plein et à temps partiel. Elle traite plus de 10 milliards d'envois postaux par année, qu'elle livre à plus de 12 millions d'adresses, et ses recettes dépassent 4 milliards de dollars en 1994-1995. En 1986-1987, elle commence à fermer des bureaux de poste et à franchiser des «comptoirs postaux», dont 75 p. 100 sont exploités par des entreprises privées, dirigeant ainsi le plus grand réseau de franchises au Canada.

En 1990, la Société constitue Postes Canada Gestem ltée pour commercialiser dans le monde entier ses systèmes et sa technologie, et pour former des alliances de commercialisation et des partenariats avec d'autres entreprises technologiques. La Société canadienne des postes s'occupe également de messageries, détenant 75 p. 100 des actions de Purolator Courrier Ltée et participant à GD Express Worldwide, entreprise qui a également pour partenaires les administrations postales de la France, de l'Allemagne, des Pays-Bas et de la Suède. (*Voir aussi* POSTES).

Société canadienne d'hypothèques et de logement (SCHL), SOCIÉTÉ DE LA COURONNE fédérale responsable de l'application de la *Loi nationale sur l'habitation*. Créée en 1946, elle succède à la Wartime Housing Corporation et porte le nom de Société centrale d'hypothèques et de logement jusqu'en 1979. Elle a pour mandat de contribuer à l'amélioration des habitations et des conditions de vie au Canada.

Depuis 1946, les Canadiens ont reçu de l'assistance en vertu de la *Loi nationale sur l'habitation* pour la construction de la moitié de toutes les habitations. En effet, la SCHL aide les Canadiens à se loger en leur consentant des prêts et des subventions en assurant les hypothèques contractées auprès de prêteurs privés. Elle contribue, par ses programmes de recherche et de conception, à assurer une architecture domiciliaire satisfaisante et adaptée à la communauté.

Immédiatement après la Seconde Guerre mondiale, la SCHL se consacre essentiellement à fournir des logements aux anciens combattants. Au cours des années 50 vient s'ajouter au problème du nombre de logements disponibles celui de leur qualité. Durant les années 60, elle finance des programmes de revitalisation urbaine pour réaménager les centres-villes. Dans les années 70, elle favorise le maintien et l'amélioration des collectivités existantes grâce à des programmes d'amélioration des quartiers et à un programme d'aide à la remise en état des logements.

La SCHL s'occupe de procurer un logement aux personnes à faible revenu et de répondre aux besoins particuliers des personnes âgées ou handicapées. Elle administre des programmes qui encouragent les provinces, les villes, les organismes à but non lucratif et les coopératives à fournir des logements convenables et abordables aux Canadiens qui seraient sinon incapables d'en obtenir un. La SCHL publie des statistiques trimestrielles sur le logement, présente des résultats des recherches sur le sujet et produit des publications connexes.

Ann McAfee

Société d'art contemporain (SAC) Elle est fondée en janvier 1939 dans le but de sensibiliser le public montréalais à l'art moderne. Tout artiste «aux tendances non académiques» est invité à en faire partie.

Parmi les 25 premiers membres, on trouve Paul-Émile BORDUAS, Fritz BRANDTNER, Stanley COSGROVE, Louis Muhlstock, Goodridge ROBERTS, Jori Smith et Philip Surrey. John LYMAN, un peintre et un artiste réputé de Montréal, en est le président fondateur. En mai 1939, la SAC accepte des membres associés qui ne sont pas des artistes. Il s'agit surtout de professeurs d'art, de critiques et de collectionneurs francophones. Cette francisation de la SAC se poursuit en 1943, alors qu'on accepte qu'Alfred PELLAN et Borduas amènent avec eux leurs jeunes élèves, à titre d'artistes débutants. Ceux-ci ont le droit d'exposer, mais pas de voter. Ces nouveaux membres comprennent entre autres Marcel BARBEAU, Léon Bellefleur, Pierre GAUVREAU, Fernand LEDUC et Jean-Paul RIOPELLE.

Lyman ne perçoit pas la SAC comme un organisme qui organise des expositions, mais plusieurs membres considèrent qu'en se regroupant, il est plus facile d'obtenir des salles et d'attirer l'attention de la conformiste Société des Arts de Montréal (aujourd'hui le Musée des beaux-arts de Montréal). En mai 1939, la Société parraine *Art of Our Day*, une étude portant sur les collections d'art moderne européen à Montréal. En décembre, les membres présentent leur première exposition annuelle dans une galerie commerciale de la ville. Beaucoup des expositions subséquentes du groupe ont cependant lieu dans les bureaux de l'association. On pourrait dire que la plupart des premiers membres anglophones de la SAC sont des post-impressionnistes, influencés par l'art français. Roberts est un des peintres les plus respectés du groupe, mais au début des années 40, Borduas et Pellan prennent la vedette, donnant un ton plus abstrait aux expositions du groupe. Borduas devient de plus en plus influent, au grand déplaisir des conformistes anglophones du groupe, ainsi que du cercle des admirateurs de Pellan.

Dans les années 40, la SAC a beau être dynamique et tournée vers l'avenir, elle attire peu d'attention à l'extérieur de Montréal. Jack HUMPHREY et Miller Brittain de Saint-Jean sont les 2 seuls non-Québécois à joindre le groupe. La Galerie nationale du Canada, qui joue pourtant un rôle important dans la promotion du GROUPE DES SEPT, ne lui accorde aucun soutien.

En 1945, à peu près tous les peintres innovateurs et ambitieux de Montréal font déjà partie de la SAC. Sa taille, sa diversité et les conflits internes la rendent cependant de plus en plus difficile à diriger. En 1948, pour tenter de consolider l'organisation, Borduas est élu président. Il fait toutefois face à une tempête de protestation de la part des gens qui le trouvent trop radical: il fait déjà circuler à l'époque, une ébauche du REFUS GLOBAL. Se sentant incapable de diriger le groupe, Borduas remet sa démission dès le lendemain de son élection. Peu après, Pellan et plusieurs de ses partisans quittent la SAC. (*Voir aussi* PEINTURE).

Christopher Varley

Société de conservation «Les Canadiens et leurs gouvernements, leurs institutions et leurs industries commencent (et doivent commencer) à faire la transition entre une société de consommation préoccupée par l'exploitation des ressources et une société de conservation engagée dans des entreprises plus constructives.» Cet énoncé, qui cite pour la première fois l'expression «société de conservation» est apparu dans le rapport du CONSEIL DES SCIENCES DU CANADA intitulé *Problèmes d'une politique des richesses naturelles au Canada* (1973). Ce rapport laisse entendre que de nombreux problèmes environnementaux sont symptomatiques des problèmes plus graves d'une société qui se consacre à transformer les ressources en déchets le plus rapidement possible dans l'intérêt d'une croissance économique à court terme. Il affirme aussi qu'on ne pourra résoudre la plupart des problèmes environnementaux qu'après nous être attaqués à leurs causes fondamentales.

La presse canadienne a accordé une couverture médiatique inattendue aux recommandations de la société de conservation lors de la publication du rapport. L'attention et l'intérêt du public ont mené à une série d'études parrainées par le gouvernement fédéral et d'autres groupes. Le terme s'est aussi propagé aux États-Unis, en Australie et en Nouvelle-Zélande. Il a depuis lors été remplacé par l'expression «développement durable», créée par la Commission Bruntland (1987) et reprise par la Conférence des Nations Unies sur l'environnement et le développement, qui s'est tenue à Rio de Janeiro, au Brésil, en 1992. Les deux concepts sont très similaires car tous les 2 reposent sur des idéaux comme la démocratie, la justice et la liberté qui guident l'élaboration de plans et programmes précis, plutôt que sur des règles ou des réglementations détaillées.

Principes Selon la brève définition du Conseil des Sciences, une société de conservation se base sur 5 orientations stratégiques fondamentales pour prendre les décisions qui influencent l'ENVIRONNEMENT ou ses RESSOURCES: le souci de l'avenir; l'économie de la conception; la diversité, la flexibilité et la responsabilité; la reconnaissance des coûts totaux; et le respect de la biosphère et de ses possibilités. Les idées sous-jacentes au concept sont décrites de diverses façons: «faire davantage avec moins», «vivre en fonction des limites de la croissance», «utiliser les techniques adaptées au contexte culturel et aux ressources disponibles», etc.

Une société de conservation doit mettre de l'avant les préoccupations sociales et environnementales dès le début des processus de conception, de planification, et de formulation des politiques. Elle doit intégrer la dimension de la CONSERVATION des ressources et de l'ÉVALUATION DES RÉPERCUSSIONS SOCIALES et environnementales dans tous les projets. Dans une société de conservation avancée, les lois environnementales (*voir* ENVIRONNEMENT, DROIT DE L') perdront de leur importance au fur et à mesure que la planification écologique judicieuse et la conservation des ressources deviendront habituelles.

Les gouvernements ont pris quelques mesures déterminantes pour faire de notre société une société de conservation, mais les Canadiens augmentent encore leur consommation d'énergie et les Nord-Américains produisent plus de déchets par habitant que toute autre société. Certains progrès ont toutefois été réalisés, comme l'amélioration de l'enseignement en matière d'environnement, l'adoption de lois environnementales (notamment les exigences relatives à l'ÉVALUATION ENVIRONNEMENTALE), l'augmentation des compétences et des connaissances dans les domaines de la GESTION DES RESSOURCES et de l'environnement, la diminution de l'importance accordée aux MÉGAPROJETS, la modification des attitudes collectives, la diminution de l'affrontement au profit de la coopération pour ce qui est des questions environnementales, et enfin le développement soutenu des fondements culturels nécessaires pour juger les questions environnementales.

La Commission Bruntland, commission très importante parrainée par les Nations Unies, a insisté sur le rapport étroit qui existe entre une économie prospère et un environnement sain. Elle encourage les pays à adopter des politiques de développement durable, c.-à-d. un développement qui vise le maintien des ressources limitées qu'offre la Terre plutôt que leur utilisation à outrance.

Défis Une difficulté importante surgit lorsqu'on cherche à persuader les Canadiens du bien-fondé d'une société de conservation: la persistance de 2 idées fausses au sujet des ressources du Canada et des avantages économiques qu'on en tire. La première fausse conception est que le Canada possède des ressources énormes et infinies. Le grand public ne perçoit pas encore très bien la différence entre notre territoire extrêmement étendu (environ 9 200 000 km²) et nos terres propices à l'agriculture (700 000 km² de terres arables et une quantité à peu près équivalente de pâturages).

Jusque dans les années 80, le gouvernement et l'industrie pensaient que les ressources forestières du Canada étaient tellement abondantes qu'il n'était pas urgent de songer à la REFORESTATION. Les Canadiens entendent souvent qu'ils possèdent plus d'eau douce que tout autre pays, mais on ne leur fait pas remarquer que ces eaux sont disséminées sur un territoire extrêmement étendu, ou qu'elles sont en grande partie gelées pendant une partie de l'année. Cette méconnaissance à propos de l'abondance a ralenti l'adoption de mesures de conservation et de gestion des ressources.

La deuxième idée fausse provient de vagues notions économiques. Elle repose sur les croyances suivantes: la conservation et le recyclage des ressources sont fondamentalement moins économiques que l'exploitation des ressources vierges; la protection de l'environnement ou la conception et la planification écologique judicieuses pénalisent l'industrie; toute croissance économique est souhaitable et son accélération nécessaire à la progression des nations; et il existe un lien direct entre la consommation de l'énergie et des ressources et la qualité de vie. Le fait que les gens ne se rendent pas compte des dangers représentés par une croissance démographique ininterrompue et par la croissance de l'incidence de chaque citoyen sur l'environnement ralentit encore davantage l'acceptation du concept d'une société de conservation dans les pays dotés de HAUTE TECHNOLOGIE.

Cependant, à l'approche du XXIe s., le capitalisme commence à examiner ce qui se passe au-delà de ses propres horizons et il perçoit peu à peu les avantages d'une philosophie de conservation. Ainsi, des perspectives d'avenir plus intéressantes pourraient s'offrir aux sociétés de conservation évoluées.

Dixon Thompson

Société de fiducie Il s'agit de l'unique entité légale qui puisse gérer des biens détenus en FIDUCIE en tant que liquidateur, fiduciaire et administrateur de successions, de fiducies personnelles, de caisses de retraite (*voir* PENSION) et de FONDS COMMUNS DE PLACEMENT. Elle tient aussi le rôle d'intermédiaire financier pour attirer les épargnes et les investir dans des HYPOTHÈQUES, des titres et des prêts. Au Canada, la première société de fiducie a ouvert ses portes en 1882. Le secteur a prospéré au même rythme que la croissance économique jusque dans les années 1990, époque où un certain nombre de facteurs l'ont sérieusement ébranlé.

Les sociétés de fiducie ont élargi leurs activités jusque-là limitées au secteur bancaire. Conçues à l'origine pour attirer les dépôts d'épargne à terme afin de financer les prêts hypothécaires, elles offrent maintenant des services bancaires complets aux particuliers et aux entreprises dans la mesure des changements réglementaires permis. Dans bien des domaines, elles diffèrent donc peu des banques, surtout à une époque où les marchés financiers croissent et évoluent rapidement dans un monde hautement concurrentiel. De 1983 à 1985, 6 sociétés de fiducie font faillite en raison d'une réglementation inadéquate, de mauvaises pratiques de prêt et, dans 3 cas, à cause d'actes criminels. La faillite de 6 autres sociétés de fiducie et le renflouement d'autres sociétés de 1991 à 1995 sont en grande partie attribuables à une piètre gestion et à d'importantes pertes sur prêts.

D'autres sociétés n'ont pas été en mesure de s'adapter au caractère changeant du secteur ou d'exploiter des créneaux de marché rentables. Une importante consolidation de l'industrie s'en est suivie. Quelques petites sociétés de fiducie ont survécu et toutes les principales sont devenues la propriété de banques importantes ou de sociétés. En 1997, sur un total de 56 sociétés de fiducie, 10 sont des filiales de banque, 8 des filiales de compagnies d'assurance-vie (*voir* ASSURANCE), 11 des filiales de COOPÉRATIVES DE CRÉDIT et 27 sont contrôlées par des sociétés ou leur appartiennent. (*Voir aussi* ACTIVITÉ BANCAIRE.)

Alix Granger

Société de la Couronne Appelée «corporation de la Couronne» ou «société de la Couronne» dans certaines provinces, une société d'État est une organisation fédérale ou provinciale structurée comme une entreprise privée ou indépendante, mais appartenant entièrement au gouvernement. Constituées à des fins de réglementation ou de consultation pour produire des biens ou pour dispenser des services administratifs, financiers ou autres, les sociétés d'État bénéficient d'une plus grande liberté en matière d'interventions politiques directes que les ministères. Bien que la *Loi sur l'administration financière* (LAF), adoptée par le gouvernement fédéral en 1951, indique que même si les sociétés d'État doivent rendre compte de leurs activités au Parlement en dernière instance par l'entremise d'un ministre, elles ne sont pas assujetties comme les ministères aux systèmes budgétaires et à l'autorité directe d'un ministre.

La première société d'État, la Commission des travaux publics, est constituée en 1841 pour construire un réseau de canaux dans la province du Canada. Des sociétés d'État telles que les CHEMINS DE FER NATIONAUX DU CANADA (CN), PETRO-CANADA et plusieurs sociétés hydroélectriques provinciales figurent parmi les plus grandes entreprises au Canada. Elles ont été créées par divers gouvernements néo-démocrates, libéraux, progressistes-conservateurs, créditistes ou autres. La constitution de sociétés d'État importantes dans le domaine des transports (AIR CANADA, CN, VOIE MARITIME DU SAINT-LAURENT) et des communications (SOCIÉTÉ RADIO-CANADA) est moins attribuable à une préférence pour la RÉGIE PUBLIQUE en soi qu'à l'incapacité ou au manque de volonté des compagnies privées à fournir des services importants dans un vaste pays à la population clairsemée. Depuis la Seconde Guerre mondiale, d'autres sociétés d'État fédérales ont été formées pour consentir des prêts et dispenser des services financiers connexes aux agriculteurs (Société du crédit agricole), aux petites entreprises (Banque de développement du Canada) et aux exportateurs (Société pour l'expansion des exportations), groupes aux besoins desquels les établissements financiers privés ne répondaient pas toujours. Le gouvernement fédéral possède et exploite également les mines de charbon (Société de développement du Cap-Breton) et Petro-Canada, une grande société intégrée de pétrole et de gaz. De nombreux observateurs sont d'avis que la place importante des sociétés d'État est l'élément distinctif de l'économie mixte ou constitue la différence essentielle entre l'organisation industrielle du Canada et celle des États-Unis.

Les sociétés d'État provinciales sont également importantes, bien que leur rôle, leur importance économique et leur mode de gestion soient différents. Dans la plupart des provinces, des sociétés d'État sont chargées de la production et du transport de l'électricité ainsi que de la vente au détail des alcools. Dans les provinces des Prairies, les services téléphoniques sont généralement dispensés par des sociétés d'État (*voir* SERVICES PUBLICS). Récemment, des sociétés d'État aussi diverses que Potash Corporation of Saskatchewan, Sydney Steel Corporation (en Nouvelle-Écosse) et des compagnies provinciales d'énergie en Saskatchewan, en Ontario et au Québec ont été constituées. En Colombie-Britannique, en Saskatchewan, au Manitoba et au Québec, des sociétés d'État vendent de l'assurance automobile, tandis que les gouvernements de l'Alberta, de la Colombie-Britannique et de l'Ontario sont propriétaires de chemins de fer.

Les sociétés d'État ont une importance particulière au Québec ainsi qu'en Saskatchewan, où elles se sont profondément enracinées dans l'économie provinciale après la victoire du CCF aux élections de 1944, qui est un fait marquant. La Saskatchewan considère les sociétés d'État comme un élément clé dans ses efforts pour diversifier l'économie en faisant naître une industrie secondaire. Au Québec, dès le début des années 60, les gouvernements successifs ont eu recours aux sociétés d'État pour diversifier l'économie provinciale, protéger et créer des emplois et permettre aux gestionnaires francophones de faire carrière. HYDRO-QUÉBEC est un exemple de premier plan, mais des sociétés d'État ont également été formées, notamment, dans les secteurs de l'acier, du pétrole et du gaz, des forêts et de l'amiante.

Une importante raison d'être des sociétés d'État est que la réussite commerciale des activités du gouvernement exige que celles-ci ne soient pas constamment exposées à des interventions gouvernementales et à une surveillance parlementaire. C'est pourquoi les sociétés d'État ont plus de latitude que les ministères en matière de gestion. En tant qu'entreprises gouvernementales, cependant, leur autonomie ne peut être absolue et doit être restreinte par une certaine surveillance publique quant à la formulation de leurs politiques. L'expérience canadienne semble indiquer que les principes de l'autonomie de gestion, de l'autorité du gouvernement et de la surveillance parlementaire entrent souvent en conflit et sont difficiles à concilier.

Les différentes mesures de surveillance et d'influence sur les sociétés d'État se sont élaborées au gré des circonstances. Toutefois, la partie VIII de la *Loi sur l'administration financière* (LAF), qui établit en 1951 un système de contrôles financiers applicable à la plupart des sociétés d'État, est un élément clé de ces mesures. Pour établir ce système, la loi regroupe les sociétés d'État en 3 annexes ou catégories (établissements publics, corporations de mandataires et corporations de propriétaires), chaque catégorie exerçant un certain genre de fonctions et ayant avec l'État un certain genre de relations. Les établissements publics, tel le Conseil économique du Canada, n'exercent aucune fonction commerciale évidente et sont traités de la même manière que les ministères. Les corporations de mandataires, telle Énergie atomique du Canada ltée, jouissent d'une plus grande latitude. Quant aux corporations de propriétaires, comme Air Canada, le CN et Petro-Canada, elles bénéficient d'une autonomie encore plus grande en ce qui a trait aux questions financières.

Les dispositions de la LAF obligent les corporations de mandataires et les corporations de propriétaires à présenter un budget d'exploitation annuel au ministre compétent, au ministre des Finances et au président du Conseil du Trésor. Ce budget doit être approuvé par les 3 ministres, le Cabinet et, finalement, le Parlement. Les corporations de mandataires doivent également présenter un budget d'exploitation, qui doit être approuvé par le ministre compétent et le président du Conseil du Trésor. Le Cabinet a également le pouvoir de nommer et de destituer les membres du conseil d'administration et les dirigeants d'une société d'État ainsi que de fixer leur traitement. En théorie, le conseil d'administration est l'organe essentiel de liaison entre le gouvernement et la direction de la Société. Cependant, son efficacité peut être compromise par une définition imprécise de leurs pouvoirs, de leurs attributions et de leurs responsabilités, par le FAVORITISME politique dans le choix des membres et, enfin, par une pratique peu orthodoxe et controversée du gouvernement fédéral consistant à nommer de hauts fonctionnaires au conseil. Un conseil d'administration inefficace peut se révéler incapable de résister aux interventions du gouvernement. Les lois qui régissent certaines sociétés d'État fédérales, notamment Petro-Canada, habilitent le Cabinet, et parfois le ministre compétent, à établir des directives permettant au gouvernement d'imposer à une société d'État la mise en œuvre de certaines politiques gouvernementales. Le recours à des directives demeure controversé, de même que la question de savoir si le gouvernement devrait dédommager les sociétés d'État des frais qu'elles doivent assumer pour mettre en œuvre ces directives.

Le Parlement adopte les lois qui constituent les sociétés d'État fédérales et doit approuver toute modification ultérieure de ces lois. Il approuve les budgets déposés par les sociétés d'État et toute affectation de crédits réclamée par le gouvernement pour couvrir les déficits d'exploitation. Le Parlement examine également les rapports annuels des sociétés d'État, interroge les ministres pendant la période des questions et discute de leur rendement commercial avec les ministres et la haute direction dans le cadre de comités parlementaires. Au niveau fédéral, toutefois, on ne retrouve pas de comité permanent se spécialisant dans l'examen des sociétés d'État. Cependant, un tel comité existe en Saskatchewan.

De telles mesures de contrôle officiel des sociétés d'État sont renforcées par une gamme d'influences et de mécanismes officieux. À vrai dire, les relations entre les gouvernements et les sociétés d'État, comme la plupart des relations politiques, sont parfois conflictuelles et donnent souvent lieu à du marchandage, à des négociations et à des compromis.

Dans les années 1970, la quiétude traditionnelle des sociétés d'État fédérales prend brutalement fin lorsque leur rôle et leur efficacité font l'objet d'un vif débat. Une question clé de ce débat est que l'ampleur et l'importance économique des sociétés d'État ont nettement dépassé la capacité d'Ottawa de vérifier leur gestion et que ces sociétés d'État occupent une trop grande place dans l'économie. Ce débat se poursuit d'ailleurs de plus belle aujourd'hui. De nombreux observateurs estiment alors que la LAF est dépassée et certains trouvent que les grandes sociétés d'État, particulièrement le CN, échappent à toute surveillance politique. Les vérificateurs généraux qui se succèdent critiquent la gestion financière des sociétés d'État, et les activités d'Énergie atomique du Canada ltée et d'Air Canada font l'objet de controverses. L'expansion rapide de Petro-Canada et les problèmes chroniques de Via Rail alimentent le mécontentement. Le rôle des sociétés d'État constitue également un problème dans plusieurs provinces, dont la Colombie-Britannique, la Saskatchewan, le Manitoba et le Québec.

Au Canada, la réforme des sociétés d'État suit 2 orientations distinctes: la révision des systèmes de surveillance et de reddition de comptes et, élément plus controversé, la privatisation. En adoptant la loi C-24 en 1984, le gouvernement fédéral remplace les dispositions de la LAF de 1951 par un nouveau cadre législatif. Entre autres, cette loi comporte de nouvelles annexes, élargit la capacité du Cabinet à établir des directives et indique clairement que les sociétés d'État ne peuvent ni constituer ni céder des filiales sans l'approbation du Cabinet. Elle clarifie également les processus d'approbation des budgets et prévoit la présentation de plans d'entreprise pour qu'ils soient approuvés par le Cabinet et discutés au Parlement.

L'adoption de telles réformes, quoique politiquement difficile et lente, n'a modifié sous aucun aspect important la relation entre les sociétés d'État et les gouvernements. En effet, les observateurs font remarquer que la loi C-24, en général, codifie les procédures et pratiques établies, apporte peu d'innovations et ne résout pas les grands problèmes. Dans une certaine mesure, l'impasse persistante reflète la diversité, la complexité et le climat d'évolution rapide du secteur des sociétés d'État. Un problème plus profond, cependant, tient à une divergence de vues quant au rôle, à la nature et aux objectifs des sociétés d'État dans l'ÉCONOMIE canadienne. Les sociétés d'État devraient-elles prendre leurs décisions selon les mêmes critères que les entreprises privées? Quelles règles devraient régir la concurrence entre les entreprises publiques et les entreprises privées? Comment les sociétés d'État devraient-elles concilier les impératifs commerciaux et la réalisation de leurs objectifs politiques et sociaux? De façon générale, une société d'État, pour être efficace, doit-elle se comporter de la même façon qu'une entreprise privée comparable ou différemment? Une réforme en profondeur des sociétés d'État exigerait que soient résolues les controverses sempiternelles sur le rôle économique du gouvernement.

Un remède plus radical est proposé aux Canadiens par le biais de la privatisation. Ses partisans soutiennent que la situation politique et économique du Canada sera améliorée si les éléments d'actif ou les actions des sociétés d'État sont totalement ou partiellement vendues à des investisseurs privés, quelle que soit la façon dont sont définis ces derniers. L'attrait de la privatisation, renforcé par l'exemple du gouvernement britannique, est fondé sur l'actuelle vague d'engouement pour les politiques plus axées sur les forces du marché et pour une réduction du rôle économique du gouvernement. Ceux qui prêchent la privatisation affirment que les sociétés d'État sont inefficaces, trop à l'abri des forces du marché et vraiment trop nombreuses. En corollaire, il a été émis que beaucoup de sociétés d'État ont cessé d'être utiles en tant que moyens d'appliquer des politiques et devraient être vendues au secteur privé. Le gouvernement de Brian MULRONEY a accordé à l'idée une importance plus grande que jamais en nommant un ministre d'État chargé de la privatisation, en vendant de Havilland Aircraft Company et Canadair, et en proposant la vente de plusieurs autres sociétés d'État.

La privatisation a aussi ses détracteurs, et certains la considèrent comme une croisade idéologique et une politique imprévoyante. Ceux qui critiquent la vente de De Havilland Aircraft à la société Boeing, de Seattle, doutent qu'il soit judicieux de vendre à une compagnie étrangère une entreprise canadienne ayant des perspectives d'avenir. D'autres s'inquiètent des conditions et modalités des ventes envisagées et craignent que le gouvernement ne perde sa capacité d'intervention économique. Selon une autre école de pensée, la propriété des entreprises pourrait être finalement moins importante que leur obligation de faire face à la concurrence. Enfin, d'autres détracteurs soutiennent que des entreprises partiellement privatisées, dont les intérêts appartiendraient à la fois au secteur privé et au secteur public, constitueraient un arrangement boiteux.

Pour ces raisons, les controverses sur le rôle des sociétés d'État continueront d'être à l'ordre du jour dans un avenir rapproché.

Allan Tupper

Société de musique contemporaine du Québec

(SMCQ) Fondée à Montréal en 1966 par Wilfrid PELLETIER, Jean PAPINEAU-COUTURE, Maryvonne KENDERGI, Serge GARANT et Hugh Davidson, elle a pour raison d'être de promouvoir la musique contemporaine, internationale et canadienne, et de susciter la création de nouvelles œuvres. Entre 1966 et 1999, la SMCQ a commandé plus de 200 œuvres canadiennes et réalisé plus d'une vingtaine d'enregistrements.

Les directeurs artistiques ont été Garant (de 1966 à 1986), Gilles TREMBLAY (de 1986 à 1988) et, depuis 1988, Walter BOUDREAU. Depuis sa fondation, la SMCQ a présenté, dans le cadre de sa série régulière, plus de 300 concerts à Montréal en plus de ceux qu'elle a donnés ailleurs au Canada, aux États-Unis et en Europe. Chaque année, la SMCQ reçoit des artistes prestigieux ou à découvrir, solistes ou groupes comme par exemple l'Ensemble InterContemporain dirigé par Pierre Boulez, l'Arditti Quartet, les Percussions de Strasbourg, le Kölner Ensemble für Nueues Musiktheater dirigé par Mauricio Kagel, le Groupe Stockhausen ou Steve Reich and musicians. En 1997, la SMCQ créait un nouveau volet d'activités destiné au jeune public ainsi qu'un poste de chef en résidence.

Formation à géométrie variable, l'Ensemble de la SMCQ compte de 5 à 60 musiciens du plus haut niveau. En 1982, le CONSEIL CANADIEN DE LA MUSIQUE le nomme «l'ensemble de l'année». En 1992, la SMCQ se méritait, pour son 25e anniversaire, le prestigieux Grand Prix du Conseil des arts de la Communauté urbaine de Montréal et recevait 4 prix Opus du Conseil québécois de la musique entre 1997 et 1998.

Dans le cadre des célébrations du millénaire, le 3 juin 2000, la SMCQ présentait à Montréal la *Symphonie du millénaire,* une œuvre collective de 19 compositeurs québécois interprétée par 15 ensembles sur le site de l'ORATOIRE SAINT-JOSEPH devant une foule de plus de 40 000 personnes.

Société de Saint-Vincent-de-Paul Organisme catholique voué aux œuvres de charité, la Société de Saint-Vincent-de-Paul a été fondée en 1833 par Frederic Ozanam, un étudiant de la Sorbonne, à Paris, âgé de 20 ans. Ozanam et 6 autres étudiants créent la Société en réponse aux sarcasmes prétendant que le christianisme a fait son temps, surtout en ce qui concerne les pauvres. Ils choisissent comme patron saint Vincent de Paul, qui avait attiré l'attention sur les problèmes sociaux 200 ans plus tôt, et se consacrent à aider les pauvres.

La conférence attire plus de 200 membres dès sa première année et s'étend bientôt aux provinces françaises et à Rome (1842), à l'Angleterre (1844), à l'Allemagne (1846) et partout en Europe. Le Dr Joseph Painchaud se joint à la conférence à Paris et, de retour au Québec, fonde la conférence Notre-Dame en 1846. Des conférences s'organisent à Montréal (1848), à Toronto (1850) et dans toute l'Amérique du Nord britannique.

Les membres de la Société de Saint-Vincent-de-Paul concentrent leurs efforts dans les paroisses, bien que des conférences soient créées à des fins particulières ou dans des lieux spécifiques comme les prisons, les écoles et les foyers de personnes âgées. La Société a pour principaux objectifs d'encourager la pratique du christianisme, de visiter, d'aider et de réconforter les pauvres et les infirmes. Aujourd'hui, la Société de Saint-Vincent-de-Paul est présente dans 120 pays et compte 800 000 membres. Le Canada compte environ 950 conférences regroupant quelque 9000 membres.

Société des amis (*Voir* QUAKERS)

Société des faux-visages La guérison, soit le rétablissement du mieux-être dans la communauté et de la santé chez l'individu, était au cœur de la pratique religieuse des autochtones. La Société des faux-visages était la mieux connue de plusieurs sociétés analogues établies parmi les IROQUOIS du bassin inférieur des Grands Lacs. Les faux-visages avaient des pouvoirs spéciaux sur le vent, sur le mauvais sort et sur les maladies s'attaquant aux articulations et aux épaules, ainsi que sur les maux de dents, sur les maux d'oreilles, sur les enflures et les saignements de nez. À certaines époques de l'année, on procédait à des cérémonies publiques et privées pour chasser les maladies, et, au milieu des danses et des chants, on guérissait les malades en leur frottant la tête avec de la cendre ou par l'imposition des mains. En retour, les faux-visages exigeaient du tabac et de la bouillie de farine de maïs.

Les masques des faux-visages représentaient des portraits d'êtres mythologiques dont on demandait l'aide. Les officiants étaient eux-mêmes initiés au sein de la société, à l'origine secrète, par les visages qu'ils voyaient dans leurs rêves ou en étant guéris par eux. Les membres étaient des hommes, mais le chef ou le gardien des faux-visages étaient toujours une femme. Les masques, auxquels des pouvoirs guérisseurs étaient conférés par des offrandes de tabac, étaient sculptés dans le bois d'arbres vivants spécialement choisis, puis peints et ornés de mèches de cheveux. Les traits déformés ou exagérés, bien que d'apparence humaine, étaient terrifiants ou même comiques. La société, dont des Européens ont

été témoins à la fin du XVIIe s., s'est perpétuée jusqu'au XXe s. Aujourd'hui, on sculpte encore de ces masques traditionnels, mais à des fins commerciales plutôt que rituelles. (*Voir aussi* AUTOCHTONES, RELIGION DES.)

René R. Gadacz

Société des missions étrangères de la province de Québec Lors d'une conférence tenue à Québec en 1921, pour répondre à l'appel lancé par le pape Benoît XV en faveur de la propagation de la foi (lettre apostolique *Maximum illud,* 30 nov. 1919), les évêques du Québec décident de participer collectivement au mouvement missionnaire catholique en fondant une société de prêtres diocésains canadiens-français voués aux missions étrangères. Le chanoine Avila Roch, curé de la cathédrale de Joliette, au Québec, est nommé responsable de la nouvelle société et en est le supérieur général jusqu'à sa mort (1940). Les premiers missionnaires partent pour la Mandchourie (Chine) en 1925. La Société des missions-étrangères œuvre également en Argentine, au Brésil, au Cambodge, au Chili, en Chine, à Cuba, au Honduras, au Japon, au Pérou, aux Philippines, et au Soudan. En 2000, elle compte 211 membres: 183 membres perpétuels et 28 membres associés.

Michel Thériault

Société des Nations Organisation internationale créée lors de la Conférence de paix de Paris (1919), à la fin de la Première Guerre mondiale. La Société des Nations (SDN) repose sur 2 principes: la sécurité collective et le maintien de la paix au moyen de l'arbitrage des conflits internationaux. Le président des États-Unis Woodrow Wilson joue un rôle clé dans sa fondation, mais les États-Unis n'en font jamais partie. Ultérieurement, 63 États en sont membres. Son siège social est à Genève et la SDN survit jusqu'à la naissance de l'Organisation des NATIONS UNIES qui lui succède en 1945. Le Canada en est membre dès le début et siège au sein de son conseil de 1927 à 1930.

Selon les termes de la charte (les dispositions du traité créant la SDN), on crée un conseil, une assemblée et un secrétariat. Le conseil siège 4 fois par année et est composé des grandes puissances qui sont membres permanents et de membres non permanents élus par l'assemblée. Cette dernière, composée des représentants de tous les États membres, siège une fois l'an. Le secrétariat fournit le personnel permanent œuvrant sous la direction d'un secrétaire général. Un Canadien, sir Herbert Ames, en est le directeur des finances de 1919 à 1926, un poste administratif élevé au sein du secrétariat.

La SDN constitue un forum international pour les discussions portant sur des questions d'ordre politique et juridique, sur le désarmement, les relations économiques, la protection des minorités, les communications et le transport, la santé et les questions sociales. En vertu de l'article 10 de la charte, les membres sont tenus de respecter et de préserver le territoire et l'indépendance de chacun. Tout acte d'agression contre un membre équivaut à une agression contre tous les autres et peut entraîner des mesures de rétorsion collectives d'ordre économique et, possiblement, militaire. L'objectif de la sécurité collective est d'éviter la guerre, et, au cours des années 20, la SDN participe aux tentatives de réconciliation de l'Allemagne avec la Grande-Bretagne et la France. Face aux agressions territoriales de l'Italie, de l'Allemagne et du Japon dans les années 30, elle s'avère cependant incapable d'exercer une action efficace. La SDN cesse bientôt de fonctionner en tant qu'organisation vouée à la sécurité collective, mais elle poursuit ses activités d'ordre économique et social jusqu'à la Seconde Guerre mondiale.

De 1920 à 1923, le gouvernement canadien, craignant d'être entraîné dans des guerres en Europe, tente activement, mais sans succès, de faire supprimer les garanties de sécurité collective. En 1929, le représentant canadien au conseil, Raoul Dandurand, propose avec plus de succès le renforcement des règles de procédure de la SDN sur le plan de la surveillance du traitement accordé aux minorités religieuses et linguistiques de l'Europe de l'Est. En 1935, lorsque le Canada appuie les sanctions de la SDN contre l'Italie, le délégué canadien, Walter A. Riddell, propose d'imposer un embargo sur les exportations de pétrole, de charbon et d'acier à destination de l'Italie. Le nouveau gouvernement de Mackenzie King, qui n'a pas autorisé ce geste, le désavoue publiquement. Par la suite, le Canada se fait plus discret dans les réunions de l'organisation.

La SDN, malgré son incapacité en dernier ressort d'instaurer un système de sécurité collective, aura néanmoins servi à instaurer un nouveau modèle d'organisme appelé à exercer une action à l'échelle internationale. Le fait d'en être membre permet au Canada d'établir pour la première fois des contacts officiels avec des gouvernements étrangers, l'aide à se faire connaître en tant qu'État souverain et le met en présence des opportunités autant que des problèmes de coopération internationale et des efforts déployés pour sauvegarder la paix.

Richard Veatch

Société d'information L'information occupe une place de plus en plus grande dans l'économie du Canada et d'autres pays techniquement avancés. La première moitié du XXe s. est caractérisée par le déplacement de l'activité économique dominante: la production agricole cède la place à la production industrielle. La deuxième moitié du siècle est marquée par le passage à une économie axée sur l'information (production, traitement, stockage, récupération et consommation). L'économie est non seulement orientée vers l'information propagée par les médias habituels (presse, radio, télévision, cinéma) et les bibliothèques, mais aussi vers celle propagée par des banques de données informatisées spécialisées, vendues aux abonnés de lignes de TÉLÉCOMMUNICATION. Cette évolution est rendue possible grâce aux progrès importants de la microélectronique et des télécommunications, qui réduisent continuellement les coûts du traitement et de la transmission de l'information.

Le gouvernement canadien a adopté une politique favorisant une adaptation rapide à la société d'information, qui possède un potentiel d'amélioration de l'efficacité économique. Cependant l'application de cette politique ne va pas sans difficulté. Les technologies de l'information favorisent la plupart du temps la centralisation; comme une part importante de l'information canadienne est déjà stockée à l'extérieur du Canada, l'économie canadienne pourrait devenir encore plus dépendante des grandes sociétés américaines et des multinationales. Ainsi, il serait encore plus difficile de garantir le respect de la vie privée. Les possibilités d'emplois au Canada pourraient être réduites. L'information, qui était auparavant accessible à tous (p. ex., dans les bibliothèques), pourrait devoir être achetée d'une banque de données. L'information étant considérée comme un produit primaire commercialisable dans la société d'information, les riches pourraient améliorer leur situation au détriment des moins fortunés, à moins que des mesures sociales ne soient prises en conséquence. (*Voir aussi* COMMUNICATIONS, TECHNOLOGIE DES; TÉLÉINFORMATIQUE; INTERNET; SATELLITE, COMMUNICATION PAR.)

William H. Melody

Société du crédit agricole Constituée en 1959 en vertu de la *Loi sur le crédit agricole*, la Société du crédit agricole (SCA) est le plus grand prêteur à terme du Canada dans le secteur de l'agriculture. Elle offre des services financiers exclusivement aux agriculteurs canadiens. Cet organisme d'État fédéral a succédé à la Commission du prêt agricole canadien qui existait depuis 1929. La SCA a pour but de favoriser le développement rural en dispensant des services financiers spécialisés et personnalisés aux exploitations agricoles, y compris les fermes familiales, ainsi qu'aux entreprises rurales du Canada, dont les petites et moyennes entreprises connexes à l'agriculture. La SCA est une société de la Couronne qui rend des comptes au Parlement par l'entremise du ministre de l'Agriculture. Le conseil de la Société peut comprendre jusqu'à 12 membres dont la nomination est approuvée par le gouverneur en conseil.

La SCA a reçu, le 2 avril 1993, un nouveau mandat plus large par suite de l'adoption de la *Loi sur la Société du crédit agricole*. En plus de consentir des prêts classiques, elle peut financer des projets de diversification des cultures à la ferme et des activités agricoles à valeur ajoutée hors de la ferme. La SCA est également habilitée à offrir des programmes et des services de concert avec des organismes fédéraux, des gouvernements provinciaux et d'autres prêteurs. La Société peut faire des emprunts du Trésor ou se procurer des fonds sur les marchés monétaires privés.

Le portefeuille des services de la SCA consiste en une gamme de prêts à moyen et à long terme dont la période d'amortissement peut atteindre 29 ans. Le portefeuille des prêts de la Société comprend environ 55 000 comptes d'une valeur totale de 3,3 milliards de dollars. Les services sont dispensés à la clientèle partout au Canada par plus de 760 employés travaillant dans 6 bureaux régionaux et 101 bureaux locaux ou de district. Le siège social de la Société est à Regina (Saskatchewan).

J.C. Gilson

Société héraldique du Canada Fondée en 1966, la Société héraldique du Canada, dont le siège social est à Ottawa, a pour but d'intéresser le public canadien à l'histoire et à la pratique de l'HÉRALDIQUE. La revue trimestrielle illustrée *Heraldry in Canada*, publiée depuis 1967, est aujourd'hui la plus importante publication sur l'héraldique ancienne et contemporaine au Canada. La société parraine, entre autres, la conférence annuelle George M. Beley sur l'héraldique canadienne et la compilation d'un registre des armoiries canadiennes. En 1981, elle a publié un ouvrage de référence marquant, intitulé *Canadian Heraldry*, inspiré d'un manuscrit du fondateur Alan B. Beddoe (1893-1975). La société préconise la création d'une autorité nationale chargée d'octroyer les armoiries et d'en régir l'utilisation; à cette fin, elle a fait ses démarches les plus importantes en 1971, auprès du Comité mixte spécial du Sénat et de la Chambre des communes sur la Constitution, et une dizaine d'années plus tard, auprès du Comité d'étude de la politique culturelle fédérale. Depuis 1976, les personnes qui ont rendu des services remarquables à la Société héraldique du Canada sont nommées au sein d'un collège de membres émérites de la Société.

Robert D. Watt

Société historique du Canada (SHC) Fondée en 1922, des cendres de la Historic Landmarks Association, créée en 1907 par la SOCIÉTÉ ROYALE DU CANADA, et reconstituée sous ce nom. Incorporée en 1970, la SHC est l'association professionnelle qui regroupe tous les historiens du Canada. Il s'agit d'une des SOCIÉTÉS SAVANTES parmi les plus étendues et les plus anciennes. Elle parraine le Conseil national d'évaluation des archives et sert d'organisme parapluie à plusieurs autres SOCIÉTÉS HISTORIQUES, tant locales que provinciales.

La Société gère un vaste programme de publications en français et en anglais, dont la *Revue de la Société historique du Canada*, publiée depuis 1922, une série de *Brochures historiques* et de brochures intitulées *Les Groupes ethniques du Canada*. Par le biais de ces publications, des prix qu'elle attribue et des réunions annuelles qu'elle organise, la SHC encourage la recherche historique, surtout celle qui porte sur le Canada, et contribue à promouvoir la conservation du patrimoine national.

Jacques Monet, S.J.

Société littéraire et historique de Québec, La Fondée le 6 janvier 1824, elle est la plus ancienne SOCIÉTÉ HISTORIQUE du Canada. Le comte de DALHOUSIE, gouverneur général du Canada de 1820 à 1828, a été un des principaux instigateurs de cette société bilingue qui a reçu sa charte royale en 1831. La Société s'est donné pour objectif de conserver, de mettre en valeur et de diffuser les documents historiques de la colonie. Elle a été une des premières à recueillir des archives dans ce but précis. Elle a remporté beaucoup de succès et a su partager ses découvertes au moyen de ses publications abondantes. En 1924, année de son centenaire, la Société avait publié régulièrement sa série Transactions, sauf au cours des 5 premières années, de même que de nombreuses monographies.

Pendant 120 ans, la Société a contribué considérablement aux études supérieures grâce à son musée et à son centre de documentation, à la publication d'essais savants et de documents originaux, et aussi à l'organisation de conférences historiques et scientifiques. Elle a également joué un rôle de facilitation dans la création de la Commission géologique du Canada, des Archives publiques du Canada et de la Commission des lieux et monuments historiques du Canada. À partir de 1944, elle n'avait plus pour vocation que de servir de bibliothèque.

Carman V. Carroll

Société multinationale Une société multinationale est composée d'entreprises constituées ou non en sociétés, comprenant la société mère (ou maison mère) et ses filiales étrangères. La société mère et chacune des filiales sont établies en vertu des lois et des pratiques des pays où elles sont implantées. Les sociétés sont multinationales dans leur étendue géographique, mais non dans le sens où existerait une instance multinationale qui leur permettrait de fonctionner. Les multinationales se réorganisent de plus en plus en formant des alliances et des réseaux transfrontières. Il est donc difficile de déterminer leurs frontières et leur nationalité. De plus, ces sociétés ont recours aux technologies de l'information pour effectuer des opérations transfrontalières, que les gouvernements peuvent difficilement contrôler.

En 1994, parmi les 100 multinationales, autres que financières, classées d'après la valeur de leurs actifs, 32 ont des sociétés mères américaines et 19 des sociétés mères japonaises, 15 œuvrent dans l'INDUSTRIE DE L'ÉLECTRONIQUE, 12 dans L'INDUSTRIE DE L'AUTOMOBILE et 11 dans L'INDUSTRIE PÉTROLIÈRE. Trois sociétés canadiennes figurent au sein de ce palmarès: The Thompson Corporation, La Compagnie SEAGRAM ltée et ALCAN ALUMINIUM LTÉE. Au Canada, on dénombre en tout 1565 sièges sociaux (sur un total de 38 747 dans le monde) et 4708 filiales de sociétés étrangères (sur un total mondial de 265 551). Au nombre des grandes sociétés installées au Canada, se trouvent les filiales de multinationales comme GENERAL MOTORS DU CANADA LTÉE, qui est une filiale de General Motors, quatrième société en importance dans le monde. Si les multinationales étrangères établissent des filiales au Canada, les multinationales canadiennes ouvrent aussi des filiales à l'étranger, et cette tendance est en progression depuis le milieu des années 80, surtout avec des investissements aux États-Unis.

Les multinationales font l'objet d'une surveillance, au Canada comme ailleurs, en raison de leur impact politique, culturel et social sur les pays d'accueil. Les pays moins développés disent qu'ils ont échangé leur indépendance politique contre une dépendance économique et culturelle. Sur le plan politique, on peut se demander dans quelle mesure les sociétés multinationales servent d'instrument de politique étrangère aux gouvernements des pays où leurs sièges sociaux sont installés. Sur le plan culturel, c'est la perte de l'identité nationale qui suscite de l'inquiétude.

Au Canada et ailleurs, l'hostilité envers les multinationales a été remplacée par des mesures visant à promouvoir l'afflux d'investissements directs étrangers. L'AGENCE D'EXAMEN DE L'INVESTIS-

SEMENT ÉTRANGER, créée par le gouvernement libéral de Trudeau en 1973, était habilitée à filtrer les acquisitions et les nouveaux investissements étrangers. En 1984, le gouvernement conservateur de Mulroney l'a remplacée par la *Loi concernant l'investissement au Canada*, avec pour mandat d'attirer les investissements étrangers. En 1996, des discussions sont en cours à l'Organisation de coopération et de développement économiques (OCDE) pour en arriver à un Accord multilatéral sur l'investissement qui établirait un canevas international de règles régissant les multinationales. (*Voir aussi* INVESTISSEMENT ÉTRANGER; NATIONALISME ÉCONOMIQUE; INVESTISSEMENTS ÉTRANGERS, GROUPE DE TRAVAIL SUR LES).

C.J. Maule

Société Polymer SOCIÉTÉ DE LA COURONNE fédérale fondée en 1942 pour produire du caoutchouc artificiel, en remplacement du caoutchouc dont l'importation d'outre-mer est interrompue par la Seconde Guerre mondiale. Une usine est créée à Sarnia, en Ontario, et, grâce à des brevets allemands provenant d'un détenteur de licences américain, Polymer produit mensuellement 5000 t de caoutchouc artificiel à partir de pétrole. Des pneus aux pièces d'avion, ce produit trouve de nombreuses utilisations et la plupart de la production est vendue aux États-Unis dans le cadre de l'effort de guerre commun.

Considérée comme un franc succès, cette société est plus efficace que ses homologues américaines et représente un atout pour le pays. C.D. HOWE, qui est responsable du ministère des Munitions et des Approvisionnements dont relève la société, décide de conserver à Polymer le statut de société d'État après la guerre. Comme elle est extrêmement profitable et que Howe est convaincu qu'aucun acheteur ne pourra se la procurer à un prix équitable ou continuer de la faire fonctionner, Polymer survit à la guerre et fait un rapport, par l'entremise de Howe et de ses successeurs, au Parlement jusqu'en 1971. Elle est alors vendue à la CORPORATION DE DÉVELOPPEMENT DU CANADA. La société est également active dans l'industrie pétrochimique, en particulier pour la production de polyuréthanne. Elle est rebaptisée Polysar en 1976, et sa division du caoutchouc devient une filiale, Polysar Rubber Corp. Quand NOVA Corp. achète Polysar en 1990, elle vend Polysar Rubber à la société allemande Bayer AG.

Robert Bothwell

Société Radio-Canada (SRC) Elle est l'une des principales sociétés de RADIODIFFUSION au monde. Elle exploite couramment des réseaux nationaux de radio AM (modulation d'amplitude) mono et FM (modulation de fréquence) stéréo et de télévision en couleur, en anglais et en français. Elle offre des programmes de radio et de télévision régionaux et locaux dans les 2 langues officielles, diffuse des programmes de production locale en anglais et dans les langues autochtones pour les populations du Grand Nord. Elle diffuse sur ondes courtes des émissions multilingues destinées à ses auditeurs d'outre-mer. Elle diffuse par câble les débats de la Chambre des communes et s'assure que les émissions soient sous-titrées pour les sourds.

Son financement lui vient principalement de subventions régulières du gouvernement fédéral (environ 80 p. 100 de son budget), mais aussi de revenus publicitaires et de la vente d'émissions à d'autres pays. Bien qu'ayant des comptes à rendre au Parlement sur sa gestion d'ensemble, elle est indépendante en ce qui concerne ses opérations courantes. Depuis sa création durant la Crise dans les années 30, elle essaie de procurer aux Canadiens un large éventail d'informations nationales et de divertissements d'excellente qualité plutôt que de satisfaire uniquement aux intérêts de groupes particuliers.

Fondation de la SRC La constitution de la SRC en SOCIÉTÉ DE LA COURONNE, le 2 novembre 1936, fait suite à 2 expériences antérieures de radiodiffusion publique au Canada. Dans les années 20, les Chemins de fer du Canadien National créent un réseau radiophonique comptant des stations à Ottawa, à Montréal, à Toronto, à Moncton et à Vancouver. Sa programmation se compose de concerts, d'opéras comiques, d'émissions scolaires et de drames historiques, mais ne compte toujours vers 1929 que 3 heures en ondes par semaine à l'échelle nationale.

S'inspirant de la British Broadcasting Corporation (BBC), elle contribue cependant de la sorte à rendre plus visible le bien-fondé d'une radio dont l'auditoire en est le propriétaire, aux yeux de la Commission royale de radiodiffusion. Cette commission, présidée par sir John AIRD, est mise sur pied le 6 décembre 1928 par Mackenzie King. En effet, les stations canadiennes privées commencent alors non seulement à passer aux mains d'entreprises américaines, mais elles se révèlent incapables de fournir une solution de rechange adéquate aux émissions dont les États-Unis inondent le pays.

L'élément moteur au sein de la Commission Aird n'est autre que Charles Bowman, directeur du *Ottawa Citizen*, qui est convaincu de la nécessité d'une radio publique pour protéger le Canada contre la pénétration de la culture américaine. Après avoir reçu des soumissions de partout au pays et avoir rencontré d'autres sociétés de radiodiffusion, la Commission Aird dépose son rapport, le 11 septembre 1929, moins de deux mois avant le krach boursier. Elle recommande la création d'une société nationale de radiodiffusion ayant le statut et les responsabilités d'une société de service public et une dotation en fonds publics pour offrir une programmation susceptible de «promouvoir un esprit national et d'être à l'image de la citoyenneté nationale». Elle recommande en particulier l'élimination des stations privées contre une indemnité.

La crise économique retarde l'examen des recommandations de la Commission Aird, ce dont profitent certaines des stations privées les plus influentes et leur principale agence de lobbying, l'Association canadienne des radiodiffuseurs, pour lancer une campagne d'opposition à ces recommandations. Cependant, les principes fondamentaux du rapport trouvent des défenseurs auprès de la Canadian Radio League (CRL), un organisme non officiel fondé sur le bénévolat mis sur pied à Ottawa par Alan Plaunt et Graham SPRY, à l'automne de 1930. Ceux-ci publient des brochures favorables à une radiodiffusion publique, recrutent d'autres organismes bénévoles ainsi que des représentants du monde des affaires, des banques, des syndicats, du monde agricole et scolaire avant d'envoyer une délégation officielle.

En 1932, le gouvernement conservateur nouvellement élu de R.B. BENNETT donne suite aux appels de la CRL en faisant voter la Loi sur la radiodiffusion canadienne. Il crée la Commission canadienne de la radiodiffusion (CCR), de propriété publique, et lui confère le mandat de diffuser des émissions dans toutes les régions habitées du pays.

La CCR hérite des installations radiophoniques du Canadien National et entreprend la diffusion de sa programmation anglaise et française, sous la houlette des commissaires Thomas Maher, Hector Charlesworth et du lieutenant-colonel W. Arthur Steel. Les stations privées, dont le sort repose entre les mains de la Commission, l'aident à diffuser certaines de ses émissions à l'échelle nationale, sans pour autant coopérer pleinement. Malgré tout, la CCR leur permet de poursuivre et même d'étendre leurs activités, au point qu'elles survivront à la Commission elle-même.

La CCR souffre de sous-financement, d'incertitudes relatives à son mandat, d'arrangements administratifs inappropriés, et diffuse une série d'émissions politiques qui manquent de tact. La CRL continue cependant son travail de lobbying, de sorte que le gouvernement libéral de King, de retour aux commandes, se laisse convaincre de remplacer la CCR par une agence publique plus forte au lieu d'abandonner la radiodiffusion aux stations privées.

En 1936, la nouvelle *Loi canadienne sur la radiodiffusion* crée la SRC, qui compte une structure administrative améliorée, un financement mieux assuré grâce à une taxe de licence sur les récepteurs radio (initialement fixée à 2,50 $) et une vulnérabilité moins marquée face aux pressions politiques. La SRC reprend à son compte les avoirs, les dettes et les principales attributions de la CCR, notamment la responsabilité de superviser les stations privées et de diffuser des programmes canadiens à toute la population.

De 1936 à 1958, la SRC est chapeautée par un bureau des gouverneurs composé initialement de 9 membres non rémunérés et représentant les différentes régions du Canada. Ce conseil formule la politique générale de la SRC et réglemente les stations privées. Il a comme premier président Leonard W. BROCKINGTON, un avocat réputé de Winnipeg, auquel succède René Morin en 1939. En 1944, un amendement à la Loi de la radiodiffusion permet la nomination d'un président rémunéré à temps plein pour un mandat de trois ans. Le 14 novembre 1945, A. Davidson DUNTON, qui a déjà été directeur général de la COMMISSION D'INFORMATION EN TEMPS DE GUERRE, accède à ce poste et le conservera jusqu'au 1er juillet 1958.

Il incombe également à la Commission la responsabilité de nommer un directeur général et un directeur général adjoint responsable de la supervision des opérations courantes de la SRC. C'est Gladstone Murray, né au Canada et alors directeur des relations publiques de la BBC, qui en est le premier directeur général.

La SRC commence ses activités avec 8 stations propres et 16 stations privées affiliées. Une enquête technique commandée par le bureau des gouverneurs révèle que ce réseau n'atteint que la moitié des 11 millions de Canadiens, en milieu urbain pour la plupart. Elle confirme aussi que des stations américaines puissantes perturbent et brouillent sans arrêt la réception des émissions de la SRC par les résidants des principales villes. Pour cette raison, en 1937, on contruit des émetteurs de 50 kW à Montréal et à Toronto qui permettent d'atteindre environ 76 p. 100 de la population.

La même année, la SRC prend part à l'organisation d'une conférence nord-américaine à la Havane. Le Canada y reçoit, pour son usage exclusif, 6 canaux libres pour stations de 50 kW ou plus, 8 canaux pour stations de 0,25 à 50 kW et, en usage partagé, 41 canaux régionaux et 6 autres locaux. Soucieuse d'atteindre les régions éloignées, la SRC ajoute, en 1939, des émetteurs de 50 kW en Saskatchewan et dans les Maritimes et entame la construction d'émetteurs-relais à faible puissance en Colombie-Britannique, dans le nord de l'Ontario et dans certaines régions du Nouveau-Brunswick. Après la guerre, des stations additionnelles de 50 kW sont construites au Manitoba et en Alberta, tandis que la puissance de la station CJBC de Toronto augmente aussi à 50 kW.

Premières programmations La programmation nationale progresse moins vite que le prolongement du réseau. La SRC commence par emprunter largement des émissions de divertissement, de musique dite sérieuse et de causeries produites aux États-Unis et en Grande-Bretagne.

Cependant, à la suite d'un sondage sur la programmation destiné à évaluer l'étendue des talents canadiens et leur localisation, la SRC met progressivement en ondes des productions spécifiques: p. ex., *The Happy Gang*, des émissions agricoles régionales et la TRIBUNE RADIOPHONIQUE AGRICOLE nationale de Harry Boyle, destinée à un pays encore largement rural; des émissions conformes aux intérêts des auditrices comme *Femina* et les causeries matinales animés quotidiennement par une équipe d'animatrices sous la supervision d'Elizabeth Long; des émissions sportives, dont la diffusion des matchs de hockey, le samedi soir, animées par Foster HEWITT; des émissions pour enfants telles que *Just Mary* de Mary Grannan; de même qu'une ample couverture d'événements tels que le couronnement du roi George VI et de la reine Élisabeth en 1937 et leur visite royale au Canada en 1939.

Un réseau séparé de langue française voit le jour avec la production d'émissions dans 5 régions, soit en Colombie-Britannique, dans les Prairies, en Ontario, au Québec et dans les Maritimes.

Avec le déclenchement de la guerre, la SRC crée un service outre-mer qui relaie les rapports de correspondants de guerre tels que Matthew HALTON et Marcel Ouimet. Le 1er janvier 1941, elle cesse d'emprunter les bulletins d'information de la Presse canadienne et crée son propre service des nouvelles, sous la direction de Dan McArthur. Le traitement objectif des nouvelles par le biais de son journal national, transmis par la voix de Charles Jenning, puis par celle de Lorne GREENE (la célèbre «voix du destin» assure rapidement au service des nouvelles de la SRC une réputation d'impartialité et d'intégrité.

Pendant la guerre, la SRC crée son Radio-Collège au Québec et lance en 1942 ses émissions scolaires nationales. En 1944, le réseau anglais de la SRC se scinde en 2, le réseau du Dominion (une station mère et 34 stations affiliées) et le réseau transcanadien (6 stations CBC et 28 stations affiliées). À la fin de la guerre, en 1945, la SRC crée, de concert avec le gouvernement, un service international multilingue (1945) qui deviendra Radio-Canada International. Ce service enregistre ses émissions aux studios de la rue Crescent, à Montréal, et à Sackville, au Nouveau-Brunswick, et les achemine d'abord par voie terrestre, puis outre-mer par ondes hertziennes.

Dans sa programmation, la SRC n'attache d'abord que peu d'importance aux émissions d'affaires publiques. Cependant, son président Brockington décide, peu avant la fin de son mandat, de renverser la vapeur en publiant un «livre blanc» sur la diffusion d'émissions politiques et de nature controversée. Ce document, adopté par le bureau des gouverneurs en juillet 1939, confirme l'intention de la SRC de présenter une variété d'opinions sur des sujets controversés et de s'abstenir de vendre du temps d'antenne pour la diffusion d'opinions personnelles.

Cependant, le déclenchement de la Seconde Guerre mondiale amène le gouvernement à faire pression sur la SRC pour qu'elle abandonne ses émissions d'affaires publiques. Murray rejette les propositions du département des causeries d'organiser des forums sur des sujets liés à la guerre. Il opte pour la retransmission d'émissions de la BBC et pour des programmes animés par un personnage coloré, capable de mobiliser les gens pour l'effort de guerre. Le directeur général de la SRC finit par approuver un programme de discussions appelé *Citizens All,* sous réserve qu'il approuve lui-même la liste des participants et des thèmes abordés.

Il faut attendre le départ de Murray et son remplacement par J.S. Thomson, en août 1942, pour que les efforts du département des causeries deviennent effectifs pour faire une place aux discussions sérieuses sur des sujets d'intérêt public. À la fin du mandat d'un an de Thomson, ce département a fait la preuve du rôle démocratique que peut jouer la diffusion des affaires publiques grâce au lancement d'émissions telles que *Weekend Review,* National Labour Forum, *CBC Discussion Club* et la populaire émission *Of Things to Come – An Inquiry into the Post-War World.* Cette dernière émission, dirigée par l'auteur Morley CALLAGHAN, se transforme ensuite et devient le populaire *Citizen's Forum,* qui se déroule devant un parterre d'auditeurs et qui existera toujours à l'époque de la télévision.

Dramatiques radiophoniques au Canada L'expansion de la programmation des affaires publiques

après la guerre s'accompagne de programmes artistiques tels que *Critically Speaking* et d'une augmentation significative du nombre de productions dramatiques canadiennes. En 1940, la SRC introduit l'émission *Canadian Theatre of the Air,* et en 1944, Andrew ALLAN entreprend sa série *Stage,* qui remporte un grand succès.

C'est cependant dans la première période d'après-guerre que se situe l'âge d'or des dramatiques radiophoniques canadiennes. On assiste à la formation d'une compagnie de répertoire dont font partie de jeunes acteurs canadiens et au lancement d'un important programme de formation de jeunes auteurs. La saison 1947-1948 met à l'affiche 320 productions dramatiques de langue anglaise, dont 97 p. 100 par des auteurs canadiens. En plus d'Allan, des producteurs tels qu'Esse Ljungh, Rupert Caplan et Fletcher Markle sont les pionniers de la programmation axée sur le théâtre et du répertoire dit sérieux en Amérique du Nord.

Cependant, à ce moment-là, les jours des dramatiques radiophoniques sont déjà comptés, car les Canadiens font de plus en plus pression pour obtenir la TÉLÉVISION, qui est disponible aux États-Unis depuis la fin de la guerre. Au point de départ, la SRC et le gouvernement choisissent la voie de la prudence par rapport à ce nouveau moyen de communication très coûteux. Le Dr Augustin Frigon, un ancien membre de la Commission Aird et directeur du réseau français de la SRC avant de succéder à Thomson à titre de directeur général, laisse entendre, en 1946, au comité parlementaire sur la radio que «ce serait une erreur d'encourager l'introduction de la télévision au Canada sans un soutien financier suffisant et en prenant dès lors le risque que des programmes peu satisfaisants donnent dès le départ une mauvaise impression de ce nouveau moyen de communication».

Si Frigon refuse de «se laisser emporter dans une action prématurée», le président du bureau des gouverneurs, Davidson Dunton, discute avec l'Association canadienne des radiodiffuseurs de l'idée voulant que les dirigeants de la SRC et des stations privées entreprennent de se former dans le domaine de la télévision aux studios de la SRC à Montréal et à Toronto.

Avènement de la télévision La principale impulsion pour passer à l'action au sein même de la SRC vient, en 1947, du *Rapport sur la télévision,* dont le maître d'œuvre est Alphonse OUIMET, l'ingénieur en chef adjoint de la Société. À Montréal, dès le début des années 30, celui-ci construit son propre système de télévision et essaie de le commercialiser. On nomme Ouimet coordonnateur de la télévision avant qu'il ne remplace Frigon comme directeur général. À cet homme, dont on peut dire qu'il est le personnage le plus important de l'histoire de la radiodiffusion canadienne, revient une bonne partie du crédit pour l'introduction rapide et l'essor de la télévision au Canada, dès l'instant où le gouvernement finit par décider d'aller de l'avant et d'allouer à la télévision les fonds obtenus par l'imposition d'une taxe d'accise sur les téléviseurs.

Lors de son introduction sur la chaîne CBFT de Montréal, le 6 septembre 1952 et, deux jours par semaine, sur la chaîne CBLT de Toronto, la télévision n'atteint que 26 p. 100 de la population. Mais en 1954, ce chiffre passe à 60 p. 100 et le Canada se classe au deuxième rang mondial comme producteur d'émissions de télévision en direct. Entre-temps, des stations de télévision sont construites à Ottawa, Vancouver, Winnipeg et Halifax pendant que des stations privées affiliées font leur apparition sur les écrans d'autres villes. En 1957, les 2 chaînes de la SRC, anglaise et française, diffusaient jusqu'à 10 heures par jour et touchaient 85 p. 100 de la population en combinant leurs propres stations et celles du secteur privé qui leur étaient affiliées.

L'avènement de la télévision créera des problèmes majeurs pour la radio de la SRC. Celle-ci voit

sa part de marché s'effriter avec le départ de talents et de fonds vers le nouveau média. Elle perd aussi une partie importante de ses revenus commerciaux et de sa capacité d'offrir des programmes de divertissement américains. Obligée de concurrencer les présentations d'informations locales et celles de la musique américaine, la radio de la SRC se démoralise progressivement et perd contact avec son auditoire canadien.

Dans les années 60, quelques pas sont franchis pour reconquérir la fidélité de la clientèle grâce à quelques nouveaux programmes sur l'actualité, à l'augmentation des dramatiques canadiennes et de musique dite sérieuse. Il faudra cependant attendre le début des années 70 pour la voir mener une révolution qui en fait la fierté de la SRC.

À la suite d'une étude exhaustive faite à son sujet en 1970, elle modifie profondément ses priorités en déplaçant des ressources substantielles de sa programmation du soir (période où domine la télévision) vers la matinée et l'après-midi. Elle élabore des émissions locales d'informations, conçoit une programmation en bloc et renforce les nouvelles nationales et d'actualité par l'introduction d'émissions telles que *This Country in the Morning* et *As It Happens.* En même temps, le potentiel de la radio FM est enfin exploité sérieusement, après 2 décennies de tâtonnements. En 1975, un réseau stéréo FM est inauguré alors que disparaissent les messages publicitaires sur les chaînes AM et FM.

En 1974, année où est accrue la couverture des chaînes AM et FM par l'entremise du programme de rayonnement accéléré, il en résulte l'émergence de 2 réseaux offrant 2 types bien distincts d'émissions: le réseau AM se concentre sur les nouvelles, l'information, les divertissements légers et les affaires publiques à l'échelle locale tandis que le réseau FM met l'accent sur la musique classique, les dramatiques, les documentaires, les arts et la culture.

Pendant la même période, la télévision de la SRC s'adapte moins bien à ses propres problèmes particuliers. Durant les années 50, une nouvelle génération de producteurs met toute son énergie, son enthousiasme et sa créativité à relever le défi que constitue la création de programmes pour le nouveau média qu'est la télévision. Des hommes tels que Ross McLean, Norman Campbell, Bob Allen, Jean-Paul Fugère, Sydney Newman et Mario Prizek produisent un ensemble impressionnant d'émissions d'information et de divertissement, parmi lesquels on peut citer *Tabloid, G.E. Showcase, La Famille Plouffe,* FRONT PAGE CHALLENGE, *Festival, Don Messer's Jubilee, Les Idées en marche* et *Cross Canada Hit Parade.*

La remarquable performance de la SRC au cours des années 50 n'enlève cependant pas aux Canadiens le désir de suivre aussi les émissions américaines de divertissement. Ils attendent de la SRC qu'en plus de produire des émissions canadiennes elle leur offre le relais d'émissions populaires américaines, surtout dans les régions où les ménages ne peuvent capter les signaux des stations américaines sur leur antenne de toit.

Plus tard, l'arrivée du CÂBLE et des SATELLITES dispensera dorénavant la SRC de devoir retransmettre des émissions américaines. Cependant, la télévision de la SRC dépendra alors énormément de la programmation américaine. Ce processus est enclenché à la fin des années 50, lorsque la télévision en direct débouche sur la production à grands frais de séries dramatiques et de comédies filmées à l'avance pouvant être visionnées à répétition. Voilà la SRC prise par le fait même dans un cercle vicieux, dans la mesure où elle doit présenter une programmation populaire américaine si elle veut encaisser les revenus nécessaires à sa propre production d'émissions comparables. En outre, l'attribution d'une licence à la chaîne CTV, en 1961, oblige en fait la SRC à diffuser des émissions américaines pour attirer des téléspectateurs vers ses propres émissions, par l'intermédiaire de ce qu'on appelle le «facteur d'héritage».

Durant les années 60, la SRC met à l'affiche de nouveaux téléromans tels que *Wojeck* et *Quentin Durgens MP* de Ronald Weyman, des émissions d'information stimulantes telles que This Hour Has Seven Days, *Man Alive* et *The Nature of Things* ainsi que des émissions pour enfants favorites depuis longtemps comme *Mr. Dressup, The Friendly Giant* et *Chez Hélène*.

Néanmoins, le fait de compter en permanence sur une proportion relativement élevée d'émissions américaines expose de plus en plus la SRC aux accusations de ne pas remplir le mandat qui lui a été conféré en vertu de la *Loi sur la radiodiffusion*. C'est pourquoi, entre 1967-1968 et 1973-1974, la SRC réagit au flot grandissant des critiques du public en augmentant le contenu canadien des émissions de télévision, qui passe de 52 à environ 68 p. 100. Elle met à l'horaire de nouvelles émissions canadiennes, dont *The Beachcombers, Performance* et *The Fifth Estate*.

Pendant la même période, la Société s'efforce d'améliorer l'équilibre entre la programmation du réseau national et celle des réseaux régionaux ainsi que d'accroître son efficacité en regroupant, par une formule de consolidation, les réseaux anglais, français et régionaux en 2 divisions administratives, la Division des services anglais, avec son quartier général à Toronto, et la Division des services français, dont le quartier général est à Montréal.

D'autres mesures de consolidation seront ensuite prises, ce qui facilitera la canadianisation de la programmation télévisuelle. De 1983-1984 à 1985-1986, p. ex., le contenu canadien passe de 74 à 77 p. 100 au réseau anglais de la télévision publique, et de 69 à 79 p. 100 au réseau français. Malheureusement, les réductions draconiennes qu'impose le gouvernement Mulroney au budget de la SRC, au milieu des années 80, renvoient aux calendes grecques le rêve d'éliminer complètement la programmation étrangère et la publicité de la télévision de la SRC.

Perte des fonctions de réglementation On peut dire que la SRC voit s'aggraver certains de ses problèmes du fait qu'elle n'exerce plus le rôle de réglementation que lui avait confié la *Loi sur la radiodiffusion* en 1936. La COMMISSION ROYALE D'ENQUÊTE SUR L'AVANCEMENT DES ARTS, LETTRES ET SCIENCES au Canada (1949-1951), présidée par Vincent Massey, ne se laisse pas persuader par le vieil argument de l'Association canadienne des radiodiffuseurs selon lequel la SRC «ne devrait pas être à la fois et en même temps concurrente, régulatrice, procureure, jury et juge».

Par contre, la Commission royale d'enquête sur la radio et la télévision que préside Robert FOWLER prête, en 1955-1956, une oreille plus sympathique aux aspirations des radiodiffuseurs privés. Sa recommandation favorable à la création d'un organisme séparé de réglementation se concrétise avec l'entrée en vigueur d'une nouvelle *Loi sur la radiodiffusion*, que fait voter le gouvernement conservateur de John Diefenbaker en 1958. Cette loi enlève à la SRC la tâche de réglementer le système de radiodiffusion pour la confier à un organisme indépendant, le Bureau des gouverneurs de la radiodiffusion (BGR).

Au même moment, le Bureau des gouverneurs de la radiodiffusion est remplacé par un conseil d'administration, composé de 15 personnes, tandis que la principale responsabilité de diriger la SRC revient à un président nommé par le gouvernement pour un mandat de sept ans. Le BGR cédera par la suite la place, en 1968, au CONSEIL DE LA RADIO-TÉLÉVISION CANADIENNE (CRTC) sans que ne soit remis en question le principe d'un organisme de réglementation séparé.

Le retrait de la fonction de réglementation du mandat de la SRC était sans doute inévitable. Il lui permet en tout cas de se consacrer à sa tâche principale, qui est d'offrir à la population canadienne une

programmation radiophonique et télévisuelle d'excellente qualité. Il réduit cependant la capacité des hommes qui se sont succédé au poste de président de la SRC, soit J. Alphonse Ouimet (1958-1967), George Davidson (1968-1972), Laurent Picard (1972-1975), A.W. (Al) Johnson (1975-1982) Pierre JUNEAU (1982-1989), W.T. Armstrong (1989), Patrick Watson (1989-1991), Gérard Veilleux (1989-1994), Anthony S. Manera (1994-1995), Perrin Beatty (1995-1999) et Robert Rabinovitch (1999-), d'influencer l'environnement dans lequel doit fonctionner la SRC.

En effet, la SRC ne peut empêcher l'entrée de réseaux rivaux spécialisés dans la programmation étrangère. Elle ne peut rien faire pour garantir à la programmation canadienne l'apport de fonds en provenance d'une câblodistribution en rapide expansion et relayant des émissions étrangères. Enfin, elle assiste impuissante au drainage par la TÉLÉVISION PAYANTE des maigres ressources disponibles au bénéfice des plus riches. Elle ne peut même pas obtenir pour elle-même un deuxième canal de langue anglaise et un deuxième de langue française pour accroître sa part de spectateurs, bien qu'elle obtienne, en 1989, un canal d'informations continues de langue anglaise (Newsworld) et un de langue française en 1995 (RDI).

Malgré l'érosion progressive de l'attachement au principe de propriété publique d'une société de radiotélévision, un système d'entreprises privées est loin d'avoir démontré qu'il pourra un jour atteindre les objectifs axés sur la culture que les Canadiens se sont fixés dans ce domaine. Malgré les fréquentes critiques portant sur sa lourde bureaucratie, des études montrent qu'en matière d'efficacité et de productivité, la SRC supporte aisément la comparaison avec les organismes publics et privés de radiodiffusion partout dans le monde. En 1986, malgré les encouragements du Groupe de travail sur la politique de la radiodiffusion (le rapport Caplan-Sauvageau) à l'égard des partisans d'une société publique, sous le régime Mulroney, il ne semblait pas y avoir de volonté politique pour mettre en œuvre ses recommandations. La SRC a ensuite fait l'objet d'une série d'autres études en 1995 telles que le rapport (mis sur les tablettes) de son président et l'étude d'une autre équipe, dirigée alors par Pierre Juneau. Aucun de ces documents ne semble destiné à faire la lumière sur les objectifs contradictoires imposés à la SRC ni à résoudre les difficultés persistantes de son financement. (*Voir aussi* POLITIQUE CULTURELLE; COMMUNICATIONS; RADIO, THÉÂTRE; TÉLÉVISION, DRAMATIQUES.)

Ross Eaman

Société royale d'astronomie du Canada Les origines de la Société royale d'astronomie du Canada (SRAC) remontent à 1868, lorsque 8 astronomes amateurs fondent un club d'astronomie à Toronto. Le groupe s'étant élargi, il obtient une charte en 1890, et adopte son nom actuel en 1903, avec la permission d'Édouard VII. Comme le nombre de membres s'accroît, les réunions, qui avaient lieu au domicile de membres, se tiennent à l'U. de Toronto, et une section voit le jour à Ottawa en 1906. La Société compte aujourd'hui 23 centres et plus de 3000 membres partout au Canada.

Pour bien des gens, qu'il s'agisse d'enfants, d'amateurs ou de scientifiques, l'astronomie possède un attrait particulier. Le travail d'observation et d'éducation des astronomes amateurs est d'une valeur inestimable pour la science de l'astronomie. Certains membres prennent part à des observations régulières d'étoiles d'éclats variables et autres phénomènes, tandis que d'autres acquièrent des compétences particulières en astrophotographie. De nombreux centres de la SRAC ont construit leur propre observatoire à ces fins. Les membres reçoivent 3 publications: *l'Observer's Handbook,* un guide annuel du ciel nocturne; le *Journal,* qui contient des articles d'intérêt général pour les pédagogues, les

amateurs et les astronomes professionnels; et le bulletin national, qui paraît avec chaque édition du *Journal* et présente les activités de la Société et contient des articles. La plupart des centres de la SRAC offrent des programmes d'éducation publique, notamment des soirées spéciales d'observation des étoiles qui permettent à des centaines de personnes, souvent pour la première fois, d'observer le ciel au moyen d'un télescope. Le bureau national, situé à Toronto, abrite une excellente collection de livres, de périodiques, de diapositives et de films, que les membres peuvent emprunter.

Société royale du Canada Principal organisme national œuvrant pour la promotion du savoir et de la recherche au Canada. Elle a été fondée en 1882 par le marquis de Lorne, gouverneur général du Canada, et de grands universitaires de l'époque ayant à leur tête sir William Dawson, recteur de l'U. McGill, et P.O. Chaveau, pédagogue et ancien premier ministre du Québec. Le groupe fondateur, composé de 80 membres, était organisé en 4 sections: la littérature française et anglaise et les matières connexes, les sciences mathématiques et physiques, et les sciences géologiques et biologiques.

La Société demeure l'une des rares entités canadiennes et mondiales qui couvrent l'ensemble des domaines des connaissances. Elle se compose de 3 académies: l'Académie des lettres et des sciences humaines, l'Academy of Humanities and Social Sciences et l'Académie des sciences, qui comprend les sciences naturelles et appliquées et le génie. Être élu Membre de la Société royale du Canada est un honneur professionnel hautement prisé que 1600 Canadiennes et Canadiens partageaient en 1998. La Société récompense aussi les réalisations émérites et les œuvres exceptionnelles de toute une vie dans les domaines des sciences humaines, des sciences fondamentales et appliquées et de l'éducation publique, en décernant de nombreux prix et médailles. Au cours de ses premières années d'existence, elle a encouragé la création de nombreux musées et institutions scientifiques et culturelles d'envergure nationale qui existent toujours. En créant de nombreuses SOCIÉTÉS SAVANTES et scientifiques dans des disciplines particulières, elle accorde une importance croissante à des questions complexes relatives à la santé, à l'environnement et à la société, qui nécessitent une approche étendue et multidisciplinaire.

Les assemblées annuelles, qui se tiennent depuis 1882, se sont enrichies au cours des 40 dernières années de symposiums nationaux et internationaux, d'ateliers et de réunions régionales tenus dans différents centres canadiens et, depuis 1980, d'un programme de projets et de commissions sur d'importantes questions d'actualité. Les résultats sont généralement publiés dans *Mémoires,* ou dans des livres et des rapports. Sur le plan international, la Société a développé des liens avec les académies nationales d'autres pays grâce à une série d'ententes bilatérales permettant l'échange de savants et à une participation canadienne de première importance à des programmes internationaux, en particulier dans les domaines de l'environnement et des sciences sociales.

Michael R. Dence

Société rurale au Canada anglais Au Canada, la société rurale est façonnée par la diversité géographique et culturelle et par la mobilité de sa population. La colonisation du Canada résulte d'une série de migrations vers l'Ouest qui créent des communautés rurales dispersées. Celles-ci se différencient entre elles par leur dépendance envers les productions primaires (agriculture, FORESTERIE, pêche et EXPLOITATION MINIÈRE), par leur brassage ethnique et par l'époque de leur installation. Les communautés d'Acadiens (*voir* ACADIE) occupent la région atlantique 150 ans avant le peuplement de l'Alberta, les divisions des propriétés terriennes du Bas-Canada (*voir* RÉGIME SEIGNEURIAL) diffèrent des «quarts de section» des Prairies.

Les guerres, les crises économiques, les progrès technologiques et l'URBANISATION sont autant de facteurs qui influent sur les communautés une fois établies. C'est dire que la société rurale contemporaine affiche une forte diversité locale et régionale. Cependant, si on la compare à la société urbaine, elle conserve une nette conscience de sa solidarité et de sa spécificité.

Mobilité Quatre vagues successives de mobilité de sa population marquent la société rurale du Canada: colonisation rurale, migrations de ses travailleurs, dépeuplement et migrations à rebours. 1. La mobilité initiale se fait habituellement vers l'Ouest et vers la zone pionnière. 2. Les migrations des travailleurs prennent aussi la direction de l'Ouest, comme les déplacements de travailleurs composant les équipes qui moissonnent le blé dans les fermes céréalières au début du XXe s. (*voir* TRAINS DE LA MOISSON). 3. La troisième phase, celle de l'émigration rurale, qui est aussi la plus longue, débute au commencement du XXe s. et dure jusque dans les années 70. Les gens, les jeunes surtout, quittent les fermes, les villages et les villes en quête d'emplois, d'écoles et de meilleures possibilités dans les centres urbains en pleine expansion. 4. La quatrième phase marque un retour des gens de la ville vers les campagnes dans les années 70, ce qui amène de vastes migrations journalières entre les zones rurales et les grands centres. Aujourd'hui, il y a également une forte mobilité des populations à l'intérieur des campagnes.

Rôle de la technologie et de l'urbanisation Le changement technologique bouleverse la composition de la société rurale. La mécanisation des industries primaires entraîne la rationalisation constante des modes de production, ce qui occasionne une baisse de la demande de travail manuel et une augmentation de la demande d'opérateurs possédant les compétences techniques nécessaires. La gestion d'une ferme prend davantage l'allure d'une entreprise, et l'on considère dorénavant les fermiers comme des «producteurs», un terme qui reflète leur orientation vers des productions spécialisées.

Le changement technologique s'accompagne de l'augmentation de la taille des fermes, poussant ainsi beaucoup de gens à quitter la terre. La concentration des fermes et la perte de populations agricoles provoquent des problèmes de viabilité pour les centres de services locaux. Les petites villes et les villages subissent à leur tour les contrecoups des changements technologiques, car ce sont les villes qui se mettent à produire et à distribuer les équipements et les matériaux, tandis que la transformation des produits alimentaires se fait maintenant dans les grands centres urbains.

Urbanisation L'urbanisation exerce une influence profonde sur les valeurs de la société rurale. Les valeurs du monde rural, comme la croyance bien ancrée dans les vertus du travail de la terre pour subvenir aux besoins de l'agriculteur et de sa famille, se cristallisent sous la forme d'une idéologie agrarienne qui met en valeur la vie rurale tout en combinant l'éthique d'un dur labeur et d'une frugalité, garante d'un surplus de nourriture.

La technologie apporte à la société rurale beaucoup d'avantages tels que les automobiles, l'électrification, les maisons modernes et INTERNET. Elle y introduit aussi de nouvelles valeurs qui entrent souvent en conflit avec celles qui prévalent dans les petites villes. On continue de trouver dans ces dernières 2 communautés, l'une aisée, l'autre pauvre.

L'urbanisation se fait particulièrement sentir dans la frange urbaine. Le reflux de citadins vers les zones rurales environnantes y entraîne de nombreux changements, notamment des conflits avec les populations locales à propos des droits de cultiver la terre, d'une part, et de l'expansion de la communauté, d'autre part. Paradoxalement et contre toute attente, les conflits de valeurs sont souvent inversés: les anciens citadins sont partisans de principes conser-

vateurs alors que les gens de la place favorisent souvent le progrès et la croissance.

Institutions rurales Les 3 piliers de la vie rurale traditionnelle, l'Église, l'école et la famille, sont ébranlés non seulement par la technologie et l'urbanisation, mais aussi par une rationalisation interne. L'Église, qui était partout présente dans les communautés rurales du début du XXe s., perd de son influence et a moins d'adeptes, mais continue néanmoins à jouer un rôle important dans la vie familiale et à recruter la plupart de ses prêtres dans ces communautés rurales.

L'Église a tendance à s'accrocher davantage à sa doctrine fondamentale et à ses fonctions sociales en milieu rural que dans les villes (*voir* MOUVEMENTS ÉVANGÉLIQUE ET FONDAMENTALISTE). Ces dernières années voient en effet apparaître dans les zones rurales beaucoup de nouvelles variantes du CHRISTIANISME.

Au milieu du XXe s., l'éducation subit, en milieu rural, des changements rapides en ce qui concerne le nombre d'élèves, les programmes et le déplacement des installations scolaires, en particulier des écoles de village vers les complexes scolaires des centres. Ces changements bouleversent la société rurale en uniformisant les possibilités d'enseignement qui, regroupées dans les centres, préparent les jeunes à l'émigration en les détachant de leurs racines locales.

L'institution la plus durable de la société rurale est la ferme familiale, une unité d'organisation socio-économique qui survit depuis l'époque des pionniers (*voir* VIE DES COLONS) jusqu'à l'ère moderne de l'agriculture industrielle. Malgré la baisse considérable du nombre de ces fermes familiales, la caractéristique essentielle de cette entité reste intacte, à savoir sa mainmise sur la terre, le travail et le capital. Les familles qui veulent financer de grandes fermes modernes peuvent se constituer en société et partager les avantages d'une responsabilité limitée et d'un meilleur accès au capital (*voir* LÉGISLATION SUR L'AGRICULTURE).

Dans les années 80, les fermes familiales subissent les affres de la réduction des marges bénéficiaires, d'un lourd endettement et de la baisse des prix de leurs produits. Les familles rurales survivent à la tendance au déclin des familles élargies et s'adaptent aux nouveaux types de ménage. Elles sont plus petites qu'autrefois, mais conservent encore une majorité d'hommes. L'éthique de l'entraide, de la coopération, les longues journées d'un travail harassant et la participation à la vie communautaire demeurent caractéristiques de la vie des familles rurales (*voir* MOUVEMENT COOPÉRATIF).

Problèmes contemporains Trois tendances émergent qui illustrent les changements affectant les relations sociales dans la société rurale. En premier lieu, les femmes prennent une part plus active sur le marché du travail et se font accepter comme parties prenantes au processus de prise de décisions dans beaucoup d'économies rurales.

Les rôles et les responsabilités évoluent au sein des ménages ruraux. Les demandes visant à obtenir des SERVICES DE GARDE, des transports ruraux, une augmentation du nombre et de la qualité des services à la population et des possibilités d'emploi pour les femmes reflètent une nouvelle éthique du travail et l'acceptation du pluralisme en matière d'emploi.

Les femmes des campagnes font face au stress de la vie familiale, sont capables de changer rapidement de travail et prêtes à acquérir de nouvelles qualifications. Elles créent aussi de nouvelles organisations pour faire connaître leurs opinions et leurs besoins.

La deuxième caractéristique contemporaine de la société rurale est son vieillissement. Sur le plan démographique, le Canada rural est déjà une société d'âge mûr, mais il trouve une force nouvelle dans le nombre croissant de personnes âgées. Beaucoup parmi celles-ci sont actives et font du bénévolat. Elles sont souvent à même de financer leurs propres

besoins et apportent de la vitalité à leurs communautés rurales. Elles ont aussi, inévitablement, des besoins spécifiques (soins médicaux, p. ex.), dont la satisfaction forme la pierre angulaire de la politique sociale en milieu rural dans la dernière partie du XXe s.

Une troisième nouveauté est l'émergence de la nouvelle économie rurale au Canada. Il s'agit ici de nouveaux types d'emplois de service liés à la consommation directe de la campagne (tourisme rural, marketing direct, produits à créneaux et services aux personnes âgées). La restructuration du secteur de la fabrication industrielle, la réduction des emplois dans le secteur primaire et la croissance des services d'information créent un nouveau marché du travail dans différentes régions du pays.

Tony Fuller

Société rurale au Québec On a souvent lié le Québec au monde rural. Il s'agit toutefois davantage d'une identification idéologique que d'une observation de la réalité. En fait, en 1890, comme l'Ontario, le Québec est rural dans une proportion de 90 p. 100. Cependant, en 1931, la majorité de la population du Québec est urbaine, et, en 1956, plus de la moitié de sa population rurale ne cultive pas la terre. En 1962, à peine 4,2 p. 100 de sa main-d'œuvre se consacre à l'agriculture, ce qui fait alors du Québec la province la moins agricole du Canada.

La définition d'un Québec embourbé dans une société rurale arriérée est d'abord imputable aux Québécois eux-mêmes. Depuis le milieu du XIXe s. s'est développé au Québec un NATIONALISME pour lequel la meilleure façon de préserver l'héritage de la langue et de la foi repose sur le développement d'une société rurale forte et bien intégrée.

Maîtrise de l'avenir économique et culturel La ville, selon cette idéologie, est le lieu privilégié des Anglais et des protestants. En s'exilant en ville, le Canadien français s'expose à perdre sa langue et sa foi. En milieu rural, au contraire, les Québécois sont maîtres de leur avenir économique et surtout de leur devenir culturel, de leur entité comme peuple.

Cette analyse de l'abbé GROULX et d'autres intellectuels mène à la conviction que le Québec est agricole et rural. Cette idéologie axée sur la vie rurale perdure jusqu'à la fin des années 50 et, dans le cas des associations agricoles (Union catholique des cultivateurs et COOPÉRATIVES agricoles), jusqu'au milieu des années 60. En fait, il faut attendre que la proportion de la population active travaillant dans le milieu agricole soit inférieure à 10 p. 100 et que plus de 75 p. 100 de la population soit urbaine pour que l'on renonce à cette vision idéologique du Québec.

Avec la RÉVOLUTION TRANQUILLE puis le PARTI QUÉBÉCOIS apparaît un nouveau nationalisme qui, cette fois, définit le Québec comme une société urbaine et industrielle. Le Québec peut même devenir la première société postindustrielle.

Les changements apportés du début du siècle XXe siècle Peu importe la définition qu'en ont les autres et ses leaders, le Québec rural (agricole ou non) a beaucoup évolué depuis le début du XXe s. Jusqu'à la fin des années 30, l'agriculture québécoise est avant tout une activité de subsistance. La production est diversifiée et vise avant tout l'autarcie de la famille. De même, les techniques de production sont relativement rudimentaires et transmises de génération en génération.

Après 1910, l'agriculture québécoise découvre l'INDUSTRIE LAITIÈRE. Pratiquement toutes les fermes comptent des troupeaux produisant du lait qu'on transforme dans des beurreries ou des fromageries. On utilise même le petit lait dans la production du porc. Ces 2 productions (lait et porc) ne sont cependant pas définies comme des spécialités. Il s'agit plutôt de productions d'appoint apportant l'argent liquide permettant d'acheter ce qu'on ne peut pas produire à la ferme. Il existe toutefois quelques exceptions, surtout dans la plaine de Montréal, mais en général, l'agriculture de subsistance a cours jusqu'à la Seconde Guerre mondiale (*voir* AGRICULTURE, HISTOIRE DE L').

Durant la guerre, la demande de porc et d'œufs est tellement grande que le jeu de l'offre et de la demande ne fonctionne pratiquement plus. On peut alors produire autant qu'on veut et vendre à de très bons prix. Pour la première fois, les cultivateurs, dans leur ensemble, se spécialisent et obtiennent des revenus considérables. Cette situation est cependant de courte durée. Dès la fin de la guerre, le jeu de l'offre et de la demande reprend toute son âpreté. Certains cultivateurs ont utilisé leurs revenus pour moderniser leur exploitation. Ils peuvent ainsi affronter la concurrence et continuer à accroître leurs activités. La majorité a cependant utilisé ses revenus pour l'achat de biens de consommation pour la famille. Ces derniers n'ont pas suffisamment de capitaux pour réussir dans un marché où la production agricole est de plus en plus mécanisée.

L'abandon des fermes Pour conserver le niveau de vie auquel la guerre les a habitués, des agriculteurs doivent abandonner l'agriculture, soit pour aller travailler en ville, soit pour travailler en forêt où la demande de main-d'œuvre est très forte. Ainsi, en moins de 15 ans, plus des trois quarts des fermes du Québec sont abandonnées, la maison de ferme étant souvent déplacée dans le village.

Au même moment, la production agricole du Québec ne diminue pas pour autant. Au contraire, elle augmente en flèche. Si la majorité des cultivateurs délaisse l'agriculture, la minorité restante se montre plus efficace que jamais en transformant les fermes en entreprises agricoles modernes. En 1991, la production agricole du Québec est répartie entre quelque 38 076 fermes.

Associations de cultivateurs Cette transformation de l'agriculture se manifeste aussi dans les associations de cultivateurs. L'Union catholique des cultivateurs (UCC), qui est surtout une organisation d'éducation, devient l'Union des producteurs agricoles (UPA), qui regroupe les cultivateurs en syndicats spécialisés et forme des offices de production. De même, les petites coopératives laitières se regroupent en coopératives géantes (celle de Granby est la plus considérable) qui envahissent les marchés internationaux. Les coopératives fédérées prennent graduellement le contrôle des étapes de production, de distribution et de commercialisation, ce qui constitue une intégration verticale, surtout dans le domaine de la production animale. Enfin, les entreprises privées pratiquent aussi l'intégration.

Le monde rural non agricole se transforme lui aussi. Il est formé depuis toujours d'artisans et de journaliers, peu nombreux (10 p. 100 de la population rurale) et qui ont peu d'influence. Depuis 1956, avec l'augmentation du nombre de travailleurs forestiers professionnels et l'augmentation dans les secteurs des transports et des petites usines, leur proportion croît rapidement. Ils formeront même jusqu'à 90 p. 100 de la population rurale.

Structure sociale de la société rurale contemporaine Si autrefois la société rurale était homogène et composée de cultivateurs à peu près égaux (seuls les journaliers formaient une sorte de prolétariat), le milieu rural contemporain présente une hiérarchie sociale plus complexe. Au sommet, on retrouve des employés des services publics et parapublics (instituteurs, travailleurs sociaux, inspecteurs, etc.) au revenu stable et élevé. Suivent les cultivateurs et les petits industriels, puis les travailleurs non qualifiés, dont l'emploi est plus ou moins stable, et enfin, les assistés sociaux qui sont pour la plupart d'anciens cultivateurs et d'anciens bûcherons.

Ces 2 derniers groupes, qui comptent de loin le plus de gens, vivent dans un état de PAUVRETÉ relative. Cette pauvreté endémique produit des effets contradictoires dans la population scolaire. D'un côté, on constate un taux d'abandon élevé après les études primaires ou au cours du secondaire. D'un autre côté, ceux qui persistent mettent plus d'efforts au CÉGEP (COLLÈGE D'ENSEIGNEMENT GÉNÉRAL ET PROFESSIONNEL) que les citadins. Quant aux décrocheurs, leur avenir se limite au travail forestier ou de journalier rural. La pauvreté rurale se perpétue ainsi.

L'urbanisation est la transformation la plus considérable qu'a connue le milieu rural. La plupart des fonctions autrefois remplies sur place sont transférées dans les petites villes qui forment les capitales régionales. L'école secondaire (parfois même primaire), les principaux magasins, les établissements de crédit, les loisirs, les services médicaux et sociaux se retrouvent tous en ville. Les plus jeunes sont en contact quotidien avec la ville, tandis que les plus vieux y vont au moins 1 fois par semaine et le plus souvent 2 ou 3 fois.

Modes de vie ruraux Il faut ajouter à ce contact physique une présence quotidienne de la ville par l'entremise des médias et, en particulier, de la télévision. Sur le plan sociologique, le mode de vie des ruraux ressemble étroitement à celui des urbains. La seule différence véritable, c'est que les ruraux habitent des villes moins denses (régions) où la culture rurale est à peine un souvenir, sinon du folklore. (*Voir aussi* ENFANCE, HISTOIRE DE L'; FAMILLE; NATIONALISME CANADIEN-FRANÇAIS; HISTOIRE INTELLECTUELLE.)

Gérald Fortin

Société Saint-Jean-Baptiste Association patriotique que le journaliste Ludger DUVERNAY a fondée le 24 juin 1834, fête de la Saint-Jean. Son premier président fut Jacques VIGER, premier maire de Montréal. Les fondateurs se sont donné le nom de Saint-Jean-Baptiste puisque depuis des décennies déjà on donnait au peuple canadien l'appellation de Jean-Baptiste. Au moment de fondation, tenu pendant cette période où fleurissaient les idées démocratiques et républicaines, les fondateurs saluaient notamment le chef du parti PATRIOTE, Louis-Joseph PAPINEAU, le chef des réformistes du HAUT-CANADA, William Lyon MACKENZIE, le peuple irlandais et son chef O'Connell.

Dispersée à la suite de la rébellion des Patriotes de 1837-1838, elle est réorganisée en 1843 et obtient sa première charte en 1849. Des filiales sont créées petit à petit dans l'ensemble du Québec et dans les communautés francophones d'Amérique du Nord.

Présente dans les secteurs économiques, culturels et politiques, elle a participé à la fondation notamment de la Chambre de Commerce de Montréal (1866) et de la Société nationale de fiducie (1918). En 1893, elle a construit le Monument-National qui fut pendant 75 ans son siège social. La Société a créé, en 1944, la Fondation du Prêt d'Honneur qui a ouvert les portes des études supérieures à des milliers de jeunes qui, autrement, n'auraient pas pu fréquenter l'université.

La Société couronne par des prix le mérite artistique, littéraire et sportif et organise les célébrations de la Fête de la Saint-Jean, devenue depuis 1977 la Fête nationale du Québec. Elle s'engage dans diverses activités financières et publie de nombreux mémoires et dossiers sur des sujets d'intérêt nationaliste, linguistique et constitutionnel. En 1969, la Société Saint-Jean-Baptiste de Montréal, de concert avec la Fédération des SSJB du Québec, s'est prononcée en faveur de l'indépendance du Québec.

La Société s'est toujours intéressée aux Acadiens et aux autres minorités francophones hors Québec, dont celles de l'Ouest, en leur accordant son appui moral et financier. Depuis les années 60, la société a laïcisé largement ses activités.

Sociétés historiques Au Canada, elles se vouent à l'étude et à la promotion de l'histoire du Canada. Des centaines de sociétés historiques font une contribution sociale importante grâce à leurs publications amateurs et savantes, à leurs programmes d'éducation du public ainsi qu'à leur collaboration avec des services d'archives, des musées, des associations du patrimoine et d'autres organismes analogues. La première de ces sociétés, la SOCIÉTÉ LITTÉRAIRE ET HISTORIQUE DE QUÉBEC, a été fondée en 1824. Créée en 1878, la Nova Scotia Historical Society lance, dès l'année suivante, sa publication *Report and Collections of the Nova Scotia Historical Society*. Quant à la Société historique de l'Ontario, ses origines remontent à 1888 et sa revue, *Ontario History*, date de 1899.

Depuis, des historiens ont mis sur pied des organismes semblables dans la plupart des provinces. La SOCIÉTÉ HISTORIQUE DU CANADA (SHC), société d'envergure nationale fondée en 1922, est issue de l'Historic Landmarks Association of Canada. Cette dernière, établie en 1907, visait surtout à planifier le tricentenaire de Québec en 1908 et à faire valoir les LIEUX HISTORIQUES du Canada. La SHC, qui compte plus de 2100 membres ordinaires et étudiants (1987), est au service des historiens tant professionnels qu'amateurs au moyen d'un programme de publication dynamique et de son congrès annuel.

Depuis la fête du centenaire du Canada en 1967, on assiste à l'expansion considérable des sociétés historiques régionales et locales. Grandes ou petites, elles dépendent presque exclusivement du bénévolat. Leurs activités ont permis de sensibiliser davantage les Canadiens à leur propre histoire et ont incité beaucoup de gens à se pencher sur le passé en s'adonnant à l'histoire locale, à la recherche généalogique (*voir* GÉNÉALOGIE) et à d'autres types d'enquête. (*Voir aussi* INSTITUT D'HISTOIRE DE L'AMÉRIQUE FRANÇAISE.)

Carman V. Carroll

Sociétés pour la protection des animaux (SPA) Organismes de prévention de la cruauté envers les animaux. La première SPA voit le jour en 1824, au terme d'une longue bataille en faveur d'une loi contre la cruauté envers les enfants et les animaux d'élevage, livrée notamment par Richard Martin, propriétaire foncier et parlementaire britannique. Bien que ce dernier en soit membre fondateur, l'organisme est effectivement fondé par le révérend Arthur Broome, membre du clergé anglican, et Lewis Gompertz, auteur juif. En 1840, cet organisme précurseur de la Société d'aide à l'enfance devient, par ordonnance de la reine Victoria, la *Royal Society for the Prevention of Cruelty to Animals* (RSPCA).

Le mouvement de protection des animaux est introduit en Amérique du Nord par Henry Bergh. Après une visite à la RSPCA, il fonde à New York l'American SPCA en 1866. La même année, une loi assurant la protection des animaux est adoptée. Établie à Montréal en 1869, la Société canadienne de protection des animaux est la première du genre au Canada, bientôt suivie d'entités locales à Québec (1870), à Ottawa (1871) et à Toronto (1873). Actuellement, il existe des SPA dans les grandes villes du Canada et dans quelque 85 municipalités. Ce sont tous des organismes de bienfaisance à but non lucratif. La plupart recueillent des animaux perdus ou abandonnés, principalement des CHATS et des CHIENS, et sont souvent chargés du contrôle des animaux au nom de la municipalité. Beaucoup sont régis par les SPA provinciales ou par les lois sur la protection des animaux, lesquelles les habilitent à enquêter sur les plaintes de cruauté envers les animaux et, au besoin, à engager des poursuites. De même, les agents des SPA peuvent se référer aux articles du Code criminel du Canada relatifs à la cruauté envers les animaux. Ils ne peuvent pas porter d'arme à feu, mais peuvent, avec la permission des tribunaux, retirer des animaux maltraités à leur propriétaire.

Parallèlement à la multiplication des SPA, le besoin d'apporter des réponses collectives aux problèmes d'envergure nationale, tels le transport et l'abattage d'animaux destinés à l'alimentation, se faisait plus pressant. Ainsi, vers la fin des années 50, le Dr A.E. Cameron, médecin vétérinaire canadien retraité, le lieutenant-colonel Richard Taylor, président de la Société protectrice des animaux d'Ottawa, K. Switzer, directeur général de cette même société, et le sénateur F.A. McGrand organisent des réunions visant à mettre sur pied une SPA nationale. En 1957, la Fédération des sociétés canadiennes d'assistance aux animaux (FSCAA), basée à Ottawa, est dotée d'une charte fédérale. Il s'agit d'un groupe de coordination des 42 sociétés membres autonomes, des SPA pour la plupart, mais qui comptent aussi d'autres organismes s'intéressant à certaines questions spécifiques relatives au bien-être des animaux. La FSCAA ne participe pas à la gestion des activités quotidiennes des abris, mais elle s'attaque aux problèmes de plus grande envergure. Elle intervient auprès de 10 ministères fédéraux dont les sphères d'attributions recouvrent, d'une façon ou d'une autre, certains aspects de l'utilisation des animaux par les humains aux échelles nationale, internationale et interprovinciale.

Neal R. Jotham

Sociétés savantes Au Canada, elles désignent les nombreuses organisations d'érudits qui organisent annuellement un congrès de la fin mai à la mi-juin dans une université différente. Les membres des sociétés y assistent non seulement pour entendre et discuter des communications savantes relatives aux derniers travaux dans leur domaine respectif, mais aussi pour renouer contact et partager leurs préoccupations communes.

La réunion de ces associations en un seul lieu à une époque donnée est un concept typiquement canadien qui découle davantage de considérations pratiques que d'une volonté de planification. Étant donné les distances au Canada, le choix d'une université offrant des installations appropriées est une solution économique qui permet aux congressistes d'assister aux rencontres d'autres sociétés que la leur et de visiter différentes régions géographiques.

La SOCIÉTÉ ROYALE DU CANADA, dont le siège est à Ottawa, donne l'exemple en se déplaçant pour des congrès annuels à Montréal, à Kingston et à Toronto. Des associations plus jeunes et plus spécialisées, œuvrant p. ex., dans le domaine de l'histoire, des sciences politiques et de l'économie, emboîtent le pas en organisant leurs propres réunions en même temps ou juste après celle de la Société royale du Canada. Au cours des années 30, la tenue d'une conférence annuelle d'érudits en un lieu différent est déjà une coutume bien établie bien que l'on favorise le centre du Canada, où sont situées la plupart des universités les plus importantes. Par contre, en 1949, les sociétés savantes se réunissent à Halifax et, peu après, à Winnipeg, à Edmonton et à Vancouver.

Depuis l'apparition de grandes universités partout au Canada et la multiplication des sociétés savantes (de l'Association canadienne des archivistes à l'Association canadienne de linguistique et de l'Institut canadien des affaires internationales à l'Association d'histoire du théâtre du Canada) ont augmenté le nombre d'endroits disponibles et multiplié les rencontres proposées aux organisations d'universitaires canadiens.

J.M.S. Careless

Sociologie La sociologie est l'étude des relations humaines, des règles et des normes qui les guident et du développement des institutions et des mouvements qui maintiennent et transforment la société. La méthodologie sociologique comprend l'analyse des données obtenues au moyen de questionnaires et d'enquêtes, l'analyse des statistiques officielles, l'observation des interactions humaines et l'étude d'archives historiques. Les théories élaborées à partir de l'analyse de ces données sont soumises à des tests, à des modifications et à des vérifications plus poussées au moyen de recherches continuelles.

La discipline sociologique comporte des spécialités et sous-spécialités nombreuses. Parmi les plus importantes, on compte aujourd'hui la sociologie de la FAMILLE, du TRAVAIL et des professions, de l'éducation et des organisations politiques, écono-

miques et ouvrières. Mentionnons encore la CRIMINOLOGIE, les statistiques, la DÉMOGRAPHIE sociale et la sociologie de la religion, des RELATIONS INTERCULTURELLES, du sport, des rôles sexuels, du vieillissement et de la connaissance.

Entre 1940 et 1960, au moment où la sociologie se constitue comme discipline universitaire en Amérique du Nord, la recherche d'un statut scientifique conduit à la séparation de la sociologie des disciplines humanistes et à une plus grande spécialisation du domaine, bien que depuis ses débuts, la sociologie reste étroitement liée sous certains aspects à la PSYCHOLOGIE sociale et à l'ANTHROPOLOGIE sociale. Les années 70 connaissent un fort mouvement interdisciplinaire, un élargissement du champ de l'enquête sociologique pour inclure les dimensions historiques, économiques et politiques des relations humaines. Le travail de maints sociologues rejoint donc celui de chercheurs d'autres disciplines. Les sociologues étudient maintenant l'évolution historique des rapports de classes en relation avec les processus économiques, politiques et idéologiques.

Origines de la discipline et évolution historique au Canada

Les origines intellectuelles de la sociologie sont nombreuses, mais en tant que science particulière, elle est née en France. Auguste Comte appelle «sociologie» la nouvelle discipline et formule les grandes lignes d'une philosophie (le positivisme) qui fournit un cadre pour son développement. Suivant le positivisme, seuls les phénomènes réels et les faits constituent la connaissance. Émile Durkheim contribue énormément à l'émergence de la sociologie en France en combinant recherches empiriques et théories pour élaborer un ensemble de propositions générales sur les relations sociales.

Les 2 autres traditions qui contribuent à façonner la sociologie moderne tirent leur origine des travaux des sociologues allemands Max Weber et Karl Marx. Ces derniers, tout comme Durkheim, font face à un problème commun, soit la transition historique du féodalisme au capitalisme et ses effets sur l'intégration sociale, l'organisation du pouvoir et les rapports entre les CLASSES SOCIALES. Cette transition coïncide avec les changements rapides et profonds, impliquant souvent la désorganisation individuelle et sociale, qui accompagnent la révolution industrielle.

En Amérique du Nord, le premier cours universitaire de sociologie est donné à Yale en 1876. En 1893, l'U. de Chicago est la première à offrir un doctorat en sociologie. Au Canada, la sociologie n'est pas encore une discipline universitaire dans les années 1890, mais en 1920 des cours de sociologie sont déjà offerts dans un certain nombre de disciplines et font partie du programme de théologie. L'Association canadienne de science politique, créée en 1913, accepte des sociologues comme membres. L'Association interrompt ses activités au moment de la Première Guerre mondiale pour ne les reprendre qu'en 1929. Entre-temps, on procède, en 1922, à la première nomination d'un professeur de sociologie au Canada, celle de Carl A. Dawson à McGill. Des programmes spécialisés sont mis sur pied à l'U. McGill en 1926 et à l'U. de Toronto en 1932. Pourtant, en 1941, Harold INNIS, l'un des fondateurs des sciences sociales au Canada, décrit la sociologie comme la «Cendrillon des sciences sociales».

Le travail de S.D. CLARK à l'U. de Toronto à cette époque est important pour la reconnaissance ultérieure de la sociologie comme champ d'étude légitime, en dépit de l'opposition des disciplines bien établies. Des recherches majeures en SCIENCES SOCIALES sont menées de la fin des années 1880 à la fin des années 1930. Parmi celles-ci figurent: les travaux de Marius BARBEAU, de Carl Dawson, de Léon GÉRIN, de Diamond JENNESS et d'Everett Hughes sur les peuples autochtones du Canada; l'approche écologique humaine appliquée à la croissance urbaine et à la planification; et les études sur des

groupes ethniques de l'Ouest, sur l'éducation et la population rurale du Québec et sur les relations ethniques (particulièrement les RELATIONS FRANCOPHONES-ANGLOPHONES). En 1940, on dispose donc d'un corpus substantiel de données sur le développement économique, politique et social du Canada.

Particularités anglophones et francophones

Même si les problèmes sociaux de l'époque sont communs à toutes les parties du Canada, la sociologie se développe différemment dans les milieux universitaires anglophones et francophones. La sociologie francophone au Québec puise d'abord son inspiration dans l'encyclique *Rerum novarum* (1891). L'Église catholique romaine définit les limites et le contenu de la sociologie francophone initiale et le mouvement de l'Action catholique devient le véhicule d'une sociologie catholique au Québec. Au début des années 30, la sociologie catholique est enseignée à l'U. Laval et à l'U. de Montréal. Considérée dès le départ comme un instrument de développement «national» au Québec, la sociologie aide à entretenir la conscience idéologique et le débat critique.

Au cours des années 40, le père Georges-Henri Lévesque de l'U. Laval est un chef de file du mouvement visant à instaurer une sociologie séculière au Québec. Il invite les sociologues francophones à faire preuve d'un plus grand raffinement scientifique et à se détourner des traditions de la «survivance» des Canadiens français pour soutenir l'INDUSTRIALISATION et la modernisation de l'économie et de la société québécoises. Cette conception séculière de la sociologie et de son rôle au Québec renforce l'idéologie fédéraliste. Dans les années 60, un nouveau nationalisme apparaît dans la sociologie québécoise pour appuyer l'idéologie de l'autodétermination et de la souveraineté de la société québécoise. Avec la croissance de la bureaucratie d'État au Québec dans les années 60 et 70, les sociologues s'engagent directement dans l'établissement et l'administration de la nouvelle société.

La sociologie anglophone et la sociologie francophone présentent des similitudes stylistiques, mais certaines traditions ont plus d'influence dans l'une que dans l'autre. P. ex., au Québec, les points de vue européens, français surtout, sont plus évidents qu'ailleurs au Canada, où l'ascendant américain est relativement plus fort.

Progrès remarquables

À partir des années 60, la sociologie connaît une évolution spectaculaire partout au Canada. En 1960-1961, on compte 61 sociologues dans les universités canadiennes, on n'offre pas de doctorat en sociologie et seulement 2 sont décernés jusque-là. Au cours des 2 décennies suivantes, presque toutes les institutions universitaires réservent une place à la sociologie. Jusqu'en 1985, les universités canadiennes décernent 46 doctorats et 171 maîtrises en sociologie. En 1960, seulement 4 universités canadiennes ont un département de sociologie: celles de Carleton, McMaster, de la Saskatchewan et de Montréal. En 1985, 44 institutions ont des étudiants inscrits en sociologie, même si elles ne disposent pas toutes d'un département de sociologie.

Applications

L'enseignement et des travaux quotidiens de toutes sortes font indirectement appel aux connaissances sociologiques, mais celles-ci ont des applications directes dans les politiques gouvernementales, dont les orientations se fondent sur des recherches menées au cours d'enquêtes officielles ou sur des recherches indépendantes. La sociologie est enseignée surtout à l'université, quoique depuis les années 70, des collèges et des écoles secondaires offrent des cours à contenu sociologique. L'enseignement a recours à la recherche non pas tant comme une fin en elle-même, mais comme un moyen de transmettre les perspectives de la sociologie. Indirectement, la recherche sociologique influe aussi sur les activités quotidiennes des gens dans certains emplois, p. ex., dans l'administration, l'éducation, le marketing, les loisirs, le TRAVAIL SOCIAL et d'autres secteurs, bien qu'il soit impossible de mesurer la portée de telles applications pratiques.

Il est plus facile de déterminer comment la recherche sociologique alimente directement la réflexion des personnes chargées de formuler les politiques sociales. P. ex., les recommandations de la Commission royale d'enquête sur les services de santé (1964-1965) sont fortement influencées par la recherche sociologique (4 études et de nombreux rapports) effectuée au nom de la commission. Les rapports de cette commission aident à élaborer la POLITIQUE SUR LA SANTÉ du Canada. Les recommandations de la COMMISSION ROYALE D'ENQUÊTE SUR LE BILINGUISME ET LE BICULTURALISME (1963-1969) ont une importance comparable pour la formulation des POLITIQUES LINGUISTIQUES et culturelles. Les sociologues participent à la COMMISSION ROYALE D'ENQUÊTE SUR LA SITUATION DE LA FEMME AU CANADA (1967-1970). Certaines des recommandations inspirent les politiques gouvernementales à cet égard.

Les recherches sociologiques ont joué un rôle déterminant dans la formulation des recommandations de la Commission royale d'enquête sur l'enseignement dans la province de Québec (1963-1966) souvent appelée Commission Parent, du nom de son président. Les réformes de l'éducation basées sur ces recommandations transforment radicalement le système d'enseignement au Québec. La recherche sociologique du début des années 70 guide plusieurs des recommandations de la Commission Gendron (Commission d'enquête sur la situation de la langue française et sur les droits linguistiques au Québec), dont les implications sur les politiques linguistiques sont profondes.

Parmi les enquêtes publiques auxquelles les sociologues apportent des contributions décisives, mentionnons les comités du Sénat sur la pauvreté et le vieillissement et la recherche institutionnelle parrainée par des organismes indépendants ou quasi gouvernementaux. Dans cette dernière catégorie, on trouve les études entreprises par l'ancien Saskatchewan Centre for Community Studies à l'U. de la Saskatchewan, par l'Institute of Social and Economic Research à la Memorial University et par le Bureau d'aménagement de l'Est du Québec à Laval.

Comme le montrent ces exemples, le gouvernement et des instituts de recherche universitaires appuient collectivement nombre de recherches et d'études de planification sociales au Canada. Des universitaires indépendants sont aussi les artisans de recherches et d'essais de premier ordre portant sur le pays.

Il existe 2 études novatrices particulièrement importantes sur les relations entre la culture et l'environnement et leurs effets sur la vie sociale et économique au Québec: *Le type économique et social des Canadiens* (1937) de Léon Gérin et *French Canada in Transition* (1943; trad. *Rencontre de deux mondes; la crise de l'industrialisation au Canada français*, 1972) d'Everett C. Hughes. *Le Métis canadien* (1947), du sociologue français Marcel Giraud, demeure l'étude la plus complète sur les Métis. *Church and Sect in Canada* (1948) de S.D. Clark constitue un ouvrage majeur sur les mouvements religieux et politiques. *Agrarian Socialism* (1950) du sociologue américain S.M. Lipset, qui porte sur la montée du mouvement socialiste et de la CO-OPERATIVE COMMONWEALTH FEDERATION, fait autorité en la matière. *The Vertical Mosaic* (1965) de John PORTER remet en question la vision traditionnelle d'un Canada comme société égalitaire. Plus que tout autre universitaire de son temps, Porter influence les courants théoriques, empiriques et critiques de la sociologie canadienne moderne. Nombre d'universitaires contemporains

s'intéressent aux effets qu'une économie basée sur les ressources peut avoir sur l'organisation sociale nationale et régionale. *Minetown, Milltown, Railtown* (1971) de Rex Lucas marque l'orientation de plusieurs de ces études.

Champs de travail

La plupart des sociologues professionnels au Canada détiennent une maîtrise ou un doctorat. Naturellement, ceux qui ont poursuivi des études avancées en sociologie ne sont pas tous des sociologues professionnels. Plusieurs travaillent comme administrateurs, cadres, entrepreneurs et à d'autres postes. Il est impossible de dire combien de personnes au Canada travaillent comme sociologues professionnels, mais on peut tenir pour acquis que la plupart sont professeurs d'université, tandis que d'autres sont employés à temps partiel dans les universités et les collèges. Le nombre de sociologues professionnels qui font de la recherche pour le gouvernement et d'autres agences publiques et privées se situe dans les centaines.

En 1966, des membres de la profession créent une organisation indépendante officiellement bilingue, la Société canadienne de sociologie et d'anthropologie. Elle compte plusieurs associations affiliées représentant les sociologues de l'Ouest canadien, de l'Ontario, du Québec et des provinces atlantiques. L'une d'elles, l'Association canadienne des sociologues et anthropologues de langue française, se préoccupe particulièrement des francophones. En 1992, l'association nationale publie une rétrospective de la sociologie au Canada. Elle témoigne de ce qui suit: la fragmentation croissante de la sociologie en sous-disciplines spécialisées et le déclin de l'engagement national dans la recherche sociologique après la période de formation de la discipline de 1969 à 1974, déclin qui correspond au recul de l'ÉTAT PROVIDENCE au Canada; la portée significative de l'analyse féministe de la sociologie qui émerge en même temps que les nouveaux paradigmes de la sociologie de la famille et du travail; l'influence grandissante du secteur de l'entreprise sur le contexte de la sociologie dans les universités et collèges canadiens.

Les sociologues canadiens publient leurs travaux au Canada comme à l'étranger. Au Canada, leurs articles paraissent dans 4 revues, parmi lesquelles: le *Canadian Journal of Sociology*, la *Canadian Review of Sociology and Anthropology*, *Recherches sociographiques* et *Sociologie et sociétés*. Les publications des sociologues se trouvent en plus dans des revues comme les *Cahiers québécois de démographie*, *Canadian Ethnic Studies*, le *Canadian Journal of Criminology*, *Canadian Studies in Population*, *Canadian Women's Studies* et *Studies in Political Economy*.

Donald R. Whyte et Frank G. Vallée

Sœurs de la Providence Congrégation religieuse fondée à Montréal en 1843 par une veuve, Marie-Émilie Gamelin, née Tavernier. Cette congrégation s'appelle alors Filles de la Charité, Servantes des pauvres (le nom actuel est officiellement utilisé à partir de 1970). La congrégation œuvre dans les domaines de l'éducation et des services sociaux tout en gardant l'accent sur le service direct aux plus démunis. Dès 1828, la fondatrice s'occupe de diverses œuvres de charité. L'évêque de Montréal, Ignace BOURGET, tente d'avoir recours à des sœurs françaises pour travailler avec elle et continuer son œuvre. Celles-ci ayant refusé, il lui demande de fonder elle-même la congrégation. En l'an 2000 cette dernière compte 1205 sœurs (une diminution comparativement à 2129 membres en 1986) réparties au Canada, aux États-Unis, au Chili, en Argentine, en Égypte, au Cameroun, en Haïti aux Philippines et au Salvador.

Michel Thériault

Sœurs de Saint-Joseph En 1966, 6 congrégations canadiennes des Sœurs de Saint-Joseph (Hamilton, London, Pembroke, Peterborough, Sault Sainte-

Marie et Toronto) qui œuvrent dans les domaines de l'éducation et des soins de santé forment la Fédération des Sœurs de Saint-Joseph du Canada. (Dans une fédération, les congrégations gardent chacune leur autonomie et leur administration, mais elles partagent des activités et des services.) La Fédération est formée parce que toutes les congrégations sont issues des Sœurs de Saint-Joseph du Carondelet (St. Louis, Missouri), qui sont elles-mêmes issues des Sœurs de Saint-Joseph de Le Puy (France, 1648). Les premières sœurs, venues de St. Louis, arrivent à Toronto en 1851. En 1998, la fédération compte 1005 sœurs au Canada et aux États-Unis (une diminution comparativement à 1470 sœurs en 1986).

Michel Thériault

Sœurs de Sainte-Anne Congrégation religieuse fondée en 1850 à Vaudreuil, au Québec, par la servante de Dieu Marie-Esther Sureau dite Blondin (mère Marie-Anne) pour l'éducation des jeunes filles en milieu rural et pour certaines œuvres de miséricorde. Dès le début, l'évêque de Montréal, Ignace BOURGET, appuie la fondatrice, mais la jeune congrégation connaît de graves problèmes pendant ses premières années (la fondatrice doit même quitter son poste de supérieure en 1854 et demeurer recluse jusqu'à sa mort, en 1890). La congrégation surmonte ces épreuves et s'étend au Canada et aux États-Unis. En 1998, elle compte 988 sœurs dans ces 2 pays (une diminution comparativement à 1369 membres en 1986).

Michel Thériault

Sœurs de Saint-Jean-le-Divin (*Voir* COMMUNAUTÉS RELIGIEUSES CHRÉTIENNES)

Sœurs des Saints-Noms de Jésus et de Marie Congrégation religieuse de spiritualité ignacienne (jésuite) fondée à LONGUEUIL, au Québec, par la bienheureuse Eulalie Durocher (Mère Marie-Rose) pour l'éducation des jeunes filles. La fondatrice, ayant des liens étroits avec les Oblats de Marie-Immaculée, accepte, en 1842, de diriger le premier groupe canadien des Enfants de Marie (organisation féminine sous l'influence des Oblats). En 1843, l'évêque de Montréal, Ignace BOURGET, ordonne à Eulalie de fonder une congrégation destinée à remplacer les sœurs françaises de Marseille qui ont refusé de s'établir au Canada et dont elle reprend le nom, l'habit et la règle. L'effectif compte 1899 membres en 1998 (une diminution comparativement à 2727 membres en 1986).

Michel Thériault

Sœurs grises Les religieuses catholiques, couramment appelées Sœurs grises, forment aujourd'hui 5 communautés distinctes au Canada et aux États-Unis, toutes issues d'une même fondation, celle des Sœurs de la Charité de l'Hôpital général de Montréal. Une jeune veuve de cette ville, Mme Marguerite D'YOUVILLE, fonde, en 1737, une association de bienfaisance qui ouvre une maison pour les pauvres. Dix ans plus tard, son groupe assume la direction de l'Hôpital général de Montréal. Les frères qui œuvrent alors à l'hôpital sont très populaires, et ceux que le changement choque se moquent des religieuses en les appelant sœurs grises (au sens d'«éméchées»). En 1755, lorsque leur communauté religieuse est enfin reconnue officiellement, les sœurs prennent le nom de «Sœurs grises», de même qu'un habit de cette couleur, en signe d'humilité et par allusion délibérée au surnom qui leur avait été donné par dérision.

C'est seulement dans les années 1840 qu'il est question d'expansion et de nouvelles fondations. Les sœurs sont alors chargées d'un hôpital à Saint-Hyacinthe en 1840, s'aventurent en 1843 aussi loin que Saint-Boniface, sur la rivière Rouge, entreprennent une œuvre d'éducation à Bytown (Ottawa) en 1845 et ouvrent un orphelinat à Québec en 1849. À l'exception de celle de Saint-Boniface, qui a besoin du soutien de la communauté de Montréal, chacune de ces fondations devient le centre d'une congrégation distincte, qui garde les mêmes traditions, mais se distingue par un genre d'œuvres et une spiritualité propre. Plus tard, en 1921, une branche anglophone de la communauté d'Ottawa forme une congrégation distincte à Philadelphie, aux États-Unis, et une à Pembroke (Ontario) en 1926.

Toutes les communautés prospèrent, et on compte environ 7000 Sœurs grises au Canada au milieu des années 60. Toutefois, compte tenu du déclin général de vocations, leur nombre diminue, passant à peu moins de 3000 en l'an 2000: quelque 693 membres pour la congrégation de Montréal, 822 pour celle d'Ottawa, 233 pour celle de Saint-Hyacinthe, 752 pour celle de Québec, 177 pour celle de Philadelphie et 179 pour celle de Pembroke.

Rév. James Hanrahan

Softball (*Voir* BASEBALL)

Soins infirmiers C'est à Marie Rollet Hébert que reviendrait l'honneur d'avoir été la première personne au Canada à dispenser des soins infirmiers. Épouse de Louis HÉBERT, apothicaire-chirurgien, elle arrive à Québec en 1617 et assiste son époux auprès des malades. Les premières infirmières «formées» qui immigrent à Québec, en 1639, sont membres d'ordres religieux. En fait, ces infirmières ne sont pas comme celles d'aujourd'hui; elles exercent la fonction d'administrateur la plupart du temps, celle de médecin plus souvent qu'autrement (elles fabriquent des produits médicaux et pratiquent des chirurgies) et plusieurs miracles leur sont attribués.

Ces 3 infirmières sont des augustines dont le voyage est financé par la duchesse d'Aiguillon. Nièce de Richelieu, elle est touchée par la lecture des RELATIONS DES JÉSUITES, portant, entre autres, sur les besoins des missionnaires jésuites en Nouvelle-France. En 1642, à Ville-Marie (Montréal), Jeanne MANCE érige un hôpital de 30 lits, l'HÔTEL-DIEU. Elle est assistée peu après par des sœurs infirmières de la Société de Saint-Joseph de La Flèche.

Les Sœurs de la Charité de l'Hôpital général de Montréal (SŒURS GRISES) entreprennent leur œuvre à Québec, en 1737, et elles pourraient être considérées comme les premières infirmières de la SANTÉ PUBLIQUE. Bien qu'elles aient construit un hôpital et un orphelinat, elles se concentrent sur les soins gratuits à domicile. Ceux-ci sont financés par des dons philanthropiques, mais surtout par les revenus des activités de leurs entreprises, notamment une brasserie et une compagnie de transport de marchandises.

Au XVIIIᵉ et au XIXᵉ s., les problèmes de santé les plus fréquents au Canada sont les nombreuses ÉPIDÉMIES de variole, la GRIPPE, la rougeole, la scarlatine, la typhoïde, le typhus et la tuberculose. Reconnaissant la nécessité d'isoler les malades et constatant la mobilité d'une population souvent sans domicile fixe, les Sœurs grises entreprennent la construction de nombreux hôpitaux, dont un à Bytown (Ottawa). En 1844, ces femmes migrent vers des régions reculées. En 1855, elles construisent un hôpital dans la COLONIE DE LA RIVIÈRE ROUGE et fondent un orphelinat qu'une résidence pour personnes âgées au lac Sainte-Anne près du fort Edmonton, en 1859. Plus tard, elles construiront d'importants hôpitaux à Fort McMurray, en Alberta (1938), et dans les Territoires du Nord-Ouest, à Fort Resolution (1939) et à Fort Rae (1940).

En 1819, l'Hôpital général de Montréal ouvre 24 lits dans un immeuble de la rue Craig. En 1822, il déménage dans un nouvel édifice et s'agrandit: il compte désormais 72 lits. Il s'affilie à la Montreal Medical Institution qui, par la suite, sera absorbée par la faculté de médecine de l'U. McGill. À la même époque, les premiers médecins allopathes essaient de faire entrer des infirmières laïques sans formation dans l'hôpital, chose impensable pour la communauté française qui croit que les malades ne doivent être soignés que par des religieuses consacrées au service de Dieu. Le débat se termine par un duel, sans victimes cependant, entre l'un des méde-

cins anglophones, le Dr Caldwell, et un membre du corps législatif, Michael O'Sullivan. Ces infirmières laïques sans formation seront finalement engagées.

Au XIXᵉ s., au plus fort des épidémies, les hôpitaux des sœurs infirmières sont à leur capacité maximale et on doit monter des tentes ainsi que d'autres abris de fortune. Pour pallier le manque de place, des femmes de la haute bourgeoisie créent des sociétés de bénévoles au sein de leur collectivité. Aidés financièrement par les municipalités et les provinces, beaucoup de ces groupements féminins réussissent à ériger des hôpitaux qui rappellent les institutions anglaises antérieures à l'époque de Florence Nightingale; les conditions sanitaires ne sont pas considérées comme importantes et les soins aux malades sont pris en charge par un personnel sans formation, non rémunéré mais approvisionné en bière et partageant la nourriture et le logement des patients.

D'autres hôpitaux sont érigés par des particuliers comme institutions à bénéfices. C'est dans un de ces hôpitaux, le General and Marine Hospital de St. Catharines, en Ontario, ouvert par un médecin doué pour l'entreprise, le Dr T. Mack, qu'est fondée la première école de soins infirmiers au Canada, en 1874.

Après plusieurs tentatives infructueuses, des écoles d'infirmières, fondées suivant une méthode Nightingale modifiée, ouvrent aussi leurs portes au Toronto General Hospital (1881) et à l'Hôpital général de Montréal (1890). Outre la directrice des soins infirmiers, et parfois l'instructeur-surveillant, le corps étudiant englobe généralement tout le personnel des hôpitaux laïcs. Souvent, les étudiantes sont envoyées à l'extérieur pour des cas spéciaux, mais leur salaire se trouve récupéré de façon illégitime par les hôpitaux. Les infirmières diplômées, dont la plupart ne sont pas employées dans ces institutions, offrent leurs services aux citoyens les plus aisés contre rémunération.

Pour combler le fossé entre les soins aux classes favorisées et ceux dispensés aux travailleurs plus pauvres, l'organisme des INFIRMIÈRES DE L'ORDRE DE VICTORIA est mis sur pied en 1897 par lady ABERDEEN, épouse du gouverneur général. L'opposition des médecins à un ordre de travailleurs de la santé choisis par leur communauté et y retournant après une brève période de formation en premiers soins, en hygiène, etc., transforme cet organisme national à but non lucratif en une institution employant plusieurs infirmières professionnelles à des conditions plus restrictives que celles prévues au départ.

À ses débuts, toutefois, l'Ordre de Victoria œuvre surtout dans le traitement et la limitation des maladies transmissibles et dans les soins de santé aux enfants. Pour répondre à un besoin pressant en hôpitaux, surtout dans l'Ouest, l'Ordre de Victoria érige et administre 40 hôpitaux dont la taille s'échelonne de 6 à 40 lits. Ses infirmières prennent également soin des mineurs pendant la RUÉE VERS L'OR DU KLONDIKE et constituent le personnel du nouvel hôpital de Dawson City. À partir de 1924, après le transfert de la gestion de leur dernier hôpital à l'administration municipale, l'Ordre de Victoria s'oriente vers les services à domicile.

Encouragées par le Conseil international des infirmières, organisme né du mouvement des femmes à la fin du XIXᵉ s., les infirmières canadiennes, dirigées par Mary Agnes Snively, infirmière en chef du Toronto General Hospital de 1884 à 1910, fondent un organisme national au Canada et font pression pour une législation octroyant aux infirmières un statut professionnel. Leur but est d'assurer la qualité des soins par l'amélioration des programmes de formation des infirmières et l'octroi de diplômes aux finissantes pour protéger leur titre. En 1907, l'Association nationale canadienne des infirmières, précurseur de l'actuelle Association des infirmières et infirmiers du Canada, est constituée. En 1908, elle se joint à l'association internationale. En 1916, elle

entreprend la publication d'un magazine mensuel national: *The Canadian Nurse*.

L'obtention d'une législation pour les infirmières n'est pas chose facile. Du point de vue juridique, la femme a le même statut que le «débile mental» et l'enfant, et plusieurs membres du Parlement ne croient pas qu'elle est en mesure de prendre en main de telles responsabilités. Les écoles d'infirmières et les infirmières sont dirigées par des médecins et des administrateurs (tous des hommes) qui ne désirent pas perdre leur maîtrise sur les programmes de soins infirmiers au bénéfice des infirmières professionnelles. Même après l'adoption de lois dans toutes les provinces (la première l'est en Nouvelle-Écosse, en 1910), des changements dans les programmes d'études des infirmières n'entrent pas facilement en vigueur.

Le premier programme de niveau universitaire en sciences infirmières, celui de l'Université de la Colombie-Britannique en 1919, est longtemps le seul au Canada. Dans un rapport de 1932 sur la formation en soins infirmiers au Canada, le Dr G. Weir constate que, de 1913 à 1930, le nombre d'écoles en milieu hospitalier s'est multiplié par 7, mais qu'elles ne dispensent pas l'enseignement voulu pour former des infirmières hautement compétentes. Les 220 écoles comportent un personnel discipliné destiné à rendre les hôpitaux plus attirants pour les patients. L'argent demandé aux patients n'est pas versé aux étudiantes infirmières, mais investi dans l'agrandissement des locaux. La journée de travail d'une infirmière dure en moyenne de 12 à 20 heures, avec une journée (parfois seulement une demi-journée) de congé par semaine. Les écoles elles-mêmes sont exiguës et rudimentaires. En réponse à cette situation, l'Association des infirmières et infirmiers du Canada et la CROIX-ROUGE canadienne (qui a fondé la Metropolitan Demonstration School of Nursing à Windsor, en Ontario, en 1946) lancent un programme d'enseignement, indépendant de la direction hospitalière, pour prouver qu'une école de soins infirmiers, à condition de garder la main haute sur la formation de ses élèves, est en mesure de former des infirmières compétentes en 2 ans.

Un autre rapport, issu du projet pilote pour l'évaluation des écoles au Canada en 1960, recommande que l'Association des infirmières et infirmiers du Canada entreprenne une étude sur l'enseignement de soins infirmiers au Canada, qu'un programme national d'amélioration des écoles soit mis en œuvre et qu'une évaluation des programmes de services en soins infirmiers soit entreprise. En 10 ans, dans toutes les provinces, sauf celles de l'Atlantique, le réseau de l'enseignement a pris en main celui des soins infirmiers. En 1984, il existe 142 départements de sciences infirmières octroyant des diplômes. Bien que quelques-uns de ces départements soient situés au sein d'hôpitaux, la plupart sont rattachés aux collèges publics et aux universités. Tous les programmes sont de niveau post-secondaire, selon les exigences provinciales en matière d'éducation. La durée des programmes varie de 2 à 3 ans, selon la province. En 1985, 28 universités offrent des diplômes de premier cycle en sciences infirmières et 11 universités offrent des diplômes de deuxième cycle.

Le premier but des écoles d'infirmières sises dans les hôpitaux étant d'approvisionner les établissements en main-d'œuvre à bon marché, peu d'importance est accordée aux programmes de formation et aucune à la demande de la population qui a besoin d'infirmières en service privé. Le nombre constant de nouvelles diplômées entraîne un fort taux de chômage, aggravé par la CRISE DES ANNÉES 30. Au cours des années 30, très peu de gens peuvent s'offrir les services d'infirmières privées. Les gouvernements de l'époque répondent à ce besoin en fournissant les fonds nécessaires pour envoyer les malades dans les hôpitaux et engager des infirmières diplômées pour en prendre soin. Jusqu'à la Seconde Guerre mondiale, le haut taux de chômage et les salaires peu élevés sont toujours une plaie pour la profession. Beaucoup d'infirmières entrent dans les Forces armées avec le rang d'officier. Néanmoins, bien des femmes sont encore attirées par la profession parce qu'il s'agit de l'une des rares occupations «respectables» auxquelles elles ont accès.

Au Canada, le recrutement des infirmières par l'armée entraîne un manque qui est comblé par des femmes plus âgées qui effectuent un retour à la profession après avoir été forcées de la quitter au moment de leur mariage. À cause des exigences de la famille et du travail au foyer, les administrations des hôpitaux ne peuvent plus exiger de leurs infirmières qu'elles résident sur place, et de nombreuses femmes célibataires profitent de cette occasion pour sortir des résidences. Les infirmières se rendent vite compte que le coût de la vie est sans rapport aucun avec leur salaire et elles commencent à réclamer des augmentations. Les infirmières mariées, pour leur part, exigent une diminution des heures de travail leur permettant de faire face à leurs obligations familiales. La loi garantit un statut professionnel et leur donne des droits et une certaine influence sur leur formation, mais elle ne leur donne pas le pouvoir d'améliorer leurs salaires ni leurs conditions de travail. C'est ainsi qu'elles se tournent vers la syndicalisation.

Le premier groupe d'infirmières à négocier une convention collective de travail, en 1939, s'en donne les moyens par une organisation professionnelle mise sur pied par une sœur infirmière de Québec. En 1945, l'association professionnelle des infirmières de la Colombie-Britannique devient la première à aider ses membres à se syndicaliser à l'échelle de la province. Ce n'est que 20 ans plus tard que les infirmières du reste du pays emboîteront le pas. En 1973, la Cour suprême de la Saskatchewan décide que l'association professionnelle de cette province ne peut plus désormais s'engager dans des activités syndicales. En réaction, la section de négociation collective de l'association se sépare et devient un syndicat en bonne et due forme. Des séparations similaires se produisent dans d'autres provinces avec autant de succès. En 1980, toutes les infirmières médicales ont 2 organisations provinciales pour les représenter et défendre leurs intérêts: un ordre professionnel et un syndicat.

En 1981, les 3 fédérations (syndicats) d'infirmières du Québec s'unissent pour former un front commun appelé la Fédération des infirmières et infirmiers du Québec. La même année, les syndicats de la plupart des autres provinces forment la Fédération nationale des syndicats d'infirmières et d'infirmiers. À l'échelle nationale, les intérêts des infirmières sont dès lors représentés par leur syndicat et leur ordre professionnel, l'Association des infirmières et infirmiers du Canada.

En 1986, il y a 240 000 infirmières ou infirmiers autorisés au Canada dont 205 000 sont actifs. La plupart d'entre eux sont employés dans des hôpitaux, les autres travaillant comme professeurs ou praticiens. Environ 7 p. 100 d'entre eux sont employés dans des secteurs comme la santé communautaire, la santé publique, les avant-postes en soins infirmiers, les soins à domicile et dans les établissements industriels. Il n'y a que 2 p. 100 (quelque 5500) des membres de la profession qui soient des hommes.

Soins infirmiers psychiatriques L'histoire des soins infirmiers psychiatriques est séparée de celle du domaine médical, mais suit un chemin semblable. Les premières infirmières psychiatriques sont les religieuses françaises qui, en 1714, ouvrent une salle de 12 lits à l'hôpital de Québec. Les précurseurs des infirmières psychiatriques contemporaines sont employés comme surveillantes au nouvel asile de Brandon, au Manitoba. En 1921, des programmes de formation réguliers sont organisés par cet hôpital psychiatrique. D'autres programmes de formation sont bientôt mis sur pied dans les hôpitaux psychiatriques des 3 autres provinces de l'Ouest.

Contrairement aux infirmières médicales, celles du secteur psychiatrique se syndicalisent avec le reste de la fonction publique dans les années 40. Elles ressentent toutefois rapidement le besoin de diriger leur profession. Le mouvement pour l'obtention du statut professionnel des infirmières psychiatriques a débuté en Saskatchewan en 1948. Les infirmières psychiatriques de la Colombie-Britannique ne seront reconnues qu'en 1968. Quelques années auparavant, le précurseur de l'Association canadienne des infirmières et infirmiers psychiatriques du Canada a été constitué. En 1961, le *Canadian Journal of Psychiatric Nursing* succède à une publication antérieure consacrée aux problèmes de la profession.

En 1987, il y a 5400 infirmiers et infirmières psychiatriques autorisés et actifs dans l'Ouest canadien; la plupart sont employés dans des hôpitaux psychiatriques et des foyers pour les handicapés mentaux. Une nouvelle ère débute pour les infirmières psychiatriques en santé communautaire et quelques-unes se sont engagées dans ce type de travail.

Santé publique En 1919, on crée un ministère fédéral de la Santé en réponse aux épidémies de grippe, et des ministères provinciaux de la Santé commencent à remplacer les conseils de santé provinciaux. Des services provinciaux de soins infirmiers en santé publique sont mis sur pied, en commençant par le Manitoba en 1916, pour instaurer des programmes municipaux d'immunisation et de protection de la santé chez les enfants. Le ministère fédéral de la Santé, qui est remplacé en 1944 par le ministère de la SANTÉ NATIONALE ET DU BIEN-ÊTRE SOCIAL, est maintenant responsable de tous les dossiers fédéraux concernant la promotion et la préservation de la santé, la sécurité sociale, les services d'urgence de santé, ainsi que les services de santé, médicaux et hospitaliers, offerts aux Amérindiens, aux Inuits et à l'ensemble de la population des 2 territoires (*voir* AUTOCHTONES, SANTÉ DES). Depuis 1945, des postes sont créés pour conseiller le ministère, dispenser des services consultatifs aux provinces et des services directs à certaines couches de la population. La Direction générale des services médicaux de Santé et Bien-être social dispense aussi des soins infirmiers directs à une partie de la population (comme aux Amérindiens, aux Inuits et aux autres résidants des territoires). La Direction générale administre et fournit en personnel les avant-postes de soins infirmiers et de services de santé où des infirmières professionnelles posent des actes habituellement réservés aux médecins praticiens. (*Voir aussi* INFIRMIÈRES MILITAIRES).

Phyllis Marie Jensen

Soirées canadiennes, Les Ces recueils de littérature se proposent à l'origine d'accueillir toute espèce d'écrit original, pourvu qu'il soit canadien: légendes, poésies, études de mœurs, romans, impressions de voyage, esquisses historiques, biographiques, topographiques, etc. *Les Soirées canadiennes* sont lancées au début de 1861, grâce aux efforts de H.-R. CASGRAIN, A. GÉRIN-LAJOIE, H. LaRue et J.-C. Taché, qui s'assurent le concours des CHAUVEAU, CRÉMAZIE, Ferland, FRÉCHETTE, GARNEAU, PARENT et autres littérateurs québécois de l'heure. Cinq volumes paraissent sous ce titre de 1861 à 1865. À la fin de 1862, conséquence d'une dispute avec les imprimeurs, une scission intervient entre Taché et ses associés qui quittent *Les Soirées* pour fonder une publication parallèle tout à fait analogue qu'ils nomment *Le Foyer canadien,* et qui, jusqu'en 1866, fait paraître, outre ses 4 recueils annuels, 4 volumes offerts en prime aux abonnés, tout en servant de maison d'édition pour 5 autres ouvrages, dont *Les Anciens Canadiens* et *Les Mémoires* de Philippe AUBERT DE GASPÉ. C'est autour des *Soirées* et du *Foyer* que s'organise ce qu'on a appelé le mouvement littéraire de 1860.

Réjean Robidoux

Soja (*Glycine max*) Plante herbacée annuelle de la famille des légumineuses et cultivée comme une PLANTE OLÉAGINEUSE au Canada. Le soja compte parmi les plus vieilles cultures et vient probablement de l'Asie de l'Est. Introduit aux États-Unis vers 1800, sa valeur en tant que source d'huile comestible n'est reconnue qu'au début du XXe s. Durant et tout de suite après la Seconde Guerre mondiale, la production de soja prend rapidement de l'expansion, et plus de 90 p. 100 de la production mondiale vient des États-Unis, de la Chine et du Brésil. Au cours de la transformation, les fèves sont broyées pour en extraire l'huile. L'huile, de grande qualité pour la cuisson, est utilisée dans la fabrication de la margarine, du saindoux et des huiles à salades. La pâte, qu'on obtient après l'extraction de l'huile, est une nourriture riche en protéines pour le bétail et la volaille. Comme légumineuse, le plant de soja peut fixer l'azote de l'atmosphère à ses nodules radicaux. Les nodules se forment au début de la croissance du plant en raison d'une interaction entre les racines et une bactérie contenue dans le sol, le *Rhizobium japonicum.* Le soja est une culture de saison chaude, nécessitant une température estivale moyenne de 21 °C et une période sans gel de 120 à 150 jours pour une production optimale. De ce fait, la plus grande partie de la production annuelle canadienne (environ 988 000 tonnes) est cultivée dans le sud de l'Ontario.

E.N. Larter

Sol Le sol est la couche supérieure, non consolidée et habituellement exposée aux intempéries, de la Terre. Rarement épais de plus d'un mètre, le sol constitue la peau de la Terre, ressemblant, en épaisseur relative, à l'enveloppe d'un ballon de plage. Le sol influe sur la qualité de l'air et de l'eau et est la base de la plus grande partie de la production de fibre et de nourriture. Il sert de lien entre les cycles de nutriments et le cycle hydrologique. Il est au centre de tous les écosystèmes terrestres. Contrairement aux autres parties de la croûte terrestre, la vie caractérise le sol: la majorité de l'énergie que renferment les écosystèmes terrestres est dispersée par les organismes qui composent le sol. Le sol prend des siècles à se former, mais il ne faut souvent que quelques décennies pour le détruire.

Solandt, Omond McKillop, directeur de recherche (Winnipeg, Man., 2 sept. 1909—Alliston, Ont., 12 mai 1993). Solandt fait ses études à Toronto et commence une carrière de chercheur en physiologie sous la direction de C.H. BEST avant de gagner, en 1939, une bourse de formation supérieure en Angleterre. Alors qu'il dirige une banque de sang à Londres en 1940, on lui demande d'étudier pourquoi les équipages des blindés sont pris de malaise en cours d'opérations. Il découvre que lors de la mise à feu, les gaz dégagés par le canon s'échappent à l'intérieur du char plutôt qu'à l'extérieur. Sa réussite lui vaut de devenir l'un des conseillers en chef de l'armée britannique en matière de méthodes scientifiques, et il devient chef du British Army Operational Research Group avec le grade de colonel.

En 1946, Solandt est recruté par le gouvernement canadien pour planifier la recherche militaire d'après-guerre et devient, en 1947, le président fondateur du Conseil de RECHERCHES POUR LA DÉFENSE. De 1956 à 1963, il est vice-président de la recherche et du développement au CANADIEN NATIONAL puis, de 1963 à 1966, chez DE HAVILLAND AVIATION. De 1965 à 1971, il est chancelier de l'U. de Toronto. De 1966 à 1972, il est président du CONSEIL DES SCIENCES DU CANADA et donc l'une des voix les plus influentes dans le débat sur la POLITIQUE SCIENTIFIQUE de ces années-là. Son dernier rapport annuel à titre de président propose la fondation de la SOCIÉTÉ DE CONSERVATION. Pendant sa retraite, il reste actif comme administrateur de société et consultant, se spécialisant dans la recherche agronomique dans un certain nombre de pays en développement comme le

Pérou, le Kenya et le Bengladesh. (*Voir aussi* RECHERCHE ET DÉVELOPPEMENT INDUSTRIELS.*)

Donald J.C. Phillipson

Soldats de fortune Comme le mercenaire, le militaire de fortune est prêt à servir dans l'armée ou la police d'un autre État ou sous les ordres de quelqu'un en pays étranger. Contrairement au mercenaire, motivé surtout par l'appât d'un gain, financier ou autre, le militaire de fortune cherche l'aventure ou obéit à des motifs idéalistes. On en trouve des exemples très anciens: ainsi, Colomb est un Génois de service dans la marine espagnole. Au XIXᵉ s., lord Byron se joint aux philhellènes pour aider la Grèce à se libérer du joug turc, et l'«armée toujours victorieuse» de Gordon pacha attire des militaires de fortune pendant la révolution des T'ai-p'ing en Chine au cours des années 1860. La Légion étrangère française en attire aussi dès sa fondation en 1831. Au XXᵉ s., la Légion étrangère espagnole, les «Flying Tigers» en Chine et les brigades internationales de la guerre civile espagnole attirent tous des militaires de fortune dans leurs rangs.

Les militaires de fortune canadiens sont souvent des militaires de carrière ou des hommes d'affaires devenus aventuriers par hasard: ainsi, sir William Fenwick WILLIAMS, de la Nouvelle-Écosse, devient commandant d'une armée turque pendant la guerre de Crimée (1854-1856), et Alexander Roberts DUNN, de Toronto, mérite la Croix de Victoria pendant le même conflit à l'occasion de la charge de la brigade légère, à Balaklava. Ailleurs, Daniel O'Connor, d'Ottawa (mort en 1858), est volontaire dans la Légion irlandaise contre les troupes coloniales espagnoles de Panama au début des années 1820. John RICHARDSON combat de 1834 à 1837 dans la Légion auxiliaire britannique pendant les guerres carlistes d'Espagne. Le colonel George Mason Green (1836-1912) et Narcisse Faucher de Saint-Maurice sont respectivement au service de Juarez et de l'empereur Maximilien pendant l'occupation du Mexique par la France dans les années 1860.

On estime qu'environ 45 000 Canadiens servent aux États-Unis pendant la GUERRE DE SÉCESSION. Plusieurs centaines de Canadiens français se joignent aux corps canadien des ZOUAVES pontificaux de l'armée papale pour empêcher les troupes du roi Victor-Emmanuel de réaliser l'unification de l'Italie (1868-1870), alors qu'Arthur BUIES sert dans l'armée adverse, commandée par Giuseppe Garibaldi. Le Torontois Brig William Ryan, vétéran de la Guerre de sécession, se joint à l'armée révolutionnaire cubaine, est capturé à bord du navire de flibustiers *Virginius* en 1873 et est exécuté par les Espagnols à Cuba. Un autre vétéran de la Guerre de sécession, le lieutenant William Winer Cooke (né en 1845), de Mount Pleasant (Ontario), participe aux combats contre les Amérindiens à titre d'adjudant du colonel George Armstrong Custer et est du nombre des 14 Canadiens de la 7ᵉ cavalerie américaine. Au moins 4 d'entre eux meurent avec Custer à la bataille de Little Big Horn en 1876. Pendant la RÉBELLION DU NORD-OUEST (1885), Martin Waters Kirwan (1841-1899), ancien combattant de la Légion étrangère française, est officier d'état-major de l'armée commandée par le major-général Frederick MIDDLETON, alors que William Henry JACKSON se joint aux troupes métisses en tant que secrétaire de Louis RIEL. William Grant Stairs s'empare du Katanga (Shaba) pour le compte de la Belgique au début des années 1890. Le commandant Joseph Chapleau meurt au combat en 1897 pendant une attaque contre une garnison espagnole, et 9 Canadiens font partie des «Rough Riders» envoyés à Cuba par Theodore Roosevelt pendant la GUERRE HISPANO-AMÉRICAINE de 1898, dont les péripéties sont décrites par l'une des premières et des plus célèbres correspondantes de guerre canadiennes, Kathleen (Kit) COLEMAN. George Charette, de Sainte-Élisabeth (Québec), est volontaire dans la marine des

États-Unis pendant le même conflit et l'aide à couler une barge à l'entrée du port de Santiago. Henry Herbert STEVENS est membre de l'armée des États-Unis aux Philippines, puis en Chine pendant la révolte des Boxers. Le colonel Charles James Townsend Stewart (1874-1918), de Halifax, tué sur le front occidental pendant la Première Guerre mondiale alors qu'il commande la Princess Patricia's Canadian Light Infantry, a été militaire de fortune en Chine et au Pérou. Il a aussi été cavalier de la Police à cheval du Nord-Ouest au Yukon et contremaître des chemins de fer en Colombie-Britannique.

James Kennedy CORNWALL sert au Venezuela pendant une révolution vers 1900, et Frederic Franklin Worthington commande 3 navires de la marine nicaraguayenne contre l'unique navire salvadorien de Frederick William Thompson (1888-1985) pendant une guerre frontalière en 1906. Les 2 hommes serviront plus tard dans la batterie de mitrailleurs de Borden sur le front occidental. Aloha Wanderwell Baker sert dans Légion étrangère française contre les Rifains en tant que militaire, pilote et photojournaliste. Pendant les années 20, il est conseiller d'une armée chinoise engagée dans les luttes des seigneurs de la guerre, en même temps que Morris Abraham COHEN commande une autre armée chinoise.

Leon Bedat (1881-1961), de Huntsville (Ontario) et Jan Van den Berg (1884-1961), avec plusieurs dizaines d'autres Canadiens, sont volontaires pendant les révolutions mexicaines de 1911 à 1920. Plus tard, les 2 hommes combattent sur le front occidental pendant la Première Guerre mondiale, puis dans le sud de la Russie au cours de l'INTERVENTION DU CANADA DANS LA GUERRE CIVILE RUSSE, à laquelle participent également Raymond COLLISHAW, Joseph Whiteside BOYLE (dit «Klondike Joe»), John Edwards LECKIE et Walter Sussan (1892-1969).

T.V. McCallum, de Toronto, devient membre de l'escadron aérien Kosciuszko et est tué en Pologne en combattant les bolcheviks en 1920. Hilliard Lyle (1878-1931), d'Allenford (Ontario), sert dans l'armée grecque contre la Turquie (1920-1922), tandis que Sussan est pilote de combat dans la force aérienne grecque. En 1925, Sussan se joint à l'Escadrille de la Garde chérifienne au Maroc et pilote des bombardiers pour les Français contre les rebelles rifains dirigés par Abd el-Krim. Bert Levy (1897-1965), de Hamilton (Ontario), et Alfred Batson (1900-1977), de Vancouver, sont officiers d'artillerie dans l'armée d'Augusto Sandino au Nicaragua au milieu des années 20, tandis que Ralph Beardsley (1899-1982) et Ted Huestis (1909-1961) combattent pour le gouvernement aux côtés de l'infanterie de marine des États-Unis et de la Guardia Nacional. Huestis est conseiller de l'armée chinoise et pilote de la force aérienne équatorienne, et Levy est le premier Canadien à se joindre au bataillon britannique de la brigade internationale pendant la guerre civile espagnole (1936-1939).

Le journaliste syndical et dramaturge torontois Edward Cecil-Smith, ancien aventurier en Amérique du Sud, commande le BATAILLON MACKENZIE-PAPINEAU en Espagne. Pendant le même conflit, Henry Norman BETHUNE dirige le célèbre service canadien de transfusion sanguine pour l'armée espagnole, dont font également partie Hazen Sise et Ted Allan, de Montréal, Henning SORENSEN, de Vancouver, et Allen R. May, de Toronto. Ralph Linton, de London (Ontario), après avoir combattu les Japonais dans une armée de guérillas chinoise, sert également en Espagne, de même que les écrivains Alain GRANDBOIS et Hugh GARNER. L'aventurier et journaliste sir Michael Bruce (1894-1957), de la Colombie-Britannique, dirige 2 rébellions au Brésil et écrit plusieurs livres autobiographiques.

Le pilote émérite George Frederick (Buzz) BEURLING meurt dans l'écrasement d'un avion qu'il achemine en Palestine pendant la guerre d'indépendance d'Israël (1948). La même année, Sher-

man Wilson, dit «Snark», ancien chef pilote de la British West Indian Airways, est abattu pendant une révolution au Salvador. En Israël, Dennis Wilson, de Hamilton (Ontario), ancien combattant de l'Aviation royale du Canada (ARC) pendant la SECONDE GUERRE MONDIALE, descend 2 Spitfire égyptiens. Joseph John Doyle et John McElroy, de London, abattent respectivement 3 et 4 avions arabes, et le lieutenant d'aviation Leonard Fitchett est tué pendant une attaque de bombardiers contre une forteresse égyptienne. Plusieurs centaines d'autres Canadiens servent en tant que volontaires dans les forces israéliennes, notamment Ben Dunkelman, Lee Sinclair, Morris Pearce et John (Jack) Blanc, de Toronto. Ce dernier, vétéran de la guerre civile espagnole, est abattu en 1964 en tentant d'empêcher un vol de banque. Tony Foster (né en 1932), pilote de l'ARC, écrivain et vétéran de la guerre de Corée, participe au renversement d'Arbenz, au Guatemala (1954), et de Villeda Morales, au Honduras (1957). Des Canadiens participent à des conflits au Congo, au Biafra, en Rhodésie, en Angola et dans d'autres pays d'Afrique et d'Amérique latine dans les années 60 et 70, et pas moins de 35 000 servent dans les forces américaines aux côtés de volontaires de Grande-Bretagne, d'Irlande, d'Allemagne et de Corée pendant la GUERRE DU VIÊT-NAM. Richard Dextraze, fils du général retraité de l'Armée canadienne Jacques DEXTRAZE, est au nombre des 56 Canadiens déclarés tués ou disparus au combat pendant cette guerre. L'aventurier et journaliste à la pige torontois Peter Bertie est tué au combat au Nicaragua en mars 1987 aux côtés des «Contras», l'armée de guérillas anticommuniste.

Allan Levine

Soleil de minuit À l'époque du soleil de minuit, durant l'été arctique, le soleil brille toute la nuit. C'est ce que Robert W. SERVICE a en tête quand il utilise cette expression dans la ballade *The Cremation of Sam McGee* (1907). L'expression «terre du soleil de minuit» est souvent utilisée pour désigner cette région arctique du Canada et, de façon plus générale, le Yukon et les Territoires du Nord-Ouest.

John Robert Colombo

Soleil, Le Quotidien publié à Québec, Le Soleil est fondé en juillet 1880 sous le titre de *L'Électeur* par un groupe de libéraux modérés, dont Wilfrid LAURIER. Ernest Pacaud, rédacteur en chef durant les 20 premières années de l'existence du journal, est considéré comme son véritable fondateur. Le nom *Le Soleil* est adopté en décembre 1896. Avec l'accession de Maurice DUPLESSIS au poste de premier ministre en 1936, *Le Soleil* abandonne sa position libérale et adopte une politique exclusive de rapporteur de nouvelles. En 1974, le journal est acheté par UNIMÉDIA.

Le tirage quotidien est de 3000 en 1881, de 22 000 en 1907, de 49 000 en 1932, de 160 000 en 1971, de 150 000 en 1984 et de 80 00 en 2000, avec des tirages de 125 000 exemplaires le samedi. *Le Soleil*, qui était jadis un journal national ayant des journalistes partout au Canada, a souffert d'une intense concurrence locale et est devenu un journal plutôt régional. La vie politique, économique et sociale de Québec est son sujet principal, et il ne consacre que peu d'articles aux nouvelles internationales. *Le Soleil* a toujours réagi aux changements technologiques. En 1984, il devient un journal du matin et publie, le dimanche (tirage de 90 000 ex.), une section spéciale sur les sports de format tabloïde. Son éditeur est Claude Thibodeau. (*Voir aussi* JOURNAUX.)

André Donneur et Onnig Beylerian

Solicitor Membre de la profession juridique dont la fonction est de donner des conseils juridiques et dont le domaine d'exercice (les contrats de vente, les transactions immobilières, les testaments et les fiducies) n'exige pas la comparution devant le tribunal. Le terme comporte une définition juridique précise en Angleterre, mais, dans les provinces canadiennes de common law, les avocats sont à la fois admis au barreau (*voir* BARRISTER) et appelés procureurs. Il n'existe pas de désignation correspondante en droit civil québécois, où l'on distingue les NOTAIRES des avocats.

K.G. McShane

Solidarity, coalition En mai 1983, les citoyens de la Colombie-Britannique portent le Parti du Crédit social au pouvoir avec William BENNETT à sa tête. Deux mois plus tard, soit le 7 juillet, le gouvernement créditiste adopte ce qu'on appelle son budget de restrictions ainsi que 26 projets de loi. Ces lois se classent en 3 catégories: celles qui abolissent les organismes de type chien de garde; celles qui ébranlent les pratiques des syndicats et la négociation collective, particulièrement dans le secteur public; et celles qui réduisent les services sociaux. Les mesures législatives de Bennett menacent les travailleurs et divers autres groupes défavorisés, dont les bénéficiaires d'aide sociale, les femmes et les enfants, les personnes handicapées et les minorités ethniques. Pour contrer ces mesures, la Fédération des travailleurs de la Colombie-Britannique, dirigée par Arthur Kube, s'allie aux groupes communautaires et aux groupes de revendication. Ensemble, ils organisent un énorme mouvement de protestation connu sous le nom de Solidarity. On trouve dans ses rangs des syndicats ouvriers, l'Operation Solidarity et la Solidarity Coalition, formée de diverses «organisations populaires». Financé par le mouvement syndical, qui lui prête aussi le personnel, la coalition Solidarity a l'allure d'un mouvement démocratique populaire. En fait, cette coalition est étroitement assujettie à l'autorité d'un petit nombre de leaders ouvriers.

Pendant 3 mois, la coalition Solidarity s'oppose aux mesures proposées. On organise des marches, et des rassemblements gigantesques réunissent des dizaines de milliers de personnes dans les rues de Vancouver et sur les pelouses de l'Assemblée législative provinciale. On lance aussi un journal hebdomadaire et on occupe les bureaux du Cabinet à Vancouver. Des rumeurs courent voulant qu'une grève générale soit déclenchée. Vers la fin d'octobre, bon nombre de lois restrictives ont déjà été adoptées. Les débats parlementaires sont étouffés par la procédure de CLÔTURE. De plus, les créditistes tiennent des séances-marathons de nuit pour accélérer l'adoption de certaines lois. Le chef de l'Opposition, le néodémocrate Dave BARRETT, est expulsé de la Chambre.

Le 31 octobre, date d'échéance de la convention collective du Syndicat des fonctionnaires provinciaux de la Colombie-Britannique (SFPCB), de nombreux fonctionnaires sont menacés de perdre leur emploi. Cette date est donc associée au déclenchement d'une grève. En effet, quand le SFPCB déclare la grève le 1er novembre, la coalition Solidarity organise une série de grèves dans le secteur public et menace d'envahir les rues avec ses 200 000 travailleurs. Durant la deuxième semaine de novembre, le débrayage des enseignants semble faire pencher la balance en faveur de la coalition Solidarity. Des milliers de fonctionnaires occupant des «postes essentiels» se déclarent prêts à quitter leur emploi en guise de protestation politique. Un malaise commence à se faire sentir chez les dirigeants syndicaux de la BC Fed face au risque de confrontation générale et oblige Bennett à imposer par la force un retour au travail, ce qui nécessiterait l'intervention promise du secteur privé.

Par conséquent, les responsables des syndicats, ceux-là même qui avaient dirigé la coalition, y mettent un frein. Ils abandonnent les vastes buts du mouvement visant le rejet de l'ensemble des mesures législatives et se contentent plus modestement de la signature d'un contrat pour le SFPCB. Après la signature du contrat, le 13 novembre, Jack Munro, vice-président de la BC Fed, s'envole pour Kelowna et se présente au domicile de Bennett pour donner la main à l'architecte des lois restrictives, mettant ainsi fin au plus important mouvement de protestation de l'histoire de cette province canadienne de la côte du Pacifique.

Bryan D. Palmer

Solitaire Nom commun donné à 13 espèces d'oiseaux appartenant à la famille des GRIVES du Nouveau Monde. On retrouve un solitaire au Canada. Les ornithologues utilisaient aussi ce terme pour désigner 2 espèces appartenant à la famille, maintenant disparue, des raphidés dans laquelle on trouvait aussi le dronte de Maurice (dodo). Les raphidés étaient apparentés à la famille actuelle des PIGEONS. Le solitaire de Townsend (*Myadestes townsendi*) passe l'été dans les forêts claires situées dans les montagnes de l'Ouest, du Nord du Mexique jusque dans le Nord du Yukon. Il descend plus bas en altitude durant l'hiver. Il hiverne du sud de la Colombie-Britannique jusque dans le centre du Mexique.

Description Le mâle et la femelle sont semblables. Ils ont un plumage gris-brun, une queue assez longue et un bec court. Leurs gazouillements clairs, mélodieux et puissants figurent parmi les plus beaux chants d'oiseaux.

Nidification Les solitaires nichent au sol, ou à proximité, ou encore dans les crevasses des rochers. Ils pondent généralement 4 œufs blanc terne, tachetés de brun. Ils se nourrissent d'insectes en été, tandis que l'hiver, les fruits comptent pour la moitié de leur régime alimentaire.

R.D. James

Solliciteur général La charge de solliciteur général tire ses origines de l'Angleterre. Au Canada, elle varie considérablement d'un gouvernement à l'autre. Dans certaines provinces, elle relève d'un ou de plusieurs portefeuilles ministériels mais, le plus souvent, elle relève d'un ministère distinct. Dans le premier cas, les fonctions du solliciteur général sont généralement exercées par le PROCUREUR GÉNÉRAL. Au fédéral, la charge de solliciteur général est distincte des autres portefeuilles ministériels.

En général, le solliciteur général d'une province est chargé des questions relatives aux SERVICES DE POLICE dans la province, aux services correctionnels, aux véhicules automobiles et à la réglementation des alcools. Toutefois, les fonctions conférées au solliciteur général varient d'une province à l'autre. Au fédéral, le solliciteur général du Canada est responsable du Service correctionnel du Canada, de la Gendarmerie royale du Canada (GRC) et de la Commission nationale des libérations conditionnelles. Depuis juillet 1984, il est aussi responsable du SERVICE CANADIEN DU RENSEIGNEMENT DE SÉCURITÉ, maintenant séparé de la GRC. L'adoption de la loi créant ce service a soulevé de nombreuses controverses, et parmi elles celle de l'autonomie considérable dont il jouit par rapport au ministre de tutelle.

Au fédéral, les ministères du Procureur général et du Solliciteur général travaillent en étroite collaboration, puisque leurs fonctions se recoupent d'une certaine façon.

G. Gall

Solliciteur général, ministère du Ce ministère comprend 4 organismes, en plus du ministère du Solliciteur général proprement dit: la GENDARMERIE ROYALE DU CANADA (GRC), le SERVICE CANADIEN DU RENSEIGNEMENT DE SÉCURITÉ (SCRS), le Service correctionnel du Canada (SCC) et la Commission nationale des libérations conditionnelles (CNLC). Le ministère compte aussi 4 organes de surveillance qui veillent à la reddition de comptes et au respect intégral de la primauté de droit. L'ensemble du ministère est doté d'un budget de plus de 2,5 milliards de dollars et compte plus de 34 000 employés.

Le rôle du ministère proprement dit d'aider le ministre (qui, en 1997, est Andy Scott) en le conseillant dans les domaines du maintien de l'ordre, de l'application des lois, de la sécurité nationale, des services correctionnels et des libérations conditionnelles. Il incombe au ministre de protéger la population du pays et de travailler au maintien de la paix dans la société canadienne.

Avant 1936, le ministère est dirigé soit par un membre du Cabinet, soit par un ministre n'appartenant pas au Cabinet. De 1936 à 1945, les responsabilités du Solliciteur général sont assumées par le Procureur général. En 1945, la *Loi du solliciteur général* rétablit le poste au Cabinet. En 1966, le ministère du Solliciteur général est constitué parce que le Solliciteur général a besoin d'un soutien plus important.

Colette E. Derworiz

Sols, conservation des Elle consiste à gérer les SOLS de manière à prévenir leur érosion par l'eau de pluie et de ruissellement et par le vent. Elle concerne aussi leur protection contre les dommages occasionnés par les engins agricoles (p. ex., le compactage) ou contre les changements nocifs de sa composition chimique (p. ex., l'acidification et la salification).

Importance de la conservation des sols La plupart des gens savent qu'ils ont besoin d'eau et d'air purs pour rester en bonne santé. Peu se rendent compte cependant que leur bien-être dépend aussi de la santé du sol. Le sol entretient la croissance de la plupart de nos aliments et de nos matières fibreuses, et sa productivité est un facteur important de l'économie canadienne et de celle des autres pays.

Mais le sol joue un rôle encore plus grand en agissant comme un filtre purificateur de l'air et de l'eau. Il échange des gaz avec l'atmosphère et donc influe sur le CLIMAT planétaire. Le sol reçoit des déchets organiques et recycle leurs nutriments par l'intermédiaire des plantes. De plus, il retient et brise certains déchets toxiques. Son rôle est si considérable dans la stabilité de la santé, de l'économie et de l'environnement planétaires qu'il nous faut le conserver et l'utiliser de manière à le faire durer.

Effets de la gestion et de l'utilisation des sols
Causes du déclin de la qualité des sols La qualité inhérente ou naturelle d'un sol est déterminée par les matières géologiques et les mécanismes de formation (comme les processus chimiques et physiques de la MÉTÉORISATION) qui ont contribué à sa production. Les activités humaines, dont son utilisation et les pratiques agricoles, peuvent changer les caractéristiques d'un sol naturel. En agriculture et en foresterie, l'érosion, la perte des matières organiques, le compactage, la désertification et d'autres processus de dégradation diminuent la qualité naturelle d'un sol.

Pratiques de conservation des sols Ces pratiques servent principalement en foresterie au moment de la récolte et de la replantation. On peut aussi maintenir (conserver) la qualité des sols agricoles ou même l'améliorer par des pratiques régulières de conservation. Celles-ci comprennent l'ajout de matières organiques (p. ex., du fumier) et des amendements inorganiques (p. ex., du CALCAIRE), les méthodes culturales de conservation (p. ex., en utilisant une charrue ciseau au lieu d'une charrue à versoir), la rotation des CULTURES et la culture de LÉGUMINEUSES (p. ex., le trèfle).

Les activités agricoles types sont le pâturage, la culture de fourrages ou de plantes textiles, de céréales, d'oléagineux, de baies ou de légumes, selon le type de sol, le climat, et selon que les cultures sont irriguées ou non. Plus l'utilisation d'un sol dérange l'écologie naturelle, plus elle affecte la qualité du sol.

Les bonnes pratiques agricoles de gestion des pâturages comprennent la limitation de la densité du cheptel, le pâturage en rotation (laisser le sol au repos après un pâturage), la lutte contre les mauvaises herbes et la protection des rives des cours d'eau et de leur végétation. Pour les sols cultivés, les pratiques de gestion sont la rotation des cultures, le choix des méthodes de labour (en laissant les résidus de culture sur le sol ou en les enfouissant), la gestion de la circulation des tracteurs et autres engins agricoles, la détermination des taux d'engrais et d'autres amendements, la lutte contre les ennemis des cultures et la gestion de l'eau.

Les cultures de haute densité et qui assurent un tapis végétal toute l'année protègent mieux le sol contre l'érosion que les cultures en rangs ou les systèmes culturaux à jachère fréquente. Le fait de minimiser les opérations de labourage destinées à éradiquer les mauvaises herbes et à préparer les lits de semence atténue la rupture de la structure du sol (l'arrangement des particules du sol en granules et en mottes) et garde les résidus de culture sur le sol, contrairement au labourage intensif. Cette pratique aide à maintenir la couche arable et à lutter contre l'érosion.

Lorsque le taux d'oxydation des matières organiques du sol est abaissé, la quantité de carbone dans le sol augmente, ce qui contribue grandement à réduire l'effet de serre (l'accumulation de dioxyde de carbone et d'autres gaz dans l'atmosphère). Les pratiques de gestion qui restituent au sol les éléments nutritifs au rythme de leur absorption par les cultures aident à en maintenir la fertilité. Une utilisation restreinte de PESTICIDES sur des sols sensibles à l'érosion ou leur utilisation avec des mesures de conservation des sols efficaces, diminue le risque de pollution des eaux de surface par des sédiments contaminés.

Acceptation des pratiques de conservation des sols Le recensement agricole de 1991 a révélé que 42 p. 100 des agriculteurs canadiens utilisaient au moins une de ces méthodes de conservation. Certaines tendances ayant trait à la conservation des sols agricoles au Canada ont été signalées en 1995 par Agriculture et Agroalimentaire Canada dans le rapport *La santé de nos sols – vers une agriculture durable au Canada*. Le rapport concluait que l'utilisation de méthodes agricoles de conservation avait augmenté au cours de la décennie antérieure, de sorte que certains sols agricoles sont maintenant de meilleure qualité et moins sensibles à l'érosion et aux autres processus de dégradation. Bien que cette amélioration générale soit encore modeste et qu'elle ne touche pas tous les sols, elle montre que nous pouvons maintenir la santé de nos sols agricoles et même l'améliorer avec des soins adéquats.

À partir des données de ce rapport, il est possible de dégager 3 grandes tendances. D'abord, si on n'utilise pas des méthodes agricoles propices à leur conservation, les sols continueront à se dégrader dans les régions de culture intensive et dans celles où se pratique une agriculture marginale. En outre, la santé du sol se maintiendra ou s'améliorera dans les régions où les méthodes de conservation sont faites sur mesure pour régler les problèmes locaux de dégradation. Enfin, la santé du sol se détériorera rapidement, souvent le plus gravement dans les 10 années qui suivent la conversion en zone agricole d'un territoire auparavant intact. L'amélioration de la qualité du sol prendra alors plus de temps et coûtera plus cher que le maintien d'un bon sol à sa qualité maximale.

Santé des sols par région

En raison des écarts dans la qualité inhérente des sols et de la grande diversité des paysages et des systèmes d'exploitation agricole au Canada, les tendances particulières de la santé des sols sont mieux observées et interprétées à l'échelle régionale.

Colombie-Britannique En Colombie-Britannique, la nécessité de conserver les sols varie beaucoup selon l'intensité des cultures. Les cultures de spécialités de valeur élevée, qui exigent des labours intensifs et la circulation d'engins mécaniques, constituent le plus grand défi.

Avec la production de fourrages, de maïs à ensiler et de légumes, les sols de la vallée du Fraser sont exposés au compactage, surtout parce qu'ils sont souvent humides au moment des travaux dans les champs. La plupart des terres cultivées de la Colombie-Britannique sont gravement menacées d'érosion par l'eau quand le sol est nu. Dans la vallée du Fraser, ce danger est dû aux fortes pluies et à la culture dans les pentes abruptes. Dans la région de la rivière de la Paix, les sols limoneux s'érodent facilement et, au bout des vastes champs à longue pente, le ruissellement de la neige fondante s'accumule et emporte la terre. Cependant, les pratiques de conservation de la dernière décennie ont considérablement atténué ces risques.

Provinces des Prairies De nombreux sols agricoles des Prairies subissent les contraintes d'un climat sec et sont exposés à l'érosion éolienne et à la salification. La grave érosion éolienne des années 30 a mené à la création de l'ADMINISTRATION DU RÉTABLISSEMENT AGRICOLE DES PRAIRIES (ARAP) en 1935, qui a appliqué immédiatement des mesures draconiennes pour maîtriser la situation. Au cours des décennies du milieu du XXe s., de meilleures conditions météorologiques ont incité des fermiers à relâcher leur vigilance. L'érosion éolienne s'est alors produite plus souvent et on a encouragé de nouveau l'adoption de mesures de conservation.

L'érosion éolienne la moins importante de la dernière décennie est attribuée à l'utilisation réduite de jachère (terre laissée sans culture durant la période de végétation, habituellement afin de garder l'humidité pour l'année suivante) et au recours plus fréquent à des méthodes culturales de conservation du sol, ainsi qu'à d'autres moyens de lutte contre l'érosion, comme une couverture herbeuse permanente et des brise-vent (rangées d'arbres ou d'arbustes plantés contre la direction du vent dominant pour le freiner). Les risques de salification du sol ont baissé dans quelques zones en raison d'une utilisation plus grande d'une couverture végétale permanente (dont les prairies à faucher) et le recours moins fréquent à la jachère. Les pratiques de conservation ont stabilisé la proportion des matières organiques du sol dans certaines zones. D'autres améliorations de la qualité du sol sont attendues, car davantage d'agriculteurs adoptent ces méthodes.

Les sols non érodés perdent de 15 à 30 p. 100 des matières organiques du sol vierge en quelques décennies de culture, puis les taux tendent à se stabiliser. Ce processus s'inverse lentement si on adopte une méthode de gestion du sol qui diminue le taux d'oxydation des matières organiques (p. ex., moins de labours) ou qui augmente la quantité de matières organiques retournées (p. ex., en appliquant des engrais organiques et en éliminant la jachère). L'érosion du sol diminue rapidement la teneur en matières organiques et la fait finalement chuter à moins de 20 p. 100 des taux originaux. Les pratiques agricoles actuelles risquent peu d'accroître la salinité de la plupart des terres agricoles des Prairies.

Seulement 5 p. 100 des terres cultivées risquent d'être érodées par l'eau (pluie ou neige fondue) à un taux supérieur à celui du renouvellement du sol par les processus naturels (la décomposition des matières du sous-sol). Comme les agriculteurs ont adopté des méthodes de conservation durant la dernière décennie, cette proportion a diminué d'environ 10 p. 100 pour toute la région. Quelque 36 p. 100 des terres cultivées sont menacées par l'érosion éolienne quand elles restent sans végétation, mais les pratiques de conservation adoptées durant la dernière décennie ont réduit la superficie en danger (c.-à-d. non correctement protégée contre l'érosion éolienne) à seulement 5 p. 100.

Ontario et Québec Une grande partie des terres cultivées de façon intensive, notamment pour le maïs et le soja, se trouvent au centre du Canada. Ces cultures exigent la plus longue période de végétation possible, d'où des semailles hâtives et une récolte tardive. Ces opérations s'effectuent souvent au moment où le sol est humide, ce qui entraîne le compactage. De plus, en raison de ce type de culture, le sol n'est pas protégé correctement par un tapis végétal, et reste exposé à l'érosion par la pluie et la neige fondante durant de longues périodes de l'année.

Les pratiques de conservation des sols comprennent le labour minimal et même la suppression du labour, afin que les débris végétaux restent sur le sol et que la circulation des engins lourds soit réduite au maximum. La rotation culturale et la culture périodique du trèfle ou de la luzerne augmentent les matières organiques du sol, en améliorent la structure et diminuent les risques de compactage. Le fumage et l'emploi d'engrais adéquats ont les mêmes effets. L'ensemencement des zones où s'accumule l'eau de ruissellement pour canaliser celle-ci dans des passages herbeux aide aussi à atténuer l'érosion du sol.

L'érosion éolienne est rarement un problème et se limite surtout aux sols très sablonneux ou composés de matières organiques (p. ex., les marais cultivés). Des rangées d'arbres ou d'arbustes plantées dans ces endroits comme brise-vent et des résidus de culture laissés sur le sol protègent contre l'érosion éolienne.

L'érosion par l'eau menace environ 50 p. 100 des terres cultivées du Québec et de l'Ontario si elles sont laissées sans protection par des mesures de conservation. Seulement 16 p. 100 des terres n'ont aucun besoin de ce genre de protection. On estime que 40 p. 100 des sols cultivés en Ontario sont correctement protégés. L'adoption de ces mesures semble efficace: les risques d'érosion du sol par l'eau devraient diminuer de 21 p. 100 entre 1981 et 1991. Au Québec, cette réduction est établie à 6 p. 100 pour la même période. Le compactage affecte les sols à maïs du sud de l'Ontario et de la plaine du Saint-Laurent au Québec. Au Québec, quelque 90 p. 100 des sols cultivés uniquement pour le maïs (sans rotation culturale) souffrent de compactage.

Région de l'Atlantique Aucune des 4 provinces de l'Atlantique n'a des sols hautement productifs; la plupart sont naturellement pauvres et plusieurs sont acides. La production intensive de la pomme de terre et de légumes a altéré davantage la structure des sols et gravement érodé les terres en pente.

Les agriculteurs ont adopté des pratiques de conservation pour régler ces problèmes. Les cultures en terrasses sont devenues courantes dans les régions à pommes de terre du Nouveau-Brunswick. Les terrasses sont des canaux construits en travers des pentes à des intervalles réguliers. Elles diminuent la longueur des pentes et donc l'accumulation de l'eau de ruissellement qui est ensuite évacuée sur le côté du champ. Certains agriculteurs établissent les rangées de plantation en travers de la pente et non sur sa longueur, ce qui réduit encore l'érosion par ruissellement.

Parmi les autres pratiques de conservation, citons la rotation culturale, selon laquelle on fait alterner la culture de la pomme de terre avec celles des céréales (de l'orge, p. ex.) et du trèfle. Des passages herbeux pour l'eau sont aussi aménagés dans les zones où l'eau s'accumule naturellement, ce qui diminue le risque d'érosion par canaux de retranchement (ravines) dans le sol. Les grandes quantités d'engrais nécessaires pour la culture de la pomme de terre rendent souvent le sol plus acide. Afin de remédier à cet inconvénient, les fermiers répandent du calcaire moulu pour le mélanger au sol avec des instruments aratoires.

L'érosion par l'eau représente une grande menace pour environ 80 p. 100 des sols cultivés de la région de l'Atlantique s'ils ne font pas l'objet de mesures de conservation. À l'occasion du recensement agricole de 1991, c'est à l'Île-du-Prince-Édouard qu'on a enregistré le pourcentage le plus élevé d'agriculteurs qui utilisent au moins une méthode de conservation des sols, soit 72 p. 100. Pourtant, on estime que le risque d'érosion par l'eau seulement y a grimpé entre 1981 et 1991, probablement en raison de l'augmentation de la superficie allouée à la culture de la pomme de terre. Au Nouveau-Brunswick, des analyses effectuées dans les champs de pommes de terre où l'on a appliqué des méthodes de conservation montrent que la perte de sol sous l'effet de l'érosion par l'eau n'est que de 10 p. 100 de celle qui surviendrait sans pratique de conservation.

Dans tout le Canada, on conserve les sols afin de préserver nos terres agricoles et nos forêts pour les générations futures et pour en maximiser les effets bénéfiques sur notre air et sur notre eau. La superficie d'application des pratiques de conservation a fortement augmenté au cours des dernières années. Il faut conserver les sols davantage encore, car il est essentiel d'être toujours capables de produire des aliments et des matières fibreuses pour notre consommation comme pour l'exportation, et de continuer à bénéficier d'une eau et d'un air purs. (*Voir aussi* SOLS, PRATIQUES AGRICOLES DES).

D.F. Acton et D. Richard Coote

Sols, pratiques agricoles des Le développement des pratiques agricoles et la gestion des ressources des SOLS pour la production agricole doivent tenir compte des méthodes de défrichement, des modes d'utilisation des sols, des pratiques de CULTURE (dont la lutte contre l'érosion) et des conséquences sur l'environnement. La mise en valeur des terres à des fins agricoles nécessite souvent des opérations de débroussaillage et de déboisement. Il s'agit alors d'enlever de façon efficace et économique la végétation indésirable, de minimiser le déplacement et la dégradation de la couche arable et de laisser une surface de semis suffisamment bien dégagée et améliorée pour permettre l'utilisation de l'équipement de culture, de plantation et de récolte. Les méthodes choisies pour le défrichement dépendent de la nature, de la densité et de la superficie de la couverture de végétation (*voir* RÉGIONS DE VÉGÉTATION).

La récolte du bois commercialisable, s'il y en a, est la première étape et peut concerner quelques arbres ou une forêt. La moissonneuse d'arbres coupe des billes, les dépouille de leur écorce et les empile. La débusqueuse couche les arbres, les soulève et les transporte. On préfère souvent le dessoucheur au bouteur pour enlever les souches et les grosses pierres, car il a un effet minimal sur la couche arable. Les faucheuses à barre de coupe, les faucheuses rotatives et les faucheuses-hacheuses coupent, hachent et déchiquettent les broussailles. Ces machines produisent des résidus qu'on peut laisser sur place en guise de paillis. Des herbicides sélectifs détruisent des espèces végétales particulières, et les herbicides non sélectifs ou de contact défeuillent. Les plantes à enracinement profond sont enlevées avec un soucheveur, un coupe-racines et une défricheuse. On nettoie le sol jusqu'aux profondeurs de labour et de travail du sol. Le râteau à racines et le matériel similaire spécialisé permettent le ratissage du sol défriché pour enlever les racines, les fragments de souches et les petites broussailles. Les charrues à disques et les herses finissent les travaux. Des niveleuses seront utilisées pour profiler la surface des sols qui nécessitent un meilleur drainage.

Le sol et les pratiques culturales

Pour dresser un programme agricole, il faut sélectionner soigneusement les pratiques de gestion du sol et des cultures afin d'optimiser les rendements à long terme tout en minimisant les pertes, le compactage et la dégradation du sol. L'érosion de la couche arable et du sous-sol augmente dans tout le pays. Les pratiques monoculturales y ont aussi accéléré la dégradation des sols.

L'érosion pluviale L'érosion en nappe et l'érosion en rigoles dans les champs résultent d'une mauvaise gestion des sols et des cultures, de l'état des sols exposés à l'érosion, d'un drainage et d'un ruissellement superficiel excessifs. La fonte des neiges au printemps et les phénomènes de convection climatique en été dans l'Ouest du Canada causent le plus de dégâts. Les terres cultivées des plateaux sont susceptibles de perdre du sol par l'érosion en nappe, l'érosion en rigoles et l'érosion en ravines. Les méthodes de labour et de culture axées sur la conservation des sols s'avèrent les plus rentables. Il est possible aussi de cultiver en terrasses pour former une série de déviations le long d'une pente ou adoucir une pente abrupte.

Des fossés herbeux peuvent être aménagés sur les terres cultivées en pente, là où les eaux de ruissellement s'accumulent ou créent des rigoles. Ces voies d'eau peuvent aussi servir d'issues pour les descentes ou les déviations suivant les courbes de niveau. La concentration des écoulements en surface peut entraîner la formation de ravines. Les fuites hors des talus aménagés aggravent souvent la situation. Il est possible de combler et de replanter les petites ravines, mais les plus grandes peuvent exiger l'installation de déviations de surface (pour détourner les eaux de ruissellement sur le côté de la pente), de digues (pour réduire la vitesse de l'écoulement concentré), de descentes (p. ex., empierrements, passages sous la surface, descentes de surface). Des drains installés dans les talus peuvent aussi en empêcher l'alourdissement et le sapement par les eaux de ruissellement.

L'érosion éolienne Ce phénomène entraîne d'énormes pertes de sol là où l'on utilise des méthodes de gestion des sols ou des cultures inappropriées, là où les champs sont exposés à de grands vents ou en des lieux à caractéristiques topographiques vulnérables. La fin de l'hiver et le début du printemps sont des moments critiques dans l'Ouest canadien, où 30 p. 100 de la superficie cultivée est laissée en jachère et donc soumise à l'érosion. Les modes de gestion axés sur la CONSERVATION DES SOLS comprennent le maintien de la surface des sols dans un état brut (p. ex., en minimisant le labour); la conservation de la végétation, des résidus et du chaume sur la surface; l'épandage de fumier et de fumier vert et la rotation des cultures; la culture traditionnelle et la culture en bandes alternantes, effectuées perpendiculairement au vent dominant; et l'installation de brise-vent (p. ex., rangées d'arbres, bandes herbeuses, clôtures).

L'érosion des talus des cours d'eau et des fossés Cette érosion peut résulter du ruissellement de l'eau, sur la surface du talus, vers la canalisation de drainage ou le cours d'eau, de l'instabilité du sol causée par des fuites souterraines ou par d'autres situations à nappe phréatique élevée, de la force du courant dans le cours d'eau même et des activités agricoles (p. ex., en faisant paître des animaux sur les talus ou en cultivant le sol adjacent aux talus). Dans un récent inventaire des cours d'eau agricoles en Ontario, l'érosion apparaît sur 37 p. 100 des talus, et l'affaissement périodique, sur 25 p. 100. Il est possible de minimiser ces problèmes par la replantation, la déviation des eaux de ruissellement et l'installation de bandes tampons de végétation ou de descentes. Les problèmes d'instabilité du sol seront atténués par la modification du profil, la replantation et le drainage des talus, la construction de murs de retenue et en empêchant les animaux d'y avoir accès. Des bandes de végétation et des enrochements permettent de réduire les problèmes causés par la vitesse du courant ou les remous. Dans les cas les plus graves, des ballasts «encoffrés» ou des bandes asphaltées peuvent s'avérer nécessaires.

Une érosion du sol accélérée dans des champs et sur des talus endommage la zone immédiate, mais aussi celle qui se trouve en aval, car les particules de sol transportées encrassent les canaux et envasent les bassins et les réservoirs ou recouvrent les frayères. La réduction de la capacité d'un canal par des sédiments peut faire en sorte que les eaux d'écoulement sont déroutées vers les champs. Il arrive aussi que les sédiments agricoles transportent des contaminants potentiels (p. ex., des phosphates, des métaux lourds, des herbicides). Les solides en suspension peuvent être captés à la source de l'érosion ou dans le système d'écoulement. Des filtres à sédiments placés aux issues du système de drainage des champs ou dans les cours d'eau servent à intercepter les eaux de ruissellement de surface chargées de sédiments.

W.T. Dickinson

Sols, science des Elle traite du sol en tant que RESSOURCE naturelle. Elle étudie la formation, la classification et la cartographie des sols, ainsi que les propriétés physiques, chimiques et biologiques des sols et leur fertilité proprement dites, en rapport avec leur gestion de la production de cultures (*voir* ASSURANCE-RÉCOLTE). Cette définition, adoptée par la Société canadienne de la science du sol est quelque peu démodée. Au cours des 20 dernières années, la science du sol s'est élargie pour englober l'étude des ressources des sols relativement à l'écologie, la FORESTERIE, la GÉOLOGIE du quaternaire, l'HYDROLOGIE, la gestion des bassins versants, l'INGÉNIERIE, l'ARCHÉOLOGIE, la GESTION DES RESSOURCES renouvelables et la planification de l'utilisation des sols. La pédologie, ou science des processus de formation et de modification du sol dans le temps et l'espace, a des applications qui s'étendent jusqu'à l'histoire du quaternaire, la restauration du sol, les PLUIES ACIDES, le changement planétaire et le développement durable. La biométéorologie et la TÉLÉDÉTECTION sont très étroitement liées à la science du sol.

La science étudie le sol depuis environ 2 siècles. Les principaux concepts ont été élaborés durant les 100 dernières années, à la suite des travaux de V.V. Dokuchaiev et d'autres en Russie. Ces scientifiques ont démontré que les sols sont des corps naturels qui se développent en fonction de facteurs environnementaux. Deux concepts importants ont surgi: la pédologie considère le sol comme un corps naturel, et insiste moins sur son utilisation immédiate; l'édaphologie étudie le sol du point de vue des plantes supérieures. Les pédologues étudient et classent les sols tels qu'ils sont dans l'environnement naturel; les édaphologues étudient les propriétés du sol en fonction de la production de nourriture et de fibre.

Historique Au Canada, le sol est étudié systématiquement depuis environ 100 ans. Le premier ouvrage, écrit par le chimiste du gouvernement fédéral, F.T. Shutt, et publié en 1893, provient du Service des fermes expérimentales du ministère fédéral de l'Agriculture. Pendant cette première période, les travaux sur les sols débutent à l'Ontario Agricultural College (département de la chimie agricole; *voir* UNIVERSITÉ DE GUELPH) et au Macdonald College de l'U. McGill (département de physique agricole). La prospection des sols commence en 1914 avec A.J. Galbraith de l'Ontario Agricultural College. En 1920, F.A. Wyatt suit son exemple en Alberta; R. Hansen en fait autant en Saskatchewan en 1921. La prospection des sols fait ensuite son apparition en Colombie-Britannique en 1931; au Québec et en Nouvelle-Écosse, en 1934; au Nouveau-Brunswick, en 1938; à l'Île-du-Prince-Édouard, en 1943; dans les Territoires du Nord-Ouest, en 1944; et à Terre-Neuve, en 1949, après l'entrée de la province dans la Confédération. Les premiers relevés cartographiques, financés par les gouvernements provinciaux, sont effectués en vertu de programmes coopératifs entre les ministères fédéral et provinciaux de l'Agriculture et les universités.

De nombreux particuliers participent à l'essor de la science du sol au Canada, mais ses fondateurs sont les professeurs titulaires F.A. Wyatt, de l'Alberta, A.H. Joel et R. Hansen, de la Saskatchewan, J.H. Ellis, du Manitoba, et G.N. Ruhnke, de l'Ontario. E.S. Archibald, directeur du Service des fermes expérimentales du gouvernement fédéral, joue un important rôle dans le renouveau de la prospection des sols dans les années 30.

Formation La formation professionnelle est surtout offerte par les départements de science du sol des universités de la Colombie-Britannique, de l'Alberta, de la Saskatchewan, du Manitoba et de l'U. Laval. En Ontario, l'U. de Guelph offre le diplôme du Department of Land Resources science. Au Québec, la formation professionnelle est donnée au Macdonald College de l'U. McGill, par le truchement du Department of Renewable Ressources. De plus, les universités qui n'ont pas de départements spécialisés en science du sol ont souvent des professeurs titulaires de cette matière dans les départements de GÉOGRAPHIE.

La plupart des universités qui offrent des programmes de science du sol décernent le baccalauréat, la maîtrise et le doctorat. Bien que la désignation de la spécialisation varie légèrement, quelques champs d'étude principaux comprennent la BIOLOGIE, la chimie, la physique et la fertilité des sols; la classification, la genèse, la minéralogie et la conservation des sols; la contamination et la décontamination des sols; la classification des sols; et les sols des FORÊTS. La spécialisation n'est souvent offerte qu'après la maîtrise. Les étudiants doivent recevoir une formation en biologie, en chimie, en mathématiques et en physique et doivent aussi étudier l'agronomie, la botanique, l'informatique, l'écologie, l'économie, l'anglais, la géologie, la géomorphologie, l'hydrologie, l'aménagement du territoire, la météorologie, la microbiologie, la minéralogie, la photogrammétrie, la télédétection, la gestion des ressources, etc. Une formation en science du sol est utile aux botanistes, aux phytologues, aux ingénieurs civils, aux ingénieurs agronomes, aux spécialistes en restauration des terres et des sols, de même qu'aux environnementalistes et aux scientifiques du quaternaire.

Recherche Le gouvernement fédéral a une longue expérience en recherche sur les ressources du sol et sur leur utilisation, particulièrement Agriculture et Agro-alimentaire Canada (*voir* AGRICULTURE, MINISTÈRE DE L'), Environnement Canada, le CONSEIL NATIONAL DE RECHERCHES et Ressources naturelles Canada. Les universités font de plus en plus de recherche fondamentale sur les sols, et le secteur privé effectue une grande partie de la recherche appliquée. Les collaborations entre les gouvernements, les universités et le secteur privé sont fréquentes et efficaces. Les entreprises privées soutiennent et, en partenariat, font des recherches dans certains domaines comme la foresterie (sylviculture, stabilité des sols), l'EXPLOITATION MINIÈRE et les ressources PÉTROLIÈRES (régénération) et les sites industriels (contamination et remise en état des sols).

Les gouvernements fédéral et provinciaux, de concert avec les universités, continuent d'unir leurs efforts dans la recherche portant sur l'ARPENTAGE, la cartographie et la classification. Plusieurs universités (p. ex., les universités de l'Alberta, de la Saskatchewan, de Guelph et l'U. Laval) ont fondé des instituts de pédologie pour coordonner ces activités. Une grande partie des recherches effectuées au Canada a des applications internationales.

Par ses recherches sur la décomposition des matières organiques, le Department of Soil Science de l'U. de la Colombie-Britannique a introduit la microbiologie des sols au pays. Le Department of Soil Science de l'U. de l'Alberta a effectué des recherches novatrices sur la gestion et la genèse des sols boisés gris (luvisols gris). L'U. de la Saskatchewan est l'une des premières à se servir d'isotopes radioactifs relativement à la fertilité et au phosphore des sols. L'U. de Guelph, quant à elle, est une pionnière de l'étude des effets de l'application des boues d'épuration au sol. Le Macdonald College effectue de la recherche fondamentale sur les propriétés des sols par rapport à leur comportement physique (p. ex., corrélation entre la résistance au cisaillement et les propriétés électrochimiques des argiles et les forces en jeu dans le gonflement de l'argile).

Les chercheurs d'Agriculture Canada jouent un rôle de premier plan pour ce qui est de comprendre les mécanismes de régénération et de gestion des sols de type solonetz et ont été parmi les premiers à étudier la matière organique du sol, ses propriétés, ses

caractéristiques et ses fonctions dans le système édaphique. Les chercheurs du Québec sont à l'avant-garde de l'étude du drainage agricole axé sur l'agriculture intensive. Les pédologues de la région de l'Atlantique mettent au point des techniques de gestion pour l'importante industrie de la pomme de terre. Le Comité canadien de pédologie, composé de scientifiques fédéraux et provinciaux et de professeurs titulaires d'université, élabore un système de classification des sols et des méthodes uniques pour mettre sur pied des banques de données sur les sols et leur étude.

Les organismes qui effectuent des recherches sur les sols établissent des procédures d'essai pour améliorer la croissance végétale des sols canadiens. Cette recherche est sans fin, car de nouvelles variétés de plantes cultivées, ayant des exigences différentes, sont constamment mises au point au Canada ou y sont sans cesse introduites. Les efforts de recherche se concentrent sur l'érosion, la salinité et la conservation des sols et recourent à la télédétection et à des techniques assistées par ordinateur en laboratoire et sur le terrain, à des systèmes d'information assistés par ordinateur et à des images graphiques et cartographiques automatiques.

Applications La plupart des recherches sur le sol concernent l'agriculture, en particulier pour améliorer le rendement des cultures. Beaucoup de recherches sont ainsi concentrées sur les nutriments et les oligo-éléments essentiels à la croissance des plantes. La connaissance des propriétés des sols permet d'élaborer des projets d'irrigation et de drainage, de promouvoir le bon usage des engrais et des PESTICIDES et d'expliquer l'effet de la gestion des sols sur les ressources. Les relevés cartographiques des sols qu'on possède pour la majeure partie du pays permettent aux spécialistes de la planification de choisir, en fonction des possibilités des sols, entre l'agriculture, la foresterie, les loisirs et la faune sauvage. Les ingénieurs civils commencent à utiliser les relevés cartographiques de sol pour la construction des routes. Des spécialistes de la planification et d'autres ingénieurs se servent des informations sur le sol pour choisir l'emplacement des champs d'épandage des fosses septiques, de l'épandage des effluents par irrigation, des lotissements urbains et des corridors réservés aux PIPELINES et au TRANSPORT, et pour réguler et prévoir l'approvisionnement en eau. Les principes de la science du sol sont de plus en plus appliqués dans le cas de sites contaminés, par des produits PÉTROCHIMIQUES et par des métaux lourds en particulier. Les systèmes de renseignement géographique (GIS) établissent des liens entre l'affectation des sols, les ressources en eau et la gestion des terres, ce qui permet aux décideurs d'agir efficacement.

Les aménagistes ont recours à la science du sol pour élaborer les plans des municipalités et des comtés. Les évaluateurs fonciers doivent connaître la productivité des sols pour évaluer avec justesse leur valeur. Les propriétés et la genèse du sol sont importantes pour bien comprendre l'écologie terrestre et l'écoulement des eaux souterraines. La connaissance de la genèse du sol aide à mieux comprendre les phénomènes qui ont eu lieu au quaternaire, et le sol constitue un registre de faits qui sont précieux pour l'archéologie. Les gestionnaires des grands pâturages libres doivent tenir compte du potentiel de production du sol pour éviter que la détérioration des pâturages ne s'accélère. Les organismes qui s'occupent de régénération du sol (p. ex., les entreprises d'explorations minière et pétrolière) recourent aux principes de la science du sol. Les pédologues sont employés par les gouvernements fédéral et provinciaux, les sociétés d'experts-conseils, les entreprises forestières, les sociétés minières et pétrolières, les banques, les sociétés immobilières et les fermes constituées en société.

Sociétés et institutions La Société canadienne de la science du sol (SCSS) est reconnue au Canada

pour être celle qui fait la promotion de la science du sol. Fondée en 1955, elle est issue d'une organisation antérieure, le Soils Group, créé en 1932 et étroitement affiliée à la Société canadienne des technologistes agricoles. Aujourd'hui, la société compte plus de 470 membres. La SCSS est affiliée à l'Institut agricole du Canada, au Conseil géoscientifique canadien et à l'Association internationale de la science du sol. Elle tient des réunions annuelles et des séances techniques et, en collaboration avec l'Institut agricole du Canada, elle publie une fois par trimestre la Revue canadienne de la science du sol. La SCSS honore certains pédologues qui se sont distingués, en les consacrant membres de la Société. Plus de 35 pédologues ont ainsi été honorés depuis 1962, date du lancement de cette initiative.

L.M. Lavkulich

Somers, Harry Stewart compositeur (Toronto, 11 sept. 1925). Somers commence d'abord par étudier le piano et, plus tard, la guitare classique, mais son travail avec John WEINZWEIG, puis avec Darius Milhaud à Paris l'amène à faire carrière comme compositeur. Il subvient à ses besoins en travaillant comme placeur, chauffeur de taxi et copiste, métier où il acquiert sa minutieuse calligraphie. Dès 1960, après d'autres études à Paris, il parvient à vivre des compositions qui lui sont commandées. Il est l'un des compositeurs canadiens les plus prolifiques et originaux, et un ardent promoteur de la musique canadienne contemporaine. En 1951, il est l'un des membres fondateurs de la Ligue canadienne des compositeurs.

Préoccupé par l'enseignement et l'interprétation de la musique canadienne dans les écoles, Somers s'engage, en 1963, dans le John Adaskin Project visant à faire connaître les compositeurs canadiens et à animer des concerts pour les jeunes à Radio-Canada.

Grâce à une bourse de l'Institut culturel canadien à Rome, Somers poursuit des études dans cette ville de 1969 à 1971 et y réalise des œuvres qui témoignent de son intérêt pour les nouvelles techniques vocales. Il est aussi fortement influencé par la musique et la philosophie orientales.

La musique de Somers est renommée mondialement et interprétée partout en Occident. La plupart des organismes de théâtre et de musique du Canada lui commandent des compositions. Son opéra *Louis Riel* lui est commandé par la Fondation Floyd S. CHALMERS à l'occasion du centenaire du Canada et, par la suite, il est présenté à Washington pour le bicentenaire des États-Unis. Toujours empreinte d'une sensibilité intense, sa musique est simple, éloquente et énergique. Il recourt souvent à une juxtaposition dramatique des styles, à des silences dramatiques et à des fluctuations soudaines de volume pour créer ce qu'il appelle le «malaise dramatique».

Somers est fait Compagnon de l'Ordre du Canada en 1972 et reçoit des diplômes honorifiques des universités d'Ottawa (1975), de Toronto (1976) et York (1977). En 1986, il est le sujet d'un documentaire d'une demi-heure, «The Music of Harry Somers».

Mabel H. Laine

Somerset, île D'une superficie de 24 786 km², elle est la neuvième plus grande île de l'ARCHIPEL ARCTIQUE. Sa partie ouest repose sur de la roche précambrienne et atteint une altitude de 503 m, mais la majeure partie de l'île consiste en un plateau élevé de roches sédimentaires. La végétation est rare, sauf dans quelques dépressions et basses terres où le caribou de Peary est répandu. Les bœufs musqués sont de retour après avoir été décimés par les baleiniers au tournant du siècle. Des centaines de milliers d'oiseaux nichent sur les falaises abruptes de l'île Prince Leopold, au large de l'extrémité nord-est de Somerset. Le lieutenant W.E. PARRY a découvert l'île en 1819 et a donné le nom d'un comté d'Angleterre.

S.C. Zoltai

Sonar (acronyme de Sound Navigation and Ranging), il est une méthode de localisation des objets par réflexion des ondes sonores. Certains animaux, dont le dauphin (*voir* DAUPHIN ET MARSOUIN) et la CHAUVE-SOURIS, l'emploient naturellement pour repérer nourriture et obstacles. Le sonar est mis au point en France, pendant la Première Guerre mondiale, par Constantin Chilowski et Paul Langevin, avec la collaboration du Canadien R.W. BOYLE. Il devait alors servir de méthode pratique de détection des obstacles immergés (icebergs, sous-marins) et de mesure de la profondeur des eaux. Au cours de la Seconde Guerre mondiale, la Marine royale canadienne, chargée d'escorter des convois et de lutter contre les sous-marins, fait appel aux océanographes canadiens pour évaluer la stratification des eaux et étudier la propagation des sons en milieu marin. De concert avec G.S. Field, attaché au CONSEIL NATIONAL DE RECHERCHES DU CANADA, J.P. TULLY et W.M. CAMERON travaillent à perfectionner le dispositif de détection des sous-marins. Par la suite, le sonar est amélioré et trouve des applications dans les domaines scientifique, militaire et civil. Comme les techniques de sonar peuvent aider à localiser et à tracer le schéma des transformations survenues dans le milieu où voyagent les ondes sonores, elles permettent de déterminer les variations dans la structure sédimentaire des sols immergés, grâce à une méthode appelée réflexion sismique, et de dresser ainsi la carte des fonds marins. Les sédiments du fond de la mer absorbent très rapidement les hautes fréquences normalement émises par sonar, de sorte que les premières expériences de réflexion sismique consistent à provoquer des explosions répétées afin d'obtenir des sons de basse fréquence (*voir* ARPENTAGE).

Exploration sismique des profondeurs En exploration sismique en mer, la source sonore et le récepteur sont normalement remorqués à une faible profondeur par un navire hydrographique.

Au Canada, on a mis au point 2 dispositifs de sismographie en profondeur qui assurent la haute résolution nécessaire à la cartographie des sédiments sous-marins non consolidés. Dans les 2 cas, la source sonore et les hydrophones récepteurs sont montés sur un bâti hydrodynamique en forme de poisson, lequel est remorqué par un navire hydrographique à des profondeurs de 200 à 600 m et à des vitesses de 6 à 8 nœuds (les appareils émetteur et récepteur sont parfois eux-mêmes placés à la remorque du «poisson»). L'appareil de la Nova Scotia Research Foundation Corporation consiste en un submersible à ailerons en V, long de 1,2 m, qui est tracté en profondeur et agit comme plateforme stabilisatrice pour la source sonore et le récepteur qui y sont logés. Mis au point à Toronto par Huntec (70) Ltd. dans le cadre du Government/Industry Seabed Project (1975-1980), le Deep Tow Seismic System utilise un habitacle hydrodynamique qui abrite l'appareillage d'alimentation et les transducteurs. Le projet réunit les scientifiques et les ingénieurs capables de créer la technologie qui permettrait de quantifier la réponse acoustique des sédiments marins et d'adapter les techniques d'exploration sismique à la cartographie des sédiments de surface de la plateforme continentale canadienne.

On a récemment tenté, au Canada, d'améliorer la qualité de l'image ou du contenu informatif du signal obtenu par réflexion en recourant à des techniques de reconnaissance des schémas types, techniques d'abord mises au point dans le traitement des photographies obtenues par satellite ou par véhicule spatial: appareils émetteurs et récepteurs multi-fréquences afin d'améliorer la redondance du signal et l'identification de la cible; balayage à large bande ou sources paramétriques pour améliorer le rayon du faisceau et la résolution; processeurs numériques à haute vitesse permettant la formation du faisceau et le traitement de l'image en temps réel. Toutes ces techniques mènent à de nouveaux développements qui facilitent la détection des mines et des sous-marins, la recherche des bancs de poissons, de même

que la cartographie des grands fonds et la description des propriétés des sédiments.

David I. Ross

Soper, Joseph Dewey, naturaliste, explorateur et auteur (près de Guelph, Ont., 5 mai 1893—Edmonton, 2 nov. 1982). Soper est l'exemple parfait de l'homme tranquille, sans prétention, qui fait le relevé pour le gouvernement du Dominion et détermine les limites et les ressources du Canada. Avant la Première Guerre mondiale, la nature sauvage de l'ouest du Canada l'attire. Après la guerre, il explore de nouveaux territoires dans l'est de l'Arctique (1923-1931) et découvre les zones de reproduction de l'oie bleue. Par la suite, il contribue grandement à faire avancer la connaissance sur les bisons du Wood Buffalo National Park. Il traverse aussi les Prairies, particulièrement le long de la frontière internationale, ainsi que les parcs des Rocheuses, les Territoires du Nord-Ouest et le Yukon. Il rédige une centaine d'ouvrages et d'articles scientifiques et de vulgarisation, qu'il illustre souvent de ses propres dessins à la plume ou à l'aquarelle. En reconnaissance de son travail, son nom a été donné à plusieurs mammifères (p. ex., le phoque annelé de Soper) et à des entités géographiques sur l'île de Baffin (p. ex., la rivière Soper). En 1960, il reçoit un doctorat honorifique en droit de l'U. de l'Alberta.

J.R. Nursall

Sorbier Petit arbre ou arbrisseau du genre *Sorbus* de la famille des rosacées dont environ 100 espèces existent en Eurasie tempérée et en Amérique du Nord. C'est une plante sans épine ni aiguillon, à feuilles caduques, simples ou composées et comprenant alors de neuf à 11 folioles penniformes (en forme de plumes). La fleur d'un blanc crémeux forme une inflorescence en cyme large et aplatie. La baie, petite et rouge, ressemble à une pommette, et est très recherchée par les oiseaux. Le Canada compte 4 espèces indigènes, qu'on trouve habituellement dans les boisés humides: 2 dans l'Est (*S. americana, S. decora*) et 2 dans l'Ouest (*S. scopulina, S. sitchensis*).

Le sorbier des oiseaux, ou sorbier des oiseleurs, (*S. aucuparia*) introduit de l'Europe, et cultivé comme PLANTE ORNEMENTALE des îles de la Reine-Charlotte jusqu'à Terre-Neuve, se répand souvent dans la nature, comme une plante indigène. Dans certains ouvrages de références, *Sorbus* est classé dans le genre *Pyrus* (poire). Les autochtones de l'Amérique du Nord utilisaient les baies et l'écorce pour leurs vertus médicinales. Le bois se plie facilement et sert à fabriquer la charpente des CANOTS et les raquettes à neige. Même si son nom anglais (montain ash) suggère que le sorbier est un FRÊNE, ce n'est pas le cas.

Sorel, ville et port du Qc; pop. 23 248 hab. (rec. 1996); superf. 37,5 km²; const. en 1792, situés sur la rive sud du Saint-Laurent, à l'embouchure de la RIVIÈRE RICHELIEU, à 88 km au nord-est de Montréal. Pierre de Saurel, capitaine du RÉGIMENT DE CARIGNAN-SALIÈRES, donne son nom à la seigneurie qui lui est concédée en 1672.

En 1781, le gouverneur HALDIMAND y construit un manoir sur le Richelieu (qui devient plus tard une résidence d'été pour le gouverneur général du Canada) et établit les plans d'une ville qu'il veut peupler de Loyalistes. Ces derniers n'y viennent cependant pas assez nombreux. De 1787 à 1860, la ville porte le nom de William-Henry, en l'honneur d'un des fils du roi George III. Elle reprend ensuite le nom de Sorel, dont l'orthographe est légèrement modifiée. En 1784, la première mission anglicane officielle y est ouverte.

Au milieu du XIXe s., Sorel croît rapidement. Elle est le terminus du transport fluvial venant du LAC CHAMPLAIN et profite des échanges entre Montréal et Québec. Le commerce du bois et les chantiers maritimes y prospèrent. Au XXe s., son port reste ouvert toute l'année et elle devient le centre du commerce des produits agricoles de la vallée du Richelieu.

La Seconde Guerre mondiale en fait un centre important d'industries militaires employant plus de 20 000 ouvriers. Construction navale et industrie lourde y sont aujourd'hui les principales activités, mais elle abrite également des usines de textile, de vêtements, de matières plastiques, de béton et d'industries légères. Les villes de Sorel et Tracy ont été fusionnées le 15 mars 2000.

Sylvie Taschereau

Sorensen, Henning Ingeman, aventurier et traducteur (Copenhague, Danemark, 14 mai 1901—Vancouver, 3 août 1986). Sorensen abandonne, en 1922, une carrière prometteuse de banquier à Copenhague, pour voyager et travailler en Europe, en Afrique et en Amérique du Nord. Il aboutit finalement à Montréal en 1929. Il part en Espagne en 1937, durant la guerre civile espagnole, et fait état de la situation médicale pour le Comité d'aide à la démocratie espagnole, une organisation canadienne de soutien aux républicains. Il devient ensuite l'adjoint principal et l'interprète de Norman BETHUNE, médecin canadien qui dispense des services mobiles de transfusion sanguine et de chirurgie d'urgence pour les troupes républicaines et les militaires des Brigades internationales. Au cours de la Seconde Guerre mondiale, il travaille pour le service de renseignement des Forces navales canadiennes et ensuite pour le service international de la Société Radio-Canada. Finalement, il devient traducteur pour le ministère des Affaires étrangères de Cuba au début des années 60.

Stanley Gordon

Soucy, Gaétan, romancier, (Montréal, 21 oct. 1958). Né dans une famille nombreuse du quartier ouvrier d'Hochelaga, Gaétan Soucy se consacre d'abord à l'étude des sciences (mathématiques et astro-physique) à l'Université de Montréal. Par la suite, il obtient une maîtrise pour un mémoire sur la théorie transcendantale des sciences chez Kant. Professeur de philosophie au cégep Édouard-Montpetit, il est amoureux du Japon et s'est familiarisé avec la langue et la culture de ce pays qu'il visite régulièrement. Il fait paraître un premier roman en 1994, *L'Immaculée Conception*, publié en France sous le titre *8 décembre*. En 1997, paraît *L'acquittement* qui lui vaut, l'année suivante, le Grand Prix du livre de Montréal. Prix Ringuet et Prix Grand Public La Presse, *La petite fille qui aimait trop les allumettes*, publié en 1998, récit hallucinatoire d'une fillette aux prises avec le cadavre de son père et une identité sexuelle ambiguë, lui apporte une consécration extraordinaire, tant au Québec qu'en France où la critique l'acclame. Constituant selon l'auteur une «trilogie du pardon», écrits dans un style aux registres variés, ces romans mettent en scène des personnages dont le drame intérieur s'établit sur le fond de questions existentielles relatives à la mort, au deuil, à la faute, à la culpabilité, aux mystères de la sexualité et à la force obsessionnelle de la mémoire.

François Rochon

Soufre (S), élément non métallique et friable dont la couleur varie du jaune clair au brun jaunâtre et qui fond à 119 °C. Ce MINÉRAL se classe au dixième rang parmi tous les éléments dans l'Univers et au quatorzième rang dans la croûte terrestre. Il est largement réparti dans la nature: sous forme élémentaire, associé notamment au GYPSE et au CALCAIRE, dans les ROCHES SÉDIMENTAIRES de l'ère tertiaire, et sous forme combinée, dans la plupart des types de roches, peu importe leur âge, ainsi que dans les hydrocarbures. On utilise le soufre depuis l'Antiquité. De nos jours, il sert à la production de presque tout ce que nous mangeons, portons ou utilisons. L'ancienne chimie considérait le soufre comme une condensation de la matière du feu. De nos jours, le terme «soufre» sert à différencier le soufre élémentaire (ou soufre natif) du soufre sous une autre forme.

Traitement Au Canada, on obtient le soufre sous forme élémentaire par traitement du gaz naturel acide à haute teneur en sulfure d'hydrogène (H_2S), et par raffinage du pétrole brut et lourd riche en soufre. Le sulfure d'hydrogène est un composé très toxique et corrosif et constitue la principale source de soufre au Canada. La plupart des gisements de gaz non désulfurés exploités contiennent de 1 à 20 p. 100 de soufre en poids. Le sulfure d'hydrogène est extrait à l'aide d'un procédé Claus modifié, élaboré à la fin des années 1880 par un chimiste allemand, Carl Friederich Claus. Dans ce procédé, le sulfure d'hydrogène réagit chimiquement et est placé dans un four, où il passe par une série de condenseurs et de convertisseurs pour être transformé en soufre liquide. La plupart des systèmes Claus extraient jusqu'à 95 p. 100 de la teneur initiale en soufre.

La première usine de récupération de gaz non désulfuré a été construite en 1951. En 1995, le soufre élémentaire était produit par environ 75 installations au Canada. La production canadienne à partir du traitement du gaz naturel représente 87 p. 100 de la production totale et s'effectue surtout en Alberta et, sur une plus petite échelle, en Colombie-Britannique. La récupération du soufre à partir du pétrole lourd s'effectue en Saskatchewan. On en récupère également par traitement et raffinage des sables bitumineux dans les exploitations du nord-est de l'Alberta. Dans l'Est, toute la production de soufre s'effectue par raffinage du pétrole.

Le soufre liquide récupéré à partir des installations gazières et pétrolières est pompé vers des blocs extérieurs où il se solidifie, ou vers des réservoirs où il est entreposé sous forme liquide avant d'être expédié, ou vers des usines où on le traite par moulage, granulation ou grelonage. Au milieu des années 70, et de nouveau depuis le milieu des années 90, la baisse des exportations de soufre a entraîné la constitution de réserves sous forme d'immenses blocs répartis à 20 endroits, la plupart en Alberta. En 1981, ces blocs contenaient au total 21 millions de tonnes de soufre solidifié. Ces réserves ont chuté et sont passées à moins de 3 millions de tonnes au début des années 90, tandis que la demande mondiale dépassait la production entre 1982 et 1992. Depuis 1993, la production excède la consommation. Cette situation a entraîné la reprise de la fabrication de blocs de soufre en Alberta. Au début de 1996, les stocks de soufre au Canada étaient évalués à 8,5 millions de tonnes.

Les produits du soufre comme l'acide sulfurique (H_2SO_4) et l'anhydride sulfureux (SO_2) sont aussi récupérés à partir de la fusion et du raffinage des sulfures métalliques. Les effluents gazeux provenant de la fusion des minerais sulfurés contiennent en général de 1 à 12 p. 100 d'anhydride sulfureux. C'est en 1866 qu'on a commencé à traiter des sulfures de métaux pour récupérer le soufre. Dans les premières installations, on grillait de la pyrite (MINERAI DE FER, FeS_2) pour en tirer de l'acide sulfurique.

Dans les années 20, l'utilisation des gaz provenant de la fusion des métaux communs pour fabriquer l'acide sulfurique comme sous-produit a commencé près de Sudbury, en Ontario, et à Trail, en Colombie-Britannique. La plus grande usine de production d'acide sulfurique est celle d'INCO LTÉE à Copper Cliff, en Ontario, où une installation d'une capacité de un million de tonnes a été mise en service au début des années 90 en vue de réduire davantage les émissions de SO_2. Depuis le milieu des années 80, les fonderies de l'est du Canada font des efforts importants pour réduire leurs émissions d'anhydride sulfureux dans l'atmosphère. En 1994, les 7 provinces de l'Est ont atteint leur objectif prévu pour l'année en cours dans le Programme de lutte contre les pluies acides dans l'Est du Canada. Les émissions provenant des fonderies étaient de 33 p. 100 inférieures à leur limite réglementaire commune de 1,27 mégatonne par année. En 1994, les fonderies étaient responsables de la moitié des émissions totales de SO_2 dans l'est du Canada.

Production canadienne Le Canada est le deuxième producteur au monde de soufre élémentaire. En 1995, la production était évaluée à 8,1 millions de tonnes, soit 22 p. 100 de la production mondiale. La production canadienne de soufre est fixée par la production de gaz et les facteurs liés au marché. À ce titre, la récupération du soufre est considérée comme involontaire et non discrétionnaire. Au cours des dix dernières années, la production de gaz a été très soutenue au Canada en raison de la forte demande dans les marchés intérieurs et internationaux, ce qui a généré d'importants investissements dans la prospection, le traitement et les gazoducs dans le secteur du gaz de l'Ouest. Pendant la même période, la production canadienne de soufre récupéré a augmenté de 40 p. 100.

En 1995, la valeur de la production s'élevait à 185 millions de dollars, comparativement à 1 milliard de dollars en 1985. Cette décroissance est attribuable à des expéditions plus faibles sur le marché des exportations et à la réduction importante des prix du soufre. Les producteurs ont expédié 7,1 millions de tonnes au total en 1995 (8,9 millions de tonnes en 1985). La consommation du Canada représentait 10 p. 100 de sa production, soit 0,8 million de tonnes utilisées en majeure partie dans la fabrication de l'acide sulfurique qui sert à la production de fertilisants (50 p. 100), de pâtes et papiers (18 p. 100) et de produits chimiques inorganiques (11 p. 100). En 1995, la production d'acide sulfurique était évaluée à 4,1 millions de tonnes, dont 2,7 millions de tonnes provenaient des fonderies et 1,4 million de tonnes du soufre élémentaire.

Le Canada est le plus grand exportateur mondial de soufre élémentaire. Il effectue 40 p. 100 des échanges internationaux. Le Canada exporte environ 80 p. 100 de sa production dans plus de 30 pays. Au cours des dernières années, ses principaux marchés d'exportation ont été les États-Unis (31 p. 100), l'Afrique (30 p. 100), l'Amérique latine (23 p. 100) et l'Asie (16 p. 100). (*Voir aussi* PLUIES ACIDES; BITUME; INDUSTRIE CHIMIQUE).

M. Prud'homme

Soulerjitski, Léopold Antonovich, (Jitomir, 1872—Moscou, 17 déc. 1916), activiste et homme de théâtre. Léopold Soulerjitski a participé au mouvement de colonisation de l'Ouest canadien (1898—1899) en y conduisant une communauté de 7500 objecteurs de conscience de Russie, les DOUKHOBORS, dont il remplace le chef Pierre Vasilevitch VERIGIN, retenu en prison. Auparavant, Soulerjitski avait étudié à l'École d'art et de sculpture de Moscou avec Tatiana, la fille du comte Léon Tolstoï, et c'est ce dernier qui avait fait une levée de fonds internationale pour l'émigration des Doukhobors, qui le choisit pour mettre l'organisation sur pied. Ancien marin, Soulerjitski loua et fit aménager 2 cargos canadiens et le premier départ vers Halifax eut lieu le 10 décembre 1898, suivi d'autres vers Québec, complétant le voyage par trains vers Winnipeg, en vue de profiter des conditions favorables d'implantation au Manitoba et en Saskatchewan. En 1900, il retourne en Russie et fait du théâtre. Il devient le secrétaire privé de Constantin Stanislavsky, fondateur du Théâtre d'art de Moscou en 1898, l'aidant à rédiger sa méthode de jeu en 1909. En 1905, Soulerjitski et Vsevolod E. Meyerhold, qui partageaient la même éthique tolstoïenne, fermèrent leur Studio Théâtre que de jeunes révolutionnaires avaient contesté, mais ils en firent passer quelques éléments avec eux au Théâtre d'art.

André G. Bourassa

Source Lieu où une EAU SOUTERRAINE surgit du sol ou du roc. Certaines sources sont situées dans le lit de fleuves, de rivières ou de lacs (sources subaquatiques) ou sous le niveau moyen de la mer, le long des côtes (sources sous-marines), mais on les rencontre fréquemment à quelque distance des plans d'eau.

Types Les sources dont les eaux avoisinent la température moyenne annuelle sont dites sources d'eau froide. Celles dont les eaux sont de température plus élevée sont dites sources thermales. Elles comprennent les sources tièdes, dont la température peut atteindre 37 °C, les sources chaudes, dont la température oscille entre 37 °C et le degré d'ébullition à l'emplacement de la source (souvent inférieur à 100 °C en région montagneuse) et les sources bouillantes, dont la température atteint le point d'ébullition. Les sources qui émettent de façon intermittente des jets d'eau chaude et de vapeur sont appelées geysers (de Stora Geysir, en Islande).

Toute eau de source contient certains sels provenant de la lente dissolution des minéraux présents dans les roches souterraines situées sur le parcours de l'eau. Les sources d'eau douce déversent des eaux dont le contenu de sels minéraux est inférieur à 1 g/l. Dans les sources d'eau minérale, la proportion est de 1 à 35 g/l (proche de la concentration saline de l'eau de mer). Les sources saumâtres affichent des concentrations pouvant dépasser 300 g/l.

Les minéraux ainsi dissous comprennent surtout des carbonates, des sulfates, des chlorures et des sulfures (de calcium, de magnésium, de sodium, de potassium et de fer). Les eaux de source contiennent aussi de petites quantités de gaz divers, dont le dioxyde de carbone, l'azote, l'oxygène et le méthane ainsi que des quantités infinitésimales d'hélium, de radon, de néon, d'argon, de krypton et de xénon.

Distribution Au Canada, les sources thermales se trouvent toutes dans la région montagneuse de l'ouest de l'Alberta, en Colombie-Britannique, au Yukon et dans les Territoires du Nord-Ouest, où un relief élevé permet la circulation en profondeur des eaux de surface (infiltration des eaux de pluie et de fonte des neiges) et, conséquemment, leur réchauffement géothermique (*voir* ÉNERGIE GÉOTHERMIQUE). Certaines de ces sources sont tièdes (celles de Cave et de Basin dans le PARC NATIONAL BANFF, en Alberta; celle de Rabbitkettle dans le PARC NATIONAL NAHANNI, dans les Territoires du Nord-Ouest). Plusieurs sont d'authentiques sources chaudes (Upper Hot Spring à Banff, Fairmont et Harrison en Colombie-Britannique, Takhini au Yukon).

La plupart des sources thermales sont aussi des sources d'eau minérale. Exception notable, la source de McArthur, au Yukon, n'a qu'un contenu de minéraux de 0,2 g/l. Il n'y a pas de geysers au Canada.

On trouve des sources d'eau minérale froide ailleurs au Canada. Les sources saumâtres froides jaillissent dans les zones de ROCHES SÉDIMENTAIRES (calcaire, dolomite, gypse, sel gemme) à la limite orientale des plaines du Manitoba et de l'Alberta, dans les bassins sédimentaires des BASSES TERRES DU SAINT-LAURENT et dans les Appalaches au Québec, au Nouveau-Brunswick et en Nouvelle-Écosse. On a relevé les sources les plus froides à la tête du fjord Expédition, dans l'ÎLE AXEL-HEIBERG (Territoires du Nord-Ouest). La température de l'eau de ces sources peut descendre jusqu'à -2,9 °C. Toutefois, l'eau ne gèle pas en raison de la haute teneur en sels minéraux (plus de 75 g/l), qui y abaisse le point de congélation.

Dépôts Certaines sources thermales et minérales produisent, par précipitation d'une partie de leurs sels minéraux, des dépôts à leur point de jaillissement. La composition de ces dépôts correspond à celle de l'eau. Ainsi, les sources de Cave et de Basin déposent surtout des carbonates de calcium (travertin) par perte de CO_2 et par évaporation; celle de McArthur laisse de petites quantités de tuf siliceux par refroidissement et évaporation; celle de Pain Pots, dans le PARC NATIONAL KOOTENAY (Colombie-Britannique), dépose des sulfates de fer et des oxyhydroxydes de fer par évaporation, oxydation et hydrolyse; les sources froides Fly-by, dans les monts Mackenzie, déposent des sulfates de baryum. La formation la plus spectaculaire se trouve à la source thermale de Rabbitkettle, où les eaux ont laissé un dépôt conique de travertin en forme de terrasses.

R.O. Van Everdingen

Sourds, culture des C'est un signe de maturité lorsqu'un peuple commence à étudier sa propre histoire, sa langue et sa culture. L'étude de la culture des sourds est une discipline récente. On ne connaissait que très peu de choses sur cette culture au Canada jusqu'à ce que des chercheurs appartenant à cette culture commencent à analyser et à faire des recherches sur le quotidien des personnes atteintes de surdité: des personnes possédant leur propre langue, leur histoire, leurs traditions, leurs aspirations et leur culture. Dans les écrits, l'état de surdité et l'identification à la culture des sourds sont souvent différenciés par l'utilisation de la lettre minuscule pour désigner la condition «sourd», et par l'utilisation de la lettre majuscule pour désigner la «culture des sourds» (*voir* PERTE D'AUDITION).

Histoire de la culture des sourds Il n'existait pas de culture des Sourds ou de communauté officielle de Sourds au Canada avant l'établissement de pensionnats pour les élèves sourds. Les Sourds étaient isolés des autres et, souvent, ne pouvaient recevoir d'éducation. Seulement quelques-uns d'entre eux ont pu étudier dans des écoles en Europe ou aux États-Unis avant que les provinces canadiennes ne commencent à ouvrir leurs propres écoles pour enfants sourds. Au Canada, la première école pour enfants sourds ouvre à Québec le 15 juin 1831, au 39, rue d'Auteuil, une rue donnant sur l'Esplanade. Deux ans plus tard, Antoine Caron (1813-1847), un ancien élève de cette école, devient la première personne sourde à enseigner aux enfants sourds au Canada. L'Église catholique ouvre 2 écoles francophones à Montréal: l'Institution catholique des sourds-muets (pour les garçons) en 1848, et l'Institution catholique des sourdes-muettes (pour les filles) en 1851. En 1870, Thomas Widd (1839-1906), un Anglais sourd, fonde la Protestant Institution for Deaf-Mutes, à Montréal, connue sous le nom de Centre Mackay. Ces 2 écoles catholiques ferment au milieu des années 70. Une autre école, l'Institut des sourds de Charlesbourg, située à une courte distance au nord de la ville de Québec, accueille des élèves sourds de 1961 à 1988.

Le plus ancien établissement d'enseignement connu pour enfants sourds situé à l'extérieur de la province de Québec est la School for the Deaf, à Halifax, Nouvelle-Écosse, fondée en 1856 par 2 Écossais sourds, William Gray (1806-1881) et George Tait (1828-1904). Cette école ferme en 1961, quand on ouvre la nouvelle Interprovincial School for the Education of the Deaf, à Amherst, Nouvelle-Écosse. Cet établissement, qui accueille les élèves des provinces de l'Atlantique et de Terre-Neuve et qui a ensuite été connu sous le nom de Centre de ressources de la Commission de l'enseignement spécial des provinces de l'Atlantique pour les personnes handicapées de l'ouïe, n'offre plus de services depuis 1995. Il y a eu 3 écoles au Nouveau-Brunswick: la New Brunswick Institution for the Deaf and Dumb (1874-1890), fondée à Saint-Jean par un homme sourd nommé Alfred Henry Abell (1852-); la Fredericton Institution for the Education of the Deaf and Dumb (1882-1902); et la New Brunswick School for the Deaf, à Lancaster (1903-1918). La Newfoundland School for the Deaf à St. John's, Terre-Neuve, existe depuis 1964.

La Upper Canada Institution for the Instruction of the Deaf and Dumb (1858-1864), à Toronto, en Ontario, est la première école pour enfants sourds de cette province. Son nom change pour la Hamilton Institution for the Instruction of the Deaf and Dumb (1864-1870) après son déménagement à Hamilton. En octobre 1870, l'Ontario Institution for the Education and Instruction of the Deaf and Dumb établit ses installations permanentes à Belleville. En 1913, on change le nom de cette école pour l'Ontario School

for the Deaf et, en 1974, pour la Sir James Whitney School for the Deaf. Samuel Thomas Greene (1843-1890) est le premier professeur sourd de cette école. Il est aussi cofondateur de l'Ontario Deaf-Mute Association en 1886 (nommée aujourd'hui l'Ontario Association of the Deaf). En 1963, la province ouvre une deuxième école, connue aujourd'hui sous le nom de Ernest C. Drury School for the Deaf, à Milton, et une troisième, la Robarts School for the Deaf, à London, en 1974. Les 3 établissements accueillent encore aujourd'hui des élèves sourds.

La Manitoba Institution for the Education of the Deaf and Dumb, qui porte aujourd'hui le nom de Manitoba School for the Deaf, ouvre ses portes à Winnipeg en 1888. On ferme «temporairement» cette école durant la Seconde Guerre mondiale (période «temporaire» qui dure 25 ans, soit de 1940 à 1965). Deux écoles ouvrent leurs portes pendant une courte période à Victoria, en Colombie-Britannique: la British Columbia School for Deaf Mutes (1888-1889) et la Victoria School for the Deaf and Dumb (1899-1900). En 1914, une femme sourde, Lucy Jane Gosse, devenue Elliott (1889-1994), lance un mouvement qui mène à la création, en 1922, de la British Columbia School for the Deaf à Vancouver. En 1955, son nom change pour la Jericho Hill Provincial School for the Deaf. Cette école ferme en 1993, après 71 années d'existence, quand on la fusionne avec le district scolaire 41 de Burnaby. Une première école, la Saskatchewan School for the Deaf, s'installe quelque temps (1915-1916) à Regina, Saskatchewan. En 1931, Rupert J.D. Williams (1893-1973), un homme sourd, fonde la Saskatchewan School for the Deaf, à Saskatoon. En 1982, cette école devient la R.J.D. Williams Provincial School for the Deaf, la seule école à porter le nom d'une personne sourde. Cette école ferme en 1991. L'Alberta School for the Deaf ouvre ses portes en 1955, à Edmonton. En 1995, la commission des écoles publiques d'Edmonton prend en charge la responsabilité provinciale des programmes de cette école.

Récents progrès dans l'éducation des Sourds Parmi les récents changements apportés dans l'éducation des élèves sourds au Canada, notons la création de programmes d'intervention précoce (*voir* ENSEIGNEMENT SPÉCIAL), l'intégration des élèves sourds dans des écoles locales (soit dans des classes qui leur sont réservées ou avec des élèves «entendants»), l'utilisation de technologies telles que les systèmes en circuit fermé et la modulation de fréquence (FM) pour les élèves utilisant des audiophones ainsi que l'utilisation de différents systèmes de signes artificiels pour représenter l'anglais ou le français oral dans les classes. Dernièrement, une approche bilingue et biculturelle dans l'éducation des élèves sourds a été mise de l'avant. Il s'agit d'une approche qui comprend l'usage du langage ASL (American Sign Language) et de l'anglais écrit comme langues d'enseignement, et des programmes d'enseignement qui incluent des sujets tels que l'étude de la culture des Sourds afin que les élèves aient une connaissance à la fois de la culture des Sourds et de celle des «entendants». Dans certaines provinces canadiennes, quelques écoles ont adopté le principe d'un enseignement bilingue et biculturel dans leurs programmes.

Organisations des Sourds Après leurs études, les élèves tendent à s'installer ou à travailler dans des villes situées près de leurs institutions d'enseignement. Le désir de fréquenter des gens qui parlent la même langue est l'un des facteurs clés dans l'établissement des communautés de Sourds. Afin de demeurer en contact les uns avec les autres, les Sourds canadiens forment des groupes de discussion, des organisations religieuses, et des clubs littéraires, sportifs et sociaux. Ces organisations renforcent les liens entre les personnes sourdes et contribuent au développement de la culture naissante des Sourds. Aujourd'hui, les membres de la communauté des Sourds ont des intérêts sportifs et culturels, et des

activités qui leur sont propres (littérature, théâtre, mime, folklore, blagues et organisations sportives), tout en partageant des intérêts communs avec les «entendants» canadiens. Au Canada, la plus ancienne organisation communautaire de Sourds, l'Ontario Association of the Deaf, fondée en 1866, est encore active. D'autres organismes officiels sont gérés par des membres de la communauté des Sourds dont l'Association des sourds du Canada (fondée en 1940 sous le nom de Inter-Provincial Association of the Deaf), l'Association des sports des sourds du Canada (fondée en 1959 sous le nom de Fédération canadienne des sports pour sourds et muets) et la Société culturelle canadienne des sourds (fondée en 1970). Ensemble, ces 3 organismes nationaux commanditent le Festival canadien des Sourds qui a lieu tous les 2 ans.

Les langages des signes Le Canada ne possédait pas son propre langage des signes. Ce sont des immigrants sourds qui, au XIXe s., ont apporté leur propre langage des signes au pays. Les immigrants anglais ont introduit le langage BSL (British Sign Language) et les immigrants français ont introduit le langage des signes français (LSF). Les élèves et les professeurs qui ont étudié ou fréquenté les écoles américaines ont introduit un langage connu aujourd'hui comme le langage ASL (American Sign Language). De nos jours, la majorité des personnes sourdes de culture anglophone résidant au Canada utilise le langage ASL qui, malgré sa dénomination, est devenu un langage véritablement «continental». L'usage des langages BSL et LSF a pratiquement disparu. Dans les régions francophones, comme au Québec, les personnes sourdes préfèrent utiliser leur propre langage, le langage des signes québécois (LSQ). Les 2 langages, l'ASL et le LSQ, possèdent des variantes régionales (dialectes ou accents).

Entre la fin du XIXe s. et les années 60, l'usage du langage des signes était interdit dans beaucoup de classes au Canada. On croyait en effet que cela pouvait compromettre le développement de la parole chez les enfants sourds. Il a été prouvé depuis que cela n'est pas le cas. Dans les années 70 et au début des années 80, des changements majeurs sont survenus dans la philosophie de l'enseignement puisque la recherche en linguistique a fait connaître la structure et les règles du langage ASL. Quand la communication gestuelle a fait sa réapparition dans les salles de classe, c'était généralement l'un des différents codes gestuels artificiels destinés aux anglophones ou aux francophones qui était utilisé plutôt que le langage de la communauté des Sourds.

Depuis la fin des années 80 et le début des années 90, la communauté des Sourds fait preuve d'intransigeance dans sa lutte pour obtenir une éducation dans son langage de signes préféré, l'ASL ou le LSQ. Dans certaines écoles, la bataille a été couronnée de succès. Quelques-unes ont en effet adopté une approche bilingue (ASL et anglais) et biculturelle (culture des Sourds et des «entendants»). De plus, quelques législateurs ont officiellement reconnu le langage ASL comme étant le langage de la communauté des Sourds anglophones du Canada. En 1988, le Manitoba devient la première province à reconnaître officiellement ce langage, suivi, en 1990, par l'Alberta qui, dans sa résolution provinciale, reconnaît le langage ASL comme un langage optionnel pour l'enseignement. L'Ontario est la première province, et la seule jusqu'à maintenant, à avoir adopté une loi relativement à l'ASL et au LSQ (1993). La *Loi sur l'éducation* de l'Ontario a été modifiée afin de reconnaître les langages ASL et LSQ comme langues d'enseignement pour les élèves sourds.

Les droits des Sourds Pendant de nombreuses années, les Canadiens sourds se sont battus avec acharnement pour obtenir ou pour maintenir certains droits et privilèges tels que le droit de conduire une automobile, d'être juré, d'obtenir les services d'interprètes en langage des signes dans des circonstances médicales ou juridiques, d'obtenir une formation correspondant à leur choix de carrière, de garder leurs propres écoles plutôt que d'être intégrés dans des écoles avec les «entendants», d'utiliser le langage des signes en classe, d'avoir des programmes de télévision sous-titrés, et d'être considérés sur le plan culturel (comme un groupe culturel et linguistique) plutôt que sur le plan pathologique (comme des personnes dont les capacités auditives doivent être «réparées»). Des membres appartenant à la communauté des Sourds et des «entendants» qui soutiennent la culture des Sourds ont manifesté publiquement pour faire connaître ces problèmes aux législateurs, aux éducateurs et au grand public. Les personnes sourdes veulent être reconnues comme faisant partie du patrimoine du Canada, sans avoir à abandonner leur riche culture et leur langue.

Contributions des Sourds La contribution exceptionnelle des personnes sourdes à la mosaïque culturelle canadienne a été récemment soulignée dans le livre, *Deaf Heritage in Canada* (1996), écrit par un auteur sourd qui en a fait toute la recherche. Ce livre a été commandité par la Société culturelle canadienne des sourds. Voici quelques exemples des nombreuses personnes qui ont apporté leur contribution: Edward T. Payne, le premier pilote sourd du monde (1931); Donald J. Kidd, la première personne sourde au Canada à recevoir un doctorat en philosophie de l'U. de Toronto (1951); Bertha M. Curtis, la première femme sourde connue à avoir reçu un diplôme honorifique de l'Atlantic School of Theology, à Halifax (1987); Jo-Anne M. Robinson, une athlète sourde qui a battu plusieurs records en natation aux Jeux mondiaux pour les sourds en 1965 et en 1969; Archibald et Duncan MacLellan, les 2 premiers procureurs sourds du Canada (dans les années 1860), et Henry Vlug, le premier canadien sourd à détenir à la fois le titre d'avocat et de procureur, et le premier à être inscrit au barreau (1986). Dorothy E. Beam est encore la seule personne sourde connue à avoir reçu la médaille de l'Ordre de l'Ontario (1987) et Gary L. Malkowski est le premier canadien sourd à devenir membre du Parlement de l'Ontario (1990). On a créé une chaire d'étude sur la surdité à l'U. de l'Alberta (1987) en l'honneur de David Peikoff, un canadien sourd grandement apprécié qui, des années 20 jusqu'à son déménagement aux États-Unis dans les années 60, s'est battu pour obtenir de meilleures conditions d'éducation et de meilleurs emplois pour les Sourds.

Comme d'autres cultures linguistiques, la culture des Sourds englobe une diversité d'individus qui partagent une même langue, des expériences, des buts et des intérêts communs. Tout en maintenant et en protégeant leur culture exceptionnelle, les Sourds du Canada forment un élément vital de la mosaïque culturelle qu'est le Canada.

Clifton F. Carbin et Dorothy L. Smith

Souris On appelle communément souris plusieurs espèces de RONGEURS appartenant au sous-ordre des myomorphes, dont on trouve 13 représentants au Canada. Six de ces espèces sont des souris du Nouveau Monde de la famille des muridés: la souris-moissonneuse occidentale (*Reithrodontomys megalotis*), la SOURIS SYLVESTRE (*Peromyscus maniculatus*), la souris des cascades (*P. oreas*), la souris de Sitka (*P. sitkensis*), la souris à pattes blanches (*P. leucopus*) et la souris-à-sauterelles boréale (*Onychomys leucogaster*). Une espèce de l'Ancien Monde, appartenant à la famille des muridés, la souris commune (*Mus musculus*), a été introduite par les premiers colons.

Quatre appartiennent à la famille des dipodidés: ce sont les souris-sauteuses du Pacifique, de l'Ouest, des champs et des bois (*Zapus trinotatus*, *Z. princeps*, *Z. hudsonius* et *Napaeozapus insignis* respectivement).

La famille des hétéromyidés est représentée par 2 espèces: les SOURIS À BAJOUES flavescente et des pinèdes (respectivement *Perognathus fasciatus*

et *P. parvus*). Les mulots ne sont pas, pour leur part, des souris mais bien des CAMPAGNOLS.

Description La souris-moissonneuse occidentale et la souris à bajoues flavescente sont les plus petites espèces, n'atteignant que 13 cm de long incluant la queue. La plus grande espèce est la souris-sauteuse de l'Ouest qui mesure 25 cm. Toutes les souris sont nocturnes. Certaines demeurent actives à l'année alors que d'autres hibernent. La souris commune peut se reproduire à l'année, alors que la plupart des espèces ne sont sexuellement actives que du printemps à l'automne. Elles produisent généralement plusieurs portées à l'intérieur de cette période.

Distribution et habitat La souris-sauteuse des champs, la souris sylvestre et la souris commune sont fréquentes à travers tout le Canada. La souris de Sitka ne se retrouve que sur les ÎLES DE LA REINE-CHARLOTTE, alors que la souris des Cascades n'est présente qu'à l'intérieur des terres, au sud de la Colombie-Britannique. Les autres espèces habitent des régions plus étendues tout en ayant des aires de répartition géographique restreintes. Les souris se retrouvent en forêt et dans les champs, mais les préférences d'habitat varient d'une espèce à l'autre. La plupart des souris sont principalement granivores. Par contre, la souris-à-sauterelles boréale est insectivore et carnivore.

Importance biologique Les souris sont les proies de plusieurs espèces d'OISEAUX, de MAMMIFÈRES et de SERPENTS. Quoique certaines espèces n'aient pas d'importance économique, d'autres espèces granivores causent des dommages aux récoltes (*voir* CULTURES) et aux plantations forestières (*voir* REBOISEMENT).

Jean Ferron

Souris à abajoues Petit RONGEUR sauteur appartenant à la famille des hétéromyidés. Les 75 espèces de cette famille sont adaptées aux environnements désertiques ou semi-désertiques. Trois d'entre elles vivent au Canada: la souris à abajoues flavescente, la souris à abajoues des pinèdes (respectivement *Perognathus fasciatus* et *P. parvus*) et le RAT-KANGOUROU d'Ord. On les trouve dans les plaines arides de l'Ouest ainsi que dans le bassin situé au centre de la Colombie-Britannique entre les ROCHEUSES et la chaîne côtière.

Description Les souris à abajoues ont un pelage grisâtre sur le dos et l'abdomen blanc. Leurs pattes postérieures sont plus développées que leurs pattes antérieures. Elles les utilisent toutes les 4 pour se déplacer par bond. La queue, presque aussi longue que la tête et le corps réunis, sert de point d'appui, notamment durant l'alimentation alors que l'animal adopte une posture assise caractéristique. La nourriture est transportée jusqu'au terrier dans des abajoues doublées de fourrure.

La nourriture amassée permet aux souris à abajoues de survivre durant l'hiver, en alternant les périodes de sommeil et d'alimentation. Des INSECTES et des PLANTES servent de complément à leur régime principalement granivore. Les souris à abajoues sont nocturnes et peuvent survivre durant de longues périodes sans eau. L'accouplement a lieu en avril. La gestation dure de 3 à 4 semaines. Il peut y avoir 2 portées par année, de 4 à 5 jeunes chacune.

Relations avec les humains La souris à abajoues flavescente ne mesure que 10 à 14 cm de longueur, queue comprise, et est relativement rare. Elle a peu d'importance économique si ce n'est qu'elle détruit des mauvaises herbes. Par contre, la souris à abajoues des pinèdes, plus grande et beaucoup plus abondante que l'espèce précédente, peut causer des dommages importants aux CULTURES céréalières.

Jean Ferron

Souris, rivière Elle mesure environ 720 km de long. Elle prend sa source dans les marais Yellow Grass au nord de Weyburn, en Saskatchewan. Elle s'écoule ensuite en direction sud-est, dépasse ESTEVAN et descend vers le sud où elle traverse la frontière du

Dakota du Nord avant de pénétrer au Manitoba. Près de la ville de Souris, elle tourbillonne dans une succession de gorges profondes et bifurque brusquement vers le nord-est pour rejoindre la RIVIÈRE ASSINI-BOINE. La plus grande partie de son bassin hydrographique est constitué de limon et d'argile fertiles déposés dans un ancien lac glaciaire, le lac Souris. La majeure partie du cours de la rivière épouse les contours de l'embouchure du lac. Son nom décrit très bien son cours sinueux qui, de loin, ressemble à la trace laissée par une souris. La rivière servait autrefois de route secondaire pour la traite des fourrures et, de 1785 à 1832, au moins 7 postes de traite ont été construits de long de ses rives en pente douce. Elle est toujours populaire auprès des canotiers, mais la région qu'elle traverse est de nos jours couverte de blé.

James Marsh

Souris sylvestre (*Peromyscus maniculatus*) SOURIS typique à queue moyennement longue, à grandes oreilles, aux yeux proéminents et au nez pointu couvert de vibrisses. Ses parties supérieures sont grises ou brunes, selon l'âge et la sous-espèce, et ses parties inférieures sont blanches. La queue est de même couleur que le reste du corps.

La souris sylvestre est essentiellement nocturne. L'hiver, la sous-espèce *P. m. borealis* entre dans des périodes de torpeur qui peuvent durer plusieurs jours et au cours desquelles sa température corporelle peut descendre de quelques degrés. Toutefois, elle n'hiberne pas.

Répartition et habitat On la rencontre dans les forêts et les prairies partout au Canada, sauf à Terre-Neuve, et dans la vallée du Mackenzie au-dessus du CERCLE ARCTIQUE. La souris des cascades (*P. oreas*), qui vit dans la chaîne côtière de la Colombie-Britannique, est parfois considérée comme une espèce distincte. Elle est de grande taille et son pelage est gris pâle.

Reproduction et développement La souris sylvestre se reproduit seulement l'été. Les femelles des populations nordiques n'ont jamais plus de 2 portées qui contiennent chacune environ 5 petits. Dans le sud du Canada, les femelles ont un plus grand nombre de portées, mais celles-ci comptent moins de jeunes, et certaines femelles atteignent la maturité sexuelle la saison même de leur naissance. On sait que certains individus ont vécu 2 ans.

Importance biologique La souris sylvestre détruit parfois les réserves de nourriture. Elle peut être porteuse d'un Hantvirus qui, dans 15 à 50 p. 100 des cas, est fatal aux humains. Ce virus est transmis par les fèces et l'urine déposées dans la nourriture ou inhalées sous forme de poussière. La souris sylvestre est la proie d'OISEAUX et de MAMMIFÈRES carnivores.

W.A. Fuller

Sourkes, Theodore Lionel, biochimiste et neuropsychopharmacologue (Montréal, 21 févr. 1919). Sourkes est l'un des plus grands chercheurs au Canada. Il devient professeur de PSYCHIATRIE à l'U. McGill en 1965 et directeur du laboratoire de neurochimie à l'Institut de psychiatrie Allan Memorial. En 1970, il est nommé en outre professeur de biochimie puis il prend sa retraite en 1991. Il est l'un des premiers à avoir travaillé à l'établissement de la psychiatrie biochimique comme discipline scientifique.

Sourkes est un brillant scientifique de réputation internationale comme pionnier dans le domaine de la nutrition et surtout pour ses études sur le rôle des vitamines dans le système nerveux et sur le métabolisme des neurotransmetteurs du cerveau. Il est l'un des chercheurs à l'origine des études qui ont abouti à l'utilisation de la L-DOPA dans le traitement de la maladie de Parkinson. Ses présentations sur le méthylDOPA dans ses publications en pharmacologie ont conduit à son utilisation à grande échelle dans la lutte contre l'hypertension.

Sourkes a reçu le grand prix de la Fondation Parkinson du Canada pour les années 1963 à 1966. Il devient ensuite membre de la Société royale du Canada en 1971 et est le premier à qui on décerne le Heinz-Lehmann Award en neuropsychopharmacologie en 1982.

Très apprécié par ses étudiants et ses collègues, Sourkes est l'auteur de plus de 300 publications, dont une étude de référence sur la biochimie des maladies mentales (1962) et une sur les gagnants de prix Nobel en médecine et en physiologie. Il est fait Officier de l'Ordre du Canada en 1993.

Leonhard S. Wolfe

Sous-marins allemands, opérations des Au cours des 2 guerres mondiales, les sous-marins allemands, appelés U-boots (Unterseeboote), menacent la souveraineté canadienne. Tout d'abord, en août 1918, des U-boots posent des mines au large d'Halifax et attaquent des navires. Puis, sans rencontrer d'opposition sérieuse de la part d'une marine de guerre mal préparée, ils coulent 11 goélettes et un chalutier représentant au total 2002 tonnes brutes. Disposant d'une meilleure technologie, les sous-marins allemands reviennent chasser dans les eaux canadiennes en 1942, pendant la BATAILLE DE L'ATLANTIQUE, selon un plan stratégique en 2 volets consistant à attaquer les navires isolés afin d'empêcher la formation de convois et de fixer des forces armées qui seraient autrement déployées dans les eaux européennes.

Le Canada étant tenu par ses alliances de participer à la guerre outre-mer et de fournir des navires pour escorter les convois dans l'Atlantique, il ne lui reste que des moyens limités pour la défense intérieure. Cette faiblesse ouvre la porte aux agressions, et les Allemands amorcent une première percée stratégique sur le littoral nord-américain avec l'opération Paukenschlag (battements de tambour) lancée le 13 janvier 1942. Ils font face à des adversaires démunis et inexpérimentés. En avril 1942, les U-boots coulent 198 navires (1 150 675 tonnes), dont la moitié sont des bateaux-citernes. Cette offensive mène à la bataille du Saint-Laurent, nom donné à l'époque par le *Ottawa Journal*.

De mai à octobre 1942, 6 sous-marins allemands pénètrent dans le golfe et le fleuve Saint-Laurent par les détroits de Cabot et de Belle Isle, et remontent jusqu'à Rimouski, à quelque 300 km de Québec. Dans ces eaux, ils coulent 3 navires de guerre canadiens (le *NCSM Raccoon*, le *NCSM Charlottetown* et le *NCSM Shawinigan*) et 20 navires voyageant en convois, dont le *SS Chatham*, premier transport de troupes américain coulé durant la guerre. Le 14 octobre 1942, le torpillage du *SS Caribou*, traversier faisant la navette entre Sidney et Port aux Basques, cause 137 pertes de vie et est considéré comme le pire désastre côtier de cette bataille. Le plus fort tonnage coulé, soit 9 navires dont le *Chatham* et le *Charlottetown*, appartient au sous-marin U-517, dont le capitaine Paul Hartwig, accédera après la guerre au grade de vice-amiral de la Marine de la République Fédérale d'Allemagne, partenaire du Canada au sein de l'OTAN.

Les attaques des U-boots dans le golfe et le fleuve Saint-Laurent alimentent le débat sur la CONSCRIPTION à la Chambre des communes, et enveniment les relations entre Québec et Ottawa. De plus, le cabinet de guerre se voit obligé, le 9 septembre 1942, de fermer le Saint-Laurent à tous les navires alliés, sauf pour le commerce côtier. Les sous-marins allemands effectuent également des missions spéciales. Le 6 mai 1943, l'U-262 essaie d'embarquer, à North Point (Île-du-Prince-Édouard), des prisonniers de guerre allemands évadés, tandis que l'U-536 tente un exploit semblable le 28 septembre 1943, à Pointe de Maisonnette (Nouveau-Brunswick). Les U-119 et U-220 mouillent des mines au large d'Halifax et de St. John's en juin et octobre 1943 respectivement.

Des sous-marins allemands patrouillent les eaux canadiennes et, durant la dernière phase du conflit, torpillent les 2 derniers bâtiments détruits dans les eaux intérieures canadiennes. L'U-806 coule le *NCSM Clayoquot*, le 24 décembre 1944, près du phare d'Halifax, puis le 16 avril 1945, l'U-190 coule le *NCSM Esquimalt* dans le même secteur. L'U-190 se rend le 11 mai 1945, et, au mois de juin suivant, il sera intégré à la Marine royale du Canada sous l'appellation NCSM U-190. Ce sous-marin est sabordé au cours d'une cérémonie, le 21 octobre 1947, à l'endroit même où il avait coulé l'*Esquimalt*.

Michael L. Hadley

Sous-marins allemands, débarquements à partir de

Pendant la SECONDE GUERRE MONDIALE, des sous-marins allemands débarquent à 2 reprises des hommes au Québec et au Labrador. La nuit du 8 au 9 novembre 1942, l'espion Werner Janowski quitte l'U-518 près de New Carlisle, au Québec, et est presque immédiatement capturé. Il deviendra plus tard un agent double de la Gendarmerie royale du Canada. Dans la nuit du 22 au 23 octobre 1943, l'équipage du U-537 débarque une station météorologique automatique à la baie Martin, à 32 km au sud du cap Chidley, au Labrador. La station transmet des données pendant environ 3 mois. Bien que la station ait été aperçue par des visiteurs occasionnels, son identité n'a été confirmée qu'en juillet 1981.

W.A.B. Douglas

Sous-ministre Généralement un haut fonctionnaire nommé gestionnaire et administrateur en chef d'un ministère du gouvernement fédéral ou d'un gouvernement provincial. C'est au sous-ministre qu'il incombe en premier lieu de coordonner et de communiquer au ministre ou au CABINET les avis et les analyses techniques au sujet des politiques et des programmes ainsi que de gérer le ministère et de mettre les programmes en œuvre.

D'après la loi et la coutume, la nomination des sous-ministres est la prérogative du premier ministre (fédéral ou provincial, selon le cas). Au niveau provincial, cependant, les ministres peuvent exercer une plus grande influence sur leur choix. Comme il est reconnu par tradition et par convention que les sous-ministres ne doivent pas exercer leurs fonctions de façon politiquement partisane, ils ont le droit de garder leur poste même si la suite d'un changement de gouvernement, quoiqu'on ait réclamé, ces dernières années, que ces dignitaires nommés par DÉCRET soient réputés exercer des fonctions politiques suivant le modèle américain.

Thomas K. Shoyama

Souster, Raymond Holmes, poète et rédacteur (Toronto, 15 janv. 1921). Il passe toute sa vie à Toronto, sa ville natale, sauf pendant la Seconde Guerre mondiale où il sert dans l'Aviation royale canadienne. Dans le civil, il travaille pour la Banque de commerce canadienne impériale. Son association avec John Sutherland et son groupe First Statement, à Montréal, marque le début de sa carrière littéraire et l'amène à lancer *Direction* (1943-1946), première parution d'une série de revues à tirage limité qui le placeront à l'avant-garde de la vie littéraire au Canada. Vingt et un de ses poèmes figurent dans l'anthologie de Ronald Hambleton, *Unit of Five* (1944). First Statement Press publie son premier recueil, *When we are Young* (1946), suivi de *Go to Sleep World* (1947). Dans ses premiers poèmes, Souster apparaît comme un idéaliste défenseur de la cause de la classe ouvrière. Il y affiche une profonde confiance dans l'amour dont sont capables les jeunes, ainsi qu'une vision naïve des qualités lyriques de la nature à laquelle il oppose le délabrement du centre-ville, le côté sordide du paysage industriel et la destruction causée par la guerre. En 1952, «l'amitié épistolaire» qu'il entretient avec Louis DUDEK se transforme en collaboration active à la revue CONTACT (1952-1954) et à *Contact Press* (1952-1967), collaboration à laquelle se joint Irving LAYTON. *Selected Poems* (1956), qui regroupe des poèmes choisis par Dudek, attire l'attention de la cri-

tique. En 1960, il entre dans une phase d'écriture prolifique dont le point culminant est l'obtention du prix du Gouverneur général pour *The Colour of the Times* (1964). En 1967, il reçoit la Médaille du Centenaire et, en 1968-1969, il préside la League of Canadian Poets, dont il a contribué à la fondation.

Souster fait venir de nombreux jeunes poètes à *Contact Press* et contribue grandement à faire connaître la nouvelle poésie grâce à *New Wave Canada: The New Explosion in Canadian Poetry* (1966). Il entreprend par ailleurs de remanier certains de ses premiers poèmes en vue d'une réédition qui paraît à partir de 1980 sous le titre *Collected Poems* (4 vol.). On y retrouve son ton familier, ses images d'un paysage urbain ouvrier et les regrets de la classe moyenne face à ses attentes modestes. Souster touche aussi au roman avec *The Winter of Time* (1949) et *On Target* (1972), publiés sous les pseudonymes de Raymond Holmes et de John Holmes.

Michael Gnarowski

Southam Inc. Le plus ancien et le plus important groupe multimédia au Canada. Il comprend 17 quotidiens et possède même son propre service de presse (le *Southam News,* avec 5 bureaux au Canada et 7 à l'étranger). Southam est le plus important propriétaire de JOURNAUX au Canada en matière de tirage. En 1994, il vend en moyenne un million et demi d'exemplaires chaque jour.

Southam publie aussi 40 hebdomadaires, une variété de revues spécialisées et de périodiques professionnels. Ce groupe gère une division qui organise et met sur pied des salons professionnels et des expositions tout en administrant 18 entreprises de services connexes. Southam est aussi propriétaire d'Infomart, qui commercialise des banques de données canadiennes et américaines. En 1994, l'actif de Southam Inc. s'élevait à un milliard de dollars et ses recettes à 1,2 milliard de dollars.

Southam, William, éditeur de journaux (près de Montréal, 23 août 1843—Hamilton, 27 févr. 1932). Il est un imprimeur et éditeur typique du XIXe s., qui a vu une chaîne de journaux moderne porter son nom et celui de ses 6 fils, qui ont été les instruments de son ambition. Southam passe plusieurs années à la London Free Press lorsque, en 1877, son partenaire et lui rachètent le *Hamilton Spectator*, dont la santé périclite, dans l'espoir que le retour à un gouvernement conservateur à Ottawa le remette sur pied, ce qui a en effet fonctionné. Malgré des coûts de démarrage relativement peu élevés, Southam continue à acheter des quotidiens déjà existants, comme le *Ottawa Citizen*, le *Calgary Herald*, le *Edmonton Journal*, le *Windsor Star* et le *Montreal Gazette*, au lieu de fonder le sien. Une diversification subséquente, dans la radiodiffusion, les magazines et les publications d'affaires, n'empêche pas Southam Inc., toujours la propriété de la famille, de garder une saveur conservatrice de bon ton, qui trouve son origine chez son fondateur.

Douglas Fetherling

Southampton, île, Située entre le BASSIN FOXE et la BAIE D'HUDSON, elle couvre une superficie de 41 214 km². On y retrouve les 2 principaux types de relief de la région. Ses parties nord et nord-est consistent en de hautes terres vallonnées, constituées d'un BOUCLIER de roches précambriennes, dont les sommets peuvent atteindre 400 m d'altitude et se terminent en falaises abruptes dans le détroit de Foxe. À l'opposé, ses parties sud et sud-ouest sont faites de rochers plats du paléozoïque en pente douce, formant des plaines de calcaire et des plateaux peu élevés (moins de 200 m). Des pierres fragmentées par le gel et du gravier argileux donnent à la surface l'apparence d'un désert. La mise au jour d'anciens récifs indique la présence possible d'hydrocarbures, mais il est plus probable que des quantités plus intéressantes d'un point de vue économique se trouvent au large. L'île a été nommée ainsi en l'honneur du comte du même nom (1573-1624).

Doug Finlayson

Southern Alberta Art Gallery Les tentatives de création d'une galerie d'art communautaire à LETHBRIDGE remontent à 1963, mais ce n'est qu'en 1974, avec le déménagement de la bibliothèque municipale, que la seule galerie d'art communautaire permanente gérée par un personnel professionnel voit le jour dans le sud de l'Alberta. Grâce aux efforts de citoyens locaux, d'artistes, de mécènes et du conseil municipal de Lethbridge, la Southern Alberta Art Gallery ouvre ses portes en janvier 1976 dans la bibliothèque Carnegie nouvellement rénovée. Le premier directeur-conservateur de la galerie, Allan McKay, embauché en septembre 1975, aide à l'organisation des programmes d'exposition et au développement de la galerie. Il quitte la galerie d'art en 1977 pour prendre la direction du Power Plant à Toronto, et c'est Alf Bogusky qui le remplace jusqu'en 1985. Le successeur de ce dernier, Joan Stebbins, en est encore la directrice-conservatrice.

La Southern Alberta Art Gallery a pour mandat de présenter des œuvres anciennes et contemporaines d'importance nationale et internationale dans la région du sud de l'Alberta. Pour atteindre cet objectif, elle expose les œuvres de certains des plus importants artistes du Canada, souvent au début de leur carrière. Au cours des vingt dernières années, on a pu voir, entre autres, des œuvres de John McEwen, de David Bolduc, de Takao TANABE, de John Clark, de Gathie Falk, d'Otto ROGERS, de Barbara ASTMAN, de Catherine Burgess, de David Thauberger, d'Alan Storey et de Chris Cran.

Southern Alberta Institute of Technology (SAIT) Il a été fondé à Calgary, en 1916, afin de combler la demande de techniciens spécialisés et de gens de métiers en Alberta. D'abord nommé Provincial Institute of Technology and Art, le SAIT ne forme à ses débuts qu'une poignée d'étudiants, mais compte par la suite près de 40 000 inscriptions par année. En 1918, le SAIT devient un centre de formation pour les civils et pour de nombreux militaires qui sont revenus de la guerre et qui souhaitent mettre à jour leurs connaissances et apprendre les dernières technologies. Au fil des ans, l'Institut se développe et son rôle dans la formation des militaires canadiens s'accroît. En 1940, l'Aviation royale du Canada occupe temporairement des bâtiments de l'Institut pour installer sa deuxième école de formation en télégraphie sans fil.

Le SAIT offre une formation dans 31 métiers et dans 70 programmes menant à l'obtention de diplômes et de certificats en aviation, en administration, en communication, en génie et technologie, en santé, en services d'accueil, en loisirs et en transport. Deux programmes menant à l'obtention de diplômes en techniques appliquées sont aussi offerts, dont un en partenariat avec le Northern Alberta Institute of Technology.

Le SAIT offre aussi un programme menant à un diplôme en gestion hôtelière et de villégiature, en partenariat avec l'U. de Calgary.

L'Institut se spécialise dans la conception et l'application de programmes de formation adaptés aux besoins en main-d'œuvre du monde des affaires et de l'industrie. Il participe, conjointement avec différentes entreprises, à plusieurs projets un peu partout dans le monde, et continue d'améliorer sa formation grâce à des approches innovatrices dans ses méthodes d'enseignement.

En 1994-1995, l'Institut compte 8151 inscriptions à temps plein, ce qui constitue une augmentation de 9 p. 100 par rapport à l'année précédente. Le taux de diplômés qui décrochent un emploi est excellent; 94 p. 100 des répondants se sont trouvé du travail dans les 8 mois suivant leur formation, dont 80 p. 100 ont trouvé un travail lié à leur domaine d'études.

Guy McLaughlin

Southern Indian, lac Il possède une superficie de 2248 km², une altitude de 255 m et une longueur maximale de 146 km. Il est situé dans le centre nord du Manitoba, à 40 km au nord-est de Leaf Rapids et à 94 km à l'est du lac Lynn. Le lac Southern Indian et le lac Northern Indian, son voisin plus petit situé à l'est, forment un élargissement de la RIVIÈRE CHURCHILL. Celle-ci draine le lac Southern Indian en direction nord-est avant de déboucher sur la rive ouest de la BAIE D'HUDSON, dans laquelle elle se jette. Les rives du lac Southern Indian sont très découpées, et il est parsemé de nombreuses petites îles. La Compagnie de la baie d'Hudson y a établi un poste de traite, et une colonie s'est installée sur sa rive sud, quand la rivière et les lacs auxquels il est relié sont devenus l'une des principales routes de la TRAITE DES FOURRURES. En 1980, cette communauté a été inondée lors de la construction d'un barrage par Manitoba Hydro sur le lac Southern Indian. Le lac figure sur la carte de Peter FIDLER (1814) et son nom vient sans doute des «Indiens du Sud», ou Cris.

David Evans

Souverain Chef d'ÉTAT qui règne en vertu d'un droit héréditaire, par opposition à un chef de GOUVERNEMENT qui est élu. Au Canada, une monarchie constitutionnelle, le souverain est l'une des 3 composantes du Parlement. Depuis le XVIᵉ s., 32 monarques français ou britanniques ont régné sur le Canada. En 1867, les PÈRES DE LA CONFÉDÉRATION confèrent à la reine Victoria, ainsi qu'à ses héritiers et à ses successeurs, le pouvoir exécutif et de nombreuses responsabilités législatives. En 1947, George VI délègue par lettres patentes au GOUVERNEUR GÉNÉRAL tous les pouvoirs et l'autorité du souverain au Canada. Malgré l'opinion répandue, même s'il est présent au Canada, le souverain ne se substitue pas à cette délégation des pouvoirs, sauf si on lui demande effectivement d'exercer des fonctions royales telles que l'ouverture d'une législature du Parlement. George VI est le premier souverain régnant qui rend visite au Canada. Au printemps de 1939, accompagné de son épouse Élisabeth (l'actuelle reine mère), il effectue un voyage au Canada et, le 19 mai, il accorde la sanction royale à plusieurs projets de loi canadiens dans la salle du Sénat.

Le 6 février 1952, Élisabeth II devient souveraine, et, en 1953, une loi canadienne, la *Loi sur les titres royaux*, lui confère officiellement le titre de reine du Canada. Son titre complet est: «Élisabeth Deux, par la grâce de Dieu Reine du Royaume-Uni, du Canada et de ses autres royaumes et territoires, Chef du Commonwealth, Défenseur de la Foi». En 1957, elle est la première souveraine à ouvrir une législature du Parlement canadien. Elle ouvre de nouveau une législature parlementaire à l'occasion du 25ᵉ anniversaire de son couronnement en 1977, puis, le 17 avril 1982, elle promulgue la *Loi constitutionnelle de 1982* (*voir* CONSTITUTION). (*Voir aussi* COURONNE; VISITES ROYALES).

Jacques Monet, S.J.

Souveraineté Le concept juridique abstrait de souveraineté a aussi de nos jours, hors de la sphère juridique, des répercussions politiques, sociales et économiques. Sur le plan purement juridique, la souveraineté est le pouvoir ou l'autorité suprême de l'État. Elle est la source ultime de la légalité. Pour le Canada, l'origine juridique historique remonte aux luttes constitutionnelles britanniques entre le roi et le Parlement au début du XVIIᵉ s., illustrées de façon vivante par la réplique du juge en chef sir Edward Coke aux prétentions royalistes selon lesquelles les pouvoirs exécutifs (la prérogative royale) échappent au contrôle juridique ou à l'examen d'un autre organe judiciaire ou législatif de l'État. D'après la célèbre remarque de Coke, (inspirée par les propos d'Henry de Braxton, homme d'Église et légiste du XIIIᵉ s.), le roi n'est le sujet d'aucun homme, mais il est néanmoins «soumis à Dieu et à la loi». Cette formule est annonciatrice des théories du contrat social, formulées vers la fin du XVIIᵉ s., selon lesquelles le devoir fondamental d'obéissance à la loi est limité dans le cas d'un souverain injuste ou d'ordres injustes émanant de l'État.

Au Canada, l'application constitutionnelle du concept de souveraineté concerne d'abord les relations entre les organes exécutif, législatif et judiciaire du gouvernement. La théorie constitutionnelle anglaise, dont l'origine historique remonte à Coke, mais que le juriste Albert Venn Dicey, vers la fin de l'ère victorienne, a grandement raffinée, élargie et érigée en dogme constitutionnel, proclame la souveraineté du Parlement. Au sens littéral, cette théorie signifie qu'il n'existe aucune loi que le Parlement serait incapable d'adopter ou d'abroger et qu'il n'y a donc aucune distinction entre la loi constitutionnelle et toute autre loi, et que les tribunaux n'ont aucunement le pouvoir de refuser d'appliquer une loi pour des motifs constitutionnels. La théorie de Dicey est justifiée sur le plan politique par le fait que le Parlement devient l'institution démocratique suprême grâce à l'élargissement progressif du droit de vote, qui est finalement accordé à toute personne adulte.

La théorie constitutionnelle canadienne, après la promulgation de l'Acte de l'Amérique du Nord britannique (1867) par le Parlement britannique, reprend ou transpose sans le contester sérieusement le principe de la souveraineté du Parlement. Toutefois, des anomalies juridiques sont causées par le fait que le nouveau Parlement canadien reste juridiquement subordonné au Parlement britannique (impérial) et que les jugements des tribunaux canadiens sont susceptibles de révision en appel par un tribunal impérial, le COMITÉ JUDICIAIRE DU CONSEIL PRIVÉ, qui siège à Londres. Ces contradictions sont résolues sur le plan juridique par la notion additionnelle de souveraineté impériale (britannique) et son corollaire, la primauté juridique des institutions impériales (britanniques) en ce qui concerne les colonies britanniques d'outre-mer, dont le Canada fait partie en 1867.

Au cours des changements politiques que connaît l'Empire britannique dans les années 20 et 30, et avec l'évolution de ce qu'on appelle le statut de dominion (souveraineté juridique et autonomie gouvernementale au sein du nouveau COMMONWEALTH britannique), les notions juridiques évoluent de pair avec les nouvelles réalités politiques. En 1949, année où le Commonwealth britannique fait place à un Commonwealth des nations simple et indéterminé, le Canada a acquis une indépendance juridique complète. Il est souverain par rapport à la Grande-Bretagne. Dorénavant, les relations juridiques entre le Canada et la Grande-Bretagne sont régies par le DROIT INTERNATIONAL, qui s'applique aux relations entre États souverains, et non par le DROIT CONSTITUTIONNEL (impérial) comme auparavant. À cet égard, la *Loi constitutionnelle de 1982* (mesures de rapatriement parrainées par le gouvernement Trudeau) ne fait qu'éliminer les dernières traces du passé juridico-constitutionnel impérial.

Dans le droit constitutionnel actuel au Canada, le concept de souveraineté donne lieu à 2 problèmes distincts. Le premier a trait au caractère fédéral de la confédération canadienne et, par voie de conséquence, à la répartition du pouvoir constitutionnel de légiférer entre le gouvernement central (fédéral) et les gouvernements régionaux (*voir* GOUVERNEMENT PROVINCIAL). Sur le plan théorique, la notion de répartition de la souveraineté signifie que, dans les limites des pouvoirs respectifs que leur attribue la *Loi constitutionnelle* (titre qui remplace de nos jours celui d'Acte de l'Amérique du Nord britannique), les corps législatifs fédéral et provinciaux ont chacun un pouvoir de légiférer entier et souverain, et, s'ils sont en désaccord sur leurs compétences législatives respectives, ils peuvent demander aux tribunaux de statuer sur le siège ultime (fédéral ou provincial, selon le cas) du pouvoir souverain.

Le deuxième problème consiste à savoir si la notion de la souveraineté du Parlement, héritée de l'Angleterre, continue d'être juridiquement applicable et pertinente à une époque où la CHARTE CANADIENNE DES DROITS ET LIBERTÉS, édictée en 1982, constitutionnalise certains principes fondamentaux de «droit suprême» qui sont désormais censés limiter tous les législateurs. Dans les colonies américaines, au lendemain de leur guerre d'indépendance contre la Grande-Bretagne, la notion selon laquelle la Constitution elle-même est la «loi suprême du pays» est également héritée de Coke, mais par l'intermédiaire des célèbres commentaires de sir William Blackstone. Elle est intégrée à la Constitution des États-Unis, adoptée en 1787, et est consacrée en tant que vérité constitutionnelle par le juge en chef John Marshall dans son célèbre arrêt Marbury c. Madison, au début du XIXe s. On peut avancer que la théorie constitutionnelle canadienne, à la fin du XXe s., rejette maintenant pour l'essentiel le concept britannique de la souveraineté du Parlement et adhère plutôt au concept américain de la suprématie (ou souveraineté) du droit (incarné par la Constitution).

Dans le domaine du droit international, la souveraineté désigne la personnalité juridique internationale d'un État. Seuls les États sont des personnes (ayant capacité juridique) en droit international et, aux fins de cette branche du droit, la souveraineté de l'État s'exprime par son contrôle juridique du territoire, des eaux territoriales et de l'espace aérien national; par son pouvoir légal de protéger ces domaines contre l'ingérence étrangère; par son pouvoir légal de représenter et de faire valoir les revendications et les intérêts de ses citoyens auprès des autres États; et par son pouvoir de se représenter lui-même devant des instances juridiques internationales comme l'ORGANISATION DES NATIONS UNIES et les conférences diplomatiques internationales, ainsi que devant des tribunaux internationaux comme la Cour internationale de justice.

Ces théories de la souveraineté des États en droit international ont été élaborées pendant la période qui a suivi la guerre de Trente ans, le traité de paix de Westphalie (1648) et l'émergence de l'État-nation en tant qu'institution première des relations internationales modernes au détriment de l'ancienne théorie médiévale de l'unité politique et religieuse, et donc juridique, de l'Europe occidentale. La souveraineté de l'État, à la fin du XXe s., est elle-même contestée en tant que fondement théorique viable des relations internationales par suite de l'élaboration des nouvelles idées de supranationalisme et de gouvernement mondial. Des problèmes se posent également du fait que le concept de souveraineté correspond très mal aux réalités premières de l'ordre public mondial actuel, marqué par l'influence grandissante de nouveaux intervenants politiques, sociaux et économiques transnationaux, qui sont parfois beaucoup plus puissants que tel ou tel État-nation: multinationales, partis politiques internationaux, mouvements culturels ou religieux internationaux et même organisations terroristes internationales.

Ces nouveaux intervenants n'ont pourtant aucun statut juridique en droit international, sauf le pouvoir qu'ils voudront peut-être prétendre avoir par délégation parce qu'ils ont des liens avec un ou plusieurs États-nations, ou sont parrainés par ceux-ci. À cet égard, les relations internationales et le droit international sont en période de transition. Le concept de souveraineté de l'État a aujourd'hui des ennemis et est peut-être en déclin à long terme sur les plans politique et juridique.

Le sens strictement juridique du concept de souveraineté doit être distingué des usages populaires du terme, qu'on emploie parfois par confusion intellectuelle, parfois pour accumuler du capital politique en exploitant cette notion considérée comme ancienne et vénérable. Dans cet ordre d'idées, les divergences canado-américaines persistantes au sujet des revendications canadiennes de souveraineté sur les eaux de l'Arctique et sur le passage du Nord-Ouest (*voir* ARCTIQUE, SOUVERAINETÉ DANS L'), ainsi que les doléances selon lesquelles la «souveraineté économique» ou la «souveraineté culturelle» risque d'être compromise par toute négociation de LIBRE-ÉCHANGE entre le Canada et les États-Unis, peuvent être considérées comme ayant une forte charge rhétorique et politique.

Les litiges territoriaux qui ont trait à l'étendue juridique de la souveraineté des États soulèvent des questions d'enquête juridique, et les moyens les plus raisonnables de les résoudre sont la décision d'un arbitre indépendant et le règlement judiciaire. Quant aux négociations diplomatiques internationales, elles consistent en un marchandage politique et en concessions mutuelles. La réciprocité des intérêts et des avantages constitue le facteur dynamique qui permet d'obtenir un consensus. Les décisions se prennent donc pour des motifs politiques et non d'après les considérations juridiques, et le recours au concept abstrait de souveraineté peut embrouiller les esprits au lieu de favoriser un dialogue public plus raisonnable.

Le débat sur le statut constitutionnel distinct du Québec au sein du Canada, qui se poursuit depuis le début des années 60 avec la RÉVOLUTION TRANQUILLE, et l'évolution historique selon laquelle les demandes québécoises d'un «statut constitutionnel spécial» à l'intérieur du système fédéral ont fait place à la SOUVERAINETÉ-ASSOCIATION, proposée mais rejetée dans les 2 référendums tenus au Québec en 1980 et 1995, illustrent une confusion semblable, sans doute délibérée, entre les objectifs politiques et la réalité juridique que l'ambiguïté normative de la question référendaire a servi à camoufler. Pour exprimer en termes juridiques un vote référendaire affirmatif et lui donner valeur légale, il faudrait une démarche politique subséquente comportant normalement des négociations directes et bilatérales entre le gouvernement du Québec et le gouvernement fédéral. On pourrait procéder par voie de modification constitutionnelle répartissant de façon différente les compétences fédérales et provinciales, ce qui changerait le contenu, mais non le fond de la souveraineté au sein du système fédéral actuel, ou bien le gouvernement fédéral pourrait reconnaître la création d'une nouvelle réalité politique ou l'apparition d'un nouvel État (naissance d'une nouvelle entité souveraine).

Edward Watson Mcwhinney, c.r., professeur de droit constitutionnel et international, U. Simon Fraser (Vancouver), député fédéral de Vancouver-Quadra et secrétaire parlementaire (Affaires extérieures). Les opinions exprimées n'engagent que l'auteur.

Souveraineté-association À l'origine, ce terme est le slogan du Mouvement souveraineté-association (MSA), le prédécesseur du PARTI QUÉBÉCOIS (PQ), dont il devient ensuite le thème principal et l'objectif essentiel. Cette expression apparaît pour la première fois dans le document *Option Québec,* écrit par le chef du parti, René LÉVESQUE. Elle remplace le terme «indépendance» et évoque l'idée d'une association découlant d'une entente conclue conformément au droit international et limitée au domaine économique (1967). Dans le programme péquiste de 1970, intitulé *La Solution,* l'association n'est pas présentée comme une condition nécessaire à l'accession du Québec à la souveraineté. Avec le temps, toutefois, elle finit par être considérée comme le pendant et la moitié inséparable de la souveraineté.

En octobre 1978, le premier ministre Lévesque déclare à l'Assemblée nationale que le Québec doit transformer radicalement son union avec le reste du Canada et que la souveraineté et l'association doivent se réaliser «sans heurts et simultanément». Dans le document qu'on qualifiera de livre blanc sur la souveraineté-association (*La nouvelle entente Québec-Canada*), le gouvernement péquiste soutient que «la souveraineté est indissociable de l'association». Le document décrit ensuite cette doctrine en détail: elle prévoit un système monétaire commun avec le reste du Canada, assorti d'une réorganisation de l'actuelle Banque du Canada, qui sera dotée de nouvelles institutions communes, notamment une autorité monétaire centrale. Elle suppose comme allant de soi une zone commune de libre-échange et un tarif douanier commun (quoique chacune des 2 communautés pourrait protéger sa propre agriculture). Elle prévoit la libre circulation des biens et des personnes entre le Québec et le Canada, ainsi que diverses ententes spéciales touchant l'emploi et l'immigration. Un conseil mixte comprenant un nombre égal de ministres de chaque côté et présidé en alternance par un Canadien et un Québécois résoudrait tout litige éventuel. Trois autres structures canado-québécoises sont proposées: un comité d'experts formant, sous la direction du conseil, un secrétariat général de l'association; un tribunal comprenant un nombre égal de juges québécois et canadiens et ayant compétence exclusive quant à l'interprétation et au fonctionnement du traité d'association; une autorité monétaire mixte responsable de la gestion du taux de change unique, mais non de la dette des 2 partenaires souverains (chacun assumerait sa propre dette). Selon le livre blanc, la souveraineté-association n'est pas une fin en soi, mais un moyen permettant au Québec de diriger librement ses propres affaires. Le Québec jouirait ainsi des avantages économiques de l'union fédérale tout en bénéficiant de l'indépendance politique.

En mai 1980, le gouvernement péquiste tient un RÉFÉRENDUM pour demander à la population du Québec le mandat de négocier avec le pouvoir fédéral et les autres provinces la souveraineté-association ainsi définie et il subit la défaite (60 p. 100 contre 40 p. 100). Au début de 1985, après avoir consulté ses membres, le PQ décide d'écarter cette option et de ne pas l'inscrire au programme du parti aux prochaines élections. Des dissensions internes s'ensuivent et un groupe de dissidents, dont Jacques PARIZEAU, fidèles à l'objectif fondamental du parti, décident de partir. (*Voir aussi* NATIONALISME CANADIEN-FRANÇAIS et NATIONALISME QUÉBÉCOIS, PARTENARIAT.)

Clinton Archibald

Spalding, Jeffrey John, artiste, professeur, conservateur et directeur de galeries d'art (Édimbourg, Écosse, 5 nov. 1951). Durant les années 70, Spalding produit des œuvres abstraites. Le plus souvent, il s'agit de peintures produites à partir de procédés prédéterminés et systémiques. Dès la fin des années 60, il s'inscrit à l'Université de Guelph et commence dès lors à s'intéresser au processus de production artistique. En association avec Eric Cameron, il produit une série de sérigraphies et de peintures abstraites, aux contours carrés et aux formes géométriques, élaborées à partir de la théorie des couleurs primaires, de l'alphabet et du système numérique. Après avoir terminé ses études de premier cycle, Spalding entreprend de poursuivre une maîtrise en enseignement des arts à l'Ohio State University (1975), puis il s'inscrit à la maîtrise en beaux-arts au NOVA SCOTIA COLLEGE OF ART AND DESIGN (NSCAD) en 1976, où il va demeurer pendant une dizaine d'années, à la fois comme étudiant et comme enseignant, à titre de professeur adjoint dès 1977. En 1976 et 1977, Spalding est également adjoint au conservateur de la Galerie d'art de Nouvelle-Écosse à Halifax et, en 1977 et 1978, il est directeur de la Anna Leonowens Art Gallery au NSCAD.

L'intérêt manifesté dans ses premières œuvres subsiste, comme on peut le constater dans une remarquable série, *The Black Paintings,* 1973-1975, des toiles carrées de 4 pieds (122 cm sur 122 cm), couvertes uniformément de 150 couches presque transparentes de lavis d'acrylique. Ces peintures sont élaborées à partir d'une des théories de la couleur selon laquelle lorsqu'on mélange le pigment des 3 couleurs primaires ou celui de 2 couleurs complémentaires, on obtient du noir. Les lavis de couleur s'accumulent couche par couche sur la toile pour aboutir à un noir impénétrable. Chaque peinture apparaît initialement par un simple carré noir dont les côtés laissent déborder la couleur, ce qui donne un indice quant au processus de production de la peinture, qui n'est pas encadrée. En 1977, dans une autre série de peintures, *The Diary Paintings,* Spalding explore le sens psychologique des couches de peinture. Sur la toile, il applique une couche de couleur par jour pendant un mois, chaque nouvelle couche obscurcissant la précédente, et il termine, le dernier jour, avec une couche d'un gris neutre.

Premières peintures imagistes De 1978 à 1981, Spalding travaille comme conservateur d'art au GLENBOW MUSEUM de Calgary (Alberta). C'est dans cette ville qu'il réalise ses premières peintures imagistes, dans lesquelles il continue d'utiliser les mêmes méthodes centrées sur le processus de production que pour ses œuvres abstraites. Cette fois-ci, cependant, les structures utilisées à la base sont imagistes, c.-à-d. des sujets qui lui sont, de toute évidence, personnels et significatifs, des scènes d'intérieur et des vues de son domicile et de son lieu de travail. Dans ces œuvres, une tension soutenue, non résolue, se dégage du potentiel d'expressivité et de l'association des images et de la manière volontairement objective dont ces images sont traitées.

Spalding continue de s'intéresser aux différents processus de production artistique au cours des années 80, mais, au fur et à mesure que l'élément narratif apparaît dans ses œuvres, il s'en dégage un plus grand degré d'illusionnisme. Une petite peinture intitulée *Niagara* (1980-1983) l'inspire et l'amène à faire une importante série de scènes panoramiques des CHUTES NIAGARA. En se référant ouvertement aux traditions de l'art du sublime et du paysagisme romantique des peintres du XIXe s., il affirme ses valeurs culturelles et esthétiques. Vers la fin de cette décennie, il effectue d'autres peintures représentant des phénomènes spectaculaires (p. ex., *Event paintings*; 1989-1990), toujours de style paysagiste, mais ses préoccupations sont alors centrées presque exclusivement autour des effets de lumière et de l'atmosphère dans le ciel.

Paysagisme romantique Le paysagisme romantique continue d'intéresser Spalding. Récemment toutefois (1996), il a repris les préoccupations procédurales qui caractérisaient ses premières œuvres abstraites, en entreprenant une série de peintures géométriques.

En 1982, Spalding est nommé directeur et conservateur de l'University of Lethridge Art Gallery, dans le sud de l'Alberta, un poste qu'il continue d'occuper. Il y monte la collection d'œuvres d'art la plus imposante et la plus exhaustive de toutes les institutions au pays (en 1996, elle comprend 15 000 œuvres). On y trouve surtout des œuvres canadiennes, anglaises et internationales des XIXe et XXe siècles. Professeur d'art et d'histoire de l'art, il est actuellement adjoint au doyen du département des arts à l'École des beaux-arts de cette université. En 1995, le nouvel Institute for Modern and Contemporary Art de Calgary le nomme codirecteur des programmes.

Victoria Baster

Spallumcheen, municipalité de district de la C.-B.; pop. 5322 (rec. 1996), 4717 (rec. 1991); superf. 264,38 km²; const. en 1892; située à environ 7 km de VERNON et complètement englobée dans la cité d'ARMSTRONG. Son nom lui vient du mot shuswap *spalmtsin* qui signifie «terre plate le long de la falaise». On compte parmi les premiers colons de cette région des membres des célèbres OVERLANDERS, qui parcoururent le Canada en 1862 à la recherche des exploitations aurifères de Cariboo avant d'abandonner la prospection pour s'adonner à l'agriculture. Les premiers colons cultivaient les légumes et les céréales et élevaient un peu de bétail. À l'arrivée du Canadien Pacifique, qui assure un moyen de transport vers les marchés, le blé prend une place prépondérante. Dans le sud du district, qui est plus sec, les agronomes recourent à l'aridoculture pour produire des céréales, du foin, des pois et des haricots. Dans le nord, en revanche, les pluies sont plus abondantes, et l'élevage laitier est la principale activité. Au cours

des dernières années, le développement résidentiel et l'implantation de nouvelles industries ont amoindri l'importance de l'agriculture.

Duane Thomson

Spar Aérospatiale Limitée (*voir* ÉLECTRONIQUE, INDUSTRIE DE L').

Sparrow (1990), affaire L'article 35 de la *Loi constitutionnelle de 1982* protège les droits des peuples autochtones. Dans l'affaire Sparrow, un autochtone pêchait sans suivre les dispositions de la loi. En défense, il allégua que le droit de pêcher est un droit ancestral protégé par un traité en vertu de l'article 35. La Cour suprême lui donna raison et élabora un code d'interprétation de l'article 35.

La Cour établit 5 critères: 1. le mot *existant* à l'article 35 vise les droits qui existaient le 17 avril 1982; 2. l'intention du législateur d'éteindre un droit doit être claire et expresse; 3. un droit garanti peut être limité, car les droits reconnus et confirmés ne sont pas absolus; 4. le gouvernement fédéral a un rôle de fiduciaire vis-à-vis des peuples autochtones; enfin, 5. l'article 35 doit être libéralement interprété: est-ce que la loi ou le règlement porte atteinte à un droit existant? La disposition est-elle justifiée? Existe-t-il un objectif valable? A-t-on porté atteinte le moins possible à un droit existant?

L'arrêt Sparrow est à l'article 35(1) de la *Loi constitutionnelle de 1982* ce que l'arrêt Oakes est à l'article 1 de la *Charte canadienne des droits et libertés*.

Spear, cap D'une altitude de 75 m, est situé à 6,7 km au sud-est de l'entrée du port de St. John's, à Terre-Neuve. Il s'agit du point le plus à l'est de l'Amérique du Nord (mis à part le Groenland). D'abord nommé *Spera* (espérance) par les Portugais, ce promontoire rocheux de formation précambrienne est balayé par le vent et recouvert d'une couche mince et sporadique de tille et de tourbe. Un des principaux atterrages des navigateurs transatlantiques, le cap est doté d'un grand phare en 1836. Ce dernier est utilisé jusqu'en 1955 alors qu'il est remplacé par une structure plus moderne. Les emplacements de canons construits sur le cap durant la Seconde Guerre mondiale ont presque tous été démolis. En 1962, le cap Spear est déclaré lieu historique national et le phare original est restauré pour retrouver son apparence de 1840.

Michael Staveley

Speck, Frank Gouldsmith, anthropologue (Brooklyn, N.Y., 8 nov. 1881—Philadelphie, Penn., 6 févr. 1950). Speck est l'un des premiers à étudier les peuples algonquins de l'est du Canada et de la Nouvelle-Angleterre. Élève de Franz BOAS à Columbia, il débute, en 1909, une carrière de professeur à l'U. de Pennsylvanie, où il entreprend un projet qui l'occupera toute sa vie: l'étude de l'évolution culturelle des Algonquins et de leurs voisins. Il recueille des artefacts algonquins pour le compte du Musée national du Canada, enregistre leurs légendes et coutumes, et trace la carte de leurs territoires de chasse. Ces cartes permettent plus tard aux Algonquins de prouver leurs REVENDICATIONS TERRITORIALES, tel que l'avait prévu Speck.

Bruce Cox

Sphaigne (*voir* MOUSSE; TOURBE; MARAIS, MARÉCAGE ET TOURBIÈRE).

Spice-Box of Earth, The Avec *The Spice-Box of Earth*, publié en 1961, Leonard COHEN a établi sa renommée en tant que poète lyrique. Cet ouvrage demeure son livre de poésie le plus lu. La langue y est riche, sensuelle et belle, mais beaucoup des thèmes les plus sombres de Cohen, comme la victimisation, les préjudices et la cruauté, y sont néanmoins présents. Les poèmes traitent du rôle du poète, avec son héritage de la tradition juive, et bien sûr de l'amour. Parmi les poèmes les plus connus figurent «As the Mist Leaves No Scar» et le merveilleux poème intitulé «For Anne», que Cohen désigne comme son poème préféré. Cependant, le poème le plus émouvant du recueil est le sombre et symbolique

«You Have the Lovers», qui présente de manière concise les thèmes que Cohen explorera plus tard dans son roman *Beautiful Losers*.

Stephen Scobie

Spicer, Keith, journaliste, communicateur, fonctionnaire (Toronto, 6 mars 1934). Après des études à l'U. de Toronto (B.A., 1956; Ph.D., 1962) et à la Sorbonne, à Paris, Spicer enseigne à l'U. d'Ottawa de 1961 à 1966, à l'U. de Toronto de 1966 à 1969 et à d'autres universités. Il effectue des travaux de recherche pour la COMMISSION ROYALE D'ENQUÊTE SUR LE BILINGUISME ET LE BICULTURALISME (1964). De 1964 à 1965, il est adjoint spécial du ministre de la Justice et président du Conseil privé. Il est commentateur, animateur ou intervieweur dans le cadre de nombreux programmes d'affaires publiques et de plusieurs documentaires à la radio et à la télévision pour les réseaux français et anglais. Il est aussi éditorialiste au *Globe and Mail,* chroniqueur au *Vancouver Sun* (1977-1984) et rédacteur en chef du *Ottawa Citizen* (1985-1989). Il occupe le poste nouvellement créé de Commissaire aux langues officielles de 1970 à 1977 et, en 1989, il est nommé président du CONSEIL DE LA RADIODIFFUSION ET DES TÉLÉCOMMUNICATIONS CANADIENNES (CRTC). Son mandat de 7 ans à la direction du CRTC est interrompu de 1990 à 1991 quand il accepte de présider le Forum des citoyens sur l'avenir du Canada, à la demande du gouvernement Mulroney qui voit dans cette commission le moyen de répondre aux critiques alléguant que l'avenir constitutionnel du pays se décide derrière des portes closes sans que le public n'y soit mêlé. La commission provoque des controverses lorsqu'elle outrepasse son budget, mais elle suscite une participation publique sans précédent et formule de nombreuses recommandations. Spicer est Officier de l'Ordre du Canada.

Spinks, John William Tranter, chimiste, éducateur (Norfolk, Angl., 1er janv. 1908). Il émigre au Canada en 1930 pour se joindre au personnel de l'U. de la Saskatchewan et a gagné, depuis, une réputation internationale comme professeur et chercheur. Pendant un séjour en Allemagne en 1933, il travaille avec Gerhard HERZBERG et contribue grandement à la venue de ce dernier au Canada. Pendant la Seconde Guerre mondiale, Spinks met au point des opérations de recherche et de sauvetage pour l'Aviation royale du Canada (ARC) et participe aux premiers travaux sur l'énergie atomique. Plus tard, il est l'un des premiers à utiliser des isotopes radioactifs dans le cadre de travaux de recherche, signe avec R.J. Woods le premier manuel sur les effets chimiques des rayonnements de haute énergie et représente le Canada aux réunions sur l'utilisation pacifique de l'énergie nucléaire. Nommé doyen des cycles supérieurs à l'U. de la Saskatchewan en 1949 et recteur en 1959, il est membre de groupes nationaux et internationaux s'occupant de l'enseignement universitaire. Il est l'auteur de plus de 250 ouvrages scientifiques, de plusieurs autres publications et a été honoré par des universités et des gouvernements. Il est Compagnon de l'Ordre du Canada.

R.J. Woods

Spirée (*Spiraea*) Arbuste de la famille des rosacées (rose) dont le genre comprend entre 70 et 80 espèces, ainsi que beaucoup de variétés horticoles de jardin, obtenues par hybridation. Un des hybrides les plus connus est probablement la spirée van Houtte (*S. vanhouttei*), hybride à fleurs, issue des 2 espèces asiatiques (*S. trilobata*) et (*S. cantoniensis*), qui est cultivée couramment au Canada et ailleurs pour sa floraison printanière spectaculaire. La spirée possède des feuilles simples, décidues et généralement une inflorescence en grappe dense de petites fleurs blanches, roses ou pourpres. Elle est originaire des régions tempérées du nord de l'Eurasie et de l'Amérique du Nord. Elle croît généralement dans les pentes boisées et humides, et dans les prairies. Au Canada, on dénombre 7 espèces indigènes, mais aucune dont l'aire de distribution couvre le pays au complet. La plus répandue, *S. alba*, se trouve de l'Alberta à Terre-Neuve. Une espèce, la *S. beauverdiana* occidentale, s'étend vers le nord jusqu'à l'océan Arctique.

Spirit of the West Le groupe de folk-rock celtique Spirit of the West a été formé à Vancouver en 1983. Le trio d'origine comprend John Mann (né à Winnipeg), Geoffrey Kelly (né à Dumfries, en Écosse) et le guitariste J. Knutson. Les auteurs Mann et Kelly dirigent le groupe durant toute son existence. Par la suite, les membres de la formation changent quand Hugh MacMillan (guitare, mandoline, guitare basse), Linda McRae (accordéon, guitare basse) et Vince Ditrich (batterie) se joignent au groupe. Knutson quitte le groupe en 1987 pour accompagner Hart Rouge et Connie Kaldor, tandis que McRae débute une carrière solo en 1996.

Le groupe cherche d'abord à donner une saveur *West Coast* et un esprit engagé à une musique folklorique d'influence celtique. Les albums *Tripping Up the Stairs* (1986), *Labour Day* (1988) et *Save This House* (1990) présentent un mélange particulier de chansons socialement engagées (*Homelands*, *Political*) et d'entraînantes chansons à boire (*The Crawl*, *Home for a Rest*). La version réenregistrée de la chanson *Political* constitue le premier succès du groupe au Canada, permettant à l'album *Save This House* de franchir le cap des 50 000 exemplaires vendus à ses débuts avec la grande étiquette Warner Music Canada.

Durant les années 90, l'ensemble Spirit of the West gagne en popularité grâce à un son qui évolue dans des directions originales aux accents rock. Le groupe utilise pour la première fois un ensemble de batteries traditionnelles pour l'album *Go Figure* (1991). Une tournée européenne intensive de l'album *Faithlift* (1993), louangé par la critique, fait découvrir les paroles des chansons de Mann et de Kelly à l'extérieur du Canada. Ce dernier comprend la chanson *And If Venice Is Sinking* de même que des pièces musicales complexes telles que *Bone of Contention* et *6th Floor*. Les pièces de *Two Headed* (1995) sont composées en même temps que les chansons de l'album *Open Heart Symphony* (1996) enregistré pendant un concert avec l'ORCHESTRE SYMPHONIQUE DE VANCOUVER. *Weights and Measures* (1997) est le premier album que le groupe réalise avec un ensemble de 4 membres, soit Mann, Kelly, Ditrich et MacMillan. Il a été enregistré dans le Devon, en Angleterre, et comprend la participation spéciale des membres des groupes britanniques Capercaille, Jethro Tull, The Wonder Stuff et Fairport Convention.

Jeff Bateman

Spiritisme En même temps qu'une philosophie religieuse, le spiritisme est un mouvement ayant des liens épistémologiques avec des traditions plus anciennes. Certains adeptes se réunissent pour former des Églises, alors que d'autres, dont les convictions sont identiques ou semblables, ne se regroupent pas. Les adeptes affirment pouvoir prouver, en communiquant avec les esprits des morts, la réalité de la survie personnelle après la mort corporelle. On trouve dans ce mouvement un certain nombre de phénomènes que les anthropologues observent dans diverses autres sociétés, notamment la possession volontaire par les esprits, la communication avec les esprits, les moyens de guérison non biomédicale, la divination et la prophétie. Malgré certaines ressemblances avec le chamanisme traditionnel, les médiums ne répondent pas aux caractères qui définissent les CHAMANS, avec qui il ne faut pas les confondre.

Historique

Le spiritisme moderne prend la forme d'une religion au XIXᵉ s. dans le contexte d'un vaste réveil spirituel et mystique inspiré par des influences comme des formes antérieures de mysticisme, par les écrits

d'Emanuel Swedenborg et les croyances des autochtones d'Amérique du Nord. Les travaux de F.A. Mesmer, médecin autrichien du XVIIIᵉ s., font connaître les états hypnotiques et la clairvoyance. Au milieu du XIXᵉ s., Andrew Jackson Davis et Phineas P. Quimby contribuent particulièrement au développement du spiritisme et d'autres mouvements spirituels. La THÉOSOPHIE exerce une importante influence de fond sur l'évolution ultérieure du spiritisme.

On attribue l'origine du mouvement spirite du XIXᵉ s. à 2 sœurs, Margaret et Kate Fox (alias Margaretta et Catherine ou Kate), de Hydesville (New York, États-Unis). Elles commencent à communiquer avec l'esprit d'un colporteur au moyen de cognements sonores le 31 mars 1848, mais les sources ne s'entendent pas sur leur âge respectif à cette date: l'une aurait de 10 à 15 ans, et l'autre, de 7 à 12 ans. La famille habite auparavant dans la région de Belleville (Canada-Ouest), mais s'établit à Hydesville en décembre 1847. Une sœur plus âgée, Leah (Fish, Brown, puis Underhill, car elle se marie 3 fois), qui manifeste également des talents de médium, vit à Rochester (New York, États-Unis). Margaret et Kate vont habiter chez elle peu après le début des cognements sonores. La publicité qui entoure les communications des sœurs Fox avec les esprits au moyen de ces cognements suscite un vaste intérêt pour le spiritisme, qui se répand rapidement et qu'on peut considérer comme déjà établi au Canada en 1850. Une sœur aînée de Margaret et de Kate, Elizabeth Ousterhout, est demeurée au Canada-Ouest, à Consecon, près de Belleville. Kate et sa mère, probablement accompagnées de Margaret, lui rendent visite en 1854 et 1855, suscitant encore plus d'intérêt pour le spiritisme aux alentours de Consecon et de Bloomfield. Pendant son séjour, Kate rencontre la femme de lettres canadienne Susanna MOODIE, qui est vivement impressionnée par ses dons de clairvoyance.

Les principaux centres des activités spirites sont Montréal, Toronto, London, Ottawa, St. Catharines et Bloomfield. La propagation du spiritisme aux États-Unis pendant les années 1850 est phénoménale, et le mouvement atteint probablement la Colombie-Britannique par cette voie avant 1870. Il est introduit en Grande-Bretagne en 1852 et se répand sur tout le continent.

Au début, les spirites se regroupent en associations et en sociétés de recherche, mais ils commencent à former des Églises pendant la Première Guerre mondiale. Aujourd'hui, les 2 grandes associations auxquelles certaines Églises sont affiliées sont l'Église spiritualiste du Canada et l'International Spiritualist Alliance. Toutefois, la plupart des Églises demeurent indépendantes. Walter Meyer zu Erpen établit l'existence de 47 Églises ou groupes dans 6 provinces du Canada en 1994: il y en a 11 en Colombie-Britannique, 3 en Alberta, 2 au Manitoba, 25 en Ontario, 4 au Québec et 1 en Nouvelle-Écosse.

Au Canada, c'est l'Ontario qui compte le plus grand nombre de spirites, suivi de la Colombie-Britannique, de l'Alberta, du Manitoba et du Québec, mais le nombre de personnes qui se déclarent spirites est toujours minime. Il y en a 616 selon le recensement canadien de 1901. Ce nombre passe à 2263 en 1931, ce qui est peut-être attribuable en partie au taux de mortalité élevé pendant la Première Guerre mondiale et à la GRIPPE pandémique de 1918-1919. Le nombre diminue de nouveau, passant à 1214 en 1941. Les spirites ne constituent plus une catégorie distincte jusqu'en 1981, leur nombre est alors de 1940. Il faut cependant noter que le recensement de 1991 fait état de 3735 spirites. Depuis quelques années, des adeptes du mouvement mystique et du nouvel âge (*voir* NOUVEAUX MOUVEMENTS RELIGIEUX) s'adonnent au spiritisme, participant souvent à des séances et surtout à des cercles de développement, ce qui aide les spirites à atteindre un nombre record au Canada selon les chiffres connus. En novembre 1995, l'Église spiritualiste du Gateway

Centre ouvre sur le World Wide Web une page d'accueil qui donne des renseignements sur les croyances et les Églises. Cette innovation contribuera peut-être à un regain d'intérêt encore plus grand pour le spiritisme dans l'avenir.

Plusieurs personnalités importantes sont spirites ou manifestent beaucoup d'intérêt pour le spiritisme tout en gardant leur appartenance religieuse traditionnelle. Deux des plus connus sont sir Arthur Conan Doyle et le premier ministre canadien Mackenzie KING.

Croyances

Le spiritisme cherche surtout à faire la preuve de la survie de la personne après la mort, c'est pourquoi il met l'accent sur le contact avec les esprits des personnes décédées. Les spirites ne sont pas des diseurs de bonne aventure. La propagation du mouvement spirite se fait très simplement: pour former un groupe, il suffit d'une personne ayant des dons de médiumnité. Au début, le spiritisme insiste sur les «preuves» physiques de communication avec les esprits, comme les coups frappés par ceux-ci sur les tables, la matérialisation des esprits, la lévitation et d'autres phénomènes dont l'origine est attribuée au monde spirituel. Il semble que ces manifestations se produisent parfois dans les séances modernes, mais elles ne sont pas aussi importantes de nos jours. La communication avec les esprits par l'entremise de la médiumnité mentale tient maintenant une plus grande place.

La plupart des spirites canadiens adhèrent à 7 principes, dont celui de la paternité de Dieu (qui n'est pas une personne, mais l'esprit créateur universel) et la permanence de l'âme humaine (certains spirites croient en la réincarnation, d'autres non). Ces principes sont le fondement de 2 grandes hypothèses: celle de la survie de la personnalité individuelle (ou esprit) après la mort et celle qui veut que les habitants du monde des esprits se soucient des vivants et peuvent communiquer avec eux. L'objectif du spiritisme est de vérifier ces 2 hypothèses au lieu de se contenter de croire qu'elles sont vraies. Les spirites croient que cette vérification se réalise dans la communication des esprits avec les vivants par l'entremise des médiums.

Les communications du monde des esprits prennent diverses formes, notamment celle de messages personnels contenant des informations qui démontrent et confirment la survivance d'un être cher, et qui permettent ainsi de vérifier la survie personnelle après la mort. Les spirites croient que chacun a au moins un guide spirituel qui l'accompagne pour l'aider, le protéger et l'instruire. Les guides sont les esprits des défunts. Ils peuvent s'identifier par le nom qu'ils portaient de leur vivant, mais ils se présentent souvent de façon symbolique, comme un chimiste, un médecin, un enfant joyeux ou un maître de sagesse et parlent un langage stéréotypé correspondant à leur personnage.

La guérison spirituelle est de plus en plus importante chez les spirites. Elle diffère de la guérison par la prière en ce que celle-ci se produit généralement dans les églises, qu'elle est réalisée par l'entremise des ministres du culte, qu'elle exige normalement la foi de la part du malade et qu'elle est, semble-t-il, souvent instantanée. En revanche, la guérison spirituelle n'exige pas que le malade ait la foi et produit rarement des guérisons instantanées.

Les guérisseurs croient que les esprits agissent par leur entremise pour envoyer de l'énergie au malade, ils ne sont donc que des instruments par lesquels les esprits agissent.

Joan Townsend

Spitzberg Principale île de l'archipel norvégien de Svalbard, qui est balayé par le vent et situé à seulement 965 km du pôle Nord. Cette île a une importance stratégique pendant la Seconde Guerre mondiale, quand l'Allemagne attaque l'U.R.S.S. en juin 1941. En effet, les rapports météorologiques que l'île de Spitzberg transmet deviennent, par inadvertance, utiles aux Allemands stationnés dans le Nord de l'U.R.S.S. et une occupation allemande de cette île aurait coupé la voie d'approvisionnement vitale du port russe de Mourmansk, qui passait par l'Arctique. C'est pourquoi le Canada envoie, lors d'un raid ultrasecret, un commando de quelque 600 militaires depuis la Grande-Bretagne pour évacuer les 2800 hab. et détruire les 4 villages de l'île. Entre le 25 août et le 3 septembre 1941, ce commando met hors de service les mines de charbon et la machinerie, rase la centrale électrique, met le feu à 450 000 tonnes de charbon et démolit les quais, les basculeurs de wagons et les voies ferrées. Il produit également de faux bulletins météorologiques, paralysant ainsi les avions de reconnaissance allemands. Toutefois, des stations météorologiques allemandes et anglo-norvégiennes s'installeront par la suite dans l'île.

Brereton Greenhous

Spodumène Ce silicate d'aluminium et de lithium (8 p. 100 Li$_2$O, 27,4 p. 100 Al$_2$O$_3$, 64,6 p. 100 SiO$_2$) est le plus important minéral de lithium miné de façon commerciale dans le monde. La pétalite, le lépidolite et l'amblygonite sont également des minéraux de lithium qui sont minés dans différentes parties du monde. Le spodumène est un minéral qu'on trouve dans certaines pegmatites, d'aspect vitreux, opaque, presque blanc dans la variété faible en fer, mais vert foncé dans les cristaux riches en fer. La variété transparente peut être incolore, rose, jaune ou verte. Les cristaux clairs sont utilisés comme gemmes et incluent la kunzite, qui est de couleur rose-lilas (colorée par le manganèse), et la hiddenite de couleur vert-jaunâtre ou vert-émeraude (colorée par le chrome et le fer).

Le minerai de spodumène et les concentrés sont utilisés principalement dans les industries du verre, des céramiques et des émaux de porcelaine. Les concentrés de spodumène contiennent entre 5 p. 100 et 7,5 p. 100 de lithia (Li$_2$O). Le lithia contenu dans le spodumène est utilisé dans les industries du verre et des céramiques pour diminuer la viscosité, améliorer le façonnage, augmenter la résistance aux chocs thermiques (pyrocéramiques), réduire la consommation de fondant et la température de cuisson, et améliorer la stabilité du verre exposé aux radiations tel le verre des écrans de télévision.

Le spodumène est en concurrence avec les saumures naturelles comme source de lithium dans la production de carbonate de lithium. Le carbonate de lithium est utilisé dans les cellules de réduction dans la production d'aluminium pour augmenter la conductivité du bain fondu. Le grade pharmaceutique «haute pureté» est utilisé pour traiter la dépression. Un de ses usages les plus importants est de servir comme matière première pour la fabrication de produits chimiques tels l'hydroxyde de lithium, le chlorure de lithium, le nitrure de lithium et le lithium métal.

La production de carbonate de lithium à partir de spodumène est beaucoup plus énergivore que celle faite à partir de saumures enrichies de chlorure de lithium. En effet, les concentrés de spodumène doivent être chauffés à environ 1100 °C pour rendre le spodumène plus réactif. Les concentrés sont ensuite finement broyés, mélangés à de l'acide sulfurique, chauffés à 250 °C pour produire le sulfate de lithium et, ensuite, lavés à l'eau pour dissoudre le sulfate de lithium. Finalement, on fait réagir le produit avec le bicarbonate de soude pour donner le carbonate de lithium. Quant à elles, les saumures souterraines enrichies de chlorure de lithium, qui en contiennent environ 300 parties par million (ppm), n'ont qu'à être pompées et déposées dans des bassins d'évaporation où le procédé naturel d'évaporation en augmente la concentration à environ 6000 ppm dans l'espace d'une ou de 2 années. Le liquide est ensuite pompé jusqu'à une usine de traitement où l'on fait réagir avec le bicarbonate de soude, le précipitant ainsi sous forme de carbonate de lithium.

Au Canada, la compagnie Tantalum Mining Corporation of Canada (Tanco), opérée par Cabot Specialty Fluids, une filiale de Cabot Corporation de Boston extraie le spodumène, le tantale et la pollucite d'une pegmatite située près de Lac-du-Bonnet, au Manitoba. La production totale de spodumène, incluant le grade «Standard», le Spodulight et la Montebrasite (un produit commercial d'un minéral de lithium), est de 16 000 tonnes à 24 000 tonnes par année.

Michel Brau Boucher

Spohr, Arnold Theodore, danseur, chorégraphe, professeur et administrateur (Rhein, Sask., 26 déc. 1927). Spohr fait partie des figures les plus aimées et respectées du BALLET au Canada. Il dirige le ROYAL WINNIPEG BALLET pendant 30 ans et l'aide à devenir l'une des troupes d'art d'interprétation canadienne les plus acclamées au monde. Spohr est formé à Londres, à New York et à Hollywood. Il danse avec l'ancien Winnipeg Ballet de 1945 à 1954, où il devient danseur principal. À Londres, il est le partenaire de la célèbre ballerine Alicia Markova.

Directeur intérimaire du Royal Winnipeg Ballet en 1957, Spohr est officiellement nommé directeur artistique en 1958. Il entreprend de donner un nouveau souffle à la compagnie qui a connu une longue période de crise après l'incendie de ses locaux en 1954. Au cours de ses nombreux déplacements au Canada et à l'étranger, Spohr cherche des chorégraphes intéressants, souvent peu connus, pour l'aider à monter un répertoire original et à composer des programmes de ballets courts, habilement agencés, susceptibles de mettre en valeur le talent des danseurs et de plaire à un vaste public. Sous sa direction, la compagnie entreprend avec succès de nombreuses tournées au Canada et à l'étranger et se fait remarquer pour sa simplicité, son exubérance et sa volonté de se produire dans les petites villes, peu importe la taille de la scène.

Les préoccupations de Spohr en ce qui concerne la formation des danseurs l'amènent à créer une section professionnelle à la Royal Winnipeg Ballet School sous la direction de David MORONI, ce qui, avec l'apparition de danseurs tels qu'Evelyn HART et David Peregrine, permet à la compagnie de mettre en scène avec succès un nombre sans cesse croissant de grands ballets classiques. Pendant de nombreuses années, Spohr aide à administrer l'école de danse d'été du BANFF CENTRE. En juin 1988, il prend sa retraite, mais joue encore un rôle de conseiller à titre de directeur artistique émérite. Depuis 1993, il travaille comme directeur artistique adjoint au Ballet Jorgens de Toronto.

Parmi les distinctions et les prix qu'il a reçus, mentionnons l'ORDRE DU CANADA (1970), le PRIX MOLSON (1970), le Dancemagazine Award (1982), le Diplôme d'honneur de la Conférence canadienne des arts (1983) et le PRIX DE LA BANQUE ROYALE (1987).

Michael Crabb

Sport amateur, organismes du L'Association athlétique amateur de Montréal (AAAM) constitue la première organisation chargée d'administrer le sport. Fondée en 1881, elle regroupe des clubs de crosse, de natation et de cyclisme. La première organisation nationale, fondée en 1884, est l'Association athlétique amateur du Canada. Par la suite, elle prend le nom d'Union canadienne athlétique amateur (UCAA). En 1907, l'AAAM forme son propre groupe, la Fédération athlétique amateur du Canada. En 1909, l'Amateur Athletic Union of Canada (AAUC) voit le jour, et comprend l'AAAM et l'UCAA. Cette organisation favorise l'inscription de groupes de sport individuel et devient le noyau à partir duquel les associations canadiennes de sport vont se développer. A.S. Lamb, de l'U. McGill, jouera un rôle décisif dans son évolution.

Le Comité olympique canadien apparaît en 1909 et remplace le Central Olympic Committee, créé en 1907. Le comité, qui fait partie de la grande organisation qu'est l'AAUC, détient un pouvoir de décision en ce qui concerne le choix des équipes et voit à obtenir le financement nécessaire pour payer leurs voyages aux Jeux olympiques. Sir John Handbury Williams est le premier représentant du Canada au Comité international olympique. En 1913, le Comité olympique canadien devient l'Association olympique canadienne (AOC), un membre de l'AAUC. Finalement, en 1949, l'Association olympique canadienne se dissocie de l'AAUC pour former un organisme indépendant.

Pendant la première moitié du XXe s., l'AAUC réglemente le sport amateur au Canada. Le 1er octobre 1943, la *Loi sur la condition physique nationale* est adoptée. Bien qu'elle n'entre pas en conflit avec les prérogatives de l'AAUC, elle reconnaît l'importance de la condition physique chez les Canadiens au moyen de l'éducation physique, des sports et de l'athlétisme. Mieux encore, elle permet l'entrée du gouvernement fédéral dans l'univers du sport amateur. En 1951, cette loi donne naissance au Canadian Sports Advisory Council, qui devient par la suite la Fédération des sports du Canada, laquelle sera la lobbyiste officielle des organisations nationales régissant le sport à Ottawa. La *Loi sur la santé et le sport amateur* est adoptée le 29 septembre 1961 afin de promouvoir la forme physique et le développement du sport amateur au Canada. Pour la première fois, le sport est activement supporté par le gouvernement fédéral. La Direction générale de la condition physique et du sport amateur est formée en tant qu'organisme administratif.

L'année 1969 se révèle particulièrement importante pour le sport amateur canadien. Le Comité d'études sur les sports au Canada fait de nombreuses recommandations au gouvernement fédéral, dont plusieurs seront mises en application. La répercussion la plus significative pour les organisations de sport amateur consiste en la mise sur pied du Centre pour les sports et la récréation en 1970, qui sera constitué en 1974 en tant que Centre canadien d'administration du sport et de la condition physique. Aux organismes de sport amateur qui s'installent à Ottawa, le gouvernement fédéral offre en retour le soutien financier pour le personnel directeur et technique, pour les frais de bureau et les services d'une réceptionniste et permet l'utilisation des services du centre à un coût réduit. En 1988, ces services comprennent le graphisme, l'imprimerie, le service postal et d'expédition, les ordinateurs, le matériel audiovisuel et le prêt de personnel. À présent, on trouve 65 groupes de sport amateur à Ottawa, et 19 autres sont affiliés en tant qu'associations non résidentes. Les associations reçoivent de la Direction générale de la condition physique et du sport des subventions pour leur budget annuel fondées sur leurs besoins, leur popularité et leur statut sur le plan de la compétition internationale. L'AOC, la Fédération des sports du Canada, l'Association canadienne des entraîneurs, le Service information-athlètes et la Direction générale de la condition physique et du sport travaillent avec les organisations pour offrir l'un des systèmes les plus complets au monde. La création d'un ministère fédéral de la Condition physique et du Sport amateur atteste l'engagement du gouvernement à appuyer les associations de sport amateur.

Lorne Sawula

Sport, industrie des articles de Cette industrie a pris de l'expansion et s'est largement diversifiée au cours des 60 dernières années, en raison de l'augmentation du temps de loisir que peuvent s'accorder les Canadiens. Dès 1929, 30 fabricants emploient 1212 personnes à la production d'articles (patins, équipement de jeu de crosse, raquettes pour la neige) évalués à 4,8 millions de dollars. La CRISE DES ANNÉES 30 ampute gravement cette industrie naissante dont la production diminue de plus de la moitié jusqu'à la veille de la Seconde Guerre mondiale. Durant celle-ci, une reprise s'amorce et la production passe de 5 millions de dollars en 1940 à 8,6 millions de dollars en 1945. L'industrie réagit positivement au climat optimiste de l'économie des années 50 et aux premiers signes de changements de mode de vie qui privilégient l'activité physique et le plein air. Au cours des années 50, la valeur des expéditions passe de 9,4 à 31,6 millions de dollars, et le nombre de fabricants, de 70 à 107. Au cours des années 60, l'industrie poursuit sa progression régulière puisque les Canadiens attachent une plus grande importance aux activités de loisirs et que les activités familiales de plein air et de conditionnement physique suscitent de plus en plus d'intérêt. Durant ces années, la valeur des expéditions passe de 31,6 à 81,7 millions de dollars et le nombre d'emplois augmente de 45 p. 100 pour atteindre 5463.

Les années 70 connaissent la plus grande période de croissance: d'importants marchés d'exportation s'ouvrent pour les équipements de HOCKEY SUR GLACE et de CAMPING ainsi que pour toutes sortes d'articles de sport allant des piscines à l'équipement de conditionnement physique et de gymnase. La valeur des expéditions sur le marché intérieur augmente d'environ 400 p. 100 dans cette décennie, passant de 81,7 à 321,3 millions de dollars. Au cours de cette période, les exportations passent de 22 à 96 millions de dollars, et le nombre de fabricants, de 123 à 189. L'emploi augmente aussi de 24 p. 100, pour atteindre 6798. En 1984, on compte 7341 emplois et 202 fabricants, dont 82 en Ontario et 66 au Québec, la majorité du reste étant répartie entre les Colombie-Britannique, l'Alberta et le Manitoba. Ces fabricants sont répartis à parts égales entre les grandes et les petites villes et sont pour la plupart (68 p. 100) de petites entreprises avec moins de 20 travailleurs, qui se spécialisent dans un seul type de produit. Celles-ci ne réalisent que 10 p. 100 du total des expéditions et fournissent seulement 9 p. 100 de l'emploi.

Au cours des 20 dernières années, la pression exercée par les concurrents d'Asie, d'Europe et des États-Unis provoque une rationalisation croissante de l'industrie canadienne et plusieurs grandes manufactures (de plus de 100 employés) voient le jour. Elles ne représentent que 8 p. 100 des établissements, mais produisent 60 p. 100 du total des expéditions et emploient 61 p. 100 des travailleurs. La majorité des entreprises canadiennes d'articles de sport appartiennent à des Canadiens. Les principaux secteurs de cette industrie sont les sports de glace, le cyclisme et les piscines ainsi que les équipements de ski, de gymnastique et de golf. Le Canada exporte près de 24 p. 100 de sa production nationale totale. Bien que 75 p. 100 des exportations se fassent vers les États-Unis, de nouveaux marchés importants se développent en Europe, en Australie et au Japon. Le total des exportations d'articles de sport monte de 22 millions de dollars en 1970 à 116,3 millions de dollars en 1986. Au cours de la première moitié des années 70, le marché d'articles de sport et d'équipement au Canada gonfle de 183 p. 100. Comme les fournisseurs nationaux ne peuvent suffire à la demande, les importations augmentent de 200 p. 100 de 1970 à 1975 alors que la production au pays augmente de 133 p. 100. En 1975, les importations représentent des expéditions d'une valeur de 146 millions de dollars, alors que la production intérieure atteint 190 millions de dollars. À la fin des années 70, le marché total de même que les importations ont augmenté de 68 p. 100, et les expéditions intérieures, de 94 p. 100. Cela reflète l'augmentation de l'activité d'exportation de nos fabricants. Au milieu des années 80, le Canada importe 300 millions de dollars d'articles de sport alors que les expéditions intérieures atteignent une moyenne annuelle de 500 millions de dollars. Récemment, plusieurs fournisseurs européens d'équipements, tels que des bâtons de hockey et des skis de fond, ont installé des usines au pays pour desservir les marchés croissants des États-Unis, du Japon ainsi que du Canada.

A.J. Rennie

Sports équestres Ceux que nous connaissons aujourd'hui dérivent de l'équitation de haute école, de la chasse à courre et du steeple-chase des XVIIᵉ et XVIIIᵉ siècles, bien que les concours hippiques remontent aux jeux olympiques de l'Antiquité. Aux premiers Jeux olympiques modernes, tenus à Paris en 1900, les épreuves équestres comprennent le saut en longueur et le saut en hauteur. En 1912, à Stockholm, on ajoute le concours complet échelonné sur 3 jours. Chaque jour correspond à une épreuve distincte, soit le dressage, l'épreuve d'endurance et le saut d'obstacles, où cavalier et monture doivent démontrer leurs habiletés respectives. Depuis lors, ces 3 disciplines figurent aux Olympiques d'été. Le dressage consiste en une série de mouvements de difficultés variables qui doivent faire ressortir les habiletés du cheval et l'harmonie entre le cavalier et sa monture. (Aux Olympiques, les compétitions individuelles et par équipe incluent le concours Grand Prix qui est la forme la plus raffinée de dressage.) L'épreuve des sauts présente une série d'obstacles que doivent franchir cavalier et monture. La Coupe des nations et les Olympiques sont des compétitions internationales de grande envergure pour les sauteurs.

Les femmes participent depuis longtemps aux compétitions équestres, mais ce n'est qu'en 1952 qu'elles sont admises aux Olympiques pour l'épreuve de dressage (en 1956, pour les sauts et, en 1964, pour le concours complet). Les sports équestres, que l'on retrouve aussi aux Jeux panaméricains, sont une des rares disciplines olympiques où hommes et femmes concourent à égalité. La Fédération équestre internationale (FEI), fondée en 1921, régit le sport.

Historique

Les sports équestres se pratiquent au Canada depuis le début des années 1800. Le Montreal Fox Hunt est fondé vers la fin des années 1820 et, en 1840, Montréal organise la première course steeplechase en Amérique du Nord. Vers 1873, les femmes participent de façon active aux chasses et, en 1875, une course de chasseurs et de sauteurs figure au programme d'une chasse organisée à Toronto. À la fin des années 1880, les épreuves de chasse et de sauts sont présentées dans les foires agricoles partout au pays. En 1895, Toronto accueille les premiers championnats équestres du Dominion, qui proposent des épreuves pour hommes et pour femmes. La Royal Agricultural Winter Fair, qui se tient à Toronto en novembre depuis 1922, donnera naissance au Royal Horse Show, premier concours hippique international au Canada.

Née en 1977 de la fusion de la Fédération équestre nationale du Canada (sport) et du Conseil canadien du cheval (industrie), la Fédération équestre canadienne (FEC) régit les sports équestres au Canada. Les 10 associations provinciales en font partie et plusieurs autres y sont affiliées. La fédération accorde aussi les permis pour la tenue de concours hippiques. On en compte aujourd'hui plus de 500. L'Équipe canadienne d'équitation, un comité de la FEC, a le mandat de sélectionner ceux et celles qui feront partie des équipes internationales de dressage, de sauts, du concours complet, d'endurance et de conduite.

Compétitions internationales

Des cavaliers canadiens concourent sur la scène internationale dès 1909: une équipe de sauteurs est inscrite au tournoi militaire de l'International Horse Show à Olympia (Londres). Après la Première Guerre mondiale, des équipes de l'armée canadienne continuent de participer à des compétitions à l'étranger. En 1923, au Toronto Coliseum, le major R.S. Timmis est le premier Canadien à remporter un concours international.

En 1926, la première équipe officielle canadienne de sauteurs est inscrite au Royal Winter Fair et concourt à Boston et à Londres. Les équipes canadiennes, formées uniquement de militaires jusqu'au

début des années 50, verront de plus en plus de civils participer aux concours car, avec la diminution des unités de cavalerie, les concours hippiques sont ouverts à tous.

À Helsinki, en 1952, la première équipe olympique canadienne (concours complet) est composée majoritairement de civils. Aux Olympiques de Stockholm (1956), l'équipe canadienne remporte le bronze au concours complet. Les Canadiens se distinguent aussi aux Jeux panaméricains: en 1959, ils décrochent la médaille d'or (équipe, concours complet) et Norman Elder obtient le bronze (épreuve individuelle); en 1967, l'argent va à Elder (épreuve individuelle); en 1971, l'équipe décroche l'or et, dans l'épreuve individuelle, Clint Banbury remporte l'argent; finalement, en 1975, l'équipe remporte une médaille d'argent. En 1978, le Canada gagne le championnat du monde (concours complet) à Lexington, au Kentucky.

Depuis le début des années 50, les Canadiens participent aux compétitions internationales de dressage. Christilot Hanson (aujourd'hui Hanson-Boylen) a fait partie de 4 équipes olympiques. En 1972, neuvième aux Olympiques, elle est la première Canadienne à se classer parmi les 12 meilleures au monde en dressage. Aux Olympiques de 1976, elle termine septième. Aux Jeux panaméricains, elle remporte l'or en 1971 et en 1975. Avec Cynthia Neale et Zoltan Sztehlo, elle fait aussi partie de l'équipe de dressage qui obtient la médaille d'or aux Jeux de 1971. En 1975, Hanson-Boylen fait équipe avec Barbara Stracey et Lorraine Stubbs pour décrocher une deuxième place aux Jeux panaméricains. L'équipe canadienne se classe cinquième aux Olympiques de Montréal en 1976. En 1984, Hanson-Boylen termine dixième au concours individuel, tandis que l'équipe se retrouve au septième rang. À l'occasion des championnats du monde de 1986, à Cedar Valley en Ontario (les premiers à ne pas avoir lieu en Europe), Cynthia Ishoy (Neale) se classe septième au concours individuel, et l'équipe termine cinquième. Aux Olympiques de 1988, l'équipe formée de Ishoy, Ashley Nicoll, Eva-Marie Pracht et Gina Smith gagne la médaille de bronze.

C'est dans l'épreuve de saut d'obstacles que les Canadiens se sont le plus distingués. En 1953, Dorinda Fuller (Hall-Holland) remporte le premier concours de saut d'obstacles de la FEI dans le cadre du Royal Horse Show. En 1967, James DAY est le premier Canadien à remporter l'or (concours individuel) aux Jeux panaméricains, tandis que l'équipe de sauteurs décroche la troisième place. Le dernier jour des Olympiques de Mexico (1968), l'équipe formée de James Day, James ELDER et Thomas GAYFORD reçoit la médaille d'or. La même équipe remporte le Grand Prix nord-américain et le Royal Horse Show en 1969, ainsi que le championnat du monde à La Baule (France) en 1970. En 1971, les sauteurs canadiens triomphent aux Jeux panaméricains, au New York National Horse Show et au Royal Horse Show. (Terrance Miller remporte le bronze, concours individuel aux Jeux panaméricains.) Aux Olympiques de 1972, l'équipe se classe sixième et James Day finit quatrième (concours individuel) à la suite d'une faute qui lui coûte un quart de seconde à l'épreuve chronométrée. En 1974, Barbara Simpson Kerr est troisième aux championnats du monde féminins de saut d'obstacles et, en 1975, l'équipe canadienne décroche le bronze aux Jeux panaméricains. La médaille d'argent de Michel Vaillancourt au saut d'obstacles individuel demeure l'un des faits saillants des Olympiques de 1976.

L'équipe équestre canadienne boycotte les Olympiques de Moscou (1980) et participe plutôt à la Coupe des nations à Rotterdam, où elle décroche une médaille d'or. Les Canadiens se distinguent aussi dans l'épreuve de relais lors du Washington International Horse Show (1980), au NY National Horse Show Cavcotte Challenge (1980) et à l'épreuve de vitesse (1981), tout comme à la Coupe des nations à

Sydney, en Australie (1982). En 1984, en Suède, Mario Deslauriers remporte la Coupe du monde au saut d'obstacles. En 1986, à Aachen (Allemagne de l'Ouest), une performance sans faute vaut à Gail GREENOUGH le titre de championne du monde en saut.

Aux Jeux panaméricains de 1987, le sauteur Ian Millar devient le deuxième Canadien à décrocher une médaille d'or dans une épreuve individuelle. Au concours complet, l'équipe remporte l'argent derrière les États-Unis. Millar, sur son cheval Big Ben, enlève la Coupe du monde de saut en 1988 et en 1989, devenant ainsi le premier à accomplir cet exploit 2 années consécutives. Millar est le seul cavalier au monde à avoir remporté 10 fois la finale de la ligue canadienne de la Volvo World Cup et, en 1992, il est le premier Nord-Américain à inscrire 100 victoires au Grand Prix. Il a aussi participé à 7 Olympiques. En 1996, Millar et Big Ben font leur entrée au Temple de la renommée des sports du Canada. Big Ben est le deuxième cheval (après Northern Dancer) à y être admis.

Le saut d'obstacles connaît un essor important au Canada grâce à la construction, en 1975, des installations de Spruce Meadows au sud de Calgary. Le site de compétition extérieur compte parmi les meilleurs au monde, et on ne trouve rien de comparable en Amérique du Nord. L'Ouest canadien dispose maintenant des installations nécessaires à l'entraînement et aux compétitions. Avec des prix en argent totalisant plus de 750 000 dollars, le Spruce Meadows' Masters est à ce jour le concours hippique qui offre les bourses les plus élevées.

Barbara Schrodt

Sports, histoire des Le sport canadien doit aux Amérindiens le TOBOGGAN, la raquette, le bâton de crosse et le CANOT D'ÉCORCE. Les contacts étroits entre les COUREURS DE BOIS, les «VOYAGEURS» et les Amérindiens contribuent à introduire dans les colonies européennes des activités associées à ces équipements. Un grand nombre de jeux amérindiens ont des buts utilitaires liés à la survie (lutte, joutes, tir à l'arc, lancer du javelot, course à pied ou en canot), alors que d'autres ont une signification religieuse, comme la danse et le baggataway (*voir* CROSSE). Les Amérindiens ont aussi inventé une grande variété de jeux, auxquels ils s'adonnent par simple plaisir ou pour le pari: le jeu de l'alène, du cerceau et du bâton, le serpent à neige, le jeu de figures, les dés et les cartes en écorce de bouleau. Chez les Inuits, les jeux ont pour but de préparer les jeunes à une existence collective dans un environnement hostile où chacun doit connaître ses propres seuils de tolérance. Le lancer de la couverture, la lutte à la corde, les courses de traîneaux à chiens, les danses du tambour, le lancer du javelot, les jeux de balle ainsi que les épreuves individuelles, dont le bras de fer, la lutte à la main et le tir du doigt, se pratiquent à cette fin. Les jeux impliquant des mises sont fréquents et même utiles, car ils servent à redistribuer les biens en surplus.

Dans les premières colonies d'Européens, le jeu est une activité secondaire puisqu'on doit d'abord assurer sa survie. Toutefois, les activités sociales et récréatives sont nécessaires et on s'y adonne. Les Canadiens français ont hérité de leurs ancêtres de France le goût des réunions mondaines, et le premier club social en Amérique du Nord, l'ORDRE DE BON TEMPS, est fondé à PORT-ROYAL. Chez les colons, les rencontres sociales ont un but utilitaire, celui des corvées, où l'on épluche le maïs, confectionne des courtepointes ou bâtit une grange dans un esprit d'entraide mutuelle. De telles rencontres s'accompagnent habituellement de musique et de danse, de matches de lutte et de courses de chevaux. C'est de là qu'est née la tradition canadienne-française de l'«homme fort», personnifiée plus tard par Louis CYR. Lorsque les premiers peuplements de colons se constituent en communautés rurales, et surtout à l'arrivée des immigrants britanniques au XIXᵉ s., les

activités récréatives s'organisent davantage. La création d'associations agricoles au sein de ces communautés fournit la structure administrative nécessaire pour la tenue de compétitions régulières en labours et en courses de chevaux. Suivent des régates rurales, où les colons peuvent se mesurer au «voyageur», à l'Amérindien et même au fermier, car le canot était alors le moyen de transport le plus simple et le plus rapide.

L'omniprésence des ÉCOSSAIS joue un rôle important dans l'implantation des traditions sportives britanniques en Amérique du Nord. Les officiers écossais du général Wolfe s'adonnent au GOLF, bien que ce jeu ne soit considéré comme un sport qu'après la Confédération. Le CURLING, par contre, introduit de la même façon, connaît un succès prodigieux au Canada. Le premier club sportif, fondé en 1807, est le Montreal Curling Club. En 1865, le curling fait partie d'un groupe sélect de sports figurant au programme des compétitions internationales. L'échec initial du golf et le succès du curling illustrent à quel point le sport est lié à la société. À l'époque, on ne peut se permettre le luxe d'entretenir de grandes étendues de terrain pour le plaisir d'un petit nombre de golfeurs, tandis que l'hiver canadien offre à tous de grandes surfaces de glace. De même, dans les garnisons britanniques, dispersées dans les provinces après 1760, les militaires perpétuent 2 sports qu'ils chérissent, le CRIQUET et l'équitation (*voir* SPORTS ÉQUESTRES).

Les jeux introduits par les Écossais et les Anglais trouvent rapidement des adhérents parmi les gens de diverses cultures qui forment la colonie. En outre, des sports sans aucune affiliation à une ethnie particulière apparaissent et deviennent de plus en plus populaires. Cela va des sports simples et utilitaires comme le toboggan, la glissade en traîneau, le PATINAGE SUR GLACE ou la navigation, ou des sports individuels pratiqués pour la santé (GYMNASTIQUE, ATHLÉTISME et natation), aux sports plus complexes comme l'AVIRON, où l'habileté du rameur va de pair avec le savoir-faire du constructeur de l'embarcation.

En 1867, une équipe de Saint John (Nouveau-Brunswick) remporte le championnat du monde d'aviron à l'Exposition universelle de Paris en France. Au début du XIXᵉ s., la majorité des sportifs sont des gentilshommes de la classe marchande ou de l'aristocratie, ou des officiers de garnison. Ces derniers implantent non seulement les traditions sportives de leur pays d'origine, ils adoptent et parrainent aussi de nouvelles activités. Leur amour des courses de chevaux, combiné à de nombreuses heures de loisir, donne l'élan à des sports comme la chasse, la course au trot et le steeple-chase. Ils ajoutent également une note de couleur à la patinoire, à la glissade en toboggan, à la promenade en traîneau et à la salle de bal. L'intérêt et l'enthousiasme qu'ils y apportent, combinés à leur talent d'organisateurs, permettent d'instaurer un large éventail de sports dans les communautés.

En théorie, le patinage sur glace, la RAQUETTE, le cricket, le FOOTBALL et autres activités similaires sont à la portée du travailleur, mais ce dernier manque de temps et de savoir-faire pour les organiser. Ceux pour qui le dimanche représente la seule journée de congé permettant de s'adonner aux activités sportives sont découragés de le faire par les instances religieuses ainsi que par la *Loi sur le dimanche,* adoptée en 1845 dans la province du Canada.

Ce n'est que lorsque les ateliers et les usines raccourcissent la journée de travail, vers le milieu des années 1860, que le travailleur dispose de temps pour pratiquer le sport. Dans ce contexte, l'introduction de la crosse et du BASEBALL tombe à point, même si ces sports tendent à exclure les équipes ou les personnes de classe sociale inférieure, traitées de «voyous». Lorsqu'une activité est régie par une orga-

nisation, elle reste essentiellement la prérogative des mieux nantis de la société.

La plupart des femmes de colons sont beaucoup trop occupées pour jouir de loisirs, et même quand elles en ont, les conventions de l'époque n'encouragent guère leur participation aux activités pratiquées à l'extérieur par les hommes. Dans les villes, c'est à titre de spectatrices qu'elles participent aux courses de chevaux, aux régates, aux matches de cricket et à d'autres spectacles sportifs. On leur permet d'être passagères à bord des carrioles, des bateaux à glace et des yachts. Les plus fortunées et indépendantes sont autorisées à monter à cheval, à patiner et à jouer au croquet. Dans les années 1850, on assiste à un changement d'attitude à l'égard des femmes qui font du sport, notamment grâce aux modifications apportées aux tenues vestimentaires. Les progrès dans l'émancipation de la femme se traduisent par sa participation à la chasse au renard, au Ladies' Prince of Wales Snowshoe Club (1861), au Montreal Ladies' Archery Club (1858), aux régates, aux championnats de PATINAGE ARTISTIQUE, et aux courses à pied organisées dans le cadre de pique-niques.

Avant 1867, le plus grand rôle des compétitions sportives est probablement celui de faciliter les rencontres sociales. Ainsi, les habitants des villes et des campagnes peuvent se rencontrer dans le cadre d'événements à caractère agricole ou social. Les «voyageurs» peuvent se mesurer aux Amérindiens et aux colons dans les régates de canots, et les Amérindiens peuvent disputer des matches de crosse avec des citadins. Les courses sont très populaires et attirent des milliers de spectateurs dans les grandes villes. Offrant un environnement à la fois social et sportif, les courses de chevaux favorisent le plus grand mélange de classes sociales qui se soit produit au XIXᵉ s. Toutefois, la haute société de l'époque n'aime guère ce genre de mélange et tente, en vain, d'y remédier en érigeant des clôtures autour des champs de course et en exigeant un droit d'entrée. Cette politique d'exclusion peut aussi être considérée comme le désir de réserver les courses de chevaux et les régates aux «gentilshommes amateurs» et de s'assurer que le pêcheur d'expérience ou le fermier particulièrement adroit ne concourent pas aux côtés de l'élite sociale.

Le plus grand impact sur les sports vient des progrès de la TECHNOLOGIE. Le bateau à vapeur, le chemin de fer et les presses d'imprimerie alimentées à la vapeur permettent au sport de se rapprocher du public. Les bateaux à vapeur offrent aux équipes sportives et aux spectateurs des excursions inconcevables au temps des diligences. Ils suivent même les bateaux et les yachts pendant les régates. L'expansion rapide du chemin de fer rend possibles les excursions d'un jour pour assister à un match (*Voir* CHEMIN DE FER, HISTOIRE DU). On organise davantage de rencontres d'équipes et des tournois, tandis que des associations provinciales sont créées et que les règles de jeu uniformisées. Grâce aux presses d'imprimerie à vapeur, les journaux importants accordent une plus grande place aux sports, et l'invention du télégraphe permet de diffuser les résultats plus rapidement.

Une nouvelle ère sportive voit le jour à l'époque de la Confédération, en 1867. D'anciennes activités, comme le cricket, l'aviron et les courses de chevaux, ne sont certes pas délaissées, mais l'apparition de nouveaux sports comme la crosse et le baseball montre bien l'intérêt croissant des Canadiens pour les sports. L'urbanisation incite les dirigeants municipaux à adopter des attitudes plus libérales à l'égard des besoins de la population de faire de l'exercice et d'avoir des activités récréatives favorisant la santé. Ces 2 besoins, renforcés et favorisés par les progrès technologiques, ont naturellement pour conséquence de multiplier l'organisation d'activités sportives. Une chose plus importante encore se produit, soit l'émergence d'une identité canadienne dans le sport. Le sport joue un rôle de premier plan dans le développement d'un sentiment national, du moins chez les Canadiens anglophones. La croissance phénoménale des clubs de crosse, qui passent de 6 à 80 à l'été 1867, illustre bien cette tendance, au point que George BEERS fera des pieds et des mains (mais en vain, malgré le support de la population) pour faire proclamer la crosse sport national du Canada. Le pouvoir unificateur du sport est étalé au grand jour lorsque tous les Canadiens se réjouissent de la victoire en aviron de l'équipe de Saint John à Paris.

Peter L. Lindsay

Le sport de 1867 à 1900

Le 26 septembre 1867 fut créée, lors d'un congrès à Kinston (Ontario), la National Lacrosse Association. Ce fut la première d'une série d'ORGANISMES DU SPORT AMATEUR qui voient le jour avant la fin du siècle. Au cours des 30 dernières années du XIXᵉ s., sous l'influence d'hommes désireux de rationaliser et de codifier les jeux, le sport au Canada se développe et établit les bases qui vont lui permettre de traverser la plus grande partie du XXᵉ s. Le sport devient, pour les Canadiens, le véhicule qui leur permet d'exprimer leur sentiment de fierté dans leur nouveau pays. Ils sont avides de compétitions internationales et ils connaissent un succès considérable sur les pistes de jeu du monde entier.

C'est aussi l'époque où le sport est une activité intensément créative et excitante. Les Canadiens contribuent grandement à développer et à populariser 3 sports: la crosse, le HOCKEY SUR GLACE et le BASKETBALL. En 1874, au football, les Canadiens introduisent chez leurs voisins américains le ballon ovale et les règles du RUGBY. La popularité de la crosse est telle dans les années 1880 qu'un bruit court qu'une loi du Parlement l'aurait déclarée sport national. À la même époque, la crosse est introduite en Angleterre et se répand dans l'Ouest canadien.

Le baseball finit par rivaliser avec la crosse dans la faveur populaire comme sport estival. La Canadian Baseball Association est fondée en 1876, et les premières ligues de baseball voient le jour peu de temps après. À ses débuts, le baseball connaît surtout du succès dans le sud-ouest de l'Ontario, où le chemin de fer favorise le rapprochement avec les États-Unis.

Le football, lui aussi, évolue rapidement. L'année 1874 marque le début d'une série de matchs annuels entre les U. McGill et Harvard. Comme conséquence, les Américains délaissent leur propre jeu de football, aujourd'hui appelé SOCCER en Amérique du Nord, et adoptent le ballon ovale et la bousculade typique du rugby. Le fait que ce sport soit intimement lié aux collèges et aux universités des 2 pays contribue au succès de longue date du rugby. En 1884 a lieu le premier championnat national de rugby, sport pratiqué surtout en Ontario et au Québec.

Au début du siècle, après de nombreuses modifications aux règles, le jeu se distance du rugby pour devenir le football canadien. Le rugby et la crosse contribuent tous 2 à l'évolution du hockey qui, au début, est une mauvaise variante d'un jeu de balle et de bâton anglais. Plusieurs de ses pratiques, comme la mise au jeu, les règles sur le hors-jeu et l'usage des buts pour marquer des points, viennent de l'un ou l'autre de ces sports.

Montréal est le berceau de la plupart des changements dynamiques qui touchent le sport à la fin du XIXᵉ s. La Montreal Amateur Athletic Association (fondée en 1881) est le premier club du genre et regroupe plusieurs autres clubs sportifs de la ville. Ce centre imposant, à la fois social et sportif, offre des salles de lecture et de réunion, un gymnase et, plus tard, une piscine. Ce club est le pivot qui permet la formation de l'Amateur Athletic Association of Canada, première tentative d'unification et de réglementation de tous sports au pays.

De toute évidence, à l'époque, ce sont les professionnels et les gens d'affaires qui sont le moteur de l'organisation des sports dans les villes, étant donné qu'ils ont des contacts, le sens de l'organisation et du temps à consacrer à leur essor. Ils y apportent la même approche scientifique qui les guide dans les autres dimensions de leur vie. En plus de les amener à développer des organisations sportives, cette approche révèle leur foi dans le sport amateur et les codes qui le régissent.

Au début du XIXᵉ s., la haute société a la mainmise sur le sport, et des codes restrictifs sont instaurés pour écarter les indésirables, sur des bases raciales au début, en empêchant les Noirs et les Amérindiens d'entrer en compétition avec les Blancs. Et, à mesure que la classe ouvrière gagne plus de temps libre, on trouve le besoin de l'en éloigner également. Avoir le temps de développer sa force et ses habiletés devient, à côté du facteur argent qui dispense d'avoir à trouver d'autres moyens de gagner sa vie, un facteur déterminant pour séparer les amateurs des professionnels. En 1895, la Amateur Athletic Union of Canada définit l'amateur comme «quelqu'un qui n'a jamais pratiqué ou organisé un sport en tant que gagne-pain».

Ce n'est pas seulement la notion d'exclusion sociale qui se manifeste dans le développement des codes du sport amateur. Le besoin de réglementation pousse les sportifs canadiens de l'époque à mettre un terme aux matchs sporadiques qui donnent ouvertement lieu à des paris et qui profitent financièrement à des athlètes étrangers. À cause de cela, les professionnels sont suspects et mal considérés.

Celui qui contribue le mieux à renverser l'opinion à ce sujet est le Torontois Ned HANLAN, champion du monde en aviron (1880-1884). Grâce à des excursions organisées par les promoteurs du chemin de fer, des milliers de personnes parcourent de longues distances pour voir Hanlan disputer des courses contre les meilleurs rameurs au monde. Il est au cœur d'un sentiment national grandissant et contribue à amener le public à accepter, voire à aduler, les athlètes de grand talent. Tirer un avantage financier de son talent ne devient qu'une façon d'attester de son habileté.

Certains athlètes, comme Louis RUBENSTEIN et George ORTON, préfèrent leur statut d'amateurs. Rubenstein remporte le championnat du monde (non officiel) de patinage artistique en 1890 et est un des pivots du développement de ce sport et d'autres, comme le cyclisme. Orton est le premier médaillé canadien des JEUX OLYMPIQUES modernes, scène de l'idéal athlétique amateur. Aucun Canadien ne représente le Canada aux premiers Jeux olympiques tenus en Grèce en 1896, mais Orton, qui faisait partie de l'équipe américaine, remporte le steeple chase de 1500 mètres aux seconds Jeux olympiques en 1900.

Au début du XXᵉ s., le Canada possède les structures régionales et nationales requises pour organiser les sports et réglementer les compétitions athlétiques. La participation sportive se fait encore en grande partie sous la bannière amateur, mais la porte est ouverte aux sports professionnels, rendus viables par l'intérêt du public. De plus, les Canadiens sont fiers de se mesurer à des athlètes d'autres parties du monde et ils connaissent du succès. Il n'est donc guère étonnant que les historiens qualifient d'âge d'or du sport au Canada la période allant de la Confédération au début du siècle.

J. Thomas West

Le sport de 1900 à aujourd'hui

L'urbanisation et l'industrialisation, qui ont semé les germes du sport moderne au XIXᵉ s., ont des répercussions encore plus importantes en ce domaine au XXᵉ s. Un premier effet est la transformation des sports en des événements populaires aux retombées économiques importantes. Un second effet se traduit par des occasions de plus en plus nombreuses pour les Canadiens de se mesurer aux athlètes du monde entier, en même temps que l'avion contribue à raccourcir les distances. À mesure que croît l'importance de remporter des succès internationaux,

l'aide gouvernementale aux athlètes devient une question «d'intérêt national».

Au début du siècle, le hockey est bien implanté au Canada et il remplace rapidement la crosse comme «sport national». Vers 1908, le hockey incarne les tendances divergentes du milieu sportif à l'égard du sport amateur et du sport professionnel. Les championnats professionnels ont pour emblème la COUPE STANLEY, alors que les championnats amateurs ont les coupes Allen et Memorial. Après la Seconde Guerre mondiale, grâce aux diffusions radiophoniques de Foster HEWITT et plus tard aux diffusions télévisées des matchs, le hockey professionnel exerce un pouvoir quasi magnétique sur la population canadienne. Au même moment, la coupe Allen, symbole du championnat canadien amateur senior, réunit les petites communautés de par le pays. Jusqu'en 1952, le Canada remporte le championnat mondial amateur, situation qui change après 1952 avec l'arrivée de la puissante équipe de hockey soviétique.

La croyance que les professionnels canadiens du hockey sont les meilleurs au monde s'effrite lors de différentes compétitions dans les années 70 (*voir* SÉRIE DU SIÈCLE CANADA-URSS [1972]). Néanmoins, le hockey professionnel demeure le sport le plus populaire au Canada et celui qui est le plus associé à l'identité nationale. Par contre, la crosse qui, dans les années 10, était le sport le plus populaire, attirant le plus grand nombre de spectateurs et obtenant la plus grande couverture de presse, subit un déclin dans les années 20.

Les journaux de l'époque dénoncent la violence constante qui entache les matchs de crosse. Le sport commet une faute en n'instaurant pas un système de ligues mineures, qui aurait formé des joueurs de talent pour l'avenir. Qui plus est, la crosse est un sport d'été et l'arrivée de l'automobile permet aux citadins de fuir la chaleur des villes et de s'adonner à d'autres activités récréatives. Finalement, les médias perdent intérêt pour la crosse et tournent leur attention du côté du baseball et de sa fameuse «grande ligue».

En dépit de la popularité du baseball comme sport estival, il faut presque 70 ans avant que le pays n'obtienne sa première concession (bien que des équipes de Montréal et de Toronto fassent partie de la «Triple A» International League). Il existe plusieurs variantes du jeu dans tout le pays.

Tout comme le baseball, le softball, dans ses versions de balle rapide et de balle lente, est populaire. En 1949, les Tip Tops de Toronto remportent le championnat du monde de softball, et les Dynes de Richmond Hill répètent l'exploit en 1972. Avec la formation des EXPOS DE MONTRÉAL en 1969 et des BLUE JAYS DE TORONTO en 1977, 2 villes canadiennes ont des concessions dans la ligue majeure professionnelle, dont le siège est aux États-Unis. Toutefois, depuis la Seconde Guerre mondiale, très peu de Canadiens sont les vedettes du baseball.

Le football est un autre sport qui prendra de l'essor au XXᵉ s. D'abord un sport qui se développe abondamment au niveau amateur, il devient un sport professionnel hautement commercialisé. Jusque dans les années 20, un groupe restreint de Canadiens, plutôt instruits et fortunés, jouent au football ou assistent aux matchs. On le joue surtout dans les grandes universités de l'Est du pays, et le football profite de leur enracinement pour s'assurer un avenir durable. Dans les années 20, les équipes de l'Ouest engagent des joueurs américains et, en 1936, la Canadian Rugby Union adopte sa première règle concernant la «résidence» pour stopper cette pratique.

À la fin des années 60, en dépit de cette règle, la plupart des joueurs aux postes clés et des entraîneurs sont encore des Américains, et les Canadiens jouent les rôles de second plan. (Depuis la retraite de Russ JACKSON, aucun Canadien n'a occupé, sur une base régulière, le poste de quart pour une équipe de la Ligue canadienne de football).

Le football canadien n'en reste pas moins le jeu favori et demeure une grosse entreprise commerciale qui, en saison, attire des foules nombreuses. Une des raisons de cette popularité est la rivalité qui s'est installée entre l'Est et l'Ouest. Celle-ci commence en 1921, lorsqu'une équipe de l'Ouest, les ESKIMOS D'EDMONTON, se rend pour la première fois en finale de la COUPE GREY. En 1935, Winnipeg est la première équipe de l'Ouest à remporter le championnat canadien. En 1948, lors d'un match disputé à Toronto, les joyeuses festivités des partisans de Calgary font germer l'idée d'un festival associé à la coupe Grey. Cet événement est, probablement, ce qui se rapproche le plus d'une célébration nationale du sport au Canada.

Alors que certaines équipes sportives grandissent en popularité et deviennent de plus en plus professionnelles, le sport amateur au Canada continue d'exister et se développe lentement sous l'égide du mouvement olympique d'abord, puis avec l'appui du gouvernement. Depuis 1908, le Canada est toujours représenté aux Jeux olympiques (sauf lors du boycott des Jeux de Moscou en 1980). En 1930, Hamilton (Ontario) est l'hôte des premiers Jeux de l'Empire britannique (devenus les JEUX DU COMMONWEALTH), et, en 1951, on assiste aux premiers JEUX PANAMÉRICAINS. Ces 3 compétitions multidisciplinaires, ouvertes au plan international, offrent aux athlètes amateurs la possibilité de mettre à l'épreuve leurs programmes d'entraînement et de viser le dépassement personnel.

Dans les années 20, le Canada produit quelques-uns des meilleurs athlètes au monde en boxe, en aviron et en athlétisme. Pourtant, en 1936, la seule médaille d'or aux Jeux olympiques est celle de Frank Amyot en canoë. C'est le début d'une longue période de infertile pour le sport amateur canadien. Depuis l'arrivée de la puissante équipe soviétique aux Jeux olympiques de 1952, le monde du sport international est devenu la scène des rivalités politiques et nationales. L'athlète est traité comme le fer de lance national et il subit d'importantes pressions afin de réussir les meilleures performances pour défendre l'honneur de son pays. Ces pressions se font lourdement sentir sur des pays comme le Canada qui ne récolte qu'une médaille d'argent aux Jeux de Rome en 1960.

Tout comme les autres pays qui en viennent à considérer le sport comme une question «d'intérêt national», le sport canadien requiert l'aide du gouvernement fédéral. En 1961, le gouvernement adopte la *Loi sur la condition physique et le sport amateur,* qui prévoit un budget de 5 millions de dollars par année pour les activités liées au sport amateur et à la condition physique. Les progrès sont lents et il faut attendre 1969 et le rapport du Comité d'étude sur les sports au Canada pour que le gouvernement accorde plus de subventions au sport amateur.

Dans les années 80, le budget annuel du Programme de la condition physique et du sport amateur dépasse les 50 millions de dollars. Il s'ensuit une plus grande bureaucratisation et les affaires liées aux associations sportives régionales et nationales, gérées auparavant par des bénévoles, sont maintenant la responsabilité d'administrateurs rémunérés. Les succès, au plan international, ne se font pas attendre.

Depuis 1980, les Canadiens ont remporté des championnats mondiaux et décroché des records du monde en ski alpin, en patinage de vitesse, en patinage artistique, en voile, en athlétisme, en sports équestres, en natation, au tir au pigeon d'argile, en boxe, en lutte et au pentathlon moderne. Aux Jeux d'hiver de Sarajevo en 1984, le Canada connaît son meilleur succès de tous les temps avec le patineur de vitesse Gaëtan BOUCHER, qui remporte 3 médailles: 2 d'or et une de bronze.

C'est tout un contraste avec les Jeux de Montréal (1976), où les Canadiens remportent 11 médailles mais aucune d'or. Aux Jeux de Los Angeles (1984), les Canadiens décrochent 44 médailles, dont 10

médailles d'or. Lors de ces Jeux, Alex BAUMANN remporte 2 médailles d'or et enregistre des records olympiques en natation, Linda Thom est la première femme de l'histoire à remporter l'or au pigeon d'argile, Anne OTTENBRITE est la première nageuse canadienne à gagner l'or et Sylvie BERNIER est la première plongeuse canadienne à décrocher l'or. Même si le boycottage des Jeux par les Soviétiques fausse un peu le compte des médailles, il n'en demeure pas moins que le Canada se classe quatrième parmi les 140 pays participants.

Le sport d'élite n'est pas le seul à prospérer et à connaître du succès au Canada. Sous l'impulsion de l'organisme subventionné par le gouvernement, ParticipACTION, de plus en plus de Canadiens se préoccupent de leur CONDITION PHYSIQUE et prennent plaisir à faire du sport. Le golf et le curling ont toujours été très populaires comme sports de participation pour les Canadiens de tous âges. Le cyclisme connaît un grand essor dans les années 70. Le jogging est pratiqué par des centaines de milliers de personnes. Le marathon d'Ottawa attire annuellement des milliers de participants, qui ont commencé pour la plupart à courir pour améliorer leur condition physique, et qui relèvent le défi de compléter les 26 milles (43,3 km). Au cours des 8 dernières décennies de ce siècle, le sport canadien s'est développé au point d'occuper une place vitale dans la mosaïque culturelle du Canada.

J. Thomas West

Spraggett, Kevin, grand maître d'échecs canadien (Montréal, 10 nov. 1954). Sa carrière de joueur d'échecs prend son envol à l'Omnium canadien de 1973 où il se classe deuxième. Sous l'influence du dissident russe Igor Ivanov, le jeu de Spraggett s'améliore et, en 1983, il participe à des tournois internationaux et gagne le championnat du prestigieux Omnium de New York et 2 championnats du Commonwealth. Au championnat mondial interzone tenu à Toluca, au Mexique (1985), il devient le premier Canadien à se qualifier pour le cycle de Championnat. L'année suivante, il joue sur le premier échiquier à l'Olympiade d'échecs de Dubai. Au Festival international d'échecs de 1988, à Saint-Jean, il défait le champion russe Andrei Sokolov et devient le premier Canadien à se rendre aux quarts de finale de ce tournoi.

Spremo, Boris, photographe de presse (Susak, Yougoslavie, 20 oct. 1935). Diplômé de l'Institut cinématographique de Belgrade, Spremo immigre au Canada en 1957. Il commence sa carrière, à Toronto, comme photojournaliste (*voir* PHOTOGRAPHIE) et se joint 5 ans plus tard au *Globe and Mail* qu'il quitte en 1966 pour aller travailler au *Toronto Star.* Non seulement Spremo photographie-t-il les personnalités du monde politique, sportif et du spectacle, mais il couvre aussi la crise du FLQ, la sécheresse et la famine en Afrique centrale, la fin de la guerre au Vietnam, le lancement du premier missile Cruise en Alaska et le voyage du pape au Canada. Ses photographies apparaissent dans des magazines tels que le Maclean's. Il écrit des livres dont celui intitulé *Boris Spremo: Twenty Years of Photojournalism* (1983). Il fait partie des 100 journalistes choisis pour participer au projet «A Day in the Life of Canada» (1985).

Louise Abbott

Springfield, municipalité rurale du Man.; pop. 12 162 (rec. 1996), 11 102 (rec. 1991); superf. 1058,66 km²; créée lors de la constitution conjointe de Springfield et de Sunnyside (Dugald) en 1873. La municipalité couvre 105 866 ha immédiatement à l'est de Winnipeg, le parc provincial Birds Hill se trouvant au nord-ouest et les forêts provinciales d'Agassiz et de Sandilands, à l'est. Ses collectivités les plus importantes sont les villages d'Oakbank, de Dugald et d'Anola. La municipalité est dirigée par un préfet et 6 conseillers.

La région connaît une colonisation à grande échelle avec l'arrivée de fermiers ontariens, britanniques et américains au début des années 1870. On

compte parmi les colons qui immigrent ensuite dans la région des Canadiens français, des Allemands, des Ukrainiens, des Polonais, des Belges et des Danois et, plus récemment, des huttérites. La polyculture et l'abattage de gravier sont des activités prédominantes de l'économie de Springfield. Depuis les années 60, la région accueille en grand nombre des familles de Winnipeg, qui cherchent à combiner l'emploi en ville avec un style de vie campagnard.

D.M. Lyon

Springhill, ville de la N.-É.; pop. 4193 (rec. 1996), 4373 (rec. 1991); superf. 11,03 km²; const. en 1889; située au cœur du comté de Cumberland, sur l'isthme de Chignecton. La ville doit son nom aux nombreuses sources qui coulaient jadis sur la montagne où elle est fondée. D'abord renommée pour ses terrains houillers, Springhill est aujourd'hui célèbre en tant que ville natale de la chanteuse populaire Anne MURRAY.

Les LOYALISTES sont les premiers colons et s'installent vers 1820. On découvre du charbon rapidement et on exploite une petite mine en 1834. L'exploitation à grande échelle commence en 1872, lorsque la Springhill and Parrsboro Coal and Ry Co. Ltd. creuse des puits et construit une ligne de chemin de fer. De nombreux DÉSASTRES miniers ont ébranlé la population. En 1958, le plus meurtrier de ces accidents fait 74 victimes dans la mine la plus profonde de l'Amérique du Nord. Après ce drame, toutes les mines DOSCO sont fermées. Depuis lors, seules de petites veines de charbon sont exploitées de façon d'ailleurs intermittente.

Le taux de chômage est très élevé à Springhill, et les industries du secteur secondaire y sont rares. Certains résidants se sont trouvé un emploi au Springhill Miners Museum, qui a ouvert ses portes en 1972, et à la Springhill Medium Security Institution, construite en 1960.

Heather MacDonald

Spruce Grove, ville de l'Alb.; pop. 14 271 (rec. 1996), 12 908 (rec. 1991); superf. 25,57 km²; const. en 1971; située juste à l'ouest d'Edmonton. Son nom vient de la présence jadis importante d'épinettes (*spruce* en anglais) dans la région. La ville s'est développée autour d'une gare de la Grand Trunk Pacific Railway. Spruce Grove est devenue la 16ᵉ ville de l'Alberta le 1ᵉʳ mars 1986. Elle est dirigée par un maire et 6 conseillers municipaux. Elle dessert un district agricole et, depuis les années 60, de nombreux résidants font la navette entre Spruce Grove et Edmonton pour aller travailler.

Eric J. Holmgren

Spry, Graham, journaliste, diplomate, homme d'affaires international, organisateur politique, promoteur de la radiodiffusion publique au Canada (St. Thomas, Ont., 20 févr. 1900—Ottawa, 24 nov. 1983). Cofondateur, avec Alan Plaunt, de la Canadian Radio League (CRL) en 1930, il joue un rôle prépondérant dans la mobilisation des appuis nécessaires (public et politique) à l'établissement d'un réseau de radiodiffusion publique au Canada. Boursier Rhodes, diplômé en histoire d'Oxford, Spry commence sa carrière de reporter et d'éditorialiste au *Manitoba Free Press* (1920-1922). Il préside la CRL de 1930 à 1934 (et plusieurs années plus tard, la Canadian Broadcasting League, de 1968 à 1973). La CRL fit campagne en faveur de l'adoption de la recommandation principale du rapport de 1929 de la Commission royale d'enquête sur la radio et la télévision, c.-à-d. de la mise sur pied et du soutien d'un réseau national de radiodiffusion envisagé comme une société de la Couronne. Le fameux aphorisme que Spry formule en 1932, «L'État ou les États-Unis», est encore pertinent de nos jours (*voir* SOCIÉTÉ RADIO-CANADA).

Réformateur politique, il publie le *Farmers' Sun,* qu'il rebaptise *The New Commonwealth* (1932-1934). Il est aussi coauteur de *Social Planning for Canada,* ouvrage publié par la LEAGUE FOR SOCIAL RECONSTRUCTION (1935). Il préside également l'Ontario Co-operative Commonwealth Federation de 1934 à 1936. Il travaille ensuite pour la société Standard Oil of California, dont il dirige les filiales britanniques chargées de l'exploitation et de l'exploration des gisements de pétrole d'Arabie Saoudite et d'ailleurs (1940-1946). À la même époque, il est l'adjoint spécial de sir Stafford Cripps au sein du cabinet de guerre britannique (1942-1945), qu'il accompagne en mission en Inde, et sert dans la milice britannique (Home Guard).

À titre de «délégué» général de la Saskatchewan au Royaume-Uni, en Europe et au Proche-Orient, de 1946 à 1968, il recrute des médecins, des infirmières et d'autres spécialistes. Il joue un rôle important pour désamorcer la GRÈVE DES MÉDECINS DE LA SASKATCHEWAN de 1962, organisée par les opposants à l'adoption du régime d'assurance-maladie. Il revient au pays en 1968 et continue de travailler dans le domaine de la radiodiffusion publique jusqu'à son décès en 1983.

Robert E. Babe

Spry, Irene Mary, née Biss, historienne de l'économie (Standerton, Transvaal, Afrique du Sud, 28 août 1907; fille d'Evan E. et d'Amelia Bagshaw Johnstone). Étudiant la «grande transformation» de l'Ouest canadien au XIXᵉ s. et l'économie des ressources naturelles, elle écrit des livres et des articles et apporte une contribution précieuse au maintien des valeurs humaines dans beaucoup de communautés. Ses travaux sur l'EXPÉDITION PALLISER (1857-1860) et les souvenirs de Peter Erasmus traduisent son souci de tenir compte du contexte impérial et des facteurs économiques sous-jacents à l'histoire canadienne de cette époque.

Dans les années 30, elle est membre de la LEAGUE FOR SOCIAL RECONSTRUCTION. Elle travaille avec H.A. INNIS alors qu'il se consacre à ses études sur la pêche à la morue et sur les pâtes et papiers, et elle étudie le développement de l'énergie électrique au Canada. Elle représente LA FÉDÉRATION DES WOMEN'S INSTITUTES DU CANADA à l'Union mondiale des femmes rurales de 1954 à 1967, en tant que présidente exécutive de 1959 à 1965 et comme adjointe à la présidence de 1968 à 1974.

Avec son mari, Graham SPRY, un agent général de la Saskatchewan au Royaume-Uni et en Europe pendant 2 décennies, elle a été une fervente partisane du Canada et d'une approche sociale-démocrate des politiques gouvernementales. Elle est nommée Officier de l'Ordre du Canada en 1993.

Gerald Friesen

Squamish, municipalité de district de la C.-B.; pop. 13 994 (rec. 1996), 11 709 (rec. 1991); superf. 100,85 km²; const. en 1964; située à 65 km au nord de Vancouver, au fond du détroit de Howe. Cette municipalité est dirigée par un maire et 6 conseillers. Squamish est le centre de services d'une région bien dotée en zones de loisirs et est reliée à Vancouver par la route, par le rail et par voie d'eau.

Historique À l'origine, la région est habitée par les Squohomish, une tribu des Salish de la côte. *Squamish*, mot autochtone signifiant «vent fort», fait allusion aux vents forts du détroit de Howe. Les premiers colons européens s'établissent dans la vallée de Squamish vers 1888. Pendant un certain temps, l'établissement se nomme Newport, mais il reprend plus tard son nom d'origine. Au début de la colonie, la culture du houblon constitue la principale industrie et le houblon de Squamish est parmi les meilleurs expédiés vers l'Angleterre.

Économie Aujourd'hui, le travail forestier, les minoteries et la production de pulpe forment les principales industries de la région. Squamish est desservie toute l'année par un vent profonde exempt de brume et se trouve à proximité du chemin de fer et de la route. BC Railway a ses ateliers d'entretien à Squamish. L'avenir de la municipalité repose sur 2 tendances importantes: le tourisme, qui se développe du fait de la proximité de la route Sea-to-

Sky, et l'attrait que représente Squamish pour les anciens résidants de Vancouver. Pour plusieurs, elle est une banlieue-dortoir de la grande région métropolitaine.

Vie culturelle Le centre de ski WHISTLER, situé à proximité, compte parmi les meilleurs en Colombie-Britannique. Le PARC PROVINCIAL GARIBALDI, des alpages, des chutes d'eau et des lacs glaciaires se trouvent aussi tout près. Le Stawamus Chief, le second plus haut monolithe de granit du Commonwealth, attire les amateurs d'escalades. C'est aussi à Squamish que se déroulent les principales compétitions canadiennes de bûcherons, y compris un championnat international. Squamish est par ailleurs le lieu d'hivernage de centaines d'AIGLES à tête blanche. Chaque année, de la fin décembre à la fin février, ils vivent sur les berges de la rivière durant la saison de frai du saumon.

Alan F.J. Artibise

Squash Il se joue à l'aide d'une raquette munie d'une longue poignée et d'une petite tête sur un court fermé ressemblant à une boîte à chaussures géante. À tour de rôle, chaque joueur (ou couple en double) frappe la balle sur le mur frontal (un peu comme au TENNIS), sauf que les 2 joueurs sont du même côté du court. Le squash est l'un des nombreux dérivés du jeu de paume, mais on y joue à l'aide d'une balle molle (*squashy* en anglais), d'où son nom. Il comporte 2 variantes: le jeu international, pratiqué partout dans le monde, y compris en Amérique où il gagne de plus en plus d'adeptes, et le jeu américain, pratiqué uniquement au Canada et aux États-Unis. Il existait probablement des terrains de squash à Vancouver dès les années 1880, mais c'est grâce au Montreal Racquet Club, au Toronto Racquet Club et au Hamilton Squash Racquets Club que la première organisation nationale de squash au monde, l'Association canadienne de squash, voit le jour en 1913.

Parmi les Canadiens qui ont excellé au squash, on compte Ernest Howard de Toronto, premier Canadien à remporter le championnat américain en simple (1953); Colin Adair de Montréal, le premier Canadien à gagner le titre américain 2 fois; Michael Desaulniers, qui a aussi gagné le championnat américain 2 fois; S. McElhinney, S. Murray et J. Maycock ont gagné le championnat nord-américain féminin toutes catégories.

Le squash connaît un regain de popularité au pays à partir du moment où Sharif Khan et Heather McKay, champions du monde à plusieurs reprises, viennent s'installer au Canada. La télédiffusion nationale des matchs contribue aussi à cet essor. Sharif Khan domine le squash en Amérique du Nord depuis qu'il s'est établi à Toronto dans les années 60. Il remporte tous les tournois importants ainsi que 12 championnats américains toutes catégories, un record inégalé. En 1984, avec son partenaire Craig Wells, il gagne le championnat mondial en double dans la catégorie des plus de 50 ans.

Jusqu'aux années 70, la plupart des terrains de squash au Canada appartiennent à des intérêts privés ou sont situés dans des clubs sociaux, des clubs sportifs, des universités ou des écoles privées. Au cours des dernières années, on a construit à des fins commerciales de nombreux courts dotés de grandes tribunes et d'installations pour permettre la télédiffusion des matchs. Cette stratégie a permis d'attirer un plus grand nombre de spectateurs et de participants. Bien que le squash rivalise avec d'autres sports de raquette, le niveau élevé de compétition du jeu ainsi que l'adresse et la forme physique qu'il exige, alliés au fait que les gens de tous âges et de toute catégorie peuvent s'y adonner, en garantissent la popularité.

Brian T.P. Mutimer

Squires, sir Richard Anderson, avocat, politicien et premier ministre de Terre-Neuve de 1919 à 1923, et de 1928 à 1932 (Harbour Grace, T.-N., 18 janv. 1880—St. John's, 26 mars 1940). Squires entre à l'Assemblée législative de Terre-Neuve en 1909. Défait en 1913, il est nommé conseiller législatif et

siège au Cabinet de sir Edward Morris, une récompense politique pour Squires qui s'était battu contre le syndicat des pêcheurs, le Fishermen's Protective Union (FPU), pendant la campagne électorale. Il perd son siège au Cabinet lorsque sir William Lloyd forme un second gouvernement national en 1918. Lorsque celui-ci s'effondre, en 1919, Squires fonde le Parti réformiste libéral qui s'allie au FPU et remporte les élections. Son administration doit faire face à la situation chaotique qui règne dans l'industrie de la pêche pendant la période d'après-guerre. En juillet 1923, Squires démissionne à la suite d'accusations de corruption portées contre lui, et qui sont corroborées par la suite. Il refait surface et remporte les élections de 1928, mais son gouvernement est en pratique impuissant devant l'ampleur de la crise économique. Des accusations de corruption sont de nouveau portées contre lui en 1932, déclenchant une émeute à St. John's en avril. Aux élections de juin, son parti est décimé. Un gouvernement conservateur élu préside à la fin du gouvernement responsable de 1934, une débâcle à laquelle a contribué Squires. (*Voir aussi* COMMISSION DE GOUVERNEMENT).

J.K. Hiller

Stabilisation Ce terme fait référence à la POLITIQUE MONÉTAIRE et à la POLITIQUE BUDGÉTAIRE du gouvernement ou à d'autres actions prises dans le but de minimiser les fluctuations des principales variables macroéconomiques d'un CYCLE ÉCONOMIQUE, en particulier l'emploi, la production et l'INFLATION. P. ex., un mouvement cyclique de diminution de la production peut être amorti par des initiatives d'ordre fiscal, comme des réductions d'impôt, des augmentations des dépenses publiques ou une politique monétaire qui favorise la baisse des taux d'INTÉRÊT pour stimuler les investissements. Pour prévenir toute escalade de l'inflation, on peut adopter le contraire de ces politiques, par l'introduction de CONTRÔLES DES SALAIRES ET DES PRIX.

On peut attribuer le développement de l'idée moderne de politique de stabilisation à l'économiste britannique John Maynard Keynes. Durant la CRISE DES ANNÉES 30, Keynes soutenait que les fluctuations cycliques n'étaient pas suffisamment autorégulatrices et que les gouvernements devaient intervenir activement pour prévenir une nouvelle récession économique de cette ampleur et aussi longue (*voir* ÉCONOMIE KEYNÉSIENNE). Bien que ce principe soit généralement admis, les critiques affirment que l'effet de la politique de stabilisation est limité par les conflits entre les objectifs (p. ex., les actions pour diminuer l'inflation peuvent faire augmenter le chômage), et par le manque de continuité entre les effets à court terme et les effets à long terme, surtout quand on prend en compte les pressions d'ordre politique. On continue à débattre de ces questions sur le plan théorique et sur le plan pratique.

Ronald G.Wirick

Stacey, Charles Perry, historien (Toronto, 30 juill. 1906—*id.*, 17 nov. 1989). Après des études à l'U. de Toronto et à Oxford, il obtient un doctorat de l'U. Princeton, où il enseigne de 1934 à 1940. Il s'engage comme soldat à temps partiel alors qu'il étudie à l'U. de Toronto. De 1940 à 1945, il est historien de l'Armée canadienne à Londres, puis il devient historien en chef de l'armée de 1945 à 1959. Stacey est un professeur plein d'entrain et doté d'un humour espiègle. Il enseigne à l'U. de Toronto de 1959 à 1976, sauf pendant une brève absence (1965—1966) durant laquelle il préside la Direction des services historiques de la Défense nationale, composée de 3 services regroupés depuis peu. Premier grand artisan de l'histoire au Canada et remarquable chercheur doté d'une plume alerte, Stacey écrit, entre autres, *Canada and the British Army, 1846–1871* (1936), *The Military Problems of Canada* (1940), *The Canadian Army, 1939–1945* (1948; trad. *L'armée canadienne 1939–1945*, 1949), *Six Years of War* (1955), *Quebec,*

1759 (1959), *The Victory Campaign* (1960), *Arms, Men and Governments* (1970; trad. *Armes, hommes et gouvernements*, 1970), *A Very Double Life: The Private World of Mackenzie King* (1976; trad. *La vie doublement secrète de Mackenzie King*, 1979), *Canada and the Age of Conflict* (2 vol., 1977–1981), *The Half Million: Canadians in Britain 1939–1946* (1987, en collaboration avec Barbara Wilson) et ses mémoires, *A Date with History* (1983).

Norman Hillmer

Stadaconé Village IROQUOIS d'environ 500 personnes, construit à l'emplacement actuel de QUÉBEC. En 1535, lors de son deuxième voyage, Jacques CARTIER est mené jusqu'au village et passe l'hiver au mouillage de l'autre côté de la rivière Saint-Charles, à une distance prudente. Au cours de cet hiver, plus de 50 villageois meurent, vraisemblablement victimes de maladies apportées par les Européens, contre lesquelles ils ne sont pas immunisés, et 25 Français meurent du scorbut avant que les autochtones leur procurent un remède, soit une potion à base de frondes de cèdre blanc. Cartier, à son insu, offense les habitants de Stadaconé en établissant un poste sans leur permission et en remontant le fleuve jusqu'à HOCHELAGA. Il enlève le chef DONNACONA, ses 2 fils et 7 autres Indiens qu'il ramène en France, mais tous, sauf une jeune fille, périssent avant son retour à Stadaconé, en 1541. Il établit un deuxième poste à Cap Rouge, en amont de Stadaconé, mais l'hostilité croissante des Indiens et sa conviction d'avoir trouvé de l'or et des diamants précipitent son départ. Jean-François de ROBERVAL arrive à Stadaconé peu après et, bien que les relations avec les autochtones s'améliorent, il abandonne la colonie naissante. Lorsque les Français y reviennent en 1603, les habitants de Stadaconé et les Iroquois du Saint-Laurent ont disparu. On a avancé diverses hypothèses pour expliquer leur sort: ils auraient été chassés par les Montagnais et les ALGONQUINS; ils auraient souffert de piètres récoltes causées par des changements climatiques; ils auraient succombé aux maladies européennes; ils auraient été dispersés par les Iroquois du Sud, notamment les Agniers.

Il existe certaines preuves selon lesquelles des réfugiés de Stadaconé et d'Hochelaga ont été adoptés par les HURONS. À l'époque de Samuel de CHAMPLAIN, la vallée du Saint-Laurent était un *no man's land* où ne s'aventuraient que les guerriers montagnais et iroquois.

James Marsh

Stade olympique de Montréal (*Voir* ÉTABLISSEMENTS SPORTIFS).

Stagflation Elle résulte de la combinaison d'un taux de chômage élevé et d'un haut taux d'INFLATION. Avant la fin des années 60, les variations de l'activité économique provenaient principalement des perturbations de la demande (fluctuations de la demande globale ou des dépenses totales). Une hausse de la demande globale entraîne une augmentation de la production, de l'emploi et des prix, alors qu'un fléchissement provoque une baisse de la production, une augmentation du taux de chômage et une diminution du taux d'inflation. Dans les années 70 et 80, la stagflation découle en partie des soubresauts de l'offre (augmentation des prix provoquée par celle des coûts de production). Si les gouvernements réagissent à une forte augmentation des prix résultant de perturbations de l'offre en maintenant constante la dépense globale de l'économie, celle-ci connaîtra une grave RÉCESSION, car les dépenses d'énergie ou d'alimentation plus élevées devront être compensées par une diminution des dépenses pour d'autres biens et services, ce qui aboutit à un recul de la production et de l'emploi. Si les gouvernements accroissent les dépenses totales, il y aura inflation. La majorité des gouvernements occidentaux ont choisi une politique qui se situe entre ces 2 extrêmes, augmentant ainsi à la fois l'inflation et le chômage. Les anticipations peuvent aussi avoir un effet sur la stagfla-

tion. Quand les gens prévoient que l'inflation va se maintenir, ils déterminent les salaires et les prix en conséquence, donnant ainsi à l'inflation une impulsion qu'on ne peut freiner rapidement.

W.C. Riddell

Staines, David McKenzie, critique littéraire, professeur d'université, rédacteur (Toronto, Ont., 8 août 1946). Il fait ses études à l'U. de Toronto (B.A., 1967) et à Harvard (M.A., 1968; Ph. D., 1973). Professeur d'anglais à l'U. d'Ottawa, il publie de nombreux ouvrages portant sur les littératures médiévale, victorienne et canadienne. Il est à l'aise aussi bien en anglais qu'en français et, à l'instar de critiques comme E.K. BROWN et Northrop FRYE, il marie le nationalisme autocritique à une érudition rigoureuse dans l'analyse et la critique de la littérature canadienne. Son ouvrage intitulé *Beyond the Provinces* (1995) en témoigne d'ailleurs. Il s'agit d'une étude révélatrice de grande portée sur la culture littéraire canadienne de la fin du siècle. Dans cet œuvre, il se penche d'abord sur la mentalité coloniale dont était empreinte la littérature canadienne de la fin du XIXe s., puis analyse les événements et les récits qui ont favorisé l'essor de la littérature canadienne, pour ensuite en définir l'identité et l'orientation.

Tenu en haute estime pour ses talents de rédacteur, il dirige le *Journal of Canadian Poetry* depuis 1986 et la publication de la collection *New Canadian Library* de McClelland & Stewart depuis 1988. Il compile aussi de nombreux recueils d'essais d'importance; mentionnons *The Canadian Imagination* (1977), qui vise à initier un public américain à la littérature et à la critique littéraire canadiennes, ainsi qu'un recueil d'essais canadiens choisis de E.K. Brown (1977), et 2 volumes de la populaire série d'analyses de l'U. d'Ottawa sur Morley CALLAGHAN (1981) et Stephen LEACOCK (1986). Une autorité en matière de légendes sur le roi Arthur, il édite *Tennyson's Camelot: The Idylls of the King and its Medieval Sources* (1982) et traduit *The Complete Romances of Chrétien de Troyes* (1990).

Klay Dyer

Staines, Mavis Avril, danseuse, professeure et administratrice (Cowansville, Qc, 9 avril 1954). En tant que directrice artistique de la plus grande école de ballet professionnel du Canada, Staines utilise toute son influence et toute son imagination pour créer une ÉCOLE NATIONALE DE BALLET qui réponde aux besoins de plus en plus variés des danseurs, des chorégraphes et des compagnies de danse d'aujourd'hui. Elle suit des cours privés de ballet à Ottawa et à Vancouver avant d'entrer à l'École nationale de BALLET en 1967, où elle obtient son diplôme avec grande distinction en 1972. Staines poursuit ses études à l'École nationale de ballet et, avec l'aide du CONSEIL DES ARTS, à Paris et à Londres.

En 1973, elle se joint au BALLET NATIONAL DU CANADA où elle est bientôt promue première danseuse dans divers rôles du répertoire. En 1978, elle devient membre du Dutch National Ballet mais, en raison d'une grave blessure à la jambe, elle est forcée de mettre fin à sa carrière de danseuse en 1981. De retour au Canada, elle s'inscrit au programme de formation des maîtres de l'École nationale de ballet et y devient membre du corps professoral en 1982. La fondatrice de l'école, Betty OLIPHANT, décide, en 1984, de former Staines en vue de lui succéder et la nomme directrice artistique adjointe. Quand Oliphant prend sa retraite, en 1989, Staines devient seule directrice artistique de l'école.

Dès lors, elle procède à une refonte du programme de formation de l'école et apporte des changements visant à améliorer la qualité de l'enseignement et à élargir le programme éducateur. Pour ce faire, elle engage la remarquable professeure de danse moderne, Peggy BAKER, et met sur pied des programmes conçus en vue d'améliorer l'état physique et la santé des jeunes danseurs. Staines est régulièrement membre du jury du Prix de Lausanne, un concours international de jeunes danseurs qui a lieu chaque

année en Suisse, et siège au Conseil consultatif de la danse du Conseil des arts du Canada.

Michael Crabb

Stampede de Calgary Le *Calgary Exhibition & Stampede* est à la fois une foire agricole et un RODÉO. On y expose, entre autres, des produits manufacturés, artisanaux, agricoles et autochtones. On y trouve aussi divers manèges et attractions et, en soirée, on y offre des spectacles. En juillet, un défilé donne le coup d'envoi au Stampede. Le rodéo et les diverses activités durent 10 jours.

Reconnue comme «le plus grand spectacle en plein air au monde», la première exposition se tient en 1886, tandis que le rodéo de renommée mondiale voit le jour en 1912, grâce à Guy Weadick, un Américain spécialiste du lasso qui, ayant visité Calgary, juge que cette ville naissante est l'endroit idéal pour un grand rodéo. Le premier Stampede reçoit le soutien financier d'hommes d'affaires de la région, soit A.E. CROSS, George Lane, A.J. McLean et Patrick BURNS. L'événement remporte un grand succès.

Le défilé coïncide avec celui de la fête du Travail et du Calgary Trade and Labor Council. Il accueille quelque 14 000 spectateurs qui ont le plaisir de voir les concurrents du rodéo, le duc et la duchesse de Connaught et leur fille, la princesse Patricia, ainsi que 2000 autochtones en costume d'apparat.

Des prix totalisant 16 000 $ sont décernés durant le rodéo. L'événement qui suscite le plus d'intérêt est l'électrisante chevauchée de Tom Three Persons montant Cyclone, le fameux cheval sauvage. Malgré son succès, l'activité est suspendue durant la Première Guerre mondiale, et ce n'est qu'au mois d'août 1919 que le Stampede a lieu de nouveau, à l'occasion d'un «Great Victory Stampede». En 1923, l'exposition agricole annuelle se déroule en même temps que le Stampede, que Weadick continue de diriger.

Ce mariage d'événements connaît un succès immédiat et se poursuit encore aujourd'hui. Au fur et à mesure qu'augmente sa renommée, le stampede agrandit ses installations qui comprennent une tribune pouvant accueillir 16 000 personnes, un grand centre de commerce, la patinoire Stampede Corral, un complexe agricole, un village de l'Ouest d'antan reconstitué, ainsi que des installations réservées au curling, au tennis et aux expositions commerciales.

Le rodéo comprend les épreuves traditionnelles opposant le cow-boy aux animaux, y compris celles où le cow-boy doit monter un cheval sauvage sans selle puis avec selle, monter un taureau, maîtriser un bouvillon et capturer un veau au lasso. Les prix en argent, s'élevant à quelque 500 000 $, en font l'un des plus grands rodéos au monde. En 1923, Weadick, premier directeur du Stampede, introduit les COURSES DE «CHUCKWAGONS», également connues sous le nom de derby Rangeland. Les spectateurs raffolent de ces courses.

Les chariots, quoique modifiés, rappellent ceux dont on se servait pour apporter la nourriture aux cow-boys chargés de rassembler le troupeau dans les pâturages. Chaque chariot est tiré par 4 chevaux et accompagné par 4 cavaliers. Les chariots commencent la course en décrivant un tracé en forme de 8 au centre du terrain, puis s'élancent sur la piste pour un sprint final. Les sommes versées aux vainqueurs dépassent les 225 000 $.

Chaque année, environ 1 million de visiteurs participent au Stampede et 2,5 millions de plus prennent part à diverses activités qui se déroulent durant l'année.

Jean Leiper

Stampeders de Calgary Il s'agit d'une équipe de football. Avant la Seconde Guerre mondiale, Calgary est représentée dans les matchs interprovinciaux par des équipes comme les Tigers, les Canucks, les Altomahs et les Bronks. Formés en 1945, les Stampeders ont comme entraîneur une vedette de l'avant-guerre, Dean Griffing. Trois ans plus tard, ils gagnent le premier de leurs 4 championnats de l'Ouest à ce jour. Dirigés par Les Lear, ils défont Ottawa lors de la finale de la COUPE GREY, en 1948. Leurs admirateurs célèbrent cette victoire par des manifestations de toute sorte, ce qui donnera naissance au festival annuel que l'on connaît aujourd'hui. L'équipe accède encore à la finale nationale l'année suivante, mais elle perd contre les Alouettes de Montréal et doit attendre 19 ans avant de participer de nouveau aux matchs de la Coupe Grey.

En 1960, l'équipe de propriété collective des Stampeders s'installe dans son stade actuel, le McMahon Stadium. En 1968 et en 1970, les Stampeders prennent part à la finale de la Coupe Grey, mais ils s'inclinent devant Ottawa et Montréal respectivement. Ils obtiennent toutefois le titre un an plus tard en vainquant les Argonauts de Toronto. Dans les années 80, l'équipe connaît un succès limité sur le terrain et seule une campagne de promotion parvient à la sauver de la débâcle en 1986. Le nouveau président-directeur général, Normie KWONG, entreprend de redresser l'équipe, puis, en 1991, un homme d'affaires de Calgary, Larry Ryckman, s'en porte acquéreur et parvient finalement à effacer la dette. La même année, les Stampeders participent de nouveau à la finale de la coupe Grey après une absence de 20 ans, mais ils subissent la défaite aux mains des Argonauts. Les Stampeders dominent la saison 1992, remportant leur première coupe Grey depuis 1971.

Derek Drager

Stanfield, Robert Lorne, avocat, politicien et premier ministre de la Nouvelle-Écosse (Truro, N.-É., 11 avril 1914). Membre d'une famille qui a longtemps contribué à la vie politique et industrielle de la Nouvelle-Écosse et du Canada, Stanfield entreprend la réorganisation du Parti conservateur provincial en 1946, seule période où aucun représentant du parti ne siège en Chambre.

Chef du parti 2 ans plus tard, Stanfield renforce sa position à l'issue des 2 élections suivantes et il est élu premier ministre en 1956. Il est le premier de son parti depuis la Confédération à ne pas diriger la province en période de crise. Au cours des 3 élections subséquentes, il est sans conteste une figure dominante dans la province. Par son approche modérée, marquée de bon sens et d'une authentique simplicité, il cherche à rendre la Nouvelle-Écosse autosuffisante.

Lorsqu'il devient chef du Parti conservateur national, en 1967, il a comme objectif de construire un parti qui rejoigne les intérêts de l'ensemble du pays. Il veut que son parti reconnaisse sans réserve le bilinguisme officiel et il propose prudemment quelques arrangements spéciaux avec le Québec. Mais il a de la difficulté à projeter dans tout le Canada l'image qui l'a rendu si populaire en Nouvelle-Écosse et il ne parvient pas à aller chercher des sièges au Québec contre le premier ministre Pierre Elliott TRUDEAU. Après 3 défaites consécutives, il abandonne la direction du parti en 1976.

Réfractaire aux politiques conservatrices à saveur doctrinaire, son conservatisme, qui lui vaut le surnom de «conservateur rose», voire de «TORY ROUGE», traduit en réalité sa compassion et une réelle préoccupation pour les défavorisés. Il compte parmi les premiers ministres exceptionnels de la Nouvelle-Écosse depuis la Confédération.

De 1983 à 1987, il est président de l'Institut de recherche en politique publique et, en décembre 1986, il devient le premier Canadien à occuper le poste de président de la Fondation du Commonwealth, organisme qu'il dirigera jusqu'en 1991. Stanfield est l'un des rares Canadiens à avoir reçu de la reine le titre de Très Honorable.

J. Murray Beck

Stanier, Roger Yate, microbiologiste, professeur (Victoria, 22 oct. 1916—Paris, France, 29 janv. 1982). Stanier joue un rôle fondamental dans l'avancement de la microbiologie moderne et des études connexes en biochimie, en physiologie, en écologie et en taxonomie, offrant une vision remarquablement cohérente des bactéries. Il étudie aux universités de Colom-

bie-Britannique, de Californie (Los Angeles) et Stanford. Ses recherches portent notamment sur la dégradation oxydative et l'adaptation des mécanisme enzymatiques, sur les caroténoïdes et la photosynthèse chez les bactéries, et sur la biologie et la taxonomie de nombreux groupes comprenant les bactéries photosynthétiques, les pseudomonades, les cytophages et les cyanobactéries. Stanier est professeur de microbiologie à l'U. de la Californie (Berkeley, 1947—1971). Interprète accompli de la biologie et de la taxonomie des bactéries, il partage ses connaissances dans des revues et des essais importants (1941—1979) et dans un manuel remarquable, *The Microbial World* (1975). Il passe les 10 dernières années de sa vie comme professeur à l'Institut Pasteur de Paris, lançant une étude de cultures pures de cyanobactéries (ALGUES BLEU-VERT). Divers prix viennent récompenser ses réalisations, tels que la Légion d'honneur (France), et il est élu membre étranger de la Royal Society, de l'Académie des sciences de France et de la National Academy of Sciences (États-Unis), et membre honoraire de l'American Society for Microbiology. Il travaille la majeure partie de sa vie à l'étranger, mais conserve sa citoyenneté canadienne.

R.G.E. Murray

Stanké, Alain, journaliste, éditeur, producteur (Kaunas, Lituanie, 1934) En 1944, après avoir subi l'occupation soviétique, on le déporte en Allemagne où il subit les affres des camps de concentration. À la fin de la guerre, il s'établit en France où il apprend une cinquième langue, le français. Il immigre au Canada en 1951 où il entreprend des études universitaires (littérature française, études slaves, traduction et interprétariat). Son premier emploi: étalagiste dans un Woolworth. Un mois plus tard, il devient scripteur et réalisateur à CKVL. En 1954, il débute dans le journalisme au *Petit Journal* et à *Photo Journal*, qu'il quitte en 1961 pour devenir pigiste dans les médias écrits (*Maclean, Châtelaine, Perspectives, La Presse, Commerce,* etc.), à la radio (CBF, CKAC) et à la télévision (CFTM, SRC et CBC à Toronto, car entre-temps il a appris l'anglais). Dans l'intermédiaire, il devient éditeur (Les Éditions de l'Homme). Dix ans plus tard il fonde Les Éditions La Presse et, en 1975, Les Éditions internationales Alain Stanké, avec succursales à New York et à Paris.

Il a œuvré comme membre du Comité d'études sur la politique culturelle fédérale (1982), édité la première *Encyclopédie du Canada* (1987), et, à titre de producteur, a fait des centaines de reportages et interviewé une foule de personnalités à travers le monde. Il a également produit la populaire émission *Les Insolences d'une caméra.* Engagé dans divers organismes sociaux comme Développement et Paix, il est président du Bureau des gouverneurs de la fondation Travail sans frontières et président du comité culturel de la Fondation du maire de Montréal pour la jeunesse. En 1967, il a reçu le Prix *Wilderness* pour *Cent ans déjà,* qui a été consacré le meilleur documentaire de l'année, le prix «Chef de file» de *Toastmasters International* pour son excellence en communication, et un parchemin du gouvernement du Québec pour «contribution exceptionnelle au rayonnement du Québec dans l'édition et le journalisme». Auteur de 27 ouvrages, artiste peintre et sculpteur, il a participé à ce titre à de nombreuses expositions au Canada, en France, en Italie, au Mexique et en Lituanie. Il est membre de l'Ordre du Canada.

Stanley, Frederick Arthur, baron Stanley de Preston, 16e comte de Derby, gouverneur général du Canada de 1888 à 1893 (Londres, Angl., 15 janv. 1841—Holwood, Angl., 14 juin 1908). Son père a été 3 fois premier ministre de Grande-Bretagne et Stanley lui-même a été député de 1865 à 1886, puis a siégé à la Chambre des lords. Il fait partie du gouvernement de 1874 à 1880 et de 1885 à 1888. Au cours de ces années, il a également été secrétaire d'État aux colonies pendant un court mandat. Fer-

vent partisan de liens plus étroits entre la Grande-Bretagne et les dominions comme le Canada, il exerce sa fonction de gouverneur général avec une certaine réserve en public et de la prudence en politique. Il est surtout renommé pour avoir fait don de la COUPE STANLEY en 1893, destinée à honorer la meilleure équipe canadienne de hockey, choisie de manière juste et uniforme.

Norman Hillmer

Stanley, George Francis Gillman, historien, enseignant et lieutenant-gouverneur du Nouveau-Brunswick (Calgary, Alb., 6 juill. 1907). Après des études à l'U. de l'Alberta et à Oxford, Stanley est professeur et administrateur à l'U. Mount Allison (1936—1940 et 1969—1975), à l'U. de la Colombie-Britannique (1947—1949) et au Collège militaire royal du Canada (1949—1969). Il sert dans l'armée pendant la Seconde Guerre mondiale, apportant une aide précieuse à C.P. STACEY, et prend sa retraite en 1946 à titre de directeur adjoint de la section historique de l'armée.

Son premier livre, *The Birth of Western Canada* (1936), dénote à la fois sa passion pour l'Ouest et sa compréhension de l'importance des facteurs militaires; par la suite, il écrit une biographie de Louis RIEL (1963). Citons aussi, parmi ses ouvrages importants, *Canada's Soldiers* (1954), *New France: The Last Phase* (1968), *Canada Invaded 1775-1776* (1973; trad. *L'invasion du Canada, 1775-1776,* 1973), *The War of 1812: Land Operations* (1983; trad. *La guerre de 1812: Les opérations terrestres,* 1984) et *Battle in the Dark: Stoney Creek, June 6, 1813* (1991). Stanley propose, en 1965, une ébauche du drapeau canadien. Il est lieutenant-gouverneur du Nouveau-Brunswick de 1982 à 1987.

Pendant 10 ans (1982—1992), Stanley est colonel honoraire du Royal New Brunswick Regiment. Il devient Membre de l'Ordre du Canada en 1976 et est promu, en 1995, au rang de Compagnon de l'Ordre.

Norman Hillmer

Star Weekly Ce journal paraît pour la première fois à Toronto en avril 1910. J.E. Atkinson, éditeur du TORONTO STAR, en est le fondateur et veut en faire l'équivalent canadien des journaux hebdomadaires de type britannique. À l'origine, le *Weekly* est un fourre-tout de chroniques, d'articles écrits par les journalistes du quotidien, de PUBLICITÉ et d'articles achetés à bon marché aux agences de presse. Bientôt, le *Weekly* publie des bandes dessinées, de belles illustrations, des dessins humoristiques et, dès 1920, n'hésite pas à employer généreusement la couleur. Par la suite, il embauche des écrivains talentueux comme pigistes ou comme membres de son personnel. Cette liste comprend, à un certain moment, les noms de Morley CALLAGHAN, Ernest Hemingway et Gregory Clark. Dans les pages du *Star Weekly,* on peut aussi voir des artistes tels qu'Arthur LISMER, Fred VARLEY et C.W. JEFFERYS, et, dans les bandes dessinées, *Birdseye Centre* de Jimmy Frise. *The Weekly* avait des lecteurs partout au pays et, à partir de 1938, le mot Toronto est retiré du titre. Tout comme ce fut le cas pour le MONTREAL STANDARD, victime de la télévision et des suppléments de fin de semaine des JOURNAUX quotidiens, *The Weekly* cesse de paraître en 1973.(*Voir aussi* MAGAZINES.)

J.L. Granatstein

Stare Decisis Expression latine qui signifie «s'en tenir à ce qui a été décidé». Il s'agit d'un adage visant la doctrine du précédent selon laquelle les règles de droit formulées par les juges dans des décisions antérieures doivent s'appliquer de la même manière dans des causes ultérieures. La doctrine se justifie ainsi: il convient de traiter de la même façon des causes semblables si l'on entend assurer la cohérence et la certitude du droit. Cette doctrine prend naissance dans le système principalement jurisprudentiel de la COMMON LAW, atteignant son expression la plus formelle en Angleterre à la fin du XIXe s.

En pratique, aujourd'hui, la doctrine signifie seulement que les décisions antérieures des tribunaux supérieurs s'imposent aux tribunaux inférieurs de la même autorité législative, car ni la Cour suprême du Canada ni plusieurs cours d'appel provinciales ne s'estiment liées par leurs propres décisions antérieures. Les tribunaux inférieurs sont également libres d'analyser les motifs (la *ratio decidendi*) énoncés par le tribunal supérieur et de décider, à la lumière des faits de la contestation dont ils sont saisis, s'il faut appliquer un précédent ou établir une distinction d'avec la règle qu'il pose pour le motif qu'il y a une distinction entre les faits des 2 causes. Cette doctrine s'applique également, dans ces mêmes limites, à l'interprétation des lois. Son rôle en droit civil québécois est moins important et est matière à débat.

John E.C. Brierley

Starnes, John Kennett, fonctionnaire (Montréal, Qc, 5 févr. 1918). Ancien combattant de la Seconde Guerre mondiale, Starnes travaille pour le ministère des Affaires extérieures de 1944 à 1970. Il est ambassadeur en Allemagne (1962—1966), dans la République arabe unie et au Soudan (1966—1967) et surveille le retrait du contingent canadien de la Force d'urgence des Nations Unies déployés après la CRISE DU CANAL DE SUEZ.

Premier directeur général civil du service de sécurité de la Gendarmerie royale du Canada (GRC) pendant les années mouvementées de 1970 à 1973, Starnes est critiqué par la commission McDonald (COMMISSION D'ENQUÊTE SUR CERTAINES ACTIVITÉS DE LA GENDARMERIE ROYALE DU CANADA) pour sa participation à des activités d'infiltration illégales.

En janvier 1992, il crée une grande agitation médiatique en obtenant l'exemplaire du procès-verbal d'octobre 1970 du comité du Cabinet grâce à la LOI SUR L'ACCÈS À L'INFORMATION. Selon ce document, la GRC avait insisté pour que le gouvernement TRUDEAU utilise une approche plus calme dans l'affaire de l'enlèvement par le FLQ du diplomate britannique James Cross et du ministre québécois Pierre LAPORTE, et n'ait pas recours immédiatement à des mesures d'urgence extraordinaires.

Il est l'auteur de *Deep Sleepers* (1981), *Scarab* (1982), *Orion's Belt* (1983), *The Cornish Hug* (1985), et *Latonya* (1994).

Anne Hillmer

Starowicz, Mark, producteur d'émissions de radio et de télévision, (Worksop, Angl., 8 sept. 1946). Fils d'immigrés polonais, il habite l'Angleterre et l'Argentine avant de s'établir à Montréal, à l'âge de 7 ans. Il fait ses études à l'U. McGill, où il publie le *McGill Daily*, et il travaille pour la *Montreal Gazette*. Assurant le reportage sur la politique québécoise pour le journal *Toronto Star*, il s'installe à Toronto en 1969.

En 1970, il commence à produire des émissions nationales pour la radio de la Société Radio-Canada (SRC). Après avoir amélioré l'émission *As it Happens* (1973—1976), il produit la populaire émission d'actualités de 3 heures *Sunday Morning*, dont il est le chef de production de 1976 à 1980 et pour laquelle il obtient de nombreux prix de l'ACTRA. Après s'être familiarisé avec la programmation de la télévision de la SRC, il produit *The Journal* (1982), qui suit les nouvelles de fin de soirée sur ce réseau. Ses 3 émissions d'informations comptent parmi les plus influentes et les plus innovatrices du Canada depuis 1970. En 1985, il est conférencier Atkinson à Ryerson.

Starowicz coordonne la production d'émissions comme *Trudeau, the Biography* et *The Human Race*, avec Gwynne Dyer. Ses coproductions *Red Capitalism* et *The Third Angel* font le tour du monde et obtiennent de nombreux prix internationaux dans le documentaire. On lui doit *Witness*, une émission documentaire hebdomadaire qui lui vaut un prix Gémeaux pour la meilleure série documentaire, et *Life & Times*, une série biographique, à la télévision

de la SRC. En 1997, son émission spéciale sur l'histoire des nouvelles à la télévision, *Dawn of the Eye*, est saluée unanimement par la critique. D'une durée de 6 heures, l'émission est diffusée pendant quelques fins de semaine au réseau anglais de la SRC.

Allan M. Gould

Staryk, Steven, violoniste et professeur (Toronto, 28 avril 1932). Staryk est généralement considéré comme le plus grand virtuose d'origine canadienne de sa génération. Après avoir fait ses débuts de violoniste d'orchestre à Toronto en 1950 et après avoir gagné des prix dans des concours internationaux, Staryk devient bientôt premier violon de 3 ensembles prestigieux: le London Philharmonic (1956), l'Amsterdam Concertgebouw (1960) et le Chicago Symphony (1963—1967). En 1969, il forme un duo avec le pianiste John Perry, lequel donne de nombreux concerts dans les grandes villes canadiennes et américaines. Il devient premier violon du Toronto Symphony en 1982. En 1987, il enseigne le violon à l'U. de Washington à Seattle. L'enseignement de grande qualité qu'il donne dans des institutions canadiennes et étrangères aide plusieurs violonistes à démarrer une brillante carrière. Plusieurs compositeurs canadiens lui dédient des œuvres, et ses interprétations de certaines d'entre elles font partie de ses nombreux enregistrements de pièces solos et orchestrales.

Barclay McMillan

Station météorologique de l'Extrême-Arctique Ces stations, administrées par la Division du suivi et de la science de la région des Prairies et du Nord d'Environnement Canada, étaient à l'origine les stations météorologiques mixtes de l'Arctique. Le 12 septembre 1946, les États-Unis approuvent le plan de développement d'un réseau de bases météorologiques dans l'Arctique et le 28 janvier 1947, le Cabinet donne son accord formel à la participation canadienne. Entre 1947 et 1950, 5 sites sont choisis et les stations construites conjointement par le Canada et les États-Unis (Eureka, Isachsen, Mould Bay RESOLUTE BAY et ALERT) pour fournir les données nécessaires à la connaissance et à la prédiction de phénomènes météorologiques à l'échelle de l'hémisphère et, notamment, à l'amélioration des prévisions météorologiques pour l'Amérique du Nord. Les données météorologiques recueillies sont également utilisées par les centres de prévisions météorologiques, les transporteurs aériens, les transporteurs maritimes dans l'Arctique, ainsi que pour les études climatologiques et la recherche.

Chaque station recueille ses données en haute atmosphère principalement au moyen de ballons-sondes météorologiques à hydrogène lancés toutes les 12 heures et munis d'une radiosonde qui transmet des données sur la température, la pression atmosphérique et l'humidité le long d'une coupe transversale des 30 km inférieurs de l'atmosphère. À mesure que l'instrument prend de l'altitude, la trajectoire de la radiosonde est suivie électroniquement pour déterminer la direction et la force du vent. L'importance de ces données s'est accrue en raison des besoins pour des PRÉVISIONS MÉTÉOROLOGIQUES à long terme, de la nécessité de prendre en compte le transport à distance des polluants et des enjeux du CHANGEMENT DE CLIMAT et du réchauffement de la planète.

Des OBSERVATIONS MÉTÉOROLOGIQUES synoptiques des conditions de surface sont enregistrées toutes les heures, en même temps que les mesures de l'intensité des rayonnements solaire et terrestre. Des mesures sur l'épaisseur des glaces, les dates de gel et de dégel de la glace et l'épaisseur de neige sont effectuées toutes les 2 semaines pendant presque toute l'année. Parmi les autres activités scientifiques, notons les enregistrements sismiques et magnétiques, les mesures de la qualité de l'air et la surveillance des aérosols, la marémétrie et la surveillance intégrée de l'environnement en relation avec l'hydrologie, la végétation, la faune et l'érosion du sol. Les stations servent également d'avant-postes

pour la protection du territoire (*voir* SOUVERAINETÉ DANS L'ARCTIQUE). Le réapprovisionnement des stations et des campements de recherche s'effectue grâce à des terrains d'aviation, qui servent également de terrains d'atterrissage de secours pour les vols au-dessus du Pôle. Les stations ont grandement amélioré nos connaissances sur la circulation atmosphérique de notre planète et ont ainsi rallongé la période de fiabilité des prévisions météorologiques.

Station météorologique Eureka La station Eureka, sur l'île d'Ellesmere, est établie le 7 avril 1947 par une petite équipe de Canadiens et d'Américains partis de Thulé au Groenland et qui atterrissent sur les glaces de mer du fjord Slidre. En 1947, le chef de station est nommé d'office officier de douanes et accises, agent d'immigration, agent de conservation et maître de postes. (Les philatélistes de tous les pays apprécient les flammes d'oblitération postale uniques provenant de ces bureaux de poste éloignés de l'Extrême-Arctique.) Après le départ des Américains le 2 juillet 1972, la station est devenue une exploitation exclusivement canadienne. Chaque printemps, Eureka est pour de nombreux aventuriers le dernier point de relais en direction du PÔLE NORD.

En 1993, le Arctic Stratospheric Observatory (ASTRO) entre en opération sur une crête montagneuse à 15 km à l'ouest d'Eureka. L'édifice de 3 millions de dollars comporte 3 laboratoires où travaillent des chercheurs et des scientifiques du Canada et d'ailleurs. ASTRO possède 2 systèmes de radar optique (LIDAR), très puissants et coûteux, pour étudier la destruction de la COUCHE D'OZONE par les substances chimiques d'origine anthropique dans l'atmosphère de l'Arctique au cours de la nuit hivernale et du printemps polaire. Des instruments d'optique sophistiqués servent à l'étude de phénomènes relatifs à l'aurore polaire dans la mésosphère, trop élevés pour les ballons-sondes et trop bas pour les satellites (*voir* AURORES BORÉALES). La radiométrie en micro-onde et la spectroscopie de la lumière provenant de la lune, des étoiles et du soleil sont également des sujets d'étude.

Station météorologique Resolute La station Resolute est établie sur l'île Cornwallis le 31 août 1947. Les ingénieurs des forces aériennes et terrestres américaines y construisent un terrain d'aviation. Deux ans plus tard, l'Aviation royale du Canada met en service une base aérienne et entretient des installations. Les opérations passent sous la responsabilité du ministère des Transports le 1er avril 1964, et du gouvernement des Territoires du Nord-Ouest le 1er avril 1995. Les derniers Américains dans les stations météorologiques se retirent de Resolute le 27 août 1972. En 1957 est mis en place un programme de mesures et de surveillance de l'ozone, qui sera informatisé par la suite.

Station météorologique Isachsen La station Isachsen est située sur l'île Ellef Ringnes. Le 3 avril 1948, les 3 premiers employés de la station arrivent par avion en provenance de Resolute (autrefois la baie Resolute) grâce à l'appui aérien américain. Les Américains se retirent le 31 octobre 1971, et, en raison de resserrements et de contraintes budgétaires, Isachsen est désaffectée le 19 septembre 1978. Une station météorologique automatique prend sa place en 1989, laquelle est régulièrement interrogée par satellite.

Station météorologique Mould Bay La station Mould Bay est située sur l'île Prince-Patrick. Le 11 avril 1948, 3 employés et des approvisionnements en provenance de Resolute arrivent à Mould Bay grâce à un appui aérien américain. Les Américains se retirent le 2 novembre 1971. Cette station est le poste le plus isolé et les approvisionnements ne peuvent y parvenir que par avion, car l'état des GLACES MARINES empêche les BRISE-GLACES d'atteindre la baie Mould. Le personnel de la station est réduit de 10 à 4 en 1993. La remise à neuf des édifices, la réduction de la consommation d'énergie et une station météorologique automatique ont contribué à garder cette station en opération.

Station météorologique Alert La station Alert est située sur l'île Ellesmere. Les forces aériennes canadiennes et américaines y atterrissent la première fois le 9 avril 1950, en provenance de Thulé au Groenland. Certains approvisionnements, comme du carburant, des rations de secours, des abris temporaires et un petit tracteur, avaient déjà été laissés à Cape Belknap en août 1948 par le brise-glaces USS Edisto. L'accident le plus grave à survenir dans les stations météorologiques de l'Extrême-Arctique s'est produit le 31 juillet 1950, à la station Alert, au cours d'une mission de parachutage à basse altitude. Les suspentes d'un parachute se sont emmêlées dans les ailerons de la queue d'un Lancaster de l'Aviation royale du Canada, causant l'écrasement de l'avion près de la station météorologique. Les 7 membres d'équipage et les 2 passagers sont morts.

Les Américains se retirent le 31 octobre 1970. L'aérodrome passe sous responsabilité militaire en 1973 et, en 1978, Environnement Canada ferme de nombreux édifices, réduit son personnel à 4 personnes et déménage à la station des Forces canadiennes Alert.

En 1986, le premier Laboratoire de surveillance de la pollution atmosphérique de fond est inauguré à 8 km au sud d'Alert et devient la station de recherche permanente la plus septentrionale du monde. En 1992, d'importants aménagements rendent possible l'établissement du Background Air Chemistry Observatory (BACO). Ces installations permettent aux scientifiques d'Environnement Canada d'observer les fluctuations dans la composition chimique (dioxyde de carbone, brume arctique, contaminants organiques à l'état de trace, aérosols et gaz à effet de serre) et physique de l'atmosphère circumpolaire pendant plusieurs décennies, car cette composition peut avoir un impact potentiel sur le climat mondial et les écosystèmes arctiques. Des observations de l'ozone aux stations Alert, Eureka et Resolute aideront à résoudre le problème de la dégradation du vortex polaire et de la discontinuité des niveaux d'ozone dans l'atmosphère arctique.

D.L. Stossel

Station PAPA La station météorologique océanique P est communément appelée station PAPA, d'après le code représentant la lettre P dans l'alphabet phonétique des opérateurs radio. Située dans le Pacifique nord par 50° de latitude N. et 145° de longitude O., elle repose sur la mer qui, à cet endroit, a une profondeur de 4200 m. Des navires météorologiques y sont positionnés de 1949 à 1981, d'abord pour appuyer l'aviation en fournissant des observations météo de surface et d'altitude, tout en aidant à la navigation aérienne et en assurant des secours en cas d'écrasement. Ils assument aussi des missions de recherche et d'assistance pour les navires en difficulté et servent à recueillir une multitude de données scientifiques à des fins de recherche océanographique et météorologique, y compris dans le domaine des PRÉVISIONS MÉTÉOROLOGIQUES. De nombreuses expériences scientifiques internationales sont menées à proximité de la station PAPA, afin de profiter de la présence de navires météo et des données qu'on y a déjà recueillies.

À l'origine, les navires appartiennent à la Garde côtière américaine. Le Canada occupe la station à partir de 1950, avec des frégates réaménagées (CCGS *St. Catharines* et CCGS *Stonetown*) et confiées à la Garde côtière. En 1967, ils cèdent la place à des navires spécialement construits et équipés pour cette tâche, le CCGS *Quadra* et le CCGS *Vancouver*. La station PAPA est occupée sans interruption: chaque navire y passe 6 semaines, les voyages aller-retour au port d'attache (Esquimalt, Colombie-Britannique) exigeant une autre semaine. Tenu de mouiller à moins de 100 km de la station, le navire se laisse normalement dériver et doit parfois

remonter le vent pour ne pas s'en éloigner. Par mesure d'économie, on rapatrie ces navires en 1981.

John Garrett

Statistique SCIENCE qui traite de la collecte et de l'analyse des données numériques et qui permet de répondre judicieusement à certaines questions. C'est aussi l'ensemble des données numériques recueillies. Selon l'humoriste Stephen LEACOCK: «Jadis, avant l'avènement de la statistique, on devait s'en remettre au mensonge d'où les énormes exagérations que l'on retrouvait dans les ouvrages de l'époque sur la taille des géants et l'ampleur des miracles ou des prodiges! Aujourd'hui, on s'en remet à la statistique, ce qui finalement s'équivaut.». Sam Slick, le picaresque personnage de Chandler HALIBURTON affirmait: «Les chiffres représentent des nombres et non des choses.»

Lorsqu'on pense statistique, on pense habituellement à des ensembles de nombres, p. ex., à des données ou à des faits mis sous forme numérique (p. ex., des taux de natalité, des taux de mortalité, des précipitations, des réserves pétrolifères, des records de hockey). Hors contexte, ces nombres ne signifient pas grand-chose. Les statisticiens manipulent ces nombres et cherchent ambitieusement à approfondir, à découvrir, à exploiter, à confirmer, à comprendre, à prédire, à contrôler et à décider.

La statistique est la technologie de la science, l'outil du commerce et de l'industrie, et un instrument dont se servent les gouvernements. Les scientifiques élaborent des théories, déduisent des conséquences et vérifient des prédictions: c'est la méthode scientifique. L'analyse de données permet d'élaborer des théories et la vérification, de comparer les faits aux prédictions. Ces étapes correspondent à des branches importantes de la statistique, notamment à l'analyse des données exploratoires et aux tests d'hypothèse. Les commerçants et les industriels doivent utiliser les ressources de façon rationnelle et prendre des décisions malgré les incertitudes. Les statisticiens sondent, enquêtent, observent et expérimentent selon des méthodes éprouvées. La théorie de la décision, une branche de la statistique, permet de prendre des décisions éclairées dans des situations incertaines. Enfin, les gouvernements doivent connaître le statut des citoyens et protéger leur mieux-être. Ils y parviennent, en partie, par des recensements, des enquêtes permanentes, des banques de données et des prévisions, et tout cela grâce, en grande partie, à la statistique.

Concepts de la statistique

La statistique est basée sur certains concepts fondamentaux, notamment sur l'échantillonnage, la stratification, la répartition au hasard, la répétition, la modélisation stochastique et la validité de l'ajustement. Ces concepts permettent souvent aux statisticiens et aux scientifiques de répondre judicieusement à d'importantes questions. Le savoir humain leur doit beaucoup.

Échantillonnage L'échantillonnage consiste à choisir un ensemble d'objets ou d'individus (l'échantillon) censés représenter un ensemble plus vaste (une population). Les statisticiens ont découvert que les objets choisis au hasard dans une population sont représentatifs de cette population et qu'on pouvait calculer l'erreur due à l'utilisation d'un échantillon (plutôt que la population entière p. ex.).

Stratification La stratification est définie comme étant le groupement en ensembles d'objets similaires avant l'échantillonnage ou l'expérimentation sur ces objets. P. ex., le groupement des élèves d'une école selon le niveau scolaire serait une stratification et le choix au hasard d'élèves de chaque année serait un échantillonnage.

Répartition au hasard La répartition au hasard constitue la principale découverte de R.A. Fisher, statisticien britannique du XXᵉ s. P. ex., pour trouver la meilleure de 2 méthodes d'enseignement de la

langue par répartition au hasard, un professeur pourrait enseigner une méthode à la moitié des élèves d'une classe, choisis au hasard, et l'autre méthode à l'autre moitié. À la fin de l'expérience, il comparerait les résultats des examens des 2 groupes. En divisant ainsi la classe au hasard, on éviterait d'enseigner une méthode aux meilleurs élèves et donc de fausser les résultats.

Répétition La répétition consiste à reprendre des mesures, p. ex., celles des méthodes d'enseignement ci-dessus, et de répéter l'étude sur plusieurs groupes d'élèves. La répétition améliore l'estimation des quantités intéressantes et facilite le calcul de l'erreur d'estimation.

Modélisation stochastique La modélisation stochastique est définie comme étant la description simplifiée d'une conjoncture dans un langage mathématique (p. ex., des équations) qui contient un certain élément de hasard. Les modèles stochastiques permettent d'analyser et de récapituler efficacement des circonstances complexes.

Validité de l'ajustement C'est l'étude des méthodes qui permettent de déterminer dans quelle mesure un modèle stochastique donné décrit bien un ensemble particulier de données. La validité de l'ajustement fait partie de la vérification des prédictions du modèle. Karl Pearson, dont l'œuvre principale précéda immédiatement celle de R.A. Fisher, inventa le test du khi carré qui permet de vérifier la validité de l'ajustement. Il existe aujourd'hui de nombreuses méthodes formelles et informelles de vérification de la validité de l'ajustement. La statistique utilise largement les concepts des MATHÉMATIQUES ainsi que de nombreux champs d'activités.

La statistique au Canada

L'histoire de la statistique au Canada est ancienne. L'intendant Jean TALON fit le premier recensement systématique (p. ex., le dénombrement exact d'une population) en NOUVELLE-FRANCE en 1666 pour Louis XIV. Les documents qu'il prépara pour la circonstance sont conservés aux ARCHIVES NATIONALES DU CANADA à Ottawa. Le premier recensement pancanadien a eu lieu en 1871. Maintenant c'est STATISTIQUE CANADA anciennement le Bureau fédéral de la statistique (fondé en 1918), qui recense la population.

Quelques universités canadiennes (celles de la Colombie-Britannique, du Manitoba, de Toronto et de Waterloo, p. ex.) ont des départements de statistique distincts. D'autres ont des départements conjoints ou continuent à enseigner la statistique dans les départements de mathématiques. Certains départements offrent aussi des cours de biostatistique (McGill, McMaster, Toronto et Western Ontario, p. ex.). La statistique fait souvent partie du programme d'études des disciplines qui utilisent des techniques quantitatives (départements d'économie, écoles commerciales et unités d'enseignements des sciences physiques, sociales et biologiques).

La Société statistique du Canada (fondée en 1978) représente les statisticiens canadiens. Elle publie la *Revue canadienne de statistique*. Elle tient des assemblées annuelles et élit des membres honoraires dont C.H. GOULDEN qui, à partir d'un plan expérimental, est venu à bout du CHAMPIGNON baptisé «la rouille» sur les céréales et fut un des premiers auteurs à aborder le sujet en écrivant, en 1939, *Methods of Statistical Analysis*. Le gouvernement vient en aide à la science statistique par le biais du CONSEIL DE RECHERCHES EN SCIENCES NATURELLES ET EN GÉNIE (fondé en 1958) et le gouvernement du Québec, par le Fonds pour la formation de chercheurs et l'aide à la recherche. La statistique canadienne occupe une place prépondérante sur la scène internationale. De nombreux pays invitent ses chercheurs, et les statisticiens canadiens organisent de nombreuses rencontres internationales importantes.

Tendances actuelles

Les données statistiques deviennent de plus en plus complexes et particulières: sons, images, cinéma, réseaux et séquences génétiques. Des domaines comme la biostatistique, l'assurance de la qualité et le calcul statistique utilisent de plus en plus la statistique. La biométrie traite en particulier de l'analyse de survie, de l'estimation du risque, des essais cliniques, et des problèmes de santé contemporains, comme l'épidémie du SIDA. Les méthodes statistiques de l'assurance de la qualité sont maintenant couramment utilisées dans le domaine technologique pour contrôler les processus de fabrication. Les APPLICATIONS DE L'INFORMATIQUE sont omniprésentes en statistique. La vitesse de traitement, les capacités d'affichage, la mise en mémoire des données, l'accès aux données stockées dans des ordinateurs du monde entier et les systèmes statistiques informatisés ont grandement évolué. Mentionnons en particulier le système S.

David R. Brillinger

Statistique Canada Constitué en 1918 sous le nom de Bureau fédéral de la statistique, Statistique Canada est le service central d'études statistiques du pays. Il adopte son nom actuel en 1971. Aux termes de la *Loi sur la statistique* adoptée cette année-là, l'organisme a pour responsabilités de «recueillir, compiler, analyser, dépouiller et publier des renseignements statistiques sur les activités commerciales, industrielles, financières, sociales, économiques et générales de la population et sur l'état de celle-ci». En collaboration avec les ministères, le bureau travaille à compiler des statistiques sociales et économiques intégrées pour le Canada et les provinces. Statistique Canada est également un organisme de recherche scientifique chargé d'élaborer de façon innovatrice des méthodes et des techniques de planification statistique et de conception des enquêtes.

Assujetti au contrôle budgétaire du Parlement, l'organisme cherche à répondre aux besoins statistiques de tous les paliers de gouvernement et du secteur privé pour favoriser la recherche, la formulation de politiques, la prise de décisions et l'information en général. Parmi ses principaux programmes, citons le recensement démographique, le système des statistiques de l'état civil, l'enquête sur la population active, l'indice des prix à la consommation, le produit intérieur brut et la balance des paiements internationaux.

Statistique Canada publie environ 900 titres par année, dont beaucoup ne se trouvent aujourd'hui que sous forme électronique. Les publications les plus consultées de l'organisme sont notamment *Le Canada*, le mensuel *Information population active*, le mensuel *L'observateur économique canadien,* un sommaire statistique hebdomadaire, *Le Quotidien,* un organe de publication immédiate des données du bureau qui peut maintenant être consulté sur le site Internet de Statistique Canada, et *Tendances sociales canadiennes,* une revue mensuelle d'articles de fond. Statistique Canada diffuse aussi son information sur microfiches, sur microfilms, sur rubans d'ordinateur et par son système CANSIM, une vaste base de données exploitables par machine. Les bureaux régionaux de Halifax, de Montréal, de Toronto, de Winnipeg, de Regina, d'Edmonton, de Calgary et de Vancouver travaillent à des enquêtes et à des recensements et offrent en plus des services de référence et de consultation aux utilisateurs de données statistiques.

Statut de Westminster Loi britannique du 11 décembre 1931 précisant les pouvoirs du Parlement du Canada et des autres dominions et octroyant aux anciennes colonies la pleine liberté juridique, sauf dans les domaines où celles-ci choisissent de rester assujetties à l'Angleterre. Jusqu'alors, les pouvoirs du gouvernement britannique en matière de législation des dominions étaient mal définis, ce qui lui assurait en fin de compte l'autorité suprême. Dans un premier temps, la Conférence impériale de 1926 est une première initiative qui donne une substance légale à la DÉCLARATION DE BALFOUR qui avait affirmé le «statut égal» de la Grande-Bretagne et des dominions sur le plan constitutionnel. Ensuite, la conférence de 1929 sur le Fonctionnement de la Législation des Dominions et la Conférence impériale de 1930 poursuivent la recherche d'un accord sur les modifications fondamentales à apporter au système juridique complexe du COMMONWEALTH. Enfin, à la demande des dominions et avec leur consentement, le Parlement britannique vote le statut de Westminster. À la suite d'une consultation entre les gouvernements provinciaux et fédéral du Canada, l'abrogation, l'amendement ou la modification des ACTES DE L'AMÉRIQUE DU NORD BRITANNIQUE de 1867 à 1930 est explicitement exclus des dispositions du statut: le droit d'amender la Constitution du Canada demeure l'exclusivité du Parlement britannique jusqu'à l'entrée en vigueur de la loi constitutionnelle de 1982: DOCUMENT. Qui plus est, le Canada ne se prévaut pas immédiatement de tous les nouveaux pouvoirs que lui confère le statut. P. ex., ce n'est qu'à partir de 1949 que le COMITÉ JUDICIAIRE DU CONSEIL PRIVÉ n'est plus le tribunal de dernière instance au Canada.

Norman Hillmer

Steacie, Edgar William Richard, physicochimiste, scientifique et homme d'État (Westmount, Qc, 25 déc. 1900—Ottawa, 28 août 1962). Steacie a été une autorité acclamée mondialement pour ses travaux de recherche dans le domaine de la cinétique des radicaux libres et, en tant que cadre supérieur au CONSEIL NATIONAL DE RECHERCHES DU CANADA (CNRC), il a contribué grandement à l'accroissement des capacités du Canada en matière de recherche scientifique au gouvernement et dans les universités. Steacie suit la tradition militaire de son père, le capitaine Richard Steacie, en s'enrôlant au Collège militaire royal du Canada en 1919. Ce genre de vie ne lui plaisant pas, il étudie le génie chimique à l'U. McGill en 1920. Là, il est fortement influencé par un éminent physicochimiste, le docteur Otto MAASS. En conséquence, après avoir obtenu son diplôme en génie en 1923, il entreprend des études supérieures en chimie physique. Il obtient un doctorat en 1926 à McGill et y reste comme chercheur en chimie physique. En 1930, il devient professeur adjoint et amorce une recherche novatrice sur la cinétique des radicaux libres, sur la mesure des vitesses des réactions chimiques et sur la détermination des mécanismes associés à de tels processus. En 1939, on le nomme directeur de la Division de la chimie du CNRC qui, sous son administration, devient un centre international de recherche en chimie. En 1944, Steacie est déjà la personne toute désignée pour devenir sous-directeur, sous sir John Cockcroft, du projet conjoint baptisé le British-Canadian Atomic Energy Project. Le traité principal publié par Steacie, Atomic and Free Radical Reactions (1946), devient rapidement l'ouvrage de référence indispensable dans son domaine.

On le nomme vice-président (scientifique) du CNRC en 1950 et il en devient président en 1952. Grâce à lui, le CNRC engage de nombreux scientifiques éminents, dont Gerhard HERZBERG. Steacie persuade aussi le gouvernement fédéral de soutenir davantage la recherche scientifique universitaire. Il contribue également à améliorer la recherche industrielle et obtient que les entreprises bénéficient d'allégements fiscaux spéciaux pour financer la recherche. Grâce à ses efforts, le gouvernement fédéral lance un nouveau programme de subventions pour soutenir la recherche industrielle novatrice. Pour ses contributions exceptionnelles à la science et aux affaires scientifiques, Steacie a reçu de multiples honneurs et reconnaissances des communautés scientifiques nationales et internationales qui ont abouti, en 1961, à son élection comme premier président canadien du Conseil international des unions scientifiques. Non seulement Steacie a-t-il posé les fondations du développement de la science au Canada, mais il a aussi mis sur pied la structure de soutien gouvernemental nécessaire pour promouvoir les industries axées sur la recherche où germe la technologie industrielle moderne.

Harry Emmet Gunning

Stéatite Roche métamorphique composée surtout de talc et de quantités variables d'impuretés minérales, dont le mica, la chlorite, le pyroxène, l'amphibole, la serpentine, le quartz, la calcite et les oxydes de fer. La roche peut être massive ou schisteuse (c.-à-d. très feuilletée et séparable en feuilles plus minces). Sur le marché, ce terme renvoie au produit primaire (c.-à-d. à la stéatite en bloc) et le talc, au produit traité (broyé). Sa couleur varie du blanc au gris verdâtre et au vert foncé. Elle est tendre (1 à 2 sur l'échelle de Mohs), ayant une gravité spécifique de 2,2 à 2,8. Ces propriétés varient toutefois selon le type et la quantité d'impuretés. La stéatite a une texture huileuse (d'où son nom «pierre à savon»), peut être réduite en poudre ou sculptée, possède un point de fusion élevé, une faible conductivité thermique et électrique, et une rétention thermique et une capacité lubrifiante élevées. Elle est chimiquement inerte.

L'utilisation de la stéatite date de l'Antiquité: les premiers Égyptiens la sculptent en forme de scarabées et de sceaux; en Chine et en Inde, on s'en sert comme ornements, outils et ustensiles ménagers. Au Canada, les Amérindiens, les Inuits et les Scandinaves (*voir* ART INUIT) l'ont utilisée de la même façon, à différentes époques, au cours des 7500 dernières années. Depuis peu, on s'en sert pour fabriquer des objets purement décoratifs plutôt que fonctionnels. On utilise souvent le terme sculpture de pierre à savon pour désigner des sculptures façonnées dans d'autres matériaux tendres, compacts, dont la serpentine et la pyrophyllite, un minéral talqueux. La stéatite en bloc est sculptée. Elle sert également de matériau réfractaire et est utilisée dans la fabrication de crayons de marquage pour les ouvriers métallurgistes et de plaque à frire, récemment redevenus populaires. On l'utilise très peu comme pierre de construction. Elle est utilisée comme matière de charge dans les industries du papier, du plastique, du caoutchouc et de la peinture, et dans la fabrication de produits cosmétiques et pharmaceutiques.

On trouve de la stéatite au Québec, en Ontario, en Colombie-Britannique, en Alberta, en Saskatchewan et en Nouvelle-Écosse. On en produit pour la première fois au Canada en 1871 à partir d'un gisement dans les Cantons de l'Est, au Québec. En 1985, la production canadienne de stéatite, de talc et de pyrophyllite atteint 127 000 t et provient de mines à ciel ouvert et souterraines du Québec (Broughton et Bolton Sud) et de l'Ontario (Madoc et Timmins). Le Canada est un petit producteur, loin derrière les chefs de file mondiaux: le Japon et les États-Unis. La stéatite en bloc utilisée dans l'industrie nordique de la sculpture est extraite de gisements adjacents à l'île de Baffin (baie de Markham et île de Broughton) et de localités dispersées dans le Nord. À la production annuelle de 500 à 1000 t s'ajoute la stéatite des producteurs du Québec, un produit de qualité supérieure destiné à la sculpture. Ceux-ci approvisionnent aussi les centres d'artisanat et les sculpteurs des régions du Sud.

Ann P. Sabina

Stedman, Ernest Walter, ingénieur en aéronautique (Malling, Angl., 21 juill. 1888—Ottawa, 27 mars 1957). Ingénieur de formation, Stedman termine son service pendant la Première Guerre mondiale comme lieutenant-colonel dans la Royal Air Force. Il se joint ensuite à l'avionneur Handley-Page et arrive en Amérique du Nord avec l'entrée (sans succès) de son entreprise dans la course de 1919 pour le vol au-dessus de l'Atlantique (gagnée par J.N.W. Alcock et

A.W. Brown). Il aime le Canada et y immigre en 1920, pensant se lancer dans la fabrication de pièces détachées d'aéronefs. Il devient cependant directeur de la division technique du Canadian Air Board, qu'on vient alors tout juste de former. À partir du 30 octobre 1920, il est donc ingénieur en chef en aéronautique pour le gouvernement, et ce, sous divers titres, jusqu'à ce qu'il prenne sa retraite en 1946 comme vice-maréchal de l'air et directeur général de la recherche aérienne de l'Aviation royale canadienne (ARC). Chaque domaine lié à l'aviation au Canada se retrouve dans son travail : l'hélice W.R. TURNBULL, les recherches de J.H. PARKIN à l'U. de Toronto et au CONSEIL NATIONAL DE RECHERCHES, le vol du dirigeable R-100 vers le Canada en 1930, le travail pratique effectué en matière de vol hivernal (p. ex., départ avec moteurs froids et atterrissage sur la neige), la fondation des LIGNES AÉRIENNES TRANS-CANADA, l'achat et la construction d'aéronefs pour la Seconde Guerre mondiale et, enfin, la conception de réacteurs en 1944. Après avoir pris sa retraite, il est le témoin canadien lors de l'essai, en 1946, de la bombe atomique à Bikini et fonde la faculté de génie de Carleton. Son livre *From Boxkite to Jet: the Memoirs of an Aeronautical Engineer* est publié à titre posthume en 1963.

Donald J.C. Phillipson

Steel, William Arthur, pionnier de la radio (3 nov. 1890—Ottawa, 28 nov. 1968). Steel est officier radio en chef dans le Corps expéditionnaire canadien en France à la fin de la Première Guerre mondiale et ingénieur radio en chef du Corps des Transmissions du Canada durant les années 20. Pendant cette décennie, il organise le système radio des Territoires du Nord-Ouest et invente, avec A.G.L. MCNAUGHTON, le radiogoniomètre à oscilloscope, un ancêtre du RADAR. Il met sur pied le laboratoire radio du CONSEIL NATIONAL DE RECHERCHES DU CANADA (1931-1932), puis est commissaire responsable des opérations d'ingénierie de la Commission canadienne de radiodiffusion (1933-1936). Il se retire de l'armée avec le grade de lieutenant-colonel en 1936 et fait une brève incursion en politique au sein du Nouveau Parti démocratique de W.D. HERRIDGE. Par la suite, il travaille à Ottawa comme ingénieur-conseil en radio et en radar, notamment en instruments de navigation aérienne, et à la construction du système radar du réseau d'alerte avancé (réseau DEW).

Donald J.C. Phillipson

Steele, mont D'une altitude de 5067 m, le mont Steele est situé parmi les plus hautes montagnes du Canada, dans la chaîne St. Elias, au Yukon. Un col élevé le relie au mont LUCANIA, et leurs sommets sont à 13 km de distance. À eux deux, ils forment un immense massif de neige et de glace d'une superficie de plus de 90 km² et créent de nombreux glaciers, dont les 2 plus grands sont le Walsh et le Chitina. Le versant nord-est du mont Steele, triangulaire et recouvert de glace, contribue à alimenter le glacier Steele, qui s'étend vers le nord-est.

La montagne a été baptisée ainsi en l'honneur de Sam STEELE, ancien commandant de la Police montée du Nord-Ouest, posté au Yukon durant la ruée vers l'or. W. Wood, H. Wood, J. Fobes et H. Fuhrer ont effectué la première ascension du mont en passant par la crête est, au mois d'août 1935.

Glen Boles

Stefansson, Baldur Rosmund, phytogénéticien (Vestfold, Man., 26 avril 1917). Stefansson est un chef de file dans la transformation de la navette à partir d'une plante inadaptée produisant des quantités modestes d'huile industrielle en une plante vivrière et fourragère adaptée au climat (CANOLA), rivalisant avec le blé. Il est un phytogénéticien reconnu mondialement, surtout pour en avoir proposé l'élimination de l'acide érucique de l'huile de navette et pour avoir produit les premières variétés à faible teneur en acide érucique et en glucosinolate. Il est

aussi réputé pour avoir apporté ensuite des modifications génétiques importantes qui ont augmenté la valeur nutritive et la qualité industrielle de l'huile, et la valeur nutritive des aliments produits à partir des graines. Stefansson a participé activement aux études portant sur la production de navettes hybrides. Son œuvre lui vaut de nombreux prix, dont celui de la Banque royale et celui d'agronome distingué du Manitoba Institute of Agrologists (1981). Il est aussi nommé Officier de l'Ordre du Canada (1985). Bien qu'il se soit retiré de la direction active du projet Canola, il est nommé professeur senior au département de phytologie de l'U. du Manitoba, où il travaille depuis 1952.

Anna K. Storgaard

Stefansson, Vilhjalmur, explorateur de l'Arctique, ethnologue, conférencier et écrivain (Arnes, Man., 3 nov. 1879—Hanover, N.H., 26 août 1962). L'un des explorateurs canadiens de l'Arctique les plus connus, lauréat de nombreux prix, Stefansson ne craint pas la controverse et suscite, plus que tout autre à son époque, l'intérêt des Canadiens pour l'Arctique.

Fils d'ISLANDAIS immigrés au Dakota en 1880, après des études dans les universités de l'Iowa, du Dakota du Nord et de Harvard, il entreprend 3 expéditions dans l'Arctique entre 1906 et 1918, au cours desquelles il parcourt plus de 32 000 km². En 1910, il «découvre», dans l'île Victoria, un groupe d'autochtones peu connus qu'il nomme les «Esquimaux blonds» (INUITS DU CUIVRE) et déclenche une controverse, qui met en doute son expertise scientifique, en suggérant que leur teint pâle et leurs traits européens pourraient découler de leurs rapports établis pendant plusieurs générations avec une colonie scandinave de Groenlandais, disparue au XVᵉ ou XVIᵉ s. Plus tard, des études scientifiques réfuteront cette théorie, ce qui n'aide pas à rehausser la réputation de Stefansson. Commandant de l'EXPÉDITION ARCTIQUE CANADIENNE (1913-1918), alourdie par des discordes internes, il découvre quelques-unes des plus grandes masses continentales encore inconnues, soit les îles Lougheed, Borden, Meighen et Brock, tout en dérivant dangereusement, mais délibérément, sur des bancs de glace.

Écrivain prolifique, dont le livre le plus célèbre est *The Friendly Arctic* (1921), il laisse un message simple en ce qui a trait au NORD canadien : l'Arctique n'est pas un morne désert de glace, mais une région habitable qui doit être développée. Les avions qui survolent le Pôle, les sous-marins à propulsion nucléaire qui font surface au pôle Nord et la perspective d'y utiliser de gigantesques pétroliers sous-marins relèvent de la vision de Stefansson : une Méditerranée polaire stratégique et commerciale qui, bien surveillée et exploitée par le Canada (et l'Empire britannique), pourrait faire du Dominion l'une des grandes puissances du XXᵉ s. Pour certains, il est le «prophète du Nord», pour d'autres, un arrogant charlatan. Quand il quitte le Canada, il est en butte aux soupçons, en partie parce qu'il s'est fait des ennemis durant l'expédition arctique canadienne, mais aussi parce que les projets qu'il a entrepris par la suite, pour prouver ses théories, ont échoué. Son plan, mal préparé, d'élevage du renne dans le Nord canadien (1921—1925) est un fiasco. Sa revendication non autorisée de l'ÎLE WRANGEL, au nord de la Sibérie, pour le compte du Canada, crée un incident international (1921—1924) qui irrite l'URSS et les États-Unis, embarrasse la Grande-Bretagne et exaspère le gouvernement canadien qui considère que ses agissements nuisent aux revendications du Canada sur l'ARCHIPEL ARCTIQUE. De plus, les 4 membres de l'expédition de l'île Wrangel, y compris un jeune étudiant canadien, périssent tragiquement et, selon certains, inutilement. Stefansson, qui n'a pas participé à cette expédition, est alors perçu comme un fauteur de troubles, dont les idées et la présence au Canada sont indésirables. À partir du milieu des années 20, il passe la plus grande partie de son temps aux États-Unis, où il est considéré comme l'un des

principaux experts mondiaux de l'Arctique. (*Voir aussi* ARCTIQUE, EXPLORATION DE L'.)

Richard J. Diubaldo

Steinbach, ville du Man.; pop. 8478 (rec. 1996), 8213 (rec. 1991), 7473 (rec. 1986); superf. 25,24 km²; const. en 1946; située à 48 km au sud-est de Winnipeg. Dix-huit familles Kleine Gemeinde («petites communautés») fondent un village agricole MENNONITE traditionnel à l'emplacement de Steinbach en 1874. Ces familles font partie des milliers de mennonites venus du sud de la Russie dans les années 1870 pour s'installer dans 2 réserves créées à leur intention au Manitoba. Malgré l'absence d'une liaison ferroviaire, Steinbach se développe et devient un centre agricole, puis un centre commercial, industriel et administratif. Située dans une région de polyculture, la ville dessert aujourd'hui une population de secteur commercial de 30 000 habitants.

Les activités économiques de Steinbach comprennent la transformation des produits agricoles, les produits en béton, le camionnage, la menuiserie préfabriquée, la fabrication de bateaux et la vente d'automobiles au détail. Steinbach compte également un institut biblique. Son bagage culturel est à l'honneur au cours des festivités annuelles des Pioneer Days en août, ainsi qu'au Mennonite Village Museum, une reconstitution de la colonie d'origine.

D.M. Lyon

Steinberg inc. Entreprise canadienne diversifiée de vente au détail, dont le siège social se trouvait à Montréal. Constituée en société en 1930 sous le nom de Steinberg's Limited, elle adopte le nom de Steinberg inc. en 1978. Entre 1958 et 1981, la société s'agrandit grâce à l'acquisition d'autres entreprises, dont la chaîne complète de magasins de Grand Union en Ontario. Elle a plusieurs filiales en toute propriété, dont Steinberg Foods Limited, et des activités dans la production et la vente de produits alimentaires, la vente au détail d'articles d'usage courant et l'immobilier. Entre autres activités, la société et ses filiales exploitent plus de 300 supermarchés et épiceries, 24 grands magasins, plus de 150 restaurants et 35 centres commerciaux. En 1987, ses recettes de ventes ou d'exploitation s'élèvent à 4,5 milliards de dollars et ses actifs, à 1,5 milliard de dollars. Elle emploie plus de 36 000 personnes.

Au début de 1988, malgré une querelle de famille très médiatisée, la société appartient encore à 88 p. 100 aux fiducies de la famille Steinberg. En 1989, Socanav prend le contrôle de la société et celle-ci est rapidement démantelée par la vente des différentes parties de l'empire à divers intérêts.

Deborah C. Sawyer

Steinberg, Samuel, épicier (Hongrie, 1905—Montréal, 24 mai 1978). En 1909, la famille Steinberg immigre au Canada et ouvre une petite épicerie à Montréal. Samuel et ses 4 frères commencent à y travailler en 1917. Ils en feront la plus importante chaîne de supermarchés au Canada. En 1934, sous la direction de Samuel, Steinberg ouvre à Montréal le premier magasin libre-service du Québec. Cinq ans plus tard, Samuel ouvre une succursale à Arvida, au Québec. En 1959, Steinberg achète les 38 magasins de Grand Union Ltd., en Ontario. À la mort de Samuel, la société fait des recettes brutes de plus de un milliard de dollars par an, grâce à ses magasins Steinberg et Miracle Mart et à d'autres entreprises. À ce moment-là, c'est la plus importante chaîne de supermarchés au Québec et la famille Steinberg en est l'unique propriétaire. Steinberg a aussi été administrateur de Petrofina, d'Ivanhoe et de Pharmaprix.

Jorge Niosi

Steinhauer, Henry Bird, dit Shahwahnegezhik (en ojibwé) et Sowengisik (en cri), noms qui signifient «ciel du sud», ministre du culte méthodiste et chef autochtone (établissement autochtone de Rama, lac Simcoe, Haut-Canada, v. 1818—Whitefish Lake, Alb., 29 déc. 1884). Ayant reçu son nom d'adoption et une aide financière d'un bienfaiteur américain de Philadelphie nommé Steinhauer, il étudie au Cazenovia College (État de New York) et à l'Upper Canada Academy (Cobourg, Haut-Canada). En 1840, il accompagne James Evans dans les territoires de la Compagnie de la baie d'Hudson. Affecté à Oxford House en 1850, il est ordonné en 1855 par la Conférence méthodiste du Canada et envoyé à Lac La Biche (Alb.). En 1858, Steinhauer va s'établir à Whitefish Lake (Alb.) pour fonder une communauté chrétienne autochtone.

Gerald M. Hutchinson

Steinhauer, Ralph Garvin, cultivateur, chef indien et lieutenant-gouverneur de l'Alberta (Morley, Alb., 8 juin 1905—Edmonton, 19 sept. 1987). Premier autochtone à exercer la fonction de lieutenant-gouverneur, il fait ses études au pensionnat indien de Brandon et est cultivateur à Saddle Lake, en Alberta. Il fonde l'Association des Indiens de l'Alberta et est président de l'Alberta Indian Development Corporation. En 1963, il se présente comme candidat libéral aux élections fédérales. Le 2 juillet 1974, il est assermenté lieutenant-gouverneur de l'Alberta, fonction qu'il exerce jusqu'en 1979. Il est Compagnon de l'Ordre du Canada.

Eric J. Holmgren

Steinhouse, Tobie Thelma, née Davis, graveuse d'art et peintre (Montréal, 1er avril 1925). Ses abstractions complexes, qui révèlent sa quête incessante de la lumière, s'illuminent grâce aux effets produits par du verre aux couleurs de l'arc-en-ciel et des filets de pêche ou des toiles d'araignée qui évoquent la brume légère de Paris, où elle vit entre 1948 et 1957. Anne SAVAGE, peintre et professeure de Montréal, l'influence énormément. Steinhouse étudie les arts graphiques et la peinture à Montréal, à New York et à Paris, où elle présente une exposition individuelle en 1957. De retour à Montréal, elle travaille à l'Atelier libre de recherches graphiques jusqu'en 1965. Aujourd'hui, le verre givré et les tempêtes de neige sont des motifs canadiens qui font partie de son style voilé et dépouillé.

Elle entretient un intérêt pour l'art de la calligraphie japonaise et participe à l'exposition de l'école de Suiha Hiroko Okata au Québec. Ses œuvres font partie de nombreuses collections, privées ou publiques, dont celles du MUSÉE DES BEAUX-ARTS DU CANADA et du Musée des beaux-arts de Montréal. Elles sont aussi présentes dans d'autres musées, au Canada comme à l'étranger. Elle présente des expositions individuelles et participe aux Biennales des arts graphiques en Europe, au Chili, au Venezuela et aux États-Unis.

Anne McDougall

Stelco inc. Cette entreprise, dont le siège social se trouve à Toronto, est le plus gros producteur d'acier au Canada. Constituée en 1910 sous le nom de The Steel Company of Canada Ltd., la société regroupe des entreprises déjà existantes produisant du fer, de l'acier et des produits connexes: Montreal Rolling Mills Co., The Hamilton Steel and Iron Co., Canada Screw Co., Canada Bolt & Nut Co. et Dominion Wire Manufacturing Company. La société s'agrandit régulièrement par des acquisitions et fusionne, en 1969, avec Page-Hersey Tubes Ltd., Premier Steel Mills Ltd. et The Canadian Drawn Steel Co. Ltd. Son nom actuel date de 1980.

Stelco produit une vaste gamme d'aciers laminés et revêtus, de barres, de fils et de produits tréfilés, ainsi que des tuyaux, des tubes, des attaches et des articles de forge. L'entreprise a une capacité annuelle d'acier brut dépassant 16 millions de tonnes et exploite 18 usines en Ontario, au Québec et en Alberta. Elle produit annuellement près de 35 p. 100 de l'acier du Canada. Stelco a également des actions dans des gisements de charbon, de minerai de fer et de calcaire au Canada et aux États-Unis, soit directement, soit par le biais de ses filiales. Depuis 1971, elle participe à un groupement d'entreprises avec la Compagnie T. EATON limitée et TRW Inc. de Cleveland, en Ohio, sous la forme de Canada Systems Group (EST) Ltd., qui applique la technologie infor-matique, le traitement des données et la technologie des systèmes aux problèmes environnementaux. En 1995, ses revenus s'élèvent à 2,9 milliards de dollars et ses actifs, à 1,9 milliard de dollars. Elle emploie plus de 12 000 personnes. Ses actions sont détenues par un grand nombre d'actionnaires, dont 2 p. 100 sont des étrangers.

Deborah C. Sawyer

Stellarton, ville de la N.-É.; pop. 4968 (rec. 1996), 5237 (rec. 1991), 5259 (rec. 1986); superf. 8,55 km²; const. en 1889; située en bordure de la rivière East, à 18 km au sud-ouest de Pictou. Stellarton est fondée en 1774 par 5 familles arrivées sur le HECTOR. En 1827, des charbonniers anglais, attirés par la houille, bâtissent la collectivité d'Albion Mines. C'est dans leur fonderie que l'on construit le SAMSON, premier moteur à vapeur (1827) et premier bateau à vapeur (1830) de la Nouvelle-Écosse. C'est cette même fonderie qui moule les rails de la première locomotive sur rails de fer au Canada (1839). La ville devient par la suite la plaque tournante de l'activité ferroviaire.

En 1870, Albion Mines est rebaptisée Stellarton du nom du charbon Stellar. L'exploitation minière est florissante, attirant des immigrants britanniques et européens. Le boom industriel (1870—1920) du comté de Pictou repose sur le charbon de Stellarton. En 1910, l'Acadian Company employait 1350 mineurs. L'industrie minière connaît une baisse graduelle, sauf au cours de la Seconde Guerre mondiale, et disparaît en 1957 pour des motifs économiques et de sécurité. En effet, 650 hommes ont péri dans ces mines dangereuses, dont 88 dans l'explosion de la mine Allan en 1918. L'Acadia Rescue Corps était renommé pour ses sauvetages miniers exceptionnels.

Judith Hoegg Ryan

Stentor Association composée de neuf compagnies de téléphone et de Telesat Canada. Formée en 1931 (en activité à partir de 1932) sous le nom de Réseau téléphonique transcanadien (RTT) et brièvement appelé Telecom Canada, Stentor a pour but d'intégrer le service téléphonique national. Jusqu'à tout récemment, l'association manquait d'employés, d'actifs et de statut juridique puisque ses besoins étaient comblés par ses membres. Avant la création du RTT, le Canada comptait sur les installations de transmission situées aux États-Unis pour combler la majorité de ses besoins pancanadiens.

Font partie de Stentor: British Columbia Telephone Co, AGT Ltd., Saskatchewan Telecommunications, Manitoba Telephone System, Bell Canada, New Brunswick Telephone Co, The Island Telephone Co, Maritime Telegraph and Telephone Co, Newfoundland Telephone Co et Telesat Canada. Québec Téléphone, qui exploite les régions du Québec non desservies par Bell Canada, est membre associé. À l'exception de Manitoba Telephone System, tous les membres ont des sociétés de portefeuille, qui à leur tour ont des parts dans Alouette Telecommunications Inc., la société de portefeuille de Telesat Canada. Les revenus de Stentor pour l'année 1993 s'élèvent à 13,5 millions de dollars, soit 78 p. 100 des revenus de tous les services canadiens de télécommunication.

Stentor se compose de 3 organismes. Le premier, le Centre de ressources Stentor Inc., combine la recherche et le développement des compagnies de téléphone pour offrir de nouveaux produits et services. De plus, cet organisme accélère l'envoi des produits sur le marché et facilite l'implantation des normes technologiques nationales dans le domaine des télécommunications. Le Centre de ressources Stentor Inc. est dirigé par un Conseil dont les directeurs généraux proviennent de neuf compagnies de téléphone. Bell Canada occupe la moitié des sièges du Conseil. Le deuxième organisme, la Gestion de réseau canadien Stentor, veille à la gestion et à la surveillance du réseau interprovincial des compagnies de téléphone. Ce groupe administre aussi le plan de partage des recettes pour les interconnexions nord-américaines. Finalement, l'organisme Politiques publiques Télécom Inc. élabore des stratégies et définit les positions de Stentor à l'égard des politiques. Il représente ainsi les intérêts des compagnies de téléphone et leur sert de porte-parole auprès du gouvernement.

Robert E. Babe

Stephen, George, 1er baron Mount Stephen, banquier, président de chemin de fer (Dufftown, Écosse, 5 juin 1829—Hatfield, Angl., 29 nov. 1921). On dit qu'il est le premier responsable du succès du CANADIEN PACIFIQUE (CP). Il immigre à Montréal à l'âge de 21 ans pour travailler dans la boutique d'étoffes d'un parent et en devient l'unique propriétaire dès 1860. C'est cependant dans les banques et les chemins de fer qu'il investit de plus en plus son énergie et son capital. En 1873, il devient membre du conseil d'administration de la Banque de Montréal et en est le président de 1876 à 1881. En 1873—1874, il s'associe, avec son cousin Donald SMITH et J.J. HILL, au consortium qui acquiert le St. Paul, Minneapolis and Manitoba Railway qui périclite. La ligne ferroviaire devient une route prisée chez les colons et en enrichit les propriétaires. Lors d'une réorganisation du chemin de fer rénové en 1879, Stephen est nommé président. À partir de 1880, il se tourne vers un projet beaucoup plus important, le chemin de fer du Canadien Pacifique, dont il est l'un des premiers promoteurs. De 1880 à 1888, il en est le premier président. Si sa réputation dans le milieu des affaires de Montréal et sa fortune sont des atouts inestimables pour gagner la confiance des investisseurs, sa contribution personnelle à la réussite de la ligne de chemin de fer n'en est pas moins considérable. Calme et ingénieux, il garde une confiance inébranlable dans le projet et dans l'avenir de l'Ouest. Il déménage en Angleterre en 1888. Ayant accédé au rang de baronnet en 1886, il est élevé à la pairie en tant que baron Mount Stephen en 1891. Généreux philanthrope à Montréal et en Angleterre, il aurait donné plus de un million de dollars au cours de sa vie. Le Royal Victoria Hospital, à Montréal, ainsi que des hôpitaux d'Angleterre ont bénéficié de sa richesse.

D.M.L. Farr

Stephansson House LIEU HISTORIQUE provincial situé à une trentaine de kilomètres au sud-ouest de RED DEER, en Alberta, près de Markerville, une petite communauté fondée par des ISLANDAIS à la fin du XIXe s.

Stephán G. STEPHANSSON quitte l'Islande en 1873 pour s'installer aux États-Unis avant de déménager à Markerville en 1889. Pendant son séjour à Markerville, ses opinions politiques et philosophiques évoluent considérablement et il écrit beaucoup en islandais. Il est profondément désillusionné par la PREMIÈRE GUERRE MONDIALE et est, au cours de celle-ci, un ardent pacifiste. Son opposition à la guerre le discrédite aux yeux des Islandais plus conservateurs de l'Ouest du Canada et des États-Unis. Ses écrits, et plus particulièrement sa poésie, attirent toutefois l'attention, et sont publiés en Amérique du Nord et en Islande. On le considère comme l'un des plus grands écrivains islandais modernes.

Stephansson est décédé à Markerville en 1927. En 1976, sa maison est déclarée lieu historique provincial et on la restaure afin de lui redonner l'apparence qu'elle avait en 1927. La maison est ouverte au public de la mi-mai au début de septembre.

Deborah Welch et Michael Payne

Stephansson, Stephán Gudmundsson, poète, agriculteur pionnier (Kirkjuhóll, Skagafjördur, Islande, 3 oct. 1853—Markerville, Alb., 10 août 1927). Connu comme «le poète des Rocheuses», Stephansson est devenu le poète de l'Islande de l'Ouest le plus en vue au Canada et l'un des plus grands poètes islandais. Bien qu'il écrive en islandais, sa poésie reflète, en plus de son héritage islandais, son amour pour l'Alberta, son intérêt pour les questions politiques contemporaines et une grande conscience de la pensée du XXe s. Il vit à Kirkjuhóll jusqu'en 1862, puis à Vidimyrarsel jusqu'en 1870 et à Myri (Bárdardalur), jusqu'à l'âge de 20 ans. En 1873, il immigre avec ses parents au Wisconsin et travaille comme journalier. Par la suite, il obtient une concession de terre dans le comté de Shawano et devient agriculteur et bûcheron. Il déménage dans le Dakota du Nord en 1880, puis au Canada en 1889, où il s'établit comme colon et agriculteur près de Markerville (Alberta) jusqu'à sa mort. Surtout autodidacte, il prend une part active à la vie sociale et culturelle des Canadiens islandais, écrit abondamment et entretient une importante correspondance. Romantique, réaliste et satirique, il est connu pour son pacifisme et son intérêt à l'égard des droits de la femme. Ses poèmes sont publiés dans des revues de l'ouest de l'Islande à partir de 1890. Parmi ses ouvrages, figurent *Úti a Vídavangi* (poèmes, 1894); *Á Ferd og Flugi* (poèmes, 1900); son recueil de poèmes, *Andvökur I—VI* (1909—1938); *Kolbeinslag* (poésie, 1914); *Heimleidis* (poèmes sur son séjour en Islande en 1917); *Vígslódi* (poème pacifiste, 1920) et son recueil de lettres et d'essais, *Bréf og Ritgerdir I—IV* (1938—1948). Ses essais constituent une importante source de renseignements sur sa vie et son œuvre.

Kristjana Gunnars

Stephen Leacock Memorial Award Communément appelé le Stephen Leacock Award for Humour, il consiste en une médaille d'argent, décernée chaque année à l'auteur canadien du meilleur livre d'humour. Depuis 1946, elle est offerte par la compagnie Stephen Leacock Associates, établie à Orillia, en Ontario. Après la mort de Stephen LEACOCK, en mars 1944 à Montréal, un groupe de personnes, désireuses de perpétuer son souvenir et de rendre hommage à son talent extraordinaire d'écrivain humoriste, crée l'association. Le sculpteur Emanuel Hahn reçoit pour mission de concevoir la médaille. Chaque année, 5 juges, choisis dans diverses régions du Canada, lisent les ouvrages soumis au concours, puis présentent un rapport de lecture au comité de l'association. Le nom du lauréat est dévoilé lors d'une réception où sont réunis les médias. À l'occasion d'un dîner d'honneur, le lauréat reçoit la médaille, ainsi qu'une récompense en argent. Depuis le milieu des années 70, plusieurs compagnies ont accordé des récompenses en argent pour accompagner la médaille. Parmi les titulaires du prix figurent Harry J. Boyle (*Luck of the Irish and Homebrew and Patches*), Robertson DAVIES (*Leaven of Malice*), Pierre BERTON (*Just Add Water and Stir*), W. O. MITCHELL (*Jake and the Kid*) et Farley MOWAT (*The Boat Who Wouldn't Float*). Eric Nicol a remporté le prix 3 fois. Les plus récents gagnants sont Joey Slinger, en 1986 (*No Axe Too Small to Grind*), et W. P. Kinsella en 1987 (*The Fencepost Chronicles*).

Jim Harris

Stephenson, sir William Samuel, inventeur, homme d'affaires et maître espion (Winnipeg, Man., 11 janv. 1896—Bermudes, 31 janv. 1989). Pilote de combat pendant la Première Guerre mondiale, il remporte plusieurs médailles pour sa bravoure. Alors qu'il est étudiant à l'U. du Manitoba, il invente la phototélégraphie, puis une méthode de transmission d'images par radiocopie sans fils de téléphone ou de télégraphe. En 1921, il déménage en Angleterre pour développer son invention et la vendre aux journaux. Il fait rapidement fortune et gagne son entrée dans les cercles politiques importants de Londres. C'est ainsi que, dans les années 30, p. ex., il est membre d'une commission royale chargée de planifier l'exploitation des ressources naturelles de l'Inde.

Au début de la Seconde Guerre mondiale, Stephenson se voit confier la direction de la British Security Co-ordination (contre-espionnage) dans l'hémisphère occidental, qui a son quartier-général à New York (dont l'adresse télégraphique est INTREPID, devenue plus tard populaire comme nom codé pour Stephenson). Les activités de son organisation vont de la censure du courrier transatlantique, au déchiffrage de lettres codées (ce qui permet de démasquer au moins un espion allemand aux États-Unis), à la falsification de documents diplomatiques, à l'obtention des codes militaires des Français de Vichy et des Italiens, à la protection contre le sabotage des usines américaines de munitions destinées à l'Angleterre, jusqu'à la formation d'agents alliés (au CAMP X, près d'Oshawa, en Ontario) pour leur infiltration dans les pays d'Europe occupés par les nazis.

Bien que Stephenson ait été fait chevalier par le roi George VI et décoré de la Médaille du mérite américaine, son service durant la guerre est demeuré à peu près inconnu du public jusqu'à la parution de l'ouvrage de H. Montgomery Hyde, *The Quiet Canadian* (1962). Il est plus tard le sujet de 2 livres de William Stevenson (aucun lien de parenté avec Stephenson): *A Man Called Intrepid* (1976) et *Intrepid's Last Case* (1983). Les historiens et les experts en renseignements ont accueilli avec réserve les affirmations concernant la carrière de Stephenson. Après la Seconde Guerre mondiale, il vit dans les Antilles, devient président de la Caribbean Development Corp. et se retire finalement aux Bermudes.

Donald J.C. Phillipson

Stephenville, ville de T.-N.; pop. 7764 (rec. 1996), 7621 (rec. 1991), 7994 (rec. 1986); superf. 34,80 km²; const. en 1952; située sur la rive nord de la baie St. George, dans le sud-ouest de la province. Son nom évoque le pionnier acadien Stephen Le Blanc; les colons qui s'y installent vers 1845 vivent de la chasse et de la pêche. Sa position sur le grand parcours de la route aérienne entre les États-Unis et l'Europe lui vaut d'être choisie comme emplacement pour la Ernest Harmon Air Force Base que les Américains y construisent en 1941. Cette construction entraîne une augmentation rapide de sa population. La fermeture de la base en 1966 a des conséquences économiques désastreuses pour la région, mais le ministère fédéral des Transports ouvre l'aéroport Harmon Field au trafic commercial. La base passe sous le contrôle du gouvernement provincial qui en confie la gestion à la Crown's Harmon Corporation, formée en 1967 pour attirer de nouvelles industries. En 1972, on commence l'exploitation d'une fabrique de carton doublure d'une valeur de 140 millions de dollars, mais elle ferme ses portes en 1977. En 1979, le plus important fabricant mondial de papier journal, l'Abitibi-Price, achète la fabrique et la transforme pour la production de papier journal. L'exploitation commence en 1981 et fournit de très nombreux emplois.

Janet E.M. Pitt et Robert D. Pitt

Steppenwolf Groupe de blues-rock de Los Angeles (très populaire de 1967 à 1972) qui faisait partie à l'origine de Sparrow, un quintette de Toronto qui a connu son apogée de 1964 à 1967, et qui comprenait le chanteur allemand John Kay (Joachim Krauledat), le batteur Jerry Edmonton (alias Mars Bonfire) et l'organiste Goldy McJohn. La chanson *Born to be Wild*, de Bonfire, qui fait partie de la trame sonore du film *Easy Rider*, un classique de la contre-culture, est considérée comme l'un des premiers prototypes du rock *heavy metal*, et s'est vendue à un million d'exemplaires en 1968. Au cours des 2 années suivantes, *Magic Carpet Ride, Rock Me, Monster* et *Hey Lawdy Mama* se sont classées parmi les 40 premières places du palmarès américain. Les tentatives de Kay pour relancer Steppenwolf après 1972 connaissent un succès mitigé, bien que les spectacles sur scène du groupe demeurent populaires jusqu'en 1995 environ. Kay est élu au Temple de la renommée de la Canadian Academy of Recording Arts and Sciences (CARAS) en 1996.

Jeff Bateman

Sterbak, Jana, sculpteure (Prague, Tchécoslovaquie, 1955). Sterbak quitte la Tchécoslovaquie avec ses parents en 1968 après le *Printemps de Prague*, s'établissant d'abord à Vancouver avant de déménager à Montréal pour y terminer ses études à l'U. Concordia. Elle mène une vie itinérante, partageant son temps entre Toronto et New York avant de revenir à Montréal, où elle vit actuellement tout en séjournant souvent à Paris. Depuis sa participation à l'exposition Aperto à la Biennale de Venise en 1990, et son exposition en solo au MUSÉE DES BEAUX-ARTS DU CANADA en 1991, elle expose souvent en Europe, tant en solo qu'en groupe. On trouve des œuvres révélatrices de son style à la Galerie nationale, au MUSÉE D'ART CONTEMPORAIN DE MONTRÉAL et au Centre Georges-Pompidou à Paris.

Le style de Sterbak est difficile à définir, tout comme les matériaux qu'elle utilise. Influencée à ses débuts par le minimalisme, elle choisit délibérément des matériaux souvent non conventionnels, guidée par son désir d'établir un rapport direct et frappant entre l'idée et la matière. Ainsi, elle utilise à plusieurs reprises du fil électrique, du ruban de couturière, du bifteck, ainsi que des matériaux plus traditionnels tels que le plomb, le verre et le bronze. Le résultat peut sembler menaçant et agressif, comme dans la robe électrique *I Want You to Feel the Way I Do...* (*The Dress*) (1984—85), ou témoigner d'une fraîcheur ironique, comme dans *Generic Man* (1987) ou *Standard Lives* (1988), dont le mordant est quelquefois accentué par l'utilisation de texte.

Terrain psychologique Son sujet est le corps et, à travers le corps, l'identité. Son œuvre explore le terrain psychologique entre la liberté et la contrainte, et de nombreuses sculptures sont conçues de façon à prolonger ou limiter le corps d'une manière quelconque. Politique sexuelle, conformisme social et mortalité font l'objet d'une observation ironique et minutieuse. D'autre part, elle invite avec compassion la volonté humaine à dépasser les limites du corps et la puissance de l'inspiration créatrice. Cependant, plus souvent qu'autrement, elle offre des résultats tout au plus ambigus, comme dans son œuvre de jeunesse *Golem: Objects as Sensations*, ou son œuvre plus récente *Sisyphus II*.

Sterbak, dans ses rares commentaires autobiographiques, souligne le détachement propre à l'artiste émigrée. En fin de compte, son œuvre est anti-utopique, recherchant la complicité tacite de l'observateur dans sa triste révélation des défauts humains. (*Voir aussi* ART CONTEMPORAIN.)

Diana Nemiroff

Sternberg, Charles Mortram, paléontologue (Lawrence, Kans., 18 sept. 1885—Ottawa, 8 sept. 1981). Issu d'une famille de célèbres collectionneurs de fossiles américains, Sternberg travaille pendant quelques années dans l'ouest des États-Unis avant que sa famille ne vienne au Canada exploiter les riches champs de fossiles de la vallée de la rivière Red Deer, en Alberta, pour la COMMISSION GÉOLOGIQUE DU CANADA. Charles demeure au Canada et, après 1919, entreprend progressivement la description scientifique de vertébrés fossilisés pour la Commission géologique. Il poursuit sa collecte de fossiles surtout en Alberta, mais également en Saskatchewan, dans le nord-est de la Colombie-Britannique et en Nouvelle-Écosse. Il publie 47 cahiers sur les vertébrés fossilisés, principalement des dinosaures, dont bon nombre portent sur ses remarquables découvertes. Assistant biologiste au Musée national du Canada, il prend sa retraite en 1950. Plus tard, il apporte son aide pour l'aménagement du PARC PROVINCIAL DINOSAUR, en Alberta. Il est élu membre de la Société royale du Canada en 1949 et reçoit des grades honoris causa des universités de Calgary et Carleton.

L.S. Russell

Sterne et guifette La sterne est un oiseau appartenant à la famille des laridés (*voir* GOÉLANDS ET MOUETTES). Elle est de taille moyenne et a généralement un plumage gris et blanc. Au printemps et en été, la plupart des espèces portent une couronne noire. Les sternes ressemblent aux goélands, mais elles s'en distinguent notamment par leurs ailes pointues et leur queue habituellement fourchue. De plus, elles ont un profil plus aérodynamique et un vol plus léger. La majorité des sternes plongent du haut des airs pour pêcher, ce que les goélands font rarement.

Répartition Il existe environ 44 espèces de sternes et de guifettes dans le monde, et la majorité vivent dans l'océan Pacifique. On trouve 15 espèces au Canada parmi lesquelles 6 sont nicheuses. La sterne arctique (*Sterna paradisaea*) et la sterne pierregarin (*S. hirundo*) ont les plus grandes aires de reproduction. La première niche depuis les provinces de l'Atlantique jusque dans les régions subarctiques et arctiques du Canada, et la seconde se reproduit dans toutes les provinces sauf en Colombie-Britannique. La guifette noire (*Chlidonias niger*) niche à partir de l'est de la Colombie-Britannique jusque dans le sud du Québec et du Nouveau-Brunswick. La sterne de Forster (*S. forsteri*) niche dans les Prairies et localement dans l'extrême sud-ouest de l'Ontario. La sterne de Dougall (*S. dougallii*) niche exclusivement dans le sud de la Nouvelle-Écosse et aux Îles de la Madeleine. Il existe 3 principales populations nicheuses de sternes caspiennes (*S. caspia*) au Canada: celle du Grand lac des Esclaves et de la rivière Liard; celle qui niche dans le centre de la Saskatchewan et du Manitoba ainsi que dans le sud-est du Manitoba; et celle du sud de l'Ontario.

Nidification La sterne caspienne, la sterne pierregarin, la sterne de Dougall ainsi que la sterne arctique nichent habituellement dans l'herbe, sur le sable ou sur le gravier, généralement dans des îles ou des péninsules. Leur nid n'est souvent qu'une simple petite dépression aménagée à même le sol. La guifette noire et la sterne de Forster construisent généralement leur nid au-dessus de l'eau et l'amarrent à la végétation émergente environnante, ou l'aménagent sur une structure telle une hutte de rat musqué. Les sternes pondent généralement 2 ou 3 œufs. Leur cycle de reproduction est plus court que celui des goélands, et leurs petits se développent plus rapidement.

Migration Au Canada, la sterne arctique niche généralement au nord de la LIMITE FORESTIÈRE. Celles qui nichent dans l'Est migrent vers la côte est de l'Amérique du Nord, traversent l'Atlantique afin de rejoindre le sud de l'Europe, descendent ensuite en longeant une partie de la côte africaine et traversent de nouveau l'océan afin d'atteindre la pointe de l'Amérique du Sud. Elles accomplissent ainsi un voyage de plus de 16 000 km, soit l'une des plus longues MIGRATIONS du monde des oiseaux.

D.V. Weseloh

Stettler, ville de l'Alb.; pop. 5220 (rec. 1996), 4947 (rec. 1991), 5135 (rec. 1986); superf. 9,35 km²; const. en 1906; chef-lieu du comté de Stettler; située dans la prairie vallonnée du centre-sud de l'Alberta, à 203 km au sud-est d'Edmonton, et aux abords d'un ruisseau coulant vers le nord pour se jeter dans la rivière Battle. C'est en 1903 que Carl Stettler, d'origine suisse, s'établit dans la région avec les colons qui l'accompagnent. Le hameau de Blumenau, aux habitants majoritairement suisses, est fondé en 1905, mais déserté à l'automne de la même année en faveur du nouvel emplacement de Stettler établi par le Canadien Pacifique.

La nouvelle ville est prospère jusqu'à la Première Guerre mondiale, puis son économie se stabilise jusqu'à la fin de la Seconde Guerre mondiale. Stettler connaît alors une autre croissance soutenue stimulée par l'exploitation pétrolière et gazière. Elle demeure le centre de services le plus important pour l'économie diversifiée de sa région, qui comprend les céréales et l'élevage, ainsi que la production de pétrole et de gaz.

Carl Betke

Steven, Donald Anstey, compositeur, professeur, interprète et arrangeur (Montréal, 26 mai 1945). Il consacre plusieurs années à la musique folk et rock avant d'étudier la composition avec Bruce MATHER à l'U. McGill. Après des études plus poussées avec Milton Babbitt à Princeton, il revient au Canada en 1974 pour enseigner à l'U. de Western Ontario.

Membre du corps professoral de McGill de 1975 à 1992, il devient ensuite directeur du conservatoire de musique de la State University of New York au Purchase College. Parmi ses œuvres sérieuses, on retrouve *Lost Tracks in Time* (1992) pour midi-guitare solo et ruban magnétique, *The Breath of Many Flowers* (1986) pour orchestre à cordes et *In the Land of Pure Delight* (1991) pour ensemble électronique et amplifié. En 1997, Steven est nommé doyen du College of the Performing Arts de l'U. Roosevelt, à Chicago.

Alan Horgan

Stevens, Henry Herbert, politicien et homme d'affaires (Bristol, Angl., 8 déc. 1878—Vancouver, 14 juin 1973). Député fédéral pendant près de 30 ans, il est l'une des figures politiques canadiennes les plus controversées des années 30. D'abord élu au Parlement en 1911 en tant que député conservateur de la ville de Vancouver, il devient ministre sous les gouvernements de MEIGHEN (1921, 1926) et ministre du Commerce (1930—1934) sous R.B. BENNETT à titre de député de Kootenay-Est. En 1934, il est nommé président de la Commission royale d'enquête sur les écarts de prix, après avoir dirigé une enquête dévoilant de graves abus chez les grosses entreprises. Stevens attaque les intérêts des grandes entreprises et réclame des changements radicaux, ce qui met Bennett dans l'embarras. Il démissionne par la suite du Cabinet et de la présidence de cette commission. En 1935, il forme le Parti de la reconstruction dans le but de protéger les «petits» de l'exploitation financière et de la CRISE DES ANNÉES 30. Bien que son parti obtienne près de 10 p. 100 des suffrages aux élections de 1935, Stevens est le seul candidat victorieux. Il retourne au sein du caucus conservateur en 1939. Après 3 défaites électorales et une tentative avortée pour devenir chef des tories en 1942, Stevens s'occupe finalement d'affaires à temps plein, à Vancouver.

Bill Cameron

Stevens, Sinclair McKnight, politicien (Canton d'Esquesing, près de Milton, Ont., 11 févr. 1927). Diplômé de l'U. de Western Ontario et de l'Osgoode Law School, Stevens devient membre du barreau de l'Ontario en 1955. Il pratique le droit et se lance en affaires avant d'être élu député fédéral conservateur aux élections de 1972. Il se présente à la direction du Parti conservateur en 1976, termine septième au premier tour de scrutin et offre son appui au candidat gagnant, Joe CLARK.

Stevens, un politicien d'une grande visibilité et plutôt controversé (en partie en raison de sa volonté d'effectuer d'importantes coupures dans la fonction publique), est nommé président du Conseil du Trésor sous le gouvernement Clark, de 1979 à 1980. Défenseur de la libre entreprise et de l'établissement de liens plus étroits avec les États-Unis, il appuie très ouvertement la candidature de Brian MULRONEY à la tête du Parti conservateur en 1983.

Stevens est nommé ministre de l'Expansion industrielle régionale et président du Comité permanent de l'expansion économique régionale dans le gouvernement Mulroney, en 1984. Il se retire du Cabinet en 1986, après que des accusations de conflit d'intérêts aient été portées contre lui et fassent l'objet d'une commission d'enquête. En décembre 1987, la commission juge que Stevens a été en conflit d'intérêts en 14 occasions. Après un retour à la pratique privée du droit, Stevens effectue un bref retour à la vie politique et tente de reprendre sa circonscription en 1988, mais sans succès. Il occupe des fonctions diversifiées tout au long de sa carrière, notamment comme journaliste pour le *Toronto Star*, promoteur immobilier, éleveur de bétail et financier, et, en 1989, il devient éditeur de la publication *The Planet Today*. En 1993, il est nommé président de la York Centre Corporation.

Norman Hillmer

Stewart, Nelson Robert, Nels, «Old Poison», joueur de hockey (Montréal, 29 déc. 1902—Toronto, 21 août 1957). Il est le premier joueur à compter plus de 300 buts, et son record de 324 buts tient jusqu'à ce que Maurice RICHARD l'éclipse. Gros joueur robuste au tir terrifiant, il réalise la plupart de ses exploits de compteur au sein d'un trio avec Hooley Smith et Babe Siebert. Il joue pour les Maroons de Montréal de 1925 à 1932, pour les Bruins de Boston de 1932 à 1935, pour les Americans de New York en 1935—1936, à nouveau pour les Bruins en 1936-1937, et, enfin, pour les Rangers de New York de 1937 à 1940. Il remporte le TROPHÉE HART en 1926 et en 1930, et détient toujours le record des buts comptés le plus rapidement: 2 buts en 4 secondes. Les anecdotes selon lesquelles il crachait le jus de tabac à chique dans les yeux des gardiens de but adverses sont probablement sans fondement, mais elles illustrent bien son comportement agressif sur la glace. Stewart est admis au Temple de la renommée du hockey en 1962.

James Marsh

Stewart, Robert William, scientifique (Smoky Lake, Alb., 21 août 1923). Stewart a acquis une renommée internationale pour ses travaux originaux sur la turbulence, l'océanographie et la météorologie, et il est une autorité reconnue dans le domaine des échanges entre l'océan et l'atmosphère. Il détient une chaire de professeur invité dans des universités d'Amérique du Nord, du Royaume-Uni et à l'Institut de physique atmosphérique de l'Union des républiques socialistes soviétiques. Stewart est l'un des premiers à reconnaître l'importance d'étudier les océans et l'atmosphère comme un système combiné.

Durant sa carrière, il est scientifique au Conseil de recherches pour la défense de 1950 à 1961, professeur titulaire de physique et d'océanographie à l'U. de la Colombie-Britannique de 1960 à 1970, directeur général de l'Institut des sciences de la mer à Sidney, en Colombie-Britannique, de 1970 à 1979, sous-ministre des Universités, de la Science et des Communications de la Colombie-Britannique de 1979 à 1984 et président de l'Alberta Research Council de 1984 à 1987. Il devient ensuite directeur fondateur du Centre for Earth and Ocean Research, affilié à l'U. Victoria, et il prend sa retraite en 1989. Il reçoit la médaille Patterson de la Société météorologique du Canada, la Sverdrup Medal de l'American Meteorological Society et la médaille Tully de la Société canadienne de météorologie et d'océanographie. Ses contributions à la science lui valent d'être nommé Officier de l'Ordre du Canada en 1979.

C.R. Mann

Stikine, fleuve Long de 539 km, il prend sa source dans le parc naturel Spatsizi, dans le nord-ouest de la Colombie-Britannique. Il s'écoule suivant un large arc en direction nord-ouest dans les hautes-terres du plateau de Stikine, puis serpente vers le sud en traversant la spectaculaire CHAÎNE CÔTIÈRE avant de se jeter dans l'océan Pacifique près de Wrangell, en Alaska. Le Stikine draine une superficie de 49 800 km² et son plus important tributaire est la rivière Iskut. Les sections supérieure et inférieure du Stikine sont séparées par le Grand Canyon, non navigable, d'une longueur de 90 km. À cet endroit s'est creusée au travers de la roche volcanique une gorge escarpée et étroite, profonde de 450 m. Stikine, qui signifie «la majestueuse rivière», est le nom donné à ce fleuve par les TLINGITS. Ceux-ci venaient périodiquement dans la section supérieure y cueillir des baies, pêcher et faire sécher le saumon sous le climat aride de l'est de la chaîne Côtière. Ils y venaient aussi pour commercer avec les TAHLTANS de la région amont de la ligne de partage des eaux du fleuve.

En 1824, Samuel BLACK, de la COMPAGNIE DE LA BAIE D'HUDSON (CBH), traverse le bassin de drainage à la source du Stikine. En 1838, la CBH envoie Robert Campbell établir la communication avec ses postes et ses lieux d'expéditions situés sur la côte depuis le fleuve Mackenzie. Il se rend avec des guides autochtones à leur grand lieu de rendez-vous commercial au confluent du Stikine et de la Tahltan. Peu de temps après, la CBH fait l'acquisition du fort russe de Dionysius (aujourd'hui Wrangell), près de l'embouchure du Stikine. En 1861, la découverte de gisements aurifères près de l'emplacement actuel de Telegraph Creek provoque une petite ruée vers l'or et la mise en service d'un navire à vapeur sur le fleuve.

Au cours du siècle suivant, le Stikine sert de voie de transport importante pour les non-autochtones pénétrant vers l'intérieur. Le trafic sur le fleuve atteint son point culminant en 1898, quand des milliers de chercheurs d'or l'empruntent pour se rendre dans le district aurifère du Klondike. De 1941 à 1943, tout comme le lac Dease et la rivière du même nom, le Stikine est une importante route maritime pour le transport des matériaux servant à la construction de l'aéroport de Watson Lake, lequel fait partie de la ROUTE À RELAIS DU NORD-OUEST.

Depuis l'avènement de l'avion et des routes d'accès vers le Nord, le fleuve Stikine n'est plus une route importante. À Telegraph Creek, la seule ville sur ses rives, les habitants qui sont en grande majorité des Indiens tahltans dépendent largement du saumon qui remonte le fleuve jusque dans l'impénétrable Grand Canyon. Il en va de même pour les habitants de Wrangell. L'exploitation des mines et des forêts dans la région et un éventuel projet hydroélectrique important dans le canyon pourraient à tout moment modifier sérieusement le fleuve, mais, pour l'instant, il demeure essentiellement pittoresque et sauvage, et devient de plus en plus un lieu de plaisance.

Rosemary J. Fox

Stikine, territoire Entre 1839 et l'achat de l'Alaska par les États-Unis en 1867, la COMPAGNIE DE LA BAIE D'HUDSON loue de la Russian American Fur Co. la partie continentale du prolongement méridional de l'Alaska. En 1861, on trouve de l'or dans la rivière Stikine, territoire britannique contigu à la région louée. On soustrait cette région de l'autorité de la Compagnie de la baie d'Hudson on crée le territoire Stikine (ou Stickeen) le 19 juillet 1862. Ce territoire est limité à l'ouest par l'Alaska, au sud par la colonie de la COLOMBIE-BRITANNIQUE, à l'est par le 125e degré de longitude Ouest et au nord par le 62e degré de latitude Nord. Le gouverneur de la Colombie-Britannique est un administrateur territorial qui a le pouvoir de nommer des agents de la Couronne, la Cour suprême de la Colombie-Britannique est responsable des affaires civiles et criminelles, et la loi britannique est en vigueur. La Grande-Bretagne assure ainsi l'autorité britannique dans une région où il risque d'y avoir une RUÉE VERS L'OR. L'existence de ce territoire est cependant de courte durée. En juillet 1863, la majorité de son territoire est absorbé à l'intérieur d'une Colombie-Britannique agrandie. (*Voir aussi* ÉVOLUTION TERRITORIALE.)

J.W. Shelest

Stillman, affaire Dans l'arrêt Stillman, la Cour suprême du Canada conclut à la majorité que le pouvoir de *common law* de procéder à une fouille accessoire à une arrestation ne comprend pas le droit de saisir des échantillons de substances corporelles. L'exercice de ce pouvoir doit respecter 3 conditions: 1) l'arrestation doit être légale; 2) la fouille doit être accessoire; 3) la fouille doit être effectuée de manière raisonnable.

En l'espèce, Stillman a été l'objet d'une fouille très envahissante (cheveux, poils pubiens, empreintes dentaires et mouchoir de papier) sans son consentement, les policiers ayant même eu recours à la force. Seule la preuve liée au mouchoir de papier n'est pas écartée, car on n'a pas forcé Stillman à se moucher. L'admission des autres preuves déconsidérait l'administration de la justice, selon la majorité (5 à 4),

parce qu'elles ont été obtenues en mobilisant l'accusé contre lui-même.

Stinchcombe (1991), affaire La Cour suprême précise, dans cette affaire, la portée du droit à une défense pleine et entière, garanti par l'article 7 de la Charte canadienne des droits et libertés, ce qui a pour effet de dissiper l'incertitude juridique entourant la divulgation de la preuve par la Couronne.

La Cour affirme unanimement que la Couronne a le devoir de dévoiler sa preuve à la défense afin que l'accusé puisse jouir d'une défense pleine et entière.

Ce droit déjà reconnu par la *common law* acquiert ainsi une vigueur nouvelle et constitue l'un des piliers de la justice criminelle. De volontaire qu'elle était, la divulgation de la preuve devient obligatoire. La divulgation comprend toute la preuve, tous les renseignements pertinents. La divulgation initiale doit avoir lieu avant que l'accusé choisisse son mode de procès ou inscrive son plaidoyer. Le refus absolu de divulguer ne peut se justifier que par l'existence d'un droit au secret. Le pouvoir discrétionnaire de la Couronne peut faire l'objet d'un contrôle par le juge au procès.

Stoicheff, Boris Peter, professeur de physique (Bitola, Yougoslavie, 1er juin 1924). Ce spécialiste de la spectroscopie, de la physique du LASER et de l'optique non linéaire est renommé pour son utilisation novatrice des lasers. Après l'obtention d'un doctorat à l'U. de Toronto en 1950, il se joint au Conseil national de recherches du Canada (CNRC), en 1951. En 1964, il entre au Département de physique de l'U. de Toronto et est directeur du Département de génie de 1972 à 1977. Il prend sa retraite en 1989.

Stoicheff est président de l'Optical Society of America en 1976, membre du conseil du CNRC, de 1977 à 1980 et de 1981 à 1983, et président de l'Association canadienne des physiciens, de 1983 à 1984. Il est Membre de la Société royale du Canada (SRC), Membre honoraire de l'Indian Academy of Sciences et Membre de la Royal Society of London. Il reçoit la Médaille Ives de l'Optical Society of America, la médaille d'or de l'Association canadienne des physiciens, la Médaille Henry Marshall Tory de la SRC et l'Ordre du Canada.

Ses 150 articles publiés dans des revues scientifiques traitent de la lumière, de la spectroscopie, des structures moléculaires et des lasers, en relation avec la physique.

J. Knelman

Stojko, Elvis, patineur artistique (Newmarket, Ont., 22 mars 1972). Stojko chausse les patins à un tout jeune âge et il n'a pas encore 18 ans lorsqu'il fait ses débuts chez les seniors. Sa prestation impressionnante lui vaut le second rang, derrière le champion du monde en titre, Kurt Browning, au championnat canadien de 1990. La puissance de ses sauts est telle qu'il se classe rapidement parmi les plus grands patineurs, finissant huitième, après Browning, au championnat mondial la même année.

Jeune patineur, Stojko ne possède pas encore la finesse et le talent artistique nécessaires pour rivaliser avec les champions. Il se classe au deuxième rang du championnat canadien pendant les 3 années suivantes, raffinant sans cesse sa technique. En 1991, il obtient la sixième place au championnat du monde en exécutant le premier quadruple saut en combinaison de l'histoire lors d'une compétition. Un mois après les Jeux olympiques de 1992, où il n'obtient qu'une décevante septième position, sa prestation au championnat du monde lui vaut de remonter sur le podium pour recevoir une médaille de bronze.

L'habileté technique et la puissance des sauts de Stojko sont alors inégalées, mais les juges refusent de récompenser son approche peu orthodoxe du patinage artistique. Lors du championnat canadien de 1993, il se classe encore deuxième derrière Browning, mais il devient évident que son niveau de patinage fait de lui un rival redoutable. La même année,

Browning remporte pour la quatrième fois le championnat du monde, suivi de près par Stojko, et, pour la première fois, 2 patineurs canadiens terminent en première et en seconde positions.

Le championnat canadien de 1994 marque le début du règne de Stojko, alors qu'il ravit le titre de Browning. La même année, sa prestation aux Jeux olympiques est nettement supérieure, mais les juges hésitent toujours à reconnaître son style et lui décernent la médaille d'argent. Lors du championnat du monde de 1994, il remporte la médaille d'or avec le même programme qu'aux Jeux olympiques. C'est le cinquième titre mondial recueilli par un patineur canadien en 6 ans.

Incommodé par une blessure à la cheville, Stojko doit renoncer au championnat canadien de 1995, mais il défait de nouveau tous ses rivaux lors du championnat du monde, où il gagne la médaille d'or pour une deuxième année consécutive, rapportant ainsi au Canada un septième titre de champion du monde de patinage artistique en neuf ans.

Stoney Creek, ville de l'Ont.; pop. 54 318 (rec. 1996), 49 968 (rec. 1991), 43 548 (rec. 1986); superf. 98,6 km²; const. en 1974; située dans la PÉNINSULE DU NIAGARA, juste à l'est de HAMILTON. Elle résulte de la fusion de la ville de Stoney Creek et du canton de Saltfleet. Les premiers colons européens, pour la plupart des loyalistes, arrivent des États-Unis en 1786. Le défrichement des terres favorise la culture mixte tandis que des moulins à farine, des scieries ainsi que de nombreux services agricoles s'installent. Après les années 1880, les terres entre le LAC ONTARIO et l'ESCARPEMENT DU NIAGARA servent à la culture des fruits tendres et des raisins, ce qui amène la construction d'usines d'emballage et de mise en conserve, et à l'établissement de nombreux viticulteurs.

Grâce à un bon réseau de transport avec Hamilton, d'abord par chemin de fer interurbain, puis par route, la ville connaît un développement résidentiel, commercial et industriel considérable. Stoney Creek possède un site naturel de toute beauté, qui comprend la crête aménagée de l'escarpement du Niagara, une Réserve de la Biosphère mondiale, et les berges du lac Ontario où sont installées une marina et de nombreuses autres attractions récréatives. Le parc commémoratif de la BATAILLE DE STONEY CREEK pendant la guerre de 1812 fait partie du site et le Women's Institutes, reconnu dans le monde entier, est né à cet endroit en 1897.

H.J. Gayler

Stoneys-Nakodas ou îyârhes Nakodabis, «Sioux des montagnes Rocheuses», ils sont apparentés sur les plans culturel et linguistique aux ASSINIBOINES des plaines, mais, en Saskatchewan et au Montana, leur langue et leur culture diffèrent. Ils parlent le dialecte nordique de la langue dakota. Leur tradition orale soutient que leurs ancêtres ont vécu depuis les temps immémoriaux dans les contreforts des montagnes Rocheuses. Selon les premiers écrits historiques (les RELATIONS DES JÉSUITES), les Stoneys-Assiniboines se sont séparés de la nation Dakota-Lakota un peu avant 1640, et on en déduit qu'ils ont immigré avec les CRIS vers l'ouest au moment où la TRAITE DES FOURRURES s'étendait le long de la rivière Saskatchewan. En 1670, Henry KELSEY, un employé de la COMPAGNIE DE LA BAIE D'HUDSON, voyage avec des trappeurs stoneys-assiniboines. L'autre récit d'une rencontre avec ces Indiens est celui du marchand Anthony HENDAY qui relate avoir vu des camps de Stoneys-Assiniboines à l'occasion d'un voyage en Alberta en 1754. De son côté, le père de Smet rapporte en 1840 que les Stoneys des montagnes Rocheuses se sont séparés des Assiniboines des plaines vers 1790, mais il faisait peut-être allusion à des groupes, comme la bande des Bearspaws, qui, selon la tradition orale, ont fui vers l'ouest pour échapper aux épidémies de variole.

Vie sociale et économique Les bandes de Stoneys-Nakodas, généralement composées de familles élargies, habitent les contreforts des montagnes Rocheuses, depuis le cours supérieur de la rivière Athabasca jusqu'au mont Chief dans le Montana. Ces gens des forêts et des contreforts chassent le bison et autre gros gibier. Après l'établissement d'Edmonton House (1795) et de ROCKY MOUNTAIN HOUSE (1799), ils font la traite de fourrures, de peaux et de viande fraîche et sont d'une importance inestimable en tant que guides pour les marchands de fourrures, les explorateurs (lord Southesk, John PALLISER, James HECTOR), les arpenteurs (*voir* CANADIEN PACIFIQUE et COMMISSION GÉOLOGIQUE DU CANADA) et les missionnaires. Ils sont initiés au christianisme par les missionnaires méthodistes après 1840.

En 1873, les révérends GEORGE et John Mcdougall fondent la mission méthodiste de Morleyville sur la rivière Bow. Les Stoneys, sous la direction des chefs Jacob Bearspaw, John Chiniki (ou Chiniquay) et Jacob Goodstoney, acceptent le Traité n° 7, à Blackfoot Crossing en septembre 1877. La première réserve de 282 km², adjacente à la mission de Morleyville, est arpentée en 1879. Plus tard, les bandes Bearspaw et Wesley revendiqueront d'autres terres de réserve au sud et au nord. Les réserves de Bighorn (Kiska Waptan), à l'ouest de Nordegg, et d'Eden Valley, à l'ouest de Longview, sont créées en 1948, après des années de pétitions et de négociations. Des descendants des Stoneys des bois vivent aussi dans les réserves Alexis et Paul, à l'ouest d'Edmonton, établies en 1876 en vertu du Traité n° 6.

L'agriculture et l'élevage ont remplacé leur mode de vie traditionnel fondé sur la chasse, la pêche et le piégeage le long des contreforts des montagnes Rocheuses.

Base économique actuelle La vie économique des Stoneys-Nakodas repose sur le piégeage, la chasse au gros gibier, les services de guides, l'élevage, l'exploitation forestière, l'artisanat, les emplois de manœuvres et diverses professions. À Morley, les bandes Bearspaw, Chiniki et Wesley jouissent d'un haut niveau de vie grâce aux redevances qui leur sont versées par l'industrie du gaz naturel. Ils exploitent aussi différentes entreprises commerciales (des magasins, des restaurants, des stations-service, un centre de rodéo, un terrain de camping et le Nakoda Lodge). Leur vie sociale est centrée sur la famille et sur les activités culturelles: POW-WOWS, JOURS DE LA DISTRIBUTION, RODÉOS, *stampedes* et réunions de bandes. Les membres des 3 peuplades nakodas habitent Morley, Bighorn et Eden Valley. En 1996, leur population comptait plus de 3400 personnes.

Ian A.L. Getty

Stony Plain, ville de l'Alb.; pop. 8274 (rec. 1996), 7226 (rec. 1991), 5802 (rec. 1986); superf. 26,51 km²; située à environ 25 km à l'ouest d'Edmonton. Stony Plain est enregistrée en tant que village en 1907, puis en tant que ville en 1908. Les premières habitations surgissent en 1881, à environ 3 km au sud de l'emplacement actuel de la ville. Le village est d'abord appelé Dogrump Creek et est renommé Stony Plain en 1892. En 1891, des colons appartenant à la minorité allemande de Russie s'installent à plusieurs kilomètres au nord de la ville. En 1905, le Canadian Northern Railway passe au nord du village d'origine, et l'on déménage dès lors les quelques édifices de Stony Plain au nord, aux abords du chemin de fer.

L'économie de la région est basée sur l'agriculture mixte. La population de la ville a beaucoup fluctué: elle est passée entre autres de 1000 habitants en 1908 à 489 en 1930. L'essor économique de l'Alberta d'après 1945 a favorisé la croissance de Stony Plain. Cette ville est toujours un centre de services, mais, fait plus important encore, son emplacement permet à ses habitants d'aller travailler tous les jours à Edmonton.

D.G. Wetherell

Stornoway Située au 541 avenue Acacia dans le village de Rockcliffe Park, près d'Ottawa, elle est la résidence officielle du CHEF DE L'OPPOSITION. Maison simple et spacieuse à étage, revêtue de stuc et située dans un grand domaine, elle est l'un des tout premiers édifices permanents de ce quartier prestigieux. Conçue par l'architecte local Allan Keefer, à qui l'on doit de nombreuses demeures luxueuses de Rockcliffe Park, elle est construite en 1913—1914 pour un marchand prospère d'Ottawa, Ascanio J. Major. Durant la Seconde Guerre mondiale, elle est la résidence de la princesse héritière des Pays-Bas, Juliana, et de sa famille. Achetée en 1950 par une fiducie privée, elle appartient au gouvernement du Canada depuis 1970. Elle a servi de résidence à tous les chefs de l'Opposition, depuis George Drew jusqu'en 1993, lorsque Lucien Bouchard, du Bloc québécois, refuse d'y vivre.

Robert Hunter

Stowe, Emily Howard, née Jennings, médecin (canton de Norwich, Haut-Canada, 1er mai 1831—Toronto, 30 avril 1903). Défenseur des droits des femmes pendant toute sa vie, Emily Stowe enseigne à Brantford et Mount Pleasant, au Canada-Ouest. En 1856, elle épouse John Stowe, dont la maladie, la tuberculose, l'incite à devenir médecin. Puisqu'aucun collège canadien n'accepte encore de femmes, elle s'inscrit au New York Medical College for Women et, après avoir reçu son diplôme en 1867, elle ouvre un cabinet à Toronto. Elle est la première femme à exercer la médecine au Canada, bien qu'elle ne détienne pas de permis avant 1880. La lutte d'Emily Stowe pour entrer dans la profession médicale la pousse à mettre sur pied la Woman's Medical College à Toronto en 1883. En 1876, elle fonde le Women's Literary Club de Toronto, premier groupe de suffragettes au Canada, et elle est la principale fondatrice et première présidente de la Dominion Women's Enfranchisement Association (1889).

Carlotta Hacker

Stowe-Gullen, Ann Augusta, née Stowe, médecin (Mount Pleasant, Canada-Ouest, 27 juill. 1857—Toronto, 25 sept. 1943). Fille d'Emily STOWE, elle est la première femme à obtenir un diplôme de médecine au Canada. Elle fait ses études à la Toronto School of Medicine et est diplômée du Victoria College, à Cobourg, en Ontario, en 1883. Elle épouse ensuite le Dr John B. Gullen, l'un des fondateurs de l'hôpital Toronto Western en 1896, où elle pratique pendant de nombreuses années. Entre-temps, elle enseigne à l'Ontario Medical College for Women (connu de 1883 à 1894 sous le nom de Woman's Medical College of Toronto) et siège au Sénat de l'U. de Toronto de 1910 à 1922. Figure marquante du mouvement des suffragettes, elle succède à sa mère à la direction de la Dominion Women's Enfranchisement Association en 1903.

Carlotta Hacker

Strachan, John, évêque anglican et enseignant (Aberdeen, Écosse, 12 avril 1778—Toronto, 1er nov. 1867). Strachan est l'un des 6 enfants d'un carrier. Il fréquente l'école secondaire parce que sa mère espère voir un de ses fils devenir ministre un jour, mais, quand son père meurt prématurément d'un accident, il est forcé de devenir enseignant. Il étudie la théologie à temps partiel à l'U. St. Andrews et arrive à Kingston (Haut-Canada) en 1799, à titre de précepteur des enfants du loyaliste Richard Cartwright. Strachan est ordonné en 1803 par l'évêque Jacob MOUNTAIN et se rend à Cornwall (Haut-Canada) comme missionnaire payé par le gouvernement. Il y ouvre une école et, en 1807, se marie avec Ann Wood, veuve du commerçant de fourrures Andrew McGill. En 1812, Strachan accepte la cure de York (Toronto) après que sir Isaac BROCK y ait ajouté l'aumônerie de la garnison et celle du Conseil législatif.

La GUERRE DE 1812 est un autre point tournant dans la vie de Strachan. Lorsque les Américains occupent York en 1813, il dirige les efforts de la ville pour protéger la vie des gens et leurs biens. Convaincu que sa mission divine est de maintenir l'appartenance britannique du Haut-Canada, il s'efforce d'isoler les influences démocrates et américaines après la guerre. Beaucoup de ses anciens élèves ont maintenant des postes importants au gouvernement, et Strachan lui-même est nommé au Conseil exécutif en 1817 et au Conseil législatif en 1820. Pour promouvoir le loyalisme, il organise un système scolaire qui est couronné par le King's College (U. de Toronto) et qui reçoit sa charte en 1827. Il réclame un statut spécial pour l'Église anglicane et se trouve au centre d'une controverse politico-religieuse en défendant le monopole des anglicans sur les RÉSERVES DU CLERGÉ, et leur emprise sur la politique et l'éducation.

Strachan est écarté du Conseil exécutif en 1835 par le lieutenant-gouverneur, sir John COLBORNE, et il finit de perdre son influence politique lorsqu'en 1841 l'union du Haut et du Bas-Canada réduit le pouvoir du FAMILY COMPACT conservateur qui a dominé le Haut-Canada pendant un quart de siècle.

Si le pouvoir politique de Strachan diminue, son influence religieuse s'accroît. En 1839, il devient évêque de Toronto et dirige l'Église anglicane du Haut-Canada. Les réformistes laïcisent le King's College en 1849 et les réserves du clergé en 1854, mais Strachan réplique en ouvrant le Trinity College (anglican) en 1852 et en associant des laïcs à la direction de l'Église dès 1851. En 1857, il forme un synode autonome composé de membres du clergé et de laïcs, puis commence à fractionner son vaste diocèse en tenant des élections synodales pour choisir les nouveaux évêques. Strachan propose un congrès de tous les évêques anglicans, idée qui se concrétise en 1867 à la conférence de Lambeth, mais il est alors trop faible pour y participer.

John S. Moir

Strange, Thomas Bland, officier de l'armée (Meerut, Inde, 15 sept. 1831—Camberley, Angl., 9 juill. 1925). Après un service actif dans l'armée au sein de l'artillerie en Inde, y compris son service durant la Révolte des cipayes (1857), Strange devient inspecteur de l'artillerie et des magasins de la milice canadienne, où il établit la base nécessaire au développement de l'artillerie canadienne et y commande l'une de ses unités fondatrices permanentes (1871—1882). Trop controversé et excentrique pour exercer un poste de commandement plus élevé, il s'établit dans un ranch en Alberta, mais, au moment où la RÉBELLION DU NORD-OUEST éclate, il commande l'Alberta Field Force, une unité de campagne improvisée, et la mène au combat à la Butte-aux-Français. Il publie ses mémoires au style vivant, *Gunner Jingo's Jubilee*, en 1894.

Roger Sarty

Stratas, Teresa, née Anastasia Stratakis, soprano (Toronto, 26 mai 1938). Fille de restaurateurs grecs immigrés, Stratas commence comme interprète de chansons populaires grecques et rêve de devenir chanteuse de cabaret. Toutefois, après avoir étudié au CONSERVATOIRE ROYAL DE MUSIQUE de Toronto en 1954 et après avoir remporté la prestigieuse Eaton Graduating Scholarship, elle fait ses débuts de chanteuse d'opéra dans le rôle de Mimi dans *La Bohème* au Toronto Opéra Festival en 1958 et est cogagnante des auditions du Metropolitan Opera en mars 1959. Depuis ses débuts au Metropolitan Opera en 1959, Stratas y interprète plus de 25 rôles. Elle chante au Festival international de Vancouver en 1960 et interprète Desdémone dans *Othello* à EXPO 67.

Parmi ses nombreux engagements internationaux, Stratas chante à La Scala, à l'Opéra Bolshoi, à Covent Garden, à l'Opéra d'État de Vienne, à ceux de Berlin et de Bavière, à l'Opéra de San Francisco et au Festival de Salzbourg. À l'Opéra de Paris, en mai 1979, elle interprète le rôle titre dans la première représentation de la version complète de *Lulu* d'Alban Berg. En 1972, elle chante dans *La Rondine* de Norman CAMPBELL, une production télévisée de Radio-Canada, dans plusieurs films d'opéra, dont *La Traviata* de Franco Zeffirelli (1983) et, à New York, dans la comédie musicale *Rags* (1986), ce qui lui vaut d'être finaliste pour le prix Tony de la meilleure actrice de comédie musicale.

Ses enregistrements comprennent notamment *Lulu* de Berg, *Così fan tutte* de Mozart, *Othello* de Verdi et *The Unknown Kurt Weill*, grandement acclamé. Stratas est douée d'une remarquable présence sur scène, et ses interprétations sont marquées par la subtilité et l'intelligence. Elle est nommée artiste de l'année par le Conseil canadien de la musique en 1980 et Officier de l'Ordre du Canada en 1972. En 1981, elle part en Inde aider mère Teresa à soigner les malades en phase terminale et, plus tard au cours de la même année, elle porte toute son attention à soigner Lotte Lenya pendant les derniers jours de sa vie.

Mabel H. Laine

Strate, Grant, danseur, chorégraphe et professeur (Cardston, Alb., 7 déc. 1927). Strate est diplômé de l'U. de l'Alberta. Il étudie la danse avec Laine Metz, ancienne élève de l'influente expressionniste allemande Mary Wigman. En 1951, Strate devient membre fondateur et danseur du BALLET NATIONAL DU CANADA dont il sera chorégraphe attitré de 1964 à 1970. Il est chorégraphe invité à Anvers (1966-1967) et au Royal Swedish Ballet (1968-1969). Il crée plus de 50 ballets pour de nombreuses compagnies, notamment *Ballade and The House of Atreus* (musique composée par Harry SOMERS), et *Bird Life and Cyclus*.

Les chorégraphies de Strate apportent une couleur canadienne et une esthétique moderne au répertoire du Ballet national du Canada. Cependant, sa contribution en tant que professeur et mentor de chorégraphes talentueux est encore plus importante pour le développement de la danse au Canada. Inspiré par son expérience de professeur invité à la Juilliard School de New York en 1962 et 1963, une période d'intense activité artistique, Strate encourage et favorise l'expérimentation artistique, l'explosion de la danse canadienne indépendante et le développement de l'ENSEIGNEMENT DE LA DANSE. Très actif, il met sur pied le premier programme universitaire de danse à l'U. York (1970), fonde la Dance in Canada Association (1973), organise des séminaires chorégraphiques nationaux (1978, 1980, 1985, 1991), assure la direction du Centre for the Arts à l'U. Simon-Fraser (1980-1989) et du Contemporary Arts Summer Institute (1985-1994). Il reçoit le titre de professeur émérite en 1992.

Il reçoit aussi de nombreux titres honorifiques et récompenses, notamment le prix Jean A.-Chalmers pour la créativité en danse (1993), l'Ordre du Canada (1995) et le prix du Gouverneur général pour les arts de la scène (1996). Il est conseiller artistique auprès de la Sichuan Dance Academy (organisme chinois), membre du Conseil consultatif de la danse pour le Conseil des Arts du Canada, de la Vancouver Arts Initiative ainsi que de la Vancouver Dance Foundation.

Penelope Reed Doob

Stratégie industrielle Cette expression désigne habituellement toute tentative d'un gouvernement de mettre en œuvre un ensemble cohérent et bien structuré de politiques visant l'amélioration de la performance de l'ÉCONOMIE. Ces politiques visent souvent le secteur manufacturier, mais elles peuvent aussi concerner la performance de nombreux autres secteurs, depuis la production des ressources naturelles jusqu'aux services. Les stratégies industrielles s'appliquent à corriger des déséquilibres dans le fonctionnement de l'économie et reposent sur l'hypothèse que le gouvernement joue un rôle de premier plan pour ce qui est de faciliter ou de réaliser des changements économiques. Les moyens utilisés sont parfois très directs (de nature «interventionniste», dirions-nous aujourd'hui), mais les tentatives de restructuration de l'économie peuvent recourir à une approche donnant libre cours aux forces du marché.

Alors que le débat entourant les stratégies industrielles est plutôt récent, l'idée d'utiliser les pouvoirs de l'État pour donner forme à l'économie n'est pas nouvelle. Vers la fin du XIXᵉ s., le Canada déploie des efforts considérables pour construire une économie nationale intégrée au moyen de protections tarifaires, de la construction d'un chemin de fer transcontinental, et de l'encouragement d'une immigration qui peuplerait l'Ouest du pays. Chacune de ces initiatives s'intègre aux autres de manière à créer un cadre national de développement connu sous le nom de POLITIQUE NATIONALE.

Son objectif est d'encourager, au moyen de tarifs, les manufactures du Canada central. Il s'agit alors d'étendre les marchés pour les produits manufacturés en créant dans l'Ouest du pays une économie agricole axée sur le blé, grâce à des politiques d'établissement de colons (*voir* POLITIQUE D'IMMIGRATION). À son tour, l'économie céréalière de l'Ouest assurerait les exportations agricoles nécessaires pour subvenir aux besoins des nouveaux arrivants et au paiement des produits fabriqués dans l'est du pays. Toutes ces activités économiques seraient interreliées grâce au chemin de fer transcontinental.

Cette politique nationale, tout comme beaucoup d'autres stratégies économiques, découle d'un impératif externe, à savoir la croissance rapide de l'économie américaine au lendemain de la guerre civile, qui engendrait la crainte de voir s'exercer des tentatives d'annexion de l'Ouest canadien accompagnées d'une intégration économique Nord-Sud (*voir* RELATIONS CANADO-AMÉRICAINES). Les politiciens de l'époque craignent en effet qu'en l'absence d'un recours à des moyens politiques susceptibles de promouvoir l'émergence d'une économie transcontinentale, l'avenir du Canada comme pays indépendant soit sérieusement compromis.

L'intérêt actuel pour une politique industrielle est aussi attisé par des facteurs externes, et spécialement par les changements rapides survenus dans le COMMERCE INTERNATIONAL. À la fin de la Seconde Guerre mondiale, on voit émerger le Canada comme puissance économique et militaire de niveau moyen. Depuis lors, la force économique du Canada repose sur l'exportation de ses ressources naturelles (surtout vers les États-Unis) et l'expansion de son secteur manufacturier (principalement aux mains de filiales de compagnies étrangères qui produisent pour le marché intérieur par opposition aux marchés étrangers).

Au début des années 60 cependant, notre secteur manufacturier est sous pression. L'Europe s'est pleinement rétablie de ses blessures de guerre et sa base industrielle est en plein essor. De plus, les États-Unis dominent le système des échanges mondiaux. Ainsi, alors que la demande internationale de ressources naturelles traditionnelles, telles que les pâtes et papiers et les minéraux, reste forte chez les partenaires industriels du Canada, les marchés internationaux des produits manufacturés sont de plus en plus compétitifs et soumettent le secteur manufacturier canadien à des difficultés croissantes. Cette évolution suscite un débat national sur les perspectives d'avenir de l'ÉCONOMIE canadienne, avec notamment la question de savoir si le Canada allait retourner à son stade antérieur de producteur de ressources ou s'il allait pouvoir consolider sa base industrielle.

Déjà, au début des années 60, la nature de ce problème fait l'objet d'un consensus quasi unanime au pays. Les entreprises manufacturières canadiennes ne font pas le poids à l'échelle internationale parce qu'elles sont plutôt orientées vers le marché intérieur, qu'elles ne se préoccupent pas assez de leurs exportations, qu'elles sont plutôt mal gérées, qu'elles ne font pas grand chose en matière d'innovation ou de recherche et de développement (R-D), et parce que leur volume de production est trop faible pour dégager des économies d'échelle (c.-à-d. abaisser leurs coûts moyens de production).

Le débat tourne autour des origines du problème et des solutions possibles. La plupart des économistes (mais certainement pas la totalité) estiment que les difficultés du secteur manufacturier proviennent des tarifs protectionnistes (une survivance de la politique nationale). Ils recommandent dès lors une réduction substantielle de la protection tarifaire accordée aux firmes canadiennes et une intégration plus complète de l'économie canadienne dans le système économique international, notamment grâce à l'appui de l'État aux institutions et aux accords internationaux de promotion de la libéralisation du commerce mondial, tels que l'ACCORD GÉNÉRAL SUR LES TARIFS DOUANIERS ET LE COMMERCE (GATT). Ces économistes voient dans l'intensification de la concurrence engendrée par la hausse des importations, et dans de nouveaux débouchés pour les exportations canadiennes, le moyen d'améliorer la santé de l'industrie canadienne.

Une autre école de pensée souligne au contraire les problèmes structurels du secteur manufacturier, liés à la taille plutôt réduite de la plupart des entreprises, au fait qu'elles sont trop axées sur le marché intérieur au détriment des marchés extérieurs et au peu d'intérêt qu'elles accordent au design et à l'innovation industriels. De ce point de vue, l'une des causes principales des problèmes du secteur manufacturier réside dans le niveau élevé de propriété étrangère, ce qui incite les entreprises à augmenter leurs achats de pièces et de services auprès du siège social, à dépendre d'innovations importées, et à se concentrer sur le marché intérieur de manière à entrer le moins possible en concurrence sur les marchés extérieurs avec leur siège social ou ses autres filiales étrangères.

Les économistes de cette école soulignent la nécessité de réduire le niveau de la mainmise étrangère sur l'économie et d'améliorer la compétitivité et l'orientation exportatrice des compagnies d'appartenance canadienne au moyen de diverses formes d'aide gouvernementale allant du soutien à la R-D jusqu'à la promotion des secteurs de pointe de la croissance industrielle. Ils rejettent les réductions de tarif et le LIBRE-ÉCHANGE comme instruments de restructuration de l'économie canadienne, car selon eux, une économie canadienne faible subirait les effets négatifs de la libéralisation des échanges commerciaux. Ils se prononcent au contraire en faveur d'une restructuration partielle avant la levée des barrières tarifaires, pour que l'industrie canadienne soit assez robuste pour tirer profit des nouveaux marchés mondiaux et affronter l'accroissement des importations. Dans ce contexte, la restructuration prendrait la forme d'une stratégie industrielle axée sur les secteurs clés de l'économie canadienne.

L'approche adoptée par le gouvernement fédéral au fil des ans, à l'égard de la question de la politique industrielle s'inspire des 2 philosophies susmentionnées. Depuis 30 ans, le Canada s'inscrit fermement dans la ligne des accords du GATT et des autres initiatives de libéralisation du commerce international. C'est ainsi qu'apparaît au milieu des années 60 une forme modifiée de libre-échange sectoriel dans l'industrie automobile du Canada et des États-Unis, qui permet aux manufacturiers des 2 côtés de la frontière d'importer et d'exporter des voitures hors taxes, sous réserve de maintenir dans chacun des 2 pays un volume minimal de production (*voir* ACCORD CANADO-AMÉRICAIN SUR LES PRODUITS DE L'INDUSTRIE AUTOMOBILE).

Plus récemment, l'administration conservatrice du premier ministre Brian MULRONEY se lance dans une intense série de négociations avec les États-Unis dans le but de parvenir à un accord bilatéral de libre-échange. Cette initiative s'inspire du désir de garantir à l'industrie canadienne un accès au marché américain de plus en plus protectionniste; certains de ses partisans y voient un levier puissant de restructuration de l'économie canadienne par le truchement d'un commerce et d'une concurrence accrus qui renforceront son efficacité.

L'Accord de libre-échange Canada—États-Unis qui en résulte en 1987, s'étend par la suite pour inclure, en 1992, en tant qu'Accord de libre-échange nord-américain, le Mexique et éventuellement d'autres pays de l'hémisphère occidental. La politique industrielle du gouvernement fédéral (et des provinces) ne se limite cependant pas à la promotion du commerce et à la baisse des tarifs. Au cours des années 60, en effet, le gouvernement fédéral prend plusieurs initiatives destinées à l'amélioration des caractéristiques structurelles de l'industrie canadienne. Il crée en 1963 le ministère de l'Industrie qui a pour mission d'améliorer le potentiel compétitif des entreprises manufacturières du pays. Ce ministère fusionne ensuite avec le ministère du Commerce pour former le ministère de l'Industrie et du Commerce en 1969. Ces 2 ministères élaborent une série de programmes d'aide à l'industrie visant à encourager les investissements, à améliorer les capacités de commercialisation des entreprises tant à l'intérieur qu'à l'extérieur du pays, et à accroître leurs dépenses de R-D.

Les années 60 voient aussi apparaître plusieurs organismes ou ministères fédéraux dont le mandat est d'améliorer la gestion gouvernementale de l'économie, d'implanter les technologies nouvelles et d'aider l'industrie à trouver de nouveaux débouchés sur les marchés étrangers (p. ex. les ministères de l'Emploi et de l'Immigration, des Communications, de l'Expansion économique régionale, le ministère d'État chargé des Sciences et de la Technologie et la Société pour l'expansion des exportations). S'il est vrai que toutes ces initiatives cherchent à faciliter le développement industriel et parfois à encourager une restructuration de l'industrie, il n'y a pas d'effort, ou très peu, pour les coordonner avec cohérence par l'élaboration d'une stratégie industrielle.

De fortes pressions voient cependant le jour dans les années 60 et au début des années 70 en faveur d'une telle stratégie. Une série d'études commandées par le gouvernement fédéral soulèvent le problème de la propriété étrangère dans l'économie du Canada (*voir* INVESTISSEMENTS ÉTRANGERS, GROUPE DE TRAVAIL SUR LES). Leurs rapports, et d'autres, suggèrent aussi la nécessité d'adopter une approche plus large face aux problèmes structurels du secteur manufacturier canadien. En outre, de sérieux défis se posent aux entreprises canadiennes qui cherchent à étendre leurs débouchés extérieurs et à contrer la concurrence des importations: il s'agit de la place grandissante que prennent, dans le commerce international, les pays nouvellement industrialisés du tiers monde, de l'émergence de la HAUTE TECHNOLOGIE (secteur où les entreprises canadiennes sont faibles), comme facteur important du commerce mondial, et de l'incertitude croissante qui plane sur le système d'échanges internationaux (à cause du renforcement du protectionnisme dans le monde et de l'octroi de subventions dont bénéficient les industries exportatrices). Ces facteurs poussent le

gouvernement fédéral à aborder de façon plus globale les problèmes du secteur manufacturier.

En 1974, on tente explicitement de contrôler l'afflux de l'INVESTISSEMENT ÉTRANGER au Canada par l'entremise de l'AGENCE D'EXAMEN DE L'INVESTISSEMENT ÉTRANGER. Par la suite, un certain nombre de mesures sont prises pour essayer de régler les problèmes structurels spécifiques propres à certaines industries. C'est ainsi que le gouvernement accorde des subventions de R-D à l'INDUSTRIE AÉROSPATIALE en plus d'investir dans ce secteur, et prend à sa charge les 2 principaux fabricants de carlingues d'avion pour que de nouveaux projets aéronautiques soient mis en branle. Des initiatives de restructuration ou des programmes d'aide financière sont aussi mis en œuvre dans d'autres secteurs, du vêtement et de la chaussure jusqu'aux produits forestiers.

Bien que ces diverses initiatives ne fassent pas partie d'une stratégie industrielle d'ensemble, plusieurs organismes fédéraux, tels que le Bureau du Conseil privé et le ministère de l'Industrie et du Commerce (MIC), essaient d'en élaborer une dans les années 70. Aucun organisme n'est cependant capable de concevoir une stratégie qui fasse consensus au sein de l'appareil bureaucratique fédéral. En fait, l'initiative du MIC, qui avait débuté comme un effort ambitieux en vue de construire une stratégie englobant un grand nombre d'objectifs de politique publique, évolue graduellement vers un processus plus modeste de consultation industrielle axé sur la compétitivité sectorielle.

Ces échecs n'empêchent pas la question de la stratégie industrielle de resurgir régulièrement. À la reprise du pouvoir par le gouvernement libéral de Pierre-Elliott TRUDEAU en 1980, on tente de nouveau de formuler une stratégie industrielle qui s'inspire du PROGRAMME ÉNERGÉTIQUE NATIONAL mis en place par ce gouvernement. Cette tentative échoue elle aussi, en partie sous l'effet de l'opposition croissante des Américains aux politiques canadiennes relatives à l'énergie et à la propriété étrangère. Le gouvernement finit néanmoins par mettre au point une stratégie, qui paraît dans un livre blanc sur le développement économique publié conjointement avec le budget fédéral de 1981 (Le développement économique du Canada dans les années 80). Ce document s'appuie sur l'hypothèse selon laquelle le développement des ressources, tant dans l'Est que dans l'Ouest du pays, serait le moteur futur de la croissance et aurait des retombées industrielles bénéfiques pour le centre du Canada, tout en assurant l'expansion et la diversification de l'activité économique des régions. Malheureusement, cette stratégie tourne court sous l'effet de l'effondrement des prix de l'énergie en 1981—1982.

Au milieu des années 80, en partie en réaction à ces échecs, beaucoup d'observateurs, parmi lesquels la Commission royale sur L'UNION ÉCONOMIQUE ET LES PERSPECTIVES DE DÉVELOPPEMENT DU CANADA (Commission Macdonald) se montrent partisans d'une approche moins interventionniste de la stratégie industrielle, où l'on ferait davantage confiance aux forces du marché pour doter l'économie canadienne d'une structure concurrentielle. C'est cette approche que semblent suivre dans ses grandes lignes les gouvernements successifs, conservateurs et libéraux, au cours des années 80 et 90. Sans abandonner les programmes d'aide à l'industrie, ces gouvernements réduisent de beaucoup les objectifs et l'ampleur de leurs interventions pour privilégier nettement des politiques industrielles axées sur les mécanismes du marché, telles que la déréglementation (surtout dans le secteur des transports), la privatisation des SOCIÉTÉS DE LA COURONNE (p. ex., le CN, PETRO-CANADA, AIR CANADA, etc.), la poursuite des accords de libre-échange et d'autres politiques susceptibles

d'améliorer la capacité d'adaptation du secteur privé à une économie mondiale en rapide évolution (p. ex., promotion et expansion des exportations, politiques concernant la formation de la main-d'œuvre et le marché du travail, appui aux transferts de technologie, à la recherche et au développement).

L'accent est mis tout spécialement sur l'assurance que le cadre législatif et réglementaire, instauré par les gouvernements pour gérer l'activité économique, serve vraiment à encourager la concurrence et l'innovation, de sorte que les entreprises puissent faire face à des marchés intérieurs plus ouverts et être performantes sur les marchés de l'exportation.

Les gouvernements semblent se laisser encore tenter par l'idée d'exercer un leadership sur l'orientation future du développement industriel du pays en ce qui à trait aux secteurs de l'économie qui connaissent des innovations et des changements industriels rapides et où l'influence des politiques des gouvernements d'autres pays est très forte. Dans les domaines de haute technologie comme l'INDUSTRIE AÉROSPATIALE, les industries de l'environnement, les TÉLÉCOMMUNICATIONS et l'autoroute de l'information, le gouvernement fédéral joue un rôle de premier plan dans la configuration de l'environnement réglementaire au sein duquel fonctionneront ces secteurs ainsi que dans le soutien à la recherche et au développement. On cherche ainsi à façonner la structure de ces industries au tout début de leur croissance de manière à y assurer une présence canadienne ainsi que la mise au point de produits et de services canadiens qui puissent rapidement pénétrer les marchés en expansion tant au Canada qu'à l'étranger.

Plusieurs raisons expliquent l'absence persistante d'une stratégie industrielle au Canada malgré les efforts immenses et les sommes considérables consacrés par le gouvernement fédéral à l'élaboration d'une politique industrielle. Selon certains, le problème réside, entre autres, dans la nature du système bureaucratique d'Ottawa, où divers ORGANISMES CENTRAUX essaient, en concurrence avec les ministères, d'exercer une influence sur les politiques, nuisant ainsi à l'émergence possible d'un consensus. Cependant, les problèmes financiers généralisés des gouvernements sont peut-être de loin le facteur le plus important des dernières années, car ils restreignent grandement la capacité de ces derniers d'assumer les coûts des projets de développement industriel. Ajoutons que l'ouverture progressive d'économies comme celle du Canada au commerce et aux investissements mondiaux complique la tâche des gouvernements qui voudraient élaborer des politiques en vue de surmonter ou d'essayer de modifier ces pressions plus vastes qui s'exercent à l'échelle mondiale. De plus, la libéralisation du système commercial mondial et l'émergence d'accords commerciaux internationaux limitent beaucoup et vont parfois jusqu'à empêcher la poursuite de nombreuses activités de développement industriel entreprises auparavant par les gouvernements. La possibilité pour ceux-ci de mettre en œuvre des stratégies industrielles est donc beaucoup plus réduite qu'il y a 15 ou 20 ans.

La nature extrêmement diversifiée de l'économie canadienne est une autre raison qui rend difficile la mise en œuvre d'une stratégie industrielle pour le secteur manufacturier. Au Canada, ce secteur représente moins de 20 p. 100 de l'ensemble de l'activité économique au lieu d'environ 25 p. 100 à 33 p. 100 dans beaucoup de pays d'Europe et au Japon. En fait, l'industrie manufacturière joue au Canada un rôle nettement moins important que dans n'importe quel autre pays industrialisé. Ajoutons que, au Canada, la croissance de ce secteur repose autant sur des filiales de sociétés étrangères que sur des entreprises appartenant à des intérêts canadiens. Même dans les économies relativement homogènes d'Europe et du

Japon, il n'est jamais facile d'en arriver à un consensus sur des questions d'ordre industriel, mais ces pays ont une structure de relations traditionnelles entre gouvernement et industrie qui, de concert avec un parti pris pour le secteur manufacturier, permet de rallier les opinions sur certains points précis. Au Canada par contre, les intérêts du secteur manufacturier ne font guère le poids face au secteur des ressources naturelles. Ces intérêts s'entrechoquent dans des disputes entre grandes et petites entreprises, et entre entreprises canadiennes et étrangères.

En outre, élément peut-être plus important encore, des différences marquantes divisent les intérêts industriels et économiques des diverses régions du Canada (*voir* ÉCONOMIE RÉGIONALE). P. ex., une politique industrielle de soutien à l'INDUSTRIE DE L'AUTOMOBILE sera perçue, par les provinces de l'Ouest dont les économies reposent principalement sur l'agriculture et l'exploitation des ressources naturelles, comme un traitement de faveur accordé au Canada central. Effectivement, les marchés d'exportation de ces provinces pourraient être en péril si une politique de restructuration de l'industrie automobile comprenait des restrictions à l'importation des voitures d'un pays comme le Japon qui est un important marché d'exportation pour les céréales et le charbon de l'Ouest.

L'économie canadienne, très industrialisée dans sa partie centrale mais productrice de ressources dans sa périphérie, affiche souvent des contradictions de la sorte. Ce sont en effet ces mêmes contradictions qui ont fini par démanteler la politique nationale initiale. Elles expliquent aussi pourquoi les gouvernements provinciaux travaillent d'une manière beaucoup plus active, dans les années 70, à mettre en œuvre leurs propres politiques industrielles. Les provinces disposent en effet d'économies assez homogènes reposant sur des activités moins nombreuses et moins variées, ce qui rend plus facile l'élaboration de stratégies cohérentes susceptibles de recevoir un certain appui de la part de la population. Dans les années 90 pourtant, elles font face à la diminution de leurs ressources financières et à l'apparition de problèmes liés à la gestion des leurs principaux domaines de compétence, soit la santé, les services sociaux, et l'éducation, de sorte qu'elles aussi se montrent moins actives pour ce qui est de façonner leur économie.

Michael Jenkin

Stratford, ville de l'Ont.; pop. 28 987 (rec. 1996), 27 666 (rec. 1991), 26 451 (rec. 1986); superf. 20,33 km²; const. en 1885. Sise à une altitude de 364 m, ce qui en fait la plus haute ville de l'Ontario, elle se trouve à 143 km à l'ouest de Toronto et à 52 km au nord-est de London. Les premiers colons arrivent vers 1830, après que la CANADA COMPANY lui ait donné son nom et ait choisi son emplacement le long de la rivière Avon, afin d'en faire un centre de peuplement dans le Huron Tract, d'une superficie de un million d'acres. Parmi les groupes ethniques qui s'y installent, on compte 40 p. 100 d'Irlandais, 30 p. 100 d'Allemands, 20 p. 100 d'Écossais et 10 p. 100 d'Anglais. La composition de la population a peu changé, bien que des immigrants hollandais et allemands y soient établis depuis 1945.

La croissance urbaine ne se fait sentir qu'au milieu du XIXe s., alors que la construction du chemin de fer entraîne une croissance économique remarquable. En 1853, des hommes d'affaires de Stratford exercent des pressions pour faire délimiter le comté de Perth et souhaitent que la ville de Stratford devienne le chef-lieu de ce comté. Pour favoriser cette croissance, des primes sont octroyées aux compagnies de chemin de fer qui passent dans la région. Stratford devient le point de jonction de 3 lignes de chemin de fer qui seront absorbées par le Canadien National après les faillites successives de leurs propriétaires.

Les compagnies de chemin de fer sont le principal employeur pendant 80 ans, grâce à leurs sièges sociaux et à leurs ateliers de réparation de locomotives à vapeur. À la suite du changement de la vapeur au diesel, dans les années 50, la ville perd son importance comme centre ferroviaire ce qui entraîne, à Stratford, la disparition de 2000 emplois. Peu à peu, ces emplois seront récupérés dans diverses industries. On y trouve maintenant 19 usines de fabrication comptant chacune 25 employés ou plus, et 21 qui en ont 100 ou plus. En raison d'un arrêté municipal, le secteur industriel est situé à la périphérie de la ville. Il ne doit pas envahir le parc de 70 ha sis au cœur de la ville, tout près du centre des affaires. Le FESTIVAL DE STRATFORD, fondé en 1953, offre des productions théâtrales de renommée internationale.

Stafford Johnston

Strathcona, parc provincial Zone naturelle protégée située au centre de l'ÎLE DE VANCOUVER, à 9 km à l'est de Gold River et à 26 km à l'ouest de CAMPBELL RIVER. Ce parc est créé en 1911 et possède une superficie de 2504 km².

Histoire naturelle Les sommets, vallées et lacs y sont nombreux. L'altitude varie: égale au niveau de la mer, au passage Herbert, elle atteint 2200 m au mont GOLDEN HINDE, point culminant de l'île. De petits GLACIERS, vestiges de la calotte glaciaire qui a sculpté le relief de la région il y a des millénaires, s'accrochent encore à certains sommets au S. Au centre, de petits cours d'eau rapides ponctués de CHUTES D'EAU (dont les chutes Della, les plus hautes du Canada) se déversent dans le lac Buttle.

La répartition de la flore et de la faune correspond à l'altitude, à l'aspect et au climat qui varient fortement. Dans les zones peu élevées, la végétation est dominée par les thuyas géants, diverses espèces de sapins et les pruches de l'Ouest. Plus haut, les sapins subalpins, des tsugas de Patton et des genévriers horizontaux croissent. Entre la LIMITE FORESTIÈRE et les glaciers s'étendent d'immenses prairies alpines couvertes de FLEURS SAUVAGES (p. ex., la castilléjie) durant la courte saison estivale.

L'isolement de l'île restreint la faune, mais on y trouve malgré tout le cerf de Virginie, le wapiti, le loup et le puma. Roitelet, mésangeai du Canada, gélinotte et lagopède à queue blanche comptent parmi les oiseaux familiers. La truite abonde particulièrement dans le lac Buttle.

Histoire de l'homme La région est explorée vers le milieu des années 1800. Lorsque la Colombie-Britannique en fait son premier parc provincial, en 1911, elle le nomme Strathcona en l'honneur de Donald SMITH, premier baron de Strathcona et de Mount Royal. L'exploitation forestière et minière et la construction d'un réservoir ont des effets considérables sur le parc: elles suscitent la controverse et soulèvent l'opposition des groupements d'écologistes pour la CONSERVATION. Au fil des années, le parc a fait l'objet de nouveaux aménagements. Les plus récents sont le ruisseau McBride (superficie de 37,5 km²) et le bassin versant Megin (superficie de 273,9 km²) qui datent de 1995.

Installations et services Les installations du parc comprennent des terrains de camping, des sentiers pour la marche et le ski de fond ainsi que des stations de ski alpin. Le Strathcona Park Lodge, au bord du lac Campbell, est renommé pour ses cours sur la flore et la faune et sa formation en plein air.

John S. Marsh

Strathgartney, parc provincial En gaélique écossais, Strath Gartney signifie «vallée dans les collines». Cette description convient bien au parc provincial Strathgartney (créé en 1959, 53 ha) situé dans les collines centrales de l'Île-du-Prince-Édouard, à 25 km à l'ouest de CHARLOTTETOWN.

Histoire naturelle Les collines et les vues qu'elles offrent sur le port de Charlottetown repré-

sentent les principaux attraits du parc qui s'étend de l'un des sommets les plus élevés de la province à son point le plus bas sur les rives de la rivière Eliot. La rivière, qui serpente des terres agricoles et des ravins boisés profonds, forme la limite méridionale du parc. Elle constitue facilement le cours d'eau le plus spectaculaire de la province et sa candidature éventuelle au titre de RIVIÈRE DU PATRIMOINE CANADIEN a été acceptée. La partie sud du parc demeure à l'état naturel. Elle est principalement constituée d'un peuplement de grands érables à sucre et de hêtres. Même si le parc n'abrite pas une vieille forêt, il assure la conservation de l'un des peuplements de feuillus les plus âgés de la province.

Histoire humaine L'histoire de Strathgartney remonte au début du XIXe s., lorsque David Stewart et son fils, Robert, ont commencé à faire l'acquisition des titres des 27 000 ha de la colonie en vertu du système des propriétaires forains qu'on a maintenu en place sous l'égide de la structure politique provinciale et coloniale pendant plus d'un siècle. Strathgartney est devenu le domaine terrien de Robert Stewart, et ses descendants l'ont conservé comme résidence familiale pendant une bonne partie du XXe s. La maison qu'il a construite vers 1850 orne encore l'horizon au-dessus du parc. Strathgartney a été l'un des 3 premiers PARCS provinciaux créés à partir des terres données par le philanthrope de Charlottetown Robert L. Cotton.

Installations L'extrémité nord du parc abrite un petit terrain de camping. Des sentiers d'initiation à la nature permettent aux visiteurs du parc de profiter du dais feuillu de la forêt et de tenter leur chance à la pêche.

Doug Murray

Strathmore, ville de l'Alb.; pop. 5282 (rec. 1996), 4190 (rec. 1991), 3544 (rec. 1986); superf. 10,59 km². Strathmore se trouve à 40 km à l'est de Calgary et doit son nom à Charles Bowes-Lyon, 13e comte de Strathmore (1824—1904), un ancêtre de la reine Élisabeth II. À l'origine, Strathmore est érigée aux abords de la ligne du Canadien Pacifique (CP), construite dans la région en 1883. Strathmore est alors située à 6 km au nord de son emplacement actuel. La ville est déplacée en raison de l'aménagement d'un vaste réseau d'irrigation qui est encore en exploitation aujourd'hui.

Les colons commencent à s'installer dans la région en 1886, mais Strathmore ne prend son essor qu'au début du XXe s. Le CP met sur pied une ferme expérimentale afin de servir de modèle aux colons dont la plupart n'ont jamais pratiqué l'agriculture. Les fleurs et les légumes cultivés dans cette ferme servent à approvisionner les wagons-restaurants et les hôtels du CP. Le chemin de fer cesse de desservir la ville en 1981. Le secteur du pétrole et du gaz, l'agriculture, plus particulièrement l'exploitation bovine, et l'industrie manufacturière comptent aujourd'hui parmi les ressources économiques de Strathmore.

Deborah Welch et Michael Payne

Strathroy, ville de l'Ont.; pop. 11 852 (rec. 1996), 10 566 (rec. 1991), 9 045 (rec. 1986); superf. 13,89 km²; const. en tant que village en 1859, puis en tant que ville en 1870; située dans le sud-ouest de l'Ontario, à 30 km à l'ouest de London. L'histoire de Strathroy commence en 1832 lorsque John Stewart Buchanan, venu d'Irlande, construit une maison et un moulin à provende sur l'emplacement. Il le nomme Strathroy en souvenir de son lieu de naissance dans le comté de Tyrone, en Irlande. En 1856, l'arrivée du chemin de fer de la GREAT WESTERN RAILWAY augmente le peuplement de la région et Strathroy devient alors un centre de mise en marché de la région.

Au début de son histoire, Strathroy est dévastée par plusieurs incendies. En 1868, la majeure partie du quartier commercial de Strathroy est rasée par le feu. De nombreux incendies dans des fabriques à la fin des années 1890 et un ralentissement dans l'agriculture plongent la ville dans une période de récession économique. Au tournant du siècle, cependant, la situation économique se rétablit. Aujourd'hui, c'est une ville prospère possédant une base industrielle diversifiée: fabrication de pièces d'automobiles, transformation des produits alimentaires et menuiserie. Elle compte, parmi ses citoyens célèbres, sir Arthur William CURRIE et Edward BLAKE.

Deborah Welch et Michael Payne

Streit, Marlene Stewart, golfeuse (Cereal, Alb., 9 mars 1934). Streit commence sa carrière dans les rangs juniors à Fonthill (Ontario). Cette joueuse redoutable et fière, animée d'un grand désir de gagner, est devenue la meilleure golfeuse amateur au Canada. Entre 1951 et 1973, elle remporte 11 fois le championnat amateur féminin du Canada, catégorie ouverte, et 11 fois le championnat amateur féminin de l'Ontario. Elle gagne aussi le Ladies' British Open Amateur en 1953, le US Women's Amateur en 1956 et l'Australian Women's Amateur en 1963.

Streit est proclamée athlète canadienne de l'année en 1951 et en 1956. Elle continue à jouer après ses années de triomphe et relève de nouveaux défis en participant à des tournois de catégorie senior. Elle remporte à 3 reprises le championnat amateur féminin senior canadien, de même que le US Senior Women's Amateur en 1985 et en 1994. Elle est Membre de l'Ordre du Canada et est admise au Temple de la renommée du golf du Canada et au Temple de la renommée des sports du Canada.

Lorne Rubenstein

Stress Ce terme est un mot anglais dont le premier sens désigne une force externe intense agissant sur des personnes ou des objets. En anglais, l'ingénieur en mécanique utilise ce mot au sens de contrainte; les biologistes anglophones pour leur part utilisent ce terme pour désigner 2 concepts. Il y a d'une part l'usage classique qui dénote, p. ex., de forces appliquées sur les os humains qui, à dose modérée, favorisent le développement de l'os, mais, lorsqu'elles sont excessives, peuvent causer des fractures. Le terme «stress» est aussi utilisé pour désigner la combinaison de réactions physiologiques, biochimiques, immunologiques et psychologiques à des circonstances adverses, ou simplement une réaction subjective à toute situation qu'une personne trouve défavorable. C'est dans ce dernier sens qu'on utilise en français le concept de stress: tout facteur qui menace la stabilité de l'environnement interne, que les mécanismes de régulation de l'organisme doivent préserver, ou qui crée un environnement subjectivement jugé hostile, est considéré comme un «agent stressant». Une personne peut s'imposer elle-même un stress en effectuant un travail physique ou mental excessif, ou le stress peut provenir d'une source externe (p. ex., un environnement extrêmement froid, chaud ou humide, dans un milieu de travail avec un superviseur hostile).

Études sur le stress Une bonne partie des premiers travaux sur le stress causé par des environnements défavorables ont été entrepris par Hans SELYE de l'Institut de médecine et de chirurgie expérimentales à l'U. de Montréal. Celui-ci définit le stress comme un état manifesté par un syndrome spécifique se composant de la somme de tous les changements induits non spécifiquement dans un système biologique. Il postule que la réaction d'un organisme à des agents stressants se manifeste en 3 phases successives. D'abord, une réaction d'alarme aiguë associée à la sécrétion d'hormones surrénales, à une involution du thymus, à une diminution du nombre d'un type de globules blancs (les polynucléaires éosinophiles) et à l'apparition d'ulcères gastriques. Dans la deuxième phase, une résistance ou adaptation à l'agent stressant se manifeste par une hyper-

trophie (augmentation de volume) des glandes surrénales. Puis, si l'agression continue, il en résulte un stade d'épuisement, ce qui provoque chez les animaux des dommages à la partie externe (cortex) des surrénales. Chez les humains, il y a une évidence indirecte de changements de même ordre. En s'appuyant sur cette recherche, Selye postule un état d'«eustress», soit une quantité idéale de stress, qui maintient les personnes au stade d'adaptation.

Une bonne partie du travail original de Selye repose sur des études chez l'animal, mais des études récentes sur des humains soumis à divers types de stress ont apporté de nouvelles dimensions importantes à ses découvertes. Des mesures des hormones surrénaliennes chez des volontaires ont confirmé une libération immédiate des catécholamines, qui augmentent la fréquence du pouls et le débit cardiaque, et, si le stress continue, il y a sécrétion d'hydrocortisone, qui supprime les réactions inflammatoires.

Les nouvelles techniques telles que le compteur de cellules et les colorants fluorescents liés à des anticorps spécifiques (monoclonaux) ont permis une étude poussée de la réponse des globules blancs au stress. Pang Shek et ses collègues de l'Institut militaire et civil de médecine environnementale à North York, en Ontario, ont étudié la quantité et l'activité d'un sous-type particulier de globules blancs (la cellule tueuse naturelle), qui jouent un rôle précoce important dans les défenses de l'organisme contre les virus et certains types de cancer. Un stress modéré auquel l'organisme peut s'adapter stimule la fonction de cette variété de cellules, mais un stress plus important (p. ex., courir un marathon) réduit le nombre et l'activité des cellules pour une durée pouvant atteindre 7 jours. L'importance clinique de ces observations semble être confirmée par le fait que l'incidence des infections virales et de certains types de cancer est moindre chez les personnes régulièrement actives, et qu'il y a un risque accru d'infections des voies aériennes supérieures dans les 2 à 3 semaines qui suivent un marathon.

Stress psychologique Dans la pensée populaire, le stress se conçoit surtout en termes psychologiques, et les événements stressants de la vie (p. ex., la perte d'un emploi, la rupture d'un mariage ou un deuil) sont évalués selon le degré de stress qu'ils imposent. L'impact d'un stress sur les fonctions de l'organisme ne dépend pas seulement de la gravité du trouble, mais aussi de l'efficacité des mécanismes d'adaptation adoptés par l'individu.

Le stress peut survenir dans les milieux de travail modernes si la cadence est trop rapide, si les conséquences d'une erreur sont graves ou si la tâche exigée n'est pas bien déterminée. Le stress lié à une tâche mentale augmente dans des conditions de travail physique exigeant ou dans un environnement chaud ou bruyant. Selon David Coburn, (alors chercheur à l'U. de Victoria), un travail ennuyeux, monotone et répétitif impose aussi un stress au travailleur. Il se peut que, dans ces circonstances, beaucoup d'efforts doivent être déployés pour maintenir la vigilance nécessaire afin d'éviter les accidents et pour soutenir une production de qualité. Les psychologues décrivent une relation en U inversé entre la difficulté de la tâche et son accomplissement: un travail modérément exigeant garantit une meilleure exécution et impose un stress minimal à l'employé.

Des tentatives pour mettre en relation une mauvaise santé et l'exposition à un stress n'ont pas été concluantes, car un travail stressant et les circonstances de la vie sont souvent associés à des habitudes nuisibles comme la cigarette, l'abus d'alcool et le manque d'exercice. Toutefois, certains rapports font un lien entre un emploi stressant (p. ex., contrôleur aérien) et des événements marquants de la vie (p. ex., l'achat d'une maison) avec l'accroissement de la fréquence des crises cardiaques. En outre, il y a des augmentations substantielles de maladies cardiaques

dans les régions à taux de chômage élevé. P. ex., la détérioration de l'économie qui a suivi l'effondrement de l'Union soviétique a provoqué une diminution de l'espérance de vie en Russie.

Il est difficile de prouver au moyen de recherches que des moyens psychologiques ou l'exercice régulier peuvent réduire le stress et la contrainte biologique qui en résulte. Néanmoins, de plus en plus d'indications portent à croire que les techniques psychologiques (la thérapie de relaxation, la rétroaction biologique et la méditation) et l'exercice régulier contribuent chacun à réduire la réaction d'alarme aiguë imposée par une situation stressante. Si un travail est ennuyeux, l'exercice peut certainement apporter une contre-mesure stimulante en augmentant le stress sur l'organisme au niveau de l'eustress. Un programme d'activité physique qui se déroule dans un esprit dépourvu de compétition et dans un environnement plaisant peut apporter une relaxation à une personne surmenée, mais les bienfaits pourraient ne pas être supérieurs à ceux obtenus par d'autres moyens de répit à la suite d'une tâche astreignante.

Néanmoins, en raison de la perte de vie communautaire créée par la vie dans une grande ville, le soutien de la famille ou des amis en temps de crise a diminué. Selon certains observateurs, les humains ont toujours subi du stress. De plus, l'automatisation dans les milieux de travail modernes a fait croître la proportion de tâches ne requérant pas l'usage de la pensée et a doté les superviseurs d'outils leur permettant d'exercer un contrôle plus serré sur l'accomplissement des tâches. Des quantités modérées de stress peuvent être essentielles à des efforts appréciables et à un sentiment de satisfaction, mais le bonheur et la santé reposent sur le développement de mécanismes d'adaptation, sur un équilibre attentif entre les exigences d'un travail et les compétences de l'employé, ainsi que sur la sociologie appliquée pour éliminer la pauvreté dans les réserves autochtones et les ghettos urbains. (*Voir aussi* ASTRONAUTE.)

R.J. Shephard

Strickland, Edgar Harold, entomologiste, militaire (Erith, Angl., 29 mai 1889—Victoria, 31 mai 1962). Après ses études en Angleterre (1909—1911), Strickland étudie à Harvard (1911—1913). En 1913, il est «prêté» au Canada afin d'acquérir une expérience sur le terrain pour des recherches sur la maladie du sommeil en Afrique. Il devient officier en entomologie pour l'Alberta (1913—1921) et il opère une station entomologique sur le terrain à Lethbridge. Il fonde et dirige le département d'entomologie de l'U. de l'Alberta (1922—1954) dont il est l'unique membre pendant 24 ans. Les 60 articles entomologiques rédigés par Strickland touchent des sujets tels que l'histoire, l'écologie, les cycles de la vie, la taxonomie et les effets négatifs du DDT. La protection contre les animaux nuisibles demeure une préoccupation majeure de sa carrière.

Sa carrière universitaire se double d'une carrière militaire: il fait partie du Corps canadien de mitrailleurs au cours de la Première Guerre mondiale, à titre de commandant du Corps-école d'officiers canadiens de l'U. de l'Alberta (1935—1940) et de la base militaire canadienne à Wetaskiwin, en Alberta (1942—1944) et aide de camp du lieutenant-gouverneur de l'Alberta (1936—1939). Il reçoit la King's Jubilee Medal en 1935 et la Coronation Medal en 1937.

Martin K. McNicholl

Strickland, John Douglas Hipwell, naturalisé canadien, océanographe biologiste (Londres, 3 août 1920—La Jolla, Calif., 12 nov. 1970). De 1956 à 1966, Strickland est un chercheur émérite au sein du groupe d'océanographie du Pacifique de l'Office des recherches sur les pêcheries (ORP) de Nanaïmo, en Colombie-Britannique. Par la suite, il dirige le Marine Food Chain Group de l'Institut des ressources marines de La Jolla. Il met sur pied un programme d'études en biologie marine dans le cadre des recherches qu'effectue l'ORP sur la côte Ouest. Scientifique de renommée internationale, ses études innovatrices portant sur l'écologie des océans influenceront le travail de toute une génération d'océanographes biologistes. On se souviendra de lui plus précisément pour ses travaux analytiques portant sur les micronutriments et pour avoir amorcé des recherches expérimentales en mésocosmes à Departure Bay, en Colombie-Britannique, au début des années 60. Un navire de recherche de l'U. de Victoria et une section du laboratoire d'écologie marine de l'Institut océanographique de Bedford, à Dartmouth en Nouvelle-Écosse, ont été nommés à sa mémoire.

T.R. Parsons

Strong, Maurice Frederick, administrateur d'entreprises, environnementaliste et homme d'État (Oak Lake, Man., 29 avril 1929). Strong débute sa carrière dans les affaires en 1944 en tant qu'employé de la COMPAGNIE DE LA BAIE D'HUDSON dans un poste arctique. Il développe ses dispositions pour les affaires en passant rapidement d'un emploi de comptable pour un groupe minier de Toronto (1945) à une série de postes en gestion et en placement pour différentes entreprises dans les domaines de l'énergie et des finances (de 1948 à 1966).

En 1966, Strong passe aux affaires internationales puis environnementales. Jusqu'en 1970, il dirige le Programme canadien d'aide au développement international et l'AGENCE CANADIENNE DE DÉVELOPPEMENT INTERNATIONAL, qui lui succède, et définit les stratégies à long terme de cet organisme. Il est ensuite secrétaire général pour la Conférence des Nations Unies sur l'environnement et sous-secrétaire général adjoint des Nations Unies en Suisse (de 1970 à 1972), puis directeur exécutif du Programme des Nations Unies sur l'environnement à Nairobi, au Kenya (de 1973 à 1975).

Strong revient aux affaires en tant que directeur de PETRO-CANADA (de 1976 à 1978), après quoi il est nommé président de l'International Energy Development Corporation (de 1980 à 1983), de la Corporation de développement des investissements du Canada (de 1982 à 1984), puis à nouveau sous-secrétaire général adjoint des Nations Unies (de 1985 à 1987 et de 1989 à 1992). En tant que secrétaire général de la Conférence des Nations Unies sur l'environnement et le développement, il coordonne la fameuse conférence sur l'environnement tenue à Rio de Janeiro, au Brésil, en juin 1992. En tant que président d'ONTARIO HYDRO (de 1992 à 1995), on lui doit d'avoir stabilisé les finances de cet organisme. En 1997, il est nommé conseiller principal pour la réforme des Nations Unies.

À titre bénévole, Strong occupe de nombreux postes au sein de l'Union internationale pour la conservation de la nature et de ses ressources, du FONDS MONDIAL POUR LA NATURE, du Conseil œcuménique des Églises, de la Société pour le développement, la justice, et la paix (au Vatican), de l'Institut Nord-Sud et de la Commission mondiale de l'environnement et du développement.

Strong s'est vu décerner de nombreux prix dans les domaines de la conservation et des entreprises humanitaires, dont celui du Freedom Festival (1975) et de l'honneur du Pahlavi Environment Prize (1976). Il est fait Officier de l'Ordre du Canada en 1976 et a reçu jusqu'ici plus de 25 diplômes honorifiques.

Martin K. McNicholl

Stuart, Kenneth, officier de l'armée (Trois-Rivières, Qc, 9 sept. 1891—Ottawa, 3 nov. 1945). Diplômé du Collège militaire royal du Canada en 1911, il sert outre-mer dans le Corps royal du génie canadien de 1915 à 1918. Rédacteur en chef de la Canadian Defence Quarterly au quartier général à Ottawa dans les années 30, il est nommé chef d'état-major géné-

ral en décembre 1941, et chef d'état-major, au quartier général de l'Armée canadienne à Londres, de décembre 1943 à novembre 1944. Sa contribution à la destitution du général A.G.L. MCNAUGHTON de son poste de commandant de la 1re Armée canadienne lui vaut son renvoi en novembre 1944, lorsque le même McNaughton devient ministre de la Défense. Les erreurs de calcul qu'il commet dans ses prévisions des pertes dans l'infanterie sont l'une des raisons qui forcent le gouvernement à imposer la CONSCRIPTION en novembre 1944.

Stephen Harris

Stupart, sir Robert Frederic, météorologiste (Aurora, Canada-Ouest, 24 oct. 1857—Toronto, 27 sept. 1940). Stupart est un pionnier en MÉTÉOROLOGIE. Sa carrière s'étend sur 6 décennies. Premier directeur d'origine canadienne du National Meteorological Service (1894—1929), il dirige l'expansion du service dans l'Ouest et dans le Nord à mesure que les progrès réalisés dans les télécommunications, par télégraphe et par radio, permettent de transmettre les données et les prévisions météorologiques. Engagé par le service dès l'âge de 15 ans, Stupart apprend la météorologie sur son lieu de travail et prépare les premières prévisions météorologiques publiques en 1876. Comme directeur, il est le premier Canadien à participer aux activités de l'Organisation météorologique mondiale. Membre de la Société royale du Canada, il en est fait chevalier en 1916.

Morley Thomas

Sturgeon Falls, ville de l'Ont.; pop. 6162 (rec. 1996), 5837 (rec. 1991), 5895 (rec. 1986); superf. 5,79 km²; const. en 1895; située à 5 km en amont de la rivière Sturgeon à partir du lac Nipissing. Se trouvant sur un emplacement fréquenté depuis longtemps par les autochtones, cette ville est connue des commerçants de fourrures européens depuis le XVIIe s., mais elle ne se développe qu'à l'arrivée de la voie ferrée du Canadien Pacifique en 1881. Les premiers à y prendre pied sont des Canadiens anglais de Simcoe et de Muskoka, qui sont bientôt dépassés en nombre par les travailleurs du secteur forestier et de l'industrie des pâtes et papiers, laquelle se développe à partir de 1884.

La fermeture de l'usine de la compagnie Abitibi Power & Paper Ltd. en 1912 provoque l'exode d'un grand nombre d'Anglais. La ville devient francophone dans une proportion de 75 à 80 p. 100 et est l'une des premières à manifester en faveur des droits et de la culture des Franco-Ontariens. Le papier, le tourisme, les loisirs de plein air et l'approvisionnement agricole local soutiennent l'économie de cette collectivité qui est encore principalement catholique et francophone.

Peter Krats

Sturnelle Oiseau de la taille du merle qui porte un croissant noir sur sa poitrine jaune éclatant. Tout comme les CAROUGES, les quiscales et les ORIOLES, elle appartient à la famille des ictéridés.

Répartition On en trouve 2 espèces au Canada. Elles se ressemblent beaucoup, mais leur chant est différent. La sturnelle de l'Ouest (*Sturnella neglecta*) a un chant élaboré et flûté. On la rencontre depuis la côte Ouest jusque dans l'est de l'Ontario. La sturnelle des prés (*S.magna*) a un sifflement clair et plus court. Elle niche depuis le centre de l'Ontario jusque dans la vallée du Saint-Laurent et plus au sud jusqu'au Mexique, ainsi que de l'Amérique centrale jusqu'au Brésil. Bien que certaines sturnelles hivernent dans le sud du Canada, la majorité migrent quelques centaines de kilomètres plus au sud durant la saison froide.

Nidification Les sturnelles nichent au sol en milieux ouverts. Elles pondent de 3 à 7 œufs dans un nid recouvert d'un dôme, bien dissimulé dans la végétation. Elles se nourrissent d'insectes pendant la saison de reproduction et de graines pendant l'automne et l'hiver.

R.J. Robertson

Submersible Petit engin conçu pour fonctionner sous l'eau et utilisé à des fins de recherche, de récupération d'équipement et d'étude des fonds marins. Le submersible exige le soutien d'un navire ou d'une plateforme de surface. Il diffère en cela du sous-marin, qui est autonome et autosuffisant. Les submersibles habités sont employés partout dans le monde. Plusieurs classes de submersibles sont conçues et fabriquées au Canada, comme le Pisces, véhicule d'une atmosphère, et le SDL, un *lock-out vehicle*, tous 2 utilisés par des services du gouvernement canadien. Les submersibles habités peuvent atteindre des profondeurs de 6000 m, mais on les utilise habituellement dans des profondeurs inférieures à 2200 m. Quant aux submersibles téléguidés (ROV: *remote operated vehicle*), ils sont universellement répandus et fabriqués dans divers pays, dont le Canada. Au nombre des ROV de fabrication canadienne, on note les véhicules à navigation autonome de classe Dart, Trec et Trov.

En 1987, le gouvernement canadien prend livraison d'un HYSUB 5000 ROV. Conçu et fabriqué par International Submarine Engineering, entreprise de Port Moody (Colombie-Britannique), ce submersible non habité pourra atteindre des profondeurs inégalées. Il sera utilisé, de même que le Pisces IV (submersible habité) par l'Institut des sciences de la mer de Sidney (Colombie-Britannique) et fera du Canada un leader de l'exploration sous-marine.

F.J. Chambers

Succession (Testaments) Lorsqu'une personne meurt, ses biens ou leur valeur sont transmis à ses ayants droit après paiement de toutes ses dettes et autres obligations en souffrance. Ce processus de transfert est appelé succession. La succession d'une personne s'effectue de 2 façons: ou bien elle signe de son vivant un document écrit (un «testament»), ou bien, s'il n'y a pas de testament valide, on applique automatiquement la loi de sa province ou de son territoire de résidence. Dans ce dernier cas, ces lois déterminent unilatéralement qui a droit à une part des biens du défunt et la proportion des biens que chacun est en droit de recevoir.

La personne qui a signé un testament valide énonce en détail ses directives concernant la disposition ou la distribution de ses biens après sa mort. Le testament donne à une personne l'occasion de s'assurer que ses volontés seront respectées après sa mort (p. ex., en prenant des dispositions au bénéfice des membres de sa famille, en distribuant ses biens ou leur produit de la meilleure façon possible, peut-être en épargnant des impôts ou en les reportant). Il permet aussi au testateur de choisir ou de nommer un exécuteur testamentaire, parfois appelé fiduciaire de la succession, chargé d'exécuter toutes les clauses du testament. Son mandat commence dès le décès du testateur.

Formalités testamentaires Ces formalités sont aussi importantes que la teneur du testament. Chaque province ou territoire a adopté des mesures législatives prescrivant les modalités de signature du testament. P. ex., ils ont déterminé l'endroit où la signature doit être apposée et, si des témoins sont nécessaires, le nombre de témoins devant être présents. Si une personne meurt sans laisser de testament valide, les lois relatives à la succession mentionnées ci-dessus s'appliqueront immédiatement pour déterminer qui seront les héritiers des biens du défunt et quelle sera la proportion de la part de chacun.

P. ex., en Ontario (depuis avril 1995), si une personne meurt sans laisser de testament et que son conjoint légitime ainsi que plus d'un enfant lui survivent, le conjoint a droit à la première tranche de 200 000 $ de la valeur nette de ses biens, ainsi qu'au tiers du reliquat. Les enfants se partagent les 2 tiers du reliquat en parts égales. Si cette personne meurt et qu'elle n'avait ni conjoint ni descendance (la descendance comprenant non seulement les enfants, mais leurs descendants), mais que sa mère et son père lui survivent, ces derniers se partagent la valeur nette de la succession en parts égales. Si un seul du père ou de la mère survit, le survivant a droit à la valeur nette entière. Le tribunal doit être saisi d'une demande visant à déterminer qui administrera et gérera les biens du défunt avant leur distribution.

Administration de la succession L'administration de la succession d'un intestat est plus difficile et, bien souvent, la succession aux biens du défunt fixée automatiquement par la loi est tout à fait étrangère aux véritables volontés du défunt.

Donna M. Campbell

Sucre, industrie du Secteur de l'industrie des aliments et des boissons du Canada regroupant les entreprises productrices de sucre de canne et de betterave, ainsi que de sucre inverti, de sirop de sucre, de mélasse et de pulpe de betterave. L'industrie canadienne de raffinage de sucre (excepté le secteur de l'INDUSTRIE DE L'ÉRABLE) prend naissance au début des années 1850 lorsqu'une entreprise de raffinage de sucre de canne s'installe à Montréal. Au début des années 1900, on trouve des activités de raffinage à Halifax (Nouvelle-Écosse), à Saint-Jean (Nouveau-Brunswick), à Toronto (Ontario) et à Vancouver (Colombie-Britannique). Tous ces établissements produisent du sucre raffiné à partir de sucre brut importé après extraction de la canne à sucre tropicale. La betterave à sucre cultivée au pays est une autre source importante de sucre pour le Canada. La première raffinerie canadienne conçue pour extraire le sucre de la betterave, La Compagnie de sucre de betterave de Québec, est fondée à Farnham, au Québec, en 1881. La même année, 2 autres raffineries de sucre de betterave ouvrent au Québec. En 1902, il en existe 4 en Ontario et en 1903, la Knight Sugar Company s'installe en Alberta.

L'Ontario ne produit plus de sucre de betterave. Toute la production canadienne provient donc des usines situées au Québec, au Manitoba et en Alberta.

Le tout dernier édulcorant, le sirop de maïs enrichi en fructose (HFCS), prend une importance croissante. Ce produit est déjà utilisé dans la production de BOISSONS GAZEUSES et dans certains produits de CONFISERIE, et sera utilisé dans encore plus de produits alimentaires à l'avenir. En 1982, l'Ontario compte 2 usines de production de HFCS, puis une troisième entre en production en 1983.

Au Canada, le HFCS ne couvre que 5 p. 100 des besoins en édulcorants.

Le profil classique de l'industrie des édulcorants change également en 1982 lorsque la Direction générale de la protection de la santé de Santé et Bien-être social Canada approuve l'utilisation de l'aspartame dans les aliments au Canada. Cet édulcorant de synthèse sans calorie entre aussitôt dans les boissons gazeuses diététiques et, en l'espace d'un an, dans au moins 8 p. 100 de la production totale de boissons gazeuses. Les dirigeants de ce secteur pensent que l'aspartame sera finalement utilisé dans environ 20 p. 100 de la production canadienne de boissons gazeuses et de plus en plus dans les produits alimentaires hypocaloriques ou de régime (p. ex., fruits traités, garnitures aux fruits, etc.).

La majorité des pays producteurs ou consommateurs de sucre, dont le Canada, sont signataires d'un accord international sur le sucre qui vise à prévenir les fluctuations extrêmes du prix mondial du sucre. Il protège donc les intérêts des pays producteurs de canne comme ceux des consommateurs de sucre brut. Au Canada, l'industrie du sucre est réglementée par plusieurs organismes fédéraux, dont Agriculture Canada et le ministère de la Consommation et des Affaires commerciales. Elle est représentée par l'Institut canadien du sucre à Toronto, lequel regroupe toutes les entreprises canadiennes de raffinage.

Au cours des dernières années, la production annuelle de sucre de canne raffiné atteint une moyenne de 0,9 à 1 million de tonnes, et celle de sucre raffiné à partir de betteraves à sucre cultivées au Canada varie entre 90 et 135 mille tonnes. Neuf usines de raffinage de sucre sont maintenant en exploitation au Canada (sans compter les usines de HFCS): une au Nouveau-Brunswick, 3 au Québec, 2 en Ontario, une au Manitoba, une en Alberta et une en Colombie-Britannique. Ce nombre a diminué depuis 1980.

Le nombre total d'emplois dans l'industrie de raffinage de sucre est tombé de 1800 emplois en 1980 à 1500 en 1985. Les dépenses en matériel et en approvisionnement ont également baissé de 641 millions de dollars en 1980 à 249 millions en 1985. La fluctuation importante du prix s'explique en partie par l'extrême volatilité du prix international du sucre brut. La situation internationale a également beaucoup d'influence sur la valeur annuelle des expéditions de l'industrie du raffinage: de 1975 à 1985, les expéditions vont de 437 à 859 millions de dollars. En 1985, la valeur des expéditions s'élève à 454 millions de dollars.

Robert F. Barratt

Sudbury, ville de l'Ontario, elle est le siège judiciaire du district de Sudbury et fait partie de la municipalité régionale de Sudbury. La ville est située à 390 km au nord de Toronto au croisement de la ROUTE TRANSCANADIENNE et des routes 69 et 144, et des chemins de fer du Canadien National (CN) et du Canadien Pacifique (CP).

Auparavant connue comme localité minière, foyer syndical et site des plus hautes cheminées industrielles du monde, Sudbury est maintenant reconnue comme la plus grande ville du nord-est de l'Ontario. Affaires gouvernementales, affaires commerciales, services sociaux, enseignement, médias, médecine et autres services professionnels, voilà autant de secteurs d'activité dont elle est le centre.

Peuplement L'occupation de la région de Sudbury remonte à quelque 9000 ans, après le retrait de la dernière nappe glaciaire du continent. La région est habitée à l'origine par les OJIBWÉS, Indiens de la famille des Algonquins. Même si la Compagnie de la baie d'Hudson y tient des postes de traite depuis le début du siècle, ce n'est qu'avec la construction du tronçon principal du CP et d'une gare juste au nord du lac Ramsey en 1883 que le peuplement commence. James Worthington, surintendant de la construction, baptise l'emplacement d'après le lieu de naissance de sa femme en Angleterre.

Croissance À ses débuts, Sudbury est une ville de compagnie du CP. Comme elle est entourée par la forêt boréale du BOUCLIER canadien, c'est l'exploitation forestière qui se développe comme première industrie importante au cours des années 1890. Cependant, la situation géographique de la ville au sud du bassin de Sudbury favorise aussi sa croissance comme centre local de l'industrie minière. Découvert pendant les travaux de construction de la ligne principale du CP, le bassin de Sudbury, une structure géologique de forme ovale de 60 km sur 27 km, est entouré d'une intrusion de nickel formant une bordure rocheuse riche en minéraux.

Malgré le fait qu'il n'existe aucune mine à l'intérieur de ses limites, Sudbury évolue en tant que centre urbain dominant de la région. De plus, comme l'intérieur du bassin est une vallée fertile, la région attire de nombreux agriculteurs francophones. Sudbury demeure une communauté minière relativement petite jusqu'à la Seconde Guerre mondiale. Après la guerre, elle croît rapidement et se diversifie considérablement.

Paysage urbain Le développement de Sudbury est d'abord restreint par les voies ferrées et la topographie de même que par la faiblesse de son assise fiscale foncière, du fait que la ville ne commence à percevoir des taxes auprès de l'industrie minière qu'au moment de l'instauration de l'administration régionale en 1973. La ville s'étend graduellement vers l'extérieur le long des routes principales, séparées par des corniches rocheuses. De nouvelles zones résidentielles surgissent dans les districts de West End, Donovan, Minnow Lake, New Sudbury et Lockerby. Dans les années 50, à la suite de l'expansion de l'industrie minière, le peuplement urbain s'étend au-delà des limites de la ville dans la «vallée» agricole vers le nord et aussi dans d'autres zones périphériques vers l'ouest et le sud. C'est cet étalement anarchique qui finalement conduit à l'établissement d'une administration régionale.

En raison de l'exploitation forestière, des incendies de forêt et de la pollution causée par le grillage à ciel ouvert, la végétation est clairsemée et se compose surtout de peupliers et de bouleaux. Sudbury mérite alors la réputation peu enviable d'être l'un des centres urbains les moins attirants du Canada. Toutefois, à partir de 1973, le paysage urbain commence à se transformer grâce à un plan de reboisement et de restauration des plus ambitieux. Depuis 1973, plus de 3300 ha de terrains très abîmés ont été restaurés et 3 millions de feuillus et de conifères ont été plantés. En reconnaissance de ces efforts, Sudbury reçoit un certain nombre de prix entre 1986 et 1992, dont le Prix d'excellence environnementale du gouvernement du Canada, l'United States Chevron Conservation Award et le Local Government Honours Award des Nations Unies lors du Sommet de la Terre à Rio de Janeiro, au Brésil.

Sudbury compte aussi énormément de lacs. Sur les 160 lacs qui parsèment le territoire de la municipalité régionale, 34 se trouvent dans les limites de la ville. Le lac Ramsey, dont le secteur riverain a valu à la ville un Prix d'excellence international en 1992, est aussi le plus grand lac à se trouver enclavé dans une ville en Amérique du Nord.

Le paysage urbain offre au regard plusieurs édifices présentant un intérêt architectural. Parmi ceux-ci, on trouve le Centre jeunesse Cecil Facer, le Complexe municipal, l'hôtel Coulson, le Centre Randolph, le Centre de données fiscales de Revenu Canada et de nombreuses églises.

Population Sudbury, qui compte 2027 habitants en 1901, voit sa population doubler à chaque recensement, soit tous les dix ans, jusqu'en 1931. Une fusion et une annexion d'importance en 1960 portent le nombre d'habitants à 80 120 en 1961. En 1971, la ville et la région métropolitaine comptent respectivement 90 535 et 157 721 habitants. À la faveur d'une autre expansion en 1973, ce nombre passe à 91 829 pour la ville en 1981. L'ensemble de la région métropolitaine enregistre toutefois une perte, avec un chiffre de population de 149 923. En 1996, la population de la ville est à peu près la même, avec 92 059 habitants, alors que celle de la région métropolitaine est en augmentation, avec 160 488 habitants.

La ville présente un caractère biculturel, sa population se composant dans des proportions d'au moins 30 p. 100 de personnes d'origine britannique et française Elle compte d'autres groupes ethniques importants, notamment des Italiens, des Finlandais, des Allemands, des Ukrainiens, des Polonais et des autochtones.

Économie et main-d'œuvre Sudbury est traditionnellement reconnue comme une ville minière. La première compagnie minière, la Canadian Copper, est fondée en 1886 et commence ses activités d'exploration en 1888. En 1902, la Canadian Copper fusionne avec l'Orford Refining Company pour former le géant International Nickel Company of Canada (aujourd'hui INCO LIMITÉE). En 1915, les mines de Sudbury fournissent 80 p. 100 de la production mondiale de nickel. La suprématie du bassin de Sudbury est renforcée par la formation de la Falconbridge Nickel Mines (aujourd'hui la Falconbridge Limitée) en 1928. À ce jour, le bassin de Sudbury demeure le plus important producteur de nickel au monde. De plus, le minerai local contient du plomb, du zinc, de l'argent, de l'or, du cobalt, du platine, du sélénium et du tellure.

Il n'est donc pas surprenant que la croissance de Sudbury ait été profondément influencée par des cycles d'expansion et de ralentissement étroitement liés aux fluctuations de la demande de l'industrie du nickel. Jusqu'à la Seconde Guerre mondiale, l'industrie minière constitue de loin le principal employeur pour l'économie régionale. L'emploi dans le secteur minier atteint son niveau maximum en 1971, avec 26 000 emplois.

En 1996, ce chiffre est descendu à moins de 8500. Malgré ce déclin en matière d'emploi, la production minière se maintient à un niveau élevé grâce à la mise en place de techniques d'exploitation minière en continu et à l'utilisation de technologies innovatrices. En fait, Sudbury est devenu le foyer de la technologie minière et de plusieurs instituts de recherches. Parmi ceux-ci, on compte le Centre de recherches en exploitation minière et exploration minérale (CREMEM), le Centre de recherche en géomécanique et le Centre de recherche en exploration minérale à l'UNIVERSITÉ LAURENTIENNE, et le Northern Centre for Advanced Technology (NORCAT) au Cambrian College. L'U. Laurentienne soutient aussi la Station de recherche d'Elliot Lake.

À la suite du succès remporté dans la remise en état de ses terrains, la ville est devenue un centre international des sciences environnementales liées à l'exploitation minière. INCO Limitée a également mis au point une technique exclusive à la suite de la réussite de son projet pour réduire les émissions de dioxyde de soufre. En 1998, Sudbury accueille le détecteur de neutrinos le plus perfectionné au monde: l'Observatoire de neutrinos de Sudbury. Cet observatoire place Sudbury au centre des recherches internationales dans le domaine de la recherche en PHYSIQUE des particules subatomiques.

Depuis la Seconde Guerre mondiale, la région de Sudbury a élargi sa base économique pour faire place à d'autres activités comme la santé, l'enseignement, le secteur administratif et commercial. À la fin des années 50, 3 hôpitaux sont construits, transformant la ville en un centre médical important.

Pendant les années 60, la ville devient un centre important d'enseignement et de recyclage professionnel à la suite de la création de l'U. Laurentienne et du Cambrian College. En 1995, la ville devient aussi le site du campus principal du collège de langue française, le Collège Boréal.

De nombreux emplois du secteur public, surtout dans l'administration provinciale et des services tels que la Commission géologique de l'Ontario, ont été transférés à Sudbury. Dans les secteurs des services et des finances, Sudbury est devenu le siège de BELL CANADA et le siège social du nord-est de l'Ontario pour de nombreuses banques.

À la suite de la construction de Science North (1984), du théâtre IMAX qui lui est associé et grâce aux attractions de la mine Big Nickel, Sudbury est devenue la destination touristique la plus populaire du Nord de l'Ontario. Pendant l'hiver, le Sudbury Trail Plan, un circuit de 1200 km de pistes de motoneige, a de nombreuses retombées économiques.

Sudbury a la réputation d'être l'un des centres syndicaux de premier plan au Canada. Des relations médiocres entre les compagnies minières et les 2 syndicats, l'Union internationale des travailleurs de mines, bocards et fonderies, et les MÉTALLURGISTES UNIS D'AMÉRIQUE, ont conduit à la grève en 1958, 1969, 1975, 1978-1979 et en 1997.

Transports Après 1883, la ville est reliée par chemin de fer à SAULT SAINTE-MARIE (1887) et à Toronto (1908). On entreprend en 1912 la construction de routes pour la relier à NORTH BAY et à Sault Sainte-Marie. En 1956, la route 69 qui descend vers

le sud jusqu'à GRAVENHURST est ouverte. Le premier lien avec TIMMINS, par la route 144, est entrepris en 1970. L'aéroport municipal de Sudbury permet les liaisons aériennes depuis 1954.

Communications Sudbury sert de centre de communications important. Elle compte des stations de radio et des compagnies de radiodiffusion: CHNO Radio, CHYC AM, CIGM Radio, CJMX FM, CBC, Pelmorex Radio, Q92 FM et Radio-Canada. On y trouve aussi des stations de télévision et des compagnies de télédiffusion: MCTV, le Sudbury Family Channel et Northern Cable Holdings Ltd. Plusieurs journaux sont publiés dans la région dont le *Northern Life*, le *Northern Ontario Business*, le *South Side Story*, le *Sudbury Star* et le *Walden Observer*. Sudbury est aussi le siège de la Laurentian Publishing Ltd.

Administration et politique Sudbury est constituée en municipalité en 1893 et obtient le statut de ville en 1930. Elle est intégrée en 1973 à la municipalité régionale de Sudbury, qui englobe également les villes de Capreol, Nickel Centre, Onaping Falls, Rayside-Balfour, Valley East et Walden. La structure de l'administration est à 2 niveaux: elle se compose d'un conseil régional de 20 membres et d'un président, ainsi que de 7 conseillers locaux.

Vie culturelle La vie culturelle s'est améliorée depuis la fondation de l'U. Laurentienne en 1960 et du Cambrian College en 1966. Sudbury compte 3 grands musées: le Musée et centre des arts de l'U. Laurentienne, le Flour Mill Museum et le Copper Cliff Museum. Le milieu du théâtre compte le Sudbury Theatre Centre, le Theatre Cambrian et le Théâtre du Nouvel-Ontario. La Société philharmonique, créée en 1957, est réorganisée en 1975 pour devenir l'Orchestre symphonique de Sudbury. La ville est en voie de devenir rapidement un centre important de festivals en Ontario. Parmi les événements annuels, on note le Northern Lights Festival Boreal, le Fringe Nord, le Cinéfest, le Blueberry Festival et le Snowflake Festival.

Sports et loisirs Sudbury est bien dotée d'installations sportives et de loisirs, dont la plus importante: l'Arena de Sudbury. En 1971, la ville est aussi la première de l'Ontario à posséder sa piscine olympique à l'U. Laurentienne, foyer du nageur Alex BAUMANN, gagnant de 2 médailles d'or aux Jeux olympiques de Los Angeles en 1984. La ville offre d'autres installations pour répondre vraiment à tous les goûts: plages publiques, clubs de curling, terrains de golf, pistes de fond, sentiers de nature et pistes de descente. Cinq parcs provinciaux se trouvent à proximité. Dans la ville même, la zone de conservation du lac Laurentien est une destination appréciée.

O.W. Saarinen

Suédois Trois colons portent un patronyme suédois parmi le groupe de lord Selkirk, dans la vallée de la rivière Rouge, au Manitoba; c'est la première attestation de la présence de colons suédois au Canada. De 1868 à 1914, plus de un million de Suédois s'installent aux États-Unis et au Canada. La possibilité d'acquérir des terres les attirent aux États-Unis, mais, comme les terres agricoles deviennent rares et coûteuses dans l'Ouest américain, ils commencent à émigrer au Canada. En 1971, on compte 101 870 Canadiens et Canadiennes d'origine suédoise, mais, en 1981, leur nombre décline à 78 360. Le recensement de 1996 mentionne 31 200 personnes d'origine suédoise (réponse unique) et 247 775 autres qui sont partiellement d'origine suédoise (réponse multiple).

Origines Dans les premières années du XIXe s., la Suède connaît un accroissement rapide de sa population. Une très grande partie des agriculteurs ne possède plus de terre et les divisions sociales se font plus dures entre les propriétaires terriens et les paysans sans terre. Beaucoup de fermiers suédois tentent leur chance ailleurs. Une série de récoltes désastreuses

(1866—1868) apporte la famine et des difficultés économiques dans plusieurs régions de la Suède, ce qui donne un essor supplémentaire à l'émigration.

Émigration et colonisation La plus grande partie du million d'émigrants suédois se compose des travailleurs agricoles sans terre, des fils et des filles de petits propriétaires terriens ou de petits fermiers. L'Église luthérienne de Suède encourage fortement les indigents à émigrer. Les militants syndicaux qui sont sur la liste noire de leurs employeurs partent aussi et, comme les femmes s'émancipent économiquement, plusieurs d'entre elles font leur chemin à l'étranger. Les promoteurs de l'émigration qui viennent des États-Unis et du Canada travaillent activement en Suède pour attirer des colons.

Jusqu'en 1914, la plupart des immigrants suédois arrivent au Canada en provenance du Minnesota et du Dakota du Nord, principalement. Entre 1921 et 1930, plus de 20 000 Suédois (plusieurs d'entre eux étant des ouvriers) émigrent directement au Canada. En 1930, la Suède avait déjà largement développé ses industries et, à partir de 1945, l'émigration suédoise au Canada se fait surtout de façon individuelle.

Au début des années 1870, quelques Suédois remontent la rivière Rouge par bateau jusqu'à Winnipeg. La voie du Canadien Pacifique étant construite, de nombreux Suédois profitent des politiques du gouvernement canadien qui permettent d'acheter des terres agricoles à bon marché dans les Prairies (*voir aussi* POLITIQUE D'IMMIGRATION). Winnipeg attire beaucoup d'immigrants suédois et, pendant des années, c'est le centre principal pour la majorité des organismes suédois, et ce, à l'échelle nationale. Au Manitoba, les Suédois s'établissent également à Scandinavia, à Erickson, à Teulon, à Mulvihill et à Eriksdale. La Saskatchewan attire aussi les colons suédois. Selon le recensement de 1931, un Suédois sur 4 vit dans cette province, surtout dans 2 communautés de la vallée de la Qu'Appelle: Stockholm et Dubuc. Les Suédois s'établissent en Alberta avant même qu'elle ne soit une province, et encore aujourd'hui, Edmonton et Calgary ont leurs communautés suédoises. Au cours de la Seconde Guerre mondiale, un grand nombre de Suédois déménagent sur la côte du Pacifique, en raison de son climat plus doux et des possibilités d'emploi. Aujourd'hui, la Colombie-Britannique compte le plus grand nombre de Canadiens d'origine suédoise.

Beaucoup de premiers immigrants suédois s'établissent dans le nord-ouest de l'Ontario comme fermiers ou comme travailleurs dans les chantiers forestiers, particulièrement aux environs de Kenora. Après la Seconde Guerre mondiale, un grand nombre d'immigrants suédois s'établissent à Toronto.

Vie économique La grande majorité des premiers immigrants suédois du Canada sont attirés par l'occasion de posséder une terre agricole. Au tournant du siècle, des travailleurs, spécialisés ou non, émigrent vers les zones urbaines et industrielles du Canada. Après 1945, les immigrants suédois sont aussi des ingénieurs, des hommes d'affaires et des représentants des industries d'exportation suédoises. Avec les années, un nombre important de Canadiens d'origine suédoise délaissent l'agriculture pour l'industrie, les affaires ou les professions.

Vie sociale et communauté Les colons suédois, particulièrement ceux présents dans l'Ouest du Canada, fondent un bon nombre de clubs et d'organismes sociaux. Les ligues de tempérance fondées dans quelques communautés sont parmi les premiers clubs de langue suédoise. En 1901, la Norden Society est fondée à titre de société de secours.

Le Vasa Order of America, maintenant un organisme socioculturel, est fondé en 1896 aux États-Unis et en 1913 au Canada, à titre de société de secours mutuels. Cette société conserve des centres partout aux États-Unis et au Canada.

Religion et vie culturelle Une grande part de la vie religieuse et culturelle des premières communautés suédoises du Canada gravite autour des églises, qui deviennent les bastions de la langue suédoise et assurent un lien culturel entre les immigrants suédois et leurs enfants nés au Canada. Pour beaucoup d'immigrants, les dissensions religieuses dans la mère patrie étaient un facteur décisif pour quitter la Suède et cela a une incidence sur le choix de leur confession religieuse en Amérique du Nord.

L'Église luthérienne est le principal organisme ecclésial chez les Suédois d'Amérique du Nord. En 1860, les congrégations luthériennes suédoises des États-Unis fondent le Synode Augustana, qui dirigera les activités des luthériens suédois partout au Canada et aux États-Unis pendant plus d'un siècle avant de devenir la Lutheran Church in America. La Conférence canadienne de l'Augustana Evangelical Lutheran Church a lieu à Winnipeg.

Le *Canada-Tidningen* (fondé à Winnipeg en 1892) est le journal de langue suédoise qui a connu l'existence la plus longue et l'influence la plus grande au Canada. En 1970, il fusionne avec le journal *Swedish American Tribune* de Chicago. D'autres périodiques de langue suédoise ont été publiés à Winnipeg, à Vancouver et à Toronto.

Éducation Les enfants des premiers colons suédois s'adaptent rapidement au système d'éducation canadien et à la langue anglaise. Selon le recensement de 1986, 11 970 Canadiens sont de langue maternelle suédoise.

Politique Beaucoup de Canadiens d'origine suédoise s'engagent activement dans les activités communautaires (les coopératives, les caisses d'épargne et de crédit, et les syndicats du blé des Prairies) ainsi que dans la création du mouvement syndical de la Colombie-Britannique. De nombreux Suédois apportent leur soutien à des mouvements populaires tels que la FÉDÉRATION DU COMMONWEALTH FÉDÉRATIF en Saskatchewan et le CRÉDIT SOCIAL en Alberta. Harry Strom, chef du Crédit social et premier ministre de l'Alberta de 1968 à 1971, était d'origine suédoise.

Lennard Sillanpaa

Suerie C'était un élément important de certains rites purificatoires de pratique courante chez la plupart des bandes autochtones d'Amérique du Nord. Il existait 2 techniques de suerie, qui faisaient appel à des huttes de structures différentes. L'une, en usage dans le nord de l'Alaska, en Californie et en Méso-Amérique, consistait à s'exposer directement au feu dans un petit abri semi-souterrain. Selon la méthode la plus commune, on chauffait des pierres dans un feu, on les plaçait dans une petite hutte en forme de dôme et l'on versait de l'eau sur elles pour produire de la vapeur. Les huttes à suer par exposition directe au feu servaient aussi de maisons pour les hommes, mais les sueries à vapeur étaient souvent utilisées par une seule personne.

René R. Gadacz

Suez, crise de Le 26 juillet 1956, le président égyptien Nasser s'empare de l'importante Compagnie du canal de Suez, qui exploite le canal depuis 1869; les principaux actionnaires de la compagnie sont la France et l'Angleterre. Cette occupation par Nasser du canal reliant la Méditerranée et la mer Rouge porte un coup à la fierté et au commerce de l'Occident. La diplomatie ayant échoué, l'Angleterre, la France et Israël conviennent en secret d'une action contre l'Égypte. Israël passe à l'attaque le 29 octobre et, en un seul jour, avance à un peu moins de 42 km du canal. Tel que convenu avec Israël, l'Angleterre et la France somment Israël et l'Égypte de se retirer de la région immédiate du canal. Nasser refuse. Le 31 octobre, l'Angleterre et la France interviennent directement en bombardant la zone du canal.

Dans les coulisses, le gouvernement du Canada se montre irrité par ce geste qui divise le COMMON-WEALTH et qui aliène les États-Unis. Toutefois, publiquement, le Canada joue le rôle de conciliateur. Le 4 novembre, L.B. PEARSON, secrétaire d'État aux Affaires extérieures du Canada, et ses collègues aux NATIONS UNIES obtiennent un appui écrasant de l'Assemblée générale en proposant la création d'une force internationale chargée de maintenir la sécurité et de coordonner la cessation des hostilités. Le général canadien E.L.M. BURNS est aussitôt nommé commandant de la Force d'urgence des Nations Unies (FUNU). Les Anglais et les Français décident cependant de passer outre à la résolution de l'ONU et larguent des parachutistes dans la zone du canal tard le 4 novembre. Grâce à la pression, principalement américaine, exercée sur le premier ministre britannique sir Anthony Eden, un cessez-le-feu est conclu le 6 novembre. Pearson se bat avec succès pour que des soldats canadiens fassent partie de la FUNU, dont les unités d'avant-garde arrivent à la mi-novembre. Bien que Pearson reçoive le Prix Nobel de la paix en 1957 en récompense pour ses efforts de conciliation, bien des gens en Angleterre et au Canada sont consternés par le manque apparent de soutien envers l'Angleterre de la part d'Ottawa. La défaite du gouvernement libéral aux élections générales de 1957 est sans doute en partie attribuable à ce facteur. (*Voir aussi* MAINTIEN DE LA PAIX.)

Norman Hillmer

Suicide C'est l'acte par lequel quelqu'un se donne volontairement la mort. Beaucoup de philosophes occidentaux utilisent ce concept comme point de départ de leurs réflexions sur l'existence humaine. Le Canada dépénalise le suicide en 1972. Depuis, le Code criminel ne prévoit plus de sanction contre quelqu'un qui tente de se suicider. Par contre, la personne trouvée coupable d'avoir conseillé à une autre personne de se donner la mort ou de l'avoir aidée encourt une peine de prison de 14 ans au maximum, que la tentative de suicide ait réussi ou non. Un agent de la paix ou un médecin peut ordonner la détention d'une personne s'il estime qu'elle représente un danger pour elle-même.

Suicide assisté Les parlements fédéral et provinciaux débattent sans fin du droit qu'auraient les personnes à l'assistance d'un médecin ou de quelqu'un d'autre en vue de se suicider, surtout dans les cas où un handicap trop lourd les empêche de commettre cet acte sans aide. En 1993, la contestation par Sue Rodriguez (Rodriguez c. la Colombie-Britannique, 1993) de l'interdiction inscrite dans le Code criminel déclenche un grand débat public sur cette question. La Cour suprême du Canada maintient le *statu quo*, et Rodriguez meurt avec l'assistance d'un médecin anonyme. Par la suite, le public est mis au courant du suicide assisté de personnes atteintes de maladies incurables.

Selon les registres de Statistique Canada, les suicides sont définis en tant que «décès notés dans les registres officiels, rapportés par les médecins légistes à la suite de l'enquête après décès habituelle prescrite par loi, ces décès ayant été causés ou probablement causés par un suicide». Les statistiques officielles concernant les suicides sont probablement sous-estimées dans la plupart des pays pour diverses raisons: mauvaise tenue des registres, informations insuffisantes et tendance des autorités médicales et administratives à cacher les suicides ou à les camoufler sous une autre dénomination ou encore à fermer les yeux sur des décès suspects pour protéger la famille des personnes décédées. Malgré tout, les statistiques permettent d'établir une tendance dans le temps dans bon nombre de pays et d'indiquer des différences entre ces pays ainsi qu'entre des groupes spécifiques à l'intérieur de ces pays.

Taux En 1992, le Canada affiche un taux de 11,4 suicides par 100 000 habitants, ce qui le place entre des pays ayant des taux supérieurs à 20 suicides par 100 000 habitants (p. ex., la Hongrie, la Finlande et la Fédération de Russie) et ceux dont les taux demeurent régulièrement sous le seuil de 10 par 100 000 habitants (p. ex., le Mexique, la Grèce et le Portugal). Ce qu'écrit Émile Durkheim en 1897 dans sa monographie intitulée *Suicide* à propos des taux de suicide selon les nations reste vrai: une nation donnée a un taux de suicide caractéristique qui ne fluctue guère d'année en année et qui garde son rang parmi les taux des autres nations. En 1992, le Canada enregistre 3709 suicides, dont 2923 chez les hommes et 786 chez les femmes. Le suicide constitue l'une des 10 principales causes de décès au pays et n'est devancé que par les accidents chez les moins de 35 ans. Les hommes sont davantage portés à se servir de méthodes plus violentes et plus sûres (p. ex., des armes à feu, des explosifs et la pendaison), tandis que les femmes préfèrent les drogues.

Les taux de suicide varient beaucoup selon les régions. Ils sont généralement plus élevés dans l'Ouest que dans l'Est. Parmi les provinces, Terre-Neuve possède le plus bas taux de suicide et l'Alberta le plus haut. S'il est vrai que les taux enregistrés dans les Territoires du Nord-Ouest sont élevés, il faut les interpréter de façon très prudente, car la population peu nombreuse et le taux peu élevé de suicide se traduisent par des statistiques fluctuantes.

Groupes à haut risque Au Canada, comme ailleurs au monde, les taux de suicide sont nettement plus élevés chez les hommes que chez les femmes. Ici, les hommes de moins de 30 ans, ceux de 75 ans et plus, ainsi que les jeunes gens des PREMIÈRES NATIONS viennent en tête de liste. Ajoutons que le suicide chez les jeunes est une préoccupation de plus en plus importante. Le Canada occupe la troisième place des pays industrialisés, derrière la Nouvelle-Zélande et la Finlande, en ce qui a trait au suicide chez les jeunes âgés de 15 à 19 ans. Le taux de ce groupe d'âge a presque doublé entre 1970 (7,0 pour 100 000 habitants) et 1991 (13,5 pour 100 000 habitants), et ce sont surtout les jeunes hommes qui en sont responsables.

S'il est clairement établi que le climat et l'hérédité n'ont pas d'impact sur l'incidence du suicide, il est lié à une vaste gamme de caractéristiques sociales et psychologiques. Les études permettent d'établir certains types de personnalité qui seraient plus susceptibles que d'autres de mener à un comportement suicidaire. La principale théorie psychologique du suicide s'inspire de Freud et lie le suicide à des pulsions hostiles que l'individu retourne contre lui-même. Selon Karl Menninger, le suicide refléterait les désirs de tuer, d'être tué et de mourir. Des difficultés soudaines (p. ex., la perte d'un être cher ou d'une carrière), le désespoir, la solitude ou une vie de famille malheureuse peuvent aussi pousser quelqu'un à se suicider.

Les programmes de prévention du suicide couvrent un éventail de services allant des efforts pour déterminer qui sont les personnes suicidaires à la prestation de premiers soins efficaces, de même qu'un suivi pour les personnes qui tentent de se suicider. Les restrictions à l'égard du port d'armes à feu, l'érection de barrières sur les ponts et autres endroits propices aux tentatives suicidaires et la réduction de la toxicité des gaz font baisser les taux de suicide en certains endroits. L'augmentation récente du nombre de centres de crise ou de secours permet d'espérer des progrès dans la prévention des suicides. Dans ces centres, on donne l'occasion aux personnes en détresse d'entrer en contact avec des bénévoles formés pour répondre à de telles situations et de leur parler de leurs problèmes en toute discrétion.

Florence Kellner

Suisses Ils émigrent souvent depuis le XVᵉ s. Beaucoup d'entre eux quittent leur pays natal pour partir à l'aventure ou pour améliorer leurs conditions de vie et, plus récemment, pour fuir les limites d'un petit pays et prendre de l'expérience à l'étranger.

Origines La Suisse est un petit pays enclavé au milieu des territoires beaucoup plus vastes de la France, de l'Allemagne et de l'Italie, l'Autriche se trouvant entre ces 2 derniers. La Confédération suisse, fondée en 1291, connaît jusqu'au milieu des années 1800 une histoire agitée. Des 4 langues officielles de la Suisse, 3 sont partagées par les États voisins. Outre le français, l'allemand et l'italien, on y parle le romanche, en usage dans quelques vallées isolées des Grisons.

Premiers arrivants suisses: des mercenaires En 1604, une unité réduite, formée de soldats et d'officiers suisses au service de la Couronne de France, campe dans l'île de Sainte-Croix, en ACADIE. Un dessin publié par Samuel de CHAMPLAIN en 1613 montre un petit établissement, fondé par Pierre Du Gua de MONTS, qui comprend des baraquements destinés aux soldats suisses. Au XVIIᵉ s., l'immigrant suisse le plus éminent de la NOUVELLE-FRANCE est Jacques Bizard (1642—1692), un mercenaire arrivé en 1672 comme aide de camp du comte de FRONTENAC. En 1678, il devient le seigneur de l'île, connue aujourd'hui sous le nom d'«île Bizard».

Du XVIᵉ s. jusqu'au milieu du XIXᵉ, les Suisses sont recherchés pour les habiletés militaires et la discipline qu'ils affinent au cours de plusieurs siècles de combats sanglants pour leur indépendance. Les unités de mercenaires suisses diffèrent des autres armées. Commandées par des membres de familles patriciennes suisses, elles forment leurs propres régiments. Par conséquent, les régiments de Meuron et de Watteville sont associés à l'armée britannique en Amérique du Nord, sans y être pour autant intégrés.

Le régiment de Watteville joue un rôle majeur dans la GUERRE DE 1812 en prenant Fort Oswego aux Américains. Le régiment DE MEURON combat pour la première fois près de Fort Champlain, et plus tard à Plattsburg (*voir* BATAILLE DE PLATTSBURG), dans l'État de New York. Quand il est dissous, en 1816, 353 officiers et soldats restent au Canada. Les nouveaux colons sont dirigés vers Perth et vers Drummondsville. Comme ils ne sont pas rompus aux difficultés de la vie de pionnier, bon nombre de ces anciens soldats partent aux États-Unis ou retournent en Europe.

Sir Frederick HALDIMAND se distingue parmi les militaires suisses qui sont en service au Canada. Originaire d'une famille francophone, Haldimand montre une grande empathie à l'égard des colons de langue française qui craignent d'être submergés par le groupe britannique dominant. Il réussit à garder une majorité d'entre eux du côté du Canada naissant.

Sir George PREVOST, dont le père est un officier suisse, est né au New Jersey. Il assume en 1811 la double responsabilité de gouverneur général des Canadas et de commandant en chef des troupes britanniques en Amérique du Nord. Il joue un rôle clé en persuadant l'administration londonienne de la colonie britannique de reconnaître les anciennes institutions françaises.

Parmi les premiers colons, marchands et pionniers suisses, on retrouve Pierre, François et Jacques Miville, qui se voient octroyer des terres en 1665, à la Grande Anse, aujourd'hui LA POCATIÈRE (Québec), connue aussi sous le nom familier de «canton des Suisses». Laurenz Ermatinger arrive à Montréal vers 1761. Il devient plus tard l'un des neuf partenaires de la nouvelle Compagnie du Nord-Ouest. Charles Oakes Ermatinger, fils de Laurenz, contribue de façon décisive à l'expansion de la traite des fourrures près de SAULT SAINTE-MARIE (Ontario). Sebastian Fryvogel (1791—1873), un pionnier d'origine suisse, a le mérite d'avoir collaboré à l'ouverture de la contrée huronne (Huron Tract), une vaste zone à l'est du lac Huron. En 1856, la fondation de Zurich (Ontario) est attribuée à Frederick Knell, qui

achète une terre au sud-est du lac Huron et qui lui donne le nom de la capitale de son canton natal.

Expédition Selkirk à la rivière Rouge Satisfait de l'expérience qu'il a vécue avec le régiment de Meuron, lord SELKIRK envoie un agent en Suisse pour y recruter des civils destinés à émigrer à la rivière Rouge. Au lendemain de la Guerre de 1812, une centaine d'hommes des régiments suisses dissous sont engagés par lord Selkirk afin de l'accompagner à sa COLONIE DE LA RIVIÈRE ROUGE (Manitoba). Après avoir occupé Fort Williams, un petit détachement comprenant 30 soldats et 2 officiers pousse plus à l'ouest et pénètre à Fort Douglas par la rivière Rouge, y rétablissant l'ordre. Quelques-uns de ces soldats s'y installent en tant que colons. Aujourd'hui, l'avenue des Meurons, à Winnipeg, ainsi que la pointe de Meuron située tout près rappellent les colons qui avaient appartenu au régiment suisse.

En novembre 1821, après un voyage particulièrement difficile, 180 nouveaux colons arrivent, pour découvrir qu'aucune cabane n'a été construite pour eux. Il n'y a pas non plus de provisions en quantité suffisante. Environ la moitié des nouveaux arrivants doivent se mettre en route pour Pembina, près de la frontière américaine, là où l'on croit que les conditions sont plus favorables. Après 3 ans d'inondations et d'invasions de sauterelles, la plupart des habitants de la colonie de la rivière Rouge choisissent d'aller s'établir sous des cieux plus cléments.

Peter RINDISBACHER, venu à la rivière Rouge avec sa famille à l'âge de 15 ans, peint de nombreuses aquarelles représentant le périple des immigrants suisses. Ses illustrations fidèles de la vie autochtone et de la vie des négociants dans les Prairies constituent un précieux témoignage historique et artistique de cette époque.

Parmi les pionniers suisses de l'Ouest, figure aussi le capitaine Louis Agassiz, qui devient le chef de police du district de Hope du Fraser. Christian Fahrni est le premier à établir une liaison ferroviaire entre Fort Garry et FORT EDMONTON. Depuis 1935, SMITHERS (Colombie-Britannique) abrite une communauté suisse prospère de plus d'une centaine d'habitants, dont plusieurs sont engagés comme géologues, ingénieurs miniers, enseignants et arpenteurs-géomètres.

Des guides de montagne suisses arrivent au Canada au début du siècle pour entrer au service du Canadien Pacifique, qui souhaite favoriser le tourisme dans les Rocheuses où il vient de construire des hôtels. Pendant 20 ans, les guides suisses aident les alpinistes canadiens, américains et européens à effectuer les premières ascensions des Rocheuses. Bien que la Première Guerre mondiale interrompe cette période dorée de l'alpinisme et du tourisme dans l'Ouest, la tradition se maintient et, encore aujourd'hui, un grand nombre de Suisses sont guides de montagne, moniteurs de ski, photographes ou cinéastes à Canmore, Banff et Jasper (Alberta) comme à Golden (Colombie-Britannique).

Immigration après la Seconde Guerre mondiale Après 1914, l'immigration suisse décroît considérablement pour ne reprendre qu'à partir de 1945. Cette fois, les immigrants sont dans une large mesure des professionnels et des entrepreneurs dont la plupart se dirigent vers les centres urbains. Les capitales provinciales ont désormais leurs propres clubs, associations et bulletins de liaison suisses. Beaucoup d'immigrants suisses viennent chercher de l'expérience à l'étranger dans leur spécialité, après quoi ils rentrent chez eux ou vont s'établir ailleurs.

À partir des années 30, les banques et les compagnies d'assurance suisses commencent à ouvrir des filiales au Canada (p. ex., la Société de banque suisse, la Zurich Insurance). Les grandes multinationales de l'industrie chimique dont le siège social est en Suisse, Hoffman-LaRoche, Sandoz et Ciba-Geigy (qui fusionnent pour former Novartis), établissent

des usines et des laboratoires de recherche à Montréal. Les fabricants de machinerie Sulzer et Brown-Bovery (aujourd'hui ASEA), dont les sièges sociaux se trouvent à Baden, ainsi que les entreprises Oerlikon Zurich ouvrent des usines au Canada, tout comme Ciment Saint-Laurent, au Québec, qui est la plus grande entreprise de matériaux de construction du pays. La contribution de ces géants de l'entreprise à l'économie canadienne se chiffre en milliards de dollars.

Figures marquantes Les scientifiques et les universitaires suisses travaillent au Canada dans plusieurs secteurs. Comme on peut s'y attendre, la plupart se trouvent au Québec, mais aussi en Ontario, en Colombie-Britannique et en Alberta. Les physiciens suisses sont attirés par les laboratoires de recherche en physique des particules élémentaires du Centre TRIUMF, à Vancouver. Arrivé à Montréal en 1937, John Turque y connaît une brillante carrière en ingénierie. Il crée le groupe CNC, l'entrepreneur général de l'aéroport international de Mirabel. Dans le domaine des sciences médicales, le Dʳ Erwin Diener joue un rôle prépondérant dans la fondation du premier département d'immunologie au Canada, à l'U. de l'Alberta, en 1973.

Les écrivains, les artistes et les musiciens suisses sont particulièrement actifs au Québec, une province qui attire les immigrants suisses depuis longtemps. Napoléon Aubin (1812—1890), à la fois auteur, journaliste et éditeur prolifique, devient en 1845 le directeur du journal *Le Canadien*. André Borel, un autre écrivain suisse de Montréal, publie *Croquis du Far West* et *Le Robinson de la Red Deer*. P.-E. Briquet signe *Croquis Canadien* pour le *Journal de Genève*. L'*Histoire littéraire de l'Amérique francophone* (1954) d'Auguste Viatte est un classique du genre. Laure Rièse reçoit la Légion d'honneur pour avoir promu la langue française, ainsi que pour son œuvre d'écrivaine.

Outre Peter Rindisbacher et André BIÉLER, le Canada compte plusieurs peintres d'origine suisse, particulièrement dans la région de Toronto. La principale contribution des immigrants suisses aux arts visuels canadiens a trait à la photographie (Robert Frank) et, surtout, aux arts graphiques et au graphisme (*voir* ARTS GRAPHIQUES ET GRAPHISME), car ce sont des concepteurs suisses qui ont mis sur pied les premiers programmes de design et de communication graphique destinés aux cycles supérieurs, à l'U. de l'Alberta.

Dans le domaine de la musique, Charles Dutoit propulse l'ORCHESTRE SYMPHONIQUE DE MONTRÉAL sur la scène internationale depuis les 2 dernières décennies. Arrivé à Montréal en 1977, il ne tarde pas à recevoir de nombreuses distinctions pour ses enregistrements exceptionnels. D'autres musiciens suisses jouent un rôle de premier plan dans la musique canadienne, parmi lesquels Mario Duschenes, flûtiste et compositeur, et Pierre Souvairan, pianiste et compositeur. Regula Burckhardt-Qureshi, elle-même musicienne de talent, apporte une contribution remarquable à l'ethnomusicologie.

Le nombre des immigrants suisses au Canada stagne à environ 30 000 depuis les années 60, car il y a autant de Suisses qui repartent chez eux qu'il en arrive au pays. Aujourd'hui, la Suisse possède des industries extrêmement diversifiées et hautement spécialisées, un niveau de vie très élevé et une devise forte. En 1995, la Suisse connaît pour la première fois depuis les années 30 un chômage important, d'où l'augmentation du nombre de jeunes qui désirent émigrer définitivement. Le Canada est l'une de leurs destinations préférées.

Walter Jungkind

Sullivan, Françoise, sculpteure, peintre, danseuse et chorégraphe (Montréal, 10 juin 1925). Elle étudie à l'École des beaux-arts de Montréal de 1941 à 1945. En 1943, l'historien de l'art Maurice Gagnon demande à Sullivan de participer à l'exposition «Les Sagittaires» à la galerie Dominion, à Montréal. Cet événement passe pour avoir joué un rôle fondamental dans la formation du groupe des AUTOMATISTES. Sullivan étudie aussi la danse, domaine dans lequel elle devient professionnelle, et commence à explorer la chorégraphie en 1945. À l'automne 1946, elle part étudier la danse moderne à New York avec Franziska Boas, fille de l'anthropologue Franz Boas, puis avec Martha Graham et Louis Horst. Elle organise à New York une exposition des œuvres des automatistes, au studio de Boas.

Explorations En 1948, Sullivan publie un essai sur la danse dans le manifeste du REFUS GLOBAL, dans lequel elle souligne l'importance de la spontanéité des émotions et de l'expression de l'énergie intérieure révélée par le subconscient. Danseuse et chorégraphe novatrice, avec sa collègue Jeanne Renaud, elle modernise radicalement la danse telle que pratiquée à l'époque à Montréal. Son spectacle «Danse dans la neige» (février 1948), présenté dans les champs de Saint-Hilaire, ouvre la voie à la pratique contemporaine qui consiste à monter des spectacles de danse dans des décors non conventionnels. De 1952 à 1956, elle réalise des chorégraphies et danse pour le réseau de télévision de la Société Radio-Canada. Le ballet *Rose Latulippe* (1953), adaptation d'une légende racontée par Philippe Aubert de Gaspé, est l'un de ses grands succès à la télévision. À New York, sa chorégraphie inspirée par la danse africaine et hindoue exploite les mouvements naturels de tout le corps (plutôt que de se limiter à la virtuosité des jambes), les gestes simples près du sol, les pieds nus, les costumes dépouillés et les réflexes automatiques.

Sculpture et mouvement chorégraphique En 1949, Sullivan épouse le peintre Paterson EWEN et, les responsabilités familiales lui rendant la danse plus difficile, elle abandonne cette discipline pour une autre forme d'expression artistique. Attirée par la technique du métal soudé, elle décide de s'adonner à la sculpture. Encouragée et conseillée par le sculpteur Armand Vaillancourt, Sullivan étudie le soudage à l'École technique de Lachine. Ses sculptures sont souvent conçues comme des mouvements chorégraphiques vus en plongée, et le métal plié de ses compositions prend généralement la forme d'une spirale.

Sullivan crée une sculpture monumentale pour EXPO 67 et, à la fin des années 60, commence à travailler le Plexiglas. Au cours d'un séjour en Italie, au début des années 70, elle entreprend des projets d'art conceptuel et, après 1976, travaille en collaboration avec le sculpteur David Moore. Les années 80 marquent un retour à la peinture sur des surfaces inégales. De fréquents séjours en Crète lui inspirent une nouvelle approche thématique dans une série de tableaux sur les mythes antiques. Au cours de ses années d'enseignement au Département d'arts visuels et de danse à l'UNIVERSITÉ CONCORDIA (depuis 1977), Sullivan crée de nouvelles œuvres chorégraphiques pour des danseurs indépendants. En 1987, elle reçoit le prix Paul-Émile-Borduas.

Denise Leclerc

Sulpiciens Ils forment une société de prêtres diocésains fondée à Paris en 1641 par Jean-Jacques Olier de Verneuil afin de mettre en œuvre les décisions du concile de Trente (1545—1563) sur la formation du clergé diocésain. La première fondation est le Séminaire de Saint-Sulpice, à Paris, d'où vient le nom officiel de la Compagnie des prêtres de Saint-Sulpice. Olier peut également compter parmi les fondateurs de la ville de Montréal; en compagnie du serviteur de Dieu, Jérôme le Royer de la Dauversière, il fonde la Société Notre-Dame de Montréal, au nom de laquelle Paul de Chomedey, sieur de MAISONNEUVE, dirige en 1642 l'expédition de fondation de VILLE-MARIE (Montréal). Arrivés en 1657 et seigneurs de Montréal jusqu'à la Conquête, les Sulpi-

ciens étaient missionnaires et éducateurs en plus de former une partie du clergé (ce qu'ils font encore aujourd'hui) et d'exercer un ministère paroissial et d'autres fonctions pastorales. En 2000, ils comptent 112 membres au Canada (31 p. 100 de leur effectif mondial).

Michel Thériault

Sumac Arbrisseau du genre rhus de la famille des anacardiacées. Cette famille comprend l'acajou, le fustet, le manguier, le pistachier, l'HERBE À PUCE et plusieurs plantes tropicales cultivées à des fins ornementales. Il en existe 3 espèces arborescentes qui sont indigènes du Canada.

Espèces canadiennes Dans l'est du Canada, l'espèce la plus commune est le sumac vinaigrier (*R. typhina*). Leurs fruits rouges et velus servent à faire une boisson rafraîchissante; on les écrase pour extraire le liquide acidulé auquel on ajoute du sucre.

Le sumac aromatique (*R. aromatica*) est un arbrisseau non vénéneux d'environ un mètre de hauteur qui pousse en taillis. Le sumac lustré (*R. vernix*), un arbuste de 5 mètres de hauteur, est extrêmement vénéneux; il provoque le même genre de dermatite que l'herbe à puce. C'est en Colombie-Britannique que le sumac glabre (*R. glabra*) est le plus répandu, mais on le trouve jusqu'en Ontario. Il ressemble au sumac vinaigrier, mais ses ramilles sont lisses. (*Voir aussi* PLANTES VÉNÉNEUSES.)

John M. Gillett

Summerland, municipalité de district de la C.-B.; pop. 10 584 (rec. 1996), 9253 (rec. 1991), 7775 (rec. 1986); superf. 68,91 km²; const. en 1906; située sur la rive ouest du lac Okanagan, dans la partie intérieure sud de la Colombie-Britannique, entre Kelowna et Penticton. Cette région est d'abord habitée par les autochtones d'Okanagan et, dans les années 1880, elle sert de pâturage à leurs troupeaux et à ceux des colons blancs. Dans les années 1890, on y commence la culture des fruits, surtout des pêches, des cerises, des pommes et des poires. Un promoteur, John F. Robinson, établit le tracé de la ville en 1902; il la nomme Summerland, en raison du climat chaud et sec qui prévaut dans la VALLÉE DE L'OKANAGAN. L'emplacement original de la ville est un port pour les bateaux à vapeur qui sillonnent le lac. Cependant, après 1905, «West Summerland», qui n'est pas sur la rive du lac, devient le centre de la ville. En 1914, le gouvernement fédéral y établit le Centre de recherches de Summerland, qui dessert les industries vinicoles et les producteurs fruitiers.

En 1915, la compagnie Kettle Valley Railway ouvre une gare dans la localité et assure un service jusqu'en 1964. On a fait de l'ancienne voie ferrée un circuit touristique par train pour la saison estivale. Depuis le début des années 60, la population de Summerland a doublé et des vergers ont été convertis en lotissements. Par contre, depuis, l'adoption par le gouvernement provincial d'une loi sur la conservation des terres agricoles a permis de préserver du lotissement 3500 acres de vergers. Les retraités constituent maintenant près de 40 p. 100 de la population. La municipalité est reconnue pour ses installations de loisirs complètes et pour le réaménagement de son centre-ville. L'économie est axée sur l'agriculture, le tourisme, l'emballage et la mise en conserve des fruits, ainsi que sur la fabrication de vin.

John R. Stewart

Summerside, ville de l'Î.-P.-É.; pop. 14 525 (rec. 1996), 13 636 (rec. 1991), 8020 (rec. 1986); superf. 27,71 km²; const. en 1877; située près de la baie de Bedeque, sur le littoral sud de la province, à 60 km à l'ouest de Charlottetown. Jusqu'à l'arrivée des Loyalistes dans le comté de Prince, la région est occupée par les MICMACS et, ensuite, par les ACADIENS. Au début du XIXᵉ s., le petit village est connu sous le nom de Green's Shore, en l'honneur de Daniel Green, l'ancien propriétaire de l'emplacement. Le

village doit probablement son nouveau nom à Summerside House, une auberge avec permis d'alcool construite en 1840. La construction navale donne un essor au village lorsque le tirant d'eau insuffisant à Bedeque oblige Joseph Pope à construire un nouveau chantier naval de l'autre côté de la baie, où l'eau est plus profonde. Lorsque la construction navale s'effondre vers la fin du XIXᵉ s., c'est le commerce avec les cultivateurs de la région qui soutient l'économie de Summerside.

La ville connaît un renouveau de prospérité comme centre de commerce de la fourrure vers 1910, en raison de la réussite de l'élevage en captivité du renard argenté, élevage mis sur pied par sir Charles Dalton et Robert T. Oulton. En 1920, l'Association nationale des éleveurs de renard argenté y établit son siège social. La surproduction, les changements dans la mode féminine et l'introduction de nouvelles techniques de teinture provoquent la chute de cette entreprise hautement lucrative vers 1945. Toutefois, la construction d'une base aérienne à St. Eleanors en 1941, à proximité de la ville, freine le déclin économique. Le port, le plus important de l'Île pour l'expédition des pommes de terre, un certain nombre de petites entreprises de fabrication, ainsi que le commerce avec la base militaire, les pêcheurs et les fermiers du comté, font de Summerside une ville florissante.

W.S. Keizer

Sun, les journaux de La Toronto Sun Publishing Corporation (Sun Publishing) fondée le 4 juin 1978 à la suite de la fusion de la Toronto Sun Holdings Ltd. et de la Toronto Sun Publishing, est la plus importante entreprise canadienne d'édition de journaux de langue anglaise de format tabloïde. En 1971, la Toronto Sun Publishing Ltd. achète les opérations de souscription et les distributeurs automatiques de journaux du *Toronto Telegram*, lequel a cessé toute publication. À l'aide du personnel recruté au *Telegram*, elle publie sa première édition du *Toronto Sun* le 1ᵉʳ novembre 1971. *The Sunday Sun* voit le jour le 16 septembre 1973. Exception faite de son journal du dimanche et à l'opposé des éditeurs traditionnels, le *Toronto Sun* cesse sa livraison à domicile pour concentrer ses efforts sur la vente directe aux banlieusards matinaux.

Le 14 février 1978, la compagnie signe une entente de partenariat avec l'Edmonton Sun Publishing Ltd. pour la publication de son deuxième journal de format tabloïde, *The Edmonton Sun*, dont la première édition paraît le 2 avril 1978. En 1981, par l'achat du reste des parts du Edmonton Sun Publishing Ltd., *The Edmonton Sun* n'a désormais qu'un seul propriétaire. *The Calgary Albertan*, acheté le 31 juillet 1980 pour la somme de 1,3 million de dollars, devient par la suite le troisième journal de format tabloïde de la compagnie et paraît pour la première fois le 3 août 1980.

L'année financière 1983 est très importante pour la compagnie. En mai 1982, les premiers actionnaires de la Sun Publishing passent les rênes du pouvoir à MACLEAN HUNTER LIMITED (MH), l'un des plus importants propriétaires multimédias au Canada. Pour 55 millions de dollars, MH acquiert environ 50 p. 100 de la Toronto Sun Publishing Corp. Même si la réputation de MH est bien établie en tant qu'éditeur majeur, cet achat est sa seule tentative sur le marché de l'édition de quotidiens canadiens. En 1983, la Sun Publishing achète le plus grand journal du matin du sud-ouest américain, le *Houston Post*, pour environ 100 millions de dollars américains, et ajoute ainsi les États-Unis à son empire. En novembre 1987, le journal est vendu pour 150 millions de dollars américains. En octobre 1987, Sun Publishing acquiert le *Financial Post*, filiale de MH pour 46 millions de dollars. En 1988, la Sun Publishing achète *The Ottawa Herald* et le relance le 7 novembre 1988 comme quotidien sous le nom de *The Ottawa Sun*. En 1994, la Sun Publishing Corp. emploie plus de 2800 employés à temps plein, et ses 5 journaux les plus importants sont quotidiennement tirés à 500 000 exemplaires et à plus de 750 000 exemplaires le dimanche. Les recettes de l'année 1993 s'élèvent à 329 millions de dollars. En raison de l'achat de MH par Rogers Communications en 1994, la Sun Publishing devient une partie importante de cet empire.

Peter S. Anderson

Sun, The (Vancouver) C'est le plus important quotidien de Vancouver. Pour l'année 1994, la moyenne de ses ventes atteint 192 609 exemplaires du lundi au jeudi et 260 230 exemplaires du vendredi au dimanche. Il paraît pour la première fois le 12 février 1912 sous le nom de *The Vancouver Sun* dans le but de «préconiser sans relâche les principes du libéralisme». Sous la houlette de l'éditeur Robert Cromie et de ses fils, et plus particulièrement celle de Donald Cromie, *The Sun* donne plutôt son appui aux libéraux, tout en étant souvent critique à leur égard. L'entreprise s'accroît par l'acquisition d'autres JOURNAUX.

En 1917, à l'achat du *Daily News-Advertiser* (fondé en 1886), *The Sun* prétend être le plus vieux journal de Vancouver. En 1924, quand il achète le journal *The Evening World* (fondé en 1888), il devient indubitablement le deuxième journal en importance de la ville. *The Sun* profite d'un très long conflit de travail (1946—1949) de son principal concurrent, *The Vancouver Daily Province*, pour accéder au premier rang de la province. En 1963, FP Publications Ltd. achète la majorité des parts de la famille Cromie dans la Sun Publishing Co. En 1980, SOUTHAM INC. acquiert le journal. *The Sun* jouit d'une indépendance politique depuis de nombreuses années.

Patricia E. Roy

Sunday, John, ou Shah-wun-dais, qui signifie «chaleur étouffante», chef mississauga (ojibwé) et missionnaire méthodiste (New York, 1795—Alderville, Ont., 14 déc. 1875). Avant sa conversion au christianisme, ce guerrier accompli, ancien combattant de la GUERRE DE 1812, ne connaît que 3 mots d'anglais: chopine, pinte et whisky. Il se joint aux méthodistes en 1826, et cesse de boire, recouvre sa dignité et le respect de sa bande. Éloquent orateur en ojibwé, il est missionnaire itinérant dans la région du lac Supérieur, puis ordonné pasteur en 1836. Élu chef de sa bande, les Ojibwés de la région de Belleville et de Kingston, il présente leurs REVENDICATIONS TERRITORIALES au gouvernement du Haut-Canada. À son retour d'un voyage de missionnaire en Angleterre en 1837, il exerce son ministère pendant 20 ans dans les missions d'Alderville, du lac Rice et de Muncey. Parmi ses collègues méthodistes, il est très recherché comme orateur dans les assemblées religieuses.

Donald B. Smith

Supérieur, lac Il possède une superficie de 82 100 km², dont 28 749 km² se trouvent au Canada. S'élèvant à une altitude de 183 m, il mesure 563 km de longueur, 257 km de largeur et sa profondeur maximale est de 406 m. Le lac est alimenté par quelque 200 rivières, notamment les rivière Nipigon, St. Louis, Pigeon, Pic, White, Michipicoten et Kaministikquia. Il se déverse dans le lac Huron, en passant par la rivière St. Mary. Les Français lui ont donné le nom de lac Supérieur parce qu'il est le lac situé le plus au nord-ouest des GRANDS LACS, nom qui convient également en anglais. Le lac Supérieur est le plus grand lac d'eau douce au monde. Il comporte 2 grandes îles: l'île Royale, un parc national américain, et l'île Michipicoten, située dans les eaux canadiennes.

Immense, éloigné, profond et froid, bordé de falaises rocheuses abruptes sur sa rive Nord, la beauté austère du lac fait désormais partie de l'imaginaire canadien. On peut lire dans ses rochers des milliards d'années d'ÉVOLUTION GÉOLOGIQUE. Des stromatolites, les plus vieux fossiles jamais mis au jour, ont été découverts dans les rochers situés le long de la rivière Whitefish, preuve que la vie existait déjà il y a 1,8 milliard d'années. Dans la BAIE D'AGAWA, l'activité volcanique a formé l'une des plus belles plages de galets au monde. Les rochers autour du lac Supérieur contiennent aussi des gîtes minéraux, surtout du MINERAI DE FER dans la chaîne de Mesabi, au Minnesota. De l'argent a été extrait du lac à îlot Silver et les Indiens exploitaient le cuivre bien avant l'arrivée des Européens. Enfin, on a découvert de l'or à Hemlo, à quelque 30 km à l'est de Marathon.

Étienne BRULÉ a probablement été le premier Européen à voir le lac (1622). Hugues Randin était dans la région de SAULT SAINTE-MARIE aux environs de 1670, et le sieur DULHUT a réclamé officiellement la région située autour du lac en 1679. Durant près de 100 ans, les voyageurs ont affronté les tempêtes du lac Supérieur et transporté des pelleteries le long de sa rive Nord jusqu'à GRAND PORTAGE et, plus tard, jusqu'à FORT WILLIAM. Le fort Michipicoten, à l'extrémité est du lac, est érigé en 1725 et exploité jusqu'en 1904. Après 1855, un canal maritime est construit à Sault Sainte-Marie, et les bateaux à vapeur y sont nombreux en raison du transport d'énormes quantités de grain et de minerai de fer vers les lacs en aval. De nos jours, THUNDER BAY est l'un des plus grand port canadien en volume. Le PARC PROVINCIAL DU LAC SUPÉRIEUR donne sur le lac, entre les rivières Montréal et Michipicoten et le PARC NATIONAL PUKASKWA, entre les rivières Pukaskwa et White. Les parcs préservent un environnement austère de montagnes anciennes, érodées durant la dernière ÉPOQUE GLACIÈRE.

James Marsh

Surdité (*Voir* AUDITION, PERTE D'; SOURDS, CULTURE DES.)

Sureau Il s'agit d'un arbuste du genre *Sambucus*, de la famille des caprifoliacées (chèvrefeuille). Le sureau atteint 3 m de hauteur et s'étend en buissons. Il existe une vingtaine d'espèces connues dans le monde; le Canada en compte 3 espèces indigènes.

Les feuilles larges, opposées et pennées, ont de 5 à onze folioles dont l'envers est habituellement velu. Plusieurs tiges poussent sur une même racine. La tige a un cœur moelleux et, une fois vidée, peut servir à fabriquer des sarbacanes ou des sifflets. Cependant, les racines, les tiges et les feuilles sont vénéneuses.

Importance biologique En Europe et en Amérique du Nord, la médecine traditionnelle lui reconnaît des propriétés émétiques et purgatives. Ses petites fleurs de couleur crème poussent en grappes terminales très serrées. Elles sont comestibles et aromatisent les boissons. Ses baies juteuses sont bleues, noires ou rouges, selon les espèces. Les bleues et les noires sont pleines de graines et peu agréables au goût si elles sont mangées crues, mais font d'excellents vins, gelées et tartes, seules ou mélangées à d'autres fruits. (*Voir aussi* PLANTES, UTILISATION PAR LES AUTOCHTONES DES.)

Nancy J. Turner

Sûreté du Québec Une première police gouvernementale est établie par Lord DURHAM, en 1838, sous la forme d'une police de ville à Montréal et Québec, et une *police rurale* dans certaines parties du BAS-CANADA. Après la CONFÉDÉRATION, la *Police provinciale de Québec* est créée (1870), une première au Canada. En 1938, à la demande de Maurice DUPLESSIS, premier ministre du Québec et procureur général, son nom est changé par la loi en celui de *Sûreté provinciale du Québec*. Des postes de poli-

ce permanents sont établis dans les districts judiciaires du Québec. En 1961, dans la foulée des réformes de la RÉVOLUTION TRANQUILLE du gouvernement de Jean LESAGE, la Sûreté provinciale très hiérarchisée accroît ses effectifs, augmente sa présence sur le territoire et modernise ses équipements. En 1968, sous le gouvernement de Daniel JOHNSON, son nom est abrégé en celui de *Sûreté du Québec* et elle se spécialise et se développe selon des principes de gestion moderne. Aujourd'hui, elle compte 109 postes répartis sur le territoire provincial et son mandat légal est «de maintenir la paix, l'ordre et la sécurité publique». La Sûreté porte assistance aux corps de police municipaux et fournit des services spécialisés. Elle applique de nombreuses lois québécoises et des lois fédérales comme le *Code criminel,* la *Loi sur les aliments et drogues* et la *Loi sur les explosifs* et est chargée, pour le Québec, de l'application de toute la réglementation sur les armes à feu.

J.-Raymond Proulx

Surrey, ville de la C.-B., pop. 304 477 (rec. 1996), 245 173 (rec. 1991), 181 447 (rec. 1986), superf. 301,76 km²; const. en 1993. Surrey est la deuxième municipalité en importance en Colombie-Britannique après VANCOUVER. Englobée dans le district régional de la grande agglomération de Vancouver, elle est délimitée au nord par le FLEUVE FRASER et au sud par l'État de Washington. Les municipalités voisines sont LANGLEY, à l'est, et DELTA, à l'ouest.

Paysage urbain Le secteur résidentiel de Surrey s'étend le long de 3 zones de hautes terres formées de moraine se prolongeant jusqu'à North Delta, Langley et White Rock. Les zones de basses terres, constituées de tourbières et d'autres matériaux argileux, servent principalement à l'agriculture, tandis que les plaines inondables du Fraser sont industrielles. Le tiers de la superficie de la ville, réservé à l'agriculture, est protégé par une politique provinciale de protection des terres agricoles.

Évolution Constituée en municipalité de district en 1879, Surrey connaît une croissance lente à ses débuts, avec le travail forestier et l'agriculture comme activités principales. Un pont à 2 travées au-dessus du Fraser (1904) constitue le seul accès à NEW WESTMINSTER et à Vancouver jusqu'à ce que soit construit le pont Pattullo (1937). Puis l'essor industriel et commercial se poursuit grâce à la construction du chemin de fer et des routes, ainsi qu'à la hausse de population provoquée vers les années 30 par l'arrivée d'habitants des Prairies frappées par la sécheresse. Plus tard, des différends politiques amènent le quartier 7 à faire sécession pour devenir la municipalité de WHITE ROCK.

L'inauguration du pont Port Mann (1960) et la construction subséquente de l'autoroute contribuent à l'expansion et au changement de Surrey. Le projet des 6 villes prend alors forme: Whalley, Guildford, Newton, Fleetwood, Cloverdale et South Surrey se développent autour de grands centres commerciaux, d'installations récréatives, de quartiers résidentiels, de zones de verdure et terrains industriels et agricoles. En 1990, la Colombie-Britannique prolonge le réseau de trains légers (Skytrain) au-dessus du Fraser et jusqu'à Surrey, qui possède maintenant 3 gares. Misant sur ce système de transport, Surrey envisage de construire un nouveau centre-ville qui pourrait un jour rivaliser avec celui de Vancouver. Surrey est actuellement la ville dont la croissance est la plus rapide en Colombie-Britannique.

Économie L'économie repose en grande partie sur l'industrie manufacturière, la vente en gros, l'agriculture et le commerce (en particulier dans le centre-ville de Guildford et dans le mail de la Place Surrey).

Vie culturelle Avec plus de 400 parcs, Surrey mérite bien son appellation de «ville aux parcs». Cloverdale, région agricole centrale de Surrey, est dotée d'un hippodrome et tient le deuxième plus important rodéo du Canada. La ferme historique Stewart comprend une maison de ferme de style victorien qui rappelle la vie au tournant du siècle. Le centre des arts de Surrey regroupe les activités artistiques et abrite un théâtre et une galerie d'art, la troisième en importance en Colombie-Britannique. Le musée de Surrey fait revivre la culture et l'histoire de la ville.

Alan F.J. Artibise

Surin, Bruny, athlète (Cap Haïtien, Haïti, 12 juill. 1967). Il n'a que 7 ans à son arrivée au Québec. À 17 ans, il s'intéresse à la longueur et au triple saut. Membre de l'équipe canadienne des Jeux olympiques de Séoul de 1988, il termine 15ᵉ de la longueur. Mais c'est le 100 mètres qui marque sa carrière. En 1990, aux JEUX DU COMMONWEALTH, à Christchurch en Nouvelle-Zélande, il est 3ᵉ de cette épreuve et 7ᵉ de la longueur. En 1992, à sa 2ᵉ expérience olympique, il se classe 4ᵉ à 5/100ᵉ de seconde du podium. Aux JO de 1996, à Atlanta, Surin et ses coéquipiers remportent l'or du 4 x 100 mètres après avoir dominé l'épreuve des championnats du monde de 1995, titre que le Canada conserve en 1997. Champion DES JEUX DE LA FRANCOPHONIE de 1994, il est ensuite 2ᵉ des championnats du monde de 1995.

En 1998, il est champion canadien en 9,89 secondes, le temps le plus rapide de sa carrière jusque là. Il connaît ses meilleurs moments en 1999: 6 fois sous les 10 secondes, dont 3 fois lors des championnats du monde. En finale, il améliore son record personnel et s'assure la médaille d'argent en 9,84 secondes, à 4 /100ᵉ de seconde de l'or de Maurice Greene.

Yvon Dore

Survenant, Le (1945) est le premier roman d'une trilogie que l'auteure Germaine GUÈVREMONT se proposait d'écrire. Ce livre dépeint la vie des HABITANTS sous un jour à la fois sympathique et sophistiqué, inconnu de la littérature canadienne-française auparavant. Situé au Chenal du Moine, près de Sorel (Qc), le roman utilise le langage et le folklore de la région pour décrire la vie quotidienne et le rythme des saisons. Figure aux dimensions mythiques, le Survenant (mystérieux étranger) incarne pour Didace Beauchemin le fils idéal qu'il aurait voulu avoir et représente pour Angélina Desmarais le soupirant romantique dont elle rêve en secret. Pendant un an, le Survenant combat sans succès la fièvre du voyage qui le différencie de ses voisins. En reprenant le mythe romantique de MARIA CHAPDELAINE et la tragédie naturaliste de TRENTE ARPENTS, le roman de Germaine Guèvremont connaît une grande popularité en tant que feuilleton à la radio, puis à la télévision. Traduit en anglais par Eric Sutton, Le Survenant (*The Outlander,* 1950; publié aussi en Angleterre sous le titre *Monk's Reach*) et sa suite *Marie-Didace* (1947), remportent le prix du Gouverneur général.

Michèle Lacombe

Survival: A Thematic Guide to Canadian Literature Ce livre de Margaret ATWOOD (Toronto, 1972) a suscité des controverses parfois vives. Les lecteurs qui ne sont pas d'accord avec l'auteure estiment que son hypothèse, selon laquelle la littérature canadienne traite de victimes en tous genres et a pour thème central la «survie sans joie», est forcée. Ils soutiennent qu'elle a choisi uniquement des œuvres qui appuient ses arguments. Par contre, les lecteurs qui reconnaissent un certain mérite à la thèse d'Atwood trouvent cet ouvrage stimulant et enrichissant. Quoi qu'il en soit, Survival dégage une intelligence, une candeur et un sens de l'humour, et exerce une profonde influence sur les lecteurs de littérature canadienne.

Neil Besner

Sutherland, Donald, acteur (Saint-Jean, N.-B., 17 juill. 1935). Connu pour sa grande taille, son sérieux et sa gaucherie, Sutherland est probablement l'acteur canadien le plus connu de notre époque. Il étudie à l'U. de Toronto, se perfectionne en Grande-Bretagne et joue sur les scènes londoniennes avant d'entreprendre sa prodigieuse carrière cinématographique. Bien que la plupart de ses films soient des films hollywoodiens, il joue aussi dans certains films canadiens, parmi lesquels *Act of the Heart* (1970; v.f. *L'acte du cœur*), *Murder by Decree* (1978; v.f. *Mort par décret*) et *Threshold* (1981). Grâce à un programme de crédits d'impôts, l'industrie cinématographique canadienne connaît un important essor au cours des années 80 et la réputation internationale de Sutherland attire les investisseurs. De plus, Sutherland est de nationalité canadienne, ce qui satisfait les exigences en matière de contenu canadien.

Citons parmi ses rôles les plus marquants: *The Dirty Dozen* (1967; v.f. *Les douze salopards*), *M*A*S*H** (1970), *Klute* (1971), *Don't Look Now* (1973; v.f. *Ne vous retournez pas*), *Day of the Locust* (1975), *Invasion of the Body Snatchers* (1978; v.f. *L'invasion des profanateurs de tombes*), *Ordinary People* (1980; v.f. *Les gens ordinaires*), *Eye of the Needle* (1981), *Revolution* (1985), *Disclosure* (1994; v.f. *Harcèlement*), *The Puppet Masters* (1994) et *Outbreak* (1995). Au cours des dernières années, certaines de ses apparitions les plus remarquées ont été des seconds rôles dans les films comme *JFK* et *Backdraft*.

Sa réputation de sérieux, son évident mépris pour le tape-à-l'œil hollywoodien et son physique particulier lui ont valu un rôle dans *1900* (1977) de Bernardo Bertolucci et le rôle principal dans *Fellini Casanova* (1976) de Federico Fellini, qui sont les 2 grands rôles masqués de sa carrière.

En 1977, Sutherland interprète le rôle principal de la dramatique *Bethune*, produite par le réseau anglais de la Société Radio-Canada. Une dizaine d'années plus tard, lorsqu'il est question d'une ambitieuse coproduction canado-chinoise pour un long métrage sur Bethune, Sutherland est impatient d'incarner le célèbre médecin et socialiste canadien et s'engage à fond dans le projet. Il passe plusieurs mois de tournage en Chine. Le film *Bethune: The Making of a Hero* (v.f. *Bethune ou la vie d'un héros*) sort en 1990. Au gré d'un emploi du temps chargé, il continue de trouver sur son chemin des réalisateurs québécois comme dans *The Assignment* (Christian Duguay, 1997) ou *Free Money* (Yves Simoneau, 1998).

À la différence de bien des Canadiens de renommée internationale, il est très aimé dans son propre pays. Il est le demi-frère de John SUTHERLAND et le père de Kiefer Sutherland, devenu un grand acteur, lui aussi.

William Beard

Sutherland, John, écrivain et directeur de revue (Liverpool, N.-É., 21 févr. 1919—Toronto, 1ᵉʳ sept. 1956). Sa santé fragile, qui l'affligera toute sa vie, vient contrecarrer ses études (à Queen, 1936—1937, et à McGill, 1941—1942). Sa vision critique et son énergie caractérisent la façon dont il assume sa responsabilité éditoriale au sein de l'importante revue littéraire *First Statement* (1942—1945). Celle-ci en vient à fusionner avec *Preview* pour donner naissance à la NORTHERN REVIEW, qui paraît pour la première fois en 1946. Par son travail éditorial et sa critique exercés avec une conviction de tendance marxiste, il se fait le champion de l'émergence de la littérature canadienne moderne. À la fin de sa vie, époque où il se convertit au catholicisme, la poésie devient son principal intérêt. Cette conversion religieuse imprègne son ouvrage sur la poésie de E.J. PRATT. *John Sutherland: Essays, Controversies and Poems* est une anthologie de ses œuvres, publiée sous la direction de Miriam Waddington (1972).

Peter Stevens

Sutherland, scierie à vapeur Située à Denmark, en Nouvelle-Écosse, cette scierie est un LIEU HISTORIQUE provincial. La plupart des premières scieries de la NOUVELLE-ÉCOSSE étaient mues par l'énergie hydraulique, mais, dans les années 1890, lorsqu'Alexander Sutherland construisit sa scierie, la vapeur était en voie de remplacer l'énergie hydraulique dans la plupart des industries. Ce LIEU HISTORIQUE provincial est un reflet de l'héritage industriel de la Nouvelle-Écosse. En plus de scier du bois, Sutherland fabriquait des voitures à chevaux et des traîneaux ainsi que des portes et des fenêtres. Les chaudières à vapeur et l'équipement de la scierie ont été restaurés et sont mis en marche à certaines occasions. La scierie est ouverte au public du début de juin à la mi-octobre.

Deborah Welch et Michael Payne

Suttles, Duncan, grand maître des échecs (San Francisco, Calif., 21 déc. 1945). Arrivé à Vancouver pendant son enfance, il devient le deuxième grand maître canadien en 1972. Il est 6 fois membre de l'équipe nationale du Canada aux olympiades mondiales, y participant pour la première fois à Tel Aviv (1964), et représente le Canada aux tournois interzones de 1967 et de 1970. Il remporte le championnat fermé du Canada en 1969 et le championnat ouvert en 1973 à Ottawa. Il cesse de jouer dans les tournois en 1975, pour se concentrer sur l'analyse des marchés boursiers et sur les échecs par correspondance. En 1981, il remporte le titre de grand maître des échecs par correspondance et renoue avec la compétition, arrivant premier ex aequo à un tournoi international à Vancouver. Suttles est également un pionnier de la stratégie moderne des échecs et un spécialiste de la défense du Fianchetto du Roi.

Lawrence Day

Sutto, Janine, comédienne (Paris, France, 1931). Autodidacte, arrivée très tôt à la scène, elle a incarné avec brio d'innombrables rôles dans tous les genres de théâtre, dans les radioromans et à la télévision. La famille Sutto émigre au Canada dans les années 30. Janine Sutto amorce à 18 ans une carrière de comédienne, sous les encouragements combinés de son père, Léopold Sutto, un temps associé à Charles Pathé, fondateur d'une grande maison de production cinématographique portant son nom, et de la comédienne Sita Riddez, une amie de la famille. Elle est vite intégrée à la troupe du Montreal Repertory Theatre français, sous la direction de Mario Duliani. Elle y croise d'autres figures marquantes de cette époque pionnière, Gisèle Schmidt, Huguette Oligny, Jean-Louis ROUX.

Au début des années 40, elle joue plusieurs boulevards au Théâtre Arcade en compagnie des sœurs Antoinette et Germaine Giroux, les grandes vedettes de cette période. En 1944, elle épouse l'homme de théâtre Pierre Dagenais, figure centrale de l'Équipe, un des grands metteurs en scène du Québec. Leur mariage ne dure que 2 ans. Janine Sutto prend une année sabbatique à Paris, où elle rencontre l'homme de théâtre français Henri Deyglun qui deviendra son second mari, en 1957.

De retour à Montréal, en 1947, elle partage son temps entre la scène et la radio, participant aux plus populaires radioromans de l'époque, dont *Jeunesse dorée* et *Rue Principale*. Dans les années 50, elle joue de plus en plus de rôles importants au THÉÂTRE DU NOUVEAU MONDE et au THÉÂTRE DU RIDEAU VERT, 2 établissements-phares de la modernité théâtrale québécoise.

Travailleuse infatigable, engagée aussi bien pour des productions classiques que des pièces du théâtre d'été, elle poursuit sa carrière depuis plus d'un demi-siècle et a endossé plus de 150 rôles. En 1968, Janine Sutto participe à la création de *Les Belles-sœurs* de Michel TREMBLAY, pièce maîtresse de la dramaturgie québécoise contemporaine, en incarnant Lisette de Courval. Elle fait ses débuts de metteur en scène au Trident, en 1992, dans une nouvelle production de *Florence* de Marcel Dubé. En même temps, comme bien des comédiennes de sa génération, elle est active à la télévision pendant toute sa carrière. Elle participe à environ 70 téléthéâtres, dont une adaptation du *Journal d'un curé de campagne* de Bernanos et *L'Épreuve* de Marivaux. Dans les années 1970, aux côtés de Gilles Latulippe et Jean-Louis Millette, elle marque l'imaginaire populaire participant à la distribution du téléroman *Symphorien*, présenté à TVA. Janine Sutto est la mère de la comédienne Mireille Deyglun.

Stéphane Baillargeon

Suzor-Coté, Marc-Aurèle de Foy, peintre, sculpteur, décorateur d'intérieurs d'églises (Arthabaska, Qc, 5 avril 1869—Daytona Beach, Floride, 27 janv. 1937). La brillante carrière de Suzor-Coté est le résultat d'un grand talent, d'une personnalité extravertie et de circonstances favorables. Au collège, son talent pour le dessin attire déjà l'attention et, en 1887, il participe à des projets de décoration intérieure d'églises de l'entreprise Joseph Rousseau de Saint-Hyacinthe. Par ses relations familiales, il rencontre Wilfrid LAURIER de qui il obtient plusieurs commandes.

Entre 1891 et 1912, il vit en cosmopolite et voyage constamment entre le Canada, les États-Unis et l'Europe. Il étudie en France (1891-1894, 1897-1901) où il reçoit une formation solide de Bonnat, à l'École des beaux-arts, et, plus tard, de Harpignies, puis dans les ateliers de Julian et Colarossi. À partir de 1892, on remarque ses œuvres présentées lors des d'expositions de l'Association des arts de Montréal (en 1912, il remporte le prix Jessie Dow pour *Les fumées, port de Montréal*); dès 1894, ses œuvres attirent aussi l'attention aux salons de la Société des artistes français à Paris et aux expositions de l'Académie royale des arts du Canada. En 1901, William Scott and Son de Montréal devient son marchand de tableaux et la popularité de Suzor-Coté se répand. D'autres voyages en Europe, de 1904 à 1907, en 1911 et 1912 contribuent à lui tailler une place de renom.

Or, à mesure que sa popularité grandit, son désir d'une vie plus privée grandit aussi. Après 1912, il travaille dans son studio d'Arthabaska, construit en 1895, et dans son studio de Montréal. Passé maître du pastel et de la peinture à l'huile, il commence, en 1911, à développer son talent pour la sculpture dans laquelle il excellera après 1918. Ce médium lui permet de retourner aux sujets champêtres de ses toiles et, inspiré par son environnement ou par des livres comme *Maria Chapdelaine*, il leur donne une nouvelle vie. Il réussit à capturer l'essence d'événements historiques et de scènes hivernales, grâce à l'utilisation subtile des couleurs et à sa technique rigoureuse. Cet artiste, maître de son art, doit abandonner toute activité après qu'il est atteint de paralysie en 1927.

Laurier Lacroix

Suzuki, David Takayoshi, généticien et communicateur (Vancouver, 24 mars 1936). D'ascendance japonaise (il est interné avec sa famille pendant la Seconde Guerre mondiale), Suzuki se joint à l'U. de la Colombie-Britannique après des études aux universités d'Amherst et de Chicago (Ph.D., 1961) et, en 1969, il remporte une bourse commémorative Steacie en tant que meilleur jeune scientifique canadien. Il se spécialise en méiose, la division initiale des cellules vivantes où commence la différenciation (p. ex., entre les cellules reproductrices et les autres), et il étudie les mutations causées par les variations de température. La série de télévision *Suzuki on Science* commence à faire de lui un personnage public en 1971.

Tout en poursuivant son enseignement universitaire et ses recherches en GÉNÉTIQUE (ses travaux sur la drosophile lui valent une réputation mondiale), il écrit beaucoup sur la science et la POLITIQUE SCIENTIFIQUE. Il crée la série radiophonique *Quirks and Quarks* en 1976 et siège au CONSEIL DES SCIENCES. Des collègues universitaires estiment que Suzuki gaspille ses talents à la radio et à la télévision, mais lui est convaincu que la sensibilisation du public à la science donnera de meilleures politiques scientifiques et enrichira sa culture. La rare combinaison de son charme personnel et de ses aptitudes scientifiques, qu'on a pu remarquer durant 10 ans dans la série *The Nature of Things* au réseau anglais de la Société Radio-Canada (SRC), fait de lui un personnage unique dans le Canada anglais. Son émission spéciale de 1985 à la SRC, *A Planet for the Taking*, est l'une des émissions, scientifiques ou autres, les plus regardées dans l'histoire de la SRC.

Il reçoit le prix de la Banque Royale et, en 1986, le prix Kalinga de l'UNESCO pour ses écrits scientifiques. Ses travaux récents comprennent *Metamorphosis* (1987), une autobiographie, la publication pour enfants *Looking at Insects/Looking at Plants* (2 vol., 1987) et *Time to Change* (1994). Suzuki est nommé Officier de l'Ordre du Canada en 1977.

Donald J.C. Phillipson

Sverdrup, îles Elles sont situées dans l'Extrême-Arctique et se composent d'une grande île, l'île AXEL HEIBERG, et de 2 îles plus petites, les îles ELLEF RINGNES et AMUND RINGNES. Elles étaient à l'origine une zone de subsidence et de sédimentation, au bord d'un bloc continental. Une déformation est alors survenue, suivie d'un soulèvement du bloc continental. Au début de l'ère tertiaire, après une longue période de sédimentation, des plis et des failles se sont formés dans les sédiments du bassin. La surface terrestre s'est soulevée et des montagnes se sont formées. De nos jours, les glaciers occupent une grande partie de la région montagneuse et certains se rendent jusqu'à la mer. Une étroite bande, formée d'une mince couche de sédiments, s'est déposée au début du pléistocène, le long de la côte arctique.

La découverte de ces îles par la deuxième expédition polaire norvégienne (1898—1902), dirigée par Otto SVERDRUP, a soulevé un différend concernant la souveraineté des îles. Ce différend ne s'est résolu, en faveur du Canada, qu'en 1931.

Doug Finlayson

Sverdrup, Otto Neumann, explorateur de l'Arctique (Bindal, Norvège, 31 oct. 1854—Oslo, 26 nov. 1930). Navigateur chevronné et homme de plein air, il est initié aux voyages dans l'Arctique par Fridtjof Nansen, qui l'invite, en 1888, à parcourir en skis l'intérieur du Groenland. De 1893 à 1896, il est capitaine du bateau de Nansen, le *Fram*, à l'époque de sa célèbre dérive sur la calotte polaire. Il est surtout connu pour son expédition dans la région de l'île d'ELLESMERE I de 1898 à 1902. Pendant les 4 hivers qu'il passe dans les glaces, il découvre plusieurs îles à l'ouest d'Ellesmere et cartographie de vastes zones de l'Extrême Arctique. Le Canada revendique finalement ce territoire et achète les cartes de Sverdrup.

Daniel Francis

Swain (1991), affaire La Cour suprême du Canada déclare dans cette affaire que le paragraphe 542(2) du Code criminel (maintenant l'article 614) est intra vires du Parlement fédéral, c.-à-d. valide. L'article en question traite de la détention automatique d'une personne déclarée non coupable pour cause d'aliénation mentale. La détention est sous la garde du lieutenant-gouverneur pour une période indéterminée. Le caractère véritable du régime législatif instauré par le paragraphe 542(2) du Code criminel est la protection de la société contre les individus dangereux. Cet aspect préventif fait partie du droit criminel. Cela a été reconnu depuis longtemps, tant par la jurisprudence que par la doctrine. Cependant, à cause de l'article 7 de la Charte canadienne des droits et libertés, qui traite de la liberté et de la sécurité de la personne, cet aspect préventif contrarie la Charte, dit la Cour; la détention ne peut être que pour une période déterminée.

Swan, Anna Haining, géante (Mill Brook, N.-É., 7 août 1846—Seville, Ohio, 5 août 1888). En 1862, elle se joint au P.T. Barnum's American Museum, à New York, attirée par le salaire mensuel de 1000 $ et par la possibilité de parfaire son éducation au moyen de cours particuliers. Elle devient l'une des vedettes du musée Barnum. Selon la publicité, elle mesure 246 cm (8 pi 1 po), mais sa taille, en réalité, est de 228 cm (7 pi 6 po). À 22 ans, elle pèse 160 kg (352 lb). Lors de l'incendie du musée en 1865, il faut 18 hommes et un palan pour la rescaper. En 1871, au cours d'une tournée outre-mer, elle rencontre et épouse Martin Van Buren Bates, un géant du Kentucky. Ils sont présentés à la reine Victoria, voyagent partout en Europe, puis s'installent sur une ferme en Ohio et font des tournées estivales avec le cirque W.W. Cole. Avant de mourir de la tuberculose, Anna a 2 enfants, de taille anormale, qui ne vivent que quelques heures.

Lois Kernaghan

Swift Current, ville de la Sask.; pop. 14 890 (rec. 1996), 14 824 (rec. 1991), 15 666 (rec. 1986); superf. 22,87 km²; const. en 1914; située dans le sud-ouest de la province, à 245 km à l'ouest de Regina. Elle doit son nom à un ruisseau qui la traverse et qui se jette dans la RIVIÈRE SASKAT-CHEWAN Sud. Comme ce ruisseau porte le même nom que la rivière Saskatchewan Sud dans les années 1860, les marchands de fourrures lui donnent le nom de Swift Current, l'équivalent anglais du mot «Saskatchewan», pour éviter la confusion. En 1882, le Canadien Pacifique bâtit un pont sur le ruisseau et construit une gare à l'emplacement actuel de la ville.

Swift Current commence à prendre les traits d'une localité en 1883, avec la construction d'un barrage, d'un réservoir, d'entrepôts, d'un relais routier et d'un restaurant. Pendant longtemps, l'élevage de bétail et la culture mixte ou des céréales en sont les moteurs économiques. Depuis lors, le pétrole, le gaz naturel, la production de sulfate de sodium et d'hélium ont diversifié son économie en pleine croissance.

Don Herperger

Sydenham, Charles Edward Poulett Thomson, 1er baron de, politicien, administrateur colonial (Wimbledon, Londres, Angl., 13 sept. 1799—Kingston, Canada-Ouest, 19 sept. 1841). Fils d'un éminent marchand, il entre dans l'entreprise familiale à l'âge de 16 ans. Partisan du libre-échange, il est élu à la Chambre des communes en 1826, puis devient vice-président (1830) et président (1834) du Board of Trade. Nommé gouverneur général de l'Amérique du Nord britannique en 1839, il persuade l'Assemblée législative du Haut-Canada de consentir à une union avec le Bas-Canada et élabore la constitution de la province ainsi unie. Même s'il est opposé au principe du GOUVERNEMENT RESPONSABLE et qu'il agit en tant que son propre premier ministre, il transforme le Conseil exécutif en un Cabinet composé de ministres qui siègent à l'Assemblée. Il instaure également une variante de ce système en Nouvelle-Écosse en 1840. Toutefois, ce système ne peut fonctionner que si les partisans d'un gouvernement complètement responsable ne sont pas majoritaires à l'Assemblée. Il intervient donc de manière flagrante au cours des élections de 1841 au Canada pour éviter une victoire des réformistes. Sa politique d'anglicisation lui vaut le soutien de la majorité anglophone de la colonie, mais lui attire la haine des Canadiens français. Son système commençait déjà à péricliter quand il meurt en 1841.

P.A. Buckner

Sydney Région métropolitaine de la Nouvelle-Écosse située près de l'extrémité est de l'ÎLE DU CAP-BRETON. Elle constitue la municipalité régionale du Cap-Breton (1995) et est le second complexe urbain en importance de la NOUVELLE-ÉCOSSE. Son port magnifique, appelé Spanish Bay à l'époque coloniale, est au centre des gisements de charbon les plus riches de l'Est du Canada.

Depuis 1900, la ville se distingue par son immense aciérie, la plus grande et la plus moderne au Canada à l'époque de sa construction. Le noyau industriel qui entoure l'aciérie s'effrite depuis la fin de la Seconde Guerre mondiale en raison de la baisse de productivité des mines de charbon des localités environnantes, et de la moindre compétitivité de son aciérie désuète par rapport à celles du centre du Canada.

Historique En 1784, lorsque le Cap-Breton se sépare de la Nouvelle-Écosse afin de donner refuge aux LOYALISTES, Sydney devient sa capitale. Le gouverneur J.F.W. DESBARRES est en charge du développement de la ville, qui doit son nom à lord Sydney, alors secrétaire de la colonie. Le Cap-Breton connaît moins de succès que le Nouveau-Brunswick en tant que colonie indépendante et retourne au sein de la Nouvelle-Écosse en 1820, après presque 40 ans de mauvaise administration, d'intrigues politiques et de sous-développement général. Sydney est encore un avant-poste minuscule d'à peine quelques centaines d'habitants, mais se prend pour une capitale coloniale. Elle est réduite au statut de chef-lieu du comté du Cap-Breton, qui comprend alors l'ensemble de l'île. Au cours du XIX\e s., elle est sous-développée de façon générale, mais demeure le centre administratif de l'île.

Économie La destinée de Sydney est étroitement liée à l'exploitation du charbon. Les Français amassent du charbon marin pendant l'occupation de LOUISBOURG au XVIII\e s. L'exploitation intensive de ce dernier ne débute cependant qu'au milieu du XIX\e s., en réponse à la demande croissante des États-Unis et, plus tard, de la partie centrale du Canada. Sydney fournit aux villes minières des environs les services et les installations pour le transport maritime. La ville est transformée par l'implantation d'une aciérie en 1899. La Dominion Iron and Steel Company (par la suite la Dominion Steel Corporation) occupe des terrains de choix au bord de l'eau, et investit plusieurs centaines de millions de dollars dans l'usine et ses terrains.

La population de la ville double et redouble à plusieurs reprises au cours des décennies qui suivent. La ville attire ceux dont les fermes de l'île sont improductives ainsi qu'un grand nombre d'Européens. En conséquence, elle possède la population la plus polyglotte de la région. Par la suite, l'aciérie devient le noyau de la ville. Elle utilise les ressources de charbon locales, le calcaire des carrières environnantes ainsi que le minerai de fer de l'ÎLE BELL, à Terre-Neuve. Les hôpitaux, les services gouvernementaux ainsi que les établissements culturels et éducatifs se trouvent tous à Sydney. La vie commerciale de l'île rayonne à partir du noyau de marchands installés au bord de l'eau à Sydney. Dans les années 1880, un chemin de fer reliant la ville au centre du Canada renforce sa dominance commerciale. En 1900, Sydney est constituée en tant que ville. Cependant, comme la plupart des localités de ce genre au Canada, sa prospérité et son déclin suivent le développement de son arrière-pays portuaire. Sydney décroît d'ailleurs depuis un certain temps.

Paysage urbain Les vieux quartiers sont établis le long de l'eau, comme dans la plupart des villes portuaires des provinces Atlantiques. La ville est divisée en 2 par l'aciérie, qui occupe la majeure partie du côté sud de l'avant-port, et s'étend vers l'intérieur des terres jusqu'à une chaîne de collines qui la borde. L'aciérie est entourée de maisons ternes, construites par la compagnie et occupées par une main-d'œuvre parmi les plus militantes au Canada. Les métallurgistes de Sydney se battent dès le début pour établir leur droit à la négociation collective. Ce

n'est qu'à la Seconde Guerre mondiale qu'ils y parviennent, lorsque les Métallurgistes unis d'Amérique sont finalement reconnus comme leurs négociateurs. On trouve un beau parc au centre de la ville et plusieurs grandes institutions, parmi lesquelles le UNIVERSITY COLLEGE OF CAPE BRETON, situé aux limites de la ville.

D.A. Muise

Sydney Steel Corporation (SYSCO) Cette usine produit de l'acier à SYDNEY, en Nouvelle-Écosse, depuis 1899, année où la Dominion Iron and Steel Co. crée une aciérie pour exploiter le CHARBON du Cap-Breton et le MINERAI DE FER de Terre-Neuve. La production de rails de chemins de fer commence en 1905. La compagnie change plusieurs fois de propriétaire avant que Hawker-Siddeley en prenne la direction dans les années 60. L'aciérie est exploitée par le gouvernement de la Nouvelle-Écosse depuis 1967.

Confronté à une fermeture socialement inacceptable, le gouvernement forme une SOCIÉTÉ DE LA COURONNE pour garder cette usine en activité. Celle-ci consiste en 2 petits hauts-fourneaux et en plusieurs fours à creuset ouvert simples, d'une capacité annuelle d'acier brut d'environ 910 000 t. La faible productivité de l'usine, la demande réduite et les bas prix de ses produits (principalement des rails et de l'acier semi-fini) rendent incertain l'avenir de producteur d'acier de SYSCO, jusqu'à ce que le gouvernement fédéral approuve, en 1987, un financement de 275 millions de dollars pour la modernisation de l'aciérie, comprenant, entre autres, l'installation d'un four électrique à arc. Les pertes continuelles obligent la Nouvelle-Écosse à vendre finalement l'usine à une société chinoise en 1994.

John G. Peacey

Syénite à néphéline ROCHE IGNÉE de couleur blanche à gris pâle et à grains moyens. Elle est constituée surtout de FELDSPAR sodique, de néphéline, de feldspar potassique et de minéraux accessoires riches en magnésium et en fer. L'industrie canadienne de la syénite à néphéline débute en 1932 quand des concessions minières sont jalonnées à Blue Mountain, près de Peterborough (Ontario). Il faut des efforts soutenus de techniques et de recherches de marchés pour développer cette industrie. Le Canada est le premier pays à trouver des applications de la syénite à néphéline comme matière première pour le verre et les céramiques, ainsi que comme agent de remplissage. Durant plusieurs années, le Canada est le seul pays producteur de syénite à néphéline au monde.

La syénite à néphéline est maintenant préférée au feldspar comme source d'alumine et d'alcalis dans la fabrication du verre. Elle permet une fusion plus rapide et à plus basse température, ce qui réduit la consommation d'énergie, augmente la durée de vie des fours, et améliore la qualité du verre. Elle est également utilisée dans les glaçures et émaux de céramiques, et comme agent de remplissage dans les peintures, les papiers, les plastiques et la mousse de caoutchouc. Au Canada, environ les 2 tiers de la consommation de syénite à néphéline sont utilisés par les industries des contenants de verre, du verre plat, et des fibres d'isolation et de renforcement.

Les 2 opérations de syénite à néphéline sont localisées à Blue Mountain, en Ontario, où l'extraction se fait dans des mines à ciel ouvert. Le minerai est transporté jusqu'à un moulin où, en passant par un circuit de séparateurs magnétiques, les minéraux contenant du fer sont enlevés. Le moulin produit plusieurs grades de syénite à néphéline pour différents usages, et les grades sont basés sur la grosseur des grains et du contenu en fer.

En 1997, les expéditions sont de 648 300 tonnes pour une valeur de 51,3 millions de dollars. Le Canada exporte plus de 80 p. 100 de sa production, principalement aux États-Unis.

Michel Brau Boucher

Sylvan Lake, ville de l'Alb.; pop. 5178 (rec. 1996), 4210 (rec. 1991), 3937 (rec. 1986); superf. 8,18 km²; const. en village en 1913, puis en ville en 1946. Elle est située sur la rive sud du lac Sylvan, au centre de l'Alberta, à une vingtaine de kilomètres de Red Deer. L'origine du nom du lac et de la ville est descriptive. Au XIX\e s., le lac a porté divers noms dont Snake, Methy et Pelican. En 1909, Mme Green, une résidente locale, fait circuler une pétition pour qu'on donne au lac le nom de Sylvan. C'est au début des années 1880 que les colons commencent à s'installer sur les terres de la région de Red Deer.

Sylvan Lake sert à alimenter les colons en poisson et est un lieu récréatif. Au cours des années 20 et des années 30, Sylvan Lake devient un centre de villégiature grâce à l'aménagement de terrains de camping et de routes facilitant son accès aux habitants de Red Deer, d'Edmonton et d'autres villes. La ville de Sylvan Lake est aussi voisine du parc provincial Jarvis Bay et est devenue un important centre de ski nautique, de voile et autres sports aquatiques.

Deborah Welch et Michael Payne

Sylvestre, Joseph Jean Guy, essayiste, critique littéraire et bibliothécaire (Sorel, Qc, 17 mai 1918). Après des études au Collège Sainte-Marie de Montréal et à l'U. d'Ottawa, il devient critique littéraire au journal *Le Droit* (1940—1948), secrétaire privé de l'Honorable Louis SAINT-LAURENT (1945—1950), puis directeur de la Bibliothèque nationale du Canada (1968—1985).

Membre de l'Académie canadienne-française (1954), président de la Société royale du Canada (1973-1974) et docteur *honoris causa* de plusieurs universités, il fonde et dirige la revue *Gants du ciel* (1943—1956). Il est également l'auteur de plusieurs livres: *Situation de la poésie canadienne* (1941), *Poètes catholiques de la France contemporaine* (1943), *Sondages* (1957) et *Amours Délices et Orgues* (1953, sous le pseudonyme de Jean Bruneau). Il est surtout connu pour son *Anthologie de la poésie canadienne-française*, qui est éditée 7 fois entre 1942 et 1974. Sylvestre est Officier de l'Ordre du Canada.

Paul Wyczynski

Sylviculture Secteur de la FORESTERIE qui regroupe les activités de création, d'entretien et de régénération des peuplements forestiers, en général en vue d'obtenir un rendement soutenu des produits forestiers. Elle nécessite une connaissance des différents modes de croissance des ARBRES dans les conditions particulières de SOL, de CLIMAT et d'espacement. La manière dont on exploite une forêt influence sa régénération. Certaines méthodes consistent à laisser à la nature le soin de faire naître de nouveaux plants, d'autres reposent sur la plantation ou l'ensemencement artificiels. Lorsque l'ensemencement ou la plantation s'impose, les sylviculteurs doivent prévoir les essences les plus appropriées au terrain et l'espacement adéquat entre les arbres. Ils doivent aussi être capables de prévoir la façon dont un plant de jeunes arbres va croître et la quantité de bois qu'il produira.

Jusqu'à récemment, les semis étaient obtenus à partir d'arbres ordinaires, mais les sylviculteurs utilisent de plus en plus les graines d'arbres génétiquement supérieurs, dans le but de créer des forêts plus saines et à croissance plus rapide. Les graines ordinaires proviennent directement des forêts, tandis que les graines génétiquement supérieures sont cultivées dans des «vergers à graines», où des arbres spécialement sélectionnés ne sont cultivés que pour leurs graines. Les semis sont cultivés en pépinière avant d'être transplantés sur le terrain à reboiser, habituellement au printemps ou à l'automne. Il est parfois nécessaire d'enlever la broussaille ou les débris présents sur le terrain avant de pouvoir planter les semis. Cette préparation du terrain peut être effectuée à l'aide d'un engin mécanique, du feu ou de produits chimiques.

Une fois les arbres plantés, plusieurs autres mesures peuvent être prises pour l'entretien de la plantation. À tous les stades de croissance, une FORÊT reste vulnérable aux dégâts pouvant être occasionnés par le feu, les INSECTES NUISIBLES ou les MALADIES DES PLANTES. La protection de la plantation contre ces ennemis est une des mesures importantes de la sylviculture. Il est aussi parfois nécessaire de désherber ou de débroussailler un terrain récemment reboisé pour éviter que les jeunes semis ne soient étouffés par les mauvaises herbes et les buissons. Lorsque les jeunes arbres se développent et atteignent une hauteur d'environ 3 ou 4 mètres, ils peuvent commencer à empiéter les uns sur les autres et la plantation risque alors de végéter. Il est nécessaire dans ce cas de les éclaircir, soit mécaniquement, soit à l'aide de produits chimiques, lors d'une opération appelée «coupe d'éclaircie précommerciale». Plus tard, lorsque les arbres ont atteint une taille suffisante pour être utilisés commercialement, on peut procéder à une ou plusieurs autres éclaircies de la plantation avant la récolte finale. Parmi les autres pratiques pouvant être utilisées dans le cadre de la sylviculture, on retrouve la taille, qui permet de réduire le nombre de nœuds présents dans le bois, la fertilisation, qui vise à accélérer la croissance, et parfois la «coupe d'assainissement», qui permet d'éliminer les arbres malades ou indésirables.

La sylviculture est grossièrement divisée en sylviculture «de base», qui comprend la REFORESTATION et la protection (les mesures minimales pour un bon aménagement forestier), et en sylviculture «intensive», qui comprend les autres opérations visant à améliorer la croissance et le rendement. Bien que la sylviculture soit pratiquée de façon intensive en Europe, les autres pays possédant des forêts, y compris le Canada, ne sont pas aussi avancés dans ce domaine. En 1983, on avait replanté 25 p. 100 de la superficie coupée au Canada, mais on ne pratiquait une sylviculture intensive que sur 0,05 p. 100 de la superficie des forêts productives du pays. (*Voir aussi* MYCORHIZE.)

M.F. Painter

Symboles de l'autorité L'un des plus anciens symboles de l'autorité (ou du droit de se faire obéir) est probablement le gourdin. Son symbolisme dérive directement de son utilité concrète: le banal gourdin a été un instrument d'exercice du pouvoir et, par voie de conséquence, un symbole d'autorité. Portant depuis longtemps l'appellation plus noble de «masse», la trique de l'homme des cavernes, devenue au Moyen Âge l'arme de combat en acier des chevaliers, puis le symbole du pouvoir royal, est encore le symbole de l'autorité au Parlement du Canada et dans les assemblées législatives des provinces. La masse fait partie des traditions britanniques du Canada. Tant qu'elle n'est pas déposée sur le bureau devant le fauteuil du président de la Chambre, les législateurs n'ont pas l'autorité voulue pour adopter ou abroger des lois. Ils n'ont effectivement pas de pouvoir, car ils n'ont aucune autorité pour l'exercer: le Parlement a le pouvoir de gouverner, mais il n'a ce pouvoir que sous l'autorité de la COURONNE.

Au sein du COMMONWEALTH, la Couronne est le symbole suprême de l'unité et de l'autorité; c'est en son nom que toutes les lois sont édictées et appliquées. Son pouvoir suprême au Canada est manifesté par le fait que l'extrémité supérieure de la masse est ornée d'une couronne, qui remplace le redoutable renflement de la trique de l'homme des cavernes et la boule garnie de pointes de la masse du guerrier médiéval. La fine nuance qui s'est établie entre autorité et pouvoir est illustrée par le fait suivant. Il y a plusieurs siècles, la couronne était représentée en miniature à l'extrémité du manche de la masse du

roi. L'autorité était dans la main, mais le pouvoir était dans l'extrémité contondante. Lorsque l'emploi de la force n'a plus été nécessaire, la masse royale a cessé de servir à l'exercice direct du pouvoir sur les champs de bataille. Elle est devenue le symbole de l'autorité qui permettait de légiférer. De nos jours, l'aspect de la masse est inversé: une grande couronne, symbole de l'autorité, est en évidence à l'extrémité de la masse qui servait autrefois à frapper.

La couronne, ancien symbole de la monarchie, se reconnaît facilement, étant mise en évidence dans les armoiries du Canada (*voir* EMBLÈMES DU CANADA) et figurant de bien d'autres façons pour désigner l'autorité gouvernementale, judiciaire et militaire. Nous disons que c'est la Couronne qui intente les poursuites devant les tribunaux, qu'elle est détentrice des terres du gouvernement. On appelle SOCIÉTÉS DE LA COURONNE certains organismes gouvernementaux, et on parle des biens de la Couronne. À vrai dire, «Couronne» est un terme général qui désigne la personnalité juridique du pouvoir exécutif. Celui-ci, autrefois exercé personnellement par le souverain, a été confié, à la suite d'une évolution constitutionnelle, aux corps législatifs qui l'exercent encore en son nom. Une occasion où l'autorité de la Couronne est encore manifeste est la sanction royale. Aucun projet de loi ne peut devenir loi à moins d'avoir reçu le nombre voulu de lectures et d'avoir été adopté par les 2 Chambres du Parlement. Cela fait, un projet de loi reçoit automatiquement la sanction royale (l'assentiment symbolique de l'autorité suprême) et devient loi.

Le symbolisme de la Couronne imprègne profondément tout le processus démocratique britannique, dont le Canada a hérité. La Couronne est la détentrice de l'autorité, mais, en pratique, elle n'agit que sur les conseils des membres du CONSEIL PRIVÉ qui composent le Cabinet à un moment donné. Puisque les ministres sont aussi des parlementaires, ils ont, à ce titre, des comptes à rendre à l'électorat, de sorte que le peuple est souverain en réalité. La Couronne devient en conséquence le symbole de la souveraineté (ou de l'autorité) du peuple. La Couronne est aussi le symbole de l'unité politique, car le gouvernement et l'opposition loyale de Sa Majesté restent unies dans leur soumission à la Couronne pour le mieux-être du pays, même s'ils préconisent des politiques différentes en vue de réaliser ce mieux-être.

Les armoiries apparaissent au temps des croisades pour aider à identifier les guerriers sur le champ de bataille. Elles ne tardent pas à devenir des symboles d'autorité lorsque les insignes arborés sur les surcots, bannières et écus commencent également à figurer sur les cachets de cire, où ils tiennent lieu de signatures à une époque où même les plus hautes autorités risquent d'être analphabètes. La première utilisation connue des armoiries comme proclamation d'autorité suprême au Canada a lieu le 24 juillet 1534 lorsque l'explorateur français Jacques CARTIER dresse une croix à l'entrée de la baie de Gaspé. «Sous la traverse, nous avons mis des armoiries comprenant 3 fleurs de lis; au-dessus de celles-ci, un écriteau où étaient gravés en grosses lettres les mots «Vive le roi de France».» Trois lis d'or stylisés sur un écu bleu sont les armoiries de François Ier, et Cartier affirme que les nouvelles terres appartiennent au roi en arborant ses armoiries, qui sont le symbole de l'autorité du roi sur ces terres.

Puisque les armoiries ne figurent pas seulement sur les écus mais aussi sur les bannières, il n'est pas étonnant qu'un autel d'autorité érigé par Jean CABOT à Terre-Neuve en 1497, lorsqu'il revendique ce territoire au nom d'Henri VII d'Angleterre, soit la bannière royale. Une bannière est un drapeau carré ou oblong. L'impérialisme de l'époque ne connaît pas de symbole plus net de l'autorité que le drapeau d'une nation qui impose ou revendique son autorité sur un territoire éloigné et inexploité. De

nombreux drapeaux, britanniques, français ou espagnols notamment, ont flotté au-dessus de ce qui est aujourd'hui le territoire du Canada. De plus, les drapeaux de la COMPAGNIE DE LA BAIE D'HUDSON et de la COMPAGNIE DU NORD-OUEST, entre autres, servent à signifier les revendications territoriales de ces entreprises commerciales.

L'autorité, quelle qu'en soit la source, est représentée soit par une personne, soit par une charge. Au Canada, ces 2 représentations de l'autorité ont chacune leur sceau, qui authentifie toute attribution d'autorité. Le grand sceau du Canada est le sceau officiel. Il manifeste officiellement l'autorité traditionnelle et juridique qui permet à l'État de prendre des mesures dans l'intérêt du pays. Le sceau représente Élisabeth II assise sur le trône du couronnement, portant la couronne de saint Édouard et tenant en main d'autres symboles de l'autorité royale. Devant la reine se trouvent les armoiries du Canada. Ce sceau sert à sanctionner l'attribution de pouvoirs aux personnes nommées aux plus hautes charges de l'État. Il sert aussi à l'approbation officielle de divers genres de documents: lettres patentes instituant la charge de gouverneur général, proclamations, concessions de terres par la Couronne ou brefs d'élection.

Le petit sceau du gouverneur général, qui est un sceau personnel, porte les armoiries personnelles du titulaire de la charge. Certaines délégations de pouvoir sont officialisées par le petit sceau, notamment lors de la nomination des officiers des FORCES ARMÉES, dont le gouverneur général est le commandant en chef. L'utilisation du petit sceau dans ce cas dénote un aspect important de notre Constitution, à savoir que la légalité du recours à la puissance militaire au Canada est fondée en dernier ressort sur l'autorité personnelle du représentant du souverain. Elle n'est pas fondée sur le pouvoir du chef du gouvernement, bien que celui-ci, depuis l'avènement du GOUVERNEMENT RESPONSABLE, ait autorité sur le sceau officiel.

Lorsqu'un chef de parti prête le serment d'entrée en fonction et est investi de la charge de PREMIER MINISTRE, le pouvoir, qui émane du peuple, et l'autorité, qui émane de la Couronne, sont réunis. Par conséquent, le chef du parti qui forme le gouvernement, pendant la durée de ses fonctions, est la personne la plus puissante au pays. Pourtant, d'après le sociologue allemand Max Weber, personne n'a une autorité supérieure à celle du souverain, car cette autorité repose sur les 3 fondements dont nous acceptons la légitimité: le charisme, la tradition et le droit.

En plus des nations, des communautés religieuses, des sociétés publiques et secrètes et d'innombrables associations du monde entier possèdent des symboles d'autorité qui incitent leur collectivité, leurs adeptes ou leurs membres à se conformer aux lois et règlements qui les régissent et les soutiennent. Les symboles d'autorité sont d'aspect très varié. Couronnes, masses, armoiries, sceaux, drapeaux, et même l'étoile de fer-blanc portée aux États-Unis par les historiques ou légendaires shérifs qui faisaient respecter la loi à coups de fusil, sont des symboles d'autorité qui servent à gouverner les gens. Dans l'histoire du Canada, aucun symbole d'autorité n'a sans doute été reconnu plus rapidement et plus universellement que la veste rouge des agents de la POLICE MONTÉE DU NORD-OUEST et de leurs successeurs de la GENDARMERIE ROYALE DU CANADA.

Strome Galloway

Symington, Herbert James, avocat et dirigeant d'entreprise (Sarnia, Ont., 22 nov. 1881—Montréal, 28 sept. 1965). Reçu au barreau du Manitoba en 1905, Symington devient un éminent avocat de société et un personnage important des affaires publiques de Winnipeg. Libéral, il est membre du «sanhédrin» non officiel formé autour de J.W. DAFOE et de T.A. CRERAR. En 1936, il est nommé au conseil du Canadien National. Pendant la Seconde Guerre mondiale, il gère l'attribution des ressources d'électricité. De 1941 à 1947, il est président des LIGNES AÉRIENNES TRANS-CANADA. Il participe à la création de l'Organisation de l'aviation civile internationale (OACI) et il est plus tard nommé président du conseil de la compagnie Price Brothers.

Robert Bothwell

Symonds, Norman, compositeur (près de Nelson, C.-B., 23 déc. 1920). Symonds arrive à l'avant-plan du mouvement *third-stream* canadien des années 50 dirigé par Gordon Delamont, à Toronto. Ses principales compositions, qui mêlent des éléments du jazz (improvisation, couleur) et de la musique classique (structure, orchestration), comprennent *Concerto Grosso* pour quintette de jazz et orchestre symphonique (1957), *Autumn Nocturne* (1960), *The Nameless Hour* (1966) et *The Democratic Concerto* (1967). Il compose des œuvres pour la télévision (*Black Hallelujah*, 1977) et pour la scène (*Lady in the Night*, 1977), de même que des pièces impressionnistes s'inspirant de la beauté naturelle du Canada, comme *Big Lonely* (1975) et *The Gift of Thanksgiving* (1980).

Dans d'autres œuvres, Symonds explore les langages électronique et choral. Certaines de ses pièces jouées en concert sont enregistrées par la Société Radio-Canada, par l'Orchestre national des jeunes et par Ron COLLIER. La SRC et la COMPAGNIE D'OPÉRA CANADIENNE ont aussi produit quelques-unes de ses œuvres pour la scène.

Mark Miller

Symons, Thomas Henry Bull, professeur, historien, recteur d'université et auteur (Toronto, 30 mai 1929). Il fait ses études à l'U. de Toronto, à Oxford et à la Sorbonne. En tant qu'universitaire et administrateur, il remplit plusieurs fonctions. Il est le président fondateur de l'UNIVERSITÉ TRENT (1961—1972) et vice-président fondateur du CONSEIL DE RECHERCHES EN SCIENCES HUMAINES DU CANADA (1978—1984). On le connaît peut-être mieux comme président de la Commission sur les études canadiennes (1972—1984).

En tant qu'auteur de *Se connaître: le rapport de la Commission sur les études canadiennes* (1975), il fait prendre conscience aux Canadiens et aux universités canadiennes de l'importance de l'enseignement et de la recherche sur le Canada, ses perspectives, ses problèmes et sa situation. Ce rapport, et les défis qu'il pose, sont pondérés par la préoccupation de Symons de voir les Canadiens collaborer au monde plus vaste de l'érudition, à la fois en fournissant leur contribution en tant que Canadiens et en se montrant disposés à se renseigner sur les autres et à s'ouvrir à leurs visions.

Symons démontre l'importance qu'il accorde à la scène universitaire internationale en participant à des travaux internationaux, notamment à l'occasion du Commonwealth Standing Committee on Student Mobility (1982), et en assurant la présidence de l'International Board of United World Colleges (1980) et celle de l'Association des universités du Commonwealth (1971—1972).

Praticien en plus d'être théoricien, Symons conseille le gouvernement ontarien, notamment en tant que président de la Commission ontarienne des droits de la personne (1975—1978). Il conseille également le gouvernement fédéral à titre de membre du Comité d'étude de la politique culturelle fédérale (1979—1982), et de président de la Commission des lieux et monuments historiques du Canada (1986). Il est aussi président du Comité consultatif sur les politiques de R.L. STANFIELD (1968—1975).

Au nombre de ses publications, articles, revues et monographies sur une foule de sujets, on compte *Life Together: A Report on Human Rights in Ontario* (1977), rédigée avec Rosalie Abella et autres, et *Some Questions of Balance: Human Resources, Higher Education and Canadian Studies* (1984), rédigée avec James E. Page. En outre, il contribue à la rédaction de *Ontario Universities: Access, Operations and Funding* (éd. D.W. Conklin et T.J. Courchene, 1985).

Symons est Membre de la Société royale du Canada et Officier de l'Ordre du Canada (1976). Il a reçu la Médaille canadienne commémorative du jubilé d'argent de la Reine, la Médaille du centenaire du Canada et de nombreuses autres distinctions. (*Voir aussi* ÉTUDES CANADIENNES.)

James E. Page

Synagogues Selon la définition du droit canonique judaïque, une synagogue est n'importe quel endroit où 10 hommes peuvent se réunir pour prier. La plupart des spécialistes croient que les synagogues sont apparues parce qu'on avait besoin de lieux de culte, en plus du temple, pour les personnes incapables de se rendre à Jérusalem. Les synagogues, caractérisées par l'absence de rites sacrificiels et la cérémonie de lecture de la Torah, ont profité de l'essor des enseignements rabbiniques, et, peu après la destruction du second temple en 70 ap. J.-C., cette institution est devenue le cénacle des cérémonies religieuses juives.

Première congrégation au Canada La première congrégation au Canada, la Shearith Israel, naît à Montréal en 1768. Elle fait construire la première synagogue en 1777, entre les rues Notre-Dame et Saint-Jacques. Cet édifice demeure le seul lieu de culte judaïque officiel jusqu'en 1846, année où la congrégation Sha'ar Hashomayim s'établit dans cette même ville. L'architecture de ces bâtiments reste méconnue.

À la fin des années 1870, d'autres congrégations voient le jour à Victoria, Winnipeg, Toronto, Hamilton, Montréal, Trois-Rivières et Québec. Le temple Emanu-el de Victoria, datant de 1863, est la seule synagogue qui subsiste de cette époque. Elle est fréquentée par la communauté juive depuis sa construction. L'édifice à 2 étages en briques d'argile, d'inspiration romane, dont les corniches sous les toits pavillons, les pignons et les avants-toits, comporte des consoles et un lambrequin finement ouvragés. Les vitraux présentent des motifs géométriques simples. La façade principale se distingue par une rosace proéminente, motif répandu dans les synagogues de la première moitié du XXe s. Le sanctuaire occupe la quasi totalité de l'espace intérieur; les hommes prennent place au rez-de-chaussée, autour d'une bimah centrale (plate-forme pour la lecture de la Torah) orientée vers le mur est, dans lequel l'arche sainte occupe une niche qui fait saillie à l'extérieur du bâtiment carré. Au premier étage se trouve la galerie des femmes, en forme de U, ce qui ménage un espace central de double hauteur entre le mur est et la bimah. L'espace central est en outre rehaussé par un plafond voûté.

Du milieu du XIXe siècle à la Seconde Guerre mondiale À plusieurs égards, cette typologie caractérise l'architecture des synagogues construites au Canada entre le milieu du XIXe s. et le début de la Seconde Guerre mondiale. Ordinairement, la façade combine des particularités vernaculaires locales avec des éléments censés refléter idéalement l'image d'une synagogue. Le temple Emanu-el de Victoria illustre le plan traditionnel du sanctuaire. En 1887, la congrégation Shearith Israel de Montréal fait construire sa nouvelle synagogue dans la rue Stanley, selon un style qualifié de «judéo-égyptien». Il s'agit d'un temple caractérisé par un fronton reposant sur une colonnade de style égyptien, au-dessus de fondations solides d'une hauteur d'un demi-étage. Ce style d'inspiration romantique et mystique se remarque également dans la synagogue torontoise Holy Blossom, construite en 1897, qui conjugue l'artisanat local de la pierre finement ciselée avec l'influence byzantine manifestée par les dômes en forme de bulbes surmontant les 2 tours latérales devant la façade principale.

Édifices remaniés Jusqu'au début de la Seconde Guerre mondiale, les synagogues canadiennes demeurent essentiellement des lieux de culte, mais elles abritent bientôt d'autres activités communautaires qui entraînent leur transformation architecturale. Ainsi, le temple Emanu-el de Montréal, construit en 1911 et agrandi en 1922, est l'une des premières synagogues au Canada où l'on professe le culte réformé. Les membres fondateurs prévoyaient y tenir d'autres activités éducatives et sociales et accueillir des groupes auxiliaires. Par conséquent, bien que les façades continuent d'obéir aux règles du style byzantin officiel, le sanctuaire prend l'aspect d'un auditorium: les femmes et les hommes s'assoient ensemble et l'édifice couvre une grande superficie, contrairement à la plupart des synagogues construites en milieu urbain.

En 1921, la congrégation montréalaise Sha'ar Hashomayim achète un terrain à l'intersection du chemin de la Côte-Saint-Antoine et de l'avenue Kensington à Westmount, où elle fait construire une nouvelle synagogue, que certains comparent à une cathédrale. Les façades se composent de briques vitrifiées grises et de pierres de grès, tandis que les petites coupoles mauresques évoquent un «orientalisme mystique». Dans le sanctuaire, surmonté d'un plafond à caissons et où la bimah côtoie l'arche sainte, les femmes prennent place à l'écart des hommes dans 2 galeries latérales plutôt qu'au premier étage.

Dernières innovations majeures La construction, en 1938, du temple Holy Blossom dans la rue Bathurst à Toronto donne lieu aux dernières innovations importantes dans l'architecture religieuse juive antérieure à la période moderne (après la Seconde Guerre mondiale): mentionnons notamment une planification globale à multiples facettes du type campus comprenant une aire de stationnement ainsi que l'utilisation de matériaux modernes. Bien que le nouveau sanctuaire de cette synagogue s'inspire en grande partie du temple Emanu-el de New York, construit en pierre dix ans auparavant, cet édifice est fait de béton armé, de la structure à la finition des surfaces.

Durant la période qui suit immédiatement la fin de la Seconde Guerre mondiale, les Juifs établis dans les grandes villes commencent à migrer vers les quartiers de banlieue en pleine expansion. Cet exode entraîne la création de plusieurs nouvelles congrégations et le déplacement de communautés établies, dont les anciens édifices sont souvent abandonnés. Pour les nouvelles synagogues édifiées en banlieue, on renonce également à la quête d'un «style approprié», et, durant les années 50 et 60, les architectes font preuve d'un esprit plus audacieux et expressif. À l'instar du temple Holy Blossom, le sanctuaire représente souvent un élément distinctif en évidence dans la composition globale. Parmi les formes et les motifs habituels, mentionnons des cours ouvertes (Beth El à St. John's, Terre-Neuve; construite en 1959), des murales en mosaïques colorées sur la façade (Young Israel à Montréal; construite en 1953) et un fenêtrage intéressant qui laisse filtrer indirectement la lumière du jour dans le sanctuaire, grâce à de hautes fenêtres ou à des baies verticales imposantes (Shaarey Tzedec à Calgary et Beth Tzedec à Toronto).

Souvent, la construction des synagogues modernes se fait par étapes. On prévoit d'abord la grande salle, puis un sanctuaire permanent auquel on ajoute une salle à usages multiples séparée par une cloison amovible. Cet aménagement permet d'accueillir un plus grand nombre de personnes lors des fêtes religieuses ou profanes. Les motifs dans les sanctuaires contemporains comprennent des vitraux qui présentent des images figuratives (Beth Sholom à Toronto) ou des images abstraites bien que non géométriques (Rosh Pina à Winnipeg), des portes à voûte ornées de vitraux (Beth Israel à Calgary), des portes à voûte en bronze (Shaarey Zedec à Winnipeg) ainsi que des murales en relief (Beth Emeth à Toronto).

Durant les années 70, l'augmentation des coûts de construction et des dépenses nécessaires pour les programmes communautaires freinent l'apparition de nouvelles synagogues. Les congrégations moins nombreuses doivent vendre leurs édifices à mesure que la population juive continue à migrer et à se concentrer dans les grandes villes, Toronto et Montréal en particulier. Toutefois, un engouement renouvelé pour les anciennes synagogues du centre-ville favorise la restauration de plusieurs d'entre elles. Ces travaux de réfection auxquels s'ajoutent la rénovation et l'embellissement des bâtiments actuels, l'interprétation artistique contemporaine, et la construction de synagogues souvent plus petites destinées aux communautés nouvelles établies en banlieue représentent désormais les principaux champs d'activités dans ce volet architectural.

Sheldon Levitt

Syndicalisme et mondialisation Les transformations majeures intervenues dans les échanges commerciaux entre les pays ont provoqué des changements importants dans la manière dont les différents acteurs sociaux s'organisent pour faire valoir leurs points de vue et défendre leurs intérêts. À cet égard, la mondialisation de l'économie a provoqué, dans le mouvement syndical, des remises en question comme il ne s'en était pas produit de la sorte depuis que les hommes et les femmes ont compris, au moment de la révolution industrielle, au XIXᵉ s., l'importance et la nécessité de l'action collective pour résister à l'arbitraire patronal et améliorer leurs conditions de travail.

L'organisation syndicale a pendant longtemps constitué ses lignes de défense à partir du lieu de travail, que ce soit l'usine, le chantier ou l'institution. Chacun de ces lieux jouissant, en règle générale, d'une relative autonomie, il était normal que les travailleurs établissent leurs stratégies en fonction de ce qui leur apparaissait comme le lieu où, normalement, se prenaient les décisions et étaient arrêtées celles susceptibles d'avoir des impacts sur leur vie.

Le mouvement de fond qui conduit aujourd'hui à une mondialisation et à une internationalisation, en même temps qu'à une diminution des lieux de décision est, semble-t-il, irréversible. Il va s'accélérant, consacrant malheureusement la mainmise du secteur financier spéculatif sur l'ensemble de la vie économique. Tous ces éléments ont chambardé complètement la manière privilégiée par les travailleuses et les travailleurs pour faire reconnaître leurs droits.

Les organisations syndicales dans les pays occidentaux ont réagi de multiples manières à cette nouvelle donne. À peu près toutes les organisations s'entendent pour combattre la mondialisation des marchés qui représente la forme extrême du capitalisme en ce qu'elle soutient, ultimement, une logique et une concentration auxquelles aucune force sociale ne pourrait lui être opposée.

Par contre, l'attitude des organisations syndicales à l'égard de la mondialisation des marchés met en lumière des sensibilités qui diffèrent. Là aussi, dans un premier temps, les organisations syndicales ont unanimement combattu ce nouveau phénomène. Exclues des discussions de l'Aléna, par exemple, les organisations syndicales canadiennes ont refusé de cautionner cette nouvelle manière d'organiser les échanges commerciaux entre les pays. Au niveau canadien, plusieurs maintiennent encore aujourd'hui une attitude protectionniste, essentiellement défensive en somme, alors que d'autres continuent à rejeter toute forme d'accord international.

Mais prenant acte du fait que ce mouvement apparaissait irréversible, les organisations syndicales québécoises sont passées à l'offensive. Elles revendiquent plutôt l'introduction de clauses sociales visant à protéger les droits des travailleurs à l'intérieur de ce nouvel aménagement du paysage économique. L'exemple des syndicats européens, au moment des négociations menant à la signature du traité de Maastricht, a inspiré cette position syndicale. D'importantes protections sociales ont été introduites au moment de cette négociation.

Cette mondialisation des marchés a forcé les organisations syndicales à prendre la mesure de l'importance d'une action syndicale concertée au niveau planétaire. C'est ainsi que la Confédération internationale des syndicats libres, dont les effectifs ont beaucoup augmenté depuis le démembrement des pays de l'Est, est aujourd'hui appelée à jouer un rôle de premier plan à cet égard. Le Congrès du travail du Canada est affilié à la CISL et la Confédération des syndicats nationaux s'est jointe à cette centrale internationale en 1998.

Michel Rioux

Syndicalisme industriel Type d'association ouvrière qui, pour des fins d'organisation, regroupe tous les travailleurs, qualifiés ou non, d'une même industrie (p. ex., la sidérurgie, l'automobile ou le textile). Le pouvoir de négociation de ce syndicat dépend du nombre de ses membres. En revanche, les SYNDICATS DE MÉTIERS (plombiers, électriciens) limitent l'adhésion aux travailleurs exerçant un métier ou une qualification spécialisée. Leur pouvoir est basé sur la rareté d'une main-d'œuvre hautement qualifiée. Les syndicats de métiers, établis en premier, dominent le mouvement ouvrier jusqu'aux années 30; aujourd'hui, on ne les trouve plus guère que dans l'industrie de la construction.

La première tentative importante d'organisation des travailleurs sur une base industrielle est entreprise dans les années 1880 par les CHEVALIERS DU TRAVAIL, qui préconisent la solidarité des classes ouvrières et s'opposent aux listes noires des employeurs et à la discrimination. Ils réussissent brièvement à organiser, non seulement les hommes non qualifiés, mais aussi les femmes et les groupes minoritaires. Toutefois, l'American Federation of Labor (AFL) s'y oppose. Le CONGRÈS DES MÉTIERS ET DU TRAVAIL DU CANADA (CMTC), que les chevaliers ont aidé à fonder, accepte les syndicats de métiers et les syndicats industriels jusqu'à son congrès de Berlin (l'actuel Kitchener) en Ontario, en 1902, lorsqu'il expulse les chevaliers canadiens en raison de leur «double appartenance syndicale». Il décide d'appuyer les décisions prises par l'AFL concernant la juridiction syndicale et de les appliquer au Canada. Tout en maintenant son autonomie canadienne à l'égard des politiques de l'AFL en matière de législation et de politique, le CTMC élit le syndicaliste de métier, John FLETT, au poste de président, et accepte une aide financière de l'AFL à des fins d'organisation.

Après la disparition des chevaliers dans les années 1890, le concept du syndicalisme industriel persiste devant la prise de conscience du caractère anachronique des syndicats de métiers dans une société de plus en plus industrialisée où l'on trouve de grandes sociétés, et un nombre croissant de processus de production de masse qui font appel à plus de travailleurs non qualifiés et semi-qualifiés. Les organisations comme le mouvement des syndicats catholiques au Québec dans les années 1920 (*voir* CONFÉDÉRATION DES SYNDICATS NATIONAUX) et le Congrès pancanadien du travail (fondé en 1927) cherchent à combiner les principes du nationalisme et du syndicalisme industriel. Dans les années 1930, la Workers Unity League, organisation parrainée par les communistes, veut regrouper tous

les travailleurs des industries naissantes de production de masse.

Le Congrès des organisations industrielles (COI), en collaboration avec son homologue canadien, le CONGRÈS CANADIEN DU TRAVAIL (CCT), échoue dans sa tâche bien difficile d'organiser la masse de la main-d'œuvre industrielle avant la Seconde Guerre mondiale. Ce nouveau mouvement syndical industriel voit le jour aux États-Unis en 1933, en réponse aux besoins des travailleurs pendant la CRISE DES ANNÉES 30 et pour s'opposer aux syndicats de métiers bien ancrés. Il attire cependant aussi des milliers de travailleurs canadiens, surtout après la grève d'Oshawa de 1937 contre GENERAL MOTORS, dans ce qui allait devenir des syndicats industriels bien établis, comme les TRAVAILLEURS UNIS DE L'AUTOMOBILE (*voir* GRÈVE D'OSHAWA), les Travailleurs unis de l'Électricité et les Métallurgistes unis. Il connaît du succès du fait que le climat politique et économique d'après-guerre, qui conjuguent le désir de la sécurité future et la prospérité économique de l'époque, favorise une forme pragmatique de «syndicalisme d'affaire», combinant l'organisation des travailleurs sur une base industrielle avec une philosophie qui met l'accent sur la négociation collective, la sécurité syndicale et les grèves visant à améliorer les salaires et les conditions de travail.

Au Canada, les nouveaux syndicats industriels appuient la réforme sociale et l'action politique, et ils forment une alliance durable avec le Nouveau Parti démocratique. Dans les années 60 et 70, de nouveaux syndicats de cols blancs comme le SYNDICAT CANADIEN DE LA FONCTION PUBLIQUE (SCFP) voient le jour. Ceux-ci suivent le modèle des syndicats industriels, bien que leur composition, leurs préoccupations et leurs méthodes de CONVENTIONS COLLECTIVES diffèrent dans une certaine mesure de celles de leurs prédécesseurs, les cols bleus.

Laurel Sefton MacDowell

Syndicalisme industriel révolutionnaire Vaste mouvement international voué au regroupement des travailleurs en des organisations ouvrières unies visant à renverser le système capitaliste au moyen de mesures industrielles, dont la grève générale. Contrairement aux doctrines plus orthodoxes du socialisme, du communisme ou du socialisme démocratique, ce mouvement cherche à établir une maîtrise ouvrière directe de la vie économique et politique, grâce à des syndicats et à des conseils ouvriers. Au Canada, il se manifeste principalement par le ONE BIG UNION, ou OBU (1919—1956), une coalition regroupant des partisans de l'INDUSTRIAL WORKERS OF THE WORLD (IWW), des socialistes et des syndicalistes. À la différence de l'IWW et de la LIGUE POUR L'UNION OUVRIÈRE, ou LUO, (1929—1936), des syndicats américains qui entretiennent des liens directs avec l'Internationale communiste de Moscou, l'OBU est une organisation entièrement canadienne, qui recrute néanmoins des membres aux États-Unis et reçoit temporairement l'appui des travailleurs de diverses localités, parmi lesquelles Butte, dans le Montana, et Lawrence, dans le Massachusetts.

Bien qu'il prône le recours à la grève générale pour détruire le capitalisme et qu'il dénonce violemment les lacunes du système parlementaire, ce mouvement n'écarte pas complètement l'action politique dans le contexte canadien. R. B. RUSSELL, secrétaire général de l'OBU, W.A. Pritchard, de Vancouver, et d'autres syndicalistes se présentent aux élections fédérales de 1921. En 1920, John Angus McDonald est élu au Parlement à titre de représentant des mineurs de l'OBU du Nord de l'Ontario. Phillip Martin Christophers est élu à l'Assemblée législative de l'Alberta pour représenter les mineurs de l'OBU du col Crowsnest, en 1921.

Étant en général le reflet d'une interprétation éclectique des doctrines syndicaliste et socialiste, le syndicalisme révolutionnaire canadien tente de correspondre aux traditions diverses et aux besoins complexes de ses membres. Contrairement aux syndicalismes britannique, allemand et même américain, il ne parvient pas à faire des poussées importantes dans les industries de production de masse qui, en théorie, constituent ses principales cibles. Toutefois, jusque dans les années 30, il trouve un appui solide dans les secteurs minier et forestier. Son influence se fait d'ailleurs sentir dans des syndicats tels que les Mine, Mill and Smelter Workers et l'International Woodworkers of America. Le syndicalisme révolutionnaire canadien trouve aussi des partisans au sein des groupes qui se sentent mis à l'écart de l'*establishment* politique et économique d'une part et du mouvement syndical établi d'autre part: les immigrants non anglophones, les travailleurs agricoles et les chômeurs. Enfin, grâce à l'OBU, le syndicalisme révolutionnaire inclut pendant un certain temps les travailleurs spécialisés, surtout en 1919 en Colombie-Britannique et au Manitoba.

Peu après la Première Guerre mondiale, il semble que le syndicalisme révolutionnaire remette sérieusement en question ou détruise même les modèles traditionnels de relations industrielles et d'organisation syndicale au Canada. Les problèmes engendrés par la guerre, y compris un amer débat sur la CONSCRIPTION, entraînent un clivage profond entre les dirigeants syndicaux de l'Est et ceux de l'Ouest. La Fédération du travail de la Colombie-Britannique, une organisation militante, croise continuellement le fer avec la Fédération du travail de la Colombie-Britannique animent, en mars 1919, la Western Labour Conference, prônant la sécession d'avec le CMTC. En avril, le gouvernement fédéral n'offre aux travailleurs que la création d'une commission royale pour découvrir les «causes de l'agitation ouvrière». De nombreux syndicalistes de l'Ouest boycottent tout simplement les séances de la commission. Tandis que l'OBU poursuit ses activités de syndicalisation, des travailleurs, que ses dirigeants disent représenter, se soulèvent de façon indépendante. Une one big union émerge de la base, est mise en branle par les travailleurs canadiens et mène à une rébellion qui se déroule en mai et en juin 1919. Le gouvernement, les employeurs et les dirigeants des syndicats internationaux collaborent à la répression qui s'ensuit. Après l'échec de la GRÈVE GÉNÉRALE DE WINNIPEG, l'OBU perd toute chance de prendre la direction du mouvement ouvrier. Les travailleurs appartenant aux industries assujetties à la réglementation fédérale, comme les mines de charbon du district N° 18 de l'Alberta, sont forcés de quitter l'OBU. De plus, les employés d'ateliers du Canadien National (CN) affiliés à l'OBU de Winnipeg portent en vain une plainte de discrimination au Conseil privé dans l'affaire Young contre le CN.

Durant les années 20, on trouve de nombreux anciens sympathisants de l'IWW et de l'OBU dans le PARTI COMMUNISTE DU CANADA ou dans la «gauche» des syndicats du CMTC. Le plus connu d'entre eux reste sans doute J. B. MCLACHLAN, de Glace Bay, en Nouvelle-Écosse, qui est emprisonné pour avoir fomenté les GRÈVES AU CAP-BRETON DANS LES ANNÉES 20. Cette expérience pousse McLachlan, Harvey Murphy, Tom McEwen, Annie BULLER et d'innombrables autres radicaux à redoubler d'ardeur dans un effort ultime de construire une «centrale syndicale révolutionnaire» canadienne

dans les années 30, soit la LUO. Même si elle est la création des chefs torontois du Parti communiste, la LUO devient une véritable ligue de travailleurs unis, surtout entre 1932 et 1934, quand le dirigeant du parti est incarcéré au pénitencier de Kingston. En 1933, lors d'une assemblée tenue de bonne foi par les délégués, on apporte des modifications importantes à la constitution de la LUO et on élit J.B. McLachlan à la présidence de la Ligue.

La LUO, comme l'IWW et l'OBU, ne parvient pas à recruter plus d'une fraction des syndicats affiliés au CMTC. Toutefois, elle mobilise plus de 50 000 travailleurs à l'occasion de grèves, comptant ainsi pour 50 p. 100 de toutes les grèves et de tous les grévistes au Canada en 1933—1934. La percée de la LUO dans la zone industrielle du sud de l'Ontario au cours de ces années constitue un nouveau départ pour le syndicalisme révolutionnaire canadien et traduit la présence de la force ouvrière canadienne, une force qui augmente considérablement en 1937. La LUO connaît son apogée en 1934, quand ses militants ne mènent pas moins de 109 grèves. En 1931, 3 mineurs sont tués à Estevan, en Saskatchewan. En 1933, on fait appel aux mitrailleuses de l'armée pour combattre la LUO à Stratford, en Ontario. En 1935, coups-de-poing américains et cavalerie policière sont mis à contribution contre une organisation affiliée sur les quais de Vancouver. La LUO vise, par cette lutte, à satisfaire des revendications immédiates, comme les demandes de travail et de salaire faites en 1935 par les participants à la MARCHE SUR OTTAWA. Ses politiques pratiques ne sont pas révolutionnaires. Une équipe complète de partisans de la LUO est élue au conseil municipal de Blairmore, en Alberta, en 1933. Comme d'habitude, celle-ci présente des concepts anciens sous un nouveau jour, elle refait une beauté à la rue principale et la surnomme boulevard Tim BUCK.

Durant la CRISE DES ANNÉES 30, le syndicalisme industriel révolutionnaire ne disparaît pas vraiment en Amérique du Nord. Au contraire, ses défenseurs sont cooptés dans la gauche politique orthodoxe ou dans le pragmatique Congrès des organisations industrielles (COI; anciennement appelé Comité pour l'organisation industrielle). La plupart des militants de la LUO se joignent, en 1936, aux syndicats américains du COI. En dépit du destin peu reluisant des syndicalistes révolutionnaires canadiens, on peut comparer avantageusement la situation du Canada à celle de l'Europe, où est né le mouvement. En 1940, leurs homologues de France, d'Italie, d'Allemagne, d'Espagne et d'URSS étaient en prison sur ordre des dictateurs. L'aspect «révolutionnaire» du mouvement finit par n'être que chimère. Toutefois, son aspect pratique prend l'allure d'un programme dont bénéficie la main-d'œuvre, soit toutes les personnes dont le travail manuel ou intellectuel utile sert à nourrir, à vêtir ou à abriter autrui ou contribue à maintenir un degré convenable de santé, de confort et d'instruction à la race humaine (Conseil exécutif général de l'OBU, Vancouver Bulletin, n° 1). (*Voir aussi* TRAVAILLEURS, HISTOIRE DES.)

Allen Seager

Syndicat canadien de la fonction publique Fondé en 1963 et comptant alors 86 000 membres, le SCFP résulte de la fusion de l'Union nationale des employés publics et de l'Union nationale des employés des services publics. Les membres du SCFP travaillent surtout dans les administrations municipales et les gouvernements provinciaux, ainsi que dans les écoles, les universités, les hôpitaux, les foyers de soins, les entreprises d'électricité, les bibliothèques, les agences de service social, les entreprises de radiotélévision et les entreprises de transport aérien. Les principales fonctions du SCFP sont de négocier des conventions collectives prévoyant de meilleures conditions de travail, et de lut-

ter pour l'adoption de mesures progressistes dans le domaine du droit du travail et de la législation sociale. C'est le plus grand syndicat au Canada. Il compte 460 000 membres, dont 50 p. 100 sont des femmes. (*Voir aussi* SYNDICATS DE LA FONCTION PUBLIQUE.)

Gilbert Levine

Syndicat des marins canadiens Le SMC est fondé en 1936 dans le but d'améliorer les conditions de travail archaïques et les salaires des marins commerciaux ordinaires. Affilié au CONGRÈS DES MÉTIERS ET DU TRAVAIL DU CANADA (CMTC) (aujourd'hui Congrès du Travail du Canada), ce syndicat industriel efficace, nationaliste, dirigé par des communistes et bénéficiant d'un grand soutien contribue largement aux efforts du Canada pendant la Seconde Guerre mondiale, malgré les volte-face de la direction. Il obtient des concessions, est reconnu comme agent de négociation collective pour les marins ordinaires et lutte, mais en vain, pour le maintien de la flotte marchande canadienne, la quatrième en importance des pays occidentaux.

Exploitant la peur du communisme (bien que la plupart des membres ne soient pas communistes) et une grève malencontreuse en 1949, des sociétés de transport maritime, y compris celle du gouvernement fédéral, de connivence avec le gouvernement et des dirigeants syndicaux canadiens succombent à la pression des syndicalistes internationaux américains et introduisent au pays un criminel bien connu, Hal BANKS, du SYNDICAT INTERNATIONAL DES MARINS (SIM), qui entraîne le démembrement violent du SMC. En 1950, le CMTC retire son statut à la filiale canadienne du SIM, un syndicat de façade, et met fin à son affiliation. Pour un temps, le syndicalisme national piétine.

F.J.K. Griezic

Syndicat international des marins En 1949, avec l'appui du gouvernement fédéral, et de plusieurs dirigeants de syndicats et de compagnies de navigation, un ex-détenu peu recommandable obtient le droit d'entrer au Canada pour détruire le puissant Syndicat des marins canadiens (SMC), dominé par des communistes. En quelques mois, Hal BANKS et ses hommes de main réussissent à remplacer le SMC par le Syndicat international des marins (SIM), non sans avoir recours à des méthodes violentes, aux menaces et même au meurtre. Ce nouveau syndicat est cependant expulsé du CONGRÈS DU TRAVAIL DU CANADA. Ses pratiques sont condamnées par une commission royale et Banks est arrêté et chassé du pays. Toutefois, le SIM demeure le plus important syndicat de marins au Canada.

Irving Abella

Syndicat international des travailleurs du pétrole, de la chimie et de l'atome c. Imperial Ltd. *et al* En 1961, l'Assemblée législative de la Colombie-Britannique interdit aux syndicats d'utiliser à des fins politiques les cotisations versées par leurs membres au titre d'une clause de précompte de leur convention collective. Le Syndicat international des travailleurs du pétrole, de la chimie et de l'atome conteste la loi pour le motif que seul le Parlement a la compétence constitutionnelle de limiter les activités politiques fédérales d'un syndicat. La majorité de la Cour suprême du Canada rejette l'argument du syndicat et statue que la loi relève de la compétence provinciale, car elle a trait aux relations de travail dans la province. Cette décision maintient une restriction importante à l'activité politique des syndicats.

Timothy J. Christian

Syndicat national des cultivateurs Organisation volontaire de familles de cultivateurs fondée en 1969, le Syndicat national des cultivateurs est structuré démocratiquement pour assurer à ses membres le plein contrôle à tous les niveaux. Ses objectifs comprennent l'amélioration de la condition sociale et économique des cultivateurs par l'éducation, l'adoption de lois, l'amélioration des structures de commercialisation agricole, ainsi que par la réduction des coûts et des frais de services. En tant qu'organisation agricole générale, le syndicat favorise la promotion de politiques qui permettent de résoudre les conflits d'intérêts entre les régions et les différents producteurs. Incorporé en vertu d'une loi adoptée par le Parlement en 1970, le Syndicat national des cultivateurs est fondé en juillet 1969 par la fusion de syndicats agricoles provinciaux de l'Ontario, du Manitoba, de la Saskatchewan et de la Colombie-Britannique. Il compte aussi des membres dans les Maritimes et en Alberta. (*Voir aussi* MOUVEMENT COOPÉRATIF.)

Stuart A. Thiesson

Syndicats de la fonction publique Au Canada, la fonction publique est hautement syndicalisée. Environ 80 p. 100 des fonctionnaires admissibles à la négociation collective sont protégés par des conventions collectives, contre à peine 25 p. 100 dans le secteur privé.

La plupart des employés des services municipaux et de soins de santé font partie du SYNDICAT CANADIEN DE LA FONCTION PUBLIQUE (460 000 membres) et jouissent de droits de négociation comparables à ceux du secteur privé. Toutefois, depuis le début des années 80, un certain nombre de gouvernements provinciaux ont limité ces droits. Dans quelques provinces, il est interdit aux travailleurs de la santé de faire la grève.

Les employés provinciaux, en grande partie représentés par des syndicats affiliés au Syndicat national des employées et employés généraux du secteur public (320 000 membres), sont protégés par une législation plus restrictive. La plupart des employés des écoles, des services de soins de santé et des services sociaux négocient avec divers organismes et diverses commissions qui administrent des fonds provenant surtout des gouvernements provinciaux. Au Nouveau-Brunswick, les syndicats du secteur public négocient directement avec la province. Au Québec, une coalition de syndicats du secteur public, qui représente les membres de la CONFÉDÉRATION DES SYNDICATS NATIONAUX (CSN), la Fédération des travailleurs et travailleuses du Québec, ainsi que la Centrale de l'enseignement du Québec (CEQ), négocie directement avec la province.

La majorité du personnel du gouvernement fédéral fait partie de l'Alliance de la fonction publique du Canada (155 000 membres) et jouit de droits de négociation depuis l'adoption de la Loi sur les relations de travail dans la fonction publique en 1967. Toutefois, cette loi limite sérieusement les clauses que les syndicats peuvent négocier. Au cours des années 90, le gouvernement fédéral a pratiquement gelé les NÉGOCIATIONS COLLECTIVES. Le Syndicat des postiers du Canada (25 000 membres), quoique comptant moins d'adhérents, est perçu comme étant le plus militant (*voir* GRÈVES DES POSTES, SPC) et a obtenu du gouvernement des concessions majeures, telles que le congé de maternité, le salaire compensatoire pour travail en fin de semaine, ainsi que le droit de négocier le changement technologique. En 1996, plusieurs syndicats de personnel enseignant et de personnel infirmier se sont affiliés au Congrès du Travail du Canada.

Dociles associations d'employés à l'origine, toutes ces organisations se sont transformées en de véritables syndicats. Presque tous, sauf la CSN et la CEQ, sont affiliés au CONGRÈS DU TRAVAIL DU CANADA, dont les fonctionnaires constituent maintenant plus de la moitié des membres. Les syndicats professionnels du secteur public (p. ex., infirmières, enseignants, universitaires, ingénieurs) restent en grande partie autonomes. Toutefois, même

ces groupes sont devenus militants dernièrement et ont souvent fait la grève.

Au Canada, le personnel infirmier et le personnel enseignant négocient des conventions collectives à l'échelle des provinces. La plupart des universitaires canadiens, qui adhèrent à l'Association canadienne des professeurs d'université (40 conventions collectives, 22 000 membres), négocient des conventions directement avec leurs employeurs.

Entre 1965 et 1975, les programmes et services du secteur public connaissent une forte expansion, et l'accroissement remarquable du nombre de syndiqués permet à de nombreux fonctionnaires fédéraux et provinciaux d'obtenir des droits de négociation limités. Après 1975, le ralentissement économique entraîne des réductions dans bien des programmes gouvernementaux. Des mesures législatives viennent alors imposer un blocage des salaires et des limites au droit de grève. Il est interdit aux employés dits «essentiels» de faire la grève, et des mesures législatives spéciales sont adoptées pour mettre fin aux grèves légales d'autres employés. Cela provoque une nette augmentation des grèves dans le secteur public. Au cours de cette période, plusieurs dirigeants syndicaux sont détenus pour non-respect des mesures législatives imposant le retour au travail. Ces dernières années, il est de plus en plus difficile pour les syndicats de défendre leurs membres.

Dans les années 80, les syndicats du secteur public doivent choisir entre, d'une part, un retour au rôle limité d'associations bienveillantes qu'ils jouaient avant l'avènement des négociations collectives et, d'autre part, une transformation en organismes politiques militant en vue de récupérer les droits de négociation qui étaient les leurs entre 1965 et 1975. En 1987, les syndicats du secteur public se voient obligés d'opter pour le militantisme, par suite de mesures législatives répressives et d'énormes réductions des services, comme en témoignent les grèves de la coalition SOLIDARITY en Colombie-Britannique à l'automne de 1983, les grèves du secteur public de Terre-Neuve en 1986, la grève de l'Alliance de la fonction publique du Canada en 1991 et la grève du Syndicat des employés et employées de la fonction publique de l'Ontario en 1996.

Au cours des années 90, tous les niveaux de gouvernement se lancent énergiquement dans la réduction et la privatisation des services publics, la déréglementation, ainsi que dans les réductions salariales et les gels salariaux. La plupart des syndicats du secteur public se sont donc joints aux coalitions de regroupements communautaires et de groupes de justice sociale en vue de maintenir des niveaux adéquats de services publics. De même, au cours des années 90, les syndicats du secteur public trouvent de plus en plus difficile de négocier des conventions collectives avec des employeurs qui sont par ailleurs des législateurs. En effet, les gouvernements qui ne réussissent pas à négocier des compressions avec leurs syndicats choisissent tout simplement de légiférer.

Gilbert Levine

Au Québec

Les gouvernements se sont dotés d'un lourd arsenal législatif pour réprimer les luttes des travailleurs œuvrant dans les secteurs public et parapublic. Au Québec, c'est sous le coup de la Loi 160 que tombent des dizaines de milliers d'employés du réseau de la santé et des services sociaux, à l'automne 1989. Le gouvernement libéral de Robert BOURASSA déclenche alors ce qui, depuis, représente la plus importante attaque jamais subie par un groupe de syndiqués.

Cette loi, en plus de prévoir des amendes automatiques pour les organisations syndicales qui n'obtempèrent pas aux ordres du gouvernement, prévoit la suspension du prélèvement à la source des cotisations syndicales et la perte d'autant d'années d'an-

cienneté que de jours de grève. Les quelque 100 000 membres de la CSN des secteurs de la santé et des services sociaux, de même que les infirmières affiliées à la Fédération des infirmières et infirmiers du Québec, ont été victimes de cette sévère répression.

Jusqu'en 1995, le gouvernement libéral gèle les salaires ou impose des reculs. Le droit à la libre négociation est rétabli cette même année, après l'arrivée au pouvoir du Parti québécois. En décembre 1999, l'ensemble des organisations syndicales québécoises conclut une négociation fructueuse avec l'État, en particulier au chapitre de l'équité salariale.

Michel Rioux

Syndicats de métier Organisations ouvrières mises sur pied pour promouvoir et défendre les intérêts des ouvriers spécialisés (appelés aussi artisans, mécaniciens et ouvriers de métier). L'exercice d'un métier requiert à la fois de la dextérité manuelle et la capacité de concevoir, qualités précieuses et rares qui donnent aux travailleurs qui les détiennent un pouvoir considérable sur le marché du travail. Les syndicats de métier ont pour but de maintenir ce pouvoir. Pour ce faire, ils régissent la formation, réglementent les méthodes de travail et exigent que seuls leurs membres puissent exercer le métier. La fierté et l'indépendance ont donné naissance à un esprit de solidarité ainsi qu'au premier mouvement ouvrier du Canada.

Toutefois, un système de guildes parfaitement au point, fondé sur le modèle britannique et européen, visant à protéger les métiers traditionnels n'a jamais vu le jour en Amérique du Nord britannique. En général, ce n'est qu'après un long apprentissage qu'on pouvait devenir ouvrier entièrement qualifié ou compagnon. C'est au début du XIXe s. que les premiers syndicats de métier apparaissent, au moment où des compagnons découvrent leur communauté d'intérêts. Quand viennent les années 1830, les compagnons charpentiers de navire, imprimeurs, tailleurs, tailleurs de pierres, charpentiers et autres ont déjà leurs syndicats et comptent même à leur actif quelques grèves dont les enjeux sont la hausse des salaires et l'amélioration des conditions de travail. Beaucoup de ces syndicats établissent aussi des fonds de secours mutuel pour aider leurs membres en cas de maladie, d'accident ou de mortalité.

Les premiers syndicats de métier réunissent les ouvriers qualifiés à l'échelon de leur localité. Toutefois, dans les années 1850, les artisans commencent à s'affilier à de grandes organisations. Au départ, les travailleurs britanniques établissent des sections locales des syndicats auxquels ils appartenaient en Angleterre, comme l'Amalgamated Society of Engineers ou l'Amalgamated Society of Carpenters and Joiners. Cependant, les ouvriers spécialisés canadiens rattachent de plus en plus leurs syndicats locaux à de nouveaux syndicats américains, comme l'Iron Molders' Union et la National Typographical Union, qui représentent les travailleurs sur tout le continent. Cet état de chose traduit la tendance sans cesse croissante des travailleurs à parcourir l'Amérique du Nord à la recherche d'emplois. Ce «syndicalisme international» vise à établir des normes d'emploi communes à tout le continent. Au Québec, par contre, de nombreux syndicats de métier refusent de se joindre à ces syndicats internationaux en raison du peu d'intérêt que ceux-ci portent à la langue et à la culture françaises.

Après 1850, au début de l'INDUSTRIALISATION canadienne, de nombreux employeurs essaient d'éliminer les métiers spécialisés en subdivisant les tâches pour les confier à des ouvriers moins qualifiés et en installant de nouvelles machines. Au moment de la Première Guerre mondiale, ces changements avaient abouti à la production en série et à la gestion «scientifique» des entreprises. Les artisans ont recours à leurs syndicats pour résister à tout changement qui, selon eux, dérange leur mode de travail, réduit leurs salaires ou menace leurs emplois. Ainsi, les syndicats se mettent à resserrer les règles et règlements relatifs à l'exercice de chacun des métiers et s'attendent à ce que les employeurs les respectent quand ils embauchent des travailleurs spécialisés. Ces nouvelles règles régissent, entre autres, l'apprentissage, la charge quotidienne de travail, les heures de travail et les outils propres au métier.

Néanmoins, beaucoup d'employeurs s'opposent à ces restrictions qui limitent leurs prérogatives, poussant ainsi les syndicalistes à déclencher des centaines de grèves très dures pendant 50 ans jusqu'en 1920. Les artisans sont souvent les plus véhéments et les plus éloquents des critiques de l'industrialisation, qui, selon eux, abaisse l'ouvrier et son travail. Au début des années 20, les industriels sont cependant parvenus à chasser les syndicats de métier de la plupart des lieux de travail et à transformer les méthodes de travail au point de les affranchir de leur dépendance envers bon nombre d'artisans qualifiés, mais rares sur le marché. Ce n'est que dans les secteurs de l'imprimerie et de la construction que les syndicats de métier subsistent avec une certaine vitalité.

Depuis très longtemps, les syndicats de chacun des métiers s'unissent entre eux pour former les conseils du travail à l'échelle locale et à l'échelle nationale au sein du CONGRÈS DES MÉTIERS ET DU TRAVAIL DU CANADA (CMTC), et à l'échelle du continent au sein de l'American Federation of Labour (AFL). Toutefois, beaucoup d'artisans commencent à s'inquiéter devant la montée du SYNDICALISME INDUSTRIEL, qui tente de regrouper tous les ouvriers sans distinction de métier, ce qui risque de diminuer le pouvoir des ouvriers spécialisés. En 1919, ils s'opposent à la ONE BIG UNION, qui préconise une nouvelle forme d'organisation industrielle et, dans les années 1930, ils luttent contre le Committee for Industrial Organization (CIO), d'origine américaine. En 1939, le CMTC succombe aux pressions de l'AFL et expulse les syndicats du CIO de ses rangs. Néanmoins, certains syndicats de métier (p. ex., ceux des machinistes et des charpentiers) élargissent progressivement leurs critères d'adhésion pour inclure les travailleurs à la chaîne et d'autres travailleurs d'industries connexes.

Au Québec, les syndicats de métier et industriels coexistent au sein de la Confédération des travailleurs catholiques du Canada depuis 1921. Ailleurs, ces 2 tendances se réunissent à l'intérieur du CONGRÈS DU TRAVAIL DU CANADA (CTC). Les frictions ne disparaissent pas pour autant et, durant les années 70, les disputes concernant la compétence des syndicats de métier et l'autonomie des syndicats canadiens à l'égard des centrales internationales poussent plusieurs syndicats de la construction à ne pas verser leurs cotisations au CTC. Suspendus en 1981, ces syndicats forment l'année suivante une nouvelle organisation nationale, soit la FÉDÉRATION CANADIENNE DU TRAVAIL, donnant ainsi une fois de plus aux syndicats de métier une identité distincte. (*Voir aussi* HISTOIRE DE LA CLASSE OUVRIÈRE.)

Craig Heron

Syndicats ouvriers Les premiers syndicats ouvriers apparaissent au début du XIXe s., mais leur véritable croissance ne survient qu'au cours des premières décennies du XXe s. Au XIXe s., les syndicats sont locaux, sporadiques et toujours éphémères. Ils sont également illégaux et toujours interdits en vertu des lois anticoalition alors en vigueur. Ces lois ont pour objectif d'assurer la liberté du commerce et de la concurrence. Les syndicats obtiennent le droit d'exister grâce à la Loi des syndicats ouvriers adoptée en 1872 par le Parlement fédéral. Cependant, les diverses activités syndicales, comme les grèves et autres démonstrations, font toujours l'objet d'interdiction. Elles ne sont vraiment acceptées qu'au XXe s.

Bien des types d'associations ouvrières existent au XIXe s., selon le métier, l'industrie, la région, l'idéologie. La durée, et surtout la survie, ne leur vient que beaucoup plus tard. Le nombre de membres varie aussi sans cesse: nombreux dans les périodes de prospérité économique, ils disparaissent pratiquement dans les creux de chaque cycle. Au tournant du XXe s., il y a moins de 100 000 syndiqués au Canada, ce qui correspond à moins de 10 p. 100 de la main-d'œuvre salariée.

La croissance importante des syndicats ouvriers survient dans les années 40, par suite du développement provoqué par les industries de guerre et la prospérité de l'après-guerre, ainsi que par la législation (1944) introduisant l'accréditation syndicale et obligeant les employeurs à négocier avec les représentants de leurs employés. Aussi les effectifs syndicaux ont-ils plus que doublé durant les années 40, et le taux de syndicalisation a-t-il augmenté de 20 p. 100 à 30 p. 100 au cours de la même période. Ce taux monte à 34 p. 100 en 1954, mais revient à 30 p. 100 à la fin des années 50. Dans les années 60, on essaie de recruter de nouveaux membres parmi les employés de bureau et quelques employés professionnels. À la fin des années 60, tous les gouvernements du Canada (sauf la Saskatchewan qui l'avait fait en 1944) ont accordé aux employés du secteur public le droit de se syndiquer et de négocier collectivement. Le taux de syndicalisation s'élève de ce fait à 40 p. 100 des salariés non agricoles en 1983. Depuis ce moment, le taux a légèrement baissé. Aujourd'hui, il demeure relativement stable autour de 35 p. 100.

Au cours des dernières décennies du XXe s., dans la plupart des pays industrialisés du monde, l'appartenance syndicale et son taux ont fortement diminué. Aux États-Unis, il est bien au-dessous de 20 p. 100. Il n'y a qu'une exception, le Canada, et cela pour 2 raisons principales. Premièrement, la retenue automatique de la cotisation syndicale du chèque de paie des salariés de l'unité de négociation, conformément aux dispositions de la convention collective ou encore de la loi, dans certains cas. Le montant global est remis directement au trésorier du syndicat local. Comme une disposition de cette nature est normalement reconduite dans la convention collective suivante, le syndicat en place a une sorte de garantie de survie. Le seul moyen d'arrêter un tel mécanisme serait d'obtenir à cet effet un vote majoritaire des employés de l'unité en question. Deuxièmement, presque tous les employés des secteurs publics (fédéral, provincial et municipal) sont déjà syndiqués, et leur convention collective contient une clause de retenue automatique. La faible décroissance qu'on observe est le résultat de circonstances particulières: une diminution de la main-d'œuvre en cause, la fermeture de l'entreprise ou un vote de rejet par les employés visés, des hypothèses improbables sinon impossibles.

La répartition par province est très irrégulière. Depuis longtemps, la syndicalisation la plus élevée se trouve en Colombie-Britannique et à Terre-Neuve (autour de 50 p. 100) et la plus faible à l'Île-du-Prince-Édouard (25 p. 100). La répartition selon les provinces a aussi changé dans le temps. Entre 1962 et 1984 (2 années pour lesquelles on possède des données comparables), le taux de syndicalisation a augmenté dans la plupart des provinces: il est demeuré stable, autour de 35 p. 100, en Ontario, en Nouvelle-Écosse et au Manitoba. Un bond en avant (de 25 p. 100 à 40 p. 100) s'est produit au Québec, surtout à cause de la syndicalisation pratiquement complète des employés du secteur public. Si l'on excepte Terre-Neuve, tardivement entrée dans la Confédération canadienne, la Colombie-Britannique a toujours été la plus syndiquée des provinces canadiennes, alors que l'Ontario et la Nouvelle-Écosse, autrefois les

bastions du syndicalisme au Canada, perdent aujourd'hui du terrain dans ce domaine.

La syndicalisation et le taux correspondant varient grandement d'une industrie à l'autre. Ils changent aussi avec le temps selon les changements de fond de l'économie, comme l'extraordinaire croissance de l'industrie des services et la profonde modification des comportements sociaux. Dans les années 80, le nombre des employés syndiqués dans les services publics s'accroît de 66 p. 100, et le taux de syndicalisation est passé de 25 p. 100 à 40 p. 100, alors que les 2 mesures diminuent dans les manufactures et dans la construction. Dans l'administration publique, le nombre et le degré de syndicalisation n'augmentent que très peu. Dans ce secteur, les grands changements se produisent à la fin des années 60 et au cours des années 70.

Le progrès du syndicalisme dans le secteur public est particulièrement visible si l'on regarde les dix plus gros syndicats au Canada. Les 3 syndicats qui ont le plus grand nombre de membres, et cela depuis un bon moment, sont 3 syndicats du secteur public: le SYNDICAT CANADIEN DE LA FONCTION PUBLIQUE (SCFP), le Syndicat national de la Fonction publique provinciale (NUPGE) et l'Alliance de la Fonction publique du Canada (AFPC). Ensemble, les 3 syndicats représentent 750 000 membres. Viennent ensuite les 3 puissants syndicats du secteur privé, soit les Métallos, les Employés de l'alimentation et du commerce, et les Ouvriers de l'automobile. Il y a 30 ans, les Métallos et les Ouvriers de l'automobile constituaient les plus gros syndicats du Canada. Avec la diminution de la main-d'œuvre dans bien des secteurs, les fusions syndicales se sont imposées peu à peu comme une nécessité. Un exemple parmi bien d'autres est la fondation, en 1993, de l'Union des Travailleurs des Communications, de l'Énergie et du Papier du Canada. On peut se demander ce qui reste aujourd'hui du principe de base du syndicalisme nord-américain, le syndicalisme de métier. Beaucoup de syndicats, sinon la plupart, ne sont plus des syndicats de métier ou d'industrie, mais des syndicats généraux.

Vers les années 1900, environ 90 p. 100 des syndiqués au Canada appartiennent à des syndicats américains. De 1930 à 1960, la proportion, qui a été réduite à environ 70 p. 100, demeure à peu près constante. En 1975, la proportion chute de nouveau à 50 p. 100, et en 1990 à environ 35 p. 100. La canadianisation du mouvement syndical ne se dément pas au cours du siècle, mais le phénomène résulte de plusieurs causes différentes. Mentionnons les suivantes: la naissance de quelques unions strictement canadiennes, le développement du syndicalisme dans le secteur public et l'apparition de fédérations appropriées, quelques séparations pacifiques des sections locales canadiennes de puissants syndicats américains, comme les Travailleurs canadiens de l'automobile qui, en 1983, quittent les Travailleurs unis de l'automobile, l'union américaine toujours bien vivante.

Malgré les fréquents refrains sur la solidarité syndicale, le mouvement a toujours connu de profondes divisions. Après la réunification en 1956 du Congrès des métiers et du travail du Canada (CMTC) et du Congrès canadien du travail (CCT), le CONGRÈS DU TRAVAIL DU CANADA (CTC) parle au nom de 80 p. 100 des travailleurs syndiqués du Canada. De nouvelles divisions apparaissent dans les années 70, entre autres à cause de la syndicalisation du secteur public. De plus, les groupes non affiliés et les syndicats indépendants grandissent en nombre et en importance. Au début des années 80, ils comptent pour 20 p. 100 des syndiqués au Canada.

Une division majeure se produit en 1982 quand la majorité des syndicats du bâtiment et de la construction quittent les rangs du CTC pour former la Fédération canadienne du travail (FCT), reprenant le nom d'une fédération qui existait au Canada de 1902 à 1927. La scission ne fait que confirmer un conflit qui perdure à l'intérieur du CTC entre les syndicats dits industriels et les syndicats des métiers de la construction, à savoir qui doit effectuer certains types de travaux, les employés d'usine (syndicats industriels) ou les hommes de métier (syndicats de la construction). À cause de la fragmentation du monde syndical, le CTC ne représente plus que de 55 p. 100 à 60 p. 100 des syndiqués canadiens à ce moment. Aujourd'hui, c'est encore moins. Par contre, quelques brebis errantes sont rentrées au bercail.

À la fin du XX⁵ s. les syndicats ouvriers au Canada font face à de nombreux défis, tant à l'intérieur qu'à l'extérieur de leurs rangs. Les divisions idéologiques ne sont pas disparues. Les syndicats qui se préoccupent davantage de réforme sociale ont tendance à manifester plus de radicalisme que les autres. On les trouve plus souvent dans le secteur public. Plusieurs syndiqués du secteur privé envient les gains des employés du secteur public, parce que ces avantages leur viennent de leurs impôts. Bien qu'il n'y ait pas de division explicite, de sérieuses tensions existent dans les rangs de certains syndicats soumis à pareille dualité.

Une autre source de conflit provient des positions différentes tenues par les membres sur la question de la coopération avec le patronat et les gouvernements. La théorie du partenariat ou du tripartisme a été une source de conflits sérieux à l'intérieur de certains syndicats. Des membres croient que l'avenir du syndicalisme passe obligatoirement par cette voie; d'autres y voient une trahison des syndiqués et des travailleurs en général.

Si sérieuses que soient les divisions internes, d'autres problèmes sont sans doute plus menaçants, comme les interventions gouvernementales hostiles, l'appui décroissant de l'opinion publique, l'hostilité patronale et les problèmes soulevés par les technologies nouvelles.

Dans les années 70, la plupart des gouvernements adoptent ou étendent les normes du travail imposées par les lois, de même que leurs règles de santé et de sécurité au travail. Certains appellent ces mesures la convention collective des non-syndiqués. Ces mesures peuvent avoir pour effet d'accroître ou de réduire la syndicalisation des 65 p. 100 des salariés non régis par une convention collective. Une importante question demeure sans réponse: les syndicats existent-ils pour le bien de la classe ouvrière ou pour le mieux-être de ses membres déjà relativement bien protégés? La réponse varie selon qu'elle fait partie de déclarations claironnantes ou qu'elle découle de la pratique quotidienne des syndicats en cause.

Une forme d'intervention gouvernementale vise le contenu de la négociation collective, comme le contrôle des salaires (voir CONTRÔLE DES SALAIRES ET DES PRIX) introduit au cours des années 70, et les restrictions imposées aux employés du secteur public dans la négociation de leurs conditions de travail dans les années 80 et 90. Ces interventions ont grandement réduit l'influence des syndicats ouvriers sur l'économie canadienne. Les lois de retour au travail, imposées par le fédéral et les grandes provinces canadiennes, ont aussi diminué le pouvoir de négociation de plusieurs syndicats. Certains prétendent que ces lois équivalent souvent au retrait du droit de grève.

Tous les principaux conflits des années 90 ont lieu entre les gouvernements et les employés du secteur public. Depuis 1980, il y a eu bien peu de grèves dans les entreprises du secteur privé; malgré les «sacrifices» demandés par les employeurs, la plupart des syndicats les ont acceptés, comme les planchers d'emplois, parce qu'ils craignaient la fermeture ou le transfert de l'usine ailleurs, ou la sous-traitance du travail vers des pays à faibles salaires. En somme, la perte du travail d'une manière ou d'une autre. Quand

les gouvernements ont commencé à réduire leur main-d'œuvre et à sous-traiter le travail, comme les compagnies privées, pour s'attaquer sérieusement au déficit public, les syndicats du secteur public se sont fait plus militants que jamais auparavant: leurs emplois (et leurs cotisations syndicales) étaient en jeu. De plus, ils ne craignaient pas que leur employeur déménage ailleurs, en tout cas pas en dehors de la province ou du pays. De telles confrontations peuvent difficilement s'appeler de la négociation collective. C'est plutôt du lobbying et de l'affrontement politique.

La possibilité de telles interventions des gouvernements montre à quel point l'appui du public aux syndicats s'est effrité. Les sondages montrent que les Canadiens font davantage confiance aux dirigeants d'entreprises qu'aux chefs syndicaux. Par contre, les employés réalisent que, comme groupe, leur seul moyen de défense réside dans la syndicalisation et la négociation. Quant à la société dans son ensemble, elle a de la difficulté à choisir quels objectifs elle devrait poursuivre. (Voir aussi GRÈVES ET LOCK-OUT; TRAVAILLEURS, HISTOIRE DES; CENTRALES SYNDICALES NATIONALES; TRAVAIL.)

Gérald Hébert

Système de justice militaire Les lois qui régissent le système de justice militaire au Canada relèvent de la compétence fédérale sous le régime du paragraphe 92(7) de la Loi constitutionnelle de 1867, à savoir le pouvoir du Parlement de faire des lois concernant «la milice, le service militaire et le service naval, et la défense du pays». Le Parlement a ainsi édicté la Loi sur la défense nationale et, en application de cette loi, le gouvernement fédéral a promulgué les Ordonnances et règlements royaux applicables aux Forces canadiennes, et les Ordonnances administratives des Forces canadiennes. Le système de justice militaire canadien repose donc sur ces textes.

Tout comme le système de justice de droit commun, qui fait la distinction entre les infractions punissables sur déclaration de culpabilité par procédure sommaire et les actes criminels, le système de justice militaire prévoit que les infractions sont jugées selon la procédure sommaire ou devant la Cour martiale. Des facteurs comme le grade de l'accusé, la nature de l'infraction et la gravité de la sanction dictent le choix des formalités procédurales.

Gerald L. Gall

Système de parti Le Canada est souvent considéré comme un système bipartite, mais il est plus exact de dire qu'il s'agit (au plan fédéral) d'un régime multipartite à l'intérieur duquel un parti domine. Au plan national, il y a eu, depuis 1921, des députés d'au moins 3 et parfois 4 ou 5 partis au Parlement. Le PARTI LIBÉRAL, le PARTI CONSERVATEUR, la CO-OPERATIVE COMMONWEALTH FEDERATION (ou CCF) et son successeur le NOUVEAU PARTI DÉMOCRATIQUE (ou NPD) ont été présents dans chaque Parlement depuis 1935. Parmi les autres partis occasionnellement représentés ont figuré le PARTI PROGRESSISTE, les FERMIERS UNIS DE L'ALBERTA, le CRÉDIT SOCIAL, le BLOC POPULAIRE et le Parti progressiste travailliste. En 1993, le PARTI RÉFORMISTE et le BLOC QUÉBÉCOIS ont fait une entrée remarquable au Parlement. Plus de 100 autres partis ont présenté au moins un candidat à une élection.

En 1993, 14 partis politiques étaient inscrits, c.-à-d. aptes à présenter des candidats et de voir le nom du parti inscrit sur un bulletin de vote, de recevoir des dons et d'émettre des reçus aux fins de l'impôt sur le revenu, ainsi que de voir certaines de leurs dépenses remboursées par le gouvernement fédéral. Un parti politique doit, pour être inscrit à une élection fédérale, avoir eu au moins 12 députés dans le précédent Parlement ou proposer au moins 50 candidats.

La situation est plus complexe au provincial. Les libéraux, les conservateurs, les CCF-Néo-démocrates et les créditistes ont tous formé des gouvernements dans au moins 2 provinces, mais dans certaines provinces, p. ex., la Colombie-Britannique, le NPD et le Crédit social sont les seuls partis à avoir gouverné depuis 1952. Entre 1936 et 1960, la politique au Québec a été dominée par l'UNION NATIONALE, parti qui n'était pas présent sur la scène fédérale. Depuis 1976, le PARTI QUÉBÉCOIS et les libéraux se sont succédé au pouvoir. D'autres provinces ont été dominées par un parti unique pour de longues périodes, comme l'Alberta avec le Crédit social de 1935 à 1970, et avec les conservateurs depuis 1970.

Origines du système de parti Malgré la multitude de partis qui se sont formés pour présenter des candidats au plan national, seuls les partis libéral et conservateur ont eu la possibilité réelle de prendre le pouvoir. Les 2 partis sont nés au milieu du XIXᵉ s. Les conservateurs sont issus d'une coalition libéraux-conservateurs; les Tories et les bleus francophones (voir PARTI BLEU) de la Province du Canada se sont alliés à des éléments plus libéraux. Le Parti libéral est né de la coalition des CLEAR GRITS du Haut-Canada, des rouges anticléricaux (voir PARTI ROUGE) et des éléments réformistes des Maritimes. À leurs débuts, les 2 partis reflétaient, entre autres, des différences religieuses et géographiques. Le Parti conservateur se fondait sur le torysme, c.-à-d. qu'il croyait en l'importance de la hiérarchie et des privilèges dans la vie politique et sociale, au collectivisme et à la nation comme base de la vie politique, mais le parti comptait également dans ses rangs des tenants du «libéralisme d'affaires», composante importante du libéralisme.

Vaste ensemble de valeurs, le libéralisme est incarné non seulement par l'individualisme du Parti réformiste, mais aussi par le réformisme moins radical des modérés du Nouveau Parti démocratique et du Parti libéral. Le libéralisme croit en la primauté de l'individu sur la collectivité et rejette l'idée que les individus sont prédestinés à certaines positions dans la hiérarchie sociale. Le libéralisme d'affaires considère l'État comme la plus grande menace à la liberté individuelle, particulièrement à la liberté des marchés. Le libéralisme d'affaires attache aussi une grande importance à la primauté du droit, à l'indépendance du système judiciaire et à l'imputabilité des dirigeants face au pouvoir législatif. Une variante opposée, le libéralisme social, s'est constituée au XXᵉ s. Les sociaux-libéraux considèrent le pouvoir concentré dans les mains des grandes corporations comme étant la menace principale à la liberté individuelle et pensent que l'État a un rôle important à jouer dans la redistribution de la richesse.

Le NPD est tributaire des syndicats et des mouvements coopératifs qui lui procurent la majeure partie de son financement, mais, historiquement (et encore aujourd'hui), pour le FINANCEMENT DES PARTIS POLITIQUES, conservateurs et libéraux ont recours aux élites économiques de Montréal et de Toronto. Le Parti réformiste et le Bloc québécois ont, quant à eux, adopté une position plus populiste. Le Bloc n'accepte que les dons des individus et les réformistes tirent fierté du fait que la plus grande partie de leurs revenus proviennent des membres.

Le système des partis au Canada a connu, au XXᵉ s., ce que C. Winn et J. McMenemy ont appelé, dans Political Parties in Canada (1975), des partis de mouvement ou des petits partis dissidents, ou encore une combinaison des deux, leur développement étant facilité par le régime parlementaire britannique en usage au Canada. Étant donné que ce régime met l'accent sur la circonscription, il suffit qu'un petit parti fasse élire quelques députés seulement au Parlement pour obtenir le droit de critiquer le gouvernement et de proposer des motions de forme pendant les débats à la Chambre des communes. Ces petits partis dissidents, fondés par des députés déçus des partis représentés au Parlement, ont compté, entre autres, les Nationalistes d'Henri BOURASSA, le Parti de la reconstruction d'H.H. STEVENS, la Nouvelle Démocratie de W.D. Herridge, Action Canada de Paul HELLYER et le Parti national de Mel HURTIG. Ces partis ont rarement participé à plus d'une élection et reflétaient principalement les vues de leurs fondateurs.

Des partis comme le Crédit social et la Co-operative Commonwealth Federation sont nés du Mouvement progressiste, un parti composé de fermiers, dirigé par T.A. CRERAR au Manitoba et par Henry Wood en Alberta, des radicaux populistes qui se sont battus contre le pouvoir que détenaient les grands intérêts financiers comme les banques et les compagnies de chemins de fer. Le parti a survécu pendant 15 ans comme parti national, mais au début des années 1930, des députés progressistes et des députés des Fermiers unis de l'Alberta contribuèrent à la fondation du CCF. Le parti disparut complètement lorsque le premier ministre progressiste du Manitoba, John BRACKEN, devint chef du Parti progressiste-conservateur, nouvelle appellation du Parti conservateur. Un autre parti populiste, le Crédit social, a été fondé en Alberta par William ABERHART et a formé le gouvernement de cette province pendant 35 ans. Il connut cependant un succès mitigé au plan national. Le Parti réformiste de Preston MANNING a ressuscité cet engouement pour le Crédit social, cette fois dans le cadre d'un parti national. Un puissant mélange de mécontentement envers les conservateurs au pouvoir, et d'opposition à un statut particulier pour le Québec, allié à un fonctionnement démocratique issu de la base gagnent au Parti réformiste une large part du vote populaire au Canada anglais et lui vaut 52 sièges à l'élection de 1993.

Le populisme fait une percée au Québec en 1962 sous la houlette de Réal CAOUETTE, qui exploite l'hostilité des habitants des campagnes et des petites villes envers les classes dirigeantes de l'économie et de la politique au pays (voir CRÉDITISTES). En 1993, le Bloc québécois, d'allégeance séparatiste, émerge au plan national avec un programme nationaliste et social-démocrate qui exploite la déception résultant de l'échec des accords constitutionnels et l'incapacité du gouvernement conservateur, après 8 années au pouvoir, de résoudre les sérieux problèmes économiques du Québec. Le CCF social-démocrate, fédération de plusieurs groupes et mouvements, cherchait à s'assurer une participation permanente des membres de la base. Ce fonctionnement s'est modifié avec la transformation du CCF en NPD. Malgré les gouvernements que le parti a formés avec succès en Ontario, en Saskatchewan et en C.-B. au début des années 1990, des échecs dévastateurs en Alberta et au plan national en 1993 démontrent que les appuis traditionnels du parti s'effritent.

Organisation du système de parti Les partis politiques canadiens visent à promouvoir des objectifs en accord avec les valeurs libérales et démocrates, et espèrent obtenir le pouvoir par les moyens constitutionnels prévus par le régime parlementaire. Le système électoral canadien est uninominal et fondé sur des circonscriptions. Un parti politique tente d'obtenir la majorité des sièges lors d'une élection générale afin de former le gouvernement. Les partis conservateur, libéral et néo-démocrate chapeautent des associations provinciales qui coordonnent les organisations électorales lors des élections nationales et provinciales. Lors de rencontres annuelles ou biennales, ces associations élisent des responsables, adoptent des résolutions et s'occupent de l'organisation des partisans. Les organisations extraparlementaires ne sont pas très structurées et aucun parti ne possède un grand nombre de membres en règle. La participation active des membres ordinaires des partis libéral et conservateur est minime, sauf en période électorale. Quoique le NPD, le Bloc et les Réformistes soient en principe acquis à un fonctionnement interne plus démocratique, ils sont en pratique autant dominés par leur chef national et l'aile parlementaire que les partis traditionnels. Ni le Bloc ni les Réformistes ne présentent de candidats au plan provincial.

Les constitutions des partis fédéraux traditionnels protègent les intérêts des régions et respectent le biculturalisme (celle des libéraux prévoit, p. ex., une représentation égale des francophones et anglophones; le NPD choisit un président et un secrétaire associés parmi les groupes culturels qui ne sont pas représentés par le président et le secrétaire). Tous les partis cherchent à augmenter la participation des femmes et des minorités ethniques. Les 2 nouveaux partis nationaux qui ont remporté des succès au début des années 1990, le Parti réformiste et le Bloc québécois, sont résolument régionaux dans leurs objectifs et leur clientèle, bien que les Réformistes aspirent à un statut national et entendent présenter des candidats au Québec. Les constitutions des partis autorisent l'embauche de personnel rémunéré.

Chaque élection générale implique la tenue d'élections simultanées dans les 301 circonscriptions du Canada. Il pourra se trouver dans chaque circonscription des candidats des partis politiques inscrits et des candidats d'autres partis non inscrits, dont les noms apparaissent alors sur le bulletin de vote avec la mention «Indépendant». La première tâche de l'organisation locale est de choisir son candidat. Les méthodes pour y parvenir sont en général vaguement définies par le parti politique national, une large autonomie est toutefois laissée aux organisations locales et leurs pratiques varient considérablement. Le candidat est habituellement choisi par vote secret de tous les membres en règle âgés de plus de 14 ans vivant dans la circonscription. Bien que le nombre de membres de l'organisation locale d'un parti national tourne habituellement autour de 200 à 500 personnes, ce nombre s'élève parfois jusqu'à 4000 ou 5000 membres lors des assemblées de mise en candidature. Parce que le nombre en cas de contestation ne sont pas clairement établies et parce que ces événements provoquent l'arrivée de plusieurs nouveaux membres peu attachés aux institutions du parti, cette manière de fonctionner produit souvent des tensions et des conflits.

Une fois le candidat du parti choisi, l'organisation locale tentera d'assurer son élection. Le parti choisira un président de campagne, louera un bureau et amorcera la campagne publicitaire du parti et du candidat par la pose des affiches et la publication d'annonce dans les médias. L'élection approchant, il organisera le porte-à-porte et la distribution de documentation. Après l'élection, l'organisation locale se transformera vite en un club social informel et intermittent jusqu'à ce qu'une autre élection la ressuscite.

Il n'est pas facile de déterminer les rapports exacts entre les différents partis provinciaux et le parti national dont ils portent le nom. En Ontario, p. ex., être membre des partis provinciaux et partis nationaux ne signifie pas la même chose. Il n'y a pas d'aile provinciale du Parti conservateur au Québec, et le Parti libéral provincial ne comprend pas les mêmes membres que le Parti libéral fédéral. Le Parti Crédit social provincial de Colombie-Britannique a des liens très forts avec les conservateurs fédéraux de la province, qui délaissent en revanche leur aile provinciale, quantité politiquement négligeable. Même lorsque les membres sont communs aux ailes provinciale et fédérale, les militants ou les membres de la base montrent souvent une préférence marquée pour l'un ou l'autre plan. Dans la plupart des provinces, beaucoup d'électeurs choisissent régulièrement un parti au plan provincial et un autre au plan fédéral. Les sympathisants du NPD avaient coutume d'être plus fidèles, mais, en raison de l'extrême impopularité des gouvernements néo-démocrates de l'Ontario et de la Colombie-Britannique, cette habitude n'a pas été confirmée à l'élection fédérale de 1993.

La tâche principale des partis provinciaux et fédéraux est de choisir leur chef (en fait, le candidat du parti au poste de premier ministre provincial ou fédéral), et d'assurer ensuite l'élection d'un nombre suffisant de candidats du parti. L'élection d'un chef de parti a normalement lieu après la démission ou le décès du précédent, même si la plupart des partis peuvent imposer la tenue d'un CONGRÈS À LA DIRECTION à un chef récalcitrant. Les partis procèdent aussi à l'élection d'un président et d'autres membres de la direction dont la tâche est de gérer l'appareil administratif. À l'instar des congrès d'investiture, la plupart des partis tiennent aussi des congrès d'orientation, habituellement tous les 2 ans. Des polémiques éclatent souvent entre les députés et les participants aux congrès d'orientation quant au contenu des résolutions votées, et à l'obligation des députés de les respecter. Lors d'une élection générale, c'est au parti fédéral de mener la campagne nationale. Il planifie la tournée du chef, récolte et dépense l'argent en publicité et en documentation. Il distribue également d'autres types de ressources. Le reste du temps, les partis possèdent des bureaux où travaillent des équipes réduites mais rémunérées qui voient à la gestion des affaires du parti et à la coordination des organisations locales, provinciales et nationales.

Il y a parfois conflit entre l'aile extraparlementaire du parti et les sénateurs et députés élus. Ces derniers se considèrent au sommet de la hiérarchie du pouvoir, et voient les militants et les travailleurs rémunérés du parti comme leurs agents. Pour leur part, les militants se voient comme une force politique importante dans la circonscription ou dans le parti provincial ou national, et ils considèrent que le député est leur représentant. Les caucus parlementaires des grands partis sont rarement représentatifs de la nation dans son ensemble, et même de leurs propres électeurs. De la fin des années 1960 jusqu'au début de 1984, les conservateurs ont été très faibles au Québec, alors que les libéraux peinaient dans l'Ouest du Canada. En 1993, l'appui québécois aux conservateurs s'est totalement effrité, tandis que l'appui de l'Ouest aux libéraux connaissait un sommet inégalé. Le Nouveau Parti démocratique, qui a toujours été faible au Québec, a été balayé en Ontario en 1993 et n'a gardé les vestiges que dans l'Ouest. Le Parti réformiste est devenu la voix de protestation de l'Ouest canadien. Au Québec, le Bloc québécois a remplacé les conservateurs comme solution de rechange nationaliste aux Libéraux.

Jusqu'en 1993, tous les principaux partis politiques tentaient de présenter des candidats dans chacune des circonscriptions au Canada, et chaque parti s'assurait que son chef soit présent et bien en vue dans chaque région du pays. Lors de l'élection de 1993, ni Preston Manning ni le chef du Bloc québécois, Lucien Bouchard, n'ont tenté de présenter des candidats dans les territoires de l'autre, qu'ils savaient hostiles. Le Parti libéral a obtenu historiquement l'appui des catholiques, des citadins, des Canadiens français, des immigrants nouvellement arrivés, des bourgeois modérés et des membres des professions libérales. Le Parti conservateur s'est attiré, quant à lui, un appui plus important des Canadiens d'origine britannique, des habitants des petites villes et des campagnes, des protestants et des petits commerçants. Le NPD a compté sur les protestants, les membres des syndicats, les citadins de l'Ontario, les habitants ruraux de l'Ouest et la tranche de la population la plus instruite. Même si le public identifie fortement le NPD au mouvement syndical, le parti a récolté la plupart de ses sièges dans des circonscriptions où la syndicalisation n'est pas très forte et les foyers syndiqués ne votent pas en majorité pour lui. La plupart des appuis au Parti réformiste sont venus des rangs des conservateurs. Un processus semblable s'est manifesté au Québec, le Bloc réalisant l'union des nationalistes modérés qui avaient appuyé Mulroney en 1984 et 1988 et des nationalistes radicaux qui s'étaient abstenus jusquelà de toute participation à la politique fédérale.

Au début des années 1990, l'échec des gouvernements à enrayer une récession tenace et à résoudre des crises constitutionnelles répétées a miné les appuis populaires de tous les partis. Le succès phénoménal du Parti réformiste dans l'Ouest et du Bloc québécois au Québec lors de l'élection de 1993 n'a fait que souligner la division politique du pays. Le système de parti lui-même a été remis en question, et le Parti réformiste, le Parti national et d'autres encore ont appelé à une participation plus grande des citoyens au moyen de référendums, de rappels (des députés par des électeurs mécontents) et autres manifestations de la «démocratie directe». Même les partis traditionnels ont promis une participation plus grande des députés élus à l'élaboration des politiques. Il reste à voir si ces changements pourront instaurer un gouvernement meilleur et plus responsable ou s'ils ne serviront qu'à précipiter la désintégration du fédéralisme canadien.

William Christian

Système judiciaire pour les jeunes Le 7 juillet 1982, le Parlement adopte la Loi sur les jeunes contrevenants (entrée en vigueur en avril 1984, certaines dispositions n'entrent en vigueur qu'en 1985), qui, selon le gouvernement, réformerait le système judiciaire canadien pour les jeunes, réforme longtemps attendue. Cette loi remplace la Loi sur les délinquants juvéniles, vieille de 74 ans, sous le régime de laquelle les jeunes qui contrevenaient aux lois fédérales, provinciales ou municipales étaient jugés, déclarés coupables et condamnés. Le système qui s'était développé sous le régime de cette Loi avait donné lieu à de nombreuses injustices, p. ex., des limites d'âge différentes pour les jeunes d'une province à une autre, des procédures judiciaires informelles, la criminalisation des jeunes pour des actes et des comportements qui n'étaient pas illégaux pour les adultes, l'assujettissement des jeunes contrevenants à des peines indéterminées qui ne correspondaient pas toujours à la gravité de l'infraction et un processus de révision arbitraire dans le cadre duquel le jeune contrevenant pouvait être ramené devant le tribunal à tout moment jusqu'à ce qu'il ait atteint l'âge de 21 ans pour se voir infliger de nouvelles peines.

Le thème principal de la Loi sur les jeunes contrevenants est que, même si les jeunes doivent assumer la responsabilité de leur conduite, ils ont néanmoins des besoins spéciaux qui nécessitent des mesures de réinsertion sociales spéciales. Ils ont par ailleurs le même droit que les adultes d'être traités de manière juste et équitable devant la loi.

Selon la Constitution canadienne, le DROIT CRIMINEL relève du pouvoir fédéral, aussi la Loi sur les jeunes contrevenants s'applique-t-elle aux adolescents âgés de 12 à 17 ans inclusivement qui commettent des crimes et d'autres infractions définies dans les lois fédérales. Les personnes qui ont moins de 12 ans ne peuvent être déclarées coupables d'infractions et les auteurs d'infractions qui ont 18 ans et plus doivent en répondre devant les tribunaux pour adultes.

Droits et privilèges Généralement, le jeune qui est accusé d'une infraction jouit des mêmes droits et privilèges que l'adulte accusé d'une infraction, y compris le droit à la libération sous caution, à une audience tenue selon les règles de la preuve, à l'assistance d'un avocat, à une peine déterminée et au recours en appel. En outre, les jeunes qui sont traités sous le régime de cette loi bénéficient de protections spé-

ciales. P. ex., les infractions sont jugées devant un tribunal spécial, le tribunal pour adolescents, un avis de l'arrestation, de la détention et de l'accusation d'un jeune doit être donné à ses parents, le jeune qui est détenu doit être séparé des prisonniers adultes, les renseignements susceptibles d'identifier le jeune qui a eu affaire au tribunal pour adolescents (en qualité d'accusé, de témoin ou de victime) ne peuvent être publiés, le tribunal peut exclure des personnes de la salle d'audience et l'accès au casier judiciaire du jeune contrevenant est limité.

La décision rendue ou la peine infligée doit correspondre aux besoins et à la situation personnelle du jeune contrevenant. Lorsqu'un jeune est reconnu coupable d'une infraction, le tribunal peut rendre une variété de décisions ou infliger diverses peines. Elles comprennent l'absolution inconditionnelle, une amende maximale de 1000 dollars et une ordonnance d'indemnisation de la victime (en nature ou sous forme de services personnels), une ordonnance de travaux communautaires, une ordonnance de probation pour une période maximale de 2 ans (ou, dans le cas de certaines infractions graves, pour une période maximale de 3 ans) et le placement sous garde pour une période maximale de 2 ans, ou, pour certaines infractions graves, pour une période maximale de 3 à 5 ans.

Dispositions relatives à la garde Le jeune contrevenant peut être détenu en milieu ouvert, ce qui permet de l'envoyer dans un centre résidentiel local, un foyer collectif, un établissement d'aide à l'enfance, un camp forestier ou un camp de pleine nature dans les provinces qui en ont. Le jeune contrevenant peut aussi être détenu en milieu fermé, c.-à-d. qu'il est envoyé dans un centre correctionnel. Le contrevenant ne peut être placé sous garde en milieu fermé que dans certaines circonstances liées à la gravité de l'infraction, à son âge et à son casier judiciaire. Il peut l'être également dans les cas où le tribunal estime que ce type de garde est nécessaire pour la protection de la société et compte tenu des besoins de l'adolescent et de sa situation personnelle. Une décision ou une peine peut être examinée par le tribunal (ou par un comité d'examen, désigné par la province) et modifiée, s'il est jugé nécessaire, en raison d'un changement survenu dans la situation du contrevenant ou celle concernant les services qui lui sont disponibles.

Il peut être ordonné à l'adolescent âgé de 14 ans ou plus qui est accusé de certaines infractions graves de subir son procès devant un tribunal pour adultes, compte tenu de l'intérêt de la société et des besoins de l'adolescent, et eu égard à l'infraction, à l'âge de l'adolescent, à son degré de maturité, à son caractère et à ses antécédents, ainsi qu'à l'existence de moyens de traitement ou de services correctionnels.

Responsabilités provinciales Par l'intermédiaire de leurs fonctionnaires, les provinces sont responsables des soins et de la surveillance des personnes jugées sous le régime de la Loi sur les jeunes contrevenants. Les délégués à la jeunesse préparent les rapports prédécisionnels à l'intention du tribunal, surveillent les jeunes contrevenants frappés par une ordonnance de probation, leur apportent aide et assistance pour leur permettre de se conformer à leur peine. Les directeurs provinciaux ont certains pouvoirs leur permettant de mettre temporairement les jeunes contrevenants en liberté pour des raisons médicales, pour des raisons de compassion ou des raisons humanitaires, à des fins de réinsertion sociale ou pour leur permettre de fréquenter l'école ou d'obtenir un emploi. Le directeur provincial peut, dans certaines circonstances, transférer les contrevenants sous garde en milieu fermé à la garde en milieu ouvert. La Loi autorise les provinces à établir des «mesures de rechange» au titre desquelles, au lieu de répondre en cour pour une infraction, les jeunes contrevenants assument la responsabilité de leurs

infractions et acceptent d'indemniser la victime ou de participer à un programme de services communautaires, à un programme d'éducation ou de réinsertion sociale.

Étant donné que la Loi sur les jeunes contrevenants ne s'applique qu'aux infractions commises contre les lois fédérales, la réforme de cette loi exige que chaque province adopte une loi semblable régissant le traitement des jeunes qui ont commis des infractions contre les lois provinciales. Dès 1986, la plupart des provinces, bien que critiques à l'endroit de la Loi, prennent des mesures, soit pour adopter une nouvelle loi, ou modifier les anciennes. La plupart des mesures de protection spéciales prévues par la loi fédérale sont incorporées, mais des différences demeurent dans la manière dont les jeunes contrevenants sont traités dans chaque province. On constate des différences dans l'engagement à appliquer le programme de «mesures de rechange»: la plupart des provinces mettent sur pied de tels programmes, mais leur qualité et leur efficacité varient grandement. Les tribunaux provinciaux ont tendance à faire preuve de conservatisme et de légalisme dans leur interprétation de la Loi et, contrairement aux attentes, le nombre de jeunes contrevenants en détention a augmenté. Des modifications sont apportées à la Loi et certaines des critiques ont cessé, mais la Loi demeure controversée.

Margaret Donnelly

Systèmes d'information géographique (SIG) Conçus dans le but de rassembler, de gérer et de présenter les données en rapport avec la localisation sur la surface terrestre, ces systèmes servent, entre autres, à exécuter les levés de terrain, la planification urbaine, la gestion des ressources environnementales et la commercialisation. Les banques de données contiennent des références sur le pays, les limites des terrains, les limites de certaines espèces d'arbres, la position des intersections routières, etc. Ces données sont aussi dites «spatiales» ou «géoréférencées». Le SIG utilise la technologie informatique en raison de la rapidité et de l'efficacité des ordinateurs à analyser et à gérer de grandes quantités de données utilisées par le SIG. Les petits systèmes sont utilisés dans le domaine de la commercialisation, de l'analyse des données géographiques, de l'éducation, etc.

SIG canadien Le Canada a été l'un des chefs de file dans la mise au point des SIG. Le Système d'information géographique du Canada (SIGC), établi en 1963 par l'agence de remise en valeur et d'aménagement des terres agricoles, devient le premier SIG opérationnel de gestion des ressources terrestres. Environnement Canada gère maintenant le SIG. Un autre système, le Système d'extraction des données codées suivant une grille géographique de Statistique Canada, voit le jour vers 1965. Plusieurs universités canadiennes sont parmi les premières à travailler à la création des techniques de SIG et des systèmes prototypes. De nombreux concepts et méthodes développés pour ces systèmes sont inclus dans les nouveaux systèmes. De plus, les produits commerciaux sont très en demande au Canada.

Les gros SIG sont généralement utilisés par les gouvernements provinciaux et fédéral. Toutefois, on utilise de plus en plus des systèmes intermédiaires pour la planification urbaine, les industries pétrolières et forestières, les services publics, la protection ou les affaires autochtones. Il est fort probable que l'usage du SIG continue à se répandre.

Utilisations principales Le SIG établit généralement la dimension géométrique, la relation topologique, la structure des données et les bases de données, l'analyse spatiale et la représentation cartographique. Les données sont classées d'après la géométrie. Généralement, on emploie la latitude et la longitude, ou leurs dérivés. La topologie se concentre sur la relation entre les différentes caractéristiques géographiques.

Les SIG comprennent certaines des plus grosses banques de données disponibles, et c'est pourquoi il est très important de structurer efficacement les données. Par contre, ces structures doivent autant que possible refléter la perception humaine des structures spatiales afin de rendre l'analyse et la présentation élégantes. L'analyse la plus efficace est souvent l'analyse visuelle: la flexibilité offerte par l'ordinateur devient un atout essentiel. Les utilisateurs du SIG ont aussi à leur disposition une série d'outils statistiques et quantitatifs. (*Voir aussi* CARTOGRAPHIE PAR ORDINATEUR.)

Thomas K. Poiker et Ian K. Crain

Systèmes électoraux Ce sont les méthodes utilisées pour choisir les représentants politiques. C'est la Loi électorale du Canada, modifiée à l'occasion, qui régit le déroulement d'une ÉLECTION fédérale. Les systèmes électoraux provinciaux, encadrés par des lois électorales provinciales, ressemblent au système fédéral tout en variant sur des points importants d'une province à l'autre. Les pratiques en matière d'élection fédérale ne peuvent donc servir d'exemple pour les élections provinciales. Le processus électoral canadien est extrêmement complexe. Ses règles s'appliquent à la majorité des gens la plupart du temps, mais chaque cas présente des exceptions et des circonstances particulières.

Exercice du droit de vote Au Canada, jusqu'en 1917, seuls les hommes ont droit de vote. Et, encore, ce ne sont pas tous les hommes, mais seulement les propriétaires qui jouissent de ce droit (*voir* DROITS DE L'HOMME et DROIT DE VOTE). Actuellement, toute la population canadienne âgée de 18 ans et plus a droit de vote, sauf dans certains cas très précis. En général, le nom des électeurs doit être inscrit sur une liste électorale officielle. Autrefois, les personnes chargées du recensement faisaient du porte à porte pour constituer une liste électorale. Cependant, en vertu d'une loi sanctionnée en décembre 1996, on organise à partir des élections fédérales à l'aide d'une liste électorale permanente, mise à jour régulièrement. Le fait de ne plus avoir à faire de porte à porte devrait réduire la campagne électorale fédérale de 60 à 36 jours. De plus, on estime que cette nouvelle façon de faire entraînera, à chaque élection, une économie d'une trentaine de millions de dollars. Des élections peuvent être déclenchées à n'importe quel moment dans un intervalle ne dépassant pas 5 ans. Cela se fait généralement à la discrétion du PREMIER MINISTRE FÉDÉRAL.

Candidats À quelques exceptions près, et sous réserve de certaines prescriptions de la loi, tous les électeurs ont le droit de poser leur candidature. Toutefois, puisqu'on évalue habituellement les candidatures en fonction des allégeance politiques plutôt que des compétences professionnelles, les seules personnes qui ont une chance réelle d'être élues sont celles qui sont affiliées à un parti. Depuis 1972, sur les bulletins de vote, le parti du candidat ou de la candidate apparaît d'ailleurs à côté de son nom.

Une telle pratique a peut-être rendu la situation encore plus difficile pour les candidats indépendants. Ceux-ci obtiennent rarement plus de quelques centaines de votes, sauf dans des circonstances exceptionnelles. Cependant, la procédure utilisée de nomination des candidats relève des partis et n'est pas assujettie aux lois électorales (*voir* ÉLECTION, LOI SUR LES DÉPENSES D').

Circonscriptions électorales Le Canada se divise en 301 circonscriptions uninominales. En 1979, il y en a 282, tandis qu'en 1988, ce nombre s'élève à 295 (*voir* REMANIEMENT). Les électeurs ont le droit de voter uniquement dans la circonscription où ils sont recensés. De plus, ils ne peuvent voter que pour un seul des candidats dans cette circonscription. Ces circonscriptions se divisent en sections de vote, chacune comptant environ 250 électeurs, qui doivent voter dans la section où ils sont inscrits.

Système de votation Certains pays utilisent des systèmes de votation très complexes. Quant au système canadien, à scrutin majoritaire, il s'avère fort simple. Dans chaque circonscription, l'électrice ou l'électeur vote pour une seule des personnes qui ont posé leur candidature, et c'est la personne qui obtient le plus de votes qui est élue. Parfois, cette méthode donne d'étranges résultats. En effet, si seulement 2 candidats s'opposent dans une circonscription donnée, l'un des 2 doit obtenir une majorité absolue des votes pour gagner, c.-à-d. la moitié des suffrages plus un. Dans une autre circonscription, si 3 candidats se présentent, le gagnant ne sera pas nécessairement élu avec une majorité absolue.

De temps à autre, on propose des réformes visant à introduire le système de représentation proportionnelle, mais celles-ci sont toujours rejetées. Cependant, au cours des dernières années, on a fait plusieurs propositions de réforme du SÉNAT, qui introduisent la notion de Sénat élu, et suggèrent une représentation proportionnelle pour éviter de reproduire une simple copie conforme de la CHAMBRE DES COMMUNES.

En règle générale, un gouvernement canadien est élu parce qu'il a obtenu une majorité de sièges et non une majorité de suffrages. Ce type de statistique politique entraîne donc des inégalités sur le plan de la représentation régionale. Un parti peut être fort dans une région et faible dans une autre, et ce, en raison de l'écart existant entre le nombre de sièges et la distribution réelle du suffrage populaire.

Au cours des dernières décennies, environ 75 p. 100 des électeurs inscrits ont exercé leur droit de vote. Il existe plusieurs systèmes de votation, mais aucun n'est parfait. Les lacunes du système canadien pourraient être corrigées, mais non sans entraîner des problèmes nouveaux, sinon encore plus graves.

Administration électorale La mise en œuvre du processus électoral fédéral relève du Directeur général ou de la Directrice générale des élections. Pour chacune des circonscriptions, une directrice ou un directeur de scrutin, nommé par décret, est investi de l'autorité. Les directrices et les directeurs de scrutin ne peuvent être destitués avant l'âge de 65 ans, à moins de raison suffisante, selon les modalités prévues par la loi, mais ils peuvent démissionner à n'importe quel moment. De nouveaux directeurs de scrutin doivent être nommés lorsqu'il y a remaniement ou modification majeure de la carte électorale.

Plusieurs modifications aux règles et à la procédure régissant les élections fédérales canadiennes découlent de recommandations faites par la Commission royale sur la réforme électorale et le financement des partis, qui a déposé son rapport en 1992. Bon nombre de ces recommandations, dont l'interdiction de publier les résultats de sondages d'opinion pendant les 3 derniers jours d'une campagne, sont entrées en vigueur lors des élections de 1993. On étudie toujours les autres recommandations.

Bien que toute la population canadienne vote en même temps aux élections fédérales, et que les horaires des bureaux de vote permettent à toute personne d'aller voter (p. ex., les employeurs sont obligés d'allouer du temps à leurs employés à cette fin), les problèmes liés au vote dans 5 fuseaux horaires causent de l'insatisfaction dans les provinces de l'Ouest. Comme l'Est du Canada représente plus des 2 tiers des sièges, les résultats des élections sont déjà diffusés avant la fermeture des bureaux de scrutin en Colombie-Britannique. Une proposition visant à décaler les heures d'ouverture et de fermeture des bureaux de scrutin afin d'éliminer ce problème a été présentée à la Chambre des communes à l'automne 1996.

Les électeurs qui pensent ne pas pouvoir voter le jour des élections peuvent voter par anticipation quelques jours auparavant dans des bureaux de scrutin particuliers. En 1993, pour la première fois, des

électeurs inscrits résidant à l'extérieur du pays, soit temporairement, soit en permanence, ont voté dans leur circonscription d'origine au moyen de bulletins de vote spéciaux.

Afin d'éviter que les électeurs ne soient influencés par ces votes spéciaux le jour des élections, les bulletins des votes par anticipation ou des votes spéciaux ne sont dépouillés que le jour des élections, après la fermeture des bureaux de scrutin. Les personnes qui ont posé leur candidature ou celles qui les représentent ont le droit d'être présentes au moment de ce dépouillement, afin de vérifier si chaque vote est bien donné et si l'honnêteté préside au comptage. Les résultats d'une élection ne déterminent pas seulement quels représentants seront élus, mais aussi quel parti sera au pouvoir. On dit du parti ou, en cas d'alliance entre partis, du groupe de partis qui remporte une majorité de sièges à la Chambre des communes qu'il a «gagné l'élection». Son chef devient alors premier ministre et nomme des membres de son parti au CABINET, qui constitue le Gouvernement du Canada.

Fraude électorale Aspect autrefois connu et toléré du processus électoral canadien, la fraude électorale pouvait se manifester par du remplissage de boîtes de scrutin («bourrage d'urnes»), des usurpations d'identité ou suppositions de personnes, de l'intimidation et des découpages arbitraires de circonscriptions. Aujourd'hui, la fraude électorale a été pratiquement éliminée et ne subsiste nulle part dans des proportions importantes. Des méthodes améliorées pour contrer les fraudes, le plus grand nombre d'électeurs dans les circonscriptions électorales et l'évolution générale de l'opinion publique ont contribué à faire de ces pratiques choses du passé.

Terence H. Qualter

Systèmes scolaires De nos jours, tous les pays développés disposent d'un système d'éducation dirigé et supervisé, au moins en partie, par l'État. Ces systèmes ont été mis en place et développés pour faciliter une éducation universelle et obligatoire des jeunes d'une certaine tranche d'âge. Pour favoriser la fréquentation, cette scolarité est généralement gratuite. En même temps qu'elle profite grandement à l'individu qui la reçoit, on peut considérer que l'éducation constitue un bien public.

La scolarité et l'éducation étant d'intérêt public, il va de soi que l'État a tout avantage à assurer la viabilité et l'efficacité de son système d'éducation. On trouve aussi, aujourd'hui, dans la plupart des pays un système d'écoles privées ou indépendantes qui, tout en demeurant sujettes à un contrôle gouvernemental, recourent à des droits de scolarité pour couvrir une partie importante de leurs coûts.

Cadre constitutionnel et politique

Le système d'éducation canadien actuel correspond à la nature fédérale du pays, plus précisément à l'article 93 de la LOI CONSTITUTIONNELLE DE 1867. Les districts scolaires, dirigés par des commissaires d'écoles élus au plan local, ont constitué un élément clé de l'école publique de ce pays depuis les tout débuts du XIXe s. La législation de 1816 du HAUT-CANADA (l'actuelle Ontario) a établi un modèle de gestion qui s'est perpétué jusqu'à aujourd'hui, à quelques changements mineurs près, dans la plus grande partie du pays. Cette législation repose à plusieurs égards sur des valeurs empruntées des États-Unis. Elle établit un système d'écoles publiques dirigées par des commissaires d'écoles locaux. Le contrôle local sur les affaires scolaires a survécu à la législation relative à la Confédération et subsiste encore aujourd'hui dans toutes les provinces et les 2 territoires.

Dans le cadre constitutionnel canadien, l'article 93 de la *Loi constitutionnelle de 1867* (antérieurement appelée l'Acte de l'Amérique du Nord britannique) accorde pratiquement la responsabilité exclusive de l'éducation aux provinces. Cet article stipule que «la législature de chaque province peut édicter des lois sur l'enseignement, sous réserve (...) que rien dans une telle législation ne doit porter préjudice à un droit ou un privilège que la loi (...) attribue dans la province à une classe particulière de personnes quant aux écoles confessionnelles». Les gouvernements provinciaux ne peuvent pas abolir les droits de certaines catégories de personnes inscrits dans la loi relativement aux écoles confessionnelles avant que la province ne se joigne à la fédération.

C'est pourquoi, dans 5 provinces, le système d'éducation en place protège des droits confessionnels particuliers en matière d'éducation. Dans 4 d'entre elles, l'Alberta, la Saskatchewan, l'Ontario et le Québec, seuls les droits des protestants et des catholiques sont protégés. Dans la cinquième, Terre-Neuve, tout le système d'éducation est confessionnel et 8 confessions religieuses jouissent de privilèges constitutionnels en la matière.

Obligations des provinces Dans l'accomplissement de leurs obligations en matière d'éducation, toutes les provinces ont développé des systèmes suivant lesquels elles ont décentralisé des pouvoirs particuliers et en ont conservé d'autres. Partout, le système d'éducation comprend des COMMISSIONS SCOLAIRES, composées de CONSEILLERS SCOLAIRES élus au plan local, qui agissent comme instruments de décentralisation entre les ministères provinciaux de l'éducation et les écoles. Historiquement, ces commissions ont été créées pour organiser, administrer et contrôler l'école locale et, plus généralement, représenter les contribuables vivant à une distance raisonnable de l'école.

À l'origine, ces territoires scolaires étaient, suivant la loi, plutôt petits, ne regroupant que les écoliers vivant à distance de marche de l'école. Les conseils locaux ont développé un fonctionnement particulier suivant les provinces, et leur compétence est fixée dans les lois de chacune de celles-ci. Ils constituent des entités légales et les membres du conseil, ou les syndics d'école, sont protégés contre toute responsabilité personnelle pour autant qu'ils agissent de bonne foi. Ces entités sont aussi légalement habilitées à passer des contrats avec des individus et d'autres sociétés pour la pleine réalisation de leurs objectifs éducatifs. Ainsi, en 1996, le Nouveau-Brunswick a aboli le système des commissions scolaires et l'a remplacé par un système de conseils de parents. Chaque école dispose à présent d'un comité consultatif de parents. Ces comités élisent des représentants à 12 conseils consultatifs de parents auprès des districts. Ces derniers désignent à leur tour des représentants siégeant aux commissions provinciales de l'éducation (une anglaise et une française). Leur mandat général consiste à conseiller le ministre de l'Éducation, mais on leur a confié d'importantes responsabilités qui appartenaient antérieurement aux commissions scolaires et qui constituent clairement des formes de participation des parents au système d'éducation. La présence de ces conseils à divers niveaux indique aussi que le rôle des citoyens sans enfant dans la gestion de l'éducation publique a tendance à diminuer.

Les systèmes d'éducation mis en place par les provinces sont constitués d'écoles publiques. Dans quelques provinces, ce système comporte 2 volets: des écoles publiques, généralement non confessionnelles, et des ÉCOLES SÉPARÉES, confessionnelles, par définition. Dans l'expression «éducation publique», le terme «public» signifie souvent accessibilité générale, chances égales pour tous, financement public et responsabilité envers la société. Cependant, les écoles séparées étant confessionnelles, l'accès peut, de par la loi, y être limité aux membres d'une même confession religieuse.

Les écoles séparées La plupart des écoles séparées au Canada, mais pas toutes, sont catholiques. On trouve des écoles séparées recevant un financement public en Ontario, en Saskatchewan, en Alberta et dans les 2 territoires. Le Québec possède un système confessionnel double, protestant et catholique, et celui de Terre-Neuve, qui est exclusivement confessionnel, reconnaît plusieurs groupes religieux. Dans les 5 autres provinces, la Colombie-Britannique, le Manitoba, le Nouveau-Brunswick, l'Île-du-Prince-Édouard et la Nouvelle-Écosse, le système public d'éducation est non confessionnel.

À Terre-Neuve, les principaux groupes protestants se sont entendus pour établir un système scolaire intégré. Même si les structures sociales de Terre-Neuve ont connu des changements majeurs, le système d'éducation n'a pas été modifié en conséquence. Bien que les Terre-Neuviens considèrent maintenant que le système confessionnel est extrêmement coûteux, suscite des dissensions sociales et n'est aucunement représentatif des larges couches de la société qui, ou bien ne souhaitent pas d'éducation confessionnelle, ou bien n'appartiennent à aucune des Églises reconnues.

Bien que la Constitution accorde aux provinces une compétence législative exclusive en matière d'éducation, le gouvernement fédéral a aussi certaines responsabilités, notamment à l'égard des enfants autochtones et INUITS, et de ceux des membres des FORCES ARMÉES. Dans les 2 cas cependant, il renonce à la responsabilité et à la participation directes et agit de plus en plus comme une agence de financement auprès, soit des bandes des PREMIÈRES NATIONS, soit des autorités scolaires provinciales, qui s'engagent par contrat à fournir les services pédagogiques dans ces écoles. Le gouvernement fédéral verse aussi des subventions importantes aux provinces pour soutenir l'éducation postsecondaire, la formation professionnelle des adultes, l'ENSEIGNEMENT DES LANGUES SECONDES officielles et les activités de développement culturel. Sa compétence en matière d'affaires extérieures l'amène aussi à s'intéresser à l'éducation.

Le développement des systèmes d'éducation au Canada

Les besoins en matière d'éducation ont longtemps augmenté avec l'accroissement de la population canadienne, quoique, plus récemment, le rapport entre les 2 ne suive plus une courbe linéaire. C'est en 1970-1971 que les inscriptions dans les écoles ont été les plus élevées, avec un total de 5,8 millions d'élèves dans les écoles publiques et indépendantes. Même si la population du pays a poursuivi sa croissance, les inscriptions ont diminué considérablement depuis 1971, quand les enfants du BABY-BOOM de l'après-guerre sont parvenus au terme de leurs études. Cette diminution a continué jusqu'au milieu des années 80 et les inscriptions ont atteint leur plus bas niveau en 1985-1986, soit 4,9 millions.

Au cours des dix dernières années, on a observé une augmentation constante et graduelle de la fréquentation scolaire, qui se chiffre maintenant à 5,35 millions d'inscriptions, dont 262 000 (4,8 p. 100) dans des ÉCOLES PRIVÉES ou indépendantes. En 1971, elles ne représentaient que 2,5 p. 100 du total et, depuis, leur hausse est constante.

À partir de la fin du XIXᵉ s., le nombre des territoires scolaires augmente constamment dans toutes les provinces. Toutes ont réagi de la même façon et regroupé les arrondissements plus petits en unités plus grandes, réduisant ainsi le nombre de commissaires et les coûts relatifs à la gestion. Ce processus a commencé dans les années 30 en fait, mais a connu son essor dans les années de l'après-guerre et se poursuit encore.

Regroupements Ils ont permis, d'une part, de réduire les coûts, et, d'autre part, on y a vu un moyen d'assurer un plus grand accès de tous les élèves à une éducation de qualité. Ainsi, au milieu des années 30, il y a près de 4000 districts scolaires en Alberta, la plupart ne comptant que des écoles d'une seule classe. Ces écoles ne peuvent pas offrir l'éventail des programmes disponibles dans les écoles à plusieurs classes qu'on trouve généralement dans les zones plus densément peuplées. Le regroupement de plusieurs de ces districts coûteux a permis de créer des écoles régionales accueillant plus d'élèves et offrant des programmes plus riches.

Par la même occasion, ces regroupements de commissions scolaires ont pu élargir, diversifier et stabiliser leurs sources de financement. En Alberta, p. ex., le nombre des districts scolaires a été ramené à moins de 150 en 1994 et à 60 ou 70 au cours des 2 dernières années. Leur nombre exact n'est pas connu, du fait qu'une cause est en instance devant le tribunal, relativement à plusieurs regroupements imposés unilatéralement par le gouvernement provincial.

Toutes les provinces ont légiféré pour réduire le nombre des commissions scolaires, certaines n'ayant entrepris l'opération qu'à partir des années 60. Plusieurs provinces ont indiqué qu'elles entendent poursuivre cette démarche, en particulier l'Ontario, le Manitoba, la Colombie-Britannique, l'Île-du-Prince-Édouard et la Nouvelle-Écosse. Alors que nous comptons maintenant plus de 5,3 millions d'élèves dans les écoles primaires et secondaires du Canada (ce nombre n'a été dépassé qu'à la fin des années 60 et au début des années 70), les organisations responsables de l'enseignement donné à ces élèves sont moins nombreuses qu'à n'importe quel moment depuis le début du siècle.

Si le nombre de districts scolaires a décliné, celui des éducateurs a augmenté lentement mais constamment, sauf entre 1980 et 1984. En 1984—1985, alors que les inscriptions sont à leur plus bas niveau depuis 20 ans, le corps enseignant compte plus de 252 000 personnes, une baisse par rapport aux 260 000 de 1980, mais une hausse significative par rapport aux 240 000 de 1970. Depuis 1985, ce nombre a encore augmenté, atteignant 285 000 en 1994. Une grande partie de cette hausse est attribuable au changement dans les pratiques de financement en Ontario, où les écoles secondaires catholiques ont obtenu un plein financement et où 10 000 enseignants sont passés au système scolaire public sans changer d'établissement.

Rappelons aussi qu'il y a environ 16 800 enseignants à temps plein dans les écoles privées et 20 000 enseignants «équivalents temps plein» travaillant à temps partiel. L'augmentation totale du personnel scolaire peut aussi être attribuée à la baisse du rapport élèves-éducateur, qui est passé de 17,2 à 1 en 1980—1981 à 15,7 à 1 en 1994. Ces chiffres incluent les enseignants, les conseillers, les consultants et les administrateurs et ne signifient pas nécessairement un changement du rapport élèves-enseignant dans les classes.

Les femmes dans l'éducation À l'heure actuelle, les femmes constituent environ 60 p. 100 du personnel enseignant au Canada. Ce pourcentage a varié quelque peu au cours des 30 dernières années. En 1960, les femmes représentent plus de 70 p. 100 du corps enseignant, mais cette proportion a chuté à environ 60 p. 100 en 1970, puis à environ 55 p. 100 en 1980. Dans les années 80, ce pourcentage a remonté un peu et il est demeuré relativement constant pendant quelques années, à environ 60 p. 100. Par contre, les femmes n'occupent qu'environ 29 p. 100 des postes administratifs du milieu scolaire, un chiffre toutefois sensiblement plus élevé que les 16 p. 100 de 1972-1973. Cependant, les augmentations se concentrent sur les postes de directeur adjoint. Autre élément démographique, dans les provinces Atlantiques, la représentation des femmes dans l'administration a diminué au cours des 20 dernières années en raison de fermeture, à la suite du regroupement de beaucoup de petites écoles.

Les 20 dernières années ont également vu un vieillissement constant du personnel enseignant au Canada. L'âge moyen est passé de 35 ans à un peu plus de 42 ans. La situation varie considérablement d'une province à l'autre, et c'est au Québec que les enseignants sont les plus âgés, les plus jeunes se trouvant au Yukon et dans les Territoires du Nord-Ouest. En outre, le personnel enseignant semble quitter la profession plus tôt. En 1990, seulement 4,5 p. 100 ont plus de 55 ans, contre 7,8 p. 100 en 1973.

Actuellement, il faut un minimum de 4 années d'études postsecondaires (6 au Québec) pour obtenir un brevet d'enseignement partout au Canada et, dans certaines provinces, il faut posséder au moins un diplôme en éducation. On a là une indication des ressources considérables investies dans l'amélioration des standards du corps enseignant dans toutes les provinces. En 1951, Statistique Canada rapporte que 15 p. 100 des enseignants du primaire n'ont pas complété une pleine année de formation professionnelle après l'école secondaire, condition minimale d'embauche, et que 40 p. 100 de ceux du secondaire n'ont pas de diplôme universitaire.

À la suite du développement des systèmes scolaires au Canada, pratiquement tous les enfants en âge d'aller à l'école primaire fréquentent l'école et 90 p. 100 des enfants en âge d'aller à l'école secondaire s'y trouvent. Dans tout le pays, un nombre grandissant d'élèves fréquentent l'école avant d'avoir atteint l'âge obligatoire et après l'avoir dépassé.

Hausse des coûts de l'éducation Le développement et la plus grande accessibilité de l'éducation se sont accompagnés d'une diversification et d'un enrichissement des programmes et, cela va de soi, d'une hausse considérable des dépenses. Le coût total de l'éducation a dépassé le milliard de dollars pour la première fois en 1947. En 1992-1993, on évalue la facture totale à 55,3 milliards de dollars, dont 39,7 milliards pour l'enseignement primaire et secondaire. Cela représente une augmentation considérable par rapport à 1989, le coût de l'éducation primaire et secondaire étant alors estimé à 28 milliards de dollars.

Les statistiques indiquent aussi que, depuis le milieu des années 70, les coûts associés aux écoles primaires et secondaires ont augmenté à peu près au même rythme que l'INDICE DES PRIX À LA CONSOMMATION (IPC), qui constitue une mesure du changement du prix d'un panier fictif de biens pour un ménage canadien typique. L'indice des prix de l'enseignement (IPE) mesure les changements dans les coûts de certains biens et de services que les commissions scolaires doivent acheter. L'IPE a augmenté considérablement au cours des 2 dernières décennies, suivant généralement le même rythme que l'IPC.

Organisation et structure des systèmes

La constitution canadienne stipule que chaque province a pleine autorité en matière d'éducation. Nous nous retrouvons ainsi avec 12 systèmes scolaires autonomes, un par province ou territoire. Chacun a établi ses propres méthodes pour réglementer des aspects particuliers de son fonctionnement. Même s'il y a bien des ressemblances, chaque province réglemente à sa manière un grand nombre de secteurs, dont la scolarité et l'enseignement religieux, la fréquentation obligatoire, l'organisation de l'école et du système scolaire, et l'enseignement en français.

Les différences dans l'organisation scolaire des provinces sont particulièrement marquées en ce qui concerne les modalités relatives aux écoles religieuses et à l'enseignement de la religion. Chaque province a résolu à sa manière la question des écoles confessionnelles subventionnées par l'État. Quelques provinces ont un système d'éducation public double, permettant aux minorités catholiques et protestantes d'avoir leurs propres écoles, mais 5 provinces ont une législation qui n'autorise l'école religieuse que si elle est privée ou indépendante. Étant donné que 5 provinces n'offrent pas d'aide financière directe aux écoles privées, le financement des écoles confessionnelles pose aussi problème.

Quelques provinces soutiennent financièrement les écoles confessionnelles publiques. D'autres offrent aussi du financement public aux écoles privées et indépendantes. Dans certaines provinces, cependant, les écoles religieuses n'obtiennent aucun financement, même si toutes les provinces autorisent leurs activités pourvu qu'elles satisfassent à certaines exigences gouvernementales relatives aux bâtiments et aux programmes. La façon dont les niveaux d'enseignement sont organisés diffère aussi suivant les provinces. À l'heure actuelle, toutes contribuent au financement des maternelles.

Les provinces ne départagent pas et ne nomment pas de la même manière les différents niveaux d'enseignement. Le niveau primaire compte 6 années dans 5 provinces et dans les 2 territoires, mais il dure 5 et 7 années respectivement dans 2 autres provinces. Dans les 3 autres provinces, la 8e année fait partie du primaire. En Colombie-Britannique, le cours secondaire commence avec la 8e année et, dans les autres provinces et les territoires, les 6 dernières années d'école (7 en Saskatchewan) sont divisées en premier et deuxième cycles du secondaire.

Dans la plupart des provinces, l'école se termine avec la 12e année, sauf au Québec, où c'est avec la 11e année. Pendant longtemps, l'Ontario a offert un cours secondaire de 4 ans, mais il est en train d'éliminer la quatrième année et les élèves vont obtenir tous les crédits nécessaires à leur inscription à l'université après 3 ans. Au Québec, le cours secondaire se termine avec la 11e année, mais tout étudiant désirant s'inscrire à une université de la province doit suivre le programme général de 2 ans dans un COLLÈGE D'ENSEIGNEMENT GÉNÉRAL ET PROFESSIONNEL (CÉGEP).

Toutes les provinces partagent le point de vue que l'école devrait être obligatoire, sous une forme ou une autre, pour les enfants de 6 à 16 ans, mais on observe des variations d'une province à l'autre sur la façon d'établir ces âges.

Droits et pratiques en éducation L'adoption de la Charte canadienne des droits et libertés en 1982, et plus spécialement l'introduction de l'article 23, a porté les droits à l'éducation des minorités, francophone ou anglophone selon la province, à un niveau dont profitaient seulement ceux qui jouissaient de la protection constitutionnelle en matière de religion. Le Nouveau-Brunswick est la seule province officiellement bilingue au pays et il dispose depuis quelque temps d'un système d'éducation double, suivant la langue. Partout ailleurs, sauf au Québec, la communauté francophone constitue la minorité et, à ce titre, a obtenu le droit de gérer et de contrôler ses propres écoles.

Même si ces droits sont sujets à la règle du «là où le nombre le justifie», les tribunaux ont suggéré un modèle de gradation des droits suivant lequel la communauté détient des droits de gestion limités là où il y a peu d'élèves, mais où elle exerce un contrôle complet quand le nombre d'élèves est suffisant. Le Québec a été autorisé à mettre en place une structure à 2 langues permettant de protéger les droits linguistiques et confessionnels. Toutes les autres provinces ont institué des systèmes de gestion destinés à assurer le respect des droits définis à l'article 23, mais il n'y a pas 2 provinces où la réglementation est identique.

Le financement de l'éducation Suivant la constitution, seuls les gouvernements fédéral et provinciaux peuvent imposer des taxes pour financer les services publics, mais les gouvernements provinciaux ont délégué certains pouvoirs de taxation aux autorités locales, dont le plus important est celui d'imposer la propriété. Dans certaines provinces, le gouvernement a aussi délégué ce pouvoir aux commissions scolaires, les autorisant ainsi à recueillir une partie de leur financement. Dans 4 provinces, cependant, les commissions scolaires n'ont plus aucun rôle ni pouvoir à cet égard. À Terre-Neuve, à l'Île-du-Prince-Édouard, au Nouveau-Brunswick et en Colombie-Britannique, les commissions scolaires reçoivent tout leur financement du gouvernement provincial.

En 1994, le gouvernement albertain a adopté des amendements à la législation scolaire pour instaurer un système de financement centralisé. Toutefois, cette législation est actuellement devant les tribunaux. En Nouvelle-Écosse, où les commissions scolaires ont le droit de percevoir localement des taxes supplémentaires pour des programmes spéciaux, la plupart des commissions ne l'ont jamais exercé et ils reçoivent en fait toutes leurs subventions de fonctionnement directement de la province. Les autres provinces ont conclu des ententes suivant lesquelles elles fournissent à chaque district scolaire une partie de son financement. Celle-ci va de plus de 80 p. 100 au Québec à 40 p. 100, en moyenne, en Ontario.

Dans les provinces où les commissions scolaires contribuent à leur financement au moyen de taxes, l'autorité locale fixe son propre taux en fonction du manque à gagner établi à partir des prévisions de dépenses et de subventions. La taxe est cependant perçue par la municipalité en même temps que ses propres taxes. La municipalité remet les fonds requis à l'autorité scolaire concernée et cela, indépendamment des retards ou du non-paiement des taxes. De cette façon, les systèmes scolaires sont assurés de disposer des fonds de fonctionnement et les contribuables ne reçoivent qu'un compte de taxes. Si un contribuable est en défaut, la municipalité est responsable de la collecte et, si cela devient nécessaire, de la saisie des biens.

Un statisticien anglais estime, en 1882, qu'il en coûte environ 10 dollars en droits par année pour envoyer un enfant à l'école et que c'est plus que ce que la plupart des parents peuvent payer. On estime, en 1995-1996, qu'une année d'école coûte approximativement 6400 dollars par élève à temps plein au Canada. Ce coût national moyen inclut les données des 2 territoires, où les coûts s'élèvent bien au-dessus de 15 000 dollars par année. Cependant, vu le nombre relativement faible de leurs inscriptions comparé à celui des provinces, cela ne modifie guère la moyenne. En 1995-1996, on estime que le Québec dépense environ 7500 dollars par élève, et l'Ontario environ 100 dollars de moins, l'Île-du-Prince-Édouard dépensant le moins de toutes les provinces, soit environ 5000 dollars. Bien que les PROVINCES ATLANTIQUES dépensent moins que les autres pour l'éducation, elles consacrent une plus grande partie de leur produit intérieur brut (PIB) à ce secteur que toutes les autres provinces.

L'avenir des systèmes d'éducation au Canada

Il est très improbable que les gouvernements provinciaux abandonnent quoi que ce soit de leur pouvoir en éducation. Il est néanmoins très probable que la collaboration et la coopération interprovinciales s'accroissent. Au cours des 5 dernières années, toutes les provinces et les territoires ont entrepris une révision majeure de leur propre système éducatif ou constitué une commission pour en étudier le fonctionnement. Les résultats de ces enquêtes ont conduit à la réduction du nombre des territoires locaux et à une plus grande centralisation en matière de programmes. On a vu aussi des demandes croissantes pour la responsabilisation, une meilleure performance des élèves, ainsi qu'un plus grand choix et une plus grande participation des parents. Les décideurs provinciaux semblent avoir bien accueilli ce changement et ont réagi en commençant à restructurer le système d'éducation canadien suivant de nouvelles pistes.

On prévoit que la collaboration interprovinciale en vue de développer des programmes et des modes d'évaluation va réduire les coûts en même temps qu'elle va augmenter la cohérence des résultats scolaires à l'échelle du pays. La réduction du nombre des commissions scolaires va aussi réduire les coûts et probablement conduire à une plus grande centralisation du contrôle sur les systèmes scolaires. La réduction du nombre de commissions scolaires s'accompagne d'une tendance à renforcer les conseils d'établissement, dont on peut dire que le rôle est actuellement «en évolution». On discute en effet de leur rôle en ce qui concerne les politiques relatives aux activités de l'école, et peut-être aussi comme intervenants dans l'embauche et le congédiement du personnel. Il semble, toutefois, que la grande majorité des parents préféreraient agir comme de véritables conseillers plutôt que de jouer un rôle politique ou de direction. Il n'est pas encore clair si les expressions conseil d'établissement et comité de parents doivent être considérés comme équivalents.

En mettant ainsi l'accent sur l'école elle-même, les commissions scolaires traditionnelles ne pourront que voir leur rôle diminuer. Étant donné l'augmentation des contraintes financières avec lesquelles elles vont travailler, de même que les territoires plus grands dont elles auront la responsabilité, il est inévitable que leur rôle change. Il se pourrait bien que, d'ici quelques années, les commissions scolaires voient leurs pouvoirs actuels s'amenuiser au point qu'elles ne servent plus guère que de canaux de financement pour des programmes décidés et dirigés au niveau de l'école ou de la province.

Frank Peters

Szilasi, Gabor, photographe, professeur (Budapest, Hongrie, 3 févr. 1928). Gabor Szilasi immigre au Canada en 1957 et s'installe à Montréal. Il devient citoyen canadien en 1964. De 1959 à 1971, il est photographe à l'Office du film du Québec. Il enseigne la photographie au Collège du Vieux-Montréal (1970—1980) et est professeur agrégé (1980—1995) à l'U. Concordia, où il travaille actuellement comme professeur adjoint.

Depuis longtemps reconnu comme un photographe documentaire exceptionnel pour sa perception aiguë de la culture québécoise, il connaît ses premiers succès après la réalisation de 2 importantes séries, *Charlevoix* (1970) et *La Beauce* (1973). Réalisées avec un appareil photo grand format, ces images présentent une vision sensible, souvent fantasque, de la vie rurale. Par la suite, il se met à la photographie en couleurs, produisant essentiellement des études d'intérieurs domestiques (1976) en les associant parfois avec des portraits (1978-1979). Remarquables par la richesse des détails et une subtile restitution de la lumière et de la forme, ses photographies révèlent un grand sens de l'observation.

Durant les années 80, Szilasi continue à faire des portraits et des études architecturales, à l'aide de différentes techniques et utilisant différents formats d'appareils photos. Il explore la beauté singulière de l'héritage architectural de Montréal dans des images panoramiques réalisées à l'aide d'une caméra de banquet (1982) et dans divers projets commandés par le Centre canadien d'architecture (1989—1995). Bien que plus connu pour ses images du Québec, il réalise d'important recueils de travaux à la suite de ses séjours en Italie, en Hongrie et en Pologne (1986, 1987, 1990). L'un de ses projets actuels consiste à faire l'exploration du portrait psychologique au moyen de photographies Polaroïd grand format en noir et blanc.

Il reçoit plusieurs prix, et ses œuvres figurent dans de nombreuses collections publiques et collections d'entreprises. Ses photographies sont exposées dans le monde entier et largement diffusées. En 1997, le MUSÉE DES BEAUX-ARTS DE MONTRÉAL organise une grande exposition de ses œuvres.

Anna Carlevaris

Tabac (*Nicotiana tabacum*) C'est une plante herbacée annuelle (potentiellement vivace) de la famille des MORELLES. Le tabac a été développé en Amérique centrale par un croisement naturel entre le *N. sylvestris* et le *N. tomentosiformis*. La plante a un réseau de racines fibreuses et une tige cylindrique qui est coiffée d'une grappe de plus de 150 fleurs roses à 5 pétales en forme d'entonnoir. Le fruit est une capsule comptant de deux à quatre compartiments. Chaque capsule peut produire de 4000 graines à 8000 graines. Les feuilles, qui mesurent en moyenne de 23 cm à 30 cm de large et de 55 cm à 60 cm de long, sont les parties importantes pour le commerce. Elles forment une spirale autour de la tige, sont ovales et leur extrémité est pointue. Le Canada se classe parmi les 12 premiers pays producteurs de tabac et cultive 5 variétés principales: le tabac séché à la chaleur, le Burley, le tabac à cigare, le tabac brun et le tabac à pipe, qui est séché à l'air. Le tabac sert surtout à la fabrication de cigarettes ou de cigares. Le tabac à chiquer ou à priser ne représente qu'une faible part du marché de consommation.

Le tabac était cultivé par les PÉTUNS, les NEUTRES et les HURONS du sud-ouest de l'Ontario et était un important article pour le troc. On entreprend la culture commerciale du tabac au Canada au début du XIXᵉ siècle et, jusqu'en 1920, elle se limite pratiquement au Burley. Le tabac séché à l'air est introduit en Ontario vers 1900 et il constitue maintenant la principale variété cultivée au Canada (de 95 p. 100 à 98 p. 100). Le sud-ouest de l'Ontario en produit 90 p. 100. Il est implanté au Québec, en Nouvelle-Écosse, à l'Île-du-Prince-Édouard et au Nouveau-Brunswick en 1930, 1958, 1959 et 1963, respectivement. Les graines de tabac sont semées dans de la terre organique stérilisée dans les serres au cours des premières semaines d'avril. On transplante ensuite les plants dans les champs à la fin de mai et au début de juin. Les plants nécessitent environ de 220 mm à 250 mm de pluie, de 115 jours à 120 jours sans gel et des températures moyennes mensuelles de 19 ºC à 23 ºC. Les insectes ravageurs et les autres problèmes avec lesquels le tabac est aux prises sont les agrotis, les sphinx de la Caroline, les pucerons, la fonte des semis, le chancre noir, le peronospora du tabac, les NÉMATODES et les PLANTES NUISIBLES. Les plants sont coupés à une taille de 16 feuilles à 19 feuilles commercialisables, généralement à la fin de juillet. Les feuilles du bas sont les premières à atteindre la maturité et sont récoltées en lots de deux ou trois feuilles par cueillette, à intervalles d'une semaine. Les feuilles récoltées sont séchées dans un séchoir à chaleur naturelle ou un séchoir à chaleur artificielle. Le séchage à haute température suspend les transformations chimiques naturelles et donne aux feuilles une couleur dorée. Les tabacs séchés à l'air sont habituellement récoltés avec la tige entière, suspendus à des baguettes pour les faire sécher naturellement à l'air dans un entrepôt. Le produit final est de couleur brune.

P.W. Johnson

Tabac, industrie des produits du Elle s'est largement développée au cours du dernier siècle, mais la culture du tabac remonte aux premiers jours de la colonie, lorsque les colons installés sur les rives du Saint-Laurent adoptent les habitudes de fumer des peuples indigènes (*voir* TABAGISME). Les colons français commencent par adopter le modèle de culture propre aux Amérindiens. Quelques années plus tard, une ordonnance de la colonie française interdit la vente au détail de tabac en Nouvelle-France. Les colons perdent alors tout intérêt pour l'amélioration de la qualité des cultures ou des produits. Ils n'en cultivent donc que pour leurs propres besoins en le faisant sécher naturellement à l'air libre. Cette méthode simple de préparation produit un tabac unique en son genre, le «tabac canadien». Les colons français commencent à en faire le commerce en 1652, mais il faut attendre jusqu'en 1735 pour que le gouvernement français encourage la culture du tabac au Canada; on le cultive régulièrement après cette date. Deux variétés sont indigènes: le «Petit Canadien» et le «Rose Quesnel». Dans le Haut-Canada, l'industrie de la culture du tabac prend naissance dans les comtés de Kent et d'Essex grâce aux LOYALISTES venus du Sud des États-Unis durant la Guerre d'Indépendance américaine et qui ont apporté avec eux des graines de tabac.

Quand la culture du tabac croît et devient commerciale à la fin du XIXᵉ siècle, la variété principale cultivée au Québec et en Ontario est le Burley, sans compter au Québec quelques autres variétés de tabac à pipe. À cette période-là, le Québec est le premier producteur: en 1870-1871, la production au Canada est de 723 589 kg, dont 181 381 kg sont produits en Ontario et 542 208 kg, au Québec. La production dans les deux provinces s'étend rapidement jusqu'à 7 938 000 kg en 1910; le Québec détient encore le premier rang.

Au début du XXᵉ siècle, l'industrie du tabac subit d'importants changements. Au cours de la Première Guerre mondiale, la popularité des tabacs à chiquer et à pipe diminue, alors que la demande pour les cigarettes augmente rapidement. En même temps, une nouvelle méthode de séchage, le séchage à l'air chaud, produit un tabac de type Virginie qui convient mieux à la fabrication des cigarettes. Ce procédé, mis au point par William T. Gregory et son frère Francis, révolutionne l'industrie canadienne du tabac. En 1900, William arrive au Canada en provenance de la Caroline du Nord pour travailler chez Empire Tobacco Co. (alors une filiale d'American Tobacco Co., plus tard rachetée par Imperial Tobacco Co. of Canada). Il s'installe à Leamington, en Ontario, où on ne cultive alors que la variété de tabac Burley, et décide de planter du tabac de type Virginie. En 1901, Francis arrive au Canada pour superviser ces expériences. L'entreprise encourage les deux frères, qui espèrent remplacer les importations coûteuses de tabac aux États-Unis par du tabac canadien séché à l'air chaud.

William choisit d'implanter ses premières cultures dans la région de Leamington, car la nature du sol est idéale dans cette zone qui profite en outre de la plus longue période sans gel en Ontario. Les résultats sont encourageants et on fait venir des planteurs expérimentés des États-Unis afin d'enseigner aux cultivateurs les méthodes de culture et de séchage. En 1920, 3,6 millions de kilogrammes de tabac séché à l'air chaud sont produits dans la région de Leamington. En 1922, on procède à d'autres essais dans la région du lac Érié qui offre de grandes parcelles d'une terre sablonneuse idéale pour le tabac. La première récolte se fait en 1925, ce qui marque le début d'une nouvelle ère dans l'histoire du tabac canadien.

À la suite du développement de cette nouvelle zone de culture, l'industrie s'étend finalement dans 12 autres régions de la province. L'Ontario est maintenant la principale productrice de tabac au Canada. Au Québec, les principales zones de culture se trouvent au nord de Montréal, dans les comtés de Montcalm et de Joliette. La production de tabac séché à l'air chaud démarre dans cette province en 1930, puis en 1933 un séchoir à chaleur artificielle est construit dans chacun des deux comtés.

Aujourd'hui, le Canada est considéré comme un acteur important dans le domaine de la culture du tabac et comme un fournisseur de tabac de qualité dont la production dépasse les 69 millions de kilogrammes par an. Alors qu'une grande partie de la récolte est vendue aux fabricants canadiens de produits du tabac, 16,1 millions de kilogrammes d'une valeur de plus de 90 millions de dollars sont exportés en 1995. Les pays de la Communauté européenne, les États-Unis, la Turquie et Hong Kong sont les principaux pays acheteurs de tabac canadien.

En 1995, la production canadienne de produits finis du tabac assure environ 21 000 emplois, dont près de 11 000 emplois directs dans la culture, la fabrication et la transformation du tabac; 10 000 emplois additionnels sont offerts par les fournisseurs de ces secteurs au Canada. En plus des 26 000 emplois directs, la vente en gros et au détail de produits autorisés du tabac au Canada apporte 5400 emplois supplémentaires.

En 1995, la totalité des expéditions des fabricants canadiens de produits du tabac s'élève à plus de 45,5 milliards de cigarettes sur le marché national et à 5,9 milliards pour l'exportation et le marché en franchise. La même année, les ventes de cigarettes importées totalisent plus de 360 millions de cigarettes. Les ventes intérieures de tabac haché fin s'élèvent à 3,8 millions de kilogrammes, alors que 385 000 kilogrammes additionnels sont expédiés pour l'exportation et le marché en franchise; 750 000 kilogrammes sont importés. En 1995, plus de 130 millions de cigares fabriqués localement sont vendus au Canada alors qu'on en importe plus de 40 millions. Le total des dépenses de consommation intérieure de produits du tabac approche de 8 milliards de dollars en 1995, dont 5 milliards de dollars sont perçus en taxes par les gouvernements provinciaux et fédéral. Parmi les trois principaux fabricants, l'un d'entre eux appartient à 100 p. 100 à des Américains et deux sont des sociétés à capital dispersé dans le public au Canada.

C.M. Seymour

Tabagisme Il est reconnu mondialement comme un danger pour la santé. Le TABAC sous toutes ses formes constitue un risque potentiel, selon la quantité de fumée inhalée et la durée de l'habitude. La consommation canadienne de 2500 cigarettes manufacturées par habitant et par année se situe parmi les plus élevées du monde industrialisé. Environ 34 p. 100 des hommes et 28 p. 100 des femmes fument régulièrement la cigarette. Toutefois, pour le groupe d'âge de 12 à 29 ans, il n'y a plus d'écart distinctif entre les sexes.

La fumée de cigarette contient plus de 3000 substances, dont un grand nombre ont un effet nocif sur les systèmes biologiques. Parmi les conséquences indésirables immédiates de l'inhalation de la fumée, on trouve la contraction des voies aériennes du poumon, une augmentation de la fréquence cardiaque, une constriction généralisée des vaisseaux sanguins et une élévation de la tension artérielle. Le monoxyde de carbone présent dans le sang des fumeurs prive les tissus d'oxygène, ce qui peut avoir un impact important sur les personnes souffrant de CARDIOPATHIE grave. L'augmentation chronique du monoxyde de carbone contribue au rétrécissement graduel des artères (artériosclérose). L'inhalation de fumée de cigarette par des femmes enceintes soumet la circulation du fœtus au même stress qu'un fumeur, ce qui entraîne un taux plus élevé de complications obstétricales, de mortalité périnatale et de naissances de nouveau-nés de petit poids ou prématurés.

En plus des maladies vasculaires, le tabagisme a deux autres effets graves à long terme. Le premier est l'emphysème (fréquent chez les fumeurs plus âgés), une maladie entraînant la rupture des parois des alvéoles pulmonaires. Cette maladie, associée à une bronchite chronique, explique les symptômes de toux, d'expectoration et de difficultés respiratoires chez la plupart des fumeurs de longue date.

La seconde complication est le CANCER du poumon, la principale cause de décès provoqué par le tabagisme. Le dépistage du cancer du poumon est difficile au stade initial et seule une minorité de cas peuvent être guéris. L'incidence annuelle du cancer du poumon au Canada, après correction selon l'âge, a atteint environ 68 cas pour 100 000 chez les hommes et 22 pour 100 000 chez les femmes. L'augmentation est plus importante chez les femmes, car la proportion de fumeuses s'accroît. Les cancers de la langue, du pharynx, du larynx, de l'œsophage, et même d'organes plus éloignés tels que la vessie, sont tous plus fréquents chez les fumeurs que chez les non-fumeurs. Les dangers de l'exposition à des substances cancérogènes comme l'amiante, l'uranium et certains produits industriels sont énormément amplifiés chez les fumeurs. La plupart des fumeurs sont accoutumés ou dépendants, et les gros fumeurs ont moins de chance de pouvoir arrêter. Les fumeurs qui le souhaitent peuvent obtenir de l'aide grâce à une panoplie de techniques pédagogiques, psychologiques et pharmacologiques.

Des études ont montré que changer pour des cigarettes faibles en goudron ou réduire sa consommation est inefficace, car les fumeurs ont tendance à compenser inconsciemment pour la réduction en modifiant leur façon de fumer.

La substitution pour du tabac sans fumée comme le tabac à chiquer et à priser augmente en Amérique du Nord, surtout chez les jeunes hommes. Ces produits constituent également un risque important de cancers et d'autres pathologies au niveau de la bouche, et peuvent aussi provoquer une dépendance et une accoutumance à la nicotine.

Une prise de conscience générale des conséquences de l'inhalation involontaire de fumée ou du tabagisme passif a conduit à la formation de puissants groupes antitabac au sein de la population. Les questions soulevées par ces groupes et la communauté scientifique ont abouti à une législation qui restreint le droit de fumer dans les endroits publics, les lieux de travail et les transports en commun, notamment sur les vols de courte durée. De plus, le gouvernement fédéral a annoncé son intention d'étendre ces restrictions à toute forme de publicité en ce qui concerne les produits du tabac. En conséquence, au début de 1988, il a présenté son projet de loi C-51, visant à décourager la vente de cigarettes aux mineurs, à assurer que les compagnies manufacturières soient responsables de leurs produits et à imposer la présence d'une mise en garde sur les paquets de cigarettes. La Cour suprême a cependant déclaré par la suite que certains aspects du projet de loi, dont le droit de faire la publicité des produits du tabac, étaient inconstitutionnels.

Alec Herbert

Taber, ville de l'Alb.; pop. 7214 (rec. 1996), 6664 (rec. 1991), 6382 (rec. 1986); superf. 15,66 km²; const. en 1907; située à 50 km à l'est de Lethbridge. Taber est fondée par des mormons (*voir* ÉGLISE MORMONE) au cours de la première décennie du XXᵉ siècle. On croit que son nom est la première partie du mot «tabernacle», bien que le premier bureau de poste (1904) se soit appelé «Tabor», d'après le mont Tabor, en Palestine. L'économie locale dépend d'abord de l'élevage du bœuf et de la culture du blé, mais le développement de l'irrigation fera de la betterave à sucre la culture la plus importante, ce qui entraînera la construction d'une usine de transformation à Taber.

Eric J. Holmgren

Taché, Alexandre-Antonin, missionnaire, prêtre et évêque catholique (Rivière-du-Loup, Qc, 23 juill. 1823—Saint-Boniface, Man., 22 juin 1894). Taché entre chez les Oblats de Marie Immaculée en 1844 et se rend à la COLONIE DE LA RIVIÈRE ROUGE l'année suivante. Il est ordonné prêtre le 12 octobre 1845 par Mᵍʳ Norbert PROVENCHER. Après avoir

appris le saulteux à Saint-Boniface, il part en 1846 pour l'immense territoire de la mission d'Île-à-la-Crosse, en Saskatchewan. Il est nommé coadjuteur de Mᵍʳ Provencher en 1850. Il fonde beaucoup de nouvelles missions et aide les nombreux colons qui affluent dans la région. Il participe au premier concile du Vatican lorsqu'éclate la Rébellion de la rivière ROUGE, et les autorités canadiennes le rappellent au Canada pour qu'il aide à rétablir l'ordre. Les promesses qu'il fait aux Métis en cours de route sont toutefois controversées. Il lutte tout aussi énergiquement pour des écoles françaises et catholiques (*voir* ÉCOLES DU MANITOBA, QUESTION DES). Son épiscopat est marqué par d'importantes réalisations pour le pays: missionnaire dévoué et patriote éclairé, il est l'un des grands évêques catholiques du Canada.

Gaston Carrière, omi, cr

Taché, sir Étienne-Paschal, médecin et politicien (Saint-Thomas [Montmagny], Qc, 5 sept. 1795—*id.*, 30 juill. 1865). Il sert comme officier durant la GUERRE DE 1812, alors qu'il a déjà commencé ses études de médecine. Après avoir terminé ses études à Philadelphie, il pratique la médecine à Montmagny pendant 22 ans, de 1819 à 1841. Bien que n'ayant pas participé aux RÉBELLIONS DE 1837, il fut un ardent PATRIOTE. Après l'union des deux Canadas, il est davantage disposé, à l'instar de ses compatriotes A.N. MORIN, L.H. LAFONTAINE et G.-É. CARTIER, à faire des compromis. D'abord élu député à l'Assemblée en 1841, il démissionne, en 1846, après avoir été nommé adjudant général adjoint de la milice du Canada-Est, chargé de sa réorganisation. En 1848, il est nommé conseiller exécutif, commissaire des Travaux publics, puis conseiller législatif. Il fait partie de tous les gouvernements subséquents, jusqu'en 1857. Le 27 janvier 1855, il remplace Morin comme chef du Canada-Est et forme un ministère avec A.N. MACNAB. Après la démission de MacNab en mai 1856, Taché forme un nouveau ministère avec John A. MACDONALD, scellant ainsi une alliance entre les conservateurs du Haut-Canada et les libéraux canadiens-français. Le ministère Taché-Macdonald manœuvre bien, dans des circonstances difficiles, mais Taché démissionne en 1857, tout en demeurant conseiller législatif. Il fait un retour à la politique active en 1864, au milieu d'une autre crise politique. À la demande du gouverneur MONCK, il forme un gouvernement de coalition d'allégeance exclusivement conservatrice, avec J.A. Macdonald, mais celle-ci ne dure qu'un mois; le troisième gouvernement est défait en deux ans. Le 22 juin 1864, Taché forme un ministère de coalition qui est à l'origine de la CONFÉDÉRATION, un projet qu'il défend avec passion. Peu avant son décès, il préside la CONFÉRENCE DE QUÉBEC et défend les 72 résolutions qui jettent les bases de la Confédération.

Andrée Désilets

Tadoussac, village du Qc; pop. 913 (rec. 1996), 832 (rec. 1991); superf. 75,45 km²; const. en 1899; situé au confluent de la rivière SAGUENAY et du FLEUVE SAINT-LAURENT, à 210 km au nord-est de Québec. Le nom montagnais de ce village signifie «les mamelles» ou «les seins» par allusion aux collines rondes qui s'y trouvent.

Quand les Européens arrivent, Tadoussac est déjà un important centre commercial pour les populations autochtones des deux rives du Saint-Laurent. Cette activité attire les commerçants européens dès le milieu du XVIᵉ siècle. Pierre Chauvin essaie en vain d'y établir une colonie en 1600, et Samuel de CHAMPLAIN y conclut un premier traité entre les Européens et les MONTAGNAIS-NASKAPIS en 1603. Le poste de Tadoussac tombe aux mains de sir David KIRKE en 1628, mais est rendu plus tard à la France. Plaque tournante d'un vaste réseau de traite des fourrures à partir du XVIIᵉ siècle, Tadoussac acquiert au XIXᵉ siècle une vocation nouvelle et durable, axée sur la foresterie et le tourisme. L'habi-

tation de Chauvin a été reconstituée, et le village compte également l'une des plus anciennes chapelles de bois en Amérique du Nord (1647).

Tadoussac est maintenant reconnu comme le point central du Parc marin du Saguenay–Saint-Laurent et la limite méridionale du PARC DE CONSERVATION DU SAGUENAY. Un centre d'interprétation sur les mammifères marins et des excursions pour l'observation des baleines attirent également les touristes.

Marc St-Hilaire

Tafelmusik C'est l'orchestre d'instruments d'époque de premier rang du Canada; il est fondé en 1978 par le hautboïste Kenneth Solway et la bassoniste Susan Graves, et il est dirigé par la violoniste Jeanne Lamon depuis 1981.

Depuis ses débuts modestes comme collectif de musique de chambre de quatre membres présentant une série de six concerts par année avec un budget de 11 000 $, Tafelmusik est devenu un orchestre de renommée mondiale formé de 19 musiciens. Fort d'un budget de 2,5 à 3 millions de dollars et de 3600 souscripteurs, l'orchestre présente, à Toronto, 50 concerts par année et sa discographie comptait, au printemps 1997, 50 enregistrements. Son répertoire va du début de la période baroque (XVIIᵉ siècle) à la fin de la période classique (début du XIXᵉ siècle).

La trajectoire de Tafelmusik est parallèle à plusieurs égards à celle de l'ensemble du mouvement des instruments d'époque. Les deux ont émergé en tant que mouvements alternatifs expérimentaux dans les années 1970, ont acquis depuis une assurance technique et une grande popularité, et occupent aujourd'hui une place enviable dans l'industrie de la musique. Alors que les grands orchestres symphoniques sont aux prises avec une perte croissante de souscripteurs, Tafelmusik jouit d'un auditoire fidèle qui ne cesse de grandir. Les concerts de sa saison torontoise ont lieu à la Trinity-St. Paul's United Church.

L'arrivée, en 1981, de Lamon (née à New York en 1949) comme directrice musicale et d'Ottie Lockey, première gérante générale du groupe, marque un tournant important dans l'évolution de l'orchestre. On accorde généralement à Lamon, récipiendaire d'un doctorat honorifique ès lettres de l'U. York (Toronto) en 1994, le mérite d'avoir renforcé la technique de l'orchestre et de lui avoir insufflé le dynamisme musical qui est devenu l'une des caractéristiques de l'ensemble.

En 1982, Tafelmusik enregistre son premier disque sous l'étiquette Collegium (Canada); deux ans plus tard, il devient le premier orchestre baroque d'Amérique du Nord à être invité à faire une tournée européenne. Grâce à un contrat d'enregistrement avec BMG, avec qui Tafelmusik enregistre entre 1988 et 1990, l'image internationale du groupe s'affirme. En 1990, Tafelmusik devient le premier ensemble engagé sous l'étiquette Vivarte de Sony Classical.

Tafelmusik passe une moyenne de 12 semaines par année en tournée. Depuis 1987, l'orchestre a joué en Europe et aux États-Unis au moins une fois par année et fait une tournée pancanadienne presque chaque année. En 1990, le groupe fait son premier voyage en Asie; en 1997, il joue pour la première fois en Israël et en Grèce et, en 1998, il se rend en République populaire de Chine, en Corée, à Singapour, à Hong Kong et au Japon.

Les réalisations de Tafelmusik ont été récompensées par plusieurs prix, tant au Canada qu'à l'étranger. En 1988, le CONSEIL DES ARTS DU CANADA le nomme l'Ensemble de l'année. Les enregistrements de l'orchestre remportent quatre PRIX JUNO et sont plusieurs fois en nomination pour des prix Gramophone. La chorale de chambre de Tafelmusik, fondée en 1981 et actuellement dirigée par Ivars Taurins, reçoit le prix Healey Willan pour son excellence et pour «sa contribution exceptionnelle à l'art choral au Canada» en 1991.

Tafelmusik connaît une année record en 1996. L'orchestre se voit décerner le prix allemand Echo Klassic en tant que «Meilleur orchestre de l'année»; la Toronto Arts Council Foundation remet à Lamon le premier prix Muriel Sherrin, accordé à un artiste ou à un créateur pour l'excellence de ses initiatives internationales dans le domaine de la musique ou de la danse. Lockey reçoit le prix ACIC (Association des cadres d'institutions culturelles) en reconnaissance de «son travail formidable grâce auquel Tafelmusik est devenu une organisation de renommée internationale, ayant un équilibre budgétaire et étant bien administrée».

Tafelmusik joue régulièrement avec des chanteurs canadiens de premier plan, dont les sopranos Nancy Argenta et Suzie Leblanc, la mezzo-soprano Catherine Robbin, le ténor Benjamin Butterfield et le baryton Daniel Lichti. Parmi les instrumentistes, le violoncelliste danois Anner Bylsma est le soliste invité le plus fréquemment pour les enregistrements de Tafelmusik. Les directeurs invités sont, entre autres, les chefs d'orchestre hollandais Ton Koopman, Frans Brueggen et Gustav Leonhardt, le Français Marc Minkowski et la violoniste anglaise Monica Huggett.

Les membres de Tafelmusik, dont bon nombre sont américains, enrichissent aussi la vie musicale de Toronto en présentant des concerts de musique de chambre qui ne sont pas sous les auspices de Tafelmusik.

Tamara Bernstein

Tagish (terr. du Yn), pop. 69 (rec. 1996), 58 (rec. 1991), 103 (rec. 1986); superf. 97,5 km²; situé au passage qui réunit les lacs Tagish et Marsh, entre Jakes Corners, sur la route de l'Alaska, et Carcross, sur la route de Skagway. L'armée américaine construit cette route lors de l'aménagement d'un oléoduc allant de Skagway, en Alaska, à Watson Lake, au Yukon. Tagish s'est développé autour d'un pont érigé à cette époque. À 3 km au sud, sur le lac Tagish, se trouve une localité plus ancienne, parfois connue aussi sous le nom de Tagish.

Le nom Tagish vient apparemment de «Ta-Gish-Ai» qui signifie «piège à poisson» et désigne la bande autochtone de la région. Durant la RUÉE VERS L'OR DU KLONDIKE, la Police montée du Nord-Ouest dispose d'un poste à Tagish où elle inspecte le matériel de tous ceux qui naviguent sur le lac, en route vers les champs aurifères du Klondike. Les inspecteurs des douanes canadiennes utilisent aussi ce poste pour percevoir des droits de douane. La Police montée du Nord-Ouest nomme le poste Fort Sifton, du nom de Clifford SIFTON, alors ministre de l'Intérieur.

Deborah Welch et Michael Payne

Tahltans Peuple autochtone de langue athapascane, les Tahltans occupent une zone entourant la rivière Stikine, dans le nord-ouest de la Colombie-Britannique. Bien qu'ils se désignent eux-mêmes par plusieurs appellations, le mot «Tahltan» vient de la langue de leurs voisins, les TLINGITS. Le nom «tlingit» de l'emplacement du village situé à l'embouchure de la rivière Tahltan a servi à désigner de façon générale toutes les bandes identifiées aujourd'hui comme étant tahltanes. À la fin du XIXᵉ siècle, un groupe de survivants SÉKANIS de langue athapascane immigrent dans la région et se joignent aux Tahltans à Telegraph Creek. Ce n'est qu'en 1905 que des RÉSERVES INDIENNES tahltanes sont établies dans cette région éloignée de la Colombie-Britannique. Depuis 1972, ces deux groupes sont administrés séparément par la bande des Iskuts (510 personnes, y compris les Sékanis vivant au lac Kinaskan) et la bande des Tahltans (1377 personnes). Telegraph Creek demeure leur village principal.

Système social Les Tahltans sont répartis en six grandes divisions géographiques reconnues, chacune comprenant deux moitiés, Corbeau et Loup, divisées à leur tour en trois CLANS matrilinéaires. Un quatrième clan est issu des mariages entre Tahltans et Tlingits. Chaque clan a son propre territoire et son propre chef héréditaire, de même que son répertoire de noms, de contes, de chants, de danses et d'emblèmes qu'on déploie lors des cérémonies marquant les rassemblements de familles dans les principaux villages. Le chef de clan gère les activités de chasse et de piégeage, attribue un territoire particulier à chaque famille et arbitre les disputes, le cas échéant. Les chefs de famille et de clan détiennent aussi les droits héréditaires les plus importants. Ces individus forment une classe supérieure et assurent leur position grâce à leur conduite convenable, à leurs capacités et à leur richesse. Il n'existe cependant aucune nette distinction entre eux et les Tahltans ordinaires. Les esclaves, acquis par capture ou échange, viennent toujours d'autres bandes autochtones. Vers 1875, les chefs de clan acceptent de se regrouper sous un seul chef, en l'occurrence celui du clan Kachadi, qui est nommé grand chef.

Habitation L'été, ils passent plusieurs mois dans des villages de pêche où ils vivent en commun dans de grandes maisons à pignons qui leur servent également de fumoirs. Les murs sont faits de perches de pin et d'épinette, et le toit est couvert de l'écorce de ces mêmes arbres. Cette saison de rassemblement est marquée par des fêtes, des visites et des échanges. À la fin août, ils se dispersent en groupes de quelques familles vers les camps de chasse des hautes terres, où ils vivent dans des abris en appentis faits de branchages et d'écorce. Pendant tout l'hiver, ils piègent et chassent la marmotte, l'écureuil et le gros gibier, comme la chèvre et le mouflon de montagne, le caribou, l'orignal et l'ours. Ils préparent leurs abris pour l'hiver en y ajoutant des branchages et en les remblayant.

Voyage En hiver, ils se déplacent à l'aide de raquettes. Bien qu'il leur arrive de construire des canots d'écorce et des radeaux, ils ne sont pas des artisans accomplis dans ce genre de travail et disposent plutôt d'un choix de mocassins de bonne fabrication pour marcher en terrains accidentés. Vers 1850, ils commencent à recourir au chien comme animal de bât et, plus tard, pour tirer les traîneaux.

Économie Le commerce entre bandes est important chez les Tahltans. Ils échangent des objets en cuir, des obsidiennes et des raquettes contre du cuivre, de l'huile d'oulachon et des coquillages apportés de la côte par les Tlingits dans les camps situés entre Telegraph Creek et la rivière Tahltan. La plupart des familles tahltanes considèrent ce centre de traite autour de Telegraph Creek comme le quartier général de la bande et s'y rendent au moins une fois par année. Ils traitent également avec les KASKAS et les SÉKANIS de l'intérieur. Après 1874, les marchands blancs participent à ce commerce et supplantent ainsi les Tlingits de la côte.

Au milieu du XIXᵉ siècle, les activités de prospection le long de la Stikine contribuent à réduire la population des Tahltans et à changer profondément leur mode vie. Les nouvelles denrées et le travail salarié transforment leur économie traditionnelle et leurs activités saisonnières. Les missionnaires qui s'installent parmi eux au début des années 1900 bouleversent leurs croyances religieuses. Ils conservent malgré tout les éléments fondamentaux de leur culture, ce qui leur assure un noyau de traditions grâce auquel ils connaîtront un renouveau culturel et linguistique dans les années 80 et 90.

Dorothy Kennedy

Taïga (*Voir* RÉGIONS DE VÉGÉTATION)

Tailfeathers, Gerald, artiste (Stand Off, Alb., 13 ou 14 févr. 1925—Réserve indienne des Gens-du-Sang, Alb., 3 avril 1975). Un des premiers autochtones canadiens à devenir artiste professionnel, Tailfeathers atteint la notoriété dans les années 50. Son art reflète l'influence de diverses écoles: la Summer Art School, au Glacier National Park (Montana), où il étudie avec les portraitistes new-yorkais Winold Reiss et Carl Linck; l'école de peinture cow-boy de Charles Russell; la Oklahoma School of Indian Painting; la Banff Centre School of Fine Arts (aujourd'hui le BANFF CENTRE); et la Provincial School of Technology and Art à Calgary.

En général, son œuvre évoque une vision romantique et nostalgique de la vie de son peuple, les GENS-DU-SANG, à la fin du XIXᵉ siècle. Elle présente des guerriers vaquant à leurs activités traditionnelles: guerre, chasse et vie cérémonielle. Tailfeathers s'adonne ensuite à la sculpture en bronze coulé et aborde des thèmes inspirés par l'art cowboy, qu'il a étudié en 1969 pendant un séjour au studio de George Phippin, en Arizona.

John Anson Warner

Taillon, sir Louis-Olivier, avocat et premier ministre du Québec en 1887 et de 1892 à 1896 (Terrebonne, Qc, 26 sept. 1840—Montréal, 25 avril 1923). Réputé pour ses positions ultraconservatrices, surtout face à l'éducation, il se fait d'abord élire comme député provincial conservateur dans la circonscription de Montréal-Est (1875). Il démissionne en 1884 et s'empresse de revenir sur la scène politique quelques mois plus tard. Taillon est premier ministre durant quatre jours, en janvier 1887. Il doit toutefois céder sa place à Honoré MERCIER, qui le critique avec virulence en raison de son soutien au gouvernement conservateur fédéral dans sa lutte contre Louis RIEL. Redevenu premier ministre de décembre 1892 à avril 1896, il dirige un gouvernement ultraconservateur. Après sa démission, il occupe brièvement la fonction de ministre des Postes au fédéral.

Daniel Latouche

Takakkaw, chutes Situées immédiatement à l'ouest de la ligne de partage des eaux dans le PARC NATIONAL YOHO, les chutes Takakkaw (*voir* CHUTE D'EAU) sont les plus hautes au Canada et figurent au seizième rang dans le monde. D'une étendue et d'un panorama moins grandioses que les chutes Niagara, elles présentent néanmoins une dénivelation spectaculaire de 503 m, la plus forte en Amérique du Nord, avant de plonger dans la rivière Yoho. Alimentée par la neige et la glace fondantes provenant du glacier Daly, situé dans les ROCHEUSES, elles poursuivent leur course à travers une vallée suspendue en U. Les chutes Takakkaw constituent l'un des attraits majeurs du parc.

David Evans

Talbot, Thomas, militaire, colonisateur et agent colonial (Malahide, Irl., 19 juill. 1771—London, Canada-Ouest, 5 févr. 1853). Membre de l'aristocratie anglo-irlandaise, Talbot se consacre pendant 50 ans à développer le peuplement Talbot dans le Haut-Canada. Il étudie à Malahide et à Manchester, en Angleterre, et est investi de son premier rang dans l'armée britannique à l'âge de 11 ans. Au cours de la période turbulente du conflit anglo-français à la fin du XVIIIᵉ siècle, il sert en Europe et en Amérique du Nord. De 1791 à 1794, il est secrétaire particulier de SIMCOE, gouverneur du Haut-Canada. Non seulement en profite-t-il pour visiter plusieurs parties de la région des Grands Lacs, mais il cultive aussi l'amitié de Simcoe, ce qui s'avérera plus tard inestimable. En 1801, il vend son grade et émigre dans le HAUT-CANADA. Il y devient un promoteur officiel de peuplement dans le district de London et, en moins de 10 ans, construit 3 routes principales – les rues Talbot – et établit une douzaine de cantons. Sa compétence dans l'acquisition de propriétés personnelles aussi bien que son succès dans la colonisation d'importants lopins de terre en font un homme exceptionnel. Avant 1836, il avait colonisé des parties de 29 cantons regroupant une population de plus de 30 000 habitants et s'étendant sur une immense région le long de la rive nord du lac Érié, dans ce qui est aujourd'hui le sud-ouest de l'Ontario. Son succès est dû, en grande partie, au fait qu'il exige que les colons exploitent réellement leur terre, qu'ils la défrichent et construisent une maison avant de leur en reconnaître l'entière possession de droit.

Après 1825, son pouvoir commence à s'étioler en raison, notamment, de l'esprit de réforme qui gagne en popularité, de la croissance de la bureaucratie et de sa propre excentricité. Socialement intolérant et exclusif, il vit seul et isolé dans son «château» de Port Talbot. À sa mort, il lègue une grande partie de son domaine à ses domestiques.

A.G. Brunger

Talc C'est un minéral qui contient 31,7 p. 100 d'oxyde de magnésium, 63,5 p. 100 de silice (SiO_2), et 4,8 p. 100 d'eau. Le talc est formé par l'altération de la dolomite ou de ROCHES IGNÉES ultrabasiques. Une réaction typique pour former le talc serait comme suit: 3 dolomites + 4 quartz + 1 eau = 1 talc + 3 calcites + 3 dioxydes de carbone. Dans la nature, le talc est blanc, verdâtre ou gris, et soit translucide ou opaque. Il a un aspect gras et est très onctueux au toucher. Il résiste bien à la corrosion et aux intempéries, et possède une faible conductivité électrique. Lorsque broyé et micronisé en une poudre blanche, il est utilisé comme agent de remplissage dans les plastiques, les peintures, le papier, le caoutchouc, les revêtements de toit et les produits pharmaceutiques et cosmétiques. Parce qu'il absorbe facilement l'huile et la graisse, il est utilisé comme agent de traitement de la pâte à papier et comme pigment pour couvrir la surface du papier. Le talc retarde la propagation du feu dans les revêtements de toiture et augmente leur résistance aux intempéries. Dans les céramiques, grâce à son haut point de fusion et à son action comme fondant, il permet de diminuer la température et le temps de cuisson. Il permet également d'obtenir des glaçures non fissurées. Un usage relativement nouveau est dans la clarification des eaux, où le talc finement broyé accélère la sédimentation des particules fines qui sont contenues dans l'eau. Le talc est un constituant de la pierre à savon (*voir* STÉATITE), qui est un minéral utilisé pour faire des sculptures.

Il y a trois mines de talc au Canada, une au Québec et deux en Ontario. En 1997, la production canadienne était d'environ 72 000 tonnes. Les expéditions étaient d'environ 70 000 tonnes, d'une valeur de 14 millions de dollars.

Michel A. Boucher

Talirunili, Joe, artiste (près de Kuujjuaraapik [Grande rivière de la Baleine], Qc, v. 1899—Povungnituk, Qc, 11 sept. 1976). Il est surtout connu pour ses sculptures sous le thème intitulé à tort «Migration», décrivant habituellement le retour de son propre baptême, son équipage en détresse sur un floe de glace fondante, la fabrication d'une embarcation à l'aide de peaux de phoque et de pièces de traîneau et ses propres sauvetages héroïques en mer. Les trois autres sujets dominants de son répertoire lui valent le surnom de «chroniqueur»: des figures de pierre lourdement habillées, symboles de richesse et de statut, des impressions de gravures sur pierre dépeignant des scènes de chasse d'été ou d'hiver, souvent simultanément, et des hiboux énormes et irrésistibles, un trait courant de son œuvre. Ses sculptures et ses gravures, non conformistes, grossièrement exécutées et qui font appel à l'émotion, sont largement répandues à l'échelle internationale dans des collections publiques et privées.

Mary M. Craig

Talon, Jean, INTENDANT de la Nouvelle-France (baptisé à Châlons-sur-Marne, France, 8 janv. 1625 ou 1626—France, 24 nov. 1694). À titre d'«intendant de la justice, de la police et des finances du [...] Canada, de l'Acadie et de Terre-Neuve», de 1665 à 1668 et de 1669 à 1672, Talon se révèle un serviteur déterminé, énergique et ingénieux du roi et de son ministre, Jean-Baptiste Colbert.

Ce premier intendant de la NOUVELLE-FRANCE transformera un faible petit avant-poste de traite des fourrures et de missionnaires, alors sous l'autorité d'une compagnie, en une province royale rentable, bien peuplée et capable de se défendre. En vue de diversifier l'économie, Talon fait évaluer les ressources minérales et forestières, encourage l'agriculture commerciale, les arts ménagers, la construction de navires et la pêche. Il crée une brasserie et favori-

se le commerce avec les Antilles françaises. Il voit à l'établissement sur des terres de près de 2000 immigrants et militaires démobilisés. On prévoit une croissance de la population par le mariage avec les autochtones convertis à la religion et aux coutumes de la France, mais peu d'entre eux abandonnent leur culture. Pour assurer la croissance de la population, Talon compte plutôt sur les amendes imposées aux célibataires et sur les allocations accordées pour les mariages précoces et les grandes familles chez les colons français.

Quand son rêve d'un empire territorial se heurte au désir de Colbert d'établir une colonie dense et défendable, Talon obtempère et poursuit la colonisation de la vallée du Saint-Laurent où il fonde trois villages. Il avait accepté son poste au Canada en considérant qu'il lui ouvrirait la voie vers une promotion et il demande au roi, en 1671, la permission de rentrer en France, «étant donné mon obéissance à quitter l'Europe pour l'Amérique, à exposer ma vie aux divers risques de la mer et aux maladies [...] et mes travaux dans un pays aussi dur que celui-ci l'était à ses débuts». Il y retourne en 1672, est nommé secrétaire du roi, membre de la Maison du roi et se voit élevé au rang de comte d'Orsainville. En Nouvelle-France, les industries encouragées par Talon, l'agriculture commerciale et le commerce avec les Antilles sont un échec. La colonie demeure trois ans sans intendant et la Couronne refuse d'investir d'importantes sommes d'argent dans le développement colonial. On se souvient de Talon en tant qu'industriel et initiateur de l'allocation familiale, mais son héritage durable est le fait d'avoir instauré le régime centralisé d'administration royale et légale.

Peter N. Moogk

Tamarack Review (1956-1982) C'est une revue littéraire fondée à un moment particulièrement morose pour les périodiques littéraires canadiens. Le NORTHERN REVIEW de John SUTHERLAND ayant cessé de paraître, le *Tamarack Review* a le champ libre pendant quelques années. Elle parvient à combler ce vide avec honneur jusqu'à ce qu'elle cesse de paraître. Robert Weaver est le principal fondateur de *Tamarack* et demeure l'un des rédacteurs en chef les plus actifs jusqu'à la fin, bien que Anne Wilkinson, William Toye et John Robert COLOMBO y jouent aussi un grand rôle. *Tamarack Review* couvre tous les genres littéraires: romans, mémoires de voyage, poésie, autobiographies, critiques et même théâtre. Il est possible d'y trouver les toutes premières œuvres de plusieurs écrivains réputés tels que Timothy FINDLEY, Jay Macpherson, Hugh HOOD, Alice MUNRO et Mordecai RICHLER. Les revues littéraires canadiennes ultérieures (*voir* REVUES LITTÉRAIRES DE LANGUE ANGLAISE) sont jugées en fonction du niveau de qualité établi par *Tamarack*.

George Woodcock

Tamia Aussi connu sous le nom de suisse, c'est un petit animal de la famille de l'ÉCUREUIL appartenant au genre *Tamias*. On en trouve cinq espèces au Canada, depuis les Maritimes jusqu'à certaines régions de la Colombie-Britannique, du sud du Yukon et du sud des Territoires du Nord-Ouest. Il s'agit du tamia rayé (*T. striatus*), du tamia mineur (*T. minimus*), du tamia amène (*T. amœnus*), du tamia de Townsend (*T. townsendii*) et du tamia à queue rousse (*T. ruficaudus*).

Description La plus grande de ces espèces est le tamia rayé, qui pèse environ 100 g. On le trouve seulement à l'est de la Saskatchewan. Les autres espèces sont plus petites; leur taille varie de 35 g pour le tamia mineur à 85 g pour le tamia de Townsend. Vif et actif, le tamia tient la queue dressée en courant. Les cinq espèces ont des bandes noires sur le dos; le tamia rayé a aussi sur chaque flanc une bande qui se termine au croupion.

Régime alimentaire Le tamia hiberne dans des terriers. Lors de ses fréquents réveils, il se nourrit de

ses réserves de nourriture. Il est omnivore et se nourrit de grains, de noix, d'INVERTÉBRÉS et parfois de petits œufs.

Reproduction et développement La plupart des espèces ont une portée chaque été (de cinq à six petits). Le tamia rayé a deux portées de trois à quatre petits. Peu nombreux, les tamias ne représentent aucun intérêt économique, mais leurs habitudes diurnes, leur beauté et leur comportement affairé réjouissent les observateurs.

W.A. Fuller

Tanabe, Takao, artiste, peintre (Prince Rupert, C.-B., 16 sept. 1926). Il fait ses études d'art à la Winnipeg School of Art (1946–1949), est l'élève d'Hans Hofmann (1951), puis étudie à la Central School of Arts and Crafts, à Londres, en Angleterre (1954), et à la Tokyo University of Fine Arts (1959–1961), où il combine la peinture et la calligraphie à une visite du Japon. Il travaille à Vancouver comme concepteur graphique (1956–1959) et fonde la Periwinkle Press (1963). En 1962, il commence à enseigner à la Vancouver School of Art. Il expose régulièrement ses peintures dans tout le Canada et réalise des commandes de murales. En 1968, il part pour Philadelphie puis, de 1969 à 1973, il peint à New York. Il est le directeur du département d'art du BANFF CENTRE (1973–1980).

Ses peintures les plus accomplies de cette période révèlent une synthèse progressive de ses premières influences, parmi lesquelles on trouve l'art japonais et le style *hard edge* de New York. Ses compositions, de plus en plus simples et saisissantes, dominées par un balayage horizontal énergique, étudient la nature de l'espace et de la lumière. Une série d'œuvres telles que *The Land*, inspirée par sa connaissance des Prairies et des paysages marins, qui deviendront l'un de ses principaux thèmes à son retour en Colombie-Britannique en 1980, signale une connaissance élargie et métaphysique de l'espace.

Tanabe continue de peindre les paysages de la côte ouest, de l'Arctique, des déserts et des Prairies. Ses peintures et ses estampes, réalisées dans de nombreuses techniques, dont la lithographie, l'eau-forte, la gravure sur bois et la photogravure hélio, sont régulièrement exposées dans les galeries d'art de Vancouver, de Calgary et de Toronto. En 1992, ses œuvres font partie des expositions «La crise de l'abstraction au Canada: les années 1950», au MUSÉE DES BEAUX-ARTS DU CANADA, et «Winnipeg: Achieving the Modern», à la Winnipeg Art Gallery. En 1996, des expositions des œuvres de Tanabe à Toronto (Mira Godard Gallery), à Calgary (Paul Kuhn Fine Arts Gallery) et à Vancouver (Equinox Gallery) soulignent le 70e anniversaire de l'artiste.

Joyce Zemans

Tandy, Jessica, actrice (Londres, 7 juin 1909—Easton, Conn., 11 sept. 1994). Tandy a mené une longue et remarquable carrière sur les scènes les plus importantes d'Angleterre, des États-Unis et du Canada. Diplômée de la Ben Greet Academy of Acting de Londres (1924–1927), elle s'affirme immédiatement comme une actrice aux talents multiples et remporte autant de succès dans les pièces classiques que dans les pièces contemporaines. Elle interprète le rôle d'Ophelia dans *Hamlet* en 1934 et de Cordelia dans *King Lear* (v.f. *Le Roi Lear*) en 1940, deux pièces mises en scène par John Gielgud. Tandy joue, en 1937, aux côtés de Laurence Oliver dans *Twelfth Night* (v.f. *La Nuit des rois*) et *Henry V* au Old Vic, mises en scène par Tyrone Guthrie. En 1942, elle épouse l'acteur canadien Hume CRONYN. Le couple est souvent comparé aux Lunts parce qu'il joue très souvent ensemble dans de nombreuses pièces mémorables.

Tandy reçoit de nombreux hommages, notamment des molières pour son interprétation remarquable de Blanche Dubois dans *A Streetcar Named Desire* (1948; v.f. *Un tramway nommé désir*) de Tennessee William, et pour ses prestations dans *The Gin Game* (1978) et *Foxfire* (1982).

Par ailleurs, ses rôles dans *Happy Days* (v.f. *Oh! Les beaux jours*) et *Not I* (v.f. *Pas moi*), de Samuel Beckett (1972), lui valent des Obie and Drama Desk Awards. En 1986, son rôle dans *The Petition*, où elle donne la réplique à Cronyn, lui vaut une mise en nomination pour une molière. En 1994, Tandy et Cronyn reçoivent chacun un molière spécial pour l'ensemble de leur carrière au théâtre et sont mis en nomination pour des Emmy Awards pour leur rôle dans *To Dance With the White Dog* (1994).

Tandy interprète des rôles importants au Canada, dont celui de Hesione Hushabye dans *Heartbreak House* au Shaw Festival en 1968; d'Hippolyta/Titania dans *A Midsummer Night's Dream* (v.f. *Le Songe d'une nuit d'été*) et de lady Wishfort dans *The Way of the World* au Festival de Stratford en 1976. Elle interprète aussi le rôle-titre dans *Eve*, de Larry Fineberg, en 1976 et joue le rôle d'Annie Nations dans *Foxfire* en 1980. Au Theatre London, en 1977, elle joue dans *Long Day's Journey Into Night*, sous la direction de Robin Phillips.

Tandy mène une importante carrière cinématographique et remporte l'oscar de la meilleure actrice pour son rôle dans le film *Driving Miss Daisy* (1989; v.f. *Miss Daisy et son chauffeur*). Elle est aussi mise en nomination pour l'oscar du meilleur second rôle dans *Fried Green Tomatoes* (1991). À l'âge de 80 ans, elle est la comédienne la plus âgée à remporter un oscar.

Elle joue par ailleurs dans de nombreux films marquants, dont *The Birds* (1963; v.f. *Les Oiseaux*), *Butley* (1974), *The World According to Garp* (1982; v.f. *Le Monde selon Garp*), *The Bostonians* (1984), *Cocoon* (1985; v.f. *Cocoon*), *Batteries not Included* (1987; v.f. *Piles non comprises*), *Used People* (1992; v.f. *Quelle famille*), *Camilla* (1994; v.f. *Camilla*) et *Nobody's Fool* (1994; v.f. *Un homme presque parfait*).

En 1974, l'U. de Western Ontario lui remet un doctorat en droit honorifique.

James Defelice

Tangara Il appartient à une famille des petits passereaux, les thraupidés, qui compte jusqu'à 413 espèces. Cette famille a cependant déjà été considérée plutôt comme une sous-famille (les thraupinés) à l'intérieur de la famille des embérizidés. Les tangaras vivent uniquement en Amérique et on les trouve principalement dans les régions tropicales. La plupart des espèces ne migrent pas et sont donc sédentaires. Les tangaras vivent dans les arbres, où ils s'alimentent d'insectes, de fruits et de fleurs.

Description Plusieurs espèces ont un plumage éclatant et vivement coloré, caractérisé par des motifs très contrastés. Leur bec est généralement court et conique, et la mandibule supérieure porte une entaille, appelée aussi «dent». Les tangaras ne sont pas vraiment reconnus comme étant de grands chanteurs. Leur chant ressemble à celui du merle d'Amérique, mais en plus rauque.

Répartition Seulement deux espèces (du genre *Piranga*), toutes deux migratrices, nichent dans le sud du Canada. Une autre, le tangara vermillon (*P. rubra*), est considérée comme un visiteur occasionnel dans le sud de l'Ontario et un visiteur accidentel dans d'autres provinces. Le tangara à tête rouge (*P. ludoviciana*), vivement coloré de jaune, de noir et de rouge, niche dans les forêts conifériennes de l'ouest, de la Colombie-Britannique jusqu'en Saskatchewan. Le tangara écarlate (*P. olivacea*), au plumage rouge et noir, affectionne les forêts décidues du sud du pays, du Manitoba jusqu'au Nouveau-Brunswick. C'est la plus migratrice parmi les espèces de cette famille. Il s'agit aussi de la seule chez qui le mâle subit une mue saisonnière importante puisqu'il devient vert olive en hiver. Les femelles des deux espèces sont vert olive.

Nidification Le nid est formé de brindilles grossièrement assemblées et il est construit dans un arbre, à une hauteur variant de 3 à 30 m. La femelle incube les œufs, bleu pâle tachetés de brun, durant environ

deux semaines. Le mâle participe aux soins des petits après l'éclosion.

R.D. James

Tanguay, Eva, actrice de vaudeville (Marbleton/Limeridge près de Sherbrooke, Qc, 1er août 1878—Los Angeles, É.-U., 11 janvier 1947). Connue comme la fille qui a rendu le vaudeville célèbre, elle s'installe au Massachusetts avec ses parents (son père est Français, sa mère, Canadienne française). Elle démontre un intérêt précoce pour la scène. Enfant, elle fait des tournées pendant cinq ans dans *Little Lord Fauntleroy* avant de jouer des rôles secondaires dans des mélodrames aujourd'hui oubliés, comme *The Engineer* (1895) et *Who is Who*? (1899).

En 1901, Tanguay se produit comme chanteuse et danseuse dans *My Lady* au Victoria Theatre d'Oscar Hammerstein à New York. Elle fonde bientôt sa propre compagnie, Eva Tanguay Comedy Co, et tient la vedette dans *The Office Boy* (1903), *The Sambo Girl* (1904) et *A Good Fellow* (1906). Dans *The Chaperones* (1903), elle fait sensation en chantant *I Don't Care*, un air auquel elle sera dorénavant associée. Endossant les nouvelles aspirations féministes, elle crée, en 1907, un numéro de vaudeville dans lequel elle joue un personnage déluré qui affiche la liberté sexuelle véhiculée par sa chanson fétiche. Deux fois par jour, son numéro énergique et provocateur ébranle le théâtre. Toujours précédé de trombones, ce garçon manqué virevolte frénétiquement autour de la scène, ce qui lui vaut d'être qualifié de Reine du mouvement perpétuel, de Petit cyclone sur deux jambes et de Femme de Jolson. Elle fait le clown, attifée de costumes de plumes, de billets de banque et même de blocs-notes et de crayons. Ces chants émoustillants ridiculisent les conventions victoriennes: *I Want Someone To Go Wild With Me, Go As Far As You Like, It's All Been Done Before, But Not The Way I Do It*.

Le cachet de Tanguay grimpe de 250 à 3500 $ par semaine. Pendant 25 ans, elle est la plus grande attraction aux guichets du vaudeville. Elle fait des tournées au Canada et aux É.-U. et finit par braver les monopoles d'engagement des artistes en organisant ses propres tournées. Orageuse sur scène et en dehors, elle est réputée avoir jeté dans les escaliers un préposé qui bloquait son retour sur scène au moment du rappel, et avoir découpé en tranches un rideau coupe-feu parce que son cachet ne la satisfaisait pas. Elle fait régulièrement la manchette des journaux en prenant des bains de champagne avant ses spectacles, en s'envolant en montgolfière et en posant à côté de tigres. En 1908, elle incorpore dans son répertoire la danse de Salomé, très à la mode, et donne une conférence de presse pour dévoiler son costume. En desserrant son poing, elle laisse voir deux perles et un morceau de gaze verte. Un critique narquois note qu'on ne peut guère décrire son costume en détail.

Son numéro de tournée est filmé en 1908 dans un premier essai d'enregistrement du son. Elle est l'artiste invitée dans les Zeigfeld Follies of 1909 et tourne un film muet en 1916 (*Wild Girl*). Selon la discographie Roll Back the Years, sa version de *I Don't Care* est enregistrée vers 1922. En 1918, à la fin de la Seconde Guerre mondiale, elle chante *La Marseillaise* en français, agenouillée et vêtue de petits drapeaux. Les critiques ne savent comment expliquer son succès. Elle n'est pas belle; sa grosse voix claironnante est comparée au hurlement d'un dinosaure préhistorique ou dite pas plus musicale que le bourdonnement d'une scie, mais son humour agressif et sa vitalité lui conservent la fidélité du public jusque dans la cinquantaine avancée.

Tanguay est connue pour payer ses achats avec des billets de 1000 $, mais le crash boursier de 1929 lui fait perdre deux millions de dollars. La fin prochaine du vaudeville la force, en 1931, à se produire quatre à cinq fois par jour dans de petits cabarets. Après avoir tenté sa chance dans l'immobilier à Los

Angeles, elle y meurt à 68 ans dans un oubli relatif, rendue presque aveugle par une cataracte.

En 1952, Mitzi Gaynor est la vedette de la version filmée de sa vie, *The I Don't Care Girl*.

David Gardner

Tanner, Elaine, surnommée «Mighty Mouse», nageuse (Vancouver, C.-B., 22 févr. 1951). Tanner connaît une carrière internationale brève, mais extraordinaire, et on la considère comme la meilleure nageuse à avoir vu le jour au Canada. Elle excelle à la nage sur le dos, à la nage papillon et au quatre nages individuel, mais elle fait aussi partie d'équipes de relais gagnantes en style libre. En 1966, elle établit des records mondiaux dans les épreuves du 200 mètres quatre nages et du 200 mètres papillon, en plus de remporter 4 médailles d'or et 3 médailles d'argent aux Jeux du Commonwealth, ce qui en fait la meilleure nageuse de l'histoire de ces jeux. La même année, âgée de 15 ans, elle reçoit le TROPHÉE LOU-MARSH, décerné à l'athlète de l'année au Canada, ce qui en fait la plus jeune athlète à recevoir cet honneur. Elle gagne aussi deux médailles d'or et deux médailles d'argent aux Jeux panaméricains de 1967, ainsi que deux médailles d'or et une médaille de bronze aux Olympiques de Mexico. Elle est Membre de l'Ordre du Canada depuis 1969.

Barbara Schrodt

Tantale (Ta) C'est un métal gris, lourd et très dur, qui a un point de fusion élevé (2996 °C). À l'état pur, il est ductile et se façonne facilement. Le tantale possède de bonnes propriétés de redressement (c.-à-d. qu'il convertit le courant alternatif en courant direct) et des propriétés diélectriques (c.-à-d. qu'il ne conduit pas le courant direct). Allié à d'autres métaux, il donne de la résistance, de la ductilité et un point de fusion élevé. Dans l'industrie, on l'utilise surtout pour la fabrication de condensateurs électriques et d'outils de coupe en carbure métallique. Comme il résiste à la corrosion de la plupart des acides, on l'utilise de plus en plus dans les usines de produits chimiques et pétroliers. Il est surtout présent dans le minéral columbotantalite. On trouve des minerais de tantale au pays, en Australie, au Brésil, au Zaïre et en Chine. En Thaïlande et en Malaisie, on le récupère surtout à partir de scories d'étain. La Tantalum Mining Co. of Canada Ltd (TANCO), le seul producteur au Canada, est située à Bernic Lake, au Manitoba. En 1995, le Canada produit 25 t de pentoxyde de tantale, soit environ 10 p. 100 de la production de l'hémisphère ouest.

D.G. Fong et Louis Perron

Tantramar, marais C'est l'un des quatre marais littoraux d'eau salé qui couvrent ensemble une superficie de 20 230 ha sur l'isthme étroit de Chignecto, qui relie le Nouveau-Brunswick et la Nouvelle-Écosse. Son réseau complexe de tourbières, de rivières, de lacs et de marais était autrefois l'habitat de milliers d'oiseaux aquatiques. La construction de digues, commencée par les ACADIENS dans les années 1670, afin de transformer les marais en terres cultivables, avait entraîné, au début du XXe siècle, l'assèchement de plus de 90 p. 100 des marais de Chignecto. À cette époque, le riche limon déposé par les marées de la BAIE DE FUNDY alimentaient une industrie du foin lucrative et la région était surnommée «la plus grande prairie de foin du monde». Le marché du foin a décliné en raison de la croissance de l'industrie automobile et les terres gagnées sur la mer se sont peu à peu dégradées. Ces dernières années, des organismes fédéraux, provinciaux et privés ont réclamé des centaines d'hectares de marais afin de les redonner aux oiseaux aquatiques. Le projet le plus important, mené par le SERVICE CANADIEN DE LA FAUNE, comprend la restauration d'un habitat approprié pour la faune. Cet habitat s'étend sur 1740 ha de la Réserve nationale de la faune de Tintamarre, en amont de la rivière Tantramar. Les marais actuels comptent parmi les aires de reproduction les plus peuplées au monde en ce qui concerne certaines espèces, comme le faucon des marais. Ils font également vivre de petites entreprises œuvrant dans le domaine du rat musqué et du riz sauvage. Le nom Tantramar dérive du mot français «tintamarre» et fait référence au bruit de la marée remontant la rivière ou à celui du vol des oies sauvages dans les marais. (*Voir aussi* MARAIS, MARÉCAGES ET TOURBIÈRE.)

P.C. Smith

Tapis, confection de La technique de confection du tapis au crochet se fait de la façon suivante: à l'aide d'un crochet, on fait passer des boucles de fil ou des bandelettes de chiffon à travers les mailles d'un canevas à large trame, habituellement du jute. Ces boucles de différentes sortes de tissus aux couleurs variées forment à la longue un motif pictural, floral ou géométrique qui couvre tout le canevas et donne un tapis résistant.

Au milieu du XIXe siècle, quand les premiers tapis au crochet font leur apparition au Canada, les revêtements de plancher constituent un luxe. Les riches se paient parfois un tapis d'Orient importé ou un tapis commercial tissé sur métier. D'autres possèdent une catalogne qu'ils ont eux-mêmes confectionnée (ou fait confectionner); celle-ci est constituée d'une trame de bandelettes de tissu passées au travers de fils de chaîne en coton peu serrés. Le tapis au crochet permet de recouvrir à peu de frais les planchers froids, et c'est sous cette forme que finissent les vieux vêtements.

Au Canada, il ne reste, du XIXe siècle, que très peu de vêtements de tous les jours. Les tissus sont alors trop précieux pour qu'on les gaspille et la plupart aboutissent dans les COURTEPOINTES ou sur les planchers (*voir* VÊTEMENT). Il est probable que la fabrication de tapis au crochet se développe simultanément, mais de manière indépendante, en plusieurs endroits: au Québec, dans les Maritimes et en Nouvelle-Angleterre. Le nombre de tapis confectionnés dans la moitié est du continent est beaucoup plus important que dans l'Ouest, ce qui s'explique par le fait qu'au moment de la colonisation de l'Ouest canadien, les tapis s'obtiennent facilement dans les magasins.

Les tapis exclusivement canadiens les plus faciles à identifier sont ceux des missions Grenfell, à Terre-Neuve et au Labrador. L'origine des tapis Grenfell remonte à 1913. Cette année-là, le Dr Wilfrid Grenfell industrialise la fabrication locale des tapis. On reproduit, sur canevas de jute, des motifs classiques (traîneaux à chiens, volées de canards, ours polaires), puis des femmes de la région crochètent les tapis. Dans les églises, on vend alors un grand nombre de ces tapis et on amasse ainsi de l'argent pour les missions médicales.

Les carpettes Grenfell sont encore fabriquées de nos jours, mais avec des tissus synthétiques teints par des procédés chimiques et non avec des fibres naturelles et des teintures végétales comme à l'origine. Toujours très bien faits, ils ressemblent presque à des tapisseries à l'aiguille. Les premiers tapis Grenfell ont comme couleurs prédominantes le brun et le vert. Ils contiennent beaucoup de fils de jute, aussi bien que des pièces de sous-vêtements et de bas recueillies sur le continent pour les missions.

La remarquable qualité d'exécution des tapis de Chéticamp, en Nouvelle-Écosse, est également légendaire. Encouragée par la femme d'Alexander Graham Bell, qui rêve d'établir une industrie artisanale au Cap-Breton, Lillian Burke fonde l'industrie du tapis de Chéticamp.

Contrairement aux courtepointes, qui sont souvent conservées précieusement dans les familles et transmises d'une génération à l'autre, les vieux tapis au crochet ne possèdent ni histoire ni origine précises. Il est très rare d'en retrouver de très anciens dont le fabricant soit connu. Toutefois, une femme du nom d'Emily CARR atteint la célébrité grâce aux tapis qu'elle confectionne pour suppléer aux revenus de sa pension de famille.

Plusieurs tapis sont attribués au peintre Georges-Édouard Tremblay. Dans le cadre de la renaissance que l'ARTISANAT a connue au Québec, le motif de ces tapis a été copié sur les paysages de l'artiste par des femmes de la région qui travaillaient sous la direction de Tremblay, dans son atelier de Pointe-au-Pic. Ces tapis, souvent fabriqués avec du fil de coton épais, arborent un contour noir avec, au centre, une scène d'hiver.

En 1886, un ferblantier ambulant, Edward Sands Frost, met au point un jeu de plaques en zinc découpées qui lui permettent d'imprimer au pochoir, sur de la jute, des patrons de tapis en série (invention qui préfigure la peinture à numéros). D'autres entreprises envahissent aussi le marché: vers le milieu des années 1890, la compagnie Garrett de New Glasgow, en Nouvelle-Écosse, fabrique des patrons de tapis à l'image du *Bluenose*. En 1894, Wells and Richardson de Montréal publient des patrons dans sa collection Diamond Dye Rug Books («Ne vendez pas vos chiffons aux chiffonniers; conservez-les plutôt pour fabriquer de beaux et utiles tapis et carpettes.»).

Vers 1905, Eaton vend par catalogue ses patrons Monarch. Au début du siècle, Hambly and Wilson, de Toronto, imprime aussi des patrons sur toile de jute.

Aujourd'hui, on fait encore des tapis selon des patrons, mais les plus beaux ont toujours été ceux que les femmes fabriquaient avec leurs propres chiffons et selon leur inspiration. Bon nombre d'anciens tapis crochetés au Canada sont étonnamment éloquents, évoquant le sens de l'économie, la personnalité et les préoccupations utilitaires de leurs créatrices, qui ont intégré à leurs œuvres les vêtements de plusieurs générations et des étoffes chargées de souvenirs, bref, la trame même de leur existence.

Max Allen

Tardif, Jean-Paul, financier (Québec, 15 mai 1923). Après avoir reçu son diplôme de l'U. Laval, Tardif commence à travailler, en 1947, pour la compagnie de placement de son père, la Compagnie Prêt et Revenu, d'abord comme trésorier, puis comme directeur général. En 1951, il devient chef de la direction et, en 1959, président du conseil. Dans les années 60 et 70, plusieurs filiales sont ouvertes et la compagnie devient un conglomérat (Groupe prêt et revenu) qui comprend la Compagnie de fiducie Prêt et Revenu, l'Æterna-Life et La Saint-Maurice (compagnie d'assurances), le Fonds canadien prêt et revenu et le Fonds américain prêt et revenu. Le Groupe Prêt et Revenu est un des plus importants conglomérats appartenant à des francophones, et il est racheté par la Banque Laurentienne en 1996. Tardif est aussi membre du conseil de la Compagnie Donohue ltée.

Jorge Niosi

Tardivel, Jules-Paul, journaliste et romancier (Covington, Ky., 2 sept. 1851—Québec, 24 avril 1905). Dans les dernières décennies du XIXe siècle, il est l'un des interprètes les plus reconnus de l'ULTRAMONTANISME et l'une des figures dominantes du nationalisme canadien-français.

Tardivel arrive au Québec en 1868 pour y étudier le français. Fasciné par le milieu religieux et culturel, il décida d'y passer sa vie et de s'adonner principalement au journalisme. Après avoir travaillé au *Courrier* de Saint-Hyacinthe (1873), à *La Minerve* de Montréal (1873–1874) et au *Canadien de Québec* (1874–1881), il fonde à Québec, en 1881, son propre hebdomadaire, *La Vérité*. Jusqu'à sa mort, il consacre ses meilleurs moments à ce journal, les yeux fixés sur les deux obsessions de sa vie, l'ultramontanisme et le nationalisme. Tardivel incarne avant tout l'idéologie ultramontaine et conservatrice qui subjugue le Québec dans la seconde moitié du XIXe siècle. Farouche adversaire du libéralisme, du socialisme, de la démocratie et de la franc-maçonnerie, il prône avec acharnement un projet de société surtout rurale et agricole, hiérarchisée et soumise en tous points à l'Église catholique. Tardivel est le père de la pensée séparatiste canadienne-française sous le

régime de la CONFÉDÉRATION. Bien qu'il défende, au début de sa carrière de journaliste, un nationalisme purement culturel, il devient, à partir de la pendaison du Métis Louis Riel le 16 novembre 1885, le premier Québécois à préconiser la séparation de la province de Québec du Canada et à recommander la création d'une république canadienne-française, indépendante et catholique. En 1895, il publie *Pour la patrie*, un roman d'anticipation dans lequel il synthétise sa pensée séparatiste. Il est, à cet égard, assez peu écouté de son vivant. Mais en contribuant à procurer un sentiment d'identité collective aux Canadiens français, il prépare la voie, sur le plan culturel, à des leaders tels Henri Bourassa et Lionel Groulx et à des mouvements comme l'Association catholique de la jeunesse canadienne-française.

Réal Bélanger

Tarragon Theatre En 1971, Bill GLASSCO fonde le Tarragon Theatre à Toronto avec le mandat de présenter de nouvelles pièces de théâtre canadiennes interprétées par des comédiens canadiens. Glassco en est le directeur artistique jusqu'en 1982, année où lui succède Urjo Kareda. Dès sa première production, *Creeps*, par David Freeman, le Tarragon s'avère une source importante pour le répertoire canadien. Parmi les œuvres dont la première a eu lieu au Tarragon et présentées ensuite dans d'autres théâtres figurent des pièces de David French (*Leaving Home*; *Of the Fields*; *Lately*; *Jitters*; *Salt-Water Moon*), de James REANEY (sa trilogie «The Donnellys»), de Carol BOLT (*One Night Stand*), de Mavis GALLANT (*What Is To Be Done?*), de Judith Thompson (*White Biting Dog*; *I Am Yours*; *Lion in the Streets*), de Don Hannah (*The Wedding Script*) et les premières productions en anglais des dramaturges québécois Michel TREMBLAY (*Hosanna*; *À toi pour toujours, ta Marie-Lou*; *Bonjour, là, bonjour*; *Albertine en cinq temps*), Roland Lepage (*Le Temps d'une vie*) et René-Daniel DUBOIS (*Being At Home With Claude*).

À partir de la fin des années 80, le Tarragon présente de nouvelles pièces de Joan MacLeod (*Toronto*; *Mississippi*; *Amigo's Blue Guitar*; *The Hope Slides*; *2000*); de Guillermo Verdecchia (*Fronteras Americanas*); de John MURRELL (*October*; *Democracy*; *The Faraway Nearby*) et de Jason Sherman (*Three in the Back*; *Two in the Head*; *The Retreat*). Il inclut aussi dans son répertoire des performances (*Buoys, Beuys, Boys, Surrounded by Water* et *Plants On Fire* de Ken Garnhum) ainsi qu'un petit opéra comique (*Nigredo Hotel*, de Nic Gotham et Ann-Marie MacDonald).

Le théâtre de 205 places occupe un ancien entrepôt. En 1980, le Tarragon inaugure le Maggie Bassett Studio (aujourd'hui le Tarragon Studio) pour agrandir l'espace réservé aux cours de formation professionnelle, aux ateliers et aux répétitions. L'Extra Space, une seconde salle de représentation de 100 places, s'ajoute au complexe trois ans plus tard. En 1987, le Tarragon fait l'acquisition de l'édifice qu'il occupe depuis sa fondation en 1971. Il offre des programmes d'analyse et de rédaction de scénarios. Le Tarragon Theatre a aussi présenté ses productions en tournée au Festival d'Édimbourg, au Glasgow Mayfest, à Londres et à Birmingham ainsi que dans des théâtres un peu partout au Canada. (*Voir aussi* THÉÂTRE DE LANGUE ANGLAISE.)

Urjo Kareda

Tarte, Joseph-Israël, journaliste et politicien (Lanoraie, Canada-Est, 11 janv. 1848—Montréal, 18 déc. 1907). Polémiste brillant, caustique et souvent impulsif, Tarte est, au cours de sa carrière, propriétaire et rédacteur en chef de plusieurs journaux, dont *Le Canadien*, *L'Événement*, *La Patrie* et le *Quebec Daily Mercury*, publications qu'il met au service de diverses causes et factions politiques.

En tant que libéral-conservateur au début des années 1870, il s'oppose au Programme catholique. En 1876, cependant, il se tourne vers l'ULTRAMONTANISME et en est l'un des chefs de file pendant sept ans. (Il siège à l'Assemblée législative du Québec de 1877 à 1881.) Quand le Vatican règle la question de l'ingérence du clergé dans la politique, Tarte revient à une position plus modérée. Son heure de gloire survient sans doute en 1890-1891, lorsqu'il révèle le scandale McGreevy-Langevin, d'abord dans *Le Canadien,* puis à la Chambre des communes où il est élu en 1891. Cette affaire discrédite le Parti conservateur, force sir Hector LANGEVIN à démissionner du Cabinet et finit par pousser Tarte dans les rangs des libéraux. LA QUESTION DES ÉCOLES DU MANITOBA cimente cette alliance et Tarte contribue grandement au triomphe de LAURIER au Québec à l'élection de 1896.

Comme ministre des Travaux publics dans le gouvernement de Laurier, il pratique le favoritisme, renforce les liens libéraux avec le milieu des affaires de Montréal et voit au développement du port de Montréal. Il se démarque notoirement dans des questions controversées par ses opinions, souvent contradictoires, qu'il défend avec son franc-parler. En 1899, il s'oppose vigoureusement à l'envoi de troupes canadiennes en Afrique du Sud. En 1900, ses discours sur l'indépendance du Canada lui valent d'être sévèrement blâmé par la presse conservatrice de l'Ontario. Finalement, en 1902, sa campagne en faveur de l'unité économique impériale et d'une hausse de la protection douanière conduit Laurier à le congédier et met fin à sa carrière politique.

Richard Jones

Taschereau, dynastie des juristes Elle a duré trois siècles et a servi deux cultures juridiques. La famille Taschereau s'est perpétuée, en même temps que d'autres groupes, comme un noyau constituant des institutions législatives du Québec. Le patriarche de la famille est Gabriel-Elzéar Taschereau, membre du Conseil législatif du Bas-Canada, seigneur et juge (Québec, 27 mars 1745—Sainte-Marie de Beauce, Bas-Canada, 18 sept. 1809). Il s'est marié à deux reprises et deux lignées différentes de juristes distingués sont issues de ses mariages.

Par son mariage avec Marie-Louise-Élisabeth Bazin en 1773, Gabriel-Elzéar Taschereau est le père de Jean-Thomas, membre de l'Assemblée législative, juge et éditeur (Sainte-Marie de Beauce, 26 nov. 1778—Québec, 14 juin 1832), et le grand-père de Jean-Thomas, juge puîné de la Cour suprême du Canada (Québec, 12 déc. 1814—*id.,* 9 nov. 1893). Jean-Thomas, le plus jeune, est le père de sir Henri-Thomas, juge en chef de la Cour du Banc du Roi de Québec (Québec, 6 oct. 1841—Montmorency, France, 11 oct. 1909), et de Louis-Alexandre TASCHEREAU, avocat et premier ministre du Québec. Il est aussi le grand-père de Robert, juge en chef de la Cour suprême du Canada (Québec, 10 sept. 1896—Montréal, 26 juill. 1970).

Par son deuxième mariage, en 1789, avec Louise-Françoise Juchereau Duchesnay (morte en 1841), Gabriel-Elzéar Taschereau est également le grand-père de Joseph-André, solliciteur général du Bas-Canada (Sainte-Marie de Beauce, 30 nov. 1806—Kamouraska, Canada-Est, 30 mars 1867), et l'arrière-grand-père de sir Henri-Elzéar, juge en chef de la Cour suprême du Canada (Sainte-Marie de Beauce, 7 oct. 1836—Ottawa, 14 avril 1911). Cette puissante famille seigneuriale est aussi alliée par des mariages à des membres d'autres importantes familles de juristes de Québec. Bien qu'il y ait beaucoup de familles canadiennes constituant des dynasties de juristes, la présence soutenue de membres de la même famille à la magistrature est rare.

G. Blaine Baker

Taschereau, Elzéar-Alexandre, archevêque catholique de Québec et premier cardinal canadien (Sainte-Marie de Beauce, Bas-Canada, 17 févr. 1820—Québec, 12 avril 1898). Son père, Jean-Thomas, descendant d'une grande famille seigneuriale de la Beauce, s'est lui-même distingué comme politicien et par ses écrits contre le gouverneur James CRAIG, dans le journal *Le Canadien.* Sa mère, Marie Panet, est la nièce de l'évêque Bernard-Claude Panet de Québec. Après des études brillantes et précoces au SÉMINAIRE DE QUÉBEC (1826–1836, 1837–1842), qu'il complète avec un doctorat en droit canonique à Rome, en 1856, Taschereau poursuit une double carrière dans l'enseignement et dans l'épiscopat. Au Séminaire de Québec, il occupe les postes d'enseignant, de directeur, de préfet des études et de supérieur. Il participe à la fondation de l'U. Laval en 1852 et son nommé recteur, de 1860 à 1866 et de 1869 à 1871, et il effectue plusieurs voyages à Rome pour défendre cette institution.

Conseiller auprès des archevêques Pierre-Flavien Turgeon et Charles-François Baillargeon, théologien de ce dernier au premier concile du Vatican et vicaire général à partir de 1862, Taschereau est nommé archevêque de Québec en décembre 1870 et consacré le 19 mars 1871. Il exerce rapidement toutes les prérogatives rattachées à sa position et s'oppose fermement aux ULTRAMONTANISME (*voir* ULTRAMONTANISME). À titre de dirigeant de divers groupes d'évêques suffragants, il a une approche modérée relativement aux grands débats sur le libéralisme catholique, l'influence excessive du clergé en politique, la réforme du *Code civil* et les relations entre l'Église et l'État. Parallèlement, il défend sans relâche le monopole de l'U. Laval de Québec contre les prétentions de Montréal et la protège contre ses adversaires, les évêques Ignace BOURGET et Louis-François LAFLÈCHE, plus spécialement. Grâce à son énergie et au réseau d'amis qu'il entretient à Rome, par l'intermédiaire de Benjamin Pâquet, représentant de l'archevêché, le Saint-Siège le soutient inconditionnellement, malgré les opinions contraires défendues par deux délégués apostoliques, George Conroy (1877–1878), et dom Henri Smeulders (1883–1884). À la demande pressante du gouvernement canadien, notamment, le pape Léon XIII nomme Taschereau cardinal le 7 juin 1886, un honneur qui lui vaut un prestige inégalé dans tout le pays. Il n'a guère le loisir de jouir de ce prestige, car la maladie le force à réduire ses activités, puis à céder sa place à Louis-Nazaire Bégin, coadjuteur nommé en 1891. D'une grande érudition et très talentueux, quoique taciturne, le cardinal Taschereau exerce une grande influence au sein de l'Église catholique (*voir* CATHOLICISME) au Québec et il permet d'éviter la confrontation entre l'Église et l'État, tout en renforçant sa vitalité et son pouvoir politique.

Nive Voisine

Taschereau, Louis-Alexandre, avocat, politicien libéral et premier ministre du Québec, de juill. 1920 à juin 1936 (Québec, 5 mars 1867—*id.,* 6 juill. 1952). Lui-même fils d'un juge de la Cour suprême, Taschereau est le père de juges de cette cour. Bête noire des nationalistes québécois, il accueille favorablement l'afflux de capitaux américains dans les années 20 et demeure sourd aux demandes de réformes socio-économiques de la population dans les années 30.

Destiné à une brillante carrière d'avocat, suivant la tradition familiale, Taschereau parvient lentement et de façon quelque peu inattendue à occuper les fonctions de premier ministre. Le développement industriel du Québec est primordial à ses yeux, et le Québec ne peut, selon lui, y arriver sans l'apport de capitaux et d'expertise de l'étranger. Au cours de ses premières années au pouvoir, il est accusé d'anticléricalisme à cause des réformes qu'il veut mener dans l'éducation et dans les services sociaux et pour avoir sacrifié l'agriculture à l'industrie, en vue d'exploiter rapidement les ressources naturelles du Québec. Comme premier ministre, Taschereau se fait le champion de l'autonomie provinciale, mais il appuie l'approche modérée de sir Wilfrid LAURIER sur la question de l'unité canadienne, condamnant les tactiques d'Henri BOURASSA et l'intolérance des nationalistes anglophones canadiens.

Sa chute coïncide avec la CRISE DES ANNÉES 30. Bien qu'il s'efforce de protéger les plus importantes industries et les municipalités de la faillite, son refus d'instaurer des mesures de sécurité sociale permanentes ou de nationaliser l'énergie hydroélectrique donnent l'impression qu'il est à la solde des trusts (les cartels financiers), une image renforcée par ses liens avec les grandes institutions financières. En 1934, de jeunes rebelles de son propre parti fondent l'ACTION LIBÉRALE NATIONALE qui, après avoir formé une alliance avec les conservateurs, réussit presque à le renverser en 1935. L'année suivante, Taschereau subit une humiliation encore plus grande. Il est démis de ses fonctions après la divulgation de scandaleuses révélations au sujet de son frère et de plusieurs hauts fonctionnaires du gouvernement. (*Voir aussi* QUÉBEC DEPUIS LA CONFÉDÉRATION, LE.)

Bernard L. Vigod

Tata, Sam Bejan, photographe de presse, portraitiste (Shanghai, Chine, 30 sept. 1911). Il immigre au Canada en 1956. Sa personnalité effacée, mais pleine de vie, lui permet de témoigner discrètement des événements qui entourent la Révolution chinoise de 1949. Ses photos extraordinaires décrivent la vie dans les rues et dans les palais de Shanghai en 1848. En Inde, il voit les photographies de Henri Cartier-Bresson, qui transforment complètement son approche de la photographie. Les portraits des artistes, des écrivains, des poètes et des photographes canadiens réalisés par Tata constituent une importante contribution à l'histoire du Canada et à la photographie.

Ann W. Thomas

Taube, Henry, chimiste, lauréat du prix Nobel (Neudorf, Sask., 30 nov. 1915). À l'U. de la Saskatchewan, il étudie avec J.W.T. SPINKS, suit des cours de physique de Gerhard HERZBERG et obtient un baccalauréat ès sciences (1935), une maîtrise ès sciences (1937) et un doctorat en droit honorifique (1973). Il obtient un doctorat à l'U. of California et reste aux États-Unis, où il enseigne dans les universités de la Californie (Berkeley, 1940–1941; Cornell, 1941–1946; Stanford, de 1962 à 1986) et devient professeur émérite en 1986. Ses recherches fondamentales en mécanisme des réactions chimiques, particulièrement celles des matières inorganiques, sont reconnues par de nombreux honneurs et prix, dont le prix Nobel de chimie en 1983.

Robert J. Woods

Taupe C'est le nom commun donné à plus de 20 à 29 espèces d'INSECTIVORES de la famille des Talpidés qui sont principalement fouisseuses et qui vivent exclusivement en Eurasie et en Amérique du Nord. Six espèces de taupes vivent au Canada, dont une espèce appelée condylure.

Répartition et habitat La taupe naine (*Neurotrichus gibbsii*), la taupe du Pacifique (*Scapanus orarius*) et la taupe de Townsend (*S. townsendii*) vivent dans l'extrême sud-ouest de la Colombie-Britannique. La taupe à queue glabre (*S. aquaticus*) se rencontre dans le comté d'Essex, en Ontario. La taupe à queue velue (*Parascalops breweri*) habite les forêts de l'Ontario et du Québec. Le condylure étoilé (*Condylura cristata*), une espèce qui vit partiellement dans les milieux aquatiques, se rencontre depuis les Maritimes jusqu'au Manitoba et, vers le nord, jusqu'à la FORÊT BORÉALE.

Description Les taupes ont un corps cylindrique, une fourrure dense semblable à du velours, un museau pointu et mobile (muni d'appendices tentaculaires chez le condylure étoilé), des yeux minuscules et des oreilles externes grandement réduites ou absentes. Leurs pattes à cinq doigts montrent différentes adaptations à la natation (chez les taupes aquatiques de l'Ancien Monde) ou au creusement.

Reproduction et croissance Les taupes se reproduisent habituellement au printemps. La gestation dure entre quatre et six semaines, et la portée compte de deux à cinq petits. Leur longévité est de trois ou quatre ans.

Régime alimentaire Les espèces canadiennes vivent essentiellement sous terre et chassent principalement les INVERTÉBRÉS dans le sol. Elles peuvent manger quotidiennement l'équivalent de leur poids.

C.G. Van Zyll De Jong

Taux de change Ce sont les taux auxquels les monnaies nationales s'échangent entre elles, en fonction de leurs valeurs respectives les unes par rapport aux autres. Un grand nombre de pays utilisent maintenant le dollar américain comme étalon de mesure de la valeur de leur propre monnaie. Comme la majeure partie du commerce international et des opérations financières du Canada se fait avec les États-Unis, la valeur du dollar canadien par rapport à celle du dollar américain est de toute première importance pour le Canada.

Le dollar devient l'unité monétaire officielle de la Province du Canada le 1er janvier 1858 et la monnaie officielle du Canada après la Confédération. Son cours au jour le jour, ou taux courant, était proche de celui du dollar US jusqu'au récent déclin du dollar canadien, sauf exception marquante pendant la guerre de Sécession, période où notre devise a atteint 1,45 $US. De 1879 à 1914, les monnaies canadienne et américaine font partie du système de l'étalon-or et sont définies chacune par des quantités fixes et égales d'or.

Après la Première Guerre mondiale, sauf pendant la brève période de 1926 à 1929, où le Canada revient au système de l'étalon-or, le dollar canadien se fixe à une valeur particulière par rapport au dollar US (1962–1970) ou fluctue librement au gré de l'offre et de la demande internationales. De 1952 à 1962 et depuis 1970, le dollar canadien fluctue ou «flotte». Au cours de ces périodes, la BANQUE DU CANADA achète et vend sur les marchés des changes pour aplanir les fluctuations quotidiennes du cours de notre dollar. Elle relève ou baisse aussi les taux d'intérêt canadiens par rapport aux taux américains, pour encourager ou décourager les flux des capitaux au Canada, lesquels augmentent ou diminuent la valeur du dollar canadien. À partir de 1970, depuis qu'il n'est plus fixe, le dollar canadien s'est négocié à un taux aussi élevé que 1,04 $US, en 1974, et à un taux aussi bas que 0,63 $US, en 1998.

De nombreux facteurs, autres que l'intervention directe du gouvernement sur les taux de change, influent sur le cours du change de notre devise. Une conjoncture propice aux entreprises à l'étranger, surtout aux États-Unis, la maîtrise de l'inflation au Canada, la productivité accrue de la main-d'œuvre, de bonnes récoltes de céréales, le développement de nouvelles ressources, l'accroissement des investissements directs au Canada en provenance du pays et de l'étranger dans les secteurs axés sur l'exportation, tous ces facteurs favorisent les exportations et la hausse du dollar à l'étranger. L'augmentation du nombre de touristes étrangers visitant le Canada a un effet semblable. À l'inverse, si des forces contraires entrent en jeu, cela fait baisser la valeur extérieure du dollar. De plus, les préoccupations comme celles que suscite la séparation éventuelle du Québec d'avec la fédération canadienne tendent à faire baisser la valeur du dollar canadien.

Simultanément, la valeur du dollar à 0,74 $US renforce la compétitivité internationale des produits canadiens. Mais si un surplus commercial important, qui gonfle l'afflux de capitaux attirés par une confiance accrue de l'étranger dans l'avenir de l'économie canadienne et dans la capacité du pays de gérer le fardeau de sa dette, contribue à faire remonter la valeur de notre dollar, cette remontée pourrait avoir des répercussions défavorables sur les industries canadiennes. En effet, les produits canadiens seront alors plus chers pour les acheteurs étrangers et les produits étrangers, moins chers.

Bruce W. Wilkinson

Taux d'escompte C'est le taux d'intérêt minimum qu'exige la BANQUE DU CANADA dans son rôle de prêteur en dernier ressort sur les prêts à court terme aux banques à charte et aux autres membres de l'Association canadienne des paiements qui maintiennent des dépôts avec la Banque, ainsi qu'aux courtiers en valeurs mobilières. En général, la Banque préfère laisser les forces du marché déterminer le taux d'escompte, mais elle peut, en certaines occasions, influencer le taux dans le sens désiré par des opérations sur le marché libre ou par des changements dans les réserves de liquidités du système bancaire avant de fixer le taux d'escompte, ou encore par le biais de ses ventes de bons du Trésor.

Pendant une grande partie de son histoire, la Banque du Canada faisait jouer de temps en temps aux variations de son taux d'escompte le rôle d'indicateur important de la politique monétaire du gouvernement. Cette méthode rigide a été remplacée en 1980 par la méthode actuelle qui consiste à lier le taux d'escompte à l'offre hebdomadaire de bons du Trésor par la Banque du Canada. Certains courtiers en valeurs mobilières, appelés agents agréés, peuvent faire des soumissions chaque semaine pour acheter du gouvernement fédéral des bons du Trésor de trois mois, de six mois et de un an. Le rendement moyen des bons de trois mois vendus aux enchères est calculé par la Banque, qui fixe alors son taux d'escompte à un quart de 1 p. 100 au-dessus de ce rendement. Ce taux est habituellement plus élevé que les taux comparables du crédit à court terme, afin d'inciter les emprunteurs à obtenir des fonds ailleurs. (*Voir aussi* BANQUES.)

Alix Granger

Taverner, Percy Algernon, ornithologue (Guelph, Ont., 10 juin 1875—Ottawa, 9 mai 1947). Taverner travaille d'abord comme dessinateur en architecture et il observe les oiseaux durant ses loisirs. En 1911, il est nommé au poste d'ornithologue du Musée national du Canada. Il y crée un système cartographique unique, indiquant la répartition des oiseaux au Canada, lié à un répertoire par fiches sur chaque espèce dont les informations sont continuellement mises à jour. Taverner joue un rôle important dans la protection de la faune et de l'ornithologie au Canada: il contribue à faire de Pointe-Pelée un parc national (1918) (*voir* POINTE-PELÉE, PARC NATIONAL DE LA) et de l'île Bonaventure et du roché Percé (GOLFE DU SAINT-LAURENT) des sanctuaires d'oiseaux (1919). Parmi les ouvrages ornithologiques qu'il rédige, le meilleur est *Birds of Canada* (1934). Ce livre, complet et facile à lire, illustré en couleur par Allan BROOKS, aide à mieux comprendre l'ornithologie et à faire de l'observation d'oiseaux une activité populaire.

J.L. Cranmer-Byng

Taxe de vente du Québec (1994), renvoi sur la La Cour suprême du Canada souligne que, bien que la taxe de vente du Québec (TVQ) soit similaire à la TPS, qui est une taxe à la valeur ajoutée, elle ne fait pas de la TVQ une taxe indirecte, car elle est ultimement assumée par la personne qui doit supporter le fardeau, soit le consommateur. La loi est jugée valide de même que l'harmonisation de cette loi avec la taxe sur les produits et services (TPS) fédérale.

Le juge Gonthier écrit: «Mon examen de la jurisprudence portant sur l'interprétation du paragraphe 92(2) fait ressortir que mis à part les taxes d'accises, les droits de douanes ou taxes semblables et les deux restrictions plus générales mentionnées (transparence et imputabilité), les provinces en sont venues à jouir d'une liberté considérable dans l'établissement de leurs régimes fiscaux.»

Il résulte de l'effet général de la TVQ que le paiement de la taxe est à la charge du consommateur final. Le juge Gonthier conclut qu'il s'agit d'une taxe directe.

Taxe sur les produits et services (1992), renvoi sur la La constitutionnalité de la taxe sur les produits et services (TPS) se fonde sur l'exercice valide, par le Parlement fédéral, de son pouvoir en matière de taxation prévu au paragraphe 91(3) de la *Loi constitutionnelle de 1867.* Pour la majorité (six juges), l'effet que la TPS cause sur la compétence provinciale en matière de propriété et de droits civils (92(13)) est accessoire; pour la minorité (deux juges), la TPS est, de par son caractère véritable, une mesure qui relève du paragraphe 91(3). Il n'est nul besoin d'invoquer le pouvoir accessoire pour arriver à la conclusion que la taxe est valide.

Les articles 125 et 126 de la *Loi constitutionnelle de 1867,* qui prévoient qu'on ne peut taxer les biens de la Couronne, ne sont pas violés. Les dispositions de la *Loi sur la TPS* qui prévoient la perception et la remise de cette taxe fédérale quand une province agit à titre de fournisseur ne constituent pas une imposition d'une taxe sur un bien de la province.

Taylor, sir Andrew Thomas, architecte (Édimbourg, Écosse, oct. 1850—Londres, Angl., 5 déc. 1937). Il immigre à Montréal en 1883 et, durant les 20 années suivantes, il fonde deux associations: Taylor, Gordon and Bousfield et Taylor and Gordon. Le deuxième cabinet est au fait des tendances architecturales européennes en vogue dans le Montréal au style néovictorien tardif. Taylor et William Gordon dessinent de nombreux bâtiments de l'UNIVERSITÉ McGILL durant la décennie de sa plus grande expansion et ils définissent pratiquement le caractère du campus tel qu'il est aujourd'hui. En tant qu'architecte de la Banque de Montréal, Taylor engage l'agence de New York, McKim, Mead and White, pour rénover la banque de la place d'Armes (1900). Il s'installe à Londres en 1904 et entreprend une carrière politique au terme de laquelle il est fait chevalier.

Julia Gersovitz

Taylor, Charles, philosophe (Montréal, 5 nov. 1931). Il fait ses études à l'U. McGill et à l'U. d'Oxford. Il entame sa carrière d'enseignant à l'U. de Montréal, avant d'obtenir un poste à McGill. Il a également occupé la prestigieuse chaire Chichele à l'U. d'Oxford entre 1976 et 1982.

L'œuvre philosophique de Taylor est traversée par une opposition aux visions réductrices de l'être humain devenues populaires au XXe siècle dans les sciences sociales et en philosophie. Cette opposition se manifeste en particulier en philosophie de l'action, par sa critique du behaviorisme dans *The Explanation of Behaviour* (1964), et, en philosophie des sciences sociales, par son opposition au positivisme, formulée dans plusieurs des articles regroupés dans ses *Philosophical Papers*. C'est toute une vision de la modernité qui sous-tend l'entreprise philosophique de Taylor. Son interprétation de l'époque moderne le conduit à une relecture de la philosophie de Hegel, à qui il consacre un important ouvrage publié en 1975, et reçoit sa formulation la plus complète dans *Sources of the Self* (1989). Taylor y maintient que l'individualisme moderne, loin d'être fondé sur le rejet des idéaux moraux, est lui-même le reflet de tels idéaux, que l'être humain moderne ignore souvent à son péril.

Taylor est également bien connu en tant que théoricien du politique. Il défend dans ses écrits politiques – regroupés, entre autres dans ses recueils *Philosophical Papers* et *Philosophical Arguments* (1995) – une vision néo-républicaine du politique, inspirée notamment par Tocqueville, qui met l'accent sur la nécessaire participation du citoyen à la vie de la communauté politique. Il s'inscrit en faux par rapport au courant dominant du libéralisme. Il a également été un commentateur et un acteur de la vie politique canadienne. En tant que commentateur, il a tenté, dans des textes réunis dans *The Pattern of Politics* (1970) et *Rapprocher les solitudes* (1992), de présenter une vision du Canada à même de réconcilier nationalistes québécois et fédéralistes; comme acteur, il a été vice-président du NOUVEAU PARTI DÉMOCRATIQUE.

Daniel Weinstock

Taylor, Edward Plunkett, dit «E.P.», homme d'affaires (Ottawa, 29 janv. 1901—Lyford Cay, Bahamas, 14 mai 1989). Après des études à l'U. McGill,

Taylor entre à la maison de courtage McLeod, Young, Weir and Co. (*voir* MCLEOD YOUNG WEIR LIMITED) à Ottawa en 1923, déménage à Toronto en 1928 et devient directeur en 1929. En 1930, grâce à une série de fusions, il fonde la Brewing Corp of Canada Ltd, qui deviendra plus tard la Canadian Breweries, et, en 1935, il peut s'adonner à son passe-temps, soit les chevaux et les courses de chevaux.

En 1940, C. D. HOWE le nomme au comité exécutif du ministère des Munitions et des Approvisionnements. En 1941, il est transféré aux États-Unis pour s'occuper de l'échange de fournitures entre le Canada et les États-Unis. Il est nommé président et vice-président du conseil de la Commission britannique des approvisionnements en Amérique du Nord. En janvier 1942, il est aussi à la direction de la Commission britannique d'achats. L'épuisement le force à démissionner de ce dernier poste en septembre 1942, mais il demeure l'adjoint de Howe à la Commission mixte de la production et des ressources anglo-américano-canadienne. Après la guerre, Taylor fonde une compagnie de placement, l'ARGUS CORPORATION, avec Wallace McCutcheon et Eric Phillips. Il en est président jusqu'en 1969 et président du conseil de 1969 à 1971.

Au cours des années suivantes, il se consacre à l'aménagement de terrains aux Bahamas et à ses intérêts dans le domaine des courses. Dans les années 50, il favorise l'expansion de l'Ontario Jockey Club et en est président (1956–1963), président du conseil (1962–1973) et président honoraire du conseil (à partir de 1973). Son élevage de pur-sang, Windfields Farms, prend de l'expansion et devient un des plus prospères de l'Amérique du Nord. NORTHERN DANCER et Nijinsky II sont deux de ses célèbres chevaux. Son fils Charles est maintenant président de l'entreprise.

Robert Bothwell

Taylor, Frederick Wellington, surnommé le Cyclone, première grande étoile du monde du hockey (Tara, Ont., 23 juin 1883—Vancouver, 9 juin 1979). Il joue tout d'abord à Listowel, en Ontario, puis à Portage la Prairie, au Manitoba, avant d'être recruté par la première équipe de hockey professionnel de Houghton, au Michigan (1906). Patineur rapide et agile, Taylor attire les foules et reçoit un salaire considérable pour l'époque. Il joue à Ottawa en 1908, avec les Millionnaires de Renfrew de 1910 à 1911, puis pour les Millionnaires de Vancouver de 1913 à 1921. Il marque 194 buts en 186 matchs. Sa réputation de joueur exceptionnel des premières années du hockey professionnel atteint même l'Union soviétique, qu'il visite deux fois. Taylor est membre fondateur du Temple de la renommée du hockey.

James Marsh

Taylor, Kenneth Douglas, diplomate et homme d'affaires (Calgary, Alb., 5 oct. 1934). Il entre au Service des délégués commerciaux en 1959, est nommé ambassadeur en Iran en 1977 et devient instantanément célèbre en montant le «coup canadien». À Téhéran, les révolutionnaires iraniens occupent l'ambassade américaine et détiennent 66 otages. Pendant plus de deux mois, lui et l'agent d'immigration John Sheardown et leurs épouses cachent six Américains qui, le 28 janvier 1980, réussissent à s'évader du pays grâce aux passeports canadiens que leur a procurés Taylor qui les suit de près. Arrivant au moment où l'amour-propre américain est à son plus bas, la nouvelle fait sensation et, du jour au lendemain, l'élégant, sociable et peu orthodoxe Taylor fait les manchettes. Outre la Médaille d'or du congrès américain, il reçoit des milliers de cadeaux dans une nuée de gratitude qui perdure pendant 10 mois.

Consul général du Canada à New York de 1981 à 1984, il quitte la fonction publique et demeure aux États-Unis comme cadre dirigeant de Nabisco Brands. De 1987 à 1989, il est premier vice-président, affaires gouvernementales, de RJR Nabisco inc. Il est fait Officier de l'Ordre du Canada en 1980.

Norman Hillmer

Taylor, Richard Edward, physicien et enseignant (Medicine Hat, Alb., 2 nov. 1929). Taylor compense «l'isolement» ressenti lorsqu'on grandit dans une petite ville des Prairies par son désir de «comprendre le monde». La perte de 3 doigts à l'âge de 14 ans lors d'une explosion au cours d'une expérience en chimie pourrait avoir engendré son intérêt pour la PHYSIQUE; cela, afin de comprendre davantage. Après son baccalauréat et sa maîtrise à l'U. de l'Alberta, Taylor commence son doctorat à Stanford, mais il accepte de participer à la construction d'un accélérateur linéaire d'électrons au Laboratoire de l'accélérateur linéaire à Orsay, en France, avant même d'avoir terminé ses études. Trois ans plus tard, il se joint pour une courte période à l'équipe du Lawrence Berkeley Laboratory, en Californie, puis décide finalement de retourner à Stanford pour finir son doctorat et aider à la construction d'un accélérateur d'électrons souterrain sophistiqué de 3,2 km dans la Santa Clara Valley.

Membre de l'équipe du nouveau Stanford Linear Accelerator Center, Taylor devient professeur et directeur associé. Sa recherche lui permet d'obtenir au moins cinq doctorats honorifiques et plusieurs prix en science, dont un PRIX NOBEL de physique en 1990, qu'il partage avec Jerome I. Friedman et Henry W. Kendall. Grâce à l'accélérateur linéaire de Stanford, ils arrivent à faire éclater des protons, jusqu'alors la plus petite particule de matière connue. Ils démontrent qu'au lieu d'être uniformes les protons se composent de minuscules particules discrètes. C'est la preuve que les quarks existent et qu'ils ne sont pas simplement une abstraction mathématique. Leurs expériences montrent aussi la présence de gluons, des constituants électriquement neutres du proton qui «collent» les quarks ensemble. Le comité du prix Nobel a reconnu le travail de ces chercheurs et a affirmé qu'ils ont révélé une nouvelle étape dans l'histoire de la création.

Martin K. McNicholl

Taylor, Roy Lewis, botaniste (Olds, Alb., 12 avril 1932). Taxonomiste et cytologiste, Taylor participe à la première étude importante de la flore des ÎLES DE LA REINE-CHARLOTTE (1957–1965), qui aboutit à la publication de *Flora of the Queen Charlotte Islands* en 1968. De 1965 à 1968, il dirige la section de botanique économique et de taxonomie du ministère de l'Agriculture à Ottawa. De 1968 à 1985, il est directeur du jardin botanique et professeur de botanique à l'U. de la Colombie-Britannique. En 1985, il devient président de la Chicago Horticultural Society et directeur du jardin botanique de Chicago. Le sujet principal de ses recherches est le développement de la flore cytologique de la Colombie-Britannique. Auteur, coauteur ou éditeur de plus de 120 publications depuis 1963, il a reçu de nombreux prix et récompenses, dont la médaille commémorative du Jubilé d'argent du règne de la Reine. Il est aussi membre *honoris causa* de la Linnean Society of London.

Sylvia Taylor

Taylor, Thomas Griffith, géographe, éducateur et explorateur (Walthamstow, Angl., 1ᵉʳ déc. 1880—Sydney, Australie, 4 nov. 1963). Doté d'une personnalité dynamique et ayant fait des recherches sur tous les continents, Taylor fonde le premier département canadien de géographie à l'U. de Toronto (1935) après avoir étudié la géologie à l'U. de Sydney (Australie) et à l'Emmanuel College de Cambridge. Nommé géologue en chef de l'expédition de Scott en Antarctique (1910–1912), il en effectue la première cartographie. Un glacier et une vallée sèche portent son nom. Par ailleurs, en 1920, il fonde le premier département de géographie en Australie, à l'U. de Sydney, pour ensuite passer au département de géographie de l'U. de Chicago (1927). Il doit à l'initiative de l'économiste Harold INNIS d'être invité à l'U.

de Toronto en 1935, où il demeure jusqu'en 1951. Entre-temps, le département acquiert une renommée internationale. Professeur exceptionnel, il est l'auteur de quelque 20 ouvrages et 200 articles scientifiques.

Marie Sanderson

Tchanak, affaire En date de 1922, c'est la première mise à l'épreuve majeure de la politique étrangère du premier ministre Mackenzie KING. Après la Première Guerre mondiale, la Grande-Bretagne et le Canada signent le Traité de Sèvres avec la Turquie vaincue, mais le traité est vite répudié. Dès septembre 1922, les forces nationalistes contrôlent presque toute la Turquie. Les troupes d'occupation britanniques sont entourées à Tchanak (aujourd'hui Canakkale), un petit port dans le détroit des Dardanelles. Le 15 septembre, l'Angleterre fait parvenir un télégramme aux dominions, les enjoignant d'envoyer des militaires pour démontrer la solidarité de l'Empire contre les Turcs. Le lendemain, la requête est rendue publique. C'est un manquement au protocole impérial et au bon sens politique. Et, ce qui n'arrange rien, King est averti par un journaliste du *Toronto Star* de l'imminence du danger avant même de recevoir la dépêche officielle britannique. King demeure réservé jusqu'à ce que le Cabinet convienne, le 18 septembre, que seul le Parlement a l'autorité de prendre une telle décision. La crise passe rapidement.

L'attitude détachée de King annonce son intention de désengager la politique étrangère du Canada de celle de l'Angleterre. L'affaire Tchanak n'est toutefois pas une révolution dans les affaires canadiennes: depuis Macdonald, les premiers ministres sont réticents à engager le Canada dans des escarmouches impériales où l'Angleterre elle-même n'est pas menacée.

Norman Hillmer

Tchèques Il est généralement admis que les Tchèques et les SLOVAQUES constituent un seul groupe ethnique composé de deux nationalités slaves distinctes, mais très proches. Ces deux groupes partagent une même langue littéraire jusqu'au XIXᵉ siècle, celle de la Bible de Kràlice, traduction tchèque des Saintes Écritures réalisée au XVIᵉ siècle. Les langues orales des deux groupes demeurent très proches.

En 1771, la communauté religieuse laïque des Frères moraves (fondée en 1727 en Saxe dans le sillage de l'ancienne communauté des Frères hussites) arrive au Labrador pour entreprendre un travail évangélique et social auprès des Inuits. Peu après, un groupe de Frères moraves venu des États-Unis et dirigé par David ZEISBERGER fonde le village de Fairfield, plus couramment connu sous le nom de Moraviantown, sur la rivière Thames, près du site actuel de Thamesville, en Ontario. Cette colonie est rasée pendant la GUERRE DE 1812, mais la mission, reconstruite de l'autre côté de la rivière, se maintient jusqu'en 1903.

L'immigration tchèque au Canada commence au milieu des années 1880 (*voir* IMMIGRATION, POLITIQUE D'). Les premiers immigrés tchèques connus s'établissent à Kolin, localité de la Saskatchewan, en 1884. En Alberta, les Tchèques fondent la localité de Prague. Au Manitoba, les Frères moraves s'établissent au sein de la communauté mennonite. Les premiers immigrants (fermiers, mineurs, artisans et ouvriers) sont motivés par des raisons économiques. Après l'instauration, en 1921, d'un système de restriction de l'immigration aux États-Unis, de nombreux Tchèques optent plutôt pour le Canada.

Le recensement de 1921 fait état de 8840 personnes d'origine tchèque au Canada. Ce chiffre atteindra 30 401 (1931), 42 912 (1941) et 57 840 (1971). L'émigration augmente en 1938-1939 à cause de l'occupation allemande et, en 1948, à la suite de l'établissement du régime communiste. Elle augmentera encore, en 1968, avec l'invasion soviétique. Au recensement de 1996, on comptait 154 105 personnes d'origine tchèque ou slovaque au Canada.

En règle générale, les Tchèques et les Slovaques s'adaptent sans mal à la vie au Canada, tout en maintenant leur patrimoine culturel avec un certain succès. Leur premier journal, le *Slovenské Slovo* («Le Mot slovaque») est lancé en 1910 dans la ville houillère de Blairmore en Alberta. On compte aujourd'hui plusieurs publications. Une association nationale, la Czechoslovak National Alliance (créée en 1939, à Toronto) s'occupe de la promotion d'activités culturelles et éducatives tchèques et slovaques et d'œuvres sociales. Au plan politique, elle soutient le Council of Free Czechoslovakia, qui milite pour le rétablissement d'une Tchécoslovaquie démocratique.

Une autre organisation sociale et culturelle tchèque, le mouvement Sokol («Le Faucon»), est calquée sur l'organisation sportive et patriotique établie au XIX° siècle au pays tchèque. Les Tchèques sont en majorité de religion catholique, mais on attendra l'établissement de grandes communautés tchèques et slovaques pour ériger des paroisses de langue tchèque. Il existe également de nombreuses églises baptistes. Les Tchèques et les Slovaques ont apporté une contribution considérable au développement économique et à la vie culturelle du Canada.

Parmi les plus connus, mentionnons Thomas BATA, directeur de l'entreprise internationale de fabrication et de vente de chaussures qui porte son nom; Stephen ROMAN, pionnier de l'extraction de l'uranium au Canada; les frères KOERNER, chefs de file de l'industrie du sciage en Colombie-Britannique; Oskar MORAWETZ, compositeur; Peter C. NEWMAN, auteur; le poète et romancier Pavel Javor et l'écrivain Josef SKVORECKY.

John Gellner

Teacher's Cove Parmi la centaine de sites préhistoriques découverts dans la région de la baie de PAS-SAMAQUODDY, dans le sud du Nouveau-Brunswick, Teacher's Cove est l'un des plus grands. La dimension de l'amoncellement de coquillages représente plus de 2000 ans d'occupation humaine. Le site est habité à diverses époques, comme établissement permanent ou comme campement saisonnier. C'est là, notamment, qu'on a découvert pour la première fois des habitations semi-souterraines datant d'environ 2000 ans. Par la suite, le WIGWAM devient le type d'habitation le plus courant. La période d'occupation la plus intensive du site se situe il y a environ 1000 ans. Les mollusques, les mammifères marins, le caribou, l'élan, l'orignal, l'ours et le castor constituent les principales sources d'alimentation et de matières premières pour la fabrication des vêtements et des outils. Ces peuples anciens sont probablement les ancêtres des Premières Nations MALÉCITES et MICMACS qui vivent aujourd'hui dans les Maritimes.

David L. Keenlyside

Teasdale, Lucille, médecin et missionnaire québécois (Montréal, 30 janv. 1929—Besana, Italie, 1ᵉʳ août 1996). Bien qu'issue d'une famille modeste, elle rêve dès l'adolescence de devenir médecin. Après un baccalauréat au Collège Jésus-Marie d'Outremont, elle entame des études de médecine à l'U. de Montréal, qui accueille à l'époque une poignée de jeunes filles. Déterminée à se spécialiser en chirurgie, elle se voit obligée de poursuivre sa formation à l'étranger. Après avoir posé sa candidature dans des hôpitaux américains, qui la rejettent parce qu'ils ne veulent pas d'une femme chirurgien, elle décroche un poste à Marseille où elle s'installe en 1960. C'est là que la rejoint le pédiatre italien Piero Corti, dont elle a fait la connaissance, à Montréal, à l'époque où ils étaient internes. Elle accepte son invitation et l'accompagner dans le nord de l'Ouganda, où il souhaite prendre en main un dispensaire catholique. Après leur arrivée à Gulu, en 1961, il l'épouse. Au fil des décennies, ils transforment la petite clinique en un établissement de plus de 400 lits, l'un des principaux hôpitaux privés d'Afrique sub-saharienne.

Travailleuse infatigable, Lucille Teasdale réalise au Saint Mary's Lacor Hospital des milliers d'inter-

ventions chirurgicales, très souvent dans des conditions difficiles à cause des conflits armés qui affectent la région depuis le renversement du «président à vie», Idi Amin Dada, en 1979. C'est à cette époque, avant même l'identification du VIH, en 1983, qu'elle contracte le sida pendant une opération. Même si sa motivation était moins spirituelle que sociale – les injustices scandalisaient cette femme au tempérament sanguin –, Lucille Teasdale se définissait volontiers comme un «médecin-missionnaire». Outre le prix Sasakawa de l'Organisation mondiale de la Santé, elle a notamment reçu l'Ordre du Canada et l'Ordre national du Québec.

Michel Arseneault

Technologie On lui donne des définitions fort diverses, allant de «tout ce qui s'apprend» à l'«application de la science à la résolution de problèmes industriels». La définition suivante pourrait toutefois être plus utile que ces dernières: «Ensemble des techniques, des outils et de l'équipement utilisés par les membres d'une société pour convertir des objets physiques (comme les RESSOURCES naturelles) en produits qui leur sont utiles.» La technologie modifie la société et est modifiée par elle, et un progrès technologique ne peut être évalué qu'à la lumière d'un ensemble de facteurs sociaux et techniques. Le progrès technologique est lié à la technologie en place ainsi qu'à la conjoncture politique et économique.

Technologie chez les autochtones Les techniques utilisées par les autochtones pour s'adapter aux régions du Canada, des Grands Lacs au Grand Nord, sont étroitement liées aux conditions géographiques et aux ressources locales. Citons, parmi les réussites remarquables, le CANOT D'ÉCORCE, les RAQUETTES, le TIPI et l'IGLOO. Même après les débuts de la colonisation, la population du Canada est encore assez clairsemée, et le pays, en raison de son statut de colonie, est d'abord un exportateur de matières premières et un importateur de produits manufacturés et de techniques (*voir* MERCANTILISME). La FABRICATION INDUSTRIELLE demeure proportionnellement moins développée au Canada qu'en Europe ou aux États-Unis jusqu'à la Première Guerre mondiale, et la plupart des réalisations en INGÉNIERIE, jusqu'à cette époque, sont liées à la résolution de problèmes particuliers se rattachant à la sévérité du climat, au TRANSPORT sur de longues distances et dans des régions isolées ou à l'exploitation des ressources naturelles.

Colonisation (1600-1850)

La première période, qui s'étend de l'arrivée des premiers Européens jusqu'à l'époque du chemin de fer (*voir* HISTOIRE DU CHEMIN DE FER) couvre le développement du Canada en tant que colonie européenne. En général, les techniques utilisées sont importées directement d'Europe et, à quelques détails près, sont celles utilisées depuis le Moyen Âge. On construit des maisons à charpente de bois, les écluses ont des portes busquées et des chambres en pierre taillée, et les mines sont exploitées à la force brute et à la poudre noire. Les modifications apportées par les colons à ces techniques témoignent des efforts d'adaptation à la GÉOGRAPHIE, au climat et aux ressources naturelles du Canada ainsi qu'aux techniques autochtones. Elles suivent l'évolution politique et sociale de la jeune colonie.

Pêche Les premiers recours notables à la technologie touchent la PÊCHE. La rivalité internationale dont fait l'objet la morue des GRANDS BANCS DE TERRE-NEUVE est à l'origine des premières colonies françaises et anglaises à Terre-Neuve et en Nouvelle-Écosse. Ces colonies sont directement touchées par la technologie halieutique existante. En effet, alors que les Français et les Portugais salent le poisson immédiatement après l'avoir pris et mettent ensuite le cap sur leur pays sans vraiment mettre pied à terre (pêche «verte»), les pêcheurs anglais, eux, ne disposant pas de sel à bon marché, sont contraints d'établir des postes le long des côtes pour faire

sécher leurs prises et les conserver durant le retour (pêche «sèche»). Durant cette période, les techniques élémentaires se transforment très peu, mais elles façonnent indiscutablement le caractère des gens et mènent à l'industrie de la construction navale (*voir* CONSTRUCTION NAVALE ET RÉPARATION DE NAVIRES), qui rend les gens des Maritimes célèbres de 1860 à 1880.

Construction Le principal problème technique auquel font face tous les colons est la construction d'une maison. Dans les premières villes, on copie directement les méthodes de construction européennes, tandis qu'à la campagne on s'adapte aux matériaux et aux conditions de l'endroit. C'est la construction à charpente de bois de l'Europe de l'Ouest, bien connue des colons, qui est d'abord utilisée et adaptée par les HABITANTS du Canada et les ACADIENS. Pour le calfeutrage des murs, on recourt au bois et non à la maçonnerie. Les LOYALISTES, qui s'installent dans les Maritimes et dans le Haut-Canada, bâtissent des MAISONS DE RONDINS. C'est faire là un excellent usage de ressources forestières abondantes. Les colons qui s'installent dans les prairies dénuées d'arbres près de la rivière Rouge construisent leurs premières habitations en terre glaise (*voir* HUTTES DE TERRE).

Agriculture Tous les pionniers s'adonnent à l'agriculture (*voir* AGRICULTURE ET ALIMENTATION), sous une forme ou une autre. Ce sont probablement les techniques rattachées à cette activité qui sont les plus universelles. L'agriculture au Canada est souvent très différente de l'agriculture en Europe. En effet, les techniques agricoles dépendent, plus que toutes autres, du climat, du sol, de l'eau, des animaux nuisibles et des régimes de tenure.

Le fermier canadien n'hérite pas d'une ferme, il en crée une. Les fermiers acadiens sont ainsi forcés de construire des digues pour protéger leurs champs dans les marais de la baie de Fundy. Les habitants et les loyalistes de la vallée du Saint-Laurent défrichent d'épaisses forêts avec des outils primitifs et une main-d'œuvre insuffisante. Chez les loyalistes, chaque groupe composé de cinq familles reçoit un jeu d'outils complet et ceux de deux familles, une scie de travers et une scie à chantourner. Les haches distribuées aux colons sont des haches de marin, à manche court, plutôt que des haches de bûcheron et elles sont en somme presque inutiles, car elles ne restent pas aiguisées (*voir* OUTILS DE MENUISERIE). Il faut souvent à ces fermiers de la première heure de nombreuses années pour défricher quelques hectares pendant qu'ils se bâtissent un logis, cultivent la terre et s'occupent des animaux.

Les premiers fermiers ont la chance de pouvoir apprendre des Amérindiens à se servir des animaux, des oiseaux, des poissons et des plantes indigènes (*voir* PLANTES, UTILISATION PAR LES AUTOCHTONES DES). La culture du maïs, des fèves et de la courge, apprise des Hurons, est inestimable. Peu à peu, on voit naître une agriculture mixte de subsistance. Au début, les Acadiens et les habitants du Canada utilisent de lourdes charrues comparables aux charrues médiévales à deux roues tirées par des bœufs. Un outil rustique et plus petit, sans roue ni coutre, est inventé pour manœuvrer autour des souches et des roches. Peu à peu, on substitue le fer au bois, et il arrive souvent qu'une charrue «écossaise», toute en fer, soit importée au Canada. La charrue continue à se perfectionner en forme et en dimensions jusqu'à ce que l'on conçoive la charrue à lame d'acier pour le sol compact des prairies après 1880. Lorsque les fermiers peuvent vendre au marché, ils écoulent leur surplus et améliorent leur ferme avec le produit de leurs ventes. Au début du XIX° siècle, des faucheuses hippomobiles sont apportées des États-Unis. Les forgerons du Canada en adoptent le modèle, et l'INDUSTRIE DU MATÉRIEL AGRICOLE du Canada naît.

Moulins et scieries Les deux plus grandes corvées du colon sont la mouture du grain et le sciage du bois. Champlain bâtit un moulin à blé en 1607, probablement le premier moulin de toute l'Amérique du Nord, à PORT-ROYAL, dans la baie de Fundy. Il est du droit et de la responsabilité des seigneurs, en NOUVELLE-FRANCE, de bâtir des moulins à blé et des scieries, mais ces constructions sont loin de s'effectuer partout où le besoin s'en fait sentir. Au début, beaucoup de moulins n'ont que des scies simples et un ensemble de meules alimentées par la même roue hydraulique. L'arrivée des loyalistes dans le Haut-Canada provoque un besoin immédiat de nouveaux moulins et scieries qu'on érige à Kingston Mills sur la rivière Cataraqui, en 1783-1784, et à Napanee, en 1797. Ces deux applications, mécanisées au Moyen Âge en Europe, sont adaptées assez facilement au contexte canadien. Il y a des cours d'eau presque partout dans l'Est du Canada pour servir de force motrice. Certains moulins sont toutefois mus par le vent ou la marée. Plus tard, on crée, suivant la même technique, des fabriques de TEXTILES TISSÉS et des forges. Les moulins sont le noyau de beaucoup de petits villages et constituent la première manifestation du génie mécanique au Canada.

Transport Le transport constitue le plus grand défi des ingénieurs canadiens. La rudesse du pays, la dispersion des colonies et la rigueur du climat posent des problèmes peu courants en Europe occidentale. Les premières solutions consistent à importer d'Europe diverses formes de transport par eau, du navire complètement gréé aux embarcations plus modestes (à rame et à voile) dont tout grand navire est habituellement doté. Les Français ont tôt fait d'adopter le canot d'écorce pour voyager sur les cours d'eau intérieurs du Bouclier canadien. La Compagnie de la baie d'Hudson met au point la BARGE D'YORK pour les voyages à l'intérieur des terres à partir de la baie d'Hudson. Les premières colonies sont créées près des cours d'eau puis, à mesure qu'elles s'étendent le long du Saint-Laurent à l'ouest des rapides de Lachine, on construit des canaux de tout genre (*voir* CANAUX ET VOIES NAVIGABLES), allant du petit fossé, pour les chaloupes, aux voies navigables plus ambitieuses comme le CANAL RIDEAU.

La construction navale débute au XVIIᵉ siècle, mais son épanouissement est retardé par les restrictions coloniales jusqu'au milieu du XIXᵉ siècle. C'est à cette époque qu'on commence, dans les chantiers navals des provinces de l'Atlantique et de Québec, à construire des navires de plus en plus grands. La technologie du bateau à vapeur, mise au point par Robert Fulton aux États-Unis, est rapidement adoptée par les ingénieurs et les hommes d'affaires du Saint-Laurent et des Grands Lacs. John MOLSON finance la construction de l'ACCOMMODATION, à Montréal, en 1809, pour effectuer la liaison Montréal-Québec, très fréquentée. Sa machine à vapeur est faite sur place. Par la suite, le 7 septembre 1816, le *Frontenac*, un navire plus grand doté d'un moteur Boulton and Watt importé d'Angleterre, devient le premier bateau à vapeur en service sur les Grands Lacs. Toutefois, ces machines à vapeur à basse pression, fort simples, ne sont pas très puissantes et consomment beaucoup de bois. Plus tard, la mise au point du moteur combiné, qui fonctionne au charbon, améliore l'efficacité de ces navires à un point tel qu'ils font pratiquement disparaître la navigation à voile.

Au début, le transport terrestre est limité presque exclusivement aux régions urbaines. La construction de routes très longues reliant les colonies, même en terre battue, est trop onéreuse pour être envisagée. Vers la fin de la colonisation, on achève quelques routes principales. Dans les endroits marécageux, on pave le chemin de rondins en cèdre et, là où on circule beaucoup, on étend du gravier. Dans les années 1840, les Canadiens connaissent même les routes en madriers, qu'on se procure à bon marché, mais que le verglas hivernal et la fonte au printemps anéantissent rapidement. Seules les rues de la ville sont pavées, habituellement de galets rudimentaires. La CHAR-

RETTE DE LA RIVIÈRE ROUGE, tirée par des bœufs ou par des chevaux, est utilisée dans les Prairies, où il n'y a pas d'arbres ni de dénivellations notables.

Exploitation forestière Le commerce du bois (*voir* BOIS, HISTOIRE DU COMMERCE DU) naît le long des principaux cours d'eau du Nouveau-Brunswick et s'étend au Saint-Laurent et à la rivière des Outaouais au début du XIXᵉ siècle. La hache à simple taillant pour l'abattage, la doloire pour l'équarrissage et les traîneaux pour le transport jusqu'au cours d'eau sont des répliques presque identiques des outils destinés au même travail dans les pays baltes.

Exploitation minière Les premiers chargements de minerai rapportés en Europe par CARTIER et FROBISHER s'avèrent sans valeur, et ce n'est qu'avec la découverte d'or en Colombie-Britannique et dans le Klondike et d'argent et d'or dans le Bouclier canadien, à la fin du XIXᵉ siècle, que les imposantes RESSOURCES MINÉRALES du Canada commencent à être exploitées avec succès. On extrait du CHARBON sporadiquement au Cap-Breton à partir du début du XVIIIᵉ siècle. Du MINERAI DE FER des marais est extrait, fondu et traité aux FORGES SAINT-MAURICE, près de Trois-Rivières (la construction commence en 1733, mais le premier morceau de fer fondu ne sort qu'en 1738) et à Normandale, dans le Haut-Canada. La COMMISSION GÉOLOGIQUE DU CANADA (fondée en 1842) joue un rôle primordial dans l'exploitation des richesses minérales du Canada (*voir* MINÉRAL) en détachant des équipes sur le terrain qui examinent minutieusement les affleurements rocheux, interprètent leur présence et couchent leurs résultats sur des cartes qui conduisent de nombreux prospecteurs vers de nouveaux gisements de minéraux d'intérêt économique.

Sommaire La période de la colonisation est caractérisée par une lutte pour la survie dans un climat nouveau et souvent hostile. Les pionniers apportent d'Europe et des États-Unis des techniques qu'ils connaissent bien et les adaptent habilement aux conditions locales. On reconnaît des exemples de cette adaptation dans le calfeutrage des maisons à charpente de bois avec des grumes, plutôt qu'avec du mortier, l'utilisation d'essences forestières locales comme le mélèze laricin en construction navale et l'installation des roues hydrauliques à l'intérieur des moulins pour les protéger de la neige et de la glace. Durant cette période, le Canada a surtout recours à ses ressources hydrauliques dont il dépend pour l'agriculture, la pêche, le transport et l'énergie. Parmi les ingénieurs qui jouent un rôle de premier plan dans le développement du Canada, beaucoup reçoivent leur première formation dans le cadre de travaux touchant le transport. Il s'agit de gens pratiques et détenant peu de formation théorique, mais qui réussissent à réaliser de très grands ouvrages. Thomas KEEFER commence sa carrière au canal Érié et au CANAL WELLAND et continue en construisant des chemins de fer, des ponts et des aqueducs. Sandford FLEMING participe à la construction du CHEMIN DE FER INTERCOLONIAL comme ingénieur et met ensuite au point l'HEURE normale.

Croissance (1850-1900)

De 1850 à 1900, d'importantes améliorations dans le secteur de l'outillage, des matériaux et de l'énergie font passer le génie canadien de l'époque médiévale à l'ère mécanique en 50 ans. Dans les années 1850, des forces politiques et économiques suscitent le développement des chemins de fer, pendant que les machines à vapeur et la nouvelle machinerie (*voir* MACHINERIE LOURDE ET DE L'OUTILLAGE, INDUSTRIE DE LA) métamorphosent fabriques et fermes. La Confédération de 1867 est à l'origine du chemin de fer Intercolonial, et plus tard de la POLITIQUE NATIONALE, de la *Loi sur les brevets*, du CANADIEN PACIFIQUE et de l'ouver-

ture des PRAIRIES OCCIDENTALES. Les provinces de l'Atlantique assistent à la fin des voiliers, et l'industrie de la pêche se développe grâce à la réfrigération et aux bateaux à vapeur. Le secteur secondaire, appuyé par le gouvernement fédéral, commence à se développer modestement.

Transport Les avantages des chemins de fer au Canada sont évidents: ils sont beaucoup plus polyvalents que les canaux et ils ne gèlent pas en hiver. Lorsque la GUARANTEE ACT (1849) offre une aide financière, beaucoup de chemins de fer locaux sont mis en chantier dans le Haut et le Bas-Canada et les provinces de l'Atlantique. La majeure partie des spécialistes et du matériel roulant viennent d'abord d'Angleterre, mais les ingénieurs canadiens s'occupent d'une grande partie de la construction. Les usines canadiennes, qui commencent à fabriquer des crampons et des rails, poursuivent en fabriquant des locomotives.

En 1860, la plupart des localités importantes du Haut et du Bas-Canada sont reliées par le chemin de fer GRAND TRUNK RAILWAY OF CANADA tandis que la ST. LAWRENCE AND ATLANTIC RAILROAD assure la liaison Montréal-Portland (Maine). En 1876, le parachèvement du chemin de fer Intercolonial à l'est est l'une des conditions de l'adhésion de la Nouvelle-Écosse et du Nouveau-Brunswick à la Confédération. La construction laborieuse du CP à travers le roc et les fondrières du bouclier précambrien, les Prairies et les Rocheuses est l'un des plus grands exploits du génie canadien. Elle fournit l'occasion d'importer la haute technologie américaine au Canada (les innovations canadiennes sont négligeables), d'ouvrir les vastes champs de céréales des Prairies, d'encourager l'immigration et de réunir littéralement les différentes parties du pays. La technologie des chemins de fer a également une incidence sur la construction des PONTS. La construction tubulaire du pont Victoria de Montréal (terminé en décembre 1859) est une merveille du génie de l'époque. En outre, quelques-uns des premiers ponts cantilever au monde sont construits sur la rivière Niagara et le fleuve Fraser en 1883 et sur le fleuve Saint-Jean en 1884.

Les canaux sont reconnus comme des voies efficaces pour le transport en vrac et, avec l'intensification de la circulation dans les Grands Lacs, il faut moderniser le réseau. Le tracé du canal Welland est refait et sa profondeur passe de 2,7 à 3,7 m en 1883 et à 4,3 m en 1887. On construit un canal à Sault Sainte-Marie en 1895, et le canal Soulanges est inauguré en 1899. En Nouvelle-Écosse, le canal Shubenacadie, attendu depuis longtemps et qui relie la baie de Fundy à Dartmouth, est ouvert en 1861. On entreprend de nouveaux travaux sur le CANAL TRENT, en vue de fournir une nouvelle voie d'accès à la partie supérieure des Grands Lacs.

Dans la région de l'Atlantique, la construction navale est à son sommet et, avec des voiliers comme le MARCO POLO qui jouissent d'une réputation internationale, des dizaines de chantiers au Québec, en Nouvelle-Écosse, au Nouveau-Brunswick et à l'Île-du-Prince-Édouard entrent dans une période d'activité fébrile. Les navires de commerce construits au Canada pour la Grande-Bretagne parcourent l'empire. Pendant ce temps, la technologie des bateaux à vapeur atteint la maturité, et les coques de bois équipées de moteurs primitifs font place aux machines à cylindres couplés à haute pression, installées dans des coques de fer et d'acier. Les changements technologiques ravagent l'industrie de la construction navale des Prairies.

Vers 1880, les villes du Canada croissent à un point tel que tout le monde ne peut se rendre à son travail à pied: il faut des transports publics. Les omnibus tirés par des chevaux sont suivis des tramways également hippomobiles et, lorsque le tramway électrique est inventé, Toronto (1885) et Windsor (1886) sont parmi les premières villes en Amérique du Nord à en être pourvues. La bicyclette sécuritaire fait son apparition peu avant 1900 et transforme radicalement le mode de transport du particulier.

Agriculture L'Est du Canada perd son marché préférentiel du blé en Grande-Bretagne et se tourne graduellement vers l'ÉLEVAGE LAITIER. Le concept de fromagerie (*voir* FROMAGES ET FABRICATION DES FROMAGES) est emprunté aux New Yorkais par les gens du Haut et du Bas-Canada vers 1860. On peut maintenant produire un fromage plus uniforme, de meilleure qualité et susceptible d'être vendu dans les villes. Par ailleurs, la mécanisation prend en charge un grand nombre de travaux agricoles. Massey, Harris, Hamilton, Shantz, Frost et Wood et d'autres sociétés mettent au point une gamme complète de machines agricoles pour la plupart des tâches. Des modes différents de traitement de la nourriture, d'emballage de la viande et plus tard de réfrigération suscitent de nouveaux débouchés.

Dans l'Ouest du Canada, vers 1900, la plupart des problèmes d'adaptation au climat et de mise en marché sont résolus. Les tracteurs à vapeur, les charrues en acier, les moissonneuses-lieuses et les batteuses efficaces transforment les Prairies en grenier. Bien que beaucoup de tracteurs soient importés des États-Unis et de la Grande-Bretagne, les faucheuses et les moissonneuses-lieuses Massey et Harris sont reconnues dans le monde entier pour leur efficacité et leur fiabilité.

Pêche Vers 1860, les techniques de pêche dans l'Atlantique se transforment avec l'introduction de la ligne longue, ou «bultow». La réfrigération et les voies ferrées intensifient le marché du poisson frais. La croissance du commerce du homard frais et l'industrie de la mise en conserve croissent rapidement pendant que les stocks de homards de la Nouvelle-Angleterre s'épuisent.

Exploitation forestière L'exploitation forestière se poursuit dans l'Est du Canada, avec la construction de scieries géantes destinées à pourvoir les villes de la Nouvelle-Angleterre en pleine croissance. Peu avant 1870, la pâte de bois est incorporée au procédé de fabrication du papier au Canada, et on se met à exploiter des peuplements de bois à pâte que l'on croyait sans valeur jusque-là. La voie ferrée suscite l'éclosion d'une exploitation forestière à grande échelle en Colombie-Britannique, où quelques-unes des plus grandes forêts sont transformées en bois de construction et en pâtes et papier (*voir* PÂTES ET PAPIERS, INDUSTRIE DES). La technologie n'est pas exactement la même dans l'Est et dans l'Ouest du Canada. En effet, les chaînes de montagnes de l'Ouest ne disposent pas de rivières adéquates pour le transport des lourdes billes. Il faut donc accroître la mécanisation, et c'est pourquoi les scieries sont construites sur une plus grande échelle.

Exploitation minière Elle démarre en trombe en Colombie-Britannique, avec la ruée vers l'or du Fraser, à la fin des années 1850. Néanmoins, la découverte de gisements de métaux communs dans le sud-est de la Colombie-Britannique a des répercussions d'ordre technique plus durables. Ces gisements, comme la mine Sullivan (COMINCO), toujours exploités aujourd'hui, sont à l'origine de l'un des premiers campements miniers du Canada. Les énormes réserves de nickel et de cuivre du bassin de Sudbury sont découvertes lors de l'aménagement du chemin de fer du CP. Les techniques métallurgiques constituent souvent la clé qui donne accès à leur richesse. Le procédé Orford est utilisé pour séparer le minerai de nickel et de cuivre du bassin de Sudbury. On a recours à la flottaison différentielle pour séparer des minerais complexes, composés principalement de plomb et de zinc, à la fonderie de Trail, en Colombie-Britannique.

Les nappes de goudron et de PÉTROLE sont connues des Amérindiens, qui les utilisent à des fins médicinales depuis des générations, mais la première exploitation commerciale de ces gîtes n'a lieu qu'après 1857, à Oil Springs (Ontario), lorsqu'un petit puits est creusé avec de l'équipement ordinaire destiné au forage de puits d'eau.

On construit une raffinerie dans la ville voisine de Sarnia, où l'on transporte le pétrole par pipeline. La nappe s'épuise en quelques décennies, mais une industrie extrêmement importante voit le jour au Canada (*voir* PÉTROLE ET GAZ NATUREL). Les mines d'AMIANTE, dans les Cantons de l'Est, entrent en service durant cette période.

La RUÉE VERS L'OR DU KLONDIKE (1898) attire des pionniers de partout et rend nécessaire la construction de nouvelles voies de transport. L'une des plus importantes est tracée depuis le COL WHITE, jusqu'à Whitehorse, par le WHITE PASS AND YUKON RAILWAY. C'est lors du forage des mines d'or que les ingénieurs canadiens sont aux prises pour la première fois avec le PERGÉLISOL. Ils en viennent à bout au moyen de feux de bois, puis de boyaux à vapeur. Le véritable défi se présente plus tard, toutefois, lorsqu'il faut réviser la conception de dragues afin de contrer l'usure constante causée par le pergélisol, dur comme le roc.

Énergie La machine à vapeur métamorphose les transports et elle procure à l'INDUSTRIE et à l'agriculture une source d'énergie beaucoup plus souple que les sources traditionnelles. La puissance de la vapeur est cependant implantée graduellement dans l'industrie. Souvent, les scieries et les usines adoptent la vapeur comme source d'appoint ou lors d'une expansion. Grâce à elle, on peut maintenant rapprocher les usines des matières premières ou des marchés. Finalement, l'ÉLECTRICITÉ fait son apparition au Canada vers 1880. On aménage de nombreux sites hydroélectriques afin de tirer profit de cette nouvelle source d'ÉNERGIE souple et adaptable. Certaines des premières centrales sont destinées à éclairer les grandes scieries où la flamme nue est un risque d'incendie, comme la scierie de Young, à Ottawa, en 1882, et la Canada Cotton Co de Cornwall, en Ontario, en 1883. Enfin, l'exploitation de l'abondante énergie des CHUTES NIAGARA au cours de la décennie suivante annonce une ère nouvelle.

Fabrication industrielle L'industrie de l'outillage agricole connaît un essor spectaculaire grâce aux nouvelles sources d'énergie et aux nouveaux modes de fabrication et d'assemblage. En outre, le chemin de fer rend possible l'expédition au loin des produits et favorise la concentration. Des fabriques de machines et d'outils sont créées pour approvisionner les industries ferroviaire et forestière. La Victoria Foundry and Machine Shops (1854) d'Ottawa fabrique des machines à vapeur, des chaudières et de l'équipement pour les scieries. La Canadian Locomotive Co, fondée sous le nom de Tutton and Duncans Foundry à Kingston, en Ontario (1854), fabrique des locomotives et de l'équipement minier, et la Goldie-McCulloch (1859), de Galt, en Ontario, des chaudières, des machines, des pompes et de l'équipement de minoterie.

La mouture est profondément transformée par l'introduction des laminoirs, qui accélèrent le traitement du blé dur de l'Ouest. L'une des premières meuneries à adopter cette nouveauté est celle de E.W.B. Snider, à St. Jacobs (Ontario), dans les années 1870. Pour sa part, l'Ogilvie Flour Milling Co, fondée en 1801, fait construire une grande usine, à Montréal, en 1886, où elle installe des broyeurs à meules horizontales du dernier modèle. Par ailleurs, Bessemer fait breveter sa méthode de fabrication d'acier en 1856, mais ce n'est pas avant la fin du XIXᵉ siècle que l'acier est disponible en grandes quantités pour la construction de ponts et d'édifices au Canada. Au début, la majeure partie de l'acier importé au Canada est destinée aux voies ferrées. La transition des rails de fer aux rails d'acier s'amorce au début des années 1870. Il faut toutefois de nombreuses années aux métallurgistes pour créer un acier capable de résister aux différentes contraintes rencontrées dans un pont.

L'un des premiers ponts en acier du Canada est un pont de chemin de fer cantilever, construit à Saint John, au Nouveau-Brunswick, en 1884. Comme l'acier, le ciment (*voir* CIMENTERIES) est utilisé depuis des siècles, mais le ciment hydraulique de bonne qualité à prix abordable n'est disponible au Canada qu'à partir de 1890. La première usine à fabriquer du véritable ciment hydraulique, ou ciment Portland (1889), est probablement l'usine de Hull, au Québec, appartenant à C.B. Wright and Sons.

Le bois conserve son rôle de matériau de construction de base. En effet, l'apparition des scieries commerciales rend possible la standardisation du bois d'œuvre. La charpente à claire-voie, construite avec le «deux par quatre» commun (d'env. 5 cm sur 10 cm), remplace les charpentes en gros bois. Les clous de broche sont abordables et en vente partout. Dans les immeubles, les colonnes en fonte et les poutres en fer industriel font place peu à peu à l'acier vers 1900. Les ÉDIFICES DU PARLEMENT fédéral à Ottawa, construits au cours des années 1860, figurent parmi les premiers bâtiments en Amérique du Nord à être dotés d'une charpente métallique intérieure. Les constructions en brique se répandent avec l'apparition des fours à ruche, des fours à tirage descendant et des machines à mouler les briques.

On utilise le ciment pour les planchers et les fondations, puis on le renforce d'acier. Son usage se répand, ce qui révolutionne l'INDUSTRIE DE LA CONSTRUCTION. À la fin de cette période, les usines et les immeubles à plusieurs étages sont dotés du chauffage central, de l'éclairage électrique, d'ascenseurs, d'eau courante et d'un service d'égout.

Communications La technologie progresse rapidement avec l'avènement du TÉLÉGRAPHE électrique, le compagnon du chemin de fer dans les années 1850. LE TÉLÉPHONE de Bell apparaît au cours des années 1870, et, avant la fin du XIXᵉ siècle, les communications téléphoniques sont courantes dans la plupart des grandes villes. Le premier central téléphonique au Canada est installé en 1878, à Hamilton, et, à la fin de l'année, quarante téléphones y sont reliés.

Eau et systèmes sanitaires Les villes requièrent beaucoup d'eau pour l'usage domestique et industriel et pour la protection contre les incendies et parallèlement un système d'ÉLIMINATION DES DÉCHETS. La plupart des grandes villes sont approvisionnées en eau par des pompes à vapeur, et, en 1900, certaines utilisent des filtres à sable ou de l'hypochlorite de chaux pour le TRAITEMENT DE L'EAU. Toronto, en 1841, et Kingston, en 1850, se dotent d'un poste de pompage. Halifax et Saint John recourent depuis longtemps à des systèmes gravitaires (depuis 1848 et 1838 respectivement). Beaucoup de villes ont un réseau d'évacuation destiné à recevoir l'eau de pluie et de la neige, mais n'ont pas d'égouts.

Formation technique La formation technique prend naissance à cette époque dans les ateliers des chemins de fer, les usines et les écoles. L'enseignement du GÉNIE CIVIL débute lentement avec King's College de Fredericton (1854), U. McGill (1871) de Montréal, School of Practical Science de Toronto (1873), École polytechnique de Montréal (1873), Royal Military College (1876) et School of Mining and Agriculture de l'U. Queen's (1893), de Kingston, en Ontario. On y offre aussi des cours de GÉNIE MINIER et de GÉNIE MÉCANIQUE, auxquels s'ajoutent bientôt des programmes de GÉNIE ÉLECTRIQUE et de GÉNIE CHIMIQUE.

La profession d'ingénieur connaît une expansion rapide depuis la grande époque de la construction des canaux et des chemins de fer. Elle est pratiquée notamment par Thomas Keefer et son frère Samuel, sir Casimir GZOWSKI, Sir John Kennedy et les frères Shanly.

Aube des temps modernes (1900-1940)

La première décennie du XXᵉ siècle est marquée par une prospérité et un développement de l'agriculture inégalés qui signalent l'avènement d'une véritable économie nationale. L'exploitation de la rivière Niagara en 1895 inaugure une ère industrielle fondée en grande partie sur l'électricité et les INDUSTRIES CHIMIQUES connexes. La Première Guerre mondiale constitue un terrain d'essai pour les moteurs à combustion interne des automobiles et des avions. Les inventions de la Première Guerre mondiale, appliquées à l'AVIATION DE BROUSSE, contribuent à l'ouverture du Nord. Le moteur à essence s'avère fort utile après la guerre, et le moteur Diesel se répand dans les transports publics. Finalement, la RADIO, la TÉLÉVISION et l'aviation facilitent les communications.

Agriculture La mécanisation de l'agriculture dans les Prairies se poursuit durant la croissance de 1901-1911. Le tracteur à essence remplace le tracteur à vapeur durant la Première Guerre mondiale et la prise de force, les pneumatiques et le levage hydraulique sont mis au point dans les années 20. Beaucoup de machines agricoles voient le jour, p. ex., les cultivateurs pour semis pour les champs de tabac et de maïs et la batteuse automatique Sylvester, en usage dans l'Ouest. De nouvelles lignées de blé à croissance rapide (p. ex., le BLÉ MARQUIS, le Garnet, le Reward) permettent l'expansion des terres cultivées vers le nord des Prairies.

Les nouvelles techniques de pasteurisation, de réfrigération et de mise en conserve de la viande, des légumes et des fruits ainsi que le lait condensé et le fromage fondu favorisent l'approvisionnement des villes, qui sont en pleine croissance après la guerre. Toujours traditionnelles en 1900, l'agriculture est hautement mécanisée à la fin de la Seconde Guerre mondiale.

Pêche Dans les Maritimes, l'industrie de la pêche subit de grandes transformations. La fusion de sociétés assure plus de fonds pour le développement technologique. En 1908, beaucoup de navires à vapeur sont déjà convertis en chalutiers et il en est de même des dragueurs de mines après la Première Guerre mondiale. La goélette traditionnelle commence à disparaître. L'amélioration de la réfrigération, des transports et des communications facilite l'approvisionnement en poisson frais. La congélation du poisson-appât apparaît à la toute fin du XIXᵉ siècle et celle du poisson frais prend naissance dans les Grands Lacs au début du siècle. Cette pratique est adoptée sur les côtes est et ouest du Canada, bien que le procédé ne permette qu'une conservation à court terme.

En 1929, l'Américain Clarence Birdseye démontre que la congélation rapide conserve la qualité du produit, et l'usage accru de congélateurs par les détaillants modifie les techniques de vente. Enfin, l'arrivée du moteur à combustion interne sur les petites embarcations procure une plus grande mobilité aux pêcheurs.

Transport Le succès du CP incite deux concurrents, le GRAND TRUNK PACIFIC RAILWAY et le CANADIAN NORTHERN RAILWAY, à construire des lignes transcontinentales. Le Temiskaming and Northern Ontario Railway (*voir* COMMISSION DE TRANSPORT ONTARIO NORTHLAND) est construit entre North Bay (Ontario) et la baie James (1903-1931). Le HUDSON BAY RAILWAY (1909-1929) construit un chemin de fer jusqu'à Churchill (Manitoba) où l'on compte ériger un nouveau port pour l'expédition du grain des Prairies, et des lignes secondaires sont ouvertes ici et là dans les BASSES-TERRES DE LA RIVIÈRE DE LA PAIX.

Sur le Saint-Laurent, on élargit les canaux de Cornwall, de Williamsburg (Ontario) et de Beauharnois (Québec) de 1900 à 1903. Un dernier effort est fait pour relier les diverses sections du canal Trent de 1895 à 1920. L'élévateur hydraulique de PETERBOROUGH, conçu par R.B. Rogers, le plus grand du genre au monde, est une réalisation exceptionnelle d'ingénierie. En 1910, la seule écluse du Manitoba est terminée sur la rivière Rouge à St. Andrews. Le

canal Welland ne suffit plus aux bateaux de plus en plus gros et nombreux. On creuse un nouveau canal, plus grand et plus direct: le Welland Ship, commencé en 1913 et interrompu par la guerre, est terminé en 1932.

Les camions et les automobiles passent d'objets de curiosité à objets de nécessité. Dans les années 20, les provinces confient à leur ministère de la voirie la tâche de construire les routes interprovinciales ainsi que de concevoir et de construire les routes provinciales.

Cette construction est facilitée par une nouvelle génération de camions et de tracteurs adaptés à ces travaux. Le transport en commun est devenu essentiel aux citadins: les omnibus tirés par des chevaux sont remplacés par les TRAMWAYS dans 46 villes canadiennes au début des années 20. En 1932, l'arrivée des premiers autobus est marquée par la mise en service d'un autobus Diesel à Montréal.

Le SILVER DART réalise le premier vol de l'Empire britannique, à Baddeck (Nouvelle-Écosse), en 1909. Les pilotes canadiens jouent un rôle important durant la Première Guerre mondiale et reviennent avec le goût du vol. Les avions militaires sont rapidement adaptés aux tâches pacifiques, dont l'exploitation forestière et minière dans les régions nordiques. En 1919, un organisme du gouvernement fédéral, l'Associate Air Research Committee, est créé pour soutenir la recherche aéronautique.

En 1927, W.R. TURNBULL perfectionne l'hélice électrique à pas variable, dont le modèle est adopté dans le monde entier. De nouveaux avions nordiques voient le jour, dont le célèbre NOORDUYN NORSEMAN, conçu en 1935 par Robert Noorduyn, d'après l'avis d'un grand nombre de pilotes. Durant la CRISE DES ANNÉES 30, l'un des programmes de relance de l'emploi les plus innovateurs et populaires est la construction d'AÉROPORTS dans tout le pays (*voir* AVIATION).

Exploitation minière Le chemin de fer de l'Ontario Northern Railway conduit les prospecteurs aux immenses gisements d'argent, à Cobalt, puis d'or, à Timmins et à Kirkland Lake. Leur exploitation finance et suscite l'exploitation des gisements miniers de Rouyn, au Québec, et de Flin Flon, au Manitoba. L'exploitation minière des roches dures débute à l'aide d'une technique reprise ensuite dans le reste du Canada. Le bouclier précambrien est examiné en profondeur par les géologues et les prospecteurs, qui y découvrent beaucoup d'autres gisements de métaux précieux et communs. Les charbonnages de la Colombie-Britannique prennent de l'expansion avec les chemins de fer, et on exploite les gisements de gaz naturel dans le sud de l'Alberta.

L'extraction et l'affinage du minerai exigent de nouveaux procédés, différents d'une mine à l'autre, et les métallurgistes doivent suivre l'évolution. En 1903, le procédé électrolytique de Bett est introduit à Trail (Colombie-Britannique), pour affiner le plomb. En 1911, les convertisseurs à garnissage font leur apparition dans la conversion des mattes de cuivre à Copper Cliff. L'International Nickel fait construire une nouvelle usine d'affinage électrolytique à Port Colborne (Ontario) en 1916 pour tirer profit de l'énergie électrique à bon marché. Le problème de la fonderie de Flin Flon est résolu en partie avec l'introduction d'un arc de four en magnésite suspendu en 1930.

Un bon nombre de ces procédés nécessitent l'électricité. Ainsi, en 1901, on entreprend, malgré l'importation de minerai et l'exportation de nombreux produits finis, la fabrication d'ALUMINIUM brut et de produits en aluminium à Shawinigan (Québec). Cette industrie utile progresse rapidement et s'étend presque d'un océan à l'autre, sa voracité en énergie pouvant être satisfaite en plusieurs endroits au Canada.

Énergie Au Québec et ailleurs au Canada, l'aménagement hydroélectrique sert avant tout à alimenter des mines et des usines de pâtes et papiers: Grand

Falls (Nouveau-Brunswick, 1928) pour les pâtes et papiers; Shawinigan (à partir de 1902) pour les pâtes et papiers, l'aluminium, l'industrie; Saguenay Power, Isle-Maligne (Québec, 1925), pour les pâtes et papiers et l'aluminium; rivière Quinze (Ouest du Québec, 1923) pour les mines; Abitibi Canyon (Nord de l'Ontario, 1929-1933) pour les mines et les pâtes et papiers; Island Falls sur la Churchill (Saskatchewan, 1930), pour les mines; West Kootenay Power, Bonnington Falls (Colombie-Britannique, à partir de 1897), pour les mines. Les industries, qui utilisent la vapeur ou l'énergie hydraulique, se convertissent à l'électricité lorsque c'est possible, en particulier lorsqu'on met au point la technique du transport à distance de l'électricité.

La première transmission d'électricité à distance au Canada, et peut-être dans l'Empire britannique, a lieu entre la rivière Batiscan et Trois-Rivières (Québec) en 1897. La ligne mesure environ 29 km de long et transporte 11 000 V. Un autre nouveau moyen de produire de l'énergie, le moteur à combustion interne, sert au fonctionnement de pompes, de scies, d'équipement générateur, etc.

Fabrication industrielle L'industrie de l'automobile s'ajoute aux florissantes industries établies qui sont rattachées au chemin de fer et à l'extraction des ressources. Des dizaines d'automobiles sont conçues et construites au Canada, mais seules les McLaughlin ont un certain succès. Gordon McGregor, gestionnaire de Walkerville Wagons Works de Windsor (Ontario), fonde la compagnie FORD DU CANADA LIMITÉE en 1904. La production commence presque immédiatement, mettant à contribution la célèbre chaîne de montage préconisée par Ford, probablement la première au Canada. La production des produits TEXTILES TISSÉS, surtout des lainages, se poursuit dans l'est de l'Ontario et dans le sud du Québec, en général avec l'apport d'une technologie étrangère et de matières premières importées. La plupart des nouvelles usines ont recours à l'outillage et à l'équipement électriques modernes, en particulier durant la grande pénurie de main-d'œuvre occasionnée par la guerre.

Les investissements américains au Canada s'accroissent continuellement après la guerre de Sécession et dépassent ceux de Grande-Bretagne lors de la Première Guerre mondiale. Comme ils sont formés de capital-actions, le nombre de sociétés canadiennes détenues par les Américains passe d'environ 100, en 1900, à 1350 en 1934. La majeure partie des techniques de pointe est empruntée aux États-Unis, et plusieurs grandes usines sont souvent des filiales de sociétés américaines (*voir* INVESTISSEMENTS ÉTRANGERS).

Exploitation forestière Dès le début du XXᵉ siècle, des machines auxiliaires à vapeur actionnent les treuils avec lesquels on retire les énormes billes des forêts de la Colombie-Britannique. Le procédé de «conduite au sol» est bientôt remplacé par la «conduite soulevée», méthode plus efficace. La première scie mécanique fait son apparition en 1939, mais elle est si lourde et peu fiable qu'il faut deux hommes pour l'actionner. La scie à chaîne légère, maniée par un seul homme, apparaît après la Seconde Guerre mondiale.

Construction Les premiers gratte-ciel sont érigés à Chicago et à New York, mais de hauts édifices à charpente d'acier apparaissent bientôt à Winnipeg (1904) et à Toronto (1914) et lors de la reconstruction du parlement fédéral (1916). On construit des ponts de grande portée, dont le pont de Québec (*voir* PONT DE QUÉBEC, CATASTROPHES DU) (1917). On dit que le pont Governor's de Toronto (1923) est le premier pont d'acier soudé au monde. Dans les années 20, on fait grand usage du béton armé dans la construction de ponts à Peterborough, Calgary et Saskatoon. Ces ponts comptent parmi les plus beaux du Canada.

Chimie industrielle L'essor rapide de l'électrochimie au XXᵉ siècle rend possible la production industrielle de produits chimiques. Un Canadien, Thomas WILLSON, met au point la première méthode de fabrication commerciale du carbure de calcium. La première usine est construite à Merritton, en Ontario, en 1896. La Shawinigan Carbide Co voit le jour en 1901, mais ne commence à produire du carbure qu'en 1904. La première usine de fabrication contractuelle d'acide sulfurique est fondée à Sulphide, en Ontario, en 1908.

On exploite les gisements de SEL de Windsor (Ontario) pour fabriquer des composés de sodium et de chlore. On produit ainsi du carbonate de sodium par électrolyse en 1919. En 1911, on fabrique du chlore liquide et gazeux à Sandwich (Ontario) pour épurer l'eau et blanchir la pâte à papier. En 1908, la cellule électrolytique, utilisée pour beaucoup de ces traitements, est brevetée au Canada par A.E. Gibbs. Une autre facette importante de la technologie est la fabrication de fibres artificielles. La production de rayonne viscose au Canada débute avec la firme Courtaulds de Cornwall (Ontario) en 1925. Le procédé recourt à la cellulose extraite de la pâte à papier. En 1928, la Canadian Celanese Ltd entreprend la fabrication de la rayonne d'acétate de cellulose à Drummondville (Québec) et la Canadian Industries Ltd (CIL) produit du cellophane transparent à Shawinigan Falls, en 1931.

Systèmes sanitaires Les services sanitaires s'améliorent dans les villes avec l'assainissement de l'eau potable à l'aide de filtres à sable, mais le traitement des eaux usées progresse lentement. La décomposition en bassins est adoptée après 1910, et, en 1916, le procédé d'activation des boues est instauré dans beaucoup de villes. Quelques grandes villes se débarrassent de leurs déchets par incinération dans des fours à haute température.

Communications Le premier téléphone est amélioré par la protection accrue des câbles et un équipement plus sophistiqué. Les bobines de pupinisation améliorées font leur apparition en 1916. Les relais amplificateurs à tube à vide, installés en 1917, améliorent la communication interurbaine et rendent possible la création du réseau téléphonique transcanadien (*voir* STENTOR), inauguré en 1932. Les premiers téléphones à cadran sont installés à Edmonton en 1905 et gagnent la majorité des villes du Québec et de l'Ontario durant les années 20 et 30.

Marconi réalise la première communication sans fil outre-mer en 1901. Par la suite, dans les années 20, la transmission sur ondes courtes améliore de beaucoup les signaux. La première émission radio sans fil est réalisée par un Canadien, Reginald FESSENDEN, en 1906, à partir d'une station américaine. En 1920, Marconi emboîte le pas avec la première radiodiffusion au Canada, à Montréal. La radiodiffusion commerciale progresse lentement, avec la mise en vente des postes récepteurs, d'abord en pièces détachées, puis assemblés. En 1927, les Canadiens peuvent téléphoner en Europe via les États-Unis, et, en 1931, la communication est établie directement. En 1925, on met au point une première forme de téléphotographie, l'ancêtre de la télévision.

Formation technique Les écoles de génie s'ouvrent dans les universités de l'Ouest (1906-1913). La profession d'ingénieur croît en effectif et en prestige, et, en 1923, des associations professionnelles existent déjà dans toutes les provinces, sauf à l'Île-du-Prince-Édouard. Elles fixent elles-mêmes les règles d'admission. Ainsi seuls les ingénieurs qualifiés sont admis à pratiquer. Cette période voit l'éclosion de la plupart des industries primaires et secondaires modernes. Le réseau de transport est en place, et la conquête du bouclier canadien est presque terminée.

L'interdépendance des technologies se manifeste par les relations étroites qui s'établissent entre les industries des mines, de l'énergie électrique, de l'outillage, de la métallurgie et des produits chimiques. Une grande partie de l'élan acquis pendant et après la Première Guerre mondiale se perd durant la CRISE DES ANNÉES 30, mais reprend durant la période suivante.

Temps modernes (de 1940 à nos jours)

C'est la Seconde Guerre mondiale qui marque le début des temps modernes. La participation du Canada exerce une énorme pression sur les industries primaires et secondaires, sur les transports et sur la main-d'œuvre. En 1945, les fermes, les mines, les chantiers navals et les usines sont hautement mécanisés et comparables à ceux qui existent ailleurs dans le monde. La guerre accélère l'essor des industries naissantes, comme celles des produits de l'aluminium, et en crée de nouvelles, comme celles de l'uranium.

Fabrication industrielle Au cours de la Seconde Guerre mondiale, l'industrie canadienne des munitions croît rapidement. Cet essor stimule la fabrication d'outils, d'appareils électriques, de produits chimiques et de matériaux, tel le caoutchouc synthétique. Les industries lourdes, telles que les chantiers navals et l'aéronautique, sont vitales pour l'effort de guerre. La création d'armes nucléaires par les États-Unis inaugure le domaine de l'énergie nucléaire (*voir* CENTRALES NUCLÉAIRES), qui stimule l'extraction d'uranium au Canada. À la fin de la guerre, le Canada est véritablement industrialisé: on dénombre plus de travailleurs dans les industries du secteur secondaire, de fabrication p. ex., que sur les fermes ou dans les forêts, et la production surpasse celle de l'industrie primaire en tous points. Le défi de l'après-guerre est de convertir cette capacité de production en biens de consommation. L'industrie automobile canadienne (principalement comme succursale des géants américains) et la rapide croissance de la fabrication d'équipement agricole et minier en sont de bons exemples.

Énergie Un autre défi consiste à fournir l'énergie nécessaire à l'industrie et au transport public et privé. On exploite de nouveaux sites hydroélectriques en Colombie-Britannique, en Ontario, au Québec et au Manitoba. Des stations thermoélectriques sont construites dans les Maritimes et dans les Prairies. La première centrale thermonucléaire est inaugurée en Ontario, à Rolphton, en 1962. La prospection de gaz naturel se poursuit en Alberta et en Saskatchewan, et l'immense nappe pétrolifère de LEDUC est découverte en 1947. L'industrie pétrolière devient très complexe avec la fabrication de l'essence, du diesel, du mazout domestique et des huiles lourdes pour la lubrification. L'INDUSTRIE PÉTROCHIMIQUE naît, avec ses centaines de produits secondaires. Sarnia et Montréal sont les centres de l'industrie pétrochimique, quoiqu'une partie de l'activité se déplace graduellement vers les régions pétrolifères.

Exploitation minière et métallurgie La technologie chimique aide à résoudre les problèmes de métallurgie de l'industrie minière en plein essor. Les usines de guerre de fabrication d'explosifs sont modifiées pour produire des explosifs destinés à la prospection minière et à la construction. La technologie minière devient également nécessaire après la guerre. La prospection pétrolière met au jour l'un des plus grands gisements de POTASSE au monde, en Saskatchewan. L'extraction de ce minéral enfoui profondément dans le sol pose des problèmes de taille. Les mines américaines commençant à s'épuiser, l'exploitation de nouvelles sources de fer devient urgente. Des opérations gigantesques à Steep Rock (Ontario) et au Labrador exigent un équipement d'excavation des plus modernes et l'apport de l'énergie hydroélectrique pour amener le minerai aux aciéries d'Hamilton et des États-Unis. L'extraction de l'or, qui soutient le Canada pendant les deux guerres, est en déclin, et l'effort d'après-guerre porte surtout sur les métaux communs et le charbon.

Transport L'une des plus ambitieuses réalisations d'ingénierie du Canada est la VOIE MARITIME DU SAINT-LAURENT, entreprise en collaboration avec les États-Unis. Elle ouvre les Grands Lacs aux navires canadiens et étrangers arrivant de l'océan, facilite l'expédition du minerai de fer du Labrador aux aciéries situées sur les rives des lacs Ontario et Érié et permet l'exploitation de nouvelles installations hydroélectriques.

L'avionnerie de guerre canadienne s'apprête à disparaître devant la concurrence étrangère. Son sort est presque scellé lorsque le gouvernement annule la construction de l'AVRO ARROW, l'avion militaire le plus perfectionné en son genre. Cet arrêt est vu comme un coup terrible porté au développement de la technologie au Canada, bien que l'industrie continue à démontrer son esprit inventif dans la conception d'avions à décollage et à atterrissage courts (ADAC) tels que le DE HAVILLAND OTTER et le DE HAVILLAND DASH-7.

La construction navale régresse après la guerre et seuls quelques CARGOS DES GRANDS LACS et bateaux de pêche en mer sont construits. Les chantiers maritimes construisent quelques-uns des BRISE-GLACE les plus perfectionnés du monde, et, avec l'essor de la prospection du pétrole, du gaz et des minéraux dans l'Arctique, ce savoir-faire est prometteur.

Agriculture et foresterie Grâce à un outillage puissant et perfectionné et à de nouveaux produits chimiques, les fermes canadiennes sont parmi les plus productives au monde. Par ailleurs, de nouvelles techniques à grande échelle sont introduites pour la coupe et le transport du bois, en particulier en Colombie-Britannique, à mesure que l'exploitation progresse à l'intérieur des montagnes. Les papeteries canadiennes sont dotées d'un équipement imposant et très rapide, avec lequel elles approvisionnent la plupart des journaux du monde.

Le Canada doit depuis longtemps importer la technologie étrangère pour développer son économie, et les inventeurs canadiens jouissent rarement de l'appui que requiert l'effort de développement soutenu de leurs créations (*voir* INVENTEURS ET INNOVATIONS). La grande dispersion démographique du Canada, sa dépendance envers, d'une part, les investissements étrangers et, d'autre part, l'exploitation des ressources naturelles, et son organisation politique favorisant le régionalisme rendent difficile la formulation d'un plan industriel cohérent. Bien que les ingénieurs canadiens soient à la fine pointe de l'informatique des communications, et malgré des progrès étonnants dans le domaine des COMMUNICATIONS DANS LE NORD, le Canada ne réussit pas à concurrencer les producteurs étrangers d'équipement électronique (*voir* ÉLECTRONIQUE, INDUSTRIE DE L') et d'appareils ménagers. Sans véritable accès à la HAUTE TECHNOLOGIE, les industries du secteur secondaire courent le risque de ne pas être concurrentielles, et le Canada retournerait à son rôle traditionnel de fournisseur de matières premières. (*Voir aussi* INGÉNIERIE, HISTOIRE DE L'.)

W.G. Richardson

Technologie spatiale L'entrée du Canada dans l'ère spatiale se fait suite à l'intérêt grandissant, surtout au cours de la Seconde Guerre mondiale, pour la recherche sur les propriétés de la haute atmosphère terrestre et, en particulier, de l'ionosphère, soit la couche de particules chargées qui réfléchit les signaux radio à ondes courtes.

Satellites

Premiers satellites Une entente signée avec la National Aeronautics and Space Administration (NASA) permet le lancement de quatre SATELLITES canadiens, dont le premier, Alouette 1, le 29 septembre 1962, est lancé du Western Test Range, à Vandenburg, en Californie.

Alouette 1 transporte 2 antennes spatiales, fabriquées au Canada, qui mesurent respectivement 23 et 45 m. Ces antennes ne sont déployées que lorsque le satellite est en orbite. Alouette 1 est suivi d'Alouette

2, en 1965, d'ISIS 1 (International Satellites for Ionospheric Studies), en 1969, et d'ISIS 2, en 1971.

Ces satellites sont conçus et construits par le Centre de recherches pour la défense et les télécommunications, à OTTAWA, qui devient, en 1969, le Centre de recherches sur les communications (CRC) du ministère des Communications. Les fonctions et la conception des satellites deviennent de plus en plus complexes. Chaque satellite nécessite une participation de plus en plus grande de la part de l'INDUSTRIE AÉROSPATIALE canadienne, alors en pleine évolution.

D'autres organismes canadiens et étrangers contribuent aussi au programme par l'apport de matériel ou d'expérimentations scientifiques. On étudie les résultats des expériences faites par les satellites en conjonction avec les mesures prises sur terre dans différents pays.

L'orbite d'Alouette 1 et d'ISIS 2 est presque circulaire, environ à 1000 et à 1400 km respectivement de la Terre. Alouette 2 et ISIS 1 sont mis en orbite elliptique, dont le périgée est de 500 km et l'apogée de 3000 et de 3500 km respectivement. Les satellites des séries Alouette et ISIS ont fonctionné beaucoup plus longtemps que ce qui était prévu lors de leur conception.

Télésat Canada Le Canada décide ensuite d'adapter les technologies spatiales aux besoins qu'imposent une population dispersée dans tout le pays, un terrain diversifié et des conditions climatiques difficiles (*voir* CLIMAT). En 1964, le Canada se joint à plusieurs autres nations pour établir une organisation internationale, Intelsat, qui sert à l'échange des TÉLÉCOMMUNICATIONS commerciales et internationales.

Après le livre blanc de 1968 portant sur la possibilité d'établir un système de COMMUNICATION PAR SATELLITE, Télésat Canada est créé par une loi en 1969. La corporation est d'abord la propriété conjointe du gouvernement fédéral et des sociétés canadiennes d'exploitation de télécommunications. Par la suite, le gouvernement canadien se retire et vend ses actions en 1992.

Série Anik A Le premier de trois satellites Anik A de Télésat est lancé en 1972, faisant du Canada le premier pays à avoir son propre satellite de télécommunications géostationnaire commercial, à 35 790 km au-dessus de l'équateur. Les satellites sont stabilisés sur leur orbite par la technique dite de stabilisation gyroscopique, pour laquelle les antennes de communication et les plates-formes associées sont déployées de manière à toujours pointer vers la Terre.

Cette série est construite principalement par un entrepreneur américain, mais demande une participation importante de l'industrie canadienne. Ces satellites fonctionnent sur la bande 6/4 GHz (transmission à la fréquence de 4 GHz [milliards de hertz] et réception à 6 GHz) et sont situés par 104°, 109° et 114° de longitude ouest.

Hermes En 1971, le Canada signe un accord avec la NASA pour la conception et le lancement d'un satellite technologique de télécommunications (STT) expérimental. Le STT, connu sous le nom d'Hermes au Canada, est lancé le 17 janvier 1976.

Les objectifs d'Hermes sont de concevoir et de tester en vol un amplificateur à tube à ondes progressives de grande puissance et de haut rendement comme ceux utilisés dans les RADARS ou dans les transmetteurs de télécommunications fonctionnant à 12 GHz. Il vise aussi à développer et à tester un système de stabilisation à trois axes qui doit garder les antennes pointées dans la bonne direction et à tenter des expériences de télécommunications sur une bande de fréquences nouvellement allouée (de 12 à 14 GHz), à l'aide de petites stations terriennes transportables.

Le satellite est conçu au CRC par une équipe conjointe de scientifiques et d'ingénieurs du gouvernement et de l'industrie. L'utilisation du satellite permet de chercher des approches innovatrices pour la création de nouveaux services de télécommunications et d'étendre les services existants aux régions éloignées et rurales.

Hermes est le premier satellite capable de diffuser des émissions de radio et de télévision directement à des récepteurs domestiques. De plus, il est équipé d'antennes à faisceaux étroits qui peuvent être dirigées vers n'importe quel point de la Terre visible à partir du satellite. Hermes a été conçu pour fonctionner deux ans, mais est resté en activité pendant près de quatre ans.

Simulateur d'environnement spatial Afin de tester les différents sous-systèmes des satellites dans un simulateur d'environnement spatial, le gouvernement fédéral crée des installations d'assemblage, d'intégration et d'essai de satellites au laboratoire David Florida du CRC, qui fait maintenant partie de l'Agence spatiale canadienne. Ces installations sont par la suite agrandies pour permettre de tester entièrement des engins spatiaux de la classe des navettes à l'intérieur d'un simulateur d'environnement reproduisant les conditions thermiques, le vide, les vibrations et l'environnement électromagnétique de l'espace. On conçoit aussi des techniques pour simuler et analyser par ordinateur les mouvements des engins spatiaux.

Anik B À la suite du succès obtenu par le programme Hermes et selon l'accord signé entre Télésat Canada et le gouvernement fédéral, le satellite suivant construit pour Télésat Canada, Anik B, est équipé de 4 transpondeurs expérimentaux de 14/12 GHz en plus des transpondeurs de 6/4 GHz que possédait déjà la génération précédente de satellites Anik A.

Un transpondeur est un appareil électronique qui reçoit un signal et le retransmet à une fréquence différente. Quand Anik B est lancé vers la fin de 1978, il devient le premier satellite au monde à fonctionner simultanément sur les deux paires de bandes de fréquences. Anik B a en quelque sorte plus de pouvoir qu'Anik A, et il est stabilisé par trois axes afin de garder une orientation fixe et minutieusement contrôlée dans l'espace.

Série Anik D Par la suite, la série Anik D remplace les satellites Anik A, qui tombent en panne, et les Anik B, qui vieillissent. Anik D-1, lancé en août 1982, est le premier satellite commercial construit par un entrepreneur canadien important, Spar Aérospatiale limitée. Le lancement d'Anik D-2 a lieu en novembre 1984.

Série Anik C Le premier des satellites Anik C, qui fonctionne sur les bandes de fréquences plus élevées, à 14/12 GHz, est le premier de deux satellites qui inaugurent la mise en opération de la navette spatiale américaine en novembre 1982. Les autres satellites de la série Anik C sont lancés en juin 1983 et en avril 1985.

Série Anik E En 1987, Télésat Canada accorde un important contrat à Spar Aérospatiale pour la construction de deux satellites Anik E. Les satellites, déployés en 1991, contiennent un certain nombre de transpondeurs fonctionnant sur les deux bandes de fréquence et remplacent à la fois les satellites Anik C et Anik D.

Recherche et sauvetage

Le Canada est aussi un pionnier dans le domaine de l'application des techniques spatiales à la recherche et aux sauvetages. Tous les avions du Canada sont équipés d'une balise de détresse qui s'active manuellement ou automatiquement en cas d'impact.

Programme du satellite de recherche et de sauvetage (SARSAT) On élabore un concept consistant à utiliser les satellites ayant une orbite basse très inclinée vers l'équateur pour détecter des avions et des bateaux en détresse. Pour démontrer l'utilité de ce concept, le Canada se joint à la France, aux États-Unis et à plusieurs autres pays pour mettre en œuvre le programme SARSAT.

Le Canada fournit les transpondeurs des satellites, qui fonctionnent à des fréquences de 121,5, de 243 et de 406 MHz, et conçoit la station terrienne pour la réception des signaux transmis par le satellite. La France fournit le processeur de signaux du satellite tandis que les États-Unis offrent l'antenne de l'engin spatial et testent, intègrent et lancent le matériel spatial du SARSAT à bord de la série NOAA de satellites météorologiques. Le premier lancement d'un engin spatial équipé du système SARSAT a lieu en mars 1983. Depuis, il y en a eu plusieurs autres.

Réseau COSPAS-SARSAT Pour couvrir fréquemment toute la surface de la Terre, un accord est conclu avec l'ex-Union soviétique pour le lancement d'un système compatible, nommé COSPAS. Le premier satellite équipé d'un système COSPAS est lancé en juin 1982.

En 1984, un protocole d'entente est signé entre le Canada, la France, les États-Unis et l'ex-Union soviétique, qui fait de COSPAS et de SARSAT des systèmes de satellites de sauvetages et de recherches opérationnelles par intérim. Quatre ans plus tard, ces pays signent l'accord international du programme COSPAS-SARSAT, qui doit être en vigueur pendant 15 ans.

Au milieu de l'année 1994, le système combiné COSPAS-SARSAT a déjà été utilisé au cours de plus de 1500 recherches et sauvetages et a permis de sauver plus de 4500 personnes partout dans le monde.

Télédétection

Le Canada s'implique aussi dans l'application de la technologie des satellites à la TÉLÉDÉTECTION de la surface de la Terre. On utilise des stations d'acquisition de données pour recevoir les signaux provenant des divers satellites américains et étrangers et pour traiter sur terre les données recueillies par les capteurs.

Satellite européen de télédétection L'industrie canadienne fournit une partie du radar et des systèmes de traitement des données au sol du satellite européen de télédétection de l'Agence spatiale européenne, lancé en 1991. Le satellite fournit de l'information sur les conditions océaniques et la glace.

RADARSAT Au Canada, le travail exécuté par le Centre canadien de télédétection, particulièrement dans le domaine des instruments aériens, avec le soutien des gouvernements fédéral et provinciaux, de l'industrie canadienne et des partenaires étrangers, mène au développement d'un satellite de télédétection, le RADARSAT. Ce dernier, lancé à la fin de 1995, est muni d'un radar à système d'ouverture qui fournit de l'information météorologique, peu importe les conditions, sur la calotte glaciaire de l'Arctique canadien, les océans, l'EAU et les RESSOURCES terrestres. Il sert aussi à la surveillance côtière.

Satellite mobile (MSAT) À la suite d'études antérieures effectuées au CRC, le Canada lance, à la fin de 1995, un énorme engin spatial capable de transmettre les communications vocales et les données à de petits terminaux mobiles situés sur terre ou à bord de bateaux ou d'avions. Le satellite utilise des technologies de transmissions de données et de la voix à bande passante étroite.

Le satellite, appelé MSAT, fonctionne sur la bande ultra-haute de 1,6/1,5 GHz. Le satellite est construit par TMI Communications, qui l'exploite depuis de manière commerciale. Une compagnie américaine a lancé un satellite semblable pour couvrir les États-Unis. Chaque satellite peut remplacer l'autre en cas de besoin.

Programme Olympus Grâce aux capacités acquises au cours des 20 années d'expériences spatiales, l'industrie canadienne participe au programme Olympus, auparavant appelé L-SAT, de l'Agence spatiale européenne. Son but est la conception d'une grande plate-forme spatiale qui pourra accomplir des tâches variées, p. ex., la diffusion directe d'émissions de télévision.

Le Canada fournit le sous-système de panneaux solaires extensibles, un composant essentiel, et certains éléments de la charge utile. De plus, il joue un rôle important dans la partie finale de l'intégration et de la vérification de l'engin spatial. Spar Aérospatiale fournit aussi au Brésil un système de satellite de télécommunications, du même type que les satellites Anik D. Les deux satellites, nommés Brazilsat, sont lancés en 1985 et en 1986, respectivement.

Science spatiale

Les activités liées à la science spatiale, autrefois coordonnées par le Centre canadien des sciences de l'espace du CNR, sont maintenant sous la responsabilité de l'Agence spatiale canadienne. Le Canada, en collaboration avec la Suède, fournit un système d'imagerie dans l'ultraviolet permettant d'observer les AURORES BORÉALES. Le système équipe le satellite suédois Viking, lancé en 1986, et le satellite Freja, lancé en 1992. Ce dernier transporte aussi un instrument construit par les Canadiens, l'analyseur de plasma froid. Le satellite suédois Olin, lancé en 1997, transporte un spectrographe d'imagerie, nommé OSIRIS, construit au Canada. En 1989, un instrument canadien, le spectromètre à ions suprathermiques (SMS), est transporté à bord du satellite japonais EXOS-D ou Akebono.

Récemment, le Canada a fourni un interféromètre d'imagerie des vents, WINDII, qui connaît un grand succès et qui s'est envolé avec le satellite de recherches sur la haute atmosphère de la NASA, UARS, en 1991. Le WINDII mesure la vitesse du VENT et la température atmosphérique afin d'aider, entre autres, à surveiller la couche d'ozone stratosphérique. Plusieurs charges utiles scientifiques canadiennes sont transportées à bord des navettes spatiales américaines, et le système canadien d'imagerie par rayons ultraviolets pour l'observation des aurores polaires est du voyage du satellite russe Interball.

Programmes spatiaux habités

Bras spatial canadien (Canadarm) En 1975, le Canada signe une entente avec les États-Unis pour participer au système de transport spatial par l'apport d'un télémanipulateur unique, nommé CANADARM, qui doit être installé sur la navette spatiale pour déplacer les charges hors de la soute. Ce travail est accompli par une équipe de l'industrie canadienne dirigée par Spar Aérospatiale en vertu d'un contrat avec le CONSEIL NATIONAL DE RECHERCHES DU CANADA (CNRC).

On conçoit un simulateur général, nommé SIMFAC, basé sur des techniques de simulation numérique. Il sert à vérifier la capacité d'opération en état d'apesanteur et à apprendre aux ASTRONAUTES à utiliser le Canadarm dans l'espace. Le Canadarm, qui ne peut même pas supporter son propre poids sur terre, peut manipuler des charges de près de 30 000 kg dans l'espace, les déplaçant à une vitesse de 6 cm/s et atteignant une précision de 5 cm.

Le Canadarm est déclaré opérationnel en novembre 1982, après avoir été lancé avec les deuxième, troisième et quatrième navettes et avoir servi lors d'exercices de manœuvre. La NASA se procure trois systèmes supplémentaires directement de SPAR Aérospatiale. Ils ont tous les trois été utilisés avec succès lors de vols ultérieurs de la navette.

Système d'entretien mobile Le Canada participe au programme américain de station spatiale par l'apport du système d'entretien mobile (SEM). La contribution du Canada inclut le télémanipulateur de la station spatiale (TSS), la base de l'unité mobile d'entretien télécommandée (UMET) ainsi que la conception du manipulateur agile spécialisé (MAS), qui aide à assembler et à entretenir la station spatiale.

Programme canadien de station spatiale Dans le cadre du programme canadien de station spatiale, le gouvernement finance un certain nombre de projets

canadiens de développement de technologies stratégiques en automatisation et en robotique et d'exploitation de la microgravité dans la station spatiale, particulièrement dans les domaines de la science des matériaux et de la biotechnologie. Les divers éléments canadiens de la station spatiale doivent être lancés vers 1999.

Agence spatiale canadienne

Dans le discours du Trône du 1er octobre 1986, le gouvernement canadien annonce son intention de créer l'Agence spatiale canadienne afin d'incorporer et de coordonner les nombreuses activités spatiales qui étaient autrefois la responsabilité des différents ministères et agences du domaine du gouvernement fédéral. La Loi sur l'Agence spatiale canadienne est votée à la Chambre des communes le 15 décembre 1989 et officialisée un an plus tard. L'objectif de l'agence est de promouvoir le développement et l'utilisation pacifique de l'espace et de s'assurer que la science et la technologie ont des retombées économiques et sociales bénéfiques pour les Canadiens.

Profil de l'industrie En 1994, on estimait que l'industrie spatiale canadienne employait plus de 3000 personnes et qu'elle générait des ventes avoisinant les 700 millions de dollars, sans compter les revenus provenant des services comme les télécommunications.

Les exportations du Canada en matière de technologie spatiale représentent plus de 45 p. 100 du total des ventes. Plus de 80 entreprises canadiennes sont impliquées dans l'industrie spatiale, dont la plupart sont la propriété ou sont sous le contrôle de Canadiens. Sept d'entre elles, dont la plus importante est SPAR Aérospatiale, se partagent plus de 90 p. 100 des ventes de l'industrie aérospatiale. (Voir CHAPMAN, John Herbert.)

B.C. Blevis

Tectonique des plaques Théorie selon laquelle la croûte terrestre et une partie du manteau supérieur sont formées de plaques rigides, de taille variable, flottant sur l'asthénosphère déformable et se déplaçant très lentement les unes par rapport aux autres sous la poussée de forces thermiques internes. Ce sont ces mouvements qui sont à l'origine des changements géologiques. Au cours de l'ÉVOLUTION GÉOLOGIQUE du globe, ils ont ouvert et fermé des bassins océaniques (voir OCÉAN), fait surgir des MONTAGNES, favorisé l'accumulation des MINÉRAUX et la formation du pétrole et influencé l'ÉVOLUTION et le CHANGEMENT DE CLIMAT. Le frottement des plaques les unes contre les autres empêche le mouvement continu et emmagasine l'énergie qui se dégage de façon intermittente et provoque des mouvements brusques, à l'origine des TREMBLEMENTS DE TERRE. La plupart des VOLCANS font éruption à la bordure de deux plaques qui se rencontrent.

Théories anciennes Les premiers scientifiques croient que les continents sont fixes. La découverte de l'Amérique révèle que les continents sis de chaque côté de l'Atlantique, ou plutôt leur plateau continental, ont des contours tels qu'ils semblent déjà avoir été imbriqués les uns dans les autres. On croit, à cette époque, que la Terre n'a que 6000 ans; par conséquent, seul un cataclysme peut avoir séparé les continents au moment de la création.

Au XIXe siècle, les géologues soutiennent qu'à en juger par l'imposante accumulation de ROCHES SÉDIMENTAIRES, la Terre doit avoir plus de 6000 ans et qu'elle a probablement plutôt quelques centaines de millions d'années. Les physiciens, pour leur part, soutiennent que la Terre perd de la chaleur au profit de l'espace et doit donc se refroidir puisqu'on ne lui connaît aucun foyer interne de chaleur. Si elle a été incandescente à l'origine, il a fallu, disent-ils, tout au plus quelques dizaines de millions d'années pour qu'elle atteigne sa température actuelle.

Par ailleurs, ils soutiennent qu'une contraction aurait plissé sa surface et engendré les montagnes. En 1896, la découverte de la radioactivité révèle que les éléments radioactifs sont présents dans les roches et constituent une source de chaleur; elle permet le développement de méthodes de calcul de l'âge de la Terre (environ 4,6 milliards d'années). En 1908, le géologue américain Frank B. Taylor émet l'hypothèse selon laquelle les continents se déplacent lentement et que les montagnes sont nées de leur collision. À la même époque, un météorologue allemand, Alfred Wegener, émet l'hypothèse suivante: il y a 200 millions d'années, il existait un seul grand continent, la Pangée; cette masse continentale s'est ensuite disloquée, donnant naissance à des fragments dérivant sur les fonds océaniques. Ses adversaires lui reprochent son manque de preuves et réfutent sa théorie lors d'une importante conférence, en 1926.

Cette théorie n'en conserve pas moins des adeptes là où elle semble se vérifier, comme dans les Alpes et en Afrique du Sud. À son tour, A.L. du Toit suppose que la Pangée s'est disloquée pour former le continent de Gondwana, au sud, et la Laurasie, au nord; des fragmentations ultérieures auraient donné les continents actuels. La tectonique des plaques est une variante de la théorie de la dérive des continents. Cette dernière suppose le déplacement distinct de chaque continent sur des fonds océaniques fixes (comme des bateaux sur l'eau), tandis que la théorie de la tectonique suppose que les continents se déplacent de concert avec les fonds océaniques, formant d'immenses plaques en mouvement qui constituent la surface du globe.

Sismologie et constitution interne de la Terre Au début du XXe siècle, on connaît trop peu les fonds océaniques et l'intérieur de la Terre pour savoir précisément comment elle se comporte. C'est la sismologie (voir GÉOLOGIE) qui a vraiment fait exploser les connaissances dans ce domaine. On connaît depuis toujours les tremblements de terre sans pouvoir les expliquer. Or, à la fin du XXe siècle, l'empereur du Japon invite l'Anglais John Milne à venir étudier le phénomène chez lui. Milne et ses collègues mettent au point le premier véritable sismographe, le premier réseau mondial d'enregistrement des tremblements de terre et une théorie sur les ondes sismiques.

Ces études révèlent la structure interne du globe. Comparée à un œuf dur, la Terre est formée d'une coquille froide et cassante, la croûte rocheuse visible; le blanc, c'est le manteau beaucoup plus épais, constitué de roches denses, incandescentes et déformables mais solides, et le jaune, c'est le noyau riche en fer à l'état de fusion. L'existence de la couche déformable à une profondeur de quelques dizaines de kilomètres a été bien illustrée dans le centre nord de l'Amérique du Nord au cours des récentes ÉPOQUES GLACIAIRES: en effet, le continent s'est affaissé sous le poids des GLACIERS et ne cesse de se relever depuis qu'ils ont fondu (voir GLACIATION). Des diverses étapes du relèvement, il reste d'anciens niveaux de plages à plusieurs centaines de mètres de hauteur, au bord des Grands Lacs et de la baie d'Hudson. Si la surface de la Terre peut se mouvoir dans le sens vertical sur des centaines de mètres, l'intérieur doit aussi être déformable et il s'ensuit que, si la couche superficielle est brisée, les plaques peuvent se mouvoir à l'horizontale. D'autre part, les chercheurs français Rothé, père et fils, ainsi que les Américains B. Gutenberg et C.F. Richter réussissent, grâce à l'amélioration des techniques d'enregistrement, à démontrer que la plupart des séismes se manifestent près des principaux chapelets d'îles autour du Pacifique et des chaînes de montagnes, dans l'Himalaya et dans les Alpes.

Fonds océaniques C'est au milieu du XIXe siècle, avec les sondages effectués par le commodore M.F. Maury, de la marine américaine, qu'on commence à recueillir des données sur les fonds océaniques. Ces sondages révèlent que l'Atlantique, en son milieu, est moins profond qu'ailleurs. L'EXPÉDITION CHALLENGER (1872-1876) démontre qu'au centre, les fonds océaniques forment une longue dorsale dans l'axe de l'Atlantique. Des expéditions subséquentes constatent le même phénomène dans d'autres océans et découvrent des fosses profondes au large de certains continents et du côté convexe de certains arcs insulaires.

Au cours des années 20, R.A. Daly, géologue canadien, soutient que la Terre est changeante; en 1930, en Angleterre, A. Holmes suppose que la chaleur libérée par la radioactivité engendre les courants de convection qui soulèvent les dorsales médio-océaniques et se dispersent de part et d'autre des dorsales pour ensuite redescendre sous les chaînes de montagnes. À l'époque, en l'absence d'une instrumentation adéquate, il est toutefois impossible de produire des preuves irréfutables.

L'étude des fonds marins commence dans les années 30 avec les échosondeurs et se développe rapidement à partir de la Seconde Guerre mondiale grâce à la mise au point d'instruments de recherche. En 1956, M. Ewing et B.C. Heezen, de l'U. Columbia, qui se servent des données qu'ils ont pour la plupart recueillies, remarquent que la zone axiale des séismes coïncide avec la crête des dorsales médio-océaniques. Ayant observé la continuité des zones axiales, ils imaginent que les dorsales sont également continues. En 1960, ils sont en mesure de le prouver. Simultanément, ils reconnaissaient l'existence de la plus grande chaîne de montagnes de la terre, qui serpente sur 60 000 km le long de l'axe de l'océan Atlantique, contournant l'Afrique du Sud, se poursuivant dans l'océan Indien; de là, elle se ramifie, d'un côté vers le golfe d'Aden et la mer Rouge, de l'autre vers le sud de l'Australie et de la Nouvelle-Zélande, d'où elle traverse le Pacifique pour venir s'unir à la faille de San Andreas, à l'intérieur du golfe de Californie. À certains endroits, la dorsale émerge, formant des îles comme l'Islande, les Açores et l'île de Pâques.

Grandes failles Les océanographes de Californie remarquent que sur des centaines de kilomètres la crête de la dorsale est déportée par des cassures ressemblant à des failles, mais qui s'interrompent brusquement. Ils découvrent ailleurs des cassures semblables, plus petites, notamment dans l'Atlantique équatorial. Ces mystérieux phénomènes sous-marins ajoutent un nouvel élément aux discussions portant sur les énormes failles observées en 1924 par C.H. Stockwell sur le continent, le long du Grand lac des Esclaves.

En 1946, en Écosse et en Nouvelle-Zélande, des géologues supposent que d'énormes failles déplacées de plus de 100 km traversent ces pays: elles commencent et se terminent dans la mer. En Californie, en 1953, d'autres géologues supposent un déplacement encore plus impressionnant le long de la faille de San Andreas qui commence dans le golfe de Californie et se termine dans le Pacifique, au large du cap Mendocino. Ces découvertes posent un problème aux tenants d'une planète rigide: comment expliquer de tels déplacements ou la façon dont se terminent des failles aussi importantes?

Magnétisme des roches Les Anciens savaient déjà que le minerai de fer (magnétite) était aimanté: c'est ce qui a mené à l'invention de la boussole. Au début du XXe siècle, on démontre que beaucoup de roches sont légèrement aimantées et conservent leur orientation magnétique. On suppose qu'elles l'ont acquise au moment de leur formation. Mais les résultats des premières recherches sont déconcertants, et c'est peu à peu qu'on parvient à dégager trois causes d'anomalie. D'abord, le PÔLE MAGNÉTIQUE (Nord) s'est déplacé, depuis sa découverte il y a 150 ans, sur quelques centaines de kilomètres. On sait maintenant que les pôles et le champ magnétiques se déplacent lentement autour des pôles géographiques de rotation. Ainsi, pour déterminer l'ancienne latitude d'un lieu (par rapport au pôle magnétique), on

doit prendre plusieurs mesures dans une série de couches ou de coulées de lave datant de la même époque et en faire la moyenne.

Ensuite, l'intensité du champ magnétique terrestre varie: d'époque en époque, il tombe à zéro, avant de s'inverser. Il y a alors inversion des pôles, le pôle Nord devenant le pôle Sud, et vice versa. Les inversions, dont un grand nombre ont été datées, surviennent à intervalles irréguliers de quelques milliers à quelques millions d'années. Enfin, la présence de roches altérées et de roches qui ont perdu leur aimantation fausse les résultats.

Théorie de la tectonique des plaques Au milieu des années 50, on comprend ces problèmes et l'on peut se fier à l'orientation magnétique de roches d'âge varié provenant de diverses parties du monde. Les nouvelles données révèlent une quatrième cause de changement d'orientation magnétique. Lors d'un symposium, en Tasmanie, en 1956, on convient que, sur tout continent, la latitude magnétique change en fonction de l'âge des roches. Cela suppose que les continents sont en continuel mouvement, théorie d'ailleurs corroborée par la géologie et par la coïncidence du contour des continents de chaque côté de l'Atlantique. Au cours des deux décennies qui suivent, la plupart des chercheurs en sciences de la Terre en viennent à admettre que les continents se déplacent. Il reste cependant à expliquer les mécanismes des déplacements.

En 1960, H.H. Hess reprend la théorie de Holmes sur les courants de convection. Il suppose leur remontée sous la dorsale médio-océanique du Pacifique, la distension de cette dernière, l'épanchement de magma formant de nouveaux fonds océaniques et l'enfoncement (subduction) de vastes portions des fonds sous les montagnes et les îles bordant le Pacifique. En 1963, deux Canadiens, L.W. Morley et A. Larochelle, sont les premiers à démontrer que de longues lignes d'anomalies magnétiques forment, dans l'Atlantique, des bandes parallèles et symétriques de chaque côté de la dorsale. Ils constatent que ces bandes ont été causées par les inversions du champ magnétique terrestre. Ceci paraît si étrange que deux revues scientifiques réputées refusent leur article. Cependant, la même année, deux Anglais, F. Vine et D.H. Matthews, notent le même phénomène dans l'océan Indien et en viennent aux mêmes conclusions.

Leur article n'a de retentissement que deux ans plus tard. On superpose sur une carte magnétique qu'a réalisée l'Anglais R.G. Mason de la côte du Pacifique, en Amérique du Nord, le tracé des zones sismiques de cette région. Cela révèle que les anomalies magnétiques linéaires peuvent dénoter l'existence de trois petites dorsales en expansion au large de la Colombie-Britannique qui, liées à la faille de San Andreas, forment un prolongement de la grande dorsale médio-océanique. Par conséquent, l'écartement de ce système de dorsales détermine le mouvement le long des failles. Vine fait alors remarquer que l'échelle chronologique des inversions établie en Californie peut servir à dater les inversions du fond océanique au large de la Colombie-Britannique. Comme ces dorsales communiquent avec la faille de San Andreas au large du cap Mendocino, on peut dater la formation de la faille ainsi que son rythme et le sens de sa progression.

Ces résultats sont vite acceptés, aussi Vine et les scientifiques de l'U. Columbia et ceux de la Californie s'en servent pour interpréter les anomalies magnétiques et l'expansion des fonds océaniques. La plus vieille portion se trouve tout près de l'archipel des Mariannes, dans le Pacifique Ouest où le fond océanique a tout juste moins de 200 millions d'années. De toute évidence, les fonds océaniques se renouvellent constamment. En revanche, les continents renferment en certains endroits des roches datant de 3800 millions d'années. À la suite de cette découverte, on peut expliquer le mécanisme des grandes failles et leurs relations avec les dorsales.

Ainsi, la dorsale médio-océanique, dans l'Atlantique équatorial, ne décrit pas une courbe parallèle aux côtes adjacentes du Brésil et de l'Afrique: elle a l'apparence d'une ligne brisée. On croit que, dès que les continents se séparèrent, la dorsale se fragmenta en segments de deux types: les segments d'expansion, perpendiculaires au sens de la séparation, avec de nouvelles coulées de lave qui les suivent, et les segments de cisaillement (les failles transformantes), parallèles au mouvement des continents.

Au moment de la découverte de ces grandes failles, on croit qu'elles s'étendaient sur de grandes distances. En réalité, elles se terminaient brusquement. En 1965, J. Tuzo WILSON fait remarquer que la formation d'une nouvelle croûte entraîne en ces endroits un accroissement de la surface terrestre et que, par conséquent, les lois de la géométrie ne s'appliquent plus, puisqu'il s'agit de failles particulières, dites transformantes. Ces failles s'allongent activement et provoquent des séismes uniquement entre les segments en expansion; elles s'interrompent brusquement aux deux extrémités et jouent en sens inverse des autres failles, situées dans des régions où la surface ne se modifie pas.

Ces découvertes révèlent que la surface du globe est faite de segments rigides qui ne changent de forme que sur leurs bords, d'où la désignation «tectonique des plaques». Devant la découverte du magnétisme, de l'expansion des fonds océaniques et des failles, on ne peut qu'accepter la théorie. Comme on ne croit pas que la surface du globe s'accroisse de beaucoup, il faut que l'expansion des fonds océaniques soit équilibrée par une résorption de la vieille croûte (subduction). Il y a, en effet, subduction autour de l'océan Pacifique: les plaques océaniques s'enfoncent sous les plaques continentales, formant des fosses océaniques, sauf là où il y a sédimentation rapide à partir des côtes. K. Wadati et H. Benioff démontrent que la plupart des grands séismes se produisent sous les arcs insulaires et sous les montagnes bordant le Pacifique. La répartition des nombreux foyers de séismes traduit l'enfoncement d'une portion de la croûte le long des fosses océaniques jusqu'à une profondeur de 700 km. Ces foyers correspondent aux zones de contact des plaques qui se chevauchent. L'enfoncement des plaques entraîne des écoulements et des montées de lave qui forment les volcans des arcs insulaires.

F.C. Frank explique ainsi les zones coniques, les fosses circulaires et les arcs insulaires: si une partie de la surface d'une sphère est enfoncée à l'intérieur, la dépression ainsi créée a une forme circulaire (comme lorsqu'on pince une balle de tennis molle). Cette théorie s'avère en Extrême-Orient, où la croûte qui forme la plaque pacifique s'avance au-dessus du manteau sous-jacent et plonge sous la plaque du continent eurasien, laquelle est fixe par rapport à l'intérieur de la Terre. La théorie échoue là où l'Amérique du Sud avance par-dessus la plaque stationnaire de Nazca, immobilisée, et qui est donc forcée de s'enfoncer le long de la côte ouest du continent. Les fosses suivent le tracé de la côte et la zone sismique profonde est irrégulière.

Les continents étant moins denses que les fonds océaniques, ils ne peuvent s'enfoncer sous eux. Quand deux masses continentales furent entrées en collision (Inde et Eurasie), elles éliminèrent l'océan qui les séparait, et sous le choc surgirent des montagnes et des plateaux. Il semble, qu'à certaines époques, les collisions interrompent le mouvement des plaques ou en modifient le sens.

État actuel des plaques La partie superficielle du globe est formée de six ou sept grandes plaques: africaine, antarctique et eurasienne (correspondant chacune à un continent); indienne et américaine (correspondant chacune à deux continents mais certains chercheurs voient deux plaques américaines); et pacifique (sans continent). Il y a aussi de nombreuses plaques plus petites. Les plaques se développent grâce à la formation d'une nouvelle croûte le long des dorsales médio-océaniques. Elles glissent les unes près des autres le long de failles transformantes, se chevauchent et absorbent la croûte sous les zones insulaires et les montagnes en formation.

Le processus est lent, mais continu. Les océans Atlantique et Indien n'ont pas plus de 180 millions d'années; la mer Rouge et le golfe d'Aden ont environ 10 millions d'années; le Grand Rift de la région des grands lacs est-africains est plus jeune encore et ne fait que commencer son évolution. Cette progression en âge ou en largeur laisse supposer qu'il existe un cycle d'évolution des océans, et comme il est peu probable que la Terre soit en expansion, ce cycle doit être accompagné d'une diminution progressive des bassins océaniques. Les littoraux du Pacifique et de la Méditerranée chevauchent leurs bassins respectifs et, dans la région himalayenne, l'Inde a fermé la mer de Théthys en rejoignant le reste de l'Eurasie. Ces réductions de superficie représentent les étapes ultérieures de ce que K. Burke et W. Kidd ont nommé le cycle Wilson de l'évolution des océans.

En 1930, H. Cloos fait remarquer que, le long du Rhin et du Grand Rift de l'Est africain, failles, séismes et volcans sont associés. Le volcanisme et les soulèvements en forme de dômes sont plus importants aux points de triple jonction: p. ex., en Éthiopie où se rencontrent la mer Rouge, le golfe d'Aden et le Grand Rift; au Sinaï où se rencontrent la mer Rouge et les golfes d'Aden et d'Aqaba. La mer Rouge semble unir ces deux régions. Il y a, en Afrique, quantité de dômes soulevés marqués de volcans (points chauds) auxquels semblent relié le Grand Rift. Ceci laisse supposer que les océans naissent là où des rifts ont uni une série de points chauds volcaniques (ou soulèvements). L'élargissement des zones de fracture se traduit par l'expansion de l'océan.

Les points chauds se forment sur les continents et dans les océans. Certains sont isolés (île d'Hawaï), d'autres se trouvent sur une dorsale océanique (Islande, Açores, Saint-Paul, Tristan da Cunha). Les deux types de points chauds sont associés à des chapelets d'îles volcaniques ou de crêtes sous-marines progressivement plus anciennes. Dans le premier cas, d'une série simple; dans le cas des crêtes sous-marines, d'une série double. À la hauteur de l'île Tristan, la dorsale se subdivise pour former les crêtes Walvis et Rio Grande. À leur deux extrémités, sur la côte d'Afrique et d'Amérique du Sud, affleurent des roches volcaniques vieilles de 130 millions d'années. Cela étaye l'hypothèse selon laquelle, à cette époque, il n'y avait dans le continent de Gondwana qu'un seul point chaud relié par des rifts à d'autres points chauds. Points chauds et rifts, qui ont déterminé l'emplacement de l'océan Atlantique, sont demeurés actifs. Les premiers représentent peut-être les sommets de colonnes de roches en fusion qui libèrent la planète d'un surplus de chaleur.

Cycles de formation des chaînes de montagnes et des océans Les océans actuels appartiennent à la dernière phase d'un cycle commencé au moment de la dislocation de la Pangée. Cependant, on n'observe aucun changement marqué dans les types de roches datant d'avant et d'après ce phénomène vieux de 200 millions d'années, malgré l'âge de la Terre et le rayonnement radioactif ininterrompu. Il est donc vraisemblable que la Pangée a existé peu longtemps et que de nombreux océans ont apparu et disparu en des temps plus anciens. Le paléomagnétisme et la géologie confirment l'existence de ce phénomène depuis le début du Protérozoïque (il y a 2500 millions d'années). Les roches de l'Archéen, plus vieilles, sont toutefois différentes: le comportement de la Terre n'était donc pas le même.

On croit que l'Himalaya et l'Oural se sont formés à la suite de soulèvements occasionnés par la collision de masses continentales. Si l'on rapproche les façades atlantiques des continents, on voit que les montagnes de Scandinavie, d'Écosse, du Maroc ainsi que les Appalaches appartenaient à une même

chaîne édifiée il y a 400 millions d'années, lors de la fermeture d'un ancien océan Atlantique; 200 millions d'années plus tard, cette chaîne s'est disloquée, laissant la place à l'Atlantique actuel. Il est possible qu'ici ce soit la concentration d'éléments radioactifs dans les chaînes de montagnes qui ait contribué à former les océans et non les points chauds.

Conséquences de la tectonique À plusieurs reprises, les continents sont entrés en collision et se sont séparés. En effet, des êtres vivants semblables ont été découverts sur les divers continents. Le déplacement des masses continentales a modifié les climats et entraîné des glaciations. Le long de certaines côtes, les courants marins circulent entre les régions équatoriales et les régions polaires, répartissant la chaleur. Mais si le continent est isolé, c.-à-d. si les courants circulent tout autour et non dans sa direction (cas de l'Antarctique), il perd beaucoup de chaleur, influence l'ensemble des climats et entraîne une période glaciaire.

De vastes gisements de minerai de cuivre sont exploités dans l'île de Chypre depuis des milliers d'années. On a découvert récemment que le terrain est du même type que celui qui forme les fonds océaniques. Depuis 1977, des cheminées projetant des jets d'eau très chaude, riche en minéraux, ont été observées le long de certaines dorsales médio-océaniques; elles sont entourées de dépôts minéraux.

On croit aujourd'hui que beaucoup de gisements de minerais se sont formés dans les océans, qu'ils ont ensuite été soulevés et que les eaux venues de l'intérieur du globe ont contribué pour beaucoup à les former et à modifier la géochimie des océans (*voir* EXPLOITATION MINIÈRE EN MER). En 1987, la suggestion faite en 1960 par H.W. Menard selon laquelle les dorsales océaniques s'enfoncent sous la croûte continentale refait surface. La théorie de la tectonique des plaques peut être améliorée si on considère l'angle de collision entre les dorsales médio-océaniques et les continents à la dérive. Quand les collisions sont à angle droit, des rifts comme celui du golfe d'Aden se forment. Quant le contact est oblique, des failles côtières de faible profondeur comme celle de la Californie (San Andreas) et de la Colombie-Britannique se forment, la dorsale est alors chevauchée par la croûte continentale, ce qui mène au soulèvement du sud-ouest des États-Unis. Au cours de collisions parallèles, comme dans le cas des plus vieilles montagnes du Canada pacifique et atlantique, le magma sous-jacent a poussé les plis et les charriages vers l'intérieur du continent jusqu'à ce qu'il refroidisse et s'affaisse, mais n'a pas affecté le Bouclier canadien.

J. Tuzo Wilson

Tecumseh, chef de guerre shawnee (vallée de l'Ohio, v. 1768—là où est aujourd'hui Thamesville, Ont., 5 oct. 1813). Il tente, à l'instar d'autres chefs autochtones dont Joseph BRANT, d'établir des alliances entre les groupes autochtones pour combattre plus efficacement les ambitions territoriales des Américains.

Tecumseh prend part à la lutte infructueuse pour conserver la vallée de l'Ohio et participe à la bataille de Fallen Timbers en août 1794. Avec son demi-frère, Le Prophète, qui prêche le retour aux croyances autochtones et aux valeurs traditionnelles, il essaie de rallier les tribus dans une défense commune contre les Américains et se rend dans ce but chez les nations du Sud en 1811. Durant la GUERRE DE 1812, il combat aux côtés des Canadiens et des Britanniques, et sa participation est déterminante durant les mois cruciaux de l'été 1812. Il est présent à Detroit (le 16 août 1812) et remporte une victoire décisive contre les Américains dans les bois de Fort Meigs (mai 1813). À la suite de la défaite de leur flotte à la BATAILLE DE PUT-IN-BAY, les Britanniques se retirent de Detroit, et lorsque les combats reprennent à Moraviantown (*voir* BATAILLE DE MORAVIANTOWN), le 5 octobre 1813, Tecumseh est tué en poursuivant le combat avec son peuple

après la retraite des Britanniques. La mort de Tecumseh marque pratiquement la fin de la résistance autochtone au sud des Grands Lacs. Au cours des ans, Tecumseh, figure héroïque et tragique, a inspiré les écrivains, dont John RICHARDSON et Charles Mair.

Robert S. Allen

Tecumseh, ville de l'Ont.; pop. 12 828 (rec. 1996), 10 495 (rec. 1991), 7731 (rec. 1986); superf. 6,17 km²; const. en 1921; située dans le sud-est de l'Ontario, à 20 km à l'est de Windsor, sur le lac Sainte-Claire. Son nom rappelle le chef guerrier shawnee TECUMSEH, allié des Canadiens et des Anglais pendant la Guerre de 1812. Les premiers peuplements de la région remontent aux années 1790; pendant tout le XIXᵉ siècle, la population est presque exclusivement rurale. Tecumseh sert d'abord de relais sur la route de London à Windsor, puis de gare ferroviaire. Cette ville devient un centre de services pour la région, riche en terres agricoles productives. Aujourd'hui, le principal employeur de Tecumseh est l'usine de transformation de légumes, Family Tradition Foods. Fidèle à ses racines, la ville est l'hôte du Festival du maïs de Tecumseh, qui a lieu chaque année au mois d'août.

Deborah Welch et Michael Payne

Teit, James Alexander, ethnographe (îles Shetland, Écosse, 1864—Spences Bridge, C.-B., 30 oct. 1922). Nous devons en grande partie notre connaissance des cultures traditionnelles des Salish de l'intérieur de la Colombie-Britannique aux descriptions minutieuses rédigées par Teit et aux collections d'artefacts qu'il a réunies pour de grands musées à Ottawa, à New York et à Chicago (*voir* SALISH DU CONTINENT). Son épouse est originaire d'un village indien thompson situé non loin de Spences Bridge, où il habite. Teit se familiarise avec la langue et la culture thompson, de même qu'avec les langues shuswap et lillooet. En 1895, sa rencontre avec Franz BOAS, qui effectue alors des recherches en Colombie-Britannique, donne une nouvelle impulsion à ses travaux ethnographiques. Par la suite, les deux hommes collaboreront régulièrement. Teit ne se limite pas à la culture et à la mythologie des Salish du continent, mais il écrit aussi sur les traditions de nombreux groupements de la NATION DÉNÉE, installés plus au nord. Il s'intéresse beaucoup aux affaires autochtones et contribue à créer l'Allied Tribes of British Columbia, dont il est le secrétaire. Teit travaille jusqu'à sa mort pour la protection des droits des autochtones, notamment de leurs droits territoriaux.

Kathleen Mooney

Tekakwitha, Kateri (Catherine), surnommée «le Lis des Mohawks», première Indienne d'Amérique du Nord candidate à la canonisation (Ossernenon [près de Auriesville, N.Y.], 1656—mission de Saint-François-Xavier, [Kahnawake], Nouvelle-France, 17 avril 1680). Avant même de se convertir au christianisme, elle se trouve en désaccord avec le mode de vie des Agniers puisqu'elle rejette plusieurs demandes en mariage et désire rester vierge. Son baptême en 1676 donne lieu à des persécutions et, un an plus tard, elle quitte son village natal pour s'installer à la mission chrétienne de Saint-François-Xavier. Elle y est reconnue pour sa sainteté et, en 1679, les Jésuites lui permettent de faire en privé un vœu perpétuel de chasteté. Elle meurt un an plus tard à la suite d'une longue maladie peut-être causée par sa vie de pénitence. Ses reliques sont conservées dans un sanctuaire à Kahnawake, et on lui attribue depuis plusieurs miracles. En 1681, le jésuite Claude CHAUCHETIÈRE peint un portrait d'elle et écrit sa biographie. Elle est béatifiée le 22 juin 1980.

John Rasmussen

Télécommunications Elles comprennent l'ensemble des procédés de transmission de signaux à distance. Les premières formes de télécommunications sont les signaux visuels lancés à l'aide de fumée, de fanions ou de lanternes. Aujourd'hui, les réseaux de télécommunications électroniques transmettent des messages en divers endroits au Canada et dans le monde. La première méthode utilisée pour transmettre des messages à l'aide de l'électricité est le TÉLÉGRAPHE. Le 24 mai 1844, Samuel Morse transmet le premier message télégraphique, «Voyez l'œuvre de Dieu!», de Washington à Baltimore. Durant les 50 ans qui suivent, on installe des réseaux de fils aux États-Unis, au Canada et ailleurs dans le monde, ce qui donne lieu à une révolution dans la vitesse de transmission de l'information à distance.

Le 10 mars 1876, Alexander Graham BELL prononce les premières paroles transmises par téléphone dans son laboratoire de Boston: «M. Watson, venez donc, j'ai besoin de vous.» En août 1876, il reçoit le premier appel unidirectionnel interurbain transmis sur une ligne de 13 km qu'il a installée entre Brantford et Paris (Ontario). On se met bientôt à installer des réseaux de fils et de câbles téléphoniques dans les villes et les villages de même que des standards pour mettre en liaison les TÉLÉPHONES raccordés à un réseau organisé.

Les premiers réseaux téléphoniques ne peuvent transmettre de messages intelligibles que sur quelques kilomètres, mais grâce à des recherches continues, on apporte des améliorations techniques qui allongent de plus en plus les distances sur lesquelles les communications peuvent s'établir. Les fils de cuivre étirés à froid sont plus résistants que les fils de cuivre ordinaires, et ils sont aussi de meilleurs conducteurs de l'électricité que les fils d'acier. Les câbles à circulation d'air et les circuits à deux fils améliorent la transmission à un point tel que, dès le début du XXᵉ siècle, les circuits interurbains ont une portée allant jusqu'à 1900 km. La bobine de charge double cette distance en réduisant la distorsion du signal et le répéteur fournit un moyen d'amplifier ce dernier. Dès 1920, on peut communiquer d'un océan à l'autre. À partir de ce moment, la plupart des réseaux téléphoniques locaux sont amenés aux normes de l'interurbain, qui ne cessent ensuite d'être perfectionnées.

La transmission de signaux outre-mer pose plus de problèmes. La durée de vie des répéteurs est courte et, dans un câble sous-marin, on ne peut pas les remplacer. La radio à ondes courtes est utilisée dès 1926, mais pour installer un câble sous-marin il faut attendre la mise au point du câble coaxial, plus puissant, et de l'amplificateur à tubes à vide, dont la durée de vie est de 20 ans. Les premiers câbles transocéaniques sont installés en 1956 entre l'Écosse et Terre-Neuve. Ils ont une capacité de 60 circuits téléphoniques. Ils sont suivis de nombreux autres câbles de capacité considérablement supérieure raccordant de nombreux points dans le monde. On a accès aux satellites pour un service international en 1964, et pour un service canadien en 1973. La distance est alors vaincue.

Caractéristiques Les composantes fonctionnelles de base d'un réseau de télécommunications sont les suivantes: le terminal de transmission, qui peut être aujourd'hui un téléphone, un téléimprimeur, un télécopieur, un ordinateur personnel ou l'unité centrale d'un gros ordinateur; la ligne d'abonné, c.-à-d. les fils, les câbles, les poteaux et le matériel connexe qui raccordent les terminaux au central; l'équipement de commutation du central, qui permet d'établir les communications entre les abonnés; les câbles auxiliaires de haut rendement, qui relie les centres téléphoniques, c.-à-d. un centre local à un centre interurbain; l'équipement de transmission (comprenant notamment les câbles à haut rendement), qui émet et reçoit les signaux sur une grande distance; et enfin les radios et les satellites à micro-ondes. Pour une transmission efficace des signaux, il est essentiel que les composants fonctionnels du réseau soient techniquement compatibles, mais aussi que chacun de ces composants soit en mesure de traiter les signaux de qualité supérieure qui lui seront transmis par le réseau. Ainsi, lorsque le réseau est refait en tenant compte des exigences de la communication interur-

baine nationale et internationale, les changements ne touchent pas uniquement la fonction de transmission, mais aussi d'autres composants, dont l'appareil téléphonique.

Les services offerts par les réseaux de télécommunications sont divers. Pour chacun d'eux, il s'agit de faire des raccordements à l'intérieur d'un réseau d'usagers potentiels à l'aide d'un signal d'une qualité ou d'un type donné. Ainsi, le service téléphonique local permet au public de se servir du téléphone pour établir une communication locale tout en bénéficiant d'une qualité technique propre à la transmission des signaux vocaux. Les installations locales de télécommunications donnent aussi accès à des raccordements pour la transmission de signaux vocaux, télégraphiques, vidéo ou numériques parallèlement au réseau téléphonique public local, comme les lignes de télécommunications privées qui relient un petit nombre d'endroits ou les réseaux informatiques locaux. Certains services nécessitent des connections en boucle à quatre fils pour une qualité supérieure tandis que les services de transmission des signaux vocaux du téléphone exigent des connections en boucle à deux fils. Les installations locales donnent aussi accès au réseau interurbain public, et, si ces installations ont été modifiées à cette fin, aux réseaux nationaux de transmission des signaux vidéo ou informatiques (p. ex., le système de réservation des compagnies aériennes).

Le réseau de télécommunications est conçu afin de répondre aux normes relatives aux communications vocales. Il recourt à la méthode de transmission analogique, c.-à-d. à des signaux qui reproduisent exactement les modulations des ondes sonores transmises. Or, cette méthode limite la vitesse de transmission des signaux numériques. De plus, certaines distorsions du signal, sans effets notoires sur les communications vocales, donnent lieu à des erreurs dans la transmission de données. La recherche et le développement se concentrent intensivement sur la mise au point de nouvelles techniques qui permettront de réduire la fréquence des erreurs pendant la transmission des données.

Les compagnies de téléphone sont en train de convertir leurs normes de signaux de l'analogique au numérique et perfectionnent leurs installations pour qu'elles soient à la hauteur des ordinateurs numériques. Le progrès est des plus rapides pour la fonction de transmission, et les terminaux numériques sont maintenant courants. Toutefois, la conversion des commutations et des connexions locales est plus coûteuse et s'effectue plus lentement. On convertit actuellement le réseau téléphonique traditionnel en un réseau numérique à intégration de services, soit en un réseau polyvalent perfectionné utilisé pour la prestation d'une grande variété de services de télécommunications et d'information (*voir* COMMUNICATIONS, TECHNOLOGIE DES).

Industrie canadienne et réglementation L'installation de fils et de câbles téléphoniques nécessite l'usage de la voie publique et l'obtention d'un droit de passage. Il faut donc l'approbation des autorités gouvernementales. Bien que l'expérience ait été tentée par des compagnies de téléphone concurrentes de certaines villes, on en est généralement venu à la conclusion que l'intérêt public serait mieux servi par une seule compagnie locale. Ainsi, les compagnies concurrentes n'ont pu obtenir de permis. Le réseau des télécommunications fait depuis presque toujours l'objet d'un monopole. Il est soumis à la réglementation du gouvernement, est propriété de l'État ou les deux à la fois.

Les compagnies de téléphone varient en importance allant des ENTREPRISES BELL CANADA INC., la plus grande (société transnationale desservant les deux tiers des postes téléphoniques de l'Ontario, du Québec et de l'est des Territoires du Nord-Ouest), aux compagnies privées des villages et aux exploitants municipaux. Les provinces Maritimes sont surtout desservies par des compagnies privées

dont Bell Canada est l'actionnaire majoritaire. Ces compagnies sont soumises à la réglementation provinciale. Dans les provinces des Prairies, les réseaux appartiennent à l'État. La British Columbia Telephone Co (une filiale de la US General Telephone Co) et Bell Canada sont soumises à la réglementation du CONSEIL DE LA RADIODIFFUSION ET DES TÉLÉCOMMUNICATIONS CANADIENNES (CRTC), tout comme Télésat Canada (société quasi publique), l'unique société offrant des services nationaux de télécommunications par satellite. Télésat et les grandes compagnies qui offrent des services interurbains dans leurs provinces respectives sont membres de Telecom Canada, grâce à laquelle elles peuvent offrir un service national. Téléglobe Canada est une société d'État offrant des services internationaux de télécommunications par satellite et par câble en collaboration avec d'autres pays et d'autres organismes internationaux.

Les Télécommunications CNCP (fondées en 1967) offrent un réseau interurbain parallèle. Ce réseau s'est développé à partir des installations de télécommunications établies à l'origine par le CANADIEN NATIONAL (CN) et par le CANADIEN PACIFIQUE afin d'assurer le contrôle de leurs activités ferroviaires. Cette compagnie est maintenant en concurrence avec Telecom Canada pour une petite portion des services commerciaux interurbains de lignes privées et de transmissions de données. Des filiales du CN desservent le Yukon, l'Ouest des Territoires du Nord-Ouest et une partie de Terre-Neuve. À l'intérieur de ce cadre, de nombreuses petites entreprises, dont la plus importante est Edmonton Telephones, n'offrent que des installations et des services locaux.

De tout temps, la prestation de services de télécommunications a été dominée par le concept de service de bout en bout par un fournisseur ayant le monopole. Les compagnies de téléphone possédaient tout l'équipement, y compris les terminaux, et achetaient la plus grande partie de ce matériel chez des fabricants affiliés. Ainsi, l'ajout d'équipement supplémentaire ou le raccordement avec d'autres réseaux étaient interdits. Les services étaient fournis à la population à des tarifs approuvés par les organismes de réglementation gouvernementaux. Ces organismes tentaient de limiter à un niveau raisonnable les profits des compagnies de téléphone, malgré la grande marge de manœuvre accordée dans l'établissement des tarifs aux particuliers.

Depuis le début des années 70, ce concept de service de bout en bout est de plus en plus critiqué, surtout en raison de l'usage croissant des réseaux de télécommunications par l'industrie de l'informatique. D'autres fabricants d'équipement et d'autres fournisseurs éventuels de services affirment pouvoir améliorer le réseau à l'avantage du consommateur. À compter de 1984, le CRTC et certains organismes de réglementation provinciaux décrètent que les compagnies de téléphone relevant de leur compétence doivent facturer leurs services séparément. Les compagnies doivent ainsi séparer le terminal des différents services du réseau afin que le consommateur puisse choisir d'acheter son propre terminal auprès de tout fournisseur et le brancher comme un appareil électrique. Des commerces, comme les hôtels, peuvent donc acheter leur réseau entier de télécommunications internes auprès d'un autre vendeur s'ils le désirent.

En 1984, le CRTC tient des audiences relatives à une requête présentée par le CNCP en 1983. Cette requête vise à fournir à la population des services téléphoniques interurbains qui entreraient en concurrence avec ceux offerts par Telecom Canada. Pour ce faire, le CNCP doit obtenir, à un prix raisonnable, les raccordements nécessaires aux installations locales des compagnies de téléphone qui s'opposent à cette nouvelle concurrence potentielle.

Les compagnies de téléphone affirment que la concurrence dans le domaine des services interurbains les met dans une situation telle qu'elles ne seront plus en mesure de subventionner le service local, ce qui entraînerait une hausse tarifaire importante pour les services locaux. De plus, cela menace le service téléphonique canadien, qui est presque universel. Par «subventionner», on entend ici puiser à même les revenus provenant des services interurbains pour assumer une partie des frais des installations locales utilisées à la fois pour les services locaux et interurbains. Les compagnies de téléphone qui n'offrent que des services locaux affirment que cette contribution est insuffisante et que ce sont les services locaux qui subventionnent les services interurbains. En 1985, le CRTC rejette la requête du CNCP. En 1986, un groupe de travail fédéral-provincial est mis sur pied afin d'étudier la tarification des télécommunications et la disponibilité universelle de services téléphoniques à un prix abordable. Toutefois, son rapport détaillé n'aborde pas la question relative à la politique de la concurrence dans le domaine des services interurbains. En 1987, Bell Canada propose au CRTC un important changement dans sa structure tarifaire, selon lequel les tarifs interurbains diminueraient et ceux des services locaux augmenteraient. Seul un examen approfondi des frais assumés par les compagnies de téléphone peut déterminer si cette modification de la structure tarifaire permet d'atteindre un nouvel équilibre afin que les services locaux subventionnent de moins en moins les services interurbains ou si elle crée un déséquilibre en augmentant la contribution des services locaux aux services interurbains de façon à contrecarrer l'éventuelle concurrence. Jusqu'à présent, c'est un sujet que les organismes de réglementation canadiens hésitent à aborder. Les politiques de réglementation du CRTC contribueront à déterminer si le Canada suivra l'exemple des États-Unis en autorisant la libre concurrence dans le domaine des services interurbains publics, ou s'il tentera de conserver l'approche du monopole.

Ce qui est encore plus important pour l'avenir, c'est de savoir quels seront les services qui auront à supporter les frais imposants de l'adaptation du réseau aux normes de l'informatique. En vertu des pratiques comptables et réglementaires actuelles, la majeure partie de ces frais sera absorbée par le service téléphonique local, ce qui pourrait entraîner une hausse importante des tarifs locaux, menaçant par le fait même l'universalité du service téléphonique. Les organismes de réglementation devront adopter des normes de comptabilité et de tarification plus détaillées si ces frais sont assumés par les services chargés de l'amélioration du réseau. Le CRTC (et son prédécesseur, la Commission canadienne des transports) mène, depuis 1972, une enquête sur le coût des télécommunications dans le but de répondre à ces questions, mais il y a eu peu de progrès.

L'une des formules que pourraient adopter les services de télécommunications à l'avenir serait de fixer des frais mensuels fixes pour un droit d'accès au réseau et des frais d'utilisation pour les services dont l'abonné se prévaut effectivement, tels que les services téléphoniques locaux. Cette solution a la faveur de l'industrie, mais les regroupements de consommateurs craignent que des frais d'accès élevés et un service local tarifé à l'utilisation forcent les personnes à faible revenu à renoncer au réseau, perdant ainsi le service téléphonique de base. Ces questions sont sur le tapis depuis un certain temps. La tâche qui incombe au CRTC et aux organismes provinciaux de réglementation consiste à mettre au point une politique efficace dans un contexte d'évolution technologique rapide et dans un marché de plus en plus concurrentiel. Cette tâche représente un défi de taille. (*Voir aussi* COMMUNICATIONS; SOCIÉTÉ D'INFORMATION; SATELLITE, COMMUNICATION PAR.)

William H. Melody

Télédétection C'est la technique de détection à distance ou, plus spécifiquement, la cueillette de données ou d'informations relatives à la surface terrestre ou à l'atmosphère par détection du rayonnement électromagnétique réfléchi ou émis.

Historique Le plus ancien instrument de télédétection est l'appareil-photo, qui est utilisé depuis longtemps pour observer la Terre à partir d'un aéronef et, depuis peu, d'un engin spatial. En août 1883, le capitaine H. Esdale, du Corps of Royal Engineers, prend la toute première photo aérienne connue au Canada, celle de la CITADELLE D'HALIFAX, à partir d'un ballon se trouvant à une altitude d'environ 442 m.

La photographie aérienne et l'interprétation des photos aériennes se sont perfectionnées durant la Première Guerre mondiale pour les services de renseignement militaire et sont appliquées à la cartographie après la guerre. La première photo aérienne canadienne est prise en 1923. En 1963, 97 p. 100 du territoire canadien est couvert par des photographies en noir et blanc.

Depuis les années 60, on utilise beaucoup la photographie aérienne en couleurs pour la foresterie, la cartographie et l'aménagement des terrains. La première photographie à partir de l'espace est prise de la capsule Gemini III de la NASA en 1965. Depuis lors, la photographie spatiale a été au programme des missions Gemini, Apollo et Skylab, et de celles d'autres navettes.

Spectre électromagnétique Le spectre électromagnétique s'étend sans interruption des fréquences de micro-ondes de longueur de 0,1 à 100 cm, en passant par les infrarouges, les rayons visibles, les ultraviolets et les rayons X, jusqu'aux rayons gamma, qui se mesurent en milliardièmes de mètre. Le film photographique peut servir à détecter qu'une petite portion du spectre, surtout la lumière visible. Toutefois, les instruments de télédétection utilisent aussi les plus grandes zones invisibles de ce spectre. Cette technique améliore énormément les possibilités d'observation, d'évaluation et de gestion des RESSOURCES et de l'ENVIRONNEMENT de la planète.

Appareil photographique et scanner infrarouge Les films photographiques sensibles aux rayons infrarouges (de 0,7 à 0,9 mm) et réagissant aux végétaux vivants sont mis au point pour utilisation dans les appareils photographiques durant la Seconde Guerre mondiale afin de détecter le camouflage. On utilise maintenant couramment la photographie aux infrarouges dans le domaine de la cartographie, et pour évaluer la vitalité des végétaux et détecter le stress causé par les maladies ou le manque d'humidité. Comme ces films photographiques ne sont pas sensibles aux longueurs d'ondes au-delà du spectre de l'infrarouge, on doit recourir à des détecteurs non photographiques pour les autres fréquences.

Le scanner infrarouge détecte le rayonnement dans la bande infrarouge thermique (de 3 à 14 mm) et produit ainsi une image qui relie la luminosité d'un objet dans la scène à sa température. Cette technique est employée du haut des airs pour mesurer la perte de chaleur par les toits des immeubles que cause une isolation déficiente, suivre les effluents des centrales et des égouts dans les rivières et les lacs, détecter les débuts d'incendies de forêt ou dans les mines de charbon et localiser les ressources d'eau en repérant l'endroit où les cours d'eau souterrains affleurent en surface. Elle est utilisée dans les engins spatiaux afin de cartographier la répartition de la température des masses d'eau.

Les systèmes de détection au laser sont mis au point au Canada pour mesurer la profondeur des eaux littorales claires et en faire la cartographie, ainsi que pour établir les profils de terrain pour la cartographie topographique et l'évaluation de la hauteur des arbres.

Radar L'appareil photographique et le scanner infrarouge comportent un sérieux désavantage en tant qu'instruments de télédétection: les nuages les rendent aveugles. Le RADAR, qui fonctionne dans les fréquences micro-ondes du spectre, peut transmettre de l'information à distance par tous les temps, de nuit et de jour. Pour l'observation de la Terre, on utilise le radar aéroporté à antenne latérale (RAAL) et le radar à antenne latérale synthétique, qui fournit des images radar de haute résolution grâce à un traitement particulier.

En raison de la nécessité de surveiller la GLACE par tous les temps dans l'Arctique canadien en appui à l'industrie pétrolière, l'industrie canadienne a mis en service un radar aéroporté à balayage latéral stéréophonique, compact et efficace, qui est devenu le système standard international. Il est une source importante de revenus d'exportation pour le Canada dans le domaine de la télédétection et il est aussi le radar convenant le mieux aux SATELLITES ARTIFICIELS.

Satellites Le premier satellite conçu spécifiquement pour la télédétection est l'ERTS 1 (plus tard renommé Landsat 1), lancé le 23 juillet 1972. Il est suivi du Landsat 2 en janvier 1975 et du Landsat 3 en mars 1978. Les Landsat 4 et 5, qui comportent tous les deux un nouveau détecteur unique, sont lancés respectivement en juillet 1982 et en mars 1984.

Ces satellites suivent une orbite polaire et sont équipés d'instruments qui détectent l'énergie réfléchie dans un couloir exploré de 180 km de large au-dessous de leur trajectoire. Ils fournissent une couverture complète de la Terre tous les 16 à 18 jours. Les données sont transmises du satellite aux stations terrestres, qui les enregistrent sur bandes magnétiques pour les convertir en images (photographiques) ou les analyser par ordinateur. La technologie développée au Canada est utilisée dans la majorité des stations terrestres en activité dans le monde.

Au Canada, depuis 1972, c'est dans une station située à PRINCE ALBERT, en Saskatchewan, qu'on reçoit, enregistre et distribue aux usagers les données transmises par ces satellites. Une deuxième station, conçue pour la réception des données de SPOT (Satellite probatoire d'observation de la Terre), est en début de construction en 1986 à GATINEAU, au Québec.

L'information sert à des fins aussi diverses que la cartographie de la répartition de la neige et des glaces, des structures géologiques, des marais importants pour l'habitat des OISEAUX AQUATIQUES, des feux de forêt et des coupes à blanc, la révision des cartes topographiques, les études sur l'érosion, l'évaluation des effets des projets d'ingénierie sur la végétation aquatique, l'évaluation de la vitalité et de la superficie des cultures, et la détermination de l'utilisation du sol et de son évolution.

Le satellite Seasat, un satellite utilisé pendant une courte durée (de juin à octobre 1978), est équipé de cinq détecteurs destinés à mesurer les paramètres océanographiques, comme la température de la surface de l'océan, la direction et la vitesse des vents de surface, et la hauteur des vagues. Ce satellite est d'un intérêt particulier pour le Canada, car l'un de ses cinq détecteurs est un radar à antenne latérale synthétique, qui a démontré l'utilité des radars spatiaux pour mesurer la répartition des glaces dans l'Arctique canadien, une donnée utile à la navigation et à l'exploration du sous-sol de la mer.

Les satellites météorologiques, comme les séries NOAA, GOES, TIROS et NIMBUS, sont équipés d'instruments d'abord destinés à la MÉTÉOROLOGIE, mais ils fournissent aussi de l'information utile sur la répartition des glaces et sur la température de surface des masses d'eau, ainsi que des détails sur la sécheresse et les conditions des cultures qui intéressent la Commission canadienne du blé. Le satellite NIMBUS-7 est équipé d'un instrument qui sert surtout à mesurer les niveaux de chlorophylle et de sédimentation dans l'eau.

SPOT est une série française de satellites dont le premier est lancé en février 1986. Il est équipé de deux instruments orientables qui fonctionnent en deux modes: une bande panchromatique à haute résolution (10 m) pour la cartographie et un détecteur à semi-conducteur à résolution multispectrale (20 m) fonctionnant dans le vert, le rouge et près de l'infrarouge pour produire une image de type infrarouge couleur. SPOT peut aussi fournir des représentations stéréoscopiques pour la cartographie topographique. Les stations réceptrices de SPOT au Canada fournissent de l'information-image au Canada et aux États-Unis.

Plusieurs pays et organismes prévoient une nouvelle génération de satellites de télédétection. Ces véhicules transporteront des détecteurs aux performances améliorées, fonctionnant sur des bandes spectrales différentes et plus nombreuses – comprenant les radars – et offrant des capacités de détection quelles que soient les conditions météorologiques. Le plus sophistiqué de cette nouvelle génération est le RADARSAT (*voir* TECHNOLOGIE SPATIALE), construit par Spar Aérospatiale limitée. Le RADARSAT, qui comporte un radar à antenne latérale synthétique de communication sur bande, est lancé le 4 novembre 1995.

Analyse des données La puissance du télédétecteur comme moyen d'information pour la gestion des ressources et la surveillance de l'environnement est largement multipliée par les techniques de calcul électronique. Tous les satellites à haute résolution et les images aériennes spécialisées sont créés au moyen des ordinateurs. Ces images peuvent être sous forme de photos ou dans un format déchiffrable à l'ordinateur. C'est en 1973 que le Canada entreprend les premières recherches dans le domaine du traitement numérique des images des données-satellite pour effectuer des études sur les ressources.

Les recherches menées par le gouvernement fédéral aboutissent à une technologie canadienne sophistiquée d'analyse de l'image qui est alors transférée à l'industrie. Dans les années 80, le Canada exporte 35 systèmes pour chaque système importé. L'industrie canadienne détient maintenant plus de 25 p. 100 du total du marché mondial. Le Canada continue à faire de la recherche dans l'interprétation des images de télédétection.

Des images peuvent être traitées par ordinateur pour être superposées avec précision à une carte ou à une autre image, permettant alors la mise à jour des cartes et la détection de changements tels que ceux causés par la déperdition forestière ou les projets d'ingénierie (p. ex., les MÉGAPROJETS). La technologie canadienne est employée pour une telle surveillance au Brésil, en Thaïlande, en Indonésie et dans d'autres pays tropicaux. Une autre technique informatique permet de délimiter et de situer sur une carte des «thèmes» tels que l'eau, les cultures, les jachères et les feux de forêt, et d'évaluer la région de chaque thème. Cette technique est utilisée au Canada pour calculer les surfaces de culture de la pomme de terre et les zones de feux de forêt.

En utilisant encore une autre technique, on traite les images pour rendre les points d'intérêt plus faciles à repérer visuellement. p. ex., on accentue des variations représentant différentes conditions de terrains pour favoriser la gestion du sol. L'industrie a développé au Canada un système optique afin de projeter des images sous forme de transparents photographiques sur des cartes pour déterminer les régions de changement ou pour cartographier les points caractéristiques en utilisant les techniques traditionnelles de l'interprétation de la photo aérienne. Le système utilisé pour la mise à jour des cartes topographiques du Canada à l'échelle de 1/250 000 a été exporté dans plus de 30 pays. Le Canada exporte de la technologie de télédétection variée dans plus de 85 pays, ce qui représente des ventes d'exportation d'une moyenne se situant entre 50 et 70 p. 100 du total des ventes de l'industrie canadienne de télédétection.

Profil de l'industrie Les ventes de l'industrie canadienne de télédétection et l'emploi dans ce domaine ont progressé à un taux composé d'environ 25 p. 100 par année depuis 1974. Au milieu de 1996, cette industrie emploie environ 3000 personnes et atteint un chiffre d'affaires total de presque 300 millions de dollars. (*Voir aussi* CARTOGRAPHIE, HISTOIRE DE LA.)

Ian Darragh, E.A. Godby et R.A. Ryerson

Téléenseignement L'expression désigne communément les cours donnés à un étudiant par un enseignant, dans un contexte où les deux individus sont éloignés et qui permet à l'étudiant d'accomplir ses travaux à l'endroit, au moment et au rythme qui lui conviennent, grâce à un matériel de cours conçu à cet effet. Aujourd'hui, la plupart des programmes de téléenseignement exigent que l'étudiant et l'enseignant aient accès à diverses technologies de communication. Ce type de programme exige également que l'établissement d'enseignement possède les équipements appropriés pour élaborer des outils de formation, qu'il offre des occasions facilitant l'apprentissage telles que l'interaction entre l'enseignant et ses collègues, qu'il adopte des procédures organisationnelles adaptées à l'étudiant, qu'il offre des services de bibliothèque accessibles et qu'il effectue un suivi adapté à chaque étudiant. Pour bien fonctionner, ce système d'enseignement doit également reposer sur des politiques de financement et sur une organisation qui ne marginalisent pas les cours par correspondance.

Les expressions «cours par correspondance» et «cours en ligne» remplacent souvent «téléenseignement». Pourtant, «téléenseignement» peut aussi signifier que les critères d'admission sont «plus souples», ce qui n'est pas le cas pour tous les établissements qui offrent ces programmes.

Historique Au Canada, le télé-enseignement existe depuis plus de 100 ans, mais, depuis le milieu des années 80, il a subi un regain de popularité. Parallèlement à cet engouement croissant, les technologies du secteur des TÉLÉCOMMUNICATIONS ont connu un essor rapide, contribuant à augmenter les opportunités d'interaction et à diminuer les conséquences de l'isolement, deux problèmes qui avaient été abordés dans la majorité des premiers comptes rendus sur ce type d'enseignement. Le télé-enseignement débute en 1889. Les «cours par correspondance», tels qu'on les appelait à cette époque, permettent aux enseignants qui ne peuvent assister aux cours de l'UNIVERSITÉ MCGILL pendant l'hiver d'obtenir leur diplôme. Quelques années plus tard, en 1921, un parent envoie une lettre au ministère de l'Éducation de la Colombie-Britannique, demandant qu'on lui fasse parvenir le matériel nécessaire pour que ses enfants, qui demeurent trop loin de l'école, puissent tout de même étudier. C'est ainsi que les cours par correspondance débutent au niveau du primaire et ensuite au niveau du secondaire.

Au fil du temps, comme le financement dans le secteur de l'éducation diminue, les besoins de matériel de cours par correspondance diminuent également, particulièrement au primaire. Les besoins au niveau du secondaire demeurent, quant à eux, inchangés. Au début, les 10 provinces offrent aux étudiants des programmes de cours par correspondance, mais, graduellement, la clientèle change de façon à inclure les étudiants dans l'impossibilité de terminer un cours offert à leur école, ceux qui désirent suivre un cours que leur école n'offre pas, ceux qui désirent mettre à jour leurs connaissances (la plupart d'entre eux sont des adultes). En 1994, la totalité des provinces offrent et élaborent toujours des programmes publics de télé-enseignement, auxquels s'inscrivent plus de 225 000 étudiants.

Initiatives canadiennes

Bien qu'une grande proportion du matériel de cours se présente sous forme de documents imprimés, le Canada prend l'initiative d'intégrer différentes technologies à certains programmes. En 1941, la SRC, l'Association canadienne d'éducation des adultes et la Federation of Agriculture mettent sur pied la TRIBUNE RADIOPHONIQUE AGRICOLE, des cours radiodiffusés que les étudiants peuvent suivre dans le confort de leur foyer. Pour sa part, l'OFFICE NATIONAL DU FILM DU CANADA crée un programme de formation technique et culturelle destiné aux étudiants.

Vers la fin des années 60, l'UNIVERSITÉ DE WATERLOO et la MEMORIAL UNIVERSITY OF NEWFOUNDLAND mettent sur pied des programmes tout à fait intéressants. Le programme de la Memorial University, à l'origine célèbre grâce à sa technique de vidéo à projection lente, conçue à des fins de consultation pour les médecins en régions éloignées, aboutit à la création d'un grand nombre d'audioconférences et, plus récemment, de vidéoconférences diffusées un peu partout sur l'île.

Le programme de l'Université de Waterloo, pour sa part, est mis sur pied pour permettre aux étudiants en stage coopératif dans des endroits éloignés de terminer leurs cours optionnels. En fait, cette situation aboutit à la création d'un programme consistant en une série de notes sur cassettes audio accompagnées d'un texte et de travaux, ce qui est d'ailleurs devenu la méthode principale de l'université. Aujourd'hui, elle offre plus de 270 cours de télé-enseignement auxquels sont inscrits 10 000 étudiants.

Alors que les avantages du télé-enseignement sont de plus en plus reconnus, les gouvernements provinciaux entreprennent la création d'établissements exclusivement voués à ce type de formation. Au cours des années 70, quatre d'entre eux voient le jour. En 1972, le gouvernement de l'Alberta fonde l'UNIVERSITÉ D'ATHABASCA, qui offre des cours en arts et en sciences et possède une structure d'admission plus souple et accessible à un plus grand nombre. L'Université d'Athabasca, qui emprunte la structure de l'Open University britannique, a recours à de nombreux enseignants, en plus de la documentation écrite. Aujourd'hui, plus de 12 000 étudiants sont inscrits et, en ce qui a trait au matériel de cours, l'université a élargi son horizon grâce aux conférences multimédia.

Au Québec, on a fondé la Télé-Université, qui permet de suivre des cours crédités et des activités de formation non créditées. Aujourd'hui, plus de 15 000 étudiants sont inscrits. Quant à la Colombie-Britannique, elle fonde, en 1978, l'Open Learning Institute (aujourd'hui OPEN UNIVERSITY DE LA COLOMBIE-BRITANNIQUE), qui offre à l'échelle provinciale l'enseignement collégial et universitaire, la formation de base et technique des adultes ainsi que l'orientation et la formation professionnelle.

En 1980, on fonde le Knowledge Network of the West Communications Authority (*voir* ÉMISSIONS ÉDUCATIVES), une branche télévisuelle, après la réussite du projet de satellite ANIK B, une initiative des gouvernements fédéral et provinciaux (*voir* SATELLITE, COMMUNICATION PAR). D'autres entreprises de télécommunications, telles que TVOntario, Radio-Québec, Saskatchewan Communications Network, Northern Canada Television et ACCESS Alberta, exploitent la télédiffusion. Certaines intègrent également d'autres formes de technologies à leurs programmes éducatifs destinés aux étudiants de tout âge.

En 1987, le gouvernement de l'Ontario fonde Contact Nord/North pour faciliter l'accès des résidants du nord de l'Ontario à tous les niveaux d'éducation reconnus. Cet objectif est atteint grâce à un réseau audiographique desservant de nombreux centres de formation communautaires. Depuis, d'autres réseaux ont vu le jour en Nouvelle-Écosse, au Nouveau-Brunswick, au Manitoba, en Ontario (le Franco-Ontarian Network), au Québec (CANAL) et SCN. L'infrastructure de ces réseaux varie d'une province à l'autre: en Saskatchewan et au Manitoba, on exploite les ondes satellites ou les micro-ondes pour diffuser des vidéoconférences, tandis qu'au Nouveau-Brunswick et en Nouvelle-Écosse, on exploite plutôt les lignes téléphoniques pour des audioconférences, des vidéoconférences et des conférences audiographiques. Tous ces réseaux ont adopté une approche flexible des différentes technologies, c.-à-d. qu'ils tiennent compte des besoins et des ressources financières de l'étudiant.

On estime que, chaque année, près d'un demi-million de Canadiens ont recours au télé-enseignement. Parmi ce nombre figurent les personnes qui ne peuvent se rendre à l'établissement scolaire (les personnes hospitalisées ou handicapées) et celles qui choisissent de suivre cette méthode ou qui y sont forcées (p. ex., les adultes qui travaillent). Des programmes et des cours sont offerts aux niveaux primaire et postsecondaire, et plusieurs établissements offrent des cours non crédités. Plus de 65 p. 100 des collèges canadiens offrent au moins un cours de télé-enseignement, ce qui totalise 60 000 inscriptions. Plus de 35 universités offrent des programmes de télé-enseignement. Un bon nombre de ministères et plus de 35 p. 100 des grandes entreprises canadiennes utilisent également certaines formes de télé-enseignement. C'est aussi le cas des fournisseurs commerciaux, des organisations industrielles et professionnelles et des associations corporatives.

Récents progrès

Parmi les récents progrès, on note le financement des cours dans le cadre de programmes de téléenseignement, une solution de rechange aux cours qui ne se donnent pas sur le campus ou pour lesquels il y a trop d'inscriptions, l'augmentation des occasions d'autoapprentissage dans les milieux de travail et les établissements d'enseignement, et l'évolution des centres de formation (lieux qui permettent le télé-enseignement grâce à différents outils de télécommunications). Les centres de formation affiliés aux centres communautaires, aux grandes entreprises et aux institutions gouvernementales fournissent les ressources adéquates tant en matière de formation en milieu de travail, de mise à jour des connaissances et de recyclage professionnel, d'obtention de diplôme, de licence et de certificat, qu'en matière de développement des intérêts et de croissance personnelle. Ces développements témoignent de l'évolution des programmes de téléenseignement et de la diversification des apprenants et des cours offerts.

Les autochtones s'intéressent également à l'exploitation des télécommunications dans les secteurs de l'éducation et du développement organisationnel. Citons, à titre d'exemples, Washa, un réseau dirigé par le Northern Nishnawbe Education Council, offrant aux étudiants de la région de Sioux Lookout, en Ontario, des possibilités de télé-enseignement sous forme de radioconférences, et le Kayas Cultural College, dirigé par la nation crie de Little Red River, dans le nord-est de l'Alberta, offrant des cours de niveau collégial et des cours de perfectionnement sous forme de vidéoconférences.

L'évolution du secteur des télécommunications et des moyens de diffusion de l'information influence l'avenir de l'apprentissage à distance. Prenons l'exemple de CANARIE, un réseau électronique permettant la transmission très rapide de quantités importantes de données, qui a donné naissance à plusieurs petits réseaux tels que Rescol dans différentes petites communautés (*voir* INTERNET). Ces réseaux permettent l'accès à d'énormes bases de données, p. ex., à des conversations entre les étudiants et les enseignants, ou même à des ressources qui dépassent les possibilités d'un établissement indépendant.

Les étudiants qui utilisent ces réseaux, ainsi que les cédéroms, les vidéodisques ou tout autre nouvel outil multimédia, sont plus autonomes et organisent mieux leur apprentissage. Bien que les lieux et les méthodes de diffusion semblent être de plus en plus souples, certains points soulèvent encore des questions: conception des méthodes d'enseignement,

soutien à l'apprenant, accès et équité, crédibilité et coûts.

Le Canada est le siège administratif du Commonwealth of Learning, situé à Vancouver, qui assure la répartition des expertises et des ressources des programmes d'apprentissage à distance entre les pays du COMMONWEALTH.
Margaret Haughey

Téléfilm Canada En 1967, le Parlement adopte une loi afin de créer Téléfilm Canada, qui s'appelle à l'époque Société de développement de l'industrie cinématographique canadienne (SDICC). La SDICC a pour mandat «d'encourager et de promouvoir le développement d'une industrie du long métrage au Canada». À l'origine, cette société de la Couronne, créée à la suite de pressions exercées sur le gouvernement par les cinéastes afin qu'il leur accorde un soutien financier, reçoit une somme de 10 millions de dollars sous forme de prêt qu'elle investira dans l'industrie du CINÉMA. Avec son premier directeur général, Michael Spencer, elle investit dans plusieurs productions françaises et anglaises peu coûteuses et à caractère culturel et joue un rôle fondamental dans la mise en place des bases d'une industrie du cinéma viable.

Étant donné que les films qu'elle aide financièrement n'attirent pas un public canadien important, la SDICC subit des pressions commerciales grandissantes, ce qui, à partir de 1973, l'amène à favoriser les coproductions internationales. En 1978, le nouveau directeur général, Michael McCabe, accélère le processus en encourageant le recours à des vedettes étrangères et favorise les projets de producteurs au détriment des projets présentés par les réalisateurs. Profitant de l'initiative fiscale de déduction pour amortissement, il augmente les investissements canadiens, qui passent de 19 millions en 1977 à 165 millions en 1980. Cette orientation commerciale de Téléfilm Canada n'est pourtant pas une réussite, car de nombreux films ne sont pas diffusés et les productions artistiques canadiennes cessent pratiquement.

En 1980, André Lamy succède à McCabe et s'engage à rectifier le déséquilibre engendré par la déduction pour amortissement. En 1983, on met sur pied le Fonds de développement de la production d'émissions canadiennes et on accorde un montant de 245 millions de dollars, réparti sur cinq ans, à des films principalement cofinancés par les réseaux de télévision, les intérêts privés et Téléfilm Canada. Cela garantit aux films des dates de diffusion, évitant ainsi les difficultés de distribution qui ont nui à l'industrie. Afin de refléter cette volonté d'augmenter l'aide financière accordée à la production télévisuelle, la société adopte le nom de Téléfilm Canada en 1984. Peter Pearson en assume la direction générale de 1985 à 1987. Dans le sillage du rapport intitulé *Le cinéma au Canada sur un bon pied* (rédigé par le Groupe de travail sur l'industrie cinématographique à la fin de 1985), on crée le Fonds de financement des longs métrages afin d'assurer la production de longs métrages destinés aux salles de cinéma. On met ensuite en place le Fonds d'aide à la distribution de longs métrages pour favoriser leur diffusion.

En 1988, le Fonds de développement de la production d'émissions canadiennes devient permanent, avec un budget annuel de 60 millions de dollars. Sous la direction de Pierre DesRoches (1988-1994), Téléfilm Canada se comporte de plus en plus comme une entreprise commerciale et modifie son rôle dans les projets de cinéma et de télévision, devenant investisseur et non plus subventionneur. Avant d'accorder son financement, la société de la Couronne exige désormais que les contrats de distribution soient signés et la récupération des sommes prêtées devient une priorité. Elle travaille en étroite collaboration avec les organismes cinématographiques provinciaux, de plus en plus nombreux, qui émergent dans les années 80.

Dans les années 90, la société Téléfilm Canada se voit contrainte de revoir son mandat en fonction des compressions budgétaires imposées par le gouvernement. François Macerola, directeur général nommé en 1995, assure la présidence de Téléfilm Canada lorsque le pouvoirs publics s'en remettent davantage au secteur privé pour le développement des produits et la prestation des services.

Téléfilm investit par ailleurs dans la distribution, la promotion et le sous-titrage des films produits grâce à son soutien. Elle coordonne la participation du Canada aux festivals internationaux du film et administre les programmes de subventions destinés aux festivals canadiens. Au fil des ans, des ententes ont été conclues avec 44 pays.

Téléfilm a joué un rôle fondamental dans l'essor de l'industrie canadienne du cinéma et de la télévision. Mais elle a souvent perdu de son efficacité en raison des problèmes de coordination auxquels l'industrie est confrontée et qui sont liés au fonctionnement indépendant des secteurs de la production, de la distribution et de la diffusion.
Piers Handling

Télégraphe Du grec *tele*, qui signifie «loin» et *graphein*, qui signifie «écrire», le télégraphe est inventé en 1837 en Amérique du Nord par Samuel Morse et en Europe par les Anglais William Cooke et Charles Wheatstone. L'ouverture et la fermeture systématiques de circuits électriques assurent la transmission électrique de messages codés. Au Canada, la première compagnie télégraphique, la Toronto, Hamilton and Niagara Electro-Magnetic Telegraph Co, est fondée en 1846. Toutefois, la plus importante entreprise de télégraphie est au départ la Montreal Telegraph Co, fondée en 1847, avec Hugh ALLAN à sa tête. Elle relie divers centres, tels que Sackville au Nouveau-Brunswick, Detroit, Montréal, Ottawa, Buffalo et Portland.

En 1868, la Montreal Telegraph Co fait face à la concurrence directe d'une nouvelle compagnie, la Dominion Telegraph Co, et une guerre des prix s'ensuit. En 1880, la Great North Western Telegraph Co est fondée pour relier l'Ontario au Manitoba, mais, dès 1881, elle est absorbée par la Western Union Co des États-Unis pour consolider l'industrie canadienne. La compagnie américaine obtient la location de lignes télégraphiques de la Montreal Telegraph Co et de la Dominion Telegraph Co. De la sorte, la Western Union exerce un monopole sur le réseau télégraphique canadien pour une courte durée.

En 1885, la Canadian Pacific Railway Telegraphs établit un service télégraphique commercial entre le lac Supérieur et les Rocheuses. Peu après, son réseau s'étend à l'Ontario, puis au Canada atlantique, ce qui brise le monopole de la Western Union. Cette nouvelle concurrence explique peut-être que la Great North Western Telegraph Co est acculée à la faillite et rachetée par une filiale de la Canadian Northern Railway Co le 1er janvier 1915. Toutefois, le chemin de fer connaît à son tour des difficultés financières. Repris rapidement par le gouvernement fédéral, il constitue une composante de la Canadian National Railways Co. C'est ainsi que la Great North Western Telegraph Co devient la Canadian National Telegraph Co.

En 1910, la Commission des chemins de fer du Canada établit un des grands principes des TÉLÉCOMMUNICATIONS, à savoir la distinction entre le contrôle du contenu des messages et celui de leur transmission. Presque dès le début du télégraphe canadien, la cueillette de nouvelles revient aux grandes compagnies de télégraphie. En 1894, le Canadian Pacific Telegraphs (CP) conclut une entente avec une importante agence de presse américaine, l'Associated Press. La compagnie télégraphique sélectionne et résume les informations de l'Associated Press et en alimente les journaux canadiens. Des années durant, les télégraphistes du Canada demeurent les principaux collecteurs des nouvelles canadiennes.

Cependant, en 1907, le Canadian Pacific Telegraphs tente de quadrupler le prix demandé à trois journaux de Winnipeg pour son service de presse. En guise d'opposition, ces journaux s'unissent et forment une agence de nouvelles indépendantes, la Western Associated Press (WAP). Par la suite, le Canadian Pacific Telegraphs cesse d'offrir son service de nouvelles à la Nelson, BC News, en réaction directe à la publication d'articles désobligeants à l'égard du CP. La WAP en appelle devant la Commission des chemins de fer qui statue, en 1910, sur l'illégalité des taux du CP. La Canadian Pacific Telegraphs cesse donc de faire la cueillette et le tri des nouvelles, établissant ainsi les prémisses du transport public selon lesquelles toutes les dépêches sont transmises sans ingérence moyennant un tarif légal.

Dans les années 30, le CN et le CP, en tant que principaux fournisseurs de services télégraphiques au Canada, obtiennent des contrats exclusifs pour l'échange de nouvelles avec des compagnies américaines: le CN s'engage avec la Postal Telegraph Company et le CP, avec la Western Union. Les entreprises de télégraphie canadiennes se disputent la faveur du public avant d'y renoncer réciproquement en 1967 et de conclure une entente. C'est ainsi que les Télécommunications CNCP voient le jour, d'abord comme coentreprise, puis, à partir de 1980, sous forme de partenariat entre les deux compagnies de chemin de fer. Mais, en 1988, l'acquisition par le Canadien Pacifique des intérêts du CN dans le CNCP met un terme à ce partenariat. En 1989, Ted Rogers, magnat de la télédistribution, achète 40 p. 100 des intérêts de CNCP Télécommunications, et la compagnie prend le nom de Unitel Communications Inc.

En 1992, le CONSEIL DE LA RADIODIFFUSION ET DES TÉLÉCOMMUNICATIONS CANADIENNES (CRTC) ouvre le marché des services interurbains des compagnies de téléphone à la concurrence en réponse à la demande d'Unitel et d'autres entreprises. Toutefois, cette concurrence amène Unitel au bord de la faillite. Rogers et le Canadien Pacifique vendent leurs parts à la American Telephone and Telegraph Co (AT&T), déjà un actionnaire minoritaire, et à un consortium de banques canadiennes.

Robert E. Babe

Téléinformatique L'INDUSTRIE DE L'INFORMATIQUE a progressé grâce à l'invention de méthodes de traitement et de stockage des données plus rapides et moins coûteuses. Par téléinformatique, on entend le branchement d'ordinateurs à des lignes de télécommunications. Le traitement de l'information devient alors le télétraitement ou le traitement de l'information à distance. Le télétraitement a favorisé une croissance fulgurante tant dans l'utilisation de terminaux que dans la création de banques centrales de données ou d'informations auxquelles les terminaux ont accès grâce au système de TÉLÉCOMMUNICATIONS. Au sein d'un réseau de télécommunications, les utilisateurs peuvent se servir de terminaux n'importe où, au bureau, à la maison ou à la ferme. Ils peuvent ainsi accéder à des ordinateurs centraux et à des banques de données situés à l'autre bout de la ville ou même dans d'autres pays. L'un des premiers utilisateurs de ce système est l'industrie du transport aérien qui s'en sert pour faire les réservations.

Les bureaux d'affaires, tout comme ceux des gouvernements, utilisent de plus en plus les ordinateurs (*voir* BUREAUTIQUE). Même les machines à écrire peuvent être reliées à un ordinateur central par les lignes de télécommunications. À la maison, les ordinateurs personnels, de même que les téléviseurs modernes, peuvent servir à consulter des banques de données au moyen des lignes téléphoniques ou des lignes de CÂBLODISTRIBUTION. Des réseaux de téléinformatique peuvent être conçus pour de multiples usages: relier les différentes usines d'une même entreprise, où qu'elles se trouvent dans le monde; fournir de l'information spécialisée à une industrie (p. ex., des cours de la Bourse à des courtiers) ou à des professionnels (p. ex., des jugements de la Cour à des avocats); fournir aussi des renseignements spécialisés aux entreprises (p. ex., des renseignements sur le crédit) et des renseignements commerciaux aux consommateurs (p. ex., des listes de cinémas dans des «pages jaunes» électroniques); permettre l'utilisation d'ordinateurs de grande puissance pour le traitement d'énormes quantités de données ou pour des calculs scientifiques hautement techniques. L'utilisation de la téléinformatique peut aussi faciliter certains types de formation et d'enseignement, et peut aussi être un moyen de se divertir grâce aux jeux informatiques.

L'étendue du développement de la téléinformatique au Canada dépendra beaucoup des coûts qu'elle engendre. Grâce aux progrès technologiques, on s'attend à ce que diminuent les prix unitaires des trois principaux éléments: le terminal, l'information des banques de données et les frais de communication. Les coûts de transmission des données par les systèmes de télécommunications sont à la baisse grâce aux nouvelles technologies qui permettent de transmettre plus rapidement de plus grandes quantités de données, c.-à-d. plus de bits d'information à la seconde. Le système de télécommunications, conçu à l'origine pour assurer la communication du signal vocal sous forme analogique, permet maintenant la transmission de données, de la voix, de télécopies et de séquences vidéo à l'aide de la technique numérique des ordinateurs.

Les nouveaux appareils de commutation sont de véritables ordinateurs numériques spécialisés. De nouveaux TÉLÉPHONES fonctionnent comme des terminaux d'ordinateur. De nombreux câbles de distribution locale sont faits de fibre optique, un matériau qui a une capacité beaucoup plus grande que les anciens fils de cuivre et qui, sur le plan technique, est préférable pour la communication numérique. Les nouveaux systèmes interurbains – fibre optique, radio à ondes ultracourtes et satellites à bande latérale unique – peuvent être conçus pour une communication numérique. Dans son essence, le système de télécommunications est en train de se transformer en ordinateur géant.

Les coûts de cette transformation sont considérables. Avant 1990, les entreprises de téléphone parlaient déjà d'augmenter les frais d'utilisation du service local, en plus de hausser le tarif mensuel de base. Ces mesures ont mis fin à la baisse des coûts de communication. Ces coûts peuvent être un obstacle à l'utilisation des services de téléinformatique par une bonne partie des abonnés résidentiels. Toutefois, leur utilisation commerciale devrait connaître une croissance rapide.

En donnant accès à plus d'informations, les réseaux téléinformatiques favorisent des prises de décision plus informées et une plus grande efficacité. Les entreprises pourront étendre leur marché à des régions géographiques plus vastes, et les grandes organisations obtiendront plus facilement un contrôle centralisé. Toutefois, ces changements peuvent provoquer une perte d'autonomie pour les organisations de moindre envergure ou celles qui sont éloignées des grands centres. À cause de la libre circulation de l'information sur les réseaux téléinformatiques internationaux, il se pourrait que des renseignements importants concernant le Canada et les Canadiens soient conservés à l'extérieur du pays et hors du contrôle canadien. Afin de profiter pleinement des avantages des systèmes téléinformatiques, les Canadiens doivent y avoir accès. Ils pourraient par conséquent devenir dépendants de ceux-ci et des organismes qui les contrôlent.

Les systèmes téléinformatiques sont vulnérables au vol, à l'usage abusif, à la destruction et à la manipulation illégale des données, ce qui peut occasionner des dommages énormes (*voir* INFORMATIQUE ET SOCIÉTÉ). Le problème est d'autant plus difficile qu'il n'y a souvent pas de preuves tangibles de telles activités. Si un fichier de données est volé par une personne non autorisée, les données demeurent quand même dans la banque de données de l'ordinateur. Des renseignements inexacts sur un dossier médical ou un fichier de crédit peuvent ruiner des réputations ou occasionner un mauvais diagnostic de maladie. Les renseignements recueillis dans les banques de données peuvent porter préjudice à la vie privée des gens. Des renseignements spécialisés peuvent être utilisés par des groupes d'intérêt afin d'obtenir un contrôle injuste sur d'autres groupes.

Donc, bien que les systèmes téléinformatiques puissent fournir un plus grand accès à l'information pour certains, ils peuvent aussi porter atteinte à la liberté des autres. Afin de préserver les droits des individus, des régions et des nations, l'utilisation de la téléinformatique va nécessiter des règlements efficaces. On aura aussi besoin de nouvelles législations dans le secteur public afin de s'assurer que la SOCIÉTÉ D'INFORMATION, qui est en train de se développer, profite à tous les citoyens et non seulement à quelques-uns aux dépens des autres. (*Voir aussi* COMMUNICATIONS, TECHNOLOGIE DES.)

William H. Melody

Téléphone L'invention du TÉLÉGRAPHE (1837), par Samuel Morse, et celle du téléphone (1876), par Alexander Graham BELL, ont été déterminantes dans la recherche de moyens permettant de communiquer à grande distance rapidement, efficacement et avec exactitude. Les communications à distance nécessitaient précédemment l'encodage de la pensée humaine au moyen de la fumée, du tambour, du sémaphore ou de la trompette, ou encore du transport physique des messages par des estafettes ou des pigeons voyageurs.

La télégraphie et la téléphonie comportent l'encodage électrique des messages à leur origine. Ainsi, on peut littéralement les transmettre à la vitesse de la lumière au moyen de divers supports tels que le fil de cuivre, le câble coaxial et la fibre optique ou encore à travers l'espace jusqu'à leur destination, où ils sont décodés et reprennent leur forme originale. Le télégraphe encode chaque lettre de l'alphabet en une combinaison de signaux électriques longs et courts grâce à un circuit activé en abaissant systématiquement une touche. Le téléphone (du grec signifiant «voix à distance») transforme en courant électrique variable les ondes sonores (changements de la densité de l'air), qui font vibrer la membrane placée dans l'embouchure du combiné téléphonique.

Le téléphone constitue un énorme pas en avant depuis l'invention du télégraphe. En effet, le téléphone encode directement les messages pour la transmission. Il n'est donc plus nécessaire de recourir aux services d'un télégraphiste, ce qui permet une plus grande autonomie dans l'expédition des messages. Il permet également l'expédition instantanée des messages au destinataire grâce à un dispositif de commutation complexe, tandis que le service télégraphique public transmet d'abord les messages à un terminal central, d'où il faut ensuite les livrer aux destinataires. Le téléphone procure en plus l'avantage de la simultanéité dans les échanges de messages (interaction bidirectionnelle en temps réel), contrairement au télégraphe qui fonctionne en mode différé.

Le réseau téléphonique traditionnel comprend essentiellement un organe terminal qui peut être l'appareil téléphonique, sans toutefois s'y limiter; une ligne d'abonné, constituée d'une paire de fils de cuivre ou de câbles à fibres optiques qui relient le terminal de l'abonné au centre local de commutation; des câbles interurbains, qui relient les centres de commutation d'une même localité; des centres de commutation interurbaine qui permettent d'acheminer les messages interurbains, et des supports de liaisons à grande distance (câbles, fibres optiques, tours hertziennes et satellites de communication) qui fournissent les interconnexions électriques entre les agglomérations. Toutefois, l'aménagement urbain des réseaux téléphoniques devient de plus en plus complexe en raison de l'avènement de la téléphonie cellulaire et d'autres techniques de télécommunications sans fil.

En 1876, les premiers tests téléphoniques définitifs à l'échelle mondiale ont lieu à Brantford, en Ontario. Ils portent sur la transmission unilatérale. Ce n'est toutefois qu'en 1877 que l'on inaugure l'ère de la téléphonie au Canada, lorsque A.G. BELL cède à son père, Alexander Melville Bell, 75 p. 100 des droits sur le brevet d'invention du téléphone pour le Canada contre la somme de un dollar. A.M. Bell engage alors des agents pour recruter des abonnés pour ses «lignes privées» (soit un service de liaison directe). En 1880, la Dominion Telegraph Co obtient un permis d'utilisation du brevet Bell pour le Canada, pour une période de cinq ans. Par la suite, toutefois, cette société ne peut réunir les 100 000 dollars exigés par Bell pour l'acquisition définitive du brevet. C'est ainsi qu'en 1880 les droits canadiens du brevet sont vendus à la National Bell Telephone Co de Boston (aujourd'hui l'American Telephone and Telegraph Co). Jusqu'en 1880, la Montreal Telegraph Co offre un service concurrentiel en utilisant les brevets contestés d'Elisha Gray, de Thomas A. Edison et d'autres.

En 1880, la National Bell Telephone Co constitue, grâce à l'adoption d'une loi du Parlement, la Compagnie de Téléphone Bell du Canada (connue aujourd'hui sous le nom d'ENTREPRISES BELL CANADA INC.), laquelle reçoit l'autorisation d'ériger des lignes téléphoniques traversant ou longeant toutes les propriétés publiques et tous les droits de passage. En novembre de la même année, on conclut une entente avec les compagnies concurrentes (principalement la Western Union Telegraph Co et ses sociétés affiliées du Canada): toutes cèdent leurs brevets et, dès 1881, la Compagnie de Téléphone Bell du Canada obtient le monopole des droits sur le téléphone au pays. Toutefois, en 1885, le gouvernement canadien révoque tous les brevets de Bell. Ainsi, toute compagnie de téléphone indépendante peut dès lors offrir des services, ceux-ci pouvant même entrer en concurrence directe avec Bell. Des centaines de compagnies indépendantes voient alors le jour avant 1920.

Il est probable que la multiplication des compagnies concurrentes en Nouvelle-Écosse et au Nouveau-Brunswick ait influencé la décision de Bell de se retirer de ces provinces; cela lui a toutefois permis de poursuivre la consolidation de ses activités ailleurs au pays. En 1885, Bell abandonne ses activités à l'Île-du-Prince-Édouard au profit de la Telephone Company of Prince Edward Island, société nouvellement constituée. En 1888, elle vend ses installations du Nouveau-Brunswick et de la Nouvelle-Écosse à la toute nouvelle Nova Scotia Telephone Co, bien qu'elle y détienne encore à l'époque des intérêts majoritaires. Un peu plus tard au cours de 1888, une législation prévoit la constitution de la New Brunswick Telephone Co et lui accorde des droits exclusifs de prestation de services interurbains dans la majeure partie de la province. L'année suivante, la New Brunswick Telephone Co se porte acquéreur des installations, dans cette province, de la Nova Scotia Telephone Co. En 1910, on constitue la Maritime Telegraph and Telephone Co (MT and T). En 1911, cette société achète la Telephone Company of Prince Edward Island et la Nova Scotia Telephone Co. En 1966, Bell Canada obtient une participation majoritaire dans les sociétés MT and T et New Brunswick Telephone.

À Terre-Neuve, la principale compagnie de téléphone, la Avalon Telephone Co, constituée en 1919, est exploitée par la famille Murphy. En 1954, un groupe de gens d'affaires de Montréal et de Terre-Neuve acquiert des intérêts majoritaires dans cette société. Bell Canada en devient toutefois le principal actionnaire en 1962. Le 1er janvier 1970, la Avalon Telephone Co devient la Newfoundland Telephone Co Ltd. En 1976, on émet des actions dans le public

et la Newfoundland Telephone devient ainsi une société à grand nombre d'actionnaires, Bell Canada demeurant le principal actionnaire. Aujourd'hui, la Newfoundland Telephone est une filiale à cent pour cent de NewTel Enterprises Ltd., une société de portefeuille dont Bell Canada de Montréal détient 55 p. 100 des actions. Une décision rendue par la Cour suprême du Canada, en 1989, soumet depuis les dernières années la Newfoundland Telephone Company à l'autorité du CONSEIL DE LA RADIODIFFUSION ET DES TÉLÉCOMMUNICATIONS CANADIENNES (CRTC), une instance fédérale.

Alors que Bell se retire volontairement de l'est du Canada dès le début de la concurrence, elle fait toutefois preuve de plus d'agressivité devant l'émergence de la concurrence ailleurs au pays. Deux politiques élaborées au tournant du siècle, soit celle relative à la tarification et celle touchant l'interconnexion, suscitent un intérêt particulier puisqu'elles demeurent à ce jour controversées. On affirme que la tarification de Bell ne couvre pas ses frais; elle est donc préjudiciable à la concurrence, dans les cas où il existe une concurrence directe ou potentielle. En effet, Bell a parfois offert des services téléphoniques gratuits dans certaines localités (Peterborough, Fort William, Port Arthur). Bell refuse également de raccorder ses concurrents à son réseau local ou interurbain, ce qui désavantage les abonnés des compagnies indépendantes. Malgré cela, l'industrie indépendante du téléphone ne cesse de croître au Québec et en Ontario, surtout de 1906 à 1919. Dès 1915, les compagnies indépendantes de l'Ontario comptent 79 000 lignes téléphoniques, soit le tiers du nombre total d'abonnés dans cette province. Toutefois, au cours des années 50 et 60, Bell acquiert la plupart de ces sociétés, de telle sorte que les compagnies indépendantes ne possèdent plus aujourd'hui que moins de 5 p. 100 des lignes téléphoniques de l'Ontario.

Avant 1906, un grand nombre de personnes sont insatisfaites du tarif et de l'hésitation de Bell à étendre ses services aux régions rurales moins lucratives. C'est pourquoi le premier ministre, sir Wilfrid Laurier, forme, en 1905, un comité spécial de la Chambre des communes. Ce comité, dirigé par le ministre des Postes William Mulock, est chargé d'examiner l'industrie du téléphone et de faire des recommandations. Le compte rendu des débats publié par le comité constitue une pièce historique fort intéressante.

En 1906, en vertu de modifications apportées à la *Loi sur les chemins de fer*, certains aspects des activités de la Compagnie de Téléphone Bell du Canada relèvent désormais de la Commission des chemins de fer du Canada. Dès lors, tous les frais de téléphone facturés aux abonnés doivent d'abord être soumis à l'approbation de la commission. Cette dernière se voit aussi octroyer le pouvoir d'ordonner l'interconnexion du réseau de Bell avec ceux des autres compagnies. On transfert la tâche de réglementer les activités de Bell à la Commission canadienne des transports (aujourd'hui l'OFFICE NATIONAL DES TRANSPORTS) en 1967, puis au CRTC en 1976. Ces organismes de réglementation ont pour principales responsabilités de veiller à ce que les frais soient raisonnables et équitables, et à ce qu'ils ne soient pas indûment préférentiels ou discriminatoires. De plus, les modalités de l'interconnexion avec les autres compagnies doivent être approuvées par ces organismes. On tient souvent des audiences publiques longues et complexes pour déterminer les conséquences de la diversification des activités de Bell ou des autres compagnies de téléphone et de télécommunications.

Après 1906, la propriété privée de Bell Canada devient contraire aux lignes de conduite adoptées par certains gouvernements provinciaux et municipaux. Cette situation entraîne donc de nouveaux changements radicaux à la structure de l'industrie du téléphone au Canada. En effet, en 1908 et en 1909, les gouvernements du Manitoba, de l'Alberta et de la

Saskatchewan achètent les activités de Bell dans leurs provinces; le téléphone y est encore aujourd'hui un service provincial.

Avec des revenus de 7,9 milliards de dollars en 1993, Bell Canada demeure de loin la plus importante compagnie de téléphone au Canada. Filiale à cent pour cent des Entreprises Bell Canada inc., Bell Canada dessert la plus grande partie de l'Ontario et du Québec, de même que certaines régions des Territoires du Nord-Ouest. La deuxième compagnie de téléphone en importance est la British Columbia Telephone Company (BC Tel) qui dessert l'ensemble de la province à l'exception de Prince Rupert, qui possède un réseau municipal. BC Tel et Québec Téléphone (laquelle dessert surtout le Bas-Saint-Laurent et la Gaspésie de même que la rive nord du fleuve Saint-Laurent et l'extrême est du Labrador) sont gérées par la société américaine General Telephone and Electronics Corporation. La taille de BC Tel correspond à environ 20 p. 100 de celle de Bell Canada.

La Société de téléphone du Manitoba et la Saskatchewan Telecommunications sont toutes deux des sociétés d'État dans leur province respective. Alors que la Société de téléphone du Manitoba est réglementée par le CRTC depuis peu, la Saskatchewan Telecommunications ne relève du CRTC que depuis le début de 1998, conformément à une entente. L'Alberta Government Telephones (AGT), jusqu'ici la troisième société d'État provinciale, a été privatisée à la suite d'une décision de la Cour suprême rendue en 1989, conférant ainsi la compétence au gouvernement fédéral. AGT Ltd, le nouveau nom de la compagnie desservant l'Alberta, est une filiale à cent pour cent de Telus Corporation, laquelle a aussi fait l'acquisition de la Edmonton Telephones en 1995, société qui appartenait jusqu'alors à la municipalité. Toutefois, des réseaux téléphoniques municipaux sont toujours en exploitation dans bon nombre de localités, telles que Thunder Bay, Kenora et Prince George.

La nouvelle *Loi sur les télécommunications* est entrée en vigueur au Canada le 25 octobre 1993. Cette loi met à jour et refond la législation remontant à 1908. Elle autorise entre autres le CRTC à réglementer les entreprises de télécommunications, en veillant plus particulièrement à ce que les tarifs exigés soient équitables et raisonnables et à ce que les entreprises canadiennes ne se livrent pas à une discrimination injuste. Elle autorise aussi le CRTC à exempter certaines catégories d'entreprises de la réglementation et à s'abstenir de réglementer dans les cas où elle juge que la concurrence est efficace.

Neuf des plus grandes compagnies de téléphone au Canada, provenant de chacune des provinces (mis à part l'Ontario et le Québec qui sont toutes deux représentées par Bell Canada), et Télésat Canada (l'unique entreprise nationale de télécommunications par satellite du Canada) se sont réunies pour former une association mieux connue sous le nom de STENTOR. Le rôle de cette association est de coordonner la prestation des services nationaux de télécommunications. Avec des revenus de 13,5 milliards de dollars en 1993, les membres de Stentor représentent 78 p. 100 de l'ensemble des revenus des services de télécommunications.

Bien que depuis nombre d'années les services téléphoniques soient surtout le fait de monopoles dans chaque région, les initiatives de réglementation du gouvernement fédéral des 15 à 20 dernières années ont rouvert la voie à la concurrence. p. ex., en 1977, le CRTC oblige Bell Canada à permettre aux entreprises de câblodistribution d'accéder à ses poteaux et à ses conduits, sans restreindre les services offerts par ces dernières. En 1979, le CRTC ordonne à Bell de permettre à Télécommunications CNCP (aujourd'hui Unitel Communications Inc.) d'accéder à son réseau local de commutation, afin qu'elle puisse offrir des services de communications d'affaires en concurrence avec Bell. La même année, le CRTC exige que Bell permette l'accès à ses installations de commutation à une entreprise de radio-téléphonie mobile. Conformément à une décision du CRTC rendue en 1982, les abonnés ont maintenant la possibilité d'acheter l'équipement terminal et cette pratique se répand rapidement. De nos jours, sur le territoire de Bell Canada, les fils intérieurs sont la propriété du propriétaire de l'immeuble, et non celle de Bell.

Toutefois, la décision la plus importante du CRTC est celle rendue en 1992, qui permet l'ouverture du marché des communications interurbaines à la libre concurrence, un marché qui représente à lui seul 8 milliards des quelque 17,4 milliards engendrés par les industries de services de télécommunications en 1993. Le gouvernement fédéral tente d'ouvrir le marché des services téléphoniques locaux à la concurrence et encourage les entreprises de câblodistribution et les compagnies de téléphone à se faire concurrence. C'est ce qu'il appelle la «convergence». Le 19 mai 1994, le CRTC publie un rapport sur l'autoroute de l'information (voir INFOROUTE), lequel envisage la concurrence à grande échelle entre les compagnies de téléphone d'antan et les entreprises de câblodistribution, tant dans le domaine des services téléphoniques que dans le domaine de la télédistribution. De plus, le CRTC prévoit la possibilité que les compagnies de téléphone se lancent dans la production d'émissions et dans d'autres services liés au contenu de ces émissions. En septembre 1995, le Comité consultatif sur l'autoroute de l'information publie son rapport final dans lequel il recommande la concurrence directe dans les domaines où cela est possible. Ainsi, il y a peu de doute qu'aux yeux du gouvernement fédéral la convergence et l'autoroute de l'information ne sont pas qu'imminentes, mais qu'elles doivent aussi être bien accueillies et soutenues.

Les sociétés occidentales entrent dans l'ère de l'information ou dans l'ère de la société postindustrielle, et les entreprises de télécommunications jouent un rôle de premier plan dans cette transition. On évalue que près de 50 p. 100 de la main-d'œuvre travaille actuellement à la production ou à la distribution d'information. Parallèlement, la technologie est en train de transformer des industries de l'information, jusqu'ici distinctes, en un système très complexe d'industries intimement liées. En effet, les circuits microélectroniques, les satellites de télécommunications, les câbles à large bande et les fibres optiques qui ont envahi nos vies semblent être en voie d'abattre les murs qui cloisonnaient les industries. En outre, les appareils de traitement de texte en ligne permettent l'acheminement direct des messages d'un bureau à un autre. Presque toutes les formes d'information, hier définies par leur mode particulier de support (film, papier journal, livres, imprimés d'ordinateur), peuvent aujourd'hui être codées et diffusées par voie électronique sur de vastes distances, et ce, à peu de frais. Il y a d'ailleurs une interdépendance accrue entre les compagnies de téléphone et les journaux, les banques et les autres établissements financiers, les entreprises d'informatique, les entreprises de diffusion et de câblodistribution, notamment.

Cette nouvelle concurrence semblerait rendre moins importante la surveillance réglementaire détaillée des tarifs. Cette concurrence pourrait cependant désavantager les résidents ruraux et les pauvres puisque les prix des services de télécommunications se rapprocheraient davantage des coûts comptables. De plus, la convergence semble mener à la création d'un conglomérat grandissant d'entreprises de télécommunications dont les intérêts sont variés. En effet, leurs intérêts ne consistent pas qu'à réduire la propriété et le contrôle locaux, mais à centraliser les services de communication non seulement chez les fournisseurs de tels services, mais aussi chez les fournisseurs d'information transnationaux. (Voir MÉDIAS, PROPRIÉTÉ DES.)

Robert E. Babe

Télévision C'est une réalité que la plupart des Canadiens ont en commun: plus de 98 p. 100 des 9 millions de ménages du Canada ont un téléviseur. Ce chiffre dépasse celui des propriétaires de radio MF (93 p. 100) ou d'automobile (77 p. 100) et devance de loin celui des propriétaires d'appareils spécialisés comme le four à micro-ondes (environ 33 p. 100) et l'ordinateur domestique (environ 10 p. 100). Le nombre de propriétaires de téléviseurs couleur a augmenté considérablement entre les années 70 et 80: 93 p. 100 des ménages canadiens en possèdent maintenant.

L'engouement pour la télévision se manifeste par le temps que nous consacrons à regarder la télévision. Elle continue d'être notre activité de loisirs la plus importante. En 1986, les Canadiens ont passé en moyenne environ 24,2 heures par semaine, soit plus de trois heures par jour, devant leur téléviseur. C'est une moyenne plus élevée que celle de 22,1 heures en 1977. Ils ont consacré 33 p. 100 des heures passées devant le téléviseur à des dramatiques, 19 p. 100 aux nouvelles et aux affaires publiques, 14,5 p. 100 aux comédies, 9,8 p. 100 aux émissions de variétés et aux jeux et 6,5 p. 100 aux sports. On ne consacre pas tout ce temps entièrement à l'écran. En effet, au moins un tiers du temps déclaré est en fait consacré à d'autres activités, comme les tâches ménagères, la lessive, les appels téléphoniques aux amis, pendant que le poste fonctionne. On consacre moins de temps à écouter la radio. D'autres activités de loisirs comme la lecture, les «hobbies» et les sorties pour assister à des concerts et à des événements sportifs sont aussi beaucoup moins populaires.

Regarder la télévision n'est pas une activité de masse, comme assister à un match de football ou encore se rendre au cinéma local. C'est une activité essentiellement privée, qu'on pratique seul ou en petits groupes et qui est souvent accessoire à d'autres activités domestiques. Et même si les émissions à forte cote d'écoute, telle une finale de la coupe Stanley ou *Anne… La Maison aux pignons verts*, peuvent rejoindre un auditoire national énorme, elles sont plutôt des exceptions à la règle. Quotidiennement, des millions de téléspectateurs assidus ne regardent pas et ne recherchent pas les mêmes émissions. Le public national est donc moins une masse homogène qu'une série de douzaines ou de centaines de sous-publics. Les publicitaires font des efforts très importants pour définir ces publics et pour essayer de prévoir leur «comportement de syntonisation», de savoir quelle chaîne les téléspectateurs choisissent, quand et pour combien de temps, et pourquoi ils font ces choix. Beaucoup de revenus des annonceurs publicitaires dépendent de la capacité des télédiffuseurs à trouver le public cible parfait.

Bien que la télévision locale transmise sans fil soit gratuite, la majorité des Canadiens (deux ménages sur trois) s'abonnent à la télévision par câble (voir CÂBLODISTRIBUTION). L'abonnement au câble n'est pas cher, mais il reste inaccessible pour plusieurs familles à faibles revenus. Même la télévision prétendument gratuite signifie une dépense de plusieurs centaines de dollars pour un poste, sans compter les options ou les appareils périphériques comme le magnétoscope.

La situation géographique a une grande importance dans l'accessibilité aux différents publics canadiens. La moyenne des Canadiens peut recevoir près de 7,5 chaînes de langue anglaise, y compris celles des réseaux américains. Comme toutes les moyennes, ce chiffre cache de grandes disparités. Les résidants de l'Ontario, p. ex., ont accès à 2,5 fois plus de chaînes que les résidants de Terre-Neuve. Ceux qui vivent dans des communautés éloignées ne profitent pas du tout du choix qu'ont les résidants des grandes villes qui, avec le câble, peuvent recevoir au moins 30 chaînes.

Quels que soient leurs goûts et leurs options, une majorité de téléspectateurs considèrent la télévision comme un moyen d'évasion, même si à l'occasion ils préfèrent ces télédiffuseurs éducatifs du Canada, soit TVOntario, Télé-Québec, ACCESS Alberta, BC's Knowledge Network (voir ÉMISSIONS ÉDUCATIVES). La télévision a cependant d'autres rôles à jouer. C'est un commerce de grande envergure. Les revenus de publicité de la télévision canadienne atteignent plus de un milliard de dollars par année, soit plus d'un septième des revenus des médias réunis. Les téléspectateurs ont tendance à ne pas considérer les émissions de télévision comme une marchandise, puisqu'on ne demande aucun paiement (la TÉLÉVISION PAYANTE reste encore l'exception). Ce que les téléspectateurs peuvent aussi ne pas percevoir, c'est qu'ils sont eux-mêmes traités comme des marchandises. Les télédiffuseurs privés ne font pas des émissions pour les vendre à un public, mais pour attirer des publics qu'ils exposeront aux messages publicitaires. On vend ces publics aux fabricants de voitures et de savons en fonction de formules basées sur le genre d'émission, l'horaire, la fréquence des apparitions, les catégories de sexe et d'âge du téléspectateur type, etc. Le facteur clé est toutefois la fréquence: le plus de téléspectateurs, le plus de revenus.

Au Canada, les politiciens et les décideurs ont donné un rôle additionnel à la télévision. Elle est un instrument de politique sociale et d'identité nationale. Ce rôle est défini dans la *Loi sur la radiodiffusion*, qui demande aux radiodiffuseurs d'atteindre des objectifs comme l'utilisation de ressources créatives à prédominance canadienne et la promotion de l'identité nationale (voir RADIODIFFUSION ET TÉLÉDIFFUSION). Les lignes directrices concernant la télévision dépendent de la nature controversée des quotas de contenu canadien. Ces quotas limitent effectivement le nombre d'émissions américaines diffusées par les stations canadiennes. Néanmoins, les téléspectateurs anglophones passent les trois quarts du temps qu'ils consacrent à la télévision à regarder des émissions américaines. Les téléspectateurs francophones montrent une tendance similaire. Certains observateurs trouvent que la surveillance de la programmation exercée par l'organisme fédéral de réglementation, le Conseil de la radiodiffusion et des télécommunications canadiennes (CRTC), est inefficace puisqu'il n'a pas réussi à obtenir les résultats escomptés, c.-à-d. de meilleures émissions canadiennes et une plus grande audience pour ces émissions. La recherche d'un consensus sur ces questions continue à dominer le débat public sur les utilisations de la télévision.

Entre-temps, la télévision a elle-même changé. Techniquement et légalement, la radiodiffusion est la propagation d'un signal électromagnétique par l'intermédiaire des ondes, pour qu'il soit capté par le grand public, c.-à-d. par quiconque est dans la zone couverte par les radiodiffuseurs et possède un poste de télévision. En même temps, elle a la capacité de rejoindre un vaste auditoire par une programmation adaptée aux goûts du grand public et elle peut retenir l'attention de tous les milieux grâce aux accords d'affiliation entre les stations locales et nationales ou les réseaux régionaux (TVA au Québec, la SRC et CTV sur le plan national) ainsi que par des arrangements plus souples entre stations indépendantes. Cela donne une exposition plus importante aux réseaux et aux publicitaires, tout en permettant aux stations locales d'augmenter leur public grâce à des émissions luxueuses comme les téléromans, dont ils ne pourraient assumer la production.

La nature locale de la télévision et la prédominance des réseaux établis commencent à diminuer avec les progrès du câble. Le câble n'était au début qu'une pure solution technique à un problème technique: comment améliorer la réception de quelques stations locales ou régionales. Comme beaucoup de technologies de communications dans lesquelles le Canada est devenu le chef de file, le câble a cependant eu une large répercussion, particulièrement à partir de la croissance rapide de son réseau durant les années 70. Les deux Canadiens sur trois qui sont maintenant abonnés au câble ont un profil de téléspectateur différent de celui des gens qui n'y sont pas abonnés. En général, ils regardent plus la télévision et surtout plus la télévision américaine. De telles tendances sont plus prononcées dans les plus grands marchés urbains où les abonnés du câble tendent à dépasser de beaucoup la moyenne nationale avec des chiffres aussi élevés que 80 ou 90 p. 100 des ménages. Cela signifie que peu de Canadiens vivant dans les grands centres reçoivent maintenant les signaux de télévision locale par antennes. Ils paient plutôt les services de câble pour capter leurs stations locales et d'autres dans leur foyer par l'intermédiaire d'un câble coaxial. La télévision transmise de cette manière n'est donc diffusée ni de façon classique ni gratuitement. Cette évolution a même produit des changements plus évidents dans la quantité et la nature des émissions. Au début des années 80, les abonnés du câble pouvaient, pour la première fois, payer pour obtenir les services de télévision payante et de chaînes spécialisées diffusant uniquement du sport ou des films. Premièrement, le seul fait du grand nombre de chaînes offert a entraîné une fragmentation des auditoires et des revenus. Deuxièmement, les fournisseurs de programmations consacrées à un seul sujet, comme le sport ou les groupes ethniques (p. ex., les Hispaniques), ne représentent aucun attrait pour les téléspectateurs qui n'aiment pas le sport ou ne comprennent pas l'espagnol. Bien que peu de ces services soient devenus rentables, ils s'insèrent dans une tendance qui consiste à vendre des produits de consommation en ciblant des groupes restreints, mais démographiquement bien définis.

La radiodiffusion est extrêmement compétitive et ces développements ne sont pas sans conséquences. Les nombreux signaux nouvellement accessibles par le câble, soit les stations traditionnelles, soit les services par satellite, n'ont pas épargné les grands réseaux américains, dont les cotes d'écoute ont diminué de 76 à 64 p. 100 dans la première moitié des années 80. La prolifération des signaux accessibles aux Canadiens a provoqué une diminution encore plus sérieuse des heures d'écoute consacrées au réseau anglais de la SRC, qui sont tombées de presque 35 p. 100 en 1967 à moins de 20 p. 100 dans le milieu des années 70.

Bien que rares soient les observateurs qui prédisent la fin de la télévision de réseau, la concurrence et la fragmentation se poursuivent sans désemparer, même lorsqu'il s'agit de l'environnement du téléviseur lui-même. Non seulement les téléspectateurs ont un choix plus important de chaînes, mais ils ont la possibilité de zapper avec la plus grande facilité, grâce à la télécommande. Quand celle-ci se combine au magnétoscope (VCR), présent dans plus de la moitié des ménages qui possèdent un téléviseur, les téléspectateurs peuvent s'adonner au zapping ou faire avancer une émission enregistrée pour éviter les messages publicitaires. Ce phénomène provoque l'adoption de nouvelles stratégies commerciales par les annonceurs.

De la même manière que les réseaux traditionnels auront probablement toujours un rôle à jouer, la télévision locale continuera à répondre aux besoins des téléspectateurs. L'introduction des communications par satellite a cependant donné naissance à la «superstation», qui est un signal local capté en direct par les câblodistributeurs bien au-delà de la zone de couverture naturelle de leur station. Cela permet aux téléspectateurs des petites villes de la Saskatchewan de regarder leurs émissions favorites, et même les nouvelles à l'heure du souper, sur leurs stations «locales» à Detroit. Les opinions sont divisées quant à savoir si l'abolition des distances par la télévision par satellite va réduire les barrières sociales entre les différents groupes sociaux ou plutôt favoriser l'effondrement du sentiment d'appartenance à une communauté et même à la nation.

La capacité que possède la télévision américaine de rejoindre les téléspectateurs au-delà de ses propres frontières a pris des proportions gigantesques. Les «histoires» diffusées à la télévision américaine possèdent un charme indéniable. Il y a aussi les budgets et les coûts de production qui balaient toute concurrence étrangère, puisqu'on dépense couramment plus d'un million de dollars pour produire un seul épisode d'une heure. Les Canadiens connaissent depuis longtemps l'attrait de la télévision américaine et les dilemmes qu'elle pose pour l'entretien de notre culture nationale. Le même problème s'est répandu dans quelques-uns des pays occidentaux, où les diffuseurs privés inquiets et les décideurs ont trouvé à l'invasion de la culture américaine par la télévision le surnom de «problème canadien». En 1986, les Canadiens passaient 64,1 p. 100 de leur temps de télévision à regarder des émissions étrangères.

En raison de l'escalade des coûts, même la production d'émissions nationales au Canada et ailleurs est souvent forcée d'adopter l'aspect et les valeurs de ses contreparties d'Hollywood si elle veut se vendre avec succès sur les marchés internationaux, voire seulement aux États-Unis. Dans une certaine perspective, l'augmentation de la production signifie plus d'emplois, plus de découvertes de talents, une fenêtre plus large sur le monde. Pour les téléspectateurs, de telles questions peuvent n'être pas du tout pertinentes, aussi longtemps que les quotas de contenu et d'autres politiques gouvernementales n'entraveront pas la liberté de choix. Néanmoins, les conditions mêmes qui ont permis l'accès sans précédent aux télévisions américaines et du monde peuvent signifier à la longue que les téléspectateurs canadiens verront leur choix de télévision diminuer plutôt qu'augmenter.

David Ellis

Télévision, dramatiques de langue anglaise à la Ce sont des récits fictifs. Il peut s'agir de courts sketches explicatifs comme de scénarios complets et originaux. Les plus courantes sont les comédies de situation, les émissions policières, les feuilletons (ou téléromans), les séries et les miniséries, les sagas familiales, les sketches comiques avec des personnages attitrés, les docudrames et les drames basés sur des sujets d'actualité.

Essor et caractéristiques

La télésérie a survécu à l'avènement des dramatiques télévisées. Durant les années 50 et 60, la télévision présente des émissions comme *Folio*; *Festival* (télésérie de prestige comportant des programmes de deux heures de musique populaire, de téléthéâtre classique et moderne, de musique classique, d'opéra et de ballet, de poésie, de jazz et quelques docudrames); *First Performance* (scénarios canadiens rédigés en prévision d'une petite télésérie); *The Unforeseen* (les énigmes et l'inexplicable); *Q for Quest* (une demi-heure expérimentale); *Playdate*, et, pendant dix ans, *G. M. Presents*, qui, tout en se spécialisant dans des sujets plus populaires, présente surtout des scénarios canadiens, dont la version en deux épisodes de *Riel* de John COULTER.

Dans les années 70, le réseau anglais de Radio-Canada diffuse *To See Ourselves* (adaptations de nouvelles canadiennes); *For the Record* (drames journalistiques sur des sujets d'actualité) et *Some Honourable Gentlemen* (série de pièces empreintes d'un humour désabusé sur l'histoire canadienne). Au cours des années 80, les téléséries d'une durée d'une demi-heure deviennent la norme. Les années 80 et 90 sont marquées par des émissions comme *The Way We Are*; *Family Pictures*; *Sons and Daughters* (cinq nouvelles et un long poème adaptés en six épisodes, dont l'un a remporté un oscar); *Inside Stories* (sur des communautés ethniques et leurs combats); *Scales of Justice* (docudrames construits avec rigueur sur des causes célèbres) et *Straight Up* (télésérie innovatrice sur la jeunesse dans les villes).

Ces émissions offrent au public nouvelles expériences, sentiments, histoire, comédie, tragédie, et des adaptations des meilleures œuvres littéraires canadiennes et étrangères, classiques et contemporaines. Depuis 1952, les principaux centres de production de dramatiques sont Toronto et Montréal. Vancouver, Winnipeg, Halifax et St. John's produisent aussi, à certaines périodes, d'excellentes dramatiques régionales. Peu à peu, la plupart des téléspectateurs se sont habitués à consacrer quotidiennement une partie de leur soirée à une dramatique télévisée. Cependant, en 1982, les dramatiques produites au Canada ne représentent que 3 p. 100 des dramatiques télédiffusées au pays. En 1997, ce pourcentage atteint quelquefois 4 p. 100, quoique le nombre de Canadiens qui regardent à l'occasion certaines dramatiques de Radio-Canada dépasse largement le million.

À l'origine, le kinescope (procédé d'enregistrement d'images télévisuelles sur film 8 mm) permet d'enregistrer des émissions de télévision et d'envoyer les films dans des centres éloignés pour qu'elles y soient diffusées. Quand les enregistrements sur bande magnétoscopique réutilisable remplacent les kinescopes, on fait moins de copies, et on les efface parfois pour réutiliser le ruban. Toutefois, des collections éparses de scénarios, de kinescopes et de rubans de dramatiques télédiffusées par la SOCIÉTÉ RADIO-CANADA pendant presque cinquante ans ont survécu jusqu'à ce jour.

Le réseau anglais de Radio-Canada a passé un accord avec les Archives nationales du Canada pour y déposer des copies de toutes les émissions diffusées aux heures de grande écoute. Au début des années 90, le réseau national nomme pour la première fois un archiviste à temps plein à qui il donne le pouvoir et les ressources nécessaires pour veiller à la sauvegarde de notre patrimoine télévisuel, qu'il s'agisse d'écrits, de films ou de documents électroniques. Cependant, les compressions draconiennes imposées par les libéraux et les conservateurs au cours des années 90 menacent l'existence même de ces ressources. De nombreux diffuseurs privés ne se rendent toujours pas compte que leurs émissions sont des ressources importantes pour les chercheurs, pour leurs propres nouvelles et émissions d'actualité et pour la rediffusion d'anciens succès remis au goût du jour. La prolifération des chaînes spécialisées pourrait modifier cette situation, car elle ouvre la voie à de nouveaux marchés. La rediffusion par la chaîne Bravo des émissions d'art et de musique des années 60 du réseau anglais de Radio-Canada en est un exemple typique.

Les meilleures dramatiques de la télévision canadienne ont en commun certaines caractéristiques: la tolérance d'une certaine ambiguïté morale, les structures narratives à dénouement ouvert, la volonté de faire des expériences avec le média lui-même et, enfin, un regard ironique sur les valeurs imposées. Les séries canadiennes qui ont du succès conservent d'ailleurs plusieurs caractéristiques propres aux téléséries. Depuis les débuts de la télévision, de nombreuses dramatiques typiquement canadiennes ont été vendues à l'étranger.

Le réseau anglais de Radio-Canada a diffusé certaines des meilleures pièces de théâtre canadiennes contemporaines, adaptées pour la télévision avec plus ou moins de succès: *Ten Lost Years*, *The Farm Show*, *On the Job*, *Paper Wheat*, *Leaving Home*, *Les Belles-Sœurs*, *La Sagouine*, *Billy Bishop Goes to War*, *Joey* (Smallwood), *Ma* (Murray) et *Rexy* (Mackenzie King). Les pièces de théâtre canadiennes modernes sont rarement adaptées pour le petit écran, bien que des dramaturges comme Judith THOMPSON, George Walker et Drew Hayden TAYLOR aient collaboré avec le réseau.

Modèles américains Le réseau CTV, fondé en 1961, n'achète que quelques comédies de situation et émissions policières ou animalières aux producteurs canadiens indépendants. Il est impossible de différencier ces programmes de leurs modèles américains, malgré les conditions rattachées au permis délivré par le Bureau des gouverneurs de la radiodiffusion et par son successeur, le CONSEIL DE LA RADIODIFFUSION ET DES TÉLÉCOMMUNICATIONS CANADIENNES (CRTC). Jusqu'en 1988, les dramatiques diffusées à la télévision canadienne se limitent aux dramatiques présentées par Radio-Canada ou à des collaborations entre Radio-Canada et des producteurs indépendants.

Lorsque le CRTC fait de la diffusion de dramatiques canadiennes une condition pour le renouvellement des licences de CTV et de Global, les résultats sont mitigés. Global achète une télésérie de nouvelles canadiennes adaptées pour la télévision, crée une excellente série pour enfants et une série pour adolescents, et suit le mouvement de la fin des années 80 et du début des années 90 qui favorise la reconstitution d'événements réels (notamment *Missing Kids* et *Hearts of Courage*). Ces productions sont peu coûteuses, mais sont assez mélodramatiques. Global présente aussi un téléroman d'aventures coproduit avec l'Allemagne, *Destiny Ridges*. La plus canadienne des téléséries d'époque reste *Jake and the Kids*, une adaptation des nouvelles de W.O. MITCHELL devenues populaires dans les années 40 et 50 avec la série du même nom, diffusée à la radio et à la télévision de Radio-Canada. Cette émission est agréable à regarder, mais elle n'atteindra pas la popularité de *Wind at My Back*, une série du réseau national sur la CRISE DES ANNÉES 30. La série dramatique pour adultes qui a obtenu le plus de succès est *Traders*, un mélange de téléroman rappelant *Dallas* et de l'univers à la morale douteuse propre aux dramatiques canadiennes. *Traders* doit son énorme succès à l'univers qu'elle met en scène. Elle y montre le monde risqué, dynamique et fébrile de la bourse, auquel elle ajoute des sujets d'actualité du monde des affaires et des personnages attrayants. Au cours de sa troisième saison, afin de garder *Traders* en ondes, Global entreprend pour la première fois une coproduction avec Radio-Canada.

Bordertown, un western d'une demi-heure coproduit avec la France, figure parmi les émissions de CTV qui ont obtenu la faveur du public. Cette émission ajoute une touche de réalisme audacieux au cliché du policier à cheval canadien rigoureusement respectueux des règlements, en conflit avec un marshal américain rude et près à tout. La plus grande réussite de CTV dans les années 80 demeure cependant *E.N.G.*, une série trépidante bien écrite qui s'est vendue partout à l'étranger. Ayant pour cadre une salle de presse, *E.N.G.* se déroule manifestement à Toronto. Les références canadiennes y abondent et les personnages attrayants ont une vie personnelle originale et examinent avec à propos des questions d'ordre social et éthique complexes, sans arriver à des solutions toutes faites ou à des conclusions tranchées. En 1994, CTV lance un téléroman d'une demi-heure, *Family Affair*, qui s'avérera un échec.

Au milieu des années 80 et dans les années 90, nous assistons à une prolifération des séries canadiennes produites industriellement. Il s'agit le plus souvent de coproductions. Au cours des années 80, CTV produit l'audacieux *Night Heat*, une œuvre bien écrite, parfois ambivalente, et la série d'espionnage à saveur de pastiche *Adderly*, qui remportent toutes deux beaucoup de succès dans le créneau des films de fin de soirée de CBS. Durant les années 90, CTV s'inspire du genre action et aventure pour coproduire avec la France *Counterstrike*. Cette émission met en scène un agent britannique, un journaliste français et un agent de la CIA musclé, qui travaillent tous pour un milliardaire canadien installé à Paris. Des séries comme *Matrix* et *Sweating Bullets*, ainsi que la série culte mettant en scène des vampires, *Forever Knight*, remplissent les conditions exigées pour bénéficier des allègements fiscaux fédéraux et provinciaux, mais on ne peut y reconnaître un «produit canadien». La série *Nikita* (1996-), d'une certaine élégance mais sans beaucoup d'intérêt, et la spectaculaire et énergique *Once a Thief* (1997-), inspirée du téléfilm du metteur en scène de Hong Kong John Woo, sont les dernières réalisations de CTV.

Due South, la meilleure et la plus originale des coproductions de CTV, a des adeptes dans le monde entier. Il semble que cette série ait été influencée par le succès de l'émission qui l'a précédée à Radio-Canada dans les années 80, *Seeing Things*. Bien que chaque épisode de *Seeing Things* comporte toujours un meurtre, contrairement à *Due South*, les deux séries construisent des intrigues complexes à partir d'incidents mineurs. Les deux émissions tournent en dérision la culture populaire américaine. *Due South* se moque des pratiques policières et *Seeing Things*, des détectives amateurs. *Due South* doit en partie son aspect drôle à la maladresse dont fait preuve le beau héros Fraser avec les femmes et à son innocence à toute épreuve. Dans *Seeing Things*, Louie, en mauvaise forme, chauve et d'âge mûr, est loin d'être beau. Pourtant, tout comme Fraser, il possède une aptitude surhumaine, non pas pour la poursuite ou pour le combat corps à corps (Louie ne fait jamais feu et brandit rarement une arme); Fraser fait appel à son incroyable odorat et à ses papilles gustatives tandis que Louie utilise ses «visions» étranges de meurtres qui révèlent aussi des indices propres à tenir le téléspectateur en haleine. Cependant, à la différence de *Seeing Things*, qui est un exemple de «production interne» désormais supprimée à Radio-Canada, *Due South*, malgré sa popularité au Canada et à l'étranger, a dû être annulée deux fois, en raison des problèmes causés par la coproduction.

Radio-Canada a toujours essayé de faire des variantes à partir de genres télévisuels bien connus, et en a lancé de nouveaux. De 1959 à 1967, quelques épisodes de *Cariboo Country* sont présentés tous les ans. Il s'agit de l'une des meilleures séries produites au Canada, une télésérie d'un genre tout à fait inédit avec des personnages attitrés, un western des temps modernes. *Wojeck* (1966-1968), dont le rôle-titre s'inspire vaguement d'un coroner ayant existé, innove à la fois par son contenu et par son style visuel. Ce sera le premier grand succès du réseau anglais de Radio-Canada et sa première série filmée. *Wojeck* réunit un niveau d'écriture élevé et des analyses complexes sur des sujets d'actualité.

Depuis la première saison de télévision canadienne en 1952-1953, les dramatiques sont de plus en plus complexes, comme l'illustrent les séries «professionnelles» sur les avocats ou les émissions policières. D'autres, notamment les émissions sur les enseignants ou les travailleurs sociaux, ont disparu. D'autres encore ont tenté un retour: les westerns, après une absence de 20 ans, avec un succès mitigé, et des émissions mettant en scène le milieu médical dans le genre de la série américaine *E.R.*, aux cotes d'écoute très élevées. L'émission *Side Effects*, à Radio-Canada, dont l'action se déroule dans une clinique de consultations sans rendez-vous, a remplacé la très populaire *Street Legal*, qui faisait découvrir au téléspectateur le monde de la justice, et a été supplantée à son tour par *Black Harbour*, un habile mélange de téléroman et de série portant sur un couple qui, après avoir réussi à Hollywood, tente un retour dans un petit village de pêcheurs de la côte Est. En 1997, Radio-Canada s'essaie enfin au plus durable de tous les genres avec un téléroman intitulé *Riverdale*. Présenté à raison de deux épisodes par semaine, c'est un mélange de mélodrame américain traditionnel et de *Coronation Street*, un téléroman au rythme plus rapide. Les intrigues se dénouent très rapidement, tandis que les personnages et les dialogues tiennent à la fois d'Hollywood et de la tradition naturaliste canadienne.

Nouveaux besoins, évolution technologique Plusieurs lois sur la radiodiffusion ont transformé le mandat de la Société Radio-Canada pour qu'elle s'adapte aux nouveaux besoins du pays et à l'évolution technologique rapide. Dans les années 1980, Radio-Canada a pour mandat d'éduquer, d'informer et de divertir des citoyens de tous âges, aux intérêts et aux goûts divers; d'exprimer des points de vue équilibrés sur des sujets controversés, dans toute la PROGRAMMATION TÉLÉVISUELLE; de participer activement à la protection des arts; de promouvoir l'unité canadienne et de refléter la diversité régionale et l'identité canadienne. Les dramatiques du réseau anglais ont répondu à ces objectifs avec des personnages fictifs aussi différents que Charlie Farquharson; Bob et Doug McKenzie; Ada; Nick Adonidas et Relic; le «roi» de Kensington, Wojeck, Maria, Louie Ciccone et Marg; Ol' Antoine et Smith; Leon, Carrie, Olivia et Chuck; Marge Delahunty; Mike de Canmore; Michelle, Albert et Peter, ainsi qu'avec des héros qui ont réellement existé, comme sir John A. MACDONALD, Norman BETHUNE, Louis RIEL, Stephen LEACOCK et Emily MURPHY.

Au pire, les dramatiques de la télévision canadienne-anglaise sont peu originales, fades, parfois incohérentes et faciles, comme *Radisson* (une riposte inepte au phénomène Davy Crockett des années 50) ou celles qui renforcent les stéréotypes de notre société. Par ailleurs, le réseau anglais de Radio-Canada ne s'est jamais vraiment intéressé à des réalités telles que les syndicats, les petites villes, les agriculteurs et les commerçants. Quoi qu'il en soit, la télévision est un miroir qui reflète son public, et ce public a bien changé au cours des années. Les dramatiques télévisées peuvent encourager la discussion sur des sujets controversés ou élargir la perception du public avec des scénarios innovateurs confiés à des réalisateurs, des metteurs en scène et des comédiens de talent.

Flight into Danger électrise son public; *The Open Grave*, une version en «cinéma direct» de la Résurrection, soulève des questions au Parlement; *Anne of Green Gables* (v.f. *Anne... La Maison aux pignons verts*), le classique de Lucy Maud Montgomery, est adapté pour le petit écran dans les années 80 par un producteur indépendant et attire le public le plus nombreux jamais enregistré pour une dramatique. *Tar Sands* pousse le premier ministre de l'Alberta, Peter LOUGHEED, à engager un procès, qu'il va remporter. *Les Garçons de Saint-Vincent* permet aux Canadiens de prendre conscience de leur responsabilité collective en ce qui a trait à la sécurité et au bien-être des enfants sous la tutelle de l'État, alors que les médias d'information qui ont rendu compte des procès n'ont pas réussi à toucher l'opinion publique.

Dans les années 50 et 60, il y a très peu de dramaturges canadiens et encore moins de compagnies théâtrales. La télévision de Radio-Canada remplace la radio en tant que théâtre national et procure formation et travail à de nombreux comédiens, scénographes, réalisateurs, metteurs en scène, techniciens et compositeurs. Les objectifs à focale variable, les caméras et l'équipement audio plus mobiles, les bandes magnétoscopiques et l'avènement de la télévision couleur permettent à certains types de dramatiques de sortir des studios. Les dramatiques présentées en direct à la télévision disparaissent.

Cependant, dès le début, les limites imposées par la technologie et les conventions dramatiques sont converties en art avec des productions comme *Ward Number Six* (1959), *Kim* (1963), *Pale Horse, Pale Rider* (1964) et *The Freedom of the City* (1975). Quand les téléspectateurs délaissent les pièces de théâtre pour les séries dramatiques qui se concentrent sur quelques personnages, le réseau anglais de Radio-Canada produit *Wojeck*, précurseur des séries d'actualité. *Quentin Durgens MP* et, par la suite, *The Manipulators*, *The Beachcombers*, *The Collaborators*, *Sidestreet*, *A Gift to Last* et *Home Fires*. *Seeing*

Things et *Hangin' In* contribuent, dans les années 80, à ce que les émissions ne puissent être classées dans un genre particulier avec leurs tons changeants et leurs innombrables références contemporaines.

For the Record (1977-1986) présente aux téléspectateurs plusieurs drames d'actualité qui soulèvent des questions familières, parfois de façon trop didactique, souvent avec d'excellents scénarios et des mises en scène imaginatives. Parmi les nombreux succès, citons *Maria* (sur l'organisation syndicale), *The Winnings of Frankie Walls* (sur le chômage), *Blind Faith* (sur le télé-évangélisme), *Ready for Slaughter* (sur la crise agricole dans l'industrie du bœuf), *Cementhead* (sur le hockey professionnel), *Don't Forget Je me souviens* (seule dramatique du réseau anglais de Radio-Canada à ce jour sur la crise en cours avec le Québec), *One of Our Own* (sur le syndrome de Down), *A Question of the Sixth* (sur l'euthanasie).

Une fois *For the Record* disparu, il ne reste plus que des émissions spéciales, de très grande qualité, dont *Chautauqua Girl* (sur le populisme des débuts dans l'Ouest); *Canada's Sweetheart: The Saga of Hal Banks* (fascinant mélange de dramatisation, d'entrevues et de nouvelles séquences sur la corruption des syndicats et des gouvernements); *The Other Kingdom* (sur l'idée de vivre avec le cancer du sein) et *Where the Spirit Lives* (sur un pensionnat pour les enfants autochtones) dans les années 80. Dans les années 90, on présente *Love and Hate* (sur la violence conjugale et l'impuissance de la loi dans l'affaire Colin Thatcher, qui a assassiné sa femme, Joanne); *Conspiracy of Silence* (sur le meurtre d'Helen Betty Osborne, adolescente autochtone); *Butterbox Babies* (sur la mort d'un grand nombre de bébés dans les orphelinats au cours des années 30 à cause du mauvais traitement et de la négligence); *Million Dollar Babies* (sur les quintuplées Dionne); le poignant *Life with Billy* (sur la violence conjugale); *Liar Liar* (sur un père accusé à tort d'inceste); le beau conte de Noël *Small Miracles*; une minisérie sur la montée et la chute de l'avion canadien AVRO Arrow; *The Sleep Room*, sur les tentatives financées par la CIA pour reprogrammer le cerveau des malades mentaux; *Medecine River*, un regard désabusé sur un photographe autochtone qui, après avoir réussi, retourne à sa réserve; enfin, le très controversé *The Valour and the Horror*, résultat d'une collaboration entre le réseau anglais de Radio-Canada et l'ONF, qui combine des séquences d'époque, des images fixes, des esquisses de peintres de guerre, des segments où l'on voit des militaires et des aviateurs retourner sur la scène de l'action et, le plus controversé, des extraits dramatisés qui racontent trois histoires: la Normandie, Hong Kong et la bataille menée par le Bomber Command en Europe. Cette dramatique en trois épisodes a suscité l'envoi de milliers de lettres aux journaux, la tenue d'une audience spéciale du Sénat et des poursuites judiciaires. Parmi les dramatiques spéciales figurent aussi *Dieppe* et la superbe et complexe étude sur le mal, *Les Garçons de Saint-Vincent*, une collaboration entre le réseau anglais de Radio-Canada et l'ONF accueillie par la critique avec enthousiasme et qui relate les mauvais traitements infligés par les religieux aux garçons de divers établissements. Les tribunaux ont censuré cette dramatique en Ontario et dans certaines régions du Québec, jusqu'à ce que les procès soient terminés. Toutes ces émissions spéciales, et beaucoup d'autres, ont été diffusées à l'étranger et certaines présentées comme film de la semaine par les grands réseaux américains.

Après la suppression de *For the Record*, il n'y aura plus de téléséries régulières sur des sujets contemporains. Au début, *Street Legal* est un lieu où l'on présente et discute des questions d'actualité touchant la société. Plus tard, tout en continuant de mettre l'accent sur des sujets d'actualité placés dans leur contexte social et politique, des éléments de téléroman de grande écoute viennent s'y ajouter, et les cotes d'écoute augmentent. S'il est une série risquée dont la popularité n'a cessé de croître tant dans le Sud que dans le Nord, c'est bien *North of 60* (1992-1997). À la suite des événements d'Oka, la série voulait faire connaître les peuples des Premières Nations et les liens qu'ils entretiennent avec la culture de masse. D'un côté, l'émission trace un portrait attendrissant de la vie dans un village isolé comme Lynx River; d'un autre côté, elle soulève des questions comme l'effet à long terme des pensionnats sur les autochtones et du désordre administratif engendré par un gouvernement paternaliste.

Le réseau anglais de Radio-Canada a aussi beaucoup de succès avec des émissions qui s'adressent aux adolescents aux heures de grande écoute. Les premières – *Degrassi Street*, *Degrassi Junior High* et *Degrassi High* – font leur apparition au milieu des années 80. Elles mettent en scène des enfants, dont les personnages sont réalistes, et décrivent les petits et les grands problèmes associés à la croissance. Ces séries seront transformées en téléroman pour adolescents intitulé *Northwood*. Plus récemment, dans *Straight Up*, le réseau anglais de Radio-Canada étudie le monde très particulier et beaucoup plus rude des adolescents des grandes villes. Il s'agit d'une série constituée de courts films expérimentaux dans lesquels les parcours des personnages se croisent quelquefois. *The Rez*, assez librement inspiré des nouvelles de W.P. Kinsella, se penche sur des jeunes qui sont du même groupe d'âge, mais qui vivent dans une réserve. Le ton se veut plus humoristique, mais certaines remarques à l'endroit des jeunes sont cinglantes et les dilemmes sont rendus plus compliqués par les politiques de la réserve et une ambivalence à l'égard du patrimoine autochtone.

Les émissions *Beachcombers* (*19 ans*) et *Road to Avonlea*, après la très populaire minisérie *Anne of Green Gables* (v.f. *Anne... La Maison aux pignons verts*) et sa suite, ont compté parmi les programmes favoris de toute la famille pendant des années. *Emily of the New Moon*, série plus sombre, attire une nouvelle génération de téléspectateurs.

Les dramatiques télévisées demeurent le produit de base de la télévision le plus coûteux. Le rapprochement de diverses nouvelles technologies qui se fondent sur le téléphone, l'informatique, la télévision, les «étoiles de la mort» (des satellites qui transmettront 500 chaînes à de petites antennes paraboliques), les câbles optiques qui permettront un choix d'émissions à la carte, les jeux vidéo et Internet, aura des répercussions dont la portée reste imprévisible. Les dramatiques télévisées verront plusieurs possibilités s'offrir à elles: un plus grand nombre de reprises de dramatiques canadiennes jusque-là non disponibles; de nombreuses séries étrangères anciennes et récentes (sous-titrées), en particulier les *telenovelas* et les téléromans en français; des dramatiques faites sur mesure pour répondre aux besoins des chaînes spécialisées (santé, questions judiciaires, romans Harlequin, sport, musique country, etc.); des épisodes supplémentaires (en ligne) de séries existantes; des épisodes de séries créées par des amateurs, ou même de nouvelles séries et de nouveaux téléromans; des dramatiques interactives écrites par des professionnels dans lesquelles les auteurs rédigent plusieurs débuts d'intrigue ainsi que des détails sur les personnages auxquels les téléspectateurs peuvent accéder afin de «construire» des histoires à leur convenance.

Cependant, la principale fonction des dramatiques télévisées restera la même. En fait, elles remplissent plusieurs fonctions. Les auditeurs communiquent quand ils s'inquiètent au sujet des PLOUFFE, des Sturgess ou des gens d'Avonlea, quand ils discutent à propos de Louis Riel ou quand ils rient du *King*. Les excellentes émissions pour enfants nous permettent de raconter à nos enfants des histoires qui les concernent. Les dramatiques renseignent, rappellent l'histoire, brisent les vieux mythes et en créent de nouveaux.

Mary Jane Miller

Télévision, dramatiques de langue française à la Depuis les années 80, la télévision québécoise présente une production importante de dramatiques dont la diversité des genres manifeste la vitalité, et ce, tant dans la programmation de CBFT, de CFTM, que de Radio-Québec, devenue en 1996 Télé-Québec (TQc) ou de Télévision Quatre Saisons (TQS). Outre les téléromans, les feuilletons historiques ou biographiques, les adaptations de romans et les comédies de situation, la production comprend quelques rares drames policiers créés au Québec, des drames familiaux et sociaux, des docudrames, des contes et légendes, et, moins fréquemment, des téléthéâtres. Ces genres littéraires sont autant de fictions dramatiques soumises à l'écriture filmique qui se sont développées dans le cadre de la télévision. Il faut signaler que le Québec participe plus que bien des pays d'Europe, et même plus que le Canada anglais, au développement des émissions dites de fiction nationale, qui connaissent, depuis 1997, un essor important dans d'autres pays, surtout en Europe, pour contrer la concurrence des programmes américains.

Il faudrait noter que, malgré la progression presque géométrique de la production dans diverses stations, la qualité de la production laisse souvent à désirer. Il devient nécessaire que la réception critique examine sérieusement les productions en vue de faire une évaluation plus significative que celle suggérée par les seules cotes d'écoute des émissions. L'ensemble de cette production mériterait qu'une analyse plus systématique serve de repère aux créateurs et réalisateurs et assure à la longue une meilleure qualité, surtout dans le contexte actuel où la multiplication des téléromans et des comédies de situation sature le marché et banalise peu à peu la programmation.

Réception critique et recherches Quelques travaux universitaires se penchent, pour ainsi dire tous les 10 ans, sur cette panoplie d'œuvres de tous genres pour en étudier les aspects sociologiques et parfois sémiotiques ou esthétiques. Depuis les années 70, outre les recherches publiées par Renée Legris, de l'U. du Québec à Montréal (UQAM), dans *Recherches québécoises sur le télévision*, dans *Fréquence/Frequency*, dans *The 1996 Canadian Encyclopedia plus* et dans *Panorama de la littérature québécoise contemporaine*, quelques autres chercheurs ont investigué le corpus dont Philippe Sohet et Jean-Pierre Desaulniers, de l'UQAM, dans une perspective de communication. Line Ross et son équipe, du Département de sociologie de l'U. Laval, ont publié un rapport de recherches sur *Les Aspects sociaux des téléromans des années 60*. Annie Méar, du Département de communication de l'U. de Montréal, a travaillé sur le téléroman sous l'angle «réalité et fiction». Actuellement (1997-2000), Véronique Nguyen, de l'U. Laval, fait des recherches pour le Musée de la civilisation du Québec et elle étudie la production du téléroman grâce à une subvention du Conseil de recherches en sciences humaines du Canada: *Du téléroman éducatif au téléroman social: Analyse de la fiction sérielle comme outil de normativité et de changement social au Québec*. Licia Soares de Souza, professeure à l'U. de Bahia, a mené une étude comparative intitulée *Des récits régionalistes à la télévision: La voix de la terre au Québec et au Brésil* lors d'un séjour de recherches au CRELIQ de l'U. Laval (1997-1998). Serge Proulx et Danielle Bélanger ont étudié la question de la réception du téléroman dans les communautés ethniques du Québec.

Toutefois, ces quelques travaux et certaines thèses ne peuvent faire qu'une part mince aux attentes d'une critique plus systématique et régulière qui n'a, comme contrepartie, que les quelques prix annuels qui viennent proposer une sélection des meilleures productions, sans pour autant signaler en quoi les œuvres non primées déméritent. Il faut sans doute aussi considérer que comme la plupart de ces productions relèvent d'une catégorie dite «populaire» ou «de masse», il s'avère que les producteurs se contentent des jugements que représentent les cotes d'écoute, qui ne rendent pas compte de la médiocrité de certaines œuvres de cette «paralittérature» qui, selon certains, ne doit pas se préoccuper d'exigences et de qualité (deux catégories inadéquates) dans les médias. Une lecture des commentaires faits dans des magazines comme *TV 7 Jours* ou *TVHebdo*, permet de constater que le contenu ne sert qu'à susciter la curiosité d'un éventuel spectateur et que très rarement les journalistes posent un jugement sur l'écriture et son contenu. Leur description de chaque œuvre révèle la banalité des sujets d'émissions, la récurrence des motifs et des thèmes ainsi que la nature anecdotique des conflits qui structurent la dramatisation. L'information sur les noms des auteurs des séries ou des téléromans est généralement négligée, et on ne les trouve que par hasard. Le discours journalistique apparaît comme une forme de publicité pour soutenir les cotes d'écoute de la production télévisée.

Nous croyons qu'il manque aux études existantes une approche du langage visuel et une critique de l'esthétique des genres, sans compter qu'une sorte de conspiration du silence semble s'être imposée avec les années dans le milieu journalistique parce que les intérêts économiques prédominent sur les valeurs esthétiques en cause. Les journalistes spécialisés en communications seraient mal venus de proposer une critique sévère de ces productions pour lesquelles on espère la multiplication des téléspectateurs.

La carence d'études critiques n'a cependant pas empêché la création de certaines œuvres considérées comme exemplaires dans quelques-uns des genres dramatiques, et la preuve est faite aujourd'hui que, depuis les années 80, des œuvres de très haute conception dramatique ont été très populaires et ont obtenu des cotes d'écoute très élevées, battant des records qu'on avait attribués jusque-là à des œuvres d'un niveau d'écriture plus médiocre et considérées comme modèles des productions de masse. Ces œuvres exceptionnelles se sont imposées tant par la qualité de leur vision et de leur écriture que par la richesse des dialogues et par la dimension innovatrice de leur contenu, qu'il s'agisse de téléromans au sens strict ou de séries historiques ou biographiques, d'adaptations de romans en téléfilms ou même de sketches humoristiques. Ainsi, *Le Temps d'une paix*, *Le Parc des Braves*, *Les Filles de Caleb*, *Scoop I*, *L'Héritage*, *Marguerite Volant*, *L'Ombre de l'épervier*, *Omertà II* et jusqu'à ce jour de nombreux sketches d'*Un gars, une fille* sont des œuvres qui, en leur genre, s'imposent par une qualité d'écriture notoire, une densité dramatique et une invention littéraire dont nous pouvons nous réjouir. Beaucoup d'autres productions réussissent quelques bons épisodes, mais très rapidement elles tombent dans la banalité, soit par l'insignifiance des dialogues ou des sujets traités, soit par l'emploi de stéréotypes, des personnages ou des espaces scéniques. Ainsi certaines productions à leur début susciteront une adhésion pour la nouveauté de leur thématique ou la finesse des dialogues, mais ne réussiront pas à maintenir cette qualité innovatrice qui se perd dans la durée et la répétition des formes.

Diversité des dramatiques dans la programmation Depuis les débuts de la télévision, les dramatiques diversifient leur écriture et se modifient au gré de l'évolution des technologies. Entre autres, les caméras plus perfectionnées et l'usage de la vidéo numérique, dont les acquis techniques pour le montage facilitent grandement la création d'œuvres d'un nouveau style, sont des apports importants. Malgré ces technologies nouvelles, plusieurs genres dramatiques de la télévision sont encore très influencés par les codes du théâtre télévisé dont ils ont hérité, surtout les téléromans et les comédies de situation sérielles, alors que les autres genres tels les contes, les feuilletons historiques ou biographiques et les adaptations de romans pour les séries feuilletonesques, appartiennent de plus en plus au traitement téléfilmique. En effet, cette catégorie de production offre une nouvelle expression d'un art de l'image et du développement du scénario. Par un travail de scénarisation qui amplifie les mouvements des personnages et des objets et par le décentrement des dialogues vers le décor, on permet, en effet, un traitement plus élaboré du cadre spatiotemporel où évolue l'action. Dans le théâtre télévisé traditionnel, on centre d'abord la focalisation de l'image sur le personnage (en plan américain ou plan rapproché), qui définit tout le jeu, parce que ce genre téléromanesque et les comédies de situation explorent surtout le rapport des personnages à leur discours et fort peu à une activité qui les ferait évoluer dans un large espace. Aujourd'hui la production des téléfilms propose un mode de construction de l'image et de l'espace-temps différent de celui des années 50 à 80, plus souple aussi pour les jeux du cadrage. Les scénarios doivent donc tenir compte de cette écriture et des tendances du montage numérique, qui peut proposer un style différent. *Lance et compte*, *Scoop* et *Omertà* sont des œuvres qui sont marquées par ces nouvelles techniques.

Nous constatons aussi que les thèmes se transforment depuis deux décennies au gré des intérêts pour les questions sociales, ethniques et culturelles, économiques, sexuelles et éthiques telles qu'elles sont perçues en cette fin de XXe s. Mais on trouve aussi des investigations dans les champs du domaine hospitalier et médical, du politique, du scolaire et même des médias. Les problèmes posés sont revus à partir des orientations idéologiques du temps, jumelés pour ainsi dire à certains aspects tels le racisme, le matérialisme de la société de consommation, le vieillissement des populations, la libération sexuelle (lesbianisme, homosexualité) qui sont traités comme isotopies ou comme objets du discours, et qui servent à étayer des confrontations souvent explosives. Identifier les tendances de ces thèmes et valeurs à même les clés situationnelles sur lesquelles se greffe le développement des champs sémantiques justifie l'essentiel de notre présent article qui demeure un survol de la programmation.

Dans son ouvrage publié en 1987, *Turn Up the Contrast*, Mary-Jane Miller évoque un certain nombre de genres qui se retrouvent dans la production canadienne-anglaise à la Société Radio-Canada (SRC) dont elle fait l'étude: *Copshows and Mysteries, Family Adventure, Sitcoms and Domestic Comedy, Series and Miniseries, Docudrama*. La plupart de ces catégories appliquées au milieu de production anglophone se retrouvent dans la production québécoise et généralement aussi dans la production internationale qui nous rejoint chaque année. Cependant, au Québec, le documentaire et le docudrame (qui cherche encore sa définition sémiotique, malgré les diverses études qui se multiplient dans les revues) sont les moins présents dans la programmation québécoise, du moins en soirée. Si l'Office national du film (ONF) en produit en quantité et même si CBFT, Radio-Québec ou Télé-Québec en diffusent régulièrement, il demeure le genre de production le moins identifiable comme unité significative dans une programmation qui s'appuie sur les séries à épisodes. Il a fallu attendre la mise en place de Canal D pour trouver un nombre important de ces productions. Aussi faudra-t-il faire des recherches plus approfondies pour déterminer l'importance et le nombre des docudrames que la SRC, TVA, TQS, Canal D ou Télé-Québec auront inscrits dans leur grille-horaire pour les 20 dernières années du XXe s.

Les genres les plus appréciés du public demeurent indéniablement la peinture de mœurs dans les téléromans. Mais les téléséries occupent aussi une part importante de la programmation depuis les origines de la télévision en apportant à la structure dramatique et aux développements thématiques des caractéristiques quelque peu différentes, que nous avons présentées dans *Panorama de la littérature québécoise contemporaine*, sans toutefois pouvoir les approfondir comme nous l'aurions souhaité. La question de la temporalité dans la structure du récit est l'un des éléments distinctifs des téléséries, la discontinuité narrative y étant la négation de l'instance du passé. Quant au comique, soit celui des sketches comme dans *Vaut mieux en rire, Samedi de rire, Bye-Bye* ou dans les comédies de situation (qui nous rattachent à la tradition moliéresque des farces ou des comédies de mœurs) telles *Poivre et Sel, Jamais deux sans toi et La Petite Vie*, il est l'un des genres les plus écoutés, cette dernière production ayant jusqu'à maintenant battu des records d'audience (plus de 3 millions d'auditeurs au meilleur de sa performance). Les procédés des comédies de situation opèrent selon des lois fort bien connues dont les *Bye-Bye*, à chaque veille du nouvel an, exploitent aussi les ressources. Quelques séries de contes et légendes se fondent sur une recherche ethnologique importante tandis que les œuvres de mystère ou fantastiques appartiennent au genre filmique et sont généralement des productions étrangères. Enfin, le genre «série policière» acquiert ses lettres de noblesse avec *Omertà I, II, III*, à CBFT, et *10-07 L'affaire Kafka*, une mini-série, à TQS.

Téléromans Au début des années 80, les téléromans sont orientés par certains auteurs vers de nouveaux champs d'investigation thématique axés sur la nouvelle famille, monoparentale ou multiparentale, la nouvelle sexualité, les milieux politiques, le contexte des guerres 14-18 et 39-45, les rôles sociaux et professionnels des femmes dans la société. Les questions relatives à l'avortement, à l'homosexualité, à la déviance dans les comportements socioculturels et même familiaux, et à l'occultisme souvent lié aux nouvelles religions sont régulièrement utilisées. Avec les années 90, les valeurs de l'actuelle jeune génération s'élaborent dans certains téléromans, tandis que le vieillissement s'inscrit comme l'un des thèmes significatifs d'une société en transformation. On les trouve aussi dans les comédies de situation. D'une part, les aspects sociohistoriques de ces thèmes donnent lieu à de grandes fresques sur les mœurs québécoises dans un passé plus ou moins récent. La peinture de la vie contemporaine dans les téléromans ne manque pas de construire un effet de sens que soutient le discours publicitaire de la SRC comme reflet et comme expression de l'identité socioculturelle québécoise. Cette idéologie se maintient comme motivation et justifie la multiplication des téléromans comme production nationale dans la grille-horaire, ce qui n'empêche pas Télé-Métropole de diffuser aussi beaucoup de téléromans, dont une grande partie sont des productions américaines, sans se soucier de cet aspect: le goût de son public suffit à justifier l'investissement.

Le passé et l'histoire sociale du Québec Dans la catégorie des œuvres à portée historique, trois auteurs marquent particulièrement les décennies 80 et 90 par l'importance de leur vision du monde, par la complexité du traitement thématique et par la qualité dramatique et dialogique de leur œuvre, car il s'agit bien là d'œuvres d'auteur, contrairement à d'autres téléromans écrits en équipe et à un grand nombre de comédies de situation plus stéréotypées et modelées sur la production américaine. Pierre Gauvreau avec *Le Temps d'une paix* (1980-1986), *Cormoran* (1990-1994) et *Le Volcan tranquille* (1997-1998), Fernand Dansereau avec *Le Parc des Braves* (1984-1988) et *Shehaweh* (1992) ainsi que Victor-Lévy Beaulieu avec *L'Héritage* (1987-1989), qui fait suite à *Race de monde* (1978-1981), et avec *Montréal P.Q.* (1992-1994), occupent une place privilégiée parmi les écrivains de la télévision québécoise de cette période, à l'instar de Françoise Loranger, dont le téléroman *Sous le signe du lion* (1961) est un modèle du genre, dans les années 60, et encore dans une nouvelle version, en 1997. Leurs œuvres explorent la réalité sociale, économique et politique, mais aussi artistique et religieuse du Québec, vue à diverses époques, permettant une nouvelle lecture de l'histoire sociale et une perspective critique sur les événements, les personnalités et les valeurs du temps. Dans ces œuvres où s'expriment des conflits latents entre les groupes sociaux et les individus ainsi que des divergences idéologiques importantes qui découpent la société québécoise (qu'on a trop longtemps considérée comme monolithique), ces écrivains, par leur talent, leur style et l'originalité de leurs personnages protagonistes, donnent une valeur exemplaire aux téléromans québécois des années 80 et 90.

Avec *Le Temps d'une paix* (1980-1986), c'est la période de l'après-guerre 1914-1918 qui est évoquée. Pierre Gauvreau construit une triple intrigue dont les actions évoluent entre 1918 et 1930, autour des figures de Rosanna et de Joseph-Arthur (du milieu rural de Charlevoix) et de leurs enfants déjà adultes, l'un jeune militaire de retour de la guerre, l'autre insoumis et déserteur, qui seront confrontés aux problèmes politiques, familiaux et sociaux de leurs milieux tant rural qu'urbain. Inscrits au cœur des débats qui s'élaborent au fur et à mesure, les personnages évoluent et réalisent leur désir de libération. Ici, comme dans *Le Volcan tranquille*, les thèmes du féminisme sont présents dans chaque aventure de femme. Les personnages de Juliette, qui épouse un ancien militaire et jeune bourgeois de Québec, Raoul Savary, et d'Antoinette, gérante dans une buanderie de cette ville et qui connaîtra diverses aventures amoureuses sans perdre son indépendance ni sa réputation, sont des nœuds essentiels à l'action dramatique. Alexandrine, épouse d'un jeune avocat de Québec quelque peu surréaliste, s'affirme contre les codes traditionnels de la bourgeoisie imposés à sa classe. Toutefois, au grand désespoir de ses parents, le notaire et madame Fournier, son mariage se solde par un divorce qu'elle saura faire accepter à son milieu.

Parmi les aspects sociaux et technologiques de cette société québécoise en pleine évolution, Gauvreau met en relief, entre autres, la transformation du monde rural et de l'agriculture de service dans Charlevoix, l'apport de la mécanisation à la vie rurale et régionale et les enjeux politiques dans le développement des régions, mises en contraste avec la vie urbaine de Québec. La société bourgeoise ne manque pas de tirer bénéfice de toutes les facilités engendrées par l'industrialisation jusqu'au moment de la CRISE DES ANNÉES 30. L'œuvre montre aussi le rôle des jeunes dans la transformation sociale inéluctable par la liberté de mœurs et les tendances de certains à rejeter le conservatisme au profit du libéralisme et de la modernité. De magnifiques scènes de confrontation et de réconciliation, familiales et politiques, mettront en valeur les divers rôles sociaux, dont celui des femmes qui s'affirment, non plus uniquement comme mères ayant autorité sur leurs enfants, mais aussi comme personnes autonomes, capables de participer à des actions sociopolitiques et même au mouvement féministe. Les politiciens sont appelés à tenir compte de ces orientations, et la transformation des rapports entre hommes et femmes définit une modernité de plus en plus recherchée.

Avec *Cormoran* (1990-1993), c'est l'avant-guerre de 1932 à 1939 qui sert de référent historique aux événements, et ce téléroman apparaît comme la deuxième étape d'une trilogie. Les rapports de force entre les personnalités d'un petit village de Rimouski se fondent le plus souvent sur les rapports de classe, définis par Bella Cormoran, mais aussi sur les positions idéologiques des personnalités villageoises. Les situations issues des questions politiques, économiques et culturelles tissent une trame serrée dans laquelle évoluent des personnages, libéraux, fascistes, conservateurs, gens de commerce, d'église, agriculteurs, artisans et professionnels. Les intrigues amoureuses et politiques permettent d'éclairer certains aspects de l'idéologie hitlérienne au cours des années 30 et 40, en ce qui a trait à l'identité raciale ou à l'espionnage scientifique. Les valeurs traditionnelles de la vie sexuelle dans le mariage sont remises en question par l'aventure amoureuse de Bella et sa grossesse, de même que par la pratique de l'adoption obligatoire d'enfants nés hors du mariage, qui sont séparés de leur unique parent, de son affection, et privés même de son nom. La question de l'enfant illégitime est donc discutée et elle génère plusieurs situations dramatiques qui confrontent Bella à tous les préjugés de la société bien pensante de son milieu et au déshonneur d'être mère hors du mariage.

L'intérêt de cette œuvre tient aussi à la pertinence et à la complexité des questions qui émergent à toutes les étapes de l'évolution de l'action, concernant les pauvres et marginaux que sont les deux Thomas. Elle propose une lecture actuelle des valeurs québécoises de cette époque, et particulièrement à propos des idéologies en action dans la société, de leur contestation, que ce soit sur les plans politique, social ou familial. Pierre Gauvreau ne craint pas de montrer comment certains choix de vie étaient déviés à des fins morales par les incongruités des normes de la bourgeoisie au détriment des droits les plus fondamentaux. Dans *Cormoran*, plusieurs des personnages masculins se distinguent par leur position sociale et permettent de magnifiques situations dramatiques, lesquelles développent des dialogues d'une qualité remarquable. Entre le maire du village, plutôt conservateur, le docteur Cormoran, libéral, le directeur-imprimeur d'un journal plutôt de gauche et le jeune travailleur Gérard, accusé d'être communiste parce qu'il revendique de justes salaires, entre le tenancier de l'hôtel, au centre, et le boucher Clément Veilleux, fasciste voué à Mussolini comme les jeunes adhérents à son idéologie (dont l'un devient meurtrier par fanatisme et par mimétisme des techniques hitlériennes), il y a toute une gamme de situations et d'actions qui montrent avec éloquence la complexité dramatique de cette microsociété québécoise fictive et ses multiples options. Durant les années 30, de plus en plus troublée par les fascismes d'Espagne, d'Italie et d'Allemagne, l'inquiétude de voir l'Europe à feu et à sang sert à l'élaboration des thèmes nouveaux: inquiétude sociale, conscience internationale et perspectives historiques. Le suicide de deux savants allemands anti-hitlériens accentuent le tragique de la situation dans le milieu apparemment paisible de *Cormoran*. Ils inscrivent dans la vie quotidienne du Québec des éléments d'une conscience nationale présente aux questions internationales suscitées par le conflit armé de 1939. Le téléroman n'hésite d'ailleurs pas à explorer la complexité des tendances idéologiques des politiciens d'ici à ce propos.

Dans son téléroman *Le Volcan tranquille*, Pierre Gauvreau donne suite aux préoccupations historiques déjà inscrites dans ses premiers téléromans et développe cette œuvre comme un troisième volet d'une trilogie. *Le Volcan tranquille* veut délier les fils d'une vision mythique selon laquelle le Québec, avant la Révolution tranquille, n'aurait connu que la grande noirceur. Il met en perspective Montréal entre l'été 1944 et l'automne 1946, «une époque à la fois de censure et de grande liberté des idées». Si la part est faite large aux jeunes de la génération de la guerre 39-45, qui s'enrôlent comme militaires, leur milieu d'appartenance est aussi le lieu où s'inscrivent de nombreuses questions sociales dont les conséquences se font sentir dans les familles. Dans *Le Volcan tranquille*, Gauvreau présente des milieux diversifiés, dont émergent des personnages originaux, artistes, intellectuels, femmes aux mœurs plutôt libres confrontées à des prudes. Mais c'est la bourgeoisie et les milieux moins fortunés qui sont le plus souvent mis en scène dans ses intrigues.

La diversité des personnages de ce téléroman forme un ensemble dynamique représentant les grandes tendances des types et des valeurs de cette société, douloureuse par son côté économique faible et par le fait que la guerre déstabilise les familles et les couples. On trouve, parmi ces personnages, quelques utopistes (dont le libraire Ulysse Saint-Janvier), quelques amoureux de la culture (un juge, Épiphane Plamondon), des arts (Julien Leroy, Esther Novak, Emma Sanregret), et de la littérature (un jésuite, François Xavier Lécluze, Louis-Joseph, Ulysse et Cléo Saint-Janvier), un journaliste farfelu, Gratien Sirois, et plusieurs féministes actives dans la revendication de leur liberté, de leur statut et de leurs droits (dont une femme du monde, Françoise-Marie Dessables, une travailleuse, Michelle Leroy, une syndicaliste, Coralie Lebrun ou la jeune communiste, Rosa Desmarteaux), et de jeunes militaires, dont Louis-Joseph Dessables et Réal Pinsonnault, qui remettent en question la société traditionnelle.

Pour maintenir la tension dramatique, les procédés utilisés par l'auteur se fondent davantage sur des types (le bon, le méchant et leurs adjuvants) que sur des caractères. Les personnages réapparaissent toujours dans le même rapport de force et dans des situations ressemblantes, jouant tantôt comme la menace d'un pouvoir occulte tantôt comme métaphore d'une puissance sociale. Ainsi, l'auteur construit des structures récurrentes dans lesquelles l'apparition du personnage définit une réitération thématique, qu'elle soit civile ou militaire. p. ex., l'utilisation du personnage de Bull Pinsonnault et de son clan mafieux, à presque chaque épisode, génère d'une fois à l'autre la même signification, sans pour autant faire évoluer l'action, l'objectif esthétique étant d'exprimer la menace d'un pouvoir insidieux (politique) dans divers secteurs de la vie sociale ou dans un lieu de diffusion du savoir que représente, entre autres, la librairie, gage d'une liberté de pensée qui s'affiche. Si Pinsonnault est un personnage fortement symbolique, qui ne cesse de provoquer l'inquiétude dans les situations diverses où il émerge, ses menaces n'auront, tout compte fait, que peu de conséquences, particulièrement dans la dernière partie de l'œuvre, les derniers épisodes l'ayant totalement écarté. En effet, si la femme de ménage de Réal Pinsonnault et ses amis, Louis-Joseph Dessables et Rosa Desmarteaux, subissent plus particulièrement le chantage de Bull, qui joue un double jeu et tente à la fois de se faire un allié de son fils Réal, dont il reconnaît tardivement la paternité, c'est que l'auteur cherche à en faire un personnage à dimension mythique, ce que réussit bien le jeu caricatural du comédien. En effet, la réalisation a grossi ce personnage dont la gestuelle, la parole et l'inscription visuelle, en gros plans et très gros plans, augmentent sa valeur monstrueuse et la puissance symbolique de l'image.

Faut-il signaler que, dans la structuration du téléroman, chaque intervention du personnage de Bull (qui porte bien ce nom diminutif de bouledogue, nommé aujourd'hui bull-terrier) apporte une tension, certes, mais elle devient à la longue factice et ne joue plus que comme pur ressort dramatique dans des situations qui risqueraient de s'affadir et parfois de dégénérer en longs discours intellectuels? À la fin de chaque apparition, chacun des personnages reprend sa position jusqu'à la prochaine confrontation. L'attente d'une mutation au Japon pour une mission spéciale des jeunes militaires sans cesse rappelés devant leur chef est du même ordre. Cette structure utile n'a malheureusement pas la qualité des ressorts dramatiques de *Cormoran* ou du téléroman *Le Temps d'une paix*. Les intrigues finissent par s'appuyer sur des situations thématiques plutôt que sur la force psychique de ses personnages pour répondre aux exigences de l'évolution dramatique.

Malgré les quelques faiblesses du téléroman *Le Volcan tranquille*, on peut considérer que, dans son œuvre télévisée, Pierre Gauvreau est un maître dans l'art de construire un scénario significatif, riche par la diversité de ses personnages, par la densité des enjeux thématiques, évitant le commérage banal des habituels feuilletons et les déclarations sentimentales sans style ni mordant. Son traitement de l'action ne craint pas le tragique, mais il sait aussi dédramatiser aux moments opportuns les situations difficiles, soit par l'humour, soit par la caricature et le burlesque, particulièrement utilisés comme critique de l'idéologie des politiciens dans *Le Temps d'une paix* ou de celle des partisans des «chemises bleues» dans *Cormoran*. Pierre Gauvreau pratique aussi un art du dialogue, qui ne craint pas le baroque et la charge, mais il n'en abuse pas, préférant les allusions subtiles des conversations entre ses personnages.

En 1984, un premier téléroman, *Le Parc des Braves*, explore le thème de la Seconde Guerre mondiale dans une perspective très particulière, mettant en scène les conflits familiaux et sociaux générés par les conséquences québécoises de la guerre et les oppositions que les décisions politiques vont susciter. C'est une vision de la société de la ville de Québec qui est proposée, impliquant les diverses strates de cette société, le monde militaire étant tout aussi présent que les instances civiles. C'est par le biais de la conscience collective, sociale, politique et bien sûr individuelle que se définissent l'importance du thème et son centre de tension dramatique. L'isotopie du conflit armé est ainsi beaucoup plus intégrée à la vie quotidienne des gens et aux fonctions sociales auxquelles ils participent. Ainsi, *Le Parc des Braves* inscrit la guerre au centre des préoccupations des personnages et détermine les grandes isotopies du discours où se confrontent les idéologies des Québécois et des anglophones, des militaires et des civils.

Les actions se passent au cœur d'une famille bourgeoise, appauvrie par le décès du père de la famille Rousseau, et qui vit les douleurs et les ruptures de tout ordre engendrées par la guerre telles que le départ d'un fils au front, Émile, et de plusieurs autres jeunes. Les figures de Marie Rousseau et de son beau-frère qui en est amoureux, le colonel Tancrède Rousseau, ancien militaire qui reprend du service, sont au centre des intrigues familiales et militaires tandis que Colette, Pierre-Paul et Flore, son épouse, servent de faire-valoir aux contradictions du milieu industriel.

Alors que la figure du déserteur occupe un rôle important dans le discours téléromanesque de Pierre Gauvreau, dans *Le Temps d'une paix*, elle est à peine présente dans l'œuvre de Fernand Dansereau. L'amant de Flore, Marcel, qui tentera l'aventure, n'aura droit qu'à une apparition dans son rôle de déserteur, et Flore, la jeune épouse infidèle, enceinte d'un premier enfant de son amant, le condamnera à la solitude et à l'oubli, malgré sa passion pour lui. Il en est de même pour l'ami de Pierre-Paul, Valmore, enrôlé de force, qui demeure antimilitariste, cherchant à fomenter la dissuasion et à soutenir l'idéologie nationaliste des déserteurs auprès de ses amis. Tantôt il joue à les manipuler, tantôt il cherche à se servir d'eux pour échapper à la justice. Dans ce contexte de transgression politique, Fernand Dansereau utilise une autre dimension de la question: l'armée de réserve comme lieu d'une tactique gouvernementale de substitution à l'enrôlement obligatoire. Ce thème est la contrepartie de la conscription. L'armée de réserve devient la solution au grand mal québécois et pour Pierre-Paul un moyen de s'opposer à la conscription tout en gardant son honneur de travailler au pays à défendre la liberté. Dans ce téléroman, la fuite des responsabilités politiques et sociales est désapprouvée par plusieurs personnages et fait souvent l'objet de discussions violentes entre Marie, Pierre-Paul et le colonel Rousseau.

L'art du téléroman, sinon sa limite, est de trouver, par des systèmes de représentations réalistes, souvent minimales, et par des systèmes de connotations, le moyen de mettre en situation les personnages de telle sorte que des palliatifs aux déficiences des représentations spatiales satisfassent le téléspectateur. Les espaces de la ville de Québec, du Château Frontenac et du camp militaire de Valcartier, sont donc créés par des indices, de même que les événements européens de la guerre sont souvent évoqués par l'utilisation de messages radiophoniques. Les nouvelles du radiojournal, régulièrement utilisées, en sont une forme. La lecture du journal *La Presse* ou de *L'Action catholique* par l'un des personnages évoque les événements européens comme moteur des actions des personnages. Ainsi les faits de la guerre sont introduits comme cause de modifications majeures dans la vie quotidienne au Québec, et, par conséquent, l'espace européen se fait présent dans l'espace québécois. La conséquence de ces informations est de générer alors toute une série d'actions dans les programmes narratifs: décision de partir à la guerre, de travailler à l'effort de guerre, de lutter contre la conscription ou contre l'antisémitisme ou de s'engager dans la Croix-Rouge.

Recomposer dans la fiction la dynamique des contradictions idéologiques d'une période, assurer leur interaction dans la dramatique, grâce aux unités spatiales du cadre familial et d'un milieu social, utiliser les ressorts dramatiques de protagonistes, fortement articulés comme «caractères», et structurer la durée en respectant l'évolution dramatique des événements historiques et celle des personnages, voilà autant de traits qui font le génie de ce téléroman. Ainsi, c'est autour des trois personnages, Marie Rousseau, son beau-frère Tancrède et son frère Pierre-Paul, que se construit la confrontation des idéologies, chacun des autres personnages se distribuant dans l'un ou l'autre camp. Mais c'est Marie qui est la plus partagée dans sa conscience intime, prise à la fois entre le «devoir-faire» qui connote tant d'actions des femmes dans leur vie quotidienne et son refus de participer à la guerre comme œuvre de destruction. La configuration des personnages et les motifs, qui assurent leur inscription dans des situations dramatiques, permettent de saisir comment se catalyse l'action et se développe le récit dans son isotopie «déséquilibre social et familial», conséquence des faits de guerre. Les thèmes les plus significatifs trouvent leur occurrence dans la totalité de l'œuvre et se ramènent aux aspects suivants: l'éclatement de la cellule familiale et le conflit de l'Œdipe, les fratries, l'héroïsme et le devoir-faire, les transgressions politiques et sexuelles, les nouveaux rôles féminins et même le secours humanitaire à l'ennemi (hébergement de deux prisonniers nazis). Il s'ensuit que, tant chez les femmes que chez les hommes, l'affirmation de l'individu, qui s'assume et se met en situation de responsabilité, par opposition au comportement de soumission aux institutions, prend une dimension nouvelle. Tous les personnages importants s'y frottent à l'exception de Pierre-Paul, qui suit le cheminement de la morale traditionnelle pour conquérir la main de la belle Flore. Celle-ci lui sera infidèle, tout comme le seront tour à tour Tancrède, Marie, Simon, son jeune amoureux, Colette, Mado, Corinne, qui chercheront dans les relations sexuelles hors du mariage une compensation à l'insoutenable participation à la guerre. L'amour apparaît comme une quête impossible et douloureuse tout au long du téléroman.

Les motivations des comportements sociaux que la guerre favorise et qui modifient la vision de la réalité sociale, de la bourgeoisie de Québec, tout autant que celle de la province elle-même, occupent un champ largement ouvert dans *Le Parc des Braves*. La respectabilité n'est plus aussi contraignante. La valorisation de l'individu et de sa personnalité s'impose avec force et remet en question ce que les contraintes sociales d'un monde très attaché aux traditions oublient de considérer. C'est par cet aspect sans doute que la modernité et l'évolution des années 80 se réfléchissent sur la vision du monde des années 40. Alors que les individus se terrent dans le silence, mais n'en pensent pas moins, les personnages du *Parc des Braves* pensent tout haut et réalisent une partie de leurs désirs, malgré les qu'en-dira-t-on.

Dans son autre téléroman historique, *Shehaweh* (1993), diffusé pour le 350e anniversaire de la fondation de Montréal, Fernand Dansereau présente une vision de la vie et de l'univers spatial et politique dans lequel vivaient les Amérindiens de Nouvelle-France au temps de la fondation de Montréal. Il met en lumière les problèmes de confrontation des Amérindiens et des Blancs, mais aussi des tribus entre elles. La transculturation des tribus amérindiennes par les religieux venus de France opère comme une isotopie déterminante pour Shehaweh, et on découvre que l'acculturation transforme peu à peu les Blancs, ces Européens qui viendront s'installer ici. L'aventure de Shehaweh, la protagoniste, se présente comme une suite d'épreuves douloureuses qui en font un personnage hors du commun. Femme-objet, tantôt méprisée et tantôt admirée, selon les circonstances, elle est, encore adolescente, enlevée par des Indiens à sa tribu et violée par des militaires européens. Plus tard, protégée par Jeanne Mance, qui tente de la convertir au catholicisme, elle est choisie pour être envoyée au roi de France et elle est reçue par le roi Louis XIV, qui l'admire, puis se désintéresse de ce bel objet américain. Dans ce périple européen des plus pénibles pour sa fierté de fille des bois, libre et exigeante, elle subit divers harcèlements sexuels par des courtisans, puis, sans protection de l'aristocratie, accusée de recel et faite prisonnière, elle pâtit dans les travaux pénitentiaires pendant quelques années à la Salpêtrière, avant de trouver à nouveau la liberté et son identité d'Amérindienne en revenant en Nouvelle-France comme fille du roi, statut dérisoire pour une Amérindienne dont on ne reconnaît plus l'origine. À son retour de France, elle est mariée à un jeune colon français, mais rapidement marginalisée. Elle sera à nouveau harcelée et séduite par l'intendant du roi, et devra (pour éviter le pire) se prêter à ses désirs, cherchant encore à l'influencer pour aider les Amérindiens auxquels elle continue de s'identifier. Autant d'aspects d'un destin des plus contradictoires qui tracent un portrait étonnant de la vie d'une femme indienne, ballottée entre l'Amérique et la France, et dont l'acculturation européenne ne saura affaiblir son identité et les valeurs ancestrales de son identité d'Amérindienne.

Téléromans de la vie rurale Plusieurs des téléromans se veulent une peinture sociale de la vie contemporaine dans un milieu qui a perdu une part de sa référence culturelle avec les années 60, alors qu'il a été dominant dans notre littérature au cours du XXe s. On découvre que le thème de la terre prend, au gré du temps, des couleurs et des valeurs particulières, mais aussi des modes d'expression différents selon les œuvres. Mia Riddez-Morisset trace la voie d'un grand succès à cette catégorie de téléromans populaires avec *Rue des Pignons*, un téléroman très urbain, qui se termine en 1977 et auquel succèdent *Terre humaine* (1978-1984) et *Le Grand Remous* (1988-1991), qui réintroduisent le monde régional et rural dans nos téléromans, saisi dans une vision où la modernité s'impose, tant dans les préoccupations de types agricole et économique que dans une mise en place de la hiérarchie des valeurs et des personnes dans la vie familiale de ce milieu. Avec *Le Grand remous*, son dernier téléroman, écrit en collaboration avec sa petite-fille, Dominique Drouin, (une réalisation de Lorraine Pintal), Mia Riddez-Morisset met l'accent sur une panoplie de personnages jeunes qui défendent leur vision du monde et leur désir de réussir leur vie, tant dans l'espace rural ou villageois que dans la vie urbaine. La modernisation des valeurs, des méthodes de travail, les nouveaux rôles féminins et les rapports parents-enfants modifiés sont autant de motifs de conflits entre les générations. La dialectique et les rapports de force créent diverses situations dramatiques, où l'amour n'est pas le moindre des motifs littéraires qui suscitent attendrissement ou déception chez les téléspectateurs friands d'émotions diverses.

Le téléroman *Les Girouettes* (1980-1983), de Jean Daigle, pose son décor dans un milieu rural du bord du Richelieu où un veuf désemparé est confronté à sa fille qui tente de remettre de l'ordre dans la vie familiale menacée par la fougue du père et les exigences de ses quatre frères. Le développement de l'intrigue est plutôt mince, avec quelques rebondissements souvent traités avec humour. *Week-end* (1981), de Réginald Boisvert, qui succède à *Montjoie* (ouvert sur les Cantons de l'Est), peint les aléas de la vie en milieu rural d'un jeune couple qui a hérité d'une ferme sur laquelle certains voisins croient posséder un droit. Ce téléroman illustre bien l'idéologie du nouvel âge, période au cours de laquelle certains prônaient le retour à la terre dont rêvait la jeune génération des années 70. On y retrouve les querelles de clôture, un thème éternel.

Diffusé avant *Montréal P.Q.*, *L'Héritage* (1986-1990) est sans doute le téléroman le plus écrit de Victor-Lévy Beaulieu, et son action se passe dans un milieu rural du bas du fleuve. Le traitement thématique n'est pas fortement axé sur la ruralité, l'agriculture et ses valeurs, mais on y trouve en arrière-scène un univers proche des bêtes, particulièrement du monde de l'équitation et des courses qui ont fait la passion de Xavier Galarneau. Les personnages évoluent dans un village près de Trois-Pistoles de même qu'à Montréal. Leur originalité tient à la densité de leur caractère, tantôt énergique et sans compromission comme chez Miriam et son père Xavier, tantôt entêté comme chez Miville Galarneau. Les registres de l'émotif et de l'affectif se retrouvent chez Albertine Galarneau, chez le poète et homme d'affaires, Philippe Couture, puis chez Julie. On trouve aussi la fantaisie chez l'homme-cheval, Gabriel Galarneau, et une sensibilité pleine de componction chez Eugénio Gagnon. Et la liste est longue de toutes ces images qui animent dans le langage de chacun la qualité de la composition. Les situations évoluent autour des diverses expériences de l'amour, depuis les formes de l'inceste (père-fille, frère-sœur), en passant par les mariages, les ruptures, les divorces et le concubinage. Mais c'est le ressort dramatique du caché/révélé qui joue particulièrement dans la vie de Xavier et de Miriam Galarneau et du rapport amour-haine de la fille et du père et plus tard du grand-père, du petit-fils et de la mère, qui articule les grandes actions du téléroman. S'ajoutent à toutes ces combinaisons de relations humaines complexes les figures des musiciens, Junior Galarneau et son ami, et du poète, Philippe Couture. Comme dans *Race de monde* avec Abel et dans *Montréal P.Q.* avec le peintre Leonardo et l'esthète, le chanoine Odile Caron, ces personnages prennent une dimension particulière, qui vise à faire entrer dans la trame du quotidien québécois des figures d'une profession qu'on fait rarement voir et qui trop souvent se trouve marginalisée, alors que tout le monde lit, aime la musique et la chanson, et que plusieurs s'intéressent à la peinture et à l'art. Les rôles des personnages et le jeu des comédiens Gilles Pelletier, Nathalie Gascon, Jean-Louis Millette, Yves Desgagnés, Amulette Garneau et Jean-Claude Germain donnent à cette œuvre sa pleine dimension artistique.

Malheureusement, *Bouscotte* (1996) n'atteint pas à la densité poétique et à l'originalité des thèmes et des personnages de *L'Héritage*. Le milieu dont Victor-Lévy Beaulieu est issu et qu'il réactualise ici, Trois-Pistoles, sert aussi d'espace imaginaire au téléroman. Mais l'action des premières années n'a trouvé d'autre ressort que les haines familiales et les rivalités ancestrales, générant des situations d'agression verbale peu intéressantes dans leur développement. Si quelques intrigues amoureuses prennent les devants au cours de 1998-1999, on n'y retrouve pas l'inspiration et la puissance des caractères qui dynamisaient les œuvres antérieures. Et les perspectives politiques que cherchent parfois à investir certains personnages manquent de conviction et d'une thématique richement explorée.

Monde urbain et ses mœurs amoureuses, sociales et politiques Parmi les autres auteurs prolifiques de cette période, il faut mentionner Lise Payette, qui écrit parfois en collaboration avec Sylvie Payette, et qui a proposé une suite de téléromans: *La Bonne Aventure* (1982-1986), *Des Dames de cœur* (1986-1989), *Un signe de feu* (1989-1991) et *Les Machos* (1995-), à CFTM. Les intrigues de ces téléromans sont axées sur la vie de couples où les insatisfactions de femmes jeunes et moins jeunes amorcent les conflits, familiaux ou professionnels, et plongent les personnages en pleine contradiction, alors que *Marilyn* (1991-1995), téléroman quotidien d'une demi-heure, formule très rare, met en scène une femme de ménage qui apprend le dur métier de la politique, développant des relations privilégiées avec des milieux sociaux multiples. Confrontée à la domination des politiciens qui tentent sans succès réel de la subjuguer, elle gagne la confiance de l'électorat et manifeste sa ténacité. La valorisation de Marilyn par la révélation de ses talents sert la cause des femmes en politique.

Le téléroman *Montréal P.Q.*, de Victor-Lévy Beaulieu, diffusé à CBFT de 1992 à 1997, a été reçu avec succès. Le style et la qualité dramatique de cette œuvre pleine de rebondissements témoignent de l'expérience d'un écrivain chevronné, ce que l'auditoire reconnaît immédiatement. Cette œuvre fouille un sujet difficile, qui pose trois instances importantes comme lieux d'action: les rapports entre le milieu de la prostitution protégé par la police (dont Téoli est le directeur) et l'ex-directeur de l'Enquête sur la moralité, le milieu du clergé et particulièrement le chanoine Caron, de Trois-Rivières, qui a bien connu Madame Félix dans sa jeunesse, et enfin les artistes et connaissances de divers milieux politiques. La rencontre des personnages de ces milieux autour de la maison close de Madame Félix génère des situations originales et parfois caustiques. Amante de Téoli, ex-amante de Blondeau (lui-même ex-directeur de l'Enquête sur la moralité et père d'un fils illégitime dont il ignore l'existence), Madame Félix est un pôle important, et sa maison close sert de couverture à de nombreux personnages qui gravitent autour d'elle. Elle évolue dans la plus totale ambiguïté et dans des situations inextricables. Quant à son fils devenu prêtre, sous la pression des contradictions de cette identité et de celles de ses origines, il finira par vivre en rupture avec l'Église après avoir découvert qu'il a une demi-sœur, Roxanne. Il se révolte contre l'Église, contre le milieu de sa mère et de Téoli et fréquente de jeunes délinquants. L'émergence de la figure d'un grand artiste, peintre invité à la cathédrale de Trois-Rivières pour des réfections de tableaux (figure téléromanesque du grand Borduas), ouvre cet univers étrange à une autre dimension de la vie qui se déroule en marge des pouvoirs politiques et économiques.

Plus orienté encore vers le monde de la politique et de ses stratégies, *Monsieur le Ministre* (1982-1986), de Solange Chaput-Rolland et Michèle Bazin, place le cœur des intrigues et de l'action dramatique au Parlement. On y décrit les luttes entre partis politiques tout autant que les alliances qui permettent de garder le pouvoir autour de quelques ministres-clés. Le rôle des femmes y est aussi important (secrétaire, épouse et maîtresse s'affrontent tandis que la ministre, vouée à sa carrière, lutte de plain-pied avec les hommes). On trouvera, inscrit dans ce téléroman, d'autres problèmes, ceux des plus jeunes, dont la drogue et le manque d'attention des parents deviennent la cause de situations très lourdes à vivre.

La Maison Deschênes (1987-1989), de Claude Godbout et Louise Ranger, est le premier téléroman diffusé à l'ouverture de Télévision Quatre Saisons. Une peinture du monde de la haute couture québécoise en butte à une dure compétition oppose une entreprise montréalaise à une maison new-yorkaise. Les situations s'élaborent autour de personnages pittoresques du milieu de la mode et des tractations nécessitées par le marketing dans ce monde du commerce et de l'art. Cependant, après quelques mois, le développement des intrigues est rapidement devenu stéréotypé, et le sujet ne s'est pas renouvelé.

La Vie promise (1983-1985), de Marcel Dubé, est une œuvre d'auteur dont le langage est marqué par le style propre au théâtre de Dubé. On y retrouve la confrontation de deux familles montréalaises, l'une de la haute bourgeoisie, l'autre plutôt pauvre, dont les enfants vivent une expérience amoureuse qui oblige les parents à se poser des questions sur leurs valeurs, sur les problèmes entre générations et sur l'importance du dialogue familial. La question de la retraite et du vieillissement émerge en même temps que celle de l'adaptation des cultures propres aux milieux sociaux différents, riches et moins riches. L'écriture y est souvent poétique, métaphorique même, dans les répliques des personnages parentaux. La construction dramatique et les dialogues y sont sémantiquement plus riches que dans les feuilletons populaires de Lise Payette, de Mia Riddez-Morisset ou de Réjean Tremblay dans *Scoop* ou *Lance et compte*. L'auteur sait investir son texte d'une dimension signifiante qui est celle du symbolique.

Entre les années 1990 et 1999, plusieurs productions se maintiennent à l'horaire de la station CFTM, dont *Ent'Cadieux*, *Km/h*, *Sauve qui peut*, *Les Machos*, *La Misère des riches*, *Le Retour* et *Diva*, de même que *Sous un ciel variable*, diffusé à CBFT. Ces téléromans ont pour centres des conflits amoureux de tous ordres et des confrontations sociales dans des milieux tout aussi diversifiés. Peut-être faudrait-il rattacher à cette catégorie de téléromans, diffusés à CBFT, des œuvres qui, avec les années 90, s'ouvrent à de nouvelles sensibilités et à certains milieux québécois: *4 et demi* (1996-), de Sylvie Lussier et Pierre Poirier, puis *La Part des anges* (1997-1999), de Sylvie Payette, qui explorent respectivement une clinique vétérinaire devenue un lieu d'étranges tractations entre les clients et le personnel de la clinique. Le milieu des affaires et la famille dans *La Part des anges* sont en partie sous l'emprise des idées occultes, consécutives au décès du père. Outre les intrigues multiples qui s'élaborent au gré des désirs et intérêts financiers des personnages, c'est l'apparition du père, toujours présent dans l'univers magique de l'autre monde et de celui de sa famille, comme esprit matérialisé, qui suscite l'inattendu. Les personnages sont donc confrontés à la double isotopie croyance et incroyance, qui détermine leurs comportements, réactions et reconnaissances des pouvoirs spirituels ou magiques.

Milieu de l'enseignement dans les collèges Dans *Virginie* (1996-), les intrigues s'inscrivent en bonne part dans un cégep, et plusieurs des personnages secondaires sont des étudiants. Les relations tendues entre direction, professeurs et étudiants compliquent les activités du milieu scolaire, alors que des influences diverses s'y manifestent. Les aventures amoureuses et sexuelles se développent comme autres isotopies qui prennent infiniment plus d'importance à certains moments que les implications de l'apprentissage du savoir pour les jeunes. Cette série se compose d'épisodes de valeur inégale. Certaines scènes et quelques dialogues peuvent être très construits littérairement, d'autres sans grande portée, ni littéraire ni dramatique, se succèdent au rythme fou d'une scène à la minute. La polarisation se fait autour de Virginie, personnage principal, et des professeurs, et le traitement des situations est tel qu'il est difficile de considérer que ce téléroman prend vraiment le point de vue des jeunes. Il semble davantage représenter la projection des adultes, professeurs et autres, et de leurs modèles de quête de pouvoir, de domination ou d'aventures amoureuses que ceux des étudiants à proprement parler. Cet espace où les adolescents évoluent propose une vision qui hésite entre la dérision du pouvoir, la méfiance et la fatuité des professeurs, la mesquinerie d'autres professionnels, la violence des clans de jeunes adultes, la bêtise du professeur de gymnastique et autres personnes en autorité. Il s'ensuit que les antagonismes de toutes sortes sont le lieu d'élaboration d'autant d'isotopies mouvantes entre l'amour, la haine et l'insignifiance. Il faut avouer qu'on se lasse d'un récit construit sur la grossièreté de certains personnages, le vide intellectuel, l'absence de convivialité et la banalisation de l'expérience scolaire comme lieu de formation. L'accélération dans le montage des scènes et des séquences (comme dans beaucoup d'autres œuvres) ne permet aucun approfondissement des relations entre personnages ni l'évolution d'une situation. Il faudrait faire une analyse de cette construction structurelle où des séries de séquences sans liens font passer subrepticement d'un lieu à un autre les personnages sans se soucier de provoquer des ruptures dans le développement d'un dialogue qui n'aura pas duré 60 secondes et qui trouvera peut-être une suite quatre séquences plus tard.

Des pompiers et des femmes Un troisième téléroman de Fernand Dansereau, *Caserne 24* (1998-) décrit un milieu de travail inusité, celui des pompiers. Après avoir établi au début de l'œuvre les rapports conflictuels ou de connivence entre les personnages, les traits de caractère et les diverses fonctions occupées par chacun, on découvre qu'entre l'autorité et les subalternes se créent des zones de dialogues empruntant divers tons, tantôt dramatiques, tantôt humoristiques ou ironiques. Le problème de l'intégration des femmes dans ce milieu masculin est traité avec nuances et génère des rebondissements intéressants. Au cœur de cet espace professionnel émergent les quêtes amoureuses, les jalousies, les insécurités affectives et les remises en question, dont les aspects psychologiques sont élaborés avec finesse, simultanément à ceux des responsabilités sociales et de la force physique comme expression d'une identité. Les interrogations qui se posent, tant au groupe social qu'aux individus, sont les clés de l'évolution dramatique. Certaines situations amoureuses recèlent des scènes érotiques traitées avec une dimension esthétique plutôt rare. Si cette œuvre n'atteint pas toujours à la qualité des dialogues et à la puissance des caractères que Fernand Dansereau a réussi à créer dans *Le Parc des Braves*, le traitement du sujet montre un respect de la psychologie de ses personnages et une peinture vraisemblable de la dynamique de ce milieu.

Monde médical *Bonjour Docteur* (1987-1989), de Roger Fournier, et *Urgence* (1996-1997), de Réjean Tremblay, explorent par le biais d'intrigues amoureuses les problèmes de la profession médicale. Le premier oppose trois générations de médecins d'une famille, qui trouvent leur milieu professionnel dans la pratique privée. Autour des thèmes sont discutées diverses positions face à l'évolution de la science et à l'éthique médicale. Quelle position prendre face à l'avortement, à l'euthanasie, au sida, à la maladie d'Alzheimer quand on est soi-même à l'orée d'une retraite? Telles sont entre autres les préoccupations du père de famille qui voit les nouvelles réalités se profiler dans les domaines de la santé public et privé. Le traitement des situations de ce téléroman est plus traditionnel et la problématique se présente comme un cas de conscience avec exposé et dialogues argumentés.

Téléromans et nouvelles écritures de téléfilms

Sports, informations, séries policières Les téléromans de Réjean Tremblay *Lance et compte* et *Scoop* innovent par leur écriture syncopée et par le rythme engendré par les scènes courtes. Le traitement de la mise en scène présente toujours les personnages en action, au lieu du statisme de la scénarisation, habituellement caractéristique des comédies de situation ou des téléromans de Lise Payette, de Mia Riddez-Morisset ou de Réginald Boisvert. Les téléromans populaires de ces derniers auteurs relèvent d'une autre esthétique, plus narrative, laissant s'exprimer dans de longs récits qui hantent les dialogues des considérations sur les événements ou sur certains personnages plutôt que de construire les moments

d'affrontement qui devraient être au cœur de l'action dramatique. Dans *Lance et compte*, la dramatisation est ainsi plus fortement accentuée, et elle repose sur une gestuelle souvent plus agressive et violente, à l'instar de ce que le sport laisse voir dans les reportages. On y sent un traitement apparenté au vidéo-clip, dont le rythme est très rapide, plus suggestif et évocateur que rhétorique et argumentatif. Le milieu du sport est très présent, chevauchant d'autres espaces, ceux de la direction administrative, mais aussi celui de la famille ou des relations de couple. Dans *Lance et compte I* (1986), *II* (1987) et *III* (1988), le personnage-vedette de Pierre Lambert cumule tous les traits de la séduction: force, dynamisme, affection et beauté virile. Les péripéties se fondent sur les luttes entre divers intérêts pour contrôler la Ligue nationale de hockey, alors que les situations du quotidien servent de référent réaliste à la dimension mythique de la vie des professionnels du hockey.

Un traitement analogue du milieu journalistique dans *Scoop I* (1991), *II* (1993) et *III* (1994) met en présence diverses forces, des gens de la haute finance, des politiciens, des journalistes, pour s'assurer le contrôle de l'information, alors que les aventures amoureuses et les ratés d'enquêtes journalistiques viennent compliquer la vie des équipes du journal et même les stratégies de marketing dans divers journaux, particulièrement dans les intrigues de la deuxième série. Les divers niveaux d'intervention dans le monde du journalisme, depuis le président jusqu'au simple journaliste, sont bien intégrés dans la structuration des intrigues, et plusieurs des personnages-clés donnent à leurs actions une couleur et un grand dynamisme, à la hauteur de la personnalité fictive. Les dialogues sont généralement très bien construits et les rebondissements ne sont pas artificiels comme c'est souvent le cas dans des œuvres moins bien écrites.

Les saisons automne 1998 et hiver 1999, à CBFT, proposent deux nouvelles séries sur le milieu des médias. *Réseaux* (1998), de Réjean Tremblay, puise dans l'univers de la télévision des situations où se développent, d'une part, des stratégies pour éviter les problèmes juridiques liés à un meurtre, alors que, d'autre part, la contestation des positions prises au nom de l'homosexualité amène une remise en question des lieux de pouvoir et de décision. *Radio* (1999), de Jean-Pierre Bélanger, met en scène, autour de quelques animateurs et reporters, les luttes contre un pouvoir politique corrompu et les atermoiements de la direction d'une station de radio dont le directeur modifie ses politiques au gré des pressions. La menace que représente la dénonciation de l'administration du maire par un jeune journaliste est mise dans la balance avec les enjeux économiques de la station de radio. À cause des risques de faillite et du chantage des décideurs sociaux, la direction cherche des stratégies et des aménagements nouveaux qui amènent le déplacement de ses animateurs. Ces personnages (François, Pitbull, la directrice de la programmation, et les animateurs et animatrices) sont pittoresques et illustrent les pôles d'opposition dans le personnel de la radio: les purs défenseurs de l'opprimé et les vendus, ces derniers particulièrement vulnérables aux abus de pouvoir par soif d'argent facile. L'espace de l'information est traité dans ses divers lieux avec une perspective critique fort intéressante. Mais la mise en scène de certaines interventions en studio donne une importance peu vraisemblable à la théâtralisation du jeu des animateurs. Cependant, dans l'ensemble, le rythme des répliques et le déroulement des événements donnent beaucoup de dynamisme aux épisodes, et la portée sociale de la conscience journalistique, qui est au cœur des intrigues, structure avec efficacité son développement thématique.

Bien différentes sont la structure du langage visuel et la dynamique du téléroman *Urgence*, si on la compare à la série *Bonjour Docteur*. *Urgence* opte

pour une série d'intrigues en milieu hospitalier, mettant en relief tous les problèmes de la coordination des actes médicaux avec d'autres activités qui se développent simultanément, dont les relations amoureuses et sexuelles des infirmiers, infirmières ou médecins, qui se pratiquent sans ambages au milieu du travail. L'érotisation des situations dans ce contexte a suscité des questionnements de la part du public, la réalité étant assimilée à cette fiction hospitalière. Le rythme de cette œuvre dans laquelle l'urgence en hôpital nous met en contact avec des situations tragiques, l'accumulation des événements inextricables, malgré les efforts du personnel et le questionnement sur la pratique d'un médecin sidéen ont fait de cette œuvre et de cette écriture surchargée une référence, à l'instar de *Scoop* et de *Lance et compte*, du même auteur, pour le journalisme et le sport.

Omertà I, *II* et *III* (1997-1999), une œuvre de Luc Dionne, s'inscrit dans cette même foulée. Par la peinture sociale des milieux de la mafia montréalaise, où la présence italienne est déterminante, c'est un univers policier qui est évoqué, tout autant par la gestuelle des comédiens que par les noms des personnages. Les intrigues serrées des premières séries frappent juste et donnent à cette production policière québécoise une aura bien méritée. Situations, dialogues, conception scénographique et jeux des plans de l'image créent les éléments d'une œuvre qui s'élève au-dessus de la médiocrité. Il faut noter que, contrairement aux premiers scénarios *I* et *II*, la troisième partie de la trilogie, *Omertà III*, se construit par analepses, permettant de voir évoluer le personnage principal et quelques autres de son milieu depuis le temps de sa jeunesse. Le temps présent du récit est alors régulièrement investi de scènes et d'événements qui donnent un passé aux personnages principaux.

Téléséries et adaptations des œuvres romanesques Plusieurs des séries, inspirées d'œuvres romanesques publiées par des auteurs québécois de renom au Québec, sont des reconstitutions d'une époque. Elles occupent une place de choix dans la programmation et elles sont souvent données en reprise, compte tenu du fait qu'elles ont été conçues pour des téléfilms facilement rediffusés. Ces séries posent divers problèmes d'adaptation (adaptation du roman en scénario), qui varient selon les œuvres et leur source. Les plus célèbres productions sont: *Les Plouffe* (1981), une deuxième version particulièrement réussie, dans une réalisation de Gilles Carle, et *Le Crime d'Ovide Plouffe* (1986), deux œuvres de Roger Lemelin. *Maria Chapdelaine* (1985), de Louis Hémon, *Le Matou* (1987) et *Juliette Pomerleau* (1999), d'Yves Beauchemin, marquent par étapes le travail de la transformation de récit en scénario. En ce qui concerne *Au nom du père et du fils* (1992-1993), de Francine D'Amour, contrairement aux œuvres précédentes, il ne s'agit pas d'un téléfilm au sens strict, mais plutôt d'un téléroman. Sa réalisation utilise des procédés particuliers au style de productions historiques de CFTM, qui frôlent parfois la caricature, une perception que donnait aussi *Entre chien et loup* (1984-1992), téléroman qui a sa version romanesque, et dont le traitement établissait une intertextualité de type pastiche avec *Les Belles Histoires des Pays-d'en-Haut*, de Claude-Henri Grignon (1957-1969). L'adaptation dans *Au nom du père et du fils* présente la vie d'un village de colons dans un coin de la Mauricie, où sont confrontées les idéologies d'un curé dominateur, inquisiteur et raciste plutôt que puritain, et les traditions indiennes représentées par le personnage de Biche pensive. L'Indienne y est entre autres traitée d'une façon méprisante, et le soutien que lui donne son amoureux protestant contre le curé et les quelques manigances du docteur (son ex-amant et le père de son fils) met en évidence le peu d'influence des gens hors du pouvoir socioclérical face aux mœurs d'une certaine époque où la violence et la bêtise motivent de nombreuses actions.

Une autre série historique tirée d'un roman, *Les Fils de la liberté* (1982), de Louis Caron et Claude Boissol, évoque les situations sociopolitiques dans lesquelles évolue un habitant du Bas-Canada depuis les RÉBELLIONS DE 1837 jusqu'à son exil en Australie. On en tire aussi une série radiophonique, jouée à CBF-FM.

À ces œuvres, il faut ajouter les adaptations des romans d'Arlette Cousture, *Les Filles de Caleb* (1992) et *Blanche* (1993), dont les scénarios sont écrits, pour l'un, par Fernand Dansereau et l'autre, par Louise et Andrée Pelletier. Dans les deux cas, l'écriture sert les subtilités de la psychologie féminine et masculine et rend compte avec efficacité des états d'âme des protagonistes, surtout dans les situations limites de la crise dramatique. Les paysages et l'espace de la Mauricie sont de magnifiques scènes de nature dont le cadrage est très réussi, tantôt donné en panoramique, tantôt en gros plan. La jeune maîtresse d'école des *Filles de Caleb*, énergique et convaincue de sa mission, découvre les bonheurs et les douleurs de l'amour et de l'enfantement au cœur de son mariage malheureux avec un homme qui demeure son unique passion. Certains des dialogues, finement humoristiques, et les situations souvent tragiques, avec un effet de redondance attribuable à la régularité des accouchements, ponctuent et rythment le développement de la vie quotidienne d'Émilie. Cette réitération de situations peut cependant lasser le téléspectateur bien qu'elle rende compte de la situation de la femme qui, chaque année, est confrontée à la solitude et à l'abandon alors qu'elle seule assume la grossesse, l'accouchement et l'éducation de ses enfants.

De même, dans *Blanche*, le scénario et les dialogues écrits par Louise et Andrée Pelletier éclairent les actions des personnages évoluant à Montréal, dans un milieu hospitalier, puis dans l'Abitibi de la colonisation. On y découvre les horribles conditions de vie et le courage indomptable des gens du pays, mais aussi des émotions étonnantes partagées par les nombreux personnages de ce milieu isolé où l'on est encore terrien pour assurer le développement de l'agriculture et des familles nombreuses. À ces deux très belles séries d'Arlette Cousture font suite les deux séries de *Ces enfants d'ailleurs I, II* (1997-1999), diffusées à CFTM/TVA. Les personnages ont un destin rempli d'embûches. Leur périple pour fuir la guerre et leur pays d'origine, à travers une Europe mise à sang, sert de fil conducteur aux situations souvent tragiques qui préludent à leur arrivée en terre d'Amérique. Le thème de l'immigration est donc au centre de cette œuvre qui découvre les grandes questions relatives à l'exil comme solution à la domination et à la guerre, et qui montre à quels problèmes les immigrants sont confrontés une fois installés au Canada.

L'Ombre de l'épervier (1997-1999) est une adaptation pour la télévision du roman *À l'ombre de l'épervier*, de Noël Audet, qui a été scénarisée par Guy Fournier. Cette œuvre a marqué l'hiver 1998 par sa qualité esthétique: sa structure narrative, l'originalité des situations dramatiques, familiales et sociales, la composition des scènes et des images. La puissance métaphorique de l'œuvre, adaptée, s'exprime aussi dans les dialogues d'une grande vérité et d'une poésie indéniable, qui expriment la richesse des personnages, dont ceux des protagonistes Noum Guité et Pauline Leblanc. Ce jeune couple, autour duquel se structure la vie rurale et maritime du milieu, polarise toutes les instances thématiques de l'œuvre et crée une cohérence très forte de toutes les isotopies qui se développent. La Gaspésie et l'appel de la mer prennent, grâce à cette série, une dimension imaginaire analogue à celle que *Le Temps d'une paix* a suscitée pour Charlevoix.

Les premières émissions de la série *Juliette Pomerleau* (1999), d'Yves Beauchemin diffusées à CFTM (TVA), découvrent un art de l'adaptation qui s'est déjà manifesté dans la plupart des séries déjà mentionnées. Le choix et la structuration des situations met bien en relief le pittoresque exceptionnel du récit romanesque, crée des synthèses et, par la mise en scène, établit des liens pertinents entre les divers aspects de la personnalité de Juliette (son obésité, la fragilité de sa santé, qui dès le début la mène à l'hôpital et la présente comme une femme en sursis, et sa force morale), qui sont traités admirablement et qui s'expriment dans des dialogues fortement structurés, alternant entre les sentiments de tristesse ou de mélancolie et les affirmations presque agressives d'une volonté qui reprend le contrôle des événements. Les préoccupations suscitées par la conscience familiale de Juliette, son intérêt pour la musique et tous les imprévus qui donnent du relief (parfois tragi-comique) à une vie apparemment sans histoire trouvent dans la qualité du tournage une valorisation esthétique qui apparaît au premier visionnement. Une étude devra être faite des transformations que l'œuvre télévisée, dans sa continuité, apporte au roman publié, pour en saisir toute la portée.

Mini-séries sociohistoriques Des séries feuilletonesques à caractère historique connaissent un certain développement au cours des années 80. Ces œuvres, produites hors des studios de la SRC par des compagnies privées, livrent une autre dimension de l'écriture du feuilleton, moins théâtrale et plus filmique parce qu'on y utilise toutes les ressources du téléfilm, support et technique. Ces séries subventionnées s'inscrivent dans les nouvelles politiques de productions que le gouvernement fédéral a favorisées pour des organismes comme Téléfilm Canada. *Empire Inc.* (1981) appartient à ces sagas mettant en évidence les intérêts et les drames familiaux et sociaux, liés au développement économique et industriel du monde anglophone du Québec et de la haute bourgeoisie. *Les Tisserands du pouvoir* et *Les Tisserands du pouvoir II: La révolte* (12 épisodes, 1987) est une réalisation de Claude Fournier, d'après un texte écrit avec Michel Cournot (production de René Malo et Marie-José Raymond). Cette mini-série propose une fresque de la vie économique et sociale de la vie sociopolitique des gens de la Nouvelle-Angleterre, où s'opposent Canadiens français, Américains et Irlandais catholiques. Parmi les thèmes, le racisme envers les Québécois francophones et catholiques et les luttes des ouvriers du textile servent d'ancrage socioculturel aux situations dramatiques qui y sont peintes. Ces œuvres interrogent le partage des influences sociales, industrielles et culturelles entre Canadiens français et Américains, et les responsabilités nationales face aux problèmes de l'environnement et du développement économique, une préoccupation importante dont il était question au cours des années 80 et qui se prolonge encore au tournant du XXIe siècle. Ainsi en est-il aussi avec les séries *L'Or et le Papier I* (1989) et *II* (1992), qui mettent en opposition la haute finance, les entreprises menacées et les ouvriers méprisés. Une série où les situations sont explosives parce que les incidences économiques sont souvent conjuguées avec des intrigues amoureuses.

Quant à la série *Montréal, ville ouverte* (1992), de Lise Payette, elle n'aura pas le succès escompté, malgré le sujet à perspective historique qui l'inspire: la lutte contre la prostitution à Montréal et le crime organisé contre lesquels les avocats Jean Drapeau et Pacifique Plante vont lutter. On y rappelle le rôle de l'enquête Caron, qui a été l'instrument de la justice pour déstructurer ce monde interlope et la corruption dans Montréal.

Les grandes dates de l'histoire génèrent souvent des séries historiques qui s'inscrivent comme signes des préoccupations culturelles face à des événements internationaux. En 1989, l'anniversaire de la Révolution française donne lieu à une importante coproduction qui, bien que les textes d'origine ne soient pas une œuvre romanesque comme telle, publiée et adaptée, suscite beaucoup d'intérêt. La diffusion à CBFT de *La Révolution française: Les années lumières* et *La Révolution française: Les années terribles* (1989), deux productions de Denys Arcand, Thomas Schuhly et Bodo Scriba, et des scénaristes David Ambrose, Daniel Boulanger et Robert Enrico permettent de présenter aux téléspectateurs une nouvelle vision historique de ces actions qui ont marqué l'histoire de la France et de ses retombées sur l'Occident, vision radicalement différente de celle du film célèbre *Si Versailles m'était conté*, de Sacha Guitry.

En 1996, la mini-série historique *Bâtisseurs d'eau* prend l'affiche et fait suite aux productions des biographies de Claude Héroux, *Bombardier* et *Alys Robi*. L'aventure humaine, sociale et économique d'Hydro-Québec est au cœur de cette saga qui a porté le Québec sur le plan international des compétences en production d'énergie hydroélectrique. Très différente, la mini-série *Marguerite Volant* (1996) joint à la fiction divers aspects historiques, et l'importance de cette production est particulièrement soulignée par une exposition au Musée McCord de Montréal (1997), à la suite de la diffusion de cette œuvre. *Marguerite Volant* ouvre de nouvelles avenues à la compréhension de l'histoire sur la période du passage de la Nouvelle-France au régime anglais, après la Conquête de 1750. Une période généralement occultée dans les créations médiatiques. Le courage des familles françaises confrontées aux exactions de nouveaux dirigeants anglais se révèle chez Marguerite comme un facteur dynamique qui alimente le traitement des situations à caractère social, politique et affectif. Cette jeune femme est fougueuse et pleine de ressources, son personnage rejoint celui d'Émilie dans *Les Filles de Caleb*, et sa qualité dramatique s'exprime tant par la structure dramatique des situations proposées que par la qualité des dialogues et des images. La scénarisation aussi est marquée par un travail esthétique qui donne une grande valeur à cette création.

Contes Des séries de contes, inspirés de diverses cultures, sont diffusées au cours des années 80 et mettent en valeur divers personnages et des aventures du monde indien ou amérindien tels *Moowis, où es-tu Moowis?* et *Megmuwesug: L'esprit enchanteur* (1981), *Windigo* (1982) de même que des œuvres tirées de la série *Légendes indiennes du Canada*, puis, de 1985 à 1987, des œuvres dont *Mellala et les tentations du désert* (1985) et *La Leçon des trois voleurs: Le Vol de la couronne* et *Le Voleur de mariées* (1986) et *Le Bon et le Méchant* (1987), dans la série *Légendes du monde*. Ce sont des téléfilms de Daniel Bertolino (productions Via le Monde) qui sont tout à fait merveilleux par la qualité des scénarios et des réalisations. Cette écriture à elle seule mériterait une étude spécifique.

Biographies de grands hommes Il faut aussi retenir les séries biographiques qui mettent en scène des personnalités importantes de notre histoire, *Laurier* (1985), *Bethune: The Making of a Hero* (1987), *Desjardins: La vie d'un homme, l'histoire d'un peuple* (1990), *Bombardier, la mini-série* (1991), toutes n'ayant pas la même valeur documentaire dans la construction du scénario. Pour *Laurier*, entre autres, le réalisateur Louis-Georges Carrier met davantage l'accent sur le romantisme des situations et les voyages que sur la valeur proprement politique et sociale de l'action du premier ministre. Il faudrait que d'autres travaux de recherches se penchent sur cette écriture qui a pris depuis quelques années plus d'importance dans la production québécoise. Dans les années 60 et 70, la production était européenne ou américaine, donnée en traduction. On se souvient avec plaisir de séries comme *Élisabeth I*, *Léonard de Vinci*, *Gauguin* et *Mozart*.

Comédies de situation Dans la programmation télévisuelle, les comédies de situation sont nombreuses, faisant un pendant aux *sitcoms* américains. Nos séries se modèlent le plus souvent sur les grands succès américains. Leur matière est constituée généralement par des comportements sociaux qui veulent traduire les stéréotypes dans lesquels se reconnaît le public. Les thèmes sociaux les plus nouveaux relèvent des préoccupations suscitées par le vieillissement de la population, la nouvelle sexualité, les conflits de générations. Les aînés sont des personnages privilégiés, mais ils sont encore saisis dans la dynamique des rapports parents-enfants de leur nouvelle vie sentimentale et de couple. Une autre veine inspiratrice tient aux situations inusitées dans les milieux de travail qui suscitent le comique par un traitement ironique ou humoristique. Si les comédies de situation amusent par les procédés propres au genre, il n'en va pas sans une réitération des modèles, qui crée une banalisation de la série. Parmi ces séries, on retiendra *Poivre et Sel* (1985-1987) et *Maman chérie* (1997-1998), qui s'élaborent sur les problèmes des aînés.

Peu de téléromans québécois sont créés sur le thème de l'enquête policière. La production de *Robert et Compagnie* (1987-1989), de Michel Dumont et Marc Grégoire, *L'Agent fait le bonheur* (1985-1987), d'André Dubois et Ubaldo Fasano et *Edgar Allan, détective* (1981-1985), d'Yves É. Arnau, se rattachent à la tradition policière, où poursuite des méchants et pouvoir des détectives (entre autres celui de devenir invisible du Numéro un), permettent tous les subterfuges utilisés dans les aventures policières. *Rachel et Réjean Inc.* (1987) développe une même thématique, mais avec la particularité de l'histoire d'un détective, handicapé à la suite d'un accident, qui, avec la collaboration de sa fille, continue à mener ses enquêtes dans divers milieux: les communautés chinoise et haïtienne, la haute finance, la drogue ou les sectes. *Omertà* sera la trilogie qui donne ses lettres de noblesse à cette écriture dans nos rares productions québécoises.

C'est sur la vie quotidienne d'une patronne de restaurant et de son personnel que la fantaisie de Denise Filiatrault s'exprime dans *Chez Denise* (1980-1982) et dans la série comique *Le 101 Ouest, avenue des Pins* (1984-1985), où se découvrent les relations entre marginaux qui fréquentent un bar (chanteuse, homosexuels) et des personnages qui ne sont pas sans rappeler ceux de *Chez Denise*.

Quant à Claude Jasmin, dans *Boogie-Woogie 47* (1980-1982), il explore les aventures sentimentales de jeunes gens, en vacances à Pointe-Calumet, qui rompent peu à peu avec les valeurs de la génération précédente. *Peau de banane* (1982) suit les péripéties de la vie d'un professeur de cégep congédié et qui se réfugie chez une amie alors que *Vaut mieux en rire* (1982-1985), qui est une suite à *Du tac au tac*, construit le comique à partir de situations où le chômage, la politique, la publicité, le sport et la mode font l'objet d'un renversement de perspective.

Manon (1985-1986), de Guy Fournier, situe son action dans un CLSC et met en présence une responsable de ce CLSC, une secrétaire pincée et réfractaire à la nouveauté et Manon, trop originale pour ce milieu, et qui génère avec les autres personnages de passage dans l'histoire des situations inattendue: p. ex., une femme âgée décide de faire un sit-in pour se libérer de la domination de son fils. Chaque épisode se termine par un renversement de la situation grâce à la finesse de Manon. Dans *Marisol* (1980-1985), de Micheline Bélanger et Gérald Tassé, la protagoniste est une jeune veuve, mère d'une fillette, qui doit gagner sa vie et affronter diverses situations nouvelles où son peu d'expérience est mis à l'épreuve. Marisol est confrontée aux actions d'autres types de femmes (dominatrices ou séductrices), différentes d'elle, mais elle reçoit de son frère le soutien dont elle a besoin.

Semi-détaché (1987-1989), de Roger Legault et Jean-Louis Sueur, met en opposition deux pères de famille, québécois et italien, dont les idées politiques diffèrent, alors que femmes et enfants s'entendent bien: conflits, réconciliations, stratégies et conciliabules animent les structures situationnelles. *Paul, Marie et les enfants* (1985-1987), de Jean-Paul Le Bourhis, présente les péripéties d'une vie familiale où s'expriment les problèmes de la vie de parents divorcés formant un nouveau couple, qui se retrouvent avec une nouvelle famille de six enfants, tous étudiants. C'est un milieu sympathique où le quotidien n'est jamais simple et où la discussion s'impose. *Super sans plomb* (1989-1990), de Bruno Carrière et François Côté, dramatise les aventures d'un libraire de Québec devenu, par héritage, garagiste avec ses enfants. Il est mis en conflit avec une ancienne strip-teaseuse, propriétaire d'un lave-auto, et une jeune journaliste. En 1992, on trouve aussi au programme *Ça fait pas partie de la job*, *Graffiti*, *Quand j'aurai 80...*, qui s'élaborent dans le même esprit de rapports générationnels à apprivoiser et avec une thématique similaire. *Jamais deux sans toi* et *Les Héritiers Duval* investiguent les rapports familiaux et les amours diverses de personnages qui gravitent autour de la famille Duval. Fantaisie, humour, revendications féministes, défense des droits du père et du mari sont les thèmes ces deux séries, qui occupent une place significative comme peinture de la société bourgeoise dans les années 80-90. Dans le genre de la comédie de situation, *La Petite Vie* (1996-), de Claude Meunier (réalisation de Josée Fortier), est l'une des séries qui marquent le plus la fin des années 90 par son succès exceptionnel auprès de l'auditoire. Son écriture tient davantage à des procédés parodiques et caricaturaux et aux renversements de situation de la comédie de mœurs qu'aux habituels jeux de mots, caractéristiques des séries que nous venons de passer en revue. Cette œuvre burlesque, dont l'écriture programme savamment les types de personnages, les comportements gestuels et langagiers, trouve à ce niveau narratif une suite de ressorts dramatiques qui s'ajoutent aux situations elles-mêmes, souvent très absurdes. Les lieux et les moments des interventions systématiques de chacun des personnages dans la mise en place des étapes du développement deviennent des clichés structurants. Et les plus usuelles apparitions de l'un ou de l'autre personnage dans la deuxième ou troisième séquence, après l'amorce du thème initial, provoquent la relance de l'action et l'émergence du dérisoire provoqué par l'insignifiance des réactions et des dialogues. Le grossissement des réactions se présente comme un faire-valoir des points de vue des personnages, eux-mêmes très caricaturaux. La structure de signification des éléments, très souvent grotesques, s'ajoute au comique des mots et des gags qui y sont utilisés à profusion. Cette œuvre est perçue comme un espace télévisuel de ralliement social parce qu'elle dépasse les cotes d'écoute (plus de 3 millions de téléspectateurs, en 1998) des meilleurs téléromans, *Le Temps d'une paix*, *Cormoran* ou *Le Parc des Braves*.

La comédie de situation *Km/h* (1998), à CFTM, écrite par André Dubois, qui a rapidement dépassé le million de téléspectateurs à ses débuts, explore diverses situations amoureuses, mais aussi des rapports parents-enfants parfois difficiles, notamment ceux du père Denis (décrit comme un tombeur par Germain Monté) avec son fils Nicolas et sa fille Mélanie. L'isotopie déjà présente dans le titre se développe autour du monde de l'automobile et de la vitesse, mais aussi d'une certaine vision érotisante des relations entre les personnages, les expériences sexuelles et amoureuses étant au cœur des rapports entre les personnages principaux de cette comédie. Les intérêts des personnages les amènent à confronter leurs valeurs, le rapport entre jeunes et moins jeunes étant l'une des importantes isotopies de cette série.

À l'hiver 1999, Louis Saïa revient à la comédie de mœurs, après avoir écrit la série comique *Les Boys*, avec *Histoires de filles*, qui prend l'affiche à compter de février. Cette comédie de situation se veut, par le ton irrévérencieux, pas sage du tout, pas *politically correct*. Elle se construit sur une vision de l'univers intime de quatre femmes, libres, autonomes, dans la trentaine et liées par l'amitié: Dominique (littéraire), Patricia (infirmière), Judith (femme d'affaires tenant une boutique de mode) et Marie-Jo (épouse et mère de famille de la bonne bourgeoisie).

Sketches dramatiques

Dans la catégorie des dramatiques courtes ou sketches, à Radio-Québec, la série *Avec un grand A*, de Janette Bertrand (dont *L'Amour c'est pas assez*, 1992), propose un nombre imposant de sketches qui étudient les aspects problématiques de la vie amoureuse. L'écriture de ces sketches met l'accent sur la dimension sociale et psychologique des situations, saisies tantôt avec humour, tantôt avec un sens plus tragique. Mais ces sketches ont toujours à l'arrière-plan une perspective d'éducation populaire.

Sketches humoristiques Les sketches qu'on peut trouver au fil des ans dans les *Bye-Bye* de la veille du jour de l'An sont un genre particulier d'écriture qui s'apparente à la revue sur scène. Les divers aspects de la vie politique, sociale et artistique y sont présentés dans des situations comiques ou des dialogues qui ne craignent pas l'ironie et la satire. Parfois certains sketches sont nettement burlesques.

La recherche d'un comique de situation plus stylisé et plus concentré est particulièrement réussi dans *Un gars, une fille* (1997-), qui gagne une mention et un prix. Cette série de sketches est due à la plume de Guy A. Lepage, qui en est le comédien principal avec sa coéquipière et rédactrice occasionnelle, Sylvie Léonard. Mais comme les sketches forment un ensemble de 700 textes, une équipe de collaborateurs et de rédacteurs est nécessaire, dont on trouve les noms sur le site Web de la SRC. Cette série rappelle l'art du sketch comique pratiqué à la radio pendant plus de 25 ans par Jovette Bernier dans *Quelles nouvelles?*, alors qu'elle en était la seule auteure. Cette nouvelle série utilise aussi l'image filmique comme instrument de l'écriture, qui sert de support aux effets comiques tant dans les transitions entre les sketches que dans les fondus ou clôtures, dont le style amplifie le comique des situations et des dialogues. La mise en situation rapide dans un décor (de nature ou de studio) trouve dans les répliques vives des personnages un maximum d'effet. Chaque situation évolue comme réaction aux évidences ou aux clichés de la vie quotidienne et tente de faire sortir les personnages des arguments habituels, dont le cheminement logique favorisera tantôt la dérision, tantôt l'absurde, parfois par le simple jeu de mots, la contradiction ou la mise en boîte du personnage pris en flagrant délit de banalité. Dans *Un gars, une fille,* l'art de la synthèse et la rapidité des répliques a pour effet la création d'un rythme qui se distingue des longs et lents dialogues de certains téléromans dont l'écriture se fait pur mimétisme de la parole au quotidien. Cet art du raccourci et de la mise en situation efficace et humoristique s'appuie aussi sur un montage dans le style du vidéoclip, qui produit des effets de sens multiples.

Quelques réactions aux téléromans québécois Au cours des années 80 et 90, le nombre de téléromans et de comédies de situation qui mettent en scène des figures de diverses ethnies du Québec augmente beaucoup. Une étude sur les réactions des communautés culturelles suscitées par nos téléromans permet de connaître certaines perceptions, formulées lors d'une enquête faite par les professeurs Serge Proulx et Danielle Bélanger pour le compte du Centre d'étude des médias. L'effet de réel recherché par cette insertion thématique dans nos téléromans joue sur la réception tout autant que sur la volonté de réalisme. Tenter d'intéresser un plus grand public n'est pas étranger à cet intérêt de la part des producteurs, mais en même temps l'imaginaire de la population du Québec y gagne en richesse de signification.

Comme le signalent les auteurs, l'étude a aussi considéré les attentes de ces communautés culturelles quant à leur représentation à l'écran: une présence nécessaire, mais non suffisante. Que *Les Machos*, *Chambres en ville*, *Urgence* ou *Les Héritiers Duval* aient des personnages issus des communautés culturelles ne garantit pas que ces émissions soient davantage regardées. L'intérêt que l'émission suscite est beaucoup plus garante de l'écoute. Mais le phénomène est plus complexe, car la perception qu'on a de la chaîne elle-même entre en jeu: la propension qu'on aura à suivre ses émissions est en effet tributaire de la perception qu'on a de son ouverture aux communautés ethnoculturelles. Les membres des communautés culturelles veulent être représentés normalement et simplement à la télévision, comme dans la vie. À cet égard, la télévision américaine correspond mieux actuellement à leurs attentes.

Téléthéâtres 1980-1994 Au début des années 80, on trouve encore, dans la programmation de la SRC, des téléthéâtres assez nombreux, en moyenne un par mois, qui sont diffusés dans le cadre des *Beaux Dimanches*, titre inspiré d'une œuvre de Marcel Dubé. Après 1986, on présente de quatre à cinq œuvres par année, dont plusieurs sont plus filmiques que théâtrales. La période de 1987 à 1992 marque donc un temps de désaffection de la SRC pour le genre théâtral. En 1988, la direction du Service des dramatiques propose qu'on réduise à deux par année les téléthéâtres, en vue de satisfaire minimalement aux demandes d'émissions culturelles exigées par le CRTC. Le reste de la programmation culturelle sera dès lors surtout axée sur les documentaires. On comprend, par l'ampleur de la programmation des téléromans et des feuilletons, qu'ils ont pris le pas sur le théâtre. Si les restrictions budgétaires sont en partie la cause de la nouvelle politique, la désaffection du grand public pour les émissions de théâtre y est aussi, dit-on, pour quelque chose. Mais la preuve en reste à faire.

Le début des années 80 voit la technique du téléfilm transformer le téléthéâtre dans son écriture, et les réalisateurs chevronnés (Paul Blouin, Jean Faucher, Jean-Paul Fugère, André Bousquet, Yves Laforce, pour ne nommer que ceux-ci) ne manquent pas d'en faire un instrument de production efficace qui permet de déborder le cadre des studios pour travailler dans d'autres espaces. Plusieurs de ces téléthéâtres marquent une date dans l'histoire du téléthéâtre. Par leur grande qualité esthétique, ils démontrent l'intérêt de l'utilisation de la technique du téléfilm. De la production des années 80, on retiendra quelques noms importants parmi les auteurs de téléthéâtres: les œuvres de Jacques Languirand, notamment *Les Violons de l'automne* (1980); de Marcel Dubé, *Bilan* (1980); de Michel Tremblay, *Demain matin, Montréal m'attend* (1980), *Les Hauts et les bas de la vie d'une diva* (1984), *Le Vrai monde?* (1993); et, de Roch Carrier, *La Céleste Bicyclette* (1987). La télévision présente des œuvres déjà jouées sur scène et elle élargit le corpus à son public de téléspectateurs. Les femmes ont aussi leur place dans cette programmation. Notons les œuvres *Antoine et Sébastien* (1981), de Françoise Dumoulin-Tessier; celles d'Antonine Maillet, *Gapi* (1983) et *Évangéline deusse* (1985); de Marie Laberge, *Éva et Évelyne* (1983) et *Oublier* (1992); ainsi que les importantes dramatiques de Louise Maheux-Forcier, *Arioso* (1982), *Le Piano rouge* (1985) et *Un Parc en automne* (1985), qui explorent diverses situations amoureuses dans des contextes d'une modernité propre au début des années 80. Les thèmes de la vieillesse et de la mélancolie amoureuse y côtoient le lesbianisme et l'éternel triangle amoureux. *Les Gens de la ville* (1980), de Monique Proulx, et *Fermer l'œil de la nuit* (1981), de Francine Ruel, sont des univers totalement différents où collectivité et couples évoluent selon des modalités dramatiques respectivement revendicatrices et poétiques. Dans *Encore un peu* (1982), de Serge Mercier, et *La Chose la plus douce au monde ou les passeuses* (1982), de Pierre Morency, s'inscrivent aussi la thématique du vieillissement mis en opposition avec les thèmes

du plaisir et de la mort. *Terre des jeux* (1985), de Jean-Marie Lelièvre, met en scène une Amérindienne attachée aux traditions ancestrales et révèle toute la poésie d'une vision du monde unique à conserver. Jacques Poulin, avec *Les Grandes Marées* (1981), Robert Gurik avec *Api* (1981) et Gurik et Suzanne Aubry avec *Comment acheter son patron* (1987), puis Raymond Plante avec *Poussière d'automne* (1989), ouvrent à des aspects socioculturels ou politiques, mais aussi au questionnement face à la difficulté de vivre l'amour, à la vie scientifique, à l'identité et à la différence dans un monde de plus en plus postmoderne.

Dans les années 90, on diffusera aussi *La Charge de l'orignal épormyable* (1992), de Claude Gauvreau, *Le Dortoir* (1992), de la troupe Carbone 14, et *Plaques tectoniques* (1993), de Robert Lepage, le théâtre d'avant-garde des années 80 et 90. Cette ouverture à la production théâtrale sur scène, adaptée par la caméra à la télévision, n'est pas nouvelle, mais elle permet un contact du grand public avec des formes théâtrales inédites, qui demeureraient autrement le fait du seul public averti.

Au cours de cette période, plusieurs téléthéâtres se font déjà porteurs des images d'une acculturation mondiale, propre aux classes aisées, avec des touches québécoises qui lui donnent son ancrage, surtout par l'expression linguistique et le champ référentiel social. Les thèmes du régionalisme et du roman de la terre se retrouvent dans les téléromans, mais les figures sociales des téléthéâtres et des téléfilms sont transformées par des contextes d'un Québec moderne et urbain. La figure de l'étranger y est aussi modifiée. La menace et la méfiance sont remplacées par une vision d'échanges et de collaboration entre les pays. Le plan commercial sert d'isotopie pour révéler que la compétence québécoise est reconnue mondialement. Le téléthéâtre *Court Circuit* (1983), de Guy Dufresne, met en évidence ce nouveau rapport où diverses ethnies (des Japonais, des Allemands, des Américains et des Français) participent à ces nouveaux rapports avec les gens d'affaires québécois.

Les figures les plus fréquentes sont celles des ethnies les plus prospères au Québec: Américains immigrés, Allemands ou Autrichiens, Français et Juifs se côtoient. La plupart des personnages ont acquis une relative capacité de participation à la vie économique, mais demeurent encore en marge sur le plan socioculturel.

Le thème des voyages à l'étranger est lié à l'exploration des espaces de loisir. Les facilités de représentation de paysages étrangers, avec les nouvelles techniques de tournage, le rendent possible. L'exotisme est lieu de rêve, espace de liberté et de plaisir. Il manifeste un besoin de rompre avec l'idéologie de survie, avec le rigorisme moral, avec la pauvreté et l'isolement d'un certain Québec d'avant la guerre plus que d'avant la Révolution tranquille. Ainsi l'ailleurs géographique est signe d'affranchissement et même de transgression, puisque tout devient possible et permis hors des frontières de l'espace culturel québécois, même l'homosexualité. L'univers des îles est particulièrement propice à ces expériences: Haïti et les îles Vierges servent de décor à quelques tournages dont *Arioso* et *La Chose la plus douce au monde ou les passeuses*.

Ces espaces géographiques suggérés sont souvent donnés comme lieux symboliques où le soi trouve son identité, alors que, dans les périodes antérieures, le voyage de fiction était lié à un devoir national (la guerre), à des obligations professionnelles et culturelles (études à Paris, travail à l'ONU, à New York). Cette configuration qui fait s'unir l'espace étranger et l'identité québécoise régénérée est possible grâce à la nouvelle situation socioéconomique du Québec.

Conclusion De toutes ces formes dramatiques de notre télévision et des thèmes qui se sont développés de 1980 à 1999, il ressort que, sur une période de près de 20 ans, la production littéraire occupe une

place majeure, et cela malgré les années où le téléthéâtre traditionnel a été infiniment réduit au profit du téléfilm et des documentaires. Elle cherche des voies nouvelles d'expression et l'évolution des techniques facilite et modifie le traitement des images et finalement l'esthétique télévisuelle. Certains téléromans et sketches, entre autres, se ressentent des influences du vidéoclip. Nous avons aussi noté que les thèmes témoignent des préoccupations de l'époque et que les productions dans certains genres accusent une nouvelle compétence québécoise, particulièrement en ce qui a trait aux séries historiques et biographiques. Toutefois, si les nouvelles technologies influent sur les procédés de l'écriture et favorisent une production renouvelée dans certains de ses aspects, elles présentent aussi une menace, celle de l'utilisation à outrance des procédés de la fabrication visuelle et de leur éventuelle banalisation. Ainsi, la redondance des stéréotypes risque de tarir l'intérêt de certains genres dramatiques, particulièrement des comédies de situation et des téléromans dits populaires. Seules les œuvres d'auteurs pourront échapper à ces limites et construire dans la programmation un noyau de créations; elles seront régénératrices des langages audiovisuels québécois et elles auront ainsi leur place dans l'avenir et dans notre histoire de la littérature médiatique.

Renée Legris

Télévision payante C'est une initiative mise sur pied à titre d'expérience à Etobicoke, en Ontario, entre 1960 et 1965, et qui n'est autorisée officiellement qu'en mars 1982 après dix ans de controverse. L'industrie de la CÂBLODISTRIBUTION la réclamait depuis longtemps pour son potentiel lucratif. L'idée avait toujours été rejetée par les télédiffuseurs établis, qui craignaient la concurrence; par les compagnies de téléphone, qui s'opposaient à la prolifération des services de câblodistribution et aux progrès techniques; et par les groupes culturels nationalistes. Le CONSEIL DE LA RADIODIFFUSION ET DES TÉLÉCOMMUNICATIONS CANADIENNES (CRTC) procède, en 1975 et en 1978, à des enquêtes sur le bien-fondé d'une telle entreprise et conclut qu'il serait «prématuré» d'autoriser la télévision payante au Canada. Le CRTC estime que cela ne ferait que fournir un autre créneau pour la programmation américaine et ébranlerait l'assise financière de la radiodiffusion canadienne (*voir* RADIODIFFUSION ET TÉLÉDIFFUSION; PROGRAMMATION TÉLÉVISUELLE).

Néanmoins, à la demande du ministère fédéral des Communications, en 1979, le CRTC entreprend une troisième enquête. À son terme, en 1980, le Comité Therrien recommande l'autorisation d'une industrie concurrentielle. Le ministère des Communications, dont le mandat dépasse celui des objectifs culturels du CRTC, voit dans la télévision payante un bon moyen de stimuler l'utilisation des satellites et d'encourager les progrès dans l'industrie de la HAUTE TECHNOLOGIE. Le gouvernement et le CRTC adoptent alors les recommandations du Comité Therrien.

En 1982, le CRTC instaure donc dans le secteur privé une industrie discrétionnaire de télévision payante sur la base d'une tarification par canal. Six services sont alors autorisés: un service national d'intérêt général (en anglais et en français), trois services régionaux d'intérêt général, un service des arts du spectacle et un service régional multilingue. Par la suite, d'autres services régionaux s'ajoutent à la liste. On impose progressivement à tous les titulaires de licences, sauf au service multilingue, des quotas de plus en plus élevés en ce qui concerne le temps et les revenus qu'ils doivent consacrer à la programmation canadienne. Toutefois, le CRTC choisit de ne pas réglementer les transactions entre les entreprises de télévision payante et les fournisseurs d'émissions, ou les exploitants. Il décide en outre de ne pas réglementer les frais d'abonnement. En février 1983, les services de télévision payante sont opérationnels et ce sont les SATELLITES ARTIFICIELS qui assurent la distribution de la programmation aux compagnies de câblodistribution qui, à leur tour, facturent les abonnés environ 16 $ par mois pour l'accès à un seul canal (*voir* SATELLITE, COMMUNICATION PAR).

La controverse éclate toutefois à nouveau. First Choice, le titulaire de la licence pour le service national d'intérêt général, annonce, en janvier 1983, qu'il se lance dans une entreprise conjointe avec une maison de production américaine en vertu de laquelle 30 millions de dollars seraient consacrés à la réalisation de films «pour adultes» afin de satisfaire aux obligations imposées par la réglementation canadienne. Des manifestations et des milliers de lettres de protestation au CRTC s'ensuivent (*voir* PORNOGRAPHIE). Le Conseil demande alors à l'industrie d'établir des directives portant sur l'autoréglementation. Au printemps 1983, il devient évident que les titulaires de licences gonflent leurs investissements pour remplir leurs obligations en matière de programmation. p. ex., ils inscrivent à leur bilan une importante somme d'argent provenant d'une compagnie américaine et utilisée pour la préproduction d'un projet commun. Ils considèrent que c'est leur contribution exigée par la réglementation du CRTC.

L'industrie est fortement secouée en 1983 et en 1984 lorsque le nombre d'abonnements escompté n'est pas atteint. Le réseau des arts, C-Channel, disparaît après 17 semaines; Star Channel, qui assure les services régionaux de l'Atlantique, connaît le même sort; le service régional de langue française, TVEC, fusionne avec First Choice qui, à son tour, est absorbé par une compagnie de production et de distribution de films. Malgré tout, une nouvelle série de licences est attribuée en 1984 après qu'on aura autorisé les câblodistributeurs à diffuser par satellite des canaux spécialisés, canaux dont les revenus proviendraient à la fois de la PUBLICITÉ et des tarifs d'abonnement. On autorisera par la suite d'autres canaux spécialisés (p. ex., des chaînes d'information, à caractère religieux, pour enfants, etc.). En 1987, il ne reste que deux des chaînes payantes autorisées en 1982, et celles-ci détiennent le monopole régional: First Choice, à l'est du Manitoba, et Superchannel. En ajoutant le canal de films à la gamme des services spécialisés et en éliminant la concurrence directe, l'industrie de la télévision payante devient enfin rentable.

La télévision payante déroge radicalement à la politique de télédiffusion établie à l'origine. D'abord, l'industrie n'a aucune composante de propriété publique ou sans but lucratif. En effet, on met immédiatement sur pied une structure concurrentielle dans le but de faire jouer un rôle important aux forces du marché. Ensuite, on accorde la priorité à une plus grande diversité des sources de production et des choix de visionnement, ce qui contraste avec les objectifs culturels et politiques qui prédominaient jusqu'alors. Enfin, les décisions prises démontrent que, de plus en plus, la politique de l'information est formulée de façon à stimuler la technologie des communications (*voir* COMMUNICATIONS, TECHNOLOGIE DES) et que les préoccupations culturelles rattachées à la nature de la programmation perdent de l'importance.

Robert E. Babe

Témiscaming, ville du Qc; pop. 3112 (rec. 1996), 2944 (rec. 1991); superf. 741,83 km²; située à l'extrémité sud du lac TÉMISCAMINGUE (on écrit «Timiskaming» en Ontario), près des rapides qui relient le lac à la rivière des Outaouais. Elle est fondée en 1917 par la Riordan Pulp and Paper Company, qui la construit pour loger les employés de son usine de papier Kipawa Mills. À compter de 1896, le hameau de Témiscaming-Sud est le terminus régional du Canadien Pacifique, ainsi que le port d'où les navires à vapeur transportent les marchandises destinées aux nouvelles communautés établies au nord du lac Témiscamingue. Le nom de la ville vient d'une

expression algonquine qui signifie «eau profonde» et qui désigne le lac.

Témiscaming est pendant de nombreuses années une VILLE FERMÉE. Appartenant à l'origine à la Riordan Company (de 1917 à 1925), elle est par la suite directement administrée par la compagnie Canadian International Paper (maintenant CIP Inc.) jusqu'au début des années 70. Celle-ci avait fait l'acquisition de la ville ainsi que de l'usine Kipawa Mills. L'économie de Témiscaming repose toujours sur son usine de papier, qui est maintenant la propriété de Tembec.

Benoît-Beaudry Gourd

Témiscamingue, lac D'une superficie de 313 km², d'une longueur de 128 km et d'une altitude de 180 m, il est situé à la frontière de l'Ontario et du Québec, à l'extrémité sud-ouest du Québec. Il se nomme «Timiskaming» en Ontario et «Témiscamingue» au Québec. Il chevauche la frontière, la moitié se trouvant en Ontario et l'autre au Québec, et sa largeur varie de quelques centaines de mètres à 8 km. Son nom, un mot algonquin qui signifie «à l'endroit où l'eau est profonde», résume bien ses caractéristiques physiques. Le lac est profond (122 m en moyenne), sauf dans les parties basses et argileuses de l'extrémité nord-est, qui sont asséchées quand le niveau de l'eau est bas. On trouve, le long de ses rives est et sud-est, des falaises escarpées qui font partie des HAUTES-TERRES LAURENTIENNES et qui, jusqu'au XIX⁰ s., étaient couvertes de forêts de pins. La même topographie prévaut sur la rive sud-ouest, mais au nord de la rivière Montréal, où le lac s'élargit, les collines cèdent le terrain à des pentes plus douces. Sur le plan géologique, le lac Témiscamingue est un lac fossile du lac Barlow, un lac glaciaire remontant à environ 10 000 ans.

Avant l'arrivée des Européens dans cette région, les Algonquins occupent les terres situées au nord-est du lac, les OJIBWÉS sont au sud et les CRIS au nord-ouest. Tous sont impliqués dans les TRAITES DES FOURRURES au début des années 1670 et, à partir de ce moment, jusqu'au début du XIX⁰ s. (quand la traite se déplace vers le nord-ouest), le lac Témiscamingue sert surtout de voie de transport pour les compagnies de fourrures successives et leurs négociants. Toutefois, dans les années 1830 et 1840, le zèle missionnaire amène d'abord les Oblats et ensuite les Sulpiciens dans cette région. Au cours de ces mêmes années, des bûcherons achètent des droits de coupe le long de la rive est du lac dans la région de Kipawa. Dans les années 1870, le territoire des bûcherons s'est étendu vers le nord et de l'autre côté du lac, sur la rive ouest. Dans les années 1880, une colonie permanente s'installe autour du lac Témiscamingue, au Québec, grâce aux efforts de missionnaires colonisateurs comme le père Paradis à VILLE-MARIE et, en Ontario, grâce au travail d'hommes tels que C.C. Farr, le fondateur d'HAILEYBURY. Le premier bateau commercial à vapeur navigue sur le lac en 1882. Quatorze sont en activité en 1900. Toutefois, dès lors, les chemins de fer se substituent progressivement aux lacs dans le domaine du transport. La ligne secondaire du Canadien Pacifique, la Temiskaming Colonization Railway, qui part de Mattawa vers le nord du Québec, rejoint TÉMISCAMINGUE en 1894 et Ville-Marie en 1925. Le gouvernement ontarien entreprend la construction de son propre chemin de fer de colonisation, le Temiskaming and Northern Ontario (T & NO), en 1902. En 1905, le T & NO a déjà rejoint NEW LISKEARD, le village rural à l'embouchure du ruisseau Wabi, sur le lac Témiscamingue, et, trois ans plus tard, il est raccordé au National Transcontinental Railway à COCHRANE, dans le Grand Clay Belt. En tant qu'instrument de développement, le T & NO se révèle être une immense réussite, rendant possible la création d'un grand nombre de villes d'exploitation argentifère (COBALT) et aurifère (TIMMINS, KIRKLAND LAKE) à l'ouest et au nord-ouest du lac. Ces chemins de fer et les routes

construites dans la région dans les années 20 à partir de NORTH BAY et de Mattawa provoquent le déclin du lac Témiscamingue comme voie de transport commerciale après la Première Guerre mondiale, mais il trouve une nouvelle vocation dans le tourisme et le loisir.

Matt Bray

Témoins de Jéhovah Confession religieuse connue dans le monde entier pour son infatigable évangélisme (*voir* MOUVEMENT ÉVANGÉLISTE) propagé grâce au porte-à-porte, à ses grands congrès et au refus de ses membres de porter les armes, de saluer le drapeau et de recevoir des transfusions sanguines. Ils sont des millénaristes (*voir* MILLÉNARISME) intransigeants qui croient que le Christ est venu invisiblement en 1914. Jusqu'en 1995, ils prétendaient faire, grâce à leur témoignage, la «moisson» de l'humanité de manière à séparer les sauvés des damnés. Selon eux, le monde devait être détruit à Harmaguédon et cela devait se produire avant l'extinction de la génération née avant 1914. Aujourd'hui, ils enseignent plutôt que le Christ fera la séparation à Harmaguédon, mais ne soutiennent plus que cela aura lieu dans un délai donné. Les Témoins nient la Trinité et professent une théologie semi-arienne selon laquelle le Fils de Dieu n'est pas coéternel au Père et est un «dieu» inférieur. Ils disent aussi qu'il y aura finalement 144 000 personnes au ciel, mais que le reste des sauvés vivra éternellement dans un paradis terrestre restauré. En 1995, les Témoins comptent plus de 5,2 millions de membres actifs dans le monde et seulement 8645 d'entre eux déclarent espérer le ciel. Ils croient que l'âme n'est pas immortelle et que la plupart des gens seront ressuscités avec leur corps pendant le millénaire. Ils affirment que les autres religions et les gouvernements civils sont démoniaques.

Expansion mondiale du mouvement Les Témoins de Jéhovah tirent leur origine du mouvement des «Étudiants de la Bible», fondé par Charles T. Russell à Pittsburgh, en Pennsylvanie, dans les années 1870. Celui-ci adopte, en 1876, la chronologie «biblique» de Nelson H. Barbour, sur laquelle se sont toujours fondées depuis les prédictions des Étudiants de la Bible et des Témoins sur la date de l'Apocalypse. Russell fonde la Société de la Tour de Garde en 1881 pour propager cette croyance. En 1931, le successeur de Russell, Joseph H. Rutherford, donne le nom de Témoins de Jéhovah aux Étudiants de la Bible qui adhèrent à la Société de la Tour de Garde. Il abandonne beaucoup d'enseignements de Russell, réorganise la chronologie de Barbour et établit un «gouvernement théocratique centralisé» pour les fidèles du mouvement. Nathan H. Knorr (1905-1977) contribue grandement à l'expansion internationale du mouvement.

Critiques du public Les Étudiants de la Bible arrivent en Ontario vers 1882 et se répandent rapidement dans tout le Canada. Pendant les deux guerres mondiales, ils subissent beaucoup de persécutions en raison de leur ferveur évangélique, de leur horreur des manifestations patriotiques et de leur objection de conscience au service militaire. En 1918, leur documentation est interdite; de 1941 à 1943, ils sont mis hors la loi par la LOI DES MESURES DE GUERRE. C'est au Québec, après la Seconde Guerre mondiale, qu'ils connaissent leurs pires difficultés (*voir* RONCARELLI C. DUPLESSIS; SAUMUR C. LA VILLE DE QUÉBEC). Alors, pour acquérir la liberté religieuse, ils popularisent l'idée d'une déclaration canadienne des droits et obtiennent des plus hauts tribunaux du Canada de nombreux jugements favorables aux libertés civiles, qui créent des précédents (*voir* DROITS DE L'HOMME).

À la fin du XX⁰ s., ils sont fortement critiqués par le public pour leurs pratiques d'exclusion ou d'excommunication et leur refus de toute relation avec les dissidents expulsés de leurs rangs. Ils continuent aussi d'être surveillés de près parce qu'ils n'acceptent pas de laisser leurs enfants recevoir des transfusions sanguines.

D'après le recensement fédéral de 1991, environ 168 000 personnes se déclarent Témoins de Jéhovah. En 1995, les Témoins comptent 112 960 prédicateurs ou évangélistes actifs au Canada. (*Voir aussi* MOUVEMENT ÉVANGÉLIQUE.)

M. James Penton

Temple de Barrington et filature de Barrington Au Canada, le temple de Barrington est le plus ancien édifice non conformiste consacré au culte. Il est érigé en 1765 pour des familles de Cape Cod qui ont gagné la Nouvelle-Écosse pour s'établir dans la région de Barrington. L'édifice, qui sert aussi aux réunions et aux élections municipales, rappelle l'histoire et les traditions qu'ont en commun la Nouvelle-Écosse et la Nouvelle-Angleterre.

La filature de Barrington, typique de la fin du XIXᵉ s., fonctionne jusqu'en 1962. L'intérêt de ce bâtiment tient à sa remarquable collection de métiers, aux machines à filer et à carder et à plusieurs autres machines et pièces d'outillage anciennes. La filature est un LIEU HISTORIQUE provincial depuis 1968, et le temple a été acquis par la province en 1979. Tous deux sont ouverts au public de la mi-juin à la fin de septembre.

Deborah Welch et Michael Payne

Temple de la renommée des sports du Canada C'est un musée national du sport qui vise à sensibiliser les Canadiens à leur patrimoine sportif et à préserver celui-ci. Fondé en 1955 grâce aux initiatives d'Harry I. Price, ancien commissaire adjoint aux sports de l'Ontario, il est situé au centre de l'Exhibition Place, à Toronto (Ontario). Chaque année, quelque 300 000 personnes y viennent pour admirer les expositions qui s'étendent sur 900 m². Le Temple de la renommée conserve d'importantes archives sur les sports, dont près de 40 000 anciennes photos. Il publie aussi un bulletin trimestriel et offre des programmes éducatifs destinés aux enfants d'âge scolaire.

L'élection annuelle de membres honoraires est l'événement qui retient le plus l'attention du public. Choisis par un comité de sélection composé de 12 membres, représentant chaque province, des femmes et des hommes sont élus athlètes ou bâtisseurs. En général, avant d'être élus, les athlètes sont soumis à une période d'attente de trois ans après leur retraite. Près de 400 Canadiens ont déjà reçu cet hommage. Parmi les élus suscitant un intérêt particulier, mentionnons le pur-sang le plus célèbre du Canada, Northern Dancer, le voilier de course Bluenose et l'hydravion détenant le titre de champion mondial, *Miss Supertest*.

Le Temple de la renommée est géré par un personnel peu nombreux, qui relève d'un conseil d'administration. Il compte aussi des représentants venant de tous les coins du pays. Il n'en coûte rien pour visiter ce musée, subventionné par le gouvernement et par des dons offerts par des particuliers et des entreprises. Il est ouvert au grand public toute l'année.

J. Thomas West

Temple de la renommée du football canadien (*Voir* FOOTBALL)

Temple de la renommée du hockey Fondé en 1943, ce temple est le fruit de rencontres entre les représentants de la LIGUE NATIONALE DE HOCKEY (LNH) et ceux de l'Association canadienne de hockey amateur (ACHA). Les édifices situés à Exhibition Place, à Toronto, sont officiellement inaugurés, en 1961, par le premier ministre John G. Diefenbaker et l'ambassadeur américain Livingston T. Merchant. En 1993, le Temple trouve un nouvel emplacement, rue Front, à Toronto. Ses activités sont gérées par un comité de direction formé de représentants de la LNH, de l'ACHA, du Grand Toronto et de l'Association de l'Exposition nationale canadienne. Ce comité admet aussi les membres fondateurs. Un comité de sélection formé de spécialistes du hockey et des médias examine les candidatures des joueurs.

Chaque année, trois joueurs, au maximum, choisis en fonction de leur habileté, de leur intégrité, de leur caractère et de la contribution qu'ils apportent à leur équipe et au HOCKEY SUR GLACE en général, peuvent mériter cet honneur. Le Temple de la renommée du hockey regroupe près de 300 joueurs, fondateurs et officiels, dont l'extraordinaire gardien de but russe Vladislav Tretiak, premier joueur international à y faire son entrée.

Temple de la renommée et musée du hockey international Fondé en 1943, ce temple est situé à Kingston, en Ontario. L'édifice actuel, construit en 1961-1962, ouvre ses portes en 1965. Autrefois sous l'égide de la LIGUE NATIONALE DE HOCKEY (LNH) et de l'Association de hockey amateur du Canada, le Temple relève aujourd'hui de la ville. Il regroupe les mêmes joueurs, fondateurs et arbitres que LE TEMPLE DE LA RENOMMÉE DU HOCKEY, à Toronto, à l'exception de Fred J. «Bun» Cook. Il met l'accent sur la dimension historique et internationale du HOCKEY SUR GLACE amateur et professionnel, et on y trouve une impressionnante collection de patins d'époque, de bâtons et d'autres objets qui retracent l'évolution du hockey et de ses règles de jeu. Une des salles est dédiée au capitaine James Thomas Sutherland (1870-1955), qui a consacré les 13 dernières années de sa vie à l'établissement du premier temple de la renommée du hockey au monde.

J.W. Fitsell

Temps Les conditions atmosphériques à un moment et en un lieu déterminés sont ce qu'on appelle le temps. Le CLIMAT est l'ensemble des caractéristiques du temps, telles que les conditions moyennes et extrêmes au fil des mois, des saisons et des ans. La MÉTÉOROLOGIE est l'étude des mouvements, des processus et des phénomènes atmosphériques. Quoique le temps et le climat aient toujours fasciné les gens et leur aient toujours semblé une énigme, ce n'est qu'au XVIIᵉ siècle que, grâce à l'invention du thermomètre et du baromètre, l'observation scientifique du temps et l'élévation de la météorologie au rang de science physique deviennent possibles. Depuis les années 80, plus de 150 services météorologiques nationaux s'échangent, par le truchement de l'Organisation météorologique mondiale, des renseignements météorologiques plusieurs fois par jour tout autour du globe. (*Voir* CLIMAT, RIGUEUR DU.)

Tenant League C'est le nom courant de la Tenant Union of Prince Edward Island, un mouvement agraire militant fondé le 19 mai 1864 à Charlottetown (Î.-P.-É.). Cette organisation s'oppose au paiement du fermage par les cultivateurs à bail et veut obliger les propriétaires fonciers à vendre leurs terres aux cultivateurs qui les exploitent. Les membres qui sont tenus de payer le fermage promettent de ne plus le payer et tous les autres membres ont le devoir de soutenir les cultivateurs qui refusent de le payer, même s'ils défient ouvertement les agents de la force publique. Alertées par le son des cornets, des foules de membres et de sympathisants (pouvant atteindre 200 personnes) encerclent et harcèlent le shérif et ses adjoints, si bien que, au milieu de l'année 1865, les autorités constatent que les moyens ordinaires ne suffisent plus pour faire appliquer les lois qui lient propriétaires et locataires, surtout dans le comté de Queens. Le gouvernement conservateur de James Colledge Pope fait venir des troupes d'Halifax en août et les envoie aider le shérif à l'automne pendant deux longues tournées dans les campagnes. L'organisation de cultivateurs semble s'effondrer sous la pression. Au milieu de l'année 1866, elle est apparemment disparue. Toutefois, l'appui à la cause que défendait la Tenant Union demeure vivace et plusieurs libéraux ouvertement favorables au mouvement sont élus à l'Assemblée législative en 1866 et en 1867. Les troubles de 1865 marquent un point tournant dans l'affaiblissement du système d'occupation des terres par tenure à bail à l'Île-du-Prince-Édouard et l'envoi de troupes contre les cultivateurs contribue grandement à la défaite du gouvernement conservateur le 26 février 1867.

Ian Ross Robertson

Tennant, Veronica, danseuse classique (Londres, 15 janv. 1947). En tant que ballerine pour le BALLET NATIONAL DU CANADA, elle reçoit des éloges du monde entier pour l'intensité dramatique et la technique exceptionnelle dont elle fait preuve dans tous les grands rôles classiques.

Après des études à l'ÉCOLE NATIONALE DE BALLET, elle fait ses débuts en 1965 comme danseuse principale dans la compagnie, en interprétant Juliette dans le *Roméo et Juliette* de John Cranko. Son ascension au sein de la compagnie est fulgurante. Dès sa deuxième saison, elle interprète le premier rôle dans *Le Lac des cygnes*, *Giselle* et *Casse-Noisette*. Par la suite, elle danse dans de nombreux ballets et a pour partenaires les plus grands danseurs au monde, dont Noureïev, Barychnikov, Dowell et Schaufuss. Enfin, plusieurs chorégraphies de ballet sont créées spécialement pour elle.

Après avoir quitté le Ballet national du Canada, en 1989, Tennant est animatrice, consultante en création et auteure de l'émission de télévision *Sunday Arts Entertainment*, diffusée par le réseau anglais de Radio-Canada pendant trois saisons. Elle participe aux représentations d'*Exile*, de Godfrey Ridout, et de *Pierre et le loup*, de Prokofiev, en tant que narratrice. Puis, elle se reconvertit au théâtre en qualité de codirectrice et de chorégraphe de la Canadian Stage Company et du Tarragon Theatre, puis d'actrice et danseuse dans le cadre du Shaw Festival pendant la saison 1992. En 1994, elle crée la chorégraphie de *Cyrano* pour le Festival de Stratford. Elle conçoit aussi un ballet dramatique, *Maude*, inspiré du journal de Lucy Maud Montgomery et dans lequel elle danse. Elle écrit et crée également *Choice and Chance Encounters* avec le clarinettiste James Campbell et le pianiste de jazz Gene DiNovi, qui est présenté au Festival of the Sound et au Muskoka Festival. En 1995, elle partage la vedette avec Nicholas Pennell dans le film *Satie and Suzanne*, produit par Rhombus Media. Elle réalise sa première émission à la télévision avec *Salute to Dancers for Life/Danser pour la vie*, coproduite par le réseau anglais et le réseau français de Radio-Canada (1994-1995).

Tennant est l'auteure de deux livres pour enfants, *On Stage, Please* (1977; trad. *Le Rêve de Jennifer*, 1989) et *Casse-Noisette*, qu'elle enregistre sur cassettes audio. *Cendrillon* (1968) et *La Belle au bois dormant* (1972) ont tous deux valu un Emmy Award au réseau anglais de Radio-Canada. Elle reçoit le Toronto Arts Award ainsi que plusieurs distinctions. En 1975, elle est nommée Officier de l'Ordre du Canada.

Jillian M. Officer

Tennis Sur gazon, il se joue sur un court rectangulaire de 23,7 m de longueur sur 8,2 m de largeur (pour le jeu en simple), divisé en deux parties égales par un filet mesurant 0,914 m de hauteur au centre et 1,07 m aux extrémités. Les joueurs, au nombre de deux pour le simple et de quatre pour le jeu en double, doivent frapper à l'aide d'une raquette une balle de caoutchouc recouverte de tissu et l'envoyer de l'autre côté du filet, dans le camp adverse, de sorte que l'adversaire ne puisse la retourner. La condition physique et les habiletés psychomotrices des joueurs d'élite sont remarquables. Le jeu peut être rapide et fougueux ou fluide et gracieux. Un match dure généralement entre une heure et deux heures, mais souvent un peu plus. Un des matchs de la coupe Davis du Canada a duré plus de six heures. Au cours de ces tournois, l'émotion est intense et les joueurs doivent faire preuve d'une concentration et d'une maîtrise exceptionnelles.

Il est fort probable que l'ancêtre du tennis moderne soit un jeu de balle appelé «jeu de paume», pratiqué en France dès le XIᵉ s. Le jeu, aussi appelé «tennis sur court» ou «vrai tennis», se joue avec une balle sur un court intérieur (à l'origine dans un monastère). Vers 1500, on utilise une raquette. Le mot «tennis» découle probablement de «tenez», qu'on criait juste avant le service. La façon assez particulière de compter les points nous vient du Moyen Âge, où 60 était un nombre de base (comme le nombre 100 aujourd'hui). Le mot «love», qui équivaut à zéro, dérive peut-être de «l'œuf» (qui a la forme d'un zéro), ou encore de l'usage que faisaient les Anglais du mot *love* pour signifier «rien».

Vers le milieu du XIXe s., en Angleterre, le tennis se pratique à l'extérieur. Le major W.C. Wingfield, l'un des premiers à populariser le tennis extérieur, conçoit de nouveaux règlements et un court en forme de sablier avec un filet de 1,5 m de hauteur. En 1873, Wingfield organise le premier match à l'occasion d'une réception en plein air au pays de Galles. Dans les années suivantes, le court prend une forme rectangulaire et le serveur doit se placer derrière la ligne de fond. Aux premiers championnats de Wimbledon, en 1877, le jeu est à peu de choses près comparable à celui que l'on connaît aujourd'hui.

Devenu populaire en Angleterre, le tennis se répand au Canada. J.F. Helmuth ouvre un club à Toronto qui serait, croit-on, le précurseur du Toronto Lawn Tennis Club (fondé en 1875). Le premier tournoi canadien se déroule au Cricket Club de Montréal en 1878 et le premier tournoi intérieur a lieu à Ottawa en 1881. Au cours de la décennie suivante, des clubs se forment à Winnipeg, au Manitoba; à London, à Ottawa, à Niagara et à Kingston, en Ontario; à Fredericton et à Saint-Jean, au Nouveau-Brunswick; à Halifax, en Nouvelle-Écosse; à Victoria et à Vancouver, en Colombie-Britannique; à Regina, en Saskatchewan; à Lethbridge et à Edmonton, en Alberta en 1891. En 1890, la Canadian Lawn Tennis Association voit le jour et les premiers championnats canadiens ont lieu à Toronto la même année.

De nos jours, en plus de Tennis Canada (nom datant de 1977) qui gère le tennis à l'échelle nationale, chaque province possède une association autonome. Les provinces élaborent conjointement des programmes intensifs et organisent des championnats et des compétitions pour les catégories junior, élite et senior. On estime à plus de deux millions le nombre de personnes qui pratiquent le tennis au Canada. C'est l'activité la plus populaire après la natation et le patinage.

Depuis 1968, les championnats nationaux annuels sont divisés en tournois ouverts et tournois fermés. De leur côté, les Internationaux de tennis masculin, commandités par le secteur privé, offrent des bourses totalisant 525 000 dollars (1987) et les résultats à ce tournoi comptent pour le classement sur le circuit international des grands prix échelonné sur toute l'année.

De la même façon, les Internationaux de tennis féminin font partie des principaux tournois internationaux annuels commandités par le secteur privé. Les championnats canadiens (tournoi fermé), maintenant restructurés, sont aussi commandités. On y accède en participant à des tournois et circuits régionaux (tous commandités) ou à divers championnats provinciaux.

En 1900 se tient le premier championnat international masculin de la coupe Davis. En 1963, la coupe de la Fédération consacre la meilleure équipe féminine. La Fédération internationale de lawn tennis (FILT), qui deviendra la Fédération internationale de tennis (FIT), est fondée en 1913 et, en 1968, les tournois ouverts entre amateurs et professionnels sont approuvés. En 1913, à Wimbledon, le Canada participe pour la première fois à la coupe Davis, mais perd en finale contre les Américains. R.B. Powell est à la tête de cette équipe formée de B.P. Schwengers, H.G. Mayers et J.F. Foulkes. G.H. Meldrum (non-joueur) accompagne l'équipe à titre de capitaine.

Depuis, le Canada continue de participer aux tournois internationaux sans toutefois connaître de succès, sauf dans le cas de l'équipe féminine qui se rend

en quart de finale en 1987. Carling BASSETT est la joueuse canadienne qui s'est le plus distinguée depuis 1981 avec une 8e place au classement de la Women's Tennis Association (auj. la Women's International Tennis Association) en 1985. Helen KELESI, classée 25e en 1986, devient la championne canadienne en 1987. Glen Michibata termine au 48e rang en 1986, le meilleur classement pour un Canadien. En 1987, Michibata, Stéphane Bonneau, Doug Burke, Martin Wostenholme, Andrew Sznajder, Martin Laurendeau, Grant Connell et Chris Pridham figurent parmi les 250 meilleurs joueurs au monde. En 1987, les joueurs de ce groupe gagnent ou se rendent en finale de 8 tournois professionnels. On attribue souvent les piètres performances canadiennes à la rigueur des hivers, mais d'excellentes installations intérieures, un bon programme de formation des entraîneurs et des bourses d'études permettant aux joueurs de pratiquer leur sport aux États-Unis devraient placer le tennis canadien sous de meilleurs auspices.

John J. Jackson

Tennis de table Il se joue à deux (en simple) ou à quatre (en double), généralement à l'intérieur. Les adversaires se font face et se renvoient la balle à tour de rôle avec une raquette. La balle doit passer au-dessus d'un filet de 15,25 cm de haut qui est tendu au milieu d'une table mesurant 274 cm sur 152,5 cm. La balle, en celluloïd, fait un son creux lorsqu'elle est frappée, ce qui explique le nom populaire de «ping-pong». Toutefois, «ping-pong» étant une marque déposée, ce nom n'a pu être utilisé officiellement pendant quelque temps. Le tennis de table apparaît pour la première fois à la fin du XIXe s., au cours d'une tentative visant à trouver le pendant intérieur du tennis. En 1903, la couverture de la raquette en caoutchouc texturé est créée, ce qui permet de donner un effet de rotation à la balle. Les championnats mondiaux ont lieu depuis 1926. En 1952, les Japonais introduisent la raquette munie d'une surface en éponge.

En 1929, l'Association canadienne de tennis de table (ACTT) est formée et la fédération du Québec en est un membre fondateur. Cinq ans plus tard, l'Ontario se joint à l'association. En 1936, une collaboration de longue durée avec l'Exposition nationale canadienne commence lorsqu'elle organise les premiers championnats canadiens de tennis de table. L'ACTT utilise un système d'évaluation informatisé qui permet à tout joueur de compétition d'être classé, autant au niveau provincial que national.

Dans les années 30, les Montréalais Paul Chapdelaine et J.J. Desjardins sont les vedettes du tennis de table au Canada. Dans les années 70, Violette Nesukaitis, de Toronto, apparaît comme joueuse internationale de haut calibre. Gagnante de quatre championnats nord-américains ouverts, elle se rend en Chine en 1971 à titre de membre de l'équipe canadienne, première équipe de tennis de table à être invitée par ce pays. En 1973, elle est classée troisième parmi les joueuses du Commonwealth. En 1976, elle prend sa retraite.

Dans les années 90, deux immigrants nouvellement arrivés au Canada dominent le tennis de table canadien: Geng Lijuan et Johnny Huang. Les deux réussissent à faire partie des dix meilleurs joueurs au monde et ils jouent un rôle déterminant lors des Jeux olympiques et des championnats du monde. En 1996, aux Jeux olympiques d'Atlanta, Huang défait la tête de série numéro un et champion olympique en titre et il finit cinquième au classement général en simple chez les hommes. Lijuan termine au neuvième rang. Deux joueurs plus jeunes, Petra Cada, de la Nouvelle-Écosse, et Francis Trudel, du Québec, connaissent aussi un grand succès. Cada finit troisième aux Global Youth Championships, à Osaka, au Japon, tandis que Trudel gagne deux championnats canadiens en simple messieurs. À l'échelle internationale, des joueurs européens venant de divers pays tels que la

Suède, la France et la Biélorussie mettent un terme à la longue domination asiatique dans ce sport.

Barbara Schrodt

Tente tremblante C'est un rite très répandu chez les OJIBWÉS, les INNUS (MONTAGNAIS-NASKAPIS), les CRIS, les Penobscots et les ABÉNAQUIS. Dans l'exercice de ce rite, le chaman utilise un abri cylindrique spécial ou une tente. Le CHAMAN, payé par un client, construit sa tente et y entre à la nuit tombante. À l'aide de chants et du tambour, il convoque ses auxiliaires spirituels, dont l'arrivée est signalée par des cris d'animaux et le tremblement de la tente. Ces auxiliaires spirituels aidaient à guérir les maladies et à lutter contre la sorcellerie.

René R. Gadacz

Termite Terme désignant près de 2000 espèces d'INSECTES principalement tropicaux et subtropicaux, généralement classés dans l'ordre des isoptères, mais étroitement apparentés aux BLATTES (dictyoptères). On les appelle souvent «fourmis blanches», mais elles ne sont cependant apparentées aux vraies FOURMIS que de très loin.

Répartition On connaît trois espèces indigènes du Canada (de la Colombie-Britannique et de l'ouest de l'Alberta), et une autre espèce probablement non indigène se rencontre dans le sud de l'Ontario. Cette dernière et d'autres espèces introduites élisent parfois domicile à l'intérieur des bâtiments.

Le plus ancien termite fossile connu a été découvert récemment en Angleterre dans des dépôts vieux de 120 millions d'années. *Cretatermes carpenteri*, trouvé au Labrador et datant de 100 millions d'années, détenait auparavant ce titre. Les termites actuels ressemblent à ces anciennes formes.

Morphologie Les termites sont généralement pâles et mesurent entre 5 et 15 mm de longueur. Les reines gonflées d'œufs sont parfois beaucoup plus grandes. Les adultes reproducteurs ont quatre longues ailes de forme similaire qu'ils perdent après le vol nuptial. Les termites ont les pattes et les antennes courtes, et les yeux sont réduits ou absents. Comme chez les autres insectes entièrement sociaux, les membres de la colonie peuvent être regroupés en castes: les reproducteurs femelles et mâles, les ouvriers et les militaires, les individus de ces deux dernières castes étant stériles. Contrairement aux fourmis, aux GUÊPES et aux ABEILLES, les individus des castes stériles peuvent être mâles ou femelles et non pas seulement femelles; en plus, le mâle reproducteur (roi) reste en contact permanent avec la femelle reproductrice (reine).

Colonies La complexité de l'organisation sociale et la taille des colonies varient d'une espèce à l'autre. Les termites sont des architectes remarquables ayant inventé le conditionnement de l'air et le béton. Le traitement des déchets est efficace: les morts sont mangés et les excréments recyclés en matériaux de construction. Certaines espèces exotiques cultivent des jardins de champignons. Les nids de termites sont habituellement occupés par d'autres animaux adaptés aux termites, principalement des arthropodes (particulièrement les COLÉOPTÈRES).

Régime alimentaire On peut diviser les termites en plusieurs catégories: les termites du bois sec, qui vivent dans le bois sain; les termites du bois humide, qui vivent dans le bois en décomposition en contact avec le sol; les termites édificateurs de nids en forme de monticule, qui se nourrissent de plantes et construisent des termitières familiales érigées sur le sol ou dans les arbres, mais dont l'activité est surtout confinée sous la surface du sol; et les termites fouisseurs, qui se nourrissent d'humus et nichent entièrement sous terre. Les termites se nourrissent de cellulose (extraite du bois ou des fibres végétales), laquelle est digérée par des micro-organismes intestinaux (ce sont généralement des bactéries, mais chez au moins deux espèces il s'agit plutôt de protozoaires).

Les termites endommagent souvent le bois de construction ou celui utilisé à d'autres fins, et causent parfois des dégâts aux cultures. Les espèces canadiennes peuvent causer des dommages importants aux structures de bois.

D.K. McEwan Kevan

Terrace, municipalité de district de la C.-B., pop. 12 779 (rec. 1996), 11 433 (rec. 1991), 10 532 (rec. 1986); superf. 19,21 km²; const. en 1927; située à la jonction des rivières SKEENA et Kalum, à 62 km par la route au nord de Kitimat et à 147 km à l'est de Prince Rupert. Protégée par les montagnes et située à proximité de l'océan, Terrace reçoit moins de la moitié des précipitations qui tombent sur la côte. Son nom lui vient des terrasses des anciennes rives de la rivière Skeena formées durant l'ÉPOQUE GLACIAIRE. Dirigée par un maire et six conseillers, c'est la plus grande localité du district régional de Kitimat-Stikine.

À l'origine, l'emplacement était un village TSIMSHIAN. Le tracé actuel de la ville a été établi en 1910 par la Grand Trunk Pacific Railway Company (aujourd'hui le Canadien National). D'abord connue pour ses scieries, elle est devenue un centre commercial et un centre de distribution durant la construction de la nouvelle ville de KITIMAT dans les années 50.

Terrace possède un emplacement stratégique au centre du nord-ouest de la Colombie-Britannique et est une plaque tournante du transport par camion, par chemin de fer et par avion. Elle compte parmi les villes du nord de la Colombie-Britannique qui se sont le plus développées au cours des 10 dernières années. Aujourd'hui encore, son économie repose sur l'industrie forestière, puisque celle-ci entraîne l'exploitation forestière, l'industrie du bois de sciage et l'industrie des pâtes et papiers. Terrace sert également de centre de service pour d'autres industries du Nord-Ouest comme ALCAN ALUMINIUM LIMITÉE.

La croissance du tourisme est due aux autoroutes, qui facilitent l'accès au Yukon, à l'Alaska et aux îles de la Reine-Charlotte, ainsi qu'au «Passage intérieur» (*Inside Passage*). Les points d'intérêt locaux sont la pêche, les sources thermales, les lits de lave, les fossiles et de nombreux parcs provinciaux comme Kleanza Creek, Lakelse Lake et Exchamsiks River. La région est devenue un lieu privilégié pour l'observation de la faune et se classe parmi les destinations les plus populaires pour l'écotourisme, car elle est voisine de réserves naturelles de niveau international comme Kitlope Valley. Elle abrite quelques-uns des plus importants peuplements des forêts ombrophiles côtières vierges, dont certains datent de plus de 800 ans. L'ours Kermodei, une espèce protégée qu'on trouve dans la région, est un type d'OURS NOIR de l'Amérique du Nord au pelage blanc.

Alan F.J. Artibise

Terra Nova, parc national Ce parc, le plus oriental du Canada, est situé en bordure de la BAIE DE BONAVISTA, à Terre-Neuve. Il est créé en 1957 et possède une superficie de 396 km². Les promontoires rocheux, les drumlins, les dépôts morainiques et les nombreux étangs témoignent de l'action glaciaire sur le paysage. Le littoral est échancré par des baies parsemées d'îles et de fjords profonds. La forêt boréale intérieure, composée surtout d'épinettes noires et de sapins baumiers, est le domicile d'une faune indigène, dont le castor, le campagnol des champs, l'OURS NOIR, la loutre et le lynx du Canada. Il y vit aussi des espèces introduites plus tard, dont la musaraigne, le lièvre d'Amérique, le vison et l'orignal. Les nombreuses tourbières (*voir* TOURBE) constituent un environnement idéal pour les orchidées et les sarracénies pourpres (petits cochons). Le littoral rocheux abrite des colonies de sternes arctiques, de goélands argentés et de guillemots noirs qui nichent dans les crevasses. Certains aspects du parc témoignent de la présence de cultures aujourd'hui disparues: la paléoinuite, la DORSET, l'archaïque maritime et la BÉOTHUK. Vers la fin des années 1700, après la colonisation, le travail forestier et la pêche prennent de l'ampleur dans la région du parc.

Aujourd'hui encore, on trouve des vestiges de ces activités.

Lillian Stewart

Terrasse, Jean, auteur (Belgique, 1940). Immigré au Canada en 1968, il enseigne depuis lors à l'Université McGill. Spécialiste du XVIIIᵉ siècle, il s'intéresse aussi au XXᵉ siècle ainsi qu'aux rapports entre la littérature et la rhétorique.

Il a publié plusieurs volumes dont un essai sur la modernité, *Le Mal du siècle et l'ordre immuable* (1973). Il y présente une réflexion généreuse sur l'art, la littérature, la crise des valeurs et la situation de la culture dans le contexte actuel.

Dans *Rhétorique de l'essai littéraire* (1977), il s'applique à définir la spécificité de l'essai par rapport à d'autres types de discours cognitifs tels le discours philosophique ou scientifique. Mais Jean Terrasse est surtout un spécialiste du XVIIIᵉ siècle, et il s'est fait remarquer par ses ouvrages sur Jean-Jacques Rousseau, *Jean-Jacques Rousseau et la quête de l'âge d'or* (1970), *De Mentor à Orphée: essais sur les écrits pédagogiques de Rousseau* (1992). Il a, en outre, collaboré au dictionnaire *Rousseau,* publié en 1996, chez Champion, sous la direction de Raymond Trousson. Il est l'auteur d'une remarquable *Le Sens et les Signes: étude sur le théâtre de Marivaux* (1986). Il publiait récemment, à Oxford, en 1999, un livre important sur Diderot, *Le temps et l'espace dans les romans de Diderot.*

Jean Terrasse a été président de l'Association nord-américaine des études Jean-Jacques Rousseau de 1979 à 1985. Il a édité de nombreux volumes d'actes de colloques et on lui doit de nombreux articles portant principalement sur le XVIIIᵉ siècle.

Paul-Émile Roy

Terre Sur le plan juridique, la terre est une portion de la surface terrestre solide sur laquelle un individu, un groupe ou un État possède des droits de propriété. Ainsi, l'État canadien englobe une surface terrestre totale de 9 215 430 km² ainsi que des plans d'eau douce totalisant 755 180 km², ce qui représente un territoire total de 9 970 610 km², soit le deuxième plus vaste territoire national du monde après celui de la Russie. Dans le langage populaire, la «terre» renvoie tout simplement au roc et au sol qui forment la partie solide de la surface de la planète.

La terre possède une capacité limitée de résistance au processus naturel de l'érosion du sol. Les BADLANDS de l'Alberta fournissent l'un des exemples les plus remarquables de cette limite. Dans cette région, plus de 4500 m³ de matériaux par kilomètre carré sont emportés chaque année à cause des processus naturels de ravinement, de lavage en surface et de transport de sédiments. À l'autre extrémité du spectre, dans les zones de fondation rocheuse de la CHAÎNE CÔTIÈRE de la Colombie-Britannique, les pertes de matériaux attribuables à la MÉTÉORISATION et à la solifluction ne dépassent pas annuellement un mètre cube par kilomètre carré.

De façon courante, lorsque la terre est soumise à diverses formes d'utilisation, cela contribue à modifier la rapidité des changements que subit le paysage. Quand les phénomènes naturels interagissent, même indirectement, avec la société, on les qualifie de risques naturels. Une INONDATION ou un GLISSEMENT DE TERRAIN se produisant dans une partie inhabitée de l'Arctique canadien constituerait un événement de nature géophysique, mais un incident de même nature dans la vallée du bas Fraser serait considéré comme un risque naturel.

La capacité d'utilisation de la ressource qu'est la terre varie d'une région à l'autre. Entre 1965 et 1975, dans le cadre du programme d'INVENTAIRE DES TERRES DU CANADA, on a procédé à une évaluation et à un relevé de la capacité naturelle d'environ 25 p. 100 des terres du Canada. Cette opération a contribué à l'éveil d'une nouvelle sensibilisation aux problèmes touchant la qualité des terres. Les concepts sous-jacents à ce programme s'établissaient comme suit: la terre possède une capacité limitée

pour soutenir un mode donné d'utilisation des sols et pour assimiler les polluants, et il est possible, pour une unité territoriale donnée, de définir des paramètres d'utilisation optimale. La décision prise, en 1973, par le Cabinet d'instaurer un processus d'évaluation et d'examen en matière d'environnement (PEEE) a également joué un rôle important dans la sensibilisation de la population aux enjeux liés à l'utilisation des sols.

On a tendance à associer des processus géomorphologiques et des risques naturels précis à certains types de sols. Les AVALANCHES DE PIERRES sont relativement fréquentes dans les zones de roches stratifiées et inclinées. Les effondrements et les coulées de terre et de débris touchent généralement les surfaces terrestres finement texturées (p. ex., les silts lacustres, les argiles et les tills). Les matériaux à texture fine sont aussi propices à l'érosion en surface et au ravinement. Toutes les terres fluviales adjacentes au lit des rivières constituent des zones où les risques d'inondation sont élevés. La canalisation interne de l'eau, causant effondrements et affaissements, est associée aux silts lacustres. Les phénomènes de dissolution produisant des cavités karstiques s'apparentent à des lithologies de roche calcaire et de gypse. Les risques de TREMBLEMENTS DE TERRE ne se limitent pas à des types de sol déterminés, mais leurs effets sont plus graves dans les épaisses couches sédimentaires de matériaux sensibles.

À mesure que s'accroissent les activités relatives à l'utilisation des terres dans les zones sensibles, tous ces risques s'intensifient. En bout de ligne, seuls des essais en laboratoire et sur le terrain peuvent confirmer les inférences obtenues à partir de photographies aériennes, mais il demeure impossible de procéder ainsi sur tous les sites dans une vaste région. À l'échelle locale, la cartographie du terrain ainsi que l'échantillonnage et les essais effectués de façon sélective offrent une approche pratique.

Plus s'améliore notre aptitude à extrapoler les effets de l'activité humaine sur la qualité de la terre, plus les renseignements consignés à l'intérieur des rapports relatifs à l'ÉVALUATION ENVIRONNEMENTALE gagnent en précision, et meilleure est notre compréhension des relations entre la société et l'environnement.

Olav Slaymaker

Terrebonne, ville du Qc; pop. 42 214 (rec. 1996), 39 700 (rec. 1991); superf. 73,21 km²; const. en 1985 à la suite de la fusion de la ville de Terrebonne, datant de 1860, avec la municipalité de Saint-Louis-de-Terrebonne, fondée en 1855. Elle est située à 12 km environ au nord-est de MONTRÉAL sur la rive nord de la rivière des Mille-Îles, de l'autre côté de Laval. Le nom «Terrebonne» remonte à la seigneurie originale de Terrebonne, concédée à André Daulier Deslandes (1653–1715) en 1673. Le nom de la paroisse de Saint-Louis rappelle Louis Lepage de Sainte-Claire (1690–1762), ce curé et seigneur qui construisit le premier manoir (1735) ainsi que la première scierie et le premier moulin à broyer le grain de Terrebonne.

Le Vieux-Terrebonne est un véritable trésor du patrimoine. Les édifices et les points d'intérêt historiques du centre du vieux village ainsi que le complexe restauré de l'Île des Moulins, datant du XIXᵉ s. et construit sur les eaux jaillissantes de la rivière des Mille-Îles, directement sur l'ancien bord de l'eau, rappelle le rôle de la Compagnie du Nord-Ouest dans l'histoire de Terrebonne. La boulangerie (1803), le moulin à broyer le grain (1846), le bureau seigneurial (1847), le moulin à carder (1850) et la scierie de l'Île des Moulins sont des rappels du début de l'ère préindustrielle canadienne. La constitution de Terrebonne en tant que ville dès 1860 témoigne de son importance dans la seconde moitié du XIXᵉ s. Elle est aujourd'hui la plus importante municipalité de la municipalité régionale de comté des Moulins.

Pierre-Louis Lapointe

Terre de Caïn C'est l'expression que Jacques CARTIER a utilisé pour décrire la côte septentrionale du golfe du Saint-Laurent, quand il l'a aperçue pour la première fois en 1534. Il faisait sans doute allusion au chapitre IV de la Genèse, où Caïn, ayant tué son frère, est condamné à labourer une terre stérile.

Terre-Neuve et Labrador Terre-Neuve est la dernière province du Canada à adhérer à la Confédération, le 31 mars 1949, à minuit. Certaines parties de la côte de ce territoire le plus oriental du Canada sont sans doute les premières pointes de terre aperçues par les Européens au terme de leur traversée de l'Atlantique. Au Xe s., les Vikings venus de l'Arctique et du GROENLAND (KALAALLIT NUNAAT) naviguent en vue du Labrador et séjournent brièvement dans la partie nord de l'île de Terre-Neuve. À la fin du XVe s., les GRANDS BANCS DE TERRE-NEUVE situés au sud-ouest de l'île sont connus des pêcheurs BASQUES, français et portugais.

Le 10 août 1497, le roi d'Angleterre, Henri VII, offre 10 livres en récompense à Jean CABOT pour la découverte de la «nouvelle île». À partir de ce moment-là, l'île est désignée sous le nom de «Terra Nova», mais aussi plus couramment sous le nom de «Newfoundland» par les gens de langue anglaise. Les Français l'appellent «Terre-Neuve», les Espagnols et les Portugais la nomment encore «Terra-Nova».

Le LABRADOR, partie de la province, a probablement reçu son nom de l'appellation portugaise «Terra del Lavra-dors». Le CAP SPEAR, situé près de ST. JOHN'S, est le point le plus à l'est de la province et, par conséquent, est aussi le plus à l'est du continent nord-américain, sauf pour ce qui est du Groenland. Il y a presque 3000 km de distance entre l'Irlande et le cap Spear, tandis que, pour se rendre du même point jusqu'à Winnipeg et Miami, il faut compter respectivement 3100 et 3400 km. La côte sud chevauche le 47e parallèle de latitude nord, tandis que le point le plus septentrional du Labrador, le cap Chidley, se trouve juste au-dessus du 60e de latitude nord. La province s'étend, du nord au sud, sur un peu plus de 1800 km.

Terre-Neuve (terre, cours d'eau et plans d'eau douce compris) représente une superficie de 405 720 km², dont presque les trois quarts, soit 294 330 km², sont occupés par le Labrador. Terre-Neuve arrive au septième rang des 10 provinces en termes de superficie. Ses voisines, la Nouvelle-Écosse, le Nouveau-Brunswick et l'Île-du-Prince-Édouard sont plus petites, même toutes les trois réunies. Terre-Neuve a une superficie légèrement supérieure à celle du Japon.

Terres et ressources

La province se divise en deux régions d'étendue inégale: au nord, la partie continentale, le Labrador, de beaucoup la plus grande et, au sud, l'île de Terre-Neuve. Chacune est différente, par les caractéristiques physiques de son environnement et par la disponibilité de ses ressources naturelles de même que par la nature et les caractéristiques de l'établissement humain.

Ces deux régions se subdivisent à leur tour. Le Labrador compte trois sous-régions: au nord s'étend une région littorale aux montagnes escarpées, aux fjords profonds et à la végétation naine de la zone subarctique, région peu habitée. Au sud, région peu ou moyennement habitée, il y a une région littorale rude, aux terres arides, et couverte de forêts vers l'intérieur. Enfin, la majeure partie de l'intérieur comprend un plateau disséqué, bien boisé, où la population est concentrée dans quelques grandes villes.

L'île de Terre-Neuve compte quatre régions distinctes: la côte ouest, l'intérieur, la côte nord-est et la côte sud. La côte ouest est dominée par les MONTS LONG RANGE aux sommets à surface plane, qui culminent à 814 m. Ils sont bordés à certains endroits par une étroite plaine côtière bien boisée et sont fréquemment découpés par des vallées profondément

marquées par les glaciers ainsi que par plusieurs baies semblables à des fjords, dont les plus grandes sont la baie des Îles et Bonne Bay.

Des communautés sont installées dans les baies et les anses presque tout le long de cette côte, et il y en a certaines à l'intérieur, dans la Codroy Valley, vers le sud, puis autour de Deer Lake qui s'étend sur une petite plaine enclavée entre les monts. L'intérieur est une région semblable à un plateau aux nombreuses ondulations, aux crêtes et aux versants ponctuant la ligne de partage dessinée par les cours d'eau les plus importants: les rivières des EXPLOITS, GANDER, HUMBER et Terra Nova qui drainent la majeure partie de la région. La région est couverte de vastes forêts, surtout sur les rives en pente douce des principaux cours d'eau. La population est disséminée et est concentrée surtout dans quelques villes axées sur l'exploitation forestière ou minière et reliées par les services de transport.

La côte nord-est aux nombreux promontoires, îles et baies, bordée par l'Atlantique, s'étend de la péninsule Great Northern jusqu'à la presqu'île d'Avalon (voir AVALON, PRESQU'ÎLE D'). Les parties intérieures de cette région sont généralement bien boisées, sauf sur les promontoires et les îles côtières où la végétation est rabougrie. La région a un littoral caractéristique des terres recouvertes par la glaciation et soulevées à certains endroits après la fonte de la calotte glaciaire. Il existe, par conséquent, d'innombrables baies, anses, îles et fjords qui, souvent, constituent d'excellents ports. Chaque année, durant tout l'hiver et jusqu'au début du printemps, cette région peut être bloquée par les glaces descendues de l'Arctique. Des habitations sont construites le long de la côte dans la plupart des baies et dans certaines îles au large.

La côte sud comprend toute la partie méridionale de l'île de Terre-Neuve. Elle comporte aussi des baies profondes, caractéristiques d'un littoral recouvert par la glaciation. Les glaces qui descendent de l'Arctique ne la bloquent pas, mais la partie orientale de la presqu'île d'Avalon, jusqu'à St. John's, peut parfois être isolée durant quelques jours.

Les régions intérieures sont en général montagneuses et accidentées. Une bonne partie du terrain est couvert de marécages peu profonds et d'une végétation saine. Les rives à faible dénivellation de la plupart des principaux cours d'eau et l'intérieur de la presqu'île d'Avalon sont couverts de forêts denses.

Géologie Le Labrador occupe la partie la plus septentrionale du BOUCLIER canadien, où on retrouve des roches éruptives et métamorphiques dures de l'époque précambrienne. Il existe aussi des régions de roches sédimentaires plus tendres, surtout à l'ouest, dans une formation appelée la fosse du Labrador, où se trouve le plus grand gisement de minerai de fer d'Amérique du Nord. La région inté-

rieure est formée par un plateau de 450 mètres d'altitude en moyenne au-dessus du niveau de la mer, traversé en grande partie par des cours d'eau importants coulant vers l'est, comme le FLEUVE CHURCHILL et ses affluents. Ces cours d'eau traversent la bordure est du BOUCLIER, en forme de cuvette, et se jettent dans la MER DU LABRADOR. Cette bordure est très montagneuse, surtout dans le Nord, où les MONTS TORNGAT s'élèvent à plus de 1500 mètres d'altitude, pour atteindre sur le mont Caubvick, le plus élevé, 1652 mètres.

En 1993, on a fait une découverte importante de nickel, de cuivre et de cobalt à Voisey Bay (approximativement à 35 kilomètres au sud-ouest de Nain). On le considère comme le gisement le plus riche découvert depuis la Seconde Guerre mondiale et, au début de 1996, on estimait le total des réserves à 100 millions de tonnes, quantité comparable à d'autres gisements importants de nickel au Canada.

L'île de Terre-Neuve fait partie du système appalachien et présente l'alignement typique sud-ouest nord-est par la disposition de ses principales baies et péninsules, de son réseau de cours d'eau et de ses chaînes de montagnes. Les roches sont plus variées dans l'île qu'au Labrador. La dérive des continents suivie de fréquentes périodes de déformation de la croûte terrestre et entrecoupées par de longues périodes d'érosion et de soulèvement de terrain ont produit cette grande diversité dans les types géologiques et les âges des formations rocheuses.

Les roches les plus anciennes sont de l'époque précambrienne et se retrouvent dans l'est, dans la presqu'île d'Avalon ainsi que dans la péninsule de Burin et aux alentours. Il y a essentiellement des roches sédimentaires plissées, mais dans plusieurs régions elles ont été, par après, solidifiées en roches métamorphiques par le processus d'intrusion. Quelques vestiges de roches sédimentaires paléozoïques et cambriennes formant des pentes douces se trouvent dans des poches le long de la côte. Les plus importantes se trouvent dans la BAIE DE LA CONCEPTION, où les roches ordoviciennes qui forment l'ÎLE BELL contiennent des couches de minerai de fer (hématite) estimées à des milliards de tonnes.

Dans les parties centrale et occidentale de l'île, le sous-sol contient une grande variété de roches sédimentaires, ignées et métamorphiques, du paléozoïque, et l'on constate que la déformation de la croûte terrestre a été très marquée. De longues périodes d'érosion à la suite de périodes de soulèvement ont laissé un paysage polycyclique qui comporte des restes d'anciennes surfaces d'érosion qu'on retrouve dans l'intérieur, qui ressemble à un plateau, ainsi que sur les montagnes aux sommets à surface plane des Long Range. Sur la côte sud, juste à l'est de CHANNEL-PORT AUX BASQUES, jusqu'à la partie occidentale de la BAIE NOTRE DAME, sur la

	Mandat	Premier ministre	Parti
PREMIERS MINISTRES DE TERRE-NEUVE*	1949-72	Joseph R. SMALLWOOD	Libéral
	1972-79	Frank D. MOORES	Conservateur
	1979-89	A. Brian PECKFORD	Conservateur
	1989	Thomas RIDEOUT	Conservateur
	1989-96	Clyde K. WELLS	Libéral
	1996-	Brian TOBIN	Libéral

* Depuis la Confédération, 1949

côte nord-est, s'étend un long gisement de roches paléozoïques riches en minerai de cuivre, de plomb, de zinc, d'or et d'argent.

Les moins anciennes et les moins remaniées de ces roches paléozoïques sont celles de la plaine côtière ouest. Elles sont mississippiennes et pennsylvaniennes. On en extrait du calcaire et une bonne quantité de gypse. Quelques gisements de charbon ont été découverts et il y aurait, semble-t-il, du pétrole, mais aucun gisement ayant une valeur commerciale n'a été découvert.

Parallèles à la côte est de l'île, sous l'océan, de vastes dépôts de roches du crétacé se présentent tout le long des Grands Bancs. Le forage à partir des plates-formes en mer a révélé la présence d'énormes réserves de pétrole et de gaz naturel dans cette région. En 1983 et en 1984, par suite des décisions de la Cour suprême de Terre-Neuve et de celle du Canada, on déclare que les ressources en mer (particulièrement le champ de pétrole Hibernia) appartiennent au gouvernement fédéral. Le 11 février 1985, un accord est signé entre le gouvernement de Terre-Neuve et le nouveau gouvernement conservateur fédéral, donnant à Ottawa et à St. John's «un droit de regard conjoint sur la gestion du pétrole et du gaz exploités en mer» et permettant «à la province de taxer les ressources comme si elles se trouvaient sur ses terres».

Surface Sur toute l'étendue de la province, on peut encore constater les effets de la période de GLACIATION continentale de l'époque pléistocène, qui remonte à 7000 ans. Le mouvement des couches de glaces a décapé et sculpté la surface. Une grande partie du matériau d'origine non consolidé sous le sol actuel est composé de débris glaciaires ou de sédiments marins, ces derniers étant maintenant dégagés à cause du soulèvement postglaciaire.

Les régions intérieures de l'île et du Labrador sont parsemées de lacs et de moraines, ce qui prouve qu'une immense calotte glaciaire a tout d'abord marqué un mouvement vers l'extérieur à partir du centre ouest du Labrador, puis s'est fragmentée en plusieurs petites calottes glaciaires centrées au Labrador, au centre ouest de l'île et sur la presqu'île d'Avalon, dans les dernières périodes du pléistocène.

Les fjords qu'on trouve sur presque la totalité des côtes ont été formés par les glaces qui creusaient des canaux en descendant les vallées du système fluvial préglaciaire. Les plus longs et les plus profonds de ces FJORDS se trouvent dans le nord du Labrador et autour de la péninsule Great Northern de l'île, mais il existe quelques endroits où cet effet de décapage par le mouvement de la glace n'existe pas. La majorité des baies sont profondes et possèdent les caractéristiques des fjords. À cause du soulèvement postglaciaire, de nombreux endroits du nord de l'île et du Labrador présentent des rivages élevés et de larges bandes de sédiments marins.

Les étendues les plus vastes et les plus impressionnantes de sédiments marins sont les restes des deltas soulevés qui se trouvent près de la baie St-Georges et dans les environs de HAPPY VALLEY-GOOSE BAY au Labrador, à l'embouchure du fleuve Churchill. Les caractéristiques du littoral, comme les chapelets d'îles au large, les flèches littorales, les tombolos et les flèches barrantes à l'embouchure d'une baie (barachois), qui sont typiques d'un littoral qui a été recouvert par les glaces, sont courantes dans les régions côtières du sud et du sud-est.

Le sol est généralement aride et de texture grossière. Dans le nord du Labrador et dans les endroits élevés de la province, à cause du froid et de l'exposition, il n'y a pas de végétation ou il n'y pousse que des espèces rampantes de lichen de la toundra de la zone subarctique.

Dans les régions intérieures, comme à la ligne de partage des eaux du fleuve Churchill et des rivières des Exploits, Humber et Gander, les couches de surface sont plus profondes et on trouve d'excellents peuplements de forêts. De vastes terres maréca-

geuses se sont développées dans les nombreuses dépressions de ces étendues à modelé glaciaire. La forêt se compose de plusieurs espèces communes de la FORÊT BORÉALE qui s'étend dans le nord de l'Amérique du Nord.

L'épinette noire domine, particulièrement dans les forêts claires et dans celles régénérées après des incendies. La forêt dense est plus commune et l'épinette noire et le sapin baumier y dominent, et leur ratio varie selon le site. Cette dernière essence pousse mieux dans les endroits où a eu lieu une coupe à blanc. Les autres espèces sont le mélèze, le pin ainsi que des espèces à feuilles caduques, typiques de la forêt boréale, comme le bouleau à papier, le peuplier faux-tremble, l'aulne, le petit merisier et le sorbier d'Amérique.

Une grande partie des régions non boisées est couverte de plantes basses semblables à des mousses, dont certaines constituent la nourriture des animaux sauvages. D'autres portent des baies, comme le bleuet, le pain de perdrix et la ronce petit-mûrier (mûres blanches), qui peuvent être consommées par l'homme.

Eau On en trouve en grande quantité dans les milliers de lacs, étangs et marais formés lors du retrait des glaces à la faveur d'affouillements glaciaires et de dépôts. De nombreux étangs sont peu profonds, mais les lacs sont encaissés dans de grandes vallées anciennes, creusées par les débris glaciaires et contenues par les dépôts glaciaires. Au Labrador, des centaines de lacs ont été aménagés par des canaux, des digues et des barrages afin de créer le RÉSERVOIR SMALLWOOD de 6527 kilomètres carrés (à peu près le tiers du LAC ONTARIO) derrière l'imposant aménagement hydroélectrique des CHUTES CHURCHILL.

En raison du climat humide et de la grande quantité de neige, le niveau phréatique est élevé dans toutes les régions et, en général, les lacs sont pleins et les cours d'eau ont un écoulement permanent. Il existe naturellement certaines fluctuations saisonnières et on connaît parfois des années très humides ou très sèches, mais on manque rarement d'eau pour les besoins intérieurs ou industriels.

Climat Le climat varie considérablement d'une région à l'autre de la province. L'intérieur du Labrador a un climat continental, alors que dans les régions du sud-est, vers la presqu'île d'Avalon, il est de type maritime. Entre ces deux extrêmes se situent des zones variables, mais on peut noter certaines observations générales.

Le nord du Labrador se trouve dans la zone subarctique caractérisée par une température froide et sèche toute l'année. Les hivers sont très froids, avec une moyenne de température de -20 °C, et les étés sont frais, avec une température moyenne de 5 à 10 °C en juillet. Ces moyennes sont enregistrées au niveau de la mer et celles qu'on note dans les monts Torngat sont encore plus basses. Les précipitations sont faibles, avec une moyenne annuelle de 46 centimètres à cap Chidley, mais la moitié tombe en neige. Dans la partie centrale du Labrador, les hivers sont extrêmement froids, avec des températures moyennes variant de -18 °C à -23 °C en janvier. Les étés sont chauds, avec des températures moyennes de 13 °C à 17 °C en juillet. On a enregistré, à l'ouest du Labrador, la température la plus basse de la province, soit -51 °C, et la plus haute à Goose Bay, à 38 °C.

Dans les régions côtières, la proximité de l'océan réduit les écarts de température entre l'été et l'hiver. Dans les régions littorales du sud du Labrador, il fait froid en hiver et les étés sont frais, alors que dans les régions intérieures, il fait extrêmement froid en hiver, mais chaud en été. Le climat dans l'île est presque le même, mais les différences sont moins grandes entre les régions côtières et intérieures. À St. John's, la température moyenne en janvier est de -4 °C et de 15 °C en juillet. À l'intérieur, dans la plupart des endroits, la moyenne au milieu de l'hiver se

situe entre -6 °C et -10 °C et, au milieu de l'été, entre 13 °C et 16 °C.

Les précipitations varient dans l'axe nord-ouest et sud-est. La moyenne annuelle dans les environs de la péninsule de Burin et de la presqu'île d'Avalon est de plus de 140 centimètres, et la quantité va en décroissant quand on se dirige vers le nord-ouest, pour n'être plus que de 40 à 60 centimètres au Labrador. Les précipitations tombent en quantités à peu près égales tous les mois, mais, dans le nord, près de la moitié tombe en neige, alors que dans le sud-est, les chutes de neige représentent seulement près de 12 p. 100.

Selon les années, on peut enregistrer de grandes variations, en grande partie selon les trajectoires prises par les tempêtes qui traversent l'Amérique du Nord, d'ouest en est. Lorsque la trajectoire est en direction du nord, l'hiver est doux et il tombe peu de neige, alors que, si elle est en direction du sud, l'hiver peut être extrêmement froid et apporter beaucoup de neige. Des tempêtes fréquentes signifient beaucoup de vent à des vélocités élevées. Les eaux côtières sont souvent dangereuses pour les petites embarcations. Le mélange des masses d'air du COURANT DU LABRADOR et du Gulf Stream produit le BROUILLARD sur les Grands Bancs, dans les régions littorales de l'Est et du Sud, surtout au printemps et au début de l'été.

Ressources

L'économie de Terre-Neuve repose presque entièrement sur ses ressources naturelles. Après la découverte de l'île vers 1497, la pêche à la MORUE a constitué la principale ressource pendant près de 400 ans, jusqu'à ce qu'on commence à exploiter les ressources forestières et minérales.

Forêts Les variations climatiques et la nature du sol conditionnent les variations de la végétation et sa croissance. Les terres basses et bien drainées sont en général propices à l'accroissement forestier et il existe un peuplement forestier suffisant pour constituer une ressource importante. On a d'abord utilisé le bois pour la construction de maisons, de bateaux et de clôtures et pour aménager des installations sur le rivage pour les besoins de la pêche et, enfin, comme combustible. Ces différentes utilisations ont à peine entamé les ressources forestières près des peuplements côtiers.

À partir du début du XX° s., en raison de l'augmentation de la valeur du bois et du bois de pâte, on a commencé à exploiter la forêt de l'intérieur. La coupe est massive, mais la régénération est généralement bonne, malgré les pertes causées par les INCENDIES DE FORÊT et les dégâts, parfois sérieux, causés par les insectes.

Minéraux On trouve des minéraux intéressants sur le plan économique dans plusieurs endroits. Ceux qu'on trouve dans la région minéralisée de l'île se composent en grande partie des métaux communs, comme le cuivre, le plomb et le zinc. Ils sont exploités à Buchans, Daniel's Harbour et près de BAIE VERTE, lorsque les conditions du marché le permettent. Par ailleurs, on exploite de l'or à Couteau Bay, sur la côte sud de l'île, du minerai de fer (hématite) dans l'ouest du Labrador, du gypse près de St-Georges et du pyrophyllite (silicate d'aluminium) près de Long Pond.

La région d'exploitation minière la plus prometteuse est celle de Voisey Bay. En 1993, on y a découvert de fortes concentrations de nickel, de cuivre et de cobalt. Ces découvertes ont provoqué un regain d'activités d'exploration dans la région et, en janvier 1996, on a annoncé la découverte d'une nouvelle réserve, deux fois plus importantes que la première. Si les prévisions se concrétisent, Voisey Bay relancera l'économie de la province encore plus que le mégaprojet Hibernia en créant les emplois dont elle a tant besoin.

Pêche Jusqu'au début des années 90, la principale richesse de la province et la plus permanente était le poisson des eaux entourant la province. Les poissons de fond comme la morue, la sole grise, la limande-sole, le sébaste et le turbot étaient abondants sur les bancs et, à certaines périodes, dans toute la zone littorale.

Le poisson de surface comme le capelan, le calmar, le hareng et le maquereau abonde à certains endroits. Le SAUMON DE L'ATLANTIQUE migrateur est pêché en mer et dans les grands cours d'eau, mais sa population a énormément diminué. La truite est abondante dans les lacs, les étangs et les rivières alors que le homard et le crabe se trouvent dans les eaux peu profondes du sud.

Hydroélectricité Les grands réservoirs naturels d'eau du plateau du Labrador et à l'intérieur de l'île ont permis une exploitation à grande échelle de l'HYDROÉLECTRICITÉ. Au Labrador, on tire une puissance hydraulique de 5428,5 MW des chutes Churchill et il existe un potentiel de 2555 MW supplémentaires, essentiellement dans le cours inférieur du fleuve Churchill. Dans l'île elle-même, on exploite une puissance de plus de 1200 MW et on dispose d'un potentiel supplémentaire encore inutilisé.

Faune Comme l'intérieur de la province est inhabité en bonne partie, il offre un vaste espace et un habitat idéal pour la faune, dont certaines espèces constituent une importante ressource. Les espèces sont plus variées au Labrador que dans l'île et parmi celles-ci, on trouve le caribou, l'orignal, l'OURS NOIR ainsi que l'ours polaire dans les régions côtières du Nord. On trouve aussi de petits animaux à fourrure en grand nombre comme le castor, le renard, le lynx, le lapin, la loutre et le rat musqué. On les capture pour leur fourrure ou pour leur chair et la chasse sportive est également pratiquée.

Conservation Dans une grande partie des régions littorales, des colonies de millions d'oiseaux marins nichent chaque année, surtout des goélands, des fous de Bassan, des marmettes, des mouettes et des macareux. On a créé des refuges pour les protéger dans six réserves écologiques provinciales, comme à l'île Gannet, au large du Labrador, à l'île FUNK située sur la côte est de la presqu'île d'Avalon, et à CAP ST. MARY'S, sur la côte sud. Deux refuges pour oiseaux migrateurs se trouvent dans les îles Grey et dans le PARC NATIONAL TERRA-NOVA.

Le PARC NATIONAL DU GROS-MORNE protège une région naturelle spectaculaire sur la côte ouest et le parc national Terra-Nova sur la côte est. Le territoire compte aussi 64 parcs provinciaux et 7 réserves écologiques supplémentaires, une réserve naturelle dans le centre de la presqu'île d'Avalon ainsi qu'une autre dans le centre sud de l'intérieur.

Population

Une faible proportion de la population est autochtone. Les BÉOTHUKS, seul peuple autochtone de l'île, sont maintenant entièrement disparus. Quelques milliers d'INUITS et de Montagnais-Naskapis (*voir* INNUS (MONTAGNAIS-NASKAPIS)) habitent, pour la plupart, le Labrador. Ils ont conservé leur langue d'origine et leur culture ancienne. À la fin du XXᵉ s., deux séries de négociations sont en cours relativement aux REVENDICATIONS TERRITORIALES dans la province. Les Inuits du Labrador ont commencé des négociations avec les gouvernements provincial et fédéral, en 1989, alors que les Innus (Montagnais-Naskapis) ont commencé en 1991. En 1986, une réserve indienne a été fondée pour les MICMACS à Conne River, sur la côte sud de l'île.

Ailleurs, la population est d'origine européenne, surtout de descendance d'immigrants du sud-ouest de l'Angleterre et du sud de l'Irlande. La côte ouest est habitée par quelques groupes de descendants de Français, surtout des Acadiens (*voir* ACADIE), et quelques ÉCOSSAIS dont les ancêtres venaient du Cap-Breton, en Nouvelle-Écosse. Les religions pratiquées reflètent essentiellement l'origine ethnique. La plupart des descendants d'IRLANDAIS et de Fran-

çais sont catholiques romains et les descendants des Anglais sont anglicans, appartiennent à l'Église Unie, sont pentecôtistes, salutistes ou adventistes du septième jour.

La colonisation par les Européens s'est faite lentement et reflète la dominance de la pêche. Les premiers colons prêtent peu d'attention à la terre ou au manque de commodités et s'installent dans les baies et les anses, à proximité de la mer et des champs de pêche, surtout sur la côte est. Graduellement, la colonie s'étend et devient permanente. Les premiers centres se développent autour de St. John's et de la baie de la Conception, puis généralement le long des côtes est et sud.

On pêche durant l'été, on procède à la salaison des prises qu'on fait ensuite sécher au soleil et, l'automne venu, le poisson est prêt à être expédié en Europe. Des centres d'échange et de commerce se développent donc, comme à St. John's, à HARBOUR GRACE, à Trinity et à BONAVISTA. Peu à peu, les liens économiques avec la mère patrie sont rompus. La population dépend presque entièrement de la pêche. Les nouveaux arrivants se font rares et l'émigration vers des régions plus prometteuses d'Amérique du Nord est constante. La population augmente lentement, passant de 12 000 personnes en 1763 à quelque 200 000 en 1891.

À la fin du XIXᵉ s. et au début du XXᵉ s., la diversification de l'économie crée une plus grande stabilité. En 1894, on ouvre des mines pour extraire le minerai de fer à l'île Bell, dans la baie de la Conception, et, en 1910, on ouvre une industrie papetière à Grand Falls. En 1925, une seconde industrie papetière est construite à Corner Brook, sur la côte ouest, puis on commence l'extraction des métaux communs à Buchans, en 1928.

À partir de 1881, un service de chemin de fer transinsulaire comportant plusieurs lignes de prolongement contribue à l'amélioration graduelle des conditions économiques. En 1935, la population atteint près de 290 000 personnes. La CRISE DES ANNÉES 30 stoppe l'expansion, mais, ironiquement, la Seconde Guerre mondiale apporte une prospérité sans précédent, surtout à cause des emplois procurés par la construction et l'entretien des grandes bases militaires à St. John's, à Gander, à Goose Bay, à STEPHENVILLE et à Argentia.

Après la guerre, la prospérité diminue et, en 1949, la population accepte d'entrer dans la Confédération canadienne par voie de référendum. Elle bénéficie alors d'avantages sociaux sous forme de pensions et de diverses allocations généreuses. L'économie d'après-guerre demeure florissante de telle sorte qu'elle demeure intense pendant les années 50. La transition vers le statut de province ne se fait pas sans peine, mais la plupart des Terre-Neuviens, en particulier les jeunes, sont fiers d'appartenir au Canada. En 1981, plus de 60 p. 100 des 567 474 habitants que comptait la province étaient nés après la Confédération. En 1994, la population est estimée à 582 000 personnes.

À partir des années 1880, la répartition de la population s'est nettement et sans cesse modifiée. Lorsque la pêche à la morue était la seule activité importante, presque toute la population se trouvait sur la côte. La majorité des villages étaient petits et l'importance de quelques grands centres dépendait du rôle qu'ils avaient en tant que centres d'échange et de commerce.

Au fur et à mesure qu'on exploite d'autres ressources, des villes minières comme Wabana et Buchans ainsi que des villes papetières comme Corner Brook et Grand Falls se développent. Dans les années 50, les villes de LABRADOR CITY et Wabush croissent rapidement grâce à l'extraction du minerai de fer de l'ouest du Labrador.

Par suite de cette diversification de l'économie, un processus de centralisation débute. L'industrie de la pêche elle-même connaît des changements. Les petites embarcations qui prenaient la mer chaque

matin cèdent la place à des chalutiers mieux conçus pour la pêche hauturière, et les poissons autrefois conservés par salaison sont maintenant congelés dans des usines modernes. Par la suite, un mouvement de population est provoqué par l'effondrement de nombreux petits ports isolés et la croissance en taille et en importance des centres aménagés pour transformer le poisson, desservis par les réseaux de transport et de communication de la province.

En 1991, 76 p. 100 de la population est citadine. Avant l'effondrement de la pêche, près de 10 p. 100 de la POPULATION ACTIVE travaillait dans le secteur primaire (pêche, mines, foresterie et agriculture). Le secteur de la fabrication et de la transformation occupait 13 p. 100 de la population, secteur en grande partie lié à la pêche, aux pâtes et papiers et à l'industrie minière. Une majorité du reste de la population exerce des professions libérales, occupe des emplois de bureau ou liés au secteur des services.

À Terre-Neuve, depuis 1977, le taux de chômage a souvent été le taux le plus élevé du Canada et a été beaucoup plus élevé que la moyenne nationale (9,5 p. 100). Le taux le plus bas a été de 13,2 p. 100 en 1980 et le plus élevé, 20,8 p. 100 en 1985. Il est passé à 15,7 p. 100 en 1989 et a de nouveau monté à 20,4 p. 100 en 1994, avant de diminuer à un taux de 18,3 p. 100 en 1995. Depuis 1990, la participation au marché du travail est demeurée à presque 53 p. 100, bien en dessous de la moyenne nationale de 64 p. 100 (1995). Malgré le chômage élevé et le faible taux de participation au marché du travail, Terre-Neuve a la moyenne de revenus annuels la plus élevée de toutes les provinces de l'Atlantique, mais cette moyenne ne représente que 86 p. 100 de la moyenne nationale (1994).

Économie

Autrefois tributaire des seuls produits de la pêche, l'économie repose maintenant sur l'exploitation minière et le traitement des minéraux, sur les usines axées sur les ressources forestières, sur les services privés et gouvernementaux dans les centres de commerce, de transport et de communication. Les paiements de transfert aux régions connaissant une disparité régionale et d'autres allocations du gouvernement fédéral sont d'une importance considérable.

Terre-Neuve est richement dotée en ressources naturelles et l'exploitation périodique de chacune de ces ressources a profité à des producteurs des secteurs primaire et secondaire. On prévoit que l'exploitation des gisements de minéraux de Voisey Bay, de pétrole et de gaz naturel en mer aura un impact positif sur l'économie de la province, mais la prospérité véritable n'existera que lorsque toutes les ressources seront exploitées avec succès en même temps (*voir* ÉCONOMIE RÉGIONALE).

Agriculture L'agriculture s'est peu développée à Terre-Neuve en raison de la pauvreté du sol et des conditions climatiques difficiles. Les terres agricoles n'occupent que 0,01 p. 100 de la superficie de la province et la moitié de celles-ci se trouvent dans la partie septentrionale de la presqu'île d'Avalon. Il existe néanmoins des îlots où le sol fertile et des conditions idéales permettent la culture de fourrages et la pâture.

La pomme de terre, le navet et le chou sont cultivés en grande quantité et, dans certains endroits, on élève du bétail, surtout des bovins et des moutons, dans des pâturages naturels. L'élevage du porc et de la volaille est important et on trouve de belles fermes laitières près de St. John's et de Corner Brook. La production locale des œufs suffit presque à combler les besoins de la province.

Les terres cultivées couvrent une superficie de 6274 ha et les pâturages, 4606 ha. En 1993, la récolte de pommes de terre totalisait 3 millions de kg alors que celle des navets atteignait 3,1 millions de kg et celle des choux, 2,22 millions de kg. Les betteraves, les carottes, la laitue, la sarriette, les fraises, les cardes, le brocoli et les choux de Bruxelles sont cultivés en petite quantité dans de petits jardins maraîchers. On exporte annuellement plus de 440 000 kg de bleuets sauvages ainsi que des fraises sauvages pour une valeur de 1 million de dollars.

On dénombre près de 4400 vaches laitières qui donnent 17 000 kl de lait, environ 1000 bovins de boucheries et 1500 veaux. On élève et on abat environ 16 500 porcs par année. Terre-Neuve compte près de 3400 moutons, un peu plus de 400 000 poules pondeuses qui donnent 7,6 millions de douzaines d'œufs et les ventes de volaille atteignent 4,5 millions de dollars. À part les bleuets, toute la production agricole est consommée localement et plus de 80 p. 100 de la viande, des fruits et des légumes sont importés.

Industrie L'utilisation des matières premières constitue la base de l'activité industrielle: transformation du poisson pour la congélation, salaison de la morue, usines de pâtes et papiers et production de panneaux de particules à Donovans, près de St. John's. D'autres industries utilisatrices de matières premières, mais à plus petite échelle, sont de petites entreprises de construction navale, des scieries, des ateliers de production de portes et fenêtres, des conserveries de fruits de mer et de baies sauvages et certains ateliers d'artisanat produisant des articles souvenirs.

Parmi les grandes entreprises qui importent des matériaux ou des matières premières pour leur production, il y a l'usine de phosphore à Long Harbour dans l'isthme d'Avalon, l'usine de construction navale (acier) à Marystown, l'usine de fabrication de peinture à St. John's et de nombreuses petites entreprises de fabrication de produits courants comme le pain, les biscuits, la margarine, la crème glacée, les boissons gazeuses, la bière et d'autres produits dont la renommée leur donne un avantage sur les produits concurrents importés.

L'industrie du tourisme rapporte 450 millions de dollars chaque année. La province offre des paysages uniques et des parcs réputés. Les motels, les hôtels et les lieux historiques, fréquentés surtout par la population de l'île, survivent surtout grâce aux subventions provinciales et fédérales. L'éloignement et l'augmentation du coût des transports ne sont pas favorables à l'accroissement du nombre de touristes provenant de l'extérieur de la province.

Exploitation minière Terre-Neuve produit une moyenne d'environ 19 millions de tonnes de minerai annuellement pour une valeur de 600 à 750 millions de dollars. En 1994, le minerai extrait représentait une valeur de 796 millions de dollars, en baisse par rapport à sa valeur en 1985 qui était de 869 millions de dollars.

Plus de 90 p. 100 de la production de minéraux pour l'exportation se fait dans les communautés jumelles de Wabush et de Labrador City, dans l'ouest du Labrador. On y extrait le MINERAI DE FER et on l'enrichit parce qu'il a une faible teneur en fer, soit entre 20 et 30 p. 100. La plus grande partie du minerai est transformée en boulettes à Pointe-Noire, au Québec. Le produit fini est ensuite transporté vers le sud par rail jusqu'à Sept-Îles, au Québec, et, de là, par la voie maritime du Saint-Laurent et les Grands Lacs, jusqu'aux fonderies et aciéries de la région des Grands Lacs.

Une mine de cuivre de la péninsule de Baie Verte, fermée depuis 1982, a rouvert en octobre 1995 et le cuivre concentré est envoyé aux fonderies du Québec. L'amiante est meulée à Baie Verte.

Il existe d'autres mines moins importantes. En 1987, on ouvrait la mine d'or de Hope Brook à Couteau Bay. Elle a fermé plus tard, puis a rouvert en 1992. On extrait de la pyrophyllite à Long Pond mais, pour le reste, l'activité est sporadique et se limite à l'extraction de gypse pour les panneaux de placoplâtre, à Flat Bay, près de St. George's. Les autres minéraux industriels extraits sont la tourbe et la dolomie.

En 1993, la découverte de métal massif et de gisements d'exploitation à Voisey Bay, au Labrador, a entraîné une augmentation de l'exploration et des investissements. On en a jusqu'à la fin du XXe siècle découvert quelque 100 tonnes dans la région. La première découverte, à Western Extension, celle de la mine Western Extension, mènera à l'exploitation d'une mine à ciel ouvert. Eastern Deeps, comme son nom l'indique, est un gisement plus profond. Il y a une petite briqueterie, suffisante pour les besoins locaux à Milton, à Trinity Bay, où se trouvent des réserves de glaise et d'argile litées. La production totale de ce type de matériaux de construction était évaluée à 29,8 millions de dollars en 1993.

Foresterie Le bois sert principalement à la production du papier journal. Les papeteries de Corner Brook, de Stephenville et de Grand Falls utilisent en moyenne 1,9 million de m³ de bois par an, ce qui représente 68 p. 100 de la production totale de bois de la province et une valeur de 350 millions de dollars, une fois tout ce bois transformé en papier journal. C'est un domaine où la concurrence est très forte et il n'est pas rare de voir la fermeture d'usines ou la diminution du nombre d'employés pour des périodes de quelques semaines ou même, parfois, durant quelques mois. L'industrie forestière emploie près de 3000 personnes pour l'abattage des arbres, dans les usines de transformation, les scieries et pour la fabrication de pâtes et papiers.

Certains emplois en forêt ont été perdus à cause de l'arrivée de la machinerie moderne. Le transport du bois est maintenant effectué le plus souvent par chemin de fer ou par camion plutôt que par flottage sur les principaux cours d'eau. Au cours des dernières années, on a connu des pertes considérables de bois de valeur, causées par des insectes, en particulier par la tordeuse des bourgeons de l'épinette. Actuellement, le bois est en surabondance, mais les ravages de cette chenille ont sensibilisé les forestiers au besoin d'améliorer les techniques de récolte et de prévoir un programme planifié de reforestation.

En plus du papier journal, une grande partie du bois coupé est également utilisé comme combustible (24 p. 100), pour la production de bois d'œuvre, de poteaux, de clôtures et comme bois de mines. On compte beaucoup plus de petites scieries que de grandes. La production totale annuelle a diminué, passant de plus de 100 000 m³ en 1980 à environ 75 000 m³ en 1984. Toutefois, une nouvelle entreprise, ouverte à Rodicton en 1992, vient ajouter 600 000 m³ à la capacité de production de la province.

Pêche Avant 1930, l'industrie de la pêche reposait essentiellement sur la production de la morue salée et séchée au soleil. Elle était exportée surtout aux Antilles et dans les pays méditerranéens. Les progrès dans la congélation rapide et dans la capacité de transport des produits congelés par bateaux jusqu'aux points de vente ont changé radicalement l'industrie. Puis, petit à petit, la production et les ventes de morue salée diminuent au profit de la morue congelée et d'autres espèces, dont le turbot, la plie et le sébaste. Le marché lui-même se diversifie puisque les États-Unis deviennent les principaux acheteurs.

L'industrie de la pêche est en changement constant depuis cette époque, en partie en réaction aux innovations et à la modernisation des méthodes de pêche, mais aussi à cause des variations du marché, de la concurrence et des fluctuations de l'offre et de la demande.

Jusqu'au début des années 90, des entreprises de pêche se trouvaient sur toutes les côtes, dépendant de la pêche hauturière par grands chalutiers qui rapportaient une variété de poissons des bancs et des petites prises de la pêche côtière encore importante. Pour cette dernière, on utilise des filets maillants, des trappes à morue, des lignes avec amorces et des bateaux de taille moyenne (palangriers) ou de petits bateaux-chasseurs ou même des doris. Comme on pêche près des côtes, sans pouvoir aller très loin, les prises fluctuent. Quelques entreprises préparent de la morue salée et séchée au soleil, produit pour lequel il existe encore un bon marché, mais la morue séchée est maintenant produite en grande partie dans de grandes usines mécanisées.

Les changements qui ont eu lieu à partir de 1930 dans le domaine de la pêche ont entraîné un accroissement de l'emploi dans les usines de transformation et une diminution des emplois de pêcheur. Les communautés dotées de grandes usines s'accroissent nettement en taille et en importance alors que, surtout pour les villes à industrie unique, l'avenir est incertain. En plusieurs endroits, le long de la côte, les pêcheurs parviennent à augmenter leurs revenus saisonniers en pêchant le homard, le saumon, le capelan, le hareng, le maquereau, le calmar, l'anguille, le pétoncle et le crabe. Le 2 juillet 1992, le gouvernement fédéral a imposé un moratoire total touchant la pêche de la morue du Nord afin de protéger les stocks après des années de surpêche. Des interdictions sont aussi annoncées pour d'autres espèces de poisson de fond. Depuis, d'autres types de pêche se sont développés, surtout aux crustacés, aux coquillages et au crabe. En compensation, 25 570 pêcheurs sans emploi reçoivent de 250 à 400 dollars par semaine.

Au début des années 80, plusieurs entreprises de pêche de Terre-Neuve étaient en difficulté en raison de fortes dettes contractées durant des périodes de marché en baisse, de la surproduction et d'une expansion excessive. Un accord a été conclu entre les deux ordres de gouvernement et les banques afin de former une nouvelle supersociété, Fisheries Products International Ltd, en fusionnant toutes les anciennes grandes sociétés. Grâce au succès de cette restructuration, la société retourne au secteur privé en 1985 (*voir* PÊCHE, HISTOIRE DE LA). Toutefois, le moratoire sur la pêche à la morue a aussi durement touché les grandes entreprises. En 1995, Fisheries Products International Ltd enregistre des pertes de 3,3 millions de dollars alors que National Sea Products enregistre un revenu net de 5,6 millions de dollars, surtout grâce à la transformation de la mye.

Les États-Unis constituent toujours le marché principal pour le poisson de Terre-Neuve, représentant 12 p. 100 du total des exportations de la totalité des produits de la province en 1992. Avant le récent déclin, 13 000 pêcheurs à temps plein et 13 000 autres à temps partiel prenaient en moyenne 500 000 tonnes de poissons ayant une valeur au débarquement de près de 200 millions de dollars. En 1992, seulement 244 000 tonnes de poissons ont été débarquées et l'industrie employait seulement 9800 pêcheurs et 7700 personnes dans le secteur de la transformation, résultats en baisse de 18 p. 100 par rapport à ceux de 1991. Toutefois, la totalité du poisson transformé représente maintenant une valeur qui dépasse les 400 millions de dollars.

Finance Les principales banques canadiennes desservent la province, de même que les sociétés de fiducie, les courtiers d'assurances et les sociétés de prêt. La plupart des sièges sociaux se trouvent à St. John's, mais il existe des succursales dans toutes les grandes villes. On trouve 14 caisses populaires, 19 coopératives de consommation, 19 coopératives de logement et 13 autres de producteurs. Le MOUVEMENT COOPÉRATIF a connu des hauts et des bas.

Quelques coopératives de pêcheurs producteurs fonctionnent très bien et quelques coopératives de consommateurs des grandes villes possèdent quelques supermarchés rentables. L'entreprise privée est appuyée, particulièrement dans les secteurs axés sur les ressources. De plus, les petites entreprises profitent couramment des prêts et des subventions du gouvernement, en particulier celles de pêche, les scieries, les entreprises agricoles et les petites entreprises de construction navale.

Transport Au début de la colonie, tout le transport se faisait par bateaux ou, en hiver dans le Nord, par attelages de chiens. Puis les chemins de fer, les routes et enfin les aéroports ont facilité les déplacements. Le chemin de fer de l'île allant de St. John's à Channel-Port aux Basques est inauguré vers 1880, et des lignes secondaires se développent rapidement pour desservir Argentia, dans la baie de Plaisance, Bay de Verde, dans la baie de la Conception, à Trepassey, dans le sud de la presqu'île d'Avalon, et à Bonavista. Plus tard, on construit des lignes vers Lewisporte dans Bay of Exploits et vers Stephenville. La ligne, exploitée plus tard par le Canadien National (CN), est étroite et le train est rudimentaire, mais elle constitue un apport essentiel au développement de l'île, surtout pendant la première moitié du XXᵉ s. Le service de chemin de fer a été complètement abandonné en septembre 1988.

Il existait aussi un certain nombre de petits chemins de fer privés ou appartenant à des compagnies, comme le Grand Falls Central. Le très moderne chemin de fer Labrador and Quebec North Shore Railway transporte le minerai de l'Ungava et du l'ouest du Labrador. Il va de Schefferville jusqu'à Sept-Îles sur le golfe du Saint-Laurent en traversant le Labrador. Les embranchements principaux se trouvent à Wabush et à Labrador City.

Jusqu'en 1949, le réseau routier était peu développé. Les routes locales étaient étroites et généralement non asphaltées. À partir des années 50, un programme continu de construction de routes et d'amélioration des routes existantes a permis d'agrandir le réseau routier qui est maintenant en grande partie asphalté et comprend la ROUTE TRANSCANADIENNE entre St. John's et Channel-Port aux Basques. Il y a de moins en moins d'agglomérations isolées. Quelques îles éloignées de la côte ont un service de traversier, comme Fogo, Ramea, Bell et les îles de Little Bay. Plusieurs îles importantes, dont Random, Twillingate et Greenspond sont maintenant reliées entre elles par des chaussées.

Au Labrador, il n'y a qu'une petite route asphaltée entre les communautés situées en bordure du détroit de Belle-Isle, et une route intérieure en gravier qui va de Churchill Falls au chemin de fer Labrador et Quebec North Shore. Une autre route, praticable par tous les temps, dont le tronçon de Terre-Neuve est en gravier, relie Churchill Falls au réseau routier du Québec par l'entremise de Wabush et Labrador City. La plupart des résidants de Labrador City peuvent ainsi accéder au reste du Canada durant toute l'année. La reconstruction du Freedom Road, une voie rudimentaire entre Churchill Falls et Goose Bay, assurera la base du transport routier au Labrador.

Depuis les années 20, l'AVIATION DE BROUSSE est importante à Terre-Neuve, et quelques endroits isolés profitent encore des services de petits hydravions ou d'hélicoptères pour la distribution du courrier ou pour répondre aux urgences.

Les aéroports de St. John's, de Gander, de Deer Lake, de Stephenville, de Happy Valley-Goose Bay, de St. Anthony, de Churchill Falls et de Wabush sont desservis par des compagnies aériennes locales et nationales selon un horaire régulier. Des services réguliers sont également assurés le long de la côte du Labrador.

Sa situation géographique a fait de Terre-Neuve un point idéal pour les premières tentatives de traversée de l'Atlantique par avion. Les 14 et 15 juin 1919, Alcock et Brown réussissent le premier vol de St. John's à Clifton, en Irlande, à bord d'un biplan bimoteur. Par la suite, de nombreuses traversées sont effectuées à partir de Terre-Neuve dans les années 20 et 30, mais surtout pendant la Seconde Guerre mondiale, lorsqu'un véritable pont aérien de bombardiers est établi entre Gander et l'Angleterre (*voir* FERRY COMMAND). Un service d'hydravion dessert aussi Botwood et, avant l'arrivée des avions à réaction, il existe un service aérien transatlantique régulier passant par Gander. On continue d'utiliser cette dernière comme carrefour international pour les avions

transportant des marchandises et des passagers vers différentes régions éloignées du monde.

Service maritime Grâce aux navires modernes, les habitants des côtes du Labrador jouissent d'un service de transport maritime durant tout l'été. Un traversier pouvant transporter des automobiles et des camions gros porteur fait la navette tout l'été entre Lewisporte et Goose Bay. Autour de l'île, on fait aussi du cabotage. L'hiver, il est limité à la côte sud en raison des glaces flottantes de l'Arctique. Un traversier assure une navette quotidienne toute l'année de Channel-Port aux Basques à North Sydney et à l'île du Cap-Breton. Trois fois par semaine, de juin à septembre, le CN offre les services d'un traversier de nuit entre North Sydney et Argentia. On transporte, surtout en été, les produits miniers, les produits du poisson et le papier journal destinés à l'exportation à partir de Corner Brook, de Botwood, de Stephenville, d'Argentia, de St. John's et de Long Harbour.

La majorité des produits importés arrivent par bateaux à Channel-Port aux Basques, à Corner Brook, à St. John's et à Goose Bay pour être ensuite acheminés dans toute la province par transport routier. Dans l'extrême nord de la province, les chasseurs et les trappeurs se déplacent à l'aide de MOTONEIGES, d'hélicoptères et d'avions à voilure fixe équipés de skis qui ont remplacé les attelages de chiens traditionnels.

Énergie Les ressources énergétiques sous la forme d'énergie hydraulique abondent, surtout au Labrador. En fait, la province n'utilise qu'une partie de son potentiel énergétique. Tous les besoins de l'île, tant industriels qu'intérieurs, sont comblés par l'énergie hydraulique qui fournit plus de 1200 MW et l'énergie thermique qui fournit 495 MW. On a tenté de réduire le coût élevé de l'électricité dans l'île en élaborant des projets d'utilisation des déchets de bois et la tourbe comme combustibles pour les institutions et les établissements industriels.

La plus grande partie de l'électricité générée par les CHUTES CHURCHILL, au Labrador, est vendue au Québec. La revente de cette électricité par HYDRO-QUÉBEC avec des profits substantiels a toujours contrarié le gouvernement de Terre-Neuve. Une tentative pour contourner ce contrat en faisant promulguer une loi autorisant le gouvernement terreneuvien à annuler les droits d'utilisation par le Québec des ressources hydrauliques de Terre-Neuve a été déclarée illégale par la Cour suprême du Canada, en mai 1984.

En 1989, on découvre le champ de pétrole Hibernia au large de l'île de Terre-Neuve. Le potentiel des ressources de pétrole est estimé à 615 millions de barils. Depuis cette date, près de 1,5 millions de dollars sont investis chaque jour dans le développement de ce champ. Il a coûté près de 6 milliards de dollars et fourni plus de 16 600 emplois par année-personne lorsqu'il s'est terminé en 1997. Un deuxième champ, celui de Terra Nova, est en cours de développement.

Gouvernement et politique

L'Assemblée législative provinciale, siège de la législature provinciale de Terre-Neuve, compte 52 députés élus qui représentent chacun un district. Ce modèle s'appuie sur le système parlementaire britannique comme dans les autres provinces canadiennes. Le LIEUTENANT GOUVERNEUR est le chef officiel du gouvernement et le représentant de la Couronne. Il est nommé par le premier ministre pour un mandat d'au moins quatre ans. Le Parlement ne peut siéger plus de cinq ans.

Le PREMIER MINISTRE PROVINCIAL et chef véritable du gouvernement est habituellement le chef du parti qui détient la majorité des sièges à l'Assemblée. Le CABINET est formé de tous les ministres choisis par le premier ministre au sein des élus de son parti. Les domaines de compétence fédérale et provinciale ont été fixés dans la LOI CONSTITUTIONNELLE DE 1867.

Le système judiciaire provincial de Terre-Neuve se compose de la Cour suprême de la province, de 7 cours de district et de 18 cours provinciales. La Cour suprême compte la section de première instance, composée d'un juge en chef et de six juges assesseurs, et la section d'appel comprend aussi un juge en chef et huit juges assesseurs. Il existe également un tribunal unifié de la famille composé d'un seul juge. Tous sont nommés par le gouvernement fédéral. La section de première instance tient ses audiences à St. John's, mais elle peut se rendre là où il n'y a pas de cour locale. Chacune des sept cours de district, située dans un des sept districts électoraux fédéraux, relève du gouvernement fédéral en matière d'administration. Les 18 cours financées et administrées par la province sont situées dans les villes les plus importantes. (*Voir aussi* PREMIERS MINISTRES DE TERRE-NEUVE: TABLE)

Gouvernement municipal Le gouvernement municipal à Terre-Neuve offre peu de ressemblance avec ceux qu'on retrouve ailleurs au Canada. L'isolement de la province empêche la subdivision en comtés et en districts et retarde généralement la mise en place de gouvernements municipaux. St. John's, la première municipalité, a été constituée en ville en 1888 et a reçu sa charte en 1921.

Les autres grands centres ont établi un gouvernement municipal beaucoup plus tard. Il faut attendre après la Seconde Guerre mondiale pour que cela devienne courant, et St. John's est restée la seule ville constituée à Terre-Neuve jusqu'en 1938. Toutefois, beaucoup de communautés choisissent de ne pas percevoir de taxes municipales, n'ont pas de code de la construction ni d'autres règlements et renoncent ainsi aux avantages de se constituer en municipalité, qui comprennent entre autres l'entretien des routes, le ramassage des ordures ménagères et l'éclairage des rues. Actuellement, moins de la moitié des 800 communautés possèdent une certaine forme de gouvernement municipal.

Terre-Neuve compte trois grandes villes: ST. JOHN'S, Mount Pearl et CORNER BROOK, une région métropolitaine entourant St. John's, 158 villes moyennes, 134 agglomérations et plus de 100 districts de services locaux. Les deux dernières entités représentent habituellement des groupes de communautés. Les conseils municipaux et communautaires ont un pouvoir limité de taxation et ne peuvent livrer que quelques services locaux. Les travaux importants sont souvent principalement financés par le ministère provincial des Affaires municipales. Le gouvernement provincial finance la santé, l'éducation, la police, l'entretien du réseau routier et d'autres services.

Représentation fédérale Selon les modalités inscrites lors de l'entrée de Terre-Neuve dans la Confédération, en 1949, la province est représentée par six députés (sept par la suite) et six sénateurs. Il est de tradition qu'au moins un de ces députés fasse partie du Cabinet. Plusieurs députés terre-neuviens ont acquis une excellente réputation en occupant les postes de ministre des Finances et des Affaires extérieures, mais en général, la représentation de la province est faible et, par conséquent, son influence est restreinte sur le plan des décisions d'intérêt national.

Finances publiques Les Terre-Neuviens ont connu le taux d'imposition provincial le plus élevé au Canada jusqu'en avril 1997, moment où la taxe de vente harmonisée (TVH) est entrée en vigueur. Ce niveau élevé de taxation ne suffit pas et la province reçoit en plus environ la moitié de ses revenus du gouvernement fédéral sous forme de paiements de transfert et de paiements de péréquation. En 1997-1998, ces paiements totalisaient plus de 1,4 milliard de dollars, soit plus de 43 p. 100 de ses revenus totaux. L'éducation et la santé, recevant respectivement 20 p. 100 et 23,9 p. 100 de ce montant, sont les secteurs les plus coûteux. La dette provinciale représente 16 p. 100 de la contribution fédérale.

Santé Le budget annuel provincial dépasse les 600 millions de dollars pour les soins de santé, soit à peu près un cinquième des dépenses totales de la province. En vertu de la *Loi sur les soins médicaux de 1969*, la majorité des soins de santé sont gratuits pour tous les résidants de la province.

Le système des soins de santé repose sur le régime des petits hôpitaux de campagne (*cottage hospital system*) et les établissements de l'International Grenfell Association. Le régime des petits hôpitaux de campagne, institué par une commission gouvernementale, en 1936, est conçu pour donner aux résidants des villages isolés des services de santé de grande qualité. De petits hôpitaux existent dans les principaux centres de l'île, mais leur nombre a diminué à la faveur des hôpitaux régionaux plus importants. Dans les régions du Nord, particulièrement sur les côtes du Labrador, les soins sont dispensés dans les établissements de l'International Grenfell Association, dont le bureau central est à St. Anthony. Cette association a été fondée par sir Wilfred GRENFELL au début des années 1900.

L'hôpital général de St. John's est le plus grand et le mieux équipé des hôpitaux de l'île. Il est affilié au Health Science Centre situé sur le campus de la Memorial University, qui possède aussi une faculté de médecine et une école de sciences infirmières.

Politique L'histoire politique mouvementée de Terre-Neuve commence en 1832 avec l'avènement d'un gouvernement représentatif, dirigé surtout par un gouverneur et un conseiller nommés par le gouvernement britannique. L'Assemblée législative est élue par le peuple lors d'un scrutin public. Les lois doivent être approuvées par ces deux chambres. À la demande du peuple, en 1855, un GOUVERNEMENT RESPONSABLE, basé sur le système parlementaire britannique, remplace l'impossible forme de gouvernement précédente.

En 1934, en raison de la CRISE DES ANNÉES 30, le «Dominion» endetté revient à son statut de colonie britannique et est gouverné par une commission composée d'un gouverneur et de trois commissaires britanniques, plus trois Terre-Neuviens, tous nommés par le gouvernement britannique.

De 1832 à 1933, aucun parti politique ayant une vision idéologique bien définie ne s'impose. Les Partis libéral, conservateur ou «du peuple» ne sont que des coalitions mal structurées, représentées par des individus ou des groupes ayant des intérêts particuliers. La religion, l'appartenance ethnique et le statut social sont des facteurs importants à cette époque. Ainsi, le Parti libéral catholique, au milieu des années 1800, se consacre à la défense des intérêts de la communauté irlandaise de l'île. Les partis forment des coalitions sur des questions telles que la Confédération canadienne, la construction d'un chemin de fer et les intérêts des pêcheurs opposés à ceux des marchands de poisson.

La campagne pour l'entrée dans la Confédération est couronnée de succès en 1949. Elle est menée par Joseph R. SMALLWOOD, journaliste, personnalité de la radio et homme d'affaires. Il faut deux référendums pour que Terre-Neuve fasse partie du Canada, et elle y entre par une faible majorité. Un lieutenant gouverneur est nommé et Smallwood est mandaté pour former un gouvernement intérimaire. À la première élection générale de la province et la première depuis 1932, les libéraux de Smallwood obtiennent 22 sièges, les conservateurs, 5, et un indépendant est élu. Ce résultat reflète non seulement l'opposition des ports et de St. John's, mais aussi celle des protagonistes et des antagonistes de la Confédération.

Aujourd'hui, ces vieux conflits sont éteints. Les libéraux de Smallwood ont dominé la scène politique pendant les années 50 et 60. Des conflits entre le premier ministre et quelques ministres influents de même qu'une mauvaise presse affaibliront le gouvernement, et les libéraux seront défaits en 1972. Le Parti conservateur prend la direction de la province, sous la gouverne de Frank MOORES. En 1979,

Brian PECKFORD, l'ancien ministre des Mines et de l'Énergie, succède à Moores à la direction du parti.

L'élection de 1982 se solde par un balayage des conservateurs qui remportent 44 des 52 sièges de la législature. Les libéraux remportent les huit autres. En 1985, Peckford gagne de nouveau avec une majorité moins importante, obtenant 36 sièges. Les libéraux en remportent 15 et le premier néodémocrate de l'histoire de Terre-Neuve est élu. Au début des années 80, les relations entre le gouvernement fédéral et celui de Terre-Neuve sont tendues en raison des dissensions sur la propriété des ressources pétrolières, la vente de l'hydroélectricité du Labrador et la restructuration de l'industrie de la pêche dans l'Atlantique Nord.

Un changement de gouvernement à Ottawa mène à l'instauration de relations nettement meilleures entre Terre-Neuve et le fédéral. Vers la fin de 1987, au moment où certaines provinces sont indécises au sujet de l'accord de libre-échange avec les États-Unis, Peckford donne un soutien clé aux projets du gouvernement Mulroney. Le premier ministre terreneuvien est aussi un important défenseur de l'ACCORD DU LAC MEECH. On estime en grande partie que son soutien à l'égard de cet accord est l'élément déclencheur de la négociation avec Ottawa sur le mégaprojet Hibernia de forage en mer. En 1989, Tom Rideout succède à Peckford comme premier ministre, mais la même année, il perdra le pouvoir aux mains de libéraux plus dynamiques sous la direction de Clyde Wells.

Contrairement à ses prédécesseurs, Wells est fermement opposé à l'ACCORD DU LAC MEECH et annule la ratification de Terre-Neuve. Sa position sur la réforme constitutionnelle est un peu plus modérée au cours du débat sur l'ACCORD DE CHARLOTTETOWN. Il se fait le porte-parole d'une réforme du Sénat selon la proposition «des trois e», qui devient l'élément clé de l'Accord de Charlottetown.

Wells est l'un des rares premiers ministres qui convainc sa province de voter en faveur de cette dernière entente lors du référendum de 1992, mais l'entente est rejetée. Wells obtient un nouveau mandat en 1993 après avoir fait campagne pour équilibrer le budget de la province. Il réussit en partie à limiter la dette et le déficit de la province, malgré la ferme opposition des syndicats. Toutefois, la ruine de l'industrie de la pêche dans l'Atlantique accroît les difficultés financières de la province. Le successeur de Wells, un ancien ministre du Cabinet fédéral, Brian Tobin, déclare que les nouveaux revenus des projets Hibernia et Voisey Bay devraient jouer un rôle important pour améliorer l'économie de la province.

Éducation

Historique Les premières écoles de Terre-Neuve sont mises sur pied par un mouvement missionnaire de l'Église anglicane appelé «Society for the Propagation of the Gospel in Foreign Parts». Celui-ci fonde une école à Bonavista vers 1720. Plus tard, au XVIIIe s., cette même société ouvre des écoles à St. John's et dans plusieurs grands ports. On y admet, semble-t-il, des enfants de toutes religions. Au début du XIXe s., plusieurs écoles sont ouvertes, dont la plus importante tenue par la Newfoundland School Society. Fondée en 1823, cette société a pour but l'instruction des enfants pauvres. En 1840, elle compte des écoles non confessionnelles dans plusieurs villes et ports de l'île.

La Loi sur l'éducation de 1836 représente la première intervention directe du gouvernement dans l'éducation. Des fonds sont distribués aux sociétés qui s'occupent de promouvoir l'éducation et des conseils scolaires non confessionnels voient le jour. En 1843, les subventions à l'éducation avaient plus que doublé et avaient été divisées entre les conseils scolaires catholiques et protestants. Les subventions aux écoles protestantes seront plus tard partagées entre plusieurs confessions de souche protestante. Après la Confédération, on fusionne plusieurs

réseaux scolaires protestants, mais l'éducation subventionnée par le gouvernement et administrée par l'Église existe encore aujourd'hui. Le système d'éducation confessionnel est protégé par les Conditions de l'union de Terre-Neuve au Canada de 1948.

Administration Mises à part quelques petites institutions privées, les 479 écoles de Terre-Neuve sont administrées par 27 conseils scolaires confessionnels. Trois conseils confessionnels ont la principale responsabilité de distribuer les fonds gouvernementaux et d'établir le programme d'éducation religieuse. En 1996, Terre-Neuve attendait pour légiférer afin de réduire le nombre de conseils scolaires de 27 à 10.

Les décisions de principe relèvent du ministère de l'Éducation. En 1994-1995, la province comptait 7551 enseignants et 114 010 élèves de la maternelle à la douzième année. Des programmes d'immersion en français sont offerts dans 49 écoles et 5 autres ont mis en place des programmes de français langue maternelle.

Institutions La MEMORIAL UNIVERSITY OF NEWFOUNDLAND, fondée en 1925 sous le nom de Memorial University College, devient la seule université de la province en vertu d'une loi spéciale, *The House of Assembly Act*, votée par l'Assemblée législative en 1949. Située dans la banlieue nord de St. John's, en 1994-1995, elle était fréquentée par 13 929 étudiants à temps plein et 3297 à temps partiel. Sir Wilfred Grenfell College, établissement fondé en 1975 et qui décerne ses propres diplômes universitaires, est situé sur le campus de la Memorial U. à Corner Brook, sur la côte ouest. Le Fisheries and Marine Institute, à St John's, est affilié à la Memorial U. depuis 1992. Les trois établissements sont financés par le gouvernement mais chaque administration est autonome.

Les autres établissements postsecondaires sont généralement situés dans les grands centres. On retrouve entre autres cinq collèges d'arts appliqués et de technologie ainsi que d'éducation permanente. En 1994-1995, il y avait 57 établissements privés de formation reconnus. La même année, près de 1,1 milliard de dollars ont été investis en éducation par tous les ordres de gouvernement.

On a alloué 266 millions de dollars de cette somme à l'éducation postsecondaire.

Vie culturelle

Les ancêtres de la plupart des Terre-Neuviens sont venus du sud-est de l'Irlande et du sud-ouest de l'Angleterre et ont apporté avec eux une culture distincte et durable. Ce patrimoine forgé par des siècles d'un mode de vie maritime et par l'isolement insulaire a produit une culture particulière et dynamique qui s'exprime dans les dialectes, l'artisanat, les traditions, l'art culinaire, la musique et la littérature.

Petit à petit, les influences des vieux pays ont été remplacées par celles du Nouveau Monde. L'entrée dans la Confédération a accéléré le processus, de même que les moyens de communication de masse, mais Terre-Neuve garde son caractère distinct. Les Terre-Neuviens prennent de plus en plus conscience de leur patrimoine culturel unique, comme le démontre le succès des festivals populaires et l'existence d'associations patrimoniales.

Les divers ordres de gouvernement appuient les efforts de sauvegarde et de mise en valeur du patrimoine. Par l'entremise de son ministère du Tourisme, de la Culture et des Loisirs, le gouvernement provincial soutient un musée provincial et les archives de la province à St. John's de même que de plus petits musées et un réseau de centres culturels dans les principaux centres. La Memorial U., par l'entremise d'une galerie d'art, de services d'extension de l'enseignement et du travail de diverses facultés, dessert bien aussi la population de la province.

Arts De nombreux artistes terre-neuviens orientent leur art vers des formes propres à leur province et à leur région dont ils s'inspirent, sans toutefois ignorer les techniques ou les courants artistiques internationaux. Ils s'inspirent de leur vie sur l'île. Parmi eux, citons le poète E.J. PRATT, les peintres David BLACKWOOD, Christopher et Mary PRATT, la troupe de théâtre Mummers Troupe (*voir* MUMMING), la romancière Margaret Duley et le journaliste Ray Guy.

Communications Le premier journal publié à Terre-Neuve est l'hebdomadaire de St. John's, le *Royal Gazette*, fondé en 1807. Dans les années 1830, plusieurs hebdomadaires et bimensuels avaient déjà été créés à St. John's et dans les principaux ports. Ils sont très politisés, sont le reflet des tensions politiques, religieuses et sociales qui marquent périodiquement la vie à Terre-Neuve au XIXᵉ s. et les enflamment peut-être. Parmi les premiers quotidiens de la province, on trouve le *Daily News* de St. John's et le *Newfoundland Journal of Commerce* (1860), le *Morning Chronicle* (1862), l'*Evening Telegram* de St. John's (1879) et des journaux éphémères, notamment le *Free Press et Daily Advertiser* (1877) de St. John's et le *Daily Ledger* (1879).

En 1994, la province comptait deux quotidiens, l'*Evening Telegram* et le *Western Star* de Corner Brook, tous deux propriété de la chaîne Thomson. Un certain nombre d'hebdomadaires régionaux de langue anglaise sont aussi publiés.

La première station radiophonique publique de St. John's naît dans les années 20. Dans les années 30, toute l'île peut en capter les émissions. La Société Radio-Canada dessert l'île depuis avril 1949 et ses émissions FM y sont diffusées depuis 1975. La première station de télévision, CJON, est en ondes depuis 1955. D'abord affiliée à Radio-Canada, elle s'associe, en 1964, au réseau national CTV, après que Radio-Canada a ouvert ses propres studios à St. John's. L'arrivée de la câblodistribution dans l'île date de 1977. Le câblodistributeur le plus important est Cable Atlantic, qui possède des stations à Corner Brook, à Gander, à Grand Falls, à Port aux Basques et à St. John's.

Lieux historiques Le gouvernement fédéral contribue largement à l'établissement et à l'entretien des lieux historiques de Terre-Neuve. Plusieurs parcs historiques nationaux rappellent le passé riche et mouvementé de l'île. SIGNAL HILL donne une vue sur le port de St. John's, théâtre de l'une des dernières batailles entre Français et Anglais en Amérique du Nord. Castle Hill, près de Placentia, commémore la présence des pêcheurs et des militaires français dans l'île. Le cap Spear, site de l'un des derniers phares canadiens, est le plus à l'est de l'Amérique du Nord. Port aux Choix est le lieu d'anciennes cultures maritimes et autochtones. Enfin, L'ANSE AUX MEADOWS est l'unique site viking attesté en Amérique du Nord. L'endroit a été désigné SITE DU PATRIMOINE MONDIAL DES NATIONS UNIES en 1978. Le site archéologique des Basques et de la pêche à la baleine, situé à Red Bay, au Labrador, présente le seul baleinier entièrement conservé du XVIᵉ s.

Historique

Des fouilles archéologiques ont révélé l'existence d'un peuple maritime qui aurait habité la province au moins 7000 ans avant Jésus-Christ. La présence des INUITS avant l'occupation européenne est plus évidente, surtout dans le nord de l'île, et il en est de même d'autres peuples autochtones, à la fois dans l'île et au Labrador.

Le peuple autochtone de l'île, les Béothuks, a périodiquement affronté les Européens. Deux femmes bien connues de ce peuple, Mary March (DEMASDUWIT) et SHAWNANDITHIT, ont été capturées en 1819 et amenées à St. John's. Elles sont mortes peu après, vraisemblablement de maladies apportées par les Européens. On connaît très peu de choses sur la société béothuk et encore moins sur l'histoire de ce peuple.

Exploration À la fin du Xᵉ s., des Vikings (*voir* EXPÉDITIONS VIKINGS), dont LEIF ERICSSON, effectuent plusieurs voyages d'exploration du Groenland jusqu'aux terres situées outre-mer, à l'ouest et au sud-ouest, et établissent même un campement temporaire à L'Anse aux Meadows, dans la grande péninsule septentrionale. En 1497, un explorateur vénitien, Jean CABOT, à la solde du roi d'Angleterre, Henri VII, découvre de nouvelles terres, qu'on croit situées entre la Nouvelle-Écosse et le Labrador, et qui comprennent une «nouvelle île». En 1500, un autre explorateur, le portugais Gaspar CORTE REAL pousse un peu plus loin son exploration et baptise plusieurs baies et caps le long de la côte est de l'île.

En 1535-1536, Jacques CARTIER démontre que Terre-Neuve est une île en empruntant tour à tour les détroits de Cabot et de Belle-Isle. Au XVᵉ et au XVIᵉ s., Basques, Portugais, Espagnols, Français et Anglais pêchaient déjà près des côtes de Terre-Neuve et du Labrador. Les Anglais rapportent leurs prises chez eux ou les revendent à l'Espagne, au Portugal ou à la France. Les Français pêchent surtout dans les régions du nord. Des bateaux espagnols chassent la baleine à partir des ports situés sur la côte sud du Labrador. On trouve encore des vestiges de leur présence sur les grèves et on recherche maintenant des épaves de leurs bateaux.

Colonisation En 1583, la reine d'Angleterre, Elizabeth I, octroie une charte à sir Humphrey GILBERT pour fonder une colonie en Amérique du Nord. Il proclame le territoire possession anglaise, sans se soucier des bateaux espagnols et portugais qui sont légion dans le port de St. John's. Par suite de cette prise de possession, apparemment acceptée par tous, sauf par les Français, les eaux en bordure de Terre-Neuve passent sous la domination des marchands du sud-ouest de l'Angleterre. On les nomme West Country Merchants ou Merchant Adventurers. Ils dominent le commerce dans la région en demandant et en recevant pratiquement des droits exclusifs sur les champs de pêches féconds au large des côtes. Ils réussissent périodiquement à persuader les monarques et le Parlement anglais de voter des lois susceptibles de dissuader quiconque de coloniser Terre-Neuve, voire de l'interdire. Toutefois, des colonies sont établies dans la presqu'île d'Avalon au début des années 1600 par plusieurs Anglais qui ont obtenu une permission royale directe.

En 1610, John GUY installe des colons à Cupids (alors nommé Cupper's Cove) dans la baie de la Conception et, plus tard, sir William Vaughan, lord Falkland, sir George CALVERT (lord Baltimore) et sir David KIRKE font de même, surtout à FERRYLAND, sur la côte est. Les West Country Merchants, les Français (qui ont accordé l'île à la Compagnie des Cent-Associés en 1627) et le manque de protection contre la PIRATERIE existante contrecarrent leurs efforts.

En 1634, sous le règne de Charles I, le First Western Charter décrète que le capitaine du premier bateau britannique à atteindre le port de Terre-Neuve chaque printemps sera promu amiral et gouverneur du port pour la saison de pêche. En réalité, celui-ci obtient ainsi des pouvoirs dictatoriaux et, dans le but de préserver les droits des West Country Merchants, met souvent en œuvre des mesures radicales afin de nuire à la colonisation, qu'il s'agisse d'incendier des maisons, de donner des coups de fouet ou même d'infliger la pendaison.

En 1699, William III accorde la permission d'établir des colonies supplémentaires et met un frein au pouvoir abusif des gouverneurs, mais les changements sont lents et ceux qui osent passer l'hiver le font au risque de perdre leurs possessions et leur vie. Au XVIIᵉ s., déjà installés sur le continent, les Français réclament la possession de Terre-Neuve. Dans les années 1660, ils s'établissent à Placentia, dans le sud de la presqu'île d'Avalon.

Dirigés par Pierre Le Moyne d'IBERVILLE, ils détruisent la plupart des colonies de la côte est et réclament St. John's. Après la signature du TRAITÉ D'UTRECHT, en 1713, ils perdent tout le territoire qu'ils avaient conquis dans l'île, mais gardent le privilège de droits de pêche exclusifs sur la rive nord, du cap Bonavista jusqu'à Point Riche.

Le sort des colons s'améliore un peu au cours du XVIIIᵉ s. En 1729, en raison des nombreuses plaintes contre les amiraux-gouverneurs, on nomme le premier gouverneur naval, le capitaine Henry Osborne, pour la durée de la saison de pêche. Il établit six districts qui comptent 17 juges de paix et 13 constables et, jusqu'à un certain point, amoindrit la domination des «Merchants». Certains colons sont encore opprimés: les Irlandais sont particulièrement maltraités et un gouverneur tente même de les renvoyer chez eux.

Les plaintes continuent d'affluer auprès de la Couronne britannique, si bien qu'en 1791, une cour civile est établie et John Reeves en est nommé juge en chef. En 1792, une cour suprême de justice criminelle est créée et John Reeves en est le juge en chef, mettant fin au despotisme des amiraux et des cours des gouverneurs.

Pendant la GUERRE DE SEPT ANS (1756-1763), les Français réclament plusieurs établissements, y compris St. John's, mais les forces britanniques, sous la direction d'Alexander Colville et William Amherst, reprennent possession de la région. Par le TRAITÉ DE PARIS de 1763, les Britanniques redeviennent maîtres d'une grande partie du territoire pris par les Français, mais le privilège de pêche sur la CÔTE FRANÇAISE est confirmé et la France reçoit les îles SAINT-PIERRE ET MIQUELON.

Pendant la dernière partie du XVIIIᵉ s., la Grande-Bretagne est en guerre non seulement contre la France, mais également contre les colons américains, l'Espagne et la Hollande. On n'encourage toujours pas la colonisation de Terre-Neuve, mais, ironie du sort, la pêche est devenue un commerce florissant et on a besoin de pêcheurs. La colonisation aura dorénavant lieu, pour ainsi dire, sans obstacle. En 1827, la population dépassait 60 000 habitants.

Développement Dès qu'une importante population permanente est établie, des pétitions pour obtenir une représentation locale accrue et un meilleur gouvernement circulent de plus en plus. Grâce à une campagne de pétitions et de dépliants envoyés aux Britanniques, le Dʳ William Carson et Patrick Morris réussissent à obtenir un gouvernement représentatif en 1832. Leur objectif: obtenir un GOUVERNEMENT RESPONSABLE et un statut de colonie. Ils y parviendront en 1855.

La colonisation progresse tout au cours du XIXᵉ s. La production de morue salée est l'activité économique principale, mais on pratique aussi la coupe de bois, l'exploitation minière et l'agriculture. Vers la fin du XIXᵉ s., le chemin de fer qui traverse l'île commence à sortir l'intérieur de l'île de son isolement et rend les marchandises et les services accessibles à beaucoup d'endroits auparavant isolés en hiver.

Les représentants de divers gouvernements de Terre-Neuve assistent aux conférences sur la CONFÉDÉRATION, mais choisissent de ne pas s'associer aux autres provinces qui forment le Canada, malgré un soutien important du mouvement. En 1904, lors de la révocation des droits de pêche des Français, les côtes nord et sud sont ouvertes à la colonisation.

Jusqu'en 1925 environ, l'économie est basée sur les industries primaires (pêche, exploitation minière, pâtes et papiers). Cependant, les dettes contractées pour la construction du chemin de fer et l'appui à l'égard d'un régiment lors de la Première Guerre mondiale, en plus des effets de la Crise des années 30, entraîne la faillite et la chute du gouvernement. Terre-Neuve doit faire appel à l'Angleterre et redevient une colonie administrée par une COMMISSION DE GOUVERNEMENT.

La situation économique se redresse nettement vers la fin des années 30, surtout grâce à l'augmentation de la demande pour les produits de l'industrie minière, forestière et de la pêche, mais aussi grâce au regain d'activité provoqué par la construction de bases militaires en prévision de la Seconde Guerre mondiale. Pendant la guerre, de nombreux jeunes gens s'enrôlent dans les forces armées pour combattre outre-mer, et Terre-Neuve connaît une période de plein emploi. Les États-Unis, le Canada et la Grande-Bretagne établissent plusieurs bases militaires, deux grandes bases navales et cinq aéroports dans l'île. L'aéroport de Gander est le plus grand et le plus important en raison de son rôle à titre de principal transbordeur outre-mer et son implication dans le Ferry Command. En 1949, lorsque la Commission de gouvernement est dissoute, Terre-Neuve n'a plus de dettes et enregistre même un surplus de 40 millions de dollars.

Après la Seconde Guerre mondiale, une convention nationale est élue pour débattre de l'avenir de Terre-Neuve et faire des recommandations. On propose la tenue d'un référendum afin que la population choisisse entre la Commission de gouvernement, la Confédération ou un retour au gouvernement responsable avec un statut de dominion. Le référendum n'est pas concluant, sauf sur le fait que les Terre-Neuviens ne veulent pas d'une Commission de gouvernement. Un deuxième référendum comportant le choix de la Confédération ou d'un dominion est alors tenu. Partisans et adversaires de la Confédération mènent une campagne intensive. Ses partisans, dirigés par Joseph Smallwood, gagnent par une mince majorité, soit 52 p. 100 contre 48 p. 100. Le 31 mars 1949 à minuit, Terre-Neuve devient une province canadienne et Smallwood est le premier ministre du premier gouvernement provincial.

Pendant les deux décennies suivantes, des changements importants et profonds bouleversent l'économie et le mode de vie. Une véritable révolution redéfinit l'industrie de la pêche puisque des dizaines d'usines de transformation remplacent l'ancienne méthode familiale de pêche, la salaison et le séchage de la morue qu'on vendait dans les Caraïbes ou dans les régions méditerranéennes. Laissant aux chalutiers le soin de faire la pêche hauturière, les propriétaires d'embarcations de taille réduite se concentrent sur la pêche d'espèces différentes qu'on apporte aux usines afin de les congeler rapidement pour les distribuer sur de nouveaux marchés, surtout aux États-Unis. Le nombre des pêcheurs diminue de beaucoup, mais les possibilités de travail en usine augmentent.

Les usines de pâtes et papiers de Corner Brook et de Grand Falls intensifient leur production de manière substantielle. Les mines de Buchans, St. Lawrence et Wabana fonctionnent à plein régime. De nouvelles industries s'implantent, financées par le gouvernement. Bien que la plupart fassent faillite, y compris une immense raffinerie de pétrole à Come by Chance, une aciérie, une usine de produits de caoutchouc, une autre de cuir et une fabrique de tricots, quelques-unes réussissent, dont une usine de placoplâtre et de ciment à Corner Brook, de panneaux de particules près de St. John's et une usine de phosphore à Long Harbour, dans la baie de Plaisance.

La production des immenses mines de minerai de fer de l'ouest du Labrador débute dans les années 50. À partir de la Seconde Guerre mondiale, les petites communautés assistent à l'exode de leur population vers les grandes villes et les lieux de croissance. Comme les possibilités d'emploi sur place ont diminué, la population dans la force de l'âge part au rythme de 5000 personnes par année. Ils profitent, pour ce faire, de moyens de transport peu onéreux par terre, mer ou air et déménagent, pour la plupart, dans le centre ou l'Ouest du Canada. La population, qui était de 289 588 personnes en 1935, avait atteint 568 349 personnes en 1986, mais la

croissance a ralenti et le nombre d'habitants plafonne (en 1991, la population n'était que de 568 474 personnes).

Les récessions économiques de la fin des années 70 et du début des années 80 et 90, ont été vivement ressenties à Terre-Neuve, sans comparaison toutefois avec les conditions désespérées durant la Crise des années 30. L'assurance-emploi, la pension de vieillesse, l'assistance sociale et les autres avantages de l'État providence garantissent une vie et des normes de santé décentes.

Le chômage élevé touche plus durement les jeunes. Il est à souhaiter que les programmes intensifs de formation professionnelle et technique prépareront la nouvelle génération pour la reprise économique que l'on prévoit grâce à l'exploitation du pétrole produit en mer et au développement de Voisey Bay.

W.F. Summers

Terre-Neuve, loi sur En 1699, la première loi relative à TERRE-NEUVE est votée par le Parlement britannique. Connu d'abord sous le nom de *Act to Encourage the Trade to Newfoundland*, elle est mieux connue à Terre-Neuve comme la *King William's Act* ou la loi sur Terre-Neuve. Comme les DÉCRETS précédents, la loi se soucie davantage des pêcheurs saisonniers que des colons. Malgré l'augmentation de la population pendant le XVIIIe s., les colons continuent d'être gouvernés par des AMIRAUX DE LA PÊCHE (des capitaines de navires provenant du sud-ouest de l'Angleterre) et par des juges de paix ou des magistrats, tous assujettis aux commandants de convois qui supervisent la pêche durant l'été.

Entre 1756 et 1800, les guerres européennes provoquent un ralentissement de la colonisation à Terre-Neuve et diminuent les revendications en faveur d'une certaine forme de gouvernement responsable. Dans les trois décennies suivantes, Terre-Neuve connaît une croissance rapide et une campagne bruyante est menée par William Carson et Patrick Morris pour un GOUVERNEMENT REPRÉSENTATIF. Le mouvement de réforme britannique aide leur cause: ce n'est pas une coïncidence si le projet de loi accordant un gouvernement représentatif à Terre-Neuve est déposé au Parlement britannique le jour où le Reform Bill reçoit la sanction royale, le 7 juin 1832.

Un gouvernement représentatif, composé d'une assemblée élue et d'un conseil nommé, s'avère impossible à mettre en place et sa composition est modifiée par la loi sur Terre-Neuve d'août 1842, qui intègre le conseil à l'assemblée. En 1847, l'entrée en vigueur d'une nouvelle loi rétablit le conseil et en fait une Chambre haute. Rien de moins qu'un GOUVERNEMENT RESPONSABLE, tel qu'établi en Nouvelle-Écosse et au Canada en 1848, ne saurait toutefois satisfaire le peuple. À la suite de plusieurs conflits entre les factions locales et entre Terre-Neuve et l'Angleterre, Terre-Neuve obtient un gouvernement responsable en 1855. Il sera en fonction jusqu'en novembre 1933 quand, faisant face à une crise financière, Terre-Neuve demande à l'Angleterre de suspendre sa constitution. La loi sur Terre-Neuve de 1933 répond à cette demande. En 1949, Terre-Neuve devient une province et jouit de nouveau des privilèges et responsabilités d'un gouvernement démocratique.

F.W. Rowe

Terre-Neuve, projet de loi de En 1867, la population de TERRE-NEUVE refuse d'adhérer à la CONFÉDÉRATION, choisissant plutôt de demeurer colonie britannique jusqu'à 1948. À cette date, une majorité d'électeurs manifeste son désir de se joindre au Canada. Les deux gouvernements négocient les conditions de l'union qui, à la demande du Parlement canadien, sont intégrées par le Parlement britannique dans l'ACTE DE L'AMÉRIQUE DU NORD BRITANNIQUE, devenant ainsi partie prenante de la Constitution canadienne. Terre-Neuve, incluant le

LABRADOR, devient une province canadienne le 31 mars 1949.

F.W. Rowe

Terres fédérales, politique sur les Quand le gouvernement canadien acquiert la TERRE DE RUPERT de la Compagnie de la baie d'Hudson et accorde un statut provincial au Manitoba en 1871, il envisage d'utiliser les terres et les ressources naturelles de l'Ouest pour promouvoir la construction du CHEMIN DE FER et la colonisation de l'Ouest. Les politiques spécifiques de PEUPLEMENT DES TERRES sont conçues pour encourager les colons qui désirent s'établir de façon durable. L'Acte des terres de la puissance de 1872, inspiré par la législation américaine en matière de propriété foncière, constitue un cadre légal dans lequel les terres sont remises aux colons pour une somme de base de 10 dollars et l'engagement des nouveaux propriétaires à accomplir certaines tâches, p. ex., construire une résidence habitable et cultiver une certaine superficie annuellement.

Partage des terres des Prairies en cantons Un système de relevé simple et efficace permet de diviser les terres arables des Prairies en cantons (*townships*) carrés, comprenant chacun 36 sections de 640 arpents (259 ha), la propriété foncière normale étant constituée d'une section du quart de cette superficie, soit 160 arpents (64,75 ha). Selon les termes d'acquisition de la Terre de Rupert, la Compagnie de la baie d'Hudson peut conserver 1/20 des terres en sa possession. Cela signifie que l'entreprise reçoit une proportion semblable des terres dans chaque municipalité, soit 2 (ou 1,8) sections. Deux autres sections sont par ailleurs réservées pour le développement d'établissements d'enseignement et pour un mélange de pâturages, de terres à foin et de carrières qui demeurent disponibles lorsque le terrain n'a pas encore fait l'objet d'une demande de propriété.

Subsides fonciers Le chemin de fer vers le Pacifique, considéré comme une nécessité nationale, doit être financé par un système approfondi d'octrois fonciers. Comme il n'est guère possible de vendre la plupart des terres avant la construction du chemin de fer et que de grosses sommes sont requises pour payer les coûts de construction, l'administration fédérale autorise l'émission de titres de propriété foncière tout en allouant des subsides substantiels en argent liquide. Une fois le chemin de fer Canadien Pacifique en service, le désir d'ouvrir de nouveaux espaces à la colonisation et d'amener un plus grand nombre de colons aboutit à l'attribution de terres à diverses COMPAGNIES DE COLONISATION. Celles-ci s'engagent à amener de nouveaux colons, à construire les voies de chemin de fer secondaires nécessaires et à fournir tout autre appui requis pour installer de nouvelles communautés agricoles dans l'Ouest.

Une politique dépassée Durant les trois dernières décennies du XIXe s., la colonisation des Prairies progresse lentement. Elle s'accélère dès le début du XXe s. Les politiciens des Prairies considèrent le contrôle fédéral sur les ressources et les terres de l'Ouest comme une intrusion injuste dans des régions qui, selon l'ACTE DE L'AMÉRIQUE DU NORD BRITANNIQUE, sont clairement de juridiction provinciale. Il faut attendre 1930 pour qu'aboutissent les négociations entreprises en vue de transférer le contrôle des ressources et des terres de l'Ouest encore disponibles aux gouvernements provinciaux. C'est ainsi que disparaît la politique foncière du Dominion, vieille de 60 ans. (*Voir aussi* PRAIRIES OCCIDENTALES.)

T.D. Regehr

Territoires du Nord-Ouest À l'origine, le nom s'applique au territoire acquis de la Compagnie de la baie d'Hudson et de la Grande-Bretagne en 1870 (TERRE DE RUPERT et Territoire Nord-Ouest), qui s'étend au nord-ouest du centre du Canada. En 1880, la Grande-Bretagne transfère également au Canada les îles arctiques, au nord, élargissant de cette façon le territoire canadien.

De grandes portions des Territoires du Nord-Ouest sont ensuite retranchées pour former le Manitoba (1870), la Saskatchewan (1905), l'Alberta (1905), le territoire du Yukon (1898) et pour agrandir les provinces du Manitoba (1880, 1912), de l'Ontario (1912) et du Québec (1912). Malgré tout, les Territoires du Nord-Ouest tels qu'ils sont aujourd'hui constituent la plus grande subdivision politique du Canada (34,4 p. 100 de la superficie totale), le point le plus septentrional n'étant séparé du PÔLE NORD que par 720 km. L'étendue du territoire, sa situation géographique et l'éparpillement de sa population lui confèrent certains traits distinctifs.

Territoire et ressources

Les Territoires du Nord-Ouest sont constitués d'une portion continentale qui s'étend à l'ouest de la baie d'Hudson et du bassin Foxe et au sud de la MER DE BEAUFORT et d'îles arctiques à l'est. Au nord du continent arctique se trouve l'ARCHIPEL ARCTIQUE et sa myriade d'îles de toutes dimensions et compositions. La partie la plus occidentale de la portion continentale forme la vallée du Mackenzie, région subarctique parfois appelée Barren Lands («terres stériles»), un contraste avec le reste du continent arctique qui s'étend à l'est et au nord de la LIMITE FORESTIÈRE. Cette démarcation dans la végétation correspond à une division culturelle des autochtones, les Inuits vivant dans l'Arctique et les Indiens – ou Dénés – dans la zone subarctique. Le développement économique plus avancé et la population plus nombreuse dans la région subarctique constituée par la vallée du Mackenzie contribuent aussi à distinguer cette contrée de la zone arctique continentale.

Archipel arctique Bien que la frontière sud des Territoires du Nord-Ouest ait été fixée au 60° de latitude Nord, toutes les îles de la baie d'Hudson, de la baie James et du DÉTROIT D'HUDSON, de même que les îles plus septentrionales font partie des Territoires du Nord-Ouest. Dix-huit de ces îles sont plus grandes que la plus petite province canadienne et la plus grande île, l'ÎLE DE BAFFIN, a une superficie plus de deux fois supérieure à la Grande-Bretagne. Les îles situées au nord du DÉTROIT DE PARRY sont appelées ÎLES DE LA REINE-ÉLISABETH.

La géologie des îles de l'archipel varie de l'ancien précambrien (île de Baffin, est de l'ÎLE DEVON et sud-est de l'ÎLE D'ELLESMERE) à des formations plus jeunes dans le nord-ouest. Les îles de l'est sont montagneuses et ont une altitude moyenne de 1800 à 2100 m, culminant au mont Barbeau (2616 m), plus haut sommet de l'archipel et de l'est de l'Amérique du Nord, et point le plus au nord de l'île d'Ellesmere. Les îles sont pour la plupart couvertes d'une couche de glace permanente et la région côtière recèle des fjords magnifiques.

La glace recouvre les étendues d'eau environnantes pendant presque toute l'année et ne fond même jamais autour des îles de l'extrême nord-ouest, ce qui nuit énormément à la navigation. L'hiver dans les Territoires du Nord-Ouest est long et froid. La portion sud-est de l'archipel est moins froide cependant, vu la proximité des eaux libres de glace de l'Atlantique Nord et l'altitude plus élevée. Ces facteurs favorisent des précipitations plus abondantes qu'ailleurs dans l'Arctique qui, en général, est l'une des régions les plus arides du Canada.

L'archipel diffère des deux autres régions des Territoires du Nord-Ouest par un été froid. La température n'y atteint en moyenne que 4 °C en juillet à cause des eaux glaciales qui l'entourent. Le grand contraste entre les longs jours d'été et les jours très courts, voire inexistants en hiver, témoignent des hautes latitudes.

Au cours de la première moitié du XXᵉ s., les INUITS vivaient traditionnellement des ressources marines biotiques (baleine, phoque et poisson), du caribou et de la chasse au renard blanc. La CHASSE À LA BALEINE par les Blancs a littéralement exterminé ces mammifères aux environs de 1910, mais les autochtones s'adonnent encore à cette pêche dans le delta du Mackenzie. Les peaux d'ours polaire et la fourrure de renard constituent encore une certaine partie du revenu des Inuits.

Après la guerre, la plus importante activité industrielle fut l'extraction du minerai de zinc avec deux mines présentement en exploitation dans l'archipel: Nanisivik à Strathcona Sound, dans le nord de l'île de Baffin, et Polaris sur la petite île Cornwallis. On s'intéresse de plus en plus à la prospection de métaux non précieux dans l'île de Baffin. La prospection de gaz naturel et de pétrole au nord-ouest des îles de la Reine-Élisabeth a été suspendue de 1970 à 1995. Les réserves assurées de pétrole sont telles que la compagnie Panarctic Oil a construit une usine à Bent Horn dans l'île Cameron afin d'expédier le pétrole par bateau vers l'Est du Canada.

Cette augmentation rapide de l'exploitation des ressources suscite beaucoup d'inquiétude, tant chez les autochtones que chez les conservationnistes, quant à la fragilité de l'ENVIRONNEMENT dans l'Arctique. La région du détroit de Lancaster de même que Polar Bear Pass, sur l'ÎLE BATHURST, sont tout spécialement vulnérables.

Le PARC NATIONAL D'AUYUITTUQ, premier parc national du Canada (et du monde) en territoire arctique, a été établi en 1976 dans la partie est de l'île de Baffin. La RÉSERVE DE PARC NATIONAL DE L'ÎLE D'ELLESMERE, établie en 1988, est le parc le plus au nord du Canada. En 1992, un troisième parc national, la RÉSERVE DE PARC NATIONAL D'AULAVIK, est établi dans l'archipel sur l'ÎLE BANKS.

Les îles du centre forment un plateau et celles du nord-ouest et du sud-ouest sont principalement constituées de plaines basses. Le climat rigoureux et le PERGÉLISOL entravent considérablement l'évolution du sol. La végétation est constituée de toundra, allant des arbustes bas aux herbes, mais elle est totalement absente en certains endroits.

L'Arctique continental Le BOUCLIER canadien constitue la région arctique continentale. Les roches les plus anciennes du Canada (3,96 milliards d'années) ont été trouvées à l'est du Grand lac de l'Ours. Les couches de glace du pléistocène ont poli sa surface, érodant les matériaux de surface jusqu'à la roche mère. En certains endroits, la fonte des glaces a laissé des dépôts morainiques et alluvionnaires. Dans l'ensemble, la région offre l'allure d'une surface rocheuse légèrement ondulée, de basse altitude, couverte d'un formidable réseau de rivières et de lacs aux formes irrégulières.

Tout comme dans l'archipel, le sol véritable est généralement inexistant. La végétation est également de type toundra, formée de nombreux buissons. Dans les endroits plus abrités comme le long des cours d'eau intérieurs, quelques arbres rabougris semblent prolonger les terres boisées du sud et de l'ouest.

L'Arctique continental se situe entre la vallée du Mackenzie et l'archipel, du point de vue climatique tout autant que géographique avec, toutefois, des hivers plus rigoureux et des étés plus chauds que ceux de ces deux dernières régions, vu sa situation continentale. Ainsi, BAKER LAKE, à l'ouest de la baie d'Hudson, a une température diurne moyenne de -33 °C en janvier et de 11 °C en juillet, et reçoit en moyenne des précipitations totales de 262 mm.

La plus importante ressource naturelle de la région était pour les autochtones les CARIBOUS qui, dans leurs déplacements saisonniers, se rassemblaient en hordes immenses pour passer l'été dans cette région. Au cours du dernier siècle, leur nombre a diminué de façon alarmante par suite d'une chasse exagérée et des attaques des nombreux loups. Cette diminution a de sérieuses répercussions sur les habitants de la région et de la vallée du Mackenzie, comme en témoigne la migration des INUITS DU CARIBOU, qui vivaient auparavant dans la région du lac Ennadai, sur la côte ouest de la baie d'Hudson. En 1985, les caribous étaient à nouveau en grand nombre et la plupart des hordes étaient en croissance.

En 1927, on a créé le Thelon Game Sanctuary le long de la RIVIÈRE THELON à l'ouest de Baker Lake afin de protéger le BŒUF MUSQUÉ qui vit également aux environs de l'île de Bathurst et dans l'archipel arctique. Tout comme dans l'archipel arctique, les ressources biotiques de l'océan et le piégeage fournissent encore un peu de quoi vivre aux Inuits, mais la plupart d'entre eux sont aujourd'hui sédentaires et cherchent d'autres sources de revenus.

Avant sa fermeture en 1962, une mine de nickel, en exploitation depuis 1957 à Rankin Inlet, a fourni des emplois aux habitants de la région. En 1981, une société dirigée par des Inuits a participé à l'ouverture d'une nouvelle mine d'or à Cullaton Lake, à 1300 km au nord de Winnipeg. Une mine d'or plus importante au lac Contwoyto expédie de l'or en lingots à la Monnaie royale canadienne pour affinage. Des gisements de diamants au lac de Gras, à 300 km au nord de Yellowknife, ont soulevé beaucoup d'espoir dans les années 1990. La découverte de la première cheminée kimberlitique en 1990 a donné lieu à l'une des plus importantes ruées de piquetage de concession dans la région l'année suivante.

Au cours des dernières années, des installations touristiques ont été développées pour accueillir pêcheurs, photographes et ornithologues amateurs. Cependant, des doutes ont été soulevés concernant l'effet potentiel de ces vastes changements sur l'environnement, le mode de vie traditionnel des autochtones et leurs REVENDICATIONS TERRITORIALES.

Vallée du Mackenzie Géologiquement, cette région va du Bouclier canadien sur sa frange est vers les formations sédimentaires plus jeunes du paléozoïque et du mésozoïque qu'on retrouve ensuite en direction de l'ouest. Le GRAND LAC DE L'OURS (31 328 km²) et le GRAND LAC DES ESCLAVES (28 568 km²) sont situés à la limite du bouclier qui dépasse souvent, dans cette région, une altitude de 300 mètres.

Une grande partie de la vallée du Mackenzie consiste en un prolongement étroit vers le nord des plaines centrales, semées de quelques collines s'élevant à quelques centaines de mètres au-dessus du niveau moyen. Le niveau augmente brusquement dans l'ouest au contact de la région montagneuse de la cordillère, dont certains sommets atteignent plus de 2700 mètres. Toute la région est baignée par le FLEUVE MACKENZIE et ses affluents, dont le bassin de drainage (1,8 million km²) et le réseau global (4 241 km) sont respectivement le plus large et le plus long au Canada.

Contrairement aux deux autres divisions des Territoires du Nord-Ouest, la vallée du Mackenzie n'est recouverte par le PERGÉLISOL continu que dans sa partie extrême nord. Le reste de la vallée se trouve dans la zone discontinue où le pergélisol est très répandu sinon général.

La haute vallée du Mackenzie est située dans la zone subarctique de forêt boréale où croissent l'épicéa et le mélèze. La basse vallée du Mackenzie est située dans la zone de FORÊT BORÉALE du nord où croissent une grande variété d'arbres dont le bouleau, le pin, le sapin baumier et le peuplier faux-tremble. De vastes espaces sont mal drainés, particulièrement dans les plaines, à cause du sol gelé en permanence et de la glaciation continentale. Il en résulte des zones de MUSKEG et de sol spongieux.

L'amplitude thermique est plus élevée dans la vallée du Mackenzie que dans le reste des Territoires du Nord-Ouest. Fort Good Hope a connu un maximum de 35 °C et, jusqu'à récemment, le minimum de -61,7 °C qu'on y a enregistré représentait un record canadien. La température moyenne de janvier est d'environ -30 °C, mais on connaît parfois des temps plus doux en hiver. Les étés sont normalement plus chauds dans la vallée du Mackenzie, avec une moyenne de 16 °C en juillet. Quant aux précipitations, y compris les chutes de neige, elles sont beaucoup plus importantes qu'ailleurs dans l'Arctique.

Traditionnellement, les autochtones vivaient de chasse, de pêche et de piégeage, et les premiers colons allochtones, de la TRAITE DES FOURRURES. L'orignal, le caribou, l'ours, le castor, le renard, le rat musqué et les oiseaux migrateurs représentent toujours une bonne part du revenu des habitants, mais la principale ressource, depuis les années 30, est l'exploitation des minerais. La production de radium et d'uranium à Port Radium et au Grand lac de l'Ours, celle du plomb et du zinc à Pine Point et celle du tungstène dans la ville de Tungsten sont maintenant terminées, mais l'extraction de l'or se poursuit dans plusieurs mines de la région de YELLOWKNIFE.

On extrait toujours du pétrole, dans la vallée du Mackenzie, à Norman Wells, nommé ainsi d'après un pionnier canadien (1921) des champs pétrolifères du Nord.

On pratique la pêche commerciale à Hay River, sur le Grand lac des Esclaves. Les forêts n'ont été que peu exploitées commercialement vu l'éloignement des grands marchés et une croissance naturelle très lente.

Les ressources hydroélectriques potentielles des Territoires du Nord-Ouest sont évaluées à environ 2473 MW, dont la majorité se trouve dans la vallée du Mackenzie. Les rapides successifs de la RIVIÈRE DES ESCLAVES, près de la frontière albertaine, pourraient probablement générer de l'hydroélectricité, mais un tel projet aurait de sévères répercussions sur la faune et son habitat.

Le PARC NATIONAL WOOD BUFFALO, à cheval sur la frontière de l'Alberta, est le plus grand parc national du Canada (44 802 km²). Il a été créé en 1922 pour protéger la seule horde de BISONS des bois encore à l'état sauvage et abrite plusieurs milliers de bisons des plaines. C'est également la région de nidification des dernières GRUES BLANCHES D'AMÉRIQUE.

De graves inquiétudes concernant les perturbations de l'environnement par d'éventuels projets de développement dans la vallée du Mackenzie et de l'Arctique ont été soulevées dans les années 70 lors de l'enquête Berger sur la construction possible du PIPELINE DE LA VALLÉE DU MACKENZIE. Sa construction a été reportée jusqu'à ce que les revendications territoriales et les problèmes de l'environnement soient résolus.

Peuplement

Le développement de la traite des fourrures plus loin au nord a amené les premiers Blancs dans les Territoires du Nord-Ouest à la fin du XVIII° s. et au début du XIX° s., à mesure que des postes de traite étaient établis dans la vallée du Mackenzie. Des missions ont été établies à la fin du XIX° s. et, depuis le début du XX° s., la Gendarmerie royale du Canada (GRC) et d'autres représentants du gouvernement fédéral sont venus s'installer.

Le développement de l'industrie minière et des transports dans les années 30 a provoqué la venue d'un plus grand nombre d'allochtones. Dans les régions arctiques, l'éloignement rendait l'accès plus difficile et les postes de traite des fourrures n'y ont été établis qu'au cours du XX° s. Les établissements permanents n'ont fait leur apparition dans les îles de la Reine-Élisabeth qu'après la Seconde Guerre mondiale. La population des Territoires du Nord-Ouest au recensement de 1991 était de 57 649 habitants. En 1994, on estimait la population à 64 000 habitants.

Centres urbains

Il existe 62 communautés dans les Territoires du Nord-Ouest. Les plus populeux de ces petits centres sont situés dans la vallée du Mackenzie. Yellowknife

est la plus grande ville (pop. 15 179, rec. 1991). D'abord centre aurifère, elle devient capitale du territoire en 1967. Fort Smith (pop. 2480) était, jusqu'en 1967, le principal centre administratif des Territoires. Il est demeuré un centre régional important.

Hay River (pop. 3206) est un centre de pêche et de transport. PANGNIRTUNG (pop. 1135), située dans l'île de Baffin, à proximité du parc national Auyuittuq, se développe comme centre touristique. RAE-EDZO (pop. 1521), la plus grande communauté des Dénés des Territoires du Nord-Ouest, est un centre administratif pour les peuples PLATSCÔTÉS-DE-CHIEN.

FORT SIMPSON (pop. 1142), jadis le centre de la traite des fourrures, est situé à la confluence de la rivière Liard et du Mackenzie. INUVIK (pop. 3206) est le grand centre administratif et de transport pour l'Arctique de l'Ouest, tout comme l'est IQALUIT (pop. 3552) pour l'Arctique de l'Est. Rankin Inlet (pop. 1706) est le centre administratif régional du district de Keewatin. ARVIAT (pop. 1323), également dans le Keewatin, n'était qu'un campement d'été jusque dans les années 1900; ses habitants y vivent encore presque exclusivement de chasse et de pêche. Baker Lake (pop. 1186) est la seule communauté Inuit intérieure.

Cambridge Bay (pop. 1116) est le seul centre régional du territoire pour la région de Kitikmeot. Enfin, les résidants de Kugluktuk (pop. 1059) travaillent pour la plupart à la prospection et à l'exploitation du pétrole, du gaz naturel et des mines. La plupart des autres villages ne groupent que quelques centaines de personnes.

Ethnologie

Les autochtones représentent 51,2 p. 100 de la population des Territoires du Nord-Ouest. La majeure partie des allochtones vivent dans les centres les plus grands de la vallée du Mackenzie. Quarante et un pour cent de la population parle une langue autre que le français et l'anglais, ce qui reflète la diversité des cultures autochtones dans les Territoires du Nord-Ouest.

Environ deux tiers des 30 000 Inuits canadiens vivent dans les régions arctiques des Territoires du Nord-Ouest où ils constituent la majeure partie de la population. Les nombreux autres groupes culturels autochtones vivant dans la vallée du Mackenzie et appartenant aux familles linguistiques des Dénés et des Athapascan totalisent 13 621 personnes, selon le Registre des Indiens des Territoires du Nord-Ouest de 1995.

Les Métis sont inclus dans ce nombre, mais ils insistent maintenant pour se présenter comme groupe ethnique autochtone distinct des Inuits et des Indiens. Les trois groupes autochtones sont de plus en plus actifs sur la scène politique.

Taux de croissance
Des politiques venant de l'extérieur et les conditions économiques influencent considérablement le taux de croissance d'une si faible population. Ce dernier est plutôt irrégulier depuis 1966, une situation qui reflète le transfert de l'administration d'Ottawa à Yellowknife et l'intérêt variable suscité par l'exploitation minière. Quoi qu'il en soit, le taux de natalité demeure l'un des plus élevés au Canada (environ 2,84 p. 100), ce qui cause quelques problèmes d'emploi.

Économie
L'extraction des ressources primaires a toujours été le fondement de l'économie des Territoires du Nord-Ouest. La fourrure, pilier original de l'économie, a beaucoup perdu en importance. La pêche commerciale à la baleine n'existe plus depuis le début du siècle. Depuis les années 30, les activités minières sont devenues le pilier économique le plus important des Territoires du Nord-Ouest, suivies de près par les services publics. Toute autre activité économique est peu importante.

Agriculture
L'agriculture est pratiquement inexistante dans les Territoires du Nord-Ouest. La chaleur relative des étés dans la vallée du Mackenzie a fait naître certains espoirs quant au potentiel agricole de la région et les expériences entreprises dans quelques stations expérimentales ont donné des résultats impressionnants. Cependant, l'étroitesse du marché, la sécheresse estivale et la faible surface de terre arable constituent des obstacles majeurs. De plus, le transport des denrées à partir du sud du pays s'avère souvent moins coûteux. Seuls quelques potagers sont exploités commercialement dans la vallée de la rivière Hay.

Mines
La production de métal par transformation des minerais est évaluée à 520 millions $: 50 p. 100 proviennent du zinc, 5 p. 100 du plomb, 40 p. 100 de l'or et 1 p. 100 de l'argent. Les Territoires du Nord-Ouest ont traditionnellement fourni presque toute la production canadienne de tungstène jusqu'à ce que la faiblesse des prix de ce métal sur le marché force la fermeture de la mine en 1986.

L'industrie minière emploie à peu près 2000 personnes, soit environ 15 p. 100 de la main-d'œuvre disponible, et procure un nombre relativement important d'emplois dans des initiatives connexes, comme la prospection. À part la production des lingots d'or, la fusion des métaux n'est pas effectuée dans les Territoires du Nord-Ouest et le minerai brut est expédié ailleurs.

Énergie
Le seul gisement pétrolifère productif des Territoires du Nord-Ouest demeure celui de Norman Wells. Le pétrole est raffiné sur place. Grâce à l'expansion des installations au coût de 800 millions de dollars, on a pu récemment améliorer la production quotidienne qui était d'environ 3000 barils pour 50 puits et l'augmenter à 30 000 barils par jour. La production est ensuite acheminée par pipeline dans le sud de l'Alberta. Des pétroliers transportent les 100 000 m³ produits annuellement de Bent Horn dans l'île Cameron jusqu'à Montréal. La production d'un petit gisement de gaz naturel à Pointed Mountain, dans le sud-ouest près de la frontière Territoires du Nord-Ouest–Yukon–Colombie-Britannique, est également acheminée vers le sud du pays.

La recherche en cours pour trouver d'autres gisements de pétrole et de gaz naturel reflète l'espoir du Canada de parvenir à l'autosuffisance en matière énergétique et de créer plus d'emplois pour les gens du Nord. Le gisement d'Amauligak dans la mer de Beaufort dispose de réserves estimées à 54 millions m³. Outre les deux principales régions d'exploration dans l'Arctique (mer de Beaufort et nord-ouest des îles de la Reine-Élisabeth), la recherche s'intéresse maintenant au DÉTROIT DE DAVIS, et au nord-ouest de l'île de Baffin. L'exploration du sous-sol de la mer a repris en 1995 suivant la levée d'un moratoire de 25 ans touchant l'émission de droits qui avaient été mis en place en attendant la résolution des revendications territoriales.

Chasse et piégeage
La chasse et le piégeage sont plus importants pour les habitants des Territoires du Nord-Ouest que ne le laissent croire les statistiques. Bien qu'une grande proportion des 5000 habitants, titulaires d'un permis général de chasse et de piégeage, ne piège et ne chasse qu'à temps partiel, de nombreux habitants de petits villages tirent la plus grosse partie de leur revenu de la chasse, du piégeage et de la pêche.

Outre la valeur des fourrures (1,4 million $ en 1994), le gibier fournit la viande, qui est une composante majeure de l'alimentation locale. Depuis 1974, le gouvernement apporte son aide à ceux qui souhaitent vivre des ressources du milieu en établissant différents programmes d'aide.

Pêche et exploitation forestière
La pêche commerciale est pratiquée en été et en hiver dans le Grand lac des Esclaves. La limite annuelle est de 1,7 million kg, mais les prises totales sont généralement bien inférieures et se composent principalement de CORÉGONES, qui représentent 80 p. 100 de toutes

les prises. Le brochet et la truite comptent aussi parmi les prises. On pêche également, quoiqu'en plus petite quantité, dans d'autres lacs subarctiques. Le Grand lac de l'Ours est réservé à la pêche sportive. L'OMBLE arctique fait l'objet d'une pêche commerciale dans les communautés de Cambridge Bay, Pelly Bay, Paulatuk et Rankin Inlet. Quelque 70 000 m³ de bois sont coupés annuellement dans la vallée du Mackenzie; le bois d'œuvre représente environ 50 000 m³, le bois de chauffage, 18 000 m³ et le bois rond, moins de 100 m³.

Tourisme Le tourisme est une source de revenus de plus en plus importante pour les Territoires du Nord-Ouest qui accueillent des visiteurs venus par la ROUTE DU MACKENZIE ou la ROUTE DE DEMPSTER, plus à l'ouest. Des chalets de pêche et des refuges accessibles par transport aérien existent également aux environs de Yellowknife, d'Iqaluit, etc. Les six parcs nationaux des Territoires du Nord-Ouest attirent des visiteurs malgré la distance qui les sépare du sud. Auyuittuq est géré depuis le village de Pangnirtung, Wood Buffalo depuis Fort Smith, NAHANNI depuis Fort Simpson, Aulavik depuis Sachs Harbour, l'île d'Ellesmere depuis Pangnirtung et Turkut Nogait depuis Paulatuk. En 1979, le parc national de la Nahanni est déclaré SITE DU PATRIMOINE MONDIAL DES NATIONS UNIES.

Artisanat Un dynamique programme d'artisanat a été développé auprès des autochtones et génère annuellement un revenu de plusieurs millions de dollars. Plus d'un sixième de la population autochtone exerce de façon saisonnière cette activité. La gravure et la sculpture inuites ont acquis une réputation internationale et représentent une source majeure d'emploi à CAP DORSET, HOLOMAN, Baker Lake et d'autres communautés.

La plupart des œuvres sont commercialisées par l'entremise de coopératives locales, au nombre de 46 maintenant dans les Territoires du Nord-Ouest et qui comptent plus de 5000 membres. Ces coopératives offrent une variété de services incluant motels, restaurants et magasins; elles représentent le plus gros employeur pour les autochtones du Nord.

Transports

Dans les Territoires du Nord-Ouest, le transport est confronté à de très longues distances, à un climat rigoureux et à une population peu nombreuse et très dispersée. Il est donc remarquable que les Territoires du Nord-Ouest soient si bien desservis et il est facile d'en déduire que le coût de ces services est très élevé.

On utilise toujours le transport commercial en été sur le Mackenzie. Un équipement moderne, constitué d'un remorqueur diesel et de chalands, a son port d'attache à Hay River, avec une base secondaire à TUKTOYAKTUK, à l'embouchure du Mackenzie, seul port abrité dans les eaux peu profondes de la côte ouest.

Les villages côtiers de Tuktoyaktuk en direction de l'est jusqu'à la presqu'île de Boothia sont desservis par un remorqueur et un chaland à double usage, bien que le service soit souvent réduit à une seule escale annuelle, vu la courte saison pendant laquelle les eaux sont libres de glace. Les villages arctiques de l'est sont desservis par des bateaux en provenance de Churchill, Montréal et Halifax, qui offrent un service annuel régulier jusqu'à RESOLUTE, loin au nord, incluant quelques expéditions sous escorte d'un brise-glace à Winter Harbour, sur la péninsule Melville.

Depuis la Seconde Guerre mondiale, on a développé un réseau routier relativement limité vers le nord jusque dans la vallée du Mackenzie. Les routes sont faites de gravier toutes saisons et plusieurs services de traversiers pour passer les cours d'eau les complètent. La longueur du réseau est d'environ 2200 km. Les routes Mackenzie et Yellowknife relient maintenant Hay River et Yellowknife au réseau routier du nord-ouest de l'Alberta. Des routes

partent de Hay River en direction de Fort Resolution et de Fort Smith. Ce prolongement est le seul accès routier au parc national Wood Buffalo. Un prolongement de la route vers le nord, dans la vallée du Mackenzie, prend fin à la hauteur de Wrigley, au nord de Fort Simpson. La route Liard, ouverte en 1984, relie Fort Simpson à Fort Liard et à la ROUTE DE L'ALASKA. Inuvik et d'autres villages du delta du Mackenzie sont maintenant reliés à Dawson, au Yukon, par la ROUTE DE DEMPSTER, permettant presque d'atteindre les rivages de l'océan Arctique par la route.

Certaines «routes d'hiver» s'étendent, en saison, sur les lacs gelés jusqu'à quelques communautés ou mines isolées et ont une très grande importance économique.

L'ancien Chemin de fer du Grand lac des Esclaves, maintenant une filiale de la division Peace River du CN, s'étend sur 696 km au nord entre Grimshaw, en Alberta, jusqu'à Hay River et est le seul chemin de fer des Territoires du Nord-Ouest. Le chemin de fer a également contribué à faire de Hay River le principal centre de transport maritime grâce aux avantages que le village présente pour le transbordement des marchandises, remplaçant l'ancienne route maritime de la rivière des Esclaves passant par Fort McMurray, en Alberta.

L'avion est souvent le seul moyen de transport utilisable dans les Territoires du Nord-Ouest, particulièrement dans l'Arctique. Des aérodromes desservent la plupart des villages comptant plus de 100 habitants. Certaines villes du Sud canadien sont reliées par un service aérien régulier aux villages du Nord jusqu'à Resolute.

Les principaux aéroports assurant ces services depuis le sud du pays sont Edmonton pour la vallée du Mackenzie et Resolute, Montréal pour l'Arctique de l'Est et Resolute, Winnipeg pour Yellowknife, Rankin Inlet et Iqaluit. Les vols en direction de Yellowknife comptent pour 90 p. 100 de tous les vols aériens des Territoires du Nord-Ouest. Un double service est-ouest relie Yellowknife et Iqaluit, l'un en passant par Rankin Inlet et l'autre en passant par la côte arctique. Presque toutes les communautés, y compris les hameaux les plus au nord dans l'Arctique, bénéficient maintenant d'un service aérien local; de plus, dans tous les principaux centres, des avions peuvent être nolisés pour se rendre dans toute région des Territoires du Nord-Ouest et même au pôle Nord.

Énergie Le chauffage est une dépense majeure pour les gens du Nord, en raison des hivers longs et rigoureux et des coûts de transport. Le mazout et les centrales thermiques répondent aux besoins énergétiques de la plupart des villages. L'énergie hydroélectrique est inexistante sur la presque totalité du territoire.

Deux compagnies fournissent l'électricité: la Société d'énergie des Territoires du Nord-Ouest et la Northland Utilities Enterprises Limited. La plus importante des deux est la Société d'énergie des Territoires du Nord-Ouest qui fournit plus de 84 p. 100 de la capacité de production totale d'énergie en 1994 (dont 132,5 MW en énergie thermique et 45,6 MW en énergie hydroélectrique). La société d'État du territoire fournit l'électricité à 49 communautés et la Northland Utilities dessert cinq communautés dans la région du sud-ouest. On trouve des centrales hydroélectriques sur les rives des trois rivières suivantes: Yellowknife, Snare (3 centrales) et Taltson.

Gouvernement et politique

De 1905 à la fin de la Seconde Guerre mondiale, le gouvernement des Territoires du Nord-Ouest est exercé par un commissaire et un Conseil nommés, ce dernier étant entièrement constitué de hauts fonctionnaires supérieurs installés à Ottawa. À partir de 1951 s'ajoutent progressivement des membres élus jusqu'à ce que le conseil ne soit composé que de membres élus en 1975. Avant 1964, le commissaire

était un sous-ministre du ministère fédéral chargé de l'administration du Territoire du Yukon et des Territoires du Nord-Ouest et cette fonction ne représentait qu'une de ses tâches.

En 1964, on nomme le premier commissaire à temps plein à un poste distinct dans l'administration territoriale. En 1967, le siège du gouvernement territorial est déménagé à Yellowknife; le commissaire s'y installe également, de même que le cœur de ce qui est maintenant la fonction publique territoriale.

La *loi fédérale sur les Territoires du Nord-Ouest* établit une constitution écrite et définit les pouvoirs du gouvernement territorial. Le Conseil territorial est composé de 24 membres élus, dont l'un est choisi pour agir à titre de président. Pour la première fois depuis sa création, le conseil est constitué en majorité d'autochtones.

L'officier en chef du palier exécutif est le commissaire, nommé par le gouvernement fédéral et chargé de gouverner les Territoires du Nord-Ouest, selon les directives du ministre des Affaires indiennes et du Nord canadien. Le chef du gouvernement agit comme président d'un comité exécutif dont les membres sont nommés par une majorité des membres du Conseil territorial.

Le rôle du commissaire change à mesure que les membres élus au Comité exécutif assument plus de fonctions au niveau ministériel et exécutif. Chaque membre du Comité exécutif est à la tête d'un ou de plusieurs ministères dans les Territoires du Nord-Ouest. À mesure que le Comité exécutif s'est transformé en une véritable entité ministérielle et a exercé des fonctions au niveau exécutif, le chef du gouvernement a assumé petit à petit le rôle et les tâches préalablement réservés au commissaire pour agir en fait aujourd'hui comme «premier ministre». Les Territoires du Nord-Ouest élisent deux membres au Parlement canadien et un représentant au Sénat.

Magistrature La magistrature territoriale comprend une Cour d'appel qui regroupe tous les juges d'appel de l'Alberta, un juge d'appel de la Saskatchewan et cinq juges de la Cour suprême. La Cour territoriale compte six juges à demeure (trois à Yellowknife, un à Hay River, un à Iqaluit et un à Inuvik), et plus de 102 juges de paix (dont plus de la moitié sont autochtones) vivant dans diverses communautés. Juges et juges de paix sont nommés par le commissaire suivant l'avis du Conseil de la magistrature des Territoires du Nord-Ouest. Les trois juges attachés à la Cour suprême des Territoires du Nord-Ouest sont d'office juges dans le Territoire du Yukon, et inversement. On compte quarante juges associés de la Cour suprême qui servent au besoin. Les séances se tiennent à Yellowknife et en d'autres endroits des territoires, selon un circuit régulier.

Gouvernement local Les Territoires du Nord-Ouest sont divisés en cinq régions administratives: Fort Smith (centre: Fort Smith), Inuvik (centre: Inuvik), Keewatin (centre: Rankin Inlet), Kitikmeot (centre: Cambridge Bay) et Baffin (centre: Iqaluit, incluant les îles de la Reine-Élisabeth).

La décentralisation et la délégation récentes des pouvoirs ont donné plus d'importance aux régions. L'éloignement, les ressources économiques limitées et la faible population de beaucoup de ces communautés nuisent au développement du principe de gouvernement local.

Les Territoires du Nord-Ouest comptent présentement 47 municipalités constituées dont sept ont un pouvoir de taxation: Yellowknife, Inuvik, Hay River, Iqaluit, Fort Smith, Norman Wells et le village de Fort Simpson. Il y a aussi 35 hameaux, 3 peuplements, 2 communautés à charte et 15 communautés sans structure.

Santé Jusqu'à ce que le gouvernement fédéral crée les Services de santé du Nord en 1954, les soins médicaux dans les Territoires du Nord-Ouest étaient dispensés essentiellement par des organismes religieux. Depuis, ces services se sont développés au point d'être accessibles à tous et comparables à ceux des autres régions du Canada.

Le gouvernement territorial assume le plein contrôle des soins médicaux depuis 1988. Yellowknife, Hay River, Fort Smith, Inuvik et Iqaluit ont un hôpital moderne et d'autres installations de moindre importance, dont 50 postes de soins infirmiers disséminés dans les Territoires du Nord-Ouest. Les habitants peuvent également bénéficier de soins dentaires à Yellowknife et Hay River, Inuvik, Fort Smith, Rankin Inlet et Iqaluit et auprès de dentistes et de thérapeutes employés à temps plein par le gouvernement et offrant leurs services partout dans les Territoires du Nord-Ouest.

Politique Si les députés des deux sièges que comptent les Territoires du Nord-Ouest au parlement fédéral représentent les partis politiques traditionnels, il en va autrement dans la législature territoriale qui fonctionne sur la base d'un consensus non partisan. Deux sujets en particulier retiennent l'attention des résidants à l'heure actuelle: les revendications territoriales des autochtones et le statut politique. Même si les Dénés ont signé des traités avec le gouvernement fédéral par le passé, ils prétendent que ces traités n'impliquaient pas les titres territoriaux et il n'existe toujours pas d'autre réserve que celle de Hay River et celle des environs de Fort Smith. Trois ententes sur des revendications territoriales ont été conclues: celle des Inuvialuit de la région ouest de l'Arctique (1984), celle de la Fédération Tungavik en vue de la création de NUNAVUT (1993) et celle des Dénés et Métis du Sahtu dans la vallée du Mackenzie (1994).

Le gouvernement fédéral a rapidement signifié son accord et donné suite à de nombreuses recommandations faites en 1966 par la Commission Carrothers concernant le développement du gouvernement sur les Territoires du Nord-Ouest. Le gouvernement fédéral semble également désireux d'accorder aux Territoires du Nord-Ouest un GOUVERNEMENT RESPONSABLE totalement. Pour l'instant, cependant, le fédéral gère encore les revenus provenant des ressources territoriales et le fardeau financier du gouvernement territorial repose sur le gouvernement fédéral (71 p. 100 des recettes publiques).

L'éventualité d'un transfert ou d'un partage de ces revenus ne fait pas l'unanimité. La Commission Drury, de 1980, appuyait le gouvernement existant dans les Territoires du Nord-Ouest et recommandait qu'on accorde un plus grand pouvoir à ce gouvernement et aux communautés.

Dans un plébiscite tenu en 1982, la majorité des habitants a voté en faveur d'une division des territoires. En février 1985, le nouveau gouvernement conservateur a donné son appui à l'idée de diviser les Territoires en deux juridictions: Nunavut, à l'est, constituée d'une majorité d'Inuits, et à l'ouest, un territoire (pas encore nommé) peuplé de Dénés, de Métis, de quelques Inuits et d'allochtones.

Quoi qu'il en soit, certaines questions épineuses restent à débattre avant l'exécution de ce plan, notamment la ligne de délimitation même qui séparera les deux nouveaux territoires. Les parties impliquées sont arrivées à une entente préliminaire de délimitation au début de 1987, mais cette entente a échoué avant même la tenue du plébiscite final. Les différentes parties ont finalement conclu une entente officielle de délimitation en 1993 et signé l'Accord sur les revendications territoriales du Nunavut, établissant la base des négociations pour finaliser la séparation des Territoires du Nord-Ouest en 1999.

Éducation

Jusqu'à la fin de la Seconde Guerre mondiale, l'éducation est assurée principalement dans les grands centres, par des missions paroissiales, à des élèves hébergés comme pensionnaires. Au début de 1959, le gouvernement fédéral met sur pied un important programme d'éducation qu'il transfère au gouvernement territorial en 1969.

Au cours des dernières années, l'établissement de commissions scolaires régionales a favorisé la décentralisation administrative de l'éducation dans les Territoires du Nord-Ouest. En 1985, la région de Baffin est la première à former une commission scolaire, et, dès 1991, des commissions scolaires sont établies dans toutes les régions à l'exception de Yellowknife. Un membre de chaque conseil d'éducation communautaire élu à l'échelle locale est sélectionné pour faire partie de la commission scolaire de la région. Yellowknife est représenté par une commission scolaire publique et une commission scolaire catholique fondées respectivement en 1933 et 1951. Les membres de ces commissions sont élus au moment des élections municipales.

Les conseils et les commissions régionales sont responsables de l'enseignement de la maternelle à la 12ᵉ année. Les commissions scolaires régionales sont financées par le gouvernement territorial. Vingt-cinq pour cent du financement des deux commissions de Yellowknife proviennent des taxes municipales, le reste provient du gouvernement territorial.

En 1993-1994, il existait 77 écoles dans les Territoires du Nord-Ouest, animées par 1253 enseignants à temps plein et accueillant 16 252 élèves (par rapport à 6000 en 1962) à un coût de plus de 250 millions de dollars. Les Territoires du Nord-Ouest conçu leur propre programme de la maternelle à la neuvième année. Le programme du niveau secondaire de deuxième cycle est le même que celui de l'Alberta, bien que les Territoires du Nord-Ouest aient conçu leur propre programme pour les cours additionnels dispensés dans les écoles secondaires du Nord.

Le ministère de l'Éducation de la Culture et de la Formation des Territoires du Nord-Ouest tente de faire de l'éducation un processus interactif où les élèves, les familles et la communauté participent à l'élaboration du système scolaire. Deux programmes d'enseignement autochtones, le DeneKede et l'Inuuqatigiit, introduisent une perspective déné et inuit dans les écoles de l'Arctique et de l'Arctique de l'Est. Des enseignants spécialisés en langue autochtone et un nombre de plus en plus élevé d'enseignants autochtones formés par le biais de programmes communautaires de formation des enseignants jouent un rôle actif en dispensant un programme scolaire où la langue et la culture locales ont leur place.

L'établissement d'un réseau de collèges communautaires a permis de répondre aux besoins particuliers de la clientèle de l'éducation aux adultes et de l'éducation continue de chaque région. Le Collège de l'Arctique est créé en 1984, il compte alors un campus à Fort Smith et un autre à Iqaluit, puis il se développe rapidement pour compter un campus dans chaque région des Territoires du Nord-Ouest. En 1986, la *Loi sur le Collège de l'Arctique* fait du collège une entité juridique sans lien de dépendance au gouvernement territorial et lui donne le mandat de dispenser l'éducation des adultes et l'éducation postsecondaire. En 1987, il est convenu de joindre les centres communautaires d'apprentissage du Nord au réseau de collèges, un processus terminé en 1990.

En 1995, le Collège de l'Arctique est remplacé par deux réseaux de collèges: le Collège Nunavut de l'Arctique dans la région de l'Arctique de l'Est et le Collège Aurora dans la région de l'Arctique de l'Ouest. L'établissement des deux collèges fait partie d'une stratégie d'ensemble pour consolider l'éducation des adultes et l'éducation postsecondaire dans le Nord. Les deux collèges s'attachent davantage à répondre aux besoins de la communauté, particulièrement au moment où la population des Territoires du Nord-Ouest se dirige vers une division de son territoire en 1999.

Les deux collèges continuent d'assurer le fonctionnement de trois campus et d'un réseau de centres communautaires d'apprentissage. De plus, on a augmenté l'éventail des activités des sciences et de la technologie offertes par l'Institut de recherche de Nunavut dans l'est et l'Institut de recherche d'Aurora dans l'ouest. Pour l'année scolaire 1995-1996, le Collège Nunavut de l'Arctique comptait 900 étudiants à temps plein et 1400 étudiants à temps partiel; le Collège Aurora, quant à lui, comptait 1400 étudiants à temps plein et 2700 étudiants à temps partiel.

Vie culturelle

Les autochtones des Territoires du Nord-Ouest se montrent très intéressés à conserver leur culture et à préserver leur patrimoine. Des centres culturels autochtones ont été créés dans plusieurs communautés et de nombreuses autres ont mis sur pied des programmes visant à assurer la conservation des traditions et connaissances orales des anciens pour en faire bénéficier les enfants et préserver leur langue. Des festivals de musique et d'art gagnent de plus en plus en popularité dans plusieurs régions des Territoires du Nord-Ouest. Le Prince of Wales Northern Heritage Centre comprend un musée et un service d'archives et est un centre important d'information et de recherches sur les habitants et la culture dans les Territoires du Nord-Ouest. D'autres musées populaires, sociétés historiques et groupes s'emploient à préserver le patrimoine en divers points des Territoires du Nord-Ouest.

Les JEUX D'HIVER DE L'ARCTIQUE, tenus tous les deux ans depuis 1970, incluent divers sports et jeux traditionnels des communautés autochtones, mais également certains sports plus généralement connus. Ces jeux rassemblent des compétiteurs des Territoires du Nord-Ouest, du Yukon, de l'Alaska et du Nord de l'Alberta.

Communications On publie régulièrement dix journaux hebdomadaires dans les Territoires du Nord-Ouest et un éditeur habite la ville de Yellowknife. En 1958, le réseau anglais de Radio-Canada a instauré le Northern Service afin de répondre aux besoins des résidants du Nord, autochtones ou non autochtones.

Les émissions radiophoniques sont offertes en 10 langues et dialectes indigènes, de même qu'en français et en anglais, et incluent les émissions locales ainsi que les émissions des grandes chaînes. Des stations de relais et des systèmes à micro-ondes réduisent les grandes distances. Les satellites permettent maintenant de transmettre les émissions de radio et de télévision aux communautés les plus éloignées au nord: tous les centres (plus de 60) comptant plus de 150 habitants bénéficient de la radiodiffusion et de la télédiffusion. Un second service commercial, établi en 1982, offre maintenant une aussi grande variété d'émissions que partout ailleurs sur le continent. On trouve deux stations de télévision à Yellowknife et une à Iqaluit. Les services de téléphone relient presque toutes les communautés.

Sites historiques Des fouilles archéologiques en cours élargissent les connaissances sur les peuples indigènes de l'Arctique et du Subarctique. Chaque année, on assiste à de nouvelles découvertes archéologiques qui accroissent d'autant plus ces connaissances. De nombreux sites historiques sont associés au commerce de la fourrure dans le Subarctique et à la recherche du PASSAGE DU NORD-OUEST et de l'expédition Franklin (*voir* FRANKLIN, À LA RECHERCHE DE) perdue dans l'Arctique. Ces différents sites sont maintenant protégés par une loi contre le vandalisme et le pillage.

Histoire

Diverses cultures aborigènes vivaient dans la région avant l'arrivée des allochtones. Des groupes nomades vivaient de la chasse et de la pêche et étaient constitués d'Inuits dans l'Arctique et de Dénés dans le Subarctique. Ces derniers appartenaient à la famille linguistique athapaskane qui regroupait quelque sept groupes dialectaux: CHI-

PEWYAN, COUTEAUX JAUNES, Slavey, Plats-Côtés-de-Chien, LIÈVRES, Nahanni et KUTCHIN.

Exploration Les premiers explorateurs européens connus sont les Vikings, débarqués dans l'Arctique de l'Est en provenance de leurs colonies du Groenland (vers 1000 av. J.-C.). En 1576, Martin FROBISHER est le premier d'une série d'explorateurs européens à rechercher le passage du Nord-Ouest, mais au début du XVIᵉ s., les glaces inhospitalières et les vaisseaux aux possibilités plutôt limitées empêchent des progrès plus rapides.

En 1770-1771, Samuel HEARNE, de la Compagnie de la Baie d'Hudson, accomplit une expédition terrestre remarquable à partir de Churchill par les terres arctiques jusqu'à la RIVIÈRE COPPERMINE, mais malgré l'utilisation de la route de la baie d'Hudson, les intérêts de la compagnie se trouvent plus loin encore à l'intérieur du continent.

Puis, Alexandre MACKENZIE se rend plus au nord, de FORT CHIPEWYAN sur le lac Athabaska en 1789 pour découvrir le fleuve Mackenzie et le suivre jusqu'à son embouchure, pour le compte de la Compagnie du Nord-Ouest. Cette dernière établit des postes de traite le long de cette route et dans les régions des affluents, mais la COMPAGNIE DE LA BAIE D'HUDSON acquiert ensuite ces établissements.

Au cours de la première moitié du XIXᵉ siècle, les explorateurs sont de nouveau à la recherche d'un passage du Nord-Ouest puis, vers la fin du siècle, d'autres cherchent à atteindre le pôle Nord géographique. À la recherche de l'expédition menée par sir John FRANKLIN, disparue en 1845, diverses équipes améliorent la cartographie de la région et l'expédition de 1853, conduite par sir John MCCLURE, franchit enfin le passage mystérieux (Roald AMUNDSEN effectuera la première traversée uniquement par voie maritime en 1903-1904).

Plus tard encore, des expéditions américaines et britanniques longeant la côte est de l'île d'Ellesmere, explorent presque toute la partie est des îles de la Reine-Élisabeth. L'explorateur norvégien Otto SVERDRUP découvre, au tournant du XXᵉ siècle, la plupart des îles formant le nord-ouest de l'archipel et Vilhjalmur STEFANSSON en achève la découverte entre 1913 et 1918.

Peuplement Les postes de traite constituaient les seuls noyaux de peuplement par les allochtones dans les Territoires du Nord-Ouest jusqu'à relativement tout récemment. Des missions ont été établies près de ces postes à la fin du XIXᵉ siècle.

La présence du gouvernement fédéral n'est assurée dans ces petites bourgades qu'au tournant du siècle par la Gendarmerie royale du Canada, les stations de radio du service de transmission du Corps royal canadien et d'autres organismes. Les sites en bordure des voies de transport maritimes tels que Fort Smith et Tuktoyaktuk favorisent également un certain peuplement. Les nouveaux arrivants préfèrent la vallée du Mackenzie à l'Arctique, en raison de sa plus grande accessibilité et de ses ressources plus variées.

L'exploration minière entreprise en 1930, appuyée par le travail des pilotes de brousse avec leurs appareils améliorés, favorise l'installation de nouveaux arrivants en nombre important, même sur la partie arctique continentale.

Développement Au cours des dernières décennies, des événements politiques nationaux et internationaux, de vastes changements sociaux, des demandes accrues pour les ressources naturelles et une technologie améliorée ont provoqué un développement et des changements majeurs dans les Territoires du Nord-Ouest. Dès la Seconde Guerre mondiale, les hostilités internationales ont un effet sur les résidants de la vallée du Mackenzie avec le projet du PIPELINE CANOL et dans la partie nord de l'Arctique de l'Est avec les aéroports de la route à escales du nord-est. La guerre froide amène la construction de stations de radar de la ligne DEW (*voir aussi*

LIGNE DE RADARS AVANCÉS) dans toute la région arctique et contribue à l'introduction des premiers peuplements permanents dans les îles de la Reine-Élisabeth, dans le cadre du projet conjoint de stations météorologiques dans l'Arctique de l'Ouest (*voir aussi* STATION MÉTÉOROLOGIQUE DE L'EXTRÊME-ARCTIQUE).

Le gouvernement fédéral assume des responsabilités accrues avec la création, en 1953, du ministère du Nord canadien et des Ressources nationales (maintenant le ministère des Affaires indiennes et du Nord canadien). D'importantes améliorations sont apportées aux services de santé, au logement, aux établissements d'éducation et aux communications pour amener ces services au niveau de ceux qui sont offerts aux résidants du sud du Canada. Récemment ces responsabilités ont été déléguées en grande partie au gouvernement territorial.

Il y a maintenant plus de services gouvernementaux dans les diverses agglomérations nordiques et, dans certains cas, ces services représentent les plus gros employeurs. En conséquence, la plupart des habitants du Nord vivent dans des établissements permanents pendant presque toute l'année. La demande en minerai et combustible de même que les récentes améliorations apportées à la technologie de l'exploitation minière et des transports rendent les ressources naturelles du Nord plus attrayantes; leur exploitation fournit aussi de l'emploi. Cependant, l'exploitation des ressources naturelles revêt un caractère d'imprévisibilité quant à l'emploi et à l'économie et exige une vigilance face à la protection de l'environnement pour permettre aux autochtones de conserver leur mode de vie traditionnel et sauvegarder l'habitat naturel de la faune.

William C. Wonders

Territoires du Nord-Ouest, 1870-1905 Le 15 juillet 1870, le Canada acquiert la Terre de Rupert et le Territoire du Nord-Ouest de la Compagnie de la baie d'Hudson. Une petite province, le Manitoba, est créée à la même date. Le reste du nouveau territoire, s'étendant à l'ouest jusqu'à la Colombie-Britannique et au nord jusqu'à l'océan Arctique, sera sous la juridiction directe du gouvernement fédéral et s'appellera les Territoires du Nord-Ouest. Pendant les premières années, une grande partie du nord de l'Ontario et du Québec actuels en fait partie.

Les frontières de la région fluctuent souvent. La région au nord et parfois à l'est du Manitoba devient le district de Keewatin en 1876. Les frontières du Manitoba sont modifiées en 1877, puis reculées en 1881 et 1912. Le territoire du Yukon est créé en 1898, et les provinces de l'Alberta et de la Saskatchewan sont créées en 1905. À l'intérieur du territoire, quatre districts administratifs sont formés en 1882 : l'Assiniboia, la Saskatchewan, l'Alberta et l'Athabaska. C'est dans ces districts, dans la partie sud des territoires, que la majeure partie des colons s'installe et, par conséquent, c'est là que le gouvernement portera davantage son attention avant 1905.

La région est d'abord gouvernée sous l'*Acte concernant le gouvernement provisoire de la Terre de Rupert et du Territoire du Nord-Ouest après que ces territoires ont été unis au Canada*, adopté en 1869. Il met en place un gouvernement provisoire formé d'un lieutenant gouverneur et d'un conseil nommés par le gouvernement fédéral, lesquels dirigent d'abord depuis Winnipeg. En 1875, la LOI SUR LES TERRITOIRES DU NORD-OUEST instaure un nouveau fonctionnement: gouverneur et conseil travaillent dès lors depuis une capitale territoriale (d'abord Battleford, puis Regina) et, avec l'augmentation de la population de la colonie, les membres élus sont ajoutés jusqu'à ce qu'une assemblée territoriale surtout composée d'élus soit formée en 1888.

Malgré les apparences d'un gouvernement représentatif, la région demeure néanmoins sous le contrôle du gouvernement fédéral. Il négocie les TRAITÉS INDIENS et applique la politique qui en découle à l'endroit des autochtones. Il gère les terres

publiques et les ressources naturelles de la région pendant tout ce temps. Il contrôle de près la subvention fédérale annuelle aux territoires, laquelle comprend l'ensemble des fonds gouvernementaux disponibles pour des travaux publics nécessaires tels que les routes, les écoles et les ponts. Le but du gouvernement fédéral est clair: la région doit être développée dans l'intérêt national. La plupart des 25 millions d'acres (env. 10,1 millions d'hectares) de terres concédés au Canadien Pacifique pour stimuler la construction ferroviaire, p. ex., viennent des Territoires du Nord-Ouest. On fait aussi la promotion de l'immigration et de la colonisation pour des raisons de développement tant régional que national.

Cependant, bien que peut-être animé des meilleures intentions, le gouvernement fédéral a tout de même été remarquablement insensible aux besoins et aux désirs de la population de l'Ouest. La conséquence la plus dramatique des griefs des Amérindiens et des MÉTIS est la RÉBELLION DU NORD-OUEST de 1885. Par ailleurs, la population blanche est elle aussi furieuse à cause des tarifs protectionnistes, des tarifs de marchandises exorbitants, de la politique foncière centralisée et des subventions fédérales dérisoires. La création tardive de quatre sièges parlementaires pour les territoires, en vigueur lors des élections de 1887, ne change rien.

Toute cette situation mène à une agitation dirigée par F.W.G. HAULTAIN, qui demande que l'assemblée localement élue ait plus de pouvoir. La création d'un gouvernement responsable en 1897 ne résout pas les problèmes fondamentaux d'un gouvernement territorial qui ne possède pas de ressources ni de pouvoirs suffisants pour subvenir aux besoins d'une population coloniale en pleine expansion. En 1905, les demandes d'autonomie provinciale sont enfin satisfaites avec la création de l'Alberta et de la Saskatchewan. (*Voir aussi* GOUVERNEMENT PROVINCIAL; ÉVOLUTION TERRITORIALE.)

David J. Hall

Territoires du Nord-Ouest, Loi sur les La première loi, en 1875, instaure des institutions permanentes de gouvernement pour les Territoires, le tout modifiant et regroupant les diverses lois relatives à cette région. Sous la *Loi du gouvernement temporaire* de 1869, renouvelée chaque année, la région, connue d'abord comme la «terre de Rupert et Territoire du Nord-Ouest» et acquise de la COMPAGNIE DE LA BAIE D'HUDSON en 1870, est sous la responsabilité d'un lieutenant gouverneur nommé et d'un conseil. La loi de 1875 prévoit l'addition graduelle au conseil de membres élus au fur et à mesure que la croissance de la population le justifiera. Quand le nombre de membres élus atteint 21, on destitue les membres nommés. La loi couvre aussi la propriété immobilière, les testaments, les droits des femmes mariées, l'administration de la justice et la prohibition de l'alcool. La partie la plus controversée est sans doute l'article 11, prévoyant l'établissement et la garantie d'écoles catholiques et protestantes. Les débats sur la QUESTION DES ÉCOLES DU NORD-OUEST qui s'ensuivent atteignent leur paroxysme lors de l'adoption des PROJETS DE LOIS D'AUTONOMIE en 1905.

L'amendement de 1877 accorde des statuts égaux aux langues française et anglaise dans le gouvernement et dans les tribunaux de la région. En 1891, l'Assemblée territoriale acquiert le pouvoir de fixer ses procédures et elle abandonne rapidement l'usage officiel du français.

En 1888, le gouvernement fédéral établit une Assemblée législative de 25 membres élus, à l'exception de 3 conseillers juridiques sans voix délibérative. En 1891, l'Assemblée n'est formée que de membres élus et, en 1897, on lui accorde un véritable Cabinet. Même si, éventuellement, il acquiert la structure et bon nombre de responsabilités d'un gouvernement provincial, le gouvernement local n'obtient pas le contrôle sur les terres publiques et sur les ressources naturelles, ni une large assiette fiscale.

Ottawa ne lui accorde guère non plus de compensation adéquate pour répondre aux demandes de services locaux. Ces contraintes avivent le mouvement autonomiste menant éventuellement au statut de province pour l'Alberta et la Saskatchewan en 1905.

En 1912, la loi (maintenant la *Loi sur les Territoires du Nord-Ouest*) est amendée pour tenir compte de la population et du territoire plus réduits de la région et Ottawa rétablit un gouvernement dirigé par des fonctionnaires. En 1951, on ajoute des membres élus au conseil et, en 1966, ils en constituent la majorité. Cette année-là, on y crée deux circonscriptions fédérales. L'année suivante, on déménage le commissaire de l'administration territoriale d'Ottawa à Yellowknife et, en 1970, on accorde au gouvernement local des pouvoirs en apparence semblables à ceux des gouvernements provinciaux. L'Assemblée devient complètement élective en 1975 et elle désigne certains de ses membres pour siéger au Conseil exécutif. Le commissaire et ses deux assistants nommés continuent cependant d'en être membres et d'exercer une grande influence sur la politique du gouvernement local. Ils sont, en dernier ressort, responsables devant Ottawa et non devant l'Assemblée élue.

David J. Hall

Terrorisme C'est le recours à une campagne de violence, apparemment menée au hasard, pour promouvoir un objectif politique. Les actes de terrorisme comme les attentats à la bombe, les assassinats et les enlèvements peuvent être le fait de personnes qui veulent défier le *statu quo* politique (terrorisme insurrectionnel) ou le préserver (terrorisme répressif). La distinction entre le terrorisme et une utilisation justifiée de la force est sujette à controverse, ce qu'illustre l'expression «le terroriste de l'un est le combattant de la liberté d'un autre». Pour les sociétés démocratiques libérales, faire face à la menace du terrorisme insurrectionnel sans tomber dans la répression est devenu un défi constant.

Même si le recours au terrorisme à diverses fins remonte aux temps bibliques, le terme a d'abord été utilisé en référence à une phase particulière de la Révolution française, connue sous le nom de «Terreur» (1793-1794). Pendant plus d'un an, des milliers de citoyens français soupçonnés de déloyauté envers la Révolution ont été guillotinés, emprisonnés ou torturés. On considère que la «Terreur» a été le signe avant-coureur du terrorisme répressif à grande échelle pratiqué par certains régimes totalitaires au XXᵉ s. Bien des tactiques utilisées communément aujourd'hui par des groupes terroristes «insurgés» ont été élaborées et raffinées par le mouvement anarchiste russe de la dernière partie du XIXᵉ s., qui cherchait à renverser l'autocratie tsariste par des actes de violence spectaculaires (*voir* ANARCHISME). La conception populaire des pièces et les romans du terroriste poseur de bombes fanatique date de cette époque.

La taille, la motivation et l'habileté technique des organisations terroristes «insurgées» contemporaines varient considérablement. S'il est impossible d'isoler une cause unique du terrorisme, on peut évaluer au moins en termes généraux de quelle façon la stratégie du terrorisme opère pour atteindre certains objectifs politiques. Son attrait principal auprès de ceux qui désirent contester le *statu quo* est, bien sûr, son économie. Une campagne terroriste requiert seulement une poignée de militants et un minimum de ressources. Bien que l'étendue des dommages ou des blessures qu'une organisation terroriste cause puisse être minimale dans certains cas, une action habilement exécutée peut avoir un impact psychologique énorme. La peur peut avoir un effet destructeur et déstabilisant sur la société. Les actes de terrorisme peuvent raffermir la détermination de certains à résister à l'intimidation. Cependant, il a l'effet opposé pour plusieurs. L'escalade d'une campagne terroriste peut convaincre la population que les motifs ou les griefs qui l'animent sont si profondément ancrés

et sont l'objet d'une telle ferveur qu'on doit trouver une façon quelconque de les satisfaire.

Même si le terrorisme peut sembler un raccourci très tentant pour atteindre des objectifs politiques spécifiques, c'est en fait une stratégie très difficile à mettre en œuvre. Si pratiquement n'importe quel groupe peut mener une action terroriste, en revanche, peu ont suffisamment d'imagination et de relations publiques pour transformer de tels actes en appui populaire. La plupart des organisations terroristes peuvent espérer remplir certains objectifs à court terme, comme l'obtention de publicité. Les objectifs à long terme, comme la conquête du pouvoir politique ou un changement du *statu quo* politique, sont beaucoup plus difficiles à réaliser. Les organisations terroristes qui se trompent dans le choix de leurs tactiques ou de leurs cibles peuvent rapidement s'aliéner leurs partisans potentiels.

Si on compare à celle de plusieurs pays de l'Europe de l'Ouest et du Moyen-Orient, l'expérience du Canada en matière de terrorisme est très limitée. Cela tient d'abord à la capacité du Canada de s'adapter à la diversité ethnique et linguistique au moyen d'un processus de changements et de réformes pacifiques. Étant donné l'image très positive de gardien de la paix et de médiateur dans les conflits internationaux du pays, les diplomates et les citoyens canadiens à l'étranger ont rarement été la cible des terroristes internationaux. Les actes de terrorisme qui sont survenus au Canada ont été limités et sporadiques et peuvent se diviser en actes étrangers.

Il n'y a que deux organisations terroristes locales à avoir agi au Canada dans les dernières années: le Front de libération du Québec (FLQ), dont on parlera plus loin, et Direct Action. Direct Action est un petit groupe anarchiste de Colombie-Britannique, motivé d'abord par la crainte de la pollution et des armes nucléaires et des dangers que cela représente. Le groupe s'est soudainement manifesté, en 1982, par un attentat à la bombe à des installations hydro-électriques de l'île de Vancouver et, plus tard, à l'usine de Litton Systems Canada Ltd à Toronto. Le groupe se prépare à mener plusieurs autres opérations quand tous ses membres sont arrêtés par la police en janvier 1983. Bien que les opérations du groupe aient été maladroites et le fait d'amateurs, Direct Action a attiré l'attention du public sur les questions qui le préoccupaient.

Les terroristes qui ont leur base à l'étranger ne visent pas des intérêts canadiens en soi, mais ils ont organisé des attaques au Canada contre des diplomates et des citoyens de pays contre lesquels ils ont des griefs. Les terroristes ARMÉNIENS sont responsables de deux fusillades contre deux diplomates turcs survenues à Ottawa, en 1982, et de l'encerclement de l'ambassade turque, en mars 1985, qui s'est terminé par la mort d'un gardien de sécurité canadien. On croit que ce sont des terroristes SIKHS, en lutte pour l'indépendance de leur patrie, qui ont placé des bombes dans deux avions en partance du Canada pour l'Inde, en juin 1985. Résultat: 331 morts. En mai 1986, un ministre du Cabinet indien a été victime d'une tentative d'assassinat en Colombie-Britannique par des extrémistes sikhs.

Un cadre légal international a commencé à être mis en place pour combattre le terrorisme. C'est surtout par rapport aux mesures destinées à protéger les passagers des avions et les diplomates que les progrès sont marqués. Aux Nations Unies (ONU) et dans des forums régionaux, le Canada a joué un rôle dans la mise en œuvre d'un certain nombre de conventions, de déclarations et de traités. Le pays est un signataire de trois conventions internationales interdisant la piraterie aérienne: la Convention de Tokyo de 1963, la Convention de La Haye de 1970 et la Convention de Montréal de 1971. Comme membre du Groupe des Sept, le Canada s'est associé à la Déclaration de Bonn de 1978, destinée à isoler toute nation coupable d'avoir appuyé ou accueilli des pirates de l'air. Le Canada a aussi pris part à des initiatives de l'ONU comme la Convention de 1973 sur la protection des diplomates et la Convention de 1979 sur les prises d'otages. De plus, le Canada est un signataire de 44 traités d'extradition bilatéraux, qui peuvent être invoqués pour renvoyer au Canada, pour jugement, de présumés terroristes.

Thomas H. Mitchell

Le FLQ Les vagues de violence qui surviennent au Québec entre 1963 et 1971, dont le FRONT DE LIBÉRATION DU QUÉBEC revendique la responsabilité, sont les plus importantes explosions de terrorisme à être survenues au Canada. Comme dans les autres pays, ce type de terrorisme est justifié et rationalisé par divers arguments. Le FLQ se défend en affirmant que les francophones du Canada souffrent de discrimination économique, que le système constitutionnel est injuste et que les voies démocratiques du changement sont bloquées.

Les gestes terroristes du FLQ gagnent en intensité de 1963 à 1971. Les bombes sont de plus en plus perfectionnées et puissantes, et des enlèvements sélectifs forcent les gouvernements d'alors à entreprendre des négociations. Même si ses militants lancent parfois un avertissement téléphonique avant chaque explosion, le FLQ est responsable de sept morts violentes, incluant celle du ministre québécois Pierre LAPORTE.

Le terrorisme n'est généralement pas le terme utilisé pour décrire la violence des autorités publiques en raison du monopole légal dont l'État jouit sur certaines formes de pouvoir. Cependant, la proclamation de la LOI DES MESURES DE GUERRE en 1970, l'occupation du Québec par l'armée et, par-dessus tout, l'arrestation sans procédures officielles de plus de 450 personnes ont été contestées comme une réponse démesurée aux actions du FLQ.

Marc Laurendeau

Tessier, Albert, réalisateur et éducateur (Sainte-Anne-de-la-Pérade, Qc, 6 mars 1895—Trois-Rivières, 13 sept. 1976). Né dans une famille paysanne, il accède à la prêtrise en 1920. Influencé par un ami qui tourne des films en amateur, il commence lui-même à réaliser des courts métrages sur les gens, les choses et les lieux qui l'entourent. Ainsi il s'intéresse à la nature (*Dans le bois I*, 1930), à la terre (*Hommage à notre paysannerie*, 1938), à l'art (*Quatre artistes canadiens*, 1939) et aux sujets religieux (*Gloire à l'eau*, 1935, *Congrès eucharistique trifluvien*, 1941). En 1937, il est nommé visiteur des écoles ménagères supérieures. Créées en pleine crise économique, ces écoles ont pour fonction d'assurer la survie de la famille tant urbaine que rurale par la revalorisation, auprès des jeunes filles de tous les milieux, de leur fonction essentielle d'épouse et de mère et l'inculcation d'une véritable culture féminine. Tessier se fera également l'ardent propagandiste des «écoles de bonheur», instituts familiaux créés à partir de 1950 pour contrer la multiplication des collèges classiques féminins. Ses films portent donc aussi dorénavant sur l'éducation des femmes: *Écoles ménagères régionales* (1941), *Femmes dépareillées* (1948), *Écoles de bonheur* (1954). Tessier va souvent se retrouver devant le public à bonimenter ses films. Il cesse de tourner durant les années 50; sa filmographie, qui témoigne d'une sensibilité à la vie et à la culture québécoises, compte quelque 70 titres. Parce qu'il est un pionnier du cinéma documentaire au Québec, le gouvernement québécois a donné son nom au prix qu'il décerne annuellement pour souligner l'apport d'un artisan au développement du cinéma québécois.

Pierre Véronneau et Andrée Dufour

Tessier, Francois-Xavier, médecin et politicien (Québec, 15 sept. 1799—*id.*, 1835). Après des études à Québec et à New York, Tessier commence à pratiquer la médecine en 1823. Il est connu surtout pour avoir fondé le premier journal médical au Canada, *Le Journal de médecine de Québec* (janvier 1826—octobre 1827). Malgré une vie trop courte, cet homme aux qualités exceptionnelles occupe plusieurs postes importants dans la région de Québec. En 1823, il est nommé pharmacien de l'Hôpital des Émigrés, officier sanitaire du port de Québec et administrateur de l'Hôpital des Fébricitants de Pointe-Lévis, en 1830. Il est également médecin de la Marine et de l'Hôpital des Émigrés en 1834. Il représente le Saguenay à l'Assemblée du Bas-Canada de 1833 jusqu'à sa mort.

Jacques Bernier

Tewksbury, Mark, nageur (Calgary, Alb., 7 févr. 1968). Tewksbury commence à nager à l'âge de 8 ans après avoir suivi les Jeux olympiques de Montréal, en 1976. En 1984, à 16 ans, il se joint à l'équipe canadienne. Il connaît son premier succès international, en 1986, en remportant la médaille d'or du 100 mètres dos aux Jeux du Commonwealth. Déçu de son classement aux Olympiques de Séoul en 1988 (5e dans l'épreuve du 100 mètres dos, 12e à celle du 200 mètres dos), il offre une performance magistrale au relais 4 x 100 mètres quatre nages, ce qui permet au Canada d'obtenir une médaille d'argent. Il envisage un moment de se retirer de la compétition, mais il sent bien qu'il a encore des choses à prouver. Considéré depuis longtemps comme un des meilleurs nageurs au monde en nage sur le dos, il accuse une certaine faiblesse au départ et dans les virages. Un entraînement intensif pour corriger ces lacunes lui permet de gagner de nouveau la médaille d'or du 100 mètres dos des Jeux du Commonwealth en 1990. Au championnat du monde aquatique, en 1991, il subit la défaite par 6/100 de seconde contre l'Américain Jeff Rouse et doit se contenter de l'argent. En 1992, il établit un record mondial de nage sur le dos dans un bassin de 25 m, au cours de l'entraînement pour les Olympiques. Aux Jeux de Barcelone, il n'est qu'à une demi-longueur de Rouse après le premier virage. Meilleur nageur cependant, il coiffe Rouse au poteau par 6/100 de seconde dans le sprint du dernier 25 m, soit le même écart qui avait entraîné sa défaite en 1991, pour récolter la médaille d'or et établir un record olympique avec un temps de 53,98 s, à 5/100 de seconde seulement d'un nouveau record mondial.

Texaco Canada inc. Elle était l'une des plus grandes compagnies intégrées de pétrole au Canada. Elle avait une production de pétrole classique et de gaz naturel en Alberta d'envergure mondiale, et des programmes de prospection dans le bassin de l'Ouest du Canada et dans la mer de Beaufort. Elle faisait aussi de la prospection importante au large des côtes canadiennes, de même qu'au Brésil et en Afrique occidentale. Constituée en 1927 sous le nom de McColl-Frontenac Oil Co Ltd, la société est devenue Texaco Canada limitée en 1959. Elle a adopté le nom de Texaco Canada inc. en 1978, après sa fusion avec Texaco Explorations Canada Ltd.

Texaco Canada, dont le siège social se trouvait à Toronto, raffinait et distribuait une gamme complète de produits pétroliers de qualité, par l'entremise de grossistes et de plus de 2000 points de vente au détail de l'Atlantique au Pacifique. En 1986, ses revenus s'élevaient à 2,7 milliards de dollars (33e rang au Canada) et ses actifs, à 3,7 milliards de dollars (27e rang au Canada). Elle employait 3326 personnes. En 1989, Texaco est achetée par Imperial Oil et ses activités sont fusionnées avec celles d'Imperial Oil ou bien vendues.

Textile tissé L'histoire du tissage au Canada remonte aux populations autochtones d'avant la colonisation et s'est enrichie à chaque nouvelle vague d'immigrants. Les techniques simples de tressage et de vannerie, répandues universellement, consistent à entrelacer, avec les doigts, des fibres textiles (fils) de différentes longueurs. La réalisation des filets ou le tricot requièrent des outils fort simples. Pour fabriquer une étoffe, il suffit d'entrelacer deux ensembles de fils. Le premier, le fil de chaîne, est maintenu par un support, et l'autre, le fil de trame, est passé pardessus puis sous le premier. Ainsi, les deux ensembles de fils sont maintenus ensemble solidement tout en gardant une certaine élasticité. À ce stade technique rudimentaire, tous les mouvements sont exécutés manuellement, mais, après plusieurs années, grâce aux progrès technologiques, le métier remplace graduellement le tisserand. Ce qui a joué un rôle clé dans l'évolution du métier à tisser, c'est l'invention de la lice. Dans sa forme la plus simple, la lice est faite de deux tiges auxquelles sont fixées des cordes tenant lieu d'anneaux, dans lesquels on fait passer les fils de trame. On peut faire bouger les tiges pour créer une ouverture (foule) entre les fils de chaîne et y faire passer les fils de trame. De conception simple à ses débuts, le métier à tisser devient de plus en plus complexe, pour devenir graduellement automatisé.

Les autochtones produisent de très beaux tissus sans l'aide de métiers à tisser complexes. Cependant, ces pièces de très haute qualité requièrent énormément de temps. Les peaux d'animaux ont une fonction utilitaire, alors que l'étoffe tissée est réservée aux articles de prestige, comme ces superbes couvertures de cérémonie que l'on trouve sur la côte ouest (*voir* CHILKAT, COUVERTURE), les bandeaux et les délicates parures confectionnées à partir des piquants du porc-épic. Leur technique de tissage particulière (tressage à brins cordés) tire son origine de la vannerie.

Pour le tressage, deux fils de trame entourent, à tour de rôle, le ou les fils de chaîne puis s'entrelacent avant de passer au prochain fil de chaîne. Jadis, cette technique était en usage dans plusieurs régions du Canada, avec des variantes locales en termes de textures, de tissus et de motifs. À l'arrivée des articles manufacturés, ces derniers ont remplacé les tissus tissés, mais les autochtones ont conservé leur savoir-faire, et leurs techniques de tissage sont encore utilisées de nos jours.

Les premiers Européens à émigrer au Canada sont les Français, qui s'établissent le long du Saint-Laurent et dans certaines parties de la région atlantique au début du XVIIe s. À cette époque, la France est renommée pour sa tapisserie, mais les premiers colons n'apportent avec eux que le rouet et le métier rudimentaire, avec lesquels ils confectionnent les vêtements de tous les jours et les couvre-lits. Ils produisent peu d'étoffes au début, mais la production augmente avec le temps. On apprend aux jeunes filles à filer, et chaque ferme possède son métier sur lequel on fabrique les étoffes de première nécessité et, quelquefois, des ouvrages destinés au troc. Le métier utilisé en Nouvelle-France est de conception très simple et le tissu est uni. Pour les couvre-lits, les motifs sont obtenus par deux techniques rudimentaires: «à la planche», où l'on se sert d'une planche étroite pour créer une ouverture pour les fils de trame de couleurs du motif; et «boutonnée», où les fils de trame multicolores sont relevés en boucles qui forment les motifs (étoiles, sapins). On confectionne aussi de nombreuses catalognes, tissu lourd fabriqué à partir des retailles de vieux vêtements. Utilisées jadis comme couvre-lits, on s'en sert également de nos jours comme tapis.

Les LOYALISTES, venus des États-Unis pour s'établir dans la région atlantique et dans certaines régions du Québec et de l'Ontario actuels, sont d'origines ethniques variées, mais plusieurs viennent de la Grande-Bretagne. La plupart des femmes savent filer et, dans certains cas, tisser. Les Loyalistes ne tardent pas à cultiver le lin dont ils tirent la fibre pour la toile. Ils élèvent aussi des moutons pour la laine. Dans les foyers, on fabrique la toile, les couvertures ainsi que des vêtements chauds. Parmi les colons figurent un certain nombre de tisserands professionnels, généralement des hommes, capables de travailler sur des métiers compliqués. Ces artisans tissent des toiles aux motifs délicats et des couvre-lits décoratifs qui sont les plus belles pièces du trousseau de la mariée. Généralement de laine bleu foncé et de toile blanche ou de coton, les jetés de lit sont tissés pour l'été ou doublés pour l'hiver, avec des motifs géométriques impressionnants.

Après les Loyalistes, le Canada accueille de nombreux immigrants européens. Ceux qui auront la plus forte influence sur l'évolution du tissage au Canada sont les ÉCOSSAIS, les IRLANDAIS et les ALLEMANDS. En Écosse, comme en Angleterre, la révolution industrielle et la mécanisation de l'industrie du tissage créent de nombreux chômeurs, et beaucoup de tisserands émigrent au Canada. Prêts à s'adonner à l'agriculture, ils se rendent compte qu'ils peuvent gagner leur vie en exerçant leur métier. Ils s'établissent dans la plupart des régions qui forment les plus anciennes zones de peuplement du Canada anglais. En général, ce sont les femmes qui préparent le fil, mais ce sont les tisserands professionnels qui font la majeure partie du tissage. Dès le début du XIXe siècle, on peut se procurer des textiles d'importation dans les régions colonisées. Les tisserands locaux continuent de confectionner des couvertures, des tapis, des toiles et des vêtements jusqu'à la fin du siècle, époque où le métier cesse d'être rentable. Ce sont les couvre-lits à motifs décoratifs qui ont eu le plus de succès. Dans les communautés écossaises et irlandaises, la «duite de dessus» est la technique de tissage la plus populaire. Elle consiste à passer des fils de trame sur le dessus et sur le dessous d'un fond d'étoffe uni (presque toujours de coton blanc), afin de créer sur ces chaudes couvertures des motifs géométriques très colorés. Ces derniers sont généralement de laine bleue, bleu foncé ou rouge vif, avec parfois des bandes ou des rayures. Dans les communautés allemandes, les jetés de lit décoratifs et les couvertures d'apparat pour chevaux sont tissés à la main. La technique, le «sergé», est très complexe et produit un motif où alternent des rangées d'étoiles et de diamants.

Dans les années 1830 apparaît le métier Jacquard. L'ouverture pour le motif est réglée au moyen de chapelets de carton perforés. Ce nouveau métier, peu utilisé en Ontario, permet de réaliser des motifs plus réalistes, comme des fleurs, des oiseaux et mille autres motifs impossibles à créer avec les métiers d'antan. Le jeté de lit jacquard est un bien précieux, qui fait souvent partie du patrimoine familial.

Le filage et le tissage sont étroitement associés aux pionniers. Alors que la tradition commence à se perdre dans l'Est du Canada (vers 1900), l'Ouest, de son côté, s'ouvre à la colonisation. Même si l'on peut commander par catalogue des produits manufacturés, une grande partie des textiles sont fabriqués localement. Les pionniers venus de l'Est du Canada ou de Grande-Bretagne ont, pour la plupart, oublié les techniques de tissage depuis une génération ou deux. Par contre, les immigrants scandinaves, allemands ou d'Europe de l'Est pratiquent le filage et produisent leur propre laine, leur lin et leur chanvre. Un grand nombre de rouets utilisés dans les Prairies ont survécu, mais pas les vêtements chauds tricotés à partir des fibres filées par ces colons. Peu de métiers ont survécu. Le tissage sert surtout à faire des articles périssables comme les TAPIS de chiffons, qui ont mal résisté à l'usure du temps. Les UKRAINIENS et les DOUKHOBORS ont réalisé un grand nombre de travaux de tissage d'art, dont plusieurs ont survécus à l'épreuve du temps. Les Ukrainiens meublent leurs foyers de superbes bancs rembourrés, avec des revêtements de toile, de chanvre ou de laine à rayures colorées, et ornent les pièces de tapisseries de laine tissées, aux motifs géométriques de couleurs gaies. De leur côté, les doukhobors tissent des tapisseries à texture grossière mais très colorées et fabriquent des tapis en nouant plusieurs épaisseurs de laine à même un tissu de fond clair et ferme, selon la méthode utilisée pour les tapis d'Orient. Ces techniques de tissage, typiques de leurs villages du Caucase, se sont répandues lorsque les doukhobors se sont établis en Saskatchewan et en Colombie-Britannique. Bref, la tradition du tissage au Canada reflète la fascinante diversité culturelle du pays. Quelques-unes des vieilles traditions se sont fondues à d'autres, alors que celles qui sont nées plus tard se perpétuent dans leur forme originale.

Dorothy K. Burnham

Thakkar, Menaka, danseuse, chorégraphe, directrice et professeure (Bombay, Inde, 3 mars 1942). En tant que directrice artistique de la Menaka Thakkar Dance Company de Toronto et en tant que fondatrice (en 1974) et directrice de la Nrtyakala: The Canadian Academy of Indian Dance, Thakkar exerce une influence considérable sur le développement, au Canada, de la danse classique indienne, sur son exécution, et sur sa réception par le public.

Thakkar commence à étudier la danse petite fille, à Bombay. Elle participe aux productions de sa sœur aînée, Sudha Khandawani, et travaille par la suite avec un certain nombre de professeurs renommés à Bombay, à Madras et à Cuttak. Après des études universitaires, elle entame une carrière artistique. Thakkar arrive au Canada en 1972 pour rendre visite à son frère, étudier les formes classiques et modernes de danse occidentale et se produire sur scène. L'accueil chaleureux qui lui est réservé l'encourage à s'établir à Toronto l'année suivante. Bien qu'elle retourne régulièrement en Inde pour y danser et y étudier, Thakkar a des racines solides au Canada, où elle s'intègre très vite au monde de la danse tout en faisant mieux connaître au grand public les traditions de la danse indienne. Dès le début des années 80, les étudiants du programme de danse de l'UNIVERSITÉ YORK peuvent obtenir des crédits pour les cours suivis dans son école. Aujourd'hui, en tant que professeure auxiliaire de danse, Thakkar enseigne un cours complet de danse indienne. Elle enseigne aussi régulièrement à L'ÉCOLE NATIONALE DE BALLET. Pendant une dizaine d'années, Thakkar enseigne intensivement dans différentes villes canadiennes et forme toute une génération de jeunes danseurs indiens, dont beaucoup sont devenus des danseurs professionnels.

Thakkar jouit d'une solide réputation de danseuse et de professeure dans trois formes de danses régionales indiennes classiques (Bharatanatyam, Odissi et Kuchipudi). Depuis quelques années, sa capacité d'innover à partir de ces formes traditionnelles attire de plus en plus l'attention. Elle crée une interprétation féministe de l'épopée indienne, le Ramayana, et travaille en collaboration avec des chorégraphes canadiens tels que Dana Luebke, Grant STRATE, Robert DESROSIERS et Claudia Moore, produisant une synthèse des formes de danse indiennes classiques et des styles occidentaux. De nombreux prix chorégraphiques lui ont été accordés en Inde et au Canada. En 1993, elle reçoit un doctorat ès lettres honorifique de l'U. York.

Michael Crabb

Thatcher, Wilbert Colin, grand éleveur et politicien (Toronto, 25 août 1938). Fils unique du premier ministre libéral Ross THATCHER, Colin Thatcher entre en politique en Saskatchewan en 1975 comme député provincial libéral de Thunder Creek. En 1977, il passe au Parti conservateur, tient le rôle de critique financier et de leader à l'Assemblée jusqu'à la victoire du parti en 1982. Par la suite, il est nommé ministre de l'Énergie et des Ressources. Bien qu'il soit considéré par certains comme le meilleur ministre du gouvernement, sa personnalité autoritaire et son comportement déconcertant le rendent impopulaire au Cabinet, et, en 1983, il est obligé de démissionner. En 1984, son arrestation et son inculpation pour le meurtre brutal de son ex-femme, après des années de disputes orageuses, ont marqué l'histoire du Canada puisque c'était la première fois qu'un ancien ministre était inculpé d'un tel crime.

Stanley Gordon

Thatcher, Wilbert Ross, premier ministre de la Saskatchewan (Neville, Sask., 24 mai 1917—Regina, 23 juill. 1971). Après avoir fait ses études dans sa localité et à l'U. Queen, Thatcher s'intéresse au monde des affaires. Il devient conseiller municipal et il est élu par la suite député fédéral de la Co-operative Commonwealth Federation (CCF) en 1945, en 1949 et en 1953. Il abandonne toutefois son parti en 1955, siège d'abord comme indépendant, puis il joint les rangs des libéraux. Il se présente sans succès aux élections fédérales de 1957 et de 1958. Il critique l'administration de la CCF et affirme que les sociétés d'État de la Saskatchewan sont un échec lamentable, une accusation qui donne lieu au débat sur la Mossbank, en mai 1957, avec T.C. DOUGLAS, premier ministre et chef de la CCF. Ces interventions le consacrent porte-parole des opposants à la CCF. En septembre 1959, Thatcher défait trois autres aspirants à la direction du Parti libéral provincial. Sous Thatcher, les libéraux de la Saskatchewan se font rhétoriciens lorsqu'il s'agit de libre entreprise et ils remportent les élections provinciales de 1964, une première en 20 ans pour un gouvernement provincial libéral, à l'ouest du Québec. L'importance que Thatcher accorde au développement économique le met en conflit avec les libéraux fédéraux qui n'ont pas les mêmes priorités: sécurité sociale sous Lester PEARSON et réforme constitutionnelle sous Pierre TRUDEAU. Les disputes entourant l'organisation du parti déchirent tellement les libéraux de la Saskatchewan que Thatcher se présente aux élections provinciales de 1971 assiégé de toutes parts, tant par ses amis que par ses ennemis. Il perd 20 des 35 sièges au profit du Nouveau parti démocratique (NPD), dirigé par Allan BLAKENEY. Il décède un mois plus tard.

David E. Smith

Thé du Labrador *Ledum groenlandicum* et *Ledum palustre* On l'appelle aussi lédon du Groenland ou thé velouté. C'est un arbuste de la famille de la bruyère (éricacées). Il atteint jusqu'à 2 m de haut dans les SOLS acides et humides. On le trouve un peu partout dans le nord du Canada et dans les tourbières dans le sud (*voir* TOURBE). On trouve quatre espèces du genre *Ledum* dans le monde entier, dont trois au Canada. L'une d'entre elles, le thé des trappeurs (*L. glandulosum*), est parfois employée en guise de thé. Le genre s'apparente au rhododendron et contient des composants qui peuvent être nocifs à forte concentration. En outre, certaines plantes qui lui ressemblent sont toxiques, telles que la kalmia à feuilles étroites (*Kalmia angustifolia*), qui a des fleurs roses.

Structure Les feuilles du thé du Labrador, de forme elliptique, ont jusqu'à 6 cm de long, sont à bords révolutés (enroulés en dehors), et recouvertes inférieurement d'un duvet dense variant de blanchâtre à brun. Les fleurs sont blanches et groupées.

Rôle biologique Les AUTOCHTONES et les colons utilisaient les jeunes pousses, les feuilles et les fleurs aromatiques, fraîches ou séchées, en guise de thé. Le thé doit être faible; une petite poignée de feuilles infusées dans l'eau bouillante pendant cinq minutes donne une boisson agréable. (*Voir aussi* PLANTES, UTILISATION PAR LES AUTOCHTONES DES.)

Nancy J. Turner

The Holy Body Tattoo En 1992, les chorégraphes Noam Gagnon et Dana Gingras et le compositeur Jean-Yves Thériault créent un groupe d'interprétation appelé The Holy Body Tattoo. Thériault est l'un des fondateurs du groupe rock Voivod; Gingras et Gagnon ont travaillé pour certains des plus grands chorégraphes canadiens et dansent ensemble depuis 1987.

Le nom de la troupe vient de la croyance de ses fondateurs selon laquelle nos secrets personnels et collectifs seraient inscrits dans notre corps, qui les révèle quand il fait des efforts extrêmes et arrive à l'épuisement. The Holy Body Tattoo s'inspire des conventions de la culture populaire qu'il transpose dans une danse qualifiée d'«épuisante», de «féroce» et d'«agressive». Ce style combatif se rapproche de ce qui se fait au Québec, en France et en Belgique. Mais la croyance de la troupe à un minimalisme scénique et l'originalité de sa structure administrative réduite au strict minimum la distinguent des autres.

The Holy Body Tattoo produit à son propre rythme. Il a créé deux spectacles de danse: *Poetry and Apocalypse* (1994) et *Our Brief Eternity* (1996). Une version filmée de 28 minutes de *Poetry and Apocalypse* paraît en 1997. Gagnon et Gingras comptent sur la répétition, en studio ou en public, comme source de révélation.

Installée à Vancouver, The Holy Body Tattoo est l'une des petites troupes de danse canadiennes qui effectuent le plus grand nombre de tournées. Ses danses enragées et éreintantes, accompagnées d'images de films, d'éclairages et de sons appartenant à l'ère postindustrielle, sont présentées dans des festivals nationaux et internationaux, parmi lesquels le festival New Moves Across Europe de Glasgow, en Écosse, le Pride Arts Festival de Londres, en Angleterre, et le Marator de l'Espectacle de Barcelone, en Espagne. En 1997 et 1998, la troupe a effectué une tournée en Autriche, en Hongrie, en Allemagne, en Belgique, en Angleterre, en Écosse, dans les Pays-Bas, en France, en Italie, en Slovénie et en République tchèque.

Deborah Meyers

The Pas, ville du Man.; pop. 5945 (rec. 1996), 6166 (rec. 1991); superf. 28,46 km²; const. en 1912; située sur la rive sud de la RIVIÈRE SASKATCHEWAN, à 50 km environ au nord de l'endroit où la rivière se jette dans le RÉSERVOIR DU LAC DES CÈDRES. Campement indien à l'origine, l'emplacement est bientôt fréquenté par les explorateurs Henry KELSEY, les fils de LA VÉRENDRYE et sir John FRANKLIN. Vers le milieu des années 1750, The Pas devient un poste de TRAITE DES FOURRURES français appelé fort Paskoyac (aussi Pasquia ou Paskoya). Les membres d'une expédition de sauvetage à la recherche de Franklin porté disparu aident à l'établissement d'une nouvelle mission anglicane lorsqu'ils passent l'hiver à The Pas en 1847. Une mission catholique fondée en 1887 joue un rôle marquant dans la création de différents établissements, y compris l'hôpital. L'origine du nom The Pas est incertaine, mais pourrait provenir d'un terme cri signifiant «emplacement étroit» (sur la rivière). La ville est bâtie sur des terrains cédés en 1906 par les Cris, qui s'installeront par la suite sur la rive nord de la rivière Saskatchewan.

Au début du XXᵉ s., l'exploitation minière et la pêche commerciale dans le Nord, l'exploitation forestière et l'aménagement d'une limite divisionnaire du réseau ferroviaire mettent la ville en valeur en tant que centre économique et administratif. L'achèvement d'un vaste projet de drainage en 1960 améliore la viabilité de l'agriculture mixte à l'ouest de la ville. The Pas est un lien important entre les régions minières, les régions de pêche et les régions de piégeage du BOUCLIER canadien et les terres à vocation agricole situées dans le sud du Manitoba. Le principal employeur est Repap Manitoba, qui intègre une scierie et une usine de pâtes et papiers. The Pas compte parmi ses établissements le Keewatin Community College.

D.M. Lyon

Théâtre-Ballet canadien Troupe basée à Ottawa, son répertoire se compose surtout d'œuvres chorégraphiques de style néoclassique créées par son directeur artistique fondateur, Lawrence GRADUS. La compagnie est créée en 1980. Ses danseurs viennent principalement de l'Entre-Six Dance Company (Montréal, fondée par Gradus et Jacqueline Lemieux en 1974) et son administration du Ballet Ys (Toronto, fondé par Gloria Grant en 1976).

En février 1981, la nouvelle compagnie fait ses débuts au Centre national des arts, puis part en tournée au Canada et à l'étranger. Malgré les grands espoirs qu'on a de voir se développer la compagnie sous la direction de Gradus, sa popularité faiblit vers la fin des années 80 et Gradus la quitte en 1989. Le directeur artistique qui lui succède, Frank AUGUS-

TYN renomme la compagnie Ottawa Ballet et travaille d'arrache-pied afin de mettre de l'ordre dans ses finances et de l'implanter plus solidement dans la région d'Ottawa. Sous sa direction, la compagnie continue à se produire en tournée et à élargir son répertoire. Augustyn démissionne en septembre 1994 et la troupe suspend ses activités peu de temps après.
Michael Crabb

Theatre Calgary La première compagnie théâtrale professionnelle de Calgary a des origines populaires. En 1963, Don Boyes, Eddie Wong et Harry Pinchin inaugurent le Musicians and Actors Club (le MAC Club) au sous-sol d'un ancien cinéma désaffecté du centre-ville, l'Isis. Ils ont pour objectif de fournir aux musiciens, chanteurs, gens de théâtre et autres artistes de Calgary, un endroit où se rencontrer et échanger des idées. Le succès qu'ils connaissent les encourage à étendre leur mandat aux productions théâtrales.

La première pièce présentée au théâtre, situé au rez-de-chaussée, *A Taste of Honey* (novembre 1964), connaît un grand succès. Il s'ensuit quatre saisons fructueuses pendant lesquelles la compagnie présente des pièces contemporaines. Le MAC devient le MAC 14 lorsqu'il fusionne avec Workshop 14, célèbre compagnie amateur fondée par Betty Mitchell. En 1967, Kenneth Dyba, qui a mis en scène au cours des deux saisons précédentes plusieurs pièces ayant reçu un accueil favorable, est nommé directeur artistique le temps d'une saison de transition pour que le MAC 14 devienne une compagnie semi-professionnelle. La troupe quitte l'Isis et s'installe dans une salle plus moderne de 500 places, le Betty Mitchell Theatre, situé dans le Union Tractor Building rénové et rebaptisé Allied Arts Centre.

En 1968, Christopher Newton, un jeune acteur de Stratford, en Ontario, ayant peu d'expérience de la mise en scène devient le directeur artistique de la compagnie. Avec Fred Scot, président du MAC 14 Theatre Society, il rebaptise la compagnie Theatre Calgary (TC). Le TC se joint à un réseau de théâtres régionaux en plein essor, mis au point par le MANITOBA THEATRE CENTRE et subventionné par le CONSEIL DES ARTS DU CANADA, dont la mission consiste à offrir aux villes canadiennes des saisons de théâtre professionnel variées.

Le TC encourage souvent les auteurs dramatiques. Newton écrit *You Two Stay Here, The Rest Come With Me* (musique d'Allen Laing). La production de *Back to Beulah*, d'Harold Balbridge, marque le début de la collaboration de W.O. MITCHELL avec le TC. Cette collaboration se poursuit sous la direction de Rick McNair avec les premières de *The Black Bonspiel of Wullie MacCrimmon* et *The Kite*. Le TC présente aussi les premières de *Whiskey Six Rebellion*, de Sharon POLLOCK, et de *Farther West*, de John Murrell.

En 1970, Don Shipley fonde Caravan, une troupe itinérante pour le jeune public, qui prospère sous la direction de David Lander (1971-1975). En 1977, Caravan devient la Stage-Coach Players sous la direction de Rick McNair, lequel écrit de nombreuses pièces pour la compagnie. *Napi, the First Man* remporte un succès international pendant une tournée au Pays de Galles.

La direction du Theatre Calgary change fréquemment. Clark Rogers et Sharon Pollock ne restent en poste que quelques mois et ne finissent pas la saison. Joel Miller et James Brewer sont directeurs artistiques intérimaires pendant quelque temps. Joseph Shaw tombe malade et démissionne avant d'exercer réellement ses fonctions. Les principaux administrateurs sont Newton (1968-1971), Baldridge (1972-1978), McNair (1978-1984), Martin Kinch (1985-1991) et Brian Rintoul (1991-1996). Les efforts des trois premiers directeurs visant à encourager les nouvelles pièces et le théâtre pour le jeune public sont en grande partie abandonnés en 1985, quand la compagnie déménage au Max Bell Theatre, une salle de 750 places située dans le Calgary Centre for the Performing Arts et dont la grande scène et l'emplacement des sièges sont propices à la production de classiques, de pièces d'époque et de comédies musicales. La production annuelle de *A Christmas Carol* est l'une des plus populaires auprès du public.

Le soutien du public, les campagnes de financement et les subventions ne suivent pas toujours le rythme des dépenses du théâtre. En 1996, Theatre Calgary est fortement endetté, mais une campagne publique permet de recueillir un million de dollars et de le remettre à flot. Comme au début de la compagnie, le conseil d'administration embauche en 1997 un jeune homme relativement peu expérimenté, Ian Prinsloo, en tant que directeur artistique. Il a travaillé avec Newton au SHAW FESTIVAL et, pour souligner sa trentième saison, le Theatre Calgary accueille Newton à titre de directeur invité. Prinsloo reconnaît que le grand problème du Theatre Calgary réside dans son absence d'identité artistique. Il projette de limiter les activités de la compagnie aux drames classiques et d'y inclure de nouvelles productions de classiques canadiens.
Joyce Doolittle

Théâtre de langue anglaise Il est faux de croire que l'avènement du théâtre sur le continent nord-américain correspond à l'arrivée des explorateurs et des colons espagnols et français.

Naissance

Traditions autochtones Les cérémonies et rituels autochtones et inuits témoignent d'un sens de l'art mimique très développé et jouent un rôle prépondérant dans les activités sociales et religieuses de ces groupes (*voir* AUTOCHTONES, RELIGION DES). Les masques, costumes et accessoires sont utilisés pour mettre en valeur les dialogues, chansons et chants destinés à protéger la communauté en exerçant une influence sur le temps, le produit de la chasse ou l'état physique et spirituel de ses membres. Certains drames rituels (tels que ceux interprétés par les Kwakiutl de la Colombie-Britannique) peuvent se présenter sous forme d'un long cycle et durer quatre ou cinq mois. Par la suite, ce seront les traditions européennes plutôt que les traditions locales qui influenceront le développement des différentes formes théâtrales au Canada.

Influences coloniales Quand sir Humphrey GILBERT part en expédition à Terre-Neuve en 1583, il emporte avec lui «des jouets, des chevaux de bois et quantité de mots d'esprits pour divertir les Sauvages», ce qui laisse penser qu'il existe déjà, à l'époque, une forme de théâtre rudimentaire. Les premiers événements théâtraux importants sont toutefois l'œuvre des militaires français, des religieux et des colons. Les jésuites financent la production de pièces originales et classiques tout au long du XVIIe s., jusqu'à ce que les activités théâtrales en Nouvelle-France soient interrompues, à la suite de l'interdiction controversée de présenter le *Tartuffe* de Molière en 1694 (*voir* THÉÂTRE DE LANGUE FRANÇAISE).

Ce n'est qu'après la CONQUÊTE, en 1763, que les activités théâtrales commencent à connaître un certain regain au Québec. Par la suite, c'est la garnison britannique qui fait revivre le théâtre à Montréal en présentant (il faut souligner l'ironie de la situation) des pièces de Molière et les troupes francophones continuent sur cette lancée. Les garnisons de Montréal et de Québec jouent aussi des pièces anglaises appartenant au répertoire populaire. Des sociétés d'art dramatique voient le jour et les étudiants des jésuites redécouvrent la scène dans les collèges.

La région atlantique emboîte le pas au Québec. Parallèlement à cet essor de l'activité théâtrale qui caractérise le Québec vers la fin du XVIIIe s., les garnisons anglaises stationnées dans l'Est canadien montent des pièces dans des théâtres de fortune, des tavernes et autres lieux publics. Tous les rôles sont tenus par des hommes. Les troupes en poste à Halifax construisent le New Grand Theatre (avec loges et parterre), inauguré le 26 février 1789 avec *The Merchant of Venice* (v.f. *Le Marchand de Venise*). Le premier théâtre de Charlottetown est construit en 1800 et le Drury Lane Theatre est fondé en 1809 à Saint-Jean (Nouveau-Brunswick). C'est ainsi qu'une tradition théâtrale vivante, entretenue par les troupes d'amateurs ou le personnel des garnisons, prend racine dans les Maritimes. Mais, là encore, les milieux puritains accusent: «Un chrétien qui va au théâtre ne peut pas avoir la conscience plus tranquille que quand il entre au bordel», écrivait en janvier 1770 un journaliste du *Nova Scotia Chronicle*. Le théâtre n'en continue pas moins de se développer et on met en scène un grand nombre d'œuvres anglaises classiques et contemporaines, ainsi que des pièces d'auteurs canadiens parmi lesquelles figure la première pièce canadienne-anglaise de l'histoire, une comédie romantique intitulée *Acadius: or, Love in a Calm*, présentée à Halifax, en 1774.

Au XVIIIe s., les troupes d'amateurs dominent le théâtre au Québec et dans les Maritimes mais, au fur et à mesure que la population augmente, les compagnies professionnelles des États-Unis commencent à s'intéresser à ce nouveau public. La première troupe professionnelle à s'installer au Canada est l'American Company of Comedians. Elle se serait produite au Pontiac Inn, à Halifax, durant l'été et l'automne de 1768. En mars 1786, une autre troupe de comédiens provenant d'Albany (New York) et dirigée par un Anglais, Edward Allen, s'installe à Montréal pour une période de quatre mois, puis déménage à Québec. Le public découvre aussi une autre forme de divertissement: le cirque. Une troupe américaine, dirigée par John B. Ricketts, se produit à Montréal et à Québec, en 1797 et 1798.

Essor du théâtre au XIXe siècle Dès la fin du XVIIIe siècle, le théâtre canadien possède les bases qui lui permettront de se développer rapidement. Le XIXe siècle foisonne d'activités théâtrales dans toutes les régions du pays. Des théâtres bien équipés sont construits au Québec et dans les Maritimes. À Montréal, le THÉÂTRE ROYAL (1000 places), érigé au coût de 30 000 $ par un groupe d'investisseurs présidé par John MOLSON, ouvre ses portes en 1825. Somptueusement décoré, il comprend un portique dorique, des loges sur deux étages, un parterre et une galerie, ainsi que des coulisses bien aménagées. En 1846, on inaugure le théâtre royal de Spring Gardens, à Halifax, dont les loges peuvent accueillir plus de 160 spectateurs.

À cette époque, le théâtre est solidement implanté au Haut-Canada. Les garnisons stationnées dans les centres de colonisation que sont aujourd'hui Toronto, Ottawa, London et Kingston offrent un accueil enthousiaste aux troupes d'amateurs. Dès 1809, des comédiens de New York jouent *The School for Scandal* (v.f. *L'École de la médisance*) à York (Toronto), mais ce n'est qu'en 1834 que Toronto aura son premier théâtre, aménagé dans une ancienne église protestante.

D'autres salles y ouvrent bientôt leurs portes: le Royal Lyceum (1848) et le Grand Opera House (1874), qui sera détruit cinq ans plus tard par un spectaculaire incendie. À London, le Grand Opera House (1881) sera également la proie des flammes, mais sera reconstruit, comme son homonyme torontois (*voir* GRAND THEATRE). Un grand nombre de petites villes canadiennes se dotent aussi de théâtres, dont la capacité et la longévité varient d'un endroit à l'autre.

Dès que les voies de communication le permettent, l'Ouest réclame la visite de troupes itinérantes. Les ingénieurs royaux construisent un théâtre de fortune à New Westminster en 1858. En février 1860, le Colonial Theatre est inauguré, à Victoria. Il prend la relève des navires britanniques, théâtres de fortune ancrés dans le port d'Esquimalt, où les marins présentaient leurs productions depuis plusieurs années. L'Opera House de Vancouver, une salle de 1200 places, ouvre ses portes en 1891, tandis que plusieurs villes des Prairies se dotent aussi de théâtres de qualité, dont le Walker Theatre (1907), à Winnipeg, un édifice somptueux où se côtoient ivoire et marbre et pouvant accueillir environ 2000 spectateurs.

Public turbulent Au XIXᵉ s., le public canadien est, à quelques exceptions près, plutôt attentif et poli. Les spectateurs ontariens font toutefois preuve de plus de retenue que ceux du Québec, qu'il s'agisse d'anglophones qui, en 1811 à Montréal, attaquent à coups de canne et de bâton des touristes américains qui n'enlèvent pas leur chapeau durant l'hymne national (1811), ou d'étudiants francophones qui, en 1880, réservent un accueil frénétique à Sarah Bernhardt. Des Torontois font également une ovation à Adelaide Neilson lors de sa dernière représentation au Canada, en 1880. Mais, de tous les publics canadiens, celui de l'Ouest est sans conteste le plus turbulent. Ainsi, à Victoria, une émeute raciale éclate en novembre 1860 au Colonial Theatre lorsque des spectateurs de race noire veulent s'asseoir dans des sections réservées aux Blancs. À Winnipeg, dans les années 1880, on signale souvent la présence parmi les spectateurs de jeunes trouble-fêtes et de prostituées provocantes. Au Klondike, le public est souvent tapageur et, en mai 1902, à High River, en Alberta, la représentation de *The Cowboy's Romance* est interrompue brutalement lorsque le directeur de la Great Bostock Theatrical Company brandit un gourdin devant les spectateurs qui lancent des œufs pourris.

Apport social, culturel et éducatif du théâtre L'apport social, culturel ou éducatif du théâtre est reconnu et mis de l'avant par ses défenseurs. L'Église catholique, ainsi que certaines communautés protestantes (les méthodistes, notamment) s'attaquent violemment à cet art qu'elles tiennent pour responsable de la débauche, de la dégradation des mœurs et autres pratiques impies. Ainsi, Mᵍʳ BOURGET, évêque de Montréal, condamne avec force le théâtre dans ses lettres pastorales en 1859 et en 1872. En 1880, Mᵍʳ Fabre interdit à ses ouailles d'assister aux représentations données par la comédienne française, Sarah Bernhardt. En février 1883, à Winnipeg, le pasteur J.B. Solcox prononce un sermon dans lequel il condamne le théâtre parce qu'il pèche contre les bonnes mœurs et la bienséance et, à Toronto, il déclare que: «Au cours des dernières années, on a pu voir des scènes qui feraient même rougir de honte les sodomites» (trad.). Lorsque le dramaturge et critique de Winnipeg, C. W. Handscomb, voit la pièce *Gegangere* (v.f. *Les revenants*) d'Ibsen, en mars 1904, il craint, à son tour, que «son caractère malsain [et] dégradant» ne pollue «l'atmosphère saine des Prairies».

Malgré ces difficultés, auxquelles s'ajoute la concurrence des pièces et des troupes étrangères, les auteurs, comédiens et directeurs de théâtre canadiens parviennent à devenir de plus en plus importants. Au Canada anglais, les drames poétiques ampoulés de Charles Heavysege, Charles Mair et Wilfred CAMPBELL suscitent peu d'intérêt, mais les comédies et les satires politiques de Nicholas Flood DAVIN, J.N. McIlwraith et W.H. Fuller séduisent le public, de même que les mélodrames conventionnels de McKee Rankin et les romances historiques de W.A. Tremayne. Rankin connaît aussi le succès en tant qu'acteur, autant au Canada qu'à l'étranger et Tremayne écrit des pièces pour l'acteur américain Robert Mantell, vedette très populaire au Canada.

De nombreux acteurs canadiens passent la majeure partie de leur temps aux États-Unis et en Grande-Bretagne. Après avoir travaillé avec Henry Irving à Londres, Julia Arthur fonde une compagnie itinérante aux États-Unis. Margaret ANGLIN, dont on dit qu'elle peut émouvoir un cœur de pierre, est réputée pour les rôles qu'elle tient dans les œuvres classiques du théâtre grec à Berkeley, en Californie. Franklin McLeay, dont la carrière est brève, joue pendant cinq ans avec la troupe de Wilson Barrett à Londres.

Marie Dressler devient célèbre grâce au vaudeville américain et Henry Miller, qui commence sa carrière à Toronto en 1878, se fait connaître à New York à la fois comme acteur et impresario.

Certains acteurs canadiens font toutefois carrière au Canada. Tel est le cas de John Nickinson, qui dirige le Royal Lyceum Theatre de Toronto de 1853 à 1859, et de sa fille Charlotte Morrison, qui dirige avec succès une troupe de répertoire à Toronto dans les années 1870. Dans les années 1880, Ida Van Cortland, avec son mari Albert Tavernier, conduit sa troupe en tournée de Winnipeg à St. John's (Terre-Neuve). De 1879 à 1929, les sept troupes des célèbres Marks Brothers réalisent d'énormes profits au cours des tournées qu'elles effectuent dans les petites villes canadiennes. Les mélodrames constituent aussi une source de revenus importante pour l'acteur et impresario H. Price Webber, dont la troupe se produit dans les Maritimes, au Québec et en Nouvelle-Angleterre jusqu'en 1915. Au début du XXᵉ s., Harold Nelson, l'un des premiers professeurs d'art dramatique canadiens, entreprend une remarquable carrière de metteur en scène en présentant des productions de Shakespeare, des mélodrames et des comédies dans les provinces de l'Ouest.

Concurrence étrangère Au XIXᵉ s. et pendant une grande partie du XXᵉ s., les producteurs, comédiens et auteurs canadiens font face à une redoutable concurrence étrangère. Cette concurrence retarde considérablement le développement d'un théâtre professionnel national. En 1911, le critique Bernard K. SANDWELL déplore que des magnats américains du théâtre tels que Charles Frohman, les Shubert Brothers et le puissant New York Theatrical Syndicate, créé en 1896, dominent la scène canadienne. La British Canadian Theatrical Organization Society (1912) tente de minimiser l'influence américaine en organisant des tournées avec des acteurs britanniques. En détenant une participation majoritaire dans le théâtre canadien, les Anglais et les Américains acquièrent une emprise considérable sur son développement, tant sur le plan commercial que culturel. La Trans-Canadian Theatre Society (1915) appartient certes à des Canadiens, mais son travail consiste à organiser les tournées de troupes étrangères.

Le début de ce processus remonte au siècle dernier avec la venue de comédiens américains peu connus auxquels succéderont de grandes vedettes européennes et américaines. Depuis Edmund Kean, presque tous les grands acteurs se produisent au Canada. Kean joue à Montréal et à Québec en 1826. De nombreux acteurs le suivront, parmi lesquels W.C. Macready, les Kembles, E.A. Sothern, Charles et Ellen Kean, Charles Fechter, Edwin Booth, Joseph Jefferson, Sarah Bernhardt, Coquelin, Helena Mojdeska, Tommaso Salvini, Laurence Barrett, Julia Marlowe, Henry Irving, Ellen Terry, John Martin-Harvey, Mᵐᵉ Fiske, Mᵐᵉ Campbell, Robert Mantell, les Kendals, Ben Greet et Johnston Forbes-Robertson, ainsi que des troupes renommées du Abbey Theatre de Dublin et de Stratford (Angleterre). Ces comédiens professionnels présentent un jeu de qualité et parfois des pièces intéressantes. Cependant, ils considèrent le Canada comme un prolongement des États-Unis susceptible de rapporter de l'argent. La Première Guerre mondiale met un terme à ces tournées. Les coûts de plus en plus élevés, la concurrence du cinéma et de la radio, la crise économique sont autant de facteurs qui contribuent à la disparition des compagnies itinérantes. Les grandes vedettes et les compagnies étrangères auront bien sûr amené les gens à fréquenter les théâtres et auront été à l'origine de la construction d'excellentes salles de spectacle, mais, faute d'avoir su encourager et développer le talent de ses propres acteurs, le Canada se retrouve, à la fin de la grande époque des tournées, avec un théâtre professionnel sans grande envergure.

Les troupes étrangères continuent de se produire sur les scènes canadiennes et certaines troupes canadiennes, qui présentent les derniers succès de Londres et de Broadway, réussissent à s'imposer. C'est le cas de la compagnie dirigée par Vaughan Glaser à Toronto (1921-1927). D'autres troupes canadiennes, professionnelles et semi-professionnelles, sillonnent le pays. Au début du XXᵉ s., les «Permanent Players», établis à Winnipeg, se produisent pendant 21 saisons consécutives au théâtre de Winnipeg, et la troupe de l'Ontarienne Mae Edwards donne des représentations en Ontario et dans les Maritimes jusqu'en 1935.

À la fin des années 30, les John Holden Players se produisent à Bala (Ontario) et à Winnipeg. L'Everyman Theatre Co dirigée par Sidney Risk, qui était à l'origine une troupe itinérante de la Saskatchewan composée d'étudiants, fait ses débuts à Vancouver en 1946 et présente des pièces classiques dans l'Ouest pendant de nombreuses années. Le Jupiter Theatre de Toronto ouvre ses portes en 1951 et, à Ottawa, le Canadian Repertory Theatre, dirigé par la comédienne Amelia Hall, connaît un grand succès au début des années 50.

À Toronto, la New Play Society (NPS), qui a toujours fonctionné en grande partie grâce à des bénévoles, est dirigée pendant quelques années par des professionnels. Fondée en 1946 par Dora Mavor MOORE, la NPS a largement contribué au développement de talents canadiens dans tous les domaines du théâtre. Le Musée royal de l'Ontario présente des œuvres de Morley CALLAGHAN, Harry BOYLE, John COULTER, Mavor MOORE, Lister SINCLAIR et Andrew ALLAN. *Spriny Thaw*, la célèbre revue annuelle itinérante, est également une initiative de la NPS et Dora Mavor Moore contribue à la mise en œuvre du FESTIVAL DE STRATFORD, auquel participent d'ailleurs plusieurs comédiens de la New Play Society.

Théâtre amateur Il n'en reste pas moins que, durant la première moitié du XXᵉ s., le théâtre canadien est surtout le fait d'amateurs. S'étant reposé en grande partie sur des productions étrangères pendant plus d'un siècle, le théâtre canadien manque de bases professionnelles solides. Et quand se fait sentir la nécessité d'une dramaturgie vraiment canadienne, seuls les amateurs peuvent y répondre. En 1907, le gouverneur général, le comte de Grey, souligne la nécessité d'un théâtre national en créant la Earl Grey Musical and Dramatic Competition, afin d'encourager les arts dramatiques dans le Dominion du Canada. Le concours fonctionne sur invitation et a lieu chaque année jusqu'en 1911. Contrairement au Dominion Drama Festival, il n'y a aucune présélection régionale et les juges sont canadiens. Le concours Earl Grey ne se déroulera que pendant quelques années et n'aura que peu d'influence sur le théâtre canadien. Mais le soutien de la Couronne aux efforts faits dans le domaine théâtral est le bienvenu dans un contexte d'opposition puritaine entretenu par les autorités religieuses.

L'initiative du comte de Grey coïncide avec de nouveaux développements dans le domaine du théâtre amateur. La compagnie Arts and Letters Players est fondée à Toronto en 1908. Elle ne présente que des pièces sérieuses et non commerciales, dans les locaux exigus de la Old Court House, rue Adelaide. La compagnie s'affirme comme le fer de lance du MOUVEMENT DU THÉÂTRE AMATEUR. Sous la direction de Roy Mitchell, les Arts and Letters Players présentent des pièces de Maeterlinck, Yeats, Tagore, Synge et lady Gregory et sont la preuve qu'un théâtre innovateur et expérimental peut aussi être un théâtre de qualité.

Fondé en 1919 à l'U. de Toronto, le Hart House Theatre s'inscrit dans la lignée des Arts and Letters Players. Mitchell en est d'ailleurs le premier directeur. Le Hart House Theatre constituera un tremplin pour de nombreux auteurs, comédiens et directeurs, dont Bertram Forsyth, Raymond MASSEY, Carroll Aikins, Dora Mavor Moore, Edgar Stone, Merrill Denison, Herman VOADEN, Jane Mallet, Andrew

Allan, Robert GILL, Kate REID, Barbara Chilcott, Elizabeth Sterling Haynes, William HUTT, Donald SUTHERLAND, Charmion King et Donald et Murray Davis.

D'autres théâtres amateurs font leur apparition et certains connaissent du succès comme la Ottawa Drama League (1913), le Vancouver Little Theatre (1921), le Community Players de Winnipeg (1921), le Montreal Repertory Theatre (1930) et le Halifax Theatre Arts Guild (1931). À la Sarnia Drama League (1927), Voaden expérimente l'«expressionnisme symphonique» et défie les normes théâtrales conventionnelles. Dans les années 30, toutes les villes importantes, ainsi que de nombreuses petites communautés, possèdent un théâtre amateur permanent.

En 1932, le FESTIVAL NATIONAL D'ART DRAMATIQUE est créé dans le but de rassembler les énergies dispersées et d'attirer l'attention sur le théâtre amateur canadien. Mis en place par le gouverneur général, lord Bessborough, et profitant des conseils avisés et de l'influence de Vincent MASSEY, le festival organise des concours bilingues et des manifestations régionales au cours desquelles les meilleures productions sont sélectionnées en vue de la grande finale qui a lieu, chaque année, dans une ville différente. Theatre Canada succède au festival en 1970 et fonctionnera jusqu'en 1978. L'influence du Festival national d'art dramatique continuera toutefois de se faire sentir pendant plusieurs années, même si le théâtre amateur, qui pourtant a fait ses preuves, est détrôné par le théâtre professionnel. Le festival offre en effet un éventail de nouvelles possibilités aux comédiens, auteurs, scénographes, directeurs et techniciens, tout en favorisant l'émergence d'un public local pour le jeune théâtre professionnel partout au Canada.

Les universités contribuent à mieux faire connaître le théâtre amateur au cours de la première moitié du XXᵉ s. Les premières initiatives marquantes ont été prises dans l'Ouest canadien, notamment à l'U. de la Saskatchewan où est instituée, en 1945, la première chaire de théâtre de tout le Commonwealth. En 1946, l'U. de l'Alberta se dote d'un département des beaux-arts et le BANFF CENTRE SCHOOL OF FINE ARTS produit les premières pièces de Gwen Pharis RINGWOOD et de quelques dramaturges canadiens. Des programmes de théâtre et d'art dramatique, mis sur pied pour la majorité dans les années 60, sont désormais offerts dans les collèges et universités de chaque province.

Dans bien des cas, les universités, libres de toute considération commerciale ou convention sociale, présentent en première des pièces de dramaturges canadiens et étrangers dignes d'intérêt. Elles offrent aussi des programmes d'études et des services de formation dans tous les domaines de la création théâtrale, ainsi qu'en histoire du théâtre et en critique (voir THÉÂTRE, ENSEIGNEMENT DU). Une autre forme de théâtre amateur connaît un développement intéressant mais de courte durée pendant les années qui suivent la CRISE DES ANNÉES 30. Fondé à Toronto en 1932, le Progressive Arts Club veut encourager une littérature et un art ouvriers militants.

Il en résulte la création du Workers' Experimental Theatre qui réunit des chômeurs et présente des pièces et des sketches traitant des questions d'actualité un peu partout, souvent en plein air, parfois même sur les lignes de piquetage. La production la plus acclamée de ce théâtre, une pièce basée sur le procès et l'emprisonnement de huit Canadiens communistes, *Eight Men Speak* (1933), a par la suite été bannie à Toronto et à Winnipeg. Le Workers' Theatre qui, avec des thèmes comme la politique internationale et la culture, revêt un caractère stimulant et inventif, perdra de sa popularité après la Crise des années 30 et n'aura guère marqué l'évolution du théâtre canadien.

Développement du théâtre professionnel La publication, en 1951, du rapport de la COMMIS-SION ROYALE D'ENQUÊTE SUR L'AVANCEMENT DES ARTS, LETTRES ET SCIENCES donne une nouvelle impulsion au théâtre professionnel. Présidée par Vincent Massey, cette commission formule un certain nombre de recommandations qui conduisent à la création du CONSEIL DES ARTS DU CANADA, en 1957.

La fondation du Festival de Stratford en 1953 marque la transition d'un théâtre essentiellement amateur vers un théâtre professionnel. Le Crest Theatre ouvre ses portes à Toronto en 1954, tandis que les Canadian Players, issus de la compagnie de Stratford, entreprennent des tournées au Canada et aux États-Unis. La création de théâtres régionaux importants et le fait que le gouvernement accepte de financer les arts revitalisent le théâtre professionnel. Toutefois, contrairement à ce qui se produit au XIXᵉ s., le théâtre professionnel du début des années 60 s'intéresse à ce qui se fait sur la scène nationale et internationale. Cette période marque le début d'une nouvelle ère dont l'ampleur du progrès dépasse tout ce qui a été accompli au cours des 350 premières années de l'histoire du pays.

L.W. Conolly

Théâtre canadien contemporain
Au Canada, la deuxième moitié du XXᵉ s. est marquée par l'apparition d'un théâtre professionnel local de langue anglaise et, de façon plus significative, par la difficulté à définir les langues régionales et nationales. Dans les années 90, on compte quatre types de production: les productions sur le modèle de Broadway, totalement commerciales et essentiellement articulées autour d'une musique fantaisiste; les productions des théâtres régionaux et des festivals qui présentent des œuvres classiques, des grands succès internationaux et des pièces inédites grand public; les productions des théâtres «alternatifs» qui présentent des pièces nouvelles et souvent controversées; et enfin, les productions «expérimentales» mettant en scène de nouvelles formes d'écriture ainsi que de nouveaux talents.

Premières mises en scène contemporaines L'origine des grandes productions musicales qui tiennent l'affiche à la fin des années 80 et 90 remonte aux années 40 et 50. Déjà en 1940, le TUTS (Theatre Under the Stars) de Vancouver présente des comédies musicales américaines en plein air au Malkin Bowl du parc Stanley, et le Rainbow Stage de Winnipeg l'imite à partir de 1954.

À Toronto, on présente des comédies musicales américaines sous un chapiteau dans le cadre de la Melody Fair (1951-1954) et de la Musical Fair (1957-1961). Tyrone GUTHRIE reprend cette idée pour le Festival de Stratford, en 1953. Une revue musicale à caractère plus national, *Spring Thaw*, tient l'affiche de 1948 à 1971 et permet à Mavor Moore de financer ses premières comédies musicales canadiennes, parmi lesquelles *Sunshine Town* (1954-1955), tirée de *Un été à Mariposa: croquis en clin d'œil* et l'*Optimiste* (1956), d'après le conte de Voltaire *Candide*.

Comédie musicale En matière de comédie musicale, le grand succès des années 50 est la comédie musicale canadienne *My Fur Lady* qui, jouée partout au Canada, enregistre des profits de un million de dollars et lance la carrière de Brian MACDONALD et de Galt MacDermot, le compositeur de *Hair*. C'est à cette époque qu'apparaissent les théâtres de poche, notamment à Toronto et à Montréal. Ils produisent les premières revues de café-théâtre et les pièces inédites de l'après-guerre. *Up Tempo*, p. ex. (1956-1965), tient l'affiche pendant huit ans à Montréal, tandis que la revue *Clap Hands*, créée à Toronto, connaît un tel succès qu'elle est exportée à Londres (1961-1963).

Dans les années 50, un certain nombre d'événements contribuent à renforcer l'autonomie du théâtre canadien. La création par Tom Patterson du Stratford Shakespearean Festival en 1953 (et de la troupe professionnelle des Canadian Players en 1954) fournit au théâtre canadien une base solide qui lui permettra d'obtenir une reconnaissance internationale et renforcera la position du théâtre professionnel. En 1955 est fondée la Canadian Actor's Equity, un syndicat qui ne deviendra réellement indépendant de son grand frère américain qu'en 1976. En 1959, la fondation du Centre du théâtre canadien, un organisme bilingue (qui fermera ses portes en 1971), permet au Canada d'être représenté officiellement à l'Institut international du théâtre et constitue une porte d'entrée inestimable au sein d'un réseau théâtral. En 1960, l'ouverture à Montréal de l'École nationale de théâtre, qui offre une formation bilingue aux étudiants, complète le processus requis pour une expansion nationale.

Après 1957, le Conseil des arts du Canada, sous la direction de son superviseur des arts, Peter Dwyer, appuie l'important mouvement du théâtre régional. Des troupes de répertoire sans but lucratif, subventionnées en partie par le gouvernement, apparaissent peu à peu partout au Canada, surtout dans les municipalités les plus importantes. Nombreux sont ceux qui pensaient que le Crest Theatre de Toronto, né de la fusion du Hart House Theatre et des Straw Hat Players de Donald et Murray Davis, allait devenir la «référence régionale», mais ce titre revient en fait au MANITOBA THEATRE CENTRE (MTC) de Winnipeg. Fondé par John HIRSCH et Tom HENDRY en 1958, à la suite de la fusion de deux troupes d'amateurs, le MTC se hissera en quatre ans au niveau professionnel et prouvera l'utilité des subventions gouvernementales dans le domaine des arts.

Des festivals d'été et des troupes de répertoire se produisant l'hiver apparaissent partout au Canada: le Vancouver International Festival (1958-1968); le SHAW FESTIVAL en 1962; le VANCOUVER PLAYHOUSE et le NEPTUNE THEATRE d'Halifax en 1963; le FESTIVAL DE CHARLOTTE-TOWN en 1964; le CITADEL d'Edmonton en 1965; le Globe à Regina en 1966; le centre Saidye Bronfman de Montréal en 1967; le Theatre New Brunswick de Fredericton et le Theatre Calgary (1968); le CENTRE NATIONAL DES ARTS d'Ottawa (CNA), le CENTAUR THEATRE de Montréal en 1969 et le Toronto Arts Production (connu aujourd'hui sous le nom de Centre Stage) du St. Lawrence Centre (1970). En 1971, le Theatre London (aujourd'hui le Grand Theatre Co), le Sudbury Theatre et le Bastion Theatre de Victoria (1971-1988) font leur entrée dans le circuit des théâtres professionnels. Terre-Neuve reste la seule province qui ne possède pas de théâtre régional.

Au cours des années 60, les théâtres professionnels sans but lucratif reçoivent des subventions de tous les niveaux de gouvernement et du secteur privé, subventions qui peuvent représenter jusqu'à 50 p. 100 de leur financement. En outre, des sommes importantes sont investies dans la construction d'édifices à vocation culturelle. On construit notamment des centres municipaux, des salles d'opéra et d'imposants auditoriums à usages multiples à l'occasion du centenaire de la confédération (1967) ou d'anniversaires provinciaux. Malheureusement, la plupart de ces constructions s'avèrent inadéquates pour les nouvelles troupes canadiennes. Toutefois, l'époque où les opéras et les ballets étaient présentés dans les arénas est désormais révolue. Les pièces américaines, les comédies musicales et à grand déploiement, qui n'avaient pas été présentées depuis les années 20, peuvent l'être de nouveau grâce à ces constructions.

Années 60 et rêves de nationalisme Dans les années 60, certains rêves deviennent réalité, tandis que d'autres s'écroulent. Celui de Tom Patterson qui, en 1962, voulait organiser un festival du Yukon à Dawson City, n'aura duré qu'un seul été. L'année suivante, Montréal perd une compagnie itinérante, Her Majesty's, tandis qu'à Toronto, Ed MIRVISH vient à la rescousse du ROYAL ALEXANDRA, menacé de fermeture. Au début des années 60, les tournées connaissent un regain de popularité avec le succès remporté par la compagnie de Stratford qui présente plusieurs productions de *Gilbert et Sullivan* de Tyrone Guthrie à Londres et à New York, ainsi que des pièces de Shakespeare et de Molière à Chichester, en 1964.

Parmi les productions inédites se démarquent *The Great Hunger* de Len PETERSON (produite en 1960, publiée en 1967) et *Hey, Rube!* (1961), l'une des premières «créations collectives» du Toronto Workshop Productions de George Luscombe (1959-1988). *Love and Libel* (1960) de Robertson DAVIES et *Like Father, Like Fun* (1966-1967, connue par la suite sous le titre de *A Minor Adjustment*), d'Eric NICOL, connaissent par contre un échec à New York, atténué par le succès, dans des théâtres situés non loin de Broadway, de *Fortune and Men's Eyes* de John Herbert en 1967.

En 1966, le Crest Theatre et les Canadian Players (1954-1966) cessent leurs activités, causant tout un émoi à Toronto. Une nouvelle compagnie voit le jour en 1968-1969, le Theatre Toronto, dont l'objectif est d'atteindre une réputation internationale. La troupe fait sensation à Londres et à New York avec *Soldiers*, de Rolf Hochhuth, mais elle disparaît après seulement deux ans d'activité.

L'année du centenaire de la confédération aura été un tournant dans l'histoire du nationalisme canadien-anglais. À Montréal, le Canadian Theatre Centre, en collaboration avec EXPO 67, est l'hôte d'une rencontre internationale, Colloquium 67, au cours de laquelle sont produites des pièces importantes telles que *The Ecstasy of Rita Joe*, de George RYGA, *Lulu Street*, d'Ann Henry, *Colours in the Dark*, de James REANEY, et la version musicale de 1965 du grand succès de Lucy Maud MONTGOMERY, *Anne of Green Gables* (v.f. *Anne... La Maison aux pignons verts*), qui fait le tour du pays. Toutefois, les célébrations du centenaire font resurgir un mécontentement présent depuis de nombreuses années et engendré par le peu de pièces canadiennes-anglaises jouées dans les théâtres. Bien que le Canada compte plusieurs auteurs dramatiques, dont Coulter, Davies, Herbert, Nicol, Peterson et Ryga, Lister Sinclair, Bernard Slade, Patricia JOUDRY, W.O. MITCHELL, Arthur Murphy et Wilfred WATSON, leurs pièces sont rarement présentées dans les théâtres régionaux. Les critiques traitent les troupes de répertoire et les festivals d'été de «dinosaures». Elles sont accusées de présenter uniquement des pièces étrangères et de faire du théâtre de «musée». Les partisans du théâtre canadien en font leur cible préférée. Une nouvelle forme de théâtre professionnel est sur le point d'apparaître au Canada: le «théâtre alternatif».

Théâtre alternatif et intérêts nationaux Les premiers groupes à offrir une solution de rechange aux troupes régionales, notamment le Savage God de Vancouver (1966-1980), le Passe Muraille à Toronto (1968-) et le Canadian Place Theatre à Stratford (1969) n'ont guère de vocation nationaliste. Ces théâtres dits alternatifs présentent en effet des pièces américaines «hippie» ou portant sur la guerre du Viêt-nam, qui prônent des formes de liberté nouvellement acquises et font une large place au langage cru et à la nudité. *Futz* (1969) de Passe Muraille ainsi que *Hair*, qui tiendra l'affiche pendant un an (1970) au Royal Alexandra, sont deux produits typiques de l'époque. En 1970, le Canadian Festival of Underground Theatre donne un sérieux coup de pouce au théâtre alternatif. Toutefois, ce seront le Factory Theatre Lab (1970-), de Ken Gass, et le TARRAGON THEATRE (1971-), dirigé par Bill Glassco, tous deux situés à Toronto, qui mettront au premier plan des œuvres inédites et offriront un théâtre alternatif axé sur le nationalisme.

À l'instigation de David Gardner, le Conseil des arts convoque les représentants du monde du théâtre canadien à Gaspé, à l'été de 1971. Durant ces assises historiques, qui ont pour thème «The Dilemma of

Canadian Playwriting», on recommande que les théâtres subventionnés à 50 p. 100 comptent au moins 50 p. 100 de contenu canadien dans leur programmation. Cette rencontre est suivie d'une autre plus importante, ouverte à un plus vaste public, à Niagara-on-the-Lake, où l'on décide de créer la Playwrights Co-op (aujourd'hui Playwrights Union of Canada), un organisme qui encourage la publication d'œuvres dramatiques inédites.

Ainsi, on assiste, au cours des années 70, à la publication et à la production de centaines de nouvelles pièces et à un virage spectaculaire du théâtre professionnel qui s'affirme davantage comme un théâtre canadien et devient plus accessible. Parmi la nouvelle génération d'auteurs dramatiques, citons les noms de Carol BOLT, Peter Colley, Michael COOK, Rex DEVERELL, David FENNARIO, Timothy FINDLEY, David Freeman, David FRENCH, Joanna Glass, John GRAY, Cam Hubert, Ken Mitchell, John MURRELL, Sharon POLLOCK, James Reaney, Erika RITTER, Rick SALUTIN, George F. Walker et Tom WALMSLEY. Par la suite, les théâtres régionaux se joignent au mouvement et présentent les grands succès des théâtres «alternatifs».

Entre 1971 et 1974, deux programmes fédéraux de création d'emplois, le Programme des initiatives locales et le Programme Perspectives-Jeunesse, permettent d'injecter des fonds dans le théâtre. De nouvelles troupes alternatives font alors leur apparition: le Theatre 3 (1970-1981) à Edmonton; le Little People's Caravan (1970-) de Colombie-Britannique et son théâtre ambulant tiré par des chevaux, qui deviendra le Caravan Stage Co en 1976; le Tamahnous (1971-) à Vancouver (*Chicoltin for magic*); le Mermaid Theatre à Wolfville, en Nouvelle-Écosse (1972-); le Magnus Theatre Co North-West à Thunder Bay (1972-); le Manitoba Theatre Workshop à Winnipeg (1973-), qui sera rebaptisé le Prairie Theatre Exchange en 1981; le Theatre Aquarius à Ottawa, aujourd'hui situé à Hamilton (1973-); le Toronto Free Theatre (1972-1987), qui a fait l'objet d'une fusion et est devenu la Canadian Stage Company; l'Actor's Lab Theatre à Toronto (1973-1991) et le Famous People Players (1974-), un théâtre de marionnettes animé par de jeunes déficients mentaux et utilisant l'infrarouge et l'ultraviolet. Autre événement représentatif de l'époque, le Festival d'été de Lennoxville au Québec (1972-1982), dont la vocation est de reprendre des pièces moins connues du répertoire canadien-anglais, mais qui, contrairement au FESTIVAL DE BLYTH (1975-) en Ontario, ne présente pas de pièces inédites.

Le modèle terre-neuvien À l'inverse des autres provinces, Terre-Neuve produit un théâtre parallèle de qualité avant de produire un théâtre grand public. La Mummers Troupe de Chris Brooke (1972-1982), dont les productions revêtent un caractère fortement politique, fait revivre la tradition des noëls du XIXe s. en présentant des pièces mimées, mais produit aussi des créations collectives, telles que *Gros Mourn* (1974) et *They Club Seals Don't They?* (1978), pour dénoncer les injustices sociales. On lui doit la création, à St. John's, du LSPU Hall (Longshoreman's Protective Union), aujourd'hui appelé le Resource Centre for the Arts, d'une capacité de 200 personnes, où sont produites des œuvres inédites.

La Codco Stage Company de Terre-Neuve (1973-1979), aussi connue sous le pseudonyme de WNOBS (White Niggers of Bond Street), marquera l'histoire du spectacle au Canada. Des membres de cette troupe, notamment Tommy Sexton (1957-1993) et Greg Malone, mettent au point un duo comique avec le Wonderful Grand Band, et remportent un grand succès de 1986 à 1988 sur les ondes du réseau anglais de Radio-Canada avec leur émission satirique *S and M Comic Book Show*. Cathy Jones séduit le public avec son numéro solo *Wedding in Texas and Other Stories* (1986-1987), tout comme l'avaient fait Andy Jones avec *Out of the Bin* (1984) et Mary Walsh avec

Bloomsdays (1982), une interprétation toute personnelle de James Joyce.

En 1986, l'Académie royale des arts du Canada (ARC) monte une rétrospective des spectacles passés intitulée *Decade of Performance* et, au cours de l'été de cette même année, la foule se presse pour applaudir la tournée de *The Best of Codco*. De 1988 à 1993, le réseau anglais de Radio-Canada finance une délirante série d'émissions de télévision de la Codco, qui deviendra une série culte. *This Hour Has 22 Minutes*, une satire décapante des nouvelles télévisées, lui succède quelque temps plus tard. Peter Lang publiera les pièces de Codco en 1992.

Le théâtre régional grand public de Terre-Neuve naît du théâtre parallèle. Le Rising Tide Theatre (1978-), créé par des membres dissidents de la Mummers Troupe, monte les premières créations collectives, comme *Daddy...What's a Train?* (1978). Puis, sous la direction de Donna Butt et David Ross, la troupe déménage dans une salle exploitée par le gouvernement et pouvant accueillir 1100 personnes, le Arts and Culture Centre. Elle commence alors à produire des pièces plus importantes et soigneusement montées dans le dessein de devenir le théâtre régional de l'est de Terre-Neuve. Parmi les autres troupes de St. John's, mentionnons Sheila's Brush (1979-), qui présente des pièces folkloriques dans les écoles, la Newfoundland Shakespeare Co (1983-) et l'Elysian Theatre (1986-). Sur la côte ouest, le Festival of the Arts (festival d'été) de Stephenville voit le jour en 1979, tandis que le Theatre Newfoundland and Labrador (1981-) s'établit à Corner Brook.

Tendances des années 70 Dans les années 70, l'expansion des compagnies théâtrales se poursuit. Parmi les plus prometteuses citons: le New Play Centre (1970-) à Vancouver, qui partage maintenant la scène du Waterfront Theatre sur l'île Granville avec le Carousel Theatre, théâtre s'adressant à un jeune public; l'Alberta Theatre Projects (1972-) et le Arete Mime à Calgary (1976); le 25TH STREET HOUSE THEATRE (1972-) et le Persephone (1974) à Saskatoon; le Kam Theatre Lamb à Thunder Bay (1974-); le Northern Light (1975-), le Theatre Network (1975-) et le Green Thumb Theatre for Young People (1975-) à Edmonton; le Belfrey Theatre à Victoria (1975-); le Mulgrave Road Co-op (1977-) à Guysborough Town (Nouvelle-Écosse); et à Toronto, le Open Circle (1972-82), le Toronto Truck (1971-), le THEATRE PLUS (1973-1993), le Second City Comedy Cabaret (1973-) et le Yuk Yuk's Komedy Cabaret (1975-), deux cabarets satiriques réputés dans toute l'Amérique du Nord, et l'Autumn Leaf (1980-), qui se spécialise depuis 1990 dans la présentation des pièces expérimentales (théâtre et musique) de R. Murray SCHAFER.

Au cours des années 70, les pièces qui plaisent aux Canadiens suscitent peu d'enthousiasme à l'étranger. La présentation par Tarragon de la trilogie de Donnellys (1973-1975) de James Reaney et la tournée nationale durant l'automne de 1975 de la même pièce présentée cette fois par la compagnie NDWT (*Ne'er Do Well Thespians*, 1975-1982) connaissent un énorme succès au Canada. En 1974, on présente à Broadway *Hosanna*, mise en scène par le Tarragon, puis, en 1976, *Kronborg: 1582* (rebaptisée *Rockabye Hamlet*), mise en scène par la compagnie de Charlottetown, une version pop-rock du chef-d'œuvre de Shakespeare. Ces productions ne remportent pas le succès escompté. Au milieu des années 70, les productions canadiennes exportées en Grande-Bretagne sont rarement présentées au West End, mais elles se retrouvent dans des circuits provinciaux obscurs ou encore au Festival de théâtre expérimental d'Édimbourg. À Londres, le public boude les pièces *The Ecstasy of Rita Joe* et *Waiting for the Parade* de Murrell, produites respectivement en 1975 et 1979, qu'il trouve «mélodramatiques» ou «d'un ennui mortel».

Politiques nationalistes et protectionnistes Vers le milieu des années 70 éclate une controverse nationaliste concernant la question des directeurs et du personnel des théâtres, provoquée par l'arrivée de Robin PHILLIPS à Stratford (1975-1980). L'arrivée de directeurs britanniques, comme Phillips et Peter Coe (aujourd'hui décédé) à la tête du Citadel (1978-1980), soulève un vent de protectionnisme. En 1980, une crise éclate à propos de la direction de Stratford. La communauté artistique canadienne-anglaise est en ébullition, à tel point que l'existence du festival en est menacée. Ironiquement, les directeurs artistiques qui suivront, John Hirsh, John NEVILLE et David William, bien que citoyens canadiens, ne sont pas nés au Canada. En 1993, finalement, l'unique directeur canadien, Jean GASCON, est épaulé par un autre Montréalais, Richard Monette, afin de satisfaire aux exigences nationalistes. Malgré tout ce brouhaha, des directeurs comme Phillips ont largement contribué à enrichir le théâtre canadien. L'introduction par Phillips d'un répertoire ou d'un système d'ensemble au Grand Theatre de London s'avère toutefois une démarche trop radicale pour les abonnés invétérés du théâtre. Mais son retour à Stratford en 1986 en tant que directeur de *Cymbeline*, sa deuxième nomination comme directeur de la Young Company (1987-1988) et son poste de directeur général du Citadel Theatre d'Edmonton (1990-1995) lui permettent d'être reconnu pour ses talents.

Années 80: croissance et déclin Dans certaines régions canadiennes, la période qui s'étend du milieu des années 70 à la fin des années 80 est une période d'expansion et de nouvelles constructions. Le 13 novembre 1976, la première phase du nouveau complexe théâtral du Citadel est réalisée et, en 1984, on dévoile la deuxième phase du projet, qui comporte cinq salles de spectacle reliées entre elles par un jardin tropical intérieur et une chute d'eau. Le 14 septembre 1985, le Arts Centre de Calgary, qui aura nécessité des investissements de 80 millions de dollars, ouvre ses portes. Il s'agit d'un complexe de six étages abritant l'Alberta Theatre Projects, le Theatre Calgary et le Calgary Philharmonic Orchestra. À Vancouver, dans le cadre du projet de restauration Granville I, on ajoute deux salles au célèbre ARTS CLUB THEATRE (1964-); une première en 1979 et une deuxième en 1983. Le 29 janvier 1987, à Toronto, a lieu la fusion historique du CentreStage et du Toronto Free Theatre, afin de doter Toronto d'une compagnie de grande envergure.

Mais tout n'est pas aussi reluisant. À Halifax, des pertes d'argent obligent le Neptune à cesser toute activité pendant huit mois, en 1976. Le théâtre survit, mais le déficit continue de limiter la croissance du théâtre en Nouvelle-Écosse jusqu'au milieu des années 90. En 1976, le Festival des arts de la scène (ou «Olympiques culturelles»), organisé dans le cadre des Jeux de Montréal, déçoit en raison d'une organisation déficiente. En 1988, les Olympiques d'hiver de Calgary sont mieux organisées. En réaction à l'élection du Parti québécois en novembre 1976, le gouvernement fédéral subventionne des tournées de l' «Unité canadienne», effectuées dans tout le pays en 1977-1978 par les compagnies bilingues du Centre national des arts. Événement plus significatif, le Centaur présente *Les Canadiens* (1977), de Rick Salutin, et *Balconville* (produite en 1979, publiée en 1980), pièce bilingue de David Fennario.

Récession Dans les années 70 se manifestent les premiers signes d'une récession économique prolongée qui aura une influence profonde sur l'orientation du jeune théâtre professionnel canadien. Les contraintes budgétaires entraînent des réductions dans les distributions et la production d'œuvres plus commerciales. Les théâtres présentent surtout des comédies, des revues musicales et des pièces à suspense, telles que *Same Time, Next Year* (produite en 1975, publiée en 1975); *18 Wheels* (produite en 1977 et publiée en 1987); *One Night Stand* (produite en 1977 et publiée en 1977); *Eight to the Bar* (produite en 1978 et publiée en 1979); *Jitters* (produite en 1979 et publiée en 1980); *I'll Be Back for You Before Midnight* (produite en 1979 et publiée en 1985); *Automatic Pilot* (produite en 1980 et publiée en 1980); *Nurse Jane Goes to Hawaii* (produite en 1980 et publiée en 1982); *Rock'n Roll* (produite en 1981 et publiée 1982); *Talking Dirty* (produite en 1981 et publiée en 1983); *Broue* (1979, appelée *Brew* en anglais, 1983) et *B-Movie, the Play* (1986). Avec la popularité des abonnements saisonniers dans les théâtres régionaux et parallèles, le fait de détenir des billets ne donne pas lieu à la réservation de sièges, ce qui entraîne des ruées vers les billetteries pour faire des échanges.

Au cours des années 70 et 80, on constate à Toronto l'apparition d'une multitude de compagnies théâtrales avec des intérêts précis: certaines se consacrent à la défense des intérêts des femmes, telles que Redlight (1974-1978), Nightwood (1979-), Company of Sirens (1987-), Empress Productions (1988-); d'autres s'adressent aux personnes âgées, The Smile Company (1972-); aux enfants, Young People's Theatre (1966-), Theatre Direct Canada (1976-), Erewhon (1979-); aux gays et lesbiennes, Buddies in Bad Times (1979-); des compagnies de théâtre de travestis, La Cage (1986-); des compagnies de théâtre musical, Comus (1975-1987) et des compagnies de théâtre «techno» comme le Vidéocabaret (1975-).

Le THÉÂTRE MULTICULTUREL est florissant à Toronto, en particulier depuis 1975, année où un festival multiculturel annuel est mis sur pied. La diversité ethnique de la ville est bien représentée par des troupes telles que le Théâtre français de Toronto (1967-, anciennement Le Théâtre du p'tit bonheur) et la compagnie bilingue Theatre Ensemble (1987-); le Black Theatre Canada (1973-1988), le Theatre Fountainhead (1974-1990), We Are One Theatre, Sugar 'n' Spice, le Theatre in the Rough et le Theatre Wum (1991-), qui représentent la communauté noire; enfin, le Leah Posluns Theatre (1977-1994) et le Nephesh Theatre Co (1978-), deux troupes juives.

Théâtre autochtone Bien que le théâtre Forest, situé dans la réserve des Six-Nations près de Brantford (Ontario), produise un spectacle historique annuel depuis 1948, c'est dans les années 70 que le théâtre autochtone commence à se développer véritablement. La performance canadienne du chef Dan George dans *The Ecstasy of Rita Joe* et, par la suite, dans des films hollywoodiens, souligne toute l'importance du théâtre comme moyen de mettre en lumière les problèmes autochtones. Le Tillicum Theatre de Nanaimo (Colombie-Britannique) (1973-1975) et la troupe Atchemowin d'Edmonton (troupe de conteurs) (1976-), connue pour son feuilleton *Muskeg Flats* (1978) diffusé par Radio-Canada, comptent parmi les premières troupes spécialisées dans le théâtre autochtone. En 1974, une école de théâtre autochtone, la Native Theatre School, est créée en Ontario. Elle sera rebaptisée Centre for Indigenous Theatre en 1994. La pièce de George Kenny, *October Stranger*, jouée par des étudiants, fait l'objet d'une tournée ontarienne et est présentée au Festival de théâtre amateur de Monaco en 1977. Des festivals de théâtre autochtone, organisés à l'U. York (1980) et dans la réserve Curve Lake, près de Peterborough (1982), attirent des troupes autochtones du monde entier. En 1983, on assiste à la création du principal théâtre autochtone de Toronto, le Native Earth Performing Arts.

En 1984 et 1985, les troupes Northern Delights Theatre Co et N'Swakamok Native Players de Sudbury (N'Swakamok est un mot ojibwé qui signifie «intersection de trois chemins») font des tournées dans le nord de l'Ontario. En 1986, le réseau anglais de Radio-Canada réalise une dramatique télévisée de six épisodes intitulée *Spirit Bay* et mettant en vedette des artistes autochtones. Toujours en 1986, l'adaptation par Linda Griffiths de l'histoire d'une métisse écrite par Maria Campbell, *Jessica: A Transformation*, remporte le prix de la meilleure pièce canadienne à la Quinzaine internationale du festival de théâtre de Québec. En 1987, la pièce Rez Sisters de Tomson HIGHWAY remporte le prix Dora Mavor Moore décerné à la meilleure pièce créée en 1986 et présentée dans la région de Toronto. Elle est finaliste pour l'obtention du prix Chalmers. La suite de cette pièce, une histoire dure et passionnée intitulée *Dry Lips Oughta Move to Kapuskasing* (1989), gagne le prix Chalmers et quatre Dora, et est mise en nomination pour le prix du Gouverneur général avant d'être présentée au CNA en 1991 et au Royal Alexandra pendant six semaines.

Parmi les troupes autochtones des années 90 figurent le Sen'Klip Theatre de Vernon (Colombie-Britannique), les Sweetgrass Players de Calgary, le Four Winds Theatre d'Hobbema (Alberta), l'Awasikan Theatre de Winnipeg et le De-Ba-Jeh-Mu-Jig Theatre (ou conteurs) dans l'île Manitoulin (Ontario). Daniel David Moses, Shirley Cheechoo, Floyd Favel et Drew Hayden Taylor comptent parmi les nouveaux dramaturges reconnus, tandis que Graham Greene et Gary Farmer font carrière au Canada et à Hollywood.

Des troupes autochtones sont aussi formées dans le Nord. Au Labrador, un festival annuel, le Creative Arts Festival, auquel participent des milliers d'étudiants d'une vingtaine de communautés, a lieu depuis 1976. Une troupe dramatique inuite du tout petit village de Nain (Labrador), le Nanuksuamiut (qui signifie gens du pays), se consacre à la création d'œuvres inédites et diffuse des pièces de théâtre à la radio en inuktitut et en anglais. En 1983, cette troupe représente le Canada et Terre-Neuve à l'International Multicultural Theatre Festival organisé à Calgary en y présentant sa mise en scène de *Sinnatomanguik REM* (*Dream Sleep*). La troupe la plus septentrionale du Canada, Tunooniq, est établie depuis 1986 à Pond Inlet dans l'île de Baffin. Leur pièce *Changes* illustre comment la culture inuite a failli être anéantie par les Européens. En 1993, un des acteurs de cette troupe, David Qaminiq, se rend à Toronto pour interpréter le rôle du conteur dans le drame *Whale*, présenté au Young People's Theatre.

Effets des coupures dans les subventions Depuis la fin des années 70, les théâtres reçoivent de moins en moins de subventions gouvernementales, phénomène qu'on impute aux récessions successives. Les producteurs font appel à des entreprises afin d'obtenir des fonds et, pour la première fois, des entrepreneurs indépendants montent des spectacles non subventionnés et encaissent tous les profits. Ed et David Mirvish connaissent beaucoup de succès avec la tournée de la pièce *The Mikado*, une production de la compagnie de Stratford, et l'une de ses reprises du théâtre de Gilbert et Sullivan du début des années 80. La pièce est présentée en Grande-Bretagne, aux États-Unis et partout au Canada. Coproductions et échanges entre compagnies permettent de réduire les coûts. En 1977, p. ex., quatre théâtres s'associent pour produire *A Dream Play*, de Strindberg, une pièce jouée par des marionnettes dans le style Bunraku. Il en sera de même pour l'opéra-rock évangélique de Paul Ledoux et David Young, *Fire* (1985-1986).

Les tournées nationales favorisent la longévité des productions. C'est le cas de *Ten Lost Years* (1974-1975), *Cruel Tears* (produite en 1975 et publiée en 1977) et *Paper Wheat* (produite en 1977-1978 et publiée en 1982). On ne se surprend plus qu'une pièce tienne l'affiche pendant longtemps. *The Mousetrap* attire les foules au Toronto Truck depuis le 19 août 1977; à Regina, *The Trial of Louis Riel* est joué chaque été depuis 1967; *Anne of Green Gables* (v.f. *Anne... La Maison aux pignons verts*) tient l'affiche depuis 1965 à Charlottetown. Mais le record appartient à *Spring Thaw* (1948-1971), revue humoristique de la New Play Society, qui est jouée chaque année pendant 24 ans, et qui reprend l'affiche en 1980 et 1986.

Souper-théâtre Le mariage théâtre et restauration constitue un autre mode de rentabilisation du théâtre.

Au cours des années 70 et au début des années 80, on présente des centaines de revues de cabaret jusqu'à ce que les comédies à sketches de la SCTV, *The Frantics* et *Kids in the Hall,* préparent le terrain pour ce type de comédie télévisée, qui viendra supplanter la comédie théâtrale. Ainsi, la télévision remplace aujourd'hui le théâtre pour la production de comédie. Entre 1965 et 1971, *l'Instanthéâtre* de Montréal adopte la formule du théâtre-midi. On en fait l'expérience dans d'autres villes canadiennes au cours des années 70, 80 et 90: CityStage (1972-) à Vancouver; Lunchbox Theatre (1975-) à Calgary; Northern Light (1975-) et Nexus (1982-) à Edmonton; Solar Stage (1978-) à Toronto. Des soupers-théâtre ont lieu à Toronto, au His Majesty's Feast. De folles soirées, où l'on combine le repas de poulet et de côtes levées avec le music hall anglais, des chansons, des danses et des activités exigeant la participation du public, sont animées par le roi Henri VIII et son fou.

L'un des concepts les plus ambitieux de théâtre-restaurant, proposé par Stage West, obtient beaucoup de succès. Si le nombre de clubs-restaurants est désormais réduit à trois, à une certaine époque, il en existait six: à Edmonton (1975-), à Regina (1978-1982), à Winnipeg (1980-1985), à Calgary (1982-), à Palm Springs, en Californie (1983-1984), et à Mississauga, en Ontario (1986-). Après avoir mangé, les spectateurs du Stage West prennent place à leur table pour écouter les propos grivois des anciennes étoiles américaines de la télévision et du cinéma. Au milieu des années 80, les soupers «meurtre et mystère» sont en vogue. Les «meurtres» organisés (incluant le souper) peuvent se dérouler dans des salles à manger, des stations balnéaires, lors d'un voyage en train ou au cours d'une croisière plutôt que dans une salle de spectacles. Lorsque la victime est connue, le public essaie de trouver le meurtrier et le mobile du crime, alors que des acteurs anonymes (amateurs ou professionnels) se mêlent aux invités et improvisent leur rôle pour répondre aux questions des détectives en puissance.

Revues de nu Les revues de nu s'avèrent très rentables à Toronto dans les années 80. *O! Calcutta* tient l'affiche pendant plus d'un an, *Let My People Come* pendant huit ans. Toutefois, la nudité et l'érotisme peuvent aussi donner lieu à la controverse. *I Love You Baby Blue* (1975) de Passe Muraille, production à l'érotisme plus poussé, voit sa série de présentations prévue pour 12 semaines interrompue, mais non interdite, par la police. Les *Sex Tips for Modern Girls* (1985-1986) du Touchstone Theatre de Vancouver (1976-), un collectif, soulèvent aussi la controverse, tout comme la production explicite du CentreStage de Toronto, *Wedekind's Spring Awakening* (1986). Fait intéressant à signaler dans la production estivale de Charlottetown en 1987-1988, le scandale entourant l'utilisation du mot anglais *f...* dans la pièce musicale *Are You Lonesome Tonight?* d'Elvis Presley.

Dans certains cas, la controverse peut mettre en péril les subventions accordées par le gouvernement. Dans les années 90, on menace de couper les subventions à la troupe Buddies in Bad Times pour ses pièces *Drag Queens on Trial* et *Ban This Show* (exploration par Sky Gilbert de la vie et de l'œuvre photographique de Robert Mapplethorpe).

Spectacle solos Depuis la fin des années 70, les spectacles solos ont été mis sur pied dans le seul but d'économiser de l'argent. L'expérience est d'abord tentée en 1965 par John Drainie (*Laugh With Leacock*), puis en 1970 par Paddy Crean (*The Sun Never Sets*) et Tony Van Bridge (qui incarnait G.K. Chesterton). La popularité de cette formule, au cours des années qui suivent, porte à croire qu'elle a influencé la présence du monologue dans l'écriture des pièces contemporaines. Eric Peterson dans *Billy Bishop Goes to War* (produite de 1978 à 1981 et publiée en 1981), Linda Griffiths dans *Maggie and Pierre* (produite de 1979 à 1981 et publiée en 1981) et Viola Léger dans *La Sagouine* (version française jouée en 1974, version anglaise en 1979) en sont probablement les précurseurs les plus connus. Parmi les exemples plus récents, mentionnons: *Cockroach and Texas Trilogies* d'Alan Williams; *Life After Hockey* de Kenneth Brown; *Wingfield Trilogy* de Dan Needles; *Lucien* de Marshall Button; *Jewel* (1987) de Joan MacLeod; *Laundry Cycle* de Sandra Shamas; *Vinci* et *Des Aiguilles et de l'opium*, une œuvre de Robert LEPAGE acclamée dans le monde entier; *Fronteras Americanas* (v.f. *Frontières américaines*) de Guillermo Verdecchia, qui a remporté le prix du Gouverneur général en 1993; *Pochsy's Lips* et *Oh Baby* de Karen Hines; enfin, *Come Good Rain* de George Seremba. D'autres Canadiens présentent aussi des numéros solos exceptionnels. Il suffit de penser, entre autres, à Diane Flacks, Ken Garnhum et Daniel MacIvor.

L'argent étant de plus en plus rare, les théâtres canadiens mettent au point de nouvelles stratégies de marketing et de nouveaux modes de gestion. En 1983, Toronto emprunte à New York l'idée d'offrir des billets à moitié prix dans les kiosques du centre-ville le jour où a lieu la représentation. Les dimanches *Pay-what-you-can* («Contribuer selon vos moyens») sont maintenant pratique courante. Les petites organisations théâtrales des grands centres urbains font des économies en s'associant pour louer une salle de spectacles. Tel est le cas du Theatre Centre de Toronto, qui a déjà accueilli une trentaine de troupes. De nombreux théâtres (le Tarragon et le Canadian Stage, entre autres) font des affaires en louant des espaces supplémentaires. Des troupes itinérantes comme Necessary Angel de Toronto (1978) ne sont pas associées à un théâtre en particulier, elles doivent leur originalité et la qualité de leurs représentations au metteur en scène. Des compagnies, telles que Stratford, Shaw et le Grand Theatre de London, ainsi que la compagnie d'animation sociale d'Edmonton, Catalyst Theatre (1978-), arrondissent leurs revenus en mettant sur film et sur vidéo leurs productions, afin de profiter du marché très lucratif que constitue la télévision.

Le manque d'argent entraîne aussi la disparition de certaines compagnies théâtrales (petites ou moyennes). Parmi celles qui ont disparu ou fait faillite, citons: Mummers Troupe de Terre-Neuve; City-stage Westcoast Actors à Vancouver; Bastion à Victoria; Theatre 3 à Edmonton; Stage West à Regina; Agassiz à Winnipeg; le Festival de Lennoxville; le Saidye Bronfman Centre à Montréal et le Stephen Leacock Festival of Humour à Orillia (Ontario). Toronto vit des jours sombres avec la perte du Open Circle, des NDWT, du Phoenix, de l'Adelaide Court, du Pauline McGibbon Centre, du Theatre in the Dell, des soupers-théâtre Variety et Teller's Cage, du Toronto Workshop Productions, du Theatre Plus, du Leah Posluns Theatre, du Black Theatre Canada, du Theatre Fountainhead et du magazine *Scene Changes* (1973-1981).

À Ottawa, le Penguin, le Theatre 2000 et le programme de théâtre autochtone du Centre national des arts sont au nombre des quelque 30 victimes de la récession. Ironiquement, malgré la recommandation du rapport Applebaum-Hébert, déposé en novembre 1982, voulant que le CNA limite ses activités théâtrales, le centre continue de servir de vitrine aux compagnies régionales de renom. Dans un nouvel esprit de coopération (comme en 1987-1988), le CNA participe à des coproductions avec le Citadel, le Manitoba Theatre Centre, le Festival de Blyth, le CentreStage et même avec le Kennedy Centre de Washington D.C.

Apparition d'un théâtre expérimental Dans les années 80, on assiste à un nouveau phénomène: l'apparition de nombreuses compagnies de théâtre expérimental qui sont, en général, des troupes temporaires formées à l'occasion des divers festivals de théâtre expérimental organisés partout au Canada. Le premier et le plus connu de ces festivals est le Festival du mois d'août d'Edmonton (qu'on rebaptise annuellement) qui se déroule chaque année dans le quartier Old Strathcona.

Organisé pour la première fois en 1982 par Brian Paisley, alors directeur artistique du Chinook Theatre (1978-), ce festival d'une durée de neuf jours, inspiré du Festival d'Édimbourg, gagne en popularité d'année en année et comprend près de 150 spectacles. Il ne comporte aucun concours. Les participants viennent d'aussi loin que l'Angleterre, la France, l'Allemagne, la Suisse, la Finlande, la Russie, l'Afrique, le Japon, la Nouvelle-Zélande, l'Australie, la Floride, les Caraïbes et la Californie. Les compagnies, premières arrivées, premières servies, paient des droits d'inscription leur donnant accès à une scène et assument intégralement leurs frais de production et de transport, en échange de la totalité des recettes d'entrée. Au milieu des années 90, le Festival de théâtre expérimental d'Edmonton reste la référence en la matière. Des musiciens ambulants, des stands de nourriture et des chapiteaux où l'on vend de la bière agrémentent l'ambiance des divers spectacles intérieurs et extérieurs qui attirent quelque 300 000 personnes.

Vancouver emboîte rapidement le pas à Edmonton et, en 1991, un circuit pancanadien est créé pour le théâtre expérimental. Ce circuit commence dans l'est du pays à la fin du mois de mai et se termine sur la côte ouest à la mi-septembre. L'odyssée d'une durée de trois mois et demi comporte des arrêts à Montréal (depuis 1991), à Toronto (1989), à Winnipeg (1988), à Saskatoon (1990), à Edmonton (1982), à Victoria (1987) et à Vancouver (1985). Parmi les autres villes faisant partie de l'itinéraire, mais dont la participation n'est pas régulière, figurent Halifax (l'Atlantic Fringe Festival) (1991-), Kingston et Manotick (au sud d'Ottawa).

Droit à l'échec: le propre du théâtre expérimental En l'absence de critères d'évaluation, les spectacles présentés dans le cadre des festivals de théâtre expérimental vont du plus soigné au moins élaboré et tous ont le même droit: celui d'échouer. Libre de choisir parmi un vaste éventail de spectacles, le public semble s'adonner avec plaisir à ce jeu de hasard postmoderne qu'est la sélection des événements théâtraux auxquels il assistera. Le théâtre expérimental est aussi un exercice populaire de capitalisme à petite échelle et, à ce titre, s'apparente étrangement aux comédies musicales à grand budget, particulièrement en ce qui concerne la catégorie de personnes qui y assiste, à savoir les touristes. Toutefois, en ce qui concerne les moyens mis à leur disposition, le théâtre expérimental et les grandes comédies musicales sont diamétralement opposés. Ensemble, ces deux genres témoignent des différentes stratégies adoptées pour que le théâtre ne dépende plus des subventions gouvernementales. Alors que les festivals de théâtre expérimental sont des rassemblements estivaux qui s'adressent à une clientèle marginale et peu fortunée, les mégaproductions musicales essaient, quant à elles, d'attirer un large public prêt à payer le prix fort pour des billets.

Le concept des festivals de théâtre expérimental est transposé par la suite dans un contexte hivernal et appliqué à la célébration du Nouvel An. C'est la ville de Vancouver qui lance cette initiative en 1987 et, vers le milieu des années 90, près de 14 villes canadiennes, de Fredericton à Victoria, financent des festivals familiaux, appelés «First Night», où l'on ne vend pas d'alcool et où l'on trouve musiciens et comédiens ambulants.

Bien que les festivals de théâtre expérimental n'aient pas pour mission de stimuler la création de nouvelles pièces, certains dramaturges, comme Stewart Lemoine d'Edmonton, y présentent de nouvelles pièces pratiquement chaque année. Dans d'autres villes canadiennes, la création de petites pièces expérimentales est encouragée par des festivals visant à faire connaître de nouveaux auteurs. À Toronto, ces festivals comprennent les Brave New Works du Factory Lab, qui durent une semaine; les ateliers de recherche et développement du Theatre Centre; les festivals Rhubarb! et 4-play de Buddies in Bad Times; la Spring Performing Arts Fair de Tarragon; le Groundswell de Nightwood et un cabaret féministe organisé chaque année et présentant des numéros de cinq minutes.

Le phénomène expérimental semble avoir inspiré quatre autres festivals à Toronto consacrés au développement de nouvelles œuvres: Under the Umbrella (1991-); Summerworks (1989-) et Septembre's Up Front Festival (1991-) qui présentent des pièces inédites dans différents sites ainsi que Mayworks qui, créé en 1986 autour du thème du travail, constitue la plus importante initiative du genre en Amérique du Nord.

Saison estivale Parmi les multiples attractions estivales populaires qui voient le jour au cours des années 80 et 90, des concours de montgolfières aux compétitions de feux d'artifices, nombreuses sont celles qui comprennent un volet folklorique ou historique. D'autres sont réputées pour leur volet comique. Le festival *Juste pour rire* de Montréal, créé en 1983 en tant que spectacle francophone de petite envergure, prend rapidement de l'ampleur pour devenir, à partir de 1985, un événement bilingue de renommée internationale s'échelonnant sur dix jours. Mettant dorénavant en vedette des artistes francophones et anglophones, le festival compte entre 115 et 120 numéros de comiques venus du monde entier. Ce «festival de Cannes de la comédie» constitue un tremplin pour les comiques canadiens, lançant p. ex., la carrière nord-américaine de l'imitateur québécois André-Philippe Gagnon. John CANDY (aujourd'hui décédé) l'a d'ailleurs animé à deux reprises. En 1987, Vancouver suit l'exemple de Montréal et organise, sur l'île Granville, son International Festival of Comedy dans lequel on retrouve plusieurs des artistes ambulants qui avaient fait la joie des visiteurs d'Expo 86. Au mois de juin a lieu le Peoples Comedy Festival de Toronto (1992-), festival organisé par le directeur du Yuk Yuk, Mark Breslin, et issu du Molson Comedy Releaf Festival (1989-1991) qui avait été créé en vue d'amasser des fonds pour le reboisement.

Sur une note plus classique, l'Odyssey Theatre d'Ottawa (1986-) présente, au parc Strathcona, des pièces du genre Commedia dell'arte «sous les étoiles». Sur la côte est, Halifax organise son premier concours international annuel d'artistes ambulants, Buskers '87. Ce festival d'une durée de 10 jours, qui succède au Festival of Clowning de Dartmouth, comporte un prix d'une valeur de 10 000 $ décerné par le public. En 1985 a lieu le Festival Bras D'Or du Cap-Breton, qui présente pendant trois semaines des pièces de théâtre ainsi que la revue *The Rise and Follies of Cape Breton Island*. Cette revue deviendra *The Cap Breton Summertime Revue* (1986-), «le spectacle le plus populaire des provinces de l'Atlantique», et sera présentée chaque année dans dix villes de la Nouvelle-Écosse et, à partir de 1993, dans sept villes ontariennes.

Théâtre d'été Populaires depuis la fin des années 40, les théâtres d'été continuent, au milieu des années 90, de jouir de la faveur du public canadien. Parmi les plus connus figurent le White Rock Theatre de Colombie-Britannique (1976-) et le Sunshine Theatre de Kelowna (1977-); le Ship's Company de Nouvelle-Écosse, qui présente des drames locaux sur le pont du théâtre flottant *Kipawo*, remis en service pour la circonstance; et le Caravan Farm Theatre de Colombie-Britannique (1970-). Dans la province de l'Île-du-Prince-Édouard, le King's Playhouse de Georgetown se produit dans un théâtre historique datant de 1897 qui, après avoir été rasé par le feu en 1983, est fidèlement reconstruit pour la saison 1984. En Ontario, les campagnes regorgent de théâtres en plein air qui s'éloignent souvent du style propre à la comédie et au drame anglais ou américains et offrent des pièces abordant des thèmes spécifiquement canadiens. Le festival exclusivement

canadien de Blyth, le Festival de Muskoka (1972-) de Gravenhurst et de Port Carling, le Festival d'été de Kingston (1993-) et le Theatre Orangeville (1994) comptent parmi les festivals offrant ce type de théâtre.

Shakespeare sous les étoiles Dans les années 80 et 90, jouer du Shakespeare en plein air est une pratique des plus populaires au Canada. Les représentations offertes au parc Vanier dans le cadre du Bard on the Beach de Vancouver (1990-), créé en 1983 sous le nom de Vancouver Shakespeare Festival, sont imitées par les productions Dick's Kids (1993-) qui jouent dans le cadre enchanteur de Logy's Bay, près de St. John's (Terre-Neuve), avec l'océan Atlantique pour toile de fond. Entre les deux, citons les Touring Repercussion Players de Montréal (1988-), le Festival Shakespeare d'Ottawa (1991-), le Dream in High Park de Toronto, produit par la Canadian Stage Co depuis 1983, le Shakespeare in the Ruins du Manitoba (1994-), où le public se déplace dans les ruines d'un monastère trappiste, et le Shakespeare on the [River] Saskatchewan (1985-) du Nightcap Theatre de Saskatoon. Certains théâtres disposent d'abris, tandis que d'autres bravent le mauvais temps, mais tous doivent composer avec les bruits ambiants.

Durant l'été de 1987, on compte trois mises en scène de *The Tempest* (v.f. *La tempête*) à Toronto: la version traditionnelle de *Dream in the Park*; une curieuse interprétation coloniale avec des esprits haidas présentée au Skylight Theatre de North York; et l'adaptation intitulée *Tempest in a Teapot* de l'école de théâtre des Toronto Studio Players. La construction de l'amphithéâtre en plein air de 1500 places du Skylight est achevée pour la saison 1988, mais un manque de fonds empêche l'installation d'un toit. Lors de la première édition du festival innovateur de la Saskatchewan, tenu sous un chapiteau, on présente la pièce *A Midsummer Night's Dream* (v.f. *Le Songe d'une nuit d'été*) sur un terrain de golf. Par la suite, on y produit une version futuriste de *The Tempest* ayant pour cadre une piscine, et un *Macbeth* dont l'action se déroule en Amérique centrale en temps de guérilla. En 1989-1990, le Festival de la Saskatchewan présente une adaptation en costumes modernes de *Roméo et Juliette* qui remporte un vif succès auprès du public. La pièce, dont l'action se déroule sur une route des Prairies, oppose des Montague anglophones, chauffeurs routiers et buveurs de bière, dirigés par Gordon McCall, à d'élégants Capulet francophones, dirigés par le Québécois Robert LEPAGE.

En 1986, la Future Shakespeare Co de Toronto porte à la scène un *Jules César* dont la distribution est exclusivement féminine et, en 1995, Janet Wright tient le rôle-titre dans la version du *King Lear* (v.f. *Le roi Lear*) produite par Necessary Angel.

Formes théâtrales non traditionnelles Une nouvelle forme de théâtre d'été fait son apparition dans les années 90: les *Community Play Projects*. La première pièce de ce genre, intitulée *The Spirit of the Shivaree*, est présentée à Rockwood (Ontario) en 1990 et la *Gathering*, *Pa' Ko'pi'cik'/The Gathering*, à Fort Qu'Appelle (Saskatchewan) en 1993. Présentées en plein air à la campagne, ces pièces sont de vastes fresques qui dépeignent la vie de la communauté et qui visent soit à retracer les grands moments de l'histoire locale, soit à réparer une injustice faite à un membre de la communauté. En 1994, le Common Weal de Regina organise, à Fort Qu'Appelle, le premier colloque ayant pour thème cette nouvelle forme de théâtre.

Théâtre populaire et groupes d'intérêts Dès 1978, les grandes villes telles que Montréal et Vancouver organisent des festivals de mime, mais ces derniers sont durement frappés par la récession des années 80. En 1988, les subventions qu'attend la compagnie des Beaux Gestes de Vancouver tardent à arriver, entraînant ainsi sa disparition et, en 1988, l'International Mime Festival est reporté, voire menacé, en raison d'un manque de fonds.

En 1981, la Canadian Popular Theatre Alliance, installée à Winnipeg, devient le commanditaire d'un festival international biennal du théâtre de gauche qui se tient à Thunder Bay. Baptisé *Bread and Circuses*, il attire une dizaine de pays, dont plusieurs du Tiers monde. Mais, curieusement, en 1991, lorsqu'il se tient à Edmonton, il porte le nom de Bread and Water.

Les années 80 et 90 marquent aussi l'émergence d'un théâtre féminin. À la suite de la publication, en 1983, d'une étude sur la condition de la femme dans les arts, on organise, en août 1985, une conférence intitulée *Women in Canadian Theatre* à l'U. York. Elle est suivie de la *First International Conference on Women in the Performing Arts* qui se déroule à Vancouver en septembre 1986. En mai 1991, une deuxième conférence, l'*International Conference on Women Playwrights*, a lieu au Glendon College de l'U. York, mais elle donne lieu à des frictions et s'avère peu constructive. En 1992, on organise, au Theatre Passe Muraille, la première édition du festival *The Gathering*, un festival biennal de pièces de courte durée traitant de la condition féminine, qui se révélera nettement plus productive que la conférence de Glendon College.

Entre 1975 et 1980, le théâtre pour enfants, alors très en demande, connaît un grand essor. Depuis 1978, l'incomparable Children's Festival de Vancouver a engendré une série de festivals internationaux similaires qui se déroulent au printemps dans les villes de Calgary, d'Edmonton, de Toronto et de Vancouver. En 1983, Calgary est l'hôte du World Theatre Mosaic, un congrès réunissant les meilleures troupes de théâtre d'amateurs de la planète.

De nombreux pays invités viennent y partager leurs secrets dans le domaine du théâtre avec le Canada, comme le Canada l'a déjà fait lors d'événements similaires à l'étranger. En 1985, Vancouver déroule le tapis rouge pour accueillir l'Asia-Pacific Festival qui met en vedette des troupes de l'Inde, de la Corée, de la Malaisie, de la Chine et de l'Union soviétique. Transféré, en 1987, sur le site d'Expo 86, ce festival fera face alors à des problèmes d'organisation et essuiera des pertes financières considérables. Toronto, autre grande ville multiculturelle, finance plusieurs événements, dont le festival *Brecht: 30 Years After Conference* (1986), au cours duquel le Berliner Ensemble fait ses débuts nord-américains; le *Boulevard of Broken Dreams* (1987) de Hollande, qui effectue également une tournée à Montréal et à Ottawa; *Italy on Stage* (1987 et 1991), un festival artistique multidisciplinaire réunissant théâtre, opéra, ballet, musique et arts visuels et s'adressant plus particulièrement aux quelque 500 000 Italiens de la ville; et China '87, un festival d'été d'acrobatie, de danse et d'art issu du jumelage des villes de Toronto et de Chongqing.

Depuis 1967, la communauté des Caraïbes de Toronto commandite l'événement estival Caribana, bien connu pour son spectaculaire défilé costumé, ses tambours métalliques et son arrivée sur l'île de Toronto, vestiges des carnavals de Trinité et Tobago. Dans les années 90, cet événement, qui attire pourtant 1,5 million de participants et de curieux chaque année, fait lui aussi face à des ennuis financiers.

Théâtre canadien et contexte international Dans les années 80, on assiste à la naissance de trois grands festivals de théâtre international: un à Toronto, un à Québec et un autre à Montréal. À Toronto, les événements internationaux antérieurs, tels que Onstage 81 (commandité par le Theatre Alliance de Toronto), l'International Theatre Congress de 1983 (commandité par l'Equity Showcase au Harbourfront) et le Toronto International Festival de 1984 (organisé par Muriel Sherrin, aujourd'hui décédée, pour célébrer le 150ᵉ anniversaire de Toronto et le bicentenaire de la province), n'ont eu lieu qu'une fois. Ils ont néanmoins contribué à l'apparition, en 1986, du Du Maurier World Stage Festival, qu'on continue d'organiser chaque année au Harbourfront de Toronto.

À Québec, la Quinzaine internationale du théâtre, organisée par Alexander Hausvater et Rachel Lortie (1984-1990), fait face à de sérieuses difficultés lorsque les gouvernements municipal et provincial cessent de lui accorder leur aide financière. Après une violente lutte de pouvoir, il est décidé, en 1992, d'affecter les fonds gouvernementaux au Carrefour international du théâtre de Québec, festival de langue française présidé par Pierre MacDuff et Michel Bernatchez.

À Montréal, Marie-Hélène Falcon met sur pied le Festival de théâtre des Amériques (1985-), événement international organisé tous les deux ans. Créé en 1985 à l'occasion de la tenue, à Montréal et à Toronto du congrès mondial de l'International Theatre Institute, il continue d'être présenté toutes les années impaires (en alternance avec ceux de Toronto et de Québec). Au départ, le Festival des Amériques s'attache à présenter un point de vue essentiellement nord-sud en mettant en vedette de nombreuses pièces sud-américaines, mais il développe peu à peu ses activités pour devenir, dès 1989, une nouvelle vitrine du théâtre mondial.

Les festivals internationaux permettent aux artistes canadiens non seulement de voir les meilleures pièces étrangères, mais aussi de se produire dans le monde entier. Depuis la présentation, en 1987, par le Théâtre Repère, de la trilogie trilingue *Du Dragon* (d'une durée de six heures), le travail de Robert Lepage a été applaudi dans le monde entier. Son œuvre prodigieuse *Seven Streams of the River Ota* est présentée pour la première fois au Festival d'Édimbourg en 1994, en tant qu'«œuvre en cours d'élaboration».

La pièce *Tamara* de John Krizanc, mise en scène pour la première fois par Richard Rose pour le Necessary Angel de Toronto et présentée dans le cadre du festival Onstage '81, connaît un succès considérable pendant une dizaine d'années à Los Angeles. Elle y prend l'affiche en 1984 et remporte six Drama Critics Circle Awards l'année suivante. Elle tient aussi l'affiche à New York de 1987 à 1990, et est présentée au Mexique, en Argentine, à Varsovie et à Milan. À ce jour, *Tamara* reste la pièce canadienne ayant connu le plus de succès à l'étranger et y ayant tenu le plus longtemps l'affiche.

On considère de plus en plus les œuvres et le talent canadiens comme des «biens exportables». Au début des années 80, *Billy Bishop Goes to War* est la première pièce à faire fureur sur trois scènes importantes: au Canada, à New York et à Londres. Au Royaume-Uni, la tournée d'*Albertine in Five Times* de Michel Tremblay (1986), mise en scène par le Tarragon, la création collective *This is For You* du Nightwood et la pièce *New Canadian Kids* d'Anna et Dennis Foon reçoivent un accueil enthousiaste.

En 1983, Brad FRASER, avec sa pièce *Unidentified Human Remains and the True Nature of Love*, remporte le prix London Evening Standard Drama à titre de «dramaturge le plus prometteur». Les œuvres ci-dessus ne sont que quelques exemples des nombreuses mises en scène canadiennes ayant été acclamées sur la scène internationale.

Parmi les artistes contemporains qui se produisent régulièrement à Broadway ou au West End à Londres figurent Hume CRONYN, Len CARIOU, Brent Carver, Victor Garber, Jeff Hyslop, Andrea Martin, Roberta Maxwell, Kate NELLIGAN, Christopher PLUMMER et la défunte Kate REID. Nombre de Canadiens sont également des habitués d'Hollywood, et notamment Dan Aykroyd, Geneviève BUJOLD, John Candy (aujourd'hui décédé), Jim Carrey, Michael J. Fox, Rick Moranis, Mike Myers, Leslie Neilsen, Catherine O'Hara, Keanu Reeves (dont le retour à la scène canadienne, en 1995, dans le rôle d'Hamlet, pulvérise tous les records d'assistance du Theatre Centre de Manitoba), William Shat-

ner, Helen Shaver, Martin SHORT et Donald et Kiefer Sutherland.

De plus en plus de Canadiens sont récompensés pour leur travail à l'étranger. En 1985, le Torontois Des McAnuff gagne un Tony pour sa mise en scène de la comédie musicale de Huckleberry Finn *Big River* présentée à Broadway, tandis que la Torontoise Teresa Stratas est nommée meilleure actrice de la comédie musicale *Rags* par le New York Drama Desk de 1986-1987. L'année 1993 est une année exceptionnelle pour le Canada en termes de Tony remportés par des comédies musicales. En effet, la production torontoise *Kiss of the Spider Woman* (v.f. *Le baiser de la femme araignée*) de Garth DRABINSKY remporte sept Tony, dont l'un revient à l'artiste de Cranbrook (Colombie-Britannique), Brent Carver, qui y joue le rôle principal. (Un mois plus tard, la comédie musicale remportera des prix Dora dans les mêmes catégories.) En 1995, Drabinsky fait de nouveau sensation avec *Show Boat*. McAnuff remporte un deuxième Tony pour la mise en scène de *Tommy* et la Canadienne d'adoption Andrea Martin reçoit le prix de la meilleure actrice pour son rôle dans *My Brilliant Career*. John Caird d'Edmonton est lui aussi acclamé à l'étranger pour son travail de coproduction de *Nicholas Nickleby*, de *Cats* et des *Misérables* au sein de la Royal Shakespeare Co de Londres. Les scénographes et costumiers canadiens remportent des mentions spéciales à la Quadriennale of Scenic Design de Prague en 1975, 1979 et 1983.

Avènement des mégaproductions musicales Avec la popularité croissante des mégaproductions musicales, le monde du théâtre entre, au milieu des années 90, dans une nouvelle ère commerciale. En 1985, Marlene Smith et Ernie Rubenstein font une mise en scène somptueuse de la pièce *Cats*, présentée à Toronto au Elgin Theatre partiellement rénové. Cette production, qui n'a rien à envier à celles de Londres et de New York, tient l'affiche pendant deux ans (du 13 mars 1985 au 13 mars 1987) et rapporte des recettes brutes de 40 millions de dollars. Quatre troupes itinérantes nationales la jouent jusqu'en 1992.

Cats marque le début d'une nouvelle époque pour les imprésarios qui sont désormais à la recherche de théâtres torontois pouvant garder des spectacles à l'affiche pendant plusieurs mois. Les Mirvishes (Ed et, à partir de 1985, son fils David) transforment ainsi le respectable Royal Alexandra Theatre en un théâtre pouvant accueillir des mégaproductions canadiennes destinées à rester longtemps à l'affiche. Pendant l'été de 1986, on y met en scène *Kimset* en collaboration avec la Canadian Opera Co. Durant les saisons 1986-1987 et 1987-1988, on y présente essentiellement des productions et coproductions canadiennes, notamment, en 1987, avec le Old Vic Theatre de Londres. Le succès remporté par la version canadienne (1989-1993) de la superproduction musicale *Les Misérables*, puis par *Crazy for You* (1993-) et *Tommy* (1995-) de McAnuff démontre clairement que le Canada est autant en mesure de produire des œuvres commerciales de calibre international que le reste du monde anglais. En 1993, les Mirvishes font appel à l'architecte Peter Smith pour la construction du Princess of Wales Theatre, théâtre de 2000 places destiné à accueillir la comédie musicale Miss Saigon, consacrant ainsi Toronto dans son nouveau rôle de «Broadway du Nord».

En 1989, un troisième producteur se joint à Smith et Rubenstein et aux Mirvishes, Garth Drabinsky. Démis de ses fonctions de président de Cineplex-Odeon, Drabinsky parvient à conserver sa compagnie de spectacles et l'Imperial Pantages Theatre ainsi que ses droits canadiens pour le *Phantom of the Opera* (v.f. *Le Fantôme de l'opéra*) de sir Andrew Lloyd Webber, droits qu'il a obtenus à Londres. Par le biais de sa compagnie de spectacles, il transforme le Pantages en un théâtre aux couleurs noires et or digne d'une salle de spectacles de Broadway et y présente, en septembre 1989, la première du *Phan-*

tom of the Opera, qui tiendra l'affiche pendant un temps record.

À la fin de l'année 1989 a lieu l'inauguration du Elgin/Winter Complex magnifiquement restauré, dirigé par Smith et Rubinstein, ce qui porte à trois le nombre de théâtres de variétés restaurés cette année-là. Drabinsky loue le Elgin pour y présenter deux comédies musicales de Webber: *Aspects of Love* (1991-1992), mise en scène avec beaucoup de finesse par Robin Phillip et coproduite par le Citadel Theatre; et *Joseph and the Amazing Technicolor Dreamcoat* (1992-1993), mettant en vedette Donny Osmond. Ces deux spectacles font l'objet d'une tournée américaine des plus rentables et *Dreamcoat* reprend l'affiche au Canada en 1995. Durant l'été de 1992, Drabinsky engage le directeur du *Phantom of the Opera*, Hal Prince, pour remettre en scène *Kiss of the Spider Woman* au Bluma Apple Theatre (dans le St. Lawrence Centre for the Arts de Toronto). Cette production reçoit un accueil très chaleureux à Londres, où elle tient l'affiche pendant plusieurs semaines. En octobre 1993, au milieu d'une controverse raciale, Drabinsky présente le *Show Boat* de Jerome Kern dans une mise en scène de Hal Prince. Un an plus tard, il le présente à New York, où les critiques sont élogieuses à son égard et où il remporte cinq Tony.

Pour la première fois, deux productions musicales canadiennes sont présentées au même moment à Broadway, et on surnomme Garth Drabinsky le «Ziegfeld canadien». En 1994, Drabinsky décide de s'attaquer au marché de Vancouver et demande à Moshe SAFDIE de dessiner un deuxième Ford Centre de 1800 places, destiné aux arts de la scène.

Œuvres commerciales dans les années 80 et 90 Si, dans les années 80 et 90, les productions musicales canadiennes sont acclamées dans le monde entier, on ne peut en dire autant des œuvres commerciales rédigées ou composées au Canada. Il faut toutefois souligner les productions suivantes: *Anne of Green Gables* (v.f. *Anne... La Maison aux pignons verts*) et *Rockabye Hamlet* de la compagnie de Charlottetown; *Flowers for Algernon* (1978-1979) du Citadel Theatre, qui est destinée à être jouée au West End et à Broadway, et l'adaptation, par Treasure Island, de *Pieces of Eight* (1985), *Hey Marilyn* (1980) et *Duddy* (1984) de Cliff Jones, cette dernière étant une adaptation musicale du roman de Mordecai RICHLER; *Durante* (1989-1990), de Frank Peppiatt et John Aylesworth; et *Napoléon* (1994) d'Andrew Sabiston et Timothy Williams. Parmi ces pièces, seules *Anne of Green Gables* et *Duddy* se passent au Canada et reprennent des thèmes canadiens.

Pour trouver un contenu canadien, il faut se tourner vers de petites productions musicales, comme *Don Messer's Jubilee* (1985) ou *Health* (1989) de John Gray; *Thin Ice* (1987), une parodie sur le hockey de Jim Betts; ou *Colours in the Storm* (1990), une étude sur l'artiste Tom THOMSON; *The Dreamland*, de Raymond Storey et John Roby, un regard nostalgique sur un pavillon des années 35 à 45, présentée au Festival de Blyth en 1989; cette pièce sera montée sur la grande scène au Canadian Stage (1991); *Fireweeds* (1992) de Cathy Elliott; *Nigredo Hotel* (1992) d'Ann-Marie MacDonald et Nic Gotham, un opéra jazz à l'ambiance cauchemardesque; ou *McLuhan: The Musical* (1994) de Frank Moher et Gerald Reid.

Quelques producteurs canadiens essaient de présenter des productions importées dans le circuit commercial. Si Gemstones Productions réalise des profits avec *The Dining Room* en 1984, *The Sunshine Boys* (1986) et *Sullivan and Gilbert* (1986) connaissent moins de succès. Les œuvres du dramaturge torontois George F. Walker s'avèrent rentables. En 1990, après avoir tenu l'affiche pendant huit mois au Factory Theatre, une salle de 200 places, la pièce *Love and Anger* de Walker est transférée, avec l'approbation de Garth Drabinsky, au St. Lawrence Centre, d'une capacité de 800 places. Elle y tiendra l'affiche pendant deux mois. Walker ira même jusqu'à trouver 11 investisseurs, réunis sous le nom de Shared Anxiety, pour remettre à l'affiche sa pièce *Theatre of the [Film] Noir*, pendant 12 semaines, et fera des profits. En 1994, *Nothing Sacred*, sa brillante mise en scène du roman du XIXᵉ s. de Turgenev, *Fathers and Sons*, réalisée en 1988, connaîtra un succès mitigé au Winter Garden, qui peut accueillir 1000 personnes.

Bouffonnerie théâtrale Bien que la comédie canadienne contemporaine rejoigne le grand public, autant sur les plans local et national qu'international, les formes théâtrales desquelles elle participe semblent aller à contre-courant de la culture populaire. Dans les années 80 et 90, une ligue d'improvisation se répand dans de nombreuses régions du pays. Ce jeu original, où les équipes s'affrontent comme dans une rencontre sportive, a pris naissance au Loose Moose Theatre de Calgary (1977-). On organise même régulièrement des tournois nationaux d'improvisation auxquels prennent part des joueurs de Calgary, de Toronto, d'Halifax et de Vancouver. Les équipes d'improvisation canadiennes participent aussi à des compétitions internationales et un trio de Toronto, The Out of the Way Players (1982-), remporte l'International Improv Olympix en 1983-1984, ainsi que le prix Believe It Or Not pour la plus longue improvisation du monde (48 heures sans interruption). Les feuilletons mélodramatiques improvisés de fin de soirée et les parodies de comédies de situation gagnent également en popularité, *La guerre des étoiles* étant leur cible de prédilection.

Dans les années 80 et 90, on assiste au développement de tout ce qui relève du comique et à la mise sur pied de compagnies comiques, notamment le Theatre Smith-Glimour (1980-) et le Theatre Columbus (1983-) à Toronto, ainsi que le Small Change Theatre (1982-) à Edmonton. Les «clowns de l'horreur» de Toronto, Mump and Smoot, voient le jour en 1987 et font rapidement l'objet d'un culte dans le circuit expérimental. Dans la même lignée, mentionnons le bouffon nain de David Craig «Napalm» (1990-) qui se veut choquant. Pour sa part, Karen Hines fait une brillante satire de la vieillesse avec son personnage au teint blafard Pochsy (prononcer «poxee») (1992).

Dans les années 90, le théâtre expérimental conserve une influence marquante au Canada. En effet, on dénombre une centaine de troupes spécialisées dans le genre, dont plusieurs s'en tiennent à des thèmes précis, alors que d'autres abordent des questions politiques ou sociales. À ce sujet, le One Yellow Rabbit Performance Theatre (1981-) de Calgary doit suspendre la présentation d'une reprise de la satire de l'holocauste par Blake Brooker, *Ilsa, Queen of the Nazi Love Camp*, pour éviter de faire face à des accusations d'outrage au tribunal durant la reprise du procès de James Keegstra. Pour essuyer les pertes, il décide d'organiser un spectacle de bienfaisance intitulé «Banned in Alberta». Spécialisé dans le théâtre politique et d'opinion, le groupe Headlines (1981-) de Vancouver présente des pièces portant sur les revendications territoriales, les crises immobilières, le désarmement nucléaire, le harcèlement sexuel et la surexploitation forestière.

Maritimes Les tendances théâtrales des Maritimes, à la fin des années 80 et pendant les années 90, sont semblables à celles que l'on observe dans le reste du Canada, c.-à-d. qu'on y retrouve des troupes alternatives ou radicales aux idées innovatrices et abordant les questions d'actualité. P. ex., le Kwacha Playhouse (1983-1993) d'Halifax s'adresse à l'importante communauté noire de cette ville. Bien que le drame moralisateur *God's Trombones*, du directeur artistique Walter Borden, ne tienne pas l'affiche longtemps, de nombreuses représentations en sont données, dont une, en 1990, dans la prison à sécurité moyenne de Springhill.

En 1985, Neptune North, la deuxième scène du Neptune, s'installe dans un ancien édifice de l'Armée du Salut situé rue Cunard à Halifax. On espère y voir se produire des petites compagnies alternatives. L'Atlantic Fringe Festival (1991-) joue aussi un rôle dans la découverte de groupes prometteurs, tels que Two Planks and a Passion, Jest in Time et l'Irondale Ensemble Project. Le Contact Theatre (1985-), d'une capacité de 200 places, situé sur le campus de l'U. St. Thomas, à Fredericton, sert de deuxième scène au Theatre New Brunswick. L'Entreprise Theatre (1983-), où l'on met en scène des pièces à distribution restreinte traduisant des préoccupations propres aux Maritimes, constitue le havre des jeunes dramaturges.

En 1984, le Comedy Asylum (1982-1989) de Fredericton met sur pied *The Maritime Mixed Grill*, revue présentée dans l'ensemble du pays en 1987-1988. Dans l'Île-du-Prince-Édouard, on fonde, en 1981, The Island Community Theatre Performance Group afin d'offrir des spectacles en hiver et de contrebalancer ainsi une saison estivale chargée. Ce groupe organise aussi un concours annuel de pièces dramatiques «New Voices» et met en scène des drames, notamment *The Trial of Minnie McGee* de Michael Hennessey, l'histoire véridique d'une insulaire qui a empoisonné ses six enfants. Cette pièce a d'ailleurs souvent été reprise. L'Île-du-Prince-Édouard compte aussi d'autres petites compagnies, dont le Theatre Bandwagon (1982-) de Charlottetown, un collectif à vocation politique, et le Theatre After All.

Vers le milieu des années 90, les projets de rénovation et d'agrandissement du Neptune Theatre, longtemps retardés, sont enfin entamés. Le succès retentissant de la mise en scène des *Misérables* y est sans doute pour quelque chose. Durant l'été de 1995, on crée à Wolfville (Nouvelle-Écosse) l'Atlantic Theatre Festival, qui aspire à devenir le Stratford de l'Est, un projet ambitieux.

Théâtre et personnes handicapées Le théâtre canadien contemporain s'intéresse de plus en plus aux besoins des personnes handicapées et certains groupes, soucieux d'explorer d'autres moyens de communiquer leur message, font leur apparition. L'accès aux fauteuils roulants, les écouteurs pour malentendants et la présence d'interprètes de langage gestuel sur le côté de la scène sont devenus pratique courante dans de nombreux théâtres partout au Canada. En 1990, on peut voir des interprètes doubler les acteurs dans la pièce *The Elephant Man* (v.f. *L'homme éléphant*) de l'Equity Showcase Theatre de Toronto. Le drame sur la paralysie cérébrale de David Freeman, *Creeps* (1972), constitue un tournant dans le monde du théâtre, tout comme la création de la troupe Famous People Players, deux ans plus tard.

La compagnie Show of Hands pour personnes sourdes existe depuis 1982. Quant aux personnes aveugles ou malvoyantes, elles sont régulièrement intégrées aux Glenvale Players (1945-) et à l'Insight Theatre (1983-). À Calgary, des ateliers éducatifs appelés Readers Theatre viennent en aide aux enfants souffrant de troubles de lecture, alors qu'à Toronto, des acteurs créent les Performers for Literacy afin de développer des aptitudes pour la lecture. Les membres de la troupe Rolling Thunder (1985-) de Brantford (Ontario) jouent dans des fauteuils roulants. Pendant un certain temps, cette troupe a été dirigée par Gordon Paynter, un acteur-auteur aveugle devenu par la suite un comique connu parce qu'il avait pour habitude de commencer son spectacle par la phrase suivante: «Well, you smell like a good audience!», (v.f. «Vous avez l'air d'être un bon public!»). Rolling Thunder et Theatre Terrific (1986) de Vancouver, une autre troupe d'acteurs en fauteuils roulants, font toutes deux des tournées dans les écoles. Depuis 1991, dans le cadre du Workman Theatre Project, le Mental Health Centre de la rue Queen à Toronto monte des pièces de théâtre avec ses patients. Deux autres troupes de Toronto emploient des personnes éprouvant certaines difficultés d'apprentissage: il s'agit de Contact Theatre et de Meta Players.

Tendances actuelles En adoptant une approche différente des courants universitaires traditionnels, les théâtres canadiens contemporains encouragent l'écriture de nouvelles pièces, une tradition instaurée par le Ottawa Little Theatre qui, depuis 1939, commandite un concours de pièces en un acte. En 1986, un sondage de la Playwrights Union révèle que, sur les 324 pièces produites par 65 compagnies importantes, 59 p. 100 ont un contenu canadien; de celles-ci, 30 p. 100 sont des pièces nouvelles et 29 p. 100 des reprises. Plusieurs groupes ont pour mission d'aider les auteurs à créer des pièces de qualité. C'est le cas du New Play Centre de Vancouver, du Workshop West d'Edmonton, du Saskatchewan Playwright Centre et du Playwrights Theatre Workshop de Montréal. De nombreuses compagnies, partout au Canada, font appel, quand c'est possible, à des dramaturges ou à des auteurs dramatiques résidents.

Depuis 1974, il existe à Banff un programme estival de six semaines, la Banff Playwrights Colony, pendant lequel des acteurs professionnels lisent ou interprètent des pièces en cours d'élaboration. Le dramaturge consulte d'autres dramaturges, puis peaufine sa pièce, destinée à être mise en scène dans un théâtre canadien. Au fil des années, le Festival de Stratford a lui aussi contribué à la production de nouvelles pièces, en général des pièces mises en scène ultérieurement par d'autres compagnies.

En 1987, l'Alberta Theatre Projects inaugure son Play Rites Festival, tandis que le Centaur Theatre accueille le premier Canadian Young Playwrights Festival, auquel sont inscrits 83 auteurs âgés de moins de 18 ans. Vers le milieu des années 80, le Centre d'essai des auteurs dramatiques et le Playwrights Workshop, tous deux situés à Montréal, s'associent afin de favoriser la production de nouvelles pièces. En 1985-1986, ils coproduisent *Transmissions*, une traduction conjointe des pièces de Marie LABERGE et George F. Walker, et la présentent en tournée.

Parmi les dramaturges contemporains des années 80 figurent Jim Betts, Blake Brooker, Anne Chislett, Sally Clark, James DeFelice, Dennis Foon, Norm Foster, Ted Galay, Sky Gilbert, Linda Griffiths, Paul Gross, Don Hannah, Christopher Heide, Tomson Highway, Margaret Hollingsworth, Michael Hollingsworth, Lawrence Jeffery, David King, John Krizanc, John Lazarus, Paul Ledoux, Stewart Lemoine, Ann-Marie MacDonald, Joan MacLeod, Michael Mercer, Frank Moher, James W. Nichol, Gordon Pengilly, Steve Petch, Kelly Rebar, Banuta Rubess, Rick Shiomi, Sherman Snukel, Kent Stetson, Raymond Storey, Allan Stratton, Eugene Stricklaud, Judith THOMPSON, Charles Tidler et Peter Eliot Weiss.

Parmi les auteurs dramatiques ayant marqué les années 90 on remarque Gordon Armstrong, David Carley, Robert Clinton, Brad Fraser, Robert Fothergill, Patrick Friesen, Robin Fulford, Connie Gault, Maureen Hunter, Wendy Lill, Bryden MacDonald, Bruce McManus, John Mighton, Greg Nelson, Morris Panych, Jason Sherman, Carol Shields, Michael Springate et Colleen Wagner.

Dans les années 80 et 90, on observe une tendance à vouloir conserver et restaurer les théâtres historiques, ainsi qu'une vague de construction de salles de spectacles. On restaure trois théâtres de variétés à Toronto, l'Orpheum de Vancouver et l'Imperial/Capitol de Saint-Jean, N.-B. Parmi les nouvelles constructions, on compte le Sudbury Theatre Centre, ouvert en septembre 1982; l'Arts and Culture Centre de Yellowknife (Territoires du Nord-Ouest), créé en mai 1984 et le Community Auditorium de Thunder Bay, pouvant accueillir 1500 personnes, inauguré en octobre 1985.

Au Harbourfront, à Toronto, on procède, en 1983, à la construction du Premiere Dance Theatre et, en 1986, on convertit un ancien dépôt de glace en théâtre, le Du Maurier Theatre. En 1994, les Famous People Players et les Buddies in Bad Times se dotent de nouvelles installations permanentes. Par contre, cette même année, on décide d'aller de l'avant avec le projet de transformation du O'Keefe Centre, au détriment du projet de construction d'une salle d'opéra et de ballet. Le Princess of Whales Theatre et le Ford Centre de North York voient aussi le jour à Toronto en 1993 et, en 1994, on annonce à Vancouver la construction d'un deuxième Ford Centre destiné aux arts du spectacle. Au Canada, on remarque que certains théâtres sont nommés en l'honneur d'artistes qui jouissent des faveurs du public: Denise Pelletier, Fred Barry et Paul Hébert à Montréal et Québec; Nathan Cohen, Robert Gill, Joseph Green et Jane Mallett à Toronto; Tom Patterson à Stratford; Joseph Shoctor à Edmonton; Dorothy Somerset à Vancouver et Gwen Pharis Ringwood à Williams Lake (Colombie-Britannique).

C'est vers le milieu des années 90 que l'on constate tout le travail accompli depuis la Seconde Guerre mondiale dans le domaine théâtral. Avec plus de 168 compagnies à but non lucratif et une multitude de compagnies commerciales indépendantes, Toronto apparaît comme le troisième centre du théâtre de langue anglaise en importance au monde, après Londres et New York. Le talent canadien est enfin reconnu au Canada comme à l'étranger. Il est ironique de constater que des pourparlers sont engagés entre les théâtres de langue française et de langue anglaise, malgré la menace constante de la séparation du Québec. Les théâtres autochtones et multiculturels composent maintenant la scène théâtrale contemporaine. Le théâtre répond aux besoins d'une société de plus en plus fragmentée en «identités limitées» en offrant des pièces marginales pour tous les âges, tous les genres, toutes les origines et tous les goûts.

Dans les années 90, le type de théâtre offert à la population canadienne se divise en quatre catégories: un théâtre indépendant financièrement, commercial, à but lucratif mettant en scène des mégaproductions musicales qui restent à l'affiche pendant de nombreux mois; un théâtre régional et constitué de festivals survivent grâce à des subventions partielles, à des fonds privés, à des coproductions et à un marketing dynamique; un théâtre alternatif qui n'est plus voué à la production de pièces canadiennes inédites et dont les directeurs artistiques s'alignent sur les théâtres grand public de plus grande ampleur; et un théâtre expérimental innovateur et dynamique au développement rapide qui ne cesse de remettre en question la nature même du théâtre. Les organisations se développent aussi: on assiste à la création de l'Association professionnelle des théâtres canadiens, de la Toronto Theatre Alliance, qui compte quelque 200 membres, de l'Association of Canadian Designers, de l'Association des critiques de théâtre du Canada et même d'un Conseil pour le monde des affaires et des arts du Canada.

Alors que les fonds deviennent rares, une nouvelle identité nationale se dessine. Comme Robert Wallace le souligne dans *Contemporary Canadian Theatre*, «le Canada en est encore à se définir un rôle sur la scène internationale», mais les dramaturges canadiens commencent à «écrire des pièces qui insufflent une vie au Canada». Le théâtre canadien contemporain a fait peau neuve depuis ses débuts modestes au lendemain de la guerre.

David Gardner

Théâtre de langue française La plus ancienne manifestation connue d'une action dramatique en NOUVELLE-FRANCE est le cérémonial du cercle de sable qui est rapporté par Jacques CARTIER et qui avait pour but de marquer son départ de STADACONÉ, le 17 septembre 1535. Cent ans plus tard, en 1632, Théodat Gabriel Sagard décrit ce genre de manifestations comme très ordonnées, fonctionnant selon des intentions et des sujets préétablis.

L'étude des artefacts fournit par ailleurs des indications intéressantes sur le chamanisme, les danses,

les jeux et les rituels précolombiens. Pour en apprécier la théâtralité, on peut compter non seulement sur un certain nombre de récits européens de l'époque, mais sur des pétroglyphes et des codex d'écorce retrouvés sur le territoire de la Nouvelle-France, qui s'étendait jadis de Blanc-Sablon à la Nouvelle-Orléans. Leurs informations coïncident d'ailleurs assez bien avec la tradition orale actuellement mise à profit par l'auteur et metteur en scène huron Yves Sioui DURAND.

Nouvelle-France

Une activité dont on constate l'existence dès le début de la colonie française est le divertissement théâtral, particulièrement la «réception». La première fut offerte à Jean de Biencourt de Poutrincourt et Samuel de CHAMPLAIN, de retour à l'habitation de PORT-ROYAL, à l'automne de 1606. Il s'agissait d'un «masque» écrit et mis en scène par Marc LESCARBOT et ses compagnons de l'Ordre de Bon Temps. Le texte, en français, comporte des passages en basque/gascon et en souriquois. Cette tradition datait, en France, de Catherine de Medici (Bayonne, 1565) et de Marguerite de Valois (Nérac, 1579).

Les premières pièces sont liées à l'enseignement des JÉSUITES et des URSULINES. Dans une relation de l'automne 1640, le père Paul LE JEUNE raconte comment les étudiants ont fêté l'anniversaire du Dauphin (futur Louis XIV, né le 5 septembre 1638). On présenta, pour l'occasion, une tragicomédie et un mystère. Le collège présenta, en l'honneur du nouveau gouverneur, le 26 juillet 1658, «un petit drame en français, huron et algonquin», puis un autre, le 3 août 1659, en l'honneur de François de Montmorency LAVAL, vicaire apostolique nouvellement arrivé. Les élèves du collège montèrent également une tragicomédie de Jean de Bussières, les 7 et 9 février 1658, puis encore une *Passion de Notre-Seigneur* en latin sous la direction de Philippe Pierson le 21 mars 1668; celles du couvent des Ursulines montèrent également une passion le 1er avril 1691.

L'enseignement dut porter ses fruits si l'on en juge par l'épopée burlesque de René-Louis Chartier de Lotbinière sur la campagne ratée du gouverneur Daniel Rémy de COURCELLE contre les IROQUOIS de la région d'Albany en 1666. Le caractère de cette épopée en vers est hautement baroque. Il est probable qu'elle fit l'objet de lectures publiques dans les salons seigneuriaux.

D'une tragicomédie de 1639, on ne connaît que le nom du metteur en scène et acteur principal, Martial Piraubé, secrétaire du gouverneur. On ne sait rien sur ceux qui ont monté des œuvres de Corneille, soit *Le Cid*, au magasin des Cent-Associés, le 31 décembre 1646; *Héraclius*, le 4 décembre 1651, puis *Le Cid* encore, le 16 avril 1652.

C'est cependant aux troupes de garnison que nous devons la plupart des premières pièces montées avant et après la CONQUÊTE britannique. On doit, par exemple, à Louis de Buade, Comte de Palluau et de FRONTENAC, gouverneur général et chef des armées, l'aménagement d'une salle au château Saint-Louis, de même que la production du *Nicomède* de Pierre Corneille en 1693 et du *Mithridate* de Jean Racine. Mais un lieutenant, Jacques de Mareuil, metteur en scène et acteur principal de ce qui devait être le premier Molière en Nouvelle-France, *Tartuffe*, en 1694, vit sa représentation annulée. L'évêque dut faire valoir l'interdiction de l'œuvre en France. Mareuil fit un scandale et l'évêque en profita pour exiger sa comparution devant le Conseil souverain qui le condamna à la prison. Mais le Roi exigea des comptes. Quoi qu'on en dise, l'incident fut sans suite, si on en juge par l'inventaire des biens de l'Intendant Claude-Thomas DUPUY, en 1731-1732, où on trouve des livrets de vaudevilles et les *Parodies bachiques* de Ribon (1696) sur des airs d'opéras de Jean Baptiste Lully, y compris l'ouverture du *Monsieur de Pourceaugnac* de Molière.

On connaît l'existence de productions aussi difficiles que l'opéra allégorique *Les Quatre Saisons* au palais de l'intendant Raudot en 1706, avec décors et costumes différents pour chaque acte. On a retrouvé un livre de Jacques Hotteterre-le-Romain (1741) relié avec des transcriptions manuscrites des opéras-ballets comme *L'Europe galante* d'André Campra, *Les Indes galantes* de Jean-Philippe Rameau et *Les Vendangeuses* de François Couperin. On sait aussi que l'officier Louis Le Verrier a monté une pièce en 1753, et que le commandant Pierre Pouchot a produit *Le Vieillard dupé*, de la Comédie-Italienne, au Fort Niagara en 1757. Étrangement, c'est à un officier huguenot de l'armée britannique, Paul Mascarène, gouverneur du Fort Anne ou Annapolis [ex-Port-Royal], après la Noël de 1743, que revient l'honneur d'avoir présenté le premier Molière intégral en Amérique, *Le Misanthrope,* dans sa traduction et sa mise en scène. Jalousé à cause de son pouvoir et soupçonné à cause de sa naissance française, il se servait peut-être du personnage pour passer autour de lui le message d'Alceste sur les véritables gens d'honneur.

Les premiers professionnels

La période d'après la Conquête fut celle des premiers professionnels du théâtre, militaires britanniques, dans certains cas francophones, ne recevant en temps de paix qu'une demi-solde complétée par du travail de scène.

Un journal d'avril 1765 annonce une version de *Don Juan* du répertoire de la Comédie-Italienne de Paris, sous le titre du *Festin de Pierre*. La pièce fut produite par un ex-agent double du Fort Beauséjour, Pierre Chartier dit La Victoire, dans un hôtel du port de Québec. Il venait de se faire recommander en grâce et en grade par le gouverneur sortant de charge, Pierre Rigaud, marquis de Vaudreuil-Cavagna, et reconnaître son privilège d'artisan boulanger par le gouverneur James MURRAY.

Le journal annonce en novembre 1765 le spectacle d'une troupe qu'on dit en tournée septentrionale. D'après les noms des comédiens, il pourrait s'agir de la troupe de «Monsieur Dominique», un arlequin suisse faisant une carrière controversée en Angleterre. Il était peut-être venu pour les fêtes du centenaire de la prise de la Nouvelle-Belgique par le duc d'York et d'Albany.

La troupe présenta une danse tirée d'une arlequinade, une comédie intitulée les *Fêtes villageoises* et un extrait de l'opéra *Vénus et Adonis*. L'opéra, de même que les intermèdes d'arias et de ballets qui étaient tirés des *Matelots hollandais* et des *Noces chinoises*, toutes des œuvres de Jean-François de Hesse dit Deshayes, de la Comédie-Italienne. On joua aussi une pièce de Jean-Baptiste Sauvé de Lanoue, également de la Comédie-Italienne, qui était manifestement plus en vogue que la Comédie-Française.

Les premières présentations publiques de pièces de Molière au Canada (exceptions faites de la mise en scène avortée de Mareuil, de la production anglaise de Mascarène et de la version pantomime de Chartier) eurent lieu à Montréal en février 1774: *Le Bourgeois gentilhomme* et *Le Médecin malgré lui*. C'était dans la salle du notaire Antoine Foucher, sur la Place d'Armes. Les rôles principaux étaient tenus par le baron Dominique Emmanuel Lemoyne de Longueuil et deux Écossais francophiles, le capitaine Edward Williams, de la Royal Artillery, et son artilleur James Thomas. Tous ces gens allaient se retrouver, sous les ordres du major Jean ANDRÉ, lui-même comédien et scénographe, à la bataille du Fort Saint-Jean contre les Américains, en 1775 (Thomas fut tué et André exécuté peu après par les Américains).

Longueuil et Williams continuèrent de se produire chez Foucher jusqu'en 1776, comptant pour les rôles féminins sur de jeunes fils de seigneurs et sur de jeunes clercs de notaires et d'avocats. Ces JEUNES MESSIEURS CANADIENS (JMC) comme on les désignait, se firent demander, par le gouverneur Frédéric HALDIMAND, d'origine suisse, d'interpréter *Les Fourberies de Scapin*, de Molière, après la Noël de 1780. Ils s'étaient produits, après la Noël de 1778, dans les voûtes de la maison de l'avocat Benjamin Desrivières Beaubien, rue Saint-Gabriel. Haldimand négocia pour les accueillir dans l'église abandonnée des Jésuites, rue Notre-Dame. Il leur présenta Joseph QUESNEL de la Rivausais, dramaturge et musicien, gardé à vue juste à côté, dans la maison des Jésuites transformée en caserne et en prison (Quesnel avait tenté de livrer une cargaison d'armes aux Américains).

En 1789, alors que leur «église» est attribuée aux Anglicans, ils s'installent dans l'école de danse, musique et théâtre de l'un d'eux, Louis Dulongpré, rue Saint-André (alors Campeau). Le document les désigne comme «théâtre de société», mais Dulongpré et le musicien Jean-Louis Foureur dit Champagne sont professionnels.

On fait parfois état d'une attaque faite contre eux en chaire par le curé de Montréal, mais ce dernier eut la surprise de voir surgir chez lui quelques sociétaires, notamment les fils de deux héros morts aux côtés de Montcalm, Pierre-Amable de Bonne de Missègle et François Vassal de Monviel, devenus respectivement héritiers des seigneurs de Longueuil et de Boucherville. L'évêque de Québec, que le curé n'avait pas consulté, ne le soutint pas. Il y eut tout de même une polémique courageuse soutenue par Fleury Mesplet, éditeur de *The Gazette* de Montréal. Les JMC ont fonctionné de 1780 (sinon 1774) jusqu'à 1817, avec ceci de particulier qu'ils firent un appel public pour de nouveaux sociétaires au moment de l'élection de certains d'entre eux au premier Parlement du BAS-CANADA.

Les JMC montèrent en 1791, à l'étage de la taverne du Chien d'or de John Franks, *L'Avare* et *Le Malade imaginaire* de Molière, et *Le Barbier de Séville* de Beaumarchais. En 1792, c'est dans une casemate sise hors de la porte Saint-Louis, aménagée à cet effet par le duc de Kent, qu'on donna *Le Médecin malgré lui* et *La Comtesse d'Escarbagnas* de Molière, et *Arlequin sauvage* de Louis-François Delisle de la Drevetière. Pour la saison suivante, 1792-1793, dans la salle d'Alexandre Menut, rue Saint-Jean, on offrit entre autres, de Molière encore, *Le Bourgeois gentilhomme*, *George Dandin*, et *Les Précieuses ridicules*.

Pierre-Louis Panet, qui était avec la compagnie depuis ses débuts, la relança en 1802 avec quelques nouveaux sociétaires de Québec. On aménagea le Théâtre Patagon de 200 places où on présenta *Le Mariage forcé* et *Les Plaideurs* en 1804-1805 et on continua sur ce rythme épisodique avec éventuellement les fils de certains d'entre eux pour successeurs.

Ce n'est qu'en 1786, soit cinq ans après la fin de la guerre entre les Américains et les Britanniques, qu'une troupe professionnelle américaine se présenta en Bas-Canada dans le but de profiter du soutien offert par la Couronne aux LOYALISTES. Il s'agit principalement de William Moore, un acteur anglais qui avait joué en Jamaïque durant la guerre, et d'Edward Allen, un acteur écossais qui avait passé le temps des hostilités sur le continent (*voir* ALLEN'S COMPANY OF COMEDIANS). Ils embauchèrent aux États-Unis de jeunes acteurs et danseurs d'ascendance francophone: Étienne Bellair, John Durang, sa sœur Catherine et le mari de cette dernière, Charles Busselot. De ces derniers, seul Bellair s'établit au Bas-Canada, mais la troupe s'adjoignit à Albany le néo-belge Guillaume Moreau-Mechtler. Ce dernier et John Berntley allaient s'établir comme musiciens professionnels. Le gros de la troupe quitte le Bas-Canada en 1811, convoqué par l'acteur et producteur John Bernard qui vient d'ouvrir une grande salle à Albany.

Il est peu probable qu'ils aient joué en français. Même *L'Avare* et *Le Médecin malgré lui* furent offerts en anglais. Bentley écrivit en 1786 la première opérette au Canada, *The Enchanters or The Triumph of Genius* (Arlequin).

Premières salles, premières traditions

Deux familles de gens de spectacle arrivent de New York en 1788, celles de Thomas Delvecchio et Jean Donegani (*voir* DONEGANI & DELVECCHIO), qu'on présentait aux É.-U. comme Français. Ils se produisent dans les hôtels, se spécialisant dans les spectacles d'automates et de marionnettes siciliennes.

Arrive en 1797 le cirque de chevaux dressés de John Bill Ricketts et John Durang. On leur permit de construire un manège de bois sur l'esplanade, dans l'angle nord-ouest des murs de la ville. Les spectacles de cirque, qui ont lieu le jour, se déroulent en français et dans les deux langues implantées par les régiments britanniques, l'anglais et l'allemand. Mais ils se doublaient, le soir, de pièces de théâtre en anglais, dans un hôtel de la rue Notre-Dame. Leur succès est si grand que, pendant qu'ils répètent l'expérience à Québec l'été, les Montréalais leur édifient un manège-théâtre de pierre, à toit fermé. Ce Cirque-Royal est la première salle permanente du Canada, inaugurant au pays une double pratique sur laquelle comptent certains pour attirer les francophones à la langue de Shakespeare, mais la troupe ne reste pas.

À Québec, l'Hôtel Union est établi en 1805, par le juge en chef Jonathan SEWELL et quelques membres des JMC, tels Alexis Caron, Claude Dénéchau, John NEILSON, Jean-Antoine Panet et Joseph-François Perreault. On n'en connaît les activités qu'à partir de 1820. François Malhiot en devient gérant en 1823. On sait qu'il s'y joue du théâtre, en anglais, à compter de 1849, et en français, en 1851, avec *Le Mariage forcé* et *Les Fourberies de Scapin* de Molière, dans une production des Amateurs Canadiens. L'Union, qui a changé de vocation en 1854, est le plus ancien hôtel-théâtre du Québec qui existe encore, face à l'actuel château Frontenac.

La tradition du cirque est reprise par un Acadien de Philadelphie et son associé, Pépin & West (1817), puis par James West et George Blanchard (1823-1826). Le programme de West & Blanchard est clairement défini: acrobatie, danse et spectacle équestre le jour dans un manège à ciel ouvert (celui de Durang et Ricketts qu'on a légèrement déplacé et découvert). On reprend donc la pratique d'offrir des pièces, le soir, dans un hôtel de la rue Notre-Dame. À Québec, en 1824, West & Blanchard transforment la salle du nouvel Hôtel Malhiot en Cirque Royal, cirque le jour et théâtre le soir. Les noms sont souvent français, les spectacles anglais. Le juge Sewell, actionnaire principal, le transforma en Théâtre-Royal en 1831. On le démolit en 1846.

José Villalave, qui occupe en 1825 les créneaux vacants de West & Blanchard, se donne la peine de réaménager le cirque de Montréal et de lui redonner, avec son toit, sa double fonction de manège-théâtre. John MOLSON, propriétaire d'un hôtel où se joue du théâtre dirigé par John Duplessis-Turnbull, sur la rue Saint-Paul, face au Vieux-Marché, fait construire un véritable théâtre la même année, le plus ancien au Canada, à côté d'un hôtel, plus prestigieux, sur la même rue: le Théâtre-Royal. Ce dernier a été démoli en 1844, pour faire place à l'actuel Marché Bonsecours. Il fut longtemps dirigé par Vincent DeCamp.

Charlotte de Lotbinière et son mari, le millionnaire William Bingham, construisent un hôtel particulier, rue Notre-Dame, en 1830, auquel ils adjoignent une salle avec façade à colonnes doriques. Cet hôtel particulier devient résidence du gouverneur général, et c'est en ces lieux que Lord DURHAM écrit le rapport dans lequel il déplore que les Canadiens français n'ont ni théâtre ni littérature. Cette résidence devient ensuite le Montreal High School, puis est cédée à Jean-Marie Donegana qui ouvre la salle au public. Il est incendié lors d'une émeute, en 1849.

Certains décorateurs de cette période sont connus: Jean-Baptiste Tison, Jean André, Louis Dulongpré, Andrew Allen, François Allen, François BAILLARGÉ, John Durang, Thomas Honey, John Poad Drake, Joseph LÉGARÉ et Triaud. Mais il n'en reste aucun lieu théâtral, hormis la Maison Delvecchio, à Montréal, place Jacques-Cartier, et l'Hôtel Union, à Québec, face au château Frontenac.

En 1835, Aimé-Nicolas dit Napoléon Aubin, pasteur d'origine suisse et membre d'une des premières unions du Canada, se lie d'amitié avec deux des JMC, Joseph-François Perreault et Michel-Flavien Sauvageau, et reprend leur tradition en fondant les AMATEURS TYPOGRAPHES. Il présente deux fois *La Mort de César* de Voltaire, au Théâtre-Royal, en programme double avec des œuvres socialistes, *Le Financier*, comédie de Germain François Poullain de Saint-Foix, en juin, et son propre texte, *Le Chant des ouvriers*, en octobre. Cet octobre est chaud, puisque les applaudissements durent tard la nuit et entraînent une loi obligeant la fermeture des théâtres avant celle des portes de la ville, ce qui incite le pasteur Edmond Sewell, héritier du juge, à fermer son théâtre au pasteur Aubin, d'où une polémique publique qui fit reculer Sewell.

Les Amateurs Typographes mettent en valeur les œuvres dramatiques du pays, notamment *Le Soldat français* d'Hyacinthe Poirier Leblanc de Marconnay en 1839, *La Donation* de Pierre Petitclair en 1842, *À quelque chose malheur est bon* de Jules-Fabien Gingras en 1863, et *Les Vengeances* de Pamphile Lemay, en 1876.

Les grandes visites françaises

À partir du moment où les activités des Amateurs Typographes commencent à s'espacer, le moins qu'on puisse dire est que l'activité du théâtre francophone au Bas-Canada est compromise. Ce qui va renverser progressivement la situation, c'est la reprise du commerce avec la France, symbolisée par l'entrée en rade de la frégate *LA CAPRICIEUSE*, en 1852, et les visites de vedettes du théâtre français, tantôt seules, dans des spectacles solos, tantôt avec leur troupe. Elles viennent presque toutes par la voie des É.-U. où, dans certains cas, les grands *trusts* ont financé la tournée. Ces tournées sont d'ailleurs facilitées par la construction de canaux entre Albany et Buffalo et Albany et Montréal, puis par celle de réseaux de chemins de fer.

Ces visiteurs sont relativement nombreux. Alfred Maugard et sa Compagnie lyrique et dramatique des Antilles en 1871 dont on se souvient surtout pour avoir monté deux créations québécoises: *Erreur n'est pas compte*, un vaudeville de Félix-Gabriel MARCHAND, futur premier ministre, et *L'intendant Bigot*, pièce tirée du roman de Joseph Marmette. Sarah Bernhardt, de la Comédie-Française, vient pour plusieurs tournées, dont les premières en 1880, 1891 et 1896, jouant *La Dame aux camélias, Hernani* et *La Tosca*. En 1888 et 1893, c'est Coquenin l'Aîné, ancien secrétaire de la Comédie-Française, avec Jane Hadding, qui présente, entre autres, *Le Mariage de Figaro*, de même que *Les précieuses ridicules* et *Tartuffe*. Mounet-Sully, Hadding et Segond-Weber, de la Comédie-Française également, offrent en 1894 *Andromaque Hernani* et *Ruy-Blas*.

Ces visites, et d'autres aussi importantes — et beaucoup plus nombreuses chez les anglophones —, occasionnent la construction de salles de prestige. Les décors du Théâtre-Royal Molson sont cédés à un autre Théâtre-Royal, dans la salle de l'Hôtel Hays, près du square Dalhousie, puis au Théâtre-Royal de la rue Côté qui ouvre en mai 1852, près de l'actuel Palais des Congrès de Montréal. Mais la programmation de ce dernier se détériore et il est condamné à la fermeture en 1913, ce qui ne l'empêche pas de continuer en yiddish et en chinois jusqu'à 1922.

L'échec du dernier Théâtre-Royal s'explique en bonne partie par le déplacement du centre-ville vers la rue Sainte-Catherine, nouveau quartier où l'on construit un Victoria Hall, ou Académie de musique, en 1875, le His (Her) Majesty's, rue Guy, en 1898, et le Théâtre-Français, rue Saint-Dominique, en 1899, le seul qui ait survécu (Métropolis), hormis la Salle du Gesù de 1865 et le Monument-National de 1893 qui avaient d'autres vocations que celle de servir aux grandes visites étrangères. C'est l'époque des premiers grands peintres scéniques, qui sont également spécialisés dans la décoration d'églises, comme Édouard Meloche et Toussaint-Xénophon Renaud, formés à l'atelier de Napoléon BOURASSA ou à l'Institut national des beaux-arts ouvert en 1883 à l'Hôtel de France.

Théâtre populaire

Le travail d'amateurs par de petits groupes, au tournant des XVIIe et XVIIIe siècles, a fini par se répandre. On vit surgir, à compter de 1859, une cinquantaine de «cercles» d'amateurs dans les différentes municipalités et paroisses, notamment à Montréal, Québec et Trois-Rivières. En ce qui concerne les paroisses, on peut dire que les curés, voyant dans le théâtre un instrument de sauvegarde de la langue française et, partant, de la religion catholique, lui ouvrirent les sous-sols d'églises, à Sainte-Cunégonde, ou d'écoles confessionnelles, à Sainte-Brigide. On y jouait certes des mystères et des fables édifiantes, mais on adaptait aussi des pièces à la mode, le plus souvent des comédies légères ou des mélodrames, comme celles qui arrivaient chaque mois de France dans *La Petite Illustration*. Au Théâtre National-Français, fondé par Julien Daoust et dirigé par Paul Cazeneuve, on a offert quelque 4000 représentations durant les dix premières années.

Des cercles sont issus quelques professionnels, comme, à Montréal, Fred BARRY (cercles de Saint-Jean-Baptiste et de Saint-Henri), Conrad Gauthier (Associations dramatique et littéraire de Sainte-Brigide) et Blanche de la Sablonnière (Artisans de Saint-Denis). Les meilleures productions étaient parfois présentées aux Soirées de famille du Monument-National, construit en 1893, qui fut un temps leur vaisseau-amiral. Ce dernier a été construit sur le modèle des académies qu'Alexandre Quesnay de Beaurepaire avait mises sur pied à Philadelphie, Richmond (Virg.) et New York, offrant danse, bibliothèque et enseignement des arts et lettres. Les seuls cercles qui aient survécu sont le Cercle Notre-Dame, fondé à Trois-Rivières en 1921, appelé Compagnons de Notre-Dame depuis 1929, et le CERCLE MOLIÈRE, fondé en 1825 à Saint-Boniface, au Manitoba.

Les directeurs de troupes issus des cercles se sont donné, avec les années, des salles populaires. Ce sont, pour ne nommer que celles qui sont encore actives, le Café-concert Eldorado (1899), le Théâtre National-Français (1900), le Théâtre Crystal (1908), le Globe Theatre (1912), le Family Theatre (1912) et le Théâtre Chantecler (1925). On les nomme aujourd'hui, respectivement, Foufounes Électriques, Théâtre National, Club Soda, Cinéma L'Amour, Théâtre Corona et THÉÂTRE DU RIDEAU VERT. Quatre ont fait l'objet de rénovations majeures, mais Le National et le Globe sont intacts. Par ailleurs, une petite salle de théâtre populaire, le Palace, dans l'Édifice Robillard du boulevard Saint-Laurent, a été louée en 1896 par Louis Minier et Louis Pupier, concessionnaires des frères Lumière, et est devenue le premier cinéma du Canada; elle loge aujourd'hui une entreprise d'appareils audiovisuels.

Il est remarquable qu'une troupe française des Nouveautés, installée au Palais-Royal en 1902, ait fait référence dès 1903 à André Antoine, à qui on doit le concept de mise en scène et, avec Émile Zola, à celui de l'esthétique réaliste sur scène.

La Nouvelle-France connaissait le burlesque, au sens italien de moqueur et parodique. Chez les Britanniques, le terme a pris un sens scénique dans la parodie de spectacles et les duos où un comédien fait rire aux dépens de l'autre. On subissait au Canada l'influence du burlesque new-yorkais, intégré aux spectacles de variétés, à travers le milieu anglophone auquel appartenaient originellement les Olivier Guimond père et Arthur et Juliette Petrie. Le Monument-National ouvrit en 1906 une salle destinée à la francisation du burlesque et paradoxalement nommée «Starland». Le burlesque new-yorkais influence également le milieu yiddish montréalais, qui transforme le Palais-Royal en People's Theatre. Le milieu yiddish monte cependant aussi des classiques au Monument-National, dans des mises en scène d'Isaac Zolatorevski, en 1897, et de Louis Mithick par la suite.

Grâce à quelques films anciens du Québec, comme *Aurore l'enfant martyre*, *Tit-Coq* ou *Un Homme et son péché*, ou étrangers, comme *Maria-Chapdelaine* et *I Confess*, on est en mesure d'apprécier la qualité du jeu réaliste de cette époque, celui des Manda Alarye, Fred Barry, Juliette Béliveau, Camille Ducharme, Paul Guèvremont et Ovila Légaré.

Quelques compagnies disparues

La consolidation des cercles et des premières troupes professionnelles fait ressortir un phénomène vieux comme le théâtre, celui des familles d'acteurs. Ce sont à Hull les Beaulne, Larocque, Provost et Sanche, dont les descendants brûlent encore les planches. À Québec, la direction de l'Impérial fut confiée à Fred Barry en 1918, mais la troupe se scinda en 1920, toujours sous sa direction, de façon à jouer en même temps au Family (actuel Corona) de Montréal, offrant en alternance des drames autour d'Isabelle (Bella) Ouellette et des comédies autour de Jeanne Demons; c'était déjà l'industrie culturelle. La crise économique força les deux troupes de Fred Barry à se joindre à celle d'Albert Simard dit Duquesne. Ils achètent le Chantecler, en 1930, qui prend le nom de Stella et devient le lieu d'une aventure nouvelle, en compagnie de Pierre Durand, Mimi d'Estée et Serge Deyglun (arrivé de Paris en 1921). La troupe Barry-Duquesne se montra ouverte à la création d'un répertoire québécois, faisant un succès de *Cocktail* d'Yvette Ollivier Mercier-Gouin. Laurette Larocque, dite Jean Desprez, fonde au Stella une École du spectacle où elle a pour étudiants les Camille Ducharme, Pierre Dagenais, Guy Mauffette et Sita Riddez. Une pièce de Mercier-Gouin, *La Réussite*, fut jouée à Paris en 1939, précédée d'une tournée à Nancy, Lyon et Bruxelles avec *Gens de chez nous* de Deyglun en 1937.

Les influences de jeu se multipliaient. Deyglun avait travaillé à Paris, après la guerre, avec Jacques Copeau et ses disciples Gaston Baty et Charles Dullin. Par ailleurs, le secrétaire de la Province, Athanase David, avait mis sur pied un système de bourses de perfectionnement; en profitèrent les premiers Antoinette Giroux, de 1923 à 1926, suivie plus tard de Jacques Auger; Giroux fit un stage à la Porte Saint-Martin et Auger à l'Odéon. Germaine Giroux, empêchée d'étudier en France à cause de la guerre, se rendit à New York où, depuis le passage de Constantin Stanislavski, on enseignait sa méthode d'interprétation. Finalement, de jeunes jésuites, dont Paul Bélanger et Antonio Genest, découvrirent aussi Copeau, notamment la dramaturgie d'Henri Ghéon et les techniques de jeu de Léon Chancerel qu'ils font connaître dans leurs collèges, au Sainte-Marie comme à Saint-Boniface (1930). Des anciens de Sainte-Marie, comme Hector Charland, tentèrent l'expérience, de 1923 à 1925, chez les Compagnons de la Petite Scène, offrant sans grand succès leur premier spectacle au Monument-National avec chemises blanches et pantalons noirs sur fond de rideaux gris.

Le père Émile LEGAULT, responsable du théâtre au collège Saint-Laurent, et qui avait assisté à une mise en scène d'une pièce de Ghéon au collège Jean-de-Brébeuf, décida lui aussi de faire des idées de Copeau son cheval de bataille. Il fonda en 1937 les Compagnons de Saint-Laurent. Avec les années, le groupe sortit de l'enceinte collégiale, s'adjoignit des étudiants du Sainte-Marie, qui avaient joué avec Charland, comme Pierre Dagenais, Jean Gascon et Jean-Louis ROUX. Les Compagnons s'installèrent alors d'abord à l'Ermitage, une salle du collège de Montréal, nouvellement restaurée, puis à la salle du Gesù, plus centrale et mieux équipée, et enfin dans une ancienne église anglicane, rue Sherbrooke. Leur expérience est multiforme: un siège social à Outremont et un endroit de stages d'études et de répétition l'été à Vaudreuil; un théâtre, rue Sherbrooke; une maison d'édition, «À l'enseigne des Compagnons»; une revue, *Les Cahiers des Compagnons* (1944-1947); deux auteurs dramatiques, André Legault et Félix Leclerc; deux dramaturges (critiques et historiens du théâtre), Jean Cusson et Louis-Marcel Raymond; des membres, surtout, dont plusieurs devinrent des professionnels importants, comme le décorateur Robert Prévost et les comédiens Charlotte Boisjoli, Angèle et Jean Coutu, Paul Dupuis, Françoise FAUCHER, Guy Godin, Georges Groulx, Hélène Loiselle, Gilles et Denise PELLETIER, Guy Provost… Un moment important pour eux fut, en 1942, la mise en scène de *L'annonce faite à Marie* de Paul Claudel avec Ludmilla Pitoëff dans le rôle principal à l'Ermitage, et *L'Échange*, également de Claudel, dans une mise en scène de Pitoëff. Cette dernière monta avec sa troupe, l'année suivante: *L'Otage* de Claudel et *Maison de poupée* d'Henrik Ibsen.

Les Compagnons, dont le jeu était alors en principe anonyme, devinrent professionnels en 1948, mais l'esprit des derniers disciples de Copeau, dit «Copiaus», ne tint pas le coup. Il fallait faire un choix entre voler ailleurs de leurs propres ailes ou inviter Legault à céder la place à un laïc. Les anciens de Sainte-Marie avaient déjà fait faux bond, Jean DUCEPPE ayant par exemple fondé le Jeune-Colombier. Dagenais fonda en 1943 L'Équipe, où il pouvait monter des pièces comme *Huis clos* de Jean-Paul Sartre (avec Muriel GUILBAULT et Jean Saint-Denis dans les rôles principaux), dont une représentation privée eut d'ailleurs lieu en présence de l'auteur, venu expressément de New York; c'était en pleine nuit, dans sa chambre d'hôtel, lieu rêvé pour pareille pièce. Dupuis avait été incité à aller se perfectionner à Londres, à l'Old Vic Theatre; Pitoëff étant revenue en 1946 monter *Phèdre* de Racine et *Le Pain dur* de Claudel en 1946, avec GASCON et Roux, avant de rentrer en France, elle les convainquit de venir se perfectionner à Paris, ce qu'ils firent. Leur retour secoua la cage. Legault leur offrit de prendre la direction, mais sans abandonner son autorité morale sur la troupe; ils préférèrent fonder leur propre troupe le THÉÂTRE DU NOUVEAU MONDE (TNM).

Le Théâtre-Club est fondé en 1953 par Monique Lepage et Jacques Létourneau et voué essentiellement au théâtre moderne; il a cessé ses activités en 1965. Il rassemble quelques-uns des anciens Compagnons de Saint-Laurent.

Des comédiens de cette période ont délibérément opté pour le burlesque, qu'ils soient issus des «centres», comme Juliette Béliveau, ou enfants de la balle, comme Olivier GUIMOND fils. Ce dernier, après du travail de cabaret, s'est joint à la troupe de Jean Grimaldi en 1935, dans ses tournées et au Radio-City. On cite sa parodie d'un militaire au temps de la *Loi sur les mesures de guerre*, mais on peut aussi citer son *Phèdre* pour hommes, avec les anciens copains du Bœuf-qui-rit, parodiant un télé-théâtre de Radio-Canada. Rose Ouellette, dite La Poune, qui dirigea longtemps le Théâtre-National, a souvent fait preuve d'une grande maîtrise du jeu improvisé à partir d'un canevas.

Le temps du refus

Un groupe aux idées esthétiques et éthiques très influencées par le surréalisme s'est formé autour du peintre Paul-Émile BORDUAS, disciple d'Ozias LEDUC, au début des années 40. Du point de vue théâtral, la première manifestation eut lieu en 1947, au Congress Hall de l'église Saint Patrick. On y présenta une soirée unique de «Théâtre moderne», c'est-à-dire *Une pièce sans titre* de Jean Mercier et *Bien-être* de Claude GAUVREAU, les deux dans des décors de papier d'emballage de Marcel BARBEAU pour le premier, avec dessin d'un arbre au centre, et de Pierre GAUVREAU pour le second, sans aucune référence visuelle. Les costumes étaient de Madeleine Arbour. Les comédiens étaient Gilles Hénault et Jean-Paul MOUSSEAU pour la pièce de Mercier, Muriel Guilbault et Claude Gauvreau (en remplacement de Claude Lévesque) pour l'autre. La pièce, qui était tirée d'un recueil de 25 objets dramatiques, fut éditée avec deux autres, l'année suivante, dans le cahier où était encarté le manifeste REFUS GLOBAL. Acteurs, scénographe et designer de *Bien-être* signèrent en effet le manifeste de 1948. Mousseau a contribué à faire redécouvrir les rideaux neutres ou les panneaux lumineux, Barbeau a participé à des expériences de décor en direct et Jean-Paul RIOPELLE a créé des décors faits de projection de diapositives.

Cette année-là fut également celle de la création de *Tit-Coq*, une pièce qui valut à son auteur, Gratien GÉLINAS, un doctorat d'honneur, alors que celle de Gauvreau semblait vouée à l'oubli. Il faut dire que la pièce de Gélinas fut créée là où il avait offert ses revues annuelles, reprenant avec les mêmes acteurs, qui se formaient en troupe le temps des spectacles, les personnages de deux de ces revues, *Le Départ du conscrit* et *Le Retour du conscrit*. Gauvreau n'eut de succès qu'après sa mort. Son œuvre était jusqu'alors surtout un regard critique vers le passé du Canada français, dans une vision de type réaliste, alors que celle de Gauvreau s'interroge davantage sur les mythes nouveaux, dans une vision de type surréaliste (à vrai dire «automatiste»). La Comédie-Canadienne, une salle ouverte par Gélinas en 1958, est avant tout un lieu destiné à promouvoir la création, là où se trouve aujourd'hui TNM. Il y produit dès 1958 sa pièce *Bousille et les justes*, de même que *Le Gibet* de Jacques Languirand; tant d'autres suivront, tel *Le Cri de l'engoulevent* de Guy Dufresne en 1960. Elle a cessé de fonctionner en 1972, quand la salle est devenue propriété du TNM.

Le Théâtre du Rideau Vert fut créé par Yvette BRIND'AMOUR et Mercedes Palomino en 1948. Il se destinait au répertoire dit de boulevard, laissant cependant place à au moins un classique par année au début, puis à une pièce canadienne par année, en général, comme *Les Belles-sœurs* de Michel Tremblay, créées en 1968, et *La Sagouine* de l'Acadienne Antonine MAILLET, en 1972, deux grands succès du Rideau Vert. Ce dernier est la plus ancienne troupe professionnelle en exercice au Canada. On y a eu souvent recours, récemment, à de jeunes metteurs en scène.

Jean-Louis Roux et Éloi de GRANDMONT fondèrent en 1948 un Théâtre d'essai de Montréal qui fut, lui aussi, voué à leurs œuvres, soit *Un fils à tuer* du premier et *Rose Latulippe* du second. Puis, en 1951, ils sabordèrent leur troupe au profit d'une autre, le THÉÂTRE DU NOUVEAU MONDE, avec Jean Gascon, Robert Gadouas, Georges Groulx et Guy Hoffmann. À l'inverse du Rideau Vert, il est alors principalement consacré à la comédie classique et occasionnellement au théâtre de boulevard. On y fait très tôt place au théâtre québécois, faisant notamment une place de choix à Marcel DUBÉ avec, par exemple, *Le Temps des lilas* en 1958 et *Florence* en 1960. Un autre dramaturge, Roch CARRIER, dont on joua *La Guerre, yes sir!* en 1970, deviendra un temps secrétaire de la compagnie.

En 1948, des étudiants de l'Université Laval, sous la direction de Jacques Duchesne, fondent une troupe d'amateurs qui dure toujours, Les Treize; elle a vu passer les Jean BARBEAU, Normand Chouinard, Rémy Girard, Denise Proulx, Marie Thiffault et Gilles VIGNEAULT.

Des compagnies professionnelles importantes ont été fondées à cette époque. La NOUVELLE COM-PAGNIE THÉÂTRALE a été fondée au Gesù en 1964 par Françoise Graton, Georges Groulx et Gilles PELLETIER, dans une perspective essentiellement pédagogique; on a ainsi convié les élèves du cours secondaire et des collèges, grâce à des ententes avec les enseignants sur les œuvres à choisir ou les façons de les enseigner, soumettant un cahier explicatif pour chaque production; cette compagnie a non seulement offert de grands classiques et contribué à créer un public, mais elle a aussi contribué à donner un auditoire à plusieurs nouveaux auteurs, comme Réjean DUCHARME, Marie LABERGE et Serge Mercier. La compagnie s'est installée dans la salle Denise-Pelletier dont elle a pris elle-même le nom.

En 1973, dans la salle Port-Royal de la Place des Arts ainsi laissée libre par le TNM, s'installa la Compagnie Jean-Duceppe, originalement vouée au théâtre en traduction, occasionnellement canadien, comme *Charbonneau et le chef* de John Thomas McDonough, mais aussi des pièces du cru, comme *Sainte Carmen de la «Main»* de Michel Tremblay en 1976 ou *Les Voisins* de Claude Meunier et Louis Saia en 1980. Passée sous la direction de Michel Dumont, après le décès du fondateur, la troupe fait plus souvent qu'auparavant appel aux dramaturges québécois, comme Michel-Marc BOUCHARD et Michel TREMBLAY.

Vinrent ensuite les théâtres de poche, qui donnèrent une chance à la dramaturgie avant-gardiste d'Europe (Arthur Adamov, Samuel Beckett, Eugène Ionesco) en même temps qu'à celle du pays (Jacques Ferron, Claude Gauvreau, Jacques Languirand). Il y eut d'abord le Studio XV, fondé et dirigé par Gérard Vleminckx, d'origine belge, dans une salle de 50 places appartenant au Conseil Lafontaine des Chevaliers de Colomb. On y trouvait un théâtre de poche et un studio où Florent Forget donnait des cours de radiothéâtre et Jeanne Maubourg Roberval, des cours d'interprétation théâtrale. Andrée Lachapelle, par exemple, est passée par le Studio XV, et des stagiaires ont participé à la production de *La Cathédrale* de Jean Desprez au Monument-National en 1949.

Il y eut ensuite L'Anjou, au-dessus d'un restaurant du même nom en 1954, près de l'édifice où se trouvait Radio-Canada à l'époque. Paul Hébert y monta des pièces, mais L'Anjou est surtout célèbre pour la production des *Épiphanies* du Français Henri Pichette, avec Robert Gadouas, Dyne Mousso (Denise Guilbault) et Pichette en personne. Puis L'Amphitryon, au-dessus du Café Provincial de la rue Saint-Hubert, où le Français Patrick Antoine monta notamment *La Leçon* d'Ionesco en 1955, avec Dyne Mousso, dans des décors de Mousseau.

Une troupe qui joua un rôle de chef de file est celle des Apprentis-Sorciers, fondée en 1954, jouant d'abord l'esprit des Copiaus, puis offrant à son tour des auteurs avant-gardistes comme Beckett et Brecht ou Ionesco. Il y eut aussi en 1956, le Théâtre de Quat'Sous de Paul BUISSONNEAU, Yvon DES-CHAMPS et Louise Latraverse, dans une ancienne synagogue de l'avenue des Pins, de même que le Théâtre de Dix Heures de Jacques LANGUIRAND, dans l'ancien café Saint-Germain-des-Prés de la rue Saint-Urbain. Les deux offrent des productions audacieuses pour le public du temps: chez Languirand, par exemple, ses essais d'écriture automatique, *Les Insolites*, ou *Les Bonnes* de Jean Genêt avec Dyne Mousso, digne sœur de Muriel Guilbault. En 1956, Paul Hébert ouvre un THÉÂTRE D'ÉTÉ dans le club de curling de l'Hôtel Chantecler, à Sainte-Adèle. D'autres théâtres d'été apparaissent en 1957: dans une grange de l'Ancienne-Lorette, dans une remise voisine du Château Frontenac de Québec, et au Centre d'art de Percé, où se produit la Compagnie l'Escale de Denise Pelletier. En 1958, c'est le Petit Théâtre de la Basoche à Québec et, à Montréal, la Poudrière sur l'Île Sainte-Hélène, avec Janine Beaubien, le Studio du Théâtre-Club, rue Saint-Luc (aujourd'hui Maisonneuve), et le Théâtre L'Égrégore, dans l'ancien studio de cinéma de Réal Benoît et André de Tonnancour, avec Mousseau et Roland Laroche, sous la direction de Françoise Bernadette Loranger, dite Françoise Berd. En 1960, se fonde L'Atelier, à Sherbrooke. En 1962, les Saltimbanques quittent les Apprentis-Sorciers et essaiment vers une boutique de la rue Saint-Paul, Rodrig Mathieu en tête. En 1963, Jacques Duchesne fonde le Théâtre de la place Ville-Marie, premier théâtre en rond à Montréal. En 1965 s'ouvre le Mouvement Contemporain d'André BRASSARD. C'est une véritable explosion.

Plusieurs œuvres nouvelles ont vu le jour dans des théâtres: *Au cœur de la rose* de Pierre Perrault chez les Apprentis-Sorciers; *Le Roi ivre* de Jacques Languirand au Théâtre de Dix Heures; *Pile* de Roger Huard chez les Saltimbanques; *Qui est Dupressin?* de Gilles Derome à L'Égrégore; *Le Quadrille* de Jacques Duchesne, *Les Portes* de Robert Gurik et *Les Cloisons* de Jacques Languirand à la Place Ville-Marie; *Messe noire*, collage par André Brassard de textes d'auteurs divers, dont Michel Tremblay, au Mouvement Contemporain.

Révolution culturelle

Au début de la RÉVOLUTION TRANQUILLE, le renouveau du théâtre est venu surtout des théâtres de poche. Puis il y eut l'EXPO 67. Avec l'influence idéologique des délégations de pays socialistes tels que Cuba. Avec l'influence esthétique, surtout, de pays comme la France et la Tchécoslovaquie dont le théâtre québécois a su tirer profit du point de vue formel. Exemples: on a pu assister au ballet de Maurice Béjart, *Messe pour le temps présent*, sur une musique de Pierre Henry, ou assister à la pièce de Paul Claudel, *Le Soulier de satin*, présentée par la troupe Renaud-Barrault, sans ornements, avec de simples praticables noirs. On a découvert le scénographe Josef Svoboda et sa Lanterna Magika. On a été placé devant des écrans à projections simultanées avec des images fragmentées et démultipliées quant au sujet, au rythme ou à la dimension. On a pu assister à des séances où les spectateurs devaient, à la fin de chaque séquence, voter sur celle qui devait suivre.

Il ne faut pas oublier la découverte des mobiles et stabiles du sculpteur-scénographe Alexander Calder, les représentations du Pavillon de la Jeunesse qui permirent à un théâtre de poche, les Saltimbanques, d'éclater au grand public avec *Équation pour un homme actuel* de Pierre Moretti. Les performances de ce pavillon consacrèrent également certaines expériences multi-arts menées depuis 1963 au Bar des arts, à la Guillotine ou au Patriote par les Horlogers du Nouvel Âge et le Zirmate (se réclamant du *Refus Global* de 1948), expériences dont l'esprit est en quelque sorte prolongé, à l'occasion du 20e anniversaire du manifeste, par les Événements de Serge Lemoyne, par l'Opération Déclic de Claude Paradis et consorts, par l'association du poète Claude Péloquin et des comédiens-chanteurs Robert CHARLEBOIS et Louise Forestier, ou par les mises en scène du Théâtre L'Eskabel de Jacques Crête, assisté de Claude Paradis et Pierre A. Larocque (1971).

La coupe profonde de 1967, qui marque le début du dernier quart de siècle, est accentuée au théâtre par des événements majeurs: 1- la fondation du Centre d'essai des auteurs dramatiques (CEAD) en 1965, dont Jean-Claude GERMAIN est le secrétaire; 2- la formation du Mouvement Contemporain en 1965, autour d'André Brassard, celle d'un tandem de production entre ce dernier et le dramaturge Michel Tremblay (dont l'écriture des *Belles-Sœurs* date de 1965) et celle du Théâtre d'Aujourd'hui par la fusion du Mouvement Contemporain et les Apprentis-Sorciers et les Saltimbanques; 3- la sortie en 1968 des trois pièces souverainistes que sont *Le Chemin du Roy* de Claude Levac et Françoise LORANGER, *Hamlet, prince du Québec* de Robert GURIK, et *Les Grands Soleils* de Jacques Ferron, suivies de la fondation de compagnies tout aussi «engagées» que Le Théâtre du Même Nom / Les Enfants de Chénier en 1969 ou le Théâtre Euh! en 1970; 4- la révélation en

1968 d'une création collective, *Pot T.V.*, suivie d'une autre en 1969, *T'es pas tannée Jeanne d'Arc?*, offertes par celles et ceux qui se désignent cette année-là comme Le Grand Cirque Ordinaire. 5- la fondation en Ontario du Théâtre français de Toronto (anciennement le Théâtre du P'tit Bonheur), en 1967, et du Théâtre du Nouvel-Ontario à Sudbury en 1971.

Parallèlement à ces fondations de troupe, Gilles Latulippe réanime le burlesque en lui offrant une salle, le Théâtre des Variétés, qui est essentiellement consacré au burlesque et qui durera jusqu'en 2000. Comme au temps des *Fridolinades*, on vient des campagnes et même des milieux franco-américains pour voir sur scène les premières vedettes du rire.

Les Belles-Sœurs eurent un succès populaire dès leur création, en 1968, à cause de leur côté réaliste et, sans aucun doute, de la cote d'amour des premières interprètes. Mais les qualités scéniques de l'œuvre de Tremblay vont plus loin que le réalisme des variétés, avec leur recours aux chœurs d'Eschyle, aux mansions du Moyen Âge, aux soliloques de Shakespeare ou aux structures polyphoniques. Campé sur la rue Fabre, à l'image du «vrai monde» de son enfance, c'est tout l'univers québécois et même universel que le premier cycle de Tremblay a fait surgir.

Le Grand Cirque allait un peu dans le sens de visées sociales plus explicites; ses productions ont eu tellement d'impact qu'on a pu se demander, avec la prolifération des expériences collectives et même d'improvisation, si on n'allait pas devoir désormais se passer d'auteurs. Il s'en est plutôt suivi une transformation de l'écriture à laquelle le CEAD n'a cessé de contribuer au cours des années, avec des distinctions très nettes entre l'écriture dramatique (des auteurs) et l'écriture scénique (des metteurs en scène).

Les théâtres de répertoire se sont parfois dotés d'une structure d'essai, comme celle des Jeunes Comédiens (1969) du TNM, celle du Grand Cirque ordinaire (1969) auprès du Théâtre Canadien du Québec, ou celle du Studio Fred-Barry (1977) de la Nouvelle Compagnie Théâtrale. Le théâtre politique qu'on a pu trouver dans les petites salles comme le Parminou ou le Théâtre d'Aujourd'hui est fréquenté par une clientèle convaincue jusqu'à la prise de pouvoir par le PARTI QUÉBÉCOIS. Par la suite, on s'en tient plutôt, comme par pudeur politique, soit à des exercices formels, soit à des engagements non partisans mais tout aussi cruciaux que sont les luttes environnementalistes, féministes ou la prise en compte du théâtre enfance-jeunesse que sa maturité a confirmé comme instrument exceptionnel d'éducation.

Si le brassage d'idées autour de la souveraineté du Québec a généralement inquiété les francophones hors Québec, il leur a parfois aussi causé une réaction de prise de parole. On voit naître en ACADIE et en ONTARIO le Théâtre Populaire d'Acadie à Caraquet et le Théâtre La Seizième à Vancouver, en 1974, le Théâtre du Trillium (anciennement de la Corvée) à Ottawa en 1975, le Théâtre Popicos en 1978 et le Théâtre Français d'Edmonton en 1979 et, en 1979 également, le Théâtre de l'Escaouette de Moncton, le Théâtre de la Vieille 17 et la Compagnie Vox à Ottawa.

Il faut souligner la prolifération des compagnies au Québec durant les années 70 et citer quelques-unes de celles qui ont duré: Omnibus (1970); Théâtre du Trident et Théâtre Sans Fil (1971); Théâtre de Carton (1972); Les Gens d'en Bas, Groupe de la Veillée, La Rallonge, Théâtre de la Marmaille, Théâtre de l'Œil, Théâtre du Sang Neuf et Théâtre Parminou (1973); Atelier-Studio Kaléidoscope (1974); CARBONE 14, Le Carrousel, La Grosse Valise, Théâtre de la Dame de Cœur, Théâtre de la Manufacture et Les Voyagements (1975); Théâtre de l'Avant-Pays et Théâtre de l'Île (1976); Théâtre du Bois de Coulonge (1977); Café de la Place, Théâtre de la Nouvelle Lune, Théâtre de Pince-Farine et Théâtre Petit à Petit (1978); Nouveau Théâtre expérimental (1979); Les Folles Alliées, la LIGUE

NATIONALE D'IMPROVISATION et le Théâtre Repère (1980).

On voit d'une part des pièces centrées davantage sur les problèmes du «je» plutôt que du «nous», comme *Un reel ben beau ben triste* de Jeanne-Mance Delisle, ou encore *L'Homme gris* de Marie Laberge, toutes deux sur un drame d'inceste père-fille, ou *Fugues pour un cheval et un piano* d'Hervé Dupuis, sur l'inceste père-fils, ou encore *Pleurer pour rire* de Marcel Sabourin sur la difficulté d'un enfant à exprimer ses sentiments. L'écriture exploite alors une veine particulière, celle qui laisse de plus en plus place au langage du corps; elle tend également à s'approprier certaines écritures dramatiques trop anciennes. Celles d'un répertoire québécois, qui permet maintenant de connaître plusieurs interprétations d'œuvres et d'auteurs d'ici, de pièces pouvant référer à d'autres œuvres désormais rendues constamment présentes à notre imaginaire: Marie Laberge réfère à Félix-Antoine SAVARD et à Louis HÉMON; Jovette MARCHESSAULT réfère à Laure CONAN, à Germaine GUÈVREMONT, à Anne HÉBERT et à Gabrielle ROY; Éric Forget et René Gingras réfèrent à Hubert AQUIN; Michel Tremblay réfère à Émile NELLIGAN...

On observe, dans la mise en scène, des recherches formelles prometteuses, comme cette pratique du monodrame qui joint un type d'écriture et un type de jeu; on pense à René-Daniel DUBOIS interprétant seul son *Ne blâmez jamais les Bédouins* ou à Larry Tremblay interprétant seul *Provincetown Players 1919, j'avais 19 ans* de Normand CHAURETTE. On en observe aussi dans le milieu des marionnettes, comme ces pantins neutres d'*Impertinence* au Théâtre de l'Avant-Pays et le castelet renversé de la silencieuse *Terre promise* au Théâtre des Deux Mondes. Des compagnies ont poussé cette recherche vers d'autres arts, comme le Théâtre Ubu sollicitant les arts plastiques avec *Le Cœur à gaz* de Tristan Tzara, *Merz Opera* d'après Kurt Schwitters et *Oulipo Show* d'après Henri Michaux.

Un grand renouveau s'opère en effet dans la mise en scène, grâce en particulier à de jeunes artistes dont plusieurs sont allés se ressourcer dans des lieux non institutionnels: Gabriel Arcand, Jean Asselin, Martine Beaulne, Martin Faucher, Alexandre Hausvater, Jacques Lessard, Gilles Maheu, Jocelyne Montpetit, Pol Pelletier, Paula de Vasconcelos. Les nouvelles visions scéniques viennent des arts martiaux, du butô, de la danse-théâtre, du mime ou de la performance, grâce à des ateliers avec Eugenio Barba, Étienne Decroux, Jerzy Grotowski, Anna Halprin, Jacques Lecoq ou Kazuo Ono.

Des mises en scène comme *Rivage à l'abandon* de Gilles Maheu, au Carbone 14, apportent quelque chose de nouveau au phénomène croissant par lequel le texte scénique prenait de plus en plus de place par rapport au texte dramatique, comme dans *Le Dortoir*, essentiellement dansé, *Le Rail* qui suivait sans paroles le schéma actantiel de *L'Hôtel blanc* de Thomas. Il incorpore, par exemple, des extraits de la *Médée* d'Heiner Müller. Robert LEPAGE, de son côté, multiplie les mises en abîme et renvoie à Cocteau ou à Vinci, fait revivre le tournage du film *I Confess* d'Hitchcock ou la création de *Madame Butterfly*. Le renouveau sera venu de l'*impureté* postmoderne.

Nouveaux plateaux

La fin du millénaire a accordé beaucoup de place à la technologie nouvelle. On pense bien sûr à ces plateaux qu'on a restaurés et équipés de façon magnifique, comme le Capitole, le Gesù, le Monument-National, le Théâtre d'Aujourd'hui, le TNM, et aux nouveaux plateaux que sont l'Espace Go, la Salle Pierre-Mercure et l'Usine C. Mais on pense surtout à l'intégration des nouvelles technologies au jeu, Michel Lemieux et Robert Lepage étant passés maîtres en ce domaine.

On reviendra aux grands textes, avec par exemple Jean-Pierre RONFARD donnant *Le Roi boiteux* dans la cour intérieure de l'École Nationale et sur l'esplanade *de l'ancien* MUSÉE D'ART CONTEMPORAIN, Alice Ronfard montant *L'Annonce faite à Marie* dans la chapelle du Grand Séminaire de Montréal, Martine Beaulne, Jean Asselin et Robert Lepage offrant plusieurs lectures de Shakespeare. Il faut mentionner aussi les grands monodrames de Pol Pelletier, comme *Joie* et *Océan*, ou ceux de Larry Tremblay, tels *La Leçon d'anatomie* et *The Dragonvly of Chicoutimi*. Il faut mentionner également les textes à grand déploiement de Dominic Champagne, comme *Cabaret neige noire* ou *Ulysse*.

Des théâtres de répertoire se sont transformés, plaçant à leur tête des artistes venus des petites troupes expérimentales, comme Robert Lepage du Théâtre Repère au Centre National des Arts, Lorraine Pintal de La Rallonge au TNM, Serge Denoncourt de l'Opsis au Trident, Brigitte Haentjens au Théâtre Denise-Pelletier ou Wajdi Mouawad du Théâtre Ô Parleur au Quat'Sous. Lepage fonde par la suite Ex Machina, compagnie consacrée à la recherche interdisciplinaire. De toutes façons, les troupes expérimentales ont une relève si l'on en juge par la collaboration d'Alexis Martin aux travaux de Robert Gravel à l'Espace Libre.

De nouvelles troupes apparaissent chez les francophones hors Québec: la Troupe du Jour de Saskatoon en 1990, l'Unithéâtre français d'Edmonton en 1992, le Théâtre La Catapulte à Ottawa en 1991, et le théâtre du Grand Cercle de Saint-Boniface en 1986. Ils témoignent de ce que le français y est une langue de culture et non seulement d'usage.

Un phénomène particulier des années 90 est la reprise des pièces majeures. Certaines pièces québécoises n'ont vécu que le temps de leur création. Mais *Les oranges sont vertes* de Claude Gauvreau, *Les Feluettes* de Michel-Marc Bouchard, *Bousille et les justes* de Gratien Gélinas ou *Albertine en cinq temps* de Michel Tremblay s'avèrent des pièces qui ne vieillissent pas et se prêtent à des reprises multiples, dans des scénographies constamment renouvelées des Martin Ferland, Michel Goulet, Claude Goyette, Richard Lacroix et Danièle Lévesque, pour n'en nommer que quelques-uns.

L'ouverture des années 2000 se fait à la lumière des expériences interdisciplinaires et internationales. Interdisciplinaires si on porte attention en particulier aux travaux de Robert Lepage, dans *Elseneur*, monodrame sur le texte d'*Hamlet* de Shakespeare, ou *Les Sept branches de la Rivière Ota*. Internationales avec non seulement les tournées multipliées, comme pour *Pleurer pour rire* de Marcel Sabourin, ou *Histoire de l'oie*, de Michel-Marc Bouchard, destinées à un public de jeunes. Internationales aussi grâce aux traductions et mises en scènes étrangères, entre autres, des *Belles-Sœurs* de Michel Tremblay, en Écosse et en Italie, sans oublier la traduction yiddish présentée au public juif de Montréal. Que dire par ailleurs du succès monstre de Gilles Maheu comme metteur en scène de *Notre-Dame de Paris*? Que dire de la réputation du jeu et de la mise en scène québécoise véhiculée par la théâtralité manifeste du CIRQUE DU SOLEIL? Pour un succès comparable, il faut sans doute remonter à *Hair*, dont la musique est du Québécois Galt McDermott et la production en anglais de Susanne Cloutier en 1968. Et si un Québécois, Gilles Provost, a pu participer avec Jean Vilar à la fondation du Festival d'Avignon, ce sont maintenant des troupes qui non seulement y participent mais font partie des sélections officieuses et même officielles. Le théâtre canadien de langue française, le théâtre québécois en particulier, entre de plain-pied dans le marché mondial de la culture.

André G. Bourassa

Théâtre de Neptune en la Nouvelle-France, Le Pièce de théâtre écrite et mise en scène par Marc LESCARBOT et jouée au mois de novembre 1606. Elle s'inscrit dans la tradition des réceptions, composées pour saluer le retour d'un grand personnage, en l'occurrence, celui de Poutrincourt à PORT ROYAL. La pièce dépeint le dieu Neptune souhaitant la bienvenue aux voyageurs. Neptune est entouré d'une cour de Tritons et d'Indiens qui récitent les louanges des chefs coloniaux et chantent en chœur la gloire du roi. Naturellement, cette première pièce écrite en français en Amérique du Nord dénote une volonté certaine d'attribuer des rôles aux «Indiens» dans la description du Nouveau Monde et d'utiliser quelques mots de leur langue. Lescarbot publie la pièce en 1609 dans son recueil de poèmes *Les muses de la Nouvelle-France*.

James Marsh

Théâtre Denise-Pelletier Cette compagnie montréalaise à vocation pédagogique a formé plusieurs générations de spectateurs de théâtre. En 1964, les comédiens Françoise Graton et Gilles PELLETIER ainsi que le metteur en scène George Groulx réussissent à convaincre les pères jésuites du Collège Sainte-Marie, propriétaires du Théâtre du Gésu, de financer leur production d'*Iphigénie* de Racine. Cette œuvre faisant partie du programme scolaire du collège, il s'agit d'incarner sur scène ce que les élèves étudient en classe. Les 15 représentations d'*Iphigénie* remportent un tel succès que les JÉSUITES font pression à leur tour sur les trois instigateurs du projet pour qu'ils poursuivent l'expérience. Le gouvernement du Québec, constatant qu'aucun théâtre montréalais n'offre alors de représentations pour le public étudiant, croit également bon de fonder une «nouvelle compagnie théâtrale» à cet effet.

De l'aveu des fondateurs, les années 1964 à 1969 furent des années de rêve. La Nouvelle compagnie théâtrale (NCT) était grassement subventionnée et libre de monter ses saisons de trois spectacles comme elle l'entendait. La jeune compagnie put donc produire des œuvres de Marivaux, Corneille, Goldoni, Molière, Shakespeare, Musset, Sophocle, Jonson et Chekhov avec les comédiens et metteurs en scène les plus chevronnés de la province. Afin de préparer ses jeunes spectateurs et prêter main forte aux enseignants, la NCT publia aussi, à partir de 1966, des *Cahiers* fournissant de la documentation de fond sur chacun de ses spectacles. Mais à la fin des années 60, le système d'éducation du Québec – que l'on juge trop discriminatoire – est réaménagé de fond en comble (voir ÉDUCATION, HISTOIRE DE L'). La NCT qui s'était jusqu'alors principalement adressée aux jeunes lettrés du COURS CLASSIQUE, se retrouve soudainement confrontée à un public beaucoup plus diversifié dont la grande majorité ignore presque tout du théâtre. Grâce à diverses interventions auprès de cet auditoire, dont les Opérations-Théâtre (1969-1989) et les Concours d'écriture dramatique (1969-1972), l'assistance de la NCT passe de 32 000 à 90 000 spectateurs.

En 1969, la compagnie monte sa première pièce québécoise, *Un simple soldat* de Marcel DUBÉ. Et, à partir de 1974, avec *À Toi pour toujours, ta Marie-Lou* de Michel TREMBLAY, la NCT produit une pièce québécoise par saison. Entre 1971 et 1977, la compagnie loue un espace alternatif, L'Atelier, voué au développement dramaturgique. Au répertoire classique (au moins une pièce par saison), s'ajoutent de plus en plus d'œuvres modernes ou contemporaines d'auteurs tels Ionesco, Steinbeck, Beckett, Kohout, Williams, Arrabal et Brecht.

En 1975, les pères jésuites informent la NCT qu'ils comptent reprendre possession du Gésu pour leurs œuvres pastorales. Françoise Graton et Gilles Pelletier, qui sont tous deux demeurés à la tête de la compagnie, songent alors à mettre un terme à l'aventure de la NCT. Mais les pressions des milieux scolaires et gouvernementaux sont telles que l'on décide de déménager la compagnie plus à l'est, dans l'ancien cinéma Granada entièrement rénové pour l'occasion et rebaptisé Théâtre Denise-Pelletier. La NCT y dispose également d'un petit studio flexible, LA SALLE FRED-BARRY, mise au service de l'expérimentation théâtrale. Les nouveaux locaux de la NCT sont inaugurés en 1977. Suite au départ des fondateurs en 1979, Jean-Luc Bastien, Guy Nadon, Brigitte Haentjens et Pierre Rousseau se succèdent à la tête de la compagnie.

En 1997, la Nouvelle compagnie théâtrale (n'étant plus si «nouvelle») est rebaptisée à son tour Théâtre Denise-Pelletier (TDP). Quoique la compagnie continue à desservir un public principalement composé d'étudiants, elle accueille aussi nombre d'adultes (15%) dont les premières expériences de théâtre remontent probablement à l'ancienne NCT.

Stéphane Zarov

Théâtre d'expression anglaise Le terme «théâtre» fait généralement référence à un genre littéraire composé de textes destinés à être représentés sur scène. Cependant, la littérature dramatique comprend de nombreuses œuvres qui n'ont jamais été montées et qui, malgré leur forme, ne sont pas destinées à la scène. De nombreuses pièces n'ont pas été (ou n'auraient pas pu être) écrites ou conservées sous forme de textes conventionnels. Cela est surtout vrai en ce qui concerne le théâtre de la seconde moitié du XXᵉ s.

On pourrait donc s'attendre à ce que l'histoire du théâtre canadien comporte différentes formes déterminées par les conditions et la nature de nos théâtres ainsi que par les conventions littéraires. L'expérience coloniale, la montée du nationalisme et diverses forces sociales et politiques ont influencé les arts et la littérature et ont commandé l'évolution du théâtre d'expression anglaise au Canada.

Les premières pièces de théâtre canadiennes de langue anglaise sont peu nombreuses et s'inspirent largement de modèles étrangers. Tel est le cas du *New Gentle Shepherd* (1798) du lieutenant Adam Allan, une version de la pièce d'Allan Ramsay *The Gentle Shepherd* (1725), drame pastoral écrit en dialecte écossais et «réduit à l'anglais» par Allan. Les tragédies épiques anglaises du XVIIᵉ s., comme *The Conquest of Granada* (1670, 1671) de John Dryden, ont de toute évidence inspiré le drame en vers de George Cocking *The Conquest of Canada* (1766), dans lequel le général WOLFE mène à la victoire des militaires britanniques pourtant moins nombreux que l'ennemi.

Ponteach (1766) de Robert ROGERS, un drame en vers plaisant par moment et dans lequel l'auteur décrit la défaite du noble sauvage PONTIAC contre les méchants envahisseurs européens, est canadien que parce que Rogers, né aux États-Unis, a séjourné pendant un court moment au Canada. La pièce anonyme *Acadius*, présentée à Halifax en 1774 et conservée sous la forme d'un extrait en deux actes dans le *Nova Scotia Gazette* et le *Weekly Chronicle* (1774), raconte les aventures adultères d'un commerçant de Boston et les tentatives de ses domestiques noirs pour échapper à l'exploitation qu'ils subissent.

XIXᵉ siècle

Au XIXᵉ s., les pièces en prose sont plus nombreuses que les drames en vers, même si la croyance populaire veut le contraire. Il est vrai que des auteurs aspirant à la notoriété écrivent des pièces et des «saynètes dramatiques» en vers qu'ils ne destinent pas à la scène et dont un grand nombre sont publiées dans le *Literary Garland*. Rédigée en vers classiques, la pièce anonyme *The Queen's Oak* (1850), qui traite de la rencontre d'Elizabeth Woodville et d'Édouard IV, en est un exemple typique. Eliza Lanesford Cushing est la plus remarquable parmi les collaborateurs du *Garland*. Elle écrit 10 pièces, dont *The Fatal Ring* (1840), qui met en scène une comtesse vertueuse séduite par un charmant roi coureur de jupons.

La qualité inégale de ses vers non rimés et de son ton moral ressort du drame biblique *Esther* (*Lady's Book*, vol. 16-17, 1838) de Cushing. L'une des premières pièces publiées sous forme de monographie, *Saul* (1857) de Charles Heavysege, s'est attiré le respect de John A. MACDONALD et de Henry Wadsworth Longfellow, entre autres. Cependant, à l'instar de *Count Filippo* (1859) de Heavysege, cette pièce volumineuse et sentencieuse est tombée dans un oubli bien mérité. *Santiago* (1866) de Thomas Bush, l'une des pièces en vers les plus ambitieuses de l'époque, s'alourdit d'allusions obscures, de passages en vers non rimés incompréhensibles et d'excès mélodramatiques.

Les dramaturges de la fin du XIXᵉ s. abordent davantage des sujets locaux, mais la qualité de leur expression s'améliore à peine. Dans *Tecumseh* (1886), Charles Mair fait preuve d'un talent littéraire mineur et démontre son ardent patriotisme. Sarah Anne Curzon, dont le talent pour la poésie est plus limité que celui de Mair, témoigne du même penchant pour le patriotisme dans *Laura Secord* (1887). Dans *De Roberval* (1888), John Hunter-Duvar cherche à exploiter trop de thèmes à travers les aventures de ROBERVAL lors de la colonisation du Canada.

Il n'est pas rare de voir des éléments étrangers et locaux se mêler au théâtre poétique, comme le prouvent les nombreuses œuvres de William Wilfred CAMPBELL. *Daulac* (1908) traite de la courageuse résistance de DOLLARD DES ORMEAUX à Long-Sault, alors que *Mordred* (1895) a pour sujet principal le fils naturel du roi Arthur. Trait caractéristique de ce genre, les cinq pièces de Campbell s'alourdissent de vers shakespeariens solennels et d'une philosophie écrasante, ce qui les rend impropres à la scène.

Au début du XIXᵉ s., la publication de satires politiques et sociales dans les journaux donne naissance à un théâtre d'actualité. C'est le cas de la célèbre pièce *The Charrivarri* (*The Scribbler*, vol. 3-4, 1823) de Samuel Hull Wilcocke (pseudonyme: Lewis Luke MacCulloh), de *The Triumph of Intrigue* (auteur inconnu, *New Brunswick Courier*, 1833) et de *Provincial Drama Called the Family Compact* (*British Colonist*, 1839) attribué à Hugh Scobie (pseudonyme: Chrononhotonthologos).

À la fin du XIXᵉ s., on continue de publier des saynètes tout aussi cinglantes, dont *The Unspecific Scandal* (*Canadian Illustrated News*, 1874) de William Henry Fuller, qui traite du SCANDALE DU PACIFIQUE, et *The Sweet Girl Graduate* (*Grip-Sack*, 1882) de Curzon, dans laquelle l'auteur révèle la discrimination sexuelle à l'égard des femmes qui règne à l'U. de Toronto. Des satires abordant des thèmes d'actualité paraissent vers les années 1850.

The Female Consistory of Brockville (1856) permet à son auteur anonyme, «Caroli Candidus», de dénoncer l'hypocrisie qui règne dans le presbytère de Brockville. «Sam Scribble» écrit *Dolorsolatio* (1865), une parodie dans laquelle il présente la Confédération comme le remède aux douleurs de grand-papa Canada, et *King of the Beavers* (1865), dans laquelle des FENIANS complotent d'attaquer Beaverland. *The Fair Grit* (1876) de Nicholas Flood DAVIN constitue une excellente satire des partis politiques.

Certains personnages publics jouent un rôle important dans l'évolution du théâtre au Canada. À Ottawa, entre 1872 et 1878, lady Dufferin organise des représentations à Rideau Hall, la résidence du gouverneur général. Elle encourage, entre autres dramaturges, Frederick A. DIXON, auteur de l'opérette comique *The Maire of St. Brieux* (1875). La mascarade de Dixon *Canada's Welcome* (1879), qui relate l'établissement des pionniers dans cette étendue déserte qu'est le Canada, est présentée au marquis de Lorne et à la princesse Louise, au Grand Opera House d'Ottawa (1879).

Les comédies musicales sont aussi très nombreuses au XIXᵉ s. *Leo, the Royal Cadet* (1889) de George Frederick Cameron (musique d'Oscar Telgmann) raconte l'amour de Nellie pour Leo, élève officier devenu héros en combattant les Zoulous. *Nina* (1880), de Thomas Herbert Chesnut, est une «opérette navale comique» influencée par Gilbert et Sullivan. Les parodies et comédies burlesques musicales s'imposent. L'exemple le plus célèbre est sans conteste *M.S. Parliament* (1880) de William Henry Fuller, qui s'inspire de *M.S. Pinafore* pour faire la satire de la politique et des politiciens canadiens. Jean Newton McIlwraith fait preuve d'une plus grande originalité avec *Parmigan* (1895, musique de J.E.P. Aldous), comédie qui aborde l'identité canadienne par le biais de l'ASSOCIATION POUR L'ANNEXION.

Plusieurs autres genres dramatiques apparaissent aussi tout au long du XIXᵉ s. Le récit en prose de Catharine Nina Merritt, *When George the Third Was King* (1897), glorifie les LOYALISTES installés au Canada. Parmi les mélodrames, citons *More Sinned Against than Sinning* (1882) de John Louis Carleton, une pièce appartenant au genre absurde qui sera pendant de nombreuses années une attraction annuelle à Saint-Jean, au Nouveau-Brunswick. À l'instar de *Chick* (1893), une pièce mineure de Harry Lindley, ou de *Minnie Trail* (1871), une histoire mal racontée de W.P. Wood, ces mélodrames ont les faiblesses propres à ce genre sans en avoir les forces.

XXᵉ siècle Au XXᵉ siècle, on continue d'écrire des drames poétiques, notamment *The Witch of Endor* (1916) du révérend Robert Norwood, des mélodrames et des comédies légères, comme les pièces de W.A. Tremayne, entre autres. *The Man Who Went* (1918), un drame d'espionnage qui se déroule pendant la guerre, est un exemple typique des pièces remplies de clichés et destinées à une scène commerciale américaine. Au début du XXᵉ s., les pièces pour enfants et les scénarios à caractère éducatif, antialcoolique ou religieux sont très en vogue. Il en est de même des sketches humoristiques, parmi lesquels des adaptations de pièces de Dickens et les comédies burlesques de Stephen LEACOCK, vestiges d'un théâtre révolu.

Après la Première Guerre mondiale, les dramaturges canadiens écrivent dans le cadre du mouvement amateur qui se développe dans tout le pays. Dans *Canadian Plays from Hart House Theatre* (2 vol., 1926-1927), le rédacteur Vincent MASSEY cite comme exemples des différents genres que présente ce «petit théâtre» *Balm, Brothers in Arms* et *The Weather Breeder*, trois courtes comédies humoristiques de Merrill Denison (premier grand dramaturge du siècle). Sa pièce *Marsh Hay*, drame réaliste en quatre actes publié dans *The Unheroic North* (1923), aborde d'importants thèmes canadiens.

À l'époque, les pièces en un acte prédominent. La pièce en vers *The Woodcarver's Wife* (*University Magazine*, 1920) de la poétesse Marjorie Pickthall est présentée au Hart House de l'U. de Toronto. Par contre, la pièce *The Cradle* (1928) d'Amy Campbell, qui fait écho au style poétique de Synge, n'a jamais été montée. *One Act Plays by Canadian Authors* (1926) réunit 19 pièces, dont seules *Come True* et *Low Life* sont dignes de mention, et ce, parce qu'elles sont de Mazo DE LA ROCHE. Ces œuvres sont antérieures à *Whiteoaks* (1936), drame classique adapté de son roman *Les Whiteoaks de Jalna*, qui tiendra l'affiche pendant plus de deux ans à Londres, en Angleterre, avant la guerre.

Vers le milieu des années 30, la Samuel French (Canada) Ltd lance la «Canadian Playwrights Series», dans laquelle elle propose des pièces en un acte dont *Summer Solstice* (1935) de Martha Allan (influencée par *Heartbreak House* de G.B. Shaw), *Jim Barber's Spite Fence* (1936), pièce amusante de Lillian Thomas, et *The Lampshade*, l'histoire d'un assassinat, de W.S. Milne.

Dans ses quatre *Plays of the Pacific Coast* (1935), A.M.D. Fairbairn met en scène les Indiens de la côte ouest et le choc des cultures blanche et autochtone. La légende québécoise d'une femme qui aurait dansé avec le diable est traduite en distiques rimés par E.W. Devlin, dans *Rose Latulippe* (1935). Enfin, la misère engendrée par la CRISE DES ANNÉES 30

inspire les drames *Twenty Five Cents* (Toronto, 1936) d'Eric Harris et *Open Doors* (1930) de Lois Reynolds Kerr.

La Crise suscite par ailleurs la création de nombreuses pièces dites «de travailleurs». Dorothy LIVESAY est la plus connue parmi les auteurs de ce genre avec *Joe Derry* (*Masses*, 1933), une pièce qui laisse beaucoup de place à la pantomime. C'est toutefois à *Eight Men Speak* (1934) d'Oscar Ryan, E. Cecil-Smith, H. Francis et Mildred Goldberg que revient la première place. *Eight Men Speak* est à la fois importante d'un point de vue historique et comme pièce ayant su utiliser efficacement l'agitation-propagande et d'autres techniques du même type. Les «pièces de travailleurs» mises à part, l'expérience la plus audacieuse est sans doute l'«expressionnisme symphonique» de Herman VOADEN. Ses œuvres, qui alliaient musique et danse, étaient à ce qu'on dit irrésistibles, mais elles pourraient paraître démodées aujourd'hui et leur texte trop imagé manque de naturel.

Si une pièce en un acte doit se démarquer, ce sera *Still Stands the House* (*Carolina Playbook*, 1938) de Gwen RINGWOOD, un portrait touchant et réaliste de la misère et de la répression spirituelles qu'ont connues les Prairies en des temps difficiles. La pièce radiophonique de Len PETERSON, *Burlap Bags* (produite en 1946 et publiée en 1972), mérite également mention pour le portrait du monde aliéné et absurde de l'après-guerre qu'elle trace. Cette œuvre pourrait s'inscrire à mi-parcours entre l'expressionnisme des années 30 et le théâtre existentialiste des années 50 et 60.

Dramaturge le plus important de la fin des années 40 et du début des années 50, Robertson DAVIES utilise un ton ironique et satirique pour décrire les petits bourgeois canadiens. Ses premières pièces sont montées par des amateurs, mais le Crest Theatre (un théâtre professionnel de Toronto) mettra en scène *A Jig for the Gypsy* (1954) et *Hunting Stuart* (produite en 1955 et publiée en 1972). Au cours des années 50, apparaît au Canada un théâtre professionnel moderne, souligné par la création du FESTIVAL DE STRATFORD.

À partir des années 30, la radio contribue au mouvement professionnel en engageant des dramaturges. Lister SINCLAIR, auteur de *The Blood is Strong* (*A Play on Words*, 1948), se distingue vers la fin des années 40 comme un dramaturge radiophonique prolifique. Dans *The Devil's Instrument* (1949, publiée en 1973), W.O. MITCHELL met en scène un jeune huttérite des Prairies en révolte contre sa religion. Dans *The Black Bonspiel of Wullie MacCrimmon* (1951, publié en 1965), il oppose avec humour Wullie à Satan, un avide joueur de curling.

Earle BIRNEY accuse avec imagination et ironie la ville de Vancouver dans *Trial of a City* (1952). *Teach me How to Cry* (1955), une étude sentimentale de Patricia JOUDRY sur les préjugés des petites villes, est présentée à la radio et à la télévision (1953), avant d'être produite par une troupe professionnelle à New York (1955). Elle reçoit, en 1956, le prix pour la meilleure pièce de théâtre au Festival national d'art dramatique (aujourd'hui Théâtre Canada). Elle sera présentée au West End de Londres par une troupe entièrement canadienne sous le titre *Noon Has No Shadow*, avant d'être portée à l'écran.

À l'instar de Dylan Thomas dans *Under Milk Wood*, John REEVES s'attaque au puritanisme canadien dans *A Beach of Strangers* (1961). John COULTER, dont les pièces des années 30 jouissent d'une grande popularité auprès des troupes d'amateurs, écrit aussi pour la radio où il présente un héros canadien émouvant dans *Riel* (produite en 1950 et publiée en 1962). La dernière œuvre dramatique de Coulter, *François Bigot* (1978), est également une pièce à caractère historique.

Vers la fin des années 60, le théâtre connaît une effervescence sans précédent. Les productions sont à la fois de plus en plus nombreuses et d'une qualité

toujours meilleure. Cette tendance se poursuit au cours des années 70. La pièce originale et métaphorique *Colours in the Dark* de James REANEY, qui traite d'une enfance vécue dans la répression du sud de l'Ontario, est montée au Festival de Stratford et, la même année, le Manitoba Theatre Centre présente *Lulu Street* (1972) d'Ann Henry, pièce sensible qui aborde d'un œil critique la grève générale de Winnipeg.

Dans *Fortune and Men's Eyes* (1967), John Herbert décrit en détail l'oppression intellectuelle et sexuelle en prison. La pièce est montée pour la première fois en 1967, à New York, même si elle a été présentée en atelier au Festival de Stratford, en 1965.

Toujours en 1967, George RYGA aborde sur un ton provocateur et émouvant les relations entre autochtones et Blancs dans *The Ecstasy of Rita Joe* (1970). La pièce est présentée au Vancouver Playhouse, puis au Centre national des arts d'Ottawa, en 1969. *Grass and Wild Strawberries* (1971), une pièce multimédia «hippie», remporte un grand succès à Vancouver. Bien que très discutée, elle est loin d'avoir fait autant de bruit que sa pièce *Captives of the Faceless Drummer* (1971). Dans *Crabdance* (1969), la dramaturge de Colombie-Britannique Beverley SIMONS utilise l'absurde pour décrire les difficultés vécues par Sadie Goldman, une femme d'âge moyen, dans un monde moderne stressant.

Au début des années 70, de petits théâtres professionnels apparaissent au Canada et tentent de promouvoir les nouvelles pièces canadiennes. Un certain nombre de ces pièces entrent dans le genre «classique». Dans *Leaving Home* (1972) et sa suite *Of the Fields, Lately* (1973), David FRENCH utilise les conventions du réalisme pour mettre en scène les tensions psychologiques que subit une famille terre-neuvienne contrainte de déménager à Toronto. Sa pièce *Jitters* (produite en 1979 et publiée en 1980) est une comédie de mœurs satirique plus complexe portant sur le théâtre canadien.

Avec *Creeps* (1972), qui traite de la vie des handicapés physiques ou mentaux, David Freeman se joint à French pour inaugurer un réalisme articulé. Bien que ses pièces ultérieures n'aient pas connu le même succès que *Creeps*, elles portent elles aussi la marque du réalisme du début des années 70. Parmi les pièces réalistes, citons *One Crack Out* (1975) de French, drame dont l'action se déroule dans une salle de billard, *Wedding in White* (1973) de William Fruet et *The Photographic Moment* (1974) de Mary Humphry Baldridge.

La pièce inuite *Esker Mike and his Wife Agiluk* (*TDR*, 1969) de Herschel Hardin, de facture moins réaliste, ne passe pas inaperçue. Il en est de même pour la satire documentaire de Carol BOLT, *Buffalo Jump* (1972), qui traite de la MARCHE SUR OTTAWA, et pour son portrait de l'anarchiste et féministe Emma Goldman, *Red Emma* (1974). Plus récemment, *One Night Stand* (1977), drame psychologique à dénouement mélodramatique, et *Escape Entertainment* (1982), satire légère, donnent l'impression que, pour attirer le public, Bolt a sacrifié la profondeur d'analyse.

À Terre-Neuve, Michael COOK écrit *Colour the Flesh the Colour of Dust* (1972), *The Gayden Chronicles* (*CTR* 13, 1977) et *On the Rim of the Curve* (1977). Cette dernière traite de la disparition des Indiens BÉOTHUKS. Ces drames brechtiens utilisent des moments de l'histoire du Canada pour aborder les injustices sociales et politiques du monde moderne et se classent parmi les meilleures pièces historiques avec *Counsellor Extraordinary* (1971) de Stewart Boston, *The Last of the Tsars* (1973) de Michael Bawtree, *Sainte-Marie Among the Hurons* (1977) de James Nichol et *After Abraham* (1978) de Ron Chudley. Les pièces plus courtes de Cook, *Quiller* (1975) et *Tiln* (1973), ainsi que ses pièces en deux actes, *The Head, Guts and Sound Bone Dance* (*CTR* 1, 1974) et *Jacob's Wake* (1975), adoptent une attitude philosophique à l'égard de la vie moderne à

Terre-Neuve et l'expriment dans une langue chargée d'images.

Dans l'ouest du Canada, Sharon POLLOCK écrit *Walsh* (produite en 1972 et publiée en 1974), la première des cinq pièces qui feront sa réputation. Elle y raconte l'angoisse et les regrets d'un officier de la Police à cheval du Nord-Ouest qui a aidé à commettre une injustice envers Sitting Bull. Dans *The Komagata Maru Incident* (1978), elle utilise l'atmosphère d'un cirque pour parler du traitement que le Canada a réservé à un groupe d'immigrants SIKHS arrivés par bateau en 1914. *One Tiger to a Hill* (1981) dépeint les nombreuses tensions engendrées par une prise d'otages en prison. Enfin, *Blood Relations* (1981) traite avec habileté de la légende de Lizzie Borden. *Generations* (1981) est la seule pièce totalement réaliste de Pollock. Dans ses autres œuvres, elle laisse libre cours à son imagination pour recréer la réalité, obligeant le public à se concentrer sur les questions inhérentes aux événements réels décrits.

Au début des années 70, l'expression «création collective» décrit la manière dont de nombreux théâtres élaborent leurs pièces. Ce sont souvent des «pièces documentaires» improvisées autour d'un thème. Parmi les meilleures du genre, citons *The Farm Show* (1976) du Theatre Passe Muraille de Toronto, *Far as the Eye Can See*, créée par le Theatre Passe Muraille avec Rudy WIEBE, et *Paper Wheat* (*CTR* 17, 1977) du 25 «TH» STREET THEATRE de Saskatoon. Ces pièces tirent leur force d'une mise en scène imaginative plutôt que d'une analyse approfondie d'un thème et laissent peu de place aux formes classiques d'analyse dramatique. C'est pourquoi ce genre théâtral complexe et raffiné est souvent déprécié ou délaissé par la critique.

La création collective fait souvent appel aux services d'un dramaturge. Tel est le cas pour *Far as the Eye Can See* et la célèbre pièce *1837: The Farmers' Revolt* (*CTR* 6, 1975), rédigées par Rick SALUTIN et le Theatre Passe Muraille. Dans *Les Canadiens* (1977), tout aussi célèbre et rédigée «avec l'aide de Ken Dryden», Salutin tire profit des changements rapides de temps, de lieu et d'action ainsi que de l'ambiguïté des personnages et de la structure sous forme de sketches propres aux œuvres collectives, tout en offrant une analyse plus approfondie du sujet, en l'occurrence, la vie sociale et politique au Québec. Rex DEVERELL écrit *No I Hard* (1978) à partir d'une création collective, mais il est le seul auteur de *Boiler Room Suite* (1978), où deux vieux ivrognes se plaisent en compagnie l'un de l'autre, et de *Black Powder* (1982), pièce documentaire qui traite des émeutes de 1931 à Estevan.

Même le dramaturge le plus acclamé du Canada anglais, James Reaney, exerce son génie au cours d'improvisations collectives. Au fil des ans, après l'amateurisme de ses premières pièces de style classique, il élabore un théâtre mythique, fondé sur des intrigues fragmentaires et une imagerie thématique saisissante qui se répercute dans la richesse du dialogue, la mise en scène, les personnages ou les objets. Sa trilogie «Donnelly» (*Sticks and Stones*, CTR 2, 1974; *St. Nicholas Hotel*, 1976; *Handcuffs*, 1977) passe pour l'œuvre théâtrale la plus intense jamais écrite au Canada anglais.

Les œuvres expérimentales de nombreux dramaturges défient les frontières du théâtre traditionnel canadien-anglais. La traduction de pièces québécoises, notamment les pièces évocatrices de Michel TREMBLAY, contribue à élargir le répertoire classique. Dans les années 60, Wilfred WATSON présente au public des pièces multimédias souvent surréalistes, satiriques et poétiques. *Let's murder Clytemnestra according to the principles of Marshall McLuhan* (1969) est montée dans un décor rappelant un laboratoire sur un plateau dont l'avant-scène est pourvue de nombreux téléviseurs qui retransmettent l'action (pour le moins étrange) qui se déroule sur la scène.

Une pièce plus récente, *Gramsci X3* (1983), traite du supplice et du meurtre d'Antonio Gramsci. Dans une partie de la pièce, Watson utilise ses partitions numérotées, qui permettent aux acteurs de recourir à diverses techniques solos et de chorale pour les dialogues.

Le succès des nombreuses mises en scène de la pièce de Michael ONDAATJE *The Collected Works of Billy the Kid* (v.f. *Les œuvres complètes de Billy the Kid*), une adaptation de son brillant récit poétique (1970), fait apparaître une forme théâtrale basée sur la juxtaposition de courtes scènes en prose et en vers. Une imagerie fertile, à la manière des pièces de la trilogie «Donnelly» de Reaney, transforme le récit de *Billy the Kid* en mythe, puis ironiquement, met en doute la nature de ce mythe.

Au début des années 70, Lawrence Russell emploie des techniques surréalistes dans de courts passages de *Penetration* (1972) et de *The Mystery of Pig Killer's Daughter* (1975). Michael Hollingsworth jongle avec des événements bizarres dans *Clear Light* (1973) et *Strawberry Fields* (1973). La pièce *Mathematics* (1973), 190 secondes de silence au cours desquelles on lance un à un sur la scène six groupes d'objets soigneusement choisis, témoigne des expériences éphémères, mais audacieuses, de Hrant Alianak. Sa pièce *Western* (1973) met en scène un bandit armé et deux ravissantes femmes engagées dans un dialogue humoristique, constitué de noms de vedettes et de titres westerns, en attendant d'être délivrées par la cavalerie des 500 Indiens qui les ont attaquées.

Ken Gass, l'auteur de la pièce caricaturale et antifasciste *Hurrah for Johnny Canuck!* (1975), soulève la controverse avec *Winter Offensive* (1978), dans laquelle la femme d'Adolf Eichmann organise une orgie assez particulière pour des représentants nazis. La pièce de Bryan Wade *Blitzkrieg* (1974), portant sur Hitler et Eva Braun, et plusieurs de ses premières pièces plus courtes (comme *Lifeguard*, 1973 et *Alias*, 1974), dénotent une imagination peu commune, mais aucune œuvre importante ne leur a succédé. Un chien qui parle et des maillets de croquet qui explosent donnent à *Hope* (1972) de Larry Fineberg un caractère étrange, mais ses autres œuvres sont peu conventionnelles. Son adaptation peu originale du roman de Constance BERESFORD-HOWE'S, *Eve* (1977), est présentée au Festival Stratford, de même que son adaptation ennuyeuse de *Médée* d'Euripide (1978). *Zastrozzi* (1977), *Theatre of the Film Noir* (1981) et *Science and Madness* (1982) de George Walker regorgent d'une théâtralité amusante, le plus souvent au service d'une satire des formes dramatiques traditionnelles, mais quand il s'aventure hors de la parodie, ses pièces manquent d'esprit.

Tamara (non publiée) de John Krizanc, un des textes les plus innovateurs de ces dernières années, a remporté le prix Dora Mavor Moore (1981). Du genre «théâtre de participation», cette pièce permet aux spectateurs de suivre un personnage qu'il a choisi dans une grande et vieille maison où l'on présente la pièce. Personne ne voit l'ensemble de cette intrigue politique et amoureuse des années 20 qui se déroule simultanément dans les nombreuses pièces de la bâtisse, mais les habitués du théâtre prennent plaisir à la reconstituer en bavardant après le spectacle. Nombreux sont cependant ceux qui semblent passer à côté de l'étude sérieuse de l'incompatibilité entre l'art et la politique que fait la pièce.

Le théâtre accorde une attention particulière aux femmes depuis les années 70. Les pièces de Sharon Pollock et de Carol BOLT analysent des thématiques féministes, et Margaret HOLLINGSWORTH s'inscrit au premier plan des dramaturges canadiennes. Son importante pièce *Ever Loving* (1981) retrace la vie de trois épouses de guerre venues vivre au Canada avec leur mari. *Ever Loving* tout comme *The Apple in the Eye* (1977), *Mother Country* (1978), *Operators* et *Bushed* (1973) témoignent de son talent pour créer des personnages humains et vivants et

pour rédiger des scènes alliant humour et tension. Erika RITTER fait preuve d'un esprit mordant et d'une pénétrante interprétation de la vie dans *Automatic Pilot* (1980), sa pièce la plus importante à ce jour; mais un rire facile empêche trop souvent le spectateur de saisir les rapports qui existent entre ses personnages.

Théâtre depuis les années 70 Depuis le milieu des années 70, plusieurs écrivains talentueux sont apparus, qui n'ont souvent encore à leur actif qu'une ou deux pièces importantes. Tel est le cas de Timothy FINDLEY, avec sa pièce retentissante *Can You See Me Yet?* (1977), et Sheldon Rosen, d'origine américaine, avec *Ned and Jack* (1979). David FENNARIO écrit la pièce la plus «canadienne» qui soit, *Balconville* (1980), un tableau comique bilingue de l'oppression subie par des habitants français et anglais d'un quartier pauvre de Montréal.

Dans *Something Red* (1978), *The Jones Boy* (1978) et *The Workingman* (1976), Tom WALMSLEY aborde le sexe et la violence avec force et réalisme, mais parfois avec excès. Dans *Waiting for the Parade* (1980), John MURRELL utilise un ton nostalgique pour décrire cinq femmes pendant la Seconde Guerre mondiale à Calgary. Sa pièce précédente, *Memoir* (1978), manque d'action dramatique, mais permet à la comédienne qui joue le rôle de Sarah Bernhardt âgée de se faire connaître.

La plupart des pièces récentes cherchent à allier succès commercial et richesse du contenu, mais la tendance actuelle encourage une prolifération de comédies de situation, telles que *Nurse Jane Goes to Hawaii* (1981) d'Allan Stratton et *The Incredible Murder of Cardinal Tosca* (1978) d'Alden NOWLAN et Walter Learning. Il faut cependant rendre justice à la pièce subtile et profonde de Stratton, *Rexy* (1981), et à la captivante pièce historique de Nowlan et Learning, *The Dollar Woman* (1981).

Les contraintes financières favorisent également les spectacles solo, qui ne se comptent plus. Le célèbre mariage de Pierre Trudeau et l'idée originale de Linda Griffiths, qui joue trois rôles dans *Maggie and Pierre* (produite en 1979 et publiée en 1980), rendent cette pièce extrêmement populaire malgré la faiblesse du scénario. Notons que Griffiths a écrit *Maggie and Pierre* en collaboration avec Paul Thompson. Tout aussi populaire, la pièce de John GRAY, *Billy Bishop Goes to War* (1981), allie la comédie en solo et le théâtre musical, une autre nouvelle tendance.

Gray a écrit deux comédies musicales à distribution limitée: *18 Wheels* (non publiée) et *Rock and Roll* (*CTR* 35, 1975). Enfin, Ken Mitchell exploite aussi cette forme dans son «Othello grand public» *Cruel Tears* (1976). Le théâtre canadien contemporain est fort prometteur avec les œuvres de grande qualité d'un nouveau groupe de jeunes dramaturges regroupant Judith Thompson, Frank Moher, Charles Tidler, Anne Chislett, Lawrence Jeffery et Gordon Pengilly. (*Voir aussi* THÉÂTRE DE LANGUE ANGLAISE.)

Richard Plant

Théâtre d'expression française (*voir* THÉÂTRE DE LANGUE FRANÇAISE)

Théâtre du Nouveau Monde (TNM) Comme dans toutes les belles histoires, au départ, il y a un rêve. Celui de Jean Gascon. De retour de Paris, où il a vu des spectacles de Jean Vilar avec Gérard Philipe, Jean Gascon veut donner à Montréal une nouvelle troupe de théâtre. En juillet 1951, le comédien fonde le Théâtre du Nouveau Monde (TNM) avec un groupe de jeunes gens enthousiastes parmi lesquels Jean-Louis Roux, Georges Groulx, Guy Hoffmann, Robert Gadouas et Éloi de Grandmont (c'est à ce dernier qu'on doit le nom de la compagnie).

«Au départ, le TNM n'avait pas de mandat politique ou artistique, rappelle un de ses fondateurs, Jean-Louis Roux. Nous étions portés uniquement par notre désir de jouer et de faire du théâtre. L'étiquette du grand répertoire est venue beaucoup plus tard.»

Tous les fondateurs sont donc guidés par leur amour de la scène. D'ailleurs, à l'exception de Grandmont, qui occupe le poste de secrétaire général, on les retrouve dans la distribution de *L'Avare*, de Molière, en octobre 1951. C'est un premier envol et un premier succès pour le TNM. Jean Gascon dirige le TNM pendant 15 ans. Il rêve d'en faire une troupe permanente et nationale, mais, en 1966, les pouvoirs publics coupent les ailes à son projet en refusant d'accorder une résidence permanente au TNM dans la toute nouvelle Place des Arts. Furieux, Gascon abandonne la bataille et claque la porte. Il s'exile en Ontario pour aller travailler au Festival de Stratford.

Le TNM des premières heures va artistiquement dans tous les sens. Il présente du Molière, bien sûr (c'est l'auteur le plus joué au TNM), mais aussi des pièces d'Agatha Christie, de John B. Priestley, de Shakespeare, de Labiche, de Tchekhov, et de Marcel Dubé. Au fil du temps, la compagnie prend la couleur que sa direction artistique lui donne, passant de l'absurde au boulevard, des créations collectives féministes aux Grecs, des pièces en joual aux œuvres de Musset. En coulisses, le TNM connaît aussi une histoire mouvementée. La troupe va de l'avant malgré des crises internes, des déficits et des menaces de fermeture. Elle connaît des années noires durant lesquelles le public se fait rare et voit même une saison annulée (1984-1985) à cause d'une grève de ses employés. Le TNM semble pourtant toujours sortir plus fort de ses crises. Cela est attribuable au tempérament fougueux de ses directeurs. Après Jean Gascon, trois autres personnes dirigent le TNM: Jean-Louis Roux (1966-1982); Olivier Reichenbach (1982-1992) et Lorraine Pintal. André Pagé est nommé directeur après le départ de Roux, mais il meurt subitement avant d'entrer en fonction. En 1992, lorsque Lorraine Pintal arrive à la barre du TNM, elle se donne pour mission de refaire l'image de marque de l'institution, en plus d'effacer son déficit accumulé qui dépasse le million de dollars.

Aujourd'hui, la compagnie de théâtre la plus ancienne au Québec (après le Rideau Vert, fondé en 1949) a le vent dans les voiles. Si 3 000 000 de spectateurs, 2000 rôles, 200 spectacles et 4 générations de comédiens et de concepteurs plus tard, le TNM n'est pas, à l'instar de la Comédie-Française, le théâtre national dont rêvait Jean Gascon, il demeure la scène la plus prestigieuse à l'est de la rivière Outaouais. D'André Brassard à Robert Lepage, de Denise Pelletier à Sylvie Drapeau, de Geneviève Bujold à Anne-Marie Cadieux en passant par Monique Lepage, Pascale Montpetit, Andrée Lachapelle, Guy Nadon et Albert Millaire, la liste des artistes de renom qui ont travaillé au TNM est très longue.

Le TNM cherche depuis longtemps un toit pour se loger. Les 20 premières années, la compagnie déménage 5 fois, sans compter les tournées, parfois fort longues, qu'elle fait au Canada et à l'étranger avec ses spectacles réguliers. Le TNM ressemble un peu à une compagnie itinérante. Le projet d'une salle où la compagnie peut résider est dans l'air depuis plus de 15 ans quand, le 6 mai 1997, le rideau se lève dans le nouveau TNM, une salle de 840 places, au cœur du centre-ville, à deux pas de la Place des Arts, restaurée au coût de 12,5 millions, et qui respecte le cachet d'origine de l'ancienne Comédie-Canadienne, acquise par Gratien Gélinas en 1958.

À l'hiver 1999, le TNM compte plus de 9200 abonnés. L'entreprise emploie plus de 60 personnes à temps plein et partiel et gère un budget de 3,6 millions de dollars. C'est une somme très modeste comparativement à celle dont bénéficient les grandes institutions théâtrales européennes et nord-américaines. Une série de spectacles à succès, dont *La Locandiera*, *Tartuffe*, *Roméo et Juliette*, côtoient des spectacles du répertoire moins connu et moins accessibles comme *Les Oranges sont vertes*, de Claude Gauvreau. De nouveau, le TNM semble parti pour la gloire.

Luc Boulanger

Théâtre du Rideau Vert, Le La plus ancienne compagnie théâtrale professionnelle au Québec (et la deuxième au Canada après le Cercle Molière de Saint-Boniface, longtemps composé d'amateurs) est fondée le 30 novembre 1948 par deux femmes. La direction artistique du Théâtre du Rideau Vert est assumée par la comédienne Yvette Brind'Amour jusqu'à son décès, en 1992, puis par le metteur en scène Guillermo de Andrea. Quant à la direction générale et administrative, elle est assurée depuis la fondation par Mercedes Palomino. En 1997, l'acteur Serge Turgeon se joint à l'équipe à titre de directeur général adjoint.

Dès le début, le Rideau Vert connaît des moments difficiles. Malgré un esprit contestataire (le vert du rideau, couleur honnie dans le théâtre traditionnel, a été choisi pour conjurer le sort), la jeune compagnie offre d'abord une image manquant de cohérence. Théâtre de boulevard, comédies dramatiques et distributions éclectiques tracent pendant quelques années une évolution en dents de scie. Si la première pièce (*Les Innocentes*, v.f. de *The Children's Hour*, de Lillian Hellman) est bien reçue par un public restreint, en février 1949, elle est suivie d'un succès parisien, l'agréable comédie *K.M.X. Labrador* de Jacques Deval, qui élargit le public et laisse entrevoir un style plus affirmé. Les deux premières pièces sont mises en scène par Yvette Brind'Amour.

Ne présentant que cinq pièces au cours des trois premières saisons, le Rideau Vert fait preuve de plus d'audace en 1950 avec une première «création canadienne», *Maire et Martyr*, habile comédie de mœurs écrite et mise en scène par Loïc Le Gouriadec. L'auteur, d'origine française, également connu sous le pseudonyme de Paul Gury, est l'époux d'Yvette Brind'Amour depuis deux ans. Mystificateur, il monte cette pièce sous le titre de *Saint-Innocent* et prétend que son auteur se nomme Annie Dubreuil. À la fois comédien, revuiste, auteur de mélodrames et metteur en scène expérimenté, il sait mettre à profit ses multiples talents pour donner au Rideau Vert une crédibilité qui lui manquait. Il peut être considéré comme le «parrain» de la compagnie. Quant à la directrice artistique, elle fait une forte impression dans le rôle titre de *Ondine*, de Giraudoux (février 1951), qui, à cause de la faiblesse des moyens et du reste de la distribution, est tout de même un échec.

Ni le retour au boulevard avec *Sincèrement*, de Michel Duran, ni une inégale *Antigone* d'Anouilh (où seule brille Yvette Brind'Amour, dans le rôle titre) ne peuvent empêcher l'inévitable: la compagnie doit interrompre ses activités de 1952 à 1956. Après avoir joué au Théâtre des Compagnons de saint Laurent, rue Sherbrooke Est, à Montréal, puis au Gesù (pour *Ondine* et *Sincèrement*, épurées par la censure des jésuites), le Rideau Vert frappe un grand coup avec une première «vraie» création canadienne: *Sonnez les matines*, de Félix Leclerc, pittoresque comédie populaire mal reçue par la critique, mais qui attire 15 000 spectateurs à l'immense Monument-National, à partir du 16 février 1956. La compagnie joue aussi dans la petite salle de l'Anjou (90 places), avant de s'installer définitivement, en 1960, dans un théâtre de la rue Saint-Denis. Cette salle (l'ancien cinéma Chanteclerc, qui a fermé ses portes en 1935 après avoir accueilli la troupe Barry-Duquesne sous le nom du Théâtre Stella) a depuis été rénovée en 1968 et en 1992, la dernière transformation portant sa capacité à 426 places.

Depuis, présentant de 7 à 10 spectacles par saison, le Rideau Vert alterne, avec un déroutant éclectisme, les comédies légères parisiennes (de Roussin, de Barillet et Grédy, de Marcel Achard, notamment), les drames (de Sartre, d'Anouilh, de Tchekhov, de Garcia Lorca ou de Pirandello), les classiques (de Molière, de Marivaux, de Musset ou de Shakespeare), les auteurs d'avant-garde (Beckett, Duras, Ionesco), et ainsi de suite. Dans un tel contexte, il n'est pas étonnant que la direction bicéphale du Rideau Vert accepte de courir le risque de créer *Les Belles-Sœurs*, de

Michel Tremblay, le 28 août 1968. Immense succès populaire, la pièce, qui fait grincer des dents au début, contribue à l'élargissement du public de ce théâtre et du théâtre québécois tout entier. C'est aussi au Rideau Vert ou en coproduction avec ce théâtre que Tremblay voit la création d'*Albertine en cinq temps* (1984), du *Vrai Monde* (1987) et d'*Encore une fois, si vous le permettez* (1998), tous des succès ayant fait l'objet de nombreuses reprises et traductions.

Plusieurs autres auteurs québécois connaissent la faveur du Rideau Vert, dont Françoise Loranger, Marie-Claire Blais, Marcel Dubé, Gratien Gélinas et surtout Antonine Maillet qui, depuis *La Sagouine* (octobre 1972), en devient l'auteure attitrée. Elle y fait jouer presque toutes ses pièces, et a traduit ou adapté plusieurs œuvres de Shakespeare.

Entre 1967 et 1978, le Rideau Vert est la première compagnie professionnelle à s'intéresser au théâtre pour enfants: 12 productions voient le jour au cours des 4 premières saisons. Le coup d'envoi se fait avec *L'Oiseau bleu*, de Maurice Maeterlinck, pièce qui est reprise chaque année, pendant les vacances de Noël, jusqu'à la saison 1970-1971, au Théâtre Maisonneuve de la Place des Arts. Parmi les œuvres pour enfants produites par le Rideau Vert, notons aussi *Alice au pays des merveilles*, des contes de Perrault et des frères Grimm, des textes de Roland Lepage et de Marcel Sabourin. Le directeur de la section jeunesse, André Cailloux, qui fait régulièrement appel aux marionnettistes Pierre Régimbald et Nicole Lapointe, accueille les enfants le week-end, mais également pendant la semaine, dans le cadre de matinées scolaires.

Peu de temps après son installation au Stella, le Rideau Vert profite d'une ouverture sur le monde (phénomène rare parmi les compagnies jouissant d'une activité régulière) en organisant des tournées à Paris, à Moscou, à Léningrad et à Rome, entre 1964 et 1969, pour y présenter *Une maison un jour*, de Françoise Loranger, *Le Songe d'une nuit d'été* de Shakespeare, *L'Heureux Stratagème* de Marivaux (notamment au Théâtre des Nations, à l'invitation du ministre de la Culture de France, André Malraux) et *Hedda Gabler* d'Ibsen, pièce qui reçoit la médaille Premio Roma, à Rome, en 1969. *La Sagouine* est aussi jouée par l'actrice Viola Léger au Théâtre de la Compagnie Renaud-Barrault, à Paris, en 1976 et, avec deux autres pièces d'Antonine Maillet, au Festival d'Avignon, en 1978.

Par ailleurs, l'actrice française Madeleine Renaud vient jouer *Oh! les beaux jours*, de Beckett, en 1967, puis revient avec Claude Dauphin et Michael Lonsdale jouer *L'Amante anglaise*, de Marguerite Duras, en 1972. Le metteur en scène russe I.M. Raevsky, directeur du Théâtre d'Art de Moscou, et l'Italien Giovanni Poli, du Théâtre de l'Avogaria de Venise, viennent aussi y monter *Les Trois Sœurs* de Tchekhov, en 1966, et *Barouf à Chioggia* de Goldoni, en 1971.

Sur le plan visuel, l'image de la compagnie doit beaucoup au concepteur de costumes François Barbeau, qui y livre des travaux toujours éblouissants depuis 1961. Malgré un éclectisme souvent critiqué et une prédilection pour les comédies légères ou les succès déjà éprouvés à Paris, à Londres ou à New York, le Rideau Vert compte plusieurs bons coups à son actif et un public fidèle qui ne cesse de se renouveler depuis 50 ans.

Michel Vaïs

Théâtre, enseignement du Traditionnellement, on désignait par l'expression «enseignement du théâtre» la formation donnée aux professionnels du théâtre, soit dans une université, soit dans une école professionnelle. Plus récemment, on a étendu son sens à tout enseignement en rapport avec le théâtre (de l'enseignement théorique de son histoire à la formation des tout petits à l'appréciation du théâtre). Il n'est pas toujours facile d'utiliser cette expression avec précision, étant donné que les théoriciens, les professeurs d'art dramatique et les professionnels du théâtre tirent souvent une partie de leur formation des mêmes sources.

Influence des professeurs immigrants Au XIXe s., les professionnels du théâtre font leur apprentissage au sein des compagnies professionnelles ou semi-professionnelles. Leur formation se complète souvent de leçons privées. Le théâtre professionnel canadien, qui s'est développé dans la seconde moitié du XXe s., doit beaucoup au théâtre amateur qui l'a précédé (*voir* MOUVEMENT DU THÉÂTRE AMATEUR). Les premiers acteurs, metteurs en scène et scénographes auraient donc subi l'influence de professeurs immigrants et fait leurs premières armes au sein du théâtre amateur.

En 1694, au Québec, l'interdiction par l'Église de présenter *Tartuffe* de Molière déclenche un tollé général. L'opposition de l'Église empêche le théâtre de langue française de se développer pendant de nombreuses années. Mais les institutions d'enseignement administrées par l'Église encouragent la présentation, dans leurs locaux, de pièces choisies avec soin en fonction de leur contenu moral. À partir de 1907, les gens qui souhaitent faire du théâtre peuvent suivre des cours au Conservatoire Lasalle, se joindre à des compagnies professionnelles ou étudier en France.

Écoles de théâtre En 1937, le dynamique père Émile LEGAULT fonde l'importante compagnie théâtrale Les Compagnons de Saint-Laurent et, dix ans plus tard, lui adjoint une école, qui, malgré sa solide réputation, doit bientôt fermer ses portes. Influencé par Copeau et Barrault à Paris, il intègre les idéaux du nouveau théâtre français à la formation des acteurs canadiens-français. En 1951, le THÉÂTRE DU NOUVEAU MONDE ouvre son école et, en 1954, le Conservatoire d'art dramatique est fondé à Montréal; il sera suivi en 1958 par celui de Québec.

En 1960, l'École nationale de théâtre est créée à Montréal selon les normes artistiques du conseiller Michel Saint-Denis. Toujours considérée comme une importante école d'art dramatique et de production théâtrale, elle offre des cours en anglais et en français.

Milieu universitaire Jusqu'au début des années 60, les écoles supérieures n'offrent pas de formation complète en théâtre. La plupart des universités suivent la tradition britannique, c.-à-d. qu'elles proposent des cours de littérature et de critique théâtrale, alors que le jeu reste une activité hors programme qu'elles laissent aux compagnies théâtrales d'étudiants, aux services parascolaires et aux festivals universitaires. Mais on perçoit certains signes avant-coureurs d'activités théâtrales universitaires. En 1907, le University Dramatic Club de Montréal, avec la collaboration du personnel et des anciens étudiants de McGill, monte une pièce de Shaw, *Arms and the Man* (v.f. *Le héros et le soldat*), à l'occasion du premier concours musical et théâtral Earl Grey organisé à Ottawa.

Durant l'hiver 1914-1915, le service aux étudiants de l'U. de l'Alberta produit des pièces de théâtre et donne des conseils sur la direction théâtrale dans diverses municipalités de l'Alberta. Le Players Club (1915-1958) de l'U. de la Colombie-Britannique est la première compagnie de théâtre entièrement composée d'étudiants. En 1919, la fondation du Hart House de l'U. de Toronto vise à encourager et à développer le théâtre amateur sur le campus. En moins de dix ans, presque toutes les universités ont leur troupe de théâtre étudiant. En 1930, le département d'anglais de McGill présente des pièces de théâtre pour enfants.

Dans les régions du centre et de l'est du Canada, ce sont souvent les départements d'anglais qui ouvrent les universités à l'enseignement du théâtre. Cependant, ce n'est qu'en 1941 que McGill décide d'offrir quelques cours de théâtre de façon expérimentale. En 1957, les étudiants de McGill présentent

My Fur Lady, une comédie musicale qui obtient un succès retentissant.

Le théâtre se développe beaucoup plus rapidement dans les universités de l'Ouest. Sur le modèle des universités américaines qui décernent des diplômes universitaires comprenant des cours pratiques, l'U. de la Saskatchewan fonde en 1945 le premier département de théâtre au Canada en offrant le baccalauréat en art dramatique. En 1947, l'U. de l'Alberta ouvre un département d'art dramatique. Le BANFF CENTRE for Continuing Education, autrefois la Banff School of Fine Arts, fondée en 1933, propose un vaste choix de cours pratiques. L'U. de l'Alberta est la première université à offrir un programme de formation professionnelle: un baccalauréat en art dramatique et en scénographie (1966) et une maîtrise en scénographie et en mise en scène (1968). En 1966, le Graduate Centre for the Study of Drama, créé à l'U. de Toronto, propose le premier doctorat en art dramatique.

La publication, en 1977, du *Report of the Committee of Enquiry into Theatre Training in Canada (Rapport Black)* marque une date importante dans l'histoire de l'enseignement du théâtre. Ce document définit les conditions requises pour l'enseignement du théâtre et évalue les programmes des universités anglophones et des écoles privées. À l'époque, aucun des programmes universitaires ne satisfait aux conditions requises dans les domaines de la scénographie et de la direction de production, bien que les universités de l'Alberta, de la Colombie-Britannique et de Regina, ainsi que la RYERSON POLYTECHNIC UNIVERSITY à Toronto, selon le rapport, répondent aux exigences dans d'autres domaines de l'enseignement professionnel. Les deux seules écoles privées remplissant les conditions requises pour l'enseignement du théâtre sont l'École nationale de théâtre de Montréal et la VANCOUVER PLAYHOUSE Acting School (1975-1988).

Au Québec, le développement des programmes d'art dramatique suit un parcours un peu différent dans les années 60 et 70, en partie à cause des CÉGEPS. À la fin des années 60, deux cégeps de la région de Montréal, Sainte-Thérèse et Saint-Hyacinthe, offrent des cours de formation pour les comédiens, techniciens et scénographes. De nos jours, le Québec se distingue par les spécialisations préuniversitaires dispensées dans les collèges. Les étudiants québécois ont la possibilité de suivre un programme de trois ans en théâtre avant de fréquenter l'université. Dans les années 70, les universités francophones, notamment l'U. d'Ottawa et l'U. du Québec à Montréal et à Sherbrooke, ouvrent des départements d'art dramatique.

En 1977, année de publication du rapport Black, 22 institutions canadiennes offrent une formation professionnelle ou semi-professionnelle et 15 autres une spécialisation en théâtre. Les chiffres publiés par la Conférence canadienne des arts en 1993 révèlent que 63 universités et collèges offrent des programmes d'art dramatique, parmi lesquels 11 proposent des baccalauréats et 5 des maîtrises. En 1994, les universités de la Colombie-Britannique, de Calgary et de Victoria offrent une maîtrise en mise en scène et en scénographie; l'U. de l'Alberta propose des programmes de deuxième cycle en scénographie, en mise en scène et en dramaturgie, tandis qu'à l'U. York, les étudiants se spécialisent en interprétation, en dramaturgie, en critique, en production et en scénographie.

La même année, six collèges et six universités canadiennes décernent des diplômes en administration des arts. Les universités de Victoria, de Toronto et de la Colombie-Britannique offrent toutes des programmes de doctorat en art dramatique. Les étudiants qui entreprennent des études universitaires dans un but précis (devenir scénographes, créateurs de costumes, experts techniques ou dramaturges, p. ex.) ont le choix entre plusieurs écoles.

En 1994, il existe trois écoles qui se consacrent entièrement au théâtre au Canada. Le Conservatoire d'art dramatique de Montréal et celui de Québec ont développé leur style propre: à Montréal, on met l'accent sur les techniques d'interprétation traditionnelles en plaçant les comédiens au centre de la démarche, tandis que Québec, on pratique la création collective en se concentrant sur l'aspect technique du théâtre et la scénographie. L'École nationale de théâtre du Canada, qui accueille jusqu'à 16 étudiants par an dans chacun de ses programmes d'interprétation de trois ans, adopte une approche éclectique. L'institution a toujours entretenu des liens étroits avec le FESTIVAL DE STRATFORD, où beaucoup de ses étudiants ont par la suite trouvé du travail.

Il existe au Canada quelques programmes pour venir en aide aux professionnels du théâtre désireux de se perfectionner ou d'enrichir leur expérience. Equity Showcase à Toronto offre des cours de perfectionnement à des acteurs de carrière et fournit aux membres de la Canadian Actors' Equity Association l'occasion de monter de petits spectacles comme «vitrines» ou à des fins d'exploration artistique. Le gouvernement fédéral et ceux des provinces procurent du financement et des programmes d'aide à la formation des artistes. Theatre Ontario, p. ex., offre plusieurs programmes d'apprentissage professionnel, dépêche des professionnels pour aider et former les troupes de théâtre communautaires, organise des auditions pour les comédiens en début de carrière et offre des cours dans tous les domaines relatifs au théâtre. Pour ce qui est des festivals, le CONSEIL DES ARTS DU CANADA accorde des subventions tant aux organismes de formation professionnelle qu'aux particuliers.

Formation des dramaturges La formation des dramaturges a longtemps été considérée comme un aspect important de l'enseignement du théâtre. Dans les années 30, des concours, surtout pour des pièces en un acte, sont organisés par la Canadian Author's Association à Montréal et par le service aux étudiants de l'U. de l'Alberta. Des organismes tels que le Montreal Repertory Theatre, sous la direction de Martha Allan, et la Sarnia Drama League décernent des prix à des pièces canadiennes qu'ils produisent par la suite. Le Banff Centre (auparavant Banff School of Fine Arts) commence à enseigner la dramaturgie en 1935. Gwendolyn Pharis RINGWOOD, la plus célèbre diplômée du programme, fait partie de la première promotion. Le FESTIVAL NATIONAL D'ART DRAMATIQUE encourage la dramaturgie en accordant un trophée à la meilleure mise en scène d'une pièce canadienne.

À partir de 1994, plusieurs programmes de dramaturgie sont offerts au Canada, dont un d'une durée de deux ans à l'École nationale de théâtre du Canada, qui n'accueille que trois ou quatre étudiants par an. L'U. York propose un baccalauréat et une maîtrise en dramaturgie, tandis que l'U. de l'Alberta n'offre que la maîtrise. De plus, des ateliers de formation se donnent dans des centres dirigés par des artistes, notamment The Playwrights's Workshop de Montréal, la Betty Lambert Society de Vancouver, la Manitoba Association of Playwrights, l'Alberta Playwrights Network et le Saskatchewan Playwrights Centre. L'Alberta Theatre Projects dirigent *PlayRites*, l'un des festivals les plus importants au Canada pour les nouvelles pièces. La PLAYWRIGHTS UNION OF CANADA fait la promotion de l'œuvre des dramaturges canadiens, publie et classe leurs pièces, administre les droits d'auteurs pour les amateurs, offre un service de critique et organise des séances de lecture pour les auteurs.

Le théâtre a longtemps été enseigné dans les écoles, le plus souvent comme complément aux cours de littérature. Aujourd'hui cependant, on considère qu'il peut remplir plusieurs fonctions pédagogiques. On met surtout l'accent sur l'expression dramatique et l'improvisation, en vue de favoriser le développement mental, physique et émotif de l'enfant. On utilise souvent des techniques de théâtre pour enseigner des matières comme l'histoire. Les troupes professionnelles font la tournée des écoles et présentent des pièces qui peuvent figurer au programme de lecture ou qui servent à stimuler la discussion sur des questions sociales ou de santé. Au secondaire, on présente encore des pièces dans le but d'améliorer la facilité d'expression verbale, de favoriser la confiance en soi, de faire connaître et apprécier le théâtre.

Il ne faut pas s'étonner que l'enseignement du théâtre soit devenu une spécialité. Les professeurs du secondaire peuvent obtenir un baccalauréat en enseignement du théâtre aux universités de l'Alberta et de la Saskatchewan dès 1948. En 1993, 20 universités canadiennes offrent des programmes conduisant à des diplômes de premier cycle en enseignement des arts. L'Institut d'études pédagogiques de l'Ontario propose actuellement des programmes de maîtrise, de maîtrise en éducation, de doctorat et un diplôme en enseignement du théâtre.

Gordon Peacock et Laurin Mann

Théâtre multiculturel Plusieurs traits communs, en particulier le désir de préserver la culture et la langue de la mère patrie et de créer des liens d'appartenance communautaires, motivent la formation de troupes de théâtre au sein de groupes d'immigrants récemment arrivés. Certains des premiers théâtres ethniques, apparus dans les années 30, s'adressent exclusivement aux membres de leur communauté. Des théâtres en langues ukrainienne, hongroise, finnoise, lettonne et yiddish prospèrent sur le plan populaire.

Au lendemain de la Seconde Guerre mondiale, l'afflux accru d'immigrants en provenance d'Europe entraîne un essor des activités théâtrales multiculturelles. Plusieurs parmi les nouveaux immigrants étant des comédiens professionnels, leur apport d'énergie et de talent donne du professionnalisme à ces troupes.

Ce mouvement culmine au cours des années 70 et au début des années 80. La qualité de plus en plus recherchée du théâtre canadien-anglais et l'instauration d'une politique officielle en matière de multiculturalisme créent un contexte favorable à l'épanouissement du théâtre ethnique. En 1972, le premier ministre Trudeau nomme un ministre d'État au multiculturalisme et met sur pied la direction générale du multiculturalisme au Secrétariat d'État. Les troupes de théâtre qui devaient auparavant compter essentiellement sur le soutien financier de leurs compatriotes peuvent désormais bénéficier d'une aide gouvernementale. Des organismes tels que l'Ontario Multicultural Theatre Association (1970-1984) et l'Association nationale du théâtre multiculturel (1975-1987) sont très actifs. Ils organisent des festivals annuels et assurent la liaison entre leurs membres et les autres organismes œuvrant dans le domaine du théâtre.

Toutefois, au milieu des années 80, le «multiculturalisme» dans les arts canadiens commence à se fragiliser. Avant 1965, les lois en matière d'immigration favorisaient la venue d'immigrants européens plutôt que de gens de couleur (Asiatiques, Noirs, Latino-Américains, etc.). Au début des années 80, ces minorités visibles comptent des troupes de théâtre et des comédiens de bon niveau. Parallèlement, les compagnies d'origine européenne déclinent au fur et à mesure que les membres les plus jeunes de leur communauté sont engagés par les grandes compagnies professionnelles anglophones ou francophones.

Cependant, les comédiens et les troupes appartenant aux minorités visibles demeurent sous-représentés tant dans les organismes comme l'Ontario Multicultural Theatre Association que dans les milieux du théâtre professionnel anglophone et francophone. À force de faire la navette entre les conseils des arts et le ministère du Multiculturalisme, les représentants du théâtre des minorités visibles et culturelles se sentent de plus en plus frustrés par leur incapacité à s'inscrire dans le courant principal du théâtre canadien et par la difficulté d'obtenir un financement.

À la fin des années 80, les conseils des arts et les associations de théâtre partout au Canada commencent à revoir leurs règlements, ce qui les amènera au début des années 90 à éliminer de leurs critères les pratiques discriminatoires et les préjugés culturels. En 1988, la Canadian Actors' Equity Association organise le premier colloque national sur les rôles non traditionnels à Toronto, et prend la défense des comédiens professionnels de couleur. L'année suivante, l'Alliance of Canadian Cinema, Television and Radio Artists (ACTRA) organise une conférence du même genre, qui donne lieu au lancement d'un répertoire des membres de l'ACTRA faisant partie des minorités visibles et linguistiques, *Into the Mainstream*, qui paraîtra en 1990-1991, en 1992-1993 et en 1994-1995.

Un nombre croissant de contribuables n'obtenant pas leur juste part des subventions aux arts, des artistes de diverses origines culturelles réclament des changements. D'après les projections, en 2001, plus de 17 p. 100 de la population canadienne et plus de 45 p. 100 de la population de la région de Toronto appartiendront aux minorités visibles. Les conseils des arts et les organismes subventionnaires ont donc commandé de nombreuses études portant sur la disponibilité des fonds publics pour les membres des minorités culturelles et raciales. En 1990, le Conseil des arts de l'Ontario publie son rapport, suivi du Toronto Arts Council et du Conseil des arts du Canada, en 1992.

Le Toronto Arts Council, qui s'occupe de la municipalité où les cultures sont les plus diversifiées au Canada, a été le plus efficace en ce qui concerne la mise en œuvre des recommandations issues des trois rapports: 1) augmenter la représentation des artistes de couleur dans tous les jurys et comités; 2) redéfinir le «professionnalisme» de façon à tenir compte du talent, de la formation et des obstacles systémiques qui entravent la poursuite d'une carrière rentable; 3) lutter contre les préjugés qui favorisent la production d'œuvres dans la tradition théâtrale européenne; 4) appliquer une politique d'embauche dynamique qui permette d'attirer un plus grand nombre d'administrateurs appartenant aux minorités visibles au sein des organismes de financement des arts.

En 1990, l'organisme torontois Cahoots Theatre Projects organise le congrès *Write About Now* qui réunit des auteurs dramatiques de couleur, parmi lesquels les conférenciers invités Tomson HIGHWAY, Rick Shiomi et Maria Campbell. La question des subventions ne concerne pas uniquement les comédiens déjà en activité. Il s'agit aussi de développer de nouveaux talents, acteurs et dramaturges, et de forger une esthétique théâtrale conforme au pluralisme de la mosaïque canadienne.

À certains égards, cette évolution avait déjà débuté avec le TYA et dans le milieu du théâtre populaire. À partir du début des années 80, des compagnies telles que Green Thumb à Vancouver, Quest Theatre en Alberta, Théâtre jeunesse à Montréal ainsi que Theatre Direct, Straight Stitching Productions et We Are One Productions à Toronto, produisent des œuvres à l'intention des jeunes. Les troupes populaires, qui regroupent des comédiens des PREMIÈRES NATIONS ou des comédiens appartenant à des groupes ethniques d'immigration récente et réunissant des gens de couleur, abordent depuis longtemps les thèmes de l'exclusion et de la discrimination dans leurs productions.

Depuis les années 80, la compagnie Ground Zero a établi des liens solides avec les milieux théâtraux latino-américains et philippins. Le Headlines Theatre à Vancouver, en collaboration avec les chefs héréditaires Gitksan et Wet'suwet'en, a mis en scène la pièce NO'XYA' («Nos pas»), qui traite des revendications territoriales indiennes et qui a fait une tournée au Canada et en Nouvelle-Zélande (1987-1990). Le TYA (Theatre for Young Audiences) et les troupes de théâtre populaires, très en avance sur les compagnies établies fonctionnant sur la base d'abonnements, ont pris acte de l'évolution démographique et culturelle qu'a connue le Canada après 1965 et ont réagi en conséquence.

Au début des années 90, le terme «multiculturalisme» cède la place à des expressions comme «diversité culturelle», «relations interculturelles», etc. Le problème complexe et chargé émotivement de l'appropriation «culturelle», d'abord soulevé dans le domaine de la littérature, est aussi soulevé au théâtre en 1993, quand les pièces *Miss Saigon* et *Showboat* montées à Toronto suscitent des tollés de protestations.

Les petites troupes et les troupes qui s'adonnent au théâtre expérimental intègrent de nouvelles pratiques «non européennes», inaugurant une période d'expérimentation. Plusieurs compagnies telles que Native Earth, We Are One, Black Theatre Workshop, Theatre Wum, Modern Times Stage Company, the Firehall Theatre et Cahoots Theatre Projects remettent en question l'idée d'un théâtre canadien culturellement homogène.

Multiculturalisme Dès 1906, les activités théâtrales en langue ukrainienne font leur apparition au Canada dans le bassin minier de Sudbury et au Manitoba, où se concentre la communauté ukrainienne durant les premières phases de la colonisation de ces régions. Le théâtre ukrainien continue de se développer durant les années 30 et 40, décline quelque peu après la guerre pour connaître une résurgence après les années 70. La troupe ukrainienne Zahrava, fondée en 1956, restera active jusqu'au milieu des années 80.

La Canadian Ukrainian Opera Association (CUOA), créée en 1974, produit des opéras d'envergure, notamment *Natalka Poltavka* au théâtre MacMillan de Toronto, en 1984, qui met en vedette des artistes de calibre international aux côtés de troupes comme le Canadian Ukrainian Opera Chorus et du Vesianka Dance Ensemble. La CUOA donne aussi des concerts de gala au Massey Hall, au Roy Thomson Hall, à la Hamilton Place et au Carnegie Hall à New York.

Le théâtre ukrainien pour enfants joue un rôle important à Winnipeg et à Edmonton, où l'Ukrainian Story Theatre for Children intègre des éléments de son folklore à des pièces bilingues. Toutes ces troupes, qui attirent un vaste auditoire et bénéficient d'un fort appui populaire, existeront jusqu'au milieu des années 80, mais ont disparu depuis. Des efforts sont en cours afin de créer de nouvelles compagnies, surtout en Alberta, où la troupe de théâtre pour enfants Dzherelo a commencé à se produire en 1993.

Les expériences des Ukrainiens de la deuxième génération trouvent leur expression dans les œuvres de l'auteur Ted Galay. La pièce *After Baba's Funeral*, qui décrit une réunion de famille ukrainienne, parle des divergences culturelles et des conflits de générations dans la cellule familiale. Cette pièce, montée à Toronto et à Winnipeg, remporte le prix de la Canadian Authors Association en 1981. *Just a Kommedia*, montée par les productions Chysta, jette un regard satirique sur les tribulations d'un jeune Ukrainien élevé au Canada. Après la première à Toronto, en 1984, la pièce fait une tournée au Canada et est présentée à Expo '86 à Vancouver.

À l'instar du théâtre canado-ukrainien, le théâtre canado-italien s'est développé et est passé du statut d'activité ethnique à celui d'art de la scène professionnel, s'inscrivant dans les grands courants de l'heure. Bien que les troupes communautaires Piccolo Teatro (1949-1976), fondée par Bruno Mesaglio, et La Compagnia dei Giovanni (1969-1982), fondée par Alberto di Giovanni, n'existent plus, d'autres compagnies ont pris la relève. Citons, entre autres, Le Maschere, créé en 1974 à Montréal, et la Pirandello Theatre Company, fondée en 1992 à Toronto. Des artistes comme le comédien et metteur en scène Tony Nardi et les dramaturges Maristella Roca, Vittorio Rossi et Toni Ellwand œuvrent principalement dans le milieu du théâtre professionnel et écrivent des pièces qui reflètent leur sensibilité à la fois italienne et canadienne.

De même, le théâtre judéo-canadien a évolué pour passer du stade de moyen d'expression vital à celui de théâtre professionnel. Le Yiddish Theatre de Montréal, fondé en 1956, se trouve au Centre Saidye Bronfman depuis le début des années 70. Au cours des années 70, d'autres théâtres juifs montent des productions en anglais qui décrivent les problèmes, le vécu et les sentiments des Juifs, notamment le Jewish Heritage Theatre à Vancouver et le Leah Posluns Theatre à North York.

Pendant les années 90, le théâtre juif contemporain trouve sa consécration sur les grandes scènes de théâtre. Parmi les succès notables, mentionnons la pièce provoquante de Jason Sherman *The League of Nathans* (1992) et l'œuvre collective *The Theory of Relatives*, qui met en vedette les comédiens Daniel Brooks, Leah Cherniak, Richard Greenblatt et Diane Flacks, montées en 1993.

En Ontario, le théâtre ethnique hongrois est très actif durant les années 30, le cercle catholique et des organismes gauchistes hongrois montent de grandes productions à Toronto. Au milieu des années 50, Sandor Kertsz, comédien professionnel et metteur en scène, immigre de Budapest et fonde le Hungarian Art Theatre à Toronto, en 1958. À son apogée, le Hungarian Art Theatre produit deux spectacles par an et puise dans un répertoire varié: opérettes d'Emmerich Kalman, de Franz Lehar et de Johann Strauss et, à l'occasion, une pièce dramatique européenne ou une comédie populaire américaine traduite en hongrois. Disparu depuis, le Hungarian Art Theatre a été remplacé par le New Hungarian Theatre.

Le soutien communautaire accordé au théâtre finlandais durant la CRISE DES ANNÉES 30 et jusqu'à aujourd'hui a permis la survie d'une des compagnies de théâtre ethniques les plus solides au pays. Fondé en 1932, le Finnish Social Club monte quatre productions par an dans sa salle de Scarborough, jusque dans les années 80. Malgré la diminution de l'aide communautaire, cette troupe monte au moins une pièce par an pendant les années 90. Son répertoire se compose d'un éventail intéressant et très diversifié de pièces canadiennes, britanniques, américaines et finlandaises, entre autres *Bousille et les Justes* de Gratien Gélinas ainsi que des œuvres de l'auteur dramatique finlandais Mika Waltari.

Tout comme les Finlandais, les groupes culturels tchèque, letton et lithuanien ont, à une époque, fait vivre des compagnies de théâtre dynamiques disparues depuis. Le D.V. Theatre, qui existera durant plus d'une trentaine d'années, recrute ses membres dans les classes d'art dramatique des écoles secondaires lettones et effectue des tournées au Canada et aux États-Unis avec un programme mixte pouvant compter quatre productions par an, jusque dans les années 80. La troupe d'art dramatique lithuanienne Aukuras de Hamilton, fondée en 1950, restera en activité jusqu'à la fin des années 80.

La troupe torontoise lithuanienne Aitvaras, elle aussi extrêmement active, fait des tournées dans le Midwest américain et remporte des prix au Lithuanian Theatre Festival de Chicago. Le New Theatre, qui présente des œuvres tchèques classiques et des traductions de pièces en anglais, présente des pièces connues de 1970 jusqu'au début des années 90.

Depuis quelque temps, de nouvelles troupes de théâtre issues de communautés d'immigration plus récente se multiplient, éclipsant les troupes d'origine européenne plus anciennes. Il existe de jeunes compagnies actives au sein des communautés turque, vietnamienne, philippine, coréenne, latino-américaine, sud-asiatique, antillaise et africaine, particulièrement dans les villes de Toronto, de Montréal et de Vancouver. Le Turkish Youth Drama Group, établi à North York, produit des œuvres originales turco-canadiennes.

Les Philippins de la Région du Grand Toronto disposent de trois compagnies de théâtre: le Kabataan Filipino Youth Theatre, Culture Philippines et le mouvement à caractère politique Carlos Bulosan Cultural Workshop. Parmi les groupes d'immigrants venus de l'Asie du Sud, plusieurs nouvelles troupes sont apparues, dont la Ismailia Theatrical Society à Toronto et le Teesri Duniya à Montréal. Le festival annuel interdisciplinaire Desh Pardesh, à Toronto, comprend un volet théâtral dans le cadre duquel sont présentées des œuvres originales (pièces, sketches et monologues) écrites par des auteurs d'Asie du Sud.

Au cours des années 90, il est remarquable de voir l'aisance avec laquelle de nombreux comédiens de diverses cultures poursuivent leur carrière. P. ex., la communauté iranienne de Toronto a trois compagnies de théâtre: le Namaysh-Khaneh Iranian Theatre, plus classique; le Honar Playhouse, qui monte des pièces originales, en persan, ainsi que la Modern Times Stage Company (MTSC), fondée par l'acteur professionnel et metteur en scène iranien Soheil Parsa, qui a choisi de créer ses propres œuvres destinées à un public parallèle plus vaste.

Sous la direction artistique commune de Parsa et de Peter Farbridge, la MTSC allie courants occidentaux et traditions persanes, explore et développe un style concret et physique. Cette troupe s'est fait remarquer par des productions allant d'adaptations innovatrices des pièces *Homme pour homme* de Bertolt Brecht et *Le Balcon* de Genet, à des traductions et adaptations impressionnantes des œuvres de l'auteur dramatique iranien Bahram Beyza'i.

La MTSC a développé son propre style visuel et une esthétique non verbale particulière et a obtenu des éloges pour la pièce de Beyza'i *La Mort du roi*, interdite en Iran sous le régime islamique. Bénéficiant d'une distribution multiculturelle remarquable, cette œuvre remporte le prix Dora accordé à la meilleure nouvelle pièce dans la catégorie des petits théâtres, et est mise en nomination pour cinq autres prix en 1994.

Théâtre noir au Canada Il existe des troupes de théâtre noires depuis le début du XIXe s. à Vancouver, à Halifax et dans des petites villes ontariennes telles que North Buxton et Amherstburg. Toutefois, la première percée importante se produit à Montréal en 1942, quand la Negro Theatre Guild monte la pièce de Mark Connolly *The Green Pastures*, mise en scène par Don A. Haldane, avec une scénographie de Herbert Whittaker. Le spectacle est d'abord présenté au Victoria Hall, puis au Her Majesty's Theatre. En 1949, la compagnie monte *The Emperor Jones* d'Eugene O'Neill qui vaut au comédien Percy Rodriguez le prix du meilleur acteur au Festival national d'art dramatique.

À la fin des années 60 et au début des années 70, on assiste à la naissance de plusieurs compagnies de théâtre noires. En 1964, le Drama Committee of the Trinidad and Tobago Association entreprend de monter des pièces et d'assurer la formation de comédiens. Sous l'impulsion de Victor Phillips, ce comité se développe et devient bientôt le BLACK THEATRE WORKSHOP (BTW) qui, en 1968, monte sa première production, *How Now Black Man?*, de l'auteur montréalais Loris Elliot.

Prospère durant les années 90, le BTW alterne des œuvres contemporaines d'écrivains noirs canadiens et des pièces choisies dans le répertoire international. Parmi les productions du BTW, mentionnons *The Black Experience* de Clarence Bayne (1975), *Prodigals in a Promised Land* de Hector Bunyon (1982), *Marvin Dream of a Lifetime* de Dwight Bacquie (1988) et une version remaniée de la pièce pour enfants *The Nutmeg Princess* de Richardo Keens-Douglas (1994), montée auparavant par la troupe Theatre in the Rough, d'Amah Harris.

Parmi les productions du BTW qui font partie du répertoire international, figurent, durant les années 70, les pièces *Dream on Monkey Mountain* de Derek Walcott, *The River Niger* de Joseph A. Walker et *My*

Sweet Charlie de David Westheimer, suivies de la pièce très applaudie de Ntozake Shange, *For Colored Girls Who Have Considered Suicide When the Rainbow is Not Enuf* (1985), ainsi que des pièces de George C. Wolfe, *The Colored Museum* (1987) et *Playboy of the West Indies*, une coproduction avec le Centaur Theatre (1993).

Durant sa longue histoire, le Black Theatre Workshop accueille des comédiens connus comme Errol Slue, Jeff Henry, Walter Borden, Winston Sutton, Lorena Gale, Marvin Ishmael et Dwight Bacquie, et contribue à l'épanouissement de centaines de comédiens noirs.

Il convient aussi de mentionner la troupe torontoise Theatre Fountainhead, fondée en 1974 par Jeff Henry, et le Black Theatre Canada, fondé en 1973 par Vera Cudjoe. Henry décide de créer et de produire les œuvres d'auteurs dramatiques noirs, et sa compagnie présente des pièces de Wole Soyinka et d'Errol Sitahel; *Africa in the Caribbean*, une pièce de Henry; et *The Cold Snap* de l'écrivaine native des Prairies Linda Ghan, qui raconte les expériences d'un immigrant venu des Antilles (1983). Citons aussi la comédie musicale *The Obeah Man*, écrite et jouée par Richardo Keens-Douglas, un rôle qui lui vaut une nomination pour le prix Dora (1985), et enfin la pièce *The Blood Knot* d'Athol Fugard, montée en 1986.

En créant le Black Theatre à Toronto, Cudjoe désire faire connaître au grand public la culture noire. Dans ce but, la troupe présente des pièces dans les écoles, où elle organise avec succès des ateliers. Parmi ses productions, mentionnons les pièces *School's Out* de l'auteur dramatique Trevor Rhone, *Dem Two in Canada* (1979) de Peter Robinson, *More About Me* (1979) du dramaturge torontois Daniel Caudiron et la comédie musicale *One More Stop on the Freedom Train* de Leon Bibb, qui traite du train clandestin qui conduisait les esclaves vers la liberté en Ontario. Produit à Toronto en 1984 puis repris en 1985, ce spectacle est présenté partout au Canada, ainsi qu'à l'Expo '86 de Vancouver au pavillon du Canada, dans le cadre du Arts Against Apartheid Festival. Toutefois, des difficultés financières obligent le Black Theatre Canada à cesser ses activités en 1988. Quant au Theatre Fountainhead, il ferme ses portes en 1990.

Deux autres compagnies de théâtre noires, le Caribbean Theatre Workshop de Winnipeg et la compagnie de la Nouvelle-Écosse Kwacha (mot zambien signifiant «aube d'un nouveau jour»), fondée par Walter Borden en 1984, produisent des œuvres intéressantes durant les années 80. Toutefois, elles disparaissent au cours des années 90, malgré les critiques élogieuses et un large public. Les conseils des arts considèrent que les activités de ces compagnies, désireuses d'assurer la formation et le perfectionnement des comédiens, se situent «en dehors de la sphère du théâtre professionnel», et les organismes d'aide aux groupes multiculturels rejettent leurs demandes en prétextant un «trop grand professionnalisme».

Malgré ces déboires, le théâtre noir a devant lui un avenir prometteur. En 1987, Djanet Sears présente seule sur scène son spectacle *Afrika Solo*, qui lui vaudra par la suite une nomination pour le prix Dora. De nouvelles troupes, ayant une vocation artistique et culturelle très pointue, prennent la relève et produisent de nouvelles œuvres.

À Montréal, la troupe communautaire Teesri Duniya, fondée en 1981 dans le but de présenter des pièces en hindi d'auteurs indiens renommés, monte aussi des œuvres originales, notamment *Land Where Trees Talk* et *No Man's Land*, toutes deux écrites par le directeur artistique Rahul Varma. La pièce *No Man's Land* raconte les souffrances d'une famille indienne qui s'enfuit lors de la sanglante séparation de l'Inde et du Pakistan pour venir s'établir au Québec. Cette œuvre d'anticipation, qui décrit la détresse d'une famille dans un Québec indépendant, soulève une forte controverse, mais elle finit par être montée en 1992. L'année suivante, Sally Han en fait une adaptation radiophonique diffusée sur les ondes de la Société Radio-Canada sous le titre *Trading Injuries*.

En 1988, la troupe We Are One Theatre Productions inaugure ses activités avec la pièce de Marvin Ishmael, *Sweet Pan*, une comédie musicale qui comporte des tambours métalliques (*Steel Drum*) et des costumes de carnaval. Cette troupe a pour mandat de présenter des œuvres où sont décrites les expériences des Canadiens originaires des Caraïbes. Elle intègre à ses spectacles des narrations d'histoires, des tambours métalliques et le calypso. We Are One Theatre Productions jouit d'une solide réputation grâce à ses œuvres nouvelles destinées à un jeune public.

Cette troupe marque les débuts d'un théâtre distinct canado-antillais et l'apparition d'un nouveau milieu artistique composé, entre autres, de l'acteur et conteur Richardo Keens-Douglas ainsi que de l'acteur et metteur en scène Amah Harris et sa troupe Theatre in the Rough.

Une autre compagnie digne de mention, Theatre Wum, atteint aussi la renommée au début des années 90. Dans le but d'explorer des «constantes africaines», le directeur artistique fondateur Colin Taylor produit six pièces entre 1991 et 1994: *The Meeting* de Jeff Stetson, œuvre décrivant une rencontre imaginaire entre Malcolm X et Martin Luther King (1991); *Radiance of the King*, au mois de septembre de la même année; *The Imperceptible Mutabilities in the Third Kingdom in September* de Suzan Lori-Park's (1992); *Titus Andronicus* et *The Urban Donnelleys* (avec la compagnie Theatre Passe Muraille), en 1993. La démarche expérimentale rigoureuse de Taylor et son choix d'œuvres théâtrales provocatrices lui valent le prix John Hirsch de la mise en scène en 1993. L'année suivante, il est nommé directeur artistique associé de Theatre Passe Muraille. Il s'occupe aussi de mise en scène pour des troupes connues comme le Tarragon Theatre, la Great Canadian Theatre Company et l'Alberta Theatre Projects.

Dans ses efforts pour créer des pièces d'auteurs prometteuses, la troupe féministe Nightwood Theatre apporte une contribution importante au théâtre noir canadien. Ses productions comprennent la pièce dynamique *Wonder Quartet*, écrite par Diana Braithwaite et mise en scène par Djanet Sears (1992) ainsi que la pièce solo *Dry Lands*, qui raconte dans une veine féministe le mythe de la création, écrite et jouée par Pauline Peters, et mise en scène par Diane Roberts (1993). La troupe Young People's Theatre présente, en 1993, la pièce *In Search of Dragon's Mountain*, qui traite de l'amitié interraciale en Afrique du Sud à l'époque de l'Apartheid et qui remportera un prix Dora accordé à une production théâtrale remarquable destinée au jeune public. Après plusieurs années d'efforts, l'auteur et comédien George Seremba gagne, en 1994, un prix Dora pour une nouvelle œuvre avec *Come, Good Rain*. Cette pièce poignante décrit la vie en Ouganda sous le régime sanguinaire d'Amin Dada. Elle sera présentée à Ottawa, à Montréal, à Los Angeles et à Londres.

Théâtre autochtone canadien Les thèmes en rapport avec les premières nations font leur apparition au théâtre canadien à la fin des années 60 avec des œuvres telles que *The Ecstasy of Rita Joe* de George RYGA (1967), *Esker Mike and His Wife* de Hardin (1969) et *Almightly Voice* de Peterson (1970).

Toutefois, ce n'est qu'au milieu des années 70 que le théâtre autochtone réussit une percée notable avec l'apparition d'auteurs, de comédiens et de troupes autochtones. En 1974, l'Association for Native Development in the Performing and Visual Arts (ANDPVA) fonde la Native Theatre School (NTS), qui dispense des cours intensifs permettant aux jeunes talents d'apprendre leur art avec les meilleurs professeurs de diction, de gestuelle et de déclamation, et qui prône l'étude des traditions culturelles et des formes de spectacles propres aux autochtones.

La quasi-totalité des comédiens autochtones au Canada ont étudié à la NTS.

En 1980, on organise à Toronto le premier festival de théâtre autochtone, qui réunit des comédiens autochtones venus du monde entier. En 1982, la troupe Native Earth Performing Arts est fondée à Toronto. Sous la direction artistique de Tomson Highway, cette compagnie affichera très rapidement un bilan impressionnant. De 1982 à 1985, elle présente des créations collectives expérimentales et obtient son premier grand succès populaire en 1986 avec *The Rez Sisters*, qui remporte les prix Dora et Chalmers décernés à la meilleure nouvelle pièce. Cette œuvre, écrite par Tomson Highway et mise en scène par Larry Lewis, sur une chorégraphie de Ren Highway, raconte l'histoire d'un groupe de fanatiques du bingo qui se rendent à Toronto dans l'espoir de remporter le gros lot. Œuvre à la fois humoristique et émouvante, *The Rez Sisters* fait une tournée nationale et est invitée au Edinborough Fringe Festival en 1988.

En 1989, Tomson Highway, Ren Highway et Larry Lewis associent une fois de plus leurs talents pour présenter *Dry Lips Oughta Move to Kapuskasing*, une pièce qui décrit la réaction de quelques hommes quand leurs femmes ou leurs amies vont jouer une partie de hockey. Cette réalisation vaudra à Highway un deuxième prix Chalmers et remportera quatre prix Dora, respectivement pour la meilleure production, la meilleure nouvelle pièce, le meilleur comédien (Graham Greene) et le meilleur rôle de soutien féminin (Doris Linklater).

En 1989, la troupe Native Earth fonde son festival annuel sous le nom de Weesageechak Begins to Dance, dont le mandat consiste à créer de nouvelles pièces. Au fil des années, des œuvres évocatrices telles que *Moonlodge* de Margo Kane, *Princess Pocahontas* and *The Blue Spots* de Monique Mojica, *Bootlegger Blues* de David Moses et *Diva Ojibway* de Tina Mason seront présentées.

Parmi ces auteurs, et l'un des plus prolifiques, mentionnons Daniel David Moses, qui a écrit entre autres *Coyote City* (*Native Earth*, 1988), *The Dreaming Beauty* (*Inner Stage*, 1990), *Big Buck City* (*Cahoots*, 1991), *Almighty Voice and His Wife* (*GCTC*, 1991) et *The Moon and Dead Indians* (*Cahoots*, 1993). La pièce *Dreaming Beauty*, une allégorie du renouveau culturel autochtone, mêle des mythes iroquois et le conte de *La Belle au bois dormant* et obtient, en 1990, le premier prix à la Canadian National Playwrighting Competition.

La pièce *Toronto at Dreamer's Rock* de Drew Hayden Taylor, produite par la troupe De-Ba-Jeh-Mu-Jig de l'île Manitoulin dans le nord de l'Ontario, vaudra à Taylor le prix Chalmers, en 1992. Cette histoire de trois garçons qui se rencontrent devant trois rochers sacrés du rêve, un désignant le passé, un le présent et l'autre le futur, soulève les questions de l'identité contemporaine des autochtones dans un texte humoristique et émouvant qui s'adresse à un jeune public. Depuis, cette pièce a été montée souvent un peu partout au Canada par les troupes comme Theatre Direct et Magnus.

La pièce de Taylor, *Bootlegger Blues*, d'abord produite par la troupe De-Ba-Jeh-Mu-Jig en 1990, obtiendra deux ans plus tard le prix littéraire décerné à la meilleure œuvre dramatique par la Canadian Authors' Association. En 1994, Taylor est nommé directeur artistique de la compagnie Native Earth. Il inaugure la saison 1994-1995 en présentant *Someday*, une pièce spirituelle racontant l'histoire d'une famille autochtone rurale qui retrouve par hasard une fille prodigue disparue depuis longtemps. À l'instar de Highway, Taylor se distingue par son talent à décrire avec humour et justesse la vie des autochtones dans les réserves.

Depuis de nombreuses années, la troupe Nakai Theatre Ensemble au Yukon incarne l'expression théâtrale inuite et met l'accent sur les expériences des habitants du Grand Nord. De même, la compagnie Young People s'est penchée sur des thèmes

inuits en produisant un magnifique drame épique intitulé *Whale* (1993), qui s'inspire des légendes inuites et traite des problèmes environnementaux dans le Grand Nord.

Au début des années 90, plusieurs troupes de théâtre importantes se montrent réceptives au théâtre autochtone. Des pièces autochtones sont présentées en tournées et sont mises en scène dans plusieurs grands théâtres. En 1994, la Canadian Stage Company confie à Tomson Highway le poste de dramaturge attitré.

Autre signe que ce peuple a atteint la maturité, la Native Theatre School se détache de l'ANDPVA et devient autonome. Elle est rebaptisée Centre for Indigenous Theatre (CIT). Sous la direction artistique de Floyd Favel et Monique Mojica, le CIT cherche à implanter ses activités dans les écoles et joue un rôle de chef de file dans l'épanouissement de la culture scénique des Premières nations.

Théâtre canadien asiatique Au Canada, le théâtre de culture asiatique remonte à 1933, quand la Chinese United Dramatic Society commence à monter des opéras élaborés en cantonais à Toronto. À son apogée, cette compagnie produit deux spectacles par an qui se distinguent par un foisonnement de costumes luxurians et font appel à des acteurs professionnels des États-Unis et de Hong Kong pour compléter la distribution locale. La communauté d'origine coréenne ne commence à immigrer au Canada qu'après 1965 et fait ses premières expériences théâtrales au début des années 80 avec la création de la troupe Kook-dan All (Theatre All), qui monte chaque année des pièces coréennes d'envergure destinées au public torontois.

Pour ce qui est des néo-Canadiens originaires des Philippines, le Carlos Bulosan Cultural Workshop (CBCW), fondé en 1982, met l'accent sur les problèmes concrets qu'implique l'adaptation à la vie au Canada. Le CBCW, qui représente au départ l'organe culturel de la coalition nord-américaine contre la dictature de Marcos, est influencé par le théâtre populaire traditionnel des Philippines. La première production de cette troupe, baptisée en l'honneur d'un auteur et militant politique américano-philippin, est la pièce *Carding* (1984, 1986), qui met en scène la vie d'un immigrant philippin en Amérique. Le CBCW, qui joue à la fois en tagal et en anglais, s'efforce de combler le fossé entre les membres de ce groupe ethnique des première et deuxième générations.

Sous l'impulsion de ses principaux membres, la productrice Martha Ocampo, l'auteure et metteure en scène Fely Villasin et l'auteur dramatique Voltaire de Leon, le CBCW monte de nombreux spectacles et ateliers, notamment *If My Mother Could See Me Now/Inay Kung Alam Mo Lang*, qui décrit les malheurs des personnes travaillant comme domestiques (1989, 1990); *Home Sweet Home*, qui évoque la violence à l'intérieur de la communauté philippine (1993); et *Noong Kapanahunan Ko... Not in my Time*, qui aborde le thème des conflits et de l'incompréhension entre les générations (1994). Le CBCW se lie avec les troupes populaires Ground Zero et The Company of Sirens, et est une des rares troupes de théâtre communautaires à avoir réellement atteint un niveau professionnel.

En dehors du milieu philippin, le théâtre reflétant la culture des Canadiens d'origine asiatique se développe de peine et de misère. Le Canasian Artists Group monte la pièce *Yellow Fever* de l'auteur canado-asiatique Rick Shiomi (1983) et *F.O.B.* de David Henry Hwang (1984), récipiendaire du prix Obie. Après une éclipse, cette compagnie refait surface en produisant une des premières œuvres de Hwang, *The Dance and the Railroad*, en 1993. À Vancouver, le Firehall Theatre, centre de rayonnement culturel des Canadiens originaires d'Asie, présente plusieurs pièces de Rick Shiomi telles que *Play Ball*, *Rosie's Cafe* et *Yellow Fever* ainsi que *Powder Blue Chevy* de Wen Jee, devant un public réceptif. À Winnipeg, le Prairie Theatre Exchange produit en 1985 la pièce *Enemy Graces* de Sharon Stearns, qui traite avec délicatesse de l'internement des Japonais durant la guerre.

Les pièces de l'auteur dramatique canado-asiatique le plus connu des années 80, Rick Shiomi, sont produites aux États-Unis, avant de faire leur marque au Canada. Rares sont les pièces originales d'auteurs canado-asiatiques; mentionnons toutefois *Bachelor Man* de Winston Kam montée par le Theatre Passe Muraille (1987), et *Powder Blue Chevy* de Wen Jee, montée par le Firehall Theatre (1990). La troupe Cahoots Theatre Projects présente *The Phoenix Cabaret*, deux satires politiques mordantes de l'auteur chinois contemporain Xie Min (1986). Enfin, les productions Sansei North produisent *Song of the Nisei Fisherman*, du dramaturge américain Phillip Kan Gotanda (1987).

Durant les années 90, *M. Butterfly* de Hwang, récipiendaire d'un Tony Award, est produite un peu partout au Canada de 1991 à 1993. Le Young People's Theatre se lance dans le théâtre asiatique avec *Naomi's Road* de Joy Kogawa. Cette pièce, adaptée pour la scène par Paula Wing, obtient beaucoup de succès et est mise en nomination pour quatre prix Dora, entre autres pour la meilleure production. Le lancement de *Miss Saigon* en 1993 favorise l'emploi d'un plus grand nombre de comédiens asiatiques. Toutefois, la pièce soulèvera des débats enflammés dans les milieux asiatiques. Les protestataires, sous la direction du mouvement populaire Asian ReVisions, accusent *Miss Saigon* de colporter de vieux stéréotypes raciaux.

L'émergence de nouvelles œuvres et de nouveaux auteurs canado-asiatiques demeure relativement faible. Le Nightwood Theatre contribue à la création d'œuvres de Beverly Yhap, Betty Quan et Jean Yoon grâce à son Festival Groundswell. La troupe torontoise Workman Theatre Projects monte la pièce de Terry Watada *Tale of a Mask*, qui décrit l'isolement, le désespoir et le suicide d'un immigrant japonais (1993). La compagnie multiculturelle Cahoots Theatre Projects inaugure sa saison annuelle de nouvelles pièces Lift Off '93! en montant plusieurs œuvres de dramaturges asiatiques dans le cadre de son programme. Citons entre autres *Noran Bang: The Yellow Room* de M.J. Kang, présentée lors du festival 3D de Cahoots en 1993, qui traite des problèmes propres aux Canadiens d'origine coréenne.

Au cours de sa saison Lift Off '94, la troupe Cahoots crée deux œuvres asiatiques: *Mom, Dad, I'm Living with a White Girl* du dramaturge résidant à Edmonton Marty Chan, et *Mother Tongue* de Betty Quan. La première de ces pièces est produite en 1995 sous la direction de Sally Han. Quant à *Mother Tongue*, une œuvre dramatique mettant en scène les divisions d'une famille provoquées par l'emploi de différentes langues (le chinois, l'anglais et le langage par signes), elle est finalement produite au Firehall Theatre de Vancouver en 1995. Parmi les autres œuvres de Quan, mentionnons *Nancy Chew Enters the Dragon*, adaptée pour la radio et diffusée à la Société Radio-Canada, et *The Dragon's Pearl*, produite par le YPT au printemps 1995.

Bien que les pièces *Noran Bang, Mother Tongue* et *Mom, Dad* soient de styles différents et traitent de sujets différents, elles s'adressent aux jeunes Canadiens d'origine asiatique coupés de leurs parents en raison de la langue et de leurs valeurs personnelles. Parmi les personnes œuvrant dans le domaine du théâtre asiatique, certaines, comme la metteure en scène Sally Han, le scénographe Ange Shang, le chorégraphe Xing Bang Fu et le compositeur Donald Quan, se sont hissées aux premiers rangs de leur profession. Durant les années 90, le théâtre canado-asiatique trouve enfin sa voie et ses voix.

Jeniva Berger et Jean Yoon

Theatre New Brunswick C'est en 1964 que le Beaverbrook Playhouse, théâtre de 1100 places, ouvre ses portes à Fredericton. Au cours des décennies précédentes, et au début de son existence, sous la direction d'Alexander Gray (1964-1966), puis sous celle de Brian Swarbrick (1966-1968), les troupes qui se produisent dans la municipalité sont des troupes d'amateurs et des troupes professionnelles en tournée, surtout des troupes ontariennes. Walter Learning, nommé directeur général en 1968, décide d'y produire du théâtre professionnel et de lui donner le nom de Theatre New Brunswick (TNB), et d'en assumer la direction artistique. L'institution se donne alors pour but de produire du théâtre professionnel à Fredericton et de présenter les pièces un peu partout en province.

Ainsi, le TNB est officiellement fondé en janvier 1969, financé en grande partie par une subvention de 20 000 $ de la fondation Beaverbrook. Après une période d'attente statutaire de deux ans, le CONSEIL DES ARTS du Canada décide d'ajouter à ces fonds une subvention annuelle de 12 500 $. À partir de 1971, le TNB présente ses quatre ou cinq productions annuelles en tournée. Ces tournées durent chaque fois deux semaines et couvrent un périple de plus de 1000 km qui mène la troupe à Saint-Jean et à Moncton, ainsi que dans des petites localités comme St. Stephen, Sussex, Woodstock, Bathurst et Edmundston. La popularité des pièces sélectionnées par Learning (un mélange d'œuvres américaines et britanniques tantôt sérieuses, tantôt légères) se concrétise à la fin de 1971 par un don de 2 millions de dollars, de la fondation Beaverbrook, qui permet de rénover le théâtre. Au cours de la même année, le nombre d'abonnements atteint l'équivalent, extraordinaire, de 10 p. 100 de la population de Fredericton. En 1975, Walter Learning, Paul Hanna et Keith Sly mettent sur pied, pour le TNB, une troupe-école destinée à effectuer les tournées, la Young Company. Lorsque Learning quitte la direction du théâtre en 1978 pour diriger la section théâtre du Conseil des Arts du Canada, le nombre d'abonnements annuels du TNB atteint le chiffre sans précédent de 8 500 et la compagnie n'affiche aucun déficit.

Malcolm Black (1978-1984), qui prend la relève à la direction artistique, apporte un bagage de vingt ans d'expérience au sein de théâtres canadiens et américains importants. Janet Amos (1984-1988), qui lui succède, vient du BLYTH FESTIVAL en Ontario et se montre très décidée à créer un lieu de diffusion d'œuvres canadiennes. Sharon Pollock dirige ensuite le TNB à une époque d'affrontements (1988-1990): elle défend l'intégrité artistique de l'institution contre un conseil d'administration préoccupé par la stabilité financière. Michael Shamata (1990-1995), grâce à un choix judicieux de productions modestes, ralentit momentanément le rythme d'accumulation des déficits et le déclin de la fréquentation du théâtre. Cependant, lorsque Walter Learning revient, en 1995, à titre de producteur exécutif, les ventes de billets sont insuffisantes et le déficit élevé.

Le TNB a permis à des acteurs tels que Patrica Vanstone et C. David Johnson, ainsi qu'à des concepteurs de décors comme Michael Eagan, Debra Hanson et Patrick Clark, de démontrer leur savoir-faire au tout début de leur carrière. Au cours des années 70, le théâtre a présenté en première mondiale trois pièces écrites conjointement par Alden Nowlan et Walter Learning: *Frankenstein* (1974), *The Dollar Woman* (1977) et *The Incredible Murder of Cardinal Tosca* (1978). Depuis le début des années 80, les différentes saisons ont souvent mis à l'affiche des créations de Norm Foster de Fredericton: *Sinners* (1983), *The Melville Boys* (1984), *My Darling Judith* (1987), *The Affections of May* (1990), *The Motor Trade* (1991), *Wrong For Each Other* (1992) et *Office Hours* (1996).

Le TNB conserve son objectif original: présenter du théâtre professionnel en tournée dans la province. Cependant, le Nouveau-Brunswick a changé. Lors de ses premières saisons, le TNB représentait, pratiquement à lui seul, la culture théâtrale dans une province où n'existaient que des scènes d'écoles secondaires, une télévision câblée rudimentaire et un choix restreint de divertissements. Au cours des dernières années, le public s'est tourné vers des théâtres récemment rénovés à Moncton (Capitol, 1993) et à Saint-Jean (Imperial, 1994) qui présentent des spectacles renommés et des grandes vedettes en tournée, ainsi que des innovations séduisantes en matière de divertissement électronique. C'est dorénavant dans ces nouvelles formes de divertissement que les gens dépensent une partie importante des sommes jadis consacrées au TNB.

En 1996, les abonnements annuels au TNB baissent jusqu'à 4500, ce qui constitue un chiffre vraiment bas par rapport aux sommets de la fin des années 70. Le financement demeure donc la préoccupation majeure du TNB, d'autant plus que la fondation Beaverbrook réduit considérablement sa contribution en 1995; que, depuis peu, le Conseil des Arts ne verse plus qu'une subvention réduite et que le gouvernement provincial diminue aussi son soutien financier. Pourtant, malgré tout cela et malgré les coûts irrécupérables des tournées dans les petites localités, à la fin de la saison 1996-1997, l'institution affiche un bénéfice d'exploitation pour la première fois depuis 1987, la troupe Young Company affiche complet et l'informatisation de toutes les activités de tournée est en bonne voie, sans compter que les abonnements sont à la hausse. L'objectif du TNB est de revenir au centre du paysage culturel du Nouveau-Brunswick.

Edward Mullaly

Theatre Passe Muraille Jim Garrard fonde le Theatre Passe Muraille à Toronto, en 1968. Basée au Rochdale College, un centre d'enseignement et une résidence étudiante, la compagnie a pour but de faire tomber les barrières entre le public et les artistes. Elle fait ressortir l'aspect événementiel du théâtre.

En 1969, le Theatre Passe Muraille devient célèbre avec la présentation, au Central Library Theatre, de *Futz*, une pièce d'avant-garde de Rochelle Owens mettant en scène un fermier qui scandalise une petite ville rurale américaine en entretenant des rapports sexuels avec un porc apprivoisé. Des accusations de grossière indécence sont portées contre les producteurs, le metteur en scène, les acteurs, les comédiens et l'équipe du plateau. Cela donnera lieu à quatre condamnations qui seront finalement annulées. Garrard déménage avec la compagnie dans une salle paroissiale, au 11, Trinity Square, et produit des pièces comme *The Maids* de Jean Genet (v.f. *Les Bonnes*) et *Home Free* de Lanford Wilson, mettant toutes les deux en vedette la jeune Kate NELLIGAN.

Après une crise financière, Garrard démissionne en 1969 et, de 1969 à 1971, Martin Kinch dirige le «triumvirat artistique» qu'il forme avec John Palmer et Paul THOMPSON avant de passer le flambeau à Thompson, en 1972.

Ouvertement nationaliste et novatrice, la compagnie de Thompson attire des artistes et des auteurs dramatiques talentueux tels que John Gray, Carol Bolt, Rick Salutin, Hrank Alianak, Saul Rubinek, Nick Mancuso et Louis del Grande. Dans des spectacles comme *Doukhobors* (1971), Thompson met au point une forme d'écriture dramatique basée sur la coopération des comédiens et connue sous le nom de «création collective». Mentionnons d'autres spectacles remarquables du même genre: *The Farm Show* (1972), *1837: The Farmers's Revolt* (1973), écrits avec Salutin, et *I Love You, Baby Blue* (1975). Ses scènes de nudité et sa critique cinglante des normes morales font de *I Love You, Baby Blue* une pièce à la fois controversée et populaire. Cela permet à la compagnie d'acheter le bâtiment où elle loge aujourd'hui: une ancienne boulangerie et manufacture de chandelles située au 16, Ryerson Avenue.

Sous la direction de Thompson et des directeurs artistiques qui lui succèdent, le Theatre Passe Muraille est en mesure d'offrir de l'espace à un prix abordable à de jeunes compagnies théâtrales novatrices telles que Buddies in Bad Times, Necessary

Angel, Nightwood Theatre et Videocabaret. Il présente aussi de nombreuses pièces canadiennes déterminantes parmi lesquelles *The Blues* (1976) d'Alianak, *18 Wheels* (1977) de Gray, *Maggie and Pierre* (1979) de Linda Griffith et *The Crackwalker* (1980) de Judith THOMPSON. Paul Thompson prend sa retraite en 1982. Clarke Rogers lui succède et s'engage à son tour à continuer à présenter de nouvelles œuvres canadiennes. Bien que leur qualité varie, quelques dramaturges intéressants sont mis en vedette, notamment Sally Clark et Brad Fraser. Linda Griffith continue à remporter du succès avec de nouvelles pièces *O.D. On Paradise* (1983) et *Jessica* (1986).

Rogers démissionne en 1987 et Brian Richmond, le nouveau directeur artistique, connaît quelques succès publics avec *Fire* (1989) de Paul Ledoux et David Young, *Rigoletto* (1990) de Michael Hollingsworth, Don Horsburg et Deanne Taylor, *Lilies* de Michel-Marc BOUCHARD, ainsi que l'adaptation réalisée par James W. Nichol de THE STONE ANGEL (1991) de Margaret LAURENCE.

Richmond s'en va après la saison 1990-1991 et Layne Coleman devient le directeur artistique intérimaire. Il travaille avec le directeur général Colin Rose pour sauver la compagnie victime d'une grave crise financière. Susan Serran est nommée productrice artistique en 1992 et réitère l'engagement de Passe Muraille de présenter de nouvelles œuvres tout en mettant fortement en évidence son activisme politique. Parmi les grandes productions des cinq années pendant lesquelles Serran occupe son poste, mentionnons *The Last Supper* (1994), produit en association avec le DNA Theatre et Platform 9, *Still The Night* (1996), de Theresa Tova, et une reprise de *Possible Worlds* (1997), de John Mighton. Coleman revient comme directeur artistique intérimaire en 1997.

Robert Crew

Theatre Plus En 1973, le réfugié polonais Marion André [Czerniecki] fonde Theatre Plus et lui donne pour mandat de présenter des pièces à caractère politique et social. La compagnie s'installe dans la salle municipale du St. Lawrence Centre (aujourd'hui le Jane Mallett Theatre), qui compte 500 places. Elle présente quatre pièces pendant la saison estivale et, de 1981 à 1986, une pièce au mois de janvier. Sous la direction du dramaturge et metteur en scène Marion André, les pièces sont choisies essentiellement dans le répertoire européen d'après-guerre (Anouilh, Durrenmatt, Orton, Griffiths). Il y ajoute aussi quelques pièces américaines (Williams, Miller, Guare, Rabe). La compagnie a moins de succès avec les pièces originales canadiennes qu'elle présente. Malcolm Black assume la direction artistique de juillet 1985 à novembre 1989, et donne un caractère plus britannique au répertoire de Theatre Plus.

Patricia Collins est remarquable dans *Pack of Lies* (1986), une pièce d'espionnage de Hugh Whitemore, et Roly Hewgill est d'une intensité stupéfiante dans la tragédie canadienne *Play Memory* (1987), de Joanna Glass. Le jeune Duncan McIntosh, qui a fait ses débuts au SHAW FESTIVAL, succède à Black et donne à la compagnie une nouvelle orientation pour ses quatre dernières saisons (1989-1993). Il met sur pied une petite troupe d'acteurs et modifie le répertoire. La troupe adopte le nom de Theatre Plus Toronto.

Parmi les meilleures productions de Landmark, citons *Burn This* de Landford Wilson; *Saint Joan* (v.f. *Sainte Jeanne*) de Shaw; le *Hamlet* de Neil Munro, qui fait appel aux nouvelles technologies; l'élégante pièce *Summer and Smoke* de Tennessee Williams; *Bal*, un spectacle français osé de mime dansé; enfin, la comédie musicale canadienne *The House of Martin Guerre* de Leslie Arden. Un déficit d'un demi-million de dollars, la récession et un déménagement dans les locaux du Premier Dance Theatre, au Harbourfront, obligent la troupe à cesser ses activités au milieu de la saison 1993, après 20 années d'existence.

David Gardner

Théâtre pour jeunes Phénomène du XXe s., il se veut le reflet de la conception relativement récente selon laquelle l'enfance constitue une époque distincte et protégée de la vie avec des préoccupations et des besoins particuliers. À Moscou, peu avant la révolution de 1917, Natalie Sats, comédienne énergique et précoce, fonde le premier théâtre pour jeunes présenté par des comédiens professionnels adultes. Pendant l'entre-deux-guerres, des troupes semblables voient le jour en Angleterre, aux États-Unis, en France et en Tchécoslovaquie.

En 1953, Joy Coghill et Myra Benson fondent le Holiday Theatre, faisant de Vancouver la première ville canadienne à bénéficier d'un théâtre pour enfants. Le Theatre Hour de Toronto et les Jeunes Comédiens de Montréal font également partie des premières compagnies du genre. Au début, leur répertoire se compose surtout de pièces écrites aux États-Unis, en Angleterre et en France. Le Holiday Theatre présente un grand nombre d'adaptations américaines de contes de fées, et le Theatre Hour et les Jeunes Comédiens, des œuvres classiques anglaises et françaises pour leurs spectateurs des écoles secondaires. Avec le temps, ces compagnies commandent des œuvres canadiennes.

Deux compagnies fondées dans les années 60 finissent par encourager les écrivains canadiens, mais toutes deux commencent par mettre en scène des œuvres étrangères. En 1964, la Nouvelle Compagnie théâtrale de Montréal présente des œuvres classiques pour adolescents et, à partir de 1968, elle ajoute à son répertoire des œuvres québécoises récentes ainsi que les œuvres gagnantes d'un concours d'œuvres dramatiques organisé annuellement. Vers la fin des années 60, le GLOBE THEATRE de Regina fait une tournée des écoles de la Saskatchewan et présente les œuvres de l'auteur britannique Brian Way. Sa technique soulignant la participation du public – demander aux spectateurs d'imaginer une intrigue et d'aider le héros en faisant des bruits et en suggérant idées et objets imaginaires – devient vite populaire et influente. Parmi les dramaturges canadiens auteurs de pièces demandant la participation du public qui ont connu le succès, citons Paddy Campbell, Len Petersen et Rex DEVERELL. En 1975, Deverell est le premier auteur dramatique résidant à écrire des pièces pour enfants.

Dans les années 70, quand Simon et Pierre, Talonbooks et la Playwrights Co-op (devenue Playwrights Canada) commencent à publier de nouveaux textes pour les jeunes, les écrivains peuvent s'attendre à voir leurs œuvres jouées plusieurs fois. Bon nombre de troupes pour jeunes conçoivent leur propre matériel ou comptent dans leurs rangs un metteur en scène ou un acteur qui fait office de dramaturge, et la plupart des œuvres ne sont interprétées qu'une seule saison. Certaines sont pourtant publiées, et quelques-unes, présentées devant de nombreux auditoires. C'est le cas de *New Canadian Kid* de Dennis Foon, pièce qui met en scène des enfants immigrants et dans laquelle les Canadiens parlent en charabia tandis que seul le nouvel arrivant parle anglais.

Dans les années 70 et 80, le nombre de troupes spécialisées dans le théâtre pour jeunes passe de 20 à 70, et comprend entre autres: Mermaid Theatre en Nouvelle-Écosse; Theatre New Brunswick's Young Co; Theatre Five, Carousel Players, Hexagone and l'Hexagone, Jabberwock and Sons Full Theatre Co, Theatre Direct Canada et The Great Canadian Theatre Co en Ontario; Théâtre des Pissenlits, Marmaille, Théâtre Soleil, Cannerie, Bebelle, Théâtre de Carton, Théâtre de L'Œil, Grosse Valise, Théâtre des Confettis, Amis de chiffon, et Youtheatre au Québec; Persephone Youth Theatre en Saskatchewan; Manitoba Theatre Workshop et Manitoba Theatre for Young People au Manitoba; Citadel-On-Wheels et le Stage Coach Players du Theatre Calgary, Trickster et le Quest Theatre de Calgary en Alberta; enfin, Green Thumb, Axis Mime, Carousel Theatre et Kaleidoscope en Colombie-Britannique.

En 1977, le Young People's Theatre de Toronto devient le premier théâtre canadien à posséder son propre édifice consacré uniquement au divertissement des jeunes spectateurs. L'Alberta Theatre Projects, fondé en 1972 «pour présenter aux écoliers une image vivante de l'histoire», transporte son public dans un théâtre exceptionnel, l'historique Canmore Opera House situé dans le parc Heritage à Calgary. En déménageant au Calgary Centre for Performing Arts, la compagnie décide de consacrer son énergie à sa saison pour adultes. Au même moment, Theatre Calgary abandonne sa succursale chargée des tournées dans les écoles, Stage-Coach Players. Une nouvelle compagnie, Quest Theatre, prend la relève pour combler le besoin en matière de théâtre pour jeunes.

Au cours des années 80, plusieurs grandes compagnies régionales délaissent le théâtre pour jeunes. Bien qu'à l'origine celles-ci se soient données pour mandat de travailler pour les jeunes, le manque de ressources et le changement de personnel les amènent à mettre l'accent sur des œuvres pour adultes, davantage en mesure d'assurer leur prestige. Même si ce virage modifie la nature du «théâtre pour tous les âges» des compagnies régionales, il favorise, en particulier dans l'Ouest, l'apparition de nouvelles troupes et de nouvelles approches. À Vancouver, la décision du Playhouse de mettre fin à ses tournées dans les écoles est à l'origine de la fondation du Green Thumb Theatre. À Edmonton, la fermeture du Citadel-On-Wheels conduit à la formation du Chinook Theatre et au lancement de la «Family Series» (série familiale), un programme populaire de pièces présentées au MacLab Theatre et auxquelles on peut s'abonner.

Phénomène typiquement canadien, les festivals pour enfants, qui se déroulent pendant plusieurs jours, se sont développés partout au pays. Bien que le théâtre ne soit que l'une des nombreuses disciplines présentées, les compagnies canadiennes y sont présentes et mises en évidence. Des événements organisés annuellement à Vancouver, Calgary, Toronto, Winnipeg et Montréal engendrent des manifestations semblables dans des villes plus petites comme Saskatoon, Thunder Bay, Regina et Prince George.

La plupart des compagnies considèrent les tournées scolaires comme une partie essentielle de leur mandat et présentent des pièces à un nombre important de jeunes Canadiens. L'économie de moyens imposée par les tournées conduit parfois à des solutions ingénieuses aux diverses contraintes, notamment le nombre restreint de comédiens, la durée des séances limitées à 45 minutes et les ressources techniques rudimentaires. Les pièces qui restent longtemps au programme permettent aux acteurs néophytes de développer leurs talents créateurs et de soutenir ainsi le jeu durant des dizaines, voire des centaines de représentations consécutives. Le lien étroit avec les écoles complique parfois la démarche des troupes: le contenu éducatif leur est suggéré, sinon dicté, et elles doivent effectuer la recherche et rédiger des guides pédagogiques détaillés en comptant sur de maigres ressources. Ce sont souvent les questions de financement qui frappent les compagnies de théâtre en premier. Les artistes se sentent isolés et souffrent de l'absence de réaction des médias et de leurs collègues. Présenter une pièce d'un acte en tournée pendant des mois, à raison de deux représentations par jour dans des gymnases d'école est franchement épuisant.

À la suite des compressions dans le système d'éducation, les troupes spécialisées dans les tournées scolaires ont été amenées à élaborer des programmes d'ateliers complets. Les beaux-arts étant souvent la première cible des ponctions au budget, les écoles remplacent les programmes d'un an par des sessions d'une semaine et invitent les théâtres pour jeunes à offrir de la formation plutôt que des pièces. Il reste à voir quel sera l'effet de cette pratique sur la production des textes et l'éducation des spectateurs.

Depuis 1980, les préoccupations modernes côtoient l'archétype, l'histoire et la légende dans le répertoire. On aborde ainsi des thèmes comme la prévention de l'agression sexuelle, les questions relatives à l'immigration et à l'analphabétisme, la pression des camarades et la violence dans la cour d'école. Le Green Thumb Theatre de Vancouver et le Manitoba Theatre for Young People de Winnipeg sont à l'avant-scène de l'une des tendances des années 90, la programmation pour adolescents effectuée sur place.

Les pièces pour enfants, ou élaborées par ces derniers, apportent quelquefois une influence novatrice au théâtre canadien. P. ex., James REANEY, poète, dramaturge et professeur, organise souvent des ateliers de théâtre avec les enfants parce que l'énergie, la grâce et l'ouverture d'esprit qu'ils manifestent envers les mythes et les métaphores l'aident à créer son œuvre. Par ailleurs, étant donné qu'un grand nombre de professionnels débutent dans le théâtre pour jeunes, ils apportent souvent des solutions nouvelles à des problèmes anciens. De surcroît, la collaboration entre auteurs, metteurs en scène et scénographes produit des résultats frappants et remarquables.

L'improvisation, l'art du mime et du masque, la création collective et les marionnettes enrichissent notre vocabulaire théâtral et font reculer les frontières du style. Un style canadien s'est développé au niveau de l'écriture et de la production, et un théâtre qui s'adresse directement aux rêves des jeunes Canadiens par le truchement d'une innovation théâtrale a vu le jour.

Joyce Doolittle et Joanne James

Theatre Royal Salle de 1500 places construite par John MOLSON sur un lot vacant lui appartenant à l'angle des rues Saint-Paul et Victor, le Theatre Royal se veut un moyen d'attirer les acteurs de talent qui boudent Montréal au début du XIXᵉ s. En 1825, une compagnie comprenant 71 membres entreprend la saison théâtrale en présentant un répertoire diversifié quoique répétitif de pièces de Shakespeare, ainsi que des comédies et des farces de Knowles, Cowley et Sheridan. Jusqu'en 1840, les saisons théâtrales sont irrégulières et, l'hiver, le théâtre accueille souvent des concerts et parfois des cirques. Cette salle de spectacles contribue grandement au développement culturel de la ville; elle attire des vedettes britanniques et américaines itinérantes (telles que l'auteur tragique Edmund Kean, le comédien John Reeve et l'auteur Charles Dickens), ainsi que de nombreuses troupes d'amateurs, notamment les Garrison Amateurs. En 1826, le théâtre fait faillite en raison de la mauvaise gestion de Frederick Brown. Différents gestionnaires essaieront tour à tour de redresser les finances du théâtre, mais sans succès. Cela aboutira à sa vente et à sa démolition en 1844 pour faire place au marché Bonsecours.

Marilyn Baszczynski

Théâtre, scénographie et costumes Des documents historiques permettent d'avancer que, déjà à la fin du XVIIIᵉ et au début du XIXᵉ siècle, les troupes de théâtre amateurs et professionnelles canadiennes reconnaissent l'importance d'une conception soignée des décors et des costumes afin d'assurer le succès critique et commercial de leurs productions. Elles consacrent donc une grande part de leur budget à cet aspect de la création théâtrale. Comme il n'existe pas à cette époque de décorateurs professionnels, elles font appel à des peintres paysagistes et à des portraitistes. À la fin du XIXᵉ siècle, les compagnies américaines et les troupes itinérantes britanniques dominent les arts de la scène au Canada, ce qui freine l'épanouissement d'une tradition proprement canadienne dans le domaine de la scénographie. Seule la troupe itinérante canadienne des Marks Brothers représente une exception. Établie à Christie Lake, en

Ontario, elle se produit dès les années 1870 et jusqu'aux années 1920. Les Marks Brothers engagent régulièrement des paysagistes pour leurs tournées et, malgré les difficultés engendrées par le transport de l'équipement et des accessoires d'un bout à l'autre du pays, leurs spectacles présentent des décors et des costumes recherchés.

Au cours des années 20 et des années 30, les costumes et les décors de théâtre des troupes canadiennes continuent de refléter les normes et les usages en vigueur à Londres et à New York. L'influence américaine se transmet à l'occasion de visites à New York, de contacts avec les départements de théâtre des universités américaines et de tournées aux États-Unis. Les normes britanniques sont introduites par des artistes en visite ou établis au Canada. Le FESTIVAL NATIONAL D'ART DRAMATIQUE, concours réservé aux amateurs créé en 1932 et organisé chaque année de 1933 jusque dans les années 70, ne prévoit pas d'indemnités de déplacement pour les scénographes ou les créateurs de costumes, qu'aucun prix ne vient d'ailleurs récompenser. La création d'un prix en l'honneur de Martha Jamieson comblera cette lacune. Toutefois la plaque figurant sur le prix comporte le nom de la compagnie et non celui du scénographe ou du créateur de costumes.

Les compagnies amateurs bien établies copient les décors des productions originales ou demandent à des artistes locaux de les construire. Dans les années 20 et dans les années 30, des peintres connus, comme ceux du GROUPE DES SEPT, conçoivent des décors et des costumes pour le Hart House Theatre et l'Arts and Letters Club de Toronto. Des compagnies de location d'habits commencent à louer des costumes de scène. C'est ainsi que débute le costumier Mallabar, aujourd'hui d'envergure internationale. À l'époque, les costumes sont l'œuvre de tailleurs et de créateurs anonymes et non d'artistes.

La création de troupes professionnelles de théâtre, de ballet et d'opéra et le début de la diffusion d'émissions de télévision par Radio-Canada, dans les années 50, ouvrent des débouchés aux scénographes et aux concepteurs de costumes. Cependant les décorateurs, et surtout les techniciens, sont encore peu nombreux (*voir* RADIODIFFUSION ET TÉLÉDIFFUSION et PROGRAMMATION TÉLÉVISUELLE). Au début, beaucoup de décorateurs de Radio-Canada sont originaires d'Europe. Les artistes canadiens découvriront les possibilités offertes par la scénographie grâce au FESTIVAL DE STRATFORD et à Tanya Moiseiwitsch, scénographe et conceptrice des costumes pour les premières productions du festival.

De jeunes Canadiens, souvent des étudiants des écoles des beaux-arts ou des universités, sont embauchés comme techniciens. Grâce à la formation qu'ils ont acquise à Stratford, ils deviennent des concepteurs de décors et de costumes très demandés dans les théâtres régionaux et dans les festivals pendant les années 60 et les années 70.

Dans les années 50, le Collège des beaux-arts de l'Ontario, qui enseigne le dessin et la peinture, joue aussi un rôle important dans la formation de la première génération de scénographes et de créateurs de costumes canadiens, parmi lesquels Marie Day, Murray Laufer, Martha Mann et Suzanne Mess. Dans les années 60, des cours de formation professionnelle en scénographie et en création de costumes sont mis en place, d'abord à l'École nationale de théâtre du Canada (1960), puis dans le cadre de programmes universitaires comme le baccalauréat en beaux-arts d'une durée de quatre ans à l'U. de l'Alberta (1966). Toutefois, de nombreux scénographes et concepteurs de costumes vont encore chercher une formation professionnelle à l'étranger, surtout aux États-Unis et en Europe.

Tanya Moiseiwitsch travaillera à Stratford pendant 30 ans. D'autres créateurs britanniques lui succéderont, comme Leslie Hurry, qui exécute la plupart

de ses réalisations importantes dans le cadre du festival et au Canada. Les scénographies de Desmond Heeley, dénudées mais exotiques, font leur marque au pays. Susan Benson, par sa maîtrise des textures et des couleurs, influence de nombreux jeunes créateurs. Dans les années 80, des scénographes et des créateurs de costumes canadiens, éduqués et formés au Canada, jouent un rôle de premier plan au festival. Parmi les plus marquants, citons Michael Eagan, Phillip Silver, Christina Poddubiuk et Debra Hanson.

L'influence de Stratford dépasse les frontières canadiennes. Tyrone GUTHRIE, qui a su prouver l'utilité de l'avant-scène prolongée, sert souvent de modèle au Canada et à l'étranger. Une scénographie comportant des costumes et des décors très détaillés et soigneusement éclairés sur une toile de fond dépouillée offre une séduisante solution de rechange aux décors limités par un arc de scène.

Dans les années 70, la profession de scénographe et de créateur de costumes est désormais bien établie au Canada. L'Association des designers canadiens, fondée en 1965, a pour mandat d'améliorer les conditions de travail des créateurs, de promouvoir leur reconnaissance professionnelle, de les faire connaître au public et de favoriser la communication entre eux. À cette fin, elle réglemente les contrats de travail passés avec l'Association professionnelle des théâtres canadiens et assure une plus grande visibilité aux créations, tant au Canada qu'à l'étranger, en participant à différents concours et expositions. Elle compte actuellement 155 membres qui travaillent dans les domaines du théâtre, de l'opéra, de la danse, de la télévision et du cinéma, ou qui enseignent dans les collèges et universités.

Par ailleurs, un grand nombre de festivals et de théâtres régionaux majeurs, ainsi que d'autres institutions, prennent l'habitude d'embaucher un scénographe invité ou un décorateur en chef pour la saison plutôt que d'en changer à chaque production. Cette habitude permet aux créateurs d'obtenir un revenu stable et de collaborer avec une équipe (metteurs en scène, techniciens, artisans) pendant une longue période. Cela donne naissance à plusieurs collaborations fructueuses entre metteurs en scène et créateurs, notamment entre Cameron PORTEOUS et Christopher Newton. Leur association au Vancouver Playhouse et au Shaw Festival dure plus de 20 ans et aboutit à de nombreux succès auprès du public et de la critique, dont *Cyrano de Bergerac* (1982-1983) et *Cavalcade* (1985-1986 et 1995).

Parmi les autres créateurs célèbres de cette génération, citons Murray Laufer, dont les décors architecturaux donnent au St Laurence Centre de Toronto son style; Suzanne Mess, connue comme créatrice de costumes pour le grand opéra en Amérique du Nord; François Barbeau, éminent créateur de costumes montréalais; Philip Silver, l'un des premiers scénographes au CITADEL THEATRE d'Edmonton; et Jack King, célèbre par les décors qu'il crée pour de nouvelles œuvres canadiennes présentées par le BALLET NATIONAL DU CANADA.

À la fin des années 60 et au cours des années 70, les sentiments nationalistes encouragent l'apparition partout au Canada de troupes de théâtre parallèles (le Tamahnous à Vancouver, le TARRAGON THEATRE, les Toronto Workshop Productions et le THEATRE PASSE MURAILLE à Toronto). Avec les festivals déjà établis et les théâtres régionaux en plein essor, ces compagnies offrent de nouveaux débouchés aux créateurs. Elles se donnent pour mandat d'explorer de nouvelles avenues sur le plan du contenu et de la forme et proposent aux scénographes et aux créateurs de costumes de nouveaux défis. Parmi les scénographes qui collaborent avec ces troupes, Astrid JANSON et Jim Plaxton figurent certainement parmi les plus innovateurs. Tous deux font preuve d'une ingéniosité et d'un talent extraordinaires dans leur utilisation des matériaux et démontrent une grande habileté à exploiter des configurations spatiales non traditionnelles.

Outre l'École nationale de théâtre du Canada, plus de 60 écoles disséminées dans l'ensemble du pays offrent aujourd'hui une formation théâtrale, et plus de 100 troupes professionnelles montent des pièces. Les scénographes ne sont plus cantonnés à des productions isolées et collaborent activement avec les architectes à la conception de nouveaux bâtiments et à la restauration d'édifices anciens. Le Canada est reconnu pour l'ingéniosité avec laquelle ses scénographes et ses architectes ont su transformer des bâtiments industriels et des édifices publics du siècle dernier afin de les réutiliser au XXᵉ siècle.

Dès le début des années 80, les scénographes canadiens établissent une solide présence à la Prague Quadrennial, une exposition dont les prix sont décernés par un jury international. On y présente ce qui se fait de mieux sur le plan international dans les domaines de la scénographie et de l'architecture de théâtre. En 1975, la première soumission présentée par des artistes canadiens vaut une mention honorable à Murray Laufer et à François Barbeau. En 1979, le Canada remporte un prix d'excellence, et, en 1983, Roy Robitschek obtient une «mention spéciale». Des artistes comme Michael LEVINE, connu pour ses œuvres provocantes créées en collaboration avec le metteur en scène Robert LEPAGE (*Les plaques tectoniques*, 1988; *Bluebeard's Castle* et *Erwartung*, 1993-1995) et qui travaille pour les théâtres, les opéras et les compagnies cinématographiques les plus importantes au monde, continuent de contribuer à la renommée internationale d'excellence du pays.

Martha Mann

Au Québec

Le dernier quart du XIXᵉ siècle voit le métier de peintre décorateur prendre, au Québec, un essor considérable grâce à l'apparition, en 1872, du Conseil des Arts et Manufactures. On peut relever le nom d'une trentaine d'artistes exerçant ce métier dans l'annuaire Lovell de Montréal. Les peintres fresquistes décorent des églises, des édifices et des maisons. Nombre de ces œuvres sont aujourd'hui hélas détruites mais celles qui ont été préservées sont de véritables joyaux de notre patrimoine. On pense aux œuvres décoratives d'Ozias LEDUC (basilique NOTRE-DAME DE MONTRÉAL, église de Saint-Hilaire) ou à celles de F.-X. Édouard Meloche (chapelle Notre-Dame-de-Bonsecours de Montréal, église Saint-Michel de Vaudreuil), lui-même disciple de Napoléon BOURASSA (chapelle Notre-Dame-de-Lourdes de Montréal).

À cette époque, le décor de théâtre est principalement constitué de toiles peintes. Cela permet à des artistes de s'annoncer sous la rubrique de «Theatrical scenery artists»; il est donc certain que de 1860 à la fin de la Seconde Guerre mondiale, la peinture scénique est professionnellement exercée dans la province. Il existe même des «studios-scéniques» suivant l'usage à Paris ou à New York. Dans les journaux, malgré le grand silence autour du travail scénique, quelque 30 noms émergent, parfois déformés. Citons trois d'entre eux, René Joseph Garand (1877-1920), Octave Ritchot (1898-1930) et Hector Delangis (1907-1930) dont les carrières exceptionnelles prouvent le talent.

Coté costumes, l'usage veut qu'ils soient fournis par les artistes lorsqu'ils sont contemporains ou loués, s'il s'agit de costumes d'époque. Le costumier commercial Joseph Ponton, entre autres, tient le haut du pavé dans ce domaine, de la fin du XIXᵉ siècle aux années 50.

Au moment où le théâtre québécois accède enfin à la modernité, durant les années 1930, il emprunte au Cartel français sa redéfinition du réalisme illusionniste qui impose des rapports dynamiques entre l'œuvre, le décor, les costumes et l'acteur, fixant ainsi les règles incontournables, encore en usage, dans l'exercice de la profession. C'est en appliquant ces principes d'une scénographie illusionniste, purement

visuelle que les artistes appartenant aux Compagnons de Saint-Laurent (*voir* LEGAULT, Émile), comme André Jasmin, Jean de Belleval, Jean-Paul Ladouceur, Alfred PELLAN, Robert Prévost, Charles DAUDELIN, brisent la tradition de la toile peinte et dessinent des costumes de théâtre. C'est en optant pour cette voie que Marie-Laure Cabana (costumière) Jacques Pelletier et Robert Prévost (décorateurs) jettent les bases d'un nouveau professionnalisme au Monument national (1942) et au THÉÂTRE DU NOUVEAU MONDE (1951).

L'apparition du petit écran, en 1952 à Montréal, accélère l'évolution de la connaissance théâtrale grâce à une pratique quotidienne. Les ateliers que met sur pied la SOCIÉTÉ RADIO-CANADA permettent aux artisans d'accumuler des compétences en matière de fabrication de décors, de costumes, d'accessoires, d'éclairage avant même l'apparition des écoles de théâtre qui naîtront à partir des années 60. De 1952 à 1967, alors que l'on assiste à l'implantation de 8 nouvelles troupes de théâtre, Radio-Canada engage une trentaine d'artistes formés aux beaux-arts; 12 dessinent des costumes et 17 des décors. D'âge, d'expérience et d'importance de carrière très diverses, quelques-uns dessinent parallèlement à la télévision et au théâtre. Mentionnons quelques décorateurs: Théo Aras, Alexis Chiriaeff, Gabriel Contant, Claude Fortin, Jean-Louis Garceau, Jacques Pelletier, Robert Prévost, Jean-Claude Rinfret, Hugo Wuthrich. Aux costumes, on peut citer: Marie-Laure Cabana, Solange Legendre, Claudette Picard, Richard Lorrain, Gilles-André Vaillancourt, etc. D'autres, tels le costumier François Barbeau, gagnant de nombreux prix, et les décorateurs Jean-Paul MOUSSEAU, Mark Negin, Jacques Pell, Germain et Paul Bussière, à Québec, n'ont pas dessiné pour la télévision.

Ayant donc hérité d'Europe l'emploi et le respect des codes, ces artistes explorent toutes les voies, conjuguant valeurs dramatiques et valeurs plastiques, le plus souvent en utilisant des matériaux traditionnels (châssis de toile, praticables, frises et pendrions, peinture de décor illusionniste). Il en résulte des décors et des costumes allant du plus strict réalisme aux plus audacieuses transpositions. Leur travail étant axé sur la mise en espace, ils dessinent des écrins qui situent l'action dramatique en comblant les besoins du metteur en scène. Cela n'empêche pas leur personnalité de se révéler, sans qu'elle soit jamais projetée au premier plan.

Parallèlement, les arts du son et de l'éclairage prennent un nouvel essor grâce à l'apparition de l'électronique, ce qui contribue à multiplier les consoles et le nombre de projecteurs dans les théâtres et à détacher la création de l'éclairage de celle du décor pour en faire un métier à part entière. Les premiers gradateurs électroniques apparaissent aux É.U. au milieu des années 50. Entre 1960 et 1980, Gatien Payette, un excellent technicien, installe dans les théâtres du Québec des consoles à mémoire et des ordinateurs qui deviennent une composante essentielle de la création de l'éclairage et du son. Pour mieux encadrer l'effervescence audiovisuelle qui en résulte, des postes de direction de production et de direction technique sont peu à peu créés dans les théâtres afin de gérer les budgets et de solutionner les problèmes techniques et de régie.

Ces développements techniques permettent à la scénographie québécoise de se mesurer aux théories brechtiennes qui influencent l'art du spectacle à peu près partout dans le monde; à partir des années 70, à la projection de diapositives ou de films vient s'ajouter l'usage de nouveaux matériaux: le plastique, le plexiglas, le métal, le verre, la fibre de verre, le mylar.

Au cours des années 80, d'autres matériaux non traditionnels tels le sable, le miroir, l'eau et des matériaux provenant du domaine de la construction font leur apparition sur les scènes des théâtres québécois. Dans la foulée des relectures européennes de l'héri-

tage théâtral, le décor passe donc progressivement d'une convention plastique homogène à un mode hétérogène dans une volonté de *dé-réaliser*. L'architecture prend le pas sur la peinture et le décor successif tend à être remplacé par le décor simultané sans toutefois relever du *dispositif scénique*. Dans la création des personnages d'époque, la reconstitution des modes antérieures se partage aujourd'hui la scène avec d'audacieuses transpositions visuelles. En bref, depuis 1980, on constate l'émergence d'un rendu visuel de plus en plus impressionnant et de plus en plus achevé mais dont le lien texte-personnages-décor perd sa transparence. La tâche actuelle des artistes visuels est de traduire une vision nouvelle des œuvres du répertoire suivant les désirs d'un metteur en scène; aussi, au Québec, le décor, le costume, l'éclairage et le son ont-ils pris, dans la présentation d'un spectacle, une place prépondérante. La formation professionnelle reçue dans les écoles de théâtre a porté ses fruits.

Signalons enfin une évolution notable sur le plan du sentiment d'appartenance professionnelle: alors que des années 50 au début des années 80, une certaine notion familiale du travail unissait les différents artistes et artisans qui appartenaient à une même troupe ou à un même théâtre (metteur en scène, décorateur, costumier, éclairagiste, sonorisateur, etc.), depuis les années 90 ce type de lien tend à s'effriter. Aujourd'hui, les concepteurs sont appelés à exercer leur métier sous toutes sortes de formes, dans tous les théâtres, pour des metteurs en scène de toutes tendances et pour toutes sortes de pièces. De plus, leur champ d'action s'est considérablement élargi; ils peuvent aussi bien œuvrer dans les domaines de la variété, de la danse, de la télévision privée, de la vidéo, du cinéma, du cirque, du spectacle de marionnettes, de la performance, que des spectacles donnés dans le cadre d'événements ou dans des musées.

Formation et associations professionnelles

La formation professionnelle apparaît avec l'École nationale de théâtre du Canada (1960-, bilingue) qui, en 40 ans, a formé 130 décorateurs et costumiers. Aujourd'hui six autres écoles préparent artistes et artisans au marché du travail: l'option théâtre du cégep Lionel-Groulx (1968) qui a accordé un D.E.C. à 95 décorateurs et costumiers, les options théâtre des cégeps de Saint-Hyacinthe (1968) et John-Abbott qui ont guidé la formation de 70 élèves chacun; quant au Conservatoire d'art dramatique de la Province de Québec, à Québec, il compte, depuis 1970, 65 finissants. À quoi il faut ajouter l'UNIVERSITÉ DU QUÉBEC À MONTRÉAL et l'UNIVERSITÉ CONCORDIA qui offrent, elles aussi, une formation théâtrale depuis les années 80.

Des quelque 450 élèves issus des écoles depuis leur apparition, 28 costumiers 60 décorateurs, 35 éclairagistes et 12 concepteurs sonores font actuellement partie de l'Association des Professionnels des arts de la scène au Québec (APASQ) et travaillent pour les quelque 375 metteurs en scène inscrits à l'Union des artistes. Née en 1984, l'APASQ est issue du Conseil québécois du théâtre constitué en 1983; elle remplace l'Association des designers du Canada. En effet, fin 1970, les décorateurs canadiens, constatant que leurs problèmes différaient totalement d'une province à l'autre, ont, d'un accord commun, décidé de se séparer. Mais l'APASQ ne comprend pas dans ses rangs nombre d'artisans qui se sont dirigés vers l'exécution de costumes, de décors, de peintures scéniques ou qui ont opté pour des métiers d'expressions d'art connexes.

Pour comprendre le travail de ces artistes, il faut savoir que plus de 200 productions théâtrales professionnelles sont montées, chaque année, au Québec. Ces productions sont régies par quatre associations distinctes de producteurs: le TAI pour le théâtre institutionnel; l'ACT, les compagnies de théâtre sans toit; le TUEJ, le théâtre pour l'enfance-jeunesse;

l'APTP, le théâtre privé (principalement offert l'été) dont les but artistiques et le fonctionnement diffèrent.

Citons enfin quelques noms importants. En costumes: Mérédith Caron, Denis Denoncourt; en décor: Guy Neveu, Michel Demers, Claude Goyette; en accessoires: Henri Huet; en éclairage: Michel Beaulieu, Guy Simard et Dominique Gagnon; enfin, au son: Robert Caux, Pierre Moreau. Au cinéma, François Séguin, directeur artistique et, Renée April, costumière, ont remporté plusieurs Emmy Awards.

Renée Noiseux Gurik

Théâtres d'été On connaît peu d'exemples anciens de productions estivales au Canada, surtout si on s'en tient à une acception stricte de la notion de théâtre d'été, excluant les masques, réceptions et *pageants* liturgiques. Un festival de théâtre d'été en français a lieu à Montréal, en 1904, quand, à l'occasion des fêtes de la Saint-Jean, le Monument-national présente *Un abonné de la campagne* de Conrad Gauthier, la Salle Poiré accueille *Diplomatie conjugale* de Germain Beaulieu et le Théâtre-national, *Une volupté nouvelle* de Louis-Napoléon Sénécal et *La Justice des hommes* d'Ernest Trouille. *L'Annuaire du théâtre* de 1908 cite par ailleurs *Le Cœur n'a pas d'âge* d'une dame Casgrain à l'Hôtel Bel-Air de l'Île d'Orléans, en juillet 1907. Il faut par ailleurs mentionner l'exemple donné par le théâtre Brae Manor fondé à Knowlton, en 1936, par Filmore et Marjorie Sadler, et associé à l'école de théâtre du Montreal Repertory Theatre auquel il a survécu jusqu'en 1956. On y a vu jouer Christopher PLUMMER, au temps où il était membre de la troupe.

L'Équipe de Pierre Dagenais présente *Le Songe d'une nuit d'été* de William Shakespeare dans les jardins de l'Ermitage, à Montréal, en août 1945; Mario Duliani, qui avait été directeur de la section française du Montreal Repertory Theatre, monte un spectacle dans son Théâtre de Laval-sur-le-Lac en août 1947 et, le même mois, les Compagnons de Saint-Laurent (*voir* LEGAULT, Émile) jouent *Les Précieuses ridicules* et *Le Médecin malgré lui* au Chalet du Mont-Royal. Dans les Laurentides, la Jeune Scène monte *De l'autre côté du mur* au St. Adele Lodge au cours de l'été de 1952, Henri Norbert fonde le Théâtre de Sun Valley, en 1953, et Paul Hébert met en scène *La Mégère apprivoisée* de Shakespeare au club de curling de l'Hôtel Chantecler de Sainte-Adèle, pendant l'été de 1956. Ce théâtre poursuit ses activités pendant plusieurs années.

Les lieux de productions estivales commencent alors à se multiplier. La compagnie Escale se produit en 1957 au Centre d'art à Percé, dirigée par Susanne Guité, notamment avec la collaboration de Jacques Kanto de 1960 à1964; le Théâtre de la Fenière joue dans une grange de Loretteville en 1958, il est ensuite déplacé à L'Ancienne-Lorette; dans L'Estrie, le Théâtre de Marjolaine voit le jour en 1960, avec Marjolaine Hébert, Hubert Loiselle, ainsi que d'autres dont Louis-Georges Carrier à compter de 1962; en 1964, c'est le tour de The Piggery à North Hatley, un théâtre anglophone qui fait occasionnellement place à des productions de Pierre GAUVREAU et Monique Lepage. Durant les années 60, on inaugure également le Théâtre des Marguerites de Jean DUCEPPE à Joliette, L'Égrégore à Sainte-Marguerite-du-Lac-Masson et le chapiteau du Théâtre du nouveau monde à Repentigny.

Assez souvent, ces théâtres vont et viennent, au gré du succès assez volatile des sites de vacances d'été. Mais certains ont acquis une stabilité remarquable. Un rapport du Théâtre de Marjolaine révèle, p. ex., que, durant les 20 premières années, on y a créé 15 œuvres québécoises, donné de l'emploi à 5 compositeurs, 8 metteurs en scène, 11 décorateurs et 117 acteurs ayant interprété 1200 rôles devant 355 000 spectateurs. Et si on y joue le plus souvent des pièces légères, elles ont fréquemment des titres prestigieux comme *Pygmalion* ou *Ubu Roi*. Les théâtres d'été du Québec, qui ont pour plusieurs d'entre eux dépassé le stade des granges et des moulins d'occasion, atteignent actuellement 1 000 000 $ de chiffre d'affaires et ont l'avantage de compter sur un tourisme interne. Hors Québec, le théâtre estival mise beaucoup sur le tourisme externe, comme La Sucrerie de Conrad Lamadeleine à Casselman, en Ontario, de 1988 à 1996, et les cafés-théâtres du village acadien de Mont-Carmel, sur l'Île-du-Prince-Édouard, depuis 1985, et du pays de la Sagouine de Bouctouche, au Nouveau-Brunswick, depuis 1992.

André G. Bourassa

Thelon, rivière Elle mesure 904 km de longueur et prend sa source dans le lac Lynx, situé à l'est du Grand Lac des Esclaves, dans les Territoires du Nord-Ouest. Son BASSIN HYDROGRAPHIQUE de 142 000 km², le troisième en importance parmi les rivières qui se jettent dans la baie d'Hudson, possède un débit moyen de 804 m³/s. La rivière s'écoule vers le nord puis vers l'est. Elle traverse les Barren Lands en passant par les lacs Beverly, ABERDEEN, Schultz et Baker, pour finalement se jeter dans l'IN-LET CHESTERFIELD, dans la baie d'Hudson. Ses principaux affluents sont la rivière DUBAWNT, qui s'écoule vers le nord depuis le LAC DUBAWNT, et la RIVIÈRE KAZAN, qui draine de nombreux lacs vers le sud-ouest. Les INUITS DU CARIBOU habitaient la région jusqu'à ce que les troupeaux soient décimés. En 1893-1894, J.W. et J.B. TYRRELL explorent la rivière. La réserve faunique Thelon, d'une superficie de 38 850 km², est créée en 1927 afin de protéger les BŒUFS MUSQUÉS, menacés d'extinction.

James Marsh

Théoret, France, poète, romancière et essayiste (Montréal, Qc, 17 oct. 1942). Professeure au cégep Ahuntsic de 1968 à 1987, elle obtient en 1977 une maîtrise à l'U. de Montréal pour un mémoire sur Claude Gauvreau, et en 1982 un doctorat de l'U. de Sherbrooke pour une thèse sur l'écriture. Figure de proue du féminisme québécois, France Théoret a participé au mouvement de la «nouvelle écriture» associé de près, dans les années 1970 et 1980, à la revue *Les herbes rouges. Bloody Mary* (1977), *Une voix pour Odile* (1978), *Vertiges* (1979), *Nécessairement putain* (1980), recueils de poèmes en prose et de courts récits, d'une écriture exigeante et emportée, témoignent de la souffrance collective des femmes, tout en explorant de façon très personnelle les profondeurs d'une subjectivité qui ne cesse d'interroger son passé, son identité, son corps et sa société. Depuis 1982, avec la publication d'un premier roman, *Nous parlerons comme on écrit*, elle privilégie la prose narrative sans abandonner la poésie: *L'homme qui peignait Staline*, récits, 1989; *Journal pour mémoire*, 1993; *Laurence*, roman, 1996; *Une mouche au fond de l'œil*, poésie, 1998. Elle collabore à de nombreuses revues, dont *LA BARRE DU JOUR* et *Spirale*, et fait paraître un livre d'essais en 1987, *Entre raison et déraison.*

François Rochon

Théorie des principales ressources Théorie qui affirme que l'exportation des ressources naturelles, ou des matières premières, du Canada vers les économies plus avancées a un impact profond sur l'économie ainsi que sur les systèmes politiques et sociaux. Différentes ressources (fourrures, poisson, bois, céréales, huile, etc.) ont différents impacts sur les taux de règlements, les conflits entre les gouvernements fédéral et provinciaux, etc. Cette thèse a été formulée dans les années 20 par les historiens de l'économie Harold A. INNIS et W.A. MACKINTOSH. Ils conviennent tous les deux que le Canada s'est créé à partir d'une économie de matières premières, mais divergent toutefois d'opinion. En effet, W.A. Mackintosh voit une constante évolution vers une économie industrialisée mature basée sur la production de denrées de première nécessité, alors que H.A. Innis voit plutôt que le Canada a une tendance à s'enfermer en permanence dans une dépendance d'arrière-pays à ressources. Les adeptes contemporains de la théorie soutiennent que la version de H.A. Innis décrit plus exactement la situation canadienne qui prévaut jusqu'à ce jour. Cette thèse est peut-être la plus importante contribution théorique à l'érudition (ou «aux connaissances») de la part des spécialistes en sciences sociales et des historiens canadiens; elle a eu également une influence internationale, particulièrement dans l'analyse d'un pays comparable tel que l'Australie.

Mel Watkins

Théosophie Système philosophique fondé sur la croyance en un principe universel et éternel qui est le fondement de toute vie. Les aspects mystiques de cette affirmation de l'identité fondamentale de toutes les âmes avec l'Âme universelle ressemblent aux doctrines du bouddhisme et de l'hindouisme. La Société théosophique est fondée à New York en 1875 par, entre autres, Helena Petrova Blavatsky afin de «constituer le noyau d'une fraternité universelle du genre humain, sans distinction de race, de croyance, de sexe, de caste ou de couleur». La société cherche également à encourager l'étude comparative des religions, des philosophies et des sciences.

La première section canadienne de la société est constituée à Toronto en 1891 par Algernon Blackwood, la Dʳᵉ Emily STOWE, la Dʳᵉ Augusta STOWE-GULLEN et le rédacteur en chef du journal, Albert Smythe (père de Conn SMYTHE, également membre à vie). Une section canadienne autonome de la Société théosophique est fondée en 1919; son directeur, Albert Smythe, est aussi le premier rédacteur en chef de la revue du Québec, *The Canadian Theosophist*, publiée sans interruption depuis. La société a des liens étroits avec le GROUPE DES SEPT, notamment avec Lawren HARRIS. Parmi les autres membres importants de cette société, on compte le critique William Arthur Deacon et Roy Mitchell, le premier directeur du Hart House Theatre.

La société est aussi liée à d'autres organisations canadiennes, notamment la Canadian Federation of the Theosophical Society, la Société théosophique du Québec et la Loge unie des théosophes. Elle possède des loges actives à Montréal, à Toronto, à Hamilton, à Edmonton, à Calgary, à Vancouver et à Victoria.

Thériault, Camille Henri, premier ministre du Nouveau-Brunswick (25 févr. 1955, Baie-Sainte-Anne, N.-B.). Il étudie d'abord à Baie-Sainte-Anne et obtient un baccalauréat en sciences sociales, avec une majeure en sciences politiques de l'U. de Moncton. Ancien membre d'ADEL-Kent-LEDA et membre de la Chambre de commerce de Bouctouche, il a été vice-président des affaires corporatives de la Coopérative des pêcheurs unis des Maritimes et directeur général de la Commission industrielle de Kent.

Thériault entre à l'Assemblée législative le 13 octobre 1987 à titre de député de Kent-Sud. Il est président du Comité des comptes publics et membre du Comité permanent des prévisions budgétaires. Réélu le 23 septembre 1991, il devient ministre des Pêches et de l'Aquaculture le 9 octobre suivant. Il siège au Conseil de gestion, un comité du Cabinet, et préside le Comité spécial sur la représentation et la délimitation des circonscriptions électorales. Il est coprésident du Comité ministériel sur la création des nouvelles options.

Le 27 avril 1994, Thériault devient ministre de l'Enseignement supérieur et du Travail. Il siège aussi au Comité du Cabinet chargé des politiques et des priorités. Après sa réélection, le 11 septembre 1995, il occupe le poste de ministre du Développement économique et du Tourisme, tout en étant responsable du Secrétariat de l'autoroute électronique de l'information. Il assume la direction du Parti libéral le 2 mai 1998 et est assermenté comme 29ᵉ premier ministre du Nouveau-Brunswick le 14 mai 1998.

Thériault, Gérard, aviateur (Gaspé, Qc, 5 juin 1932—Victoria, C.-B., 13 oct. 1998). Il s'enrôle comme pilote dans l'Aviation royale du Canada en novembre 1951, après avoir obtenu un baccalauréat en économie de l'Université Sir George Williams, à Montréal. Il occupe divers postes d'instructeur et d'état-major, au Canada et en France, avant de prendre le commandement du 444e Escadron d'appui tactique et d'attaque à Baden-Soelligen, en République fédérale d'Allemagne (R.F.A., 1966). En juin 1970, il devient colonel et commande successivement le Collège militaire royal de Saint-Jean et la base de Bagotville (1971-1973). Promu brigadier-général en 1973, il prend la tête du 1er Groupe aérien du Canada, à Lahr, R.F.A. Comme major général (1976-1977), il occupe des postes d'état-major pour l'aviation à Winnipeg et au Quartier général de la Défense nationale à Ottawa. Dans ce dernier poste, il obtient le grade de lieutenant-général (1977) et devient sous-chef de l'état-major de la Défense puis (1978) vice-chef de l'état-major de la Défense (1980). Il est promu général et chef de l'état-major de la Défense, le 1er juillet 1983. Il se retire des Forces armées canadiennes en 1987 pour devenir vice-président et, plus tard, président et directeur de AEG Canada Inc. Il quitte la vie active en 1995.

Thériault, Marie José, poète, conteuse, traductrice (Montréal, 21 mars 1945). Elle fait ses études à Villa-Maria et au collège Marie-de-France. Son intérêt pour les langues étrangères et le spectacle lui font fréquenter l'U. de Florence et l'Académie de ballet Daria Collin. Entre 1963 et 1966, elle est soliste dans la Julio Piedra and his Spanish Dance Company, troupe avec laquelle elle effectue des tournées en Amérique du Nord. En 1967 et 1968, elle se perfectionne dans la danse à Barcelone et débute dans la chanson à Milan où elle enregistre son premier disque. De 1968 à 1973, elle se consacre à la fois au chant, à la danse et à la mise en scène, puis rompt avec le spectacle tout en continuant de travailler pour la radio et la télévision. En 1975, elle est responsable des Éditions Hurtubise HMH et directrice littéraire en 1978, et collabore à différentes revues telles que *XYZ*, *Vice & Versa* et *Liberté*.

Dès 1971, elle publie des traductions, des recueils de poésies et des contes. Les critiques de ses premiers recueils, *Poèmes* (1972) et *Pourtant le Sud...* (1976) sont défavorables. Le style est lyrique et éloquent, les apostrophes nombreuses et les références mythologiques fréquentes. *Lettera amorosa* (1978) est un hymne à l'amant, le ton est toujours envolé, mais les figures antiques disparaissent pour céder la place à une méditation sur le corps. *La Cérémonie* (1978) est un recueil qui alterne lyrisme et narration dans le cadre de contes qui varient de l'érotisme à l'étrangeté en passant par la cruauté, tous exempts d'un encadrement spatio-temporel. La carrière de Marie José Thériault en tant que poète est consacrée par le prix Canada-Suisse 1984 attribué à son recueil *Invariance*, qui évoque la concurrence entre la femme aimée et sa métaphore: l'Amérique. En 1984, Thériault publie un roman intitulé *Les Demoiselles de Numidie*, mettant en scène un monde féerique où fantasme et réalité sont intimement liés. Il s'agit à la fois d'un hommage à la mer et d'un hymne à l'ensorcellement de l'amour. Marie José Thériault a également été récompensée à plusieurs reprises pour ses traductions; en 1987, elle a été lauréate du prix littéraire du Gouverneur général du Canada pour la version française de *Digging the Mountains* de Neil Bissoondath.

Delphine Le Roux

Thériault, Yves, écrivain (Québec, 28 nov. 1915—Joliette, 20 oct. 1983). L'originalité, la diversité et l'importance de son œuvre font de lui l'un des écrivains québécois les plus populaires, tant au Canada qu'à l'étranger. Fils de menuisier, il quitte l'école à 15 ans et pratique divers métiers: chauffeur de camions, boxeur, vendeur, pilote d'avion, trappeur, chanteur western, annonceur à la radio de Montréal (CKAC), de New Carlisle (CHNC), de Québec (CHRC), de Sherbrooke, de Trois-Rivières (CHLN), de Hull (CKCH) et de Rimouski (CJBR). Vers 1945,

il décide de gagner sa vie en écrivant. Il a déjà publié quelques contes et nouvelles, dont son premier livre, *Contes pour un homme seul*, attire d'emblée l'attention. Au fil des ans, il pratique toutes les formes d'écriture: sketches radiophoniques, téléthéâtres, chroniques, «romans à dix sous», romans divers (policiers, de science-fiction, de mœurs, etc.), contes et récits pour enfants, adolescents ou adultes, monographies, biographies, documentaires, essais, reportages et éditoriaux. Il est l'un des premiers Québécois à vivre de sa plume. Son roman *Agaguk*, publié en 1958 et traduit en une dizaine de langues, le rend célèbre. De nombreux prix et distinctions viennent couronner sa carrière: prix de la Province de Québec (1954 et 1958), prix du Gouverneur général du Canada (1961), prix France-Canada (1961), prix Molson (1971) et prix David pour l'ensemble de son œuvre (1979). Il est élu Membre de la Société royale du Canada, en 1959, et président de la Société des écrivains canadiens, en 1964. Il se forge un style s'inspirant de l'oral et de l'écrit, intégrant archaïsmes et régionalismes, souvent direct et fruste, mais chargé en même temps de poésie. Une sexualité impérieuse, une nature farouche et indomptable, des personnages assoiffés d'absolu, écartelés entre leur désir de puissance et leur soif de tendresse, illustrent la force évocatrice de son univers imaginaire. Les figures de l'Indien (*Ashini*, *Le Ru d'Ikoué*, *Mahigan*, *N'Tsuk*, *La Quête de l'ourse*), de l'Esquimau (*Agaguk*, *Tayaout fils d'Agaguk*, *Agoak; l'héritage d'Agaguk*), du Blanc (*La Fille laide*, *Le Dompteur d'ours*, *Cul-de-sac*, *Kesten*, *Les Temps du carcajou*, *Le Dernier Havre*, *Moi, Pierre Huneau*), de l'Italien (*Amour au goût de mer*), du Juif (*Aaron*), de l'Espagnol (*Les Commettants de Caridad*) et des grandes étendues sauvages (forêts, plaines, toundra, mers, montagnes), sont autant d'images qui témoignent de l'écrivain à l'écoute de l'homme universel et de son combat pour la survie.

Maurice Emond

Thério, Adrien, auteur (Saint-Modeste, Qc, 1925). Il prépare successivement un B.A. à l'U. d'Ottawa (Ont., 1950), une maîtrise pour un mémoire sur l'œuvre de Marie Le Franc (U. Laval, Qc, 1952) et un doctorat pour une thèse sur *Jules Fournier, journaliste de combat* (1953). Après des études de littérature américaine à Harvard (1955-1956) et l'obtention d'une maîtrise en sciences politiques à l'U. Notre-Dame d'Indiana (Illinois, 1959), il dédie toute sa carrière à l'enseignement: du Collège Bellarmine de Louisville (Kentucky, É.-U.) à l'U. d'Ottawa (à partir de 1969), en passant par l'U. de Toronto (Ont., 1959-1960) et le Collège militaire royal de Kingston (1960-1969).

Membre de la Société royale du Canada (1970), pionnier des lettres québécoises, il fonde les revues *Livres et Auteurs canadiens* (1961; devenue *Livres et Auteurs québécois*, 1969-1983), *Lettres québécoises* (1976), et dirige *Incidences* (rebaptisée *Co-Incidences*) de 1970 à 1972.

Auteur prolifique, il touche à tous les genres: essai (*L'humour au Canada français*, 1968), théâtre (*Les renégats*, 1964; *Le roi d'Aragon*, 1979), journal (*Des choses à dire: Journal littéraire, 1973-1974*, 1975; *Le journal d'un chien*, 1962), traduction (*Un Yankee au Canada* de Henry David Thoreau, 1962), anthologie (*Conteurs canadiens-français*, 1965-1976; *Conteurs québécois, 1900-1940*, 1987). Mais c'est surtout dans le domaine du récit qu'il se meut le plus aisément: *Ceux du Chemin-Taché* (contes, 1974); *Nos beaux meurtres* (nouvelles, 1973); *La colère du père* (récit, 1974); *Un païen chez les pingouins* (1970); *C'est ici que le monde a commencé* (récit-reportage, 1978); *Les brèves années* (roman, 1953); *Soliloque en hommage à une femme* (1968); *Marie-Ève, Marie-Ève* (1983). Par sa verve subtilement tissée d'humour, son style simple, direct, enlevé et sa faculté d'émouvoir le public par la mise en scène de son enfance, des humbles gens de sa région natale et de son propre «moi», Adrien Thério s'est

imposé, au Québec, comme un des conteurs majeurs du XXe siècle.

Ismène Toussaint

Thèse laurentienne Théorie influente de développement national et économique énoncée par plusieurs historiens canadiens-anglais majeurs des années 30 jusque dans les années 50. Les principaux appuis à cette théorie figurent dans les œuvres de Donald CREIGHTON, surtout dans son volume THE COMMERCIAL EMPIRE OF THE ST. LAWRENCE (1937). Creighton, en étudiant le développement économique national du Canada, conclut que celui-ci provient essentiellement de l'exploitation progressive de produits essentiels (fourrures, bois d'œuvre et blé) par des négociants de la colonie dans les centres métropolitains majeurs du système du FLEUVE SAINT-LAURENT. Ce système permet de créer deux économies de marché, l'une transatlantique, l'autre transcontinentale. En accentuant le lien avec les capitales métropolitaines d'Europe, Creighton contredit le CONTINENTALISME implicite dans la THÈSE DES FRONTIÈRES de l'historien américain Frederick Jackson Turner, tout en insistant sur les influences de l'environnement immédiat.

Selon Creighton, l'achèvement du CANADIEN PACIFIQUE en 1885 marque l'extension du potentiel de développement national inhérent au système du Saint-Laurent. La théorie de Creighton vient en partie de la THÉORIE DES PRINCIPALES RESSOURCES avancée par H.A. INNIS, particulièrement dans *The Fur Trade in Canada* (1930), dans lequel Innis accentue l'importance des liens européens et l'effet de l'environnement.

Cette thèse laurentienne, à laquelle Innis et Creighton donnent son expression la plus riche dans les années 40, exerce une influence majeure sur les historiens qui vont publier après la Seconde Guerre mondiale. Elle fait cependant face à des critiques. Dans une conférence de 1946 intitulée «Clio in Canada: the Interpretation of Canadian History» (parue dans la revue *University of Toronto Quarterly*), W.L. MORTON met en garde contre les risques de domination régionale et culturelle inhérents au phénomène d'expansion des institutions et des entreprises commerciales du Canada central, reconnaissant néanmoins comme fait historique, ici comme dans *The Kingdom of Canada* (1963), le développement qu'a rendu possible la voie navigable du Saint-Laurent. Le volume de J.M.S. CARELESS, *Canada: A Story of Challenge* (1953), repose aussi sur cette théorie, bien que Careless fasse attention à la différenciation régionale et à l'influence métropolitaine (*voir* METROPOLITAN-HINTERLAND, THÈSE).

Depuis les années 60, la thèse laurentienne a fait l'objet de nombreuses discussions par des spécialistes, surtout parce qu'elle repose (comme Morton l'avait indiqué) sur le contrôle et la domination d'empires mondiaux sur des arrière-pays régionaux. Avec la régionalisation de la profession historique et avec les progrès de l'HISTOIRE SOCIALE, plus sensible aux questions régionales et à l'exploitation des autres classes par les classes dominantes, la discussion plus récente de cette thèse a surtout été critique. Même critiquée, elle continue cependant à être le mécanisme de synthèse historique fondamental contre lequel tous les autres doivent concourir pour tenter d'expliquer l'histoire du Canada.

A. Brian McKillop

Thesen, Sharon, poète et rédactrice (Tisdale, Sask., 1946). Sa famille s'installe en Colombie-Britannique en 1952 et elle vit et travaille à Vancouver depuis 1965. Elle obtient un baccalauréat ès arts et une maîtrise ès arts de l'U. Simon-Fraser et enseigne aujourd'hui au Capilano College, où elle est rédactrice poétique pour *The Capilano Review* depuis 1976. Sa poésie se démarque par l'humour, la pureté du vers et la maîtrise de plusieurs idiomes et évoque aussi des moments de profonde sensibilité.

Les critiques parlent de la luminosité de sa poésie, de même que de sa précision qui frôle la violence. Dans son lyrisme, en apparence analytique, règne une passion à peine contrôlée. La colère, le deuil, une conscience désabusée des caprices de l'amour et un goût poussé pour la beauté naturelle animent ses poèmes.

Jeune poète ayant beaucoup de choses en commun avec Phyllis WEBB, elle est la personne toute désignée pour diriger la publication de *The Vision Tree: Selected Poems* (1982) de Webb. Son premier livre, *Artemis Hates Romance* (1980), est acclamé par la critique qui y voit un début fort prometteur. *Holding the Pose* (1983) pousse plus loin son étude du lyrisme féministe.

Confabulations: Poems for Malcolm Lowry (1984) est mis en nomination pour le prix du Gouverneur général. Il s'agit d'une suite de poèmes documentaires centrés sur les deux démons de Lowry: l'alcoolisme et l'écriture. Ce recueil ressemble par de nombreux aspects à *The T. E. Lawrence Poems*, une étude de Gwendolyn Macewan sur la différence de la psyché imaginaire des hommes et des femmes. *The Beginning of the Long Dash* (1987), surtout dans son long poème portant le même titre, cherche à confronter et à intégrer de nouveaux postulats théoriques aux postulats lyriques traditionnels. Les poèmes de Thesen remettent en question les conventions établies, même quand ils semblent en faire usage. Toutefois, dans ses récents essais, elle remet en cause ce qu'elle perçoit comme la servitude des critiques à l'égard de la théorie.

En 1988, signe de sa renommée grandissante, elle figure dans un numéro spécial de *The Malahat Review* consacré à Paulette Jiles, Diana Hartog et Sharon Thesen. *The Pangs of Sunday* (1990), recueil de nouveaux poèmes et de poèmes choisis publiés par une grande maison d'édition, la confirme au rang des meilleurs poètes apparus dans les années 80.

Douglas Barbour

Thetford Mines, Qc, ville minière; pop. 17 635 (rec. 1997); const. en 1892. Sise sur la rivière Bécancour à l'extrémité sud-ouest des monts Notre-Dame, dans les Appalaches, elle est située à 197 km au nord-est de Sherbrooke et à 105 km au sud de Québec. Elle doit son nom à la ville de Thetford dans le comté de Norfolk en Angleterre. En 1876, Joseph Fecteau racle du bout de l'ongle quelques fibres sur une pierre verdâtre. Sans le savoir, il vient de découvrir l'AMIANTE. En 1877, Roger Ward achète le premier des droits de mine sur les terrains actuellement exploités, et les frères Johnson en commencent l'exploitation en 1878. En 1879, l'accès au chemin de fer permet désormais de transporter plus rapidement et en plus grande quantité le minerai à LÉVIS. Le développement de la ville est à cette époque remarquable car l'ouverture des mines draine la population de l'extérieur. Aujourd'hui, les mines souterraines ou à ciel ouvert y sont en opération, et les rues de la ville sont construites entre les mines et amas de résidus. Au cours des années 50, on doit même relocaliser une bonne partie du centre de la ville pour agrandir la mine King. Surnommée la «Capitale mondiale de l'amiante» et la «Cité de l'or blanc», THETFORD MINES est le plus important centre de production d'amiante du monde. En plus des nombreuses industries d'extraction et d'affinage du minerai, la ville a développé d'autres secteurs d'activité comme la production de roulottes, de motoneiges, de machinerie minière et de plastiques. La crise de l'amiantose depuis les années 80 a fait passer le pourcentage de main-d'œuvre régionale dans le domaine de 40 à 10 p. 100. D'abord appelée village de Kingsville en 1892, du nom d'un important propriétaire de mines, William King, la ville adopte, en 1905, le nom actuel. On y trouve le Musée minéralogique et minier de la région de l'Amiante établi en 1976. Elle est le centre administratif de la MRC de l'Amiante (pop. 45 020, rec. 1997).

Jean-Marie Dubois et Pierre Mailhot

Thiessen, Gordon G., économiste, banquier (South Porcupine, Ont., 14 août 1938). Élevé et éduqué en Saskatchewan, Thiessen entre au service de la BANQUE DU CANADA en 1963 comme économiste chargé de recherches en analyse monétaire. Il y passe 10 ans au cours desquels il poursuit des études et obtient un doctorat de la London School of Economics. Il quitte la banque en 1973 pour devenir économiste invité à la Reserve Bank of Australia avant de retourner à la Banque du Canada en 1975.

À titre de directeur de services et conseiller auprès du gouverneur, Thiessen joue un rôle de premier plan dans l'élaboration des politiques monétaires de la banque. Il devient sous-gouverneur en 1984 et succède à John CROW comme gouverneur en 1994. Par son calme et sa modération, il se distingue de Crow, souvent sujet de controverse, mais il poursuit les politiques monétaires de son prédécesseur.

Thirsk, Robert Brent, ingénieur biomédical, astronaute (New Westminster, C.-B., 17 août 1953). Thirsk étudie en génie mécanique à l'U. de Calgary (B. Sc., 1976) et au Massachusetts Institute of Technology (M. Sc., 1978), et obtient un doctorat en médecine à l'U. McGill en 1982. En décembre 1983, alors qu'il est résident en médecine familiale à l'hôpital Queen Elizabeth de Montréal, la NASA le choisit pour faire partie de son programme des ASTRONAUTES. Sa formation commence en février 1984, et il occupe la fonction de spécialiste de charge utile de réserve pour Marc GARNEAU, dans le cadre de la mission 41-G, du 5 au 13 octobre 1984.

En avril 1995, il est nommé spécialiste de charge utile pour la mission STS-78 de la navette spatiale *Columbia*. Du 20 juin au 7 juillet 1996, Thirsk participe à la mission Life and Microgravity Spacelab (LMS), un projet de recherche international comprenant 41 expériences sur la microgravité et ses effets sur le corps humain, sur les plantes et sur les animaux, ainsi que l'étude du comportement physique et chimique des matériaux dans l'espace. Il dirige aussi la Torso Rotation Experiment (TRE) de conception canadienne, où il est à la fois chercheur et sujet dans le cadre d'une étude sur la relation entre les mouvements des yeux, de la tête et du corps chez les astronautes et le mal des transports.

Thirsk est codirecteur d'un groupe international d'étude sur la répartition des liquides organiques des astronautes en état d'apesanteur. Il a conçu une combinaison anti-g qui pourrait aider les astronautes à se réadapter à la gravité terrestre. Il dirige la Fondation canadienne pour l'Université internationale de l'espace. (*Voir aussi* AGENCE SPATIALE CANADIENNE.)

Vivian Zenari

Thode, Henry George, scientifique, administrateur d'université (Dundurn, Sask., 10 sept. 1910—22 mars 1997). Diplômé de l'U. de la Saskatchewan, il obtient un doctorat à Chicago en 1934 et travaille dans les laboratoires du lauréat du prix Nobel Harold Urey à l'U. Columbia avant de se joindre à l'U. McMaster en 1939. Pendant la Seconde Guerre mondiale, le Conseil national de recherches du Canada (CNRC) commandite ses recherches sur l'énergie nucléaire.

Thode est vice-recteur (1957-1961), puis recteur (1961-1972) de McMaster. Il a encouragé le développement des départements de science, de génie et de sciences de la santé de l'université et de leurs programmes de recherche et d'études supérieures. Brillant scientifique nucléaire, sa tâche le conduit en 1957 à construire à McMaster le premier réacteur de recherche nucléaire d'une université du Commonwealth. Thode parvient à obtenir des morceaux de roche lunaire après l'alunissage, les étudie et précise les origines de la Lune. Lorsqu'il devient recteur en 1961, il transforme McMaster en une haute institution de recherche et une école de médecine de renommée mondiale. Membre de la Société royale du Canada (et son président de 1959 à 1960), de l'Institut de chimie du Canada et de la Royal Socie-

ty of London, il est nommé MBE en 1946 et, en 1967, il devient le premier scientifique à être fait Compagnon de l'Ordre du Canada. Auteur de plus de 150 articles et professeur émérite de McMaster à partir de 1979, ses dernières recherches portent sur les isotopes et les produits de fission, y compris les teneurs isotopiques des matériaux terrestres, météoritiques et lunaires.

Manuel Zack

Thom, Ronald James, architecte (Penticton, C.-B., 15 mai 1923—Toronto, 29 oct. 1986). La première réalisation qui lui vaut une réputation à l'échelle nationale est le Massey College (1963) de Toronto, alors qu'il est encore associé dans l'agence Thompson, Berwick and Pratt de Vancouver. Il fonde d'ailleurs la même année sa propre agence à Toronto, Thom Partnership. Il avait déjà à son actif de nombreux bâtiments et maisons privées en Colombie-Britannique.

Depuis Toronto, il aménage le campus et dessine des Collèges ainsi que la bibliothèque principale pour l'UNIVERSITÉ TRENT (1963-1979) de Peterborough, en Ontario, ainsi que des modifications et des ajouts judicieux aux bâtiments de la ville utilisés par l'université. Le théâtre du SHAW FESTIVAL (1973) de Niagara-on-the-Lake, en Ontario, est aussi une intégration notable à un cadre historique. Le complexe commercial Atria North (Toronto, 1980), plutôt utilitaire, est un ensemble de bureaux commerciaux à grande efficacité énergétique.

Thom a aussi participé à des projets inhabituels et hautement spécialisés comme la planification (1974) du zoo de Toronto et la conception de ses principaux pavillons dont ceux d'Afrique et d'Indo-Malaisie (en association avec Craig and Boake et Clifford and Laurie).

Il a d'abord étudié la peinture à la Vancouver School of Art, et c'est le peintre B.E. BINNING qui y a éveillé son goût pour l'architecture. L'œuvre de Thom témoigne de sa capacité à donner à des projets qui comportent de nombreux bâtiments dans de grands sites une richesse de couleurs et de détails. Ses bâtiments manifestent une cohérence certaine mais sans rigidité géométrique. Il est fait Officier de l'Ordre du Canada en 1980.

Michael McMordie

Thomas, Alexander, écrivain et chef autochtone (Port Alberni, C.-B., 25 déc. 1891—id., 28 juill. 1971). Tout en vivant traditionnellement de chasse et de pêche, le chef Alex Thomas est le premier NOOTKA à écrire et à traduire des textes sur la culture et l'histoire de son peuple. C'est en travaillant comme interprète pour son grand-père, un informateur d'Edward SAPIR (1910-1914), qu'il apprend l'alphabet élaboré par Sapir et son professeur Franz BOAS. À partir de 1914, il donne à son peuple des écrits de milliers de pages, partiellement publiés jusqu'à ce jour, tels que dans *Nootka Texts* (1939) et *Native Accounts of Nootka Ethnography* (1955), de E. Sapir et M. Swadesh, et *t'a:t'a:qsapa; A Practical Orthography for Nootka* (1970) de A. Thomas et E. Arima.

Roy Wright

Thomas, Clara McCandless, professeure et critique (Strathroy, Ont., 22 mai 1919). Après avoir obtenu son B.A. et sa M.A. de l'U. de Western Ontario, elle publie sa thèse de maîtrise qui porte le titre de *Canadian Novelists, 1920-1945* (1946). Pendant de nombreuses années, elle donne des cours pour adultes au département d'anglais de l'U. de Western Ontario et, en 1962, elle obtient son Ph.D. de l'U. de Toronto. Elle se joint au département d'anglais de l'U. York en 1961 et y enseigne jusqu'à sa retraite en 1984. Elle devient ensuite chercheuse universitaire en études canadiennes pour les bibliothèques de l'U. York. Elle publie de nombreuses études biographiques et critiques, parmi lesquelles on trouve deux ouvrages précurseurs: *Love and Work Enough: The Life of Anna Jameson* (1962) et *The Manawaka World of Margaret Laurence* (1975). Notons aussi parmi ses œuvres *Ryerson of Upper Canada* (1969),

Our Nature – Our Voices: A Guidebook to English-Canadian Literature (1973), *William Arthur Deacon: A Canadian Literary Life* (1982, en collaboration avec John Lennox) ainsi que des essais réunis sous le titre *All My Sisters: Essays on the Work of Canadian Women Writers* (1994).

Clara Thomas rend compte de son talent dans divers types de publications, qu'il s'agisse d'histoires littéraires, d'ouvrages de référence, d'essais ou de périodiques. Elle a été membre de divers comités de rédaction et de comités nationaux d'érudits et elle a présidé l'Association of Canadian University Teachers of English de 1971 à 1972. En plus de prendre une part active dans la promotion de la littérature canadienne à l'étranger, son appui inlassable et enthousiaste aux étudiants diplômés marque fortement sa carrière. Elle est membre de la Société royale du Canada et, en 1989, elle reçoit le Northern Telecom Canadian Studies International Award en l'honneur de ses services distingués.

John Lennox

Thompson, ville du Man.; pop. 14 385 (rec. 1996), 14 977 (rec. 1991), 14 701 (rec. 1986); superf. de 16,85 km²; const. en 1970; située sur la rive sud de la rivière Burntwood, à 740 km au nord de Winnipeg. En 1956, d'importants gisements de NICKEL sont découverts à 32 km au sud-ouest du lac Moak. La société INCO et le gouvernement provincial concluent une entente pour aménager la ville et, dès l'hiver 1957, les travaux sont en chantier. Il faut construire un lien ferroviaire avec la ligne de la baie d'Hudson du CN et une nouvelle ville dotée de tous les services, qui prend le nom de John F. Thompson, le président d'INCO.

La production du premier complexe intégré d'exploitation, de fusion, de concentration et de raffinage du nickel du monde occidental commence en 1961. On y produit également du cuivre, du cobalt et des sous-produits de métaux précieux. Dans les années 60, de nouvelles mines sont mises en exploitation, et la population atteint 20 000 habitants, alors que l'emplacement de la ville n'était conçu que pour en recevoir de 8000 à 12 000.

L'économie de la ville dépend largement de la demande étrangère de nickel. L'exploitation des mines dans les pays en voie de développement et les perspectives d'exploitation minière en mer ont quelque peu ébranlé la place qu'occupe INCO dans le monde. Dans les années 70, des marchés défavorables entraînent la réduction des activités et une diminution de la population. Bien qu'elle soit un centre de services et de commerces de détail, la ville a de la difficulté à attirer les industries du secteur secondaire.

Afin d'éviter la croissance désordonnée observée dans tant d'autres VILLES DE RESSOURCES PRIMAIRES, Thompson a été créée avec méthode et dotée de tous les services de santé, d'éducation, d'aqueduc et de protection.

D.M. Lyon

Thompson, David, commerçant de fourrures, explorateur, arpenteur et cartographe (Londres, 30 avril 1770—Longueuil, Canada-Est, 10 févr. 1857). Entré comme apprenti à la COMPAGNIE DE LA BAIE D'HUDSON (CBH) en 1784, Thompson consacre la majeure partie de sa vie à l'étude de la géographie et à la cartographie. Les cartes, principalement basées sur ses propres explorations et observations, sont les premières à donner une vue complète des vastes territoires de l'Ouest qui feront partie du Canada en 1870 (*voir* CARTOGRAPHIE, HISTOIRE DE LA).

En tant qu'apprenti à la CBH, Thompson acquiert rapidement les connaissances nécessaires pour réussir dans la traite. En 1790, en se rétablissant d'une jambe cassée, il étudie l'arpentage et la cartographie avec Philip Turnor, l'arpenteur officiel de la CBH. Ses nouvelles compétences sont reconnues en 1792, puisqu'on le charge de trouver une route directe de la baie d'Hudson jusqu'au lac Athabasca. Frustré par le manque de soutien pour ses travaux, il quitte la CBH

et entre à la COMPAGNIE DU NORD-OUEST (CNO) en 1797 pour repérer les postes et établir une carte notant les voies navigables qui les relient. En deux ans, il a terminé la plus grande partie de sa tâche, y compris le premier profil exact des territoires de l'Ouest les plus touchés par l'expansion de l'autorité américaine en vertu du TRAITÉ DE JAY: soit la partie supérieure de la rivière Rouge, les villages des Mandans sur la rivière Missouri, les sources du Mississippi, la région des rivières Fond du Lac et Rainy à l'ouest du lac Supérieur. En 1799, Thompson reçoit une tâche supplémentaire: celle d'effectuer de la traite. Au cours de sept années suivantes, il poursuivra ses levés quand ses autres responsabilités le lui permettront en plus de passer du poste de commis à celui d'associé. Pendant ces années, il achève la cartographie des territoires de traite de l'est des Rocheuses.

En 1806, Thompson commence à mettre en place des activités de traite avec les Amérindiens à l'ouest des Rocheuses. Au cours des cinq années suivantes, il explore les passages à l'ouest des rivières Saskatchewan et Athabasca, il construit des postes de traite et il établit la carte du bassin du COLUMBIA, jamais faite auparavant, à partir de sa source jusqu'au Pacifique, qu'il atteint le 15 juillet 1811, quelques semaines après l'arrivée des Américains de la PACIFIC FUR COMPANY sur place. Le fait de ne pas avoir atteint l'embouchure de la rivière avant que les Américains puissent se l'approprier provoque certains débats chez les historiens au sujet des directives qu'avait reçues Thompson. La majorité d'entre eux croient maintenant qu'il ne savait pas que l'accord conclu entre la CNO et Jacob Astor pour soutenir conjointement l'expédition prévue jusqu'à l'embouchure du Columbia avait échoué, et qu'il n'avait pas reçu l'ordre d'atteindre l'embouchure en premier afin de devancer les Américains.

En 1812, Thompson se retire au Canada avec sa femme et sa famille. Après s'être établi à Williamstown, dans le Haut-Canada, il poursuit sa carrière d'arpenteur et de cartographe. Sa réalisation la plus remarquable reste l'établissement de cartes d'après ses explorations dans l'Ouest et la cartographie de la frontière officielle entre les États-Unis et le Canada, du Saint-Laurent au lac des Bois. L'échec de ses entreprises le laisse sans le sou et, à la fin de sa vie, il se met à écrire le récit de ses explorations dans l'ouest du Canada, considéré par nombre de personnes comme le plus bel héritage qu'il ait laissé. (*Voir aussi* EXPLORATION.)

John S. Nicks

Thompson, Donald Winston, «Don», musicien de jazz (Powell River, C.-B., 18 janv. 1940). Interprète autodidacte, il joue de la contrebasse, du piano et du vibraphone, et il est à l'aise dans une grande diversité de styles. Thompson a acquis une polyvalence presque sans précédent dans le jazz contemporain. Il commence sa carrière à Vancouver en 1960, notamment avec Chris Gage, puis il voyage aux États-Unis en 1965 et 1966 avec John Handy (faisant une apparition comme contrebassiste sur le disque populaire de Handy intitulé *Live at Monterey*) avant de s'établir à Toronto en 1969. Il est membre du groupe Boss Brass de Rob MCCONNELL de 1969 à 1993, jouant d'abord comme contrebassiste puis comme pianiste.

Thompson établit également des associations productives en jouant de l'un des deux instruments avec les guitaristes canadiens Ed BICKERT et Sonny GREENWICH, le guitariste américain Jim Hall (1976-1990) et le pianiste britannique George Shearing (1982-1987). La discographie de Thompson comprend 11 albums sous son propre nom de 1969 à 1990, et beaucoup d'autres en tant qu'accompagnateur de Greenwich, Hall, Shearing, Jim GALLOWAY, Paul Desmond, Jay McShann et autres. Le microsillon *Ed Bickert/Don Thompson* a obtenu un prix Juno en 1980, tout comme le disque *A Beautiful Friendship* de Thompson en 1985.

Mark Miller

Thompson, Ian Maclaren, anatomiste (Harbour Grace, T.-N., 13 sept. 1896—Winnipeg, 26 déc. 1981). Il interrompt ses études à Édimbourg pour combattre durant la Première Guerre mondiale, où il est blessé et est cité à l'ordre du jour. Il enseigne l'anatomie aux universités McGill (1920-1927), de la Californie (Berkeley, 1927-1936) et du Manitoba, où il est chef de département (1937-1965). On se souvient de lui pour l'importance qu'il a attachée à l'étude du corps humain vivant et aux cliniques anatomiques, ainsi que pour ses recherches neuroanatomiques. Membre de la Société royale du Canada (1947) et de la Royal Society of Edinburgh (1952), il est le président fondateur de l'Association canadienne des anatomistes.

T.V.N. Persaud

Thompson, sir John Sparrow David, avocat, juge, politicien, premier ministre fédéral (Halifax, N.-É., 10 nov. 1845 [et non en 1844 comme on le mentionne souvent]—château de Windsor, Angl., 12 déc. 1894). Il est admis au Barreau de la Nouvelle-Écosse en 1865 et élu conseiller municipal à Halifax en 1871, poste qu'il conserve pendant six ans. Bien qu'il ait été élevé dans la foi méthodiste, il se convertit au catholicisme en 1871. En 1877, il est élu à l'Assemblée de la Nouvelle-Écosse comme représentant de l'Antigonish, une circonscription électorale catholique écossaise. Il est nommé procureur général pendant le régime conservateur de Simon Holmes, soit de 1878 à 1882. Lorsque Holmes prend sa retraite, Thompson occupe le poste de premier ministre pour un court laps de temps, jusqu'à ce que son gouvernement soit battu aux élections de 1882. Il est alors nommé juge à la Cour suprême de la Nouvelle-Écosse.

En 1885, on convainc Thompson de retourner sur la scène politique, mais cette fois à Ottawa. Il prête serment comme ministre de la Justice dans le gouvernement de John A. MACDONALD en septembre 1885 et il est élu député fédéral d'Antigonish. Il conserve ces postes toute sa vie. Sûr de lui, courtois et faisant preuve de maîtrise dans ses activités professionnelles, Thompson devient rapidement un membre important du Cabinet. À la mort de Macdonald, en juin 1891, il apparaît comme son successeur logique, mais c'est J.J.C. ABBOTT qui occupe le poste, à contrecœur, afin d'éviter les réactions hostiles que pourrait susciter la religion de Thompson. Cependant, Thompson fait office de leader parlementaire. Lorsqu'Abbott se retire, Thompson devient premier ministre le 24 novembre 1892 à l'âge de 48 ans. C'est un dirigeant compétent, mais qui n'a pas l'habileté de Macdonald pour empêcher les divisions au sein de son parti. Sa principale contribution reste le CODE CRIMINEL canadien de 1892. Il prête serment devant la reine Victoria au château de Windsor comme membre du Conseil privé du Royaume-Uni et il meurt à peine une heure plus tard. Ses funérailles ont lieu à Halifax le 3 janvier 1895. Sa succession, qui s'élève à environ 20 000 $, atteste la probité dont il a fait preuve dans l'exercice de ses fonctions publiques. Il laisse toutefois derrière lui une famille désargentée et une fille paralysée. On organise une collecte de dons. La disparition de Thompson prive le Parti conservateur de son courage et de sa force morale.

P.B. Waite

Thompson, Judith Claire Francesca Marie Bernadette, dramaturge (Montréal, 20 sept. 1954). Thompson crée une œuvre dramatique intense, poétique et provocatrice qui est fréquemment mise en scène au Canada et à l'étranger. Diplômée de l'U. Queen (1976) et du programme de formation des acteurs de l'École nationale de théâtre (1979), elle se consacre à l'écriture, prolongeant ainsi la vie des personnages qu'elle a créés lors de ses exercices de masque.

Sa première pièce, *The Crackwalker* (1980), créée au Theatre Passe Muraille de Toronto, est un portrait particulièrement osé, mais profondément humain, de personnages marginaux vivant à Kingston. La scène de l'infanticide, point culminant de la pièce, cause une controverse, mais c'est surtout la langue riche, vibrante et puissamment rythmée de Thompson qui en fait son œuvre-phare. Sa seconde pièce, *White Biting Dog*, est présentée en première au TARRAGON THEATRE, tout comme ses autres pièces destinées à un public adulte. Cette comédie, qui présente avec un humour noir une famille éclatée, vaut à l'auteure son premier prix du Gouverneur général pour le théâtre.

I am yours (1987), une pièce intense qui raconte une rivalité pour la possession d'un nouveau-né, sous fond d'une lutte de classes, lui vaut un deuxième prix du Gouverneur général, ainsi que le prix Chalmers pour la meilleure pièce canadienne. Dans *Lion in the Streets* (1990), portrait épique de la tension urbaine, l'un des personnages réussit à dévoiler la longue amorce de la violence en passant d'une scène à l'autre, se trouvant ainsi plongé dans un groupe social complètement différent à chaque scène.

Les pièces de Thompson ont été mises en scène dans des pays de langue anglaise partout dans le monde et elles ont été traduites en plusieurs langues. Elles ont été couronnées de nombreuses récompenses et de plusieurs prix. L'auteure s'est également tournée vers le théâtre radiophonique, l'écriture cinématographique, le téléthéâtre, le théâtre pour jeune public, ainsi que vers l'enseignement et la mise en scène (notamment pour la première de *Lion In the Streets*).

Urjo Kareda

Thompson, Margaret Anne Wilson, généticienne (Northwich, Angl., 7 janv. 1920). En 1943, elle obtient un baccalauréat ès arts de l'U. de la Saskatchewan et, en 1948, un doctorat de l'U. de Toronto, où elle étudie sous la direction de Norma Ford Walter, une pionnière de la génétique humaine. Elle fait avancer la génétique humaine par des recherches sur un éventail de désordres génétiques, en particulier la dystrophie musculaire. Elle enseigne aussi à l'U. de Western Ontario (1948-1950), à l'U. de l'Alberta (1950-1963) et à l'U. de Toronto (1963-1989), où elle supervise de nombreux étudiants des cycles supérieurs et enseigne la génétique aux étudiants en médecine.

En plus de nombreux articles scientifiques, elle a écrit un manuel scolaire très utilisé, *Genetics in Medicine* (1966, 4ᵉ éd. 1986), en collaboration avec son mari, James Scott Thompson (1919-1982). Elle fonde un service de consultation en génétique à l'hôpital de l'U. de l'Alberta en 1956 et se joint au personnel du Hospital for Sick Children de Toronto en 1963, où elle pratique jusqu'en 1988. Présidente de la Société de génétique du Canada en 1972, elle reçoit la Citation du Président en 1986 pour sa contribution exceptionnelle à la génétique. Elle est nommée Membre de l'Ordre du Canada en 1987.

Diane Wilson Cox

Thompson, Paul, metteur en scène, producteur et dramaturge (Charlottetown, 4 mai 1940). Influencé par sa collaboration avec Roger Planchon en France (1965-1967), dont la compagnie est engagée socialement et politiquement, Thompson devient une personnalité importante du théâtre parallèle au Canada en tant que directeur artistique du Theatre Passe Muraille de Toronto (1971-1982). En 1984, il est directeur artistique invité de la 7:84 Company en Angleterre. Thompson est l'un des premier à recourir à la «création collective», processus dans lequel les comédiens, le metteur en scène et le dramaturge mettent au point un scénario en improvisant. Ses productions se caractérisent par leurs thèmes canadiens, ainsi que par la recherche et la création de mythes canadiens. Ses pièces les plus connues sont: *Doukhobors* (1971), *The Farm Show* (1972), *1837: The Farmers' Revolt* (1973), *I Love You, Baby Blue* (1975), *Far As the Eye Can See* (1977) et *Maggie and Pierre* (1980).

De 1987 à 1991, Thompson est directeur général de l'École nationale de théâtre à Montréal. Pendant cette période, il joue un rôle de premier plan dans la recherche de financement afin de rénover le Monument national et d'y aménager une salle de théâtre. Il crée une chaire de dramaturgie pour la section anglaise de l'école et prépare la mise en place d'un programme de mise en scène pour les sections anglaise et française. Depuis son départ de l'école, Thompson a mis en scène de nouvelles pièces canadiennes et autochtones au Théâtre Centaur de Montréal, aux Alberta Theatre Projects, au Blyth Festival, au Native Earth Performing Arts de Toronto et pour la De-Ba-Jeh-Mu-Jig company dans l'île Manitoulin.

Anton Wagner

Thompson, rivière Elle mesure 489 km de longueur et prend sa source dans le district Cariboo, dans les Rocheuses, puis s'écoule vers le sud où elle prend le nom de rivière Thompson Nord. À KAMLOOPS, la rivière Thompson Sud, issue du lac Shuswap, la rejoint. Les deux se réunissent pour déverser leurs eaux bleu-vert dans le FLEUVE FRASER, à Lytton. Les rives du cours inférieur sont montagneuses et presque dénudées, l'armoise en est la seule végétation. Un grand nombre de terrasses spectaculaires servent à la culture fourragère et sont utilisées comme pâturage pour le bétail. Les lignes de chemin de fer transcontinentales du Canadien Pacifique et du Canadien National suivent la rivière, de Kamloops à Lytton. Simon FRASER l'a baptisée ainsi car il croyait, à tort, que David THOMPSON l'avait découverte.

James Marsh

Thompson, Robert Norman, politicien et professeur (Duluth, Minn., 17 mai 1914—1997). Arrivé au Canada en 1918, Thompson fait ses études en Alberta, travaille comme enseignant, exerce la chiropratique et sert dans l'Aviation royale du Canada (ARC) de 1941 à 1943. Pendant plusieurs années après la guerre, il enseigne et assure la gestion de programmes d'éducation en Éthiopie. Il se fait connaître dans les milieux politiques canadiens en 1950, alors qu'il est élu président de l'Association du CRÉDIT SOCIAL du Canada. En 1961, il devient le chef national du Parti Crédit social. Il est élu au Parlement en 1962 en tant que représentant de la circonscription de Red Deer, en Alberta, et il est réélu en 1963 et en 1965. Durant cette période, le Crédit social, avec Réal CAOUETTE comme chef canadien-français, réussit à empêcher les conservateurs ou les libéraux de former un gouvernement majoritaire.

Thompson donne sa démission en tant que chef du Crédit social en mars 1967, en invoquant le manque de soutien des organisations provinciales du parti. En 1968, il joint les rangs du Parti progressiste-conservateur et conserve son siège de Red Deer au Parlement. Il quitte la politique en 1972 pour enseigner les sciences politiques au Trinity Western College, à Langley, en Colombie-Britannique.

Il a été président du conseil et directeur de la Fraser Academy, à Langley, une école pour étudiants atteints de dyslexie, président d'une fondation que sa famille a mise sur pied afin de recueillir et distribuer des fonds à des œuvres de bienfaisance et président du Vanguard Institute, un organisme de recherche sur les aspects politiques de l'économie canadienne. Thompson publie ses mémoires politiques, *A House of Minorities 1957-1972*, en 1990, l'année où il est nommé Officier de l'Ordre du Canada.

Bill Cameron

Thompson, Thomas Phillips, journaliste, intellectuel socialiste (Newcastle-upon-Tyne, Angl., 25 nov. 1843—Oakville, Ont., 20 mai 1933). Sous le pseudonyme de Jimuel Briggs, Thompson écrit des satires politiques dans les journaux de St. Catharines et de Toronto et, en 1874, il lance *The National*, un hebdomadaire de commentaires sur la politique. Après quelques années vécues aux États-Unis, il reprend, en 1879, son travail de rédaction d'éditoriaux pour les journaux de Toronto, dont le dynamique *News*. Au cours des années 1880, il favorise l'adoption d'attitudes radicales envers la société capitaliste et industrielle naissante et se fait porte-parole des CHEVALIERS DU TRAVAIL. En 1887, il publie une critique très bien articulée en faveur du mouvement ouvrier, *The Politics of Labor* (réimprimée en 1975). La vie éphémère de son nouvel hebdomadaire radical, *Labor Advocate* (1890-1891), ne décourage pas ce pionnier du socialisme canadien. Il continue à discourir et à écrire pour le nouveau mouvement socialiste jusque dans les années 20.

Craig Heron

Thomson, Andrew, météorologiste (Dobbinton, Ont., 18 mai 1893—Toronto, 17 oct. 1974). Diplômé de l'U. de Toronto en 1916, il étudie et travaille ensuite aux États-Unis, aux îles Samoa, en Nouvelle-Zélande et en Europe, avant de revenir, en 1932, au National Meteorological Service. Il planifie la participation du Canada à l'Année polaire internationale de 1932-1933 et contribue à l'instauration du premier programme de cycle supérieur en météorologie à l'U. de Toronto. Thomson assiste John PATTERSON dans la planification et l'administration d'un programme de services météorologiques pour l'aviation civile continentale et transatlantique dans les années 30 et pour l'aviation militaire au cours de la Seconde Guerre mondiale. Après la guerre, il dirige l'expansion et le développement de la MÉTÉOROLOGIE au Canada et fait partie du petit groupe qui rebâtit la météorologie internationale après 1945. En tant que directeur du National Meteorological Service de 1946 à 1959, il réorganise et étend le service en temps de paix. Il parcourt le monde à titre de membre du comité de direction de l'Organisation météorologique mondiale. Membre de la Société royale du Canada, il est fait Officier de l'Ordre de l'Empire britannique en 1946 et reçoit la médaille Patterson en 1965.

Morley Thomas

Thomson Group (maintenant The Thomson Corporation) est l'un des plus importants empires de l'édition au monde. Ce groupe appartient à la famille Thomson, qui en assume la gestion. En 1994, sous la direction de Kenneth THOMSON, la famille administre 131 journaux aux États-Unis, plus de 60 en Grande-Bretagne, et 54 JOURNAUX quotidiens et hebdomadaires au Canada, y compris *The Globe and Mail*. Cette chaîne canadienne est la plus importante au Canada par le nombre de journaux vendus. Par son tirage quotidien (environ 1,1 million d'exemplaires en 1994), elle se classe deuxième derrière SOUTHAM INC.

Le groupe est présent dans divers domaines partout dans le monde: la publication de revues et de livres, le commerce de gros et de détail, l'immobilier, le pétrole et le gaz, les voyages, les services financiers et de gestion, le transport routier et le commerce de fourrures. Ses avoirs au Canada comprennent la COMPAGNIE DE LA BAIE D'HUDSON et Zeller's. En 1994, le montant total de ventes de The Thomson Corporation dépasse les 6,4 milliards de dollars. En juin 1987, il acquiert Associated Book Publishers qu'il rebaptise Thomson Corporation Publishing International. Cette dernière est maintenant l'une des maisons d'édition de journaux et d'information les plus importantes au Royaume-Uni.

Peter S. Anderson

Thomson, Kenneth, homme d'affaires et financier (Toronto, 1ᵉʳ sept. 1923). Bien qu'en 1976 il succède à son père, Roy THOMSON, à titre de baron Thomson de Fleet (titre qu'il ne porte qu'à l'étranger), il attend plusieurs autres années avant de devenir, à contrecœur, semble-t-il, une personnalité connue du public canadien. En 1979, il achète la COMPAGNIE DE LA BAIE D'HUDSON et, en 1980, la chaîne de journaux FP Publications, dans les deux cas au terme de longues luttes pour leur prise de contrôle. En 1981, lorsqu'il décide de vendre le journal londonien *The Times*, il est déjà l'un des plus riches citoyens du Canada, grâce à ses intérêts dans la presse écrite au Canada, en Angleterre et aux États-Unis ainsi que dans le pétrole de la mer du Nord. Dans d'autres milieux, il est reconnu comme un fervent collectionneur d'œuvres d'art. En 1987, il est président du conseil d'administration et président-directeur général de la société Thomson Newspapers Ltd (voir THOMSON GROUP), qui possède de nombreux quotidiens, dont le GLOBE AND MAIL et le WINNIPEG FREE PRESS.

Thomson, Roy Herbert, baron Thomson de Fleet, magnat de la presse (Toronto, 5 juin 1894—Londres, 4 août 1976). Fils d'un barbier de Toronto, il ne semble guère prédestiné à la richesse et à la célébrité avant d'atteindre la quarantaine. Il sort alors de l'ombre en tant que propriétaire de petites stations de radio et de journaux du nord de l'Ontario. Il continue sur sa lancée en mettant la main sur des centaines de journaux aux États-Unis, au Canada et dans le Commonwealth, y compris le *Scotsman of Edinburgh* (sa première grande prise de contrôle) et les journaux londoniens *The Times* et le *Sunday Times*. Il manifeste peu d'intérêt pour le charme, la tradition et l'importance démocratique des journaux, qu'il dirige avec la même avidité et le même contrôle de la qualité qu'il applique dans ses autres entreprises (magazines, agences de voyages, stations de télévision), caractéristiques qui font sa notoriété. Peu raffiné dans ses manières et sa conduite, il se comporte comme un fils de l'Empire britannique à l'affût, convoitant le prestige en Angleterre, tandis qu'au Canada, il se limite à n'acquérir que de petits journaux sans prestige et sans concurrents. Selon les critères internationaux, il est déjà très riche lorsque, à la fin de sa carrière, il diversifie ses activités en se lançant dans l'exploration pétrolière. Il est nommé pair du royaume en 1963.

Thomson, Thomas John, peintre (Claremont, Ont., 4 août 1877—lac Canoe, Ont., 8 juill. 1917). Tom Thomson, sixième enfant d'une famille de 10, grandit dans une ferme près de Leith, en Ontario. Issu d'une famille férue de musique et de littérature, il se passionne pour la chasse et la pêche, ce qui lui permet de contrebalancer cet héritage. Durant la vingtaine, Thomson fait son apprentissage comme machiniste, s'inscrit à une école de commerce puis passe quelques années à Seattle, où il travaille comme graveur. Il rentre au Canada en 1904 et travaille à Toronto pour plusieurs compagnies de photogravure, dont Grip Ltd. En moins de cinq ans, Thomson devient renommé en tant que concepteur illustrateur.

En 1906, il prend des leçons d'art et peint à l'huile pour la première fois. Ses œuvres de cette période sont hésitantes, peu prometteuses et élémentaires. Après être entré chez Grip en 1907, il s'éveille à son propre potentiel créatif et subit l'influence de ses collègues artistes J.E.H. MACDONALD, Albert Robson, William Broadhead et Rowley Murphy, puis celle de Fred VARLEY, de Arthur LISMER, de Franz JOHNSTON et de Franklin CARMICHAEL. Ces hommes s'emploient à dépasser les contraintes de leur carrière commerciale en esquissant des croquis sur les rivières Don et Humber, ainsi qu'au lac Scugog. Les paysages réguliers et aisément apprivoisés qu'ils découvrent grâce à ces excursions font grandir leur envie de parcourir des terres plus sauvages.

En 1912, Thomson est au tournant de sa carrière. Au printemps de cette année, il dessine durant deux semaines dans le PARC PROVINCIAL ALGONQUIN et, de la fin juillet au mois de septembre, il fait une longue excursion avec Broadhead le long de la rivière Spanish jusqu'à la réserve forestière Mississagi. Sur le chemin du retour, Robson, ainsi que d'autres, incite Thomson à dessiner le lac Northern à l'échelle sur une toile grand format, qui sera acheté par le gouvernement ontarien pour 250 dollars. À l'époque, c'est une grosse somme (Thomson gagne alors 75 cents l'heure), et il passera l'été et l'automne qui suivent à faire des croquis dans le parc Algonquin.

Thomson rencontre son futur patron, le Dʳ James MacCallum, ainsi que son mentor artistique, A.Y. JACKSON, à Toronto en octobre 1913. MacCallum

leur offre de subvenir à leurs dépenses pendant un an s'ils se consacrent à la peinture. En janvier 1914, Jackson et Thomson déménagent dans un atelier et entreprennent une autre excursion dans le parc Algonquin à la fin de février. Au printemps et à l'automne suivants, Thomson peint avec Varley, Lismer et Jackson dans le parc, puis retourne au lac Canoe au début du printemps de 1915. L'assurance que lui procure la vente de *Northern River* à la Galerie nationale du Canada pour 500 dollars donne à ses œuvres la force et la fougue d'une passion précédant la pensée.

En 1915, l'Arts and Letters Club, à Toronto, présente une exposition des œuvres de Thomson. Ce dernier passe un hiver fertile dans son atelier. Engagé comme garde forestier dans le parc Algonquin à l'été de 1916, Thomson veille à terminer de nombreux croquis dans le style brillant de sa dernière période, sa touche chargée produisant des images d'une étonnante qualité plastique. En avril 1917, déterminé à consacrer plus de temps à la peinture, il achète un permis de guide, retourne dans le parc et y termine, paraît-il, 62 croquis qui illustrent le printemps dans son épanouissement quotidien.

Autour de midi, le 8 juillet 1917, Tom Thomson pagaye au-delà de l'île Wapomeo, apparemment pour pêcher. Plus tard ce jour-là, on découvre son canoë renversé et son corps ne sera retrouvé que le 16 juillet. Le mystère qui entoure la mort tragique de Thomson tire un trait entre l'homme et son œuvre nourrie par sa passion. Ses réussites sont obnubilées par les hypothèses sans cesse formulées sur les circonstances de son décès. Bien que dans la trentaine, Thomson rompt avec un passé ordinaire et peint avec une fougue qui l'amène à la frontière séparant l'art figuratif de l'art abstrait. Les petits croquis sur panneaux et même les toiles de plus grand format ne peuvent désormais plus contenir sa joie et son énergie et un format plus grand est nécessaire pour rendre pleinement compte de ses visions de pierres, d'arbres et de ciel.

Au cours des dernières années de sa vie, il maîtrise parfaitement l'espace pictural et semble savoir instinctivement quelles couleurs estomper. Sa façon d'agencer les couleurs s'harmonise avec la teinte d'ensemble. Au moment de sa mort, Thomson, avec la maîtrise instinctive qu'il a de son art alimentée par sa passion pour le Nord, a tous les éléments nécessaires pour devenir un grand peintre. Le temps atténuera le mystère qui entoure sa mort et ne pourra que mettre en valeur les œuvres intenses et merveilleuses de ses dernières années.

Harold Town

Thon POISSON marin rapide et élégant de la classe des Actinoptérygiens et de la famille des scombridés (MAQUEREAU). La famille comprend environ 49 espèces parmi lesquelles on compte les thazards, les maquereaux, les thons et les bonites. À strictement parler, les thons ne forment qu'une seule tribu, les *Thunnini*, qui peut compter entre trois et neuf genres selon les auteurs. Dans le présent article, nous reconnaissons 13 espèces appartenant à 4 genres (*Auxis, Euthynnus, Katsuwonus* et *Thunnus*). Les thons sont des poissons pélagiques (de haute mer) à large répartition que l'on rencontre dans les eaux tropicales et tempérées du monde entier.

Le Canada abrite sept espèces: le bonitou (*Auxis rochei*), la thonine commune (*Euthynnus alletteratus*), la thonine à ventre rayé (*Katsuwonus pelamis*), le germon atlantique (*Thunnus alalunga*), l'albacore à nageoires jaunes (*T. albacares*), le thon ventru (*T. obesus*) et le thon rouge (*T. thynnus*).

Description Les plus petites espèces pèsent moins de 9 kg, mais les plus grandes peuvent peser de 45 à 679 kg. Elles ont toutes un profil hydrodynamique et une queue très fourchue. Derrière la seconde nageoire dorsale et la nageoire anale, les thons sont pourvus d'une rangée de petites nageoires. Certaines espèces sont remarquablement colorées. Les thons véritables se distinguent de la majorité des poissons par leur

homéothermie, c.-à-d. par leur capacité à conserver une température corporelle interne stable peu importe la température environnementale. Ainsi, ils peuvent maintenir leur température jusqu'à 10 °C au-dessus de celle de l'eau environnante en conservant la chaleur générée par la contraction de leurs muscles.

Régime alimentaire Les thons sont extrêmement actifs. Ils ont une large distribution dans tous les océans et peuvent voyager sur des milliers de kilomètres pendant leurs longues MIGRATIONS. Afin de satisfaire leurs besoins énergétiques, ils doivent consommer quotidiennement une quantité de nourriture qui peut représenter jusqu'à 25 p. 100 de leur poids corporel. Leur régime alimentaire se compose de crustacés, de calmars et de poissons.

Importance de la pêche On les pêche commercialement à l'aide de seines coulissantes, de filets-trappes, de palangres et de lignes à pêche. En 1985, la valeur au débarquement des thons pêchés commercialement atteint 9,2 millions de dollars. Leur chair est vendue fraîche ou en conserve. Sur la côte Est, après avoir capturé le thon rouge, on le garde en captivité et l'engraisse avant de l'envoyer au Japon où il est vendu frais pour le marché du sashimi. Entre 1985 et 1987, les médias canadiens accordent beaucoup d'attention aux problèmes d'inspection de l'unique conserverie de thon du pays, à Chamcook, au Nouveau-Brunswick. Le plus gros thon rouge jamais pêché à la ligne pesait 679 kg et est capturé au large de l'Î. du Cap-Breton, en 1979.

W.B. Scott

Thorburn, Clifford Charles Devlin, joueur de snooker (Victoria, C.-B., 16 janv. 1948). Après avoir terminé sa troisième année du secondaire, Thorburn quitte l'école pour se consacrer au snooker et au billard. En 1971, il remporte le championnat nord-américain de snooker et, à partir de 1973, il participe à des compétitions dans à peu près tous les pays où ce jeu se pratique. En 1980, il est le premier joueur non britannique à remporter le championnat mondial chez les professionnels. Proclamé champion des États-Unis à deux reprises et champion canadien à cinq reprises, il gagne aussi le tournoi des maîtres de l'Australie, le championnat canadien chez les professionnels et le championnat mondial en équipe. De plus, il détient un record mondial de 19 parties parfaites (147 coups) au snooker. En 1986, il remporte trois fois le Tournoi des maîtres, un exploit sans précédent. Thorburn reçoit l'Ordre du Canada en 1983.

Graham Duncan

Thorlakson, Paul H.T., chirurgien (Park River, Dakota du Nord, 5 oct. 1895—Winnipeg, Man., 19 oct. 1989). En 1900, la famille Thorlakson déménage à Selkirk, au Manitoba. En 1919, Thorlakson reçoit son diplôme en médecine du Manitoba Medical College. Après des études postdoctorales en Europe, il fonde la Maclean-Thorlakson Surgical Clinic en collaboration avec le Dʳ Neil John Maclean en 1926, puis il crée la Winnipeg Clinic en 1938.

Pionnier dans le soutien au développement de la recherche médicale, Thorlakson est à l'origine de la fondation du Winnipeg Clinic Research Institute pour l'avancement de l'enseignement et de la recherche. Il siège à d'innombrables comités et occupe le poste de chancelier de l'U. de Winnipeg de 1969 à 1978. Il est honoré par les universités du Manitoba, de Winnipeg, de Brandon et d'Islande. Il passe de nombreuses années à la faculté de médecine et est nommé professeur émérite de chirurgie à l'U. du Manitoba en 1957.

En 1970, Thorlakson est fait Compagnon de l'Ordre du Canada et obtient le premier poste de président de l'Association canadienne des cliniques médicales en 1969 et 1970. Ses amis et collègues instituent en son honneur la Paul H.T. Thorlakson Research Foundation en 1978. Sa biographie, *The Saga of Dr Thor* (1986), est écrite par T.A.J. Cummings.

Harry Medovy

Thorold, ville de l'Ont.; pop. 17 883 (rec. 1996), 17 542 (rec. 1991), 16 131 (rec. 1986); superf. 84,54 km²; const. en tant que ville en 1975; située dans la péninsule de Niagara. Bien qu'adjacente à ST. CATHARINES, ville voisine d'importance située directement au nord, Thorold est une municipalité indépendante. La région est colonisée dans les années 1780 et constituée en tant que village en 1850 et en tant que ville en 1875. Elle porte le nom du député britannique sir John Thorold (1816-1866). Elle doit sa croissance au développement des quatre entrées du CANAL WELLAND. À l'ouverture du canal en 1829, on trace les plans de la ville, qui attire divers services maritimes et des industries comme l'extraction de pierres calcaires, des minoteries, la transformation du bois et l'une des premières manufactures de coton du Canada. Bon nombre de ces industries se servent du canal pour transporter leurs produits ou comme énergie hydraulique. Au tournant du XXᵉ s., l'arrivée de l'énergie hydroélectrique à bon marché des CHUTES NIAGARA voisines incite bon nombre d'industries lourdes à s'établir à Thorold (pâtes et papiers, abrasifs et produits métallurgiques). Depuis 1945, l'arrivée assez massive d'immigrants d'origine italienne a changé quelque peu l'aspect anglo-saxon et irlandais de cette localité industrielle. Un monument au Parc de la BATAILLE DE BEAVER DAMS commémore le célèbre affrontement de la Guerre de 1812.

H.J. Gayler

Thorvaldson, Thorbergur, dit «TT», chimiste du ciment (Islande, 24 août 1883—Saskatoon, 4 oct. 1965). Il s'installe avec ses parents près de Gimli, au Manitoba, puis il fréquente l'U. du Manitoba et Harvard (M.Sc., Ph.D.). En 1919, il devient chef du Département de chimie de l'U. de la Saskatchewan et, en 1945, le premier recteur des cycles supérieurs. Il est nommé chevalier de l'Icelandic Order of the Falcon en 1939 et président de l'Institut de chimie du Canada en 1941. Ses recherches sur la chimie du ciment et l'élaboration de ciments résistants à la détérioration par attaque chimique sont reconnues au niveau international et lui méritent de nombreux honneurs. Le lac Thorvaldson, dans le nord-est de la Saskatchewan, est nommé en son honneur en 1966, un honneur rare pour un chimiste.

Gordon R. Freeman

Thrips Ils font partie de l'ordre des thysanoptères (du gr. «ailes frangées»). Ils sont parmi les plus petits INSECTES qui soient: leur corps étroit mesure généralement moins de 2 mm. On en connaît environ 4500 espèces, mais seulement 104 au Canada sur un total estimé à 226.

Répartition Les thrips sont étroitement apparentés aux HÉMIPTÈRES et sont adaptés à la vie dans des endroits confinés (p. ex., dans les fleurs, sous l'écorce des arbres ou dans leurs feuilles tombées). Ils sont largement répandus dans le sud du Canada, quelques espèces seulement étant établies dans les régions arctiques et subarctiques.

Morphologie Leurs pièces buccales asymétriques (la mandibule droite est absente) servent à percer et à sucer. Ils les utilisent pour extraire les jus de champignons, de grains de pollen, de tissus végétaux ou d'animaux minuscules. Les adultes ont généralement quatre ailes étroites en forme de plume, frangées de longs poils (d'où leur nom), mais certaines espèces sont aptères, et chez d'autres, la longueur des ailes peut varier entre les individus.

Reproduction et développement Ils subissent une métamorphose s'apparentant davantage à la métamorphose complète qu'à l'incomplète. Ils passent par deux stades larvaires au cours desquels ils se nourrissent activement, et ensuite par deux ou trois stades inactifs, durant lesquels la «nymphe» ne s'alimente pas et se transforme en adulte. Les mâles proviennent d'œufs non fertilisés et les femelles, d'œufs fertilisés, mais chez certaines espèces, seules les femelles sont connues.

Relations avec les humains Trente espèces sont connues comme nuisibles aux cultures, parmi lesquelles 11 au Canada, dont le thrips de l'oignon (*Thrips tabaci*), qui transmet le virus de la maladie bronzée de la tomate et qui joue ainsi un rôle important.

B.S. Heming

Thulé, culture de (1000 à 1600 ans apr. J.-C.) Elle représente l'expansion des Esquimaux de l'Alaska dans l'Arctique canadien vers l'an 1000 de notre ère et le déplacement graduel des paléo-Esquimaux de DORSET qui occupaient jusqu'alors cette région.

Les gens de Thulé ont apporté avec eux une technologie avancée pour la chasse aux mammifères marins, mise au point dans la région de la mer de Béring. Ils chassaient des animaux aussi grands que la baleine boréale, ce qui leur permettait d'entreposer suffisamment de nourriture pour hiverner dans des villages permanents composés de maisons construites avec des pierres, des os de baleine et de la tourbe.

La plupart des artefacts de Thulé sont faits d'os, de bois de cervidés, d'ivoire et de bois. Les gens de Thulé utilisaient peu d'outils en pierre, préférant les bords tranchants du métal qu'ils récupéraient dans des gisements naturels ou que leur remettaient les peuples groenlandais. Au XVIIᵉ s., la culture de Thulé a connu un déclin dû à la détérioration des conditions climatiques et à l'introduction de maladies européennes, mais ce peuple a continué à occuper l'Arctique canadien. Il est l'ancêtre direct des INUITS.

Robert McGhee

Thunder Bay, ville de l'Ont.; const. en 1970 par la fusion des villes de Fort William et Port Arthur et des cantons adjacents de Neebing et McIntyre. Elle est située dans le nord-ouest de l'Ontario, sur le côté ouest d'une baie du LAC SUPÉRIEUR qui porte le même nom. Le port de Thunder Bay constitue le terminus occidental canadien de la VOIE MARITIME DU SAINT-LAURENT vers les Grands Lacs. De petites étendues de terre agricole se trouvent près de la ville, mais les rochers, les lacs et les forêts du BOUCLIER canadien dominent l'aspect physique et l'économie de l'arrière-pays. Les communautés environnantes, dont l'économie repose sur le tourisme et sur certains types d'exploitation des ressources, se tournent vers Thunder Bay pour de nombreux services.

Peuplement et croissance Il y a 10 000 ans, les chasseurs paléo-indiens suivent les hordes de caribous dans cette région à l'époque où les glaces de la glaciation du Wisconsin se retirent vers le nord. Des armes et des outils en pierre fabriqués localement, des artefacts en cuivre et des poteries provenant de ces groupes et de leurs descendants ont été identifiés sur de nombreux sites archéologiques de la région. À l'époque du premier contact européen, au XVIIᵉ s., la population locale est formée de tribus d'OJIBWÉS, et le nom de la baie fait référence à l'OISEAU-TONNERRE qui fait partie de leur folklore.

En 1679, Daniel DULHUT construit le fort Caministigoyan près de la rivière Kaministikiquia, que les négociants en fourrures et explorateurs français comme Jean-Baptiste LA VÉRENDRYE (1731) utilisent jusqu'à l'abandon de la route de la Kaministikiquia vers l'ouest au profit du GRAND PORTAGE. En 1803, les Européens s'installent en permanence à Thunder Bay, au moment de la construction du FORT WILLIAM par la Compagnie du Nord-Ouest.

De 1805 à 1821, Fort William est l'établissement le plus important à l'intérieur de l'Amérique du Nord, en tant que centre de l'empire de la traite des fourrures de la Compagnie du Nord-Ouest. Son importance diminue quand la Compagnie du Nord-Ouest fusionne avec la Compagnie de la baie d'Hudson en 1821. L'établissement subsiste cependant jusqu'en 1870, lorsqu'il fusionne avec le port de Prince Arthur, situé à quelques kilomètres au nord-est, à la limite est de la ROUTE DAWSON.

De meilleures installations portuaires et la découverte d'argent permettent au port de surpasser son voisin plus ancien, mais, en 1875, ce dernier connaît un second souffle avec le début de la construction du chemin de fer transcontinental à Fort William. L'hostilité et la méfiance mutuelles suscitées par cet événement durent presque un siècle. En 1884, le port devient la ville constituée de Port Arthur. Fort William est constitué en 1892, et les deux localités reçoivent leur charte municipale en 1907. Elles se développent de façon similaire, mais séparément jusqu'en 1970, lorsque les pressions du gouvernement provincial les constituent en ville unique sous le nom de Thunder Bay.

Paysage urbain Thunder Bay occupe les plaines inondables du cours inférieur des rivières Kaministikiquia, Neebing et McIntyre, l'ancien littoral du lac Supérieur au nord-est et les plus hautes terres des collines de Port Arthur. Au sud, s'élèvent le mont McKay et les Nor'Westers, une chaîne de plateaux aux versants abrupts. À l'est, environ 25 km de l'autre côté de la baie, se trouve la péninsule de Sibley, avec le Nanibijou (le géant endormi), une imposante formation rocheuse longue d'environ 33 km et aux falaises verticales qui émergent à plus de 300 mètres au-dessus du lac.

La fusion a engendré une ville avec deux centres-villes, chacun ayant son ancien quartier résidentiel adjacent et des développements de banlieue séparés. Des tentatives de revitalisation des deux centres-villes par une rénovation urbaine et le développement de quartiers de boutiques protégés des intempéries ont connu un succès limité, mais ces deux quartiers souffrent encore sur le plan économique de la concurrence des centres commerciaux de la banlieue. Depuis la fusion, d'importants développements domiciliaires s'étendent dans les deux cantons ruraux englobés. La zone industrielle se concentre le long des quais et dans les quartiers de Westfort et d'Intercity. Créé au milieu des années 1970 pour favoriser l'établissement de nouvelles industries légères, le parc industriel Balmoral attire cependant plus d'entreprises commerciales, dans les domaines des services et du commerce de détail.

Population Dans la ligne de la nature frontalière de leurs économies, la population pionnière des localités de Lakehead de la fin du XIXᵉ s. est surtout masculine et fluctue brutalement en fonction du changement des offres d'emplois dans la construction de chemins de fer, la navigation et l'exploitation des mines d'argent. À la fin des années 1890, les deux villes comptent chacune 3000 habitants. Elles connaissent une croissance rapide jusqu'en 1914, Fort William en tête. Lors de la fusion, chacune compte près de 50 000 habitants et, depuis, la croissance a ralenti.

Les premiers colons sont surtout anglo-saxons, et cette communauté détient les pouvoirs économique et politique de la ville jusqu'à la Seconde Guerre mondiale. Fort William compte d'importantes concentrations d'UKRAINIENS et d'ITALIENS, tandis que les Finlandais constituent le principal groupe d'immigrants de Port Arthur et de McIntyre. Les POLONAIS, les Scandinaves, les SLOVAQUES, les GRECS, les ALLEMANDS et les HOLLANDAIS ont aussi une forte représentation culturelle. Depuis les années 60, il y a peu d'immigration en provenance directe d'Europe, mais des CHINOIS et des ASIATIQUES DU SUD s'implantent dans cette localité en nombre croissant au cours des années 70. L'International Friendship Gardens rappelle la mosaïque ethnoculturelle de la ville contemporaine, soutenue par la Thunder Bay Multicultural Association.

Économie et main-d'œuvre L'économie de Thunder Bay repose encore essentiellement sur l'exploitation des ressources naturelles, leur transformation et leur transport. L'industrie forestière, qui englobe l'exploitation des terres boisées, les usines de pâte à papier et les usines de transformation du bois, est le secteur qui offre le plus d'emplois. Les produits forestiers, le charbon, le minerai de fer, la potasse et le soufre sont exportés à partir du port de Thunder Bay, mais les céréales, qui représentent 70 p. 100 de l'activité du port, sont les plus importantes. Les céréales ont souffert d'un changement de structure des échanges commerciaux internationaux et de la concurrence des ports de la côte ouest, mais le port continue d'expédier de 8 à 13 millions de tonnes par an. Il reste toutefois l'une des installations de manutention de céréales les plus grandes du monde avec 9 terminaux-élévateurs en mesure de nettoyer et d'entreposer 1,4 million de tonnes de céréales.

Parmi les industries secondaires, on trouve la construction d'automotrices, la réparation de navires ainsi que l'assemblage et la modification de matériel spécialisé. Les services administratifs et publics emploient une grande partie de la main-d'œuvre, alors que l'industrie du tourisme constitue le deuxième employeur en importance après la foresterie et dessert plus d'un million de touristes par an. Des terrains de camping à l'intérieur de la ville ainsi que dans les parcs provinciaux de la région avoisinante attirent les touristes pendant l'été alors que quatre centres de ski proches de la ville attirent les amateurs de sports d'hiver. Les plaisanciers disposent d'une marina avec des services complets et son parc adjacent au bord de l'eau, aménagés sur un ancien terrain industriel. Grâce au tourisme, au gouvernement, aux services de santé et d'éducation, qui créent une diversité économique, la ville maintient une certaine prospérité durant les périodes de fluctuation que subit l'industrie des ressources naturelles.

Transport Fort William était le véritable centre de la route de la traite des fourrures vers le nord-ouest. La ville prend une nouvelle importance en 1885 avec l'achèvement du CANADIEN PACIFIQUE et l'augmentation constante du volume de grain de l'ouest, qui arrive à Lakehead en route vers l'est. Avec l'achèvement de la section Manitoba – Port Arthur du CANADIAN NORTHERN RAILWAY (1902), Thunder Bay devient l'un des plus grands ports céréaliers du monde. Le port de Lakehead bénéficie de l'ouverture de la VOIE MARITIME DU SAINT-LAURENT (1959) et du terminal Keefer, quai pour la manutention des marchandises pour le transport océanique (1962). Malgré une interruption d'activité due au gel et des changements de structure dans le commerce international qui favorise les expéditions de la côte ouest, il demeure l'un des ports les plus achalandés du Canada.

Lé Canadien Pacifique, le Canadien National et Via Rail relient Thunder Bay au réseau de chemin de fer national, même si le service passager disparaît en 1990. Comme la ROUTE TRANSCANADIENNE est l'unique route est-ouest qui traverse la région, tout le trafic routier d'un côté du Canada à l'autre doit passer par Thunder Bay. AIR CANADA, Air Ontario, les LIGNES AÉRIENNES CANADIEN INTERNATIONAL et ses partenaires sont associés à des transporteurs régionaux pour offrir des services aériens régionaux et nationaux. Les vols de Northwest Airlink permettent des correspondances vers les États-Unis en passant par Minneapolis.

Administration et politique Le gouvernement municipal actuel est dirigé par un conseil élu tous les trois ans, comprenant un maire (élu par les citoyens) et douze conseillers municipaux (cinq élus par les citoyens, un de chacune des sept sections électorales). Sept départements et cinq bureaux ou commissions appliquent les décisions du conseil. Thunder Bay Hydro assure la vente et la distribution de l'électricité dans la ville et la municipalité possède Thunder Bay Telephone, le plus grand système téléphonique indépendant au Canada. Le conseil municipal est aussi représenté auprès de divers organismes locaux comme la Commission de Conservation de la région de Lakehead et la Commission du port de Lakehead. Les écoles publiques et

privées y ont leurs bureaux administratifs et leur pouvoir s'étend aux municipalités rurales voisines.

Vie culturelle Thunder Bay est devenu le centre régional de la vie culturelle dans le nord-ouest de l'Ontario. Situé au centre-ville, le Thunder Bay Community Auditorium est considéré comme l'une des plus belles salles de concert d'Amérique du Nord. Les productions culturelles sont assurées par l'orchestre symphonique, la chorale masculine de Fort William de même que par des ensembles de musique multiculturelle et par nombre d'artistes du show business contemporain. Il existe une compagnie de théâtre professionnelle, le Magnus Theatre, ainsi que diverses troupes d'amateurs.

La Thunder Bay Art Gallery est un centre national d'exposition de l'ART INUIT et autochtone. Il existe aussi plusieurs galeries privées ou dirigées par des artistes qui exposent des œuvres d'art locales. On fait revivre l'histoire de la région au Thunder Bay Historical Museum et au Vieux Fort William, une réplique d'un poste de traite des fourrures du XIXᵉ s. La diversité culturelle de la ville est soulignée par les activités de divers groupes ethniques et un festival multiculturel annuel.

L'éducation postsecondaire est offerte par le Confederation College of Applied Arts and Technology et l'U. LAKEHEAD. Deux hebdomadaires (dont un en finnois) et un quotidien y sont publiés. Il y a également quatre stations de radio locales, dont une appartient à la Société Radio-Canada (SRC). La région est desservie par des stations de télévision affiliées à CTV et à SRC qui appartiennent à la même compagnie qui les exploite, TV Ontario, et de nombreux canaux par câble. Les industries culturelles, comme la production de films, la production musicale, l'édition de livres et d'art graphique prennent racine dans la ville.

Les équipes sportives de la ville ont remporté des titres nationaux au hockey et en saut à skis. Les équipes de curling de Al Hackner (1982) et de Heather Houston (1989) ont gagné les championnats du monde. Des athlètes locaux ont remporté des médailles aux Jeux olympiques, aux Jeux du Commonwealth et aux Jeux Panaméricains. Parmi eux, Curt Harnett qui a gagné des médailles en cyclisme lors de trois éditions des Jeux olympiques. La ville a été l'hôte des Jeux d'hiver de l'Ontario (1976); du championnat de patinage artistique canadien (1980); de plusieurs rencontres de saut à skis pour la Coupe du Monde; des Jeux d'été du Canada (1981) qui ont donné à la ville un complexe multisportif de 7,5 millions de dollars; enfin, du championnat féminin de curling du Canada (1996). En 1995, les World Nordic Games, Jeux nordiques mondiaux, ont eu lieu à Thunder Bay.

David D. Kemp

Thurston, Frank Russel, ingénieur en aéronautique (Chicago, Ill., 5 déc. 1914). Ses parents, qui sont britanniques, le ramènent avec eux en Angleterre lorsqu'il a un an et, à partir de 1937, il travaille au National Physical Laboratory, en Angleterre. Le CONSEIL NATIONAL DE RECHERCHE (CNRC) le recrute en 1947 parmi des centaines d'ingénieurs britanniques amenés au Canada pour développer l'industrie aéronautique d'après-guerre. Il devient chef du Laboratoire d'étude des structures au CNRC et, en 1959, directeur de l'Établissement aéronautique national, pour lequel il est chargé de trouver un nouveau rôle industriel après l'annulation du projet AVRO ARROW. Il y parvient en mettant sur pied de nouvelles installations pour l'aérodynamique à faible vitesse, utile dans des domaines allant de l'avion à décollage et à atterrissage court jusqu'à la planification urbaine. Avant de prendre sa retraite en 1979, il est président du Groupe consultatif sur la recherche et les réalisations aérospatiales de l'OTAN et organise la mise au point du BRAS SPATIAL CANADIEN utilisé par les navettes spatiales américaines. Il devient Officier de l'Ordre du Canada en 1982.

Donald J.C. Phillipson

Thuya («cèdre») Au Canada, le terme cèdre désigne un genre de CONIFÈRE à feuilles persistantes (*Thuya*) de la famille des cyprès (*Cupressacées*). On l'appelle aussi *arbor vitae* (lat. pour «arbre de vie»). Le vrai cèdre est du genre *Cedrus* (famille des pins) et se voit de la Méditerranée à l'Himalaya. On distingue six espèces de thuya: deux en Amérique du Nord et quatre en Asie de l'Est. À l'Ouest, on trouve le cèdre de l'ouest, appelé aussi thuya géant (*T. plicata*), le long de la côte de la Colombie-Britannique et sur les versants ouest des Rocheuses. Il peut atteindre 60 m de haut et 3 m de diamètre. Le thuya occidental (*T. occidentalis*) atteint 25 m et croît dans les forêts de l'axe Grands Lacs–Saint-Laurent.

L'une des espèces asiatiques (*T. orientalis*) est souvent considérée comme une PLANTE ORNEMENTALE. Les feuilles du thuya, petites et en forme d'écailles, couvrent les branches plates en forme de rameaux. Le cône, de forme ovale, mesure de 1 à 2 cm. La bractée (feuille modifiée) et l'écaille ovulifère (organe portant les ovules) sont soudées. La POLLINISATION a lieu au printemps et les graines (petites et portant deux ailes latérales) sont libérées à l'automne. Mou, léger, odoriférant et imputrescible, le bois de thuya sert dans la décoration et la finition. Les autochtones de la côte ouest l'utilisaient pour faire des totems et pour construire des canots et des maisons.

John N. Owens

Tibétains Tous les ressortissants qui forment les premières communautés tibétaines du Canada au début des années 70, de même que ceux qui immigrent au pays par la suite, sont des RÉFUGIÉS. L'occupation du Tibet par la Chine, qui commence en 1949 pour atteindre son point culminant avec le soulèvement des Tibétains contre les forces d'occupation en 1959, est l'événement qui cimente toutes les communautés de réfugiés tibétains d'Asie, d'Europe et d'Amérique du Nord.

Plus de 100 000 Tibétains suivent leur chef, le dalaï-lama, jusqu'en Inde et dans les pays voisins, en tant que réfugiés. Le dalaï-lama établit un gouvernement en exil à Dharmsala, dans le nord de l'Inde, afin de coordonner les efforts pour pourvoir aux besoins des réfugiés et de développer des institutions destinées à préserver la connaissance et la culture tibétaines pendant que les Tibétains vivent coupés de leur pays. L'occupation du Tibet par la Chine entraîne la mort d'environ 1,2 million de Tibétains, ainsi que la destruction de plus de 6000 communautés monastiques, qui sont les centres religieux, éducatifs et administratifs de la société tibétaine. Les politiques chinoises d'assimilation forcée, aggravées par les transferts massifs des populations chinoises au Tibet et associées aux violations des droits de l'homme et à la destruction de l'écologie du Tibet, soulèvent l'inquiétude à l'échelle internationale.

L'affluence des Tibétains vers l'Inde et les autres pays se poursuit après l'exode initial, épuisant les ressources de l'Inde. En 1967, le dalaï-lama en appelle à la communauté internationale pour qu'elle accepte les réfugiés tibétains. La Suisse est la première nation à leur offrir la réinstallation, et le Canada, la deuxième. Après la fondation de la Tibetan Refugee Aid Society à Vancouver, en 1963, par feu George Woodcock et d'autres Canadiens sensibilisés à cette cause, les Canadiens collaborent avec les agences d'aide européennes (avec le soutien de l'Agence canadienne de développement international après 1970) afin d'aider les réfugiés tibétains à se réinstaller en Inde.

Le Canada accepte 228 personnes au cours des années 1971 et 1972, grâce au programme pour les réfugiés tibétains. Le Québec, l'Ontario et les Prairies mettent sur pied des programmes d'établissement. La communauté compte maintenant 780 personnes (recensement de 1996), dont environ la moitié vit en Ontario. Il existe aussi des communautés plus petites au Québec, en Alberta, au Manitoba et en Colombie-Britannique.

Les Tibétains obtiennent l'aide internationale parce qu'ils résistent sans violence à l'occupation de leur pays par la Chine. En raison de sa détermination à demeurer pacifique, le dalaï-lama s'est vu décerner le prix Nobel de la paix. Sous son autorité, le gouvernement en exil à Dharmsala développe un parlement démocratique et une constitution qui redéfinit son rôle en des termes principalement religieux. Les Tibétains en exil créent aussi un parlement en exil composé des représentants élus de chacune des régions comprenant une population de réfugiés tibétains. Les communautés tibétaines du Canada travaillent pour les réfugiés tibétains et pour le Tibet grâce au Comité Canada-Tibet, dont le siège social se trouve à Montréal. En 1992, le Comité Canada-Tibet crée sur Internet le Canada Tibet Network pour servir de lien entre les communautés tibétaines du Canada. Ultérieurement renommé World Tibet Network, le service dessert maintenant l'ensemble des Tibétains et des groupes d'aide aux Tibétains. Le Comité Canada-Tibet a une page d'accueil sur le Web et collabore au développement continu ainsi qu'à la gestion des ressources tibétaines concentrées sur Internet.

Les communautés tibétaines du Canada ont toutes fondé des associations communautaires et culturelles actives, dans le but de soutenir la tâche imposante que représente la préservation de la culture tibétaine en exil. Il existe aussi un organisme national pour la jeunesse tibétaine. Les Tibétains sont particulièrement fiers de l'indépendance des communautés tibétaines, où l'on trouve le plein emploi virtuel. La première génération de Canadiens d'origine tibétaine nés au Canada a son boursier de la fondation Cecil et il semblerait que la présente génération comptera une très grande proportion de femmes et d'hommes diplômés des universités.

Presque tous les Tibétains sont des bouddhistes de tradition mahâyâna (Grand Véhicule). Le bouddhisme tibétain, aussi appelé «lamaïsme», se distingue par son insistance à trouver les Tulkus (ou réincarnations) des lamas qui sont parvenus à un grand accomplissement ou à l'illumination. Le plus important lama réincarné est le dalaï-lama, qui serait, selon cette foi, la manifestation de Chenrasigs (aussi appelé Avalokiteshvara), le Bodhisattva de la compassion. Il est difficile de bien comprendre l'importance symbolique du dalaï-lama lui-même, ainsi que le système du bouddhisme tibétain qu'il représente. L'exemple personnel du dalaï-lama et le bouddhisme tibétain, qui insiste fortement sur le développement de la compassion et de la responsabilité personnelle, sont des thèmes culturels de première importance pour la communauté tibétaine du Canada.

Brian J. Given

Tiger-Cats d'Hamilton Équipe de FOOTBALL formée en 1950 par la fusion des Hamilton Tigers et des Hamilton Flying Wildcats. Les Hamilton Tigers, qui font partie des Big Four (Ligue interprovinciale de football), remportent deux championnats de la Canadian Rugby Union (1906 et 1908) et cinq COUPES GREY (1913, 1915, 1928, 1929 et 1932). De leur côté, les Hamilton Flying Wildcats, équipe formée de militaires et créée durant la Seconde Guerre mondiale, gagnent la Coupe Grey en 1943 et demeurent dans la Rugby Football Union de l'Ontario, après la guerre. Jake Gaudaur, futur commissionnaire de la Ligue canadienne de football (LCF), fait partie de cette nouvelle équipe, qui remporte la Coupe Grey en 1953.

À partir de 1957, avec Jim Trimble comme entraîneur (il quitte l'équipe après la saison 1962), les Tiger-Cats participent régulièrement à la finale de la Coupe Grey jusqu'en 1967 (sauf en 1960 et en 1966), finale qu'ils remportent à quatre reprises (1957, 1963, 1965 et 1967). L'équipe est renommée pour la puissance de sa défensive. En 1972, elle gagne une autre Coupe Grey à l'issue d'un match au Ivor Wynne Stadium devant de nombreux partisans d'Hamilton. La plus récente victoire des Tiger-Cats

remonte à 1986: les Eskimos d'Edmonton s'inclinent alors (39 à 15) dans un match disputé au BC Place Stadium (Vancouver).

En 1978, Harold Ballard fait l'acquisition des Tiger-Cats, mais en dépit d'un énorme succès sur le terrain, l'équipe perd de l'argent chaque année. David Braley, homme d'affaires d'Hamilton, s'en porte acquéreur en 1989. Les Tiger-Cats se rendent à la finale de la Coupe Grey, mais concèdent la victoire à la Saskatchewan. La diminution constante du nombre de spectateurs incite Braley à vendre l'équipe à un groupe local en 1992.

Derek Drager

Tiktak, John, sculpteur (Kareak, petit camp entre Eskimo Point (maintenant Arviat) et Whale Cove, T.N.-O., 1916—Rankin Inlet, T.N.-O., 9 juin 1981). D'abord chasseur, Tiktak s'établit à Rankin Inlet en 1958 pour travailler dans la mine de nickel. La mine ferme en 1962 et, en 1963, il commence à sculpter «professionnellement», car il a déjà fait de «petites sculptures représentant des visages inuits», qu'il vendait comme souvenirs. Son œuvre, qui remonte à 1961, se trouve dans tous les musées et dans les principales collections privées d'ART INUIT. Son style personnel, avec ses formes rondes et ses cavités, montre une affinité certaine avec celui d'Henry Moore, fervent admirateur de l'œuvre de Tiktak. Tout comme Moore, il crée des icônes, produisant des formes et des symboles plutôt que de véritables sujets. En 1970, il présente une exposition rétrospective à l'U. du Manitoba. Il est admis à l'Académie royale des arts du Canada en 1973.

George Swinton

Tilley, sir Samuel Leonard, politicien (Gagetown, N.-B., 8 mai 1818—Saint-Jean, 25 juin 1896). Tilley débute dans une pharmacie de Saint-Jean, une entreprise dans laquelle il devient partenaire avec des parents de sa mère. Il est membre de l'Assemblée du Nouveau-Brunswick de 1850 à 1851, de 1854 à 1856, de 1857 à 1865 et de 1866 à 1867. Défenseur de la tempérance pendant toute sa vie, il est secrétaire provincial dans le gouvernement de Charles FISHER, dont les membres sont surnommés les «Smashers» après avoir tenté sans succès d'instaurer la prohibition au Nouveau-Brunswick en 1851-1852 et en 1855-1856.

Tilley s'emploie à promouvoir le développement des chemins de fer et la CONFÉDÉRATION, et il est délégué aux conférences de Charlottetown et de Québec. Il est défait avec son gouvernement libéral (élu en 1861) sur la question de la Confédération au Nouveau-Brunswick en 1865, mais les libéraux sont reportés au pouvoir en 1866 à la suite de ce qui équivaut à un coup d'État de la part du lieutenant-gouverneur Arthur Gordon. En 1867, il démissionne du Cabinet du Nouveau-Brunswick et devient ministre des Douanes dans le premier gouvernement de sir John A. MACDONALD. Le jour même de la démission de celui-ci, le 5 novembre 1873, il est nommé lieutenant-gouverneur du Nouveau-Brunswick. Quand Macdonald reprend le pouvoir en 1878, Tilley devient ministre des Finances et, dès l'année suivante, il instaure le tarif douanier (*voir* POLITIQUE NATIONALE). Souffrant, il se retire à Fredericton où il occupe à nouveau le poste de lieutenant-gouverneur jusqu'en 1893. Intelligent et adroit, il a toujours été un baromètre sensible de la politique et, en 1868, il conseille à Macdonald de pacifier la Nouvelle-Écosse. Dans les années 1880, les engagements du gouvernement envers le Canadien Pacifique l'embarrassent et il les aurait sans doute laissé tomber si on le lui avait permis. La quasi dernière lettre qu'il écrit (adressée à sir Charles TUPPER) est une évaluation remarquablement perspicace de l'élection de 1896.

P.B. Waite

Tillsonburg, ville de l'Ont.; pop. 13 211 (rec. 1996), 12 019 (rec. 1991), 10 745 (rec. 1986); superf. 21,99 km²; située dans le comté d'Oxford, à 40 km à l'est de St. Thomas. Le fondateur de la ville, George Till-

son, s'installe en 1822 et ouvre une forge de fer des marais. D'abord appelée Dereham Forge, la localité est rebaptisée Tillsonburg en 1836. Elle devient un VILLAGE PARTIELLEMENT AUTONOME en 1865 et une ville en 1869. Tillsonburg est au départ un centre de services agricoles, mais, maintenant, on y produit également des pièces pour l'industrie automobile et aérospatiale, des tuyaux et des réservoirs à essence.

K.L. Morrison

Timbre-poste Le premier timbre-poste adhésif est émis en Grande-Bretagne le 6 mai 1840, à l'instigation de sir Rowland Hill qui avait proposé en 1837 la mise en place d'un système postal innovateur. Le paiement anticipé des frais postaux au moyen de timbres est rapidement adopté par de nombreux pays. Les provinces du Canada suivent l'exemple de l'Angleterre, en commençant par la Province du Canada, la Nouvelle-Écosse et le Nouveau-Brunswick en 1851, puis Terre-Neuve en 1857, la Colombie-britannique en 1860, et l'Ile-du-Prince-Édouard en 1861. Après la Confédération, les provinces cessent d'émettre leurs propres timbres pour utiliser les timbres uniformisés du Dominion du Canada. Terre-Neuve continuera de produire ses propres timbres-poste jusqu'à ce qu'elle adhère à la Confédération en 1949.

Conception des timbres Conçu par Sandford FLEMING, le premier timbre-poste canadien, émis le 23 avril 1851, vaut trois pence et représente un castor. Il s'agit du premier timbre-poste imagé au monde. Auparavant, les timbres représentaient des chefs de gouvernement ou différents emblèmes officiels. Avant la Seconde Guerre mondiale, la plupart des timbres canadiens étaient dessinés par des illustrateurs au service d'imprimeries de confiance liées aux Postes par contrat.

À partir des années 50, cependant, on met davantage l'accent sur la conception graphique et on instaure la pratique d'inviter des artistes à créer des dessins. Depuis 1969, les timbres sont choisis à la recommandation d'un comité consultatif sur les timbres-poste formé de spécialistes des arts visuels, de l'imprimerie et de la philatélie. Le comité est dirigé par le président du conseil d'administration de la SOCIÉTÉ CANADIENNE DES POSTES. Les sujets et dessins proposés font l'objet d'un examen par le Comité consultatif sur les timbres-poste, qui soumet ensuite ses recommandations au ministre responsable de la Société canadienne des postes.

Impression des timbres-poste Les timbres ont une valeur monétaire et ne peuvent être émis que par des imprimeurs triés sur le volet qui sont soumis à un contrôle très strict. Les timbres doivent être difficiles à reproduire, afin d'éviter la contrefaçon. Avant 1967, on a recours aux techniques de la gravure pour imprimer la plupart des timbres, tout comme les billets de banque. Au cours du processus, le dessin est engravé dans sa dimension réelle, mais inversé, sur un bloc d'acier appelé «matrice type». Diverses impressions sont alors effectuées pour vérifier l'évolution de l'image et ces épreuves sont appelées «témoins matrice». Une fois l'épreuve approuvée par la Société canadienne des postes, on durcit la matrice et les impressions du dessin sont transférées à un rouleau d'acier trempé. Elles sont ensuite enroulées autour d'une plaque d'acier incurvée qui s'adapte aux presses rotatives modernes. Ce procédé a subi récemment une modification: la plaque d'impressions est transférée sur une feuille de plastique qu'on utilisera pour produire un double déposé par électrolyse qui servira à l'impression.

À la fin des années 60, le perfectionnement de la lithographie offset multicolore permet d'appliquer cette technique à l'impression des timbres. Dès lors, il n'y a plus aucune restriction quant à l'utilisation des couleurs pour les timbres canadiens et les artistes jouissent d'une plus grande latitude, car ils ne sont plus confinés au procédé monochrome ou bichrome. Pour rehausser l'aspect de certaines séries spéciales, il arrive souvent qu'on ajoute au motif des éléments de couleurs or ou argent. En 1992, un hologramme est conçu expressément pour l'un des deux timbres (que les philatélistes appellent «timbres se-tenant» ou liés) qui soulignent les réalisations canadiennes dans l'espace.

Différentes sortes de papiers peuvent servir à la fabrication des timbres, dont le papier vergé, le vélin et le papier couché. Depuis quelques années, les feuilles de timbres sont surimprimées avec une encre transparente qui, une fois exposée aux rayons ultraviolets, devient fluorescente. Ce procédé facilite le triage mécanique du courrier. Grâce aux méthodes d'impression et aux différents types de papiers, les timbres-poste canadiens sont d'une variété et d'une beauté exceptionnelles.

Utilisation Les timbres-poste canadiens sont utilisés strictement à des fins postales. Certains pays, comme la Grande-Bretagne, indiquent que leurs timbres servent à la fois de timbres postaux et fiscaux. Ils peuvent donc servir à l'affranchissement du courrier et au prélèvement de la taxe d'accise. Au Canada, les gouvernements fédéral et provinciaux ont recours à des timbres spéciaux pour la taxe d'accise. (*Voir aussi* TIMBRES, COLLECTION DE.)

K. Rowe

Timbres, Collection de Presque tout de suite après leur mise en circulation en 1840, les TIMBRES-POSTE deviennent des objets de collection. Les premiers catalogues de timbres sont publiés en Europe dès 1861 (Potiquet, Paris). En Amérique du Nord, le premier magazine consacré à la collection de timbres paraît en 1864 à Montréal (*Stamp Collectors Record*, S. Allan Taylor). La collection de timbres, ou philatélie, est un passe-temps qui s'étend mondialement et comprend des associations locales, nationales et internationales. Dans les clubs locaux, les collectionneurs peuvent se rencontrer pour échanger ou montrer leurs timbres. Des congrès nationaux et internationaux ont aussi lieu tous les ans. La Société royale de philatélie du Canada, sise à Toronto, est la principale organisation de philatélie canadienne. La SOCIÉTÉ CANADIENNE DES POSTES (SCP), anciennement le ministère des Postes, a aussi un service spécial de philatélie depuis 1932.

Les timbres offrent une variété infinie de thèmes et de couleurs. Ils sont souvent une représentation en miniature d'un pays, de sa culture, de son évolution et même de sa faune et de sa flore. Les philatélistes peuvent constituer des collections de base selon le pays, les séries, la période ou la spécialité, comme les timbres d'envois par avion, les plis Premier jour, les cachets ou les numéros de feuille. Si les thèmes de la plupart des collections se rapportent aux timbres eux-mêmes, un nombre croissant de collectionneurs s'intéressent à ce qu'on appelle l'histoire postale, qui englobe l'histoire de la transmission du courrier depuis ses origines. Des articles de courrier transportés par le système postal inventé par Thomas Neale en 1691, pour desservir les colonies de l'Amérique du Nord britannique, sont très recherchés par les collectionneurs canadiens et américains. Avant l'invention du timbre adhésif, on utilisait des sceaux imprimés à la main ou des cachets manuscrits pour indiquer la route postale et le tarif d'affranchissement. Même après 1851, l'usage des timbres n'est pas obligatoire au Canada, et ce, jusqu'en 1875.

Certains collectionnent les timbres pour leur rareté, d'autres recherchent un thème particulier, comme les bateaux canadiens. Le Bluenose de 50 cents émis en 1929 est considéré comme le plus beau timbre gravé au monde. En 1933, un timbre commémore le ROYAL WILLIAM, premier bateau à traverser l'Atlantique presque entièrement à la vapeur.

Le timbre noir de 12 pence de 1851, qui montre la reine Victoria à l'âge de 19 ans, est un des timbres canadiens les plus rares. Avec le castor rouge de 3 pence (dessiné par Sandford FLEMING) et le 6 pence à l'effigie du prince Albert, il s'agit des premiers timbres émis au Canada. Le premier timbre canadien

émis après la Confédération, en 1868, représente le profil de la reine Victoria.

La SCP émet deux types de timbres. Les timbres réguliers, ou permanents, sont imprimés sur les mêmes planches pendant trois à cinq ans. Les timbres commémoratifs, ou émissions spéciales, présentent des sujets ou des événements particuliers chaque année; une fois l'émission terminée, on détruit les planches.

K. Rowe

Timmins, ville de l'Ont.; pop. 47 499 (rec. 1996), 47 461 (rec. 1991); superf. 3004,39 km²; const. en 1973; située à 290 km au nord-ouest de Sudbury. La prospection dans la région commence en 1906, puis Benjamin Hollinger, Sandy McIntyre et leurs associés sont les premiers à faire en 1919 une importante découverte d'OR. La population est concentrée à South Porcupine jusqu'à la destruction de cette agglomération par le feu en 1911. La ville est constituée le 1er janvier 1912 et elle doit son nom à Noah TIMMINS, un marchand de Mattawa qui fait fortune lors de la ruée vers l'argent et le COBALT avant de s'installer dans le nord de la province.

Au cours de ses cinquante premières années d'existence, le nombre d'habitants et la prospérité de la ville varient en fonction des bilans des différentes mines d'or: Hollinger, McIntyre et Dome. Depuis les années 60, l'économie de la ville s'est diversifiée grâce à des mines de cuivre (les mines Kidd Creek) et à la fabrication de panneaux à grandes particules. Une fusion régionale permet à Timmins d'obtenir le statut de grande ville et de s'afficher comme l'une des villes du Canada les plus étendues (3004,39 km²).

Matt Bray

Timmins, Noah Anthony, dirigeant de mine (Mattawa, Canada-Ouest, 31 mars 1867—Palm Beach, Floride, 23 janv. 1936). En association avec son frère Henry, David DUNLAP, John et Duncan McMartin, Timmins acquiert la mine d'argent LaRose à COBALT et, en 1909, des propriétés dans la région de Porcupine qui constituent la base de la société Hollinger Consolidated Gold Mines, dont il est le président. Durant les années 20 et 30, il continue à jouer un rôle majeur dans le développement minier au Canada, surtout en réunissant les capitaux des sociétés minières Hollinger et NORANDA pour financer les coûts de démarrage des exploitations de cuivre de Noranda dans le nord du Québec. La ville de TIMMINS, en Ontario, lui doit son nom.

Joseph Lindsey

Tinsley, Robert Porter fils, joueur de football (Damon, Texas, 16 août 1924). Pendant 11 ans, Buddy Tinsley joue tous les matchs comme bloqueur, autant à la défensive qu'à l'offensive, pour les BLUE BOMBERS DE WINNIPEG (1950-1960). Sa grande agilité incite ses entraîneurs à l'utiliser aussi comme porteur de ballon, à l'occasion. Tinsley est une inspiration pour son équipe, dont il est le capitaine, de 1951 à 1960. Sa performance lui permet de faire partie de l'équipe d'étoiles de la division de l'Ouest à huit reprises, cinq fois à l'offensive et trois fois à la défensive, en plus de joindre l'équipe d'étoiles du football canadien à quatre reprises. Les Blue Bombers, menés par Tinsley, se rendent cinq fois à la finale de la COUPE GREY, qu'ils remportent en 1958 et en 1959. Tinsley est membre du Temple de la renommée du football canadien depuis 1982.

Peter Wons

Tipi Habitation de forme conique consistant en une armature de perches recouvertes de peaux, le tipi était pour les Indiens nomades des Plaines une habitation facile à déménager, malgré sa taille. Utilisé peut-être même à l'époque préhistorique, le tipi faisait de quatre à six mètres de diamètre à la base et se terminait dans le haut par un trou destiné à laisser échapper la fumée. Il était recouvert de 8 à 12 peaux de bison cousues ensemble et disposées sur une structure pouvant comporter jusqu'à 20 pieux. Le tipi avait en moyenne une hauteur de sept ou huit mètres et

l'entrée faisait ordinairement face à l'est. Les tipis du XIXe s. étaient souvent assez vastes pour loger plusieurs cellules familiales et étaient enjolivés de DÉCORATION DE PIQUANTS DE PORC-ÉPIC et peints. Les femmes montaient et démontaient ces habitations, et elles se spécialisaient dans la taille et la couture des peaux de bison qui devaient s'ajuster à l'armature conique. À l'extérieur de la région des Plaines et autour des Grands Lacs de l'Ouest, on trouve une variante appelée WIGWAM dans les langues algonquines. (*Voir* AUTOCHTONES: LES PLAINES.)

René R. Gadacz

Tique Nom commun donné à des parasites hématophages (qui sucent le sang des Vertébrés, principalement des mammifères terrestres et des oiseaux) et qui appartiennent à la classe des ARACHNIDÉS et à l'ordre des Acariens. On en connaît environ 800 espèces dans le monde dont 40 au Canada, répertoriées dans toutes les régions au sud de la LIMITE FORESTIÈRE.

Description Les tiques sont parmi les plus grands Acariens, mesurant de 1 mm à 5 mm de longueur à jeun, et jusqu'à 30 mm lorsqu'elles sont gorgées de sang. Elles se distinguent à leurs pièces buccales modifiées qu'elles utilisent pour piquer leur hôte et s'y attacher, et par l'organe de Haller, un organe sensoriel spécialisé de l'extrémité des pattes antérieures et qui sert à localiser des hôtes potentiels.

Relations avec les humains Au Canada, les tiques sont nuisibles aux humains, au bétail et au gibier. Les espèces du genre *Dermacentor* causent parfois de lourdes pertes de bovins parce qu'elles provoquent la paralysie des tiques, qui est due non pas à la transmission d'un organisme pathogène, mais au fait qu'elles se nourrissent de leur sang.

Les tiques portent et transmettent une variété exceptionnelle d'agents pathogènes à leurs hôtes, incluant des protozoaires, des rickettsies, des bactéries et des virus. Au Canada, elles peuvent transmettre la fièvre à tiques du Colorado, la fièvre à rickettsie, la fièvre pourprée des montagnes Rocheuses, la tularémie bactérienne, la maladie de Lyme (causée par un spirochète) et l'encéphalite virale de Powassan. Bien que les souches des agents responsables de ces maladies au Canada aient habituellement une incidence médicale ou vétérinaire mineure, la propagation récente de la maladie de Lyme soulève de plus en plus de préoccupations parmi le public et le milieu médical.

Evert E. Lindquist

Tir Pendant la période de développement du Canada en tant que nation, le tir joue un rôle de premier plan. Il assure la survie et occupe les loisirs des premiers colons. Chaque famille possède son arme à feu et le tir prend de l'expansion à mesure que le pays se développe. Aujourd'hui, ce sport connaît une croissance des plus rapides dans le monde entier. Le tir est un sport diversifié qui peut se pratiquer avec une grande variété d'armes à feu. Les trois principaux types d'armes sont la carabine, le pistolet et le fusil de chasse. Pendant les années 1860, des sociétés de tir sont formées au Canada pour répondre à l'intérêt de plus en plus grand suscité par ce sport. La première participation connue d'une équipe canadienne à l'étranger remonte à 1871, alors qu'une équipe tirant au fusil de gros calibre se rend à Wimbledon, en Angleterre. En 1890, la plupart des provinces possèdent des clubs de tir.

Le tir à la carabine se divise en trois catégories principales basées sur le type de carabine utilisé, soit une arme de petit calibre, de gros calibre ou une carabine à air comprimé. Lors des compétitions, il existe des catégories supplémentaires qui se fondent sur le type de position de tir: la position couchée, la position sur un genou et la position debout. Le poids moyen d'une carabine varie entre 5 et 8 kg, tandis que la distance de la cible varie entre 10 et 300 m. Les épreuves de tir à la carabine des Jeux olympiques sont, chez les hommes, la carabine à air comprimé, l'arme de petit calibre en position couchée et l'arme de petit calibre trois positions. Chez les femmes, les épreuves sont la carabine standard et la carabine à air comprimé.

Le pistolet, conçu pour être léger, a été inventé en 1540 par un Italien, Caminello Vitelli. Le mot pistolet provient du mot Pistola, qui est le nom du village natal de Vitelli. Le tir au pistolet de compétition connaît une croissance rapide au Canada et est maintenant aussi répandu que tout autre forme de tir. Le pistolet à percussion annulaire, le pistolet à air comprimé et le pistolet à percussion centrale sont parmi les pistolets les plus couramment utilisés aujourd'hui. Au pistolet de compétition, la distance des cibles varie entre 10 et 50 m, selon l'épreuve. Trois épreuves de tir au pistolet font partie des Jeux olympiques: le tir rapide et le tir de style libre chez les hommes, ainsi que le pistolet de compétition chez les femmes.

La troisième catégorie d'armes à feu, le fusil de chasse, est utilisée dans le tir aux pigeons d'argile au cours duquel des cibles en argile en forme de soucoupe sont lancées dans les airs à différents angles. Il existe deux types de tir aux pigeons d'argile: le trap (ou tir à la volée avec fosse) et le skeet (ou tir au skeet). Le tir à la volée avec fosse fait son apparition en Angleterre au début du XIXᵉ s. Au cours des années 1880, comme les réserves d'oiseaux ont été sérieusement diminuées par les prélèvements, les tireurs de précision doivent leur trouver un substitut. En 1880, George Ligowsky de Cincinnati (Ohio) conçoit le premier pigeon d'argile. Il s'agit d'un mélange cuit composé d'argile finement broyée et d'eau. Le championnat canadien de pigeon d'argile qui a lieu en janvier 1886, à Carlton Place, en Ontario, constitue la première compétition canadienne connue de tir à la volée avec fosse. Des clubs de trap sont fondés partout au pays à la fin des années 1880 et au début des années 1890. Au Canada, il existe deux types de tir à la volée avec fosse: le tir aux pigeons d'argile international (tir olympique au plateau) et le tir à la volée avec fosse de l'ATA (Amateur Trapshooting Association). Un fusil de chasse de calibre 12 est utilisé pour ces deux types de tir. Pour ce qui est du tir aux pigeons d'argile international, 15 machines projettent les cibles à différents angles (entre 0° et 45°) et à différentes hauteurs (entre 70 et 80 m). Pour chaque pigeon, les concurrents peuvent tirer deux fois. Au tir à la volée avec fosse, une machine est utilisée pour lancer les pigeons d'argile à différents angles (entre 0° et 20°) et à une hauteur de 50 m. Les concurrents n'ont droit qu'à un seul coup. La première compétition internationale de tir aux pigeons d'argile fut tenue lors des Jeux olympiques de 1900.

Le tir au skeet fait son apparition aux États-Unis en 1926. À l'époque, il était destiné aux chasseurs désireux d'améliorer leur tir dans les champs mais il est devenu aujourd'hui un sport extrêmement compétitif et très pratiqué. Il existe deux types de skeet au Canada: le skeet international et le skeet, ou américain (ou skeet de la NSSA; National Skeet Shooting Association). Il existe trois différences fondamentales entre le skeet international et le tir américain: la position de départ du fusil, le système à minuterie variable pour le lancement des cibles et la distance à laquelle les cibles sont lancées, soit 65 m au skeet international par rapport à 50 à 55 m au tir américain. Le skeet a été introduit en 1968, aux Jeux de Mexico.

Le tir est un sport olympique reconnu depuis la renaissance moderne des Jeux olympiques en 1896. De plus, le fondateur des Jeux, le baron Pierre de Coubertin, était un champion français reconnu du tir au pistolet. En 1907, l'Union internationale de tir (UIT) est formée pour déterminer et faire appliquer les règlements et pour mettre sur pied des codes de conduite sécuritaire lors des compétitions de tir. En 1908, le Canada présente une demande d'admission à l'UIT et envoie sa première équipe de tir aux Jeux olympiques. Walter EWING, qui est tireur à la volée avec fosse, a été l'un des médaillés d'or canadien. Aux Jeux panaméricains de 1987, le Canada remporte cinq médailles d'or, deux d'argent et sept de bronze.

Un organisme national est formé en 1932: la Canadian Small Bore Rifle Association. En 1949, elle devient la Canadian Civilian Association of Marksmen. Le nom actuel de Fédération canadienne de tir (FCT) est adopté en 1964 alors que les associations de trap et de skeet s'unissent pour former un organisme parapluie. La FCT a pour mandat de coordonner et d'administrer tous les programmes relatifs aux tirs de style olympique au Canada. (*Voir aussi* George Patrick GENEREUX, Barney HARTMAN, Gerald OUELLETTE et Susan NATTRASS.)

Susan M. Nattrass

Tir à l'arc L'arc et la flèche sont très utilisés comme armes de guerre ou de chasse à l'époque préhistorique et pendant le Moyen Âge. Au cours du XVᵉ et du XVIᵉ siècle, l'arc et les flèches ne sont plus des armes militaires, et le tir à l'arc devient un sport récréatif en Angleterre.

Il y a deux types d'arc: l'arc traditionnel, d'une seule pièce et droit de bout en bout, et l'arc recourbé. Le second (fait de bois laminé, de plastique et de fibre de verre) est le plus utilisé lors des compétitions, dont les plus populaires sont le tir sur cible (de dimension standard) et le tir en campagne (les cibles sont disposées aléatoirement sur le terrain).

Au Canada, des clubs de tir à l'arc sont formés au milieu du XIXᵉ s. En 1864, le Yorkville Archery Club de l'Ontario organise un tournoi. C'est la première fois que le tir à l'arc est reconnu comme sport au Canada. On sait peu de chose au sujet des compétitions organisées avant 1927, année où l'on fonde l'Association canadienne de tir (aujourd'hui la Fédération canadienne de tir à l'arc). Les premiers championnats canadiens ont lieu en 1931. Pendant plusieurs années, l'Ontario est la province où l'on pratique le plus le tir à l'arc, et il faut attendre 1951 pour que l'Association devienne vraiment nationale.

Les Canadiens font bonne figure dans les compétitions internationales. Une équipe participe pour la première fois aux championnats du monde en 1963, et les Canadiens décrochent une cinquième place en 1967. Dorothy Lidstone est la première Canadienne à remporter un titre mondial au championnat mondial féminin de tir à l'arc sur cible en 1969, et l'équipe féminine se classe deuxième cette année-là. En 1971, l'équipe masculine est troisième au monde, et Emmanuel Boucher établit un record mondial au 30 mètres mixte.

En 1973, lors des Championnats des Amériques, Les Anderson et Wayne Pullen remportent des médailles d'or au tir en campagne, et Anderson est deuxième au classement général. Lucille Lessard gagne le titre mondial féminin de tir en campagne en 1974, elle remporte la victoire aux Championnats des Amériques (tir en campagne) en 1975 et se classe cinquième aux Jeux olympiques en 1976. Les équipes canadiennes masculines et féminines occupent le deuxième rang aux Jeux panaméricains de 1979 et aux Championnats des Amériques de 1980.

En 1982, les Championnats des Amériques ont lieu pour la première fois au Canada, à Joliette, au Québec. En août 1984, Lisa Buscombe, de Brampton, en Ontario, est championne du monde de tir de campagne en Finlande et, le 28 juillet 1985, elle remporte la médaille d'or à une compétition de tir en campagne aux World Games, à Londres, en Angleterre. Aux Jeux panaméricains de 1987, le Canada remporte une médaille d'argent en compétition individuelle et une médaille de bronze en compétition par équipe.

Barbara Schrodt

Tissage Bien avant que le tissage au métier ne fasse son apparition, on fabrique à la main des paniers tissés et torsadés avec des graminées, des brindilles, des radicelles et des feuilles de plantes indigènes. Les formes des objets de vannerie ont peu changé à ce jour. Au début, le filage ne sert qu'à produire des cordes, des ficelles et des lignes à pêche simples. C'est plus tard seulement qu'on utilisera le procédé pour fabriquer des filés. Avec le temps, la vannerie donne naissance à des techniques de tissage plus complexes, et un nouvel outil, le métier, fait son apparition. Le métier permet d'entrelacer les fibres de manière à obtenir une bande d'étoffe continue (laize) composée de deux séries de fils qui se croisent à angle droit: les fils de chaîne, tendus sur toute la longueur du métier et les fils de trame, insérés sur la largeur. Sur les premiers métiers, on attache des pierres à l'extrémité des fils de trame pour les tendre, un peu comme les premières fileuses suspendaient une quenouille au fil en formation. Quand les exigences du métier à tisser (fils plus résistants) viennent modifier les filés (simples et composés) et vice versa, ces dispositifs simples débouchent sur la technologie moderne du TEXTILE. La tapisserie prend naissance à la même époque que le tissage au métier, mais s'exécute sur un autre type de métier. Dans la tapisserie, les fils de trame couvrent la chaîne de façon discontinue. Les premières tapisseries racontent souvent une histoire en images, ce qui est rarement le cas des tapisseries modernes. Les premiers colons arrivés au Canada connaissent déjà très bien les techniques du tissage, et leur industrie familiale répond aux besoins locaux en matière de textiles. Plus tard, le filage et le tissage domestiques déclinent en raison de l'INDUSTRIALISATION, mais font l'objet d'un regain d'intérêt depuis quelques années. Il y aurait 7000 ou 8000 tisserands en Ontario, au Québec et en Colombie-Britannique, et il existe des associations de tisserands dans la plupart des grands centres du Canada.

Depuis les années 60, certains artisans ont délaissé le tissage traditionnel pour créer des «tissus d'art». Ils recourent toujours aux techniques d'autrefois, mais font appel à une large gamme de matières pour produire des œuvres uniques. Ces artisans vendent habituellement leurs œuvres dans des galeries, tandis que des établissements publics et des particuliers leur en commandent parfois. Deux tisserandes renommées, principalement en tapisserie – Micheline Beauchemin, de Québec, et Joanna Staniszkis, de la Colombie-Britannique – ont reçu le prix Saidye Bronfman pour leur excellence en ARTISANAT.

Dès la PRÉHISTOIRE, les Indiens du Canada et les Inuits connaissent la vannerie, art qui, comme le tissage, est habituellement réservé aux femmes. Les Salish de la côte du Nord-Ouest connaissent depuis très longtemps l'art de fabriquer des textiles avec des poils de chèvres de montagne, de la vergerette et des poils de chien laineux. Leurs COUVERTURES CHILKATS sont les plus réputées (*voir* AUTOCHTONE DE LA CÔTE DU NORD-OUEST, ART). Depuis quelques années, les autochtones du Canada remettent à l'honneur ces talents, notamment en vannerie. Les NOOTKAS de l'île de Vancouver tressent des paniers avec des graminées et du bois de cerisier et de cèdre. Les INUITS du Poste-de-la-Baleine confectionnent des paniers à couvercle avec cette graminée qu'on appelle élyme, auxquels ils incorporent souvent des nœuds en pierre de savon. Les Micmacs, les Malécites et les autochtones de l'Ontario se servent habituellement de lanières de frêne. Chez les Salish de la Colombie-Britannique, les vanniers ont accompli l'exploit de remettre sur pied une industrie familiale florissante en faisant appel, selon leur tradition, à la laine d'animaux de la région et à des colorants naturels. Toutes ces œuvres, et celles des nombreux autres tisserands talentueux que compte le Canada, sont très recherchées et rapportent des profits qui, même s'ils ne représentent qu'un revenu d'appoint pour beaucoup, sont néanmoins considérables en raison du temps, du soin et du talent que les tisserands et vanniers amoureux de leur art consacrent toujours à leur réalisation.

Deirdre Spencer

Titane (Ti) Élément métallique qui forme environ 0,5 p. 100 des roches du Bouclier canadien. Les minéraux de titane qui ont un intérêt commercial incluent le rutile (TiO₂), l'anatase (TiO₂), et l'ilménite (FeO·TiO₂) qui est un minéral contenant 52,7 p. 100 de TiO₂.

Quand le titane est chauffé, il s'enflamme et brûle à l'air, et c'est le seul élément qui brûle dans l'azote. Environ 90 p. 100 de la production des minéraux de titane sont utilisés pour manufacturer des pigments d'oxyde de titane, dont quelque 60 p. 100 entrent dans la fabrication des peintures.

Au Canada, l'industrie est concentrée au Québec. QIT-Fer et Titane Inc. extrait environ 3 millions de tonnes par année d'ilménite de sa mine située à Havre St-Pierre, dont plus de 1 million de tonnes par année sont fondues dans ses fours électriques à Tracy.

Le produit qui résulte de la fonte s'appelle Sorelslag et contient 80 p. 100 d'oxyde de titane. Environ 900 000 t par année de Sorelslag sont produites, et la grande majorité est exportée, principalement aux États-Unis et en Europe. Le reste est vendu surtout à Kronos, une filiale de NL Chemicals qui est un producteur de pigments de titane avec une usine à Varennes, au Québec.

La majorité des pigments d'oxyde de titane produits dans le monde sont fabriqués à partir du procédé au sulfate. Dans ce procédé simplifié, le concentré d'ilménite (minimum de 44 p. 100 de TiO₂) ou la scorie de titane (de 75 p. 100 à 80 p. 100 de TiO₂) sont broyés fin et dissous dans l'acide sulfurique pour donner le TiOSO₄ et du sulfate de fer hydraté. Le TiOSO₄ est clarifié, filtré, et séché pour donner le TiO₂ tandis que le sulfate de fer est mis de côté. Un autre procédé consiste à faire réagir le rutile avec le chlore gazeux, et ensuite à faire réagir le produit résultant (TiCl₄) avec l'oxygène ce qui donne le TiO₂. La majorité des nouvelles usines utilisent le procédé au chlore.

Le métal de titane et ses alliages sont légers et ont une très haute résistance à la tension, et ce, même à des températures élevées. Ce métal n'est pas produit au Canada.

Michel Brau Boucher

Titanic Tirant son nom des Titans, démiurges géants de la mythologie grecque, il est le paquebot transocéanique le plus grand (269 m) et le plus luxueux jamais construit. On le dit insubmersible, mais il heurte un iceberg juste avant minuit le 14 avril 1912, le cinquième jour de sa traversée inaugurale, et sombre en deux heures et quarante minutes, entraînant avec lui entre 1513 et 1522 victimes, dont le capitaine et Charles Melville HAYS, un magnat du chemin de fer au Canada. Le manque de place dans les canots de sauvetage, des procédures d'évacuation déficientes et la lenteur de réaction aux signaux de détresse sont à la source de nouvelles règles de sécurité obligatoires et de la formation de la Patrouille internationale des glaces. Beaucoup de romans, dont un sur le point de vue de l'iceberg, écrit par l'océanographe-ornithologue canadien R.G.B. Brown, et la pièce musicale *The Unsinkable Molly Brown*, s'inspirent de cette tragédie, comme l'a été le long poème narratif du même nom de E.J. PRATT.

Après de nombreuses tentatives pour localiser le *Titanic*, une expédition franco-américaine réussit à découvrir l'épave le 1ᵉʳ septembre 1985, 73 ans après le naufrage, à 590 km au sud-est de Terre-Neuve par 3810 m de fond dans un canyon sous-marin. Quatre journées de plongée sans équipage avec de l'équipement de plongée et des caméras sophistiqués, puis 11 plongées avec équipage un an plus tard montrent la formation très étendue de «glaçons de rouille» en forme de stalactites, la destruction du bois par les vers et la colonisation de l'épave par la vie marine, mais aussi beaucoup d'objets toujours intacts. Les recherches montrent l'absence d'une prétendue entaille de 91 m, mais la séparation du bateau en deux avec une distance de 549 m entre la coque et la poupe.

L'exploration du *Titanic* a permis aux scientifiques de tester de l'équipement (caméras et sonars) submersible sophistiqué mis au point par de nombreux chercheurs, dont le Canadien Joseph MACINNIS. Celui-ci a également pris part à l'expédition de 1987 qui a permis de récupérer un conteneur de l'épave. Par la suite, les efforts de récupération se sont poursuivis.

Martin K. McNicholl

Titres Les titres suivants sont en usage au Canada.

Très honorable Le gouverneur général du Canada porte le titre de «très honorable» à vie. Pendant son mandat, on s'adresse au gouverneur général en l'appelant «Son Excellence», et son conjoint a droit au même titre. Le lieutenant-gouverneur d'une province porte le titre d'«honorable» à vie. Pendant son mandat, on s'adresse au lieutenant-gouverneur en l'appelant «Son Honneur», et son conjoint a droit au même titre. Le premier ministre du Canada et le juge en chef du Canada portent le titre de «très honorable» à vie.

Honorable Les membres du Conseil privé du Canada et les sénateurs portent le titre d'«honorable» à vie. Le président de la Chambre des communes et le commissaire de chaque territoire portent le titre d'«honorable» pendant la durée de leurs fonctions.

Les juges puînés de la Cour suprême du Canada, les juges de la Cour fédérale et de la Cour canadienne de l'impôt ainsi que les juges des tribunaux suivants des provinces et territoires portent le titre d'«honorable» pendant la durée de leurs fonctions.

Alberta Cour du Banc de la Reine et Cour d'appel de l'Alberta.

Colombie-Britannique Cour d'appel et Cour suprême de la Colombie-Britannique.

Manitoba Cour d'appel et Cour du Banc de la Reine du Manitoba.

Nouveau-Brunswick Cour d'appel et Cour du Banc de la Reine du Nouveau-Brunswick.

Terre-Neuve Cour suprême de Terre-Neuve.

Territoires du Nord-Ouest Cour suprême des Territoires du Nord-Ouest.

Nouvelle-Écosse Cour d'appel et Cour suprême de la Nouvelle-Écosse.

Ontario Cour d'appel et Cour de justice (Division générale) de l'Ontario

Île-du-Prince-Édouard Cour suprême de l'Île-du-Prince-Édouard.

Québec Cour d'appel et Cour supérieure du Québec.

Saskatchewan Cour d'appel et Cour du Banc de la Reine de la Saskatchewan.

Yukon Cour suprême du Yukon.

En outre, les présidents des assemblées législatives des provinces et territoires, les membres du Conseil exécutif de chaque province et territoire et les juges des tribunaux provinciaux et territoriaux (nommés par les gouvernements provinciaux et territoriaux) portent le titre d'«honorable» pendant la durée de leurs fonctions.

Titres et décorations En quelque domaine que ce soit, l'excellence a toujours attiré le respect et l'admiration populaires. Depuis les temps les plus reculés, l'héroïsme, les exploits militaires et athlétiques, les grandes qualités de leadership et le mérite civique ont été récompensés de manière tangible ou symbolique. Il appartenait autrefois aux empereurs et aux rois de conférer les distinctions honorifiques, mais même les régimes les plus égalitaires en décernent de nos jours. Les façons de rendre hommage sont très variées et peuvent prendre des formes aussi différentes que la parade triomphale du vainqueur dans la Rome ancienne et le défilé de l'astronaute sous les confettis et les serpentins, l'accolade royale et l'attribution du PRIX NOBEL, l'insigne de chevalier et la rosette de soie portée à la boutonnière.

Dès les débuts de la colonisation européenne, des marques de faveur royale sont décernées aux habitants du Canada. Au début du XVIIᵉ s., les colons de la Nouvelle-France considèrent normal que le gouverneur et ses principaux fonctionnaires soient de la noblesse. Contrairement à la tradition européenne, dans la colonie, l'acquisition de terres ne modifie pas le statut du propriétaire. Les SEIGNEURS ne sont pas admis dans la noblesse uniquement parce qu'ils possèdent des terres. Toutefois, certains sont anoblis par Louis XIV pour leur participation au développement et à la défense de la colonie (*voir* CROIX DE SAINT-LOUIS).

Ordres britanniques établis Après 1760, la colonie appartient à la Couronne britannique, et les administrateurs envoyés pour diriger les affaires civiles et militaires détiennent souvent des titres. Avec le temps, les distinctions attribuées sous le Régime français tombent en désuétude. Aucune distinction propre à la colonie n'est instituée pour honorer les architectes du gouvernement responsable de l'affermissement des institutions de la colonie. Toutefois, une tentative est faite en ce sens lors des pourparlers précédant la confédération. En 1866, lord MONCK, alors gouverneur général de l'Amérique du Nord britannique, envoie au Colonial Office de Londres une dépêche recommandant qu'un ordre de chevalerie soit institué pour le Canada comme encouragement au service public, et qu'il soit décerné aux récipiendaires par le nouveau gouverneur général du dominion au nom du souverain. Afin de souligner le caractère canadien de cet honneur, il suggère le nom d'«ordre de Saint-Laurent». Le gouvernement britannique ignore la proposition. De l'avis du Secrétaire d'État aux colonies, céder le pouvoir d'attribuer des distinctions honorifiques conduirait inévitablement à un affaiblissement des liens avec l'Empire. On conclut qu'il n'y aura pas d'ordre distinct au Canada, mais que le gouverneur général sera chargé de désigner chaque année quelques personnes qui seront admises dans les ordres britanniques établis. Cette politique, à laquelle souscriront les gouverneurs britanniques successifs, sera source de frictions constantes entre Ottawa et Londres jusqu'à ce que de tels honneurs cessent totalement d'être conférés à des Canadiens après la Première Guerre mondiale.

Sir John A. MACDONALD, le premier à remplir la fonction de premier ministre du Canada, ne conteste pas cette politique britannique, mais ne cesse d'exercer des pressions pour que les honneurs soient décernés plus généreusement. Alexander MACKENZIE, premier ministre de 1873 à 1878, refuse qu'un titre lui soit attribué personnellement, mais il est outré lorsqu'il apprend que Londres projette d'honorer un Canadien éminent sans avoir consulté Ottawa. En réponse à la protestation de Mackenzie auprès du gouverneur général, le Secrétaire d'État aux colonies réplique que si les récipiendaires étaient choisis par le gouvernement colonial, leur appartenance politique serait le facteur prédominant de leur choix et il déclare sans ambages que la tâche de conseiller le roi en cette matière lui appartient en exclusivité.

La préparation annuelle de la liste des personnes honorées occasionne également des tracas au premier ministre sir Wilfrid LAURIER et lui vaut parfois des frictions avec le gouverneur général. Les distinctions honorifiques sont un sujet délicat à aborder devant les membres du Cabinet, et la frustration qui s'ensuit l'amène à faire une nouvelle tentative pour exercer une certaine influence sur les nominations. En 1902 est adopté un décret en conseil aux termes duquel le gouverneur général doit consulter le gouvernement au sujet de la liste annuelle des distinctions honorifiques, mais la réponse du Secrétaire d'État aux colonies est sensiblement la même que celle faite 25 ans plus tôt.

Quand sir Robert BORDEN devient premier ministre en 1911, les titres conférés au Canada provoquent un mécontentement grandissant dans la population. Le titre de chevalier conféré à Max AIT-

KEN, Canadien expatrié qui a été élu au Parlement britannique, suscite un vaste mouvement de critique. Quelques années plus tard, d'autres remous se produisent lorsque sir Max Aitken, avec l'aide d'amis politiques influents, devient coup sur coup baronnet, puis pair du royaume, et entre à la Chambre des lords sous le nom de lord Beaverbrook. Les abus deviennent de plus en plus fréquents, et l'opinion publique canadienne devient hostile lorsque les noms de certains candidats de Borden à des titres sont annoncés au cours de la Première Guerre mondiale.

Fin des titres et des autres distinctions Quand le gouvernement d'union entre en fonction après les élections de 1917, l'affaire est réglée de façon radicale. En 1919, un comité parlementaire recommande la «Résolution Nickle», qui est adoptée par la Chambre des communes et qui met fin à l'attribution de titres ou d'autres distinctions à des Canadiens. L'ancienne politique sur les titres et distinctions est brièvement remise en vigueur sous l'administration conservatrice du premier ministre R.B. BENNETT, et quelques personnes reçoivent le titre de chevalier ou des distinctions moins importantes en 1934-1935, mais les libéraux reprennent le pouvoir en 1935 et rétablissent l'interdiction. En conséquence, au début de la Seconde Guerre mondiale, les Canadiens qui servent dans les Forces armées ne sont pas admissibles aux ordres de chevalerie comme leurs homologues des autres pays du Commonwealth.

Un comité parlementaire constitué en 1943 recommande que l'interdit soit levé pour les distinctions autres que les titres, ce qui permettrait d'honorer beaucoup de militaires et de civils pour services rendus au cours de la guerre. Une autre recommandation concernant la création d'un ordre canadien est à l'origine de la Médaille du Canada, une distinction nationale unique récompensant tous les genres de mérite. Une première liste de récipiendaires éventuels est dressée, mais le premier ministre la rejette: Mackenzie KING a en horreur les distinctions honorifiques et, après réflexion, conclut que l'institution de la Médaille du Canada était une erreur et qu'elle ne sera jamais décernée.

Après la guerre, l'idée continue de faire son chemin, surtout dans les cercles militaires. En 1951, le premier ministre Louis SAINT-LAURENT demande à Vincent MASSEY, président de la COMMISSION ROYALE D'ENQUÊTE SUR L'AVANCEMENT DES ARTS, LETTRES ET SCIENCES AU CANADA, d'ajouter à ses travaux un rapport concernant les distinctions honorifiques. Un projet préconisant la création d'un ordre canadien complexe à cinq échelons est donc présenté, mais on n'y donne aucune suite.

Une quinzaine d'années plus tard, l'approche du centenaire de la confédération ramène l'idée de distinctions honorifiques nationales à l'ordre du jour. Le premier ministre Lester PEARSON profite des célébrations du CENTENAIRE pour rappeler le thème de la confédération: l'union fructueuse de plusieurs éléments en un État vigoureux et indépendant. En 1965, malgré une opposition bruyante et parfois acerbe, il fait adopter au Parlement une loi donnant au Canada un drapeau national (*voir* DRAPEAU, DÉBAT SUR LE). Au printemps 1967, quand il annonce la création de l'ORDRE DU CANADA, aucune voix dissidente ne se fait entendre. Le 1er juillet 1967, la proposition faite par lord Monck un siècle auparavant devient enfin réalité. Cinq ans plus tard, le système des distinctions honorifiques est étoffé par l'addition de l'ORDRE DU MÉRITE MILITAIRE et une série de DÉCORATIONS POUR ACTES DE BRAVOURE. L'attribution des distinctions honorifiques relève de la Chancellerie des ordres et décorations du Canada, à la résidence du gouverneur général, à Ottawa. (*Voir aussi* MÉDAILLES; CROIX DE GEORGES; CROIX DE VICTORIA.)

Carl Lochnan

Tlingits Peuple des PREMIÈRES NATIONS, les Tlingits de l'intérieur se définissent en fonction d'un héritage culturel commun, qu'ils soient INDIENS inscrits ou non inscrits. Ils sont aujourd'hui plus de 500. Ils parlent un dialecte tlingit et sont regroupés à Atlin, à l'extrémité nord de la Colombie-Britannique, et à Teslin, au Yukon. Ils exploitent maintenant la forêt boréale autour des grands lacs qui alimentent le FLEUVE YUKON, mais bon nombre détiennent des emplois salariés, y compris des postes de fonctionnaires. Au XIXe s., la plupart de leurs ancêtres, dont certains viennent de la côte, habitent les abords d'amont de la rivière Taku, qui se jette dans le Pacifique près de Juneau, en Alaska. Plus tard, ils déménagent au-delà de la ligne de partage des eaux au Yukon, attirés d'abord par l'abondance d'animaux à fourrure, puis par la RUÉE VERS L'OR DU KLONDIKE de 1897-1899. Dans chacune de leurs patries, ils s'unissent par le mariage à des Athapascans, tels que les TAHLTANS avec lesquels, dans le bassin de la Taku, ils se disputent aussi les droits de pêche au saumon et le contrôle des fourrures de qualité provenant de l'intérieur. Les deux groupes convoitent les fourrures des KASKAS de la RIVIÈRE LIARD, mais ils sont eux-mêmes dominés par les Tlingits de la côte qui monopolisent l'accès aux commerçants de fourrures blancs.

Économie Au XIXe s., les Tlingits de l'intérieur dépendent des montaisons annuelles de saumon dans le bassin de la Taku, mais ils chassent aussi le caribou, l'orignal, le mouton et la chèvre de montagne aussi bien que le petit gibier, surtout la marmotte et les oiseaux. Cette existence de semi-nomades se poursuit aussi au Yukon, bien que le saumon soit moins abondant, les animaux à fourrure y étant plus nombreux. Leurs outils, comme ceux de leurs voisins athapascans (*voir* TUTCHONIS), étaient bien adaptés aux conditions rigoureuses de la cordillère subarctique.

Organisation sociale Leur organisation sociale, cependant, ressemble à celle des Tlingits de la côte, auxquels ils sont liés. Leurs six clans matrilinéaires formaient deux moitiés exogames, celle du Loup (ou de l'Aigle) et celle du Corbeau, et leurs rangs étaient hiérarchisés. Leurs pratiques de mariage et des noms étaient semblables. Les relations sociales reposaient sur des obligations réciproques entre les membres des clans partagés en moitiés opposées. La plus importante était associée à la mort et aux fêtes commémoratives ou POTLATCHS qui suivaient un an plus tard à peu près et donnaient lieu à d'éloquents discours, à des danses, à des chants et à des saynètes. Il n'y avait pas de chef de BANDE ni chaque clan n'était soumis qu'à l'autorité de son propre chef. Les chefs et les conseils de bandes ont été institués après la Seconde Guerre mondiale par le ministère des Affaires indiennes. À Teslin, les Tlingits de l'intérieur ont maintenant leur propre système judiciaire.

Vie culturelle et économique Depuis la Ruée vers l'or au début du XXe s., l'exploitation minière près d'Atlin et, surtout, la construction de la ROUTE DE L'ALASKA en 1942, les Tinglits de l'intérieur sont de plus en plus assimilés à la société des Blancs. Ils ont toutefois repris intérêt à leurs arts traditionnels et ont mis sur pied des entreprises commerciales de fabrication de canots (*voir* CANOT D'ÉCORCE) et de RAQUETTES. Ils publient également leur propre littérature et produisent, pour la radio et la télévision, des documentaires qui remportent des prix.

Les Tlingits de l'intérieur n'ont pas signé de TRAITÉS INDIENS mais, depuis le succès remporté par le Conseil des Indiens du Yukon qui a signé une entente sur les REVENDICATIONS TERRITORIALES en 1993, ils procèdent à la sélection de leurs terres. De plus, ils se joignent au Conseil des Indiens du Yukon (qui a succédé à la Yukon Native Brotherhood en 1995) qui s'efforce de créer au Yukon un gouvernement autochtone qui coexisterait avec les gouvernements territorial et fédéral. (*Voir aussi*

AUTOCHTONES: LA RÉGION SUBARCTIQUE et les articles généraux sous la rubrique AUTOCHTONES.)

Catharine McClellan

Tobin, Brian Vincent, politicien et premier ministre de Terre-Neuve (Stephenville, T.-N., 21 oct. 1954). Après des études en science politique à l'U. Memorial, il travaille pendant un court laps de temps à la radio et à la télévision, avant de s'engager activement dans la politique. Élu député libéral aux élections fédérales de 1980, il est réélu en 1984, en 1988 et en 1993. En tant que jeune député, il devient un membre du *Rat Pack* avec Sheila COPPS et John Nunziata, après les élections de 1984.

Avec ses collègues, Tobin, un tenace débatteur, devient une source d'irritation constante pour le gouvernement largement majoritaire du premier ministre Mulroney. Quand les libéraux reprennent le pouvoir en 1993, il est nommé ministre des Pêches et Océans et doit assumer la tâche difficile de s'occuper du déclin des pêches dans l'Atlantique. En se faisant le défenseur de la pêche au turbot contre la surpêche pratiquée par les Espagnols, Tobin se voit propulsé au rang de héros à Terre-Neuve. Lorsque le premier ministre Clyde Wells démissionne en 1995, il décide de passer à la politique provinciale. Il abandonne son poste au Cabinet le 7 janvier 1996, est élu chef du Parti libéral de Terre-Neuve le 17, quitte son siège à la Chambre des communes le 25 et est assermenté premier ministre le 26. Il déclenche aussitôt des élections et, le 22 février 1996, les libéraux remportent 37 des 48 sièges de l'Assemblée législative de Terre-Neuve.

Toboggan Moyen de transport de petites cargaisons ou de personnes sur la neige, que les autochtones des régions subarctiques utilisaient historiquement. Habituellement, les toboggans étaient fabriqués à partir d'au moins deux minces planches de mélèze ou de bouleau, recourbées à l'avant et retenues par des barres transversales. On recourbait le bois quand il était encore vert ou après l'avoir laissé tremper et on le maintenait en position au moyen de cordes jusqu'à ce qu'il soit sec. Les TLINGITS de l'intérieur des terres soumettaient les planches à la vapeur. Le toboggan se prêtait idéalement au transport sur la neige légère et poudreuse, mais n'était d'aucune utilité dans la neige fondante. Au dégel printanier, on le remplaçait par des canots à lisses tirés par des chiens ou par des personnes. Chez les CHIPEWAYANS, les toboggans étaient tirés par les femmes. En plus de son utilisation ludique, le toboggan sert encore aux mêmes fins, mais il a généralement été remplacé par la motoneige ou d'autres luges motorisées. (*Voir aussi* BOBSLEIGH.)

René R. Gadacz

Todd, Frederick Gage, architecte paysagiste (Concord, N.H., 11 mars 1876—Montréal, 15 févr. 1948). Todd poursuit des études au Massachusetts à la Andover High School et à l'Agricultural College de Amherst. À partir de 1896, il commence un apprentissage de quatre ans chez Olmsted, Olmsted, and Eliot à Brookline, au Massachusetts, le cabinet d'ARCHITECTURE PAYSAGÈRE le plus connu de l'époque. Todd déménage à Montréal en 1900 et y épouse un an plus tard la montréalaise Beatrice Evelyn Pinkerton. La famille, qui a deux enfants, Evelyn M. Todd et Frederick G. Todd Jr., vit dans divers quartiers de la ville jusqu'à la mort de Todd en 1948.

Pendant près d'un demi-siècle, Frederick G. Todd planifie, conçoit et réalise des «travaux publics et privés d'embellissement et d'utilité avec la nature prise elle-même comme associée». Il est le premier vrai architecte paysagiste au Canada et, pendant la plus grande partie de sa vie professionnelle, il est l'un des rares architectes paysagistes et urbanistes du pays qui se consacre à l'art et à la manière d'organiser l'urbanisation croissante de la première moitié du siècle. Ses créations sont partout: à Vancouver (Shaughnessy Heights, 1907), à St. John's (Terre-Neuve; Bowring Park, 1913), ainsi que dans la touche finale d'un jardin ou dans une étude de la région urbaine de la capitale nationale (Ottawa Improvement Commission Report, 1903). Auteur à ses heures, Todd est l'avocat passionné d'une utilisation raisonnée des ressources naturelles. Il consacre beaucoup de temps et d'efforts à diverses institutions publiques et est Fellow de trois organismes professionnels: l'American Society of Landscape Architects, l'Association des architectes paysagistes du Canada et l'Institut d'urbanisme du Canada. Vers la fin de sa carrière, il devient conseiller municipal à Montréal.

Il recrute ses clients autant dans le secteur privé que dans le secteur public. Parmi les grands industriels qui ont retenu ses services figurent R.B. ANGUS, directeur du CANADIEN PACIFIQUE; sir Frederic NICHOLLS, directeur général de la Canada Foundry Co; James Ross, président de Dominion Coal; le sénateur Louis-Joseph FORGET et E.S. Clouston, directeur général de la BANQUE DE MONTRÉAL. Dans la liste de ses clients du secteur public figurent les villes de Vancouver, de Winnipeg, de Port Arthur, de Cambridge, de Galt, de Stratford, de Granby, de Valleyfield, de Sherbrooke, de Québec et de St. John's tout comme les provinces de la Colombie-Britannique, de la Saskatchewan, de Terre-Neuve, du Québec, de l'Ontario et le gouvernement du Dominion du Canada de l'époque. Todd travaille de plus à titre de directeur de la Parks and Playgrounds Association et de la Community Garden League de Montréal avec divers groupes de citoyens, avec le clergé, des élus, des artistes, des scientifiques et des associations professionnelles. C'est néanmoins un homme modeste dont le travail et les idées sont peu connus au Canada, même si d'innombrables Canadiens ont vécu dans les villes qu'il a planifiées et conçues ou se sont promenés dans les parcs urbains qui lui doivent leur beauté et leur utilité.

L'influence de Frederick Todd sur Montréal, sa ville d'adoption, est profonde. Ses réalisations comprennent la restauration de la montagne du Mont-Royal et du parc de l'île Sainte-Hélène, de nombreux parcs urbains plus petits, le cimetière Parc commémoratif de Montréal et le Jardin du chemin de la Croix (à l'Oratoire Saint-Joseph), plusieurs jardins privés répartis sur l'île, sans parler de sa collaboration au Jardin botanique de Montréal dirigé par le frère Marie-Victorin et de son rôle dans de nombreux comités comme la Ligue du progrès civique, créé pour améliorer la vie publique à Montréal. Beaucoup des réalisations de Todd pour des domaines privés à Montréal ont disparu, bien que le cimetière Parc commémoratif de Montréal et le Jardin du chemin de la Croix, adjacent à l'Oratoire, donnent encore une idée de ses talents d'architecte paysagiste.

Peter Jacobs

Tolmie, Simon Fraser, vétérinaire, agriculteur, politicien et premier ministre de la Colombie-Britannique (Victoria, 25 janv. 1867—*id.*, 13 oct. 1937). Fils de William Fraser TOLMIE. Diplômé du Collège des vétérinaires de l'Ontario, en 1891, il travaille dans son domaine aux ministères de l'Agriculture provincial et fédéral, puis devient inspecteur en chef des animaux d'élevage pour le compte du Dominion. Il gère également avec succès une ferme en banlieue de Victoria. Élu député unioniste (conservateur) fédéral dans Victoria en 1917, il est nommé ministre fédéral de l'Agriculture de 1919 à 1921 et en 1926. Bien qu'il ait été élu chef des conservateurs au provincial en 1926, il demeure député fédéral jusqu'en 1928. Il donne sa démission cette année-là et se présente aux élections provinciales. Élu dans SAANICH, il devient premier ministre et titulaire du ministère des Chemins de fer le 21 août 1928. Son administration dénuée d'intérêt se désintègre progressivement sous la pression de la CRISE DES ANNÉES 30 et de querelles intestines. Il est écrasé par les libéraux de T.D. PATTULLO aux élections de 1933. Tolmie remporte

l'élection fédérale complémentaire dans Victoria en juin 1936, et il décède en fonction.

Patricia E. Roy

Tolmie, William Fraser, chirurgien, commerçant de fourrures et politicien (Inverness, Écosse, 3 févr. 1812—Victoria, 8 déc. 1886). Tolmie se rend dans le Nord-Ouest en 1833, au service de la Compagnie de la baie d'Hudson (CBH). Après avoir été affecté aux postes situés le long de la côte nord, il a la responsabilité du commerce et de l'agriculture au Fort Nisqually, dans le bras Puget, de 1843 à 1857. Son sens de l'équité lui attire le respect des autochtones, mais aussi la méfiance des immigrants américains. En 1859, il s'installe à Victoria et il siège au conseil d'administration de la CBH de 1861 à 1870. Il est député de la Chambre d'assemblée de l'île de Vancouver de 1860 à 1866 et député de l'Assemblée législative de la Colombie-Britannique de 1874 à 1878. Il publie notamment l'ouvrage intitulé *Comparative Vocabularies of the Indian Tribes of British Columbia* (1884). Pour la lecture de son journal, de 1830 à 1843, *voir The Journals of William Fraser Tolmie* (1963).

W. Kaye Lamb

Tomahawk Nom commun de divers types de haches utilisées par les autochtones. Peu après l'arrivée des Européens, le tomahawk à tête de pierre cède bientôt place aux haches de commerce à tête de fer ou d'acier, parfois de laiton, de bronze ou de cuivre. Utilisé pour travailler le bois, le tomahawk était aussi une arme de guerre. Le manche était décoré de motifs gravés et parfois de plumes, de fourrure, de perles et de rubans. La tête était souvent élaborée et comprenait parfois un fourneau de pipe. De nombreux tomahawks ne servaient ni de haches de guerre ni d'outils, mais symbolisaient le rang de leurs propriétaires. Les Français et les Britanniques présentaient aux valeureux guerriers des tomahawks richement décorés.

René R. Gadacz

Tomate (*Lycopersicon esculentum*) Herbacée vivace qui, au Canada, est cultivée comme une annuelle en raison des gels précoces. La taille des fruits va de quelques grammes à plus de 450 g. Les tomates sont habituellement rouges ou orange, mais certaines sont roses (peau incolore) ou jaunes. Elles contiennent de la vitamine A, de la thiamine, de la riboflavine, de la niacine et de l'acide ascorbique. Deux espèces sont cultivées dans le monde entier: la *L. esculentum* (qui comprend les tomates communes, cerises, poires, dressées et à grandes feuilles) et la *L. pimpinellifolium*. La tomate est originaire du Pérou et est utilisée par les Indiens de l'Amérique centrale et du Sud avant l'arrivée des Européens. Introduite en Europe au XVIᵉ s., elle suscite de la méfiance en tant que membre de la famille des MORELLES. On ne lui connaît pas d'usage commercial avant le début du XIXᵉ s.

Au Canada, la production extérieure est limitée en raison de la courte durée et de la fraîcheur de la saison estivale. Les tomates doivent être mises en végétation dans des semis, puis transplantées dans une serre. Lorsque les risques de gel sont passés, elles peuvent être transplantées dans les champs, où des cloches ou d'autres types d'abris contribuent à faire avancer le début de la croissance. Si, durant la nuit, les températures descendent sous les 14 °C, bien des variétés de tomates ne donneront pas de fruits. Une bonne production nécessite environ de 70 jours à 90 jours à des températures autour de 20 °C. Les plants de tomates denses activent la maturité. La plupart des sols canadiens doivent être irrigués pour compenser le manque de pluie. Les tomates sont sujettes à la pourriture apicale (dans des régimes d'eau irréguliers), à tous les types de MALADIES DES PLANTES et aux ravages causés par les insectes. Plantes de saison chaude, les tomates sont cultivées commercialement surtout dans le sud de l'Ontario. En 1985, on a cultivé 14 869 ha de tomates, la production totalise 545 410 tonnes, pour une valeur mar-

chande de 87 353 000 de dollars. L'Ontario occupe le premier rang pour la production. De plus, 15 510 tonnes de tomates ont été produites dans les serres, ce qui représente 22 397 000 de dollars sur le marché. Encore une fois, l'Ontario est la plus grande productrice, même si la culture en serre se pratique partout au Canada. Les tomates sont également récoltées dans les jardins des particuliers, quand la saison le permet.

I.L. Nonnecke

Tompkins, James John, dit «Jimmy», prêtre, administrateur d'université et pionnier de l'ENSEIGNEMENT AUX ADULTES (Margaree, N.-É., 7 sept. 1870—Antigonish, N.-É., 5 mai 1953), visionnaire, communicateur et propagandiste. L'œuvre la plus durable de Tompkins est d'avoir modifié le caractère élitiste de l'université en l'ouvrant à tous. Après ses études à l'U. St. Francis Xavier à Antigonish et au collège Urbain de Rome, Tompkins est ordonné en 1902 et revient à l'U. St. Francis Xavier à titre d'administrateur lors d'une période de profonds changements sociaux. Déterminé à aider les gens ordinaires, Tompkins publie un projet d'enseignement aux adultes intitulé *Knowledge for the People* (1920) et fonde, en 1921, la People's School à l'université. Relégué à Canso (Nouvelle-Écosse) en 1922 pour avoir appuyé un plan visant à fédérer les universités des Maritimes, Tompkins entreprend une carrière pastorale. Il travaille si efficacement à faire connaître les difficultés des pêcheurs des Maritimes qu'une commission royale est formée pour faire enquête sur leur situation. Il fonde ensuite une coopérative de crédit à Reserve Mines (Nouvelle-Écosse), inspire le premier projet de logement coopératif (Tompkinsville) et institue l'une des premières bibliothèques régionales. On peut l'appeler à juste titre le père du MOUVEMENT D'ANTIGONISH d'enseignement aux adultes. Il reçoit des doctorats honorifiques de l'U. Dalhousie (1919) et d'Harvard (1941).

Douglas F. Campbell

Tonnancour, Jacques Godefroy de, peintre et photographe (Montréal, 1917). Ses premières influences vont du GROUPE DES SEPT à Goodridge ROBERTS, pour les paysages, en passant par Picasso, pour la peinture de figures. Les 17 mois qu'il passe au Brésil (1945-1946) apportent une brillance formelle et de la véracité à ses paysages. De retour au Canada, il abandonne temporairement les paysages (1946-1950) et, influencé par les œuvres de Picasso et de Matisse, il crée ses peintures de figures et ses natures mortes les plus achevées. Il fait partie du groupe PRISME D'YEUX (1948-1949), qui s'oppose aux AUTOMATISTES et dont il rédige le manifeste. En 1960, Tonnancour avait produit ses paysages simplifiés les plus connus, tels que *Paysage de juin*. Au début des années 60, il pousse plus loin la simplification et l'abstraction de ses paysages et expérimente ensuite le collage et les matériaux étrangers, ce qui l'amènera à produire des œuvres proches de l'abstraction pure. Il enseigne au Musée des beaux-arts de Montréal et à l'École des beaux-arts de Montréal. Son œuvre *L'Invisible dans le visible* (1986) illustre son intérêt pour les forêts tropicales et semi-tropicales.

Erik J. Peters

Tonquin Bateau de 269 t construit à New York en 1807 et dont John Jacob Astor, marchand de fourrure et entrepreneur new-yorkais, fait l'achat le 23 août 1810. Il quitte New York le 6 septembre 1810 en direction de l'embouchure du FLEUVE COLUMBIA, où la PACIFIC FUR COMPANY, propriété d'Astor, projette d'établir un poste et de développer la traite des fourrures pour concurrencer la COMPAGNIE DU NORD-OUEST. Le capitaine du *Tonquin*, Jonathan Thorn, un homme brutal et autoritaire, montre peu d'égards pour les commerçants à l'emploi d'Astor. Dans son journal, le commis Gabriel Franchère décrit la tyrannie du capitaine et son mépris pour la vie humaine, particulièrement lors de l'arrivée du bateau dans l'embouchure du Columbia, où huit matelots se noient en effectuant des sondages le 22 mai 1811.

Le 5 juin, le *Tonquin* quitte le nouveau fort Astoria pour un voyage de traite. Vers le 15 juin, il est de toute évidence en vue du village d'Echatchet, dans le chenal Templar du détroit Clayoquot (île de Vancouver), lorsqu'il est capturé par les Indiens Nootkas qui tuent la plupart des membres de l'équipage. Le lendemain, le navire explose, une explosion peut-être déclenchée par les survivants pour éviter que le navire ne tombe entre les mains des autochtones qui reviennent à l'attaque. La terrible explosion anéantit le *Tonquin* et les espoirs de Thorn et d'Astor de dominer la traite sur la CÔTE DU NORD-OUEST.

Barry M. Gough

Tonty, Henri de, explorateur et VOYAGEUR (1649 ou 1650—Fort Louis-de-la-Louisiane, sept. 1704). C'est le fils de Lorenzo de Tonty, inventeur de la méthode tontinière de rente viagère. Il sert dans la marine et l'armée française, où il se fera arracher la main droite par l'explosion d'une grenade. En 1678, il s'embarque pour la Nouvelle-France comme lieutenant de LA SALLE et supervise la construction de Fort Conti et du trois mâts GRIFFON (1679) sur la rivière Niagara. Il mène un groupe jusqu'à la rivière Illinois où il participe à la construction de Fort Miami, puis de Fort Crèvecœur (1680). Toutefois, pendant une de ses absences de Crèvecœur, ses hommes se mutinent et détruisent les bâtiments. Tonty survit à une attaque iroquoise, au naufrage d'un canot près de Green Bay et échappe également de peu à la famine. En 1681, Tonty dirige la progression d'un groupe d'avant-garde jusqu'au portage Chicago, puis est rejoint par La Salle, son commandant. L'expédition atteint le golfe du Mexique le 7 avril 1682. En 1686, Tonty et La Salle revendiquent le territoire au nom des Français et participent avec DENONVILLE à la campagne contre les Iroquois en organisant les combats d'arrière-garde des Illinois. En 1690, après l'assassinat de La Salle, il se voit accorder la concession de la traite de fourrures. En 1698, il retourne au Mississippi sous le commandement de Pierre Le Moyne d'IBERVILLE pour travailler à l'expansion de la traite, mais il y meurt de fièvre jaune. Les Amérindiens l'appelaient «bras de fer» autant pour son courage et sa ténacité que pour son bras artificiel en forme de crochet.

James Marsh

Topley, William James, photographe (Montréal, 13 févr. 1845—Vancouver, 16 nov. 1930). Sa mère l'initie à la photographie, et, en 1864, il se joint au studio de William NOTMAN à Montréal. Trois ans plus tard, il ouvre le nouveau studio de Notman à Ottawa, qu'il achète en 1872. Pendant une cinquantaine d'années, le studio diffuse des photographies de tout le pays et des portraits de tous ses politiciens, fournissant ainsi une inestimable source d'archives de l'histoire sociale du Canada. William Topley prend sa retraite en 1924, et le studio ferme deux ans plus tard.

Andrew Birrell

Toponymie Pour de nombreux Canadiens, le nom CANADA est synonyme de force et de fierté et traduit bien les particularités de ce pays et le caractère de son peuple ingénieux. Par bonheur, le nom a son origine au pays même, car Jacques CARTIER note en 1535 que DONNACONA, un chef IROQUOIS, désigne le site actuel de la ville de Québec par «kanata», qui signifie «ensemble de cabanes». Cartier est manifestement impressionné par le nom Canada, puisqu'il l'utilise pour les régions du Saguenay et de Gaspé sur les différentes cartes dressées peu après ses voyages.

Durant plusieurs années, le nom «Québec», «passage étroit» en langues algonquines, désigne le territoire français compris entre le golfe du Saint-Laurent et la rivière Ohio. De 1763 à 1791, les Britanniques adoptent le nom «Province of Quebec» pour désigner les terres ou les territoires anglais des provinces actuelles du Québec et de l'Ontario. En 1791, le nom Canada est redonné aux actuelles régions du sud du Québec (Bas-Canada) et de l'Ontario (Haut-Canada). De 1841 à 1867, ces territoires, qui forment la PROVINCE DU CANADA, sont connus sous les noms de Canada-Est et de Canada-Ouest, même si dans l'usage, on entend plus fréquemment Haut-Canada et Bas-Canada.

Au cours des années 1860, nombre de suggestions patriotiques et ingénieuses sont faites pour baptiser le nouveau pays créé par l'union des provinces du Canada, de la Nouvelle-Écosse et du Nouveau-Brunswick. Un nom avec un riche héritage est attribué «au Dominion appelé le Canada».

Noms des provinces À part le Québec, trois autres provinces et un territoire ont des noms d'origine autochtone. On rapporte souvent que le nom «Ontario», ou «beau lac», serait formé des mots *ontare* huron et *oniatare* iroquois, signifiant «lac», et du suffixe «io», qui suggère quelque chose de «bon» ou de «beau». L'orthographe actuelle du nom du lac n'apparaît sur les cartes qu'au milieu du XVIIe s.

Le nom «Manitoba», d'abord donné au lac, dériverait du grondement que fait l'eau du lac à ses étranglements, le «détroit des Esprits». Le nom «Saskatchewan» vient du cri et signifie «rivière au cours rapide». Le nom «Yukon» veut dire «grande rivière» en kutchin et est mentionné pour la première fois, sous la forme de «Youcon», par John Bell (1799-1868) en 1846.

Terre-Neuve est probablement le nom européen le plus ancien dans l'usage littéraire et cartographique du Canada: on le retrouve dans une lettre datant de 1502. La Nouvelle-Écosse (Nova Scotia) aurait pu s'appeler New Scotland, mais c'est la forme employée dans le texte latin concédant l'Acadie à William ALEXANDER en 1621 qui a été conservée. Le nom «Nouveau-Brunswick» est choisi en 1784, en l'honneur du roi George III (1760-1820), un descendant de la maison de Brunswick.

La plus petite province canadienne est appelée «Île Saint-Jean» par les Français, puis «St. John's Island» de 1759 à 1798, date à laquelle elle prend son nom actuel, Île-du-Prince-Édouard (en l'honneur du duc de Kent, alors commandant de troupes à Halifax), afin de réduire la confusion provoquée par les différents endroits appelés St. John's et Saint John. Malheureusement, ni St. John's de Terre-Neuve (probablement nommée le 24 juin 1497), ni Saint-Jean du Nouveau-Brunswick (créée par charte royale en 1785 du nom du fleuve découvert par Pierre Du Gua DE MONTS et Samuel de CHAMPLAIN le 24 juin 1604) n'ont jugé bon de modifier leur nom pour éviter la confusion.

La Colombie-Britannique doit son nom à la reine VICTORIA qui, en 1858, le choisit plutôt que la Nouvelle-Calédonie. Le Columbia est ainsi nommé en 1792 par l'explorateur américain Robert Gray, du nom de son navire. Le mot «British» y est ajouté afin de distinguer la province de la Colombie d'Amérique du Sud. En 1882, le gendre de la reine Victoria, le marquis de LORNE, suggère le nom Alberta pour désigner un district de ce qui était alors les Territoires du Nord-Ouest, en l'honneur de son épouse la princesse Louise Caroline Alberta. Le LAC LOUISE est également nommé en son honneur.

Noms d'origine autochtone Les noms exclusifs au Canada sont ceux qui sont donnés par les peuples autochtones, qui parlent une multitude de langues, du cri et du micmac dans l'Est au pied-noir et au haida dans l'Ouest, en passant par le chipewyan et l'inuktitut dans le Nord. La plupart de ces toponymes décrivent une particularité physique de l'endroit en question, d'autres correspondent à un événement important ou encore à une activité particulière. Certains désignent des bandes ou des tribus amérindiennes, souvent telles qu'elles sont appelées dans la langue d'un voisin, d'un ami ou d'un ennemi. Les noms personnels sont tellement rarement donnés que des noms comme «Muskoka» et «Donnacona», qui apparaissent dans les registres officiels, sont probablement des noms de compagnies donnés par des colons européens.

Dans bien des cas, la signification des noms est douteuse et l'origine linguistique incertaine. Parmi les noms bien connus concernant les caractéristiques physiques, on retrouve Niagara, «langue de terre», par allusion à la péninsule située entre les lacs; Restigouche, «belle rivière»; Gaspé, «extrémité»; Nepisiguit, «eaux agitées»; Mississauga, «vaste embouchure»; Saguenay, «eau qui déborde»; Nipissing, «petite étendue d'eau», par opposition aux Grands Lacs; Chicoutimi, «fin de l'eau profonde»; Témiscamingue, «eau profonde»; Caughnawaga, «rapides»; Athabasca, «là où il y a des roseaux»; Kamloops, «rencontre des eaux»; Keewatin, «vent du Nord»; Minnedosa, «eau vive»; et Winnipeg, «eau trouble».

Les noms associés à l'occupation d'un lieu par une tribu ou aux tribus elles-mêmes incluent Ottawa, «commerçants»; Toronto, «arbres poussant dans l'eau», par allusion aux parcs de pêche vus de loin; Kitimat, «peuple des neiges»; Kootenay, «peuple de l'eau»; Penticton, «toujours au même endroit», c.-à-d. installé en permanence; Nanaïmo, «grand peuple fort»; et Assiniboine, «cuit à l'aide de pierres chaudes dans l'eau».

Des noms tels qu'Iroquois Falls, Sioux Lookout, Stony Plain, lac des Cris, parc Algonquin, lac Érié, rivière Indian et Eskimo Point sont des noms qui reflètent des communautés. Kelowna signifie «grizzli», Aklavik, «lieu de l'ours», et Tuktoyaktuk, «renne ressemblant au caribou». Le nom Inuvik, «lieu de l'homme», est donné en 1958 à la nouvelle ville destinée à remplacer Aklavik. Saskatoon (1882) doit son nom à un fruit sauvage que les premiers colons trouvaient en abondance.

Certains des noms les plus évocateurs et les plus intéressants sont réellement des traductions d'appellations autochtones d'endroits actuels ou de caractéristiques s'y rapportant, notamment Medicine Hat, Moose Jaw, Yellowknife, rivière de la Paix, rivière Qu'Appelle, Swift Current, Thunder Bay, rivière Battle, Red Deer, col Crowsnest (ou pas du Nid-de-Corbeau) et Grand-Mère. De plus en plus, on a tendance à reconnaître les noms autochtones des régions habitées par les autochtones. p. ex., Fort-Chimo, au Québec, devient Kuujjuaq en 1980, et dans les Territoires du Nord-Ouest, Frobisher Bay devient Iqaluit, en 1987, et Coppermine devient Kugluktuk, en 1996.

Noms de la royauté Pratiquement toutes les provinces ont une ville, une municipalité ou un village nommé en l'honneur de la reine Victoria. La ville la plus connue est Victoria, en Colombie-Britannique, baptisée en 1843, alors qu'elle n'est encore qu'un poste de commerce de la Compagnie de la baie d'Hudson (CBH). En 1882, le marquis de Lorne donne le titre latin de la reine, Regina, à la capitale de ce qui est à l'époque les Territoires du Nord-Ouest, remplaçant ainsi le nom amérindien de Wascana et son dérivé anglais «Pile O'Bones». Prince Albert rappelle le prince consort. La royauté est évoquée par des noms tels que celui de Queen Elizabeth Foreland, cap adjacent à l'île de Baffin, baptisé ainsi en l'honneur d'Élisabeth Ire, et celui des îles Reine-Élisabeth, dans l'archipel arctique, qui fait honneur à Élisabeth II.

Annapolis Royal, jadis PORT-ROYAL, établie en 1605 dans la région par De Monts et Champlain, est nommée ainsi en 1710 en hommage à la reine Anne. George III est honoré par Georgetown (Île-du-Prince-Édouard), Prince George (Colombie-Britannique), Kingston et Lancaster Township (Ontario); son épouse Charlotte, par Charlottenburgh Township, voisin du précédent; et leurs enfants, en commençant par le duc de Cornwall, par des cantons voisins. Charlottetown honore la reine Charlotte, et Fredericton, nommée en 1785, son fils. La ville de Guelph est baptisée ainsi par John Galt en l'honneur de la famille ancestrale allemande de George IV.

Le nom «Prince Rupert» (premier gouverneur de la CBH) est choisi en 1906 à la suite d'un concours national parrainé par le Grand Trunk Pacific Railway. La dernière île d'importance découverte dans l'Arctique canadien en 1948 est appelée «Prince Charles», du nom du prince nouveau-né. Les membres de familles royales non britanniques ayant été honorés sont le roi Christian du Danemark (île de l'Arctique), le prince Gustav Adolph de Suède (mer de l'océan Arctique) et le roi Louis XIV de France (LOUISBOURG).

Noms de chefs politiques et de militaires Nombre des motifs invoqués pour utiliser des noms de la royauté (respect, allégeance et espoir de poursuite d'un appui financier) ont été utilisés pour honorer des chefs politiques célèbres, des représentants du gouvernement et de l'armée, etc. La rivière Richelieu rend hommage au duc de Richelieu (1585-1642), l'île d'Orléans, au duc d'Orléans (fils de François Iᵉʳ) et la rivière Churchill, au duc de Marlborough (1650-1722). Churchill Falls, au Labrador, rappelle Winston Churchill. Malheureusement peut-être, la rivière Hamilton, baptisée au début du XIXᵉ siècle en l'honneur de sir Charles Hamilton, est devenue le fleuve Churchill par loi provinciale. Il existe maintenant deux importants cours d'eau portant le même nom.

Parmi les chefs politiques britanniques, le duc de Wellington (Arthur Wellesley), le comte de Chatham (William Pitt), le comte de Halifax (George Montagu Dunk) et le comte de Beaconsfield (Benjamin Disraeli) sont honorés plusieurs fois. Brandon doit son nom à la Brandon House, un poste de la CBH établi en 1793 et appelé ainsi en hommage au duc de Brandon, partenaire de la compagnie. À un certain moment, la pratique veut que l'on honore des chefs étrangers; le dernier à avoir cet honneur est John F. Kennedy, dont on a donné le nom à une montagne du Yukon en 1964.

Le nom de grands chefs militaires, tels MONTCALM et WOLFE, est attribué à maints endroits. Robert MONCKTON est honoré par la ville de Moncton (les efforts pour en modifier l'orthographe au cours des années 20 ont reçu une vive opposition); Jeffery AMHERST, vainqueur de Louisbourg, par Amherst (Nouvelle-Écosse) et Amherstburg (Ontario); Isaac BROCK, héros de la guerre de 1812, par Brockville; Garnet WOLSELEY, commandant de l'EXPÉDITION DE LA RIVIÈRE ROUGE en 1870, par Wolseley (Saskatchewan); et enfin, lord Horatio Herbert Kitchener, par la ville de Kitchener, appelée auparavant Berlin (centre de l'immigration allemande dans le sud-ouest de l'Ontario), mais renommée à la suite du décès en mer de lord Kitchener, en 1916.

Parmi les organisateurs d'expéditions, on a rendu hommage à sir Felix Booth, un distillateur de Londres, avec la péninsule de Booth, de même qu'à Axel Heiberg ainsi qu'Ellef Ringnes, parrains de l'expédition d'Otto SVERDRUP, au début du XXᵉ s., avec des îles voisines de l'île d'Ellesmere.

Le détroit de Cabot, le mont Jacques-Cartier, la baie de Baffin, le détroit de Davis, la baie de Frobisher, la baie d'Hudson, la baie James, le détroit de Juan-de-Fuca (Colombie-Britannique) et l'île de Vancouver sont des noms qui rappellent les premiers explorateurs, bien que dans le cas de Juan de FUCA, son voyage pourrait être apocryphe. Le Labrador et le lac Bras d'Or doivent leur nom à l'explorateur portugais Joao Alvares FAGUNDES, contemporain de Jean Cabot.

Quelques-uns des premiers hommes à avoir dressé des cartes du pays ou à en avoir décrit les particularités sont évoqués par le lac Champlain (Samuel de Champlain), le fleuve Mackenzie (Alexander MACKENZIE), le fleuve Fraser (Simon FRASER), la rivière Thompson (David THOMPSON) ainsi que par les villes de Dawson et Dawson Creek (George M. DAWSON).

D'importants chefs politiques, industriels et scientifiques canadiens ont été honorés par des toponymes. De nombreux endroits rappellent John A.

Macdonald, Wilfrid Laurier, Robert Borden et Mackenzie King. Plus récemment, les noms de Louis Saint-Laurent et de Lester Pearson ont été attribués à deux monts du Premier Range (Colombie-Britannique), et celui de Diefenbaker, à un vaste réservoir sur la rivière Saskatchewan Sud.

Le comte de Dalhousie, sir Guy Carleton et sir John Sherbrooke sont au nombre des gouverneurs généraux qui ont été honorés. Depuis la Confédération, de nombreux endroits, cours d'eau, montagnes ou autres ont été nommés en hommage aux gouverneurs généraux qui leur ont succédé: le comte de Dufferin, Earl Grey, Roland Michener, etc. La présence de ce dernier à la cérémonie tenue en 1979 pour désigner officiellement le mont Michener est un événement rare dans l'histoire de la toponymie au Canada. Le nom de Georges-Philéas VANIER est également rappelé au souvenir maintes fois.

Noms de fondateurs de communautés Les noms de ceux qui ont développé, fondé et veillé à la promotion des communautés ont été une source abondante de toponymes canadiens. Hamilton doit son nom à George Hamilton (1787-1835); Timmins, à Noah TIMMINS; Lloydminster, au révérend George Lloyd, qui devient plus tard évêque (1861-1940); Joliette, à Barthélémy Joliette (1789-1850); et Lethbridge, à William Lethbridge (1824-1901). Des noms et des prénoms ont également été utilisés: Peterborough (Peter Robinson), Belleville (Arabella Wentworth Gore) et Orangeville (Orange Lawrence) en Ontario; Melville (Charles Melville Hays) en Saskatchewan; Raymond (Raymond Knight) en Alberta; et Rossland (Ross Thompson) en Colombie-Britannique.

À une époque, l'attribution de noms personnels se faisait d'une manière relativement libre. p. ex., le lac Kirkland reçoit en 1907 le nom d'un secrétaire du ministère des Mines de l'Ontario. Par la suite, l'approbation des noms a été rigoureusement contrôlée par les autorités en toponymie de chaque province et territoire.

Noms de saints L'une des caractéristiques de la toponymie du Canada, en particulier au Québec, est la profusion de noms de saints. La liste toponymique du Québec en compte plus de 2200. Plusieurs hagionymes ne rappellent pas uniquement des saints, mais sont également les prénoms de fondateurs de communautés, de missionnaires et de prêtres. Parmi eux, on retrouve Saint-Hyacinthe, pour Hyacinthe Delorme, qui acquiert en 1753 la seigneurie de cet endroit; Saint-Lambert, pour Raphaël Lambert Closse, marchand de la région de Montréal au XVIIᵉ siècle; Saint-Jean-sur-Richelieu, pour Jean Phélypeaux, ministre français de la Marine; et Sainte-Thérèse, pour Thérèse de Blainville.

On trouve ailleurs au pays St. Albert (Alberta), pour le père LACOMBE; St. Thomas, pour Thomas TALBOT, qui a développé une grande partie du sud-ouest de l'Ontario; St. Mary's (Ontario), pour Mary Strachan Jones, fille de l'évêque John STRACHAN; et St. Catherines (Ontario), pour Catherine Hamilton (née Askin), mère du fondateur de Hamilton. En 1849, son orthographe Catharines, en l'honneur de Catharine Prendergast, femme du maître de poste William Hamilton Merritt. Les dénominations religieuses regroupent aussi l'île Jésus, Maniwaki, «terre de Marie», au Québec; la baie de la Trinité et la baie de la Conception à Terre-Neuve; et la baie Gods Mercy dans les Territoires du Nord-Ouest.

Noms d'origine anglo-celtique De la péninsule d'Avalon à l'est jusqu'à New Westminster à l'ouest, la mosaïque linguistique du Canada reflète surtout les influences anglo-celtiques. Calgary trouve son origine à l'île de Mull, en Écosse, et Edmonton, en banlieue de Londres. L'Ontario comporte une multitude de noms anglo-celtiques: Renfrew, Pembroke, Sudbury, Windsor, Woodstock, Dublin, Listowel, Stratford, Brampton. Au Québec, on retrouve Hull, Windsor, Thetford Mines, Thurso, Armagh, Bedford,

Buckingham. Dans les provinces de l'Atlantique, on peut trouver Truro, Windsor, Perth-Andover, Newcastle, Kensington.

La marque laissée par les Français n'est pas seulement manifeste au Québec, où 80 p. 100 des noms sont d'origine française, mais dans chaque province et territoire: la rivière Rideau, Pointe Pelée, le lac Supérieur et Sault Sainte-Marie, en Ontario; Portage la Prairie au Manitoba; Lac La Ronge en Saskatchewan; Lac La Biche en Alberta; Caribou en Colombie-Britannique; la rivière aux Liards en Colombie-Britannique, au Yukon et dans les Territoires du Nord-Ouest; la baie de Fundy au Nouveau-Brunswick et en Nouvelle-Écosse; le bassin Minas en Nouvelle-Écosse; Cap-Breton en Nouvelle-Écosse; Port-aux-Basques, la baie Notre-Dame et le détroit de Belle-Isle à Terre-Neuve. On croit que Montréal est une variante du «Mont Roiall», ou Mont Royal, baptisé par Jacques Cartier, qui domine la ville.

Parmi les noms qui viennent d'autres pays, on retrouve Dresden et New Hamburg (Allemagne), Gimli (Islande), Delhi et Lucknow (Inde), Zurich (Suisse), Florence (Italie), Brussels (Belgique), Copenhagen (Denmark), Odessa (Ukraine), Moscow (Russie), Ladysmith (Afrique du Sud) et Corunna (Espagne). Les noms de colonisateurs et de receveurs des postes, autres qu'anglais ou français, servent également pour d'innombrables lieux, mais peu d'entre eux sont bien connus en dehors de leur région immédiate.

Noms classiques et descriptifs Plusieurs noms canadiens sont le reflet d'origines classiques. P. ex. l'Acadie, nom donné par VERRAZZANO en 1524 pour suggérer un pays de paix champêtre; la péninsule d'Avalon, nommée par sir George CALVERT, au début du XVIIᵉ s.; Sarnia, nom latin de Guernsey donné par sir John COLBORNE en 1839; et Athens, nom attribué en 1888 en remplacement de celui plus prosaïque de Farmersville.

Toutefois, le type de toponyme le plus commun décrit une particularité physique, la faune, la flore ou les minéraux: Percé, Trois-Rivières, Rivière-du-Loup, Glace Bay, Midland, North Bay, Sturgeon Falls, Broadview, Grande Prairie, Cobalt, Asbestos, Petrolia, Val-d'Or, Gypsumville, rivière Coppermine, Whitehorse (en référence aux rapides du fleuve Yukon, qui ressemblent à la crinière d'un cheval), Old Man on His Back Plateau, Rivière Qui-Mène-du-Train, Pinchgut Tickle, Cape Gargantua et Giants Castle.

À Terre-Neuve, on trouve des noms peu communs tels que Joe Batt's Arm, Tickle Bay, Blow Me Down Bluff, Come By Chance, Little Seldom, Happy Valley, Pick Eyes, Bareneed, Hearts Delight, Bay d'Espoir (qui se prononce comme l'anglais *despair*) et Lushes Bight. Ecum Secum se trouve en Nouvelle-Écosse, et Pekaboo Corner, au Nouveau-Brunswick. Au Québec, on trouve Saint-Louis-du-Ha!Ha!, dans lequel «ha ha» signifie cul-de-sac ou sens unique. Punkeydoodles Corners près de Kitchener, en Ontario, dérive vraisemblablement d'un agriculteur allemand qui ne cultivait que des citrouilles (*pumpkins* en anglais). Flin Flon doit son nom à un personnage du roman *The Sunless City*, Josiah Flintabbatey Flonatin.

En Saskatchewan, on voit Eyebrow et Elbow; en Alberta, Hairy Hill et Pincher Creek; et en Colombie-Britannique, Kleena Kleene, Bella Bella et Horsefly. Snafu Creek, au Yukon, fait référence à une expression de troupiers employée par les ingénieurs de l'armée au cours de la Seconde Guerre mondiale. Ce sont eux qui ont aussi baptisé Tarfu Creek. Sons of the Clergy Islands, Old Lady's Ghost Creek et Man Drowned Himself Lake se trouvent tous trois dans les Territoires du Nord-Ouest. Certains noms sont le résultat d'un incident ou d'une circonstance quelconque. Lachine, au Québec, date de 1687, lorsque Cavelier de LA SALLE ne réussit pas à atteindre la Chine.

En 1784, alors que des concessions autour d'un lac du Nouveau-Brunswick sont considérées comme aussi impossibles à atteindre que la perfection attribuée à l'utopie, le lac est nommé Utopia. Le col Kicking Horse (cheval ruant), dans les Rocheuses, doit son nom à un incident remontant à 1858, dans lequel James HECTOR reçoit une ruade d'un de ses chevaux de charge. Lindsay, en Ontario, doit son nom à un assistant arpenteur mort après avoir été accidentellement abattu d'un coup de feu alors qu'il effectuait l'arpentage d'une rue en 1834.

En 1905, les premières lettres des municipalités voisines de Keewatin, Norman et Rat Portage servent à former le nouveau nom de Kenora. Arvida, qui fait aujourd'hui partie de Jonquière, au Québec, est ainsi nommée en l'honneur d'Arthur Vining Davis, un administrateur de l'Aluminium Company of Canada. Noranda, au Québec, provient de «North Canada», nom de la compagnie minière qui s'y établit en 1922. Kerrobert, en Saskatchewan, rappelle Robert Kerr, directeur de la circulation au Canadien Pacifique. Castlegar, Colombie-Britannique, dérive de Castle Gardens, jadis un centre d'immigration à New York. La gare de la localité porte d'ailleurs le nom de celui qui a baptisé ce centre.

Des personnages de la scène littéraire nationale et internationale ont également été honorés, de Shakespeare et Haliburton, en Ontario, à Carlyle et Lampman, en Saskatchewan. Au Yukon, Stephen Leacock et Robert Service sont immortalisés par des montagnes. Gravenhurst, Bracebridge et Nokomis doivent leur nom à des personnages ou des lieux apparaissant dans des ouvrages littéraires.

Noms répétés et noms controversés Le phénomène de duplication des noms, comme Trout River, Wolf Lake et Mud Lake, est un casse-tête pour les utilisateurs de cartes. Bien qu'on s'efforce de modifier certains des noms les plus communs et de dissuader les gens d'utiliser à l'avenir ces noms si répandus, les substitutions arbitraires imposées par les autorités toponymiques n'ont pas eu le succès escompté, en particulier lorsque les personnes habitant l'endroit en question ne sont pas consultées. L'exemple le plus connu est la modification de Castle Mountain en mont Eisenhower, en 1946. Au cours des 30 années qui suivent, on a tenté de renverser cette décision. À la fin de l'année 1979, les gouvernements fédéral et albertain acceptent de redonner à l'endroit son nom initial et baptisent le point culminant de Castle Mountain, Eisenhower Peak.

Les tentatives des autorités pour changer des noms qu'elles considèrent inadéquats ne sont généralement pas appuyées localement. En 1826, on a voulu remplacer le nom micmac Pughwash (Nouvelle-Écosse) par Waterford, mais c'est le nom initial qui est conservé. Les habitants de Swastika (Ontario), dans la ville de Kirkland Lake, résistent aux efforts pour en modifier le nom, donné en 1906 en guise de porte-bonheur. Ceux de Strassburg, en Saskatchewan, et de Berlin, en Ontario, n'ont pas eu leur mot à dire dans le choix du nouveau nom de leur ville, respectivement Strasbourg et Kitchener. En 1986, le gouvernement de l'Ontario change le nom de Stalin Township pour celui de Hansen Township, en l'honneur de Rick HANSEN, l'athlète en fauteuil roulant.

Plus récemment, Galt, Hespeler et Preston, en Ontario, se sont vu attribuer le nom commun de Cambridge. Fort William et Port Arthur ont été fusionnés pour devenir Thunder Bay. L'origine ou la signification de certains noms de lieux canadiens sont contestées, notamment ceux de Gaspé (Québec), The Pas (Manitoba) et Mount Robson (Colombie-Britannique), et dans plusieurs cas, la situation est loin d'être claire.

Orthographe et prononciation de certains noms La plupart des noms officiels du Canada n'ont qu'une seule orthographe, mais certains sont souvent mal orthographiés. St. Catharines (Ontario) est souvent écrit St. Catherines, Edmundston (Nouveau-Brunswick) devient Edmunston et la rivière Athabasca (Alberta), Athabaska. Certains endroits à cheval sur les frontières provinciales ou internationales ont plusieurs orthographes. On voit souvent écrit le mot «Temiskaming», mais ça n'est qu'une des trois formes officielles. Au Québec, Témiscamingue représente le comté et Témiscaming, la ville, en Ontario, le district s'écrit Timiskaming. La rivière Kootenay en Colombie-Britannique devient Kootenai aux États-Unis.

Au Québec, tous les noms de lieux formés de deux mots ou plus d'origine française s'écrivent avec des traits d'union. Ainsi, on écrit Sainte-Marthe-du-Cap-de-la-Madeleine. Cependant, les noms précédés d'un article s'écrivent sans trait d'union, comme La Décharge ou Le Grand Village. Les noms qui ne sont pas d'origine française s'écrivent sans trait d'union, tels que Campbell's Bay ou Ayer's Cliff.

La prononciation de certains noms varie selon les régions. Des noms comme Toronto et Calgary se prêtent à plus d'une prononciation. Certains toponymes sont prononcés différemment par des personnes étrangères aux endroits en question, comme Elginburg (Ontario), Gleichen (Alberta) et Maugerville (Nouveau-Brunswick), et selon la province où ils se trouvent, comme Dalhousie (Nouveau-Brunswick et Ontario) et Souris (Île-du-Prince-Édouard et Manitoba).

Bien que la plupart des 330 000 noms officiels du Canada resteront inchangés, certains seront sans doute modifiés du fait de pressions politiques et culturelles, de même que par la réalité géographique et l'usage local. De nombreux sites géographiques sont toujours sans nom, du moins officiels. Le nombre de noms officiels augmente au rythme d'environ 5000 nouveaux noms par année, soit nettement moins que les 25 000 noms qui étaient créés chaque année dans les années 80, avant le resserrement budgétaire. (*Voir aussi* COMITÉ PERMANENT CANADIEN DES NOMS GÉOGRAPHIQUES; MINÉRAUX, DÉNOMINATION DES.)

Alan Rayburn

Toquaht La tribu des Toquahts (peuple de la plage étroite) fait partie de la PREMIÈRE NATION nootka et compte 111 personnes vivant à Barkley Sound sur la côte ouest de l'île de Vancouver, en Colombie-Britannique. Jadis une tribu importante possédant de vastes territoires, les Toquahts ont été décimés par la maladie et des guerres prolongées. Au milieu du XIXᵉ s., leur territoire s'étendait sur la côte ouest de Barkley Sound, Toquart Bay, Mayne Bay et Pipestem Inlet. Aujourd'hui, les Toquahts vivent dans leurs villages traditionnels de Macoah et Chequis.

John Dewhirst

Torbay, ville de T.-N.; pop. 5230 (rec. 1996), 4707 (rec. 1991), 3887 (rec. 1986); superf. 36,04 km²; const. en 1972. Située à 10 km au nord de ST. JOHN'S, elle donne sur Torbay Bight. Le nom «Torbay» (Tor Bay) évoque une baie du même nom au Devon, en Angleterre. On donne ce nom à cette ville parce que les deux baies se ressemblent.

Souvent fréquentée par des pêcheurs du sud-ouest de l'Angleterre, Torbay sert aussi de base à un pirate du Devonshire au XVIIᵉ s., John Nutt. Dès 1677, Torbay abrite des postes de pêche. En 1697, les Français attaquent et détruisent ces postes. La colonisation permanente de cette région remonte probablement aux premières années du XVIIIᵉ s.

La plupart des premiers colons sont des pêcheurs de l'Angleterre, mais des colons irlandais se joignent à eux à la fin du XVIIIᵉ s. et au début du XIXᵉ s. Un grand nombre de ces derniers concentrent leurs efforts sur l'agriculture plutôt que sur la pêche. Il y a des terres arables, particulièrement dans les vallées qui s'étendent des côtes vers l'intérieur des terres, et les habitants de Torbay y récoltent surtout des légumes potagers et élèvent du bétail. En 1820, on termine la construction d'une route menant de Torbay à St. John's, ce qui permet aux agriculteurs de la région de se rendre en ville pour y vendre leurs produits. Un mélange d'agriculture, de pêche et de chasse au phoque domine l'économie locale jusqu'en 1941, quand l'Aviation royale canadienne y construit une base aérienne tout juste au sud de Torbay.

Après la guerre, la base aérienne devient l'aéroport civil de St. John's et de nombreux habitants de Torbay y travaillent toujours. D'autres habitants font le trajet vers St. John's pour y travailler et, par conséquent, Torbay est une communauté qui connaît aujourd'hui une des croissances les plus rapides à Terre-Neuve.

Deborah Welch et Michael Payne

Torgov, Morley, romancier et nouvelliste (Sault Sainte-Marie, Ont., 3 déc. 1927). Torgov fait ses études à l'U. de Toronto (B.A., 1950), obtient un baccalauréat en droit à la Osgoode Hall Law School et est admis au barreau en 1954. Alors qu'il exerce le droit à Toronto dans les années 60, il se tourne vers l'écriture. Il est l'auteur de quatre ouvrages dans lesquels il aborde avec humour et perspicacité la complexité des relations entre générations dans la famille juive.

Son premier livre, *A Good Place to Come From* (1974), mémoires humoristiques d'une enfance juive vécue à Sault Sainte-Marie à la fin des années 30 et au début des années 40, lui vaut le Stephen Leacock Award for humour. *The Abramsky Variations* (1977) raconte l'histoire de trois générations de la famille Abramsky. Dans *The Outside Chance of Maximilian Glick* (1982), qui remporte aussi le Stephen Leacock Award, un jeune juif lutte pour répondre aux attentes de ses parents et est tiraillé entre la loyauté envers sa famille et son ambition et son désir d'indépendance. Dans son dernier roman, *St. Farb's Day* (1990), Torgov décrit sur un ton ironique le Toronto cupide de Bay Street, avec ses avocats et ses requins de l'immobilier, et relate l'histoire d'un homme abordant l'âge mûr avec beaucoup d'incertitudes. Torgov a aussi rédigé des nouvelles et des articles, ainsi que des pièces qui ont été produites par le réseau anglais de la Société Radio-Canada, notamment *The Builders et When We Go A? Courting*.

Colin Boyd

Tornade Tempête tournante intense, de petit diamètre (quelques dizaines ou centaines de mètres), qui se caractérise par au moins un tourbillon atteignant la surface terrestre. Ce tourbillon, un nuage en entonnoir associé à un ORAGE, est habituellement visible, mais reste parfois invisible. Dans les deux cas, il cause des dommages au sol. Une tornade est composée d'un ou plusieurs entonnoirs simultanés, dont au moins l'un d'eux se reforme après l'autre ou de diverses combinaisons de ces états.

Le cycle de vie d'une tornade comprend habituellement trois stades. Il commence quand une protubérance en entonnoir (le tuba) se développe en dessous d'une section en rotation du flanc sud-ouest d'un orage. Le tuba s'allonge vers le bas à partir du nuage et est entouré d'un manchon en rotation (l'anneau), qui se développe vers le haut à partir du sol. La fusion complète de ces deux éléments forme un tourbillon de tornade à maturité. Vient ensuite la troisième phase ou phase dégénérative, lorsque le tuba remonte vers la base du nuage et disparaît. Si le tuba se développe seul, le phénomène n'est pas une tornade. La rotation des tornades est presque toujours cyclonique (dans le sens horaire dans l'hémisphère Nord, dans le sens antihoraire dans l'hémisphère Sud, quand on regarde les nuages en rotation de dessous).

Des tornades se produisent dans tout le Canada, sauf dans les régions à CLIMAT arctique. Elles sont relativement fréquentes à l'intérieur du pays, du Nouveau-Brunswick aux montagnes Rocheuses. Elles surviennent surtout dans le sud de l'Ontario (au rythme moyen de 21 par saison), puis dans le sud du Manitoba. Au Canada, la saison des tornades commence en mars et se prolonge jusqu'en octobre. Elle dure généralement 107 jours à l'intérieur du pays et environ 60 jours ailleurs. Elle atteint son pic à la fin de juin et au début de juillet. La tornade moyenne cause des dégâts sur une longueur moyenne de 6,2 km, une largeur moyenne de 83 m et une aire moyenne de 0,6 km². Les tornades surviennent habituellement entre 15 h et 19 h (heure normale locale) et viennent de l'ouest ou du sud-ouest.

L'amplitude des tornades va d'une intensité très faible (avec des vents autour de 64 km/h) à une intensité dévastatrice (avec des vents allant jusqu'à 509 km/h), sur une échelle mise au point par T.T. Fujita et allant de 0 à 5. Plus de 90 p. 100 des tornades canadiennes sont faibles (intensité de F0 à F1 sur l'échelle de Fujita). La plus violente connue jusqu'à présent, la tornade de Regina du 30 juin 1912, tua 28 personnes, en blessa des centaines et démolit une grande partie du centre-ville. Elle est classée F4 (vents de 330 à 416 km/h). Elle est concurrencée par la tornade d'Edmonton du 31 juillet 1987, qui tua 27 personnes, en blessa plus de 200, fit plus de 400 sans-abri et causa des dégâts estimés à plus de 250 millions de dollars sur un passage d'une longueur de 40 km. On dit qu'elle a occasionné «les plus grands dégâts causés par une seule tempête dans l'histoire du Canada». La gravité de cette tornade est sans précédent en Alberta.

Un autre exemple de tornade F4 est survenu dans le cadre d'une invasion de tornades (dans ce cas, une famille de tornades se déplaçant le long de huit itinéraires bien définis): celle qui balaie le sud de l'Ontario le 31 mai 1985 cause des dégâts matériels estimés à 100 millions de dollars. Elle dévaste la partie sud de Barrie et est responsable de 8 morts sur les 12 qui surviennent pendant l'invasion. Heureusement, au Canada, moins de 1 p. 100 de toutes les tornades sont d'intensité F4 et aucune tornade d'intensité F5 n'a encore été rapportée.

Michael J. Newark

Torngat, monts Ils s'étendent à 200 km au sud du cap Chidley, au Labrador, jusqu'au fjord Hebron. Les Torngat («maison des esprits» en Inuktitut) s'élèvent à 1652 m d'altitude au mont Caubvick, connu sous le nom de mont Iberville au Québec. Le mont Caubvick est la cime de la chaîne Selamiut («Aurore») et le sommet le plus élevé de Terre-Neuve et du Québec. D'autres sommets élevés comme les monts Torngarsuak («grand esprit»), Cirque, Razorback et Tetragona font partie de Terre-Neuve, à l'est de la ligne de partage des eaux de la BAIE D'UNGAVA et de la MER DU LABRADOR. Les montagnes font partie du BOUCLIER précambrien. Les gneiss archéens qu'on trouve à Saglek comptent parmi les plus vieilles roches connues en Amérique du Nord (3,6 milliards d'années). Les structures protérozoïques qui donnent au relief son orientation nord-sud remontent à deux milliards d'années environ. Les roches sédimentaires protérozoïques de la chaîne Sorviluk contiennent de la calcédoine, fréquemment utilisé au nord-est de l'Amérique durant la préhistoire.

Héritage de l'époque glaciaire, des FJORDS profonds et des lacs longs et étroits, bordés de parois rocheuses spectaculaires, s'incrustent dans les hautes montagnes. L'Inlandsis laurentien, centré plus loin à l'ouest, a recouvert au moins une fois tous les sommets, sauf les plus élevés. Toutefois, durant les dernières glaciations, la couverture de glace était limitée et de nombreux NUNATAKS servaient de refuge à la flore et à la faune arctiques et alpines. Il existe encore plus de 70 petits glaciers dans les Torngat, à l'ombre des cirques profonds où persiste dans l'extrême sud le climat arctique. La végétation consiste en une TOUNDRA clairsemée, avec des buissons de saule dans des vallées basses et abritées et, au-dessus de 300 m, des déserts rocheux. La faune est particulière à l'Arctique et les caribous y sont nombreux.

On y trouve encore des traces des cercles où les tentes étaient érigées et des structures de pierres de plus de 6000 ans, datant de l'époque archaïque maritime, Dorset et Thule, ainsi que de peuplements inuits plus récents. En 1763, plus de 500 Inuits habitaient les fjords. En 1935, ils étaient moins de 50 et

il n'en reste plus aucun aujourd'hui. Les postes de traite de Saglek et Nachvak, ainsi que les missions moraviennes d'Hebron et Ramah sont abandonnés. Les peuplements les plus près sont Nain, à 200 km au sud, et Port-Nouveau-Québec, à 100 km à l'ouest. En été, les Inuits de Nain pêchent l'omble dans les fjords. À Saglek, une piste d'atterrissage sert à l'exploration au large de pétrole et de gaz.

R.J. Rogerson

Toronto, capitale de l'ONTARIO, est située près de la frontière sud de la province, au bord du LAC ONTARIO. La ville, qui est la municipalité la plus importante au Canada, englobe les anciennes villes de Toronto, de NORTH YORK, de SCARBOROUGH, de York et d'Etobicoke ainsi que l'ancienne municipalité d'EAST YORK. Son influence économique se fait surtout sentir en Ontario, mais son rayonnement sur le plan financier s'étend à tout le Canada. Toronto est bien placée pour dominer la région industrielle et agricole très peuplée du sud de l'Ontario et, du fait qu'elle est située au débouché de la presqu'île de l'Ontario, qui s'avance dans les GRANDS LACS, elle possède des accès faciles à la fois vers le bassin supérieur des Grands Lacs et au territoire américain au sud de la partie inférieure des lacs.

Son influence s'étend à toute la région canadienne des Grands Lacs et bien au-delà. C'est un port naturel abrité par des îles sablonneuses (qui formaient à l'origine une seule presqu'île) et entouré de vallons bien irrigués et fertiles. La région possède un climat tempéré, relativement doux et humide par rapport au reste du Canada, sensible toutefois à des changements extrêmes.

Peuplement Le nom «Toronto» provient du huron et pourrait avoir plusieurs sens, dont «arbres dans l'eau», mais celui de «point de rencontre» semble le plus approprié puisque, longtemps avant la colonisation, les autochtones y rendaient pour emprunter une piste et une voie d'eau qui constituaient un raccourci sur les terres entre le lac Ontario et le lac HURON. D'autres noms moins flatteurs comme «la York boueuse» et «la ville du porc» ont été employés pour désigner la ville. Le passage de Toronto, emprunté dès 1615 par Étienne BRULÉ, est bien connu des commerçants de fourrures français. Ils installent un petit commerce à l'entrée (1720-1730) et un comptoir plus grand et fortifié en 1750-1751. Le fort Rouillé, dont les vestiges ont été mis au jour sur le site actuel du parc des expositions de Toronto, est incendié en 1759 par la garnison française qui bat en retraite devant les troupes anglaises.

Après la conquête britannique, l'emplacement n'est fréquenté que par de petits commerçants et par des Mississaugas. LA GUERRE D'INDÉPENDANCE AMÉRICAINE pousse les LOYALISTES plus au nord vers le territoire appartenant encore aux Britanniques. Les villages qu'ils construisent en amont du Saint-Laurent et près de la partie inférieure des lacs mènent à la création de la province du HAUT-CANADA (1791) et au projet de construction d'une ville à l'emplacement stratégique de Toronto. C'est le premier gouverneur du Haut-Canada, John Graves SIMCOE, qui s'en occupe.

Il voit surtout dans cet endroit un site stratégique pour une base navale et un poste de garnison pour protéger la frontière américaine, source de troubles. En 1793, une petite ville, qu'il nomme York, voit le jour près du port. Il en fait alors sa capitale, fait construire les immeubles du Parlement et dresse le tracé des rues. En 1796, on ouvre la rue Yonge, à qui Simcoe donne le nom du secrétaire d'État à la guerre britannique d'alors, sir George Yonge, en direction nord vers la rivière Holland, qui donne accès au lac Simcoe. Elle constitue la première étape d'une route vers la BAIE GEORGIENNE sur le lac Huron.

L'administration et la garnison de York attirent les marchands, les artisans et les ouvriers alors que les gens des villages, qui se multiplient tout autour, s'y donnent rendez-vous pour leurs affaires. En 1812, ce

village de frontière ne compte encore que 700 habitants. Toutefois, sa fonction administrative, son port ainsi que ses routes encore rudimentaires vers l'intérieur lui donnent alors un avantage dans la région du lac Ontario.

Croissance Pendant la GUERRE DE 1812, York est à deux reprises victime d'attaques et de pillages de la part des troupes américaines (1813), laissant au peuple pro-britannique des sentiments profondément antiaméricains. Par la suite, la ville est touchée par la vague toujours croissante d'immigration britannique vers le Haut-Canada. Le commerce de l'arrière-pays s'accroît au même rythme que l'étendue des fermes alors que ses marchands de gros approvisionnent les commerçants ruraux, puis elle devient ensuite le centre des activités bancaires de la province. En 1834, alors qu'elle compte plus de 9000 habitants, l'endroit est constitué en ville sous le nom de Toronto avec une administration municipale élue dirigée par William Lyon MACKENZIE, son premier maire. Ce journaliste et politicien réformiste essaie de s'emparer de la ville de force lors des RÉBELLIONS DE 1837 du Haut-Canada, mais sa tentative échoue, plus dans la confusion que dans l'effusion de sang, consolidant les tendances conservatrices de Toronto.

Dans les années 1840, Toronto augmente son avance commerciale. Sa grande activité portuaire et ses rues principales pourvues d'égouts et de réverbères au gaz marquent son ascension. Dans les années 1850, la construction d'un chemin de fer permet de la relier à New York, à Montréal, à la baie Georgienne, à la partie supérieure des Grands Lacs ainsi qu'à Detroit et à Chicago. Son emprise régionale s'élargit donc grandement et son commerce de gros, son activité bancaire et ses entreprises ferroviaires font de même.

Elle devient la capitale de la nouvelle province de l'Ontario lors de la Confédération de 1867 et s'industrialise à grands pas à partir de 1870. L'entreprise de matériel agricole appartenant à Hart MASSEY, les manufactures de vêtements, les imprimeries et les fonderies de métal prennent une grande expansion dans les années 1880. De 30 000 habitants en 1851, Toronto passe à plus de 150 000 en 1891, favorisée par les droits de douane instaurés en 1879 comme mesure de protection pour l'industrie et par l'élan que lui donnent des entrepreneurs tels que le constructeur de chemins de fer Casimir GZOWSKI et le fondateur de magasins à rayons Timothy EATON.

Au tournant du XXᵉ s., la colonisation de l'Ouest canadien et l'exploitation des forêts et des mines du nord de l'Ontario mettent de nouveaux marchés et de nouvelles ressources à la disposition de Toronto. Le commerce avec le Nord et l'Ouest crée un flux vers la ville, tandis que Montréal et New York lui servent de débouchés ou de sources d'approvisionnement. D'importantes sociétés, comme EATON, étendent leur commerce par correspondance jusque dans l'Ouest. L'énergie hydroélectrique à bon marché des CHUTES NIAGARA (1911) facilite l'expansion des usines. Fait plus important, les banques, les sociétés de placement et les compagnies d'assurances envahissent des régions bien au-delà de l'Ontario.

En 1914, bien que Montréal, plus ancienne et plus grande, conserve toujours la première place, les sièges sociaux des institutions financières, les usines et les commerces font de Toronto la deuxième métropole du pays. La Première Guerre mondiale entraîne une augmentation des investissements et la croissance du secteur manufacturier, depuis la transformation de la viande à grande échelle jusqu'à l'industrie des munitions, toutes deux favorisées par l'homme d'affaires sir Joseph FLAVELLE.

Durant les prospères années 20, l'expansion se poursuit alors que de nouvelles municipalités de banlieue se développent autour d'une ville d'environ 500 000 habitants. Cette croissance est arrêtée par la CRISE DES ANNÉES 30, bien que Toronto soit moins durement touchée que d'autres villes canadiennes. Son arrière-pays, mis en valeur et plus diversifié, soutient mieux ses affaires que le font les régions fortement dépendantes de produits comme le blé ou le bois. La Seconde Guerre mondiale ranime la croissance dans les industries de l'électronique, de l'aviation et des machines de précision. Durant l'après-guerre, Toronto connaît une vague de prospérité alors que l'Europe dévastée renouvelle ses infrastructures matérielles. La population augmente encore pour atteindre plus d'un million dans la grande région de Toronto en 1951.

Le manque de revenus des banlieues et les besoins en services de cet ensemble urbain conduisent à l'instauration d'une administration métropolitaine. Mise sur pied en 1953 par Frederick GARDINER, la Commission métropolitaine de Toronto, dirigée par cet homme énergique, répond aux besoins de toute la région: parachèvement du métro entrepris en 1949, opérations de drainage, aménagement de parcs et construction de voies rapides. En 1967, on y rattache de petites banlieues pour former une ville composée du Grand Toronto et de cinq municipalités, dont toutes, excepté East York, deviendront des villes en 1991, en raison de l'augmentation rapide de leur population.

En 1998, toutes ces villes perdent leur structure municipale individuelle lors de la fondation de la nouvelle «mégapole» de Toronto qui devient ainsi la cinquième ville en importance d'Amérique du Nord, avec 2,4 millions d'habitants. Sa population est plus élevée que celle de la majorité des provinces et territoires au Canada, sauf en Ontario (10,8 millions), au Québec (7,1 millions), en Colombie-Britannique (3,7 millions) et en Alberta (2,7 millions). Toronto a pris le pas sur Montréal comme centre national et international de la finance. Elle l'emporte au Canada pour la concentration de ses services spécialisés, y compris des services professionnels et des agences de publicité. Elle a aussi une énorme emprise sur les médias d'information.

Paysage urbain Toronto jouxte le port derrière lequel, à 4 km, la plaine côtière s'élève en une pente assez abrupte, la ligne de rivage du lac Iroquois de la Préhistoire. Ce rivage mène à des plaines plus élevées, puis à des collines aux formes adoucies. Les rivières et les ravins se prêtent au transport des fourrures par canot et, par la suite, à la construction de routes et de voies ferrées. La situation de Toronto à ses débuts sur les basses terres le long du rivage, avec ses marais froids et humides responsables des rues boueuses de York, et l'élévation des terres qui rend le tracé de routes difficile, n'auront pas constitué d'obstacles à long terme au développement régulier du paysage urbain. De nos jours, Toronto s'étend loin à l'est et à l'ouest du port et ses limites s'enfoncent profondément dans les terres (630,09 km²).

La conurbation actuelle, qui compte plus de 4,6 millions d'habitants, atteint presque Richmond Hill au nord, OSHAWA à l'est et les environs d'OAKVILLE à l'ouest, d'où le «triangle d'or» se prolonge par HAMILTON jusqu'à la PÉNINSULE DU NIAGARA.

La zone entourant le port constitue toujours le cœur de Toronto, façonné par la proximité de l'eau. Le plan conçu en 1793 par le gouverneur Simcoe représente un petit village de quelques rues parallèles à l'extrémité est du port et une réserve militaire en vue d'un poste de garnison à l'entrée ouest. À mesure que la ville grandit, on se contente de prolonger les rues initiales, mais à partir de 1834, lorsqu'elle est constituée en municipalité, le plan d'urbanisme fait place à un développement sauvage de bâtiments privés.

Le profil de la ville commence toutefois à se former. De 1840 à 1850, la rue King est l'artère commerciale en direction est-ouest, la rue Yonge, l'axe nord-sud menant à la route du nord vers l'arrière-pays. Dans les années 1850, lors de la construction du chemin de fer le long de la rive, on installe une aire de transport entre la ville et le lac. Par la suite,

des zones industrielles voient le jour aux deux extrémités du port le long des lignes de chemin de fer et dans les quartiers ouvriers denses du Nord. De grandes résidences s'établissent surtout près du centre-ville, tandis qu'on construit de riches demeures sur les hauteurs derrière la plaine du rivage.

L'avènement du tramway transforme le profil de Toronto. Les voitures tirées par des chevaux qui apparaissent après 1860 et les voitures électriques peu avant le tournant du siècle, entraînent la classe moyenne vers la banlieue plus aérée et encouragent l'annexion des municipalités de banlieue. Yorkville est la première annexée en 1883 et North-Toronto la dernière, en 1912. D'autre part, à partir de 1880, les ascenseurs électriques, les immeubles à charpente d'acier ainsi que le téléphone facilitent la concentration des commerces sur les terrains chers du centre-ville. Au tout début du XXᵉ s., on y élève des gratte-ciel d'acier et l'utilisation des terrains se spécialise: commerce de gros autour de la rue Yonge, en-dessous de la rue King, importants commerces de détail le long de la rue Yonge près de la rue Queen, et la finance sur Bay et le long de King.

À partir de la Première Guerre mondiale, la densification de peuplement à l'intérieur de la ville et sa dispersion à l'extérieur se poursuivent, favorisées par l'automobile, jusqu'à l'avènement de la CRISE DES ANNÉES 30 et de la Seconde Guerre mondiale. Dès la fin des années 40, cet accroissement se poursuit avec seulement de courts répits. L'urbanisme planifié y est rétabli après 1940, mais son action se fait surtout sentir à partir de 1950 et coïncide avec la formation de la métropole. Il est encore plus poussé lorsque les réformateurs de l'environnement (ou protecteurs) commencent leurs attaques dans les années 60 et 70. L'équilibre entre la circulation automobile et la qualité de la vie y demeure précaire. Les édifices en hauteur dominent maintenant Toronto dans le quartier des affaires du centre-ville, dans les ensembles d'appartements et les bureaux regroupés autour des principales intersections et des stations de métro.

Malgré son aspect naturel modeste et un tracé des rues simple, Toronto possède des bâtiments intéressants et quelques constructions anciennes remarquables, dont l'ensemble du Fort York (réplique de l'ancien fort de 1813-1815); la GRANGE, hôtel particulier datant d'environ 1817; le ST. LAWRENCE HALL (1850), l'Osgoode Hall (reconstruit de 1857 à 1860), le COLLÈGE UNIVERSITAIRE (1859), le Parlement (1892), l'hôtel de ville (dessiné en 1890, terminé en 1899), le théâtre Royal Alexandra (1907) et la UNION STATION (ouverte en 1927), témoin de la splendeur des anciens chemins de fer.

Plus tard, de nombreux immeubles s'y ajoutent, immeubles à bureaux, hôtels, centres commerciaux toujours plus gros, et le nouvel hôtel de ville (1965), remarquable par sa conception et son emplacement. Le Roy Thomson Music Hall (1982) est également d'une audacieuse originalité. Le profil du centre-ville se dessine en masse et en hauteur, dominé par la First Canadian Place, tour de 290 mètres, dépassée par la TOUR DU CN (1976) avec sa flèche de 553 mètres servant aux télécommunications. En 1989, on achève un nouveau stade, le SkyDome, où jouent les Blue Jays. Bien que la construction s'inspire en général de l'étranger, elle porte la marque des architectes torontois. Les rangées de hautes maisons de brique victoriennes dans le vieux quartier lui donnent un caractère qui la distingue des autres villes et qui n'est reconnu que depuis peu.

Population En raison de ses débuts comme siège administratif colonial, Toronto possède une population d'origine très largement britannique comparativement à la société rurale plus américaine des débuts du Haut-Canada. Les immigrants anglais qui arrivent après les années 1820 accentuent cette prédominance. Ils sont accompagnés d'un nombre considérable d'Irlandais protestants de l'Ulster. Un peu avant

1850, d'autres immigrants fuyant la famine qui sévit en Irlande s'y ajoutent et viennent former une importante minorité catholique, ce qui entraîne des dissensions religieuses. L'ORDRE D'ORANGE, formé de natifs de l'Ulster, se fait le gardien de l'influence britannique protestante et domine la politique municipale.

À la fin du XIXᵉ siècle, les immigrants britanniques, en majorité des Anglais, continuent d'arriver, bien qu'en 1871, il y ait plus d'habitants nés au Canada (de souche britannique). Toronto demeure remarquablement homogène, respectant la vie religieuse, le repos dominical et la moralité.

À partir de 1870, l'exode rural, conjugué à l'accroissement naturel que favorise l'amélioration des soins de santé publique, fait augmenter la population. L'immigration augmente de nouveau après les années 1900, et amène de plus en plus d'Européens, dont des JUIFS, des ITALIENS et des UKRAINIENS. D'abord entassés dans les quartiers pauvres de la ville, les nouveaux venus forment en 1920 une portion petite (13 p. 100) mais compacte au sein d'une population anglo-celtique et généralement protestante. Ils continuent d'affluer pendant la décennie suivante.

Après la Crise des années 30 et la guerre, une autre vague d'immigrants déferle sur Toronto et se poursuit avec de légers fléchissements jusque dans les années 80. Les Britanniques sont toujours en nombre supérieur. Les Italiens forment toutefois une part importante de la population dans les années 60, alors que les ALLEMANDS, les POLONAIS, les HONGROIS, les Slaves des Balkans, les GRECS et les PORTUGAIS continuent d'agrandir la proportion de la population non anglo-celtique.

Dans les années 70 et 80, des immigrants venus des Antilles anglaises, du sud et de l'est de l'Asie accroissent la «minorité visible» de Toronto. Les chiffres du recensement de 1991 relèvent que 19 p. 100 sont d'origine britannique; 8 p. 100, italienne; 6 p. 100, chinoise; et 5 p. 100, sud-asiatique. Les anciens éléments britanniques continuent de s'affirmer dans les banlieues et dominent toujours l'élite des gens d'affaires ainsi que les principales institutions sociales. Une presse et une politique ethniques fortes, un catholicisme élargi, un grand nombre de langues et de cultures, des préoccupations raciales et, surtout, une communauté très vivante et aux multiples facettes démontrent l'ampleur des changements dans la population de Toronto.

Économie et main-d'œuvre Toronto évolue en suivant les étapes suivantes: commerce portuaire sur le lac, activité ferroviaire et industrielle, réseau financier et centre de services et d'information de très haute qualité. Aujourd'hui, ses fonctions portuaires et commerciales, bien que d'une façon relativement moindre, demeurent importantes, et on y pratique largement le commerce de détail. Son rôle ferroviaire persiste, mais se transforme à cause des transports aériens et automobiles. Son industrie perd du terrain au profit de la concurrence étrangère et de la décentralisation canadienne, mais conserve sa vitalité. Son pouvoir financier continue de s'accroître et son secteur de service de bureau garde sa prééminence au Canada. L'avancement de la technologie, surtout biotechnique, raffermira probablement le secteur des services et celui de l'industrie, tandis que le marché financier conservera son importance nationale et que la ville comptera de plus en plus sur son influence régionale en Ontario.

À Toronto, on retrouve les sièges sociaux des banques, notamment la BANQUE CANADIENNE IMPÉRIALE DE COMMERCE, la BANQUE DE NOUVELLE-ÉCOSSE et la BANQUE TORONTO-DOMINION. Les principales compagnies canadiennes d'assurances et de placements y sont concentrées. La Bourse de Toronto est l'un des leaders en Amérique du Nord, après celle de New York.

Les sièges sociaux de sociétés canadiennes d'exploitation des ressources, de commerce de détail ou de sociétés industrielles y sont très nombreux, tout comme ceux de géants américains ou de multinationales, que ce soit ABITIBI-PRICE INC., Eaton ou Xerox. Malgré sa diversité, Toronto a connu des moments difficiles à cause des effets combinés de l'Accord de libre-échange avec les États-Unis et de la récession du début des années 90 qui provoquent une hausse du taux de chômage.

La main-d'œuvre de la ville est maintenant surtout concentrée, par ordre d'importance, dans les professions libérales, les bureaux, les usines, les commerces de détail et le secteur des services. Les secteurs publics, les grandes entreprises privées et les métiers qualifiés sont largement syndiqués.

Depuis la création du syndicat des imprimeurs de York en 1832, Toronto constitue un centre d'organisation ouvrière, bien que celle-ci n'y implante pas majoritairement ses bases avant l'industrialisation des années 1870. À la fin de la Première Guerre mondiale, le syndicalisme est solidement ancré et, bien qu'il ne se soit pas toujours bien porté, p. ex., durant la période noire des années 30, la main-d'œuvre syndiquée est, depuis la Seconde Guerre mondiale, un agent économique et politique important au sein de la ville. Jusqu'à présent, les salariés torontois font preuve de stabilité et de conservatisme en comparaison de ceux des autres villes.

Transport La circulation maritime, qui constituait autrefois le lien vital de Toronto avec l'extérieur, se poursuit pour le transport des produits en vrac sur le lac et des cargaisons en direction de l'océan. Depuis 1911, année de création de la Commission du port de Toronto, les installations portuaires s'améliorent sans cesse, particulièrement après l'inauguration de la VOIE MARITIME DU SAINT-LAURENT (1959) qui l'ouvre au transport océanique. Aujourd'hui, elles comportent des quais destinés aux navires de mer, de nouvelles constructions derrière des îles artificielles et d'importants aménagements récréatifs et résidentiels le long de la rive (surtout celui du nom de «Harbourfront»). Bien que les glaces ferment la navigation chaque hiver, Toronto tire avantage du double transport maritime et terrestre.

Sur terre, le réseau ferroviaire sert à approvisionner la ville et distribue ses produits par la voie du Canadien National ou du Canadien Pacifique, tandis que les trains «GO» du gouvernement de l'Ontario font la navette avec la banlieue. La circulation par autobus, par camion et par automobile emprunte un réseau semblable formé de routes principales, en particulier l'autoroute 401, une route à plusieurs voies qui traverse la ville ainsi que l'autoroute 400, qui constitue présentement la principale route vers le nord. L'aéroport international Lester B. Pearson (le plus fréquenté au Canada), bien qu'encombré, offre des liaisons intérieures et avec le reste du monde tandis que le petit aéroport de l'île de Toronto, construit près du port, est réaménagé pour les vols commerciaux de courte durée.

Ce réseau de transport extérieur se double d'un réseau intérieur bien organisé. Outre ses voies rapides encombrées d'automobiles comme la Gardiner, longeant le sud du centre-ville ou le boulevard de ceinture Don Valley qui monte vers le nord, la ville maintient des services de transport public par tramway, autobus et métro. Au milieu de toute cette activité, la métropole offre des pistes cyclables et des voies piétonnes qui serpentent à travers des terrains boisés agrémentés de ravins.

Communications Toronto est considérée à juste titre comme le centre des communications de langue anglaise au Canada. On y trouve les sièges sociaux de chaînes de journaux nationaux comme SOUTHAM et le THOMSON GROUP. Ce dernier possède le journal d'envergure nationale, le GLOBE AND MAIL, dont l'origine remonte au premier journal le plus influent de Toronto, le Globe (1844). La ville possède deux autres quotidiens: le TORONTO STAR (1892), qui a le plus fort tirage quotidien au

Canada, et un tabloïd, le *Toronto Sun* (depuis 1971; *voir* SUN, LES JOURNAUX DE). L'agence de presse, la PRESSE CANADIENNE (1917), dont le siège social est situé à Toronto, fournit les informations de presse aux journaux membres dans tout le pays.

De nombreuses revues y sont aussi publiées, dont trois revues d'intérêt général d'envergure nationale, SATURDAY NIGHT (1887), MACLEAN'S (1896) et la revue féminine CHÂTELAINE (1928). L'ÉDITION voit ses débuts avec la Methodist Book Company (1829, par la suite THE RYERSON PRESS) qui se trouvait alors dans la ville de York. D'autres maisons d'édition importantes comme Macmillan du Canada, Clarke Irwin et MCCLELLAND AND STEWART contribuent grandement à la vie littéraire au Canada et assurent la prééminence de Toronto dans ce domaine.

La première compagnie de TÉLÉGRAPHE est fondée à Toronto en 1846. La Compagnie de Téléphone Bell du Canada (1881, maintenant BELL CANADA) installe ses centrales et ses standards à Toronto et dans tout le pays. Au cours des années 20, les premières stations de radio voient le jour. La SOCIÉTÉ RADIO-CANADA (SRC; 1936) y installe sa direction pour la programmation de langue anglaise. Des stations privées telles que CFRB, CHUM, CJRT et la multiculturelle CHIN conservent une large audience.

En 1952, les services de télévision au Canada naissent à Toronto avec la SRC (*voir* PROGRAMMATION TÉLÉVISUELLE). Actuellement, la ville abrite CBLT, la station de télévision clé de la SRC; TVO, la station éducative du gouvernement de l'Ontario; et, du côté privé, CFTO, le premier diffuseur du réseau CTV; les réseaux Global et City; des canaux spécialisés comme Vision TV (religieux) ainsi que des chaînes d'information, de sports, de variétés, etc.

Administration et politique Lors de sa première constitution municipale (1834), Toronto est dirigée par un maire et un conseil municipal élu par quartier. Le maire, d'abord choisi par le conseil en son sein, est directement élu après 1870 par les électeurs. Dans les années 1890, un comité de surveillance s'ajoute à la suite d'une vague de RÉFORMES URBAINES en faveur d'une administration «propre» et efficace. Il est aboli dans les années 1960. Des départements assez importants sont formés pour s'occuper de services tels que les routes, l'approvisionnement en eau, la police et la santé, tandis que le comité d'éducation devient en lui-même un puissant corps municipal.

Le premier GOUVERNEMENT MÉTROPOLITAIN au Canada est constitué à Toronto en 1953, alors que 13 municipalités, y compris la ville de Toronto, se réorganisent pour former la municipalité du Grand Toronto. Sous la direction de son président, le conseil de la métropole a la responsabilité générale et unique des finances, de l'éducation, du transport, de l'aide sociale et de l'approvisionnement en eau, auxquels on ajoute par la suite la police et le logement. La ville même et les municipalités associées conservent les tâches liées aux services locaux. Évidemment, les responsabilités et les dépenses les plus importantes relèvent maintenant de la métropole. La population des municipalités environnantes s'étant accrue, le président de la métropole, élu par son conseil, en vient à remplacer le maire de Toronto comme chef de file de la gestion municipale.

En 1996, le gouvernement conservateur provincial, dirigé par Mike HARRIS, propose de remplacer la structure métropolitaine existante de Toronto et de fusionner ses municipalités pour former une énorme «mégapole» relevant d'une administration unique. Cette mégapole existe depuis le 1er janvier 1998. La nouvelle structure municipale se compose d'un maire et de 56 conseillers. Chacune des six municipalités précédentes est représentée par un conseil local qui élit un président. Les présidents élus de chaque conseil local et le maire forment le comité exécutif.

Le Conseil local de Toronto est le plus important, élisant 16 conseillers.

Ce projet global, qui remanie ainsi la structure gouvernementale de Toronto tout en la réduisant, offre de réelles économies et plus d'efficacité, selon le régime Harris, qui s'applique à réduire le déficit. Jusqu'à présent, les défenseurs du Grand Toronto soutiennent que ces changements détruiront les responsabilités et la flexibilité des regroupements locaux, créant à la place une administration municipale distante, trop complexe et surchargée qui, loin de diminuer la bureaucratie et les charges fiscales, en rajoutera plutôt, alors que les problèmes augmentent en matière de dégradation du noyau central de la ville, de pauvreté et de criminalité, à l'instar des mégapoles américaines. Il est prématuré de vouloir prédire l'avenir de la restructuration politique de Toronto. Chose certaine cependant, elle est potentiellement lourde de signification.

La politique municipale ne fonctionne manifestement pas sur une base partisane, même si les conservateurs y sont généralement majoritaires (appuyés tout au long du XIXe s. par l'Ordre d'Orange, très influent à l'époque). Le premier maire, le radical William Lyon MACKENZIE, fait exception, tout comme celui d'après 1880, le réformateur William Howland. Les maires prudents qui gouvernent de façon généralement compétente mais prennent peu de risques sont de loin plus représentatifs. Des maires pragmatiques occupent également longtemps ce poste en raison de leur popularité. C'est le cas de Tommy Church, pendant et après la Première Guerre mondiale, et de Nathan Phillips (des années 50 aux années 60), qui se fait le promoteur d'un nouvel hôtel de ville.

Certains autres sont davantage liés au changement, comme Horatio Hocken, qui doit répondre au besoin accru de services avant la Première Guerre mondiale, David CROMBIE et John Sewell, dans les années 70, qui sont entourés de réformateurs d'une nouvelle trempe prônant la qualité de la vie urbaine plutôt que l'expansion anarchique. Par la suite, les présidents de la commission métropolitaine acquièrent une influence politique dominante. De plus, la métropole, peuplée et exigeante financièrement, occupe également, de façon inévitable, une place importante aux yeux du gouvernement ontarien, tandis que sur la scène fédérale, Toronto pèse de tout son poids sur les élections fédérales et la formation du Cabinet.

Vie culturelle Toronto constitue le principal centre culturel urbain au Canada anglais. Elle abrite la grande UNIVERSITÉ DE TORONTO (1827); la RYERSON POLYTECHNIC UNIVERSITY (1948); l'UNIVERSITÉ YORK, plus récente (1959); le MUSÉE DES BEAUX-ARTS DE L'ONTARIO; le ONTARIO COLLEGE OF ART AND DESIGN; le MUSÉE ROYAL DE L'ONTARIO, de renommée internationale; le CENTRE DES SCIENCES DE L'ONTARIO, institution d'avant-garde; l'ORCHESTRE SYMPHONIQUE DE TORONTO; et le BALLET NATIONAL DU CANADA. On y trouve d'autres institutions artistiques et musicales, des bibliothèques connues partout dans le pays, des centres de recherche médicale et scientifique parmi les meilleurs au Canada et le Metro Toronto Zoo, connu dans le monde entier. Cette ville est la plus importante au Canada anglais pour son activité théâtrale. Sa riche variété multiculturelle se reflète maintenant dans les arts du spectacle, ainsi que dans les journaux ethniques et les restaurants.

La ville joue depuis longtemps un grand rôle dans la littérature canadienne-anglaise comme siège national des périodiques littéraires, des maisons d'édition et lieu de résidence d'écrivains célèbres comme Goldwin SMITH, sir Charles G.D. ROBERTS, E.J. PRATT, Morley CALLAGHAN, Marshall MCLUHAN, Northrop FRYE, Margaret ATWOOD et Robertson DAVIES. Dans le domaine des arts, c'est également la ville de Paul KANE, du GROUPE DES

SEPT, de Tom THOMSON et de nombreux peintres contemporains, dont Harold TOWN ainsi que de musiciens comme Glenn GOULD.

Les concerts populaires attirent de vastes foules, en particulier à Ontario Place, parc aménagé en bordure du lac ou encore à l'EXPOSITION NATIONALE CANADIENNE, la plus grande exposition annuelle au Canada. Le High Park aux nombreux vallons, le FORT YORK (restauré comme au temps de 1812), la Casa Loma (le grandiose château d'un magnat de la finance des années 1900), la tour du CN et les ÎLES DE TORONTO (réserve érigée en parc près du port) constituent d'autres attractions publiques.

Dans le monde du sport professionnel, Toronto possède une équipe de hockey, les MAPLE LEAFS DE TORONTO; de base-ball, les BLUE JAYS DE TORONTO; de football, les ARGONAUTS DE TORONTO; et de basket-ball, les RAPTORS DE TORONTO. Le sport amateur va de la navigation de plaisance au curling en passant par la patinage olympique, la natation et l'aviron. Le soccer est extrêmement populaire parmi la communauté immigrante. Des installations comme le Maple Leaf Gardens, les patinoires locales, l'Hummingbird Centre (auparavant O'Keefe Centre) et le Thomson Hall, les scènes destinées au théâtre ou à la musique et installées dans les petites agglomérations, les piscines publiques et les terrains d'athlétisme situés dans les parcs desservent toute l'année une population aimant les loisirs.

J.M.S. Careless

Toronto Dance Theatre Avec ses 14 danseurs, il compte parmi les troupes de danse moderne les plus anciennes au Canada et les plus réputées à l'échelle internationale. La compagnie est fondée en 1968 lorsque Patricia BEATTY, qui possède déjà une école et une troupe (le New Dance Group of Canada), s'associe aux jeunes danseurs chorégraphes David EARLE et Peter RANDAZZO. Tous trois, formés selon les techniques de la pionnière américaine de la danse moderne Martha Graham, signent la plupart des chorégraphies qui figurent au répertoire et dirigent conjointement la troupe jusqu'en 1983.

Peu après 1980, le Toronto Dance Theatre éprouve des difficultés financières résultant en partie de son déménagement ambitieux dans une église rénovée assez grande pour loger ses danseurs et son école. Pour régler cette situation de plus en plus alarmante et rehausser la popularité de la troupe, on confie la direction artistique à Kenneth Pearl, qui assure la survie de la compagnie et son accession à une notoriété internationale. En 1987, Pearl est remplacé par Earle, qui assume la direction de la troupe jusqu'en juillet 1994. Christopher House lui succède mais Earle y reste à titre d'artiste résident jusqu'en 1996.

La troupe se distingue par son originalité et sa créativité. Beatty, Earle et Randazzo réalisent ensemble la chorégraphie de plus de 60 œuvres, dont la moitié sur de la musique commandée à des compositeurs canadiens. Depuis 1980, le répertoire du Toronto Dance Theatre fait une place de plus en plus importante aux créations de Christopher HOUSE, d'ailleurs fort bien reçues par la critique. En 1994, House devient le directeur artistique de la compagnie.

La troupe effectue des tournées partout au Canada et aux États-Unis, où des spectacles sont présentés régulièrement à New York. Elle donne des représentations en Europe, au Mexique, en Amérique du Sud, au Japon et en Chine. Son école jouit d'une réputation enviable et accueille des danseurs venant de partout au Canada. De fait, certains de ses danseurs font maintenant partie de troupes de danse moderne parmi les plus prestigieuses au monde, dont la Martha Graham Dance Company et la Lar Lubovitch Dance Company.

Michael Crabb

Toronto, hôtel de ville de (architectes Viljo Revell et John B. Parkin Associates, 1965) Il est le projet pré-

senté à un important concours international (1957-1958) qui attire 532 candidats du monde entier et qui vaut le premier prix à l'architecte finlandais Revell. Selon un rapport soumis par un groupe minoritaire, l'ordonnance de la tour à deux étages n'est pas fonctionnellement pratique, mais l'édifice remporte beaucoup de succès auprès du grand public. Les tours courbées et la salle circulaire du conseil sont des formes instantanément reconnaissables, qu'il est impossible de confondre avec les immeubles de bureaux commerciaux rectangulaires du centre-ville. Le passage piétonnier surélevé autour du Phillips Square en face de l'édifice définit clairement cet espace, mais coupe la vue vers l'intérieur et vers l'extérieur. Aussi pittoresque à sa façon que l'ancien hôtel de ville (1886-1899) en grès et en terre cuite de E.J. Lennox, l'édifice de Revell est un voisin et un successeur appropriés.

Michael McMordie

Toronto, îles de D'une superficie de 332 ha, elles forment un archipel composé de 15 îles dans le lac Ontario, à 1,6 km au sud du centre-ville de TORONTO. Les Mississaugas les surnommaient «endroit où les arbres surgissent de l'eau». Interdite aux voitures, cette région était au départ une péninsule, communément considérée comme une île au mépris de la géographie. Le sable et le gravier qui la composent proviennent de l'érosion des falaises de Scarborough, situées plus à l'est. En 1858, une violente tempête la sépare de la terre ferme. La superficie des îles, qui était de 145 ha en 1870, a doublé depuis. Les vents, les courants, les travaux de dragage et de remplissage ont aidé à façonner les îles, leur donnant la forme d'un crochet de 8 km découpé à l'intérieur par de petites lagunes et des îlots. Les 8 plus grandes îles sont les îles Centre, Muggs, Donut, Forestry, Olympic, South, Snake et Algonquin. L'île Centre, dotée d'un parc d'attraction, de plages et de jardins, attire un million de visiteurs par année. Le Toronto Island Airport, situé dans la partie nord-ouest de Hanlan's Point, est l'un des aéroports les plus fréquentés au Canada avec quelque 184 000 départs et arrivées par an (1981-1985).

Après avoir pique-niqué, parcouru les îles à pied et à cheval en 1793, le lieutenant-gouverneur SIMCOE décide de faire de York (Toronto) le centre naval et militaire du Haut-Canada, et de Gibraltar Point (maintenant Hanlan's Point) le gardien du port de Toronto. Toutefois, en 1813, les militaires américains détruisent les fortifications des îles. Localité résidentielle depuis plus de 150 ans, l'île Ward, à l'extrémité est de l'archipel, a été baptisée ainsi en l'honneur du pêcheur David Ward, qui s'y est établi avec sa famille en 1834. Un pont relie l'île Ward à l'île Algonquin et, ensemble, elles comptent 250 maisons. Les terres sur lesquelles sont bâties ces maisons sont louées aux propriétaires par la métropole urbaine de Toronto. Au début des années 1950, 8000 personnes habitaient l'île Centre, mais au cours des années 1950 et 1960, ses hôtels de villégiature élégants, ses théâtres et ses magasins ont été démolis afin de faire place à un parc. Depuis 1956, les derniers habitants de l'île luttent pour sauver leurs maisons. En 1981, le gouvernement de l'Ontario a adopté une loi afin que la sauvegarde de la localité soit assurée au moins jusqu'à l'an 2005.

Robert Sward

Toronto Mendelssohn Choir (TMC) Chorale fondée en 1894 par Augustus Stephen VOGT comme groupe complémentaire à sa chorale de la Jarvis Street Baptist Church. Il présente son premier concert au MASSEY HALL le 15 janvier 1895. Après trois années de succès, Vogt dissout la chorale, mais il la reforme avec 200 chanteurs en 1900. Les directeurs qui lui succèdent sont Herbert Austin Fricker (1917-1942), qui collabore avec divers orchestres des États-Unis; sir Ernest MACMILLAN (1942-1957), qui réunit le TMC à celui du Conservatoire de musique de Toronto pour les exécutions annuelles du *Messie* de Haendel à Noël et de *La Passion selon saint*

Mathieu de Bach à Pâques; Frederick Silvester (1957-1960); Walter Susskind (1960-1963) et, depuis 1964, Elmer ISELER, qui fait de ses FESTIVAL SINGERS OF CANADA le noyau professionnel de la chorale de 1968 à 1979. Ce groupe est ensuite remplacé par les Elmer Iseler Singers. Chaque chef renouvelle le répertoire en présentant des compositions canadiennes et des premières canadiennes de grandes œuvres européennes. La chorale se produit fréquemment aux États-Unis et fait une tournée en Europe en 1972 et en 1980. Elle participe à plusieurs grands festivals européens, dont le Festival d'Édimbourg, le Festival international de Lucerne, le Festival estival de Paris, le Festival des Flandres et, à Londres, les Henry Wood Promenade Concerts, présentés au Royal Albert Hall. En 1977, on fonde le Toronto Mendelssohn Youth Choir. Cette chorale formée de jeunes chanteurs des écoles secondaires est actuellement dirigée par Robert Cooper; elle participe à des ateliers de formation et présente des concerts annuels à Noël et au printemps.

Isabelle Mills

Toronto Star Fondé en 1892, il est le plus important journal au Canada. En 1899, ses propriétaires d'allégeance libérale embauchent Joseph E. Atkinson pour l'administrer. Celui-ci en est déjà l'actionnaire majoritaire en 1913. Le type de JOURNALISME très personnel du *Star* reflète le style préconisé par Atkinson jusqu'à sa mort en 1948. Il met l'accent sur l'élément humain et les questions locales plutôt que sur les événements de grande envergure. Grâce à Atkinson, le journal domine la région de Toronto et puis la portion centre sud de l'Ontario. Il tente également de maintenir une attitude libérale face aux affaires publiques et se sert du journal pour défendre les points de vue du centre gauche. En 1910, il fonde le Toronto STAR WEEKLY, qui comble le vide créé par l'absence de journaux du dimanche au Canada.

Le Star adopte un style écrit parfaitement dynamique. Durant les années 20 et 30, la liste des collaborateurs du journal inclut Morley CALLAGHAN, Ernest Hemingway, Gordon SINCLAIR et Gregory CLARK. Durant les années 40, la position politique du *Star* lui vaut l'hostilité du gouvernement conservateur de l'Ontario, et après la mort d'Atkinson, une lutte spectaculaire éclate entre le gouvernement de l'Ontario et la Fondation Atkinson. Sous la direction d'Harry Hindmarsh, gendre d'Atkinson, le *Star* devient plus partisan et s'identifie étroitement au Parti libéral fédéral. Après la mort d'Hindmarsh en 1956, le journal regagne une partie de son indépendance. Le *Star* maintient tout de même son appui à l'aile nationaliste du Parti libéral et particulièrement à son porte-parole, Walter GORDON.

Durant les années 60 et 70, le *Star* prospère et domine le marché torontois des quotidiens du soir, après la disparition, en 1971, du *Toronto Telegram*, son rival de longue date. Une édition du dimanche suivie d'une édition du matin voient le jour. Le tirage du journal The Toronto Star (1994) s'élève à 523 458 exemplaires du lundi au vendredi, à 799 407 exemplaires le samedi et à 526 975 exemplaires le dimanche. Il est publié par la TORSTAR CORPORATION. (*Voir aussi* JOURNAUX.)

Robert Bothwell

Torstar Corporation est une importante société spécialisée dans la publication et la diffusion d'information et de divertissement. Torstar publie le TORONTO STAR, le quotidien canadien le plus lu, avec un tirage, en 1994, de 523 000 exemplaires (lundi au vendredi). Par le biais de Metroland Printing, Publishing & Distributing Ltd, Torstar publie 27 journaux locaux qui sont lus par plus de 2 millions de personnes dans la région de Toronto. HARLEQUIN ENTERPRISES, une filiale de Torstar, est la plus grande maison d'édition au monde de romans d'amour. En 1993, les ventes mondiales de Harlequin totalisent 200 millions de romans.

En 1994, Torstar a un actif de 1 milliard de dollars et des revenus totalisant 1,1 milliard. Un organisme de fiducie ayant droit de vote et représentant la succession Atkinson et les familles de Beland H. Honderich, Ruth A. Hindmarsh, Burnett M. Tall et William J. Campbell contrôle 93 p. 100 des actions avec droit de vote et 63 p. 100 des actions totales.

Peter S. Anderson

Tortue Les tortues sont des REPTILES de l'ordre des Testudinés ou Chéloniens qui compte 244 espèces. Ce sont des animaux ovipares et sans dents, dont la ceinture pelvienne est recouverte d'une grande cage thoracique et est fusionnée à des plaques osseuses dans la peau. Le revêtement cutané externe est constitué d'écailles épidermiques cornées faites de kératine (protéines fibreuses contenant du soufre). Cette structure corporelle générale est une cage thoracique en trois couches munie de plaques osseuses et d'écailles d'apparence cornée. Elle est demeurée inchangée depuis plus de 200 millions d'années et s'est adaptée, avec des modifications mineures, à la vie dans les océans, les cours d'eau, les lacs, les tourbières, les forêts, les prairies et les déserts.

Répartition et habitat Lorsque le Canada était couvert de glace et qu'aucun reptile n'y vivait, c'est probablement dans le sud-est du continent, où on compte actuellement 16 espèces de tortues, que se trouvait la plus grande diversité de tortues nord-américaines. Après l'ÉPOQUE GLACIAIRE, la plus importante invasion de ces animaux au Canada s'est faite dans le sud de l'Ontario par les rivières Mississippi et Ohio. Quelques espèces ont ensuite migré au Québec et même dans le climat froid de la Nouvelle-Écosse. D'autres se sont aventurées vers l'ouest, mais ont été rebutées par le froid et la sécheresse des Prairies. Sur les deux côtes, les migrations vers le nord signifiaient la traversée de plusieurs cours d'eau. Seulement une espèce s'est répandue vers le nord-ouest jusqu'en Colombie-Britannique et quatre espèces ont avancé vers l'est ou le nord jusqu'au Nouveau-Brunswick et en Nouvelle-Écosse.

Au cours des 3000 ou 4000 dernières années, un refroidissement continental progressif a forcé les reptiles à se déplacer vers le sud ou à limiter leur distribution à une seule vallée fluviale, un lac, une tourbière ou un étang où les conditions sont encore propices à la survie. Ainsi, la situation des tortues dans la bordure méridionale du Canada est précaire, et, pour les herpétologistes professionnels autant que pour les naturalistes amateurs, c'est un véritable défi de localiser les sites isolés où elles vivent.

Espèces d'eau douce Les huit espèces de tortues d'eau douce indigènes au Canada habitent toutes dans le sud de l'Ontario. La seule espèce que l'on n'y rencontre pas est la tortue de l'Ouest (*Clemmys marmorata*), un animal de 14 cm de longueur que l'on trouve uniquement en Colombie-Britannique, où elle a probablement été introduite.

Dans cette province, on rencontre également une sous-espèce de la tortue peinte, *Chrysemys picta belli*, qui fait 23 cm de longueur. Cet envahisseur est arrivé des Prairies et se répartit depuis la Colombie-Britannique jusque dans le sud des Prairies et l'ouest de l'Ontario. Une deuxième sous-espèce de la tortue peinte, *C. p. marginata*, vit dans le sud de l'Ontario et du Québec et une troisième, *C. p. picta*, qui mesure 18 cm, habite le Nouveau-Brunswick et la Nouvelle-Écosse.

La plupart des principales catégories d'organismes contiennent une ou deux espèces qui peuvent s'adapter à presque n'importe quelles conditions naturelles ou non naturelles, et la tortue peinte est l'une d'entre elles. La chélydre serpentine (*Chelydra serpentina*), de 43 cm de longueur, est bonne seconde et se distribue depuis la Nouvelle-Écosse jusqu'en Saskatchewan. Ces espèces n'occupent pas seulement chaque étendue d'eau naturelle, que ce soit un lac ou un marais, mais elles envahissent l'eau stagnante des fossés, les réservoirs, les étangs piscicoles et les points d'eau des fermes.

Une bille flottante couverte de tortues peintes noires et brillantes qui se font chauffer au soleil est une image familière dans plusieurs localités du sud du Canada, sauf à Terre-Neuve et à l'Île-du-Prince-Édouard, où il n'y a pas de tortues. La chélydre serpentine est au contraire discrète. Ce monstre menaçant de 18 kg se nourrit de presque tout ce qu'elle rencontre, que ce soit mort ou vivant. Ses populations peuvent parfois atteindre des densités surprenantes comme peuvent en témoigner les chasseurs professionnels. La viande de cette tortue grosse et musclée est au menu dans les restaurants.

Terrapene carolina carolina, une sous-espèce de la tortue tabatière, un reptile terrestre qui a probablement été introduit au Canada, et la tortue des bois (*Clemmys insculpta*), une espèce semi-terrestre, peuvent être toxiques si elles ont récemment mangé des champignons toxiques et ne devraient pas être consommées. Au Canada, la tortue tabatière, un animal de 15 cm que l'on rencontre uniquement dans le PARC NATIONAL DE LA POINTE-PELÉE en Ontario, est soit une population fossile vivante, soit une population récemment introduite.

La tortue des bois, qui mesure 20 cm de longueur, est une espèce véritablement nordique et se répartit depuis le lac Supérieur jusqu'à la BAIE DE FUNDY. Elle hante les rives des cours d'eau, les prés herbeux et les forêts des plaines inondables et est friande de baies sauvages et de vers de terre.

Lorsqu'elle grandit, la tortue peinte perd ses vieilles écailles. Par contre, la tortue des bois les conserve et, chaque année, des anneaux de croissance s'ajoutent sur chacune des écailles. On utilise ces anneaux pour déterminer l'âge de l'animal, d'une manière très semblable à celle utilisée pour déterminer l'âge des arbres en comptant les anneaux. Toutes les autres espèces, sauf une, vivent uniquement dans l'extrême sud de l'Ontario, mais quelques-unes sont parfois observées au Québec.

Les tortues sont plus facilement repérables à l'aide de jumelles lorsqu'elles se font chauffer au soleil ou lorsque seule leur tête apparaît à la surface de l'eau. La plus caractéristique est la tortue mouchetée (*Emydoidea blandingii*), une espèce de 25 cm dont la tête et le cou portent deux tons de noir en dessus et du jaune en dessous. Elle affectionne les baies herbeuses, les tourbières et les marais et se nourrit de poissons, de têtards, d'insectes et d'écrevisses. À l'est de la frontière de l'Ontario et du Québec, on ne la trouve que dans le sud de la Nouvelle-Écosse, dans le PARC NATIONAL KEJIMKUJIK, où vit une population fossile vivante très isolée et florissante.

Deux petites espèces de tortues, la tortue musquée (*Sternotherus odoratus*), de 10 cm de longueur, et la tortue ponctuée (*Clemmys guttata*), de 13 cm, ont une répartition irrégulière dans le sud de l'Ontario et du Québec.

Ces deux espèces peuvent facilement passer inaperçues. La première, de couleur brun foncé, se promène dans le fond des lacs, des tourbières et des marais à la recherche de matière animale vivante ou en décomposition. Parce qu'elle s'expose rarement au soleil, elle se recouvre d'algues et est difficile à repérer. Au printemps, la tortue ponctuée prend des bains de soleil en groupe, mais elle est extrêmement timide. Elle fréquente les marécages herbeux des milieux boisés ainsi que les étangs des marais et des tourbières.

Dans les lacs de grandes dimensions et les cours d'eau du sud de l'Ontario, on trouve deux grandes espèces assez spécialisées: la tortue géographique (*Graptemys geographica*) et une sous-espèce de la tortue-molle à épines, *Apalone spinifer spinifer*. La première doit son nom aux dessins de sa carapace qui rappellent des cartes géographiques. Elle est pourvue de puissantes mâchoires qui peuvent écraser les clams et autres organismes.

La tortue-molle fréquente les étendues d'eau à fond mou où, grâce à sa forme de poisson plat, elle attend, à moitié enterrée, prête à se jeter sur un poisson ou une écrevisse. Elle possède l'enveloppe osseuse caractéristique, mais sa peau externe épaisse et caoutchouteuse s'étend au-delà de son corps aplati. Ses narines s'étirent d'une façon particulière en un long tube qui permet à l'animal de rester enterré tout en atteignant la surface pour respirer occasionnellement.

Espèces marines Quatre des sept espèces de tortues marines du monde ont été observées au Canada, mais ces reptiles, essentiellement tropicaux et subtropicaux, ne nichent jamais sur les plages canadiennes. Les observations des 100 dernières années incluent deux tortues vertes (*Chelonia mydas*) mortes, une échouée sur le rivage en Colombie-Britannique et une en Alaska, quatre tortues bâtardes (*Lepidochelys kempii*) échouées en Nouvelle-Écosse et quelques caouanes (*Caretta caretta*) observées au large de la côte est.

La ridley olivacée (*Lepidochelys olivacea*) a été observée au large de l'Oregon et de l'Alaska et fréquente sans doute occasionnellement les eaux canadiennes au large de la Colombie-Britannique. Contrairement aux autres espèces, la tortue luth (*Dermochelys coriacea*) est régulièrement observée près des îles de la Reine-Charlotte et de l'île de Vancouver, sur les côtes du Labrador et de Terre-Neuve, et elle s'emmêle fréquemment dans les filets de pêche au large de l'Île-du-Prince-Édouard, du Nouveau-Brunswick et de la Nouvelle-Écosse.

Avec ses quelque 2,5 m, du museau à la queue, et son poids qui dépasse parfois 550 kg, la tortue luth est l'un des plus grands reptiles vivants. L'été, elle envahit régulièrement les eaux froides des côtes de l'Atlantique et du Pacifique (ainsi qu'en Écosse, en Norvège, en Alaska et en Russie), où elle chasse sa nourriture préférée, la Cyanée, une méduse géante.

À Halifax, en 1971, on a découvert que sa température corporelle atteignait près de 28 °C (18 °C de plus que l'eau de mer environnante). Sa peau épaisse (5 cm à 7 cm) semblable à du cuir et saturée d'huile constitue une sorte de couche de graisse qui retient la chaleur générée par les contractions musculaires.

J. Sherman Bleakney

Tory (de l'irlandais *tóraidhe* signifiant poursuivant) est le nom donné aux membres du PARTI CONSERVATEUR et des partis dont il est issu. À l'origine, il sert à qualifier les «papistes» irlandais dépossédés, qui pillent à leur tour les colons et les militaires anglais en Irlande. En 1679-1680, on donne ce nom aux partisans d'un prétendant à la succession au trône d'Angleterre, le duc de York (le futur Jacques II, un catholique). Après 1689, c'est le nom d'un parti politique de tendance conservatrice qui a plus tard des liens étroits avec l'Église anglicane. Ce terme devient ensuite le surnom du Parti conservateur britannique et désigne par analogie le Parti conservateur qui se forme au Canada au XIXe s. Aux États-Unis, on nomme encore «tories» les partisans de la Grande-Bretagne pendant la Guerre d'Indépendance américaine, partisans appelés LOYALISTES au Canada.

James Marsh

Tory, Henry Marshall, éducateur (Port Shoreham, N.-É., 11 janv. 1864—Ottawa, 6 févr. 1947). Détenteur d'un des premiers doctorats ès sciences de l'U. McGill, Tory est le principal fondateur de plusieurs universités, dont l'U. de la Colombie-Britannique, l'U. de l'Alberta et l'U. Carleton, ainsi que du ALBERTA RESEARCH COUNCIL et des laboratoires du Conseil national de recherches du Canada (CNRC), bien qu'il n'ait jamais été lui-même chercheur.

Fils d'un pasteur méthodiste, Tory fait des études de pasteur, mais on lui offre un poste d'enseignant à McGill après l'obtention de son diplôme. En 1905, alors qu'il est professeur de mathématiques, on l'envoie en Colombie-Britannique à titre de conseiller sur l'avenir des collèges de Vancouver et de Victoria affiliés à McGill, ce qui donne lieu à la *UBC Act* en 1908. Sa tournée dans l'Ouest lui vaut d'être nommé président fondateur de l'U. de l'Alberta en 1908, dont il fait une institution dynamique offrant les services d'une bibliothèque ambulante rurale et d'une station de radio, et dont les normes d'enseignement et de recherche sont élevées. En 1917, il met sur pied l'UNIVERSITÉ KHAKI à l'intention des militaires canadiens stationnés en Angleterre. En 1919, avec J.-L. COTÉ il est responsable de la création de l'organisme qui deviendra, en 1921, l'Alberta Research Council. Nommé en 1923 au CONSEIL NATIONAL DE RECHERCHES DU CANADA, Tory en devient le président en l'espace de six mois, apparemment parce qu'aucun autre membre ne croyait en l'avenir politique de ce conseil. Sa priorité est de convaincre le gouvernement de construire les laboratoires nationaux prévus en 1919, mais refusés par veto en 1921 en raison d'une confusion dans la procédure parlementaire. Il atteint son but en 1927 et déménage à Ottawa l'année suivante pour occuper le poste de premier président à temps plein du CNRC. Il est alors âgé de 64 ans.

La crise économique l'empêche de faire du CNRC une institution ayant autant d'influence au Canada que l'université en Alberta. Toutefois, de 1928 à 1932, la construction des laboratoires se termine et le personnel est engagé, dont 50 scientifiques qui forment le noyau essentiel à l'expansion du CNRC durant la Seconde Guerre mondiale. Bien que rempli d'amertume par les circonstances entourant sa retraite en 1935, Tory considère les laboratoires du CNRC comme sa plus grande réalisation. À l'âge de 77 ans, il dirige le comité fondateur qui ouvre les portes du collège Carleton en 1942, où il occupe bénévolement le poste de président et de chargé de cours jusqu'à son décès. Durant toute sa vie, l'enthousiasme est ce qui le caractérise le plus. La promotion de la science est sa principale préoccupation, mais ses intérêts vont de la Société des Nations à la colonisation des Prairies. Éducateur le plus renommé de son temps, cet homme controversé avait de quoi être fier, et il l'était.

Donald J.C. Phillipson

Tory rouge Les conservateurs canadiens qui préconisent un État interventionniste et craignent l'influence croissante des États-Unis sur le Canada sont couramment appelés les tories rouges. Selon Gad Horowitz, le SOCIALISME canadien doit son origine à l'idéologie conservatrice des LOYALISTES, qui s'opposent à l'individualisme des libéraux et croient à un État organique dont chaque élément est responsable du bien-être de l'ensemble. George GRANT, qui se désigne comme un tory rouge, estime appartenir à une tradition essentielle au caractère distinct du Canada en Amérique du Nord. L'interventionnisme conservateur s'explique maintenant plus facilement par les impératifs politiques que par les principes. Au sens large, le terme «tory rouge» s'applique à l'aile gauche du PARTI CONSERVATEUR.

John English

Totem Il est l'enseigne, l'arbre généalogique et le monument commémoratif des bandes indiennes de la côte du Nord-Ouest. Les emblèmes sculptés sur le totem, habituellement érigé lors d'un POTLATCH, appartiennent à une lignée et en reflètent l'histoire. Les animaux représentés sur les emblèmes (le castor, l'ours, le loup, le requin, la baleine, le corbeau, l'aigle, la grenouille et le moustique, entre autres) servent à affirmer visuellement l'appartenance à un groupe et son identité. Il y a six principaux genres de totems: commémoratifs ou héraldiques, images funéraires, poteaux-mitans, poteaux de façade de maison ou de portail, mâts de bienvenue ou mâts mortuaires. Les totems sont habilement sculptés dans du genévrier rouge et peints de noir, de rouge, de bleu et parfois de blanc et de jaune. Leurs dimensions varient, les mâts de façade dépassant parfois 15 m de haut et 1 m de largeur à la base. Ils sont généralement face à une rivière ou à l'océan. Quoique les totems aient été bien établis comme forme d'expression de la culture autochtone antérieure à l'arrivée des Européens, les totems bien connus qui se trouvent aujourd'hui dans les parcs et les musées ont cependant, pour la plupart, été sculptés après 1860. Depuis les années 1950, musées, parcs et expositions internationales

commandent de nouveaux totems et, depuis la fin des années 60, on en érige à nouveau au cours des potlatchs. Les sculpteurs de la vieille génération tels que Charlie James (mort en 1938), Ellen Neel (morte en 1966) et MUNGO MARTIN (mort en 1962) ont inspiré des artistes comme Norman Tait et Douglas Cranmer, les incitant à perpétuer la tradition. (*Voir aussi* AUTOCHTONE DE LA CÔTE DU NORD-OUEST, ART.)

René R. Gadacz

Tougas, Gérard, professeur et essayiste (Edmonton, Alb., 1921—1996). Il effectue successivement des études de lettres aux universités de l'Alberta (B.A.), McGill (Montréal, M.A.), de Paris (1946-1948) et de Stanford (Californie), où il soutient une thèse de doctorat sur la critique de Marcel Proust. Interprète auprès des Nations Unies à Genève (Suisse) de 1948 à 1950, il devient professeur aux universités de Stanford (1951-1953) et de Colombie-Britannique (Vancouver, 1953-1985), puis directeur du Département des études françaises au Collège militaire de Kingston (Ont., 1961-1962). À partir de 1962, il entreprend une série de voyages de recherches qui le conduiront dans tous les pays francophones du monde. Élu membre de la Société royale du Canada en 1973, il reçoit l'année suivante le prix Halphen de l'Académie française.

Romancier (*Les Onusiens,* 1950), bibliographe (*Liste de références d'imprimés relatifs à la littérature canadienne-française,* 1958), ce brillant pionnier de l'histoire de la littérature québécoise s'est surtout fait connaître par la publication d'une imposante *Histoire de la littérature canadienne-française* (1960, rééditée à plusieurs reprises) qui se distingue, selon le professeur Réginald Hamel, par «une riche documentation, un style soigné et des jugements pertinents autant que nuancés» (*Dictionnaire des auteurs de langue française en Amérique du Nord*). Champion de la cause francophone (*Littérature romande et culture française,* 1963; *La francophonie en péril,* 1967; *Les écrivains d'expression française et la France,* 1973), il a néanmoins été un des tout premiers à attirer l'attention de ses compatriotes sur l'évolution de la littérature américaine (*Puissance littéraire des États-Unis,* 1979; *Destin littéraire du Québec,* 1982). Son dernier essai intéresse la psychanalyse: *C.G. Jung: de l'helvétisme à l'universalisme,* 1976.

Ismène Toussaint

Toundra La toundra, du finnois *tunturi,* que l'on appelle aussi «terre dénudée», recouvre une large portion de l'hémisphère Nord et se caractérise par l'absence d'arbres et l'abondance d'affleurements rocheux. Au Canada, sa limite méridionale s'étend du delta du Mackenzie jusqu'au sud de la baie d'Hudson et, dans le Nord-Est, jusqu'au Labrador. L'effet conjugué de nombreuses variables climatiques (*voir* CLIMAT) détermine le tracé de cette frontière.

L'environnement de la toundra se distingue par plusieurs éléments: la présence généralisée du PERGÉLISOL (sauf sous certains lacs et rivières); des étés courts où il fait presque continuellement jour; de longs hivers où c'est la «nuit polaire»; de faibles précipitations annuelles (d'où son nom de «désert polaire»); des vents violents et des blizzards l'hiver; une végétation discontinue; un SOL humide et instable en raison du pergélisol et de la gélivation. Pour survivre, les plantes de la toundra se sont adaptées de nombreuses façons. Grâce à leur petite taille, elles bénéficient des microclimats plus favorables situés au ras du sol. Leurs petites feuilles coriaces et hérissées de poils empêchent le dessèchement provoqué par l'évaporation.

Parmi les espèces végétales de la toundra (p. ex., LICHENS, MOUSSES, GRAMINÉES, arbustes), il est courant d'observer l'existence de plantes pluriannuelles, la multiplication végétative, de courts cycles de reproduction de même qu'une dispersion efficace des graines par l'action du vent. De nombreux

oiseaux ainsi que certains animaux passent l'été dans la toundra et migrent à l'automne (*voir* ANIMAUX DE L'ARCTIQUE).

L'environnement de la toundra pose bien des obstacles à l'activité humaine. Lors de la construction d'édifices, de pipelines, de routes et d'aéroports, il faut s'assurer qu'ils pourront résister à la rigueur du climat et au pergélisol. De plus, une planification appropriée doit précéder la mise en valeur des ressources et l'élimination des déchets pour éviter de nuire aux écosystèmes.

On a utilisé l'expression «toundra alpine» pour désigner la zone qui s'étend au-dessus de la LIMITE FORESTIÈRE en zone montagneuse. Même si la toundra alpine s'apparente à certains égards à la toundra arctique comme telle, elle en diffère substantiellement et de façon significative. (*Voir aussi* ZONES DE GÉOGRAPHIE PHYSIQUE.)

J. Terasmae

Toupin, Paul, dramaturge, essayiste et enseignant (Montréal, Qc, 7 déc. 1918). Ses pièces, qui adoptent un langage et une structure classiques, mais abordent des thèmes universels, sont davantage acclamées par la critique que par le public québécois. *Brutus,* écrite en 1952, est l'une des rares tragédies composées au Canada français et est portée à l'écran en 1953. *Le Mensonge* (1960) et *Chacun son amour* (1961) ne seront jouées qu'à la télévision. Paul Toupin se tourne alors vers les essais, dont *L'Écrivain et son théâtre* (1964), et vers l'écriture de mémoires autobiographiques. En 1960, l'Académie française lui décerne un prix pour *Souvenirs pour demain* (1960) dans la catégorie Meilleure publication étrangère de langue française. En 1970, Paul Toupin s'installe en Espagne, où il vit toujours.

L.E. Doucette

Tour du CN Cette tour, située à Toronto (architectes: John Andrews, International/Roger Du Toit et Webb Zerafa Menkes Housden Partnership; ingénieur de structure: R.R. Nicolet, 1973-1976), et dont la construction a coûté 52 millions de dollars, est la plus haute structure autoportante du monde. Au sommet se trouve une antenne de communications sophistiquée utilisée pour la transmission de signaux hyperfréquences et de radiodiffusion. Cet établissement, géré par les Hôtels CN, attire des milliers de touristes, qui prennent un des ascenseurs aux parois de verre pour atteindre, 342 m plus haut, la Nacelle, où se trouvent de vastes terrasses d'observation et le restaurant tournant le plus haut du monde. Trois ailes formant un grand Y au sol consolident la tour hexagonale de béton post-contraint. D'envergure décroissante, ces ailes s'élèvent jusqu'à 330 m, et la tour elle-même atteint 450 m. Elle est coiffée d'un mât en acier d'une longueur de 100 m, ce qui donne une hauteur totale de 553 m. De toutes les tours d'observation et de communications dans le monde, la Tour du CN remporte la palme pour son élégance.

Michael McMordie

Tourbe Matière organique partiellement décomposée formée principalement de MOUSSE, de sphaignes, de carex et des restes d'autres plantes semi-aquatiques. La tourbe se forme lentement dans les endroits marécageux par la décomposition de la végétation (*voir* VÉGÉTATION, RÉGION DE), surtout en condition anaérobie (faible concentration d'oxygène). L'eau constitue environ 95 p. 100 de son poids. La formation des grandes tourbières du Canada a commencé après la dernière GLACIATION, il y a environ 10 000 ans. La grande proportion d'eau contenue dans la tourbe a toujours été l'obstacle principal à son exploitation intensive comme source d'ÉNERGIE. Toutefois, la tourbe séchée est l'un des combustibles traditionnellement utilisés dans les pays où la tourbe est d'excellente qualité et facile d'accès, comme en Irlande. La tourbe est également utilisée pour le filtrage de l'eau, comme matériau absorbant et dans diverses applications en horticulture, y compris la culture des LÉGUMES dans les tourbières du sud du Québec.

Importance L'importance de la tourbe repose sur sa capacité d'emmagasiner la matière organique carbonée qui serait autrement dispersée dans l'atmosphère sous la forme de dioxyde de carbone ou de méthane, deux gaz à effet de serre qui ont un impact sur le climat mondial. Les chercheurs canadiens étudient la tourbe pour mieux comprendre les tendances des changements climatiques passés et futurs (*voir* CHANGEMENTS DE CLIMAT). Les tourbières sont aussi des ÉCOSYSTÈMES dans lesquels les plantes et les animaux se développent malgré un environnement difficile, si bien qu'on dit parfois qu'elles sont les «pouponnières» de la nature. De plus, il existe un intérêt considérable pour les utilisations possibles de la tourbe dans les industries.

Les tourbières sont des marais ou des marécages (*voir* MARAIS, MARÉCAGE ET TOURBIÈRE) qui couvrent environ 12 p. 100 de la superficie du Canada, soit près de 100 millions d'hectares. On les trouve dans les endroits pluvieux comme les côtes est et ouest là où le drainage est mauvais et les nappes d'eau près de la surface du sol. La plupart des tourbières canadiennes sont situées dans des régions nordiques inaccessibles, y compris ce qui semble être la plus grande tourbière continue du monde, qui couvre une surface de 300 000 km² dans les basses-terres de la baie d'Hudson. On trouve aussi d'importants dépôts de tourbe dans les provinces de l'Atlantique de même que dans le sud du Québec, de l'Ontario et du Manitoba. La teneur (massique) du carbone dans la tourbe dépasse 17 p. 100.

Utilisation Évaluées à 335,4 milliards de tonnes de matière sèche, les réserves de tourbe canadiennes sont parmi les plus importantes au monde. Cette tourbe pourrait servir à la production d'énergie, particulièrement dans les régions où il n'y a aucune autre ressource énergétique. Pour l'instant, la tourbe canadienne est extraite à des fins exclusivement industrielles et horticoles. Entre autres, on la mélange à la terre en horticulture, on l'utilise comme filtre dans le traitement des eaux d'égout et des eaux résiduaires industrielles, comme absorbant dans les produits d'hygiène et les litières pour animaux et dans les accessoires de décoration comme les pots de fleurs. La tourbe a aussi servi à nettoyer des déversements de produits pétroliers (*voir* POLLUTION DE L'EAU). Grâce à leurs pores microscopiques, les sphaignes sont de trois à quatre fois plus absorbantes que le coton hydrophile et leur acidité naturelle leur donne des propriétés antiseptiques.

L'intérêt pour la tourbe au Canada s'est accru au cours des années 70 et 80, et il a été démontré qu'elle représentait, dans certains cas, une alternative économique aux centrales énergétiques, au charbon ou au mazout (*voir* ÉLECTRICITÉ, PRODUCTION D'). Plusieurs essais en grandeur réelle ont prouvé que la tourbe pouvait servir de combustible de remplacement sous forme solide ou gazéifiée. Une autre option serait de produire du méthane à partir d'un gaz de synthèse dérivé de la tourbe.

Emplacements Des programmes de recherche et de développement existent en Europe, où la technologie d'extraction et d'utilisation de la tourbe est assez avancée. La Russie produit plus de 6000 MW d'ÉLECTRICITÉ avec des centrales électriques alimentées à la tourbe, ce qui représente plus de 6 p. 100 de la production d'électricité du Canada. De plus, la Russie produit environ 4,5 millions de tonnes de tourbe annuellement pour le chauffage domestique. La Finlande et la Suède possèdent plusieurs centrales électriques alimentées à la tourbe. Ces centrales produisent de l'électricité et fournissent de la vapeur et de l'eau chaude qui servent au chauffage régional. Les centrales électriques alimentées à la tourbe sont une alternative rentable pour la production d'énergie lorsqu'elles se trouvent à plus de 60 km des ports de débarquement du pétrole importé. L'Irlande produit un tiers de son électricité par l'entremise de 7 centrales électriques alimentées à la tourbe qui consomment environ 56 p.

100 des 5 millions de tonnes de tourbe extraite dans ce pays. Au Canada, le CONSEIL NATIONAL DE RECHERCHES DU CANADA a établi un programme sur la tourbe afin de déterminer les ressources en tourbe du Canada, de développer les technologies d'extraction et d'utilisation, d'évaluer et de réduire les conséquences sur l'environnement et de mettre au point des produits à carbone ajouté.

Parce qu'elle contient 95 p. 100 d'eau, la tourbe ne peut supporter le poids de la machinerie lourde, et il est essentiel qu'elle soit asséchée le plus possible avant l'extraction. La méthode typique d'extraction débute par le creusage d'un réseau de fossés de drainage qui seront approfondis à mesure que la tourbière se solidifie. Cette étape dure normalement entre 5 et 7 ans et réduit jusqu'à environ 90 p. 100 le contenu en eau de la tourbière. Après le drainage, la tourbière est égalisée pour faciliter l'assèchement et la manipulation mécanique. Dans certaines grandes tourbières, on construit un réseau de rails légers sur la tourbière pour faciliter le transport de la tourbe jusqu'à l'usine de traitement. La tourbière est alors prête pour des décennies d'extraction, à raison de quelques centimètres par an, à mesure que la surface s'assèche.

Tourbières naturelles et écosystèmes Les tourbières naturelles sont des écosystèmes où vivent différentes espèces animales et végétales, dont plusieurs variétés de plantes carnivores et d'ORCHIDÉES, et elles constituent une partie importante de certains habitats fauniques (*voir* FAUNE, CONSERVATION ET AMÉNAGEMENT DE LA) tels celui du CARIBOU des bois et de l'ORIGNAL, entre autres. La formation des différents types de tourbières dépend principalement de la qualité de l'eau. L'eau et les éléments nutritifs des tourbières oligotrophes proviennent de l'eau de pluie. Leur surface est un tapis continu de sphaignes qui se développent dans cet environnement acide et gorgé d'eau, et on y trouve parfois des arbustes et des arbres rabougris. Par contre, les tourbières minérotrophes sont nourries par l'eau enrichie de minéraux provenant de la nappe phréatique, et on y trouve surtout des carex, de la mousse brune, de grands arbustes ou des arbres.

Bien que les tourbières oligotrophes et minérotrophes soient liées à des flores différentes, toutes deux sont formées d'une couche de surface vivante qui repose sur une couche de tourbe récente qui, à son tour, repose sur une couche plus décomposée. Cette dernière devient plus foncée et plus dense jusqu'à ce qu'on atteigne la tourbe âgée dont la couleur est noire et la consistance pâteuse. Toutefois, le degré de décomposition n'augmente pas toujours des couches supérieures aux couches inférieures. En effet, dans les tourbières minérotrophes, on trouve souvent des matières fibreuses peu décomposées sous des matières dont la décomposition est plus avancée.

Extraction Au moment de l'extraction, la couche de surface vivante est détruite pour exposer la couche de tourbe désirée. L'extraction retire la tourbe dont la formation a pris des milliers d'années, à raison d'une accumulation moyenne de 5 cm par siècle. Lorsque l'extraction est terminée, après quelques décennies, la zone abandonnée s'inonde et le processus de formation de terres humides régresse de quelques milliers d'années. La remise en état des tourbières abandonnées peut mener au développement de terres humides productives. Des chercheurs de l'U. Laval et de l'U. de l'Alberta travaillent à un projet de remise en état des tourbières afin de restaurer un environnement favorisant l'accumulation de tourbe. Malgré quelques résultats prometteurs, beaucoup de travail reste à accomplir. (*Voir aussi* MUSKEG.)

Robert D. Bott

Tourisme Ensemble complet de services naturellement reliés qui ont un but commun unique: fournir le TRANSPORT, l'hébergement, les services de restau-

ration, les loisirs et les spectacles aux Canadiens ou aux étrangers voyageant au Canada pour quelque raison que ce soit. C'est une industrie importante et en rapide expansion. Au terme de l'année 1986, elle rapporte au Canada plus de 17,2 milliards de dollars, contribuant pour plus de 4 p. 100 au produit intérieur brut et employant directement ou indirectement plus de 10 p. 100 de la population active. En l'an 2000, elle pourrait être l'un des secteurs les plus importants de l'économie au Canada. Les sommes dépensées en produits touristiques ont sur l'emploi une grande influence, tant directe qu'indirecte, qui, dans bien des cas, égale – sinon dépasse – celle des sommes dépensées dans les 40 secteurs de pointe du pays.

En 1986, les visiteurs étrangers dépensent 6,3 milliards de dollars, faisant ainsi du tourisme le cinquième plus grand fournisseur du Canada en devises étrangères après les véhicules automobiles, les pièces d'automobile, le pétrole brut et le papier journal. Au Canada, le tourisme se compose essentiellement de Canadiens qui voyagent et découvrent leur propre pays. En 1986, les dépenses des Canadiens, qui s'élèvent alors à 10,8 milliards de dollars, dépassent de loin les 4,2 milliards des touristes américains et les 2,25 milliards des autres touristes étrangers. En ce qui concerne le marché touristique international, le Canada accuse une perte de part de marché et un déficit de 1,2 milliard de dollars: les Canadiens dépensent 7,5 milliards de dollars à l'extérieur du pays. La prise en charge des touristes au Canada est assurée par de nombreuses grandes entreprises et par environ 100 000 petites et moyennes entreprises, qui offrent 300 000 chambres d'hôtel et de motel, plus de 45 000 établissements de restauration et 4000 agences de voyage. Ces entreprises servent plus de 34 millions de visiteurs par an. Chaque tranche de 100 000 visiteurs peut entraîner pour une localité des retombées de 9 millions de dollars sur son économie locale.

À l'échelon fédéral, le tourisme relève du ministre d'État aux Petites Entreprises et au Tourisme par l'entremise de Tourisme Canada au ministère de l'Expansion industrielle régionale. La promotion et le développement du tourisme par un organisme fédéral particulier remonte à 1934. L'Association de l'industrie touristique du Canada (AITC), reconnue à l'échelle nationale, a son siège social à Ottawa. C'est une fédération qui, en plus de représenter des entreprises du secteur privé, des organismes, des institutions et des particuliers actifs dans le tourisme au Canada, travaille également en collaboration avec les associations touristiques régionales et provinciales. L'AITC représente l'industrie touristique canadienne depuis 56 ans et sa raison d'être est d'exercer des pressions auprès des gouvernements, d'assurer la communication avec l'industrie et de sensibiliser le public à l'importance du tourisme et à la nécessité du soutien de la population.

Le tourisme remonte au tout début de l'histoire du Canada. Les écrits des premiers explorateurs et commerçants contribuent alors à faire connaître toujours davantage les paysages du Canada, qui sont encore la principale attraction touristique canadienne (*voir* LITTÉRATURE DE LANGUE FRANÇAISE SUR LES EXPLORATIONS ET LES VOYAGES; LITTÉRATURE DE LANGUE ANGLAISE SUR LES EXPLORATIONS). Du milieu du XVIIIᵉ au début du XIXᵉ s., les PEINTRES TOPOGRAPHIQUES représentent une nature idéalisée et des scènes qui sont souvent reproduites en gravures dans les livres de voyage publiés en Europe. Le CANADIEN PACIFIQUE, grâce à ses services de trains et de bateaux à vapeur, de ses hôtels et de ses campagnes de publicité, attire de riches touristes européens et américains au Canada. L'arrivée de l'avion à réaction entraîne l'apparition du voyage comme on le connaît aujourd'hui ainsi que la possibilité d'un tourisme de masse. Le voyage d'affaires illustre bien l'ampleur du changement survenu: les voyages et les dépenses connexes sont au troisième rang en importance des dépenses des entreprises canadiennes, après les dépenses en personnel et celles liées au traitement des données. Elles se chiffrent à trois milliards de dollars en 1986.

L'industrie canadienne du tourisme a besoin d'une commercialisation sophistiquée qui fournit valeur et service. À partir de 1984, le Canada connaît un virage après 10 années de déclin durant lesquelles le déficit de sa balance des paiements au chapitre des voyages internationaux augmente de 300 millions à 2,2 milliards de dollars. L'année 1986 est exceptionnelle: le nombre de touristes étrangers augmente de 18 p. 100. Les causes principales de cette augmentation sont l'EXPO 86 à Vancouver, un taux de change favorable pour les Américains, une campagne de publicité dynamique faite par le gouvernement fédéral aux États-Unis et des incidents dans d'autres parties du monde qui découragent les Nord-Américains de voyager outre-mer. Les pays côtiers du Pacifique semblent constituer la nouvelle source potentielle de touristes pour le Canada. On pense que les arrivées du Japon et de Hong Kong vont augmenter, poursuivant ainsi la tendance à la hausse qui a débuté en 1979. Les arrivées en provenance d'Australie restent stables. Les États-Unis demeurent la première source de touristes pour le Canada: ils comptent pour plus de 85 p. 100 de notre marché touristique. Au cours des prochaines années, on prévoit une croissance modérée de la part des marchés traditionnels européens que sont, entre autres, le Royaume-Uni, la France, l'Allemagne et les Pays-Bas.

Les attractions touristiques que le Canada offre aujourd'hui sont souvent les mêmes que celles vantées par les premiers récits de voyage: la côte de Colombie-Britannique et ses fjords, la grandeur majestueuse des Rocheuses canadiennes, les grands espaces des Prairies, les lacs, les forêts et les rivières du centre du Canada, la côte Atlantique avec son infinie diversité de baies, de criques, de plages et de panoramas, l'environnement arctique et sa population, et, évidemment, les célèbres CHUTES NIAGARA. Les hommes ont ajouté leur touche à ces richesses naturelles par l'établissement de villes modernes et sophistiquées, les galeries et les musées, les arts d'interprétation, les lieux historiques, les FESTIVALS et des événements comme l'Expo 86, le STAMPEDE DE CALGARY et les JEUX OLYMPIQUES d'hiver. Pour la majorité des gens dans le monde, si le Canada est une destination touristique, c'est grâce à ses paysages, à ses grands espaces et à sa nature.

F.G. Brander

Tourisme viticole On fabrique du vin sur une base commerciale depuis plus de 150 ans au Canada, mais ce n'est que dans la dernière partie du XXᵉ s. que les vignobles du Canada deviennent des attractions touristiques. Avant 1974, en Ontario p. ex., les vins Bright (qui font maintenant partie de la société Vincor) et Barnes (1873-1988) sont les seuls à offrir une visite de leurs installations et à mettre des salles de dégustation à la disposition de leurs visiteurs, mais ceux-ci sont assez rares. C'est entre 1990 et 1995 que, grâce en partie à la croissance remarquable du tourisme viticole, le nombre d'emplois dans l'industrie du vin en Ontario et en Colombie-Britannique (les deux provinces qui produisent le plus de vin au Canada) a triplé. La popularité croissante du tourisme viticole relève de plusieurs facteurs, dont le plus important est l'amélioration spectaculaire de la qualité de leurs produits.

Pendant plusieurs années, les vins canadiens sont produits à partir de cépages du Canada dont on ne peut obtenir des vins de bonne qualité. L'avènement de meilleures techniques viticoles, des découvertes en matière de technologies phytosanitaires et une demande accrue des bons vins de table ont incité les vignerons à remplacer les cépages du pays par des variétés européennes éprouvées. Avec des raisins de meilleure qualité, les vignerons sont alors en mesure de produire des vins de grande qualité.

Des incitations financières offertes par les gouvernements ont aussi pour effet d'améliorer les installations permettant la visite des vignobles et la dégustation des vins. La signature de l'Accord de libre-échange avec les États-Unis (1988-1990), l'Ontario Winery Adjustment Program (1990) et le British Columbia Grape and Wine Adjustment Program (1988) permettent d'élaborer de nombreux programmes à court terme pour soutenir une restructuration globale du secteur des vins. Étant donné qu'ils ne sont plus protégés, les vins canadiens sont taxés aux mêmes taux que les vins importés. Les revenus ainsi générés au bénéfice des gouvernements fédéral et provinciaux sont mis à la disposition des producteurs pour couvrir les dépenses d'infrastructure. Les établissements viticoles capables d'investir des sommes équivalentes agrandissent et améliorent leurs salles de dégustation et les installations leur permettant de recevoir des visiteurs. Ils peuvent dès lors soutenir la comparaison avec d'autres régions de tourisme viticole dans le monde.

Les établissements viticoles, souvent représentés par des associations sectorielles et soutenus par des politiques gouvernementales, se mettent à faire de la publicité pour promouvoir les visites de vignobles. Les programmes de modernisation des établissements viticoles distribuent, entre autres, des fonds destinés à la commercialisation (par l'ensemble du secteur des vins) de produits génériques. En Ontario, p. ex., l'Ontario Wine Council, une association d'établissements viticoles qui travaillent à promouvoir l'industrie du vin, mène une campagne télévisée de publicité intitulée «We're ready when you are…» («Nous sommes prêts quand vous l'êtes…»). Cette campagne présente une industrie moderne offrant des vins de grande qualité mais encore méconnus. En Colombie-Britannique, des programmes de financement semblables aboutissent à la formation du British Columbia Wine Institute, un organisme constitué surtout de producteurs dont le mandat est d'établir des normes de culture et de production viticoles, de créer un environnement plus favorable à la promotion des vins de la province et de diriger et de diffuser des recherches pertinentes.

Les études de marchés touristiques indiquent que les voyageurs d'aujourd'hui préfèrent les voyages éducatifs aux visites touristiques passives. Une tournée des vignobles, qu'elle soit organisée dans les moindres détails ou plutôt libre, offre des occasions de se renseigner sur les aspects techniques de la fabrication du vin et sur les cultures des régions viticoles. Elle permet également au voyageur de se familiariser avec une grande diversité de paysages sans se priver du luxe de lieux d'hébergement convenables et d'une bonne table. Les consommateurs bénéficient en outre d'un avantage pratique, celui de pouvoir goûter aux vins avant de les acheter et de pouvoir acheter des lots spéciaux qui ne sont disponibles que sur place.

Voyages organisés

Les gens qui visitent l'Allemagne naviguent sur le Rhin ou sur la Moselle depuis de nombreuses années et s'arrêtent à l'occasion dans un village viticole situé sur les rives. Plusieurs de ces périples sont l'œuvre d'organisateurs de voyages entreprenants. De plus en plus, à mesure que les vins canadiens (surtout le vin de glace) acquièrent une renommée mondiale, des agences de voyage internationales se tournent vers les régions viticoles de l'Ontario et de la Colombie-Britannique pour en faire des lieux de voyages organisés.

Les régions viticoles sont aussi des destinations recherchées par les groupes corporatifs, les associations de fins gourmets et d'amateurs de bons vins et par les regroupements d'artisans du tourisme d'accueil. Les vignobles élaborent leurs propres forfaits ou encore s'associent à des organismes d'accueil pour offrir aux visiteurs le couvert et le gîte, des divertissements et le vin à un prix unique.

La maison Inniskillin Winery, située à Niagara-on-the-Lake, en Ontario, propose un forfait très prisé (Elegant Traditions) qui comprend un billet de théâtre (pour le SHAW FESTIVAL), une chambre dans un hôtel historique (Prince of Wales), le dîner et le petit déjeuner, une dégustation gratuite, une outre pour le vin et une visite autoguidée.

Festivals et événements spéciaux

Des festivals du vin ont lieu dans les régions viticoles du Canada depuis le début des années 50. L'Okanagan Wine Festival et le Niagara Grape and Wine Festival attirent des milliers de visiteurs lors d'événements s'étalant sur plusieurs jours pendant les vendanges. De plus, des événements sont programmés chaque fin de semaine en été (spectacles de jazz, pièces de Shakespeare jouées dans des vignobles, randonnées à bicyclette dans des vignobles et des établissements viticoles, vols en hélicoptère, démonstration de fabrication de tonneaux, expositions d'œuvres d'art, pique-niques, dîners, colloques, escalades et randonnées en montagne). Pendant l'hiver et au printemps, les touristes peuvent participer à de joyeuses cueillettes de raisins gelés destinés au vin de glace, agrémentées de vin chaud, de vin de glace et de truffes, à des ateliers sur les différents services de verres à pied et à des fêtes du vin de glace. Ainsi, des activités de tourisme viticole ont lieu toute l'année, même au Canada.

Voyage en vue

Les régions viticoles permettent aux voyageurs de vivre des expériences esthétiques, de satisfaire leur curiosité historique et culturelle, de se renseigner sur les aspects viticoles et œnologiques (la culture de la vigne et la fabrication du vin), et leur fournissent l'occasion de rencontrer les véritables artisans du vin.

La Colombie-Britannique et l'Ontario ont élaboré des itinéraires et des cartes du vin détaillés pour guider les touristes dans les régions viticoles. Les grandes entreprises disposent généralement d'installations mieux organisées et plus raffinées, y compris des centres multimédias qui expliquent les grands principes de la vinification aux néophytes. Plus les entreprises sont petites cependant, plus les voyageurs ont la chance de rencontrer le vinificateur et le responsable du vignoble. Les touristes arrêtent donc leur choix en fonction de leurs horaires et de leurs intérêts personnels.

L'étiquette entourant une visite dans un vignoble prend tout son sens lors de la dégustation et du rituel qui l'accompagne. On goûte mieux le vin dans une atmosphère exempte d'odeurs nuisibles (fumée, parfums, gomme à mâcher ou friandises), de bruits et de bavardages inutiles. Cracher (pour rester sobre et préserver la sensibilité de ses papilles gustatives) fait partie du rituel éprouvé. Le statut d'artiste, de technicien et de scientifique, accordé implicitement au vinificateur colore les propos des dégustateurs.

Ontario La région viticole de l'Ontario (constituée de la péninsule du Niagara, de la rive septentrionale du lac Érié et de l'île Pelée) est située dans la zone dite carolinienne, un couloir terrestre au climat exceptionnellement doux situé entre les rives du lac Érié et du lac Ontario et doté d'un habitat semblable à celui des Carolines aux États-Unis. Souvent désignée sous le nom de «couronne tropicale» (banana belt), cette région abrite plus d'espèces animales et végétales rares, menacées et en voie de disparition, que toute autre région au Canada.

La péninsule du Niagara, la plus grande des régions viticoles de l'Ontario est située à la même latitude que Florence (nord de l'Italie) et jouit d'un sol et d'un climat semblables à ceux de la Bourgogne (centre-est de la France). Le lac Érié et le lac Ontario la délimitent au nord et au sud, lui assurant un climat tempéré. La rive nord du lac Érié, dans la partie sud-ouest de l'Ontario, est la région la plus ensoleillée au Canada. La culture du raisin se fait donc sur le pourtour des rives du lac Érié. L'île Pelée, à une latitude un tantinet plus rapprochée de l'équateur que ne l'est Rome, constitue le point le plus méridional du Canada et jouit d'une saison de croissance plus longue que toute autre région viticole du pays. Située à l'intérieur du lac Érié, à 24 km de la rive la plus proche, l'île est aussi un refuge pour la faune et la flore.

L'Ontario est reconnu pour ses vins classiques de type Riesling, Chardonnay, Cabernet Franc, Gamay Noir et Baco Noir. On y produit des vins très secs de même que des vins sucrés de récolte tardive et, bien sûr, le vin des vendanges les plus tardives, le vin de glace.

Colombie-Britannique La Colombie-Britannique comprend quatre régions viticoles: la vallée de l'Okanagan, la vallée Similkameen, la vallée du Fraser et l'île de Vancouver. La vallée de l'Okanagan, qui s'étend sur environ 160 km, est la plus vieille et la plus vaste région viticole de la Colombie-Britannique. Ses collines et ses falaises argileuses forment un cadre pittoresque entourant les lacs Okanagan et Skaha et constituent un véritable paradis pour les vacanciers. Cette région est connue pour ses vins blancs de type français ou allemand: Chardonnay, Riesling, Pinot Blanc, Gewurztraminer, Auxerrois et Ehrenfelser. La frange méridionale de la vallée qui reçoit moins de 15 cm de pluie par an est la seule zone désertique connue au Canada. Les vignobles irrigués de cette région produisent certains des meilleurs vins rouges de la province: Merlot, Bacchus, Maréchal Foch et Baco Noir.

La spectaculaire vallée Similkameen, située dans la partie occidentale de la province, est une région de pâturages propices à l'élevage, située à une altitude élevée et protégée par la chaîne côtière. La vallée du Fraser, située à une demi-heure de route à l'est de Vancouver, est la plus vaste région agricole de la province et abrite 20 hectares de vignes. L'île de Vancouver, située tout près des côtes, est la nouvelle région viticole de la province. Près de la municipalité de Duncan, située à une heure de route de Victoria, on retrouve des collines couvertes de vignes qui bordent des routes qui relient des villes historiques.

Linda Bramble

Tourne-billes à éperon (peavey) C'est un levier pour manipuler les rondins. Cet outil inventé par un forgeron du Maine, en 1858, est en fait un simple perfectionnement du franc-renard (canthook). Il est employé pour faciliter grandement la drave en aval de la rivière. Chaque tourne-billes est muni d'un crochet en forme d'éperon près de la base de son manche. En général, il mesure environ 25 cm de plus que le franc-renard de 100 cm. Son crochet pointu caractéristique agrippe le rondin plus fermement que ne le font le bout ferré et l'éperon du franc-renard.

Graeme Wynn

Tournesol (genre *Helianthus*) est le nom commun des plantes herbacées, annuelles ou vivaces, indigènes de l'hémisphère occidental et faisant partie de la famille des Composées. Certains Indiens de l'Amérique du Nord cultivaient une espèce de tournesol, qui a plus tard été amenée en Europe par les explorateurs espagnols. Elle devient une importante culture (*H. annuus* var. *macrocarpa*) en Russie au XVIIIe s. et est introduite au Canada en 1875. Les cultivars modernes (variétés commerciales) sont principalement des hybrides simples ou trois voies. Les tournesols atteignent une hauteur de 1,25 m à 1,75 m et parviennent à leur maturité en 90 jours à 120 jours. La variété la plus importante, la variété oléagineuse (*voir* PLANTES OLÉAGINEUSES), a des graines foncées à coque mince qui contiennent de 40 p. 100 à 50 p. 100 d'huile. La variété à confiserie a des graines plus grosses et plus pâles, à coque plus épaisse, qui contiennent moins d'huile. Les tournesols poussent dans divers types de sols, du sablonneux à l'argileux, mais ils préfèrent les sols bien drainés. Les cultures intercalées et les herbicides assurent une protection contre les plantes nuisibles. On prévient les MALADIES DES PLANTES en utilisant des cultivars résistants et en assurant une rotation avec des cultures auxquelles ne s'attaquent pas les différentes maladies du tournesol. Les parasites naturels, les insecticides et des pratiques de culture combattent les INSECTES NUISIBLES. L'huile hautement polyinsaturée, très en demande pour la cuisson, est aussi utilisée pour faire de la margarine et de la mayonnaise. Le tourteau à teneur élevée en protéines qu'on obtient après l'extraction de l'huile est transformé en aliments pour le bétail. Les graines à confiserie sont vendues entières, rôties et salées, ou décortiquées. Au Canada, la production significative de graines débute par une culture de 2000 ha en 1943. La plupart des plantations sont composées de tournesols à graines oléagineuses. Plus de 90 p. 100 des graines de tournesol proviennent du Manitoba, tandis que la Saskatchewan produit une bonne partie du reste. La production varie d'une année à l'autre: elle est passée de 89 000 tonnes en 1984 à 70 000 tonnes en 1985.

Eric D. Putt

Tourte voyageuse (*Ectopistes migratorius*) Elle est aujourd'hui disparue. Aussi connu sous le nom de PIGEON voyageur, cet oiseau d'assez grande taille et à longue queue, de la famille des Columbidés, était autrefois très abondant. La tourte voyageuse nichait en vastes colonies densément peuplées et formait, lors des migrations, d'immenses volées comptant parfois des millions de tourtes, lesquelles pouvaient obscurcir le ciel pendant de nombreuses heures.

Extinction Son habitude de former de grandes concentrations lui a été fatale, car elle facilitait son abattage par les humains. On l'abattait au fusil, on la capturait au filet et on la tuait aussi à coups de gourdin. Le déclin de l'innombrable population de tourtes, qui était l'une des merveilles naturelles du continent nord-américain, s'est accentué entre 1871 et 1880. À la fin du XIXe s, les populations de tourtes avaient été malheureusement décimées. Son faible potentiel reproductif – elle ne pondait qu'un seul œuf – n'a pas permis à la tourte voyageuse de survivre. La dernière tourte sauvage a été capturée le 24 mars 1900 à Sargento, en Ohio, et la dernière survivante de l'espèce s'est éteinte le 1er septembre 1914 au zoo de Cincinnati, en Ohio.

Répartition La tourte voyageuse résidait dans le sud du Canada en été, où elle nichait depuis les Maritimes jusque dans le sud du Québec, de l'Ontario et du Manitoba, dans le centre est de la Saskatchewan et probablement dans certaines régions de l'Alberta. Au Canada, cette espèce a été observée pour la dernière fois le 18 mai 1902 à Penetanguishene, en Ontario, et les dernières captures remontent à 1898 au lac Winnipegosis, au Manitoba, et à 1899 au lac Scotch, au Nouveau-Brunswick.

W. Earl Godfrey

Tourterelle On désigne sous le nom de tourterelle certains oiseaux de la famille des PIGEONS, notamment les espèces de petite taille. Il n'y a pas de distinction scientifique précise entre les tourterelles et les pigeons. Le pigeon biset, p. ex., est appelé pigeon domestique lorsqu'il est en captivité, les deux noms désignant le même oiseau.

W. Earl Godfrey

Tousignant, Claude, peintre (Montréal, 23 déc. 1932). Tousignant fait ses études à la Montreal School of Art and Design (1948-1952) avec Jacques de TONNANCOUR et Gordon Webber. Dès ses premières œuvres, il veut faire des peintures purement abstraites qui ne font pas obstacle aux impressions produites par les couleurs sur le spectateur. Il choisit un format circulaire dans lequel les séquences de couleur produisent un effet optique dynamique. Ses dernières œuvres, toujours non figuratives, sont composées d'une seule couleur et sont conçues pour être placées loin du mur sur lequel elles sont suspendues. Tousignant fait partie de l'Association des artistes non figuratifs de Montréal et il exerce, avec MOLINARI et LEDUC, une grande influence dans la poursuite du développement de l'abstraction à Montréal.

Son exposition «Polychromes» a lieu en 1985 à la galerie Graff, à Montréal.

Marilyn Burnett

Tousignant, Serge, photographe d'art (Montréal, 28 mai 1942). Il étudie à l'École des beaux-arts de Montréal (1950-1962). Il travaille d'abord comme peintre et sculpteur. Il s'intéresse à la relation entre les structures abstraites et l'illusion, champ d'intérêt qu'il élargit plus tard pour englober des images issues directement du monde naturel. Après 1967, il arrête la peinture pour se consacrer exclusivement à la photographie au début des années 70. Il débute, en 1978, sa série de photos «Géométrisation solaire» représentant une composition de divers bâtons avec la projection de leurs ombres respectives. La disposition, apparemment arbitraire, des bâtons est compensée par les formes géométriques régulières formées par les ombres elles-mêmes. Les expositions qui ont lieu à la Galerie des arts visuels à Québec, en 1986, montrent des photographies prises entre 1982 et 1985.

David Burnett

Toussaint, Edouard (Eddy), danseur, chorégraphe et directeur artistique (Port-au-Prince, Haïti, 27 déc. 1945). À partir du milieu des années 70 jusqu'au milieu des années 80, Toussaint dirige une troupe de Montréal reconnue pour l'accessibilité de ses productions et la hardiesse de ses chorégraphies. Toussaint étudie le ballet sous la tutelle de Lavinia Williams en Haïti puis vient s'installer à Montréal avec sa famille en 1957.

Toussaint a souvent collaboré avec la danseuse Eva VON GENCSY, avec qui il partage un intérêt pour le jazz. En 1972, il s'associe avec von Gencsy et Geneviève SALBAING pour fonder Les Ballets Jazz de Montréal, qu'il quitte abruptement en 1973, lorsque survient un désaccord sur des questions financières. En 1974, il fonde la Compagnie de danse Eddy Toussaint. La troupe désire poursuivre sa démarche populaire et puise son matériel dans diverses traditions de la danse. Une école de danse est aussi rattachée à la troupe.

Dans les années 70, les chorégraphies de Toussaint, pour lesquelles il choisit souvent de la musique pop québécoise, ont une qualité acrobatique, sensuelle et délibérément anti-intellectuelle. Vers la fin de la décennie, il surprend son public en adoptant un style qui emprunte davantage des éléments du ballet. Cette transition est attribuable d'une part à la formation intense qu'il a reçue pendant cinq ans de la maîtresse de ballet Camila Malashenko, et d'autre part, à la politique de financement du CONSEIL DES ARTS DU CANADA qui favorise le ballet et la danse expérimentale. Toussaint façonne sa nouvelle image en fonction du populaire couple de danseurs Louis ROBITAILLE et Anik Bissonnette, qui possède un public québécois des plus fidèles.

L'existence de la Compagnie de danse Eddy Toussaint est parsemée de faits saillants. Elle participe à la Compétition internationale de Ballet de Helsinki en 1984, où son œuvre *Un Simple Moment*, interprétée par Robitaille et Bissonnette, remporte la première place dans la catégorie des chorégraphies contemporaines. La troupe fait sa première tournée européenne en 1985 et, en 1986, elle participe au festival de Spoleto. La popularité de la troupe, devenue le Ballet de Montréal Eddy Toussaint, atteint son apogée entre 1980 et 1985. Toussaint se fait ambassadeur du Québec dans les pays francophones et, en 1983, on le nomme «Grand Montréalais». En 1988, Toussaint négocie un programme d'échange avec le Ballet d'Odessa en URSS. Bissonnette et Robitaille s'y rendent pour danser *Le lac des cygnes* et les danseurs d'Odessa, à leur tour, viennent à Montréal pour interpréter les chorégraphies de Toussaint.

En 1987, le manque de financement incite Toussaint à accepter une invitation pour aller s'installer pendant trois mois, avec tous ses danseurs, à Fort Lauderdale en Floride. Pendant ce séjour, il crée la *Symphonie du Nouveau Monde* dont la structure et les exigences techniques en font l'une de ses meilleures chorégraphies.

La troupe continue d'être accablée par les difficultés financières ce que n'arrange pas le départ de Robitaille et de Bissonnette en 1989. En 1990, la troupe se disperse. Nullement découragé, Toussaint, sur l'invitation de l'ancienne ballerine Jean Weidner, de Stuttgart, et du Florida Arts Council, assume la direction de la nouvelle troupe floridienne appelée Sarasota Ballet Company. En 1993, à la suite d'un désaccord avec ses partenaires, Toussaint tente (mais sans succès) de fonder une école et une troupe à Québec.

Toussaint, un personnage énergique mais controversé, est à la fois aimé et haï de la critique et du milieu de la danse. Il a su offrir aux auditoires populaires, souvent composés d'un public inhabituel formé d'ouvriers, un mélange éclectique de danse moderne, de jazz, de danse folklorique et de ballet. On le perçoit souvent comme un enfant terrible. De fait, poussé par son esprit indépendant, il lui est même arrivé de manifester devant les bureaux du Conseil des arts du Canada. Dans la poursuite du but qu'il s'est fixé, soit de vulgariser et de populariser la danse, il ne s'est jamais livré à la chorégraphie expérimentale.

Au nombre des chorégraphies importantes de Toussaint figurent *Un simple moment* (1980), un duo sentimental et acrobatique; *Dam Ballah* (1976), inspiré de ses racines haïtiennes; *Cantates* (1978), une danse aux accents ritualistes interprétée par un groupe d'hommes au torse nu et portant de longues jupes ondulantes; *Façades* (1982), qui s'adresse aux mordus du tango; et *Requiem* (1985), une composition spirituelle très simple accompagnée de pièces de Mozart. Certaines œuvres populistes, inspirées de personnages légendaires canadiens-français, ont aussi su plaire à son public cible du Québec. Mentionnons, entre autres, *Rose Latulippe* (1979) et *Alexis le Trotteur* (1978).

Quelques-unes des œuvres de Toussaint sont reprises par des troupes américaines et d'autres sont présentées dans le cadre d'émissions de télévision canadiennes. Malgré la popularité de son travail en France, en Belgique et aux États-Unis et son public fidèle au Québec, les gens du milieu de la danse au Canada ne l'ont jamais accueilli comme un des leurs. Il vit et travaille en Floride et intervient également à l'extérieur.

Iro Valaskakis Tembeck

Towers, Graham Ford, banquier et fonctionnaire (Montréal, 29 sept. 1897—Ottawa, 4 déc. 1975). Towers sert pendant la Première Guerre mondiale et est diplômé de l'U. McGill en 1919. Bien que voulant d'abord étudier le droit, il travaille à la BANQUE ROYALE DU CANADA. Il gravit rapidement les échelons et devient adjoint au directeur général en 1933. En 1934, le premier ministre BENNETT le convoque à Ottawa et le nomme gouverneur de la BANQUE DU CANADA, un poste qu'il occupe jusqu'en 1954. Sous les gouvernements de Mackenzie KING et de Louis SAINT-LAURENT, Towers exerce une énorme influence sur la politique économique et est à l'origine de la mise en place de la Commission Rowell-Sirois en 1937 entre autres. Après sa retraite, il occupe plusieurs postes d'administrateur.

Robert Bothwell

Town, Harold Barling, artiste, écrivain à ses heures et personnalité médiatique (Toronto, Ont., 13 juin 1924—près de Peterborough, Ont., 27 déc. 1990). Town fait ses études à la Central Technical School et au Collège des beaux-arts de l'Ontario, puis travaille comme illustrateur pour Maclean's et Mayfair. Membre du GROUPE DES ONZE (1953-1960), doté d'un franc-parler, il contribue pour une large part à la renommée du groupe, pour lequel il écrit l'avant-propos des catalogues d'exposition.

Town s'acquiert une solide réputation sur la scène internationale avec ses «gravures autographiques uniques», à la technique originale, qu'il réalise entre 1953 et 1959. Elles lui valent des prix à Ljubljana (Yougoslavie) et à Santiago (Chili). Le Solomon Guggenheim Museum et le Museum of Modern Art (MOMA) de New York en font l'acquisition, et Alfred Barr, du MOMA, en vient à considérer Town comme l'un des plus grands graveurs du monde.

Dans les années 50 et au début des années 60, les œuvres de Town témoignent de son intérêt pour de Kooning, Picasso et pour l'art oriental, avec lequel il s'est familiarisé au Musée royal des beaux-arts de l'Ontario. L'extrême originalité de ses collages vient toutefois contrebalancer ses influences. Town représente le Canada à la Biennale de Venise (1956, 1964) et à la Biennale de Sao Paolo (1957, 1961), ses gravures sont présentées dans *Dokumenta* (1964) et des écrivains tels que Robert FULFORD et Alan Jarvis l'acclament comme l'un des artistes canadiens les plus importants.

Par la suite, Town est influencé par des courants à la mode tels que le Pop Art, l'Op Art et les assemblages et devient de plus en plus fantaisiste, comme on peut en juger dans la série «Muscelmen» et dans celle des «Toy Horses». Des critiques comme Nathan Cohen et Paul Duval lui reprochent la trop grande facilité et le manque de sérieux de ses œuvres ultérieures, mais Town soutient que «toute critique des arts visuels est douteuse».

Les œuvres de Town font l'objet d'une rétrospective à la Windsor Art Gallery en 1975, puis au Musée des beaux-arts de l'Ontario, en 1986.

Ken Carpenter

Townshend, George, 1er marquis du nom, militaire (Angl., 28 févr. 1724—Rainham, Kent, Angl., 14 sept. 1807). Pendant le siège de Québec, en 1769, Townshend, un des brigadiers de James WOLFE, assume temporairement le commandement de l'armée quand ce dernier est tué à la bataille du 13 septembre et que le deuxième en grade, Robert MONCKTON, est blessé. Le 18 septembre, il reçoit la capitulation de la ville. Caricaturiste habile, il se divertit pendant le siège en faisant circuler des dessins satyriques qui ridiculisent Wolfe, pour qui il éprouve du mépris. À son retour en Angleterre, au mois d'octobre, il est vivement critiqué sur la place publique à cause de son manque de respect envers un héros mort pour la patrie. Toutefois, cette controverse acerbe est de courte durée et ne l'empêche pas de gravir les échelons. Townshend finit par accéder au rang de maréchal, point culminant d'une carrière couronnée par les honneurs, malgré l'absence d'action d'éclat.

Stanley Gordon

Tracadie-Sheila, ville du N.-B.; pop. 4773 (rec. 1996), 2619 (rec. 1991), 2444 (rec. 1986); superf. 23,97 km²; const. en 1992; située en bordure du golfe du SAINT-LAURENT, à 83 km au sud-est de BATHURST. D'abord constituée en tant que ville en 1966 sous le nom de Tracadie, elle fusionne avec le village de Sheila en 1992. La région est d'abord connue des Micmacs qui la nomment Telakadik, ce qui signifie «terrain de camping». Ils y établissent leurs campements temporaires pour pêcher dans la Petite rivière Tracadie et dans la Grande rivière Tracadie. Il existe des indices de la présence autochtone dans la région depuis environ 2000 ans.

Les premiers colons qui s'installent à Tracadie en 1784 sont des ACADIENS qui ont échappé à la déportation ou qui sont revenus d'exil. Peu de temps après, des colons de langue anglaise s'installent à leur tour. En 1849, le gouvernement provincial fonde à Tracadie un lazaret (un hôpital pour soigner les maladies contagieuses, la lèpre dans ce cas-ci), la première institution du genre au Canada. Aujourd'hui, le lazaret est un musée. Durant le XIXᵉ siècle, l'activité économique de la région repose surtout sur l'industrie forestière. La Petite rivière Tracadie et la Grande rivière Tracadie servent au transport du bois vers les scieries de Tracadie ou les chantiers de construction navale de la Miramichi.

Aujourd'hui, l'économie est centrée principalement sur le tourisme, l'agriculture et la pêche. Tracadie-Sheila est aussi le centre commercial des nombreux villages environnants. Chaque année, en juin, la ville célèbre son Festival international de la francophonie. Le parc provincial de Val-Comeau, situé à 8 km au sud de Tracadie-Sheila, attire de nombreux observateurs d'oiseaux et des adeptes de la plage.

Allen Doiron

Tracy, ville du Qc; pop. 12 773 (rec. 1996), 13 181 (rec. 1991); superf. 19,11 km²; const. en 1954; située à 75 km au nord-est de Montréal sur la rive Sud du Saint-Laurent, à l'embouchure de la rivière Richelieu. Autrefois connue comme la paroisse municipale de Saint-Joseph, elle est rebaptisée en 1954 en l'honneur d'Alexandre de Prouville, marquis de Tracy, l'efficace gouverneur militaire de la Nouvelle-France, de 1663 à 1667, qui fait construire un fort près de l'emplacement actuel de la ville. La région de Tracy fait partie d'une seigneurie accordée en 1672 à Pierre de Saurel, bien que de petits établissements européens aient existé avant cette date. Après la Guerre d'Indépendance américaine, des LOYALISTES de l'Empire-Uni s'y établissent.

À la fin du XIXᵉ s., l'industrialisation croissante, qui comprend des activités de construction navale, entraîne une augmentation rapide de la population. Après la Seconde Guerre mondiale, pendant laquelle l'industrie de Tracy tourne à plein régime pour produire de grandes quantités de matériel militaire, s'installe une récession économique brève mais profonde. Cependant, dans les années 50, un boom de la construction et l'étalement de l'urbanisation font gonfler la population.

L'industrie sidérurgique et l'industrie du titane constituent les principales activités économiques et les plus gros employeurs de la ville. Le développement de Tracy est étroitement lié aux chantiers navals. Une découverte archéologique majeure en 1961 met au jour d'excellents exemples de poteries, d'outils et d'armes de fabrication iroquoise antérieurs à la colonisation européenne. Les villes de Sorel et Tracy ont été fusionnées le 15 mars 2000.

Serge Durflinger

Tradition orale Récit de l'histoire transmis par la parole. Depuis qu'elle existe dans sa forme actuelle, la tradition orale a apporté beaucoup à nos façons de comprendre et d'interpréter le passé. Elle est devenue une «sous-profession» et quelques ouvrages de valeur ont été publiés à son sujet. Allan Nevins, de l'U. Columbia de New York, que l'on tient généralement pour le précurseur du mouvement moderne de la tradition orale, commence à faire des entrevues en 1948, accompagné d'un étudiant diplômé qui note à la main les souvenirs que Nevins tire de ses sujets. Cette façon de procéder n'est pas nouvelle: Hérodote obtient et consigne par écrit des renseignements sur les guerres perses du Vᵉ siècle av. J.-C. à partir des souvenirs que lui livrent les survivants. Beaucoup plus tard, Walter Scott interroge les derniers témoins du soulèvement jacobite de 1745 et c'est à partir de ces entrevues qu'il forme la trame de sa série de romans *Waverley*.

Au début des années 50, l'enregistrement sur bande magnétique devient pratique courante en Amérique du Nord. Le premier appareil d'enregistrement réellement portatif est le magnétophone Webcor, qui est aussi grand qu'une valise et pèse plus de 11 kg. Dans les années 70, le magnétophone à cassette est devenu assez compact pour être transporté sur l'épaule ou dans une poche, puis, dans les années 80, la tradition orale emboîte le pas à l'ère de l'électronique. Que ce soit comme activité organisée, mouvement populaire ou passe-temps, elle prend de l'expansion grâce à la miniaturisation constante des appareils d'enregistrement.

Même si elle englobe le FOLKLORE, voire les chansons folkloriques (*voir* MUSIQUE FOLKLORIQUE), la tradition orale repose d'abord et avant tout sur les entrevues. La majeure partie du cours de tradition orale dispensé à l'U. Simon Fraser, à Burnaby, en Colombie-Britannique, est consacrée à l'étude des diverses formes d'entrevue. L'U. Columbia préconise l'enregistrement des mémoires de personnages importants, ce que l'historien britannique Paul Thompson appelle le «projet grand homme». Il existe une autre école, celle qui préconise les entrevues avec des personnes ordinaires, ce que l'historien américain Louis Starr appelle «l'histoire vue d'en bas». Les livres qui découlent de cette façon de procéder s'avèrent extrêmement populaires, comme en témoignent *Working* de Studs Terkel (1974), devenu un spectacle de Broadway, et l'ouvrage historique de Barry Broadfoot sur la crise des années 30 au Canada, *Ten Lost Years* (1973), qui connaît également un succès énorme lorsqu'il est adapté pour la scène. En outre, les entrevues avec des gens ordinaires constituent le fondement de l'histoire de groupes sociaux et de communautés, ce que préconisent Thompson ainsi que les nombreux projets ethniques locaux et régionaux, et d'importantes enquêtes comme celle menée à l'U. Duke (à Durham, en Caroline du Nord) sur la façon dont les Noirs du sud des États-Unis ont été privés du droit électoral.

Les entrevues de personnes ordinaires, qui exigent sans doute plus de doigté et d'empathie que celles de personnalités célèbres, donnent aux récits historiques une dimension humaine inexistante auparavant. Il n'est pas faux de prétendre que la tradition orale a rendu les illettrés lettrés et a permis à la masse silencieuse de se faire entendre. Par surcroît, des centaines d'entrevues ont montré qu'une personne ordinaire est plus franche et plus ouverte lorsqu'elle parle, même en présence d'un microphone et d'un magnétophone, que lorsqu'elle écrit. (Ce phénomène peut être attribué à l'avènement du téléphone, qui a remplacé le crayon comme moyen de communication et de contact social.) Pour être efficace, la tradition orale exige cependant plus qu'un microphone et qu'un sujet disposé. Au cours des entrevues, les questions doivent être habilement et honnêtement posées. Si l'on compte publier les résultats, l'entrevue doit faire l'objet d'une édition minutieuse, souvent difficile et complexe, pour éviter le plus possible les altérations et veiller à ce que le récit de l'individu soit raconté dans ses propres termes.

Les historiens universitaires canadiens ont tendance à se méfier de la tradition orale: ils allèguent que la mémoire des gens est souvent affectée par le temps, ce qui fait que les récits qu'ils racontent sont souvent faussés. Ils se rangent souvent du côté de l'historien britannique A.J.P. Taylor, qui méprise la tradition orale parce qu'elle ne constitue qu'un «ramassis de radotages de vieillards regrettant leur jeunesse». Certains historiens canadiens vont même jusqu'à affirmer que la tradition orale ne peut être plus exacte qu'une AUTOBIOGRAPHIE et estiment absolument nécessaire de vérifier les souvenirs d'une personne, si possible, en les confrontant à des sources documentaires. Les historiens américains, en revanche, semblent davantage adaptés à l'ère de l'électronique et, malgré certaines réserves, bon nombre d'entre eux ont recours aux entrevues dans leur travail. De nombreuses universités américaines dispensent des cours de tradition orale, qui sont pour la plupart administrés par les facultés d'histoire. Les départements d'histoire des universités canadiennes, quant à eux, semblent faire fi de ce sujet. C'est d'ailleurs aux États-Unis que le mouvement est d'abord institutionnalisé: l'Oral History Association est créée en 1967; celle de la Grande-Bretagne, en 1973; et la Société canadienne d'histoire orale, en 1974.

Aux États-Unis, les universités ont pris les devants et leurs projets sont financés par des organismes privés comme la fondation Rockefeller (*voir* «Soundings of the Sony Age», *RF Illustrated*, 3 mai 1977). Au Canada, par contre, ce sont les archives publiques et les organismes gouvernementaux qui sont les principaux défenseurs de la tradition orale, tandis que les universités, exception faite de Simon Fraser, s'y intéressent à peine. Les ARCHIVES NATIONALES DU CANADA, sous la direction de l'archiviste créatif W.I. Smith, ont prêté leur assistance de façon dynamique à certains projets du genre. La SOCIÉTÉ RADIO-CANADA est la première institution à collectionner des entrevues. Les MUSÉES NATIONAUX DU CANADA et les archives provinciales ont des projets en cours, dont le plus remarquable est celui de la Colombie-Britannique, *Sound Heritage Series,* publié à Victoria depuis 1973.

Cependant, la tradition orale n'est pas uniquement l'affaire des institutions. De nombreux particuliers et groupes d'amateurs s'y intéressent comme passe-temps. Au Canada, les préparatifs du Centenaire de 1967 lui ont donné un élan particulier: de nombreux groupes, souvent aidés par des subsides gouvernementaux, ont recueilli et publié des histoires locales, et la tradition s'est conservée grâce à l'association de ces projets à des anniversaires de villes, de villages et de provinces. (*Voir aussi* LITTÉRATURE ORALE DE LANGUE ANGLAISE.)

Peter Stursberg

Traduction Selon la définition du linguiste russe Roman Jakobson, la traduction est «l'interprétation des signes du langage par une autre langue». Le plus souvent, il s'agit de la transmission d'œuvres écrites dans une langue à un public parlant une autre langue, mais il semble qu'on y ait eu recours, à l'origine, pour faciliter l'administration au sein des anciens empires multilingues. La première traduction religieuse connue, celle de l'Ancien Testament hébreu en grec (la version des Septante), s'est faite au cours des deux premiers siècles av. J.-C., à peu près à l'époque où les auteurs romains Plaute, Caecilius et Térence furent les pionniers de la traduction littéraire, en produisant la version latine des tragédies grecques. Un autre domaine important qui a eu abondamment recours à la traduction est celui des échanges commerciaux.

Pendant des siècles, la traduction a été considérée comme une partie de la rhétorique, à juste titre d'ailleurs, car c'est un art du langage qui fait appel à des sciences telles que la grammaire comparée et la lexicologie (l'étude de la dérivation des mots et de leur signification). Bien que l'aspect technique de la traduction ait fait l'objet de théories dès l'époque romaine, ce n'est qu'à la fin du XVIIIe siècle que les enjeux sont mis à jour. La question de savoir si l'on doit tenter de traduire mot à mot (traduction littérale) ou «d'après le sens» (traduction littéraire, ou libre) est au cœur du débat. Un certain nombre de facteurs influencent le choix de la méthode, comme le degré de similitude entre les deux langues et les deux cultures en jeu, le genre littéraire du texte (poésie, prose littéraire ou prose technique) et le véhicule (oral, écrit ou langage par signes). Au Canada, la traduction se fait surtout entre le français et l'anglais (à la fois oralement et par écrit), bien qu'il y ait beaucoup plus d'ouvrages écrits en français traduits en anglais que l'inverse. La traduction touche aussi plusieurs autres langues parlées et écrites ici, comme l'italien, l'allemand et l'ukrainien. Depuis la RÉVOLUTION TRANQUILLE des années 60 et le travail de la Commission royale d'enquête sur le BILINGUISME ET LE BICULTURALISME, certains changements dans l'équilibre politique entre Anglais et Français ont amené une recrudescence du travail de traduction du français vers l'anglais.

Au Canada, les premiers traducteurs ont été les Amérindiens. En 1534, Jacques CARTIER a ramené en France deux Amérindiens, Taignoagny et Domagaya (les fils de DONNACONA), leur a fait apprendre le français et, en 1535, les a utilisés comme interprètes dans les négociations avec les autochtones, à STADACONA. Jusqu'à la GUERRE DE SEPT ANS, la plus grande part du travail de traduction et d'interprétation était entre les mains des missionnaires, qui produisaient des glossaires, des dictionnaires et des grammaires des langues amérindiennes. Après la défaite des Français, en 1759-1760, l'essentiel de la traduction se fait désormais du français à l'anglais et le mode de traduction passe de l'oral à l'écrit. L'arrivée des immigrants parlant d'autres langues rend nécessaire la traduction vers ces langues et à partir de ces langues, sans que l'on en ait gardé des traces écrites.

Malgré le besoin de traductions au sein du gouvernement, de 1760 jusqu'à la fin du XIXe siècle, on n'y recourt qu'à l'occurrence. Finalement, ce sont les recommandations sur la langue de l'Acte de l'Amérique du Nord britannique, en 1867, qui accordent un statut officiel à la traduction en exigeant que les deux langues soient officielles au Parlement et à Québec. En 1870, cette recommandation est étendue au Manitoba. Au tout début du XXe siècle, les bureaux de traduction des départements ministériels sont absorbés par le Bureau fédéral des traductions, lequel passe sous le contrôle du secrétaire d'État. Au début des années 80, le Québec et le Nouveau-Brunswick ont tous deux des bureaux de traduction, celui de Québec entretenant aussi des liens étroits avec l'OFFICE DE LA LANGUE FRANÇAISE, qui possède une banque de terminologie. La vie commerciale au Canada repose également sur la traduction, et on y trouve des firmes de traduction commerciale et technique depuis le début du XXe siècle.

À partir de 1764, à l'époque où la *Gazette de Québec* publiait à la fois en français et en anglais, les journaux jouent un rôle important en commandant et en publiant des traductions d'œuvres littéraires (pas nécessairement canadiennes) célèbres dans leur langue originale. En plus de Toronto et de Montréal, New York est un centre important pour la publication de la version anglaise des ouvrages français. Et comme ailleurs, les traducteurs littéraires appartiennent habituellement à d'autres professions, telles que le journalisme, ou bien ils ont une réputation d'écrivains confirmés dans leur propre langue. Parmi les principaux traducteurs d'ouvrages français du XIXe siècle figure Rosanna LEPROHON. À cette époque, il semble qu'il y ait eu davantage de traductions de l'anglais au français. Les journaux de langue française présentent des traductions d'articles originaux anglais ou américains, tout autant que canadiens. Ainsi, EVANGELINE: A TALE OF ACADIE, de Longfellow, est traduit en 1865 par Léon-Pamphile Le May, qui est surtout connu pour sa version française de GOLDEN DOG, par William KIRBY, une œuvre qui a été éditée après avoir paru en feuilleton en 1884-1885 dans le journal montréalais *L'Étendard.* Un autre personnage important du XIXe siècle est Louis FRÉCHETTE, qui fut à la fois un traducteur et un auteur traduit.

Au milieu du XXe siècle, les problèmes culturels et politiques attirent l'attention sur le rôle de la traduction en tant que facteur de médiation entre la culture française et la culture anglaise. Les éditeurs prennent la relève des journaux, en commanditant les traducteurs. De «petits magazines» influents, comme *Ellipse* (U. de Sherbrooke), se spécialisent dans la traduction. Depuis le début des années 60, le CONSEIL DES ARTS DU CANADA a entrepris d'encourager la traduction comme forme d'art et, en 1972, le secrétaire d'État accorde des subventions pour financer la traduction d'ouvrages littéraires et de travaux d'érudition considérés comme importants. On peut trouver une liste exhaustive des traducteurs et des auteurs traduits dans la *Bibliography of Canadian Books in Translation* de Newman et Stratford (2e éd., 1981). Philip Stratford est d'ailleurs l'un des meilleurs traducteurs au Canada, son registre allant des essais politiques d'André LAURENDEAU à l'œuvre dramatique d'Antonine MAILLET. Au nombre des traducteurs remarquables du français à l'anglais figurent notamment Sheila Fischman, John Glassco, Joyce Marshall et le regretté Frank SCOTT. Du côté français, Jean Simard a traduit Northrop FRYE et Hugh MACLENNAN; Michelle Tisseyre a traduit Morley CALLAGHAN.

La principale association de traducteurs au Canada est le Conseil des traducteurs et interprètes du Canada. Seules l'Île-du-Prince-Édouard, Terre-Neuve et la Nouvelle-Écosse n'ont pas d'associations professionnelles affiliées au CTIC. L'admission aux associations professionnelles se fait par examen. Il existe d'autres associations: l'Association des traductrices et traducteurs littéraires et l'Association des interprètes et des traducteurs judiciaires. Le principal journal de la profession est *Méta*, publié par l'U. de Montréal. Plusieurs universités ont des sections de traduction dans leurs programmes de langues, mais les principales écoles de traduction se trouvent à l'U. de Montréal, à l'U. d'Ottawa, à l'U. Laurentienne, à l'U. Laval et à l'U. de Moncton. Les travaux canadiens portant sur la dimension linguistique de la théorie de la traduction jouissent d'une reconnaissance internationale, et l'un des ouvrages de référence est la *Stylistique comparée du français et de l'anglais* (1960; rév. 1968), par Jean-Paul Vinay et Jean Darbelnet. L'étude de la traduction littéraire n'est pas aussi bien structurée, étant du ressort des départements universitaires de français, d'anglais ou de littérature comparée. Les traducteurs des langues amérindiennes ou inuites s'inspirent des travaux réalisés au Summer Institute of Linguistics (Dallas, au Texas), lequel se spécialise dans les descriptions et les traductions dans les deux sens de langues inconnues jusque-là en dehors de leur propre région.

L'arrivée des ordinateurs marque une étape importante dans l'évolution de la traduction. Au Canada et ailleurs, on espère qu'à la suite des recherches intensives sur l'INTELLIGENCE ARTIFICIELLE, il sera possible d'en arriver un jour à une traduction automatisée, rapide et parfaite. Mais jusqu'ici, le rôle de l'ordinateur en traduction reste limité. (*Voir aussi* BILINGUISME; DICTIONNAIRE.)

Louis G. Kelly

Trafiquant indépendant (pedlar) Terme méprisant employé au temps de la TRAITE DES FOURRURES par les hommes de la COMPAGNIE DE LA BAIE D'HUDSON pour décrire tout marchand du Québec et, plus tard, tout marchand de la COMPAGNIE DU NORD-OUEST qui colporte ses biens aux Indiens en les amenant jusqu'à leur campement.

John Robert Colombo

Tragically Hip, The Ce groupe rock est fondé en 1986 à Kingston (Ontario) par Bobby Baker (guitare), Gordon Downie (voix), Johnny Fay (batterie), Paul Lanlois (guitare) et Gord Sinclair (basse). Le nom provient d'un segment d'un film vidéo pour enfants intitulé *Elephant Parts* réalisé par l'ex-membre des Monkees, Michael Nesmith. Après un mini-album indépendant qui les fait connaître dans leur ville natale, les musiciens signent un contrat avec MCA Records Canada en 1988. L'album *Up to Here* (1989) contient les chansons *Blow At High Dough et New Orleans is Sinking,* des chansons qui se classent parmi les dix plus grands succès au palmarès de la radio.

L'album *Road Apples* (1991), enregistré à la Nouvelle-Orléans, vaut à cet ensemble le statut de groupe rock le plus populaire au Canada grâce à des pièces appréciées en concert, telles que *Little Bones, Twist My Arm et Cordelia.* Les albums subséquents comprennent *Fully Completely* (1993), *Day for Night* (1994) et *Trouble at the Henhouse* (1996). Ce dernier album, qui se vend à plus de six millions d'exemplaires au Canada, se distingue lui aussi par les paroles complexes de Downie et l'inventivité musicale des membres malgré le contexte commercial du rock. En 1997, cet enregistrement se mérite le prix Juno pour l'album de l'année, soit l'un des trois prix Juno qu'on décerne au groupe cette année-là. En compagnie de groupes tels que Midnight Oil, World Party et Hothouse Flowers, les musiciens de Tragically Hip font partie de la première tournée de

concerts Another Roadside Attraction à l'été 1993. Le groupe entreprend d'autres séries de concerts Roadside Attraction dans l'ensemble du Canada en 1995 (où ils comptent parmi leurs artistes invités SPIRIT OF THE WEST et Ziggy Marley) et en 1997 (avec Los Lobos, Ron Sexsmith et Wilco). Le premier album en concert du groupe, *Live Between Us* (1997), est enregistré au Cobo Arena de Detroit.

Jeff Bateman

Trahison Probablement l'infraction la plus ancienne et la plus grave dans les sociétés politiques, à la seule exception peut-être du meurtre. La première loi anglaise sur la trahison qui remonte à 1351 est le fondement de toutes les lois sur la trahison dans les pays anglophones. À l'origine, la trahison s'entendait d'une attaque contre la personne ou la vie du monarque, mais l'importance de l'État supplantant progressivement celle de son souverain, elle en est venue à signifier tout acte visant à renverser le gouvernement ou menaçant la sécurité de l'État. Quiconque participe à une rébellion ou à une révolution qui échoue est techniquement coupable de trahison, bien que la tendance est de ne poursuivre que les chefs. Inversement, il n'est pas rare pour les chefs d'une révolution qui a réussi de juger pour trahison leurs adversaires défaits.

Le *Code criminel* crée deux infractions: la «haute trahison» et la «trahison». Il crée également des infractions liées à la trahison, énonce certaines règles de preuve et fixe des délais de prescription pertinente.

Selon l'article 46 du *Code criminel,* commet une «haute trahison» quiconque *a)* tue ou tente de tuer Sa Majesté, ou lui cause quelque lésion corporelle, la blesse, l'emprisonne ou la détient, *b)* fait la guerre contre le Canada ou accomplit un acte préparatoire à une telle guerre, *c)* aide un ennemi en guerre contre le Canada, ou des forces armées contre lesquelles les Forces canadiennes sont engagées dans des hostilités, qu'un état de guerre existe ou non entre le Canada et le pays auquel ces autres forces appartiennent. Celui qui est coupable de haute trahison est passible d'un emprisonnement à perpétuité sans admissibilité à la libération conditionnelle pendant 25 ans. Commet une «trahison» quiconque *a)* recourt à la force ou à la violence en vue de renverser le gouvernement du Canada ou d'une province, *b)* sans autorisation légitime, communique à un agent d'un État étranger des renseignements d'ordre militaire ou scientifique alors qu'il sait ou devrait savoir que cet État peut s'en servir à des fins préjudiciables à la sécurité ou à la défense du Canada ou *c)* conspire avec qui que ce soit pour commettre certaines infractions ou tenter de commettre certaines infractions précises. Celui qui est coupable de haute trahison est passible d'un emprisonnement à perpétuité. Les règles normales de la libération conditionnelle s'appliquent. Les citoyens canadiens ou toute personne qui doit allégeance à Sa Majesté du chef du Canada qui commettent des actes de haute trahison ou de trahison peuvent être punis sous le régime du droit criminel canadien, même si les actes ont été commis à l'extérieur du Canada.

Le *Code criminel* sanctionne aussi les infractions telles que les actes destinés à alarmer Sa Majesté, le fait d'aider un ressortissant ennemi à quitter le Canada, l'omission de faire des efforts raisonnables pour empêcher la commission d'une haute trahison, l'intimidation du Parlement ou d'une législature, le sabotage, l'incitation à la mutinerie et la sédition.

L.C. Green et Wayne Renke

Trail, ville de C.-B.; pop. 7696 (rec. 1996), 7921 (rec. 1991), 7978 (rec. 1986); superf. de 18,74 km²; const. en 1901; située sur le FLEUVE COLUMBIA, à l'embouchure du ruisseau Trail, juste au nord de la frontière internationale, à 630 km par voie terrestre à l'est de Vancouver. La colonisation de la région commence à Rossland, tout près des riches gisements de minerai du mont Red. La ville, nommée d'après la ROUTE DEWDNEY (Dewdney Trail) se

développe lorsqu'on comprend que l'expédition du minerai aux fonderies américaines coûte trop cher. L'Américain F.A. Heinze construit une première fonderie en 1895, suivie, en 1896, d'un chemin de fer à voies étroites jusqu'à Rossland. Après avoir construit des lignes ferroviaires traversant le COL CROWSNEST et la vallée de la Kettle, le Canadien Pacifique décide, en 1898, d'acheter la fonderie de Heinze et ses intérêts dans les chemins de fer. En 1906, les mines deviennent la propriété du CP par l'entremise de sa filiale, Consolidated Mining and Smelting Company of Canada (Cominco).

L'implantation de l'électricité entraîne d'importants aménagements hydroélectriques sur la rivière Kootenay. La fonderie de Trail connaît alors une rapide expansion (en 1910, de 40 à 50 p. 100 de la production de la Colombie-Britannique provient déjà de la région de Kootenay) et devient bientôt la plus importante fonderie de l'Empire britannique. Le développement à long terme est assuré par l'accès facile à l'énergie hydroélectrique abondante et bon marché produite sur les rivières Kootenay et Pend-d'Oreille et par les riches gisements plombo-zincifères de la mine Sullivan, à Kimberley, en Colombie-Britannique.

Bien que le CP ait vendu la majorité de ses actions en 1986, Cominco est toujours l'entreprise la plus importante de Trail. L'argent, le plomb et le zinc qui proviennent des gisements de Kootenay, de l'Alberta, des Territoires du Nord-Ouest et des États-Unis sont fondus et raffinés ici et transformés en métaux raffinés, en produits chimiques et en engrais. Une nouvelle fonderie y a ouvert ses portes en 1989. La ville est également un centre commercial pour les villes voisines de Fruitvale, Montrose, Warfield et Rossland. En 1961, l'équipe de hockey Trail Smoke Eaters fut la dernière équipe canadienne à gagner le championnat mondial.

William A. Sloan

Trail of '98 Cette expression fait référence à la PISTE CHILKOOT et à d'autres pistes nordiques escaladées par les prospecteurs pendant la RUÉE VERS L'OR DU KLONDIKE, qui atteint son apogée en 1898. Robert W. SERVICE raconte l'histoire de ces prospecteurs dans son premier roman, *The Trail of '98* (1910).

John Robert Colombo

Traill, Catharine Parr, née Strickland, pionnière, écrivaine et botaniste (Londres, 9 janv. 1802–Lakefield, Ont., 29 août 1899). En 1832, elle immigre au Canada avec son mari, le lieutenant Thomas Traill, officier disponible, et s'établit sur la rivière Otonabee, près de Peterborough, non loin de chez sa sœur Susanna MOODIE. C'est là qu'elle écrit son livre le plus célèbre, *The Backwoods of Canada* (1836; trad. *Les forêts intérieures du Canada,* 1843). Il s'agit d'un compte rendu factuel et scientifique de ses trois premières années passées dans la brousse et d'une œuvre pragmatique et optimiste montrant le souci du détail réaliste devenu une tradition chez les écrivains canadiens comme Farley MOWAT et Pierre BERTON. Parmi ses publications figurent des romans jeunesse, un manuel d'entretien ménager, *The Female Emigrant's Guide* (1854), ainsi que des traités de botanique: *Canadian Wildflowers* (1868) et *Studies of Plant Life in Canada* (1885).

Marian Fowler

Train de bois Au printemps, une fois le bois flotté arrivé aux rivières principales, il était regroupé en trains de bois pour être acheminé au port d'embarquement. Sur la rivière des Outaouais, le fleuve Saint-Jean et la rivière Miramichi, les trains étaient constitués de brelles contenant une vingtaine de billes réunies en deux rangées superposées à l'aide d'une ingénieuse cage en bois. Sur le fleuve Saint-Laurent, on utilisait le drame, un assemblage plus grand avec des attaches d'osier (liens de jeunes pousses). Les deux types de train sont de tailles différentes. Dans les années 1830, sur le fleuve Saint-Jean, on fait descendre des trains de bois composés de 12 à 140 brelles. Mais c'est sur le fleuve Saint-Laurent que passent les plus gros trains de bois, contenant sans doute entre 2000 et 2500 tonnes de bois.

Graeme Wynn

Traîneau à chiens Conçu par les peuples autochtones du Nord, le traîneau tiré par des chiens est un moyen de transport hivernal de marchandises très efficace sur la neige. Les premiers explorateurs et trappeurs européens adoptent ce moyen de transport. De deux à douze chiens ou plus attelés en paires à un même câble de remorquage ou au timon du traîneau tirent celui-ci sur la neige. En l'absence de piste dans la neige profonde, les chiens peuvent être placés en file indienne pour suivre la piste que le conducteur trace devant eux en raquettes. Dans l'Arctique où la neige accumulée est durcie, les Inuits utilisent souvent l'attelage en éventail où chaque chien est attelé au traîneau par son propre câble.

Le ou les deux chiens à la tête de l'attelage en sont les chefs et guident la meute. Ils sont dirigés à la voix par le conducteur qui se tient debout à l'arrière du traîneau ou qui marche devant ou derrière. Le terme anglais *musher*, adopté par les explorateurs anglais pour désigner le conducteur, vient du «marche!» que criaient les premiers colons canadiens-français pour aiguillonner leur attelage.

La conception des traîneaux varie selon les fabricants et les conditions de neige. Le «komatic», mis au point par les Inuits, est conçu pour transporter de lourdes cargaisons sur des terrains bosselés. Plus au sud, les autochtones fabriquent le TOBOGGAN à fond plat pour le transport de cargaisons sur neige épaisse. Les Européens ont modifié ces designs et conçu le traîneau à panier surélevé monté sur deux lisses étroites pour le transport sur pistes durcies.

Bien que dans plusieurs cas la MOTONEIGE («chien mécanique» en inuktitut) ait remplacé les chiens, le traîneau à chien est devenu un sport d'hiver populaire. Des courses ont lieu partout au Canada, habituellement dans le cadre des carnavals d'hiver. Ce sport contribue à préserver plusieurs races de chiens de trait nordiques.

Don H. Meredith

Trains de la soie Trains de marchandises du Canadien Pacifique qui, de 1900 jusqu'aux années 1930, transportent depuis Vancouver de dispendieuses cargaisons de soie grège de l'Orient vers les marchands de l'est du Canada et des États-Unis. À cause de la détérioration rapide de ces précieuses cargaisons et de la fluctuation quotidienne du marché de la soie, la vitesse, la sécurité et la sûreté du transport sont essentielles. Livrée par bateaux du Canadien Pacifique à Vancouver, la soie est chargée dans des wagons hermétiques spécialement lambrissés de bois verni, recouverts de papier et scellés à l'épreuve de la moisissure et des voleurs. Des gardes armés sont les seuls passagers de ces convois qui peuvent atteindre jusqu'à 15 wagons, et qui font le trajet de Vancouver à Fort William [Thunder Bay] en 15 heures de moins que les trains de voyageurs les plus rapides. Les trains de soie ont priorité sur la voie, à un point tel qu'un train transportant le prince Albert, le futur roi George VI, a dû un jour attendre sur une voie d'évitement. L'avènement du transport aérien et des fibres synthétiques a mis fin à ce service dans les années 1930.

Traité de Breda Accords signés le 21 juillet 1667 à Breda, aux Pays-Bas, entre l'Angleterre et les Pays-Bas, et entre l'Angleterre et la France, mettant fin à la deuxième guerre anglo-néerlandaise. L'ancien traité reconnaissait la conquête anglaise de la Nouvelle-Amsterdam (New York) en 1664.

Le dernier traité prévoit la restitution à la France de la partie anglaise de l'île de St. Christopher, dans les Antilles, en échange de l'ACADIE, arrachée aux Français en 1654 par les forces britanniques de la Nouvelle-Angleterre à l'époque où la France et l'Angleterre sont alliées. La cession réelle du territoire ne se fait qu'en 1670.

Stuart R.J. Sutherland

Traité de Gand Signé à Gand, en Belgique, la veille de Noël 1814 par la Grande-Bretagne et les États-Unis, il met fin à la GUERRE DE 1812. Les puissances militaires en présence sont de force égale si bien qu'aucun des belligérants n'a atteint son but. Le Traité ne touche donc aucun des litiges ayant fait l'objet des affrontements. On convient simplement de revenir au *statu quo ante bellum*: aucune mention n'est faite des droits de neutralité ou de l'enrôlement obligatoire, non plus que de la question des territoires des autochtones dans le Midwest américain. Enfin, tous les territoires conquis sont rendus.

À cause de la lenteur des communications, une bataille importante (la victoire américaine de la Nouvelle-Orléans) a lieu deux semaines après la signature du Traité. Les questions laissées en suspens par le Traité, comme le litige sur les frontières entre les États-Unis et des territoires faisant aujourd'hui partie du Canada, sont résolues plus tard par des commissions mixtes et, depuis lors, la Grande-Bretagne et les États-Unis règlent leurs différends par des voies pacifiques.

Carl A. Christie

Traité de Jay Signé le 19 novembre 1794, à Londres, par les États-Unis et l'Angleterre, il porte le nom de John Jay, juge en chef des États-Unis et signataire du Traité. Cet accord essentiellement commercial avait pour but de régler les conflits qui menaçaient d'entraîner la guerre, comme le maintien par l'Angleterre de postes-frontières en territoire américain après le TRAITÉ DE PARIS (1783), le contentieux entre Américains et autochtones concernant la vallée de l'Ohio, et la colère des Américains provoquée par l'arraisonnement de bateaux par les Britanniques.

Aux termes du Traité, l'Angleterre doit évacuer les postes de l'Ouest avant le 1er juin 1796 et les marchands des deux pays doivent avoir libre accès aux terres situées de part et d'autre de la frontière. Le fleuve Mississippi doit en effet être ouvert aux deux pays. On doit aussi créer une commission chargée de fixer les dettes à verser à l'Angleterre depuis le début de la Guerre d'Indépendance américaine, et les navires américains doivent pouvoir commercer avec les possessions britanniques. Le Traité marque le retour de l'arbitrage dans les relations internationales, étant donné que des commissaires sont nommés pour régler les problèmes frontaliers les plus importants causés par la paix de 1783. (*Voir aussi* COMMISSION MIXTE.)

Stuart R.J. Sutherland

Traité de l'Oregon Signé le 15 juin 1846 entre la Grande-Bretagne et les États-Unis, le traité de l'Oregon, fixe la frontière entre l'Amérique du Nord britannique et les États-Unis, à l'ouest des Rocheuses. Compromis face au désir du gouvernement des États-Unis de pousser la frontière américaine de l'embouchure du fleuve Columbia vers le nord jusqu'à la frontière russe de l'Alaska à 54° 40' de latitude de N., ce Traité fixe la frontière au 49e parallèle jusqu'au milieu du détroit de Georgia, qui sépare l'île de Vancouver du continent, et de là par le milieu du chenal et du détroit de Juan de Fuca jusqu'à l'océan Pacifique. Le «milieu du chenal» aurait pu passer par le détroit de Rosario, plus à l'est, ou celui de Haro, où se trouvait l'île de San Juan, revendiquée à la fois par la Grande-Bretagne et les États-Unis qui y débarquent des troupes en 1859. La frontière divisant ce détroit est donc restée imprécise jusqu'au moment où on eut recours à l'arbitrage de l'empereur d'Allemagne, Wilhelm I, qui régla le litige en 1872 en faveur des États-Unis (le détroit de Haro).

N.L. Nicholson

Traité de Paris (1763) Après trois ans de négociations, le traité de Paris (1763) est signé, le 10 février 1763, par la France, la Grande-Bretagne et l'Espagne et met fin à la GUERRE DE SEPT ANS. Le 8 septembre 1760, le gouverneur Vaudreuil cède la Nouvelle-France à la force d'invasion britannique à Montréal selon les termes de la reddition. Auparavant, les alliés autochtones des Français avaient

conclu une entente avec les Britanniques à Oswegatchie (25 août), tout comme l'avaient fait à Longueuil les Hurons de Lorette (5 septembre). La colonie demeure sous occupation et sous régime militaires jusqu'à la négociation d'un traité de paix définitif.

Aux termes du traité, la Grande-Bretagne obtient, de la France, l'île Royale (île du Cap-Breton) et le Canada, y compris le bassin des Grands Lacs et la rive gauche du Mississippi. L'Espagne lui cède la Floride. La France conserve des droits de pêche à Terre-Neuve et dans le GOLFE DU SAINT-LAURENT. Elle acquiert Saint-Pierre-et-Miquelon comme port de pêche non fortifié et recouvre ses lucratives possessions dans les Antilles, ses comptoirs en Inde et son poste de traite des esclaves à Goré (dans le Tchad actuel). Conformément à la capitulation conditionnelle de 1760, la Grande-Bretagne garantit une liberté de religion limitée aux Canadiens. Le traité prévoit les modalités d'échange de prisonniers. Il accorde aux Canadiens un délai de 18 mois pour émigrer s'ils le désirent. Il assure également la conservation des archives gouvernementales.

La Grande-Bretagne acquiert un grand empire et la France demeure en mesure de défier sa flotte, mais l'Espagne n'atteint aucun de ses objectifs. (*Voir aussi* PROCLAMATION ROYALE DE 1763.)

Cornelius J. Jaenen

Traité de Paris (1783) Ce Traité met un terme à la GUERRE D'INDÉPENDANCE AMÉRICAINE. Le 20 septembre 1783, la Grande-Bretagne reconnaît l'indépendance américaine et le tracé d'une frontière qui passe au centre des quatre Grands Lacs situés au nord, et qui, à partir du lac des Bois, court vers l'ouest jusqu'à l'emplacement supposé de la source du Mississippi, puis descend vers le sud le long de ce dernier. Les États-Unis reçoivent donc le Niagara, Détroit et Michilimackinac, ainsi que des terres de valeur réservées aux Indiens par la PROCLAMATION ROYALE DE 1763. Les Américains, qui négocient par l'intermédiaire du comte français de Vergennes, obtiennent des droits de pêche au large de Terre-Neuve et l'accès à la rive gauche du Mississippi, en retour de quoi ils promettent la restitution des biens et une compensation aux LOYALISTES britanniques.

Le Traité ne sera jamais appliqué. La Grande-Bretagne conserve ses postes de l'Ouest jusqu'au TRAITÉ DE JAY (1794) et nie les droits de navigation des États-Unis sur le Saint-Laurent. Les Américains négligent de respecter une grande partie des promesses faites aux Loyalistes, dont beaucoup s'établissent au Canada. Néanmoins, la Grande-Bretagne reprend bientôt son commerce avec la nouvelle république et y poursuit ses investissements.

Cornelius J. Jaenen

Traité de Ryswick Ce Traité est conclu entre le 20 juillet et le 30 octobre 1697, entre l'Angleterre, les Pays-Bas, l'Espagne et le Saint Empire romain d'une part, et la France d'autre part. Il met fin à la guerre de la ligue d'Augsbourg et reconnaît Guillaume III comme roi d'Angleterre. L'accord entre la France et l'Angleterre prévoit le recouvrement de tous les territoires conquis, principalement les postes de la COMPAGNIE DE LA BAIE D'HUDSON pris par Pierre le Moyne d'IBERVILLE entre 1686 et 1697. Il prévoit aussi la création d'une commission chargée de déterminer le statut de trois forts faisant l'objet d'un litige dans la région de la baie d'Hudson.

Stuart R.J. Sutherland

Traité de Versailles Cet accord de paix, imposé à l'Allemagne le 28 juin 1919 à l'issue de la PREMIÈRE GUERRE MONDIALE, est rédigé à la conférence de paix de Paris et signé à Versailles, non loin de la capitale française. Ce traité procède au morcellement et à la redistribution des territoires de l'Empire allemand et exige le versement d'importantes réparations. Si le Canada a peu d'influence sur la forme finale du Traité, le premier ministre, sir Robert BORDEN, réussit à obtenir que le dominion ait une représentation distincte lors de la conférence et des signatures distinctes dans le Traité. Il croit passionnément que le Canada, dont 60 000 militaires sont morts sur les champs de bataille, mérite bien cette reconnaissance. En plus de cette représentation en son nom propre, et à l'instar des autres dominions et de l'Inde, le Canada est représenté au sein de la délégation de l'Empire britannique, ce qui rehausse le prestige du pays tout en lui permettant de mieux faire connaître son point de vue. Toutefois, au moment de la signature, c'est le premier ministre de la Grande-Bretagne qui signe le Traité au nom de l'ensemble de l'empire, y compris les dominions, ce qui diminue l'importance des signatures distinctes pourtant obtenues de haute lutte. La participation du Canada reflète l'ambiguïté de sa position dans le monde. Il demeure subordonné à la Grande-Bretagne dans les faits et aux yeux des autres pays, mais l'émergence de sa personnalité internationale est reconnue. Le Traité prévoit aussi la création de la SOCIÉTÉ DES NATIONS, qui contribuera également à la reconnaissance du Canada en tant que nation.

Norman Hillmer

Traité de Washington Négocié en 1871, il entre en vigueur en 1873. Le premier ministre du Canada, sir John A. MACDONALD, est l'un des cinq membres de la commission choisis pour représenter les intérêts de la Grande-Bretagne, mais il a peu d'influence sur les délibérations. Les enjeux sont: les demandes d'indemnité des États-Unis en raison des pertes subies à la suite des déprédations commises par l'ALABAMA; le désir des Américains de reprendre la pêche sur les côtes du Canada et de Terre-Neuve, interdite de 1818 à 1854 et après l'expiration du traité de RÉCIPROCITÉ en 1866; la possession de l'île de San Juan dans le détroit de Géorgie; le dédommagement du Canada à la suite des raids des FENIANS entre 1866 et 1870. Les Américains refusent d'inscrire ce dernier point à l'ordre du jour. Certains d'entre eux espèrent que la Grande-Bretagne leur cédera le Canada au cours des négociations. Toutefois, le Traité se conclut par une série d'arbitrages à Washington: les demandes concernant l'Alabama font l'objet d'un règlement de 15,5 millions de dollars, obtenu à Genève en 1872; le problème de l'île San Juan est résolu par l'Allemagne, qui concède l'île aux États-Unis; ceux-ci obtiennent le droit de pêcher sur la côte canadienne pendant 12 ans moyennant la vente libre du poisson canadien sur le marché américain et un paiement de 5,5 millions de dollars. Enfin, la Grande-Bretagne compense le Canada pour les raids des Fenians, lui accordant une garantie de prêt de 2,5 millions de dollars.

P.B. Waite

Traité des eaux limitrophes Afin de régler et de prévenir les litiges sur l'utilisation et le partage des eaux le long des frontières internationales, le Canada et les États-Unis signent, le 11 janvier 1909, le Traité des eaux limitrophes. Il instaure la COMMISSION MIXTE INTERNATIONALE, la première organisation mixte permanente entre le Canada et les États-Unis, afin de fixer et d'appliquer des règlements sur l'utilisation des eaux limitrophes.

Le Traité, dont le principal négociateur pour le Canada est George C. Gibbons, interdit aussi le détournement des eaux limitrophes sans l'approbation de la commission. Il affirme certains principes généraux en matière de développement de l'énergie hydraulique et l'interdiction de polluer ces eaux. Cependant, il ne réussit pas à imposer des sanctions aux pollueurs ou à prévenir le détournement des eaux limitrophes ou la construction de barrages sur les cours d'eau le long des frontières.

N.F. Dreisziger

Traité des fourrures À ses débuts au Canada, la traite des fourrures est un complément à l'industrie de la pêche. Au début du XVIe siècle, des pêcheurs du nord-ouest de l'Europe pêchent la MORUE en grande quantité sur les Grands Bancs de Terre-Neuve et dans le golfe du Saint-Laurent (*voir* PÊCHE, HISTOIRE DE LA). Le séchage du poisson sur le rivage

prend plusieurs semaines, pendant lesquelles les pêcheurs doivent entretenir de bonnes relations avec les autochtones avides d'obtenir des Européens des articles de métal et des vêtements (couteaux et haches en fer, poinçons, bouilloires en cuivre, couvertures et breloques). Ils n'ont à offrir en échange que des fourrures et de la viande fraîche. En Europe, les pêcheurs revendent ces fourrures avec des profits considérables. Plus tard au XVIe siècle, la mode des feutres à larges bords constitue un débouché important pour les PEAUX DE CASTORS. Le matériel idéal pour la confection du feutre est la bourre de castor, dont les poils minuscules se tissent très densément.

Traite des fourrures en Nouvelle-France et en Acadie

Au début du XVIIe siècle, afin de faciliter la traite, des négociants français établissent des postes permanents sur les côtes de l'ACADIE, à TADOUSSAC ainsi qu'à QUÉBEC en 1608. L'année suivante, des Hollandais commencent à commercer sur le fleuve Hudson (État de New York) et, en 1614, ils établissent des postes à Manhattan et en amont du fleuve à Orange (Albany). Cette activité marque le début d'une intense rivalité entre deux empires commerciaux naissants. Au cours de ces années, le grand nombre de négociants qui envahissent alors la région du Saint-Laurent et la concurrence impitoyable qu'ils se font diminuent fortement les profits. En vue d'imposer un certain ordre, la Couronne accorde alors des monopoles dans ce commerce à certains individus. Ceux-ci s'engagent en retour à protéger les droits des Français sur les nouveaux territoires et à aider l'Église catholique dans ses tentatives de convertir les autochtones au CHRISTIANISME.

En 1627, le cardinal Richelieu, principal ministre de Louis XIII, met sur pied la COMPAGNIE DES CENT-ASSOCIÉS, dans le but d'assurer un appui plus solide aux revendications territoriales de la France et aux efforts des missionnaires. On envoie des missionnaires en Nouvelle-France: en 1615, quatre récollets et, en 1625, les premiers représentants de la puissante Société de Jésus (les jésuites) débarquent à Québec. Ils établissent une mission, SAINTE-MARIE-DES-HURONS près de la baie Georgienne, mais les HURONS s'intéressent davantage aux marchandises des Français qu'à leur religion. Ce sont toutefois les profits de la traite des fourrures qui soutiennent les missionnaires et permettent à la Compagnie d'envoyer des centaines de colons. En 1642, on fonde VILLE-MARIE (Montréal) en tant que centre missionnaire. En 1645, la Compagnie cède aux colons le monopole des fourrures et l'administration de la colonie (*voir* COMMUNAUTÉ DES HABITANTS). Ils se révèlent malheureusement de piètres administrateurs, et les revenus de la traite des fourrures fluctuent considérablement à la suite du blocus par les IROQUOIS de la rivière des Outaouais, jalon de la route vers l'ouest. Finalement, après l'appel désespéré lancé à Louis XIV par les autorités coloniales, la Couronne reprend charge de la colonie en 1663.

Le produit le plus important de la traite est encore la peau de CASTOR pour l'industrie du chapeau. LE MINISTÈRE DE LA MARINE, responsable des affaires coloniales, loue le commerce des Antilles, la traite des esclaves africains et la commercialisation des peaux de castors et d'orignaux du Canada à la nouvelle COMPAGNIE DES INDES OCCIDENTALES, qui, en réalité, est une compagnie de la couronne. On permet à tous les habitants de la colonie de faire la traite des fourrures avec les autochtones, mais les colons sont tenus de vendre les peaux de castors et d'orignaux à la Compagnie au prix fixé par le ministère de la Marine. Toutes les autres fourrures sont vendues sur un marché libre, mais les peaux de castors et d'orignaux échappent à la loi de l'offre et de la demande.

Jean-Baptiste Colbert, ministre français de la Marine, veut diversifier l'économie canadienne dans la production de matières premières destinées à l'industrie française: bois, minéraux et denrées alimentaires pour les plantations des Antilles. Tels sont les objectifs de la France qui envoie alors, aux frais de la Couronne, des milliers d'immigrants au Canada. Colbert découvre qu'un grand nombre des jeunes hommes quittent les colonies et disparaissent pendant des années pour commercer avec les autochtones dans leurs villages éloignés (*voir* COUREURS DE BOIS). Les principaux motifs de ce phénomène sont l'appât du gain assuré dans la traite des fourrures et l'absence quasi totale de femmes dans les colonies. Jusqu'en 1710, en effet, un homme seulement sur sept peut espérer trouver une femme, dont la présence est essentielle sur une ferme. Dans l'intérieur du pays, cependant, ces jeunes Français s'unissent rapidement à des femmes autochtones capables de faciliter leur adaptation à la vie dans les bois. Forcé de composer avec l'attrait du commerce des fourrures, Colbert instaure, dès 1681, le système du congé. Chaque année, le gouverneur et l'intendant doivent accorder 25 congés, soit des permis de faire la traite. Chaque permis donne le droit à trois hommes de partir avec un canot vers l'Ouest. On espère ainsi que les colons attendront leur tour, ce qui laissera la colonie à court de 75 hommes seulement par année.

Le nouveau système ne réussit pas à diminuer le nombre d'hommes qui quittent les colonies (la plupart illégalement), et les peaux de castors continuent d'arriver à Montréal en quantités astronomiques. Cela provoque un immense engorgement du marché dont se plaint, dès les années 1690, le Domaine de l'Occident, qui, en 1674, a dû prendre la relève du commerce du castor de la défunte Compagnie des Indes occidentales. En désespoir de cause, le ministre de la Marine ordonne, en 1696, d'interrompre le commerce de la peau castor, de cesser d'accorder des congés et d'abandonner tous les postes français dans l'Ouest, sauf Saint-Louis-des-Illinois. Cela se déroule à l'époque où la France et l'Angleterre sont en guerre et où les Canadiens combattent désespérément contre les colons anglais et leurs alliés iroquois. À Québec, le gouverneur et l'intendant protestent vigoureusement et déclarent que l'abandon des postes implique l'abandon des alliés autochtones qui passeront du côté des Anglais. Ce sera la ruine de la Nouvelle-France. De plus, les Anglais étant installés depuis 1670 dans des postes sur la baie d'Hudson (*voir* COMPAGNIE DE LA BAIE D'HUDSON), les postes français à l'Ouest sont essentiels pour contrer cette compétition. En 1682, on fonde la COMPAGNIE DU NORD afin de concurrencer la CBH sur son propre territoire, mais l'entreprise échoue. Le ministre de la Marine est forcé d'abroger ses ordonnances, et le commerce du castor reprend pour des raisons purement politiques.

En 1700, à la veille de nouvelles hostilités, Louis XIV ordonne l'établissement de la nouvelle colonie de la Louisiane dans le bas Mississippi, de colonies dans la région de l'Illinois et d'un poste de garnison à Détroit. Le but est d'encercler les colonies anglaises entre les monts Alleghany et l'Atlantique. Le succès de cette politique impérialiste dépend de l'appui des nations autochtones, et on utilise la traite des fourrures pour conserver leur alliance.

En 1715, les Français découvrent que les rongeurs et les insectes ont consommé les abondantes peaux de castors dans les entrepôts. Cela relance immédiatement le marché des fourrures. Si elles représentent un poste minuscule dans le bilan du commerce extérieur de la France et si leur part diminue à mesure que s'accroît le commerce des produits primaires et des biens manufacturés des colonies tropicales, il reste que les fourrures sont le pivot de l'économie canadienne.

Contrairement à la CBH et à sa structure monolithique pourvue d'employés rémunérés, la traite des fourrures en Nouvelle-France est menée, jusqu'au début du XVIIIᵉ siècle, par des dizaines de petites sociétés de personnes. Au XVIIIᵉ siècle, à mesure que les frais de ces sociétés augmentent proportionnellement à la longueur des distances parcourues, le commerce des fourrures en vient à passer aux mains de quelques bourgeois, qui embauchent des centaines de VOYAGEURS salariés. La plupart des compagnies comptent trois ou quatre hommes qui obtiennent des autorités un bail de trois ans pour commercer dans un poste spécifique. Les profits et les pertes sont partagés entre les membres, proportionnellement à leur mise de fonds. Ils se procurent les marchandises d'échange à crédit, à un taux d'intérêt de 30 p. 100, chez quelques marchands de Montréal, qui écoulent aussi les fourrures par l'entremise de leurs agents en France. Le salaire des voyageurs qui passent l'hiver dans l'Ouest varie de 200 livres à 500 livres. Ceux qui partent en canot vers l'Ouest au printemps et reviennent avec le convoi de l'automne touchent de 100 livres à 200 livres plus leurs frais de subsistance (soit environ le double de ce que gagne un ouvrier ou un artisan dans la colonie).

Entre 1715 et la GUERRE DE SEPT ANS (1756-1763), la traite des fourrures prend beaucoup d'ampleur et sert aussi bien à des fins économiques, politiques que scientifiques. Les Français instruits s'intéressent vivement aux recherches scientifiques, et les membres du gouvernement, avides de connaître l'étendue de l'Amérique du Nord, souhaitent qu'un Français soit le premier à découvrir une voie de terre vers la mer de l'Ouest (*voir* PASSAGE DU NORD-OUEST). Gaultier de LA VÉRENDRYE et d'autres officiers supérieurs canadiens reçoivent pour mission de découvrir cette route. On leur donne le commandement de vastes régions de l'Ouest (dont certaines empiètent sur les territoires revendiqués par les Britanniques), avec droit exclusif sur la traite des fourrures. Ils doivent payer à même leurs profits les coûts de l'entretien de leurs postes et de l'envoi des missions exploratrices vers l'Ouest, le long des rivières Missouri et Saskatchewan. La Couronne s'assure ainsi que la traite des fourrures compense les coûts de ses recherches scientifiques et maintient son autorité sur ces sujets dispersés en pleine nature. Cela lui permet aussi d'entretenir ses alliances avec les nations autochtones afin d'écarter les Anglais. En 1756, quand la guerre avec l'Angleterre met fin à l'EXPLORATION, les Français ont atteint les contreforts des Rocheuses. La guerre entre les PIEDS-NOIRS et les CRIS empêche d'explorer plus avant.

Pendant toute cette période, la CBH et les commerçants canadiens se livrent une âpre concurrence, et ces derniers prennent la part du lion. Ils profitent de nombreux avantages : ils contrôlent les principales voies d'eau de tout l'Ouest, ils disposent de toute l'écorce de bouleau nécessaire à la fabrication des canots (ce qui manque complètement aux Anglais et à la CBH), les autochtones préfèrent leurs marchandises d'échange à celles des Anglais, ils ont de bonnes relations avec les autochtones avec lesquels ils ont même des liens de parenté. Les Anglais des Treize Colonies tentent par tous les moyens d'obtenir plus de territoires pour la colonisation, ce qui irrite les autochtones. Les Français ne convoitent pas les territoires des autochtones, mais sont déterminés à en priver les Anglais.

Les commerçants de la CBH ne font rien, en fait, pour pousser leur commerce dans l'intérieur du pays. Ils attendent plutôt dans leurs postes que les autochtones viennent à eux. Ceux-ci ont l'astuce de monter les Anglais contre les Français en traitant avec les uns et les autres. Les Français n'osent pas empêcher les autochtones d'apporter des fourrures à la baie, mais s'assurent de choisir les meilleures et de ne laisser à leurs rivaux que les fourrures encombrantes et de piètre qualité. Dans la région du Saint-Laurent, les négociants de New York et de la Pennsylvanie tentent peu de concurrencer les Canadiens. Ils achètent

plutôt des fourrures clandestinement des marchands montréalais. De cette façon, les Canadiens obtiennent une bonne provision de gros draps de laine anglais, la marchandise par excellence du commerce anglais. Le commerce illicite entre Montréal et Albany enlève aux négociants new-yorkais toute bonne raison de vouloir concurrencer les Canadiens dans l'Ouest.

Lorsque commence la guerre de Sept Ans, la gestion de la traite des fourrures se fait encore depuis Montréal. Il faut continuer d'approvisionner les communautés autochtones, mais le volume des fourrures exportées diminue sans cesse. Un an après la capitulation de Montréal, en 1760, on commence à revitaliser la traite des fourrures grâce aux appuis importants des capitaux britanniques et de la main-d'œuvre canadienne.

W.J. Eccles

La traite des fourrures après 1760

Au moment de la CONQUÊTE (1759-1760), deux systèmes dominent la traite commerciale des fourrures de la moitié septentrionale du continent : le système du Saint-Laurent et des Grands Lacs, dont le centre est Montréal et qui s'étend jusqu'au haut Mississippi et à ses principaux affluents septentrionaux ainsi qu'aux Prairies et à la partie méridionale du Bouclier canadien, et le système de la Terre de Rupert, qui, en théorie, comprend tout le bassin hydrographique des baies James et d'Hudson. Le système du Saint-Laurent et des Grands Lacs, développé par les Français, en vient à être servi par le commerce «en dérouine» (itinérant), c.-à-d. que la traite, dominée par de petites sociétés de personnes, est menée par des équipes de quelques hommes chargés d'aller faire affaires avec les autochtones dans leurs propres territoires. Le système de la Terre de Rupert n'avait pas évolué de la même façon. En 1760, les employés de la CBH ont toujours comme pratique de rester dans leurs factoreries côtières (principaux comptoirs de traite) et d'y attendre la venue des autochtones.

Après la Conquête, les marchands anglo-américains (yankees ou bostonnais), anglais et écossais des Highlands supplantant les bourgeois canadiens et les agents des marchands français à Montréal. Les nouveaux «itinérants» créent un lien commercial avec Londres. Cette recrudescence d'activités à Montréal perturbe la CBH dans son «sommeil au bord de la mer gelée». Le succès de ces nouveaux rivaux oblige la Compagnie à modifier sa politique commerciale, et, en 1774, elle pénètre dans l'intérieur pour fonder Cumberland House, près de la rivière Saskatchewan. Les itinérants, quant à eux, apprennent que la coopération, plutôt que la concurrence, est le gage de réussite commerciale.

Ils fondent ainsi la COMPAGNIE DU NORD-OUEST (CNO). Cette Compagnie domine bientôt le commerce en s'assurant le monopole effectif dans la région bien pourvue en fourrures du LAC ATHABASCA. La fourrure de base (castor) et les fourrures de luxe (vison, martre, loutre, etc.), insurpassables en qualité et en nombre, assurent de jolis profits en dépit des coûts élevés d'un système de transport nécessairement à forte main-d'œuvre, celui des brigades en canot. La rude annuelle des brigades de Fort Chipewyan à GRAND PORTAGE (plus tard FORT WILLIAM) sur le lac Supérieur est, en bonne part, à l'origine de l'image romantique de la traite des fourrures. La CNO, afin de conserver son monopole dans la région de l'Athabasca, rivalise, à perte si nécessaire, avec ses adversaires sur la rivière Saskatchewan, autour du lac Winnipeg et au nord des Grands Lacs. Sur la rivière Saskatchewan Nord, les compagnies rivales jouent à saute-mouton, l'une doublant les postes de l'autre afin de s'assurer un avantage commercial auprès des autochtones de l'Ouest.

Dans toutes les régions, de petites équipes voyagent «en dérouine» pour arrêter au passage les autochtones en route vers les postes rivaux et, si

nécessaire, les forcer à traiter avec elles. Dans cette compétition, la CBH semble désavantagée en dépit du vaste entrepôt dont elle dispose, la YORK FACTORY, à la baie d'Hudson, beaucoup plus près des régions de collecte de fourrures que ne l'est le centre de transbordement de la CNO à Montréal.

La CBH n'a pas le personnel et l'équipement voulus pour voyager et commercer dans l'intérieur du pays. Ce n'est que dans les années 1790 qu'elle lance sa brigade de BARGES D'YORK en riposte aux canots du maître et aux canots du Nord de ses rivaux. Toutefois, les améliorations que la CBH apporte à son personnel et à son équipement ne suffisent pas à changer le cours du commerce en sa faveur.

Des agents montréalais, dont Simon «Le Marquis» MCTAVISH et son neveu et successeur William MCGILLIVRAY, dirigent habilement les affaires de la CNO, mais la Compagnie doit surtout son succès à l'ardeur de ses officiers et de ses «engagés». Des HIVERNANTS participent aux prises de décision et ont droit à leur part des profits. La CNO, contrairement à la CBH, permet à ses employés d'épouser des femmes autochtones «à la façon du pays», politique qui assure une certaine stabilité et génère une population de MÉTIS assez importante au début du XIXᵉ siècle. Alexander MACKENZIE, en 1789, porte le drapeau de la Compagnie jusqu'à l'océan Arctique et, en 1793, atteint l'océan Pacifique par voie de terre. Plus tard, des explorateurs tels que Simon FRASER et David THOMPSON ouvrent des territoires à la traite des fourrures à l'ouest des Rocheuses. La signature du TRAITÉ DE JAY, en 1794, met fin au commerce dans le Sud-Ouest, et une nouvelle rivale, la COMPAGNIE XY, voit le jour en 1798, mais la CNO relève le défi et, en 1804, absorbe cette entreprise arriviste.

Fusion des Compagnies du Nord-Ouest et de la baie d'Hudson

C'est la remontée de la CBH, amorcée en 1810, qui a finalement raison de la CNO. Cette année-là, le comte de SELKIRK, ayant décidé d'établir une colonie sur le territoire de la CBH, acquiert suffisamment d'actions pour pouvoir se permettre de placer quatre amis (dont deux membres de sa parenté) au comité de direction de sept membres de la CBH. Ces nouveaux arrivés dans la Compagnie mettent l'accent sur l'efficacité du processus de traite afin de réduire les coûts et de changer ainsi les pertes en profits. Leur succès pousse la Compagnie à tenter d'envahir la région d'Athabasca en 1815. La mauvaise planification de l'expédition et l'influence de la CNO sur les autochtones de la région causent la mort par inanition de 15 hommes. Sans démordre, la CBH y retourne quelques mois plus tard et, cette fois, s'attaque au monopole de la CNO.

La COLONIE DE LA RIVIÈRE ROUGE fondée par Selkirk profite de l'appui et de la coopération du comité de direction, quoique les officiers dans la région ne se montrent guère enthousiastes. Considérant que les colons de la rivière Rouge appuient sa rivale nouvellement relancée, la CNO convainc les Métis locaux, les premiers colonisateurs de la région, que leurs terres sont menacées. Le conflit commercial dégénère en violence, et, le 19 juin 1816, le gouverneur de la colonie et quelque 20 colons et commis de la CBH sont tués dans l'INCIDENT DE SEVEN OAKS. Les Métis n'y perdent qu'un seul homme. Ces événements incitent le gouvernement britannique à exiger que les compagnies rivales règlent leurs différends. À cette fin, le gouvernement adopte une loi lui permettant d'offrir une licence commerciale exclusive valable pour 21 ans dans les régions de l'Amérique du Nord britannique situées au-delà du front de colonisation et à l'extérieur de la Terre de Rupert. En 1821, les deux Compagnies élaborent un acte formaliste unilatéral, un document qui décrit les termes de leur coalition, précise les modalités du partage des profits de la traite entre les actionnaires et les officiers sur le terrain et définit leur cogestion de la traite. C'est de cette façon et grâce au partage des profits que des éléments de la CNO parviennent à survivre dans la nouvelle CBH, bien que cette coalition de nom devienne, en fait, une absorption par la CBH lorsque le conseil d'administration est éliminé en 1824. Après 1821, la majorité des dirigeants de la CBH sont en effet d'anciens Nor'Westers (hommes de la CNO).

Les accords commerciaux entre les deux rivales et le soutien de la législation et de la proclamation gouvernementales ne peuvent dissimuler la défaite de la CNO. La CBH victorieuse cherche de nouveau à augmenter son efficacité. Sous la direction du gouverneur George SIMPSON, le «petit empereur», la Compagnie fait des profits insoupçonnés. De tels profits exigent cependant d'exercer un contrôle permanent des coûts, de chercher sans cesse à économiser et de suivre une politique de vive concurrence avec les adversaires dans les régions pionnières. Par les politiques de la Compagnie et les actions de son personnel, les habitants du vieux Nord-Ouest subissent les effets des changements provoqués en Grande-Bretagne par la révolution industrielle.

En surveillant les coûts de la traite, Simpson se rend compte de l'importance d'apporter un soutien aux trappeurs et aux chasseurs autochtones. Dans les moments difficiles, la Compagnie offre au trappeur et à sa famille des services médicaux ainsi que des fournitures et des provisions. Cependant, en systématisant de tels services, les politiques de Simpson poussent les autochtones dans un rapport de dépendance croissante avec la Compagnie. Tant que la CHASSE AU BISON demeure possible, les autochtones des Plaines ne dépendent pas des services de la Compagnie, mais, pour d'autres, la nouvelle réalité est une dépendance économique sans cesse croissante. Les réformes de Simpson permettent toutefois l'expansion de la CBH le long de la côte du Pacifique, vers l'Arctique et dans l'intérieur du Labrador, jusqu'alors en grande partie inconnu. Ce vaste domaine d'animaux à fourrures attire des rivaux.

La stratégie fondamentale de Simpson est de mener la concurrence dans les régions frontalières de manière à préserver le commerce dans l'intérieur. Sur la côte du Pacifique, il conclut une entente avec la Russian Fur Company qui permet à la CBH de poursuivre le commerce maritime et de concurrencer les Américains avec succès. Au sud et à l'est du fleuve Columbia, il encourage le piégeage à blanc de la région dans le cadre d'une «politique de la terre brûlée» qui consiste à ne laisser aucun animal pouvant attirer les «montagnards» américains ou les trappeurs. Dans la région des Grands Lacs, il donne des permis à de petits commerçants, afin qu'ils mènent la concurrence sur le territoire de l'American Fur Company, qui abandonne finalement le terrain moyennant une rente annuelle de 300 livres. Plus loin vers l'est, les adversaires sont plus difficiles à déloger. Les POSTES DU ROI établis au nord du Saint-Laurent, anciennes propriétés du roi de France, avaient été attribués en 1822 à un certain Goudie, de Québec, et la région de coupe de bois le long de la rivière des Outaouais constituent des points de traite potentiels. Cependant, la Compagnie poursuit vigoureusement ses compétiteurs dans toutes les régions frontalières, maintenant son monopole sur la Terre de Rupert et sur les territoires assujettis à des licences dans le Nord et dans l'Ouest. Même dans les années 1830, lorsque la soie remplace le feutre comme matière première préférée pour la fabrication des chapeaux et que le castor perd de sa valeur en tant que fourrure de base, la Compagnie continue de faire des profits en exploitant davantage les fourrures de luxe. Finalement, c'est la colonisation, et non ses adversaires commerciaux, qui finira par avoir raison de la Compagnie.

Le défi de la colonisation

À l'ouest des Rocheuses, les colons américains réussissent là où les montagnards et les capitaines de bateaux ont échoué. Conséquemment au TRAITÉ DE L'OREGON de 1846, la CBH retraite au nord du 49e parallèle. À l'est, à la colonie de la rivière Rouge, la Compagnie surmonte le problème des commerçants indépendants en accusant, en 1849, Guillaume Sayer et trois autres Métis d'avoir violé son monopole. La Compagnie a beau gagner sa cause devant le tribunal, la communauté croit que les commerçants indépendants ont été exonérés. Contre ces derniers, la CBH luttera désormais en recourant aux techniques de compétition qu'elle a mises à l'épreuve ailleurs dans son domaine pour ralentir l'assaut sur les fourrures dans l'Ouest et le Nord. Dans le Bas-Canada, la Compagnie obtient un bail pour les postes du roi en 1832, mais l'avance des bûcherons vers le nord diminue l'importance de la traite des fourrures dans cette région. Simpson réagit alors brillamment en faisant de sa Compagnie un important fournisseur de marchandises nécessaires aux bûcherons.

Lorsque prend fin l'isolement géographique de l'Ouest vers 1840, des institutions de la métropole autres que les intérêts de la fourrure s'engagent dans la colonisation de ce vaste territoire. Les missionnaires catholiques et anglicans, déjà installés au pays, pénètrent au cœur du continent. Ils sont suivis d'aventuriers et d'expéditions gouvernementales (comme l'EXPÉDITION PALLISER) à la recherche d'autres ressources que les fourrures. La mort de Simpson en 1860 et la vente en 1863 de la CBH à l'International Financial Society, un groupe d'investisseurs britanniques qui voient dans la colonisation une source de profits, marquent le début de la fin de l'histoire de la traite des fourrures. En 1870, l'immense territoire de la Compagnie dans l'Ouest est transféré au Canada et est bientôt envahi par des colons en provenance de l'Ontario. La colonisation s'étendant dans le Nord et dans l'Ouest, la CBH et ses concurrents, les commerçants indépendants, poussent davantage vers le nord et finissent par établir des contacts commerciaux durables avec les Inuits.

Devant la concurrence et la présence du gouvernement canadien, la Compagnie réduit les services de soutien faisant partie de ses relations commerciales avec les autochtones et qui les avait protégés contre les fluctuations du marché de la fourrure en Europe occidentale. Au XXe siècle, les fortunes réalisées dans le commerce des fourrures relèvent de l'ÉLEVAGE D'ANIMAUX À FOURRURE (voir FOURRURE, INDUSTRIE DE LA). Pour obtenir de l'aide en période d'adversité, les autochtones se tournent de plus en plus vers les missions et le gouvernement. Ce changement mène, après la Seconde Guerre mondiale, aux allocations familiales, à la scolarisation et aux pensions et sonne la fin de l'historique traite des fourrures. Le TRAPPAGE D'ANIMAUX À FOURRURE se pratique encore dans des régions pionnières à des fins commerciales et fait toujours partie du mode de vie de quelques communautés nordiques.

Du point de vue historique, la traite des fourrures joue un rôle formateur dans la création du Canada. Elle pousse à explorer le pays et demeure la base de l'économie de l'Ouest jusqu'en 1870 environ. La traite des fourrures détermine aussi les modes de relations relativement pacifiques entre autochtones et Blancs au Canada. Cette entreprise économique comporte un aspect social d'une grande importance. Les nombreux mariages entre commerçants européens et femmes autochtones ont généré une société commerçante indigène qui a amalgamé les coutumes et les attitudes européennes et amérindiennes.

John E. Foster

Traite des fourrures, routes de la Pendant toute la période historique de la traite des fourrures, les voies navigables sont les routes naturelles et le mode de transport est le canot (plus tard le bateau, principalement les barges d'York). L'établissement d'un poste de traite dépend de la présence de nombreux autochtones ayant la volonté et la possibilité de commercer, et des facilités d'accès et de transport. Dans la région de l'Atlantique, sans réseau principal de navigation intérieure, le commerce des fourrures reste très local. Les Français ont un potentiel immensément plus grand grâce au fleuve Saint-Laurent et à ses tributaires.

Aux postes de Tadoussac, de Québec et de Montréal, ils reçoivent des fourrures des Montagnais, des ALGONQUINS, des HURONS et des OUTAOUAIS, qui voyagent par différentes rivières du Domaine du Roy ou descendent la rivière des Outaouais à partir du lac Témiscamingue et au-delà. Plus tard, la route de traite la plus importante est toutefois la route que les Français ouvrent eux-mêmes vers l'ouest par le Saint-Laurent, la rivière des Outaouais et la rivière des Français. Au début des années 1740, ils l'avaient déjà prolongé jusqu'au lac Supérieur et, ensuite, jusqu'aux Prairies.

Après la CONQUÊTE de 1759-1760, cette route est empruntée par les négociants en fourrure indépendants anglais, puis par la COMPAGNIE DU NORD-OUEST (CNO). De Kaministiquia (plus tard FORT WILLIAM), la route vers l'intérieur des terres commence à GRAND PORTAGE et serpente vers le nord et l'ouest par une série de rivières et de lacs ayant plus de 50 portages tortueux. Les négociants partent du lac Winnipeg pour monter vers l'ouest par les deux branches de la rivière Saskatchewan. Beaucoup se rendent vers le nord-ouest, par le PORTAGE LA LOCHE, au lac ATHABASCA.

L'autre route importante est celle de la COMPAGNIE DE LA BAIE D'HUDSON (CBH), basée à Londres, qui traverse la baie d'Hudson. Quand cette Compagnie commence à se déplacer vers l'intérieur des terres en 1774, avec la construction de la CUMBERLAND HOUSE sur la rivière Saskatchewan, une grande partie de ses déplacements se font par la rivière Hayes, à partir de YORK FACTORY. Dans la concurrence directe qui s'ensuit entre la CBH et les autres négociants, les rivaux se suivent sur diverses routes vers l'ouest à la grandeur des Prairies. Finalement, les routes traversent les montagnes Rocheuses, en passant par les cols de Howse, d'Athabasca et de Yellowhead, et descendent le fleuve Columbia jusqu'à la région du Pacifique.

Après 1814, les bateaux de la CBH contournent le cap Horn pour desservir les postes du Pacifique par la mer. Comme le commerce décline dans la région plus au sud, les négociants descendent le fleuve Mackenzie, dans l'ouest de l'Arctique. D'autres remontent la rivière East Main (côte est de la baie d'Hudson), vers l'intérieur des terres. L'accès à Fort Chimo et au Labrador se fait généralement par la mer. Après la fusion de la CNO et de la CBH en 1821, les expéditions ne passent plus par Montréal.

James A. Ogilvy

Traité du flétan Signé le 2 mars 1923, il est un accord canado-américain sur les droits de pêche dans le Pacifique Nord et constitue le premier traité que le gouvernement canadien négocie et signe de façon indépendante. Bien que le droit du Canada de négocier des traités commerciaux soit bien établi, l'Angleterre entend signer l'accord avec le Canada, comme elle l'a toujours fait. Le premier ministre Mackenzie KING soutient que la question ne regarde que le Canada et les États-Unis. Il menace même d'établir une représentation canadienne autonome à Washington, ce qui force l'Angleterre à acquiescer. Le précédent créé par le Traité du flétan, et confirmé par la Conférence impériale de 1923, est un pas important vers l'établissement du droit du Canada de mener ses propres actions diplomatiques. (*Voir aussi* RELATIONS EXTÉRIEURES.)

Norman Hillmer

Traité du fleuve Columbia Signé par le Canada et les États-Unis le 17 janvier 1961 après 15 ans d'études préliminaires par la COMMISSION MIXTE INTERNATIONALE et un an de négociations internationales (1960), le Traité du fleuve Columbia porte sur le développement coopératif du fleuve. En vertu du Traité, le Canada s'engage à construire trois barrages de retenue dans la partie canadienne du bassin du FLEUVE COLUMBIA et à les exploiter de manière à prévenir les crues le mieux possible en amont et à maximiser la production d'énergie en aval. En retour, les États-Unis paient 64,4 millions de dollars américains (censés représenter, en 1961, la moitié de la valeur de la protection contre les crues pendant les 60 ans du Traité), et s'engagent à retourner au Canada la moitié de l'énergie produite. Le Traité accorde aux États-Unis l'option de réaliser un projet transfrontalier sur la rivière Kootenay et donne au Canada le droit de détourner à des moments déterminés une partie du courant de la Kootenay, vers le nord, dans le Columbia.

Le Traité n'entre en vigueur que le 16 septembre 1964. Les délais tiennent en grande partie à une controverse fédérale-provinciale ayant trait à la décision prise par la Colombie-Britannique, en 1961, de vendre aux États-Unis son droit sur la production d'énergie. Le gouvernement provincial a gain de cause en janvier 1964, et l'avantage énergétique pour les 30 premières années est vendu pour un montant forfaitaire, payable d'avance, de 254,4 millions de dollars américains. Le Traité est donc quelque peu modifié par un protocole. En tant que propriétaire canadien de la ressource, la Colombie-Britannique intervient vigoureusement dans les négociations et elle assume les obligations du Canada en 1963 et en 1964. Son agence, BC HYDRO, réalise tous les projets canadiens prévus au Traité et coordonne, avec ses homologues américains, le débit des réservoirs à l'avantage des deux pays. Des discussions sont prévues en 1994, année du retour au Canada des avantages de l'énergie produite en aval.

Neil Swainson

Traité d'Utrecht Cet accord est conclu le 11 avril 1713 à Utrecht, au Pays-Bas, entre la Grande-Bretagne et la France. Il fait partie d'une série de traités qui mettront fin à la GUERRE DE LA SUCCESSION D'ESPAGNE. Ce Traité reconnaît la reine Anne comme souveraine légitime de l'Angleterre et met officiellement fin au soutien français des prétentions jacobites au trône britannique. La France y consent d'importantes concessions territoriales en Amérique du Nord. Elle accepte de rendre tout le bassin hydrographique de la baie d'Hudson à la Grande-Bretagne et de compenser la Compagnie de la baie d'Hudson pour les pertes subies pendant la guerre. Elle accepte aussi de renoncer à toute revendication concernant Terre-Neuve et d'y évacuer sa base de Plaisance (Placentia). Toutefois, les pêcheurs français retiennent certains droits sur les côtes de Terre-Neuve (*voir* CÔTE FRANÇAISE). Par ailleurs, l'ACADIE, dont la capitale Port-Royal (Annapolis Royal) a été capturée par une expédition de la Nouvelle-Angleterre en 1710, passe aux mains de la Grande-Bretagne, alors qu'une partie du territoire (le Nouveau-Brunswick d'aujourd'hui) demeure possession française en raison de différences dans l'évaluation de la superficie du territoire. Enfin, la France conserve l'île du Cap-Breton, où elle entamera la construction de la forteresse de LOUISBOURG, et l'île Saint-Jean (Île-du-Prince-Édouard).

Stuart R.J. Sutherland

Traités (*Voir* TRAITÉ ASHBURTON-WEBSTER; BOND-BLAINE, ACCORD; TRAITÉ DES EAUX LIMITROPHES; TRAITÉ DE BREDA; ACCORD CANADO-AMÉRICAIN SUR LES PRODUITS DE L'INDUSTRIE AUTOMOBILE; TRAITÉ DU FLEUVE COLUMBIA; TRAITÉ DE GAND; TRAITÉ DU FLÉTAN; TRAITÉS INDIENS; TRAITÉ DE JAY; OTAN; TRAITÉ DE L'OREGON; OTTAWA, ACCORDS D'; TRAITÉ DE PARIS (1763); TRAITÉ DE PARIS (1783); ACCORD RUSH-BAGOT; TRAITÉ DE RYSWICK; TRAITÉ DE SAINT-GERMAIN-EN-LAYE; TRAITÉ D'UTRECHT; TRAITÉ DE VERSAILLES; TRAITÉ DE WASHINGTON.)

Traités indiens Au Canada, les traités indiens sont des ententes reconnues par la Constitution conclues entre la Couronne et les peuples autochtones. La plupart de ces ententes font état d'échanges où des groupes autochtones acceptent de partager certains de leurs intérêts dans leurs terres ancestrales en retour de différentes sortes de paiements et de promesses de la part des représentants de la Couronne. Ces traités revêtent parfois un sens plus profond, particulièrement dans l'esprit des autochtones qui les perçoivent comme des pactes solennels ou des engagements sacrés entre des personnes qui établissent les principes sous-jacents du rapport unissant ceux pour qui le Canada est la patrie ancestrale et ceux dont les racines familiales les plus profondes se trouvent dans d'autres pays. Les traités entre la Couronne et les autochtones constituent donc le fondement constitutionnel et moral des alliances entre les peuples des PREMIÈRES NATIONS et les institutions souveraines de l'État canadien.

Du côté des autochtones, le caractère sacré et obligatoire des traités ne réside pas d'abord et avant tout dans la signature ou dans le langage juridique dont les documents des traités sont parés. La force véritable de leurs traités avec la Couronne est plutôt enracinée dans ce qui a réellement été dit, souvent en langues autochtones, lors des négociations durant lesquelles il était d'usage de fumer le CALUMET sacré ou d'échanger des présents revêtant une importance symbolique comme les ceintures WAMPUMS finement décorées. Aux yeux des participants autochtones, ce sont ces conventions cérémonielles qui élèvent ces procédures au plus haut niveau de la législation et de la diplomatie. Afin d'être conformes à cette orientation, bon nombre de groupes autochtones contemporains comptent sur ceux parmi leurs aînés qui connaissent à fond les histoires orales des premières nations et qui sont les autorités suprêmes sur ce qu'ils décrivent comme étant l'esprit et l'intention de leurs traités avec la Couronne.

Du côté de la Couronne, les principes fondamentaux de la négociation de traités avec les peuples autochtones sont définis par le roi George III dans la PROCLAMATION ROYALE DE 1763, qui établit les fondements constitutionnels du Canada après que le gouvernement de la France a renoncé à revendiquer les territoires de l'Amérique du Nord. La *Loi constitutionnelle* de 1982 renouvelle le caractère constitutionnel des anciens et futurs traités entre les autochtones et la Couronne. L'article 35 de ce document, qui se décrit comme étant «la loi suprême du Canada», à la fois reconnaît et affirme «les droits existants, ancestraux et issus de traités, des peuples autochtones».

En 1990, dans la cause Sioui, la Cour suprême du Canada juge que les «traités et les statuts concernant les Indiens doivent être interprétés libéralement et les incertitudes résolues en faveur des Indiens». Dans la même cause, la Cour introduit dans la jurisprudence canadienne un principe adopté d'un jugement des États-Unis au XIXᵉ siècle affirmant que les traités indiens «doivent donc être interprétés, non en fonction de la signification de leurs mots pour les savants avocats, mais dans le sens que les Indiens les comprendraient naturellement».

En dépit du caractère hautement constitutionnel des traités au Canada, ces accords sont souvent perçus avec cynisme par les non-Indiens responsables de leur exécution et de leur application. Ceux-ci les considèrent comme des moyens bon marché et commodes de retirer doucement aux autochtones la plupart des territoires du Canada afin que d'autres groupes ou intérêts puissent en exploiter les ressources. Jusqu'à maintenant, les gouvernements fédéral et provinciaux ont eu tendance à faire preuve de ce même cynisme par leur interprétation des plus strictes et juridiques des traités, affirmant que, par ces instruments, les autochtones «ont cédé, abandonné, livré» tous les droits et titres qu'ils détenaient sur leurs terres ancestrales.

Cette façon étroite et partiale de concevoir les traités essentiellement comme des ententes de nature immobilière en vertu desquelles les groupes autochtones vendent tous leurs intérêts dans de vastes territoires pour de petits paiements initiaux et de petits paiements continus (habituellement 5 $ par année par Indien visé par le traité) a donné lieu à une immense divergence d'opinions: d'une part, ceux qui soutiennent que les traités sont des instruments légaux qui éteignent les DROITS ANCESTRAUX; d'autre part, ceux qui voient les traités comme des instruments qui définissent la relation entre peuples qui, en tant que communautés coexistantes mais relativement autonomes, acceptent de partager les territoires et les ressources du Canada. Selon ce dernier point de vue, les traités n'ont pas éteint mais plutôt confirmé les droits, puisque la Couronne reconnaît que les peuples autochtones ont la capacité de prendre et d'appliquer leurs propres lois, et donc d'agir en tant que participants autonomes sur la scène internationale. Combler le fossé entre ces deux interprétations des traités, selon qu'ils éteignent ou confirment des droits ancestraux, pose un énorme défi au peuple et aux législateurs du Canada.

Traditions des traités

Traités de la chaîne d'alliance Les conventions et les protocoles concernant la négociation de traités qui ont été et sont appliqués dans la majeure partie du Canada prennent leurs origines dans l'ancienne chaîne d'alliance. La chaîne d'alliance est une complexe construction diplomatique interculturelle élaborée après 1676 en vue d'influencer la relation géopolitique ayant cours entre les nombreuses colonies anglo-américaines et les diverses nations autochtones du nord-est de l'Amérique du Nord. Le centre de cet important laboratoire de négociation de traités entre la Couronne et les autochtones était le terrain du conseil, près d'Albany, où les autorités de la colonie de New York négociaient périodiquement avec les représentants de la Ligue des Hotinonsionnis, appelée aussi la Ligue de la longue maison, ou encore la Confédération iroquoise, la Confédération des Cinq-Nations et, plus tard, des SIX-NATIONS. Le principe parfois ténu à la base de la chaîne d'alliance, qui s'inspire largement des métaphores et de l'idéologie politique des Hotinonsionnis, est que New York est à la tête des autres colonies anglo-américaines et que la Ligue des Iroquois est à la tête d'une association autochtone plus étendue, que Francis Jennings a appelée «l'empire iroquois ambigu». En établissant des relations par traités avec les membres de la Ligue, mais surtout avec les puissants MOHAWKS, les représentants de la Couronne développent une présomption légale tout à fait mythique selon laquelle la juridiction de leur gouvernement s'étend, en passant par les IROQUOIS, jusqu'au pays indien du Canada.

Traités et Wampum Lorsque les représentants de la Couronne proposaient de renouveler les relations de traité avec leurs alliés INDIENS, ils affirmaient, suivant la métaphore habituelle, polir les maillons de fer de la chaîne d'alliance afin de les transformer en maillons d'argent. Pour ces diplomates autochtones et non autochtones formés dans la tradition de négociation de traités dans le contexte de la chaîne d'alliance, il aurait été quasi impensable de tenter de conclure des ententes sans en illustrer les faits saillants sur des ceintures wampums composées de fragments de coquillages tissés en des motifs judicieusement symboliques. L'acceptation d'un wampum en conseil officiel marquait l'adhésion aux principes exprimés dans les motifs de la ceinture. Le wampum sert par la suite à perpétuer le souvenir de ce qui a été négocié en conseil. L'utilisation du wampum comme instrument servant à définir les relations issues des traités s'est étendue dans tout l'est de l'Amérique du Nord du XVIIᵉ jusqu'au début du XIXᵉ siècle.

Traités des Maritimes Une autre tradition de relations établies par traités s'inspire aussi parfois de la chaîne d'alliance. Cette tradition lie la Couronne britannique aux MICMACS et aux MALÉCITES dont les terres ancestrales englobent les provinces Maritimes actuelles et une partie de la péninsule de Gaspé. Contrairement aux traités découlant des principes dont fait état la Proclamation royale, les traités des Maritimes ne touchent pas directement le partage et la répartition des titres fonciers. Ces ententes, dont les plus importantes sont le Traité de Boston de 1725 et le Traité de Halifax de 1752, ont plutôt été conclues comme promesses mutuelles de paix et d'amitié entre les Anglais et les Indiens. Elles garantissent aussi à ces derniers le droit de commercer librement, de chasser et de pêcher selon leurs coutumes et de recevoir de la Couronne des quantités annuelles de vivres, de provisions et de munitions.

Les représentants de la Couronne négocient ces traités d'abord avec la Confédération des Abénakis, dont les Malécites font partie, puis avec les Micmacs qui sont étroitement liés aux Abénakis à l'époque où ces peuples autochtones sont pour la plupart catholiques. Ils sont souvent profondément attachés à leurs prêtres ainsi qu'aux Acadiens francophones avec lesquels ils entretiennent des rapports étroits, étant donné les nombreux mariages mixtes. De par cet attachement à leurs voisins français, ces autochtones sont réellement et potentiellement des adversaires militaires des Britanniques, une position que les engagements mutuels des traités modifient quelque peu.

En 1985, la Cour suprême du Canada, en révoquant la condamnation de James Simon, de la réserve de Shubenacadie, trouvé coupable d'avoir chassé en saison fermée, confirme que le Traité de 1752 est toujours valide. En dépit de cette décision de la Cour suprême dans l'affaire Simon, les gouvernements des provinces Maritimes, comme ailleurs au Canada, acceptent mal cependant que les traités conclus entre la Couronne et les autochtones limitent leur juridiction provinciale sur les terres de la Couronne.

1754-1814: apogée de la négociation de traités

L'époque la plus explosive de l'histoire des relations établies par traités entre les autochtones et la Couronne s'étend depuis l'éclatement de la GUERRE DE SEPT ANS en 1754 jusqu'à la fin de la GUERRE DE 1812, en 1814. Durant cette période, l'Amérique du Nord est le théâtre de guerres intenses: d'abord entre les forces impériales de la France et de l'Angleterre, puis entre les révolutionnaires partisans de l'indépendance américaine et les partisans loyalistes d'un empire uni et, finalement, entre les armées des États-Unis et du Canada britannique impérial. Dans tous ces conflits, les nations indiennes de l'intérieur exercent une influence considérable sur les événements grâce à la capacité de leurs guerriers de combattre avec adresse dans des conditions qui sont extrêmement difficiles pour les militaires européens et euro-nord-américains. Dans bien des cas, cette aptitude particulière, alliée aux talents diplomatiques de certains de leurs négociateurs, permet aux groupes autochtones de détenir la balance du pouvoir dans les épreuves de force mettant en cause des non-autochtones luttant pour s'assurer l'hégémonie de l'Amérique du Nord.

En conséquence, dans les décennies précédant la fin de la Guerre de 1812, avant l'instauration d'une paix relative sur la nouvelle frontière séparant ce qu'il reste de l'Amérique du Nord britannique de la république américaine naissante, diverses confédérations et associations d'Indiens d'Amérique du Nord constituent une influence des plus grandes sur cette scène mondiale où les relations ne cessent de changer. Ils signent des traités, partent en guerre et défendent et améliorent leurs propres intérêts en élaborant des politiques étrangères qui touchent encore de nos

jours l'organisation géopolitique de l'Amérique du Nord. C'est pourquoi les chercheurs qui tentent de comprendre la signification constitutionnelle contemporaine des droits existants, ancestraux et issus de traités, tels que reconnus et affirmés par la loi suprême du pays, doivent étudier de très près la façon dont les représentants de la Couronne ont traité ces questions à l'époque où l'intégrité géopolitique du Canada dépendait en grande partie du succès de la défense du territoire qui était à la fois pays indien et arrière-pays de la TRAITE DES FOURRURES, dont le centre d'opérations se trouvait à Montréal.

Traités et Guerre de Sept Ans

En 1755, en réaction au pouvoir que génère l'alliance entre les Français et les autochtones et qui constitue la base géopolitique de la sécurité du Canada, le gouvernement impérial britannique enlève aux colonies anglo-américaines la responsabilité de négocier des traités avec les nations indiennes. Les architectes du nouveau plan créent, au sein du ministère britannique impérial des Affaires indiennes, une Direction du Nord et une Direction du Sud, véritables extensions de l'establishment militaire britannique relevant directement du roi. La Direction du Nord, dirigée par l'expert en matière de chaîne d'alliance, sir William JOHNSON, est essentiellement le premier semblant de gouvernement du Canada anglophone. Il existe un rapport direct de continuité administrative entre le ministère de Johnson, qui polit et étend l'ancienne chaîne d'alliance, et l'actuel ministère des Affaires indiennes et du Nord canadien. Pendant la Guerre de Sept Ans, sir William Johnson, avec l'aide affectueuse de sa ménagère et conseillère mohawk, Molly BRANT, réussit à neutraliser la vieille alliance franco-indienne en négociant une série de traités qui garantissent aux groupes autochtones la protection royale de leurs terres contre la prise de possession par les colons anglo-américains. Le Traité d'Easton de 1758, entre autres, s'inspire largement non seulement de la chaîne d'alliance mais aussi des conventions de négociation de traités des QUAKERS, qui avaient élaboré leurs propres politiques sur les Indiens en voulant coloniser la Pennsylvanie.

Après la victoire des Britanniques sur les Français en 1759 sur les PLAINES D'ABRAHAM, Johnson conclut de nouveaux traités et accords entre le souverain de l'empire britannique et les soi-disant neuf nations du Canada qui habitent plusieurs missions catholiques près du lac Ontario et dans la vallée du Saint-Laurent. Ces transactions promettent aux autochtones la sécurité de leurs habitations ainsi que la liberté de commercer et de prier comme ils le veulent. L'une de ces transactions, menée à Longueuil avec une délégation d'HURONS, fait l'objet du litige qui, en 1990, mène au jugement innovateur de la Cour suprême dans l'affaire Sioui.

Proclamation royale de 1763

Après la défaite de l'armée française en Amérique du Nord, le gouvernement britannique tourne carrément son attention vers les relations avec les peuples autochtones qui détiennent et administrent encore la plupart de leurs terres ancestrales dans les vastes étendues du Canada. À cette époque, il est généralement reconnu que le Canada comprend la portion septentrionale de l'immense vallée du Mississippi, où un grand nombre d'autochtones ont été attirés dans le réseau transculturel des relations commerciales, militaires, diplomatiques et religieuses, dont le cœur stratégique est la traite des fourrures basée à Montréal. Lorsque les impérialistes britanniques remplacent les impérialistes français à Montréal et à Québec, ils poursuivent en grande partie et même améliorent plusieurs des politiques concernant les Indiens. Celles-ci sont essentielles au maintien de la cohérence géopolitique du Canada qui est un territoi-

re réservé aux Indiens essentiellement pour promouvoir la traite des fourrures.

Fort de son expérience de la chaîne d'alliance, sir William Johnson joue un rôle de premier plan dans la transition harmonieuse de l'alliance franco-autochtone à l'alliance anglo-autochtone au Canada. Ses conseils sont d'une importance capitale dans l'élaboration de la Proclamation royale de 1763 qui, en théorie, fixe les frontières précises de la nouvelle province britannique du Québec, du vaste pays indien au-delà des Appalaches et des 13 plus vieilles colonies anglo-américaines. La proclamation établit aussi une procédure devant régir l'ouverture de certaines parties du pays indien à la colonisation et à l'établissement par les sujets non indiens de la Couronne. Cette procédure pose les principes fondamentaux de la négociation de traités entre la Couronne et les autochtones en Amérique du Nord britannique et, après 1867, dans le Dominion du Canada. Ces principes s'appliquent encore aujourd'hui dans les traités contemporains qui sont négociés, p. ex., avec les autochtones de la Colombie-Britannique.

Le texte de la proclamation fait allusion aux erreurs qui ont été commises au cours de la longue histoire de la colonisation britannique de l'Amérique du Nord avant 1763. Il fait référence aux «grandes fraudes et injustices» commises précédemment «dans l'achat de terres aux Indiens». Ces fraudes ont causé un «grave préjudice» aux intérêts de l'Empire britannique en suscitant une «grande insatisfaction» chez les Indiens desquels la Couronne avait convoité la neutralité ou l'alliance dans ses guerres récentes contre les Français. Le roi cherche donc à éviter de sombrer dans l'enfer coûteux et dangereux de guerres implacables avec les autochtones. Il cherche aussi à injecter de l'ordre et de la régularité dans le fouillis inextricable de l'incertitude face aux titres fonciers et des revendications territoriales opposées. Ce désordre perdurera inévitablement tant que ne seront pas établies des règles claires régissant le transfert des terres des autochtones aux non-autochtones sur le territoire pionnier occidental de la colonisation anglo-américaine.

Le roi entend éliminer ce chaos en «réservant» aux quelques «nations ou tribus indiennes avec lesquelles Nous sommes en rapport» une grande partie de l'intérieur nord-américain comme «leurs territoires de chasse». De plus, seuls le roi et ses héritiers ont l'autorité d'acheter des parties de cette immense réserve indienne de ses habitants autochtones. Désormais, aucune personne privée ou colonie particulière ne peut acquérir des terres par le truchement de traités conclus directement avec les Indiens. S'adressant à ses sujets et à leur postérité par le «Nous» royal, le roi George proclame que «si en tout temps les Indiens sont enclins à disposer de ces terres, celles-ci seront acquises pour Nous, en Notre nom, à l'occasion d'une réunion ou assemblée publique de ces Indiens qui sera tenue à cette fin». Tous les futurs traités conclus avec les autochtones du Canada seront désormais menés directement avec la personne dont la Couronne symbolise la souveraineté de l'Empire britannique.

Résistance patriotique de Pontiac

La Proclamation royale représente une synthèse de plusieurs principes constitutionnels et stratégiques qui avaient été raffinés dans la chaîne d'alliance, dans l'expansion de la colonisation anglo-américaine vers les terres de l'Ouest et dans les traités conclus par la Couronne pour obtenir la neutralité et, dans certains cas, l'alliance des forces combattantes indiennes durant la Guerre de Sept Ans. Un autre facteur à l'origine du document est la réaction de Londres face aux succès militaires d'une confédération indienne émergente, dont les guerriers ont capturé neuf postes britanniques au Canada au cours du printemps de 1763. Cette confédération, animée par la vision spirituelle d'un prophète du Delaware nommé Neolin et par les plans stratégiques d'un chef OUTAOUAIS du nom de PONTIAC, a envahi les postes britanniques dans la région des Grands Lacs pour démontrer que les autochtones sont toujours maîtres de leurs terres ancestrales, même si l'armée britannique a vaincu l'armée française. Les affirmations patriotiques du mouvement appuyant Pontiac renforcent la détermination des dirigeants du parti Tory à Londres d'établir une politique sur les Indiens qui soit si respectueuse envers les autochtones du Canada que ceux-ci se décideront à vivre en alliés plutôt qu'en ennemis du souverain de l'Empire britannique.

Traité de Fort Stanwix de 1768

Lorsque les grandes compagnies de traite des fourrures de la Pennsylvanie font des réclamations contre le gouvernement britannique pour les dommages encourus durant la résistance de Pontiac, les représentants du ministère des Affaires indiennes décident de les indemniser au moyen d'un important transfert de terres négocié à Fort Stanwix en 1768. Le Traité de Fort Stanwix, la première transaction importante négociée selon les dispositions de la Proclamation royale, repousse la frontière entre le pays indien et les colonies anglo-américaines vers l'ouest, jusqu'à la rivière Ohio. Le traité suscite beaucoup d'acrimonie chez les nations indiennes, car il favorise surtout les amis iroquois de sir William Johnson aux dépens des Shawnis et d'autres groupes qui y perdent une grande part de leurs terres. Cette expérience provoque chez les Shawnis l'émergence de chefs partisans de la ligne dure dans le débat qui s'ensuit entre les autochtones de la région des Grands Lacs et de la vallée de l'Ohio, à savoir qui a l'autorité de céder des terres dans les traités conclus avec les agents des colons anglo-américains. Jusqu'à la fin de la Guerre de 1812, les partisans de la ligne dure chercheront à contraindre les Britanniques à respecter les clauses du Traité de Fort Stanwix déterminant que la rivière Ohio est la frontière orientale d'un pays indien reconnu à l'échelle internationale.

Traités et spéculateurs fonciers

Sir William Johnson, qui est lui-même un spéculateur foncier, espère que le Traité de Fort Stanwix ouvre suffisamment de territoire pour satisfaire les visées du milieu des affaires des 13 colonies et de l'Angleterre. Mais plutôt que de rassasier leur appétit pour de nouveaux territoires autochtones transformés en propriétés privées, l'accord ne fait qu'aiguiser l'instinct de possession des spéculateurs fonciers dont les activités ont tant influencé la politique à cette époque.

Certains de ces spéculateurs, dont les représentants politiques comprennent notamment Benjamin Franklin en Pennsylvanie et lord Shelburne en Grande-Bretagne, tentent de contrer la Proclamation royale en soutenant que les nations indiennes ont le pouvoir légal de céder des terres par le truchement de traités conclus directement avec les compagnies de colonisation. Cependant, en 1774, au moment où ces puissants intérêts commerciaux semblent sur le point de l'emporter, le gouvernement britannique réagit en confiant à la colonie de Québec l'administration des mécanismes royaux des relations entre la Couronne et les Indiens. Cet aspect de l'ACTE DE QUÉBEC, qui favorise les intérêts de la traite des fourrures de Montréal au détriment des spéculateurs fonciers de Philadelphie ainsi que les droits ancestraux et issus de traités des autochtones au détriment des aspirations expansionnistes des colons anglo-américains, est un facteur important dans le déclenchement de la Guerre d'Indépendance américaine en 1776.

Trahison britannique des alliés indiens de la Couronne dans le traité de Paris de 1783

Tandis que bon nombre d'Indiens tentent d'éviter de s'embourber dans la guerre civile qui déferle sur l'Amérique du Nord après 1776, d'autres estiment qu'une victoire de la Couronne britannique serait moins menaçante dans l'immédiat pour les peuples autochtones qu'une victoire des forces frustrées de l'expansionnisme vers l'ouest, qui constituent le moteur de la Guerre d'Indépendance américaine. Dans cette guerre, ceux parmi les Mohawks qui suivent Joseph Brant sont des alliés particulièrement actifs des Britanniques. Toutefois, en dépit de l'importante contribution des Indiens à l'effort de guerre, les diplomates qui remanient la carte de l'Amérique du Nord en 1783 ne tiennent nullement compte de l'héritage des traités de la Couronne avec les autochtones de l'Amérique du Nord. Le TRAITÉ DE PARIS de 1783 crée une nouvelle frontière internationale, le long des Grands Lacs, qui ignore complètement la chaîne d'alliance et le Traité de Fort Stanwix.

Les conséquences géopolitiques de la Guerre d'Indépendance américaine accentuent l'eurocentrisme qui anime le monde de cette époque. Au plus haut point des pourparlers en vue de conclure un traité international, les nations autochtones ne sont même pas invitées aux négociations de Paris bien que ce soient leurs terres qui font continuellement l'objet d'échanges. Les autochtones étaient donc vus comme des sous-hommes n'ayant aucun droit inhérent de regard sur la planification de leurs propres destinées politiques. Cette tendance raciste, soit de reléguer la négociation de traités avec les autochtones à un moindre niveau de droit que les non-autochtones peuvent violer impunément, se poursuit encore de nos jours.

De nombreux peuples autochtones, ainsi que des dirigeants de l'armée britannique en Amérique du Nord, ont été abasourdis en apprenant que la Couronne avait trahi ses alliés indiens dans le traité de Paris. Face à la crise qui s'ensuit, le gouverneur de Québec, Frederick HALDIMAND, signe des traités avec les Indiens de Mississauga, au nord du lac Ontario, en vue d'ouvrir, en 1784, deux grands lotissements à l'intention de ceux parmi les Six -Nations qui choisissent d'y immigrer plutôt que de vivre sous la juridiction des États-Unis et de l'État de New York. Au cours des années suivantes, le chef mohawk Joseph BRANT choisit de vendre des parcelles du territoire de son peuple dans la région de la rivière Grand, territoire également appelé la Concession de Haldimand. Il indique que son droit de vendre des terres à leur valeur marchande à des acheteurs non autochtones est fondé sur le fait que sa communauté des Six-Nations n'est pas soumise aux dispositions de la Proclamation royale, qui interdit le transfert d'un territoire autochtone à toute autre personne que le souverain britannique.

Canada de l'époque et alliance entre la Couronne et les Indiens

Haldimand joue un rôle prépondérant dans la décision des Britanniques de conserver leurs postes militaires au sud des Grands Lacs pour renforcer la traite des fourrures basée à Montréal et dont l'arrière-pays continue d'englober la partie septentrionale de la vallée du Mississippi. De même, la conservation des postes à l'extrême sud du Canada de l'époque indique aux autochtones du pays indien à l'ouest de la rivière Ohio que la Couronne continue d'appuyer leur résistance à l'expansion de la colonisation anglo-américaine qu'encourage alors le nouveau gouvernement des États-Unis.

Le système d'alliance par traités entre la Couronne et les autochtones du Canada se remet brièvement du revers que lui ont infligé les diplomates à Paris en 1783. Sur le plan commercial, en effet, l'alliance s'étend et progresse plus que jamais. Cette expansion se manifeste dans la croissance et la prospérité de Montréal où les principaux entrepreneurs rationalisent leurs activités dans la traite des fourrures en fondant la COMPAGNIE DU NORD-OUEST (CNO). Celle-ci maintient et étend son réseau commercial dans tout le nord de la vallée du Mississippi, raffermissant ainsi les alliances de la Couronne avec les autochtones dans cette partie du pays. De plus, des guides autochtones, débrouillards et polyglottes mènent les agents de la CNO jusque sur la côte Ouest et les limites nord-ouest du Canada actuel.

Ce faisant, les géographes, les commerçants et les diplomates de la CNO, dont Peter POND, Alexander MACKENZIE et David THOMPSON, étendent l'influence de l'impérialisme britannique et du commerce canadien dans toutes les vastes étendues du pays indien. Ils font aussi parfois concurrence aux agents de la COMPAGNIE DE LA BAIE D'HUDSON (CBH). Celle-ci, depuis 1670, profite de sa fameuse charte pour établir une importante présence commerciale chez les autochtones occupant ce qu'on appelait alors la TERRE DE RUPERT et les TERRITOIRES DU NORD-OUEST. Les autochtones et les dirigeants de la CBH mettent au point de subtils protocoles de relations diplomatiques et économiques que l'on peut concevoir comme la manifestation visible de relations par traité. Les aspects cérémoniels des négociations entre les autochtones et la CBH entrent certainement en jeu au XIXe siècle, lorsque les représentants de la Couronne négocient les traités numérotés en vue de s'assurer que les Indiens ne s'opposent pas à l'expansion du Dominion du Canada sur leurs terres ancestrales.

Traités et titres autochtones

Dans la région centrale des Grands Lacs, des groupes indiens refusent de reconnaître la légitimité de la nouvelle frontière internationale qui réduit de moitié leur territoire ancestral. Ils n'acceptent pas non plus que leurs terres au sud de la nouvelle frontière appartiennent aux États-Unis ou qu'elles relèvent de sa compétence. Les agents du ministère britannique impérial des Affaires indiennes, dont bon nombre sont d'ascendance autochtone ou ont épousé des femmes autochtones avec qui ils ont des enfants de sang mêlé, ont tendance à partager l'ahurissement de leurs alliés indiens et des membres de leurs familles. Sous leur pression, le gouvernement britannique déclare officiellement que la Grande-Bretagne n'a pas, en fait, cédé aux États-Unis les terres au nord de la rivière Ohio et au sud des Grands Lacs, mais seulement transféré le droit exclusif du souverain britannique d'acheter des terres des autochtones conformément aux principes décrits dans la Proclamation royale. Ainsi, les États-Unis ne peuvent donc prétendre avoir juridiction sur le pays indien à l'ouest de la rivière Ohio, la limite créée en 1768 par le traité de Fort Stanwix. Tout ce que les États-Unis peuvent réclamer est le seul droit d'acheter ces terres aux autochtones par des traités lorsque ceux-ci le désirent.

Comme on pouvait s'y attendre, les États-Unis réfutent cette interprétation dès le début. En 1790 et en 1791, cependant, la petite armée mal organisée du faible gouvernement fédéral essuie une double défaite aux mains des forces guerrières bien armées d'une confédération indienne en plein essor depuis l'époque de Pontiac. On parle parfois de ces importantes défaites de la jeune armée américaine comme de l'Humiliation de Harmar ou de la Honte de St. Clair, noms des généraux américains vaincus.

Ces revers de fortune déclenchent une soudaine poussée d'activités diplomatiques. En 1793, le gouvernement des États-Unis semble s'incliner sous le double poids de la confédération indienne et du gouvernement britannique. Lors d'une séance du conseil avec les Indiens, les autorités annoncent que le président des États-Unis accepte que les nations indiennes conservent la propriété du sol dans le grand territoire à l'ouest de la rivière Ohio. Cette reconnaissance a des répercussions constitutionnelles considérables jusqu'à ce jour. En effet, il y a encore toute une controverse quant à savoir si le titre autochtone, l'élément central des négociations de plusieurs traités, est simplement un droit d'occuper et d'utiliser la terre ou si ce droit s'étend, p. ex., à la propriété des minéraux du sous-sol.

État souverain pour la nation indienne

Les victoires des Indiens sur l'armée américaine incitent le gouvernement britannique à adopter une stratégie qu'il utilisera de façon intermittente jusqu'à la fin de la Guerre de 1812. Il s'agit d'une position adoptée secrètement par le gouvernement impérial selon laquelle il appuiera et encouragera la confédération indienne jusqu'à ce que celle-ci puisse revendiquer la souveraineté internationale sur les terres situées entre la rivière Ohio et les Grands Lacs. On fait souvent référence au territoire envisagé alors, qui se serait probablement appelé *Indiana*, comme l'État-tampon indien.

Aux yeux des impérialistes britanniques, cet État indien souverain devait servir d'enclave pour protéger ce qu'il restait de l'Amérique du Nord britannique contre les visées expansionnistes de la nouvelle république américaine, dont les idéologues les plus agressifs considèrent de plus en plus l'ensemble du continent nord-américain comme le patrimoine que les États-Unis ont hérité de Dieu comme preuve manifeste de leur destin. C'est sous cette stratégie géopolitique que le système d'alliance par traités entre la Couronne et les peuples autochtones du Canada atteint son but le plus élevé et le plus ambitieux: faire accéder la confédération indienne au rang de souveraineté internationale, tout comme le gouvernement français qui, par le truchement de traités, a accordé un statut souverain aux révolutionnaires américains au sein de la communauté internationale.

Traité Jay de 1794

Les espoirs de créer un nouvel État indien subissent un revers lorsque les forces combattantes de la confédération indienne sont défaites en 1794 lors de la bataille de Fallen Timbers. La même année, en réponse à cet événement, le gouvernement britannique conclut un traité avec le gouvernement américain dans lequel les représentants de la Couronne acceptent de se retirer des postes britanniques situés au sud des Grands Lacs à partir de 1796. Les dispositions de l'entente, connue sous le nom de traité Jay, prévoient que les Indiens nord-américains pourront continuer de traverser librement la frontière internationale dans les deux sens. Si les Britanniques insistent pour que cette disposition soit ajoutée, c'est en grande partie afin que la traite des fourrures centralisée à Montréal ne soit pas trop brusquement amputée des relations commerciales avec les autochtones de la vallée septentrionale du Mississippi.

À titre de traité entre la Grande-Bretagne et les États-Unis, le traité Jay n'est pas, techniquement, un traité indien. L'entente a cependant eu d'importantes répercussions à long terme pour les autochtones des deux côtés de la frontière canado-américaine. Le gouvernement américain a honoré cet accord et les Indiens inscrits du Canada peuvent vivre et travailler aux États-Unis sans restriction. Le gouvernement du Canada ne se considère pas lié par ce Traité, une position qui est périodiquement contestée, surtout par les OJIBWÉS et les PIEDS-NOIRS des Six-Nations dont les terres ancestrales sont divisées en deux par la frontière canado-américaine.

Tecumseh et les traités indiens en tant qu'instruments du droit international

Les espoirs et les possibilités d'un État national souverain incarnant l'identité et les buts d'une confédération indienne multiculturelle reprennent de plus belle au cours de la première décennie du XIXe siècle, lorsque les relations entre la Grande-Bretagne et les États-Unis se détériorent surtout à cause de l'influence grandissante des guerres napoléoniennes. Au cœur du mouvement visant à créer un nouveau pays sur le territoire contesté au sud des Grands Lacs se trouvent deux frères shawnis qui implorent les peuples autochtones de surmonter leurs différences et leurs disputes ethniques et de s'unir en une seule communauté pour défendre leur territoire amenuisé contre les incursions croissantes des colons anglo-américains et du gouvernement des États-Unis.

Au début, le visionnaire religieux Tenskwatawa est le plus influent des deux frères. Lorsqu'il fait part aux autres de ses révélations prophétiques, il crée une grande agitation religieuse, particulièrement parmi les autochtones de langues algonquines de différentes nationalités. Certains d'entre eux se réunissent autour de lui, créant la nouvelle communauté indienne de Prophetstown, au sud du lac Michigan, à l'embouchure de la rivière Tippecanoe.

Tandis que le charisme religieux de Tenskwatawa capture l'imagination d'un nombre croissant de disciples du pays indien, TECUMSEH, le frère shawni du prophète, commence à donner au mouvement une orientation et un contenu plus explicitement politiques. Au moment où une guerre nord-américaine entre les États-Unis et la Grande-Bretagne devient de plus en plus imminente, Tecumseh multiplie ses voyages afin d'aller convaincre divers groupes autochtones de l'urgente nécessité de coordonner leurs actions. Il est bientôt reconnu comme un brillant orateur et stratège capable d'insuffler un formidable sentiment de résistance patriotique chez les peuples de différentes identités indiennes qui avaient finalement trouvé un chef capable de transcender les vieilles et nombreuses jalousies qui ont trop souvent saboté l'efficacité militaire et diplomatique de la confédération indienne.

De l'avis de Tecumseh, les Indiens ne peuvent plus permettre au gouvernement et au peuple américains d'envahir leurs terres en négociant avec les plus petits groupes parmi eux. Le grand stratège shawni se montre particulièrement critique envers les individus autochtones qui se laissent soudoyer ou enivrer par les autorités américaines qui les poussent ensuite à signer de nombreux traités par lesquels ils cèdent des terres au gouvernement américain pour aussi peu que deux cents l'acre, en moyenne. Tecumseh propose plutôt une politique qui intégrerait en un seul tout l'ensemble des terres occupées par toutes les communautés de la confédération indienne. Désormais, le seul organisme autorisé à conclure un traité avec une puissance étrangère serait le conseil central représentant toutes les parties constituantes de la confédération indienne.

Tecumseh a probablement élaboré cette position en s'inspirant des idées de la Ligue de la longue maison et de l'organisation fédérale de la Constitution américaine. Chose certaine, son objectif est de s'assurer que son peuple détient le pouvoir de conclure des traités qui ne soient pas que de simples contrats à portée nationale, mais qui s'inscrivent légitimement dans le cadre des relations internationales. Pour accéder à ce niveau de souveraineté, la confédération indienne a besoin d'un gouvernement central intérieurement cohérent, d'une force militaire efficace et d'un puissant allié qui appuiera son statut international sur le plan militaire, diplomatique et économique. La Grande-Bretagne pourrait être cet allié. Tecumseh reconnaît, cependant, que c'est aux Indiens eux-mêmes qu'il revient de générer l'unité, la volonté et l'ingéniosité nécessaires pour faire obstacle au plan américain de détruire et d'absorber le pays indien, que ce soit par le meurtre, par l'assimilation forcée de ses habitants ou par leur déplacement obligatoire vers le territoire de la Louisiane au-delà du Mississippi.

Guerre de 1812

En 1811, l'envahissement de Tippecanoe, capitale de la confédération indienne, par les troupes du général américain William Henry Harrison, compromet la liberté d'action des stratèges shawnis. Cette défaite force Tecumseh à entretenir des liens plus étroits avec le ministère britannique impérial des Affaires indiennes, dont les autorités ne lui ont jamais inspiré confiance. Le premier porte-parole de la confédération accepte néanmoins la charge de brigadier général de l'armée britannique, preuve on ne peut plus évidente de la nature martiale de l'alliance entre la Couronne et les Indiens dont dépend largement la défense du Canada.

Lorsque les embargos commerciaux et les conflits en mer finissent par déclencher la Guerre de 1812, la mobilisation immédiate des forces combattantes de la confédération est, dès le début du conflit dans la région des Grands Lacs, un important facteur déterminant. Les guerriers indiens jouent un rôle particulièrement décisif dans la prise par les Britanniques de Michillimackinac et du très stratégique poste de Détroit. La prise de Détroit donne au gouvernement britannique le temps de transférer un nombre suffisant de militaires du front européen à celui du Haut-Canada. Pour les Britanniques, les événements de 1812 confirment donc amplement l'utilité de leur système d'alliance par traités avec les autochtones. Au cours des générations, depuis la chaîne d'alliance à la Proclamation royale, ce système a finalement abouti au projet d'établissement d'un État tampon indien. Ce plan politique des Britanniques devient le facteur essentiel dans la défense du Canada dès le début de la Guerre de 1812, une défense qui aurait probablement échoué (ce qui aurait entraîné d'énormes conséquences pour tous les Nord-Américains) sans l'engagement stratégique des Indiens.

Autres conséquences

Du côté indien de l'alliance, le résultat est plus tragique, mais non de façon absolue. Après la mort de Tecumseh au cours d'une bataille en 1813, la confédération indienne se désintègre. Au cours des années suivantes, les Américains détruisent en effet une grande partie du pays indien à l'est du Mississippi en appliquant un gigantesque plan consistant à déplacer tous les habitants autochtones vers un territoire spécialement désigné, maintenant l'État d'Oklahoma. Aux États-Unis, cet exode obligatoire est passé à l'histoire sous le nom de Sentier des larmes. Cependant, au lieu de déménager vers l'ouest, de nombreux autochtones du sud des Grands Lacs immigrent vers le nord, au-delà de la frontière qui, tracée en 1783, ne devient officiellement établie qu'en 1814, lorsque le TRAITÉ DE GAND met fin aux hostilités de même qu'à la possibilité de créer, à l'ouest de la rivière Ohio, un État indien reconnu mondialement. Plusieurs descendants de ces autochtones, dont les terres ont été si douteusement cédées aux États-Unis par la Grande-Bretagne, vivent aujourd'hui dans des réserves et des communautés dispersées dans le sud de l'Ontario et le long de la rive nord supérieure des Grands Lacs.

Ils incarnent l'héritage de ce chapitre crucial de l'histoire du Canada et des autochtones. Cet héritage se perpétue aussi dans la mesure où les droits existants, ancestraux et issus de traités, reconnus par la Constitution, peuvent encore aider à former une nouvelle sorte de pays indien fondé sur le partage des terres, des ressources, des compétences et des cultures. Pour prospérer, le Canada doit constituer une terre d'alliés et non d'adversaires, où l'on soutient et célèbre les identités autochtones plutôt que de les détruire et de les nier.

Traités conclus avant la Confédération

Traité de Mississauga et autres traités du Haut-Canada Plusieurs des Loyalistes de l'Empire-Uni qui déménagent au Québec après la Guerre d'Indépendance américaine s'installent d'abord sur les rives du Saint-Laurent en amont de Montréal, puis sur les rives nord des lacs Ontario et Érié, où vivent les Mississaugas, de la famille des Ojibwés et des Anishnabeks. Pour obtenir leur permission et accommoder cet influx de colons, on applique les dispositions de la Proclamation royale sans trop de rigueur, voire avec insouciance. Ce processus de négociation porte en partie sur l'acquisition de terres dans la vallée de la rivière Grand et dans la région de la baie de Quinte à l'intention des groupes majoritairement mohawks dont l'arrivée marque le début de la migration des LOYALISTES. Cette migration mène à la division du Québec en deux juridictions: le Bas-Canada et le Haut-Canada. Après 1871, le Haut-Canada s'accroît considérablement en superficie lorsqu'il devient l'Ontario. Cette province est sûrement la seule juridiction en Amérique du Nord où les terres ont fait l'objet de traités entre la Couronne et les autochtones pour les raisons les plus diverses et durant les périodes les plus longues.

En 1794, le gouverneur général du Canada, lord Dorchester, tente de corriger la démarche parfois insouciante de la Couronne à l'égard des traités. En préparant le déménagement de la capitale du Haut-Canada de Niagara-on-the-Lake à York, aujourd'hui Toronto, on découvre qu'il existe peu de pièces justificatives démontrant que la Couronne a acheté le site de la future capitale. Afin de corriger ces problèmes, lord Dorchester ordonne que l'on conclue une nouvelle entente avec les Mississaugas. Étant donné l'importance de l'alliance entre la Couronne et les Indiens pour la sécurité du Canada, Dorchester ordonne que toutes les négociations de traités se déroulent à l'avenir «avec toute la solennité et le cérémonial des us et coutumes traditionnels des Indiens».

Ces instructions renouvellent et améliorent une tradition qui, hormis quelques écarts notoires, sera généralement respectée lors des négociations de traités tout au long du XIXe siècle. Un des éléments importants de cette tradition, qui remonte aux directives de Dorchester, est l'interdiction formelle de distribuer et de consommer de l'alcool durant les négociations. Cette interdiction est nettement contraire à la pratique plutôt courante aux États-Unis, où l'on encourage parfois les négociateurs autochtones à s'enivrer afin de saper leur jugement et les amener ainsi à apposer une croix sur des documents de traité qu'ils ne ratifieraient peut-être pas autrement.

Avant la fin de la Guerre de 1812, les traités sur les terres conclus avec les Mississaugas au nord des Grands Lacs font partie d'un cycle beaucoup plus grand de négociations de traités entre la Couronne et les diplomates de la confédération indienne, dont l'objectif premier est de s'assurer la reconnaissance souveraine de l'État de la nation indienne. Alors qu'une période de paix relative s'installe après 1814, le pouvoir de négociation des autochtones diminue, mais le caractère militaire de l'ancienne alliance est confirmé chaque année, jusqu'à la fin des années 1850, à l'occasion de cérémonies complexes dans les postes britanniques situés autour des Grands Lacs. C'est là que les représentants de la Couronne distribuent des «présents» aux anciens combattants autochtones et aux membres de leur famille. Au milieu des années 1830, les traités couvrent déjà la majeure partie des terres arables du Haut-Canada au sud du Bouclier canadien. Au début, ces accords prévoient la distribution par la Couronne de biens et d'argent, ainsi que des engagements à verser de petits paiements annuels, lesquels sont souvent intégrés aux présents que le ministère britannique des Affaires indiennes distribue aux postes britanniques. Ce n'est qu'à mesure qu'évolue le système de traités que se développe le principe selon lequel ces accords doivent inclure une disposition prévoyant l'établissement de réserves indiennes clairement délimitées, que la Couronne doit, en théorie, garder à l'intention de ses alliés indiens.

Traités de Bond Head En 1836, le lieutenant-gouverneur sir Francis Bond HEAD conçoit un changement de politique radical qu'il tente de réaliser par la négociation de traités avec différents groupes indiens, dont les Wyandots ou Hurons près de Windsor, les Saugeens Anishnabeks et un groupe formé majoritairement d'Anishinabeks protestants ayant fondé une compagnie de transport le long du vieux portage de Toronto, entre le lac Simcoe et la baie Georgienne. Le but de Bond Head est de mettre fin à tous les efforts déployés par l'Église et par le gouvernement pour transformer les Indiens en cultivateurs euro-canadiens et chrétiens. Head souhaite plutôt que les cultivateurs indiens incarnent son stéréotype romantique du noble sauvage et s'installent dans l'île Manitoulin où ils pourront chasser et pêcher loin des forces soi-disant corrosives de la prétendue civilisation.

Le choix de l'île Manitoulin comme territoire indien permanent est incorporé dans un traité conclu lors des cérémonies de distribution de présents à Manitowaning en 1836. Le plan est d'utiliser l'île Manitoulin pour accueillir non seulement les agriculteurs indiens du Haut-Canada, mais aussi les réfugiés indiens du sud des Grands Lacs qui ne manqueront pas d'arriver puisque les Américains et leur gouvernement s'approprient leurs terres.

Le ministère des colonies entérine le plan de Head parce que ce projet se rapproche en quelque sorte de l'apartheid que le gouvernement britannique propose alors pour l'Afrique du Sud. Toutefois, les traités douteusement négociés de Bond Head ont tôt fait de soulever la colère de la Société de protection des autochtones (SPA), une coalition protestante d'Angleterre dont la plupart des membres sont d'anciens militants du mouvement antiesclavagiste. C'est en grande partie à cause de ces pressions que le ministère britannique des colonies ramène la politique adoptée en 1830, celle visant à encourager les autochtones à adopter la religion, les habitudes de travail et les mœurs de leurs voisins euro-canadiens. Cependant, les autorités impériales n'annuleront jamais les traités de Bond Head, que la SPA considère comme des ententes inéquitables et superficielles qui masquent un plan plus cynique visant à satisfaire la convoitise foncière des amis politiques du lieutenant-gouverneur.

Bond Head ne réussira jamais à persuader les Indiens occupant les terres plus arables au sud à s'installer dans l'île Manitoulin. En fait, en négociant le traité avec les Saugeens, il découvre qu'ils veulent surtout que la Couronne s'engage à les protéger contre les squatters dans au moins une partie délimitée de leurs terres ancestrales. Bond Head accepte leur requête et leur promet en plus que des «maisons convenables seront construites pour vous, et une assistance convenable vous sera apportée pour vous permettre de devenir civilisés et de cultiver la terre, que votre Grand Père s'engage à toujours protéger pour vous contre les empiétements des Blancs».

Ces paroles en disent long sur la nature des échanges découlant de ce traité et de plusieurs autres traités subséquents. Les autochtones acceptent de livrer la plus grande partie de leurs terres ancestrales à la colonisation en échange de la protection de leurs titres sur une plus petite partie de leur territoire. En outre, le gouvernement leur promet suffisamment de ressources et d'éducation pour aider ces communautés à s'adapter aux modes de vie économiques et sociaux que les nouveaux arrivants apporteront avec eux.

Traités Robinson C'est en 1850 que naît le principe selon lequel les traités peuvent concéder une forme de titre foncier sur les réserves indiennes, lorsque le représentant de la Couronne William Benjamin Robinson convainc les chefs autochtones de «céder, donner et transférer à Sa Majesté» environ 129 500 km² de terres au nord des Grands Lacs d'amont. Il s'agit alors des traités Robinson-Huron et Robinson-Supérieur, qui prévoient la création de 21 nouvelles réserves indiennes, chacune gardée par la Couronne «à l'usage et au profit» des groupes autochtones dont les chefs ont ratifié les ententes en apposant une croix sous leur nom respectif figurant dans le document.

Ces ententes prévoient également des paiements initiaux d'une valeur totale de 4000 £, en plus d'annuités «perpétuelles» évaluées à 1100 £, devant être distribuées à tous les Indiens visés par ces traités. C'est le gouverneur général lord Elgin, d'une part, et le chef Shinguakouce et ses partisans, d'autre part, qui avaient pressé les autorités de la Province du Canada d'alors d'autoriser la négociation de traités. En 1849, lors d'une confrontation relativement mineure, exagérément nommée Guerre de Michipicoten, Shinguakouce et ses hommes avaient défendu leurs intérêts dans les territoires du bouclier précambrien, où des entrepreneurs canadiens avaient déjà entamé de petites opérations minières.

Dans les traités Robinson qui s'ensuivent, la Couronne s'engage à permettre aux Indiens de chasser et de pêcher dans tout le territoire cédé «comme ils l'ont toujours fait jusqu'à maintenant». Cette promesse, la première du genre dans un traité indien, est faite, d'expliquer Robinson, afin que les Indiens ne puissent réclamer plus tard de l'assistance pour compenser la perte de «leurs moyens de subsistance habituels».

Traités de Saugeen et de Manitoulin Les deux derniers grands traités conclus avant la Confédération sont signés en 1854 et 1862. Ils couvrent respectivement la péninsule de Saugeen au nord d'Owen Sound et une partie de l'île Manitoulin sur le lac Huron. Or, en vertu des dispositions des traités plutôt inhabituels transigés par le lieutenant-gouverneur du Haut-Canada, sir Francis Bond Head, en 1836, ces deux régions avaient été expressément réservées aux Indiens. Aussi, est-ce là un des facteurs qui intensifient l'acrimonie marquant l'établissement des dernières colonies avant la Confédération.

Dans les deux cas, on obtient la sanction des traités par les Indiens de manière sordide et légalement douteuse. Il semble que la Couronne respecte de moins en moins les intérêts des autochtones à mesure que diminue l'importance militaire des Indiens dans la balance du pouvoir international dans la région des Grands Lacs.

Les traités de Saugeen et de Manitoulin stipulent que les groupes autochtones visés recevront à intervalles réguliers des paiements d'intérêts sur les fonds que la Couronne obtiendra de toute vente de territoires cédés. Cette promesse, sujet de futures controverses, ne suffit pas à assurer la participation de toute une communauté d'Outaouais catholiques installée dans la partie est de l'île Manitoulin. De concert avec les missionnaires jésuites vivant avec eux, ces Outaouais résistent avec succès aux efforts des autorités de la Couronne visant à les convaincre ou à les forcer de signer le traité de Manitoulin. Ainsi, Wikwemikong, en Ontario, demeure jusqu'à ce jour une réserve indienne non cédée.

Traités post-Confédération

Traités numérotés En 1867, la Confédération ouvre la voie à l'achat par le Canada de la Terre de Rupert et des Territoires du Nord-Ouest à la Compagnie de la baie d'Hudson. Les divers instruments légaux rendant ce transfert officiel stipulent que le gouvernement canadien assumera la responsabilité de la «protection» et du «bien-être» des habitants autochtones de la région.

De plus, l'obligation de compenser les Indiens pour tout intérêt qu'ils détiennent dans le territoire annexé incombe au Dominion. Ainsi donc, le système de traités indiens élaboré dans le Haut-Canada est appliqué dans l'Ouest. Entre 1871 et 1877, les représentants de la Couronne rencontrent des délégations indiennes pour négocier une série de transactions portant sur la majeure partie des provinces des Prairies actuelles ainsi que sur le nord-ouest de l'Ontario. Ces négociations mènent à la ratification de 7 des 11 soi-disant «traités numérotés» du Canada.

Le recours au système de traités dans presque tout l'Ouest canadien se justifie tout autant par pragmatisme économique que par considération légale des droits ancestraux des autochtones. Au cours des années 1870, le gouvernement des États-Unis dépense plus de 20 millions de dollars par année pour ses combats contre les Indiens des plaines. Constatant que cette somme est supérieure au budget global du gouvernement central du Canada, les autorités fédérales choisissent de miser plutôt sur les traités comme moyen d'obtenir le consentement relativement pacifique des 35 000 Indiens qui occupent les territoires que l'on destine à la colonisation.

Les représentants de la Couronne chargés de négocier les premiers traités numérotés ont comme directive d'offrir aux Indiens des conditions similaires à celles décrites dans les traités Robinson. Les délégués autochtones dans ces séances de négociations et dans les négociations subséquentes indiquent clairement qu'ils s'attendent à mieux. Dans les pourparlers menant aux sept premiers traités numérotés, les négociateurs autochtones veulent que le gouvernement du Dominion s'engage, notamment, à construire des écoles dans les réserves nouvellement créées, à fournir de l'équipement agricole, des semences, des bestiaux, des cours de formation en techniques agricoles et à prohiber la vente d'alcool dans les communautés autochtones.

Ces demandes sont généralement acceptées par la Couronne dans des ententes qui comprennent aussi des dispositions plus traditionnelles sur le droit de pêcher et de chasser, sur les annuités, sur la fourniture de médailles, de drapeaux, d'habits pour les chefs et de paiements forfaitaires initiaux. La plus complète de ces ententes est le Traité n° 6. Les négociateurs indiens, en majorité des Cris, exigent que le gouvernement s'engage à fournir des médicaments à leurs gens en cas de besoin. De même, ils obtiennent la promesse explicite que, si les Indiens visés par le Traité n° 6 devaient être frappés par «une quelconque peste» ou une «famine générale», les autorités de la Couronne prendront toutes les mesures nécessaires pour les soulager de cette calamité.

Les Ojibwés, les Cris et les Assiniboines qui ont à décider s'ils s'engagent ou non dans ces ententes avec la Couronne font bien souvent face à un avenir qui leur offre bien peu de choix. En général, on leur explique clairement que les nouveaux arrivants non autochtones prendront bientôt possession de leurs territoires, que des traités soient conclus ou non. Ils ont donc une alternative: combattre afin de résister à l'incursion des étrangers, peut-être sans succès, ou accepter une quelconque assistance gouvernementale qui leur permettra de s'adapter aux énormes changements qui vont sûrement s'abattre sur leur territoire. Pour les autochtones des Prairies, l'extinction des grands troupeaux nourriciers de bisons annonce un avenir particulièrement sombre. Par conséquent, pour certains, les traités semblent offrir une voie vers l'adaptation à un moment où toutes les autres avenues de survie sont bloquées.

Tous les groupes indiens ne croient pas, cependant, qu'il est dans leur meilleur intérêt de s'engager par traité avec la Couronne. Et, parmi ceux qui favorisent les traités, de sérieux désaccords subsistent quant aux demandes à présenter au jeune gouvernement du Dominion. En général, les négociateurs de la Couronne traitent d'abord avec les chefs des factions indiennes les plus désireuses d'obtenir des paiements pour leur terre. La stratégie consiste donc à isoler graduellement les groupes les plus conservateurs, qui finiront par accepter les conditions des traités, une fois qu'on leur aura fait voir clairement que les conséquences qui les attendent sont inévitables.

Ces tactiques dominent particulièrement les négociations que mène Alexander Morris dans le but d'obtenir, pour la Couronne, le territoire visé par le Traité n° 3. En tentant de recourir à la même tactique en 1876, lorsque la rivière Saskatchewan Nord devient le site le plus important des projets d'entente du Dominion, Morris doit affronter une résistance particulièrement intransigeante.

Les familles cries qui suivent les chefs BIG BEAR, Little Pine et Lucky Man refusent résolument les offres de traités qui leur sont faites. Ils ne peuvent se résigner à accepter un avenir confiné dans les limites étroites des réserves indiennes, du moins tant qu'il restera encore du bison à chasser. Plus tard, cependant, la menace de famine oblige la plupart d'entre eux à conclure différentes adhésions aux trai-

tés. Le plus récalcitrant de tous est peut-être Big Bear; mais, en 1882, il en vient à accepter les paiements prévus par les traités afin que ses quelques partisans puissent survivre à l'hiver.

De manière générale, les dirigeants indiens qui acceptent les traités le plus facilement sont chrétiens. Leurs missionnaires sont souvent d'importants intermédiaires qui réussissent à établir une certaine confiance entre eux et les représentants de la Couronne. Un certain nombre de MÉTIS servent aussi à faire progresser le processus de traité, car, en cette période cruciale de transition pour les Indiens et pour les nouveaux arrivants, ils sont peut-être les mieux placés pour agir comme intermédiaires.

Certificats des Métis Le gouvernement canadien tente de reconnaître la position particulière des Métis dans le cadre des traités en leur accordant des indemnités pour leur part d'ascendance autochtone sous forme de certificats. Ceux-ci, connus aussi sous le nom de *scrip*, avaient une valeur monétaire et leur permettaient d'acheter des terres. Malheureusement, les efforts déployés dans l'application de ce programme sont souvent sapés par les activités frauduleuses des revendeurs qui réussissent à s'approprier la majeure partie des ressources destinées aux communautés métisses.

Police à cheval du Nord-Ouest

La POLICE À CHEVAL DU NORD-OUEST (P.C.N.-O.), ou police montée, joue également un rôle important dans le processus de négociation. Arrivée en 1874 dans la région qui est aujourd'hui le sud-ouest de l'Alberta, la P.C.N.-O. devient particulièrement influente chez les nombreux Pieds-Noirs, Piégans, Gens-du-Sang, Sarcis et Assiniboines qui habitent la région. La force policière gagne l'estime des Indiens en les protégeant de l'exploitation sans scrupule des marchands de whisky américains particulièrement agressifs dans cette partie du pays. C'est sous ce nouvel ordre public que CROWFOOT, Red Crow et plusieurs autres dirigeants indiens en viennent à avoir suffisamment confiance en la bienveillance de la Couronne pour signer le Traité n° 7. Toutefois, selon des témoignages oraux, la partie indienne aux négociations considère ce Traité avant tout comme une promesse de garder la paix, les titres fonciers n'ayant presque pas été discutés.

La Résistance du Nord-Ouest de 1885 (*voir* RÉBELLION DU NORD-OUEST) démontre au gouvernement du Dominion combien il est important que la Couronne respecte ses obligations issues de ces traités. Ce mouvement de résistance fait pointer la menace réelle d'une rébellion indienne d'envergure, si des gestes positifs ne sont pas posés pour au moins les apaiser quelque peu. À partir de 1877, cependant, le processus de négociation de traités sera mis de côté jusqu'à la ruée vers l'or du Klondike dans les années 1890.

L'ouverture dans le Nord d'un nouveau territoire d'exploitation des ressources fait renaître les pressions en faveur de l'extinction des droits des autochtones. L'approbation par les autochtones des dispositions du Traité n° 8 est, au mieux, limitée. De plus, l'entente de 1899 prévoit la création de réserves indiennes, dont bon nombre n'ont jamais été établies. Ces mêmes aspects du Traité se retrouvent dans la transaction de 1921 négociée à la suite de la découverte de pétrole dans la vallée du Mackenzie.

Les dispositions du Traité n° 11, signé par quelques Indiens, ne sont jamais appliquées sérieusement. Par conséquent, des années plus tard, les Dénés de la vallée du Mackenzie présentent au gouvernement fédéral des REVENDICATIONS TERRITORIALES, soutenant que, pour eux, les Traités n° 8 et 11 n'ont pas force obligatoire étant donné qu'ils n'ont jamais été appliqués.

Les traités numérotés 9 et 10 couvrent des territoires dans le nord de l'Ontario et dans le nord de la Saskatchewan, respectivement. Du côté de la Couronne, les négociations du Traité n° 9 en 1905, sont

menées à la fois par des représentants du gouvernement de l'Ontario et du gouvernement fédéral, le coût de l'acquisition du titre autochtone devant être partagé par les deux gouvernements. C'est la seule fois où des autorités provinciales participent à des négociations de traités numérotés. L'année suivante, la Saskatchewan ne fait pas partie des négociations du Traité n° 10, car, contrairement à l'Ontario, cette nouvelle juridiction provinciale ne dispose pas de pouvoirs constitutionnels sur les ressources naturelles.

Cette importante ronde de traités, si courageusement lancée dans les années 1870, se termine dans les doléances dans les années 1920. Des recherches dans différentes archives ont révélé l'absence de documents officialisant les cessions de terres par les autochtones dans le centre et le sud de l'Ontario. Par conséquent, le gouvernement fédéral entreprend en 1923 de recueillir en douce des signatures d'Indiens pour conclure un traité destiné à corriger une série d'omissions historiques qui, ensemble, remettent en question le titre légal de certaines des terres les plus précieuses au Canada. En 1929, l'adhésion des Ojibwés, des Cris et des Oji-Cris du lac Big Trout étend la portée du Traité n° 9 aux terres du nord-ouest de l'Ontario.

Traités modernes

C'est donc en Ontario et dans les provinces des Prairies qu'a été élaboré un régime foncier très solidement ancré dans la négociation de traités indiens. Ailleurs au pays (c.-à-d. dans la plus grande partie de la Colombie-Britannique, du Yukon, des Territoires du Nord-Ouest, du Québec et des Maritimes), la colonisation à grande échelle par les non-autochtones s'est faite sans l'acquisition préalable par la Couronne des titres autochtones. Des réserves ont tout de même été allouées pour les Indiens habitant des territoires provinciaux non cédés. Ces réserves sont devenues les foyers des Indiens inscrits qui, bien que non signataires de traités, relevaient néanmoins de l'autorité administrative du ministère des Affaires indiennes à Ottawa.

Ce ministère s'est senti davantage gouverné par les dispositions de la LOI SUR LES INDIENS que par celles des traités indiens. Par conséquent, les subtiles distinctions légales entre les Indiens visés par des traités et les Indiens inscrits se sont estompées. De même, pendant presque tout le XXe siècle, la majorité de la population canadienne s'est montrée peu encline à faire face, sur le plan politique, au fait légal que les titres autochtones touchant de grandes parties du pays n'ont jamais été cédés.

Ce sont des Indiens de la Colombie-Britannique qui ont eu raison de l'inertie politique planant sur la question des terres autochtones depuis le début des années 20. Bien que des traités aient été conclus dans l'île de Vancouver dans les années 1850, les autorités provinciales de la Colombie-Britannique ont, depuis, continuellement rejeté l'idée que les autochtones occupant les territoires non cédés de la province ont des droits ancestraux inhérents. Les NISGA'A de la vallée de la rivière Nass luttent vigoureusement et depuis longtemps contre cette idée. Leur activisme a finalement entraîné la Cour suprême du Canada à rendre une décision partagée laissant entendre que le titre autochtone peut, en effet, encore constituer un intérêt légalement identifiable à la base du régime de propriété foncière presque partout en Colombie-Britannique.

La conclusion de la Cour suprême dans la cause des Nisga'a est un événement parmi d'autres qui contribuent, au cours des années 70, à attirer l'attention du public sur toute la question des droits des autochtones au Canada. L'événement crucial avait été la publication, en 1969, du Livre blanc fédéral concernant la politique sur les Indiens qui faisait état de l'idéologie politique du premier ministre Pierre Trudeau. Celui-ci préconise, entre autres, l'élimination de tout statut spécial pour les Indiens en mettant fin aux traités indiens.

Pour Trudeau, dont la carrière politique repose en grande partie sur son opposition à la reconnaissance de tout statut constitutionnel particulier pour le Québec, les traités entre groupes au sein de la société canadienne sont une anomalie. Les autochtones s'opposent vigoureusement au Livre blanc, deviennent beaucoup plus organisés et se font de plus en plus entendre. La décision de la Cour suprême dans la cause des Nisga'a en 1973 renforce considérablement leur pouvoir de négociation. Ces événements donnent lieu à une modification de la politique du gouvernement fédéral.

On met sur pied un Bureau des revendications des autochtones (BRA) à titre de tribune où l'on peut résoudre les griefs entre les groupes autochtones et les autorités gouvernementales. Le BRA définit deux catégories de revendications: les revendications particulières et les revendications globales. Ce sont ces dernières qui font l'objet des traités négociés de nos jours. Une revendication globale peut porter sur toute partie du Canada où les titres autochtones n'ont jamais été cédés.

On peut dire que la CONVENTION DE LA BAIE JAMES de 1975 est un traité moderne. Comme par le passé, c'est la décision d'ouvrir un nouveau territoire à l'exploitation des ressources (en l'occurrence, l'exploitation du potentiel hydroélectrique des rivières qui se jettent dans la partie est de la baie James) qui mène à des négociations avec les autochtones. Bien qu'on ait lancé l'énorme projet hydroélectrique au début des années 70 sans leur approbation, les Cris et les Inuits de la région ont forcé les autorités provinciales et fédérales à tenir compte de leurs droits autochtones non cédés en recourant à la fois aux tribunaux et aux médias.

L'entente complexe qui résulte des négociations comprend de nouvelles dispositions en plus de celles qui se trouvent dans les anciens traités indiens. L'aspect le plus significatif de l'entente est le fait qu'elle jette les bases de diverses institutions où les Cris et les Inuits disposeront d'une autonomie gouvernementale telle que des commissions scolaires et des agences de santé et de services sociaux. En 1978, la Convention du Nord-Est québécois conclue avec la bande des Naskapis de Shefferville est, en somme, un complément de la Convention de la baie James.

Un nouveau traité est signé en 1984 entre le gouvernement fédéral et les 2500 Inuvialuits habitant la région de la mer de Beaufort, riche en pétrole et en gaz, dans les Territoires du Nord-Ouest. Après avoir conclu une entente de principe en 1978, ce n'est qu'en 1983 que les négociateurs parviennent à s'entendre sur tous les détails précis de la version définitive de l'entente qui réserve aux Inuvialuits 95 000 des 430 000 km² de leur territoire traditionnel et affirme de façon explicite que les Inuvialuits recevront des redevances sur toute extraction de gaz ou de pétrole sur leur territoire.

Afin d'accélérer un tel développement, on a ajouté une disposition stipulant que ces redevances demeureront non imposables jusqu'en 2008. La convention prévoit en outre la participation des Inuvialuits dans une forme limitée de gouvernement autonome en créant la Municipalité régionale de l'ouest de l'Arctique.

La négociation de traités contemporains stagne au cours du premier mandat du premier ministre Brian Mulroney. La faible priorité que le gouvernement fédéral accorde aux affaires autochtones entre 1984 et 1988 se retourne contre lui durant le deuxième mandat de Mulroney. En juin 1990, Elijah Harper, un député oji-cri à l'Assemblée législative du Manitoba, utilise une tactique de procédure pour bloquer une révision fondamentale de la Constitution canadienne qui avait été négociée sans représentation autochtone au LAC MEECH par les onze premiers ministres. Le mois suivant, une dispute entre les Mohawks de Kanesatake et le conseil municipal d'Oka au sujet

d'un projet de terrain de golf dégénère en confrontation armée qui influence profondément les relations entre autochtones et non-autochtones partout au Canada.

La publicité et l'instabilité créées par ces deux événements infusent un regain d'énergie politique dans la recherche d'un régime plus harmonieux visant les affaires autochtones au Canada. Pour aider à atteindre cet objectif, le gouvernement crée, en 1991, une Commission royale sur les peuples autochtones et fait preuve d'une plus grande volonté politique dans la négociation de traités modernes.

Ce regain d'énergie se manifeste surtout dans les territoires fédéraux au nord du 60ᵉ parallèle, où des négociations bilatérales aboutissent à l'Entente sur la revendication territoriale globale des Gwich'in (KUTCHINS) en 1993, à l'Accord sur les revendications territoriales du NUNAVUT en 1993, à l'Entente sur la revendication territoriale globale des Dénés et Métis du Sahtu en 1994 et, la même année, à l'Accord-cadre définitif avec le Conseil des Indiens du Yukon. Cette dernière entente fournit l'infrastructure principale de quatre autres ententes plus détaillées avec la première nation des Gwitchin Vuntut, avec la première nation des Nacho Nyak Dun, avec le conseil des Tlingits de Teslin et les premières nations de Champagne et de Aishihik.

L'Accord du Nunavut constitue une étape majeure dans la division des Territoires du Nord-Ouest en deux juridictions, la plus à l'est étant le Nunavut, où la langue et la culture inuites sont enchâssées dans l'établissement d'un gouvernement populaire couvrant un territoire de 2,6 millions de kilomètres carrés, traditionnellement utilisé par les 17 000 autochtones visés par le traité. Ces Inuits et leurs descendants conserveront le titre de propriété sur 352 000 km², ainsi que les droits miniers sur près d'un dixième de cette superficie. En l'an 2007, les Inuits auront reçu 14 versements totalisant 1 173 000 000 $. Ils recevront aussi 5 p. 100 des redevances que le gouvernement perçoit sur l'exploitation des ressources dans le territoire du Nunavut.

Les négociations de traités modernes sont beaucoup plus litigieuses dans la vallée du Mackenzie, où les engagements de la Couronne dans les Traités nᵒ 8 et nᵒ 11 demeurent en grande partie non respectés. Avant 1990, la négociation d'un nouveau traité dans cette région est assurée du côté des autochtones par différents groupes dénés collaborant avec les Métis de la région. Après 1990, ce front commun se dissout en raison d'un désaccord sur l'acceptabilité des traités modernes dont le libellé veut éteindre plutôt que confirmer les droits des autochtones. Se voulant pragmatiques plutôt que puristes, les membres du conseil tribal des Gwich'in acceptent en 1991 de «céder, abandonner et livrer à Sa Majesté du chef du Canada tous leurs droits, revendications, titres et intérêts» sur «les terres et les eaux partout au Canada». L'entente comprend également une clause qui «indemnise et tient à couvert le gouvernement canadien» de toutes actions, poursuites et revendications futures de la part des Gwich'in.

Parce qu'ils ont adopté de telles dispositions, les Gwich'in recevront 73 millions de dollars. Leurs communautés obtiennent aussi le «titre gwich'in» sur un territoire de 22 000 km², ainsi que les droits d'exploitation du sous-sol sur environ le quart de cette superficie. Deux ans plus tard, les Dénés du Sahtu et leurs parents métis de la région du Grand Lac de l'Ours acceptent des dispositions similaires. Leur traité, comme celui des Gwich'in et ceux des premières nations du Yukon, comprend des dispositions prévoyant une représentation autochtone importante au sein des différents offices et tribunaux mis sur pied pour traiter de questions aussi diverses que la gestion de la faune, le patrimoine, la formation, le travail, les parcs et la planification environnementale. Grâce à de telles dispositions, les traités contemporains influent sur l'évolution de pratiquement toutes les institutions gouvernementales dans les ter-

ritoires fédéraux de manière plus poussée qu'on a tenté jusqu'à maintenant dans les provinces du pays.

Sous l'influence de la Convention de la baie James de 1975 et de l'Entente définitive des Inuvialuits de 1984, les traités conclus plus récemment dans les territoires fédéraux permettent aux communautés autochtones de mettre sur pied toute une gamme de structures municipales et corporatives pour s'assurer des services et participer à titre d'actionnaires à l'exploitation des ressources naturelles. De plus, ces dernières ententes, contrairement aux plus anciennes, prévoient des procédures de règlement des différends touchant leur interprétation et leur application.

La négociation des traités contemporains s'est révélée particulièrement difficile dans les provinces canadiennes, où il faut obtenir la sanction de trois gouvernements plutôt que deux pour arriver à conclure une entente. En 1992, toutefois, les négociations avec certaines premières nations de la Colombie-Britannique ont commencé à progresser sous l'élan du nouveau gouvernement néo-démocrate. En 1996, ces pourparlers établissent les grandes lignes d'une entente avec les Nisga'a. En vertu de cet accord, les 6000 Nisga'a détiennent 5180 des 62 160 km² de leur territoire ancestral. De plus, ils pourraient recevoir un total de 200 millions de dollars, des droits de coupe élargis et des pouvoirs de type municipal leur permettant de faire leurs propres lois et de fournir eux-mêmes certains services.

L'un des aspects les plus litigieux de l'accord a trait à la pêche dans la rivière Nass. Les Nisga'a conserveront un quart de cette ressource, mais les dispositions concernant les pêches ne sont pas incluses dans la partie de l'accord protégée par la Constitution.

Fidèles à leur rôle historique, les Nisga'a n'ont cessé de réclamer que le gouvernement de la Colombie-Britannique traite de la question des droits autochtones non reconnus. Ainsi, leur traité avec la Couronne est généralement perçu comme créant un précédent. Après eux, plus de 50 autres premières nations de la Colombie-Britannique attendent de conclure des ententes similaires. On en arrive graduellement à reconnaître que tous ces groupes autochtones pourraient finir par obtenir ensemble le titre foncier sur environ 5 p. 100 de tout le territoire de la Colombie-Britannique, une superficie qui correspond à peu près à la proportion autochtone de la population de cette province. La superficie totale de toutes les réserves indiennes des autres provinces canadiennes représente moins de 1 p. 100 de la masse territoriale des provinces à l'est de la frontière de la Colombie-Britannique.

Opinions divergentes

En Colombie-Britannique, la négociation de traités soulève de vives critiques des différents secteurs de l'éventail politique, tant du côté autochtone que non autochtone. Certains critiques non autochtones soutiennent que le fait de poursuivre le système de traités accorde une importance indue à la race et à l'ethnicité en fixant les règles des relations futures entre les groupes et les individus au Canada. Épousant plusieurs des principes défendus en 1969 par Pierre Trudeau dans son Livre blanc sur la politique concernant les Indiens, les membres du Parti réformiste ont en grande partie mené le débat contre la poursuite des relations entre la Couronne et les autochtones au moyen du système de traités, soutenant qu'une telle démarche sape le principe de l'égalité individuelle et le fait que tous les Canadiens sont soumis à une seule et même loi. Cette position politique se retrouve solidement ancrée chez les membres de la BC Foundation for Individual Rights and Equality, une association modelée en partie sur plusieurs groupes aux États-Unis qui défendent les droits des non-autochtones propriétaires de parcelles de terres dans ce système en damier de réserves indiennes américaines partiellement allouées.

De nombreux activistes autochtones en Colombie-Britannique et ailleurs au Canada critiquent également l'Accord des Nisga'a, en soutenant que ceux-ci renoncent à beaucoup trop. Ils s'interrogent particulièrement au sujet des concessions consenties par les Nisga'a, qui se soumettent aux pouvoirs de taxation des gouvernements fédéral et provincial. Une forme extrémiste de cette méfiance des Indiens, qui s'opposent au fait que des dirigeants autochtones soient financés par le gouvernement fédéral dans le processus des traités en Colombie-Britannique, a vu le jour lors de la manifestation armée du groupe se déclarant les Défenseurs de la nation Shuswap, au lac Gustafsen, à l'été de 1995. Ce groupe mixte, dont les membres épousent en grande partie le style et les idées du Mouvement indien américain, remet en question la légitimité même d'un processus qui, selon eux, utilise les traités pour masquer de vieilles méthodes de colonisation, soit: la cooptation des élites autochtones, la dépossession par l'extinction des droits ancestraux et le génocide culturel par l'assimilation des autochtones à la population euro-canadienne.

Extinction ou confirmation des droits?

Le fait que les traités contemporains reposent encore sur des notions de cession et d'extinction préoccupe de plus en plus la plupart des autochtones qui ont étudié la question et même ceux qui ont conclu des ententes dont la ratification dépendait de leur acceptation d'un libellé offensant. En ce siècle qui a connu les atrocités du génocide, il est de plus en plus difficile pour quiconque de justifier que l'on puisse continuer à croire que le pays indien est un domaine de terres et de compétences que l'on peut couper et éteindre ici et là jusqu'à ce qu'il disparaisse.

Selon les groupes autochtones qui concluent des traités modernes et ceux qui sont liés par d'anciens traités avec la Couronne, les traités doivent être des instruments légaux ayant pour but de confirmer plutôt que de nier la capacité des autochtones de réaliser une continuité entre leur passé et leur avenir. Comme le déclare le Conseil des Nisga'a dans un mémoire au gouvernement fédéral en 1995, «l'extinction tranche le lien des premières nations avec leur passé (…) les Canadiens doivent en venir à comprendre que notre droit à la jouissance et à l'usage de nos terres dans les années à venir ne dépend pas d'une concession de la Couronne mais fait essentiellement partie de notre héritage ancestral».

Traités et responsabilité fiduciaire de la Couronne

Le fait que le gouvernement fédéral ait une obligation fiduciaire envers les autochtones est un élément clé du débat sur la cession et l'extinction. Cette obligation, que la Cour suprême a clairement définie dans l'affaire Guerin en 1984, découle de la Proclamation royale de 1763 et des autres instruments légaux en vertu desquels la Couronne s'est engagée à protéger et à défendre les groupes autochtones de la fraude et de l'exploitation par les non-autochtones. À l'extrême, le gouvernement fédéral assume un rôle de curateur puisque, légalement, les autochtones deviennent pupilles de l'État que les autorités fédérales doivent représenter officiellement dans la plupart de leurs relations avec le monde extérieur.

Ce qui soulève la question, à savoir comment le gouvernement du Canada a-t-il pu remplir comme il se devait son rôle de fiduciaire des autochtones dans des traités où les représentants de la Couronne faisaient signer aux négociateurs indiens des documents légaux qui confirment l'extinction des droits ancestraux. Comment la Couronne pouvait-elle se retrouver le principal bénéficiaire de traités officialisant la cession de ces droits? En traitant sur cette base avec les autochtones, les représentants de la Couronne étaient-ils en situation intenable de conflits d'intérêts? Les traités négociés dans ces conditions sont-ils même valides, compte tenu de la violation par les

représentants de la Couronne de leurs obligations fiduciaires à l'endroit des autochtones? Le gouvernement fédéral est-il justifié de perpétuer cet apparent conflit d'intérêts en amenant les négociateurs indiens à sanctionner des dispositions de renoncement dans les traités modernes?

Au Manitoba, le juge A.C. Hamilton aborde ces questions dans un rapport au ministre des Affaires et du Nord canadien, intitulé Un nouveau partenariat. En 1995, il écrit: «Il me semble qu'exiger qu'une partie signe un renoncement à des droits reconnus et confirmés par la Constitution est une violation flagrante de l'obligation fiduciaire de la Couronne.» Dans ce rapport, le juge Hamilton propose plusieurs façons de libeller les traités de manière à éviter les embûches de l'extinction tout en fournissant aux intérêts non autochtones un degré de «certitude» que leurs titres fonciers sont à l'abri de la contestation.

Groupes exclus

Il existe encore plusieurs groupes autochtones n'ayant pas participé à des négociations de traités visant leurs terres ancestrales. Le plus fameux de ces groupes est celui des Cris du lac Lubicon, dont les ancêtres n'étaient pas présents aux négociations du Traité n° 8, en 1899. Ces Cris, qui n'ont pas de réserve et dont le territoire ancestral se trouve au centre du lucratif territoire pétrolifère de l'Alberta, ont fait face à une formidable résistance de la part des politiciens et des tribunaux dans leur quête d'un règlement de leurs griefs encore en souffrance. Ainsi, ces Cris n'ont pas eu l'occasion de se tailler une place sûre pour l'avenir par la négociation d'un traité contemporain.

Parmi les autres groupes autochtones privés de traités servant la Couronne se trouvent les Teme-Augama Anishnabais, de la petite réserve surpeuplée de Long Lake, n° 58, et les Indiens de la réserve de Pic-Heron Bay. Toutes ces communautés ont été oubliées lors des négociations des Traités Robinson en 1850, ce qui entraîne de sérieuses conséquences aujourd'hui.

Ntesinan

En 1996, après avoir longtemps exercé des pressions à l'échelle internationale, les Innus du Labrador participent finalement à la première phase des négociations d'un traité avec les gouvernements du Canada et de Terre-Neuve. Le motif principal qui sous-tend ces négociations est la découverte et l'acquisition subséquente par Inco d'un gigantesque gisement de nickel à Voisey's Bay au Labrador. Avant cette découverte, les Innus avaient bien réussi à attirer l'attention des Européens sur leur revendication d'un titre ancestral sur ce territoire qu'ils appellent Ntesinan. La cause principale de leur résistance et de leurs griefs touchait les exercices de vols à basse altitude des avions à réaction du centre de formation à Goose Bay. Cette critique attire l'attention des environnementalistes et des militants pour la paix, qui utilisent leur influence pour faire connaître au public les ravages que les préparatifs de guerre de l'OTAN infligent à la culture de chasseurs des Innus. En faisant appel à l'opinion publique internationale pour appuyer leur cause au Canada, les Innus recourent à des tactiques semblables à celles des Cris du lac Lubicon dans leurs vaines tentatives d'obtenir un traité moderne afin d'assurer leur survivance en tant que société autochtone distincte.

Traités dans le droit constitutionnel et international du Canada
Rapatriement et conférences constitutionnelles

Les droits ancestraux et issus de traités comptent parmi les points les plus controversés et difficiles qui ont marqué à la fois les démarches et les suites du rapatriement de la Constitution canadienne et de l'adoption de la CHARTE CANADIENNE DES DROITS ET LIBERTÉS. En 1980, au moment où le gouvernement fédéral est prêt à rapatrier la Constitu-

tion sans l'accord des provinces, on sollicite brièvement l'appui des groupes autochtones en leur promettant que la nouvelle charte confirmerait leurs droits ancestraux et issus de traités.

Lorsqu'une décision de la Cour suprême force le gouvernement Trudeau à chercher à obtenir l'appui d'un nombre raisonnable de provinces dans son projet de rapatriement, le gouvernement fédéral change rapidement sa position. Le 5 novembre 1981, neuf gouvernements provinciaux (sauf celui du Québec) approuvent le plan de rapatriement du gouvernement fédéral à la condition que l'affirmation des droits ancestraux et issus de traités soit retirée du projet de constitution.

Cependant, cette modification donne bientôt lieu à un compromis. L'article 35 de la Loi constitutionnelle reconnaît et affirme les droits existants, ancestraux et issus de traités. C'est le premier ministre Lougheed de l'Alberta qui insiste pour que soit inséré le terme «existants», dans l'espoir que cela entraînerait éventuellement une interprétation juridique moins rigoureuse de l'article 35.

Un élément important des manœuvres politiques qui mènent au rapatriement est le développement à Londres d'un groupe de pression autochtone composé principalement d'Indiens signataires de traités. Leur objectif est de faire valoir le fait historique que les droits ancestraux et issus de traités sont depuis longtemps reconnus et, dans une certaine mesure, garantis par la Couronne impériale.

Le Canada n'a donc pas, de soutenir les Indiens, l'autorité de rompre les vieux liens entre les autochtones et la Couronne impériale sans le consentement des autochtones. Leur contestation de la légalité du rapatriement mène finalement au jugement prononcé par le juge en chef lord Denning en janvier 1982, dans lequel il confirme que les relations par traité dans lesquelles les autochtones du Canada se sont engagés avant 1923 ont en effet été conclues par la Couronne de la Grande-Bretagne. Toutefois, en raison de changements constitutionnels, cette Couronne s'est graduellement divisée de sorte que les droits ancestraux et issus de traités en sont venus à être investis exclusivement à la Couronne du chef du Canada. «Aucun Parlement, a déclaré lord Denning, ne doit faire quoi que ce soit pour diminuer la valeur de ces garanties.»

En 1983, lors d'une CONFÉRENCE DES PREMIERS MINISTRES, on définit davantage l'article 35 au moyen d'un amendement constitutionnel. On invite les représentants de quatre organisations autochtones nationales à y prendre part à titre de consultants. On convient d'enchâsser dans la Constitution le principe selon lequel les «droits issus de traités» tels que décrits dans l'article 35 comprennent les droits qui existent alors ou qui seront acquis par le truchement d'ententes sur les revendications territoriales. On adopte aussi comme principe que les droits ancestraux et issus de traités sont «garantis de façon égale» aux hommes et aux femmes autochtones.

Aucune autre accord de ce genre n'a eu lieu depuis ce temps. Dès 1987, cependant, les conférences des premiers ministres (CPM) ont servi à placer la question de l'autonomie gouvernementale des autochtones au centre du débat politique au Canada. Lors de la dernière CPM de 1987, le gouvernement fédéral tente de proposer un amendement constitutionnel qui reconnaîtrait l'autonomie gouvernementale en tant qu'un droit autochtone issu d'un traité. Les détails de l'amendement proposé requièrent toutefois que les pouvoirs réels des nouveaux gouvernements autochtones soient soumis au vote d'approbation des Parlements fédéral et provinciaux.

Ce plan, qui aurait fait de l'autonomie gouvernementale des autochtones un «droit éventuel», n'a pas obtenu l'appui d'un nombre suffisant de premiers ministres pour devenir un amendement constitutionnel. La proposition est également rejetée par les quatre organisations autochtones qui réaffirment leur conviction que l'autonomie gouvernementale est un «droit inhérent» que la Constitution doit reconnaître comme tel. Les premiers ministres n'arrivent pas à reconnaître ce droit dans l'ACCORD DU LAC MEECH de 1987, bien qu'ils étendent la juridiction provinciale et reconnaissent le Québec en tant que «société distincte». Ceci explique la position défendue par Elijah Harper, à l'Assemblée législative du Manitoba, qui contribue à la défaite de l'Accord du lac Meech et qui mène subséquemment à la confrontation armée entre les guerriers mohawks et la Sûreté du Québec à Oka et au pont Mercier, près de Kahnawake, au Québec.

Rapport sur le consensus de Charlottetown

Principalement sur l'insistance du premier ministre de l'Ontario Bob Rae, quatre organisations autochtones dont l'ASSEMBLÉE DES PREMIÈRES NATIONS participent à la ronde suivante de pourparlers constitutionnels. Ces délibérations mènent à l'élaboration du rapport sur le consensus de Charlottetown, un document qui fait l'objet d'un référendum en 1992. Approuvé par les gouvernements fédéral et provinciaux, le document de Charlottetown, comprend une proposition d'ajouter à l'article 35 que «les peuples du Canada ont un droit inhérent à l'autonomie gouvernementale au sein du Canada». Par le terme «inhérent», on entend démontrer que ce droit n'est pas accordé par la Couronne mais plutôt par l'histoire, l'identité distincte et l'autodétermination respectives des peuples autochtones dont l'existence est antérieure à celle du Canada.

Le document de Charlottetown est rejeté par une majorité de Canadiens dans toutes les provinces sauf l'Ontario en tant que projet d'amendement constitutionnel. Tandis que la plupart des Inuits approuvent l'entente avec joie, une grande partie des électeurs indiens la rejettent, soit en répondant non à la question du référendum soit en interdisant l'introduction des urnes dans les réserves indiennes. Ce rejet révèle un manque de confiance des Indiens eux-mêmes à l'égard de la composition et de la direction de l'Assemblée des Premières Nations. Dans les provinces des Prairies, en particulier, le rejet du document de Charlottetown par les Indiens indique aussi qu'ils sont mécontents du caractère multilatéral des négociations. De par sa nature même, le format fédéral-provincial-autochtone des négociations mine l'intégrité du système bilatéral de traité avec la Couronne qui, dans l'esprit des premières nations définit encore les conditions fondamentales de leurs alliances avec l'État canadien.

Traités et Québec

Au Québec, l'élection d'un gouvernement du Parti québécois en 1994 et le référendum sur la souveraineté en 1995 ont mis en lumière les enjeux des traités. Il s'ensuit un débat sur la partition possible du Québec si le gouvernement québécois se séparait unilatéralement du Canada. Les controverses qui alimentent le débat rappellent celles qui ont marqué le prélude à la Révolution américaine, lorsque la question de déterminer qui avait l'autorité de conclure des traités avec les Indiens est devenue stratégique dans les relations entre l'autorité impériale britannique et les colonies anglo-américaines. Ces mêmes enjeux ont surgi peu après la Confédération lorsque les gouvernements du Canada et de l'Ontario ont mis à l'épreuve leurs compétences relatives en procédant à une étude visant à déterminer si le transfert par traité des droits fonciers des autochtones revenait à la Couronne provinciale ou fédérale. Cet exercice d'interprétation, lourd de conséquences, de l'Acte de l'Amérique du Nord britannique, qui a favorisé l'Ontario entre 1885 et 1888, est connu comme l'affaire de St. Catharine's Milling.

L'un des principaux responsables de la résurrection de ce vieux débat dans un nouveau contexte est Mathew Coon Come, Grand Chef des Cris (du Québec). Dans un référendum cri tenu durant le référen-

dum sur la souveraineté du Québec, 95 p. 100 du peuple du chef Coon Come vote pour le maintien de leur alliance avec le Canada même si le gouvernement du Québec déclare l'indépendance. Un référendum des Inuits du Québec sur une question similaire donne les mêmes résultats. Commentant les résultats de ce scrutin autochtone, Coon Come a affirmé que si le Canada est divisible, alors le Québec l'est aussi.

La position du chef cri repose en grande partie sur son interprétation des relations établies par traité entre son peuple et la Couronne en vertu de la Convention de la baie James et du Nord québécois de 1975. «Le Canada a été forcé de conclure la Convention de la baie James, a-t-il expliqué. Le Québec, en tant que province, n'avait pas l'autorité de négocier un traité avec les Cris. Seuls les souverains ont l'autorité de faire des traités et le Québec, qui est une province et non un État, n'a pas ce pouvoir. Seuls le Canada et les peuples autochtones ont le pouvoir de négocier des traités.»

Traités et droit international

Les Cris de la baie James se sont avérés particulièrement efficaces dans les forums internationaux, y compris le Groupe de travail des Nations Unies sur les populations autochtones. En 1987, ce groupe entreprend une étude mondiale des «Traités et autres arrangements constructifs entre États et populations autochtones». Le gouvernement du Canada tente de détourner l'objectif de l'étude de l'ONU en soutenant que le fait de concentrer «l'attention internationale sur les traités déforme le débat sur les populations autochtones, dont la situation aujourd'hui découle, dans la plupart des cas, non pas des traités ou de l'absence de traités, mais plutôt de leur exclusion systématique de la vie économique, sociale, culturelle et politique des pays où ils vivent».

En dépit de l'intervention du Canada, l'étude de l'ONU se poursuit sous la direction du rapporteur spécial cubain, Miguel Martinez. En 1989, il visite la réserve d'Onion Lake, en Saskatchewan, pour entendre les témoignages des Indiens visés par traités dans l'Ouest canadien. Il présente un rapport d'étape en 1992, et le travail qu'il poursuit dans ce nouveau champ de droit international influe sur le contenu de l'instrument de l'ONU sur les droits ancestraux et issus de traités dans le monde. Ce rapport est en voie d'être soumis à la ratification de l'Assemblée générale. L'article 36 de ce document, tel que libellé actuellement, déclare: «Les autochtones ont le droit à la reconnaissance, au respect et à l'application des traités, ententes et autres arrangements constructifs conclus avec des États ou leurs successeurs, conformément à l'esprit et l'intention originels de ces traités, et à ce que ces traités soient honorés et respectés par les États (…) Les disputes et les conflits qui ne peuvent être réglés autrement doivent être soumis à des organismes internationaux compétents.»

Traités et ALENA

En dépit des efforts que font les autochtones pour que leurs traités soient reconnus comme des instruments et des preuves de leur capacité d'agir d'égal à égal dans les relations internationales, le gouvernement du Canada continue de maintenir que ces ententes relèvent exclusivement du droit national. Cette position a été tout particulièrement maintenue en 1993 et en 1994, lorsque le Canada, les États-Unis et le Mexique ont conclu un nouveau traité qui fait de l'Amérique du Nord un seul bloc commercial cohérent. Les négociations qui ont mené à l'Accord de libre-échange nord-américain se déroulent en l'absence de délégués autochtones, même si leurs territoires ancestraux étaient l'enjeu de cette entente. Les signataires du nouveau traité commercial n'ont aucunement tenu compte du fait qu'ils imposent ce traité commercial sur un territoire déjà assujetti aux conditions de traités avec les autochtones. Le 1er janvier 1994, jour de l'entrée en vigueur du Traité, les

autochtones de l'État du Chiapas, au Mexique, ont amorcé un mouvement de soulèvement afin de mettre en lumière le caractère anti-autochtone de l'ALENA.

L'exclusion des autochtones des négociations de l'ALENA repose manifestement sur les mêmes hypothèses au nom desquelles ils ont été exclus des négociations du traité de Paris en 1783, de celles sur le transfert de la CBH au Dominion du Canada en 1869-1870, sur l'entrée de la Colombie-Britannique dans la Confédération en 1871, sur l'expansion du Québec vers le nord en 1898 et en 1912, sur la *Loi concernant le transfert des ressources naturelles* de 1930 ainsi que des négociations de l'Accord du lac Meech en 1987. Bien que chacune de ces ententes ait mené à des décisions d'une importance fondamentale pour l'avenir des autochtones et de leurs territoires ancestraux, toutes ces décisions ont néanmoins été prises sans la moindre participation des autochtones. Cette constante exclusion découle d'opinions racistes profondément enracinées selon lesquelles les autochtones appartiennent à un ordre inférieur du genre humain et ne peuvent donc pas participer d'égal à égal à des négociations de traités tenues au plus haut niveau de droit international ou même national.

Ces présomptions d'infériorité sont souvent plus implicites qu'explicites. Le poète et surintendant des Affaires indiennes Duncan Campbell SCOTT a cependant identifié les idées qui ont empêché la plupart des non-autochtones et les gouvernements du Canada de débattre véritablement de la signification actuelle des traités conclus avec les premières nations sur lesquels ce pays est fondé. En 1914, il écrit: «L'Indien, en soi, ne possède aucun titre foncier qui demande d'être reconnu ni aucun autre droit, dans sa situation inférieure en tant que sauvage, qui puisse faire l'objet de traité ou de négociation.»

Résumé Les traités indiens sont donc un fil continu dans le tissu de notre histoire, du début de l'État canadien jusqu'à aujourd'hui. Et si les paroles prononcées au moment où ils ont été négociés sont vraies, ces traités dureront «tant que le soleil brillera et que l'eau coulera». Dans leur forme archétype, les documents des traités sont de puissantes images des traditions clés qui ont forgé l'ensemble de l'aventure qu'est le Canada.

Les textes manuscrits au style fleuri de la plupart des traités les plus anciens expriment bien les contorsions juridiques de la mentalité impérialiste qui a jadis porté l'Empire britannique aux quatre coins du globe. Au bas de ces mêmes documents, les chefs indiens ont souvent marqué leur approbation en dessinant l'animal du totem de leur clan. Ces figures dessinées avec soin représentent des attitudes différentes à l'égard de la loi, du gouvernement, de la nature et de la société, et celles-ci ont été incorporées, aussi imparfaitement que ce soit, aux structures institutionnelles du Canada. C'est en examinant côte à côte ces deux façons très différentes d'enregistrer une entente mutuelle que l'on trouve le sens véritable de ces traités.

Le rapatriement de la Constitution canadienne et le mouvement indépendantiste québécois ont largement contribué à susciter un vigoureux débat sur la signification des traités indiens, qui ont été perçus comme de simples contrats internes autant que comme des traités internationaux entre puissances souveraines.

Un aspect important de ce débat est l'effort sincère dont font preuve certaines personnes à redécouvrir l'esprit véritable à l'origine de ces traités. Comment les signataires des traités indiens percevaient-ils ce qu'ils faisaient en élaborant les documents des ententes? Comment les dispositions des traités étaient-elles interprétées dans la langue des autochtones? Quel est l'élément d'information essentiel de ces engagements fondamentaux entre peuples? Et comment les promesses échangées à l'époque peuvent-elles être honorablement renouvelées compte tenu de l'expérience changeante du Canada?

En dépit des imperfections apparentes en ce qui a trait à la négociation, au respect et au renouvellement des traités indiens, le processus même démontre que le Canada a grandi et s'est développé selon des principes constitutionnels où la reconnaissance des droits des autochtones est essentielle. Ces accords fondateurs entre peuples constituent les aspects fondamentaux, quoique souvent oubliés et mal compris, de l'évolution du fédéralisme canadien. À mesure que le Canada devient la patrie d'une population de plus en plus diverse dont les origines sont enracinées dans toutes les parties du globe, la tâche d'interpréter les traités indiens aux nouvelles générations de Canadiens pose un défi des plus grands.

Anthony J. Hall

Trakas, George, sculpteur (Québec, 11 mai 1944). Après avoir fréquenté l'U. Sir George Williams pendant un an, Trakas poursuit ses études à New York et s'installe aux États-Unis. Ses œuvres s'inscrivent dans le courant de l'art environnemental, ses structures quasi architecturales étant inextricablement intégrées aux espaces d'exposition ou aux décors naturels qu'il utilise comme sites. Il recherche la globalité à plusieurs niveaux et son œuvre est habitée de significations symboliques et métaphoriques, ainsi que de la conviction que notre perception du monde ne relève pas seulement de la vue, mais du corps entier. Faire l'expérience d'une sculpture de Trakas dans sa totalité exige que nous en fassions le tour, que nous y grimpions, que nous l'abordions d'une manière autre au niveau physique. La plupart de ses œuvres, telles que *Rock River Union* (Artpark, Lewiston, dans l'État de New York, en 1976), Union Pass (Documenta 6, Allemagne, 1977) et *Extruded Routes* (Structures for Behavior, Musée des beaux-arts de l'Ontario, 1978), sont des commandes pour des projets spécifiques ou des expositions. Ses sculptures sont installées en permanence à la Fattoria di Celli, près de Pistoia, en Italie (1982), et au Louisiana Museum à Humlebaek, au Danemark (1986). Depuis 1972, Trakas travaille à un important projet d'aménagement naturel à Cap Trinité, dans la baie d'Éternité, au Québec. À la fin des années 1990, il est chargé de l'aménagement portuaire à Greenpoint, N.Y.

Roald Nasgaard

Tramways Les chemins de fer urbains, aussi connus sous le nom de tramways ou de trams, apparaissent au Canada à l'époque où le TRANSPORT local se fait encore à cheval. Ils se répandent rapidement avec l'électrification, disparaissent presque lorsque les pouvoirs publics favorisent les véhicules sur pneus, puis réapparaissent sous le nom de trains légers sur rail. Par leur conception technique simple et robuste, les chemins de fer urbains ont un effet important sur notre société, non seulement en tant que mode de transport, mais aussi dans le développement de l'électricité et dans l'évolution urbaine.

Technologie La faible friction entre roues d'acier et rails d'acier ajoutée au mécanisme très simple de guidage par glissières rendent le transport sur rail populaire par bon nombre d'utilisations. Montréal et Toronto sont les premières villes à se doter de tramways tirés par des chevaux selon un système breveté en 1861 par Alexander Easton, de Philadelphie. Malgré le désavantage de devoir remplacer les voitures par des traîneaux l'hiver, les deux méthodes fonctionnent bien. À l'apogée du tramway, Toronto possède 109 km de voies, 361 trams et 100 traîneaux. Le réseau montréalais s'étend sur 40 km et compte 150 trams, 104 traîneaux et 49 omnibus tirés par des chevaux. Hamilton, Winnipeg, Halifax et Saint-Jean utilisent aussi ce genre de moyen de transport.

Les lignes de chemin de fer interurbaines se développent rapidement et adoptent les locomotives à vapeur et les longs trains. À mesure que les villes s'agrandissent, les chemins de fer urbains se prolongent aussi, mais les voitures sont plus petites, mieux adaptées pour partager la chaussée avec les piétons et la circulation urbaine. Des systèmes de traction à la vapeur, et plus tard par câble, sont utilisés dans certaines villes américaines, mais ne réussissent pas à s'implanter au Canada. La percée majeure se produit avec l'utilisation de l'électricité dans les années 1880, et le Canada devient un leader en ce domaine. La Toronto Industrial Exhibition (devenue l'EXPOSITION NATIONALE CANADIENNE) offre en 1884 un service de chemin de fer à l'instigation d'un citoyen de l'endroit, J.J. Wright. Ce service est doté en 1885 du système de perches de trolley, technique mise au point par l'inventeur belge Charles J. Van de Poele.

Le développement de cette technologie donne lieu à l'installation de rails de niveau avec la rue, à l'alimentation électrique par trolley et à l'aménagement d'un réseau de fils aérien soutenus par des poteaux utilisés souvent aussi pour l'éclairage. Les coûts d'installation et d'exploitation restent faibles, et les services ferroviaires urbains se multiplient rapidement. La ville de Windsor en Ontario installe en 1886 le premier réseau de tramways électriques au Canada. Vancouver suit en 1890, Winnipeg en 1891, Montréal, Hamilton et Toronto en 1892, Edmonton en 1908, Calgary en 1909 et Regina en 1911. À l'aube de la Première Guerre mondiale, 48 villes canadiennes sont pourvues de réseaux de chemin de fer urbain.

Le premier usage interurbain de la technologie du chemin de fer urbain électrique a lieu à St. Catharines en 1887, qui est reliée à Thorold, en Ontario. Une ligne interurbaine de 13 miles (environ 20 km) est ensuite construite entre New Westminster et Vancouver en 1891. Certains de ces circuits interurbains sont absorbés plus tard par l'expansion urbaine et deviennent partie intégrante des réseaux de chemin de fer urbains (la ligne Long Branch de Toronto, p. ex.). D'autres deviennent par la suite des voies toutes désignées pour l'aménagement de circuits plus rapides (de Vancouver à New Westminster, p. ex.). Dans les années 30, l'industrie du chemin de fer urbain réagit à la concurrence de plus en plus forte du transport automobile en produisant des véhicules légers à haut rendement, dont le modèle classique reste le Street Railway Presidents' Conference Car américain. Sa fabrication est autorisée au Canada et ces véhicules confortables et populaires sont utilisés à Vancouver, Montréal et Toronto. Toronto les utilise encore, mais ils sont remplacés dans les autres villes par des autobus motorisés et des trolleybus, qui peuvent circuler sur la voie publique sans les rails entretenus aux frais du réseau de transport.

L'évolution technologique change encore les données pendant les années 70 et les années 80 avec l'avènement de voitures modernes articulées (formées de plusieurs sections réunies par des soufflets) qui offrent nombre de qualités du transport rapide conventionnel «lourd» à un moindre coût. Capable de circuler dans les rues de la ville, le train léger sur rail (TLR) réinstalle le chemin de fer urbain. Edmonton inaugure en 1978 le premier service du nouveau TLR en Amérique du Nord en combinant l'utilisation des rails de métro et de transport de marchandises. Calgary suit en 1981 en associant de nouvelles lignes de chemin de fer urbain au centre-ville à de courts tunnels, des tronçons de rail en bordure de route et une ligne de chemin de fer destinée au fret. Un deuxième circuit, inauguré en 1985, emprunte les terre-pleins médians des grandes routes. Le succès de ces projets a inspiré les plans de circuits de TLR à Toronto et à Vancouver, ainsi que dans nombre de villes de l'ouest des États-Unis.

Impact social et économique Les réseaux de transport sont les premiers grands consommateurs d'électricité et facilitent l'utilisation de l'électricité à d'autres fins, comme l'éclairage. Un grand nombre de sociétés productrices d'électricité étaient d'abord des entreprises de chemin de fer urbain, comme celles de Winnipeg, Montréal, Québec, Saint-Jean, Halifax, Victoria et Vancouver. Certaines gèrent des réseaux de transport jusque dans les années 70. La Nova Scotia Light and Power exploite des autobus et des trolleybus jusqu'en 1969, comme la BC Hydro à Vancouver et à Victoria jusqu'en 1978.

Les chemins de fer urbains électriques amènent une véritable révolution dans la vie sociale et politique. Le coût abordable et l'omniprésence du service de chemin de fer urbain permettent pour la première fois aux gens de tous les quartiers de se rassembler, ce qui, avant l'avènement de la radio ou l'usage répandu du téléphone, a un impact majeur sur la vie et les institutions politiques. Le chemin de fer urbain a aussi un effet marqué sur l'urbanisation. Les banlieues reliées par tramway à la ville ouvrent aux Canadiens un mode de vie tout à fait nouveau, conjuguant accès aux services urbains et possibilité de vivre dans un environnement à densité relativement faible tout en évitant l'étalement extrême des banlieues associé plus tard au transport automobile.

Il existe encore dans les villes où le tramway a disparu une longue emprise linéaire où commerces de détail et services professionnels ont trouvé à s'implanter: Broadway à Vancouver, la 17e Avenue à Calgary, la 124e Rue à Edmonton, la rue Bank à Ottawa, l'avenue Eglinton à Toronto et la rue Saint-Laurent à Montréal. Partout où deux ou plusieurs circuits se croisaient, les terrains environnants ont attiré des commerces de détail, des bureaux ou des logements. (*Voir* TRANSPORT URBAIN et MÉTRO ET TRANSPORT RAPIDE PAR VÉHICULES LÉGERS.)

Brian E. Sullivan

Tran (1994), affaire Il s'agit du premier arrêt où la Cour suprême se prononce sur le droit à l'interprète. Tran est accusé d'agression sexuelle. Au procès, on lui assigne un interprète, car il ne parle ni français, ni anglais. Il s'avère que l'interprète n'a pas traduit au complet le témoignage de Tran se contentant plutôt de le résumer. De plus, le contre-interrogatoire de l'interprète, qui a aussi comparu comme témoin, n'a pas été traduit à Tran. Tran est reconnu coupable. Il allègue que son droit à l'assistance d'un interprète ne lui a pas été pleinement reconnu.

Il ressort de la preuve que Tran avait besoin d'un interprète. Cependant, l'interprétation qui lui a été fournie n'était ni continue ni fidèle. Bien que l'impartialité de l'interprète ne soit pas mise en cause, le juge en chef Lamer prévient qu'il est préférable que l'interprète ne serve pas aussi de témoin sauf dans des cas très exceptionnels. Enfin, l'interprétation n'était pas concomitante. Dans les circonstances, la Cour ordonne un nouveau procès.

TransCanada PipeLines Limited Compagnie de transport de gaz naturel dont le siège social se trouve à Toronto. D'abord constituée par une loi du Parlement le 21 mars 1951, TransCanada possède et exploite un système de gazoducs partant de l'Alberta et s'étendant jusque dans certaines régions du Québec et des États-Unis (*voir* PIPELINE). L'entreprise a également des activités dans la prospection et la production de pétrole brut et de gaz naturel, et vend du gaz naturel à des clients canadiens et américains. Après la déréglementation des prix du gaz par le gouvernement fédéral, la compagnie étend ses activités de mise en marché par l'entremise de sa filiale Western Gas Marketing Ltd.

En 1988, elle fait une offre d'achat qui aboutit à l'acquisition de Encor Energy Corp. Inc., dont l'actionnaire le plus important, DOME PETROLEUM, est criblé de dettes. En 1995, elle réalise des recettes de ventes ou d'exploitation de 7 milliards de dollars et a des actifs de 10,3 milliards de dollars. Elle emploie plus de 1700 personnes. Ses actions sont détenues par un grand nombre d'actionnaires, dont 30 p. 100 d'étrangers. Entreprises Bell Canada Inc. possède 49 p. 100 de son capital. En février 1998, elle fusionne avec NOVA CORP, pour former la quatrième compagnie de gazoduc en importance en Amérique du Nord. (*Voir aussi* DÉBAT SUR LE PIPELINE.)

Deborah C. Sawyer

Transplantation Branche de la médecine unique en ce sens que les traitements font intervenir le transfert d'un individu à un autre d'un organe ne se renouvelant pas. La transfusion sanguine et la greffe de moelle osseuse constituent des sources de tissus se renouvelant et, pour cette raison, elles ne sont pas prises en considération dans le présent exposé. L'organisme humain n'est pas conçu pour recevoir des greffons provenant d'autres individus. Les organes et les tissus diffèrent d'un individu à l'autre par la présence de marqueurs sur les membranes cellulaires, ou groupes tissulaires, appelés antigènes HLA. Ces facteurs sont héréditaires et sont transmis à moitié par la mère, à moitié par le père. Chaque personne possède huit de ces facteurs (sur les quelque 90 facteurs possibles connus dans la population). Ceux-ci constituent notre profil génétique HLA. Chacun d'entre nous peut être identifié par ce profil car, selon toute vraisemblance, la probabilité est faible qu'une autre personne non apparentée possède exactement les mêmes facteurs.

Le système immunitaire humain est conçu pour reconnaître les protéines étrangères, ou antigènes, et provoquer une réaction immunitaire contre celles-ci. Les réactions immunitaires nous protègent aussi contre nos propres cellules qui deviendraient cancéreuses. Ces cellules sont également reconnues comme étrangères et sont attaquées, pourvu qu'elles conservent les marqueurs de reconnaissance. Le secret d'une transplantation réussie consiste à faire échec aux réactions immunologiques par immunosuppression de façon à ce que l'organisme ne rejette pas le greffon tout en demeurant apte à résister aux infections et à reconnaître les cellules cancéreuses. Il serait très avantageux de pouvoir faire ceci de façon sélective, c.-à-d. en amoindrissant l'immunité seulement par rapport aux antigènes du greffon et en laissant intacts les autres composants de l'immunité. Il est impossible pour le moment de réaliser ceci chez les humains, mais c'est un des buts ultimes de la recherche.

Certains agents immunosuppresseurs sont des substances chimiques, notamment la cyclosporine et l'azathioprine. D'autres, comme la globuline anti-lymphocytaire (GAL) ou les anticorps T3 des lymphocytes humains T (OKT3), sont des anticorps très spécifiques d'origine animale et sont conçus pour bloquer la réaction immunitaire de façon très précise et sélective. Malgré la célébrité méritée de la cyclosporine, dont l'utilisation a remarquablement amélioré les chances de survie dans un certain nombre de cas de greffes d'organes, l'immunosuppression est un domaine des traitements médicaux en constante mutation.

Transplantation d'organes spécifiques
Transplantation rénale Plus de 60 000 transplantations rénales ont été réalisées en Amérique du Nord depuis 1964, l'année de la première transplantation réussie sur un humain d'un greffon rénal prélevé sur un cadavre. L'opération, d'abord expérimentale ou utilisée en dernier recours, est devenue le traitement de choix pour la plupart des patients souffrant d'insuffisance rénale chronique. Au départ, on faisait appel à de nombreux donneurs vivants (membres de la famille), mais, dans les deux dernières décennies, l'utilisation de reins prélevés sur des cadavres est prépondérante. Il a donc fallu établir des critères spéciaux de diagnostic et de constatation de la mort à la suite de la cessation totale et définitive de toutes les fonctions du cerveau (ou mort cérébrale), et trouver des moyens pour expliquer la situation à la population et aux familles récemment endeuillées en demandant leur permission pour utiliser les organes après la mort. Dans tous les centres de transplanta-

tion, des personnes sont maintenant spécialement assignées à cette tâche et à sa coordination.

Les transplantations rénales ont été les premières à se développer, car cet organe possède un débit sanguin abondant (nécessaire à la formation de l'urine), est doté d'une seule artère et d'une seule veine (habituellement), est moins sujet aux infections postopératoires (le poumon est le plus sensible aux infections), et bénéficie d'un système de secours, l'hémodialyseur, qui permet au rein de fonctionner en attendant que cesse l'activité du rein.

Après une transplantation rénale, le taux de survie des greffons provenant d'un cadavre est aujourd'hui d'environ 80 p. 100 à un an, 73 p. 100 à trois ans et 66 p. 100 à cinq ans, et l'on s'attend qu'il atteigne environ 50 p. 100 à dix ans. Les sujets chez qui la greffe n'est pas une réussite retournent en hémodialyse dans l'attente d'une autre greffe. La dose requise de médicaments immunosuppresseurs chute de façon notable au bout de trois mois environ, mais, même réduit, le traitement doit alors se poursuivre indéfiniment. L'incidence du cancer augmente considérablement, et il faut être d'autant plus vigilant pour détecter cette complication le plus rapidement possible.

Les sujets chez qui l'organe greffé devient fonctionnel, c.-à-d. la majorité, jouissent d'une bonne santé et ont peu de restrictions. Les personnes qui reçoivent un rein d'un membre de leur famille ont de meilleurs résultats encore que les receveurs d'un organe provenant d'un cadavre. Le taux de survie du greffon à 10 ans est de 75 à 80 p. 100 et la survie du patient à long terme est supérieure à 90 p. 100.

Les meilleurs résultats sont obtenus chez les sujets dont la maladie se limitait aux reins. Les personnes atteintes d'insuffisance rénale en raison d'un DIABÈTE SUCRÉ, p. ex., continuent de souffrir des autres complications de cette maladie, même quand le problème du rein a été traité avec succès au moyen d'une greffe.

Transplantation cardiaque Le 3 décembre 1967, l'attention du monde se porte sur le Groote Shure Hospital, à Cape Town, où a été annoncée la première transplantation cardiaque réussie d'un humain à un autre. Cette technique avait tout de même été préalablement mise au point avec soin grâce à des travaux sur des animaux aux États-Unis. Motivés par cette réussite, près de 50 centres effectuent plus de 100 transplantations semblables en 1968 et, à la fin de 1970, ce nombre atteint 250, mais la plupart des patients meurent à cause d'un rejet ou d'une infection. En 1968-1969, 20 opérations de ce genre sont pratiquées au Canada, à Montréal et à Toronto, et la plupart des patients succombent dans la première année, bien que dans chaque centre il reste un unique survivant après plus de quatre ans. Aucune autre transplantation cardiaque n'est pratiquée au Canada jusqu'en 1980.

Au cours des années 70, une équipe de Stanford, aux États-Unis, poursuit les travaux sur les stratégies de diagnostic et d'approche thérapeutique et, pour la première fois, introduit la cyclosporine dans le protocole de traitement. Leur succès entraîne une renaissance des transplantations cardiaques dans le monde. En avril 1981, l'opération est de nouveau pratiquée au Canada, au University Hospital de London. En septembre 1987, 150 transplantations cardiaques avaient été effectuées au Canada. À l'échelle mondiale, il y a aujourd'hui plus de 120 centres qui pratiquent plus de 5000 transplantations.

Actuellement, les taux de survie des patients à un an et à cinq ans sont respectivement de 80 p. 100 et de 75 p. 100, et la plupart des patients retrouvent une vie active et productive. Des problèmes particuliers se présentent: incidence élevée de coronaropathies induites par des mécanismes immunitaires dans l'organe greffé, et aussi un besoin d'un plus grand nombre de donneurs et de soutien à apporter aux receveurs éventuels au cours de la période d'attente.

Transplantation cardio-pulmonaire La première transplantation cardio-pulmonaire combinée est effectuée en 1969. Deux autres sont pratiquées à la fin de 1971. Le patient qui a survécu le plus longtemps est mort après 23 jours. Aucune autre tentative n'est faite jusqu'en 1981 quand, à la suite de transplantations cardio-pulmonaires réussies sur des primates, l'équipe de Stanford décide qu'il est temps d'essayer à nouveau sur les humains. Le premier receveur est une femme de 45 ans, qui était toujours bien portante en 1987.

En mai 1983, la première transplantation cœur-poumons est pratiquée au University Hospital de London. À la fin de 1986, plus de 150 opérations semblables ont été effectuées dans 15 à 20 centres dans le monde. Le taux de survie actuel n'est que de 60 p. 100 à un an et de 50 p. 100 à cinq ans. L'infection constitue un grand problème à cause de l'exposition du poumon à l'environnement par les voies respiratoires. De plus, le poumon est aussi sujet à d'importants rejets.

Transplantation hépatique La transplantation hépatique présente des problèmes particuliers: l'organe se détériore rapidement chez le donneur; le chirurgien doit apparier la grosseur de l'organe de remplacement; il faut une précaution attentive à préserver la vésicule biliaire et l'intégrité du drainage biliaire; il se produit des troubles particulièrement sérieux au niveau de la coagulation sanguine qui peuvent provoquer des hémorragies postopératoires graves; et il n'y a pas de système artificiel de secours pour compenser pendant les périodes de rejet du foie.

Il n'est donc pas surprenant que les programmes de transplantation du foie aient été mis en vigueur plus lentement et que ces opérations ne se pratiquent que dans quatre centres au Canada. Le plus grand nombre de ces transplantations ont été pratiquées au centre de London, où 120 opérations ont été effectuées avec des résultats comparables à ceux du centre de Pittsburg. En effet, ce dernier a consacré beaucoup d'énergie à ces opérations depuis 1980 et, avec l'aide de la cyclosporine, ses efforts ont été couronnés de succès au point que l'opération est passée du stade expérimental à celui de traitement médical reconnu. Comme les soins pour ces patients sont très onéreux, cet exploit médical aura des répercussions considérables sur l'aspect économique des soins de santé au cours de la prochaine décennie.

Transplantation de pancréas Les transplantations de pancréas sont pratiquées parce que cet organe contient des îlots de tissus sécrétant de l'insuline, appelés îlots de Langerhans (voir plus bas), mais le drainage des sécrétions digestives aussi produites par le pancréas s'avère le principal problème. Pour essayer de surmonter cette difficulté, le drainage des sécrétions pancréatiques est effectué dans la vessie, l'intestin et la peau. Seuls quelques rares centres continuent cette transplantation, et les résultats sont très décevants.

Transplantation des îlots de Langerhans chez les diabétiques Le pancréas d'un adulte compte quelque 200 000 îlots de Langerhans. La transplantation de ces îlots, pour soigner le diabète sucré, pose des problèmes: la séparation des îlots du pancréas provenant d'un cadavre sans exposition au suc digestif du corps principal de tissu pancréatique, la conservation des îlots et la réduction de la possibilité de rejet. Au Canada, plusieurs centres sont arrivés au stade des essais cliniques dans ce domaine, après avoir résolu ces problèmes sur des animaux.

Transplantation de tissus spécifiques
Greffe cornéenne La greffe de cornée est une opération bien établie. Le rejet immunitaire ne constitue pas un problème pour la plupart des patients, puisque les protéines de la cornée ne provoquent habituellement pas de réaction contre un antigène étranger et, de toute façon, cette structure est avasculaire avec comme conséquence que les anti-

corps et les cellules immunologiquement compétentes n'y parviennent pas.

Il n'y a pas de pénurie de cornées comme pour les autres organes, car elles peuvent être prélevées jusqu'à six heures après la mort, et les donneurs peuvent être plus âgés que ceux des organes vitaux internes. La transplantation cornéenne sans complications ne requiert pas de médicaments immunosuppresseurs.

Greffe cutanée La plupart des greffes cutanées s'effectuent avec la peau même du patient pour réparer les dommages. On les appelle autogreffes cutanées, et elles ne présentent aucun problème d'immunité. Pour traiter les brûlures graves et étendues, il faut avoir recours à des allogreffes cutanées (obtenues de banques de peau prélevée sur des cadavres), qui servent de pansements. Aucun traitement immunosuppresseur n'est utilisé puisque les allogreffes seront perdues, bien qu'elles puissent durer pendant plusieurs semaines vitales et être remplacées si nécessaire. Les banques de peau sont en voie de devenir répandues et il en existe plusieurs au Canada.

Greffe osseuse La greffe osseuse est utilisée pour reconstruire les os à la suite d'une résection résultant de traumas ou de chirurgies pour un cancer. L'os n'est pas utilisé comme un greffon vivant et aucun traitement immunosuppresseur n'est requis. C'est plutôt par induction osseuse que les pores de l'os sont colonisés par les cellules osseuses du receveur, qui remplacent celles du donneur. Le receveur se sert donc du greffon comme d'un échafaudage sur lequel ses cellules vont croître pour le transformer éventuellement en os autologue.

Approvisionnement et conservation des organes L'approbation et la compréhension de la population sont indispensables à toute la médecine de transplantation. Il faut du temps pour accepter une nouvelle conception de la mort, un débat ouvert est essentiel. Pendant deux décennies, toutefois, la population canadienne a consenti aux pratiques de transplantations cliniques comme le démontre sa volonté de faire don des organes prélevés sur les corps de ses êtres chers après leur mort. Personne n'apprécie ce geste davantage que ceux qui attendent ces dons pour sauver des vies. Malgré tout, il y a une pénurie importante d'organes vitaux internes pour la transplantation. C'est en grande partie dû au fait que seuls 1 à 2 p. 100 des personnes qui meurent dans des hôpitaux conservent des organes qui pourraient servir à la transplantation à cause de l'atteinte des organes internes par les processus pathologiques.

Une mort subite est toujours tragique et cause un choc émotif. Pourtant, dans une telle atmosphère de chagrin, de crainte, de confusion et d'incertitude, il faut demander à la famille de faire don des organes de leurs proches décédés pour ceux qui en ont besoin. Cela peut s'avérer une expérience marquante; il est facile de comprendre pourquoi seuls 10 à 20 p. 100 des 1 à 2 p. 100 de ces décès hospitaliers deviennent des donneurs. Toutefois, si cette proportion passait à 80 p. 100, le problème de pénurie d'organes serait grandement surmonté. Pour ces raisons, l'approvisionnement en organes devient de plus en plus la responsabilité des administrateurs d'hôpitaux et des professionnels de la santé.

La conservation des organes constitue un domaine de recherche très difficile, dans lequel il n'y a pas eu beaucoup de progrès. L'idéal serait la conservation des organes aux très basses températures de l'azote liquide, (autour de -170 °C), mais la cryobiologie n'est pas en mesure d'y arriver dans les cas d'organes complexes hautement différenciés, sauf pour de très petites portions. Actuellement, les reins peuvent être conservés à 4 °C pendant 48 à 72 heures, mais les transplantations cardiaques, cardiopulmonaires et hépatiques doivent s'effectuer le plus rapidement possible, dans les quelques heures qui suivent la mort du donneur.

Problèmes éthiques relatifs aux transplantations d'organes Les problèmes d'éthique relatifs aux transplantations abondent. Ils entrent dans trois catégories: ceux qui entourent le diagnostic de la mort de causes cérébrales, ceux qui sont liés à l'approvisionnement en organes et ceux qui ont trait à l'allocation des organes et au financement des programmes. En bref, quand les organes peuvent-ils être prélevés? À qui appartiennent-ils après leur prélèvement? Comment les distribuer de façon équitable? Y a-t-il des limites aux droits des familles de donneurs? Quels sont les droits des receveurs potentiels qui attendent? Ces programmes coûteux qui ne profitent qu'à relativement peu de personnes sont-ils hors de nos moyens?

Les réponses à ces questions impliquent l'intervention des membres de notre société, autres que le personnel médical. Différentes solutions apparaissent selon les collectivités et les cultures. Des problèmes particuliers surviennent quand les organes sont transférés entre des collectivités qui ne sont pas de même culture ou n'adhèrent pas à la même morale.

Avenir de la médecine des transplantations Les spéculations sur les progrès de la médecine sont fascinantes, mais peu fiables. Ceci dit, voici quelques-unes des prédictions actuelles: des greffes d'organes s'effectueront entre des membres de deux espèces différentes (les xénogreffes); certaines espèces, probablement les primates, seront élevées dans ce but; le tissu cérébral sera utilisé pour le traitement de certaines maladies neurologiques (ce qui, en fait, se fait déjà) bien que le rétablissement de la pensée rationnelle ne puisse se faire par greffe; les transplantations d'organes vont rivaliser avec la thérapie génique dans le traitement des troubles enzymatiques et génétiques, car la régulation du système immunitaire va devenir hautement sélective et sûre; les greffes de tissus ovarien et testiculaire permettront de traiter la stérilité et les insuffisances endocriniennes associées, encore que cela soulève de très sérieuses questions éthiques qui doivent être réglées avec soin par la société. En effet, les règles d'éthique dans ce domaine sont appelées à devenir de plus en plus importantes pour que la science et la technologie nous apportent des bienfaits croissants.

John B. Dossetor et Dennis L. Modry

Transport aérien, industrie du Comme on peut s'y attendre dans un grand pays où la population est dispersée, le transport aérien est un secteur très important de l'ÉCONOMIE canadienne. En 1985, on comptait 604 transporteurs aériens commerciaux au Canada (qui n'englobent pas les flottes gouvernementales et privées), employant 43 330 personnes en moyenne et enregistrant des revenus d'exploitation de 5,6 milliards de dollars. À l'échelle mondiale, les statistiques publiées par l'Organisation de l'aviation civile internationale (OACI), dont le siège social se trouve à Montréal, indiquent que le Canada vient très loin derrière les pays densément peuplés comme les États-Unis, la Russie et les anciennes républiques soviétiques quant au volume du trafic aérien intérieur, mais devance nettement des pays comme l'Allemagne et l'Italie, dont la population est au moins le double de celle du Canada, mais dont le territoire est plus restreint. En 1984, seulement 4,6 p. 100 de tous les déplacements entre les grandes villes canadiennes étaient effectués par avion. La proportion de frets transportés par avion est aussi relativement faible. Cette situation est attribuable à l'usage très fréquent de l'automobile pour de courts déplacements entre les villes, aux économies que permet le transport de grosses cargaisons par bateau ou par train, à l'avantage que procure la distribution à domicile par camion et au coût relativement élevé du transport aérien.

Le transport aérien occupe un créneau particulier. Pour une personne qui voyage seule et dont le temps est précieux, tout déplacement de plus de 500 km s'effectue habituellement par avion. La distance et les délais sont aussi des facteurs qui comptent pour le fret aérien, p. ex., dans le cas de l'acheminement de denrées périssables vers des localités isolées. Pour l'arrière-pays et pour les agglomérations isolées par de grandes étendues d'eau, les coûts élevés de la construction de routes ou de chemins de fer desservant de très faibles populations ou de l'aménagement de services de traversier ne laissent souvent pas d'autre choix que le transport par avion (*voir* AVIATION DE BROUSSE).

Le gouvernement fédéral est un partenaire important de l'industrie du transport aérien. Il construit et gère presque tous les AÉROPORTS offrant des vols réguliers, conçoit et gère la réglementation, le matériel de communication et les dispositifs de télésurveillance qui constituent le réseau aérien canadien. De plus, il prend partiellement en charge la sécurité aérienne en assurant, p. ex., la gestion des systèmes de délivrance des certificats pour les appareils et de licences pour les pilotes, les mécaniciens, etc., et réglemente les activités des transporteurs aériens en autorisant les sociétés aériennes à offrir un service ou à l'abandonner, ainsi qu'en contrôlant les tarifs et la qualité des services offerts.

Les usagers des aéroports et du réseau aérien bénéficient d'avantages plus importants que les contribuables en général. Dans ces circonstances, des pressions sont souvent exercées pour qu'on impute aux usagers des frais de prestation de services et réduise ainsi la charge assumée par les contribuables. En 1987-1988, dans le cadre du Programme des transports aériens du gouvernement fédéral, on prévoyait des dépenses de 1,3 milliard de dollars, tandis que les revenus provenant des usagers étaient estimés à presque 0,9 milliard de dollars. Ces revenus découlent de services tels que la location d'espaces, de redevances de concessions et de droits d'atterrissage, des droits des licences et de la taxe de transport aérien (TTA). Cette taxe est de loin la plus importante source unique de revenus de Transports Canada: en 1987-1988, on l'estimait à 431,5 millions de dollars.

En accord avec les tendances observées ailleurs dans le monde au cours des années 80, le gouvernement fédéral a instauré un certain nombre de mesures pour réduire son rôle dans le transport aérien. p. ex., le 9 avril 1987, l'honorable John C. CROSBIE a annoncé une nouvelle politique d'administration des aéroports au Canada qui a donné aux autorités locales la possibilité d'acquérir ou de gérer entièrement ou partiellement les aéroports relevant de la compétence fédérale. La réglementation des aspects économiques est un autre secteur important touché par le désengagement du gouvernement. Avant les années 80, le Canada appliquait un régime de réglementation à deux volets. Dans le premier, le gouvernement choisissait un transporteur ou des transporteurs et en définissait le rôle. Durant les premières années, les LIGNES AÉRIENNES TRANS-CANADA étaient le transporteur continental et international désigné, puis d'autres transporteurs aériens se sont vus graduellement assigner des rôles précis dans des régions particulières du pays. Le deuxième volet de la réglementation économique était constitué par un organisme de délivrance des licences (nommé la Commission des Transports du Canada [CTC], et plus tard l'OFFICE NATIONAL DES TRANSPORTS) après l'adoption de la *Loi sur les transports nationaux* de 1967), qui avait des pouvoirs quasi judiciaires, et l'obligation de démontrer qu'un service aérien proposé était «de commodité et de nécessité publiques» avant de lui accorder une licence.

En 1984, après une période de déréglementation radicale aux États-Unis, le ministre canadien des Transports a demandé à la CTC d'accorder plus d'importance aux avantages d'une concurrence accrue dans l'analyse des besoins en matière «de commodité et de nécessité publiques». Son successeur est allé plus loin, en mettant en place un nouveau régime de réglementation plus libre pour le transport aérien, défini par une nouvelle loi sur les transports nationaux (projet de loi C-18). Cette loi permet la délivrance presque automatique d'une licence dans la mesure où le demandeur appartient à des intérêts canadiens ou est contrôlé par des Canadiens dans une proportion de 75 p. 100 au moins, ou il possède une assurance responsabilité suffisante et peut satisfaire aux exigences de Transports Canada en matière de sécurité.

Les effets de la déréglementation, notamment les fusions qui ont donné lieu à une forte réduction du nombre de concurrents, se sont fait sentir beaucoup plus rapidement au Canada qu'aux États-Unis. Il semble bien que trois transporteurs seulement se feront concurrence sur les lignes transcontinentales long-courriers (Air Canada, les Lignes aériennes Canadien International et WARDAIR) et que seuls Air Canada et les Lignes aériennes Canadien International se disputent le marché des lignes modérément achalandées. Il ne restera probablement qu'un seul transporteur pour desservir un grand nombre de marchés restreints entre les petits centres et l'arrière-pays.

Les deux plus grands transporteurs ont créé des alliances, au moyen d'acquisitions partielles ou complètes, avec des transporteurs de moindre importance dont les petits appareils assurent la correspondance avec les jets dans les grands centres. En 1987, Air Canada possédait 49 p. 100 d'Air Nova, 100 p. cent d'Air BC et, par l'entremise d'une société de portefeuille, 75 p. 100 d'Air Ontario et d'Austin Airways. Pour leur part, les Lignes aériennes Canadien International détenaient 46,5 p. 100 de Time Air, 30 p. 100 de Norcanair, 20 p. 100 d'Air Atlantic, 100 p. 100 d'Air Maritime, 100 p. 100 de Nordair, entreprise qui possède 35 p. 100 de Nordair-Metro (elle-même propriétaire à 100 p. 100 de Quebecair), et étaient en voie de créer un nouveau transporteur régional (feeder carrier – ligne d'apport) en Ontario. En fait, presque tous les transporteurs réguliers d'importance moyenne sont maintenant membres de l'un des deux principaux groupes de transporteurs aériens, Wardair constituant à cet égard l'exception la plus notable.

La tendance à la déréglementation a été plus marquée dans le service aérien intérieur, mais une souplesse accrue se manifeste aussi dans la réglementation internationale. Les services aériens internationaux sont régis par des accords bilatéraux entre le Canada et les autres pays. Le Canada a conclu plus de 40 accords semblables et participe à une douzaine de négociations en ce sens chaque année, dont la moitié entraînent une révision des accords.

En raison de la longueur de leur frontière commune et des liens solides qui les unissent, le Canada et les États-Unis ont conclu des accords qui assurent un bien plus grand nombre de liaisons que ne le permettent les accords bilatéraux entre le Canada et tout autre pays. Tous les 10 ans environ, un nouvel accord élargi est conclu entre le Canada et les États-Unis. Récemment, les deux pays se sont trouvés dans une impasse. Le Canada a proposé un régime libre pour les transporteurs souhaitant fournir le service transfrontalier, à la condition que cette politique s'accompagne du droit de fournir des services de cabotage tel un prolongement des services transfrontaliers (p. ex., Air Canada pourrait desservir la route entre Chicago et Los Angeles sur un vol de Toronto à Los Angeles avec escale à Chicago). La proposition concernant le cabotage a soulevé l'opposition des négociateurs américains.

La majorité des transporteurs canadiens sont membres de l'Association du transport aérien du Canada (ATAC), dont le siège social se trouve à Ottawa. Les sociétés qui offrent des vols internationaux réguliers appartiennent aussi à l'Association du transport aérien international (ATAI), établie à Montréal.

Alan Conboy

Transport maritime, industrie du Le transport maritime, l'acheminement de marchandises par voie d'eau, joue un rôle important dans le développement de la société humaine au fil des siècles. Il constitue un lien crucial permettant d'établir des relations commerciales entre différentes parties du monde très éloignées. Il existe deux principaux types de services de transport maritime: des services de cargaisons en vrac, qui acheminent des marchandises en vrac pour un ou quelques expéditeurs; et des services de lignes régulières, qui assurent le transport de cargaisons diverses et relativement petites, selon un horaire régulier, pour de nombreux expéditeurs. Certains navires appartiennent à des entreprises actives dans la production ou la transformation des marchandises en vrac. p. ex., des sociétés pétrolières possèdent des navires-citernes, et certains navires transporteurs de vrac appartiennent à des entreprises sidérurgiques. Toutefois, la majorité des navires sont la propriété d'entreprises dont l'activité principale est le transport. Ces armateurs mettent leurs vaisseaux à la disposition des importateurs et des exportateurs grâce à un réseau international très efficace de courtiers maritimes.

Historique et développement Le transport maritime est souvent le moyen le plus économique de transporter de grandes quantités de marchandises sur de longues distances. L'existence d'un transport fiable par voie d'eau est la clé du bien-être politique et économique de la plupart des nations au cours de l'histoire. p. ex., la flotte marchande de la Grande-Bretagne a contribué à l'édification de ce pays comme puissance mondiale. Les services de transport maritime et fluvial sont toujours d'une importance économique vitale pour les Canadiens. Pour les premiers colons, les navires assurent l'approvisionnement en produits de première nécessité provenant des vieux pays et permettent d'acheminer les fourrures ainsi que les produits agricoles, forestiers et miniers vers les marchés. L'est du Canada, et en particulier les Maritimes, développent une vocation traditionnelle dans les industries de la construction navale (*voir* CONSTRUCTION NAVALE ET RÉPARATION DE NAVIRES), de la pêche et du commerce maritime.

En 1840, Samuel CUNARD, de Halifax, crée un service transocéanique qui deviendra la CUNARD COMPANY, société de renommée mondiale. En 1878, le Canada se classe quatrième parmi les pays du monde qui font de l'exploitation commerciale de navires. Toutefois, dans les dernières décennies du XIXe siècle, la présence canadienne dans la construction navale et le transport maritime diminue, car les ressources en acier et les compétences en ingénierie, qui font défaut au Canada, deviennent essentielles à la croissance de l'industrie de la construction navale. Les deux guerres mondiales amènent une période de prospérité temporaire dans le transport maritime sous pavillon canadien, mais depuis 1949, année où le gouvernement décide de se départir de sa flotte, la plus grande partie des marchandises vendues et achetées outre-mer est transportée par des navires étrangers. Les activités de la majorité des navires immatriculés au Canada se cantonnent maintenant dans les voies intérieures tels la VOIE MARITIME DU SAINT-LAURENT, les Grands Lacs et le long des côtes du pays.

Importance économique Le transport par voie d'eau est particulièrement important pour le Canada en raison de la place qu'occupe le commerce dans son économie et du rôle que jouent les navires pour faciliter ce commerce. En effet, en 1996, les exportations représentent 33,5 p. 100 du produit intérieur brut (PIB), et les importations, 29,2 p. 100. Environ un tiers de la valeur des exportations et plus d'un quart de la valeur des importations sont acheminées par voie maritime; les navires de ligne transportent plus de la moitié de ce total. Même si le commerce avec les États-Unis prédomine et que la plupart de ces marchandises sont expédiées par voie terrestre, le transport maritime est vital pour la compétitivité des produits à base de matières premières sur les marchés internationaux. La navigation de ligne équivaut à plus de la moitié de la valeur des exportations. Toutefois, à cause du volume des exportations de matières premières et des importations de pétrole, la quantité de marchandises transportées en vrac dépasse de beaucoup celles transportées par navires de ligne.

Bien que la flotte canadienne de navires de haute mer soit petite, on y compte de nombreux officiers et équipages, car ce sont eux qui doivent piloter les navires sur les voies intérieures. Les navires arrivant de l'étranger ont besoin de divers services, y compris ceux de remorqueurs et de pilotes canadiens pour les conduire à destination, ainsi que d'installations de réparation et de services de ravitaillement situés dans les ports. La manutention des cargaisons est elle-même une source d'emplois importante. p. ex., des débardeurs participent au chargement et au déchargement des cargaisons sur les quais, et de nombreuses personnes, comme des agents en douane et des agents d'assurance, s'occupent des documents et autres formalités. Des agents maritimes, établis dans les villes portuaires, vendent des services de transport et prennent les dispositions relatives aux navires et à la manutention des marchandises.

Voies intérieures et transfrontalières Le transport maritime et fluvial intérieur peut se diviser en trois catégories. Le trafic de la côte Est transporte essentiellement du carburant, du bois à pâte et des cargaisons diverses vers Terre-Neuve, le long des côtes des provinces Maritimes et sur le Saint-Laurent. Le trafic sur le Saint-Laurent et les Grands Lacs est de loin le plus considérable. Les principaux mouvements de denrées sont ceux des céréales provenant de la tête des Grands Lacs qui sont acheminées vers des ports du Saint-Laurent, et ceux du MINERAI DE FER, entre le Canada et les États-Unis (*voir* CANAUX ET VOIES NAVIGABLES). Les services maritimes de la côte Ouest assurent entre autres le transport de produits forestiers et d'autres produits tirés des ressources naturelles, souvent à l'aide de chalands et de remorqueurs. Il existe un réseau étendu de services de TRAVERSIERS, tant sur la côte Est que sur la côte Ouest. D'autres services incluent à l'occasion le transport intercôtier de denrées en vrac, le transport par barge sur le FLEUVE MACKENZIE et l'approvisionnement de communautés de l'Arctique. Le transport maritime s'avère crucial pour le développement du Nord canadien et est un moyen d'atteindre ses ressources naturelles (*voir* TRANSPORTS DANS LE NORD). Les navires de ligne qui assurent l'approvisionnement de maintes localités éloignées du Nord circulent tant que les conditions climatiques le permettent. En 1969, le navire-citerne américain *SS Manhattan* réussit à traverser le PASSAGE DU NORD-OUEST avec l'aide d'un navire de la Garde côtière canadienne, prouvant ainsi que l'on peut atteindre par voie maritime les ressources pétrolières et les richesses minérales des régions éloignées du Nord (*voir* BRISE-GLACE).

Transport maritime outre-mer Les principaux partenaires commerciaux du Canada outre-mer sont le Japon, la Grande-Bretagne et d'autres pays de l'Europe de l'Ouest. Les routes de transport maritime les plus empruntées sont donc l'Atlantique Nord et le Pacifique Nord. Les routes maritimes maintiennent des liens appréciables avec toutes les parties du monde, et des services de transport de cargaisons en vrac sont offerts au besoin. Les expéditions commerciales du Canada sont acheminées à bord de navires immatriculés dans de nombreux pays. Beaucoup de ces navires de transport en haute mer ont leur port d'attache dans des pays qui accordent des pavillons de complaisance, comme le Libéria et Panama, et où le climat fiscal et le régime juridique permettent des coûts d'exploitation moins élevés.

Navires et installations portuaires Le commerce canadien bénéficie de navires et d'installations portuaires efficaces, dont certains sont construits spécialement pour faciliter le transport de certaines marchandises. Dans l'est du Canada, p. ex., on construit des navires, appelés CARGOS DES GRANDS LACS, spécialement adaptés aux dimensions maximums que permet la circulation sur la voie maritime. Les cargos de gabarit maximum peuvent transporter près de 29 000 t (28 000 de capacité de charge, 1 000 de carburant et autres fournitures). Sur la côte Ouest, on a mis au point le chaland à billes autobasculant pour les besoins de l'industrie forestière. À Roberts Bank, en Colombie-Britannique, se trouve un vaste superport charbonnier particulièrement conçu pour la manutention des grandes quantités de charbon qui arrivent par chemin de fer pour l'exportation outre-mer. Des terminaux à conteneurs modernes sont essentiels pour les services de ligne de Halifax, de Montréal et de Vancouver.

Le transport maritime canadien actuel Peu de navires battant pavillon canadien s'occupent de transport hauturier. Le 31 décembre 1994, la flotte de navires de plus de 100 tonneaux de jauge brute (tjb) immatriculés au Canada totalisait 2 500 000 tjb. En comparaison, les trois plus grandes flottes sont celles de Panama (64 200 000 tjb), du Libéria (57 600 000 tjb) et de la Grèce (30 200 000 tjb). La flotte américaine, qui totalise 13 700 000 tjb, se classe au 11e rang, tandis que celle du Royaume-Uni, avec 6 500 000 tjb, vient au 16e, selon le *Llyods Register of Ships*. La plupart des navires marchands immatriculés au Canada circulent sur des voies intérieures, quoique plusieurs bâtiments construits pour naviguer sur les Grands Lacs et la Voie maritime du Saint-Laurent puissent effectuer des voyages trans-océaniques.

Le gouvernement applique les recommandations du Groupe de travail sur le transport maritime de haute mer (1985) en modifiant les règlements de l'impôt sur le revenu, de façon que la gestion des services de transport maritime international puisse s'effectuer au Canada sans que les bénéfices ne soient soumis à l'impôt sur les sociétés avant leur répartition. Cette mesure rend le Canada concurrentiel par rapport aux autres pays, puisque la plupart des armateurs ne paient pas d'impôt. Elle entraîne aussi une augmentation du nombre d'armateurs au Canada et des possibilités d'emploi. Alors que plusieurs sociétés canadiennes existantes conservent leurs structures antérieures, p. ex., la Canada Maritime, filiale du CANADIEN PACIFIQUE, et Fednav Limitée, d'autres entreprises ont pu prendre de l'expansion et acquérir des navires, comme la Canadian Transport Company, filiale de MACMILLAN BLOEDEL LTÉE, jusqu'en 1997. Un certain nombre de sociétés se sont établies au Canada, dont la plus importante est la Teekay Shipping, société ouverte spécialisée dans les navires pétroliers.

Réglementation La plus grande part du transport maritime est de nature réglementaire, puisque les marchandises circulent entre les pays et traversent des eaux internationales. On peut être propriétaire d'un navire dans un pays et le financer, l'immatriculer, l'assurer et le gérer dans des pays différents. Lorsqu'on immatricule un navire dans un pays donné, il doit se conformer en tout temps aux lois de ce pays. Chaque pays a le droit de décider de ses propres lois en matière de transport maritime. Il existe des conventions sur le transport maritime international, établies par un certain nombre d'organisations intergouvernementales, comme l'Organisation internationale du travail (OIT) et l'Organisation maritime internationale (OMI). Le Canada a souscrit à plusieurs de ces conventions (*voir* DROIT INTERNATIONAL; DROIT DE LA MER).

La Conférence des Nations Unies sur le droit de la mer (UNCLOS) instaure un nouveau régime de droit maritime international à l'intention des armateurs et des expéditeurs. L'UNCLOS définit les délimitations maritimes internationales et, ainsi, l'étendue des pouvoirs des États riverains en matière de protection de l'environnement et de transport côtier.

Au Canada, les navires relèvent de la compétence du ministère fédéral des TRANSPORTS. La *Loi sur*

la marine marchande du Canada énonce les règles de base pour les navires battant pavillon canadien ou naviguant dans les eaux canadiennes. La GARDE CÔTIÈRE CANADIENNE veille à ce que les navires respectent les exigences de la *Loi sur la marine marchande* et la procédure à suivre en ce qui a trait à la prévention de la pollution. L'OFFICE NATIONAL DES TRANSPORTS (ONT) est chargé de la réglementation financière et exige, p. ex., que les prix des conférences maritimes lui soient communiqués. La *Loi maritime du Canada de 1997* vise à décentraliser la gestion des ports, en permettant aux principaux d'entre eux de former des sociétés portuaires autofinancées.

Développements récents Le transport maritime connaît des progrès technologiques importants. Au Canada, on note entre autres la mise au point du transporteur autodéchargeant, utilisé à l'échelle internationale pour le transport commercial sur les Grands Lacs et la Voie maritime du Saint-Laurent. La taille des navires transportant des conteneurs entre pays ne cesse d'augmenter. Les navires les plus gros transportent au-delà de 6000 conteneurs, mesurés en unités équivalentes de conteneurs (UEC). Les compagnies de ligne intègrent leurs services au moyen de fusions ou de regroupements d'entreprises. On continue de mettre au point de grands navires destinés à des fins précises, dont les plus spécialisés sont les transporteurs de gaz naturel liquéfié. Les services portuaires et de transport intérieur s'adaptent aux besoins changeants. L'expansion du commerce est liée, comme toujours, aux techniques de réduction des coûts du transport maritime.

Trevor D. Heaver

Transport, organismes gouvernementaux pour le

En matière de transport, les deux principales catégories d'activités de l'État ont trait à l'administration et à l'élaboration des politiques publiques, ce qui comprend la réglementation des activités, et l'investissement dans les services et dans les installations de transport et leur exploitation. Ces responsabilités incombent directement au ministère des Transports, à des organismes gouvernementaux spécialisés et à des organismes autonomes.

Organismes fédéraux Le ministère des Transports (*voir* TRANSPORTS CANADA) est créé en 1936 par la fusion du ministère des Chemins de fer et Canaux, du ministère de la Marine et de la Direction de l'aviation civile du ministère de la Défense nationale. Le ministère conseille le gouvernement fédéral en matière de politiques des transports, fournit et exploite certains éléments du système national de transport et assume certaines fonctions touchant la réglementation des aspects techniques et sécuritaires. Le ministère des Transports est en outre responsable des sociétés d'État suivantes, dont le degré d'autonomie peut varier: AIR CANADA, le CANADIEN NATIONAL, VIA RAIL CANADA INC., la VOIE MARITIME DU SAINT-LAURENT, les quatre administrations de pilotage et la Société canadienne des ports, établie en 1983 pour remplacer le Conseil des ports nationaux.

Les deux rôles du Ministère (élaboration et administration des politiques de transport et administration des installations et des programmes opérationnels) se reflètent dans la structure du Ministère, même si celui-ci a fait l'objet de plusieurs refontes au cours des quelques dernières décennies (les changements de noms des principaux organes administratifs sont donnés ici entre parenthèses). Les fonctions de conseil en matière de politiques et d'administration de politiques sont maintenant confiées au Groupe Politiques et coordination (auparavant SMA Politiques; l'Exécutif du ministère, Planification, Programmation et Projets majeurs; Planification stratégique). Les programmes touchant l'aviation relèvent du Groupe Aviation et du Groupe de gestion des aéroports (autrefois ADM Air; Administration de l'Air). Les programmes de transport maritime, y compris la Garde côtière canadienne et les ports,

incombent au Groupe de la marine (autrefois ADM Marine; Administration de la marine). Le Groupe des transports de surface (autrefois l'Administration des transports de surface) est responsable de la sécurité des transports motorisés et des chemins de fer, du transport des matières dangereuses (*voir* MATIÈRES DANGEREUSES, CIRCULATION DES) et des programmes de planification d'urgence.

Les chiffres suivants témoignent de l'envergure des opérations du ministère: le Groupe de gestion des aéroports est propriétaire de 139 aérogares; le système de contrôle de la circulation aérienne comprend 61 tours de contrôle, huit organes de contrôle terminal, sept centres de contrôle régional et plus de 100 centres d'assistance aux vols; Ports Canada est responsable de la surveillance immédiate de 15 grands ports, tandis que neuf autres ports importants sont exploités de façon semi-autonome par des Commissions portuaires sous la direction de Transports Canada et que plus de 300 ports publics sont administrés par la Garde côtière canadienne; les opérations maritimes nécessitent 22 BRISE-GLACES en plus des 18 brise-glaces employés par la Garde côtière canadienne, qui utilise également 55 navires de recherche et de sauvetage. Le budget du ministère en 1985-1986 comprenait 1,8 milliard de dollars de dépenses d'exploitation, 2,6 milliards de dollars de dépenses en capital et huit millions de dollars en subventions et en renflouement des déficits des sociétés d'État.

Organismes provinciaux À l'exception de la Colombie-Britannique et de l'Ontario, qui ont exploité des chemins de fer provinciaux, la participation des provinces en matière de transports ne touchait, au début, qu'à la construction et à l'entretien des routes, ainsi qu'à la réglementation de la sécurité routière. Par la suite, la gamme des intérêts et des activités des provinces s'est élargie, et on a transformé les ministères de la Voirie en ministères des Transports (ayant souvent à assumer aussi de nouvelles responsabilités en matière de communications). À l'heure actuelle, les ministères provinciaux des transports s'occupent à la fois de l'administration et de la coordination des politiques, des investissements directs, de l'exploitation et de la réglementation. Ils participent également à la planification et au financement du transport urbain. Les règlements économiques concernant les activités qui relèvent des provinces (transport routier) sont administrés par des commissions de réglementation quasi judiciaires. L'étendue des règlements varie considérablement d'une province à l'autre.

On a créé des comités gouvernementaux spéciaux qui, au niveau du ministère et de la fonction publique, sont responsables des politiques et des activités fédérales et provinciales en matière de transports. Ces comités assument un rôle de consultation et d'échange d'information. Ils sont en général organisés à l'échelle provinciale sans qu'existe présentement aucune structure nationale.

K. Studnicki-Gizbert

Transport, réglementation du

Elle est partagée par tous les paliers de gouvernement (fédéral, provincial et municipal), et s'applique aux tarifs, aux modalités et aux types de services, ainsi qu'à la gestion des sociétés de transport. Son objectif est d'assurer des services de transport adéquats et de protéger les usagers de pratiques déloyales ou de prix trop élevés. La réglementation peut également viser à aider certaines régions, certaines industries ou des groupes particuliers d'usagers.

La réglementation canadienne du transport naît avec la création d'un comité des chemins de fer du Conseil privé en 1868. Le pouvoir de réglementation de ce comité est transféré à la Commission des chemins de fer en 1903, organisme indépendant et quasi judiciaire. La compétence de cette commission s'étend par la suite aux sociétés de téléphone, de télégraphe et de messageries (1908), aux chemins de fer publics (1923), aux ponts et aux tunnels internationaux (1929), à l'abandon de lignes de chemin de fer (1933), au chemin de fer de la baie d'Hudson (1948) et aux chemins de fer de Terre-Neuve. La *Loi sur les transports* de 1938 lui donne le nouveau nom de Commission des transports du Canada, et lui assure des pouvoirs de réglementation sur le transport aérien et maritime. Le pouvoir de réglementation sur l'aviation civile passe en 1944 à la Commission des transports aériens du Canada. La *Loi sur les transports nationaux* de 1967 crée la Commission canadienne des transports (*voir* OFFICE NATIONAL DES TRANSPORTS).

Réglementation des tarifs ferroviaires Les chemins de fer occupent une place prépondérante dans le transport au Canada. Les facteurs géographiques de distance et de densité de la population, combinés aux disparités économiques et politiques, créent une situation complexe pour la réglementation. La détermination d'une tarification juste et raisonnable exempte de toute discrimination est rendue difficile par les différences des structures financières et des ressources des sociétés de chemin de fer, par le degré de concurrence directe et indirecte, par la nature des marchandises transportées, par les voies de rechange et par le taux de rentabilité admissible. Des considérations d'ordre politique et régional viennent encore compliquer ces facteurs.

Une catégorie importante des tarifs ferroviaires, ceux du transport des grains, échappe à la réglementation jusqu'en 1983. Ces tarifs sont établis à l'origine par la CONVENTION DU NID-DE-CORBEAU de 1897, entre le gouvernement fédéral et le Canadien Pacifique, et remaniés par une loi de 1922.

Suite à la Seconde Guerre mondiale et à la croissance du transport routier, les responsables de la réglementation rencontrent d'autres problèmes. L'accroissement constant des coûts se traduit par des demandes répétées des sociétés pour augmenter les tarifs, et la concurrence accrue impose une tarification compétitive et des taux contractuels spéciaux. La croissance du transport routier implique toutefois que les augmentations tarifaires générales touchent un marché en déclin. Les effets de cette concurrence varient de surcroît selon les régions du pays.

Des considérations politiques amènent le gouvernement Diefenbaker à imposer une baisse des tarifs de fret ferroviaire et leur gel subséquent (*Loi sur la diminution des taux de transport de marchandises* de 1960). Il crée en même temps une COMMISSION ROYALE D'ENQUÊTE sur les transports. Les recommandations de la commission MacPherson (1961) reconnaissent le principe de la concurrence et les effets bénéfiques de cette dernière. La commission propose d'indemniser les sociétés ferroviaires pour les tarifs anormalement bas que le gouvernement leur impose dans l'intérêt public et de leur permettre de concurrencer les autres sociétés de transport. Elle propose également de laisser libre cours aux lois du marché dans la mesure du possible, de protéger les expéditeurs captifs (ceux qui n'ont pas accès à d'autres moyens de transport) et d'interdire l'établissement de prix abusifs, en exigeant que les tarifs soient compensatoires, c.-à-d. qu'ils reflètent les coûts variables du transport.

Transport aérien Les objectifs principaux de la réglementation du transport aérien sont d'abord de structurer l'industrie et le réseau des lignes aériennes. Les problèmes liés à la réglementation des prix, qui se résument au départ surtout à la stabilité des tarifs, deviennent plus importants et plus complexes dans les années 70 avec l'apparition des transporteurs nolisés, ainsi que des «ventes de sièges» et autres outils de marketing utilisés par les sociétés aériennes régulières. Juste après la guerre, la réglementation du transport aérien repose sur le principe du monopole des itinéraires. Les vols entre les villes importantes sont attribués aux LIGNES AÉRIENNES TRANS-CANADA (rebaptisées par la suite AIR CANADA), et les vols régionaux et locaux aux Lignes aériennes Canadien Pacifique (rebapti-

sées ensuite CP Air) ou à des sociétés aériennes indépendantes.

Une concurrence accrue s'installe progressivement, d'abord avec l'expérience de la déréglementation dans le domaine des petits transporteurs nolisés, puis par l'attribution à CP Air d'un accès limité au marché transcontinental en 1958. La réglementation sur le transport aérien est au départ sous la responsabilité de la Commission canadienne des transports (1938-1944). Lorsque, en 1944, la *Loi sur l'aéronautique* transfère cette responsabilité à la Commission canadienne du transport aérien, le gouvernement hérite de pouvoirs d'intervention considérables en matière de politique. À la suite de la déréglementation intervenue de facto au milieu des années 80, la structure de l'industrie se modifie considérablement. Un quasi-duopole se constitue entre Air Canada et Canadien International à la faveur de l'acquisition par CP Air d'une série de transporteurs régionaux et de l'acquisition de CP Air elle-même par les Lignes aériennes Canadien International. Cette évolution reproduit la tendance vers une plus grande concentration de l'industrie, qui suit la déréglementation aux États-Unis.

Commission canadienne des transports La réglementation fédérale sur les transports aborde une nouvelle phase en 1967 au moment de l'adoption de la *Loi sur les transports nationaux*. Cette loi confie l'ensemble de la réglementation du transport à un nouvel organisme, la Commission canadienne des transports, qui remplace la Commission des transports du Canada, la Commission du transport aérien et la Commission maritime canadienne. La nouvelle commission réglemente aussi les pipelines et les segments de routes qui sont sous responsabilité fédérale. La Commission a également autorité sur les TÉLÉCOMMUNICATIONS, mais celle-ci est transférée au CONSEIL DE LA RADIODIFFUSION ET DES TÉLÉCOMMUNICATIONS CANADIENNES en 1976.

Selon la *Loi sur les transports nationaux* de 1967, la réglementation ferroviaire s'inspire des principes proposés par la commission MacPherson: respect des lois du marché, sauf en ce qui a trait à l'application de règlements visant la protection des «expéditeurs captifs» et à l'interdiction des tarifs non compensatoires. La Commission s'occupe également de cas particuliers où les tarifs représentent pour des expéditeurs ou des régions un fardeau non justifié par l'existence de coûts particuliers. La réglementation de la Commission dans le domaine du transport aérien reflète fidèlement les politiques gouvernementales. La concurrence s'accroît progressivement pendant les années 70 à mesure qu'on accorde à des sociétés aériennes concurrentes le droit d'exploiter les grandes lignes régulières et qu'on permet une concurrence accrue sur le marché des vols nolisés.

Les restrictions sont largement assouplies par le gouvernement Clark (1979-1980) et par le gouvernement libéral qui suit. Le gouvernement Mulroney déréglemente pratiquement l'industrie aéronautique. En dehors de ses mandats strictement liés à la réglementation, la Commission gère les programmes de subventions aux transports et d'abandon de lignes de chemin de fer. Elle a également des responsabilités quant à la sécurité ferroviaire et à certains aspects de la réglementation du transport routier.

Réglementation du transport routier La réglementation du transport routier est partagée entre les gouvernements fédéral et provinciaux. Les provinces ont le droit de réglementer les transporteurs actifs dans les limites de leur territoire, mais le transport interprovincial est assujetti à la réglementation fédérale. Cette dernière est toutefois déléguée à des commissions provinciales (*Loi sur les transports routiers* de 1954). La *Loi sur les transports nationaux* réaffirme les pouvoirs de réglementation fédéraux en matière de transports interprovinciaux et réglemente certains aspects du transport routier (fusions, activités dominicales). À toutes fins utiles, cependant,

l'industrie du transport routier est sous réglementation provinciale.

Le nombre de règlements sur l'immatriculation et la tarification applicables à l'INDUSTRIE DU CAMIONNAGE varie d'une province à l'autre. L'Alberta n'en possède pratiquement aucun, et le Québec dispose d'une réglementation complète. Les circuits d'AUTOBUS sont régis par des franchises exclusives ou par des monopoles. Les municipalités régissent les services de taxi et de messageries.

Débat sur la déréglementation et réforme de la réglementation Jusque dans les années 70, l'existence et l'utilité d'une réglementation de type «services publics» vont de soi en Amérique du Nord. Bien que l'exemple américain ait toujours influencé la pensée canadienne en matière de réglementation du transport, les politiques et les pratiques au Canada et aux États-Unis sont toujours assez différentes. Les chemins de fer canadiens jouissent d'une grande liberté de tarification (devenue presque complète après 1967), alors que les tarifs ferroviaires américains sont sévèrement contrôlés par l'Interstate Commerce Commission (ICC). L'ICC réglemente également le transport routier entre les États, contrairement au Canada. La réglementation sur le transport aérien est également différente, situation largement attribuable aux disparités dans l'infrastructure industrielle et dans l'organisation des réseaux.

Dans les années 70, une remise en question du concept de réglementation entraîne une déréglementation du transport aux États-Unis et un effet important sur les politiques canadiennes. En 1985, le ministre des Transports, Don Mazankowski, dépose un énoncé de politique, «Aller sans entraves», détaillant une réforme en profondeur de la réglementation, qui constitue la base d'une nouvelle loi votée en 1986. Celle-ci comporte notamment les dispositions suivantes: abolition de la Commission canadienne des transports et création de l'Office national des transports aux pouvoirs de réglementation et à l'autonomie largement réduits, pouvoir de «décision finale» de l'Office en cas d'échec dans les négociations entre expéditeurs et transporteurs, maintien de certains pouvoirs décisionnels de l'Office dans les cas où l'«intérêt public» est en jeu, non-intervention de l'Office en matière de tarification ferroviaire, abolition de l'obligation de publication des tarifs (la «transparence du marché» disparaît et des ententes secrètes peuvent être conclues). La loi comprend également un certain nombre de dispositions visant à accroître la concurrence à l'intérieur de l'industrie ferroviaire. Elle sanctionne aussi la déréglementation intervenue dans l'industrie du transport aérien.

K. Studnicki-Gizbert

Transport urbain Avec le développement de l'industrialisation et l'expansion des villes, il est devenu impossible à beaucoup de citadins d'habiter à distance de marche de leur travail, d'où l'importance qu'a prise le transport urbain. Déjà au XIXe siècle, plusieurs pays mettent à l'essai des solutions aux difficultés du transport dans les villes. En 1819, p. ex., Paris bénéficie d'un système de diligences tirées par des chevaux. Au cours de la décennie suivante, des omnibus sont mis en service à New York et à Londres. L'avènement du transport de passagers par rail dans les années 1820 et 1830 est immédiatement suivi par son adaptation au milieu urbain. Comme les locomotives à vapeur ne peuvent circuler dans les villes parce qu'elles effraient les chevaux et polluent l'air ambiant, ce sont des chevaux ou des mulets qui tirent les premiers tramways. Toronto possède dès 1845 des tramways à traction animale, et Montréal adopte ce mode de transport dans les années 1860. D'autres villes canadiennes ne tardent pas à leur emboîter le pas.

Si les tramways tirés par des chevaux constituent une amélioration notable, ils n'ont rien du moyen de transport idéal: on ne peut pas transporter de lourdes charges, les chevaux sont coûteux et demandent de fréquentes périodes de repos. De plus, ils souillent les rues. De nombreuses tentatives sont faites pour remplacer la traction animale par la traction mécanique. En Allemagne, E.W. von Siemens invente en 1879 le premier chemin de fer électrique efficace qui va causer une véritable révolution dans le monde du transport. Des inventeurs allemands, anglais et américains s'emploient dès lors à perfectionner le tramway électrique. À l'occasion de l'exposition industrielle de Toronto, en 1885, on construit grandeur nature l'un des premiers prototypes de cette nouvelle technologie. Cette courte ligne comporte une autre innovation d'importance, le trolley, une perche mobile qui assure une alimentation électrique efficace et sans danger à partir de fils aériens. L'exploitation commerciale débute immédiatement et le Canada est l'un des premiers pays à tirer profit de ces progrès technologiques. La première ligne de tramway électrique au Canada est construite sur 1,5 mille (2,4 km) de voies à Windsor (Ontario) et inaugurée le 28 mai 1886. Un autre réseau de tramways électriques prend forme l'année suivante à St. Catharines (Ontario), et plusieurs autres vont suivre en l'espace de quelques années, si bien que la plupart des villes canadiennes et leurs banlieues, dans toutes les provinces excepté l'Île-du-Prince-Édouard, disposent alors de TRAMWAYS.

Quoique le tramway fournisse un service efficace, en l'absence de solutions de rechange, son règne sera de courte durée. L'avènement de l'AUTOMOBILE procure à la plupart des Canadiens un moyen de TRANSPORT pratique et peu coûteux. Les véhicules motorisés révolutionnent aussi le transport public lorsque l'emploi des AUTOBUS se généralise dans les années 20. Même s'ils sont plus lents et moins confortables que les tramways, les autobus permettent aux compagnies de tramways de faire face à la concurrence croissante de l'automobile.

Le trolleybus, qui roule sur des pneus et s'alimente à des fils aériens, conjugue les avantages de l'autobus et du tramway. Windsor est la première ville canadienne à bénéficier de ce nouveau mode de transport, dont elle inaugure un parcours le 5 mai 1922, le Lincoln Road. Toronto s'y essaie à son tour en ouvrant une ligne un mois plus tard. En 1926, on abandonne déjà ce système de transport, mais les trolleybus remplaceront de nombreux tramways après la Seconde Guerre mondiale.

L'automobile continue de gruger le monopole du tramway tout au long des années 20. Avec la crise économique des années 30, le nombre des usagers décline rapidement et de nombreuses lignes de tramways sont abandonnées en raison de la détérioration du matériel roulant. À court de capitaux, les manufacturiers d'autobus vont persuader certains services de tramways d'opter pour ce type de transport motorisé. Les réseaux de transport en commun des grandes villes, notamment Toronto, Montréal et Vancouver, achètent de nouveaux tramways et modernisent leurs équipements.

La Seconde Guerre mondiale entraîne une remontée spectaculaire de tous les modes de transport en commun, car l'approvisionnement en essence, en pneus et en pièces de rechange, et même en automobiles neuves, est strictement rationné. En 1945, la plupart des réseaux de transport en commun au Canada sont désuets et requièrent d'importants investissements. Le retour de la paix permet l'achat de nombreuses automobiles, et la demande pour le transport en commun connaît une baisse significative. La plupart des villes décident alors de renoncer aux tramways pour les remplacer par des autobus et des trolleybus modernes. Après l'abandon, en 1959, des réseaux de Montréal et d'Ottawa, seule Toronto possède encore des tramways.

L'inauguration du métro de la rue Yonge à Toronto en 1954 constitue une innovation majeure pour le transport urbain canadien. Les MÉTROS peuvent transporter de nombreux passagers, et leurs trains roulent sur des voies protégées, soustraites aux entraves de la circulation.

Le transport privé connaît également d'importantes améliorations grâce à la construction de voies rapides dans les années 50. L'augmentation spectaculaire du nombre d'automobiles dans l'après-guerre met à rude épreuve les réseaux urbains de circulation et a pour effet d'allonger le temps moyen d'un trajet, que ce soit par automobile ou par transport en commun. Les voies rapides vont détourner les véhicules motorisés des petites rues en leur faisant emprunter des voies prioritaires séparées de la circulation locale. Comme dans le cas du métro, la circulation sur ces voies se fait à grande vitesse, d'où un débit plus élevé. Mais le métro et les voies rapides comportent de sérieux désavantages et ne peuvent constituer des solutions universelles aux problèmes de la circulation. L'un de ces désavantages est le coût extrêmement élevé de leur construction. Les deux modes de transport requièrent de grandes étendues de terrain dans des endroits très convoités, bien que dans le cas du métro on puisse bâtir au-dessus une fois la construction terminée.

Les problèmes d'engorgement dans les villes canadiennes ne font que s'accentuer au cours des années 60 et 70, malgré le nombre de voies rapides dont elles disposent. La flambée du prix du pétrole de même que la hausse des coûts de stationnement et d'autres coûts incitent les citadins à recourir au transport en commun. L'achat d'équipements neufs permet de rajeunir de nombreux réseaux et d'attirer de nouveaux usagers. Le développement du réseau public repose alors sur les autobus et sur les systèmes ferroviaires traditionnels. Pendant que les réseaux de métro de Toronto et de Montréal s'étendent, d'autres villes tentent de trouver des solutions plus économiques. Le transport léger sur rail (TLR) procure la plupart des avantages du métro à moindre coût, et des lignes de TLR sont inaugurées à Edmonton (1978), à Calgary (1981) et à Vancouver (1986).

Administration, planification et financement

Les changements intervenus dans l'organisation administrative et financière, et dans la planification du transport urbain ne sont pas moins spectaculaires que ceux de la technologie. Une planification minutieuse, et une utilisation judicieuse du personnel et du matériel s'avèrent nécessaires pour assurer les services aux périodes où les usagers veulent circuler. Il faut veiller à l'entretien des véhicules, et les inspecteurs doivent s'assurer que les horaires des parcours sont respectés et que les usagers paient leur passage. Ces tâches sont coordonnées par l'administration des transports. Au début, le transport en commun était habituellement exploité par des entreprises privées à but lucratif. Les tarifs perçus devaient couvrir les dépenses et rapporter un profit raisonnable sur le capital investi. Plusieurs villes demandaient même aux compagnies privées de payer des droits pour pouvoir circuler dans leurs rues et imposaient d'autres exigences aux réseaux de transport. D'autres villes s'engagent plus directement dans l'organisation du transport, soit qu'elles ne trouvent aucune compagnie privée apte à construire un réseau de tramways, soit que les citoyens hésitent à céder à des intérêts privés un monopole profitable.

Des tramways de propriété municipale sont mis en service à Calgary en 1909 et, en 1911, les premiers tramways de la Saskatchewan, également propriété de la ville, circulent à Regina. En 1921, la nouvelle Toronto Transportation Commission prend le relais des compagnies de tramways privées aussi bien que municipales et s'emploie à étendre leurs réseaux. La propriété privée demeure toutefois prépondérante dans d'autres villes, dont Halifax, Winnipeg et Vancouver, qui seront desservies par des réseaux privés jusque dans les années 50 et parfois après.

Que la propriété en soit publique ou privée, tous les premiers réseaux de transport en commun sont gérés dans l'intention de réaliser des profits, ou du moins de couvrir leurs frais. En quelques années à peine, certains réseaux parviennent difficilement à atteindre cet objectif. Les services des tramways doivent être offerts non seulement de jour, mais aussi de nuit et pendant les week-ends, même si les usagers s'y font plus rares. Il faut aussi affecter un personnel important et une grande quantité de matériel roulant aux heures de pointe.

Les difficultés financières des réseaux augmentent à mesure que les usagers délaissent les transports en commun en faveur de l'automobile. Un nombre réduit de passagers signifie des tarifs plus élevés pour couvrir les frais, et des tarifs plus élevés signifient encore moins de passagers. Les tentatives de réduction des coûts ne sont pas vraiment efficaces, surtout lorsque les frais de fonctionnement des réseaux de transport en commun se mettent à grimper de manière phénoménale. En 1960, le passager canadien moyen permet un profit de 1,7 ¢ par trajet, mais ce profit s'évanouit dès 1971 pour laisser place à une perte de 0,7 ¢ par passager. Les pertes continuent de s'accentuer pour représenter un coût de 38,1 ¢ par passager en 1980 et de 52 ¢ en 1985.

Ce renversement de situation dans les réseaux de transport urbain amène les planificateurs à revoir leur manière de penser. Puisque les réseaux de voies rapides n'arrivent pas à alléger la circulation urbaine, l'aide au transport en commun apparaît comme une solution de rechange viable et peu coûteuse. En reportant ou en annulant volontairement les projets de construction routière et en instaurant des mesures d'aide au transport en commun, on rend la circulation automobile dans les villes relativement peu attrayante comparativement au transport public. Des innovations dans la gestion de la circulation, comme des voies et des rues réservées aux autobus et une signalisation fonctionnant selon la densité de la circulation, sont une façon économique d'accélérer le transport. Les autobus n'ont pas besoin d'aires de stationnement au centre-ville et occupent par passager moins d'espace routier que les automobiles. Au cours des années 70, la plupart des Canadiens s'accordent à dire que les transports en commun devraient recevoir une forme d'aide pour attirer davantage d'usagers et leur permettre de concurrencer l'automobile sur une base équitable. Bon nombre des mesures adoptées pour faciliter la circulation des autobus dans les rues de la ville aident aussi les automobilistes, car auparavant, les autobus et les autres véhicules se gênaient mutuellement et ralentissaient toute la circulation.

S'étant engagés à appuyer les services de transport en commun, les urbanistes se rendent compte qu'une mainmise directe sur le type et la qualité des services leur permet de procéder à des innovations dans la conception et l'aménagement des villes et des banlieues. L'accès à des services de transport dans une zone particulière est un atout supplémentaire qui en favorise le développement. Si le service de transport est permanent, comme un métro, une ligne de TLR ou un circuit de trolleybus, l'attraction devient encore plus grande comparativement à un parcours d'autobus qui peut facilement être déplacé sans avertissement. Même si elles sont souterraines, on peut suivre les lignes de métro de Montréal et de Toronto du haut des airs en raison du développement très dense qui marque les alentours de beaucoup de stations. Les quartiers résidentiels peuvent devenir plus attrayants si on s'engage à offrir un service de transport en commun permanent et fiable. Au moment de la construction du quartier de False Creek, à Vancouver, on a pu épargner des milliers de dollars par unité d'habitation en limitant l'espace réservé aux garages, et en fournissant un service de transport en commun régulier en lieu et place d'une deuxième ou troisième automobile par famille. Même dans les banlieues éloignées, souvent difficiles à desservir efficacement par le transport en commun, on a installé des trottoirs à l'extrémité des îlots, de façon à amener le transport en commun à distance de marche de toutes les maisons d'un lotissement.

La tendance à favoriser le transport en commun se confirme dans les années 70, alors que le prix du carburant et les coûts du stationnement grimpent de façon vertigineuse. Beaucoup de Canadiens s'en remettent alors au transport en commun pour la première fois de leur vie, à la suite de la crise du pétrole. D'autres redécouvrent la marche, la bicyclette ou la motocyclette. Certaines compagnies de transport font l'essai de services d'autobus spéciaux pour permettre aux handicapés d'utiliser les transports en commun. Bien que l'automobile joue encore un rôle majeur dans le transport urbain, il est peu probable qu'elle retrouve sa popularité des années 50 et 60.

Les 86 membres de l'Association canadienne du transport urbain exploitent, en 1985, 10 599 autobus, 1640 wagons de métro et de trains de banlieue, 611 trolleybus, 439 wagons de trains légers et de tramways, ainsi que 73 wagons de capacité intermédiaire (comme le Skytrain de Vancouver). Ces véhicules parcourent ensemble 691 millions de km, transportent 1,4 milliard de passagers payants et créent des revenus de 936 millions de dollars. Ils utilisent 327 millions de litres de carburant diesel, 4,1 millions de litres d'essence et 567 millions de kWh d'électricité. Près de 35 000 personnes travaillent dans cette industrie.

John M. Day

Transports Depuis les débuts de l'histoire, le transport s'avère important pour l'humanité. En effet, les moyens et les systèmes de transport facilitent le déplacement des personnes et des biens d'un endroit à un autre. Au Canada, le transport revêt une importance particulière en raison de l'immensité du pays et des grandes distances qui séparent ses mines, ses fermes, ses forêts et ses centres de population.

Pour des pays commerçants comme le Canada, des systèmes de transport efficaces sont d'une importance capitale. Le Canada exporte environ le tiers de ce qu'il produit, et les revenus de ces exportations sont absolument essentiels pour l'ÉCONOMIE canadienne. Le grain, le charbon, le minerai et le bois que le Canada exporte doivent concurrencer les mêmes produits provenant d'autres pays exportateurs et, comme plusieurs de ces concurrents sont beaucoup plus près des grands marchés japonais, européens et asiatiques, le système de transport canadien doit être d'autant plus efficace. C'est pourquoi les responsables des systèmes de transport canadiens s'efforcent de plus en plus d'améliorer l'organisation et la technologie du transport.

Au cours des dernières années, des véhicules toujours plus gros, plus rapides et mieux adaptés accroissent grandement la productivité dans ce domaine. À l'avenir, d'autres progrès vont sans doute s'ajouter grâce à l'usage accru de l'informatique, à de meilleurs systèmes de communication et à divers appareils tels que le radar.

Historique L'histoire du Canada repose sur l'histoire et le développement de ses transports. Au début, les premiers colons européens ne s'aventurent que dans les régions accessibles par voie d'eau. Le canot est donc le tout premier mode de transport. Les premiers colons exploitent d'abord les lacs et les rivières du pays et, plus tard, construisent des canaux (*voir* CANAUX ET VOIES NAVIGABLES). À la suite de l'invention de la machine à vapeur, des chemins de fer sont construits, qui, à leur tour, donnent lieu à la fondation de nombreux villages au Canada. Avec la construction des ROUTES ET AUTOROUTES et l'arrivée des voitures et camions, on voit se développer au Canada des régions qui n'avaient pas été desservies par les chemins de fer. De nos jours, le transport aérien permet aux Canadiens de vivre, de travailler, d'aller en vacances n'importe où au pays, même dans les régions les plus reculées (*voir* TRANSPORTS DANS LE NORD).

Au Canada, les chemins de fer jouent depuis toujours un rôle prépondérant. On les construit pour diverses raisons: permettre la fondation de nouveaux villages, faire réaliser des profits à leurs construc-teurs, assurer la défense du pays et, enfin, pour des raisons politiques. Les chemins de fer coûtent très cher aux Canadiens. Au siècle dernier, les contribuables participent au financement de leur construction et, depuis ce temps, ils paient des impôts pour soutenir les trains de voyageurs et les lignes secondaires déficitaires. Lors de la faillite des chemins de fer privés, le gouvernement prend la relève, et les contribuables payent les dettes. Depuis, des groupes de citoyens, des politiciens et des communautés de diverses régions se préoccupent du coût des chemins de fer et des services qu'ils rendent.

Chaque fois qu'on veut abandonner une ligne secondaire déficitaire, il y a mécontentement de la part de groupements locaux. Quand VIA RAIL CANADA INC. veut réduire les services de trains de voyageurs trop déficitaires, beaucoup protestent. L'exemple le plus frappant est la CONVENTION DU NID-DE-CORBEAU pour le transport des grains. Pendant de nombreuses années, les chemins de fer accusent des pertes énormes causées par les tarifs réglementaires beaucoup trop bas. Ceux-ci ne sont modifiés qu'en 1983, après d'amers débats.

La première ligne de chemin de fer construite au Canada remonte à 1836, environ 10 ans après la construction en Angleterre de la première ligne pour trains à vapeur. Il faut toutefois attendre les années 1850, avec la construction du GRAND TRUNK RAILWAY OF CANADA, depuis Sarnia jusqu'à Portland (Maine), passant par Toronto et Montréal, pour assister au véritable début des grands projets de chemins de fer au Canada. En 1854, le GREAT WESTERN RAILWAY construit un chemin de fer via Hamilton, entre les rivières Niagara et Detroit, une ligne qui rejoint les chemins de fer des États-Unis dans les États de New York et du Michigan. De nombreuses constructions sont le résultat de spéculateurs avides de profits rapides. C'est pourquoi plusieurs chemins de fer sont l'objet d'une mauvaise planification et d'une construction médiocre. Des capitalistes britanniques, des marchands et des propriétaires terriens canadiens, et des municipalités financent les constructions, certaines au moyen d'obligations.

Le plus important de tout ce réseau, le CHEMIN DE FER INTERCOLONIAL terminé en 1870, est construit pour la défense et l'unité du pays en réponse aux dispositions de la CONFÉDÉRATION. Mais on doute de sa rentabilité. Plusieurs lignes de chemin de fer connaissent des problèmes financiers et menacent de s'effondrer. On les réunit donc en une société d'État, les CHEMINS DE FER NATIONAUX DU CANADA, placés sous la responsabilité du gouvernement fédéral après la Première Guerre mondiale. Mais cette nouvelle société d'État hérite dès lors de nombreux problèmes financiers.

Les chemins de fer sont en partie responsables de l'entrée de certaines provinces dans la confédération canadienne. La Colombie-Britannique accepte de faire partie de la confédération seulement quand le gouvernement central donne son accord à la construction d'un chemin de fer jusqu'à l'océan Pacifique, accord qui mène à la construction des sections de l'ouest du chemin de fer CANADIEN PACIFIQUE. Le transport joue aussi un rôle essentiel dans l'histoire de l'Île-du-Prince-Édouard, qui, au départ, montre peu d'enthousiasme pour la confédération. Les graves problèmes financiers de son chemin de fer influencent fortement sa décision, en 1873, de faire partie du Canada. Le pacte confédéral prévoit que le gouvernement fédéral assume l'énorme dette des chemins de fer. Terre-Neuve, la dernière des provinces à s'unir au Canada se voit, elle aussi, garantir divers services de transport par le gouvernement central.

Transports contemporains Le Canada possède un excellent réseau où chaque mode de transport répond à des besoins précis, ce qui n'empêche pas certains secteurs de conjuguer leurs efforts pour desservir des régions du pays spécifiques ou certains segments de l'économie. Les transports étant un service, leur qualité dépend grandement de la compétence des employés et de la gestion. Environ la moitié de chaque dollar reçu par une compagnie de transport est consacrée aux salaires et aux avantages sociaux des employés. Les transports sont donc un secteur à forte concentration de main-d'œuvre, qui fournit aux Canadiens plus d'emplois que toute autre activité, utilise plus d'énergie que tout autre secteur et constitue l'un des principaux acheteurs de ciment, d'acier, d'aluminium et d'autres produits. Grâce aux transports, les Canadiens ont accès à des produits infiniment variés venus du monde entier et vendent de grandes quantités de grains, de charbon, de bois de construction, de produits de l'industrie automobile et d'autres biens aux clients de tous les continents.

Chaque secteur des transports connaît une concurrence forte, parfois intense. Les gros expéditeurs ont souvent le choix entre plusieurs modes de transport: par chemin de fer, par mer ou par terre. La plupart des Canadiens peuvent recourir au transport aérien, tandis que les expéditeurs de produits pétroliers, chimiques et autres produits sous forme liquide ou gazeuse utilisent parfois les pipelines, oléoducs ou gazoducs. La même diversité existe pour le transport des passagers. La concurrence même que se font les diverses compagnies et les divers modes de transport impose de poursuivre constamment les recherches pour améliorer la technologie des transports.

On compte cinq modes de transport: maritime, ferroviaire, automobile, aérien et par pipeline. Au Canada, le transport maritime est généralement utilisé pour le mouvement de marchandises en vrac de valeur unitaire relativement peu élevée, comme le charbon, le minerai, les grains, le gravier et le sel. Le transport ferroviaire est principalement utilisé pour le mouvement de marchandises en vrac comme les grains, le charbon, le minerai, le bois de construction et les produits chimiques, de même que des contenants et d'autres genres de marchandises. Les camions ont des usages très divers: les petits camions assurent les livraisons dans les villes et les centres urbains, tandis que, dans le Nord, de plus gros camions transportent des troncs d'arbre, du pétrole, des biens de consommation et des produits industriels divers. Les avions servent à transporter rapidement des articles de toutes tailles, alors que les PIPELINES acheminent le pétrole, les produits pétroliers, le gaz et certains produits chimiques.

Transport maritime Le transport maritime se divise en trois grandes catégories: transport par mer, transport fluvial et transport côtier. Le transport par mer est important pour le Canada, car environ le tiers des produits canadiens est exporté, en grande partie sur de gros navires de haute mer qui desservent les grands ports du pays. Près du tiers des produits exportés par mer passe par le port de Vancouver, qui possède le plus fort tonnage des ports de la côte occidentale américaine, ainsi que par Churchill, Montréal, Québec, Halifax et Saint John.

Les GRANDS LACS et le bassin du Saint-Laurent permettent l'acheminement vers le centre du Canada à bord de cargos hors mer (*voir* CARGOS DES GRANDS LACS) de grandes quantités de grains, de charbon, de minerai de fer et d'autres marchandises transportées pour moitié environ par des compagnies américaines et canadiennes. La plupart des transporteurs canadiens sont représentés par la Dominion Marine Association. Ces dernières années, les navires sillonnant les Grands Lacs transportent plus de tonnes de marchandises que les deux chemins de fer transcontinentaux du Canada. Une bonne partie du minerai de fer canadien est acheminé par les Grands Lacs et la VOIE MARITIME DU SAINT-LAURENT aux aciéries des États-Unis. Au retour, nombre de ces navires ramènent du charbon des mines américaines.

Le transport côtier occupe aussi une place importante. Les barges transportent de grandes quantités de troncs d'arbre, de copeaux, de bois de construction, de produits chimiques et d'autres produits en vrac dans les eaux côtières de la Colombie-Britannique. On rassemble parfois les troncs en un train de bois tiré par des remorqueurs à partir des régions côtières du Nord jusqu'à Vancouver, où ils sont transformés en bois de charpente, en contre-plaqué, en pâte à papier et en papier. D'autres troncs sont transportés par de grandes barges à chargement automatique, capables de se déverser quand elles arrivent à destination. Bien que beaucoup plus restreint, le transport par barges sur la côte Est du Canada est néanmoins important. Les exploitants canadiens de barges contribuent énormément aux progrès technologiques de ce mode de transport lent, mais relativement bon marché. (*voir* PORTS ET HAVRES; TRANSPORT, INDUSTRIE DU).

Transport ferroviaire Le Canada possède deux grands réseaux de chemins de fer, de dimension sommairement égale et plusieurs autres, plus petits. En 1986, le CP, qui appartient à des actionnaires et perçoit des revenus annuels d'environ 2,5 milliards de dollars, exploite environ 34 000 km de voies ferrées à l'aide de 1200 locomotives (*voir* LOCOMOTIVES ET MATÉRIEL ROULANT). Le CN, société d'État dont les activités sont régies par des lois adoptées spécialement pour elle par le Parlement, rend compte de ces activités au gouvernement par l'intermédiaire du ministre des Transports. En 1986, le CN exploite quelque 51 000 km de voies ferrées avec plus de 2000 locomotives. Le BRITISH COLUMBIA RAILWAY, troisième en importance, appartient au gouvernement de la Colombie-Britannique. Il exploite à l'aide de 101 locomotives quelque 2300 km de voies ferrées en terrain souvent montagneux, et, en 1986, environ 60 p. 100 de ses revenus de 313 millions de dollars proviennent des produits forestiers.

Chaque année, les chemins de fer canadiens transportent des millions de tonnes de marchandises en vrac, comme du charbon, de la potasse, des grains et du soufre. Le charbon est souvent transporté par des trains d'au moins 100 wagons pouvant contenir 100 t chacun. Les chemins de fer, capables de transporter de grandes quantités de marchandises en vrac sur de longues distances à des prix relativement bas, permettent aux produits des mines, des champs et des forêts canadiens de concurrencer efficacement les produits mondiaux.

Les trains de voyageurs représentent longtemps une part importante du transport ferroviaire. Dans les grandes villes, la gare est un centre d'activité. Mais aujourd'hui, ce mode de transport se voit fortement concurrencé par d'autres formes de transport, et la baisse de la clientèle en plus de la hausse des coûts cause la perte de millions de dollars chaque année. Pendant quelque temps, ces pertes sont en partie compensées par des subventions directes, puis le gouvernement décide d'aborder la question différemment, en créant une nouvelle SOCIÉTÉ DE LA COURONNE, VIA Rail Canada, maintenant responsable de la majeure partie du transport des passagers. Cette société négocie avec les deux grandes compagnies de chemin de fer pour le fonctionnement et l'entretien des trains. Malgré ses efforts pour rendre les trains de voyageurs plus attrayants et pour accroître sa clientèle, VIA Rail Canada subit néanmoins en 1986 des pertes d'environ 500 millions de dollars, qu'elle tente de réduire en supprimant le service sur plusieurs lignes peu rentables.

Transport routier Le transport routier se caractérise par son extrême souplesse. Les camions n'ont pas besoin d'aéroport, de voie navigable ou de voie ferrée. Ils peuvent se déplacer partout où existe une route, un chemin, une rue ou même une surface dure relativement plane. En outre, leur taille varie énormément: des camions géants peuvent transporter des troncs, du charbon, des appareils de chantier ou d'autres articles encombrants, tandis que de petites camionnettes consommant peu de carburant peuvent se faufiler dans les zones urbaines encombrées.

D'une part, dans le Nord, d'énormes véhicules tout-terrain transportent d'imposantes charges de charbon, de bois et de minéraux sur de courtes distances ,et, d'autre part, des camions sillonnent le pays et parcourent de longues distances, chargés de fruits, de légumes et de produits manufacturés. Dans les villes, des camions transportent le courrier, les colis et des milliers d'autres articles. Presque tout ce que nous consommons ou portons nous est parvenu au terme d'un voyage, ne serait-ce que partiel, par camion (*voir* CAMIONNAGE, INDUSTRIE DU). Au Canada, plusieurs grandes compagnies appartenant à un particulier, à une famille ou à un groupe d'actionnaires, s'intéressent au camionnage, sans compter les deux grandes compagnies de chemins de fer, qui offrent aussi des services de camionnage, et les milliers de petites entreprises possédant parfois un seul camion conduit par son propriétaire.

Transport aérien Le Canada compte deux grandes compagnies aériennes transcontinentales, plusieurs transporteurs, un grand exploitant de services d'affrètement et quelque 600 exploitants moins importants offrant, entre autres, des services aériens spécialisés et des services d'HÉLICOPTÈRES. La plupart des collectivités disposent de services de transport aérien par hydravion, par hélicoptère ou par avion ordinaire. Pour les longs trajets, les Canadiens utilisent davantage le transport aérien que le train ou l'autobus (*voir* AÉROPORT et AVIATION).

AIR CANADA, la plus grande compagnie aérienne du Canada, est une société d'État qui, en septembre 1987, compte 108 avions et 22 200 employés environ. Elle se rend outre-mer, jusqu'en Europe et aux Antilles, et dessert, au pays, les principaux centres, toutes les capitales provinciales et maintes collectivités plus petites. Canadian Airlines International est créée en 1987, à la suite à la fusion de Pacific Western Airlines et de CP Air. Elle assure des liaisons vers l'Europe, l'Asie, l'Australie et l'Amérique du Sud en plus de desservir les principales villes et plusieurs collectivités plus modestes au Canada, auxquelles il faut ajouter Los Angeles, San Francisco et Honolulu.

En 1987, CP Air possédait 84 avions et quelque 2725 employés. Les autres lignes aériennes canadiennes étaient QUEBECAIR, Eastern Provincial Airways, Nordair. Elles étaient la propriété ou la filiale de l'un ou l'autre des deux principaux transporteurs. Jusqu'en 1986, WARDAIR INTERNATIONAL LTÉE s'occupait uniquement d'affrètement, mais après cette date, elle a été autorisée à exploiter des vols réguliers sur des routes intérieures et internationales. Okanagan Helicopters, l'une des principales compagnies d'hélicoptères du monde, possédait quelque 126 hélicoptères en 1987. D'autres compagnies moins importantes apportaient du courrier, du lait,et des fruits et légumes frais à de nombreuses petites collectivités isolées.

Transport par pipeline Les pipelines, transporteurs invisibles, acheminent, parfois sur de grandes distances, d'énormes quantités de pétrole, d'essence, de produits chimiques et d'autres produits. Exigeant peu de main-d'œuvre et d'entretien, les pipelines constituent un moyen de transport fiable et peu coûteux, mais présentent deux gros inconvénients: ils exigent un investissement énorme et sont rarement pratiques de moins de transporter, pendant une longue période, de grandes quantités d'un même produit d'un point de départ unique à une destination unique. Les États-Unis et d'autres pays s'en sont également servis pour transporter du charbon (sous forme de boue) ou d'autres produits en vrac, mais le Canada n'a pas encore vraiment exploité ces possibilités.

Transport intermodal À l'exception des transports par camion, tous les autres déplacements de marchandises recourent à au moins deux modes de transport différents. Le «ferroutage» en est un bon exemple: les marchandises peuvent être chargées dans un camion ou une remorque, et transportées sur une certaine distance jusqu'à une voie ferrée.

Le véhicule est alors chargé sur un wagon porte-conteneurs, sur lequel il voyagera parfois longtemps avant de reprendre la route jusqu'à sa destination. Il existe d'autres façons de combiner différents modes de transport afin d'offrir un service de transport intermodal plus efficace. Les camions sont parfois transportés à bord de traversiers ou de navires, mode de transport intermodal appelé «route-eau» ou trafic à manutention horizontale. Ces dernières années, Canada Steamship Lines essaye de transborder directement du charbon de transporteurs à déchargement automatique dans des navires de haute mer sans recourir à un port ou à un terminus.

Le «pont terrestre» canadien repose aussi sur le transport intermodal: les produits envoyés du Japon ou de Hong Kong vers l'Europe peuvent être acheminés par bateau par le canal de Panama, ou, moyen beaucoup plus rapide, utiliser le Canada comme un grand pont, c.-à-d. venir par mer à Vancouver ou à un autre port de l'Ouest, aller par train jusqu'à un port de l'Est du Canada, puis repartir par bateau jusqu'à leur destination européenne. Cette façon de faire permet de gagner énormément de temps.

Types de transporteurs Au sens juridique du terme, il existe trois types de transporteurs: les transporteurs publics, les transporteurs à forfait et les transporteurs privés. Le transporteur public transporte les marchandises de tout expéditeur désireux de recourir à ses services. La plupart des expéditeurs canadiens utilisent les services de transporteurs publics, parfois en grand nombre.

Le transporteur à forfait s'entend avec un ou plusieurs expéditeurs pour transporter des marchandises, parfois sur des itinéraires précis, et en général pendant une période donnée. Les variantes possibles de ces contrats ont pour seules limites les besoins et l'ingéniosité des parties. Au Canada, nombre de gros expéditeurs font appel à des transporteurs à forfait.

Le transporteur privé transporte ses propres marchandises. C'est le cas de nombreux agriculteurs, qui transportent leurs grains et autres produits au silo ou au marché local. Les compagnies d'abattage de bois transportent généralement leurs propres troncs d'arbre, au moins sur de courtes distances. De nombreuses compagnies de fabrication transportent une partie de leurs matières premières et de leurs produits semi-finis. Les détaillants, y compris les grandes chaînes d'alimentation, possèdent souvent des transporteurs privés, de même que les grandes compagnies de produits forestiers, d'acier, de pétrole et de produits chimiques. Certaines possèdent leurs propres camions, barges et bateaux, parfois même leur propre chemin de fer.

Transporteurs généraux et spécialisés Dans son tableau des prix, le transporteur indique combien il exige pour transporter divers types de marchandises entre divers points, et décrit en détail les services qu'il entend fournir ainsi que l'étendue de sa responsabilité. Le tableau des prix peut stipuler non seulement que le transporteur livre les marchandises, mais que le destinataire doit les décharger, ou que le transporteur n'est pas responsable des dommages subis par des denrées périssables, des retards d'expédition ou des problèmes résultant de grèves, d'inondations ou de désastres naturels. Dans son tableau des prix, un transporteur général peut préciser qu'il transporte tous les types de marchandises en colis jusqu'à une taille et un poids maximums, mais qu'il ne transporte pas de liquides, d'explosifs ou d'animaux vivants.

Les transporteurs spécialisés s'occupent uniquement de types particuliers d'expéditeurs ou de marchandises: pétrole en vrac, produits pharmaceutiques provenant de grossistes ou de pharmacies, animaux vivants, marchandises réfrigérées. Le nombre et la gamme de transporteurs spécialisés ont augmenté considérablement au cours des dernières années. Certains se spécialisent p. ex., dans le transport d'argent, de chèques, d'obligations et d'autres articles de valeur pour les banques et d'autres établissements financiers; d'autres transportent de petits colis entre le Canada et les États-Unis, entre localités ontariennes ainsi que dans d'autres villes canadiennes. Des transporteurs tels que UPS-Canada, Loomis et Purolator transportent d'urgence des articles presque partout aux États-Unis et dans plusieurs grandes villes du Canada. Il existe au Canada des centaines de services de messageries dont le nombre semble toujours augmenter.

Commissionnaires et entremetteurs De nombreux organismes fournissent des services auxiliaires au transport. Certains s'occupent des formalités de douane et d'autres documents administratifs, choisissent des transporteurs et surveillent les envois, soulageant ainsi les entreprises industrielles de la bureaucratie et de ses détails. D'autres expédient les envois ou tirent parti des tarifs de gros.

On appelle souvent «transitaires» les commissionnaires et les entremetteurs. Les transitaires du pays possèdent d'ordinaire des camions qui vont chercher les envois de nombreux clients pour les rassembler et former de pleines charges de camion ou de train. Une fois que le chargement global atteint sa destination, le transitaire «rompt la charge», c.-à-d. qu'il décharge le véhicule, et livre les divers envois à leurs destinataires respectifs. Un transitaire étranger est responsable du transport par mer et sur terre au point de destination, et peut aussi s'occuper de l'assurance et des formalités de douane. À l'occasion, des coopératives d'expéditeurs exécutent le travail du transitaire. Les principaux grands magasins canadiens ont leur propre système de transit, ce qui leur permet de regrouper leurs envois et de bénéficier des tarifs réduits réservés aux expéditeurs en gros.

Infrastructure des transports Chaque mode de transport comporte deux parties essentielles: le véhicule lui-même et la route, la voie ferrée ou le chemin où il se déplace. En cas de coordination de deux modes de transport, il peut exister une jonction ou un terminus où s'effectue le transbordement. L'infrastructure, parfois naturelle, est le plus souvent artificielle. Un canot peut très bien se déplacer sur un lac ou un cours d'eau naturel, mais un grand navire de haute mer, un train, un avion ou un camion nécessitent des installations supplémentaires.

Au Canada, la majeure partie des infrastructures artificielles servant au transport maritime sont fournies par le gouvernement fédéral, qui consacre des centaines de millions de dollars à l'installation de ports, de docks et d'autres dispositifs, mais la voie maritime du Saint-Laurent a été payée par les contribuables tant du Canada que des États-Unis. L'infrastructure ferroviaire comprend des ponts, des tunnels, des voies ferrées et leurs plates-formes ainsi que d'autres structures nécessaires au fonctionnement d'un chemin de fer. Bien que soutenue à l'origine en grande partie par les subventions directes et les terres données par le gouvernement fédéral, l'infrastructure est de nos jours financée par les bénéfices non répartis des chemins de fer transcontinentaux.

Presque toute l'infrastructure de l'aviation a été financée par le gouvernement fédéral: le ministère des Transports (aujourd'hui appelé TRANSPORTS CANADA) a construit la plupart des aéroports, des pistes, des systèmes de radio et de navigation qu'il entretient et exploite toujours.

Les routes et rues, infrastructures du transport routier, sont en majeure partie construites par les gouvernements provinciaux, à l'exception des routes qui traversent les parcs nationaux et les RÉSERVES INDIENNES, de la ROUTE DE L'ALASKA et de l'AUTOROUTE TRANSCANADIENNE. Les municipalités construisent la plupart des rues, lesquelles sont financées de diverses façons.

Ces dernières années, le gouvernement fédéral annonce une philosophie de «paiement par l'usager» obligeant, p. ex., les usagers des aéroports, des écluses et des installations portuaires à payer des droits d'atterrissage, d'utilisation des écluses et des ports, ce qui compense en partie l'investissement des contribuables.

Le transport de passagers Le transport de passagers comprend de nombreux modes de déplacement: avions, trains, bateaux et autobus (*voir* AUTOBUS, TRANSPORT PAR). Des millions de gens voyagent en AUTOMOBILE, en taxi ou en limousine, ou encore à bicyclette, à cheval ou en traîneau à chiens. Au Canada, actuellement, c'est certainement l'automobile qui remporte la plus haute cote de popularité.

Transports urbains La plupart des zones urbaines du Canada disposent de transports en commun. Montréal et Toronto sont toutes deux desservies par les trains de banlieue. D'autres villes font appel au métro, à des autobus, à des tramways, à des trolleybus ou à quelque combinaison de ceux-ci. Les systèmes de TRANSPORTS URBAINS sont exploités soit par les municipalités, soit par les districts régionaux ou encore par des administrations spéciales des transports. Les villes réduisent la congestion de leur centre en installant des transports en commun confortables, pratiques et relativement peu coûteux. Certaines villes possèdent des services spéciaux de transport pour les handicapés tandis que d'autres utilisent des services d'autobus à la demande, ou «busphone», grâce auxquels un client peut téléphoner à un service d'autobus pour qu'on vienne le chercher. L'itinéraire de l'autobus dépend de l'endroit où se trouvent les personnes qui le demandent.

La plupart des villes canadiennes disposent de services de taxi qu'elles soumettent parfois à un régime de permis émis en nombre limité. Certaines compagnies de taxi bénéficient d'un monopole, qui leur donne le droit exclusif d'aller chercher des passagers aux aéroports, aux GARES FERROVIAIRES et à d'autres endroits d'arrivées massives.

Transport par traversier Au Canada, le principal système de traversiers relie la région de Vancouver et les villes de Victoria et de Nanaimo, sur l'île de Vancouver, et est exploité par la BC Ferry Corporation, qui dessert aussi un certain nombre des ÎLES GULF et quelques communautés isolées du Nord. Le ministère des Routes de cette province assure d'autres services de traversier. Il existe aussi des TRAVERSIERS sur la côte est du Canada et sur certains lacs et voies navigables intérieurs. Des traversiers relient l'Île-du-Prince-Édouard et le Nouveau-Brunswick. C'est la CN Marine qui assure les services de traversier reliant Terre-Neuve au continent et la Nouvelle-Écosse à Portland, dans le Maine.

Certains traversiers transportent uniquement des passagers, tandis que d'autres y ajoutent des camions et des automobiles. Certains se limitent aux trains, alors que d'autres transportent des produits dangereux, notamment de la dynamite. La plupart des traversiers fonctionnent à perte et reçoivent souvent des subventions payées par les impôts fédéraux ou provinciaux. Certains autres, entièrement subventionnés, transportent gratuitement voitures et passagers.

Autres dispositifs de transport Il existe plusieurs autres modes de transport. La bicyclette sert à transporter les personnes, ainsi que le courrier et certains petits colis. Les habitants des régions du Nord utilisent en hiver des traîneaux à chiens, des traîneaux motorisés et des MOTONEIGES, tandis que les handicapés se servent de fauteuils roulants (motorisés ou actionnés à la main). Des trottoirs et escaliers roulants transportent les personnes dans les aéroports, les centres commerciaux, etc., tandis qu'on trouve des remonte-pentes et des télésièges dans les régions montagneuses au paysage pittoresque ou dans les centres de ski. Les ascenseurs déplacent à la verticale des centaines de millions de passagers et des millions de tonnes de marchandises chaque année. Dans certaines régions, on se déplace encore à l'aide de véhicules tirés par des chevaux, mais leur nombre a diminué depuis le siècle dernier.

Transformations technologiques De nouvelles inventions, la technologie et l'ingéniosité humaine transforment grandement les transports au Canada en augmentant la vitesse et la productivité tout en réduisant les coûts. Ils entraînent même parfois le développement d'industries entièrement nouvelles.

Le transport maritime accroît considérablement sa productivité surtout grâce à la mise en service de navires plus grands. Un grand navire de haute mer peut transporter deux à trois fois plus de pétrole, de charbon ou d'autres denrées qu'un vaisseau d'il y a 10 ans, sans nécessiter plus de membres d'équipage, d'où une augmentation de la productivité et une baisse des coûts. Le domaine de la navigation connaît des progrès en matière de conception et de propulsion des navires. Il donne lieu à des recherches sur l'utilisation de charbon pulvérisé et d'autres compléments et substituts du pétrole. L'emploi de conteneurs amène aussi une hausse de la productivité.

Aujourd'hui, d'énormes grues dans un port moderne peuvent charger en une demi-journée un gros navire de haute mer transportant des marchandises en conteneurs, alors que cette opération aurait exigé de trois à quatre jours avant l'avènement du chargement mécanique de conteneurs. Les économies réalisées proviennent en grande partie du fait que les navires, restant moins longtemps au port, transportent plus de frets chaque année et passent plus de temps en mer.

Dans le domaine du transport ferroviaire, la productivité augmente également depuis peu grâce à l'emploi de wagons conçus spécialement pour transporter un produit précis (grains ou charbon), de trains plus longs et de locomotives-robots, de même qu'à une meilleure répartition des trains. Les locomotives-robots placées au milieu du convoi permettent au mécanicien de manœuvrer un train de plus de 1 km de long, équipé de cinq ou six locomotives diesel, même en région montagneuse.

L'amélioration des communications et l'utilisation de signaux électroniques permettent le passage sur une même voie de trains beaucoup plus nombreux qu'à l'époque des signaux manuels plus primitifs. On a réduit l'espacement des trains, en particulier ceux qui circulent en sens opposé sur une voie de chemin de fer unique. Grâce à son système moderne de contrôle électronique, le répartiteur peut déterminer rapidement l'emplacement et la vitesse de chaque train, planifier soigneusement les déplacements des convois et faire changer de voie les trains qui approchent pour laisser passer d'autres trains. C'est ainsi qu'un plus grand nombre de trains peuvent utiliser la voie, ce qui augmente le rendement du chemin de fer.

Une utilisation plus judicieuse des wagons, des locomotives et d'autre matériel coûteux permet également des améliorations. Citons d'importantes recherches sur le moteur à induction linéaire, très efficace, qui devrait permettre aux trains d'accélérer et de ralentir plus vite. Un prototype de ce moteur est d'ailleurs utilisé sur un train de démonstration lors de l'Expo 86, à Vancouver. Ces moteurs seront installés sur les trains LRC (Léger, Rapide, Confortable), qu'élabore la Société de développement du transport urbain. Dans certaines villes, le coût du transport urbain diminue depuis la mise en service d'autobus articulés (deux autobus mus par un seul moteur), déjà utilisés dans les villes européennes.

La technologie de l'aviation se transforme radicalement, ces dernières décennies. Beaucoup plus gros que leurs prédécesseurs, les avions à réaction modernes sont plus silencieux et deux fois plus rapides que les avions à hélices, tout en consommant moins de carburant. Dans d'autres secteurs, les transporteurs à courroie modernes acheminent beaucoup plus rapidement et plus efficacement les bagages des passagers. Des cellules photoélectriques et d'autres dispositifs «lisent» les étiquettes des bagages que des robots dirigent vers des conteneurs et des chariots, accélérant ainsi le chargement des avions. Grâce à de meilleurs systèmes de radar et d'autres dispositifs électroniques, les avions peuvent voler de façon très sûre par mauvais temps. Ces progrès laissent espérer une baisse des coûts d'exploitation, puisqu'ils permettent d'accroître l'efficacité du personnel et des appareils. Les changements technologiques touchent aussi les services au sol: les compagnies aériennes mettent à l'essai de meilleurs systèmes de réservation et d'émission de billets grâce auxquels les Canadiens pourront peut-être un jour, en quelques minutes, commander leurs billets par téléphone, les faire émettre par leur ordinateur personnel, puis les porter à leur carte de crédit.

Le secteur du transport routier connaît lui aussi une forte hausse de productivité à la suite de l'emploi de camions plus longs, plus larges et plus hauts, de l'utilisation plus efficace de l'espace disponible et du meilleur échelonnement des véhicules. Certaines provinces autorisent les camions ou tracteurs à tirer plus d'une remorque. Comme un camion ne consomme guère plus de carburant lorsqu'il tire deux remorques plutôt qu'une et qu'il n'a besoin que d'un chauffeur, les camions à deux remorques peuvent être plus rentables. La mise au point de moteurs à faible consommation et l'expérimentation de carburant de moindre qualité se révèlent aussi précieuses.

Dans le secteur des pipelines, l'augmentation de la productivité résulte de l'emploi de tuyaux plus gros et de vitesses accrues, ce qui est rendu possible par l'amélioration des valves, des compresseurs et des agents réduisant le flottement.

Comme les transports sont principalement un secteur à forte concentration de main-d'œuvre, l'augmentation de la productivité au cours de la prochaine décennie dépendra largement de l'efficacité du personnel, puisqu'on ne pourra plus envisager de progrès notables attribuables à l'amélioration technologique des véhicules. Prenons l'exemple de l'aviation: dans les années 40, les compagnies aériennes utilisaient des DC-3 qui pouvaient parcourir environ 5200 km-passagers à l'heure, alors que dans les années 80, un seul Boeing 747 pouvait parcourir quelque 300 000 km-passagers à l'heure, soit une augmentation d'environ 5700 p. 100. À moins de recourir à des avions supersoniques, les compagnies aériennes ne pourront pas augmenter la vitesse de leurs appareils. Les marchés canadiens ne pouvant utiliser actuellement les gros avions de façon rentable, l'augmentation de la productivité ne viendra pas des avions eux-mêmes.

Interrelations avec les communications Les secteurs des transports et des communications ont toujours été liés. Le progrès commercial suit souvent l'établissement de bonnes COMMUNICATIONS avec un autre pays, et il ne peut guère y avoir d'échange commercial sans communications permettant la transmission des commandes, l'envoi de documents d'expédition, etc. Complémentaires dans ces domaines, les transports et les communications se font parfois concurrence dans d'autres domaines. Un vendeur peut utiliser l'avion ou la voiture pour rencontrer un client, mais il peut aussi lui téléphoner. On peut envoyer des milliers de dollars en espèces par camion blindé, mais on peut aussi effectuer un transfert bancaire par télex. On peut expédier des documents de valeur par courrier aérien, ou simplement envoyer une télécopie par SATELLITE ARTIFICIEL.

Avec l'augmentation du coût des transports et l'amélioration des systèmes de communication, il est à prévoir que les transports et les communications vont se faire de plus en plus concurrence dans certains domaines (*voir* TÉLÉINFORMATIQUE; TÉLÉCOMMUNICATIONS). Si la TECHNOLOGIE DES COMMUNICATIONS se développe selon les prévisions de certains experts, de nombreux articles actuellement envoyés par la poste pourraient être expédiés par des moyens électroniques, transmis par satellites, puis reçus par le biais de tubes à rayons cathodiques (écrans de télévision) ou de téléscripteurs personnels. La lettre manuscrite tomberait alors en désuétude.

Transports et voyage Près de 80 p. 100 des voyages par avion sont des voyages d'affaires, même si, chaque année, on voit augmenter le nombre de Canadiens voyageant pour leur plaisir. L'existence de moyens de transport confortables, pratiques et relativement peu coûteux (avion, train, autobus ou automobile) favorise l'essor de l'industrie touristique, l'un des segments de l'économie canadienne où la croissance est la plus rapide (*voir* TOURISME). Cet essor résulte en grande partie d'accords de collaboration de la part des compagnies de transport, des agents de voyages et des hôteliers, d'agences de location de voitures et d'autres services analogues. Il arrive fréquemment qu'un promoteur de voyages, parfois appelé grossiste, organise des forfaits (incluant entre autres l'hôtel, les repas et les guides), commercialisés ensuite par des agents de voyage. Certains de ces organisateurs sont affiliés à des compagnies aériennes.

Rôle du gouvernement dans les transports Depuis l'arrivée des premiers Européens en Amérique du Nord, les gouvernements sont intervenus dans les transports sous diverses formes: publicité, réglementation, octroi de subventions et exploitation. Le gouvernement entreprend, il y a plus d'un siècle, la promotion des transports: il encourage d'abord la construction des chemins de fer, puis favorise leur expansion par des prêts, des subventions et des garanties. Après leur construction, les chemins de fer exercent une grande influence sur leurs usagers. Les gouvernements interviennent donc en réglementant les tarifs des chemins de fer, pour assurer le traitement équitable de tous les expéditeurs et un revenu juste pour les compagnies de transport (*voir* TRANSPORT, RÉGLEMENTATION DU).

Les gouvernements subventionnent toutes les formes de transport au Canada. On peut diviser ces subventions en deux grandes catégories: les subventions directes et indirectes. D'énormes subventions sont accordées pour la construction des chemins de fer, ainsi que pour l'exploitation de VIA Rail et d'autres transporteurs. La plupart des systèmes de transport urbain sont subventionnés par les gouvernements, qui accordent aussi diverses subventions indirectes en permettant notamment l'emploi d'installations construites par le gouvernement à un prix inférieur au coût réel. Pendant longtemps aussi, les chemins de fer transportent des grains destinés à l'exportation à un coût bien inférieur au prix réel de ce transport. Des organismes gouvernementaux fournissent les infrastructures nécessaires au transport (aéroport, route ou installations portuaires) sans demander aux utilisateurs un prix suffisant pour couvrir les frais liés à ces installations (*voir* TRANSPORT, ORGANISMES GOUVERNEMENTAUX POUR LE).

Les gouvernements exploitent aussi des compagnies de transport, souvent sous forme de sociétés d'État. Le gouvernement fédéral possède aujourd'hui des chemins de fer, des compagnies aériennes, des compagnies de navigation, des traversiers et un intérêt financier dans les transports par pipeline. Les gouvernements provinciaux possèdent en propre des compagnies aériennes, des compagnies de camionnage, d'autobus, des traversiers et des chemins de fer qui, parfois, concurrencent des compagnies appartenant à des actionnaires.

Au Canada, le gouvernement fédéral est généralement responsable du transport maritime. Par l'entremise de Transports Canada et de Ports Canada (ancien Conseil des ports nationaux), il construit, entretient et exploite les ports. Il exploite également les grands et la plupart des petits aéroports du Canada. Par l'intermédiaire de l'Administration de la voie maritime du Saint-Laurent (en collaboration avec les États-Unis), il fait connaître, entretient et exploite cette voie navigable. Pendant la Seconde Guerre mondiale, il exploite une flotte importante de navires de haute mer, dont il se défait à la fin des années 40.

Par l'intermédiaire de Transport Canada, le gouvernement fédéral veille à la réglementation et à la promotion du transport aérien, construit, entretient et exploite tous les principaux aéroports du pays ainsi que la plupart des installations aéroportuaires moins importantes. En 1984, il déréglemente l'aviation civile par l'annonce d'une nouvelle politique des transports aériens. Celle-ci est suivie, en 1985, par la réforme des Transports, énoncée dans le document «Aller sans entraves». Enfin, en 1987, on achève de mettre en œuvre le programme de déréglementation du transport par l'adoption d'une loi où la Commission canadienne des transports est remplacée par l'Office national des transports. Les routes et autoroutes étant généralement du ressort provincial, ce sont les ministères provinciaux qui veillent à leur construction et à leur entretien, de même qu'à la réglementation des transports par camions et par autobus, ainsi qu'à celle sur la sécurité des véhicules automobiles.

Recherche sur les transports Vu l'importance du transport au Canada, la recherche dans ce domaine est particulièrement considérable. Le gouvernement fédéral parraine cette recherche de diverses façons: Le CONSEIL DES SCIENCES DU CANADA encourage la recherche sur les dispositifs et les techniques de transport, tandis que Transports Canada favorise la recherche touchant la gestion des entreprises de transport et les moyens de la rationaliser. Nombre de grandes compagnies de transport ont des services de recherche qui collaborent avec les fabricants de véhicules et d'équipement à l'élaboration et à l'adaptation de nouvelles techniques, étudient le marché ou participent à des recherches plus fondamentales. On possède toutefois peu de statistiques sur ces recherches, souvent de nature privée.

Possibilités d'emploi dans le secteur des transports Ce domaine, vital pour plusieurs secteurs de l'économie, fournit de nombreux débouchés, depuis les emplois de base de commis, de chauffeur de camion ou d'apprenti en entretien, aux postes supérieurs de directeur d'aéroport, de compagnie de navigation ou de consortium de transport. Certains de ces emplois s'adressent aux personnes s'intéressant à la comptabilité, aux finances ou à la commercialisation, d'autres ciblent le personnel formé dans le domaine des relations de travail, de la gestion de la production ou des systèmes informatiques. Pour les personnes innovatrices, travailleuses et ayant reçu une bonne formation, les possibilités d'emploi augmenteront à mesure qu'évoluera la technologie des transports et que s'accroîtra la demande dans ce domaine.

Karl M. Ruppenthal

Transports Canada Ministère fédéral chargé de réglementer et d'administrer les politiques, les programmes et les services de transports afin de promouvoir la sécurité et l'efficacité du réseau national de transports. Il est constitué en 1936 et résulte de la fusion du ministère des Chemins de fer et Canaux, du ministère de la Marine et de la Direction de l'aviation civile du ministère de la Défense nationale. De nos jours, il est responsable de l'aéronautique, de la navigation et des installations de transport maritime, des véhicules à moteur, des traversiers, des chemins de fer, ainsi que des canaux reliant les provinces entre elles ou avec un pays étranger.

Le 1er avril 1997, Transports Canada adopte une nouvelle organisation caractérisée par la commercialisation et le dessaisissement. En se départant ainsi des aéroports, du système de navigation aérienne, des ports et des havres, et en transférant la Garde côtière canadienne au ministère des Pêches et des Océans, Transports Canada renonce à ses activités directes dans le réseau des transports et cessera de posséder, d'exploiter ou de subventionner d'importants éléments du système. Cependant, le Ministère continuera d'élaborer des mesures législatives pour maintenir la sécurité et la sûreté.

Le Groupe Politique du ministère est chargé de formuler et d'appliquer les politiques relatives aux chemins de fer, à la navigation, aux routes, aux transporteurs routiers et au transport aérien. Il évalue également le rendement des transports ferroviaires et des services voyageurs, et il finance ces services (par l'entremise de VIA RAIL) ainsi que les services de traversiers.

Le Groupe Sécurité et Sûreté définit et applique les normes et règlements requis pour la sécurité et la sûreté de l'aviation civile et du transport maritime, ferroviaire et routier.

Le Groupe Programmes et Cessions est responsable du transfert des ports, des havres et des aéroports aux collectivités. Il surveille les activités des installations cédées, exploite les aéroports, les ports et les havres du gouvernement fédéral qui sont loin des grands centres, et dirige la gestion environnementale, technique et immobilière. Ce groupe est également responsable de l'administration de programmes financés par Transports Canada, comme le Programme d'aide aux immobilisations aéroportuaires, le Fonds de dessaisissement des ports et la collaboration fédérale-provinciale relative aux routes et aux ponts.

Les dépenses de Transports Canada en 1996-1997 sont estimées à 1,7 milliard de dollars.

Colette E. Derworiz

Transports dans le Nord Si le Canada représente la victoire du TRANSPORT sur la géographie, cette image est particulièrement vraie dans le NORD canadien. L'organisation du peuplement du Nord dépend dans une très grande mesure du développement des systèmes de transport. Le transport maritime y est la première voie de pénétration. Les explorateurs arrivent de l'est par la mer, les marchands de fourrures, du sud par le FLEUVE MACKENZIE et, beaucoup plus tard, les baleiniers arrivent par l'ouest, contournant l'Alaska.

Le but des premiers transports organisés dans le Nord est la TRAITE DE LA FOURRURE, soit avec les bateaux de la COMPAGNIE DE LA BAIE D'HUDSON (CBH) dans l'est de l'Arctique, ou en canots et autres petites embarcations dans l'Ouest (*voir* CANOT D'ÉCORCE). La très grande distance entre le Nord et la limite du peuplement au sud rend le transport routier difficile, et les quelques projets de liaison entre le Nord et le Sud par chemin de fer frisent le ridicule.

La population et le développement économique au nord du 60ᵉ parallèle ne justifient pas les coûts; on continue donc à desservir le Nord par voie d'eau, ce qui signifie que les glaces y interrompent le transport de sept à neuf mois par année. En fait, le Mackenzie est navigable presque toute l'année, depuis la tête de la voie ferrée à Waterways (aujourd'hui FORT MCMURRAY), dans le nord de l'Alberta, jusqu'à l'océan Arctique. Il y demeure cependant une zone importante de portage sur la rivière des Esclaves près de Fort Smith, et le volume des expéditions dépend largement du niveau de l'eau dans la partie méridionale du réseau. La CBH domine le trafic grâce à sa petite flotte de bateaux à vapeur.

L'avènement de l'avion révolutionne les transports. Les pilotes de brousse, souvent d'anciens aviateurs de la Première Guerre mondiale, mènent leurs petits appareils là où aucun bateau ne peut se rendre (*voir* AVIATION DE BROUSSE). Mieux encore, l'avion est pratiquement un moyen de transport toute saison. C'est dès lors la fin de l'isolement hivernal du Nord. L'avion permet aux prospecteurs de travailler de façon beaucoup plus efficace, si bien qu'une vague de PROSPECTION conduit à l'exploitation de mines, particulièrement à YELLOWKNIFE et au GRAND LAC DE L'OURS.

L'exploitation minière accroît le volume du trafic sur le Mackenzie, ce qui provoque la venue de concurrents, qui font baisser les tarifs élevés pratiqués par la CBH. Plusieurs compagnies se forment, dont la plus stable est la Société des transports du Nord Limitée (STNL), devenue une filiale de l'Eldorado Gold Mines Ltd. (aujourd'hui Eldorado

Nucléaire Limitée), une compagnie d'uranium et de radium. Entre-temps, les entreprises de pilotes de brousse se fusionnent en de plus grandes sociétés, notamment les Lignes aériennes Canadien Pacifique, filiale du Canadien Pacifique.

La Seconde Guerre mondiale apporte d'autres changements. Pour la première fois, la nouvelle ROUTE DE L'ALASKA, du nord de la Colombie-Britannique jusqu'au sud du Yukon, ouvre le Nord au transport routier et démontre qu'il est possible d'y maintenir une route toute l'année. La construction d'aérodromes et d'un PIPELINE dans la vallée du Mackenzie par l'armée américaine augmente encore les volumes de trafic dans la région. Pendant la guerre, grâce à l'avènement de nouveaux avions plus gros, particulièrement les DC-3 et DC-4, le fret aérien cesse pour la première fois d'être un luxe. Après la guerre, la CBH abandonne l'exploitation du transport par bateau et laisse ainsi la voie libre à la Société des transports du Nord ltée, devenue entre-temps une société d'État.

Cette société s'est grandement développée, particulièrement après la construction de la ligne DEW, au milieu des années 1950. Elle agit comme transporteur public sur le Mackenzie et dans l'océan Arctique (vers l'ouest jusqu'en Alaska et vers l'est jusqu'à l'archipel Arctique) et, en 1975, elle établit une succursale à Churchill au Manitoba pour desservir les communautés Keewatins de la côte ouest de la baie d'Hudson. Vendue à une société inuite en 1985, la STNL n'est donc plus une société d'État.

On améliore les aéroports pour permettre aux plus gros avions de la période d'après-guerre d'y atterrir. Au début du siècle, on avait construit le WHITE PASS AND YUKON RAILWAY entre Whitehorse et Skagway, en Alaska. En 1960, on en bâtit un autre reliant l'Alberta au Grand Lac des Esclaves. On relie par autoroute Yellowknife et le nord de l'Alberta. La ROUTE DE DEMPSTER, de Dawson à Inuvik, est la plus septentrionale du Canada. On pourrait aussi aménager, durant l'hiver, des routes de glace pour relier des endroits comme le Grand lac de l'Ours et Yellowknife. La croissance du service aérien entraîne une augmentation des dépenses aéroportuaires.

En 1987, la GARDE CÔTIÈRE CANADIENNE dispose de six brise-glaces dans les eaux du Nord, et on enregistre la présence de 98 navires dans l'Arctique canadien. À la même époque, le trafic allant du sud vers le nord, reliant les Maritimes et les destinations de l'est de l'Arctique, est stagnant. Dans l'Ouest, l'arrêt de la prospection de gaz et de pétrole dans la mer de Beaufort provoque une chute de 50 p. 100 du trafic.

Des cargaisons en vrac sont expédiées chaque année de Churchill (céréales) depuis 1931; de Nanisivik (minerai), depuis 1977; de l'île Cornwallis (minerai), depuis 1982; et de l'île Cameron (pétrole), depuis 1986. En 1986 et en 1988, on a expédié, par mer, du pétrole en vrac de la mer de Beaufort, après quoi tous les produits de cette région seront transportés par oléoduc.

Robert Bothwell

Travail Selon les époques et les cultures, le travail est vu comme un châtiment de Dieu, une activité indigne d'un citoyen libre, la voie privilégiée pour accomplir la volonté du Créateur, ou comme la meilleure façon de gagner sa vie. Dans la société canadienne contemporaine, c'est autour du travail que s'organisent les autres activités sociales. Ce point de vue est cependant remis en question depuis quelques décennies en raison des changements d'ordre technologique (*voir* TECHNOLOGIE), économique, social et culturel. Tout cela laisse supposer que le «travail» est au seuil d'une ère nouvelle.

Le travail dans la société rurale préindustrielle

Jusqu'à la fin du XIXᵉ siècle, le Canada est une SOCIÉTÉ RURALE traditionnelle dans laquelle le travail est directement lié à la production des produits essentiels. Les objectifs et les circonstances de

la production agricole s'insèrent dans la vie sociale de chacun et dans l'organisation générale de la société. Les travailleurs indépendants (agriculteurs, artisans) sont souvent propriétaires de leur entreprise, organisent le travail à leur guise et vendent eux-mêmes leurs produits. La plus grande partie de la production sert à la consommation, et le reste est vendu dans les villes et les villages avoisinants.

Malgré le caractère indépendant et la nature de son travail (deux éléments qui le distinguent du travailleur d'atelier ou d'usine), l'agriculteur traditionnel accomplit tout de même un labeur exigeant avec des instruments rudimentaires. En outre, le fruit de son travail dépend largement des caprices du climat. Il est souvent aussi plus dépendant des commerçants et des prêteurs locaux, notamment quand il veut acquérir terres et animaux, que le travailleur de la ville l'est de son employeur. Afin de trouver l'argent nécessaire pour couvrir leurs dépenses agricoles, beaucoup d'agriculteurs se font travailleurs saisonniers.

Comme son économie repose sur l'exploitation des ressources naturelles, le Canada fournit la mère patrie en matières premières, plutôt que de produire des biens manufacturés. Le travail n'est pas plus facile dans les autres industries qu'en agriculture. La TRAITE DES FOURRURES du temps de la colonie exige beaucoup d'endurance. Les portages sont jalonnés par les tombes des VOYAGEURS qui ont expiré sous le poids de leur charge. L'abattage du bois attire les jeunes, les paysans et les immigrants, mais c'est un travail saisonnier et qui exige une grande endurance physique (*voir* BOIS, HISTOIRE DU COMMERCE DU). Les bûcherons logent dans des cabanes rudimentaires, passent de grandes journées à l'œuvre et sont mal nourris (ce n'est qu'après 1850 qu'on leur sert des haricots, du bœuf frais, du bacon et du lard salé). Au printemps, le travail est dangereux et exige une grande habileté. Les draveurs travaillent 16 heures par jour, souvent plongés dans l'eau glacée jusqu'à la ceinture. C'est l'époque où les billes équarries rassemblées en trains de bois guidés par les «cageux» descendent l'Outaouais et le Saint-Laurent jusqu'à Québec, un voyage qui dure deux mois.

La pêche est une autre activité saisonnière exigeant beaucoup de temps, et soumise aux caprices du climat et à la disponibilité du poisson. Les revenus varient selon la demande, et, pour survivre, les pêcheurs doivent aussi se faire agriculteurs ou bûcherons (*voir* PÊCHE, HISTOIRE DE LA).

Du côté de l'industrie secondaire, c'est le règne des artisans indépendants, producteurs de biens et services marchands, qu'il s'agisse des menuiseries, des maisons de cardage, des scieries, des minoteries, des brasseries, des distilleries, des tanneries ou des fonderies. Le travail s'effectue généralement dans de petits ateliers employant trois ou quatre hommes: le propriétaire, qui est aussi le maître artisan, un ou deux compagnons et quelques apprentis. Les relations entre le patron et le salarié sont de nature paternaliste, en particulier dans le régime de l'APPRENTISSAGE. Durant trois à dix ans, l'apprenti est lié par un contrat, qui fait pratiquement de son maître un père. Il ne peut pas s'absenter sans sa permission, ne peut pas se marier et doit faire serment de ne pas divulguer les secrets du métier. En retour, le maître doit le nourrir, le loger et le former convenablement.

Cependant, le régime de l'apprentissage devient une forme de travail obligé et non plus seulement un programme de formation artisanale assorti d'une orientation morale et intellectuelle. Le maître accumule les profits, accroît ses exigences et prend de plus en plus d'apprentis pour accomplir le travail salissant et souvent moins formateur, pendant que l'apprenti ne connaît que la tyrannie de ses obligations et voit avec amertume son maître négliger ou carrément oublier ses engagements.

Les artisans qualifiés, qui composent environ 10 p. 100 de la main-d'œuvre urbaine avant le XXᵉ siècle, forment une aristocratie de travailleurs bien payés dont le statut social n'est pas loin de celui de la classe moyenne. Un artisan gagne deux fois plus qu'un journalier et quatre fois plus qu'un domestique. Les moins bien rémunérés sont les femmes (*voir* FEMMES DANS LA POPULATION ACTIVE) et les enfants, et un travailleur sur cinq vit dans une indigence extrême.

Une culture ouvrière est déjà visible dans l'INDUSTRIE DE LA CHAUSSURE, dans l'INDUSTRIE TEXTILE, chez les «cageux» et chez ceux qui sont affectés, sur une base saisonnière, à la construction des chemins de fer ou des canaux (habituellement des IRLANDAIS ou d'autres immigrants) nécessaires au transport des ressources vers les villes portuaires, d'où elles sont exportées. Les conditions de travail sont dures, et la semaine de travail, longue. Les salaires sont bas et souvent versés sous forme de coupons échangeables uniquement dans les magasins de la compagnie, où les prix sont invariablement gonflés. Les entrepreneurs disparaissent souvent sans payer les travailleurs, qui doivent fréquemment verser des loyers exorbitants pour des logements misérables dont l'insalubrité cause des ÉPIDÉMIES de choléra, de fièvre et d'autres maladies.

Travail et révolution industrielle

Au Canada, comme ailleurs en Occident, l'avènement de l'ÉCONOMIE de marché au XIXᵉ siècle, en même temps que l'industrialisation, transforme radicalement la nature du travail pour la majorité des gens. Le travail perd ainsi sa valeur intrinsèque et devient un moyen de gagner sa vie, un bien à acheter et à vendre comme d'autres marchandises. L'évolution de la société élimine progressivement la relation directe entre l'effort de production du travailleur et la consommation de biens et de services.

Tandis que l'économie rurale du Canada, fondée sur l'autarcie, se transforme en économie industrielle caractérisée par un réseau de production et d'échanges de plus en plus complexe et évolué, les entreprises de production se transforment elles aussi, le nombre d'emplois augmente, les conditions de travail et l'organisation du travail changent, et le travail acquiert ainsi un nouveau sens par rapport aux autres réalités de la vie.

Au milieu du XIXᵉ siècle, à la faveur de l'expansion des moyens de TRANSPORT (CANAUX, CHEMIN DE FER) et de l'avènement de la machine à vapeur, les premières usines et les premières grandes entreprises font leur apparition dans les centres urbains. Si les premières usines du verre, du vêtement et de la construction navale font leur apparition en Nouvelle-Écosse, l'industrie du tabac, du textile, de la fonderie et du matériel ferroviaire se concentre rapidement en Ontario et au Québec (à Montréal, à Hamilton et à Toronto). Les manufactures ont rapidement besoin de main-d'œuvre non qualifiée (en particulier pour les équipes de construction) et d'ouvriers qualifiés (charpentiers, maçons, tailleurs, fondeurs et travailleurs du cuir).

À l'époque, les entreprises traditionnelles, c.-à-d. les petits magasins, les bureaux, les ateliers et les manufactures (les entreprises où plusieurs artisans et apprentis font encore un travail manuel), sont encore nombreuses. Les travailleurs y contrôlent passablement leurs activités, y compris leurs conditions de travail, les prix des biens et des services, et l'embauche de leurs apprentis. Les relations entre l'employeur et le salarié restent très personnelles, et la production continue de reposer sur les commandes.

L'«atelier de misère» La situation change dans le dernier tiers du XIXᵉ siècle, avec l'émergence d'une mentalité usinière voulant que la main-d'œuvre soit considérée comme partie du coût de production. Pour minimiser leurs frais, les entreprises tentent de «rationaliser» la production en mettant fin à la liberté du petit atelier, en réglant étroitement les heures de travail et en accélérant le rythme de production. Elles abaissent aussi le degré de compétence en divisant

entre plusieurs travailleurs des tâches, devenues donc moins spécialisées, qu'accomplissait auparavant un seul employé. Pour réduire encore les coûts tout en augmentant la productivité, elles remplacent progressivement une partie des ouvriers par des machines. Ce régime, qu'on trouve bientôt partout, est fondé sur la coordination, la surveillance et la discipline des ouvriers.

Les travailleurs sont soumis à des règlements stricts (il leur est interdit de parler, de quitter leur poste, d'être en retard) et à des sanctions (amendes, congédiements, mauvais traitements physiques), qui s'accompagnent, plus tard, de méthodes plus subtiles de persuasion, de manipulation et de motivation économique. Hommes, femmes et enfants travaillent pour un salaire de misère durant de longues heures et dans des conditions difficiles. L'«atelier de misère» (qui existe encore aujourd'hui), où l'on tire le maximum de travail des ouvriers pour un salaire minimal, particulièrement dans le cas du travail à la pièce, et où sont bafouées les règles élémentaires de santé et de confort, fait son apparition à cette époque, en particulier dans les industries textiles et alimentaires. Il est lié au travail à contrat et en sous-traitance que les ouvriers font à domicile.

Régime d'exploitation Ce nouveau régime d'exploitation est décrit par la Commission royale sur les relations entre le capital et le travail au Canada (1889): repas pris au poste de travail, sécurité d'emploi inexistante, protection insuffisante contre les courroies, les poulies et les machines à vapeur, absence d'indemnisation pour les victimes d'accidents, exiguïté et insalubrité des lieux, autoritarisme, utilisation répandue de la main-d'œuvre infantile, chômage fréquent, insécurité matérielle permanente, conditions de logement et ambiantes insalubres.

Émergence des cols blancs La concentration, la centralisation et la bureaucratisation des entreprises s'accélèrent après le tournant du siècle avec l'accroissement de la taille des entreprises et des administrations publiques. Le travail est davantage rationalisé et spécialisé. Il faut aux compagnies plus d'administrateurs, de cadres, d'intermédiaires et de commis de bureau. La révolution administrative entraîne deux changements majeurs au sein de la main-d'œuvre: l'émergence des cols blancs et l'accès des femmes au salariat.

En outre, la mécanisation, le cloisonnement et la simplification accrus du travail exigent des travailleurs non qualifiés, qu'on recrute chez les immigrants (MAIN-D'ŒUVRE IMMIGRANTE), pour les emplois les plus désagréables, salissants, dangereux et mal payés. Nombre d'entre eux, considérés comme une main-d'œuvre plus docile, se font HOMMES DE CHANTIERS et vont travailler à la construction des chemins de fer, des barrages hydro-électriques, des projets industriels, dans les mines ou dans les camps de bûcherons. Un bon nombre d'entre eux travaillent pour un bas salaire dans les mines de charbon de l'île de Vancouver ou en Alberta, pour répondre à la demande de charbon générée par la construction du chemin de fer transcontinental.

La ville fermée La VILLE FERMÉE fait son apparition parallèlement à l'essor rapide des industries primaires (surtout minières) et secondaires (textile, pâtes et papiers, etc.). Dans ces nouvelles localités, qui poussent comme des champignons, le patronat a la mainmise non seulement sur le travail, mais aussi sur toutes les installations matérielles nécessaires à la vie des gens: logements, magasins, aqueducs et égouts, etc. Ces localités sont concentrées surtout en Ontario, au Québec et en Colombie-Britannique.

Le régime industriel Le régime industriel, qui a pratiquement éliminé la production artisanale vers 1920, raffine alors ses modes de coordination, de supervision et de spécialisation du travail avec l'arrivée des techniques de la production de masse et l'organisation scientifique du travail (taylorisme). Cette méthode se caractérise par une division plus com-

plexe du travail, fondée sur la séparation de la conceptualisation du travail (travail mental) et de son exécution (travail manuel), en assignant une tâche spécifique à chaque travailleur par un procédé de sélection précis, en simplifiant et en parcellisant les tâches, en réglant la cadence de la production, en donnant des incitatifs économiques (travail à la pièce, boni, etc.) qui lient la rémunération à l'effort, et en accroissant le nombre de contremaîtres et de cadres.

Techniques de production en série Les modes de production en série, telle la chaîne de montage, introduite par Henry Ford dans l'INDUSTRIE DE L'AUTOMOBILE, renforcent les principes de précision, d'économie, de continuité, de vitesse et de répétition. L'objectif de ces nouvelles méthodes est de réduire au minimum la marge de manœuvre réelle que les travailleurs industriels qualifiés ont conservée sur les différents aspects du travail (méthodes, normes, cadence), malgré les nouveaux principes de gestion.

Les ouvriers réagissent de diverses façons à ces nouvelles conditions de travail. Individuellement, ils s'adonnent au sabotage industriel, à l'insubordination, à l'absentéisme, à la mobilité professionnelle, au refus de travailler, et, collectivement, ils ont recours à des manifestations (la GRÈVE GÉNÉRALE DE WINNIPEG et la MARCHE SUR OTTAWA lors de la CRISE DES ANNÉES 30), au piquetage, à différentes formes de GRÈVES et surtout à la fondation de SYNDICATS OUVRIERS. Une loi fédérale de 1872 retire toute mention des associations ouvrières du code pénal, mais il faut attendre près de 30 ans avant qu'on adopte des lois fédérales pour protéger les travailleurs (comme l'Acte de conciliation de 1900 sur la conciliation volontaire et l'ARBITRAGE, et la *Loi des enquêtes en matière de différends industriels* de 1907, au palier fédéral, qui touche les enquêtes sur les conflits industriels). Parmi les premières lois sur les conditions de travail, citons les lois sur les manufactures, adoptées en 1884 en Ontario et en 1885 au Québec, celles sur les femmes et les enfants au travail, adoptées au Québec en 1910, et celles concernant les accidents de travail adoptées en 1909 au Québec et en 1914 en Ontario.

La plupart de ces lois sont d'application difficile, et souvent inopérantes en raison de l'insuffisance et de l'impuissance presque absolue des services de surveillance. Ce n'est qu'avec la reconnaissance des syndicats que le DROIT DU TRAVAIL se développe en un système de plus en plus complexe, et que les lois du travail s'améliorent et s'élargissent. La législation sur la SÉCURITÉ SOCIALE prend également beaucoup d'ampleur après la guerre.

Le travail dans la société contemporaine

La création d'usines et d'entreprises de plus en plus grandes et concentrées est marquée par une mécanisation et une automatisation intensives, qui allègent de beaucoup le travail physique. Cependant, les ouvriers souffrent encore aujourd'hui d'une aération déficiente, de la chaleur et du bruit excessifs, de la poussière, de la POLLUTION, des gaz toxiques, des acides et des substances radioactives (*voir* MALADIES PROFESSIONNELLES). En outre, malgré sa diversité, la plupart du temps, le travail comprend des tâches répétitives, insignifiantes, étroites et cloisonnées, qui demandent peu d'habileté et de formation et n'entraînent pas de grandes responsabilités. Ces conditions génèrent l'ennui, le stress et un sentiment d'inutilité. Les manœuvres spécialisés, qui ont acquis un certain savoir-faire dans un contexte spécifique, considèrent généralement cette compétence sans valeur s'ils changent de travail.

Quel que soit le milieu de travail, une petite entreprise paternaliste ou une grande entreprise bureaucratique et impersonnelle, la plupart des travailleurs doivent se conformer aux ordres et aux objectifs de travail qui leur sont dictés, aux méthodes, aux cadences et même aux comportements qui n'ont qu'un lien indirect avec le travail lui-même.

Travailler à son compte (p. ex., dans une PETITE ENTREPRISE) est depuis toujours une façon attrayante d'échapper aux problèmes des salariés, mais les joies de cette évasion sont illusoires. Pour beaucoup, le rêve se solde par une faillite. Pour les autres, minoritaires, il demande de longues heures de travail acharné et fatigant, et il réserve de nombreuses désillusions. Cependant, dans les périodes où persiste un taux de chômage élevé, le nombre de travailleurs autonomes tend à augmenter, non pas par choix, mais plutôt par nécessité. Les sondages récents indiquent que ces travailleurs ne représentent pas plus de 10 p. 100 de la main-d'œuvre.

Le secteur tertiaire Presque la moitié de la POPULATION ACTIVE expérimentée du Canada est maintenant concentrée dans les groupes professionnels non manuels, que l'on regroupe sous la dénomination de secteur tertiaire. Ce secteur comprend les employés de bureau, les techniciens et le personnel spécialisé, les administrateurs, les enseignants, les infirmières, les vendeurs et les commerçants. L'essor de ce secteur est le plus soutenu et imposant chez les employés de bureau, les administrateurs, le personnel spécialisé et les techniciens. On l'attribue à la croissance des entreprises, des activités des multinationales et de l'administration publique, à la complexité grandissante des opérations financières, à l'importance accrue de la commercialisation, et au développement de la mise en circulation et du traitement de l'information.

Jusqu'aux années 20, le travail de bureau n'est pas aussi mécanisé et rationalisé que le travail manuel, mais depuis cette époque, et surtout depuis la Seconde Guerre mondiale, le travail de bureau et de vente s'est progressivement mécanisé, spécialisé, déclassé et simplifié. Il s'effectue aujourd'hui en grande partie dans le monde impersonnel des grandes compagnies, où il y a un fossé évident entre employés et superviseurs. Les emplois non manuels dits «professionnels» (administrateurs, personnel spécialisé et techniciens), qui offrent le travail le plus intéressant et qui auraient dû conserver une autonomie considérable, sont aussi touchés. Le concept même de profession change.

En effet, en raison du prestige rattaché à la pratique d'une profession au Canada, beaucoup de travailleurs non manuels (agents immobiliers, coiffeurs, etc.) en empruntent l'étiquette pour rehausser leur statut auprès du public et des gouvernements. La notion traditionnelle de profession est tellement étirée que les observateurs parlent de la «professionnalisation» de la main-d'œuvre. En fait, les attributs de l'activité professionnelle associés aux professions traditionnelles de médecin, d'avocat, d'ingénieur et d'architecte (les connaissances et la compétence nécessaires pour exercer, la nature de l'activité, la nature de la relation entre le professionnel et son client, l'autonomie professionnelle) ont perdu une partie de leur lustre.

Depuis toujours, l'acquisition de connaissances spécialisées au moyen d'une longue formation constitue un élément essentiel de la profession. Toutefois, le degré moyen de formation des travailleurs, et les exigences d'apprentissage et de formation de beaucoup d'emplois (comme celui de pilote d'avion) augmentent considérablement avec le progrès industriel et technique et ses corollaires (p. ex., l'instruction grandissante de la population et l'accroissement de la spécialisation professionnelle). Le concept de service n'est plus l'apanage des professions traditionnelles, et, du fait de l'évolution technologique, beaucoup de nouveaux services spécialisés sont devenus difficiles à offrir et à évaluer, et, aussi lourds de conséquences pour le client et pour la société que les services professionnels traditionnels.

Autrefois, la relation typique professionnel-client (modelée sur la profession médicale) était fondée sur la confidentialité, la dépendance du client, la responsabilité absolue du professionnel, et le caractère unique et spécifique de chacune de ses décisions. Or, ces éléments ne sont plus une composante essentielle de la plupart des activités professionnelles. En effet, souvent le client n'est pas une personne, mais une entreprise, un groupe ou une institution, et la question de la confidentialité se pose alors dans un contexte différent. En outre, les professionnels sont maintenant souvent des salariés, et ne sont plus seuls à décider ou à détenir des renseignements confidentiels.

Enfin, la notion d'autonomie professionnelle voulant que les praticiens travaillent à leur compte (seulement 10 p. 100 de ceux qui ont une formation professionnelle) est ébranlée par le nombre croissant de professionnels salariés (ingénieurs, médecins, avocats), dont un grand nombre travaillent pour des entreprises, des établissements ou des institutions. Ces derniers, personnel spécialisé ou techniciens, sont ainsi soumis à une organisation bureaucratique de leur travail. Leur autorité et leur autonomie professionnelle sont également réduites par leur soumission aux objectifs politiques (dans le secteur public) ou aux objectifs de rentabilité (dans le secteur privé) de leur employeur. Ces professionnels, dont le nombre et le rôle dans les organismes sont en progression constante, voient leurs connaissances et leurs talents brimés par l'étroitesse de leur sphère d'activité. Il n'est donc pas surprenant que certains regroupements de médecins, d'ingénieurs, d'enseignants et d'infirmiers, aient abandonné leurs objectifs professionnels (et avec eux, au moins une partie de l'orientation de leur travail) et se soient syndiqués.

Nouvelle organisation du travail

Le patronat est pris au piège du progrès technologique ultrarapide et des modifications constantes du marché, qui lui demandent de s'adapter à l'évolution des produits et des services. Les employeurs doivent se lier plus étroitement aux employés. Comme autrefois, les patrons recherchent des solutions dans de nouvelles formes d'organisation du travail destinées à en humaniser les conditions et à permettre aux travailleurs de participer davantage à la gestion. Aujourd'hui, ces nouvelles formes sont axées sur les tâches des travailleurs, y compris les programmes concernant la qualité de la vie dans l'entreprise, lesquels sont conçus pour combler le besoin d'une plus grande autonomie, de créativité et de convivialité. Les tâches sont élargies, et les équipes de travailleurs bénéficient, p. ex., d'une valorisation du travail, d'une rotation des postes de travail, et font partie d'équipes de travail autonomes et de cercles de contrôle de la qualité.

D'autres mesures consistent à bannir l'horloge de pointage, à adopter des horaires flexibles et la semaine de travail comprimée, à favoriser le télétravail et à concevoir des programmes (programmes de suggestions, comités consultatifs mixtes) sur la productivité, la sécurité sociale, la santé et la sécurité au travail pour accroître la participation du travailleur et l'intéresser davantage à son travail. On met aussi à l'essai la participation aux bénéfices et d'autres formes de participation financière. Le but visé est d'associer davantage le travailleur à l'entreprise et d'accroître sa motivation et son rendement. Ces nouvelles formes d'organisation se sont répandues au cours des 20 dernières années, mais leur efficacité dans les entreprises et leurs avantages pour le travailleur ne sont pas encore évidents. En somme, le salariat demeure.

Enfin, on assiste à la création de nouvelles modalités d'emploi rendant la situation du travailleur généralement précaire, soit le travail à temps partiel, à la pige, à forfait, temporaire et le travail partagé. De 1975 à 1993, les emplois à temps partiel ont augmenté de 120 p. 100 comparativement à une augmentation de 25 p. 100 des emplois à temps plein. Un travailleur sur quatre travaille à temps partiel, et cette proportion est à la hausse. Un travailleur sur 12 est engagé à forfait ou a un emploi précaire. Ces nouvelles modalités permettent de tirer profit des besoins de certaines catégories de travailleurs (mères au travail, étudiants, personnes handicapées, aînés) pour répondre aux besoins de l'entreprise (coût du travail moindre et plus grande souplesse dans la production) et des gouvernements (réduction du chômage par le partage des emplois entre plus de travailleurs).

La préoccupation actuelle à l'égard des conditions de travail s'inscrit dans une nouvelle perspective des divers aspects du travail, à savoir l'organisation du travail, les relations interpersonnelles, la santé et la sécurité. On porte moins attention au concept purement fonctionnel du travail, et en revanche, on reconnaît plus que l'activité professionnelle d'un salarié a également un impact sur sa qualité de vie ailleurs qu'au travail.

La jeunesse au travail

De 1953 à 1984, le nombre de jeunes de moins de 25 ans au sein de la population active passe de 1,3 million à 2,8 millions, mais en 1987, ce nombre chute à 2,3 millions. Cependant, à cause de leur manque d'expérience, d'ancienneté et de formation, les jeunes sont les premiers congédiés lorsque les temps sont difficiles. C'est ainsi qu'ils connaissent un taux de CHÔMAGE disproportionné (17,7 p. 100 en 1993, soit 50 p. 100 de plus que la moyenne). Ils détiennent aussi le plus haut taux de mobilité professionnelle, souvent involontairement. Ceux qui changent d'emploi volontairement (les plus instruits, les célibataires et les jeunes mariés sans enfant) le font habituellement pour acquérir de l'expérience. Beaucoup, néanmoins, en changeant d'emploi, expriment leur insatisfaction devant les formes modernes du travail, tant pour ses aspects intrinsèques que pour ses conditions matérielles.

Beaucoup de jeunes, enfants d'une société plus libérale, tendent à défier les formes traditionnelles d'autorité en milieu de travail. Mieux instruits que leurs aînés et habitués à un niveau de vie élevé, ils recherchent un travail exigeant et enrichissant qui fait appel au savoir-faire acquis dans le cadre de leur formation. Cependant, vu les conditions économiques récentes, il devient de plus en plus difficile de réaliser ces aspirations.

Le travail, l'éducation et la formation

Il n'y a pas si longtemps, la formation (généralement limitée) reçue à l'école suffisait pour toute sa carrière. On entrait jeune dans la population active, après un apprentissage qui, souvent, avait commencé dans la famille et se continuait au travail. Aujourd'hui, puisque la société exige une formation scolaire générale et variée, et, étant donné le grand besoin d'une main-d'œuvre qualifiée, un diplôme est essentiel, et les jeunes entrent invariablement dans la population active à un âge plus avancé.

Durant la prospérité des années 50 et des années 60, le diplôme est un passeport pour les emplois intéressants. Depuis 1970, et en particulier lorsque l'économie décline, le diplôme ne garantit plus d'emploi dans une catégorie professionnelle donnée. Le niveau de scolarité sert souvent de prétexte à l'employeur pour faire une sélection plus rigoureuse et vérifier l'aptitude des candidats à s'adapter aux besoins de l'entreprise. Les jeunes arrivent maintenant sur le marché du travail dans des conditions plus difficiles qu'avant, et beaucoup d'entre eux doivent se contenter d'un travail occasionnel ou à temps partiel pour des périodes plus ou moins longues.

Au cours des dernières années, p. ex., 40 p. 100 des travailleurs à temps partiel sont des jeunes âgés de 15 à 24 ans. En outre, leur formation préalable ne leur garantit plus nécessairement de l'avancement professionnel. Il existe un décalage grandissant au plan éducatif et professionnel entre les pertes d'emploi et les débouchés. Le progrès technologique, la réorganisation du travail de bureau, le mouvement de l'emploi vers le secteur tertiaire, le chômage réel ou appréhendé, la possibilité ou l'attrait de la mobilité professionnelle ainsi que la recherche d'un niveau de vie plus élevé sont autant de motifs qui poussent de plus en plus d'adultes à vouloir se spécialiser au cours de leur vie professionnelle.

Cette formation supplémentaire est offerte par les établissements d'enseignement, mais les entreprises (surtout les plus grandes) offrent également une formation professionnelle à leurs salariés pour améliorer leur rendement. Habituellement, ces cours sont concis, portent sur une tâche ou une fonction professionnelle précise et traitent des besoins immédiats. Leur contenu est en grande partie dicté par la société, et ils sont généralement réservés aux cadres et aux professionnels plutôt qu'aux travailleurs non qualifiés.

Les femmes et le travail

L'une des transformations majeures que connaît le monde du travail, c'est le nombre croissant de femmes qui ont un emploi. Cette proportion est passée de 20 p. 100, en 1921, à 24 p. 100, en 1951, et à un sommet de 59 p. 100, en 1990. Cette progression rapide est principalement due à la croissance du nombre de femmes mariées au travail (11 p. 100 en 1951 et 53 p. 100 en 1987).

À la longue, le nombre croissant de femmes au travail devrait avoir des répercussions très importantes sur l'organisation du travail, mais, jusqu'ici, les conséquences en sont limitées, et la structure des emplois féminins n'a guère changé. On trouve habituellement les femmes dans les emplois traditionnellement «féminins» (travail de bureau, vente, enseignement, services hospitaliers et industrie légère). Celles qui s'aventurent dans les bastions masculins sont encore victimes de discrimination. Le travail des femmes se caractérise habituellement par une semaine de travail plus longue que la moyenne, des quarts peu accommodants, l'absence de sécurité d'emploi et une discrimination systématique dans la rémunération et les avantages dans les emplois (majoritaires) non régis par une convention collective. Bien qu'elles soient habituellement plus instruites que les hommes, les femmes détiennent généralement des postes subalternes et sans avenir (*voir* FEMMES ET ÉDUCATION; FEMMES DANS LA POPULATION ACTIVE).

L'explosion du travail à temps partiel Au rythme actuel, plus de la moitié des salariés travailleront à temps partiel au début du troisième millénaire. Cette explosion du travail à temps partiel est étroitement liée au travail des femmes. En 1993, 69 p. 100 des postes à temps partiel sont occupés par des femmes. Leur concentration dans les emplois précaires et dans le secteur tertiaire explique leur taux de chômage supérieur (en 1987, elles comptent pour 47,3 p. 100 des chômeurs, bien qu'elles ne forment que 40 p. 100 de la population active) et le fait qu'elles soient particulièrement menacées par la révolution microélectronique.

Diverses mesures législatives (p. ex., pour éviter la discrimination professionnelle ou favoriser les congés de maternité), adoptées par suite de pressions exercées par les mouvements de femmes et par les syndicats, améliorent la situation des salariées et encouragent plus de femmes à chercher un emploi rémunéré. Cependant, il reste encore beaucoup à faire, en particulier pour l'équité salariale. L'idée que la femme puisse travailler hors du foyer est mieux acceptée aujourd'hui, mais les réflexes traditionnels n'ont pas entièrement disparu.

Le travail et la retraite

Parce que l'on vit de plus en plus longtemps, on accorde maintenant plus d'attention à la relation entre le travail et la qualité de vie après la retraite. Les conditions de travail, ainsi que la nature et la rémunération du travail ont une portée décisive non seulement sur le niveau de vie du retraité (en particulier sur son revenu), mais aussi sur son état de santé mental et physique. Ces préoccupations s'intensifient depuis 20 ans en raison de la tendance vers la retraite anticipée. De 1983 à 1993, le nombre de personnes âgées de 55 à 64 ans qui quittent les rangs de la population active fait un bond de 114 p. 100. L'âge moyen de la retraite se situe maintenant aux environs de 62 ans. Bien que ni le fédéral ni le provincial ne fixent un âge officiel pour la retraite, en pratique, les travailleurs la prennent habituellement à 65 ans, comme le stipulent leur convention collective ou leurs conditions d'embauche.

Plusieurs facteurs sont à l'origine de cette tendance, comme le désir d'une vie plus active hors du travail (davantage de loisirs et de voyages) et de plus de temps pour la famille, les revenus plus élevés, qui permettent à plus de gens de prendre leur retraite avant 65 ans, et les régimes de retraite publics universels et privés (*voir* PENSION). En outre, la concurrence sur le marché du travail, les compressions et les effets du changement technologique jouent contre l'embauche des travailleurs âgés. Pour certains, une retraite plus tôt est une façon fort efficace de réduire la population active. Pour d'autres, c'est une façon d'aider les jeunes à décrocher un emploi ou à le conserver. Les gouvernements et les entreprises implantent des programmes d'incitation à la retraite anticipée, les premiers pour combattre le chômage, et les secondes, pour réduire la main-d'œuvre.

Toutefois, pour des raisons économiques et sociales, un nouveau mouvement se dessine contre la retraite obligatoire. Bien que le nombre de familles du troisième âge vivant sous le seuil de pauvreté ait beaucoup baissé au cours des 25 dernières années, tant chez les couples (de 40 p. 100 à 9 p. 100) que chez les célibataires (d'environ 70 p. 100 à moins de 50 p. 100), les mesures de sécurité sociale ne réussissent pas à assurer un degré suffisant de sécurité matérielle à la majorité des travailleurs et à leurs personnes à charge. Un grand nombre de retraités canadiens ont besoin du supplément de revenu garanti pour se maintenir au-dessus du seuil de PAUVRETÉ. De plus, l'augmentation de l'espérance de vie et le vieillissement rapide de la population, en raison de la retraite prochaine des *baby-boomers*, font planer le spectre de caisses de retraite à sec. Du point de vue social, les retraités se trouvent isolés, marginalisés et dans l'insécurité. L'abolition de la retraite obligatoire au Manitoba, au Nouveau-Brunswick et au Québec permet des retraites graduelles plus adaptées aux besoins, à la situation et aux espoirs de chacun.

Le travail et la technologie

L'application de la technologie de l'information reposant sur la microélectronique dans les communications (échange et transmission d'information), dans l'entreprise (appareils de traitement de texte) et dans le secteur industriel (robotique) révolutionne le travail (*voir* TÉLÉINFORMATIQUE; INFORMATIQUE ET SOCIÉTÉ; BUREAUTIQUE). Cette révolution aura-t-elle les mêmes conséquences que les deux révolutions précédentes (le régime de la grande industrie et la production de masse sur chaîne de montage), soit la croissance économique, la création d'emplois et l'amélioration du niveau de vie?

Les gains de productivité réalisés sous forme de volume et de structure de l'emploi se traduiront indubitablement par une réduction sensible des emplois de bureau et des emplois spécialisés de niveau inférieur dans le secteur tertiaire. Ce dernier est le secteur le plus important (qui regroupe plus de 60 p. 100 de la main-d'œuvre du Canada) dans l'économie moderne et il est aussi le plus affecté par ces changements. Ces pertes ne seront probablement équilibrées qu'en partie par la création de nouveaux emplois spécialisés et professionnels dans les industries produisant et utilisant les nouvelles technologies.

La structure professionnelle en place depuis le tournant du siècle subira certes de profonds changements, mais il est fort improbable qu'il ne reste un jour au Canada, comme le suggèrent certains, que deux catégories de travailleurs, celle qui appuie sur le bouton et celle qui crée les programmes et la technologie. Les travailleurs des métiers traditionnels et les opérateurs seront probablement remplacés par des techniciens et des travailleurs spécialisés dans la maintenance, l'outillage, les technologies de l'information et l'électronique. L'avènement de l'ère informatique pourrait ainsi mener à une plus grande uniformité des compétences (*voir* SOCIÉTÉ D'INFORMATION).

La nature et l'organisation du travail seront aussi touchées. Dans le passé, le progrès technologique avait des effets contradictoires: réduction du nombre de travailleurs manuels et hausse des salaires, d'une part, et spécialisation des emplois et accroissement de la cadence et de la surveillance de la production, d'autre part. Les changements actuels auront également des effets contradictoires qui pourraient bien accentuer les tendances du passé. Les nouvelles technologies rendront possibles l'élimination de beaucoup de tâches manuelles répétitives ou dangereuses et la création de nouvelles tâches, plus intellectuelles que physiques parce qu'elles seront reliées au contrôle, à la surveillance et à la maintenance de l'outillage automatisé. Cependant, cette technologie peut aussi bien accroître et rendre répétitives des tâches qui ne pouvaient pas être simplifiées et déclassées jusqu'à maintenant.

Il est aussi possible qu'il y ait resserrement de la surveillance des travailleurs (surveillance électronique), accélération de la cadence de travail, augmentation du sentiment d'isolement au travail en raison de la réduction du nombre d'échanges entre personnes, et apparition de nouveaux problèmes de santé et de sécurité au travail (p. ex., conditions génératrices de stress, différents types de fatigues et de malaises physiques résultant de l'exposition aux radiations). Enfin, les nouvelles technologies pourraient mener à la création d'équipes de travail, à la décentralisation du travail en unités réduites, au télétravail (p. ex., à la maison), au recours accru aux contractuels,, ainsi qu'à des heures plus flexibles et moins nombreuses.

L'avenir du travail

Le travail est à la fois une activité utilitaire (qui confère un statut social et une autonomie personnelle) et une activité créatrice et libératrice par laquelle l'individu peut façonner et exprimer sa personnalité. Dans la société canadienne moderne, le travail est presque exclusivement envisagé sous son angle utilitaire. Peut-il aussi devenir une activité libre et créatrice, source d'épanouissement de soi-même?

Dans les sociétés comme la société canadienne, l'avenir du travail dépend surtout de la restructuration industrielle, qui est en cours depuis plus d'une décennie. Ces transformations incluent la fermeture ou le déménagement des principales industries, comme celles de l'acier, des textiles, des produits chimiques et des appareils électriques (la désindustrialisation), qui ne sont plus concurrentielles en raison des nouvelles conditions du marché. La restructuration est également liée au développement de systèmes de production flexibles, dans lesquels toutes les dimensions de la production sont contrôlées par des moyens informatisés. Il devient alors possible de produire des lots plus limités, et de mieux adapter les produits aux tendances du marché et aux goûts des consommateurs. On améliore aussi de beaucoup la qualité des produits. Pour certains, la spécialisation marque le retour de la production artisanale (apprentissage accru au travail et perfectionnement). Pour d'autres, elle mène à la détérioration des conditions de travail. Enfin, la restructuration implique que les emplois à temps plein et relativement bien payés dans l'industrie cèdent le pas à une économie au sein de laquelle la majorité des nouveaux services n'exigent que très peu d'études postsecondaires et de formation.

Jusqu'ici, les conséquences de la restructuration sont dans l'ensemble plutôt négatives pour la qualité de vie des travailleurs: hausse du taux de chômage et du sous-emploi, augmentation du travail à temps partiel et du travail temporaire, perte de la sécurité d'emploi, diminution des droits des travailleurs et de leur protection par suite de la «déréglementation». Tout cela pourrait creuser un fossé grandissant entre, d'une part, un grand nombre de femmes et de jeunes occupant des postes à temps partiel et précaires, exigeant peu de compétences, instables et sans avenir, et de cols bleus licenciés de leur emploi relativement bien payé dans l'industrie et, d'autre part, un groupe privilégié de professionnels, de cadres et d'autres «travailleurs instruits» au service des compagnies modernes.

L'issue finale de ces transformations dépend de la façon dont la révolution microélectronique et la restructuration de l'industrie répondront aux désirs des travailleurs d'avoir des emplois stables, une meilleure qualité de vie au travail et une démocratie industrielle.

Cependant, nous faisons peut-être face à une transformation encore plus radicale. Beaucoup de gens pensent que nous entrons dans une ère marquant la disparition du travail. L'économie de marché en est arrivée au point où il n'est plus possible de procurer un emploi rémunéré à un nombre croissant de gens qui seront plus ou moins définitivement exclus du marché du travail. Il en résultera une aggravation des inégalités socioéconomiques et une plus grande polarisation de la société, ce qui entraînera des conséquences désastreuses pour le maintien de l'ordre social et des institutions démocratiques. Certains pensent qu'on résoudra ce problème en réévaluant les besoins sociaux, en établissant un équilibre entre les besoins sociaux et les besoins économiques auxquels on a accordé beaucoup d'importance dans le passé et en développant une économie sociale basée sur des principes différents de ceux de l'économie de marché, qui ont mené la société jusqu'ici. Cela pourrait nous amener, entre autres choses, à redistribuer le travail rémunéré de façon plus équitable, à réduire la semaine de travail, et à accorder plus de temps aux activités personnelles et sociales. (*Voir aussi* TRAVAILLEURS, HISTOIRE DES.)

Camille Legendre

Travail Canada En 1900, l'*Acte de conciliation* constitue le ministère du Travail (qui deviendra Travail Canada) pour «aider à prévenir et régler les conflits ouvriers». Le Ministère devient, en 1994, un programme du nouveau ministère du Développement des ressources humaines. Il vise à promouvoir et à protéger les droits des parties dans les relations de travail, ainsi qu'à assurer un accès équitable aux possibilités d'emploi dans les entreprises relevant de la législation fédérale du travail.

Pour s'acquitter de ses fonctions, Travail Canada met en œuvre les programmes suivants: le Service fédéral de médiation et de conciliation, qui nomme les conciliateurs ou médiateurs dans les conflits de travail; le programme d'Élaboration des programmes et des Opérations centrales, qui compile des données relatives au travail; le Groupe de la coordination des politiques et de la liaison, qui coordonne la participation du Canada à l'Organisation internationale du travail; le programme des Politiques et services administratifs, dont relèvent les relations du Ministère avec le personnel. Le Conseil canadien des relations du travail rend des comptes au ministre.

Travail domestique Il comprend toutes les tâches non rémunérées accomplies dans un ménage et touchant l'entretien ménager, le soin des enfants et les services personnels aux adultes. Les produits et services qui autrefois n'étaient disponibles qu'au sein des ménages sont aujourd'hui vendus sur le marché. Néanmoins, le temps consacré au travail domestique n'a pas considérablement diminué au cours du siècle actuel. Ce sont plutôt les conditions dans lesquelles il s'accomplit qui ont changé.

Jusqu'à récemment, les spécialistes en sciences sociales et les décideurs ne considéraient pas le travail domestique comme du travail d'un point de vue économique. Toutefois, des recherches plus récentes encouragées par des critiques féministes ont commencé à montrer l'importance extraordinaire du travail domestique, non seulement pour le bien-être de chacun, mais aussi pour l'ensemble de la société et l'économie nationale. p. ex., si en 1992 le produit national brut du Canada avait tenu compte de ces travaux non rémunérés, il se serait accru de 41,4 p. 100. S'il avait fallu acheter ces services sur le marché, le prix de remplacement se serait élevé à 16 600 $ pour chaque femme et à 9960 $ pour chaque homme, soit 59,7 p. 100 du revenu personnel moyen.

Les travaux domestiques créent le cadre dans lequel se situe la vie privée pour la plupart des gens. En outre, ils sont une forme de reproduction de la population active, de deux façons: ils permettent aux membres de la population active de retourner à la vie active tous les jours ouvrables et ils reproduisent la génération suivante de travailleurs.

Depuis toujours, ce sont surtout les femmes qui s'occupent du travail domestique, quand bien même la majorité des femmes mariées font aujourd'hui partie de la POPULATION ACTIVE et ne sont plus des ménagères à temps plein. Même s'il se produit un changement d'attitude – la plupart des gens diront que l'homme et la femme devraient se partager le travail domestique si les deux font partie de la population active –, ce changement ne s'est pas encore traduit dans les comportements. En 1992, 65,9 p. 100 du travail domestique non rémunéré au Canada était exécuté par des femmes. Cette tendance s'observe d'ailleurs à l'échelle internationale: les femmes s'acquittent de la majeure partie des travaux ménagers, qu'elles vivent dans un pays en voie de développement ou non, en milieu urbain ou rural, qu'il y ait ou non de jeunes enfants dans le ménage et peu importe la classe sociale, la scolarité et d'autres facteurs socio-économiques.

Les travaux ménagers jouissent aujourd'hui d'une certaine reconnaissance économique, car les régimes de pension du Canada et du Québec possèdent une disposition d'interruption de l'emploi en accordant de la valeur au temps consacré à l'éducation des enfants. Dans toutes les provinces et tous les territoires, le DROIT DE LA FAMILLE reconnaît maintenant le travail domestique non rémunéré comme un apport au bien-être de la famille, de sorte que toute épouse a droit à une partie des biens familiaux au moment du divorce.

M. Eichler

Travail domestique, historique C'est au cours du XIXe siècle que le travail domestique devient un métier principalement féminin au Canada. Alors que dans les années 1820, près du tiers des domestiques sont des hommes, à la fin du XIXe siècle, ils sont à plus de 90 p. 100 des femmes. Le travail domestique est le travail rémunéré le plus répandu chez les femmes canadiennes avant 1900. En 1891, elles sont près de 80 000. Au XXe siècle, avec l'accroissement de la main-d'œuvre féminine dans les manufactures, les bureaux et les commerces, la proportion de femmes travaillant comme domestiques décroît, passant de 41 p. 100 en 1891 à 18 p. 100 en 1921. La baisse la plus remarquable a lieu après la Seconde Guerre mondiale. Elle coïncide avec un accroissement du nombre d'employés de maison non résidants et du travail à mi-temps. La plupart des domestiques résidantes sont des jeunes femmes qui accomplissent des tâches générales dans un ou deux foyers situés dans des centres urbains ou dans des fermes, mais quelques-unes exercent une activité spécialisée au sein d'une équipe.

Les employeurs engagent des domestiques pour attester de leur statut social tout autant que pour obtenir l'aide nécessaire. Les conditions dans lesquelles vivent les employés de maison et la dévalorisation entourant ce type de travail rendent celui-ci impopulaire. Avec le temps, rien n'est changé quant au bas niveau de leur rang social, aux heures irrégulières, à l'isolement et au manque d'indépendance. Pour compenser le manque de domestiques d'origine canadienne, on emploie des femmes immigrantes en provenance de Grande-Bretagne, de Scandinavie, d'Europe centrale et, après la Seconde Guerre mondiale, des Antilles et des Philippines. Au XIXe siècle et au début du XXe siècle, des sociétés britanniques spécialisées dans l'émigration d'enfants et des orphelinats canadiens placent des jeunes filles comme domestiques (*voir* ENFANTS AU TRAVAIL).

Dévalorisation La politique permettant d'accueillir des domestiques immigrantes en tant que résidantes permanentes et futures épouses change dans les années 70, quand le gouvernement accorde des visas d'emploi temporaires qui ne permettent aux domestiques de rester au Canada que pour une période limitée et à la condition de conserver leur emploi de domestique. Le gouvernement, accusé de favoriser ainsi l'exploitation des Antillaises et des Philippines, adopte en 1981 un amendement permettant à une domestique sur place au Canada de demander son statut d'immigrante reçue, à la condition qu'elle fasse la preuve de son «autosuffisance» en développant ses compétences. Cet amendement permet à nouveau d'entrer au Canada par le moyen du travail domestique, mais il perpétue la dévalorisation de ce type de travail.

Contrôles législatifs La vulnérabilité des immigrantes rend plus difficile l'amélioration des conditions de travail des employées, qui sont isolées et qui, la plupart du temps, occupent un poste temporaire. Au début du XXe siècle, un mouvement tente, sans succès, de professionnaliser le travail domestique. Les premières associations de travailleurs domestiques à Vancouver et à Toronto ne survivent pas très longtemps, mais, depuis les années 70, la coalition INTERCEDE (International Coalition to End Domestics' Exploitation) veille et parvient à obtenir un certain droit de regard sur les normes d'emploi.

Marilyn Barber

Travail, politique du Elle comprend les politiques ayant trait aux rapports entre employeurs et employés, et celles portant sur l'emploi, la formation et la répartition des travailleurs sur le MARCHÉ DU TRAVAIL. Les RELATIONS INDUSTRIELLES au Canada sont gouvernées par le *common law* et de collusion en vue de restreindre le commerce jusqu'en 1872, lorsque le premier ministre John A. MACDONALD réagit à l'emprisonnement de typographes torontois en grève lors d'un conflit avec George BROWN en faisant adopter la *Loi des unions ouvrières* légalisant les syndicats.

Bien que se déclarant neutre en matière de relations de travail, le gouvernement est souvent intervenu sans fondement juridique en faveur des employeurs. La première intervention législative directe dans les relations patronat-salariat est la *Loi des enquêtes en matière de différends industriels,* de 1907, interdisant les GRÈVES ET LOCK-OUT dans les services publics et les mines jusqu'à ce qu'une enquête soit menée sur le conflit. La loi a été préparée par Mackenzie KING, qui devient en 1909 le premier ministre fédéral du Travail à temps plein. L'autorité législative sur les relations de travail est transférée aux provinces dans l'entre-deux-guerres jusqu'à ce que l'urgence de la guerre et le mécontentement grandissant de la main-d'œuvre mènent à l'adoption du décret en conseil de temps de guerre PC 1003 (1944), autorisant l'organisation et la signature de NÉGOCIATIONS COLLECTIVES.

Après la guerre, l'autorité législative sur la plupart des relations de travail retourne aux provinces et les désaccords et les conflits dans les relations industrielles sont normalement transmises aux tribunaux provinciaux ou fédéraux, ou encore à des commissions d'arbitrage. Quoique les gouvernements des deux ordres aient en général adopté les principes des mesures de guerre, il y a eu plus récemment des divergences grandissantes entre les provinces dans le respect de ces principes.

La politique du marché de l'emploi vise à entretenir, à fournir et à développer un large bassin de main-d'œuvre; à mettre en œuvre des stratégies pour accroître la mobilité de la main-d'œuvre, y compris la réinstallation et le recyclage; à assurer la création d'emplois et l'amélioration des emplois; à assumer la prise en charge des chômeurs et la mise en œuvre de politiques sociales appropriées. Elle a fréquemment été le reflet d'une politique économique traditionnellement fondée sur l'exploitation des ressources de l'arrière-pays, c.-à-d. une politique d'immigration encourageant la colonisation et le développement agricole des Prairies. Ce n'est que dans les années 60 qu'apparaît une politique globale de la main-d'œuvre (à l'exception du temps de guerre). La plupart des provinces ont leur propre politique, qui ne s'harmonise pas nécessairement avec les politiques du gouvernement fédéral.

La plus ancienne politique du travail au Canada est la tentative remontant à l'époque de Jean TALON, à la fin du XVIIe siècle, voulant affirmer la mainmise française dans la vallée du Saint-Laurent par sa colonisation. Malgré l'opposition des monopoles du commerce de la fourrure, des efforts sont faits pour augmenter la population en stimulant l'immigration par l'envoi de jeunes femmes de France, par l'établissement de militaires démobilisés et par un appui à l'accroissement naturel de la population prenant la forme de primes de l'État pour les mariages précoces et les familles nombreuses.

Les Autochtones représentent une grande part de la main-d'œuvre dans la TRAITE DES FOURRURES comme fournisseurs et convoyeurs, et les commerçants canadiens-français, COUREURS DE BOIS et VOYAGEURS, repèrent de nouvelles ressources et ramènent les fourrures au port. La COMPAGNIE DE LA BAIE D'HUDSON met sur pied une autre politique de facto. Les autochtones jouent le rôle de fournisseurs et apportent les fourrures à la baie, jusqu'à ce que des travailleurs orcadiens se chargent du transport vers l'intérieur. Des communautés métisses deviennent fournisseurs de PEMMICAN, guides, convoyeurs et manœuvres; les Anglais sont marchands, commerçants et administrateurs.

La stimulation de l'immigration et de la colonisation se poursuit après la Conquête (1760), atteignant son apogée à la fin du XIXe siècle et dans la première décennie du XXe siècle. Un nombre impressionnant de travailleurs immigrants arrivent pour la construction du chemin de fer transcontinental. Une commission royale d'enquête révéla (rapport de 1908) que deux sous-traitants du Canadien Pacifique (CP) avaient à eux seuls importé 6000 manœuvres orientaux. Le gouvernement fédéral et le CP ont aussi collaboré à une ambitieuse campagne de recrutement visant à peupler les Prairies, menée d'abord en Angleterre, en Scandinavie et en Europe de l'Ouest puis, nécessité oblige, en Europe de l'Est et du Sud. Beaucoup de ces immigrants constituent une réserve de main-d'œuvre pour les mines, les autoroutes et les usines autant que pour le défrichage des Prairies. La politique d'importation de travailleurs fut dénoncée par la main-d'œuvre, qui réussit à persuader le gouvernement d'intervenir en votant p. ex., la *Loi sur le travail des aubains* (1897).

L'immigration est sévèrement freinée par la loi de 1923 pendant la dépression de l'après-guerre, mais elle est encouragée pour certains types de travailleurs qualifiés après la Seconde Guerre mondiale et largement libéralisée dans les années 60.

Depuis, elle sert beaucoup moins comme outil de la politique du travail, quoique périodiquement, habituellement à la demande de certaines provinces, on encourage l'immigration de travailleurs spécialisés pour pallier le manque de main-d'œuvre dans certains domaines (p. ex., les couturières des Philippines pour l'industrie de la confection au Manitoba).

L'aide du gouvernement au développement de la main-d'œuvre ne se limite pas à la seule immigration. Peu de temps après la Conquête, on encourage les sociétés et les foires agricoles dans le but de développer les compétences dans ce domaine. Instituée en Ontario, l'instruction publique se répand à travers presque tout le Canada dans la deuxième moitié du XIXe siècle, l'un de ses buts déclarés étant de préparer les jeunes hommes au marché de l'emploi. Il y a avant la Seconde Guerre mondiale des incursions irrégulières et limitées de tous les ordres de gouvernement en politique du travail, habituellement en réaction à un chômage élevé. Plusieurs gouvernements municipaux dans de plus grands centres mettent sur pied des bureaux de placement ou prennent des mesures de secours public comme les gouvernements provinciaux.

Le «travail de secours» était devenu en 1914 une réponse commune au nombre grandissant de chômeurs, à qui l'on donnait gîte et couvert en échange de petits travaux ou de tâches manuelles, comme la coupe de bois de chauffage ou l'entretien des égouts. Le gouvernement fédéral a recours à la déportation et aux camps de travail pendant la CRISE DE 1929. En 1930, 4000 personnes sont expulsées à la demande des gouvernements provinciaux et municipaux, environ 45 p. 100 d'entre elles étant à la charge de l'aide publique et plusieurs centaines de ces dernières étant malades. On restaure le secours social et on institue en 1932 des camps de travail administrés par le ministère de la Défense nationale.

En Alberta seulement, près de 17 000 hommes sont détenus dans 10 camps situés en régions éloignées. Le gouvernement conservateur du premier ministre R. B. BENNETT tente sans succès d'instituer un programme d'assurance-chômage en 1935, mais il faut attendre une modification à l'*Acte de l'Amérique du Nord britannique* en 1940 pour que le gouvernement fédéral mette sur pied des services de placement.

La création de la Commission d'assurance-chômage (CAC), et du Service national de placement (SNP), qui lui est associé, dérivée du programme d'enregistrement du temps de guerre (1940), donne le coup d'envoi de la première politique concertée visant le marché de l'emploi. Le SNP doit apparier chômeurs et postes vacants en utilisant les bureaux d'emploi comme centres d'échange d'information. On commence presque immédiatement par attribuer la main-d'œuvre au travail prioritaire de guerre et par administrer le régime de service sélectif, mais les conditions économiques généralement florissantes de l'après-guerre font rapidement revenir au travail de placement.

À la fin des années 50, le chômage croissant et le spectre du chômage structurel (un chômage causé par des crises cycliques régulières, par les changements technologiques, les conglomérats corporatifs et les mouvements des marchés mondiaux) font adopter la *Loi sur l'assistance à la formation technique et professionnelle* (1960), un programme dont les coûts sont partagés avec les provinces, et qui prévoit la mise sur pied de la formation professionnelle et d'établissements de formation. L'importance primordiale du volet placement de la politique du marché de l'emploi diminue d'autant.

Le gouvernement crée en 1966 le ministère de la Main-d'œuvre et de l'Immigration, responsable de toute la politique de la main-d'œuvre à l'exception de l'ASSURANCE-CHÔMAGE. La *Loi sur la formation professionnelle des adultes* (1967) dans le cadre du Programme de formation de la main-d'œuvre du Canada (PFMC) met l'accent sur la for-

mation; elle reçoit des fonds du fédéral, mais elle ne reçoit plus de dons en capital pour les installations et s'adresse uniquement aux adultes.

La persistance du chômage et de la pauvreté dans les années 70, particulièrement chez les jeunes défavorisés, les femmes, les autochtones, les handicapés et les habitants des régions souffrant d'un taux de chômage élevé, amène un regain d'intérêt pour la gestion du chômage et la prévention de crises possibles. Les stratégies de formation, de counselling et de réinstallation se révèlent inefficaces, et les gouvernements ont encore recours à la création d'emplois. Des programmes de travaux d'hiver avaient été subventionnés dans les années 50 pour combattre le chômage saisonnier.

La direction de la création d'emplois du ministère de la Main-d'œuvre et de l'Immigration met sur pied, dans les années 70, Perspectives Jeunesse (PJ), un programme d'été pour les étudiants, le Programme d'initiatives locales (PIL), qui vise le chômage hivernal, et le Programme d'aide au développement local, pour venir en aide aux chômeurs de longue date. Stratégie d'emploi communautaire, un projet en collaboration avec les provinces, s'y ajoute en 1975. Les gouvernements fédéral et provinciaux tentent de plus de stimuler l'activité du secteur privé par une série d'avantages, dont des abattements fiscaux, des garanties d'emprunt, des subventions directes et des apports de capitaux.

Le gouvernement réunit aussi en 1976 sa direction du marché de l'emploi et de l'immigration et la CAC. Le nouveau ministère, Emploi et Immigration, supervise la Commission de l'emploi et de l'immigration du Canada, responsable de mettre en œuvre les projets et le programme d'assurance. De plus, des fonds deviennent disponibles pour la création d'emplois et le travail à temps partagé, grâce à des changements à la *Loi sur l'assurance-chômage*.

L'élection du gouvernement conservateur de Mulroney en 1984 entraîne une réorganisation des programmes d'emploi en 1985, sous le chapeau de Planification de l'emploi Canada. Les principaux programmes qui composent cette stratégie sont: Développement de l'emploi, Expérience de travail et Formation pour les chômeurs de longue durée, financés par des subventions à l'emploi; Intégration professionnelle, une combinaison de stages en milieu de travail et de formation pour faciliter l'entrée des jeunes et des femmes sur le marché de l'emploi; Pénuries de main-d'œuvre et Acquisition de compétences, subventions aux salaires, stages en milieu de travail, recyclage et formation théorique pour prévenir les pénuries et carences de main-d'œuvre et recycler les travailleurs dont l'emploi est menacé par les changements technologiques ou ceux du marché; Développement des collectivités, subventions au développement de l'emploi pour les communautés connaissant des problèmes de chômage chronique ou potentiel; et Aide financière aux innovations, pour faciliter les adaptations au marché de l'emploi. Le gouvernement commence en même temps à exercer des coupures aux indemnités et à la couverture de l'assurance-chômage (AC), ainsi que dans les programmes sociaux étayant le marché de l'emploi.

Le retour au pouvoir des libéraux en 1993 amène des coupures supplémentaires à l'AC et au filet de sécurité sociale, ainsi qu'un autre changement important dans la politique de l'emploi. Marché de l'emploi, relations industrielles, AC et sécurité du revenu sont réunis au sein d'un nouveau ministère, le ministère du Développement des ressources humaines Canada (MDRHC). La couverture de l'AC, l'admissibilité et les indemnités sont réduites si fortement qu'en 1996, seuls 45 p. 100 des chômeurs reçoivent des indemnités, réduites de 67 p. 100 par les modifications des libéraux. On donne au programme d'assurance le nom d'Assurance-emploi, en 1997. Le MDRHC poursuit de façon délibérée la réduction de la prestation de services de placement directs au profit de l'«autonomie du client» par la mise en place de points de service électroniques fournissant en ligne des renseignements sur le marché de l'emploi. De plus, beaucoup de programmes d'adaptation au marché de l'emploi sont confiés à des collaborateurs sectoriels (privés), provinciaux, non gouvernementaux et autochtones, en vertu du programme Initiatives stratégiques, et de nombreuses responsabilités du Ministère reliées à la création d'emploi et à la formation passent au programme d'assurance-emploi. Le résultat de ces changements est une réduction importante de la participation et des dépenses du gouvernement dans les politiques et les programmes d'intervention directe sur le marché du travail.

Le MEI possédait 470 centres d'emploi du Canada (CEC) à travers le pays, et 400 autres centres universitaires et unités mobiles de prestation de services dans les localités éloignées en 1991. Depuis la création du MDRHC, en 1993, on a placé une confiance accrue dans les points de service électroniques pour assurer les services d'information dans le cadre de ce qui est maintenant appelé le Réseau de prestation de services. Au tournant du siècle, le MDRHC entend gérer plus de 300 centres de ressources humaines (auparavant des CEC) en plus de 400 centres électroniques d'information sur l'emploi. On s'attendait à ce qu'environ 90 p. 100 de ce réseau soit en place au printemps de 1997. Les employeurs ont signalé aux centres 17 279 emplois occasionnels et 66 827 emplois à temps plein à pourvoir en 1994-1995. De ce nombre, 16 798 emplois occasionnels et 42 083 postes réguliers ont été pourvus par les employés du MDRHC. Les centres électroniques ont toutefois enregistré 497 778 demandes et pourvu 425 584 postes. La même année, 218 311 emplois pour étudiants furent offerts, dont 192 871 furent comblés par les services de placement; 323 777 clients reçurent un counselling d'emploi et 541 302, de l'aide sous forme de formation ou de création d'emplois.

Les dépenses pour les programmes d'adaptation au marché de l'emploi ont toutefois chuté dans l'ensemble. Entre 1992 et 1995, les dépenses au titre de l'assurance-chômage ont chuté de 30 p. 100, principalement en raison d'une baisse de 44 p. 100 des prestations ordinaires versées. Ces indemnités comptaient toujours cependant pour 72 p. 100 du total des dépenses de l'assurance-chômage en 1995. Les dépenses au titre du développement de l'emploi—Travail à temps partagé, Création d'emplois, Formation (y compris le soutien du revenu et les frais de scolarité) et Assistance au travail indépendant (y compris les indemnités de réinstallation et de réemploi) – ont augmenté de 7 p. 100 pendant la même période, pour atteindre 1,96 milliard de dollars, ce qui ne représente pourtant que 14 p. 100 des dépenses de l'assurance-chômage. Les dépenses pour les programmes du ministère – Instruction (prêts aux étudiants et alphabétisation), Emploi (prestation des services, indemnités à l'emploi, subventions salariales et Initiatives Jeunesse) et Associations stratégiques – étaient légèrement plus basses, à 1,85 milliard de dollars en 1994-1995, mais, puisqu'une part très importante (38 p. 100) allait à la région de l'Atlantique, principalement pour financer la Stratégie du poisson de fond de l'Atlantique (LSPA) visant à contrer l'effondrement de cette industrie, le montant global devrait diminuer du tiers au cours des deux prochaines années.

Paul Phillips

Travail, relations de Ce sont celles qui existent entre les employeurs et les employés. Elles sont touchées par un certain nombre de facteurs, dont les syndicats, la NÉGOCIATION COLLECTIVE, le MARCHÉ DU TRAVAIL, la politique gouvernementale, la structure de l'économie, le DROIT DU TRAVAIL et les changements technologiques. Comme elles sont en général liées aux activités syndicales, il importe de mentionner qu'au Canada, jusque dans les années 70, la majorité des syndicats et des syndiqués appar-

tenaient à des syndicats industriels et de métier américains.

Les employeurs américains jouent aussi un rôle important: il existe au Canada plus de 4000 usines auxiliaires et filiales de sociétés américaines. En décembre 1987, Statistique Canada estime que les syndicats d'origine américaine retirent de leurs membres canadiens 56,5 millions de dollars de plus qu'ils n'avaient dépensé au Canada en 1985. Au cours du XXᵉ siècle, les relations de travail au Canada et aux États-Unis se ressemblent considérablement. Un sondage amorcé en 1959 et mené dans 15 pays pendant plus de 15 ans décrit les deux systèmes comme formant «un système unique».

Selon certains observateurs, la caractéristique dominante des relations industrielles en Amérique du Nord est la fréquence étonnamment élevée des grèves (*voir* GRÈVES ET LOCK-OUT). Des études révèlent aussi que la fréquence des actes violents et illégaux perpétrés durant les conflits de travail est beaucoup plus élevée aux États-Unis et au Canada que dans les autres pays industrialisés comparables, une caractéristique attribuée à quelques facteurs politiques et institutionnels que le Canada partage avec les États-Unis jusque dans les années 60.

Ces facteurs comprennent, entre autres, le phénomène relativement récent de la «syndicalisation en bloc» à grande échelle, les résidus substantiels de la tension et de l'hostilité mutuelle découlant de l'opposition généralisée, prolongée et souvent violente des employeurs envers les syndicats, les rivalités intenses entre les syndicats concernant l'organisation et le leadership, la structure très décentralisée de l'organisation syndicale et de la négociation collective dans la plupart des industries et l'absence d'un parti ouvrier fort ou dominant, capable de saisir le pouvoir à l'échelle nationale.

Toutefois, en dépit de ces grandes similarités, les relations du travail au Canada se distinguent de celles des États-Unis à certains égards importants, et ces différences se sont, semble-t-il, accentuées au cours des dernières années. p. ex., jusqu'à la fin des années 50, la fréquence des grèves au Canada est bien en deçà de celle notée aux États-Unis. Le Canada est en effet alors moins industrialisé et le taux de syndicalisation y est plus faible. Cependant, durant et après la Seconde Guerre mondiale, il traverse une période d'industrialisation rapide et de croissance syndicale. Vers le milieu des années 50, le pourcentage des travailleurs non agricoles syndiqués rejoint pratiquement celui des États-Unis. Puis, à la fin des années 60 et au cours des années 70 survient une autre vague, avec l'essor des syndicats du secteur public. En 1987, 37,6 p. 100 des travailleurs non agricoles du Canada sont syndiqués, contre moins de 20 p. 100 aux États-Unis.

La force relative des syndicats au Canada est aussi affectée par les divisions culturelles et ethniques entre travailleurs, surtout par l'immense fossé séparant les francophones et les anglophones, et illustré par la formation au Québec de la CONFÉDÉRATION DES SYNDICATS NATIONAUX, un organisme francophone distinct. Des divisions prononcées d'ordre géographique et politique nuisent aussi à l'efficacité de la syndicalisation et opposent dans bien des cas les intérêts des travailleurs d'une région à ceux des travailleurs d'une autre région. p. ex., les intérêts des travailleurs des abattoirs de l'industrie alimentaire de l'Est du Canada sont souvent en conflit avec ceux de leurs homologues de l'Ouest, surtout en matière de transport, de commerce international et de subventions gouvernementales.

Sur le plan politique, le mouvement syndical se trouve divisé depuis le début du siècle, époque où le CONGRÈS DES MÉTIERS ET DU TRAVAIL, appuyé par l'American Federation of Labor, expulse les CHEVALIERS DU TRAVAIL, une organisation militante. L'intensité des conflits découlant d'idéologies, de programmes et d'objectifs organisationnels contradictoires s'atténue avec la formation du

CONGRÈS DU TRAVAIL DU CANADA (CTC) en 1956. Depuis lors, un élan vers l'autonomie nationale pousse beaucoup de syndicats à se dissocier des organisations traditionnelles dirigées par les Américains. Certains se joignent au CTC, et d'autres à la Confédération des syndicats nationaux. L'intervention du gouvernement est un autre facteur qui influence de plus en plus les relations du travail.

Depuis l'introduction par le sous-ministre fédéral W.L. Mackenzie KING de la *Loi des enquêtes en matière de différends industriels* en 1907 pour ralentir les bouillants mineurs de charbon de l'Ouest, le gouvernement du Canada prend les mesures nécessaires au maintien de l'ordre public et à la protection de la propriété des employeurs et de leur marge de manœuvre plutôt que de protéger les droits des employés à la syndicalisation et à la négociation collective. Cette tendance s'est traduite dans le passé par le recours expéditif à une intervention forcée, comme l'adoption de lois imposant le retour au travail et l'arbitrage exécutoire pour régler les conflits.

En ce qui concerne les employeurs, la situation au Canada diffère de celle des États-Unis du fait que les employeurs dans la majorité des principales industries canadiennes sont relativement grands et concentrés dans leurs marchés respectifs, qu'il s'agisse de ceux du travail ou des produits. En outre, ils jouissent pendant les premières décennies de syndicalisation d'un pouvoir de négociation relativement fort par rapport aux syndicats. Dans les filiales de compagnies américaines, leur pouvoir se renforce, car la liberté qu'ils ont d'investir à leur gré et de se déplacer géographiquement leur donne un certain avantage dans leurs relations avec les syndicats.

Pendant et après la Seconde Guerre mondiale, les relations du travail changent de façon draconienne, les situations respectives du Canada et des États-Unis se trouvant, à certains égards, inversées. L'organisation syndicale et la taille des effectifs connaissent au Canada un essor plus rapide qu'aux États-Unis, et, depuis déjà plusieurs années, les travailleurs syndiqués y forment une proportion considérablement plus grande de la population active. Depuis les années 50, la fréquence des conflits industriels monte aussi beaucoup plus rapidement au Canada qu'aux États-Unis et elle se maintient à un niveau nettement supérieur pendant plus de 20 ans. Du milieu des années 60 au milieu des années 80, les vagues de conflits industriels grimpent en flèche, mais sont très désordonnées et irrégulières. Elles atteignent des sommets sans précédent pour ce qui est du nombre de grèves, de grévistes et de journées-personnes perdues en 1965, 1966, 1968, 1972, 1974, 1975, 1976 (le record de tous les temps), 1980 et 1981.

Au cours de cette période, le Canada partage avec l'Italie la caractéristique peu flatteuse de détenir le record mondial d'heures perdues par 1000 travailleurs, les États-Unis se trouvant au troisième rang, loin derrière. Les actes illégaux et violents que provoquent ces conflits de travail prennent aussi de l'ampleur au Canada durant cette période, surtout en Ontario et au Québec. Ce scénario rappelle l'époque d'avant 1940. En réponse à l'émergence de puissants syndicats dans le secteur public, les gouvernements canadiens restreignent sensiblement les activités des syndicats, interdisant p. ex., la grève dans les services essentiels. En 1975, le gouvernement fédéral impose une politique de revenus obligatoires, qu'administre la Commission de lutte contre l'inflation. S'ensuit le programme des «six et cinq», au début des années 80, sans compter les diverses politiques relatives aux balises salariales imposées par les gouvernements provinciaux.

Les relations du travail sont aussi touchées par la structure de l'économie canadienne. Au cours des années 60 et 70, la POPULATION ACTIVE du Canada connaît un essor plus rapide que dans tout autre pays industrialisé. Cette croissance va de pair avec un taux d'investissement anormalement élevé et dépend de celui-ci, particulièrement de la part de ceux provenant de sociétés américaines. L'expansion économique de l'après-guerre crée toutefois une économie largement tributaire de l'extraction et de l'exportation des matières premières, qui sont très sensibles aux cycles d'expansion et de ralentissement.

Dans l'ensemble, les gouvernements canadiens n'ont pas mis en place des mesures favorisant la stabilité à long terme ou la planification économique, en partie parce que la très grande décentralisation du système de gouvernement fédéral ne le leur permet pas, en partie à cause de la tradition. Par conséquent, l'instabilité, l'inflation et le chômage contribuent tous à instaurer une précarité semblable dans les relations du travail. La concentration des grèves dans les industries sensibles aux cycles économiques semble indiquer l'existence d'un rapport étroit entre l'instabilité économique et les conflits industriels.

Au cours des 20 dernières années, seulement six industries, employant moins de 15 p. 100 de la main-d'œuvre, comptent pour plus de 50 p. 100 de toutes les journées-personnes perdues et pour plus de 66 p. 100 du nombre de grèves exceptionnellement importantes et longues. Par ordre d'importance, ces industries sont celles de la construction, de l'extraction minière et de la fusion (surtout du nickel), ainsi que, dans le secteur de la fabrication, celles du matériel de transport (surtout l'automobile), de la métallurgie (surtout le fer et l'acier) et de la transformation du bois (surtout le bois de sciage et les pâtes et papiers).

Un corollaire de la croissance rapide mais instable de l'économie est le problème des disparités salariales, un des enjeux particulièrement provocateurs dans les conflits de travail. Au Canada, plus que dans tout autre pays industrialisé, ces disparités ont tendance, en période d'expansion rapide, à s'accroître dans l'ensemble de la structure salariale. Cette situation est attribuable surtout aux différents taux de croissance et de rentabilité parmi les industries et les régions, ainsi qu'aux vastes différences de pouvoir de négociation entre les syndicats.

En raison de la très grande décentralisation du mouvement syndical canadien, la négociation collective se tient à l'échelle locale et est très concurrentielle. Au moins les trois quarts des conventions collectives sont négociées avec des employeurs particuliers. Les négociations mettant en jeu plusieurs employeurs se déroulent habituellement à l'échelle locale ou du district. Les différences de salaires et d'avantages sociaux qui en résultent empêchent les syndicats de réaliser leur objectif général d'égalité entre les travailleurs et ont tendance à provoquer des conflits généralisés.

Le phénomène des fluctuations de la croissance économique au cours des années 60 et au début des années 70 touche particulièrement le secteur public, en partie parce que l'on assiste, en vertu des lois du travail adoptées après la guerre, à l'intervention progressive du gouvernement à tous les paliers de la procédure de règlement des grèves et des conflits survenant dans d'autres industries. La responsabilité (sous-entendue) des gouvernements dans l'amélioration des salaires et des avantages réalisés dans le secteur privé et l'écart salarial entre les divers secteurs public et parapublic entraînent la création de syndicats militants, l'adoption de nouvelles lois prévoyant l'accréditation syndicale et la négociation collective, ainsi que le déclenchement de grèves générales et longues chez les fonctionnaires.

Le début d'une grave récession et la hausse du chômage dans les années 80 affaiblissent considérablement le pouvoir de négociation des syndicats. Toutefois, les nouvelles exigences et politiques mises en place par divers employeurs des secteurs public et privé sont considérées comme des menaces sérieuses à l'emploi et à la sécurité syndicale. Ainsi, à partir du milieu des années 80 jusqu'à la fin de cette décennie, elles provoquent de nombreux incidents violents sur les lignes de piquetage de même que des

blessures et des arrestations à l'occasion de conflits de travail.

Une récession encore plus grave afflige le Canada au début des années 90. La reprise qui s'ensuit se caractérise par la présence d'une concurrence redoublée à l'échelle mondiale pour l'industrie canadienne, par le déplacement accru de la main-d'œuvre en raison des changements technologiques ou de «l'automatisation», ainsi que par une «rationalisation» généralisée menée par les gouvernements fédéral et provinciaux et par de grands employeurs du secteur privé. Ces tendances maintiennent le taux de chômage dans les deux chiffres et affaiblissent beaucoup le mouvement syndical dans tout le pays. En effet, les syndicats du secteur public et du secteur privé se voient forcés de faire des concessions substantielles aux chapitres des salaires, des heures de travail et de la sécurité d'emploi.

Stuart M. Jamieson

Travail social Il vise à aider les individus, les familles et les communautés à comprendre et à résoudre leurs problèmes personnels et sociaux. Dans le passé, il relevait des organismes de bienfaisance et de l'aide bénévole apportée aux gens dans le besoin. Sa professionnalisation découle de l'industrialisation et de la conviction de pouvoir apporter des solutions rationnelles aux problèmes sociaux.

Histoire du travail social Avant 1867, le travail social est relatif, au Canada, tout comme en Angleterre et aux États-Unis, au secours apporté aux pauvres, dont on croit généralement que la situation résulte d'une faiblesse de caractère, comme le note p. ex., une publication de la London Charity Organization Society: «Si le chef de famille n'économise pas en prévision de son décès, une part de la responsabilité en incombe à son épouse, de sorte qu'il n'est pas évident du tout qu'il faille qu'une aide charitable vienne au secours d'une veuve imprévoyante.»

Les Associated Charities (ligues de bienfaisance), ayant une certaine filiation avec un mouvement né en Angleterre en 1869, apparaissent au Canada en 1881. Ce mouvement se distingue d'organisations similaires de l'époque par l'importance qu'il accorde à une investigation systématique de la situation des pauvres plutôt que de se contenter de leur venir en aide. Vers 1912, les Associated Charities cèdent la place à des commissions municipales de service social. Au même moment, les disciples de Mary Richmond, pionnière américaine du travail social, popularisent au Canada sa méthode du service social personnel. En 1914, l'U. de Toronto, bientôt suivie par l'U. McGill, en 1918, inaugure un programme de formation en travail social.

En 1926, on fonde l'Association canadienne des travailleurs sociaux. Ses premiers membres accrédités viennent surtout d'organismes de bien-être de l'enfance et de protection de la famille, de services municipaux et de maisons d'entraide. La croissance du travail social est lente dans les années 20 et 30. La CRISE DES ANNÉES 30 provoque un afflux de demandes d'aide auprès des organismes de travail social, mais les gouvernements ne sont pas disposés à favoriser la formation de travailleurs sociaux dans les universités.

Seuls deux nouveaux programmes de formation sont mis sur pied pendant cette période, l'un à l'U. de la Colombie-Britannique en 1928 et l'autre à l'U. de Montréal en 1939. Après la Seconde Guerre mondiale, la profession prend de l'expansion de concert avec le développement de l'assurance-maladie, de l'assurance-hospitalisation, des PENSIONS DE VIEILLESSE, de la SÉCURITÉ SOCIALE, des foyers pour personnes âgée et des services spéciaux pour personnes handicapées. Beaucoup d'organismes offrant de tels services emploient des travailleurs sociaux. Le recensement de 1941 dénombre 1767 travailleurs sociaux au Canada, celui de 1991 en compte plus de 60 530.

Quelques-uns des principaux réformateurs sociaux du Canada sont liés à cette profession. C'est

le cas de J.S. WOODSWORTH, fondateur du CCF; de Charlotte WHITTON, très engagée dans la question du bien-être de l'enfance et mairesse d'Ottawa; de Leonard MARSH, auteur d'un rapport très remarqué sur la sécurité sociale; et de Harry Cassidy, écrivain et pendant longtemps directeur de l'École de service social de l'U. de Toronto.

Formation et spécialisation Le programme du premier cycle (BSS) comprend les cours suivants: comportement humain et développement social, services sociaux, sécurité sociale et intervention sociale (p. ex., counseling, travail de groupe, organisations communautaires, administration, etc.). Aux études de maîtrise et de doctorat, les étudiants se spécialisent dans divers domaines d'étude (p. ex., bien-être de l'enfance et protection de la famille, santé mentale, justice, etc.). Les universités suivantes offrent des programmes de maîtrise dans ces domaines: U. de la Colombie-Britannique, U. de Calgary, Carleton, Dalhousie, Lakehead, Laurentienne, Laval, McGill, McMaster, U. du Manitoba, Memorial, U. de Regina, U. de Toronto, Wilfrid Laurier, U. de Windsor et York. On trouve des programmes de doctorat aux universités Laval, Wilfrid Laurier et de Toronto.

De nouvelles spécialisations apparaissent en service social pour répondre aux problèmes personnels et sociaux engendrés par les changements sociaux. Partout au Canada, la consultation, le travail de groupe, le développement communautaire et l'administration sociale sont les méthodes de travail pratiquées, en plus d'un tronc commun de théorie et de pratique, qui forme la base de cette profession dans son ensemble. En tant que conseillers, les travailleurs sociaux travaillent avec les personnes et les familles confrontées à des problèmes tels que les ruptures conjugales, les manquements aux devoirs parentaux, la violence faite aux enfants (voir ENFANTS MALTRAITÉS), le VIH ou SIDA, l'ALCOOLISME et l'usage abusif de drogues (voir DROGUES, USAGE NON MÉDICAL DES), ainsi que ceux qui peuvent surgir à l'école ou au travail.

Le travail de groupe s'applique à des programmes dont les participants n'ont pas nécessairement des liens étroits entre eux. Il arrive que ces groupes s'organisent dans le cadre de programmes de loisirs sociaux, p. ex., dans les centres pour personnes âgées ou les garderies. Ils se forment parfois pour débattre de problèmes personnels ou simplement pour partager des expériences communes. Le développement communautaire concerne des activités visant l'amélioration des conditions sociales, la coordination de services ou la promotion de changements dans les politiques publiques. Il met l'accent sur l'émergence de chefs de file communautaires et sur les initiatives d'auto-assistance. Enfin, la croissance des services publics et bénévoles amène de plus en plus les travailleurs sociaux à se spécialiser en administration sociale, c.-à-d. en gestion d'un vaste éventail de services et dans la direction de grosses bureaucraties.

Champs d'activité Beaucoup de travailleurs sociaux sont affectés à des services sociaux publics qui s'occupent des soins et de la réadaptation de personnes souffrant de maladies physiques et mentales, des jeunes, des personnes âgées et des déficients mentaux ou des handicapés. Les COMMISSIONS SCOLAIRES engagent des travailleurs sociaux comme conseillers auprès d'étudiants confrontés à des troubles affectifs ou à des problèmes sociaux. Les maisons d'entraide, les centres communautaires, les centres et foyers pour personnes âgées les engagent pour travailler avec des groupes. L'industrie en emploie quelques-uns pour aider des employés aux prises avec des problèmes personnels. Dans le secteur correctionnel, des travailleurs sociaux conseillent les contrevenants, les prisonniers et ceux qui sont en liberté conditionnelle. Certains travaillent comme organisateurs dans des agences de planification sociale, dans des organismes communautaires et des syndicats, alors que d'autres ont des fonctions d'administrateurs au sein du gouvernement ou dans des associations de bénévoles. Certains enseignent dans des universités ou des collèges communautaires. Depuis dix ans, le nombre de ceux qui travaillent à leur compte augmente sensiblement.

Institutions, associations et périodiques L'Association canadienne des travailleurs sociaux est une organisation professionnelle nationale qui fédère des associations provinciales et territoriales regroupant environ 15 000 membres en 1995. Elle est dotée d'un code d'éthique, rédige des lignes directrices pour l'exercice de la profession, et publie des livres sur les systèmes de travail social et de bien-être social. Elle gère un registre national des travailleurs sociaux exerçant en pratique privée. Les associations fédérale et provinciales apportent leur contribution à la mise sur pied de programmes de services sociaux et de sécurité sociale au Canada. L'Association canadienne des Écoles de service social est l'instance de qui dépend l'accréditation des écoles de service social. Elle encourage la recherche et les publications scientifiques. Le diplôme de baccalauréat en service social est un préalable à l'exercice de la profession. Les principaux périodiques professionnels au Canada sont: The Social Worker/Le Travailleur social, Canadian Social Work Review/Revue canadienne de travail social, et Intervention.

L'avenir du travail social Malgré les importants changements survenus dans cette profession depuis 80 ans et l'évolution qui transforme le rôle résiduel que lui conférait la société au début de l'ère industrielle en un rôle pleinement institutionnalisé dans la société industrielle avancée, les débats subsistent, tant au sein de la profession que de la société, pour savoir jusqu'à quel point il faut intégrer les services de bien-être de façon institutionnelle dans la société. Certains travailleurs sociaux croient que ces services sont un droit pour tous les Canadiens, qui doivent y avoir accès de manière universelle, alors que d'autres estiment qu'on devrait les offrir d'une manière sélective. Certains sont persuadés que la sécurité sociale contribue à la sauvegarde de la dignité de la personne, alors que d'autres plaident l'intrusion excessive de l'État dans la vie privée des gens. Les débats des années 90 tournent autour de la réduction des dépenses des programmes sociaux comme moyen d'abaisser le déficit des finances publiques. L'issue de ces débats affectera inévitablement l'évolution future du travail social au Canada.

Glenn Drover

Travailleurs unis de l'automobile du Canada Fondé en 1937 comme affilié aux UAW des États-Unis, le syndicat des Travailleurs unis de l'automobile (TUA) remporte sa première victoire importante lors de la fameuse GRÈVE D'OSHAWA, en 1937. Par la suite, il devient l'un des syndicats les plus grands et les plus dynamiques du Canada. Depuis 1937, ses chefs, soit Charles H. MILLARD, George BURT, Dennis MCDERMOTT et Robert WHITE, figurent constamment parmi les personnalités les plus influentes au pays. Quant à ses réalisations pour le compte des travailleurs canadiens – la FORMULE RAND, le salaire annuel garanti, les normes de santé et de sécurité au travail, les cliniques médicales et d'aide juridique –, elles se sont révélées des percées spectaculaires en matière de négociations collectives. Aucun autre syndicat canadien n'a accordé un appui aussi solide au NPD et un soutien aussi généreux aux causes et aux mouvements progressistes. En 1986, en désaccord avec les mesures et l'attitude de l'organisation principale de Détroit, au Michigan, les membres de la section canadienne des UAW, sous la direction du fougueux Bob White, s'en séparent et créent les Travailleurs unis de l'automobile du Canada.

Irving Abella

Travailleurs, histoire des C'est l'histoire des changements intervenus dans les conditions et les activités de l'ensemble des gens qui travaillent. Aujourd'hui, la plupart des Canadiens adultes gagnent leur vie en touchant des salaires et des traitements, et partagent donc les conditions de dépendance liée à l'emploi qui définissent la «classe ouvrière». L'histoire du Canada a généralement négligé le travailleur canadien et l'histoire des travailleurs malgré le fait que les Canadiens aient toujours travaillé. Jusqu'à récemment, l'histoire de cette classe s'intéressait surtout au syndicalisme ou au mouvement ouvrier (les syndicats sont des organisations créées par les travailleurs dans le but de renforcer leur position face aux employeurs et, parfois, aux gouvernements).

Bien que l'essor des organisations de travailleurs offre un point de départ commode pour aborder l'histoire de la classe ouvrière, il faut se rappeler que, hier comme aujourd'hui, la plupart des travailleurs n'étaient pas membres d'un syndicat; en 1996, seulement 33,9 p. 100 des salariés non agricoles du Canada sont syndiqués. Cependant, puisque les syndicats ont souvent poursuivi des objectifs à l'avantage de tous les travailleurs, le mouvement syndical a maintenant une place établie dans la société canadienne.

Les travailleurs canadiens ont contribué de nombreuses façons au développement de la société canadienne, mais ce n'est que graduellement que nous incorporons à notre perception du passé du Canada l'histoire des travailleurs dans le contexte de leur famille, de leur collectivité et de leurs lieux de travail. Les historiens canadiens étudient souvent les diverses identités culturelles et régionales de leur pays, mais les conditions de vie de la classe ouvrière se révèlent être maintenant un des thèmes unificateurs de l'histoire canadienne (*voir* TRAVAIL).

Travail

La classe ouvrière se constitue dans le Canada anglais du XIXe siècle sous l'effet de l'expansion du capitalisme industriel dans l'Amérique du Nord britannique. À l'époque, beaucoup de Canadiens, pour assurer leur subsistance, sont fermiers, pêcheurs ou artisans indépendants, et toute leur famille participe à la production des biens (*voir* ENFANCE, HISTOIRE DE L'). L'écart croissant entre riches et pauvres à la campagne, l'essor des industries primaires (*voir* RESSOURCES, UTILISATION DES), la construction de canaux et de chemins de fer, la croissance des villes et de l'industrie de fabrication, voilà autant de facteurs qui expliquent l'émergence d'une nouvelle main-d'œuvre dont les relations avec les employeurs sont tributaires d'un marché du travail capitaliste, où la participation des femmes et des enfants est moins grande qu'auparavant.

LES VILLES FERMÉES (qui dépendent de la production d'une seule ressource, le charbon p. ex.) apparaissent durant la période coloniale et fournissent aux compagnies un réservoir de main-d'œuvre qualifiée tout en assurant aux travailleurs une certaine stabilité. Pour répondre aux actes de violence, les compagnies prennent diverses mesures pouvant aller de la fermeture du magasin général dont elles sont propriétaires au recours à la milice. Le TRAVAIL DOMESTIQUE (servantes, ménagères, etc.) constitue alors le principal emploi salarié pour les femmes.

Le travail des enfants (*voir* ENFANTS AU TRAVAIL) atteint son sommet vers la fin du XIXe et le début du XXe siècle, et son ampleur est accrue par l'arrivée d'ENFANTS IMMIGRANTS envoyés de Grande-Bretagne par diverses sociétés d'aide à l'enfance. Les travailleurs sont souvent exploités de façon cruelle; leur sécurité d'emploi et l'aide qu'ils peuvent recevoir en cas de maladie, de blessures ou de décès sont pratiquement nulles.

Pendant la majeure partie du XIXe siècle, les syndicats sont habituellement de petites organisations locales et souvent illégales. C'est ainsi qu'en 1816 le gouvernement de la Nouvelle-Écosse interdit aux travailleurs de négocier de meilleurs horaires ou des hausses de salaire, sous peine d'emprisonnement. Les travailleurs, qu'ils soient syndiqués ou non, ne protestent pas moins, et parfois violemment, contre leurs conditions de travail. Des grèves violentes et de grande ampleur éclatent dans les années 1840 sur les chantiers du canal Welland et du canal de Lachine. Malgré l'hostilité ambiante, des syndicats locaux sont solidement établis avant la fin des années 1850 dans beaucoup de centres urbains, surtout chez les ouvriers qualifiés comme les typographes, les fabricants de chaussures, les fondeurs, les tailleurs, les tonneliers et les boulangers.

Le mouvement ouvrier gagne en cohésion lorsque les syndicats créent des assemblées locales et qu'ils nouent des liens avec les syndicats britanniques et américains des mêmes métiers. En 1872, les travailleurs des centres industriels de l'Ontario et de Montréal appuient massivement le MOUVEMENT POUR UNE JOURNÉE DE TRAVAIL DE NEUF HEURES, qui cherche à ramener de 12 à 9 heures la journée de travail. Leurs meneurs sont James Ryan à Hamilton, John HEWITT à Toronto et James Black à Montréal. Les typographes de Toronto font la grève contre leur employeur George BROWN, tandis qu'à Hamilton, 1500 travailleurs paradent dans les rues le 15 mai 1872.

Le SYNDICAT DU TRAVAIL DU CANADA, au nom ambitieux, se constitue en 1873 et représente surtout les syndicats du sud de l'Ontario. En 1883, lui succède le CONGRÈS DES MÉTIERS ET DU TRAVAIL DU Canada (CMT), qui servira longtemps de porte-parole aux travailleurs du pays. En Nouvelle-Écosse, la Provincial Worksmen's Association (1879) se fait le porte-parole des mineurs d'abord, puis d'autres travailleurs des Maritimes.

La plus importante organisation de l'époque est celle des CHEVALIERS DU TRAVAIL, qui organise plus de 450 assemblées comptant plus de 20 000 membres partout au pays. Ils forment un syndicat industriel (*voir* SYNDICALISME INDUSTRIEL), qui rassemble les travailleurs sans égard au métier, au sexe ou à la race (l'exclusion des Chinois est l'unique exception). Particulièrement forts en Ontario, au Québec et en Colombie-Britannique, les Chevaliers sont des partisans convaincus de la démocratie économique et sociale, et ils critiquent souvent la société capitaliste industrielle qui se développe. Parmi leurs dirigeants les plus illustres, citons Alexander Wythe WRIGHT, Thomas Phillips THOMPSON et Daniel J. O'DONOGHUE.

Vers la fin du XIXe siècle, l'importance de la «question ouvrière» est reconnue. La grève des typographes de Toronto, en 1872, amène le premier ministre du Canada, sir John Alexander MACDONALD, à déposer la *Loi des unions ouvrières*, qui établit qu'il ne faut pas considérer les syndicats comme des conspirations illégales. Le rapport que publie en 1889 la Commission royale sur les relations entre le capital et le travail démontre les profondes répercussions de l'industrialisation au Canada, et les commissaires appuient fermement les syndicats comme mode valable d'organisation des travailleurs: «Lorsqu'un homme vend son travail, il doit en cela être sur un pied d'égalité avec celui qui l'achète.» Un autre signe de cette reconnaissance a lieu en 1894, lorsque le gouvernement fédéral institue la FÊTE DU TRAVAIL, jour férié national fixé au premier lundi de septembre.

Le renforcement du capitalisme canadien au début du XXe siècle accélère la croissance de la classe ouvrière. Venus des campagnes, ainsi que de Grande-Bretagne et d'Europe, des centaines de milliers de gens affluent vers les centres urbains et les chantiers des régions pionnières du pays (*voir* HOMMES DE CHANTIERS). La plupart des travailleurs restent pauvres, devant peiner quotidiennement pour s'assurer de quoi manger, se vêtir et se loger. Dans les années 20, la plupart ne sont pas dans une meilleure situation financière que leurs prédécesseurs.

Il n'est donc pas étonnant que la majorité des grèves portent sur les salaires, mais elles servent aussi à protester contre les conditions de travail, les contremaîtres impopulaires et les nouveaux règlements, ainsi qu'à défendre des collègues licenciés. Les travailleurs qualifiés craignent particulièrement que l'avènement de nouvelles machines et de nouvelles conceptions de la gestion d'entreprise ne les prive de certains aspects traditionnels de leur autorité sur les lieux de travail.

L'augmentation du nombre de leurs membres n'empêche pas l'apparition de dissensions entre les syndicats, ce qui réduit l'efficacité de ceux-ci. Les plus efficaces sont les SYNDICATS DE MÉTIER, qui n'admettent habituellement que les travailleurs les plus qualifiés. Les syndicats industriels sont moins courants, même si certains, comme les Travailleurs unis de la mine (United Mine Workers), sont importants. La Fédération américaine du travail (American Federation of Labor, fondée en 1886, *voir* AFL-CIO) unifie les syndicats de métier américains et, par l'entremise de l'organisateur canadien John A. FLETT, accrédite plus de 700 syndicats locaux au Canada entre 1898 et 1902; la plupart d'entre eux sont affiliés au Congrès des métiers et du travail (CMT). Lors des assemblées du CMT en 1902, les syndicats de métiers de la AFL votent l'exclusion de tous les syndicats canadiens, y compris les Chevaliers du travail, qui sont en conflit de juridiction avec les syndicats américains. Cette démarche creuse le fossé entre les syndicats au Canada.

L'attitude des gouvernements n'aide pas non plus la cause des syndicats. Ceux-ci sont certes légaux, mais la loi leur accorde peu de droits. Les employeurs peuvent licencier à volonté les syndiqués, et la loi ne les oblige pas à reconnaître un syndicat choisi par leurs employés. En cas de grève, ces employeurs peuvent demander au gouvernement de faire intervenir l'armée et la milice pour rétablir l'ordre, ce qui se produit effectivement plus de 30 fois avant 1914 (*voir*, p. ex., la GRÈVE DES MANUTENTIONNAIRES DE FORT WILLIAM).

Avec la création du ministère du Travail, en 1900, le gouvernement fédéral s'implique progressivement dans le règlement des conflits de travail. La *Loi sur les enquêtes en matière des différends industriels* (1907), conçue par William Lyon Mackenzie KING, exige que certains groupes importants de travailleurs, tels que les mineurs et les cheminots, passent par une période de conciliation avant d'entamer une grève «légale». Comme les employeurs restent libres d'ignorer les syndicats, de licencier des employés, d'embaucher des briseurs de grève et de quérir l'aide des militaires, les syndicats finissent par s'opposer à cette loi.

Une des étapes les plus marquantes du mouvement ouvrier d'avant 1914 est l'apparition du SYNDICALISME INDUSTRIEL RÉVOLUTIONNAIRE, un mouvement international prônant le rassemblement de tous les travailleurs en un seul organisme syndical en vue de renverser le système capitaliste et de redonner aux travailleurs le contrôle de la vie politique et économique. Les INDUSTRIAL WORKERS OF THE WORLD (IWW), association fondée en 1905 à Chicago, gagnent rapidement l'appui de travailleurs de l'ouest du Canada, tels que les terrassiers, les pêcheurs, les bûcherons et les cheminots. En 1912, les «Wobblies» font la manchette partout au pays lors de la grève menée par 7000 cheminots immigrants maltraités contre le CANADIAN NORTHERN RAILWAY dans le canyon du Fraser. Une série de facteurs, y compris son interdiction par le gouvernement, accélère la disparition de ce mouvement pendant la guerre.

La Première Guerre mondiale exerce une influence profonde sur le mouvement ouvrier. Alors que les travailleurs portent le poids de l'effort de guerre au pays et versent leur sang sur les champs de bataille, beaucoup d'employeurs connaissent la prospérité. Les travailleurs sont exclus de la planification du temps de guerre et protestent contre la CONSCRIPTION et autres mesures de guerre. De nombreux travailleurs s'affilient pour la première fois aux syndicats, dont les effectifs se gonflent pour atteindre

378 000 personnes en 1919. Avec la fin de la guerre, les grèves se multiplient partout au pays; en 1919, on en compte plus de 400, dont la plupart sont en Ontario et au Québec.

Trois grèves générales sont aussi déclenchées cette année-là, soit à Amherst (Nouvelle-Écosse), à Toronto et à Winnipeg. L'arrestation des dirigeants de la grève de Winnipeg et la répression violente des grévistes montrent que dans le cas d'un conflit de travail de cette envergure, le gouvernement ne reste pas neutre (*voir* GRÈVE GÉNÉRALE DE WINNIPEG). C'est aussi en 1919 qu'est fondée à Calgary la ONE BIG UNION (OBU), syndicat radical né des cendres des IWW, qui ne tarde pas à revendiquer l'affiliation de 50 000 membres provenant des secteurs de la forêt, des mines, des transports et de la construction.

La création de la OBU et du PARTI COMMUNISTE DU CANADA n'empêche pas le mouvement ouvrier de reculer durant les années 20, à l'exception des mineurs de charbon et des sidérurgistes de l'île du Cap-Breton, qui, sous l'impulsion de James Bryson Mclachlan, se rebellent à plusieurs reprises contre une des compagnies les plus importantes du pays (*voir* GRÈVES AU CAP-BRETON DANS LES ANNÉES 20).

Les années 30 marquent un tournant décisif pour les travailleurs. Le chômage constitue le principal problème de la décennie. Au plus fort de la CRISE DES ANNÉES 30, plus d'un million de Canadiens sont sans travail, soit près de 25 p. 100. L'aide d'urgence s'avère inadéquate et est souvent dispensée dans des conditions humiliantes (*voir* CAMPS DE SECOURS POUR LES CHÔMEURS). Les associations de chômeurs se battent contre les mises à pied et recueillent des appuis en faveur de l'ASSURANCE-CHÔMAGE, qui sera finalement instaurée en 1940.

Une des protestations les plus spectaculaires est la MARCHE SUR OTTAWA de 1935, dirigée par un ancien Wobbly, Arthur «Slim» EVANS, un organisateur de l'Association nationale des travailleurs en chômage. La Crise vient de démontrer la nécessité pour les travailleurs de s'organiser, de sorte qu'en 1949, les syndicats comptent plus d'un million de membres. L'essor des organisations syndicales vient en bonne partie des nouvelles industries de production de masse dont les travailleurs n'intéressent pas les syndicats de métiers: caoutchouc, électricité, sidérurgie, automobile et emballage.

Dans nombre de ces industries, la LIGUE POUR L'UNITÉ OUVRIÈRE (1929-1936) d'obédience communiste a déjà fait un travail de pionnier en faveur du syndicalisme industriel. La GRÈVE D'OSHAWA (du 8 au 23 août 1937), qui voit 4000 travailleurs affronter la General Motors, est l'une de celles qui contribuent le plus à asseoir le nouveau syndicalisme industriel au Canada. Beaucoup de ces nouveaux syndicats, reliés au Congrès des organisations industrielles des États-Unis (Congress of Industrial Organizations, CIO), sont exclus du CMT et forment alors le CONGRÈS CANADIEN DU TRAVAIL (CCT) en 1940.

Vers le début de la Seconde Guerre mondiale, le gouvernement fédéral cherche à bâillonner les syndicats par des contrôles des prix et des restrictions au droit de grève (*voir* COMMISSION DES PRIX ET DU COMMERCE EN TEMPS DE GUERRE et CONSEIL NATIONAL DU TRAVAIL EN TEMPS DE GUERRE), mais beaucoup de travailleurs refusent d'attendre la fin des hostilités pour obtenir de meilleurs salaires et la reconnaissance syndicale. Des grèves comme celle des ouvriers des mines d'or de Kirkland Lake en 1941 convainquent le gouvernement de changer de politique. En janvier 1944, le décret en conseil CP 1003, adopté d'urgence, protège le droit des travailleurs à se syndiquer et oblige les employeurs à reconnaître les syndicats choisis par leurs employés. Cette réforme longtemps attendue devient, après la guerre, la pierre angulaire des

RELATIONS INDUSTRIELLES au Canada et s'exprime dans la *Loi sur les relations industrielles et sur les enquêtes visant les différends du travail* (1948) et dans des mesures législatives provinciales.

Au lendemain de la guerre, une vague de grèves balaie le pays. Les travailleurs font des gains importants en salaires et en heures de travail, et beaucoup de conventions collectives comportent des procédures de grief et des innovations comme les congés payés. Quelques grèves d'envergure nationale cherchent à contester les disparités régionales des salaires. La grève aux usines Ford de Windsor, en Ontario (du 12 septembre au 29 décembre 1945), commence par le débrayage de 17 000 travailleurs. Cette grève longue et acerbe donne lieu à la décision historique du juge Ivan C. RAND, qui accorde la retenue obligatoire des cotisations syndicales (*voir* FORMULE RAND; GRÈVE DE WINDSOR). Cette retenue contribue à assurer aux syndicats la sécurité financière, même si certains affichent leur crainte de voir s'installer ainsi la bureaucratie dans les syndicats.

Vers la fin de la guerre, les travailleurs sont plus politisés qu'autrefois. Le mouvement ouvrier apparaît sur la scène politique en 1872, lorsque le premier travailleur (Henry Buckingham Witton, de Hamilton) est élu au Parlement comme député conservateur, comme le sera aussi en 1888 A.T. Lépine, un dirigeant des Chevaliers du travail à Montréal. En 1874, le typographe d'Ottawa D.J. O'Donoghue est élu à l'Assemblée législative de l'Ontario comme candidat travailliste indépendant. Les candidats et les partis travaillistes obtiennent souvent l'appui des syndicats locaux. En 1900, Arthur W. PUTTEE, un des fondateurs du PARTI TRAVAILLISTE, et Ralph Smith, président du CMT, sont élus au Parlement. Le PARTI SOCIALISTE DU CANADA a l'appui des éléments radicaux, et fait élire quelques députés en Alberta et en Colombie-Britannique. Durant la guerre, des politiques telles que la conscription encouragent les syndicats à intensifier leur activité politique aux paliers provincial et fédéral. Aux élections fédérales de 1921, des candidats travaillistes briguent les suffrages dans chacune des neuf provinces: Robert Boyd RUSSELL, secrétaire général de la OBU, est défait, tout comme J.B. MCLACHLAN, de l'île du Cap-Breton, mais J.S. WOODSWORTH de Winnipeg et William IRVINE de Calgary sont élus.

Par suite de la catastrophe sociale engendrée par la Crise des années 30, les travailleurs sont davantage attirés vers une politique radicale; ils accroissent leur appui au Parti communiste et fondent la CO-OPERATIVE COMMONWEALTH FEDERATION (CCF). Pendant les années 40, ce parti forme l'opposition officielle provinciale en Colombie-Britannique, en Ontario et en Nouvelle-Écosse. En 1944, la Saskatchewan élit un premier gouvernement CCF. Vers la fin de la décennie, le CCF et le Parti communiste comptent ensemble 50 000 membres.

Les nouveaux droits des travailleurs et l'avènement de l'ÉTAT PROVIDENCE sont les deux conquêtes décisives des années 30 et 40, assurant aux classes laborieuses du Canada une protection contre les grands revers économiques. La position du mouvement ouvrier dans la société se renforce par la formation du CONGRÈS DU TRAVAIL DU Canada (CTC, 1956), qui allie la Fédération américaine du travail (American Federation of Labor) et le CONGRÈS CANADIEN DU TRAVAIL, tout en absorbant la OBU. Le CTC joue un rôle actif dans la création du NOUVEAU PARTI DÉMOCRATIQUE, et l'apparition de centrales syndicales (CENTRALES SYNDICALES NATIONALES) rivales telles que la CONFÉDÉRATION DES SYNDICATS CANADIENS 1975) et la FÉDÉRATION CANADIENNE DU TRAVAIL (1982) ne l'empêche pas de continuer à représenter plus de 60 p. 100 des syndiqués.

En raison de la croissance continue de l'emploi dans le secteur public pendant cette période, un salarié sur cinq est à l'emploi de l'État dans les années 70. À l'exception de la Saskatchewan, qui accorde des droits syndicaux à ses employés en 1944, il faut attendre la grève nationale illégale des postiers (*voir* GRÈVES DES POSTES) pour que les employés du secteur public obtiennent, au milieu des années 60, des droits de négociation collective semblables à ceux des autres salariés. En 1996, trois des six syndicats les plus importants du Canada sont des SYNDICATS DE LA FONCTION PUBLIQUE, et leur essor renforce encore la prédominance au Canada des syndicats d'origine canadienne par rapport à ceux d'origine américaine. En effet, plus de 60 p. 100 des syndiqués appartiennent à des syndicats proprement canadiens. Plusieurs gros syndicats industriels, parmi lesquels les Travailleurs canadiens de l'automobile, renforcent cette tendance en se séparant de leurs homologues américains.

L'augmentation du nombre de femmes au travail représente un autre changement important. Vers 1996, le taux de participation des femmes dans la POPULATION ACTIVE dépasse les 59 p. 100. Les femmes forment 45 p. 100 de la population active et plus de 40 p. 100 des effectifs syndicaux. Ce changement se traduit par la plus grande place que prennent les dirigeantes syndicales et par l'attention portée aux questions des congés de maternité, de la garde des enfants, du harcèlement sexuel et de la rémunération égale pour un travail de valeur égale.

Malgré les conquêtes du mouvement syndical, les sources de conflits de travail n'ont pas disparu. Des employeurs résolus sont en mesure de s'opposer aux syndicats en embauchant des briseurs de grève et en refusant de signer une première convention collective. Les travailleurs n'ont pas plus d'influence directe qu'autrefois sur les décisions d'investissement dont dépend la répartition de l'activité économique dans le pays. Certes, les conventions collectives attachent plus d'importance aux questions de santé, de sécurité et de changements technologiques, mais le droit des employeurs de gérer leurs biens l'emporte toujours sur le droit de regard que réclament les travailleurs sur les conditions et la finalité de leur travail.

Les gouvernements interviennent souvent de manière à restreindre les droits des syndicats. il leur arrive, comme dans le cas de la GRÈVE DES BÛCHERONS DE TERRE-NEUVE de 1959, de mettre certains syndicats hors la loi. Depuis les années 60 et 70, ils imposent de plus en plus souvent des règlements par voie législative, surtout lorsqu'ils sont en conflit avec leurs propres employés. Malgré les politiques de l'État providence, beaucoup de travailleurs continuent de souffrir de l'insécurité économique et de la pauvreté.

Le marché du travail capitaliste ne réussit pas à garantir le plein emploi aux travailleurs canadiens, de sorte que depuis les années 80, les statistiques en comptent régulièrement plus d'un million en chômage. C'est surtout dans les régions moins développées, comme les Maritimes, que beaucoup de travailleurs ne disposent que d'un travail à temps partiel ou saisonnier, ce qui en fait un réservoir de main-d'œuvre pour l'économie du pays. La plupart des travailleurs d'aujourd'hui ont plus de sécurité que leurs prédécesseurs du XIXᵉ siècle, mais beaucoup sont menacés de nos jours par la mondialisation de l'économie et les nouvelles stratégies des employeurs cherchant à réduire leurs frais de personnel.

David Frank

Québec Comme peu de travaux sont consacrés à l'histoire de la classe ouvrière au Québec, nous limitons notre historique à une seule facette de son expression: le syndicalisme. Avant l'industrialisation (vers 1870-1880), la plupart des entreprises opèrent sous un mode artisanal. En 1851, elles ne sont que 37 à compter plus de 25 travailleurs. Les concentrations les plus importantes de salariés se retrouvent dans les scieries (*voir* BOIS, HISTOIRE DU COMMERCE

DU), la construction et les travaux de terrassement des canaux et des chemins de fer.

Les premiers syndicats qui apparaissent au début du XIXᵉ siècle parmi certains groupes d'ouvriers de métier sont faibles, sans lien entre eux et éphémères. Mais à trois reprises, les syndicats montréalais tentent de se regrouper en association plus large: en 1834, pour obtenir la journée maximale de travail de 10 heures; en 1867, pour former la Grande Association; et enfin, en 1872, pour obtenir la journée de neuf heures. Toutefois, ces associations ne survivent que quelques mois, et peu de syndicats passent à travers la crise économique de 1873. À l'époque, les travailleurs se manifestent aussi collectivement en faisant grève (on en compte 137, de 1815 à 1880) et en mettant sur pied des sociétés de secours mutuels (*voir* MOUVEMENT COOPÉRATIF), qui versent des prestations en cas de maladie ou de décès. Ces premières organisations, syndicales et autres, marquent le développement d'une conscience collective chez les travailleurs, désireux de se protéger contre l'insécurité de la vie urbaine et de civiliser le marché capitaliste du travail, qui les traite comme une marchandise.

L'activité manufacturière dépasse les échanges commerciaux extérieurs vers 1880, et les gouvernements deviennent alors acquis aux objectifs de la bourgeoisie industrielle. La population de MONTRÉAL double de 1871 à 1891, et la ville devient la capitale financière et industrielle du Canada. À cette période, le syndicalisme rejoint un nombre croissant de travailleurs grâce aux syndicats internationaux et aux CHEVALIERS DU TRAVAIL, deux organisations venant des États-Unis. Les syndicats internationaux, qui se développent parmi les travailleurs de métier apportent le système de la NÉGOCIATION COLLECTIVE selon lequel les salaires, les conditions de travail et l'apprentissage sont négociés avec l'employeur et confirmés dans une convention collective. Pour les Chevaliers, l'amélioration du sort économique des travailleurs par la négociation collective est secondaire; ils recherchent plutôt une réforme en profondeur de la société industrielle, espérant abolir le salariat et miser sur un système de production basé sur les coopératives et la petite entreprise.

Les Chevaliers contribuent pour beaucoup à la formation des conseils centraux de Montréal (1886) et de Québec (1891), qui ont pour rôle d'acheminer les réclamations des syndicats vers les conseils de ville. À partir de 1886, ils participent aussi aux activités du Congrès des métiers et du travail du Canada qui joue un rôle de lobby auprès des gouvernements fédéral et du Québec afin de promouvoir des lois favorables aux travailleurs. Pour la période qui va de 1886 à 1930, ces instances donnant une voix aux travailleurs sur le plan politique réclament, entre autres, des gouvernements des réformes électorales, l'enseignement gratuit et obligatoire, des programmes sociaux, comme les pensions de vieillesse et l'assurance-chômage, de même que la nationalisation des entreprises de services publics. Ces revendications témoignent d'un projet de société qu'on caractériserait de nos jours de social-démocrate, visant à réformer et non à abolir le système capitaliste.

Les unions internationales connaissent une croissance rapide au début du siècle et éliminent les Chevaliers du travail. Elles comptent plus 100 syndicats en 1902, avec un effectif d'environ 6000 membres. Leur emprise sur le syndicalisme québécois est contestée d'abord par des syndicats nationaux, qui refusent tout lien avec les syndicats américains et espèrent édifier un véritable syndicalisme canadien. Mais ils ne se développent guère, ayant du mal à se répandre à l'extérieur du Québec. La plus grande menace pour les syndicats internationaux provient de syndicats catholiques mis sur pied, à partir de 1907, par des membres du clergé qui lui reprochent de pratiquer un syndicalisme de confrontation et de diffu-

ser des idées «socialistes et anticléricales». Ces syndicats, nés dans divers diocèses du Québec, forment une centrale syndicale en 1921 (Confédération des travailleurs catholiques du Canada) et commencent alors à transformer leur pratique syndicale pour l'orienter vers la négociation de bonnes conventions collectives de travail. Cependant, même avec l'appui clérical, ils ne réussissent pas à attirer plus du quart des syndiqués au Québec, la majorité restant fidèle aux syndicats internationaux (*voir* DOCTRINE SOCIALE DE L'ÉGLISE CATHOLIQUE; CONFÉDÉRATION DES SYNDICATS NATIONAUX).

En 1931, les syndicats comptent environ 72 000 membres, ce qui représente 10 p. 100 des travailleurs salariés, un pourcentage similaire à celui de l'Ontario. Ce sont surtout des cheminots, des ouvriers de la construction et des travailleurs de métier dans l'industrie manufacturière. Pendant la Seconde Guerre mondiale, le syndicalisme se répand parmi les travailleurs semi-qualifiés et non qualifiés, dans les industries de production de masse comme le textile et la métallurgie. Les syndicats catholiques organisent une portion de ces travailleurs, mais ce sont surtout les syndicats internationaux affiliés à la centrale américaine CIO qui font les gains les plus importants. L'organisation de ces travailleurs provoque une hausse importante du niveau de syndicalisation, qui atteint 20,7 p. 100 en 1941, et 26,5 p. 100 en 1951. Pendant la guerre, la tâche d'organisation est facilitée à cause de la rareté de la main-d'œuvre et de l'adoption de la *Loi des relations ouvrières*, en 1944. Inspirées du *Wagner Act* américain, les principes de cette loi, qui protège et favorise le droit des travailleurs à la négociation collective, sont encore de nos jours à la base du système de relations du travail.

Pendant les années 50, les centrales syndicales deviennent un foyer d'opposition au conservatisme du gouvernement DUPLESSIS, combattant les lois pour restreindre les droits syndicaux et réclamant un plus grand interventionnisme de l'État dans le domaine social. Leur lutte pave la voie à l'avènement de la RÉVOLUTION TRANQUILLE. Au cours des années 50, les syndicats internationaux représentent 50 p. 100 de l'effectif syndical contre 30 p. 100 pour les syndicats catholiques, dont la centrale modifie son nom en 1960 pour celui de Confédération des syndicats nationaux (CSN).

Au milieu des années 60, le visage du syndicalisme change avec l'organisation massive des travailleurs des secteurs public et parapublic (fonctionnaires, enseignants, employés d'hôpitaux, etc.), bien décidés à relever leurs salaires et leurs déplorables conditions de travail. À la suite de grèves illégales en 1963 et 1964, ils obtiennent le droit de négociation et de grève, un moyen de pression qu'ils ne se priveront pas d'utiliser au cours des années 70. Leur organisation est largement responsable de la hausse du niveau de syndicalisation de 30,5 p. 100 à 37,6 p. 100 entre 1961 et 1971, un des taux les plus élevés parmi les provinces canadiennes.

Leur présence et le climat de changement social découlant de la Révolution tranquille provoquent une radicalisation du mouvement syndical dans les années 70. Le Québec devient la province la plus fertile en grève et les trois principales centrales syndicales québécoises (CSN, FTQ, CEQ) développent une vive critique du système capitaliste à partir de l'idée de lutte de classes. Des affrontements majeurs ont lieu parmi les employés des secteurs public et parapublic, qui négocient conjointement leur contrat de travail avec le gouvernement à partir de 1972. Cette stratégie permet un meilleur rapport de force des syndicats et un relèvement significatif de leurs conditions de travail.

Les syndicats ressentent durement la RÉCESSION ÉCONOMIQUE de 1981-1982 et le taux de CHÔMAGE élevé qui perdure durant les années 80 et 90. Les centrales modifient alors leur discours, abandonnant leur condamnation globale du système capitaliste et faisant la promotion de la concertation avec le patronat pour créer de l'emploi. Le niveau de grève chute fortement au cours de cette période et le militantisme des syndicats du secteur public et parapublic s'effrite sous le coup de lois répressives. Néanmoins, le niveau de syndicalisation reste élevé au Québec pendant cette période, s'établissant à environ 40 p. 100 (37,4 p. 100 en 1997). Enfin, le nationalisme des trois principales centrales évolue depuis la fin des années 60 vers un appui à l'indépendance politique du Québec. C'est évident après l'échec de l'ACCORD DU LAC MEECH, en 1989, alors qu'elles deviennent la principale force sociale derrière le «Oui» au référendum de 1995 (*voir* RÉFÉRENDUM DU QUÉBEC – 1995).

Jacques Rouillard

Historiographie Les écrits de chaque période au sujet de l'histoire du mouvement ouvrier au Canada reflètent les préoccupations spécifiques suscitées par les luttes concrètes de leur temps. Dans le Canada du XIXe et du début du XXe siècle, les travailleurs ne sont pas un sujet de choix des études savantes. Certes, des commissions royales fournissent une documentation abondante sur la condition des travailleurs et leurs efforts en vue de s'organiser, et quelques rares défenseurs de la classe ouvrière publient leur évaluation des progrès des travailleurs canadiens en tant que force sociale et politique. Cependant, si l'on se préoccupe de ces travailleurs, c'est de façon pragmatique et avec des objectifs explicitement politiques, et lorsque l'État commande des études à leur sujet, comme celle que réalise R.H. Coats en 1915 sur le coût de la vie, elles portent directement sur leurs besoins immédiats tels qu'ils sont perçus.

Entre 1929 et 1945, en Grande-Bretagne et aux États-Unis, l'histoire du travail s'oriente vers l'étude de l'activité politique, de la croissance et de la consolidation des syndicats, de la conquête progressive des droits à la négociation collective, et de l'amélioration des salaires et des conditions de travail. Au Canada, les personnes associées à l'émergence d'un nouveau milieu social-démocrate ont des préoccupations similaires et préconisent la propriété publique, l'intervention de l'État et la préservation des libertés civiles.

À la tête de ce groupe de socialistes modérés se trouve l'historien Frank Hawkins UNDERHILL, auquel se joignent des sociologues, des économistes et des chercheurs des universités McGill et de Toronto, notamment Francis Reginald SCOTT, Eugene Alfred FORSEY et Stuart Jamieson. Forsey publiera en 1982 *Trade Unions in Canada 1812-1902,* qui offre une importante vue d'ensemble du développement du syndicalisme canadien au XIXe siècle, tandis que Jamieson publiera en 1968 *Times of Trouble,* une monographie commandée par le gouvernement sur les grèves de la période de 1900 à 1966. Dans les années 30 et 40 cependant, ces personnages jouent un rôle plus politique en appuyant la LEAGUE FOR SOCIAL RECONSTRUCTION et en prêtant leur concours à la Co-operative Commonwealth Federation (CCF).

On a souvent l'impression que les intellectuels partisans du SOCIALISME considèrent les travailleurs comme les bénéficiaires passifs des réformes sociales qu'ils cherchent à instaurer. Les tenants de la pensée sociale-démocrate accordent au travail sa place dans le discours théorique et définissent le caractère des études consacrées à la classe ouvrière. Ils voient dans le mouvement ouvrier une des forces dont ils peuvent attendre un appui, mais ils ne sont pas foncièrement intéressés au sort des travailleurs en tant que classe sociale. Leur étude du monde du travail s'intéresse donc aux syndicats et aux activités politiques des travailleurs tout en vantant le leadership pertinent et humain du CCF et les réformes qu'il est le seul à pouvoir offrir.

Après 1945, l'histoire du travail commence d'abord à s'écrire dans les universités canadiennes.

Elle apparaît souvent, surtout chez les historiens professionnels, de façon incidente à l'étude d'autres sujets. Dans un article paru en 1943 dans la *Canadian Historical Review* sous le titre «George Brown, Sir John Macdonald, and the «Workingman», Donald Grant CREIGHTON montre comment l'intérêt porté à de grands personnages politiques peut déboucher sur l'histoire jamais écrite du monde du travail. L'ouvrage de D.C. Master, *The Winnipeg General Strike* (1950), se présente comme une partie d'une grande étude à faire sur le CRÉDIT SOCIAL en Alberta. J.I. Cooper publie «The Social Structure of Montreal in the 1850's» dans le rapport annuel (1956) de la SOCIÉTÉ HISTORIQUE DU CANADA; il s'agit d'un premier pas dans la recherche sur la vie quotidienne des travailleurs.

La plupart des études consacrées aux travailleurs canadiens ne sont pas l'œuvre d'historiens. Le politicologue Bernard Ostry écrit sur les rapports entre travail et politique dans les années 1870 et 1880. Les travaux les plus novateurs viennent de l'économiste et historien de l'économie H.C. Pentland (*Labour and Capital in Canada (1650-1860)*, 1981), dont les études contestent les idées reçues, et du critique littéraire Frank Watt. Ils affirment que, par leurs luttes concrètes et leurs attaques dans la presse contre les monopoles et la corruption politique, les travailleurs ont formulé une critique fondamentale de la société canadienne du XIXe et du début du XXe siècle, et cela bien avant le soulèvement de Winnipeg et l'apparition du MOUVEMENT SOCIAL GOSPEL et du CCF.

De telles études ont probablement moins de poids dans les milieux universitaires que parmi les sympathisants du Parti communiste qui s'intéressent à l'histoire, comme Bill Bennett et Stanley Ryerson, auteurs d'histoires sur les débuts du Canada et les travailleurs canadiens. Dans les cercles établis des historiens professionnels, Kenneth McNaught exerce une influence beaucoup plus forte: issu du mouvement social-démocrate des années 40, il acquiert de l'influence moins par ses écrits, assez peu nombreux en matière d'histoire du travail, que par le nombre de ses étudiants diplômés qui donneront ses lettres de crédit à l'histoire du travail dans les années 70.

Dans ses travaux, McNaught souligne l'importance du leadership dans la vie des travailleurs canadiens et adopte l'approche institutionnelle de l'économiste du travail Harold Logan. Ce dernier s'était consacré, à partir des années 20, à l'enseignement de l'économie du travail et à l'écriture sur ce sujet, et avait publié la première vue d'ensemble convenable sur la montée du syndicalisme au Canada, intitulée *Trade Unions in Canada* (1948). Ses écrits des années 30 et 40 mettaient en lumière les luttes intestines au sein du mouvement ouvrier canadien entre les partisans du CCF et les tenants du Parti communiste.

Les arguments de Logan contre le communisme et les affrontements sur le terrain pendant cette période donnent des orientations précises à la pensée des intellectuels sociaux-démocrates: p. ex., l'antimarxisme (identifié à l'opposition au Parti communiste stalinien) fera dorénavant à tout jamais partie de leur optique du monde du travail au Canada. Leur horizon semble se borner à l'étude des institutions, des réformes sociales et de la bonne façon de diriger le mouvement progressiste et les travailleurs eux-mêmes. Un modèle du genre est l'ouvrage de McNaught, *A Prophet in Politics* (1959), qui est une biographie de James Shaver WOODSWORTH, le père de la social-démocratie au Canada et une figure centrale de l'histoire du radicalisme.

En 1965, Stanley Mealing publie dans la *Canadian Historical Review* un article sur le concept de classe sociale dans l'interprétation de l'histoire du Canada («The Concept of Social Class in the Interpretation of Canadian History»). Il conclut que peu de travaux d'historiens ont porté sur la vie des travailleurs, et qu'en s'intéressant à la notion de classe

on ne modifierait pas de façon très marquée le modèle d'interprétation de notre histoire. Bientôt apparaissent d'importantes études sur le Parti communiste, le CCF-NPD, le radicalisme des débuts et l'orientation politique générale du mouvement ouvrier.

Au début des années 70, sont et seront publiées des études portant sur des faits importants pour la classe ouvrière, tels que l'essor du Congrès des organisations industrielles (CIO), l'affermissement de la Fédération américaine du travail (AFL) avant 1914, le mouvement ouvrier radical de l'Ouest et la grève générale de Winnipeg. Viennent ensuite des recherches sur la One Big Union, la réponse des gouvernements au radicalisme des immigrants, et les conditions de vie et de travail à Montréal au début du XXe siècle.

Parmi les principaux auteurs de ces nombreuses études sur les travailleurs, citons Irving Abella, David Bercuson, Robert Babcock, Ross McCormack et Donald Avery. Leurs travaux, ajoutés aux études menées sur le mouvement ouvrier par des spécialistes en sciences sociales comme Paul Phillips, Martin Robin, Leo Zakuta, Gad Horowitz et Walter Young, ainsi que par les historiens Desmond Morton et Gerald Caplan, font de l'histoire du travail un domaine reconnu de la recherche historique professionnelle. Leurs études sur l'histoire du travail subissent, probablement inconsciemment, l'influence des préoccupations sociales-démocrates des années 40: question du leadership, événements marquants, situations exigeant des réformes, idéologie et évolution de certaines catégories de syndicats. Des cours sur l'histoire du travail se donnent pour la première fois, la Société historique du Canada crée un comité spécialisé, et une revue, *Le Travailleur/Labour,* est lancée en 1976. En 1980, Desmond Morton et Terry Copp publient *Working People,* une histoire illustrée des travailleurs canadiens. Un nombre croissant d'histoires des syndicats destinées au grand public paraissent dans les années 70 et 80.

Après 1975 apparaît un nouveau groupe d'historiens qui s'inspirent moins de la social-démocratie des années 40 et davantage du MARXISME de la fin des années 60 et du début des années 70. Ils sont tout d'abord frappés par l'importance générale de la théorie, et étudient une série de débats internes du marxisme occidental après 1917, afin de comprendre la nature de la structure des classes et la situation de dépendance de la classe ouvrière dans les sociétés capitalistes.

Ensuite, plusieurs d'entre eux trouvent leur inspiration dans les travaux d'auteurs britanniques et américains (E.P. Thompson, Eric Hobsbawm, David Montgomery et Herbert Gutman) publiés dans les années 60, qui marquent une rupture par rapport aux histoires antérieures du travail. Enfin, l'émergence de l'histoire des femmes leur fournit une troisième influence, complémentaire, qui les oblige à tenir compte du processus par lequel la main-d'œuvre se reproduit dans la famille et se socialise dans une relation particulière avec les structures d'autorité et de travail.

En général, les auteurs qui élaborent l'histoire du travail au début des années 80 sont unis par le projet commun d'écrire l'HISTOIRE SOCIALE des travailleurs. Cette histoire garde certes un intérêt primordial pour les institutions, les activités politiques et les conditions matérielles de vie des travailleurs, mais elle déborde sur des aspects encore inexplorés de leur vécu, à savoir la vie familiale, les loisirs, les associations communautaires, ainsi que les méthodes de travail et les formes de domination exercées par les patrons, qui influencent autant l'évolution des syndicats que la vie des travailleurs non syndiqués.

L'ensemble de ces travaux s'intéresse à l'histoire des travailleurs, abordée en fonction de la place qu'occupent les classes sociales dans la société canadienne. La classe y est perçue comme une relation réciproque bien qu'inégale entre ceux qui vendent leur travail et ceux qui l'achètent. Certaines études privilégient les aspects structurels et en grande partie impersonnels de cette expérience des rapports de classe (la taille des familles de travailleurs, le nombre de travailleurs qu'on trouve dans certains secteurs du marché du travail, les niveaux de salaire et les taux de chômage), alors que d'autres mettent en lumière les activités culturelles des travailleurs et les batailles qu'ils mènent dans leur lieu de travail ou leur collectivité. Enfin, ce groupe d'historiens est dans l'ensemble moins disposé à rejeter de prime abord le radicalisme qui caractérise les activistes du syndicalisme communiste et socialiste.

Certains ouvrages publiés par cette génération d'historiens tentent d'explorer en détail le vécu de la classe ouvrière. Citons *Labouring Children* (1980) de Joy Parr, qui examine les expériences de travail des enfants immigrants pauvres; *A Culture of Conflict* (1979), de Bryan Palmer, qui porte sur les travailleurs qualifiés de Hamilton à la fin du XIXe et au début du XXe siècle; *Toronto Workers Respond to Industrial Capitalism 1867-1892* (1980), de Gregory Kealey, qui est une étude semblable sur les travailleurs de Toronto; et *Dreaming of What Might Be* (1982), où Kealey et Palmer retracent l'histoire des Chevaliers du travail en Ontario de 1880 à 1900.

Quantité d'articles et de thèses de maîtrise et de doctorat traitent de sujets jamais encore abordés par l'histoire du travail: les formes rituelles de résistance, les modes de transmission héréditaire du métier de cordonnier, le rôle de l'économie familiale à Montréal dans les années 1870 et 1880, les émeutes des premiers ouvriers de construction des canaux, l'importance du cycle de vie chez les employés des filatures de Québec de 1910 à 1950, les effets de la mécanisation et de la baisse de la spécialisation chez les métallurgistes au cours de la Première Guerre mondiale, les conditions de vie dans les villes de mineurs du charbon, ou l'influence de l'alphabétisation, du logement, des tavernes et de la tradition orale chez certains groupes de travailleurs. Alors que les historiens favorables aux approches institutionnelles traditionnelles considèrent que cette nouvelle insistance sur la culture se fait au détriment de l'aspect politique, telle n'est pas l'intention des auteurs qui s'inspirent de l'histoire sociale. Ils pensent au contraire que la culture ouvrière, si imprécise qu'en soit la perception au départ, est en symbiose étroite avec d'autres domaines vitaux de la vie ouvrière tels que les syndicats et la politique parlementaire.

Grâce à l'approfondissement de ces nouveaux sujets par un nombre croissant d'étudiants des cycles avancés et d'historiens professionnels, l'histoire du travail de la fin des années 80 et du début des années 90 renouvelle l'étude des thèmes classiques et trace de nouveaux chemins. Les recherches statistiques détaillées qui retracent les principales vagues de conflits de travail vont de pair avec l'étude de l'histoire des mouvements ouvriers dans de nombreuses zones urbaines. Citons *Bushworkers and Bosses* (1987), de Ian Radforth, qui s'intéresse aux bûcherons et aux changements technologiques dans le nord de l'Ontario, *The New Day Recalled* (1988), où Veronica Strong-Boag retrace la vie des femmes entre les deux guerres, et l'étude que fait Craig Heron des sidérurgistes dans *Working in Steel* (1988). Ces ouvrages comblent d'importants vides dans l'historiographie, tout comme le font les recherches sur les mineurs partout au Canada, les études sur les travailleurs des camps de secours de la Crise des années 30, et de nombreux articles et monographies consacrés aux gens de métier. Tous ces travaux contribuent à l'histoire de la croissance du syndicalisme et des changements économiques, en particulier sous l'aspect de l'évolution de l'organisation du travail en milieu de travail. Les recherches sur certains dilemmes auxquels font face les travailleurs immigrants (Européens de l'Est, Italiens et Juifs notamment) nous font également mieux comprendre les univers socioculturels de ces travailleurs. Citons à ce sujet les études de Franca Iacovetta, *Such Hardworking People* (1992), et de Ruth Frager, *Sweatshop Strife* (1992).

Une partie importante de cette «nouvelle» histoire des travailleurs s'en prend aux stéréotypes régionaux qui sont si constants dans les études antérieures. C'est ainsi que les recherches consacrées aux activités des socialistes, syndicalistes et communistes du Centre du Canada et de la région de l'Atlantique remettent en question le «caractère exceptionnel de l'Ouest» voulant que les travailleurs de l'ouest du pays soient plus radicaux que leurs collègues de l'Est. Les ouvrages récents de Marc Leier, *Red Flags and Red Tape* (1995), et de Robert McDonald, *Making Vancouver* (1996), contestent de leur côté l'étendue et la nature du radicalisme dans l'Ouest, et soulignent plutôt la diversité des convictions politiques chez les gens de métier qualifiés des centres urbains et chez les ouvriers non spécialisés des villes fermées axées sur l'exploitation des ressources. Bref, nous en savons maintenant beaucoup plus sur la variété des tendances politiques des travailleurs et sur le rôle central des désaccords entre conservateurs et radicaux dans la dynamique des mouvements ouvriers.

Ce débat a souvent pour thème les interprétations divergentes de la vague de grèves générales de 1919 et de la One Big Union. C'est ainsi que de nombreux ouvrages, articles et thèses reviennent sur d'anciens travaux d'auteurs comme McNaught et Bercuson. Des essais comme ceux de James Taylor, *The New Democracy* (1991), et de Larry Peterson dans la revue *Le Travail/Labour* (1984), «Revolutionary Socialism and the Industrial Unrest in the Era of the Winnipeg General Strike», cherchent à tenir compte à la fois des particularités locales, des tendances nationales et de la politique internationale. L'ouvrage collectif consacré aux activités militantes de la classe ouvrière en 1919, qui paraît sous la direction de Craig Heron, promet de prolonger ce débat encore longtemps.

Les désaccords sur l'interprétation de l'histoire des travailleurs ne se limitent pas aux questions de culture et de radicalisme, puisqu'ils s'étendent aux relations du mouvement ouvrier avec l'État. En général, les historiens de tendance sociale-démocrate considèrent comme des faits positifs l'avènement de l'État providence réformiste et la législation garantissant les droits de négociation collective, alors que les marxistes et d'autres tels que Bob Russell dans l'ouvrage *Back to Work?* (1990) et Jeremy Webber dans «The Malaise of Compulsory Conciliation» (*Character of Class Struggle,* 1985) ont des critiques à formuler, soulignant comment la légalité industrielle limite les résultats que les syndicats pourraient obtenir en amenant leurs luttes sur un terrain où les forces conjointes des gouvernements et des employeurs l'emporteront toujours sur les travailleurs.

Les chercheurs de cette dernière tendance analysent les mécanismes de coercition présents dans la structure de l'État canadien, en disséquant l'espionnage d'État policier durant la Première Guerre mondiale, et le recours à GRC et aux mesures de déportation pour briser les grèves et expulser les socialistes. L'emploi de ces méthodes s'intensifie pendant la guerre froide lors des purges anticommunistes qui frappent nombre de syndicats industriels. Les divers paliers de gouvernement au Canada sont rarement des arbitres impartiaux des relations industrielles; tout au long de l'histoire, ils ont tendance à intervenir dans les conflits de travail de manière à renforcer les droits des capitalistes, comme l'ont fait les lois sur le salaire minimum, sur les accidents de travail et sur d'autres aspects du droit du travail, qui ont eu un impact complexe et souvent paradoxal. Les conflits au sein de l'État ont également leur importance; c'est le cas, comme l'observe Gillian Creese dans son article «Exclusion or Solidarity?», paru en 1988 dans *BC Studies,* du pouvoir exercé par le gouvernement fédéral sur la politique d'immigration, que contestent à maintes reprises les politiciens provinciaux et municipaux et les syndicalistes conservateurs de race blanche qui cherchent à empêcher l'immigration de travailleurs, notamment asiatiques, perçus comme étant de race inférieure. Ces conflits ont contribué au maintien d'une classe ouvrière segmentée en fonction de la race, comme le montre en détail l'ouvrage *Cheap Wage Labour* (1996), d'Alicia Muszynski.

Le domaine le plus productif de la nouvelle recherche est celui de la tradition sexiste du monde du travail, qui se penche sur le rôle du «genre» ou des rapports sociaux de sexe dans l'histoire. En effet, beaucoup de grandes questions de l'histoire ancienne ou récente de la classe ouvrière sont maintenant passées au crible d'une relecture féministe qui conteste l'optique masculine des écrits sur le passé du Canada. Les expériences vécues par les ouvrières de la confection et par les employées des compagnies de téléphone et des fabricants d'automobiles mettent en lumière l'évolution historique de la division sexuelle du travail, ainsi que les luttes contre le sexisme des patrons et des syndicalistes masculins. Plutôt que d'y voir un phénomène naturel, les féministes analysent la place occupée par les femmes dans la structure d'emploi comme le produit de conflits engendrés par des idées sexistes sur les comportements qui conviennent aux hommes et aux femmes. En particulier, le principe du salaire familial, qui repose sur l'idée que les maris sont les soutiens naturels de famille qui doivent pourvoir aux besoins de leurs épouses occupées aux tâches ménagères, a pendant longtemps réduit fortement la capacité des femmes à obtenir des emplois bien rémunérés. Les femmes ne travaillaient pas non plus pour se faire de l'argent de poche, mais par nécessité économique la plupart du temps, cherchant ainsi à subvenir à leurs besoins et à ceux de leurs familles, contrairement à l'idéal du salaire familial.

Dans la même veine, les activités des femmes radicales sont retracées par Linda Kealey, dans le chapitre «No Special Protection – No Sympathy» de *Class, Community and the Labour Movement* (1989), et Janice Newton, dans *The Feminist Challenge to the Canadian Left* (1995), deux études relatives aux socialistes de la période précédant la révolte des travailleurs en 1919, ainsi que par Joan Sangster, dont l'étude *Dreams of Equality* (1989) compare les femmes dans le parti communiste et dans le CCF. Tous ces travaux soulignent les relations souvent conflictuelles entre féminisme et socialisme. Hors du monde du travail, l'étude de Bettina Bradbury intitulée *Working Families* (1993; trad. *Familles ouvrières à Montréal,* 1995) révèle l'importance de la famille à la fois comme ressource lors des conflits de travail, et comme lieu d'affrontements sur des questions de droits et de responsabilités économiques.

Des historiens comme Steven Maynard et Mark Rosenfeld s'intéressent à l'identité sexuelle des hommes au travail en montrant comment les divisions de classe et les notions de solidarité et de compétence s'expriment souvent dans des termes qui reflètent la perception populaire de la masculinité. Dans son livre «The Gender of Breadwinners» (1990), qui porte sur les travailleurs et les travailleuses de deux petites villes de l'Ontario, Joy Parr a le mérite de tenter une synthèse de bon nombre de ces tendances historiographiques, notamment en examinant l'importance des identités masculine et féminine dans le vécu de ces personnes au travail et à la maison.

En terminant, il vaut la peine de noter que dans l'ouvrage collectif *Contemporary Approaches to Canadian History* (1987), publié sous la direction de Carl Berger, l'histoire des travailleurs est le seul domaine de recherche où Berger s'est cru obligé de présenter deux courants historiographiques opposés, dont l'un reflète l'approche institutionnelle plus ancienne, et l'autre les efforts plus récents d'enracinement de cette histoire dans les processus plus vastes de la formation des classes. En 1996, la revue *BC Studies* publie un essai critique de Mark Leier avec des réponses de Robert McDonald, de Bryan Palmer et de Veronica Strong-Boag; le tout donne lieu à des échanges stimulants sur l'orientation des études consacrées aux travailleurs. Cette question fait l'objet d'une vue d'ensemble dans la deuxième édition du livre de Palmer, *Working-Class Experience* (1992). Depuis ses débuts et encore aujourd'hui, l'histoire du travail au Canada est un sujet controversé.

Bryan D. Palmer et Todd McCallum

Travaux publics, ministère des Ce Ministère, qui s'appelle aujourd'hui Travaux publics et Services gouvernementaux, était le constructeur et le gestionnaire des biens immobiliers du gouvernement fédéral dès avant la Confédération. Constitué en 1841, il est également un des plus grands ministères, exerçant le rôle d'acheteur en chef du gouvernement fédéral. Pour le compte du gouvernement, il agit également à titre de responsable des marchés publics, de banquier et de comptable, de spécialiste des télécommunications et de l'information, d'élaborateur de normes, de conseiller en gestion stratégique des biens immobiliers, et d'agent des services d'architecture et de génie relatifs à ces biens. Le Ministère construit et entretient des installations et bâtiments aussi divers que des infirmeries dans les régions éloignées, des complexes de bureaux dans les centres-villes, des ports pour petits bateaux et des routes panoramiques. Le ministère des Travaux publics est chargé de négocier et d'administrer les subventions tenant lieu d'impôts fonciers à verser aux municipalités où se trouvent des biens fonciers fédéraux. En 1985, le Ministère entreprend un important programme afin de se départir des bâtiments et terrains excédentaires. Il administre aussi toutes les opérations d'expropriation du gouvernement fédéral et est responsable de la Société canadienne d'hypothèque et de logement, de la COMMISSION DE LA CAPITALE NATIONALE et du Groupe Communication Canada.

Les organismes de service spécial associés au Ministère fournissent aussi, selon une formule optionnelle d'achat de services, des services comme la traduction, l'interprétation et la terminologie, la consultation et la vérification, l'impression et la publication.

En date du 11 juin 1997, le ministre des Travaux publics est Alfonso Gagliano.

Colette E. Derworiz

Traversiers Bateaux qui transportent, selon un horaire régulier, passagers et véhicules d'une rive à l'autre d'un lac, d'une rivière, d'un fleuve ou d'un port. Des traversiers rudimentaires sont utilisés sur des rivières et en lacs depuis des siècles. Les premiers étaient des skiffs, ou radeaux, mus à l'aviron ou halés par des hommes ou des chevaux. Le traversier moderne utilise le système de roulage pour charger et décharger les véhicules par les portes arrière et d'étrave.

Bien que les Scandinaves prétendent en être les inventeurs, le premier traversier conçu selon le principe du roulage est le *Motor Princess*, du Canadien Pacifique, lancé en 1923 à Esquimalt, en Colombie-Britannique. Il termine sa longue carrière avec la British Columbia Ferry Corporation dans les années 70 sous le nom de *Pender Queen*.

La distinction entre les traversiers et les autres navires est moins évidente depuis la dernière décennie. Le roulage sert à plusieurs cargos océaniques et les traversiers, de plus en plus gros et utilisés sur des distances plus longues, doivent être équipés de cabines privées et d'autres aménagements, pour passagers, similaires à ceux des paquebots de croisière.

Alors que certains transbordeurs reçoivent des automobiles, des camions et des trains, d'autres ne servent qu'au transport de passagers et sont généralement utilisés sur de courtes distances, comme dans les ports de Vancouver et d'Halifax. Les nouvelles connaissances en navigation ont augmenté la vitesse et l'efficacité des traversiers. L'*Abegweit*, aux couleurs de la Marine Atlantique S.C.C., est aussi un brise-glace muni d'un système à bulles d'air qui facilite le passage du navire à travers les glaces en créant une couche d'air sur les flancs de la coque. Les hydroptères, les aéroglisseurs et les catamarans sont des bateaux à effet de sol qui tentent de maximiser la vitesse en réduisant la friction entre l'eau et la coque. L'aéroglisseur peut atteindre des vitesses de 60 nœuds, l'hydroptère et le catamaran, de 45 nœuds, tandis que les traversiers classiques naviguent habituellement à moins de 22 nœuds.

La taille considérablement accrue des traversiers modernes suscite des inquiétudes quant à leur fiabilité. Les vastes ponts-garages, facilement accessibles, permettent une plus grande efficacité, mais leur grande étendue les rend vulnérables devant une inondation potentielle, même faible. Le poids de l'eau et son déplacement rapide vers le pont grand ouvert seraient des facteurs de déstabilisation.

Bien que de telles inondations soient très rares, on doit déplorer quelques chavirages rapides au cours des dernières années, dont le plus notoire est celui du *Herald of Free Enterprise*, en 1987. Ses portes étanches s'étant mal fermées, le navire a chaviré en moins de deux minutes après avoir fait eau au large de Zeebrugge en Belgique. Les 188 morts de ce naufrage ont poussé tous les organismes de réglementation du monde à réviser les mesures de sécurité relatives aux traversiers modernes.

Les grandes sociétés de traversiers du monde sont Sealink (entre la Grande-Bretagne, l'Irlande et l'Europe), Danish State Rail, Hong Kong and Yaumati Ferry Co., Washington State Ferries et British Columbia Ferry Corporation. Les plus gros traversiers transportent plus de 2000 passagers et jusqu'à 700 véhicules sur trois ponts. Les quais de la plupart des grands terminus sont maintenant munis de rampes qui permettent le chargement et le déchargement des voitures sur deux ponts, simultanément.

Les terminus qu'exploite la BC Ferry Corporation sont parmi les plus achalandés au monde. L'entreprise possède aussi les quatre plus gros traversiers à double-propulsion (amphidromes) du monde. Les *Queen of Cowichan, Queen of Coquitlam, Queen of Surrey* et *Queen of Oak Bay* transportent chacun 1500 passagers et 360 automobiles sur trois ponts et voguent à près de 22 nœuds. Le terme double-propulsion fait référence aux hélices à la poupe et à la proue, qui évitent de devoir faire pivoter le bateau à chaque accostage.

En raison de la variété des services offerts dans le Canada atlantique, la flotte de la Marine Atlantique S.C.C. comprend de nombreux types de bateaux: certains, plus rapides, qui n'atteignent que 30 m; un transbordeur, d'une longueur de 148 m, qui peut transporter 39 wagons de marchandises; des cargos qui prennent en plus de leur cargaison une dizaine de passagers; des traversiers qui accueillent 1100 passagers et leurs véhicules (automobiles, camions et camions gros porteurs); des navires qui desservent 15 terminus principaux; d'autres qui font la navette entre 100 petits ports de Terre-Neuve et du Labrador, lesquels dans certains cas n'ont aucun autre lien avec le monde extérieur.

Au Canada, on trouve en outre des dizaines de petits traversiers sur les rivières et lacs, comme ceux qui font la navette entre le port de Toronto et l'île Centre ou ceux qui assurent le service entre Tobermory et l'île Manitoulin dans la baie Georgienne. Au cours des 20 à 30 dernières années, des ponts ont cependant souvent pris le relais. Toutefois, les principaux services de traversier naviguent en eaux salées. La société d'État, Marine Atlantique S.C.C., exploite 18 bateaux sur des parcours maritimes entre Terre-Neuve, l'Île-du-Prince-Édouard, la Nouvelle-Écosse, le Nouveau-Brunswick et le Maine.

La Société des traversiers du Québec, qui appartient au gouvernement provincial, exploite neuf traversiers sur six trajets reliant les rives du Saint-Laurent. La BC Ferry Corporation, propriété du gouvernement de la Colombie-Britannique, en exploite 38 sur 25 itinéraires le long de la côte. Cette société d'État provinciale reçoit une petite subvention fédérale (parce que l'un de ses parcours est une extension de la route transcanadienne jusqu'à l'île de Vancouver), mais la majeure partie de ses subventions proviennent du gouvernement provincial.

Au Québec, les traversiers appartiennent à un organisme distinct subventionné par le gouvernement provincial. Étant donné que Marine Atlantique S.C.C. fournit un service de transport interprovincial, toutes ses subventions lui sont versées par le gouvernement fédéral.

Leonard Roueche

Travois Mode de transport utilisé par les Indiens des Plaines, le travois se composait de deux longues perches fixées aux flancs du chien (et plus tard du cheval) qui les tirait. Les perches traînaient derrière et étaient liées par une structure sur laquelle étaient transportés les bagages de la famille, y compris la couverture du TIPI. Chez les ASSINIBOINES, le fond du travois était circulaire et fait de saule tressé; chez les PIEDS-NOIRS, il était soit rond, soit rectangulaire. Le travois à chien de l'époque antérieure à l'arrivée des Européens était petit et ne permettait de transporter qu'un poids de 20 à 30 kg. Lorsque les chiens ont fait place aux chevaux, la capacité de traction plus grande a permis d'agrandir les tipis et d'augmenter les biens de la famille. (*Voir* AUTOCHTONES: PLAINES.)

René R. Gadacz

Trèfle Les «vrais» trèfles (genre *Trifolium*) sont des plantes herbacées de la famille du pois appelée *Leguminosae* ou *Fabaceae* (*voir* LÉGUMINEUSES). On ne doit pas les confondre avec les luzernes (*Medicago*) et les mélilots (*Melilotus*) appartenant à la même famille.

Distribution Le genre *Trifolium* comprend environ 240 espèces répandues dans le monde. On le trouve naturellement en Eurasie (particulièrement dans la région méditerranéenne), dans des régions d'Afrique, dans l'est et l'ouest de l'Amérique du Nord et de l'Amérique du Sud. Le trèfle blanc se trouve dans la plupart des régions tempérées, où il est très répandu. Les trèfles sont annuels, bisannuels et vivaces, et ont des modes de croissance qui diffèrent énormément. Ils s'adaptent à une grande variété d'habitats.

Description Les fleurs, petites, blanches, jaunes, roses ou rouges, se présentent en grappes denses appelées têtes; la plupart des espèces ont des feuilles divisées en trois parties (folioles), mais quelques espèces plus primitives ont de sept à 11 folioles.

Importance biologique Près de 20 espèces européennes sont cultivées comme FOURRAGE en Amérique et en Australie, où elles ne sont pas indigènes. Au Canada, on trouve le trèfle rouge, ou trèfle des prés, (*T. pratense*), et le trèfle blanc, ou trèfle rampant (*T. repens*). On y trouve aussi le trèfle hybride, ou trèfle Alsike (*T. hybridum*) et le trèfle incarnat (*T. incarnatum*), qui sont moins répandus. Beaucoup d'espèces ne résistent pas longtemps; des cultivars vivaces de trèfle des prés sont cultivés pour leurs qualités particulières. La plupart des trèfles vivent en symbiose avec les BACTÉRIES (*Rhizobium*) qui fixent l'azote de l'air.

John M. Gillett

Tremblant, mont Mont du Québec; alt. 968 m; situé à 140 km au nord de Montréal. C'est l'un des sommets les plus élevés des HAUTES TERRES LAURENTIENNES. Les ALGONQUINS l'appelaient Manitou Ewitchi Saga, soit «les monts du terrible Manitou», car ils croyaient que MANITOU ferait trembler la montagne si les humains dérangeaient la nature. En 1895, le gouvernement du Québec crée le parc de la Montagne Tremblante, devenu aujourd'hui le PARC DE RÉCRÉATION DU MONT-TREMBLANT.

Tremblant, parc de récréation du Mont- Il est le premier PARC PROVINCIAL du Québec. Il est créé en 1895, possède une superficie de 1490 km² et est situé dans les HAUTES TERRES LAURENTIENNES, à environ 140 km au nord-ouest de Montréal.

Histoire naturelle Le parc regroupe les très anciennes roches ignées du BOUCLIER canadien et, dans le sud, les roches sédimentaires plus récentes des BASSES TERRES DU SAINT-LAURENT, toutes façonnées par les glaciers. Les deux régions bien connues sont le massif méridional dont le sommet est le mont TREMBLANT (968 m), et la région des Grands Lacs, dans le nord, dont l'altitude moyenne est de 500 m. Le parc regroupe un important réseau hydrographique de plus de 400 lacs, sept rivières, des chutes d'eau et les bassins versants des rivières Saint-Maurice, des Outaouais et L'Assomption.

La riche végétation, qui varie selon l'altitude, se compose d'érables, de bouleaux et de conifères. Parmi les nombreuses espèces animales, on compte l'orignal, l'ours, le renard, le lièvre, le castor, de nombreux batraciens, 193 espèces d'oiseaux et 36 espèces de poissons (notamment la truite).

Installations et services Exploitée d'abord pour son bois, la région devient plus tard un lieu très fréquenté pour les loisirs d'été et d'hiver. En 1981, le parc est réaménagé en quatre zones accessibles par l'autoroute, et en trois zones de conservation de la nature, sans routes. Le mont Tremblant est réputé pour sa station de ski.

John S. Marsh

Tremblay, Arthur Julien, enseignant, réformateur en éducation, haut fonctionnaire, sénateur (Saint-Bruno, Qc, 18 juin 1917). Étudiant au séminaire de Chicoutimi, à l'U. Laval (maîtrise en sciences sociales, 1942), à Harvard (maîtrise en éducation, 1945), il se joint à l'équipe de l'École de pédagogie et d'orientation de Laval en 1945, à titre de directeur adjoint. Il participe à la réforme de tous les niveaux du système scolaire catholique du Québec dans les années 50, et est même l'architecte de la plupart des réformes qui sont réalisées par la suite.

Au début de la RÉVOLUTION TRANQUILLE, marquée par la victoire du Parti libéral de Jean Lesage, en juin 1960, Tremblay est nommé chef de cabinet du ministre de la Jeunesse, Paul GÉRIN-LAJOIE, et il est responsable des recommandations pour la réforme agraire et celle de l'enseignement technique et professionnel. De 1961 à 1964, il est également membre de la Commission royale d'enquête sur l'enseignement, qui recommande des réformes en profondeur et le rétablissement du ministère de l'Éducation aboli en 1875.

Le gouvernement Lesage crée ce Ministère en 1964, et Tremblay est nommé premier sous-ministre. Avant la fin de la décennie, le Ministère restructure l'ensemble des commissions scolaires, met en place un vaste réseau d'écoles secondaires publiques, le tout couronné d'un système de COLLÈGES D'ENSEIGNEMENT GÉNÉRAL ET PROFESSIONNEL et d'universités francophones catholiques, sécularisé et élargi. En 1971, il succède à Claude Morin comme sous-ministre des Affaires intergouvernementales. Il est nommé au Sénat en septembre 1979, et le premier ministre Brian Mulroney le nomme conseiller spécial des affaires constitutionnelles et des relations fédérales-provinciales en 1984. Tremblay se retire du Sénat en 1992. Il est nommé Officier de l'Ordre du Canada en 1976.

Michael D. Behiels

Tremblay, Gilles, compositeur, pianiste et ondiste (Arvida, Qc, 6 sept. 1932). Sa recherche dans le domaine du son se reflète dans toute son œuvre par l'utilisation des instruments à la limite de leur capacité sonore. Au Canada, ses maîtres sont Jean PAPINEAU-COUTURE, Claude CHAMPAGNE, Germaine Malépart et Jean VALLERAND, et à Paris, Yvonne Loriod, Olivier Messiaen et Andrée

Vaurabourg-Honegger. À Paris, il étudie aussi les ondes Martenot avec Maurice Martenot et travaille avec le Groupe de recherches musicales de l'Office de la radiodiffusion-télévision française. Il travaille avec Karlheinz Stockhausen, à Darmstadt, et ensuite avec Pierre Boulez et Henri Pousseur.

Sa magnifique composition *Sonorisation du Pavillon du Québec*, musique électroacoustique écrite pour l'EXPO 67, lui vaut le PRIX DE MUSIQUE CALIXA-LAVALLÉE de 1968. Il compose *Souffles (Champs II)* pour la SOCIÉTÉ DE MUSIQUE CONTEMPORAINE DU QUÉBEC (1968) et *Fleuves* pour l'ORCHESTRE SYMPHONIQUE DE MONTRÉAL (1977). Parmi ses œuvres principales, mentionnons *Kékoba, Oralléluiants, Envoi, Les Vêpres de la Vierge* et *Avec*, «wampum symphonique». En 1973, il reçoit la médaille du CONSEIL CANADIEN DE LA MUSIQUE, qui, en 1977, le proclame «compositeur de l'année». En 1991, il reçoit le prix Denise-Pelletier et est nommé Officier de l'Ordre national du Québec. Il enseigne au CONSERVATOIRE DE MUSIQUE DU QUÉBEC à Montréal et est président (1982-1988) et directeur artistique (1986-1988) de la Société de musique contemporaine du Québec.

Hélène Plouffe

Tremblay, Marc-Adélard, professeur d'anthropologie (Les Éboulements, Qc, 24 avril 1922). Tremblay obtient un doctorat de l'U. Cornell en 1954, puis occupe diverses fonctions de premier plan, tant académiques qu'administratives à l'U. Laval, au sein d'organismes de recherche professionnels et de sociétés savantes nationales. Ses travaux sur la société et la vie culturelle québécoises lui valent le prix littéraire du Québec (1965), la Médaille Innis-Gérin (1979), la Médaille du centenaire de la Société royale du Canada (1982) et le Prix Molson (1987). Il publie plus de 150 articles et ouvrages, dont *Famille et parenté en Acadie* (1971), *Communautés et culture au Canada français* (1973), *L'identité québécoise en péril* (1983), ainsi que *Immigrants in the Canadian Labour Force* (1989, en collaboration avec S. Seward).

René R. Gadacz

Tremblay, Michel, écrivain (Montréal, 25 juin 1942). En 1959, Tremblay entre à l'Institut des arts graphiques et écrit sa première pièce, *Le Train*. Il travaille comme linotypiste de 1963 à 1966. En 1964, *Le Train* remporte le premier prix du Concours des jeunes auteurs de la Société Radio-Canada, et la pièce est diffusée le 7 juin 1964. C'est le début d'une longue carrière, principalement consacrée à l'écriture dramatique. En tant que romancier, Michel Tremblay se manifeste d'abord par la publication de *Contes pour buveurs attardés*, en 1966.

On présente *Le Train* de nouveau, cette fois au Théâtre de la Place Ville-Marie, entre 1965 et 1968. Le Mouvement contemporain présente des extraits de *Contes pour buveurs attardés*, et le Patriote monte *Cinq* (version originale d'*En pièces détachées*) en décembre 1966. Boursier du Conseil des arts du Canada en 1968, il se rend au Mexique et y écrit *La Cité dans l'œuf*, un roman fantastique, et *La Duchesse de Langeais*, un pièce à un seul personnage évoquant les amours et les désillusions d'un vieux travesti. Après la lecture publique des *Belles-Sœurs* le 4 mars 1968 au Centre d'essai des auteurs dramatiques, la pièce est montée le 28 août 1968 par André Brassard, qui signera la quasi-totalité des créations et des reprises des œuvres de Tremblay.

Procédés antiréalistes Écrite dans une langue populaire, le JOUAL, *Les Belles-sœurs* donnent une vision transformée du quartier ouvrier où est né Tremblay. En 1987, sa pièce *Le Vrai Monde,* la 19e en 19 ans, est saluée comme une œuvre importante par sa première présentation. En 1990, la présentation de son opéra, *Nelligan* (écrit en coll. avec le musicien André GAGNON), accroît grandement sa réputation. Longtemps perçu par la critique comme un auteur de théâtre réaliste, Michel Tremblay, par son utilisation

fréquente de procédés antiréalistes (chœurs, flashback) et de personnages marginaux, évolue nettement hors des sentiers fréquentés par ses prédécesseurs tels que Gratien GÉLINAS, Marcel DUBÉ, Françoise LORANGER et Jacques LANGUIRAND.

Auteur de comédies musicales, traducteur et adaptateur de nombreux auteurs étrangers, notamment américains, il est également scénariste et parolier. Parmi ses nombreuses œuvres dramatiques, signalons particulièrement *À toi pour toujours, ta Marie-Lou* (1971), qui a remporté le Chalmers Award; *Damnée Manon, Sacrée Sandra* (1977); *Albertine en cinq temps* (1984), que plusieurs considèrent comme sa meilleure pièce; *La Maison suspendue* (1990), *Messe solennelle pour une pleine lune d'été* (1996), et *Encore un peu si vous le permettez* (1998). Ses pièces ont été traduites en plusieurs langues et *Les Belles-Sœurs,* en particulier, ont été bien accueillies dans leur version écossaise-anglaise, *The Guid Sisters* (1991), dans leur version yiddish, *Di Shvegerius* (1992), ainsi que dans leur version italienne.

Écriture romanesque Depuis le milieu des années 80, Tremblay se consacre surtout à l'écriture romanesque. Les trois premiers romans de ses *Chroniques du Plateau Mont-Royal* explorent le même univers que ses pièces. Deux volumes constitués en bonne partie de récits autobiographiques, *Les Vues animées* et *Douze coups de théâtre,* paraissent en 1990 et en 1992. Depuis, il a encore fait paraître *Le cœur éclaté* (1993), *Un ange cornu avec des ailes en tôle,* récit (1995), *Quarante-quatre minutes quarante-quatre secondes* (1997), *Un objet de beauté* (1997), *Hôtel Bristol,* (1999). Il a reçu de nombreux prix et distinctions, dont le prix Victor-Morin en 1974 et le prix du Lieutenant-gouverneur de l'Ontario en 1976 et en 1977. En 1991, il est nommé Officier de l'Ordre de France, et la même année, Chevalier de l'Ordre national du Québec. En 1999, il a reçu le prix du Gouverneur général.

Pierre Lavoie

Tremble ARBRE feuillu, caduque, du genre *Populus* de la famille du SAULE. Le tremble, ou peuplier faux-tremble, (*P. tremuloides*) et le peuplier à grandes dents (*P. grandidentata*) sont des espèces indigènes du Canada. Le peuplier faux-tremble, l'arbre le plus répandu de l'Amérique du Nord, pousse de la LIMITE FORESTIÈRE jusque dans le nord du Mexique. Il s'accommode de la plupart des sols, mais préfère les terrains bien drainés, humides, les loams sableux ou les loams graveleux. Il ne supporte pas l'ombre et ne vit pas longtemps (environ 60 ans). Arbre «pionnier», il colonise les régions ravagées par le déboisement et le feu; il se reproduit par des drageons plutôt que par ses graines. Il remplit aussi le rôle d'«arbre-abri» dans les forêts de feuillus et les forêts de conifères qui succèdent aux forêts de trembles. Dans les Prairies, il peut être le seul arbre à y pousser.

Ses feuilles sont presque rondes et ont une pointe courte; les pétioles aplatis les font trembler au vent. Ses ramilles sont minces et d'un gris brunâtre brillant; son écorce est lisse, luisante et d'une couleur qui va du vert pâle au blanc crayeux. Il atteint de 12 à 18 m de hauteur. Les spécimens adultes des peuplements ouverts ont un houppier globuleux et très fourni; ceux des peuplements forestiers ont un tronc élancé et cylindrique et un houppier court et arrondi.

Tremblement de terre Il se définit comme un mouvement vibratoire causé par la rupture de roches souterraines soumises à des pressions plus fortes que son point de rupture. Cette rupture provoque des ondes sismiques émises en profondeur à partir de son point d'origine, aussi appelé foyer. Le point de surface immédiatement au-dessus est l'épicentre, et c'est là que les secousses sont les plus intenses. À de grandes distances, le mouvement sismique de la terre ne peut être détecté que par des instruments sensibles comme des sismographes. Il existe de nombreuses façons de mesurer les tremblements de terre, dont la plus connue est celle inventée par Charles Richter en 1935. Devant la nécessité de quantifier la force des tremblements de terre, Richter crée une échelle calibrée à partir des enregistrements sismographiques qui tient compte de la diminution de l'amplitude des ondes sismiques plus la distance de l'épicentre est grande.

Sur l'échelle de Richter, qui mesure la magnitude (M), les tremblements de terre dont la magnitude est inférieure à 2 ne sont généralement pas ressentis, même s'ils se produisent à de faibles profondeurs. Des secousses peu profondes de M5 causent des dommages seulement quand l'épicentre est situé sous des structures construites sur des sédiments ou des sols meubles. Les tremblements de terre de M6 qui se produisent dans les régions populeuses causent souvent des dommages considérables. Les séismes les plus violents du présent siècle ont atteint des magnitudes avoisinant 8,5. Chaque année, une centaine de secousse de M6 se produisent. Heureusement, la plupart d'entre elles se produisent en mer ou en régions peu peuplées.

La sévérité du tremblement de terre en surface, à une distance donnée du foyer, détermine l'intensité à cet endroit. L'échelle modifiée d'intensité de Mercalli (MM), utilisée en Amérique du Nord pour quantifier le degré d'effet de surface, varie de MMI, mouvement presque imperceptible, à MMXII, destruction totale. Les dommages surviennent à partir de MMVI. Le foyer peut être situé tout près de la surface ou jusqu'à 700 km de profondeur. La plupart des séismes continentaux se produisent dans la croûte à des profondeurs de moins de 40 km. Les séismes à foyer profond (plus de 300 km) ne se produisent que dans les régions où l'activité sismique est très importante.

Au Canada, les tremblements de terre se produisent dans les Rocheuses, le long de la côte Ouest ainsi qu'au large, au Yukon et dans l'Arctique, dans l'est du Canada et le long du littoral atlantique. Dans le reste du Canada, les tremblements de terre sont rares et leur magnitude peu élevée. Dans les Rocheuses, des tremblements de terre d'intensité moyenne se produisent dans la croûte à des niveaux d'activité qui passent de mineurs à modérés, suivant un régime de compression. En 1872, un tremblement de terre de forte magnitude (M7) s'est produit dans les environs de Hope en Colombie-Britannique ou, plus au sud, dans le nord de l'État de Washington. Il s'agit du plus important séisme connu dans cette région. Les autres tremblements de terre ne dépassaient pas M6.

Le long de la côte Ouest, sous l'île de Vancouver et le détroit de Georgia, les tremblements de terre sont causés par la subduction d'une plaque active (*voir* TECTONIQUE DES PLAQUES et ÉVOLUTION GÉOLOGIQUE). La petite plaque Juan de Fuca est en train de disparaître sous le mont Olympic et le sud de l'île de Vancouver. Cela produit une zone de tremblements de terre sous Puget Sound, à une profondeur de 70 km à 100 km, superposée par une zone de petites secousses peu profondes. Le régime se poursuit au nord du territoire canadien et au sud du détroit de Georgia. La petite plaque Explorer ne s'enfonce plus sous le nord de l'île de Vancouver. La jonction des deux plaques est une zone de cisaillement marquée en mer par la faille de Nootka et qui s'étend profondément sous les îles. À l'occasion, la croûte moins profonde subit des tremblements de terre importants, comme le séisme sur l'île de Vancouver près de Courtenay en 1946, probablement par suite de cisaillements souterrains.

Au large, une dorsale transformante sépare les plaques Explorer et Juan de Fuca de la plaque du Pacifique. Sur la côte, les nombreux tremblements de terre qui se produisent chaque année ne sont pas ressentis. Plus au nord, le système transformant traverse la plateforme continentale et s'étend vers le nord en la longeant comme une faille de décrochement. Les séismes les plus connus du Canada se sont produits à cet endroit. En 1949, un segment de la faille,

d'une longueur de 200 km, s'est déplacé et a produit un tremblement de terre de M8 qui a fait bouger des lustres jusqu'à Jasper. L'enfoncement de la plaque du Pacifique sous l'Alaska cause de nombreux séismes violents (M8) qui peuvent affecter le territoire canadien. Au cours du Vendredi saint de 1964, un tremblement de terre de M8,6 a provoqué un TSUNAMI, soit une onde océanique engendrée par un séisme, causant des dommages considérables à Port Alberni sur l'île de Vancouver.

Il y a des zones d'activité sismique dans les montagnes Mackenzie et Richardson au Yukon, et une zone sismique relativement limitée dans la mer de Beaufort. De nombreuses zones de séismes sont situées dans les îles arctiques, dont une s'étend vers le sud et passe par la péninsule Boothia, l'embouchure de la baie d'Hudson et le nord du Québec, jusqu'à la mer du Labrador. En 1933, la baie de Baffin subit un tremblement de terre de M7. En 1929, un événement d'une magnitude similaire se produit dans le Chenal Laurentien au sud de Terre-Neuve, et provoque un tsunami qui cause des dommages considérables et la mort par noyade de 27 personnes dans la péninsule de Burin.

Dans l'est du Canada, la sismicité est dispersée dans tout le nord des Appalaches. Un exemple récent, une série de secousses de M5 s'est produite dans la région de la Miramichi au Nouveau-Brunswick en 1982. Des zones concentrées sont situées à l'embouchure du fleuve Saint-Laurent, dans la Vallée du Saint-Laurent, près de La Malbaie dans le comté de Charlevoix et dans l'ouest du Québec. La zone de Charlevoix est l'endroit où se produisent la plupart des secousses importantes dans l'est du Canada. Un des plus gros séismes s'est produit en 1534-1535, entre les deux voyages de Jacques Cartier. Les autochtones lui en ont parlé à son retour. En 1925, un séisme de M7 a été ressenti partout dans l'est du Canada et le nord-est des États-Unis. Dans l'ouest du Québec, Témiscamingue (1935) et Cornwall (1944) ont aussi subit des tremblements de terre qui ont causé des dommages. La magnitude des deux séismes avoisinait 6.

Le Réseau national de sismographes, dirigé par la Commission géologique du Canada du ministère des Ressources naturelles surveille l'activité sismique au Canada. Une centaine de sismographes sont répartis de St. John's à l'île de Vancouver et d'Alert dans l'Arctique jusqu'à la péninsule du Niagara. Le réseau détecte tout séisme de M3,5 et plus, partout au Canada, et ceux de M2 et plus, dans les régions très peuplées. Annuellement, on détecte environ 300 séismes d'une magnitude supérieure à 3. Les données recueillies sont utilisées pour calculer la probabilité qu'un événement sismique d'une certaine magnitude puisse se produire dans une région particulière du pays. Ces résultats sont inclus dans le Code canadien du bâtiment. Les structures construites selon ses normes résistent aux tremblements de terre d'intensité moyenne sans dommage important et aux tremblements de terre violents sans s'effondrer.

Michael J. Berry

Trent, Affaire L'affaire du *Trent* est la plus grave crise diplomatique survenue entre le gouvernement britannique et le gouvernement fédéral des États-Unis durant la GUERRE DE SÉCESSION. Le 8 novembre 1861, le capitaine Charles Wilkes de la marine de guerre nordiste arraisonne le *Trent*, un navire marchand et postal anglais, dans les eaux neutres entre La Havane (Cuba) et Londres, pour capturer deux émissaires confédérés délégués à Londres et Paris. En Angleterre comme dans les colonies britanniques d'Amérique du Nord, on réagit à l'annonce de cette capture (en violation flagrante de la neutralité britannique), en exigeant que le gouvernement américain présente ses excuses et rende les diplomates. Il semble y avoir menace de guerre entre l'Angleterre et les États nordistes, et le Canada risque de devenir un champ de bataille. Les diri-

geants coloniaux et provinciaux discutent de la meilleure façon de défendre le pays. Quand les troupes britanniques envoyées pour renforcer les maigres garnisons aux frontières sont obligées de traverser le Maine pour gagner le Canada, les dirigeants canadiens se rendent compte de la vulnérabilité de leur patrie. La crise se calme. Les Nordistes libèrent les commissaires confédérés le 26 décembre, sans toutefois présenter d'excuses.

Robin W. Winks

Trent, canal Ensemble de voies navigables qui relie le lac Ontario (à Trenton) au lac Huron (à Port Severn, dans la baie Géorgienne). Son itinéraire de 388 km emprunte la rivière Trent jusqu'au lac Rice, puis la rivière Otonabee, les lacs Kawartha, des canaux artificiels jusqu'aux lacs Simcoe et Couchiching, puis la rivière Severn jusqu'à la baie Georgienne, ainsi que deux bers roulants (à Big Chute). Les écluses élèvent les navires de 181 m jusqu'au point le plus élevé, au lac Balsam, puis les font redescendre de 79 m jusqu'au lac Huron. Deux de ses écluses, à Peterborough et à Kirkfield, sont les seules écluses à élévateur hydraulique en Amérique du Nord. Les premiers colons aménagent de simples couloirs de communication entre certains lacs pour faciliter le flottage du bois coupé dans les forêts avoisinantes. L'exploitation forestière, les scieries, la navigation à vapeur, le transport de céréales et les activités de loisirs dépendent du développement de la voie navigable. La construction, dont les travaux sont sporadiques, dure 87 ans, de 1833 à 1920. Régie par l'Ontario jusqu'en 1892, l'ensemble est repris et terminé par le ministère des Chemins de fer et Canaux, au fédéral. Maintenant géré par le ministère de l'Environnement Service canadien des parcs, il est utilisé chaque été pour la navigation de plaisance. Il sert également à l'approvisionnement en eau de certaines municipalités, à la production d'énergie hydro-électrique, à la protection de l'habitat faunique et à la lutte contre les crues.

Robert F. Legget

Trente arpents (1938). Ce roman trace un portrait plutôt tragique que romantique du fermier canadien-français et rompt ainsi avec la tradition de l'idylle régionale. Il présente la vie rurale du Québec comme étant soumise à la fois aux caprices du climat et au choc de l'URBANISATION. Sous le pseudonyme de Ringuet, l'auteur Philippe PANNETON décrit la déchéance d'Euchariste Moisan depuis sa jeunesse prospère, pendant laquelle il vit comme s'il était marié à sa ferme, jusqu'à sa vieillesse, pendant laquelle il vit dans la pauvreté et prisonnier d'une ville industrielle américaine. Les conflits entre générations se font sentir autant à la campagne qu'en ville. La vie rurale avant la Première Guerre mondiale n'est d'ailleurs pas vraiment meilleure que la vie urbaine. Panneton, qui affirme faire davantage partie du courant réaliste que du naturalisme, emploie les saisons comme symbole et comme structure, dans le but de révéler la fragilité de l'espoir humain face aux forces indifférentes de la nature et du temps. Le roman gagne des prix en France et au Québec et la traduction de Felix et Dorothea Walter, *Thirty Acres,* remporte le prix du Gouverneur général en 1940. Il est aussi traduit en allemand.

Michèle Lacombe

Trenton (Ont.) Trenton, cité de l'Ont.; pop. 17 179 (rec. 1996); const. en tant que village en 1853, en tant que ville le 1er juillet 1880, puis en tant que cité le 1er juillet 1980. Depuis le 1er janvier 1998, elle fait partie de la nouvelle municipalité de Quinte West.

Les premiers colons arrivent à l'embouchure de la rivière Trent dans les années 1790. L'endroit, connu comme la porte d'entrée de la voie navigable Trent-Severn, s'appelle à l'origine Trent Port; ensuite Trent-town et, enfin, Trenton.

Profitant de l'aménagement du canal, la région se dote d'une importante industrie du bois de sciage. La plus grande scierie est la propriété de la Gilmour Company. En 1910, après de nombreuses années de prospérité, elle est rasée par les flammes. Durant la

Première Guerre mondiale, c'est l'usine de munitions de la British Chemical Company qui constitue la principale industrie, mais elle est détruite à son tour par des explosions en 1918. Au cours des années 20, on tente de faire de la ville un centre de production cinématographique, mais seul un petit nombre de films sont réalisés. Trenton est choisie comme le centre de l'Aviation royale du Canada et, durant la Seconde Guerre mondiale, elle sert de base d'entraînement pour les pilotes du Commonwealth.

La base des Forces canadiennes Trenton constitue toujours une partie intégrante de l'économie. Parmi les produits industriels fabriqués à Trenton, on retrouve des textiles, des éléments d'appareils électroniques et des produits en acier et en bois.

Gerald Stortz

Trésorerie, Loi de Mesure d'urgence qui met fin à l'ÉTALON-OR au Canada en août 1914 et qui donne de nouveaux pouvoirs au ministère des Finances. Le même nom fait aussi référence à une mesure prise en 1923 qui maintient ces nouveaux pouvoirs et stipule le retour de l'étalon-or, le 1er juillet 1926, et sa suspension dans certains cas d'urgence. Avant 1914, chaque banque émet son propre papier-monnaie, alors que le gouvernement fédéral émet des billets du dominion en échange de l'or, ou vice versa. Donc, quand l'or afflue, le gouvernement émet plus de papier-monnaie; les billets des banques à charte sont convertibles en or ou en billets du dominion.

Après 1914, le gouvernement peut émettre de nouveaux billets du dominion sans le soutien de l'or, afin de financer l'effort de guerre et de prêter aux banques à charte, à leur demande. Cette disposition dure jusqu'en 1935, au moment où la BANQUE DU CANADA est créée. Cela signifie que les banques à charte ne sont jamais à court d'espèces, car elles peuvent toujours emprunter des billets du dominion récemment imprimés. La quantité de billets imprimés n'est plus proportionnelle au montant d'or dans les coffres d'Ottawa. Ainsi, l'émission de billets est rarement proportionnelle à la réserve d'or, bien que, depuis le 1er juillet 1926, les billets du dominion soient convertibles en or, à un prix fixe, comme ils l'étaient avant 1914. À la fin de 1928, la réserve d'or devient insuffisante et on a recours aux provisions d'urgence de la loi de 1923. (*Voir aussi* TAUX DE CHANGE.)

Ian Drummond

Triathlon Il regroupe trois disciplines – natation (4 km), cyclisme (182 km) et course à pied (marathon) – en une compétition très éprouvante. Deux Canadiennes, Sylviane et Patricia Puntous, font partie des spécialistes mondiales du triathlon, qui exige endurance physique et pur courage. Les deux sœurs ont dominé à deux reprises le fameux triathlon d'Hawaii. Ce genre d'épreuve gagne en popularité au Canada. Les compétitions s'adressent aux amateurs comme aux professionnels et ont lieu dans toutes les provinces canadiennes. Chaque année, la série canadienne de compétitions de l'Ironman tient plus de dix triathlons dans tout le pays et les gagnants se qualifient pour les championnats nationaux professionnels. Les triathlons professionnels attirent des athlètes de par le monde entier, qui se disputent des prix en argent dont le total dépasse les 250 000 dollars.

Yvon Dore

Tribunal de la famille Nom généralement donné aux tribunaux établis sous le régime des lois provinciales et ayant compétence en matière de DROIT DE LA FAMILLE. Les juges de ce tribunal sont nommés par le gouvernement provincial. Même si les trois conséquences principales de l'échec du mariage ou d'une union de fait (la garde des enfants et l'accès aux enfants, les obligations alimentaires au profit des conjoints, des parents et des enfants, et la répartition des biens) relèvent du droit de la famille, les juges nommés par les provinces ne peuvent statuer sur la répartition des biens matrimoniaux ni sur le divorce et ses conséquences, des questions qui relèvent obligatoirement d'une cour supérieure. Dans certaines

provinces, les tribunaux de la famille s'occupent aussi de l'adoption. La plupart des provinces ont une division de la famille et de la jeunesse dans leur cour provinciale. Ces tribunaux ont compétence en matière familiale (l'entretien et la garde sous le régime des lois provinciales, le bien-être des enfants et les jeunes contrevenants). Dans certaines provinces, le tribunal de la famille est un tribunal à juridiction regroupée. Les juges de tels tribunaux sont nommés par le gouvernement fédéral et le gouvernement provincial en cause, et peuvent statuer sur toutes les questions qui relèvent du droit de la famille. Les juges de ce tribunal sont nommés par le gouvernement provincial.

Peter K. Doody et Christine Davies

Tribunaux administratifs Organismes gouvernementaux spécialisés établis sous le régime des lois fédérales ou provinciales pour mettre en œuvre la politique législative. La nomination à ces tribunaux se fait généralement par décret en conseil. Les candidats à ces postes sont normalement choisis en raison de leur compétence et de leur expérience dans un secteur particulier régi par la loi. Les tribunaux administratifs exercent toute une série de fonctions, y compris la recherche et la formulation de recommandations (p. ex., les commissions de réforme du droit), la réglementation et l'élaboration de politiques (p. ex., le Conseil de la radiodiffusion et des télécommunications canadiennes et les commissions provinciales des valeurs mobilières), l'octroi de subventions (p. ex., le Conseil des arts du Canada et les organismes régionaux de développement), le prononcé de décisions (p. ex., les commissions des relations du travail, les commissions municipales et les tribunaux des droits de la personne) et l'établissement de normes (p. ex., les commissions des évaluations environnementales, les commissions des accidents du travail et les commissions de la santé et de l'hygiène). Outre ces organismes permanents, il existe des tribunaux administratifs ad hoc, tels que les arbitres et les commissions d'enquête, dont le mandat se limite à une question particulière.

Rôle non partisan Les tribunaux administratifs étant indépendants du gouvernement, on s'attend à ce qu'ils exercent leurs fonctions d'une manière non partisane. Cependant, la relation exacte entre les tribunaux administratifs et le gouvernement varie. Dans certaines circonstances, p. ex., dans les secteurs municipal, des transports, des communications et de l'énergie, il peut être prévu un droit d'appel au Cabinet contre les décisions du tribunal, bien que cela soit peu commun, et même là où ce droit existe, il n'est exercé que rarement.

Le processus décisionnel De nombreux tribunaux administratifs agissent par voie d'audience pour statuer sur les droits et obligations contradictoires ou pour déterminer les droits à reconnaître à des parties aux intérêts opposés. Ils possèdent de larges pouvoirs d'assigner des témoins, d'enjoindre la présentation de documents et de recueillir des preuves sous serment, soit directement au titre de leur loi habilitante, soit indirectement au titre des lois d'application générale régissant les enquêtes publiques.

Le fonctionnement des tribunaux administratifs qui exercent des fonctions décisionnelles se rapproche beaucoup de celui des tribunaux judiciaires par la tenue d'audiences formelles. Leur procédure est moins formelle que celle des tribunaux judiciaires, et les règles de preuve ne s'appliquent pas, bien que leurs décisions doivent se fonder sur des éléments de preuve pertinents. Leurs décisions sont généralement définitives et ne sont pas susceptibles d'appel, bien qu'un droit d'appel puisse être prévu devant les tribunaux judiciaires, devant un autre tribunal administratif ou devant le Cabinet.

Même lorsqu'aucun droit d'appel n'est prévu, il y a un principe dans la Constitution du Canada selon lequel les cours supérieures sont compétentes pour contrôler le fonctionnement de tout tribunal administratif, de manière à assurer que ses actes se limitent à

la compétence qui lui est conférée par le Parlement ou la Législature et qu'il a traité les parties de façon équitable, sinon une cour supérieure peut casser sa décision, renvoyer la question pour qu'elle soit réexaminée et, dans certains cas, substituer sa propre décision à celle du tribunal administratif sur une question de droit ou sur une question mixte de fait et de droit.

Thomas S. Kuttner

Tribune de la presse parlementaire Association informelle composée d'environ 350 journalistes qui travaillent pour divers organismes médiatiques à la couverture du Parlement et du gouvernement. À l'origine, cette association a la réputation d'être un petit groupe de journalistes d'élite. Elle prend de l'importance et perd de sa cohésion lorsque s'y joignent, en 1959, les personnalités de la radio et de la télévision et, en 1982, les cadreurs et les techniciens du son. Même si un grand nombre des premières archives de la Tribune de la presse parlementaire périssent dans l'incendie des édifices parlementaires en 1916, on sait que ses origines remontent au moins à la Confédération. Au fil des ans, elle se structure de plus en plus. Au XIXe siècle, ses membres appartiennent habituellement à un parti politique. Encore au XXe siècle, les journalistes d'allégeance conservatrice ou libérale s'assoient aux extrémités opposées de la Tribune. Cependant, cette façon de faire disparaît à mesure que les journaux se détachent des partis politiques.

En tant que groupe, les membres sont souvent reconnus comme un outil important de communication politique. Toutefois, comme association, la Tribune a très peu d'influence. Son comité exécutif facilite la couverture des nouvelles en plus d'organiser des conférences de presse ou de permettre l'accès à l'information. Le comité est quelquefois confronté à des problèmes plus complexes, tels que ceux relatifs aux demandes d'adhésion controversées, à son droit de prendre des mesures disciplinaires à l'égard de ses membres ou à son droit de prendre position dans un débat public. Dans certains cas, la Tribune, en tant qu'association, peut refuser un candidat. C'est cependant au président de la Chambre des communes, en tant que représentant de ses pairs, qu'appartient la décision finale de déterminer qui aura accès aux locaux pour couvrir les activités du Parlement.

Carman Cumming

Tribune radiophonique agricole (1941-1965) Il s'agit d'un projet de forum rural national commandité par l'Association canadienne d'éducation des adultes, la Fédération canadienne de l'agriculture et la Société Radio-Canada. Jusqu'à 27 000 personnes forment entre voisins des groupes qui se rencontrent le lundi soir, de novembre à mars, et se servent d'une demi-heure de messages radiophoniques, de documentation imprimée et de questions examinées à l'avance pour faciliter la discussion sur les problèmes économiques et sociaux.

Cette tribune constitue un antidote à la dure période de la crise économique des années 30. Les rencontres et les débats sur de nouvelles idées entre voisins favorisent le retour de la confiance dans les milieux ruraux et mènent souvent à des actions de groupe positives dans la communauté. Parmi les innovations de la *Tribune radiophonique agricole*, on retrouve un système régional de présentation de rapports, qui regroupe les conclusions des groupes et qui les diffuse régulièrement dans tout le pays, puis les envoie à l'occasion aux gouvernements concernés. De plus, les discussions sur la responsabilisation conduisent à divers projets d'action communautaire comme des coopératives, des nouveaux forums et des écoles populaires. Les dirigeant ruraux et sociaux affirment que le processus «donnant, donnant» de ces discussions est une préparation utile à la vie publique. En 1952, l'UNESCO commande une recherche sur les techniques de la *Tribune radiophonique agricole*. À la suite de son rapport, publié en

1954, l'Inde, le Ghana et la France commencent à utiliser le modèle de la tribune canadienne dans leurs programmes.

O.J.W. Shugg

Trille Plante vivace de la famille des trilliacées (parfois considérée comme une sous-famille de la famille des liliacées [*voir* LIS]). Son nom provient de l'arrangement de ses feuilles, de ses pétales et de ses sépales en groupes de trois. Cette plante pousse en colonies. Elle est pourvue de rhizomes courts et tubériformes et d'une tige charnue portant un verticille de trois feuilles près du sommet. Elle produit une seule fleur au printemps, et son fruit est une baie rouge. Des 40 espèces connues dans le monde, environ 30 sont américaines, et les autres, asiatiques. Cinq espèces sont indigènes du Canada. Le trille grandiflore (*Trillium grandiflorum*) fleurit en avril ou en mai dans les forêts de feuillus de l'ouest et du centre du Québec et dans la vallée inférieure de l'Outaouais (Ontario). Elle est l'emblème de provincial de l'Ontario (*voir* EMBLÈMES FLORAUX DES PROVINCES) depuis 1937. Ses racines étaient recherchées pour leurs propriétés astringentes et antiseptiques.

Céline Arseneault

Trilobites Arthropodes marins qui ont vécu au cours du paléozoïque (il y a 570 millions d'années à 245 millions d'années) et qui sont aujourd'hui éteints. Leurs plus proches parents actuels sont les limules. Les trilobites ont deux yeux sur le dessus de la tête, des antennes qui sortent du dessous de la tête ou, chez quelques espèces, du dessous de la queue, et deux rangées d'appendices pairs. Chaque appendice est biramé, c.-à-d. qu'il est formé de deux rames ou branches, reliées à la base. Une rame est constituée de branchies en forme de peigne (exite), utilisées pour respirer et pour nager, et l'autre rame est une patte locomotrice articulée (endite). Après l'éclosion, les trilobites sécrètent une coquille composée de calcite, de phosphate de calcium et de matière organique. Cette coquille est constituée de parties de la tête et de la queue (céphalon et pygidium, respectivement) séparées par plusieurs segments articulés (thorax). La longueur des adultes varie de moins de 1 cm (p. ex., le genre *Scharyia*) à plus de 60 cm (p. ex., le *Terataspis*, de l'Ontario).

Certaines espèces sont pélagiques et flottent près de la surface des océans, mais la plupart sont benthiques et se traînent dans la vase au fond de la mer, extrayant les particules organiques de la vase ou filtrant l'eau de mer avec leurs exites en forme de peignes. Les trilobites prédateurs utilisent apparemment des épines acérées situées en dessous de leurs pattes locomotrices pour saisir leurs proies. Certaines espèces nagent en se servant de leurs exites comme des avirons. Les trilobites du genre *Illaenus* vivent dans des terriers et ont une tête lisse et hémisphérique dont ils se servent pour fermer le terrier si des prédateurs les menacent. Les espèces benthiques laissent au fond de la mer des sillons caractéristiques ou des trous de repos ayant la forme de leur corps. Les trilobites apparaissent au début de la période cambrienne au cours de laquelle ils se multiplient et se diversifient. On les utilise aujourd'hui pour dater la roche cambrienne (il y a 570 millions d'années à 505 millions d'années). Au début de l'ordovicien (505 millions d'années à 438 millions d'années), une deuxième période de radiation évolutive des trilobites a lieu et tous les principaux groupes postcambriens apparaissent. Leur nombre et leur variété diminuent, et ils s'éteignent à la fin du paléozoïque. Leur disparition est probablement attribuable au fait qu'ils sont incapables de compétitionner avec les poissons, actifs et combatifs, ou de leur échapper. Parmi les autres prédateurs des trilobites, on compte les étoiles de mer, les Céphalopodes, les Coelentérés, etc.

Les FOSSILES de trilobites sont abondants depuis l'ouest de Terre-Neuve jusque dans les montagnes Rocheuses, et depuis le 49ᵉ parallèle jusque dans l'Extrême-Arctique. C'est probablement dans le SITE DES SCHISTES DE BURGESS, près de Field en Colombie-Britannique (un site du patrimoine mondial), que leur présence est la plus spectaculaire. Les parties molles des trilobites et des arthropodes apparentés y sont préservées, et le site est ainsi une source d'informations sur les relations entre les trilobites et les autres groupes d'arthropodes. Les spécimens du Bouclier canadien sont souvent magnifiquement préservés. Des squelettes complets de *Triarthrus eatoni* et de *Pseudogygites latimarginatus,* de Collingwood, et de *Phacops rana,* du sud de l'Ontario, sont particulièrement bien connus et sont recherchés par les collectionneurs. Des spécimens des espèces géantes *Terataspis grandis* et *Isotelus maximus* ont également été trouvés en Ontario. Les monts Mackenzie dans les Territoires du Nord-Ouest contiennent une séquence unique de trilobites dans laquelle le quartz a remplacé les squelettes. Ces fossiles âgés de 350 à 520 millions d'années sont utilisés pour l'étude de l'évolution, de l'écologie et de la distribution géographique des trilobites.

Brian Chatterton

Trinité, baie de la Elle a probablement reçu son nom de Gaspar CORTE-REAL le dimanche de la Trinité, en l'an 1500. On y accède entre Grates Point, sur le côté nord de la PRESQU'ÎLE AVALON, à Terre-Neuve, et l'extrémité nord de la péninsule de Bonavista, à 60 km au nord-ouest, laquelle forme la rive ouest de la baie. La baie s'étend vers le sud sur près de 110 km jusqu'à Chapel Arm et est bordée, au nord-est et au nord-ouest, de caps abrupts d'une hauteur de 85 m. La baie abrite de merveilleux lieux de pêche et est découpée par de nombreuses anses et de nombreux havres, dont le plus grand se trouve à Trinity, sur la rive nord-ouest. Dans les années 1600, des marchands anglais de l'ouest de l'Angleterre commencent à établir une colonie à Trinity. Des colons peuplent ensuite l'autre côté de la baie, au sud-est et au sud-ouest, jusqu'à l'île Random, une grande île nichée sur la côte Ouest de la baie. C'est à Heart's Content, un centre de traitement du poisson situé sur la côte Sud-Est, qu'on réussit, en 1866, à installer le premier câble transatlantique. Avec le déclin de Trinity, Clarenville, à l'ouest de l'île Random, devient un centre de transport et de commerce important. De nos jours, des localités comme Catalina et Old Perlican, situées près de l'embouchure de la baie, sont d'importants centres de pêche.

Janet E.M. Pitt

Triticale (*Triticosecale Wittmack*) La première espèce de CULTURE créée par manipulation humaine, il est d'abord produit en croisant du blé (genre *Triticum*) avec du seigle (*Secale*) et ressemble au blé. Un traitement chimique à la colchicine redonne la fertilité aux hybrides, qui autrement sont stériles. Au Canada, l'exploitation du Triticale en tant que culture céréalière (*voir* CÉRÉALES) commence en 1954 à l'U. du Manitoba, à Winnipeg. Le triticale demeure toutefois une culture peu importante au Canada. Le grain du triticale sert à l'alimentation humaine (pain, produits de boulangerie et de BRASSERIE) ou du bétail. Apparenté au blé, il a une teneur élevée en lysine, un composant des protéines nécessaires à la croissance normale, et au développement des humains et de la plupart des animaux. On s'attend donc à ce que le triticale joue un rôle de plus en plus important en tant que céréale de consommation dans les régions où la culture céréalière constitue déjà la principale source de protéines alimentaires.

E.N. Larter

Triton (*voir* SALAMANDRE)

Troc Il est l'échange d'un bien ou d'un service pour un autre, sans utilisation de monnaie. L'échange d'un montant déterminé de biens entre pays s'appelle accord de troc ou accord de compensation.

À l'intérieur du Canada, le troc a été utilisé par des sociétés en difficulté. p. ex., une station de radio peut offrir gratuitement à ses commentateurs une semaine de vacances, avion et hôtel inclus. Ce voyage est payé par une agence de voyages, qui reçoit un escompte sur les tarifs réguliers de publicité à cette même station de radio.

Dans les années 60, en raison de l'accroissement de la pratique d'un tel commerce excluant l'emploi de monnaie, les autorités fiscales du gouvernement fédéral canadien ont commencé à limiter la pratique du troc. Maintenant, les sociétés qui accordent des avantages en nature doivent émettre un bordereau établissant la valeur des biens ou des services pour fins d'impôt. Si de tels avantages ne sont pas déclarés comme revenus imposables, la charge de l'impôt se répercute sur les autres travailleurs canadiens, qui reçoivent une rémunération uniquement d'ordre monétaire.

Alors que l'augmentation des impôts et les difficultés économiques ont engendré la croissance du troc et l'ÉCONOMIE SOUTERRAINE au Canada, la globalisation de l'économie mondiale depuis le début des années 70 provoque l'augmentation du troc ou du commerce de compensation entre les nations.

Les pays en cause acceptent le paiement sous forme de biens ou de services. Ils ne doivent pas seulement vendre leurs propres biens, ils doivent aussi accepter des biens de l'autre partie et les vendre. Le commerce de compensation est donc triangulaire, puisqu'il demande au moins trois parties: acheteur, vendeur et client. Une évaluation prudente faite par la compagnie Business International of New York estime que 10 p. 100 du commerce mondial est touché par le commerce de compensation, alors que d'autres estimations parlent de 1 à 40 p. 100.

Des transactions sophistiquées se font partout dans le monde par des géants comme Mitsubishi au Japon ou Phibro-Salomon Corp. à New York, qui est la société commerciale la plus importante du monde. La Banque Royale du Canada est la première banque canadienne à avoir créé un service pour faciliter les transactions sans échange de monnaie. Une société canadienne qui vend de l'équipement informatique et des services de programmation peut devoir accepter du tek de Thaïlande en échange de ses biens. La banque trouve un acheteur pour le tek et paie la société canadienne comptant pour ses biens et services quand ils sont envoyés ou rendus. La banque, en retour, fait un profit en versant à la société canadienne un montant légèrement inférieur à celui qu'elle obtient pour le tek.

Des compagnies canadiennes font des transactions de commerce de compensation avec plusieurs pays. Nombre de grandes sociétés canadiennes qui ont des activités dans le monde entier emploient maintenant leurs propres spécialistes du commerce de compensation. Il y a aussi plusieurs consultants ainsi que des publications adaptées pour aider les négociateurs.

Diane Francis

Troglodyte Il appartient à la famille des troglodytidés, de petits passereaux insectivores au plumage habituellement brun. Il a généralement un corps trapu, une queue souvent dressée et un chant puissant. Le troglodyte mignon (*Troglodytes troglodytes*) produit l'un des chants les plus longs (5 ou 6 s) et les plus aigus parmi les oiseaux du Canada. Le chant des autres espèces est beaucoup plus court et plus bas.

Répartition et habitat Cette famille, qui compte 75 espèces, serait originaire de l'Amérique tropicale et se serait dispersée vers le nord jusqu'au Canada. L'espèce la plus nordique, le troglodyte mignon, se rencontre jusqu'en Eurasie.

Des huit espèces canadiennes, quatre ont une répartition limitée: le troglodyte de Bewick (*Thryomanes bewickii*), qui niche dans le sud-ouest de la Colombie-Britannique; le troglodyte des canyons (*Catherpes mexicanus*), qui habite la vallée de l'Okanagan; le troglodyte des rochers (*Salpinctes obsoletus*), que l'on rencontre depuis le sud de la Colombie-Britannique jusque dans le sud de la Saskatchewan et, plus rarement, au Manitoba; ainsi que le troglodyte de Caroline (*Thryothorus ludovicianus*), qui ne se reproduit que dans le sud de l'Ontario.

Le troglodyte mignon habite la forêt boréale et la forêt coniférienne dans l'ensemble du territoire canadien. Le troglodyte familier (*Troglodytes aedon*) niche dans les forêts de feuillus et les habitats buissonneux du sud du Canada; cependant, dans les Rocheuses, on le retrouve jusqu'au 58e parallèle, notamment à Fort Nelson, en Colombie-Britannique.

Le troglodyte des marais (*Cistothorus palustris*) affectionne les marais de quenouilles d'un bout à l'autre du continent; dans l'ouest du pays, on le retrouve jusqu'au lac Athabasca. Le troglodyte à bec court (*C. platensis*) habite les prés humides. Sa répartition est très limitée et ne se retrouve que localement dans l'est de l'Amérique du Nord. Au Canada, il n'y a qu'au Manitoba qu'il soit commun, il niche aussi localement en Alberta. Tous les troglodytes sont migrateurs sauf ceux qui vivent sur la côte du sud de la Colombie-Britannique.

Nidification Tous les troglodytes aménagent leur nid dans des cavités. Les espèces forestières utilisent les cavités dans les arbres (ou les nichoirs) ou les fourrés épais. Le troglodyte mignon affectionne particulièrement les interstices entre les racines d'arbres renversés. Le troglodyte des marais et le troglodyte à bec court construisent un nid sphérique avec des herbes, qu'ils aménagent dans la végétation basse des milieux humides, souvent au-dessus de l'eau. Le troglodyte des rochers et le troglodyte des canyons utilisent les fentes dans les rochers et les éboulis de roches.

Le mâle construit plusieurs nids, mais un seul est utilisé. Ce comportement est fréquent chez le troglodyte des marais et le troglodyte à bec court. La couvée compte généralement cinq ou six œufs (nombre variant de quatre à huit).

A.J. Erskine

Troisième option En 1972, cette déclaration de Mitchell SHARP, secrétaire d'État aux Affaires extérieures, réclame la réduction de l'influence économique et culturelle des États-Unis sur le Canada. Elle figure dans un texte de Sharp intitulé: «Canada–U.S. Relations: Options for the Future» (*Perspectives Internationales*, 1972). Après avoir constaté la montée du nationalisme des deux côtés de la frontière, Sharp s'interroge sur la façon de vivre en harmonie avec les États-Unis tout en maintenant une identité distincte. Il rejette deux options: l'une, de maintenir le statu quo, et l'autre, d'adopter une politique d'intégration plus étroite avec les États-Unis. Il prône plutôt une troisième option qui permettrait le développement et le renforcement de l'économie canadienne et d'autres aspects de la vie nationale, tout en réduisant sa vulnérabilité du pays. Cet objectif serait atteint en diversifiant les échanges commerciaux et en mettant en œuvre une stratégie industrielle nationale axée sur la spécialisation et la concentration des industries entre les mains de Canadiens, ce qui aurait comme effet de renforcer l'autonomie du pays.

Dans le domaine culturel, Sharp préconise la généralisation de politiques portant sur les subventions du gouvernement et les règlements concernant le contenu canadien. Il souligne que la troisième option n'est pas «anti-américaine», mais qu'au contraire un Canada plus fort et plus confiant serait un meilleur voisin.

Cette option est plus facile à approuver qu'à mettre en œuvre. Toutefois, Ottawa s'y penche avec sérieux, surtout au cours de la période allant de 1972 à 1976. Pendant cette période, on crée l'AGENCE D'EXAMEN DE L'INVESTISSEMENT ÉTRANGER et PETRO-CANADA, et on décourage les entreprises canadiennes à faire de la publicité sur les ondes américaines. Un accord liant le Canada et la Communauté économique européenne est signé en 1976, mais à l'instar des autres initiatives visant la diversification des échanges commerciaux, celui-ci n'est pas très fructueux. En

1986, les exportations vers les États-Unis représentent toujours plus de 77 p. 100 de l'ensemble des produits et services exportés par le Canada, alors que le pourcentage des importations des États-Unis s'est en fait accru. (*Voir aussi* RELATIONS CANADO-AMÉRICAINES; LIBRE-ÉCHANGE.)

Norman Hillmer

Trois-Pistoles, ville du Qc; pop. 3807 (rec. 1996), 3886 (rec. 1991); superf. 7,74 km²; const. en 1916; située à 250 km au nord-est de Québec, sur la rive sud du SAINT-LAURENT, entre Rivière-du-Loup et Rimouski. Selon la légende, cette appellation a été donnée à la rivière à l'embouchure de laquelle la ville est située, parce que des matelots y auraient échappé un gobelet d'argent valant trois pistoles d'or. Des BASQUES sont parmi les pêcheurs et les chasseurs de baleines qui faisaient voile jusqu'à l'estuaire avant que Jean Cabot n'explore l'Amérique du Nord. Les vestiges de plusieurs fours utilisés pour faire fondre la graisse de baleine ont été retrouvés dans l'île située en face de la ville, appelée à juste titre l'île aux Basques.

La seigneurie de Trois-Pistoles est octroyée à Denis de Vitré en 1687. La mission est dirigée par des prêtres de Kamouraska jusqu'en 1783, puis par des missionnaires de 1783 jusqu'à l'arrivée du premier prêtre résidant, en 1806. Les principales activités économiques de la municipalité sont alors l'agriculture et l'exploitation des ressources de la forêt. Trois-Pistoles est à présent une petite ville axée sur les services, où le tourisme (observation des baleines) prend de plus en plus d'importance depuis qu'un traversier la relie à la côte Nord en été.

Antonio Lechasseur

Trois-Rivières, ville du Qc; pop 48 419 (rec. 1996), 49 426 (rec. 1991); superf. 77,81 km²; const. en 1857, capitale régionale de la Mauricie, située à mi-chemin entre Québec et Montréal sur la rive droite du Saint-Laurent, à l'embouchure du SAINT-MAURICE, dont les îles du delta partagent la rivière en trois bras, d'où le nom donné à la ville.

Fondation L'habitation fortifiée, que le sieur de Laviolette vient y ériger à la demande de Samuel de CHAMPLAIN le 4 juillet 1634, succède aux ruines des palissades abandonnées par les Algonquins apparemment chassés par les agressions des Iroquois au tout début du XVII e s. Les ALGONQUINS, à la fois protégés et protecteurs des Français, ont longtemps vécu à l'intérieur et à proximité de la petite bourgade, dont la principale fonction est d'organiser la TRAITE DES FOURRURES dans l'arrière-pays. La réorganisation administrative de la NOUVELLE-FRANCE, en 1663, fait de Trois-Rivières le siège d'un gouvernement local. GOUVERNEUR, lieutenant du roi, major, tribunal de juridiction royale, grand vicaire, autant de postes administratifs et de rôles qui confèrent à Trois-Rivières une importance sans rapport avec celle de sa population qui ne dépasse pas 600 habitants lors de la conquête anglaise, en 1760.

Développement La rivière Saint-Maurice, voie d'accès aux ressources de l'arrière-pays, joue un rôle déterminant dans l'histoire de Trois-Rivières. À l'époque du commerce des fourrures, elle permet de drainer vers le poste de l'embouchure les pelleteries des forêts du bouclier et de la baie James. Avec l'essor de l'exploitation forestière à compter des années 1850, elle fait de Trois-Rivières le centre administratif de cette activité, le lieu d'implantation des grandes scieries et le principal port d'exportation du bois d'œuvre mauricien. Enfin, à l'âge de l'hydro-électricité, son potentiel énergétique stimule fortement le développement de l'INDUSTRIE DES PÂTES ET PAPIERS. Vers 1930, les quatre grandes usines qui se sont installées à proximité de l'embouchure du Saint-Maurice valent à Trois-Rivières le titre de «capitale mondiale du papier». Cette troisième phase suit de l'industrialisation et l'urbanisation de la vallée du Saint-Maurice, qui renforcent du même coup les fonctions administratives, com-

merciales et portuaires de la capitale régionale. Dans les années 70, le parc industriel de Bécancour, situé sur la rive opposée du Saint-Laurent, face à Trois-Rivières, attire la grande industrie et contribue à la croissance de la population de l'agglomération trifluvienne, grâce à la construction du majestueux pont Laviolette, qui relie les deux rives depuis 1968.

Paysage urbain Le repli graduel de la MER DE CHAMPLAIN a gravé dans l'espace trifluvien une série de terrasses sablonneuses s'étirant d'est en ouest et descendant en escalier vers le fleuve. Implanté en bordure du Saint-Laurent, sur la première marche, l'espace bâti ne la déborde pas avant le XXe s. La population reste presque concentrée à proximité du manoir du gouverneur, du monastère des Ursulines et de l'église des Récollets. À compter du milieu du XIXe s., l'industrie encercle la ville, occupant d'abord les rives du Saint-Maurice et du Saint-Laurent, puis s'installant le long de la voie ferrée qui ceinture Trois-Rivières au nord. L'activité commerciale se déploie le long de deux axes principaux, les rues des Forges et Notre-Dame. Cette dernière, parallèle au fleuve, se prolonge sur le chemin du Roi vers Montréal. L'autre, orientée nord-sud, conduit aux FORGES DU SAINT-MAURICE (1735-1883), établissement sidérurgique situé à une dizaine de kilomètres au nord.

Ce n'est qu'au début du XXe s., avec l'avènement de l'industrie de la pâte à papier et du textile, que des quartiers presque exclusivement ouvriers se constituent à proximité des usines, et que la population déborde son cadre primitif pour occuper la première terrasse. Bloquée à l'ouest par la municipalité de Trois-Rivières-Ouest, l'expansion urbaine doit enjamber les autres terrasses vers le nord, annexant le territoire de Saint-Michel-des-Vieilles-Forges en 1961.

La prospérité de l'après-guerre et la généralisation de l'automobile encouragent alors l'étalement de la population. Ce phénomène, conjugué à la construction de centres commerciaux en marge du noyau urbain, contribue à déstructurer le centre-ville, qui perd un peu de sa fonction commerciale. Celui-ci a été considérablement rénové. La terrasse qui borde le fleuve, le bas de la rue des Forges donnant sur les quais, la place du marché et les rues avoisinantes sont redevenues les lieux de rassemblement des Trifluviens. Plus que le commerce de détail, les restaurants, les hôtels et les bureaux d'affaires constituent aujourd'hui les principales activités d'un centre-ville des plus animés.

Le terrible incendie qui ravage Trois-Rivières en 1908 détruit la majeure partie de la vieille ville, n'épargnant qu'une dizaine de bâtiments datant du Régime français. Le monastère des Ursulines et le manoir de Tonnancour en sont de beaux exemples. Il épargne aussi quelques beaux spécimens architecturaux de la première moitié du XIXe s., dont la vieille prison construite en 1816, et la cathédrale, en 1856. Néanmoins, Trois-Rivières est depuis longtemps entrée dans l'ère moderne, et ces vestiges du passé côtoient désormais des édifices comme l'hôtel de ville, construit en 1957, qui affiche un style avant-gardiste. Les quelques immeubles en hauteur qui font maintenant ombrage au clocher de la cathédrale finissent de lui donner cette physionomie nouvelle.

Population Entre 1850 et 1880, l'essor du sciage et des activités commerciales et portuaires font doubler la population trifluvienne de 4500 à 9000 habitants. Au cours des années 1880 et 1890, l'économie de la ville connaît d'importantes fluctuations, et sa population augmente peu. Elle est de seulement 10 000 habitants en 1900. Toutefois, au début du XXe s., avec l'ouverture des usines de papier et de textile. La population croît rapidement, résultat surtout d'une immigration en provenance des paroisses de la région. Elle passe de 10 000 habitants à 42 000 habitants entre 1901 et 1941. Dans les années 60, l'exode vers la banlieue prend une telle ampleur que la population de la ville commence même à décliner après 1976, au profit des municipalités voisines. En fait, depuis les années 70, la croissance urbaine s'effectue en banlieue. L'agglomération de Trois-Rivières est principalement francophone et compte aujourd'hui 145 000 hab.

Économie En 1931, la pâte à papier et le textile regroupent 72,8 p. 100 des travailleurs du secteur manufacturier. Une certaine diversification de l'activité industrielle, surtout dans le domaine de l'alimentation, de la confection, des métaux et des appareils électriques survient par la suite pour réduire l'importance de l'industrie papetière et du textile à un peu moins de la moitié des emplois du secteur en 1961. Au cours des décennies suivantes, le secteur tertiaire enregistre des progrès constants, grâce en particulier à l'implantation de plusieurs services gouvernementaux destinés à desservir la population régionale. La création de l'UNIVERSITÉ DU QUÉBEC à Trois-Rivières en 1969 compte pour beaucoup dans l'importance acquise par ce secteur dans l'économie trifluvienne.

Transport Principale voie de pénétration du continent sous le Régime français, le fleuve est demeuré la seule voie de communication avec le reste de la colonie jusqu'à la fin de la construction du chemin du Roi, sur la rive nord, en 1737. Vers le milieu du XIXᵉ s., un réseau routier un peu plus complexe relie Trois-Rivières aux nouvelles paroisses fondées à l'intérieur du territoire. En 1864, Trois-Rivières est indirectement reliée au GRAND TRUNK RAILWAY OF CANADA par l'embranchement d'Arthabaska, mais cette voie présente l'inconvénient de la traversée du fleuve. Il faut attendre la fin des années 1870 pour que la Compagnie du chemin de fer de la Rive-Nord mette Trois-Rivières en liaison directe avec Québec et Montréal. Vers la même époque, en 1882, le port, dont l'organisation relève de l'entreprise privée, passe sous le contrôle de la Commission du Havre, que le gouvernement fédéral dote de subventions et d'un pouvoir d'emprunt pour faire les réaménagements appropriés. Les silos à grain érigés en 1936 donnent au port sa configuration actuelle. Ce n'est qu'à la fin de 1967 que Trois-Rivières est reliée à la rive sud par le pont Laviolette, à la suite de quoi sont construites 55 entre Trois-Rivières et Grand-Mère, et 40 entre Montréal et Québec. Depuis 1961, Trois-Rivières dispose d'un aéroport à vocation régionale.

Vie culturelle Principal centre culturel de la Mauricie, Trois-Rivières abrite des salles de spectacle, des galeries d'art, un centre culturel, une bibliothèque municipale, un dépôt des Archives nationales et plusieurs musées. Inauguré en juin 1996, le Musée des arts et traditions populaires est construit à proximité de la cathédrale et du palais de justice. Il intègre la vieille prison, où l'on trouve un centre d'interprétation de la vie carcérale. La ville est également dotée d'un Centre des congrès. Le vieux Trois-Rivières, avec ses constructions datant du Régime français, ainsi que le site des Forges-du-Saint-Maurice, mis en valeur par Parcs Canada, attirent de nombreux visiteurs.

Depuis la formation du diocèse catholique de Trois-Rivières en 1852, la ville est devenue le siège de l'administration diocésaine. Sa fonction de ville épiscopale a favorisé la venue de plusieurs communautés religieuses qui ont assumé l'éducation et les soins hospitaliers avant que l'État en prenne charge dans les années 60. Plusieurs institutions privées d'enseignement – notamment le Collège Marie-de-l'Incarnation (1697), le Séminaire Saint-Joseph (1860), l'Institut Keranna et le Collège Laflèche – témoignent toujours de la présence active de ces communautés.

La ville compte un quotidien, *Le Nouvelliste* (1920), des stations de télévision affiliées aux grands réseaux et plusieurs stations de radio. Depuis bientôt 100 ans, Trois-Rivières est l'hôte d'une importante exposition agricole. Un Grand Prix automobile se déroule également chaque année dans les rues de la ville, et d'autres événements d'envergure, dont le Festival international de la poésie, qui se tient au début d'octobre, contribuent à l'animation de la vie culturelle.

Claire-Andrée Fortin, René Hardy et Normand Séguin

Trois-Rivières-Ouest, ville du Qc; pop 22 886 (rec. 1996), 20 046 (rec. 1991); superf. 28,75 km²; const. en 1963; située sur la rive nord du fleuve Saint-Laurent, à l'ouest de TROIS-RIVIÈRES. Le pont Laviolette (1967), célèbre pour son architecture en acier semblable à de la dentelle, relie les deux villes à la rive sud.

L'histoire de Trois-Rivières-Ouest est étroitement liée à celle de Trois-Rivières. Établie en tant que municipalité de paroisse en 1855, elle conserve son caractère rural et semi-rural pendant de nombreuses années, sa population étant peu importante par rapport à celle de sa voisine. Toutefois, entre 1961 et 1996, elle connaît une croissance démographique spectaculaire de près de 460 p. 100.

Cette banlieue résidentielle de Trois-Rivières possède de nombreux espaces verts et parcs récréatifs. Le plus grand, le parc Laviolette, entoure l'extrémité nord du pont Laviolette. Le Théâtre des Marguerites, théâtre d'été renommé, est situé à Trois-Rivières-Ouest. Dans la ville, un monument commémore le massacre de près du tiers de la population de Trois-Rivières par les Iroquois à Pointes-aux-Ormes en août 1652.

Pierre-Louis Lapointe

Trophée Calder Il est remis annuellement au meilleur joueur de hockey à sa première année dans la LIGUE NATIONALE DE HOCKEY (LNH), selon les chroniqueurs sportifs. Pour être admissible, un joueur ne doit pas avoir participé à plus de 25 matchs dans une ligue majeure professionnelle. C'est en 1936 que le trophée est attribué pour la première fois, par le président de la LNH, Frank Calder. Après la mort de ce dernier, en 1943, cette récompense prendra le nom de trophée commémoratif Calder. Carl Voss est le premier joueur à le remporter. Parmi les joueurs qui l'ont obtenu et qui ont connu la célébrité figurent Terry SAWCHUK, Bernard GEOFFRION, Frank MAHOVLICH, Bobby ORR et Mario LEMIEUX.

James Marsh

Trophée Hart Il est remis annuellement au joueur le plus utile à son équipe dans la LIGUE NATIONALE DE HOCKEY (LNH), selon les chroniqueurs de hockey. En 1923, David A. Hart, père de Cecil Hart et ancien gérant des Canadiens de Montréal, fait don du trophée à la LNH. Récompense individuelle la plus ancienne et la plus prestigieuse dans le monde du hockey, le trophée Hart fait partie, depuis 1960, du TEMPLE DE LA RENOMMÉE DU HOCKEY. On l'a remplacé depuis par le trophée Hart Memorial. Parmi les joueurs à qui le trophée est décerné, citons Gordie HOWE, qui l'a remporté six fois, Eddie SHORE (quatre fois), Howie MORENZ (trois fois) et Bobby ORR (trois fois). Wayne GRETZKY gagne le trophée neuf fois (un nombre sans précédent), dont huit fois consécutives au début de sa carrière (1980-1987). Mark MESSIER, ancien coéquipier de Gretzky dans l'équipe des Oilers, le reçoit à deux reprises.

Trophée Maurice Richard Les dirigeants des Canadiens de Montréal et des journalistes de la presse écrite et parlée du Québec unissent leurs efforts afin de convaincre la Ligue nationale de hockey de rendre hommage à Maurice Richard en décernant un trophée portant son nom. Ceux-ci soulignent combien il serait juste d'honorer un joueur qui a marqué l'histoire du hockey professionnel et a largement contribué à son épanouissement. Maurice Richard a été le premier à marquer 50 buts en une saison, 50 buts en 50 matches et 500 buts au cours d'une carrière.

Le 24 janvier 1999, la LNH dévoile officiellement le trophée Maurice Richard, une sculpture représentant un grand athlète. Il est remis annuellement au joueur qui marque le plus grand nombre de buts au cours de la saison. Deux Européens ont gagné ce tro-

phée lors des deux premières saisons: Teemu Selanne (1998-99) et Pavel Bure en (1999-2000.)

Trotteur, Alexis Surnom canadien-français d'Alexis Lapointe, appelé le Trotteur à cause de son aptitude fantastique pour la course. Il vit dans les régions de Charlevoix et du Lac-Saint-Jean, au Québec. Il peut courir 240 km par jour et fait des courses contre des chevaux et même contre des trains. Sa foulée atteint prétendument 6 m de long. Certains disent qu'il a les jambes d'un cheval. Une autopsie aurait révélé que ses jointures étaient doubles et que son ossature et sa musculature étaient semblables à celles d'un cheval. Il meurt au début du XXᵉ siècle.

Nancy Schmitz

Troupe Comédienne, La En avril 1765, le premier théâtre francophone à jouer au Québec fait passer des annonces dans la *Gazette de Québec* sous le nom de La Troupe Comédienne de Pierre Chartier. La Troupe Comédienne, que le journal dit en tournée septentrionale, fait sa publicité au début et à la fin de la saison de navigation et présente, entre autres, une version arlequin de *Don Juan,* connue sous le titre *Le Festin de Pierre.* La publicité bilingue, qui traduit le titre par *Peter's Feast,* laisse supposer que Chartier, dont on sait qu'il a été espion français au Fort Beauséjour en 1755, joue le rôle du commandeur. Le personnage de Don Juan est probablement campé par le célèbre Monsieur Dominique, un acteur d'origine suisse, qui a recruté pour la troupe des membres à Amsterdam, à Milan et en Grande-Bretagne.

En novembre 1765, la compagnie présente des pièces du répertoire récentes de la Comédie-Italienne, extraits de comédies musicales composées par deux Wallons, Robert Desbrosses et Jean-Luc De Hesse (ou Deshayes), et une pièce complète de Jean-Baptiste Sauvé de Lanoue. Joachim Robutel de Lanoue, seigneur de Châteauguay, réécrit certains passages. On ne sait trop si Frances BROOKE, qui séjourne à Québec de 1763 à 1768, participe à l'organisation d'une tournée effectuée par la troupe dans les provinces britanniques. Le gouverneur James MURRAY, qui n'aurait pas accepté de troupes françaises, accepte ces comédiens francophones suisses et wallons et leurs pièces.

André G. Bourassa

Troupe de campagne du Yukon (1898-1900) Elle comprend 203 officiers et militaires des trois corps (cavalerie, artillerie et infanterie), de la force permanente de la Milice canadienne. Envoyée au Yukon, elle s'établit à Fort Selkirk tandis qu'un détachement s'installe à Dawson, afin de marquer symboliquement la souveraineté canadienne, et d'aider les autorités civiles à faire respecter la loi et l'ordre dans ce territoire pendant la RUÉE VERS L'OR DU KLONDIKE. La moitié du contingent est retirée en septembre 1899, et le reste de la troupe, rebaptisée garnison du Yukon, quitte la région l'année suivante.

Brereton Greenhous

Troupes de la marine Appelées également compagnies indépendantes de la marine, ou forces régulières coloniales, les troupes de la marine comptent environ 80 compagnies de 100 hommes chacune. Elles sont créées en décembre 1690 comme infanterie pour la France et ses colonies. En général, 30 compagnies demeurent en poste au Canada et une vingtaine à LOUISBOURG. Les premières évoluent graduellement pour devenir les premières forces canadiennes permanentes. Au début, les troupes sont formées presque entièrement de Français, mais beaucoup de Canadiens finissent par y occuper le rang d'officier. Au XVIIIᵉ siècle, elles se spécialisent dans la guerre en forêt, procédant habituellement en petits groupes, avec l'aide de la milice et des Amérindiens, pour attaquer les forts et les colonies britanniques. En 1758, pendant la GUERRE DE SEPT ANS, les compagnies de Louisbourg sont capturées par les Anglais après la défaite de la forteresse. Après la CONQUÊTE, en 1760, beaucoup d'hommes s'établissent au Canada et plusieurs autres sont rapatriés et retournent en France à contrecœur.

Stuart R.J. Sutherland

Trout, Jennie (Jenny) Kidd, née Gowanlock, médecin (Kelso, Écosse, 21 avril 1841—Los Angeles, Calif., 10 nov. 1921). Elle passe son enfance près de Stratford, en Ontario. Après son mariage en 1865 avec l'éditeur torontois Edward Trout, elle décide de devenir médecin. Comme aucune école de médecine canadienne n'accepte de femmes, elle s'inscrit au Woman's Medical College de Pennsylvanie et y obtient son diplôme en 1875. La même année, Trout passe l'examen d'accréditation en Ontario et devient ainsi la première femme canadienne autorisée à pratiquer la médecine au Canada. Fervente promotrice de l'accès des femmes à la médecine, elle participe à la fondation du Women's Medical College de Kingston, en Ontario, en 1883.

Carlotta Hacker

Troyes, Pierre de, militaire (mort à Niagara, 8 mai 1688). Il arrive à Québec en août 1685 avec des renforts pour la colonie assiégée. Le 20 mars 1686, il quitte Montréal par voie de terre pour la baie James avec 30 hommes de la force régulière française et 60 miliciens. Avec l'habileté des VOYAGEURS, l'audacieuse expédition remonte la rivière des Outaouais, fait le portage via les lacs Témiscamingue et Abitibi jusqu'à la rivière Abitibi, et surprend les Anglais à Moose Fort, qui capitulent dès le 20 juin. De Troyes occupe ensuite Rupert House (le fort Charles) le 3 juillet et, avec le navire anglais capturé, le *Craven*, s'empare du fort Albany le 26 juillet, laissant le commandant des forts capturés à Pierre Le Moyne D'IBERVILLE avant de regagner Québec. En juin 1687, de Troyes commande une des compagnies françaises menées par le gouverneur DENONVILLE en territoire iroquois (*voir* GUERRES IROQUOISES). Il est laissé au commandement de Niagara où il meurt du scorbut.

James Marsh

Trudeau, Pierre Elliott, politicien, écrivain, avocat de droit constitutionnel, premier ministre du Canada de 1968 à 1979 et de 1980 à 1984 (Montréal, 18 oct. 1919 *id.* 28 sept. 2000). Issu d'une famille aisée, il est le fils d'un riche homme d'affaires canadien-français et d'une mère de descendance écossaise. Il fait ses études chez les jésuites au collège Jean-de-Brébeuf, puis à l'U. de Montréal, à Harvard et à la London School of Economics. Il voyage aussi beaucoup pendant sa jeunesse.

De retour au Québec en 1949 après une année de voyages à l'étranger, il appuie les syndicats pendant la terrible GRÈVE DE L'AMIANTE, un événement marquant dans la formation de la société québécoise de l'après-guerre. En 1956, il dirige la publication d'un livre portant sur cette grève, dont il rédige l'introduction et la conclusion, dans lesquelles il critique les valeurs dominantes dans la province sur les plans social, économique et politique.

Trudeau travaille quelque temps à Ottawa à titre de conseiller auprès du Bureau du Conseil privé en 1950-1951. Il retourne ensuite à Montréal et applique toute son énergie à lutter contre le gouvernement de l'Union nationale, dirigé par Maurice DUPLESSIS, et à mener une campagne en faveur de changements politiques et sociaux. De concert avec d'autres jeunes intellectuels, il fonde la revue CITÉ LIBRE. Dans ses pages et dans d'autres forums, il cherche à soulever l'opposition contre ceux en qui il voit des élites réactionnaires et nombrilistes. Par le fait même, il est vite perçu comme un radical et un socialiste, bien que les valeurs qu'il défend se rapprochent plutôt du libéralisme et de la démocratie.

Après la victoire des libéraux aux élections provinciales de 1960, la RÉVOLUTION TRANQUILLE vient combler certains des espoirs de changements qu'entretenait Trudeau. En même temps, elle révèle un grand fossé entre lui et plusieurs de ses anciens collègues, qui se tournent vers l'idée d'un Québec souverain. Professeur de droit à l'U de Montréal dans les années 60, Trudeau critique avec véhémence le nationalisme québécois contemporain, et plaide pour un FÉDÉRALISME canadien dans lequel le Canada anglais et le Canada français obtiendraient une nouvelle égalité.

En 1965, Trudeau, le dirigeant syndical Jean MARCHAND et le journaliste Gérard PELLETIER deviennent membres du PARTI LIBÉRAL fédéral, et Trudeau est élu au Parlement. Il est ensuite nommé secrétaire parlementaire du premier ministre Lester PEARSON, puis ministre de la Justice en 1967. Dans le cadre de cette dernière fonction, il retient l'attention sur la scène nationale lorsqu'il introduit une réforme de la loi sur le divorce et des modifications du *Code criminel* qui libéralisent les lois concernant l'avortement, l'homosexualité et les loteries. Il se taille aussi une réputation de défenseur d'un gouvernement fédéral fort devant les revendications nationalistes du Québec.

En 1968, on le persuade de briguer la direction du Parti libéral, et il est élu au quatrième tour du scrutin. Le 20 avril 1968, il est assermenté premier ministre, le 15e dans l'histoire du Canada. Aux élections générales suivantes, où souffle un vent de «trudeaumanie», son gouvernement remporte une majorité, et Trudeau commence à diriger la destinée du pays pour plus longtemps que tout autre premier ministre canadien, mis à part Mackenzie KING et sir John A. MACDONALD.

L'événement le plus marquant lors de son premier mandat est sans aucun doute la CRISE D'OCTOBRE 1970, déclenchée par l'enlèvement du diplomate britannique James Cross et du ministre du Cabinet québécois Pierre LAPORTE par des terroristes du FRONT DE LIBÉRATION DU QUÉBEC (FLQ). En riposte, Trudeau applique la LOI DES MESURES DE GUERRE, qui confère au gouvernement fédéral des pouvoirs extraordinaires en matière d'arrestations, de détentions et de censure. Peu après, Laporte est assassiné par ses ravisseurs. Aujourd'hui encore, le bien-fondé de ces mesures d'urgence et leurs effets sur la démocratie libérale canadienne et québécoise continuent de susciter la controverse.

Un autre événement important, moins fracassant mais de portée durable, est l'adoption en 1969 de la LOI SUR LES LANGUES OFFICIELLES, élément fondamental du nouveau fédéralisme que préconise Trudeau. Au même moment, il commence à améliorer la situation des francophones à Ottawa. Ces politiques ont toutefois pour effet de provoquer une levée de boucliers antibilinguiste au Canada anglais. Dès son premier mandat, Trudeau doit aussi faire face à un sentiment croissant d'aliénation qu'éprouve l'Ouest canadien devant son apparent manque d'intérêt envers les problèmes économiques de cette région et les points de vue régionaux sur les questions d'ordre national.

Une initiative importante amorcée par le gouvernement Trudeau est la tentative de centraliser et de nationaliser la prise de décisions sous le contrôle indirect du CABINET DU PREMIER MINISTRE et d'ORGANISMES CENTRAUX tels que le BUREAU DU CONSEIL PRIVÉ et le CONSEIL DU TRÉSOR.

Bien que ces changements suivent dans une très large mesure les voies qu'emprunte la réorganisation administrative à Washington et dans d'autres capitales de l'Ouest, ils soulèvent la polémique, les critiques dénonçant leur inefficacité et l'affaiblissement du rôle du Parlement et du Cabinet. Aux élections de 1972, Trudeau vient près de perdre le pouvoir et doit former un GOUVERNEMENT MINORITAIRE avec l'appui du NPD.

En 1971, Trudeau, un célibataire endurci, épouse Margaret Sinclair, fille d'un ancien ministre libéral. Leur mariage orageux, troublé par plusieurs différends qui défraient les manchettes, se solde finalement par une séparation en 1977 et un divorce en 1984, au terme duquel Trudeau conserve la garde de leurs trois fils, Justin, Sasha et Michel.

Après avoir reconquis la majorité en 1974, Trudeau est aux prises avec les effets de l'inflation. Dans un climat de crise économique, il recourt à divers expédients, y compris le CONTRÔLE DES SALAIRES ET DES PRIX en 1975. Cette crise est aggravée, en 1976, par l'élection du PARTI QUÉBÉCOIS de René LÉVESQUE, tous deux voués à l'indépendance du Québec.

En 1979, Trudeau et les libéraux perdent par une faible marge lors du scrutin. Quelques mois plus tard, il annonce son intention de démissionner en tant que chef du Parti libéral et de quitter la vie publique. Trois semaines après cette déclaration, le Parti progressiste-conservateur de Joe CLARK est renversé aux Communes, ce qui force la tenue de nouvelles élections générales. Le caucus libéral convainc Trudeau de rester à la tête du Parti. Le 8 février 1980, moins de trois mois après s'être retiré, il devient à nouveau premier ministre avec une majorité parlementaire, réalisant ainsi un retour remarquable.

La dernière période de Trudeau au poste de premier ministre est fertile en événements. Son intervention personnelle produit un impact significatif dans la campagne du RÉFÉRENDUM DU QUÉBEC de 1980 sur la SOUVERAINETÉ-ASSOCIATION. La défaite de la proposition du Parti québécois marque une étape cruciale de sa croisade contre le séparatisme québécois. Dans le sillage de cette victoire, Trudeau s'emploie avec ardeur à promouvoir un accord sur le renouvellement de la Constitution canadienne.

Incapable d'obtenir l'assentiment des provinces, il introduit au Parlement une mesure visant à «rapatrier» unilatéralement l'AANB au Canada et à y enchâsser une formule de modification et la CHARTE CANADIENNE DES DROITS ET LIBERTÉS. Il en résulte l'une des batailles les plus mouvementées de toute l'histoire canadienne entre le fédéral et les provinces, qui mène à un compromis final et à la proclamation de la LOI CONSTITUTIONNELLE DE 1982, le 17 avril 1982.

Avec l'enchâssement de droits pour les minorités officielles en matière de langue et d'éducation, ainsi que d'une charte des droits individuels, Trudeau atteint un but qu'il s'était fixé dès son entrée sur la scène politique (*voir* CONSTITUTION, RAPATRIEMENT DE LA).

Toutefois, dans d'autres domaines, son gouvernement de 1980 à 1984 n'a pas autant de succès. L'inflation constante et les taux de chômage élevés, sans compter les énormes déficits du fédéral, lui font perdre une bonne part de son appui populaire. Son Programme énergétique national, l'une des plus importantes interventions gouvernementales dans l'économie depuis la Seconde Guerre mondiale, lui aliène davantage les régions productrices d'énergie de l'Ouest canadien.

Un problème persistant qui le poursuit durant tout son mandat est celui des RELATIONS CANADO-AMÉRICAINES. Trudeau adopte souvent une position ambiguë à l'égard des États-Unis, mais pendant sa dernière période en fonction, il affiche une attitude plus nationaliste dans les relations économiques avec les États-Unis et commence à critiquer plus ouvertement leur politique étrangère et leur politique de défense. Au même moment, les politiques de l'administration américaine sous le gouvernement Reagan deviennent de plus en plus lourdes de conséquences pour de nombreux intérêts économiques du Canada.

Pendant ces années, Trudeau consacre de plus en plus de temps à la scène internationale, d'abord en encourageant le dialogue «Nord-Sud» entre les riches nations industrielles et les pays en développement. Puis, en 1983-1984, il mène une initiative de paix auprès des dirigeants de plusieurs pays de l'Est et de l'Ouest pour les persuader de négocier la réduction des armes nucléaires et pour diminuer les tensions causées par la guerre froide. Cette initiative lui mérite le prix de la paix Albert-Einstein.

Par contre, au même moment, son gouvernement décide de permettre aux États-Unis de procéder à des essais de leur missile de croisière en territoire canadien, rencontrant une vive opposition de la part des Canadiens, préoccupés par l'intensification de la course aux armements nucléaires.

L'opinion publique au Canada demeure hostile à Trudeau et aux libéraux à compter de 1981. Sa personnalité, parfois charismatique, parfois méprisante envers l'Opposition, souvent d'humeur changeante et imprévisible, ne semble plus constituer un atout électoral en temps de crise économique. Le 29 février 1984, Trudeau annonce son intention de se retirer. Il quitte son poste le 30 juin, et son successeur, John TURNER, est assermenté. En 1985, il est fait Compagnon de l'Ordre du Canada.

Il adopte une attitude discrète pendant sa retraite, sauf à deux occasions, où il intervient dans les affaires publiques de façon fracassante. On considère que son opposition virulente à l'ACCORD DU LAC MEECH a été déterminante. De même, on estime que son discours contre l'ACCORD DE CHARLOTTETOWN à la Maison du Egg Roll, à Montréal, le 1er octobre 1992, a incité l'opinion publique au Canada anglais à retirer son appui à l'Accord au référendum de 1992. Toutefois, Trudeau n'intervient pas dans le RÉFÉRENDUM DU QUÉBEC de 1995 sur la souveraineté. En 1993, Trudeau publie *Mémoires politiques*, tirés d'une minisérie en cinq épisodes diffusée au réseau anglais de la Société Radio-Canada. En 1996, il publie un recueil de ses œuvres parues entre 1939 et 1996, *À contre-courant*.

La carrière de Trudeau en tant que premier ministre en est une de succès électoral et n'a d'égale que celle de Mackenzie King. En outre, il est demeuré au pouvoir plus longtemps que tout autre chef d'État occidental de son époque, ce qui faisait de lui le vétéran de la politique en Occident. Parmi ses réalisations, on compte la défaite du référendum de 1980 au Québec, le bilinguisme officiel, le rapatriement de la Constitution et la *Charte des droits*.

Trudeau s'est cependant révélé impuissant à atténuer le sentiment d'aliénation régionale et à résoudre le conflit entre le fédéral et les provinces. À la fin des années 90, son plus grand legs, le maintien du Québec à l'intérieur de la Confédération, était beaucoup moins certain qu'au moment de sa démission. Il a quitté la vie politique de la même façon qu'il y était entré, comme un personnage controversé, encensé par ses partisans et décrié par les critiques. Quoi qu'il en soit, il ne fait aucun doute qu'il figure parmi les plus grands politiciens canadiens du XXe siècle.

Reg Whitaker

Trudeau, Yves, sculpteur (Montréal, 3 décembre 1930). Il étudie à l'École des beaux-arts de Montréal. Il se fait connaître à la fin des années 50 par ses sculptures en bronze, en forme de spirale stylisée, puis, dans les années 60, par ses créations «fer et bois», auxquelles il donne une charge hautement symbolique. Alternant entre des formes anthropomorphiques et des formes organiques, les œuvres de cette série témoignent d'un abandon progressif de la représentation figurative (*L'homme révolté*, 1961). Dans les séries géométriques et abstraites des années 70, comme celle des «Murs fermés et ouverts», c'est la composition de l'œuvre qui circonscrit l'espace: des triangles en bois recouvrent complètement une surface, interrompue seulement par une courbe ou une droite, ou encore par une ligne légèrement incurvée. Ces œuvres, peintes en blanc pour mieux capter les jeux d'ombre et de lumière, contiennent parfois des graffitis à caractère social ou politique. En 1984, afin de commémorer le 450e anniversaire du débarquement de Jacques Cartier, il crée, à Gaspé, une grande sculpture représentant un navire toutes voiles déployées.

Dans les années 80 et au début des années 90, Trudeau crée des sculptures de dimensions plus petites, mais aux formes monumentales, dévoilant son intérêt pour l'exploration de l'espace en relation toujours avec les formes géométriques et organiques. Tout au long de sa carrière de sculpteur, il expose en

Europe, aux États-Unis et au Canada. Par ailleurs, il participe très activement à la promotion de l'art de la sculpture. À ce titre, il a été l'un des fondateurs du Conseil de la sculpture du Québec. Ses œuvres sont exposées dans de nombreux musées canadiens. L'artiste vit actuellement à Montréal.

Louise Beaudry

Trudel, Marcel, historien (Saint-Narcisse, Qc, 29 mai 1917). L'un des maîtres de l'historiographie québécoise contemporaine, il a formé des générations d'historiens à l'UNIVERSITÉ LAVAL (1947-1965), puis à l'UNIVERSITÉ D'OTTAWA (1966-1982), après un bref séjour à l'UNIVERSITÉ CARLETON. Sa conception exigeante du métier l'amène à rejeter les canons de l'histoire édifiante et l'engagement de l'histoire nationaliste. Observateur du passé dans son originalité irréductible, il traque l'anachronisme et se méfie de la contamination idéologique. Il s'efforce à la sérénité, que seul un anticléricalisme feutré trouble parfois. L'œuvre de cet humaniste se caractérise par l'érudition, l'exactitude et le respect du document. On y chercherait en vain des préoccupations théoriques ou des interprétations globalisantes, comme celles que proposait Maurice SÉGUIN, de l'école historique de Montréal. Pourtant, une vision d'ensemble du passé canadien y court en filigrane quiet elle s'apparente à celle de Léon GÉRIN et de Gustave LANCTOT: dans le destin du Canada français, les ruptures de la Conquête sont moins importantes que les faiblesses de la colonisation française, et moins déterminantes que les continuités économiques, sociales et religieuses d'une domination à l'autre; les mentalités et les institutions britanniques ont favorisé la modernisation de la société canadienne-française. Spécialiste du régime français et d'abord intéressé par l'histoire intellectuelle et politique, il a peu à peu élargi son enquête aux problèmes de l'histoire sociale. On lui doit de très nombreux travaux, en particulier la savante *Histoire de la Nouvelle-France* (1963-1999), encore inachevée, dont il a signé tous les tomes sauf un, œuvre de Guy FRÉGAULT. En 1999, octogénaire alerte, il conclut le tome consacré à la dernière période: le *Régime militaire et la disparition de la Nouvelle-France, 1759-1764*. Écrite comme les autres, dans une langue sobre, cette étude illustre parfaitement la solidité et les limites de l'histoire positiviste.

Pierre Trépanier

Trueman, Albert William, administrateur d'universités et d'organismes culturels (Waverley, Penn., 17 janv. 1902—Ottawa, 29 juin 1988). En tant que commissaire du gouvernement à la cinématographie (directeur de l'OFFICE NATIONAL DU FILM) de 1953 à 1957 et directeur du CONSEIL DES ARTS DU CANADA de 1957 à 1965, il contribue grandement aux politiques culturelles canadiennes, principalement par la promotion de l'influence et des rôles de ces deux organismes. Il est aussi un administrateur universitaire qualifié et chevronné, ayant été recteur de l'U. du Manitoba (1945-1948) et de l'U. du Nouveau-Brunswick (1948-1953) ainsi que directeur et doyen du collège universitaire de l'U. de Western Ontario (1965-1967). Bien qu'originaire des États-Unis, il fait ses études au Canada et en Grande-Bretagne et entame sa carrière comme professeur dans des universités canadiennes. En 1982, il publie *A Second View of Things: A Memoir*.

Peter Morris

Truite Nom commun donné à des poissons d'eau douce appartenant à trois genres de la famille des SAUMONS (salmonidés). La truite brune (*Salmo trutta*) appartient au même genre que le SAUMON DE L'ATLANTIQUE (*S. salar*). La truite arc-en-ciel, la truite fardée et la truite dorée font partie du genre oncorhynchus (*O. mykiss, O. clarki et O. aquabonita* respectivement) qui inclut les SAUMONS DU PACIFIQUE. Ces trois espèces de truites proviennent toutes des bassins hydrographiques du Pacifique. Certaines espèces du genre *Salvelinus*, c.-à-d.

les OMBLES, sont communément appelées truite, p. ex., l'ombre de fontaine (*S. fontinalis*), l'ombre de lac (*S. namaycush*) et l'ombre à tête plate (*S. confluentus*).

Description Les truites du Pacifique et les véritables truites se distinguent des autres salmonidés par leurs points noirs sur la tête et sur le corps, et par les 7 à 12 rayons de leur nageoire anale. Les truites sont habituellement des espèces d'eau douce, mais toutes les espèces de *Salmo* et d'*Oncorhynchus* ont des populations d'eau douce et des populations anadromes, sauf la truite dorée, une espèce de Californie introduite au Canada dans quelques petits lacs de haute altitude, dans le sud-ouest de l'Alberta.

Truite arc-en-ciel Elle est indigène de l'ouest de l'Amérique du Nord (du nord du Mexique à l'Alaska) et est introduite avec succès dans les régions tempérées et les régions tropicales de haute altitude du monde entier. Le but premier de ces introductions est de permettre la PÊCHE SPORTIVE, mais depuis quelque temps on fait de plus en plus l'AQUACULTURE de cette espèce. Des stocks de truites arc-en-ciel sont gardés en captivité depuis plus de 35 générations sans interruption. Ces truites en captivité ont une croissance rapide et résistent bien à l'entassement en étang, en bassin ou en réservoir. De plus, elles sont assez résistantes à la maladie et sont très recherchées pour leur chair et comme poissons de sport. En effet, elles sont populaires à cause de leur combativité, de leur aptitude au saut et aussi parce qu'elles mordent facilement à un leurre en eau peu profonde ou à une mouche artificielle. La truite arc-en-ciel anadrome est appelée steelhead et est très recherchée en rivière, où elle retourne frayer. La Steelhead peut peser 18 kg et est très combative.

Truite fardée Au Canada, on rencontre cette espèce exclusivement en Colombie-Britannique et dans le sud-ouest de l'Alberta. Il en existe deux sous-espèces: la truite fardée côtière, qui a des populations anadromes et des populations d'eau douce, et la truite fardée Yellowstone, qui vit en eau douce. La première se rencontre sur toute la côte de la Colombie-Britannique et est de plus grande taille (jusqu'à 8 kg) que la seconde. Au Canada, la répartition de la Yellowstone est limitée au sud-est de la Colombie-Britannique et au sud-ouest de l'Aberta. Les deux sous-espèces sont des poissons de sport importants et font l'objet de programmes d'ensemencement afin de permettre le maintien des populations.

Truite brune Originaire d'Europe, elle est introduite en Amérique du Nord en 1883 et est aujourd'hui surtout commune en Alberta et dans les cinq provinces de l'Est, quoique l'on en trouve des populations dans tout le Canada méridional. Parmi les salmonidés, c'est la première espèce à avoir fait l'objet d'élevages (en Allemagne en 1741). Cette espèce présente des populations anadromes et des populations d'eau douce et, jusqu'au milieu des années 1900, est élevée de façon intensive et est ensemencée dans les lacs et les cours d'eau. Cependant, dans la plupart des régions, elle est remplacée par la truite arc-en-ciel domestique, qui, parmi les truites, est l'espèce la plus convoitée par les sportifs.

E.D. Lane

Truro, ville de N.-É.; pop.11 938 (rec. 1996), 11 683 (rec. 1991), 12 124 (rec. 1986); superf. de 38,09 km²; const. en 1875; située à 100 km au nord-est d'Halifax, sur la baie Cobequid, dans le BASSIN MINAS. En 1689, le roi Louis XIV concède des terres, y compris la région de Truro, et des Acadiens (*voir* ACADIE) s'y établissent dès 1701; ils en seront chassés lors de la Déportation de 1755. Les colons de la Nouvelle-Angleterre lui donnent son nom en 1759, probablement en souvenir de la localité de Truro en Cornouailles, un comté d'Angleterre. L'expansion de la ville commence après l'arrivée de groupes de colons dans les années 1760.

Centre ferroviaire important depuis l'époque du chemin de fer de la INTERCOLONIAL RAILWAY, Truro est le terminus des voyageurs à destination de la plupart des régions de la province. Les fonderies, la machinerie, l'imprimerie et l'exploitation forestière sont les piliers de l'économie. La Brookfield Dairy Company, installée ici depuis 1920, est un employeur important. L'usine de textile Stanfield, établie en 1868, est toujours en exploitation. De plus, Crossley Karastan Carpet Mills Ltd., Polymer International (NS) Ltd. et Andres Wines Atlantic Ltd. sont toutes implantées ici. Truro, qui a toujours été une région agricole prospère, abrite aussi une école d'agriculture, de même que le Nova Scotia Teachers College.

Janice Milton

Trust Royal ltée, dont le siège social était à Ottawa, était une société de portefeuille canadienne constituée en 1978 pour devenir la société mère du groupe de sociétés Trust Royal. Ses activités s'étendaient aux domaines de la fiducie, de la finance, de l'immobilier, des services de dépôt, et elle possédait plus de 100 filiales réparties au Canada, aux États-Unis et à l'étranger. Au milieu des années 80, la Trust Royal se classait parmi les dix institutions financières les plus importantes du pays. En 1993, la Banque Royale a racheté la plupart de ses actifs et les a intégrés dans la structure de sa société.

Deborah C. Sawyer

Tsetsaut Le nom «Tsetsaut» vient probablement d'un mot TSIMSHIAN utilisé par les Gitksans pour désigner divers Athapascans de l'intérieur, dans le nord de la Colombie-Britannique. On possède peu de connaissances sur la langue, l'histoire et les traditions des Tsetsauts, mais le peuple auquel ils s'apparentent le plus est celui des KASKAS. Pour des raisons inconnues, ils quittent le plateau pour aller vers l'ouest jusqu'à la côte du Pacifique, en empruntant les eaux du sud de la rivière Stikine et le cours supérieur de la rivière Nass. Ils occupent surtout les alentours du canal Portland. Comme l'économie des Tsetsauts repose sur la chasse au gibier de l'intérieur des terres, ils semblent ne s'être jamais complètement adaptés à l'environnement des rivières ou de la côte. Ils sont persécutés et attaqués par leurs voisins, particulièrement les TAHLTANS, et les survivants sont assimilés aux Nishgas. Lorsque Franz BOAS les visite en 1894, il en dénombre 12 alors que, seulement 60 ans auparavant, leur population était estimée à 500. Aujourd'hui, plus personne n'affirme être Tsetsaut. Le dernier à parler le tsetsaut est décédé vers 1935. (*Voir* AUTOCHTONES: LA RÉGION SUBARCTIQUE et les articles généraux sous la rubrique AUTOCHTONES.)

Beryl C. Gillespie

Tsiigehtchic, communauté à charte des T.N.-O.; pop. 162 (rec. 1996), 144 (rec. 1991), 108 (rec. 1986); superf. 154,03 km²; const. en 1993; située au confluent de la rivière Arctic Red et du fleuve MACKENZIE, à 1011 km à vol d'oiseau au nord-ouest de YELLOWKNIFE. Autrefois appelée Arctic Red River, la communauté reprend son nom d'origine gwich'in en 1994. Cette petite communauté occupe probablement l'emplacement d'un campement de pêche saisonnier des Dénés Gwich'in, établi de nombreux siècles avant les premiers contacts européens. Cette localité demeure isolée jusqu'à la fin des années 70, lorsque la construction de la route de Dempster donne à sa population un accès saisonnier à des centres plus importants. C'est à cet endroit que le chemin de fer de Dempster traverse le fleuve Mackenzie. Le piégeage, la chasse et la pêche constituent les principales occupations de ses habitants.

Annelies Pool

Tsimshians Le nom «Tsimshian» (Tsim-she-yan, «peuple de la Skeena») est souvent employé pour désigner tous les groupes indiens du nord de la Colombie-Britannique parlant des langues de la famille du tsimshian, soit les NISHGAS (ou Nisga'a), les GITKSANS et les Tsimshians de la côte. Ce dernier groupe, souvent reconnu comme les Tsimshians proprement dits, comprennent des groupes vivant le long du cours inférieur de la riviè-

re Skeena, à partir du canyon Kitselas et de Kitsumkalum (près de Terrace) et de la côte sud adjacente jusqu'à la baie Milbanke, y compris à Port Simpson, Metlakatla (dans la région de Prince Rupert), à Kitkatla, à Hartley Bay et à Kitasu. En 1996, la population des Tsimshians de la côte comptait 6569 personnes.

En 1887, un groupe de 825 Tsimshians, mené par le missionnaire William Duncan, s'installe près de Ketchikan, en Alaska, où ils fondent le village de New Metlakatla. Des fouilles archéologiques dans le havre de Prince Rupert ont exposé au jour les vestiges de maisons en planches de cèdre datant de 5000 ans. Les Tsimshians peuvent donc prétendre être les détenteurs d'un des plus vieux héritages culturels du Nouveau Monde. On considère aussi que les groupes de Tsimshians sont, en général, associés historiquement aux Pénutiens de l'Oregon et de la Californie.

Structures sociales et culturelles Comme leurs voisins, les Tlingits d'Alaska et les Haidas des îles de la Reine-Charlotte, les Tsimshians représentent la culture régionale de la côte du Nord-Ouest, caractérisée par les TOTEMS et les célébrations du POTLATCH au cours desquelles des biens sont distribués. Même si leurs structures culturelles originales sont en voie d'être remplacées, ces gens demeurent fiers de leur patrimoine et bon nombre de familles assument encore leurs obligations traditionnelles en organisant des cérémonies communautaires pour marquer la transmission des noms, le mariage, le divorce, l'adoption et les funérailles. À l'origine, la famille était d'ascendance maternelle et tout Tsimshian s'identifie encore comme appartenant à l'une de quatre phratries (bandes ou totems: Grenouille ou Corbeau, Loup, Aigle, et Épaulard ou Épilobe à feuilles étroites). Chacun appartient à la phratrie de sa mère et épouse une personne d'une autre phratrie (à l'époque ancestrale, le ou la partenaire préféré(e) était un cousin ou une cousine). Les hommes et les femmes gardent encore leurs titres de chefs héréditaires à des fins cérémonielles.

De nos jours, peu d'entre eux vivent de la chasse à trappe, mais la pêche demeure une importante activité de subsistance.

J.V. Powell

Tsui, Lap-Chee, généticien (Shanghai, Chine, 21 déc. 1950). Diplômé de l'U. de Hong Kong (B.Sc., 1972) et de l'U. de Pittsburgh (Ph.D., 1979), Tsui se joint à l'Institut de recherche de l'Hospital for Sick Children (HSC) de Toronto à titre de boursier de recherches postdoctorales en génétique de 1981 à 1983. De 1983 à 1988, il y est chercheur scientifique et, depuis 1988, préposé principal à la recherche, tout en enseignant au département de génétique de l'U. de Toronto.

En 1982, une entreprise de biotechnologie du Massachusetts, Collaborative Research, l'engage pour chercher la cause génétique de la muscoviscidose à la clinique de muscoviscidose du HSC de Toronto. Ensemble, ils découvrent le chromosome porteur du gène responsable de la muscoviscidose. Cependant, le partenariat s'effondre, surtout parce que Collaborative Research refuse de rendre la découverte publique.

En 1987, Tsui et Francis Collins de l'école de médecine de l'U. du Michigan – un expert dans la technique d'analyse chromosomique par sauts, nécessaire pour rechercher le gène – s'entendent pour travailler ensemble. Deux ans plus tard, en août 1989, Tsui, ses collaborateurs canadiens Jack Riordan et Manuel Buchwald, et Collins, avec son équipe de recherche américaine, annoncent qu'ils ont isolé avec succès le gène porteur de l'anomalie qui cause la muscoviscidose. Ce succès est reconnu comme l'un des plus significatifs de l'histoire de la génétique humaine. En 1990, Tsui, Riordan et Collins reçoivent le prix Gairdner pour leur œuvre.

Tsunami Mot japonais désignant une vague océanique (*voir* ÉNERGIE DES VAGUES OCÉANIQUES) destructrice qui touche les régions côtières de vastes

plans d'eau, particulièrement l'océan Pacifique. Le Japon est sans doute le pays qui connaît le plus grand nombre de tsunamis, mais la côte asiatique de l'ex-URSS et les îles Hawaii en souffrent également. En 1964, le jour du Vendredi saint, un tsunami provoqué par un TREMBLEMENT DE TERRE survenu en Alaska occasionne des dommages de plusieurs millions de dollars dans les villes jumelles d'Alberni et de PORT ALBERNI, en Colombie-Britannique. Comme les tsunamis ne sont pas causés par les MARÉES, il est incorrect de les qualifier de raz-de-marée. Ils suivent habituellement des secousses sismiques sous-marines qui se produisent à faible profondeur, mais peuvent aussi être générés par d'autres perturbations géophysiques (éruptions volcaniques, glissements de terrain). Les plans d'eau de la planète étant partiellement ou complètement confinés à l'intérieur de frontières solides, ils présentent tous des oscillations à des périodes déterminées. Un tsunami peut placer un plan d'eau en état d'oscillation si au moins certaines de ses périodes sont en concordance ou en quasi-concordance avec les périodes oscillatoires naturelles du plan d'eau en question. Les ondes du tsunami sont longues, elles irradient à partir de leur source et franchissent l'océan à des vitesses de plusieurs centaines de kilomètres/heure. Au-dessus des grandes profondeurs océaniques, leur amplitude est habituellement inférieure à 1 m. Leur vitesse est proportionnelle à la racine carrée de la profondeur de l'eau.

G.C. Dohler

Tuberculose Connue et redoutée depuis l'époque d'Hippocrate, elle est une maladie infectieuse qui atteint principalement les poumons, les os, les reins et les ganglions lymphatiques, mais qui peut aussi se répandre dans tout l'organisme. Après la maîtrise de la VARIOLE, au XIXᵉ siècle, grâce à la vaccination, l'infection provoquée par le bacille tuberculeux est devenu le fléau des pays asiatiques et européens.

Au Moyen Âge et à la Renaissance, les facteurs socioéconomiques déterminent la prévalence de la maladie en raison des mauvaises conditions d'hygiène qui règnent alors. Avec les vagues successives d'immigrants, la maladie apparaît dans le Haut et le Bas-Canada, au XVIIᵉ siècle, et dans l'Ouest, vers le milieu du XIXᵉ siècle. La population autochtone du Canada ne peut s'empêcher à cette époque d'être exposée à un risque particulier en raison du contact avec des trappeurs et des colons européens souvent démunis. Ces immigrants ont développé, croit-on, une certaine immunité à la maladie, à cause de l'exposition de plusieurs générations successives. Les Indiens et les Inuits, par contre, sont soumis au risque infectieux pour la première fois, de sorte que, une fois infectés, ils n'opposent aucune résistance à cette maladie à évolution rapide.

Une fois la nature infectieuse de la maladie reconnue, il y a un siècle en Europe, il devient possible d'entreprendre des initiatives pour améliorer les conditions d'hygiène dans les milieux urbains surpeuplés où les pauvres ne disposent pas des ressources nécessaires à une alimentation substantielle et sont forcés de s'entasser dans des taudis. Le taux de mortalité commence donc à diminuer rapidement dès la première décennie du XXᵉ siècle. Bien avant l'emploi, dans les années 30, de moyens chirurgicaux actifs (la collapsothérapie, pour mettre au repos le poumon touché) et l'avènement de médicaments antituberculeux efficaces, dans les années 50, une amélioration générale des conditions de vie a déjà entraîné un déclin remarquable de l'incidence et du taux de mortalité. D'autres mesures de santé publique, comme l'isolement des cas infectieux dans les sanatoriums, l'éducation de la population au principe des contacts interpersonnels protégés, le dépistage par radiographie thoracique et l'épreuve cutanée, et un état nutritionnel plus adéquat, pour aider l'hôte à résister à l'infection, ont manifestement joué un rôle tout aussi important dans la maîtrise de la maladie.

Taux de mortalité au Canada Au Canada, le taux de mortalité due à la tuberculose a chuté de façon spectaculaire au cours du XXe siècle, passant de 180 pour 100 000 en 1900 à moins de un pour 100 000 dans les années 80. La fréquence a également beaucoup diminué au cours la même période, au point que le Canada possède maintenant un des taux les plus bas au monde. Dans l'ensemble, le nombre de cas de tuberculose signalés actuellement est de l'ordre de sept pour 100 000.

Groupes à risque Au cours des dernières années, la propagation de l'infection par le virus du syndrome immunodéficitaire acquis (VIH) a créé les circonstances favorables à l'apparition d'une nouvelle épidémie de tuberculose. Cette incidence accrue de la maladie a incité l'Organisation mondiale de la Santé, en 1993, à déclarer la maladie «urgence mondiale». De la même manière, le Canada a entrepris une sérieuse réévaluation de la situation en matière de tuberculose quand, à la fin des années 80, il y a eu un arrêt, après plusieurs décennies, de la décroissance des taux. Actuellement, les groupes à hauts risques pour la tuberculose comprennent les peuples autochtones, les résidents nés dans des pays où la prévalence de la maladie est élevée, et les habitants défavorisés des quartiers déshérités, comme les pauvres, les chômeurs et les sans-abri. Les personnes infectées par le VIH sont également considérées comme courant un risque élevé. Pour vaincre la tuberculose au Canada, il est essentiel que des programmes efficaces de dépistage, de prévention et de traitement soient poursuivis avec soin dans les groupes de population à haut risque.

Norman C. Delarue

Tuktut Nogait, parc national (16 370 km²) créé en juin 1996, sept ans après que les Inuits de Paulatuk en ont fait la demande au gouvernement fédéral. Ils souhaitent la création d'un parc national afin de protéger les aires de mise bas des CARIBOUS de la toundra du troupeau du lac Bluenose, essentiels à leur mode d'existence. Le nom a également été suggéré par les Inuits et signifie «petits du caribou» en inuvialukton.

Situé dans les collines Melville, à 25 km à l'est de Paulatuk, Tuktut Nogait offre un paysage de toundra vallonnée qui est profondément creusé par les rivières Brock et Hornaday. Les zones de plus haute altitude n'ont pas subi la glaciation durant la dernière ÉPOQUE GLACIAIRE; c'est une des deux seules régions de l'Arctique à y avoir échappé. Outre le caribou, la région abrite des bœufs musqués, des loups et un grand nombre d'oiseaux de proie (éperviers, faucons et aigles).

Gail Kudelik

Tully, John Patrick, océanographe (Brandon, Man., 29 nov. 1906—Nanaimo, C.-B., 19 mai 1987). À titre d'océanographe responsable du groupe d'océanographie du Pacifique, à Nanaimo en Colombie-Britannique, de 1946 à 1965, Tully contribue à l'avancement de la recherche dans le domaine de l'océanographie physique, chimique et biologique. Il est reconnu principalement pour ses travaux en océanographie descriptive, et pour ses applications pratiques de l'océanographie aux problèmes militaires et industriels contemporains. Ses ouvrages sur les mécanismes estuariens et les processus physicochimiques dans les océans sont réputés. Membre de l'Ordre de l'Empire britannique, il a reçu de nombreuses médailles dont la médaille commémorative d'Albert I de Monaco et celle de l'Ordre du mérite en 1985. Il a été admis à la Royal Society of Chemistry (RSC) en 1964. La Société canadienne de météorologie et d'océanographie décerne chaque année la médaille J.P. Tully et, en 1985, le ministère canadien des Pêches et des Océans a nommé un navire scientifique en son honneur.

T.R. Parsons

Tumulus du serpent Situé sur un promontoire qui domine le lac Rice, près de Peterborough (Ontario), il est la seule éminence en forme d'animal connue au Canada. Il s'agit d'une structure sinueuse en terre, d'une longueur de 59,1 m et d'une hauteur de 1,5 à 1,8 m. Les fouilles indiquent que l'éminence s'est édifiée graduellement par accrétion entre 128 et 302 ap. J.-C. On peut en déduire que le tumulus du serpent est un lieu sacré que l'on visite périodiquement, à l'occasion de cérémonies religieuses. Bien que les pièces de mobilier funéraire n'y soient pas nombreuses, leur répartition montre qu'elles sont généralement réservées aux personnes de haut rang de la communauté. Ces personnes sont enterrées soit à la base de l'éminence, soit dans des puits peu profonds creusés sous l'éminence. Les dépouilles de citoyens ordinaires sont éparpillées au hasard dans les terres rapportées qui forment l'éminence. (*Voir aussi* PRÉHISTOIRE.)

Walter A. Kenyon

Tungstène, ou wolfram (W), est un élément métallique gris argenté, qui possède le point de fusion le plus élevé de tous les métaux (3410 ºC). Le tungstène est très dur, très dense et résiste fort bien aux températures élevées. On commence à l'utiliser au milieu du XIXe siècle dans la fabrication de l'acier rapide. Les aciers de tungstène sont essentiels dans l'industrie, car ils conservent leur dureté et leur résistance, même à température élevée. Les outils en carbure de tungstène cémenté sont mis au point dans les années 20 et représentent 60 p. 100 de la consommation actuelle de tungstène. Le tungstène métallique est employé dans l'INDUSTRIE DE L'ÉLECTRONIQUE pour fabriquer des filaments de lampes à incandescence.

Les quatre principaux minerais de tungstène sont la scheelite, la wolframite, la ferberite et l'huebnérite, les deux premiers étant de loin les plus courants. Le Canada est un grand producteur de minerai et de concentré de tungstène jusqu'en 1986, année où l'augmentation des exportations en provenance de la Chine provoque un effondrement des prix, forçant ainsi l'arrêt des activités minières canadiennes. Vu les récentes augmentations des prix, certains gisements sont réévalués et pourraient être rouverts à la production. Les plus grands gisements de tungstène du Canada se trouvent au Yukon, dans les Territoires du Nord-Ouest (où une localité porte le nom de Ce métal) et au Nouveau-Brunswick. De plus petits gisements sont dispersés partout au pays.

La majeure partie de la production canadienne de tungstène contenu dans le minerai et dans le concentré est exportée aux États-Unis et en Europe de l'Ouest. La production canadienne de concentré de tungstène représente 20 p. 100 du marché mondial pendant la première moitié des années 80. Le tungstène importé fournit l'industrie relativement importante de fabrication d'outils en carbure de tungstène, utilisés surtout par les entreprises métallurgiques et l'INDUSTRIE PÉTROLIÈRE. À l'heure actuelle, les grands producteurs mondiaux de tungstène sont la Chine, la Russie, la Bolivie, la Thaïlande, l'Ouganda, le Pérou, la République de Corée et le Brésil.

Don Law-West et Lois Perron

Tunnels Contrairement à d'autres pays montagneux comme la Suisse, et en dépit de sa superficie, le Canada n'a pas de tunnels célèbres. On peut voyager d'un océan à l'autre, de Halifax à Vancouver, par les chemins de fer du CANADIEN NATIONAL (CN) sans traverser de grands tunnels. On n'en trouve que quelques petits à l'ouest de Thunder Bay. Il existe toutefois des tunnels remarquables au Canada, et certains sont uniques en leur genre. Les tunnels servant à l'extraction du charbon au Cap-Breton s'étendent très loin sous la mer. On ne peut atteindre la mine Granduc en Colombie-Britannique que par un tunnel de 16,5 km situé sous trois glaciers. À NORTH BAY, le quartier général de NORAD au Canada est logé dans une suite de longs tunnels peu communs, creusés dans un substrat précambrien. On y trouve même une centrale électrique souterraine, que l'on atteint par deux galeries d'accès suffisamment grandes pour permettre le passage d'autobus.

Le plus vieux tunnel au Canada est à BROCKVILLE, en Ontario. Il s'étend sur 518 m à partir de la rive du fleuve et passe sous l'hôtel de ville situé sur la rue Market. Lors de la construction du chemin de fer Brockville & Ottawa dans les années 1850, les entrepreneurs considéraient qu'une ligne ferroviaire ne saurait être complète sans tunnel. Utilisé pour la première fois le 31 décembre 1860 et pour la dernière fois en 1970, ce tunnel existe toujours avec ses grandes portes de chênes à chaque extrémité.

La construction de la ligne principale du GRAND TRUNK RAILWAY entre Montréal et Toronto, dans les années 1850, ne requiert la construction d'aucun tunnel. Il n'en faudra qu'un seul, très court, sur toute la ligne de l'INTERCOLONIAL RAILWAY (entre Halifax et Montréal), achevée en 1876. Cependant, entre 1889 et 1891, on construit le premier tunnel sous-marin en Amérique du Nord sous la RIVIÈRE SAINTE-CLAIRE. Ce tunnel, d'une longueur de 1,8 km, relie le Grand Trunk Railway, à SARNIA, au Grand Trunk Western Railway, à Port Huron, afin de compléter une ligne directe entre Toronto et Chicago. C'est le premier tunnel en Amérique du Nord construit à l'air comprimé et avec des boucliers, le second revêtu de segments en fonte. Lors de la construction du chemin de fer du CANADIEN PACIFIQUE, on n'a pu éviter de creuser une série de petits tunnels le long de la rive nord du lac Supérieur, mais la section qui traverse les montagnes de l'Ouest n'en compte aucun. Comme elle présente toutefois des pentes (jusqu'à 4 p. 100) qui rendent l'opération difficile et peu rentable en raison de l'augmentation du trafic, on ouvre à la circulation en 1909 les tunnels Spiral entre Hector et Field afin de réduire à 2,3 p. 100 la pente maximale dans ce secteur. En 1916, le tunnel Connaught, de 8 km, est ouvert sous le COL ROGERS afin de réduire les pentes et d'éliminer les risques d'avalanches. En 1988, on ouvre le plus long tunnel ferroviaire en Amérique du Nord, lequel double le tunnel Connaught à travers le mont Macdonald afin de réduire les pentes pour le trafic vers l'ouest.

Au cours des ans, on construit des tunnels plus courts comme voies d'accès aux gares. C'est le cas du tunnel du CN sous Capital Hill, à Vancouver, du tunnel du CP de l'Anse-au-Foulon, à Québec, et du tunnel de 4,8 km du Mont-Royal, à Montréal. Construit à l'origine pour donner au CANADIAN NORTHERN RAILWAY accès au centre-ville de Montréal, le tunnel du Mont-Royal fait maintenant partie du réseau du CN et est incorporé au complexe de la Gare centrale de Montréal.

Alors que la construction de chemins de fer au Canada diminue après avoir atteint des sommets, de nouvelles usines hydroélectriques voient le jour, plus nombreuses et plus grandes. On a alors besoin de tunnels pour transporter l'eau des RÉSERVOIRS de retenue vers les conduites forcées et les centrales électriques. Le double tunnel de 15,2 m de diamètre qui transporte l'eau sous la ville de NIAGARA FALLS (90 m sous terre) pour alimenter la centrale Sir Adam Beck, à Queenston, offre un intérêt particulier, tout comme le tunnel de la centrale électrique de Kemano, exploitée par la compagnie Aluminum du Canada en Colombie-Britannique, qui dessert la fonderie de KITIMAT. Ce tunnel transporte l'eau à partir d'un nouveau réservoir situé à la source de la rivière Nechako, un affluent du fleuve Fraser, en passant par les montagnes de la chaîne côtière jusqu'à une chute qui précipite cette eau presque au niveau de la mer jusqu'à la centrale électrique (*voir* PRODUCTION D'ÉLECTRICITÉ).

Dans l'Ouest, un tunnel peu connu mais néanmoins important, qui s'étend sous le lit des First Narrows, à Vancouver, transporte l'eau douce sous pression à partir des réservoirs situés dans les contreforts de la chaîne côtière pour alimenter la ville de Vancouver. Des tunnels d'aqueduc et d'égout s'étendent sous les rues de toutes les grandes villes canadiennes. Sous les rues d'Ottawa, p. ex., de tels tunnels s'étendent sur 160 km au minimum. Sur la rive nord de l'île de Montréal se trouve un tunnel d'égout de 48 km. Ce sont les «grands» tunnels du Canada, invisibles et généralement inconnus, mais qui fournissent des services municipaux essentiels. Les chemins de fer souterrains nécessitent de grands tunnels, qui se trouvent également sous les artères urbaines. La première ligne du métro de Toronto, presque entièrement souterraine, a été ouverte en 1954 (*voir* MÉTRO ET TRANSPORT RAPIDE PAR VÉHICULES LÉGERS).

Pendant la Seconde Guerre mondiale, on a fait appel aux experts canadiens en tunnels, formés surtout dans le domaine minier, lorsque l'armée canadienne a été chargée de prolonger le labyrinthe de tunnels en forme de nid d'abeilles sous le rocher de Gibraltar. En outre, la réalisation de la plus grande portion de ce qui demeure le plus long tunnel ferroviaire à l'est du Mississippi, le tunnel Hoosac, construit en 1875, au Massachusetts, est la réussite de deux ingénieurs canadiens, Walter et Francis Shanly.

Robert F. Legget

Tupper, sir Charles, politicien, diplomate et premier ministre du Canada (Amherst, N.-É., 2 juill. 1821—Bexleyheath, Angl., 30 oct. 1915). Il est le dernier survivant des PÈRES DE LA FÉDÉRATION. Après avoir étudié à la Horton Academy (Acadia) et à Édimbourg, Tupper revient à Amherst en 1843, où il a une belle carrière en tant que médecin. (De 1867 à 1870, il est le premier président de l'Association médicale canadienne.) En 1855, il est candidat conservateur aux élections provinciales de la Nouvelle-Écosse, remportant une victoire spectaculaire dans le comté de Cumberland contre un politicien populaire, le réformiste Joseph HOWE. Il fait bientôt partie du cabinet, étant secrétaire provincial de 1857 à 1860 et de 1863 à 1867. Il devient premier ministre de la province en mai 1864 et préconise l'union des Maritimes et l'adhésion à l'Amérique du Nord britannique, qu'il ne considère pas comme des objectifs incompatibles. Il est délégué aux conférences de Charlottetown, de Québec et de Londres, mais il ne réussit pas à faire approuver les résolutions de Québec par l'Assemblée de la Nouvelle-Écosse.

En 1867, il quitte la politique provinciale et remporte un siège au Parlement fédéral, où il est le seul député néo-écossais à appuyer la CONFÉDÉRATION. Il serait très bien placé pour revendiquer une place au Cabinet, mais il s'efface pour permettre à d'autres Néo-Écossais de devenir ministres. Il contribue à faire adopter l'entente des *meilleures conditions,* qui fait entrer Howe au cabinet en 1869. En 1870, Tupper commence une longue carrière de ministre. Il est successivement président du Conseil privé (1870-1872), ministre du Revenu intérieur (1872-1873) et ministre des Douanes (1873) pendant le premier mandat de John A. MACDONALD.

Lorsque les conservateurs reprennent le pouvoir, Tupper est ministre des Travaux publics (1878-1879) et ministre des Chemins de fer et Canaux (1879-1884) pendant la période critique de la construction du chemin de fer du Canadien Pacifique. Il devient haut-commissaire au Royaume-Uni en 1884, mais revient à Ottawa à titre de ministre des Finances (1887-1888). Il reprend ensuite ses fonctions à Londres et se fait connaître comme un défenseur éloquent de la fédération impériale et des tarifs de préférence. Ses positions déplaisent à Macdonald, mais son prestige politique le met à l'abri des blâmes.

En janvier 1896, Tupper est rappelé à Ottawa et nommé secrétaire d'État du gouvernement de sir Mackenzie BOWELL, qui périclite. Comme chef éventuel du parti, il est laissé pour compte, car on lui préfère J.J.C. ABBOTT, J.S.D. THOMPSON et Bowell, mais il devient enfin premier ministre le 1er mai 1896. Tentant désespérément d'éviter une défaite à la Chambre, Tupper et ses collègues déposent une loi réparatrice visant à protéger les droits sco-

laires de la minorité francophone du Manitoba. Renversés aux Communes, Tupper et les conservateurs subissent une étonnante défaite aux élections générales de juin, car le vote du Québec est décisif. Tupper démissionne le 8 juillet, n'ayant été premier ministre que 10 semaines, la plus courte période d'occupation du poste de l'histoire du Canada. Il continue de siéger au Parlement comme chef de l'opposition, mais il est défait aux élections de 1900. Il habite Vancouver après sa retraite, puis s'établit en Angleterre en 1913. L'importance de Tupper a été décisive sur la scène politique canadienne. L'un des principaux lieutenants de Macdonald, il a été un administrateur très compétent tout en étant réputé pour son astuce parlementaire et ses tactiques d'intimidation.

D.M.L. Farr

Tupper, sir Charles Hibbert, politicien et ministre (Amherst, N.-É., 3 août 1855—Vancouver, C.-B., 30 mars 1927). Deuxième fils de sir Charles TUPPER, il fait ses études à l'U. McGill et à Harvard. Exerçant d'abord le droit à Halifax, il est ensuite élu député fédéral conservateur de la circonscription de Pictou, siège qu'il conservera jusqu'à sa retraite de la vie politique, en 1904. Nommé ministre de la Marine et des Pêches en 1888, il est à l'époque le plus jeune membre à faire partie d'un cabinet fédéral. Malgré les prétentions de ses opposants voulant qu'il doive son ascension rapide à son père, Tupper se révèle un ministre très appliqué, qui en vient à posséder une connaissance approfondie du domaine des pêches au Canada. À titre d'agent de la Grande-Bretagne, il contribue au verdict favorable au Canada dans la CONTROVERSE DE LA MER DE BÉRING avec les États-Unis, en 1893. Qualifié de «suffisant» par sir John A. MACDONALD, Tupper fait preuve d'un nationalisme fougueux, quoique chicaneur, dans la défense des intérêts du Canada en matière de pêche. En 1894, il est nommé ministre de la Justice dans le Cabinet de sir Mackenzie BOWELL, et, à ce poste, il tente en vain de faire adopter un projet de loi correctif visant à rétablir les écoles catholiques au Manitoba (*voir* ÉCOLES DU MANITOBA, QUESTION DES). En janvier 1896, il démissionne pour protester contre le leadership inefficace du Cabinet. De mai à juillet 1896, il est solliciteur général dans le bref gouvernement dirigé par son père. Après son retrait de la vie politique, en 1904, il pratique le droit à Vancouver.

D.M.L. Farr

Turcotte, Elise Poète et romancière (Sorel, 26 juin 1957) Après un baccalauréat (1980) et une maîtrise en études littéraires en 1984 à l'Université du Québec à Montréal, elle obtient un doctorat en création littéraire à l'Université de Sherbrooke en 1991. Elle enseigne la littérature au Cégep du Vieux-Montréal et collabore régulièrement à de nombreuses revues comme *Estuaire, La Nouvelle Barre du jour, Moébius* et *Lèvres urbaines.*

D'abord reconnue comme poète – elle reçoit deux fois le prix Émile-Nelligan: en 1987 pour *La Voix de Carla* et en 1989 pour *La terre est ici –,* Elise Turcotte se tourne vers le roman et publie *Le Bruit des choses vivantes,* pour lequel l'Académie du Languedoc lui décerne le prix Louis-Hémon en 1992.

Suivront en 1997, *L'île de la merci* et un recueil de poésie *Deux ou trois feux.*

D'une écriture aiguisée jusqu'à la tension, ses romans sont une réflexion sur le temps qui passe, le corps, la mort, ainsi qu'une résistance à l'uniformité des visions du monde.

Turcotte, Ron, jockey (Drummond, N.-B., 22 juill. 1941). Issu d'une famille de 11 enfants, Turcotte travaille d'abord comme bûcheron au Nouveau-Brunswick, d'où sa constitution robuste. En 1959, le chômage l'amène à Toronto, où il trouve un emploi d'aide-écuyer dans les écuries Windfield, propriétés d'E.P. TAYLOR. Il gagne sa première course en 1962 et est proclamé meilleur jockey au Canada, titre qu'il conserve l'année suivante. En 1972, il conduit

Riva Ridge à la victoire du derby du Kentucky et gagne le Grand Prix de Belmont. L'année suivante, il devient le premier jockey en 70 ans à remporter deux années de suite le derby du Kentucky. En 1973, avec Secretariat, il gagne la triple couronne, une première en 25 ans. Sa carrière prend fin de façon tragique, le 13 juillet 1978, lorsqu'il se blesse gravement au dos en tombant de son cheval sur la piste de Belmont. Confiné à un fauteuil roulant, il a perdu la poursuite de 190 millions de dollars qu'il avait intentée à la suite de son accident. Il a reçu l'Ordre du Canada en 1974 et il est membre du Temple de la renommée des sports du Canada depuis 1980.

J. Thomas West

Turcs Avec une population dépassant largement les 60 millions d'habitants, la Turquie contemporaine acquiert une importance prépondérante sur la scène politique de l'Europe du Sud-Est. Son influence s'étend jusqu'à l'Asie centrale, où vivent plusieurs peuples de langue turque. La Turquie proprement dite chevauche une partie de la Thrace, dans la région des Balkans, et l'Anatolie, qui constitue la plus grande partie de son territoire. Ces deux régions sont séparées par le détroit du Bosphore, la mer de Marmara et le détroit des Dardanelles, lesquels relient la mer Noire à la Méditerranée. Un tel carrefour géographique aurait pu facilement devenir un cauchemar sur le plan stratégique, mais il semble qu'il ait seulement développé la faculté proverbiale du peuple turc de réaliser une synthèse culturelle.

Origines La période contemporaine connaît plus particulièrement de grandes transformations. Les habitants de la Turquie ne sont pas toujours désignés sous le nom de «Turcs». Auparavant, l'État ottoman conférait la citoyenneté et l'identité politique, et cela à plusieurs groupes ethnoreligieux, depuis les musulmans jusqu'aux orthodoxes grecs et aux catholiques romains. Bien avant que le concept de citoyenneté ne se superpose, au XIXe siècle, au système du millet («peuple» ou «nation»), qui est pendant des siècles la principale façon de désigner les communautés religieuses de Turquie, un sujet est considéré avant tout comme un «Ottoman», sans que ses attaches religieuses ou linguistiques soient prises en considération. De plus, l'État ottoman détient le siège du califat qui gouverne tous les musulmans.

Au XVIIIe siècle, cette institution séculaire est graduellement assimilée à l'institution plus restrictive du «sultanat», accordé habituellement à tout pouvoir régional. Mais le «califat-sultanat», destiné à servir le monde islamique, qui se heurte alors aux desseins impérialistes de la Russie, est finalement aboli en 1924, la République de Turquie ayant été proclamée l'année précédente. Bien qu'elle soit principalement turque et musulmane, la Turquie moderne se compose de différentes ethnies: les Kurdes, les Arabes, les ARMÉNIENS, les GRECS et les JUIFS. À l'instar du Canada, la Turquie a une longue expérience de l'immigration, puisqu'elle est depuis longtemps une terre d'accueil pour ses voisins. On estime qu'il y a de deux à trois millions de Bosniaques, de Bulgares, de Tchétchènes et d'autres Européens de l'Est qui fuient l'occupation dans leurs patries respectives depuis le XVIIIe siècle. Les troubles qui ont lieu récemment dans les Balkans, dans les anciennes républiques soviétiques d'Asie centrale et au Caucase en ajoutent des milliers d'autres.

Immigration Les premiers immigrants turcs seraient arrivés au Canada dans les années 1880. Depuis lors, leur nombre augmente régulièrement: 1900-1904 (156), 1906-1914 (3922), 1915-1955 (1262) et 1956-1975 (5710). Le dernier recensement (1996) fixe à 18 130 (réponse unique et réponse multiple) le nombre de personnes d'origine turque vivant au Canada, la grande majorité se trouvant en Ontario (9770) et au Québec (4805). Toutefois, il y a beaucoup plus de gens d'ascendance turque qui, parce qu'ils sont nés et ont grandi ici, se considèrent tout à fait canadiens. Pour cette raison, il est difficile de déterminer l'étendue exacte de la communauté.

Vie économique Par le passé, les Turcs du Canada étaient pour la plupart des professionnels, plutôt que des entrepreneurs ou des ouvriers comme en Europe de l'Ouest. Le tableau change quelque peu à la suite des dernières arrivées, et aussi parce que le secteur privé et le domaine de l'éducation connaissent de plus en plus de difficultés financières. Le pourcentage de travailleurs autonomes et de travailleurs spécialisés ou non est désormais beaucoup plus élevé. Ce changement reflète jusqu'à un certain point les conditions économiques instables de la Turquie, où les centres urbains sont envahis, au cours des cinq dernières années, par des flots humains en provenance des zones rurales, surtout des provinces de l'Est. Dans ces régions éloignées, des changements politiques et économiques majeurs sont en cours.

Religion et vie communautaire Comparativement aux autres communautés ethniques, la population turque du Canada n'est pas encore très considérable. Parce que les Turcs de presque toutes les confessions demeurent profondément attachés à leur religion, et cela, malgré plusieurs décennies de militantisme en faveur d'un État séculier en Turquie, ils tendent à se regrouper selon un sens religieux de la communauté, et non selon leur appartenance ethnique.

Cela ne signifie pas pour autant que la pratique religieuse soit dépourvue d'un caractère proprement «turc». Les musulmans turcs observent partout le *Kurban Bayrame*, c.-à-d. l'*Id al-Adha* des Arabes «la fête du sacrifice d'Abraham et le pèlerinage annuel à La Mecque»; ils célèbrent le *Ramazan Bayrame* plutôt que l'*Id al-Fitr*, qui marque «la fin du mois du jeûne»; et ils commémorent l'*Ashure günü* et le *Mevlid Kandili* «la naissance du prophète», toutes ces expressions étant calquées sur elles de l'arabe.

Ce qui importe plus encore, c'est que le caractère spirituel des Turcs est modelé par une tradition longue et complexe, qui réussit à survivre jusqu'à nos jours par des moyens divers, mais surtout grâce aux ordres mystiques qui sont toujours présents. Accessibles aux hommes comme aux femmes, ces ordres soufis effectuent un retour remarquable au cours des dernières années, dans presque tous les secteurs de la vie culturelle, artistique et intellectuelle, en dépit de plusieurs décennies de désapprobation officielle. Alors que la vague d'intérêt général pour l'islam donne lieu, à l'occasion, à différentes aberrations idéologiques, le sentiment religieux reste jusqu'ici à peu près dans les limites de la religion officielle. Les courants idéologiques relevant du fondamentalisme ont du mal à supplanter l'héritage intellectuel et artistique de l'ordre Mevlevi, fondé par les disciples de Jalal al-Din Rumi au XIIIᵉ siècle. Même les nationalistes les plus endurcis doivent rendre hommage, à un moment ou à un autre, aux poètes mystiques et aux penseurs les plus acclamés, comme Yunus Emre, Sultan Valad, Mehmet Chelebi et Ismacil Ankaravi.

Ces personnalités possèdent toujours leur stature nationale. De fait, la quête d'une inspiration stylistique et thématique nouvelle, mais fidèle aux réalisations du passé, contribue à l'organisation d'un commerce de livres florissant entre les groupes plus jeunes et mieux éduqués qui arrivent au Canada et aux États-Unis.

Maintien du groupe La Turkish Cultural Association of Canada, créée à Montréal en 1964, est l'une des plus anciennes au pays. L'année suivante, Toronto et Vancouver fondent respectivement la Turkish Canadian Cultural Society et la Turkish-Canadian Association. Établie à Toronto, la Canadian Turkish Islamic Heritage Association, est une nouvelle venue d'importance. Fondée en 1984, elle publie régulièrement l'*Haber Bülteni*. Enfin, la Communauté islamique turque du Québec, l'un des nombreux organismes religieux qui administrent les mosquées au Canada, dirige une mosquée turque à Ville Saint-Laurent.

Fouad E. Shaker

Turnbull, Wallace Rupert, ingénieur en aéronautique (Saint-Jean, N.-B., 16 oct. 1870—*id.*, 26 nov. 1954). Issu d'une famille riche, il étudie les sciences à Cornell et en Allemagne jusqu'à l'âge de 25 ans. Il travaille ensuite chez Edison Lamp Works, à Harrison (New Jersey), pendant six ans. En 1902, il construit la première soufflerie aérodynamique au Canada dans son laboratoire privé, à Rothesay, au Nouveau-Brunswick, où il travaille le reste de sa vie, isolé sur le plan géographique, mais collaborant avec des pionniers de l'aviation comme Alexander Graham BELL et J.H. PARKIN.

Ses recherches sont reconnues dès le début. Il reçoit une médaille de la Royal Aeronautical Society en 1909. Cependant, sa plus importante réalisation est l'hélice à pas variable, testée en vol en 1927. Ce dispositif ajuste l'angle auquel les pales de l'hélice fendent l'air et est devenu aussi essentiel à l'aviation que la boîte de vitesses à l'automobile. Il assure sécurité et efficacité à toutes les vitesses de rotation du moteur (p. ex., puissance maximum au décollage et à l'atterrissage, et régime de croisière économique sur les longues distances). L'hélice a été perfectionnée par des compagnies indépendantes de plusieurs pays, de sorte que le travail de Turnbull est passé inaperçu aux yeux de la plupart des historiens, peut-être parce qu'il en a permis la fabrication sous licence afin de s'employer à d'autres inventions. Toutefois, son hélice à pas variable (maintenant exposée au Musée national de l'aviation, à Ottawa) semble être la première à avoir volé avec succès.

Donald J.C. Phillipson

Turnbull, Walter James, fonctionnaire (Toronto, 16 sept. 1896). À titre de sous-ministre, Turnbull dirige le ministère des Postes avec une efficacité exceptionnelle de 1945 à 1957, au cours d'une période de bouleversements considérables en matière de transport, de volume et de type de courrier au Canada. Il lance le service postal par avion en 1948, faisant du Canada le premier pays au monde à transporter le courrier par voie aérienne de façon efficace et au tarif régulier. Il informatise le système des mandats-poste et se fait l'ardent promoteur de la mécanisation du triage du courrier. Il est le premier directeur des relations publiques de la SOCIÉTÉ CANADIENNE DES POSTES, et il dirige sa participation au sein de l'Union postale universelle, qui culmine, en 1957, par la tenue du seul congrès de l'Union au Canada, auquel il préside. Turnbull joue aussi un rôle actif au sein de l'Union postale des Amériques et de l'Espagne à la fin des années 40.

Herbert L. Griffin

Turner Valley, raffinerie de gaz de Le 14 mai 1914, l'histoire de l'ALBERTA change à tout jamais lorsque A. W. Dingman découvre un gisement de gaz près de TURNER VALLEY. Le lieu historique de la raffinerie de gaz de Turner Valley commémore aujourd'hui cet événement. La Calgary Petroleum Products, à qui appartient le puits Dingman, construit près du puits une simple usine de séparation afin de produire du naphte, un gaz liquide, qu'elle vend aux consommateurs locaux. L'usine brûle en 1920 et l'Imperial Oil achète alors la Calgary Petroleum Products et reconstruit l'usine.

En 1925, on découvre du gaz sulfureux près de Turner Valley et l'usine est convertie afin de «purger» le gaz, c,-à-d, d'en éliminer l'hydrogène sulfuré, un gaz toxique qui donne au gaz sulfureux son odeur caractéristique d'œufs pourris. Au cours des années 30, l'usine produit quelque 2,8 millions de c³ de gaz par jour, dont la presque totalité est livrée par gazoduc à Calgary aux fins de revente. Lorsqu'on découvre du pétrole à LEDUC, en 1947, la majeure partie des activités de transformation du pétrole et du gaz sont transférées dans la région d'EDMONTON, mais la raffinerie de Turner Valley continue d'être exploitée par divers propriétaires jusqu'en 1985.

En raison de son lien étroit avec les débuts de l'INDUSTRIE PÉTROLIÈRE, l'usine a été déclarée LIEU HISTORIQUE provincial en 1985. Récemment, l'usine a aussi été déclarée lieu historique national, et on y effectue actuellement des travaux d'aménagement. Les lieux sont ouverts au public de la mi-mai au début de septembre.

Deborah Welch et Michael Payne

Turner, David, joueur de soccer (Édimbourg, Écosse, 11 oct. 1903). Turner arrive au Canada à l'âge de 11 ans et commence à jouer au soccer dans les rangs juniors, à Edmonton. Athlète puissant, excellent au tir et au jeu de tête, il est l'un des meilleurs joueurs canadiens pendant les années 20 et 30. À l'âge de 19 ans, il déménage dans l'Ouest et joue pour le Vancouver St. Andrews et le Cumberland United. Il passe une saison chez les professionnels, aux États-Unis, puis se joint à l'équipe du Toronto Ulster United avant de connaître ses plus belles années dans l'uniforme des Royaux de New Westminster, champions du Canada en 1928, en 1930, en 1931 et en 1936. Turner fait partie de l'équipe canadienne lors de trois rencontres internationales disputées contre la Nouvelle-Zélande, en 1927.

Colin Jose

Turner, John Herbert, homme d'affaires, politicien et premier ministre de la Colombie-Britannique (Claydon, Angl., 7 mai 1834—Richmond, Angl., 9 déc. 1923). D'abord marchand à Halifax et à Charlottetown, Turner s'établit à Victoria en 1862, et il fonde l'entreprise *Turner, Beeton and Co.,* en 1865. Il est successivement conseiller municipal et maire de Victoria, de 1876 à 1881, puis est élu à l'Assemblée législative de la Colombie-Britannique en 1886. Il est ministre des Finances de 1887 à 1895; premier ministre, de 1895 à 1898; à nouveau ministre des Finances, en 1900; puis agent général de la Colombie-Britannique à Londres de 1901 à 1915. En politique comme en affaires, Turner incarne le rôle économique que joue Victoria à la fin du XIXᵉ siècle. Comme bien d'autres, son entreprise est présente dans de nombreux secteurs d'activité, comme la mise en conserve du saumon, l'importation, la vente en gros, les finances et les assurances. Turner, en tant que premier ministre, marque l'épanouissement final de la classe commerçante de Victoria dans la politique de la Colombie-Britannique.

H. Keith Ralston et Mairi Donaldson

Turner, John Napier, politicien, avocat, premier ministre fédéral (Richmond, Angl., 7 juin 1929). Après la mort de son père, Turner accompagne sa mère, originaire du Canada, dans son pays en 1932. Après avoir fréquenté des écoles privées à Ottawa, Turner s'établit dans l'Ouest avec son beau-père, Frank Ross, à la fin de la Seconde Guerre mondiale. Il étudie à l'U. de la Colombie-Britannique, à Oxford et à l'U. de Paris, puis entre dans un cabinet d'avocats à Montréal et est admis au Barreau du Québec en 1954. Recruté par Lester PEARSON comme candidat libéral à Montréal, Turner est élu à la Chambre des communes en 1962 (réélu en 1963 et en 1965). Lorsque le remaniement électoral abolit son siège en 1968, il quitte sa circonscription et en choisit une autre à Ottawa. En décembre 1965, il entre au Cabinet pendant le remaniement post-électoral de Pearson. Il y occupe de petites fonctions avant de devenir ministre de la Consommation et des Affaires commerciales en décembre 1967. En 1968, il se porte candidat à la direction du Parti libéral et fait très bonne impression. Il apparaît comme le jeune ministre anglophone le plus en vue, peu conforme à l'image de la classe dominante, mais c'est Pierre TRUDEAU qui devient chef du parti. Trudeau le nomme ministre de la Justice en juillet 1968, poste qu'il occupera jusqu'en janvier 1972. Dans ce ministère, Turner appuie la réforme du Code criminel et une loi spéciale en réponse à la CRISE D'OCTOBRE de 1970.

En 1972, Trudeau lui confie le ministère des Finances. Lorsque le gouvernement de Trudeau perd sa majorité en novembre 1972, Turner croit nécessaire d'adapter les décisions politiques aux exigences populaires, d'où une réduction des impôts et une augmentation des pensions. Le gouvernement continue à être excédentaire en 1973 tout comme en 1974, mais l'effet global de sa politique stimule l'inflation. Quand le gouvernement Trudeau retrouve sa majorité aux élections provoquées par l'échec du budget de Turner de mai 1974 à la Chambre des communes, Turner met toute son énergie à juguler l'inflation. Cependant, aucune option politique n'a encore été adoptée lorsqu'il démissionne soudainement du Cabinet, sans aucune explication, en septembre 1975. Il abandonne ses activités politiques en février 1976, pour se joindre à un grand cabinet d'avocats de Toronto. Après la première démission de Trudeau, en 1979, il refuse de se présenter aux élections pour la direction du Parti libéral (qui n'ont jamais eu lieu). En revanche, quand Trudeau annonce sa démission en février 1984, Turner décide de se lancer dans la course pour la direction du parti. Il gagne au second tour du scrutin, le 16 juin 1984, face à Jean Chrétien. Devenu premier ministre le 30 juin, Turner dissout le Parlement le 9 juillet. À l'occasion des élections du mois de septembre suivant, Turner mène une campagne désorganisée et ne parvient pas à changer l'image déjà très impopulaire des libéraux. Leur défaite est désastreuse: seulement 40 sièges aux Communes. Sans parvenir à convaincre les électeurs de ses capacités de diriger et d'innover, il conserve néanmoins son propre siège de Vancouver-Quadra. Il abandonne son poste le 17 septembre 1984 pour devenir chef de l'Opposition. C'est le début de deux années de conflits au sein de son parti. Ces dissensions sont temporairement dissipées avec la confirmation de Turner à la direction du parti par le congrès libéral d'Ottawa, en novembre 1986. Tandis que Turner essaie toujours d'obtenir une plus grande de approbation, les libéraux parviennent à se hisser dans les sondages jusqu'à la fin de l'année 1987. Aux élections de 1988, Turner est à la tête d'un parti revitalisé, qui mène une campagne efficace contre la politique de libre-échange des conservateurs. Les libéraux doublent leur nombre de sièges, passant de 40 à 82, mais ils restent loin derrière les conservateurs. Turner démissionne en tant que chef du parti en 1990. Il est remplacé par Jean Chrétien, mais il garde son siège jusqu'à la dissolution de 1993. Il renoue alors avec la pratique du droit.

Robert Bothwell

Turner, sir Richard Ernest William, homme d'affaires et militaire (Québec, 25 juill. 1871—*id.*, 19 juin 1961). En 1891, il se joint à l'entreprise d'épicerie et de bois en gros de sa famille. Au cours de la bataille de LELIEFONTEIN, le 7 novembre 1900, Turner, un lieutenant des Royal Canadian Dragoons, gagne la CROIX DE VICTORIA pour avoir fait dévier une attaque des Boers sur l'artillerie canadienne, bien que blessé au cou et au bras (*voir* GUERRE DES BOERS). Lors de la Première Guerre mondiale, le brigadier-général Turner commande la 3ᵉ Brigade canadienne et, temporairement, la 2ᵉ Division canadienne. Il est promu major-général en septembre 1915 et commande pendant quelques temps le Corps d'armée canadien en septembre 1916. On lui retire cette responsabilité à la suite d'une controverse au sujet du revers de Saint-Éloi en mars-avril 1916. On le nomme plutôt officier général des troupes canadiennes dans les îles Britanniques en décembre 1916. Il est fait chevalier et est promu lieutenant-général en juin 1917. Il reçoit la Légion d'honneur et le Russian White Eagle with Sword, ainsi que la Croix de Victoria et l'Ordre du service distingué. Il est également fait Knight Commander of St. Michael and St. George.

Carman Miller

Turnor, Philip, arpenteur, commerçant de fourrures (Angl., v. 1751—Londres, 1799 ou 1800). C'est le premier employé de la COMPAGNIE DE LA BAIE D'HUDSON (CBH), dont la tâche consiste précisément à arpenter et à dresser des cartes de son vaste empire. Il travaille pour la compagnie de 1778 à 1792 et accumule une partie considérable de l'infor-

mation sur l'intérieur nord de l'Amérique du Nord qui est publiée sur la carte d'Arrowsmith en 1795 (*voir* CARTOGRAPHIE). En 1789-1790, il enseigne l'arpentage à David THOMPSON et à Peter FIDLER et, au cours de sa dernière affectation qui vise d'établir la position du lac Athabasca et de trouver une route pour s'y rendre à partir de la rivière Saskatchewan, il rencontre Alexander MACKENZIE qu'il persuade manifestement de faire des études en navigation avant de poursuivre ses explorations. Son évaluation enthousiaste, selon laquelle la région de l'Athabasca offre de grandes possibilités pour la traite des fourrures, amène la CBH à y établir un premier poste en 1793.

Stanley Gordon

Turtle Mountain, parc provincial Baptisé du nom de la TORTUE peinte de l'Ouest qu'on trouve dans le parc, le parc provincial Turtle Mountain (créé en 1961, 189 km²) est situé à 100 km au sud de Brandon, au Manitoba, et est adossé à la frontière internationale.

Histoire naturelle Le mont Turtle s'élève à environ 245 m au-dessus de la prairie environnante comme une oasis de forêts riches. La majorité de ses quelque 200 nappes d'eau sont peu profondes et procurent aux tortues et aux poissons un habitat parfait, riche en éléments nutritifs. Quelques points d'eau plus petits sont fréquentés par les oiseaux aquatiques migrateurs. Des îlots isolés à l'intérieur du parc s'enorgueillissent de certains des CHÊNES les plus grands au Manitoba. Ces arbres sont les seuls à avoir survécu aux incendies qui ont ravagé la région au tournant du siècle. Le mont Turtle abrite des originaux, des chevreuils, des élans et quelques autres espèces sauvages.

Histoire humaine Cette région représente la partie habitée la plus ancienne de la province, car ce fut la première terre sèche après la dernière ÉPOQUE GLACIAIRE. Des forêts de conifères s'y établissent rapidement, et les oiseaux aquatiques, les mammouths et probablement le bison géant attirent de petits groupes de chasseurs nomades. Les vestiges d'une poignée d'outils en pierre témoignent çà et là de leur présence.

Entre 1810 et 1870, des MÉTIS de la colonie de la rivière Rouge s'y rendent pour des excursions de chasse annuelles. Plus tard, au fur et à mesure que les troupeaux diminuent, certains chasseurs y passent l'hiver plutôt que de répéter leur long périple l'année suivante. Beaucoup y établissent des fermes familiales après la disparition du mode de vie axé sur la chasse.

Installations Les lacs Oskar, Max et James, qui sont reliés par des portages, permettent d'accéder en canot à l'arrière-pays. La pêche est populaire tant dans les lacs empoissonnés que dans ceux qui ne le sont pas. Le parc comporte un réseau élaboré de sentiers pour le vélo tout terrain, la randonnée pédestre et l'équitation. Il compte également des sentiers d'interprétation et de COURSE D'ORIENTATION, ainsi qu'un centre d'interprétation au lac Adam. Deux terrains de camping avec plages, terrains de jeux et abris de pique-nique ont été aménagés aux lacs Adam et Max.

Tutchonis PREMIÈRE NATION de plusieurs milliers de personnes, ils forment l'un des groupes les plus nombreux parmi les quelque 7200 INDIENS du Yukon. Leur patrie est le vaste plateau découpé par le cours supérieur de la rivière Alsek et du fleuve Yukon, délimité au sud-ouest par la chaîne côtière et le mont Saint-Élie, et au nord-est par les monts de Selwyn. Bien que répartis en bandes de Tutchonis du Nord et du Sud, en fonction des dialectes de la langue athapascane qu'ils pratiquent, ils parlent surtout l'anglais aujourd'hui. Ils chassent le caribou, l'orignal, le mouflon de montagne et le petit gibier, surtout la marmotte, le lièvre et l'écureuil. Ils se nourrissent aussi d'oiseaux et de poissons d'eau douce, et certaines bandes dépendent beaucoup des migrations annuelles du saumon.

Les fluctuations de la faune et le climat subarctique, caractérisé par des étés chauds et des hivers très froids, imposent un mode vie semi-nomade. Les familles se rassemblent dans des camps de pêche au printemps et à l'été, puis dans des camps de chasse à l'automne, et passent une partie de l'hiver regroupées près des réserves de nourriture séchée et de lacs poissonneux. À la fin de l'hiver, cependant, elles doivent se disperser pour trouver du gibier et connaissent parfois la famine. Au XIXᵉ siècle, la TRAITE DES FOURRURES, en encourageant le piégeage, pousse les familles à se disperser durant l'hiver.

Au XIXᵉ siècle, certains Tutchonis, sous l'influence des Tlingits de la côte, avec lesquels ils commercent, ont des maisons en planches, mais la plupart vivent dans de grands abris en appentis faits de branchages ou dans des tentes en forme de dôme recouvertes de peaux. Comme ce sont les Blancs qui introduisent les traîneaux à chiens, leurs biens se limitent à ceux qui se transportent facilement ou qu'ils peuvent fabriquer sur place, comme les collets pour piéger les animaux de toutes grosseurs. Si la plupart de leurs outils ne sont pas réutilisables, leur grande efficacité tient au fait qu'ils savent comment, où et quand les utiliser. Certains Tutchonis disposent de cuivre brut pour fabriquer des couteaux et des pointes de flèche, mais la plupart ont recours aux os et aux bois de cervidés. Les femmes fabriquent d'excellents contenants en écorce de bouleau et de beaux vêtements en peaux d'animaux.

Organisation sociale et politique Leur société est matrilinéaire et composée de deux groupes exogames, Corbeau et Loup. Ils n'ont pas de système politique traditionnel, mais les chefs puissants attirent le plus grand nombre de partisans. La hiérarchie fondée sur la richesse commence à se développer au XIXᵉ siècle, en raison du commerce et des mariages avec les Tlingits en quête de fourrures à vendre aux Blancs sur la côte. Les Tutchonis qui habitent près de la côte sont intégrés à des clans qui portent des noms tlingits.

On souligne la naissance, la puberté et la mort par l'observance de diverses règles alimentaires et sociales. Les enfants apprennent très tôt à vivre en harmonie avec les puissances spirituelles animales et les phénomènes naturels dont le bon vouloir régit le bien-être des humains. Les CHAMANS invoquent les esprits pour trouver le gibier et pour guérir les malades. Les Tutchonis expriment leur conception de l'univers dans des chants, des danses, l'art oratoire et les légendes. Ils publient maintenant des œuvres littéraires grâce à une orthographe élaborée par le Yukon Native Language Centre.

Changements économiques L'arrivée massive de Blancs pendant la RUÉE VERS L'OR DU KLONDIKE, à la fin des années 1890, et la construction de la ROUTE DE L'ALASKA, en 1942, ont profondément modifié la culture des Tutchonis. Ils se sont tournés graduellement vers l'économie mixte basée à la fois sur le travail salarié, la chasse, la pêche et le piégeage.

Accord sur les revendications territoriales À l'instar d'autres autochtones du Yukon, les Tutchonis n'ont jamais signé de traité (*voir* TRAITÉS INDIENS), et plusieurs chefs tutchonis, dont Elijah Smith (mort en 1991), Paul Birckel et Harry Allen, en aidant à mettre sur pied le Conseil des Indiens du Yukon, ont du même coup contribué à conclure un règlement des REVENDICATIONS TERRITORIALES, que la plupart des Premières Nations du Yukon ont signé en 1993. Ils ont aussi participé activement à la fondation du Conseil des Premières Nations du Yukon, en août 1995, dont l'objectif est d'établir au Yukon un gouvernement des Premières Nations qui coexisterait avec les gouvernements territorial et fédéral. En 1995, Judy Gingell, une Tutchonie, est nommée commissaire du Yukon. (*Voir* AUTOCHTONES: LA RÉGION SUBARCTIQUE et les articles généraux sous la rubrique AUTOCHTONES.)

Catharine McClellan

Tutty, Patricia Lorraine, surnommée «Paddy», interprète de chansons folkloriques, musicienne et collectionneuse de chansons (Calgary, 12 avril 1953). Instrumentiste de talent, Tutty commence à chanter des airs de MUSIQUE FOLKLORIQUE contemporaine avec sa sœur Leslie à la fin des années 60 et s'accompagne, au début, à la guitare. Après avoir obtenu son diplôme de l'U. de la Saskatchewan, en 1975, elle joint la Regina Guild of Folk Arts, où elle commence véritablement à étudier et à interpréter la musique traditionnelle anglaise et celtique.

Bien qu'elle ait chanté avec Barley Straw, un trio folklorique de Regina, avec le harpiste Chris Lindgren et avec The Pockets, un groupe de Saskatoon, elle est surtout connue comme soliste. Elle se produit dans les boîtes de musique folklorique partout au Canada. En 1978-1979, elle voyage dans les îles Britanniques, où elle chante et collectionne des chansons. Son expérience en Grande-Bretagne la mène à jouer principalement du tympanon et à chanter des ballades traditionnelles. Par la suite, elle apprend le violon et le piano, en s'inspirant surtout du vieux système modal. À son retour à Saskatoon, en 1979, Tutty participe à la fondation de la Saskatoon Folk Music Association et devient par la suite un membre actif de la Société canadienne de musique folklorique (maintenant la Société canadienne pour les traditions musicales).

En 1983, elle lance son premier album, une cassette intitulée *Paddy Tutty* sur laquelle figurent ses célèbres interprétations de *Bonny Portmore* ainsi que les ballades traditionnelles pour enfants *Bonny Lass of Anglesey* et *Lass of Loch Royal*. Elle enregistre ensuite le disque *Who Liveth So Merry* (1986) et le disque audionumérique *Prairie Druid* (1992). Depuis 1992, elle dirige son propre trio, se produit dans des FESTIVALS FOLKLORIQUES partout au Canada, et passe à diverses émissions de radio et de télévision de la Société Radio-Canada et du Shaw-Cable National Network. Tutty demeure une des meilleures interprètes canadiennes de ballades narratives traditionnelles, et sa popularité durable révèle la vitalité de la musique traditionnelle anglo-celtique dans l'Ouest canadien.

David Gregory

Twain, Shania, née Eileen Rogers Edwards, chanteuse de musique country (Windsor, Ont., 28 août 1965). Deuxième d'une famille de cinq enfants, Twain est élevée à Timmins (Ontario) par sa mère Sharon et par Jerry, son beau-père ojibwé. Ils l'initient à la musique country, ce qui l'amène dès l'âge de huit ans à commencer à chanter en public. Ses principales sources d'inspiration lorsqu'elle est adolescente sont les chanteurs à succès de la bande AM, comme The Carpenters, Dolly Parton et Linda Ronstadt.

Les parents de Twain meurent dans un accident de la route lorsqu'elle a 21 ans, et elle subvient aux besoins de ses frères et sœurs en travaillant dans l'équipe d'animation d'un site de villégiature situé à Huntsville, en Ontario. Elle prend le prénom de Shania (un mot ojibwé qui signifie «j'arrive»), signe avec Mercury Records en 1991 et déménage à Nashville un an plus tard. Son premier album, *Shania Twain* (1993), récolte un succès sans prétention.

En 1993, Twain commence à travailler avec le producteur de musique rock Robert John «Mutt» Lange (Def Leppard, Michael Bolton, Bryan ADAMS). Les deux se marient en décembre de la même année. L'album *The Woman in Me* (1995), qu'elle écrit avec Lange et qu'il produit, est un habile hybride country-pop, qui s'adresse tant au grand public qu'à celui de Nashville et dont on vend plus de sept millions d'exemplaires. Soutenues par la diffusion de vidéoclips, les chansons *I'm Outta Here, Any Man of Mine, The Woman in Me* et *Whose Bed Have Your Boots Been Under* sont alors numéro 1 au Canada et aux États-Unis. L'album remporte un Grammy en 1996 pour le meilleur album de musique country, et Twain est élue artiste de l'année par ses fans canadiens lors des PRIX JUNO de 1996. *The Woman in Me* a réalisé des ventes de plus de 11 millions d'exemplaires.

En 1996, Twain engage le gérant Jon Landau de Los Angeles, surtout connu pour avoir dirigé la carrière de Bruce Springsteen. L'expérience internationale de Landau porte fruit avec la mise en marché dynamique de l'album *Come On Over* (1997) en Europe et sur d'autres marchés outremer. L'album connaît toutefois un succès immédiat auprès des amateurs américains et les chansons *Don't Be Stupid*

et *You're Still The One* connaissent un succès notable. En 1998, elle remporte le Juno de la chanteuse country de l'année.

Jeff Bateman

Tweedsmuir, John Buchan, 1er baron (*Voir* BUCHAN, John, 1er baron Tweedsmuir)

Typhus (*Voir* ÉPIDÉMIES)

Tyrrell, Joseph Burr, géologue, explorateur et historien (Weston, Canada-Ouest, 1er nov. 1858—Toronto, 26 août 1957). Pendant ses 17 ans au service de la COMMISSION GÉOLOGIQUE DU CANADA (1881-1898), Tyrrell explore de vastes régions de l'Ouest et du Nord canadien et confirme les données recueillies par les explorateurs qui l'ont précédé. Il comble les lacunes des cartes géographiques, plus particulièrement celles illustrant les Territoires du Nord-Ouest. C'est dans des conditions très difficiles qu'il explore les rivières DUBAWNT et THELON, jusqu'à CHESTERFIELD INLET, et qu'il fait la découverte de strates riches en ossements de DINOSAURES dans le sud de l'Alberta. Il découvre aussi d'importants gisements houillers à Drumheller, en Alberta, et à Fernie, en Colombie-Britannique. Ainsi, il permet d'élargir le bassin de connaissances en ce qui a trait à la géographie, à la botanique, à l'entomologie, à la mammalogie et à l'ornithologie de nombreuses régions. Il devient par la suite un consultant minier, puis, comme mineur, il participe à la RUÉE VERS L'OR DU KLONDIKE et travaille dans le nord de l'Ontario. Il amasse ainsi une fortune considérable.

Tenu en haute estime par ses collègues et par les officiels, tant à Ottawa qu'à Toronto, il apporte sa contribution à la rédaction de plusieurs ouvrages historiques, notamment la publication des journaux personnels de Samuel HEARNE et de David THOMPSON. Président de la CHAMPLAIN SOCIETY, il reçoit de nombreuses distinctions incluant la Médaille Flavelle de la Société royale du Canada. Son nom est associé à plusieurs accidents topographiques du pays et au moins une municipalité porte son nom. Le ROYAL TYRRELL MUSEUM OF PALAEONTOLOGY, situé à Drumheller (1985), commémore ses découvertes du siècle dernier.

Martin K. McNicholl

Tyson, Ian, et Fricker, Sylvia (*Voir* IAN AND SYLVIA)

Uchucklesahts Bande nootka de la baie de Barkley-Ouest, sur la côte ouest de l'île de Vancouver. Jadis un groupe important occupant de grands territoires sur la baie de Barkley-Est, il a été décimé par les maladies et les guerres après l'arrivée des Européens et, au milieu du XIXᵉ siècle, leur territoire ne comprenait plus que le bras de mer Uchucklesit. Aujourd'hui, les 148 Uchucklesahts vivent à Elhlateese, leur village traditionnel.

John Dewhirst

Ucluelets Cette tribu appartient aux Nootkas et compte 581 personnes (recensement de 1996) vivant à West Barkley Sound dans l'île de Vancouver. Leur territoire traditionnel comprend la crique d'Ucluelet, la péninsule d'Ucluth et la côte Ouest allant vers le nord jusqu'à Green Point, sur Long Beach. Auparavant, les Ucluelets représentaient plusieurs groupes indépendants. Ils ont fusionné en une seule tribu à la suite de guerres prolongées et parce qu'ils étaient décimés par les maladies contractées des Européens. Les groupes ucluelets ont agrandi leur territoire au fil des guerres. Vers 1790, ils ont conquis les Namintahts pour avoir accès à l'abondant saumon de la rivière Nahmint. Les Ucluelets, aidés par les Clayoquots, qui possédaient des armes à feu, se sont aussi emparés d'Effingham Inlet, territoire des A'utsahts et des Hachaahts, deux groupes aujourd'hui disparus. De nos jours, les Ucluelets vivent dans leur village traditionnel d'Ittatsoo, en face de la ville moderne d'Ucluelet.

John Dewhirst

Ukrainian Cultural Heritage Village Lieu de reconstitution historique situé à 50 km à l'est d'EDMONTON, en Alberta, sur l'autoroute Yellowhead, près du PARC NATIONAL ELK ISLAND. Le Ukrainian Cultural Heritage Village a été fondé en 1971 pour servir de centre d'interprétation de l'histoire de la colonie ukrainienne (*voir* UKRAINIENS) au centre-est de l'Alberta jusqu'en 1930. Il a été acheté par le gouvernement albertain et déclaré LIEU HISTORIQUE en 1975.

Les premiers immigrants ukrainiens se sont établis au nord-est d'Edmonton dès 1892. La plupart d'entre eux étaient originaires des provinces de Galicie et de Bucovine, aujourd'hui dans l'ouest de l'Ukraine. En 1930, le Canada comptait près de 250 000 immigrants ukrainiens. Ceux-ci établirent d'autres colonies en Saskatchewan, au Manitoba et ailleurs en Alberta, mais aucune n'a eu l'importance de celle qui se trouvait près d'Edmonton et qui occupait jadis un territoire de 8 000 km².

Des animateurs déguisés en costumes d'époque racontent l'histoire du village et de la région. Les employés y reconstituent la vie quotidienne des gens vivant dans les fermes et les villages de cette région rurale de l'Alberta avant 1930. Le lieu compte plus de 30 bâtiments historiques et autres constructions, répartis en trois aires d'exposition thématiques : un village, une communauté rurale et plusieurs fermes. Les bâtiments ont été minutieusement restaurés et meublés comme à l'époque des années 20. Le village est ouvert de la mi-mai au début septembre. Le reste de l'année, il n'est ouvert que quelques heures, à l'occasion d'événements spéciaux.

Deborah Welch et Michael Payne

Ukrainian Shumka Dancers Cette troupe d'Edmonton est probablement la plus connue des 230 troupes et écoles de danse ukrainienne qui existent au Canada. Organisme à but non lucratif, la troupe vise, par son travail, à conserver, à développer et à perfectionner la culture et la danse ukrainiennes au sein du patrimoine canadien.

Chester Kuc assume la direction artistique du groupe dès sa fondation en 1959. Il est remplacé en 1969 par Orest Semchuk (1969-1982), à qui succède John Pichlyk (1982-1997). Au fil des années, la troupe des Ukrainian Shumka Dancers a vu défiler dans ses rangs plus de 300 danseurs.

Les troupes de danse ukrainiennes au Canada ont trois buts principaux. Ils dansent d'abord pour se divertir. Les collectivités ukrainiennes s'adonnent à ce genre d'expression artistique depuis que leurs ancêtres ont immigré au Canada à partir de 1891. La tradition se perpétue jusqu'à aujourd'hui, mais tend à être éclipsée par la vague de danse nationale ukrainienne qui survient entre 1927 et 1960. Contrairement à la danse récréative, la danse nationale ukrainienne est présentée sur scène et se fait le symbole explicite de l'identité et de l'ethnicité ukrainiennes. Les danseurs reçoivent une formation spéciale et endossent les costumes de leur peuple, non seulement pour promouvoir la fierté nationale au sein de la collectivité ukrainienne, mais pour mieux faire connaître les mœurs et les traditions de l'Ukraine chez le grand public nord-américain. L'élément national est d'autant plus important que l'Ukraine a connu des conditions difficiles pendant presque tout le XXᵉ siècle, puisqu'elle fut longtemps située derrière le Rideau de fer.

Il est clair que si les Ukrainian Shumka Dancers reconnaissent toujours l'importance de danser pour se divertir et pour exprimer leurs sentiments nationaux, une autre dimension s'ajoute à leur art : celle du spectacle et de l'art d'interprétation. Les chorégraphes, les artistes et les autres participants sont très préoccupés par l'esthétique de la danse ainsi que par le désir de faire vivre à leur public une expérience émouvante.

On remarque dans les œuvres de la troupe une fusion d'éléments canadiens et ukrainiens. Parmi les éléments de la culture ukrainienne, on trouve des pas, des mélodies et des costumes qui symbolisent la culture paysanne et l'histoire de l'Ukraine – héritage que partagent de nombreux membres de la troupe. L'influence du «ballet folklorique» issu des grandes traditions des pays de l'Europe de l'Est se fait aussi sentir, surtout au cours des dernières décennies.

La troupe intègre des éléments canadiens à ses spectacles en portant une attention particulière aux scénarios, qui donnent un sens à ses mises en scène, aux thèmes, qui visent à plaire aux auditoires canadiens, et au langage du corps dans les numéros de mime. Le rythme des spectacles est rapide et les chorégraphies sont denses. Les costumes, l'éclairage, le décor, les horaires de répétition, les normes de production, le type de promotion et les méthodes de gestion qu'ils adoptent prêtent à la troupe un cachet purement canadien.

On peut attribuer le succès de la troupe à la grande valeur artistique et technique de ses spectacles, à ses chorégraphies audacieuses et innovatrices, de même qu'à leurs nombreuses apparitions publiques. De nouveaux spectacles sont créés, chorégraphiés, perfectionnés et présentés en tournées, en moyenne tous les trois ans. Avant de se joindre au groupe, les danseurs ont généralement une douzaine d'années d'expérience en danse ukrainienne. Les Ukrainian Shumka Dancers ont une importante école de danse pour enfants et une amicale des anciens membres de la troupe. Bien que les danseurs ne soient pas rémunérés, les anciens membres ont souvent poursuivi une carrière en danse, en conception de costumes, en production, en promotion artistique, en musique, en folklore et en d'autres champs apparentés aux tâches qu'ils réalisaient au sein des Ukrainian Shumka Dancers.

Le succès de la troupe est aussi attribuable aux principes sûrs qu'elle a su établir pour la gestion de ses activités et l'organisation de ses tournées. Depuis 1969, d'ailleurs, elle a présenté des spectacles en Tunisie, au Japon, en Corée, à Hong Kong, aux États-Unis, en Ukraine et en Russie. Depuis 1977, elle a monté huit tournées canadiennes. En fait, sa popularité est telle qu'en 1995-1996, quelque 50 000 personnes (dans 18 endroits différents) ont assisté à leur spectacle «Absolutely Shumka». En termes de recettes perçues à la caisse, la troupe se classe au quatrième rang parmi les compagnies de danse qui réalisent des tournées au Canada.

Andriy Nahachewsky

Ukrainiens Au XIXᵉ siècle, l'Empire de Russie gouverne 80 p. 100 de l'Ukraine. Le reste fait partie des provinces austro-hongroises de Galicie, de Bucovine et de Transcarpatie. Serfs de l'Empire austro-hongrois jusqu'en 1848 et de l'Empire de Russie jusqu'en 1861, les Ukrainiens subissent une oppression économique et nationale. Lorsque les tentatives pour établir un État ukrainien indépendant, entre 1917 et 1921, échouent, la majeure partie de l'Ukraine devient une république de l'URSS, alors que la Pologne, la Roumanie et la Tchécoslovaquie se partagent le reste. Après la Seconde Guerre mondiale, les territoires occidentaux de l'Ukraine sont annexés par la République socialiste soviétique d'Ukraine. En 1991, lors de la chute de l'Union soviétique, l'Ukraine devient un État indépendant. Les Ukrainiens forment, après les Russes, la plus grande nation slave d'Europe.

Migration et peuplement Il est possible que des personnes d'origine ukrainienne soient venues au Canada durant la GUERRE DE 1812, à titre de mercenaires dans les régiments de DE MEURONS et de de Watteville. Il se peut également que d'autres aient participé à l'exploration et à la colonisation de la côte Ouest par les Russes, ou qu'elles soient venues avec les MENNONITES et d'autres immigrants allemands dans les années 1870, ou encore qu'elles soient entrées au Canada en provenance des États-Unis. La première immigration importante (170 000 paysans, provenant surtout de Galicie et de Bucovine) a lieu de 1891 à 1914. Amorcé par Ivan Pylypiw et Wasyl Eleniak, ce mouvement prend de l'ampleur après 1896, lorsque le Canada sollicite l'immigration d'agriculteurs d'Europe de l'Est.

Lorsque la Première Guerre mondiale éclate, l'immigration cesse presque entièrement et les Ukrainiens qui ne sont pas naturalisés sont déclarés «étrangers ennemis» par le gouvernement canadien. Au même moment, plus de 10 000 Ukrainiens s'enrôlent dans les forces armées. Entre les deux guerres mondiales, environ 70 000 Ukrainiens immigrent au Canada pour des motifs politiques et économiques. Parmi eux se trouvent des anciens combattants, des intellectuels, des professionnels, des paysans. De 1947 à 1954, environ 34 000 Ukrainiens, déplacés par le deuxième conflit mondial, arrivent au Canada. Originaires de tous les territoires ukrainiens, ils forment le groupe socio-économique le plus complexe. Alors que les provinces des Prairies absorbent la majeure partie des deux premières vagues d'immigrants, les nouveaux arrivés s'établissent surtout en Ontario. Du milieu des années 50 jusqu'aux années 60, une poignée d'Ukrainiens arrive au pays chaque année. Au cours des années 70 et 80, cependant, un faible renouveau de l'immigration en provenance de Pologne et d'Union soviétique amène au Canada environ 10 000 personnes dont certaines sont d'ethnie ukrainienne et d'autres des Juifs d'Ukraine soviétique. Depuis 1991, l'Ukraine indépendante fournit un nombre modeste d'immigrants, mais qui va en augmentant.

Dès 1914, les provinces des Prairies sont marquées par plusieurs établissements ruraux peuplés d'Ukrainiens, depuis la colonie originale d'Edna (STAR), en Alberta, jusqu'aux régions de Dauphin, d'Interlake et de Stuartbum au Manitoba, en passant par les régions de Rosthern et de Yorkton en Saskatchewan. Bien que la majorité des Ukrainiens choisissent l'agriculture, certains s'engagent comme salariés dans l'industrie, p. ex., à Crow's Nest Pass, dans le nord de l'Ontario et au Cap-Breton. Vers 1900, les immigrants et les migrants des régions rurales commencent aussi à créer des communautés urbaines d'Ukrainiens dans les villes canadiennes de leur choix. Winnipeg est de loin la plus importante. Au début du siècle, près de 15 p. 100 des habitants de Winnipeg, d'Edmonton et de Saskatoon ont un héritage ukrainien, comparé à 2,5 p. 100 pour Toronto. En 1996, 53 p. 100 des Canadiens d'origine ukrainienne habitent les provinces des Prairies, 27 p. 100 vivent en Ontario et 16 p. 100 en Colombie-Britannique. Alors que 331 680 Canadiens se disent d'origine ukrainienne, 694 790 autres signalent une part de sang ukrainien.

Vie économique Au début, les Ukrainiens pratiquent l'agriculture avec un capital limité, une technique agricole désuète et sans aucune expérience de la culture extensive. Durant la Première Guerre mondiale, le prix élevé du blé engendre une expansion économique fondée sur cette denrée, mais, durant les années 30, la culture mixte finit par prendre le dessus. Depuis la Seconde Guerre mondiale, la mécanisation, l'agriculture scientifique et la venue d'étrangers dans les communautés ukrainiennes se développent parallèlement à celles de l'ouest rural du Canada. Majoritairement non qualifiés, les hommes travaillent d'abord comme journaliers dans les villes, mineurs, cheminots et bûcherons, tandis que les femmes travaillent comme domestiques, serveuses et femmes de ménage dans les hôtels. La discrimination et l'exploitation provoquent la radicalisation de nombreux ouvriers ukrainiens. En tant que groupe distinct, ils ne bénéficient de la diversification et de la spécialisation professionnelles qu'après les années 20. L'enseignement est la première profession qui va attirer un bon nombre d'hommes et de femmes.

À compter de 1971, le pourcentage des agriculteurs ukrainiens du Canada baisse à 11,2 p. 100, ce qui est légèrement au-dessus de la moyenne canadienne, et celui des ouvriers non qualifiés, à 3,5 p. 100 de la main-d'œuvre masculine ukrainienne. En 1991, les Ukrainiens sont encore plus nombreux dans le secteur agricole que l'ensemble des Canadiens, mais on les retrouve aussi dans tous les secteurs de l'économie, y compris les secteurs professionnels et semi-professionnels plus prestigieux. Quant à l'intégration des Ukrainiens à la société canadienne, il est de plus en plus difficile de savoir si et comment l'ethnie influe sur le choix de carrière des jeunes générations nées au Canada.

Vie sociale et communautaire Les premiers établissements communautaires et les enclaves urbaines des Ukrainiens aident les immigrants à s'adapter, mais ne peuvent régler tous les problèmes causés par le dépaysement. Des associations éducatives et culturelles locales, créées d'après des modèles de Galicie et de Bucovine, cultivent l'attachement à la patrie d'origine et forment les nouveaux arrivants à leur vie au Canada. Trois des premières fondations caritatives existent toujours à l'œuvre. Au cours des décennies suivantes, la communauté ukrainienne du Canada aide les immigrants de l'entre-deux-guerres et d'après-guerre à s'adapter. Elle étend aussi son aide matérielle et morale à différentes causes humanitaires et politiques en Ukraine, y compris à l'effort de reconstruction qui suit l'indépendance.

Des organisations nationales voient le jour durant l'entre-deux-guerres. Fondée en 1924, l'Ukrainian

Labour-Farmer Temple Association, pro-communiste, attire les chômeurs dans les années 30. L'Ukrainian Self-Reliance League, fondée en 1927, et l'Ukrainian Catholic Brotherhood, fondée en 1932, conjointement avec les groupes de femmes et de jeunes qui leur sont affiliés, représentent respectivement les laïcs orthodoxes et catholiques. Les organisations introduites par la seconde vague d'immigration reflètent les tendances révolutionnaires à l'œuvre en Europe. Fondée en 1934, la petite United Hetman Organization, monarchique et conservatrice, est contrebalancée par l'influente Ukrainian National Federation, nationaliste et républicaine, fondée en 1932.

Malgré les tensions, tous les groupes non communistes rendent publiques la pacification de la Pologne et la terreur stalinienne en Ukraine dans les années 30. L'Ukrainian Labour-Farmer Temple Association critique la domination étrangère en Ukraine de l'Ouest, mais ferme les yeux sur les purges soviétiques et la famine artificielle de 1932-1933, au cours de laquelle six millions de personnes disparaissent. Celle qui lui succède, l'Association of United Ukrainian Canadians, fondée en 1946, connaît un déclin progressif, d'abord avec la Guerre froide et ensuite avec la chute de l'Union soviétique. En 1940, pour unir les Canadiens d'origine ukrainienne dans l'effort de guerre, des organisations non communistes forment l'Ukrainian Canadian Committee (aujourd'hui le Congress), qui devient une superstructure permanente de coordination dont les objectifs politiques sont l'admission des RÉFUGIÉS ukrainiens après 1945, le MULTICULTURALISME et les projets parrainés par le Canada en Ukraine.

Les plus importantes organisations introduites par la troisième vague d'immigration sont la Canadian League for Ukraine's Liberation, très nationaliste, fondée en 1949, aujourd'hui la League of Ukrainians in Canada, et Plast, l'organisation pour la jeunesse fondée en 1948. Les deux groupes gardent des liens partout dans le monde avec les Ukrainiens qui partagent leurs opinions. Dans les années 70, la Ukrainian Canadian Professional and Business Federation, fondée en 1965, joue un rôle important sur le plan politique et est en mesure d'obtenir des avantages publics pour la communauté ukrainienne.

À quelques exceptions près, en dehors des cercles procommunistes, les groupements féminins ont la responsabilité des activités qui relèvent de leur propre domaine. Par tradition, ces activités mettent l'accent sur l'éducation, la culture, l'artisanat, les musées et l'éducation des enfants. Les associations de jeunes ont une dimension sociale et idéologique. Seulement 10 à 15 p. 100 des Canadiens d'origine ukrainienne appartiennent à la communauté organisée. D'autres s'identifient à ses objectifs culturels, sans en partager les objectifs nationaux et politiques.

Les Canadiens d'origine ukrainienne publient presque 600 journaux et périodiques, dont la plupart embrassent une cause religieuse ou politique particulière. Les générations nées au Canada pensent que la presse ethnique n'a plus sa raison d'être, mais elles portent encore un intérêt légitime aux sujets et aux affaires ukrainiennes. Les publications anglaises et bilingues compensent le fait qu'il y a moins de lecteurs de langue ukrainienne.

Religion et vie culturelle Alors que les Ukrainiens de Galicie sont des catholiques de rite oriental (*voir* CATHOLICISME), ceux de Bucovine sont orthodoxes (*voir* ÉGLISE ORTHODOXE). Au début, aucun prêtre n'immigre, et d'autres confessions, plus particulièrement les Églises méthodiste et presbytérienne, essaient de combler le vide religieux et social. Jusqu'en 1912, alors qu'ils acquièrent une hiérarchie indépendante, les catholiques ukrainiens sont sous autorité catholique. L'Église orthodoxe russe œuvre parmi les immigrants orthodoxes, mais perd rapidement sa popularité après 1917. En 1918, les Ukrainiens qui s'opposent à la centralisation et à

la latinisation de l'Église catholique d'Ukraine fondent l'Église orthodoxe grecque d'Ukraine (Église orthodoxe d'Ukraine, depuis 1989) au Canada. Elle regroupe plusieurs diocèses sous l'autorité d'un métropolite en 1951 et devient l'Église catholique d'Ukraine en 1956.

Les deux Églises, après avoir longtemps joué un rôle essentiel dans la conservation de la langue, de la culture et de l'identité ukrainiennes, voient leur autorité morale et leur influence sociale minées par l'assimilation. Lors du recensement de 1991, 23,2 p. 100 et 18,8 p. 100 des répondants d'origine ukrainienne appartiennent respectivement à l'Église catholique d'Ukraine et à l'Église orthodoxe d'Ukraine, 20,1 p. 100 sont catholiques et 10,9 p. 100 adhèrent à l'Église unie, un autre 12,6 p. 100 se dit sans religion.

La majeure partie des rites pagano-chrétiens de la vie paysanne ukrainienne sont éliminés par l'urbanisation et la sécularisation. La broderie, l'ornementation des œufs de Pâques, la danse, la musique et les plats traditionnels, qui sont également très appréciés en dehors de la communauté ukrainienne, demeurent populaires. Les Ukrainiens introduisent également une architecture religieuse distincte, caractérisée par des dômes à l'extérieur, des murales à l'intérieur et par une partition (l'iconostase) séparant la nef du sanctuaire. Plusieurs artistes canadiens d'origine ukrainienne puisent leur inspiration à la fois dans leur héritage canadien et dans leur héritage ukrainien. Les archives de la communauté, les musées et les bibliothèques, tels le Ukrainian Cultural and Educational Centre de Winnipeg, encouragent la conservation de l'héritage ukrainien du Canada. Ils ont récemment reçu l'aide des institutions publiques subventionnées par le gouvernement, principalement la Ukrainian Cultural Heritage Village de l'est d'Edmonton.

Certaines formes d'art restent statiques, tandis que d'autres évoluent. Les ensembles de danse travaillent les thèmes canadiens d'origine ukrainienne, la musique country des Ukrainiens marie le folklore ukrainien aux influences de l'Ouest canadien, l'architecture religieuse intègre adroitement la tradition ukrainienne aux motifs nord-américains contemporains. Les peintures de William KURELEK, inspirées de son expérience de pionnier ukrainien dans les Prairies, jouissent d'une grande reconnaissance au Canada. Dans le domaine musical, «Luba» (Kowalchuk), lauréate d'un prix Juno en 1980, commence sa carrière en interprétant la musique populaire ukrainienne. De nombreux poètes et écrivains de langue ukrainienne décrivent la vie des Ukrainiens au Canada. George RYGA est au nombre des quelques écrivains anglophones d'origine ukrainienne qui ont une envergure nationale. Depuis 1970, plusieurs films transmettent et interprètent de façon critique l'expérience des Ukrainiens au Canada. Le théâtre, autrefois dynamique et très important pour les générations d'immigrants, a pratiquement disparu. Aujourd'hui, les Canadiens d'origine ukrainienne célèbrent publiquement leur patrimoine lors d'événements annuels: le plus connu est le Canada's National Ukrainian Festival tenu à Dauphin, au Manitoba.

Éducation Après 1897, les Ukrainiens du Manitoba profitent des occasions de s'instruire dans les deux langues auprès de professeurs ukrainiens spécialement formés. Des écoles bilingues existent à titre officiel en Saskatchewan jusqu'en 1918, mais elles ne sont pas permises en Alberta. Accusées de retarder l'assimilation, elles sont abolies au Manitoba en 1916, en dépit de l'opposition des Ukrainiens.

Les écoles locales dirigées par la communauté prennent rapidement de l'expansion après la Première Guerre mondiale, pour conserver la langue et la culture ukrainiennes. Aujourd'hui, elles n'atteignent qu'une portion de la jeunesse. Au niveau élémentaire, la majorité des écoles se trouvent dans les zones urbaines et elles sont particulièrement populaires à Toronto. Les premiers pensionnats fournissent un environnement ukrainien aux élèves de la campagne qui poursuivent leurs études; plusieurs chefs de la communauté en sont issus. Sur cinq instituts toujours existants, quatre servent de centres à la communauté orthodoxe ukrainienne et de résidences universitaires.

La russification de l'Ukraine soviétique incite les Canadiens d'origine ukrainienne à se mobiliser politiquement et à rechercher l'appui du public pour sauvegarder leur langue et leur culture. Entre les années 50 et les années 80, ils obtiennent des cours universitaires à contenu ukrainien, des programmes d'études, la reconnaissance de l'ukrainien comme langue d'étude et, par voie de conséquence, comme langue d'éducation dans les écoles des Prairies, et la fondation en 1976 du Canadian Institute of Ukrainian Studies, à l'U. de l'Alberta. Les études ukrainiennes et canadiennes d'origine ukrainienne se développent au Canada, en tant que discipline, depuis le début des années 50. L'indépendance de l'Ukraine offre maintenant de nouvelles possibilités d'échanges intellectuels avec la patrie.

L'analphabétisme, courant chez les premiers paysans immigrants, a pratiquement disparu. Les Ukrainiennes ont traditionnellement été désavantagées par rapport aux hommes et aux autres femmes canadiennes, et les Ukrainiens dans leur ensemble ont été moins bien éduqués que les Canadiens des groupes privilégiés. Aujourd'hui, toute inégalité d'éducation entre les Ukrainiens et leurs compatriotes est principalement liée à l'âge et à l'immigration, autrement, le niveau d'éducation des Ukrainiens reflète habituellement les normes canadiennes.

Politique Au début, les Ukrainiens entrent dans la politique canadienne au niveau municipal et dans les zones rurales où leur nombre leur assure le contrôle de l'appareil électoral et administratif. William Hawrelak à Edmonton et Stephen Juba à Winnipeg sont des maires influents. Le premier Ukrainien à être élu au niveau provincial est Andrew Shandro, un libéral de l'Alberta, en 1913. En 1926, Michael Luchkovich des United Farmers of Alberta devient le premier Ukrainien élu à la Chambre des Communes. Depuis lors, plusieurs candidats ukrainiens réussissent en politique, tant au provincial qu'au fédéral. Il y a eu six sénateurs d'origine ukrainienne. Deux Canadiens d'origine ukrainienne ont été nommés à des postes de vice-roi. Stephen Worobetz est lieutenant-gouverneur de la Saskatchewan de 1970 à 1976 et, en 1990, Ramon Hnatyshyn devient le deuxième gouverneur général d'origine non britannique et non française.

Durant la Première Guerre mondiale, environ 6000 Ukrainiens sont détenus à titre d'étrangers ennemis, et ceux qui sont naturalisés depuis moins de 15 ans sont privés de leur droit électoral. À l'origine, les Ukrainiens ont tendance à voter pour les libéraux, mais leur faible statut économique les amène aussi à voter pour des partis contestataires. Plus tard, plusieurs approuvent l'anticommunisme des conservateurs de Diefenbaker. De plus en plus, les votes des Ukrainiens reflètent ceux de leur classe économique ou de leur région.

Maintien du groupe Les Canadiens d'origine ukrainienne forment un groupe culturel parvenu à maturité, qui célèbre son 100e anniversaire en 1991. À la lumière de la nouvelle réalité politique en Europe de l'Est, ce groupe peut anticiper un renouveau, grâce à l'immigration et aux contacts avec la patrie, qui s'avéraient impossibles auparavant. Mais en même temps, le faible taux d'adhésion aux organismes, la baisse de la pratique religieuse traditionnelle, les mariages mixtes et la perte de la langue affaiblissent l'identité de la communauté ukrainienne du Canada. La discrimination manifeste a pratiquement disparu et plusieurs Canadiens d'origine ukrainienne conservent peu de valeurs ethniques distinctes. Pourtant, depuis 1960, ceux qui sont nés au Canada combattent l'assimilation en suscitant un intérêt pour leur patrimoine, aidés en cela par la politique du multiculturalisme.

Frances A. Swyripa

Ultra Vires-Intra Vires Expression latine qui signifie «au-delà des pouvoirs», *intra vires* voulant dire «en dedans des pouvoirs» ou «à l'intérieur des pouvoirs». La doctrine de l'*ultra vires* est utilisée *inter alia* en DROIT CONSTITUTIONNEL par les tribunaux qui ont à se prononcer sur la compétence du Parlement central et des législatures provinciales. Selon la Constitution canadienne, la compétence législative est partagée entre deux ordres de gouvernement. Si l'un ou l'autre, en édictant une loi, va au-delà de la sphère législative qui est la sienne, la Cour, saisie de la question, déclare la mesure *ultra vires*. Si, au contraire, la législature est demeurée à l'intérieur de sa sphère, la Cour déclare sa mesure *intra vires*.

Ces deux expressions s'appliquent aussi dans d'autres domaines du droit: le DROIT ADMINISTRATIF, le droit des collectivités locales, le droit corporatif, etc. Une foule d'organismes reçoivent du Parlement ou des législatures provinciales des pouvoirs délégués: municipalités, commissions scolaires, corporations, etc. Ces organismes délégués peuvent, à l'intérieur des limites tracées par leur loi habilitante, adopter des règlements. On applique pour ces règlements les mêmes principes que pour les lois aux niveaux supérieurs. Pour être reconnus valides, ces règlements ne doivent pas excéder les limites fixées par la loi.

Gérald-A. Beaudoin

Ultramontanisme Au Canada comme en Europe, où cette doctrine apparaît pendant la Révolution française, ses adeptes rejettent tout compromis entre le CATHOLICISME et la pensée moderne, et réclament la priorité de la société religieuse sur la société civile. Son dogme principal est l'attachement à la personne du pape et la croyance en son infaillibilité.

L'ultramontanisme s'implante au Canada entre 1820 et 1830, d'abord au Séminaire de Saint-Hyacinthe, fortement influencé par les idées de Félicité de Lamennais, puis à Montréal, sous l'influence de son premier évêque catholique, Jean-Jacques LARTIGUE. Celui-ci s'oppose aux idées gallicanes (voir GALLICANISME) et lutte pour la liberté de l'Église ainsi que pour la suprématie religieuse en matière d'éducation. Son successeur, Mgr Ignace BOURGET, fait triompher les idées ultramontaines dans tous les domaines (théologie, éducation, relations entre l'Église et l'État, etc.) à Montréal et dans la majeure partie du monde catholique au Canada. L'ultramontanisme, très puissant dans les années 1860, se scinde en deux groupes. Les extrémistes luttent pour l'application immédiate des principes ultramontains: exercice du pouvoir sur l'éducation, réforme des lois pour qu'elles soient conformes au droit canonique, surveillance de la législation civile par l'épiscopat, etc. Les ultramontains modérés, qualifiés de libéraux par les extrémistes, souhaitent une application plus prudente des principes et le recours au compromis, si nécessaire. Les extrémistes, dirigés d'abord par Mgr Bourget, puis par Mgr Louis-François LAFLÈCHE, mobilisent des journalistes et des politiciens conservateurs, qui préconisent un programme catholique visant à garantir la suprématie de l'Église dans la vie politique. Au cours des années suivantes, les extrémistes et les partisans du «programme» mènent une croisade antilibérale, dont l'une des conséquences est la naissance des CASTORS, en 1882. Même si les ultramontains croient en l'importance de l'État, l'ultramontanisme se rapproche grandement des idéaux du NATIONALISME CANADIEN-FRANÇAIS qui aspire à une société autosuffisante et dominée par l'Église. L'intervention politique directe des ultramontains extrémistes est un échec, mais la pensée ultramontaine, à peine modifiée, domine l'enseignement philosophique et théologique des petits et des grands séminaires, la DOCTRINE SOCIALE de l'Église catholique au Canada et beaucoup de directives des évêques de la seconde moitié du XIXe siècle jusqu'aux années 50. Il faut attendre la RÉVOLUTION TRANQUILLE et le concile Vatican II pour voir cet édifice idéologique s'effondrer.

Nive Voisine

Umiak Longtemps, principal moyen de transport fluvial en été chez les INUITS des côtes. Il pouvait transporter une famille et ses biens vers les zones de chasse saisonnière et dans les expéditions de chasse à la baleine. Longue de 6 à 10 m et large de plus de 1,5 m au centre, l'embarcation pouvait contenir plus de 20 personnes. Deux familles ou plus en partageaient parfois la propriété. L'armature était construite avec du bois de grève ou des os de baleine, et le tout était assemblé par des lanières de cuir attachées à des chevilles de bois de cerf, de bois ou d'ivoire. Des peaux de phoque barbu, cousues de façon à ce que les coutures soient étanches, étaient tendues autour de la charpente et laissées à sécher pour qu'elles y adhèrent bien. L'umiak date de l'époque de THULÉ (1000 ans apr. J.-C.) dans le centre de l'Arctique et a fait son apparition au Groenland, dans l'île de Baffin, au Labrador, dans le delta du Mackenzie, en Alaska et en Sibérie orientale.

René R. Gadacz

Underhill, Frank Hawkins, historien et théoricien politique (Stouffville [Whitchurch-Stouffville], Ont., 26 nov. 1889—Ottawa, Ont., 16 sept. 1971). Underhill se décrit comme étant un presbytérien réformiste (un *Grit*) de North York, et donc comme un ennemi de l'ordre établi. C'est en qualité de commentateur des événements politiques et des sujets controversés de son époque qu'il se fait surtout connaître. Après ses études à l'U. de Toronto et à Oxford, il sert en tant qu'officier durant la Première Guerre mondiale. Il enseigne l'histoire à l'U. de la Saskatchewan jusqu'en 1927, puis à l'U. de Toronto jusqu'en 1955. Influent commentateur des affaires publiques et professeur très apprécié, il rédige de nombreux articles pour le journal *Canadian Forum*. Il est le premier président de la LEAGUE FOR SOCIAL RECONSTRUCTION et l'auteur principal du Manifeste de Regina, de la CO-OPERATIVE COMMONWEALTH FEDERATION (CCF), en 1933. Comme ses activités publiques le mettent en conflit avec l'administration de l'U. de Toronto, il a failli être démis de ses fonctions, en 1941, pour avoir publiquement déclaré que les liens du Canada avec le Royaume-Uni s'affaibliraient à mesure que les liens entre le Canada et les États-Unis se renforceraient (*voir* LIBERTÉ UNIVERSITAIRE). Plus libéral que socialiste, admirateur des États-Unis et grand partisan de la guerre froide, il est propulsé au sein du Parti libéral dans les années 40. En 1955, le gouvernement libéral le nomme conservateur de la Maison Laurier, à Ottawa, et il dédie une série d'essais à L.B. PEARSON. Dans les dernières années de sa vie, il est associé à l'U. de Carleton.

Garth Stevenson

Ungava, baie d' Grande baie en forme d'entonnoir qui découpe profondément le littoral nord du Québec, adjacent au LABRADOR. À son embouchure, d'une largeur d'environ 265 km, la baie s'ouvre sur le DÉTROIT D'HUDSON. Le bassin Leaf, situé à l'extrémité sud-ouest, est reconnu pour ses marées de grande amplitude et ses courants rapides et dangereux. L'île Akpatok, dans le secteur nord-ouest de la baie, se distingue par ses falaises côtières abruptes, par sa grande plate-forme d'abrasion marine constituée surtout de calcaire et par sa magnifique série de plages soulevées. La baie d'Ungava est recouverte de glace de novembre à juin. Les eaux, dont la température atteint presque le point de congélation, sont habitées par les phoques et les ombles chevaliers, que la population inuite locale chasse et pêche. Les ours polaires et les morses migrent sur les banquises depuis le détroit d'Hudson jusqu'à la côte Ouest. En été, on peut les apercevoir en grand nombre depuis l'île Akpatok.

J.T. Gray

Ungava, péninsule d' Vaste péninsule d'une superficie d'environ 350 000 km². Elle est entourée des eaux de la BAIE D'HUDSON, du DÉTROIT D'HUDSON et de la BAIE D'UNGAVA. Habitée pendant des centaines d'années par les Inuits le long de la frange côtière, la péninsule est constituée, dans son centre, d'un vaste plateau inhabité, sans arbres, et atteignant des hauteurs de 300 à 600 m. Le pergélisol continu sous-jacent peut atteindre de 200 à 600 m d'épaisseur. De riches gisements miniers, constitués surtout d'amiante, de nickel, de cuivre, d'uranium et de fer, ont été découverts lors de récentes explorations géologiques. Cette richesse demeure encore largement inexploitée en raison des coûts d'extraction élevés et de la pauvreté du marché international. En 1950, un cratère profond de 500 m, provoqué par un météorite, est découvert dans la région.

J.T. Gray

Unger, James Frederick, bédéiste (Londres, Angl., 21 janv. 1937). Créateur de l'excentrique personnage de bande dessinée *Herman*, Unger abandonne l'école secondaire en Angleterre à l'âge de 16 ans et vend des assurances avant de servir pendant deux ans dans l'Armée britannique. Il est tour à tour policier, huissier et maquettiste publicitaire, avant d'immigrer à Toronto en 1968.

Directeur artistique du *Mississauga Times*, l'idée lui vient de créer un personnage balourd et jovial, une sorte de col bleu empoté ressemblant au commun des mortels, qu'il appelle au début *Attila The Bum*. Sa tentative de distribuer son personnage de bande dessinée par l'entremise du *Toronto Star* échoue. En 1974, le Universal Press Syndicate de Kansas City, au Missouri, l'accepte et change son nom pour *Herman*. Le succès est retentissant. *Herman* compte près de 40 millions de lecteurs répartis dans 25 pays et un recueil de 4000 bandes dessinées est offert sur cédérom. Vendue à un journal de l'Allemagne de l'Est en 1990, c'est la première bande dessinée distribuée dans un pays communiste.

En 1992, Unger va en convalescence à l'étranger et ne revient jamais au Canada. Il s'installe aux Bahamas afin d'éviter de payer des impôts au gouvernement canadien et cesse d'écrire. «Pour une raison que j'ignore, je reçois de mes admirateurs plus de courrier que jamais», déclare-t-il alors qu'il a pris sa retraite. De temps à autre, il remet d'anciennes bandes dessinées au goût du jour, et il paraîtrait qu'il en crée de nouvelles, mais il ne dessine plus que lorsqu'il en a envie. En 1998, il déclare: «Je doute que je redevienne bédéiste à temps plein».

Alan Hustak

Uniacke Estate Museum Park Magnifique domaine aménagé en 1813 par Richard John UNIACKE à Mount Uniacke (Nouvelle-Écosse). Plusieurs le considèrent comme l'un des plus beaux exemples de l'architecture néoclassique au Canada. Uniacke est un politicien éminent et probablement l'avocat le plus prospère de la Nouvelle-Écosse au début du XIXᵉ siècle. À une certaine époque, le domaine s'étend sur plus de 4450 ha. Le LIEU HISTORIQUE provincial actuel en a conservé plus de 800 ha. En plus de la maison d'Uniacke, restaurée et meublée dans le goût du début du XIXᵉ siècle, les terrains comprennent plusieurs sentiers de nature, dont l'un suit l'un des derniers tronçons de l'ancienne route postale qui reliait Halifax à Windsor. Le public a accès à la maison et à l'ensemble du site du début juin à la mi-octobre.

Deborah Welch et Michael Payne

Uniacke, James Boyle, avocat et politicien (probablement né en 1799, baptisé à Halifax, 19 janv. 1800—*id.*, 26 mars 1858). En tant que fils de Richard John UNIACKE, il jouit d'un statut privilégié dans la politique et la société de la Nouvelle-Écosse. Il

devient avocat et sert à l'Assemblée comme représentant du comté de Cap-Breton de 1832 à 1848, du canton de Halifax de 1848 à 1851 et du comté de Richmond de 1851 à 1854, d'abord sous la bannière conservatrice, puis, après 1840, en tant que réformiste (libéral). Uniacke est nommé au Conseil exécutif en 1838 et occupe par intervalles plusieurs positions importantes pendant la lutte pour le GOUVERNEMENT RESPONSABLE, qui atteint son point culminant en 1848, alors qu'il devient procureur général, puis premier ministre, le premier à la tête d'un gouvernement entièrement «responsable» de l'Empire britannique. Il se retire en 1854 pour devenir commissaire des terres de la Couronne et arpenteur en chef.

Lois Kernaghan

Uniacke, Richard John, avocat et politicien (Castletown, Irl., 22 nov. 1753—Mount Uniacke, N.-É., 11 oct. 1830). Après une précoce et turbulente carrière de traiteur dans le district de Cumberland, en Nouvelle-Écosse, où il sympathise avec les rebelles américains, il revient en Irlande où il est reçu avocat. En 1781, il est nommé solliciteur général de la Nouvelle-Écosse et, dès 1800, son cabinet est le plus important de la province. Sa fortune personnelle est doublement assurée lorsqu'il est nommé avocat général de la Cour de vice-amirauté en 1784. Il siège aussi à l'Assemblée législative de 1783 à 1793 et de 1798 à 1805, et il en est l'Orateur de 1789 à 1793 et de 1799 à 1805. Nommé procureur général en 1797, il entre au CONSEIL DES DOUZE en 1808, mais le poste de juge en chef, dont il rêve, lui échappe. Sa forte influence conservatrice sur la politique, sur l'éducation et sur la religion de l'époque prolonge sans doute la dissension sociale en Nouvelle-Écosse, mais sa vision de l'union coloniale et de l'indépendance commerciale de l'Amérique du Nord britannique en font un homme d'avant-garde.

Lois Kernaghan

Uniformes Vêtements semblables que portent les individus d'un même groupe, et qui permettent de les distinguer et de reconnaître leur profession. Le port de l'uniforme remonte aux temps anciens et a été particulièrement en vogue chez les militaires depuis la formation des armées permanentes en Europe occidentale au cours du XVIIᵉ siècle. Les colonels de RÉGIMENTS trouvaient alors pratique d'exiger que leurs troupes portent un uniforme sur lequel ils pouvaient réaliser un profit provenant de retenues sur leurs salaires, une pratique qui a duré jusque dans les années 1850 dans l'armée britannique. Au début, les couleurs des uniformes variaient beaucoup. Au Canada, le premier corps d'armée important qui portait l'uniforme, soit le RÉGIMENT DE CARIGNAN-SALIÈRES, est apparu en 1665. Ses membres étaient vêtus d'un manteau brun à doublure blanche et grise, et d'un chapeau noir garni de rubans noirs et chamois. Les nations ont bientôt uniformisé les couleurs de base des manteaux, bien qu'il y ait eu de nombreuses exceptions. Les compagnies d'infanterie coloniales en garnison en NOUVELLE-FRANCE, de 1683 à 1760, portaient des manteaux gris-blanc, couleur de l'infanterie française, garnis de manchettes et de doublures bleues. À compter de 1716, les boutons étaient en cuivre, la veste, la culotte et les bas étaient bleus, et les soldats portaient le tricorne galonné d'or. Les régiments détachés au Canada de 1755 jusqu'à la conquête de 1760 portaient le même uniforme, mais les couleurs variaient. P.ex., le régiment de La Sarre avait une veste rouge, un manteau à doublure gris-blanc et une culotte gris-blanc.

Les manchettes, collets, doublures et revers aux couleurs distinctives des manteaux rouges de l'infanterie britannique ont été appelés «parements». La plupart des unités présentaient aussi des galons en dentelle, dont le motif était particulier à chaque régiment. Les teintes de jaune, de vert, de bleu ou de chamois étaient les couleurs habituelles des parements.

Il est faux de croire que toute l'armée britannique était vêtue de rouge. Ainsi, l'artillerie et certains services auxiliaires portaient un costume bleu aux parements rouges. Quelques corps d'infanterie légère et de fusiliers ont adopté le vert à partir de la fin du XVIIIᵉ siècle, en particulier les Queen's Rangers (1791-1802), qui ont servi dans le Haut-Canada.

En Nouvelle-France, la milice n'avait pas d'uniforme réglementaire. Seuls les officiers devaient porter des hausse-cols et des épées. Quand les Américains ont assiégé Québec en 1775, la milice de la ville s'est dotée de manteaux verts, de vestes et de culottes chamois. C'était la première fois qu'un corps important de miliciens canadiens décidait de porter un uniforme. Pendant la GUERRE DE 1812 et les RÉBELLIONS DE 1837, les miliciens ont porté ce qu'ils pouvaient trouver jusqu'à ce qu'ils reçoivent des uniformes appropriés d'Angleterre. Outre l'armée britannique et la milice, des unités étaient levées au Canada et habillées comme les troupes régulières. Jusque dans les années 1850, quelques unités formées de miliciens fortunés revêtaient de splendides costumes à leurs frais. Pendant la GUERRE DE SÉCESSION, les Canadiens, craignant d'être attaqués et répondant à l'appel du gouvernement, ont formé des centaines de compagnies. Dans le centre du Canada, les fusiliers portaient généralement l'uniforme vert, l'infanterie et la cavalerie, le bleu. Sur la côte atlantique, la variété des couleurs s'étendait aussi au gris dans plusieurs unités. Dans les années 1860, les unités d'infanterie ont adopté l'uniforme écarlate aux parements bleus; les unités de fusiliers, le vert aux parements rouges; l'artillerie, le bleu aux parements rouges; et la cavalerie, le bleu aux parements chamois. Ces couleurs sont encore celles des tenues de cérémonie de la plupart des unités canadiennes. À partir des années 1880, l'usage du casque colonial blanc s'est répandu. Plusieurs unités ont aussi adopté la tenue «Highland». L'uniforme kaki a fait son apparition dans les contingents canadiens lors de la GUERRE DES BOERS. Cependant, les traditions ayant la vie dure, on voyait encore, vers 1910, des régiments de cavalerie de l'Ouest nouvellement levés vêtus d'écarlate. Au cours des Première et Deuxième Guerres mondiales, le kaki et les casques d'acier (à partir de 1916) se sont imposés, car les uniformes aux couleurs voyantes s'avéraient des cibles faciles pour les armes, dont la précision s'était grandement améliorée. En général, les Canadiens ont adopté des tenues semblables à celles des Britanniques.

Les uniformes de la marine royale du Canada (MRC) étaient semblables à ceux de la British Royal Navy à compter de 1910 (année de la création de la MRC), sauf que la casquette portait l'inscription *HMCS* (*Her Majesty's Canadian Ship*) au lieu de *HMS* (*Her Majesty's Ship*). L'aviation canadienne a d'abord eu un uniforme bleu foncé en 1920, mais en 1924, elle a opté pour le bleu-gris de la British Royal Air Force. Le sigle *RCAF* (*Royal Canadian Air Force*) a remplacé *RAF* (*Royal Air Force*) sur les uniformes, et, dans les trois services, le mot «Canada» était cousu au haut de la manche. L'unification des FORCES ARMÉES en 1968 s'est traduite par l'adoption de l'uniforme «vert Forces canadiennes», qui a été l'objet de critiques jusqu'à ce qu'on revienne aux uniformes distinctifs, en 1984.

Au XIXᵉ siècle, les uniformes, signes d'efficacité et d'élégance, sont devenus à la mode dans certaines professions civiles. Les employés des postes, des douanes, des services maritimes, des chemins de fer, des navires à vapeur et des hôtels, les gardiens de prison et même les laitiers ont souvent adopté des costumes bleu foncé. Jusqu'à tout récemment, les infirmières ne portaient que du blanc. Au Canada, les agents de police ont généralement porté un uniforme bleu foncé, à l'exception de la célèbre tenue écarlate des membres de la GENDARMERIE ROYALE DU CANADA. En général, la conception des uniformes canadiens s'est inspirée de la mode anglaise, bien que l'influence américaine se soit nettement fait sentir ces derniers temps.

René Chartrand

UniMédia (1988) Inc. Une des trois plus importantes chaînes de journaux de langue française au Québec. Hollinger Inc. (elle-même une société de portefeuille contrôlée par ARGUS CORPORATION LTD.) en est propriétaire à cent pour cent. UniMédia (1988) Inc. publie *Le Soleil* à Québec, *Le Quotidien* à Chicoutimi et *Le Droit* à Hull et à Ottawa. Cette société a également des intérêts dans la distribution de journaux et de revues, et dans l'impression de prospectus. Jacques Francœur en assumait la gestion par l'intermédiaire de la Société générale de publications Inc. avant que Hollinger ne l'achète en juin 1987.

Union des écrivains québécois (UNEQ). Fondée à Montréal en 1977, elle regroupe écrivains et auteurs francophones et anglophones du Québec et assure la défense de leurs droits, tout en effectuant la promotion du livre québécois. L'UNEQ a négocié le contrat type d'édition avec l'Association des éditeurs québécois et obtenu du ministère de l'Éducation du Québec des droits d'auteur pour les ouvrages photocopiés dans les établissements d'enseignement. En plus d'un service de consultation, d'information et de recherche, l'UNEQ organise des tournées, des rencontres et des conférences, tout en poursuivant son travail auprès du gouvernement du Québec pour assurer aux écrivains une meilleure diffusion et une plus grande reconnaissance de leurs œuvres. Elle publie régulièrement un bulletin et un annuaire de ses membres et elle fait paraître, en 1979, le *Petit dictionnaire des écrivains québécois*, qui contient les membres de l'UNEQ. En 1983, l'ouvrage est refondu et augmenté, avant d'être réédité sous le titre *Dictionnaire des écrivains québécois contemporains*. Dirigée par un conseil d'administration de 8 membres et gérée par un secrétariat permanent, l'UNEQ compte 992 membres en 2000. Elle gère également un important site Internet sur la littérature québécoise appelé «L'Ile».

Lucie Robert

Union nationale Issue d'une coalition du Parti conservateur et de l'ACTION LIBÉRALE NATIONALE, elle est constituée à l'occasion des élections provinciales québécoises de 1935. Maurice DUPLESSIS, du Parti conservateur, et Paul Gouin, de l'ALN, en sont les dirigeants. Défaite par une faible majorité en 1935, l'Union nationale réalise son unité sous la direction de Duplessis et gagne facilement les élections de 1936. Née durant la Crise des années 30, l'Union nationale préconise d'abord des réformes sociales, économiques et politiques. Elle est battue par le Parti libéral en 1939, après une campagne au cours de laquelle les libéraux fédéraux prétendent qu'ils éviteront la CONSCRIPTION aux Canadiens français. Dirigée par Duplessis, l'Union nationale est réélue en 1944, ayant accusé les libéraux, provinciaux et fédéraux, de trahir les droits du Québec. Cet accent nationaliste devient la particularité du parti. L'Union nationale demeure sous la domination totale de Duplessis jusqu'à sa mort en septembre 1959. Elle passe alors sous la direction de Paul SAUVÉ jusqu'à sa mort, moins de quatre mois plus tard. Elle perd les élections de 1960 et elle ne reprendra le pouvoir qu'une seule fois (1966-1970). La mort en 1968 de son chef Daniel JOHNSON lui porte un dur coup et le gouvernement du nouveau leader J.-Jacques BERTRAND est défait en 1970 par un Parti libéral renaissant dirigé par Robert BOURASSA. Supplantée par le PARTI QUÉBÉCOIS comme parti nationaliste, l'Union nationale n'obtiendra jamais plus de 20 p. 100 des voix dans les élections ultérieures. Bien que ce parti existe toujours en 1988, il n'est plus une force politique au Québec: il obtient moins de 1 p. 100 des voix aux élections de 1985.

Les principaux appuis de L'Union nationale provenaient du milieu rural, d'hommes d'affaires plus ou moins influents et de travailleurs non syndiqués. Elle n'a pas gagné la confiance des anglophones et a connu plus de succès à Québec qu'à Montréal. Durant les années 40 et 50, son financement électoral considérable, dont la plus grande partie provient du monde des affaires, lui donne un avantage important sur l'opposition libérale. Ce n'est plus le cas après la défaite de 1960 et la réforme des pratiques électorales au Québec. (*Voir aussi* NATIONALISME CANADIEN-FRANÇAIS.)

Vincent Lemieux

Union ouvrière canadienne Créée en 1873 sur l'initiative de l'Assemblée des métiers de Toronto, elle représente la première tentative des syndicats canadiens de se regrouper en une fédération nationale. Défendant un syndicalisme modéré tant dans son idéologie que dans ses pratiques, l'Union n'apporte son appui aux syndicats en grève que s'ils ont d'abord tenté de régler leurs différends par arbitrage. Ses deux principales préoccupations touchent l'expansion du syndicalisme et l'adoption de lois favorables aux travailleurs. À ses congrès annuels de 1873 à 1877, les délégués syndicaux votent, entre autres, des résolutions favorables au suffrage universel, à la création du Bureau de la statistique du travail, à une réglementation plus stricte de l'apprentissage, à une réduction des heures de travail et à une représentation des travailleurs au Parlement. En outre, l'organisme s'oppose au travail des enfants, au recours à l'immigration par le gouvernement et à l'utilisation des prisonniers pour leur faire effectuer des tâches qui entrent en concurrence avec celles des travailleurs libres.

Le travail de représentation de l'Union permet des amendements au Code criminel, à la Loi permettant la saisie des salaires et à la Loi des maîtres et serviteurs. En dépit de sa prétention d'être une organisation nationale, l'organisme ne représente guère plus qu'une petite minorité de syndiqués canadiens et reste pratiquement confiné aux syndicats ontariens. L'Union disparaît en 1878, victime des suites de la profonde crise économique de 1873, qui n'en finit plus de faire sentir ses effets.

John Bullen

Union Station Cette gare de Toronto fut conçue par les architectes Ross et Macdonald, Hugh G. Jones et John M. LYLE pour les chemins de fer du GRAND TRUNK RY et du CANADIEN PACIFIQUE. Sa construction commença en 1911 et se poursuivit jusqu'à la fin des années 1920. Les détails de sa conception et de son intérieur évoquent l'influence du style «beaux-arts», qui marqua profondément l'architecture publique de l'Am. du N. au début du XXᵉ s. La large façade de l'édifice se divise en sept sections et la partie centrale est remarquable par sa longue colonnade dorique encadrée de deux petits portiques en saillie. Aux deux extrémités de la façade se trouvent deux sections légèrement en saillie avec des pilastres engagés. Le rez-de-chaussée, conçu par Lyle, comprend une grande salle des pas perdus, les guichets et les divers services. L'ensemble est remarquable par ses vastes proportions, son plafond voûté, ses matériaux et ses couleurs, et par sa décoration d'inspiration canadienne.

Nathalie Clerk

Unions (*Voir* SYNDICATS DE MÉTIERS; SYNDICALISME INDUSTRIEL; syndicats ouvriers; TRAVAIL, RELATIONS DE; SYNDICALISME INDUSTRIEL RÉVOLUTIONNAIRE; CENTRALES SYNDICALES RÉGIONALES ET DE DISTRICTS; CENTRALES SYNDICALES NATIONALES; CENTRALES SYNDICALES QUÉBÉCOISES; UNION DES ÉCRIVAINS QUÉBÉCOIS; TRAVAILLEURS, HISTOIRE DES)

Unitariens Adeptes d'un mouvement religieux qui apparaît en Europe au XVIᵉ siècle et dont les membres préconisent une attitude religieuse holistique. Cette optique s'exprime théologiquement par l'insistance sur l'unité indivise de Dieu, mais beaucoup d'unitariens préfèrent aujourd'hui un langage non théologique. Né dans le contexte du CHRISTIANISME, le mouvement regroupe aujourd'hui des gens de diverses traditions religieuses et pratique un esprit d'unité dans la diversité. L'accent est mis sur la responsabilité individuelle concernant la foi et l'action ainsi que sur le recours à la raison et à l'expérience personnelle comme guides de vie. Les premiers Unitariens du Canada viennent en majorité d'Angleterre, quoique ceux de la Nouvelle-Angleterre soient très influents à Montréal, où la première assemblée est formée en 1832.

Cette assemblée demeure la plus importante au Canada pendant tout le XIXᵉ siècle. Ses membres comprennent des politiciens et des commerçants importants comme sir Francis HINCKS, John Young, Adam Ferrie et Luther Holton. Un pionnier de la psychiatrie au Canada, Joseph WORKMAN, est l'un des fondateurs de la congrégation de Toronto en 1845. Un mouvement unitarien se répand plus tard au Manitoba chez les colons islandais.

Les Unitariens continuent d'être des chefs de file progressistes de la vie sociale et culturelle au XXᵉ siècle, si bien que leur influence politique et sociale augmente plus vite que le nombre de leurs membres. En 1996, chacune de leurs 47 sociétés locales est autonome et organisée démocratiquement, même si on constitue le Conseil unitarien du Canada en 1961 pour renforcer les liens confessionnels avec les mouvements américain et britannique. Les liens internationaux sont assurés par le Conseil international des unitariens et universalistes. Le Canada compte 16 535 Unitariens d'après le recensement de 1991.

Phillip Hewett

United Empire Loyalists' Association of Canada L'Association est constituée en société le 27 mai 1914. Elle a comme mandat d'unir les descendants des familles des LOYALISTES de l'Empire britannique, de perpétuer leur esprit de loyauté, de collectionner des souvenirs relatifs aux loyalistes, de construire et de réparer les bâtiments et les monuments qui les rappellent et de publier deux fois par année une revue historique intitulée *The Loyalist Gazette*. L'administration centrale à Toronto possède une vaste bibliothèque dont peuvent profiter les chercheurs qui s'intéressent à l'histoire des loyalistes. On compte 29 chapitres qui poursuivent des activités dans 9 provinces. Pour devenir membre de l'association, il suffit de prouver sa descendance au moyen d'une pièce documentaire.

L'association reçoit depuis toujours l'appui du gouverneur général du Canada. Le 28 mars 1972, le commandant d'armes de Sa Majesté lui accorde des armoiries et un insigne portant les symboles royaux de la Couronne et du drapeau de l'Union royale. Elle a pour devise *Ducit Amor Patriae* qui signifie «l'amour de ma patrie me guide».

Marguerite R. Dow

Université Établissement d'enseignement supérieur habilité à décerner des diplômes. Les premières universités canadiennes ont de fortes attaches religieuses et adoptent généralement le modèle des institutions européennes. Les trois King's Colleges (Windsor, Nouvelle-Écosse, 1789; York, aujourd'hui Toronto, 1827; et Fredericton, Nouveau-Brunswick, 1828) constituent une tentative d'implanter au Canada les idéaux des anciennes universités britanniques. Ils offrent la résidence, pratiquent le tutorat et sont anglicans. Les idéaux plus démocratiques des universités écossaises se retrouvent à des degrés divers à l'UNIVERSITÉ DALHOUSIE (Halifax, 1818), à l'UNIVERSITÉ QUEEN (Kingston, 1841) et à l'UNIVERSITÉ MCGILL (Montréal, 1821).

De leur côté, les institutions méthodistes (Victoria College, Cobourg en Ontario, 1841; UNIVERSITÉ MOUNT ALLISON, Sackville au Nouveau-Brunswick, 1839) et baptistes (UNIVERSITÉ ACADIA, Wolfville en Nouvelle-Écosse, 1838) sont conçues pour la formation des hommes se destinant au ministère et pour l'éducation des laïcs. Le Bishop's Collège, devenu plus tard l'UNIVERSITÉ BISHOP, est fondé par les anglicans en 1843.

Enfin, les catholiques dispensent leur propre philosophie dans leurs établissements, comme l'UNIVERSITÉ ST. FRANCIS XAVIER, université de langue anglaise fondée à Antigonish, Nouvelle-Écosse, en 1855. L'UNIVERSITÉ LAVAL a été fondée en 1852 par le SÉMINAIRE DE QUÉBEC, un collège mis sur pied par monseigneur LAVAL en 1663. Elle a ensuite constitué une succursale à Montréal en 1876, qui est devenue l'UNIVERSITÉ DE MONTRÉAL en 1920.

Au moment de la Confédération en 1867, on compte 17 établissements décernant des diplômes dans les provinces fondatrices. Quatre sont laïques (Dalhousie, McGill, Nouveau-Brunswick et l'UNIVERSITÉ DE TORONTO), les 13 autres sont liés à une Église et contrôlés par elle. La plupart, 13 sur 17, ne comptent qu'environ 100 élèves. C'est le regroupement qui va renforcer ces institutions petites et financièrement fragiles.

En retirant son soutien financier en 1868, le gouvernement ontarien force les universités confessionnelles à envisager la coopération avec le secteur public. Les trois qui se joignent à l'U. de Toronto (Victoria College et St. Michael's College en 1890; Trinity College en 1904) conservent leur statut d'université et leur autonomie en matière d'enseignement et de personnel, mais acceptent de restreindre leurs programmes aux arts et aux sciences, plus sensibles et moins coûteux (études classiques, philosophie, littérature anglaise, histoire, langues modernes, mathématiques, sciences et théologie). La responsabilité de l'enseignement dans tous les autres domaines et de l'attribution des diplômes (sauf en théologie) est confiée à l'université publique. Le modèle fédératif, adopté par d'autres universités canadiennes au cours de leur développement, représente une solution canadienne au problème de la réconciliation des caractères religieux et laïque, de la diversité et du pragmatisme économique.

Dès le début, dans l'Ouest, les provinces adoptent une politique de développement contrôlé des universités. Au Manitoba, cela prend la forme du regroupement de trois collèges confessionnels existants – Saint-Boniface (catholique), St. John's (anglican) et le Manitoba College (presbytérien) – dans une même entité. Onze ans après la création de l'UNIVERSITÉ DU MANITOBA (1877), un quatrième collège, le Wesley College (méthodiste), vient s'y affilier.

Dans chacune des trois autres provinces, on crée une seule université provinciale publique (l'UNIVERSITÉ DE L'ALBERTA en 1906, l'UNIVERSITÉ DE LA SASKATCHEWAN en 1907 et l'UNIVERSITÉ DE LA COLOMBIE-BRITANNIQUE en 1908). Ces trois provinces prennent pour modèle l'université d'État des États-Unis, qui met l'accent sur l'éducation permanente et la recherche appliquée.

Le développement de l'enseignement supérieur (*voir* ÉDUCATION) public a soulevé le problème de la protection de l'université contre les ingérences gouvernementales (*voir* LIBERTÉ UNIVERSITAIRE). Le modèle de rapports université-gouvernement adopté dans la plus grande partie du Canada a subi l'influence de la loi provinciale créant l'U. de Toronto en 1906, qui établissait un système bicaméral de direction comprenant un sénat (le corps enseignant), responsable de la politique universitaire, et un conseil des gouverneurs (les citoyens), qui exerce un contrôle exclusif sur la politique financière, mais qui ne détient qu'une autorité formelle dans tous les autres domaines.

Le rôle du président, nommé par le conseil, était de maintenir un lien entre les deux entités et de fournir un leadership dynamique à l'institution. D'autres développements importants surviennent au début du XXe siècle, dont le développement de la formation professionnelle au-delà des domaines traditionnels de la théologie, du droit et de la médecine et, dans une moindre mesure, l'introduction de la formation au 2e cycle et au 3e cycle sur le modèle américain d'inspiration allemande, soit des travaux de cours spécialisés et la rédaction d'une thèse.

En 1939, le nombre d'universités canadiennes qui décernent des diplômes s'élève à 28. Leur taille est très variable: la plus grande est l'U. de Toronto avec 7000 inscrits, mais d'autres en comptent moins de 1000. On dénombre 40 000 étudiants, soit 5 p. 100 de la population âgée de 18 ans à 24 ans. La plupart des universités sont des institutions régionales. Seules l'U. McGill et l'U. de Toronto jouissent d'une réputation internationale pour la recherche. Il n'existe pas de politique systématique de l'enseignement supérieur et le financement est établi une année à la fois. Sauf pour les sciences naturelles, il n'y a pas d'organisme de financement fédéral ou provincial fournissant un soutien régulier pour le second cycle et la recherche. Il existe quelques SOCIÉTÉS SAVANTES et des revues universitaires.

Avec la Seconde Guerre mondiale, on assiste au début d'une nouvelle ère pour l'enseignement supérieur au Canada. L'effort de guerre crée une forte demande pour la recherche scientifique et le personnel hautement spécialisé que l'on fait venir en grand nombre de l'étranger, ce qui favorise la reconnaissance de l'importance vitale des universités pour un pays. Immédiatement après la guerre, le gouvernement fédéral commence à fournir un certain soutien financier aux université pour les aider à faire face à l'arrivée des vétérans.

Grâce au programme de réhabilitation mis sur pied, 53 000 vétérans s'inscrivent à l'université entre 1944 et 1951. Puis, la baisse prévue du nombre d'inscriptions ne se produisant pas, le gouvernement fédéral, suivant l'avis de la Commission Massey, commence à participer au financement régulier de l'enseignement supérieur en 1951 (*voir* COMMISSION ROYALE D'ENQUÊTE SUR L'AVANCEMENT DES ARTS, LETTRES ET SCIENCES AU CANADA).

Au début des années 50, la population estudiantine à l'université est deux fois celle de 1940 et, en 1963, elle double encore une fois. En raison des très importantes augmentations prévues suite au BABY-BOOM, les gouvernements provinciaux abandonnent leur stratégie initiale de chercher à satisfaire à cette demande en développant les institutions existantes. La politique de l'université unique adoptée dans l'Ouest change quand les collèges dépendant des universités provinciales obtiennent leur autonomie comme universités: l'UNIVERSITÉ DE VICTORIA (1963), l'UNIVERSITÉ DE CALGARY (1966), l'UNIVERSITÉ DE WINNIPEG (1967). L'UNIVERSITÉ DU QUÉBEC (1968) et l'UNIVERSITÉ DE REGINA (1974).

De nouvelles chartes universitaires sont accordées à quatre établissements: l'UNIVERSITÉ CARLETON (Ottawa, 1957), l'UNIVERSITÉ YORK (Toronto, 1959), l'UNIVERSITÉ DE WATERLOO (1959) et l'UNIVERSITÉ TRENT (Peterborough, 1963). Les inscriptions à plein temps au premier cycle triplent et les inscriptions à temps partiel au premier cycle et à plein temps au deuxième et troisième cycles se multiplient pratiquement par six. On recrute quelque 23 261 professeurs additionnels. Comme les programmes de deuxième et troisième cycles canadiens ont juste commencé à s'accroître, bon nombre de professeurs d'université recrutés durant les années 60 et les années 70 ont obtenu leur formation ailleurs, particulièrement aux États-Unis et en Grande-Bretagne. Les coûts de fonctionnement de ce système en expansion augmentent de façon encore plus dramatique.

Cette politique ambitieuse d'enseignement universitaire mise en place dans les années 60 n'est pas seulement une réponse à la pression du nombre. Elle est aussi motivée par la conviction, empruntée aux États-Unis et endossée par les économistes, suivant laquelle l'enseignement supérieur est déterminant pour la productivité économique et va permettre des taux de rendement économique plus élevés tant pour les individus que pour la société. Il y a aussi un second motif, la justice sociale.

Améliorer l'ACCÈS À L'ÉDUCATION est considéré comme une solution aux nouvelles aspirations sociales et une façon d'améliorer les perspectives sociales des groupes sociaux, culturels et régionaux désavantagés. Des programmes d'aide financière, destinés à éliminer les obstacles à la formation universitaire, sont introduits aux niveaux fédéral et provincial. En 1991-1992, 235 000 étudiants à plein temps et 1000 à temps partiel ont reçu une aide financière en vertu du programme canadien de prêt aux étudiants (*voir* ÉTUDIANT, AIDE FINANCIÈRE À L').

Les systèmes d'enseignement supérieur canadiens d'aujourd'hui sont à la fois semblables à ceux du passé et différents. La plus importante réforme de l'organisation de l'enseignement supérieur est celle du Québec avec la création des COLLÈGES D'ENSEIGNEMENT GÉNÉRAL ET PROFESSIONNEL (CEGEP), mais dans les autres provinces, l'enseignement supérieur lui aussi a dû s'accommoder de l'émergence rapide du secteur des COLLÈGES COMMUNAUTAIRES d'enseignement postsecondaire. Dans certaines provinces, des arrangements permettent le transfert systématique d'un secteur à l'autre (université et collège communautaire), dans d'autres, les deux secteurs fonctionnent en parallèle.

Aujourd'hui, le Canada compte 60 universités autonomes (non affiliées) qui décernent des diplômes non religieux, à la différence des institutions théologiques qui n'offrent qu'un diplôme. L'enseignement supérieur au Canada est devenu une entreprise du secteur public. L'escalade des coûts a forcé les universités confessionnelles, comme l'Université luthérienne de Waterloo (devenue l'UNIVERSITÉ WILFRID LAURIER) et l'Université Assumption (devenue l'UNIVERSITÉ DE WINDSOR), à rompre leurs liens religieux pour avoir accès au financement public.

Petite exception dans ce courant historique, en Alberta, à la fin des années 80, le gouvernement provincial a autorisé trois collèges confessionnels, antérieurement affiliés au secteur public, à fonctionner comme des universités privées décernant des diplômes (l'Augustana University College, antérieurement le Camrose Lutheran College, le Concordia College, et le King's University College).

Une autre tendance majeure est le pouvoir accru des provinces. Même si les gouvernements fédéral et provinciaux offrent leur soutien financier aux universités, la politique universitaire est formulée par les gouvernements provinciaux, particulièrement depuis 1966, quand le programme du gouvernement fédéral de subventions directes aux universités, mis sur pied en 1951, a été remplacé par une quote-part des frais partagés versée aux gouvernements provinciaux. D'autres changements, mis en place en 1977, ont réduit encore davantage le rôle financier direct du gouvernement fédéral et accru le pouvoir discrétionnaire des gouvernements provinciaux dans l'attribution de l'aide financière fédérale.

La structure de direction de la plupart des universités canadiennes repose encore sur un système à deux paliers, sauf dans le cas de l'U. Laval, de l'U. de Toronto et de l'UNIVERSITÉ D'ATHABASCA, qui ont instauré des systèmes réunissant les pouvoirs du conseil et du sénat. Dans la plupart des universités, cependant, la composition des deux corps dirigeants a changé.

Bien que le corps enseignant détienne encore la majorité des sièges dans les conseils universitaires et les sénats, des étudiants, des anciens et des représentants de corps professionnels peuvent maintenant en faire partie. De la même façon, les professeurs et les étudiants sont souvent représentés dans les conseils des gouverneurs. Le conseil a perdu un important pouvoir. Jusque dans les années 50, la PERMANENCE était accordée suivant son bon plaisir dans la plupart des universités, mais ce droit des professeurs est maintenant régi de façon plus rigoureuse.

L'université canadienne contemporaine est une organisation à fins multiples poursuivant simultanément plusieurs objectifs: l'enseignement, la prestation d'une «formation libérale» ou générale; la formation, la transmission de connaissances spécialisées requises dans les emplois de haut niveau; la recherche, l'accroissement des connaissances par la recherche fondamentale et une scolarité spécialisée; le service public, la diffusion de connaissances et de pratiques utiles à la société; et l'égalisation des chances, l'extension de la formation universitaire à toutes les personnes susceptibles d'en bénéficier et l'élimination des obstacles à la participation des groupes sous-représentés.

La poursuite de sa mission aux multiples facettes n'a pas amené le système d'enseignement supérieur canadien à développer d'importantes différences institutionnelles. Certaines universités offrent surtout un enseignement de premier cycle, mais le Canada ne possède pas l'équivalent du secteur américain des collèges indépendants et sélectifs spécialisés uniquement dans les arts et les sciences. On ne trouve pas non plus d'universités au prestige et aux ressources financières supérieures au point de faire apparaître un système à deux vitesses, soit un petit nombre d'institutions d'élite dominant l'enseignement de second cycle et la recherche, et un réseau beaucoup plus large d'universités moins bien dotées financièrement et aux conditions d'admission moins sélectives dispensant le gros de l'éducation de premier cycle. Étant donné la nature publique de son financement de base, il n'est pas surprenant que le système universitaire canadien ait une orientation plus égalitaire et soit composé d'établissements et d'institutions aux normes semblables et poursuivant une même mission, plus générale que spécialisée.

D'un point de vue comparatif, le système canadien d'enseignement supérieur a très bien réussi en matière d'accessibilité. Le taux de participation estudiantine au Canada, comme pourcentage du groupe d'âge de 18 à 24 ans, est maintenant plus élevé que celui des États-Unis et de toute autre société occidentale. Cela ne signifie pas que le développement de l'enseignement supérieur a conduit à une représentation plus égalitaire de tous les groupes, même si des progrès ont été faits. Les femmes représentent maintenant la moitié de la population estudiantine, alors qu'elles n'étaient que du tiers dans les années 60. Certains domaines (p.ex., le génie) demeurent des chasses gardées et, même si les écarts se sont constamment rétrécis, les femmes sont encore sous-représentées au niveau de la maîtrise et du doctorat.

La réduction de l'inégalité de participation des étudiants venant des classes inférieures a été plus modeste. Les autres groupes considérés comme sous-représentés à l'université sont les autochtones, certaines minorités visibles, les handicapés, les francophones hors Québec et les Canadiens vivant dans le Nord.

En matière d'accessibilité géographique, la situation s'est améliorée avec la création de l'Université du Québec et de ses nombreux campus partout dans la province et, récemment, de deux nouvelles universités, l'U. de Nipissing, en 1992, dans le nord de l'Ontario, et l'U. de Northern British Columbia, en 1990. L'enseignement à distance (voir TÉLÉENSEIGNEMENT) est offert par trois institutions, l'U. du Québec, grâce à sa télé-université, l'U. d'Athabasca et l'Open University de Colombie-Britannique (1988). Un nombre croissant d'universités offrent aussi des cours de formation à distance.

La valeur économique d'un diplôme universitaire dépendant de sa rareté, si la possession d'un diplôme n'est plus une garantie d'emploi, elle confère toujours un avantage relatif considérable sur le marché du travail. Les taux de chômage des diplômés universitaires sont inférieurs à ceux des personnes ne possédant pas de diplôme. Il est possible que l'augmentation du nombre des diplômés affecte les perspectives d'emplois et de carrière de ceux qui ne le sont pas, étant donné qu'ils sont forcés d'entrer en concurrence avec des pairs mieux formés sur un marché du travail serré.

Au cours des années 80 et au début des années 90, les universités ont tenté de répondre à l'augmentation des inscriptions tout en faisant face à des réductions de l'aide financière gouvernementale par étudiant. Récemment, le soutien financier de base s'est encore détérioré. Les provinces n'ont pas seulement décrété le gel des budgets, mais le retrait de sommes déjà allouées ou promises. Ces mesures d'austérité sont une réponse à la réduction des paiements de transfert du gouvernement fédéral aux provinces et à la détérioration des finances des provinces elles-mêmes.

Cependant, d'autres facteurs entrent en jeu. Au cours de la dernière décennie, on a assisté à une réduction relative substantielle de la part du budget provincial allouée aux universités. Pour aider les universités à combler la perte de revenus, les gouvernements provinciaux leur ont permis d'augmenter les droits de scolarité. Dans les années 70, les droits représentaient 17 p. 100 des revenus de l'université, ils atteignent maintenant 20 p. 100. On assiste actuellement à un mouvement de transfert aux étudiants d'une plus grande partie des coûts. Le récent projet du gouvernement fédéral d'instaurer un programme de remboursement éventuel des prêts consentis aux étudiants correspond à cette politique. Les implications d'un telle politique sur l'égalité des chances devront être surveillées.

Les relations entre l'enseignement supérieur et le gouvernement sont aussi en pleine transformation. À titre de centres de recherche libres et créatifs, les universités réclament le droit de régir elles-mêmes toutes les questions universitaires sans ingérence du gouvernement. Reconnaissant cette liberté universitaire jalousement défendue, les provinces ont créé des organismes consultatifs intermédiaires pour fournir des avis sur le financement et le système de planification des universités. Toutefois, l'efficacité de ces rapports indirects entre les gouvernements et les universités est actuellement remise en question.

Un thème récurrent ces dernières années a été le besoin de rendre les universités plus responsables. Il ne s'agit pas seulement de leur demander d'agir avec plus de prudence dans leur utilisation des fonds publics. Il s'agit aussi d'assurer que les universités s'orientent elles-mêmes en fonction de certaines attentes, par une intervention gouvernementale plus directe si nécessaire. On a identifié certaines questions auxquelles il faudra s'arrêter: la rationalisation des programmes (incluant l'abandon de certains) et la coopération interuniversitaire, l'assurance de la qualité de l'enseignement, l'offre de programmes souples, l'ouverture aux besoins des élèves non traditionnels, l'adéquation entre les besoins de la société et le développement des programmes et des activités de recherche, et la mise en place d'une coordination et de liens plus efficaces entre les collèges communautaires et les universités.

Compte tenu des réalisations des dernières décennies, il y a lieu d'être optimiste quant à la capacité du secteur universitaire de relever les défis auxquels il fait face. Ce qui demeure incertain, c'est la façon dont ces changements vont affecter la compréhension traditionnelle de la nature de l'université.

P. Anisef et J. Lennards

Université Acadia Située à Wolfville, en Nouvelle-Écosse. En 1828, la Baptist Education Society of Nova Scotia fonde l'Académie Horton à Horton (Wolfville), en Nouvelle-Écosse. Dix ans plus tard, les BAPTISTES fondent le Queen's College qui partage les installations de l'Académie Horton. Contrairement à la coutume, aucun examen portant sur la religion n'est imposé au corps professoral ni aux étudiants. Le gouvernement colonial accorde à contrecœur une charte à la nouvelle institution, car il pense avoir déjà trop de collèges à financer. Le nom même du collège soulève des objections, car la reine Victoria refuse qu'un collège de dissidents porte son nom. Finalement, l'«Acadia College» obtient sa charte en 1841 et devient l'U. Acadia en 1891. Les cours commencent au début de 1839 et les quatre premiers étudiants décrochent leur diplôme en 1843.

Un département de théologie s'ajoute bientôt, même si l'U. Acadia continue à mettre l'accent sur la formation générale. L'Association des anciens de l'Acadia College, créée en 1860, fournit un premier soutien financier indispensable. C'est une des plus vieilles associations d'anciens étudiants au Canada et elle est encore très active. Dans les années 1860, un séminaire pour filles est fondé et, en 1880, des femmes assistent aux cours, mais de manière non officielle. En 1884, l'Acadia décerne un premier diplôme à une femme.

D'autres concentrations sont ajoutées au programme de formation générale. L'U. Acadia compte aujourd'hui la Faculté des arts, la Faculté des sciences pures et appliquées, la Faculté d'études professionnelles et l'Acadia Divinity College. Chacune de ces facultés offre une grande variété de certificats et de diplômes de différents cycles. En 1997-1998, l'établissement compte plus de 3600 étudiants inscrits à temps plein. Parmi les diplômés célèbres de l'université, on compte Charles TUPPER et Lillian Chase, qui ont contribué à la découverte de l'INSULINE. En 1966, les baptistes abandonnent la direction du collège, mais demeurent très présents au sein du conseil des gouverneurs. Le Divinity College, un établissement affilié établi en 1968, s'occupe des besoins en théologie de cette confession.

Barry M. Moody

Université Bishop's Située à Lennoxville, au Québec, elle a été fondée en 1843 sous le patronage de George Jehoshaphat Mountain, 3ᵉ évêque anglican du Québec. Bishop's devait donner une éducation libérale aux anglophones du Bas-Canada (Cantons de l'Est) et former les membres du clergé anglican.

En 1853, l'université reçoit une charte royale lui permettant de décerner des diplômes. La faculté de médecine, mise sur pied en 1871, fusionne en 1905 avec la faculté de médecine de l'UNIVERSITÉ MCGILL. Au cours des années 20, on inaugure des programmes spécialisés en éducation professionnelle et en sciences naturelles. En 1947, Bishop's devient non confessionnelle. Dès lors, le campus prend de l'expansion grâce aux fonds publics.

Bishop's offre un programme de premier cycle en sciences humaines, en sciences et en gestion des affaires ainsi qu'un programme de deuxième cycle en éducation et en enseignement collégial. Elle fait maintenant partie du réseau d'enseignement supérieur financé par la province et, depuis 1971, partage son campus avec le Champlain College, une institution préuniversitaire (CEGEP). En 1999-2000, elle comptait 1925 étudiants inscrits à plein temps.

K. et E. Schweizer

Université Brock Fondée en 1964 à St. Catharines (Ont.). Elle doit son nom au major-général sir Isaac BROCK qui, durant la GUERRE DE 1812, commandait les troupes britanniques lors d'une bataille qui eut lieu à 8 km de l'emplacement actuel du campus.

L'université offre des programmes d'arts et sciences et comprend des écoles spécialisées en sciences administratives, en éducation physique, en loisirs et en éducation. Elle compte parmi ses installations un complexe scientifique, un complexe d'éducation physique équipé d'une piscine olympique, et des résidences pouvant accueillir 1185 étudiants. Situé au bord de l'Escarpement du Niagara, le campus donne sur la ville.

Université Carleton Au moment de sa création en 1942 sous le nom de Carleton College, cette université d'Ottawa (Ontario) organise des cours universitaires de base, le soir, à l'intention des fonctionnaires. Le retour des soldats de la Seconde Guerre mondiale entraîne l'organisation de cours de jour. Ensuite, en 1946, le collège fait l'acquisition d'un immeuble sur First Avenue. Il met en place des programmes menant à des diplômes en arts, en sciences, en administration publique et en journalisme, mais devra attendre jusqu'en 1952 avant d'être officiellement reconnu par la province. En 1957, le collège obtient le statut officiel d'université et, en 1959, s'installe sur son emplacement actuel aux abords de la rivière Rideau.

L'université est dirigée par un recteur, un conseil des gouverneurs et un sénat. A. Davidson DUNTON occupe le poste de recteur durant la période de croissance phénoménale qu'elle connaît de 1958 à 1972, alors que le nombre d'étudiants inscrits à temps plein passe de 1000 à 7000.

À la fin des années 60, l'U. Carleton offre des diplômes en génie, en architecture, en design industriel et en travail social. Les années 70 sont des années de consolidation, marquées par une croissance constante des inscriptions malgré les restrictions financières. L'université compte plusieurs facultés: arts, sciences, sciences sociales, génie et études de deuxième et troisième cycles. Elle offre aussi des programmes menant à des grades supérieurs en études canadiennes, en études internationales et en informatique. En 1994-1995, Carleton comptait 16 382 étudiants à temps plein et 5 386 à temps partiel. L'U. Carleton est une institution subventionnée par l'État.

H. Blair Neatby

Université Concordia Établissement né de la fusion, en 1974, de l'U. Sir George Williams et du Collège Loyola. Ce dernier, qui était à l'origine la partie anglophone du Collège Sainte-Marie (fondé par les Jésuites en 1848), deviendra un collège à part entière en 1899. Pour sa part, l'U. Sir George Williams s'était développée à partir de l'enseignement institutionnel de la YMCA de Montréal et avait obtenu le statut officiel d'université en 1959. Concordia compte deux campus, l'un au centre-ville de Montréal (Sir George Williams) et l'autre dans l'ouest de la ville (Loyola). Elle est constituée de quatre facultés: arts et sciences, commerce et administration, génie et informatique, beaux-arts. L'univ. offre des programmes de baccalauréat dans les domaines de l'administration, des arts, du commerce, de l'informatique, de l'éducation, du génie, des beaux-arts et des sciences, ainsi que des programmes menant à des certificats d'études de premier cycle et d'autres à des diplômes de deuxième cycle. La plupart des programmes sont ouverts aux étudiants à temps partiel qui constituent environ la moitié de la population étudiante de l'université.

De nombreux programmes proposent le régime d'enseignement coopératif dans lequel les trimestres d'études sont entrecoupés de stages pratiques en entreprise; cette formule dynamique donne aux étudiants une précieuse expérience du milieu du travail. L'univ. accueille un effectif étudiant diversifié et accorde une large place aux étudiants adultes. Elle met l'accent sur l'interdisciplinarité, notamment en recherche.

Toujours soucieuse d'accessibilité, elle continue de s'agrandir. En 1992, le campus du centre-ville s'est enrichi d'un pavillon de la bibliothèque. En 1999, l'U. Concordia comptait plus de 24 000 étudiants.

Université Dalhousie Située à Halifax, elle a été fondée en 1818 par le lieutenant-gouverneur George Ramsay, 9ᵉ comte de DALHOUSIE. Ce dernier souhaitait un collège libéral non confessionnel dont les normes d'enseignement épouseraient celles de l'U. d'Édimbourg et qui représenterait une option progressiste par rapport à celle de l'UNIVERSITÉ DE KING'S COLLEGE, un établissement anglican de Windsor (Nouvelle-Écosse). Les sommes nécessaires à la fondation de l'institution provenaient des droits de douane perçus à Castine, dans le Maine, durant l'occupation britannique de 1814-1815.

Ses débuts prometteurs sont bientôt compromis par l'indifférence du gouvernement et une rivalité sectaire. La classe dirigeante de la colonie et le Conseil des gouverneurs de King's College montrent peu d'enthousiasme et accordent plutôt la préséance à celui-ci. En raison des directives émises par les instances religieuses, le collège n'admet que les ANGLICANS et durant les premières années, seuls des professeurs de religion presbytérienne sont engagés à Dalhousie. Cette situation ouvre la voie à l'établissement de nombreux collèges de confessions différentes un peu partout en Nouvelle-Écosse, ce qui ralentit sérieusement la croissance de l'enseignement supérieur pendant près de 50 ans. Des tentatives de fusion avec King's College échouent en 1824 et en 1832, devant la crainte du groupe de Windsor de perdre l'exclusivité anglicane et d'abaisser les normes empruntées à Oxford. L'affiliation n'aura lieu qu'en 1923, lorsque les circonstances pousseront King's College à adopter une approche pédagogique plus pragmatique.

Dalhousie stagne jusqu'à ce que Thomas MCCULLOCH en devienne le premier recteur en 1838. Le statut universitaire est accordé à l'institution en 1841, mais, après la mort de McCulloch en 1843, elle connaît un autre déclin et est transformée en école secondaire en 1848. Dalhousie reprend son statut universitaire en 1863, grâce surtout à la coopération des presbytériens qui veulent améliorer l'enseignement supérieur. Ils sont prêts à renoncer à leur monopole sur son administration, ce qui en favorise l'expansion et le progrès continu.

Au début, on met l'accent sur les mathématiques et les sciences humaines pour ensuite se tourner, au cours de la seconde moitié du XIXᵉ siècle, vers les sciences modernes. Une faculté de médecine est instaurée en 1868 et les femmes sont admises en 1881. L'école de droit, la première à enseigner la *common law* dans l'Empire britannique, est fondée en 1883. Depuis 1879, l'université bénéficie de l'aide financière de bienfaiteurs comme George Munro, sir William Young et Dorothy Killam, ce qui permet d'enrichir constamment le programme et d'améliorer l'infrastructure.

Dalhousie déménage du centre-ville en 1887 pour s'installer à Forrest Hall, qui fait maintenant partie d'un campus de 24 ha. La fusion de l'U. Dalhousie avec la Technical University of Nova Scotia (TUNS), maintenant connue sous le nom de DalTech, a mis encore plus l'accent sur l'enseignement et la recherche techniques. DalTech est devenu un collège affilié à l'U. Dalhousie, ajoutant ainsi trois nouvelles facultés aux deux établissements fusionnés (architecture, informatique et ingénierie). Une conséquence directe de cette collaboration a été la création d'un nouvel Institute of Biomedical Engineering.

L'U. Dalhousie est un établissement d'enseignement complet qui offre 3600 cours à plus de 13 000 étudiants à temps plein. Elle offre des cours de troisième cycle dans 41 programmes et des cours de deuxième cycle dans 71 programmes. Les étudiants ont accès à des programmes professionnels en architecture, en dentisterie, en ingénierie, en droit et en médecine. Au premier cycle, 60 baccalauréats et diplômes de programmes de niveau avancé sont offerts dans divers domaines. L'université offre également des cours d'éducation permanente à plus de 15 000 autres étudiants à temps partiel.

L'U. Dalhousie est un des plus importants fournisseurs d'aide aux étudiants. Ses étudiants remportent fréquemment des prix d'agences extérieures. En effet, 72 étudiants de l'U. Dalhousie ont mérité une bourse de la Fondation Cecil Rhodes.

L'Université est la centrale régionale de la recherche et reçoit chaque année plus de 41 millions de dollars en financement parrainé par des organismes régionaux.

L'Université parraine 24 centres spéciaux et établissements: Atlantic Health Promotion Research Centre, l'Institut de recherche industrielle de l'Atlantique, Atlantic Institute of Criminology, Atlantic Region Magnetic Resonance Centre, Atlantic Research Centre, Canadian Institute of Fisheries Technology, Cardiac Prevention and Rehabilitation Research Centre, Centre for African Studies, Centre d'excellence pour la santé des femmes, Centre for Foreign Policy Studies, Centre for International Business Studies, Centre for Marine Geology; Centre for Marine Vessel Development and Research, Centre for Water Resource Studies, Dalhousie Health Law Institute, Dalhousie-Kuwait Centre of Excellence in Rehabilitation, Dalhousie Medical Research Foundation, Lester B. Pearson International Institute, Minerals Engineering Centre, Neuroscience Institute, Nova Scotia CAD/CAM Centre, Institut canadien des océans, Trace Analysis Research Center et le Vehicle Safety Research Team.

Les projets de développement internationaux de l'Université et les programmes d'échange se font dans le monde entier. Les projets de développement internationaux actuels sont évalués à 80 millions de dollars. Les étudiants étrangers proviennent de plus de 60 pays, accroissant le tissu culturel et intellectuel de l'université et de Halifax. L'histoire de l'Université fournit une base solide pour la mise en place d'intéressantes nouvelles possibilités d'apprentissage, alors qu'elle s'apprête à entrer dans le nouveau millénaire.

Lois Kernaghan

Université d'Athabasca Elle a innové au Canada en se spécialisant comme université ouvrant ses portes à l'enseignement individuel à distance. Fondée en 1970, elle s'efforce d'éliminer les barrières traditionnelles qui limitent l'accès aux études universitaires et les chances de réussite, en offrant les mêmes possibilités à tous, peu importe l'endroit où ils vivent et leurs études antérieures. Elle permet ainsi aux étudiants de vivre et de travailler où ils veulent tout en poursuivant leurs études, de s'inscrire tout au long de l'année à la plupart des cours, de suivre un cours à leur propre rythme et de reporter les échéances. De plus, elle coopère avec d'autres institutions pour la reconnaissance réciproque des cours et des crédits accordés, et elle offre un encadrement pédagogique individuel. Enfin, pour l'admission aux cours, elle réduit au minimum les cours requis au préalable et n'exige pas de certificats d'études officiels.

L'U. d'Athabasca offre 11 programmes de premier cycle et 10 certificats universitaires en sciences, en arts, en sciences sociales et en administration. Elle offre en outre un diplôme d'études supérieures en administration et deux programmes de maîtrise respectivement en administration et en enseignement à distance.

Les moyens utilisés pour dispenser les cours sont nombreux et comprennent les méthodes traditionnelles comme les études à domicile et les cours en classe. Récemment, grâce à l'exploration constante des moyens technologiques, l'U. d'Athabasca a élargi les possibilités d'accès au cours grâce aux téléconférences, aux vidéoconférences et aux médias électroniques, comme les communications par ordinateur et Internet.

Située à 130 km au nord d'Edmonton, l'U. d'Athabasca possède aussi des centres d'apprentissage à Edmonton, Calgary et Fort McMurray. Elle compte environ 11 000 étudiants répartis au Canada et dans le monde entier.

Melanie Opmeer

Université de Brandon Située à Brandon (Manitoba), elle a été fondée en 1967. Le Brandon College, créé par la Convention baptiste du Manitoba et du Nord-Ouest en 1899, est d'abord affilié à l'UNIVERSITÉ DU MANITOBA jusqu'en 1911 et, ensuite, à l'UNIVERSITÉ MCMASTER de 1910 à 1938. Il adopte un statut non confessionnel en 1938 et s'allie à l'U. du Manitoba jusqu'à l'octroi de sa charte en 1967. L'U. de Brandon offre au premier cycle des cours en sciences humaines, en sciences, en éducation, en musique, en études générales et, au deuxième cycle, des cours en musique (interprétation et enseignement). En 1994-1995, l'U. de Brandon comptait 1541 étudiants à plein temps et 1956, à mi-temps.

B. Beaton

Université de Calgary Fondée en Alberta, en 1966. Ses débuts remontent toutefois à 1946, quand l'École normale de Calgary est devenue une branche de la Faculté d'éducation de l'U. DE L'ALBERTA, basée à Edmonton. Peu à peu, des cours d'introduction sont offerts en arts, en sciences, en commerce et en génie, sous la direction des facultés respectives d'Edmonton. Connue sous le nom d'U. de l'Alberta, branche de Calgary, elle s'installe sur son campus actuel en 1960. En 1963, des directions de département sont établies pour les facultés d'arts et de sciences, d'éducation et d'éducation physique de même que pour une division du génie. L'Université acquiert sa pleine autonomie 1966. Par la suite, s'y ajoutent les facultés de médecine, de soins infirmiers, de droit, d'aménagement du territoire, de travail social, des beaux-arts, d'études générales, de lettres, de gestion, des sciences sociales, d'éducation permanente, des études supérieures et de cinésiologie. Le Mount Royal College et le Medicine Hat College sont affiliés à l'U. de Calgary depuis 1966. En 1997-1998, environ 22 000 étudiants fréquentent l'Université.

B. Beaton

Université de Guelph Située à Guelph, en Ontario, elle est constituée en société en 1964. Son histoire remonte à 1874 lorsque l'Ontario School of Agriculture ouvre ses portes sur une ferme donnée par le gouvernement de l'Ontario. En 1880, elle devient le Collège d'agriculture de l'Ontario (CAO). En 1903, avec la création du Macdonald Institute, financé par sir William MACDONALD (fondateur du collège Macdonald de Sainte-Anne-de-Bellevue, au Québec) s'ajoute un programme d'économie domestique dans le cadre d'un mouvement mené par Adelaide HOODLESS destiné à promouvoir les sciences domestiques dans le Canada rural. L'Ontario Veterinary College (OVC) est fondé à Toronto en 1862 par Andrew SMITH et il déménage, en 1922, sur le campus de l'U. de Guelph. De 1888 à 1964, le CAO est affilié pour les études à l'UNIVERSITÉ DE TORONTO, tout comme le sont l'OVC et le Macdonald Institute dès 1919. L'U. de Guelph est créée en 1964 à partir des collèges fondateurs.

L'université possède actuellement six collèges d'enseignement: agriculture, MÉDECINE VÉTÉRINAIRE, sciences physiques et techniques, sciences biologiques, arts, sciences sociales et sciences humaines appliquées (mises sur pied le 1ᵉʳ mai 1998 par la fusion entre l'ancien collège d'études familiales et de consommation et celui des sciences sociales). L'université comprend aussi des écoles d'aménagement et de développement ruraux, d'architecture paysagère, d'études en vulgarisation agricole, et d'administration hôtelière et alimentaire. En 1997, elle devient responsable de l'unité des services de laboratoire et des collèges d'agriculture d'Alfred, de Kemptville et de Ridgetown, que gérait anciennement le ministère de l'Agriculture, de l'Alimentation et des Affaires rurales de l'Ontario. En plus de ses programmes réputés en agriculture et en médecine vétérinaire, l'U. de Guelph offre d'excellents programmes dans les disciplines de base en sciences humaines, sociales, physiques et biologiques. Parmi ses programmes spéciaux, on trouve la technologie alimentaire, les sciences de l'environnement, le génie rural et biologique, les sciences de l'activité physique, la nutrition, l'administration hôtelière et alimentaire ainsi que l'architecture paysagère.

L'U. de Guelph est l'une des universités canadiennes qui effectuent le plus de recherches, grâce à un financement annuel de 62 millions de dollars. Les recherches de base proviennent d'une association unique entre l'université et le ministère de l'Agriculture, de l'Alimentation et des Affaires rurales, qui est à la base d'un regroupement de recherches agro-alimentaires et de ressources technologiques qu'on trouve autour de l'université et dans son parc de recherches de 30 acres. L'U. de Guelph est renommée pour ses programmes aussi divers que l'agroalimentaire et la médecine vétérinaire, la nutrition humaine et le développement de la famille, les études environnementales et le génie, le développement rural et la planification, l'histoire écossaise et le théâtre. Les intérêts de recherches des cycles supérieurs comprennent des programmes interuniversitaires en physique, en chimie, en biotechnologie, en psychologie industrielle et organisationnelle (avec l'U. de Waterloo); en philosophie, en politique gouvernementale et en administration publique (avec l'U. McMaster); et en histoire (avec l'U. de Waterloo et l'U. Wilfrid Laurier).

Le Centre canadien de toxicologie, le Guelph Food Technology Centre, l'Institute of Ichthyology, le Guelph Turfgrass Institute, le George Morris Centre et le Couple and Family Therapy Centre agréé font tous partie de l'U. de Guelph. En 1994, l'université et ses diplômés ont lancé GUARD Inc., une entreprise indépendante chargée de commercialiser les inventions et les découvertes des chercheurs de l'université.

L'U. de Guelph compte environ 12 200 étudiants inscrits au premier cycle et 1600 étudiants inscrits aux deuxième et troisième cycles. Neuf mille étudiants sont inscrits aux cours d'éducation permanente et d'enseignement à distance et 7000 étudiants participent à des programmes de formation autodidactique en horticulture, en aménagement paysager, en agriculture et en alimentation. L'université accueille des étudiants étrangers de 77 pays et, chaque année, plus de 300 de ses étudiants font des séjours d'études à l'étranger.

Mary Dickieson

Université de King's College (Halifax) La plus vieille université du Canada. Elle a été fondée en 1789 par l'Église anglicane à WINDSOR (Nouvelle-Écosse) pour incarner les principes religieux et politiques des LOYALISTES. Son statut lui permettant de conférer des grades universitaires date de 1802. L'institution demeure résolument orientée vers l'enseignement classique jusqu'en 1920, quand un incendie désastreux l'oblige à revoir ses orientations académiques. King's, qui bénéficie d'une aide financière de la Fondation Carnegie durant cette période, s'installe à Halifax, où elle a une faculté conjointe des arts et des sciences avec l'UNIVERSITÉ DALHOUSIE depuis 1923. À l'exception de son programme de journalisme, tous les grades universitaires sont décernés conjointement avec l'U. Dalhousie ou l'École de théologie de l'Atlantique. King's compte environ 800 étudiants de premier cycle à temps plein et à temps partiel en 1997-1998.

Lois Kernaghan

Université de la Colombie-Britannique Située à Vancouver, elle est fondée en 1908 par une loi provinciale. En Colombie-Britannique, avant l'ouverture de cette université, les étudiants poursuivaient des études supérieures dans des institutions confessionnelles affiliées à l'U. McMaster, à l'U. de Toronto et à l'U. McGill. En 1910, on choisit un emplacement à Point Grey pour y établir le campus de l'U. de la Colombie-Britannique, mais la Première Guerre mondiale en retarde la construction. Finalement, l'université commence ses activités à Fairview en 1915. Par l'entremise de son association avec l'U. McGill, elle engage les premiers membres de son personnel et dispense un programme d'études de base en sciences humaines, en sciences et en génie. En 1919, on crée la Faculté d'agriculture et des programmes en sciences de la santé et en sciences infirmières débutent aussi, menant au premier diplôme de premier cycle dans l'Empire britannique.

En 1920, on met sur pied des programmes spécialisés, des services d'extension et des sessions d'été, puis le Victoria College, affilié à l'U. McGill, s'affilie à l'U. de la Colombie-Britannique. En 1925, l'U. de la Colombie-Britannique emménage dans ses installations permanentes à Point Grey. Le campus ne connaît pratiquement pas d'expansion pendant les années 30, mais, à cette période, l'expansion sur le plan de l'enseignement comprend la création d'un service universitaire de formation permanente (1936) et l'expansion des activités en foresterie et en commerce.

L'entraînement militaire des étudiants fait partie de la vie sur le campus pendant la Première et la Seconde Guerre mondiale. D'ailleurs, beaucoup de membres du corps enseignant servent dans l'armée ou participent à l'effort de guerre par leurs recherches scientifiques. Le nombre d'inscriptions à l'U. de la Colombie-Britannique augmente sérieusement après la Seconde Guerre mondiale, passant de 3058 en 1944-1945 à 9374 en 1947-1948. Des installations vacantes de l'armée de l'air et de l'armée offrent plusieurs centaines de salles de cours temporaires et servent de résidences pour les professeurs et les étudiants. Au cours de la période d'après-guerre, on érige plusieurs nouveaux bâtiments. Quatre nouvelles facultés voient le jour: droit (1945), études supérieures (1948), pharmacie (1949) et médecine (1950). De plus, deux départements existants deviennent des facultés, soit la foresterie (1951) et le commerce (1957), et l'école normale provinciale est incorporée à l'université en tant que Faculté d'éducation (1956).

À partir des années 60, la croissance qu'elle connaît fait de l'U. de la Colombie-Britannique l'une des universités anglophones les plus importantes du Canada. Son campus est composé de quelque 473 bâtiments. Sa bibliothèque, l'une des plus grandes au Canada, compte neuf millions de documents dans ses vastes collections de livres et de supports électroniques, et son équipement informatique est l'un des plus complets au pays. Au cours de cette période, on crée la Faculté de médecine dentaire (1964) et des écoles de bibliothéconomie, de médecine physique et de réadaptation, d'audiologie et de science de la parole.

L'expansion a également lieu dans les 12 facultés, les 9 écoles ainsi que dans les 11 instituts et centres de recherche de l'université. Elle se fait sentir plus particulièrement dans les domaines de la foresterie, de la biotechnologie, de l'informatique, des études sur les pays côtiers du Pacifique, des beaux-arts et des arts d'interprétation, de la recherche sur les matériaux, de la recherche en imagerie, l'imagerie biomédicale, des études en environnement et en écologie, de l'ingénierie des pâtes et papiers, de la recherche sur le commerce international et de la génétique. En 1961, l'Université entreprend la construction sur le campus d'un vaste centre des sciences de la santé qui comprend maintenant des bâtiments pour la recherche et l'enseignement, ainsi qu'un centre hospitalier universitaire de psychiatrie, de soins aigus et de soins prolongés comprenant 600 lits.

L'U. de la Colombie-Britannique est maintenant l'une des principales universités de recherche au Canada: le montant de ses recherches commandées dépasse les 131 millions de dollars par an. Un programme de liaison avec l'industrie créé en 1984 couvre tous les aspects du transfert de technologie. Ouverte en 1987, la First Nations House of Learning facilite la participation de la population autochtone et vise à augmenter les études et les programmes de recherche profitables à cette population.

Un musée d'anthropologie, comprenant l'une des principales collections de documents archéologiques et d'ART DES INDIENS DE LA CÔTE DU NORD-OUEST, ainsi qu'un jardin botanique de 44 ha sont ouverts au public et servent de centres d'enseignement et de recherche. L'U. de la Colombie-Britannique et d'autres universités de l'Ouest canadien collaborent à deux entreprises: le projet de cyclotron TRIUMF, qui produit des faisceaux de mésons de haute intensité pour la recherche fondamentale en physique et pour la thérapie du cancer, et la Bamfield Marine Biological Station à l'île de Vancouver, qui est un important centre de recherche et d'enseignement en biologie marine. L'Université exploite 8900 ha de forêt pour l'enseignement et la recherche à Haney, dans la vallée du Fraser, et une ferme de RECHERCHE ET DE DÉVELOPPEMENT AGRICOLES à Oyster River, dans l'île de Vancouver.

En 1985, l'Institut canadien de recherches sur les pâtes et papiers aménage un laboratoire sur le campus et un laboratoire dans le Discovery Park de 52 ha, adjacent au campus. En 1987, on ouvre le Biomedical Research Centre, un projet conjoint de la Terry Fox Medical Research Foundation et de la Wellcome Foundation Ltd. On établit plusieurs nouvelles installations de recherche sur le campus dans les années 90, dont le Centre for Integrated Computer Systems Research, l'Advanced Materials and Process Engineering Laboratory et le Forest Sciences Centre. En 1997, on ouvre la Sing Tao School of Journalism sur le campus. De plus, l'Université abrite maintenant la Belkin Art Gallery et une salle de concert de niveau international située dans le Chan Centre for the Performing Arts.

L'Université a des contrats d'affiliation officiels avec trois écoles de théologie annexes: la Vancouver School of Theology (une fusion des collèges anglicans et de l'Église unie), le St. Mark's College (un collège catholique romain) et le Regent College. Le St. Andrew's Hall (un collège presbytérien) offre des possibilités de logement, comme le fait le Carey Hall (un collège baptiste) qui offre aussi des programmes d'éducation permanente et de stages de formation. Elle a aussi des contrats d'affiliation avec plusieurs hôpitaux de la région métropolitaine de Vancouver. En 1997-1998, l'U. de la Colombie-Britannique compte environ 25 000 étudiants à temps plein et 7500 à temps partiel.

Université de la Saskatchewan Située à Saskatoon, elle a été fondée en 1907. En 1879, l'Église d'Angleterre (*voir* ANGLICANISME) fonde l'Emmanuel College à Prince Albert pour former des «assistants autochtones» en théologie, en sciences humaines et en langues autochtones. En 1883, il prend le nom d'U. de la Saskatchewan. En 1907, la nouvelle province de la Saskatchewan confère par statute le statut d'établissement non confessionnel mixte à l'U. de la Saskatchewan. Un terrain de 1032 ha, comprenant un campus de 146 ha, une ferme universitaire et des parcelles expérimentales, lui est réservé à Saskatoon. En 1909, des cours en lettres et en sciences y sont offerts. L'Emmanuel College de Prince Albert déménage à Saskatoon en tant qu'établissement affilié, et la Rugby School d'Angleterre fait don d'une chapelle pour la nouvelle école de théologie. De 1912 à 1938, l'Université prend de l'expansion: elle s'enrichit de facultés d'agriculture, de génie, de droit, de pharmacie, de commerce, de médecine, d'éducation, d'économie familiale et de soins infirmiers. L'école des études supérieures s'y intègre en 1946 et celle de la dentisterie, en 1965.

Dans un effort de promotion des études postsecondaires, plusieurs collèges de premier cycle sont autorisés à dispenser des cours donnant droit à des crédits universitaires. Parmi eux, c'est le Regina College, affilié en 1934, qui a la plus grande influence sur le développement de l'Université: en 1959, il obtient le droit de décerner des grades universitaires, devenant ainsi le second campus de l'U. de la Saskatchewan. Des grades y sont conférés après 1961. Il devient autonome en 1974 et prend le nom d'UNIVERSITÉ DE REGINA. Le programme de l'U. de la Saskatchewan en agriculture s'élargit pour intégrer la MÉDECINE VÉTÉRINAIRE et trois fermes expérimentales supplémentaires couvrant une superficie totale de 1847 ha. L'enseignement et les études autochtones demeurent des éléments d'un intérêt particulier pour l'Université. Parmi les collèges fédérés et affiliés, on trouve les collèges Emmanuel et St. Chad, St. Andrew, St. Thomas More ainsi que le Lutheran Theological Seminary et le Central Pentecostal College. En 1983, le Central Pentecostal College se joint aux autres collèges de théologie affiliés à l'Université. Près de 18 000 étudiants sont inscrits à l'U. de la Saskatchewan en 1997-1998.

B. Beaton

Université de l'Alberta Fondée en 1906 à Edmonton, à l'issue de la première session de l'Assemblée législative de l'Alberta. Les premiers cours sont offerts en septembre 1908; 45 étudiants y sont alors inscrits, et elle compte cinq facultés. H.M. TORY, premier président, occupe cette fonction de 1908 à 1928. Le président honoraire C.A. Stuart y décerne les premiers diplômes en 1912. Jusqu'à la Première Guerre mondiale, l'U. de l'Alberta connaît un essor rapide, avec la faculté de droit, fondée en 1912, ainsi que les facultés de sciences appliquées (ultérieurement la faculté d'ingénierie) et de médecine, en 1913. Pendant cette période, le département de l'extension de l'enseignement (devenu par la suite une faculté) offre des cours non crédités à la population, partout en Alberta.

Ses services auxiliaires, surtout la bibliothèque de prêt, s'accroissent considérablement dans l'entre-deux-guerres, mais c'est au cours des années 60 que l'Université connaît sa plus forte expansion, avec 15 000 étudiants inscrits.

Tout au long de son histoire, plusieurs établissements postsecondaires de l'Alberta restent affiliés à l'U. de l'Alberta: le St. Stephen's College (Église unie), le St. Joseph's College (catholique), l'Augustana University College, le Concordia University College et le King's College. Ses filiales de Calgary et de Lethbridge (UNIVERSITÉ DE CALGARY et UNIVERSITÉ DE LETHBRIDGE) deviennent indépendantes en 1966 et en 1967 respectivement. La Faculté Saint-Jean, fondée en 1910, offre des cours préparatoires aux étudiants qui veulent devenir membres de l'ordre des Oblats. En 1978, elle acquiert un nouveau statut qui lui permet de dispenser des cours de premier cycle en français.

L'U. de l'Alberta, avec ses quelque 25 instituts et centres de recherche, est un chef de file dans plusieurs disciplines. Elle est reconnue pour ses recherches appliquées en agriculture et participe à plusieurs projets en Afrique et en Asie, axés sur la conservation et la fertilité des sols, la génétique des plantes, la sélection et la nutrition animale. Grâce aux premiers travaux de K.A. CLARK, l'U. de l'Alberta a joué un rôle majeur dans la mise au point de techniques de récupération du pétrole des sables bitumineux de l'Athabasca. En médecine, J.B. COLLIP a contribué à la production de l'INSULINE et R.U. LEMIEUX, chercheur en chimie organique, est le premier à réussir la synthèse du saccharose.

Les étudiants et le corps professoral de l'U. de l'Alberta, particulièrement de la faculté de médecine, bénéficient du soutien indispensable de l'Alberta Heritage Foundation for Medical Research. Les chercheurs travaillent également en étroite collaboration avec les membres du BUREAU DE

RECHERCHE ET DE TECHNOLOGIE DES SABLES BITUMINEUX DE L'ALBERTA et de l'ALBERTA RESEARCH COUNCIL, sous la direction de l'université de 1933 à 1942. Les recherches en microélectronique, de même que la technologie du laser et ses applications, sont les secteurs de recherche privilégiés de l'Alberta Microelectronic Centre et de l'Alberta Laser Institute, deux organismes rattachés à l'université. L'Université a aussi une solide réputation dans le secteur des sciences humaines et des beaux-arts. Violet ARCHER y enseigne la théorie et la composition musicale de 1962 à 1978. De plus, l'U. de l'Alberta est la première université canadienne à concevoir un programme de doctorat en éducation physique. Avec la ville d'Edmonton, elle accueille les Jeux mondiaux universitaires en 1983, les deuxièmes en importance après les Jeux olympiques.

Les Presses de l'U. de l'Alberta, fondées en 1969, publient de 10 à 12 livres par année. Elles participent à la réalisation de l'Encyclopédie du Canada et, en 1985, elles publient *Les Écrits complets de Louis Riel / The Collected Writings of Louis Riel*. La bibliothèque de l'U. de l'Alberta est parmi les plus renommées en Amérique du Nord, avec ses quelque cinq millions de titres couvrant l'ensemble des disciplines universitaires. Le principal campus de l'université, situé au sud-ouest d'Edmonton, s'étend sur 89 ha. L'université possède ou loue 5082 ha supplémentaires à 25 endroits différents en Alberta, surtout pour les besoins de la RECHERCHE ET DU DÉVELOPPEMENT AGRICOLES. En 1997-1998, l'U. de l'Alberta comptait quelque 26 000 étudiants à temps plein et 4000 étudiants à temps partiel.

W.H. Johns et C.J. Simpson

Université de Lethbridge Située en Alberta, elle a été fondée en 1967. Elle offre une formation générale qui mène à un grade de premier cycle en lettres et sciences humaines, en sciences, en éducation, en beaux-arts, en administration, en musique et en soins infirmiers. Il est également possible d'y faire une maîtrise en éducation. À la division de l'éducation permanente sont offerts des cours d'intérêt public et à unité qui sont donnés en des endroits et selon des horaires qui conviennent aux étudiants de tout le sud de l'Alberta. En 1971, l'université, qui est issue de la section universitaire du Lethbridge Junior College (devenu le Lethbridge Community College), s'installe sur un nouveau campus de 185 ha conçu par l'architecte Arthur ERICKSON. Ses dernières acquisitions comprennent le Centre universitaire des arts (1981), qui est pourvu d'installations remarquables pour les beaux-arts, le théâtre et la musique, et le Centre aquatique régional Max Bell (1986), qui possède une piscine olympique et présente de nombreuses possibilités pour l'enseignement et la recherche en sports aquatiques ainsi que pour les activités aquatiques communautaires. L'Université compte environ 4600 étudiants de premier cycle à temps plein et 800 à temps partiel en 1997-1998.

Université de l'Île-du-Prince-Édouard Située à Charlottetown, elle a été fondée en avril 1969 par l'Assemblée législative de l'Île-du-Prince-Édouard. Elle est un établissement public non confessionnel issu de la fusion de deux vénérables institutions de haut savoir, le Prince of Wales College (fondé en 1834) et l'U. St. Dunstan (fondée en 1855). L'U. de l'Île-du-Prince-Édouard compte des facultés qui offrent des programmes de premier cycle en lettres et sciences humaines, en sciences et en éducation une école d'administration des affaires. Elle décerne des grades universitaires en arts, en sciences, en administration des affaires, en éducation et en musique. Elle offre aussi un diplôme en ingénierie et des cours préparatoires en agriculture, en architecture, en art dentaire, en droit, en médecine et en médecine vétérinaire. Depuis 1986, on peut y faire des études de doctorat en médecine vétérinaire. Les inscriptions sont demeurées assez constantes depuis la fondation de l'Université. Le nombre relativement faible d'étudiants et un ratio professeur-étudiants satisfaisant ont permis à l'université d'atteindre son objectif premier, à savoir le maintien d'un enseignement universitaire personnalisé. Au cours des années, l'université a conservé des liens étroits avec son principal bassin de clientèle, les membres de la collectivité de l'île. L'Université compte près de 2500 étudiants à temps plein et 500 à temps partiel en 1997-1998.

Francis W.P. Bolger

Université de Moncton Fondée le 19 juin 1963 par l'Assemblée législative du Nouveau-Brunswick à la suite des recommandations d'une commission royale. Elle prend forme avec le regroupement des collèges Saint-Joseph (1864), Sacré-Cœur (1899) et Saint-Louis (1946), qui acceptent de suspendre leurs chartes pour devenir des institutions affiliées. En vertu d'une modification adoptée en 1977, la charte de l'Université autorise l'établissement de campus dans les trois régions francophones du Nouveau-Brunswick: Moncton, Edmundston et Shippagan. Divers programmes sont offerts dans ses six facultés (arts, sciences, administration, sciences sociales, éducation et études de cycles supérieurs) et ses sept écoles (droit, foresterie, nutrition et vie familiale, soins infirmiers, ingénierie, éducation physique et loisirs, et travail social). L'U. de Moncton compte des centres de recherche uniques en leur genre: le Centre d'études acadiennes, l'Institut canadien de recherche sur le développement régional, le Centre de traduction et de terminologie et le Centre international de la *common law*. En 1997-1998, on y dénombre environ 4700 étudiants à temps plein et 1400 étudiants à temps partiel.

Clément Cormier

Université de Montréal Créée en 1878 comme succursale de l'UNIVERSITÉ LAVAL, elle comprend alors quatre facultés: droit, médecine, théologie et arts. En 1920, elle reçoit sa première charte du Parlement du Québec. En 1967, elle devient un établissement à caractère public d'enseignement supérieur et de recherche, qui prévoit la participation des professeurs, des étudiants et des diplômés à son administration et est administré par un Conseil largement ouvert sur l'extérieur. Cette structure participative et cette ouverture permettront à l'U. de Montréal de traverser les moments difficiles de son histoire grâce à l'engagement de son personnel et à l'appui de la société qui l'entoure.

L'U. de Montréal compte maintenant 13 facultés et deux écoles affiliées, soit l'École polytechnique et l'École des hautes études commerciales. À elles seules, les trois institutions reçoivent près de 46 000 étudiants, inscrits dans plus de 250 programmes de premier cycle, 180 programmes de deuxième cycle et 71 programmes de doctorat.

En 1990, en s'appuyant sur une évaluation complète de ses unités d'enseignement et de recherche, l'Université adopte un énoncé de mission intitulé «L'U. de Montréal vers l'an 2000». Elle y expose le projet qui doit lui permettre de devenir, dans les prochaines années, une grande université de recherche nord-américaine.

Soucieuse d'excellence en enseignement comme en recherche, l'U. de Montréal s'est aussi employée à mettre au service de la communauté l'expérience et l'expertise de ses professeurs et chercheurs comme en témoignent l'ouverture de laboratoires nouveaux, la maîtrise de technologies de pointe à l'heure de l'informatique et de la biotechnologie ou encore la création de nouveaux programmes et débouchés qui ont conduit à la valorisation des études de deuxième et troisième cycles.

Avec plus de 350 doctorats décernés en 1999, et près de 200 millions de dollars obtenus en fonds de recherche, l'U. de Montréal se place facilement dans le peloton de tête des grandes universités de recherche. Elle a tourné la page de la morosité après avoir traversé, à l'instar des autres établissements, la

pire crise financière que le système universitaire québécois ait connu depuis la Révolution tranquille. Dans un contexte compétitif de valeur ajoutée par le savoir, elle compte sur son enthousiasme et son potentiel d'innovation pour jouer un rôle de premier plan sur l'échiquier universitaire nord-américain.

L'internationalisation de l'U. de Montréal est inscrite dans sa mission et s'impose aujourd'hui comme une condition essentielle de son développement. C'est pourquoi elle a noué des alliances un peu partout dans le monde avec de nombreux établissements, revu dans cette optique ses programmes d'études et encouragé les échanges et les stages à l'étranger pour ses étudiants. L'Université abrite en ses murs l'Agence universitaire de la francophonie, la Chaire Jean-Monnet en intégration européenne, le Centre d'excellence en études allemandes et européennes, le Collège des Amériques, le Centre de ressources de l'espagnol et le Centre d'études sur l'Asie de l'Est. Elle valorise l'apprentissage et la pratique des langues étrangères et facilite, autant que possible, la venue de professeurs-chercheurs et de stagiaires postdoctoraux en provenance de l'étranger.

René Simard

Université de Regina Sise à Regina, elle est issue du Regina College fondé en 1911 par l'Église méthodiste (*voir* MÉTHODISME). En 1925, le collège s'affilie avec l'UNIVERSITÉ DE LA SASKATCHEWAN et commence à offrir des cours en lettres et sciences humaines, et en sciences. En 1934, l'ÉGLISE UNIE DU CANADA cède la direction du collège à l'U. de la Saskatchewan, qui décerne des grades universitaires à partir de 1961. En 1965, le collège déménage dans le secteur sud-est de Regina et est élevé au rang d'université le 1ᵉʳ juillet 1974. L'U. de Regina décerne des grades universitaires en lettres et sciences humaines, en sciences, en journalisme, en administration, en génie, en éducation, en travail social, ainsi que des diplômes d'études supérieures. Elle offre aussi des programmes d'études sur les plaines canadiennes, des programmes d'études bilingues, d'études en justice humaine et en travail coopératif.

En outre, l'Université offre des cours dans d'autres centres de la Saskatchewan et dispense un enseignement à distance, un enseignement télévisé par satellite et des cours par correspondance. Parmi les collèges fédérés, on compte le Campion College, le Luther College et le SASKATCHEWAN INDIAN FEDERATED COLLEGE. Le Collège canadien de théologie et l'Institut Gabriel Dumont d'études autochtones et de recherche appliquée sont au nombre des établissements affiliés. La galerie d'art Norman Mackenzie est aussi affiliée à l'Université. Elle est réputée dans tout le pays non seulement pour sa collection, mais aussi pour ses méthodes d'enseignement innovatrices. L'U. de Regina compte plus de 11 000 étudiants en 1997-1998.

Nancy Brown Foulds

Université de Sherbrooke Établissement de langue française fondé en 1954. Avec ses neuf facultés, l'U. de Sherbrooke est la seule à offrir, en dehors des grands centres du Québec, une formation complète couvrant les trois cycles d'enseignement et tous les grands secteurs: arts et lettres, sciences humaines et administratives, sciences pures et appliquées, sciences de l'éducation et de l'activité physique, sciences de la santé.

Elle est la première université au Québec (1966) et la deuxième au Canada à avoir adopté un système d'enseignement coopératif, soit l'alternance de sessions d'études et de stages rémunérés en milieu de travail. Près de 800 entreprises participent à ce régime, offrant annuellement quelque 3750 stages, surtout au Québec, mais aussi dans le reste du Canada, aux États-Unis, en France et même au Japon.

Réputée pour son sens de l'innovation, l'U. de Sherbrooke a été la première au monde à offrir le programme de M.B.A. en français. Ses 60 groupes et

centres de recherche, qui œuvrent dans tous les domaines, ont déposé près de 200 brevets, ce qui lui vaut la première place au Québec et la troisième au Canada au chapitre des redevances annuelles pour les découvertes scientifiques. L'U. de Sherbrooke compte deux campus et offre toute une gamme de services culturels et sportifs. Quelque 21 000 étudiants y étaient inscrits en 2000-2001.

Gilles Pelloille

Université de Sudbury (*Voir* UNIVERSITÉ LAURENTIENNE)

Université de Toronto La plus grande université du Canada. Elle a une histoire longue et complexe. Elle est fondée en 1827 sous le nom de King's College en vertu d'une charte royale et elle est d'abord dirigée par les autorités coloniales et l'Église anglicane. Son affiliation à l'Église la rend impopulaire. Elle est laïcisée le 31 décembre 1849 et devient l'U. de Toronto le 1ᵉʳ janvier 1850. Les Anglicans réagissent en créant le Trinity College, à Toronto, en 1851 (ouvert en 1852). Dans les années 1850, on réorganise l'université et on fonde le COLLÈGE UNIVERSITAIRE comme annexe d'enseignement. Des changements de structure poussent d'autres collèges à s'associer à l'U. de Toronto: en 1890, le Victoria College (un collège méthodiste fondé en 1841 à Cobourg, en Ontario) et le St. Michael's College (un collège catholique romain fondé en 1852 à Toronto par les prêtres de Saint-Basile), et en 1904, le Trinity College. Chacun de ces collèges conserve toutefois le statut universitaire afin de continuer à décerner des diplômes en théologie.

Au cours de cette période, certains collèges de théologie de Toronto s'affilient aussi à l'université. Le Knox College (un séminaire presbytérien fondé en 1844) s'affilie en 1885 et devient associé en 1890. Le Wycliffe College (un collège anglican fondé en 1877) devient un collège associé en 1889. L'Emmanuel College (un collège méthodiste fondé en 1836) s'associe à l'université à titre de séminaire de l'ÉGLISE UNIE DU CANADA en 1925, l'année de la formation de cette Église. En 1969, on crée la Toronto School of Theology (TST), un regroupement indépendant de sept écoles de théologie, dont les facultés de théologie des universités Victoria (Emmanuel), St. Michael's et Trinity, ainsi que les collèges Knox et Wycliffe. En tant que membre de cette association, l'U. de Toronto ne pouvait décerner de diplômes en théologie, mais depuis 1978, un amendement à sa charte lui permet d'en décerner conjointement avec les institutions membres de la TST.

Dans les années 1850, la réorganisation de l'U. de Toronto aboutit à l'abolition des facultés de droit et de médecine, mais ces deux facultés sont rétablies en 1887. Le Collège royal des chirurgiens-dentistes (fondé en 1875) est affilié à l'Université de 1888 jusqu'à sa transformation en Faculté de chirurgie dentaire en 1925. Des étudiants en génie fréquentent la School of Practical Science, qui est affiliée à l'université à partir de sa fondation en 1878 jusqu'en 1887, lors de sa fusion. Le conservatoire de musique s'affilie à l'Université en 1896.

Après le tournant du siècle, l'Université connaît une expansion rapide. Elle crée de nouvelles facultés: économie domestique (1906), éducation (1907), foresterie (1907), travail social (1914), sciences infirmières (1920), études supérieures (1922), hygiène (1926) et l'École d'architecture (1948). Des institutions de recherche affiliées, comme le MUSÉE ROYAL DE L'ONTARIO (1914), les Connaught Medical Laboratories (1914) et le David Dunlap Observatory (1935), tiennent un rôle prépondérant dans le développement de l'Université. Durant cette période, le programme de construction comprend Hart House, un centre social, récréatif et culturel qui est construit entre 1911 et 1919 et donné à l'université par Vincent MASSEY en 1919.

L'évolution du Canada se reflète dans la croissance et la diversification de l'Université. En 1901, on fonde la University of Toronto Press qui deviendra une maison d'édition universitaire de grande envergure après 1945. En 1988, elle édite 88 ouvrages et 25 périodiques par année (voir PRESSES UNIVERSITAIRES). On fonde aussi des instituts universitaires d'études supérieures dans divers domaines de spécialisation, le premier étant l'Institute of Business Administration (1958). En 1965, on crée l'Ontario Institute for Studies in Education (OISE) comme institut de recherche et de développement et école supérieure d'enseignement. En 1996, ce dernier et la Faculté d'éducation de l'U. de Toronto fusionnent pour former OISE/UT.

En 1988, 22 instituts et centres d'études supérieures existent dans divers domaines tels que le génie biomédical, la littérature comparée, la criminologie, les relations industrielles et le transport. La Massey Foundation fonde et aménage le Massey College, l'unique collège d'études supérieures de l'U. de Toronto, qui ouvre en 1963 avec Robertson DAVIES comme directeur.

La décentralisation de l'Université qui s'est avérée nécessaire pour combler les besoins de la population croissante de la région métropolitaine de Toronto a entraîné la fondation de deux campus en banlieue, le Scarborough College (1964), maintenant l'U. de Toronto à Scarborough, et l'Erindale College (1966), maintenant l'U. de Toronto à Mississauga. Le système des collèges de premier cycle s'étend au campus central pour englober le New College (1962) et l'Innis College (1964). L'UNIVERSITÉ YORK est affiliée à l'U. de Toronto à partir de sa création en 1959 jusqu'à ce qu'elle devienne complètement indépendante en 1965.

L'U. de Toronto apporte d'importantes contributions dans beaucoup de domaines sur le plan de la recherche et de la science. Elle a à son actif la découverte de l'INSULINE, des gènes de la mucoviscidose et de la forme la plus grave de la maladie d'Alzheimer, et la mise au point du Pablum, de l'hélium liquide, du pancréas artificiel et de l'imageur à faisceau laser. On y réalise plusieurs projets de recherche en lettres et en sciences humaines, dont le DICTIONNAIRE BIOGRAPHIQUE DU CANADA, les Records of Early English Drama, le Dictionary of Old English et l'édition des ouvrages de John Stuart Mill. En 1997-1998, l'U. de Toronto compte plus de 51 000 étudiants à temps plein et à temps partiel.

Université de Victoria Située à Victoria, en Colombie-Britannique, elle est fondée en 1903 sous le nom de Victoria College. Celui-ci est affilié à l'UNIVERSITÉ MCGILL et offre des cours de première et de deuxième année et sciences débouchant sur un diplôme de l'U. McGill. En 1915, l'ouverture de l'UNIVERSITÉ DE LA COLOMBIE-BRITANNIQUE entraîne l'abandon du programme universitaire du Victoria College. Cinq ans plus tard, la pression locale réussit à faire rouvrir le collège, toujours en tant qu'établissement d'enseignement de deux ans. Cette fois, cependant, il s'affilie à l'U. de la Colombie-Britannique et offre les deux premières années du baccalauréat de cette université.

Durant les années 50, le collège améliore son programme d'études et offre désormais un programme complet menant à un diplôme universitaire de base en lettres et en sciences. En 1961, le collège décerne son premier baccalauréat, un diplôme de l'U. de la Colombie-Britannique, mais dont il assure seul le programme complet. Deux ans plus tard, il devient indépendant et déménage près du campus actuel de 115 ha. L'U. de Victoria offre des programmes de premier et de deuxième et troisième cycles dans ses facultés des sciences humaines, des sciences, des sciences sociales, des affaires, de l'éducation, du génie, des sciences, des beaux-arts, des études de cycles supérieurs, du développement humain et social et de droit. Elle est aussi dotée de plusieurs centres d'études interdisciplinaires et offre un programme d'enseignement coopératif et des pro-

grammes d'études permanentes menant à l'obtention d'un certificat ou d'un diplôme. En 1997-1998, 11 300 étudiants à temps plein et 6200 étudiants à temps partiel sont inscrits à l'U. de Victoria.

Walter D. Young

Université de Waterloo Située à Waterloo, en Ontario, elle est fondée en 1957 et reçoit sa charte de l'Ontario en 1959. Il s'agit à l'origine d'une faculté de génie et de sciences non confessionnelle associée à l'UNIVERSITÉ DE WESTERN ONTARIO en 1957. Elle est la première université du Canada à offrir des programmes d'enseignement coopératif qui combinent en alternance et sur une base annuelle des sessions de quatre mois d'études sur le campus et d'expérience en milieu de travail. Avec environ 8500 étudiants et 2400 employeurs, les inscriptions au programme coopératif de l'U. de Waterloo sont les plus nombreuses au monde.

L'association qu'a formée dès ses débuts l'U. de Waterloo avec les collèges locaux de lettres et sciences humaines, dont le Waterloo College (luthérien) et le St. Jerome's College (catholique), se termine en 1960 lorsque la University of St. Jerome's College se fédère à l'U. de Waterloo et que le Waterloo College devient la Waterloo Lutheran University (maintenant UNIVERSITÉ WILFRID LAURIER), un établissement indépendant. Trois autres collèges situés sur le campus sont affiliés à l'U. de Waterloo: Conrad Grebel (mennonite), Renison (anglican) et St. Paul's (Église unie). Le campus de l'U. de Waterloo date de 1958 et s'agrandit en 1963 pour atteindre sa superficie totale actuelle de 404 ha.

L'U. de Waterloo possède maintenant des programmes de premier cycle, de cycles supérieurs et de recherches, administrés par six facultés: lettres et sciences humaines, génie, études environnementales, sciences de la santé appliquées, mathématiques et sciences. En 1997-1998, environ 16 000 étudiants à temps plein et 6700 étudiants à temps partiel sont inscrits à l'U. de Waterloo. Celle-ci jouit d'une renommée internationale pour la recherche en INFORMATIQUE et les inscriptions en mathématiques (environ 3000) sont les plus nombreuses au monde.

Université de Western Ontario Située à London, en Ontario, elle est fondée en 1878 sous le nom de l'U. Western of London. Le Huron College, fondé en 1863 en tant qu'école de théologie anglicane (voir ANGLICANISME), sert d'assise à la nouvelle université. En 1881, l'Université commence à offrir les premiers cours en arts et en 1883 elle remet ses premiers diplômes. En 1882, un groupe de médecins de London forme une école de médecine qui se joint à l'Université. En 1885, des avocats de London tentent d'organiser une faculté de droit, mais échouent parce que la Société du barreau du Haut-Canada a le monopole de la formation juridique dans la province.

En 1908, l'Université devient non confessionnelle et connaît par la suite un essor constant. En 1912, l'Institute for Public Health ouvre ses portes sous la gouverne de l'Université et s'y affilie en 1917. L'école de médecine devient une faculté intégrée en 1913. En 1918, l'Université commence à offrir des cours d'éducation permanente et des cours d'été. Durant l'été 1933, elle offre l'un des premiers cours en immersion française. Au fur et à mesure qu'elle se développe, de nouvelles facultés et de nouvelles écoles s'ajoutent: sciences, sciences sociales, musique, études supérieures, affaires, droit, génie, éducation, communications et enseignement à distance, médecine et dentisterie ainsi que sciences de la santé. En outre, de nouveaux immeubles sont construits pour compléter l'architecture gothique moderne d'origine.

En 1919, les Ursulines fondent le Collège Brescia, un collège catholique romain affilié et, au cours de la même année, l'Assumption College de Windsor s'affilie à l'Université. Il deviendra plus tard l'UNIVERSITÉ DE WINDSOR. De même, le Waterloo

College of Arts s'affilie à l'U. de Western Ontario en 1925. De nos jours, c'est l'UNIVERSITÉ WILFRID LAURIER qui met l'accent sur les lettres et sciences humaines, et l'UNIVERSITÉ DE WATERLOO qui met l'accent sur le génie et les sciences. Le St. Peter's College Seminary de London s'affilie à l'U. de Western Ontario en 1939 et devient par la suite une faculté des arts du King's College. Les collèges King's, Huron et Brescia sont tous des établissements affiliés à l'U. de Western Ontario. En 1997-1998, environ 26 000 étudiants et étudiantes à temps plein et à temps partiel se sont inscrits à l'U. de Western Ontario.

B. Beaton

Université de Windsor Située dans la ville du même nom en Ontario, elle a été constituée en 1962. Son origine remonte au Collège de l'Assomption, fondé en 1857 par l'abbé Pierre Point, curé de la paroisse de l'Assomption, dans le but d'offrir une éducation dans les arts libéraux. Le collège reçoit sa charte en 1858 et est dirigé par différentes communautés religieuses catholiques jusqu'en 1919. Il est affilié à l'U. Western (UNIVERSITÉ DE WESTERN ONTARIO) de London de 1919 à 1953. En 1956, il devient l'U. de l'Assomption. Le Collège Holy Names (pour femmes) est rattaché au Collège de l'Assomption en 1934 et fusionne avec lui en 1962. Le Collège Essex (laïque) est constitué légalement en 1954 pour assurer l'enseignement des sciences, des mathématiques, de la physique, de la géologie et des sciences administratives. En 1962, la province de l'Ontario crée l'U. de Windsor. En 1963 et en 1964, des ententes d'affiliation sont conclues avec le Collège Holy Redeemer, le Collège Canterbury (anglican) et le Collège Iona (Église Unie). L'Université est dotée de facultés des lettres et sciences humaines, des sciences sociales, des sciences, de l'administration des affaires, de l'éducation, du génie, des sciences de l'activité physique et de droit, en plus d'offrir des programmes d'études supérieures et de recherche. Elle comprend aussi des écoles de service social, de sciences infirmières, d'arts visuels, d'art dramatique, de musique et d'informatique. Environ 10 000 étudiants à temps plein et 3 000 étudiants à temps partiel sont inscrits pour l'année scolaire 1997-1998.

B. Beaton

Université de Winnipeg Fondée en 1976, à Winnipeg, à partir de l'ancien United College, alors membre de l'UNIVERSITÉ DU MANITOBA et affilié à l'ÉGLISE UNIE DU CANADA. Le United College est créé en 1938 par la fusion du Manitoba College (fondé en 1871 par l'ÉGLISE PRESBYTÉRIENNE) et du Wesley College (fondé en 1888 par l'Église MÉTHODISTE).

L'U. de Winnipeg est une institution de sciences humaines et de sciences. Elle offre un programme de premier cycle complet en sciences humaines, en sciences et en éducation, ainsi qu'un programme de premier cycle en études autochtones, un programme de cycle supérieur en théologie et des programmes de cycles supérieurs conjoints en administration publique, en histoire et en études religieuses. Environ 700 élèves sont inscrits à sa division collégiale dont le programme d'études secondaires unique en son genre se donne en milieu universitaire. Sa division de l'éducation permanente offre divers diplômes et des certificats en informatique, en études de gestion, en communication, en langues étrangères et en anglais, langue seconde.

Le Menno Simons College, un collège affilié situé sur le campus, se spécialise dans les études en résolution de conflits et en développement international. Il entretient des liens très étroits avec la chaire des études mennonites de l'université. Celle-ci est associée au Red River Community College pour offrir un certain nombre de programmes appliqués menant à un grade ou à un diplôme, à l'U. du Manitoba pour offrir des programmes de cycle supérieur conjoints et au Dr. Jessie Saulteaux Resource Centre pour offrir un baccalauréat en théologie spécialisé en ministère auprès des autochtones. En 1969, l'Université de Winnipeg est la première université du Canada à offrir un programme de premier cycle en études environnementales.

Le campus est situé au centre-ville et l'université offre à la communauté urbaine différents services dans le domaine de l'éducation, des loisirs et de la culture. Par l'entremise de l'Institute of Urban Studies, de renommée internationale, elle offre aussi des services en recherches urbaines et en activités pédagogiques. En 1997-1998, plus de 4000 étudiants à temps plein et 2250 étudiants à temps partiel sont inscrits à l'U. de Winnipeg.

Tom W. Robson

Université d'Ottawa Sise à Ottawa, en Ontario, elle a été fondée en 1848. C'est la plus vieille et la plus grande université bilingue du Canada. Elle offre des cours dans ses facultés d'administration, d'arts, d'éducation, de génie, de sciences de la santé, de médecine, de droit (*common law* et droit civil), de sciences et de sciences sociales. Elle a aussi une École d'études supérieures, un Centre de recherche et d'enseignement sur les droits de la personne et un Institut de développement international et de coopération. L'institut de cardiologie de l'U. d'Ottawa, à l'Hôpital civique d'Ottawa, est un centre cardiologique d'avant-garde qui réalise, en 1986, la première transplantation de cœur artificiel au Canada. L'U. d'Ottawa est étroitement liée au milieu des affaires et au gouvernement dans le cadre de travaux de recherche, et de programmes d'enseignement coopératif et de consultation. L'institution est issue du Collège de Bytown, fondé par les Oblats, qui est devenu, en 1861, le Collège d'Ottawa.

En 1866, le Parlement lui accorde le statut d'université, faisant de l'U. d'Ottawa la dernière université à recevoir sa charte avant la ratification de l'*Acte de l'Amérique du Nord britannique* qui confère la responsabilité de l'éducation aux gouvernements provinciaux. En 1965, l'U. d'Ottawa devient un établissement non confessionnel à financement public. C'est à cette époque qu'elle connaît une croissance rapide. Elle est fédérée avec l'U. Saint-Paul, qui offre des programmes et des diplômes en théologie, en philosophie et en droit canonique. Environ 25 000 étudiants sont inscrits à l'U. d'Ottawa en 1997-1998.

Université du Manitoba Fondée en 1877, à Winnipeg, elle est le premier établissement d'enseignement supérieur à s'établir dans l'ouest du Canada. À l'origine, elle ne servait qu'à attribuer des diplômes universitaires pour ses trois collèges fondateurs confessionnels: le Collège de Saint-Boniface (catholique), le St. John's College (anglican) et le Manitoba College (presbytérien). En 1888, le Wesley College (méthodiste) s'affilie à l'Université, six ans après le Manitoba Medical College, une institution privée.

En 1900, une loi provinciale lui confère le statut d'établissement d'enseignement. Par la suite, d'autres collèges reçoivent aussi le statut de collèges affiliés, notamment le Manitoba College of Pharmacy (1902), le Manitoba Agricultural College (1906), le Collège Saint-Paul (catholique) et le Brandon College (1938). D'autres formes d'affiliations sont toujours en vigueur aujourd'hui.

En 1963, l'historien W.L. MORTON achève la création du University College non confessionnel. En 1964, le St. Andrew's College, destiné à la formation du clergé de l'Église ukrainienne grecque orthodoxe, devient un collège associé. En 1981, on lui accorde un statut particulier d'affiliation. En outre, l'Université reconnaît comme «centres d'enseignement autorisés» le Canadian Mennonite Bible College, le Catherine Booth Bible College et le Prairie Theatre Exchange, tous situés dans la région du Grand Winnipeg. L'ensemble du réseau des collèges affiliés reproduit assez fidèlement la diversité ethnique et religieuse du Manitoba dans l'implantation d'études supérieures.

L'Université grandit lentement après la Première Guerre mondiale, mais son expansion est considérable durant les années 60 et le début des années 70. Aujourd'hui, elle offre des programmes à environ 21 500 étudiants (16 500 à temps plein) dans 22 facultés et écoles. Parmi ses diverses contributions à la science, il faut signaler tout particulièrement la découverte d'un traitement contre la maladie du groupe Rh ainsi que la recherche génétique qui a permis de transformer des graines oléagineuses en CANOLA, la troisième culture oléagineuse comestible en importance au monde.

A. Brian McKillop

Université du Nouveau-Brunswick Située à Fredericton, elle est fondée en 1785 sous le nom de Provincial Academy of Arts and Sciences. C'est un établissement d'enseignement multidisciplinaire particulièrement célèbre dans le domaine du génie, de la foresterie, des sciences, des lettres et des sciences humaines. Prenant modèle sur les idéaux conservateurs et anglicans du King's College de New York, l'établissement est modéré par ses LOYALISTES et ses débuts en région pionnière. Très tôt, il fait concurrence au King's College de Windsor, en Nouvelle-Écosse et, bien qu'il reçoive l'appui du gouvernement provincial, il ne reçoit sa charte qu'en 1800, année où il devient le Collège du Nouveau-Brunswick. En 1828, le collège reçoit une charte royale lui permettant de devenir un King's College et, en 1859, le collège devient l'U. du Nouveau-Brunswick. En 1846, l'université abolit les exigences relatives à la religion et, à partir de 1886, les femmes sont admises comme étudiantes. Le premier curriculum met l'accent sur des études classiques, mais, dès le milieu du XIXᵉ siècle, des éducateurs aux idées avant-gardistes comme William Brydone JACK introduisent les plus récentes disciplines scientifiques de l'époque. À la fin du XIXᵉ et bien que le financement de l'Université soit limité, elle est considérée comme la meilleure université après l'UNIVERSITÉ DE TORONTO.

Actuellement, elle offre des cours dans 70 programmes de premier cycle et 60 programmes d'études supérieures en administration, en affaires, en arts, en science informatique, en éducation, en génie, en foresterie et en gestion de l'environnement, en kinésiologie, en droit, en sciences infirmières et en sciences. L'UNIVERSITÉ SAINT-THOMAS, petite université indépendante en lettres et sciences humaines, partage avec elle le campus de Fredericton depuis son déménagement de Chatham, au Nouveau-Brunswick, en 1964. Un campus de l'U. du Nouveau-Brunswick ouvre ses portes à Saint-Jean en 1964. En 1973, l'École normale de la province s'intègre à l'Université, à Fredericton. En 1997-1998, environ 9500 étudiants et étudiantes à temps plein et 2100 étudiants et étudiantes à temps partiel se sont inscrits à l'U. du Nouveau-Brunswick. Parmi les diplômés de cette université, on retrouve Bliss CARMAN, sir Charles G.D. ROBERTS, lord Beaverbrook (*voir* Max AITKEN) et Anne MURRAY.

Lois Kernaghan

Université du Québec Fondée le 18 décembre 1968, elle compte de nombreux campus dans la province. Elle est la septième université du Québec, mais la première université publique et la quatrième de langue française. Issue de la réforme du système d'éducation au Québec, tant dans l'enseignement élémentaire et secondaire que postsecondaire, elle en constitue un élément vital.

La loi permet à l'U. du Québec d'avoir trois types d'établissements d'importance majeure: les universités constituantes, les instituts de recherche et les écoles supérieures. Chaque université constituante a la responsabilité d'enseigner et de faire de la recherche dans le cadre de programmes de baccalauréat, de maîtrise et de doctorat, et ce, dans la plupart des domaines des sciences pures et appliquées, de l'administration, des sciences sociales, des sciences

humaines et des arts et lettres. Les écoles supérieures et instituts de recherche ont été créés en tant qu'instruments de développement pour la communauté universitaire et scientifique, non seulement au sein de l'U. du Québec, mais auprès du grand public et des autres universités.

Le réseau de l'U. du Québec comprend six universités constituantes établies à Montréal, à Trois-Rivières, à Chicoutimi, à Rimouski, à Hull et à Rouyn-Noranda; un institut de recherche: l'INSTITUT NATIONAL DE RECHERCHE SCIENTIFIQUE, dont les centres de recherche se retrouvent dans les régions de Montréal, de la Montérégie, de Laval et de Québec; et enfin, deux écoles supérieures, l'École nationale d'administration publique à Québec, qui se spécialise dans la formation des administrateurs publics, et l'École de technologie supérieure de Montréal. La Télé-Université, considérée comme une autre sous-section de l'U. du Québec, offre des programmes d'études permettant aux étudiants de l'ensemble du Québec de suivre des cours à distance, sans avoir à se présenter sur le campus (*voir* TÉLÉ-ENSEIGNEMENT). En 1998, L'U. du Québec comptait environ 76 000 étudiants.

Gilles Boulet

Université du Québec à Montréal (UQÀM) Instituée le 9 avril 1969 par le gouvernement du Québec dans le cadre du réseau de l'Université du Québec (UQ), elle a pour mission initiale de favoriser l'accessibilité des études universitaires aux francophones, aux femmes et aux adultes. Établissement public incorporant au départ cinq institutions (dont le collège Sainte-Marie, l'École des beaux-arts de Montréal et l'École normale Jacques-Cartier), l'UQÀM occupe un campus de centre-ville dont les différents édifices ont un accès intérieur direct au métro de Montréal. En 1989, une modification législative a conféré à l'UQÀM le statut d'«université associée» de l'UQ, avec pouvoir d'émettre ses diplômes, de signer des accords de coopération et de recommander directement au gouvernement la nomination de son recteur.

L'UQÀM œuvre dans sept grands domaines par ses facultés ou écoles: arts (visuels et de la scène); éducation; science politique et droit; sciences; sciences de la gestion; sciences humaines; lettres, langues et communications. Avec un millier de professeurs de carrière et autant de chargés de cours, l'UQÀM accueille, au tournant du millénaire, 37 000 étudiants (62% de femmes), dont plus de 4 000 dans des cycles supérieurs, dans près de 200 programmes d'études (incluant 35 maîtrises et 18 doctorats). Entre 1969 et 1999, l'UQÀM a décerné des diplômes à 114 000 personnes. Les activités de recherche sont réalisées dans 12 centres de recherche, 17 chaires, deux instituts (environnement, études féministes), ainsi que dans 33 départements.

Depuis ses débuts, l'UQÀM a innové dans plusieurs domaines. Elle a permis les études à temps partiel dans l'ensemble de ses programmes et développé des programmes pour des personnes parallèlement engagées sur le marché de l'emploi. Elle a contribué à l'émergence de nouveaux secteurs du savoir (p. ex., environnement, météorologie, communications, sémiologie, tourisme, sexologie, informatique de gestion, danse). Elle a privilégié la coopération entre universités; plusieurs de ses programmes de maîtrise et de doctorat sont donnés conjointement avec d'autres universités; elle collabore avec de multiples centres de recherche interuniversitaires, ainsi que des universités des cinq continents. Elle a aussi conçu une mission de «services aux collectivités» par laquelle elle rend ses ressources de formation et de recherche disponibles à des groupes sociaux (organismes communautaires, syndicats) ayant traditionnellement peu accès aux services universitaires. Par ailleurs, plusieurs des chaires de l'UQÀM sont le fruit d'un partenariat de recherche avec des entreprises privées, publiques ou coopératives.

Claude Corbo

Université Khaki (d'abord le Khaki College) Établissement d'enseignement créé et dirigé par l'Armée canadienne en Grande-Bretagne en 1917-1919 et en 1945-1946. Le programme est greffé aux groupes d'études de la YMCA canadienne et aux services d'aumônerie de l'Armée canadienne. Le Dr Henry Marshall TORY est le maître d'œuvre de la planification et de l'organisation de cet établissement, qui trouve son origine dans un rapport spécial sur les militaires démobilisés, qu'il rédige à la demande du Conseil national des YMCA du Canada. Dans ce rapport, il recommande l'installation d'un établissement d'enseignement dans un camp central en Angleterre, le Khaki College of Canada, qui disposerait d'un département pour desservir tous les autres camps en Grande-Bretagne.

En quittant le rectorat de l'U. de l'Alberta, Tory accepte celui du Khaki College en 1917. Cette même année, 19 centres d'enseignement sont mis sur pied en Angleterre, dans les camps et les hôpitaux. Environ 50 000 hommes y suivent des cours dans divers domaines tels que l'agriculture, les études commerciales, la mécanique, la formation des maîtres, les études de droit et de médecine. Ces cours sont présentés sous forme de conférences populaires et on encourage la formation de petits groupes d'étude et de lecture. On installe des bibliothèques et on utilise une série uniforme de manuels approuvés par toutes les provinces canadiennes.

En 1918, l'œuvre éducative du Khaki College se transforme en services éducatifs des forces armées canadiennes outre-mer dirigés par l'état-major général de l'Armée canadienne. Le Khaki College s'est mérité une place importante parmi les établissements d'enseignement canadiens et son concept original a ouvert la voie à des programmes d'enseignement similaires dans les forces armées d'autres pays. En plus du soutien moral, cette université a offert à de nombreux Canadiens démobilisés la possibilité de poursuivre leurs études. (*Voir aussi* ENSEIGNEMENT AUX ADULTES.)

James A. Draper

Université Lakehead Cet établissement de THUNDER BAY, en Ontario, a été fondé en 1965. Ses origines remontent à la création du Lakehead Technical Institute en 1946, qui devient le Lakehead College of Arts, Science and Technology en 1956. En 1957, la ville de Port Arthur lui fait don d'un terrain pour l'aménagement d'un nouveau campus. En 1965, Lakehead devient un établissement autorisé à conférer des grades universitaires.

Sise dans la magnifique région accidentée du nord-ouest de l'Ontario, Lakehead offre diverses possibilités d'apprentissage. Les classes relativement petites facilitent la communication entre les étudiants et les membres du corps enseignant. Lakehead offre une grande variété de programmes de formation professionnelle et de programmes spécialisés dans le domaine des lettres et des sciences. Lakehead a adapté la majeure partie de son programme d'études aux ressources naturelles et aux préoccupations environnementales de sa région, la forêt boréale. P.ex., les programmes spécialisés dans des domaines tels que la biologie, la foresterie, la géographie, la géologie, les loisirs de plein air, les parcs et le tourisme profitent tous du laboratoire naturel que représente la région.

Lakehead est l'une des rares universités canadiennes à offrir des programmes menant à l'obtention de grades et de diplômes de premier cycle en plus des programmes de deuxième et de troisième cycle. Plusieurs programmes donnant accès à un grade permettent aux étudiants des collèges d'utiliser les crédits de leur diplôme afin d'obtenir un grade universitaire. En 1997-1998, 5500 étudiants y sont inscrits à temps plein et 1300, à temps partiel.

Taina Van Damme

Université Laurentienne Fondée en 1960, à Sudbury, en Ontario. Les cours s'y donnent en français et en anglais. La présence universitaire à Sudbury remonte à 1913, date de la fondation du collège du Sacré-Cœur, une institution catholique qui devient l'U. de Sudbury en 1957. En 1960 et en 1963 respectivement, des représentants de la nouvelle U. Huntington (affiliée à l'Église unie) et de l'U. Thorneloe (de confession anglicane) forment une fédération œcuménique avec l'U. Laurentienne. Chaque université est associée à une église et administre un collège. Le Collège Nipissing à North Bay, le Collège universitaire Hearst dans la ville du même nom et l'ALGOMA UNIVERSITY COLLEGE de Sault Sainte-Marie font aussi partie de la fédération Laurentienne.

Le Centre de recherche en exploitation minière et exploration minérale (CREMEM), mis sur pied en 1984, concentre ses recherches sur la principale activité économique de la région, l'exploitation minière. L'Université a une équipe de natation de renommée internationale, dirigée par Alex BAUMANN jusqu'en 1987. Elle offre plus de 100 programmes en sciences, en génie, en lettres et sciences humaines, en sciences sociales ainsi que dans le domaine de la formation professionnelle. En 1997-1998, l'Université compte quelque 4300 étudiants à temps plein et 1900 étudiants à temps partiel.

B. Beaton

Université Laval Première université francophone d'Amérique, elle est fondée en 1663 à Québec par les prêtres du SÉMINAIRE DE QUÉBEC. Son nom rend hommage au fondateur du séminaire, Mgr François de Montmorency LAVAL. En 1852, la Reine Victoria octroie une charte universitaire au Séminaire de Québec. Un siècle plus tard, l'U. Laval s'installe sur le campus de Sainte-Foy, en banlieue de Québec. En 1998-1999, elle compte 17 facultés, 125 groupes de recherche dont 33 centres de recherche reconnus, 1566 professeurs et 36 072 étudiants inscrits.

L'Université comprend au départ une faculté de théologie, une faculté de droit et une faculté des arts et accueille des étudiants de la région de Québec, mais aussi de l'ensemble de la province. En 1876, elle établit une unité à Montréal, dotée des mêmes facultés. En 1919, celle-ci devient indépendante (*voir* UNIVERSITÉ DE MONTRÉAL), et on lui reconnaît son nouveau statut d'université le 14 février 1920.

De 1852 à 1935, l'U. Laval gère son enseignement par l'intermédiaire de ses facultés. Les collèges classiques de Québec sont affiliés à la faculté des arts. Un baccalauréat ès arts, décerné à la fin des études classiques, est exigé pour être admis aux facultés de théologie, de médecine et de droit. À partir de 1907, la faculté des arts met sur pied des écoles, dont certaines seront reconnues comme facultés.

La faculté de théologie attire les étudiants du Grand séminaire de Québec et son enseignement est basé sur les directives des séminaires et des universités de la Congrégation romaine des séminaires. Les professeurs, pour la plupart diplômés des universités romaines, considèrent qu'il est de leur devoir d'enseigner les doctrines les plus strictes de l'Église catholique orthodoxe. Certains professeurs de droit et de médecine ont aussi étudié à l'étranger, généralement à Paris. Ce n'est qu'à la fin de la Seconde Guerre mondiale que les jeunes médecins et avocats diplômés qui projettent de faire carrière dans l'enseignement universitaire choisissent d'aller étudier aux États-Unis ou à Londres. Dès lors, les programmes universitaires de droit et de médecine vont se rapprocher davantage des programmes américains et anglais que des programmes français.

Des écoles de cycles supérieurs, qui entretiennent des liens avec la faculté des arts sont créées au début du XXe siècle. En 1935, l'École supérieure de philosophie devient la Faculté de philosophie. Jusqu'en 1965, sept autres écoles de la faculté des arts deviennent des facultés indépendantes: les facultés des sciences, des lettres, de l'agriculture, des sciences sociales, de foresterie, de commerce et de l'éducation.

À la fin de 1968, on crée une commission de réforme en vue de permettre à l'U. Laval de mieux répondre aux besoins de la société, aux exigences de l'enseignement universitaire et aux aspirations des étudiants. La commission rédige une nouvelle charte que le gouvernement du Québec adopte le 8 décembre 1970, mais elle ne peut entrer en vigueur tant que de nouvelles lois n'auront pas été adoptées. Le 1er septembre 1971, les premières lois sont présentées, et une nouvelle charte est promulguée, donnant ainsi le jour à une nouvelle U. Laval. L'une des caractéristiques de la nouvelle organisation tient à l'adoption d'un système démocratique sur tous les plans, axé sur la participation de toutes les parties à la planification et aux prises de décision. Les étudiants de 1er cycle sont encouragés à jouer un rôle dans le choix du type de formation qu'ils souhaitent obtenir, tandis que les étudiants des 2e et 3e cycles bénéficient de séminaires et de laboratoires mieux organisés. En 1991, une nouvelle réforme des instances décisionnelles est entérinée par l'Assemblée nationale du Québec, à l'instigation du recteur, changeant radicalement la structure décisionnelle de l'établissement désormais constituée d'un Conseil universitaire et d'un Conseil d'administration. L'U. Laval est résolument engagée dans la quête de l'excellence basée sur une pensée progressiste. Pour atteindre cet objectif, elle fait appel à la collaboration des étudiants et des professeurs, adopte une réglementation libérale et met toute sa confiance dans les possibilités qu'offre la recherche.

Philippe Sylvain

Université McGill Fondée à Montréal en 1821. Pour répondre aux besoins en enseignement public, on crée la Royal Institution for the Advancement of Learning en 1801. En 1813, le marchand James MCGILL meurt en léguant son domaine à l'extérieur de Montréal et un fonds de 10 000 livres pour la création d'un collège dont il nomme fiduciaire la Royal Institution. Celle-ci obtient une charte pour l' «University of McGill College» en 1821. Les héritiers de McGill contestent son testament, mais les fiduciaires ont gain de cause au sujet du domaine. En 1829, ils prennent en charge la Montreal Medical Institution, une école rattachée à l'Hôpital général de Montréal, qui devient la nouvelle Faculté de médecine de l'université. Le litige entourant l'argent légué est finalement réglé en leur faveur. Le McGill College non confessionnel est construit sur la ferme du donateur. La Faculté des lettres voit le jour en 1843.

En 1852, la Royal Institution fusionne avec l'U. McGill. Les administrateurs nomment John William DAWSON, un jeune géologue de la Nouvelle-Écosse, au poste de directeur. Il s'emploie avec beaucoup de dynamisme à faire de McGill un établissement de réputation internationale. Son intérêt pour l'enseignement public l'amène à créer l'École normale McGill. Il prépare un plan pour que les écoles et collèges affiliés adoptent le programme d'études de McGill. En outre, il lance une tradition, celle de s'assurer la sympathie et l'appui financier de riches bienfaiteurs tels que la famille MOLSON, lord Strathcona (*voir* D.A. SMITH) et sir William MACDONALD. L'U. McGill ne reçoit que peu de financement public jusqu'au début des années 60.

Le successeur de Dawson, William Peterson, favorise l'attrait de McGill pour les sciences médicales, biologiques et physiques. En 1898, il offre à Ernest RUTHERFORD de l'U. de Cambridge un poste de professeur permanent à la Faculté de physique. Peterson encourage H.M. TORY à fonder le McGill College à Vancouver (aujourd'hui l'UNIVERSITÉ DE LA COLOMBIE-BRITANNIQUE). Il persuade Macdonald de fonder le Macdonald College à Sainte-Anne-de-Bellevue, rattaché à McGill, en vue d'y enseigner l'agronomie, les sciences alimentaires et l'éducation.

Sous la direction de sir Arthur CURRIE, brillant commandant de corps canadien pendant la Première Guerre mondiale, l'école des études supérieures de McGill entreprend, de concert avec celle de Toronto, l'expansion des études de deuxième et troisième cycles au Canada. La médecine demeure prédominante entre les deux grandes guerres, avec des noms tels que J.B. COLLIP et Wilder PENFIELD. La chimie doit beaucoup à Otto MAASS et la physique, à J.S. FOSTER. Le projet de sciences sociales de McGill, commencé en 1930 par Leonard MARSH, a grandement contribué à faire du Canada un État providence.

Cyril James, recteur de 1940 à 1962, mène la charge pour le financement des universités par le gouvernement fédéral. Pendant qu'il occupe son poste, les militaires démobilisés viennent gonfler le nombre d'inscriptions, qui passe de 3400 en 1939 à plus de 8000 en 1948. Après la guerre, l'éventail des programmes s'élargit, et, aujourd'hui, les différentes sciences humaines ont pignon sur rue à McGill. Stephen LEACOCK, Hugh MACLENNAN et Frank SCOTT apportent leurs contributions aux facultés des lettres et de droit. Dans les années 60 et 70, l'U. McGill survit à la «contestation des étudiants» et s'accommode du regain du NATIONALISME CANADIEN-FRANÇAIS. L'U. McGill fait partie du réseau universitaire du Québec tout en conservant beaucoup de latitude quant à sa tradition d'excellence en enseignement et en recherche.

L'U. McGill a récemment célébré son 107ᵉ boursier de la Fondation Cecil Rhodes et son 4ᵉ diplômé gagnant d'un prix Nobel. L'Université a aussi dépassé l'objectif de 200 millions de dollars qu'elle s'était fixée pour la campagne Fonds du XXIᵉ s. Elle abrite le Centre de l'éducation permanente et compte 12 facultés: médecine, lettres, droit, éducation, génie, médecine dentaire, agriculture et environnement, musique, administration, sciences, sciences des religions, études supérieures et recherche. Dans les années 1980 et 1990, toutes les filières de l'Université ont répondu à la croissance phénoménale des technologies de l'information, ce qui s'est traduit par d'importants remaniements dans tous les domaines et plus particulièrement dans les bibliothèques et les départements des sciences de l'éducation, d'informatique, des sciences de l'information et des sciences physiques appliquées en général. La conjoncture économique a toutefois eu pour effet de réduire considérablement les subventions publiques et de nombreux départements ont été contraints d'inciter leurs professeurs les plus âgés à prendre une retraite anticipée, sans pour autant disposer des moyens nécessaires en vue de leur remplacement et alors même que les effectifs de premier cycle restaient remarquablement stables. Vers la fin des années 1990, le retour de la prospérité a relancé l'intérêt pour les activités de recherche en général et par conséquent, pour les études supérieures. À l'image de la mondialisation de l'économie, l'enseignement des affaires en particulier a multiplié et étendu ses activités internationales. Parallèlement, l'appauvrissement croissant des ressources naturelles de la planète a ranimé les inquiétudes en matière de conservation et incité diverses disciplines au nombre desquelles la biologie et les sciences de l'agriculture et de la terre, à se réorienter et à tenir compte des sciences de l'environnement. À l'aube du nouveau millénaire, pouvoirs publics et donateurs privés, répondant aux défis que faisaient naître ces nouveaux débouchés, ont renfloué les caisses de l'Université au moyen de subventions importantes et de dons conséquents, pour lui permettre d'envisager son avenir avec espoir et confiance, malgré ses problèmes de dotation et les incertitudes politiques. Plus de 30 000 étudiants sont inscrits à l'U. McGill en 1997-1998.

Stanley B. Frost

Université McMaster Fondée en 1887 comme institution BAPTISTE, elle ouvre ses portes à Toronto en 1890, puis se transporte à Hamilton en 1930. Reconnue par le pouvoir législatif provincial, elle doit son nom à William MCMASTER, qui lui a légué une grande partie de sa fortune. Elle absorbe deux établissements d'enseignement baptistes: le Woodstock College (fondé en 1857) et le Toronto Baptist Collège (1881). À Toronto, l'U. McMaster affronte certains théologiens conformistes qui s'opposent au genre d'éducation qu'elle dispense. En 1930, sous le rectorat de Howard P. Whidden, l'université connaît un nouveau départ dans la région de Hamilton, où elle peut facilement accueillir ses 500 étudiants. Les gens des environs lui accordent un grand soutien. Cet arrangement respecte la tradition baptiste qui refuse d'accepter toute aide financière d'organismes publics.

La Seconde Guerre mondiale risque de diminuer ses inscriptions, mais les besoins de l'industrie et de l'armée en personnel scientifique déclenchent une activité fébrile dans les laboratoires de l'université. La guerre conduit aussi au recrutement de H.G. THODE, membre du Département de chimie, pour mener des recherches capitales dans le domaine nucléaire. Stimulée par la demande scientifique et technologique, l'université entreprend une restructuration complète afin de pouvoir recevoir l'aide publique indispensable. George P. Gilmour, successeur de Whidden, dirige la réorganisation. C'est ainsi qu'est fondé, en 1948, le Hamilton College qui, comme institution non confessionnelle, est admissible à l'aide financière du gouvernement. Au cours de cette période, de nombreux programmes de doctorat en sciences sont mis sur pied ou sont en voie de l'être. Avec Thode à la direction de l'université, les études nucléaires et le génie s'accroissent, avec notamment la construction du premier réacteur nucléaire à s'installer sur un campus universitaire au Canada.

En 1957, on réalise que les ressources baptistes sont nettement insuffisantes, McMaster devient donc une institution privée à caractère non confessionnel. Toutefois, le lien baptiste est conservé par l'incorporation et l'affiliation du McMaster Divinity College. La croissance rapide qui a lieu pendant les années 60 est soulignée par la création de programmes de doctorat en lettres et en sciences sociales, l'aménagement d'une école commerciale et le projet d'un collège de sciences de la santé. En 1967, l'Université, à l'exception de son Divinity College, est restructurée. Depuis, elle compte six facultés: lettres, sciences sociales, sciences, ingénierie, commerce et sciences de la santé. En 1994-1995, l'U. McMaster comptait 13 644 étudiants à temps plein et 3 782 à temps partiel.

C.M. Johnston

Université Mount Allison L'institution qui allait devenir l'Université Mount Allison, à Sackville, au Nouveau-Brunswick, est fondée en 1839 par un marchand de la région, Charles Frederick Allison. L'école Mount Allison est d'abord un établissement pour garçons qui appartient à l'Église méthodiste (*voir* MÉTHODISME), mais elle est ouverte à toutes les confessions religieuses. L'institution n'accueille toutefois ses premiers étudiants qu'en 1843. Par ailleurs, une école satellite pour filles est créée en 1854. L'établissement se voit reconnaître le droit de remettre des diplômes universitaires en 1858 et devient le Mount Allison College. Les cours débutent en 1862 et les deux premiers diplômes sont décernés en 1863.

En 1875, le Collège remet à Grace Annie LOCKHART le premier baccalauréat décerné à une femme dans l'Empire britannique. En 1882, cette même institution fait de Harriet Starr Stewart la première femme au Canada à recevoir un baccalauréat ès arts. En 1886, la charte du Collège est modifiée de sorte qu'il

devient la University of Mount Allison. Le mot «College» est officiellement et graduellement abandonné avec le temps.

L'U. Mount Allison est d'abord une université de premier cycle qui confère des diplômes en lettres et sciences humaines, en sciences, en musique, en beaux-arts et en commerce, en plus d'offrir des certificats en génie et en bilinguisme, ainsi que des programmes d'études préprofessionnelles et d'études à l'étranger, et une maîtrise en sciences. Même si l'université n'est plus régie par des autorités religieuses, elle conserve des liens étroits avec l'ÉGLISE UNIE DU CANADA. Au fil des ans, elle a su conserver son caractère de communauté intellectuelle très structurée en évitant une expansion démesurée et en se dotant d'installations de grande qualité (nombre de ses immeubles datent d'après 1960).

L'U. Mount Allison cherche à offrir les meilleurs cours de premier cycle qui soient à ses étudiants résidant pour la plupart sur le campus. Elle a à son actif 41 boursiers Rhodes depuis 1900. L'admission est sélective et le nombre des demandes d'admission recevables pour tous les programmes dépasse généralement celui des places disponibles. En 1997-1998, environ 2500 étudiants à temps plein sont inscrits au premier cycle.

Université Mount Saint Vincent Fondée en 1873, à Halifax, comme établissement d'enseignement féminin par les Sœurs de la Charité de Saint-Vincent-de-Paul. À partir de 1914, son affiliation avec l'UNIVERSITÉ DALHOUSIE lui permet d'offrir un enseignement postsecondaire. L'établissement est habilité à décerner des diplômes universitaires à partir de 1925 et devient le premier collège féminin indépendant du Commonwealth. En 1951, il est entièrement détruit par le feu, mais on le reconstruit sans tarder. Il continue de dispenser l'enseignement secondaire de pair avec ses programmes de niveau postsecondaire, et c'est pourquoi il conserve le nom de Mount Saint Vincent College jusqu'à ce qu'il obtienne une charte d'université en 1966. Aujourd'hui, l'U. Mount Saint Vincent est toujours dirigé par les Sœurs de la Charité et elle propose des programmes d'études en sciences humaines et en sciences.

Bien qu'environ le quart de ses étudiants soient de sexe masculin, cette université conserve toujours son objectif premier d'offrir aux femmes la possibilité de poursuivre des études supérieures dans un cadre catholique. Elle offre des programmes de premier cycle en lettres et sciences humaines, en arts appliqués, en administration des affaires, en éducation, en écologie humaine, en relations publiques, en sciences, en tourisme et en gestion hôtelière; des programmes menant à des diplômes en secrétariat administratif, juridique et médical; un programme de certificat et de diplôme en gestion administrative et en enseignement, de même qu'un programme de certificat en gérontologie, en marketing et en compétence en français. Des programmes de deuxième cycle sont dispensés en pédagogie, en psychologie scolaire, en écologie humaine et en études féminines. L'Université compte plus de 3500 étudiants inscrits pour l'année 1997-1998.

Lois Kernaghan

Université Nipissing Fondée en 1967, à North Bay, en Ontario. Elle est affiliée à l'UNIVERSITÉ LAURENTIENNE de Sudbury jusqu'en 1992, année où elle devient indépendante. Bien que l'U. Nipissing soit une des plus récentes UNIVERSITÉS canadiennes, son origine remonte en fait à 1909, avec la fondation de l'ÉCOLE NORMALE de North Bay.

Le campus s'étend sur 290 ha de terrain boisé d'où l'on aperçoit la ville de NORTH BAY et le LAC NIPISSING dans toute son étendue. On y trouve des sentiers pédestres, des pistes de ski et un petit lac. L'Université est une institution non confessionnelle subventionnée par le gouvernement et un conseil des gouverneurs de 26 membres en assure la gestion.

On y offre 12 programmes de premier cycle répartis entre deux facultés, la faculté des arts et des sciences, d'une part, et celle de l'éducation, d'autre part, ainsi qu'une école de commerce et d'économie. En 1994-1995, le nombre total d'étudiants à temps plein et à temps partiel s'élève à 1400, de sorte que la petite université s'enorgueillit d'offrir une éducation de qualité dans un environnement familier et personnalisé.

John Hart

Université Queen Fondée en 1841, à Kingston, en Ontario. C'est aujourd'hui une université non confessionnelle et mixte, fréquentée par des étudiants d'un peu partout au Canada, des États-Unis et d'une soixantaine d'autres pays. Neuf étudiants sur dix viennent de l'extérieur, ce qui fait que la plupart vivent à Queen 24 heures sur 24. Voilà qui n'est sans doute pas étranger à la grande loyauté des diplômés et des étudiants de cette université, qui se manifeste par le fameux esprit Queen.

L'Université compte 15 facultés et écoles. La plus ancienne est la Faculté des arts et des sciences (établie en 1842) et la plus récente, l'École des relations industrielles (1983). Le Collège de théologie affilié à Queen prépare les étudiants au ministère de l'ÉGLISE UNIE DU CANADA. Queen est également l'un des grands établissements de recherche du pays dans presque tous les domaines des sciences de la santé, du génie, des sciences fondamentales, des lettres et sciences humaines et des sciences sociales. On y trouve des centres et des instituts qui se consacrent aux études de sciences politiques, développement des ressources humaines et relations intergouvernementales. Elle accueille la Société canadienne de microélectronique, parrainée à la fois par l'industrie et le gouvernement. Le campus s'enorgueillit de l'une des plus belles bibliothèques universitaires du Canada. Ses archives recèlent une des collections non gouvernementales de documents sur l'histoire canadienne les plus remarquables et les plus consultées du pays.

Les racines de l'U. Queen sont profondément ancrées dans l'histoire et la vie du Canada. L'Université est située dans une ville historique où les constructions modernes se marient aux bâtiments en vieille pierre calcaire pour donner un cachet particulier au campus. *Cha Gheill* (un cri de ralliement gaélique qui fait partie de la chanson-thème de l'institution), bonnets et tartans, et un petit collège de théologie sont les derniers rappels apparents du Queen's College établi en 1841 dans le vieux giron ontarien par l'Église presbytérienne du Canada (*voir* ÉGLISES PRESBYTÉRIENNES ET RÉFORMÉES) en association avec l'Église d'Écosse. Le 16 octobre de cette même année, Queen reçoit une charte royale de la reine Victoria et le nouveau Collège est ainsi nommé en son honneur. Le Collège ouvre ses portes le 7 mars 1842 dans un édifice loué. Il compte alors 2 professeurs et 10 étudiants. Fondé pour préparer des jeunes hommes pour le ministère, il voit sa vocation confessionnelle décroître petit à petit. En 1912, le Parlement modifie sa charte, consacrant ainsi la séparation de l'Église et de l'université. Le Collège devient l'U. Queen de Kingston, un établissement indépendant dirigé principalement par ses diplômés qui, au fil des ans, ont consciencieusement tenu la promesse faite lors de la collation des grades: maintenir une grande loyauté envers l'université. En 1997-1998, Queen compte environ 13 500 étudiants à temps plein et 3200 à temps partiel.

Université Sainte-Anne Située à Church Point, en Nouvelle-Écosse, elle a été fondée en 1890 par les eudistes. L'enseignement est donné en français. Seule université francophone de la Nouvelle-Écosse, l'U. Sainte-Anne est un établissement de lettres et sciences humaines qui décerne des baccalauréats ès arts avec majeures en français, en anglais, en histoire, en commerce et en études canadiennes. Elle offre

aussi un baccalauréat en enseignement du français, un baccalauréat en administration des affaires avec spécialisation en gestion de petites entreprises, un baccalauréat en commerce, ainsi que les deux premières années du baccalauréat en sciences et un programme coopératif en administration des affaires.

L'Université est bien connue pour ses programmes d'immersion française. Elle offre des programmes spéciaux de recherche et d'enseignement en langue, culture et histoire acadiennes, en études des Maritimes, et des programmes scientifiques d'intérêt régional. L'Université a un service des publications et son centre de ressources pédagogiques crée, publie et produit des livres et des manuels d'apprentissage en français pour les écoles primaires et secondaires de la Nouvelle-Écosse. Elle a aussi un centre de développement de la petite entreprise. L'Université est devenue non confessionnelle en 1971. Elle compte environ 300 étudiants à temps plein et 550 à temps partiel en 1997-1998. Laurent Beaudoin, président de Bombardier inc., et Jean-Louis Roy, ancien rédacteur en chef du journal *Le Devoir*, sont au nombre de ses éminents diplômés.

Université Ste. Mary Située à Halifax, elle reçoit sa charte en 1841 dans le but d'offrir aux jeunes hommes catholiques un endroit où poursuivre des études supérieures. Son fondateur, l'abbé Edmund Burke, qui deviendra plus tard vicaire apostolique de la Nouvelle-Écosse, travaille sans relâche pour maintenir le collège à flot malgré des ressources limitées. En 1852, l'Assemblée législative de la Nouvelle-Écosse confirme définitivement le statut juridique de l'université, qui connaîtra toutefois nombre d'aléas au cours du demi-siècle qui suivra.

En 1913, l'établissement est pris en mains par la communauté des Irish Christian Brothers, qui l'administrera jusqu'en 1940, année où les Jésuites prendront la relève. En 1970, la province transfère la gestion de l'université de l'archidiocèse de Halifax à un conseil de gouverneurs indépendants et laïques.

Aujourd'hui, l'U. Ste. Mary est un établissement mixte qui offre des programmes de premier cycle en lettres et sciences humaines, en sciences et en commerce; des programmes préprofessionnels en génie, en médecine, en droit, en dentisterie, en architecture, en théologie, en ergothérapie, en médecine vétérinaire et en optométrie; des programmes d'études de maîtrise en administration des affaires, en astronomie, en histoire, en philosophie, en psychologie, en études des provinces de l'Atlantique, en développement international et en études féminines, sans oublier de nombreux programmes menant à des certificats et à des diplômes. L'U. Ste. Mary compte environ 5100 étudiants à temps plein et 2200 étudiants à temps partiel en 1997-1998.

Colin D. Howell

Université St. Francis Xavier Fondée en 1853 à Arichat, dans la péninsule du Cap-Breton, elle déménage à Antigonish (Nouvelle-Écosse) en 1855. Son fondateur, l'évêque Colin MacKinnon, voulait offrir aux catholiques de la région des hautes terres de l'est de la Nouvelle-Écosse un établissement d'études supérieures, mais l'Université a presque toujours compté parmi ses étudiants et professeurs des personnes de confessions autres que catholique. L'établissement reçoit sa charte d'université en 1866.

En 1883, un établissement destiné aux jeunes filles, qui deviendra le collège Mount St. Bernard, est mis sur pied. Affilié à l'université, ce collège décerne des diplômes à quatre femmes en 1897 et devient ainsi le premier établissement catholique mixte d'Amérique du Nord à remettre de tels diplômes. L'institution ouvre aussi la première école de génie de la Nouvelle-Écosse en 1899.

Reconnue pour ses efforts de service à la communauté, l'Université fonde un département d'éducation permanente en 1928. Ce dernier est alors dirigé par Moses COADY, qui préconise une philosophie d'efforts personnels. Les programmes d'éducation per-

manente sont élargis en 1959 avec la mise sur pied du Coady International Institute, qui attire des étudiants du monde entier venus se familiariser avec les techniques du MOUVEMENT D'ANTIGONISH.

L'Université offre des programmes de premier cycle en lettres et sciences humaines, en sciences, en éducation, en administration des affaires et en systèmes d'information, des programmes d'études avancées en sciences humaines, en éducation et en sciences ainsi que des programmes menant à des certificats et à des diplômes dans d'autres disciplines. En 1997-1998, elle compte environ 3500 étudiants à temps plein et 600 étudiants à temps partiel.

R.A. MacLean

Université Saint-Thomas Située à Fredericton, au Nouveau-Brunswick, elle doit son origine au réseau des écoles catholiques de la province et plus particulièrement à l'académie Saint Michael de Chatham. Bien que cet établissement, fondé en 1860 par l'évêque Rogers, ait fermé ses portes en 1880, il a légué à la collectivité un héritage d'installations matérielles et de bases intellectuelles ainsi que le désir de se doter d'un collège local.

Toutefois, malgré des efforts considérables de la part des évêques et du clergé qui ont suivi, ce n'est qu'en 1910 que les basiliens ont ouvert le collège Saint-Thomas, qui faisait à la fois office d'école secondaire et de collège communautaire. Cet ordre religieux remet l'administration du collège au diocèse de Chatham en 1923, et l'établissement est habilité à décerner des diplômes en 1934. L'enseignement secondaire s'y poursuivra jusqu'en 1961.

En 1960, le collège Saint-Thomas devient l'université du même nom, qui déménage à Fredericton en 1964, où elle occupe une partie du campus de l'UNIVERSITÉ DU NOUVEAU-BRUNSWICK avec laquelle elle partage certaines installations. L'Université offre des programmes de premier cycle en lettres et sciences humaines, en journalisme, en travail social et en éducation ainsi que des certificats en criminologie et en justice sociale, en travail social et en gérontologie. Elle abrite aussi les centres de recherche suivants: l'Atlantic Human Rights Centre et le Third Age Centre. Environ 2000 étudiants à temps plein et 300 étudiants à temps partiel fréquentent l'Université en 1997-1998.

Burton Glendenning

Université Simon Fraser Située à Burnaby, dans le sud-ouest de la Colombie-Britannique, elle s'inscrit parmi les établissements d'enseignement canadiens conçus très rapidement en prévision des besoins à venir en matière d'études supérieures. Logé au sommet du mont Burnaby, le principal campus, dont la réalisation exceptionnelle a valu des récompenses aux architectes Arthur ERICKSON et Geoffrey Massey, comprend un mail central entouré de cinq édifices importants. Le campus Harbour Centre a, quant à lui, ouvert ses portes au centre-ville de Vancouver en 1989.

Les programmes d'enseignement de l'U. Simon Fraser favorisent l'approche interdisciplinaire à l'égard de disciplines nouvelles et traditionnelles. Ses portes sont ouvertes à longueur d'année grâce à un calendrier scolaire étalé sur quatre trimestres. L'établissement propose plus de 100 programmes répartis dans 5 facultés – lettres et sciences humaines, administration des affaires, éducation, sciences appliquées et sciences – qui ont des programmes et des cours très variés. En outre, l'Université offre des programmes d'enseignement coopératif, des programmes interdisciplinaires ainsi que des programmes d'enseignement à distance. Des programmes de maîtrise et de doctorat sont dispensés dans toutes les facultés et l'établissement profite de l'expertise cumulée d'une trentaine de centres et d'instituts de recherche, dont le Centre of Excellence for the Study of Immigration and Integration. L'U. Simon Fraser peut revendiquer la paternité de l'invention de la puce antiviolence (V-chip) qui peut être installée sur les téléviseurs. De plus, ses installations abritent le siège social du réseau de recherche sur l'enseignement à distance, le TeleLearning Research Network, mis sur pied en 1995 pour explorer de nouveaux modes d'apprentissage à base de nouvelles technologies. L'U. Simon Fraser compte environ 11 300 étudiants à temps plein et 11 600 étudiants à temps partiel en 1997-1998.

B. Beaton

Université Trent Située à Peterborough, en Ontario, elle n'accueille ses premiers étudiants qu'à l'automne 1964, même si elle reçoit sa charte en avril 1963. Elle loge d'abord dans deux édifices du centre-ville de Peterborough, le collège Peter Robinson pour les hommes et le collège Catharine Parr Traill pour les femmes. Les deux établissements sont maintenant mixtes et le premier centre administratif de l'Université, réinstallé ailleurs depuis, est aménagé dans une école normale rénovée, Rubidge Hall. L'architecte Ron THOM, qui est le concepteur du plan directeur de l'université, rénove les deux établissements du centre-ville et dresse les plans des premiers édifices permanents du campus principal, à savoir le collège Champlain (1966), la bibliothèque Thomas J. Bata (1968) et le collège Lady Eaton (1968), pour lesquels il obtient des prix. Les travaux de construction s'achèvent en 1971.

L'U. Trent incarne les objectifs pédagogiques de son président-fondateur, le professeur Thomas H.B. SYMONS. Les six collèges assortis de résidences offrent un enseignement de qualité à de petits groupes dans les disciplines traditionnelles des sciences humaines et des sciences ainsi que dans un certain nombre de programmes interdisciplinaires, dont les études en administration et en sciences politiques, les études canadiennes, l'informatique, les études culturelles, les études environnementales et les études sur les ressources, les études de développement comparé et les études autochtones, tandis que la formation des maîtres se fait avec la collaboration de l'UNIVERSITÉ QUEEN. Les programmes d'enseignement spécialisé de deuxième cycle comprennent l'anthropologie, les applications de modèles en sciences naturelles et en sciences sociales, les méthodologies d'étude de la culture et de l'histoire occidentales, les études sur le patrimoine et la mise en valeur du Canada ainsi que sur les écosystèmes des bassins hydrographiques. L'Université abrite aussi les bureaux de la *Revue d'études canadiennes*, qui est publiée depuis 1966. Environ 3900 étudiants à temps plein et 1600 étudiants à temps partiel sont inscrits à l'U. Trent pour l'année scolaire 1997-1998.

Robert D. Chambers

Université Trinity Western Située à Langley, en Colombie-Britannique, elle est fondée en 1962 par l'Église évangélique libre. Elle est d'abord un établissement classique libéral qui porte le nom de Trinity Junior College. En 1984, l'établissement commence à offrir ses premiers programmes de baccalauréat et, en 1985, il obtient le statut d'université. Cette institution publique de confession catholique est subventionnée par des fonds privés et mise sur le développement global de l'étudiant et sur la formation.

L'Université offre une formation en arts et en sciences répartie en 32 programmes de premier cycle et en 12 programmes de deuxième cycle partagés entre cinq facultés: arts et sciences religieuses, commerce et économie, sciences naturelles et appliquées, sciences sociales et éducation, et études supérieures. D'autres programmes comprennent la formation continue TWEST (Trinity Western Educational Services and Training), l'enseignement coopératif et la formation en aviation. Parmi les instituts de recherche, on trouve le Dead Sea Scrolls Institute, l'Ethics Institute et le Family Research Institute. En 1997-1998, les inscriptions à temps plein et à temps partiel s'élèvent à environ 2800.

Gail Kudelik

Université Wilfrid Laurier Située à Waterloo, en Ontario, elle porte son nom actuel depuis 1973, année à partir de laquelle elle fait partie du réseau universitaire subventionné par le gouvernement provincial. Son histoire remonte au début du XXᵉ siècle. En 1910, l'Église luthérienne s'engage à ouvrir un séminaire luthérien dans la province. La majorité des luthériens de l'Ontario habitent les environs de Waterloo et de Kitchener (alors Berlin). On choisit Waterloo parce que ses habitants offrent un lopin de terre à la limite de la ville. L'Evangelical Lutheran Seminary of Canada ouvre ses portes en 1911. En 1914, on aménage les installations destinées à l'enseignement préthéologique, et les cours dispensés au Waterloo College School permettent d'obtenir un diplôme de fin d'études secondaires.

Le Waterloo College of Arts est fondé en 1924 et offre un cycle de quatre ans d'études postsecondaires. Un an plus tard, la faculté des lettres s'affilie à l'UNIVERSITÉ DE WESTERN ONTARIO sous le nom de Waterloo College et ne tarde pas à offrir des programmes de baccalauréat spécialisé en lettres et sciences humaines. En 1959, les facultés de génie et de sciences se séparent du Waterloo College et s'associent pour fonder l'UNIVERSITÉ DE WATERLOO, quelque deux kilomètres plus loin. L'affiliation avec l'U. de Western Ontario se termine l'année suivante lorsque le séminaire obtient une nouvelle charte. Il change alors le nom de l'institution pour Waterloo Lutheran University. Le 1ᵉʳ novembre 1973, cette dernière devient l'U. Wilfrid Laurier, en l'honneur de Wilfrid Laurier, deuxième premier ministre libéral du Canada.

Le Waterloo Lutheran Seminary reste affilié à l'université non confessionnelle. Il offre plusieurs programmes de maîtrise et un doctorat en conseil pastoral et en thérapie conjugale et familiale. En 1986, le séminaire fonde l'Institute for Christian Ethics. L'U. Wilfrid Laurier offre des diplômes de premier cycle en lettres et sciences humaines, en sciences, en musique et en musicothérapie, en affaires et en économie; des diplômes de maîtrise en lettres et sciences humaines, en affaires, en économie et en travail social; des diplômes de doctorat en travail social, en géographie et en histoire. En 1997-1998, l'U. Wilfrid Laurier compte environ 5800 étudiants à temps plein et 2000 à temps partiel. Les presses de l'Université, fondées en 1974, publient entre 12 et 16 livres spécialisés par année, 13 revues sur les sciences humaines et sociales, des traités et d'autres travaux d'intérêt général.

Université York Fondée en 1959, à Toronto, en prenant alors l'ancien nom de sa ville natale. L'enseignement s'y donne surtout en anglais, sauf au Collège Glendon où il est dispensé dans les deux langues. Fondée à la suite de la croissance rapide de la région métropolitaine de Toronto, l'U. York voit le jour dans les années 50 avec le soutien de la YMCA de Toronto Nord, désireuse de promouvoir l'éducation des adultes, et celui des principaux établissements commerciaux et professionnels. Au départ, elle s'affilie à l'UNIVERSITÉ DE TORONTO et le reste de 1959 à 1965. En 1961, elle déménage sur le campus de Glendon. En 1965, le campus principal de 243 ha de la banlieue de Downsview ouvre ses portes.

L'U. York connaît une croissance rapide dans les années 60. Elle offre alors de nouveaux programmes et ouvre de nouvelles facultés, comme le Collège Atkinson qui offre des cours à temps partiel menant à un diplôme universitaire, le Centre for Research in Experimental Space Science, l'Institute of Social Research et la Faculté d'administration. L'Osgoode Hall Law School, fondée en 1862 par la Société du barreau du Haut-Canada, s'affilie à l'U. York en 1968, une ancienne institution fusionnant ainsi avec une nouvelle institution de Toronto. Ses dix facultés comprennent les lettres et sciences humaines, l'éducation, les études environnementales, les beaux-arts, les sciences pures et appliquées, les collèges Atkin-

son et Glendon, des études de cycles supérieurs, l'Osgoode Hall Law School et la Schulich School of Business. Elle est la première université à offrir un doctorat en études féminines et une maîtrise en administration des affaires internationales. Elle possède 19 centres de recherche, notamment le Nathanson Centre for the Study of Organized Crime and Corruption. En 1997-1998, l'U. York compte 29 000 étudiants à temps plein et 9500 à temps partiel.

B. Beaton

Université, coupe Ce trophée est décerné, chaque année, aux champions de hockey de l'Union sportive interuniversitaire canadienne (USIC). Le trophée, remis aux joueurs universitaires par excellence, est présenté par l'U. Queen's et le Collège militaire royal du Canada (CMR), qui avaient participé au premier match organisé de hockey interuniversitaire à Kingston, en Ontario, en 1885. Les équipes membres des trois conférences régionales de l'USIC (Ouest, Ontario et Atlantique) se disputent le trophée. En 1963, le premier championnat de hockey de l'USIC a lieu à Kingston. L'U. Queen's et le CMR sont les hôtes de ce tournoi national. Au cours des 25 premières années, les séries éliminatoires de la coupe Université ont emprunté diverses formules. À l'origine, seulement quatre équipes participaient au tournoi. Puis, il s'est déroulé entre cinq ou six équipes, parmi lesquelles on retrouvait les champions de chaque conférence régionale, l'équipe hôtesse et une équipe invitée. En d'autres occasions, le tournoi consistait à jouer des séries deux de trois entre les champions de chaque conférence.

Parmi les équipes championnes, les Varsity Blues de Toronto et les Golden Bears de l'Alberta dominent les finales de la coupe Université en remportant le trophée 17 fois dans les 25 premières années. Clare Drake, l'entraîneur qui a accumulé le plus de victoires (plus de 600) dans le hockey interuniversitaire nord-américain, a mené l'équipe de l'Alberta à six titres.

Steve Knowles

University College of Cape Breton Situé à Sydney, en Nouvelle-Écosse, il est né en 1974 de la fusion du campus de Sydney de l'UNIVERSITÉ ST. FRANCIS XAVIER (établie en 1951) et du Nova Scotia Eastern Institute of Technology (fondé en 1968). Le collège a obtenu son statut d'établissement conférant des diplômes universitaires en 1982. L'Université travaille avec la collectivité et s'est engagée à favoriser tant l'apprentissage technologique que théorique. Elle décerne des diplômes en lettres et sciences humaines, en administration des affaires et en sciences, et des diplômes en génie, en arts appliqués et en technologie. Elle offre également des programmes complets d'éducation permanente. L'Université compte près de 4000 étudiants en 1997-1998.

Lois Kernaghan

University Magazine, The (1907-1920) Périodique trimestriel de Montréal dont sir Andrew MAC-PHAIL était le rédacteur en chef. Il remplace le périodique semestriel *McGill University Magazine* (1901-1906). *The University Magazine* se distingue en rémunérant ses collaborateurs. Macphail lui-même en assure la solvabilité. Sous la direction rigoureuse de ce rédacteur en chef, le périodique établit des normes d'excellence au Canada anglais tout en réalisant un tirage de presque 6000 exemplaires, tirage qu'aucune autre publication trimestrielle n'atteindra par la suite.

Macphail rédige lui-même bénévolement 43 articles de commentaires politiques ou de critique sociale. Le périodique représente pour lui un moyen de promouvoir la «pensée correcte», ce qui voulait dire une pensée favorisant un Canada rural, traditionnel et, à l'exception du Québec, très majoritairement britannique. Au moment même où ces idéaux paraissent condamnés à un déclin irréversible, Macphail fait face à des difficultés financières, à des problèmes oculaires et à une baisse draconienne de tirage en raison de son absence de quatre ans durant la Première Guerre mondiale. Macphail décide alors de mettre fin à la publication du périodique. (*Voir aussi* REVUES LITTÉRAIRES DE LANGUE ANGLAISE.)

Ian Ross Robertson

University of Toronto Quaterly La publication de ce périodique débute en octobre 1931 (bien qu'une revue estudiantine de premier cycle du même nom soit apparue en 1895-1896). Son premier rédacteur en chef, le philosophe G.S. BRETT, écrit en avant-propos que ce périodique n'est ni professionnel ni technique, mais que sa création a pour but de servir les intérêts de la recherche et de l'enseignement. A.S.P. WOODHOUSE, rédacteur du *Quarterly* de 1935 à 1947, en établit solidement la réputation comme chef de file des périodiques internationaux voués aux lettres et aux sciences humaines. Durant plus de 50 ans, le *Quarterly* met l'accent sur une recherche de qualité et sur la publication tant d'universitaires canadiens que de spécialistes internationaux. *Letters in Canada*, fort probablement la chronique la plus remarquable de ce périodique, paraît pour la première fois en 1936. Cette critique annuelle porte sur les publications liées aux arts, aux lettres et aux sciences humaines de l'année précédente. Depuis 1937, la chronique couvre aussi des ouvrages canadiens de langue française et constitue la plus longue revue continue de la littérature et du savoir francophones. (*Voir aussi* PÉRIODIQUES LITTÉRAIRES DE LANGUE ANGLAISE.)

W.J. Keith

Upper Canada College (UCC) L'institution indépendante d'enseignement pour garçons la plus prestigieuse du Canada. Installée à Toronto, elle est la plus vieille école privée de l'Ontario. Elle a été fondée en 1829 par sir John Colborne, lieutenant-gouverneur du Haut-Canada. Cette école, établie par un représentant de la Couronne britannique, conserve des liens étroits avec la monarchie. Elle accueille près de 1000 étudiants externes ou pensionnaires dans ses classes de la 3e à la 13e année. L'UCC exerce une sélection très rigoureuse. Elle est reconnue pour ses exigences académiques très élevées de même que pour son programme varié et dynamique d'activités parascolaires auquel tous les garçons participent. Elle est administrée par un conseil de 29 gouverneurs. Son fonds de dotation est évalué à 8,8 millions de dollars, sans oublier les contributions de diverses sources qui s'élevaient à plus de 900 000 dollars en 1986. Au cours des 150 dernières années, les diplômés de l'UCC ont occupé des postes importants au sein de l'État et du monde des affaires, de même que dans diverses professions et dans les arts. Depuis 1907, l'école compte 22 boursiers Rhodes.

Upper Canada Village Aménagé durant les années 50 et 60 près de Morrisburg en Ontario, Upper Canada Village est une réplique d'un village du XIXe siècle qui aurait pu exister le long du fleuve Saint-Laurent. Le village comprend une ferme, un magasin général, une maison de médecin, une taverne, une forge, une école, une scierie, une fromagerie et une filature. Beaucoup de bâtiments originaux provenant de localités voisines ont été réinstallés sur place, dont le Crysler's Hall, restauré tel qu'en 1846, et la Cook's Tavern, restaurée telle qu'en 1835. Les bâtiments, qui contiennent des meubles authentiques, montrent aux visiteurs les divers aspects de la vie des pionniers du HAUT-CANADA. Les guides en costume d'époque expliquent l'histoire tout en illustrant le mode de vie des premiers habitants de la région.

À cause de l'aménagement de la VOIE MARITIME DU SAINT-LAURENT, entrepris en 1954, une grande partie des terrains se trouvant au bord de la rivière, qui comptent parmi les premiers endroits colonisés au Canada, doivent être submergés. Pour sauver une partie de ce patrimoine et mettre en valeur la nouvelle zone située en bordure de la rivière, le gouvernement ontarien crée, en 1955, la Com-

mission de développement Ontario-Saint-Laurent, qui favorise la création d'Upper Canada Village afin de préserver des bâtiments représentatifs et de rappeler la vie de la population riveraine. La commission aménage également 800 ha de terrains adjacents et déplace le vieux monument commémorant la bataille de la CRYSLER'S FARM de 1813.

C.J. Taylor

Upper Fort Garry Situé au confluent des rivières Rouge et Assiniboine, au cœur de la COLONIE DE LA RIVIÈRE ROUGE, ce fort construit en 1822 sert de poste de traite pour la COMPAGNIE DE LA BAIE D'HUDSON (CBH). Il y avait déjà eu périodiquement d'autres postes de pelleterie dans la région. En raison d'une inondation dévastatrice survenue en 1826, on bâtit un nouveau poste, le Lower Fort Garry, à 32 km en aval de la rivière. Cependant, en 1836, pour faciliter l'administration générale et le ravitaillement de la colonie, la CBH construit un autre fort, l'Upper Fort Garry, au confluent des deux rivières, près de l'ancien emplacement. Louis Riel s'en saisit durant la RÉBELLION DE LA RIVIÈRE ROUGE de 1870. Avec le déclin du commerce de la fourrure et la croissance de Winnipeg, le Fort Garry a pour ainsi dire disparu.

Robert S. Allen

Uranium (U) Élément le plus lourd qu'on trouve dans la nature, jamais à l'état métallique, mais toujours en combinaison avec l'oxygène, sous forme d'oxydes ou de silicates. C'est un métal dur, dense, malléable et d'un blanc argenté. C'est un élément assez commun de la croûte terrestre. Il est moins abondant que le cuivre, le nickel ou le zinc, mais il est 500 fois plus abondant que l'or. On le trouve à peu près partout en quantités infinitésimales: dans les océans, les cours d'eau et les eaux souterraines, dans la plupart des sols et des roches, et même dans la nourriture et les tissus humains. Ses propriétés radioactives en font un élément des plus utiles au genre humain.

Découverte de l'uranium L'oxyde d'uranium est d'abord décelé en 1789 par M.H. Klaproth dans le minerai appelé pechblende (*voir* MINÉRAL). Henri Becquerel découvre sa propriété radioactive propre beaucoup plus tard (1896). Par la suite, la découverte, en 1898, du polonium et du RADIUM mène au développement de l'industrie du radium, dans laquelle le Canada joue un grand rôle. L'uranium est récupéré en tant que sous-produit du radium jusqu'en 1939. On lui trouve peu d'applications, sauf comme colorant céramique. Des progrès majeurs en PHYSIQUE nucléaire permettent de constater que les atomes d'uranium peuvent être séparés pour libérer une grande quantité d'énergie. On s'aperçoit que cette énergie peut être exploitée pour produire de l'ÉLECTRICITÉ et des armes nucléaires. Aujourd'hui, l'énergie nucléaire répond à presque 20 p. 100 des besoins en électricité du Canada et à environ 60 p. 100 de ceux de l'Ontario. L'électricité est produite par des réacteurs CANDU, de fabrication canadienne, alimentés en grande partie par de l'uranium canadien.

L'uranium est d'abord découvert au Canada au milieu du XIXe siècle sur la rive nord du lac Supérieur. Cependant, sur le plan économique, c'est Gilbert LABINE qui fait la première découverte canadienne d'uranium lorsqu'il repère, en 1930, le gisement Port Radium au Grand lac de l'Ours (Territoires du Nord-Ouest), d'abord exploité pour sa concentration en radium. On assiste à des découvertes majeures par la suite dans la région d'URANIUM CITY, dans le nord de la Saskatchewan (à la fin des années 40), et, de façon plus significative, dans la région d'ELLIOT LAKE dans le nord de l'Ontario (au début des années 50). Le crédit de cette dernière découverte revient au géologue Franc Joubin, appuyé par le financier J.H. HIRSHHORN. Jusqu'au début des années 80, la majeure partie de la production canadienne d'uranium provient des camps d'Uranium City et d'Elliot Lake.

À partir des années 70, le Canada axe ses efforts d'exploitation d'uranium dans la région du bassin de l'Athabasca, dans le nord de la Saskatchewan, où plusieurs grands gisements relativement riches ont été découverts. Certains sont mis en chantier au cours des années 80 et au début des années 90, tandis que des gisements d'uranium à teneur encore plus élevée font l'objet d'une évaluation environnementale; on vise la mise en production pour le début du XXIe siècle. Comme on prévoit la fermeture du dernier gisement d'uranium d'Elliot Lake au milieu de l'année 1996, on croit que le bassin de l'Athabasca en Saskatchewan demeurera la seule source d'uranium au Canada jusqu'au tournant du siècle.

La demande Elle commence lors du lancement, en 1942, du projet Manhattan, un programme d'armes nucléaires des forces alliées. La plupart des industries de production d'uranium sont mises sur pied au début des années 50, surtout aux États-Unis, au Canada et en Afrique du Sud. La production atteint un sommet en 1959, année où le Canada compte 23 mines d'uranium, dont 19 usines de traitement du minerai. L'uranium occupe alors le quatrième rang parmi les principaux produits d'exportation du Canada, après le papier journal, le blé et le bois d'œuvre. La production chute au début des années 60 et la reprise escomptée, en raison de la demande d'uranium pour la production d'ÉNERGIE NUCLÉAIRE, tarde à se concrétiser. Ce n'est qu'au milieu des années 70 que les prix et les activités du marché atteignent un niveau suffisant pour permettre une expansion considérable de l'exploration et du développement. À la fin des années 70, l'industrie est solidement rétablie. Au début des années 80, la production connaît un autre déclin dans certains pays, surtout aux États-Unis, en raison d'une augmentation de la demande en uranium plus faible que prévue. Si on parle d'exportations cumulatives, les États-Unis, le Canada et l'Afrique du Sud totalisent presque 75 p. 100 de la production occidentale jusqu'en 1986 avec l'Australie, la France, le Zaïre, le Niger et le Gabon, qui comptent parmi les autres grands producteurs occidentaux.

Dans les années 80, pendant la deuxième étape d'attrition et de consolidation de l'industrie de l'uranium occidentale, le Canada prend la tête de la production et de l'exportation d'uranium. Environ 85 p. 100 de la production annuelle du Canada est exportée, surtout aux États-Unis, au Japon et en Europe de l'Ouest. À la fin des années 80, l'industrie occidentale de l'uranium fait face à un problème de taille à cause de l'effondrement du régime communiste en Union soviétique et en Europe de l'Est. La barrière rigide entre les industries des pays de l'Ouest et des pays de l'Est tombe et les grands surplus de production de ces derniers commencent à perturber les marchés occidentaux. La dissolution de l'Union soviétique, en 1991, et la fin de la guerre froide entraînent le démantèlement des armes nucléaires et de l'utilisation de l'ancien uranium militaire pour la production d'énergie nucléaire civile. Les États-Unis instaurent des mesures commerciales, tandis que l'Union européenne impose de manière moins formelle des restrictions sur l'utilisation dans l'Ouest de l'uranium provenant des anciens pays de l'Est.

Équilibre mondial Ces mesures contribuent à amortir le choc sur les marchés d'uranium occidentaux, tandis que les producteurs d'uranium des pays de l'Est s'ajustent à l'économie de marché. En 1995, on se rend compte que les besoins en uranium représentent le double de la production actuelle d'uranium dans le monde, ce qui provoque une montée spectaculaire des prix de l'uranium. Il appert que l'exploitation de nouvelles mines à moindre coût, en Saskatchewan, est nécessaire pour maintenir un équilibre mondial entre l'approvisionnement et la demande en uranium au cours des prochaines années. Ces facteurs laissent croire que le Canada restera à la tête des fournisseurs d'uranium pendant bon nombre d'années à venir.

Robert T. Whillans

Urbanisation Processus complexe par lequel passent les collectivités structurées d'un pays tandis qu'elles s'élargissent, se spécialisent et deviennent de plus en plus interdépendantes. L'urbanisation résulte de nombreuses variables – économiques, technologiques, démographiques, politiques, etc. – et s'accompagne inévitablement d'autres changements sociaux. Quelque 76,5 p. 100 de la population canadienne habite les régions urbaines (1986). À cet égard, le Canada occupe le 16e rang dans le monde, derrière des pays comme la Belgique, l'Australie, Israël, le Royaume-Uni et le Japon, mais loin devant l'ex-URSS, le Pakistan, l'Inde et la Chine. Bien qu'elle touche une proportion considérable du pays, l'urbanisation au Canada se distingue surtout du fait qu'elle varie d'une région à l'autre et reflète, en partie, les différences entre les provinces sur le plan du développement économique. Depuis 1881, sans exception, l'Ontario, le Québec et la Colombie-Britannique affichent les plus hauts niveaux de concentration urbaine.

Le Canada s'urbanise relativement tôt dans son histoire. Il a déjà traversé quatre phases importantes d'urbanisation et, dans les années 70, en amorce une cinquième. La première commence au moment de la fondation de Québec en 1608. Le développement urbain est alors de nature commerciale et coloniale et se caractérise par une emprise impériale (française ou britannique) sur les emplacements des villes, leurs fonctions et leur croissance. Sur le plan fonctionnel, les centres urbains, dont Québec, Montréal, Halifax et St. John's, ont tendance à jouer un rôle administratif ou militaire. En matière d'économie, ils servent d'entrepôts, d'agences de réception des produits essentiels destinés à la colonie et de centres de distribution des produits manufacturés provenant de la mère patrie. Ces villes marchandes sont caractérisées, entre autres, par le fait qu'elles n'entretiennent aucun rapport digne de mention avec d'autres villes de la colonie, la métropole outre-mer étant le principal lien qui les unit. Un autre trait commun des centres urbains de cette période est leur dépendance envers le transport par voie d'eau, au vent et à la voile. Le modèle de la ville marchande reflète les conceptions et les besoins impériaux.

La deuxième phase s'amorce au début du XIXe siècle et est marquée par l'emprise croissante des intérêts commerciaux, plutôt qu'impériaux, sur le développement urbain. Sur le plan économique, cette période se démarque avant tout par l'abandon de la dépendance complète envers l'exportation des produits essentiels, au profit d'un intérêt pour le commerce régional et interrégional ainsi que pour la fabrication à petite échelle de produits artisanaux destinés à un marché local ou régional. Plusieurs villes commencent à assumer des fonctions métropolitaines et à dominer leur région immédiate. Un troisième aspect de la réorientation économique de cette période est le recours à de nouvelles technologies en matière de transport, spécialement l'application de la vapeur à la navigation et aux chemins de fer, et comme moyen de production. Le modèle de la ville de cette époque est difficile à définir, mais il se distingue des modèles antérieurs et ultérieurs à plusieurs égards. Même si aucune direction centrale ne guide le façonnement de la ville, il semble exister un certain ordre et une certaine constance. Les axes de transport et la prestation de services (eau et égouts) déterminent souvent l'orientation de l'aménagement. Un certain triage des fonctions de la ville (résidentielle, commerciale, etc.) et des gens (classes et groupes ethniques) caractérise aussi les villes commerciales de l'époque.

Quant à la troisième phase, qui débute avec la révolution industrielle dans les années 1870 et qui dure jusque dans les années 1920, elle est marquée

par la création d'un réseau urbain national où le pouvoir a tendance à se concentrer dans les principales villes du centre du Canada, soit Montréal et Toronto. L'économie politique de cette ère industrielle se distingue par l'émergence du capitalisme industriel et de sa contrepartie, la classe ouvrière industrielle. La mesure et la nature du développement urbain au Canada sont tributaires des améliorations majeures réalisées en matière de technologie. On applique systématiquement les principes des sciences et du génie au transport, aux communications, aux méthodes de construction et à la production. L'expansion spectaculaire des banlieues et la construction de grandes tours à bureaux dans le centre de la ville démarquent les villes de cette période. Le visage social de celles-ci change au rythme variable du développement. Une sorte de gigantisme domine, allant de la taille des banlieues à la hauteur des édifices du centre-ville, en passant par l'organisation de nouvelles entreprises commerciales et la construction d'énormes usines. L'utilisation des terres devient de plus en plus spécialisée.

C'est vers les années 40 qu'on entame la quatrième phase d'urbanisation. Celle-ci dure, à presque tous les égards, jusque dans les années 70. Il s'agit de l'ère des grandes sociétés. Elle est caractérisée par l'avènement de la technologie de l'automobile et du camion, par une orientation économique qui passe de l'industrie aux services ainsi que par la décentralisation physique de la population et de ses activités. La population canadienne connaît alors une croissance rapide et la plupart des grandes sociétés dans tous les secteurs de l'économie ont tendance à centraliser leur croissance dans les villes principales. Le modèle de la ville axée sur les grandes sociétés comporte cinq traits: l'établissement de sociétés privées dans les banlieues, les tours d'habitation, les parcs industriels de banlieue, les tours à bureaux du centre-ville et les centres commerciaux régionaux.

À la fin des années 70, une nouvelle ère de développement urbain «posturbanisation» commence à se définir. La crise énergétique et les taux d'intérêt élevés conjugués à une multitude d'autres facteurs commencent alors à avoir une incidence sur les tendances d'urbanisation, ce qui laisse entendre que le Canada entre dans une nouvelle ère. Depuis le début des années 70, la population des vieux centres urbains et des districts centraux se maintient ou accuse, dans certains cas, un déclin, tandis que celle des régions périphériques affiche une croissance considérable. La ville qui, jusque dans les années 70, n'avait cessé d'attirer les gens de la campagne, subit maintenant le phénomène inverse. Comme de nombreux autres pays industrialisés, le Canada vient d'accéder à une époque de «posturbanisation». Entre 1976 et 1981, des 12 provinces et territoires du pays, seulement 4 connaissent une croissance plus grande en région urbaine qu'en région rurale. Le Canada urbain paie le prix de la «désurbanisation», mais selon le recensement de 1986, les régions urbaines de 8 des 10 provinces connaissent tout de même une modeste croissance. Les gens préfèrent les villes de taille moyenne aux villes très grandes ou très petites. De plus en plus de Canadiens s'installent hors des régions métropolitaines, choisissant plutôt les quartiers périphériques. L'accroissement de la population rurale n'est donc pas le signe d'un retour à la terre, on recherche plutôt les milieux ruraux à proximité d'une ville. Dans les années 80, le ralentissement de l'économie pousse certaines municipalités à annexer les terres limitrophes pour élargir leur assiette fiscale. P.ex., en 1982, Edmonton double sa superficie par suite d'une annexion qui gonfle sa population d'environ 100 000 habitants en 1986.

Les dernières tendances semblent indiquer que le déclin de la métropole à centre unique au profit d'une région urbaine polycentrique se poursuivra, ce qui aura des conséquences graves pour les grandes villes et leur centre. Il reste toutefois que la ville

canadienne continuera probablement de jouer un rôle de premier plan en matière de transport et de relations culturelles et économiques. Le fait que, dès le début des années 80, on se soucie manifestement de plus en plus de préserver ou de créer des symboles bien distincts de la collectivité, édifices historiques ou lieux importants, est un signe qui pointe dans cette direction. En outre, les Canadiens continuent de s'identifier aux endroits urbains d'une manière traditionnelle, même s'ils vivent en banlieue, ce qui laisse supposer le caractère nettement durable de la façon dont la société perçoit les lieux.

A.F.J. Artibise et G.A. Stelter

Urquhart, Anthony Morse, dit «Tony», peintre, dessinateur et sculpteur (Niagara Falls, Ont., 9 avril 1934). Reconnu à la fin des années 50 et peu après 1960 comme l'un des pionniers de l'abstraction au Canada, Urquhart est impliqué dans des mouvements importants en art contemporain canadien, puisqu'il fait partie du groupe de peintres abstraits gravitant autour de l'Isaacs Gallery, à Toronto, ainsi que du réputé London Group, dont font aussi partie Jack CHAMBERS et Gregory CURNOE. Au milieu des années 60, Urqurhart fonde, avec Chambers et Kim Ondaatje, la Canadian Artists Representation (CAR). Depuis les années 60, Urquhart poursuit une voie indépendante et autonome, centrée sur ses «boîtes» caractéristiques, qui se développe à même un riche réservoir d'images récurrentes et souvent archétypales, d'une puissance symbolique évocatrice.

Au fil des années, Urquhart met au point un mode d'expression multimédia particulièrement transcendant, créant une poésie visuelle qui va au-delà des préoccupations purement formalistes et qui est composée d'une imagerie universelle et interculturelle. Ayant fait ses débuts à la fin des années 50 en réalisant des peintures abstraites qui font allusion à des formes de plantes en fleurs, Urquhart traverse différentes périodes, toutes dominées par des métaphores visuelles distinctes: motifs «grumeaux» énigmatiques, images germinales, boîtes fermées ou qui s'ouvrent (ces dernières étant souvent incorporées à des éléments du paysage), ouvertures circulaires ou rectangulaires, embrasures de porte, seuils et tombes qui entraînent le spectateur dans d'autres dimensions spatiales; arbres et plantes en fleurs alternant avec des ersatz et de la végétation desséchée; images vécues de perte et de mémoire, de descente au tombeau, alternant avec des images de transcendance spirituelle.

Les œuvres d'Urquhart représentent sans relâche le dialogue si humain entre la vie et la mort, le renouveau et la déchéance, l'être et le devenir, la stagnation et la transformation. Ces oppositions fondamentales et existentielles sont mises en scène par une imagerie d'une richesse et d'une diversité étonnantes, inspirée à la fois des expériences de la vie quotidienne (le jardin de sa grand-mère, symbole de vie, qui s'oppose à la profession d'embaumeuse pour la résidence funéraire attenante à la maison familiale), des arts sacrés des sociétés préhistoriques (grottes de Lascaux, Stonehenge) et de ceux du christianisme occidental (cathédrales gothiques et art liturgique catholique, architecture baroque et cimetières provinciaux français).

Entre 1954 et 1958, Urquhart étudie à l'Albright Art School, une section du département des beaux-arts de l'U. de Buffalo, dans l'État de New York, et à l'U. Yale, à New Haven. Peu après 1960, il devient le premier artiste résident de l'U. de Western Ontario, à London, et il enseigne ensuite au département d'art de cette université avant de déménager à l'U. de Waterloo, en Ontario. En 1972, il devient professeur de beaux-arts et enseigne le dessin et la peinture, tout en occupant périodiquement la fonction de directeur du département. Son atelier et sa maison sont situés près de Wellesley, où il vit avec sa femme, l'écrivaine Jane URQUHART. Urquhart visite fréquemment (au moins une fois par année) la France, dont les paysages, l'architecture et les lieux de pèlerinage, tels que Lourdes et le plateau de Vimy, continuent d'être une source d'inspiration pour ses œuvres. En 1995, il est nommé Membre de l'Ordre du Canada.

Joan Vastokas

Urquhart, Jane, romancière, poète et nouvelliste (Little Long Lac, Ont., 21 juin 1949). Diplômée de l'U. de Guelph, elle publie trois recueils de poèmes dont *The Little Flowers of Madame de Montespan* (1983), une suite de poèmes lyriques qui décrivent la cour de Louis XIV du point de vue de l'une des plus influentes maîtresses du roi. Le talent d'Urquhart pour l'évocation du cadre historique se retrouve aussi dans ses trois romans. Le premier, *The Whirlpool* (1986), qui situe l'action à Niagara Falls vers la fin des années 1890, traite de la convergence de l'art et de la vie. Ce thème revient d'ailleurs dans *Changing Heaven* (1990), où l'histoire de deux universitaires vivant au XXe siècle s'entremêle à celle d'une aéronaute surgie du tournant du siècle et de son amant, ainsi que du fantôme, ni si ce n'est du souvenir, d'Emily Brontë. Le dernier ouvrage de l'auteure, *Away* (1993), pour lequel elle obtient *ex aequo* le prix Trillium, dépeint la vie des fermiers irlandais accablés par la famine causée par la maladie de la pomme de terre durant les années 1840, ainsi que celle des premiers *homesteaders* ontariens, au milieu du XIXe siècle. L'auteure enrichit ce cadre historique en explorant la transplantation des mythes irlandais dans la terre d'élection. Urquhart compte aussi parmi ses œuvres un recueil de nouvelles intitulé *Storm Glass* (1987).

Colin Boyd

Ursulines En 1535, sainte Angèle Merici fonde la Compagnie de Sainte-Ursule à Brescia, en Italie, pour l'instruction, l'éducation et la protection des jeunes filles. Bien qu'à ce moment elle ne soit pas une institution religieuse, la Compagnie recrute des femmes qui prononcent le vœu de chasteté et qui vivent dans leur famille; c'est un genre de vie innovateur pour les jeunes femmes à l'époque. Ces fondations, qui ont divers statuts canoniques, se perpétuent sous forme de monastères et de congrégations se réclamant toutes de la fondatrice et portant le nom d'ursulines. On retrouve aujourd'hui des religieuses cloîtrées (certaines font partie d'institutions centralisées, d'autres non), des sœurs (appartenant à environ 60 congrégations religieuses) et des Ursulines séculières (dont la plupart appartiennent à des compagnies de Sainte-Ursule, comme au XVIe siècle).

Les ursulines, dont la bienheureuse MARIE DE L'INCARNATION, arrivent à Québec en 1639, alors qu'elles sont encore cloîtrées (elles le seront jusqu'au concile Vatican II). Elles se répandent partout au Canada français, et par la suite, au Japon, aux Philippines et au Pérou. En l'an 2000, on compte 490 membres dans cette Union canadienne (une diminution, comparativement à 675 membres en 1986). À ce nombre, s'ajoutent les ursulines de Chatham (1860), de Prelate (1912), de Bruno (1913), de Tildonk (1914) et les Sœurs ursulines du Sacré-Cœur de Jésus Agonisant (1920).

Michel Thériault

Ursulines, couvent des Il est situé à Québec. Les ursulines, sous la direction de MARIE DE L'INCARNATION (qui fonde un couvent dans la basse-ville en 1639), s'installent sur le site actuel dès 1642, puis érigent graduellement (1686-1902) ce grand ensemble de bâtiments consacrés à l'éducation des jeunes filles. Les ailes Saint-Augustin et Sainte-Famille ainsi que celle qui abrite les cuisines constituent aujourd'hui les plus grands bâtiments construits avant 1700 au Canada. Elles présentent des caractéristiques de cette période, telles la toiture en pente aux deux rangées de lucarnes, les cheminées massives, la maçonnerie en pierres brutes enduite de crépi, et les fenêtres à arc en plein cintre segmenté et à carreaux ouvrants. Bien qu'un incendie ait détruit la chapelle originale, les ursulines réussissent à sau-

vegarder le magnifique retable et la chaire sculptée (1732-1736) par des membres de la dynastie de la FAMILLE LEVASSEUR, un chef-d'œuvre qui atteste de la compétence disponible en Nouvelle-France.

Christina Cameron

Urubu Grand OISEAU DE PROIE à longues ailes et à tête déplumée, généralement abondants sous les latitudes chaudes. Ce gracieux voilier plane en décrivant des cercles pendant de longues périodes. Le seul représentant canadien de ces oiseaux est l'urubu à tête rouge (*Cathartes aura*) qui appartient à la famille des cathartidés (les urubus). Il niche depuis l'extrême sud du Canada jusque dans le sud de l'Amérique du Sud et on l'observe dans tous les types d'habitats, sauf dans les endroits très boisés. Actuellement, il étend progressivement son aire de répartition dans de nouvelles régions du Canada.

Nidification Les urubus pondent généralement deux œufs sur le sol, parmi les roches ou dans une grotte. L'incubation dure de 30 à 41 jours.

Population Presque partout dans le monde, ces oiseaux charognards sont menacés par le déclin général des troupeaux d'herbivores sauvages ou domestiques ainsi que par les mesures sanitaires qui consistent à ramasser ou à brûler les carcasses d'animaux morts.

R.W. Fyfe

Ustensiles ménagers Objets servant à la préparation des aliments ou au nettoyage des vêtements ou de l'ameublement de maison. Pendant longtemps, après la colonisation du Canada, ce sont les artisans et les forgerons locaux (*voir* FORGE, OUVRAGE DE) qui fabriquent les ustensiles domestiques. Vers le milieu du XIXe siècle, on utilise des objets plus complexes qui sont pour la plupart importés de Grande-Bretagne et des États-Unis.

Ustensiles de cuisine En général, de simples couteaux servent à la préparation des aliments (p. ex., pour peler et trancher les légumes, couper la viande). Les saucisses sont populaires puisqu'on peut les conserver, mais il est nécessaire de bien hacher la chair à saucisse et de bien la mélanger aux épices et aux assaisonnements pour assurer sa saveur et sa conservation. On se sert d'un bol en bois pour couper et mélanger, et on utilise un couteau dont le manche est derrière la lame plutôt qu'à son extrémité. Les couteaux à hacher brevetés sont inventés vers la fin du XIXe siècle. Ils sont munis de lames multiples ou amovibles.

Vers 1860, on importe les ustensiles mécaniques pour hacher la viande et les légumes. Ceux-ci sont composés de cylindres creux en fer munis de tiges rotatives dentées. À la fin du siècle, le broyeur d'aliments que l'on connaît fait son apparition. Il s'agit d'une tige rotative, ressemblant à une vis, qui coupe la viande et la pousse à travers une plaque fixe perforée, avec ou sans tranchants. Cette sorte de broyeur, semblable à ceux d'aujourd'hui, est brevetée au Canada en 1897 par L.T. Snow.

La chair à saucisse est généralement enveloppée dans un sac de tissu et conservée au frais jusqu'à son utilisation. Les colons d'origine allemande préfèrent leur façon traditionnelle de faire la saucisse (saucisse en chapelet). À l'aide d'un «canon à saucisse» (cylindre de métal muni d'un étroit orifice à une extrémité et d'un piston en bois à l'autre), ils poussent la viande hachée dans un sac fait d'une longueur d'intestin nettoyé. Les poussoirs à saucisse plus élaborés sont munis d'un piston et d'un levier. Certains sont en bois et fabriqués localement, mais c'est vers 1850 qu'apparaissent les poussoirs en fonte munis d'un levier ou d'une vis pour exercer une pression. Le sac qui contient la saucisse est noué à intervalles réguliers pour former le chapelet de saucisses.

Les trancheuses sont utilisées avec les légumes, surtout avec le chou servant à la préparation de la choucroute. La planche à trancher est munie d'une ouverture en diagonale dans laquelle est insérée une lame. On fait glisser le chou le long de la planche et

les tranches émincées tombent par l'ouverture dans une casserole. De nos jours, des modèles en plastique de ce genre de trancheuse sont encore en usage.

Au XIXe siècle, on conserve souvent les pommes, abondantes au Canada, sous forme de tranches séchées. Cette méthode demande que le fruit soit pelé. On peut le faire manuellement à l'aide d'un couteau, mais cette méthode est lente. Très tôt, on voit donc apparaître les éplucheurs semi-mécaniques. Certains éplucheurs sont munis d'une fourchette (sur laquelle on pique la pomme) actionnée par une manivelle ou une poulie et on appuie le tranchant du couteau contre la pomme qui tourne.

En 1803, une machine à éplucher les pommes composée d'un couteau monté sur un bras avec un joint universel fait son apparition; elle sera fabriquée et utilisée au Canada jusque vers 1840. Vers 1849, de nombreuses machines à éplucher en métal sont inventées aux États-Unis, puis vite adoptées au Canada. La lame tranchante, fixée à une tige à filet ou à une série d'engrenages, permet à l'ustensile de couvrir toute la surface de la pomme, qu'une manivelle fait tourner. Plus tard, ces ustensiles seront munis d'un accessoire enlevant le cœur de la pomme et d'un bras retirant le fruit pelé.

Jusque vers 1830, la cuisson se fait dans le foyer ouvert, ce qui pose un problème de stabilité pour les ustensiles. Les théières et les marmites à ragoûts sont suspendues par leur anse courbée à une barre mobile appelée crémaillère. Plus efficace encore est le trépied, un cerceau de fer assez grand pour soutenir la marmite et posé sur trois pieds qui peuvent être placés directement sur le feu. Le trépied est parfois combiné à une poêle ou poêlon en fixant les pieds directement sous la poêle; cet assemblage s'appelle une araignée. On fait aussi des chaudrons avec pieds fixes.

La cuisson de la viande se fait sur un gril muni de barres de fer disposées parallèlement, assez rapprochées pour soutenir la viande, mais laissant assez d'espace pour qu'elle soit exposée aux flammes. Certains grils sont faits de barres creuses recueillant le jus de cuisson qui s'écoule vers un contenant situé à l'extrémité du gril. Ces grils reposent habituellement sur quatre pieds.

C'est généralement à l'aide d'une broche que l'on fait rôtir la viande dans le foyer. Celle-ci est constituée d'une tige de fer montée horizontalement et soutenue de chaque côté des flammes. On passe la tige de fer à travers la pièce de viande et, pour assurer une cuisson uniforme, on la fait tourner au-dessus du feu grâce à une manivelle ou une poulie à gorge. On rôtit aussi la viande en la suspendant au-dessus du feu par un crochet relié à la crémaillère. Pour assurer une cuisson uniforme, on utilise un tournebroche, c.-à-d. un puissant mécanisme d'horlogerie enfermé dans un cylindre en cuivre qui fait tourner automatiquement la viande.

Dans les années 30, l'avènement du poêle à bois modifie fondamentalement les techniques et les ustensiles de cuisine. On peut dorénavant poser les marmites, casseroles et poêlons sur une surface solide et contrôler le degré de chaleur en changeant leur position sur le dessus du poêle. Si on a besoin d'une flamme directe, on enlève un des ronds et on place le récipient directement au-dessus du feu. Le poêlon sans pieds, maintenant appelé poêle à frire, est muni d'une poignée solide conçue pour soulever plutôt que pour suspendre. Les grils et les grille-pain peuvent être placés directement au-dessus d'un rond ouvert, et on modifie le périmètre à la base des théières pour qu'elles puissent tenir dans l'espace prévu à cette fin.

Le changement le plus important est le passage du foyer à la cuisson dans le fourneau du poêle. Pour faire chauffer le premier, on doit allumer un feu à l'intérieur, puis le retirer afin d'y introduire la nourriture. Le fourneau, quant à lui, tire directement sa chaleur de la chambre de combustion, ce qui réduit le temps de cuisson et permet de mieux contrôler la température. On peut y cuire les gâteaux, les tartes, les biscuits et le pain, et on utilise des plats et des moules spécialement conçus à cet effet. On peut aussi rôtir la viande au fourneau en utilisant de grandes rôtissoires à couvercle.

À cette époque, le repas est généralement servi dans des assiettes en POTERIE D'ÉTAIN, un alliage de plomb et de fer blanc. L'étain, tel qu'on le trouve aujourd'hui, présente cette couleur grisâtre ternie par les ans, tandis qu'au moment où on l'utilisait, on le polissait régulièrement avec des cendres de bois. Les cuillères en étain sont coulées dans des moules en fer. Les fourchettes et les couteaux sont faits en acier et munis d'un manche en bois solidement fixé. Pour empêcher les couteaux de table de ternir ou de rouiller, on les frotte sur une brique abrasive (bloc de terre cuite).

Lessive Le passage du foyer au poêle modifie aussi les techniques et les ustensiles pour laver le linge. Les grandes quantités d'eau nécessaires au lavage peuvent dorénavant être chauffées sur le poêle dans un chaudron à lessive, bassin en métal, de forme ovale, muni d'un couvercle amovible. On dépose le linge sale et le savon dans l'eau bouillante et à l'aide d'un bâton en bois ou de pinces, on brasse le tout. On procède ensuite au véritable lavage dans un bassin circulaire posé sur une table basse. Le bassin peut être en métal, mais il peut aussi s'agir de la moitié

d'un tonneau. La planche à laver traditionnelle sert toujours; c'est une surface ondulée sur laquelle on frotte le linge vigoureusement. Après le lavage, on rince le linge dans de l'eau claire en utilisant le même bassin.

Ce frottage est éreintant et il est plus facile d'utiliser une ventouse, qui est une sorte d'entonnoir renversé fait de métal et rattaché à l'extrémité d'un bâton. Par un mouvement de haut en bas de la ventouse, l'eau savonneuse passe à travers le tissu. De nouvelles ventouses (modèle double) sont brevetées dans les années 1880. En 1890, Isaac Shupe, de Newmarket, en Ontario, invente un modèle de ventouse très ingénieux. La ventouse de Shupe est munie d'une tête conique qui s'étend vers le haut sous la forme d'un tube contenant un piston chargé par un ressort et une valve. On verse le savon dans le tube et, lors du mouvement vers le bas de la ventouse, la valve se ferme et l'eau est poussée à travers les vêtements; lors du mouvement vers le haut, la valve s'ouvre pour faire sortir le savon.

Des instruments de lavage plus complexes combinent un bassin et un manipulateur. Le manipulateur peut consister en une série de lamelles rotatives (breveté par Raulston, en Ontario, en 1884) ou il peut s'agir d'un agitateur rotatif alternatif (breveté par Cadran, au Québec, en 1885). Le dernier mécanisme existe encore aujourd'hui dans les lessiveuses automatiques.

Avant d'être séché, le linge est d'abord essoré. Au début du XIXᵉ siècle, on ne tord plus le linge à la main. On le fait plutôt passer entre deux rouleaux pour enlever l'excédent d'eau. Ces essoreuses à rouleaux seront combinées aux premières lessiveuses électriques.

Au XIXᵉ siècle, le repassage connaît une intéressante évolution. À l'époque des foyers ouverts, les fers à repasser ne peuvent être chauffés directement sans que leur surface de contact ne se salisse. C'est pourquoi ils sont creux et munis d'une surface amovible qui peut être chauffée séparément, puis replacée sur le fer. Par contre, les fers chauffés directement sur le poêle à bois peuvent être d'une seule pièce, mais la poignée est alors trop chaude pour qu'on puisse la tenir. En 1872, Florence Potts de l'Iowa, qui a déjà inventé le fer à double pointe, résout le problème. La poignée des fers à repasser Potts, faite de bois et de forme semi-circulaire, est détachable grâce à un loquet en métal situé à sa base et qui peut être activé en soulevant un petit bouton sur le dessus du fer. Plusieurs fonderies canadiennes fabriquent les fers Potts. D'autres fers à repasser à poignée détachable sont brevetés à la fin du XIXᵉ siècle, mais ils ne connaîtront pas le succès des fers Potts.

L.S. Russell

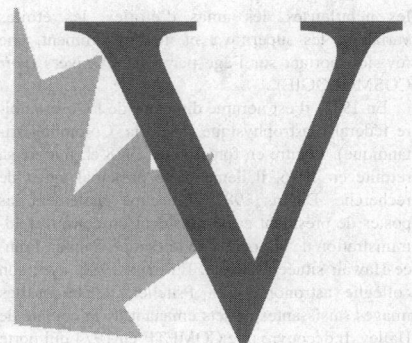

Vachon, Joseph Pierre Roméo, pilote et dirigeant de compagnie aérienne (Sainte-Marie-de-Beauce, Québec, 29 juin 1898—Ottawa, 17 déc. 1954). Après avoir servi dans la Marine royale du Canada pendant la Première Guerre mondiale, il entre chez Laurentide Air Service en 1921, puis en 1924—1925 réalise une reconnaissance aérienne de la Côte-Nord au Québec. Après avoir volé pour Ontario Provincial Air Service (1925–1927), il est engagé par Canadian Airways pour ouvrir un service postal le long de la Côte-Nord, réalisation qui lui vaut le TROPHÉE MCKEE en 1937. En 1938, il entre à TRANS-CANADA AIRLINES comme directeur-adjoint de la division de l'Est, puis est nommé membre de la Commission fédérale du transport aérien à sa création en 1944. En 1960, on donne son nom à un parc situé sur l'emplacement du premier aéroport de la ville de Québec. En 1968, le prix Vachon est créé pour récompenser les contributions exceptionnelles en matière d'ingénierie aéronautique au Canada.

Stanley Gordon

Vadeboncœur, Pierre, essayiste (né à Strathmore, près de Montréal, en 1920). Homme de conviction et d'action, Vadeboncœur ne devint écrivain à plein temps qu'après une carrière de conseiller syndical à la CSN. Avocat et économiste, journaliste pigiste, il s'implique aux côtés des MARCHAND, PELLETIER, TRUDEAU – et surtout des ouvriers – dans la GRÈVE DE L'AMIANTE (1949) et collabora à CITÉ LIBRE, PARTI PRIS, *Socialisme*, avant de devenir chroniqueur attitré à LIBERTÉ.

«La ligne du risque», essai sur Paul-Émile BORDUAS, signe et prophète de la liberté artistique, de la liberté humaine, sert de titre et de fil conducteur au recueil inaugural de 1963. *L'Autorité du peuple* (1965) est une lecture de la démocratie comme lutte créatrice. *La Dernière Heure et la première* (1970) pose des questions fondamentales sur l'identité québécoise, ses paradoxes, son avenir problématique. Vadeboncœur a publié plusieurs recueils d'articles, analyses, portraits, polémiques, sur l'actualité politique: *Lettres et colères* (1969), *Un génocide en douce* (1976), *Chaque jour, l'indépendance* (1978). *Indépendances* (1972), au pluriel, est un essai socioculturel sur la jeunesse et ses mouvements, révolutions, après Marcuse et Mai 68 à Paris. *Les Deux royaumes* (1978), œuvre charnière, explore les limites inhérentes à tout système de pensée, tente de dépasser la lettre par l'esprit, la raison scientifique par l'intuition, la méditation, l'art.

Vadeboncœur avait publié en 1970 un récit, *Un amour libre*, sur la relation père-fils et la créativité. Il revient à cette veine autobiographique et esthétique dans *Dix-sept tableaux d'enfant* (1991), ceux de sa fille, et *Qui est le chevalier?* (1998). D'autres essais portent sur l'expression et les silences de l'amour: *l'Absence* (1985), *le Bonheur excessif* (1992). Après avoir dénoncé l'impérialisme et le nivellement culturels des USA dans *Trois essais sur l'insignifiance* (1993), le polémiste est rattrapé par l'histoire: *Gouverner ou disparaître* (1993), entre 2 référendums. «Il faut être absolument inactuel», écrit-il par ailleurs, dans une formule à la Rimbaud où l'important est l'adverbe. Ses *Essais inactuels* (1987) portent sur la lecture, les arts visuels et le «regard intérieur». *Vivement un autre siècle!* (1996) pour tenter de redevenir sujet parmi les objets.

Laurent Mailhot

Vague de chaleur Par définition, période d'au moins trois jours consécutifs avec des températures supérieures ou égales à 32 ºC. Une HUMIDITÉ élevée n'est pas nécessaire; toutefois, la plupart des vagues de chaleur, mais non les pires, sont d'une humidité étouffante. D'après cette définition, St. John's et Vancouver n'ont jamais eu de vague de chaleur, et Victoria n'en a eu qu'une seule, de quatre jours, en 1941.

La fréquence des périodes de chaleur est plus élevée à l'intérieur du pays. Des périodes allant jusqu'à cinq jours successifs de chaleur ont été enregistrées dans chaque province, de la Colombie-Britannique à la Nouvelle-Écosse. La zone intérieure de la Colombie-Britannique subit habituellement les plus longues vagues de chaleur, celles-ci pouvant durer jusqu'à 30 jours. Dans le sud des Prairies et de l'Ontario, les périodes de chaleur peuvent durer de 10 à 15 jours.

Les vagues de chaleur les plus mémorables ont lieu durant les SÉCHERESSES et les tempêtes de poussière dans les Prairies dans les années 30. D'autres vagues de chaleur importantes se produisent en août 1944 dans les Provinces maritimes, en août 1953 en Ontario, en juillet 1963 au Québec et en août 1981 dans le sud de la Colombie-Britannique.

La vague de chaleur de 1936 commence dans le sud-ouest des États-Unis avant de frapper tout le continent. Des records de chaleur établis dans 16 États tiennent toujours. La vague de chaleur atteint le Canada la première semaine de juillet. Dans le sud de la Saskatchewan et du Manitoba, la période la plus chaude dure 13 jours, soit du 5 au 17. Elle dure huit jours en Ontario, où elle commence le 7 dans le nord-ouest et se termine dans toute la province le 14. Au Manitoba, le record historique de température maximum est de 44,4 ºC, à St. Albans, le 11, et à Emerson, le 12. À Winnipeg, la température dépasse 32 ºC durant 13 jours consécutifs et atteint 42,2 ºC le 11. Cette nuit-là, le «minimum» du thermomètre indique 28,3 ºC.

L'Ontario se donne un nouveau record de 42,2 ºC à Atikokan, les 11 et 12, et à Fort Frances, le 13. À Toronto, la vague de chaleur est la plus intense jamais relevée depuis près d'un siècle. La température maximale atteint 41,1 ºC, le 10, et le «minimum le plus élevé», 26,6 ºC, est enregistré au petit matin du 11.

La vague de chaleur de 1936 tue 780 Canadiens, dont 376 hommes et 404 femmes, la plupart étant des gens âgés et des enfants. Un an plus tôt, la chaleur avait été responsable du décès de «seulement» 42 personnes. En juillet 1936, il y a 400 autres morts indirectes, notamment plusieurs noyades. L'Ontario remporte le record macabre avec près de 600 victimes. La chaleur tue 225 Torontois et plus de 70 Manitobains.

David Phillips

Vaillancourt, Armand J.R., sculpteur (Black Lake, Qc, 4 sept. 1932). Il étudie à l'École des beaux-arts de Montréal. Inventeur de nouvelles techniques, il utilise des matériaux modernes tels que le métal soudé. Il se dit sculpteur, mais aussi activiste social engagé dans la lutte pour libérer les prisonniers politiques québécois. Les métaphores symboliques présentes dans certaines de ses œuvres reflètent cette préoccupation: une main tendue vers le ciel est un signe de désespoir et exprime l'injustice sociale. L'intensité de son symbolisme réside dans l'interaction des tensions formelles de ses œuvres et est accentuée par leur gigantisme. Qu'elles soient en bois ou en bronze, l'interaction entre ces formes géométriques triangulaires, tubulaires ou cubiques reflète la force et la compression, la masse et le dynamisme.

Armand Vaillancourt a créé de nombreuses sculptures pour des emplacements spécifiques, dont *Je me souviens*, une fontaine (1969-1971) exposée à Embarcadero Plaza, à San Francisco, et *Justice!* (1983), exposée au Palais de Justice de Québec. Plus récemment, il s'est attaqué à des œuvres de moins grande envergure, s'appliquant à harmoniser la sculpture avec la nature. Il a mis au point une approche axée sur la spontanéité, ce qui lui permet de se rapprocher du public alors qu'il exerce son art *in situ*. Dans sa pratique, cet artiste établi à Montréal se préoccupe des problèmes sociaux, explorant les valeurs qui lui tiennent à cœur telles que la justice, l'égalité et la survie des races.

Louise Beaudry

Vaillancourt, Pauline, soprano (Arvida [Jonquière], Qc, 2 févr. 1945). Spécialiste de l'improvisation et de la musique d'avant-garde – elle a présenté en première des œuvres contemporaines canadiennes – elle ne délaisse pas pour autant le répertoire classique. Chanteuse exceptionnellement polyvalente, elle est aussi une actrice accomplie dont la présence sur scène est captivante. Son frère, Jean-Eudes Vaillancourt, est un pianiste de talent et sa sœur, Lorraine Vaillancourt, est directrice artistique et chef d'orchestre du NOUVEL ENSEMBLE MODERNE.

Vaillancourt fait ses études à Québec et à Montréal avant de débuter comme soliste et chanteuse de récital en 1970. Depuis, elle se produit régulièrement au Québec et en Europe, notamment à Paris, à Strasbourg, à Londres et à Valencia. En 1986, en France, elle est la soliste lors de la première mondiale des *Vêpres de la Vierge*, de Gilles TREMBLAY. En 1989, elle fonde à Montréal la compagnie lyrique Chants libres, dont elle est la directrice artistique.

Claire Versailles

Val-d'Or, ville du Qc; pop. 24 285 (rec. 1996), 23 842 (rec. 1991); superf. 1 206,6 km²; const. en 1968, située à 95 km au sud-est de ROUYN-NORANDA, en Abitibi-Témiscamingue, près de la source de la rivière Harricana, un des cours d'eau importants qui s'écoule vers le nord dans la baie James. Elle doit son nom à la ruée vers l'or, la deuxième en importance en Abitibi après celle de la région de Rouyn-Noranda, qui prend d'assaut la région au milieu des années 30.

Histoire À l'origine, la ville est composée de 2 municipalités autonomes. La première, Bourlamaque, fondée en 1934 par la Lamaque Mining Co., est une VILLE FERMÉE pendant de nombreuses années. L'autre, Val-d'Or, est constituée en tant que village en 1935, puis en tant que ville deux ans plus tard. Ses débuts sont ceux d'une ville agitée par la ruée vers l'or. Pendant de nombreuses années, les centres jumeaux sont connus sous le nom de Val-d'Or-Bourlamaque. Une troisième ville, Lac-Lemoyne, est constituée en 1958. En 1968, les trois villes fusionnent sous le nom de Val-d'Or. Val-d'Or est la seconde municipalité en importance en Abitibi-Témiscamingue, après Rouyn-Noranda.

Les 65 premières cabanes en bois rond construites dans le voisinage de la mine Lamaque en 1934 ont été conservées dans leur état original et, en 1978, cette partie de la ville est désignée lieu historique. Le Village minier de Bourlamaque commémore la ruée vers l'or à l'origine de la création de Val-d'Or.

Économie Val-d'Or doit sa prospérité aux dizaines de mines d'or découvertes dans les environs. La mine Sigma, située à l'intérieur des limites de la ville, est en exploitation depuis 1935 et continue d'être l'une des plus riches mines aurifères du Québec. La mine Lamaque suspend ses activités au milieu des années 80, mais cette fermeture est compensée par la découverte d'un important gisement de cuivre, de zinc et d'or en 1989 à l'est de Val-d'Or. Cette mine, connue sous le nom de mine Louvicourt, est en activité depuis 1994.

L'industrie du bois est également importante pour l'économie de Val-d'Or.

Benoît-Beaudry Gourd

Valente, affaire Un juge d'une Cour provinciale de l'Ontario déclare n'avoir aucune juridiction pour entendre une affaire sous le *Highway Traffic Act* de l'Ontario, au motif qu'il ne préside pas un tribunal indépendant au sens de l'alinéa 11d) de la CHARTE CANADIENNE DES DROITS ET LIBERTÉS. À son avis, les structures et l'administration de la Cour sont telles que la séparation entre l'exécutif et le judiciaire n'est pas assez nette. Le 19 septembre 1985, la Cour suprême arrive à la conclusion que ce juge jouit de l'indépendance judiciaire. L'impartialité est un état d'esprit. L'indépendance est une question de statut vis-à-vis de l'exécutif. Le critère réside en ceci: le tribunal peut-il raisonnablement être perçu comme indépendant?

Pour qu'il y ait indépendance judiciaire au sens de l'alinéa 11d) de la *Charte canadienne des droits et libertés*, il faut trois conditions essentielles: (1) l'inamovibilité des juges, (2) la sécurité financière des juges, (3) l'indépendance institutionnelle du tribunal dans les matières administratives qui portent directement sur la fonction de juge. La Cour suprême déclare que ces trois conditions sont respectées en l'espèce.

Gérald-A. Beaudoin

Vallerand, Jean, compositeur, critique, administrateur, professeur et violoniste (Montréal, 24 déc. 1915—*id.*, 24 juin 1994). Il commence sa carrière de critique au journal *Le Canada* en 1941, puis travaille aux quotidiens *Montréal-Matin*, LE DEVOIR, *Le Nouveau Journal* et LA PRESSE. Au cours des années 40 et 50, il compose la trame sonore de quelque 50 dramatiques radio de la SRC, où il devient plus tard directeur des émissions musicales. Durant sa tournée canadienne de 1961-1962, les JEUNESSES MUSICALES DU CANADA donnent plus de 100 représentations de son opéra *Le Magicien*. Secrétaire général du Conservatoire de musique de Montréal où il enseigne de 1942 à 1963, Vallerand est aussi professeur à l'U. de Montréal de 1950 à 1966. Il occupe d'autres postes, dont ceux d'attaché culturel du Québec à Paris, de directeur du Service des arts d'interprétation du ministère québécois des Affaires culturelles et de directeur du Conservatoire de musique et d'art dramatique du Québec.

Hélène Plouffe

Valley East, ville de l'Ont.; pop. 23 537 (rec. 1996), 21 939 (rec. 1991), 19 223 (rec. 1986); superf. 518,03 km²; const. en 1973; située à environ 10 km au nord-ouest de SUDBURY. Valley East fait partie de la municipalité régionale de Sudbury qui englobe aussi les villes de Capreol, Onaping Falls, RAYSIDE-BALFOUR, Walden et Nickel Centre. Elle porte bien son nom puisqu'elle est située dans une vallée à l'est du Nickel Basin.

Valley East résulte de la fusion de trois municipalités de canton: Hanmer (fondée en 1904), Capreol et Blezard (fondées en 1906). Cette fusion forme d'abord la municipalité de canton de Valley en 1969, qui devient quatre ans plus tard la ville de Valley East. Le territoire de Valley comprend des terres agricoles et rurales et, comme dans les autres municipalités situées en périphérie de Sudbury, un bon nombre de ses résidants travaillent à Sudbury.

Deborah Welch et Michael Payne

Vallières, Pierre, écrivain (Montréal, 22 févr. 1938—*id.*, 22 déc. 1998). Il est journaliste à Montréal avant d'adhérer au FRONT DE LIBÉRATION DU QUÉBEC (FLQ) en 1965. Convaincu que le Québec ne peut survivre que comme nation indépendante et socialiste, et impressionné par l'exemple des révolutionnaires d'Amérique latine, il exhorte le FLQ à user de violence pour arriver à ses fins. Une série d'attentats à la bombe s'ensuivent à Montréal, et lorsque ses associés sont arrêtés, il s'enfuit à New York, où il est arrêté en 1966 et emprisonné. Déporté au Canada en 1967, il passe quatre ans en prison et écrit ses mémoires, *Nègres blancs d'Amérique* (1968), et remet en question ses convictions. En 1971, il renonce à la violence et reconnaît dans le PARTI QUÉBÉCOIS le meilleur moyen d'accéder à l'indépendance. En 1980, il répudie ce parti à son tour et publie sa thèse selon laquelle le Québec est condamné à l'assimilation. En 1984, après avoir vécu l'expérience d'une révélation, il entre dans un ordre religieux d'influence franciscaine.

Stanley Gordon

Van Bridge, Tony, comédien, metteur en scène et écrivain, de son vrai nom Valentine Anthony Neil Bridge (Londres, 28 mai 1917). Diplômé de la Royal Academy of Dramatic Art en 1938, il joue avant la guerre dans les théâtres de répertoire provinciaux. En 1946, il est réformé du service militaire de l'armée britannique avec le grade de capitaine. Il fait ses débuts à Londres au Duchess Theatre, et fait partie des troupes Young Vic (1947-1950) et Old Vic (1950-1954).

Sa carrière canadienne débute avec la tournée de la pièce *Saint Joan* (1954; trad. *Sainte Jeanne*) avec la troupe Canadian Players. Il se taille ensuite une réputation comme metteur en scène spécialisé dans les pièces de Shakespeare: *Romeo and Juliet* (trad. *Roméo et Juliette*), *The Comedy of Errors* (trad. *La Comédie des erreurs*), *Julius Caesar* (trad. *Jules César*), *Twelfth Night* (trad. *La Nuit des rois*). Il se spécialise aussi dans les pièces de Shaw: *Pygmalion*, *The Devil's Disciple* (trad. *Le Disciple du diable*), *Saint Joan* (trad. *Sainte Jeanne*), *Arms and the Man* (trad. *Le Héros et le Militaire*). Il monte les pièces de ces deux auteurs entre 1959 et 1962. En 1955, il se joint à Tyrone GUTHRIE, qu'il connaît depuis l'époque du Old Vic (1951-1952) au FESTIVAL DE STRATFORD, et devient l'un des meilleurs acteurs comiques au Canada. Célèbre pour les nombreux rôles qu'il tient durant ses 15 saisons au Festival de Stratford, son rôle de Falstaff dans les trois pièces où ce personnage apparaît confirme sa réputation d'acteur.

Au SHAW FESTIVAL, il incarne d'abord le Captain Shotover dans *Heartbreak House* (trad. *La Maison des Cœurs brisés*) en 1968 et joue dans de nombreuses productions durant les 17 saisons du festival. En tant que metteur en scène, il monte, entre autres, la pièce *Man and Superman* (trad. *L'Homme et le Surhomme*) (1977), une production de cinq heures et demie qui mérite des critiques très élogieuses. En 1970, il écrit et met en scène le spectacle solo *GKC*, dans lequel il tient le rôle de G.K. Chesterton. La pièce a été reprise maintes fois depuis.

Il joue aussi dans les théâtres régionaux à la grandeur du Canada (Halifax, Ottawa, London, Winnipeg, Edmonton, Vancouver et Victoria) de même qu'à New York, Boston, Philadelphie, Houston et Stratford, au Connecticut. Son rôle dans la pièce *Judge*, présentée à la télévision durant les années 80, lui vaut le prix ACTRA.

Un doctorat honorifique décerné par l'U. Brock en 1996 vient récompenser son esprit de professionnalisme, son dévouement pour le métier d'acteur et sa grande contribution au théâtre canadien. À l'âge de 80 ans, il continue à monter sur scène et retourne à Shaw en 1997 dans le rôle du Dr Tuttle dans la pièce *The Two Mrs. Carrolls*.

Patrick B. O'Neill

Van den Bergh, Sydney, astronome et cosmologiste (Wassenaar, Pays-Bas, 20 mai 1929). Après des études à l'U. Princeton (1950), à l'Ohio State University (1952) et à l'U. de Göttingen (1956), Van den Bergh occupe un poste de professeur de faculté à l'Ohio State University entre 1956 et 1958 avant de s'établir à Toronto en 1958.

Il joue un rôle clé dans l'agrandissement des installations de l'observatoire David Dunlap de l'U. de Toronto. Il met au point des techniques informatiques, la photométrie polychrome et il participe à d'autres innovations. Bien qu'il ait contribué à des études portant sur la Lune et sur d'autres aspects de notre système solaire, sa spécialité demeure les études extragalactiques. Ainsi, parmi ses publications, on trouve ses propres découvertes sur les études extragalactiques et des revues importantes sur les nébuleuses, les amas d'étoiles, les étoiles variables, les supernovæ et, tout récemment, une révision portant sur l'âge perçu de l'Univers (*voir* COSMOLOGIE).

En 1977, il est nommé directeur de l'Observatoire fédéral d'astrophysique (Victoria, Colombie-Britannique). Il entre en fonction en 1978 et, malgré sa retraite en 1986, il demeure le principal agent de recherche. Depuis 1982, il occupe également les postes de président et de président du conseil d'administration de la Société de télescope Canada-France-Hawaii située à Hawaï. En mars 1986, avec son collègue astronome C.J. Pritchet, il obtient des images saisissantes de jets émanant de la comète de Halley. Il découvre une COMÈTE en 1974 qui porte maintenant son nom. En 1988, il est le premier lauréat de la National Research Council President's Medal. Il reçoit trois autres prestigieuses distinctions en astronomie et en science et, en 1994, il est nommé Officier de l'Ordre du Canada.

Martin K. McNicholl

Van der Peet (1996), affaire Dans cette affaire relative aux droits des peuples autochtones, la Cour suprême du Canada vient préciser et restreindre la portée de l'arrêt Sparrow (*voir* SPARROW, AFFAIRE). En l'instance, Van der Peet est reconnue coupable d'avoir vendu du poisson pris en vertu d'un permis de pêche de subsistance, contrairement au paragraphe 27(5) du Règlement de pêche général de la Colombie-Britannique.

Le juge Lamer écrit les notes de la majorité et souligne que le paragraphe 35(1) «reconnaît et confirme le statut constitutionnel unique des peuples autochtones au Canada». La Cour suprême élabore un critère d'identification des droits ancestraux visés au paragraphe 35(1) de la *Loi constitutionnelle de 1982*, ce qu'elle n'avait pas été obligée de faire dans l'arrêt Sparrow. Ce critère se définit ainsi: «pour constituer un droit ancestral, une activité doit être un élément d'une coutume, d'une pratique ou d'une tradition faisant partie intégrante de la culture distincte du groupe autochtone qui revendique le droit en question». Les juges L'Heureux-Dubé et McLachlin sont dissidentes. La première se base sur le caractère dynamique des droits et la seconde sur une approche empirico-historique.

Van Herk, Aritha, romancière, anthologiste et essayiste (Wetaskiwin, Alb., 26 mai 1954). Ses trois romans mettent en scène des personnages qui s'émancipent des rôles féminins restrictifs et culturellement consacrés. Élevée sur une ferme du centre de l'Alberta, elle fait ses études à l'U. de l'Alberta et enseigne maintenant à l'U. de Calgary. Son premier roman, *Judith* (1978), qui raconte l'histoire d'une femme qui prend la relève de son père dans la ferme d'élevage porcin, remporte le Seal Books Canadian First Novel Award. L'ouvrage est empreint d'un militantisme féministe que l'on retrouve aussi dans la deuxième œuvre de l'auteure, *The Tent Peg* (1981). Dans *No Fixed Address: An Amorous Journey* (1986), l'auteure bouleverse les conventions de l'Ouest en mettant en scène le personnage d'une friponne aux mœurs picaresques qui parcourt les Prairies en vendant des sous-vêtements féminins. La parodie devient une critique sociale et culturelle du sort réservé aux femmes. *Places Far From Ellesmere* (1990), qui est, d'après le sous-titre, une «géografiction», estompe les frontières entre les genres que sont le roman, l'autobiographie et l'écrit théorique, par sa représentation poststructurale des correspondances entre la géographie et les sexes. Aritha Van Herk a aussi écrit des essais et des critiques littéraires qui sont rassemblés dans *In Visible Ink* (1991) et dans *A Frozen Tongue* (1992). Elle a aussi dirigé la publication de plusieurs anthologies du roman de l'Ouest canadien, dont *Boundless Alberta* (1993) et *Due West* (1996).

Colin Boyd

Van Horne, sir William Cornelius, dirigeant de chemin de fer (Chelsea, Ill., 3 févr. 1843—Montréal, 11 sept. 1915). Van Horne commence sa carrière dans le domaine du chemin de fer comme télégraphiste à l'Illinois Central Railroad en 1857, à l'âge de 14 ans. Il travaille pour plusieurs chemins de fer américains et, en 1880, il devient directeur de travaux du Milwaukee Road. Le 1er janvier 1882, il est nommé directeur général du CANADIEN PACIFIQUE (CP), puis il met à profit ses grandes compétences en gestion pour améliorer l'organisation de la construction du tronçon des Prairies, qui est complété de Winnipeg à Calgary en août 1883. Sa détermination et sa motivation sont à la source de la rapidité de l'achèvement de la ligne principale entre Montréal et Port Moody (*voir* HISTOIRE DU CHEMIN DE FER).

En 1888, Van Horne succède à George STEPHEN à la présidence du CP Rail. Il considère le Canadien Pacifique comme un réseau de transport et de communication. À sa demande, l'entreprise met sur pied un service télégraphique et commence des activités de messagerie. En 1891, il lance le célèbre service de navigation à vapeur, l'*Empress du Pacifique*, un service assuré par des navires rapides et luxueux entre Vancouver et Hong Kong, transportant du courrier pour le gouvernement britannique et augmentant le trafic de marchandises et le mouvement de touristes entre le Canada et l'Orient. Il est également le fondateur de CP Hotels. Comme il s'intéresse à l'architecture, il participe à l'élaboration des plans des hôtels Banff Springs et Château Frontenac. Il négocie la célèbre CONVENTION DU NID-DE-CORBEAU, qui fait grandement diminuer les tarifs de transport pour les céréales et les farines des Prairies. En 1899, après s'être retiré de la présidence, il fait la promotion de la construction d'un chemin de fer à Cuba. Van Horne est une personnalité très complexe: brillant gestionnaire, gourmet et homme d'une exceptionnelle curiosité intellectuelle. En 1894, il reçoit le titre de chevalier. Pour souligner sa mort, le CP suspend les activités pendant une journée et Cuba décrète un jour de deuil.

John A. Eagle

Van Schendel, Michel, poète, essayiste et critique (Asnières, France, 16 juin 1929). Né en France de parents belges, Michel van Schendel immigre au Québec en octobre 1952. Journaliste, rédacteur d'émissions à Radio-Canada, traducteur, il est professeur au département d'études littéraires de l'U. du Québec à Montréal de 1969 à 1998. Dans *Poèmes de l'Amérique étrangère* en 1958 et dans *Variations sur la pierre* en 1964, le poète interpelle une certaine Amérique mythique qu'il critique à travers son expérience d'immigrant, tout en traitant avec beaucoup de nuances du thème du pays. Après un long silence, Michel van Schendel publie, en 1978, *Veiller ne plus veiller,* journal poétique d'une longue grève à l'UQÀM et, en 1980, *De l'œil et de l'écoute,* rétrospective de ses poèmes écrits entre 1956 et 1976, pour laquelle il reçoit le prix du Gouverneur général en 1980. Depuis lors, Michel van Schendel publie de façon régulière: *Autres, autrement* (1983), *Extrême livre des voyages* (1987), *L'impression du souci ou l'étendue de la parole* (1993), *Jousse ou La traversée des Amériques* (récit, 1996) et *Bitumes* (1998). Poète exigeant et inventeur de formes, qui explore avec raffinement les ressources infinies du langage, Michel van Schendel se définit comme un métèque, un écrivain de la circonstance pour qui la poésie est liée à l'action et est elle-même une action qui cherche à libérer. Critique remarquable de la littérature québécoise, c'est aussi un théoricien de la littérature (*Rebonds critiques I* et *II,* 1992 et 1993) et un professeur respecté et admiré.

François Rochon

Van Steenburgh, William Elgin, entomologiste et administrateur scientifique (Havelock, Ont., 24 déc. 1899—Ottawa, 14 avr. 1974). Élevé aux États-Unis, Van Steenburgh travaille dès son jeune âge dans le secteur de l'industrie minière, en Virginie occidentale. Après avoir obtenu sa maîtrise (1927) et son doctorat (1931) de l'U. de Toronto, il entre au service du ministère canadien de l'Agriculture, où il se consacre à la lutte biologique contre les parasites des fruits, de 1927 à 1939. Membre actif de la milice, il est nommé chef d'artillerie pour le Canada en 1943 et met ensuite sur pied la division de l'armement de Valcartier. Entre 1947 et 1956, il joue un rôle majeur dans le développement des laboratoires de recherche au ministère canadien de l'Agriculture. À titre de directeur général des services scientifiques et de sous-ministre des Mines et Relevés techniques, de 1956 à 1966, il défend le projet de recherche sur le plateau continental polaire, poursuit le projet sur l'étude du manteau supérieur canadien, réorganise le comité canadien d'océanographie et contribue à la fondation de l'INSTITUT OCÉANOGRAPHIQUE DE BEDFORD.

Eric L. Mills

Vancouver Plus grande ville de la Colombie-Britannique et troisième plus grande ville de la RÉGION MÉTROPOLITAINE DE RECENSEMENT du Canada. Elle s'étend sur une péninsule dans la partie sud-ouest de la partie continentale de la province. Les voies navigables environnantes (la passe de Burrard, le DÉTROIT DE GEORGIA et le FLEUVE FRASER) fournissent respectivement un admirable port de haute mer abrité, une voie d'accès commode sur le Pacifique, ainsi qu'une route ouverte vers les riches terres agricoles des BASSES-TERRES DU FLEUVE FRASER et de l'intérieur.

Peuplement Les recherches archéologiques indiquent que les Amérindiens de la côte s'établissent à Locarno Beach dès 500 av. J.-C. et à Marpole vers 400 av. J.-C. Le capitaine George VANCOUVER, un navigateur anglais, et les Espagnols Dionisio Alcalà-Galiano et Cayetano Valdès se rencontrent à Point Grey en 1792.

Le premier établissement de la région est FORT LANGLEY en 1827, et le premier centre urbain, NEW WESTMINSTER en 1859. Dans les années 1860, trois entrepreneurs anglais achètent des terres dans la région et y construisent une briqueterie qui sera vouée à l'échec. Dans les années 1870, plusieurs entrepreneurs de New Westminster y établissent des camps de coupe de bois, des scieries et trois petits établissements sur les rives de la passe de Burrard.

Croissance Vancouver voit le jour lorsque le vice-président du Canadien Pacifique (CP), William VAN HORNE, annonce que la compagnie prolongera sa voie 20 km à l'ouest du terminus statutaire de Port Moody, afin de profiter d'un meilleur port et d'un meilleur terminus. Le gouvernement provincial donne au CP plus de 2500 ha de terres publiques et des propriétaires privés font également don de terres. Le 6 avril 1886, le corps législatif provincial entérine la constitution de la ville de Vancouver, nom qu'avait suggéré Van Horne en l'honneur de l'explorateur anglais. Les contribuables élisent M.A. MacLean, négociant en biens immobiliers, comme premier maire.

C'est alors que le 13 juin suivant, un feu de brousse se propage, faisant au moins 11 victimes et détruisant des bâtiments délabrés. La reconstruction rapide par les habitants donnera lieu à une inestimable publicité. Le CP, le plus important propriétaire foncier individuel, reconnaissant la valeur d'une croissance méthodique, soustrait ses terres à toute surenchère. Des promoteurs privés, tels que David Oppenheimer, maire de la ville de 1888 à 1891, font de la publicité pour la ville et, au moyen de primes en espèces et de réduction de taxes, attirent de nouvelles industries telles que la BC Sugar Refinery.

La crise du milieu des années 1890, ressentie partout sur le continent, freine temporairement la croissance de la ville, mais grâce à l'agitation entourant la RUÉE VERS L'OR DU KLONDIKE (1897–1898), la prospérité revient à Vancouver. Au début du siècle, la ville supplante VICTORIA, la capitale provinciale, comme centre commercial majeur de la côte ouest du Canada, non seulement dans ce domaine, mais aussi comme site des filiales de la côte pacifique des entreprises canadiennes de l'Est.

L'essor économique d'avant-guerre élargit les marchés des produits de la Colombie-Britannique tels que le poisson, le minerai et le bois d'œuvre. La plus grande partie du bois d'œuvre est vendue dans les Prairies. Le début de la crise économique mondiale de 1913 et la guerre de 1914 diminuent grandement le commerce, retardent l'expansion des chemins de fer et, ajoutées à la diminution des ressources, mettent fin à une bonne partie de l'essor minier des districts de Kootenay et de Boundary.

Au cours des années 20, la croissance reprend et Vancouver supplante WINNIPEG comme ville principale de l'Ouest canadien. Le commerce d'exportation des céréales se maintient remarquablement bien pendant la CRISE DES ANNÉES 30, mais la ville connaît un taux de chômage élevé, surtout à partir du moment où les chômeurs de l'ouest du Canada considèrent Vancouver comme une véritable «Mecque» en raison de son climat tempéré. L'agitation parmi les chômeurs provoque plusieurs incidents, notamment la lecture du *Riot Act* par le maire G.G. MCGEER en 1935 (*voir aussi* MARCHE SUR OTTAWA). Le déclenchement de la Seconde Guerre mondiale et le développement des industries de guerre, surtout la construction navale, mettent fin au chômage, mais réduisent considérablement le commerce des céréales. Celui-ci s'accroît lorsque les navires redeviennent disponibles après la guerre, surtout après que le Canada commence à vendre d'importantes quantités de blé à la Chine en 1961.

Vancouver accroît également son rôle de centre de sièges sociaux, accueillant des corporations provinciales comme BC Forest Products, Cominco et MACMILLAN BLOEDEL, différentes petites entreprises, les principaux syndicats provinciaux ainsi que les bureaux régionaux d'entreprises nationales, telles que les banques à charte. Vancouver est sous les feux de la rampe en 1986 lorsqu'elle accueille EXPO 86, une exposition internationale consacrée aux transports. Le prince et la princesse de Galles inaugurent l'exposition, qui reçoit plus de 20 millions de visiteurs. Dix ans plus tard, on reconnaît qu'elle a été un catalyseur de changement. Plusieurs hôtels de luxe, Canada Place et le dôme géodésique qui abrite le Science World font partie de son héritage.

Transports Vancouver doit son existence au CP. Le chemin de fer relie la ville au reste du Canada et en fait sans tarder le port canadien le plus important de la côte du Pacifique, place qu'elle occupe toujours. Dès les débuts de la ville, des navires transpacifiques, notamment les paquebots *Empress* du Canadian Pacific, y accostent régulièrement. Des compagnies de navigation côtière, y compris CP Navigation et Union Steamships, installent leurs bureaux centraux à Vancouver; des entreprises de l'Est établissent leurs filiales de la côte du Pacifique à Vancouver.

Le commerce intérieur se développe lentement. Les grossistes de Vancouver se plaignent du manque de voies ferroviaires directes et des tarifs de marchandise discriminatoires. Ils considèrent que ces facteurs leur sont défavorables par rapport à CALGARY et à Winnipeg pour assurer le commerce de la Colombie-Britannique continentale. Le gouvernement provincial réagit en offrant de l'aide aux nouvelles compagnies ferroviaires, notamment la Pacific Great Eastern et le CANADIAN NORTHERN RAILWAY.

Après la Première Guerre mondiale, le transport maritime bon marché par le canal de Panama ouvre de nouveaux marchés au bois d'œuvre de la Colombie-Britannique sur la côte Est américaine et rend l'Europe plus accessible. La fructueuse campagne de la province en faveur d'une réduction du tarif de fret permet à Vancouver de devenir un port d'exportation de céréales. Le port lui-même prend une expansion considérable et tombe sous la juridiction d'un organisme fédéral, le Conseil des ports nationaux, en 1936.

Dès 1963, Vancouver vient en tête des ports canadiens pour le tonnage, place qu'il occupe toujours. Les céréales continuent d'être un produit d'exportation majeur et la demande des pays côtiers du Pacifique pour d'autres produits de l'Ouest canadien, surtout le bois d'œuvre, la potasse et le charbon, entraîne la construction d'installations portuaires spécialisées et le prolongement du port vers l'est jusqu'à Port Moody et vers le sud jusqu'au terminus de charbon (1970) et de conteneurs (1997) de Roberts Bank. On estime que le port de Vancouver, conjointement avec le Fraser Port et les aéroports, contribue davantage à l'économie locale que les industries des mines et de la pêche combinées.

En raison de l'importance des pays côtiers du Pacifique, CP Air (aujourd'hui les Lignes aériennes Canadien International; *voir aussi* PACIFIC WESTERN AIRLINES LTD) établit son siège social dans la ville en 1949 et, avec d'autres transporteurs internationaux et intérieurs, utilise l'aéroport international que le gouvernement fédéral agrandit considérablement après l'avoir acheté à la ville en 1961.

En 1992, le gouvernement fédéral cède le contrôle de l'aéroport à l'Administration de l'aéroport international de Vancouver, qui fait construire une nouvelle piste et un nouveau terminal, inauguré en 1996. Les vols en direction de l'Asie du Pacifique représentent 20 p. 100 de la circulation aérienne, mais les accords Ciels ouverts ont considérablement augmenté le nombre de vols directs vers les États-Unis, qui est toujours la destination la plus populaire.

Depuis longtemps, Vancouver offre un transport public vers les banlieues. Les premiers tramways électriques au Canada font partie de la ligne interurbaine vers New Westminster (1891) et CHILLIWACK (1910). Dès les années 50, en raison de la popularité grandissante des autobus et des automobiles privées, le service au passager est abandonné, mais on transporte toujours des marchandises sur cette ligne. En 1986, la ville offre une fois de plus le transport en commun lorsque l'aérotrain, qui roule sur une voie surélevée (sauf au centre-ville où la voie est souterraine), traverse une grande partie de la ville, de BURNABY, et de New Westminster. En 1994, il est prolongé pour desservir la banlieue en croissance de SURREY.

Économie De nos jours, Vancouver est une ville postindustrielle. Bien qu'environ le sixième de la main-d'œuvre de la région métropolitaine de Vancouver dépende directement ou indirectement de l'industrie forestière pour l'emploi, les industries lourdes ont pratiquement disparu de la ville. Le commerce de gros et la distribution sont toujours importants, mais la ville accueille désormais des industries nouvelles ou en expansion dans les domaines de la gestion, des finances, des services juridiques et techniques, des télécommunications, de la technologie maritime et du cinéma. La Bourse de Vancouver (1907) finance les projets de développement de la Colombie-Britannique et de l'Alberta, surtout ceux qui sont plus spéculatifs. Le tourisme et les congrès contribuent grandement à l'économie de la ville, étant donné que les visiteurs y viennent pour profiter de ses beautés et de ses attraits ou pour se rendre ailleurs, comme au lieu de villégiature de WHISTLER.

Paysage urbain Les montagnes comme toile de fond, la mer à proximité et la présence à l'intérieur des limites de la ville de régions aussi sauvages que Stanley Park ont longtemps laissé croire aux habitants de Vancouver que rien ne pouvait sérieusement porter atteinte à la beauté naturelle de la ville. Les premiers arpenteurs, pour la plupart à l'emploi du CP, ne font guère montre d'imagination en disposant généralement les rues selon une grille qui fait fi des

caractéristiques naturelles du paysage telles que les pentes abruptes.

Hormis l'établissement de bornes d'incendie et un effort pour maintenir les industries polluantes en périphérie, la ville ne se soucie guère de l'aménagement du territoire avant la fin des années 20, époque à laquelle elle charge l'entreprise américaine Harland Bartholomew and Associates d'établir un plan d'urbanisme. La ville adopte quelques-unes de ses propositions, telles qu'un règlement de zonage détaillé, mais elle ne peut les mettre en application avant la fin de la Seconde Guerre mondiale. On voit cependant apparaître des modèles précis d'aménagement du territoire. Ainsi, les citadins les mieux nantis ont toujours tendance à s'installer à l'ouest de la rue Cambie, où les promoteurs subdivisent les terres en gros lotissements, alors que les gens moins aisés habitent dans l'Est, où les lotissements ne comptent parfois que 7,5 m de façade.

Depuis les années 60, le vieux cœur de la ville subit d'importantes transformations. Les urbanistes soumettent des projets d'aménagement du territoire, les élus municipaux en discutent et en modifient quelques-uns, et les promoteurs privés financent la majorité des nouvelles constructions. Dans le centre-ville, une forêt de tours à bureaux et d'hôtels de 20 à 40 étages, y compris des ensembles tels que les centres Bentall, Royal, Pacific et Vancouver, remplacent les immeubles de vente au détail de deux ou trois étages datant d'avant la Première Guerre mondiale.

Sur le plan architectural, parmi les nouveaux bâtiments les plus intéressants, citons la Provincial Court House, le Robson Square Conference Centre, la Canada Place et le MUSÉE DES BEAUX ARTS DE VANCOUVER. La Canada Place, point de repère construit pour Expo 86, comprend l'hôtel de 500 chambres Pan Pacific (1983–1986) et sert maintenant de centre d'affaires et des congrès ainsi que de terminal pour les paquebots de croisière. La ville est devenue un terminal populaire pour ces derniers, particulièrement ceux en route vers l'Alaska.

False Creek, qui donne sur English Bay, est représentative de la situation postindustrielle de la ville. Dès la fondation de cette dernière, cette région, qui jouit d'un accès facile au transport ferroviaire et maritime, abrite des terminus ferroviaires, des scieries, des ateliers d'usinage et des industries connexes. Parmi les villes nord-américaines de dimension comparable, Vancouver était unique pour l'importance du traitement des ressources primaires dans son économie. Dès les années 50, les progrès technologiques de l'industrie du bois d'œuvre et le vieillissement des usines font de False Creek un centre industriel en déclin. Après de nombreuses études et controverses, la ville décide d'y construire des maison de ville et des appartements en 1976 et, depuis, les industries ont disparu de la région.

L'île Granville voisine, créée comme site industriel en 1915 lorsqu'on remblaie la partie est de False Creek pour fournir des terrains au Canadian Northern Railway (aujourd'hui le Canadien National) et au Great Northern Railway (aujourd'hui le Burlington Northern) afin d'y construire un terminus et une gare de marchandise, accueille maintenant un marché public, une école d'art, des théâtres et des restaurants. Du côté nord de la crique, sur des terres occupées autrefois par les gares ferroviaires du CP, le gouvernement provincial a ouvert un stade de 60 000 places en 1983, première étape de la mise en valeur de BC Place. Le principal occupant de l'ancien emplacement d'Expo 86 est Concord Pacific Place, un complexe de tours à bureaux, d'espaces récréatifs et de tours d'habitations de luxe. Lorsqu'il sera terminé, le complexe abritera 8500 unités résidentielles.

Parallèlement au réaménagement presque total du centre-ville et de False Creek, on restaure une grande partie du quartier résidentiel le plus ancien de la ville, soit l'extrémité est de Strathcona. Quartier traditionnellement populaire, il abrite de nombreuses

minorités ethniques, principalement des CHINOIS. À la fin des années 50, la ville commence à démolir quelques-unes des habitations les plus pauvres et à les remplacer par des projets de logements publics. À la suite d'une protestation couronnée de succès contre un projet d'autoroute, les résidants locaux persuadent les gouvernements supérieurs d'accorder des fonds pour la restauration des installations existantes plutôt que d'entreprendre de nouveaux projets de remplacement.

Au cours des années 60 dans le West End, des promoteurs privés, favorisés par de nouveaux règlements de zonage, se mettent à construire des tours d'habitation à l'endroit où des immeubles et des maisons de rapport appartenant autrefois aux premiers habitants fortunés de la ville ont été subdivisés en appartement et en garnis. Déjà en 1971, le West End est connu pour la densité de sa population, alors que, paradoxalement, Vancouver s'enorgueillissait jadis de ses résidences unifamiliales individuelles à propriétaire occupant. La plupart des maisons (et ceci est encore vrai pour la majorité des quartiers à l'extérieur du West End) sont des constructions à ossature de bois, d'où se dégage souvent l'influence du style architectural californien (*voir aussi* HABITATION).

Population Au cours de ses cinq premières années d'existence et de la décennie qui précède la Première Guerre mondiale, Vancouver connaît ses périodes de croissance les plus importantes avec l'arrivée d'immigrants des îles britanniques et de l'Ontario. L'expansion des années 20, au cours desquelles Vancouver acquiert le statut de 3e ville du Canada, s'explique par l'annexion des municipalités dortoirs avoisinantes de Point Grey et de South Vancouver en 1929, la croissance naturelle, un regain d'immigration en provenance de Grande-Bretagne et le début d'une importante immigration en provenance des Prairies.

Après une brève augmentation pendant et après la guerre, le taux de croissance de la population s'amenuise. Le recensement de 1976 indique une baisse absolue dans la ville proprement dite, alors que la population du Grand Vancouver dépasse le million pour la première fois de son histoire. Les prix élevés des immeubles de la ville amènent les jeunes familles à s'établir dans les municipalités de banlieue, en particulier Burnaby, COQUITLAM, DELTA, la ville et le district de NORTH VANCOUVER, RICHMOND et Surrey.

De 1901 (première année pour laquelle on dispose de statistiques) à 1951, la population se compose aux trois quarts de personnes d'origine britannique, pour la plupart nées au Canada, qui dominent l'élite. Après la Seconde Guerre mondiale, l'arrivée de nouveaux immigrants fait de Vancouver une ville plus cosmopolite. En 1979, la commission scolaire rapporte que près de 40 p. 100 des enfants qui fréquentent l'école élémentaire parlent une langue maternelle différente de l'anglais. Ces élèves proviennent principalement de Chine, d'Italie et des Indes orientales. En 1996, l'anglais est la deuxième langue de la moitié des élèves des écoles urbaines.

Jusqu'à la fin de la Seconde Guerre mondiale, le groupe ethnique non britannique le plus important et le moins bien accepté se compose d'Asiatiques, principalement des Chinois et des Japonais (*voir* CANADIENS D'ORIGINE JAPONAISE). L'émeute anti-chinoise de 1887, l'émeute antiasiatique de 1907, la tension entourant l'incident de KOMAGATA MARU de 1914 et la décision du gouvernement fédéral en 1942 d'expulser de la côte tous les Japonais, y compris les quelque 8600 d'entre eux qui vivent dans la ville, démontrent bien l'hostilité des habitants de Vancouver, tout comme celle d'autres habitants de la Colombie-Britannique d'ailleurs, envers les Asiatiques.

Après la guerre, grâce au relâchement des barrières à l'immigration, un nombre croissant de personnes d'origine chinoise s'établit à Vancouver, et un grand nombre d'immigrants sont des investisseurs. Le quartier chinois prospère, mais ses marchands doivent concurrencer les centres commerciaux des banlieues, surtout à Richmond, qui font aussi du commerce avec les Chinois. Ceux-ci résident partout dans la ville et participent pleinement à la vie urbaine. Les Japonais qui sont retournés sur la côte s'intègrent à la ville. Les immigrants d'origine sud-asiatique reçoivent un accueil mitigé, mais ils sont actifs sur la scène politique et au gouvernement.

Administration et politique Vancouver est la seule municipalité de la Colombie-Britannique à posséder sa propre charte, mais elle demeure en grande partie assujettie au gouvernement provincial qui doit ratifier chaque modification apportée à celle-ci. Jusqu'en 1935, la ville est administrée par un maire et des conseillers choisis au sein des différents quartiers. Lorsque la province abolit ce système, seuls les conseillers municipaux s'y opposent sérieusement.

En 1936, tirant profit du scrutin de liste, la CO-OPERATIVE COMMONWEALTH FEDERATION présente une liste de candidats aux postes de conseillers et en fait élire trois. L'existence de la politique de parti à l'hôtel de ville se confirme en 1937 avec la formation de la Non-Partisan Association (NPA), vague amalgame de conservateurs et de libéraux. La NPA domine la politique municipale, bien qu'elle soit confrontée en 1972 au Electors Action Movement (TEAM) et, dernièrement, à plusieurs groupes de gauche, principalement le Committee of Progressive Electors.

Vancouver connaît sa première expérience de GOUVERNEMENT MÉTROPOLITAIN en 1913 avec la formation du Vancouver and District Joint Sewerage and Drainage Board. Les organismes métropolitains responsables de la compagnie des eaux, de la santé publique et de l'aménagement régional apparaissent plus tard. La croissance des municipalités de banlieue encourage le gouvernement provincial à créer un organisme élu, le Greater Vancouver Regional District (GVRD). Depuis 1967, le GVRD, qui comprend Vancouver et 19 municipalités de banlieue, assume la plupart des fonctions incombant aux premières agences, auxquelles se sont ajoutées de nouvelles responsabilités, telles que le financement de capitaux, les règlements de construction, le logement et le contrôle de la pollution de l'air.

Communications Vancouver est le centre d'une industrie de l'édition en pleine activité. Douglas & McIntyre (fondé en 1971) est le troisième plus important éditeur du Canada à l'ouest de Toronto. Les Presses de l'Université de la Colombie-Britannique sont un important éditeur de livres universitaires et un grand nombre de petits éditeurs se spécialisent en études régionales, livres pratiques et littérature.

Deux quotidiens, le SUN et le PROVINCE, un certain nombre de journaux spécialisés, plus de 20 journaux locaux et ethniques, une foule de stations de radio, quatre chaînes de télévision et un accès facile par câble aux chaînes de télévision américaines procurent information et divertissement.

Vie culturelle Vancouver jouit depuis longtemps d'une diversité d'activités culturelles. La Art, Historical and Scientific Association (l'un des premiers groupes organisés) fonde un musée en 1894. À l'occasion du centenaire de la Colombie-Britannique en 1958, la ville construit un nouveau musée, un musée maritime et, grâce au fonds de l'exploitant forestier Harvey R. MACMILLAN, un planétarium. Dès que le CP ouvre un opéra en 1891, Vancouver devient une halte régulière pour les compagnies théâtrales et les artistes de concert en tournée.

Bien qu'elle appuie des groupes musicaux et des troupes de théâtre amateur locaux, la ville compte des corps professionnels tels que l'ORCHESTRE SYMPHONIQUE DE VANCOUVER, la Vancouver Opera Association et le Playhouse Theatre, l'une des nombreuses troupes de théâtre professionnel qui surgissent dans les années 60 et 70. Le Vancouver Opera et le Playhouse Theatre utilisent tous deux le Queen Elizabeth Theatre, un auditorium municipal inauguré en 1959. L'orchestre symphonique joue à l'Orpheum Theatre tandis que les théâtres itinérants jouent leurs pièces musicales au Ford Theatre (1994).

Depuis octobre 1983, la Vancouver Art Gallery (fondée en 1931) est située dans le Old Courthouse, un emplacement plus grand que le précédent, réaménagé par l'architecte Arthur ERICKSON, qui est aussi le concepteur du Museum of Anthropology (1976) situé sur le campus de l'U. de la Colombie-Britannique. Le musée, attraction touristique très prisée et établissement de recherche, est reconnu pour sa collection d'articles des premières nations. Tout aussi saisissant, mais d'une autre façon, est le Library Square (1995), qui abrite la bibliothèque centrale publique, construit à l'image du Colisée de Rome.

Les établissements d'enseignement supérieur stimulent également les arts. La région de Vancouver compte deux universités, l'UNIVERSITÉ DE LA COLOMBIE-BRITANNIQUE (fondée en 1908) et l'UNIVERSITÉ SIMON FRASER (fondée en 1963), plusieurs collèges régionaux, notamment le Vancouver Community College (1965), et le BC Institute of Technology (1964).

La région de Vancouver offre de nombreuses possibilités de loisirs de plein air, notamment le ski et, à longueur d'année, le nautisme, le golf et la plongée sous-marine. La ville compte 159 parcs, dont le plus grand et le plus important, Stanley Park, possède de nombreuses installations récréatives, notamment une promenade de 7 km au bord de la mer, endroit préféré des marcheurs et des joggers. Des équipes d'amateurs participent à la plupart des sports et les LIONS DE LA COLOMBIE-BRITANNIQUE, une équipe de football; les CANUCKS DE VANCOUVER, une équipe de hockey; et les Grizzlies de l'Association nationale de basketball jouent dans les ligues professionnelles majeures. Les Lions jouent leurs matchs locaux à la BC Place, les Canucks et les Grizzlies, à la GM Place, inaugurée en 1995.

Patricia E. Roy

Vancouver Art Gallery Fondée en 1931, elle possède une collection d'environ 7000 peintures, sculptures, photographies, estampes, dessins et objets d'art, la majorité représentant l'art canadien de style contemporain. Le fonds Emily CARR constitue un des éléments les plus importants de cette collection, et une salle tout entière est consacrée en permanence à l'exposition de son œuvre. À l'origine, la galerie est un petit édifice de style art déco de la rue Georgia Ouest. Elle abrite une modeste collection d'œuvres britanniques achetée par sir Charles Holmes et la plus grande partie de son programme d'expositions est consacrée à l'art de style britannique. En 1938, la galerie est occupée par un groupe de chômeurs protestant contre les politiques du gouvernement, mais aucun tableau n'est endommagé.

Après la guerre, les modernistes de Vancouver, dont Lawren HARRIS, donnent à la galerie une nouvelle direction. En 1950, la rénovation et l'agrandissement de l'édifice lui confèrent un style international et, au cours des années 60, sous la direction de Doris Shadbolt et de Tony Emery, la galerie est reconnue pour ses programmes innovateurs et accessibles. En 1983, elle déménage dans de plus grands espaces, dans l'ancien palais de justice fraîchement rénové par Arthur ERICKSON. Ce n'est que récemment qu'elle a obtenu un budget pour de nouvelles acquisitions, budget qui est maintenant un des plus élevés au pays. Tout en ayant un programme d'expositions efficace, la galerie offre aussi une bibliothèque, une banque de diapositives et des programmes éducatifs. De 1976 à 1984, elle a publié *Vanguard*, une revue de critique d'art canadien. Au début des années 70, la Vancouver Art Gallery a également participé à la mise sur pied de la Pacific Cinémathèque and Video Inn.

Scott Watson et W. Holmes

Vancouver, George, officier de marine et explorateur (King's Lynn, Angl., 22 juin 1757—Petersham, Londres, 12 mai 1798). Il participe aux expéditions de James COOK dans les mers du Sud (1772–1775) et sur la CÔTE DU NORD-OUEST (1776–1780). En 1790, les Anglais effectuent des préparatifs en vue d'explorer cette côte, mais reportent l'expédition en apprenant que les Espagnols se sont emparés des possessions britanniques du DÉTROIT DE NOOTKA. Puis, après la signature d'une convention avec l'Espagne en octobre, le projet est relancé sous le commandement de Vancouver. Celui-ci est chargé de deux missions: récupérer les possessions qui auraient été saisies à Nootka et explorer la côte de la Californie jusqu'à Cook Inlet, en Alaska. Il atteint la côte en avril 1792. En août, il rencontre le commissaire espagnol BODEGA Y QUADRA à Nootka. Les négociations sont amicales mais vaines, et l'affaire des propriétés saisies est renvoyée à Londres et à Madrid. Durant les étés de 1792, de 1793 et de 1794, il explore toute la côte de la Colombie-Britannique, y compris le dédale de passages que forme le fjord Puget Sound, et passe les hivers dans les îles Sandwich (aujourd'hui Hawaï). À son retour en Angleterre en septembre 1795, il entreprend de réviser son journal, *A Voyage of Discovery to the North Pacific Ocean and Round the World*, publié en 1798, dans lequel il prétend à juste titre que son étude, l'une des plus importantes du genre, élimine «tout doute» quant à l'existence d'un PASSAGE DU NORD-OUEST vers l'Atlantique «à l'intérieur des limites de nos recherches».

W. Kaye Lamb

Vancouver, île de Située en Colombie-Britannique, elle est la plus grande île de la côte ouest de l'Amérique du Nord avec une superficie de 31 284 km². D'une longueur d'environ 460 km et d'une largeur variant de 50 à 80 km, elle s'étend parallèlement à la Colombie-Britannique continentale. Elle est séparée du continent par les détroits de GEORGIA, de la Reine-Charlotte et de Johnstone, et des États-Unis, par le DÉTROIT DE JUAN DE FUCA.

Description Avec les ÎLES DE LA REINE-CHARLOTTE, elle fait partie d'une chaîne partiellement submergée de la cordillère occidentale et s'inscrit dans la continuation des montagnes côtières des États-Unis. Son littoral est très échancré, particulièrement du côté ouest, où l'on trouve plusieurs criques semblables à des fjords (les plus longues étant celles d'Alberni et de Muchalat) qui se découpent dans un intérieur densément boisé et montagneux, avec des pics s'élevant en moyenne de 600 à 1000 m. Le mont GOLDEN HINDE (2200 m), le mont Elkhorn (2194 m) et le mont Colonel Foster (2133 m) font partie des plus hauts sommets de l'île.

Contrastant avec ce noyau montagneux, les basses-terres côtières forment une ceinture qui encercle presque totalement l'île. Elles sont plus prononcées au nord et à l'est, où les basses-terres de Nahwitti et de Nanaimo s'insèrent dans une dépression côtière qui s'étend du sud-est de l'Alaska à la dépression Puget, dans l'État de Washington.

L'île compte de nombreux lacs d'eau douce: Nimpkish (le plus grand), Cowichan, Buttle, Sproat, Great Central et Campbell. Il n'y a pas de système riverain dominant dans l'île, bien que de nombreuses rivières se déversent à la côte par de vastes vallées pour terminer des complexes étendues de deltas et d'estuaires. C'est le cas, entre autres, des rivières Nimpkish, Campbell, Somass, Salmon, Gold, Nanaimo, Nitnat et Cowichan. Plusieurs des nombreux autres ruisseaux et rivières de l'île se trouvent dans les vallées étroites et abruptes, témoignant du relief accidenté, en particulier sur la côte ouest.

Climat L'île jouit d'un climat humide, mais doux. Les précipitations varient de 3,8 m sur les versants ouest des montagnes à moins de 0,8 m dans le sud-est des basses-terres de Nanaimo. La majeure partie des précipitations retournent dans le Pacifique par une série de rivières rapides, profondes et relativement courtes telles que les rivières Nanaimo et Campbell.

Historique Bien que le dossier archéologique soit incomplet, il ne fait aucun doute que les autochtones ont occupé l'île pendant plusieurs milliers d'années. Une société villageoise et tribale, dont l'économie reposait sur la pêche, la cueillette et la chasse, s'y est développée. Les abondantes ressources marines et forestières dont regorgent les côtes ont favorisé une culture riche en tradition orale et en expression artistique. Les deux principales familles linguistiques qui s'y sont développées, les langues salish et wakashene, existent encore aujourd'hui.

Traditionnellement composés de longues maisons de cèdre solidement bâties, les villages sont habituellement situés dans des anses abritées ou légèrement en amont de l'embouchure d'une rivière. Pendant la saison de la chasse, les bandes émigrent dans des territoires bien définis. Au début du XIXᵉ s., la population autochtone s'élève à environ 15 000 personnes. Par suite de maladies, elle décline et atteint environ 5600 personnes en 1881. Dans les années 1950, elle est stable, soit environ 5000, puis elle dépasse 7000 dans les années 70. Dans les années 90, la population augmente à nouveau et atteint 15 500 personnes, soit 3 p. 100 de la population de l'île. On trouve dans l'île 44 premières nations distinctes et 271 réserves indiennes.

Les explorateurs et commerçants espagnols, russes, français, anglais et américains commencent à explorer les eaux du nord-est du Pacifique au XVIIIᵉ s. Cependant, les Anglais évincent peu à peu les autres, grâce aux activités de leurs compagnies commerciales, à la présence de la Marine royale, ainsi qu'aux négociations et menaces faites en Europe. Le voyage de James COOK ainsi que le voyage autour de l'île de George VANCOUVER et son étude hydrographique de l'île de 1792 à 1794 ouvrent la voie à une pénétration anglaise accrue. La diversité des toponymes dans l'île (*voir* TOPONYMIE) ainsi que dans les îles et les eaux avoisinantes atteste de cette période d'exploration.

En 1843, la COMPAGNIE DE LA BAIE D'HUDSON envoie James DOUGLAS dans l'île afin qu'il choisisse l'emplacement d'un fort. Un petit village se développe à l'extrémité sud de l'île, autour du fort Victoria. En 1846, le traité de Washington (*voir* TRAITÉ DE L'OREGON) fait de l'île un territoire britannique. Elle devient colonie de la Couronne britannique en 1849. Elle est rattachée à la colonie continentale de la Colombie-Britannique en 1866, et la colonie unie adhère au Dominion du Canada en tant que province de la COLOMBIE-BRITANNIQUE en 1871.

La population européenne augmente lentement jusque dans les années 1860, lorsque la découverte d'or sur le continent et de charbon sur l'île entraîne un accroissement considérable de la population. Un certain nombre de chercheurs d'or déçus se tournent vers l'agriculture ou le charbonnage et se joignent au petit nombre croissant de colons qui prennent une ferme sur les basses-terres étroites de l'Est.

Outre Victoria, les premiers villages sont établis dans la région de Duncan, dans la vallée de la rivière Cowichan et dans la région de COURTENAY-Comox, deux vallées attrayantes et fertiles. Bien que la forêt soit un obstacle pour le fermier pionnier, sa profusion et sa haute qualité stimulent le développement de scieries aux endroits soumis à l'influence des marées, notamment PORT ALBERNI (1861) et Chemainus (1862). La ligne de chemin de fer Esquimalt and Nanaimo (1886) ouvre la voie à l'expansion des industries forestières et minières de l'île. En 1900, la population s'élève à environ 51 000 habitants, concentrés à 90 p. 100 dans la région de Victoria-NANAIMO.

Après 1900, le développement augmente rapidement à mesure que se poursuit l'immigration et que les industries minière et forestière prospèrent. Nanaimo s'étend et de nouvelles mines de charbon ouvrent

à Cumberland, à LADYSMITH et à Union Bay. L'accroissement de la population ralentit entre 1921 et 1941, en raison du peu de terres propices à l'exploitation agricole encore disponibles. L'épuisement des meilleurs gisements de charbon laisse place à une nouvelle expansion de l'industrie forestière. Le potentiel touristique s'impose à mesure que les moyens de transport s'améliorent et que l'île attire de plus en plus de gens à la retraite.

Le développement économique de l'île est étroitement lié à l'abondance et à la diversité de ses ressources naturelles. Celles-ci contribuent à former une solide base économique, qui crée l'apparition de villes florissantes et d'une infrastructure économique et sociale bien développée dans toutes les régions de l'île.

Comme pour toutes les régions dont l'économie dépend des ressources, l'île de Vancouver a connu des périodes de forte expansion, suivies de récessions. Au cours des deux dernières décennies, cependant, l'île a connu des changements qui vont au-delà des mouvements cycliques de l'économie internationale. En effet, de nombreuses industries, telle l'industrie forestière, opèrent des changements structurels permanents afin de demeurer concurrentielles dans le marché international. Au même moment, l'île attire de nombreuses industries et entreprises nouvelles en raison de sa remarquable «qualité de vie». Parmi celles-ci, on trouve des entreprises du secteur de la haute technologie, des loisirs, du tourisme et des petites industries manufacturières.

Les populations de l'île de Vancouver présentent également de grandes différences. Pour les populations des régions du Nord et de l'Ouest, le secteur forestier constitue la principale source de revenu. Les dernières années ayant été caractérisées par la chute du prix des produits forestiers, en particulier la pâte à papier, et la réduction de l'activité de cette industrie, ces populations vivent des moments difficiles. Cette situation entraîne une augmentation du nombre de chômeurs et d'assistés sociaux et, dans certaines régions, la population diminue à mesure que des personnes choisissent de partir.

Par contraste, les populations des parties sud et est de l'île sont très diversifiées et connaissent un accroissement considérable, ce qui stimule la croissance économique. La population de l'île s'élève à 495 000 personnes en 1981 et à 590 000 personnes en 1991, soit une augmentation de 19 p. 100. La plus forte augmentation s'est produite dans le district régional de la capitale, centré dans les régions de Victoria et de Nanaimo. La majorité de la population de l'île vit dans des zones urbaines (66 p. 100). Dans bien des cas, cet accroissement engendre certains problèmes: engorgement des routes, explosion des prix des maisons et des logements, et expansion urbaine. Ces problèmes, associés à d'autres, compromettent la qualité de la vie de l'île, qui autrement est excellente. Cela a suscité de nombreuses discussions et créé de vives controverses au cours des dernières années, en particulier celles qui entourent le débat sur le plan d'occupation des sols de l'île de Vancouver, préparé par la Commission des Ressources et de l'Environnement de la Colombie-Britannique (1994).

Alan F.J. Artibise

Vancouver, mont D'une altitude de 4785 m, il est situé dans la chaîne des monts St. Elias, dans le Territoire du Yukon. Il se trouve au sud-est du MONT LOGAN, entre les immenses systèmes de glaciers Hubbard et Seward. Vaste massif, le mont Vancouver comporte quatre sommets et sa base s'étend sur 24 km du nord-ouest au sud-est. Le sommet sud-est constitue une frontière entre le Canada et l'Alaska, à seulement 32 km de la mer.

Le plus haut sommet (au nord-ouest) est atteint pour la première fois en juin 1949 par N. Odell, W. Hainsworth, R. McCarter et A. Bruce Robertson. Le sommet sud-est, le plus haut sommet du Canada à ne pas être escaladé avant 1967, est atteint par une équipe canado-américaine en l'honneur des centenaires

de l'Alaska et du Canada. On le renomme alors le Good Neighbour Peak.

Glen Boles

Vancouver Playhouse Theatre Company La Playhouse Company inaugure le Vancouver Playhouse Theatre (une salle de 647 places située rue Hamilton) au mois d'octobre 1963 avec *The Hostage* de Brendan Behan. Les premières années de la compagnie sont difficiles. Elle ne bénéficie pas de l'appui de la ville de Vancouver et le bâtiment qui l'abrite n'a pas été conçu pour le théâtre, si bien que les bureaux et les salles d'ateliers ne communiquent pas avec la scène principale.

Le Vancouver Playhouse adopte la même formule que les théâtres régionaux canadiens: une saison de septembre à mai et un répertoire d'environ six pièces constitué essentiellement de succès récents joués à Londres et à Broadway et de quelques pièces classiques. On encourage surtout la vente d'abonnements. Les théâtres utilisent cette pratique depuis plus de 30 ans pour planifier leur saison.

Michael Johnston est le premier directeur artistique du Playhouse. Après lui se succéderont à ce poste: Malcolm Black (1964—1967), Joy Coghill (1967—1969), David Gardner (1969—1971), Paxton Whitehead (1971—1973), Christopher Newton (1973—1979), Roger Hodgman (1979—1982), Walter Learning (1982—1987), Guy Sprung (1987—1988), Larry Lillo (1988—1993) et Susan Cox (depuis 1993).

À plusieurs reprises, le Playhouse organise une deuxième saison. Il s'agit de pièces expérimentales jouées dans une salle plus petite. Mais cela ne dure pas longtemps. Depuis 1964, le Vancouver Playhouse doit faire face à la concurrence du ARTS CLUB THEATRE qui menace de prendre sa place de troupe vedette de la province. La plupart des théâtres régionaux ne sont pas confrontés à une telle menace.

Durant les années 60, le Playhouse présente des œuvres canadiennes, notamment des comédies d'Eric NICOL. À l'automne 1967, la première de *The Ecstasy of Rita Joe*, une pièce de George RYGA, est un grand moment pour la troupe. Pourtant, le Playhouse n'a jamais voulu s'engager à appuyer Ryga ou tout autre dramaturge canadien. La première d'une autre œuvre canadienne, *The Komagata Maru Incident* (1975), de Sharon POLLOCK, présentée sur la deuxième scène, connaît aussi beaucoup de succès.

Sous la direction de Newton, assisté du scénographe Cameron Porteous, le Vancouver Playhouse connaît ses six meilleures années. Newton s'entoure de metteurs en scène étrangers et crée un style théâtral quelque peu décadent dans des œuvres comme *Camille*, *Le Comte de Monte Cristo* et *Leonce and Lena*, mises en scène par Liviu Cielei. Learning devient directeur artistique en 1982 et présente un répertoire de 12 pièces, sans grand succès. On attendait beaucoup de Larry Lillo, un homme de la région, dont on se souviendra peut-être pour avoir formé des acteurs comme Nicola Cavendish. (*Voir aussi* THÉÂTRE DE LANGUE ANGLAISE.)

Malcolm Page

Vanderburg, Helen, athlète en nage synchronisée (Calgary, Alb., 12 janv. 1959). Vanderburg est la première Canadienne à dominer la NAGE SYNCHRONISÉE sur la scène internationale. Membre de l'équipe nationale de 1971 à 1979, elle détient 11 titres canadiens en solo, en duo et dans les figures imposées. Jusqu'en 1978, les nageuses canadiennes inscrites à des compétitions internationales terminent invariablement deuxièmes, derrière les Américaines, sauf en 1977, année où Vanderburg et Michelle Calkins remportent l'épreuve en duo des Jeux panpacifiques. En 1978, Vanderburg brise la domination américaine en gagnant la médaille d'or au championnat mondial dans les épreuves en solo et en duo. En 1979, elle démontre qu'elle est la meilleure athlète en nage synchronisée au monde en remportant des titres dans toutes les compétitions importantes:

épreuves en solo et en duo aux Jeux panaméricains, épreuve en solo aux Jeux panpacifiques, épreuves en solo et en duo aux compétitions de la coupe FINA (en 1979, sa partenaire est Kelly Kryczka). Vanderburg cumule les honneurs: elle reçoit deux fois le trophée Elaine Tanner, est proclamée athlète féminine de l'année en 1979, et est membre du Temple de la renommée des sports du Canada. Elle s'est retirée de la compétition en 1979.

Barbara Schrodt

Vanderhaeghe, Guy Clarence, écrivain (Esterhazy, Sask., 5 avril 1951). Il étudie en éducation et en histoire à l'U. de la Saskatchewan, puis travaille comme archiviste, chercheur et professeur au secondaire dans les années 70. Il remporte le Prix du Gouverneur général pour son premier ouvrage, *Man Descending* (1982), un recueil de nouvelles qui lui vaudra par la suite le Faber Prize de Grande-Bretagne. Il se consacre alors entièrement à l'écriture et est écrivain résident à la bibliothèque publique de Saskatoon (1983-1984). Il est maintenant professeur auxiliaire d'anglais à l'U. d'Ottawa. Son premier roman, *My Present Age* (1984), est mis en nomination pour le Booker Prize et traduit en plusieurs langues. *Homesick* (1989), un roman fougueux où l'auteur étudie le pouvoir guérisseur et destructeur des liens familiaux, remporte ex æquo le City of Toronto Book Award, ce qui contribue à le confirmer comme l'un des grands écrivains canadiens. Parmi ses autres recueils de nouvelles publiés figurent *The Trouble with Heroes, and Other Stories* (1983) et *Things as they Are?* (1992). Sa première pièce de théâtre, *I Had a Job I Liked. Once* (créée en 1991), est un drame captivant dont l'action se déroule dans une ville minière de l'Ouest pendant une nuit d'été en 1967.

Il est le coauteur de *The Urban Prairie* (1993), qui examine le patrimoine urbain de la région des Prairies à l'aide de la peinture, la photographie et d'autres moyens visuels, ainsi que de trois essais. Son dernier roman s'intitule *The Englishman's Boy* (1996). Il vit à Saskatoon.

Marlene Alt

Vander Zalm, Wilhelmus Nicholaas Theodore Marie, «Bill», horticulteur, homme d'affaires et premier ministre de la Colombie-Britannique (Noordwykerhout, Hollande, 29 mai 1934). En 1947, il s'installe dans la vallée du Fraser avec sa famille. Après avoir terminé ses études secondaires, il se lance dans le commerce des bulbes et, en 1956, il achète une pépinière. Il fait des placements dans l'immobilier et met sur pied le Fantasy Garden World, un parc thématique à Richmond, en Colombie-Britannique, avant d'entrer en politique municipale.

Pendant qu'il est conseiller municipal, de 1965 à 1968, et maire, de 1969 à 1975, à Surrey, Vander Zalm brigue sans succès les suffrages au niveau provincial et fédéral, pour le Parti libéral. En 1974, il se joint au Crédit Social et, en 1975, il est élu député provincial de Surrey. En occupant tour à tour les postes de ministre des Ressources humaines (de 1975 à 1978), de ministre des Affaires municipales (de 1978 à 1982) et de ministre de l'Éducation (de 1982 à 1983), il se fait remarquer par son franc parler. Il attaque, p. ex., les bénéficiaires de l'aide sociale bien portants qui, selon lui, refusent de «mettre la main à la pâte». Il dit de ses collègues du Cabinet qu'ils manquent de cran, après qu'ils eurent rejeté une nouvelle loi sur l'aménagement du territoire et il se plaint du bilinguisme sur les boîtes de céréales.

Après s'être temporairement retiré de la vie politique, Vander Zalm remporte la course à la direction du Crédit Social en juillet 1986 et il succède à William R. BENNETT au poste de premier ministre. Bien que l'opposition l'accuse de ne pas avoir de programme politique, le charismatique Vander Zalm mène le Crédit Social vers une victoire éclatante le 22 octobre 1986. Il défend énergiquement le LIBRE-ÉCHANGE proposé par le gouvernement fédéral et, en 1988, il s'oppose vigoureusement à l'avortement en Colombie-Britannique. Un scandale entache l'ad-

ministration de son parti et sa popularité en subit les contrecoups. Un autre scandale, personnel cette fois, relativement à des placements dans son Fantasy Garden World, l'amène à démissionner en 1991.

Patricia E. Roy

Vanier, ville du Qc; pop. 11 174 (rec. 1996), 10 833 (rec. 1991); superf. 4,66 km²; const. en 1916. À l'origine, elle s'appelle Québec-Ouest, mais prend le nom de Vanier en 1966 en l'honneur du gouverneur général Georges-Philéas VANIER. Elle fait partie de la communauté urbaine de Québec, et, tout comme son homonyme ontarien, elle est enclavée dans une capitale plus grande, soit QUÉBEC. Elle est limitée au sud par la rivière Saint-Charles, et sa moitié nord-ouest forme un grand parc industriel répondant aux besoins de centaines d'établissements manufacturiers.

Les débuts de Vanier sont sans histoire. La partie sud, près de la Petite rivière sans bruit, attire tout d'abord les vacanciers, qui recherchent des espaces libres et tranquilles. Au tournant du siècle, des projets d'habitation voient le jour. En 1924, l'administration municipale procède à l'installation des services d'égout, d'aqueduc et d'électricité. Le pont Marie-de-l'Incarnation est construit et le pont Scott est refait. La croissance démographique s'accélère avec la CRISE DES ANNÉES 30 en raison du prix peu élevé des habitations. Ainsi, entre 1928 et 1933, la population fait plus que tripler et passe de 600 à 2132 hab. Vanier finit par surmonter les difficultés connues au cours de sa formation et devient un des membres les plus importants de la communauté urbaine de Québec.

Pierre-Louis Lapointe et Monique Côté

Vanier, coupe Du nom du gouverneur général Georges VANIER (de 1959 à 1967), cette coupe est décernée pour la première fois en 1965 aux gagnants du match de football invitation appelé Canadian College Bowl. Peter Gorman, un homme d'affaires de Toronto, est l'initiateur de ce match auquel il donne une dimension philanthropique en le liant à l'Association canadienne d'aide à l'enfance.

Déjà en 1959, on avait tenté d'instaurer un championnat canadien interuniversitaire lorsque l'U. de Western Ontario et l'U. de la Colombie-Britannique ont disputé le titre canadien au Varsity Stadium. En 1967, l'Union sportive interuniversitaire canadienne (USIC) accepte, comme championnat, le match de la coupe Vanier, qui opposera les champions des sections Est et Ouest. En 1982, le match prend le nom de «coupe Vanier» et se déroule l'avant-dernier samedi de novembre, à la fin d'un long week-end d'activités. À partir de 1989, il se joue désormais au SkyDome et à une date qui n'entre pas en conflit avec le match de la COUPE GREY, qui a lieu à la même période de l'année. Les 4 ligues qui s'affrontent pour la coupe Vanier sont la Western Intercollegiate Football League (WIFL), l'Ontario Universities Athletic Association (OUAA), la Conférence de Football Universitaire de l'Ontario et du Québec (CFUOQ) et l'Association sportive interuniversitaire de l'Atlantique (ASIA).

Frank Cosentino

Vanier, Georges-Philéas, gouverneur général de 1959 à 1967 (Montréal, 23 avril 1888—Ottawa, 5 mars 1967). Après des études à Loyola et à Laval, il est reçu au barreau du Québec en 1911. Il s'enrôle dans l'armée en 1915 et, après avoir reçu la Croix militaire et l'Ordre du service distingué, il est un des officiers fondateurs du Royal 22ᵉ Régiment, dont il devient par la suite commandant de 1926 à 1928. Après la Première Guerre mondiale, il intègre le corps diplomatique et représente le Canada à la SOCIÉTÉ DES NATIONS, à Londres, et au cours de plusieurs conférences internationales. Il devient ministre plénipotentiaire du Canada en France en 1939 et, en 1943, il est ministre canadien pour tous les gouvernements alliés en exil à Londres. En 1944, il retourne en France comme ambassadeur et honore ses fonctions jusqu'à son départ à la retraite en 1953.

Le commandant général Vanier est nommé GOUVERNEUR GÉNÉRAL le 15 septembre 1959. Ses années de mandat sont des années troubles du fait de la situation économique difficile, de la succession de GOUVERNEMENTS MINORITAIRES et de la montée de la violence et du SÉPARATISME au Québec. Toutefois, il gagne l'estime et l'admiration des Canadiens grâce à son intérêt pour les pauvres, les humbles, les jeunes et les familles, intérêt qu'il manifeste lors des discours publics enthousiastes et de nombreux voyages à travers le pays. Vanier est un homme grand et impressionnant, qui se déplace avec beaucoup de dignité et de calme. Il est profondément religieux et apporte une dimension spirituelle et morale à son poste. Son épouse Pauline (née Archer) inspire le même respect et contribue beaucoup au succès de son mandat.

Jacques Monet, s.j.

Vanier, Jean, chef spirituel et travailleur auprès des personnes handicapées (Genève, Suisse, 28 sept. 1928). Fils de Georges VANIER, gouverneur général du Canada, et de Pauline Vanier (née Archer), il sert dans la marine britannique et la marine canadienne de 1945 à 1950. Il étudie et enseigne la philosophie et la théologie en France, puis fonde L'Arche en 1964, une résidence pour hommes handicapés qui vivent avec lui à Trosly-Breuil (France). Beaucoup d'autres résidences semblables sont fondées: en 1986, on en compte 13 en France, 23 au Canada, 9 aux États-Unis, 4 en Inde, 2 en Afrique et beaucoup d'autres ailleurs dans le monde. Jean Vanier porte un regard critique sur la société, où tout nous porte vers l'individualisme, la productivité, la surconsommation, la mondialisation à tout prix. Cela exclut nombre de personnes qui, étant donné qu'elles ne sont pas productives, sont méprisées et même gênantes. Ce prophète des temps modernes n'hésite pas à dire : «Une société qui écarte les non-productifs et les faibles risque de surdévelopper la raison, l'organisation, l'agressivité et le sentiment de domination. Elle devient une société sans cœur ni gratuité, une société rationnelle et triste, sans célébration, vouée aux divisions internes, à la compétition, à la rivalité et, finalement, à la violence.» Vanier jouit d'une large estime comme directeur de retraites spirituelles et auteur de plusieurs livres, notamment *Larmes de silence* (1971), *Eruption to Hope* (1971), *Disciple de Jésus-Christ* (1977) et *La communauté: lieu du pardon et de la fête* (1979). Ses écrits et sa façon de vivre invitent les gens à partager la vie des défavorisés et à croire que chaque personne a une valeur unique en tant qu'être humain. Il est nommé Compagnon de l'Ordre du Canada en 1987 et décoré de l'Ordre national du Québec en 1992.

Mac Freeman

Vannelli, Gino, chanteur, compositeur (Montréal, 16 juin 1952). En 1970, il lance son premier disque sous le nom de Vann-Elli. Ce n'est pourtant que quatre ans plus tard, sous son propre nom, qu'il connaît son tout premier succès. *People Gotta Move* est un triomphe au Canada comme aux États-Unis et met en branle une carrière qui engendre d'autres pièces populaires telles que *I Just Wanna Stop* (1978), *Living Inside Myself* (1981), *Black Cars* (1985) et *Wild Horses* (1987).

En plus de remporter plusieurs PRIX JUNO, Vannelli a aussi été mis en nomination pour quatre prix Grammy. En 1990, après un arrêt de 12 ans, Vannelli remonte sur scène; cette tournée donnera lieu à un album enregistré en spectacle. D'abord réputé pour son physique agréable, son sex-appeal et sa musique pop exubérante, Vannelli nous fait découvrir, avec son album *Yonder Tree* (1995), un côté plus spirituel et un nouveau son teinté de jazz. En 1998, il lance *Slow Love*.

Steve McLean

Varennes, ville du Qc; pop. 20 634 (rec. 2000), 18 842 (rec. 1996), 14 758 (rec. 1991); superf. 93,96 km²; const. en 1972; située en face de Montréal-Est, sur la rive sud du fleuve Saint-Laurent. Fondée en 1672, elle prend le nom de l'ancien propriétaire de la seigneurie de Varennes, René-Gaultier de Varennes, qui devient par la suite gouverneur de Trois-Rivières. Le vieux village, qui a bien été préservé, entoure la grande basilique dédiée à Sainte-Anne. La basilique est aussi un lieu de dévotion à mère Marie-Marguerite D'YOUVILLE, canonisée en 1990 (*voir* SAINT).

Varennes possède la plus grande concentration de chercheurs dans le domaine de l'ÉNERGIE au Canada. On y trouve en effet le siège social de l'Institut de recherche d'Hydro-Québec, l'Institut national de recherche scientifique (énergie et matériaux) de l'U. du Québec ainsi que le Laboratoire de recherche en diversification énergétique du gouvernement fédéral. Un grand parc chimique comptant plus de 12 entreprises multinationales se trouve aussi à Varennes. Construite sur le bord du Saint-Laurent, à quelques minutes du grand centre urbain de Montréal, la ville jouit du calme d'un milieu rural où la richesse agricole a toujours une place importante.

Sylvie Guertin

Variole Maladie infectieuse causée par un virus à ADN du genre orthopox. Le virus de la variole est différent de celui de la vaccine («vaccin», du latin *vacca*, vache), une maladie du pis de la vache, mais, inoculé à l'humain, ce virus de la vaccine l'immunise contre la variole sans provoquer de maladie notable. La variole se transmet par les postillons émis par le nez ou la gorge ou par des virions séchés sur des couvertures de lit ou des vêtements. Une fois infecté, le sujet non immunisé se porte bien pendant la phase d'incubation, qui dure environ 12 jours. La maladie se manifeste à ses débuts par des symptômes tels que lombalgie, fièvre et épuisement, suivis d'éruptions pustuleuses touchant surtout le visage et les membres. Au cours de la phase d'éruption, qui dure quelques semaines, le sujet est susceptible d'infecter de trois à cinq de ses proches. Les éruptions laissent des cicatrices plus ou moins profondes ou des pustules. Les complications comprennent la pneumonie, la cécité, l'infection des articulations ou des os. La forme hémorragique est invariablement fatale. Le taux de mortalité dû à la variole majeure atteint entre 30 p. 100 et 40 p. 100, alors que celui de la variole mineure est seulement de 1 p. 100 à 2 p. 100.

Au cours de l'Antiquité, la variole est probablement répandue en Asie, mais ce n'est qu'au IXe s. de notre ère que Rhazes, en Asie Mineure, décrit convenablement cette maladie. Les Espagnols ont importé la maladie en Amérique lors de leurs visites et de leurs conquêtes des Antilles (1507) et du Mexique (1519). On la signale pour la première fois en Nouvelle-France en 1616, près de Tadoussac, dans les régions du Saint-Laurent et du Saguenay où les colons français l'ont apportée. La variole fait des ravages parmi les Indiens, car ils sont totalement dépourvus d'immunité. Rapidement elle se propage dans les autres tribus des Maritimes, de la baie James et de la région des Grands Lacs. Entre 1636 et 1640, les prêtres jésuites introduisent la variole en HURONIE, à l'ouest du lac Simcoe et au sud de la baie Georgienne. Lors de leurs visites, les prêtres baptisent les Indiens malades et mourants et propagent ainsi la maladie que les Indiens perçoivent comme la mauvaise «médecine des robes noires».

La variole joue un rôle important dans les luttes entre les Français, les Britanniques et les Américains pour dominer la région du Saint-Laurent. La pire épidémie au Canada français survient entre 1755 et 1757 et se propage à la Nouvelle-Angleterre. Le commandant français de Vaudreuil est forcé d'abandonner l'invasion de la Nouvelle-Angleterre. En 1757, Montcalm fait état de 2500 cas dans la ville de Québec, dont 20 p. 100 décèdent. La maladie affecte aussi les troupes britanniques qui assiègent Louisbourg et qui tentent d'envahir Québec. En 1763, les Britanniques utilisent des couvertures exposées à la variole comme armes bactériologiques dans leur tentative de maîtriser le soulèvement indien sous le commandement de PONTIAC. En 1775, pendant la

GUERRE D'INDÉPENDANCE AMÉRICAINE, les troupes américaines qui assiègent Québec sont frappées par la variole.

La vaccination est introduite en Amérique du Nord en 1798 par le révérend John Clinch, camarade de classe d'Edward Jenner qui, le premier, a démontré la vertu préservatrice de la vaccination contre la variole. Des militants anti-vaccins accueillent avec beaucoup de résistance le recours généralisé à la vaccination prôné par les autorités en santé publique. Malgré les mesures législatives provinciales qui rendent obligatoire la vaccination des enfants à l'école et qui confèrent aux municipalités et aux cantons le pouvoir d'effectuer une vaccination générale si une menace d'épidémie se fait sentir, la résistance passive est généralisée. À Montréal, en 1885, il se produit une éruption importante qui provoque finalement plus de 3000 morts. De nombreux Canadiens français de Montréal s'opposent à la vaccination. Les tentatives de mettre en vigueur des mesures de contrôle, ajoutées à l'annonce, en septembre 1885, de la condamnation à mort de Louis Riel, chef de la Rébellion du Nord-Ouest, provoquent des émeutes qui ne sont maîtrisées qu'en faisant appel à la milice.

La variole se consume au Canada durant la première moitié du XXe s. En 1924, à Windsor en Ontario, il y a 67 cas dont 32 décès, tous chez des personnes non vaccinées. La maladie est finalement éradiquée en 1979, grâce à une énergique campagne de vaccination en Amérique du Sud, en Afrique et en Asie, sous la direction de l'Organisation mondiale de la santé. La variole est la première maladie d'importance à avoir été éliminée par des mesures de santé publique.

W.B. Spaulding

Varley, Frederick Horsman, peintre (Sheffield, Angl., 2 janv. 1881—Toronto, 8 sept. 1969). Il passe beaucoup de temps dans la campagne anglaise étant jeune et devient intensément croyant, trouvant Dieu dans la nature et non à l'église. Il reçoit une solide formation en art, d'abord à la Sheffield School of Art (1892-1900), puis à l'Académie royale des beaux-arts à Anvers (1900-1902), en Belgique, où il étudie les peintures originales de Rubens. Après des débuts de carrière infructueux comme illustrateur et professeur d'art en Angleterre, Varley immigre au Canada en 1912. Grâce à Arthur LISMER, un ami de Sheffield qui s'est installé au Canada l'année précédente, il trouve un emploi comme graphiste à Toronto et se lie d'amitié avec Tom THOMSON et Frank CARMICHAEL.

En 1918, les Œuvres canadiennes commémoratives de la guerre chargent Varley de produire des illustrations de la guerre en Europe. Il peint plusieurs portraits en Angleterre et fait deux voyages en France. Les quatre grands tableaux qui en résultent sont acclamés par la critique et en font un peintre de premier plan au Canada. En mai 1920, Varley devient un membre fondateur du GROUPE DES SEPT. Cependant, il ne partage pas l'enthousiasme du Groupe pour les paysages de l'Ontario et, peu après 1920, il essaie de gagner sa vie comme portraitiste. La famille de Vincent MASSEY lui commande plusieurs portraits, mais Varley gagne peu et, en 1926, commence à enseigner à la Vancouver School of Decorative and Applied Arts.

Au cours des 10 années qui suivent, il peint des centaines de paysages à l'huile et à l'aquarelle, qui se caractérisent par la finesse du coup de crayon, par les couleurs exotiques, par des points de vue inhabituels et, après 1933, par des formes métamorphosées. En 1933, lui et J.W.G. MACDONALD ouvrent leur propre école, le BC College of Arts. Bien qu'elle soit très fréquentée, elle est affectée par la CRISE DES ANNÉES 30 et ferme au bout de deux ans. En 1936, Varley est ruiné et déménage à Ottawa pour tenter de reprendre sa carrière de portraitiste. Pendant les neuf années qui suivent, il fait l'aller-retour entre Ottawa et Montréal et peint peu, excepté en 1938 lorsqu'il s'embarque pour l'Arctique à bord d'un ravitailleur

du gouvernement, le *Nascopie*. En 1944, il retourne à Toronto et enseigne à la Doon Summer School of Fine Arts (1948-1949), près de Kitchener. En 1955, il fait une excursion au Cap-Breton pour tirer des croquis et entreprend, en 1957, le premier d'une série de voyages en Colombie-Britannique pour peindre. Romantique et indépendant, Varley est connu comme le «bohémien» du Groupe des Sept. Ses dons de coloriste, de dessinateur et de fin observateur de la vie se révèlent davantage dans ses dessins et dans ses petites aquarelles.

Christopher Varley

Varsity Estates, sur la rivière Bow dans l'ouest de Calgary, est un site archéologique situé dans le dépôt morainique de la vallée de Bow, déposé par un glacier descendu des montagnes Rocheuses. Les artefacts, dont une pierre quartzite taillée sur les deux faces et un éclat pointu qui se raccorde au biface, se trouvaient sous 23 m de dépôts accumulés derrière un barrage de la rivière Bow. Ce barrage, créé par les glaces laurentidiennes (Islandis laurentidien), a recouvert les prairies de l'Ouest, y compris l'est de Calgary (*voir* GLACIATION), il y a environ 21 000 ans et a fondu il y a 12 000 ans. Après quoi, le niveau de la rivière Bow a rapidement baissé et exposé l'ancien dépôt cordillérien qui recouvre le gravier de rivière plus ancien, taillé de toute évidence par des peuplades ayant vécu avant la glaciation de la région. (*Voir aussi* PRÉHISTOIRE.)

L. Bryan

Vassanji, Moyez G., écrivain, rédacteur (Nairobi, Kenya, 30 mai 1950). Vassanji émigre au Canada en 1978 avec un doctorat en physique nucléaire. Il commence à écrire de la fiction alors qu'il enseigne à l'U. de Toronto. *The Gunny Sack* (1989), son premier roman, rédigé dans un style elliptique et riche en allusions, est gagnant régional du Prix des écrivains du Commonwealth. Il décide de se consacrer entièrement à l'écriture et publie *No New Land* (1991), un roman sur des immigrants afro-asiatiques vivant à Toronto, suivi de *Uhuru Street* (1992), un émouvant recueil de nouvelles ayant le même fil conducteur et se déroulant en Afrique orientale.

Son livre le plus réussi jusqu'à présent, *The Book of Secrets* (1994), fait de Vassanji une personnalité importante sur la scène littéraire canadienne. Récipiendaire du premier prix Giller pour une œuvre de fiction, cet ouvrage remporte un succès critique et public. *The Book of Secrets* illustre à merveille le talent de conteur de Vassanji. D'une construction très libre, le roman porte sur la quête d'un homme qui veut retracer l'histoire énigmatique de sa famille, qu'il croit cachée dans les pages d'un journal colonial. Ce roman se transforme en un livre de secrets d'une grande subtilité. Déterminé à explorer des questions qui, au bout du compte, restent sans réponses, le narrateur est amené par sa recherche de la vérité à réfléchir sur l'héritage du colonialisme, de la guerre, des préjugés et de l'intolérance religieuse. Vassanji est également rédacteur adjoint de la *Toronto Review of Contemporary Writing Abroad*, une revue littéraire modeste, mais réputée.

Klay Dyer

Vaudreuil, Philippe de Rigaud de Vaudreuil, marquis de, gouverneur général de la Nouvelle-France de 1703 à 1725 (probablement près de Revel, France, vers 1643—Québec, 10 oct. 1725). Vaudreuil sert dans l'armée française avec les mousquetaires à partir de 1672 et se distingue pendant des campagnes dans les Flandres. Il est nommé commandant des troupes au Canada en 1687 et participe aux combats contre les IROQUOIS (*voir* GUERRES IROQUOISES). Il succède à CALLIÈRE au poste de gouverneur de Montréal en 1698, puis devient gouverneur de Nouvelle-France en 1703 et le restera jusqu'à sa mort. Quand Vaudreuil prend son poste, la colonie est en guerre avec son voisin du sud et ses alliances avec les Amérindiens sont menacées par l'effondrement du commerce de peaux de castor et le retrait des Français des postes de l'Ouest. Vaudreuil mène la guerre en essayant de maintenir la paix conclue avec les Iroquois en 1701 tout en encourageant les Abénaquis à harceler les colonies de l'est de la Nouvelle-Angleterre. À la suite du TRAITÉ D'UTRECHT, en 1713, grâce à un réseau de représentants amérindiens hautement efficace, il travaille à rétablir l'emprise de la Nouvelle-France sur la TRAITE DES FOURRURES de l'Ouest par l'établissement de postes en territoire iroquois, puis également autour des Grands Lacs et dans la vallée du Mississippi. Il continue à profiter de son alliance avec les Abénaquis pour limiter l'expansion du Massachusetts. Grâce à un travail acharné et à des tactiques parfois sans pitié, ce gouverneur populaire dirige la Nouvelle-France au cours d'une période cruciale. Son succès est en partie attribuable aux pressions que sa femme, d'origine canadienne, exerce à la cour de France.

Mary McDougall Maude

Vaudreuil, Pierre de Rigaud de Vaudreuil de Cavagnial, marquis de, parfois Vaudreuil-Cavagnial; officier, dernier gouverneur général de la Nouvelle-France, de 1755 à 1760 (Québec, 22 nov. 1698—Paris, France, 4 août 1778), fils de Philippe de Rigaud de VAUDREUIL. À l'exemple de son père, il entre dans les TROUPES DE LA MARINE et le service colonial. Après avoir gravi les échelons, il devient gouverneur de Trois-Rivières (1733-1742). Il succède alors à BIENVILLE en tant que gouverneur de la Louisiane (1742-1753) où il rétablit une certaine stabilité économique. En 1755, il est appelé à succéder à DUQUESNE au poste de gouverneur général de la Nouvelle-France. Il sera l'unique Canadien d'origine à détenir ce poste. Pendant la GUERRE DE SEPT ANS, son autorité en matière d'affaires militaires se complique en raison de la décision de renforcer les troupes de la marine et la milice de Nouvelle-France par l'envoi de six bataillons d'infanterie, commandés successivement par le baron Dieskau, MONTCALM et LÉVIS. Ce commandement partagé limite sérieusement les Français dans leurs efforts pour poursuivre la guerre: Vaudreuil est partisan d'une guérilla de type canadien menée aux frontières, alors que Montcalm préfère le combat de type européen et une stratégie défensive en concentrant les troupes au cœur de la colonie. À la suite de la défaite de Montcalm dans la BATAILLE DES PLAINES D'ABRAHAM, Vaudreuil donne l'ordre à J.B.N.R. de RAMEZAY de livrer la ville à certaines conditions, ordre qu'il ne pourra annuler pour arrêter le cours des événements. Vaudreuil organise les opérations de 1760 avec Lévis, mais bien qu'ils aient réussi à infliger une dernière défaite aux Britanniques dans la BATAILLE DE SAINTE-FOY, l'arrivée de la flotte anglaise au printemps oblige à nouveau le retrait vers Montréal. Incapable de trouver une autre solution qui ne ferait pas souffrir la population, Vaudreuil livre la colonie à Montréal le 8 septembre, après avoir négocié des conditions qui protégeaient les droits des Canadiens en matière de propriété, de loi et de religion, mais n'assurent pas les honneurs de la guerre pour les troupes. Cette décision lui attire de sévères critiques de la part de l'armée française et de la cour. Il est arrêté quelques mois après l'intendant François BIGOT et jugé dans la célèbre «affaire du Canada», mais est entièrement disculpé en décembre 1763.

Mary McDougall Maude

Vaughan, cité de l'Ont.; pop. 132 549 (rec. 1996), 111 359 (rec. 1991), 65 058 (rec. 1986); superf. 275,34 km²; située dans la municipalité régionale de York, à la limite nord-ouest de la communauté urbaine de TORONTO. L'origine de son nom remonte à 1792, alors que le lieutenant-gouverneur John Graves SIMCOE nomme le canton en l'honneur du diplomate britannique Benjamin Vaughan, l'un des principaux négociateurs et signataires du TRAITÉ DE PARIS de 1783.

Les premiers colons, venus au début des années 1800, sont principalement des Allemands de Pennsylvanie, suivis peu après d'immigrants britanniques et français. La plupart pratiquent l'agriculture, mais après 1840, presque toutes les terres arables sont occupées. Les immigrants qui arrivent ensuite exercent des métiers variés, dont ceux de meunier, de marchand et de charpentier.

Pendant une bonne partie du XXe s., le canton de Vaughan maintient un caractère rural et une population stable d'environ 4500 habitants. La population monte ensuite en flèche sous l'effet de la Seconde Guerre mondiale, qui déclenche un flot d'immigrants, et de la croissance de Toronto, qui transforme le caractère de la région. De 1981 à 1991, la population passe de 29 674 à 111 359 habitants, une augmentation de 375 p. 100. Vaughan est constituée en tant que ville en 1971, puis en tant que cité en 1991. La cité réunit cinq localités: Maple, Kleinburg, Thornhill, Concord et Woodbridge. Parmi les attractions locales se trouvent Canada's Wonderland, la COLLECTION MCMICHAEL D'ART CANADIEN et le Kortright Centre for Conservation.

Deborah Welch et Michael Payne

Vegreville, ville de l'Alberta; pop. 5337 (rec. 1996); 5138 (rec. 1991); 5276 (rec. 1986); superf. 13,86 km²; const. en 1906; située dans la prairie-parc du centre est de la province, à 100 km à l'est d'Edmonton. Le bureau de poste et le hameau situés près du ruisseau Birch, qui font leur apparition au sein de la colonie canadienne-française après 1894, sont ainsi nommés en reconnaissance du travail accompli dans l'Ouest canadien par le père oblat Valentin Vegreville. Des colons anglophones et européens occupent les terres de la région avant l'arrivée des Chemins de fer nationaux du Canada en 1905. Par la suite, la ville se déplace sur les lieux du chemin de fer, à quelque 8 km au nord-est.

Dès les débuts de la colonisation, on remarque la présence des populations française et ukrainienne (*voir* UKRAINIENS) par les églises, les écoles, les centres communautaires et les groupes de maisons d'un style particulier. Le Festival du Pysanka ukrainien est une tradition récente: la ville se glorifie de son *pysanka* géant (œuf de Pâques) inauguré en 1978. Comme elle dessert une région agricole fertile spécialisée dans la culture des céréales et dans l'élevage du bétail, la ville est, depuis 1981, le siège de l'Alberta Environmental Centre du gouvernement provincial.

Carl Betke

Veniot, Peter John, dit «Pierre», journaliste, politicien et premier ministre du Nouveau-Brunswick de 1923 à 1925 (Richibucto, N.-B., 4 oct. 1863—Bathurst, N.-B., 6 juill. 1936). D'abord élu député provincial de Gloucester en 1894, il démissionne en 1900 pour occuper le poste de receveur des douanes, à Bathurst. Engagé en 1912 pour remettre sur pied le Parti libéral provincial, il est réélu en 1917, nommé responsable du ministère des Travaux publics, il entreprend d'importants projets de construction de routes. Il prend la succession de W.E. FOSTER, en tant que premier ministre en 1923, appuie la nationalisation du réseau provincial d'hydroélectricité et le Mouvement des droits des Maritimes. Premier Acadien à occuper le poste de premier ministre du Nouveau-Brunswick, il est considéré comme étant le chef de file du libéralisme acadien. Après la défaite de son parti en 1925, il se présente avec succès comme député fédéral de Gloucester et il est nommé maître des postes par le premier ministre KING. Il siégera en tant que député fédéral jusqu'à son décès.

Della M.M. Stanley

Vent Mouvement de l'air par rapport à la surface de la Terre en rotation. Il est causé par une différence de pression atmosphérique: plus la différence est grande, plus le vent est fort. La composante horizontale d'un vent est beaucoup plus grande que la composante verticale. Voilà pourquoi on pense habituellement que le vent se déplace horizontalement. Si la Terre ne tournait pas, l'air se déplacerait directement des zones de haute pression vers les zones de pression moindre, c.-à-d. que l'air chaud s'élèverait à l'équateur et s'écoulerait vers les pôles, tandis que l'air froid polaire descendrait et s'écoulerait vers l'équateur. Cependant, au Canada, comme partout ailleurs dans l'hémisphère Nord, les vents sont déviés vers l'Est par l'effet de Coriolis, une force due à la rotation de la Terre. Cette déviation donne des vents d'ouest dominants.

D'où viennent le beau et le mauvais temps Dans l'atmosphère, dans la zone comprise entre environ 1,2 et 1,6 km au-dessus de la surface terrestre, les vents ont tendance à souffler parallèlement aux lignes de même pression (isobares) plutôt qu'à travers ces dernières. Ces vents, dits géostrophiques (du grec *geo* qui signifie terre et *strophikos*, qui signifie tourné), s'équilibrent parce qu'ils subissent également la force de pression dans le plan horizontal et l'effet de Coriolis lui aussi dans le plan horizontal. Les vents du gradient sont de même direction que les vents géostrophiques, mais ils se déplacent plus rapidement sur des trajectoires cycloniques tournant dans le sens contraire de celui des aiguilles d'une montre (zones de basse pression), et plus lentement sur des trajectoires cycloniques tournant dans le sens des aiguilles d'une montre (zones de haute pression). Près du sol, le frottement diminue la vitesse du vent et le dévie vers les zones de basse pression. Donc, les vents convergent et se soulèvent dans les dépressions, ce qui donne du mauvais temps. Dans les systèmes à haute pression, ils divergent. La subsidence qui accompagne la divergence donne un temps clair.

Rôle important Les vents jouent un rôle important dans l'équilibre entre la chaleur et l'humidité du Canada. Ils prélèvent de l'humidité dans les océans et les lacs et la répartissent dans tout le pays par des précipitations. Ils transportent de la chaleur des océans et des latitudes australes vers l'intérieur et acheminent l'air froid de l'Arctique dans le reste du pays et au-delà. Au Canada, la vitesse des vents est plus grande dans le Nord. Resolution Island (T.N.-O.) détient le record national de la plus grande vitesse moyenne annuelle des vents (35,5 km/h). Dans les Prairies, la vitesse moyenne est de 18 km/h, comparativement à 14 km/h dans le reste du pays. Quelques-uns des vents les plus forts du pays soufflent lors des ouragans et des tornades. Des vents régionaux et locaux soufflent dans de nombreuses parties du pays. Des vents de montagne et des vents de vallée (descendants et ascendants, respectivement) soufflent dans la Colombie-Britannique intérieure. Les CHINOOKS sont des vents chauds, secs et semblables au foehn qui descendent en rafales dans les vallées alpines du sud de l'Alberta.

Des brises de mer et de lac ainsi que des brises de terre, dues à l'échauffement inégal de la terre et de la mer, soufflent dans les régions côtières et autour des Grands Lacs. Durant le jour, la terre se réchauffe plus rapidement que la mer en raison de la différence entre leur capacité calorifique. Une faible dépression thermique apparaît au-dessus de la terre, alors qu'une haute pression thermique se forme au-dessus de la mer. La différence de pression résultante fait souffler un vent de surface (une brise de mer ou de lac) de la mer vers la terre. Un écoulement dans le sens opposé en altitude donne naissance à la circulation. La nuit, la terre se refroidit plus vite que la mer, ce qui fait en sorte que la situation diurne s'inverse: un vent de surface souffle de la terre vers la mer (brise de terre) et un vent de plus haute altitude souffle dans l'autre sens. Les brises de mer et de terre atteignent leur vitesse maximale là où l'EAU et la TERRE se rencontrent.

Tourbillons de vent et cyclones Les tourbillons de vent sont des masses d'air cylindriques en rotation (vortex). Leur taille varie des minuscules tourbillons de turbulence à petite échelle aux cyclones et anticyclones de grande échelle. On réserve ordinairement l'expression «tourbillon de vent» aux mouvements circulaires d'air chargé de sable (trombe de sable), d'eau (trombe marine) ou de fumée (tourbillon de fumée). Normalement, les tourbillons se produisent le jour par temps clair. Dans les DÉSERTS, p. ex., le fort réchauffement de surface peut générer une faible dépression thermique au sol et ainsi faire monter l'air. Le vent, souvent dévié par la topographie locale, rencontre l'air ascendant et le fait tourner sur lui-même, ce qui engendre le mouvement circulaire.

Les tourbillons de vent tournent dans le sens horaire ou anti-horaire, selon la topographie et la direction du vent d'entrée. Les matières à la surface qui se trouvent sur place, telles que les poussières et la fumée, peuvent être incorporées dans le vent et lui attribuer un certain nom. Les vents horizontaux et les vents verticaux soufflent aux vitesses moyennes respectives d'environ 45 km/h et 18 km/h. La durée de vie des tourbillons de vent est brève et varie en fonction de leur taille: elle va de quelques minutes à un peu moins de 5 h.

De forts vents peuvent blesser, tuer et causer des dégâts matériels. Le pire désastre naturel canadien récent a eu lieu à Edmonton le 31 juillet 1987 quand une série de tornades ont frappé la ville. Vingt-sept personnes sont mortes, des centaines ont été blessées et les dégâts matériels dépassaient les 250 millions de dollars. La plupart des Canadiens connaissent bien le REFROIDISSEMENT ÉOLIEN. Bien qu'il survienne à toutes les températures, on le ressent davantage par temps froid. Le refroidissement éolien résulte du transfert de chaleur, surtout par convection, du corps humain plus chaud vers l'atmosphère plus froide. Plus le vent est fort, plus la perte de chaleur est grande. Le refroidissement éolien s'exprime par le nombre de watts d'énergie perdue par mètre carré (W/m²) ou par la température (°C) de la quantité d'air immobile qui causerait la même perte de chaleur. (*Voir aussi* DÉSASTRES; OURAGAN HAZEL; TORNADE.)

L.C. Nkemdirim

Vente au détail Vente de biens et de services aux consommateurs à l'usage des personnes ou des ménages. Les dépenses de consommation dans le commerce de détail représentent 60 p. 100 du produit national brut (PNB) du Canada et font vivre plus d'un million de personnes. Statistique Canada dénombre quelque 206 300 points de vente au détail au Canada, pour la plupart des boutiques, des concessionnaires d'automobiles, des supermarchés et des grands magasins. Ce chiffre ne comprend toutefois pas les marchands ambulants, les marchés agricoles, les comptoirs routiers et l'ÉCONOMIE SOUTERRAINE, de plus en plus importante. Il y a aussi une grande variété de modes de vente: la vente au comptoir, les distributeurs automatiques, le démarchage porte à porte ou au téléphone, la vente par correspondance, etc. En 1991, les ventes au détail au Canada totalisent 194 milliards de dollars. On trouve les dépenses par habitant les plus élevées en Alberta (7650 $), en Colombie-Britannique (7377 $) et en Ontario (6775 $). La plus grande part du marché se trouve en Ontario (37 p. 100), suivi du Québec (24,4 p. 100) et de la Colombie-Britannique (13,2 p. 100).

Dans la vente au détail, il existe deux grandes catégories de sociétés commerciales: les magasins à succursales multiples, où un même propriétaire détient quatre succursales et plus dans le même type de commerce, et les détaillants indépendants, qui peuvent exploiter de un à trois magasins. Pour Statistique Canada, tous les grands magasins sont des magasins à succursales multiples. Cette catégorie domine le marché des magasins populaires (87,2 p. 100 des ventes nationales en 1986), de chaussures pour la famille (74,6 p. 100) et de marchandise générale (75,5 p. 100). Les détaillants indépendants comptent pour plus de 95 p. 100 des ventes nationales enregistrées par les stations-service, les concessions de véhicules automobiles, les concessions de véhicules usagés et les fleuristes. Toutefois, le nombre de franchisés parmi les détaillants indépendants ne cesse d'augmenter. Le franchisage leur

permet de profiter des économies d'échelle que confère un pouvoir d'achat et de commercialisation accru, privilège traditionnellement dévolu aux chaînes de magasins. Les magasins à succursales multiples comptent parmi les sociétés les plus puissantes au Canada. En 1986, p. ex., Sears Canada, Loblaws, Steinberg, La Baie et Safeway Canada figurent au nombre des 30 premières sociétés pour le volume de leurs ventes. Mises ensemble, leurs ventes totalisent 25 milliards de dollars et leurs effectifs, 167 000 personnes.

En 1991, on estime que les 1106 chaînes du pays contrôlent environ 38 650 magasins, qui représentent plus de 40 p. 100 des ventes au détail. Les plus grandes chaînes, soit celles qui exploitent 100 magasins et plus, comptent pour près de la moitié des magasins à succursales multiples du Canada et pour 50,1 p. 100 des ventes enregistrées par ces derniers. La plupart des grandes chaînes ont leur siège social à Toronto ou à Montréal.

Grands magasins Vastes marchés où se vend un grand assortiment de marchandises. La Compagnie T. EATON limitée de Toronto (fondée en 1869) est l'un des premiers magasins au monde à offrir un grand choix de biens sur grande échelle, et c'est elle ainsi que Simpsons qui introduisent la vente par correspondance au Canada. Statistique Canada établit une distinction entre les grands magasins principaux («traditionnels») et les grands magasins populaires, dont la gamme de marchandises est aussi vaste que celle de la première catégorie, mais qu'on désigne communément sous le nom de magasins à rabais. Les magasins de cette dernière catégorie n'englobent pas toutes les activités propres à la vente au rabais. Parmi les 312 principaux magasins à rayons qu'on dénombre au Canada en 1994, 188 (soit 60 p. 100) se trouvent dans les 10 grandes régions métropolitaines du pays.

Pendant les années 80, les grands magasins traditionnels perdent une part du marché au profit des magasins de vente au rabais, dont les prix sont moins élevés et qui offrent des modes de financement plus souples pour des biens comme les meubles et les appareils ménagers, et au profit aussi des détaillants spécialisés dont le service à la clientèle est de qualité supérieure. La COMPAGNIE DE LA BAIE D'HUDSON (CBH), avec ses filiales Fields, Marshall Wells et Simpsons, totalise, en 1993, des ventes de plus de 5,4 milliards de dollars, a 69 000 employés et se classe 31ᵉ parmi les sociétés canadiennes. La CBH, Sears Canada (ventes de 4 milliards de dollars) et La Compagnie Eaton Ltée de Toronto (chiffre d'affaires non disponible) détiennent ensemble environ 75 p. 100 du marché des grands magasins traditionnels. Le premier «hypermarché» (plus de 3500 m²) ouvre ses portes à Montréal en 1973. Depuis, Canadian Superstore et Safeway's Food for Less ont fait leur apparition dans le paysage du commerce de détail des banlieues canadiennes.

Vente directe Peut prendre plusieurs formes, dont les plus répandues sont la vente personnelle (29,5 p. 100 des ventes directes en 1992), les commandes par la poste (29,3 p. 100) et d'autres méthodes (41,2 p. 100). Les cosmétiques et les produits de soins d'hygiène personnelle constituent 22,5 p. 100 des ventes directes, tandis que les livres et les encyclopédies (30,9 p. 100) ainsi que les revues (23 p. 100) viennent en tête des produits vendus par la poste. Les journaux (47,4 p. 100) dominent le secteur de la livraison à domicile, suivis de près par les produits laitiers (44,3 p. 100). En 1992, on dénombre 660 compagnies de distributeurs automatiques possédant 165 972 machines placées dans des usines, des institutions, des bureaux, des hôtels et des restaurants. Leurs ventes s'élèvent à 480 millions de dollars, dont 25,8 p. 100 proviennent du café, 25,3 p. 100 des boissons non alcoolisées et 19 p. 100 des cigarettes.

Prix de détail Utilisé pour calculer les fluctuations du coût de la vie. L'INDICE DES PRIX À LA CONSOMMATION (IPC) mesure en pourcentage les changements périodiques du coût d'achat d'un même «panier» de biens et de services (ou d'un ensemble équivalent), caractéristique d'un groupe particulier de ménages – familles ou individus – résidant dans des villes de 30 000 habitants et plus pendant une période donnée. On y tient compte de la nourriture, du logement, de l'entretien ménager, des meubles et des appareils ménagers, des vêtements, du transport, des soins de santé et des soins d'hygiène personnelle, des loisirs et d'activités semblables, ainsi que du tabac et de l'alcool. L'indice est habituellement donné en termes relatifs, 1986 étant égal à 100. Il connaît une augmentation d'environ 16 p. 100 au cours des 7 années qui s'écoulent de 1986 à 1993, passant de 100 à 115,7.

Centres commerciaux La majeure partie du commerce de détail au Canada a cours dans des centres commerciaux. Un centre commercial est un regroupement de magasins de détail et de comptoirs de services aux clients (habituellement au nombre de cinq et plus), qui sont exploités de façon distincte, mais occupent une seule propriété gérée par une seule firme. La taille des centres commerciaux varie selon le nombre de magasins qu'ils abritent. On trouve les centres de banlieue et les nouveaux «mails linéaires» (de 5 à 15 magasins), les centres collectifs (de 16 à 30 magasins) et les centres régionaux (plus de 30 magasins). On estime que les centres commerciaux comptent pour plus de 40 p. 100 de l'ensemble des ventes au détail réalisées au Canada.

Même si le nombre de centres de banlieue et de centres collectifs est plus élevé (987 centres ou 89 p. 100), ce sont les centres régionaux qui créent le plus d'impact sur le paysage urbain au Canada. Le WEST EDMONTON MALL, avec quelque 800 magasins et une superficie brute de location de quelque 483 000 m², représente l'arrivée du Canada dans la catégorie des centres commerciaux géants («mégacentres»). Ce centre commercial, le plus grand au monde en 1988, est aussi l'illustration extrême d'une tendance à regrouper dans un environnement intérieur contrôlé les activités de détail et de loisirs. Le quart environ de sa superficie est occupé par des hôtels ou des installations récréatives et de divertissement.

Au Canada, les centres commerciaux sont les principaux agents de la décentralisation du commerce de détail en faveur de la banlieue. Le détaillant d'un centre commercial doit acquérir de nouvelles connaissances de gestion et se conformer au comportement des autres détaillants du centre. La croissance des centres commerciaux a eu et aura encore un effet direct sur les petits commerces indépendants incapables de leur faire concurrence ou de se joindre à eux (*voir* PETITE ENTREPRISE). Les centres commerciaux portent aussi atteinte à la variété du choix en évinçant beaucoup de petits établissements de vente au détail.

Les centres commerciaux ne se trouvent pas tous en banlieue. Dans le centre-ville de la plupart des villes canadiennes, on trouve un ou plusieurs centres commerciaux qui regroupent bureaux et magasins, comme la PLACE VILLE-MARIE à Montréal et le EATON CENTRE à Toronto qui sont parmi les premiers du genre à avoir vu le jour. D'un bout à l'autre du pays, les centres commerciaux se ressemblent du fait de la concentration des promoteurs immobiliers concernés et de la prédominance des grandes chaînes de magasins nationales qui s'y installent. D'après les estimations, 34 sociétés immobilières contrôlent 454 centres commerciaux au Canada et plus de 60 p. 100 de la superficie consacrée au commerce de détail. Dans les grands centres commerciaux, les chaînes nationales constituent de 75 à 90 p. 100 des locataires.

Emplois Les commerces de détail sont des employeurs importants au Canada, même si les emplois qu'ils offrent ne sont pas très rémunérateurs. Malgré la force générale des syndicats au Canada, les tentatives de syndiquer d'une manière systématique les salariés dans le commerce de détail échouent nettement. Cela est dû en partie à la nature des emplois dans ce domaine, n'exigeant pas de compétence particulière, ainsi qu'au roulement important qu'on y constate. Il s'agit également d'une conséquence des efforts déployés par les principaux détaillants canadiens pour décourager les SYNDICATS. La conversion au libre-service et au commerce ouvert réduit souvent le rôle des employés de commerce de détail à celui de preneur de commandes. Les principaux détaillants implantent actuellement de nouvelles méthodes pour accroître la productivité de la main-d'œuvre, y compris des comptoirs centralisés et l'informatisation des diverses opérations.

La main-d'œuvre du commerce de détail est des plus instables. Des étudiants, des jeunes femmes et des gens âgés passent dans les commerces de détail au gré des besoins économiques généraux et des besoins saisonniers, pour obtenir notamment un revenu d'appoint pour Noël. Souvent, on n'a ni le temps ni les moyens de former une équipe de vendeurs. Parmi les autres emplois se rapportant au commerce de détail, citons le secteur des achats et des techniques marchandes, les fonctions relatives au magasin (en particulier celles qui touchent le fonctionnement et l'entretien des lieux), la gestion du personnel, la comptabilité et le contrôle des opérations.

Malgré la tendance au gigantisme, le commerce de détail reste un secteur où l'entrepreneur individuel peut entrer dans les affaires. Nombreux sont les immigrants, qui au fil des ans, qui se sont établis par ce moyen. Le magasin de détail procure souvent un emploi à la famille tout en desservant des marchés spécifiques. Ce type d'établissement sera toujours important de par sa souplesse et sa capacité de tirer parti de possibilités particulières du marché. Il représentera toujours une concurrence non négligeable pour les autres détaillants plus importants et plus perfectionnés.

Réglementation et mise en marché Le choix d'un assortiment de produits et leur présentation, la fixation d'un prix, l'élaboration d'un programme de promotion et la création d'une «image» du magasin constituent les quatre aspects de leur mise en marché. Par ailleurs, la réglementation du commerce de détail non seulement protège le consommateur contre les pratiques injustes, les prix discriminatoires, les promotions et la publicité trompeuses, mais favorise aussi la concurrence entre les entreprises de vente au détail (*voir* CONCURRENCE, POLITIQUE DE LA). La *Loi des enquêtes sur les coalitions* du Canada régit en théorie les accords, p. ex., les fusions entre concurrents, et restreint les échanges entre détaillants. En vertu de cette loi, l'annonce d'un prix inexact est illégale. La loi est administrée par le ministère des Consommations et des Corporations, qui est responsable des problèmes découlant d'une publicité trompeuse et des produits dangereux, ainsi que de l'emballage et de l'étiquetage. Le ministère, de concert avec d'autres organismes provinciaux semblables, élabore et distribue de la documentation visant à aider les gens à devenir des consommateurs plus avertis.

Les provinces elles-mêmes ont également voté des lois protégeant le consommateur contre certaines pratiques marchandes. On trouve en particulier en Colombie-Britannique et au Québec deux des lois les plus exhaustives en matière de commerce de détail. La *Deceptive Trade Practices Act*, en Colombie-Britannique, énumère 18 pratiques trompeuses et vise à éliminer les pratiques de vente déloyales. La loi québécoise, votée en 1971, comprend des dispositions interdisant la publicité s'adressant directement aux enfants et donne aux consommateurs le droit d'inspecter et d'obtenir leur dossier de crédit. Le principe général du *caveat vendor* («vendeur, gare à toi !») a

cours au Canada. On veille en effet à ce que les détaillants soient prudents lorsqu'ils mènent certaines activités de mise en marché.

Expansion Le commerce de détail au Canada se développe en fonction de gammes de produits assez spécialisées, remplaçant les postes de traite et les magasins généraux qui caractérisent le secteur jusqu'au tournant du siècle. On assiste, en particulier dans les centres populeux à l'émergence de magasins spécialisés dans certains genres de produits, comme les médicaments, les aliments et la quincaillerie. D'autres domaines sont et demeurent desservis, dans une certaine mesure, par correspondance. Pendant les 20 dernières années, des magasins de tous genres ont commencé à pratiquer la mise en marché de masse, dans un mouvement vers l'exploitation à gros volume et à faible marge bénéficiaire. Les supermarchés se mettent à offrir, parallèlement aux denrées alimentaires, un éventail de produits dont les pièces et accessoires d'automobile, les vêtements, la quincaillerie et les produits pharmaceutiques. Les grands magasins commencent à vendre des pièces et accessoires d'automobile et les services de réparation connexes, des aliments naturels et des services bancaires, d'assurance ou d'agence de voyages, p. ex..

Les magasins à rabais au Canada offrent un grand éventail de produits (contrairement à ceux des États-Unis dont le choix est limité) et, maintenant, proposent aussi des services. La concentration des sociétés sur le marché est croissante. Pour les marchandises générales, la CBH détient environ 11 p. 100 du marché. Au chapitre des ventes des grands magasins, la CBH (avec sa filiale Zeller's), La Compagnie Eaton Ltée de Toronto et Sears Canada Inc. se partagent plus de 75 p. 100 du marché. On constate la même concentration dans le secteur de l'alimentation. Les cinq principales chaînes d'alimentation, soit Loblaws, Dominion, Canada Safeway, Steinberg's et A & P, contrôlent environ 60 p. 100 du marché.

Le commerce de détail est soumis aux fluctuations et au changement. Aussi bien dans le secteur des marchandises générales que dans l'alimentation, la nouvelle concurrence semble provenir des magasins spécialisés. En même temps qu'apparaissent les hypermarchés avec leur énorme superficie et leur vaste assortiment de produits alimentaires et autres, les détaillants indépendants s'imposent de plus en plus en faisant l'acquisition de supermarchés où ils offrent un mélange de produits qui plaisent aux marchés locaux, fragmentés et avertis. La vente au détail par téléphone, par la télévision et sur Internet est à présent chose commune au Canada, et la vente par catalogue atteint désormais la strate supérieure du marché. Les promoteurs et les détaillants canadiens sont aussi présents aux États-Unis. Cinq des principales sociétés immobilières canadiennes possèdent, directement ou non, près de six millions de mètres carrés des commerces de détail américains, soit un peu moins de 1 p. 100 de la superficie totale des magasins de détail des États-Unis. Les promoteurs canadiens exportent leur savoir-faire dans le domaine de l'établissement et de la rénovation de centres commerciaux. Dans la plupart des provinces, les magasins ouvrent de plus en plus le dimanche et en soirée. Cette évolution s'inscrit dans la tendance vers une fusion croissante entre les activités de magasinage et de loisirs, mélange mis en doute par les spécialistes du commerce de détail qui se demandent si l'on peut vraiment combiner ces activités.

La croissance rapide dans la variété et la spécialisation des attentes du consommateur, ainsi que les mouvements démographiques et même le tourisme, touchent le commerce de détail. Les modes de consommation varient selon les régions du pays: en Alberta et en Colombie-Britannique p. ex., où la population et les revenus augmentent au cours des années 70 et au début des années 80, les ventes au détail profitent du pouvoir d'achat accru des consommateurs, et même si les dernières tendances se traduisent par une surabondance de magasins de

détail, on continue d'y ouvrir de nouveaux locaux et de rénover les magasins. Les modes varient également selon l'âge et le nombre d'enfants. Les jeunes tendent en effet à être plus réceptifs aux nouveaux produits et aux nouvelles formes de commerce. Au Canada, les dépenses sont aussi touchées par la diversité ethnique et même par le temps qu'il fait. (*Voir aussi* COMMERCE DE GROS.)

Ronald Savitt et Dennis Johnson

Verchères, municipalité du Qc; pop. 4854 (rec. 1996); superf. 72,78 km²; const. en 1971; situé à 62 km au nord-est de Montréal, sur la rive sud du fleuve Saint-Laurent, entre LONGUEUIL et SOREL.

En 1665, François Jarret, sieur de Verchères (1641–1700), nommé officier au sein du RÉGIMENT DE CARIGNAN-SALIÈRES, est envoyé en Nouvelle-France. En 1672, il se voit accorder la seigneurie de Verchères en récompense de ses services militaires. En temps de guerre, la seigneurie subit les attaques fréquentes des Iroquois. En riposte, Monsieur de Verchères érige un fortin englobant le manoir. C'est la défense de ce fortin, lors d'une attaque en octobre 1692, qui fera passer à l'histoire Marie-Madeleine, la fille du seigneur, qui n'a alors que 14 ans. Pour commémorer cet exploit, un monument en bronze à l'effigie de Madeleine de Verchères, œuvre du sculpteur Louis-Philippe Hébert, sera érigé face au fleuve en 1913. Tout près de ce monument, le vieux moulin à vent, bâti vers 1732 sous la gouverne de Jean-Baptiste Jarret, est en fonction pendant plus de 150 ans. En 1913, il fut acheté par le gouvernement fédéral et servit de phare jusqu'en 1949. Propriété de la municipalité depuis ce temps, il fut classé bien archéologique en 1983. Il sert aujourd'hui de galerie d'art pendant la période estivale. La municipalité de Verchères compte un autre moulin à vent aussi classé bien archéologique.

Verchères était jadis réputée pour sa petite industrie locale produisant un type d'embarcation à fond plat fort apprécié des amateurs de chasse et pêche. Cette fameuse chaloupe s'est vue entrer au dictionnaire canadien-français en 1969 pour nous donner un nouveau substantif soit le mot *verchère* pour la désigner. Il subsiste sur place une seule fabrique de chaloupes produisant des verchères.

L'économie de Verchères repose surtout sur l'agriculture. Plus de 90 % du territoire est désigné zone agricole. Les agriculteurs s'y adonnent majoritairement à la culture céréalière et maraîchère.

Danielle Pigeon

Verchères, Marie-Madeleine Jarret de, héroïne (Verchères, Nouvelle-France, 3 mars 1678—Sainte-Anne-de-la-Pérade, 8 août 1747). Fille d'un officier et seigneur, François Jarret de Verchères, elle épouse, en 1706, un autre officier et seigneur, Pierre-Thomas Tarieu de La Pérade. À l'âge de 21 ans, elle devient célèbre pour avoir défendu, 7 ans plus tôt (en 1692), le fort familial. L'histoire sera publiée, ultérieurement, par les historiens Bacqueville de La Potherie et CHARLEVOIX. Cependant, à l'âge de 54 ans, désireuse d'obtenir une faveur de la France et après la disparition des autres témoins, l'héroïne raconte une nouvelle version de l'événement, pleine d'exagérations et de faussetés. (Selon cette version, ce n'est plus 1 Iroquois qui la poursuit, mais 45 Iroquois qui lui tirent dessus.) C'est cette nouvelle version, plus spectaculaire, que la plupart des livres d'histoire ont retenue. (*Voir aussi* VERCHÈRES.)

Micheline D'Allaire

Ver de glacier Nom commun de *Mesenchytraeus solifugus*, un ver oligochète (*voir* ANNÉLIDES) foncé qui peut atteindre 4 cm de longueur et que l'on trouve en masses enchevêtrées dans la glace fondante des GLACIERS du Pacifique nord-ouest. On trouve des vers semblables au Groenland et dans les pays de la Communauté des États indépendants. Le nom spécifique *solifugus*, très approprié, signifie «fuit le soleil». En effet, au printemps et en été, ce ver se nourrit d'algues à la surface de la glace seulement au crépuscule et à l'aube parce qu'il est vulnérable aux températures supérieures à 7 °C. Curieusement, il n'est pas résistant au gel bien qu'il puisse tolérer jusqu'à -7 °C sans congeler par surrefroidissement. L'hiver, la neige qui recouvre la glace le protège des effets létaux de la congélation, et il peut choisir des zones de température optimale en effectuant des migrations verticales.

Le terme «ver de glacier» réfère aussi à une chenille poilue du genre *Gynaephora* (lépidoptères) de la région du Haut Arctique qui tolère la congélation et hiverne dans des habitats exposés aux éléments. De plus, «ver de glacier» désigne un insecte orthoptéroïde primitif *Grylloblatta campodeiformis*, de couleur blanc crème, au corps mince et sans ailes, que l'on trouve quelquefois en bordure des glaciers fondants dans les Rocheuses canadiennes. L'explorateur de l'Antarctique Robert Scott a décrit des «vers de glacier» sous la banquise au printemps, mais il s'agissait de diatomées filamenteuses (*voir* ALGUES).

Les vers de glacier font partie du folklore canadien. Un mythe inuit raconte que Sikusi, «un ver de glacier laineux et espiègle» réputé pour faire fondre les igloos, aurait libéré un Inuit de Tuktoyaktuk emprisonné dans la glace. L'écrivain Robert SERVICE a composé la «Ballad of the Ice-worm Cocktail» qui raconte l'histoire d'un spaghetti teint avec des yeux rouges.

R.G.B. Reid

Ver de terre Aussi appelé lombric; ver segmenté de l'embranchement des ANNÉLIDES et de la classe des oligochètes. Cette classe compte environ 14 familles dont celle des lumbricidés, qui inclut le lombric commun (*Lumbricus terrestris*). Les vers de terre se distinguent des autres oligochètes par de nombreuses caractéristiques: huit soies (*setae*) par segment; clitellum multicellulaire; petits œufs sans réserve vitelline; deux paires de testicules et une paire d'ovaires; et orifices génitaux mâles derrière ceux des femelles. De plus, ils ont une assez grande taille comparativement aux espèces aquatiques.

Toutes les espèces canadiennes ont la taille des vers de terre communs des jardins. Les espèces aquatiques apparentées sont parfois microscopiques, et certaines espèces australiennes et brésiliennes atteignent parfois une longueur de 3 m et un poids de 500 g.

Importance biologique Les vers mangent les débris de plantes et les restes d'animaux enfouis dans le sol. Ils jouent un rôle très important, car ils ameublissent et aèrent le sol tout en décomposant la matière organique. Darwin a estimé que 63 000 vers de terre pouvaient remuer annuellement de 18,5 à 45 t de sol par hectare. En certains endroits, il peut y avoir jusqu'à 32 millions d'individus par hectare. On récolte environ un milliard de vers par année dans le sud de l'Ontario pour les vendre, principalement aux États-Unis, comme appâts de pêche. Ils sont aussi utilisés dans les écoles comme sujets d'étude.

Reproduction Bien qu'hermaphrodites (chaque individu a les deux sexes simultanément), les vers doivent s'accoupler dans un manchon de mucus sécrété par le clitellum, un épaississement en forme de selle sur le corps des vers matures. Le manchon unit les deux vers pendant l'accouplement et produit ensuite le cocon. Les œufs et le sperme se mélangent dans le manchon, et les œufs fertilisés se développent dans le cocon jusqu'à l'éclosion de minuscules vers de terre. Plusieurs espèces peuvent s'autoféconder ou parfois les œufs se développent sans avoir été fertilisés.

Répartition et habitat On a effectué très peu de travaux de recherche sur les vers de terre canadiens. On en connaît seulement 20 espèces dont 18 sont européennes et deux, *Bismastos parvus* (non commun) et *Arctiostrotus spp*. (dans les forêts de PRUCHE en Colombie-Britannique), nord-américaines. Il existe plus de 150 espèces aquatiques apparentées. On croit que, partout où ils sont passés durant les glaciations, les glaciers ont éliminé les vers de terre indigènes. Ainsi, presque toutes les espèces du Canada ont probablement été introduites d'Europe, souvent par des humains, ou réintroduites de régions des États-Unis qui n'ont pas été recouvertes de glace.

La répartition des vers de terre est principalement limitée par l'humidité du sol. Ils sont pratiquement absents des prairies sèches, sauf dans les endroits irrigués, mais abondent dans le bassin inférieur des Grands Lacs et dans la vallée du Saint-Laurent, où le taux de précipitation maintient le sol humide. La distribution irrégulière des vers de terre dans des endroits éloignés du Nord tels que Moosonee, en Ontario, et Inuvik, dans les Territoires du Nord-Ouest, est probablement due à des introductions accidentelles liées aux activités de jardinage et de pêche.

R.O. Brinkhurst

Verdun, ville du Qc; pop. 59 714 (rec.1996), 61 307 (rec.1991); superf. 9,8 km²; constituée en 1875; située en bordure du fleuve Saint-Laurent, à cinq minutes du centre-ville de Montréal. La partie continentale de Verdun se caractérise par une forte densité de constructions résidentielles. Quelque 13 000 personnes habitent l'Île des Sœurs, un secteur qui offre un milieu urbain dans un cadre naturel. À Verdun, tant les résidants que les visiteurs peuvent profiter des berges du fleuve et de la forêt sur l'Île des Sœurs.

Historique En 2000, la Ville de Verdun fête son 125ᵉ anniversaire de fondation. Verdun est une pionnière des banlieues sur l'île de Montréal. Zacharie Dupuis, un des premiers propriétaires fonciers de l'île de Montréal, y fonde, en 1671, une entité qu'il nomme Verdun d'après son village natal Notre-Dame de Saverdun en France. Zacharie Dupuis fait don de son fief aux Sœurs de la Congrégation de Notre-Dame fondée par sœur Marguerite Bourgeoys. En 1956, l'Île Saint-Paul, aujourd'hui appelée Île des Sœurs, est officiellement annexée à Verdun.

Dans la première moitié du XXᵉ s., Verdun devient une banlieue densément peuplée où vivent les travailleurs des usines qui se multiplient à Montréal. Pendant les années 30, la municipalité rejette l'annexion à Montréal. Pendant les années 70, plusieurs usines associées à l'exploitation du canal Lachine ferment leurs portes, de sorte que le chômage et la pauvreté entraînent un exode de la population.

Situation actuelle Les efforts des nombreux organismes dont le Forum économique de Verdun créé en 1991 et les programmes mis sur pied par la Ville de Verdun permettent de relancer les activités commerciales et d'attirer des jeunes ménages tout en facilitant l'accès à la propriété domiciliaire. Les grands événements à vocation touristique qui ont lieu chaque année sont: les Jeux écossais de Montréal (Highland Games), le triathlon de Verdun et les Régates de Montréal à Verdun.

Verge d'or Du genre *Solidago*, plante herbacée vivace remarquable de la famille des composées (astéracées). Près de 100 espèces ont été recensées; elles proviennent de l'Amérique du Nord. On en trouve 32 espèces au Canada, dont 6 sont réparties sur tout le continent. L'est du Canada (de l'Ontario à la Nouvelle-Écosse) en compte 11 espèces, plus 6 autres que l'on trouve seulement dans le sud de l'Ontario (la région la plus riche du Canada en espèces de verges d'or). La verge d'or pousse aussi bien en sol riche ou stérile qu'en sol sec ou humide, dans les lieux boisés ou dans les prés. On la trouve aussi bien sur les dunes maritimes qu'en altitude élevée en montagne. Les tiges sont en général simples et portent des feuilles lobées ou nettement dentées. Son inflorescence forme un grand panache de plusieurs centaines de capitules, dont chacun est une petite «marguerite»; un bouton central de petites florules tubuleuses entourées de rayons de florules liguleuses (en forme de languettes). Les fleurs sont jaunes et s'épanouissent du milieu de l'été jusqu'à la fin de l'automne. Le calice, fermement relié au pistil composé de florules individuelles, est couronné de poils fins qui forment un parachute au sommet du fruit mûr, sec et petit, et en facilitent la dispersion par le vent. On accuse à tort la verge d'or de causer la fièvre des foins alors qu'il s'agit du pollen de l'HERBE À POUX. (*Voir aussi* PLANTES, UTILISATION PAR LES AUTOCHTONES DES.)

Vérificateur général du Canada Le Bureau du vérificateur général du Canada a été établi en 1878 pour la vérification des comptes des ministères du gouvernement fédéral, des différents organismes gouvernementaux et de plusieurs SOCIÉTÉS DE LA COURONNE. Le vérificateur général est indépendant du gouvernement et fait rapport des résultats de ses vérifications annuelles des comptes publics à la Chambre des communes. Ce rapport est ensuite publié dans les Comptes publics du Canada. Le Bureau effectue aussi des examens et des enquêtes sur des ministères et des organismes en particulier, sur des programmes spécifiques, ou sur des domaines touchant toute l'administration fédérale, comme la gestion des ressources humaines, la passation de contrats et l'utilisation d'ordinateurs.

Le Bureau du vérificateur fonctionne en vertu de la *Loi sur le vérificateur général* de 1977, qui exige que celui-ci vérifie si les fonds publics ont été dépensés avec économie et efficacité et si les organismes soumis à sa vérification sont en mesure d'évaluer l'efficacité des programmes subventionnés. À l'origine, la loi ne permettait au vérificateur général de faire qu'un rapport par année, mais l'amendement de 1994 prévoit la possibilité de produire jusqu'à quatre rapports par an.

En décembre 1995, de nouveaux amendements à la loi ont mené à la création du poste de Commissaire à l'environnement et au développement durable au sein du Bureau du vérificateur général. Ces amendements obligent aussi tous les ministères à planifier des stratégies de développement durable et à élaborer des plans d'action pour décembre 1997. Le commissaire fait, au nom du vérificateur général, un rapport annuel à la CHAMBRE DES COMMUNES permettant d'évaluer dans quelle mesure les ministères ont atteint leurs objectifs et implanté des programmes dans le cadre des stratégies prévues. Le commissaire publie ses résultats dans un nouveau rapport «vert» exigé par les amendements. Ce rapport comprend aussi les observations du commissaire sur le nombre, la nature et le statut des pétitions environnementales envoyées au vérificateur général et acheminées aux différents ministères concernés, qui doivent répondre directement aux signataires à l'intérieur d'un laps de temps déterminé.

L.D. DESAUTELS a été nommé vérificateur général le 1ᵉʳ avril 1991, pour une période de 10 ans.

Maurice Cutler

Verigin, Peter Vasilevich (ou Veregin), chef religieux (Slavyanka, Russie, 29 juin 1859—près de Grand Forks, C.-B., 29 oct. 1924). En 1886, Verigin devient chef de la secte pacifiste russe des DOUKHOBORS. Il est exilé en Sibérie en 1887. Sous l'influence des doctrines du romancier chrétien anarchiste Léon Tolstoï, il enjoint clandestinement ses partisans de s'abstenir de viande et d'alcool et de retourner à leur ancienne tradition de refuser le service militaire. Des persécutions s'ensuivent, et beaucoup de doukhobors sont exilés en Géorgie et en Russie dans des conditions inhumaines. En 1898 et 1899, plus de 7000 d'entre eux peuvent entrer au Canada, et Verigin les suit en 1903. Il encourage ses compatriotes à ne pas prêter le serment d'allégeance que le gouvernement exige pour leur garantir les terres qui leur sont concédées. Lorsque les fermes des doukhobors sont saisies, il conduit ses fidèles, la Communauté chrétienne de la fraternité universelle, dans la région de Kootenay (C.-B.), où il tente d'organiser une commune autosuffisante et autonome sur des terres achetées pour son groupe.

Organisateur compétent, Verigin dote la communauté d'une bonne assise économique, mais il entre en conflit avec les autorités sur des questions comme l'éducation obligatoire. Il meurt dans l'explosion d'un train dont on ignore la cause. Après sa mort, les finances et l'administration de la communauté chrétienne sombrent dans la confusion. La personnalité puissante et l'imagination de Verigin ont permis aux doukhobors de surmonter les difficultés de leurs premières décennies au Canada et de préserver l'identité particulière de leur secte chrétienne, pacifiste et communiste.

George Woodcock

Vermilion, col Situé à une altitude de 1651 m, entre les montagnes Boom et Storm, à la frontière de la Colombie-Britannique et de l'Alberta, à 42 km à l'ouest de Banff. Le col tire son nom des sources minérales d'oxyde de fer échelonnées le long de la RIVIÈRE Vermilion, à 9 km au sud-ouest du col, là où les Indiens recueillaient des matériaux pour leurs décorations et leurs peintures de guerre. En août 1858, sir James HECTOR et sa troupe, de l'EXPÉDITION PALLISER, sont les premiers Blancs à le traverser.

Glen Boles

Vermilion, lacs (parc national Banff) Site archéologique. L'élargissement de la route transcanadienne, à l'ouest de l'emplacement de la ville de Banff, a permis de découvrir plusieurs sites, enfouis profondément sous des dépôts de coulées de débris. Ces sites, occupés il y a entre 19 200 et 11 000 ans, contiennent des pointes bifaces et des éclats qui en ont été détachés. Des pointes lancéolées en forme de feuille et des pointes de lances à tige ont été utilisées dans des sites occupés il y a entre 10 200 et 9600 ans. (*Voir aussi* PRÉHISTOIRE.)

Alan L. Bryan

Vermilion, rivière Longue de 70 km (depuis son affluent supérieur jusqu'à sa jonction avec la rivière Kootenay), la rivière Vermilion s'écoule dans les chaînons continentaux à la frontière de la Colombie-Britannique et de l'Alberta, à l'extrémité nord du PARC NATIONAL KOOTENAY. Alimentée par le ruisseau Tokumm, elle s'écoule vers le sud, puis se jette dans la rivière Kootenay. Le nom de Vermilion vient des sources minérales, situées à 9 km au sud-ouest du COL VERMILION, où les autochtones trouvaient de l'oxyde de fer qui servait pour les produits décoratifs et la peinture de peau. La route Banff-Windermere, longue de 105 km, longe la Vermilion sur presque toute sa longueur. Comme plusieurs rivières de montagnes, la Vermilion présente des marmites de géants et des marques d'abrasion.

David Evans

Verner, Frederick Arthur, peintre (Hammondsville [Sheridan], Haut-Canada, 26 févr. 1836—Londres, Angl., 16 mai 1928). Après ses études à la Heatherly's Art School, à Londres, en 1856, Verner s'enrôle dans le 3rd West York Regiment. En 1862, à son retour au Canada, il gagne sa vie comme photographe. Avec le temps, il se spécialise dans la représentation des Indiens et cherche à rendre ses sujets avec exactitude. En 1873, il assiste, aux côtés du lieutenant-gouverneur Alexander Morris, à la signature du North West Angle Treaty, Lake of the Woods (Treaty No. 3). Les croquis qu'il y réalise sont le point de départ d'un grand nombre de ses dernières peintures. Il étudie aussi attentivement le bison (un croquis, conservé aujourd'hui au Musée des beaux-arts du Canada, a été réalisé pendant un spectacle de Buffalo Bill à London, en 1892) et utilise ces croquis pour en faire des toiles représentant des bisons, telles que *The Last of the Herd*. Sa vision sereine dépeint l'Ouest canadien comme un jardin secret, une oasis de calme et de quiétude plutôt que le champ de bataille tragique représenté par de nombreux peintres américains. Il déménage à Londres, en Angleterre, en 1880.

Joan Murray

Vernon, ville de la C.-B.; pop. 31 326 (rec. 1996), 27 722 (rec. 1991), 20 371 (rec. 1986); superf. 75,09 km²; const. en 1892; située entre l'extrémité nord des lacs Okanagan et Kalamalka. David Stuart, commerçant de fourrures de la Pacific Fur Co, est le premier à explorer la région en 1811, mais ce sont des missionnaires qui la colonisent dans les années 1840. Dans les années 1880, plusieurs grands ranchs sont érigés à proximité, et la culture fruitière débute au cours de la décennie suivante. L'emplacement de la ville est alors celui d'un camp situé sur la route de la traite des fourrures, et le terminus septentrional des navires à vapeur circulant sur le lac se trouve tout près, à Okanagan Landing. La ville n'est reliée au chemin de fer principal que dans les années 1890, lorsqu'un embranchement est construit à Sicamous, sur la ligne du Canadien Pacifique. En 1906, un important canal d'irrigation est construit autour de la vallée de Vernon. Pendant la Première Guerre mondiale, la population de Vernon gonfle rapidement avec l'installation du plus important camp militaire de la Colombie-Britannique comprenant au moins 10 000 recrues.

Aujourd'hui, Vernon est un centre de commercialisation et de distribution prospère pour le nord de la VALLÉE DE L'OKANAGAN. La majorité des légumes de la vallée sont cultivés dans la région. Le bois d'œuvre, les conserveries et le tourisme sont des industries importantes, et le camp militaire existe toujours.

Le centre de la ville est construit sur un terrain relativement plat et la plus grande partie de la zone résidentielle se trouve sur des terrasses glaciaires et sur les versants de la vallée. Il existe une constituante du Okanagan College dans la ville voisine de COLDSTREAM, sur le lac Kalamalka. Le nom salish de Vernon était *hun-cul-deep-moose chin*, c.-à-d. «qui bondit au-dessus de la place». En 1887, la ville de Vernon emprunte son nom à Forbes George Vernon, commissaire en chef des terres et des travaux de la Colombie-Britannique et l'un des pionniers de la ville.

James Marsh

Verrazzano, Giovanni da, explorateur (près de Florence, Italie, v. 1485—Antilles, v. 1528). Plusieurs années avant Jacques CARTIER, il revendique l'Amérique du Nord au nom de la France. D'ascendance noble, ce qui est rare chez les premiers explorateurs, il reçoit une bonne instruction à Florence, à l'époque un centre important de la géographie et des sciences de la navigation. Il part pour Dieppe (France) afin de poursuivre une carrière maritime, et fait voile vers l'ouest en 1523 sous le drapeau français. Il aperçoit la terre vers le 1er mars 1524 à Cape Fear ou dans les environs (33° 50' de latitude N.). Il poursuit vers le sud, puis vers le nord pour éviter les Espagnols, longe la côte vers le nord en passant la baie de New York et la côte du Maine, puis, vraisemblablement, repart de la côte est de Terre-Neuve (environ 50° de latitude N.), pour arriver à Dieppe le 8 juillet 1524. S'il a cru à tort avoir aperçu le Pacifique au-delà d'une étroite péninsule près du cap Hatteras, il est toutefois le premier à reconnaître que, de la Floride à Terre-Neuve, le littoral est contigu et que c'est celui d'un Nouveau Monde. Lors d'un second voyage, en 1528, il se rend seul en chaloupe dans une île antillaise, probablement la Guadeloupe, où il est tué et mangé par des anthropophages.

James Marsh

Verre La première fabrique de verre ou verrerie connue, la Mallorytown Glass Works (Haut-Canada), créée en 1839, ferme ses portes en 1840. La fabrication du verre exige de gros investissements en matières premières, équipement et salaires. Les plus petites verreries comptent de 15 à 20 employés qui fabriquent le verre à partir d'un à cinq creusets. Elles emploient aussi d'autres ouvriers pour les fonctions secondaires (couper le bois pour le four, déballer la matière première, emballer le produit fini). Ainsi, il n'est pas surprenant que les débuts de la fabrication du verre au Canada (1839-1880) entraînent un grand nombre d'ouvertures et de fermetures d'entreprises.

Au cours du XIXe s., le verre importé donne le ton et détermine les standards concurrentiels. Entre 1840 et 1860, cinq verreries fabriquent les produits de verre les plus courants: vitres et bouteilles en verre de couleur verte.

Verre fabriqué et verre moulé La Canada Glass Works (1845-1851) de Saint-Jean, au Canada-Est (maintenant le Québec) et la Ottawa Glass Works (1847-1857) de Como sont des fabriques de verre à vitre situées le long des voies maritimes conduisant à Montréal. À partir de ce centre de distribution, la promotion peut se faire aussi loin qu'à Hamilton. On fabrique le verre pour les vitres en soufflant un tube creux et allongé dont on coupe ensuite les deux extrémités. Une incision pratiquée sur toute la longueur du tube permet de l'ouvrir et d'obtenir une feuille plate qui est ensuite coupée en carreaux de différentes grandeurs. Le plus grand carreau de vitre alors disponible mesure environ 76 cm sur 102 cm.

Les bouteilles, elles aussi, peuvent être fabriquées par soufflage libre mais, le plus souvent, elles sont soufflées et moulées en utilisant des moules en fonte. Après 1851, la production de la verrerie de Como et de la Foster Brothers Glass Works de Saint-Jean (vers 1855—1858) comprend divers modèles de bouteilles: les fioles aigue-marine pour médicaments, les bouteilles à eau minérale ou soda, les flasques à whisky, les bouteilles à vin et à bière, les petites bouteilles carrées servant de flacons de voyage et les grosses dames-jeannes en verre noir (en fait un vert très foncé) pour conserver les liquides.

Entre 1860 et 1880, les quatre plus importantes verreries fabriquent des articles de consommation courante: bouteilles, bocaux et des verres de lampe. Elles sont toutes situées à proximité de services de transport ou près d'une des lignes de chemin de fer construites dans les années 1850. La Canada Glass Works (1864-1872) de Hudson, au Québec, et la Hamilton Glass Co. (1865-1896) de Hamilton, en Ontario, fabriquent du verre «vert», utilisé pour les carreaux de fenêtres et les bouteilles dont la couleur varie de l'aigue-marine au vert, et du vert olive à l'ambre. La couleur provient des impuretés de fer contenues dans le sable, élément qui constitue la principale matière première employée en verrerie.

La St. Lawrence Glass Co. de Montréal (1867—1873) et la Burlington Glass Co. de Hamilton en Ontario (1874-1898) fabriquent du verre au plomb. Ce verre incolore est utilisé pour les verres de lampes et les articles de table plus raffinés. On le fabrique en ajoutant un agent décolorant qui masque la couleur verte originale. Après 1864, on modifie les proportions de silex et de lime et on obtient une formule améliorée qui donne un verre sans couleur, de bonne qualité, et qui réduit du tiers les coûts de matières premières par rapport au verre au plomb habituel. Ce progrès permet de récupérer le marché des bouteilles pour médicaments et d'accroître considérablement et à moindre coût le marché du verre à lampes sans couleur et celui des articles de table.

Les bouteilles pour médicaments sont moulées à partir de verre vert, ambre ou incolore et sont proposées dans une gamme allant de doses individuelles d'une ou deux onces (28 ou 56 ml) à des flacons de 16 onces (environ 450 ml). Vers le milieu des années 1870, tous les fabricants de bouteilles de pharmacies en Amérique du Nord produisent des formes moulées rondes, ovales, carrées et rectangulaires. On peut, sur demande, inscrire dans le moule le nom du médicament breveté ou du pharmacien. Une méthode moins coûteuse utilise une plaque en relief portant l'inscription désirée que l'on insère dans le moule standard.

Les premières bouteilles d'eau gazéifiée sont ovales, forme utilisée en Angleterre dès 1814. En 1870, une version modifiée à fond plat est brevetée et, à partir du début des années 1870, on fabrique aussi une bouteille cylindrique avec épaules et bases arrondies ou à base plate permettant à la bouteille de tenir debout. À la fin du XIXe s., un nombre grandissant d'entreprises d'embouteillage de BOISSONS GAZEUSES ou de boissons au gingembre utilisent ces bouteilles. On fabrique aussi des flasques à whisky et des bouteilles pour les distilleries. Les BRASSERIES ont besoin de bouteilles cylindriques ambrées ou noires, moulées et soufflées, pour l'ale, la bière et le porter. Bien que l'on fabrique des moules spéciaux portant le nom de certaines brasseries canadiennes, ces dernières utilisent généralement les bouteilles courantes sur lesquelles on appose une étiquette illustrant la marque de commerce et le nom de la brasserie.

En 1858, aux États-Unis, John Mason fait breveter le premier bocal à conserves en verre moulé et soufflé. L'ouverture est large et un manchon spiralé, soufflé à même le verre, permet de visser le couvercle de métal et d'assurer une fermeture hermétique. C'est une nette amélioration par rapport aux bocaux en poterie. De plus, le fait de voir le contenu du bocal encourage la mise en conserve domestique. Les deux verreries de Hamilton et celle de Hudson (au Québec) produisent une ou deux formes de bocaux. Les bocaux provenant de l'usine de Hamilton sont identifiés par le nom de la verrerie soufflé à même le verre.

Tout comme l'usine d'Hudson, les deux usines de verre au plomb (St. Lawrence Glass Co. et Burlington Glass Co.) fabriquent des lampes et des verres de lampe. La fragilité des verres de lampe, qui doivent être nettoyés quotidiennement, entraîne un gros volume de ventes. La St. Lawrence Co. fabrique aussi des articles de table en verre pressé. Le bouillon de verre est pressé dans le moule à l'aide d'un piston qui pousse le verre fondu dans toutes les parties du moule. Ce procédé permet de produire des pièces identiques très rapidement et à bas prix. Vers les années 1860, les lourds dessins géométriques imitant le cristal taillé sont très populaires. Parmi les articles de table, on trouve des bols et des compotiers à couvercle, des coupes à dessert, des sucriers et des pots à crème, des porte-cuillers, des verres sans pied, des gobelets, des pichets, des salières de table et des saupoudroirs.

Au cours des années 1880-1900, plusieurs usines continuent de produire les bouteilles, les bocaux et les verres de lampe qui sont toujours des produits de grande consommation. Il s'agit notamment des usines de verre vert et de verre au plomb de Hamilton, de quelques entreprises plus petites fondées dans les années 1890, ainsi que de trois nouvelles usines d'importance: la North American Glass Co (1880 jusqu'à aujourd'hui) de Montréal (qui deviendra successivement la Diamond, la Diamond Flint, la Dominion, et la Domglas); la Nova Scotia Glass Co (1881-1892) de New Glasgow (en Nouvelle-Écosse); et la Sydenham Glass Co. (1894-1913) de Wallaceburg (en Ontario).

Des modèles canadiens de bouteilles de pharmacie sont probablement inventés vers les années 1880. Celles-ci sont identifiées par le nom de la ville où est située l'usine ou la compagnie qui les fabrique. En outre, les bocaux portent le nom de la verrerie ou un mot qui symbolise la qualité, comme «Crown» ou «Best».

Dans les années 1880, les services de vaisselle comprennent un nombre de morceaux de plus en plus grand, notamment des assiettes de différentes grandeurs, l'assiette à pain, l'assiette à gâteau sur pied ou le plateau, le beurrier, le gobelet, le vase à céleri, le plat à condiments et des pichets d'un quart ou d'un demi-gallon. Les nouveaux motifs de l'époque sont constitués de fleurs délicatement moulées, d'oiseaux, de fruits sauvages, de feuilles, d'emblèmes, de motifs en C, d'événements commémoratifs ainsi que de fins dessins géométriques pressés en surface et fabriqués dans les verreries.

Vers les années 1890, les motifs sont pressés plus en profondeur. Ils imitent ceux du verre taillé et présentent des dessins nets de feuilles ou de fruits, tandis que les motifs encadrés restent également populaires. Après le milieu des années 1890, le verre pressé vert émeraude et le verre pressé blanc et bleu opale (turquoise pâle) sont très en demande. En 1900, les usines canadiennes fournissent bouteilles, lampes et services de vaisselle à 5,5 millions de personnes, soit la moitié du marché canadien.

De 1900 à 1932, les motifs en forme de roue, d'étoile et les dessins floraux du verre pressé continuent d'imiter ceux du cristal taillé. Ils sont fabriqués par la Diamond Flint/Dominion Glass Co. de Montréal et, de 1913 à 1925, par son usine de Toronto, la Jefferson Glass Co., qui fabrique des articles de table et d'éclairage. Vers le milieu des années 20, les motifs imitant ceux du cristal taillé passent de mode et sont remplacés par de délicats motifs de fleurs moulés dans du verre rose pâle, vert, jaune et bleu.

Vers 1932, la Dominion Glass Co. cesse graduellement la production de la plupart de ses articles de table et se concentre sur la vaisselle destinée à une clientèle hôtelière et sur quelques motifs géométriques simples taillés dans les nouvelles couleurs pastels. Tout comme au XIXe s., les bouteilles et les bocaux restent des produits de première nécessité qui, après 1932, constituent la principale ligne de production de la Dominion Glass Co. (avec des usines à Montréal, au Québec; à Toronto, Hamilton et Wallaceburg, en Ontario; à Winnipeg au Manitoba; à Redcliff en Alberta; et à Burnaby en Colombie-Britannique) et de la Consumers Glass Co. de Toronto (fondée à Montréal en 1917 et devenue la Consumers Packaging, Inc., avec des verreries à Ville Saint-Pierre et CANDIAC au Québec; Toronto et Milton en Ontario; et à Lavington en Colombie-Britannique). Après 1907, l'adoption de nouvelles machines soufflant le verre automatiquement permettent de répondre à une demande croissante.

Verre taillé Entre 1867 et 1900, les cinq usines canadiennes de verre au plomb se concentrent sur la fabrication de bouteilles, de verres de lampe et de services de table pressés dans un verre de moindre qualité et moins coûteux. Elles emploient toutes des tailleurs pour orner les pièces. Des pièces, toujours intactes, révèlent que ce premier verre taillé est gravé. Le graveur utilise de petites molettes de cuivre et un abrasif pour faire de minuscules lignes peu profondes dans le verre. En général, le produit final n'est pas poli et les motifs ont l'aspect blanc grisâtre du verre dépoli.

Cette technique est utilisée pour ajouter un monogramme aux gobelets et aux pichets qui servent à des présentations spéciales, ou pour décorer des services de vaisselle, des verres de lampe ou des lampes d'extérieur. Les motifs décoratifs les plus utilisés sont des feuilles de fougère, des couronnes de feuilles et, quelquefois, des plants de vigne et des fleurs, représentés de façon simple et stylisée.

Au Canada, la fabrication d'articles de table en verre taillé plus en profondeur et, par conséquent, plus coûteux commence vers 1895. Entre 1900 et 1930, quatre usines importantes produisent du verre taillé: George Phillips (1904—1971) de Montréal; Gowans, Kent and Co. (vers 1900—1918) de Toronto; Gundy-Clapperton (1905—1920), plus tard Clapperton (1920—1972); et Roden Bros (vers 1907—1954) de Toronto. L'usine de Gundy-Clapperton, une des plus grandes, emploie 50 tailleurs en 1912.

En outre, pendant cette période, quelque 15 autres usines fabriquent aussi le verre taillé. Elles se concentrent à Montréal et à Toronto, dans les grandes villes de l'Ontario (Ottawa, Lakefield, Wallaceburg, Waterford) et à Winnipeg, Calgary et Vancouver. Certaines ne sont que des ateliers de un ou deux tailleurs. La plupart des tailleurs hautement spécialisés viennent des États-Unis, comme c'est le cas pour George Phillips et Harry Clapperton.

Les pièces de cristal brut de haute qualité, des pièces non décorées destinées à être taillées, sont importées de l'usine de Val-Saint-Lambert en Belgique, de la firme Baccarat en France, de la Libbey Glass Co. de Toledo en Ohio, de O.C. Dorflinger and Sons de White Mills en Pennsylvanie et de la Mt. Washington Glass Co. de New Bedford au Massachusetts.

Dans les plus grands ateliers, le verre taillé est généralement produit par une équipe de tailleurs, dont chacun a sa propre spécialité. Celui qui fait le «travail de gros œuvre» utilise une meule à dégrossir et un abrasif fin. Il suit le tracé laissé par le dessinateur autour du motif et fait les premières incisions profondes dans le verre. À cette étape, il y a toujours danger de tailler trop profondément la pièce et de la perdre. La pièce passe ensuite à celui qui fait le «travail de finition»; celui-ci utilise aussi une meule pour adoucir la première taille et ajouter les lignes de surface du motif. Le fait de tailler la surface la rend mate et opaque.

À cette époque, le polissage final ne se fait plus à la molette de bois ni à la pierre ponce. Le verre est plutôt immergé dans un bassin d'acide sulfurique et fluorhydrique qui redonne un fini clair et brillant aux parties taillées. Le procédé, inventé dans les années 1890, entraîne la baisse des coûts de production. Dans les plus petits ateliers, le processus de taille complet est accompli par une seule personne.

Les motifs utilisés par les usines canadiennes comprennent les étoiles en cabochon, les motifs en forme de roue et d'étoile, popularisés aux États-Unis à la fin des années 1880 et 1890, ainsi que les motifs plus récents de fleurs et de feuilles stylisées. Elles créent aussi plusieurs motifs superbes portant des noms comme Primrose, Oak, Tulip (Gundy-Clapperton); Cornflower, Poppy, Sunflower (Roden Bros); Maple Leaf (Gowans, Kent); ainsi que de nombreux motifs géométriques.

Les usines de Toronto gravent leur marque de commerce à l'acide sur plusieurs de leurs pièces: Gundy-Clapperton grave «GCCO» dans les feuilles d'un trèfle; Clapperton grave un «C» dans une feuille de trèfle; Roden Bros grave un «R» de style gothique, accompagné de deux lions; et Gowans, Kent grave le mot «ELITE» dans une feuille d'érable encerclée.

Vers 1930, il n'existe plus de petits ateliers de verre taillé au Canada. La vive concurrence des grandes usines, combinée à la faible demande de verre taillé surchargé de motifs, ont pour résultat de les faire disparaître. Un nouveau style de verre soufflé plus léger, avec de délicats motifs de fleurs et de feuilles en relief, obtient la faveur du public.

De 1930 à 1972, les usines comme Phillips et Clapperton adoptent des dessins géométriques encore plus simples. L'une d'elles, la W.J. Hughes de Toronto se spécialise dans un seul motif, le «Cornflower», créé en 1914 et toujours en production. De nouvelles verreries, comme la Mayfair Glass Co. de Montréal, la Crystal Glass Co. et la Monogram Glass Co. de Toronto, taillent des pièces délicates dans des motifs tels que «Carnation», «Laurel and Grapes», «Marguerite» et «Comet».

Janet Holmes

Verrier, Étienne, ingénieur militaire (Aix-en-Provence, France, 4 janv. 1683—La Rochelle, France, 10 sept. 1747). Après 17 ans de service dans le corps des ingénieurs, Verrier est ingénieur en chef à LOUISBOURG de 1724 à 1745. Durant ces années, il planifie et révise le tracé de la ville, termine l'enceinte fortifiée à laquelle il ajoute des portes ornementées, des casernes avec une tour à horloge et une aile réservée au gouverneur, un hôpital, un phare, deux batteries portuaires et des installations portuaires; il conçoit une église paroissiale qui ne sera pas construite. Fils d'un maître sculpteur, Verrier a en effet du flair pour l'architecture. Du point de vue militaire, il réussit cependant un peu moins bien. Bien que ses fortifications aient procuré une défense efficace lors du siège de 1745, son conseil d'abandonner la batterie royale à l'ennemi est difficile à comprendre. Les plans et les rapports de Verrier, joints à des données archéologiques, ont fourni la base de la reconstruction actuelle du Parc historique national de la forteresse de Louisbourg.

F.J. Thorpe

Verrier, Louis-Guillaume, avocat, professeur et procureur général du Conseil supérieur de la Nouvelle-France (Paris, France, 19 oct. 1690—Québec, 13 sept. 1758). Il acquiert une grande renommée en exerçant la fonction de procureur général, le premier conseiller juridique de la colonie (1728-1758), par la supervision des actes notariés (1730-1732) ainsi que la création de registres complets des biens fonciers de la colonie (1732-1740) et surtout pour l'établissement du premier programme structuré d'ENSEIGNEMENT DU DROIT au Canada en 1733. Issu d'une famille parisienne de juristes et lui-même avocat au Parlement de Paris, ce célibataire sans le sou acquiert la réputation d'être un chercheur méticuleux et un bibliophile compulsif après son émigration en Nouvelle-France en 1728. La qualité des diplômés de son école de droit pousse Louis XV, en 1741, à abroger une ordonnance de 1678 interdisant aux avocats de pratiquer en Nouvelle-France. Par la suite, on assiste à l'émergence d'un groupe actif d'avocats scolarisés et instruits qui jouent un rôle important dans l'affirmation du droit seigneurial (*voir* RÉGIME SEIGNEURIAL) après la Conquête, ainsi que de la COUTUME DE PARIS, puis dans la réorganisation de la profession juridique au Québec en 1785.

G. Blaine Baker

Vers plats (plathelminthes) constituant un embranchement d'INVERTÉBRÉS mous à symétrie bilatérale. Leur forme varie entre celle d'une feuille et celle d'un ruban. Certaines espèces ont une taille microscopique tandis que d'autres mesurent plus de 15 cm de longueur (certains parasites).

Les vers plats ont une «tête» caractéristique qui parfois, chez les espèces parasitiques, est grandement modifiée en organe d'attachement. Ils n'ont pas de cavité cœlomique et les organes internes sont suspendus dans un tissu spongieux appelé parenchyme. Ils n'ont pas de systèmes circulatoire et respiratoire, mais leurs systèmes reproducteurs et excréteurs sont bien développés. La plupart des espèces ont un tube digestif ou intestin simple, mais les cestodes et certains vers plats libres (*Acoela*) n'en ont pas. Sauf chez les douves où il existe des exceptions, le tube digestif a une seule ouverture sur la face ventrale, généralement près de l'extrémité avant, qui sert de bouche et d'anus.

La majorité des vers plats sont hermaphrodites, mais la fécondation croisée entre deux individus est la règle. On trouve des vers plats dans le monde entier. La plupart des quelque 15 000 espèces connues sont parasitiques. Il en existe probablement des milliers d'espèces au Canada, mais peu sont connues. Les plathelminthes se subdivisent en cinq classes: les turbellariés, les temnocéphales, les monogéniens, les trématodes et les cestodes. Certains zoologistes incluent les temnocéphales dans la classe des turbellariés.

Turbellariés Ce sont principalement des vers libres qui vivent dans les eaux douces et les eaux salées côtières. Certaines espèces vivent en milieu tropical terrestre et d'autres sont commensales ou parasitiques d'invertébrés aquatiques ou, rarement, de poissons. Leur corps est pourvu de cils vibratiles formant une pilosité qui leur permet de nager ou de glisser sur le substrat. Certaines espèces ont des couleurs éclatantes, mais la plupart sont blanchâtres, brunes, grises, noires ou incolores et plutôt difficiles à voir.

Temnocéphales Ils ont des tentacules et un organe adhésif postérieur et ne possèdent pas de cils vibratiles. La majorité des espèces vivent attachées à des invertébrés d'eau douce, plus particulièrement

des CRUSTACÉS, dans les milieux tropicaux et subtropicaux.

Monogéniens Ce sont essentiellement des parasites de la surface du corps et des branchies des poissons dulçaquicoles et marins. La partie postérieure de leur corps forme un organe d'attachement qui porte des crochets, des ventouses ou des crampons.

Trématodes Aussi appelés douves, ce sont des parasites internes de vertébrés dulçaquicoles, marins et terrestres, certains causant des pathologies chez les humains et les animaux. La majorité des espèces sont pourvues d'une ventouse musculaire sur les faces antérieure et ventrale pour s'attacher. Les trématodes n'ont pas de cils vibratiles, mais ils possèdent parfois des épines. Leur principale caractéristique est un cycle de vie complexe qui nécessite un développement dans au moins deux hôtes intermédiaires, parmi lesquels il y a presque toujours un mollusque.

Cestodes Ce sont des parasites intestinaux de vertébrés et ils ont aussi des stades de développement dans des hôtes intermédiaires. En général, le corps en forme de ruban est segmenté et l'extrémité antérieure est modifiée en un organe d'attachement qui porte souvent des ventouses ou des crochets. Chaque segment contient un ou plusieurs ensembles d'organes reproducteurs femelles et mâles. Les cestodes n'ont pas de tube digestif et absorbent les éléments nutritifs par la surface du corps. Comme les douves, certaines espèces de cestodes causent des pathologies chez les humains et les animaux.

Némertiens Aussi appelés némertes ou vers à trompe, ils ressemblent aux vers plats, mais possèdent une trompe ou proboscis rétractile, qui peut être dévaginée afin de capturer de la nourriture. De plus, ils ont un système circulatoire et un anus, et des organes reproducteurs portés par des individus mâles ou femelles. La plupart des espèces sont libres et vivent dans les milieux littoraux marins, mais certaines habitent les milieux d'eau douce ou des milieux terrestres humides, et quelques-unes sont commensales d'invertébrés. Leur longueur varie de moins d'un millimètre à plusieurs mètres. Ils possèdent souvent des couleurs éclatantes. On en connaît environ 500 espèces.

L. Margolis

Vertébrés Ils ont partie de l'embranchement des Cordés. Les vertébrés sont des ANIMAUX à symétrie bilatérale qui possèdent un squelette interne osseux ou cartilagineux incluant au moins une colonne vertébrale et un crâne. Les yeux (s'il y en a) ainsi que les structures olfactives et les structures de prise alimentaire sont toujours situés sur une tête distincte qui se trouve en avant du corps. Pendant toute leur vie ou à un stade quelconque de celle-ci, ils sont pourvus d'une série de fentes branchiales qui font communiquer la partie antérieure du tube digestif, appelée pharynx, avec l'extérieur. Ces fentes sont supportées par des cloisons ou arcades pharyngiennes squelettiques situées dans leurs parois. Habituellement, les vertébrés sont aussi pourvus d'appendices qui permettent les mouvements et la manipulation de l'environnement. Ces appendices prennent des formes aussi variées que les nageoires et la queue des POISSONS ou les mains et les bras spécialisés des humains. Certaines espèces ont une peau lisse couverte de mucus, d'autres sont pourvues d'une solide carapace osseuse et d'autres encore possèdent une couche isolante constituée de poils ou de plumes.

Évolution Les premières preuves de l'existence des vertébrés sont des FOSSILES fragmentaires de deux types. Les conodontes, de minuscules structures en forme de dents, appartenaient, on l'a découvert récemment, aux conodontophoridés, de petits animaux à corps mou semblables à des vers. Ces animaux faisaient probablement partie de la communauté planctonique marine entre le cambrien supérieur (il y a de 515 à 510 millions d'années) et le trias supérieur (de 227,4 à 205,7 millions d'années). On sait que les conodontes étaient constitués d'une sub-

stance semblable à de la dentine et se trouvaient dans la cavité buccale, probablement sur une langue protractile. Les autres fossiles sont des fragments du revêtement externe de poissons sans mâchoire du cambrien supérieur.

Il semble que les vertébrés n'étaient représentés à l'origine que par les poissons sans mâchoire et qu'ils étaient rares et dispersés jusqu'à l'apparition des premiers poissons à mâchoire, à la fin du silurien (il y a de 426 à 410 millions d'années). Au cours des 57 millions d'années qui ont suivi, durant le dévonien, sont apparus tous les principaux groupes de poissons qui vivent aujourd'hui ainsi que les premiers tétrapodes (AMPHIBIENS).

Les premiers amniotes (REPTILES) ont fait leur apparition au début du pennsylvanien (il y a environ 323 millions d'années). Les premiers ancêtres identifiables des MAMMIFÈRES constituent l'une des plus anciennes branches distinctes de la lignée des amniotes et sont apparus au cours du pennsylvanien. Les mammifères entièrement différenciés datent de la fin du trias. Les OISEAUX constituent le plus jeune groupe de vertébrés terrestres. Archéopteryx, l'oiseau le plus ancien que l'on connaisse, apparaît à la fin du jurassique (il y a de 159,4 à 144,2 millions d'années).

Les vertébrés aquatiques semblables à des poissons comprennent cinq des neuf lignées évolutives principales et près de 25 000 des 48 000 espèces ou plus de vertébrés vivants. Cela reflète probablement l'ancienneté des groupes d'animaux semblables aux poissons et la stabilité relative des habitats marins pendant de longues périodes, comparativement aux habitats terrestres ou d'eau douce. Parmi les vertébrés terrestres, les reptiles montrent la plus grande variété de structures corporelles et d'adaptations, mais les oiseaux comptent le plus grand nombre d'espèces vivantes (9700). Il existe environ 4800 espèces vivantes de mammifères et plus de 4300 espèces d'amphibiens.

Physiologie Les vertébrés comprennent les plus grands de tous les animaux. Ils sont capables d'effectuer des mouvements plus efficaces, plus rapides et plus soutenus que les autres animaux, et leurs organismes sont parmi les plus complexes qui soient. Ces caractéristiques sont liées entre elles et dérivent de la structure corporelle de base des vertébrés. Leur squelette interne est assez fort pour ancrer les muscles et supporter le corps, et est proportionnellement plus léger que le squelette externe ou la coquille des INVERTÉBRÉS. Il permet une croissance sans mue périodique, comme dans le cas d'un squelette externe rigide, et il augmente l'efficacité mécanique des muscles.

Les vertébrés sont capables d'ajuster leurs processus physiologiques. Tous, sauf les myxines, règlent les concentrations de sels dissous et d'eau dans leur corps. Ils exercent également un certain contrôle sur leur température corporelle, soit en choisissant l'environnement dans lequel ils peuvent gagner ou perdre la chaleur nécessaire (ectothermie) comme chez les poissons, les amphibiens et les reptiles, soit en ajustant leur métabolisme pour produire de la chaleur interne (endothermie) comme chez quelques espèces de poissons (thons et balaous), certains reptiles (tortue luth et femelles de quelques espèces de pythons), les oiseaux et les mammifères.

Une grande taille et une activité accrue ont conduit au développement de systèmes qui permettent aux vertébrés d'ingérer de la nourriture, de l'oxygène, de l'eau et des sels ainsi que d'excréter les déchets métaboliques plus rapidement que ne le font les invertébrés. Les branchies des espèces aquatiques et les poumons des espèces terrestres ont de grandes surfaces par lesquelles l'oxygène est absorbé et le gaz carbonique évacué. Les reins servent de filtres qui permettent l'évacuation des déchets métaboliques et la régulation des concentrations d'eau et de sels dans le corps. Le système digestif possède des mécanismes qui augmentent l'efficacité de l'alimentation et de la fragmentation de la nourriture de telle façon que la digestion se fait plus rapidement. Les parois intestinales ont de grandes surfaces par lesquelles les éléments nutritifs peuvent être absorbés. Finalement, le système circulatoire clos à haute pression transporte des substances dans toutes les parties du corps.

Tous ces éléments doivent fonctionner ensemble pour réaliser une activité coordonnée nécessaire à la survie. Le système nerveux central assure cette coordination grâce à l'information provenant de l'environnement et qui est véhiculée par un système sensoriel. Au cours de l'histoire évolutive des vertébrés, des changements d'habitats ou d'activités ont été accompagnés de changements de structure et de fonctionnement des systèmes corporels.

P. ex., une augmentation de la vitesse de nage chez un poisson entraîne une augmentation de la grosseur des muscles ainsi que des os auxquels ceux-ci sont attachés. Une plus grande activité musculaire demande cependant plus d'éléments nutritifs et d'oxygène, ce qui affecte les systèmes digestif, respiratoire et circulatoire. La production accrue de déchets requiert des adaptations du système excréteur, et tous ces besoins changeants touchent les systèmes sensoriels et nerveux, qui fournissent les informations et permettent la coordination du corps dans son ensemble.

Classification Le sous-embranchement des vertébrés se divise en deux superclasses. La première, celle des agnathes ou poissons sans mâchoire, comprend les lamproies vivantes, les myxines et les poissons sans mâchoire aujourd'hui disparus. On compte environ 40 espèces de lamproies dans le monde (dont 11 au Canada) et environ 30 espèces de myxines (dont 3 au Canada). La seconde superclasse, celle des gnathostomes, comprend tous les vertébrés à mâchoire.

K.W. Stewart

Verville, Alphonse, plombier, dirigeant syndical et député (Côte-Saint-Paul [Montréal], 28 oct. 1864—Montréal, 20 juin 1930). Verville quitte Montréal à l'âge de 18 ans pour travailler à Chicago, où il devient membre de l'Union internationale des plombiers. De retour à Montréal en 1893, il milite activement en faveur du syndicalisme international. À la tête de son syndicat pendant plusieurs années, il occupe également la présidence pendant quelques années du Conseil des métiers et du travail de Montréal, puis devient président du CONGRÈS DES MÉTIERS ET DU TRAVAIL DU CANADA (1904-1910). Partisan de l'action politique ouvrière, il est élu, en 1906, député fédéral de Maisonneuve sous la bannière du Parti ouvrier. Il est réélu aux élections suivantes, mais comme candidat libéral ouvrier. Il se retire de la vie politique en 1921.

Jacques Rouillard

Verville, Jean-François Du Verger de, ingénieur militaire (Paris, France, v. 1670-1675—Valenciennes ou Paris, France, 1729). Verville conçoit les fortifications côté terre de la forteresse de LOUISBOURG, y compris les casernes de la citadelle, la batterie royale et la batterie de l'île. Il dresse les premiers plans de la ville. Né dans une famille d'architectes, Verville sert pendant 12 ans comme ingénieur militaire en Europe avant d'être détaché en 1716 à l'Île Royale (île du Cap-Breton). Ses plans de Louisbourg comprennent trois batteries interdépendantes et un bastion de front pour défendre la ville contre les attaques venant respectivement du port et, à l'ouest, des marécages. Après le rappel de Verville en 1725, ses plans de Louisbourg, malgré leurs lacunes évidentes, servent de base au travail d'Étienne VERRIER.

F.J. Thorpe

Vesak, Norbert, chorégraphe (Port Moody, C.-B., 22 oct. 1936—Charlotte, Caroline du Nord, 1990). Vesak est controversé pour ses chorégraphies tape-à-l'œil, ses sujets à la mode et ses effets visuels somptueux. Il est chorégraphe attitré au VANCOUVER

PLAYHOUSE THEATRE COMPANY en 1964 avant de fonder le Western Dance Theatre (1969-1971). Il crée deux œuvres populaires pour le ROYAL WINNIPEG BALLET, soit *The Ecstasy of Rita Joe*, une œuvre multimédia mettant en vedette Dan GEORGE, commandée par la Manitoba Indian Brotherhood et basée sur la pièce de George RYGA, ainsi que *What to Do Till the Messiah Comes* (1973). Le pas de deux de cette dernière, «Belong», devient la spécialité de la ballerine Evelyn HART et vaut à Vesak de remporter la médaille d'or de chorégraphie à la Varna International Ballet Competition en 1980. Après avoir été brièvement chorégraphe officiel au Royal Winnipeg Ballet dans les années 70, Vesak met en scène les ballets de l'Opéra du Metropolitan et de l'Opéra de San Francisco tout en créant des chorégraphies pour de nombreuses compagnies européennes et américaines.

Penelope Reed Doob et Michael Crabb

Vesce fourragère Du genre *Vicia*, plante herbacée semi-grimpante de la famille des légumineuses qui produit du foin de bonne qualité. Les 150 espèces sont largement répandues dans le monde. La plupart des vesces viennent de la région de la Méditerranée et certaines espèces ont été introduites au Canada par les premiers immigrants. Trois espèces sont maintenant cultivées au Canada: la vesce velue (*V. villosa*), la vesce de Pannonie (*V. pannonica*) et la vesce à feuilles étroites (*V. sativa*). Les vesces ont des feuilles composées et des fleurs mauves, roses ou, rarement, blanches. Elles produisent des gousses qui éclatent une fois mûres. Les vesces ont des vrilles et grimpent aux plantes en croissance ou aux clôtures. On les trouve couramment dans les pâturages ou les champs en jachère dans les régions humides du Canada. Lorsqu'elles sont semées au début de juin, elles produisent du foin au cours de l'année des semailles. Si on les sème en septembre, elles hibernent et produisent du foin l'année suivante. La vesce a maintenant peu d'importance sur le plan économique et les graines commerciales sont rares. Toutefois, historiquement, elles ont servi de CULTURE FOURRAGÈRE d'urgence, seules ou avec de l'AVOINE ou des POIS. Les vesces produisent des graines dures et forment parfois des nappes vert foncé dans les champs en jachère.

Walter R. Childers

Vêtement La colonisation de l'est du Canada commence au XVIIᵉ s. avec les Français. Au cours des premières années, ces colons ne peuvent compter que sur les vêtements qu'ils ont apportés. Un habit neuf coûte cher. Les seuls vêtements disponibles sont importés ou taillés localement à partir d'étoffes importées ou, parfois, de peaux apprêtées. Ce n'est qu'au début du XVIIIᵉ s. que le tissage se répand dans les nouvelles colonies. Cependant, dès la fin du siècle précédent, les gens à la mode peuvent compter sur quelques bottiers et chapeliers.

Vêtements à la mode Avec l'émergence des villes, les citadins aisés, hommes et femmes, portent des vêtements élégants semblables à ceux qui se portent en France. Toutefois, il faut compter au moins une année avant qu'une mode européenne ne soit connue et ne se manifeste au Canada, car les bateaux n'arrivent qu'une fois l'an. Au XVIIᵉ s., au Canada, l'homme élégant porte perruque, tissus somptueux et dentelles fines. Les portraits de Jean TALON, premier intendant de Nouvelle-France, le montrent portant avec style la perruque, la robe de chambre de brocart, la chemise à poignets garnis de dentelles abondantes ainsi que la cravate de dentelle.

Un tableau, peint en 1703, représente madame Riverin, femme d'un membre du Conseil souverain de Québec, vêtue d'une robe élégante appelée une mante et arborant une coiffure magnifique connue sous le nom de fontange. Ses filles sont habillées de la même façon et son fils porte la version miniature de l'habit à la mode pour les hommes. Il est alors courant d'imiter les adultes dans la façon d'habiller les enfants.

La province du Haut-Canada est fondée en 1791. La nouvelle classe dirigeante, tout comme l'élite, tente de maintenir certaines normes d'élégance. Ces normes, comme celles de la mode anglaise d'ailleurs, sont généralement plus conservatrices que celles de la mode parisienne.

La première gravure de mode canadienne, parue en mars 1831 dans le *Montreal Monthly Magazine*, s'inspire probablement d'une gravure tirée d'une publication britannique. Au milieu du XIXᵉ s., les communications transatlantiques connaissent des progrès remarquables, et le laps de temps entre le moment où une mode apparaît en Europe et celui où on la voit au Canada ne dépasse parfois pas deux mois.

Vêtements de tous les jours Mis à part les mieux nantis, tous les colons portent des vêtements faits à la maison, coupés dans une étoffe filée et tissée au foyer ou bien réalisés par les tisserands locaux. Le style, plutôt traditionnel, rappelle celui de la campagne française et, plus tard, anglaise. Au milieu du XIXᵉ s., les masses ont de plus en plus accès au prêt-à-porter et peuvent, elles aussi, se mettre au diapason de la mode, alors que la plupart des vêtements de la classe ouvrière continuent d'être confectionnés à la maison.

Très peu de ces vêtements sont parvenus jusqu'à nous, car, à mesure qu'ils s'usent, ils sont réutilisés pour faire des COURTEPOINTES, des TAPIS, etc. En 1884 paraît le premier catalogue de la Compagnie T. EATON limitée, qui permet même aux gens des régions rurales les plus éloignées de commander par la poste des vêtements dernier cri. C'est un tournant important qui comble le fossé entre le vêtement sobre de la campagne et le vêtement élégant dernier cri.

Vêtements pour hommes Au début du régime français, les citadins ordinaires et les colons des campagnes (fermiers pour la plupart) portent des vêtements similaires à ceux qui sont portés en France. Tout au cours du XVIIᵉ s. et du XVIIIᵉ s., ces colons vont porter une bonne variété d'habits, en tous points semblables aux vêtements à la mode, à ceci près que le tissu en est plus simple et plus résistant, et le modèle plus pratique.

Au XIXᵉ s., on retrouve les mêmes types de vêtements, mais dans une moins grande variété de styles: les vêtements de tous les jours ressemblent aux vêtements à la mode. Le pantalon remplace le haut-de-chausses, et la veste à la taille est commune. Dès le début de ce siècle, le tissu fabriqué dans les manufactures anglaises remplace graduellement l'étoffe tissée à la maison pour confectionner des vêtements ordinaires.

Tant sous les régimes français qu'anglais (et même plus tard), certains types de vêtements pour hommes ne tiennent pas compte de la mode et diffèrent de leurs équivalents européens. La garde-robe de tous les jours est influencée par les vêtements des Amérindiens. Ainsi, les Canadiens français portent des vêtements de cuir et des chaussures qui empruntent la forme des MOCASSINS (bottes ou souliers de peau de bêtes sauvages). Ils portent aussi les jambières de cuir ou de tissu. Ces vêtements sont populaires surtout auprès des habitants des campagnes et des COUREURS DE BOIS qui font activement la traite des fourrures. Ils servent de protection contre les rigueurs du climat et de la nature. Tous les HABITANTS portent la chaussure de type mocassin (indispensable pour la raquette).

On ne peut passer sous silence les hauts chapeaux de feutre portés au début du XIXᵉ s. par les VOYAGEURS. Ces derniers portent souvent la ceinture fléchée, ceinture de laine tressée à motifs multicolores en forme de tête de flèche. Cet accessoire, typiquement canadien-français, apparaît au début du XIXᵉ s. et les femmes du Québec continuent à le tresser avec leurs mains jusqu'à la fin du siècle.

La ceinture fléchée est également portée par les habitants. Elle est souvent utilisée comme monnaie d'échange dans la traite des fourrures. Accompagnée du capot coupé à même une couverture, elle est adoptée par la bourgeoisie pour les sports et les loisirs. Elle connaît actuellement un renouveau de popularité et on recommence à la fabriquer au Québec.

Le capot québécois s'impose graduellement à cause des hivers rigoureux (au XVII⁰ s., ce terme désigne une cape et, plus tard, un grand manteau ou capote). À partir de 1725 environ, on lui ajoute parfois un capuchon. À la campagne, il est le plus souvent coupé dans l'étoffe du pays, épais tissu artisanal de couleur grise.

À partir des années 1770, on se sert des couvertures de la Compagnie de la baie d'Hudson pour fabriquer le capot, qui deviendra le costume typique du Canada rural. Doté d'un col haut, le capot est de couleur blanche, avec les rayures bleues de la couverture aux manches et près de l'ourlet. On le ferme à l'avant avec des rubans rouges, bleus ou des deux couleurs.

Un manteau est parfois orné de rosettes en ruban des mêmes couleurs. Ce pittoresque costume s'accompagne habituellement d'une ceinture de laine multicolore, d'une tuque de laine rouge doublée en blanc ou d'un chapeau de fourrure, de leggings (jambières, ou mitasses) et de bottes.

Au cours du XIX⁰ s., le capot fait d'une couverture se modifie quelque peu pour prendre l'allure d'un grand manteau ou capote, à la mode à l'époque. On lui ajoute des boutons et des épaulettes, on retire les rosettes et de nouvelles combinaisons de couleurs apparaissent dans le TEXTILE. Au cours de cette période, le bourgeois adopte le capot pour les sports et les loisirs d'hiver et les femmes commencent à en porter une version féminine.

Ce vêtement, surtout en blanc, est typiquement québécois. Connu de nos jours comme le manteau de la Compagnie de la baie d'Hudson, il est confectionné au Canada pour les deux sexes. La FOURRURE joue aussi un rôle important pour combattre le froid de l'hiver. À partir du milieu du XIX⁰ s., on porte le vêtement de fourrure avec la fourrure à l'extérieur, ce qui crée un effet de richesse.

Vêtements pour femmes Au XVII⁰ s. et jusqu'à la fin du XIX⁰ s., la tenue habituelle de la femme québécoise, à la ville comme à la campagne, est la jupe et la blouse. Au XVII⁰ s. et jusqu'à la seconde moitié du XVIII⁰ s., la femme porte le corset (généralement sans manche et allant jusqu'à la taille), la chemise (sous-vêtement au genou qui sert souvent de blouse chez les gens de la classe ouvrière), le jupon, ou la jupe, le tablier et le bonnet. Ce costume rappelle ceux que l'on retrouve en France et en Europe occidentale.

Lorsque le tissage apparaît en Nouvelle-France, la faveur va aux tissus unis, rayés ou à carreaux. Quelque part vers le milieu du XVIII⁰ s., le corset cède la place au corsage sans manche et plus long. Porté à l'époque sous le nom de caraco, cette chemise a connu toutes sortes de variantes dont on a perdu la trace.

Le XX⁰ s. voit graduellement se métamorphoser le système d'approvisionnement en vêtements, avec le grand magasin qui remplace la couturière. Dans les grandes villes, toutefois, les riches clientes continuent de faire appel aux services des couturières de mode. Après la Seconde Guerre mondiale, les couturiers de Montréal, installés dans des établissements luxueux et fort élégants, à la façon des grands couturiers français, s'approprient cette clientèle. On compte encore au Canada quelques maisons de couture de ce genre, mais sous une forme plus modeste.

La plus grande différence dans les styles vestimentaires au Canada n'est pas, comme ailleurs, une question de classe sociale, mais plutôt une question de diversité des tendances : on s'habille à la mode ou totalement à son encontre, ou – ce qui se fait de plus en plus – on s'habille selon ses goûts et son confort personnel, sans tenir compte d'aucune mode.

Le costume national des immigrants récemment installés au Canada (Lituaniens, Ukrainiens) se porte lors d'occasions spéciales et n'a pas suivi le courant de l'évolution du costume canadien. Il en va des vêtements simples et sobres des doukhobors et des mennonites. La soutane de l'ecclésiastique, la toge du juriste ou de l'universitaire sont des tenues vestimentaires bien connues au Canada. Le plus grand changement dans le domaine du vêtement, particulièrement au Québec, est sans aucun doute la disparition de l'habit religieux dans la rue aux lendemains de Vatican II (assemblée des dignitaires de l'Église catholique romaine à Rome de 1962 à 1965).

La plupart des musées provinciaux exposent des vêtements d'autrefois. Le MUSÉE ROYAL DE L'ONTARIO et le Musée McCord d'histoire canadienne en possèdent une remarquable collection. (*Voir aussi* MODE, CRÉATION DE; UNIFORMES.)

Jacqueline Beaudoin-Ross

Vêtement, industrie du Au Canada, cette industrie se compose d'entreprises qui confectionnent des vêtements de consommation courante, des vêtements industriels de même que des uniformes. Ces entreprises coupent et cousent les tissus, transforment les fibres en vêtements et assurent la finition pour la vente. Parmi les principales branches de cette industrie, on trouve les vêtements pour hommes, femmes et enfants, les articles en FOURRURE, les sous-vêtements, les gants, les chapeaux et casquettes, la bonneterie et les articles tricotés.

La mécanisation de la confection débute en 1775 avec l'invention de la machine à coudre. En 1846, Elias Howe en obtient les brevets aux États-Unis. La production en série y commence pendant la guerre de Sécession, lorsqu'on a besoin d'un grand nombre d'uniformes militaires bleus ou gris afin de distinguer les alliés et les ennemis. Au Canada, la nouvelle industrie de production prend forme avec l'amélioration croissante des machines et l'arrivée au pays de travailleurs américains qualifiés.

Les tailleurs sur mesure et les couturières confectionnaient des vêtements au Canada dès l'époque de Samuel de Champlain, mais lorsque les méthodes de production en grandes quantités sont mises au point aux États-Unis, ils les adoptent rapidement, et les artisans locaux deviennent alors chefs d'entreprise. Leurs usines se situent à Montréal, à Toronto et à Winnipeg, où abondent une MAIN-D'ŒUVRE IMMIGRÉE et une main-d'œuvre féminine locale.

La première entreprise de confection au pays qui fait sur place toutes les opérations, de la coupe à la couture, est la maison de haute couture pour hommes Livingstone et Johnston (fondée à Toronto en 1868), connue plus tard sous le nom de W.R. Johnston & Co. Elle devient une filiale de Tip Top Tailors, qui par la suite est associée à Dylex Ltd, un conglomérat dont le siège social se situe à Toronto et qui opère à la grandeur du Canada dans les activités de FABRICATION et du COMMERCE DE DÉTAIL.

Le mouvement syndical dans l'industrie du vêtement remonte à 1911. L'Union internationale des ouvriers et ouvrières du vêtement pour dames (UIOVD), dont le siège est à New York, fonde alors une section locale à Toronto. Dans les années 20, en raison de la formation de syndicats à Toronto, une grande partie de l'industrie déménage à Montréal, faisant de cette ville un grand centre du vêtement. Cette répartition de la production prévaut encore. En 1985, l'industrie du vêtement compte 2497 usines, dont 1628 se trouvent au Québec, surtout à Montréal; 632 en Ontario, principalement à Toronto et quelques-unes à Kitchener, à Hamilton et à Waterloo; 97 au Manitoba, particulièrement à Winnipeg; 10 en Saskatchewan; 26 en Alberta, surtout à Edmonton; et 77 en Colombie-Britannique, en particulier à Vancouver. On en dénombre quelques-unes dans les provinces de l'Atlantique. Plusieurs usines appartiennent à des groupes d'autochtones, qui les exploitent eux-mêmes. Plusieurs fabricants ont établi des suc-

cursales dans des pays en développement et dans des pays en bordure du Pacifique.

En 1983, l'industrie du vêtement n'avait pas connu de grève générale depuis 49 ans, car l'UIOVD préférait la médiation et l'arbitrage. Actuellement, on compte d'autres syndicats importants : dans le secteur du vêtement pour hommes, les Travailleurs amalgamés du vêtement d'Amérique (TAVA); dans le secteur du vêtement pour dames, les Travailleurs unis du vêtement d'Amérique (TUVA); et dans les secteurs mixtes de la production, Allied Clothing and Textile Workers.

En 1985, les Canadiens ont dépensé près de 9,6 milliards de dollars en vêtements, sans compter le TEXTILE, la CHAUSSURE et les vêtements de tricot. La même année, l'industrie du vêtement employait près de 113 000 personnes dans des entreprises de 20 employés ou plus. On comptait aussi des milliers de personnes qui travaillaient dans de petites entreprises au Québec, en Ontario et au Manitoba. La grande majorité des usines canadiennes employaient moins de 50 personnes, mais 281 comptaient plus de 100 employés. Le salaire horaire moyen était de 6,63 dollars, mais à Toronto, la moyenne s'élevait à 7,25 dollars. Toutefois, ces moyennes peuvent être trompeuses, car au Québec, les apprentis figurent dans une classe à part dans les statistiques, mais sont inclus dans les moyennes nationales.

Aujourd'hui, la moyenne nationale se situe à près de 7,00 dollars l'heure, avec une moyenne toujours plus élevée à Toronto.

L'industrie du vêtement entre dans une nouvelle phase de HAUTE TECHNOLOGIE. Les usines adoptent rapidement l'équipement à commande numérique ou commandé par ordinateur et la ROBOTIQUE. La rapidité avec laquelle les usines se modernisent est directement liée à la disponibilité de mécaniciens de machines à coudre et de techniciens qualifiés pour travailler avec cet équipement sophistiqué. Un nouveau programme destiné à former des techniciens a été mis sur pied au George Brown College, à Toronto. De nos jours, les méthodes traditionnelles de coupe et de couture font place aux méthodes au LASER, à la coupe au jet d'eau commandée par ordinateur et aux machines à coudre à têtes multiples commandées par des micropuces.

Au Canada, plus de 90 p. 100 des entreprises dans cette industrie sont de propriété canadienne, mais 75 compagnies américaines ainsi que plusieurs compagnies britanniques et asiatiques possèdent des usines au Canada. Les usines de vêtements utilisent surtout l'électricité et consomment peu d'énergie. En 1985, l'industrie canadienne du vêtement a produit près de 337 millions de pièces avec des effectifs de 113 000 travailleurs. Les entreprises canadiennes détenaient 80 p. 100 du marché en dollars, mais seulement 58 p. 100 en vêtements, sans compter l'industrie textile et celle des tricots. Le marché canadien réel était d'environ 581 millions de pièces. Les importations représentaient 42,7 p. 100 du marché, soit 1,75 milliard de dollars (avant les frais de douane), et les exportations représentaient seulement 5 millions de pièces, pour une valeur de 330 millions de dollars.

Le gouvernement fédéral subit constamment des pressions afin de restreindre les importations et de diminuer les quotas. En même temps, il doit prendre en considération la façon dont les pays exportateurs réagiraient aux quotas fixés par le Canada ainsi qu'à ses propres exportations, en plus des répercussions que ces mesures auraient sur la balance des paiements. Il est aussi important de sauvegarder les emplois dans ce secteur industriel, le deuxième au pays. Le gouvernement a donc créé l'Office canadien pour un renouveau industriel, dont la division du vêtement a reçu une subvention de 250 millions de dollars afin de rendre l'industrie plus compétitive sur les marchés internationaux, et ce, avant que des droits de douanes et d'autres mesures protectionnistes ne soient limités ou supprimés en vertu d'accords commerciaux internationaux. L'Accord de LIBRE-ÉCHANGE proposé, p. ex., aura un impact profond dans l'industrie. En effet, les compagnies canadiennes de vêtements seront alors en concurrence avec celles des pays en développement, mais elles auront beaucoup de difficulté, puisque les lois sur les normes industrielles en vigueur dans les provinces productrices établissent des salaires minimums, une durée de travail maximale et des avantages sociaux qui sont de 2 à 10 fois plus élevés que ceux fixés par les normes de ces pays. En conséquence, les vêtements importés, confectionnés dans des conditions qui sont illégales au Canada, représentent une menace réelle pour l'avenir des compagnies canadiennes. Le gouvernement tente de parer à ce problème en fixant un système de quotas et en réglementant les importations. Malgré ces mesures, en 1985, les importations de vêtements au Canada représentaient 1,75 milliard de dollars, tandis que les exportations totalisaient 330 millions de dollars.

Les industries du textile et du vêtement au Canada se classent au deuxième rang, derrière l'industrie des ALIMENTS ET DES BOISSONS, quant au nombre d'employés. À notre époque de haute technologie, certains considèrent que l'on pourrait sacrifier ces industries. Néanmoins, divers pays européens regrettent d'avoir délaissé ce secteur et tentent maintenant de rétablir cette industrie qui se classe traditionnellement parmi les cinq premiers secteurs d'emploi dans bien des pays industrialisés. L'industrie du vêtement stimule, entre autres, les usines textiles de même que les magasins de détail, qui emploient plus de 200 000 personnes.

Certaines branches de l'industrie tentent de relever le défi technologique en se dotant d'associations manufacturières complexes, comme la Dress Guild et la Sportswear Guild, et en publiant des revues nationales, comme *Style*, de Maclean Hunter, et *Canadian Apparel Manufacturer*. On a mis sur pied de solides programmes de formation qui décernent des diplômes en production et en design dans divers collèges communautaires: le collège Holland à l'Île-du-Prince-Édouard, le Collège LaSalle à Montréal, les collèges George Brown, Seneca et Sheridan à Toronto, le Red River à Winnipeg, le Grant MacEwan à Edmonton et le Capilano à Vancouver. Un nouveau programme menant à un diplôme universitaire en gestion de production de vêtements est offert à la Ryerson Polytechnic University, à Toronto. Des cours d'éducation continue sont offerts aux universités Concordia et McGill, à Montréal, ainsi qu'à l'U. du Manitoba à Winnipeg.

Sidney S. Schipper

Vétérans (*Voir* ANCIENS COMBATTANTS.)

Vézina, Georges, joueur de hockey (Chicoutimi, Qc, janv. 1887—*id.*, 26 mars 1926). Vézina est gardien de but pour les CANADIENS DE MONTRÉAL de 1910 à 1925, période pendant laquelle il ne rate aucun match. Il est connu pour son calme en situation difficile: il arrête une fois 78 lancers sur 79 en un seul match. Il s'effondre au cours d'un match le 28 novembre 1925 et succombe quatre mois plus tard des suites de la tuberculose. Les Canadiens offrent le TROPHÉE VÉZINA à la Ligue nationale de hockey en son honneur.

James Marsh

Vézina, Joseph, chef d'orchestre, organiste, maître de chapelle, enseignant, compositeur, marchand de musique, éditeur (Québec, Qc, 9 juin 1849—*id.*, 5 oct. 1924). À part quelques cours de son père et six mois d'études avec Calixa LAVALLÉE, Vézina est un musicien autodidacte. Doté d'une mémoire phénoménale et d'une grande ardeur au travail, il réussit à maîtriser la plupart des instruments à vent et à les enseigner. Il est bientôt reconnu comme le meilleur chef d'orchestre d'ensembles musicaux de Québec et de la région environnante. En fait, il est la figure de proue de la vie musicale de Québec entre 1870 et 1925.

En 1866, Vézina s'enrôle au Collège militaire de Québec et, de 1869 à 1879, il dirige la fanfare du 9e Bataillon des Fusiliers de Québec. De 1879 à 1886, il dirige des fanfares de l'Artillerie royale canadienne et, en 1876, il fonde la Fanfare de Beauport. Il dirige aussi plusieurs fanfares scolaires. Il enrichit au besoin ces groupes de chœurs, de chanteurs solo, et d'autres instrumentistes. Le 24 juin 1880, il dirige 100 musiciens des fanfares de Québec, de Beauport et de Fall River (Massachusetts) lors de l'interprétation historique de «Ô CANADA», qui constitue la finale de sa *Mosaïque sur des airs populaires canadiens*. Lors de la visite à Québec du duc d'York en 1901, Vézina dirige 250 musiciens et 1000 choristes. Il est le premier chef d'orchestre de la Société symphonique de Québec (ORCHESTRE SYMPHONIQUE DE QUÉBEC), un poste qu'il occupe de 1902 à 1924.

Vézina compose de nombreuses marches et pièces légères pour ses ensembles. Il compose aussi pour orchestre, voix et piano et écrit trois opérettes. Il publie plusieurs de ses œuvres par l'intermédiaire de sa propre maison d'édition et exploite un magasin de musique de 1872 à 1879. Organiste à l'église Saint-Patrice de 1895 à 1912, il est ensuite maître de chapelle à la Basilique de Québec de 1912 à 1924. En 1922, il est l'un des promoteurs de la fondation de l'École de musique de l'U. Laval, où il enseignera l'harmonie jusqu'à sa mort. Il enseigne aussi au Séminaire, à l'Académie commerciale et au Collège Jésus-Marie.

Claire Versailles

Vézina, trophée Décerné au gardien de but le plus utile à son équipe. Jusqu'en 1981-1982, on le remettait annuellement aux gardiens de but qui avaient joué au moins 25 matchs pour l'équipe ayant accordé le moins de buts durant une saison régulière de la LIGUE NATIONALE DE HOCKEY. Le trophée est présenté pour la première fois en 1926-1927 en mémoire de Georges VÉZINA. Jacques PLANTE remporte (ou partage) le trophée sept fois, Bill DURNAN six fois, Ken DRYDEN cinq fois et Terry SAWCHUK quatre fois. De nos jours, le gardien de but de l'équipe qui a concédé le moins de buts se voit attribuer le prix William M. Jennings, tandis que le trophée Vézina est remis au gardien de but le plus utile à son équipe, et il ne s'agit pas forcément de celui qui a accordé le moins de buts.

James Marsh

Viande, industrie du traitement de la Au Canada, l'abattage et la transformation des viandes sont effectués par des abattoirs. Ceux-ci produisent des viandes fraîches (réfrigérées ou surgelées), des viandes en salaison (fumées, saumurées ou salées à sec), des saucisses fraîches ou spéciales, des préparations en boîte à base de viande, des huiles et des graisses animales, des produits de réserve tels qu'os, sang, plumes, et des farines de viande ainsi que de la farine d'animaux d'équarrissage.

L'abattage des animaux et la transformation des viandes sont des industries hautement réglementées. Les premiers règlements en Nouvelle-France sont adoptés en 1707 et interdisent à un boucher de tuer un animal sans en avoir informé un fonctionnaire du roi. Le représentant du roi est obligé d'effectuer une inspection au moment de l'abattage. Autre loi précoce, l'*Act to Regulate the Curing, Packing and Inspection of Beef and Pork*, édictée au Bas-Canada en 1805, qui exige que tous les bœufs et tous les porcs soient inspectés lors de leur abattage.

Du début du XIXe s. jusqu'à 1850, les bouchers de ferme et de village transforment la plupart des viandes destinées à la consommation humaine, mais l'abattoir existe déjà en 1850. À cette même époque, de nombreux abattoirs locaux se lancent dans l'abattage, la charcuterie et la salaison, et le conditionnement des porcs durant du sel durant les mois d'hiver (l'expression «entreprise d'abattage et de conditionnement de la viande» vient de la première fonction et de la dernière). De nombreuses entreprises de pre-

mier plan dans l'industrie canadienne des viandes naissent entre 1850 et 1870. F.W. Fearman lance, en 1852 à Hamilton en Ontario, le séchage au sucre et la fumaison des viandes. William E. Davis, un personnage important à la fin du XIXe s., se lance dans les affaires à Toronto en 1854 et y construit, en 1874, le premier abattoir continu de porcs au Canada. En 1867, John Duff ouvre un commerce de détail à Hamilton qui plus tard fera partie d'Essex Packers Ltd.

L'utilisation de wagons de chemin de fer réfrigérés dans les années 1860 et 1870 a un impact important. La réfrigération mécanique, introduite dans les années 1870, est bientôt adoptée par l'industrie de la transformation des viandes. En 1871, le cheptel (environ 2,5 millions de bovins, 3,2 millions d'ovins et 1,4 million de porcs) est déjà suffisamment important pour entretenir une solide industrie de la viande. Durant les années 1870, 193 abattoirs emploient 841 personnes. Les ventes annuelles s'élèvent à environ 3,8 millions de dollars.

Pat BURNS fournit tout d'abord du bœuf aux poseurs de rails et plus tard fonde P. Burns & Co., qui deviendra Burns Foods Ltd., le plus grand abattoir de l'ouest du Canada pendant plus d'un siècle. De 1880 à 1890, l'industrie grandit rapidement. Le nombre d'abattoirs fait plus que doubler et les ventes passent de près de 4,1 millions de dollars à 7,1 millions de dollars. La plupart des abattoirs sont de petite taille, mais durant les années 1890, bon nombre d'entre eux sont absorbés par de plus gros, et en 1900, il n'en reste que 57. Cependant, l'investissement en capital fait plus que doubler durant cette période, grimpant de 2,2 millions de dollars en 1890 à 5,4 millions de dollars en 1900. Le personnel passe de 1690 employés à 2416 employés et les ventes atteignent le nouveau sommet de 22,2 millions de dollars.

En 1906, J.G. RUTHERFORD, vétérinaire en chef et commissaire du cheptel pour le Canada, réunit à Ottawa les principaux exportateurs pour discuter de l'inspection fédérale des viandes. Le 3 septembre 1907, cette activité naît. La *Loi sur les viandes et conserves alimentaires* et les règlements sur celles-ci imposent des inspections vétérinaires avant et après la mort de tous les animaux de boucherie dont la carcasse traversera les frontières provinciales ou internationales. La loi impose des normes sanitaires strictes aux abattoirs utilisant le service d'inspection fédéral. Après 1907, l'industrie de la viande croît sans arrêt, sauf aux lendemains des deux guerres. Durant ces deux périodes, sa production s'accroît bien au-delà des besoins intérieurs et extérieurs en temps de paix. Un certain regroupement s'impose donc.

Industrie moderne Déjà en 1950, la structure de l'industrie est bien installée et trois classes d'entreprises émergent. Les abattoirs traditionnels transforment les carcasses de toute espèce en viande fraîche ou en salaison, en viande fumée, cuite, en conserve, saucisses, etc. Les transformateurs sans abattoirs achètent de la viande en carcasse et des morceaux de choix aux abattoirs et se spécialisent dans au moins une transformation secondaire. Les approvisionneurs découpent les morceaux en portions, surtout pour les hôtels, les restaurants et les institutions. Il y a 157 entreprises d'approvisionnement en 1950 et 210 en 1960. Le personnel augmente de 20 522 à 25 946 employés, et les ventes annuelles grimpent de 757 millions de dollars à 1,06 milliard de dollars.

L'industrie croît encore durant les années 80. Elle est maintenant représentée au plan national par le Conseil des viandes du Canada à Scarborough, en Ontario, avec des bureaux régionaux à Montréal et à Winnipeg. Toutes les entreprises membres exploitent des installations de production inspectées par le gouvernement fédéral. En 1970, il y a 453 entreprises et en 1986, 536 réparties ainsi: Terre-Neuve, 4; Île-du-Prince-Édouard, 4; Nouvelle-Écosse, 10; Nouveau-Brunswick, 6; Québec, 133; Ontario, 195; Manitoba, 38; Saskatchewan, 35; Alberta, 71; et Colombie-Britannique, 40. Le personnel fluctue depuis 1970 (31 089 employés en 1970; 30 836 en 1984). La valeur annuelle des expéditions passe d'environ 2,1 milliards de dollars en 1970 à plus de 8,28 milliards de dollars en 1984, mais les frais d'exploitation augmentent aussi fortement. Le matériel et les fournitures passent de près de 1,7 milliard de dollars en 1970 à 6,76 milliards de dollars en 1984. Les dépenses en carburant et en électricité grimpent de 11,4 millions de dollars à plus de 80 millions de dollars.

Comme les autres secteurs de l'INDUSTRIE DES ALIMENTS ET DES BOISSONS, l'industrie de la boucherie a une marge bénéficiaire très faible. Son bénéfice net sur les ventes est habituellement d'environ 1,8 p. 100 (dans un abattoir classique, il peut être de seulement 0,75 p. 100). Cette industrie est depuis toujours une grande exportatrice: les exportations représentent maintenant environ 15 p. 100 des ventes totales. En 1986, les produits de la viande sont exportés dans 58 pays. Les exportations de viandes rouges, d'abats et de sous-produits comestibles rapportent 980 millions de dollars. Les exportations de porc comptent pour plus de 25 p. 100 de la production de porc canadien. Cette même année, l'industrie transforme 3,6 millions de bovins et 13,5 millions de porcs dans des abattoirs inspectés par le gouvernement fédéral. Plus de 95 p. 100 de toute la viande et de tous les produits carnés canadiens viennent d'abattoirs inspectés par le gouvernement fédéral. L'industrie doit aussi respecter les lois provinciales et les règlements sanitaires municipaux. Le principal organisme fédéral qui s'occupe de l'industrie de boucherie est Agriculture Canada, particulièrement la Direction générale de la production et de l'inspection des aliments, la Division bestiaux et œufs et produits d'œufs ainsi que la Division hygiène des viandes.

Robert F. Barratt

VIA Rail Canada Inc. En 1978, après une brève existence en tant que filiale du CN, VIA Rail Canada Inc. est constituée en SOCIÉTÉ DE LA COURONNE. Financée par le gouvernement fédéral, la société exploite tous les services ferroviaires interurbains de voyageurs au Canada. Son conseil d'administration rend des comptes à TRANSPORTS CANADA.

En 1981, VIA supprime ou réduit les services sur de nombreuses lignes pour tenter d'améliorer le rendement des services voyageurs. Le service en souffre grandement dans certaines régions du pays et le gouvernement libéral est l'objet de nombreuses critiques. Il survit à un vote de défiance à ce sujet en octobre 1981. Une bonne partie des services sont rétablis par le nouveau gouvernement conservateur élu en 1984. VIA Rail, dont le siège social se trouve à Montréal, transporte en 1994, plus de 3,6 millions de passagers et exploite environ 14 000 km de voies ferrées sur lesquelles circulent plus de 400 trains par semaine. (*Voir aussi* CHEMIN DE FER CONTEMPORAIN.)

Vickers, Jonathan Stewart, surnommé «Jon», ténor (Prince Albert, Sask., 29 oct. 1926). Vickers chante dans des chorales d'église et dans des opérettes de Gilbert et Sullivan ainsi que de Victor Herbert. En 1950, après une brève carrière de vendeur dans une quincaillerie, il devient étudiant boursier au CONSERVATOIRE ROYAL DE MUSIQUE de Toronto. Il obtient presque aussitôt ses premiers engagements professionnels pour chanter dans des concerts, des oratorios et des opéras partout dans l'est du Canada. Il connaît ensuite du succès à la radio du réseau anglais de Radio-Canada.

En 1957, Vickers entame sa carrière internationale à New York, où il chante dans *Fidelio* et *Médée*, et à Londres, en Angleterre, où il obtient un contrat de trois ans avec le Royal Opera House de Covent Garden. Il interprète ensuite de manière remarquable des rôles importants à Bayreuth, à Dallas, à Vienne, à Milan et à Buenos Aires. Dès lors, il est très demandé dans tout le monde de l'opéra. Interprète remarquable du répertoire pour ténor dramatique et héroïque, Vickers est, de son temps, le plus grand interprète au monde de Siegmund dans *Die Walküre* de Wagner. Il fait de nombreux enregistrements et films, y compris ceux avec Herbert von Karajan aux festivals de Salzbourg.

Vickers prépare ses interprétations en étudiant la philosophie du compositeur et les émotions que celui-ci entend exprimer, comme en témoigne tout particulièrement son interprétation de *Peter Grimes* de Britten, son rôle préféré.

C'est par choix que Vickers ne chante que peu souvent au Canada, mais il le fait à EXPO 67, au Centre national des arts, au Guelph Spring Festival, avec l'Orchestre symphonique de Toronto et avec l'Opéra du Québec. Le point culminant de sa tournée en Saskatchewan, en 1977, est le concert qu'il donne à l'église de Prince Albert où il chantait quand il était jeune. En 1984, il chante dans *Peter Grimes* à Toronto et dans *Samson* de Haendel à Covent Garden en 1985 et 1986.

Vickers reçoit des diplômes honorifiques des universités Laval, Queen et McMaster, ainsi que des universités de la Saskatchewan, de Guelph, de Toronto et de Windsor. Il est fait Compagnon de l'Ordre du Canada en 1969 et reçoit le PRIX MOLSON en 1976. En 1985, il est élu au temple de la renommée des grands chanteurs américains de l'Academy of Vocal Arts. En 1988, il se retire dans sa maison (acquise en 1973) aux Bermudes.

Mabel H. Laine

Victoria, reine du Royaume-Uni de Grande-Bretagne et d'Irlande et impératrice des Indes (palais de Kensington, 24 mai 1819–Osborne, île de Wight, 22 janv. 1901). En 1837, à l'âge de 18 ans, elle succède à son oncle, George IV. Ardente impérialiste, elle s'intéresse vivement à ses sujets des colonies. Personne au Canada n'a reçu autant d'honneurs que la reine Victoria. Nombre d'édifices publics, de rues, de lieux aménagés ou naturels commémorent son nom. Le Victoria College, à Toronto, l'Hôpital Royal Victoria, à Montréal, et le Victoria General Hospital, à Halifax et à Winnipeg, ne sont que quelques-unes des institutions publiques qui portent son nom. Plus de la moitié des 280 districts postaux canadiens comptent au moins une voie publique du nom de Victoria, la plupart appelées ainsi en son honneur. En 1831, en cherchant le passage du Nord-Ouest, John ROSS pénètre dans une petite baie du côté est de la presqu'île de Boothia, qu'il baptise Victoria Harbour pour rendre hommage à la jeune princesse. Par la suite, elle lui accorde officiellement la permission d'utiliser son nom pour désigner ce lointain plan d'eau de l'Arctique canadien. Depuis, les explorateurs, les cartographes et les administrateurs ont donné le nom de Victoria à une multitude d'accidents géographiques partout au Canada (on en compte plus de 300).

D'autres lieux ont ainsi été baptisés à l'occasion des jubilés (1887 et 1897) destinés à célébrer ses 50, puis ses 60 années de règne. En 1933, longtemps après sa mort, Queen Peak, dans le nord de la Colombie-Britannique, est nommé en son honneur en raison du lien qui existe avec le Victoria Peak et le Consort Park, situés à proximité.

Toutefois, parmi les lieux qui portent le nom de la souveraine, la ville située au bout de l'île de Vancouver est la plus connue. En 1843, la Compagnie de la baie d'Hudson décide de nommer le fort qui surplombe le détroit de Juan de Fuca en souvenir de la reine bien-aimée, mais, localement, on l'appelle Fort Albert. Dans un bref message, Londres ordonne cependant de le nommer Fort Victoria. Le tracé de la future ville de VICTORIA est effectué en 1851-1852 et, en 1868, la ville en croissance devient la capitale de la Colombie-Britannique, alors une colonie. Il existe aussi en Alberta un lieu appelé Victoria, au nord-est d'Edmonton, là où George MCDOUGALL a fondé une mission en 1862. La Compagnie de la baie d'Hudson y installe un poste en 1864. En 1887, afin d'éviter toute confusion avec les toponymes similaires, cette petite communauté adopte le nom de Pakan, surnom d'un chef cri. Le village d'Empress, au nord-est de Medicine Hat, est ainsi nommé en 1913 pour commémorer le titre impérial de la reine, conféré par le Parlement en 1876 au moment où Disraeli est premier ministre. En 1882, le marquis de Lorne et sa femme, la princesse Louise (fille de la reine), veulent donner le nom de Victoria à la capitale des Territoires du Nord-Ouest, mais sagement, ils choisissent l'autre moitié de son titre latin, Regina. En 1905, la ville devient la capitale de la nouvelle province de la Saskatchewan. Au Manitoba, une communauté rurale et un lac portent le nom de Victoria et une autre municipalité, celui de Victoria Beach.

L'Ontario compte au moins 47 éléments distincts présentant ce toponyme: un comté, un canton, 14 lieux habités et 31 accidents topographiques. En fait, nul besoin de voyager bien loin dans cette province pour y découvrir les noms de Victoria Corners, Victoria Square, Victoria Harbour, Victoria Springs, Victoria Lake ou Victoria, tout simplement. Le souvenir de la reine est moins manifeste au Québec, bien qu'on y trouve la deuxième ville en importance au Canada à porter ce nom, soit Victoriaville. Cette ville de plus de 21 500 habitants a été baptisée ainsi en 1861. Sept éléments topographiques au Québec ont aussi reçu ce nom, parmi lesquels le Grand lac Victoria, en amont de la rivière des Outaouais, au sud de Val-d'Or.

Dans les provinces de l'Atlantique, on dénombre 29 lieux du nom de Victoria, dont deux comtés, l'un au Nouveau-Brunswick et l'autre en Nouvelle-Écosse. Victoria est un joli petit village côtier de l'Île-du-Prince-Édouard, où l'on rencontre aussi Victoria Cross et Victoria West. À Terre-Neuve, le village de Victoria, qui regroupe près de 2000 habitants, est situé du côté ouest de la baie de la Conception, à environ 50 km au nord-ouest de St. John's.

Les territoires nordiques comptent 22 éléments du nom de Victoria, notamment l'île Victoria, la deuxième île canadienne en importance de par ses dimensions (après l'île de Baffin), dans l'archipel Arctique, et les monts Victoria et Albert dans l'île d'Ellesmere. (*Voir aussi* TOPONYMIE.)

Alan Rayburn

Victoria Capitale de la Colombie-Britannique, située sur la pointe sud de l'ÎLE DE VANCOUVER, à environ 100 km de Vancouver. Victoria occupe une péninsule et donne sur les détroits de Juan de Fuca et de Haro. En arrière-plan se trouvent les monts Olympic, dans l'État de Washington, au sud, et l'archipel de San Juan, à l'est, et au loin se dresse le majestueux pic volcanique du mont Baker. La région métropolitaine est sise dans de basses collines parsemées de zones relativement plates et est bordée à l'ouest par l'inlet Saanich, une baie semblable à un fjord, et les chaînes boisées plus élevées des monts Malahat et Sooke.

Les régions suivantes se sont constituées au sein du Grand Victoria: les cités de Victoria (pop. 71 228, rec. 1991) et de Colwood (13 468); les municipalités de Saanich (95 577), d'Oak Bay (17 815), d'Esquimalt (16 192), de Central Saanich (13 684) et de North Saanich (9645); la ville de Sidney (10 082); et les districts de Metchosin, de View Royal et de Langford.

Peuplement En 1843, James DOUGLAS, agent principal de la Compagnie de la baie d'Hudson pour le Pacifique, dont le siège se trouvait à Fort Vancouver (Vancouver, État de Washington), a choisi un emplacement près de l'embouchure du fleuve Columbia pour y fonder l'établissement qui deviendra Victoria. On prévoyait un règlement frontalier entre les États-Unis et l'Amérique du Nord britannique, et au cas où le 49e parallèle serait étendu jusqu'au Pacifique, ce qui arriva effectivement en 1846, la Compagnie voulait qu'un autre poste de traite y soit en voie de développement.

Son choix s'est arrêté sur le petit port naturel de Victoria, de préférence à celui d'Esquimalt, pour y ériger le FORT VICTORIA (nommé en l'honneur de la reine VICTORIA), parce que l'endroit était bordé de grandes étendues de terrains plats ou en pente douce propices à l'agriculture.

Développement Victoria est demeurée une petite bourgade de moins de 1000 habitants jusqu'à ce qu'elle devienne un centre d'approvisionnement et un point de débarquement pour les prospecteurs dans le foulée de la RUÉE VERS L'OR du fleuve Fraser, en 1858. Elle a été constituée en tant que ville en 1862. En 1865, l'Amirauté britannique a choisi le vaste port d'ESQUIMALT, tout près, comme base navale, rôle qu'il joue toujours pour la Base des Forces canadiennes Esquimalt. Victoria a conservé son titre de capitale politique tout au cours de son histoire, d'abord de la colonie de l'île de Vancouver, puis de l'entière colonie de la Colombie-Britannique et, finalement, de la province créée en 1871.

Son titre de principale ville de la Colombie-Britannique n'a pas été disputé avant l'essor de Vancouver, engendré par l'arrivée, en 1886, du chemin de fer Canadien Pacifique au bras de mer Burrard. Au tournant du siècle, Victoria a perdu une grande partie de ses activités d'expédition, de commerce et de fabrication au profit de Vancouver, et elle s'est concentrée progressivement dans son rôle de centre gouvernemental, naval et touristique, prisé par les retraités, qu'on lui connaît de nos jours.

Paysage urbain Le port de Victoria, étroit et sinueux, et son long prolongement, la baie Gorge Waters, confèrent à la ville un aspect pittoresque où les proportions humaines sont respectées. Le port intérieur est flanqué des imposants édifices de l'Assemblée législative, terminés en 1898, et de l'hôtel Empress du Canadien Pacifique (1908). Depuis quelque temps, les aménagements urbains misent sur le caractère unique du secteur, qui rappelle l'ancien monde, et l'on a construit un vaste réseau piétonnier sur une grande partie des rives.

La restauration du Vieux-Victoria constitue un autre exemple de l'importance accordée à la planification urbaine efficace, dans le cadre de laquelle on a redessiné le quartier chinois, y compris la «Porte de l'Intérêt harmonieux» (Gate of Harmonious Interest), colorée et décorative, qui en marque l'entrée. En plus du nouvel aménagement du port intérieur et des terres des Songish, les récents développements comprennent un nouveau centre des congrès, adjacent à l'hôtel Empress, et un nouveau centre Eaton, qui couvre environ deux pâtés de maisons.

Population Plus âgée que celle des autres grandes villes canadiennes, ses origines britanniques sont plus marquées, malgré la venue d'autres groupes ethniques depuis la fin de la guerre. En 1991, la ville, tout comme la région métropolitaine, comptait la plus grande proportion d'habitants de 65 ans et plus parmi ses homologues canadiennes, soit respectivement 23,9 p. 100 et 18,5 p. 100. Quoique le taux d'accroissement naturel soit faible, le taux de croissance démographique de la région métropolitaine a été supérieur à la moyenne nationale des métropoles depuis le milieu des années 60, en raison d'une forte migration intérieure provenant des autres provinces.

Économie et main-d'œuvre Étant donné la prépondérance du gouvernement et du tourisme dans l'économie de Victoria, une grande proportion de la population active est employée dans l'administration publique, les services personnels et le commerce de détail. Du fait de son emplacement sur l'étroite pointe sud de l'île de Vancouver, Victoria est dépourvue d'arrière-pays populeux, ce qui y a entravé la croissance du commerce de gros, et son éloignement des grands marchés continentaux a fortement découragé les industries manufacturières. Certaines d'entre elles ont quitté pour la terre ferme depuis quelques années, mais d'autres, spécialement dans la recherche et le développement de haute technologie, se sont établies dans la région.

Transports La liaison par bateau avec la terre ferme est depuis toujours d'une importance vitale pour les résidants de Victoria. Le service de CP Steamships entre Vancouver et Victoria a été remplacé en 1960 par celui de BC Ferries, une société de la Couronne, entre la baie Swartz, au nord de Victoria, et Tsawwassen, au sud de Vancouver. Il existe aussi un service de traversier assuré par l'État de Washington entre Sidney et Anacortes, le service de Black Ball entre Victoria et Port Angeles, et le service estival de BC Ferries entre Victoria et Seattle.

On compte également un service de catamaran à grande vitesse entre Victoria et Seattle. Le transport aérien atténue particulièrement l'isolement des insulaires grâce à l'aéroport international de Victoria. L'importance de Victoria à titre de port d'embarquement diminue, et son rôle de terminus de l'Esquimalt and Nanaimo Railway est mineur.

Gouvernement et politique Récemment, les maires et les conseillers se sont attachés à la conservation du rôle de Victoria comme centre régional de la vente au détail, mais ils ont réussi en même temps à résister aux efforts des promoteurs visant à créer un centre-ville de grande hauteur, à l'image de maintes villes commerciales canadiennes.

Plusieurs services, notamment ceux des parcs régionaux, des égouts collecteurs et des hôpitaux, sont assurés par le district régional de la capitale, mais les services de police et de protection contre les incendies relèvent de la ville. Le Greater Victoria Water District (district hydraulique du Grand Victoria) est administré par les quatre municipalités centrales: Victoria, Saanich, Oak Bay et Sidney.

Vie culturelle Victoria est dotée d'excellents établissements d'enseignement et musées. L'UNIVERSITÉ DE VICTORIA (fondée en 1963) est née du Victoria College (1903), qui était à l'origine affilié à l'U. McGill, puis à l'U. de la Colombie-Britannique. Les autres établissements comprennent le Royal Roads Military College, le Camosun College et le Victoria Conservatory of Music.

Le British Columbia Provincial Museum et les Butchart Gardens (à 20 km au nord-ouest) sont d'importantes attractions pour les visiteurs. L'Art Gallery of Greater Victoria, le Victoria Symphony Orchestra, le Bastion Theatre et le Pacific Opera Victoria ont contribué à la réputation artistique de la ville. Bien qu'elle ne soit pas un grand centre pour les sports, Victoria a été l'hôtesse des JEUX DU COMMONWEALTH de 1994.

C.N. Forward

Victoria, Île Fait partie de l'ARCHIPEL ARCTIQUE et est située dans les Territoires du Nord-Ouest, directement au nord du continent arctique. Elle est la deuxième île en superficie (217 291 km²) au Canada. Elle est entourée par le golfe d'Amundsen à l'ouest, le détroit du Vicomte de Melville au nord, et le canal de M'Clintock à l'est. Au nord-ouest, elle est séparée de l'ÎLE BANKS par le détroit du Prince-de-Galles.

Géologie L'île est composée en grande partie de roche sédimentaire. Sur les côtes ouest et sud, elle est ceinturée de roches précambriennes recelant des filons de cuivre que les INUITS DU CUIVRE ont exploités. La côte orientale est une plaine basse qui s'élève en escarpements dans la péninsule de Wollaston. Le modelé glaciaire est plus complexe que partout ailleurs dans l'archipel arctique. Des rivières aux déviations légères et de nombreux lacs ponctuent les basses terres. Les formations rocheuses et la côte en forme de S ressemblent beaucoup à celles de la BAIE DU COURONNEMENT située immédiatement au sud.

Historique John RICHARDSON, de la deuxième expédition FRANKLIN, en 1826, aperçoit l'île pour la première fois dans le sud-ouest. En 1839, P.W. DEASE et Thomas Simpson la nomment en l'honneur de la nouvelle reine. La péninsule au nord-ouest adopte plus tard le nom de son prince consort, le Prince Albert. John RAE, de la Compagnie de la baie d'Hudson (CBH), explore le littoral (1851) depuis la baie Prince Albert jusqu'à la pointe Pelly en traîneau.

En 1915 et 1917, l'EXPÉDITION ARCTIQUE CANADIENNE explore l'île sous la direction de V. STEFANSSON, et Diamond JENNESS, dont la péninsule à l'ouest porte le nom, étudie les Inuits du Cuivre. Dans les années 20, la CBH établit des comptoirs à Cambrige Bay, à Walker Bay et à Holman.

James Marsh

Victoria Settlement Mission méthodiste fondée en 1862 par le révérend George MCDOUGALL sur les bords de la RIVIÈRE SASKATCHEWAN Nord, à 15 km au sud de Smoky Lake, en Alberta. Le révérend McDougall espère d'abord y attirer les CRIS. Toutefois, un grand nombre de MÉTIS anglophones, la plupart issus d'unions entre des Anglais ou des Écossais et des Cris, colonisent bientôt l'endroit. Cet emplacement leur permet en effet de combiner la chasse au bison avec l'agriculture de subsistance. Le territoire, tout comme celui de la colonie de la rivière Rouge, est divisé en lots étroits à partir du bord de la rivière.

En 1864, la COMPAGNIE DE LA BAIE D'HUDSON (CBH) ouvre un poste à Victoria pour desservir la population locale. Celle-ci continue à croître lentement et, vers 1887, une petite ville commence à prendre forme autour du poste de la CBH et de l'église du révérend McDougall. Au moment de l'inauguration du bureau de poste, on baptise la ville Pakan, du nom d'un chef cri local. Pakan constitue alors un débarcadère pour les bateaux à vapeur et pour les traversiers ainsi qu'un lieu d'escale pour la piste Victoria, qui longe la rive nord de la rivière à partir d'EDMONTON. Bien que la communauté ait reçu du sang neuf après 1900 avec l'arrivée de colons UKRAINIENS, Pakan entre dans une longue période de déclin en 1918, lorsque le chemin de fer évite la colonie pour passer par la communauté voisine de Smoky Lake.

De nos jours, ce LIEU HISTORIQUE provincial comporte une maison de commis, construite par la Compagnie de la baie d'Hudson en 1864, et l'église méthodiste de Pakan, construite en 1906. Le public peut visiter les lieux de la mi-mai au début de septembre.

Deborah Welch et Michael Payne

Victoriaville, ville industrielle du Qc; pop. 38 174 (rec. 1997); const. en 1860. Elle est située sur la rivière Nicolet dans le Piémont appalachien, à 117 km au sud-ouest de Québec et à 60 km au nord-est de Drummondville. Elle est baptisée à l'origine Demersville par un homme d'affaires local qui lui donne son propre nom. Geste jugé prétentieux par ses concitoyens, elle reçoit en 1860 son appellation actuelle en l'honneur de la reine VICTORIA. En 1993, elle annexe les municipalités d'Arthabaska et de Sainte-Victoire-d'Arthabaska, et elle est le centre administratif de la MRC d'Arthabaska (pop. 62 917, rec. 1997). Le nom issu de la fusion des municipalités fait l'objet d'une controverse avec Arthabaska et est décidé par voie de référendum. À l'origine, ce n'est qu'une petite gare du chemin de fer GRAND TRUNK entre Richmond et Québec. Aujourd'hui, elle est réputée pour ses fabriques de meubles, de vêtements, de cercueils et de bateaux, pour ses érablières et pour la mise en marché des produits agricoles locaux. Son parc industriel abrite un ensemble prospère d'usines métallurgiques. Sa croissance et son dynamisme en font le cœur de la région des Bois-Francs de sorte qu'on la surnomme la «Reine des Bois-Francs». Les principales attractions sont le Musée Laurier, l'ancienne résidence d'été de style victorien de Sir Wilfrid LAURIER (1876), la Maison Suzor-Coté (peintre) et l'École québécoise du meuble et du bois ouvré, unique au Québec. On trouve également dans la région un bon nombre d'antiquaires. Chaque année, la ville accueille le Festival international de musique actuelle.

Jean-Marie Dubois et Pierre Mailhot

Vidéo (*Voir* ART VIDÉOGRAPHIQUE)

Vien, Rossel, pseudonymes: Gilles Delaunière et Gilles Valais; auteur et historien (Roberval, Qc,

1929—Saint-Boniface, Man., 1992). Fils d'un agriculteur et d'une Montagnaise, sixième d'une famille de onze enfants, il consacrera plus tard une monographie à sa ville natale: *Histoire de Roberval, cœur du Lac-Saint-Jean* (1955). Après ses études à Joliette (Qc), il s'oriente vers la prêtrise, mais quitte le Séminaire de Montréal après l'obtention d'un B.A. en philosophie (1952) et s'inscrit en histoire à l'U. de Saskatoon (Sask., 1955). Là, il épouse pleinement la cause de la littérature et de la culture de l'Ouest.

Pionnier de la radio (CFNS, Saskatoon, 1955-1957; CKSB, Saint-Boniface, Man., 1958-1973), sa parfaite connaissance du milieu lui fournira la matière d'un essai, *Radio française dans l'Ouest* (1977). Simultanément, il devient journaliste (*Le Courrier de Saint-Vital,* Man., 1964-1982; *The Moccasin Telegraph,* 1976-1982; *La Liberté,* 1981-1982), archiviste et chercheur (Archives provinciales du Manitoba, Winnipeg, 1964-1965; Société historique de Saint-Boniface, 1972-1973; Collège universitaire de Saint-Boniface, 1977-1980).

Ses nombreuses activités ne l'empêchent pas de poursuivre une œuvre littéraire originale et très personnelle. Nouvelliste, il attire l'attention de la critique québécoise qui loue «la belle symphonie déconcertante» de ses images (*Et fuir encore,* 1972; *Le monastère* dans *L'Ouest en nouvelles,* collectif, 1986). Ardent défenseur de Louis Riel, il publie son *Journal de prison* (1962) et traduit en français le célèbre ouvrage de E.B. Osler sous le titre *Louis Riel, un homme à pendre* (1963). Historien émérite, il multiplie articles, communications et comptes rendus de lectures dans des publications. Romancier, ses récits éclatés, parfois proches du journal intime, écrits dans un style suggestif et d'une poésie coupante comme le diamant, révèlent un auteur rare, un des plus importants de la seconde moitié du XXe siècle (*Les deux frères,* 1982; *Les deux sœurs,* 1985; *Le fils unique,* 1990). En effet, nul mieux que lui n'a su décrire, dans l'Ouest, le malaise de l'homme contemporain, incapable de s'adapter à une société sans amour et sans âme.

Homme sensible et intériorisé, esprit supérieur isolé dans un cercle intellectuel trop étroit, érudit jalousé, contraint de se replier dans la solitude et le travail, Rossel Vien apparaît comme l'une des figures les plus attachantes du Manitoba littéraire. Sa fin fut bouleversante: foudroyé par un malaise au cœur de l'hiver, il demeura étendu pendant trois jours sur le perron de sa maison, à demi-conscient, tandis qu'à quelques rues de là une clique d'universitaires festoyait joyeusement et, pour ne pas avoir à attribuer le prix littéraire *La Liberté* à son ouvrage, *Le fils unique,* le meilleur en lice, le décernait, avec une pompe outrancière, à... un roman de gare!

Ismène Toussaint

Vie privée Dans la société rurale canadienne du XIXe s, la notion de vie privée se rattachait essentiellement à un espace physique. Aujourd'hui, nous avons tendance à définir la vie privée non seulement du point de vue du territoire, mais également comme le droit qu'a chacun de déterminer le moment, la manière et dans quelle mesure il est disposé à fournir des renseignements à son sujet. Lorsque les Canadiens parlent d'«atteinte à la vie privée», ils font autant référence à la surveillance électronique qu'à l'utilisation sans leur consentement de renseignements personnels contenus dans les banques de données informatisées. L'heureuse alliance des fichiers de données et des ordinateurs constitue la plus grande menace à la vie privée (*voir* INFORMATIQUE ET SOCIÉTÉ). L'intervention législative du gouvernement visait surtout à permettre aux citoyens l'accès aux renseignements personnels que détient sur eux le gouvernement. Toutefois, cette même législation permet à des tiers d'accéder, dans certaines circonstances, à des renseignements personnels.

Les lois adoptées par le gouvernement fédéral pour protéger la vie privée comprennent notamment la *Loi sur la protection de la vie privée* (1974), qui autorise l'écoute électronique dans certaines circonstances, et la *Loi sur la vie privée* (1982), qui remplace et renforce les dispositions relatives à la vie privée de la *Loi canadienne sur les droits de la personne* (1977).

En 1984, le Québec adopte une loi sur la protection des renseignements personnels et l'accès à l'information. L'Ontario et le Manitoba emboîtent le pas en 1988. Déjà, la Colombie-Britannique (1968), le Manitoba (1970) et la Saskatchewan (1974) ont adopté des lois qui ouvrent la voie à la poursuite judiciaire dans des causes d'atteinte à la vie privée, mais celles-ci, semble-t-il, sont «inutilisées et inutilisables».

La Charte québécoise des droits et libertés de la personne (mais non la CHARTE CANADIENNE DES DROITS ET LIBERTÉS) contient aussi une clause sur le droit à la vie privée. En 1981, la commission mixte sur la Constitution refuse d'entériner une mesure qui aurait protégé le citoyen contre toute ingérence dans sa vie privée, sa famille, son foyer et sa correspondance.

D'autres lois fédérales et provinciales protègent la vie privée. La *Loi sur la statistique*, entre autres, adoptée par le fédéral, interdit de dévoiler des renseignements personnels, et la loi sur les rapports de crédit de l'Ontario permet à chacun d'accéder à son dossier de crédit personnel et d'y apporter des corrections si nécessaire. Un autre niveau de protection est assuré par les tribunaux qui entendent des causes fondées sur la violation de propriété privée et le vol, mais aucune loi ne prévoit de poursuite pour cause de violation de la vie privée. Le gouvernement fédéral a introduit un projet d'amendement au CODE CRIMINEL en vue de protéger les citoyens contre l'utilisation illégale des renseignements personnels contenus dans les banques de données.

Les Canadiens se sont ouvert les yeux sur les nombreuses violations de la vie privée avec la controverse entourant l'utilisation des NUMÉROS D'ASSURANCE SOCIALE (NAS) et les révélations de la COMMISSION D'ENQUÊTE SUR CERTAINES ACTIVITÉS DE LA GENDARMERIE ROYALE DU CANADA (Commission McDonald). Le NAS, d'abord connu pour faciliter l'administration des programmes de sécurité sociale, est devenu un moyen d'identification, tant dans le domaine privé que dans le secteur public. p. ex., on l'utilise aussi bien pour enregistrer la naissance des enfants à l'Île-du-Prince-Édouard que pour enregistrer des équipes de hockey amateur. Aux yeux de plusieurs, il y a tout lieu de craindre que le NAS ne devienne un moyen d'établir des liens entre une foule de renseignements personnels conservés dans les banques de données informatisées. Le Parlement n'est pas intervenu pour restreindre l'usage du NAS, mais les citoyens ne sont plus tenus de le présenter pour encaisser des obligations d'épargne du Canada.

En octobre 1986, le vol présumé de 16 millions de dossiers contenant des NAS identificateurs, commis dans les bureaux de Revenu Canada à Toronto, rappelle aux Canadiens à quel point certaines informations clés sont vulnérables. Par ailleurs, la Commission McDonald révèle que la GRC a accédé, sans autorisation, à des informations sur des milliers de Canadiens et qu'elle a ouvert 800 000 dossiers sur des citoyens. La Commission soutient également que la GRC a porté atteinte à la vie privée en faisant de l'écoute électronique, en s'introduisant chez les gens par effraction et en ouvrant illicitement le courrier. Aucun membre de la GRC n'a fait l'objet de poursuites à la suite de ces accusations. En 1984, la *Loi sur le Service canadien du renseignement de sécurité* a donné aux agents de sécurité de très larges pouvoirs leur permettant d'accéder à des renseignements privés. Les agents de sécurité bénéficient d'une certaine latitude, surtout derrière des portes closes.

La vulnérabilité de la vie privée des Canadiens est mise en évidence en 1983, lorsque la population apprend que Revenu Canada réclame l'accès généralisé aux renseignements personnels et à certaines banques de données financières des municipalités. Cet incident est suivi, en 1984, de deux décisions rendues par la Cour suprême (James Richardson & Sons Limited c. le Ministre du Revenu national, 1984, RCS 614; et Hunter *et autres* c. Southam Inc., 1984, 14CCC [3d] 97 CSC), limitant l'étendue des pouvoirs des hauts fonctionnaires, en vertu des dispositions de la *Loi de l'impôt sur le revenu.* De même, le Commissariat à la protection de la vie privée et les groupes de défense de la vie privée se penchent sur l'utilisation croissante du recoupement des données informatisées pour comparer des renseignements personnels, découvrir des fraudes éventuelles, retracer des débiteurs et de présumés criminels.

Les gouvernements et les autorités chargés de l'application des lois ne sont pas les seuls à porter atteinte à la vie privée. Au début des années 80, la Commission ontarienne d'enquête sur la confidentialité des dossiers médicaux (Commission Krever) révèle que des agents d'assurances se sont fait passer pour des professionnels de la santé afin d'obtenir des renseignements médicaux sur leurs clients.

L'importance grandissante des ordinateurs et leur immense capacité d'établir rapidement des liens et de transmettre des données mettent en péril le droit à la vie privée. La possibilité d'effectuer des opérations bancaires, de magasiner et de correspondre par des moyens électroniques favorise l'enregistrement et l'échange de renseignements sur l'emploi, la situation financière, la santé et le mode de vie des gens.

La situation se complique lorsque des informations personnelles conservées dans les ordinateurs sont piratées par une tierce partie et que le terminal se trouve à l'extérieur du Canada (p. ex., la Ville de Boston détient des renseignements sur les assurances médicales de nombreux Canadiens). Contrairement à certains pays européens, le Canada n'a pas adopté de loi pour restreindre la diffusion de renseignements personnels sur des Canadiens quand ces données sont emmagasinées à l'étranger.

Un comité du ministère de la Justice présente un rapport à la Chambre des communes, le 31 mars 1987, dans lequel il propose de réviser la *Loi sur la vie privée* (1982) et d'étendre sa portée aux données transférées hors du pays, de même qu'au secteur privé dont la juridiction relève du gouvernement fédéral. Il recommande aussi d'examiner les questions relatives à la surveillance électronique dans les milieux de travail, au dépistage des drogues et aux tests polygraphiques, et de les inclure dans les nouvelles lois sur la protection de la vie privée, si le gouvernement décide d'en élargir la portée.

Les Canadiens sont de plus en plus conscients du peu d'emprise qu'ils exercent sur les renseignements les concernant. Un sondage Gallup effectué en 1984 auprès de 1071 adultes révèle que 68 p. 100 d'entre eux croient que la vie privée est à peu près inexistante au Canada, parce que le gouvernement peut obtenir à sa convenance quelque renseignement que ce soit sur qui que ce soit. La population manifeste une inquiétude croissante quant à la façon dont les renseignements personnels sont recueillis, rapportés et utilisés. La confidentialité entourant les données sur les victimes du sida et sur les personnes séropositives en est un exemple frappant.

Ken Rubin

Viêtnam, guerre du Elle plonge ses racines dans la conquête coloniale de l'Indochine par la France au milieu du XIXe s. et les mouvements nationalistes qui s'élèvent pour la combattre. Le 2 septembre 1945, à la fin de la Seconde Guerre mondiale, la République démocratique du Viêt-nam est proclamée pays indépendant par Hô Chi Minh; sa capitale est Hanoï. La tentative française de reconquérir le Viêtnam aboutit, le 2 mai 1954, au désastre dans la vallée de Dien Bien Phu. Les Accords de Genève conclus en juillet prévoient un cessez-le-feu et une ligne de démarcation militaire temporaire établie au 17e parallèle, en attendant la tenue d'élections nationales sur la réunification prévues en juillet 1956. Les efforts déployés par l'Occident pour diviser le pays en permanence en créant une république vietnamienne à Saigon et le refus de tenir les élections promises mènent à la rébellion dans le sud du pays, à une intervention militaire massive des États-Unis et, pour finir, à la guerre civile.

L'échec de la politique des États-Unis devient manifeste en février 1968, quand 525 000 militaires américains n'arrivent pas à stopper l'Offensive du Têt menée par les rebelles. Les Accords de Paix de Paris, signés en janvier 1973, maintiennent l'unité et l'intégrité territoriale du Viêt-nam et prévoient le retrait méthodique des troupes américaines, la libération de 200 000 détenus civils et prisonniers de guerre et l'organisation d'élections libres et démocratiques dans le Viêt-nam du Sud. Le refus de mettre en œuvre ces dernières conditions provoque une insurrection armée, et Saigon tombe le 30 avril 1975. Le bilan de la guerre est stupéfiant: 1,7 million de morts, 3 millions de blessés et de mutilés et 13 millions de réfugiés. Les États-Unis larguent 7 millions de tonnes de bombes et 75 millions de litres d'herbicide, et perdent 10 000 hélicoptères et avions militaires. Quelque 56 000 militaires américains sont tués et 303 000 blessés. Le coût direct de la guerre s'élève à 140 milliards de dollars et les coûts indirects sont évalués à 900 milliards.

Au cours de la période allant de 1954 à 1975, le Canada siège à deux commissions internationales de trêve et offre des fournitures médicales et une assistance technique. Des diplomates canadiens participent aux négociations entre Washington et Hanoï, et plusieurs gouvernements canadiens, libéraux comme conservateurs, soutiennent à tour de rôle que le Canada est un gardien de la paix impartial et objectif, un spectateur innocent et secourable qui participe aux efforts de négociation de la paix et apporte son aide aux victimes de la guerre. Toutefois, les documents du Cabinet, les procès-verbal sténographié des commissions de trêve et certains câblogrammes ultrasecrets du gouvernement américain révèlent que le Canada est l'allié empressé des mesures anti-insurrectionnelles préconisées par les États-Unis.

Le Canada adopte au sein des commissions de trêve une position partisane qui repose sur la présomption de la culpabilité de Hanoï et de l'innocence de Saigon. Cette position vise à discréditer le Viêt-nam du Nord tout en déchargeant le Sud de son obligation d'observer les Accords de Genève. Les délégués canadiens font de l'espionnage pour le compte de la Central Intelligence Agency et contribuent à l'introduction clandestine d'armes et de personnel américains dans le Viêt-nam du Sud, tout en faisant du repérage pour les bombardiers américains qui survolent le Nord. Les membres canadiens des commissions cachent à l'enquête publique le programme de défoliation chimique entrepris par les États-Unis, répercutent les menaces américaines d'étendre la guerre jusqu'à Hanoï et rédigent des rapports justifiant la violation des Accords de Genève et les attaques aériennes menées par les États-Unis au Viêt-nam du Nord. Ottawa soutiendra par la suite que ces actions étaient un contrepoids nécessaire aux activités des pays du bloc de l'Est, également membres des commissions de trêve.

Pendant la guerre, l'aide canadienne est destinée uniquement au Viêt-nam du Sud. De 1950 à 1975, 29 millions de dollars sont ainsi acheminés par l'intermédiaire du PLAN DE COLOMBO et de la Croix-Rouge canadienne. Malgré son apparence humanitaire, l'aide canadienne fait partie intégrante du Free World Assistance Program coordonné par le US Department of State de concert avec l'International Security Office du Pentagone, qui sert de point de contact. Sur le terrain, l'aide financière canadienne est régie par le US-RVN Health Defense Agreement et administrée par le International Military Assistance Force Office de Saigon. À plusieurs reprises, Ottawa fait obstacle à l'envoi d'aide médicale œcuménique aux victimes civiles de la guerre au Viêt-nam du Nord.

Chez nous, 500 sociétés vendent au Pentagone du matériel de guerre (munitions, napalm, moteurs d'avion et explosifs) d'une valeur de 2,5 milliards de dollars sans compter les 10 milliards de dollars d'exportations d'aliments, de boissons, de bérets et de bottes pour les troupes américaines, et de nickel, de cuivre, de plomb, de laiton et de pétrole destinés aux douilles, au câblage, au blindage et au transport militaire. Au Canada, le chômage atteint un minimum record de 3,9 p. 100, le produit intérieur brut s'accroît de 6 p. 100 par année et les dépenses en immobilisations dans les secteurs de la fabrication et de l'exploitation minière connaissent une croissance exponentielle. Les entreprises américaines investissent plus de 3 milliards de dollars au Canada pour compenser la diminution de la capacité nationale de production à la suite de la guerre. Avant d'être utilisé au Viêt-nam, le produit herbicide «agent Orange» est testé à la base militaire de Gagetown (Nouveau-Brunswick). Les pilotes de bombardiers américains s'entraînent au bombardement en tapis dans le ciel de Suffolk (Alberta) et de North Battleford (Saskatchewan) avant de se rendre en Asie du Sud-Est. Les résultats de la seule initiative de paix couronnée de succès à Hanoï, celle du diplomate canadien Chester RONNING, sont tenus secrets pour ne pas nuire aux relations officielles entre les États-Unis et le Canada. Durant la guerre, 10 000 jeunes Canadiens combattent au sein des forces armées américaines. Cependant, 20 000 insoumis et 12 000 déserteurs de l'armée américaine se réfugient au Canada. (*Voir aussi* AMÉRICAINS; Lett, Sherwood; SEABORN, James B.)

Victor Levant

Vietnamiens (*Voir* ASIATIQUES DU SUD-EST)

Vieux chagrin, Le (1989) Ce roman de Jacques POULIN, pour lequel il a reçu le prix Québec-Paris, raconte l'histoire d'un écrivain en panne d'inspiration, qui s'est donné le projet d'écrire un roman d'amour alors qu'il s'aperçoit, grâce à Hemingway qui fait figure de mentor, que sa difficulté vient du fait qu'il n'est pas lui-même amoureux. Installé sur les rives du Saint-Laurent, où il vit retiré avec son chat qui a pour nom «Vieux chagrin», Jim, le narrateur-auteur, tente de combler un vide amoureux par la quête d'une jeune femme mystérieuse, dont il imagine l'existence à partir de traces dans le sable et d'un exemplaire des *Mille et une nuits* trouvé dans une grotte tout près de chez lui. Au roman d'amour impossible à écrire s'associe donc un impossible amour à vivre, puisque la jeune femme reste à jamais inconnue, invisible et même irréelle. Mais une jeune fille, abusée par son père, vient trouver auprès de Jim refuge et réconfort, panse ses blessures, commence une histoire de tendresse avec l'écrivain qui finit par reconnaître le caractère fantasmatique de la femme invisible, et discute avec lui du roman d'amour qu'il se sent prêt maintenant à écrire. Récit de l'impossibilité de l'amour, méditation sur l'amour, la tendresse et le chagrin issu du passé qui rôde (à l'image du chat) sans cesse, ce roman est aussi une réflexion sur l'écriture et ses rapports avec la vie.

François Rochon

Vieux Croyants Également appelés Vieux Ritualistes, les Vieux Croyants sont les descendants de membres conservateurs de l'Église orthodoxe russe qui ont refusé d'adhérer à une réforme imposée au milieu du XVIIᵉ s. par le patriarche Nikon. À l'exception de quelques assemblées des États-Unis, les quelque cinq millions de Vieux Croyants d'ex-URSS, d'Europe, d'Australie et d'Amérique du Sud et du Nord ne sont affiliés d'aucune façon aux autres ÉGLISES ORTHODOXES. Le Canada compte environ 500 Vieux Croyants, dont la plupart vivent en Alberta. L'Église Vieille Orthodoxe nomme un «évêque du Canada» en 1908, mais la première arrivée massive d'immigrants vieux croyants a lieu de 1924 à 1928, soit pendant la première vague de réfugiés russes après la révolution. Tout ce qui reste de cette vague est la communauté située près de Hines Creek, en Alberta, laquelle a construit la première église vieille orthodoxe connue dans l'hémisphère occidental. Le nombre de ses membres a diminué depuis la Seconde de Guerre mondiale parce que la jeune génération se disperse. En 1989, l'Office national du film a produit le film *The Old Believers: Staroveri*, réalisé par John Paskievich.

Entre 1973 et 1975, deux autres paroisses sont fondées dans le nord de l'Alberta par des Vieux Croyants de Sibérie et de Mandchourie qui arrivent de l'Oregon après être passés par l'Amérique du Sud. Il n'en reste plus qu'une, située près de Lac La Biche. Celle-ci compte environ 500 personnes qui observent les traditions abandonnées par les autres chrétiens orthodoxes, y compris certaines règles vestimentaires et alimentaires établies à Byzance et dans la Russie médiévale. Chaque maison constitue une unité économique indépendante qui tire sa subsistance de l'agriculture et de la forêt; on y parle le russe.

Les Vieux Croyants ont les mêmes dogmes que l'Église orthodoxe russe. Ils refusent toutefois d'utiliser les livres liturgiques imprimés pendant ou après le patriarcat de Nikon et d'admettre dans la liturgie l'usage de toute autre langue que le slavon liturgique. D'autres différences sont d'ordre iconographique et rituel, comme l'obligation de faire le signe de la croix avec deux doigts au lieu de trois et le baptême par triple immersion totale.

David Scheffel

Vieux Dunvegan Situé sur le bord de la rivière de la Paix, à 26 km au sud de Fairview, en Alberta. En 1956, le gouvernement albertain achète l'église et le presbytère de la mission St. Charles et en fait l'un des premiers parcs historiques de l'Alberta. En 1978, le gouvernement achète la maison de la COMPAGNIE DE LA BAIE D'HUDSON (CBH), construite à Dunvegan en 1877, et la déclare ressource historique provinciale. Outre la mission St. Charles, le parc historique comprend aujourd'hui le poste de la CBH de même que celui de la COMPAGNIE DU NORD-OUEST, l'un des plus importants postes de traite des fourrures sur la rivière de la Paix, de 1805 à 1918.

Archibald Norman McLeod construit le premier poste de la Compagnie du Nord-Ouest afin de faire commerce avec les CASTORS qui vivaient en amont de la rivière de la Paix. Il nomme le poste Dunvegan, du nom du château McLeod sur l'île de Skye. À partir de 1861, la CBH exploite le poste, reconnu pour ses jardins productifs et en tant que source de viande et de cuir pour les autres postes de la région.

Les missionnaires OBLATS DE MARIE IMMACULÉE fondent la mission St. Charles en 1867 et la desservent jusqu'en 1903. De 1879 à 1891, les Anglicans desservent aussi une mission, St. Saviour, à Dunvegan.

L'église et le presbytère St. Charles, de même que la maison de l'intendant, ont été soigneusement restaurés et meublés. Le site est ouvert au public de la mi-mai à septembre.

Deborah Welch et Michael Payne

View Royal, ville de la C.-B.; pop. 6441 (rec. 1996), 5996 (rec. 1991), 4963 (rec. 1986); superf. 15,42 km²; const. en 1988; située à 5 km de la ville de VICTORIA, près du havre d'Esquimalt. View Royal est un nom à valeur descriptive. En 1853, la COMPAGNIE DE LA BAIE D'HUDSON établit la Craigflower Farm, exploitée par Kenneth Mackenzie et quelque 63 apprentis employés de ferme et leurs familles, qui deviendra View Royal. Après des débuts chancelants, la ferme Craigflower devient un élément important de l'économie de l'ÎLE DE VANCOUVER. La maison de ferme, magnifique construction de style géorgien, existe toujours et est un des lieux historiques les plus visités de la région de Victoria. View Royal abritait aussi plusieurs moulins à bois qui étaient situés le long de l'anse Millstream et du havre d'Esquimalt.

Au cours des dernières années, sa population augmente, tout comme celle de la banlieue de Victoria. Aujourd'hui, elle est surtout une ville-dortoir, car la majorité de ses résidants travaillent à Victoria ou dans d'autres centres avoisinants, comme Esquimalt.

Deborah Welch et Michael Payne

Viger, André, athlète (Winsor, Ont., 27 sept. 1952). Il devient paraplégique en 1973 dans un accident de la route. Il trouve alors une sphère d'activités qui le passionnera pendant près de trois décennies: la course en fauteuil roulant dans laquelle il se forge rapidement une renommée internationale. En 1982, il a 4 médailles d'or et il est l'athlète par excellence des Jeux panaméricains pour athlètes en fauteuil roulant. En 1984, il devient le premier Canadien à remporter le célèbre marathon de Boston en fauteuil roulant, honneur qu'il gagnera 2 autres fois. En 1986, alors qu'il est détenteur du titre canadien, il remporte le championnat du monde en Angleterre. À son palmarès s'ajoutent, entre autres, cinq victoires au marathon international de Montréal et de nombreuses autres au Canada, en France, en Suisse, au Japon et aux États-Unis. Aux Jeux paralympiques de 1984, à Los Angeles, il est le premier Canadien en fauteuil roulant à décrocher une médaille: le bronze au 1500 mètres. Il ajoute 4 autres médailles aux éditions suivantes dont l'or au marathon de Séoul, en 1988, et 1 d'or et 2 d'argent, en 1992 à Barcelone.

Sa carrière est jalonnée d'honneurs et de distinctions. Mais sa plus grande victoire a été de prouver aux athlètes en fauteuil roulant qu'ils peuvent participer aux activités sociales et sportives de leur communauté.

Yvon Dore

Viger, Jacques, journaliste, auteur, officier de milice, fonctionnaire et politicien (Montréal, 7 mai 1787– *id.*, 12 déc. 1858). Premier maire de Montréal, Viger joue un rôle important comme fonctionnaire et intellectuel grâce à ses ouvrages d'érudition et à ses collections. Les débuts de la carrière de Viger restent obscurs. Pendant quelques mois (1808-1809), il est rédacteur d'un journal de Québec, *Le Canadien*. Puis, il devient membre actif de la milice pendant la guerre de 1812. Pendant le reste de sa vie, il accomplit différentes fonctions militaires pour la milice. En 1814, on le nomme inspecteur des grands chemins, rues, ruelles et ponts de la ville et de la paroisse de Montréal, poste qu'il occupe jusqu'en 1840. Il est responsable du bon état des rues, du développement et de l'entretien matériels de la ville. Il devient maire en 1833 lorsque la première charte municipale est attribuée à Montréal et occupe ce poste jusqu'en 1836. Toutefois, en raison de la rébellion, la charte n'est pas renouvelée. C'est sans nul doute sa sympathie à l'égard des Patriotes qui lui fait perdre son poste d'inspecteur en 1840. Viger manifeste un intérêt soutenu pour les ouvrages d'érudition. Il remplit de notes diverses les 43 volumes de son recueil monumental intitulé *Ma Saberdache*. Il y donne, p. ex., certains détails sur la campagne de 1812 ou y insère de la correspondance. Il collectionne de nombreux documents et livres et est l'un des fondateurs de la Société historique de Montréal (1858).

Jean-Claude Robert

Vigneault, Gilles, auteur, compositeur, interprète, poète et éditeur. (Nathasquan, 27 oct. 1928). Devenu professeur au milieu des années 50, Gilles Vigneault publie des poèmes et des chansons, dont quelques-unes sont enregistrées par le folkloriste Jacques Labrecque en 1959. Vigneault a 32 ans lorsqu'il chante ses chansons pour la première fois en public. Son premier album (1962) remporte le Grand prix du disque CKAC et l'amène, dès l'année suivante, sur la scène de la Comédie-Canadienne. Primée au Festival de Sopot (Pologne) en 1964, sa chanson *Mon pays* devient presque un hymne national pour les Québécois. En 1966, le chansonnier connaît ses premiers succès en France où il deviendra l'un des plus grands chansonniers de la francophonie, honoré par le Grand prix de l'académie Charles-Cros en 1970, 1977, 1983 et 1991. Son imposant répertoire comporte essentiellement des chansons décrivant les gens et les coutumes de son *coin* de la Côte nord du Québec, des mélodies de tendresse au caractère ancien et des chansons d'engagement politique. Conteur émérite, Vigneault subjugue les publics d'Europe, du Québec et du Canada où il se produit sur les

plus grandes scènes, tout au long des années 1960 et 1970. *La danse à St-Dilon, Tam Ti Delam, Pendant que, Le doux chagrin, Tout l'monde est malheureux, Les gens de mon pays, Gens du pays* et plusieurs autres de ses refrains font maintenant partie des «classiques» du répertoire québécois. Ses chansons ont été reprises par plus d'une centaine d'artistes aussi bien au Canada qu'en Europe. Parallèlement, il a publié plus d'une vingtaine de recueils de poèmes et de contes pour enfants.

Parmi les très nombreux honneurs décernés à Gilles Vigneault au cours de sa carrière, citons le Prix de musique Calixa-Lavallée (1966), Chevalier de l'Ordre de la Pléiade (France, 1977), le Prix Denise-Pelletier pour son œuvre poétique (1977), Chevalier de l'Ordre du Québec (1985), Félix témoignage de l'ADISQ (1985), Légion d'honneur (France, 1985), Prix «poète et chansonnier» du gouverneur général du Canada (1993) et Grand officier de l'Ordre national du Québec (2000).

Village historique acadien Inauguré en 1977, ce village est une ambitieuse reconstitution historique située le long de la Rivière-du-Nord près de CARAQUET, au Nouveau-Brunswick. Le village témoigne de l'histoire de l'importante population acadienne qui a vécu au Nouveau-Brunswick de 1770 à 1890. On y a restauré ou reconstruit plus d'une vingtaine de bâtiments des XVIIIᵉ et XIXᵉ siècles appartenant aux diverses communautés acadiennes du Nouveau-Brunswick. Des interprètes en costumes d'époque expliquent aux visiteurs le mode de vie de cette population et font connaître la culture de l'ACADIE.

Conçu à l'image d'une petite colonie rurale, le lieu comprend, entre autres, plusieurs bâtiments de ferme, un moulin à grain, une taverne, un magasin général, une école et une chapelle. Le village est reconnu pour ses événements spéciaux, souvent constitués de démonstrations d'activités traditionnelles telles que la maréchalerie, la savonnerie et la fenaison. Le village est ouvert de juin à la fin août puis, suivant un horaire limité, jusqu'au début d'octobre.

Deborah Welch et Michael Payne

Village historique de Kings Landing Situé à 37 km à l'ouest de Fredericton (N.-B.), ce village a été construit à la fin des années 60 lorsque le barrage de Mactaquac menaçait d'inonder de nombreux bâtiments historiques de la vallée du FLEUVE SAINT-JEAN. Aujourd'hui, plus de 60 bâtiments restaurés ou reconstruits et d'autres installations sont regroupés à Kings Landing pour constituer un village.

La collection de bâtiments comprend des résidences, des maisons de ferme, une fabrique de portes et de châssis, un moulin à farine, une scierie, un magasin général, une école paroissiale, plusieurs ateliers d'artisans et un voilier reconstruit. Kings Landing est l'une des plus importantes reconstitutions historiques au Canada, faisant revivre la société du XIXᵉ s. sur les rives du fleuve Saint-Jean. Contrairement à d'autres lieux qui illustrent une année ou une décennie en particulier, Kings Landing montre l'évolution de cette société depuis ses origines LOYALISTES jusqu'à la fin de l'ère victorienne. Le village est ouvert de la fin mai à la mi-octobre.

Deborah Welch et Michael Payne

Village historique de Val-Jalbert Situé au Québec, à 5 km à l'est de ROBERVAL, sur les rives du lac SAINT-JEAN. À la fois village fantôme et parc, par ailleurs magnifique, Val-Jalbert est devenu depuis 1960 un attrait touristique important dans la région du Saguenay–Lac-Saint-Jean.

Le village de Val-Jalbert est fondé au tournant du siècle lorsqu'on construit une usine de pâte à papier au pied des chutes de la rivière Ouiatchouane (1901). Ce village de compagnie, très moderne pour l'époque, grandit rapidement jusqu'à compter 1000 habitants au milieu des années 20. En 1927, le dernier propriétaire de l'usine, la Quebec Pulp and Paper Mills, ferme les portes de l'usine et Val-Jalbert est rapidement déserté.

Le gouvernement du Québec acquiert le village en 1942 et, en 1960, décide d'en faire un parc. La Société des établissements de plein air du Québec (SEPAQ) devient propriétaire des lieux en 1987. Le village désert et l'usine, qui sont des éléments importants du patrimoine industriel et urbain du Canada, attirent maintenant des milliers de visiteurs chaque année.

Marc St-Hilaire

Village partiellement autonome En Ontario, il existe une catégorie de corps administratifs locaux appelés villages partiellement autonomes, dont l'origine est antérieure à la Confédération. Au début, l'objectif consistait à doter un hameau d'une administration locale chargée de maintenir l'ordre public (d'où le nom anglais de *police village*) et à fournir des services limités à la population d'un canton rural. Le village partiellement autonome était constitué par un arrêté du conseil de comté. La *Loi sur les municipalités* a été modifiée en 1965 afin d'interdire la création de nouveaux villages du genre. Les villages maintenus continuaient d'imposer la population et de fournir des services comme l'éclairage des rues, la protection contre les incendies et le ramassage des ordures ménagères. Depuis une trentaine d'années, beaucoup ont disparu à la suite de restructurations municipales, et il en reste environ 50. Le gouvernement provincial examine la situation des villages partiellement autonomes et d'autres corps élus inférieurs afin de les moderniser et d'assouplir les structures.

Greg Marquis

Ville Au Canada, une grande ville désigne de façon large et générale une agglomération urbaine. Les dimensions de cette dernière, son assise économique, son caractère social et ses modalités d'administration locale peuvent différer selon la province ou le territoire, car le GOUVERNEMENT MUNICIPAL reçoit son pouvoir de l'Assemblée législative provinciale. Comme les conditions requises pour qu'une agglomération puisse recevoir le titre de ville diffèrent d'une province à l'autre, il est plus simple d'examiner le processus d'URBANISATION, c.-à-d. l'acquisition et l'expansion des caractéristiques propres à la vie urbaine.

Au Canada, la tendance à l'urbanisation remonte bien avant la Confédération et elle se poursuit toujours à un rythme rapide. En 1991, plus de 77 p. 100 de la population canadienne vit en région urbaine: dans des petites ou des grandes villes, dans des villages, dans des agglomérations non constituées comptant plus de 1000 habitants ou dans des zones périphériques.

Évolution jusqu'en 1920 Les grands empires aux métropoles dynamiques telles que Paris et Londres se sont étendus en établissant des avant-postes coloniaux. C'est dans le cadre de ce vaste phénomène que naissent les premières petites villes canadiennes, qui servent alors d'agents des métropoles. Sur le plan économique, ces villes exploitent les principales ressources de la colonie. Sur le plan culturel, elles lui transmettent le mode de vie urbain de la métropole. Sur le plan militaire et administratif, elles offrent les moyens d'occuper et de conserver le territoire de la colonie.

Les petites villes des colonies servent généralement de lieux d'entreposage des matières premières (p. ex., fourrures, poisson, minerai ou blé) de leur région. Ces matières premières sont ensuite expédiées vers la métropole, qui les transforme avant de les distribuer sous forme de produits manufacturés. Les petites villes des colonies françaises et britanniques précèdent le peuplement de l'ensemble du territoire et constituent une zone pionnière urbaine. Toutefois, la croissance et la prospérité de ces petites villes dépendent du potentiel de l'arrière-pays.

Au début, les petites villes canalisent le développement de leur région et rassemblent une grande partie de la population de la colonie. La décentralisation s'amorce au moment où, malgré une croissance rapide, elles regroupent une proportion moindre de la population générale. Pendant cette deuxième phase, de nouveaux centres secondaires, plus petits et encore isolés du fait de l'absence de chemin de fer, acquièrent une autonomie relative, puisque la principale ville de la région ne dispose pas encore des moyens nécessaires pour s'imposer dans tous les aspects de la vie dans l'arrière-pays. Cette décentralisation s'interrompt lorsque de petites villes coloniales telles que QUÉBEC, MONTRÉAL, TORONTO et HALIFAX deviennent de grands centres urbains.

Les petites villes coloniales, principalement reliées à leur métropole à l'étranger et tournées vers elle, n'ont pas de liens étroits avec d'autres petites villes du genre, même dans leur propre région. L'apparition de liens au sein des régions et entre ces dernières marque la fin de la phase coloniale et le début d'une ère commerciale, où les petites villes produisent des biens et services non seulement pour elles-mêmes, mais aussi pour toute la région.

En 1851 déjà, les neuf principales villes – Montréal, Québec, SAINT-JEAN, Toronto, Halifax, HAMILTON, KINGSTON, OTTAWA et LONDON – se sont transformées en centres commerciaux dynamiques et ont acquis une considérable hégémonie sur le vaste arrière-pays.

C'est entre 1851 et 1921 qu'apparaît la grande ville canadienne moderne, mais la plupart des changements qui surviennent pendant les 30 premières années de cette période sont relativement mineurs. Toronto supplante Québec et devient la deuxième ville du Canada après Montréal. Plusieurs petites villes manufacturières du sud de l'Ontario (GUELPH, ST. CATHARINES, BRANTFORD, BELLEVILLE) atteignent une population de presque 10 000 habitants, formant ainsi un deuxième niveau urbain.

Toutefois, dans les années 1880, les deux plus grandes villes du Canada, Montréal et Toronto, commencent déjà à distancer leurs plus proches rivales. Tout aussi spectaculaire est la croissance rapide des grandes villes dans l'Ouest, à commencer par WINNIPEG et VANCOUVER, suivies des deux autres jeunes géantes, CALGARY et EDMONTON. Cet essor amorce le déclin relatif de Québec et de Kingston au centre du Canada, ainsi que celui de Saint-Jean et de Halifax dans les provinces de l'Atlantique.

Dans une certaine mesure, la croissance rapide ou la stagnation des milieux urbains est liée au dynamisme des ÉLITES locales. L'élite commerciale de Winnipeg joue un rôle primordial dans la transformation de cette dernière en agglomération métropolitaine, tandis que les dirigeants locaux de nombreuses villes dans la région de l'Atlantique ne se montrent pas à la hauteur aux moments critiques. Ce sont toutefois les caprices des marchés internationaux des matières premières et les décisions des gouvernements et des sociétés, facteurs qui échappent à l'influence de chaque ville, qui jouent un rôle plus décisif.

Les événements politiques sur la scène internationale stimulent la croissance des exportations montréalaises et aident Toronto à surpasser Montréal dans l'utilisation des voies commerciales américaines. Les politiques du gouvernement fédéral sur les tarifs et les chemins de fer renforcent la croissance des industries manufacturières dans les grandes villes du Centre et, parallèlement, affaiblissent l'industrie dans les Maritimes. Le CANADIEN PACIFIQUE, en décidant de faire passer sa ligne principale par Winnipeg, crée plusieurs nouvelles localités, dont Vancouver.

Le changement technologique joue aussi un grand rôle. La préférence accordée au fer et à la vapeur au détriment du bois et de la voile affaiblit les grands chantiers navals de Québec et de Saint-Jean. L'axe économique se déplace alors de la région de l'Atlantique vers l'intérieur du pays.

Dans leur évolution vers le statut d'agglomération urbaine, la plupart des grandes villes canadiennes franchissent plusieurs étapes: d'abord des entrepôts coloniaux, ensuite de petites villes commerciales, puis de grandes villes à la fois commerciales et industrielles, et enfin de grandes agglomérations urbaines diversifiées. Quoique les grandes villes n'aient évidemment pas toutes suivi systématiquement la même évolution, on peut déceler des périodes distinctes dans l'urbanisation au Canada. Chaque période façonne dans une grande mesure les petites et les grandes villes, indépendamment de la taille de ces dernières, de leur rôle et de leur emplacement dans une région donnée.

Grande ville contemporaine À partir de 1920, les grandes villes canadiennes entament une phase dominée par la technologie de l'automobile et du camion. Cette phase se caractérise par une économie axée sur les services plutôt que sur l'industrie et est marquée par une spectaculaire décentralisation de la population et des activités. Néanmoins, comme l'urbanisation est cumulative, la ville construite avant 1920 demeure le cœur de la grande agglomération urbaine moderne, qui est plus dispersée.

Tout plan des rues permet d'habitude de distinguer très clairement les nouveaux aménagements des anciens. Ainsi, les rues quadrillées des noyaux urbains contrastent avec les rues curvilignes des banlieues environnantes plus récentes. Bon nombre des tensions dans les grandes villes contemporaines résultent de la difficile coexistence des quartiers bâtis avant et après la Seconde Guerre mondiale. Le passage à une activité économique axée sur les services plutôt que sur l'industrie se traduit par une transformation des genres d'immeubles. Les tours de bureaux repoussent les usines vers les terrains moins coûteux à la périphérie des grandes villes.

Les réseaux de transport (rues, routes express et lignes de transport en commun) sont essentiels au fonctionnement des grandes villes modernes et occupent souvent de 25 p. 100 à 30 p. 100 du territoire urbain. Les logements en utilisent un pourcentage légèrement plus élevé. Viennent ensuite les industries et les immeubles de bureaux. Ces utilisations du sol constituent un étalement urbain horizontal qui accapare de plus en plus de terres agricoles, tandis que le centre-ville s'étire à la verticale, le gratte-ciel permettant un usage beaucoup plus intense du territoire à des fins commerciales et résidentielles.

Banlieue Elle correspond d'habitude à la nouvelle partie d'une grande ville. À Toronto, à Vancouver, à Montréal ou à Halifax, les banlieues de 1910 sont maintenant absorbées dans le noyau urbain, tandis que les secteurs suburbains ajoutés dans les années 20 font aujourd'hui partie du centre urbain. L'aménagement des banlieues connaît un profond changement peu après 1945. En effet, E.P. TAYLOR réunit 2000 acres (809,4 ha) de terres agricoles aux abords de Toronto et crée une nouvelle ville appelée Don Mills qui, par son étendue, son plan et son caractère distinct, transforme l'aménagement des banlieues.

Chacun des quatre quartiers de Don Mills est alors axé sur une école. Le réseau de rues curvilignes vise à décourager la circulation de transit tout en permettant aux voies d'épouser la topographie. Les maisons d'un étage et demi, à façade large tournée vers la rue, occupent de grands terrains. La densité résidentielle (25 maisons par ha) n'est que la moitié de la densité habituelle. Chaque quartier comprend des aires bien distinctes.

Une partie du terrain est destinée à un centre commercial, et les logements unifamiliaux sont séparés des immeubles d'habitation, des bureaux et des industries. La conception de Don Mills remporte un tel succès financier et social que le Canada suit ce modèle jusqu'à la fin des années 70.

Rénovation urbaine Après 1945, tous les paliers de gouvernement (fédéral, provincial et municipal) lancent des programmes de rénovation urbaine afin d'améliorer les conditions de vie dans les centres-villes (voir RÉFORMES URBAINES). La plupart des autorités politiques et des urbanistes estiment alors que la rénovation urbaine, axée sur l'expropriation de maisons et d'entreprises, le dégagement de terrains, ainsi que la construction de nouveaux logements (souvent publics), revitaliserait la périphérie du centre-ville et rendrait ces logements plus acceptables aux personnes qui migrent vers les banlieues.

Or, les programmes massifs de rénovation urbaine se heurtent à une vive résistance des familles ouvrières déplacées. En effet, les propriétaires frappés d'expropriation ne reçoivent pas une indemnisation suffisante pour acheter ailleurs une maison semblable. Les locataires se plaignent de leur déracinement et de la destruction de bonnes habitations. De petites entreprises sont détruites.

La principale opposition à la rénovation urbaine émane de personnes qui voient leur collectivité d'un autre œil que celui des urbanistes et des autorités politiques. Ces personnes déclarent haut et fort que le programme de rénovation urbaine est malavisé, puisque les taudis des grandes villes américaines ne se retrouvent pas dans les villes canadiennes et que les trois paliers de gouvernement ne font que remplacer des quartiers viables par des jungles de béton.

Les différends en matière de programme public de rénovation urbaine s'étirent jusqu'à la fin des années 60, lorsque, après un tollé général à Vancouver, à Winnipeg et à Toronto, le gouvernement fédéral accepte enfin de cesser le financement de ce programme. Depuis, des tentatives plus modestes de revitalisation urbaine portent sur un meilleur éclairage de rues, des parcs de voisinage, des trottoirs décoratifs et des centres communautaires.

La rénovation urbaine n'incombe pas seulement aux autorités publiques. Les promoteurs immobiliers du secteur privé réagissent à la forte augmentation des besoins de logement des jeunes générations en construisant de grands immeubles d'habitation, d'habitude sur l'emplacement de jolies maisons du XIXe s. démolies après un autre remaniement du zonage par les conseils municipaux. Des groupes de préservation des quartiers se forment et mènent, dans chaque grande ville canadienne, une lutte constante contre les promoteurs et les autorités municipales (voir MOUVEMENTS POPULAIRES URBAINS; POLITIQUE MUNICIPALE).

Vers le milieu des années 70, la construction massive d'appartements prend fin, surtout pour des raisons économiques. Les grandes villes s'engagent alors dans des politiques visant à renforcer plutôt qu'à éliminer les collectivités des centres-villes.

Paysage urbain L'image de la plupart des grandes villes canadiennes se définit par leur centre-ville, où les hautes tours à bureaux remplacent maintenant les cheminées industrielles. Les édifices sont habituellement de modèle semblable, ce qui démontre que les sociétés d'aménagement figurent parmi les plus grandes entreprises de propriété canadienne. Le site naturel de la plupart des grandes villes canadiennes a maintenant moins d'importance que le centre-ville et est même difficile à reconnaître, dans bien des cas.

La croissance phénoménale des grandes villes depuis la Seconde Guerre mondiale a détruit une grande partie du patrimoine urbain canadien. Des efforts politiques considérables sont investis pour protéger les derniers bâtiments du XIXe s. contre les ravages de la seconde moitié du XXe s.

Vers la fin des années 70, les autorités urbaines, les promoteurs et le public sont prêts à admettre qu'on pourrait construire des immeubles plus intéressants et concevoir des paysages urbains plus attrayants. La plupart des grandes villes enclenchent alors des mesures pour améliorer leur centre-ville et réussissent ainsi certainement à donner à leur centre-ville un visage moins morne, mais sans pouvoir lui redonner une dimension humaine.

Vers la fin des années 80, la nouvelle approche du paysage urbain met l'accent sur l'interdépendance du milieu naturel et du milieu bâti. Sous l'influence du mouvement écologique, la population et les décideurs entament des discussions sur l'écologie urbaine et entreprennent de façons nouvelles et innovatrices de planifier le milieu bâti. Ils tombent d'accord pour relancer la planification du milieu urbain selon des schémas de développement durable axés sur la préservation de nombreux aspects du milieu naturel. Les progrès vers la viabilité urbaine sont lents, mais l'écologie urbaine, comme d'ailleurs le patrimoine urbain, sera manifestement une question importante dans la prochaine décennie.

Contexte social et diversité Jusqu'en 1945, la croissance de la plupart des grandes villes canadiennes provient de l'afflux d'immigrants de l'Europe du Nord-Ouest. Depuis les années 50, l'immigration a cependant des sources bien plus diversifiées. En 1957, 95 p. 100 des immigrants arrivent d'Europe ou des États-Unis. En 1990, l'immigration en provenance de ces régions atteint seulement 29 p. 100, contre 49 p. 100 en provenance de l'Asie. Pour la première fois dans l'histoire du Canada, une forte proportion d'immigrants n'est donc ni de race blanche ni de langue anglaise. Ainsi, en 1991, les minorités visibles constituent 24 p. 100 des 3,9 millions d'habitants de la région de Toronto. Leur arrivée apporte aux grandes villes canadiennes un enrichissement inestimable, mais coïncide avec des pressions accrues sur l'emploi et la prestation de services publics qui entraînent leur lot inévitable de tensions et de problèmes sociaux.

De telles tendances montrent que les grandes villes canadiennes sont un milieu diversifié et régi par une dynamique complexe. Pour survivre, elles ne cessent de se redéfinir. Comprendre leur dynamique est un défi constant.

Alan F.J. Artibise et John Sewell

Ville fermée Constitue un type d'établissement important au Canada en matière de création du capital, d'industrialisation, de développement urbain et de mouvement syndical. Si l'on s'en tient à la définition du sociologue Rex Lucas, soit «des communautés fermées possédées et administrées par un employeur industriel», dont les maisons, les commerces et même l'église appartiennent à la compagnie, peu d'entre elles existent encore. Le déclin de la compagnie comme centre de la communauté, la vigueur des syndicats depuis la Seconde Guerre mondiale et l'interprétation plus libérale des droits de propriété et des droits de la personne ont tous contribué à rendre ces collectivités en bonne partie obsolètes. Les Canadiens n'acceptent plus le paternalisme de la ville fermée traditionnelle. Cependant, il y a des collectivités à industrie unique, particulièrement celles qui se trouvent dans le Nord sur le front d'exploitation des ressources, qui ne sont pas sans rappeler les villes fermées d'antan.

Les villes fermées font leur apparition durant la période coloniale pour assurer aux entreprises familiales, comme les Forges du Saint-Maurice ou Garden Island dans le Haut-Canada, une réserve de main-d'œuvre qualifiée. Elles sont des îlots de stabilité en plein chaos préindustriel. Entre 1850 et 1890, la poussée de la révolution industrielle frappe surtout les centres urbains sans atteindre les villes fermées. L'industrie du coton fait exception et entraîne la création de nouvelles villes, comme Valleyfield, au Québec (aujourd'hui Salaberry-de-Valleyfield), selon les principes paternalistes britanniques ou américains. Il est significatif que les travailleurs du coton de Valleyfield, dont beaucoup sont des femmes, comptent parmi la minorité de salariés dans de véritables établissements manufacturiers à s'organiser en syndicat avant la Première Guerre mondiale et à recourir aux grèves et aux émeutes pour faire valoir leurs revendications.

Au Canada, le développement des villes fermées atteint son apogée dans l'industrie minière après les années 1890. Les villes du charbon de l'île du Cap-Breton, celles de l'amiante du Québec et celles de l'or, de l'argent et du nickel de l'Ontario sont d'abord des villes fermées. Dans bien des cas, la note dominante des relations sociales n'est pas le paternalisme, mais plutôt la froideur de l'autoritarisme et l'exploitation flagrante des travailleurs. Durant la grève de 1909-1910, les membres du syndicat des United Mine Workers du Cap-Breton sont expulsés de leurs demeures et privés d'accès aux magasins de la compagnie, où les marges de crédit contribuent à accentuer le lien de dépendance des prolétaires. Même les ecclésiastiques qui hébergent les travailleurs dans les églises reçoivent de leurs supérieurs hiérarchiques l'ordre d'arrêter de le faire. Les entreprises minières de Timmins en Ontario engagent des hommes de main armés pour patrouiller la ville durant la grève de 1912-1913 à la mine d'or. C'est seulement après des effusions de sang que le gouvernement provincial interdira la présence de ces hommes. Une fois que les compagnies perdent leur autorité morale, comme cela est arrivé dans bien des cas, seule la force parvient à maintenir la discipline dans les entreprises. À l'occasion, les politiciens refusent d'y avoir recours en situation de crise. p. ex., en 1906 à Fernie en Colombie-Britannique, la Crow's Nest Pass Coal Co. ne parvient pas à évincer les locataires en grève parce que le procureur général de la province se range du côté de la police locale et reste neutre.

On essaie en d'autres endroits de rétablir l'autorité morale traditionnelle au moyen de la mise en place de constructions communautaires et de structures sociales modèles. Les compagnies de charbon à Brule et à Nordegg, en Alberta, font de tels essais pendant et après la Première Guerre mondiale. Elles se trouvent dans une situation particulièrement favorable du fait que dans le nord-ouest de l'Alberta, les compagnies font de l'exploitation sur des terres inaliénables de la Couronne en vertu de baux de longue durée. Ainsi, les difficultés que devait habituellement surmonter la ville fermée – l'acquisition de propriétés par des particuliers, la constitution en municipalité et les incursions de commerçants indépendants – sont inexistantes. Toutefois, la volonté des dirigeants d'encourager le progrès de la communauté s'accompagne de la longue liste des pétitions et des protestations des résidants. Ces deux tentatives n'atteignent ni l'une ni l'autre l'objectif premier, soit celui d'éviter la syndicalisation et les grèves. Dans les années 20, des villes papetières comme Corner Brook, à Terre-Neuve, ou Powell River, en Colombie-Britannique, parviennent dans une certaine mesure à maintenir une stabilité sociale et politique avec l'aide de syndicats coopératifs, mais ne forment pas de véritables communautés fermées.

La vie dans la ville fermée est souvent avantageuse, mais n'est pas gage de certitude. En 1955, à Nordegg, une seule journée anéantit le fruit de 40 années de labeur: les Chemins de fer nationaux du Canada, qui ont de plus en plus recours au diesel, résilient leur contrat de charbon, entraînant ainsi la fermeture de la mine et, dès lors, de la ville.

Ce n'est pas le magasin de type «prends tout» de la compagnie ou la police du charbon et du fer qui font d'une localité une ville fermée, mais plutôt le pouvoir économique de base exercé sur la collectivité à industrie unique par l'intérêt public et privé, auquel la communauté doit sa vie ou sa mort. Peu se souviennent que Dominion, en Nouvelle-Écosse, est un monument à la mémoire de la DOSCO, ou Cadomin, en Alberta, un monument à la Canada & Dominion Mining. Pourtant, l'expression «ville fermée» ou «ville de compagnie» continue de faire partie du vocabulaire des Canadiens. (*Voir aussi* VILLES DE RESSOURCES PRIMAIRES.)

Allen Seager

Villemaire, Yolande, enseignante et écrivaine (Saint-Augustin-des-Deux-Montagnes, Qc, 28 août 1949). Après avoir étudié l'art dramatique à l'U. du Québec à Montréal, où elle obtient son baccalauréat (1970) et sa maîtrise (1974), elle enseigne la création littéraire au CÉGEP de Rosemont. Poète (*Adréanline, poésie et prose,* 1973-1989, 1982; *Quarts et mica,* 1985; *Les murs de brouillard,* 1997), critique littéraire, dramaturge radiophonique et romancière (*Meurtres à blanc,* 1986; *Vava,* 1989; *La lune indienne,* 1994; *Le Dieu dansant,* 1995; *Céleste tristesse,* 1997), elle a débuté sa carrière dans des revues comme *Hobo Québec* et *Cul-Q.* Ensuite, elle a évolué vers le néo-réalisme (*La vie en prose,* prix des Jeunes écrivains du *Journal de Montréal,* 1980; *La constellation du cygne,* Grand Prix du *Journal de Montréal,* 1985), ce qui lui a valu d'être acclamée par la critique.) Ce livre, qui se situe à la frontière de l'engagement politique et de l'ésotérisme, a contribué à la création d'une mythologie nord-américaine. Fondatrice de La spirale d'écrivantes Rose Sélavy et du réseau international de télépathie Ombre jaune, elle joue aussi au théâtre à Montréal et à New York, où elle occupe le studio du Québec en 1985.

Lucie Robert

Ville-Marie, ville du Qc; pop. 2855 (rec. 1996), 2581 (rec. 1991); superf. 6,5 km²; const. en 1962, située en bordure du LAC TÉMISCAMINGUE, près de la frontière entre le Québec et l'Ontario. Elle se forme à la fin du XIXᵉ s. et se développe autour de la colonie missionnaire des oblats et des postes de compagnies forestières qui exploitent les grandes forêts de pins du bassin du lac Témiscamingue pendant plusieurs décennies. La mission des oblats est établie en 1836 près du fort Témiscamingue, construit en 1686 par des traiteurs de pelleteries.

Après 1885, la colonisation des terres autour du lac par des familles des régions plus anciennes du Québec conduit à la fondation de Ville-Marie. Le nom rend hommage à la patronne des oblats de Marie Immaculée, reconnaissant ainsi le rôle des Oblats dans la mise en valeur de la région. Ville-Marie est constituée en village en 1896. Elle est aujourd'hui la principale ville de la région du Témiscamingue, et elle possède des liens étroits avec les villes de Haileybury et de NEW LISKEARD, situées en bordure de la partie ontarienne du lac.

Benoît-Beaudry Gourd

Villeneuve, Gilles, coureur automobile (Berthierville, Qc, 18 janv. 1950—Zolder, Belgique, 8 mai 1982). Au cours de sa brève carrière, Villeneuve est le meilleur pilote de course canadien. Il montre d'abord son penchant pour la vitesse en conduisant des motoneiges à vive allure, remportant ainsi le championnat nord-américain en 1971, le championnat du Québec en 1972 et le championnat canadien en 1973. Grâce à l'argent que lui rapportent ces victoires, il se lance dans la course automobile (Formule Ford), pour devenir champion du Québec en 1973. Il passe à la Formule atlantique (FA) en 1974, mais il se casse une jambe à ses débuts sur le circuit de Mosport (Ontario). Indomptable, il revient à la compétition en 1975, remporte une victoire et termine au 5ᵉ rang du classement global. En 1976, il domine les compétitions canadiennes et américaines de Formule atlantique en gagnant 9 courses sur 10. Il remporte de nouveau le championnat canadien en 1977, dans les catégories atlantique et Can-Am. Ces succès lui valent une offre de l'écurie Ferrari en Formule 1. Il remporte son premier Grand Prix à Montréal, en 1978, et des victoires à Kyalami, à Long Beach (Californie) et à Watkins Glen (New York), en 1979. Il termine 2ᵉ au Grand Prix du Canada et n'est devancé que par Jody Scheckter, son coéquipier, au classement final des pilotes de Formule 1. Il gagne 6 des 67 courses auxquelles il participe sous la bannière de Ferrari, en Formule 1. Villeneuve trouve la mort au cours d'une séance de qualification au Grand Prix de Belgique, après une collision avec une autre voiture à 250 km/h. Depuis, le circuit utilisé pour le Grand Prix du Canada à Montréal porte son nom. (*Voir aussi* COURSE AUTOMOBILE.)

Bob Ferguson

Villeneuve, Jacques, coureur automobile (Saint-Jean-sur-Richelieu, Qc, 9 avril 1971). Dès sa tendre enfance, la course automobile fait partie de la vie de Villeneuve. Il passe presque toute sa jeunesse à Monaco, où son père, Gilles VILLENEUVE, a élu domicile pendant sa carrière en Formule 1. Le jeune Villeneuve a à peine 11 ans quand son père se tue au cours d'une épreuve de qualification. Toutefois, cette tragédie ne diminue en rien sa fascination pour la vitesse et pour les voitures de course. Il devient coureur professionnel à 18 ans et séjourne pendant 3 ans en

Italie où il fait ses classes dans le circuit hautement compétitif de la Formule 3. Il reste la majeure partie de l'année 1992 au Japon et termine 2e au classement général des conducteurs de la Formule 3 japonaise. À 21 ans, il est déjà un coureur déterminé et talentueux. En 1993, il passe à la Formule Atlantique et devient un des meilleurs coureurs du circuit en remportant 5 des 15 épreuves et en décrochant la 3e place au classement final. Ses performances attirent l'attention et, en 1994, au sein de l'équipe Forsythe-Green, il conduit la voiture de Players Canada dans le circuit PPG IndyCar.

Villeneuve finit 2e aux fameux 500 milles d'Indianapolis de 1994 et gagne sa première course un peu plus tard dans la saison, lors du Road America. Malgré la rumeur selon laquelle il passerait à la Formule 1, il domine toute la saison 1995 du IndyCar. Il décroche quatre victoires, dont une éclatante aux 500 milles d'Indianapolis, et termine au premier rang des conducteurs. Il est le plus jeune coureur à remporter ces deux honneurs et le premier Canadien à mériter l'un comme l'autre. Villeneuve est devenu un coureur très habile, doté d'un véritable flair pour les doublages audacieux et sachant tirer le maximum de son bolide. Son style convient parfaitement aux exigences de la Formule 1 et, en 1996, il se joint à l'écurie Williams.

Il s'adapte très rapidement à la Formule 1 et, dès sa quatrième course, il gagne son premier Grand Prix, soit le Grand Prix européen de Nurburgring. La même année, il remporte le Grand Prix du Portugal, puis ceux de Hongrie et de Grande-Bretagne. Il arrache une 2e place au classement général, juste derrière Damon Hill. En 1997, grâce à 7 victoires, il devient le premier Canadien à remporter le championnat des conducteurs de F1. En 1999 et 2000, il a été le conducteur numéro un de la nouvelle écurie BAR.

Yvon Dore

Villeneuve, Jean-Marie-Rodrigue, prêtre oblat, archevêque catholique de Québec et cardinal (Montréal, 2 nov. 1883—Alhambra, Calif., 17 janv. 1947). Après ses études de philosophie et de théologie, il mène une carrière d'enseignant et est membre actif des cercles nationalistes avec l'abbé Lionel GROULX. Nommé premier évêque de Gravelbourg, en Saskatchewan, en 1930, il devient le 20e évêque et le 10e archevêque de Québec en 1932 et, en 1933, il est le 4e Canadien à recevoir le titre de cardinal. Tout en dirigeant l'Église de Québec, le cardinal Villeneuve continue à enseigner par ses homélies, ses allocutions et ses conférences savantes, et il diffuse ses idées dans des brochures et des livres. En même temps, il donne aussi un nouvel élan à l'ACTION CATHOLIQUE, au renouveau liturgique et à la piété mariale. Il dirige son diocèse avec fermeté et est le chef incontesté des évêques québécois et canadiens. Malgré son amour pour le faste et une certaine obstination, il aime se mêler aux foules qui l'accueillent chaleureusement.

Bien que son épiscopat soit marqué par les graves problèmes de la CRISE DES ANNÉES 30 (grèves, débats sur la nature de l'Action catholique et relations avec les pouvoirs publics), il trouve habilement des solutions qui sont acceptables pour ses collègues. Il a moins de succès dans ses positions sur la guerre: convaincu qu'Hitler et le nazisme constituent une menace catastrophique pour notre chrétienté et nos droits, il cède aux pressions des politiciens fédéraux et devient de plus en plus favorable à la guerre totale, semant ainsi la consternation chez quelques évêques, dans les milieux nationalistes et parmi de nombreux catholiques canadiens-français. Pour préserver l'unanimité et éviter le scandale, il fait des concessions, mais les tensions persistantes sont une indication des bouleversements qui commencent à secouer le Québec.

Nive Voisine

Villes de ressources primaires Dites aussi villes nouvelles, ce sont des localités isolées bâties autour d'industries fondées sur des ressources naturelles et le transport: villes minières, villes axées sur les scieries, centres ferroviaires, villages de pêcheurs, etc. Des villes comme GRAND FALLS à Terre-Neuve (pâtes et papiers), GLACE BAY en Nouvelle-Écosse (charbon), Black's Harbour au Nouveau-Brunswick (traitement du poisson), Murdochville au Québec (cuivre), Copper Cliff en Ontario (nickel), Snow Lake au Manitoba (cuivre, zinc), Drayton Valley en Alberta (pétrole) et KITIMAT en Colombie-Britannique (aluminium) en sont des exemples.

Ce genre de localités est très répandu au Canada. En effet, environ un million de Canadiens habitent quelque 1000 localités de ressources primaires au pays.

On reconnaît depuis longtemps que la mise en valeur des ressources est un facteur important qui façonne le développement au Canada. On affirme que toute croissance urbaine au pays dépend, en fin de compte, de la production de produits de base. Or, les villes de ressources primaires jouent un rôle majeur dans l'exploitation des produits de base. L'intervention gouvernementale dans l'exploitation des ressources naturelles au cours des dernières décennies contribue à l'amélioration de la qualité de vie dans ces villes, qui sont les plus instables et les plus précaires des localités canadiennes et le resteront tant qu'une approche plus globale de leur planification n'aura pas été adoptée.

Sous certains aspects, les villes canadiennes de ressources primaires ressemblent aux villes du même type dans le monde entier. Elles sont axées sur l'extraction ou la transformation de ressources comme le minerai, les produits forestiers et l'énergie hydroélectrique. La ville de ressources primaires est très souvent à la remorque d'une entreprise industrielle et elle n'a pas la pleine maîtrise de son propre développement économique. La base économique est entre les mains d'agents externes, entreprises ou gouvernements, qui décident de la nature et de l'étendue des activités d'extraction ou de transformation, déterminant du même coup l'importance de la main-d'œuvre locale et le degré de prospérité ou de croissance de l'endroit.

Comme les matières premières sont habituellement expédiées pour transformation à l'extérieur, souvent hors du Canada, la plupart des villes de ressources primaires ne peuvent bénéficier des retombées économiques à l'autre bout de la chaîne de production. L'essor ou le déclin de la ville est à la merci des caprices du marché international des ressources ou des décisions des gouvernements ou des sociétés. L'initiative locale y compte pour peu. Les habitants voient leur ville en proie à des fluctuations continues, ce qui crée un climat d'insécurité et d'instabilité, particulièrement dans les villes minières, où l'on sait que les ressources finiront par s'épuiser.

Les villes de ressources primaires se caractérisent aussi par leur nombre restreint d'occupations. La classe moyenne y est relativement faible et comprend d'habitude un petit groupe de gestionnaires, de marchands et de travailleurs professionnels dont la carrière est axée sur des entreprises ou entités situées à l'extérieur de la ville. Les travailleurs migrent souvent d'une ville de ressources primaires à l'autre, à la recherche d'emplois.

Plusieurs facteurs s'opposent à la mise sur pied d'une économie diversifiée qui créerait une main-d'œuvre plus hétérogène. L'éloignement des grands marchés, les salaires relativement élevés versés par les industries primaires, ainsi que les coûts élevés de développement sont autant de facteurs qui entravent l'établissement d'industries secondaires. On note donc une nette prépondérance du nombre d'hommes par rapport à celui des femmes dans les villes de ressources primaires, puisque celles-ci offrent traditionnellement moins de possibilités d'emplois pour les femmes.

Une autre conséquence est la faible taille de la plupart des villes de ressources primaires. La population d'à peine quelques-unes dépasse 10 000 habitants. Ces localités présentent donc bien des caractéristiques d'une petite ville, peu importe leur base économique. Une dernière caractéristique commune a trait à leur aspect extérieur. Bien que les plus récentes villes de ressources primaires tendent à ressembler aux nouvelles banlieues des grandes villes, les plus anciennes sont généralement d'aspect peu attrayant et délabré; leur paysage est dominé par une mine, par une usine ou une scierie.

Même si les villes canadiennes de ressources primaires ont beaucoup en commun entre elles et avec leurs villes sœurs dans d'autres pays, elles présentent plusieurs caractéristiques distinctes, notamment l'origine de leur population.

Dans les provinces de l'Atlantique et au Québec, la population laborieuse de nombreuses villes de ressources primaires vient des localités avoisinantes de pêcheurs, de travailleurs forestiers et d'agriculteurs. Dans l'Ouest canadien et en Ontario par contre, la main-d'œuvre et les gestionnaires des villes de ressources primaires viennent de populations éloignées de la localité en question ou de l'extérieur du pays. Les «nouvelles villes» créées dans des secteurs en grande partie inhabités n'ont aucun lien matériel ni culturel avec la région rurale environnante.

Une seconde caractéristique importante est liée au processus de prise de décisions touchant la création et le maintien de la localité. Certaines villes sont issues de décisions prises par une seule entreprise ou par un gouvernement, et d'autres sont le fruit de décisions prises par plusieurs sociétés ou par des gens de la localité même.

Il en résulte deux genres de villes: celles axées sur les services et l'approvisionnement (p. ex., SUDBURY en Ontario), qui connaissent parfois des débuts très dynamiques, et celles fermées (p. ex., TÉMISCAMING au Québec), qui sont généralement de petites localités statiques, largement tributaires des activités d'une seule industrie.

L'aspect physique des villes de ressources primaires, tout comme leur fonction, dépend des responsables de la planification et de la construction urbaines.

L'aménagement de ces villes reflète les différents concepts d'AMÉNAGEMENT URBAIN ET RÉGIONAL en cours au Canada selon les époques. Trois générations de villes de ressources primaires sont aménagées depuis la Confédération. De 1867 à 1920, elles sont aménagées par le secteur privé (p. ex., cobalt en Ontario). De 1920 à 1939, leur conception suit un modèle global (p. ex., KAPUSKASING en Ontario). Depuis 1945, les villes de la troisième génération résultent d'une planification intégrée (p. ex., Kitimat en Colombie-Britannique).

La modernisation de quelques-uns des plus grands centres de services et la conception de certaines des nouvelles villes illustrent de manière frappante les progrès réalisés dans l'aménagement des villes de ressources primaires depuis l'apparition de la première génération de celles-ci au XIXe s. Néanmoins, peu importe la finesse des concepts de planification récents, les problèmes de fond associés aux villes de secteur primaire restent sans solution.

Un grand nombre de ces villes ont une existence éphémère, et les perspectives d'activités et de croissance au delà de leur fonction initiale se concrétisent rarement. Dans certains cas, la matière première s'épuise purement et simplement, les conditions du marché changent, ou une multinationale transfère ses activités dans un autre pays. Il s'ensuit alors la fermeture de mines ou d'usines, et la ville finit par disparaître (p. ex., Pine Point dans les Territoires du Nord-Ouest ou SCHEFFERVILLE au Québec). Ce scénario a présidé à la disparition de centaines de localités canadiennes.

Dans d'autres cas, les installations industrielles deviennent désuètes. Il reste que, dans les deux cas, l'avenir demeure incertain et que les fluctuations économiques extrêmes entravent les tentatives de développement ordonné et à long terme. (*Voir aussi* VILLE FERMÉE.)

Alan F.J. Artibise et G.A. Stelter

25ᵗʰ Street Theatre Situé à Saskatoon et fondé en 1972 par des étudiants d'art dramatique de l'U. de la Saskatchewan, parmi lesquels Andras Tahn qui en sera le directeur artistique jusqu'en 1983. Au début, la compagnie se développe surtout comme un théâtre populaire local et présente des créations collectives et d'autres pièces abordant des thèmes propres aux Prairies. Toutefois, elle s'affirme aussi comme un lieu de présentation pour de nouvelles pièces provenant d'autres régions. Le 25ᵗʰ Street Theatre est connu en particulier pour *Paper Wheat* (inauguré en 1977), un collage documentaire collectif sur l'histoire du SASKATCHEWAN WHEAT POOL. Présentée en tournée canadienne en 1978 et en 1979, la pièce fait l'objet d'un documentaire de l'OFFICE NATIONAL DU FILM (1978). Parmi les autres créations collectives de l'époque figurent *If You're So Good Why Are You in Saskatoon* (1975), mise en scène par Paul THOMPSON, et *Generation and 1/2* (1978), suite de l'histoire du Wheat Pool racontée dans *Paper Wheat*. La troupe inaugure, entre autres, la première pièce de Brad Fraser, *Wolfboy* (1978); *Jacob Kepp* d'Andras Tahn (1979); *Queen's Cowboy* de Layne Coleman (1979); *Cold Comfort* de Jim Garrard (1981); *O.D. on Paradise* de Linda Griffiths et de Patrick Brymer (1980); *The Ziggy Effect* de Mark Diamond (1980); *Jessica* de Maria Campbell, de Linda Griffiths et de Paul Thompson (1982); *Diefenbaker* de Thelma Oliver (1983); et *Playing the Fool* d'Alun Hibbert (1983).

Tom Bentley-Fisher, nommé directeur artistique en 1985, entretient la tradition du théâtre populaire en inaugurant des pièces de nombreux écrivains de la Saskatchewan, dont *The Plainsman* (1985) et *Melody Farm* (1987) de Ken Mitchell; *The Great War* (1985), *Talking Back* (1989) et *Talking West* (1992) de Don Kerr; *Sky* (1989) de Connie Gault; *Nice Guy* (1990) et *Blue Zone* (1996) de Rod MacIntyre; *Roundup* (1990) de Barbara Sapergia; *Exile* (1990) d'Archie Crail; *Serpent in the Night Sky* (1991), *Club Chernobyl* (1992) et *The Last Journey of Captain Harte* (1997) de Dianne Warren; *Dreamkeeper* (1991) de Bruce Sinclair; *Sidney* (1992) et *Spirit Wrestler* (1995) de Greg Nelson; *Rodeo Life* (1993) de Sharon Butala; *Colonial Tongues* (1993) de Mansel Robinson; *Magpie* (1993) de Kit Brennan; *Z... A Meditation on Oppression, Desire and Freedom* (1994) d'Ann Szumigalski; *Saddles in the Rain* (1994) de Pamela Bustin; *One More Time* (1995) de Maria Campbell et de Harry Daniel; *Sacred Places* (1997) de Joe Welsh, et *Bim and Bub* (1997) de Henry Woolf.

Diane Bessai et Don Kerr

24, promenade Sussex Situé à Ottawa, ce lieu devient la résidence officielle du premier ministre du Canada en 1950, et, en 1951, Louis Saint-Laurent est le premier à y vivre. Il est conçu en 1867-1868 par J.M. Currier comme une villa de style néogothique pour son frère Joseph Merrill Currier, un propriétaire de scierie et un fabricant de bois de construction rendu prospère par la croissance que connaît cette industrie au cours des années 1860. En 1902, un autre fabricant de bois de construction, W.C. Edwards, achète la maison et y apporte de nombreuses modifications en 1907 et 1908. Le gouvernement fédéral l'achète en 1943 et le cabinet d'architectes Allward and Gouinlock redessine cette maison en pierre et lui donne l'apparence austère qu'elle a aujourd'hui. Elle est magnifiquement située sur les falaises qui surplombent la rivière des Outaouais, à la vue des édifices du Parlement.

Jacqueline Adell

Vinland (*Voir* EXPÉDITIONS VIKINGS)

Viol (*Voir* AGRESSION SEXUELLE)

Violence familiale Au cours des 20 dernières années, on a pris de plus en plus conscience que les crimes violents ne sont pas uniquement perpétrés par des étrangers dans des lieux publics. Des études ont révélé qu'un grand nombre d'actes violents et criminels sont commis par des proches dans des lieux privés, comme à la maison. Ces crimes sont peu déclarés par

souci de préserver la vie privée et l'intégrité des liens familiaux ainsi que par peur des représailles. Ce refus de les déclarer fait en sorte que ces crimes sont méconnus et que les torts causés aux victimes ne sont pas reconnus. Toutefois, grâce à la vigilance accrue du corps médical, aux témoignages des victimes et aux changements d'attitude des forces policières, nous commençons à mieux connaître l'étendue du problème et ses conséquences.

Violence conjugale et violence faite aux enfants
La violence familiale prend toutes sortes de formes. La violence envers les enfants (*voir* ENFANTS MALTRAITÉS) attire depuis peu l'attention du public grâce au dossier sur «le syndrome de l'enfant battu» qui constitue un cas typique de blessures suspectes que portent des enfants amenés dans les cliniques d'urgence. Selon les nouvelles lois sur les actes criminels, les médecins et autres intervenants qui sont régulièrement en contact avec les enfants (comme les enseignants) ont maintenant l'obligation de déclarer toute blessure suspecte aux services de police. En plus des agressions physiques, l'ampleur des cas d'agression sexuelle commise par un membre de la famille suscite une inquiétude grandissante (*voir* EXPLOITATION SEXUELLE DES ENFANTS).

Un sondage sur la violence faite aux femmes, mené en 1993 par Statistique Canada à l'échelle nationale, nous informe sur les cas d'agressions commises par un conjoint. Selon cette étude, 29 p. 100 des femmes auraient été victimes de violence au cours de leurs relations maritales. À la violence faite aux femmes s'ajoutent les difficultés de sortir d'une relation de violence. Les femmes sont souvent prises au piège parce qu'elles n'ont pas d'emploi, qu'elles ont une responsabilité envers les enfants, qu'elles craignent la désapprobation sociale, surtout de la part d'amis et d'autres membres de la famille, et qu'elles se sentent responsables de l'échec de leur mariage.

Les changements dans la politique d'intervention policière permettent aux agents qui constatent des blessures physiques à la suite d'une querelle domestique de porter des accusations contre l'assaillant sans que la victime n'ait à porter plainte comme auparavant. De plus, des changements au Code criminel font qu'un époux qui force sa partenaire à avoir des relations sexuelles commet un acte criminel.

Les organismes publics unissent leurs efforts pour répondre aux besoins des femmes victimes de violence familiale. Ils leur fournissent un refuge pour qu'elles puissent y vivre en sécurité avec leurs enfants pendant quelque temps. Il est toutefois à craindre que cette violence ne disparaîtra que lorsque la société changera ses attentes à l'égard des relations familiales de sorte que l'égalité entre conjoints finisse par remplacer une situation de dépendance et de soumission des femmes envers leur partenaire.

La violence conjugale est préoccupante non seulement pour le tort qu'elle cause aux individus qui vivent une relation, mais aussi à cause de l'exemple qu'elle donne aux enfants qui, une fois adultes, reproduisent ces mêmes comportements dans leurs rapports avec leur propre conjoint. Le cycle de violence laisse croire que les comportements violents sont appris par l'observation et reproduits par les générations suivantes.

Culpabilité La violence familiale peut causer la mort. Depuis 30 ans, le meurtre d'un conjoint représente en moyenne de 20 à 25 p. 100 de tous les homicides au Canada. Parmi les femmes assassinées au cours de cette période, 49 p. 100 l'ont été par leur mari, tandis que seulement 10 p. 100 des hommes assassinés l'ont été par leur conjointe. Parmi les femmes meurtrières, 40 p. 100 ont tué leur mari ou leur conjoint de fait. Dans ces cas, elles étaient généralement en situation de légitime défense, donc non coupables, puisque leur vie était directement menacée.

Il y a eu des cas où des femmes ont invoqué la légitime défense après avoir tué leur époux, alors

qu'il dormait, parce qu'il était violent depuis longtemps. La justice canadienne accepte une thèse modifiée de la légitime défense (la défense de la femme battue) qui dit qu'une femme qui vit dans un climat de violence peut finir par se sentir en danger de mort, même lorsque l'agression n'est pas en cours. Elle ne voit aucune autre issue que la mort de l'agresseur pour se protéger. Dans ces circonstances, la femme peut obtenir un verdict de non-culpabilité (p. ex., R. c. Lavalée, 1990).

La violence faite aux aînés pose maintenant problème, surtout sur les plans financier et émotif. Le haut degré de dépendance entre les aînés et les jeunes membres d'une famille peut engendrer des tensions en matière de soins, de propriété et d'héritage. Certains aînés ont besoin de plus de soins quotidiens que d'autres, ce qui risque d'aggraver ces problèmes. Étant donné que les aînés peuvent se blesser facilement, il devient difficile d'imputer leurs blessures à un membre de la famille. Encore là, les aînés sont très réticents à déclarer les mauvais traitements qu'ils subissent, alors qu'ils dépendent presque entièrement des membres de leur famille pour leurs besoins quotidiens.

Leslie W. Kennedy

Violence politique Par cette expression, on entend le recours à la force physique pour obtenir ou empêcher un changement politique ou économique. À cet égard précis, le Canada (contrairement aux États-Unis) apparaît comme un «royaume paisible». On n'y trouve pas de révolution sanglante ou de guerre civile généralisée et pas grand-chose qui rappelle l'«Ouest sans foi ni loi». L'incidence de violences criminelles individuelles y est aussi bien moindre. Néanmoins, l'histoire du Canada est empreinte de beaucoup de violence, surtout collective, p. ex., celle utilisée au cours de la guerre, lors du maintien de l'«ordre» (*voir* AIDE AUX [OU DES] POUVOIRS CIVILS) ou comme instrument politique. La guerre et le souci de la défense armée au nom de la «survie» ou de la «protection des intérêts nationaux» font partie intégrante de notre histoire depuis la fondation de la Nouvelle-France.

La violence est au rendez-vous des relations turbulentes entre colons et IROQUOIS, des réactions aux attaques et aux escarmouches frontalières provoquées par les Américains dans les années 1770, et de 1812 à 1814, ainsi que dans les années 1830 (*voir* CHASSEURS, LOGES DES) et 1860 (*voir* FENIANS). Le Canada est également entraîné dans la GUERRE DES BOERS, la PREMIÈRE GUERRE MONDIALE, la SECONDE GUERRE MONDIALE, la GUERRE DE CORÉE (1950-1953) et dans les activités de MAINTIEN DE LA PAIX des Nations Unies au XXᵉ s. En étant membre de l'OTAN (ORGANISATION DU TRAITÉ DE L'ATLANTIQUE NORD) et du NORAD (NORTH AMERICAN AIR DEFENCE AGREEMENT), le Canada reconnaît symboliquement dans la puissance militaire (quelle qu'en soit la forme) la principale expression du pouvoir dans les relations internationales, même s'il est arrivé au gouvernement canadien de rejeter à l'occasion les requêtes de ses principaux alliés pour participer militairement à ce qu'il considérait comme des guerres impériales.

C'est ainsi que sir John A. MACDONALD refuse en 1885 l'envoi d'un contingent canadien en renfort d'une expédition militaire britannique au Soudan. De même, le Canada résiste aux pressions américaines pour obtenir de sa part un soutien au moins symbolique à son intervention au Viêtnam. Dans ces deux cas, comme dans d'autres cas semblables, on pourrait taxer le Canada d'hypocrisie, dans le premier pour avoir souscrit l'assurance de la Pax Britannica et de la Pax Americana sans en payer les primes, et dans le second pour avoir profité de l'accord de partage de la production de défense des États-Unis.

Les débats relatifs à la défense, depuis les projets de loi sur la milice des années 1860 jusqu'à l'affrontement entre Laurier et Borden sur les contributions navales à la défense de l'Empire et du pays (*voir* MARINE, PROJET DE LOI D'AIDE À LA), en passant par les crises de la CONSCRIPTION au XXe s. et les questions liées à la participation du Canada à un système d'alliance reposant sur l'arme atomique, affectent grandement la vie politique canadienne et l'évolution de la Constitution du Canada et de ses relations culturelles internes. Ainsi, le rôle joué par Mackenzie KING dans l'avènement de la DÉCLARATION DE BALFOUR et du STATUT DE WESTMINSTER tout comme le fait pour lui de s'en remettre à Ernest LAPOINTE pour tout ce qui concerne le Québec découlent directement de sa perception de l'incidence des engagements militaires sur la politique intérieure et le statut international du Canada.

L'histoire tortueuse et mal connue de la violence collective au Canada révèle une nation qui combine paradoxalement son attachement à l'idée que seul un gouvernement légitimement constitué est légal (et a donc le droit d'utiliser la force pour maintenir l'ordre) et la croyance apparente qu'une société en bonne santé doit s'attendre à voir la concurrence politique et économique engendrer de la violence. En effet, le XIXe s. et le début du XXe s. portent les marques d'incidents accompagnés d'intimidations physiques dans les bureaux de scrutin et d'affrontements violents entre les compagnies ferroviaires et forestières, aux intérêts divergents, et entre les grévistes et la milice.

Le discours politique prend à l'occasion des accents violents, comme dans le cas de Joseph HOWE de Nouvelle-Écosse qui, emporté par la colère, laisse entendre que quelqu'un ne tardera pas à «engager un Noir pour cravacher un lieutenant-gouverneur». De même, certains Canadiens sont portés à honorer des dirigeants historiques connus pour leur opposition violente, comme W.L. MACKENZIE, L.-J. PAPINEAU et Louis RIEL. Des antipathies religieuses et culturelles provoquent souvent des confrontations violentes. C'est ainsi qu'en 1871, il faut l'intervention massive de la milice pour garantir le transfert de la dépouille du rationaliste Joseph Guibord d'un cimetière protestant vers un cimetière catholique à Montréal. Des émeutes anti-asiatiques éclatent à Vancouver au début du XXe s., et des manifestations antisémites, à Toronto et à Montréal au milieu des années 30. Au Canada, les attitudes envers la violence politique et culturelle et envers les actes individuels de violence sont liées à la perception selon laquelle l'ordre social est un préalable incontournable des libertés tant publiques qu'individuelles.

Des textes importants de la Constitution déclarent qu'il n'y a pas de «bon gouvernement» sans «la paix et l'ordre». La possession d'armes de poing fait l'objet d'une surveillance relativement stricte, et le pouvoir exécutif dispose d'un arsenal de mesures devant prévenir ou contrer le recours à la violence comme arme politique. Le maintien de la LOI DES MESURES DE GUERRE de 1914 et son utilisation en cas d'insurrection «réelle ou appréhendée» permettent la suspension de l'*habeas corpus* par décret en conseil. C'est en vain qu'on cherche à remplacer cette loi par une autre plus restrictive en matière de mesures d'urgence, et cela même si le nouveau gouvernement conservateur se montre en 1985 disposé à appliquer les recommandations de la commission McDonald en faveur de mesures d'urgence excluant les pouvoirs contenus dans la Loi de 1914. Une nouvelle loi, remplaçant celle de 1914, est finalement adoptée à la fin de 1987.

Les Canadiens réagissent de façon caractéristique aux procès politiques et aux actes de violence collective en exigeant l'élimination rigoureuse des manifestations réelles ou appréhendées de cette violence, tout en faisant preuve d'indulgence envers leurs instigateurs une fois la crise passée. Pendant les RÉBELLIONS DE 1837 dans le HAUT-CANADA, seuls deux rebelles sont exécutés. Dans le BAS-CANADA, 12 sont pendus, mais seulement à la suite d'une seconde insurrection de leur part en 1838 et par crainte d'une intervention américaine. Les rebelles bénéficient de la LOI D'AMNISTIE en 1849.

La confiance qu'inspire l'évolution du système constitutionnel favorise la tolérance envers la contestation des fondements mêmes de cette constitution et permet des actions politiques qui, sinon, auraient pu être contrées par la force. En 1939, J.S. WOODSWORTH peut ainsi justifier son vote aux Communes contre la déclaration de guerre en affirmant ceci: «[Si l'un ou l'autre de mes fils est] prêt à prendre position au sujet de cette affaire et, si nécessaire, à se retrouver dans un camp de concentration ou devant un peloton d'exécution, je serai plus fier de ce garçon-là que s'il s'enrôle pour la guerre.»

Les jugements des tribunaux canadiens sont très révélateurs des attitudes des Canadiens envers la violence. Le juge en chef du Haut-Canada, John Beverley ROBINSON, qui a combattu sous les ordres de Brock à Detroit et à Niagara, explique à Samuel LOUNT et à Peter MATTHEWS pourquoi leur participation à la rébellion de 1837, dont ils se reconnaissent coupables, doit leur valoir la pendaison: «Vous n'étiez pas les métayers de propriétaires terriens exigeants et exploiteurs, vous n'étiez pas écrasés d'impôts au-delà, peut-être, du versement de quelques shillings par an pour contribuer aux dépenses communes du district dans lequel vous viviez; [...] un travail régulier et appliqué vous aurait toujours garanti l'aisance [...] Vous viviez dans un pays qui garantit à tout homme respectueux des lois la protection de sa vie, la liberté et la propriété [...] Dans un pays qui vous [Lount] a permis d'accéder au privilège honorable de faire des lois qui lient vos compatriotes, il vous incombait de donner l'exemple d'une obéissance fidèle à l'autorité publique.» [Robinson estime aussi qu'«un exemple devait être donné et qu'une condamnation à mort s'impose».]

En soulignant les interrelations entre ordre, liberté et obéissance aux lois, Robinson fait savoir clairement qu'il n'y a de justification à la violence que s'il est démontré que les moyens constitutionnels de corriger les abus sont hors de portée. Tel semble être le cas en 1869-1870 lorsque Riel obtient par la force le statut de province pour le Manitoba (*voir* RÉBELLION DE LA RIVIÈRE ROUGE). Cependant, lorsque le «gouvernement provisoire» que Riel réussit à constituer exécute l'orangiste Thomas SCOTT, il enlève toute chance de voir la seconde rébellion des métis en 1885 (*voir* RÉBELLION DU NORD-OUEST) bénéficier de la clémence dont auraient probablement fait preuve les autorités. Cela n'empêche pas le jury de Regina de recommander que Riel jouisse de «la clémence de la Couronne», parce que (tout comme à l'époque et plus tard les opposants au gouvernement fédéral) il attache apparemment du poids à l'argument de Riel qui déclare: «J'ai agi raisonnablement et en état de légitime défense, alors que le gouvernement qui m'accuse de façon irresponsable et donc insensée ne peut qu'avoir mal agi [traduction libre]». La décision de John A. Macdonald de ne pas commuer la peine capitale de Riel laisse penser que les préjugés et le racisme renforcent le potentiel de violence. Tel est certainement le cas lors des violentes émeutes contre la conscription qui balaient la ville de Québec au printemps de 1918.

La conviction que l'État peut recourir à la force comme arme politique pour mâter les manifestations de violence sert de prétexte à certains gouvernements canadiens, souffrant de préjugés de classe, pour empêcher les travailleurs de protester ou de s'organiser. En 1935, la police de Regina reçoit l'ordre de disperser un groupe imposant de chômeurs qui font route vers Ottawa pour réclamer du gouvernement des mesures de création d'emplois, ce qui déclenche une émeute (*voir* MARCHE SUR OTTAWA). Toutefois, l'exemple le plus dramatique de ce genre d'incident se produit plus tôt lors de la GRÈVE GÉNÉRALE DE WINNIPEG en 1919. Les meneurs de la grève, qui représentent quelque 30 000 ouvriers réclamant la reconnaissance syndicale et des augmentations de salaire pour compenser la forte hausse du coût de la vie, pratiquent une politique rigoureuse de non-violence. Les dirigeants du monde des affaires, les professionnels et les autorités municipales, provinciales et fédérales, abasourdis par la capacité des grévistes de bloquer de manière pacifique la vie économique de la ville, déclarent que la grève cherche à renverser le pouvoir légal et proclament l'imminence d'une révolution violente. En fait, ce sont les policiers et les militaires qui mettent le feu aux poudres lorsqu'ils reçoivent l'ordre de disperser un «cortège silencieux» organisé par les grévistes et les anciens combattants de la Première Guerre mondiale pour protester contre l'arrestation de leurs dirigeants accusés de sédition. Lorsque la grève s'écroule, huit dirigeants comparaissent en cour; l'un est acquitté et les autres sont condamnés à des peines de prison de six mois à deux ans. Ce qui frappe peut-être le plus dans le déroulement de ces événements est la conviction évidente de la majorité des habitants de Winnipeg que les supposés arguments des autorités ne sont pas fondés.

Trois des dirigeants de cette grève sont élus au parlement du Manitoba en 1920 alors qu'ils sont toujours en prison. J.F. Dixon, acquitté d'une accusation d'écrit séditieux l'emporte à Winnipeg, tandis que J.S. Woodsworth se fait élire député en 1921. La violence collective exercée par l'État se voit condamnée. Durant la même période, l'Assemblée législative de l'État de New York expulse cinq membres dûment élus du Parti socialiste d'Amérique sous prétexte que le socialisme est «tout à fait incompatible» avec les intérêts de l'État.

La relation entre la violence et l'autorité constituée est également à l'origine de la CRISE D'OCTOBRE de 1970 au Québec. À Winnipeg et à Montréal, les autorités disent appréhender une insurrection. À Montréal, le FRONT DE LIBÉRATION DU QUÉBEC professe effectivement sa foi en la violence comme moyen de reconstituer la société. Il a à son actif des attentats à la bombe, un meurtre et des enlèvements. Lorsque le gouvernement fédéral proclame la *Loi sur les mesures de guerre* à la suite de l'enlèvement de James Cross, le délégué commercial du consulat général de Grande-Bretagne, et que l'armée et la Gendarmerie royale du Canada se voient confier des pouvoirs extraordinaires pour rechercher, arrêter et détenir des suspects, beaucoup de gens approuvent ces mesures sévères. Après le meurtre du ministre québécois du Travail, Pierre LAPORTE et la libération de Cross, les mesures de guerre sont levées, et toute personne pouvant prouver qu'elle a subi des dommages à la suite d'une arrestation arbitraire n'ayant pas débouché sur une accusation en bonne et due forme se voit offrir un dédommagement. Les deux ordres de gouvernement sont accusés d'avoir agi principalement dans l'espoir de tirer des avantages politiques de la situation, ce qui donne lieu à deux enquêtes importantes. Néanmoins, la controverse qui s'ensuit sur les moyens et les fins de l'État ne changera probablement pas l'attitude traditionnelle de la population à l'égard de la violence et du rôle de l'État.

Kenneth McNaught

Violette La famille des violettes (violacées) est composée de plantes herbacées annuelles ou vivaces largement réparties dans les régions tempérées et tropicales. Les espèces tropicales ont parfois les dimensions d'un arbre. Les genres *Viola* (violettes, pensées) et *Hybanthus* (hybanthes) comptent à eux seuls environ 500 espèces dans le monde. Les 35 espèces de *Viola* indigènes du Canada sont abondantes dans les forêts, les prairies et les marais d'un océan à l'autre et vers le Nord jusqu'à la limite forestière. Une espèce d'hybanthes (*H. concolor*) se rencontre dans le sud de l'Ontario. Certaines espèces de violettes produisent deux sortes de fleurs: des fleurs printanières colorées (p. ex., pourpres, bleues, blanches), qui se reproduisent grâce à la pollinisation par les insectes, et des fleurs estivales vertes sans pétales, qui se reproduisent par autopollinisation.

Ces dernières produisent plus de fruits et assurent la production de graines si les fleurs printanières sont touchées par le froid. Plusieurs espèces sont recherchées comme PLANTES ORNEMENTALES, surtout pour les rocailles de jardins et les endroits ombragés, où elles croissent bien dans un sol riche et humide. La violette cucullée (*V. cucullata*) a une fleur d'un pourpre profond et ses feuilles cordiformes sont disposées en rosette. Elle est l'emblème floral provincial du Nouveau-Brunswick (*voir* EMBLÈMES FLORAUX DES PROVINCES) depuis 1936.

Céline Arseneault

Violons du Roy, les Réuni en 1984 à l'instigation de son directeur artistique, Bernard Labadie, cet orchestre de chambre compte une quinzaine de musiciens qui se consacrent au vaste répertoire pour orchestre de chambre en favorisant l'approche stylistique la plus juste possible pour chaque époque. Bien que les Violons du Roy jouent sur instruments modernes, leur fréquentation des répertoires baroque et classique est fortement influencée par les mouvements contemporains de renouveau dans l'interprétation de la musique du XVIIᵉ siècle et de la première moitié du XVIIIᵉ s., pour laquelle les musiciens utilisent des archets baroques. Le nom de *Violons du Roy* s'inspire du célèbre orchestre à cordes de la cour des rois de France.

Au cœur de l'activité musicale de Québec, et bien connus ailleurs au Canada par leurs nombreux concerts et enregistrements sur les ondes de RADIO-CANADA et de CBC, les Violons du Roy ont donné, depuis 1988, près d'une centaine de concerts en France, en Belgique, en Espagne, en Allemagne, au Maroc, au Canada anglais et aux États-Unis. Leur *Messie* de Handel, présenté à Toronto puis à Montréal en décembre 1997, 1998 et 1999, fait sensation auprès du public et de la critique. En avril 2000, ils jouent, également dans ces deux villes, la *Passion selon saint Matthieu*.

Depuis décembre 1992, les Violons du Roy sont liés à la maison DORIAN, pour laquelle ils ont déjà enregistré neuf disques compacts. Quatre de ces enregistrements, *Symphonies des noëls, Stabat Mater, Music of Bach's Sons* et *Vivaldi Concerti for Strings,* ont été mis en nomination pour un PRIX JUNO; le disque *Stabat Mater* a également été mis en nomination pour un Prix classique dans le cadre du MIDEM, à Cannes, en janvier 1995. Deux nouveaux disques sont mis sur le marché en 2000: *J.S. Bach Goldberg Variations* (arrangement pour cordes et basse continue de Bernard Labadie) et *Handel Apollo e Dafne.*

Viréo Appartient à la famille des viréonidés, des oiseaux de petite taille, de couleur vert olive, qui s'alimentent principalement d'insectes et de fruits à l'occasion. Ces passereaux ont un chant répétitif et continu, parfois harmonieux, mais souvent discordant. Les 52 espèces connues habitent exclusivement le Nouveau Monde et elles sont apparentées aux oiseaux cosmopolites que sont les PIES-GRIÈCHES et les CORNEILLES.

Répartition Les viréos se sont répandus vers le nord à partir de l'Amérique tropicale. Parmi les huit espèces observées au Canada, une seule n'est pas nicheuse: le viréo de Bell (*Vireo bellii*), que l'on voit occasionnellement au printemps à Pointe-Pelée, en Ontario. Le seul résidant permanent est le viréo de Hutton (*V. huttoni*), qui vit dans les forêts de conifères latifoliés de l'extrême sud-ouest de la Colombie-Britannique.

Le viréo aux yeux blancs (*V. griseus*), qui affectionne les broussailles, niche dans l'extrême sud de l'Ontario. Le viréo à gorge jaune (*V. flavifrons*) habite les forêts mixtes, depuis le sud-ouest du Québec jusque dans le sud-ouest de l'Ontario. Il niche aussi dans certaines régions du sud-est du Manitoba. Le viréo à tête bleue (*V. solitarius*) se rencontre dans la FORÊT BORÉALE, partout sur le continent, au nord jusqu'à Fort Simpson, dans les Territoires du Nord-Ouest. Le viréo aux yeux rouges (*V. olivaceus*), une

espèce abondante, habite les forêts mixtes partout au Canada, jusqu'au 64ᵉ parallèle dans les Territoires du Nord-Ouest.

Le viréo de Philadelphie (*V. philadelphicus*), dont le chant ressemble à celui du viréo aux yeux rouges, fréquente les forêts décidues, depuis le sud-ouest de Terre-Neuve jusque dans le centre de la Colombie-Britannique. Le viréo mélodieux (*V. gilvus*) préfère les forêts décidues, depuis le sud-ouest du Québec jusque sur la côte Ouest.

Nidification Les viréos construisent un nid caractéristique qu'ils suspendent dans un arbre ou un buisson. Ils nichent de mai à juillet et leur couvée compte généralement de trois à cinq œufs.

J.C. Barlow

Virus Plus petites formes de vie (de 20 à 300 nanomètres), ils forment un groupe unique, tant par leur mode de reproduction que par leur structure. Le virus est si petit qu'il ne contient pas tout le matériel génétique nécessaire à la synthèse des protéines requises pour sa reproduction. Il est également dépourvu des ribosomes nécessaires à la synthèse de ses protéines. Il est donc obligé de pénétrer dans des cellules hôtes, qui l'aident à se reproduire. C'est un parasite intracellulaire qui provoque inévitablement des MALADIES chez l'humain, les animaux et les plantes.

Des spécialistes en microbiologie, en BIOLOGIE MOLÉCULAIRE, en BIOCHIMIE, en IMMUNOLOGIE et en d'autres sciences biologiques participent à des recherches interdisciplinaires afin d'identifier, de décrire et de limiter l'action des virus responsables des maladies. Au Canada, la recherche sur les maladies virales chez l'humain s'effectue principalement dans les universités et les hôpitaux. Elle est financée en grande partie par des subventions fédérales ou provinciales et, bien souvent, aidée par des organismes philanthropiques. Le ministère de l'Agriculture et de l'Agroalimentaire du Canada ainsi que certaines universités possèdent des programmes complets traitant des maladies virales chez les animaux. Les recherches sur les virus s'attaquant aux plantes sont effectuées dans les STATIONS DE RECHERCHE EN AGRICULTURE et dans les laboratoires de pathologie végétale rattachés à des départements universitaires de botanique ou de biologie.

Structure et fonction La particule virale complète (virion) se compose de gènes viraux entourés d'une enveloppe protectrice faite de protéines appelée capside. Les gènes viraux sont constitués d'acide désoxyribonucléique (ADN) ou d'acide ribonucléique (ARN). Seuls les virus possèdent du matériel génétique sous forme d'ARN. Les virus à ARN comprennent les entérovirus (comme celui causant la poliomyélite), les rhinovirus (rhume banal), les rhabdovirus (rage), les paramyxovirus (rougeole), les orthomyxovirus (grippe) ainsi que presque tous les virus affectant les plantes.

Les virus à ADN comprennent les papavovirus (verrues), les adénovirus (atteinte respiratoire aiguë), les virus herpétiques (boutons de fièvre, mononucléose infectieuse, varicelle), les orthopoxvirus (variole, vaccine), le virus de l'hépatite B, ainsi que de nombreux autres virus qui infectent les bactéries (bactériophages) et les insectes. La capside joue un rôle mineur. Elle sert essentiellement à protéger le matériel génétique (génome) contre des facteurs adverses hors de la cellule hôte et à en faciliter l'entrée dans celle-ci. Chaque type de virus est spécifique à un type de cellule hôte particulière. C'est le virologiste canadien Felix d'Herelle qui a donné leur nom aux bactériophages en 1917. Ceux-ci détruisent les bactéries et s'attaquent uniquement à elles. Chaque type de bactériophage est caractérisé par les espèces spécifiques de bactéries qu'il peut attaquer.

En 1892, le botaniste russe Dimitri Ivanovsky découvre les virus s'attaquant spécifiquement aux plantes et, en 1898, Friedrich Loeffler et Paul Frosch découvrent ceux s'attaquant spécifiquement aux animaux. Tout comme les bactériophages, ces deux catégories de virus présentent une préférence mar-

quée pour certaines cellules hôtes bien précises. Il est possible que ces préférences découlent de l'origine des virus. Certains théoriciens croient que ces derniers seraient des particules infracellulaires et autoreproductrices provenant de cellules dégénérées.

Les virus infectent les cellules par fusion, endocytose ou injection de leur matériel génétique. Chez certains d'entre eux, l'enveloppe virale fusionne avec la membrane cellulaire d'une cellule hôte et le génome du virus pénètre dans la cellule. Dans le cas de l'endocytose, la cellule hôte phagocyte (ingère) le virus. L'ingestion est déclenchée par le contact de la cellule avec une particule virale. Dans la cellule, le matériel génétique se sépare de la capside. L'injection, une technique reproduite dans les laboratoires de GÉNIE GÉNÉTIQUE, est un processus propre aux bactériophages. Le bactériophage (virus) s'attache à la paroi cellulaire de la bactérie et injecte son acide nucléique, la capside demeurant à l'extérieur de la paroi. Une fois à l'intérieur de la cellule hôte, l'acide nucléique viral sera reproduit.

Selon le type de virus, une fois à l'intérieur d'une cellule hôte, l'ADN ou l'ARN viral peut s'intégrer au génome de la cellule ou immédiatement être reproduit jusqu'à la lyse (dégénérescence) de la cellule. Dans le cas de l'intégration, la cellule hôte subit des modifications au cours desquelles elle acquiert plusieurs caractéristiques propres aux cellules cancéreuses (*voir* CANCER).

Le génome du virus, qui est intégré, est conservé et se reproduit en même temps que celui de la cellule hôte. Le génome peut, par la suite, se réactiver et la cellule entre alors dans un cycle lytique au cours duquel elle produit elle-même et libère de nombreux exemplaires des virions qui peuvent ensuite infecter d'autres cellules. On connaît bien la relation entre les virus et certains cancers chez l'humain et on sait que les virus peuvent aussi causer de nombreux cancers chez d'autres espèces de VERTÉBRÉS.

Lorsqu'une cellule est parasitée par un virus lytique, ses propres facultés de synthèse sont souvent inhibées, mais elle produit des centaines de copies conformes du virion qui l'infecte. Les processus de reproduction employés par les virus à ARN sont variés et complexes. Dans certains cas, l'ARN viral sert directement d'ARN messager. Celui-ci ordonne aux ribosomes de la cellule hôte (organites cellulaires qui permettent la synthèse des protéines) de produire des protéines et enzymes viraux. Dans d'autres cas, avant que la synthèse des protéines virales ne commence, de nombreuses copies d'ARN messager sont produites à partir de l'ARN du virus.

La majorité des virus à ADN se reproduisent dans le noyau de la cellule hôte, se servant des enzymes de celle-ci pour synthétiser l'ARN messager à partir de l'ADN viral. L'assemblage des virus dans la cellule hôte est un processus complexe et encore mal compris. Les virus à ARN, p. ex., peuvent présenter une forme sphérique simple ou des formes complexes possédant une enveloppe membranaire ou encore d'autres structures. Les virus à ADN peuvent se former en «usine» dans le cytoplasme de la cellule hôte ou bourgeonner au niveau de la membrane de celle-ci. Certains virus, avant d'être assemblés en virions matures, s'entourent d'une membrane formée à partir de la membrane nucléaire ou cytoplasmique de la cellule hôte. Cette membrane incorpore des glycoprotéines codées par le matériel génétique du virus.

Les virus provoquent de graves maladies chez les plantes et les animaux. On ne connaît cependant pas de traitements efficaces pour guérir ces maladies. La sélection génétique permet de produire des souches de plantes résistantes aux virus, mais cette approche ne s'applique pas à l'humain. On a récemment mis au point certains médicaments antiviraux prometteurs. Ces substances (p. ex., l'acyclovir, qui est utilisé pour traiter les infections herpétiques) n'agissent toutefois que sur un nombre limité de virus.

Le développement de vaccins contre les maladies virales a connu plus de succès. Ces vaccins, lorsque dûment administrés, ont contribué à l'éradication de la variole au niveau mondial, ainsi qu'à la quasi-disparition de la poliomyélite, de la rougeole et de la rubéole chez certaines populations. Au Canada, les autorités de la SANTÉ PUBLIQUE de chaque province maintiennent un programme de vaccination, particulièrement auprès des jeunes enfants. Certains virus, spécialement le virus de l'immunodéficience humaine (VIH) qui cause le syndrome d'immunodéficience acquise ou SIDA, sont souvent réfractaires aux deux approches, mais de nouvelles thérapies conjuguées laissent entrevoir des possibilités de traitements de plus en plus efficaces. On tente activement d'élaborer des méthodes de traitement innovatrices.

De nos jours, les virologistes s'inquiètent énormément de l'apparition de nouveaux virus ou de la réapparition de virus pathogènes connus, comme le VIH, et de la capacité du réseau de la santé publique à soigner et à limiter l'effet de ces organismes. (*Voir aussi* PRODUIT BIOLOGIQUE; PHARMACIE; MÉDECINE VÉTÉRINAIRE.)

K.R. Rozee

Visites royales En Amérique du Nord britannique (aujourd'hui le Canada), elles ont débuté en 1860 avec la visite officielle d'Albert Édouard, prince de Galles (qui deviendra Édouard VII). Au cours de son voyage de deux mois à Terre-Neuve, dans les Maritimes et au Canada, souligné par l'ouverture du pont Victoria à Montréal et la pose de la première pierre des édifices du Parlement à Ottawa, le prince est honoré comme le symbole vivant de la monarchie et de l'Empire. La deuxième visite royale importante est celle du duc et de la duchesse de Cornouailles et d'York (plus tard George V et la reine Marie) en 1901. Cette première visite transcontinentale fait ressortir l'importance du Canadien Pacifique. Le populaire Édouard, prince de Galles (plus tard Édouard VIII), vient en visite officielle au Canada en 1919 ainsi qu'en 1927 et fait de fréquentes visites privées à son ranch albertain.

Aux mois de mai et juin 1939, le roi George VI et la reine Élisabeth sont les premiers monarques régnants à faire une visite au Canada. Cet important voyage royal a pour but de renforcer le soutien du Canada à l'endroit de la Grande-Bretagne à la veille de la Seconde Guerre mondiale. Le succès est immense, les foules en extase manifestent de forts sentiments probritanniques. La princesse Élisabeth fait sa première visite royale au Canada en 1951.

Au Québec, la reine reçoit un accueil plus modéré alors que le président français Charles de Gaulle reçoit un accueil quasi royal à Québec. Le premier ministre fédéral John TURNER soulève une certaine controverse quand il demande à la reine Élisabeth de reporter sa visite pour qu'elle ne coïncide pas avec la campagne électorale de l'été 1984. Au cours de son règne, les visites royales d'Élisabeth II sont devenues plus fréquentes, ce qui leur a fait perdre peu à peu de leur caractère mystique.

Robert M. Stamp

Vison Le vison d'Amérique (*Mustela vison*) est un petit mustélidé amphibie (*voir* BELETTE) que l'on rencontre dans tous les milieux humides du Canada, sauf dans la toundra, et qui abonde sur la côte de la Colombie-Britannique.

Description Le vison d'Amérique est brun foncé et porte un peu de blanc sur la poitrine et l'abdomen. Quoique ses pattes ne soient pas palmées, il est un excellent nageur et plongeur. Sa fourrure dense et lustrée constitue un bon isolant même dans l'eau. Le mâle peut atteindre une masse corporelle de 1,8 kg et une longueur de 60 cm, alors que la femelle pèse moins de 1 kg. Le vison d'Amérique se nourrit de poissons variés, d'invertébrés (particulièrement de crabes marins), de petits mammifères et d'amphibiens.

Reproduction et croissance Le vison d'Amérique se reproduit en février ou en mars, et les petits naissent à la fin d'avril ou en mai. Sur la côte du Pacifique, il se reproduit en mai ou en juin, et la mise bas a lieu en juillet. Le nombre de petits varie de 1 à 10, bien qu'une portée en compte habituellement 5.

Ceux-ci prennent de 4 à 10 mois (femelles et mâles respectivement) pour atteindre leur taille adulte. Le vison d'Amérique à fourrure qui représente la plus grande valeur économique au Canada. En 1993-1994, on a piégé près de 34 000 visons et on en a produit plus de 788 000 dans des fermes d'élevage d'animaux à fourrure. (*Voir aussi* FOURRURE, ÉLEVAGE D'ANIMAUX À; FOURRURE, TRAPPAGE D'ANIMAUX À.)

Ian McTaggart-Cowan

Vivier, Claude, compositeur (Montréal, 14 avril 1948—Paris, France, 12 mars 1983). Il étudie la composition avec Gilles TREMBLAY et le piano avec Irving Heller au CONSERVATOIRE DE MUSIQUE DU QUÉBEC à Montréal puis, en Europe, la composition et l'électroacoustique avec Gottfried Michael Koenig, Hans Ulrich Humpert, Karlheinz Stockhausen et Paul Méfano. Au cours de sa brève mais prolifique carrière, il compose quelque 40 œuvres, dont *Prolifération* (1969), qui l'a rendu célèbre. Sa passion pour les langues (il en maîtrise sept) et ses nombreux voyages en Europe et en Indonésie influencent sa composition. Il excelle dans ses œuvres pour voix comme *Chants, Love Songs, Lonely Child, Wo bist du Licht!* et son opéra *Kopernikus*.

Sa musique émouvante cherche à transmettre un message humanitaire. Il est cofondateur des Événements du neuf à Montréal (1978). En 1981, le CONSEIL CANADIEN DE LA MUSIQUE le nomme «compositeur de l'année». Ne tenant pas compte des mises en garde de ses amis, il fréquente des milieux dangereux et connaît une mort violente, assassiné dans son appartement à Paris. Après sa mort, il reçoit à titre posthume l'un des deux prix du concert référendum organisé à Paris par l'orchestre Colonne (1984).

Hélène Plouffe

Voaden, Herman Arthur, dramaturge, metteur en scène, enseignant et rédacteur (London, Ont., 19 janv. 1903—Toronto, 27 juin 1991). Voaden est le plus important dramaturge canadien-anglais de l'avant-guerre, après le départ de Merrill Denison pour les États-Unis en 1931. De 1932 à 1943, il crée un style d'écriture et de production unique, non conformiste et multidisciplinaire qu'il nomme «expressionnisme symphonique». Influencé par les tableaux et le nationalisme culturel du GROUPE DES SEPT, son «théâtre symphonique» réunit des chœurs parlés réalistes et poétiques, de la musique, de la danse, ainsi que des décors et des éclairages non réalistes. C'est la première expression stylistique du théâtre canadien-anglais autre que le réalisme.

Parmi ses œuvres dramatiques les plus importantes, citons *Rocks and Earth Song* (1932), *Hill-land* (1934), *Murder Pattern* (1936), *Ascend As the Sun* (1942) et la pièce réaliste *Emily Carr* (1960). À la suite de l'interruption des spectacles réguliers durant la guerre, Voaden se tourne vers la défense de l'art national. En qualité de premier président du Conseil des Arts du Canada (1945-1948), de directeur national de la Conférence canadienne des arts (1966-1968) et de président de la Guilde canadienne des métiers d'art (1968-1970), il veille à ce que le gouvernement soutienne les arts. En 1987, il assiste à une représentation d'une reprise de *Murder Pattern* à Toronto. Son anthologie, *A Vision of Canada: Herman Voaden's Dramatic Works 1928-1945*, paraît en 1993. Ses nombreux manuscrits sont conservés dans le fonds d'archives de l'U. York.

Anton Wagner

Vogel, Victor, Stefan, «Vic», pianiste et orchestrateur de jazz (Montréal, 3 août 1935). Après avoir travaillé comme pianiste et tromboniste dans les boîtes de nuit de Montréal à la fin des années 50, il se retrouve directeur d'orchestre de jazz dans les années 60. Il est actif dans la musique de jazz, la musique pop et en studio, et il joue, à l'occasion, en compagnie d'un orchestre symphonique. Il agit comme directeur musical pour un bon nombre d'émissions de variétés à la télévision de la SOCIÉTÉ RADIO-CANADA, il

arrange et dirige la musique lors de cérémonies pour les Jeux olympiques (1976), la coupe Grey (1981, 1985) et les Jeux du Canada (1985). Parmi ses compositions, on peut également noter des comédies musicales (p. ex., *La course au mariage*), des musiques de films et de nombreux thèmes de jazz.

Le Big Band de Vogel, créé en 1968 et influencé par l'orchestre de Duke Ellington, constitue un forum important pour de nombreux jeunes musiciens de Montréal. Le groupe fait une tournée en Europe, en 1982 et se produit, chaque année, au Festival international de Jazz de Montréal. Vogel a enregistré un certain nombre des pièces qu'il a interprétées au festival, ainsi qu'un disque compact de piano solo, en 1993, sous le titre *Vic Vogel*.

Mark Miller

Vogt, Augustus Stephen, chef de chœur, enseignant et administrateur (Washington, Ont., 14 août 1861—Toronto, 17 sept. 1926). Après des études à Boston et à Leipzig, Vogt, organiste d'église, chef de chœur et professeur de piano et d'orgue, fonde le TORONTO MENDELSSOHN CHOIR en 1894. Elle est bientôt l'une des meilleures chorales de l'Amérique du Nord, renommée pour ses œuvres *a cappella* et pour ses concerts aux festivals annuels avec des orchestres importants. Nommé principal du Toronto Conservatory of Music en 1913, il délaisse la direction d'orchestre en 1917 et consacre tout son temps à l'administration. Il est doyen de la faculté de musique de l'U. de Toronto de 1918 jusqu'à sa mort.

Barclay McMillan

Voie maritime du Saint-Laurent Voie navigable des Grands Lacs, elle est le réseau d'écluses, de chenaux et de canaux qui relie les Grands Lacs et le fleuve Saint-Laurent à l'océan Atlantique. La construction de canaux de plus en plus larges, le long du Saint-Laurent, débute en 1783. Dès 1900, un réseau continu de canaux à faible tirant d'eau permettait de naviguer sans interruption de Montréal au Supérieur.

Le CANAL WELLAND est remis à neuf entre 1912 et 1932, mais les Américains hésitent à se lancer dans un programme plus vaste, c.-à-d. la restauration des chenaux entre Montréal et le lac Ontario. La menace que brandit, en 1951, le gouvernement du Canada d'aménager une voie maritime entièrement en territoire canadien les décide à un accord final en 1954. La construction débute la même année sur le tronçon Montréal-lac Ontario, qui est ouvert à la navigation commerciale le 26 juin 1959 en présence du premier ministre John Diefenbaker, du président Dwight D. Eisenhower et de la reine Élisabeth II.

La voie navigable, d'une longueur approximative de 3790 km entre l'île d'Anticosti et la tête du lac Supérieur, permet désormais à des navires de 222,5 m de long sur 23,2 m de large et d'un tirant d'eau de 7,9 m de se rendre de Montréal à Duluth (Minnesota) sur le lac Supérieur.

La société d'État au titre fédéral connue sous le nom d'Administration de la voie maritime du Saint-Laurent est créée en 1954 par une loi du Parlement avec pour mission de construire, d'exploiter et d'entretenir la portion canadienne de la voie navigable entre Montréal et le lac Érié, y compris cinq des sept écluses situées entre Montréal et le lac Ontario, ainsi que le canal Welland entre le lac Ontario et le lac Érié.

De son côté, le gouvernement des États-Unis crée la St. Lawrence Seaway Development Corp. pour exploiter les deux écluses situées près de Massena, dans l'État de New York. Les quatre écluses américaines aménagées dans la rivière St. Mary's sont exploitées par la US Corps of Engineers, et une écluse plus modeste (18,3 m), du côté canadien de la rivière St. Mary's, trop petite pour la plupart des navires commerciaux, est exploitée par le Service des parcs d'Environnement Canada.

La construction de la voie maritime est un véritable exploit sur le plan des techniques et du génie civil. Le tronçon Montréal-lac Ontario, qu'on considère souvent à tort comme la totalité de la voie maritime, se divise naturellement en quatre sections. La section de Lachine comprend les 33 km du canal de la rive sud et les écluses de Saint-Lambert et de Côte-Sainte-Catherine, qui contournent les rapides de Lachine. À elles deux, ces écluses permettent une élévation totale de 13,7 m qui amène les navires au niveau du lac Saint-Louis. La section de Soulanges comprend les deux écluses de Beauharnois qui assurent une élévation combinée de 25 m pour atteindre le niveau du barrage hydroélectrique de Beauharnois. Elle se prolonge par un canal de 25,6 km qui mène vers l'ouest, au lac Saint-François. La section du lac Saint-François s'étend du canal de Beauharnois à un point situé juste à l'est de Cornwall, en Ontario.

La quatrième section, à savoir le canal maritime Wily-Dondero qui comprend les écluses américaines Snell et Eisenhower, près de Massena, dans l'État de New York, permet aux navires de contourner la centrale électrique de Moses-Saunders. Ces deux écluses assurent une élévation de quelque 26 m jusqu'au niveau du lac St. Lawrence. À l'extrémité ouest du lac, l'écluse Iroquois, située à Iroquois, en Ontario, et voisine du barrage de retenue du même nom, permet de passer du niveau du fleuve Saint-Laurent à celui du lac Ontario. Ensemble, les écluses situées entre Montréal et le lac Ontario font gagner aux navires qui se dirigent vers l'ouest une hauteur totale de quelque 65 m. Un dragage supplémentaire a été nécessaire à l'ouest d'Iroquois pour prolonger la voie maritime jusqu'au lac Ontario.

En plus des travaux directement liés à l'aménagement de la voie maritime, des travaux accessoires tels que la construction de ponts et de tunnels importants sont menés à bien à Montréal, à Beauharnois, à Cornwall et à Massena. La création de la voie maritime exige aussi le déplacement de routes et de voies ferrées ainsi que de plusieurs petites localités et de parties entières des villes d'Iroquois et de Morrisburg. En tout, plus de 500 habitations et plus de 6500 personnes sont alors déplacées dans les nouvelles villes d'Ingleside et de Long Sault.

Le canal Welland contourne les chutes du Niagara entre le lac Ontario et le lac Érié. En direction ouest, ses huit écluses font monter les navires de 99,4 m sur une distance de 42,5 km. Entre le lac Érié et le lac Huron, les États-Unis ont approfondi la rivière Detroit, la rivière Sainte-Claire et le lac Sainte-Claire. Le canal de la rivière St. Mary's relie le lac Huron et le lac Supérieur. Chacune de ses quatre écluses parallèles, du côté américain, soulève d'est en ouest les navires des 6,5 m nécessaires pour qu'ils contournent les chutes St. Mary's.

Les dépenses de fonds publics engagées dans la voie maritime ne sont pas sans opposition. La construction subventionnée de la voie maritime est considérée par les chemins de fer et les ports de la côte Est comme une manifestation de concurrence déloyale. Les armateurs, bien qu'en faveur de la voie maritime, s'opposent à la mise en vigueur de péages. La section initiale de la voie maritime, c.-à-d. celle du Saint-Laurent, coûte 330 millions de dollars au Canada et 130 millions aux États-Unis. Le Canada dépense 300 millions supplémentaires pour améliorer le canal Welland.

Comme le remboursement du capital, les intérêts et les frais d'exploitation ne peuvent être absorbés aux termes des accords financiers en vigueur, une modification apportée à la loi en 1977 vient transformer la dette de l'Administration de la voie maritime du Saint-Laurent en capitaux propres canadiens, mais spécifie que les revenus doivent couvrir tous les frais d'exploitation et d'entretien. Cette modification obtient d'heureux résultats. Une somme additionnelle de 600 millions de dollars investie par les deux pays au chapitre des aménagements hydroélectriques est recouvrée grâce à la vente d'électricité.

La voie maritime a des répercussions économiques considérables sur le Canada et les États-Unis. Elle permet de pratiquer des tarifs économiques pour le transport des marchandises en vrac et apporte une aide importante aux industries de base des deux pays.

La voie maritime rend possible l'exploitation des vastes gisements de MINERAI DE FER du Québec et du Labrador et fait passer le Canada du statut d'importateur à celui d'exportateur de minerai de fer.

À la fin des années 90, près de 50 millions de tonnes de marchandises traversent le segment Saint-Laurent de la voie maritime, comparativement à une moyenne annuelle d'environ 11 millions de tonnes dans les années 50. Environ 40 p. 100 du total consistent en céréales, 40 p. 100 en minerai de fer, charbon et acier et 20 p. 100 en marchandises diverses et en produits finis (produits pétroliers, chimiques, bois, etc.).

Le transport de charbon à destination des aciéries de l'Ontario et des centrales hydroélectriques (*voir* ÉLECTRICITÉ, PRODUCTION D') est une des activités de fret importantes sur le canal Welland (*voir* CARGOS DES GRANDS LACS).

Gordon C. Shaw

Voile Fait référence à des courses de bateaux dont la propulsion est exclusivement assurée par la voile. Les compétiteurs doivent parcourir un trajet précis le plus rapidement possible en contournant, dans le bon ordre et du bon côté, des bouées repères. Le sport serait d'origine hollandaise. Il a été introduit en Angleterre par Charles II après son exil en Hollande. Bien que la première course soit enregistrée en 1610, l'Union internationale de courses de yacht (aujourd'hui l'Association internationale de voile), qui régit le sport dans le monde, n'est formée qu'en 1906.

Une grande variété de bateaux à voiles (*voir* VOILIERS) et des conditions variées caractérisent les compétitions dans ce sport, que ce soit des courses de petits dériveurs sur les lacs ou des courses de navires de mer avec, à leur bord, un équipage imposant mettant plusieurs jours à franchir la distance. La voile olympique est toutefois limitée à sept catégories d'embarcations: le Tornado, un catamaran biplace; le Flying Dutchman, un dériveur biplace à dérive centrale pesant 174 kg et doté de spinnakers; le 470, identique au Flying Dutchman, excepté que le bateau pèse 188 kg; le Soling, un quillard comprenant une équipe de trois personnes; le Finn, un dériveur monoplace à dérive centrale; l'Europe, un dériveur monoplace à dérive centrale de plus petite taille pour femmes; et le Star, un quillard biplace (et depuis 1992, on compte une catégorie de planche à voile, le Lechner). On compte sept courses dans chaque catégorie et on enregistre les six meilleurs résultats des compétiteurs. Le marin ou l'équipe détenant le moins de points gagne, puisque le concurrent qui finit en première place ne remporte aucun point. Ainsi, moins bien on se classe, plus on cumule de points.

Au Canada, les courses de voile débutent à Kingston, à Halifax et à Toronto. Le Kingston Boat Club est fondé en 1826, puis le Royal Nova Scotia Yacht Squadron (par la suite, le Halifax Yacht Club) en 1837. Ce dernier constitue le club de voile le plus ancien du pays dont les activités n'ont jamais été interrompues. En 1854, le Royal Canadian Yacht Club est formé à Toronto et, en 1892, grâce à la fondation du Royal Victoria Yacht Club, la voile est devenue un sport pratiqué partout au Canada. Trois ans plus tard, on introduit les courses de voiliers pour l'obtention de la coupe Canada. Elles se veulent un rendez-vous régulier mettant au défi le Canada et les États-Unis sur les Grands Lacs.

Bien que la coupe soit généralement remportée par les Américains, les Canadiens font meilleure figure ces dernières années. On n'a qu'à penser à la course remportée par le Evergreen en 1978. C'est toutefois le BLUENOSE de Lunenburg (Nouvelle-Écosse) qui marque l'histoire de la voile au Canada. En effet, il domine les courses pour l'obtention du Halifax Herald's International Fisherman's Trophy de 1921 à 1938, année où il cesse de compétitionner.

En plus du *Bluenose*, le Canada connaît plusieurs autres succès au niveau international. Aux Olympiques de 1936, les marins canadiens remportent des médailles d'argent et de bronze et à ceux de 1972, ils gagnent une médaille de bronze en Soling. Le Canada connaît ses meilleurs résultats olympiques en 1984 grâce à trois médailles: une d'argent en Flying Dutchman et deux de bronze, une en Finn et une en Soling. En 1988, Frank McLaughlin et John Millen remportent le bronze en Flying Dutchman, et, en 1992, Ross MacDonald et Eric Jesperson gagnent le bronze en Star. En 1959, Walter Windeyer de Toronto remporte le championnat mondial de la catégorie Dragon.

En 1977 et en 1979, Glen Dexter de Lunenburg (Nouvelle-Écosse) et son équipage composé d'Andreas Josenhans et de Sandy Macmillan remportent le championnat mondial de Soling. En 1982, Terry Neilson remporte le championnat mondial de Flying Dutchman. Hank Lammens devient le troisième homme à gagner successivement deux championnats mondiaux en Finn, soit en 1990 et en 1991.

On a fait beaucoup de bruit autour de l'échec du Canada (1983) à la prestigieuse coupe America pour yachts de 12 m, et c'est un réflexe naturel pour un pays entouré de deux océans importants et possédant des milliers de lacs d'eau douce. Toutefois, aux Jeux panaméricains de 1987, le Canada remporte des médailles dans cinq des six catégories, dont une d'or et à égalité avec les États-Unis dans la catégorie Star.

J. Thomas West

Voiliers Le tout début de l'histoire du Canada coïncide avec la grande époque de la voile, quand les marins «toutes voiles dehors» traversaient l'Atlantique pour des expéditions commerciales, de colonisation et d'exploration. Au milieu du XIXe s., le Canada est déjà un important pays maritime. Les ports du Canada regorgent de vaisseaux à voiles, les chantiers navals sont florissants et les bateaux canadiens naviguent sur tous les océans importants, s'arrêtant dans les grands ports pour faire du commerce international.

À l'époque de la voile au Canada (1800-1875), on y construit au-delà de 4000 navires jaugeant plus de 500 t chacun. En 1878, les bateaux enregistrés sous pavillon canadien sont au nombre de 7196 et totalisent 1 333 015 t, plaçant ainsi le Canada au quatrième rang mondial pour le tonnage maritime. Cette contribution canadienne phénoménale de grands bateaux s'explique par l'abondance de bon bois (mélèze laricin, épinette et surtout pin), à proximité des chantiers navals installés bien à l'abri dans des ports et aux embouchures de rivières.

Au Canada, on trouve également de bons concepteurs et de bons charpentiers de navire, de sorte que les constructeurs sont en mesure de vendre leurs navires aux Américains, aux Britanniques, aux Norvégiens et à d'autres commerçants maritimes. Les navires canadiens obtiennent la meilleure cote (la cote A 1 pendant 14 ans) de l'assureur maritime Lloyd's de Londres.

Les chantiers sont nombreux. Le premier transporteur de bois, le *Columbus*, de 3690 t, est construit à l'île d'Orléans en 1824. Le W.D. LAWRENCE, de 2459 t, est lancé en 1874, à Maitland (Nouvelle-Écosse), et est le plus grand trois-mâts carré construit au pays. Parmi d'autres bateaux célèbres, on note le MARCO POLO, lancé à St. John's en 1851, qui s'est fait remarquer en commerçant avec l'Australie durant la ruée vers l'or; le *Canada*, un navire gréé en carré de 2138 t, lancé en 1891 à Kingsport, Nouvelle-Écosse, qui termine sa carrière de commerce autour du monde en 1926; et le *City of Toronto*, un navire gréé en carré construit au bord des Grands Lacs.

Les ports canadiens construisent une variété de navires commerciaux plus petits: Victoria construit des navires à voiles; les ports du Saint-Laurent construisent des bateaux de commerce à un ou deux mâts; les chantiers de l'Atlantique construisent des baleinières, des phoquiers et des goélettes de pêche et de commerce, comme le BLUENOSE; York et Mackinaw construisent des bateaux pour des besoins spécifiques déterminés par la géographie.

Le Canada construit également des navires de guerre. Le *HMS St. Lawrence*, un navire à trois ponts, est lancé à Kingston en 1814, jauge 2304 t et transporte 112 pièces d'artillerie ainsi que 1000 hommes. Le *HMCS Venture*, construit en Nouvelle-Écosse en 1937, était une goélette-école à trois mâts destinée à la formation des officiers. Dans les centres importants de Halifax jusqu'aux Grands Lacs inférieurs, on construit de plus petits vaisseaux de guerre. On entretient ainsi des traditions de construction navale qui remontent à l'époque des chantiers navals de Talon, à Québec, et au GRIFFON de La Salle, lancé sur les Grands Lacs en 1679, ainsi qu'au brick britannique *Ontario*, lancé à Oswego en 1755.

L'époque de la voile au Canada prend fin graduellement avec l'avènement de la propulsion à vapeur, et celui des vergues, des mâts et des coques en fer. Les bateaux à aubes sont les premiers à apparaître sur le Saint-Laurent, en 1809, puis sur les Grands Lacs, en 1817, et sur la côte du Pacifique, en 1835 (*voir* BATEAUX À VAPEUR ET BATEAUX À AUBES).

En 1833, le ROYAL WILLIAM, construit à Québec, devient le premier navire marchand à vapeur à traverser l'Atlantique. L'industrie de la construction navale au Canada passe à la vapeur et au fer. L'époque des bateaux canadiens «toutes voiles dehors» se termine donc abruptement après 200 ans. Il ne reste que la nostalgie d'une époque où le Canada était réputé pour ses grands bateaux à voiles. (*Voir aussi* CONSTRUCTION NAVALE ET RÉPARATION DE NAVIRES; BARGE D'YORK.)

Barry Gough

Voisine, Roch, auteur, compositeur et interprète (Saint-Basile, N-B., 26 mars 1963). Un accident met fin, en 1981, à ses ambitions de devenir hockeyeur professionnel. Pris en main par l'impressario Paul Vincent, Roch Voisine poursuit ses études tout en donnant des spectacles à l'occasion. Ses deux premiers albums ne connaissent qu'une diffusion restreinte. Le jeune chanteur anime les émissions musicales «Vidéo Star» (Pathonic, 1987) puis «Top jeunesse» (TQ, 1988), mais c'est son rôle de hockeyeur dans la télésérie «Lance et compte» qui le fait connaitre d'un large public. Lancée en mars 1989, sa chanson *Hélène* lui vaut le Félix de la chanson de l'année, en plus de ceux de la Découverte, de l'interprète masculin et de l'album de l'année. Son succès en France est encore plus éclatant, puisqu'il obtient le Victoire de la chanson de l'année et *Hélène* dépasse le cap du million d'exemplaires vendus. La version anglaise de la chanson figure en bonne place au palmarès de plusieurs pays d'Europe. Voisine lance simultanément en 1990 un album français et un album anglais, atteignant de nouveaux sommets européens et effectuant une bonne percée au Canada anglais. *La légende d'Oochigeas* (1993) est élue chanson de l'année par l'ADISQ et Voisine reçoit le Juno 1994 du meilleur chanteur au Canada où il écoule plus de 400 000 exemplaires de son album *I'll Always Be There*. Malgré une entente de plusieurs millions avec la multinationale BMG, sa carrière américaine n'arrive pas à démarrer et le décès de son gérant amène une période de remise en question. Sa carrière semble redémarrer après le lancement de l'album *Chaque feu* au printemps 1999, et il triomphe de nouveau à l'Olympia de Paris et au Centre Molson de Montréal à l'automne. En plus de celles déjà mentionnées, les chansons *Darlin'* et *Little Devil's Lullabye* comptent parmi ses créations les plus connues.

Voix des femmes, La Organisme bénévole non partisan instauré en 1960 et comptant des membres dans toutes les provinces, il s'oppose à la violence et à la guerre et fait la promotion du DÉSARMEMENT et de la paix. La Voix des femmes a organisé d'importantes campagnes d'information, fait du lobbying auprès des gouvernements, tenu des rencontres et des conférences, dont deux conférences internationales des femmes pour la paix, et envoyé des représentantes dans des pays étrangers afin d'étudier les intérêts communs des femmes et de promouvoir des actions. Des rencontres ont lieu régulièrement dans plusieurs centres, et la Voix des femmes lance des campagnes en collaboration avec d'autres groupes. La Voix des femmes est l'un des groupes affiliés au COMITÉ CANADIEN D'ACTION SUR LE STATUT DE LA FEMME et au PROJECT PLOUGHSHARES. L'organisme a une représentante au sein du Groupe consultatif sur le désarmement et le contrôle des armements, qui dépend du gouvernement fédéral. (*Voir aussi* MOUVEMENT PACIFISTE; LIGUE INTERNATIONALE DE FEMMES POUR LA PAIX ET LA LIBERTÉ.)

Kay MacPherson

Vokes, Christopher, dit «Chris», militaire (Armagh, Irlande, 13 avril 1904—Toronto, 27 mars 1985). Il est l'un des rares généraux canadiens qui, au sortir de la Seconde Guerre mondiale, ont une solide réputation dans le commandement opérationnel. Fils d'un militaire britannique, Vokes fréquente des écoles de Kingston, en Ontario. Diplômé du Collège militaire royal en 1925, et de l'U. McGill (baccalauréat ès sciences) en 1927, il entre dans le Corps du génie royal canadien. En 1935, il termine ses études dans un collège d'état-major en Angleterre et, lorsque la guerre éclate, il est rapidement promu à des postes de commandement et d'état-major.

Vokes mène la 2e Brigade d'infanterie canadienne pendant la campagne de Sicile en 1943, puis prend la tête de la 1re Division du Canada en novembre. Il la commande pendant les durs combats corps à corps entre les maisons à ORTONA et au nord de la ligne Hitler. En novembre 1944, il est muté à la 4e Division blindée, qu'il commande pendant la bataille de la forêt de Hochwald et en Allemagne. À la fin de la guerre, Vokes est commandant de l'Armée d'occupation canadienne et, à ce titre, il commue la peine de mort prononcée contre un général SS, Kurt Meyer, lors du seul procès canadien pour CRIMES DE GUERRE.

Après la guerre, Vokes est commandant de la région militaire du Centre, puis de celle de l'Ouest, et s'établit à Oakville, en Ontario, après avoir pris sa retraite en 1959. Bien que le général Montgomery ait jugé que Vokes ne valait pas plus, en tant que tacticien, qu'un «bon et honnête cuisinier», c'était cependant un commandant de division tenace et exigeant, qui a atteint les difficiles objectifs fixés pour sa 1re Division. Quoiqu'il n'ait rien d'un intellectuel, il est l'un des membres les plus compétents de la petite armée canadienne d'avant 1939. Vokes avait pour maxime que, souvent, le commandement «ne tient pas à ce qu'on fait, mais à la façon de le faire».

Desmond Morton

Vol qualifié L'un des crimes les plus anciens et les plus graves, le vol qualifié était, à une certaine époque, passible de la peine de mort. D'après le CODE CRIMINEL du Canada (art. 302), le vol qualifié est passible de l'emprisonnement à perpétuité. Ce crime comporte essentiellement deux éléments: le vol ou l'extorsion de biens et l'emploi d'une arme, de la violence ou de menaces de violence. Pour constituer un vol qualifié, cependant, au lieu de représenter deux infractions distinctes, celles de vol et d'agression, ces deux éléments doivent être liés: le contrevenant doit avoir employé la violence dans le but de prendre les biens de la victime. Sinon, les deux éléments doivent être rapprochés. Bien qu'il ne soit pas nécessaire, pour reconnaître l'accusé coupable, que la victime ait été physiquement agressée ni qu'une arme ait été effectivement utilisée, le tribunal pourrait tenir compte de ces facteurs dans la détermination de la peine. (*Voir aussi* CAMBRIOLAGE.)

Lee Paikin

Volcan Orifice dans l'écorce d'un corps planétaire par lequel un liquide, un gaz ou un solide est expulsé. On appelle aussi volcan la structure formée par l'éruption de ces matières. La plupart des volcans terrestres expulsent du magma qui est un mélange de roche en fusion et de gaz en dissolution (vapeur d'eau, gaz carbonique et anhydride sulfureux). Les zones volcaniques terrestres avoisinent les portions de l'écorce où les températures sont anormalement élevées (de 700 à 1400 °C). Le magma y est formé par la fonte partielle de matières solides dans l'écorce et le manteau supérieur. On retrouve habituellement ces zones en marge des plaques de lithosphère à des profondeurs de 10 à 50 km (*voir aussi* TECTONIQUE DES PLAQUES). Le basalte constitue le principal élément du magma à la limite des plaques divergentes telles les dorsales médio-océaniques en expansion. Les arcs volcaniques situés en marge des plaques convergentes sont constitués de basalte, d'andésite, de dacite et de rhyolite. À cause de sa densité relativement faible, le magma monte dans les fissures et se dirige vers des zones de plus basse pression. C'est là que les gaz en dissolution prennent de l'expansion et propulsent le magma vers la surface. Le magma emprisonné dans les réservoirs situés plus près de la surface se solidifie et forme des intrusions subvolcaniques, ou il subit des changements chimiques avant de continuer sa montée. L'évacuation de tels réservoirs peut parfois entraîner l'affaissement des roches qui les recouvrent. Il en résulte des cratères à parois abruptes appelées caldeiras. Il arrive que les eaux souterraines chauffées par le magma remontent à la surface sous forme de SOURCES thermales, de geysers ou de fumerolles. Elles peuvent aussi remonter violemment sous forme de vapeur (éruptions phréatiques). Ces phénomènes précèdent généralement l'éruption du magma. Celui-ci arrive à la surface sous différentes formes: lave en fusion, lave solide, éjectas (bombes, blocs, lapillis, cendres).

La nature de l'éruption dépend de la température, de la composition et du contenu en gaz du magma. Elle dépend aussi de l'emplacement de la cheminée, à la surface (subaérien), sous l'eau (subaquatique) ou sous un glacier (sous-glaciaire). À la surface, les éruptions de basalte sont fluides et s'accompagnent habituellement de fontaines de lave. Des projections globuleuses incandescentes sont projetées hors de la cheminée sous l'effet des gaz qui se dilatent. Ces éjectas retombent autour de la cheminée formant un cône pyroclastique. Toutefois, la plus grande partie du magma se répand en coulées de lave pouvant former de larges boucliers ou plateaux de laves. La viscosité du magma composé d'andésite, de dacite et de rhyolite limite l'échappement des gaz. Ces gaz emprisonnés dilatent la matière en fusion pour former une écume poreuse (ponce) ou encore, ils explosent et brisent la gaine rigide de magma qui s'envole en mille miettes hors de la cheminée sous forme de cendres et de ponces. Lors de ces éruptions pliniennes (d'après un érudit romain, Pline le Jeune, qui a été témoin de ce phénomène), des colonnes de gaz chauds transportent des nuées de cendres fines très haut dans l'atmosphère où elles se dispersent sur des centaines de kilomètres. D'épais mélanges de gaz chauds, de cendres et de ponces forment parfois des coulées fluides (coulées de cendres, coulées pyroclastiques, avalanches incandescentes) qui dévalent les flancs du volcan en éruption. La lave associée à de telles éruptions est généralement si visqueuse qu'elle colle aux flancs et forme des bourrelets qui vont alterner avec les dépôts pyroclastiques et former des cônes mixtes à versants abrupts. Le mont Fuji illustre bien cette symétrie. La lave extrêmement visqueuse et dépourvue en gaz s'accumule sur la cheminée et forme des dômes bulbeux ou encore est projetée de la cheminée en colonnes incandescentes de roche presque solide en train de se désagréger. Lorsque la cheminée est située sous l'eau, la lave se solidifie au contact de celle-ci et il en résulte une croûte vitreuse qui se fragmente ou qui agit comme une enveloppe visqueuse retenant la lave en fusion. En eau peu profonde, le magma projeté de la cheminée, sous l'effet de la dilatation des gaz, se solidifie en se refroidissant et s'accumule en dépôts concentriques de tufs. Par contre, la lave projetée des cheminées situées en profondeur océanique fait une sortie plus discrète, car les gaz en dissolution sont retenus par l'énorme pression de l'eau. Sous les glaciers, la lave projetée s'accumule sous forme de cônes supraglaciaires qui s'effondrent avec la fonte de la glace. Il arrive aussi que la lave fasse fondre la glace et forme un trou. L'accumulation de la lave dans ce trou crée une montagne tabulaire à versants escarpés (tuya).

Dans le Bouclier canadien, région où il n'y a plus d'activité volcanique, on peut trouver des vestiges d'anciennes zones volcaniques. Au Canada, les volcans jeunes géologiquement se retrouvent dans la Cordillère de l'Ouest. La chaîne Garibaldi, située dans le sud-ouest de la Colombie-Britannique, abrite nombre de volcans supraglaciaires et sous-glaciaires. Les plateaux de lave et les volcans en boucliers parsemés de cônes pyroclastiques couvrent une grande partie du centre de la Colombie-Britannique. Les strato-volcans, comme le mont Edziza, forment une ceinture qui s'étend du nord de la Colombie-Britannique jusqu'au sud du Yukon. Aucune donnée historique n'existe faisant mention d'une éruption volcanique au Canada. Cependant, des légendes amérindiennes et la datation isotopique laissent supposer que la lave Aiyansh, près de Terrace en Colombie-Britannique, date d'environ 200 ans. En 1980, l'éruption du mont St. Helens, dans l'État de Washington, s'est soldée par une dévastation couvrant près de 400 km². Dans un avenir rapproché, il sera possible de prévoir les éruptions et ainsi avertir les gens vivant dans les zones à risque. Ces prévisions sont basées sur la détection de phénomènes précurseurs tels l'activité sismique, l'inclinaison et le réchauffement du sol, ainsi que sur l'émission de gaz. Les volcans ne se retrouvent pas seulement sur la Terre. Les mers sombres qu'on retrouve sur la lune sont des plaines de lave formée par l'éruption de basalte. Le mont Olympe, un volcan en bouclier sur Mars, est le plus gros volcan du système solaire. Il couvre une largeur de 700 km et sa hauteur atteint 27 km. On a déterminé qu'Io, lune faisant partie de Jupiter, est à notre connaissance la zone volcanique la plus active de tout le système solaire. Ses nombreux volcans émettent une lave foncée (probablement du basalte) et une matière plus légère que l'on croit être du souffre fondu. (*Voir aussi* RÉGIONS GÉOLOGIQUES; ÉNERGIE GÉOTHERMIQUE.)

J.G. Souther

Volkoff, Boris Vladimirovich, né Boris Vladimirovich Baskakoff, danseur, chorégraphe, maître de ballet et administrateur (Schepotievo, Russie, 24 avril 1900—Toronto, 11 mars 1974). Bien qu'il se soit souvent senti sous-estimé, Volkoff est généralement considéré de nos jours comme le parrain de la danse classique au Canada. Même s'il n'a jamais réalisé son ambition d'avoir une compagnie de danse entièrement professionnelle, il a exercé une influence énorme sur des générations de danseurs canadiens en tant que professeur et mentor. L'irascible Volkoff, avec son éternelle canne, son bonnet, son fume-cigarette en ivoire et son fort accent russe, devient une légende de son vivant.

À neuf ans, il est autorisé à rejoindre son frère, Igor, qui danse à Varsovie. Il se produit sur scène sous le nom de son père, Baskakoff, ou de sa mère, Volkoff, pour finalement opter pour ce dernier lorsqu'il s'installe au Canada. Après avoir brièvement servi dans l'Armée rouge, où il a pour tâche de divertir les troupes, Volkoff étudie à la State Academy of Ballet and Choreography, à Moscou, à l'école du Ballet Bolshoï, puis il danse avec le Ballet Mordkin, dont il s'enfuit pendant une tournée en Sibérie pour se réfugier à Shanghai. Avec une petite troupe formée de Russes expatriés, il fait alors une tournée en Inde, en Malaisie, en Birmanie, au Japon, à Hawaï et aux États-Unis, où il danse quelque temps avec la compagnie d'Adolph Bolm jusqu'à l'expiration de son visa américain.

D'après la légende, ce sont deux gangsters de Chicago qui font entrer clandestinement Volkoff au Canada en 1929. Il arrive à Toronto et trouve un emploi de maître de ballet au Jack Arthur's Uptown Theatre, pour lequel il crée la chorégraphie des courts numéros de danse présentés entre les films. En 1930, il ouvre la Boris Volkoff School of the Dance, au-dessus d'une épicerie. Au moyen de récitals, de spectacles et de conférences, Volkoff fait découvrir la danse à de nombreuses personnes et se constitue un public.

En 1936, accompagné d'une troupe de 14 jeunes danseurs, il se rend à l'Internationale Tanzwettspiele de la XIe Olympiade, à Berlin, organisée par Rudolf von Laban. Volkoff y présente ses ballets, *Mon-Ka-Ta* et *Mala*, basés sur des légendes amérindiennes et inuites. La troupe est bien accueillie et se voit accorder une mention honorable. En 1938, sa troupe est devenue le Volkoff Canadian Ballet, puis, en 1939, elle se produit au Massey Hall de Toronto sous le nom de Boris Volkoff Ballet Company. Il commande à John WEINZWEIG une musique sur laquelle il crée la chorégraphie de *The Red Ear of Corn* (1949), dont le thème est propre aux Amérindiens du Canada. En 1949, Volkoff est incapable de trouver le financement nécessaire pour la compagnie vraiment professionnelle qu'il voudrait et il préfère faire don de son studio et de ses danseurs au tout nouveau BALLET NATIONAL DU CANADA de Celia FRANCA en 1951. Par la suite, défendant énergiquement le style russe dans la danse classique, il dénigrera Celia Franca et sa danse classique «anglaise». Il tente sans succès de relancer sa propre compagnie en 1953, puis de nouveau en 1967, mais continue d'enseigner et, à l'occasion, de mettre en scène des spectacles. Parmi ses élèves figurent Melissa Hayden et Barbara Ann SCOTT.

Dès 1932, Volkoff commence à réaliser des chorégraphies pour le carnaval annuel du Toronto Skating Club. En 1934, il conçoit le premier ballet sur glace pour ce club dont il créera et produira les ballets sur glace pendant 14 saisons. Quoique mal assuré lui-même sur des patins, Volkoff apporte une nouvelle rigueur à la chorégraphie sur glace, ce qui lui vaut une grande reconnaissance dans le milieu du patinage où il est le pendant de Catherine Littlefield et de Jack Haines aux États-Unis.

Volkoff est nommé Officier de l'Ordre du Canada cinq mois avant sa mort.

Michael Crabb

Vollenweider, Richard Albert, scientifique, limnologue, environnementaliste et professeur (Zurich, Suisse, 27 juin 1922). Vollenweider est connu pour avoir énoncé un cadre théorique général sur la relation entre l'enrichissement nutritif et l'eutrophisation en eaux douces (processus par lequel l'eau s'enrichit de nutriments dissous tout en s'appauvrissant en oxygène). Révolutionnant la pensée dominante de l'époque en limnologie, il écarte l'idée voulant que les prédictions ne puissent se faire qu'à partir d'études sur des lacs déterminés. Il effectue les premières prévisions sur l'état trophique (nutritionnel) d'un lac à partir de données quantitatives sur la masse de ses éléments organiques et de son hydrologie. On applique directement ses théories à la fin des années 60 lorsqu'on constate que l'urbanisation, l'industrialisation et l'intensification de l'agriculture après la Seconde Guerre mondiale ont entraîné un enrichissement nutritif excessif des eaux de ruissellement et une croissance excessive des plantes dans les rivières, les lacs et les réservoirs. L'Organisation de coopération et de développement économiques, dont le siège se trouve à Paris (France), nomme Vollenweider coordonnateur en chef d'une opération scientifique internationale de 1966 à 1981. Durant cette période, il est chargé de documenter son approche et de diriger des rapports techniques sur la méthodologie, des rapports régionaux de résultats quantitatifs, un rapport de synthèse abrégé et, enfin, un test sur les résultats de données portant sur plus de 200 LACS au Canada. Ces documents servent d'assise solide à la gestion des eaux visant à atténuer ou à éviter l'eutrophisation. C'est grâce à sa participation à la COMMISSION MIXTE INTERNATIONALE qu'on fixe la teneur en phosphore des Grands Lacs en vertu de la *Loi sur l'Accord de 1972 relatif à la qualité de l'eau*, évitant ainsi l'eutrophisation de la plus grande réserve d'eau douce au monde. Depuis 1973, Vollenweider est chercheur scientifique principal au Centre canadien des eaux intérieures de Burlington. Il voyage un peu partout dans le monde pour effectuer des missions pour l'UNESCO et dirige des programmes d'envergure pour la conservation de l'Adriatique et du lac Maracaibo. En 1986, il se voit décerner le prix Tyler (une récompense américaine équivalente au prix Nobel dans la science de l'environnement) et, en 1987, la Société internationale de limnologie (*Societus Internationalis Limnologiae*) lui accorde la médaille Naumann-Thiennemann.

Lorraine L. Janus

Volleyball Sport d'équipe qui oppose six joueurs de chaque côté d'un filet. Le court mesure 18 m sur 9 m et est séparé en deux par un filet suspendu à une hauteur de 2,43 m chez les hommes et de 2,24 m chez les femmes. Le but du jeu consiste à renvoyer le ballon par-dessus le filet, selon des techniques réglementées, pour qu'il touche le sol dans le camp adverse. Le joueur arrière droit met le ballon en jeu en servant à partir de la zone de service. Chaque équipe peut toucher au ballon trois fois (en plus du toucher lors d'un bloc) pour l'empêcher de toucher terre dans sa propre zone. Seuls les bloqueurs peuvent toucher au ballon deux fois de suite. Le ballon demeure en jeu aussi longtemps qu'il ne touche pas le sol, les murs, le plafond ou tout autre objet, ou jusqu'à ce qu'un joueur commette une faute. Les points sont marqués seulement par l'équipe qui a le service. L'équipe qui marque au moins 15 points et possède un avantage de 2 points sur l'adversaire remporte la manche. L'équipe qui remporte trois manches gagne le match.

Le volleyball a été inventé aux États-Unis dans la dernière décennie du XIXe s. On s'y adonne d'abord par plaisir, mais le sport devient très vite compétitif à mesure que les habiletés se raffinent et que les tactiques d'attaque et de défense évoluent. Des compétitions de volleyball ont lieu de par le monde et le sport est une discipline olympique depuis 1964.

En 1900, le YMCA introduit le volleyball au Canada, et, peu après, suivent les compétitions entre villes. En 1953, l'Association canadienne de volleyball voit le jour. Les premiers tournois ont lieu dans l'est du Canada puis dans tout le pays. De 1953 à 1959, les Estonians du Central Y de Toronto conservent le titre masculin. En 1953, les Latvians de l'International Y de Montréal sont la première équipe championne féminine. Les équipes canadiennes se qualifient pour les Olympiques de 1976 et de 1984. En 1984, l'équipe masculine remporte des victoires impressionnantes contre l'équipe soviétique championne du monde et les Canadiens se classent quatrièmes aux Olympiques de Los Angeles la même année. Cependant, l'équipe masculine ne se qualifie pas en 1988. La Ligue mondiale de volleyball, créée en 1991, regroupe des équipes nationales du monde entier. Les Canadiens y voient l'occasion d'améliorer leur performance, si bien qu'ils se qualifieront pour les Olympiques de Barcelone de 1992 où ils finiront au dixième rang.

Lorne Sawula

Voltigeurs Corps d'infanterie légère recruté dans le Bas-Canada immédiatement avant la GUERRE DE 1812 et commandé par un lieutenant-colonel canadien de l'armée britannique, Charles de SALABERRY. En novembre 1812, les Voltigeurs, d'abord en poste dans les Cantons de l'Est, aident à repousser l'armée américaine. En octobre et en novembre 1813, ils contribuent à refouler les Américains qui avancent vers Montréal sur deux fronts depuis l'ouest, et participent aux batailles de Châteauguay et de CRYSLER'S FARM. Le printemps suivant, ils retournent dans les Cantons-de-l'Est, mais repartent de nouveau, en août, pour participer à une faible attaque contre Plattsburgh, dans l'État de New York. Ce corps est dissout le 24 mars 1815, mais un régiment actuel des forces armées porte son nom.

Roy MacLaren

Von Gencsy, Eva, danseuse, professeure et chorégraphe (Budapest, Hongrie, 11 mars 1924). Elle fait ses études et se produit comme danseuse classique en

Hongrie et en Autriche avant d'émigrer au Canada en 1948. En tant que danseuse principale pour le Winnipeg Ballet (aujourd'hui le ROYAL WINNIPEG BALLET) de 1948 à 1953, puis pour Les Ballets Chiriaeff, à Montréal, de 1953 à 1957, Von Gencsy participe aux débuts de deux des trois plus importantes compagnies de danse canadiennes. Elle choisit ensuite le jazz comme moyen d'expression privilégié, donne des spectacles, enseigne et, en 1972, fonde LES BALLETS JAZZ DE MONTRÉAL, dont elle est la directrice artistique et la chorégraphe jusqu'en 1979. Ses chorégraphies ont un style de ballet jazz particulier qui lui vaut une renommée internationale. Elle continue d'enseigner et de créer des chorégraphies. À partir de 1979, Eva Von Gencsy agit à l'échelle internationale comme professeure invitée de nombreuses écoles de danse. Parmi cellesci, on peut citer The Banff School of Fine Arts et l'école du Royal Winnipeg Ballet au Canada, l'U. du Massachusetts aux États-Unis, le Centre de danse Rosella Hightower à Cannes (France) et l'U. de Zurich. De plus, de 1991 à 1994, elle est membre active de la faculté du Ballet Akademic Köln-Cologne en Allemagne. Enfin, en 1997, le département de danse de l'U. du Québec à Montréal lui décerne un prix d'excellence en enseignement, en reconnaissance de sa contribution pédagogique.

Jillian M. Officer et Andrée Martin

Vonarburg, Élisabeth, écrivaine (Paris, France, 5 août 1947). De notoriété internationale, ses œuvres de science-fiction, influencées par les romans d'Ursula Le Guin, renouvellent avec intelligence les thèmes de la sexualité, des manipulations génétiques, de la transmission du savoir et de la place de la femme dans des univers futurs complexes. Ses héros ou, plus fréquemment, ses héroïnes, jeunes femmes intelligentes et sensibles, tentent de concilier leurs désirs d'un monde meilleur avec l'expérience acquise des générations révolues dans des civilisations en déclin, où la solitude et l'angoisse de la mort sont le lot des survivants.

Née en France où elle obtient une maîtrise en lettres modernes, Élisabeth Vonarburg émigre au Canada en 1973 et devient citoyenne canadienne en 1976. Elle se fixe à Chicoutimi. Chargée de cours dans de nombreuses universités québécoises, elle enseigne la littérature et la création littéraire, à propos de laquelle elle publie un essai: *Comment écrire des histoires – Guide de l'explorateur*, 1986. En 1987, elle soutient une thèse de doctorat en création à l'Université Laval.

Directrice de la revue *Solaris* de 1979 à 1989, elle collabore à de nombreuses revues spécialisées, donne des conférences à travers le monde et assure une chronique hebdomadaire à l'émission *Demain la veille* de Radio-Canada. Ses critiques sur des ouvrages de science-fiction lui ont valu de nombreux prix. Elle aborde la littérature par le biais de la traduction, activité qu'elle n'a jamais abandonnée depuis. Elle traduit Tanith Lee, Marion Zimmer Bradley, James Tiptree Jr., Chelsea Quinn Yarbo, Ian Watson, Raphaël A. Lafferty et bien d'autres. Dans un collectif, *Vingt maisons du Zodiaque*, de la prestigieuse collection *Présence du futur* chez Denoël, paraît sa première nouvelle, «Marée haute». Après un recueil de nouvelles, *L'œil de la nuit* (1980), elle publie un premier roman, *Le silence de la cité* (1981), couronné, entre autres, par le Grand Prix de la SF française. Suivent deux recueils de nouvelles: *Janus* (1984) et *Ailleurs et au Japon* (1991) avant la parution de son chef-d'œuvre, *Chroniques du Pays des Mères* (1992), prix spécial du jury du Philip K. Dick Award. Elle compte à ce jour plus d'une cinquantaine de nouvelles à son actif, publie régulièrement des récits et des contes pour enfants et adolescents, et a entrepris depuis quelques années la vaste saga de *Tyranaël*. Les œuvres de science-fiction d'Élisabeth Vonarburg ont été traduites en anglais, allemand, roumain, suédois et japonais. Grande romancière, elle apparaît, aux côtés d'Esther Rochon et de Francine Pelletier, comme une représentante nuancée de l'écriture des femmes en science-fiction. En 1998, le Conseil québécois du Statut de la Femme lui décerne le prix Femme et littérature pour l'ensemble de son œuvre. *Le lever du récit*, un recueil de poésie, est publié aux Herbes rouges en 1999.

Claude Gonthier

Voyageur Aventurier voyageant par canot de Montréal vers l'intérieur du pays pour acheter des fourrures aux Indiens. À la fin du XVIIe s., le terme s'applique à certains COUREURS DE BOIS, engagés par des marchands de Montréal pour former et entretenir des alliances commerciales avec les Indiens. Le terme en vient plus tard à désigner tous ceux qui participent à la TRAITE DES FOURRURES: le marchand (bourgeois), son commis et les engagés. Aujourd'hui, le mot «voyageur» évoque l'image romantique de gens parcourant le continent en canot à la recherche de fourrures, vivant une vie d'aventures périlleuses, de travail exténuant et de joyeuse camaraderie.

John E. Foster

Voyageurs canadiens à l'étranger Quand les compagnies de bateaux à vapeur de Hugh Allan et de Samuel Cunard commencent à traverser régulièrement l'Atlantique dans les années 1850, les Canadiens, qui profitent également des voyages organisés de Thomas Cook et de tarifs réduits sur l'aller-retour, se mettent à voyager à l'étranger en nombre croissant. À quelques exceptions près, voyager à l'étranger au XIXe s. signifie avant tout aller en Europe en passant par les routes traditionnelles, c.-à-d. par la Grande-Bretagne, la France, l'Italie, la Suisse, la vallée du Rhin et les Pays-Bas. Seuls quelques voyageurs s'aventurent hors des sentiers battus pour aller en Espagne, en Europe de l'Est ou en Scandinavie.

Les voyages sont surtout le privilège de l'élite, qui se mélange à la bonne société dans les nouveaux grands hôtels, qui assiste aux représentations de théâtre et d'opéra, qui consulte d'éminents médecins ou qui envoie sa progéniture faire de grands périples. Ils sont aussi accessibles à ceux dont les employeurs couvrent les frais de déplacement: des membres du clergé vont entendre les sermons des grands pasteurs de Londres pour inspirer leur propre travail au pays; des éducateurs visitent des écoles et des bibliothèques, assistent à des conférences et achètent des appareils scientifiques, des moules en plâtre et des copies de peintures; et des journalistes sont envoyés pour couvrir des événements spéciaux ou simplement écrire des reportages sur la toute nouvelle expérience des voyages transatlantiques. Il en est resté un grand nombre de récits de voyages, certains publiés, d'autres encore inédits. Ils constituent d'importants documents d'intérêt culturel qui non seulement montrent les liens intimes entre la culture canadienne et les cultures européennes, mais aussi révèlent une plus grande conscience du monde dans son ensemble et un sentiment naissant d'une identité indépendante.

Depuis les premiers écrits tels que les lettres de Joseph HOWE au *Novascotian* à l'occasion de son voyage pour assister au couronnement de la reine Victoria en 1838, jusqu'à *Here and There in the Home Land: England, Scotland and Ireland, as Seen by a Canadian* (1895) de Caniff Haight, réédité en 1904 sous le titre *A United Empire Loyalist in Great Britain*, le voyage en Grande-Bretagne est perçu à la fois comme une réunion de famille et un pèlerinage. «J'aimerais que chaque citoyen des colonies voie la vieille Angleterre comme l'Hindou voit le Gange», écrit en 1871 Moses Harvey, un célèbre expert en histoire et en ressources de Terre-Neuve, dans un de ses nombreux essais de voyages destinés aux périodiques. Il considère en outre que le voyage est un moyen de cultiver «cet attachement révérenciel qui ressemble beaucoup à l'amour d'un enfant pour ses parents». De même, dans son *England and Canada: A Summer Tour Between Old and New Westminster* (1884), sir Sandford FLEMING salue les progrès dans les transports comme un événement d'une importance égale à celle de la découverte de l'Amérique, de la Bible de Gutenberg et de la Réforme. Cette opinion est partagée par J.J. Miller dans *Vancouver to the Coronation: A Four Months' Holiday Trip* (1912).

D'autres touristes commencent à critiquer cette dévotion inconditionnelle. Ainsi, dans ses *Sketches of a Tour from Canada to Paris, by Way of the British Isles, During the Summer of 1867* (1868), Andrew Spedon, un enseignant de Montréal originaire d'Écosse, dénonce l'image que le Canada projette de lui-même à l'Exposition de Paris de 1867. Il la décrit comme étant celle d'«un enfant apeuré [...] tapi derrière les ombres de la forêt des temps primitifs». Une voix dissidente émerge également des œuvres très populaires de Kathleen «Kit» COLEMAN, originaire d'Irlande, qui, dans ses lettres enthousiastes au journal *Mail and Empire* à l'occasion du jubilé de diamants, rassemblées plus tard dans *To London for the Jubilee* (1897), critique gentiment cet étalage de sentiments impérialistes en ces temps de contraintes sociales. Évitant les routes et les paysages conventionnels, Grace E. Denison traverse le continent avant de lancer sa chronique sous le nom de «Lady Gay» dans le *Saturday Night*. Elle y fait connaître ses positions féministes aux Européens récalcitrants, puis elle rassemble ses impressions dans *A Happy Holiday* (1890).

Moins soucieux de réforme sociale, leur collègue Alice Jones, du magazine *The Week*, et d'autres collaborateurs de ce journal écrivent des billets impressionnistes inspirés de Ruskin, de Pater, de Browning et de James, modifiant ainsi les pèlerinages littéraires comme les graves visites du directeur d'école James Elgin Wetherell en «terre de Burns», le pays de Walter Scott, Stratford-upon-Avon, et en «terre de Tennyson», décrite dans *Over the Sea: A Summer Trip to England* (1892). Le magazine *The Week* documente les réactions canadiennes à l'esthétisme de fin de siècle, qui contrastent fortement avec les attitudes de membres du clergé tels que William Withrow et Hugh Johnston. Ces derniers, dans *A Canadian in Europe* (1881) et *Toward the Sunrise: Being Sketches of Travel in Europe and the East* (1881) respectivement, donnent libre cours à leur mécontentement de méthodistes à l'égard des statues sensuelles de l'Église catholique romaine, «les Christs livides tachés de sang».

Les portraits des autochtones des pays visités dépassent rarement les clichés et la caricature. Les descriptions que l'on retrouve dans les *Letters from East Longitudes* (1875), de Thomas Stinson Jarvis, se rapportant à son expédition en Terre sainte, ou encore dans *The World: Round It and Over It* (1881), de Chester Glass, laissent entrevoir certaines des difficultés auxquelles le Canada allait faire face en tant que société multiculturelle. Les Canadiens doivent se défendre contre des stéréotypes qui les présentent comme des coloniaux naïfs ou qui les prennent pour des Américains. Ce genre d'expériences donne lieu aux nombreuses parodies à moitié fictives de récits de voyages contemporains écrites par Sara Jeannette Duncan, dont *A Social Departure: How Orthodocia and I Went Around the World By Ourselves* (1890) et *A Voyage of Consolation* (1898).

Après les années 1890, la littérature de voyage amorce un déclin à mesure que les albums photographiques rendent superflues les descriptions détaillées. Plus encore, les deux guerres mondiales apportent des changements significatifs: les récits de voyages en Europe, qui jusque-là étaient le pilier des périodiques, cèdent largement le pas, pour des raisons d'ordre pratique ou patriotique, aux articles sur les attractions touristiques du Canada, en particulier les Prairies et la Colombie-Britannique. Les articles du *Canadian Magazine*, *Maclean's* ou *Saturday Night* sur des lieux à l'étranger tendent désormais vers une analyse de l'effort de guerre et du moral des troupes ou vers une caricature hostile, selon les pays couverts, ou constituent simplement un moyen d'évasion nostalgique. Les récits de voyages de l'après-guerre, inférieurs à ceux de l'époque victorienne dont ils sont les descendants, ressemblent souvent à des pèlerinages macabres aux ruines de civilisations autrefois admirées. C'est le cas de *Our Trip to Rome* (1953), de Charles Lanphier, et de *«Fragments»: Impressions of Holland, Belgium, Germany, Austria, Luxembourg, France, Italy, Scotland and England* (1956), de C.H. Blakeny. Cependant, une nouvelle génération d'écrivains voyageurs semblent apparaître, qui marient l'impressionnisme de l'observateur et le journalisme pénétrant de leurs prédécesseurs, et qui élargissent leur vision pour englober le monde. Parmi eux, on note entre autres Charles RITCHIE, George WOODCOCK, Bharati MUKHERJEE, Clark BLAISE, Gwendolyn Macewen.

Eva-Marie Kröller

Voyer, Bernard, explorateur et conférencier (Rimouski, Qc, 7 mars 1953). Il est de cette race d'hommes qui aiment affronter les extrêmes. Les défis qu'il a relevés, seul ou avec des amis, ne se comptent plus. Le désir d'aventures l'habite sans cesse. Le Sahara, le Grand Nord québécois, la Sibérie, les Rocheuses canadiennes, la Terre de Baffin, quelques jalons seulement dans la vie de cet aventurier de naissance. En 1994, il est le premier Canadien à se rendre à l'île d'Ellesmere dans les Territoires du Nord-Ouest, le point le plus au nord de la planète. En janvier 1996, il réalise avec un autre Québécois, Thierry Petry, un voyage à skis de 1500 km à travers l'Antarctique, la région la plus froide du globe. Ils skient plus de 9 heures par jour en tirant leur équipement installé sur des traîneaux de fibre de verre. Leur périple dure 63 jours au cours desquels ils goûtent au froid glacial et à des vents parfois violents. En mai 1999, il réussit avec ses compagnons d'expédition un autre exploit que bien peu d'humains ont signé: la conquête de l'Everest. Il réalise ce rêve huit ans après la conquête du sommet himalayen par un autre Québécois, Yves Laforêt (15 mai 1991).

Yvon Dore

Vriend (1998), affaire La Cour suprême du Canada déclare à l'unanimité que l'omission d'inclure l'orientation sexuelle comme motif de discrimination illicite dans l'*Individual Rights Protection Act* de l'Alberta (*IRPA*) constitue une violation du paragraphe 15(1) de la *Charte canadienne des droits et libertés*, violation qui n'est pas justifiée dans une société libre et démocratique en vertu de l'article 1 de la Charte.

Vriend, qui est à l'emploi du King's College d'Edmonton depuis quatre ans, est congédié après avoir avoué à son employeur son homosexualité. Sa plainte devant la Commission des droits de la personne de l'Alberta est rejetée au motif que la loi albertaine n'inclut pas l'orientation sexuelle comme motif de distinction illicite. L'affaire aboutit à la Cour suprême du Canada. Le juge Cory écrit: «Ce ne sont tout simplement pas les tribunaux qui imposent des limites au législateur, mais bien la Constitution, que les tribunaux doivent interpréter. Il en est nécessairement ainsi dans toutes les démocraties constitutionnelles.»

Ainsi, la Cour suprême est d'avis que l'*IRPA* établit une distinction fondée sur une caractéristique personnelle (l'orientation sexuelle) qui brime le droit de Vriend au même bénéfice de la Loi. L'*IRPA* est trop limitative; les homosexuels ne jouissent pas d'une égalité formelle et réelle en raison de l'exclusion de l'orientation sexuelle en tant que motif de discrimination illicite. Les homosexuels sont traités différemment, et cette discrimination n'est pas acceptable dans une société libre et démocratique.

Vuntut, parc national Lors du règlement de la revendication territoriale des Vuntut Gwich'in en 1993, une partie de la PLAINE OLD CROW a été réservée pour la création du parc national Vuntut (créé en 1995, 4345 km²), borné au nord par le PARC NATIONAL IVVAVIK et à l'ouest par l'Alaska. On y accède par avion nolisé à partir du village de OLD CROW, qui bénéficie d'une liaison régulière pendant toute l'année, ou encore par canot.

Histoire naturelle Entourée de montagnes et baignant dans un véritable labyrinthe de milliers de lacs, la plaine Old Crow, au climat relativement doux, est l'un des plus riches habitats d'oiseaux aquatiques de l'Amérique du Nord. Reconnue comme zone humide d'importance internationale, une grande partie du parc a été désignée site Ramsar en 1982. Pendant la saison d'accouplement, la plaine abrite quelque 300 000 oiseaux aquatiques et jusqu'à 500 000 lors du rassemblement migratoire d'automne.

La région abrite également un grand nombre de rats musqués et d'importantes populations d'orignaux et de grizzlis. La plaine est située sur une partie de la voie migratoire de la harde de caribous de la Porcupine. Les caribous utilisent également la plaine comme pâturage d'hiver.

Autres trésors Ayant échappé à la glaciation du pléistocène, la région renferme des vestiges paléontologiques et archéologiques riches et variés remontant à près de 40 000 ans. Ses lits de fossiles intacts, l'une des plus importantes sources de fossiles de VERTÉBRÉS au Canada, offrent une excellente occasion de voir les changements climatiques et environnementaux qui se sont produits depuis les ères glaciaires du pléistocène. Des artefacts témoignent d'une très ancienne présence humaine.

Maxwell W. Finkelstein

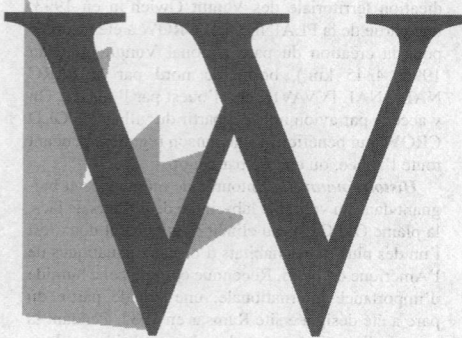

Waddington, Geoffrey, chef d'orchestre et administrateur (Leicester, Angl., 23 sept.—Toronto, 3 janv. 1966). Waddington grandit à Lethbridge, en Alberta, où il apprend le violon et fait ses débuts comme chef d'orchestre avant l'âge de 12 ans. En 1922, il devient professeur à la faculté du Toronto Conservatory of Music tout en entamant une carrière de musicien à la radio. Il entre à la Société Radio-Canada en 1947, fonde l'orchestre symphonique de Radio-Canada en 1952 et la dirige jusqu'en 1964. Dans ce rôle des plus influents, il s'emploie sans cesse à faire connaître, sur les plans national et international, les meilleurs talents du pays et commande régulièrement de nouvelles œuvres aux compositeurs canadiens.

Barclay McMillan

Waddington, Miriam, née Dworkin, poète et essayiste (Winnipeg, Man., 3 déc. 1917). Née de parents juifs émigrés de Russie, elle vit à Winnipeg puis à Ottawa avant de fréquenter les universités de Toronto (B.A., 1939; M.A., 1968) et de Pennsylvanie (M. Serv. soc., 1945). Elle s'installe à Montréal en 1945 et poursuit une carrière de travailleuse sociale et de professeure de service social durant les années 40 et 50. De 1964 jusqu'à la retraite en 1983, elle est professeure d'anglais à l'U. York.

Green World (1945) et *The Second Silence* (1955), ses premières œuvres, sont des poèmes lyriques qui exaltent la nature comme antidote à la fragmentation et à la laideur des villes modernes. Elle s'inspire de la vie urbaine à Montréal et de ses expériences en travail social pour écrire *The Season's Lovers* (1958), dont le dernier chapitre renferme des poèmes sur l'amour. Dans *The Glass Trumpet* (1966), le vers raccourcit, la ponctuation se raréfie et la langue se simplifie, reflétant les modulations de la voix. Les poèmes explorent son enfance à Winnipeg et dans les Prairies, tandis que *Say Yes* (1969) élargit sa thématique à l'Europe et au Proche-Orient. *The Price of Gold* (1972), *Mister Never* (1978) et *The Visitants* (1981) sont des réflexions lucides sur l'amour, le vieillissement et la mort, et sur les voyages et expériences personnelles de l'auteure.

Elle a aussi publié une œuvre de fiction, *Summer at Lonely Beach and Other Stories* (1982), une étude critique sur A.M. KLEIN (1970) et un grand nombre d'essais et de recensions. Elle a dirigé la publication de *John Sutherland: Essays, Controversies and Poems* (1972) et de deux œuvres de Klein, *Collected Poems* (1974) et *Canadian Jewish Short Stories* (1990). Dans *Apartment Seven: Essays New and Selected* (1989), elle étudie la nature de la poésie comme synthèse ultime et lieu de rencontre de toutes les ressources du langage. Dans toute sa poésie, elle recherche la sincérité et la simplicité de l'expression. *The Last Landscape* (1992) est son plus récent recueil de poèmes. Elle vit actuellement à Vancouver.

Colin Boyd

Waddington, mont D'une altitude de 4016 m, le mont Waddington est le plus haut sommet de la CHAÎNE CÔTIÈRE de Colombie-Britannique. Il se dresse près de l'embouchure de la Knight, à 282 km au nord-ouest de Vancouver. S'élevant à seulement 39 km du littoral marin, il abrite au moins cinq glaciers de vallée de plus de 16 km de long. D'abord appelé mont Mystery, on lui donne le nom de l'industriel d'origine anglaise Alfred Waddington, dont le rêve de construire une route vers les champs aurifères de Cariboo ne se sont jamais réalisés. F. Weissner et W. House atteignent le sommet principal du mont en 1933.

Glen Boles

Waffle Groupe formé en 1969, le Waffle est un caucus de membres du NOUVEAU PARTI DÉMOCRATIQUE (NPD). Les membres choisissent ce nom (qui veut dire «verbiage») dans une intention d'ironie faussement modeste. Le groupe publie un manifeste pour un Canada socialiste indépendant, qui réclame que la propriété privée américaine soit remplacée par la propriété publique canadienne. D'autres déclarations du Waffle demandent ensuite le droit du Québec à l'autodétermination et l'indépendance du mouvement syndical canadien. Ses politiques sont socialistes, de façon assez radicale, et nationalistes. Elles sont une expression canadienne de ferments politiques divers et répandus qui comprennent l'opposition à la GUERRE DU VIÊT-NAM, l'appui au courant de la NOUVELLE GAUCHE qui se répand dans les universités nord-américaines et européennes, ainsi qu'un mouvement féministe naissant. Deux professeurs d'université, Mel Watkins et James Laxer, sont les chefs nationaux du Waffle. En 1971, lors de la course à la direction du NPD fédéral, Laxer arrive deuxième, derrière David LEWIS. Le Waffle compte aussi des organisations sur la scène provinciale, surtout en Ontario et en Saskatchewan. Expulsé du NPD ontarien en 1972, il devient un groupe politique distinct et disparaît en 1974, sauf en Saskatchewan où un reste du groupe se maintient. Beaucoup de ses membres reviennent peu à peu au NPD.

Mel Watkins

Wagner, Barbara Aileen, patineuse artistique (Toronto, 5 mai 1938). Wagner et son partenaire, Robert PAUL, forment l'équipe canadienne qui domine le circuit international des épreuves en couple de 1957 à 1962. Leur association débute à Toronto en 1952. Aux Jeux olympiques de Cortina en 1956, ils remportent la sixième place à leur première prestation internationale. Après la retraite du couple canadien Frances Defoe et Norris Bowden, Wagner et Paul remportent les championnats canadien, nord-américain et mondial en 1957. Leur prestation impeccable aux Jeux olympiques de 1960, à Squaw Valley, en Californie, leur permet de remporter la médaille d'or alors que les sept juges leur décernent la première place. Passés chez les professionnels, ils évoluent ensemble dans une revue sur glace jusqu'à ce que Wagner se marie en 1964. Elle se consacre alors à l'entraînement et à l'enseignement comme principal entraîneuse des Ice Follies.

Barbara Schrodt

Wagner, Claude, avocat, juge et politicien (Shawinigan, Qc, 4 avril 1925—Montréal, 11 juill. 1979). Il évolue d'abord dans les cercles juridiques comme procureur, professeur de droit criminel et juge à la Cour des sessions de la paix. Il acquiert alors la réputation de farouche défenseur de la loi et de l'ordre, réputation qui se confirme pendant qu'il occupe le poste de ministre de la Justice (1964-1966) dans le gouvernement de Jean LESAGE. Élu en 1964 à l'occasion d'une élection partielle provinciale (Montréal-Verdun), il démissionne en 1970 et réintègre la fonction de juge à la Cour des sessions de la paix. Il se fait élire député conservateur dans la circonscription de Saint-Hyacinthe aux élections fédérales de 1972 et de 1974, puis brigue la direction du Parti en 1976, arrivant deuxième derrière Joe CLARK. Il abandonne son siège en avril 1978, quand on le nomme sénateur.

Daniel Latouche

Wah, Fred, poète, rédacteur et professeur (Swift Current, Sask., 1939). Figure influente de la poésie postmoderne au Canada, il est surtout connu à ce jour pour son ouvrage *Waiting for Saskatchewan* (1985). Wah étudie à l'U. de la Colombie-Britannique où il fonde et dirige la revue Tish qu'il alimente de ses articles. En 1967, il retourne dans la région de Kootenay, en Colombie-Britannique, et enseigne au Selkirk College, puis au centre universitaire David Thompson, où il dirige le programme de création littéraire. Il collabore par ailleurs à la revue *Open Letter* depuis sa fondation en 1965. En 1980, il dirige la publication des poèmes choisis de Daphne MARLATT, un recueil intitulé *Net Work*. La même année, son propre recueil de poèmes choisis, *Loki is Buried at Smokey Creek*, paraît. Sa poésie est marquée par ses expériences sur le langage, son intérêt pour le jazz et le cadre naturel enchanteur de la région de Kootenay. Parmi ses autres œuvres figurent *Among* (1972), *Pictograms From the Interior of BC* (1975), *Breathin' My Name with a Sigh* (1981), *Owner's Manual* (1982) et *Music at the Heart of Things* (1987). En 1985, il remporte le prix du Gouverneur général (poésie) pour *Waiting for Saskatchewan*.

Marc Côté

Wainwright, ville de l'Alberta; pop. 5079 (rec. 1996); 4732 (rec. 1991); 4665 (rec. 1986); superf. 8,16 km²; const. en 1910; située à 200 km au sud-est d'Edmonton. La première colonie de peuplement, Denwood, est fondée en 1906 et est ensuite déplacée, en 1908, sur la limite divisionnaire du chemin de fer, 4 km plus loin. Le nouvel emplacement porte le nom de William Wainwright, deuxième vice-président de la Grand Trunk Pacific Railway. La ville prospère et devient le centre administratif et de distribution d'une région de culture extensive. On découvre du pétrole et du gaz naturel en 1922 et l'on construit plus de 400 puits de forage.

En 1909, on ouvre le Bison Recovery Park près de la ville, mais les BISONS sont déplacés et le parc devient la BFC Camp Wainwright durant la Seconde Guerre mondiale. En 1980, quelques bisons retrouvent leur habitat naturel dans le parc. Le Wainwright Museum offre aux visiteurs une reconstitution du bureau de poste du début du siècle, tandis qu'une ancienne installation de forage pétrolier est exposée dans le Petroleum Park. L'hebdomadaire local est le *Wainwright Star-Chronicle*.

Eric J. Holmgren

Waldo, Carolyn, spécialiste de la nage synchronisée (Montréal, 11 déc. 1964). Moins de cinq ans après ses débuts, à l'âge de 11 ans, Waldo remporte son premier titre junior en duo en NAGE SYNCHRONISÉE. En 1982, elle se joint aux Aquabelles de Calgary et mérite plusieurs honneurs et médailles dans diverses catégories. En 1986, elle domine le championnat du monde de Madrid, remportant trois médailles d'or dans les catégories solo, duo et équipe. Aux Jeux olympiques de Séoul (1988), elle est médaillée d'or en solo et en duo (avec Michelle Cameron). Ces deux épreuves sont retirées des Jeux olympiques après 1992. Elle est Membre de l'Ordre du Canada.

Gerald Redmond

Walhachin Au tournant du siècle, la colonie de la Colombie-Britannique est florissante. À la faveur de l'optimisme résultant de cette prospérité, des spéculateurs fonciers réussissent à convaincre des Anglais de la classe supérieure d'acheter des terres et de s'établir à Walhachin. En 1908-1909, la British Columbia Development Corp. met en valeur un domaine en terrasses de 2000 ha le long de la rivière Thompson Sud, à l'ouest de Kamloops, et fait construire, selon des plans d'urbanisme, un village entouré de vergers. Toutefois, la vocation économique de Walhachin, qui s'appuie sur les vergers, est vouée à l'échec à cause d'un sol inadéquat, d'un climat rigoureux, d'un vaste réseau d'irrigation par gravité mal adapté et du fait que les colons sont inexpérimentés et manquent de détermination.

Quelques semaines après le déclenchement de la Première Guerre mondiale, c'est Walhachin qui affiche le plus haut taux d'enrôlement par habitant parmi toutes les localités canadiennes. L'idée de retrouver leurs racines aristocratiques familières plaît davantage aux colons que la perspective d'endurer les privations de la vie sur le front pionnier de l'ouest du Canada. À la fin de la guerre, seuls quelques-uns d'entre eux retournent au bercail. De nos jours, il ne reste plus que les vestiges d'ouvrages d'irrigation désaffectés, des maisons abandonnées ainsi que les squelettes d'arbres fruitiers pour rappeler cette romantique odyssée de l'Ouest.

Nelson A. Riis

Walkem, George Anthony, avocat, juge, politicien et premier ministre de la Colombie-Britannique de 1874 à 1876 et de 1878 à 1882 (Newry, Irlande, 15 nov. 1834—Victoria, 13 janv. 1908). Après avoir fait ses études dans la Province du Canada, Walkem s'installe en Colombie-Britannique en 1862. Il est membre du Conseil législatif colonial de 1864 à 1870 et, après 1871, il siège à l'Assemblée législative. Associé à Amor DE COSMOS dans la Confederation League, avant que la Colombie-Britannique ne fasse partie de la CONFÉDÉRATION, il devient procureur général dans le Cabinet de De Cosmos et succède à ce dernier, à titre de premier ministre. Les deux administrations de Walkem sont ponctuées de luttes avec le gouvernement d'Ottawa qui ne parvient pas à faire construire le chemin de fer du Pacifique selon les délais prévus dans les modalités de l'union. Walkem mène une lutte acharnée, mais son irascibilité lui fait perdre le soutien de la population, une fois la construction du Canadien Pacifique finalement entreprise. Il termine sa carrière comme juge de la Cour suprême de la Colombie-Britannique de 1882 à 1904.

H. Keith Ralston et Betty Wilcox

Walker, sir Byron Edmund, banquier (comté de Haldimand, Canada-Ouest, 14 oct. 1848—Toronto, 27 mars 1924). Walker a fait peu d'études et met 18 ans pour passer du poste de commis à celui de directeur général de la Banque Canadienne de Commerce en 1886; il en demeure président de 1907 à 1924. Très grand organisateur, il le prouve avec l'élaboration du premier manuel d'instructions pour le fractionnement de sa banque en une mosaïque de services, caractéristique du secteur bancaire moderne. Sa plus grande action publique a lieu en 1911. Bien que d'allégeance libérale, il s'oppose alors à l'accord de RÉCIPROCITÉ avec les États-Unis, annoncé par le gouvernement de Laurier, qui aurait affaibli les liens avec la Grande-Bretagne. Il est donc à l'origine du mouvement IMPÉRIALISTE qui aboutit à la défaite du gouvernement et à l'abandon de cet accord. Walker a participé à la fondation du Round Table Quarterly (1910) qui veut promouvoir le débat sur les questions de l'Empire. Homme aux intérêts variés, il a été conseiller de la Galerie nationale, fondateur de la CHAMPLAIN SOCIETY et membre de la Société royale du Canada.

D.N. Sprague

Walker, Edmund Murton, entomologiste (Windsor, Ont., 5 oct. 1877—Toronto, 14 févr. 1969). Après des études en sciences naturelles et en médecine à Toronto, Walker part étudier à Berlin. À son retour, il entre au département de biologie de l'U. de Toronto (1904) et devient directeur du département de zoologie (1934) avant de prendre sa retraite en 1948. Il rassemble en grande partie la collection d'invertébrés du MUSÉE ROYAL DE L'ONTARIO, fondée en 1914. Il devient sous-directeur (1918-1931) et ensuite directeur honoraire (1931-1969). Parmi ses nombreuses publications, on trouve un traité en trois volumes, *Odonata of Canada and Alaska*. Il dirige aussi la revue *Canadian Entomologist* (1910-1920). Sa découverte avec T.B. Kurata d'insectes trouvés dans la glace (*Grylloblatta*) à Sulphur Mountain, en Alberta (1913), résulte en la création d'un nouvel ordre d'insectes (*voir* VER DE GLACIER). Il participe à de nombreuses associations, locales ou internationales, que ce soit en entomologie, en zoologie

ou en sciences naturelles. Il reçoit la médaille Flavelle de la Société royale du Canada (1960) ainsi qu'un diplôme honorifique de l'U. de Carleton.

Martin K. McNicholl

Walker, Hiram, distillateur et homme d'affaires (East Douglas, Mass., 4 juill. 1816—Detroit, Michigan, 12 janv. 1899). Bien que Walker ait vécu seulement cinq ans au Canada (1859-1864), il y a construit une distillerie, une nouvelle ville et une ligne de chemin de fer importante. En 1856, il achète ses premiers terrains tout près de ce qui deviendra Walkerville, maintenant une partie de Windsor, en Ontario. En 1859, il construit à Windsor une minoterie et une distillerie; celle-ci est reconnue pour ses whiskies de marque, raffinés et de première qualité. En 1910, le Canadian Club Whisky de Walker, lancé en 1884, est devenu le meilleur whisky d'exportation du Canada. Entre autres activités, Walker s'intéresse à la vente de blé et de farine aux États-Unis, à l'élevage de porc et de bétail. Le développement du Lake Erie, Essex and Detroit River Railway, terminé en 1885, facilite l'acheminement des produits du comté d'Essex et du bois vers le marché américain.

Don Spencer

Walker, Horatio, peintre (Listowel, Canada-Ouest, 12 mai 1858—Sainte-Pétronille, Qc, 21 sept. 1938). Membre du Canadian Art Club depuis 1908, Walker peint la vie des habitants de l'Île d'Orléans, au Québec. Il reçoit sa première formation à l'atelier photographique torontois Notman-Fraser avant de déménager aux États-Unis. Au milieu des années 1880, il passe ses hivers à New York et ses étés à l'Île d'Orléans. Son interprétation de la vie paysanne au Québec est profondément sentimentale et rappelle le style du peintre Barbizon français Jean-François Millet. Au moyen d'un empâtement épais et brun, il dépeint, sur fond de ciel incandescent, la vie pieuse des paysans qui travaillent dur. Ce style Barbizon américain, grâce auquel Walker vend à fort prix des peintures telles qu'*Oxen Drinking* (1899), lui vaut de nombreuses médailles et récompenses ainsi que le fait d'être reconnu de son vivant comme l'un des grands peintres au Canada.

Dorothy Farr

Walker, Norma Ford, née Ford, généticienne humaine (St. Thomas, Ont., 3 sept.1893—Toronto, 9 août 1968). Sa vie universitaire se déroule presque entièrement à l'U. de Toronto, où elle obtient son diplôme en 1918. Elle termine un doctorat en entomologie en 1923 sous la direction d'Edmund Murton WALKER, qu'elle épouse en 1943. En tant que membre du corps enseignant, elle commence à s'intéresser à la génétique humaine. Elle assoit sa réputation d'autorité en naissances multiples grâce à ses recherches sur les QUINTUPLÉES DIONNE. Tout en détenant un poste à l'université, elle s'associe avec l'Hospital for Sick Children de Toronto et est la première directrice du Département de génétique de cet hôpital. Ses publications sur la génétique accroissent les connaissances sur un grand nombre de désordres génétiques chez les enfants et entraînent l'application de la dermatoglyphique aux diagnostics cliniques. Par son travail et celui de ses étudiants des cycles supérieurs, parmi lesquels on compte les premiers titulaires de postes en génétique humaine dans plusieurs universités canadiennes, Walker a une influence durable sur le développement national de la génétique humaine comme discipline universitaire et en relation avec la médecine.

Margaret W. Thompson

Walkerton, ville de l'Ont.; pop. 5036 (rec. 1996), 4939 (rec. 1991), 4725 (rec. 1986); superf. 6,4 km²; située sur les rives de la rivière Saugeen dans le comté de Bruce, à 185 km au nord de Toronto. Elle porte le nom de son fondateur, Joseph Walker, arrivé dans la région en 1851. Fondée au milieu des années 1850, Walkerton devient rapidement un centre industriel et de services pour la région. Au cours des années 1860, elle devient le siège du gouvernement du comté. Walkerton possède un large éventail de

services commerciaux et industriels et connaît une croissance régulière tout au long de son histoire. Les entreprises manufacturières emploient le plus grand nombre des travailleurs de la région, suivies par les commerces de détail.

Dans la ville même, les deux plus importants employeurs sont l'établissement de transformation de la volaille, The Poultry Company, et Eveready, une filiale de Ralston-Purina, fabricant de piles alcalines. La rivière Saugeen est un attrait touristique important. Elle offre l'un des plus beaux itinéraires de canotage de la province et est l'une des rivières les plus fréquentées par les pêcheurs au Canada. L'échelle à poisson, installée dans l'est de la ville, est un excellent point d'observation de la migration annuelle des truites et des saumons.

Deborah Welch et Michael Payne

Wallace, William Stewart, bibliothécaire, directeur de publications et historien (Georgetown, Ont., 23 juin 1884—Toronto, 11 mars 1970). Il étudie à Toronto et à Oxford, puis est major dans le Corps expéditionnaire canadien, capitaine-adjudant de bataillon et commandant du Khaki College de Shorncliffe (*voir* UNIVERSITÉ KHAKI) pendant la Première Guerre mondiale. Il est ensuite bibliothécaire adjoint à l'U. de Toronto en 1920 et bibliothécaire de 1923 à 1954. Wallace dirige la rédaction du programme d'éditions universitaires (1923-1932) et, bien que très occupé comme bibliothécaire et enseignant, il consacre la majeure partie de son temps à l'édition et à l'écriture. Il est directeur de la rédaction de la CANADIAN HISTORICAL REVIEW (1920-1930), dont il fait la principale tribune des historiens du Canada anglais. Enfin, il est éditeur de la CHAMPLAIN SOCIETY de 1923 à 1943 et éditeur honoraire de la Société royale du Canada (1937-1945). Son ouvrage intitulé *The Dictionary of Canadian Biography* (1926; trad. *Dictionnaire biographique du Canada*, 1928) est augmenté en 1945, puis révisé en 1963 sous le titre de *The Macmillan Dictionary of Canadian Biography*. Wallace dirige la publication de l'*Encyclopedia of Canada* (6 vol., 1935-1937), dont il rédige la plupart des articles. Ces ouvrages de référence apportent une aide inestimable aux chercheurs canadiens. En tout, il publie plus de 30 livres et des centaines d'articles. Il prend sa retraite à 70 ans et devient propriétaire du Dora Hood's Book Room. Wallace reçoit honneurs et distinctions, autant comme écrivain que comme éditeur, deux domaines d'activité qu'il considère indissociables.

Robert H. Blackburn

Wallaceburg, Ont.; pop. 11 772 (rec. 1996); const. en tant que village en 1875, puis en tant que ville en 1896; située en bordure de la rivière Sydenham, à 53 km au sud de Sarnia. Wallaceburg renonce à son statut de ville lorsqu'elle fusionne avec la nouvelle municipalité de Chatham-Kent en 1998 (*voir* CHATHAM).

Les premiers colons s'y établissent durant les années 1830 et Wallaceburg tire son nom de celui d'un patriote écossais, sir William Wallace. L'économie repose alors sur le travail forestier, mais à mesure que la localité se relie aux Grands Lacs, le trafic des bateaux à vapeur et des chalands devient plus important. À la fin du XIXe siècle, l'industrie forestière périclite et la ville se fait alors connaître grâce à sa fabrication de verre et à son industrie de la betterave à sucre.

Aujourd'hui, les produits verriers demeurent importants pour l'économie locale. Il en va de même des produits en métal, des pièces d'automobiles et des outils et matrices. Les promenades en bateaux de plaisance durant l'été constituent un important attrait touristique.

Daniel Francis

Walmsley, Thomas, écrivain (Liverpool, Angl., 13 déc. 1948). Walmsley, qui a quitté l'école au secondaire et qui s'adonne parfois à l'héroïne, développe son art au New Play Centre de Vancouver au milieu des années 70. Il devient le premier dramaturge canadien à nous livrer une chronique des bas-fonds. Ses six pièces, ainsi que ses deux livres de poésie et son roman, décrivent une sous-culture urbaine dominée par la violence, la drogue, l'alcool et les agressions sexuelles. Partageant son temps entre Toronto et Vancouver, Walmsley laisse une marque profonde avec ses pièces au naturalisme brutal, telles que *The Jones Boy* (1977), *Something Red* (1978) et la comédie *White Boys* (1982). Une nouvelle pièce, *Mr. Nice Guy*, écrite en collaboration avec Dolly Reisman, est produite à Toronto en 1986.

Jerry Wasserman

Walsh, James Morrow, policier et commissaire territorial (Prescott, Canada-Ouest, 22 mai 1840—Brockville, Ont., 25 juill. 1905). En tant qu'inspecteur de la Police montée du Nord-Ouest (1873-1883), il donne son nom à FORT WALSH. Ferme mais équitable envers SITTING BULL et ses partisans, qui traversent au Canada en 1876 après la défaite de Custer à Little Bighorn (Montana), il se lie d'amitié avec le chef sioux. En 1883, il fonde la Dominion Coke, Coal and Transportation Co. à Winnipeg. Au début de la RUÉE VERS L'OR DU KLONDIKE, il devient surintendant de la police et est commissaire du Territoire du Yukon (1897-1898).

Eric J. Holmgren

Walter, Arnold Maria, musicologue, professeur et administrateur (Hannsdorf, Moravie, 30 août 1902—Toronto, 6 oct. 1973). Walter émigre au Canada en 1937 et devient l'un des chefs de file les plus clairvoyants et influents dans l'ENSEIGNEMENT DE LA MUSIQUE au Canada. Il s'avère très compétent dans l'organisation de programmes servant à développer des talents musicaux aussi bien que des auditoires aptes à les apprécier. En 1946, il fonde une école d'opéra au Toronto Conservatory of Music. Sous sa direction (1952-1968), la faculté de musique de l'U. de Toronto atteint un statut international et sa bibliothèque de recherche devient l'une des plus complètes du continent.

Barclay McMillan

Walters, Angus, capitaine de pêche (Lunenburg, N.-É., 9 juin 1882—*id.*, 11 août 1968). En 1895, Walters s'embarque en mer en tant qu'homme de pont pour son père, l'un des pionniers de la participation de LUNENBURG à la pêche sur les bancs. L'instinct d'Angus pour dénicher le poisson et son habileté à tirer son bateau la vitesse maximale lui valent, en 1920, d'être nommé capitaine du BLUENOSE, alors en construction. Walters s'assure une participation majoritaire du bâtiment et exige certaines modifications de la structure.

Sous son commandement, la goélette connaît la gloire sur les Grands Bancs de Terre-Neuve et lors des courses de l'International Fisherman's Trophy de 1921 à 1938. Son bateau et lui deviennent inséparables dans la mémoire des gens, mais le déclin de l'industrie du poisson salé et le déclenchement de la Seconde Guerre mondiale forcent bateau et capitaine à la retraite en 1939. Walters achète les parts des autres actionnaires, mais doit tout de même vendre le Bluenose en 1942. La perte du bateau et la mort de Walters marquent la fin d'une époque dans l'histoire des pêcheries au Canada.

Lois Kernaghan

Walton, Dorothy Louise, née McKenzie, joueuse de badminton (Swift Current, Sask., 7 août 1909—Toronto, 17 oct. 1981). Walton est une athlète complète et exceptionnellement diplômée de l'U. de la Saskatchewan, où elle obtient un baccalauréat et une maîtrise avant de s'installer en Ontario, en 1932. De 1936 à 1940, elle domine le badminton féminin au Canada et ne se classe jamais en bas du sixième rang au tennis. Sa carrière culmine en 1939, alors qu'elle remporte le All-England Badminton Championship et qu'elle est proclamée championne du monde, titre qu'aucun autre Canadien n'a remporté.

John J. Jackson

Wampum Faits de coquillages blancs et mauves de la côte atlantique, les wampums avaient une valeur considérable pour les autochtones de l'est du Canada, comme ornements et comme objets de cérémonie. Pour les non-autochtones, les wampums servaient de monnaie d'échange, particulièrement au XVIIᵉ et au XVIIIᵉ siècle. On enfilait les wampums sur la ficelle ou on les tissait en ceintures et en écharpes. Certains dessins symbolisaient des événements, des alliances et des peuples. Les wampums étaient utilisés pour nouer des relations, faire une demande en mariage, expier un meurtre ou verser une rançon pour des captifs. Le wampum était lié de près à la TRAITE DES FOURRURES dans l'est du Canada, où il servait d'objet de troc.

Avant la Confédération en 1867, certains groupes autochtones indiquaient leur acceptation de certains TRAITÉS INDIENS en remettant une ceinture wampum aux représentants de la Couronne. La ceinture à deux rangs, ou Kahswenhtha, des Iroquois symbolisait une entente de respect mutuel et de paix entre eux et les Européens nouvellement arrivés en Amérique du Nord. Cette ceinture précisait les règles de comportement des deux groupes et était le gage qu'aucun des deux groupes n'imposerait ses lois, ses traditions, ses coutumes ni sa langue à l'autre, mais qu'ils coexisteraient en paix.

René R. Gadacz

Wangersky, Peter John, naturalisé canadien en 1975, océanographe (Woonsocket, R.I., 26 août 1927). Wangersky a grandement contribué à l'avancement des connaissances au Canada, dans le domaine de l'OCÉANOGRAPHIE, par ses recherches et son travail d'enseignant en océanographie chimique et biologique. Sa formation de chimiste et ses travaux subséquents à la Scripps Institution of Oceanography de l'U. de Californie et au United States Fish and Wildlife Service l'ont bien préparé à poursuivre ses études à l'U. Yale. Après avoir travaillé à l'U. de Miami et à l'U. Yale, il enseigne la chimie à l'U. Dalhousie à partir de 1965. Il entre ensuite au nouvel Institut d'océanographie en 1968, où il occupe le poste de chef de département et de directeur, de 1977 à 1980. Ses travaux les plus importants ont jeté un éclairage nouveau sur les modes de distribution et la dynamique du carbone organique dans l'océan. Il manifeste un intérêt soutenu pour l'écologie théorique après avoir entrepris des travaux inédits sur les décalages dans les équations de dynamique de populations, travaux qui mèneront à de nouvelles analyses sur les populations marines. Beaucoup de ses anciens étudiants occupent aujourd'hui des postes dans les universités et les laboratoires gouvernementaux.

Ian A. McLaren

Wapiti (*Cervus elaphus*) Le plus grand et le plus évolué des cervidés de l'Ancien Monde (*voir* CERF). En anglais, il est aussi connu sous le nom de «American elk». Son nom provient du Shawnee et signifie «croupe blanche». Le wapiti est arrivé en Amérique du Nord par la BÉRINGIE à la fin de l'ÉPOQUE GLACIAIRE, mais il s'est répandu et ses populations ont augmenté seulement après l'extinction de la grande faune américaine, il y a environ 11 000 ans.

Répartition et habitat En 1835, cette espèce avait disparu dans l'est de son aire de répartition (Ontario et Québec). Il est encore commun et constitue un gibier important entre le Manitoba et la région de la rivière de la Paix et l'est de la Colombie-Britannique. Le wapiti est sociable et vit habituellement en milieu ouvert. Il existe une ségrégation entre les mâles et les femelles. Les premiers donnent priorité à l'accès à la nourriture tandis que les secondes recherchent plutôt des endroits à l'abri des prédateurs. Le mâle est plus grand que la femelle.

Reproduction et développement Pendant le rut, le mâle indique sa présence en émettant des meuglements forts et clairs (le wapiti est le plus volubile des cervidés) et en s'enduisant d'urine. Les mâles dominants ont des harems. La période de gestation est assez longue et dure environ 240 jours. Les jeunes naissent en juin.

Relations avec les humains Bien que les autochtones recherchaient sa peau, ils n'aimaient guère sa viande, et le wapiti n'a pas joué un rôle important dans leur économie. Cette espèce a été domestiquée en Sibérie et en Chine où l'on utilise ses bois à des fins médicales.

Valerius Geist

Wapusk, parc national (11 475,0 km²) il est le dernier élément à s'être ajouté au réseau des PARCS NATIONAUX du Canada, le 24 avril 1996, à la suite de la signature d'une entente fédérale-provinciale prévoyant son établissement. Ce nouveau parc national se trouve à l'est et au sud de Churchill (Manitoba).

Histoire naturelle Le parc national s'étend sur une plaine basse et au relief plat, qui descend doucement vers la BAIE D'HUDSON. Reposant sur un pergélisol continu et discontinu, la plaine est sous l'influence d'un climat maritime subarctique et est recouverte du plus vaste manteau de MUSKEG en Amérique du Nord. De toutes parts, elle est parsemée de plans d'eau, de lacs, de marécages, de marais, de ruisseaux et de rivières, qui couvrent la moitié de la surface de la terre.

De formation récente, le paysage continue de subir le relèvement isostatique au rythme de un mètre par siècle, provoqué par le poids de la glace de la dernière période glaciaire et l'immense mer de Tyrell créée par la fonte des glaces. Les anciens cordons de plages, les ESKERS et les MORAINES sont donc des traits saillants du paysage, car ils brisent la monotonie du relief plat.

La région se trouve dans la zone de transition entre la TOUNDRA dépourvue d'arbres et la FORÊT BORÉALE, et sa végétation est écologiquement diverse et compte un grand nombre d'espèces végétales rares sous ces latitudes. Les peuplements végétaux des marais sont particulièrement remarquables, tout comme les espèces végétales associées à la forêt boréale dont la limite septentrionale atteint ce territoire.

Le parc renferme l'une des plus vastes aires de mise bas des OURS POLAIRES connues dans le monde. Il est également une voie migratoire importante où peuvent être observées des espèces d'oiseaux rares telles que la Barge hudsonienne, la Mouette rosée, la Mouette blanche et la Sterne caspienne, ainsi que des sous-espèces de la baie d'Hudson comme l'Eider à duvet, le FAUCON PÈLERIN, la Chouette lapone et la Grue du Canada. Une sous-espèce rare de caribous des forêts et de nombreuses espèces d'animaux à fourrure (dont le Castor, le Renard roux, le Renard arctique et la Belette) résident également dans le parc.

Histoire humaine

La région de Churchill est occupée depuis longtemps par les CHIPEWYANS et les CRIS. Des MÉTIS et des Européens ont commencé à s'y installer en 1619. La région entière revêt une importance historique en tant qu'ancien centre de TRAITE DES FOURRURES et parce qu'elle illustre l'influence de cette traite sur les modèles et les mouvements culturels.

Frances Rennie

Ward, Maxwell William, aviateur et homme d'affaires (Edmonton, 22 nov. 1921). En 1940, il entre dans l'Aviation royale du Canada et sert en tant qu'instructeur de vol durant la Seconde Guerre mondiale. Après la guerre, il travaille comme pilote de brousse et apporte une contribution exceptionnelle au service de la frontière du nord par avion. En 1946, il fonde Polaris Charter Co. Ltd, basée à Yellowknife, dans les Territoires du Nord-Ouest. Avec un monomoteur, le DH 83C de Havilland Fox Moth, il transporte des passagers et des marchandises dans la région subarctique. En 1953, il revient à Yellowknife avec une entreprise nouvellement formée, Wardair Ltd, qui lancera le transport d'équipement lourd par avion dans le Grand Nord. En 1962, il mène ses activités avec six appareils dans le Nord et il acquiert un

DC-6A, qui permet à la compagnie d'intégrer le marché des vols nolisés transatlantiques. En 1961, il obtient un permis pour exploiter des vols nolisés internationaux, puis l'entreprise est rebaptisée Wardair Canada Ltd (devenue WARDAIR INTERNATIONAL LTD) et déménage son siège social à Edmonton. Au milieu des années 70, Wardair est devenue la plus grande entreprise de transport aérien d'affrètement international du Canada. À partir de 1984, elle exploite des vols réguliers. La réputation de la compagnie reste inégalée, mais le poids des dettes accumulées lors de la rapide expansion du début des années 80 se révèle trop important. En 1989, Wardair est donc vendue à PWA Corporation, puis est absorbée par les Lignes aériennes Canadien International ltée. En 1973, il reçoit le TROPHÉE MCKEE pour ses contributions au domaine de l'aviation, puis reçoit des diplômes *honoris causa* de l'U. de l'Alberta (1979), de York (1981) et de l'U. d'Athabasca (1987). En 1991, il publie son autobiographie, *The Max Ward Story*.

James Marsh

Wardair International ltée, dont le siège social était à Toronto, est une compagnie aérienne qui exploitait des vols intérieurs et internationaux. En 1953, elle est constituée en société en Alberta sous le nom de Wardair Ltd et est à l'origine une compagnie d'affrètement d'avions de brousse basée à Yellowknife, dans les Territoires du Nord-Ouest. En 1962, elle devient Wardair Canada Ltd et, en 1967, elle devient une société cotée à la Bourse. En 1972, elle fonde deux filiales, Canada UK Travel, qui devient par la suite Wardair (UK) Ltd., et International Vacations (Intervac), dans le but d'attirer des passagers et de commercialiser des voyages à forfait. En 1976, l'entreprise prend le nom de Wardair International ltée. En 1986, elle obtient la permission d'exploiter des vols réguliers intérieurs et internationaux. Cette même année, elle déclare un chiffre d'affaires de 491,1 millions de dollars (177ᵉ rang au Canada), des actifs de 456,4 millions de dollars (171ᵉ rang) et emploie 2664 personnes. Max WARD, fondateur de la compagnie, en est l'actionnaire majoritaire. En 1989, les Lignes aériennes Canadien International achètent Wardair et, en avril 1990, toutes les opérations de cette dernière ont déjà cessé.

Deborah C. Sawyer

Ware, John, «Nigger John», homme de chevaux et grand éleveur (près de Georgetown, Caroline du Sud, 1845—près de Brooks, Alb., 11 sept. 1905). Libéré de l'esclavage sur une plantation de coton à la fin de la Guerre de Sécession, Ware se dirige vers l'ouest et trouve du travail sur un ranch près de Fort Worth, au Texas. Gardien de troupeau expérimenté à la fin des années 1870, il est engagé par la Western Cattle Trail pour conduire des troupeaux de bétail du Texas jusqu'aux pâturages éloignés du Wyoming et du Montana. À la fin de septembre 1882, il aide à mener 3000 têtes de bétail du Montana jusqu'au ranch de la North West Cattle Company, situé dans les contreforts, au sud-ouest de Calgary. Il s'aperçoit alors que les gardiens de troupeaux expérimentés sont très en demande à l'extrême nord de la frontière des ranchs. Il décide de rester dans les parages et continue à travailler pour plusieurs des grandes entreprises d'élevage avant d'établir son propre ranch aux contreforts en 1890. Au moment de l'accroissement de la colonisation, en 1900, Ware s'établit sur un nouveau ranch, le long de la rivière Red Deer à l'est de Brooks. Cinq ans plus tard, il décède prématurément à cet endroit des suites d'un accident d'équitation. La foule nombreuse qui vient lui rendre un dernier hommage prouve l'envergure de Ware dans le milieu de l'élevage des bestiaux et confirme que son surnom «Nigger John» n'avait rien de péjoratif.

David H. Breen

Warren, Vincent de Paul, danseur et professeur (Jacksonville, Floride, 31 août 1939). Pendant les 18 années qu'il passe avec les GRANDS BALLETS CANADIENS, Warren devient l'un des danseurs les plus accomplis de l'histoire de la compagnie. Superbe interprète dans les ballets narratifs traditionnels, il excelle aussi dans les œuvres contemporaines, dont les chorégraphies sont souvent créées pour lui. Warren étudie et débute sa carrière aux États-Unis. Il est ensuite membre des Grands Ballets Canadiens de 1961 à 1979, exception faite de la saison 1970-1971 pendant laquelle il se produit avec le Théâtre français de la danse, à Paris, ainsi qu'avec le Ballet de l'Opéra de la ville de Cologne. Depuis 1979, il enseigne la danse classique et l'histoire de la danse à Montréal, principalement à l'école des Grands Ballets Canadiens.

Michael Crabb

Wasaga Beach, ville de l'Ont.; pop. 8698 (rec. 1996), 6457 (rec. 1991), 5124 (rec. 1986); superf. 55,62 km²; constituée en 1974; située sur les rives de la BAIE GEORGIENNE, à l'embouchure de la rivière Nottawasaga, à 45 km de Barrie et à 135 km au nord de Toronto. Wasaga Beach est la plus longue plage d'eau douce au monde. C'est en 1882 que William Train nomme la ville Wasaga Beach, mais ce n'est qu'à la fin des années 1890 que l'emploi de ce nom se généralise. Il est emprunté à la rivière Nottawasaga. Pendant la GUERRE DE 1812, ce lieu est le théâtre de la bataille du *Nancy,* un schooner britannique qui, pris en chasse par 3 vaisseaux américains mieux armés et beaucoup plus gros, finit par sombrer non sans avoir endommagé les vaisseaux américains. Sa coque, échouée près de la plage et ensevelie sous le sable au cours des ans, forme aujourd'hui une petite île. Le musée de Nancy Island, à Wasaga Beach, commémore cette bataille.

On y exploite les forêts depuis les années 1830 jusqu'aux années 1890. Le peuplement de la région commence en 1870, lorsque John Van Vlack y achète 69 acres de terre. Dans les années 1900, des résidants de Toronto commencent à se construire des résidences secondaires dans la région. Le tourisme est le moteur de l'économie locale. Depuis quelques années, la ville est de plus en plus habitée à l'année à mesure qu'un nombre croissant de résidants vont travailler dans d'autres villes. La construction résidentielle est dès lors en plein essor. Le parc provincial de Wasaga Beach, avec ses plages, ses dunes et ses sentiers, se trouve sur le territoire de la ville.

Deborah Welch et Michael Payne

Washburn, Jon Spencer, chef d'orchestre, gambiste, compositeur, professeur (Rochelle, Illinois, 4 juill. 1942). Aujourd'hui particulièrement connu comme l'un des chefs de chœur les plus renommés au Canada, Washburn a étudié l'enseignement de la musique à l'Illinois State University et la musique chorale à l'U. de l'Illinois, y obtenant son B.Mus.Éd. en 1965. Puis, il étudie l'histoire de la musique à l'U. Northwestern (1966-1967) et la musicologie à l'U. de la Colombie-Britannique (1967-1970). Il est membre fondateur, codirecteur et gambiste de la Hortulani Musicae à Vancouver (1969-1971) et de la Vancouver Society for Early Music (1970), connue après 1987 sous le nom de Early Music Vancouver. Au cours de la même période (1969-1971), il est chef de chœur des Jon Washburn Singers. De 1967 à 1971, il est directeur musical de l'Église unitarienne à Vancouver et, de 1969 à 1977, maître de chœur et chef adjoint de la Chorale Bach de Vancouver. En 1974, il est artiste résident à l'U. Simon Fraser; la même année, il commence son travail (qui se poursuit jusqu'en 1987) en tant que directeur des activités de la chorale et du programme d'apprentissage de la direction de chœur au Vancouver Community College. Il est également chef de chœur et directeur musical des Amity Singers de Victoria (1975-1980) en plus d'être chargé de cours à l'U. de la Colombie-Britannique (1982). De 1987 à 1992, il agit à titre de codirecteur artistique de la série de concerts de musique de chambre Masterpiece.

Toutefois, Washburn s'est principalement illustré (à compter de 1971) comme chef de chœur, directeur artistique et directeur général de la Vancouver Cham-

ber Choir. Il a lui-même fondé cette chorale, qui est lauréate de divers prix et reconnue au niveau international, et a effectué avec elle plus de 40 tournées au Canada et donné des concerts partout dans le monde. En 1991, Washburn devient éditeur général de musique chorale pour Jaymar Music Ltd (London, Ont.) et, en 1992, chef de chœur et directeur artistique de la Phoenix Bach Choir (Arizona). Il donne plusieurs concerts radiodiffusés, se produit comme chef invité avec divers chœurs et orchestres au Canada, aux États-Unis et en Europe, et participe à 25 enregistrements (dont 21 avec la Vancouver Chamber Choir). En outre, il œuvre comme compositeur et arrangeur pour de nombreuses œuvres chorales et il est reconnu comme professeur de direction de chorale, en plus d'être récipiendaire de nombreux prix et distinctions. Il commande et interprète plus de 100 œuvres canadiennes réalisées par des compositeurs comme John BECKWITH, Jean COULTHARD, Stephen Chatman, Rudolf KOMOROUS, Oskar MORAWETZ, Imant Raminsh, R. Murray SCHAFER entre autres.

La contribution la plus importante de Washburn est probablement son rôle d'ardent défenseur et de promoteur de la musique chorale sous ses diverses formes. Ses réalisations témoignent de son sens aigu de la musique, de son énergie et de son professionnalisme dans la tâche qu'il poursuit en vue de faire progresser cette musique, particulièrement par les compositeurs canadiens.

Bryan N.S. Gooch

Waterloo, cité de l'Ont.; pop. 77 949 (rec. 1996), 71 181 (rec. 1991), 58 718 (rec. 1986). C'est la plus petite des villes jumelles du centre sud-ouest de l'Ontario, à 110 km à l'ouest de Toronto (*voir* KITCHENER-WATERLOO). Bien que Waterloo partage avec Kitchener de nombreux aspects de son expansion économique et sociale, elle continue d'évoluer de manière distincte.

Historique Les premiers colons, des MENNONITES dirigés par la famille Erb de Pennsylvanie, arrivés dans la région en 1806, s'installent sur un lopin de terre appelé le German Company Tract. En 1816, la région accède au statut de canton et prend le nom de Waterloo en souvenir de la célèbre victoire de Wellington sur Napoléon en 1815. La localité de Waterloo est constituée en tant que village en 1857 (pop. env. 500), en tant que ville en 1876 (pop. env. 1700), puis en tant que cité en 1947 (pop. 10 736).

Au moment où la localité s'accroît et devient village, puis ville, les habitants, leurs maisons et leurs lieux de travail sont concentrés dans une région centrale. Ainsi, toute la population se côtoie quotidiennement et chaque personne est connue et appréciée. Le sentiment de solidarité créé à l'époque demeure encore vivant aujourd'hui. La grande majorité des gens était d'origine allemande et parlait l'allemand.

Les proportions obtenues dans les recensements religieux de 1861 et 1871 se maintiennent pendant une génération: 54 p. 100 de luthériens, 9 p. 100 de catholiques romains et 6 p. 100 de mennonites même si, depuis 1945, Waterloo, comme la nation canadienne, est devenue multiculturelle et multiconfessionnelle. Depuis son accession au statut de ville, Waterloo a vu sa population se multiplier par six. Ainsi, l'influence allemande s'est estompée et le cœur de la ville s'est dispersé.

La ville connaît une expansion constante tout au long du XIXᵉ siècle. Les membres du conseil municipal sont pratiquement une chambre de commerce, et on retrouve les mêmes genres de personnes aux comités d'églises, aux comités de parcs et de cimetières aussi bien qu'à la direction des secteurs du commerce, des assurances et des industries manufacturières. En 1890, ils créent le parc de Waterloo, d'une superficie de 30 ha. Le parc est aménagé tout autour de l'étang de l'ancien moulin à provende datant de 1816 et appartenant à Abraham Erb, le fondateur de la localité.

L'industrie des assurances devient progressivement une spécialité locale dans les années 1860 avec l'arrivée de la Waterloo County Farmers' Mutual and Ontario Mutual Life, la première du genre au Canada, qui fait aujourd'hui partie du groupe Mutual. D'autres compagnies d'assurances, dont la Dominion Life, voient le jour. Cette dernière fusionne plus tard avec la Manulife Financial, qui a toujours son siège social à Waterloo.

La distillerie de la Compagnie SEAGRAM ltée (1857) demeure un important employeur à Waterloo jusqu'à sa fermeture en 1992. Seagram contribue à assurer un certain niveau de sécurité et de coordination à la collectivité. La famille Seagram, tout en donnant largement aux campagnes caritatives, investit des capitaux dans des sociétés de fiducie, d'assurances, de meubles, de musique et autres entreprises. Sur les lieux de la distillerie originale, on a construit un musée de niveau international qui illustrait au début l'histoire du vin et des spiritueux à travers les siècles et partout au monde. Le musée est devenu par la suite un musée du patrimoine industriel rappelant les liens historiques de Seagram avec la collectivité de Waterloo jusqu'à ce qu'il ferme en 1997. Tout près de la Uptown Gathering Place, récemment construite, se trouve la Galerie canadienne de la céramique et du verre (1993), une galerie nationale consacrée aux objets d'art en caillloutage, à la céramique, au vitrail et à l'émail.

Économie Les plus importants employeurs sont l'UNIVERSITÉ DE WATERLOO, l'UNIVERSITÉ WILFRID-LAURIER, le Groupe Mutual et le Manulife Financial. On y trouve de nombreuses petites et moyennes entreprises manufacturières sans industrie prédominante. La technologie des ordinateurs et la gestion de l'environnement sont deux des secteurs dont la croissance est le plus rapide et l'U. de Waterloo attire plusieurs entreprises technologiques de pointe qui s'établissent tout près. À proximité de l'université se trouvent aussi Open Text, Research In Motion, Watcom International (aujourd'hui Sybase), Mortice Kern Systems (MKS), le Centre canadien d'innovation industrielle et Raytheon Canada. (*Voir aussi* le tableau statistique sous KITCHENER-WATERLOO.)

Paul Cornell et Kenneth McLaughlin

Water-polo Il se pratique généralement dans une piscine par deux équipes de 13 joueurs chacune (sept joueurs à la fois, par équipe, dans l'aire de jeu) qui tentent de faire pénétrer un ballon dans le but adverse. Le water-polo emprunte son nom à un sport apparu vers 1870 en Angleterre. Les joueurs enfourchaient alors des tonneaux flottants, ou montaient des chevaux, et frappaient une balle avec un maillet. Ces accessoires sont bientôt abandonnés et le sport devient populaire en Grande-Bretagne, où dominent les équipes du nord de l'Angleterre. Ce pays remporte d'ailleurs la médaille d'or à plusieurs occasions au cours des premiers Jeux olympiques (de 1900 à 1920). Cependant, à partir de 1930, la Hongrie, l'URSS et la Yougoslavie s'imposent dans les compétitions internationales. Aux Olympiques de 1976, l'équipe masculine canadienne se bâtit une renommée en disputant d'excellents matchs contre les champions du monde, dont un match nul, 6-6, contre les champions olympiques soviétiques. Le Canada se classe maintenant troisième dans l'hémisphère occidental après les États-Unis et Cuba. En 1987, aux Jeux panaméricains, le Canada rate de peu une médaille de bronze. En 1986, le water-polo féminin est reconnu officiellement à l'échelle internationale lorsque la discipline figure aux Championnats du monde aquatiques à Madrid. Le Canada a une excellente réputation en ce qui regarde le water-polo féminin international et, en 1981, l'équipe féminine établit sa suprématie sur la scène mondiale. Le water-polo, sous ses différentes formes, compte quelque 10 000 adeptes au pays. En 1964, l'Association canadienne de water-polo voit le jour et Water

Polo Canada est aujourd'hui l'organisme qui régit le sport à l'échelle nationale.

Jack Boddington

Waterston, Elizabeth Hillman, enseignante, critique, directrice littéraire (Montréal, Qc, 18 avril 1922). Diplômée du Bryn Mawr College (M.A.) et de l'U. de Toronto (B.A. et Ph.D.), elle est successivement membre du département d'anglais du Sir George Williams College (1945-1958), de l'U. de Western Ontario (1958-1967) et de l'U. de Guelph (1967-1987), où elle est titulaire de 1974 à 1977, avant d'être nommée professeure émérite, titre qu'elle détient toujours. Membre fondatrice de l'Association of Canadian University Teachers of English et de l'Association des littératures canadienne et québécoise, elle fonde également, à titre de rédactrice en chef, la Canadian Children's Literature. Elle préside, de 1977 à 1979, l'Association canadienne des humanités.

Parmi les nombreux ouvrages d'Elizabeth Waterston, on compte *Survey: A Short History of Canadian Literature* (1973), *Gilbert Parker* (1989) et *Children's Literature in Canada* (1992). Ses talents font d'elle une rédactrice et une critique connue et respectée. Elle collabore entre autres avec Mary Rubio à la direction littéraire de *Selected Journals of L.M. Montgomery* (1985, 1987, 1992), une œuvre en trois volumes, et écrit avec elle *Writing a Life: L.M. Montgomery* (1994). Elle est aussi coauteure de *Silenced Sextet: Six 19th Century Women Novelists* (1993) avec Carrie Macmillan et Lorraine McMullen.

John Lennox

Watson, Edward A., vétérinaire, pathologiste et chercheur (Devon, Angl., 2 janv. 1879—Victoria, 12 mars 1945). Émigré au Canada en 1896, il obtient un diplôme de l'Ontario Veterinary College en 1904. Responsable du Laboratoire de pathologie vétérinaire de Lethbridge (Alberta) de 1906 à 1915, il mène d'importantes recherches sur la dourine, maladie qui affecte le cheval. Il dirige la division de pathologie du ministère de l'Agriculture de 1919 à 1942 et crée l'Institut de recherches vétérinaires. Watson est un chercheur et un laborantin passionné et dévoué, dont le travail sur la dourine n'est qu'un exemple des nombreuses études qu'il a menées sur les maladies animales. Ses idées, issues d'une perspective internationale de la science, constituent la base des recherches vétérinaires au Canada. (*Voir aussi* MÉDECINE VÉTÉRINAIRE.)

J.F. Frank

Watson, Helen Griffith Wylie, née McArthur, administratrice en soins infirmiers (Stettler, Alb., 11 juill. 1911—Guelph, Ont., 15 déc. 1974). Diplômée de l'U. de l'Alberta, Watson fait sa première expérience de pratique à titre d'infirmière en santé publique dans une communauté isolée de la région de la rivière de la Paix pendant la Crise de années 30. En 1946, elle entre à la CROIX-ROUGE où elle devient finalement directrice nationale des services de soins infirmiers. Elle occupe le poste de présidente de l'Association des infirmières du Canada de 1950 à 1954 et est active sur le plan international avec la Croix-Rouge. En 1954, elle reçoit la Florence Nightingale Award pour son travail en Corée, la plus haute distinction de la Croix-Rouge internationale, et est élevée au rang d'Officier de l'Ordre du Canada. Elle prend sa retraite en 1971.

Daniel Francis

Watson, Homer Ransford, peintre (Doon, Canada-Ouest, 14 janv. 1855—*id.*, 30 mai 1936). Principalement autodidacte, Watson passe les années 1874 à 1876 à Toronto, où il travaille avec John A. Fraser et Henri Perr, et à New York, où il assimile l'influence de George Inness et de la Hudson River School. Plus tard, en Europe, il rencontre sir George Clausen et Whistler, et il admire Millet, les peintres de Barbizon et Constable. Célèbre partout dans le monde à l'apogée de sa carrière, Watson développe un style de paysage qui se caractérise par l'honnêteté du traitement et une attention aux caprices de la nature. Beaucoup

de ses toiles représentent la campagne près de Kitchener, les arbres, les champs de céréales, les pacages de bovins, le «pays de la frugalité» si cher au monde des pionniers. Il commence à exposer en 1878, mais connaît son premier succès quand la première Académie royale des arts du Canada, de 1880, lui achète *The Pioneer Mill* pour la reine Victoria. Un grand nombre de ses toiles importantes sont terminées avant la fin du siècle: *Cornfield* (1883), *The Flood Gate* (1900) et *After the Rain* (1883). Il compte parmi ses mécènes Lord Strathcona, James Ross, Oscar Wilde et de nombreux riches Canadiens. En 1907, il fonde le Canadian Art Club avec Edmund MORRIS, dans l'espoir que les toiles canadiennes prennent le pas sur les toiles européennes importées. Watson est le président de l'Académie royale des arts du Canada de 1918 à 1921.

J. Russell Harper

Watson, John, philosophe (Glasgow, Écosse, 25 févr. 1847—Kingston, Ont., 27 janv. 1939). Il est le plus important des premiers philosophes canadiens, membre fondateur de la Société royale du Canada et auteur de huit livres et de plus de 200 articles. Watson arrive à l'U. Queen, à Kingston (Ontario), en 1872. Ses écrits sont imprégnés d'hégélianisme et influent à leur tour l'évolution des idées religieuses et politiques au Canada. Watson est le seul philosophe canadien jamais invité à donner les prestigieuses «Gifford Lectures» à Édimbourg, en Écosse. Ces cours sont publiés dans un ouvrage en deux volumes, *The Interpretation of Religious Experience* (1910-1912), qui fait date dans l'histoire de la philosophie au Canada. En philosophie, Watson s'intéresse surtout à la métaphysique de la religion. Dans *Christianity and Idealism* (1896), il propose une interprétation rationnelle du christianisme. En mettant l'accent sur la raison, il dégage un terrain commun qui peut rallier les gens et il contribue ainsi à jeter les bases intellectuelles de l'ÉGLISE UNIE DU CANADA (constituée alors qu'il est déjà d'un âge avancé). Ses premiers ouvrages portent sur Kant, le philosophe allemand: *Kant and his English Critics* (1881), *The Philosophy of Kant* (1888) et *The Philosophy of Kant Explained* (1908). Ils deviennent des classiques et sont encore consultés par les kantiens. Pendant ces mêmes années, Watson écrit des textes qui initieront des centaines d'étudiants à la PHILOSOPHIE. Son style limpide et son analyse toute particulière contribuent à la popularité de ses publications. Après la Première Guerre mondiale, Watson publie *The State in Peace and War* (1919), qui appelle à l'instauration d'un gouvernement mondial fondé sur la tolérance et l'intégration multiculturelle. Le pluralisme culturel du Canada et son émergence pacifique comme pays marquent la pensée de Watson, qui préconise des conditions de vie équitables pour tous et la récompense de l'effort individuel.

Elizabeth A. Trott

Watson, Patrick, téléaste et animateur de télévision, cinéaste, auteur, acteur, communicateur (Toronto, 23 déc. 1929). Après avoir obtenu une maîtrise ès arts de l'U. de Toronto, il abandonne son projet de faire carrière comme professeur d'université et accepte différentes affectations au réseau anglais de la Société Radio-Canada (SRC) avant de se joindre à l'équipe de production de l'émission *Close-Up* en 1957. De 1960 à 1964, il réalise l'émission hebdomadaire *Inquiry* à partir d'Ottawa. Par la suite, il est pendant deux ans coproducteur (avec Douglas Leiterman) et coanimateur (avec John DRAINIE et Laurier LAPIERRE) de la populaire émission This Hour Has Seven Days (1964-1966), qui établit sa renommée nationale.

Depuis, il est animateur, rédacteur et producteur de nombreuses émissions, dont *The Watson Report* (1975-1981) et la coproduction internationale en 10 épisodes *The Struggle for Democracy*. De plus, il anime les émissions *Live From Lincoln Centre,* au réseau américain PBS, et *Venture* au réseau de télévision anglais de la SRC.

Homme aux talents variés, Watson peut tout aussi bien piloter des avions qu'interpréter sa propre adaptation théâtrale de *The Book of Job* (1984). Son livre le plus connu est le thriller psychologique *Alter Ego* (1978).

En 1989, il est nommé président du conseil d'administration de la SRC, avec comme président-directeur général Gérard Veilleux, ancien secrétaire du conseil fédéral du trésor. À la fin des années 90, il soulève un tollé lorsque, dans le but de resserrer les finances, la SRC supprime 1100 postes et ferme plusieurs stations.

Il préside à la mise en œuvre de la phase initiale du gigantesque programme de restructuration de la SRC. Il est nommé Officier de l'Ordre du Canada en 1981. Il quitte son poste de président en 1994.

Eric Koch

Watson, Sheila, née Doherty, romancière, critique et professeure (New Westminster, C.-B., 24 oct. 1909—Nanaimo, 1ᵉʳ févr. 1998). La publication de son roman *Sous l'œil de Coyote* (1976) marque le début de la littérature contemporaine au Canada. Elle fréquente l'U. de la Colombie-Britannique, puis termine un doctorat à l'U. de Toronto sous la direction de Marshall MCLUHAN. Spécialiste réputée de la période des débuts du modernisme en Grande-Bretagne et, plus particulièrement, de l'œuvre de Wyndham Lewis, elle enseigne d'abord en Colombie-Britannique, puis à l'U. de l'Alberta. Elle reçoit la médaille Lorne Pierce de la SOCIÉTÉ ROYALE DU CANADA en 1984.

Watson publie *Four Stories* en 1979, suivi de *And the Four Animals*, en 1980. Ces deux récits sont intégrés par la suite à *Five Stories* (1984). Ses critiques ont fait l'objet d'un numéro spécial de *Open Letter* (1974). Elle est aussi fondatrice et rédactrice en chef du périodique *White Pelican* (1971-1975). Un recueil d'essais, *Figures in a Ground,* est publié en son honneur en 1978. *The Collected Works of Miriam Mandel* (éd. par Watson) paraît en 1984. Elle publie, en 1992, *Deep Hollow Creek,* un roman qu'elle a écrit beaucoup plus tôt, soit au début des années 30.

Watson, par son audace intellectuelle, la confiance qu'elle a en ses lecteurs et l'attitude sceptique qu'elle adopte face à la nature même du langage, a rendu possible l'essor de la littérature contemporaine au Canada. *Sous l'œil de Coyote* (1976) présente, de façon concise et symbolique, un drame de désintégration sociale et de rachat dans un village isolé de la Colombie-Britannique. Selon l'auteur, ce roman décrit comment, s'ils n'ont dans leur vie ni art, ni tradition, ni rituel, les gens sont portés à la violence ou à l'insensibilité. Elle insiste sur le caractère essentiel des rituels médiateurs qui se manifestent dans l'expression artistique. Elle présente ces thèmes dans un style qui oscille entre deux registres, à la fois local et universel, réaliste et symbolique.

Des écrivains, tel Robert KROETSCH, ont vu dans ce double registre une caractéristique fondamentale de la culture canadienne, un équilibre des contraires. *Deep Hollow Creek* reprend de nombreux thèmes présents dans *Sous l'œil de Coyote,* qu'il traite de manière plus directe et conventionnelle, mais dans un style toujours elliptique et stimulant. Il est fascinant de songer à l'évolution qu'aurait connue le roman canadien si ce brillant ouvrage avait été publié l'année de sa rédaction. Elle était l'épouse de Wilfred WATSON, avec qui elle s'est installée à Vancouver en 1980.

Stephen Scobie

Watson, Wilfred, poète, dramaturge et professeur émérite de littérature anglaise à l'U. de l'Alberta (Rochester, Angl., 1ᵉʳ mai 1911—Nanaimo, 25 mars 1998). Écrivain très novateur, il fait autorité dans le théâtre canadien des années 60. Ses vers en grille numérotée revêtent un caractère important pour la prosodie et les spectacles de poésie. Son premier ouvrage, *Friday's Child* (1955), remporte le British Council Award et le prix du Gouverneur général pour la poésie. Un imaginaire mythologique, littéraire et religieux, de même qu'une énergie intense marquent toute son œuvre.

Dans les années 60, il se tourne vers le théâtre et écrit 10 pièces, surtout en vers, dont l'influence est immédiate et considérable. Parmi ces pièces, on trouve: *Cockrow and the Gulls,* créée en 1962; *O Holy Ghost DIP YOUR FINGER IN THE BLOOD OF CANADA and write, I LOVE YOU,* 1967; *Lets murder Clytemnestra, according to the principles of Marshall MCLUHAN,* 1969. Watson est très proche de Marshall MCLUHAN et ils ont écrit ensemble *From Cliché, to Archetype* (1970; trad. *Du cliché à l'archétype: la foire du sens,* 1973). Selon Watson, l'univers du multimédia engendre une conscience multidimensionnelle et exige donc un théâtre «radicalement absurde», où des «multi-environnements» remplacent l'action et le milieu réalistes. Son œuvre consiste en grande partie en allégories politiques.

Dans les années 70, il revient à la poésie et publie *The Sorrowful Canadians* (1972), qui juxtapose des polices de caractère, des refrains et des «voix». Dans *I Began with Counting* (1978) et *Mass on Cowback* (1982), il met au point le vers en grille numérotée: il utilise une grille verticale de neuf chiffres, avec 17 emplacements pour des mots, des syllabes ou des syntagmes. En superposant les grilles, il obtient une «partition» pour l'interprétation de poèmes à plusieurs voix; ces poèmes existent non pas sur la page, mais dans la transformation de la forme visuelle à la forme auditive. Son ouvrage *Gramsci x 3* (publié en 1983, créé en 1986), bien qu'il soit en partie un docudrame, se caractérise par l'absurde, l'expérimentation permanente de diverses formes de vers, l'alternance de la satire et du lyrisme, ainsi que par une énergie et une exaltation qui transcendent l'horreur décrite dans l'ouvrage.

Collected Poems (1986) et *Plays at the Iron Bridge* (1989) rassemblent ses œuvres les plus importantes. Cinq de ses nouvelles, toutes des allégories, sont réunies dans *The Baie Comeau Angel and Other Stories* (1993). Ses manuscrits sont conservés dans le fonds d'archives de l'U. de l'Alberta. Watson était marié à la romancière influente Sheila WATSON.

Shirley Neuman

Watters, James C., mineur de charbon, syndicaliste et socialiste (Édimbourg, Écosse, 1869—Victoria, 1947). En tant que président fondateur de la British Columbia Federation of Labour (1910), Watters joue un rôle important dans le mouvement ouvrier de l'Ouest canadien, et prend brièvement, sur la scène nationale, le rôle de chef de la coalition ouvrière contre la conscription de 1917. À titre de président du CONGRÈS DES MÉTIERS ET DU TRAVAIL DU CANADA (CMTC), il espère rallier le Québec, les minorités ethniques ainsi que les libéraux et socialistes modérés à la campagne visant à mettre un frein à la loi sur la CONSCRIPTION du gouvernement conservateur de Robert BORDEN qui est en place durant la guerre et qui se révélera plus tard favorable au syndicalisme. Les socialistes et les syndicalistes, surtout dans l'Ouest, s'allient avec sir Wilfrid LAURIER pendant les élections nationales de décembre 1917. Toutefois, aucun candidat libéral-travailliste n'est élu et, à l'assemblée de 1918 du CMTC, Watters perd la présidence qu'il détient depuis 1911. En 1920, son rôle ne consiste plus qu'à servir d'agent médiateur entre les membres conservateurs et socialistes au sein du mouvement travailliste. Quand sa mission échoue, il tombe dans l'obscurité.

Allen Seager

Waxman, Albert Samuel, surnommé «Al», artiste de télévision et de cinéma et réalisateur (Toronto, 2 mars 1935). Il joue le rôle titre de *King of Kensington* (1975-1980), une comédie de situation télévisée du réseau anglais de la Société Radio-Canada (SRC) et devient l'un des acteurs canadiens les plus connus. Par la suite, il interprète divers rôles dans des dramatiques télévisées, ce qui lui vaut des éloges de la critique. Il fait ses études d'art dramatique à New York en 1959, joue dans des films hollywoodiens et réalise de courts et de longs métrages canadiens. Il remporte un prix ACTRA en 1976.

Son interprétation remarquable d'un manœuvre au chômage dans *The Winnings of Frankie Walls* lui vaut le Earle Grey Award en 1981, récompense extrêmement convoitée. Il tient aussi la vedette dans la série télévisée américaine *Cagney and Lacey* de 1981 à 1988. Waxman réalise le film *Maggie's Secret* (1990) pour le réseau anglais de la SRC, ce qui lui vaut une mise en nomination pour un Emmy et le Scott Newman Award pour son travail de sensibilisation au problème d'abus des drogues et de l'alcool.

Durant les années 80 et 90, il est réalisateur pour la télévision nationale canadienne et américaine (il réalise des épisodes de *Littlest Hobo, Cagney and Lacey, Night Heat, Hitchcock Presents* et *Max Glick*) et metteur en scène pour le théâtre (*A Shayne Maidel* et *Lost in Yonkers*). Respecté de ses confrères, il est président de l'Académie canadienne du cinéma et de la télévision.

Waxman participe activement à des collectes de fonds et à des activités de charité partout au Canada. En 1992, il est coproducteur délégué, coréalisateur et présentateur de la série *Missing Treasures* (une émission visant à réunir les enfants disparus et les parents). La série reçoit les hommages du Houston International Film Festival et le Gold Award destiné à la meilleure émission d'affaires publiques. En février 1997, il est nommé Membre de l'Ordre du Canada.

Au cours des années 90, Waxman poursuit sa carrière de comédien et est acclamé par un vaste public pour son interprétation dans plusieurs téléfilms et longs métrages, américains et canadiens. Citons, entre autres, *I Still Dream of Jeannie, Scales of Justice, Due South, Cagney & Lacey Reunion, Golden Phoenix, Net Wort, Gotti* et *The Rescuers*. Il a été dirigé par des géants du cinéma comme Louis Malle, Sydney Lumet et Peter Bogdanovitch.

Allan M. Gould

W.D. Lawrence Ce voilier à gréement en carré de 2548 tonnes est construit en 1874 à Maitland en Nouvelle-Écosse. Il est conçu et construit par William Dawson Lawrence qui fait des profits substantiels avec son bateau jusqu'en 1883, année où il le vend à un Norvégien. Sous le nom de *Kommander Sven Foyn,* ce grand voilier continue à générer des profits jusqu'en 1897 alors qu'il s'échoue dans la Manche. Il servira finalement de barge en Afrique occidentale.

James Marsh

Wayne and Shuster, duo comique formé de John Louis Wayne (Toronto, 28 mai 1918—*id.,* 18 juill. 1990) et de Frank Shuster (Toronto, 5 sept. 1916). Ils se sont connus à Harbord Collegiate, à Toronto, où ils jouaient dans les spectacles annuels. Tous deux détenteurs d'un baccalauréat en anglais de l'U. de Toronto, ils préparent chacun une maîtrise lorsque éclate la Seconde Guerre mondiale. Engagés dans l'infanterie, ils se retrouvent et se mettent à écrire et à participer à la production de *The Army Show.*

Rentrés au Canada après la guerre, ils travaillent ensemble à la radio (dès 1946, ils ont leur propre émission au réseau anglais de la Société Radio-Canada), puis à la télévision. Dès 1950, ils sont les invités de diverses émissions télévisées américaines, participant 67 fois (un record) au *Ed Sullivan Show.*

Leurs parodies très variées, décrites comme «une aimable combinaison de comédie bouffonne, de pantomimes, de tours visuels, de jeux de mots faciles et, parfois, d'ingénieuses distorsions de situations classiques», n'ont pas toujours la faveur des critiques, mais le duo demeure très populaire et remporte plusieurs prix internationaux. Très en demande aux États-Unis, ils continuent pourtant d'habiter à Toronto, résistant aux pressions de ceux qui les enjoignent d'aller chercher davantage de fortune et de gloire au sud de la frontière.

Charles Dougall

Weaver, Robert, directeur littéraire (Niagara Falls, Ont., 6 janv. 1921). Il grandit à Niagara Falls et à Toronto et, avant d'obtenir son diplôme de l'U. de Toronto, travaille quelque temps dans une banque ainsi que dans l'Aviation royale du Canada et dans l'armée. Nommé organisateur d'émissions à la division des débats télévisés et des affaires publiques du réseau anglais de la SRC en 1948, Weaver crée des émissions telles que *CBC Stage, CBC Playhouse, Canadian Short Stories* et *CBC Tuesday Night* (plus tard, la populaire *Anthology*) et procure aux artistes canadiens des débouchés dont ils ont grand besoin. Il fonde la TAMARACK REVIEW, une importante publication littéraire trimestrielle (1956), et codirige la publication d'*Oxford Anthology of Canadian Literature* (1973). Il est peut-être mieux connu en tant que directeur de la publication de nombreuses anthologies en vers et en prose, dont les éditions de *Canadian Short Stories* (1952, 1960, 1968, 1978, 1985) et *The Anthology Anthology: A Selection from Thirty Years of CBC Radio's Anthology.* Il prend une retraite anticipée de Radio-Canada en 1985, mais continue d'y coordonner le concours littéraire annuel et, en 1988, il est nommé réalisateur des émissions de fiction de *Saturday Night.* Il demeure une source d'inspiration inépuisable pour les écrivains qu'il encourage sans cesse par de fréquentes conversations et une correspondance soutenue.

Donna Coates

Webb, Phyllis, poète et relationniste (Victoria, 8 avril 1927). Auteure de plusieurs recueils de poésie et d'un recueil de textes destinés à la télédiffusion, d'essais et de critiques pour la télévision, Webb est une écrivaine canadienne de renom. Son œuvre, brillamment écrite, est claire dans ses objectifs et aborde des thèmes humains. Sa poésie exprime à la fois une tristesse face à la fatuité de la nature humaine, un amour démesuré pour la vie et les paysages naturels ainsi qu'un instinct viscéral pour la liberté. Ses activités politiques, son travail de relationniste pour la télévision et son intérêt pour la théorie politique font transparaître dans ses textes son intérêt pour la vie publique.

Webb fréquente l'U. de la Colombie-Britannique (B.A.) et l'U. McGill. Elle publie son premier recueil de poèmes, *Trio* (1954), puis *Even Your Right Eye* (1956). En 1957, elle reçoit une bourse qui lui permet d'aller étudier le théâtre en France. Elle publie, en 1962, *The Sea Is Also a Garden* suivi de *Naked Poems* (1965), une suite de poèmes intenses, semblables au haïku. De 1964 à 1969, elle travaille à Toronto au réseau anglais de la Société Radio-Canada, d'abord comme relationniste, puis comme productrice déléguée de l'émission *Ideas* (1967-1969). De retour sur la côte Ouest, en 1969, elle s'installe définitivement dans Saltspring Island. En 1971, elle publie *Selected Poems 1954-1965.* Son ouvrage *Bowl* (1980) regroupe de nombreux poèmes écrits au cours des années 70. *Talking* (1982) réunit des textes écrits pour Radio-Canada, des critiques et des articles. Elle publie la même année *The Vision Tree* et, en 1984, *Water and Light,* une série de poèmes empruntant leur forme au ghazal (poème persan). Parallèlement, elle enseigne à l'U. de la Colombie-Britannique, à l'U. Victoria, à l'U. de l'Alberta et au Banff Centre.

Sharon Thesen

Webb Zerafa Menkès Housden Partnership Cabinet d'architectes, fondé en 1961, qui compte comme associés Peter J. Webb (1927), Boris E. Zerafa (1933), René Menkès (1932) et W.H.G. Housden (1931). Il a des bureaux au Canada, aux États Unis, au Moyen-Orient, en Europe et en Nouvelle-Zélande. Le cabinet a contribué à transformer de nombreuses villes canadiennes par sa conception de sièges sociaux pour grandes pétrolières, d'importantes compagnies d'assurances et de grandes banques.

Parmi ses nombreux projets figurent: à Toronto, le Telegram Building, aujourd'hui le siège du *Globe and Mail* (1961-1963), le Toronto Star Building (1971), les Hazelton Lanes (1974-1976), le Crossways Complex (1975-1976), le Royal Bank Building (1976), le Sun Life Centre (1981-1983), la Scotia Plaza Tower (1986-1988); à Paris, les tours d'Elf Aquitaine (1982-1984); à Calgary, l'hôtel de ville (1985); à Vancouver, la Manufacturers's Life Tower (1984-1985), la Bank of British Columbia Tower (1984-1986); à Halifax, le Waterfront Park, Phase I (1988); à Edmonton, la Canada Place (1988); à Montréal, la Maison des Coopérants (terminée en 1989). Le cabinet a remporté de nombreux prix depuis sa création, il y a 25 ans. Parmi ceux-ci, notons la médaille Massey pour l'architecture en 1970 pour le Centre culturel Saidye Bronfman, à Montréal (conçu en collaboration avec Phyllis Lambert), et, en 1964, la médaille Massey pour l'architecture pour le Lothian Mews à Toronto (démoli en 1984).

Weekend Magazine Ce périodique paraît pour la première fois en septembre 1951, est un encart gratuit inséré dans neuf JOURNAUX quotidiens du pays. Le *Weekend Magazine* offre d'excellentes reproductions en couleurs aux annonceurs, de bonnes photographies, des reportages et des recettes aux lecteurs. Il offre également un supplément à but lucratif qui profite aux éditeurs de journaux en stimulant leur tirage. Le *Weekend Magazine,* dont le tirage dépasse les deux millions d'exemplaires en 1960, est alors inséré dans 41 journaux. Il devient le principal véhicule de PUBLICITÉ au pays. La télévision en couleurs et l'indifférence à l'égard des périodiques d'intérêt général nuit à la revue. Elle s'amincit d'année en année. En 1979, *Weekend Magazine* et *The Canadian* fusionnent. Le supplément *Today,* fruit de cette union, ferme ses portes en 1982. (*Voir aussi* MAGAZINES.)

J.L. Granatstein

Weinzweig, John Jacob, compositeur, professeur et administrateur (Toronto, 11 mars 1913). Étant le premier Canadien à explorer la technique de 12 tons, Weinzweig est un pionnier des méthodes de composition du XXᵉ siècle au Canada. Il crée un corps de musique indispensable au répertoire canadien et influence plusieurs générations de jeunes compositeurs qui ont été ses élèves. Diplômé de l'U. de Toronto en 1937, Weinzweig, poussé par son intérêt pour la composition contemporaine, s'inscrit à la Eastman School of Music, à Rochester, dans l'état de New York, où il poursuit des études supérieures. En 1939, il commence à enseigner au Toronto Conservatory of Music et, en 1956, devient professeur de composition à l'U. de Toronto, où il reste jusqu'à sa retraite en 1978. Profondément engagé à défendre les intérêts des compositeurs canadiens, il joue un rôle important dans la fondation de plusieurs organismes de soutien, comme la Ligue canadienne des compositeurs (1951) et le Centre de musique canadienne (1959). Sa suite de ballet, *Red Ear of Corn* (1949), est probablement son œuvre la plus connue, bien que la série des *Divertimenti* (à partir de 1946) pour solos de divers instruments et pour orchestres à cordes reflète plus fidèlement sa musique. En 1974, il est nommé Officier de l'Ordre du Canada. En 1994, le Centre de musique canadienne publie une monographie sur Weinzweig dans le cadre de sa collection.

Barclay McMillan

Weir, Walter C., entrepreneur de pompes funèbres, politicien et premier ministre du Manitoba de 1967 à 1969 (High Bluff, Man., 7 janv. 1929—Minnedosa, Man., 17 avril 1985). D'allégeance progressiste-conservatrice, Weir est élu à l'Assemblée législative du Manitoba en 1959. Il occupe successivement les fonctions de ministre des Affaires municipales et de ministre de la Voirie sous Duff ROBLIN. Doté d'une agréable personnalité, Weir est populaire auprès de son caucus et de ses collègues du Cabinet, et leur soutien lui permet d'accéder à la direction du parti en

1967. Plus conservateur que son prédécesseur, Weir ralentit le rythme des réformes instaurées par Roblin. En réalité, son mandat est caractérisé par un programme de restrictions gouvernementales, par la prudence dont il fait preuve en matière d'assurance-maladie, et par son opposition aux propositions fédérales, relativement à la réforme constitutionnelle et au bilinguisme officiel. En 1969, il évalue mal l'humeur du public et déclenche les élections plus tôt que prévu. C'est le NPD qui en sort vainqueur. Largement tenu responsable de la défaite des conservateurs, Weir se retire de la vie politique peu après qu'un processus de révision de la direction eut été enclenché en 1970. Lorsque Sterling LYON est élu premier ministre, Weir est nommé président d'une commission gouvernementale sur l'imposition locale.

Geoffrey Lambert

Weldon, Richard Chapman, professeur et politicien (Sussex, N.-B., 19 janv. 1849—Dartmouth, N.-É., 26 nov. 1925). Son éducation est exceptionnellement variée pour l'époque: il reçoit un B.A. (1866) et une M.A. (1870) de l'U. Mount Allison, puis, à l'âge de 23 ans, un doctorat en droit international de Yale. De retour à Mount Allison, il est nommé professeur d'économie politique et de mathématiques, mais au bout d'un an, il s'en va étudier le droit public à Heidelberg. De par sa formation, il devient un des pionniers de l'enseignement du droit au Canada et fut cofondateur, en 1883, de la faculté de droit de l'U. Dalhousie, première faculté de ce genre dans les provinces de *common law.* Il en fut le premier doyen de 1884 à 1914. Sous la direction de Weldon, elle offre un programme d'études libéral et systématique qui est à l'opposé du programme désordonné d'apprentissage du droit dispensé alors couramment. Conservateur reconnu, il est député fédéral de 1887 à 1896 et ami de sir John THOMPSON.

D.H. Brown

Welland, cité de l'Ont.; pop. 48 411 (rec. 1996), 47 914 (rec. 1991), 45 054 (rec. 1986); superf. 81,23 km²; const. en 1917; située dans la péninsule du Niagara, à 24 km au sud de St. Catharines. La localité se développe à l'endroit où le CANAL WELLAND rencontre la rivière Welland. De 1856 jusqu'à la création du gouvernement régional en 1971, elle est le chef-lieu du comté de Welland. Après 1900, lorsque son canal et son chemin de fer sont alimentés par l'énergie hydroélectrique des CHUTES NIAGARA et des chutes DeCew, Welland jouit d'une croissance industrielle importante et accueille un grand nombre d'immigrants de l'est et du sud de l'Europe.

Avec la construction d'un canal de dérivation pour le canal Welland en 1973, le noyau central de la ville se transforme en une île entourée de voies d'eau canalisées traversées par des ponts et des tunnels, et l'ancien canal est utilisé à des fins récréatives. Aujourd'hui, on retrouve entre autres à Welland des industries de fabrication de produits en acier inoxydable et d'autres produits sidérurgiques et des industries de machinerie agricole et de tuyaux de grand diamètre, mais l'industrie lourde périclite et les activités liées au service s'accroissent. Le Niagara College of Applied Arts and Technology se trouve à Welland. La ville est le centre de l'éducation et de la culture françaises de la région du Niagara.

John N. Jackson

Welland, canal Canal de navigation de 43,5 km de long, qui traverse la PÉNINSULE DU NIAGARA dans le sud-ouest de l'Ontario, de Port Weller sur le lac Ontario, à PORT COLBORNE sur le lac Érié. Il franchit une dénivellation de 99,4 m entre les deux lacs et contourne la turbulente rivière Niagara ainsi que les CHUTES NIAGARA.

Structures du canal

Depuis 1959, le canal Welland fait partie de la VOIE MARITIME DU SAINT-LAURENT. Il compte sept écluses-ascenseurs entre Thorold et le lac Ontario, le long de sa partie nord, et un sas de sécurité à Port Colborne, près de son entrée sud. Les écluses 4, 5 et 6 sont une série, mondialement réputée, d'écluses jumelées superposées, dont la longueur atteint près de 1249,7 m, et la hauteur, 42,5 m. Le canal est profond de 8,2 m et large de 94,5 m en moyenne et de 152,4 m à WELLAND, le long du canal de dérivation. Les navires qui l'empruntent ne peuvent pas excéder une longueur de 222,5 m, une largeur de 23,2 m, un tirant d'eau de 7,9 m et une hauteur de 35,5 m au-dessus du niveau d'eau. Le canal compte 11 ponts levants, trois tunnels, un pont de haut niveau et un traversier saisonnier pour piétons.

Trafic

Le volume des marchandises s'accroît de 25 millions de tonnes en 1959 à un maximum de 66,2 millions de tonnes en 1979. Par la suite, la récession entraîne une diminution sérieuse jusqu'à un minimum de 31,8 millions de tonnes en 1993. Environ 41,1 millions de tonnes de marchandises sont transportées sur le canal en 1996, surtout du minerai de fer (8 millions de tonnes), du blé (7,1 millions de tonnes), de la houille bitumineuse (4,5 millions de tonnes), du fer et de l'acier transformés (3,3 millions de tonnes). Des 3307 navires en transit, 2234 sont des navires de lac et 916 sont des navires de haute mer. D'après les registres, 56 p. 100 appartiennent à des Canadiens; 31,4 p. 100, à des Américains; et 12,5 p. 100, à des étrangers.

Historique

Le premier canal Welland, qui ouvre en 1829, est une voie vitale d'échange et de commerce au cœur de l'Amérique du Nord. Sa réalisation revient surtout à un homme d'affaires de St. Catharines, William Hamilton MERRITT. Une série de nouveaux travaux de construction d'envergure suivent à des moments divers, souvent sur des voies différentes. On peut voir les vestiges du deuxième canal (ouvert en 1845), du troisième canal (ouvert en 1887) ainsi que le canal moderne, ou quatrième canal (ouvert en 1932), avec son canal de dérivation (long de 13,4 km) à Welland (ouvert en 1973).

Le canal Welland a entraîné la création et l'expansion d'agglomérations le long de ses rives. Il est le principal facteur de leur développement urbain et industriel. La municipalité régionale de Niagara construit actuellement une route qui longe le canal sur toute sa longueur, de Port Colborne à Port Weller. On compte transférer l'administration du canal Welland de la Voie maritime du Saint-Laurent, qui est une société d'État, à une compagnie sans but lucratif gérée par des compagnies de transport et par les usagers de la voie maritime.

John N. Jackson

Wells, Clyde Kirby, avocat et premier ministre de Terre-Neuve (Buchans Junction, T.-N., 9 nov. 1937). Wells est diplômé de la Memorial University of Newfoundland (B.A., 1959) et de la Dalhousie Law School (LL.B., 1962). En 1964, il établit son propre cabinet d'avocat à Corner Brook. D'abord élu à la Newfoundland House of Assembly en 1966, il fait partie du Cabinet du premier ministre Joseph SMALLWOOD jusqu'en 1968, année où il démissionne pour une question de principe. Il abandonne complètement la politique en 1971.

En 1977, il représente Terre-Neuve à un comité sur la Constitution de l'Association du Barreau canadien et, en 1981, il défend le gouvernement provincial devant la Cour suprême de Terre-Neuve, contre le gouvernement fédéral qui veut rapatrier unilatéralement la constitution. (La cour lui donnera gain de cause.) En 1987, il est élu chef du Parti libéral provincial et, en 1989, il devient premier ministre, mettant ainsi fin aux 17 années consécutives de pouvoir du Parti conservateur.

Quelques mois plus tard, Wells attire l'attention du pays par ses critiques à l'endroit de l'ACCORD

DU LAC MEECH, que l'Assemblée législative de Terre-Neuve avait ratifié en 1988. Il croit que cet accord risque d'éroder le statut de la province de Terre-Neuve au Parlement fédéral et il rejette énergiquement le statut de «société distincte» que cet accord confère au Québec. En avril 1990, il annule la ratification de cet accord et mène une vigoureuse campagne contre celui-ci, avec toute l'attention des médias portée sur lui. Au cours de la mémorable conférence des premiers ministres de juin 1990, c'est à contre-cœur qu'il entérine cet accord que tous les autres ministres avaient accepté, à la condition toutefois qu'il puisse soumettre la question à la population de Terre-Neuve, soit par voie référendaire, soit à l'Assemblée législative.

Finalement, Wells ne soumet pas l'accord au vote populaire, sous prétexte que les délais de procédure de l'Assemblée législative du Manitoba l'empêchaient de respecter l'échéancier. Wells, qui refuse tout compromis, est largement tenu responsable de l'échec de l'accord et de la colère qui s'ensuit au Québec, une opinion que Wells nie toutefois catégoriquement.

Défenseur indéfectible Au cours de la deuxième ronde de négociations constitutionnelles, Wells met un bémol à son opposition au statut spécial pour le Québec. Il se fait le défenseur indéfectible d'un Sénat dit «des trois E», à l'instar de Don Getty et d'autres premiers ministres de l'Ouest; une position qui constitue un autre obstacle sérieux à un nouvel accord constitutionnel. Sa conception d'un fédéralisme où toutes les provinces sont sur un pied d'égalité est diamétralement opposée à celle du Québec qui insiste sur l'insertion d'une clause sur la «société distincte». Wells accepte finalement une réforme du Sénat telle que proposée dans l'ACCORD DE CHARLOTTETOWN, et Terre-Neuve est l'une des rares provinces à avoir appuyé l'accord, lors du référendum de 1992.

Budget austère Dans la période qui suit ces querelles constitutionnelles, Wells se concentre sur l'économie terre-neuvienne qui va en se détériorant. Il dépose un budget austère au début de 1993 et il axe sa campagne sur la responsabilité financière. Son gouvernement libéral est reporté au pouvoir par une majorité un peu plus forte. Bien que n'ayant jamais produit d'excédent budgétaire, Wells réussit à contrôler les dépenses et à atténuer les effets dévastateurs des pertes dans le secteur des pêches. Il privatise la Société provinciale de l'électricité et fond deux systèmes d'éducation coûteux en un, mettant ainsi un terme à quelque 400 ans de mainmise du clergé sur le système scolaire.

Wells annonce son intention d'abandonner la politique en décembre 1995. Il quitte ses fonctions le 26 janvier 1996 et retourne à la pratique du droit.

Welsh, Harry Lambert, physicien et enseignant (Aurora, Ont., 23 mars 1910—Toronto, 23 juill. 1984). Formé à l'U. de Toronto, Welsh y passe toute sa carrière, à l'exception d'un séjour à Göttingen (Allemagne) de 1931 à 1933 et d'un autre à Ottawa de 1943 à 1945 comme capitaine de corvette de la recherche opérationnelle navale. Il commence ses remarquables recherches en spectroscopie moléculaire avec la découverte de l'absorption induite par pression en 1949. Son laboratoire devient un centre universellement reconnu duquel émergeront de nouveaux développements dans la dispersion de la lumière et des études d'avant-garde sur l'hydrogène liquide et solide et sur des complexes moléculaires. En tant que directeur du département de physique de l'U. de Toronto de 1962 à 1968, il joue un rôle important dans son accession parmi les meilleurs départements de sciences au Canada. Il publie près de 200 articles scientifiques et reçoit de nombreux honneurs, dont un titre de l'Ordre du Canada et le statut de Membre de la Royal Society of London. Les H.L. Welsh Lectures in Physics, qui ont lieu chaque année à l'U. de Toronto, sont inaugurées au moment

de sa retraite en 1978 et attirent des universitaires de partout au monde.

Boris P. Stoicheff

Wesbrook, Frank Fairchild, médecin et éducateur (comté de Brant, Ont., 12 juill. 1868—Vancouver, 20 oct. 1918). Après avoir obtenu ses diplômes en arts et en médecine de l'U. du Manitoba en 1890, il poursuit des études de cycle supérieur à Londres, à Dublin, puis à Marburg, en Allemagne. Il devient boursier de Cambridge en 1892 et y passe trois années stimulantes au milieu d'étudiants brillants dans le laboratoire de l'éminent physiologiste Michael Foster. À l'âge de 27 ans, on lui offre la chaire de pathologie de l'U. du Minnesota. Nommé doyen de la Faculté de médecine en 1906, il se met alors à publier des articles sans complaisance sur l'éducation universitaire en médecine et en formation générale. Avec un de ses étudiants, Moses Barron, il est un précurseur de Frederick G. BANTING dans l'étude des modifications du pancréas qu'entraîne le DIABÈTE SUCRÉ. En 1913, on l'invite à Vancouver pour y fonder l'U. de la Colombie-Britannique et en devenir son président. Durant les deux années suivantes, il s'affaire à choisir du personnel de calibre international pour la faculté, à obtenir un budget de base d'un gouvernement provincial criblé de dettes et à exploiter la «terre promise» de Point Grey pour en faire un campus. Malgré le déclenchement de la Première Guerre mondiale et les attaques répétées de la maladie de Bright, il réussit à faire de l'université l'institution prospère qu'il laisse en héritage.

William C. Gibson

Weslock, Nick, golfeur (Winnipeg, Man., 13 déc. 1917). Il s'initie au golf auprès des meilleurs golfeurs amateurs et professionnels au monde, si bien qu'on peut le considérer comme l'apprenti par excellence de ce sport. Au cours de sa carrière, il remporte quatre championnats amateurs canadiens, sept omniums et huit championnats amateurs de l'Ontario. De plus, il est huit fois champion canadien senior et 11 fois champion senior de l'Ontario. Weslock quitte Winnipeg à l'âge de cinq ans et, après avoir vécu à Windsor et à Hamilton (Ontario), il s'installe à Detroit (Michigan) en 1947. Naturalisé américain en 1956, il revient au Canada en qualité de résidant permanent en 1959. Weslock représente l'Ontario à 25 reprises dans des tournois provinciaux. Il a été cinq fois membre de l'équipe canadienne lors de la Coupe Eisenhower et a fait partie de l'équipe du Commonwealth à cinq reprises.

Lorne Rubenstein

Wesson, John Henry, surnommé «Jack», agriculteur et chef de file du secteur agricole (près de Sheffield, Angl., 24 août 1887—Regina, 13 nov. 1965). Wesson immigre au Canada en 1907 et s'installe sur un *homestead* près de Maidstone, en Saskatchewan. Il se joint à la Saskatchewan Grain Growers' Association et se fait un nom grâce à ses talents d'orateur et de musicien, et à son sens de l'humour. Il est l'un des premiers à appuyer les coopératives agricoles et aussi l'un des premiers directeurs de la SASKATCHEWAN WHEAT POOL (créée en 1924). Il est élu vice-président de la coopérative en 1931, mais, en raison de la maladie du président Louis C. Brouillette, il assume de plus en plus de responsabilités avant de devenir président en 1937, et ce, jusqu'en 1960. Pendant son mandat, la coopérative mène des campagnes pour la COMMISSION CANADIENNE DU BLÉ, la protection de l'agriculture canadienne et l'expansion du MOUVEMENT COOPÉRATIF. Wesson sera le premier président de la Fédération canadienne de l'agriculture (1936-1940). À Ottawa en 1942, il est à la tête de la marche de protestation des agriculteurs contre les bas prix de leurs produits.

Ian MacPherson

West Coast, piste Située sur la côte ouest de l'ÎLE DE VANCOUVER, elle suit le parcours de 72 km du sentier historique des rescapés entre les localités de Bamfield et de Port Renfrew, en Colombie-Britannique. Cette piste, aménagée par le gouvernement fédéral au début du XXᵉ siècle, visait à permettre aux secouristes d'atteindre les marins échoués dans ce secteur de la côte appelé «cimetière du Pacifique». Le trajet représente un défi pour l'excursionniste expérimenté et peut s'effectuer en 6 à 10 jours. Certains secteurs de la piste sont larges et faciles d'accès le long de pittoresques plages sablonneuses, mais le secteur Sud, avec ses courants rapides, ses escalades verticales et ses ravins profonds, demeure difficile.

Bart Deeg

West Edmonton Mall Plus grand centre commercial au monde, il est situé dans les banlieues ouest d'Edmonton. Il réunit plus de 800 magasins et services, y compris huit grands magasins, 100 magasins d'alimentation, sept parcs d'attractions, une chapelle, 10 volières, une salle de bingo, 25 aquariums d'eau salée, 19 salles de cinéma et deux boîtes de nuit. L'hôtel Fantasyland (1986) compte 355 chambres. Le parc d'attractions intérieur, le Galaxyland, est muni de promenades aquatiques, d'un train miniature et de montagnes russes étalées sur 14 étages. La patinoire de taille réglementaire pour la LNH sert parfois aux pratiques des Oilers d'Edmonton.

La phase I du centre, terminée en 1981, compte 225 magasins, mais c'est la phase II, l'aménagement de la patinoire et de Fantasyland (aujourd'hui Galaxyland), qui réussit à allier le commerce et l'atmosphère de carnaval. La phase III, terminée en 1985, porte la superficie totale à 483 271 m² et ajoute un parc aquatique avec des glissades et une zone de déferlement artificiel, de même qu'un milieu marin comprenant des dauphins, des requins, des sous-marins et une réplique du navire *Santa Maria* de Christophe Colomb. Le centre commercial est l'œuvre de la Triple Five Corporation Ltd, propriété de la famille Ghermezian. Il a profondément marqué le concept de la vente au détail et on en a emprunté l'idée ailleurs, mais les questions cruciales concernant la viabilité de telles entreprises restent en suspens. Bien que le centre commercial emploie 15 000 personnes, certains critiques estiment qu'il a déjà nui à l'expansion d'Edmonton en accaparant l'attention et en drainant des entreprises dont le centre-ville avait grand besoin. Le West Edmonton Mall est cependant maintenant le symbole le mieux connu et le plus controversé d'Edmonton.

West Vancouver, municipalité de district de la C.-B.; pop. 40 882 (rec. 1996), 38 783 (rec. 1991), 36 266 (rec. 1986); superf. 89,09 km²; const. en 1912; située sur la rive nord du bras de mer Burrard, délimitée à l'ouest par la baie Howe, à l'est par North Vancouver et au nord par les monts Hollyburn, Strachan et Black. Jusqu'en 1912, la région se nomme West Capilano et fait partie du district de NORTH VANCOUVER. West Vancouver, située sur un contrefort montagneux recoupé par 19 ruisseaux importants, jouit d'une végétation côtière luxuriante et d'un climat tempéré caractéristique de la vallée du bas Fraser. Après avoir acquis le statut de municipalité, West Vancouver se développe lentement (pop. 700) mais, après la Seconde Guerre mondiale, les investissements de la British Pacific Properties entraînent la prospérité dans le secteur de la construction résidentielle. La croissance rapide se poursuit jusqu'aux années 60 et tout au long de cette décennie, mais depuis lors, toute expansion future se bute à la topographie, tout comme aux coûts exorbitants de l'immobilier.

Situation actuelle West Vancouver est avant tout une banlieue résidentielle, et la plupart de ses habitants travaillent ailleurs dans la région métropolitaine de Vancouver. Chaque jour, la grande majorité de ses travailleurs emprunte le pittoresque pont Lion's Gate pour se rendre dans le centre-ville. L'industrie manufacturière se maintient à une échelle réduite, mais le tourisme est florissant. Les chiffres de Revenu Canada de 1994 y révèlent le revenu par habitant le plus élevé au pays. La municipalité est gérée par un conseil élu formé de six conseillers.

Deux routes pittoresques, la Upper Levels et la Marine Drive, traversent la région. Parmi les attractions se trouvent des quartiers résidentiels huppés, Hollyburn Ridge (une aire de loisirs en montagne ouverte toute l'année), le parc Lighthouse et la baie Horseshoe. La région est réputée pour sa pêche au saumon, son littoral accidenté et ses nombreuses aires de loisirs munies de pistes pour la randonnée et le ski.

Alan F.J. Artibise

Westmount, ville du Qc; pop. 20 420 (rec. 1996), 20 239 (rec. 1991); superf. 3,96 km². Westmount est située sur le versant ouest du mont Royal, d'où son nom, et constitue une municipalité autonome au sein de la Communauté urbaine de MONTRÉAL. Son histoire est étroitement liée à celle de Montréal qui lui est limitrophe. En 1874, la municipalité est d'abord constituée en tant que village de Notre-Dame-de-Grâce, puis en 1879, en tant que village Côte Saint-Antoine. Elle devient en 1890 la ville de Côte Saint-Antoine. En 1895, la ville est officiellement rebaptisée Westmount. Elle gagne le statut de cité en 1908, mais en 1981, elle retrouve son état de Ville. Son emplacement sur le flanc du mont Royal attire les résidants aisés et la ville devient bientôt l'une des communautés les plus en vogue au Canada. Longtemps considérée comme une enclave anglophone de Montréal, elle forme aujourd'hui une communauté bilingue et hétérogène. Westmount est une communauté urbaine distincte du fait que plus de 10 p. cent de son territoire est consacré aux parcs et à des espaces réservés aux loisirs et du fait qu'elle regorge de nombreuses maisons historiques et immeubles commerciaux.

Deborah Welch, Michael Payne et Nancy Gagnon

Weston, Willard Garfield, commerçant en produits alimentaires et fabricant (Toronto, 26 janv. 1893—22 oct. 1978). Fils du fabricant de biscuits George Weston, il transforme l'entreprise familiale en un des conglomérats de produits alimentaires les plus importants au Canada. En 1921, il devient vice-président de GEORGE WESTON LIMITED et, à la mort de son père en 1924, il est nommé président et directeur général. En 1928, il s'attaque au marché international: d'abord aux États-Unis en 1929, puis, en 1933, au Royaume-Uni où il s'installe et devient rapidement le plus important fabricant de biscuits d'Angleterre. Il est élu à la Chambre des communes, sans toutefois jamais renoncer à sa citoyenneté canadienne. Le conglomérat Weston, maintenant dirigé par ses fils W. Gordon Galen (né en Angleterre le 29 oct. 1940) et Garry (né en 1927), contrôle des entreprises de transformation alimentaire et commerces de détail aux États-Unis, au Canada, en Grande-Bretagne, en Australie, en Afrique du Sud, en Nouvelle-Zélande, en Allemagne et en Irlande. Galen dirige actuellement les activités au Canada. Dans la vingtaine, il a utilisé ses propres fonds pour construire une chaîne de supermarchés en Irlande, pour ensuite s'intéresser à l'immobilier et aux grands magasins. Après la mort de son père, Galen réorganise le conglomérat: il restructure Loblaws, alors en perte de vitesse, et se retire de certains secteurs d'activités. Parmi ses acquisitions, on compte Holt Renfrew en 1986.

Jorge Niosi

Wetaskiwin, cité de l'Alb.; pop. 10 959 (rec. 1996), 10 657 (rec. 1991), 10 071 (rec. 1986); superf. 16,45 km²; const. en 1906. C'était, à une certaine époque, la plus petite cité du Commonwealth britannique. La ville est établie en 1891 à proximité de la voie d'évitement 16 sur la ligne ferroviaire qui relie Calgary et Edmonton. Elle constitue un point de départ pour les premiers colonisateurs, surtout d'origine scandinave. Une ligne secondaire du Canadien Pacifique est construite vers l'est en 1906, et la ville se développe à mesure que la culture du blé et l'élevage de bovins prospèrent dans la région.

Située à 68 km au sud d'EDMONTON, Wetaskiwin joue le rôle de centre de distribution et comprend

d'autres industries, notamment la transformation de produits agricoles et le tourisme. Le Reynolds Alberta Museum, ouvert en 1992, expose plus de 900 objets variés qui témoignent des développements technologiques dans les transports, l'industrie et l'agriculture en Alberta. La cité compte un hebdomadaire, le *Wetaskiwin Times Advertiser,* ainsi qu'une station de radio locale et un aéroport municipal. Son nom vient du mot cri *wi-ta-ski-winik,* qui signifie «collines de la paix», une allusion au mont Peace Hills voisin, où les Cris et les Pieds-Noirs signent un traité en 1867, après une longue bataille.

Eric J. Holmgren

Wetmore, Andrew Rainsford, homme de loi, politicien et premier ministre du Nouveau-Brunswick de 1867 à 1870 (Fredericton, 16 août 1820—*id.*, 7 mars 1892). Issu d'une éminente famille loyaliste, le père de Wetmore, George Ludlow Wetmore, est le dernier Néo-Brunswickois mort dans un duel, le 20 octobre 1821. Andrew Wetmore étudie le droit et, prévoyant être nommé procureur général, il se joint les rangs des anti-fédéralistes, portés au pouvoir en 1865. Ce poste lui étant finalement refusé, il se joint aux fédéralistes pour être certain d'avoir au moins une fois raison, mais ce volte-face lui vaut d'être considéré comme une girouette politique. L'exode massif des politiciens du Nouveau-Brunswick vers Ottawa en 1867 le propulse à la direction du parti et il deviendra à la fois premier ministre et procureur général. On lui promet également la Cour suprême. Sous Wetmore, l'administration de la province sombre dans le chaos et, lorsqu'il est nommé à la Cour suprême du Nouveau-Brunswick, en 1870, on en profite pour réorienter le parti sous un leadership raffermi.

Carl M. Wallace

Weyburn, ville de la Sask.; pop. 9 723 (rec. 1996), 9 673 (rec. 1991), 10 153 (rec. 1986); superf. 14,04 km²; const. en 1912; située sur la RIVIÈRE SOURIS dans le sud-est de la Saskatchewan, à environ 75 km de la frontière internationale. En 1902, Weyburn devient un village en raison de la forte affluence d'Américains. Il existe deux versions sur l'origine de son nom. La plupart des gens préfèrent la version romantique voulant qu'un Écossais qui se rendait travailler dans l'Ouest par une chaude journée d'été en compagnie d'autres Écossais assoiffés se soit écrié «wee burn» en voyant la rivière Souris pour la première fois. La deuxième, plus réaliste, veut qu'un entrepreneur en construction de chemins de fer lui ait donné ce nom en l'honneur de son beau-frère.

Dans les années 50, on découvre la nappe de pétrole Weyburn dans la région, et depuis lors, le pétrole joue un rôle prépondérant dans l'économie de la ville. La production agricole en reste cependant la principale industrie.

Don Herperger

Whale, Robert Reginald, peintre (Altarnum, Cornouailles, Angl., 1805—Brantford, Ont., 1887). Whale est un des premiers artistes professionnels de ce qui est aujourd'hui le sud-ouest de l'Ontario. Il est surtout connu pour quelques paysages qui ont été reproduits à grande échelle, dont une vue panoramique de Hamilton et de Dundas à partir de L'ESCARPEMENT DU NIAGARA et des chutes Niagara. Il se spécialise également dans l'art du portrait et dans la peinture de genre. Avec James Duncan, G.T. Benthon, Daniel Fowler, Paul KANE, Cornelius KRIEGHOFF et W.N. Cresswell, ses contemporains au Canada, il appartient à cette génération de peintres, la plupart immigrants, qui essaient d'adapter les méthodes et les usages européens aux sujets nord-américains. Bien qu'il n'abandonne jamais le maniérisme romantique du début du XIXᵉ siècle, il accueille son pays d'adoption avec ouverture et enthousiasme, célébrant la luxuriante beauté de la vallée de la rivière Grand et ses liens historiques avec les Iroquois de la réserve des Six-Nations, en banlieue de Brantford, de même que l'arrivée du chemin de fer et la naissance des villes modernes industrialisées.

La famille élargie de Whale comprend de talentueux tailleurs de pierre, sculpteurs et peintres décorateurs. En grande partie autodidacte, c'est en copiant les tableaux de maîtres de la peinture anglaise comme sir Joshua Reynolds et John Constable qu'il apprend le métier. Il vénère également le grand paysagiste français du XVIIe siècle, Claude Lorrain, ainsi que son disciple gallois, Richard Wilson.

Whale, son épouse Ellen Heard et leurs cinq enfants, émigrent au Canada Ouest (Ontario), en juin 1852. Ils s'installent d'abord dans le village rural de Burford, puis, en 1864, ils déménagent pour Brantford, une ville voisine. Whale y ouvre un atelier et il embauche ses deux fils, John Claude (1852-1905) et Robert Heard (1857-1906), ainsi que son neveu, John Hicks Whale (1829-1905). Plus tard, tous trois poursuivront une carrière professionnelle autonome. Leur travail en atelier les amène à présenter différents genres d'œuvres dans des foires provinciales annuelles et à remporter de nombreux prix. Ils parcourent l'ouest de l'Ontario en tant que portraitistes et paysagistes itinérants. Whale effectue le portrait de personnages importants tels que sir Allan Napier MacNab, politicien et industriel de Hamilton, Hiram Capron, le fondateur de Paris (Ontario), et W.H. MERRITT, le constructeur du Canal Welland.

Durant les 10 dernières années de sa vie, Whale peint les White Mountains du New Hampshire. En 1872, il devient membre de la nouvelle Ontario Society of Artists et, en 1880, il est élu membre associé de l'ACADÉMIE ROYALE DES ARTS DU CANADA.

On trouve des exemples représentatifs des œuvres de Whale au MUSÉE DES BEAUX-ARTS DU CANADA, au MUSÉE DES BEAUX-ARTS DE L'ONTARIO, à la Art Gallery of Hamilton, au MUSÉE ROYAL DE L'ONTARIO, à la Art Gallery of St. Thomas-Elgin et aux ARCHIVES NATIONALES DU CANADA, de même que dans plusieurs collections privées et publiques. En 1995, la Art Gallery of Hamilton organise une rétrospective d'envergure intitulée *Figures in A Landscape: The Art of Robert Reginald Whale* qui effectue une tournée canadienne en 1996-1997.

Robert Stacey

Wheeler, Anne, cinéaste, productrice, réalisatrice et scénariste (Edmonton, 23 sept. 1946). Elle étudie à l'U. de l'Alberta puis est comédienne avant de réaliser son premier film en 1971. À la fin des années 70, elle tourne des documentaires pour l'Office national du film comme pigiste et fait partie de son personnel permanent, dans la région des Prairies, de 1978 à 1981. C'est pendant cette période qu'elle réalise *A War Story* (1981), un docudrame tiré du journal rédigé par son père alors qu'il était prisonnier de guerre des Japonais. Le film est très bien accueilli.

Par la suite, elle réalise plusieurs courts métrages dramatiques, dont *A Change of Heart* (1984, d'après un scénario de Sharon Riis). Elle passe avec succès au long métrage avec *Loyalties* (1986, toujours d'après un scénario de Sharon Riis) et *Cowboys Don't Cry* (1988, d'après un livre de l'auteure canadienne de romans pour enfants Marilyn Halvorsen). *Bye Bye Blues* (1990) est le film qui lui a valu le plus de succès jusqu'à ce jour. Il a remporté trois Génies et un succès considérable en salle. En 1991, elle tourne *Angel Square,* puis deux longs métrages destinés au réseau anglais de Radio-Canada: une adaptation de *The Diviners* (1993), de Margaret Laurence, et *The War Between Us* (1995), qui analyse l'hostilité dont ont fait l'objet les Canadiens d'origine japonaise lors de la Seconde Guerre mondiale.

Ses films se caractérisent par une grande sensibilité à l'égard des problèmes humains, tant sociaux que personnels, et un optimisme lucide. Dans ses films de fiction, Wheeler démontre son talent à obtenir de ses comédiens ce qu'ils ont de mieux à offrir.

William Beard

Wheeler, Arthur Oliver, géomètre et alpiniste (Lyrath, Irl., 1er mai 1860—Banff, Alb., 20 mars 1945). Nommé arpenteur-géomètre de l'Ontario et arpenteur-géomètre fédéral en 1881, Wheeler effectue des levés partout dans l'Ouest pour le gouvernement fédéral et le secteur privé. Il est l'un des premiers à utiliser la photogrammétrie, mise au point par É.-G. DEVILLE. Membre fondateur du Club alpin du Canada en 1906, il est un infatigable promoteur des Rocheuses et des Selkirk, et participe à plusieurs des premières ascensions.

Eric J. Holmgren

Wheeler, Kenneth Vincent John, «Kenny», trompettiste de jazz et compositeur (Toronto, 14 janv. 1930). Après des études de musique à Toronto, Wheeler déménage à Londres en 1952 et se fait connaître en Grande-Bretagne dans les années 60 et dans l'Europe d'avant-garde au cours des années 70. De 1971 à 1976, son association avec le joueur américain d'instruments à anche Anthony Braxton le ramène en Amérique du Nord. Il est reconnu comme figure importante du jazz et sa discographie comprend des enregistrements avec Braxton, Paul BLEY, John Dankworth, Dave Holland, Globe Unity, le trio coopératif Azimuth et plusieurs autres groupes européens, américains et canadiens. Il réalise plus d'une dizaine d'albums sous son propre nom avec des orchestres et de petits ensembles de jazz dont *Gnu High* (1975), *Deer Wan* (1977), *Flutter By, Butterfly* (1987), *Music for Large & Small Ensembles* (1990) et *Angel Song* (1996). Le succès populaire *Everyone's Song But My Own* est une de ses compositions. En 1983, Wheeler commence à enseigner au Banff Jazz Workshop du Banff Centre, et il fait l'admiration des jeunes musiciens de jazz canadiens auprès desquels il jouit d'un grand prestige.

Mark Miller

Wheeler, Lucile, skieuse alpine (Montréal, 14 janv. 1935). Elle commence à skier à l'âge de deux ans. En 1956, après cinq hivers d'entraînement rigoureux à Kitzbühel, en Autriche, sous la tutelle de Pepi Salvenmoser, elle remporte la médaille de bronze en descente, donnant au Canada sa première médaille olympique dans cette épreuve. En 1958, elle brise la domination européenne des championnats du monde en remportant les épreuves de descente et de slalom géant. Cela incite les responsables sportifs au Canada à envoyer une équipe nationale de ski au championnat en Europe dès l'année suivante. Elle est nommée athlète canadienne de l'année en 1958 et reçoit l'Ordre du Canada en 1976.

Murray Shaw

Whelan, Patrick James, tailleur, coupable d'assassinat (Irlande, vers 1840—pendu à Ottawa, 11 févr. 1869). Arrêté quelques heures après l'assassinat de Thomas D'Arcy MCGEE le 7 avril 1868, il est formellement accusé du meurtre deux jours plus tard. Whelan persiste à nier sa culpabilité tout au long d'un procès entaché par une mauvaise procédure. Il a continué à la nier sur l'échafaud au moment de son exécution publique. Cette cause reste controversée. Bien que la croyance populaire accuse les terroristes du FENIAN d'être responsables de la mort de McGee, on n'a découvert aucune preuve de l'appartenance de Whelan à ce mouvement. Puisque le témoignage qui confirmait sa présence sur la scène du crime peut être mis en doute, il est donc possible de douter de sa culpabilité.

Stanley Gordon

Whip du parti Membre du caucus qui veille à ce que les députés de son parti soient assez nombreux pour l'emporter à la Chambre ou aux réunions de comités si une question est mise aux voix. À la CHAMBRE DES COMMUNES, la sonnerie d'appel fonctionne jusqu'à ce que les whips soient convaincus de la présence d'un nombre suffisant de députés de leurs partis respectifs. Les whips peuvent donner quelques légères récompenses, comme des voyages ou le droit de faire partie de certains comités, mais peuvent rarement imposer des sanctions efficaces et comptent

davantage sur la persuasion que sur la contrainte. Ils fixent également l'ordre dans lequel les députés prendront la parole à la Chambre, facilitant ainsi le travail de la présidence.

Robert J. Jackson

Whistler, municipalité de district de la C.-B.; pop. 7172 (rec. 1996), 4459 (rec. 1991), 2002 (rec. 1986); superf. 163,55 km²; const. en 1975. Située à une centaine de kilomètres au nord de Vancouver, près du PARC PROVINCIAL GARIBALDI, Whistler doit son nom aux MARMOTTES ou «siffleux» qui sont répandus au mont Whistler.

La communauté de Whistler est née de la croissance phénoménale de l'industrie des loisirs en général et, plus particulièrement, du ski alpin. Au début des années 70, cette région de la Colombie-Britannique est peu habitée et ce qui allait devenir Whistler ne compte que quelques chalets de ski. Le gouvernement provincial crée une municipalité à Whistler en 1975 et ouvre ainsi la région au secteur de la villégiature. Un vaste réseau de pentes de ski et de remonte-pentes est alors construit aux monts Whistler et Blackcomb, et plusieurs considèrent aujourd'hui Whistler comme l'un des plus grands centres de ski de l'Amérique du Nord.

En plus du ski alpin, le parc provincial Garibaldi, situé tout près, offre aux résidents et aux visiteurs de Whistler la possibilité de faire des excursions, du ski de fond et d'autres activités récréatives de plein air. Whistler est de plus en plus considérée comme un lieu de villégiature quatre-saisons et la municipalité est la communauté urbaine de la Colombie-Britannique connaissant la croissance la plus rapide. Sa population a plus que doublé entre les recensements de 1986 et de 1991.

Deborah Welch et Michael Payne

Whitby, ville de l'Ont.; pop. 73 794 (rec. 1996), 61 281 (rec. 1991), 45 819 (rec. 1986); superf. 142,99 km²; située sur le lac Ontario, à 48 km à l'est de Toronto. Elle est d'abord connue sous le nom de Perry's Corners, en l'honneur de Peter Perry, un colon au caractère énergique. Elle est aussi baptisée Windsor, mais prend en 1848 le nom de Whitby, une ville maritime du Yorkshire en Angleterre. Whitby est désignée chef-lieu du comté d'Ontario en 1852, puis constituée en tant que ville en 1855. L'ancienne ville de Whitby et le canton de Whitby fusionnent en 1968, formant ainsi une nouvelle municipalité dénommée ville de Whitby.

En janvier 1974, le comté d'Ontario est dissous et Whitby devient l'une des huit municipalités de la région dans la nouvelle municipalité régionale de Durham. Au XIXe siècle, les principales activités économiques de Whitby sont axées sur le transport en raison de son excellent port, du chemin de fer Whitby-Port Perry (1869) et de ses voies de raccordement. La ville possède aussi les meilleures installations de manutention des grains sur la rive nord du lac Ontario. Toutefois, dès 1871, elle est éclipsée par Oshawa et Toronto.

Whitby fait partie de la circonscription électorale de William Lyon MACKENZIE. Celui-ci tient tellement de rencontres sur la place de la ville avant les élections de 1837 qu'on l'a surnommée «le coin des radicaux». Parmi les autres notables, on compte le rédacteur local et organisateur libéral W.H. Higgins, dont la lettre à l'archevêque Lynch de Toronto encourage la campagne «No Popery» (À bas le pape!) en Ontario. Les Dunlops de Whitby, équipe de hockey senior A, est l'une des dernières équipes de hockey canadiennes à avoir gagné le championnat du monde (1958).

Gerald Stortz

Whitchurch-Stouffville, ville de l'Ont.; municipalité régionale de York; pop. 19 835 (rec. 1996), 18 357 (rec. 1991), 15 135 (rec. 1986); superf. 206,85 km²; située à 47 km au nord-est de Toronto.

À l'origine, plusieurs villages indigènes occupaient la région du canton de Whitchurch. La première colonie européenne date des années 1790.

Stouffville (à l'origine Stouffersville ou Stoversville) est nommée ainsi en souvenir d'Abraham Stouffer, arrivé en 1805.

Au départ, les affaires internes de Stouffville sont administrées par le canton, qui est constitué en corporation en 1850. Toutefois, le village devient rapidement le principal centre commercial de la région et nomme son propre conseil municipal en 1877. Malgré la scission, il existe toujours une interdépendance entre les deux localités et elles se partagent des services publics comme l'approvisionnement en eau et, au début, le service téléphonique. La fusion actuelle est réalisée en janvier 1971, époque de la création de la région de York, dont la ville fait partie.

La ville demeure un centre d'industrie légère, un centre commercial et surtout un site résidentiel.

Gerald Stortz

White, col D'une altitude de 889 m, il chevauche la frontière de l'Alaska et de la Colombie-Britannique. Il se trouve à environ 125 km au sud de Whitehorse, au Yukon. En 1887, le gouvernement fédéral envoie William Ogilvie délimiter la frontière nationale au 141ᵉ méridien, à la jonction de la rivière Yukon. C'est alors que des membres de son équipe découvrent le col. Celui-ci tire son nom de Thomas White, ministre de l'Intérieur à l'époque. Après la grève de l'or du Klondike de 1896 (*voir* RUÉE VERS L'OR DU KLONDIKE), des milliers de chercheurs traversent le col White en 1897-1898 pour se rendre aux champs aurifères de Dawson City. Le WHITE PASS AND YUKON RAILWAY, chemin de fer à voie étroite, relie Skagway à Whitehorse et est inutilisé depuis 1982. Une nouvelle route récemment construite traverse le col.

Glen Boles

White, George, né Weitz, producteur, administrateur, librettiste, parolier, comédien et danseur (New York, N.Y., 1890—Hollywood, Calif., 10 oct. 1968). Cet homme de spectacle de Broadway au style «runyonesque», que l'on prend souvent pour un Canadien parce que sa famille a déménagé à Toronto alors qu'il n'avait que sept ans, joue de l'harmonica tout en vendant des journaux au coin des rues King et Bay et prend la clé des champs avant ses 18 ans. Il fait ses débuts à Broadway comme comédien dans *The Echo* (1910), puis comme danseur dans *The Ziegfield Follies* (1911). En 1919, il devient une personnalité importante lorsqu'il écrit et produit *Scandals*, un spectacle dont il est la vedette. Jusqu'en 1931, le *Scandals* de George White est quasiment un événement annuel à New York. Ces spectacles somptueux mettent en vedette des girls et des comédiens tout en faisant connaître le jazz d'Harlem, le blues, le charleston et le black bottom. D'autres *Scandals* sont présentés en 1935 et en 1939, puis une dernière fois en 1963, dans une boîte de nuit. Trois représentations (1934, 1935, 1945) sont filmées.

David Gardner

White, James, géographe (Ingersoll, Ont., 3 févr. 1863—Ottawa, 26 févr. 1928). Diplômé du Royal Military College of Canada en 1884, White est embauché comme topographe adjoint à la COMMISSION GÉOLOGIQUE DU CANADA, où il effectue de nombreux levés topographiques en Ontario, au Québec et dans les Rocheuses. Il est nommé géographe et dessinateur en chef en 1894, géographe en 1899 et, enfin, géographe en chef au ministère de l'Intérieur. Sa contribution à la géographie canadienne dans les 10 années qui suivront est tout ce qu'il y a de plus remarquable. Il accroît le personnel, ce qui lui permet de dresser de meilleures cartes générales de référence, et il est chargé de la publication de la première édition de l'*Atlas du Canada* (1906). Il s'agit alors du deuxième atlas national produit dans le monde. Parmi ses autres publications importantes, il faut citer *Altitudes in Canada* (1901) et *Dictionary of Altitudes in Canada* (1903). En 1909, il démissionne de son poste de géographe en chef pour devenir secrétaire de la COMMISSION DE LA CONSERVATION et, en 1913, président et adminis-

trateur général. En 1921, il devient conseiller technique auprès du ministre de la Justice et se trouve ainsi chargé de la préparation des cartes et des autres preuves qui doivent être présentées dans le cadre de la QUESTION DES FRONTIÈRES DU LABRADOR, portée devant le Conseil privé de Londres en 1926. Il est pendant longtemps membre et président (1927) de la Commission de géographie du Canada. Il préside également le Comité consultatif sur la protection de la faune (Canada) dès sa création, en 1917, et joue un rôle important dans l'adoption par le Canada et les États-Unis de la Convention portant sur les oiseaux migrateurs.

Daniel MacKay

White Pass and Yukon Railway D'une longueur de 175 km, il s'agissait du chemin de fer le plus escarpé au Canada. Sa construction débute en 1898, à l'apogée de la RUÉE VERS L'OR DU KLONDIKE, afin de relier Skagway, en Alaska, et WHITEHORSE, au Yukon. La construction de cette voie étroite est un véritable exploit d'ingénierie. Les travaux nécessitent d'importants dynamitages et la construction de tunnels et de pontages précaires. Trente-cinq des 35 000 hommes qui y sont engagés périssent sur le chantier. Le sommet du COL WHITE est atteint en février 1899 et le dernier crampon est enfoncé à Carcross le 29 juillet 1900, mais les réserves d'or de la région sont déjà épuisées. Le chemin de fer survit tout de même en transportant des voyageurs et des marchandises. L'essor minier au Yukon ravive la voie ferrée qui sert au transport du plomb et du zinc en provenance de Faro, Mayo et Clinton Creek. Le déclin de l'industrie minière entraîne la fermeture du White Pass and Yukon Railway en 1982 et prive Whitehorse d'un certain nombre d'emplois ainsi que de son lien entre transports maritime et ferroviaire.

James Marsh

White, Robert, dirigeant syndical (Upper Lands, Irlande du Nord, 28 avril 1935). White immigre au Canada à l'âge de 13 ans. Il travaille pour la société Hay and Co. à Woodstock, en Ontario. En 1959, il devient président de la section locale 636 des TRAVAILLEURS UNIS DE L'AUTOMOBILE DU CANADA (TUA). Il est ensuite nommé représentant international des TUA puis, en 1964, coordonnateur du personnel chargé de l'organisation.

En 1972, White devient l'adjoint de Dennis MCDERMOTT, le directeur des TUA. Il sillonne le pays pour préparer des manifestations contre le programme fédéral de contrôle des salaires. Il dirige l'opposition des TUA contre les demandes patronales de concessions salariales. Comme il croit fermement que l'aile canadienne des TUA doit intervenir d'abord et avant tout pour protéger les intérêts de ses 120 000 membres, il les mène à la grève puis, par la suite, à un mouvement visant à séparer l'aile canadienne de l'American United Automobile Workers. Il quitte les Travailleurs canadiens de l'automobile en 1992 quand il est élu président du CONGRÈS DU TRAVAIL DU CANADA. Il a aussi été vice-président du Nouveau Parti démocratique.

Son autobiographie, *Hard Bargains: My Life on the Line*, est publiée en 1987.

White Rock, ville de la Colombie-Britannique; pop. 17 210 (rec. 1996), 16 314 (rec. 1991), 14 387 (rec. 1986); superf. 5,05 km²; const. en 1957, quand elle se sépare de la municipalité de SURREY; située à 48 km par la route au sud-ouest de Vancouver et bornée au nord, à l'est et à l'ouest par Surrey. Elle est d'abord un lieu de villégiature sur les rives de la baie Semiahmoo, reconnue pour sa belle plage où l'on pratique la natation, la pêche et la navigation de plaisance. Une grande pierre blanche sur la plage (d'où le nom de White Rock) est le sujet d'une légende des premières nations et a servi de point de repère aux premiers navigateurs. Au début des années 1900, on construit des chalets sur le bord de l'eau et une communauté s'y développe graduellement avec son bureau de poste, son magasin général, ses écoles, son aqueduc et son hôpital.

La vente au détail et les services y sont les principales sources d'emplois, mais c'est surtout une ville résidentielle, culturelle et pour retraités. White Rock a deux journaux et des troupes de théâtre actives.

Alan F.J. Artibise

Whiteaves, Joseph Frederick, paléontologiste et zoologiste (Oxford, Angl., 26 déc. 1835,—Ottawa, Ont., 8 août 1909). Whiteaves visite le Canada en 1861 et s'y installe en permanence en 1862. À titre de conservateur du musée et de secrétaire archiviste de la Société d'histoire naturelle de Montréal, de 1863 à 1875, il étudie les invertébrés marins et d'eau douce de l'époque contemporaine, ainsi que les fossiles ordoviciens du fleuve Saint-Laurent, dans la région de Québec. Il est membre de la COMMISSION GÉOLOGIQUE DU CANADA à Montréal et devient zoologiste en 1883. Whiteaves publie plus de 100 articles sur la zoologie et la paléontologie canadienne, sur les fossiles paléozoïques et mésozoïques du Nouveau-Brunswick, de l'Ontario, du Manitoba, de l'Alberta et de la Colombie-Britannique et sur la faune contemporaine, marine et continentale de toutes les régions canadiennes. Whiteaves compte parmi les premiers membres de la Société royale du Canada (1881).

M.J. Copeland

Whitecourt, ville de l'Alb.; pop. 7783 (rec. 1996), 6938 (rec. 1991), 5737 (rec. 1986); superf. 25,4 km²; const. en 1959; située près du confluent des rivières McLeod et Athabasca, à 177 km au nord-ouest d'Edmonton. En 1903, la Grand Trunk Railway effectue des travaux d'arpentage à cet endroit, créant ainsi une route d'exploration qui, malgré le délai de construction du chemin de fer, facilite l'implantation d'une très petite colonie nommée Saquitawah (un mot cri signifiant «rencontre des eaux»). La localité, composée principalement de trappeurs, est bientôt renommée Whitecourt, du nom de Walter White, qui livre dans le district le courrier reçu à Greencourt jusqu'à l'ouverture d'un bureau de poste en 1910.

Grâce à la construction de la première de trois scieries en 1919 et à l'arrivé des chemins de fer du Canadien National deux ans plus tard, Whitecourt devient un centre d'exploitation forestière important. La découverte de gisements de pétrole et de gaz dans la région et l'achèvement de la route 43 au milieu des années 50 favorisent davantage sa croissance. En 1971, Whitecourt est constituée en tant que ville. Des constructions récentes, p. ex., une nouvelle usine de pâte à papier et une usine de panneaux de fibre à densité moyenne à Blue Ridge, à 30 km à l'est, ont augmenté l'importance de Whitecourt dans l'industrie forestière.

David Leonard

Whitehorse, capitale du TERRITOIRE DU YUKON; pop. 19 157 (rec. 1996), 17 925 (rec. 1991), 15 199 (rec. 1986); superf. 413,48 km²; const. en 1950; située au kilomètre 1476, près de la ROUTE DE L'ALASKA, à environ 105 km au nord de la frontière de la Colombie-Britannique. La ville s'étend surtout du côté ouest du FLEUVE YUKON, dans une plaine alluviale de 600 m de largeur, adossée à un escarpement abrupt de 60 m de hauteur dont le sommet ressemble à un plateau. La montagne Canyon Mountain (nommée Grey Mountain dans la région) domine le paysage de Whitehorse à l'est. Haeckel Hill fait de même au nord-ouest et la Golden Horn Mountain domine le paysage au sud.

Nichée dans une vallée protégée, Whitehorse jouit d'un climat modéré pour le Nord, aux étés chauds et secs. En été, de longues heures de clarté (presque 20 heures en juin) compensent pour la courte saison agricole et les hivers sombres.

Peuplement Whitehorse est située au point de départ de la navigation sur le fleuve du Yukon. En 1898, au cours de la RUÉE VERS L'OR DU KLONDIKE, la ville devient une étape pour les prospecteurs, une fois les deux obstacles importants du fleuve surmontés, Miles Canyon et Whitehorse Rapids. En 1900, des personnes commencent à s'y établir.

L'endroit devient alors un centre de services et de transport grâce à l'achèvement du WHITE PASS AND YUKON RAILWAY à partir de Skagway, en Alaska. La communauté se développe au point de rencontre du fleuve Yukon et du chemin de fer, sur la rive ouest de celui-ci.

Croissance À partir de 1900, la White Pass and Yukon Route Corporation contribue au développement de Whitehorse et du territoire en fournissant des services et des emplois. La corporation crée aussi une compagnie, la British Yukon Navigation, qui construit des bateaux à aubes pour la navigation fluviale vers DAWSON, qui se poursuit jusqu'en 1954.

Une courte période de prospérité liée à l'exploitation du cuivre dans la ceinture de Whitehorse prend fin en 1920. Puis, au cours des années 20 et 30, la corporation donne un essor au tourisme et transforme Whitehorse en un centre d'approvisionnement et en un point de départ. En 1935, elle fonde une compagnie, la British Yukon Aviation, pour le transport du courrier, des marchandises et des passagers à partir de sa base de Whitehorse. Après la ruée vers l'or, la ville compte environ 2000 habitants, chiffre qui chute à environ 750 en 1941.

Au cours de la Seconde Guerre mondiale, Whitehorse joue un rôle important, car elle sert de lien stratégique dans le système de transport nord-sud pour soutenir l'effort de guerre. Près de 30 000 militaires et civils canadiens et américains s'occupent des installations de la ligne d'étapes du Nord-Ouest (une série de terrains d'aviation qui jalonnent le Nord-Ouest) qui constituent un lien aérien. Ils construisent la route de l'Alaska d'une longueur de 2300 km et le PIPELINE CANOL qui part de Norman Wells, dans les Territoires du Nord-Ouest, de même qu'une raffinerie de pétrole à Whitehorse.

Après la guerre, la route de l'Alaska est ouverte au public et remplace le fleuve Yukon comme principale voie de transport. Whitehorse devient la plaque tournante du système routier du Nord-Ouest. En 1953, Dawson perd son titre de capitale territoriale au profit de Whitehorse. Le secteur public s'ajoute donc à la base économique de la ville.

Population Près de 70 p. 100 de la population du Yukon réside à Whitehorse. La population d'origine britannique est majoritaire, suivie des autochtones et des descendants d'Allemands et de Français. La ville abrite une grande population autochtone appartenant aux Premières Nations Ta'an Kwach'an et Kwanlin Dun, dont les territoires ancestraux se chevauchent aux environs de Whitehorse.

Administration Whitehorse est le centre administratif du Yukon. On y trouve le seul hôpital du territoire, le principal campus du Collège du Yukon et les bureaux des quatre niveaux de gouvernement. La majorité des employés du gouvernement fédéral au Yukon travaillent à l'édifice Elijah Smith tandis que la plupart des employés du gouvernement provincial se trouvent dans l'édifice administratif du gouvernement du Yukon près de Rotary Peace Park. Le Conseil des Premières Nations du Yukon, représentant de la majorité des Premières Nations et de leurs gouvernements, se trouve de l'autre côté du fleuve dans une subdivision de Riverdale. Le conseil municipal de Whitehorse se compose d'un maire et de six conseillers élus pour un mandat de trois ans.

Économie Au cours des années 50, le gouvernement fédéral met sur pied un programme de construction de routes et d'aide financière pour stimuler l'industrie minière du territoire. Le programme porte fruit, puisque les mines d'argent de Mayo augmentent leur production et que l'exploitation des mines de cuivre, de plomb et de zinc commence à Faro. À la fin des années 50, un système intégré de bateau-train-camion assure le transport du minerai par conteneurs vers les marchés extérieurs à partir de Whitehorse. La fermeture des mines du Yukon, notamment à Faro, en 1982, a un impact négatif sur la vie économique de la ville. La même année, le White Pass and Yukon Railway cesse ses activités.

Toutefois, l'activité minière reprend de façon importante au milieu des années 90.

Whitehorse est maintenant plus accessible, ce qui a un impact positif sur l'économie et le tourisme. Parmi les projets de l'industrie touristique du territoire, on note la «décennie des anniversaires»: célébrations du 50e anniversaire de la route de l'Alaska, du centenaire de la présence de la Gendarmerie royale du Canada, de la découverte de l'or au Klondike et d'autres événements marquants.

Paysage urbain La ville est construite selon une grille classique composée de trois zones fonctionnelles: la zone commerciale située sur la rue Main et la 1ère Avenue, la zone résidentielle située au nord et au sud de Main, puis les installations portuaires et la gare de chemin de fer entre la 1ère Avenue et le fleuve. La zone industrielle, où se trouvent les bureaux des compagnies minières, s'étend au nord de la ville tandis que les bureaux du gouvernement dominent les immeubles à la limite de la zone commerciale au centre-ville.

Le *Klondike,* un bateau restauré datant de l'époque de la ruée vers l'or, et l'église anglicane construite en bois rond en 1900, témoignent du riche passé de Whitehorse. Ouvert en 1997, le Yukon Beringia Interpretive Centre est le témoin d'un passé encore plus lointain, soit quelque 24 000 ans, ainsi que de la culture et des traditions des Premières Nations du Yukon. Le Collège du Yukon comprend de nouvelles installations construites au coût de 50 millions de dollars et terminées en 1988. Des événements culturels destinés à l'ensemble de la population du Yukon ont lieu au Arts Centre, ouvert en 1992.

Paul M. Koroscil et Steven Smyth

Whiten, Colette, sculpteure (Birmingham, Angl., 7 févr. 1945). En 1972, elle reçoit son diplôme du Ontario College of Art and Design, est récipiendaire de la Médaille du gouverneur général et expose sa première pièce moulée, soit une structure de bois remplie avec les moulages des bras et des jambes de ses amis, accompagnée de photos et de diapositives qui illustrent sa démarche créatrice. Ses figures traitent de la nature de l'existence humaine, des relations humaines (surtout des rapports de force) et du processus artistique.

En 1975, elle se tourne vers une exploration plus profonde de la nature de l'identité et de la dualité inhérente à l'image moulée. En 1986, Whiten reconsidère la nature de l'objet d'art et de la création artistique et abandonne ses recherches sur le pouvoir (en l'occurrence, les images du pouvoir politique et de la violence quotidienne) au profit d'une série d'œuvres de petite taille, méticuleusement confectionnées, souvent insérées dans des installations sculpturales. Depuis 1992, Whiten poursuit ses recherches dans une série d'œuvres plus volumineuses, dont chacune est fabriquée à la main de façon complexe au moyen de billes de verre et de bon nombre d'autres matériaux. La réalisation de l'œuvre de grandeur nature *Vows Vengeance,* une étude de l'influence des médias sur notre compréhension de l'actualité, a duré trois ans.

Parmi les commandes de sculptures qu'a reçues Whiten, on compte la construction d'un mur comportant des découpages figuratifs au Mental Health Centre, à Toronto (1978), la sculpture primée réalisée pour les Jeux olympiques de Calgary de 1988, *The TransCanada Pipeline Arch* (en collaboration avec le cabinet d'architectes A.J. Diamond and Partner), *Weathervanes* (1990-1991), pour le Bankers Hall à Calgary, en Alberta et *Tender* (1994-1995), pour le Workman's Compensation Office de la Simcoe Place, à Toronto. Paul Kipps a participé à la création de *Weathervanes* et de *Tender.*

Whiten expose régulièrement à Toronto, à Montréal et à Barcelone et ses œuvres font partie d'expositions individuelles et collectives présentées au Brésil, en Europe, aux États-Unis et dans tout le Canada. Elle enseigne à l'U. York (1975-1977) ainsi qu'au

Ontario College of Art and Design depuis 1974. En 1991, Whiten est la récipiendaire du Toronto Arts Foundation's Visual Arts Award.

Joyce Zemans

Whiteshell, parc provincial Créé en 1961, d'une superficie de 2737,15 km², il est situé à 105 km à l'est de Winnipeg, au Manitoba, près de la route transcanadienne, dans la région du BOUCLIER précambrien. Whiteshell est relié par le nord au parc provincial Nopiming.

Histoire naturelle Sur les roches vieilles de 3,75 milliards d'années, la glaciation a formé de nombreux lacs et décapé le socle granitique. On croit que le lac West Hawk, le plus profond du Manitoba (111 m), aurait été formé par une météorite (*voir* MÉTÉORE, MÉTÉORITE, CRATÈRE MÉTÉORIQUE). La plus grande partie de la région est recouverte de forêts de conifères et de feuillus. Elle abrite aussi de nombreuses plantes de marais (p. ex., liliacées et riz sauvage). Au nombre des mammifères se trouvent l'ours noir, l'orignal, le cerf de Virginie, le coyote, le castor et le vison. On compte aussi de nombreuses espèces d'oiseaux, dont l'oie du Canada, particulièrement abondante au sanctuaire Alfred Hole.

Évolution humaine Des études archéologiques démontrent que la présence autochtone en Amérique du Nord remonte à 3000 ans avant J.-C. Les pétroglyphes de Bannock Point attestent de cette présence. En 1733-1734, Jean-Baptiste de LA VÉRENDRYE traverse la région en passant par la rivière Winnipeg. D'autres explorateurs, dont MACKENZIE, THOMPSON, HENRY, et KANE, suivront. Dans les années 1880, on construit le chemin de fer transcontinental et, çà et là, on met sur pied des exploitations minières, forestières et agricoles. Durant les années 20, on met en valeur le potentiel récréatif de la région en procédant à la construction de chalets, puis, en 1931, on crée une réserve forestière.

Installations et services De nombreux chemins mènent au parc, bien que le secteur nord demeure encore sauvage et sans route. Partout dans le parc, on trouve des installations, dont 11 stations touristiques ouvertes à longueur d'année et 18 autres ouvertes de mai à septembre. Parmi les activités, notons les randonnées nautiques, la pêche, la baignade, le camping, les promenades à cheval et les activités d'interprétation de la nature. En hiver, le parc se prête au ski alpin, au ski de fond et à la MOTONEIGE. Le parc réunit aussi plusieurs parcours de canot, des sentiers de randonnée diurne ou de randonnée d'interprétation et le sentier Mantario de 60 km en région sauvage.

John S. Marsh

Whitney, sir James Pliny, avocat, politicien et premier ministre de l'Ontario de 1905 à 1914 (Canton de Williamsburg, Canada-Ouest, 2 oct. 1843—Toronto, 25 sept 1914). Après avoir mis fin à un régime libéral de 33 ans dans la province, Whitney dirige son gouvernement de façon remarquable, tant par les réformes instaurées que par la solide organisation de parti mise sur pied. Fils de forgeron, Whitney est un conservateur convaincu avant d'être admis au barreau en 1876. Il est élu aux élections complémentaires de 1888, dans Dundas, en Ontario, une circonscription provinciale qu'il n'abandonnera jamais. Élu chef du parti ontarien en 1896, il hérite d'un organisme en panne d'énergie, affaibli par une controverse religieuse, à court de politiciens prometteurs et mal organisé. À titre de chef de l'Opposition, il reconstruit le Parti conservateur, panse la plupart des plaies, s'en prend continuellement aux libéraux et prépare un programme électoral. Une fois au pouvoir, son administration met sur pied un réseau public d'énergie hydroélectrique, assoit l'U. de Toronto sur des bases financières solides, fait adopter une loi novatrice sur les accidents du travail, crée de nouveaux modèles bureaucratiques, telle la Commission des chemins de fer et des affaires municipales, et fait passer une loi dure, mais équitable, sur les boissons alcooliques. Au chapitre des points faibles, son gouvernement fait adopter le Règlement 17 sur l'utilisation du français comme langue d'enseignement dans certaines écoles de l'Ontario, une mesure qui a pour effet de déclencher une amère controverse chez les Franco-Ontariens, controverse qui mine l'unité nationale à l'approche de la Première Guerre mondiale (*voir* ÉCOLES DE L'ONTARIO, QUESTION DES).

Charles W. Humphries

Whittome, Irene F., artiste (Vancouver, 6 mars 1942). Elle fréquente la Vancouver School of Art, où elle est l'élève du peintre Jack SHADBOLT. À Paris, de 1963 à 1967, elle étudie avec le graveur W. Stanley Hayter. À son retour au Canada, elle s'installe à Montréal et enseigne à l'UNIVERSITÉ CONCORDIA. Durant cette période, elle développe des thèmes dans ses gravures reliés à l'œil, à des formes de boîtes et à l'unité à partir d'objets trouvés par le biais de gestes précis, mais répétitifs.

Par la suite, Irene Whittome crée des œuvres qui expriment son intérêt pour les structures spatiales, comme on peut le voir dans sa série de sculptures «Le Musée blanc» (1975). Ces œuvres consistent en des formes allongées fabriquées avec du papier entortillé pour en faire des cordes, placées dans des boîtes. La série marque une étape dans l'évolution de Whittome: les rangées totémiques s'efforcent de s'approprier l'espace, tandis que, paradoxalement, leur répétition formelle cherche à les singulariser.

Les thèmes de la collection et du musée sont récurrents dans les œuvres d'Irene Whittome suite à son exposition solo au MUSÉE DES BEAUX-ARTS DE MONTRÉAL, en 1980. Elle reprend ces thèmes dans l'exposition «Le Musée des traces» (collection du MUSÉE DES BEAUX-ARTS DE L'ONTARIO, 1987-1989). Dans *Paperworks* (1977) et *Vancouver* (1977-1980), elle produit des reliefs et des sculptures avec du papier fait main, des matériaux aux couleurs vives, de la cire, des objets qui créent un rythme (des aiguilles, p. ex.) ou sur des surfaces qui produisent de l'unité (des tables d'algorithmes, p. ex.).

Elle crée aussi plusieurs installations. La première, *Model One-Work at School-Classroom 208,* est présentée au Project Studio One (New York, 1979), suivie de *Saint-Alexandre* (1980-1982), d'*Individuelle Mythologien* (1985) et de *Creativity-Fertility* (1987). Ces pièces, qui intègrent photographie et dessin, explore les relations entre la connaissance et le symbolisme universel.

Depuis 1986, Whittome transpose la figure de la tortue, au repos ou en mouvement, pour en faire une métaphore à la fois de l'artiste et des archétypes de l'imagination. Cette créature s'est retrouvée dans des installations comme *Illuminati* (MUSÉE D'ART CONTEMPORAIN DE MONTRÉAL, 1987), *Shamash* (Power Plant, Toronto, 1988), *Ho T'u* (Muséum d'histoire naturelle de La Rochelle), *Le Musée des traces* et *Curio: Fantaisie-Fantasia-Fancy-Phantasterien* (1994).

Whittome reçoit des commandes publiques (Hakone, Japon, Calgary) et on lui décerne le prix Victor-Martyn-Staunton en 1991. En 1992, elle reçoit un prix de la Gershon-Iskowitz Foundation.

Laurier Lacroix

Whitton, Charlotte, travailleuse sociale, politicienne et féministe (Renfrew, Ont., 8 mars 1896—Ottawa, 25 janv. 1975). Whitton est l'une des femmes les plus colorées et controversées du siècle. Batailleuse et énergique, elle est surtout connue comme la mairesse d'Ottawa des années 50 et 60, flamboyante et au franc parler. Ses réalisations les plus remarquables datent du début de sa vie active, entre 1920 et 1941, alors qu'elle dirigeait le Conseil canadien pour la sauvegarde de l'enfance (plus tard le Conseil canadien du bien-être social, puis le CONSEIL CANADIEN DE DÉVELOPPEMENT SOCIAL). Whitton s'était jointe à ce conseil encore toute jeune après de brillantes études universitaires à l'U. Queen

pendant la Première Guerre mondiale. Au cours des années 20, elle lutte inlassablement pour l'obtention de normes professionnelles de protection des jeunes immigrants et des enfants négligés et abandonnés. Au cours de la Crise de années 30, Whitton devient une conseillère clé dans la politique fédérale d'assistance aux chômeurs. Ses options fondamentalement conservatrices l'amènent à s'opposer aux dépenses plus généreuses en faveur des chômeurs dans les années 30, ce qui la repousse progressivement en marge du monde du TRAVAIL SOCIAL canadien.

Après avoir démissionné du Conseil du bien-être social en 1941, Charlotte Whitton lutte pour l'égalité des femmes en politique et au travail. Cependant, elle a sur les femmes, tout comme sur l'ÉTAT PROVIDENCE, des opinions contradictoires. Elle s'oppose à la libéralisation des lois sur le divorce et n'aime pas voir les femmes mariées travailler hors du foyer. Élue contrôleuse au conseil municipal d'Ottawa en 1950 et mairesse en 1951, Whitton devient la première femme à remplir cette fonction au Canada. Elle est réélue en 1952, 1954, 1960 et 1962. Battue en 1964, elle demeure conseillère municipale jusqu'à sa retraite de la vie politique, en 1972. Comme mairesse, elle s'est principalement fait remarquer par ses joutes verbales, et dans un cas resté célèbre, par ses empoignades musclées avec des collègues hostiles de sexe masculin.

James Struthers

Whoop-up Forme abrégée de *whoop it up* qui signifie «faire la fête bruyamment». Ce mot rappelle le FORT WHOOP-UP, construit en 1869 par des traiteurs de pelleterie venant des États-Unis à un endroit qui fait maintenant partie du sud de l'Alberta. Le fort, qui sert de centre de commerce illicite avec les Amérindiens (on y échange du whisky contre des peaux de bison), est abandonné lorsque la POLICE MONTÉE DU NORD-OUEST arrive dans l'Ouest en 1874.

John Robert Colombo

Whyte Museum of the Canadian Rockies Ce musée, entièrement consacré à la culture des Rocheuses, sert à la collection, à la conservation, à l'exposition et à la mise en disponibilité pour les chercheurs et les éducateurs de documents sur le patrimoine culturel de cette région. Vers la fin des années 20, Peter Whyte, un étudiant à l'école du Museum of Fine Arts de Boston qui est originaire de Banff, y rencontre Catherine Robb, une femme d'une éminente famille de la Nouvelle-Angleterre. Après leur mariage en 1930, ils déménagent à Banff, se construisent une maison et un atelier en bois rond près de la rivière Bow, et consacrent le reste de leur vie à la peinture des paysages, des domaines d'activité et des Autochtones des montagnes. Leur collection d'art et de matériel historique de la région s'agrandit rapidement, au point où, en 1958, ils mettent sur pied une fondation pour en assurer la survie. En 1968, on construit un musée près de leur maison et leur collection d'œuvres d'art en forme le noyau central. Peter meurt en 1965 et Catherine, en 1979. À la suite de la mort de cette dernière, on nomme le musée en leur honneur et on l'agrandit pour y ajouter leur maison de même que d'autres bâtiments historiques avoisinants. Le Whyte Museum of the Canadian Rockies comprend actuellement une galerie dans laquelle se trouvent une collection permanente d'œuvres d'art, venant en majeure partie des Rocheuses, ainsi que des archives où les chercheurs peuvent consulter des documents traitant de l'histoire des montagnes de l'Ouest canadien. Le musée comprend également une section sur le patrimoine où se trouvent non seulement des objets fabriqués de l'histoire culturelle, mais aussi des maisons et des cabanes historiques de la région.

Ted Hart

WIC (Western International Communications Ltd) Cette société, sous le contrôle des familles héritières de Frank Griffiths et de Charles Allard, est l'une des entreprises de communication les plus importantes

de l'ouest du Canada. Ses ressources en radiodiffusion englobent 11 stations de radio à Vancouver, à Calgary, à Edmonton, à Winnipeg, à Hamilton et à Toronto. Elle possède British Columbia Television Co. (BCTV), laquelle détient CHAN-TV à Vancouver et CHEK-TV à Victoria. Ces stations fournissent le service de télévision CTV à l'ensemble de la Colombie-Britannique, aux filiales de la Société Radio-Canada à Kelowna (CHBC) et à Red Deer (RDTV), ainsi qu'à des stations indépendantes à Hamilton (CHCH), à Calgary (CICT), à Edmonton (ITV) et à Lethbridge (CISA). Par le biais de BCTV, Western détient 53,7 p. 100 du capital de Canadian Satellite Communications Inc., laquelle fournit les services de télévision par satellite aux régions rurales et éloignées du Canada (*voir* COMMUNICATION PAR SATELLITE).

WIC achète l'Allarcom Pay Television en 1991. Elle possède maintenant les services payants Superchannel, Movie Max et Home Theatre, ainsi que 50 p. 100 de participation dans le Canal Famille. Elle a également des intérêts dans la production d'annonces radiodiffusées et dans des activités de promotion et de vente. En 1994, ses revenus totalisent 392 millions de dollars.

Peter S. Anderson

Wicks, Alfred, dit «Ben», bédéiste (Londres, Angl., 1ᵉʳ oct. 1926). Londonien typique, créateur de la bande dessinée *The Outcasts,* Wicks est un illustrateur autodidacte qui abandonne l'école à l'âge de 14 ans pour travailler comme bottier, commis aux expéditions et marchand des quatre saisons. Il s'engage dans l'Armée britannique et apprend plus tard à jouer du saxophone et de la clarinette. Après la guerre, il est musicien professionnel au sein de l'orchestre du luxueux paquebot *Queen Elizabeth* de la compagnie Cunard. Il prend pour pseudonyme Ben, surnom que lui a donné un membre de l'orchestre en l'honneur de Benny Goodman. Wick prend quelques leçons d'art à la Camberwell Art School de Londres, mais ce n'est qu'une fois émigré à Calgary, en 1957, qu'il se met à dessiner sérieusement. Laitier à Calgary, il vend sa première bande dessinée au *Saturday Evening Post* en 1962. Après la publication de plusieurs de ses bandes dessinées dans *The Albertan,* il s'installe à Toronto, où le *Toronto Telegram* distribue sa bande dessinée sur une colonne, qui est par la suite reprise par plus de 200 journaux en Amérique du Nord et en Europe.

Ses caricatures ne sont pas sophistiquées, mais le ton y est satirique et incisif. «En réalité, je suis pourri en dessin», admet-il volontiers. Auteur prolifique, bédéiste et musicien, il rédige et illustre de nombreux livres parmi lesquels *Ben Wicks' Canada, Ben Wicks' Etiquette* et *Ben Wicks' Women.* Il est par ailleurs l'auteur d'une série de livres visant à promouvoir l'alphabétisation de la famille, dont *Ben Wicks' Born to Read, Write and Count.* Il a sa propre émission de télévision, touche au dessin animé et joue un rôle important dans l'institution du Canadian Chess Challenge. Avec son épouse, juge à la cour de la citoyenneté, il contribue à la mise sur pied de plusieurs organismes de bienfaisance destinés à lutter contre la pauvreté, l'analphabétisme et la malnutrition. Il est nommé Membre de l'Ordre du Canada en 1986.

Alan Hustak

Widmer, Christopher, chirurgien, enseignant en médecine, administrateur médical (High Wycombe, Angl., 15 mai 1780—Toronto, 3 mai 1858). Widmer est une figure dominante en médecine dans le Haut-Canada à partir des années 1820 presque jusqu'à son décès. Il fait partie du personnel médical en Espagne et au Portugal pendant la guerre d'Espagne (1808-1814) et au Canada (1814-1817), puis il s'installe à York (aujourd'hui Toronto). En 1819, on le nomme au Medical Board of Upper Canada qu'il préside, ainsi que les offices de réglementation qui lui succèdent (1822-1858), réclamant des normes élevées de pratique et d'enseignement de la médecine. Il joue un rôle important dans la fondation du Toronto General

Hospital, de l'asile d'aliénés provincial et de l'école de médecine du King's College (U. de Toronto). En 1853, il est chancelier de l'université pour une courte période, ayant été élu dans une vaine protestation contre les projets gouvernementaux de fermer l'école de médecine. En politique, il est conservateur jusqu'au moment où, vers la fin de 1836, il devient un important allié de W.W. Baldwin et de Robert BALDWIN. De 1843 à 1858, il siège au conseil législatif du Canada. Débordant d'énergie, utilisant volontiers un langage plutôt leste, athée et coureur de jupons, Widmer demeure un brillant chirurgien jusqu'à une époque remarquablement avancée de sa vie.
Paul Romney

Wiebe, Rudy Henry, écrivain (Speedwell, près de Fairholme, Sask., 4 oct. 1934). Il est l'auteur de romans impressionnants, non seulement sur son peuple, les MENNONITES, mais aussi sur d'autres minorités ethniques proches de la terre. Il naît dans une communauté du nord de la Saskatchewan, où l'on parle le bas allemand, quatre ans après que ses parents aient émigré de Russie. Le cadet de sept enfants, il n'apprend l'anglais qu'en fréquentant l'école. Il étudie à l'école secondaire de Coaldale, en Alberta, puis à l'U. de l'Alberta.

Son premier roman, *Peace Shall Destroy Many* (1962), dont l'action se déroule dans un village semblable à celui dans lequel il a grandi, est à l'origine un exercice réalisé dans le cadre de sa maîtrise. Ce remarquable roman à thèse traite du conflit auquel sont confrontés le héros et sa communauté, déchirés entre leurs principes pacifistes et leur pulsion de violence, pendant la Seconde Guerre mondiale. Au moment de sa publication, le roman soulève des controverses parmi les Mennonites. Son deuxième roman, *First and Vital Candle* (1966), a pour cadre une communauté amérindienne du nord de l'Ontario et traite de manière didactique de questions morales et religieuses. En 1970, son premier récit «épique», *The Blue Mountains of China*, présente une saga du peuple mennonite dispersé, mais toujours vivant, en Russie, au Paraguay et au Canada.

Wiebe se tourne ensuite vers le roman historique. *The Temptation of Big Bear* (1973; *Les tentations de Gros-Ours*, 1983), un long roman complexe, mettant en scène un chef cri des Plaines (*voir* BIG BEAR), lui vaut le prix du Gouverneur général. *The Scorched-Wood People* (1977; trad. *Louis Riel: la fin d'un rêve*, 1985) se déroule à la même époque et présente l'affaire RIEL du point de vue des Métis. Ces deux ouvrages s'appuient sur de minutieuses recherches historiques et dressent un portrait compatissant mais non idéaliste d'un personnage complexe et controversé. Le roman *My Lovely Enemy* (1983) allie l'intérêt qu'il porte aux Mennonites et aux Amérindiens. Il s'agit d'un roman audacieux, expérimental, comportant une théologie radicale de l'amour. *A Discovery of Strangers* (1994), sur la première expédition de Franklin, lui vaut un second prix du Gouverneur général dans la catégorie romans et nouvelles.

Wiebe publie quatre recueils de nouvelles, *Where Is the Voice Coming From?* (1974), *Alberta-A Celebration* (1979), *The Angel of the Tar Sands* (1982) et *River of Stone: Fiction and Memories* (1995). Il publie aussi une pièce de théâtre, *Far as the Eye Can See*, écrite en collaboration avec le Théâtre Passe Muraille (1977) et un court roman, *The Mad Trapper* (1980), basé sur une poursuite de la Gendarmerie royale pour retrouver Albert Johnson. En collaboration avec Bob Beal, il publie *War in the West: Voices of the 1885 Rebellion* (1985) et un recueil de documents et de mémoires illustrés. Parmi ses œuvres publiées, on trouve également *Chinook Christmas* (1992), un livre pour enfants décrivant les festivités de Noël dans le sud de l'Alberta, et *Playing Dead* (1989), un recueil d'essais sur le Grand Nord canadien.

Wiebe détient un baccalauréat en théologie (1962) du Mennonite Brethren Bible College de Winnipeg.

Pendant 18 mois, il a dirigé le *Mennonite Brethren Herald*. En 1967, il commence à enseigner l'anglais et la création littéraire à l'U. de l'Alberta. Il est reconnu pour la diversité des thèmes qu'il aborde dans ses œuvres de fiction, pour la manière dont il traite d'importantes questions morales et pour son style direct qui, bien que parfois maladroit, est souvent éloquent et évocateur. Wiebe reçoit la médaille Lorne Pierce de la Société royale du Canada en 1987.
W.J. Keith

Wieland, Joyce, artiste, cinéaste (Toronto, 30 juin 1931—*id.*, 27 juin 1998). Wieland fait ses études à la Central Technical School, à Toronto, et tient sa première exposition de peintures à l'Isaacs Gallery de Toronto, en 1960. Elle y présente des peintures d'un genre expressionniste abstrait de même que des dessins, des caricatures et, plus tard, ses constructions. De 1962 à 1970, elle et son mari de l'époque, l'artiste Michael SNOW, vivent à New York, où elle devient une figure importante du milieu du cinéma expérimental, grâce à des films primés tels que *Rat Life and Die in North America* (1968) et *La raison avant la passion* (1967-1969). Beaucoup la connaissent pour son long métrage *The Far Shore* (1976).

Les œuvres de Wieland sont exposées dans tout le Canada, aux États-Unis et en Europe. L'exposition «Véritable amour patriotique», qui a lieu à la Galerie nationale du Canada en 1971 (*voir* MUSÉE DES BEAUX-ARTS DU CANADA), est la première exposition importante consacrée par la Galerie aux œuvres d'une artiste canadienne toujours vivante. En avril 1987, le MUSÉE DES BEAUX-ARTS DE L'ONTARIO organise une importante exposition itinérante des œuvres de Wieland, la première rétrospective consacrée à une artiste canadienne encore vivante présentée par ce musée. En septembre 1987, Wieland reçoit le Toronto Arts Foundation's Visual Arts Award. Parmi ses expositions individuelles récentes, on compte celle de la Maison du Canada à Londres, en Angleterre (1988), de la McMaster University Art Gallery, à Hamilton (1990), et du AGNES ETHERINGTON ART CENTRE, à Kingston (1994-1995).

S'intéressant passionnément au point de vue esthétique de la femme artiste, Wieland puise son inspiration dans l'histoire canadienne, dans la politique et dans l'écologie. Ses recherches l'amènent à contester la prépondérance de la peinture et des matériaux traditionnels des beaux-arts, en utilisant des matériaux domestiques et d'artisanat. Défiant les hiérarchies admises, elle pratique non seulement la peinture, la lithographie, le collage et le cinéma, mais aussi la caricature, la broderie, le tricot, le matelassage et, comme dans «Véritable amour patriotique», un gâteau finement décoré. Dans ses œuvres en tissu et dans ses films, Wieland se sert d'images féminines, mais aussi de matériaux que les femmes utilisent dans leur vie de tous les jours. Elle étudie aussi des modèles de collaboration et la création collective. Dans ses dernières peintures, Wieland se tourne vers le paysage visionnaire et les images figuratives.

Parmi les commandes qu'elle réalise, mentionnons un timbre des Postes canadiennes pour souligner la Journée mondiale de la santé, en 1972; *Defend the Earth-Défendez la terre* (1972-1973), une murale matelassée pour la Bibliothèque scientifique nationale, à Ottawa; *Barren Ground Caribou* (1977-1978), pour la station de métro Spadina, à Toronto; *Celebration* (1987), une murale commandée par Cineplex Odeon pour le Toronto's Pantages Theatre; et *The Ocean of Love* (1990), commandé pour le train transcontinental de Via Rail.
Joyce Zemans

Wiens, Edith, soprano (Saskatoon, Saskatchewan, le 9 juin 1950). Wiens est la fille d'un pasteur mennonite. Elle fréquente le Bible College à Vancouver, étudie à Hanovre, en Allemagne, et termine sa maîtrise à Oberlin. En 1979, elle gagne la médaille d'or au Concours de musique Robert Schumann à Zwickau, en Allemagne. Grâce à sa voix souple et magni-

fique ainsi qu'à sa grande musicalité, elle peut étendre son répertoire de la musique baroque à la musique contemporaine. Bien que considérée comme soprano lyrique, elle fait preuve de puissance et de souplesse dans ses rôles dramatiques. Elle se produit régulièrement avec les chefs les plus réputés et les plus grands orchestres, dont ceux de New York, Berlin, Londres, Munich, Israël, Boston, Chicago, Toronto, Montréal, San Francisco, Dresde et Cleveland. Elle a également participé à des festivals à Salzbourg, à Luzerne, à Tanglewood, à Dresde, à Berlin, à Vienne, à Montreux et à Schleswig-Holstein ainsi qu'aux London Proms. Dans le domaine de l'opéra, elle a joué des rôles principaux à Glyndebourne, à La Scala, à l'Opéra de Santa Fe et au Teatro Colon de Buenos Aires.

Wiens est particulièrement reconnue comme chanteuse de lieder; ses enregistrements de chansons de Richard Strauss, Schubert et Schumann ont été encensés par la critique, qui souligne la douceur de sa voix dans le registre le plus élevé et son interprétation scrupuleuse des textes. Wiens est professeur de chant à la Robert-Schumann-Hochschule à Düsseldorf.

Wiesner, Karel, chimiste et éducateur (Prague, ancienne Tchécoslovaquie, 1919—Fredericton, 28 nov. 1986). Wiesner étudie le génie chimique à Prague et reçoit un doctorat en 1945 pour ses recherches en polarographie à l'Hôpital Bulovka. Il étudie en Suisse avant de se joindre à l'U. du Nouveau-Brunswick en 1948, où il met sur pied l'école la plus avant-gardiste au Canada dans le domaine de la chimie des produits naturels. Ses anciens étudiants se retrouvent dans la plupart des principales écoles de chimie canadiennes. En 1957, il est élu membre de la Société royale du Canada et, en 1963, il reçoit la plus haute récompense de l'Institut de chimie du Canada. Il est l'auteur de plus de 200 articles en chimie organique et a apporté une contribution très importante dans les domaines des alcaloïdes, des terpénoïdes et des stéroïdes.
W.A. Ayer

Wigwam Habitation algonquine en forme de dôme ou de cône, qui était très utilisée dans l'est de l'Amérique du Nord. La structure circulaire faite de perches était recouverte d'écorce ou de nattes de joncs. La fumée du feu s'échappait par un trou dans le toit. Une ou plusieurs familles pouvaient y loger.
René R. Gadacz

Wilgress, Leolyn Dana, fonctionnaire, (Vancouver, 20 oct. 1892—Ottawa, 21 juill. 1969). Il entre au Service des délégués commerciaux en 1914, et, de 1916 à 1932, il sert en Russie, en Roumanie, en Angleterre et en Allemagne. Il est ensuite nommé directeur du Service des renseignements commerciaux à Ottawa. Dans les années 30, il est un des principaux négociateurs commerciaux du Canada et, en 1940, il devient sous-ministre de l'Industrie et Commerce. Indifférent à l'administration, il est heureux de retourner en Russie comme ministre (1942-1944), puis ambassadeur (1944-1946). Même après le début de la GUERRE FROIDE, Wilgress demeure modéré quant aux questions Est-Ouest. Il est, notamment, président et l'un des principaux architectes de l'ACCORD GÉNÉRAL SUR LES TARIFS DOUANIERS ET LE COMMERCE de 1948 à 1951 et de 1953 à 1956, haut-commissaire au Royaume-Uni (1949-1952), sous-secrétaire d'État aux Affaires extérieures (1952-1953) et représentant permanent à l'OTAN (1953-1955). Il publie ses Mémoires en 1967.
Norman Hillmer

Wilkie, ville de la Sask.; pop. 1364 (rec. 1996), 1401 (rec. 1991), 1526 (rec. 1986); superf. 9,06 km²; const. en 1911; située au centre de la Saskatchewan, à 160 km à l'ouest de Saskatoon et à 370 km à l'est d'Edmonton. Wilkie devient une halte sur la piste de Medicine Hat quand C.J. Logan y ouvre un magasin général en 1906. Deux ans plus tard, le chemin de fer du Canadien Pacifique relie Wilkie au monde extérieur et la ville devient un centre ferroviaire et le terminus de quatre lignes secondaires. Il en résulte une croissance spectaculaire du peuplement et des affaires, de sorte que la ville compte déjà 1500 habitants six ans après sa fondation. Le chemin de fer y a déjà employé plus de 600 personnes. Toutefois, l'agriculture a bientôt remplacé la construction du chemin de fer comme principale base économique de la ville, qui sert aussi maintenant de centre de services et de retraite pour la région environnante. La ville porte le nom du président de la Banque Impériale du Canada, D.R. Wilkie.

Deborah Welch et Michael Payne

Wilkie, William, commerçant et radical (Halifax v. 1795—?). Fils de capitaine, Wilkie se lance en affaires à la toute fin de la Guerre de 1812. Après la guerre, l'économie de Halifax est chamboulée à la suite de l'effondrement du commerce et la hausse des taxes. Wilkie commence alors à protester. En 1820, il publie un pamphlet prétendant que l'élitisme, les dépenses excessives et la corruption au sein du gouvernement sont les causes du marasme économique. Il laisse entendre que, pour remédier à cette situation, des mesures radicales s'imposent, incluant l'assassinat. Afin d'intimider les protestataires, les autorités accusent Wilkie de sédition. Reconnu coupable par la Cour suprême, il est emprisonné. Il s'impose ensuite l'exil et disparaît. En dépit de son échec, Wilkie s'est gagné la sympathie de plusieurs et sa dénonciation de l'oligarchie est éventuellement ravivée au cours de la campagne pour un GOUVERNEMENT RESPONSABLE.

D.A. Sutherland

Willan, James Healey, compositeur, organiste, chef de chœur et professeur (Balham [Londres], Angl., 12 oct. 1880—Toronto, 16 févr. 1968). Figure dominante de la vie musicale canadienne pendant plus d'un demi-siècle, Willan influence par son enseignement et son exemple plusieurs générations de compositeurs, d'organistes, de maîtres de chorale, de chanteurs et de mélomanes. Après avoir émigré au Canada en 1913, il enseigne au Toronto Conservatory of Music (1913-1936) et à l'U. de Toronto (1937-1950).

De 1921 jusqu'à sa mort, Willan est maître de chorale à l'église anglicane St. Mary Magdalene. Les innovations musicales de l'époque ne semblent pas influencer ses œuvres qui reflètent plutôt, de diverses façons, les musiques qui l'ont enthousiasmé durant sa jeunesse et sa formation: la musique liturgique anglo-catholique, la musique chorale des maîtres anglais contemporains et de l'époque Tudor, le riche romantisme de Brahms et de Wagner.

Willan compose des opéras, des symphonies, des concertos ainsi que de la musique pour harmonie, piano, orgue, chorale et voix seule, ce qui représente, en tout, quelque 800 œuvres. *Introduction, Passacaglia and Fugue* (1916) pour orgue et *An Apostrophe to the Heavenly Hosts* (1921) pour chorale sans accompagnement représentent le style le plus opulent de Willan et contraste nettement avec sa musique liturgique plus austère, qui est plus souvent interprétée. Il est nommé compagnon de l'Ordre du Canada en 1967.

Barclay McMillan

Williams Lake, ville de la C.-B.; pop. 10 472 (rec. 1996), 10 395 (rec. 1991), 10 280 (rec. 1986); superf. 23,45 km²; const. en 1929; située au cœur de la Colombie-Britannique dans la région de Cariboo, à 545 km au nord-est de Vancouver. Son nom lui vient du lac voisin, qui prend en 1860 le nom du chef William de la réserve indienne de Sugar Cane. Le nom de «Columneetza» que lui donnent les Shuswaps signifie «le lieu de rencontre des nobles». La route, le chemin de fer et l'agrandissement des installations aéroportuaires ont grandement favorisé l'essor de la ville, surtout au cours des dernières années.

Longtemps, l'économie de la ville reposait avant tout sur l'agriculture, en tant que centre des services et de marché pour les nombreux élevages de bétail des magnifiques plateaux Cariboo et Chilcotin. Au cours des dernières décennies, l'exploitation forestière a ravi la première place à l'élevage. Les mines, le tourisme, les industries de service et les bureaux gouvernementaux ont permis de diversifier l'économie de la ville. En juillet de chaque année, Williams Lake est aussi l'hôte d'un stampede très renommé.

John R. Stewart

Williams, Lynn, dirigeant syndical (Springfield, Ont., 21 juill. 1924). Ce fils de pasteur obtient un diplôme en économie de l'U. McMaster et sert dans la Marine canadienne durant la Seconde Guerre mondiale. En 1947, il obtient un emploi dans une usine de Toronto avec son entrée aux Métallurgistes unis d'Amérique (MUA). Son premier poste syndical est celui d'organisateur pour le CONGRÈS DU TRAVAIL DU CANADA, puis il se joint, en 1956, au personnel des MUA dans la région de la péninsule de Niagara. Sous sa gouverne, les MUA doublent leurs effectifs dans la région. Au cours des années 60, Williams commence à s'occuper de négociations, de formation syndicale et de politique. Il est directeur du district n° 6 des MUA (1973-1977), qui est établi à Toronto et qui, avec ses 130 000 membres, est alors le deuxième district en importance, quand il est élu secrétaire international. Le 17 novembre 1983, il est élu président intérimaire des MUA et, à la suite d'une lutte électorale acerbe, il est assermenté, le 1er mars 1986, cinquième président de ce syndicat, devenant ainsi le premier Canadien à se trouver à la tête des MUA et l'un des rares non-Américains à diriger un important syndicat américain.

Craig Heron

Williams, Percy Alfred, coureur (Vancouver, C.-B., 19 mai 1908—*id.*, 29 nov. 1982). Enfant, Williams souffre de la fièvre rhumatismale et son cœur s'en trouve affecté. Cependant, un an seulement après la fin de ses études secondaires, le coureur de 59 kg fait sensation aux Olympiques d'Amsterdam, en 1928. Il y remporte la médaille d'or au 100 m et au 200 m contre les meilleurs coureurs jamais rassemblés jusqu'alors. Auparavant, il avait égalé le record mondial de 9,6 s sur 100 verges. Après les Olympiques, il continue de dominer le monde du sprint et remporte une spectaculaire série de courses sur piste intérieure à New York, à Chicago, à Boston et à Philadelphie. Sa double victoire olympique constitue la plus brillante performance individuelle jamais réalisée par un Canadien dans des compétitions internationales d'ATHLÉTISME.

Brian S. Lewis

Williams, sir William Fenwick, officier de l'armée (Annapolis Royal, N.-É., 4 déc. 1800—Londres, Angle., 26 juill. 1883). Officier britannique prêté à l'armée turque, Williams devient un héros en 1855 lorsqu'il dirige la tenace mais infructueuse défense de Kars contre la Russie pendant la GUERRE DE CRIMÉE. De 1859 à 1865, en tant que commandant en chef de l'Amérique du Nord britannique, il organise les préparatifs de défense contre une invasion américaine durant la GUERRE DE SÉCESSION, malgré que le gouvernement britannique doute de sa capacité de commander dans une telle situation. Les Britanniques apprécient cependant son charme et sa popularité et le nomment lieutenant-gouverneur de la Nouvelle-Écosse (novembre 1865 à octobre 1867), afin qu'il puisse, par son influence, y contrer l'opposition à la CONFÉDÉRATION.

Roger Sarty

Willingdon, Freeman Freeman-Thomas, 1er marquis de, gouverneur général du Canada de 1926 à 1931 (Ratton, Angl., 12 sept. 1866—Londres, Angl., 12 août 1941). Après avoir siégé comme député au Parlement britannique de 1900 à 1910 et exercé la fonction de gouverneur dans les provinces indiennes de Bombay (1913-1918) et de Madras (1919-1924), Willingdon est gouverneur général du Canada de 1926 à 1931 et vice-roi des Indes de 1931 à 1936. Le gouvernement conservateur britannique n'est pas en faveur de sa candidature au poste de gouverneur général du Canada, affirmant qu'il a moins de dispositions générales, de connaissance des affaires et d'entregent que certains candidats. Le roi George V, que Willingdon a servi comme gentilhomme de service et partenaire de tennis, intervient cependant pour que son nom soit ajouté à la liste envoyée au Canada et le premier ministre canadien KING choisit rapidement Willingdon en raison de son allégeance libérale. Mince, au style paternel, il ne s'attache pas aux formalités dans l'exercice de sa fonction et fait preuve d'un grand sens de l'humour. Il est le premier gouverneur général à remplir uniquement la fonction de représentant du roi et le premier à visiter les États-Unis en qualité de chef d'État. Il institue les Willingdon Arts Competitions qui sont destinées à récompenser l'excellence en musique, en littérature, en peinture et en sculpture. En privé, il avoue être inquiet au sujet de la pénétration en douce des médias américains au Canada et de l'influence de l'économie de ce voisin du sud.

Norman Hillmer

Williston, lac D'une superficie de 1761 km², il constitue la plus grande masse d'eau douce de la Colombie-Britannique. Créé en tant que réservoir pour le barrage hydroélectrique W.A.C. Bennett sur la RIVIÈRE DE LA PAIX en 1968, il est nommé, en l'honneur de Ray Williston, ministre des Terres et Forêts de la Colombie-Britannique de 1956 à 1972. Ce dernier a favorisé le développement d'une économie des pâtes à papier à partir des ressources forestières inutilisées de l'intérieur de la Colombie-Britannique, en étroite concordance avec les projets hydroélectriques gouvernementaux. Les forêts d'épinettes de la région du lac approvisionnent les usines de pâtes et les scieries de la municipalité de district de MACKENZIE, une «ville champignon» située sur le passage Parsnip du lac Williston. Le lac sert au transport du bois vers les usines.

Peter Grant

Willson, Thomas Leopold, surnommé «Carbide», inventeur (1860—New York, 20 déc. 1915). Poussé par la curiosité, Willson est un inventeur chronique doué aussi bien pour reconnaître le potentiel de ses découvertes que pour en financer le développement. Il obtient plus de 70 brevets au Canada, dont le premier a trait aux dynamos électriques et à leur application dans la production d'ALUMINIUM et dans l'éclairage privé. Il déménage aux États-Unis où, en 1892, il découvre un procédé de production de carbure de calcium et de gaz acétylène en grande quantité. Il revient ensuite au Canada pour prendre part à des polémiques liées aux carbures et pour promouvoir le développement de l'hydroélectricité à ses débuts. Il fait aussi breveter plusieurs dispositifs marins utilisant l'acétylène. Intrigué par les triphosphates et par leur potentiel dans la production de fertilisants et de papier, il hypothèque finalement ses biens auprès de l'Américain J.B. Duke pour obtenir des capitaux d'investissement. Il meurt après avoir perdu sa mise. Sa découverte sur les carbures a jeté les bases du développement de l'industrie électrochimique.

Margaret Carter

Wilmot, Lemuel Allan, politicien, avocat et juge (comté de Sunbury, N.-B., 31 janv. 1809—Fredericton, 20 mai 1878). Orateur brillant et enflammé, Wilmot exerce ses talents au tribunal, à l'Assemblée législative du Nouveau-Brunswick et dans des discours publics dont beaucoup prônent le méthodisme. Faisant figure de réformiste en raison de ses luttes contre les privilèges de l'ancien système, Wilmot ne ménage aucun effort pour obtenir lui-même ces privilèges. Il n'est jamais défait entre 1834 et 1851, lançant abondamment les slogans en faveur du GOUVERNEMENT RESPONSABLE sans jamais en comprendre le principe. Provocateur efficace, Wilmot est finalement nommé procureur général en 1848, retirant alors son prétendu appui au réformisme. Il cherche et obtient sa nomination comme juge à la Cour suprême en 1851, ce qui déclenche une grave crise gouvernementale. Juge compétent quoique controversé, Wilmot ne reçoit aucune promotion. Il appuie publiquement la CONFÉDÉRATION, ce qui constitue selon certains un manque d'éthique, mais la réussite de ce mouvement politique lui permet de devenir le premier Néo-Brunswickois de naissance à accéder au poste de lieutenant-gouverneur de sa province (23 janv. 1868—15 nov. 1873).

Carl M. Wallace

Wilmot, Montagu, officier de l'armée britannique et gouverneur de la Nouvelle-Écosse (meurt à Halifax, 23 mai 1766). Officier à partir de 1730, il sert presque uniquement en Nouvelle-Écosse (1746-1766) et prend part au siège de LOUISBOURG en 1758, en tête d'un régiment. Nommé lieutenant-gouverneur de la Nouvelle-Écosse en mars 1763, il est promu gouverneur en mai 1764, deux postes obtenus par favoritisme. Il est malheureusement tourmenté par la maladie et n'a pas suffisamment de volonté pour gouverner efficacement. Au cours de son mandat, la province souffre d'une dépression d'après-guerre imputable, en grande partie, à la réduction draconienne que le gouvernement britannique impose à ses dépenses. Par ailleurs, de 2,5 à 3,5 millions d'acres (1 à 1,4 million d'hectares) de terres sont accordés à des spéculateurs qui font peu pour faire fructifier leurs acquisitions. Généralement considéré comme un faible, Wilmot meurt au cours de son mandat.

Stuart Sutherland

Wilson, Alice Evelyn, paléontologue (Cobourg, Ont., 26 août 1881—Ottawa, 15 avril 1964). Elle fait ses études à Toronto et à Chicago, et passe toute sa carrière professionnelle, de 1909 à 1946, au service de la COMMISSION GÉOLOGIQUE DU CANADA, d'abord comme assistante dans un musée, puis comme géologue. Elle a été l'autorité reconnue dans le domaine des formations paléozoïques de l'est de l'Ontario, dont elle a relevé la distribution, la stratigraphie et la structure. Elle a décrit les fossiles, surtout ceux de l'âge ordovicien, dans bon nombre de cahiers et de monographies. Par ses conférences, ses excursions, ses publications et ses expositions dans les musées, elle a rendu la géologie accessible au grand public, particulièrement aux enfants. En 1937, elle est élue membre de la Société royale du Canada; elle est la première femme à recevoir cet honneur.

Loris S. Russell

Wilson, Bertha, née Wernham, avocate et juge (Kirkcaldy, Écosse, 18 sept. 1923). Elle est la première femme à siéger à la COUR SUPRÊME DU CANADA. Elle fait ses études à l'U. d'Aberdeen et immigre au Canada avec son mari, John Wilson, pasteur presbytérien. Elle est admise à la Dalhousie Law School en 1954 et au barreau de Nouvelle-Écosse en 1957, puis à celui de l'Ontario en 1959. Elle pratique le droit de 1958 à 1975 dans un grand cabinet torontois, Osler, Hoskin and Harcourt, où elle se spécialise dans la recherche et la rédaction d'avis juridiques sur une foule de sujets pour ses collègues. Elle est nommée à la Cour d'appel de l'Ontario en décembre 1975 et attire l'attention du public par ses décisions originales et humaines dans des cas impliquant les droits de la personne, la discrimination ethnique et sexuelle, les biens matrimoniaux, la garde des enfants et l'accès des citoyens à l'information recueillie à leur sujet par le gouvernement et la police. En 1982, à la suite de fortes pressions féministes, elle est nommée juge à la Cour suprême du Canada. Elle participe à de nombreuses décisions de la Cour suprême, dont la plus importante est certainement l'abolition de la loi sur l'AVORTEMENT au début de 1988. La même année, elle se joint à la Commission royale d'enquête Erasmus-Dussault qui se penche sur les questions autochtones. En 1992, elle est fait Compagnon de l'Ordre du Canada.

Jennifer Stoddart

Wilson, Bill, politicien et administrateur (Comox, C.-B., 6 avril 1944). Diplômé de l'U. de Victoria (bac-

calauréat ès arts en 1970) et de l'U. de la Colombie-Britannique (baccalauréat en droit en 1973), Wilson devient le principal théoricien de la politique autochtone en Colombie-Britannique (1970-1981) et joue un rôle important dans tous les développements majeurs. Tout en s'employant activement à la fois au sein de la Union of British Columbia Indian Chiefs et de la British Columbia Association of Non-Status Indians (BCANSI), il préconise toutefois de réduire le rôle de ces organisations et de favoriser plutôt l'union de tous les Indiens au niveau des bandes ou des nations. Il est président fondateur de la United Native Nations (1976-1981), nouveau nom de la BCANSI, qui réclame l'appui de tous les autochtones de la Colombie-Britannique et qui encourage la politisation des bandes. Vice-président du Conseil national des autochtones du Canada (1982-1983), il se fait connaître à l'échelle nationale en tant que porte-parole du Conseil à la Conférence des premiers ministres de 1983. Il choisit de ne pas être réélu et retourne dans sa bande de Kwagulth (Kwakiutl) pour devenir coordonnateur du Conseil tribal Musamagw.

Paul Tennant

Wilson, Cairine Reay, née Mackay, première femme sénatrice au Canada et philanthrope (Montréal, 4 févr. 1885—Ottawa, 3 mars 1962). Wilson joue un rôle actif au sein de l'organisation des groupements de femmes libérales et de jeunes pendant les années 20. Faite connaître à l'élite libérale, elle entre au Sénat le 20 février 1930. Elle est présidente de la LIGUE DE LA SOCIÉTÉ DES NATIONS au Canada de 1936 à 1942 et est la première déléguée canadienne aux Nations Unies en 1949. Comme présidente du Canadian National Committee on Refugees and Victims of Political Persecution de 1938 à 1948, elle n'hésite pas à se prononcer contre l'ANTISÉMITISME au Canada.

Harriet Gorham

Wilson, sir Daniel, homme de science, auteur et éducateur (Édimbourg, Écosse, 5 janv. 1816—Toronto, 6 août 1892). Wilson possède de multiples talents. Il fait ses études à l'U. d'Édimbourg, étudie brièvement les arts avec William Turner, écrit des essais pour le *Chambers' Journal,* publie une histoire d'Oliver Cromwell et est fasciné par l'Antiquité durant ses années en Écosse. En 1847, alors qu'il est secrétaire de la Scottish Antiquarian Society, il publie *Memorials of Edinburgh in the Olden Time* (illustré par l'auteur). Quatre ans plus tard paraît *The Archaeology and Prehistoric Annals of Scotland,* dans lequel il invente le mot «préhistoire».

En 1853, Wilson est nommé professeur d'histoire et d'anglais à ce qui deviendra le COLLÈGE UNIVERSITAIRE de l'U. de Toronto. Il contribue à la conception de l'édifice, se fait le principal défenseur de la notion d'«université provinciale» contre les partisans des écoles confessionnelles et devient président du collège universitaire (non confessionnel) en 1880. Durant toutes ces années, Wilson poursuit ses recherches scientifiques, surtout dans le domaine alors nouveau de l'ethnologie. Il devient un grand analyste canadien des retombées scientifiques des travaux de Charles Darwin. Bien qu'il admette la prolongation de la période géologique et l'évolution des espèces, Wilson rejette, tout comme son collègue de McGill, J.W. DAWSON, la notion de sélection naturelle. Il la considère comme une hypothèse non fondée et insiste sur les différences innées entre l'homme et l'animal, principalement pour des raisons religieuses. Son ouvrage en deux volumes *Prehistoric Man: Researches into the Origin of Civilisation in the Old and New World* (1862), chef-d'œuvre d'ethnologie et d'érudition du XIXe siècle, réfute la notion de sélection naturelle. Wilson, qui est l'un des universitaires les plus connus au Canada, devient en 1885 président de la SOCIÉTÉ ROYALE DU CANADA (qu'il a contribué à fonder en 1882).

L'administration universitaire occupe la plupart de son temps. Dans les années 1880, il cherche à protéger les intérêts de l'U. de Toronto et du collège

universitaire d'un mouvement visant à regrouper les collèges confessionnels pour les associer à l'université provinciale. Il s'oppose à cette idée, mais cède devant les réalités politiques et économiques, et devient premier président de l'U. de Toronto en vertu de la *Federation Act* de 1887. Ses dernières années sont empoisonnées par de l'animosité et des querelles au sein du corps enseignant universitaire.

A. Brian McKillop

Wilson, Ethel Davis, née Bryant, romancière, nouvelliste et essayiste (Port Elizabeth, Afrique du Sud, 20 janv. 1888—Vancouver, 22 déc. 1980). La contribution littéraire de Wilson est impressionnante quoique modeste, et lui vaut une place importante dans la littérature canadienne. Enfant unique d'un pasteur wesleyen anglais en mission en Afrique du Sud, elle est orpheline à l'âge de 10 ans. Elle va vivre à Vancouver, chez sa grand-mère maternelle et plusieurs tantes. Wilson fréquente des écoles privées à Vancouver et en Angleterre et obtient un diplôme de la Vancouver Normal School en 1907. Avant son mariage, en 1927, elle enseigne à plusieurs écoles locales. Son goût et sa fascination pour sa terre d'adoption imprègnent son œuvre. Elle est l'un des premiers écrivains canadiens à traduire véritablement la rude et incomparable beauté du paysage de la Colombie-Britannique. Ce profond attachement à un territoire, évoqué avec lucidité dans un style simple, n'est cependant jamais purement régional. Ses personnages luttent contre le paradoxe de la condition humaine: le profond désir de liberté individuelle opposé au besoin urgent d'une intégration responsable et harmonieuse avec autrui. Les premières nouvelles de Wilson sont publiées dans des magazines britanniques en 1937, mais elle abandonne l'écriture jusqu'à la fin de la Seconde Guerre mondiale. *Hetty Dorval* (1947) consacre sa renommée, suivi peu de temps après de *The Innocent Traveller* (1949). Ce dernier se veut davantage une chronique familiale qu'une œuvre de fiction à proprement parler, le personnage de Rose y incarnant l'auteure. D'autres recueils, *The Equations of Love* (1952), *Swamp Angel* (1954), *Love and Salt Water* (1956) et *Mrs. Golightly and Other Stories* (1961) suivent. Son dernier recueil de nouvelles et d'essais paraît en 1964. Elle reçoit la médaille du Conseil des Arts (1961), la médaille Lorne Pierce de la Société royale du Canada (1964) et la médaille pour services éminents de l'Ordre du Canada (1970).

Donna Coates

Wilson, John Armistead, fonctionnaire et pionnier de l'aviation (Broughty Ferry, Écosse, 2 nov. 1879—Ottawa, 10 oct. 1954). Ingénieur, il commence à s'intéresser au potentiel de l'aviation alors qu'il travaille au ministère du Service naval durant la Première Guerre mondiale. En tant que secrétaire de la Commission de l'air (1920-1922) et, plus tard, régisseur de l'aviation civile (1922-1941), il guide l'élaboration des politiques nationales qui mènent à l'utilisation de l'avion dans les régions éloignées du Canada. Plus tard, il s'engage résolument dans la planification des Lignes aériennes Trans-Canada, des aéro-clubs, de la poste aérienne et des vols transocéaniques. Il est directeur de la sélection, de la surveillance et de la construction des aérodromes utilisés par l'ARC dans le cadre, entre autres, du PROGRAMME D'ENTRAÎNEMENT AÉRIEN DU COMMONWEALTH.

W.J. McAndrew

Wilson, John Tuzo, géophysicien (Ottawa, 24 oct. 1908—Toronto, 15 avril 1993). Après l'obtention du premier baccalauréat en géophysique de l'U. de Toronto en 1930, Wilson fréquente les universités de Cambridge, en 1932 et 1940, et Princeton, en 1936, puis travaille avec la COMMISSION GÉOLOGIQUE DU CANADA de 1936 à 1939. Il est professeur de géophysique à l'U. de Toronto de 1946 à 1974 et directeur du Erindale College, de 1967 à 1974.

Wilson est respecté à travers le monde pour ses travaux sur les glaciers, sur l'orogénie, sur la géologie des bassins océaniques et sur la structure des continents. Sa plus grande contribution est l'explication de la TECTONIQUE DES PLAQUES. Il est aussi l'un des premiers à employer des photos aériennes dans la cartographie géologique et est responsable de la réalisation de la première carte glaciaire du Canada. Sa recherche d'îles arctiques inconnues, en 1946 et en 1947, en fait le deuxième Canadien à survoler le PÔLE NORD, qu'il visite de nouveau en 1982.

Wilson travaille au Conseil national de recherches de 1958 à 1964, au Conseil de recherches pour la défense du Canada, de 1960 à 1966, et au Conseil des sciences du Canada, de 1977 à 1983. En plus de son travail universitaire, il écrit des ouvrages destinés au grand public, parmi lesquels on compte deux livres sur la Chine qui aident à rétablir des relations entre la Chine et les pays occidentaux. En 1935, il devient le premier à gravir le mont Hague, dans le Montana, suivant l'exemple de ses parents alpinistes. Le mont Tuzo, dans les montagnes Rocheuses, porte le nom de sa mère.

Après avoir «pris sa retraite» en 1974, Wilson combine son goût pour la science et les affaires publiques comme directeur général du CENTRE DES SCIENCES DE L'ONTARIO, de 1974 à 1985. Il demeure à l'U. de Toronto à titre de chargé de cours distingué de 1974 à 1977, puis à titre de professeur émérite en 1977. Il est également chancelier de l'U. York de 1983 à 1986. Après avoir pris sa retraite une deuxième fois, il poursuit un bon nombre de projets d'écriture et de recherche en plus de préparer une autobiographie.

En reconnaissance de ses contributions à la géophysique, on élit Wilson à l'Union de géodésie et de géophysique internationale pour les années 1957 à 1960, on lui décerne 15 diplômes honorifiques, on donne son nom à un prix, et on lui décerne au moins 35 médailles ou prix provenant de la Société royale du Canada, en 1955, et de diverses organisations de physique, de géologie et de géographie, dont le prix Vetlesen, considéré comme l'équivalent d'un prix Nobel pour les scientifiques de la terre. Il est fait Compagnon de l'Ordre du Canada.

Martin K. McNicholl

Wilson, Michael Holcombe, politicien (Toronto, Ont., 4 nov. 1937). Élevé dans le chic quartier de Rosedale à Toronto, Wilson étudie au Upper Canada College et à l'U. de Toronto. En 1961, il se joint à la société de placement Harris and Partners Ltd. Hormis deux années passées au ministère des Finances, de 1964 à 1966, Wilson évolue dans les milieux d'affaires de Toronto pendant 18 ans et il est nommé premier vice-président de Dominion Securities ltée, de 1973 à 1979.

Wilson est élu à la Chambre des communes en 1979, à titre de député conservateur d'Etobicoke Centre, et il est ministre d'État au Commerce international durant le court règne du gouvernement CLARK. Il se présente à la tête du Parti progressiste-conservateur en 1983, mais, déçu des résultats du premier tour de scrutin, il appuie la candidature de Brian MULRONEY. Il devient ministre des Finances en 1984. Avisé, doté d'une forte personnalité et travailleur acharné, il est généralement considéré comme l'un des ministres ayant connu le plus de succès dans le gouvernement Mulroney.

Wilson joue également un rôle prépondérant dans la réforme de la structure canadienne d'IMPOSITION et dans les négociations visant à réduire les barrières tarifaires entre le Canada et les États-Unis. L'une de ses actions les plus controversées à titre de ministre des Finances est l'introduction, en 1990, de la Taxe sur les produits et services (TPS). Le gouvernement a dû invoquer un obscur article de la *Loi constitutionnelle* pour nommer des sénateurs additionnels et ainsi faire adopter cette loi par la Chambre haute.

En 1991, Wilson quitte le ministère des Finances pour devenir ministre de l'Industrie, des Sciences et de la Technologie, et du Commerce international (1991-1993), un nouveau ministère d'envergure visant à favoriser une plus grande compétitivité au Canada. En 1991-1992, il négocie un nouveau traité de libre-échange avec les États-Unis et le Mexique (*voir aussi* LIBRE-ÉCHANGE). Wilson se retire de la politique en 1993 et devient président de Michael Wilson International, une société internationale de consultants et de services financiers.

Norman Hillmer

Wilson, Montgomery, surnommé «Bud», patineur artistique (actif de 1926 à 1964). Wilson est le premier Canadien à monter sur le podium au Championnat du monde en 1932, où il obtient la deuxième place. La même année, il remporte aussi la médaille de bronze aux Jeux olympiques. Sa domination de champion masculin du Canada (1929-1934 et 1938-1939) n'est égalée que par celle de Brian ORSER dans les années 80. Il est tenant du titre de champion nord-américain de 1929 à 1939. Dans les épreuves en couple (sa principale partenaire, Constance Samuel, deviendra son épouse), il remporte six fois le championnat canadien entre 1926 et 1934. Après s'être retiré de la compétition, il se produit dans des spectacles sur glace organisés par des associations de patinage. Il enseigne ensuite au Boston Skating Club de 1949 à 1963, puis, à partir de 1964, à la Michigan State University.

Barbara Schrodt

Winch, Ernest Edward, syndicaliste et politicien (Harlow, Angleterre, 22 mars 1879—Vancouver, 11 janv. 1957). Durant ses premières années d'adhésion aux mouvements ouvrier et socialiste de la Colombie-Britannique, Winch est un radical vigoureux et dogmatique. Il soutient avec force le syndicat ONE BIG UNION et se méfie de prime abord du bien-fondé de la doctrine des réformateurs, issus des milieux universitaires et du Canada central, et qui s'associent avec lui en 1932 pour former la CO-OPERATIVE COMMONWEALTH FEDERATION (CCF). En 1933, Winch est élu député provincial du CCF dans la circonscription de Burnaby, et devient alors plutôt modéré. Il conservera ce siège jusqu'à son décès. Il se fait le champion de réformes urgentes, exposant les abus et les lacunes des bureaux d'aide sociale et des institutions correctionnelles en Colombie-Britannique. Il s'intéresse en particulier aux problèmes des personnes âgées. Son fils, Harold Edward (Loughton, Angl., 18 juin 1907), est élu député à l'Assemblée législative pour le CCF dans Vancouver Est, en 1933, et devient chef du parti provincial en 1938 et chef de l'opposition de 1941 à 1953. Lorsque le CCF est défait, à l'issue de l'élection controversée de 1953 où W.A.C. BENNETT accède au pouvoir, Harold abandonne la politique provinciale et se tourne vers la Chambre des communes où il représentera Vancouver Est jusqu'à sa retraite, en 1972.

Stanley Gordon

Windigo Esprit qui, selon les Algonquins, s'empare des personnes vulnérables et les pousse à adopter divers comportements antisociaux, dont le plus frappant est le cannibalisme. Le plus grand risque survient lorsqu'on est isolé dans les bois durant une période de temps tellement longue que l'on devient abattu. La psychose qui en résulte est bien documentée et est l'objet de recherches en médecine et en psychologie.

Carole Carpenter

Windsor (Nouvelle-Écosse), ville de la N.-É.; pop. 3726 (rec. 1996), 3625 (rec. 1991), 3665 (rec. 1986); superf. 9,01 km²; const. en 1878; située au cœur de la Nouvelle-Écosse, à l'embouchure des rivières Avon et Sainte-Croix. La proximité de HALIFAX (66 km) en a fait depuis longtemps une ville-dortoir.

Historique La ville est d'abord colonisée par des ACADIENS en 1684; elle s'appelle alors Pisiquid, un nom d'origine miquemaque. Le canton anglais de Windsor (d'après Windsor, en Angleterre) est fondé en 1764 et ses terres sont octroyées à de riches hommes d'affaires et politiciens de Halifax.

Durant la GUERRE D'INDÉPENDANCE AMÉRICAINE, des troupes sont cantonnées au fort Edward de Windsor pour garantir la loyauté des résidants de la vallée de l'Annapolis. Après la guerre, un grand nombre de LOYALISTES s'établissent dans la ville. Ils sont fermiers, négociants et commerçants, bouleversant ainsi le cadre bucolique de ses immenses domaines. En 1789, l'évêque Charles Inglis fonde l'UNIVERSITÉ DE KING'S COLLEGE, la plus ancienne université au Canada. Elle se trouve maintenant à Halifax.

Durant les années 1800, Windsor connaît un essor considérable et s'enrichit de scieries, d'usines de meubles et d'engrais, d'une fonderie, d'une tannerie, d'une manufacture de coton et d'une carrière de chaux. L'arrivée du premier train à Windsor en 1858 la rapproche encore davantage de Halifax.

Situation actuelle Aujourd'hui, Windsor est surtout un centre résidentiel. Son économie repose principalement sur l'industrie légère et le tourisme. Les visiteurs peuvent admirer les ruines du fort Edward, la maison Haliburton, la résidence du juge Thomas Chandler HALIBURTON, le célèbre auteur du XIXe siècle et créateur de Sam Slick, et la Shand House, résidence de Clifford et Henrie Shand, une riche famille de Windsor.

Heather MacDonald

Windsor (Ontario), ville la plus méridionale du Canada, elle est située en bordure de la RIVIÈRE DETROIT à l'extrême sud-ouest de la province. Elle se trouve directement au sud de Detroit, dans la riche péninsule agricole située entre les lacs ÉRIÉ et SAINTE-CLAIRE, et est chaque année la porte d'entrée de millions de visiteurs au Canada.

Windsor a grandi en fusionnant avec une série de municipalités le long de la rivière Detroit et du lac Sainte-Claire, et en s'étendant vers l'intérieur des terres au sud. Sa région métropolitaine de recensement comprend aujourd'hui les villes de Tecumseh, d'Essex et de BELLE RIVER, le village de St. Clair Beach, et les cantons de Sandwich West, de South Maidstone, de Rochester et de Colchester North.

Peuplement Des missionnaires jésuites et des explorateurs français explorent la région au XVIIe siècle. Une colonie permanente s'y établit à la suite de la fondation de Detroit par Cadillac. En 1749, les premières terres sont concédées. Dans les années 1780, des LOYALISTES de langue anglaise viennent s'ajouter aux colons français. Vers 1820, l'introduction de bateaux à vapeur sur le lac Érié, l'ouverture du canal Érié et du CANAL WELLAND ainsi que le service régulier de transport du courrier en provenance de l'est encouragent la colonisation vers l'ouest. La liaison par traversier avec Detroit mène à la formation d'un hameau à proximité de l'embarcadère, connu successivement sous les noms de The Ferry, de Richmond et de South Detroit. En 1836, la communauté s'entend avec les associations loyaliste et britannique locales pour lui donner le nom de Windsor.

Développement Le village est officiellement constitué en 1854, au moment de l'arrivée de la GREAT WESTERN RAILWAY, et acquiert le statut de ville quatre ans plus tard. Au départ, des obstacles y entravent le commerce international et les déplacements, tel l'écartement des rails, qui n'est pas le même qu'aux États-Unis. Cependant, à compter des années 1860, la standardisation des écartements et la mise en service d'énormes traversiers pouvant transporter des trains entiers permettent aux marchandises et aux voyageurs de traverser directement la rivière. À cette époque, Windsor est aussi devenue un centre de services pour toute la région agricole avoisinante. En 1910, le réseau ferroviaire est parachevé avec l'ouverture d'un tunnel sous la rivière.

L'activité industrielle commence en amont, à Walkerville (const. 1890), une ville construite par

Hiram WALKER autour de sa distillerie. En 1904, la Ford Motor Co of Canada s'établit juste à l'est de la distillerie et crée l'industrie qui deviendra plus tard le moteur économique de la région. Durant tout le début du XXᵉ siècle, Ford, General Motors, Chrysler et de nombreux constructeurs d'automobiles et fabricants de pièces un peu négligés contribuent à faire de la région la «capitale de l'automobile de l'Empire britannique».

Grâce aux centaines de compagnies américaines qui profitent des politiques douanières avantageuses, la région connaît une prospérité et un optimisme inégalés. La nouvelle ère de l'automobile est couronnée par l'inauguration du pont Ambassador en 1929, le plus long pont suspendu entre deux pays au monde, et du tunnel Detroit-Windsor en 1930, alors le seul tunnel routier international au monde.

Paysage urbain Le mode français de division des terres favorise l'échelonnement de la colonisation le long de la rivière Detroit. Au fil du temps, des villages naissent (Sandwich) ou se regroupent autour d'un lieu d'activité comme le quai d'un traversier (Windsor), une distillerie (Walkerville) ou une usine de construction d'automobiles (Ford City). La transformation de l'assise industrielle par l'industrie de l'automobile entraîne une croissance rapide de la population et accroît les demandes visant à administrer la région métropolitaine comme une seule entité.

Des plans de zonage, l'embellissement des berges et d'autres aménagements urbains sont mis de côté au profit de ceux dont la priorité consiste à reconstruire l'assiette fiscale de la ville et à créer des emplois. Ce développement à tout prix, dépourvu de vision, se traduit par un constat décevant en ce qui a trait à l'aménagement des rives, mais la communauté a tiré la leçon de ses erreurs. De nos jours, elle manifeste un engagement accru envers les berges et leur protection.

Population De 21 000 personnes en 1908, la population était passée à 105 000 en 1928. Cette augmentation est presque entièrement attribuable à l'offre d'emplois au sein de l'industrie de l'automobile. Les travailleurs sont jeunes, et ce sont surtout des hommes, dont un fort pourcentage d'étrangers. Les possibilités d'emploi à Detroit constituent un autre attrait. En 1927, plus de 15 000 résidants de Windsor y travaillent. Pendant la CRISE DES ANNÉES 30, le chômage touche 30 p. 100 de sa population active, l'immigration s'interrompt et des habitants quittent la région.

La production de matériel de guerre pendant la Seconde Guerre mondiale et la demande d'automobiles dans l'après-guerre engendrent l'amélioration de l'emploi et l'accroissement de la population, mais, de 1953 à 1962, le nombre des travailleurs de l'automobile diminue de près de moitié. En 1965, à la suite d'une importante annexion territoriale et de la signature du *Pacte de l'automobile,* le chômage est en baisse, l'on accueille un flux constant d'immigrants de divers pays. Parmi eux, les ITALIENS forment le groupe le plus important de l'après-guerre, mais le nombre d'Asiatiques s'accroît depuis quelque temps. Un peu plus de la moitié de la population est catholique.

Les politiques fédérales sur le bilinguisme officiel et le biculturalisme, appuyées par les politiques ontariennes en matière d'éducation, revigorent la culture française en déclin. Désignée district officiellement bilingue, Windsor est desservie par la radio et la télévision françaises, ainsi que par l'École secondaire l'Essor, un établissement de langue française.

Économie et main-d'œuvre Windsor est le cinquième plus important centre manufacturier du Canada. Depuis sa création, l'industrie de l'automobile donne le ton en ce qui a trait à la structure des salaires et de l'emploi dans la région. Chrysler, Ford et General Motors continuent à investir massivement à Windsor, ce qui augure bien pour son avenir. Chrysler, dont le siège social se trouve à Windsor, est le plus important employeur de la ville. Les secteurs

de la construction, des transports, du commerce et des services emploient également une main-d'œuvre considérable. L'industrie de l'alimentation et des boissons s'occupe surtout de la transformation de produits agricoles régionaux. L'entreprise la plus connue dans ce domaine est la Hiram Walker and Sons Ltd., qui fabrique le whisky Canadian Club. Windsor est aussi l'un des centres ontariens du tourisme et des congrès.

Transports Située au cœur de l'Amérique du Nord, Windsor est un centre des transports et le port d'entrée le plus actif au Canada. Elle est servie par cinq réseaux ferroviaires, quatre autoroutes provinciales ainsi que l'autoroute Macdonald-Cartier (401), qui la relie à Toronto et à Montréal. Port en eau profonde situé presque au centre de la VOIE MARITIME DU SAINT-LAURENT, elle compte aussi l'Aéroport international de Windsor.

Administration et politique Au début du XXᵉ siècle, cette communauté frontalière est balayée par un vent de réforme municipale provenant du Canada et des États-Unis et fait l'expérience des élections générales, de la diminution du nombre de quartiers et de conseillers, ainsi que de l'administration par commission.

L'entrée des syndicats dans la politique municipale survient en 1918, lorsque la section locale du Congrès des métiers et du travail propose une liste de candidats qui remporte le tiers des sièges au conseil. Bien que l'activisme syndical décline durant la période prospère des années 20, il atteint son apogée en 1935 lors de l'élection de George Bennett, un syndicaliste et membre de la Co-operative Commonwealth Federation (CCF), mais l'euphorie est de courte durée. À Windsor, l'influence des syndicats est contrecarrée par deux maires libéraux remarquables, David Croll et Arthur Réaume, qui dominent la politique locale de 1930 à 1954.

La crise économique des années 50 marque un retour en force des réformateurs structurels, qui instituent un gouvernement d'administrateurs municipaux. On rétablit, en 1979, un système de quartiers très politisé pour répondre aux critiques selon lesquelles l'«intérêt municipal» est insensible aux préoccupations des groupes locaux et des communautés de voisinage. Actuellement, on compte cinq quartiers et 10 conseillers élus pour trois ans.

Vie culturelle La renommée de Windsor comme centre artistique est de plus en plus reconnue. L'Art Gallery of Windsor atteint aujourd'hui une envergure nationale. Le Cleary Auditorium and Convention Centre est le principal centre artistique de la ville et abrite le Windsor Symphony et le Windsor Light Opera. Le patrimoine architectural varié comprend le Hiram Walker Historical Museum, le Mackenzie Hall et le Willistead Manor.

L'enseignement supérieur à Windsor débute en 1857 par la fondation de l'Assumption College. Celui-ci devient l'UNIVERSITÉ DE WINDSOR (const. en 1962), une institution non confessionnelle et subventionnée par la province. Le St. Clair College of Applied Arts and Technology, fondé en 1967, poursuit la tradition instaurée au début du siècle par F.P. Gavin, un pionnier de l'enseignement technique.

Le Windsor-Detroit International Freedom Festival souligne les liens particuliers qui unissent ces deux villes frontalières. Cette semaine d'activités et de manifestations communes culmine dans un gigantesque feu d'artifice sur la rivière Detroit. Windsor possède un quotidien important, le *Windsor Star,* propriété de la chaîne Southam.

Larry L. Kulisek

Winisk, rivière Longue de 475 km, la rivière Winisk prend sa source dans le lac Wunnummin, dans le district de Kenora, dans le nord de l'Ontario. Elle coule vers l'est et le nord-est et se jette dans la BAIE D'HUDSON. Son nom provient d'un mot cri signifiant «marmotte». Elle draine une région de 67 300 km², dont la majeure partie est inhabitée.

Daniel Francis

Winkler, ville du Man.; pop. 7241 (rec. 1996), 6397 (rec. 1991), 5926 (rec. 1986); superf. 16,33 km²; const. en tant que village en 1906, puis en tant que ville en 1954; située dans la région de la vallée de Pembina, à 115 km au sud-ouest de Winnipeg et à 22 km au nord de la frontière américaine. La colonisation de Winkler commence en 1882, et, en 1892, le Canadien Pacifique construit une voie d'évitement sur un terrain appartenant à Valentine Winkler, un homme d'affaires et politicien.

Des villages agricoles se trouvent à proximité dans la partie nord-ouest de la réserve Ouest, une des deux régions du Manitoba réservées en 1870 aux immigrants mennonites du sud de la Russie. Un sol et une température favorables, ajoutés à l'expérience agricole de ces colons religieux, favorisent la mise en valeur d'une des régions agricoles les plus riches du Manitoba.

Winkler s'est développée comme centre de commerce, de services et de traitement de produits agricoles. Après la Seconde Guerre mondiale, elle devient un centre régional industriel et de commerce de détail. La production industrielle comprend des véhicules récréatifs, des maisons mobiles, de la machinerie agricole, des produits métalliques et du plastique, ainsi que des maisons préfabriquées. Parmi les établissements, on trouve un centre commercial régional (1985), une station de radiodiffusion, un aéroport municipal, un musée et un complexe récréatif.

D.M. Lyon

Winnipeg Capitale et ville la plus peuplée du Manitoba. Elle se situe au confluent de la RIVIÈRE ROUGE et de la RIVIÈRE ASSINIBOINE, à 100 km au nord de la frontière du Minnesota. Comme elle est située à mi-chemin entre le Pacifique et l'Atlantique, on la surnomme le «Bull's Eye of the Dominion» (centre du Dominion). La ville se trouve aussi à la jonction du BOUCLIER canadien et des Prairies, d'où l'appellation de «porte de l'Ouest». Winnipeg est la ville canadienne la plus ensoleillée en hiver, avec 358,2 heures. Son nom vient de celui donné par les Cris à un lac situé 65 km au nord, *Win-nipi,* qui signifie «eaux troubles».

Peuplement Dès 1738, la région attire les commerçants de fourrures. La même année, Pierre Gaultier LA VÉRENDRYE construit le fort Rouge à la «Fourche», lieu de rencontre des tribus autochtones nomades depuis des milliers d'années. Les autres activités dans la région sont aussi liées aux forts Gibraltar et Garry, mais le noyau de la future ville de Winnipeg se développe autour d'un magasin général construit par Henry McKenney en 1862. Le magasin est situé à l'intersection de la piste des coureurs de bois, qui descend le long de la rivière Assiniboine vers Fort Garry, et de la piste qui longe la rivière Rouge en descendant, c.-à-d. à l'angle actuel de l'avenue Portage et de la rue Main. Jusqu'en 1873, l'année de constitution de la Ville de Winnipeg, la communauté demeure une partie relativement peu importante de la grande COLONIE DE LA RIVIÈRE ROUGE. Lorsque le premier conseil municipal se réunit en 1874, la ville ne compte que 3700 habitants et n'est rien de plus qu'un regroupement de cabanes.

Croissance L'emplacement stratégique de Winnipeg fait d'elle le point de départ naturel de l'expansion vers l'ouest des réseaux ferroviaires transcontinentaux. Grâce à l'achèvement du chemin de fer du Canadien Pacifique en 1885, la ville est propulsée dans une ère de prospérité et de croissance sans pareille dans l'histoire du développement urbain au Canada. L'afflux massif d'immigrants, le prix élevé du blé, l'abondance des capitaux et l'amélioration de l'agriculture en sol aride contribuent à soutenir cette croissance. La ville devient le centre commercial, administratif et financier de l'Ouest. En 1911, l'industrie manufacturière de Winnipeg occupe le quatrième rang au Canada.

Cette croissance en flèche plafonne en 1914, lorsque la ville fait face à une récession. La GRÈVE GÉNÉRALE DE WINNIPEG (1919) laisse des traces et la CRISE DES ANNÉES 30 provoque le déclin des affaires, de l'industrie manufacturière, du commerce de gros et des commandes postales. Des usines ferment leurs portes et le chômage augmente rapidement. La ville ne se relève pas de cette crise avant la Seconde Guerre mondiale. La situation s'améliore considérablement durant la période de l'après-guerre, mais la croissance est lente et stable à l'inverse de la croissance fulgurante du début du XXᵉ siècle.

Pendant ce temps, la mise en valeur des ressources en pétrole, en gaz, en charbon et en potasse déplace le pouvoir économique vers l'Ouest. Le monopole détenu par Winnipeg sur la commercialisation des produits agricoles et la distribution des biens est maintenant menacé par d'autres villes des Prairies. Toutefois, les ressources traditionnelles de la ville contribuent à soutenir le commerce et son statut comme l'une des grandes villes des Prairies.

Paysage urbain Le découpage des terres riveraines et les routes de traite des fourrures façonnent les premiers tracés de rues. Plus tard, l'élément dominant, la voie ferrée, divise la ville en deux. La plupart des citoyens d'origine slave et juive vivent au nord, tandis que les Anglo-Saxons prospères, qui dominent la vie politique, vivent à l'ouest et au sud. Le commerce a surtout lieu à l'avenue Portage et à la rue Main. Après 1886, les industries déménagent des berges de la rivière près de la voie ferrée.

Les premiers bâtiments (*voir* ARCHITECTURE) suivent un modèle indigène, dit «la structure de la rivière Rouge», composé de rondins disposés horizontalement et verticalement. Les plus belles maisons et les premiers immeubles publics sont construits en pierre calcaire, dans des styles importés. Après l'arrivée du chemin de fer, Winnipeg commence à ressembler aux autres villes de l'époque. La prospérité entraîne la construction d'immeubles plus ambitieux, comme le célèbre hôtel de ville «pain d'épice», fantaisie victorienne de style baroque, construit en 1886 et démoli en 1962. En 1950, après le débordement de la rivière Rouge, il faut reconstruire une grande partie de la ville. En 1968, on construit un canal de dérivation pour protéger la ville de tels désastres. On le surnomme «Duff's Ditch» («canal de Duff»), du nom de l'ex-premier ministre, Duff ROBLIN. Ce canal a servi de nombreuses fois (comme en 1997) et se révèle fort efficace.

Le premier centre commercial important est construit en 1959. Au cours des années 60 et 70, Winnipeg connaît une évolution constante, mais moins impressionnante que celle de CALGARY. Néanmoins, le paysage urbain se transforme presque entièrement: on construit un nouvel hôtel de ville, un centre des congrès et le Centre du centenaire abritant un planétarium, une salle de concert et un musée. De nombreux hôtels tout en hauteur, des banques et des immeubles de bureaux modifient le profil de la ville, et de nouveaux parcs industriels accueillent les industries.

À la fin des années 80, d'autres changements importants ont lieu. La célèbre avenue Portage du centre-ville de Winnipeg est complètement réaménagée pour installer de nouveaux immeubles résidentiels et de bureaux, un centre commercial important et un réseau de passages piétonniers couverts qui relie une bonne partie du centre-ville. On fait aussi appel à des fonds public et privés pour réaménager beaucoup de quartiers, y compris Chinatown au centre-ville, le quartier italien le long de l'avenue Corydon et le quartier de la Bourse du centre-ville, l'un des quartiers d'anciens entrepôts du début du XXᵉ siècle les mieux conservés en Amérique du Nord.

Lorsque les trois ordres de gouvernement procèdent au réaménagement des gares de triage de l'est du Canadien National pour ouvrir La Fourche, les berges deviennent alors accessibles pour la première fois depuis plusieurs décennies. La Fourche se trouve au cœur d'un réseau de sentiers de 128 km qui serpentent dans Winnipeg. Des projets d'allongement des sentiers au bord de l'eau sont en cours. À La Fourche, on trouve aussi de nombreuses boutiques, des restaurants et des installations à vocation culturelle.

Population Ville petite, dense et homogène du point de vue ethnique à ses débuts, Winnipeg se transforme en une grande ville cosmopolite à mesure qu'elle prend de l'expansion. Sa croissance est stable, sauf une augmentation rapide vers 1880. On la doit surtout à l'arrivée d'immigrants britanniques et de l'Ontario. Ces premiers groupes d'immigrants sont majoritaires jusqu'après 1945, malgré l'arrivée de nouveaux groupes. Par ailleurs, de 1900 à 1913, la croissance est phénoménale. Ainsi, en 1911 Winnipeg est la troisième ville en importance du Canada. Cette croissance rapide est source de tensions pour la ville qui fait face à de sérieux problèmes de santé publique et de prestation de services.

Cependant, le problème le plus grave est le choc des valeurs entre les groupes fondateurs et les immigrants, dont un grand nombre sont d'origine slave et juive et ne rentrent pas dans le moule anglo-canadien. Il s'ensuit une discrimination qui va de la ségrégation en matière de logement, à la discrimination à l'embauche et à la destruction des propriétés. Les membres de la majorité, enfoncés dans leurs préjugés, perçoivent les immigrants comme une menace. Par conséquent, en 1920, Winnipeg renferme des communautés ethniques isolées et souvent hostiles. Avec le déclin de l'immigration de 1920 à 1960 et le rôle accru de l'augmentation naturelle de la population, les tensions s'estompent. L'élection de l'Ukrainien Stephen Juba au poste de maire en 1956 en est l'illustration. Un nombre croissant de personnes n'appartenant pas au groupe anglo-saxon accèdent au conseil municipal et à d'autres postes publics.

Dans les années 60, la population de la ville même diminue au profit des municipalités de banlieue. En 1972, Winnipeg et ces municipalités fusionnent en une ville communément nommée «Unicity» («Unicité»). Elle regroupe également les nombreux francophones de SAINT-BONIFACE. Ces dernières années, la croissance de la population de Winnipeg est généralement lente.

Winnipeg devient plus cosmopolite d'une décennie à l'autre. Elle est maintenant l'une des villes les plus diversifiées du Canada du point de vue ethnique. Dans les années 90, la communauté francophone de la ville diminue légèrement alors que la communauté autochtone connaît la plus forte croissance. Parmi les autre groupes ethniques importants, on retrouve des ASIATIQUES DU SUD-EST, DES ASIATIQUES DU SUD et des POLONAIS.

Économie Winnipeg domine l'économie du Manitoba. Au recensement de 1996, elle compte 55 p. 100 de la population de la province et 65 p. 100 de sa main-d'œuvre, produit la majorité des biens manufacturés et représente plus de deux tiers des ventes au détail. Elle demeure avant tout un centre de transport majeur puisqu'on y compte des liaisons ferroviaires et aériennes importantes. Les sièges sociaux de plusieurs compagnies importantes de transport par camion du Canada s'y trouvent, ainsi que le quartier général du Commandement de l'air des forces armées canadiennes. Toutefois, l'économie se diversifie grâce à de solides industries d'exportation et de fabrication qui la protègent des hauts et des bas des cycles économiques et qui favorisent une économie stable, mais à la croissance plus lente. Depuis peu, les secteurs de la RECHERCHE MÉDICALE, des soins de santé, des TÉLÉCOMMUNICATIONS et du traitement de l'information sont en croissance.

Winnipeg est toujours le centre de l'industrie céréalière au Canada. On y trouve d'ailleurs l'unique bourse de marchandises au pays (*voir* WINNIPEG COMMODITY EXCHANGE). Elle conserve une certaine prédominance comme centre financier et d'assurances. Les trois ordres de gouvernement sont les principaux employeurs, mais ces dernières années, ils ont réduit leur personnel en raison de restrictions budgétaires.

La ville fait appel depuis longtemps à la pratique de la promotion agressive. Dès 1906 en effet, le Winnipeg Development and Industrial Bureau fait la promotion des industries manufacturières et du commerce. En 1925, il devient l'Industrial Development Board, Conseil de développement industriel, et exerce ses activités jusqu'à la constitution du Centre de développement de l'entreprise de Winnipeg en 1979. La vocation de ce centre est d'attirer à Winnipeg des industries de haute technologie. En 1991, on crée la Winnipeg 2000 Economic Development Corporation, un organisme autonome chargé de favoriser le développement économique et commercial.

Administration et politique Jusqu'en 1920, un maire et 14 échevins représentant 7 quartiers dirigent Winnipeg. En 1920, après la grève générale, on remanie arbitrairement les quartiers en fonction des intérêts des entreprises pour empêcher les représentants syndicaux de prendre la direction du conseil municipal. Cette manœuvre réussit, car malgré l'élection de quelques maires et échevins de gauche, le parti appelé «ligue des citoyens» conserve la majorité. Le puissant Board of Control, créé en 1907, est représentatif du mouvement de RÉFORMES URBAINES de l'époque. Le maire et quatre superviseurs, élus pour un mandat d'un an, s'occupent des travaux d'ordre exécutif. Ce conseil est aboli en 1918.

La réforme suivante n'a lieu que dans les années 60. Winnipeg est alors à l'avant-garde des villes nord-américaines. Elle met d'abord en place une administration métropolitaine puis une administration unifiée à un seul palier. Bien que la division de la région en un certain nombre de juridictions rende difficile la prestation de soins et la gestion des affaires municipales, ce n'est que dans les années 50 qu'on franchit la première étape menant à une ADMINISTRATION RÉGIONALE. En 1960, on adopte la *Loi sur la métropole de Winnipeg* qui crée un nouveau regroupement de sept villes, cinq municipalités de banlieue et un village.

On attribue à la Metropolitan Corporation of Greater Winnipeg la responsabilité unique des services d'urbanisme, de transports et de zonage, de construction et de lutte contre les inondations, mais bien des municipalités en sont insatisfaites. En 1972, par la création de Unicity, le gouvernement provincial remplace les municipalités régionales par un conseil municipal de 51 membres qui gouverne un territoire urbain de 550 000 personnes. Ainsi, Winnipeg devient la première grande ville nord-américaine à dépasser l'étape des administrations métropolitaines à plusieurs paliers pour former une administration unique.

On étudie en détail le format originel de la ville unique, ce qui mène à d'autres réformes telles que la réduction de la taille du conseil, qui passe de 51 à 30 membres à temps partiel, incluant le maire. En 1992, à la suite des recommandations de la Winnipeg Wards Boundaries Commission, le gouvernement provincial amende à nouveau la *Loi sur la ville de Winnipeg* pour en redéfinir de façon importante la structure politique. On modifie à nouveau les frontières des quartiers, et le conseil ne compte plus que de 16 membres à temps plein, y compris le maire.

Vie culturelle Winnipeg est depuis longtemps le centre culturel important et dynamique des provinces des Prairies. Elle est réputée dans les domaines de la littérature, des sports, de la religion, des associations néo-canadiennes, de la musique, de l'éducation et des arts. Elle est le bassin d'un groupe d'auteurs florissants reconnus à l'échelle internationale comme Carol SHIELDS et Sandra BIRDSELL. Il existe de nombreux romans anciens dont l'action se déroule à Winnipeg ou qui sont écrits par des romanciers qui y ont vécu. Des œuvres de Jack Ludwig, John Marlyn, Dorothy LIVESAY, Adèle WISEMAN, Margaret LAURENCE et Patricia Blondel sont intimement liées à cette ville.

Winnipeg abrite le célèbre ROYAL WINNIPEG BALLET et la Winnipeg Art Gallery qui possède la plus vaste collection de sculptures INUITES au monde. Le théâtre y est solidement implanté avec notamment le MANITOBA THEATRE CENTRE, l'un des théâtres régionaux les plus importants en Amérique du Nord et le Rainbow Stage, le plus ancien théâtre permanent de plein air du Canada, plusieurs autres compagnies théâtrales et le Winnipeg Fringe Festival, un événement annuel.

Hôte permanent de l'ORCHESTRE SYMPHONIQUE DE WINNIPEG, des Winnipeg Contemporary Dancers, de la Manitoba Opera Association et du Manitoba Chamber Orchestra, Winnipeg accueille aussi plusieurs festivals annuels, dont le Winnipeg Jazz Festival, le Folklorama et le célèbre Winnipeg Folk Festival, qui a lieu juste au nord de la ville. On y trouve aussi un milieu cinématographique dynamique, qui comprend le Winnipeg Film Group, renommé à l'échelle internationale et le centre d'animation de l'OFFICE NATIONAL DU FILM.

Il existe également d'autres attractions importantes: le Musée manitobain de l'homme et de la nature, les Archives provinciales du Manitoba, la Monnaie royale canadienne et le LOWER FORT GARRY, lieu d'une reconstitution historique tout juste au nord de la ville, et le nouveau musée interactif, le Manitoba Children's Museum, situé à La Fourche.

Dans le domaine des sports, Winnipeg est surtout reconnue pour le curling et le football. De 1928 à 1993, ses équipes de curling remportent le championnat canadien au moins 12 fois et sont l'hôte du Championnat mondial de curling en 1991. Les BLUE BOMBERS DE WINNIPEG gagnent la COUPE GREY 10 fois de 1935 à 1993. En 1972, les JETS DE WINNIPEG font leur entrée dans l'Association mondiale de hockey, puis dans la Ligue nationale de hockey en 1979, mais après la saison 1995-1996, l'équipe est vendue et déménage à Phoenix en Arizona. En 1967, Winnipeg est l'hôte des 5e Jeux panaméricains et l'a été à nouveau en 1999. Elle possède aussi l'Assiniboine Park Zoo et un ensemble étendu de parcs.

Les institutions suivantes sont situées à Winnipeg: l'UNIVERSITÉ DU MANITOBA, fondée en 1877; l'UNIVERSITÉ DE WINNIPEG, fondée en 1871 sous le nom de Manitoba College; le Collège de Saint-Boniface, fondé en 1918; le Red River Community College; le Concord College; le Catherine Booth College; et le Providence College, tous fondés plus récemment. La ville compte également de nombreux établissements spécialisés, comme la Manitoba School for the Deaf et le South Winnipeg Technical Centre. On y trouve des synagogues et des cathédrales. La ville compte deux journaux, le WINNIPEG FREE PRESS (fondé en 1872) et le *Winnipeg Sun* (fondé en 1980), plusieurs stations de télévision et de nombreuses stations locales de radio.

Alan F.J. Artibise

Winnipeg Commodity Exchange (WCE) Fondé en 1887, sous le nom de «Winnipeg Grain and Produce Exchange», nom qui a changé en 1972. Les agriculteurs et les marchands de céréales de l'Ouest établissent cette bourse pour offrir un marché à la production agricole des Prairies, qui est en plein essor. Durant ses 18 premières années d'existence, la WCE ne mène que des activités de marché au comptant, c.-à-d. un marché visant les céréales déjà disponibles (à la différence d'un marché à terme, dans lequel les contrats négociés visent la livraison de céréales à une date ultérieure). En tant que marché au comptant, la WCE est dotée de salles de réunion, de systèmes de communication et de règles commerciales pour les céréales et les produits cultivés dans l'Ouest.

En 1904, la WCE ouvre un marché à terme sur le blé. Par la suite, elle en ouvre d'autres sur l'avoine et la graine de lin (1904), sur l'orge (1913) et sur le seigle (1917). Elle met fin au marché à terme sur le blé en 1942. Elle en crée un sur le CANOLA en 1963, sur l'or en 1972, sur le blé fourrager à usage domestique en 1974. Les marchés à terme sur l'argent, sur les bons du Trésor et sur les obligations du gouvernement canadien ouvrent en 1981. On y négocie aussi le bois d'œuvre.

La WCE, seule bourse agricole et de marchés à terme du Canada, est une association bénévole, sans but lucratif et non constituée en société. Ses 330 membres (agriculteurs, entreprises de stockage de grains, acheteurs des transformateurs de céréales, exportateurs, importateurs étrangers et le grand public) représentent à peu près chaque groupe ayant un intérêt dans les céréales au Canada. La COMMISSION CANADIENNE DU BLÉ en est aussi membre.

L'industrie des céréales a recours aux marchés à terme de la WCE pour protéger les prix et les déterminer au préalable. À l'aide d'une opération de couverture, les producteurs, distributeurs et utilisateurs de céréales achètent et vendent à terme pour se protéger contre les éventuelles fluctuations de prix. Ils négocient sur le parquet de la bourse à Winnipeg au moyen d'enchères ouvertes et compétitives, essayant d'obtenir le meilleur prix possible pour leurs céréales ou pour celles qu'ils devront acheter plus tard. Les prix du marché établis de cette manière sont utilisés par toute l'industrie des céréales (*voir* GRAIN, MANUTENTION ET COMMERCIALISATION DU).

La WCE publie, entre autres, *The Winnipeg Commodity Exchange*, des dépliants sur chaque contrat à terme, *Using the Grain Markets*, *The Winnipeg Gold & Silver Markets* et *The Interest Rate Futures Markets*.

K.S. Kearns

Winnipeg Free Press Ce journal, fondé en 1872 par W.F. Luxton sous le nom de *The Manitoba Free Press,* affiche son allégeance libérale dès ses débuts. Clifford SIFTON, éminent politicien libéral et ministre, en fait l'acquisition en 1898. Par la suite, le journal devient l'instrument du Parti libéral dans les Prairies. En 1901, John W. DAFOE, un jeune journaliste de Montréal, est nommé rédacteur en chef par Sifton. Même après que ce dernier eut quitté le Cabinet Laurier en 1905, le *Free Press* maintient son soutien à Laurier. En 1911, il s'oppose aux préférences personnelles de son propriétaire en appuyant Laurier et la réciprocité avec les États-Unis.

En 1917, le journal et son propriétaire font à nouveau un front commun idéologique en appuyant le GOUVERNEMENT D'UNION et la CONSCRIPTION. Cependant, pendant les années 20, Dafoe et Sifton retrouvent leur penchant libéral et accordent leur appui à Mackenzie King et à son gouvernement. Au cours de cette période, le *Free Press* est une entreprise généralement rentable et son hebdomadaire agricole est excellent. Dafoe entreprend également de mettre sur pied une équipe de journalistes talentueux. Son journal est celui qui offre l'information la plus complète au Canada durant les mandats du gouvernement libéral en raison de la collaboration d'hommes tels que A. Grant DEXTER et Bruce HUTCHISON. *The Free Press* est également reconnu pour sa couverture des affaires étrangères. En 1931, il devient le *Winnipeg Free Press*. Deux ans auparavant, au décès de Sifton, ses enfants en assument la direction.

Dafoe conserve son influence dominante au journal jusqu'à sa mort en 1944. Par la suite, même si le *Free Press* a recours à des journalistes réputés, tels que George Ferguson, Bruce Hutchison et Tom KENT, pour combler le poste de rédacteur, il a plutôt tendance à perdre de son originalité tout en étant plus lucratif. En 1980, le Thomson Group en fait l'acquisition et absorbe également *The Winnipeg Tribune,* un rival de longue date. Cette fusion confirme sa dominance dans le secteur des journaux de Winnipeg. En 1994, le tirage quotidien du journal s'élève à 164 031 exemplaires et celui du samedi à 230 533 exemplaires. (*Voir aussi* JOURNALISME et JOURNAUX.)

Robert Bothwell

Winnipeg, lac D'une superficie de 24 400 km², d'une altitude de 217 m et d'une profondeur maximale estimée de 18 m, il est situé dans le centre du Manitoba. Il se classe sixième parmi les plus grands lacs d'eau douce du Canada. Il s'étend sur 416 km en direction nord-sud et draine un territoire d'une superficie d'environ 984 200 km² par le réseau hydrographique de la rivière SASKATCHEWAN, du confluent des rivières ROUGE et ASSINIBOINE et de la rivière WINNIPEG. Ce bassin hydrographique naît dans les contreforts des Rocheuses, traverse l'Alberta, la Saskatchewan et le Manitoba, puis rejoint les hautes terres métamorphiques vallonnées du BOUCLIER précambrien de l'Ontario. Le lac s'étend au sud le long de la rivière Rouge et jusqu'à la partie supérieure du Mississippi, couvrant de larges territoires des États du Minnesota et du Dakota du Nord. Le lac Winnipeg se déverse dans le FLEUVE NELSON qui, lui, s'écoule dans la BAIE D'HUDSON avec un débit annuel de 2066 m³/s. Depuis l'installation d'un régulateur de débit à Jenpeg, au Manitoba, le débit mensuel du lac se situe entre 25 000 m³/s et 183 300 m³/s. Le régulateur maintient le niveau du lac à environ 217 m, lui permettant d'approvisionner les nombreuses centrales électriques sur le Nelson.

Le lac repose dans un bassin de terres basses qui a été creusé dans la roche calcaire et dans le schiste par les glaciers continentaux durant les périodes glaciaires. Lors de la dernière fonte des glaciers, il y a environ 12 000 ans, le bassin entier s'est empli d'un vaste lac glaciaire, le lac AGASSIZ. Depuis, le bassin s'est partiellement asséché et a fait place à une grande plaine s'étendant depuis l'escarpement du Manitoba à l'ouest jusqu'au bouclier précambrien à l'est. Aujourd'hui, le fond du lac glaciaire constitue les basses terres du Manitoba qui englobent le lac Winnipeg, le lac WINNIPEGOSIS et le lac MANITOBA.

L'explorateur anglais Henry KELSEY est probablement le premier Européen à apercevoir les «eaux troubles» (*win-nipi*) en 1690 et il donne à l'immense masse d'eau son nom indien cri. Le lac devient rapidement une importante voie de transport des fourrures entre le port de York Factory de la baie d'Hudson et l'arrière-pays situé au bassin versant de la Rouge-Assiniboine. En 1812, les bateaux de lord Selkirk traversent le lac Winnipeg pour aller établir la COLONIE DE LA RIVIÈRE ROUGE à la jonction des rivières Rouge et Assiniboine. Plus tard, le nom du lac est donné à l'établissement qui deviendra ensuite la capitale de la nouvelle province du Manitoba.

Sur les lacs longs et relativement étroits, tel le lac Winnipeg, les vents et les vagues entraînent parfois d'intéressants phénomènes. Les vents du nord dominants, soufflant sur la longueur du lac Winnipeg, exercent une force horizontale sur la couche superficielle, forçant ainsi les eaux de surface à s'écouler dans la direction du vent et à s'accumuler le long de la côte sud exposée au vent. Ce phénomène s'appelle la dénivellation due au vent. Des dénivellations de plus d'un mètre au-dessus de la normale ont été enregistrées le long de plusieurs plages récréatives du secteur sud du lac Winnipeg. Les hautes vagues de tempête ont provoqué de sérieux dommages, des inondations à l'arrière-plage et l'érosion du littoral. Les plus hautes dénivellations surviennent en automne, quand les vents du nord sont excessifs. Quand les vents s'apaisent soudainement, il se produit une seiche: la masse d'eau déferle en direction nord puis elle se met à osciller.

R.A. McGinn

Winnipeg, rivière Longue de 813 km (jusqu'à la source de la rivière Firesteel), cette rivière prend sa source dans la section nord du LAC DES BOIS et s'écoule en direction nord-ouest dans le lac WINNIPEG. Son nom lui vient du mot cri «win-nipi», qui signifie eaux troubles. Après sa découverte par Jean-Baptiste de LA VÉRENDRYE (v. 1732), la rivière devient une voie de transport principale pour la TRAITE DES FOURRURES entre le lac Supérieur et le lac Winnipeg. La Compagnie du Nord-Ouest et la Compagnie de la baie d'Hudson construisent des forts le long de la rivière, mais la traite périclite après la fusion des deux compagnies en 1821. La rivière, au débit important et rapide, sert pour la première fois à la production d'énergie pour une scierie à Pine Falls en 1870. Sa première production d'énergie hydroélectrique approvisionne des scieries à KENORA, en Ontario, en 1892. La construction de la première centrale hydroélectrique sur le tronçon Manitoba débute à Pinawa en 1902. Aujourd'hui, six centrales électriques exploitent la presque totalité des 106 m de dénivellation de la rivière. Autrefois tumultueuse et comportant 26 portages, la rivière est devenue calme, mais des bateaux et des canots y circulent toujours. Depuis 1965, les eaux de la Winnipeg servent de refroidisseurs au caloporteur organique de l'Établissement de recherches nucléaires de Whiteshell.

James Marsh

Winnipegosis, lac Situé dans le centre-ouest du Manitoba et il est le onzième en importance au Canada. Il possède une superficie de 5 370 km², une altitude de 254 m, une longueur 195 km et une profondeur maximale de 12 m. Le lac Winnipegosis, qui couvre environ 49 825 km² dans l'ouest du Manitoba et dans l'est de la Saskatchewan, est approvisionné principalement par les eaux de l'escarpement du Manitoba, surtout celles des monts Riding et Duck et des collines Porcupine et Pasquia. Il déverse par la rivière Waterhen un débit annuel moyen de 80,9 m³/s dans le LAC MANITOBA, puis dans le LAC WINNIPEG. Son nom intéressant est formé de deux éléments: *win-nipi*, mot cri qui veut dire eaux troubles, et *osis*, suffixe qui signifie petit.

R.A. McGinn

Winnipeg's Contemporary Dancers (WCD) Cette compagnie peut se targuer d'être la plus ancienne compagnie de danse moderne encore active au Canada. La WCD, qui se compose de quelque 10 danseurs, est à l'origine une troupe d'élèves formée par Rachel BROWNE, en 1964. La troupe est reconnue professionnelle en 1971 et Browne demeure sa directrice artistique jusqu'en 1983. Sous sa direction, la WCD fonctionne comme une compagnie de danse moderne à répertoire et présente les œuvres de Browne ainsi que celles de divers chorégraphes canadiens et étrangers.

Le chorégraphe américain Bill Evans en assure la direction durant la saison 1983-1984. Tedd Robinson lui succède en 1984 et reste en poste jusqu'en 1990. Il oriente la compagnie vers un style de danse-théâtre plus avant-gardiste, ce qui correspond à son intérêt en matière de chorégraphie. Avec la nomination de Charles Moulton comme successeur de Robinson en 1990 commence une période de problèmes financiers et artistiques. Les chorégraphies de Moulton exigent un autre changement de style et plusieurs danseurs décident de quitter la compagnie.

La survie de la WCD semble incertaine, mais, grâce à l'aide temporaire de Browne et d'Arnold Spohr, elle réussit à se ressaisir sous la direction de Tom Stroud, en 1991. Stroud change encore une fois l'orientation esthétique de la compagnie, cette fois-ci pour la danse-théâtre plus expressionniste, et fait regagner à la WCD la crédibilité qu'elle avait perdue en partie durant ses années de transition.

Michael Crabb

Wintemberg, William John, archéologue (New Dundee, Ont., 18 mai 1876—Ottawa, 25 avril 1941). D'abord compositeur, puis chaudronnier en cuivre, ses diverses activités d'antiquaire l'amènent par la suite à collaborer avec l'Ontario Provincial Museum. Engagé comme chercheur à temps partiel par le Musée commémoratif Victoria (aujourd'hui le Musée national du Canada) en 1911, il y devient ensuite préparateur, assistant archéologue et finalement archéologue associé (1937). Malgré une santé fragile, Winterberg effectue des études et des fouilles depuis l'Ontario jusqu'à Terre-neuve. Ses nombreuses publications ont servi de modèle et de base pour la plupart des travaux concernant la préhistoire de l'est du Canada, notamment dans le domaine de l'agriculture des Iroquois de l'Ontario à l'époque préhistorique.

J.V. Wright

Winter, sir James Spearman, politicien, premier ministre de Terre-Neuve de 1897 à 1900 (Lamaline, T.-N., 1er janv. 1845—Toronto, 6 oct. 1911). Winter entreprend sa carrière politique en 1873 et entre au Cabinet de sir William Whiteway, à titre de solliciteur général, en 1882. En 1885, Winter, alors grand maître de l'ORDRE D'ORANGE, donne sa démission dans l'attente de prendre la direction d'un nouveau parti protestant. Ses espoirs ne seront pas réalisés, mais il exercera une forte influence à titre de procureur général, de 1885 à 1889, sous l'administration de sir Robert Thorburn. Winter est défait en 1889 et devient juge de la Cour suprême en 1893. Il abandonne la magistrature pour prendre la direction du Parti conservateur, qu'il conduit à la victoire aux élections de 1897. Son administration connaît rapidement de sérieux problèmes et il est défait en 1900. En 1909, Winter participe à la présentation de la cause de Terre-Neuve sur les pêcheries de l'Atlantique Nord, devant les tribunaux de La Haye.

J.K. Hiller

Winters, Kenneth Lyle, éditeur d'encyclopédies, critique, animateur et chroniqueur radiophonique. (Dauphin, Man., 28 nov. 1929). Avec Helmut KALLMANN et Gilles POTVIN, il dirige la publication de l'ENCYCLOPEDIA OF MUSIC IN CANADA (1981; trad. *ENCYCLOPÉDIE DE LA MUSIQUE AU CANADA*, 1983; réédition française, 1993), ouvrage qui fait autorité. Il voit surtout aux textes de la version anglaise. Winters amorce sa carrière comme jeune soprano, puis devient musicien accompli, soliste baryton, organiste, directeur de chorale, compositeur, professeur et administrateur d'activités musicales. Il est critique de musique et de danse au *Winnipeg Free Press* de 1956 à 1966, et au *Toronto Telegram*, de 1966 à 1971. Depuis 1956, on l'entend à la radio comme commentateur musical au réseau anglais de la Société Radio-Canada. De 1988 à 1996, il anime *Mostly Music,* une émission quotidienne de concerts présentée à la chaîne stéréophonique.

Barclay McMillan

Winters, Robert Henry, politicien et homme d'affaires (Lunenburg, N.-É., 18 août 1910—Monterey, Californie, 10 oct. 1969). Il fait ses études à l'U. de Mt Allison et au Massachusetts Institute of Technology et entre en 1934 chez Northern Electric à Montréal. Il obtient le grade de lieutenant-colonel dans l'armée durant la Seconde Guerre mondiale. Élu représentant libéral de Lunenburg à la Chambre des communes en 1945, Winters est réélu en 1949 et en 1953; il siège au Cabinet de 1948 à 1957. Défait aux élections de 1957, il se lance en affaires et devient président de Rio Algom Mines où il préside également le conseil d'administration de 1963 à 1965. Poussé par Lester PEARSON, il revient en politique, est élu aux élections de 1965 (York West) et est nommé ministre du Commerce. Il est défait de justesse par Pierre Elliott TRUDEAU dans la course à la direction du Parti libéral à la suite de la démission de Pearson et se retire de la politique. Il est président et administrateur de Brazilian Light and Power Co Ltd de 1968 à 1969.

Robert Bothwell

Wiseman, Adele, romancière (Winnipeg, Man., 21 mai 1928—Toronto, Ont., 1er juin 1992). Juifs russes, les parents de Wiseman quittent l'Ukraine au début des années 20 pour s'installer à Winnipeg. Le paysage de Winnipeg et ses origines juives ont une grande influence sur elle. Dans ses romans, elle étudie les groupements d'immigrants établis dans les Prairies et l'acculturation à la société canadienne des immigrants de deuxième génération. Elle étudie à l'U. du Manitoba (B.A., 1949), où elle commence à écrire sérieusement. Pour pouvoir se consacrer à l'écriture, elle est travailleuse sociale en Angleterre, professeure en Italie et secrétaire exécutive au ROYAL WINNIPEG BALLET. Son premier roman, *The Sacrifice* (1956), raconte l'histoire émouvante et complexe d'Abraham, un juif orthodoxe qui défend les valeurs de l'Ancien Monde et dont la vie bascule au contact du Nouveau Monde. Sur fond de mythes bibliques, l'auteure y réécrit le récit d'Abraham et d'Isaac de l'Ancien Testament et fait habilement la part des choses entre le mythe juif traditionnel et l'expérience profane moderne. Ce livre a été accueilli très chaleureusement par la critique et a remporté le PRIX DU GOUVERNEUR GÉNÉRAL.

Dans *Crackpot* (1974), l'héroïne est une prostituée juive et obèse qui médite sur les vicissitudes et les satisfactions de son existence peu commune. Roman à la fois moral, comique et positif, *Crackpot* est fortement imprégné de l'univers concret du nord de Winnipeg et atteint des dimensions mythiques. Son œuvre la plus autobiographique, *Old Woman at Play* (1978), permet de comprendre l'esthétique de ses romans: il réunit l'expérience de sa mère, créatrice de poupées, et les hypothèses de l'auteure sur la créativité artistique. Elle publie aussi ses souvenirs du Winnipeg Farmers' Market, *Old Markets, New World* (1964), une pièce de théâtre, *Testimonial Dinner* (1978), une histoire pour enfants, *Kenji and the Cricket* (1986), et un recueil d'essais, *Memoirs of a Book-Molesting Childhood* (1987).

Colin Boyd

Wiseman, Clarence Dexter, général de l'ARMÉE DU SALUT (Moreton's Harbour, T.-N., 19 juin 1907—Toronto, 4 mai 1985). Wiseman est nommé officier de l'Armée du salut en 1927. Pendant la Seconde Guerre mondiale, il est le représentant supérieur de l'organisation auprès des Forces armées canadiennes d'outre-mer. Il occupe divers postes de 1945 à 1967: il est notamment secrétaire général du Canada et des Bermudes, chef de territoire de l'Afrique de l'Est et directeur du Collège international d'entraînement (Londres, Angleterre). Il devient ensuite chef de territoire au Canada et aux Bermudes (1967) et est élu général de l'Armée du salut internationale (1974). Wiseman prend sa retraite en 1977 et publie son autobiographie, *A Burning in My Bones* (1980), ainsi que *The Desert Road to Glory* (1982).

Aubrey Vincent

Wolfe, James, officier anglais et commandant de l'expédition britannique qui réussit à s'emparer de Québec, en 1759 (Westerham, Angl., 2 janv. 1727 ou 1728—PLAINES D'ABRAHAM, 13 sept. 1759). Figure légendaire de l'histoire canadienne, Wolfe est surtout connu comme le vainqueur de MONTCALM en 1759, victoire qui marque le début du régime britannique au Canada. Il participe à des combats en Flandre et en Écosse, où il se taille une réputation enviable avant de gagner l'Amérique du Nord en 1758 comme officier supérieur dans les troupes de Jeffery AMHERST, venues attaquer LOUISBOURG. Au cours du siège, Wolfe, un personnage charismatique, joue un rôle actif et se distingue, d'où sa nomination au poste de commandant en chef de l'expédition vers Québec, prévue pour l'année suivante. Pourtant, durant la plus grande partie de la campagne de 1759, il n'accomplit guère de progrès, en partie à cause de ses hésitations et de ses idées bornées.

L'assaut contre les positions retranchées de Montmorency, le 31 juillet, se solde par un échec sanglant, et ni le bombardement de Québec ni la destruction des établissements voisins n'entraînent de résultats concrets. Il est très malade et ses relations avec trois officiers supérieurs, soit Robert MONCKTON, George TOWNSHEND et James MURRAY, de même qu'avec les autorités de la Marine sont gâchées par de profonds désaccords. Cependant, lorsqu'au mois d'août ses subalternes suggèrent un débarquement en amont de Québec, il commence à planifier une opération amphibie qui couperait les lignes d'approvisionnement ennemies et obligerait l'adversaire à livrer bataille.

Après avoir franchi le fleuve Saint-Laurent de nuit, et grâce à une série de coups de chance, ses militaires réussissent à prendre position sur les Plaines d'Abraham le 13 septembre. Les troupes de Montcalm attaquent, mais les forces britanniques, mieux entraînées, mettent les Français en déroute au cours d'une brève mêlée. Wolfe lui-même est mortellement blessé, mais il survit assez longtemps pour apprendre la nouvelle de sa victoire. Tant en Angleterre qu'au Canada, sa réputation demeure intacte jusqu'au XXᵉ siècle. Plusieurs historiens remettront alors en question l'image invariablement positive qu'on se faisait de lui. (Voir aussi GUERRE DE SEPT ANS.)

Wollaston, lac D'une superficie de 2681 km² et d'une altitude de 398 m, il se trouve dans la région boisée du BOUCLIER, dans le nord-est de la Saskatchewan. Au nord-ouest, il s'écoule par la rivière Fond du Lac dans le lac ATHABASCA et le réseau du FLEUVE MACKENZIE. Au nord-est, il emprunte la rivière Cochrane pour se jeter dans le LAC REINDEER et le réseau de la RIVIÈRE CHURCHILL. Découvert aux environs de 1800 par Peter FIDLER, le lac Wollaston, situé entre les deux bassins hydrographiques, sert de lien aux commerçants de fourrures. En 1821, l'explorateur des côtes de l'Arctique, John FRANKLIN, nomme le lac d'après le chimiste anglais William Hyde Wollaston.

Daniel Francis

Wolseley, Garnet Joseph Wolseley, 1ᵉʳ vicomte, militaire (Golden Bridge House, Irl., 4 juin 1833—Menton, France, 25 mars 1913). Wolseley sert d'abord dans l'armée britannique en Inde, en Crimée et en Chine. En 1861, il est envoyé au Canada pour remplir les fonctions d'assistant au quartier-maître général, et il devient quartier-maître général adjoint en 1865. En 1870, il dirige l'expédition à la rivière Rouge (voir ROUGE, EXPÉDITION DE LA RIVIÈRE), où ses talents d'organisateur lui valent des éloges. Après 1871, il occupe alternativement des postes au ministère de la Guerre et de commandant d'unités (voir EXPÉDITION SUR LE NIL), puis il est commandant en chef de l'armée britannique de 1895 à 1900. Son autobiographie, *The Story of a Soldier's Life,* paraît en 1903.

J.M. Bumsted

Woman's Christian Temperance Union Société qui prend naissance en 1874, à Owen Sound, en Ontario. Sous l'influence de Letitia Youmans, de Pictou en Ontario, l'idée d'une association en faveur de la tempérance se répand. La Woman's Christian Temperance Union s'organise en 1885 avec Youmans à la présidence. Estimant que l'abus d'alcool est la cause du chômage, de la maladie, de la pauvreté et de l'immoralité, cette union fait campagne pour la PROHIBITION de toutes les boissons alcoolisées. Elle fait en outre la promotion de réformes comme le vote des femmes, l'hygiène sexuelle et les allocations familiales. La législation fédérale et provinciale sur la prohibition, adoptée au cours de la Première Guerre mondiale, constitue une victoire pour la Woman's Christian Temperance Union. Durant les années 20, l'abolition de ces lois et le début d'un contrôle gouvernemental des boissons alcoolisées marque toutefois le déclin de l'organisation. En 1995, elle compte 1700 membres répartis dans 67 filiales, alors qu'elle en avait 2473 en 1970. (Voir aussi TEMPÉRANCE, MOUVEMENT POUR LA.)

Nancy M. Sheehan

Wood Buffalo, parc national Avec 44 840 km², c'est le plus grand parc du genre au Canada. Il est créé en 1922 dans le but de protéger le dernier troupeau de BISONS sauvages. Chevauchant la frontière de l'Alberta et des Territoires du Nord-Ouest, il regroupe trois écosystèmes importants: de hautes terres forestières marquées par des incendies; un plateau mal drainé parsemé de cours d'eau sinueux et de nombreuses tourbières; et le delta Paix-Athabasca, un milieu aquatique de prés de carex, de marais et de lacs peu profonds. Le parc constitue un excellent habitat pour de nombreux animaux sauvages. Le troupeau de bisons, qui était réduit à 500 têtes, en compte aujourd'hui plus de 5000. L'original, le caribou, le loup et l'OURS NOIR sont aussi très abondants. Les terres humides abritent de nombreux rats musqués, castors et visons, tandis que la forêt abonde de renards, de lynx, d'hermines et d'écureuils roux.

Dans le delta, la faune aquatique est abondante. Plus d'un million de canards, d'oies et de cygnes traversent la région située sur leur route migratoire (voir MIGRATION), mais plusieurs demeurent pour y nidifier. Le parc est reconnu comme étant le seul lieu de nidification de la GRUE BLANCHE D'AMÉRIQUE. La région est habitée depuis la fin de la glaciation. Au cours des derniers siècles, les Cris, les Chippewyans et les bandes indiennes de Castors ont partagé étroitement ce milieu. Leurs descendants occupent le parc et continuent de pratiquer la pêche, la chasse et le piégeage.

Lillian Stewart

Wood Gundy Inc. (maintenant CIBC Wood Gundy Corp.) est fondée à Toronto en 1905. Cette société, dont le siège social se trouve à Toronto, est devenue un courtier international en valeurs mobilières offrant des services complets et possédant des bureaux à Londres, à New York, à Paris, à Tokyo, à Hong Kong, à la Barbade et à Shangai. Au Canada, la maison possédait un réseau de 35 bureaux, répartis dans 28 villes. La société était un souscripteur assuré et un distributeur de premier plan de titres de sociétés et du gouvernement au Canada et à l'étranger. Elle jouait un rôle dominant dans le domaines de la fusion et de l'acquisition de compagnies ainsi que dans la fourniture de services consultatifs financiers.

En qualité de membre des principales bourses d'Amérique du Nord et de participant actif sur les marchés européens, elle offrait des services complets d'agent et de contrepartiste pour les obligations, les actions et les opérations du marché monétaire à l'intention des épargnants et des sociétés de placement, services renforcés par la recherche sur les placements et sur l'économie et par la gestion professionnelle de placements.

La firme a été durement touchée par la débâcle boursière d'octobre 1987. Depuis le début de 1988, elle appartient à la BANQUE CANADIENNE IMPÉRIALE DE COMMERCE et est devenue sa division spécialisée dans l'investissement et les opérations bancaires des sociétés à l'échelle nationale et internationale.

Arthur E. Gregg

Wood, Edward Rogers, financier (Peterborough, Canada-Ouest, 14 mai 1866—Toronto, 16 juin 1941). D'abord télégraphiste, Wood entre à la Central Canada Loan and Savings Co. en 1884 où il devient directeur général et vice-président avant d'accéder à la présidence en 1914. Issue de Central Canada, la Dominion Securities Corp. est une des plus importantes maisons de courtage canadiennes, constituée en société en 1901 par le sénateur George A. COX, Henry PELLATT et Wood; ce dernier en devient président. Il a aussi été vice-président de National Trust, de Brazilian Traction, Light and Power, de la Compagnie d'assurance du Canada sur la vie et de la Banque canadienne de commerce. Il a été administrateur de Massey-Harris, de Mexican Light and Power, de Canadian Barcelona Traction, Light and Power, de l'International Paper, de Toron-

to Savings and Loan et de Canada Northern Power Corp.

Jorge Niosi

Wood, Henry Wise, cultivateur, chef de file du mouvement agricole (né sur une ferme, près de Monroe City, Missouri, 31 mai 1860—Calgary, 10 juin 1941). Issu d'une riche famille de propriétaires terriens dans le Missouri et au Texas, Wood se spécialise dans l'élevage dès son adolescence. Il est membre de l'Église «Campbellite», une secte chrétienne aux fondements centrés sur le Nouveau Testament, sur la fraternité entre les hommes et les femmes, sur un système congrégationaliste démocratique et sur une éthique chrétienne appliquée à la vie économique. Formé dans les écoles locales et au Christian College (Canton, Missouri), Wood s'intéresse sérieusement à la réforme agraire. Il suit de près les mouvements populiste et de l'«Alliance» au Missouri, dans les années 1890, et il est généralement d'accord avec leurs programmes d'économie rurale et d'organisation sociale, mais se dissocie de leur volonté de fonder un parti politique conventionnel.

En 1904, il visite l'Alberta, région appelée le «Last Best West» et, un an plus tard, il achète une ferme d'exploitation du blé, près de Carstairs. Il joint les rangs de la Society of Equity, une des premières associations agricoles et, en 1909, il adhère à l'association qui lui succède, les FERMIERS UNIS DE L'ALBERTA. En 1914, il en est le directeur, en 1915, il est élu vice-président et, de 1916 à 1931, il en assure la présidence.

En 1915, Wood est devenu un leader agraire et un politicien parmi les plus influents en Alberta, et il le demeurera jusqu'à son décès. Il consacre presque tout son temps à visiter les associations locales, fait valoir l'importance d'une organisation agraire forte et à grande échelle afin que le monde rural se libère de l'emprise croissante des banques, des industriels et des professionnels. Il met progressivement au point une théorie du gouvernement de groupe, dans lequel les regroupements professionnels serviraient de cadre à l'organisation politique. Bien que libéral à l'origine, Wood devient malgré lui convaincu que l'intervention directe des agriculteurs est nécessaire à la protection des intérêts ruraux. Il contribue à l'élaboration d'une plate-forme pour le PARTI PROGRESSISTE fédéral, issue des programmes du Conseil canadien de l'Agriculture à la fin de la Première Guerre mondiale. Il joue également un rôle clé lorsque les Fermiers unis de l'Alberta font leur entrée en politique, au cours des années 1919-1920. Lorsque les candidats des Fermiers unis de l'Alberta sont élus en majorité en 1921, Wood refuse le poste de premier ministre, mais il continue de jouer un rôle déterminant dans l'orientation de politiques et de programmes gouvernementaux.

Au début des années 20, Wood s'intéresse de plus en plus à la question de la mise en marché du blé. En 1920, le gouvernement fédéral met fin au contrôle qu'il exerce sur ce commerce depuis 1917. Les organisations agricoles de l'Ouest, craignant une hausse des coûts de mise en marché et une chute des prix, cherchent par tous les moyens une intervention des gouvernements fédéral ou provinciaux à ce chapitre. Wood est une figure dominante dans cette affaire, bien qu'il préfère personnellement que la mise en marché se fasse par l'entremise des coopératives agricoles. Par conséquent, lorsque les efforts d'assurer la participation gouvernementale échouent, Wood devient leader du mouvement des coopératives de blé qui se répand dans les régions rurales de l'Alberta en 1923-1924.

L'influence qu'exerce Wood auprès des agriculteurs des Prairies se fonde sur le respect généralisé pour sa sincérité, ses convictions religieuses et son dévouement à la cause des agriculteurs. Brillant orateur et doté d'une forte personnalité, Wilson, chef de file avisé, n'épouse jamais de nouvelles causes prématurément et il est un excellent conciliateur.

Ian MacPherson

Wood, Josiah, homme d'affaires, politicien, lieutenant-gouverneur du Nouveau-Brunswick de 1912 à 1917 (Sackville, N.-B., 18 avril 1843—*id.*, 13 mai 1927). Diplômé du Mount Allison College (M.A., 1866) et avocat, Wood hérite de son père, en 1875, une compagnie de vente en gros, d'exploitation forestière et d'expédition. Pendant les années 1880, il se lance également dans la fabrication, dirigeant une raffinerie de sucre, une filature de coton et d'autres entreprises dans la ville voisine de Moncton (Nouveau-Brunswick). Wood obtient des subventions gouvernementales pour construire un chemin de fer entre Sackville et le détroit de Northumberland. La construction se termine en 1886 et il est président de l'entreprise jusqu'en 1913. Wood est député conservateur fédéral de Westmorland (Nouveau-Brunswick) de 1882 à 1895 et se révèle l'un des partisans les plus influents de la protection douanière des industries canadiennes. Il est nommé au Sénat en 1895 et démissionne en 1912 pour accepter le poste de lieutenant-gouverneur du Nouveau-Brunswick. Il prend sa retraite en 1917. Wood est un généreux bienfaiteur de l'Église méthodiste et du Mount Allison College.

Dean Jobb

Wood, mont D'une altitude de 1000 m, il est situé à environ 135 km au sud-ouest de MOOSE JAW, en Saskatchewan, à proximité du QUARANTE-NEU-VIÈME PARALLÈLE. Il est formé de roche sédimentaire non érodée par le creusement des rivières, en raison de sa position entre les réseaux de drainage. Des collines au sommet aplati, disséquées par les coulées, culminent à quelque 400 m au-dessus de la prairie avoisinante. En 1870, des Métis s'établissent sur les pentes de la Montagne de bois et construisent des maisons en bois de peuplier, abondant dans la région. En 1871, le poste de traite de la Compagnie de la baie d'Hudson du mont Wood devient le dépôt des Prairies de la Commission d'abornement. Aux prises avec les contrebandiers de whisky et les voleurs à cheval qui passent par la région, la Police montée du Nord-Ouest se voit contrainte de faire l'acquisition du dépôt en 1876 et de le maintenir jusqu'en 1918. Après la bataille de la Little Bighorn en 1876, plus de 5000 Sioux du Dakota, accompagnés de leur chef, SITTING BULL, se réfugient dans la région. En 1965, on y aménage un parc historique provincial. Les environs du mont Wood et de SWIFT CURRENT sont les seuls endroits au Canada où l'on trouve des sources connues d'hélium.

David Sauchyn

Wood, Sharon Adele, alpiniste et guide (Halifax, N.-É., 18 mai 1957). Sa passion pour l'alpinisme commence avec une classe d'introduction à l'escalade à Jasper (Alberta). Elle est alors âgée de 17 ans. Au printemps de 1986, elle est reconnue sur la scène internationale comme étant la première femme de l'hémisphère occidental à avoir conquis l'Everest. Alpiniste forte et audacieuse, Wood a déjà vaincu une série impressionnante de sommets: le versant Kane du mont Robson; le mont Logan (comme membre de la première équipe féminine à en faire l'ascension); la crête de Cassin, sur le mont McKinley; et une nouvelle route sur la face sud de l'Aconcagua. C'est comme membre du groupe d'expédition Canadian Everest Light qu'elle s'attaque à l'Everest. L'équipe comprend 12 personnes, sans sherpas, et gravit la crête ouest de la montagne. Le 20 mai, dernier jour de l'ascension, Wood et son coéquipier, Dwayne CONGDON, réussissent à atteindre le sommet à 21 h, malgré la neige, la glace, les vents violents et une verticale de 695 m de rocher. Lorsqu'elle n'est pas en expédition, Wood enseigne l'escalade. Elle est aussi guide pour l'héliski.

Bart Robinson

Wood, William John, manœuvre et artiste (près d'Ottawa, 26 mai 1877—Midland, Ont., 5 janv. 1954). Bien qu'il habite loin des centres artistiques contemporains de son époque et qu'il soit obligé de travailler comme ouvrier non qualifié la majeure partie

de sa vie, Wood s'adonne pourtant toute sa vie à sa passion pour l'art et surtout pour la gravure, au moyen de laquelle il exprime son expérience immédiate de la vie à Midland, dans un style audacieux et personnel. Ce style, qui se développe à partir d'un contact étroit avec l'impressionnisme et le graveur d'art suédois Anders Zorn, attire l'attention du GROUPE DES SEPT, avec lequel il expose à plusieurs occasions. Wood est membre de la Société canadienne des arts graphiques, de la Société des peintres-graveurs canadiens et il est un des membres fondateurs du Canadian Group of Painters.

Christine Boyanoski

Woodcock, George, auteur, essayiste et homme de lettres (Winnipeg, 8 mai 1912—Vancouver, 28 janv. 1995). Bien qu'il soit surtout connu comme journaliste et historien littéraire, Woodcock exerce une grande influence sur la pensée politique ainsi que sur les questions d'ordre culturel. Il passe les 37 premières années de sa vie en Angleterre, où il reçoit une formation de journaliste spécialisé en littérature anglaise. De retour au Canada, en 1949, il continue de travailler comme journaliste littéraire. Ayant vécu en Angleterre, il a hérité de la tradition radicale britannique et ce bon sens de la continuité historique, ainsi que de sa perception voulant que tout progrès vers la gauche passe en partie par l'avancement des arts.

Ses convictions politiques se fondent sur l'ANARCHISME, c.-à-d. la non-ingérence de l'État dans les affaires des particuliers et vice versa. Il défend cette idéologie au cours des années 30 et 40 dans des publications subversives comme le magazine *Now and Freedom*. Cependant, quand il entreprend d'écrire *Anarchism* (1962), son exposé historique du mouvement, il se place dans l'esprit de celui qui rédige sa notice nécrologique. Cet ouvrage contribue toutefois à remettre en vogue les principes de l'anarchisme. Dès lors, il devient un personnage très en vue dans les milieux anarchistes d'expression anglaise et son livre devient la bible du mouvement.

Woodcock commence sa carrière d'écrivain comme poète avec, entre autres, *The Centre Cannot Hold* (1943). Il reviendra à la poésie vers la fin de sa vie, mais à une poésie d'un genre bien différent, qui porte l'empreinte stylistique de Margaret ATWOOD et autres poètes canadiens pour lesquels il nourrit la plus haute estime. Au fil des ans, il rédige aussi des essais, si nombreux et diversifiés qu'ils tendent à embrouiller ses opinions tout en augmentant sa renommée. Malgré tout, la majorité de ces ouvrages se classent dans diverses catégories qui, dans l'ensemble, témoignent de l'ampleur et de la détermination de son engagement d'écrivain tout au long de sa vie.

La première catégorie consiste en écrits purement politiques, comme ses ouvrages sur les anarchistes et les pacifistes, parmi lesquels figurent *The Anarchist Prince: A Biographical Study of Peter Kropotkin* (1950) et *The Doukhobors* (1960), rédigés en collaboration avec Ivan Avakumovic; *Pierre-Joseph Proudhon* (1956); et *Gandhi* (1971). Ses ouvrages alliant l'histoire et le récit de voyage sont très proches de ses écrits politiques, citons à titre d'exemple *Face of India* (1964), *South Sea Journey* (1976) et *The Canadians* (1979), ce dernier livre est destiné aux étrangers.

La deuxième catégorie réunit ses critiques littéraires, notamment sur des œuvres d'écrivains qui sont presque ses contemporains. Citons *Dawn and the Darkest Hour: A Study of Aldous Huxley* (1972) et *Thomas Merton, Monk and Poet* (1978). L'ouvrage le plus connu de cette catégorie demeure *The Crystal Spirit* (1966, prix du Gouverneur général), sur George Orwell, son allié et parfois son adversaire dans différents combats de jeunesse.

L'œuvre critique de Woodcock comprend aussi des essais sur les écrivains canadiens modernes, p. ex., *The World of Canadian Writing* (1978) et *Northern Spring* (1986). Une grande partie de ces écrits se

retrouvent dans la revue trimestrielle *Canadian Literature,* que Woodcock fonde à l'U. de la Colombie-Britannique en 1959 et qu'il dirige jusqu'en 1977. *Letters to the Past* (1982) et *Beyond the Blue Mountains* (1987) sont des ouvrages autobiographiques; enfin, *Taking It to the Letter* (1985) regroupe sa correspondance.

Douglas Fetherling

Woodhouse, Arthur Sutherland Piggott, enseignant, érudit et humaniste (Port Hope, Ont., 27 sept. 1895—Toronto, 31 oct. 1964). Il fait ses études à l'U. de Toronto et à Harvard, enseigne pendant cinq ans à l'U. du Manitoba, puis se joint à la Faculté d'anglais de l'U. de Toronto en 1928. Il devient ensuite directeur du département au collège universitaire (1944-1964) et directeur des études supérieures du département d'anglais. Défenseur de la critique historique, il démontre son érudition dans une longue série d'essais sur l'œuvre de John Milton, qui mène à *The Heavenly Muse* (1972). Sa contribution à l'histoire des idées comprend des études sur la révolution puritaine (*Puritanism and Liberty,* 1938), sur la nature et la grâce comme structures intellectuelles de la littérature de la Renaissance et sur l'évolution de la doctrine romantique de l'imagination. Il favorise l'essor des sciences humaines au Canada en prenant leur défense dans ses écrits, en publiant le UNIVERSITY OF TORONTO QUARTERLY et en adoptant des mesures administratives à cet effet. Trois fois président du Conseil de recherches en sciences humaines du Canada, il œuvre avec succès au soutien de la recherche fondamentale. La clarté, la puissance et la saveur de son érudition sont manifestes dans son enseignement.

Hugh MacCallum

Woodstock (Nouveau-Brunswick), chef-lieu du comté de Carleton; pop. 5092 (rec. 1996), 4782 (rec. 1991), 4549 (rec. 1986); superf. 14,08 km²; const. en 1856; située à 103 km de FREDERICTON, en amont du fleuve SAINT-JEAN, à l'embouchure de la rivière Meduxnekeag. Elle a probablement emprunté son nom à son homonyme de l'Oxfordshire, en Angleterre. Woodstock doit son essor à la démobilisation des troupes du 2e Bataillon de Delancey. Malgré sa tradition LOYALISTE, sa composition ethnique évolue rapidement, de sorte que les membres du Loyal Orange Order et des catholiques romains s'y affrontent au milieu du XIXe siècle.

Au début du XXe siècle, on trouve à Woodstock des scieries, des tanneries, des ateliers de harnais, des usines de voitures, des ateliers de menuiseries, une filature de laine, une conserverie et plusieurs fonderies. La construction d'un grand réservoir pour le projet hydroélectrique de Mactaquac a entraîné la destruction de la plupart des aires récréatives situées sur les îles de la rivière Saint-Jean; depuis, on a aménagé de nouvelles aires.

Fred Farrell

Woodstock (Ontario), chef-lieu du comté d'Oxford; pop. 32 086 (rec. 1996), 30 075 (rec. 1991), 26 386 (rec. 1986); superf. 24,78 km²; const. en tant que ville en 1901; située en bordure de la rivière Thames, au cœur du sud-ouest de l'Ontario. En 1792, sir John Graves SIMCOE, impressionné par les terrains surélevés, désigne la région comme emplacement potentiel de la ville. Le premier colon, Zacharias Burtch, arrive en 1800, mais le tracé de la ville ne se fera pas avant 1833-1834. Des Écossais du Sutherlandshire s'y installent en 1830 et sont suivis par un groupe d'officiers retraités de l'armée et de la marine d'Angleterre. En 1834, l'amiral britannique Henry Vansittart, qui s'est approprié 700 acres dans la région, arrive et se nomme le village Woodstock, du nom de la ville de l'Oxfordshire, en Angleterre, où il a fait ses études. En 1839, cette ville devient le chef-lieu du comté d'Oxford. Le recensement de 1851 fait état d'une population de 2112 habitants, et Woodstock est officiellement proclamé ville.

En 1853, l'arrivée du GREAT WESTERN RAILWAY est un élément important dans le développement de la ville; le lien ferroviaire avec Toronto date de 1880. Située au cœur même d'une riche région agricole, la ville est à ses débuts un centre industriel. Les secteurs d'activité englobent le cordage, les lainages, les barils, le savon, les chandelles, les harnais, les voitures, les meubles et les orgues. La Woodstock Iron Works s'établit en 1842 et la Standard Tube, toujours en exploitation, en 1905. C'est là que pour la première fois au Canada on a soudé des tuyaux par résistance électrique. Woodstock se donne le surnom de «ville de l'industrie» en raison de la diversité de ses entreprises, qui se manifeste aujourd'hui dans les domaines des batteries, des générateurs électriques, de la bonneterie, des camions de pompiers, des harmoniums, des pièces d'automobile, etc. L'hôtel de ville en brique jaune, bâti en 1851-1852, est un lieu historique national et il comprend un musée.

Daniel Francis

Woodsworth, James Shaver, pasteur méthodiste, travailleur social et politicien (Etobicoke, Ont., 29 juill. 1874—Vancouver, C.-B., 21 mars 1942). Premier chef de la CO-OPERATIVE COMMONWEALTH FEDERATION (CCF) et le plus connu des ministres du culte réformiste du MOUVEMENT SOCIAL GOSPEL, Woodsworth amènera plusieurs d'entre eux à s'intéresser au socialisme démocratique. Il s'établit à Brandon, au Manitoba, en 1885, où son père devient le responsable des missions méthodistes du Nord-Ouest. Ordonné en 1896, il est pasteur itinérant pendant deux ans, puis étudie deux ans au Victoria College et à Oxford.

Voyant les résultats désastreux du capitalisme industriel au Canada et en Grande-Bretagne, Woodsworth en conclut que son Église a tort de tant insister sur le salut personnel. Il abandonne les tribunes où il s'adressait à la classe moyenne et s'engage dans une mission urbaine, All People's à Winnipeg, où il travaille de 1904 à 1913 auprès des immigrants des quartiers défavorisés. Durant la même période, il écrit beaucoup, expliquant sans relâche le sens du «Social Gospel» (l'évangile social), ce mouvement sans credo qui cherche à établir le Royaume de Dieu «ici et maintenant». En 1914, il est déjà un chaud partisan de la négociation syndicale et un socialiste démocrate convaincu, dans la lignée du socialisme de la Fabian Society et du Parti travailliste britannique. Profondément pacifiste, il considère la guerre comme un produit du capitalisme et de la concurrence impérialiste. Engagé par le gouvernement pour réaliser une recherche sociologique, il est congédié en 1917 après s'être ouvertement prononcé contre la CONSCRIPTION. En 1918, il abandonne le sacerdoce pour protester contre l'Église qui appuie la guerre. Afin d'assurer la subsistance de sa jeune famille, il se joint au syndicat des débardeurs et travaille pendant un an dans le port de Vancouver.

En juin 1919, Woodsworth est arrêté à Winnipeg et accusé d'avoir écrit des éditoriaux diffamatoires et séditieux au moment de la GRÈVE GÉNÉRALE DE WINNIPEG. En effet, à la suite de l'arrestation de 10 chefs grévistes les 17 et 21 juin, le «samedi sanglant» où une manifestation pacifique est interrompue par la Gendarmerie royale et l'armée, Woodsworth avait écrit sur le «kaiserisme» au Canada. La poursuite est abandonnée, mais les accusations selon lesquelles Woodsworth aurait cité deux versets tirés du livre d'Isaïe ne seront jamais retirées. Le rôle que joue Woodsworth durant cette grève lui apporte la notoriété et c'est avec un zèle renouvelé qu'il se plonge dans l'organisation du Manitoba Independent Labour Party (ILP). Avec un programme électoral modelé sur celui du Parti travailliste britannique, l'ILP réussit à faire élire Woodsworth à la Chambre des communes en 1921, dans la circonscription de Winnipeg Nord-Centre, grâce au slogan «Les besoins de la personne avant les droits de propriété». Bien que certaines modifications aient été apportées à l'organisation et à la politique du parti, les principes de Woodsworth restent les mêmes

durant toute la période où il représente sa circonscription, c.-à-d. jusqu'à son décès, en 1942.

Au Parlement, Woodsworth présente à chaque session une résolution visant à mettre fin au capitalisme compétitif axé sur le profit et à instaurer des moyens de production et de distribution qui seraient la propriété des secteurs public et coopératif. Sachant pertinemment qu'un «commonwealth coopératif» ne peut être mis en place instantanément, il travaille sans relâche pour apporter des changements dans l'immédiat qui pourraient aider ceux que l'économie de marché défavorise. Rejetant énergiquement les raccourcis de la révolution et toute association avec le nouveau Parti communiste, Woodsworth devient un maître de procédure parlementaire et il utilise la Chambre des communes comme tribune publique. Il participe ainsi à l'établissement d'un système politique multipartite, de sorte qu'on dira de lui qu'il incarne la «conscience du Canada». Il démontre, documents à l'appui, l'hostilité du gouvernement envers les travailleurs, ses pourparlers timorés avec la SOCIÉTÉ DES NATIONS, ses procédures dépassées de divorce parlementaire, son refus de promulguer les mesures promises en matière de sécurité sociale et sa complaisance servile à l'égard des banques et d'autres sociétés. En 1926, il démontre la valeur du processus parlementaire lorsqu'il négocie son vote et celui d'un collègue contre la promesse du premier ministre Mackenzie KING, dont le gouvernement était menacé, de faire adopter un programme de PENSIONS DE VIEILLESSE. Présenté en 1927, ce programme est la pierre angulaire du système de sécurité sociale canadien.

Woodsworth se joint, dans les années 20, à un «GINGER GROUP» (un groupe de pression) progressiste plus radical. Lorsque la crise économique éclate, ils s'unissent à divers groupes d'ouvriers et de socialistes pour fonder un parti socialiste fédéral. En 1933, à Regina, ce nouveau parti choisit Woodsworth comme chef, sous la bannière de la Co-operative Commonwealth Federation (CCF), et rédige un manifeste social-démocrate. En 1935, le CCF a déjà attiré l'attention d'un certain nombre d'universitaires et de professionnels qui se sont unis pour former la LEAGUE FOR SOCIAL RECONSTRUCTION et qui appuient à la fois le CCF et le CANADIAN FORUM, un journal politique très dynamique. Woodsworth, leur porte-parole, représente également les syndicalistes et agriculteurs qui se tournent vers le CCF. Bien que seulement sept candidats du CCF soient élus aux élections fédérales de 1935, ce petit groupe comprend des politiciens d'un formidable dynamisme, dont T.C. DOUGLAS, et le parti devient l'opposition officielle en Colombie-Britannique et en Saskatchewan.

L'imminence de la Seconde Guerre mondiale, dans toute son horreur, éclipse progressivement la tragique Crise des années 30, et Woodsworth porte désormais son attention sur la position internationale du Canada. Il doit faire face, au sein du CCF, à l'inquiétude croissante chez quelques-uns de ses collègues, qui craignent que seule la force pourra l'emporter sur la menace hitlérienne. Persuadé que la guerre ne peut engendrer que la guerre, Woodsworth tente en vain de convaincre le gouvernement d'affirmer son droit à la neutralité. Il échoue également à faire valoir son point de vue au conseil national du CCF en septembre 1939, lequel accorde un soutien limité à la déclaration de guerre du Canada. «M.J.» COLDWELL fait état de la position officielle du CCF à l'occasion d'une séance parlementaire spéciale où Woodsworth peut expliquer les motifs de son désaccord. Examinant la période de l'entre-deux-guerres et répétant que la guerre ne règle rien, Woodsworth déclare: «Je suis heureux de pouvoir m'exprimer à ce sujet devant le Parlement canadien, une institution d'origine britannique. Ce ne serait pas possible en Allemagne, je le reconnais […] et je maintiens que l'essence même de nos institutions britanniques, c'est la liberté. Je crois que nous ne

pourrons l'obtenir qu'en faisant appel aux forces morales qui habitent encore notre peuple et non en recourant de nouveau à la force brutale.» Il est le seul à se lever pour manifester son opposition à la déclaration de guerre. En 1940, Woodsworth remporte sa dernière élection, mais avec une majorité considérablement réduite. Déjà affaibli des suites d'un infarctus, il meurt au printemps 1942.

Kenneth McNaught

Workers' Educational Association of Canada (WEA) Société d'entraide fondée à Toronto en 1918 par des professeurs d'université et des syndicalistes qui veulent, à l'instar de la WEA britannique, offrir à ses membres de la classe ouvrière des cours du soir ne débouchant pas sur un diplôme. À l'apogée de sa gloire, durant les années 30 et 40, grâce aux frais de scolarité et aux fonds que lui accordent les gouvernements fédéral et provinciaux, la Fondation Carnégie ainsi que le mouvement ouvrier, la WEA peut offrir des cours dans des centres aux quatre coins du Canada sur des sujets comme l'économie, l'actualité, l'histoire ouvrière et la négociation collective. Toutefois, au début des années 50, elle subit un recul draconien en raison des programmes d'éducation permanente qui lui font concurrence et à cause de ses adversaires qui la qualifient à tort d'organisation communiste.

Ian Radforth

Workman, Joseph, psychiatre et enseignant (près de Lisburn, Irl., 26 mai 1805—Toronto, 15 avril 1894). Workman émigre à Montréal en 1829 et reçoit son doctorat en médecine de l'U. McGill en 1835. Pendant une certaine période, il dirige une entreprise florissante de quincaillerie à Toronto, mais, en 1846, il accepte l'invitation d'enseigner à l'école de médecine Dr John ROLPH de Toronto. Il donne d'abord des cours sur le travail de sages-femmes et, par la suite, sur des sujets médicaux. Après sa démission en 1853, il est nommé médecin en chef du nouveau Provincial Lunatic Asylum de Toronto, poste qu'il conservera jusqu'à sa retraite en 1875. Workman est l'auteur de nombreux articles sur l'aliénation mentale, son étiologie et son traitement. Il est souvent retenu comme témoin expert lors de procès criminels. Il est sans nul doute le psychiatre le plus éminent et le plus compétent du milieu du XIXe siècle au Canada, ce que reconnaissent alors volontiers ses collègues qui le surnomment affectueusement le «Nestor des psychiatres canadiens».

Thomas E. Brown

World Literacy of Canada (WLC) Fondé en 1955, cet organisme de bénévolat à but non lucratif se voue au développement international. Il s'occupe de promouvoir des programmes d'alphabétisation des adultes misant sur les efforts personnels au Canada et à l'étranger (*voir* ALPHABÉTISME). Il s'agit du premier organisme non gouvernemental du Canada et de l'un des premiers du monde à assurer le soutien de programmes d'alphabétisation, d'enseignement non formel et de développement à l'étranger, surtout en Inde, en Afrique et dans les Antilles.

Pendant de nombreuses années, son projet le plus important est la Literacy House en Inde. Depuis 1976, cet organisme aide trois programmes de formation en Inde et collabore à diverses activités d'alphabétisation au Canada. L'expérience internationale du WLC l'amène à entreprendre la première grande enquête sur l'éducation de base des adultes au Canada. Cette étude, publiée en 1976, est dévoilée lors de la première Conférence nationale sur l'éducation de base des adultes. La deuxième édition de cette conférence annuelle, tenue à Ottawa en 1977, donne naissance au Rassemblement canadien pour l'alphabétisation.

Les trois présidents d'honneur du WLC ont été Frank Laubach, Welthy Fisher et Robert MCCLURE. Par son réseau de personnes-ressources dans d'autres pays, le WLC soutient des programmes misant sur les efforts personnels et de développement destinés aux gens pauvres et illettrés. L'organisme publie aussi un bulletin d'information intitulé *Worldlit*.

James A. Draper

World Soundscape Project Programme de recherche et d'enseignement lancé en 1969 par le compositeur canadien R. Murray SCHAFER à l'U. Simon Fraser. Le projet touche tous les aspects des environnements sonores et vise particulièrement à sensibiliser le public au son, constituer des documents de l'environnement sonore et de ses caractéristiques changeantes, et à établir le concept et la pratique du «soundscape design» comme alternative au bruit. Ses activités comprennent des enregistrements sur le terrain au Canada et en Europe, des travaux archivistiques et pédagogiques, et l'édition de plusieurs études et travaux sur bande magnétique, dont les plus importants sont des ouvrages de Schafer, tels que *The Book of Noise* (1970), *The Music of the Environment* (1973) et *The Tuning of the World* (1977), ainsi que des documents du projet, dont *A Survey of Community Noise By-laws in Canada* (1972), *The Vancouver Soundscape* (1974), la série radiophonique *Soundscapes of Canada* (1974), *Five Village Soundscapes and European Sound Diary* (1977) et *Handbook for Acoustic Ecology* (1978).

Bien que l'équipe du projet ait été dissoute, l'université dispense encore des cours en communication acoustique et en science de l'environnement sonore. Toutefois, des compositeurs continuent seuls d'élaborer des thèmes relatifs à l'environnement sonore, comme en témoignent la série d'émissions de radio «Soundwalking», de H. Westerkamp, et des compositions sur bande magnétique. En 1993, lors de la conférence *Tuning of the World,* tenue à Banff, on forme une organisation internationale appelée *World Forum for Acoustic Ecology* dans le but de sensibiliser le monde entier à l'environnement sonore.

Barry D. Truax

Worthington, Edward Dagge, médecin (Ballinakill, Irl., 1ᵉʳ déc. 1820—Sherbrooke, Qc, 25 févr. 1895). En 1847, Worthington est le pionnier du recours à l'anesthésie générale au Canada. Employant un appareil d'inhalation qu'il a construit lui-même, il accomplit des opérations importantes et pratique des accouchements sur des patients sous l'effet d'abord de l'éther puis, par la suite, du chloroforme. Il pratique pendant plus de 50 ans à Sherbrooke. Il est chirurgien militaire, gouverneur du College of Physicians and Surgeons du Bas-Canada et participe à la fondation de l'Association médicale canadienne en 1867. Il écrit aussi beaucoup d'articles dans les revues de médecine de l'époque. En plus de son diplôme de médecin de St. Andrews, en Écosse, il se voit décerner un diplôme honoraire des universités Bishop et McGill.

J.T.H. Connor

Worthington, Peter John Vickers, militaire, journaliste, éditeur et écrivain (caserne du Fort Osborne, Winnipeg, 16 févr. 1927). Fils de F.F. WORTHINGTON, il sert dans la Marine royale canadienne et dans la Marine royale britannique pendant la SECONDE GUERRE MONDIALE, et comme lieutenant dans la Princess Patricia's Canadian Light Infantry pendant la guerre de Corée. Il obtient un baccalauréat ès arts à l'U. de la Colombie-Britannique et un baccalauréat en journalisme à l'U. Carleton, puis il couvre avec compétence plusieurs coups d'État, guerres et révolutions comme reporter itinérant au *Toronto Telegram* de 1956 à 1971.

À Dallas en 1963, il obtient une primeur importante en étant témoin de l'assassinat de Lee Harvey Oswald par Jack Ruby. Il travaille pendant un certain temps auprès de l'armée du Biafra pendant la guerre civile au Nigeria. Ne perdant rien de son franc-parler, il est cofondateur et directeur de la rédaction de *The Toronto Sun* de 1971 à 1982, année où il entre en politique.

N'étant pas parvenu à obtenir l'investiture du Parti progressiste-conservateur dans la circonscription torontoise de Broadview-Greenwood, il se présente sans succès comme indépendant. Deux ans plus tard, le Parti progressiste-conservateur le choisit comme candidat, mais il n'est pas élu.

Depuis plusieurs années, Worthington est rédacteur en chef de la revue *Influence,* qui figure parmi la nouvelle couvée de revues canadiennes originales et informatives, tout en tenant une chronique régulière dans les différentes éditions du *Sun*.

Allan E. Levine

Wrangel, île Située dans l'océan Arctique, à 200 km au nord de la côte de la Sibérie orientale. Découverte en 1849, elle tire son nom du baron Wrangel, le gouverneur russe de l'Alaska. Bien qu'elle soit inhabitée, en 1914, elle sert de refuge pendant six mois à l'équipage du KARLUK, qui a sombré au cours de l'EXPÉDITION ARCTIQUE CANADIENNE de cette année-là. Les membres de l'équipage revendiquent alors l'île pour le Canada et Vilhjalmur STEFANSSON, le commandant de l'expédition, qui ne l'a jamais vue, ébauche le projet d'en faire le centre d'un empire nordique – le pivot des richesses du bassin polaire – et il estime qu'elle doit être un territoire canadien. En 1922, le gouvernement canadien revendique l'île, mais il abandonne rapidement ses prétentions à la suite des protestations du gouvernement soviétique.

W.R. Morrison

Wright, Alexander Whyte, journaliste, dirigeant syndical et politicien (Elmira, Ont., 17 déc. 1845—vers 1919). Après avoir tenté sa chance en affaires à quelques reprises dans le sud-ouest de l'Ontario, il devient journaliste et rédacteur en chef d'un journal dans les années 1870. Bien qu'il soit un conservateur et un grand partisan de la POLITIQUE NATIONALE, il appuie la réforme monétaire et celle du travail. Il croit en la primauté des travailleurs, des agriculteurs et des industries de production. Dans les années 1880, il devient un important chef des CHEVALIERS DU TRAVAIL, d'abord à Toronto puis aux États-Unis, où il devient secrétaire de l'ordre puis rédacteur en chef du journal de celui-ci (de 1889 à 1893). Il retourne en Ontario après l'écroulement presque total de l'ordre en 1893 et siège à une commission royale chargée par le gouvernement conservateur fédéral (1895) d'enquêter sur l'exploitation des travailleurs. Il est rédacteur en chef d'un journal syndicaliste-conservateur torontois (de 1909 à 1914) et accède plus tard à la vice-présidence de la Commission des accidents du travail de l'Ontario. Écrivain et orateur de talent, Wright est à la fois démagogue et réformiste et, sans aucun doute, le meilleur modèle canadien de médiateur entre la classe ouvrière et le parti politique traditionnel.

Gregory S. Kealey

Wright, Cecil Augustus, dit «Caesar», professeur (London, Ont., 2 juill. 1904—Toronto, 24 avril 1967). Reconnu comme le professeur de droit le plus influent du Canada et l'architecte de l'ENSEIGNEMENT DU DROIT en Ontario, Wright enseigne à l'école de droit Osgoode Hall à partir de 1927, en devient doyen en 1948. En 1949, lorsque la Law Society du Haut-Canada rejette les changements dans l'enseignement du droit pour lesquels il avait fait campagne pendant des années, il démissionne d'Osgoode Hall en même temps que la plupart des autres professeurs. Wright, Bora LASKIN et John Willis transforment alors le département de droit de l'U. de Toronto en première école universitaire professionnelle de droit en Ontario. Wright y exerce la fonction de doyen de 1949 à 1967. Il écrit plusieurs articles, édite un livre important sur le droit de la responsabilité délictuelle, ainsi que *La revue du barreau canadien* et plusieurs rapports en matière de droit. Il arbitre des conflits de travail, sert également de conseiller juridique à plusieurs avocats et lutte pour faire connaître la pensée juridique nord-américaine.

C. Ian Kyer

Wright, sir Charles Seymour, physicien (Toronto, 7 avril 1887—Victoria, 1ᵉʳ nov. 1975). Wright fréquente l'Upper Canada College et l'U. de Toronto, et gagne une bourse d'études aux cycles supérieurs en physique à Cambridge. Il travaille au Cavendish Laboratory de 1908 à 1910, et on l'intègre comme physicien et glaciologue dans l'expédition britannique dans l'Antarctique (1910-1913), commandée par le capitaine Robert F. Scott. Il est le conducteur de l'équipe de traîneaux qui retrouve en novembre 1912 la tente contenant les corps de Scott et de ses compagnons qui sont morts à leur retour du pôle Sud. Il travaille pour le service de renseignements de l'armée britannique durant la Première Guerre mondiale et dans la division de la recherche de la marine britannique de 1919 à 1947, où il accède en 1934 au poste de directeur de la recherche scientifique. Il dirige le travail d'une équipe de 600 scientifiques qui mettent au point, entre autres, le système de radar des Alliés. En 1946, ce travail lui vaut d'être fait chevalier. Il prend sa retraite au Canada en 1947, mais demeure un conseiller en recherches navales pour le Canada, la Grande-Bretagne et les États-Unis, et est chargé de cours à l'U. de la Colombie-Britannique. Il retourne dans l'Antarctique plusieurs fois au début des années 60 à l'invitation du gouvernement américain.

Dean Beeby

Wright, Philemon, ouvrier forestier (Woburn, Mass., 3 sept. 1760—Hull, Qc, 2 juin 1839). Fondateur de HULL et initiateur du COMMERCE DU BOIS dans la vallée de l'Outaouais, Wright arrive au Canada en 1800 à la tête d'un petit groupe du Massachusetts qui s'établit sur le site actuel de Hull. Son intention est de fonder une communauté de fermiers indépendants, mais le manque de fonds le force à se tourner vers le commerce du bois en 1806 pour financer la colonie et occuper ses gens l'hiver. La même année, il conduit le premier train de bois flottant d'Ottawa à Québec. La croissance du commerce assure à Wright un statut social, économique et politique prédominant à Hull.

Christopher G. Curtis

Wright, Robert Ramsay, zoologiste, agent d'éducation (Alloa, Écosse, 23 sept. 1852—Droitwich Spa, Angl., 6 sept. 1933). Formé à l'U. d'Édimbourg (M. A. 1871, B.Sc. 1873), Wright abandonne un poste dans la cadre de l'EXPÉDITION CHALLENGER pour devenir professeur d'histoire naturelle (et, ensuite, de biologie) à l'U. de Toronto en 1874 où il reste pendant 38 ans. Il exerce une influence personnelle énorme sur l'enseignement de la biologie au Canada et sur une génération d'étudiants. Il met l'accent sur l'enseignement dans le laboratoire et fonde un grand musée de l'enseignement dans le nouvel édifice de biologie en 1889. Ses propres recherches vont de la parasitologie à l'anatomie des poissons-chats. Wright joue aussi un rôle de tout premier plan dans la restauration de la Faculté de médecine de l'U. de Toronto en 1887, où ses anciens élèves A.B. MACALLUM et J.P. McMurrich continuent plus tard son œuvre consistant à appliquer la biologie à la médecine. Intéressé par les pêches, il est membre de l'Office de biologie du Canada (qui deviendra l'OFFICE DES RECHERCHES SUR LES PÊCHERIES) de 1901 à 1912, puis il se retire à Oxford pour étudier les humanités.

Sandra F. McRae

Writing-On-Stone, parc provincial Une petite superficie de prairie semi-aride dans le sud de l'Alberta peut paraître sans intérêt, mais le parc provincial Writing-On-Stone (créé en 1957, 17 km²) est un endroit qui conjugue magie et mystère.

Histoire humaine Renommé pour ses PICTOGRAMMES ET PÉTROGLYPHES gravés et peints sur les parois de grès, le parc abrite la concentration la plus importante d'art rupestre autochtone des plaines de l'Amérique du Nord. Les Shoshonis, les Gros Ventres et plus tard les GENS-DU-SANG croyaient que la région était habitée par des esprits puissants. Ils ont laissé des gravures et des peintures rituelles sur les parois de grès de la rivière Milk pour envoyer des messages aux esprits. Les générations subséquentes en sont venues à croire que les esprits avaient laissé ces écrits. Les chasseurs de bisons, les sorciers, les guerriers et les jeunes garçons en quête d'une vision sont retournés sur les lieux pendant des centaines d'années pour y puiser des conseils spirituels. Les anciens autochtones visitent encore les lieux des écrits et des cérémonies se déroulent à la base des falaises. Pour éviter leur endommagement ultérieur par les graffitis et le vandalisme, l'accès public aux parois d'art rupestre est limité à des visites d'interprétation guidées.

Histoire naturelle Les champs de HOODOOS bizarres, les forêts riveraines de peupliers deltoïdes, les prairies herbeuses et les collines Sweetgrass en arrière-plan (au Montana, aux É.-U.) produisent un paysage spectaculaire qui reste gravé en permanence dans l'esprit de nombreux visiteurs de la région. On a agrandi le parc en 1992, le faisant passer d'une superficie de 4 km² à sa superficie actuelle. On y a répertorié un éventail étonnant de plantes et d'animaux, dont de nombreuses espèces rares, pour un secteur protégé si restreint.

Plus de 100 espèces d'oiseaux ont été relevées dans le parc. L'aigle royal, la bernache du Canada et le faucon des Prairies nichent sur les corniches des falaises. Des forêts de peupliers deltoïdes et des taillis de saules, de shepherdies argentées épineuses, de rosiers et de cornouillers le long des rivières et des fonds des coulées constituent certains des habitats d'oiseaux chanteurs les plus productifs dans le sud de l'Alberta. Le moqueur des armoises, le BRUANT azuré, et le pinson à flancs roux y résident communément.

Des espèces rares comme le mené laiton et le mené d'argent, et la barbotte des rapides (poisson-chat) figurent parmi la vingtaine d'espèces de poissons que l'on trouve dans la rivière Milk. Parmi les REPTILES, on compte le serpent à sonnettes, la couleuvre à nez mince, la couleuvre des plaines et la couleuvre de l'Ouest (*voir* SERPENT).

Parmi les 22 espèces de mammifères présents, le cerf mulet, le cerf de Virginie, l'ANTILOPE D'AMÉRIQUE, la marmotte à ventre jaune, le lièvre de Townsend et le lapin de Nuttall sont fréquemment aperçus. On note deux espèces de CACTUS (l'oponce et le coussin de belle-mère) et une espèce de yucca (yucca à feuilles d'aloès) parmi les plus intéressantes des 265 espèces de végétaux.

Installations Le parc abrite un terrain de camping de 75 emplacements comprenant des douches centrales, une aire d'utilisation journalière, une petite plage, une aire collective et des sentiers. Des programmes d'interprétation et des marches guidées sont organisés en été.

Archie Landals

Writing-on-Stone, site archéologique Nommé d'après le mot pied-noir «Áísínai'pi» signifiant «c'est écrit», c'est à la fois un parc provincial et un important site archéologique. Situé au centre de l'extrême sud de l'Alberta, Writing-on-Stone présente l'une des plus importantes collections d'art rupestre de l'Amérique du Nord. L'action érosive de la rivière Milk a creusé dans l'assise rocheuse de grès un réseau complexe de murailles et des colonnes et des piliers d'allure exotique appelés HOODOO. Sur ces parois rocheuses, les autochtones du sud de l'Alberta ont gravé des milliers d'images.

Pétroglyphes anciens Si les anciens habitants des Plaines n'utilisaient pas d'alphabet, ils ont néanmoins créé une forme raffinée d'art rupestre, ou écriture en signes peints. Les images anciennes de Writing-on-Stone ont été faites selon diverses méthodes. Sur des roches tendres, les autochtones ont taillé ou ciselé des silhouettes de formes humaines et animales, des formes géométriques ainsi qu'un ensemble impressionnant d'objets courants: arcs, flèches et boucliers. Ces images gravées sont appelées pétroglyphes. Suivant une autre méthode, ils ont peint des images sur la surface rocheuse avec de l'hématite ferrugineuse, appelée aussi ocre rouge. Il

s'agit alors de pictogrammes. La peinture a été appliquée sur le roc avec les doigts ou avec un pinceau fait à partir des extrémités poreuses de certains os de bison (*voir* PICTOGRAMMES ET PÉTROGLYPHES).

L'art rupestre de Writing-on-Stone représente généralement des êtres humains. Certaines figures ont le corps rond et l'on croit qu'il s'agit de guerriers debout derrière de grands boucliers. D'autres humains ont la forme de sabliers et affichent des symboles associés aux lignes du cœur et aux organes sexuels. Parmi les animaux représentés, on retrouve chevreuils, élans, moutons, mouffettes, ours, antilopes, chiens, serpents et bisons. Les animaux sont seuls, en groupes ou avec des humains. Dans certains cas, il s'agit d'un événement particulier, comme le sacrifice d'un bison ou un combat. Le cheval était l'un des animaux favoris et les artistes ont perfectionné un style en traçant de grandes lignes majestueuses afin d'évoquer la puissance et la rapidité du cheval. Il est souvent impossible de dater l'art rupestre de façon exacte, mais la présence de chevaux et d'articles introduits chez les autochtones par les Européens indique qu'une partie de ces images remonte aux années 1730. Cependant, plusieurs autres images semblent plus anciennes. Les techniques avancées de datation laissent croire, en effet, que certaines scènes de Writing-on-Stone sont vieilles de plusieurs millénaires.

Un lieu où découvrir l'avenir L'art rupestre est de nature biographique ou cérémonielle. L'art biographique semble raconter une histoire particulière, comme un combat ou un exploit accompli par un individu. Certaines histoires mettent en scène des dizaines de figures: humains, chevaux, TIPIS, chiens, etc. Les auteurs de ces scènes biographiques ont vraisemblablement participé aux événements illustrés. L'art rupestre cérémoniel ne raconte pas une histoire précise, mais montre plutôt des êtres puissants et des parents spirituels. L'art cérémoniel montre le plus souvent un seul ou quelques personnages. Ce style d'art semble représenter une volonté de communiquer avec le monde des esprits. De mémoire d'homme, Writing-on-Stone était un lieu où les autochtones se rendaient pour connaître leur sort et découvrir leur avenir.

Selon les archéologues, l'art rupestre de Writing-on-Stone est l'œuvre des ancêtres des Pieds-Noirs et d'autres tribus autochtones des plaines septentrionales. Toutefois, les Pieds-Noirs sont d'avis que les gravures et les peintures ont été créées par les esprits. Pour eux, Writing-on-Stone a toujours été un lieu sacré, un lieu à craindre et à respecter, un lieu où on allait uniquement pour communiquer avec le monde des esprits. L'art rupestre du PARC PROVINCIAL WRITING-ON-STONE a été désigné ressource historique provinciale et est protégé en vertu de la loi sur les ressources historiques de l'Alberta. Le personnel du parc offre des visites guidées durant les mois d'été.

Jack Brink

Wrong, George MacKinnon, historien (Grovesend, comté d'Elgin, Canada-Ouest, 25 juin 1860—Toronto, 29 juin 1948). Après des études à l'U. de Toronto, Wrong est ordonné pasteur anglican quand il obtient son diplôme (1883). Il enseigne l'histoire de l'Église et la liturgie à Wycliffe (1883-1892), puis l'histoire à l'U. de Toronto (1892-1894). De 1894 jusqu'à sa retraite en 1927, il est professeur d'histoire et directeur du département. Il fait de l'histoire une discipline distincte et de l'histoire du Canada un sujet d'étude légitime. En 1896-1897, il fonde la *Review of Historical Publications Relating to Canada* (devenue en 1920 la CANADIAN HISTORICAL REVIEW); en 1905, il est cofondateur de la Champlain Society. Il écrit beaucoup de monographies et d'ouvrages sur l'histoire canadienne, dont le meilleur est *A Canadian Manor and Its Seigneurs* (1908). Homme cérémonieux avec des penchants

anglophiles, Wrong influence toute une génération d'étudiants.

M. Brook Taylor

Wrong, Humphrey Hume, diplomate (Toronto, 10 sept. 1894—Ottawa, 24 janv. 1954). Petit-fils d'Edward BLAKE et fils de l'historien George WRONG, il grandit dans un milieu privilégié. Il étudie à l'U. de Toronto et est refusé comme recrue par le Corps expéditionnaire canadien parce qu'il est borgne. Il s'enrôle dans le Corps expéditionnaire britannique et sert au front avant d'être rapatrié pour blessures. Il étudie l'histoire à Oxford et est engagé en 1921 pour enseigner l'histoire au département que dirige son père à l'U. de Toronto. En 1928, Vincent MASSEY, un ami de la famille, le nomme premier secrétaire de la nouvelle légation canadienne à Washington, où il passe les 10 années suivantes à apprendre le métier de diplomate. Par la suite, il est affecté à la Société des Nations, à Londres, puis de nouveau à Washington et ensuite à Ottawa pendant trois cruciales années de guerre. En tant que collègue le plus proche de Norman ROBERTSON, il conçoit et parfait la notion de fonctionnalisme, principe selon lequel le Canada devrait être traité comme une grande puissance dans les domaines (nourriture, minéraux, puissance aérienne) où il possède les ressources d'une grande puissance. Le fonctionnalisme devient le fondement de la politique de temps de guerre du Canada et permet au pays d'accroître son influence et son prestige. En 1946, il est nommé ambassadeur à Washington, où il exerce beaucoup d'influence, résout des problèmes financiers et mène les négociations courantes qui devaient conduire à l'établissement du Traité de l'Atlantique Nord. De retour à Ottawa en 1953 pour y occuper le poste de sous-secrétaire, il meurt avant d'entrer en fonction.

J.L. Granatstein

Wyle, Florence, sculpteure (Trenton, Ill., 24 nov. 1881—Newmarket, Ont., 14 janv. 1968). Elle s'installe au Canada en 1913 et est considérée par ses contemporains comme la plus grande sculpteure académique du Canada. De tempérament solitaire, elle préfère travailler tranquillement dans son atelier situé dans une ancienne église de Toronto, qu'elle partagera pendant plus de 50 ans avec Frances LORING. Ses premières études prémédicales à Chicago lui inculquent un profond respect pour la perfection de l'anatomie, tel qu'on le voit dans son travail de sculpteure. Également poète (*Poems,* 1958), elle laisse transparaître dans ses écrits son amour de la nature. En tant que membre fondatrice (1928) de la Société des sculpteurs du Canada, elle lutte pour faire reconnaître la SCULPTURE canadienne et elle est la première femme sculpteure à se voir accorder l'adhésion pleine et entière à l'Académie royale des arts du Canada. Bien qu'elle ait remporté un certain succès avec ses commandes publiques, comme le superbe monument en relief dédié à l'infirmière Edith Cavell sur le site du Toronto General Hospital, elle est davantage connue pour ses sculptures d'atelier, plus petites et plus intimes, et, en particulier, pour ses études d'enfants et d'animaux.

Rebecca Sisler

Wyman, Anna, née Roman, danseuse, chorégraphe, professeure et administratrice (Graz, Autriche, vers 1928). En tant que chorégraphe et fondatrice de sa propre compagnie de danse, Wyman est, dans les années 80, une figure célèbre de la danse moderne au Canada. Elle étudie la danse classique et le mouvement contemporain dans diverses villes européennes, puis danse en Autriche jusqu'en 1948. En 1952, Wyman déménage en Angleterre, où elle enseigne et ouvre sa propre école.

Une fois immigrée au Canada, elle fonde l'Anna Wyman School of Dance Arts, à Vancouver, en 1968 et, en 1970, la compagnie Anna Wyman Dancers, qui fait ses débuts professionnels en 1971 et qui deviendra l'ANNA WYMAN DANCE THEATRE en 1973. Le répertoire de la troupe se compose surtout de chorégraphies de Wyman, remarquables pour leur grande originalité. Wyman se préoccupe tout particulièrement de la structure chorégraphique d'ensemble et de la scénographie. Ses œuvres semblent souvent devoir davantage à la danse abstraite moderne qu'à leurs expressions humanistes. Wyman crée aussi des œuvres humoristiques et utilise à plusieurs reprises des thèmes canadiens. Elle crée 39 chorégraphies pour sa troupe et organise de nombreuses tournées à l'étranger. La popularité de la troupe commence à décliner dans les années 80 et en 90, elle ne se produit plus sur scène. Toutefois, l'Anna Wyman School of Dance Arts poursuit ses activités à Vancouver.

Michael Crabb

Wyn Wood, Elizabeth, sculpteure (Orillia, Ont., 8 oct. 1903—Toronto, 27 janv. 1966). Elle contribue de manière importante à la vie culturelle au Canada, d'abord par son interprétation moderniste du paysage canadien en sculpture, mais aussi par son enseignement à la Central Technical School, à Toronto, et par son rôle à la Federation of Canadian Artists et au Conseil des Arts du Canada (elle est secrétaire de 1944 à 1945, présidente de l'International Relations Committee de 1945 à 1948 et vice-présidente de 1945 à 1948). Au moment où le GROUPE DES SEPT (dont plusieurs membres lui ont enseigné au Collège des beaux-arts de l'Ontario dans les années 20) traduit son expérience du paysage canadien en peinture, Wyn Wood innove en exprimant

des propos artistiques similaires avec des matériaux de modelage modernes (notamment l'étain) qu'elle transforme en créations dépouillées, composées de masses juxtaposées dans l'espace. Ses dernières œuvres témoignent davantage de préoccupations sociales alors qu'elle se tourne vers des sujets figuratifs et qu'elle reçoit un grand nombre de commandes publiques majeures en Ontario, telles que le *Welland-Crowland War Memorial* (1934-1939), des fontaines et des panneaux pour les Rainbow Bridge Gardens (1940-1941), un monument au roi George VI (1963) à Niagara Falls, et le *Simcoe Memorial* à Niagara-on-the-Lake, en Ontario (1953).

Christine Boyanoski

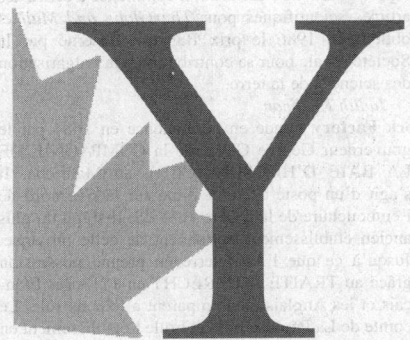

Yaffe, Leo, agent d'éducation, scientifique nucléaire et administrateur d'université (Devil's Lake, Dak. du Nord, 6 juill. 1916). En 1952, Yaffe fonde à l'U. McGill un laboratoire productif consacré à la recherche en chimie nucléaire. Il contribue grandement aux méthodes de mesure des rayonnements bêta, à l'étude des réactions induites par neutrons et protons, à la mesure des rapports des isomères nucléaires et à l'analyse des artefacts archéologiques, tous ces travaux ayant été décrits dans plus de 150 publications.

Il est directeur de la recherche et des laboratoires de l'Agence internationale de l'énergie atomique à Vienne (1963-1965), directeur du département de chimie (1965-1972) et directeur adjoint à l'administration (1974-1981) de McGill et président (1981-1982) de l'Institut de chimie du Canada. Il a reçu de nombreux honneurs. En 1984, il est nommé professeur émérite de McGill.

Mario Onyszchuk

Yanofsky, Daniel Abraham, grand maître des échecs (Brody, Pologne, 26 mars 1925). Il arrive tout jeune au Canada et se révèle doué pour les échecs, gagnant son premier tournoi à 12 ans. Il se qualifie comme membre de l'équipe olympique canadienne qui participe aux championnats par équipe tenus à Buenos Aires en 1939, et il y gagne un prix spécial pour le meilleur pointage au deuxième échiquier. Il joue plusieurs tournois en Europe et gagne le championnat britannique en 1953. Quant à ses performances canadiennes, il remporte le championnat du pays à 9 reprises (de 1941 à 1979) et est 10 fois membre de l'équipe nationale canadienne. Sa plus récente participation remonte à 1980, à Malte. Il obtient le titre de grand maître en 1964 en raison de sa performance au premier échiquier du Canada à l'olympiade de Tel Aviv. Yanofsky est l'un des trois seuls Canadiens à détenir le titre de grand maître international. Il continue de jouer des tournois jusqu'en 1986. Avocat de profession, il est membre du conseil municipal de Winnipeg jusqu'en 1986.

Lawrence Day

Yarmouth, ville de la N.-É.; pop. 10 722 (rec. 1996), 10 827 (rec. 1991), 7617 (rec. 1986); superf. 588,58 km²; située à l'entrée du port de Yarmouth, à l'extrémité ouest de la Nouvelle-Écosse. Appelée Kespoowuit («bout de la terre») par les Micmacs et Port Fourchu par CHAMPLAIN, elle est d'abord colonisée par des Acadiens (*voir* ACADIE), ensuite par des colons de la Nouvelle-Angleterre (1761). Durant la GUERRE D'INDÉPENDANCE AMÉRICAINE, les colons commencent à arriver du Massachusetts; c'est le début de l'immigration loyaliste en Nouvelle-Écosse.

En 1810, une colonie établie dans la région de Chebogue avait déménagé à Yarmouth, qui est alors devenue le centre administratif et commercial. L'industrie de la construction navale, dont les débuts remontent aux environs de 1764, s'était, dès le XIXᵉ siècle, développée en une flotte marchande impressionnante. En 1879, Yarmouth atteint son point culminant comme port de construction navale, étant par son tonnage le deuxième port d'attache au Canada.

De nos jours, l'économie repose surtout sur la pêche, le traitement du poisson, la transformation des produits laitiers et la production de textiles, d'articles tricotés et en bois. Premier canton de la Nouvelle-Écosse à être constitué en tant que municipalité (1856), Yarmouth est constituée de nouveau en 1890 après l'abrogation de son statut en 1858.

Tout en étant le centre commercial et industriel du sud-ouest de la Nouvelle-Écosse, Yarmouth est aussi un centre de transport grâce aux deux traversiers qui relient la province au Maine. La découverte près du port de Yarmouth d'une «pierre runique», semblable à une pierre tombale scandinave, est à l'origine de nombreuses spéculations et d'études suggérant la présence ancienne de Scandinaves dans la région. Des artefacts exposés au Yarmouth County Museum rappellent l'époque où la ville était un port de mer important.

Jean Peterson

Yellowhead, col D'une altitude de 1133 m, il traverse la ligne de partage des eaux entre l'Alberta et la Colombie-Britannique. Il est situé à 25 km à l'ouest de JASPER. À partir du col, la rivière Miette s'écoule vers l'est et rejoint la rivière Athabasca à Jasper. Le lac Yellowhead, sur le côté ouest, se jette dans le fleuve Fraser. Le col Yellowhead s'appelle à l'origine le col Leather puisque, de 1826 à 1828, la Compagnie de la baie d'Hudson obtient du cuir d'orignal et de caribou en le franchissant. On dit que, plus tard, on a changé son nom d'après Pierre Bostonais, un trappeur iroquois blond surnommé «Tête jaune», qui chassait et piégeait dans la région. En 1862, le col Yellowhead sert de route vers les champs aurifères de la région de Cariboo. Sandford FLEMING est le premier à proposer que le col serve de route pour le Canadien Pacifique, mais son idée est rejetée. Cependant, au début du XXᵉ siècle, la GRAND TRUNK PACIFIC RAILWAY et la CANADIAN NORTHERN RAILWAY construisent des voies ferrées au-dessus du col, l'une à côté de l'autre ici et là. Aujourd'hui, le Canadien National et la route de Yellowhead traversent le col qui, en 1985, est désigné officiellement lieu historique canadien.

Glen Boles

Yellowknife, ville des T.N.-O.; pop. 17 275 (rec. 1996), 15 179 (rec. 1991), 11 753 (rec. 1986); superf. 102,38 km²; const. en 1970. Elle est la capitale des TERRITOIRES DU NORD-OUEST, dont elle est la seule ville. Elle repose sur le vieux rocher du BOUCLIER canadien, sur la rive nord du GRAND LAC DES ESCLAVES. En raison de son emplacement nordique, elle est la seule ville du Canada à avoir autant d'heures d'ensoleillement en été, soit environ 1036,6 heures.

L'or est ce qui a fait connaître Yellowknife en 1934 et l'exploitation minière est toujours le deuxième employeur après l'État. La ville est aussi devenue le centre des transports et des communications de l'ouest du Grand Nord et le relais de l'exploration et de la mise en valeur des mines de diamant et d'autres mines. La ville compte deux mines d'or et on prévoit exploiter la première mine de diamant du Canada à 300 km au nord en 1998. La population est composée surtout de non-autochtones (85 p. 100) et d'un petit nombre de DÉNÉS et d'INUITS.

Exploration La ville et la baie de Yellowknife tiennent leur nom des COUTEAUX-JAUNES, une tribu dénée maintenant disparue qui vivait dans les îles du bras est du Grand lac des Esclaves et dont les membres voyageaient aussi loin que la côte arctique pour échanger du cuivre contre des couteaux et d'autres outils. Leur nom leur vient des couteaux à lame de cuivre qu'ils portaient.

Peter POND, un commerçant de fourrures de la Compagnie du Nord-Ouest, est, pour ce qu'on en sait, le premier non-autochtone à atteindre Yellowknife, probablement en 1785, mais certainement deux ans plus tard. La baie de Yellowknife est indiquée sur une de ses cartes en 1785, mais il n'existe aucun indice de ses voyages au cours de cette année et il se peut qu'il ait dessiné la partie de cette carte à partir de renseignements fournis par des trappeurs dénés.

En 1786, il a vraiment établi le fort Providence, à 30 km au sud-est de la ville actuelle. Jusqu'en 1823, ce fort servait de camp avant-poste pour le FORT CHIPEWYAN (1778), sur le lac Athabasca, dans ce qui est aujourd'hui le nord de l'Alberta. Le Fort Providence actuel, sur le FLEUVE MACKENZIE, a été construit en 1869.

Sir Alexander MACKENZIE visite le vieux fort Providence en 1789, en route vers le Nord à la recherche du grand fleuve qui porte son nom. Il est suivi, en 1820, par sir John FRANKLIN qui campe près de l'emplacement de la ville actuelle, en route vers la côte arctique. À part quelques chasseurs, trappeurs ou prospecteurs qui campent dans la baie bien protégée, la région n'a pas connu tellement d'autres visiteurs. Dettah, une petite communauté de PLATS-CÔTÉS-DE-CHIEN, à 12 km au sud-est, était le seul établissement de la région.

Or Un prospecteur participant à la RUÉE VERS L'OR DU KLONDIKE (Yukon) découvre de l'or pour la première fois près de Yellowknife en 1898, mais on ne découvre de l'or à l'état natif qu'en 1934. À la suite de cette découverte, les prospecteurs se précipitent pour jalonner les concessions, ce qui transforme, en peu de temps, une baie tranquille en une ville au rythme effréné, faite de baraquements, de tentes et d'abris.

En 1936, la production de la première mine d'or rentable de Yellowknife commence et, en 1940, la population de la ville est d'environ 1000 habitants. Durant la Seconde Guerre mondiale, l'effort de guerre oblige l'interruption du travail minier (sauf à la Con Mine), mais les activités reprennent à la fin de la guerre. En 1948, la mine d'or Giant devient la deuxième mine en importance de la ville. Les deux mines sont toujours en exploitation et, selon le compositeur local, Robin Beaumont, Yellowknife est «une ville où l'or est pavé de rues». La Con Mine, 1860 m de profondeur, s'étend sous presque toute la ville et la baie de Yellowknife, presque jusqu'à Dettah.

La mine d'or Giant détient deux records: en 1986, elle devient l'une de la dizaine de mines d'or à produire 10 000 lingots d'or. En 1993, un mineur en grève assassine neuf hommes, dont six sont des grévistes qui ont franchi les piquets de grève, lorsqu'une bombe qu'il a installée fait exploser, à 225 m sous terre, un wagon dans lequel ils se trouvent. Cela représente le pire crime de toute l'histoire ouvrière canadienne.

Transports Jusqu'en 1960, Yellowknife est accessible au sud seulement par voie aérienne et par train-routier sur l'eau et, en hiver, de HAY RIVER, sur la rive sud du Grand lac des Esclaves. La route de Yellowknife est inaugurée cette année-là, et un traversier relie les rives du fleuve Mackenzie à Fort Providence. De nos jours, la route est asphaltée tout le long à partir d'Edmonton, en Alberta, jusqu'à RAE-EDZO, à 106 km au nord-ouest de Yellowknife. On fait subir un traitement anti-poussière à la route de gravier de 100 km entre Rae et Yellowknife. Un chenal est maintenu ouvert par le traversier de Providence, renforcé contre les glaces, jusqu'à ce qu'un pont de glace soit ouvert plus loin en amont, habituellement avant le 1ᵉʳ janvier. Cependant, la livraison de tout ce qui arrive du Sud doit se faire par voie aérienne pendant la débâcle du fleuve Mackenzie au printemps, qui peut durer environ six semaines. Le Grand lac des Esclaves demeure habituellement gelé jusqu'à la mi-juin.

Les 30 vols quotidiens qui relient Yellowknife à Edmonton et à Winnipeg ainsi que les marchandises qui arrivent par camion et qui doivent être transportées plus au nord par avion font de l'aéroport de Yellowknife l'un des 20 premiers au Canada en terme de circulation aérienne.

Tout comme le transport aérien, le camionnage est une industrie importante de Yellowknife. Les chemins d'hiver, construits pour la plupart sur des rivières et des lacs gelés, se déploient de Yellowknife après le gel jusqu'aux mines éloignées, comme la mine d'or de Lupin, et les terrains diamantifères de la région du Lac de Gras. Des millions de litres de carburant et des centaines de tonnes de vrac et d'équipement destinés aux opérations et à l'exploration minières empruntent les chemins d'hiver.

Administration Yellowknife est constituée la première fois en tant que district municipal en 1953 et élit son premier maire cette année-là. En 1967, Yellowknife devient la capitale des Territoires du Nord-Ouest lorsque le gouvernement fédéral y transfère les bureaux des commissaires des Territoires du Nord-Ouest et du gouvernement territorial, qui jusque-là se trouvaient à Ottawa. Trois ans plus tard, Yellowknife est constituée en tant que la seule et unique ville des Territoires du Nord-Ouest.

Paysage urbain La silhouette des immeubles de grande hauteur de Yellowknife, dépassée par un immeuble de condominiums de 19 étages au centre-ville, d'un mail et d'une tour à bureaux en construction, fait écho aux sérénades nocturnes des chiens de traîneau, contraste saisissant et vraiment typique de cette ville moderne. (Un très petit nombre de chiens de traîneau sont des chiens d'utilité. La plupart servent aux courses ou aux activités récréatives). Les cabanes de pionniers, dont la plupart sont toujours occupées parce que les logements coûtent cher, parsèment l'emplacement original de la ville dans la baie, toujours connue sous le nom de Old Town, et côtoient les maisons modernes, plus grandes et plus neuves. Dans d'autres régions où le PERGÉLISOL est discontinu, des maisons de valeur avoisinent des roulottes. On ne trouve celles-ci que sur les terrains avec services municipaux qui sont trop instables pour y installer des fondations à demeure. Yellowknife est certainement la seule ville canadienne dont une rue s'appelle «Ragged Ass Road», d'après une ancienne coopérative minière malchanceuse.

Vie culturelle Le Wildcat Cafe, construction en rondins restaurée d'Old Town, fait désormais partie des SITES DU PATRIMOINE MONDIAL DES NATIONS UNIES. Yellowknife, appelée aussi YK, est une ville dans le vrai sens du terme. L'édifice de l'Assemblée législative, entouré de zinc, est d'une modernité saisissante, l'hôtel de ville, impressionnant, et le Stanton Regional Hospital est le nec plus ultra dans son genre. De plus, le Wildcat Cafe possède un cinéma double et une piscine olympique équipée d'un simulateur de vagues. Le terrain de camping Fred Henne possède une plage pour la baignade et des douches à l'eau chaude ainsi que plusieurs marinas et deux clubs de navigation de plaisance. Les visiteurs sont impressionnés par le Prince of Wales Northern Heritage Centre, un musée nordique, et le Northern Arts and Cultural Centre, où se produisent les compagnies de théâtre locales et les artistes invités.

Les habitants de Yellowknife sont bien renseignés grâce aux trois journaux locaux, aux trois postes de radio, à la télédistribution par satellite, en plus des trois journaux livrés le jour même en provenance du Sud et d'INTERNET. Les revues *Up Here and Above* et *Beyond*, distribuées dans tout le pays, sont aussi publiées à Yellowknife. Malgré tout, les hydrobases et les bases d'avions à ski qui entourent la péninsule de la Old Town, de même que les avions de brousse qui volent bas au-dessus de la ville pour s'envoler ou atterrir, nous rappellent sans cesse que la frontière commence toujours aux limites de la ville.

Erik Watt

Yoho, parc national Avec ses 28 pics montagneux s'élevant à plus de 3000 m, ce parc (créé en 1886, superf. 1313,1 km²) porte bien son nom d'origine crie qui signifie «admiration». Situé dans les ROCHEUSES, Yoho est délimité à l'est par le PARC NATIONAL BANFF et au sud par le PARC NATIONAL KOOTENAY. Les parcs nationaux Yoho, JASPER, Banff et Kootenay ainsi que les parcs provinciaux du mont Robson, du MONT ASSINIBOINE et d'Hamber forment le SITE DU PATRIMOINE MONDIAL des Rocheuses canadiennes. Ce site du patrimoine mondial constitue la plus grande région protégée des Rocheuses et compte parmi les plus importantes du monde.

Histoire naturelle Le parc englobe des vallées abruptes, sculptées par les glaciers, des CHUTES D'EAU torrentielles (Takakkaw, la deuxième en hauteur au Canada), des lacs glaciaires turquoises et des pics glacés. Les grottes de cristal, les ponts naturels et les CHEMINÉES DE FÉE complètent le magnifique tableau alpin. Le site fossilifère des SHISTES DE BURGESS abrite une impressionnante collection de fossiles représentant des formes de vie aquatique vieilles de 500 millions d'années. Il constitue aussi l'une des plus importantes formations fossilifères du monde.

Dans les hautes prairies alpines vivent le pica d'Amérique, la marmotte et le grizzli. Plus bas, dans les forêts subalpines, se trouvent l'orignal, le carcajou, la martre et l'élan. Depuis les nombreux lacs peu profonds et les terres humides jusqu'aux pics rocheux, d'innombrables oiseaux planent, volettent et sautillent. L'aigle royal, le lagopède à queue blanche et le casse-noix américain en sont quelques exemples.

Yoho est d'abord découvert en 1858 à l'occasion d'une exploration pour trouver une route vers le Pacifique. Le COL KICKING HORSE constitue la première route du chemin de fer transcontinental construite dans les Rocheuses.

Installations et services Le parc compte plusieurs endroits d'habitation, depuis des terrains de camping desservis par voie routière jusqu'à des terrains de camping accessibles par les sentiers, en passant par des refuges du Club alpin du Canada et des lieux de camping sauvage en région isolée. Les services sont offerts dans les villes de Field et de Golden, en Colombie-Britannique.

Maxwell W. Finkelstein

York, barge d' Embarcation dont le nom est dérivé de York Factory, poste de la COMPAGNIE DE LA BAIE D'HUDSON (CBH). Des trois types de bateaux utilisés par la CBH sur les eaux intérieures (les autres sont les chalands et les *sturgeons-heads*, «têtes d'esturgeons»), c'est celui qui navigue le mieux sur les lacs. Des constructeurs de bateaux recrutés dans les Orcades construisent vers 1749 le premier bateau pour la navigation sur la rivière Albany. Dans les années 1790, la barge d'York donne à la CBH un net avantage compétitif sur la CNO pour la navigation intérieure sur la rivière Saskatchewan. En effet, elle permet de transporter le double de la cargaison d'un canot du nord (*voir* CANOT D'ÉCORCE) avec le même équipage, résiste mieux aux avaries causées par la glace et offre plus de sécurité pendant les tempêtes.

Le bateau typique a une quille de 9,1 m, une longueur totale de 12,6 m, un barrot de 2,7 m et une profondeur intérieure de 0,9 m. Il transporte de six à huit membres d'équipage et une cargaison de plus de 2700 kg. À la fin du XVIIIe siècle, la CBH possède des chantiers navals de la baie James à Fort Chipewyan; la construction de barges d'York à Fort Edmonton commence en 1795. Au début du XXe siècle, les barges d'York sont de trois tailles: les «60 ballots» (2700 kg), les «100 ballots» (4535 kg) et les «120 ballots» (5400 kg). La barge d'York cesse d'être utilisée dans les années 20.

John E. Foster

York, Derek, professeur de géophysique et écrivain scientifique (Normanton, Yorkshire, Angl., 12 août 1936). Chef de file dans le domaine de la datation de roches à l'aide de potassium-argon, York est le principal chercheur étranger pour la NASA au cours des missions Apollo vers la Lune. Il arrive à l'U. de Toronto en 1960 en provenance d'Oxford, où il a obtenu un doctorat en sciences de la terre. Son premier livre, *The Earth's Age and Geochronology*, écrit en collaboration avec R.M. Farquhar (1972), est traduit en chinois et un livre ultérieur, *Planet Earth* (1976), est traduit en japonais et en italien. En 1985, il obtient l'ancienne médaille du président de l'Association géologique du Canada pour ses recherches en sciences de la terre et on l'élit membre de la Société royale du Canada. En 1980, il commence à écrire des articles scientifiques pour *The Globe and Mail* et obtient en 1986 le prix Bancroft décerné par la Société royale pour sa contribution à la vulgarisation des sciences de la terre.

Judith Knelman

York Factory Fondé en permanence en 1684 par le gouverneur George Geyer de la COMPAGNIE DE LA BAIE D'HUDSON (CBH), au Manitoba. Il s'agit d'un poste de traite situé sur la rive nord de l'embouchure de la rivière HAYES. Il s'agit du plus ancien établissement permanent de cette province. Jusqu'à ce que l'Angleterre en prenne possession grâce au TRAITÉ D'UTRECHT en 1713, les Français et les Anglais s'en emparent à tour de rôle. Le comte de La Pérouse pille et brûle l'établissement en 1782. Ce poste de traite, qui draine le commerce de l'ensemble de la région du Nord-Ouest au moyen du réseau de la rivière SASKATCHEWAN, est le plus important poste de la CBH. Toutes les marchandises à destination de l'Ouest et les fourrures en provenance de l'arrière-pays transitent par York Factory et, jusqu'en 1774, le volume des échanges de cet établissement dépasse celui de tous les autres postes de la baie d'Hudson. Le commerce décline après 1774 lorsque la CBH multiplie ses activités à l'intérieur du continent, mais l'endroit demeure le principal dépôt pour les expéditions. En 1821, le quartier général du Département du Nord s'y installe. Après 1850, étant donné que le transport coûte près des deux tiers moins cher aux États-Unis, l'établissement perd rapidement de l'importance. Vers 1870, ce n'est plus qu'un poste de traite côtier et le milieu environnant ne suffit pas à assurer sa subsistance et la survie de la population formée d'Européens, de Métis et d'Amérindiens. Le déboisement et la chasse excessive dans la région font grimper les coûts de fonctionnement; de plus, les profits sur les fourrures locales se font rares. La vocation de quartier général de York Factory se termine en 1873 et l'endroit continue à décliner jusqu'à sa fermeture en 1957. Les titres de propriété sont cédés en 1968 à la Commission des lieux historiques nationaux. De nos jours, il ne reste plus qu'une petite clairière, le grand dépôt et une dépendance. Le dépôt, érigé au début du XIXe siècle, résiste au PERGÉLISOL grâce à plusieurs innovations techniques. Les poutres et les grands piliers sont joints de façon à aménager suffisamment d'espace pour le déchargement et le rangement, tandis qu'une série de fossés creusés sous le bâtiment drainent l'eau de surface. Les archéologues ont déterré les vestiges de constructions et de campements plus anciens laissés par les Amérindiens qui fréquentaient l'endroit, ce qui laisse croire qu'on y trouvera beaucoup d'artefacts. Toutefois, le climat très rigoureux et les débordements de la rivière détruisent continuellement et graduellement l'ensemble du site.

Frits Pannekoek

Yorkton, ville de la Sask.; pop. 15 154 (rec. 1996), 15 315 (rec. 1991), 15 574 (rec. 1986); superf. 23,82 km²; const. en 1928; située à environ 175 km au nord-est de Regina. La ville sert de centre de services régional pour la riche prairie boisée avoisinante, reconnue pour son abondante production agricole, surtout les cultures céréalières. Les débuts de la collectivité remontent à 1882 avec la York Farmers' Colonization Co., un groupe du comté de York, en Ontario, qui s'y établit par îlots. Connu d'abord sous le nom de York City, ce village était situé à 4 km au nord-est de son emplacement actuel et était destiné à servir la colonie de York. En 1884, avec l'ouverture d'un bureau de poste, on lui donne le nom de Yorkton. À l'arrivée du chemin de fer, en 1889, on déménage le village près des voies ferrées, à son emplacement actuel.

Bien que la colonie de York disparaisse plus tard, un grand nombre d'immigrants venus d'Europe s'installent dans la région. Les premiers UKRAINIENS et DOUKHOBORS, qui composent une grande partie de la population, méritent une place à part. Aujourd'hui, la ville offre des services commerciaux, gouvernementaux et de transport. Parmi les attractions touristiques, on compte une division du Western Development Museum, le Godfrey Dean Cultural Centre et les peintures du dôme de l'église catholique ukrainienne St. Mary.

Mark Rasmussen

Yougoslaves, Les La Yougoslavie est le pays des Slaves du Sud. Elle occupe 255 084 km² de la péninsule des Balkans. Il s'agit d'un cas classique de société moderne multiculturelle, multilingue et multiconfessionnelle, comprenant plusieurs nations. C'est une nation relativement nouvelle qui est créée en 1918 en tant que royaume des Serbes, des Croates et des Slovènes et qui est renommée Yougoslavie en 1929. Après l'occupation nazie de 1941, le pays est divisé en 11 parties. En 1945, à la suite du réveil de la résistance populaire, de la guerre civile et de la révolution, il est recréé en tant que nouvelle Yougoslavie, c.-à-d. comme république fédérative.

Aujourd'hui, c'est un État qui possède deux alphabets (latin et cyrillique), trois religions principales (orthodoxe, catholique romaine et musulmane) et trois langues principales (le serbo-croate, le slovène et le macédonien). Cet État consiste en deux républiques dont la plus grande, la Serbie, contient deux régions autonomes: le Kosovo et la Voïvodine. Bien qu'elles englobent un nombre considérable de minorités ethniques, les Serbes y représentent, avec 63 p. 100 de la population totale de la Yougoslavie, le groupe le plus important parmi les nations qui la composent. Ceux qui suivent, de par leur importance en nombre, sont les Hongrois et les Yougoslaves d'origine mixte, une nation qui est, de par son histoire, une descendante du groupe ethnique serbe d'origine.

Avec une composition ethnoculturelle aussi exceptionnellement complexe, la Yougoslavie est véritablement l'un des États multiculturels les plus hétérogènes d'Europe. Soumis pendant des siècles à des bouleversements internes et externes, confrontés à des problèmes économiques et recherchant de meilleures conditions ailleurs, les Slaves du Sud et leurs compatriotes commencent à émigrer outre-mer dès la première moitié du XIXᵉ siècle. Ils participent à l'euphorie de la ruée vers l'or au Yukon, ainsi qu'aux premières industries de la pêche et de l'exploitation forestière en Colombie-Britannique. Les plus entreprenants d'entre eux dirigent des maisons de chambres (ou de «transition») à Victoria. La plupart des pionniers yougoslaves du Canada sont pendant longtemps des travailleurs nomades non qualifiés qui parcourent de longues distances, allant d'un emploi à un autre.

Migration et peuplement La Première Guerre mondiale stimule grandement le développement industriel du Canada et, parce qu'elle procure des conditions d'emploi plus stables, elle favorise la sédentarisation des nomades de jadis. Les Canadiens qui ont des origines slaves du Sud sont identifiés dans les archives des compagnies de l'ensemble du Canada. Au cours de la Seconde Guerre mondiale, les industries de guerre du Canada offrent des possibilités d'emploi sans précédent, en particulier dans les grands centres urbains de l'Ontario. Les immigrants yougoslaves commencent à accumuler de modestes sommes pour se constituer un capital de base. Dans certains cas, il en résulte des fortunes considérables.

Vie sociale et culturelle Des associations culturelles et récréatives variées naissent avec les développements économiques. Plusieurs d'entre elles apportent leur soutien aux efforts de guerre canadiens contre les forces fascistes en Europe, ainsi qu'au secours des victimes de guerre, à la fois dans leur pays d'adoption et dans leur pays d'origine. Hélas, la guerre fratricide et la révolution qui ont lieu en Yougoslavie pendant et après la guerre ont des répercussions cruelles pour les Canadiens d'origine yougoslave, parce qu'elles entraînent une fragmentation importante de leurs communautés, en fonction de critères ethnoreligeux, idéologiques et politiques.

Dans le recensement de 1996, 66 940 personnes sont déclarées «yougoslaves» sans autre mention,

(réponses simple et multiple). Cela représente 25 p. 100 du total des 263 915 individus dont l'héritage ethnique appartient à l'un des multiples groupes yougoslaves. D'après le recensement de 1996, les données statistiques (réponses simple et multiple) concernant les principaux groupes nationaux de la Yougoslavie se lisent comme suit: 84 495 Croates, 40 200 Serbes, 25 875 Slovènes et 30 915 Macédoniens.

Vladislav A. Tomoviç

Youmans, Letitia, née Creighton, militante pour la tempérance (canton d'Hamilton, Haut-Canada, 3 janv. 1827—Toronto, 18 juill. 1896). Elle est la fondatrice du WOMAN'S CHRISTIAN TEMPERANCE UNION (WCTU) du Canada. En 1847, elle obtient son diplôme de la Burlington Ladies' Academy où elle enseigne pendant deux ans. Elle devient préceptrice de la Picton Ladies' Academy au printemps de 1850 et se marie au cours de cette même année. À compter de 1868, elle s'implique de plus en plus dans l'enseignement dominical et dans les œuvres de tempérance (TEMPÉRANCE, MOUVEMENT POUR LA). Ce qui l'amène, en 1874, à l'assemblée de CHAUTAUQUA où elle rencontre les dirigeantes de la croisade américaine pour la tempérance. Elle revient au Canada et forme un deuxième groupe de Canadiennes prônant la tempérance à Picton en décembre 1874 (une organisation semblable venait de voir le jour à Owen Sound).

Grâce à ses efforts, le mouvement des WCTU se répand dans le pays et, en 1885, un groupe national est formé, dont Youmans est la première présidente. Elle occupe ce poste jusqu'en 1889, alors qu'elle doit démissionner pour raison de santé. Invalide, elle demeure présidente honoraire jusqu'à sa mort. Son autobiographie, *Campaign Echoes*, paraît en 1893.

Wendy L. Mitchinson

Young, George Paxton, philosophe, éducateur (Berwick upon Tweed, Angl., 9 nov. 1818—Toronto, 26 févr. 1889). Après des études à l'U. d'Édimbourg en vue de devenir ministre presbytérien, il est nommé en 1850 ministre de l'église de Knox à Hamilton, au Canada-Ouest. De 1853 à 1864, il est ensuite professeur de logique, de morale et de philosophie de l'esprit et enseigne aussi l'apologétique de la religion naturelle et révélée au Knox College, à Toronto. Il démissionne de ses postes de professeur et de ministre du culte à cause de son adhésion à la raison, plutôt qu'aux croyances religieuses, comme fondement de l'éthique. Dès lors et jusqu'en 1868, il est inspecteur des écoles secondaires de l'Ontario. Ses rapports annuels contribuent à jeter les bases du système ontarien d'écoles secondaires.

Pendant le reste de sa vie, Young est philosophe et professeur de PHILOSOPHIE, d'abord au Knox College, qui l'invite à revenir en 1868, puis, à compter de 1871, à titre de professeur de logique, de métaphysique et d'éthique au collège universitaire non confessionnel de l'U. de Toronto. Il y exerce une influence énorme sur les étudiants. Il en vient à préconiser un idéalisme qui se rapproche de celui de Thomas Hill Green, en Angleterre, mais qui le précède. Son éthique, compatible avec la révélation chrétienne sans en être dépendante, trouve un auditoire réceptif auprès des étudiants confrontés à l'intrusion d'un naturalisme évolutionniste.

A. Brian McKillop

Young Men's Christian Association (YMCA) Cet organisme de bienfaisance mondial offre une gamme d'activités destinées à promouvoir la santé du corps et de l'esprit ainsi que des services à la collectivité. Fondé à Londres en 1844, sur l'initiative de George Williams, le YMCA se répand rapidement dans d'autres villes parmi des groupes de jeunes gens désireux de se protéger contre les tentations de la vie urbaine moderne. La première association nord-américaine s'installe à Montréal en 1851 et un conseil national canadien est créé en 1912. Le YMCA se donne comme objectif de contribuer à l'élévation spirituelle des jeunes gens. Pendant de nombreuses années, il reste étroitement lié aux églises évangéliques protestantes. Aujourd'hui, le YMCA est

ouvert aux hommes et aux femmes de tous âges, de toutes conditions sociales, de toutes races et de toutes religions. Le YMCA compte parmi les organismes canadiens qui offrent le plus grand nombre de programmes d'éducation physique, de loisirs, de services de garderie et de formation professionnelle. Il encourage activement la pratique du camping, l'éducation des adultes et des projets internationaux de développement. En 1998, 280 000 Canadiens font partie du YMCA et plus d'un million profitent de ses services. (*Voir aussi* YOUNG WOMEN'S CHRISTIAN ASSOCIATION [YWCA]).

Diane Pedersen

Young, Neil Percival, chanteur rock, auteur-compositeur et guitariste (Toronto, 12 nov. 1945), fils du journaliste Scott Young. Après ses débuts avec des groupes rock de Winnipeg et de Toronto (The Squires, Mynah Birds), Young devient membre fondateur (1966-1968) du groupe folk-rock Buffalo Springfield à Los Angeles. Par la suite, il fait carrière comme soliste tout en demeurant associé, de façon informelle, à David Crosby, Stephen Stills et Graham Nash avec lesquels il fait des concerts et des enregistrements qui ont du succès (1969-1974, 1988).

Les chansons qui l'ont fait connaître sont, entre autres: *Heart of Gold, Helpless, Tell Me Why, Only Love Can Break Your Heart, Southern Man, Cinnamon Girl* et *Rockin' in the Free World*. Se méfiant des grands succès commerciaux, Young veille toujours à ce que ses albums à succès comme *Harvest* (1974) et *Rust Never Sleeps* (1979) soient suivis d'enregistrements qui lui posent un plus grand défi, ce qui lui a permis de maintenir sa crédibilité artistique pendant toute sa carrière.

Après avoir laissé sa créativité en jachère pendant presque toutes les années 80, il lance une série d'albums acclamés par la critique dont le premier est *Freedom* (1989), suivi notamment de *Ragged Glory* (1990), *Harvest Moon* (1992) et *Sleeps With Angels* (1994); dans ce dernier album, il s'inspire du groupe américain Nirvana de Kurt Cobain, qui cite les paroles de *Rust Never Sleeps* dans la note qu'il rédige avant de se suicider. Ces enregistrements, de même que son 31ᵉ album, *Mirrorball* (1995, enregistré avec le groupe rock alternatif de Seattle, Pearl Jam), lui valent la réputation d'artiste «rock classique» capable de plaire aux jeunes auditoires. Il se joint à son vieux groupe d'accompagnement Crazy Horse pour enregistrer *Broken Arrow*, un album cru et improvisé, lancé en juillet 1996. Il est nommé au panthéon du rock and roll de Cleveland (Ohio) en 1995.

Jeff Bateman

Young, Reynold Kenneth, astronome et professeur (Binbrook, Ont., 4 oct. 1886—Peterborough, Ont., 24 déc. 1977). Young est astronome à l'Observatoire fédéral d'Ottawa, de 1913 à 1918, puis à l'Observatoire fédéral d'astrophysique de Victoria, en Colombie-Britannique, de 1918 à 1924. Il est également professeur à l'U. de Toronto de 1924 à 1945 et directeur de l'observatoire David Dunlap de Richmond Hill, en Ontario, de 1935 à 1945. Il concentre surtout ses recherches dans le domaine des vitesses radiales stellaires, c.-à-d. la composante de la vitesse des étoiles dirigée le long de la ligne de vision. Ses recherches permettent au Canada d'être un des chefs de file mondiaux dans le domaine des vitesses radiales. La plus remarquable contribution de Young se traduit par les conseils qu'il prodigue au sujet de la conception et de la construction du télescope de 1,88 m de l'observatoire David Dunlap, où il ébauche et élabore un programme d'astrophysique fondamentale. Des copies de ce télescope sont construites en Égypte, en Afrique du Sud, au Japon et en Australie.

Peter M. Millman

Young, Scott Alexander, journaliste, auteur (Glenboro, Man., 14 avril 1918). Young est l'un des plus distingués journalistes sportifs au Canada. Il commence sa carrière au *Winnipeg Free Press* où il travaille de 1936 à 1940. Après un stage de trois ans à la Presse canadienne (1940-1943), au cours duquel il est correspondant à Londres (1942-1943), il sert dans la RVMRC en Europe et en Méditerranée de 1944 à 1945.

Après la guerre, il revient au journalisme en tant que rédacteur adjoint du magazine *Maclean's* de 1945 à 1948. À partir des années 50 et jusqu'en 1980, il est chroniqueur et commentateur sportif pour les quotidiens *Globe and Mail* et *Toronto Telegram*, et pour la SRC. Il connaît aussi du succès à titre de romancier, nouvelliste et historien populaire, et publie quelque 40 livres, en majorité des biographies et des ouvrages sur l'histoire du sport. Il est intronisé au Temple de la renommée du hockey à titre de journaliste en 1988. Il est le père du musicien populaire Neil YOUNG.

Stanley Gordon

Young Women's Christian Association (YWCA) Cet organisme collabore étroitement avec le YOUNG MEN'S CHRISTIAN ASSOCIATION (YMCA) dans de nombreuses collectivités canadiennes, mais conserve tout de même son identité propre. En 1855, deux organisations offrant un soutien religieux et proposant d'héberger des jeunes femmes sont créées en Angleterre et elles fusionnent en 1877. La croissance rapide du YWCA comme mouvement international tient à l'augmentation du nombre de jeunes femmes célibataires recherchant un emploi dans les villes, particulièrement dans les usines. La première division canadienne est mise sur pied à Saint-Jean, au Nouveau-Brunswick, en 1870, et un organisme national est créé en 1895. Partageant l'orientation évangélique protestante du YMCA, les YWCA offrent d'abord des programmes qui visent deux objectifs: augmenter les possibilités d'emploi des jeunes femmes et les éduquer, tout en se préoccupant de leur bien-être physique et moral. De nos jours, le YWCA du Canada s'emploie activement à améliorer la situation sociale, juridique et économique de toutes les Canadiennes. Près d'un demi-million de Canadiennes utilisent d'une manière ou d'une autre les services offerts par le YWCA.

Diana Pedersen

Youville, Marie-Marguerite d', née Dufrost de La Jemmerais, fondatrice des Sœurs de la Charité de l'Hôpital général de Montréal (Varennes, Qc, 15 oct. 1701—Montréal, 23 déc. 1771). Marie-Marguerite étudie chez les ursulines de Québec puis, en 1722, elle marie François d'Youville, de Montréal, qui meurt en 1730. Elle élève ses deux enfants et continue de s'occuper de l'entreprise familiale, malgré sa «conversion» religieuse qui l'amène à se retirer de la société en 1727. Dix ans plus tard, avec quatre autres femmes, elle forme un groupe laïc voué aux œuvres de charité et prononce des vœux simples.

Les sœurs sont appelées «grises» (au sens d'«éméchées») parce que les d'Youville ont la réputation de profiter du commerce de l'eau-de-vie. En 1747, on leur confie la direction de l'Hôpital général de Montréal, fondé en 1692 par François Charon de La Barre, mais alors en faillite. Elles le convertissent en hospice pour les personnes âgées, les enfants trouvés, les orphelins et les femmes «déchues». En 1750, les autorités civiles et religieuses décident de le fusionner avec l'Hôpital général de Québec, mais les sulpiciens intercèdent à Paris, et Louis XV confère le 3 juin 1753 à la communauté un statut juridique et un nom à l'hôpital.

En 1755, les religieuses entreprennent enfin leur carrière de Sœurs de la Charité de l'Hôpital général de Montréal, ou SŒURS GRISES. Pour financer leur œuvre, elles mettent sur pied diverses entreprises: des fermes, un verger, une meunerie et une boulangerie. Pendant l'épidémie de variole de 1755 et la guerre de Sept Ans, leur établissement devient vraiment un hôpital. Mère d'Youville connaît toutefois des déceptions: sa famille retourne en France lors de la Conquête, et son hôpital brûle en 1765. Elle meurt en 1771 après plusieurs années de maladie.

Beaucoup de Montréalais témoignent de ses dons de prophétie et de ses pouvoirs de guérison miraculeuse. Sa vie spirituelle et son esprit de sacrifice sont officiellement reconnus par Rome: elle est la première personne née au Canada à être béatifiée, et elle est canonisée en 1994.

Cornelius J. Jaenen

Yukon Beringia Interpretive Centre Inauguré en 1997, le Yukon Beringia Interpretive Centre, à Whitehorse (Yukon), transporte les visiteurs 24 000 ans en arrière, à l'époque de la BÉRINGIE, pont continental unissant l'Asie à l'Amérique du Nord durant la période glaciaire wisconsienne (*voir* GLACIATION). Le centre présente des représentations, des restes humains et des dioramas de la macrofaune de l'âge glaciaire: mammouths laineux, castors géants et bisons priscus. On y trouve également de l'information sur les peuples qui vivaient en Béringie et chassaient ces animaux depuis longtemps disparus. Entre autres éléments importants de l'animation du centre, citons le recours aux histoires, aux artefacts et aux traditions des Premières Nations du Yukon par rapport à la Béringie, et à leur association de longue date avec le pays et ses ressources. (*Voir aussi* BLUEFISH, GROTTES; OLD CROW, BASSIN DE; PRÉHISTOIRE.)

Deborah Welch et Michael Payne

Yukon, fleuve Long de 3185 km (dont 1149 km au Canada), il est le cinquième plus grand fleuve de l'Amérique du Nord. Il prend sa source dans le lac Tagish, à la frontière nord de la Colombie-Britannique, s'écoule en direction nord et nord-ouest et traverse le TERRITOIRE DU YUKON jusqu'en Alaska. De là, il forme un grand arc en direction ouest et aboutit à Norton Sound, sur la mer de Béring. En Alaska, le fleuve a une superficie de drainage (*voir* BASSIN HYDROGRAPHIQUE) d'environ 800 000 km² et un débit moyen de 2 300 m³/s.

Au Canada, quatre principaux tributaires alimentent le fleuve, drainant une vaste superficie du Territoire du Yukon. La rivière Teslin (393 km) prend source dans le lac Teslin, à la frontière de la Colombie-Britannique, et rejoint le Yukon au nord du lac Laberge. La rivière Pelly (608 km) prend naissance dans la CHAÎNE SELWYN, à l'est, puis descend jusqu'au fleuve, à Fort Selkirk. La rivière White (320 km) draine les eaux glaciaires du sud-ouest et la rivière Stewart (644 km) naît dans le massif oriental, dans le district minier de Mayo et de Keno Hill. En Alaska, les principaux tributaires sont la rivière Porcupine (721 km), qui a sa source dans le nord-ouest du Territoire du Yukon, la Tanata venant du sud et la Koyukuk venant du nord.

Le Yukon au cours lent, anostomosé et peu profond, sauf quand il est gonflé par les crues printanières. Il a une pente d'écoulement uniforme et peu de rapides. Ceux du canyon Miles, autrefois si menaçants pour les prospecteurs du Klondike, ont été noyés lors d'un aménagement hydroélectrique. De Fort Selkirk à DAWSON, le fleuve est ponctué d'îles boisées, et ses passages longs et larges se faufilent entre les montagnes. Au-delà de Dawson, la vallée se rétrécit puis, en passant par l'Alaska, s'élargit pour former un vaste plateau marécageux.

Dès 1831, des commerçants de fourrures russes connaissaient l'embouchure du fleuve. Robert Campbell, un commerçant de la Compagnie de la baie d'Hudson (CBH), en explore le cours supérieur. Il explore la rivière Pelly et établit un poste sur le fleuve, à Fort Selkirk, en 1848. Quant à John Bell, aussi de la CBH, il atteint le fleuve en 1846 en passant par la Porcupine. Durant trois mois de l'année, le Yukon est navigable à partir de son embouchure jusqu'à WHITEHORSE (environ 2860 km). Dans les années 1860, des navires à vapeur y effectuent des voyages. Une vingtaine au moins sont en service en 1900, à la belle époque de la RUÉE VERS L'OR DU KLONDIKE. Aujourd'hui, les navires à vapeur ont fait place aux services routiers et aériens.

On croit que le bassin du Yukon est la principale route de migration qu'empruntèrent les premiers occupants de l'Amérique (*voir* PRÉHISTOIRE). La région demeure cependant peu habitée. Des milliers d'autochtones y maintiennent leur style de vie traditionnel et sont, au moins partiellement, dépendants de la chasse et du trappage. Les forêts de petits conifères suffisent aux besoins de la localité, mais leur croissance trop lente ne peut soutenir une industrie viable. On pratique peu l'agriculture. Le fleuve, avec ses paysages splendides et son isolement, attire les visiteurs. Il est le premier à porter le nom de Yukon, qui vient de *Yu-kun-ah*, un mot de la tribu des Loucheux signifiant «grande rivière».

James Marsh

Yukon, Territoire du Il tire son nom de *Yu-kun-ah*, un mot de la langue des Loucheux désignant la «grande rivière» qui draine presque tout son territoire. Situé dans le nord-ouest de la partie continentale du Canada et isolé par des montagnes escarpées, le Yukon partage une frontière et de nombreuses caractéristiques avec son voisin américain, l'Alaska. Son passé est indissolublement lié à la grande RUÉE VERS L'OR DU KLONDIKE.

Territoire et ressources naturelles

Sur le plan géographique, la majeure partie du Yukon se compose d'un plateau subarctique parsemé de montagnes. La principale exception est la plaine côtière de l'Arctique, le prolongement plus étroit vers l'est d'une région de l'Alaska, qui débute aux monts Britanniques pour descendre progressivement jusqu'à la MER DE BEAUFORT.

Géologie Le Yukon se trouve dans l'extrême nord de la région de la cordillère. Sa géologie, très complexe, comporte néanmoins trois zones parallèles orientées selon un axe nord-ouest-sud-est. À l'est, des plissements sédimentaires du paléozoïque et du mésozoïque se découpent nettement de la vallée du Mackenzie par de grandes failles. La zone centrale se compose de roches sédimentaires, métamorphiques et volcaniques qui remontent à des époques allant du précambrien au mésozoïque. Quant à la zone ouest, elle est essentiellement constituée de formations massives de roches plutoniques du mésozoïque et de granites du tertiaire.

Topographie À la structure géologique du Yukon correspond une subdivision géomorphologique semblable en plateaux et en régions montagneuses qui se poursuivent tous vers l'ouest jusqu'en Alaska. Ces grandes régions géomorphologiques comprennent toutefois des variations considérables. Ainsi, le haut plateau du Yukon, au centre, dont l'altitude moyenne est de 1200 m, est fréquemment entrecoupé localement de régions montagneuses et de profondes vallées, ces dernières étant d'ailleurs souvent alignées de façon remarquable du nord-ouest au sud-est, conformément à la structure générale. Dans le nord, les monts Ogilvie, hauts de 2400 m, se dressent entre le haut plateau du centre et le plateau de Porcupine, bordés au nord et à l'est par les monts Britanniques et Richardson respectivement.

À l'est, le plateau du Yukon est limité par les monts Selwyn et les monts Mackenzie. Au sud, une zone de basses terres près du 60e parallèle le sépare des régions montagneuses du nord de la Colombie-Britannique. Dans le sud-ouest du Yukon, les spectaculaires monts St. Elias et la chaîne côtière comprennent les plus hautes montagnes canadiennes, plusieurs dépassant les 4600 m, dont le mont LOGAN (5959 m), le point culminant du Canada. Plusieurs de ces monts, couverts d'une vaste couche de glace permanente, comportent les plus grands champs de glace non polaires en Amérique du Nord et coupent d'une manière frappante tout accès direct à l'océan Pacifique malgré sa relative proximité.

Hydrographie Plus de 65 p. 100 du territoire est drainé par le réseau hydrographique du FLEUVE YUKON, y compris le bassin de la rivière Porcupine, au nord des monts Ogilvie. Les deux grandes exceptions sont la rivière Peel, qui draine un bas plateau dans le nord-est, et la RIVIÈRE LIARD, qui occupe les basses plaines du sud-est. Ces deux rivières se jettent dans le FLEUVE MACKENZIE, à l'est. Le cours supérieur des tributaires du Yukon inclue de magnifiques lacs glaciaires allongés bordant le versant est des monts St. Elias.

Une grande partie du Yukon, dans le nord et le nord-ouest, n'a jamais été recouverte par les nappes glaciaires du pléistocène, malgré sa haute latitude. Le PERGÉLISOL est continu au nord de la rivière Porcupine et discontinu mais répandu dans le reste du territoire. Comme dans les Territoires du Nord-Ouest, cette dernière caractéristique se traduit par un équilibre biotique fragile et pose des problèmes pour la construction et le transport terrestre.

Végétation Presque tout le Yukon, si l'on exclut la plaine côtière de l'Arctique et les plus hautes montagnes, se trouve en deçà de la LIMITE FORESTIÈRE, mais environ 40 p. 100 de son territoire est dépourvu d'arbres et seulement 15 p. 100 est recouvert de forêts productives. La région au sud de Dawson est assez bien boisée, surtout dans les vallées fluviales, et les plus grands peuplements forestiers se trouvent dans les secteurs humides de l'est, en particulier dans la vallée de la Liard. Cette région fait partie de la FORÊT BORÉALE, et l'on y trouve l'épinette, le pin, le peuplier faux-tremble, le peuplier baumier et le bouleau.

Climat Le climat du Yukon est continental, car ses remparts de montagnes lui coupent en grande partie l'exposition directe aux effets modérateurs du Pacifique. Les hivers sont en général très froids: la région détient le record absolu de basse température au Canada (-62,8 ºC), enregistré à Snag, au nord-ouest du lac Kluane, en février 1947. Par moments, l'air du Pacifique s'infiltre dans les secteurs du sud-ouest, ce qui produit de courts intervalles de températures douces.

Les étés sont souvent très chauds (on a déjà enregistré 35 ºC à Dawson), mais l'air frais de l'Arctique peut s'avancer jusque dans le sud. Les précipitations sont généralement faibles, car les hautes montagnes du sud-ouest bloquent les fronts d'air humide.

Ressources naturelles Depuis des milliers d'années, et encore de nos jours, les autochtones du Yukon tirent leur subsistance du gros gibier, des animaux à fourrure, des oiseaux et des poissons, surtout dans les localités isolées telles que OLD CROW. Les ressources fauniques, administrées par le gouvernement territorial, sont aussi précieuses pour les autres résidants et les touristes, spécialement pour les chasseurs de gros gibier. Le Yukon compte une des plus grandes populations de GRIZZLIS et de mouflons de Dall d'Amérique du Nord. L'orignal, l'ours noir et le loup y vivent aussi en abondance.

Le Yukon constitue un habitat vital pour les oiseaux migrateurs comme les cygnes trompettes et pour les OISEAUX DE PROIE. La harde de caribous de la Porcupine, évaluée à environ 200 000 têtes, migre entre l'Alaska, le Yukon et les Territoires du Nord-Ouest. Le saumon du Pacifique remonte le fleuve Yukon et ses affluents depuis Norton Sound, en Alaska.

Les minéraux tels que l'or, le zinc, le plomb et l'argent demeurent les principales ressources non renouvelables du Territoire. Par le passé, l'isolement et le relief accidenté du Yukon ont rendu difficile la mise en valeur de ses ressources minières, mais aujourd'hui le Territoire dispose d'un réseau routier étendu qui donne accès à la mer à longueur d'année. De plus, de nouveaux programmes d'aide gouvernementale stimulent l'exploration et l'exploitation minières.

On estime que le Yukon possède un potentiel hydroélectrique d'environ 350 MW, surtout dans le réseau du Yukon et de ses affluents, mais son exploitation signifierait l'inondation de nombreuses vallées habitées par les humains et la faune.

Préservation Les attraits historiques et les paysages spectaculaires du Yukon sont des ressources touristiques majeures. Le PARC NATIONAL KLUANE, dans le sud-ouest, comprend la plus haute montagne du Canada, le mont Logan, et une partie de ce qui est désigné comme le plus grand champ de glace non polaire du monde à l'extérieur de l'Arctique et de l'Antarctique. Le parc abrite aussi des grizzlis et des mouflons de Dall. Le premier parc territorial du Yukon est créé en 1987 dans l'île Herschel

et renferme des sites archéologiques des premiers autochtones et des artefacts datant de l'époque de la chasse à la baleine. Les sources thermales Coal River Springs, aménagées trois ans plus tard, surplombent une magnifique série de terrasses de calcaire.

Le PARC NATIONAL IVVAVIK, créé en juillet 1984 dans le cadre des revendications territoriales des Inuvialuits, vise à protéger l'habitat vital de la harde de caribous de la Porcupine et de certaines espèces d'oiseaux migrateurs. Les caribous et d'autres populations d'animaux sauvages de la région sont des sources de subsistance importantes pour les autochtones du nord. Le PARC NATIONAL VUNTUT, situé au nord d'Ivvavik, est créé en 1993 dans le but de protéger le reste de l'habitat des caribous de la Porcupine et celui des caribous de la toundra.

En 1985, les gouvernements fédéral et territorial concluent une entente sur la gestion de la harde de caribous de la Porcupine. Deux ans plus tard, le Canada et les États-Unis signent un traité international sur la protection de la harde. Cependant, aux États-Unis, les pressions se font de plus en plus pressantes pour que le gouvernement attribue des concessions pour l'exploitation pétrolière et de gaz naturel à l'intérieur des aires de mise bas des caribous, dans la réserve faunique nationale de l'Arctique, en Alaska.

Démographie

Le recensement de 1991 dénombre 27 795 habitants au Yukon, ce qui représente une augmentation de 30,9 p. 100 par rapport à celui de 1986 et le taux de croissance le plus élevé au pays. Le Yukon et les Territoires du Nord-Ouest se signalent par le caractère transitoire d'une bonne partie de la population blanche. De nombreux travailleurs y sont attirés par les salaires élevés, planifiant d'y rester pour un temps limité avant de s'en retourner à «l'extérieur». La main-d'œuvre comporte un nombre disproportionné de jeunes hommes célibataires et de nouveaux arrivants. Pour contrer la situation, plusieurs compagnies encouragent les travailleurs mariés en offrant de l'aide au logement familial.

Centres urbains Près des trois quarts des habitants du Territoire sont concentrés dans quatre localités, et deux sur trois vivent à WHITEHORSE (pop. 17 925, rec. 1991), capitale et principal centre de transport, de commerce et de services du Territoire. DAWSON en est la capitale jusqu'en 1951, ensuite elle voit sa population diminuer à 972 âmes. Elle vit de l'exploitation aurifère et du tourisme. Faro (pop. 1221) naît de l'exploitation du zinc et du plomb de la mine Anvil, située tout près. Watson Lake (pop. 912), sur la ROUTE DE L'ALASKA, est le centre de services du sud-est du Yukon.

Groupes ethniques Les autochtones représentent au moins 14 p. 100 de la population du Yukon en 1991. En 1995, ils sont 7088, regroupés en 16 bandes. L'Assemblée législative du Yukon adopte à l'unanimité une loi sur l'autonomie administrative et sur le règlement des revendications territoriales. Le 29 mai 1993, elle conclut avec quatre bandes (la Première nation des Nacho Nyak Dun, les PREMIÈRES NATIONS de Champagne et d'Aishihik, le conseil des Tlingits de Teslin et la Première nation des Vuntut Gwitchin) une entente-cadre finale, des conventions finales et des accords sur l'autonomie administrative.

Deux textes de loi obtiennent la sanction royale l'année suivante puis, en 1995, la sanction du gouvernement du Canada. Les négociations se poursuivent avec les six autres Premières nations (*voir* REVENDICATIONS TERRITORIALES).

Économie

L'extraction des ressources primaires constitue depuis toujours le fondement de l'économie yukonnaise. Les fourrures, le premier produit de base commercialisé, sont toujours exploitées et exportées. Bien qu'elle ait perdu de son importance pour l'économie globale, la chasse aux animaux à fourrure

demeure une source de revenu essentielle. Durant une période brève mais mouvementée, au début du siècle, l'ÎLE HERSCHEL, seul port abrité des côtes arctiques du Yukon, est le siège d'une importante industrie de CHASSE À LA BALEINE dans l'Arctique.

L'économie du Yukon est très sensible aux fluctuations du secteur minier, qui constitue plus de 30 p. 100 de la base économique. La fermeture de toutes les principales mines dans les années 80, occasionnée par le déclin des marchés mondiaux et l'épuisement des ressources, se traduit par une importante crise économique et une baisse démographique. Cependant, dès 1986, la situation commence à s'améliorer avec la réouverture de la plus importante mine de plomb et de zinc du Yukon et l'établissement d'un record de 30 ans dans la production d'or placérien. En 1987, on bat un record de 70 ans dans l'exploitation des placers (gisements alluvionnaires exploités par lavage), et d'autres mines aurifères en roche dure entrent en production à la fin des années 80.

Le début des années 90 est tout aussi mouvementé. Encore une fois, la mine Faro, tout comme celle de Watson Lake, met fin à ses opérations en raison d'un événement survenu à l'autre bout du pays: l'explosion à la mine de charbon Westray près de Plymouth, en Nouvelle-Écosse. La Curragh Incorporated, propriétaire des trois mines, fait faillite à la suite de la catastrophe. La mine Faro est vendue puis reprend ses activités en 1995. La même année, le sud-est du Yukon est le théâtre d'une fièvre dans la prospection, et une nouvelle mine aurifère entre en opération en août 1996.

Agriculture Les activités agricoles sont considérables à l'époque de la ruée vers l'or, mais elles sont maintenant négligeables à cause des coûts élevés par rapport aux profits, de la pauvreté des sols, de la rigueur du climat, du relief du terrain et de l'amélioration des transports qui permet de réduire les coûts des produits agricoles importés. Toutefois, l'agriculture connaît une croissance lente mais soutenue depuis les années 80, grâce aux nouvelles technologies et à une politique gouvernementale favorable.

Foresterie L'exploitation forestière est d'importance limitée, mais depuis quelque temps, le gouvernement du Yukon fait la promotion de cette industrie afin de diversifier l'économie. En 1993-1994, on coupe quelque 150 000 m³ de bois, dont 24 p. 100 en bois de chauffage.

Pêches Le poisson occupe une place importante dans l'alimentation de nombreux autochtones du Yukon. On y pratique la pêche sportive, la transformation du poisson et du caviar, et l'aquaculture.

Industrie Le secteur manufacturier contribue toujours davantage à l'économie territoriale. Parmi les produits de fabrication locale, on trouve le mobilier, les fenêtres en vinyle, les armatures de poutres, les articles imprimés, le chocolat, les vêtements, les produits artisanaux et les bijoux en pépites d'or.

Au cours des dernières années, la production commerciale dans les secteurs des ressources renouvelables augmente considérablement en sylviculture, en agriculture, ainsi que dans les secteurs de la pêche, du trappage et de la chasse sportive. La pêche et la chasse de subsistance, pratiquées surtout par les autochtones, constituent une activité économique cruciale, surtout dans les plus petites communautés rurales.

Mines L'exploitation des placers constitue le pilier de l'économie du Yukon depuis l'époque de la ruée vers l'or du Klondike jusqu'à l'époque de l'exploitation des mines d'argent et de plomb dans la région de Keno Hill au début des années 20. Après la Seconde Guerre mondiale, la production d'or placérien diminue, laissant l'argent et le plomb comme ressources principales. Dans les années 60 et 70, plusieurs nouvelles mines sont mises en exploitation et le zinc, le plomb, le cuivre, l'argent et l'amiante deviennent les productions dominantes.

À la fin des années 70 et au début des années 80, après la fermeture des mines d'amiante et de métaux communs et les hausses du prix de l'or, l'exploitation des placers connaît un regain d'intérêt, et deux petites mines d'or en roche dure sont actives pendant quelque temps. Depuis le début du siècle, on produit aussi, de façon intermittente, de faibles quantités de charbon.

Aujourd'hui, les principales productions sont le zinc, le plomb et l'argent, mais l'or placérien demeure important puisqu'il existe encore près de 200 petites exploitations dans le Territoire. Le Yukon renferme plusieurs grands gisements miniers et de nouvelles mines sont en phase de préparation, ce qui devrait entraîner une augmentation sensible de la production de cuivre, d'or en roche dure et d'argent au cours des prochaines années.

Tourisme Le tourisme est la deuxième industrie du Yukon et revêt une importance grandissante. Le tourisme, ainsi que l'aide gouvernementale, soutient en grande partie l'économie du Yukon durant les récents ralentissements du secteur minier. L'histoire colorée de la RUÉE VERS L'OR du Yukon, son patrimoine autochtone, ses paysages pittoresques et les attraits de sa nature sauvage attirent les visiteurs. On trouve à Dawson de nombreux édifices reconstruits et des artefacts de l'époque effervescente du début du siècle.

Récemment, les services des parcs nationaux canadien et américain ont uni leurs efforts pour créer le parc historique international de la ruée vers l'or du Klondike, qui comprend la piste Chilkoot traversant les montagnes du Sud-Ouest à partir de Skagway, en Alaska. Whitehorse organise chaque année une fête hivernale, le «Sourdough Rendez-vous», et Dawson célèbre le Jour de la Découverte. Le Territoire accueille également les JEUX D'HIVER DE L'ARCTIQUE tous les six ans.

Les célébrations entourant le centenaire du Klondike accroissent grandement le nombre de visiteurs au Yukon. En 1995, ils sont près de 321 000 (dont une grande partie de passage, en provenance ou à destination de l'Alaska). Vingt-deux zones de chasse guidée au gros gibier sont munies de pourvoiries autorisées. D'autres services touristiques et des installations de camping sont disponibles le long des routes yukonnaises. Les bureaux du parc national de Kluane sont situés à Haines Junction et ceux du parc national Vuntut, à Dawson. Le parc national Ivvavik a ses bureaux à Inuvik, dans les Territoires du Nord-Ouest. L'art et l'artisanat des autochtones sont de plus en plus importants dans l'économie locale.

Transports Le transport au Yukon repose sur le réseau hydrographique du fleuve Yukon jusqu'au moment de la construction de la route de l'Alaska, pendant la Seconde Guerre mondiale. Les BATEAUX À VAPEUR et à roue, de faible tirant d'eau, offrent un service saisonnier depuis l'époque de la ruée vers l'or. La principale route se situe entre Dawson et Whitehorse, où les rapides font de cette dernière le point le plus en amont de la rivière.

Hors saison, on peut se déplacer en traîneau ou en carrosse, mais de façon limitée. Le WHITE PASS AND YUKON RAILWAY, un chemin de fer à voie étroite, est construit sur 175 km depuis son accès à la mer à Skagway, en Alaska, traversant le relief accidenté de la chaîne Côtière pour aboutir à Whitehorse. Il est primordial pour l'exportation de minéraux du Territoire, jusqu'à sa mise au rancart en octobre 1982.

Le réseau des transports et la répartition géographique de la population se transforment radicalement pendant la Seconde Guerre mondiale. La route de l'Alaska, qui relie Dawson Creek, en Colombie-Britannique, et Fairbanks, en Alaska, est construite en 1942 et parcourt 1014 km, passant par Watson Lake et Whitehorse. Le Territoire comprend maintenant près de 4700 km de routes.

En 1978, l'inauguration du chemin Haines, venant de Carcross et de Whitehorse, procure au Territoire son premier accès routier au Pacifique, à Skagway, en Alaska. Depuis 1979, la ROUTE DE DEMPSTER relie Dawson et Inuvik, dans les Territoires du Nord-Ouest. D'abord conçue dans le cadre

du programme gouvernemental de «chemins d'accès aux ressources», la route de Dempster contribue à réduire les coûts dans la région du delta du Mackenzie et encourage le tourisme.

De nouvelles installations aéroportuaires sont construites dans le sud du Territoire pendant la Seconde Guerre mondiale, dans le cadre de la ROUTE À RELAIS DU NORD-OUEST, qui relie les États-Unis et l'Alaska. La plupart des localités, y compris Old Crow, dans le Nord, disposent maintenant d'aéroports et de pistes d'atterrissage. L'aéroport de Whitehorse est de loin le plus important et assure des liaisons quotidiennes et par vols nolisés avec l'Alaska, le sud du Canada (en passant par Vancouver et Edmonton) et les 48 États «du sud des États-Unis».

D'éventuels pipelines qui transporteraient par voie terrestre le gaz du nord de l'Alaska aux États-Unis traverseraient inévitablement le Yukon. Le projet de construction du gazoduc de la route de l'Alaska, proposé à la fin des années 70, est mis sur les tablettes en raison des pressions politiques exercées aux États-Unis, des revendications territoriales des autochtones, de l'impact du projet sur l'environnement et de ses coûts élevés (*voir* PIPELINE DE LA VALLÉE DU MACKENZIE).

Énergie En 1987, le gouvernement du Yukon transfère ses avoirs dans la Commission d'énergie du Nord canadien à la Société d'énergie du Yukon, une société d'État. Sa puissance installée est de 134 MW, soit 77 MW en hydroélectricité et 57 MW en énergie thermique. Les principales installations hydroélectriques se trouvent aux rapides Whitehorse (puissance installée de 40 000 kW) et sur les rivières Aishihik (30 000 kW) et Mayo (5 100 kW). En 1993, l'Entente Canada-Yukon sur les ressources pétrolières et gazéifères fait passer du gouvernement fédéral au gouvernement territorial la responsabilité et la gestion des ressources infracôtières en pétrole et en gaz.

Énergie Yukon conclut avec la Société Yukon Electrical Company Limited (YECL), une autre entreprise de service public, une entente de cinq ans pour administrer l'actif de la Société, acheter l'électricité produite et la distribuer aux clients de la Société (en grande partie des entreprises). La YECL dessert 18 localités, qui achètent d'Énergie Yukon la plus grande part de l'électricité dont elles ont besoin.

Administration et politique

Le Yukon se dirige vers l'autonomie politique avant les Territoires du Nord-Ouest. Le premier gouvernement territorial se compose d'un commissaire (James WALSH a été le premier) et d'un conseil nommé par le gouvernement fédéral et en poste à Dawson.

Contrairement à ce qui se produit dans les Territoires du Nord-Ouest de 1905 à 1967, tous les représentants fédéraux affectés au Yukon sont résidants du Territoire. Dès 1899, on modifie la loi pour permettre l'ajout de deux membres élus au Conseil, et de trois autres en 1902. En 1908, on institue un conseil élu composé de 10 membres. À cause d'une diminution de la population, ce conseil est aboli en 1918 puis, devant les protestations locales, rétabli en 1919. Il ne comprend cependant plus que trois membres élus.

Le Bureau du commissaire disparaît après 1916, quand ses tâches sont assumées par le commissaire de l'or du Territoire. La situation demeure inchangée jusqu'à la fin de la Seconde Guerre mondiale, lorsque la population s'accroît. En 1948, des mesures légales sont prises pour nommer à nouveau un commissaire comme principal administrateur du Yukon et plusieurs autres responsables territoriaux. En 1951, le Conseil est augmenté de cinq membres élus, et des ajouts subséquents portent ce nombre à 17.

De 1970 à 1979, le commissaire, nommé par Ottawa, préside un comité exécutif composé d'abord de membres nommés et de représentants de l'Assemblée législative (l'ancien conseil) puis, aux derniers stades, du commissaire adjoint et de cinq membres élus provenant de l'Assemblée législative.

En 1979, un conseil exécutif de cinq membres élus réunis en Cabinet se substitue à l'ancien comité exécutif. Il est maintenant comptable devant le chef du gouvernement plutôt que devant le commissaire. (La politique partisane est introduite à l'Assemblée du Yukon en 1978.)

Le gouvernement du Territoire, comme celui des provinces, est responsable de l'éducation, des programmes sociaux, de la perception de l'impôt, de la plupart des routes et des services communautaires. Contrairement aux provinces, cependant, il n'a jusqu'à récemment aucun pouvoir sur les ressources naturelles, sauf en ce qui concerne la faune. Il verse à Ottawa des redevances sur le développement des ressources naturelles. Depuis, les programmes de gestion des ressources, y compris ceux ayant trait aux forêts, aux mines et aux terres, sont graduellement transférés du fédéral au gouvernement territorial.

Justice La Cour territoriale du Yukon, située à Whitehorse, se compose d'un juge en chef et de deux juges territoriaux. On compte aussi 23 juges associés en plusieurs endroits du Territoire. Les deux juges de la Cour suprême du Yukon sont juges d'office dans les Territoires du Nord-Ouest et vice versa. Ils sont aussi membres de la Cour d'appel dans les deux territoires. Les autres juges de la Cour suprême sont choisis parmi diverses cours provinciales, et les autres membres de la Cour d'appel proviennent de la Cour d'appel de la Colombie-Britannique.

Administration locale Au palier administratif local, il y a officiellement au Yukon 1 cité (Whitehorse), 3 villes (Dawson, Faro, Watson Lake), 4 villages (Mayo, Haines Junction, Teslin et Carmacks), 3 hameaux (Elsa, Ibex Valley et Mount Lorne) et 20 localités non constituées (y compris des établissements autochtones).

Santé Le gouvernement territorial partage avec le gouvernement fédéral la responsabilité du service de santé. On trouve des hôpitaux modernes à Whitehorse, à Mayo et à Watson Lake. Le reste du Territoire est desservi par de plus petits centres de santé et des postes de soins infirmiers dont le personnel se compose surtout d'infirmières de la santé publique. On trouve aussi des cliniques, des services dentaires et une vaste gamme de services sociaux et médicaux spécialisés.

Politique Les deux grandes questions politiques prévalant au Yukon portent sur les revendications territoriales des autochtones et le statut de province. Les peuples autochtones du Yukon n'ont jamais signé de traités avec le gouvernement. Depuis les années 70, le Conseil des Indiens du Yukon tente d'obtenir le règlement des revendications territoriales avec l'aide financière du gouvernement fédéral. En 1993, les gouvernements fédéral et territorial et le Conseil concluent une entente-cadre finale qui définit les conditions pour régler une fois pour toutes les revendications territoriales. Plusieurs groupes des premières nations yukonnaises parviennent à des ententes sur l'autonomie administrative qui leur confèrent plus de contrôle sur l'utilisation des terres et plus de pouvoirs en matière de langue, de soins de santé, de services sociaux et d'éducation. La question du statut de province, soulevée lors des négociations constitutionnelles du LAC MEECH et de CHARLOTTETOWN, demeure la plus importante aujourd'hui au Yukon.

Éducation

En 1993-1994, le Yukon compte 31 écoles primaires et secondaires pour une population de 5777 élèves, de la maternelle jusqu'à la 12e année. Il n'existe aucun conseil scolaire, et l'administration est centralisée au sein du ministère de l'Éducation. Chaque école a un comité scolaire élu doté de pouvoirs considérables sur le plan de l'embauche et de l'évaluation du directeur, et de l'élaboration de règlements et de la planification à l'intérieur de l'école. Un comité scolaire donne aussi son avis sur l'horaire des autobus et le programme scolaire local. Selon la *Loi sur l'éducation* (1990), ces comités pourront éventuellement devenir des conseils scolaires à part entière.

Le programme d'études du Yukon s'inspire de celui de la Colombie-Britannique, mais comporte des modifications pour répondre aux besoins du milieu. On compte une école de langue française à Whitehorse. On offre aussi dans la capitale des cours d'immersion en langue française, de la 1re année à la 12e année, de même qu'une éducation catholique romaine de la maternelle à la 9e année. Dans diverses localités, l'enseignement est offert dans sept différentes langues autochtones, et un conseil de l'éducation des Premières Nations coordonne les interventions des communautés autochtones dans les dossiers relatifs à l'éducation.

Le campus principal du Collège du Yukon, à Whitehorse, et son réseau de 13 campus communautaires situés dans 12 localités assurent l'enseignement postsecondaire. Les étudiants peuvent faire deux années d'études universitaires au Collège du Yukon ou s'inscrire à des programmes spécialisés ou de métiers. En 1993-1994, le Collège compte plus de 500 étudiants à temps plein et à temps partiel.

Il existe aussi des programmes menant à un grade, proposés en collaboration avec d'autres institutions. Le baccalauréat en service social et le programme de formation des enseignants autochtones du Yukon, offerts avec l'U. de Regina, en sont deux exemples. De plus, les étudiants qui poursuivent leur formation postsecondaire dans des institutions approuvées à l'extérieur du Yukon sont admissibles à une aide financière.

Vie culturelle

La culture autochtone yukonnaise a été gravement perturbée par les activités de chasse à la baleine à l'île Herschel, la ruée vers l'or du Klondike, la construction de la route de l'Alaska et les communications modernes. On assiste de nos jours à la renaissance des traditions culturelles et de l'artisanat autochtones.

Patrimoine Pendant l'été, la Yukon Historical and Museums Association organise des visites à pied guidées des édifices d'intérêt patrimonial de Whitehorse. Elle parraine aussi divers programmes de recherche, de publication et de conférences publiques. Cette association chapeaute les musées locaux et les sociétés historiques du Yukon. Le Mac-Bride Museum, à Whitehorse, est ouvert toute l'année. D'autres musées comme ceux de Dawson, de Keno City, de Burwash et de Teslin, ainsi que le musée Old Log Church et le Yukon Transportation Museum, sont ouverts en été.

Arts Le Conseil des arts du Yukon procure un soutien administratif aux organisations culturelles et finance un programme assurant la venue d'artistes dans les écoles et la tenue d'expositions d'art et de concerts annuels. Les archives et la bibliothèque territoriales sont situées à Whitehorse, et la bibliothèque possède des filiales à Dawson, à Elsa, à Faro, à Haines Junction, à Mayo, à Watson Lake, à Teslin et à Carcross. La galerie d'art territoriale du nouveau centre des arts du Yukon, au Collège du Yukon, conserve une collection d'œuvres d'artistes du Yukon et d'ailleurs au Canada, en plus de présenter périodiquement des expositions locales et itinérantes. Whitehorse compte aussi quelques petites troupes de théâtre.

Communications Cinq journaux sont publiés au Yukon (à Dawson, à Faro, à Watson Lake et à Whitehorse) et une publication paraît toutes les trois semaines et une autre toutes les deux semaines, à Whitehorse. La ville est aussi dotée de trois stations radiophoniques et d'une station de télévision. Les stations de radio CBC, CHON-FM et CKRW desservent la plupart des localités sur micro-ondes. La télévision en direct est généralement accessible par satellite. Le service téléphonique et le service télex sont disponibles dans tout le Yukon, et un nœud INTERNET existe depuis 1994 (*voir* COMMUNICATIONS DANS LE NORD).

Lieux historiques Les sites archéologiques près de Old Crow et dans le nord du Yukon attestent de la présence humaine dans le Territoire depuis des milliers d'années. Des vestiges matériels de la présence autochtone datent d'avant l'époque des premiers contacts avec les Européens, tels les sites abandonnés de traite des fourrures et d'activités minières de FORT SELKIRK et FORTY MILE, sur le fleuve Yukon. L'industrie de la chasse à la baleine boréale et, plus tard, la traite des fourrures donnent lieu à des établissements dans l'île Herschel, sur la côte nord. Cette région est désignée comme le premier parc territorial en 1987. Dawson est située au cœur de la région de la rivière Klondike.

Jusqu'à la Seconde Guerre mondiale, les lacs et les cours d'eau sont les principales voies de transport au Yukon. Cette situation se traduit par la présence de centaines d'emplacements situés le long des cours d'eau et de quelques épaves de bateaux à aubes échoués sur les plages et qui rappellent les beaux jours de la navigation fluviale. Les poteaux de signalisation de Watson Lake, conçus à partir de 1943 par un militaire américain souffrant du mal du pays, permettent de reconstituer l'histoire de la construction de la route de l'Alaska.

Historique

Tous les autochtones du Yukon appartiennent à la famille linguistique Na-Dene. Celle-ci comprenait les Nahannis de l'Est (qui comprennent les groupes des Kaskas, de la Chèvre et des Montagnards) et plusieurs autres groupes du Sud et de l'Ouest (Teslin, Tutchones, Tagish, etc.). Le régime alimentaire de ces derniers était plus varié que celui des premiers et comprenait entre autres du saumon. Ces peuples du Sud et de l'Ouest ont souvent été dominés par les féroces Tlingits de la côte et certains ont même adopté leur langue. Au centre et dans le nord du Yukon, les KUTCHINS occupaient le bassin du fleuve Yukon en aval de l'embouchure de la rivière Pelly, y compris la région de la rivière Porcupine au nord et le bassin de la rivière Peel au nord-est.

Exploration Ce sont les commerçants de fourrures de la Compagnie de la baie d'Hudson qui établissent les premiers contacts durables dans les années 1840. Ils se servent de cartes et de renseignements transmis par les premiers explorateurs, dont sir John FRANKLIN, qui a atteint la côte arctique du Yukon en 1825. Pour sa part, Robert Campbell pénètre plus à l'ouest à partir du fleuve Mackenzie en empruntant le cours supérieur du Liard pour déboucher sur la rivière Pelly. Quant à John BELL, il explore l'intérieur du Yukon en passant par la Porcupine. Les commerçants de l'intérieur et les chasseurs de baleine de la côte nord sont suivis de missionnaires et de la Police à cheval du nord-ouest dans des endroits comme Fort Selkirk et l'île Herschel.

À la fin du XIXe siècle, des chercheurs d'or en nombre croissant envahissent progressivement le Nord à partir des montagnes Cassiar et de la chaîne Omineca, dans le nord de la Colombie-Britannique. Ils traversent le bassin hydrographique du fleuve Yukon en suivant les diverses rivières. Certains pénètrent dans les terres à partir de la mer de Béring, en remontant le fleuve Yukon en bateau à aubes depuis son embouchure.

Plusieurs centres d'exploitation aurifère voient le jour, souvent pour une brève période, comme Forty Mile, situé presque à cheval sur la frontière de l'Alaska. C'est cependant lorsque George Carmack, Skookum Jim et Tagish Charley découvrent de l'or dans le ruisseau Bonanza, un affluent de la rivière Klondike, le 17 août 1896, qu'est déclenchée ce que l'on considère souvent comme la plus grande ruée vers l'or au monde. Des milliers de nouveaux venus affluent dans ce coin du Canada jusque-là isolé et transforment définitivement le territoire.

La plupart des chercheurs d'or viennent en passant par Skagway et le haut Yukon. Certains essaient la «route terrestre» qui part d'Edmonton et longe la rivière de la Paix et le fleuve Mackenzie, mais peu arrivent à destination. D'autres cherchent une route exclusivement américaine passant par Valdez, en Alaska, espérant éviter la réglementation du gouvernement canadien.

Dawson naît du besoin de desservir cette vague d'arrivants, au confluent du fleuve Yukon et de la rivière Klondike, la prospection véritable s'effectuant un peu plus haut dans les petits cours d'eau. En un mois, en 1898, Dawson devient la plus grande ville canadienne à l'ouest de Winnipeg et se dote d'un éventail complet de services, y compris l'eau, les égouts, l'électricité et le téléphone. À son apogée, on estime que sa population atteint 16 000 âmes. On fait du Yukon un territoire distinct, Dawson en est désignée la capitale, et on développe un réseau de transports bien intégré dans une bonne partie du Territoire.

Whitehorse est fondée pour servir de point de transbordement des trains aux bateaux, mais Dawson reste plus importante. De 1897 à 1904, on aurait extrait de l'or pour plus de 100 millions de dollars des graviers des ruisseaux. Cependant, la population de Dawson commence à décliner presque aussitôt. Les nouveaux venus qui cherchent à faire fortune rapidement se découragent bientôt et sont attirés par des nouvelles selon lesquelles on a découvert de l'or ailleurs (p. ex., à Nome, en Alaska, en 1899). En 1906, les placers les plus facilement exploités sont épuisés, n'étant plus convoités que par les grandes compagnies qui disposent de machines coûteuses pour le dragage.

Croissance À partir de 1913, l'économie du Yukon ne repose plus sur l'or, mais sur les autres minéraux, au moment où l'on commence à produire de l'argent et du plomb à la première mine en roche dure, à Keno Hill, dans le centre du Yukon. Plus tard, on établit une usine dans la localité voisine d'Elsa, desservie par la localité de Mayo. Au cours des années 30, comme il n'existe aucune autre industrie, le prix élevé des fourrures fait du trappage une activité saisonnière importante pour les autochtones et les prospecteurs.

Pendant la Seconde Guerre mondiale, la construction de la route de l'Alaska et celle de la route et du pipeline Canol encouragent de nouvelles activités d'exploration minière et attirent une nouvelle population, des services, des industries et des touristes au Yukon. La construction de la route du Yukon entraîne l'établissement d'une population non autochtone qui, pour la première fois, dépasse la population autochtone. Le transfert du statut de capitale de Dawson à Whitehorse, annoncé en 1951, a lieu en 1953. En 1957, on construit à Whitehorse une importante centrale hydroélectrique.

Le plus important développement économique de l'après-guerre réside dans la fondation, en 1969, d'une immense mine de plomb et de zinc à ciel ouvert et d'une ville à Faro. Les bas prix des métaux et la récession économique du milieu des années 80 mènent à la fermeture de mines partout au Yukon, de sorte que le gouvernement doit accroître ses efforts en vue de renforcer d'autres secteurs économiques, tels le tourisme et les ressources renouvelables.

William C. Wonders

Zeidler, Eberhard Heinrich, architecte (Braunsdorf, All., 11 janv. 1926). Il est le représentant canadien le plus prospère de la technologie comme thème central de sa conception architecturale. Formé au Bauhaus, à Weimar, en Allemagne, et à la Technische Hochschule de Karlsruhe, en Allemagne, Zeidler immigre au Canada en 1951. Il se joint à Blackwell and Craig à Peterborough, en Ontario, et ensuite fonde le cabinet Zeidler Roberts Partnership-Architects, maintenant installé à Toronto.

Les thèmes technologiques que présentent les réalisations de Zeidler comprennent les services de charpente et les services mécaniques (en particulier les gaines de climatisation apparentes) et les systèmes mobiles et de communication. Le Health Sciences Centre (1972) de l'U. McMaster combine des modules de construction aux formes géométriques régulières, caractérisés par des tours vitrées de service et de circulation, des fermes en acier apparent de l'intérieur, des gaines et un système automatique de livraison de matières qui créent un bâtiment rappelant un jeu de construction géant. Les intérieurs colorés, les cours intérieures à verdure abondante rendent encore plus visible l'efficacité mécanique.

Parmi ses autres constructions, citons, à Toronto, l'Ontario Place (1967-1971) et le EATON CENTRE (1974-1981, avec Bregman et Hamann); à Edmonton, le Walter C. Mackenzie Health Sciences Centre (1975-1986); à San Francisco, le plan directeur pour les Yerba Buena Gardens (1980-1984) ayant coûté 700 millions de dollars; le Queen's Quay Terminal (1979-1983) à Toronto; la Canada Place pour l'Expo 86 de Vancouver; le Media Park de Cologne, en Allemagne (plan directeur lauréat du concours international et dont la première structure, Cinedom, conçue par Zeidler Roberts, est terminée en 1991); et le Raymond F. Kravis Center for the Performing Arts à West Palm Beach, en Floride.

Cette liste démontre la capacité de l'agence de Zeidler à décrocher de nombreuses commandes dans plusieurs pays. Cette capacité vaut non seulement pour les États-Unis, l'Angleterre et l'Allemagne, mais aussi pour la Chine, l'Indonésie et la Malaisie. En 1986, il reçoit la médaille d'or de l'Institut royal d'architecture du Canada pour sa contribution à l'architecture canadienne et sa réputation à l'étranger. À la fin de 1987, il est lauréat d'un Toronto Arts lifetime achievement award.

Michael McMordie

Zeisberger, David, membre du clergé morave (près d'Ostrava, Bohême, 11 avril 1721—Ohio, 17 nov. 1808). À compter des années 1740, Zeisberger œuvre dans les missions moraves parmi les Amérindiens de Pennsylvanie et fonde une colonie en Ohio. Durant la GUERRE D'INDÉPENDANCE AMÉRICAINE, ses croyances pacifistes ainsi que celles de ses fidèles les rendent suspects et beaucoup d'entre eux sont tués. En 1786, il fonde New Salem (près de Milan, Ohio), qu'il est toutefois forcé d'évacuer en 1791. Il vient alors s'établir avec ses fidèles sur une concession longeant la rivière Thames, près de la localité actuelle de Thamesville (Ontario). Il fonde une colonie agricole florissante appelée Fairfield. Toutefois, des défections affaiblissent la colonie. Les encouragements de l'évêque morave des États-Unis ayant triomphé de ses réticences, il accepte de fonder une nouvelle colonie à Goshen (Ohio). Des descendants des convertis de Zeisberger vivent toujours sur la portion restante de sa colonie de la rivière Thames, aujourd'hui appelée Réserve indienne morave. Il laisse de précieux écrits sur la culture et la langue autochtones.

James Marsh

Zimmerman, Samuel, homme d'affaires (comté de Huntington, Penn., 17 mars 1815—près de Hamilton, Canada-Ouest, 12 mars 1857). Entrepreneur en chemin de fer le plus connu de son époque, il est renommé pour ses méthodes très souples en affaires et ses relations en politique. À son arrivée au Canada vers 1842, il devient entrepreneur pour la reconstruction du canal WELLAND et se lance ensuite dans une série de projets ferroviaires. En association avec les ingénieurs américains Roswell Benedict et Ira Spaulding, il décroche les contrats, parfois à l'aide de pots-de-vin, pour construire la section est du Great Western Railway ainsi que les chemins de fer Cobourg and Peterborough et Port Hope, Lindsay and Beaverton. Ils obtiennent également le contrat pour la construction d'un tronçon du Woodstock and Lake Erie Railway afin de le réunir à la ligne Southern, propriété de Zimmerman, qui relie les rivières Detroit et Niagara. Il acquiert aussi d'importantes sociétés de portefeuille dans l'immobilier à Niagara Falls, à Toronto, à Hamilton et ailleurs, ainsi qu'un hôtel, des moulins, une fonderie, des bateaux à vapeur et sa propre banque.

Largement reconnu comme l'homme le plus riche du Canada, Zimmerman est aussi renommé pour l'hospitalité qu'il prodigue aux politiciens de toute allégeance et comme défenseur des projets de loi sur les chemins de fer dont il souhaite l'adoption. Alors qu'il est à l'apogée de sa carrière et que son influence est plus grande que jamais, il meurt dans un accident de chemin de fer lorsqu'un train de la Great Western Railway tombe dans le canal Desjardins gelé.

J.K. Johnson

Zinc (Zn) Métal blanc bleuâtre, de dureté faible à moyenne, qui fond à 419 °C. On estime que le zinc compose 0,013 p. 100 de la croûte terrestre. Élément essentiel à la santé de l'humain, le zinc assure le bon fonctionnement de plus de 200 enzymes de l'organisme. On le trouve dans la nature sous la forme d'un MINÉRAL, la sphalérite. Le laiton, obtenu par la coloration du cuivre par la calamine, un minéral de zinc, était en usage il y a 3000 ans, mais le zinc a été reconnu pour la première fois comme un métal seulement au XVIe siècle. La production a débuté en Europe au XVIIIe siècle et au Canada en 1916 à TRAIL, en Colombie-Britannique, lorsque Cominco ltée a commencé à exploiter une petite usine électrolytique qui utilisait le minerai de la mine Sullivan. La production a connu un retard en raison de difficultés liées au traitement du minerai, un mélange complexe plomb-zinc-fer. En 1920, on a appliqué avec succès la méthode par flottation différentielle pour séparer les concentrés de plomb et de zinc, marquant ainsi le début de l'importante production de zinc au Canada. En 1995, 22 mines ont produit environ 1,12 million de tonnes de concentré de zinc, d'une valeur approximative de 1,6 milliard de dollars, qui ont été soit raffinés au Canada ou exportés. On trouve des mines de zinc dans chaque province et territoire, sauf en Alberta et à l'Île-du-Prince-Édouard. En plus de la mine Sullivan, Cominco exploite la mine Polaris, une mine de métaux communs, située la plus au nord du globe.

Chaque année, un total d'environ 730 000 tonnes de zinc raffiné est produit à Trail, en Colombie-Britannique; à Valleyfield (maintenant SALABERRY-DE-VALLEYFIELD), au Québec; à Hoyle, en Ontario; et à FLIN FLON, au Manitoba. Toute la production de zinc métallique primaire au Canada est obtenue à partir du procédé électrolytique. Avant d'effectuer la purification de la solution, l'extraction électrolytique et le coulage en lingots, le minerai de zinc est soumis soit à un grillage et à une lixiviation classiques, soit à un traitement hydrométallurgique de lixiviation du zinc sous pression (*voir* MÉTALLURGIE).

Le Canada, premier producteur de zinc, fournit environ 16 p. 100 de l'approvisionnement mondial. Environ 90 p. 100 de la production canadienne est exportée sous forme de métal raffiné ou de concentré. Les États-Unis et Taiwan sont les principaux importateurs de zinc sous forme de métal, alors que les concentrés sont acheminés principalement en Belgique, en Allemagne, en Espagne, en Italie et en république de Corée. Le zinc est employé surtout pour galvaniser l'acier comme protection contre la corrosion. La production d'alliages tels le laiton et le bronze constitue le deuxième usage en importance. Le zinc entre aussi dans la composition de produits moulés tels que les petits appareils électriques, les outils, les jouets, les poignées de portes et de fenêtres d'automobiles et les carburateurs. On emploie le zinc laminé dans les piles sèches et les matériaux de revêtement pour les toitures. L'oxyde de zinc est utilisé dans les peintures et comme catalyseur dans l'industrie du caoutchouc.

M.J. Gauvin et Phillip Wright

Znaimer, Moses, cadre supérieur de radio-télévision, promoteur, acteur (Kulab, Tadjikistan, 1935). Débarqué à Montréal en 1948, il obtient des diplômes de McGill et de Harvard (1962). Il travaille au réseau anglais de la Société Radio-Canada comme présentateur, directeur et producteur, notamment pour *Cross-Canada Checkup*. En 1972, il fonde avec des associés le réseau City-TV à Toronto, puis, dans le milieu des années 80, la chaîne de musique vidéo Much Music et son pendant français, Musique Plus.

Bravo, une chaîne culturelle canadienne née de son initiative, au début des années 90, est la plus populaire parmi les premières chaînes spécialisées de câblodiffusion. Il met au point le concept d'un environnement câblé (installation de câbles vidéos partout dans l'édifice) utilisé dans les installations actuelles de City-TV et de Much Music. Selon Znaimer, ce concept convient à de jeunes auditoires et peut favoriser l'éducation. En 1995, il joue un rôle de premier plan dans l'acquisition de ACCESS, la chaîne de télévision éducative du gouvernement albertain. La chaîne nouvellement acquise, qui s'appelle désormais Learning Skills Television of Alberta, incorpore l'environnement câblé et remporte un grand succès.

Actif dans d'autres domaines, il tient des rôles dans les films *Atlantic City* et *The Best Revenge* et assure la promotion de la pièce de théâtre *Tamara*, ainsi que de l'attraction *Tour of the Universe*. En 1992, il fait partie d'un groupe qui se voit refuser un permis pour exploiter une cinquième chaîne de télévision britannique. En 1995, il écrit les textes de *TVTV: The Television Revolution* et assure la réalisation de cette émission de trois heures consacrée à l'impact de la télévision sur la vie des Canadiens.

David P. Simpson

Zonage Il s'agit de l'action par laquelle les autorités publiques réglementent l'utilisation des sols et les bâtiments qui s'y trouvent et décident des modifications qu'on peut y apporter. Les terrains sont divisés par les autorités compétentes en zones correspondant à certains usages. Toute construction doit être destinée à l'usage prévu pour sa zone et ses dimensions, son emplacement et son apparence font l'objet de règlements. Le zonage représente ainsi un instrument privilégié par lequel les gouvernements expriment leurs vues à court et à long terme quant à l'utilisation des sols (*voir* AMÉNAGEMENT URBAIN ET RÉGIONAL).

Au Canada, les décisions concernant l'utilisation des terrains reviennent aux gouvernements provinciaux, en vertu de l'autorité que leur a conférée l'Acte de l'Amérique du Nord britannique de 1867, laquelle a été maintenue par la *Loi constitutionnelle de 1982* en ce qui concerne la propriété et les droits civils. Le zonage touche les biens immeubles, c.-à-d. le sol et les constructions qui s'y trouvent et qui finissent par faire partie du sol lui-même. Il y a dans chaque province des municipalités et des régions investies du pouvoir de décider de l'utilisation de leurs sols. On a aussi prévu des modalités de décision pour l'utilisation des sols dans les régions non organisées. Dans les deux cas, les tribunaux provinciaux sont les dernières instances d'appel et de révision. En Ontario, depuis peu, le gouvernement provincial a droit de regard sur l'exercice de ce pouvoir et peut imposer des lignes de conduite aux planificateurs.

À l'intérieur de ses limites, chaque municipalité a le pouvoir de réglementer l'occupation du sol. Elle élabore des plans et fragmente son territoire en zones, chaque zone étant réservée à certaines utilisations précises. Les plans sont conçus à partir des particularités géographiques et des infrastructures en place comme les ports, les chemins de fer, les autoroutes, les bâtiments et l'utilisation du sol. On vote ensuite des règlements limitant l'exploitation des terres d'un secteur défini aux usages prévus dans la planification.

Les sols peuvent être destinés à des fins multiples: agriculture, forêts, routes, parcs, industries (abattoirs, usines, entrepôts, etc.), commerces (de l'épicerie de quartier à l'édifice à bureaux), résidences (de la maison unifamiliale à la tour d'habitation en passant par le condominium). L'usage réservé à un secteur détermine la valeur des terrains et le profil de la municipalité. L'objectif général vise à regrouper dans une même zone les affectations qui ne sont pas mutuellement nuisibles et à séparer les utilisations incompatibles. On peut aussi, à la périphérie de la ville, conserver certaines zones de catégorie générale et les désigner comme faisant l'objet d'un aménagement futur. On ne pourra dessiner un plan de zonage détaillé qu'après l'approbation d'un plan d'aménagement précis. Le secteur périphérique pourra également être réservé à l'agriculture ou à l'aménagement d'espaces verts, si on ne prévoit pas y faire de développement urbain ou si la municipalité veut limiter l'expansion de la ville en zone rurale (*voir* COMMISSION DE LA CAPITALE NATIONALE). Dans les municipalités rurales, le zonage vise plutôt à protéger les terrains agricoles contre les aménagements urbains ou industriels.

Outre la séparation des usages incompatibles, le zonage réglemente aussi la densité d'occupation des terrains. Ainsi, dans un secteur résidentiel, on détermine souvent un nombre maximal d'habitations par acre ou par hectare. La dimension des terrains est aussi réglementée et il y a une différence manifeste de densité entre un terrain où l'on permet la construction de maisons isolées sur des alignements de 20 m et un autre où l'on prévoit aligner des maisons sur 5 m. Lorsqu'un règlement destine un terrain à des constructions resserrées, la densité est déterminée à l'aide d'un rapport plancher-sol que l'on applique. Ainsi, dans le centre d'une ville, le zonage des terrains peut être commercial et le rapport plancher-sol peut s'y élever à huit pour un, ce qui signifie que la surface totale de plancher d'un immeuble de bureaux peut être huit fois supérieure à la superficie du terrain. On pourrait donc y trouver un édifice de huit étages occupant toute la superficie du terrain ou encore, si on tient compte du retrait par rapport à la chaussée et aux immeubles voisins ou d'un aménagement spécial avec patio, p. ex., une tour de 16 étages à 20 étages. Dans beaucoup de municipalités urbaines, le règlement de zonage comporte des mesures d'incitation ou des primes à l'intention des constructeurs qui prévoient certains aménagements particuliers. Ainsi, celui qui aménage un jardin intérieur ou un trottoir surélevé donnant accès à un immeuble adjacent aura le droit d'excéder le rapport plancher-sol prévu sur son terrain (*voir* IMMOBILIER, INDUSTRIE DE L'; DESIGN D'ENVIRONNEMENT).

Les différents ministères gouvernementaux ont le pouvoir de réserver certains terrains ou, au Québec, de tracer une «ligne homologuée» avisant le propriétaire que ce territoire est réservé à un usage particulier (une autoroute, un élargissement de la route, un parc) et qu'il ne peut être modifié jusqu'à ce qu'une décision finale soit prise. La valeur du terrain est déterminée à compter de la date de l'affectation.

La rigidité du zonage traditionnel est souvent critiquée, mais certaines initiatives, comme les mesures d'incitation, supposent que les municipalités canadiennes sont disposées à faire preuve d'une plus grande souplesse à cet égard. Le transfert des droits d'exploitation est un autre exemple de cette tendance. Il s'agit d'une opération par laquelle on transfère les règles d'aménagement d'un terrain donné à un autre terrain dont le zonage exclurait normalement le genre d'aménagement en question, à condition que l'utilisation du premier terrain reste intacte. Ce compromis est particulièrement utile lorsque le zonage de l'emplacement d'origine permettrait l'intensification de son exploitation, et que le conseil municipal veut conserver le bâtiment qui s'y trouve pour des raisons d'ordre historique ou architectural (*voir* PATRIMOINE, CONSERVATION DU).

En pratique, le zonage vise à maintenir intacts les secteurs stables et homogènes. Les plus grandes difficultés se posent lorsqu'on tente de l'appliquer à des secteurs d'occupation mixte ou à d'autres faisant l'objet d'une volonté de changement. Dans le premier cas, deux méthodes sont généralement envisagées, quoique les deux soient controversées. La première, le zonage ponctuel, consiste à choisir un emplacement isolé dont on permet un usage incompatible avec le voisinage. Poussé à l'extrême, cela pourrait aboutir à la construction d'une usine en zone résidentielle. L'autre possibilité, la plus souvent choisie, est de classifier cette usine comme un usage dérogatoire, ce qui lui permet de rester en place si ses activités industrielles et ses bâtiments demeurent inchangés. On prévoit généralement que l'usine finira par fermer ses portes et que le terrain pourra ensuite être occupé en conformité avec le règlement.

Dans les secteurs en pleine expansion, il demeure difficile de planifier avec précision le type de zonage qui convient. Les besoins des collectivités, des propriétaires et des promoteurs fluctuent constamment. Par conséquent, les demandes de modifications aux règlements visant à changer la classification de lots de terre particuliers se multiplient, en particulier dans les villes en pleine croissance. D'un côté, les promoteurs font des pressions pour qu'un secteur soit reclassé afin de permettre une occupation plus dense, soit la construction de tours d'habitation ou de tours à bureaux. De l'autre, les communautés se regroupent pour demander qu'on «déclasse» le secteur de manière à interdire tout réaménagement et à préserver tout ce qui reste de l'environnement initial.

Il est aisé de constater que le zonage devient souvent un problème politique épineux devant être réglé par un débat public et parfois par les tribunaux. Le besoin d'une réglementation de l'exploitation des sols est toutefois reconnu maintenant au Canada et il est affermi, parce que la population prend de plus en plus conscience que le sol lui est confié pour être aménagé au bénéfice des générations à venir et non pas pour son profit immédiat. Dans le même ordre d'idées, on constate que les citoyens et l'autorité publique connaissent leurs responsabilités et leurs droits respectifs. Dans bon nombre de sociétés occidentales, surtout en Europe, le propriétaire dispose d'une marge de manœuvre restreinte dans l'utilisation de son terrain. Au Canada, les propriétaires ont renoncé à certains droits ou en ont été privés au nom de la collectivité actuelle et future, dont le bien prévaut sur les droits individuels. C'est ainsi que nos lois sont de plus en plus sévères et que l'aménagement foncier a une incidence sur la vie de tous les citoyens.

Eileen Mitchell Thomas

Zone biogéoclimatique Vaste écosystème géographiquement limité et influencé par un macroclimat particulier (unique). Les processus habituels de formation des sols déterminent le SOL de la zone et, par conséquent, sa végétation et sa vie animale. Une zone de ce type englobe un certain nombre d'écosystèmes plus restreints, plus uniformes sur le plan environnemental et végétal, et qui diffère sur ces points en raison des conditions plus ou moins élevées en humidité en comparaison avec le régime d'humidité mésique (moyen).

La communauté de plantes qui se développe à l'équilibre (climax) sous les conditions climatiques des sites mésiques forme la communauté la plus caractéristique d'une zone biogéoclimatique. Si elles sont assez répandues, les plantes édaphiques, soit celles dont la croissance dépend du sol plutôt que des conditions climatiques, peuvent aussi en constituer une caractéristique.

Au Canada, les sols les plus couramment utilisés pour la caractérisation zonale des sols sont ceux qui se sont développés depuis la glaciation, à partir du dépôt glaciaire ou du dépôt fluvioglaciaire, ou à partir des alluvions lacustres (lac) ou des dépôts éoliens (vent) qui ont au moins plusieurs milliers d'années. La zone comporte des sous-zones ou leurs variantes. Au-dessus se trouvent des ensembles plus grands, soit des régions ou des formations biogéoclimatiques. Les zones biogéoclimatiques ont été étudiées au Canada (Colombie-Britannique, Alberta et Yukon), aux îles Hawaï, au Japon (île d'Hokkaido) et en Indonésie.

V.J. Krajina

Zones de géographie physique À l'origine, le terme «physiographie» signifie «étude des phénomènes naturels». Plus tard, l'usage limite son application à la GÉOGRAPHIE PHYSIQUE en particulier et, plus récemment, au relief lui-même. La régionalisation physiographique, ou la définition des zones de géographie physique, est définie ici comme la manière dont les régions ayant une géographie physique relativement homogène sont délimitées.

La structure géologique (*voir* RÉGIONS GÉOLOGIQUES), le relief, la répartition du PERGÉLISOL (qui permet de mesurer les traits atmosphériques à grande échelle et les traits hydrologiques) et l'emplacement de la LIMITE FORESTIÈRE (importante frontière végétale) sont les critères utilisés dans la régionalisation physiographique décrite plus loin.

La combinaison de ces critères, en portant toutefois attention principalement aux structures géologiques du sud du Canada et à la très forte influence du pergélisol dans le nord du Canada, forme les principales régions physiographiques du Canada: les terres de l'Arctique, la cordillère canadienne, les plaines intérieures, les basses-terres de la baie d'Hudson, le terrain forestier du Bouclier canadien, les basses-terres du Saint-Laurent et les Appalaches. Les caractéristiques géographiques de ces sept régions sont généralement homogènes et leurs différences peuvent être distinguées à l'aide de photos prises par satellite (*voir* TÉLÉDÉTECTION). Les régions mentionnées se situent sur le continent et ne comprennent pas les plateaux continentaux limitrophes et les eaux océaniques situés à l'intérieur des limites territoriales canadiennes. Les écozones du Canada (*voir* RÉGIONS NATURELLES) permettent une analyse plus détaillée du bloc continental canadien selon un système de classification écologique.

Olav Slaymaker

Les terres de l'Arctique

Les terres canadiennes de l'Arctique se situent au nord de la limite forestière et s'étendent sur 2,6 millions de km², soit 26 p. 100 du pays (cela comprend les plaines côtières de l'Arctique, la région inuite, les basses-terres de l'Arctique et une partie du BOUCLIER canadien). Sauf dans la région du Bouclier canadien, où il y a beaucoup de roche nue, la TOUNDRA continentale se caractérise par un couvert végétal comportant près de 900 espèces de plantes vasculaires. La richesse de cette végétation diminue plus on se rapproche du pôle. Les îles situées au sud du passage Parry (nom officiel du plan d'eau dont les composantes sont appelées détroit du Vicomte de Melville, détroit de Barrows, détroit de Lancaster et détroit de M'Clure) sont recouvertes de roc et de mousse. Les îles de la Reine-Élisabeth sont désertiques, constituées principalement de terres et de roches nues et de quelques zones de végétation dans les endroits humides.

Les lacs et les rivières d'eau douce sont navigables de juin à octobre au sud et en juillet et en août au nord. Le reste de l'année, ils sont recouverts de glace. Un peu plus de la moitié des précipitations tombent sous forme de neige qui, dans ces régions dépourvues d'arbres, est sous l'influence des vents. La neige est déplacée sur la surface, remplit les dépressions et se tasse, formant des ondulations selon la direction des vents. Le Nord-Ouest et l'extrême Arctique sont des régions sèches. Les précipitations annuelles y atteignent en moyenne 10 cm. Le centre de l'Arctique reçoit entre 20 cm et 30 cm de précipitations, et le sud de la terre de Baffin et le nord du Québec en reçoivent jusqu'à 50 cm.

Plusieurs milliers d'années de CLIMAT froid ont provoqué le gel permanent du sol (pergélisol). L'EAU SOUTERRAINE s'y présente sous forme de glace en cristaux, en lentilles et en couches pouvant atteindre des dizaines de mètres d'épaisseur. Dans certaines régions, le roc est gelé mais ne contient pas de glace. Le pergélisol peut atteindre des dizaines de mètres d'épaisseur dans le sud et plus de 500 m dans les îles du nord-ouest. Chaque été, la couche supérieure, active, peut fondre de quelques centimètres à plus d'un mètre.

Parallèlement au pergélisol, on note la formation au niveau du sol de formes géométriques particulières (cercles, ellipses, polygones et stries). Les polygones de la toundra, motifs en écailles de tortue dont les fissures ont jusqu'à 30 m de largeur et sont sous-tendues par des fentes de gel, s'étendent sur plusieurs milliers de kilomètres carrés. Parmi d'autres RELIEFS PÉRIGLACIAIRES particuliers, on note les PINGOS, dont plus de 1500 ont été dénombrés près du delta du Mackenzie.

Les sols superficiels doivent en partie leur structure à la GÉOLOGIE de la région. Les régions continentales situées à l'est du Grand lac de l'Ours et du Grand lac des Esclaves, la péninsule de l'Ungava et la plus grande partie de l'île de Baffin font partie du Bouclier canadien. Ces vieilles roches ont subi des transformations considérables au cours de l'ÉVOLUTION GÉOLOGIQUE. Lors de la glaciation, elles avaient la forme d'une soucoupe dont le centre était inondé par la baie d'Hudson.

La bordure orientale, qui s'étend du Labrador vers le nord le long de l'île de Baffin et jusqu'à l'île d'Ellesmere, est une région montagneuse dont l'altitude peut atteindre 1500 m ou plus dans le nord. Son littoral est découpé en fjords. Cette région comprend des GLACIERS qui couvrent environ 5 p. 100 de la superficie de l'Arctique. La région située entre le Bouclier et la Cordillère pacifique est une plaine du paléozoïque (570 millions d'années à 245 millions d'années) qui s'étend en pente douce d'une altitude de 500 m jusqu'à l'océan Arctique.

Les îles de cette région sont constituées pour la plupart de ROCHES SÉDIMENTAIRES qui forment des plaines, des hautes-terres et des collines. Dans le sud, les couches rocheuses sont pour la plupart horizontales, mais, dans l'ARCHIPEL ARCTIQUE, elles ont subi des plissements et de l'érosion. L'altitude, qui se situe presque au niveau de la mer dans le nord-ouest, s'élève graduellement jusqu'à la haute bordure montagneuse dans l'est. Les nombreux chenaux entourant les ÎLES peuvent avoir été créés par des failles ou par des dislocations, lesquelles auraient été exploitées par l'érosion fluviale et la GLACIATION.

John K. Stager

La cordillère canadienne

Cette région fait partie du système MONTAGNEUX qui s'étend sur toute la côte du Pacifique de l'Amérique du Nord et de l'Amérique du Sud. Le tronçon canadien de la Cordillère fait environ 800 km d'ouest en est et s'étend vers le nord-ouest à partir du 49e degré de latitude N. sur plus de 2000 km jusqu'à la frontière de l'Alaska, à 141° de longitude O. La plus grande partie de la Cordillère se situe en Colombie-Britannique et au Yukon, mais également

dans le sud-ouest de l'Alberta et dans les Territoires du Nord-Ouest. La superficie totale de cette région physiographique est de 1,6 million de km² (16 p. 100 du Canada).

La Cordillère comprend des plateaux, des vallées et des plaines aussi bien que des pics élevés. Les chaînes les plus régulières forment des bords élevés au sud-ouest et au sud-est d'un ensemble de terrains aux traits physiographiques divers. Le système oriental est constitué de roches sédimentaires inclinées, disloquées et plissées. Les chaînes de montagnes et les plateaux découpés du système intérieur reposent sur des strates sédimentaires et volcaniques plissées, des roches métamorphiques et de nombreuses petites intrusions IGNÉES. Dans le système occidental, la chaîne Côtière est constituée d'une masse imbriquée de roches ignées intrusives et de roches métamorphiques, alors que les montagnes extérieures sont semblables du point de vue géologique à celles du système intérieur.

La caractéristique la plus ancienne de la Cordillère est la légère ondulation des hautes-terres de ses plateaux intérieurs. Ce relief a été sculpté par l'érosion il y a plusieurs millions d'années. Depuis, il a été soulevé, submergé en partie par les coulées de lave, découpé par l'érosion des rivières et modelé par les glaciers. Le relief et les dépôts de surface les plus typiques de la Cordillère datent des glaciations remontant à un million d'années. Au sud du 61e degré de latitude N., seuls les pics les plus élevés perçaient la nappe glaciaire qui recouvrait la Cordillère. Plus au nord, de très grandes portions du Yukon et des Territoires du Nord-Ouest étaient trop arides pour que des glaciers puissent s'y former, bien que le climat y ait été très froid.

Dans les régions soumises à la glaciation, les cirques et les vallées en U se trouvent souvent dans les montagnes et le long des bordures des plateaux les plus élevés. Les stries, les DRUMLINS, les ESKERS et les plaines de till sont répandus dans les plateaux et les plaines. Les vallées et les basses-terres renferment habituellement d'épaisses couches de silt et d'argile déposées dans des lacs endigués par les glaces pendant la fonte des glaciers, ainsi que du sable et du gravier amené par les eaux de fonte.

Pendant les 12 000 années qu'a duré l'ère postglaciaire, les rivières ont formé des terrasses, des cônes alluviaux, des plaines inondables et des deltas (*voir* RELIEF FLUVIAL). Les versants des vallées ont été altérés par des éboulis, des coulées de débris, des GLISSEMENTS DE TERRAIN, le lent glissement des sols et des AVALANCHES. Les reliefs périglaciaires existent au-delà de la limite forestière. Dans le sud, le pergélisol n'est présent que sous les plus hautes crêtes balayées par le vent, mais dans le nord, on en trouve à de plus faibles altitudes et, dans le centre et le nord du Yukon, à toutes les altitudes.

Jusqu'à maintenant, l'activité volcanique n'a été que sporadique dans certaines régions dispersées des systèmes occidental et intérieur. Quelques éruptions sont survenues pendant la glaciation. Les coulées de lave et les cônes de scories les plus récents ne remontent qu'à quelques centaines d'années. Ces éruptions sont à l'origine de légendes amérindiennes.

La Cordillère est soumise à une grande variété de climats à cause de sa grande étendue en latitude, du fait qu'elle est située entre l'océan Pacifique et les régions continentales intérieures et de son relief accidenté. Le paysage naturel présente plusieurs effets visibles du climat. Les pluies et les chutes de neige abondantes de la chaîne côtière entretiennent des forêts luxuriantes et de grandes étendues de neige et de glaciers à des altitudes relativement basses.

La limite forestière altitudinale et la limite des neiges persistantes s'élèvent vers l'est, où les chutes de neige diminuent, et descendent vers le nord à mesure que la température décroît. Les changements climatiques causés par l'altitude dans une région donnée sont reflétés par des zones altitudinales de végétation. La plus haute d'entre elles est la toundra alpine. Dans les vallées semi-arides du système inté-

rieur, la zone de végétation la plus basse est constituée de prairies.

L'ensemble de la Cordillère se distingue par sa topographie montagneuse et irrégulière et par sa grande diversité de climats, de sols et de végétation. Bon nombre de ses caractéristiques physiographiques, comme les pentes abruptes, les risques naturels et les climats rigoureux restreignent son exploitation. D'autres particularités, comme les FORÊTS, les prairies, les lacs et rivières et les paysages variés constituent des RESSOURCES naturelles. (*Voir aussi* RELIEF KARSTIQUE.)

J.M. Ryder

Plaines Intérieures

Les plaines intérieures du Canada s'étendent du 49e parallèle jusqu'à l'océan Arctique, entre le Bouclier canadien et la Cordillère. Leur superficie atteint 1,8 million de km², soit 18 p. 100 de la superficie du pays. La topographie régionale des plaines est principalement fondée sur des roches sédimentaires plates. Une nappe irrégulière de SABLE ET DE GRAVIER, déposée par des rivières s'écoulant des Rocheuses, s'est ajoutée à ce substratum sédimentaire. Cette sédimentation a été suivie de périodes d'érosion associées à un soulèvement inégal qui ont provoqué le découpage du relief en hautes-terres isolées.

En plus de ces vestiges de l'érosion, la pente relativement uniforme de la partie sud de la région est divisée en trois paliers par l'escarpement du Manitoba et le coteau du Missouri. La plaine du Manitoba se situe en bas de l'escarpement du Manitoba, à une altitude inférieure à 400 m. Elle est la plus basse et la plus plate des trois paliers des PRAIRIES. Les roches sous-jacentes du paléozoïque (570 millions d'années à 245 millions d'années) sont recouvertes d'un manteau d'apports glaciaires, couverts à leur tour dans la plupart des régions par du silt et de l'argile déposés dans les lacs glaciaires.

La plaine de la Saskatchewan, qui constitue la pente douce de l'escarpement du Manitoba, est presque entièrement recouverte de dépôts glaciaires, composés surtout de MORAINE bosselée, mais aussi de grandes zones plates qui ont été l'emplacement de lacs glaciaires et qui sont plus basses et moins accidentées que la plaine de l'Alberta, à l'ouest. L'altitude se situe entre 460 m et 790 m et peut atteindre 915 m dans les régions plus accidentées. À l'ouest du coteau du Missouri, une pente douce monte jusqu'aux contreforts des montagnes Rocheuses. Ce troisième palier, la plaine de l'Alberta, se caractérise par un relief plus marqué et plus diversifié. Ici encore, la moraine bosselée domine le paysage.

Les BADLANDS, des terres formées par une forte découpure des roches tendres sous-jacentes de cette région plus sèche, sont peu particulières. Le plateau de l'Alberta, situé au nord de la rivière Athabaska, est en fait un prolongement vers le sud de la plaine. Il s'agit d'un ensemble de plateaux qui atteignent des altitudes allant de 760 m à 970 m, séparés par les grandes vallées des rivières de la Paix, Fort Nelson et Hay. Au nord de la rivière de la Paix, le plateau forme un escarpement détaché qui surplombe la plaine du Grand lac des Esclaves.

La distribution étendue des dépôts des glaciaires constitue la caractéristique la plus frappante de ce plateau. Les plaines de till et les moraines bosselées sont également répandues. Les plaines intérieures du nord, situées à une altitude inférieure à 300 m et composées surtout de till recouvert de tourbe, s'étendent du plateau de l'Alberta jusqu'à l'océan Arctique.

Les plaines intérieures se caractérisent au sud par une végétation de prairie dans un climat semi-aride. Au nord et à l'est, les prairies cèdent la place à des prairies-parcs où prévalent des températures légèrement plus fraîches et de plus fortes précipitations. Encore plus au nord, la forêt de conifères prédomine et, à l'extrémité septentrionale des plaines Intérieures, cède la place à la toundra.

D.F. Acton

Basses-terres de la baie d'Hudson

Cette surface de 320 000 km² (3,5 p. 100 de la superficie du Canada) ne représente que 40 p. 100 d'un bassin sédimentaire situé au centre du Bouclier canadien, dont le reste s'étend sous la BAIE D'HUDSON et la BAIE JAMES. Outre les collines Sutton du nord-est des basses-terres, le substratum rocheux est entièrement recouvert d'un manteau de sédiments glaciaires et marins associés à l'avance et au recul des glaces pendant la dernière glaciation.

La crête intérieure des basses-terres (d'environ 180 m d'altitude) coïncide à peu près avec le plus haut niveau d'inondation qui a suivi la fonte des glaces de la baie d'Hudson il y a environ 7500 ans. Dans la partie occidentale des basses-terres, les subdivisions du paysage tendent à être parallèles à la bordure du Bouclier et au littoral. Plus près de ce dernier, on trouve des collines profilées constituées de till, qui ont été formées sous les glaces qui se déplaçaient vers le sud-ouest à partir de la baie d'Hudson jusqu'au Manitoba. Ces collines n'ont pas été totalement recouvertes par des dépôts marins plus récents et donnent ainsi au relief une apparence plissée.

Plus près du littoral, où le manteau marin est plus épais, on retrouve de vastes plaines plates parsemées d'épais dépôts de TOURBE et de très nombreux étangs. Ces plaines font contraste avec un relief qui s'étend sur une vaste région (50 km à 80 km) à l'intérieur des côtes. À cet endroit, un grand nombre de levées de plages de gravier parallèles ont été formées à la suite de tempêtes au cours des 5000 ou 6000 dernières années, alors que le niveau de la mer diminuait à cause du soulèvement rapide de la croûte terrestre. Cette région se caractérise par des crêtes basses, sèches et boisées, séparées par des dépressions marécageuses.

Dans la région côtière, les fonds marins presque plats sont exposés à marée basse et deviennent des marais et des vasières souvent parsemées de blocs glaciaires (voir MARAIS, MARÉCAGE ET TOURBIÈRE). Le niveau de la mer baisse toujours d'environ 60 cm par siècle, exposant de plus en plus les régions côtières. Dans les basses-terres de l'est, les inondations marines ont été immédiatement suivies par le retour de la marge glaciaire le long du 86ᵉ et du 87ᵉ degré de longitude O. Cette avance a entraîné le façonnement des dépôts marins en collines profilées, plus saillantes.

I.A. Brookes

Terrain forestier du Bouclier canadien

Le Bouclier, en tant que tel (4,6 millions de km²), représente 46 p. 100 de la superficie du Canada (y compris les lacs d'eau douce et les îles de l'Arctique). Si l'on exclut le Bouclier arctique, cette région physiographique demeure la plus vaste du Canada, représentant 32 p. 100 de sa superficie. Elle prend la forme d'une grande soucoupe. Au sud, à l'est et au nord-ouest, son pourtour ressemble à celui d'une assiette à soupe. Son centre est un bassin de roches sédimentaires, dont la bordure sud sous-tend les basses-terres de la baie d'Hudson.

Le Bouclier est composé de roches cristallines précambriennes formées pendant plusieurs stades d'orogenèse ayant eu lieu il y a de 3,5 milliards d'années à 1 milliard d'années. Depuis un milliard d'années, la région est demeurée un rempart relativement stable qui n'a pas été touché par les mouvements TECTONIQUES DE PLAQUES qui ont formé la bordure montagneuse du Canada. La stabilité du Bouclier a permis à l'érosion de niveler sa surface, lui donnant un horizon typiquement plat ou ondulé.

Les pourtours sud-est et est ont été soulevés dans un passé géologique relativement récent après des mouvements tectoniques associés à l'ouverture de l'océan Atlantique. L'érosion glaciaire n'a eu que peu d'effets, sauf le long de la bordure est. Environ la moitié du Bouclier est considéré comme une région de hautes-terres. S'étendant du nord-ouest du

Québec, en passant par le nord de l'Ontario, du Manitoba et de la Saskatchewan, jusqu'au nord-ouest du District de Keewatin et l'est du District de Mackenzie (Territoires du Nord-Ouest), cette région (d'une altitude de 200 m à 500 m) n'est hautes-terres que par son altitude, qui est supérieure à celle des basses-terres de la baie d'Hudson et des plaines intérieures qui l'entourent. Un relief de 50 cm à 60 m seulement a été aplani par un mince manteau de till et de sédiments déposés dans les lacs glaciaires.

La partie orientale du Bouclier, entre la baie d'Hudson et le golfe du Saint-Laurent, est dominée par des plateaux. L'altitude passe de 300 m près des côtes à 900 m dans la partie centrale du Labrador et du Nouveau-Québec. Un relief de 150 m à 300 m d'altitude a été causé par le découpage de vallées dans la région plus élevée. À plusieurs endroits du Bouclier, les hautes-terres et les plateaux sont coupés par des collines, où l'altitude augmente à cause de l'érosion différentielle des structures géologiques linéaires formées dans les vestiges d'anciennes chaînes de montagnes, p. ex., les collines du Labrador et celles de Port-Arthur.

La surface élevée et accidentée située le long de la bordure est et sud-est du Bouclier est classée parmi les hautes-terres. Dans l'île de Baffin et le nord du Labrador, son altitude peut atteindre de 800 m à 1500 m. Elle est composée de plateaux ondulés et profondément découpés par des auges glaciaires qui ont donné l'aspect de fjord au littoral. Les hautes-terres au nord du fleuve Saint-Laurent atteignent entre 500 m et 900 m d'altitude, et certains sommets s'élèvent de 1000 m à 1200 m dans des régions plus découpées, comptant peu de plateaux.

Les deux grandes régions du Bouclier, situées à l'est et à l'ouest de la baie d'Hudson, constituaient les centres de l'écoulement glaciaire pendant la dernière glaciation (il y a de 100 000 ans à 6 000 ans). Les parties centrales de ces zones montrent une surface hétérogène recouverte de till et parsemée de bassins lacustres peu profonds. Autour de ces bassins, l'érosion glaciaire du substratum rocheux est plus évidente. On remarque quelques collines de till façonnées par les glaces et de nombreux eskers marquant le chenal de cours d'eau sous-glaciaires, ainsi que de grandes moraines qui correspondent à des pauses au cours du retrait des glaces du Bouclier. La périphérie de ces deux régions centrales est caractérisée par une surface plus plate, qui a été inondée par les lacs et les mers au cours de la déglaciation.

I.A. Brookes

Basses-terres du Saint-Laurent

Les basses-terres du Saint-Laurent (180 000 km², soit 1,8 p. 100 de la superficie du Canada) se trouvent entre le Bouclier au nord et la région des Appalaches à l'est et au sud-est. Elles se divisent en trois régions.

Les basses-terres occidentales Cette région s'étend entre le Bouclier et les lacs Huron, Érié et Ontario. Elle est composée d'une plaine calcaire (d'une altitude de 200 m à 250 m) suivie d'une large étendue de basses-terres de schiste qui la sépare d'un plus vaste plateau de dolomie et de l'ESCARPEMENT DU NIAGARA. À partir de ce dernier, le plateau forme une pente douce qui descend vers le sud-ouest jusqu'aux lacs Huron et Érié (173 m d'altitude). La glaciation a recouvert cette région de plusieurs couches de till, dont la plus récente forme de grandes plaines de till ondulées qui entourent souvent des champs de drumlins.

Les moraines proéminentes du plateau occidental et du nord du lac Ontario correspondent à des pauses durant la retraite des lobes glaciaires, survenue il y a de 14 500 ans à 12 500 ans. Des plaines d'argile et de sable, anciens dépôts de lacs glaciaires, entourent les lacs actuels.

Les basses-terres centrales Cette région se caractérise par une topographie ondulée qui s'est développée sur les roches sédimentaires sous-jacentes, généralement recouvertes de dépôts glaciaires et marins. Les sept collines montérégiennes (dont le mont

Royal), qui se dressent à peu près d'ouest en est entre le Bouclier, à l'ouest de Montréal, et les Appalaches s'élèvent à une altitude qui varie entre 200 m et 400 m.

Le long du Bouclier et des Appalaches, des terrasses sablonneuses (allant jusqu'à 200 m d'altitude) constituent d'anciens dépôts de la MER DE CHAMPLAIN, qui a inondé il y a environ 12 500 ans les basses-terres libérées des glaces peu de temps auparavant. Ces terrasses ont été érodées par les cours d'eau postglaciaires, ce qui a constitué une surface plus accidentée. La moraine de Drummondville, basse et légèrement bosselée, s'étend vers le sud-ouest à partir des environs de Québec presque jusqu'à la frontière du Vermont.

Les basses-terres orientales Cette région s'élargit à partir de l'estuaire du Saint-Laurent jusqu'au golfe, et se rétrécit vers le nord-est, au détroit de Belle Isle. Elle est constituée de plaines et de plateaux isolés, petits et de faible altitude sur la rive nord du golfe (p. ex., les îles Mingan), d'une plaine côtière de moins de 100 m d'altitude dans le nord-ouest de Terre-Neuve et d'un plateau plus étendu et ondulé (altitude de 100 m à 200 m, 300 m pour la crête centrale dans l'île d'Anticosti). Ces fragments sont lisses et se caractérisent par un substratum rocheux sédimentaire plat ou légèrement incliné. Le sol est aride ou marécageux, selon la pente de la surface et l'influence des vents côtiers.

I.A. Brookes

Les Appalaches

La région des Appalaches (360 000 km², soit env. 2 p. 100 de la superficie du Canada) s'étend entre les basses-terres du Saint-Laurent, au nord-ouest, et le plateau continental de l'Atlantique, à l'est et au sud-est. Comme dans le cas d'autres régions montagneuses, sa surface est une mosaïque de hautes-terres et de basses-terres dont les traits, les formes et les frontières reflètent la complexité des roches et des structures héritées des mouvements tectoniques qui se sont produits il y a de 480 millions d'années à 280 millions d'années. Depuis, l'érosion a eu raison de plusieurs kilomètres de roc, mettant à nu des structures jadis profondément enfouies.

Parallèlement, un soulèvement régional a placé les hautes-terres plates et les régions montagneuses sur un substratum composé de roches dures, alors que les roches plus tendres ont été façonnées en basses-terres et en plaines. Les hautes-terres et les montagnes sont disposées en Z à partir de la frontière séparant le Québec du Vermont et du New Hampshire, vers le nord-est jusqu'en Gaspésie, puis vers le sud-ouest à travers le Nouveau-Brunswick, pour continuer vers le nord-est, au nord de la baie de Fundy jusqu'à l'île du Cap-Breton. De là, la chaîne, coupée par le détroit de Cabot, se poursuit le long de la haute crête occidentale de Terre-Neuve. Cette région montagneuse s'élève à plus de 1200 m au centre de la Gaspésie (au mont Jacques-Cartier, 1268 m).

Dans l'ouest de Terre-Neuve et le nord-est du Nouveau-Brunswick, les sommets s'élèvent entre 600 m et 800 m. La chaîne est flanquée de hautes-terres (300 m à 600 m d'altitude) au Québec, dans le nord-ouest du Nouveau-Brunswick, dans le sud et l'est de Terre-Neuve et dans le sud de la Nouvelle-Écosse. Sauf dans cette dernière région, les hautes-terres forment avec les régions montagneuses un horizon légèrement ondulé et des vallées aux flancs abrupts.

Dans l'est du Nouveau-Brunswick, à l'Île-du-Prince-Édouard, aux Îles de la Madeleine, dans le nord de la Nouvelle-Écosse et dans les basses-terres triangulaires du centre de Terre-Neuve, des roches tendres ont permis la formation de plaines et de basses-terres. À Terre-Neuve et dans le sud de la Nouvelle-Écosse, le relief ressemble beaucoup à celui du Bouclier, composé de grandes plaines rocheuses aplanies par les glaciers, recouvertes à certains endroits de till à blocs et parsemées de lacs aux contours irréguliers. Dans le reste de la région, les signes d'une forte érosion glaciaire sont localisés, même dans les régions montagneuses et en particulier dans les vallées traversant le «grain» de la surface. Les dépôts glaciaires y sont plus épais et, bien qu'ils soient surtout sablonneux et infertiles, pourraient en certains endroits se comparer avantageusement à des terres fertiles.

Avec la déglaciation (il y a de 14 000 ans à 10 000 ans), le soulèvement a été suffisant pour dépasser l'élévation du niveau de la mer dans les régions centrales et septentrionales des Appalaches. Ainsi, une bordure littorale montre des terrasses marines soulevées qui recèlent souvent des parcelles de terres arables. Dans le sud, le long de l'océan Atlantique, l'élévation du niveau de la mer a dépassé le soulèvement le long de ce littoral où dominent les promontoires rocheux et les baies irrégulières. Le niveau de la mer continue de s'élever jusqu'à 30 cm par siècle.

I.A. Brookes

Zoo Les zoos ou jardins zoologiques sont des établissements où l'on expose des ANIMAUX sauvages et domestiqués à des fins d'éducation, de loisirs, de conservation et de recherche. Il existe une grande variété de jardins zoologiques allant des plus classiques, où la densité d'animaux est élevée, aux parcs ouverts et aux fermes à gibiers. On y trouve parfois des AQUARIUMS dans lesquels on expose des POISSONS et d'autres formes de vie aquatique. Généralement, les aquariums et les parcs de vie marine sont des équipements publics indépendants et spécialisés.

Histoire Les humains ont toujours gardé des animaux en captivité. Les peuples nomades gardent seulement quelques espèces, mais avec l'apparition des sociétés sédentaires, les collections d'animaux s'agrandissent et deviennent de plus en plus communes, p. ex., en Égypte, en Assyrie et en Chine entre 3000 av. J.-C. et 1000 av. J.-C. et ultérieurement en Grèce et à Rome. L'empereur Auguste (63 av. J.-C. à 14 apr. J.-C.) possède une ménagerie de plus de 3500 animaux vertébrés, une collection plus grande que celle de n'importe quel zoo canadien actuel. La célèbre ménagerie du chef aztèque Montezuma II (environ 1480 à 1520) nécessite 600 gardiens. Lorsque les monarchies sont remplacées par des régimes parlementaires, plusieurs collections privées deviennent des zoos publics, entre autres la ménagerie de Louis XVI, à Versailles, que l'on déménage au Jardin des plantes (1794).

Au cours des 200 dernières années, les jardins zoologiques publics ont évolué. Le World Zoo Conservation Strategy (1993) estime qu'il existe 1000 zoos constitués, abritant environ un million d'animaux sauvages, et que plus de 600 millions de personnes les visitent annuellement. Dans *The Roster of Canadian Zoos, Game Farms and Aquariums 1995*, publié par l'Association canadienne des jardins zoologiques et des aquariums (créée en 1975), on a répertorié 22 membres-organismes agréés et trois membres associés possédant des collections d'animaux.

Objectifs Les zoos privés donnent du prestige et du plaisir à leur propriétaire et procurent des loisirs à leurs invités. Dans les premiers zoos publics, on accorde une place prépondérante aux loisirs et ultérieurement, on intègre des objectifs modernes d'éducation, de conservation et de recherche. Au cours de la première moitié du XXe siècle, on expose généralement une grande variété d'espèces dans des cages alignées, ce qui donne aux animaux l'allure d'une collection de timbres. Les nombreuses espèces constituent un large éventail de sujets d'études taxinomiques (classification systématique) et, par leur diversité, offrent beaucoup de loisirs aux observateurs. Toutefois, cette façon de faire est dépassée, et l'aménagement des zoos est basé sur une meilleure compréhension de la psychologie et du comportement des animaux et sur une meilleure appréciation de la faune. Dans les programmes éducatifs, on a intégré de nouveaux objectifs de sensibilisation aux ÉCOSYSTÈMES, à la biodiversité et à la conscience environnementale. Les milieux urbains contrastent énormément avec les écosystèmes naturels intacts. Les jardins zoologiques créent un lien entre les deux et permettent aux humains de mieux apprécier la nature.

Environnements des animaux L'environnement artificiel d'un zoo doit répondre aux besoins physiques et psychologiques des animaux. Les enclos doivent permettre aux animaux de s'isoler, de se mettre à l'abri des regards, de se camoufler et d'établir des hiérarchies. Ils doivent aussi fournir des stimuli pour prévenir l'ennui et les comportements répétitifs. Il est important de réduire l'impact visuel des barrières (barreaux et clôtures). Dans plusieurs endroits modernes, on maintient les limites physiques et comportementales des animaux grâce à des fossés humides, des fossés secs, des clôtures électriques, des zones de lumière et autres techniques. Les barrières de verre sont utilisées pour procurer une vue sans obstacle.

Plusieurs zoos sont pourvus d'installations non exposées (p. ex., aires de mise bas, cages de repos et enclos de traitement) qui sont généralement équipées de télévisions en circuit fermé pour effectuer des suivis comportementaux.

Programmes de conservation Les zoos collaborent à divers programmes internationaux de conservation. On a établi une liste internationale de plus de 150 espèces menacées. En 1981, l'American Zoo and Aquarium Association a élaboré le Species Survival Plan (plan de sauvegarde des espèces) qui bénéficie du soutien engagé des zoos participants. Les zoos sont désormais des producteurs de faune et non plus des utilisateurs comme par le passé. Aujourd'hui, on ne capture plus beaucoup d'animaux dans la nature pour les zoos. La majorité des établissements dirigent d'importants programmes de sauvetage et d'accueil d'animaux. Les individus rétablis sont réintégrés dans leur habitat naturel, sont exposés dans le zoo ou envoyés dans d'autres zoos.

Avec la disparition des milieux naturels, d'innombrables espèces animales sont menacées de disparition ou s'éteignent. Les zoos assurent la reproduction de diverses espèces en captivité, et la survie de certaines espèces dépend maintenant de ces établissements. Peu d'espèces se reproduisent en captivité: environ seulement 9 p. 100 d'espèces de mammifères connues ont produit des générations multiples continues en captivité. Dans le cadre du Programme de rétablissement des espèces du Service canadien de la faune et du US Department of the Interior, le Calgary Zoo et le Metro Toronto Zoo ont mis sur pied, à l'extérieur de leurs établissements, des programmes de reproduction de GRUE BLANCHE D'AMÉRIQUE (Calgary) et de PUTOIS D'AMÉRIQUE (Toronto). Les zoos assurent la reproduction des animaux de façon à protéger leur patrimoine génétique et à les réintroduire dans leur milieu.

Les objectifs des jardins zoologiques se concentrent désormais sur la conservation générale, l'établissement de populations autosuffisantes, les programmes éducatifs spécialisés et la présentation d'animaux dans leur habitat naturel.

Gestion des zoos L'exploitation d'un zoo est aujourd'hui une affaire complexe qui inclut l'élevage, la recherche et le développement, l'éducation et l'interprétation, la MÉDECINE VÉTÉRINAIRE, les relations publiques, le financement, les services alimentaires, l'horticulture, l'entretien, la sécurité, la mise en marché, l'administration générale et les finances. Plusieurs zoos obtiennent des subventions municipales ou provinciales, mais le financement fédéral direct est moins commun. Certains établissements sont exploités commercialement, et lorsque les frais d'exploitation et les coûts de développement des investissements sont couverts, les associés reçoivent des profits. Les zoos bénéficient souvent du soutien de sociétés zoologiques, des organismes bénévoles à but non lucratif généralement exonérés de taxes, dont l'aide prend diverses formes allant d'une affiliation intéressée à une autorité de gestion.

Les plus importants jardins zoologiques sont situés dans les grande villes. Le premier zoo du Canada, le Riverdale Zoo de Toronto, est fondé en 1887. Le plus grand, le Metro Toronto Zoo, a ouvert ses portes en 1974. Parmi les autres jardins zoologiques du pays, on compte le Stanley Park Zoo, à Vancouver, fondé en 1888 (on prévoit sa fermeture); l'Assiniboine Park Zoo, Winnipeg, 1905; le Calgary Zoo, 1917; le Moose Jaw Wild Animal Park, 1929; le Provincial Wildlife Park, Shubenacadie, Nouvelle-Écosse, 1947; le Vancouver Aquarium, 1956; le Jardin zoologique de Montréal, 1957; le Valley Zoo, Edmonton, 1959; l'Aquarium de Québec, 1959; l'Aquarium de Montréal, 1967; l'African Lion Safari, Rockton, Ontario, 1969; le Parc Safari africain, Hemmingford, Québec, 1972; et le Salmonier Nature Park, près de Holyrood, Terre-Neuve, 1978. Parmi les zoos canadiens, il y a des établissements très modestes et d'autres comptant plus de 3000 animaux de plus de 400 espèces (excluant les invertébrés). En raison des coûts élevés liés aux besoins en bâtiments l'hiver, le nombre d'espèces tropicales est parfois limité. On estime que plus de 15 millions de personnes visitent les zoos annuellement au Canada.

Peter Karsten

Zoologie Étude des ANIMAUX. Les zoologistes ont divers champs d'intérêt: certains étudient les formes (morphologie) ou les fonctions (physiologie), d'une échelle globale à une échelle moléculaire, le comportement (éthologie), les associations (écologie) ou la répartition (zoogéographie). D'autres encore se spécialisent dans l'étude d'un seul type d'animal.

Les êtres humains se sont toujours intéressés aux animaux et ont toujours recherché leur compagnie. Parmi les premiers artefacts humains, on trouve des figures animales gravées sur des os et de la pierre ou peintes sur les parois de cavernes (*voir* PICTOGRAMMES ET PÉTROGLYPHES). Les traités d'Aristote (384 à 322 av. J.-C.) renferment les commentaires les plus complets qui aient été formulés sur la nature au cours de l'Antiquité. Sa vision de la place de l'humain dans la nature imprégna sa philosophie qui à son tour influença la culture occidentale jusqu'à la Renaissance et au-delà. Les connaissances zoologiques ont donc eu une incidence énorme sur le comportement humain.

Après Aristote, il a fallu attendre presque 2000 ans avant que l'on acquière de nouvelles connaissances dans le domaine de la zoologie. En effet, le savoir est devenu codifié et dogmatique: la discussion l'emporte sur l'expérimentation. Ce n'est que pendant la Renaissance que l'on commence à manifester de la curiosité envers la nature et à en faire l'observation systématique spécialisée. André Vésale (1514-1564), qui se fie surtout à ses propres sens, redonne un nouveau souffle à l'étude de l'anatomie et William Harvey (1578-1657) fait la démonstration de la circulation sanguine de façon expérimentale. D'autres personnes habiles dissèquent des animaux et étudient de façon détaillée leur structure et leur développement. Ces chercheurs font de la zoologie une science vivante.

Le plus grand ouvrage encyclopédique de l'époque est probablement l'*Histoire naturelle* de Georges de Buffon (1707-1788), qui se divise en 44 volumes. Cet ouvrage allait servir de référence aux Européens qui partaient à la découverte du monde en bateaux. La publication, en 1758, de la dixième édition de *Systema Naturae* de Carl von Linné est le point culminant des efforts visant à déterminer les relations entre les êtres vivants et à nommer ceux-ci d'une manière universellement acceptée. On peut dès lors amasser et cataloguer systématiquement des collections sans cesse grandissantes et s'en servir pour faire des études et des synthèses.

Dix-neuvième siècle En Europe, la science commence à se dessiner précisément au XIXe siècle. On en vient à attendre des scientifiques qu'ils utilisent des méthodes empiriques dirigées et résolvent les problèmes de façon à ce que l'on puisse poser des questions plus spécialisées, faire des recherches plus critiques et plus imaginatives, et acquérir des connaissances plus approfondies.

Au cours du XIXe siècle, les zoologistes s'intéressèrent surtout à la morphologie comparée, au sens le plus large du terme. J.B. Lamarck et Georges Cuvier, qui étudient respectivement les INVERTÉBRÉS et les VERTÉBRÉS, établissent les fondements de ces disciplines et montrent les relations entre les formes FOSSILES et les formes actuelles. Grâce au microscope, le zoologiste Theodor Schwann et le botaniste Matthias Schleiden découvrent, en 1838-1839, que tous les êtres vivants sont constitués de cellules et énoncent ainsi le premier des grands principes universels de la BIOLOGIE, la théorie cellulaire. Cette découverte entraîne le perfectionnement du microscope et des techniques qui s'y rattachent.

Durant la deuxième moitié du XIXᵉ siècle, les études micro-anatomiques révèlent la nature de l'œuf, du sperme et de la fécondation, les mécanismes (mitose et méiose) de la division cellulaire ainsi que les premières étapes du développement embryonnaire. Simultanément, on établit solidement la physiologie comme une science expérimentale rigoureuse. On fonde beaucoup d'espoir sur les lois de la physique et de la chimie pour comprendre le phénomène de la vie. Claude Bernard devient le physiologiste le plus en vue avec sa théorie générale selon laquelle un animal maintiendrait, autant que possible, des fonctions internes équilibrées, indépendamment des grandes variations de son environnement externe (homéostasie).

L'événement le plus marquant du XIXᵉ siècle fut peut-être la présentation officielle, en 1858-1859, de la théorie de l'ÉVOLUTION par la sélection naturelle, de Charles Darwin et A.R. Wallace. L'évolution est le deuxième principe universel de la biologie. Darwin est le premier grand écologiste du XIXᵉ siècle, et celui qui a le plus grand esprit de synthèse. Il est autant à l'aise dans l'étude des plantes que dans celle des animaux. Il découvre, entre autres, que les mêmes forces régissent l'histoire des plantes et celle des animaux, à un point tel d'ailleurs qu'il semble que plusieurs ont eu une évolution parallèle.

Vingtième siècle Le troisième grand principe universel, celui du mécanisme de l'hérédité, c.-à-d. la théorie des gènes, appartient essentiellement au XXᵉ siècle. Gregor Mendel en formule les premiers énoncés, en 1866, lors de ses travaux sur les plantes, mais ses résultats ne sont pas pris en considération avant 1900. Dès lors, toutefois, la GÉNÉTIQUE se développe rapidement, profitant largement de l'étude des animaux et des micro-organismes. En 1953, James Watson et Francis Crick firent la description de la nature physique du matériel génétique des acides nucléiques.

Il est difficile et, à bien des égards, plutôt artificiel de diviser la biologie en zoologie et en BOTANIQUE. En effet, la très grande généralité des principes universels fait qu'ils s'appliquent sans distinction à tous les organismes. Ces principes jettent les fondements de la compréhension des processus et des possibilités de la vie, de la base des structures et des mécanismes internes et externes des changements adaptatifs.

Au cours du XXᵉ siècle, la zoologie a suivi différentes voies. Le développement, ce mystérieux processus qui conduit à la forme finale d'un animal, a fait l'objet de recherches intensives entamées au XIXᵉ siècle et qui ont atteint leur apogée, pendant un certain temps, dans les années 1920, avec les travaux de Hans Spemann. Sa démonstration du phénomène d'induction embryonnaire et du concept d'organisateur (amas de cellules dans l'embryon qui règle le développement des tissus voisins) a servi de point de départ à la plupart des travaux subséquents.

Une grande partie des travaux de recherche s'orientent vers la biochimie et cela s'applique à d'autres domaines tels que la physiologie (respiration, cynétique enzymatique), la génétique (nature du gène), l'évolution (attributs biochimiques d'une espèce) et l'écologie (sources d'énergie). De même, l'analyse biomathématique devient de plus en plus perfectionnée et largement utilisée, en particulier dans un domaine comme l'écologie qui, plus que toute autre discipline, est née des sciences naturelles, mais tente d'émettre des hypothèses sur les associations environnementales que l'on peut vérifier quantitativement et de manière rigoureuse. L'écologie est donc aussi devenue une science expérimentale et a simultanément provoqué de l'intérêt et des préoccupations pour l'ENVIRONNEMENT. Cette influence s'ajoute aux effets directs que la zoologie continue d'avoir sur d'autres domaines faisant l'objet de préoccupations, comme l'agriculture (*voir* AGRICULTURE ET ALIMENTATION) et la médecine.

Zoologie au Canada L'exploration de l'Amérique du Nord a été en partie stimulée par le rapport de Jean Cabot en 1497 qui faisait état de la présence de grands bancs de poissons près de la côte est du continent. Nicholas DENYS publie sa *Description géographique et historique des costes de l'Amérique septentrionale* (1672), ouvrage fondé sur son voyage dans le golfe du SAINT-LAURENT. Entre 1660 et 1725, Claude Perreault et ultérieurement Michel SARRAZIN dissèquent et décrivent de nombreux animaux, dont le castor, le rat musqué, le carcajou et l'orignal.

Plus tard, d'autres explorateurs envoient en Europe des histoires naturelles descriptives qui engendrent l'ouverture des régions du Nord-Ouest à la TRAITE DES FOURRURES. En Angleterre, Thomas Pennant publie *Arctic Zoology* (1784-1787) en se fondant sur des collections récoltées par des explorateurs comme Samuel HEARNE. La plus connue de ces premières études est *Fauna Boreali-Americana* (1829-1837) de John RICHARDSON, un chirurgien également naturaliste qui a participé aux deux premières expéditions de Franklin (1819-1822 et 1825-1826) et qui, par la suite, dirige l'expédition de recherche de Franklin en 1848-1849. P.H. GOSSE débute sa carrière à Terre-Neuve et dans les Cantons de l'Est, au Québec, et écrit son premier ouvrage, *The Canadian Naturalist* (1840), pendant son voyage de retour.

En 1849, Moses Perley entreprend une étude sur la pêche au Nouveau-Brunswick. En 1852, le gouvernement fédéral engage Pierre FORTIN pour surveiller la PÊCHE dans le golfe du Saint-Laurent. C'est le début de la science halieutique au Canada. En 1908, on établit des stations biologiques à St. Andrews (Nouveau-Brunswick) et à Nanaïmo (Colombie-Britannique). Le Conseil de biologie du Canada, créé en 1912, devient l'OFFICE DES RECHERCHES SUR LES PÊCHERIES (ORP) en 1937. L'ORP, synonyme d'excellence dans son domaine, est intégré au ministère des Pêches et des Océans en 1979.

Les universités participent activement aux études sur les pêches et les océans et à la zoologie, une discipline plus théorique. On a fondé un département distinct de sciences naturelles à l'U. de Toronto en 1854, puis à l'U. McGill et à l'U. Queen en 1858. Actuellement, presque toutes les universités canadiennes ont un département de zoologie ou de biologie où l'on peut faire des études supérieures dans le domaine.

On trouve des scientifiques exceptionnels dans presque toutes les branches de la zoologie. Mentionnons l'abbé Léon PROVANCHER dont les collections et les descriptions ont servi de fondement à des études entomologiques extrêmement importantes qui ont valu au Canada une réputation internationale; J.P. McMurrich, renommé pour ses travaux sur de multiples sujets allant des anémones de mer aux humains; A.G. Huntsman, dont la curiosité tenace et l'inépuisable énergie ont été à l'origine de divers champs de recherche dans le domaine des pêches; E.M. WALKER, un des entomologistes les plus influents du Canada; R.A. Wardle, le parrain de toute une génération de parasitologues; William ROWAN, dont les expériences sur les oiseaux ont préparé le terrain pour d'importantes études sur l'influence du photopériodisme sur le comportement animal; J.B. COLLIP, endocrinologue renommé pour ses travaux sur l'insuline et les parahormones; J.R. Dymond, qui a stimulé les premières études systématiques sur les poissons du Canada; W.A. Clemens qui, à la fois au service de l'ORP et des universités, a joué un rôle prépondérant dans le développement de la zoologie sur la côte Ouest; Helen BATTLE, professeur et chercheuse émérite dans les domaines de la physiologie, de l'embryologie, de la morphologie et de l'écologie des organismes marins; Donald RAWSON, dont la compréhension de la structure des lacs continue de stimuler les chercheurs en limnologie; W.E. RICKER, chef de file dans l'analyse des populations de poissons; William Hoar, qui a établi la norme en physiologie comparée; C.P. LEBLOND, probablement le plus grand spécialiste canadien en microscopie électronique et en analyse cellulaire; et Douglas Pimlott, vif défenseur des questions environnementales.

Cette liste n'énumère qu'une infime fraction de tous ceux qui ont apporté une contribution importante à la zoologie. Aujourd'hui, les zoologistes canadiens sont au premier rang des études en physiologie endocrinienne et respiratoire comparée, en neurobiologie, en analyse de populations, en PARASITOLOGIE et en PALÉONTOLOGIE des vertébrés.

Collections Le Musée canadien de la nature à Ottawa, le Musée royal de l'Ontario à Toronto et le Canadian National Insect Collection à Ottawa possèdent de grandes collections d'organismes. Les musées provinciaux, régionaux et universitaires jouent aussi des rôles importants, souvent en ce qui a trait à la faune locale. Les MOLLUSQUES, les POISSONS, les OISEAUX et les MAMMIFÈRES du Canada sont très bien décrits dans de nombreux livres qu'il est facile de se procurer. La Commission biologique du Canada, financée par le Musée canadien de la nature, fait des études sur la systématique, la répartition et l'écologie des Arthropodes terrestres en association avec la Société entomologique du Canada (fondée en 1863).

Sociétés Les principaux intervenants canadiens en zoologie sont la Canadian Society of Zoologists (fondée en 1961) et la Canadian Society of Environmental Biologists qui a commencé ses activités en 1959 sous le nom de Canadian Society of Wildlife and Fishery Biologists. On trouve aussi des clubs provinciaux et régionaux de sciences naturelles, des groupes d'intérêt particulier comme la Society of Canadian Limnologists, des groupes universitaires comme le Canadian Committee of University Biology Chairmen et des associations professionnelles comme l'Association des biologistes du Québec et l'Alberta Society of Professional Biologists. La Fédération canadienne des sociétés de biologie, qui regroupe plusieurs sociétés de spécialistes, notamment les associations de physiologistes, de biochimistes et de cytologistes, fait le lien entre la zoologie au sens large et ses applications médicales.

Périodiques Les scientifiques sont cosmopolites: ils communiquent avec leurs collègues du monde entier et dépendent d'eux. Il existe des milliers de revues spécialisées en biologie, dont beaucoup sont utilisées par les zoologistes canadiens. Toutefois, au premier plan des revues qui traitent de zoologie dans le monde on trouve le *Journal canadien des sciences halieutiques et aquatiques*, dont la première parution, en 1901, s'intitulait *Contributions to Canadian Biology*, et le *Journal canadien de zoologie*, une publication du CONSEIL NATIONAL DE RECHERCHES, publiée pour la première fois en 1935 sous le nom de *Canadian Journal of Research*. Ces deux revues sont mensuelles. Parmi les autres revues importantes, citons *Le naturaliste canadien* (depuis 1868), *The Canadian Entomologist* (depuis 1868), et *The Canadian Field-Naturalist* (depuis 1887). Le Musée canadien de la nature a commencé à publier *La biodiversité mondiale* (depuis 1991) comme une tribune internationale sur la BIODIVERSITÉ. Au Canada, il existe toujours des possibilités de carrière en zoologie. En effet, les Canadiens développent des ressources animales (pour leurs exploitations agricoles) et des ressources halieutiques, apprennent à apprécier l'environnement, poursuivent des recherches médicales et contribuent de façon générale à la compréhension de l'histoire de la vie.

J.R. Nursall

Zooplancton Ensemble composé d'animaux à faible pouvoir natatoire appartenant à plusieurs embranchements (divisions primaires du règne animal) et qui, sous forme larvaire ou adulte, vivent suspendus dans la colonne d'eau. Le zooplancton marin est dominé par les CRUSTACÉS de la sous-classe des copépodes, que l'on trouve en grand nombre dans tous les océans. Les organismes suivants représentent une plus faible proportion du zooplancton: les crustacés de l'ordre des euphausiacés (ou euphausides, connus sous le nom de krill), les chétognathes (animaux ayant un corps en forme de flèche), les ptéropodes (petits MOLLUSQUES gastéropodes), les tuniciers (urocordés), les cténophores (grec ktenos, «peigne») et les MÉDUSES. Parmi les animaux qui ne passent qu'une partie de leur vie dans le plancton, on compte les palourdes, les crabes et les balanes (larves planctoniques), et les poissons (œufs et larves planctoniques). On trouve des centaines d'espèces de zooplancton dans les eaux canadiennes, mais seulement quelques-unes y sont exclusives. Les organismes zooplanctoniques se déplacent grâce à des cils vibratiles (appendices longs et fins) ou en actionnant des structures semblables à des avirons, des ailes ou des nageoires, ou même par propulsion. La taille des animaux planctoniques varie de quelques micromètres chez les zooflagellés à plusieurs mètres chez les grandes méduses. La majorité se nourrissent de particules plus petites qu'eux, incluant le phytoplancton (plantes microscopiques), à l'aide d'un appareil filtreur qui fonctionne plutôt comme un papier tue-mouches que comme un filtre parce que dans l'eau, les forces de viscosité prédominent à une si petite échelle de mouvement. D'autres animaux planctoniques (*voir* PLANCTON) sont omnivores ou carnivores. Plusieurs étapes du réseau alimentaire peuvent être planctoniques si les producteurs primaires dominants sont très petits (plus petits que 1 micron) comme les cyanobactéries (*voir* ALGUES BLEU-VERT). Puisqu'une perte d'énergie à chaque niveau est observée, le réseau alimentaire complexe caractéristique des eaux chaudes côtières ne peut soutenir une production de poissons suffisamment importante pour une exploitation commerciale. Des chercheurs japonais et russes ont tenté d'améliorer l'efficacité du réseau alimentaire en récoltant les euphausiacés (ou krill) pour la consommation humaine. On ajoute des euphausiacés et des copépodes (crustacés) à la nourriture des saumons et des truites d'AQUACULTURE pour donner à leur chair une couleur attrayante.

Le zooplancton est omniprésent, en eau salée comme en eau douce, s'il y a de l'oxygène. Près de la côte, de la surface et aux hautes latitudes, il est généralement abondant, de grande taille et peu diversifié, tandis qu'au large, il est moins abondant, de plus petite taille, mais avec une plus grande diversité d'espèces. Parmi les adaptations à la vie pélagique (haute mer) de ces animaux planctoniques, on compte entre autres des vésicules remplies de gaz qui servent de flotteurs, mais la plupart des espèces font sans doute varier leur composition ionique interne pour régler leur flottabilité. Des éventails perfectionnés de soies (*setae*) ou de tentacules ont probablement des fonctions tactiles, d'alimentation et de flottaison. Là où la lumière pénètre, les animaux sont généralement transparents, ce qui les empêche d'être détectés par leurs proies ou leurs prédateurs.

Près de la surface, les animaux ont communément des pigments bleus, qui procurent un camouflage et une protection contre les rayons ultraviolets. En profondeur, où il fait noir, les animaux sont plus foncés et possèdent habituellement des organes producteurs de lumière (photophores) ou ils sécrètent des substances émettrices de lumière (bioluminescence). La bioluminescence peut troubler les prédateurs, servir de signal de reconnaissance intraspécifique ou permettre à l'animal vu de dessous d'apparaître en contre-jour, mais son rôle adaptatif fait encore l'objet de débats. On connaît peu les raisons qui amènent le zooplancton à effectuer des migrations verticales quotidiennes, parfois sur des centaines de mètres, mais il est certainement avantageux pour les formes herbivores qui broutent le phytoplancton concentré en surface de s'y nourrir la nuit lorsque la prédation est réduite.

Les cténophores et les chétognathes, exclusivement marins et principalement planctoniques, jouent un rôle important parmi le zooplancton: les cténophores, parce qu'ils sont abondants et prédateurs; les chétognathes, parce qu'ils sont de précieux indicateurs de la qualité de l'eau. Les cténophores, qui ressemblent aux méduses et qui nagent à l'aide de huit rangées de palettes en forme de peignes, capturent leur nourriture avec des cellules adhésives (colloblastes) qui recouvrent leurs tentacules. La majorité des cténophores sont bioluminescents. Les larves de la plupart des espèces ont des tentacules, et les adultes de certaines espèces utilisent leurs tentacules comme filet pour capturer d'autres organismes zooplanctoniques. Les chétognathes appartiennent à un embranchement de cœlomates dont les affinités sont incertaines. La majorité sont des prédateurs transparents qui chassent à l'affût et capturent d'autres organismes zooplanctoniques à l'aide de 8 à 12 paires de crochets et de dents céphaliques mobiles.

R.J. Conover

Zootechnie Les animaux domestiques sont ceux dont l'entretien et la reproduction sont, jusqu'à un certain point, gérés par les humains. Pour être domestiqué, un animal doit posséder certains traits comportementaux, dont la capacité de pouvoir vivre en groupe, de se reproduire à un rythme raisonnablement rapide et de satisfaire ses besoins à l'aide des aliments qui lui sont fournis. Les BOVINS, laitiers (*voir* ÉLEVAGE LAITIER) ou de boucherie, les PORCS, les chevaux (*voir* CHEVAL), les CHÈVRES, les MOUTONS et la volaille (*voir* AVICULTURE) modernes sont les résultats de procédés de sélection s'étendant sur des siècles (la domestication des caprins remonte à 7000 ans avant J.-C.). Même chez la volaille (*Gallus domesticus*), l'aptitude à produire de nombreux œufs est le fruit d'un certain type de sélection, tandis que la croissance rapide (pour la viande) découle d'un autre type.

En plus d'être d'importantes sources de produits alimentaires divers, les animaux fournissent aux humains de nombreux éléments d'une autre nature. Environ 40 p. 100 des ruminants d'élevage, 60 p. 100 des porcs et 70 p. 100 de la volaille servent à l'alimentation humaine. La vache laitière canadienne moyenne produit annuellement environ 5600 kg de lait; la poule moyenne pond environ 260 œufs par an. Les animaux fournissent aussi de la laine, du CUIR et des plumes. Leurs sous-produits comprennent l'INSULINE, les engrais d'os broyés et le glycérol.

Depuis les années 70, les habitudes alimentaires des Canadiens ont beaucoup évolué: la consommation de bœuf, de porc et de volaille a fortement augmenté. Celle des fruits, des légumes et du sucre a aussi grimpé; la consommation de produits laitiers et d'œufs a diminué, tout comme celle de la farine de blé et, dans une moindre mesure, celle des pommes de terre. Les chiffres n'indiquent que la quantité de produits achetés. Il est donc difficile de déterminer la consommation réelle, car une bonne partie des achats est gaspillée.

En 1985, l'année la plus récente pour laquelle on dispose de données, la consommation par personne de produits de l'élevage correspondait à 39 kg de bœuf, 28 kg de porc, 25 kg de volaille, 25 kg de matières premières du lait et 12 kg d'œufs. La consommation totale par personne et par année de produits de l'élevage était de quelque 135 kg. Les Canadiens mangent très peu de veau, d'agneau et de mouton. Normalement, les totaux par personne ne dépassent pas 3 à 4 kg.

Recensement du cheptel En 1986, le cheptel et les produits d'élevage généraient 50 p. 100 du revenu des fermes canadiennes, soit 10,2 milliards de dollars. Il y avait environ 13,4 millions de bovins dans les fermes canadiennes, en comptant les 2,2 millions de vaches et de génisses laitières et les 4,7 millions de vaches et de génisses de boucherie. On a dénombré plus de 9,8 millions de porcs et 761 000 moutons et agneaux. La population de volaille, en 1986, était évaluée à 87,9 millions de poules et de poulets, plus de 7,7 millions de dindes et au-delà de 2,3 millions d'autres volailles. Plus de 443 millions de douzaines d'œufs ont été produits. Dans la région de l'Atlantique, le cheptel et ses produits ont rapporté 482,6 millions de dollars, soit 66 p. 100 des recettes en espèces liquides; au Québec, 2,38 milliards de dollars, soit 74 p. 100; en Ontario, 3,37 milliards de dollars, soit 61 p. 100; dans les Prairies, 3,34 milliards de dollars, soit 33 p. 100; en Colombie-Britannique, 629 millions de dollars, soit 62 p. 100.

Bétail et aliments du bétail Aux yeux de plusieurs, les animaux élevés à des fins d'alimentation disputent aux humains la nourriture disponible. Il faudrait donc réduire leur nombre ou même les éliminer, car la population humaine mondiale ne cesse de croître. Il arrive en effet qu'il y ait une certaine rivalité pour la nourriture. Les animaux domestiques, p. ex., consomment des grains dont certains conviendraient aux humains. Cependant, les ruminants se nourrissent de substances inutiles aux humains et même des non-ruminants peuvent consommer des plantes fourragères. De plus, une grande partie des terres agricoles mondiales sont impropres à une production végétale intensive. Au Canada, environ 18 millions d'hectares sont classés impropres à tout usage agricole, sauf pour la CULTURE FOURRAGÈRE vivace, en raison de la topographie, du climat, du type de sol, etc. Ces terres ne peuvent servir que de pâturages et les animaux qui y sont élevés ne rivalisent pas avec les humains, mais, au contraire, contribuent largement à leur alimentation.

Les animaux peuvent en outre transformer des protéines de piètre qualité en protéines de haute qualité, ce qui s'avère très important pour l'alimentation des enfants en bas âge. Faire consommer des céréales et des sous-produits végétaux aux animaux est coutumier au Canada. La concurrence économique pour ces produits détermine dans quelle mesure ils seront utilisés pour nourrir les animaux. Chaque stade de production d'aliments a ses pertes. P. ex., la mouture du blé donne environ 30 p. 100 de sous-produits comme le gru blanc, le gru rouge et le son. L'extraction de l'huile de soja et du colza procure de grandes quantités de sous-produits qu'on utilise surtout comme sources de protéines pour le bétail. Au moment de la récolte des grains de maïs, de blé, d'avoine ou d'orge, la tige restante ou paille peut servir de source d'énergie pour les ruminants. Les résidus des récoltes de légumes et de fruits, les fruits, les légumes et les grains de piètre qualité et de nombreux autres éléments, même les rebuts, peuvent servir.

Bétail et conservation des sols La spécialisation de la production est une tendance constante de l'agriculture canadienne depuis de nombreuses années. Ce phénomène tient à plusieurs facteurs: le perfectionnement des techniques de culture et des installations d'élevage, les applications de la technologie, la disponibilité de grandes quantités d'énergie et l'accès à de vastes marchés. La spécialisation dans la culture des plantes a toutefois augmenté la destruction des sols par suite de la production d'une ou de deux récoltes sur le même sol, année après année, et de l'utilisation croissante d'engrais minéraux, de produits chimiques, de vastes champs de culture et de machinerie lourde. Le bétail permet néanmoins de varier davantage la production végétale et de fumer les sols (le fumier est un excellent engrais). Comme il n'existe à l'heure actuelle aucune technique de remplacement qui maintiendrait l'intégrité des terres agricoles, l'élevage contribue à les préserver à long terme.

Autres usages Les animaux que l'on garde pour le plaisir comprennent les animaux de compagnie, les animaux de récréation, comme les CHEVAUX, et même quelques animaux qui fournissent de la nourriture. Tous sont importants pour la société et l'économie canadiennes. Les industries des courses de chevaux, de l'équitation et des chevaux de trait emploient à elles seules des milliers de personnes et génèrent un chiffre d'affaires de plusieurs milliards de dollars. On estime qu'il y a aujourd'hui au Canada deux fois moins de chevaux qu'à l'époque où ils étaient la source principale d'énergie motrice. De nos jours, ils servent essentiellement à la récréation. Dans certaines parties du Canada, notamment dans la région de Waterloo, en Ontario, les fermiers utilisent encore les chevaux pour les labours et le transport, entre autres choses. Dans l'Ouest canadien, le cheval est un élément clé de l'exploitation efficace des RANCHS.

Les chevaux consomment de grandes quantités de fourrages, de sous-produits et quelques céréales. Les entreprises d'aliments pour les chats et les chiens ont aussi un rôle à jouer du point de vue économique, tout comme les services VÉTÉRINAIRES, les fabricants de produits de toilettage, etc. Les chats et les chiens concurrencent jusqu'à un certain point les humains en ce qui concerne les aliments, mais nombre de ces animaux sont nourris de rebuts et de restes de table.

W.D. Morrison

Conduite d'élevage

La conduite d'élevage consiste en l'intégration de l'alimentation, de la sélection, des soins de santé, des bâtiments d'élevage et de l'utilisation des animaux domestiques pour optimiser la productivité. L'éleveur doit posséder connaissances et savoir-faire pour agir dans les limites imposées par les ressources du sol, de la main-d'œuvre et du capital dont il dispose.

Alimentation Le cheptel d'une exploitation comprend les mammifères ruminants (bovins, ovins, caprins), les mammifères non ruminants (chevaux, porcs, animaux à fourrure) et la volaille. Avec l'aide de ses «partenaires» microbiens, le ruminant digère une bonne partie des matières fibreuses contenues dans des aliments tels que du foin, de la paille et de l'ensilage. Ces aliments ne conviennent ni aux porcs ni à la volaille. Le cheval, bien que non ruminant, possède dans son cæcum une flore microbienne qui lui permet de digérer des fibres de façon comparable. Les microbes sont aussi capables de synthétiser la bonne sorte d'acides aminés (composants de protéine) à partir de protéines alimentaires qui ne contiennent pas de tels acides aminés (ou en contiennent des quantités insuffisantes) ou, dans une certaine limite, à partir de l'azote non protéique de source alimentaire. Ils peuvent aussi synthétiser quelques vitamines, en particulier celles du groupe B.

La plupart des non-ruminants n'ont pas ces aptitudes. Leurs rations alimentaires doivent donc leur fournir les vitamines, les minéraux et les acides aminés essentiels. Cette remarque s'applique aussi pour l'alimentation des veaux, des agneaux et des chevreaux, puisque chez les jeunes ruminants, le rumen ne se développe que quelques mois après la naissance.

Au Canada, on classe normalement les aliments pour animaux en fourrages (herbe, foin, paille, ensilage), en aliments concentrés (grains, sous-produits de grains) et en suppléments protéiques (surtout les résidus de récoltes de PLANTES OLÉAGINEUSES et les produits d'origine animale, p. ex., la farine de poisson). Comme les fourrages sont normalement les aliments les moins chers, ils forment la base de l'alimentation des ruminants et des chevaux. Pour obtenir un foin de qualité, il faut parfois procéder à une récolte hâtive et, dans certaines parties du Canada, utiliser un séchoir de grange pour en éliminer l'excès d'humidité. L'alimentation réussie et profitable du cheptel exige un approvisionnement en denrées qui fournissent les nutriments nécessaires sous la forme la moins chère possible, en quantités permettant à l'animal de développer tout son potentiel génétique, sans qu'il y ait perte d'aliments par suralimentation. Les techniques informatiques appliquées à l'élevage simplifient l'alimentation des animaux ainsi que d'autres opérations connexes.

Santé et traitement Peu importe l'entreprise d'élevage, les éleveurs doivent savoir dans quelles circonstances prendre telle ou telle action, et quand avoir recours à un vétérinaire qualifié. L'élevage moderne se caractérise par l'intensification, surtout dans les bâtiments, ce qui accroît les risques de transmission de maladies parmi le bétail. Dans la conception des bâtiments, il faut donc prévoir des installations sanitaires, un réglage de la ventilation et de la température, sans pour autant négliger les coûts et la facilité de fonctionnement.

Afin de contrôler efficacement les maladies chez les animaux, il faut leur éviter les situations de stress, mettre les animaux malades ou les nouveaux arrivants en quarantaine, les vacciner contre certaines bactéries (p. ex., celles du genre clostridies qui causent le tétanos, la gangrène gazeuse, etc.) et stériliser les instruments comme les trayeuses. De nombreux pathogènes potentiels (p. ex., vers intestinaux, coccidies) vivent normalement parmi le cheptel fermier selon un équilibre hôte-parasite. Le parasite se multiplie, souvent très rapidement, produisant des symptômes de maladie chez l'animal lorsque le stress ou un autre facteur affaiblit celui-ci ou le rend vulnérable. Il faut donc, pour minimiser le stress, traiter les animaux avec calme et prévoir des installations (corrals, plans inclinés, râteliers cornadis, etc.) qui faciliteront à la fois la vie des employés et celle du cheptel.

Agriculture Canada est chargé de la législation sur la protection du cheptel canadien contre les maladies à déclaration obligatoire. Grâce au respect scrupuleux de ces règles et à une bonne gestion, les éleveurs et les fermiers canadiens sont parmi ceux qui réussissent le mieux au monde et le cheptel canadien, qu'il soit destiné à la reproduction ou à la consommation humaine, demeure très recherché.

Commercialisation

La production de nombreuses denrées (lait, œufs, porc, poulet, etc.) est régie par des offices de réglementation nationaux ou provinciaux qui peuvent émettre des exigences en ce qui a trait à la santé et à la teneur en nutriments et peuvent aussi réglementer la production (*voir* INSPECTION ET CLASSEMENT DES PRODUITS AGRO-ALIMENTAIRES et ALIMENTS, LÉGISLATION SUR LES). P. ex., le lait destiné à la vente doit être produit dans des lieux qui respectent des normes sanitaires strictes. Son prix de vente dépend de son taux butyreux et sa production est assujettie à des quotas, avec une structure de prix différentielle pour décourager la surproduction et la sous-production.

De même, les porcs sont commercialisés à un poids standard (100 kg de poids vif) et le prix des porcs trop lourds ou trop gras est revu à la baisse. Parmi le cheptel fermier, la production des bovins de boucherie, des porcins, des ovins, des caprins, des chevaux et des animaux à fourrure ne fait pas l'objet de contingentement au Canada. Ici aussi, cependant, l'éleveur efficace tiendra compte de l'état du marché et s'efforcera d'en anticiper les fluctuations de manière à modifier sa production en conséquence. Le bon éleveur doit donc faire preuve d'un sens des responsabilités, coopérer avec le service d'inspection des produits et des lieux, et respecter scrupuleusement certaines règles, comme celles qui concernent l'utilisation de médicaments et leurs périodes d'administration.

W. G. Mathewson

Zouaves De février 1868 à septembre 1870, des Canadiens au nombre de 507, regroupés en 7 contingents provenant presque exclusivement du Québec, s'enrôlent dans l'armée pontificale pour défendre Rome contre les troupes italiennes qui tentent d'unifier l'Italie. Rome capitule le 20 septembre 1870, et le septième contingent, formé de 114 recrues, doit faire demi-tour sans connaître la vie de garnison et les champs de bataille. Le comité organisateur du mouvement est mis sur pied par l'évêque de Montréal, Ignace BOURGET. L'objectif est non seulement de défendre l'intégrité du pouvoir temporel du pape, mais encore et surtout de profiter de ce recrutement pour sensibiliser la population aux enjeux que représentent pour l'Église catholique la progression des idées libérales qui soutiennent la liberté de parole et de conscience, la souveraineté du peuple et la séparation de l'Église et de l'État. Le recrutement de zouaves canadiens vise donc à constituer une élite laïque formée à l'école romaine et bien préparée pour endiguer la propagation des idées libérales dans la société québécoise. C'est pourquoi on veille, d'une part, à ce que chaque paroisse se sente concernée par le mouvement en déléguant un représentant et en contribuant financièrement à son engagement, d'autre part, à ce que les volontaires soient choisis en fonction de leur éducation et des qualités intellectuelles et morales qui les rendent aptes à jouer le rôle qu'on leur assigne. À leur retour de Rome, les zouaves forment une association dans le but de promouvoir la cause qu'ils ont défendue par les armes. Puis, à la fin du siècle, l'Église catholique s'étant réconciliée avec le monde moderne, l'association des zouaves adapte ses objectifs aux préoccupations des mouvements d'action catholique. L'association existe toujours, mais son influence est très limitée.

René Hardy

Zundel, affaire Ce litige porte sur la constitutionnalité de l'art. 181 du *Code criminel* qui prohibe la publication volontaire de fausses nouvelles. En l'espèce, Zundel a publié une brochure intitulée *Did Six Million Really Die?* Il prétend que l'Holocauste est un mythe qui provient d'un complot juif mondial. La juge McLachlin, au nom de la Cour suprême du Canada, est d'avis que la brochure de Zundel entre sous la protection de l'alinéa 2*b*) de la *Charte canadienne des droits et libertés*; il s'agit bien d'un message. Toutes les communications sont protégées, sauf celles qui sont entachées de violence. Cependant, une majorité (4 contre 3) déclare que l'art. 181 du *Code criminel* brime la liberté d'expression de Zundel. La juge McLachlin, au nom de la majorité, déclare que cet art. 181 ne se justifie pas dans une société libre et démocratique. Les juges Cory et Iacobucci rédigent les notes de la minorité. L'art. 181 constitue, selon les juges dissidents, une limite raisonnable dans une société libre et démocratique. La Cour suprême déclare donc, à la majorité, que l'art. 181 du *Code criminel* est inconstitutionnel.

Zurakowski, Janusz, aviateur (Ryzawka, Russie, 12 sept. 1914). Élevé en Pologne, il entre dans l'Armée de l'air polonaise en 1937, s'évade en Angleterre et prend part à la bataille d'Angleterre. En 1945, il essaie le premier avion à réaction de combat britannique. À Toronto, il devient le pilote responsable de la formation d'Avro Aircraft en 1952. Zurakowski passe le mur du son à bord d'un AVRO CF-100, le premier appareil canadien à atteindre cette vitesse, et fait le premier vol du AVRO ARROW (CF-105), un chasseur supersonique de pointe, qui dépassera les 1600 km/h au cours de son septième vol. Il a reçu le TROPHÉE MCKEE en 1958.

James Marsh